Das Unterhaltsrecht in der familienrichterlichen Praxis

Die neuere Rechtsprechung des Bundesgerichtshofs
und die Leitlinien der Oberlandesgerichte zum Unterhaltsrecht
und zum Verfahren in Unterhaltsprozessen

Begründet von
Philipp Wendl und Siegfried Staudigl

Herausgegeben von
Hans-Joachim Dose

Bearbeitet von

RiOLG **Dr. Regina Bömelburg**, Köln
RiBGH **Hans-Joachim Dose**, Karlsruhe
VRiOLG a. D. **Dr. Peter Gerhardt**, München
RiOLG a. D. **Werner Gutdeutsch**, Ebersberg
RA, FA für Familien- und Steuerrecht **Jürgen Kemper**, Überlingen
RiBGH **Dr. Frank Klinkhammer**, Karlsruhe
VRiOLG **Dietrich Schmitz**, Celle
VRiOLG a. D. **Harald Scholz**, Ratingen
RiOLG **Christine Wönne**, Stuttgart

8., völlig überarbeitete und erweiterte Auflage

Verlag C. H. Beck München 2011

Zitiervorschläge:

Wendl/Bearbeiter – z. B.
Wendl/Dose, Unterhaltsrecht, § 9 Rn. 19.

Verlag C. H. Beck im Internet:
beck.de

ISBN 978 3 406 62297 7

© 2011 Verlag C. H. Beck oHG
Wilhelmstr. 9, 80801 München
Satz, Druck und Bindung: Druckerei C. H. Beck, Nördlingen
(Adresse wie Verlag)
Gedruckt auf säurefreiem, alterungsbeständigem Papier
(hergestellt aus chlorfrei gebleichtem Zellstoff)

Vorwort zur 8. Auflage

Schon bis zur 7. Auflage hatte sich der Wendl/Staudigl zu einem im Unterhaltsrecht bewährten Standardwerk entwickelt. Daran knüpft die 8. Auflage des Wendl/Dose mit mir als neuem Herausgeber an. Die Autoren haben es sich zur Aufgabe gemacht, das in weiten Bereichen sehr komplizierte Unterhaltsrecht für den im Familienrecht tätigen Praktiker verständlich darzustellen, mit höchstrichterlicher Rechtsprechung zu belegen und damit eine zuverlässige Anwendung auf den Einzelfall zu gewährleisten. Dem dienen in besonderer Weise die in den Text aufgenommenen Berechnungsbeispiele.

Nach dem Erscheinen der 7. Auflage ist das Verfahrensrecht durch das zum 1. September 2009 in Kraft getretene FamFG grundlegend reformiert worden. Auch andere gesetzliche Vorschriften, insbesondere im Sozialrecht und im internationalen Recht wurden geändert. Das materielle Unterhaltsrecht ist seit der Vorauflage in weiten Bereichen durch Grundsatzentscheidungen des Bundesgerichtshofs fortentwickelt worden. In einem Teilbereich hat das Bundesverfassungsgericht die Grenzen der richterlichen Rechtsentwicklung aufgezeigt. Die Autoren haben alle gesetzlichen Neuregelungen und den aktuellen Stand der Rechtsprechung bis März 2011 berücksichtigt. Wichtige spätere Entscheidungen konnten noch während der Satzarbeiten nachgetragen werden. Die mit den gesetzlichen Neuregelungen und der dazu ergangenen Rechtsprechung verbundenen Ausführungen haben zu einer deutlichen Ausweitung des Werkes auf rund 2.400 Seiten geführt und eine Bereinigung und Verschiebung der Randnummern notwendig gemacht. Um die Arbeit mit dem Werk zu erleichtern, ist auch das Sachverzeichnis überarbeitet und erweitert worden.

Die Ausführungen in § 1 zur Ermittlung des unterhaltsrechtlich relevanten Einkommens sind unter Berücksichtigung der neuesten Rechtsprechung aktualisiert worden. Alle denkbaren Einkommensarten, einschließlich der Einkünfte Selbständiger, der Einkünfte aus Vermietung und Verpachtung, der Vermögenseinkünfte, der Einkünfte aus Pensionen und Renten sowie der Einkünfte aus sozialstaatlichen Zuwendungen sind dargestellt. Die jeweilige unterhaltsrechtliche Relevanz ist durch höchstrichterliche Rechtsprechung belegt. Auch alle Rechtsfragen im Zusammenhang mit fiktiven Einkünften und Einkünften aus überobligatorischer Tätigkeit, steuerliche Fragen und die Auskunftsansprüche zur Ermittlung des unterhaltsrelevanten Einkommens sind behandelt. Der Verwandtenunterhalt in § 2 wurde grundlegend überarbeitet und aktualisiert. Gleiches gilt für den Familienunterhalt, der in § 3 dargestellt ist.

Besondere Bedeutung für die familienrechtliche Praxis hat die Neubearbeitung des Ehegattenunterhalts in § 4. Regina Bömelburg hat die Struktur des Anspruchs und die verschiedenen Unterhaltstatbestände völlig neu bearbeitet. Werner Gutdeutsch und Peter Gerhardt haben die neueste Rechtsprechung des Bundesgerichtshofs und des Bundesverfassungsgerichts zur Unterhaltsbemessung aufgegriffen und bieten einen praktikablen Weg zur Umsetzung der seit dem Beschluss des Bundesverfassungsgerichts zur Dreiteilung vom 25. Januar 2011 ungelösten Probleme. Die umfangreiche Rechtsprechung zur Herabsetzung und Befristung des nachehelichen Unterhalts hat Christine Wönne eingearbeitet.

Durch die neuere Rechtsprechung zur Bedarfsbemessung nach den ehelichen Lebensverhältnissen haben die Leistungsfähigkeit des Unterhaltspflichtigen und die Rangvorschriften zusätzlich an Gewicht gewonnen. Sie sind deswegen in § 5 grundlegend neu bearbeitet. Auch die Behandlung der unterhaltsrechtlichen Sonderfragen, des Sonderbedarfs, des Unterhalts für die Vergangenheit, der Rückforderung geleisteten Unterhalts, der Aufrechnung mit Gegenforderungen und des Unterhalts bei Gütergemeinschaft sind in § 6 auf den neuesten Stand der Rechtsprechung gebracht. Gleiches gilt für die Ausführungen zur Wirksamkeit von Eheverträgen und zur Darlegungs- und Beweislast im Unterhaltsrecht.

Wie die Ausführungen zum nachehelichen Betreuungsunterhalt nach § 1570 BGB berücksichtigen auch diejenigen zum Betreuungsunterhalt des nicht verheirateten Eltern-

Vorwort

teils nach § 1615 l BGB die neueste Rechtsprechung zu der am 1. Januar 2008 in Kraft getretenen Unterhaltsrechtsreform.

Sozialrechtliche Fragen mit Bezug zum Unterhaltsrecht sind in § 8 behandelt. Dabei hat Frank Klinkhammer bereits die jüngsten Änderungen des Sozialrechts durch das Gesetz zur Ermittlung von Regelbedarfen und zur Änderung des Zweiten und Zwölften Buches des Sozialgesetzbuchs vom 24. März 2011 berücksichtigt.

Für Fälle mit Auslandsberührung sind in § 9 die Ausführungen zum anwendbaren materiellen Recht, zur Unterhaltsbemessung, zum Verfahrensrecht und zur Vollstreckbarkeit ausländischer Unterhaltstitel grundlegend überarbeitet worden. Berücksichtigt sind bereits die am 18. Juni 2011 in Kraft getretene neue Europäische Unterhaltsverordnung 4/2009, das ebenfalls seit 2011 geltende Haager Unterhaltsprotokoll (HUP 2007) und das Haager Übereinkommen über die internationale Geltendmachung der Unterhaltsansprüche von Kindern und anderen Familienangehörigen (HUVÜ 2007). Auch die Umsetzung der Europäischen Verordnungen und internationalen Übereinkommen durch das ebenfalls zum 18. Juni 2011 in Kraft getretene neue Auslandsunterhaltsgesetz ist bereits berücksichtigt.

Das seit der Vorauflage geänderte familiengerichtliche Verfahren auf der Grundlage des FamFG und der darin enthaltenen Verweisung auf die ZPO ist von Dietrich Schmitz völlig neu bearbeitet. Neben der fortgeltenden Rechtsprechung in Familienstreitsachen ist für neue verfahrensrechtliche Fragen bereits die aktuelle instanzgerichtliche Rechtsprechung und die neueste Rechtsprechung des Bundesgerichtshofs angeführt.

Schließlich ist auch der Teil R mit den wichtigsten höchstrichterlichen Entscheidungen überarbeitet worden. Ältere Entscheidungen, die an Bedeutung verloren haben, wurden gestrichen. Neuere Entscheidungen zu aktuell umstrittenen Rechtsfragen wurden zusätzlich aufgenommen.

Mit der 8. Auflage des Wendl/Dose haben sich auch im Autorenteam Änderungen ergeben. Dieter Pauling ist altersbedingt ausgeschieden. Die Autoren danken ihm herzlich für seine langjährige Mitarbeit. An seine Stelle sind die Richterinnen am Oberlandesgericht Regina Bömelburg und Christine Wönne getreten. Frank Klinkhammer hat mit dem Sozialrecht einen weiteren Teil von Harald Scholz übernommen, der weiterhin Teile des Kindesunterhalts, den Familienunterhalt und unterhaltsrechtliche Sonderfragen bearbeitet hat. Mit Hans-Joachim Dose, Peter Gerhardt, Werner Gutdeutsch, Jürgen Kemper und Dietrich Schmitz haben auch die weiteren Autoren wieder ihre langjährige familienrechtliche Erfahrung eingebracht.

Die Autoren danken für die zahlreichen Hinweise, die sie aus dem Kreis der Leser erreicht haben, und bitten darum, auch die Neuauflage kritisch zu begleiten. Unseren Männern und Frauen, die unter der zeitraubenden Autorentätigkeit besonders leiden mussten, danken wir herzlich für ihre Geduld und das Verständnis, das sie uns entgegen gebracht haben. Dank gilt auch unserem Lektor und den Mitarbeiterinnen und Mitarbeitern des Lektorats für die Koordinierung und die verständnisvolle Unterstützung unserer Arbeit.

Im August 2011　　　　　　　　　　　　　　　　　　　　　　　　　Hans-Joachim Dose

Inhaltsübersicht

	Seiten
Inhaltsverzeichnis zu §§ 1–10 (mit Verweisen auf die Randnummern)	IX
Hinweise für die Benutzung der 8. Auflage	XLVIII
Abkürzungsverzeichnis	XLV
§ 1 Die Ermittlung des unterhaltsrechtlich relevanten Einkommens	1
§ 2 Kindes-, Eltern- und sonstiger Verwandtenunterhalt	413
§ 3 Familienunterhalt	679
§ 4 Ehegattenunterhalt	715
§ 5 Rangverhältnisse und Mangelfälle	1063
§ 6 Sonderfragen	1121
§ 7 Unterhalt zwischen nicht verheirateten Eltern und zwischen Lebenspartnern	1223
§ 8 Unterhalt und Sozialleistungen	1313
§ 9 Auslandsberührung	1423
§ 10 Verfahrensrecht	1591
Anhang D: Düsseldorfer Tabelle 2011	1887
Anhang R: Rechtsprechungsauszüge	1895
Register der auszugsweise abgedruckten Entscheidungen	2315
Sachverzeichnis	2321

Inhaltsverzeichnis

Benutzungshinweise XLIII
Abkürzungsverzeichnis XLV

§ 1 Die Ermittlung des unterhaltsrechtlich relevanten Einkommens

	Rn.
1. Abschnitt: Überblick und Grundlagen	
I. Der Unterhaltsanspruch	1
1. Unterhaltsberechtigungen	1
2. Struktur des Unterhaltsanspruchs	8
3. Prüfungsschema	9
4. Höhe des Unterhalts und Zahlungsweise	10
5. Härteregelungen	13
6. Unterhalt und Sozialhilfe	14
7. Gerichtliches Verfahren	15
II. Zu den Tabellen und Leitlinien der Oberlandesgerichte	16
1. Die Bedeutung von Tabellen und Leitlinien in der Praxis	16
2. Düsseldorfer Tabelle zum Unterhaltsbedarf	19
3. Oberlandesgerichtliche Leitlinien zum Unterhaltsrecht	20
III. Zum anrechenbaren monatlichen Nettoeinkommen	21
1. Grundsatz der unterschiedslosen Erfassung aller Einkünfte aus allen Einkommensarten	22
2. Zur Berechnung des anrechenbaren Nettoeinkommens	23
3. Zum monatlichen Nettoeinkommen	24
4. Zur Berücksichtigung von Abfindungen und einmaligen höheren Zuwendungen	29
IV. Unterschiedliche Berücksichtigung der Einkünfte bei der Berechnung des Kindesunterhalts und des Ehegattenunterhalts	31
1. Berücksichtigung der Einkünfte beim Kindesunterhalt	31
2. Berücksichtigung der Einkünfte beim Ehegattenunterhalt	33
3. Zusammenfassendes Ergebnis	41
V. Ermittlung der unterhaltsrechtlich relevanten Einkünfte anhand steuerrechtlicher Unterlagen	42
1. Darlegung der Parteien zum unterhaltsrechtlich relevanten Einkommen	42
2. Richterliche Ermittlung unterhaltsrechtlich relevanter Einkünfte und Vorlage von Unterlagen	45
3. Unterhaltsrechtliche Relevanz steuerrechtlich erfasster Einkünfte	47
4. Steuerrechtliche und unterhaltsrechtliche Einkunftsarten	51
5. Gliederung der unterhaltsrechtlich relevanten Einkünfte	54
2. Abschnitt: Einkünfte aus abhängiger Arbeit sowie Nebeneinkünfte und Lohnersatzleistungen bei oder nach einem bestehenden Arbeitsverhältnis	
I. Überblick	65
1. Bruttoeinnahmen und berufsbedingte Aufwendungen	65
2. Nicht berufsbedingte Aufwendungen	68
II. Der Prüfungszeitraum	69
III. Typische Bruttoeinnahmen	74
1. Barbezüge aller Art	74

Inhaltsverzeichnis zu § 1

    2. Zweckbestimmte Entgelte für berufsbedingte Mehraufwendungen wie Spesen, Reisekosten und Auslösungen 78
    3. Die Leitlinien zu den Spesen, Reisekosten, Auslösen 85
    4. Vergütungen und Zuschläge für Überstunden, Mehrarbeit, Urlaubsabgeltung und sonstige überobligatorische Belastungen, wie bei Zuschlägen für Schicht-, Nacht-, Feiertags- und Sonntagsarbeit sowie bei Zulagen für Schmutz-, Schwer- und Schwerstarbeit 86
    5. Sachbezüge, d. h. zusätzliche Leistungen des Arbeitgebers, die in einem geldwerten Vorteil bestehen 91
    6. Einmalige Zahlungen und Sonderzuwendungen wie z. B. Abfindungen u. ä. 33
    7. Einkünfte aus Nebentätigkeiten und sonstiger Zweitarbeit neben einer hauptberuflichen Tätigkeit 96
    8. Sozialleistungen mit Lohnersatzfunktion 105
  IV. Berufs- und ausbildungsbedingte Aufwendungen 122
    1. Berufs- und ausbildungsbedingte Aufwendungen als Abzugsposten 122
    2. Zur Pauschalierung berufsbedingter Aufwendungen 124
    3. Konkrete Bemessung berufsbedingter Aufwendungen 132
    4. Berechnung von Fahrtkosten 133
    5. Zusammenstellung weiterer berufsbedingter oder ausbildungsbedingter Aufwendungen 141
    6. Berufsbedingte Aufwendungen, für die Zulagen (Auslands-, Kleider-, Schmutzzulagen) oder ähnliche Entgelte (Aufwandsentschädigungen, Spesen, Reisekosten) gezahlt werden 153

3. Abschnitt: Gewinneinkünfte – Einkommensermittlung durch Betriebsvermögensvergleich

  I. Die steuerlichen Gewinnermittlungsarten 160
  II. Einkünfte aus Gewerbebetrieb 162
    1. Definition und Einkommensteuergesetz 162
    2. Umfang der Einkünfte aus Gewerbebetrieb 163
    3. Gesetzliche Grundlagen der Gewinnermittlung 166
    4. Ausnahmeregelungen 168
  III. Der Jahresabschluss 169
    1. Die Elemente des Jahresabschlusses 169
    2. Handelsbilanz 170
    3. Das Eigenkapital 172
    4. Die Steuerbilanz 178
    5. Gewinn- und Verlustrechnung 180
    6. Anhang zur Bilanz und Lagebericht 182
  IV. Die Doppelte Buchführung 183
    1. Vorbemerkung 183
    2. Grundzüge der doppelten Buchführung 184
    3. Buchungen auf Bestandskonten 188
    4. Buchungen auf Erfolgskonten 192
    5. Die Gewinn- und Verlustrechnung 194
    6. Das Privatkonto oder das variable Kapitalkonto 196
    7. Entwicklung des Jahresabschlusses aus der Buchführung 200
  V. Die steuerliche Behandlung des Anlagevermögens 202
    1. Definition 202
    2. Arten des Anlagevermögens 203
    3. Anschaffungskosten in der Bilanz 204
    4. Absetzung für Abnutzung in der Bilanz und der Gewinn- und Verlustrechnung 205
    5. Lineare AfA 209
    6. Degressive AfA 211

nach Randnummern **Inhaltsverzeichnis**

    7. Sonderabschreibungen und Investitionsabzugsbetrag 213
    8. Sofortabschreibung bei geringwertigen Wirtschaftsgütern 215
    9. Veräußerungserlöse 217
   10. Finanzierung 219
   11. Investitionszulagen 220
   12. Investitionszuschüsse 221
VI. Unterhaltsrechtlich relevante Merkmale der Gewinnermittlung durch
     Betriebsvermögensvergleich 222
    1. Periodengerechte Gewinnermittlung 222
    2. Wareneinkauf, Bestandsveränderungen und Inventur 234
    3. Betriebsvermögen 236
VII. Entnahmen und Einlagen 237
    1. Entnahmen 237
    2. Einlagen 243

4. Abschnitt: Sonstige Gewinneinkünfte – Einkommensermittlung durch Einnahmen-Überschuss-Rechnung und nach Durchschnittssätzen sowie das Einkommen von Personengesellschaften

  I. Einnahmen-Überschuss-Rechnung 250
    1. Gesetzliche Grundlagen und Personenkreis 250
    2. Methode der Gewinnermittlung 253
    3. Steuerliche Unterlagen 255
    4. Unterschiede zur Gewinn- und Verlustrechnung 257
 II. Gewinnermittlung nach Durchschnittssätzen 266
    1. Zum Personenkreis und zur Einkommensermittlung 266
    2. Die Ermittlung der Durchschnittssätze 267
III. Einkommensermittlung durch Schätzung 269
IV. Wechsel der Gewinnermittlungsart 270
 V. Ermittlung des Einkommens aus Beteiligung an Gesellschaften 271
    1. Gesetzliche Grundlagen und Personenkreis 271
    2. Gesonderte und einheitliche Gewinnfeststellung bei
       Mitunternehmerschaften 275
    3. Betriebsverpachtung und Betriebsaufspaltung 279

5. Abschnitt: Gewinneinkünfte im Unterhaltsrecht

  I. Vorbemerkung 300
    1. Verwertbarkeit steuerlicher Einkommensermittlung im Unterhaltsrecht .. 300
    2. Vorbehalt der Nachprüfung 302
    3. Steuerliche Außenprüfung (Betriebsprüfung) 303
    4. Steuerhinterziehung 304
 II. Steuerrechtlich und unterhaltsrechtlich irrelevante Aufwendungen 305
III. Unterhaltsrechtlich relevante Unterschiede zwischen Gewinn- und
     Verlustrechnung und Einnahmen-Überschuss-Rechnung 307
IV. Unterhaltsrechtliche Bewertung der Gewinnermittlung nach
     Durchschnittssätzen und durch Schätzung 309
    1. Gewinnermittlung nach Durchschnittssätzen 309
    2. Steuerliche Gewinnschätzungen 310
    3. Einkünfte des Gesellschafter-Geschäftsführers einer GmbH 311
 V. Posten der Gewinn- und Verlustrechnung und der Einnahmen-
     Überschussrechnung nach unterhaltsrechtlichen Kriterien 314
    1. Erträge/Einnahmen 314
    2. Aufwand/Betriebsausgaben 330
VI. Bilanzposten in unterhaltsrechtlicher Betrachtung 350
    1. Vorbemerkung 350
    2. Anlagevermögen 382
    3. Umlaufvermögen 383

Inhaltsverzeichnis

4. Forderungen und Verbindlichkeiten	384
5. Anzahlungen	386
6. Rechnungsabgrenzungsposten	387
7. Rückstellungen und Rücklagen	388
8. Wertberichtigungen	391
9. Kapital	392
10. Privatentnahmen und Privateinlagen	393
11. Investitionszulagen und Investitionszuschüsse	394
VII. Steuerliche Korrekturen außerhalb der Bilanz und Gewinn- und Verlustrechnung	395
VIII. Berechnung des unterhaltsrechtlichen Einkommens	420
1. Prüfungszeitraum	420
2. Berücksichtigung von Verlusten aus anderen Wirtschaftsjahren	421
3. Berücksichtigung außerbetrieblicher Aufwendungen	422
4. Berücksichtigung des Übergangsgewinns beim Wechsel der Gewinnermittlungsart	423
IX. Auskunfts- und Belegpflichten	424
1. Allgemeines	424
2. Besonderheiten des Auskunftsanspruchs gegenüber Gewerbetreibenden und Selbstständigen	425
3. Besonderheiten des Beleganspruchs gegenüber Gewerbetreibenden und Selbstständigen	429
4. Besonderheiten bei Personengesellschaften	435
5. Auskünfte von Land- und Forstwirten	436
6. Auskunftspflichten bei Schätzungen	437
X. Alternative Methoden der Einkommensermittlung	438
1. Entnahmen als Grundlage der Einkommensermittlung	438
2. Cash flow	442
3. Fazit	443

6. Abschnitt: Einkünfte aus Vermietung und Verpachtung sowie aus einem Wohnvorteil

I. Einkünfte aus Vermietung und Verpachtung	450
1. Zur Einkunfts- und Gewinnermittlungsart	450
2. Einnahmen	453
3. Abziehbare Ausgaben	455
4. Verluste	459
5. Zurechnung von Mieteinnahmen aus einem gemeinsamen Objekt und fiktive Mieteinnahmen aus unterlassener zumutbarer Vermietung	460
6. Eigene Mietkosten	468
II. Der Wohnvorteil beim Wohnen im eigenen Haus	473
1. Der Wohnvorteil als unterhaltsrechtlich zu berücksichtigender Vermögensvorteil	473
2. Die unterhaltsrechtliche Bewertung des Wohnvorteils beim Ehegattenunterhalt	477
3. Abziehbare Hauslasten, Instandhaltungskosten und Annuitätsleistungen vom Wohnwert	498
4. Eigenheimzulage	519
5. Abzug von Hausschulden, die den Wohnwert übersteigen, vom sonstigen Einkommen	520
6. Nutzungsentschädigung	528
7. Unterhaltsrechtliche Auswirkungen eines Wohnvorteils beim Ehegattenunterhalt	535
8. Wohnvorteil und Unterhalt nach Veräußerung des Familienheims	557
9. Unterhaltsrechtliche Auswirkungen des Wohnwertes beim Verwandtenunterhalt	571

7. Abschnitt: Einkünfte aus Vermögen, Verwertung des Vermögensstammes und fiktive Einkünfte bei unterlassener zumutbarer Vermögensnutzung bzw. unterlassener Verwertung des Vermögensstammes

I. Einkünfte aus Vermögen 600
   1. Vermögenserträge 600
   2. Anrechnung von Vermögenseinkünften 601
   3. Ermittlung der Vermögenserträge 604
   4. Einkünfte aus Kapitalvermögen 605
   5. Einkünfte aus Grundstücken 606
II. Zur Verwertung des Vermögensstammes 607
   1. Obliegenheit zur Verwertung des Vermögensstammes auf Grund einer Billigkeitsabwägung 607
   2. Verwertung des Vermögensstammes des Berechtigten beim nachehelichen Unterhalt (§ 1577 III BGB) 611
   3. Verwertung des Vermögensstammes des Berechtigten beim Trennungsunterhalt 614
   4. Verwertung des Vermögensstammes des Unterhaltspflichtigen beim nachehelichen Unterhalt (§ 1581 S. 2 BGB) 617
   5. Verwertung des Vermögensstammes des Unterhaltspflichtigen beim Trennungsunterhalt 618
   6. Verwertung des Vermögensstammes des Unterhaltspflichtigen beim Kindesunterhalt 619
   7. Verwertung des Vermögensstammes des Unterhaltsberechtigten beim Kindesunterhalt 621
   8. Verwertung des Vermögensstammes des Unterhaltspflichtigen beim Elternunterhalt 622
   9. Verwertung des Vermögensstammes des Unterhaltsberechtigten beim Elternunterhalt 624
   10. Vermögensverwertung beim Unterhaltsanspruch aus Anlass der Geburt 625
   11. Verwertung von Grundstücken 626
   12. Verwertung des ausgezahlten Kapitals einer Lebensversicherung 629
III. Zurechnung fiktiver Erträge bei unterlassener zumutbarer Vermögensnutzung oder Vermögensverwertung 632
   1. Fiktive Zurechnung erzielbarer Erträge im Rahmen einer Obliegenheit zur Erzielung von Vermögenserträgen oder zur Vermögensverwertung ... 632
   2. Obliegenheiten bei Immobilien 635
   3. Obliegenheiten bei Barvermögen, wie Sparguthaben, Zugewinnausgleichzahlungen oder Veräußerungserlösen 636
   4. Obliegenheit zur Vermögensumschichtung 637
   5. Obliegenheit zur Belastung eines vorhandenen Vermögens, zur Kreditaufnahme und zur Einziehung von Forderungen 640
   6. Obliegenheit zur Verwertung von Erbanteilen und Pflichtteilsrechten 642
   7. Höhe der fiktiv zurechenbaren Erträge 644

8. Abschnitt: Einkünfte aus Pensionen, Renten und ähnlichen wiederkehrenden Bezügen Nichterwerbstätiger

   1. Allgemeines 646
   2. Arten von Versorgungsbezügen und Renten nebst Zulagen und Zuschlägen 649
   3. Berücksichtigung von konkretem Mehrbedarf und Mehraufwand 652
   4. Berücksichtigung von Nebeneinkünften 658
   5. Berücksichtigung eines Rentenanspruchs ab Antragstellung sowie einer Rentennachzahlung 660

Inhaltsverzeichnis

9. Abschnitt: Sonstige Einkünfte aus sozialstaatlichen Zuwendungen, freiwilligen Zuwendungen Dritter, Versorgungsleistungen des Berechtigten für seinen neuen Partner, aus Unterhaltsleistungen, Schmerzensgeld sowie nicht anzurechnende Vermögensvorteile

I. Sozialstaatliche Zuwendungen wie Wohngeld, BAföG, Pflege- und Erziehungsgeld, Kindergeld, Ausbildungsbeihilfen und -geld sowie Leistungen nach §§ 41 ff. SGB XII (Grundsicherung im Alter und bei Erwerbsminderung) 664
   1. Allgemeines 664
   2. Zur Anrechnung von Wohngeld und Eigenheimzulagen 665
   3. Zur Anrechung von BAföG-Leistungen 670
   4. Kindergeld und Kinderzuschlag nach § 6 a BKGG 677
   5. Pflege- und Erziehungsgeld nach SGB VIII, Pflegegeld für Pflegepersonen nach SGB XI, Pflegegeld nach SGB XII, Leistungen nach dem Stiftungs- und dem Kindererziehungsleistungsgesetz 689
   6. Ausbildungsbeihilfe und Ausbildungsgeld nach dem Arbeitsförderungsrecht (SGB III = AFG) 701
   7. Leistungen der Grundsicherung im Alter und bei Erwerbsminderung (§§ 41 ff. SGB XII) 703

II. Freiwillige unentgeltliche Zuwendungen eines Dritten 708

III. Zuwendungen eines neuen Partners an den Berechtigten sowie Gegenleistungen des Berechtigten an den neuen Partner 712
   1. Allgemeines 712
   2. Zur Anrechnung von Leistungen des neuen Partners 713
   3. Zur fiktiven Anrechnung einer angemessenen Vergütung für Versorgungsleistungen des Unterhaltsberechtigten 715
   4. Zur Bemessung der angemessenen Vergütung 717
   5. Zur Wohnungsgewährung durch den neuen Partner 719

IV. Unterhaltsleistungen als anrechnungsfähiges Einkommen 721
   1. Grundsatz 721
   2. Ausnahmen 722

V. Schmerzensgeld 726

VI. Zu den nicht als Einkommen anzurechnenden Geldeinkünften 727

10. Abschnitt: Fiktives Einkommen aus unterlassener zumutbarer Erwerbstätigkeit

I. Zurechnung fiktiver Einkünfte beim Unterhaltsschuldner 735
   1. Allgemeine Grundsätze 735
   2. Leistungsfähigkeit des Unterhaltspflichtigen bei leichtfertig herbeigeführter Einkommensminderung durch Arbeitsaufgabe, Berufswechsel, Selbständigkeit oder sonstige berufliche Veränderung 743
   3. Unterhaltsbemessung bei nicht leichtfertig herbeigeführter Einkommensminderung 753
   4. Bedarfsbemessung auf der Grundlage von fiktiv zugerechneten Einkünften des Unterhaltspflichtigen 761
   5. Arbeitsplatzaufgabe wegen beruflicher Weiterbildung oder Zweitausbildung 767
   6. Fiktives Einkommen bei Selbständigen 769
   7. Fiktives Einkommen bei Arbeitsplatzverlust infolge von Straftaten, sonstigen Verfehlungen oder Alkoholmissbrauch 770
   8. Fiktives Einkommen bei unentgeltlichen oder unterbezahlten Dienstleistungen gegenüber Dritten 772

II. Zurechnung fiktiver Einkünfte beim Berechtigten 773
   1. Bedürftigkeitsminderung durch Zurechnung fiktiver Einkünfte bei unterlassener zumutbarer Erwerbstätigkeit 773
   2. Zumutbare Erwerbstätigkeiten des Berechtigten 778

III. Ernsthafte Bemühungen um eine Erwerbstätigkeit und reale
Beschäftigungschancen 782
   1. Ernsthafte Bemühungen um eine Arbeitsstelle 782
   2. Reale Beschäftigungschance auf dem Arbeitsmarkt 784
   3. Darlegungs- und Beweislast zu den Arbeitsbemühungen und zur
      Beschäftigungschance 786
IV. Krankheitsbedingte Arbeitsunfähigkeit 787
   1. Krankheitsbedingte Erwerbsunfähigkeit und Pflicht zur Wiederherstellung
      der Arbeitskraft 787
   2. „Rentenneurose" des Berechtigten 791
V. Bemessung und Dauer der fiktiven Einkünfte 793
   1. Zur Bemessung fiktiver Einkünfte 793
   2. Zur Dauer fiktiver Einkünfte 796
   3. Vorsorgeunterhalt 797

11. Abschnitt: Einkommen aus unzumutbarer Erwerbstätigkeit

I. Grundsatz 800
   1. Abgrenzung zumutbare und unzumutbare Tätigkeit 800
   2. Erwerbstätigkeit trotz Betreuung kleiner Kinder 803
II. Unzumutbare Tätigkeit beim Berechtigten 815
   1. Unzumutbare Tätigkeit beim Ehegattenunterhalt 815
   2. Anrechnung nach § 1577 II BGB beim Ehegattenunterhalt 821
   3. Anrechnung bei Ehegatten nach altem Recht (§§ 58 ff. EheG) 824
   4. Anrechnung bei Kindern 825
III. Anrechnung von Einkommen aus unzumutbarer Erwerbstätigkeit beim
Verpflichteten 828
   1. Einkünfte des Verpflichteten aus unzumutbarer Erwerbstätigkeit ... 828
   2. Zur Anrechnung solcher Einkünfte 835

12. Abschnitt: Unterhalt und Einkommensteuer

I. Einführung 850
   1. Besteuerung von Ehe und Familie und Grundgesetz 850
   2. Unterhaltsrechtliche Relevanz von Steuern 853
   3. Steuersätze 857
   4. Einkommensteuergesetz, Richtlinien und amtliche Hinweise;
      Solidaritätszuschlags- und Kirchensteuergesetz 862
II. Grundbegriffe des Einkommensteuerrechts 870
   1. Steuerpflicht 870
   2. Umfang der Besteuerung und Ermittlung des zu versteuernden
      Einkommens 874
   3. Überblick über wichtige Abzugsposten 876
   4. Die Entstehung und die Höhe der Einkommensteuer 887
   5. Vorauszahlungen 890
   6. Abzugsteuern 892
III. Besteuerung von Einkünften aus nichtselbständiger Tätigkeit 900
   1. Einkommensermittlung 900
   2. Lohnsteuerklassen 907
   3. Freibeträge 911
IV. Einkommensteuerveranlagung nach steuerrechtlichen Kriterien 915
   1. Veranlagungsarten im Einkommensteuergesetz 915
   2. Einzelveranlagung 916
   3. Ehegattenveranlagung 917
   4. Verfahren 927
   5. Gesamtschuld und Haftungsbeschränkung 930
   6. Erstattung von Steuern 931

Inhaltsverzeichnis

zu § 1

- V. Unterhaltsrechtliche Kriterien für die Steuerveranlagung 935
    - 1. Frühere Rechtsprechung des Bundesgerichtshofes 935
    - 2. Aktuelle Rechtsprechung 936
    - 3. Zusammenfassung der Grundsätze und Musterberechnungen 943
- VI. Die Abzugsfähigkeit von Unterhaltslasten beim Einkommen 950
    - 1. Realsplitting 950
    - 2. Unterhaltszahlungen als außergewöhnliche Belastung 963
- VII. Berücksichtigung der Steuerbelastung beim unterhaltsrechtlichen Einkommen 970
    - 1. Grundlagen 970
    - 2. Rechtsprechung des Bundesgerichtshofes 971
    - 3. Ermittlung der unterhaltsrechtlich abzugsfähigen Steuern nach dem In-Prinzip 979
- VIII. Steuerfragen bei Unterhalt, Zugewinn und Vermögen 995
    - 1. Doppelberücksichtigung von Steuerschulden und Forderungen 995
    - 2. Steuerprobleme bei der Übertragung von Einkommensquellen 996

13. Abschnitt: Berechnung des bereinigten Nettoeinkommens durch unterhaltsrechtlich relevante Abzüge

- I. Überblick zu den relevanten Abzügen 1000
    - 1. Das bereinigte Nettoeinkommen 1000
    - 2. Die Abzugsposten im Einzelnen 1007
- II. Abzug von Steuern 1009
    - 1. Abzug der tatsächlich angefallenen Steuern 1009
    - 2. Eintragung von Freibeträgen 1012
    - 3. Wiederverheiratung des Pflichtigen 1014
    - 4. Fiktive Berechnung 1018
    - 5. Realsplitting 1023
    - 6. Zusammenveranlagung 1026
- III. Abzug von Vorsorgeaufwendungen 1029
    - 1. Bei Nichtselbständigen 1029
    - 2. Bei Selbständigen und Gewerbetreibenden 1036
    - 3. Krankenversicherungs- und Vorsorgeunterhalt 1039
    - 4. Kindesunterhalt 1041
- IV. Berufsbedingte Aufwendungen 1042
    - 1. Bei Gewinnermittlung 1042
    - 2. Bei Einkünften aus Kapital und Vermietung und Verpachtung 1043
    - 3. Bei Renten, Pensionen 1044
    - 4. Bei Nichtselbständigen 1045
- V. Kinderbetreuungskosten und Betreuungsbonus 1053
    - 1. Kinderbetreuungskosten 1053
    - 2. Betreuungsbonus 1058
    - 3. Berücksichtigungswürdigkeit beim Bedarf 1062
    - 4. Verwandtenunterhalt und Ansprüche nach § 1615 l BGB 1063
- VI. Berücksichtigung eines Mehrbedarfs für Krankheit, Behinderung und Alter 1064
    - 1. Mehrbedarf und Mehrbedarfsfälle 1064
    - 2. Berücksichtigung eines Mehrbedarfs 1068
- VII. Berücksichtigung von Schulden 1072
    - 1. Zur Problematik der Berücksichtigung von Schulden sowie zu Regelungen in den Leitlinien 1072
    - 2. Abzug berücksichtigungswürdiger Schulden bei der Bedarfsermittlung des Ehegattenunterhalts 1082
    - 3. Berücksichtigungswürdige Schulden im Rahmen der Bedürftigkeit und Leistungsfähigkeit 1103
    - 4. Berücksichtigung von Schulden beim Verwandtenunterhalt 1105
    - 5. Verbraucherinsolvenz bei Überschuldung 1118

nach Randnummern

Inhaltsverzeichnis

VIII. Nur beim Ehegattenunterhalt und sonstigem Verwandtenunterhalt zu
berücksichtigende Abzüge 1121
    1. Kindesunterhalt und sonstige vorrangige Unterhaltslasten 1121
    2. Vermögenswirksame Leistungen des Pflichtigen 1134

14. Abschnitt: Der Anspruch auf Auskunft und Vorlage von Belegen

    I. Der Auskunftsanspruch 1150
        1. Allgemeiner Überblick 1150
        2. Auskunft beim Ehegattenunterhalt 1158
        3. Auskunft beim Kindesunterhalt 1160
        4. Auskunft beim Elternunterhalt 1162
        5. Auskunft beim Unterhaltsanspruch aus Anlass der Geburt (§ 1615 l BGB) 1163
    II. Die Auskunftserteilung 1164
        1. Die systematische Aufstellung 1164
        2. Der Zeitraum 1170
        3. Die Kosten 1171
        4. Zur Häufigkeit 1172
        5. Schadensersatzanspruch bei Verstoß gegen die Auskunftspflicht 1175
    III. Vorlage von Belegen über das Einkommen 1176
        1. Allgemeines 1176
        2. Der Umfang der Vorlegungspflicht 1177
    IV. Die Vollstreckung von Titeln zur Auskunft und zur Vorlage von Belegen 1188
        1. Vollstreckungsfähige Titel 1188
        2. Die Art der Vollstreckung 1191
    V. Die eidesstattliche Versicherung 1195
        1. Voraussetzungen 1195
        2. Die Durchsetzung des Anspruchs 1198
    VI. Die Verpflichtung zu ungefragten Informationen 1199
        1. Voraussetzungen 1199
        2. Die Folgen des Verschweigens 1202

§ 2 Kindes-, Eltern- und sonstiger Verwandtenunterhalt

A. Kindesunterhalt

1. Abschnitt: Grundlagen

    I. Entstehung und Dauer des Unterhaltsanspruchs 1
        1. Eltern-Kind-Verhältnis 1
        2. Übersicht über die wichtigsten Anspruchsvoraussetzungen und
           Einwendungen gegen den Anspruch 7
        3. Beginn und Ende des Unterhaltsanspruchs 12
    II. Unterhaltsarten 16
        1. Bar-, Betreuungs- und Naturalunterhalt 16
        2. Gleichwertigkeit von Bar- und Betreuungsunterhalt 20
        3. Verhältnis des Minderjährigen- zum Volljährigenunterhalt 28
    III. Bestimmungsrecht der Eltern 32
        1. Bestimmungsrecht 32
        2. Bestimmungsberechtigung 38
        3. Wirksamkeit der Unterhaltsbestimmung 44
        4. Verfahren 50

2. Abschnitt: Bedürftigkeit des Kindes

    I. Unvermögen des Kindes, sich selbst zu unterhalten 51
        1. Nichterwerbspflichtige Kinder 51
        2. Ausbildungsbedürftige Kinder 54

Inhaltsverzeichnis

    3. Erwerbspflichtige Kinder 57
    4. Erwerbspflicht des Kindes trotz Schwangerschaft oder Betreuung eines eigenen Kindes 59
  II. Ausbildungsunterhalt 68
    1. Ausbildungsanspruch 68
    2. Berufswahl 71
    3. Ausbildungsverpflichtungen des Kindes und Ausbildungsdauer 77
    4. Finanzierung einer Zweitausbildung 91
    5. Weiterbildung, insbesondere Studium nach einer praktischen Ausbildung 97
  III. Einkommen und Vermögen des Kindes 107
    1. Anrechenbare Einkünfte des Kindes 107
    2. Anrechnung einer Ausbildungsvergütung 112
    3. Anrechnung von Einkommen auf Barunterhalt und auf Betreuungsunterhalt 118
    4. Freiwillige Zuwendungen eines Dritten oder eines Elternteils 121
    5. Berücksichtigung des Kindesvermögens 132

3. Abschnitt: Barbedarf des Kindes

  I. Bedarfsbemessung nach der von den Eltern abgeleiteten Lebensstellung des Kindes 200
    1. Lebensstellung des Kindes und Unterhaltsbedarf 200
    2. Einkommen als Kriterium der Lebensstellung der Eltern 205
    3. Einkommensverhältnisse der Eltern im Unterhaltszeitraum 210
    4. Bedarfsbemessung bei alleiniger Barunterhaltspflicht eines Elternteils 211
    5. Bedarfsbemessung bei Barunterhaltspflicht beider Eltern 213
  II. Regelbedarf, regelmäßiger Mehrbedarf und Sonderbedarf 216
    1. Pauschalierung des Kindesunterhalts nach Tabellen 216
    2. Mindestbedarf und Existenzminimum 221
    3. Bedarfsbemessung bei besonders günstigen Einkommens- und Vermögensverhältnissen der Eltern 226
    4. Regelmäßiger Mehrbedarf 232
    5. Sonderbedarf 237

4. Abschnitt: Leistungsfähigkeit des Unterhaltspflichtigen

  I. Leistungsfähigkeit und Eigenbedarf des Unterhaltsschuldners 239
  II. Anrechenbare Einkünfte des Schuldners 241
    1. Tatsächliche Einkünfte 241
    2. Fiktive Einkünfte 243
    3. Unterhaltsleistungen als anrechenbare Einkünfte 247
  III. Berücksichtigung sonstiger Verpflichtungen des Schuldners 257
    1. Schulden und Verbraucherinsolvenz 257
    2. Beeinträchtigung der Leistungsfähigkeit durch Unterhaltsansprüche anderer Berechtigter; Mangelfälle 262
    3. Beeinträchtigung der Leistungsfähigkeit durch Betreuung eines anderen unterhaltsberechtigten Kleinkindes 269
    4. Minderung der Leistungsfähigkeit durch Umgangskosten 271
  IV. Leistungsfähigkeit eines Elternteils bei Übernahme der Haushaltsführung nach Wiederverheiratung oder Begründung einer nichtehelichen Lebensgemeinschaft („Hausmannrechtsprechung") 275
    1. Erwerbsobliegenheit des wiederverheirateten, haushaltsführenden Ehegatten gegenüber gleichrangigen Berechtigten, insbesondere gegenüber minderjährigen Kindern aus erster Ehe 275
    2. Umfang der Erwerbsobliegenheit des haushaltsführenden Ehegatten; Verpflichtungen des neuen Partners 293

nach Randnummern   Inhaltsverzeichnis

 3. Bemessung der dem Verpflichteten anzurechnenden (fiktiven) Nebeneinkünfte 288
 4. Unterhaltspflicht des haushaltführenden Elternteils gegenüber einem volljährigen Kind 291
 5. Hausmannrechtsprechung bei Übernahme der Haushaltsführung in einer nichtehelichen Lebensgemeinschaft 296

5. Abschnitt: Der Unterhaltsanspruch minderjähriger Kinder

 I. Besonderheiten beim Unterhalt minderjähriger Kinder 299
 II. Grundsätze der Bemessung des Bedarfs minderjähriger Kinder 309
  1. Der Unterhalt des nichtehelichen Kindes bis zum 30. 6. 1998 309
  2. Die Bedarfsbemessung bei ehelichen und nichtehelichen Kindern seit dem 1. 7. 1998 310
 III. Die Düsseldorfer Tabelle und die ehemaligen Vortabellen für das Beitrittsgebiet 315
  1. Vorbemerkung 315
  2. Die Düsseldorfer Tabelle, Stand: 1. 1. 2011/1. 1. 2010/1. 1. 2009/1. 1. 2008 319
  3. Allgemeines zur Anwendung der Düsseldorfer Tabelle 323
  4. Zu- oder Abschläge bei den Bedarfssätzen 343
  5. Der Bedarfskontrollbetrag 351
 IV. Dynamischer Unterhalt nach dem Mindestunterhalt 358
 V. Leistungsfähigkeit der Eltern beim Unterhalt minderjähriger Kinder 366
  1. Gesteigerte Unterhaltsverpflichtung der Eltern nach § 1603 II 1 BGB 366
  2. Notwendiger Selbstbehalt bei gesteigerter Unterhaltspflicht 380
  3. Die Bemessung des notwendigen Selbstbehalts nach den Tabellen und Leitlinien der Oberlandesgerichte 384
  4. Keine gesteigerte Unterhaltsverpflichtung bei Vorhandensein eines anderen leistungsfähigen Verwandten 394
 VI. Alleinige Barunterhaltspflicht eines Elternteils oder Beteiligung beider Eltern am Barunterhalt 410
  1. Alleinige Barunterhaltspflicht eines Elternteils 410
  2. Barunterhaltspflicht des betreuenden Elternteils 416
  3. Anteilige Barunterhaltspflicht beider Eltern nach § 1606 III 1 BGB 418
  4. Unterhalt bei Geschwistertrennung 440
  5. Kindesunterhalt bei gemeinsamer elterlicher Sorge und Wechselmodell .. 447
 VII. Mehrbedarf minderjähriger Kinder 451
  1. Berechtigung des Mehrbedarfs 451
  2. Berechnung des geschuldeten Unterhalts bei berechtigtem Mehrbedarf .. 460
  3. Mehrbedarf des behinderten minderjährigen Kindes 463

6. Abschnitt: Der Unterhaltsanspruch volljähriger Kinder

 I. Besonderheiten beim Unterhalt volljähriger Kinder 468
 II. Bedürftigkeit des volljährigen Kindes 481
  1. Auswirkungen der Volljährigkeit auf die Bedürftigkeit 481
  2. Unterhalt bei Wehr- oder Ersatzdienst, freiwilligem sozialem Jahr 486
  3. Anrechnung von Einkommen, Vermögen und Kindergeld 490
 III. Bedarf des volljährigen Kindes 499
  1. Lebensbedarf und Bedarfsbemessung 499
  2. Bedarf von Studenten und Kindern mit eigenem Haushalt 508
  3. Bedarf von Schülern, Studenten und Auszubildenden, die im Haushalt eines Elternteils leben 518
  4. Regelmäßiger Mehrbedarf des volljährigen Schülers, Studenten oder Auszubildenden 530
  5. Bemessung des Bedarfs des Volljährigen, der sich nicht in einer Ausbildung befindet 534

Inhaltsverzeichnis zu § 2

IV. Leistungsfähigkeit der Eltern beim Unterhalt volljähriger Kinder 536
    1. Grundsätzlich keine gesteigerte Unterhaltspflicht gegenüber volljährigen Kindern 536
    2. Angemessener Eigenbedarf des Verpflichteten nach § 1603 I BGB und eheangemessener Bedarf nach §§ 1361, 1578 I 1, 1581 BGB 545
    3. Bemessung des angemessenen Eigenbedarfs des verpflichteten Elternteils nach den Tabellen und Leitlinien der Oberlandesgerichte 546
    4. Berücksichtigung anderweitiger Verpflichtungen, insbesondere vorrangiger Unterhaltsansprüche 556
V. Ermittlung des Haftungsanteils der Eltern nach § 1606 III 1 BGB 560
    1. Anteilige Haftung der Eltern 560
    2. Vergleichbares Einkommen der Eltern 565
    3. Einzelheiten der Unterhaltsberechnung und wertende Veränderung des Verteilungsschlüssels 575
    4. Darlegungs- und Beweislast für die Haftungsanteile der Eltern 578
VI. Gleichstellung 18–20-jähriger Schüler mit Minderjährigen 579
    1. Problematik der Privilegierung volljähriger Kinder während einer Übergangszeit nach Eintritt der Volljährigkeit 579
    2. Voraussetzungen der Privilegierung volljähriger Schüler nach §§ 1603 II 2, 1609 Nr. 1 BGB 581
    3. Unterhaltsbemessung bei privilegiert volljährigen Kindern 589
VII. Verwirkung des Unterhaltsanspruchs des volljährigen Kindes 601

7. Abschnitt: Kindergeld und Kindesunterhalt

I. Der öffentlich-rechtliche Anspruch auf Kindergeld 700
    1. Rechtsgrundlagen 700
    2. Anspruchsvoraussetzungen für Kindergeld nach §§ 62 ff. EStG 702
    3. Kindergeld und Freibeträge nach § 32 VI EStG 707
    4. Abzweigung des Kindergeldes 712
    5. Ähnliche Sozialleistungen 713
II. Das Kindergeld nach dem bis zum 31. 12. 2007 geltenden Unterhaltsrecht 714
III. Die Behandlung des Kindergeldes nach dem Unterhaltsänderungsgesetz 716
    1. Übersicht über den seit dem 1. 1. 2008 geltenden Kindergeldausgleich .. 716
    2. Hälftige Berücksichtigung des Kindergeldes 718
    3. Berücksichtigung des Kindergeldes in voller Höhe 722
    4. Auswirkungen der bedarfsdeckenden Berücksichtigung des Kindergeldes 727
    5. Sonderfragen 731
IV. Verfahrensfragen 736

8. Abschnitt: Sonderprobleme des Kindesunterhalts

I. Auskunftspflichten 751
II. Rangfolge der Unterhaltsberechtigten und Unterhaltsverpflichteten 754
III. Vereinbarungen zum Kindesunterhalt 755
    1. Allgemeines 755
    2. Kein Verzicht auf zukünftigen Kindesunterhalt 758
    3. Freistellungsvereinbarungen der Eltern bezüglich des Kindesunterhalts ... 762
IV. Familienrechtlicher Ausgleichsanspruch 767
    1. Ausgleich zwischen den Eltern 767
    2. Erfüllung einer dem anderen Elternteil obliegenden Unterhaltspflicht ... 775
    3. Ausgleich von Kindergeld und anderen staatlichen kinderbezogenen Leistungen 780
    4. Einschränkungen des familienrechtlichen Ausgleichsanspruchs 783
    5. Verzinsung des Ausgleichsanspruchs 786
V. Ersatzhaftung; gesetzlicher Forderungsübergang nach § 1607 BGB 787
    1. Reihenfolge der Haftung beim Kindesunterhalt 787

nach Randnummern

Inhaltsverzeichnis

    2. Primäre Haftung nachrangig Verpflichteter 788
    3. Subsidiäre Haftung nachrangig Verpflichteter 797
    4. Unterhaltsleistung durch einen Dritten 803
    5. Rechtsfolgen des Anspruchsübergangs 805
  B. Unterhaltsansprüche sonstiger Verwandter, insbesondere Eltern- und Enkelunterhalt
    I. Grundlagen 900
      1. Grundfragen zum geltenden Recht 900
      2. Gerichtliche Zuständigkeit 901
      3. Unterhaltsansprüche gegen Verwandte und Sozialgesetze 902
    II. Rangfolge der Verpflichteten und Bedürftigen 905
      1. Vorrangige Haftung des Ehegatten bzw. des Lebenspartners und des nichtehelichen Vaters 905
      2. Rangfolge der unterhaltspflichtigen Verwandten 909
      3. Ersatzhaftung 910
      4. Rangfolge der Bedürftigen 916
      5. Darlegungs- und Beweislast bei Rangfragen 917
    III. Das Unterhaltsverhältnis im Einzelnen 918
      1. Das Maß des Unterhalts 919
      2. Bedürftigkeit des Berechtigten 921
      3. Leistungsfähigkeit und Eigenbedarf des Pflichtigen 923
      4. Beschränkung oder Wegfall der Unterhaltsverpflichtung durch Verwirkung nach § 1611 I BGB 936
      5. Elternunterhalt im Besonderen 939
      6. Enkelunterhalt im Besonderen 970

§ 3 Familienunterhalt

1. Abschnitt: Grundsätzliches

2. Abschnitt: Voraussetzungen des Familienunterhalts

    I. Eheliche Lebensgemeinschaft, Bedürftigkeit und Leistungsfähigkeit 7
    II. Unterhaltsverpflichtung der Ehegatten und Aufgabenverteilung in der Ehe ... 12
      1. Verpflichtung beider Ehegatten 12
      2. Aufgabenverteilung in der Ehe 14
    III. Erwerbsobliegenheit der Ehegatten 20

3. Abschnitt: Bemessung des Familienunterhalts, Unterhaltsbeiträge der Ehegatten, Wirtschaftsgeld und Taschengeld

    I. Lebensbedarf der Familie 25
      1. Angemessener Aufwand 25
      2. Schulden 35
      3. Unterhaltsansprüche sonstiger Verwandter 36
    II. Bemessung des Familienunterhalts und Leistungsfähigkeit 38
      1. Finanzieller Bedarf 38
      2. Leistungsfähigkeit 43
      3. Art und Weise des Familienunterhalts 44
    III. Anteilige Beiträge der Ehegatten zum Familienunterhalt 45
      1. Gleichwertigkeit der Haushaltstätigkeit 45
      2. Allein erwerbstätiger Ehegatte 46
      3. Beiderseits erwerbstätige Ehegatten 47
      4. Zuverdienst 53
      5. Nicht erwerbstätige Ehegatten 54

Inhaltsverzeichnis

IV. Wirtschaftsgeld	55
V. Taschengeld	62

4. Abschnitt: Konkurrenz mit anderen Unterhaltsansprüchen

I. Vergleichbarkeit des Familienunterhalts und anderer Unterhaltsansprüche	70
II. Konkurrenz zwischen dem Unterhalt Minderjähriger oder privilegiert volljähriger Kinder und dem Familienunterhalt	71
III. Konkurrenz zwischen mehreren Ehegatten	74
1. Änderung der Rangverhältnisse zum 1.1.2008	74
2. Keine Dreiteilung	77
3. Bedarf des ersten Ehegatten	79
4. Leistungsfähigkeit des Unterhaltspflichtigen bei Wiederverheiratung	82
5. Bedarf des nachfolgenden Ehegatten	83
6. Kürzung der Unterhaltsansprüche im Rahmen der Leistungsfähigkeit	85
7. Aktualisierung der Rangverhältnisse im Mangelfall	88
8. Konkurrenz des geschiedenen und des beim Verpflichteten lebenden jetzigen Ehegatten	92
9. Angemessenheitskontrolle	98
IV. Konkurrenz zwischen Volljährigen- und Familienunterhalt	99
V. Konkurrierende Ansprüche von Eltern	103
1. Bedürftigkeit eines Elternteils	103
2. Sicherstellung des Familienunterhalts durch das unterhaltspflichtige Kind	104
VI. Konkurrierende Ansprüche bei Geburt eines nichtehelichen Kindes	114

5. Abschnitt: Besonderheiten des Familienunterhalts

I. Keine Identität zwischen Familienunterhalt und Trennungsunterhalt	115
II. Ausgleichsanspruch nach § 1360b BGB	117
III. Unpfändbarkeit des Familienunterhalts	120
IV. Sonderfragen	121

§ 4 Ehegattenunterhalt
A. Grundlagen

I. Entstehungsgeschichte	1
1. Entwicklung bis zum 30. 6. 1977	1
2. Rechtslage ab dem 1. 7. 1977	2
3. Rechtslage ab dem 1. 1. 2008	3
II. Anwendbarkeit des deutschen Unterhaltsrechts, Unterhaltstatbestände	4
1. Deutsches internationales Unterhaltsrecht	4
2. Unterhaltstatbestände des BGB	5
3. Keine Identität von Familienunterhalt, Trennungsunterhalt und nachehelichem Unterhalt	6
III. Allgemeines zur Struktur der Ansprüche auf Trennungsunterhalt und auf nachehelichen Unterhalt	8
1. Vorliegen eines Unterhaltstatbestands	8
2. Allgemeine Voraussetzungen beim Berechtigten	11
3. Allgemeine Voraussetzungen beim Pflichtigen	17
4. Prüfung von Einwendungen und Einreden	20

B. Einzelne Ansprüche und Unterhaltsverhältnis

1. Abschnitt: Der Trennungsunterhalt (§ 1361 BGB)

I. Grundlagen	21
1. Geltungsbereich	21
2. Normzweck	22
3. Bedeutung des Güterstandes	23

Inhaltsverzeichnis

II. Voraussetzungen des Trennungsunterhalts	24
III. Getrenntleben	25
1. Aufheben der häuslichen Gewalt	26
2. Versöhnungsversuch	30
IV. Bedürftigkeit des Berechtigten	31
1. Erwerbsobliegenheit des bedürftigen Ehegatten nach der Trennung	32
2. Kriterien für die Zumutbarkeitsabwägung	36
3. Zumutbarkeitsabwägung bei Fortsetzung, Ausweitung oder Einschränkung einer bei Trennung bereits ausgeübten Erwerbstätigkeit	50
4. Fiktive Zurechnung erzielbarer Einkünfte	53
5. Anrechenbare Einkünfte des Unterhaltsberechtigten	54
V. Maß des Trennungsunterhalts	60
1. Eheliche Lebensverhältnisse und Bedarfsbemessung beim Trennungsunterhalt	60
2. Maßgeblicher Bemessungszeitpunkt, eheliche Lebensverhältnisse	61
3. Einzelne Bedarfspositionen	65
VI. Leistungsfähigkeit des Unterhaltspflichtigen	76
VII. Unterhaltsberechnung	78
VIII. Rangfolge, Konkurrenzen	79
1. Rangfolge des Unterhaltsanspruchs	79
2. Konkurrenzen	80
IX. Beginn und Ende des Trennungsunterhalts, Unterhaltsverzicht, Unterhaltsbegrenzung	81
1. Beginn des Anspruchs	81
2. Ende des Anspruchs	82
3. Unterhaltsverzicht	85
4. Unterhaltsbegrenzung	86
X. Verwirkung des Trennungsunterhalts (§§ 1361 III, 1579 BGB)	87
1. Voraussetzungen für die Anwendung der Härteklausel des § 1579 BGB	87
2. Einzelne, beim Trennungsunterhalt häufig geltend gemachte Härtegründe	88
3. Zumutbarkeitsabwägung	94
4. Rechtsfolgen	95
5. Verfahrensrechtliches	96
XI. Unterhalt für die Vergangenheit, Rückforderung von Unterhalt	97
1. Unterhalt für Vergangenheit	97
2. Rückforderung von Zuvielleistungen	98
XII. Geltendmachung des Trennungsunterhalts, Auskunftsanspruch	99
1. Auskunftsanspruch	99
2. Verfahren	100
3. Darlegungs- und Beweislast	101

2. Abschnitt: Anspruchstatbestände bei nachehelichem Unterhalt

I. Allgemeine Grundsätze und Besonderheiten des nachehelichen Unterhalts	102
1. Allgemeine Grundsätze der Eigenverantwortlichkeit und der nachehelichen Verantwortung	102
2. Allgemeine Voraussetzungen für einen Anspruch auf nachehelichen Unterhalt	105
3. Einheitlicher Anspruch auf nachehelichen Unterhalt	106
4. Einsatzzeitpunkte und Ausschlussunterhalt sowie Teilanschlussunterhalt	111
5. Beginn, Ende und Wiederaufleben des nachehelichen Unterhalts	115
6. Sonstige materiell-rechtliche Besonderheiten des nachehelichen Unterhalts	119
7. Sonstige verfahrensrechtliche Besonderheiten des nachehelichen Unterhalts	138
II. Angemessene Erwerbstätigkeit im Sinn der § 1574 BGB	139
1. Normzweck und Anwendungsbereich des § 1574 BGB	139
2. Angemessene Erwerbstätigkeit nach § 1574 II BGB, Systematik	141

Inhaltsverzeichnis   zu § 4

    3. Die einzelnen Kriterien für die Prüfung einer angemessenen
       Erwerbstätigkeit nach § 1574 II S. 1 Hs. 1 BGB (1. Stufe) 145
    4. Billigkeitsprüfung nach § 1574 S. 2 Hs.2 und S. 2 BGB (2. Stufe) 150
III. Unterhalt wegen Betreuung eines gemeinschaftlichen Kindes nach § 1570 BGB   157
    1. Entwicklung des Unterhaltsanspruchs 157
    2. Übergangsregelung 159
    3. Struktur des Unterhaltsanspruchs nach § 1570 BB 160
    4. Gemeinschaftliches Kind 164
    5. Berechtigte Pflege und Erziehung 165
    6. Der Betreuungsunterhaltsanspruch bis zum 3. Lebensjahr des Kindes,
       § 1570 I 1 BGB 167
    7. Die Verlängerung des Unterhaltsanspruchs über die Dreijahresfrist hinaus,
       § 1570 I 2 u. 3 BGB 170
    8. Die Verlängerung des Betreuungsunterhalts aus ehe-/elternbezogenen
       Gründen nach § 1570 II BGB 188
    9. Oberlandesgerichtliche Leitlinien zur Erwerbsobliegenheit 193
   10. Rechtsprechung zum Umfang der Erwerbsobliegenheit 194
   11. Einsatzzeitpunk 203
   12. Begrenzung des Anspruchs aus § 1570 BGB 206
   13. Privilegierung des Anspruchs aus § 1570 BGB 209
   14. Konkurrenzen 210
IV. Unterhalt wegen Alters nach § 1571 BGB 214
    1. Normzweck und Anspruchsvoraussetzungen des § 1571 BGB 214
    2. Das maßgebende Alter des Berechtigten 216
    3. Ursächlichkeit des Alters 223
    4. Einsatzzeitpunkte 227
    5. Konkurrenzen 233
    6. Beschränkung des Anspruchs nach § 1579 BGB 234
    7. Begrenzung des Anspruchs nach § 1578 b BGB 235
    8. Darlegungs- und Beweislast 236
V. Unterhalt wegen Krankheit nach § 1572 BGB 237
    1. Normzweck und Anspruchsvoraussetzungen nach § 1572 BGB 237
    2. Krankheit, Gebrechen oder geistige Schwäche 238
    3. Krankheitsbedingte Erwerbsunfähigkeit 245
    4. Einsatzzeitpunkte 249
    5. Konkurrenzen 258
    6. Beschränkung des Anspruchs nach § 1579 BGB 260
    7. Begrenzung des Anspruchs nach § 1578 b BGB 261
    8. Darlegungs- und Beweislast, Prozessuales 264
VI. Unterhalt wegen Erwerbslosigkeit nach § 1573 I, III, IV BGB 268
    1. Normzweck und Anspruchsvoraussetzungen nach § 1573 I, III, IV BGB . 268
    2. Subsidiarität und Konkurrenzen 270
    3. Der Unterhaltsberechtigte findet keine angemessene Erwerbstätigkeit 272
    4. Notwendige Bemühungen um eine angemessene Erwerbstätigkeit 274
    5. Ausbildungsobliegenheit 279
    6. Folgen einer Verletzung der Obliegenheit aus §§ 1573 I, 1574 III BGB .. 280
    7. Maßgebliche Einsatzzeitpunkte 281
    8. Umfang des Anspruchs 288
    9. Dauer des Anspruchs, Erlöschen durch nachhaltige Unterhaltssicherung,
       Wiederaufleben 289
   10. Begrenzung des Anspruchs nach § 1579 BGB 300
   11. Zeitliche Begrenzung des Unterhalts nach § 1578 b BGB 301
   12. Darlegungs- und Beweislast, Prozessuales 302
VII. Aufstockungsunterhalt nach § 1573 II BGB 308
    1. Normzweck und Anspruchsvoraussetzungen 308
    2. Subsidiarität und Konkurrenzen 314

3. Einkommensgefälle, Ausübung einer angemessenen Erwerbstätigkeit 316
4. Maßgebliche Einsatzzeitpunkte 318
5. Umfang des Anspruchs 322
6. Dauer des Anspruchs, Erlöschen, Wiederaufleben 323
7. Begrenzung des Anspruchs nach § 1579 BGB 325
8. Zeitliche Begrenzung des Aufstockungsunterhalts nach § 1578 b BGB ... 326
9. Darlegungs- und Beweislast 327
VIII. Ausbildungsunterhalt nach § 1574 III i.V.m. § 1573 I GBG 328
1. Normzweck und Anspruchsvoraussetzungen 328
2. Erforderlichkeit der Ausbildung 329
3. Erwartung eines erfolgreichen Abschlusses 330
4. Chancen auf dem Arbeitsmarkt 331
5. Beginn, Dauer und Umfang der Ausbildungsobliegenheit,
   Einsatzzeitpunkte 332
6. Verletzung der Obliegenheit 333
7. Konkurrenzen 336
8. Darlegungs- und Beweislast 337
IX. Ausbildungsunterhalt nach § 1575 BGB 338
1. Normzweck 338
2. Subsidiarität, Konkurrenzen 339
3. Anwendungsvoraussetzungen des § 1575 I BGB 341
4. Anwendungsvoraussetzungen des § 1575 II BGB 350
5. Umfang des Unterhalts 354
6. Dauer des Unterhalts nach § 1575 I, II BGB 357
7. Obliegenheiten des geschiedenen Ehegatten 361
8. Erwerbslosenunterhalt als Anschlussunterhalt nach § 1575 II BGB i. V. m.
   § 1573 BGB 364
9. Begrenzung des Unterhaltsanspruchs 365
10. Darlegungs- und Beweislast, Prozessuales 367
X. Unterhalt aus Billigkeitsgründen nach § 1576 BGB 368
1. Normzweck und Anspruchsvoraussetzungen 368
2. Ehebedingtheit 369
3. Einsatzzeitpunkt 370
4. Berücksichtigung des Verschuldens am Scheitern der Ehe 371
5. Vorliegen eines sonstigen schwerwiegenden Grundes 372
6. Billigkeitsabwägung 382
7. Dauer und Höhe des Unterhaltsanspruchs 383
8. Rangfolge und Konkurrenzen 384
9. Beweislast 385

3. Abschnitt: Unterhaltsbedarf und Bedarfsbemessung beim Ehegattenunterhalt

I. Unterhaltsbedarf nach den ehelichen Lebensverhältnissen 400
1. Der Unterhaltsbedarf als gesamter Lebensbedarf 400
2. Bedarfsbemessung nach den ehelichen Lebensverhältnissen und fehlende
   Lebensstandardgarantie 409
3. Nachhaltige Prägung der ehelichen Lebensverhältnisse durch Einkommen
   und andere Umstände 416
4. Haushaltsführung und Kinderbetreuung in der Ehe 422
5. Wandelbare Verhältnisse und Stichtagsprinzip 426
6. Bedarfsbemessung nach dem zur Deckung des Lebensbedarfs verfügbaren
   Einkommen 432
7. Vorabzug von Steuern, Vorsorgeaufwendungen, berufsbedingten
   Aufwendungen, Werbungskosten, Kinderbetreuungskosten und Schulden 437
8. Vorabzug von Unterhaltslasten 440
9. Aufwendungen zur Vermögensbildung 453

Inhaltsverzeichnis

zu § 4

10. Konsumverhalten und objektiver Maßstab für die Bedarfsbemessung	463
11. Maßgeblicher Zeitpunkt für die Beurteilung des prägenden Charakters ehelicher Lebensverhältnisse	467
12. Verbot der Doppelverwertung	480
II. Überblick zu den in der Ehe angelegten und nicht angelegten Einkünften, berücksichtigungswürdigen Ausgaben sowie Änderungen der Einkommensverhältnisse nach Trennung und Scheidung	550
1. Überblick zu den prägenden und nichtprägenden Einkünften	550
2. Normale Einkommensänderungen und vom Normalverlauf erheblich abweichende Einkommensänderungen	557
3. Gehaltsbestandteile und Familienzuschläge bei Wiederverheiratung	579
4. Aufnahme oder Ausweitung einer zumutbaren Erwerbstätigkeit durch den Berechtigten nach der Trennung	580
5. Einkünfte aus unzumutbarer Erwerbstätigkeit	583
6. Ersparnis durch das Zusammenleben und Haushaltsführung für einen neuen Partner	585
7. In der Ehe angelegte und nicht in der Ehe angelegte Einkünfte aus Vermögen	591
8. Fiktive Einkünfte beim Berechtigten und Verpflichteten nach der Trennung	605
9. Einkommensänderungen nach der Trennung durch freiwillige Disposition (z. B. Arbeitsplatzwechsel, Berufswechsel oder berufliche Verselbständigung)	650
10. Einkommensänderungen bei Arbeitsplatzverlust und Arbeitslosigkeit	654
11. Bedarfsrelevante Änderungen im Ausgabenbereich	662
12. Exkurs: Rückkehr zum Stichtag Ehescheidung?	669
13. Unterschiedliche Behandlung von Erhöhung und Minderung des Einkommens	674
14. Keine Absenkung des Bedarfs durch Unterhaltpflicht gegenüber weiteren Ehegatten	675
15. Einkommensänderungen infolge erstmaligem Rentenbezug nach Trennung und Scheidung	676
16. Nutzung des Vorsorgevermögens aus Vorsorgeaufwendungen im Rentenfall	682
17. Berücksichtigung des Preisindexes der Lebenshaltungskosten	683
III. Halbteilungsgrundsatz, Mindestbedarf und konkrete Bedarfsbemessung	750
1. Halbteilungsgrundsatz	750
2. Mindestbedarf	756
3. Keine Sättigungsgrenze bei der Bedarfsbemessung	760
4. Konkrete Bedarfsbemessung	763
5. Bedarfsbemessung nach Ehegattenquoten	772
6. Überblick zu den Quoten bei Einkünften aus Erwerbstätigkeit und sonstigen Einkünften und zur Höhe des Erwerbstätigenbonus	782
IV. Berechnungsmethoden	800
1. Unterhaltsberechnung nach der Additionsmethode	800
2. Bedarfsbemessung bei konkurrierendem Gattenunterhalt	805
3. Unterhaltsberechnung nach Differenz- und Anrechnungsmethode	814
4. Methodenwahl	821
5. Auswirkungen des Vorabzugs von Schulden und Kindesunterhalt auf den Erwerbstätigenbonus bei Mischeinkünften	826
6. Quotenunterhalt und die (überholte) Rechtsprechung zum vollen Unterhalt und trennungsbedingten Mehrbedarf	835
7. Quotenunterhalt und Mindestbedarf	837
V. Unterhaltsrechtliche Berücksichtigung eines regelmäßigen Mehrbedarfs	840
1. Mehrbedarfsfälle und konkrete Bemessung des Mehrbedarfs	840
2. Unterhaltsberechnung bei Mehrbedarf	846

4. Abschnitt: Vorsorgeunterhalt

I. Vorsorgeunterhalt wegen Alters, Berufs- und Erwerbsunfähigkeit 855
   1. Grundsätzliches, Voraussetzungen, Beginn und Dauer des Vorsorgeunterhalts beim Trennungs- und nachehelichen Unterhalt sowie Verfassungsmäßigkeit 856
   2. Geltendmachung und Tenorierung des Vorsorgeunterhalts 862
   3. Zweckbestimmung und nicht zweckbestimmte Verwendung des Vorsorgeunterhalts 868
   4. Berechnung des Vorsorgeunterhalts aus dem Elementarunterhalt nach der Bremer Tabelle 874
   5. Zweistufige und einstufige Berechnung des Elementarunterhalts und Vorrang des Elementarunterhalts gegenüber dem Vorsorgeunterhalt 883
   6. Vorsorgeunterhalt bei späteren Abänderungen 894
   7. Rechenbeispiel des BGH zum Vorsorgeunterhalt (nach BGH, FamRZ 1983, 888, 889) 897
   8. Bremer Tabelle zur Berechnung des Altersvorsorgeunterhalts 898
II. Vorsorgeunterhalt wegen Krankheit 900
   1. Voraussetzungen des Krankheitsvorsorgeunterhalts und Krankenversicherungsschutz bei Trennung oder Scheidung 900
   2. Berechnung des Krankheitsvorsorgeunterhalts 906
   3. Vorabzug der Krankenversicherungsbeiträge und des Krankheitsvorsorgeunterhalts vom Einkommen sowie mehrstufige Berechnung des Elementarunterhalts 911
   4. Geltendmachung des Krankheitsvorsorgeunterhalts 923
III. Pflegevorsorgeunterhalt 927

5. Abschnitt: Zur Bedürftigkeit des Berechtigten

I. Unterhaltsbedürftigkeit 928
   1. Bedürftigkeit als Unterhaltsvoraussetzung 928
   2. Bedürftigkeitsmindernde Anrechnung der Einkünfte des Berechtigten ... 933
   3. Anrechnung auf den vollen Unterhalt unter Berücksichtigung von Mehrbedarf 937
   4. Nach § 1577 I BGB in vollem Umfang anzurechnende Einkünfte des Berechtigten 942
   5. Abänderungsklage bei späteren Änderungen der Bedürftigkeit 943
II. Anrechung von Einkünften aus unzumutbarer Erwerbstätigkeit des Berechtigten nach § 1577 II BGB 944
   1. Zur Auslegung und zum Anwendungsbereich des § 1577 II BGB 944
   2. Ermittlung des anrechnungsfreien Betrags nach § 1577 II 1 BGB – Problem des anrechnungsfreien Defizits 948
   3. Billigkeitsanrechnung nach § 1577 II 2 952
   4. Zusammenfassung 955
   5. Rechenbeispiele zu § 1577 II BGB 956
III. Vermögensverwertung nach § 1577 III BGB und nachhaltige Unterhaltssicherung durch Vermögen nach § 1577 IV BGB 959
   1. Vermögensverwertung nach § 1577 III BGB 959
   2. Nachhaltige Unterhaltssicherung durch Vermögen nach § 1577 IV BGB .. 964

6. Abschnitt: Zur Leistungsfähigkeit des Verpflichteten

I. Leistungsunfähigkeit als Einwendung 966
II. Eigener eheangemessener Bedarf 969
III. Bedarfsquote und Billigkeitsquote, konkreter Bedarf 975
IV. Schuldhaft herbeigeführte Leistungsunfähigkeit, Folgen des Mangelfalls 978

Inhaltsverzeichnis

7. Abschnitt: Herabsetzung und zeitliche Begrenzung des Unterhalts nach § 1578 b BGB

I. Allgemeines 1000
   1. Neues und bisheriges Recht 1000
   2. Struktur des § 1578 b BGB 1001
   3. Gemeinsame Voraussetzungen von § 1578b I und II BGB 1002
II. Herabsetzung des eheangemessenen Unterhalts auf den angemessenen Lebensbedarf nach § 1578 b I BGB 1003
   1. Anwendungsbereich des § 1578 b I BGB 1003
   2. Rechtsfolgen nach § 1578 b I BGB 1004
III. Zeitliche Begrenzung des Unterhalts nach § 1578 b II BGB 1009
   1. Anwendungsbereich des § 1578 b II BGB 1009
   2. Rechtsfolgen nach § 1578 b II BGB 1010
IV. Kriterien zu der nach § 1578 b I oder II BGB erforderlichen Billigkeitsabwägung 1011
   1. Billigkeitsabwägung zur Herabesetzung und zeitlichen Begrenzung des Unterhalts 1011
   2. Die Kinderschutzklausel 1013
   3. Dauer der Pflege oder Erziehung eines gemeinschaftlichen Kindes 1014
   4. Gestaltung der Haushaltsführung und Erwerbstätigkeit während der Ehe 1015
   5. Dauer der Ehe 1019
   6. Sonstige Umstände 1022
V. Verfahrensrechtliche Fragen bei Anwendung des § 1578 b I u. II BGB 1027
   1. Geltendmachung im Erstverfahren 1027
   2. Geltendmachung in einem späteren Abänderungsverfahren 1028
   3. Darlegungs- und Beweislast 1031

8. Abschnitt: Die Härteklausel des § 1579 BGB

I. Normzweck, gesetzliche Regelung und Anwendungsbereich des § 1579 BGB 1200
   1. Normzweck und entstehungsgeschichtliche Entwicklung 1200
   2. Voraussetzungen für die Anwendung der Härteklausel 1204
   3. Rechtsfolgen der Härteklausel 1206
   4. Anwendungsbereich des § 1579 BGB 1209
   5. Darlegungs- und Beweislast 1213
II. Grobe Unbilligkeit und Zumutbarkeitsabwägung nach § 1579 BGB 1218
   1. Grobe Unbilligkeit als eigene Anspruchsvoraussetzung bei jedem Härtegrund 1218
   2. Umstände, die bei der Interessenabwägung zur Beurteilung einer groben Unbilligkeit zu berücksichtigen sind 1221
   3. Vorrangige Berücksichtigung des Kindeswohls bei Betreuung eines gemeinschaftlichen Kindes durch den Berechtigten 1229
   4. Sonderfragen 1241
III. Ehe von kurzer Dauer (§ 1579 Nr. 1 BGB) 1244
   1. Härtegrund der kurzen Ehedauer (Nr. 1) 1244
   2. Kurze Ehedauer bis zu zwei Jahren 1250
   3. Nicht mehr kurze Ehedauer ab ca. drei Jahren 1253
   4. Ehedauer zwischen zwei und drei Jahren und sonstige Sonderfälle 1255
   5. OLG-Entscheidungen mit Billigkeitsabwägungen 1260
IV. Härtegrund der verfestigten Lebensgemeinschaft (§ 1579 Nr. 2 BGB) 1267
   1. Neufassung des Tatbestandes 1267
   2. Verfestigte Lebensgemeinschaft 1270
   3. Auf Distanz angelegtes Verhältnis 1276
   4. Grobe Unbilligkeit 1277

Inhaltsverzeichnis

V. Härtegrund eines Verbrechens oder schweren vorsätzlichen Vergehens gegen den Verpflichteten oder einen nahen Angehörigen (§ 1579 Nr. 3 BGB)	1278
1. Härtegrund der Nr. 3	1278
2. Beleidigungen, Verleumdungen und falsche Anschuldigungen	1285
3. Betrug und versuchter Prozessbetrug	1286
VI. Mutwillige Herbeiführung der Bedürftigkeit (§ 1579 Nr. 4 BGB)	1289
1. Der Härtegrund der Nr. 4	1289
2. Mutwillige Bedürftigkeit infolge Alkohol- oder Drogenabhängigkeit	1296
3. Mutwillige Bedürftigkeit wegen Aufgabe einer Erwerbstätigkeit oder wegen unterlassener Maßnahmen zur Herstellung der Erwerbsfähigkeit	1301
4. Mutwillige Bedürftigkeit wegen Verschwendung oder unwirtschaftlicher Vermögensanlage	1308
5. Mutwillige Bedürftigkeit wegen bestimmungswidriger Verwendung des Vorsorgeunterhalts	1313
6. Sonstige Fälle, in denen der BGH eine Mutwilligkeit verneint hat	1314
VII. Mutwillige Verletzung von Vermögensinteressen des Verpflichteten (§ 1579 Nr. 5 BGB)	1318
1. Zum Härtegrund der Nr. 5	1318
2. Fälle zu Nr. 5	1323
3. Wahrnehmung berechtigter Interessen	1326
VIII. Gröbliche Verletzung der Pflicht, zum Familienunterhalt beizutragen (§ 1579 Nr. 6 BGB)	1329
1. Zum Härtegrund der Nr. 6	1329
2. Fälle einer Pflichtverletzung zu Nr. 6	1336
IX. Offensichtlich schwerwiegendes, eindeutig beim Berechtigten liegendes Fehlverhalten (§ 1579 Nr. 7 BGB)	1337
1. Zum Härtegrund der Nr. 7	1337
2. Verstöße gegen die eheliche Treuepflicht als offensichtlich schwerwiegendes Fehlverhalten	1346
3. Sonstige Fälle eines schwerwiegenden Fehlverhaltens	1353
4. Fälle, in denen der BGH ein schwerwiegendes Fehlverhalten verneint hat	1359
5. Eindeutig beim Berechtigten liegendes Fehlverhalten	1364
6. Darlegungs- und Beweislast	1369
X. Anderer schwerwiegender Grund nach § 1579 Nr. 8 BGB	1371
1. Zum Härtegrund der Nr. 8	1371
2. Härtegrund der Nr. 8, wenn nach der Scheidung ein ehewidriges Verhältnis gemäß Nr. 7 fortgeführt wird	1374
3. Der Härtegrund der Nr. 8 in sonstigen Fällen	1375
4. Kein Härtegrund nach Nr. 8	1377
X. Wiederaufleben eines nach § 1579 BGB ausgeschlossenen Anspruchs und endgültiger Ausschluss nach § 1579 BGB	1382
1. Grundsatz	1382
2. Wiederaufleben eines nach Nr. 2 ausgeschlossenen Anspruchs	1384
3. Wiederaufleben eines Anspruchs aus Gründen des vorrangigen Kindeswohls	1385

§ 5 Rangverhältnisse und Mangelfälle

I. Selbstbehalt und Mangelfall	1
1. Relativität von Eigenbedarf, Selbstbehalt und Mangelfall	1
2. Verschiedene Selbstbehalte nach den Leitlinien	2
3. Voraussetzungen eines Mangelfalls nach §§ 1581, 1603 BGB	31
4. Abänderungsklage bei späteren Änderungen der Leistungsfähigkeit	47
II. Einkommens- und Bedarfskorrekturen im Mangelfall	52
1. Überblick über die Rechtsfolgen eines Mangelfalls nach § 1581 BGB	53
2. Kindergeld und Zählkindvorteil im Mangelfall	62

3. Zurechnung fiktiver Einkünfte wegen gesteigerter Erwerbsobliegenheit und erhöhte Zurechnung von Einkünften aus unzumutbarer Erwerbstätigkeit .. 57
4. Zurechnung unentgeltlicher freiwilliger Zuwendungen Dritter 73
5. Verschärfte Anforderungen an Abzugsposten vom Bruttoeinkommen bei Berechnung des Nettoeinkommens 76
6. Erhöhung der Deckungsmasse durch eine zumutbare Vermögensverwertung 81
7. Berücksichtigung von Verbindlichkeiten des Verpflichteten 85
8. Obliegenheit, sich auf die Pfändungsfreigrenzen zu berufen und evtl. Insolvenzantrag zu stellen 95
9. Individuelle oder schematische Kürzung eines verbleibenden Fehlbedarfs nach § 1581 BGB 102
III. Mehrheit von Berechtigten: relativer Mangelfall 105
IV. Mehrheit von Berechtigten: gemischter Mangelfall mit zwei Ehegatten 107
1. Allgemeines 107
2. Rechnerischer Grundfall: Kürzung nach § 1581 bei Gleichrang und Getrenntleben 108
3. Kürzung nach § 1581 BGB bei Gleichrang und Zusammenleben in der neuen Ehe 109
4. Kürzung bei Nachrang der früheren Ehe 110
5. Kürzung bei Nachrang der späteren Ehe 111
6. Das anrechnungsfreie Defizit 112
V. Mehrheit von Berechtigten: Rangfragen 113
1. Aktualisierung von Rangverhältnissen im Mangelfall 113
2. Die gesetzliche Rangfolge bei mehreren Berechtigten 118
3. Zum Rangverhältnis unter mehreren berechtigten Kindern 120
4. Rangverhältnisse nach § 1582, § 1609 Nr. 2, 3 BGB zwischen mehreren unterhaltsberechtigten Ehegatten 124
5. Rangverhältnis zwischen Ehegatten und Kindern 136
6. Der vorrangige Bedarf im Mangelfall 138
7. Kürzung und Wegfall des Unterhalts nachrangig Berechtigter in Mangelfällen 144
8. Rechenbeispiele zum Ausscheiden bzw. zur Berechnung des Unterhalts nachrangig Berechtigter 150
9. Verteilung bei Gleichrang (mit Beispielen) 155
10. Beispiele für Mangelfallrechnungen mit mehreren Unterhaltsberechtigten teilweise verschiedenen Ranges 160
11. Altfälle 164
VI. Rangverhältnis zwischen mehreren Verpflichteten 166
1. Rangordnung unter unterhaltspflichtigen Verwandten 167
2. Ersatzhaftung im Mangelfall 170
3. Mehrere unterhaltspflichtige Ehegatten 171
4. Ehegatte neben nichtehelichem Elternteil 172
5. Nichteheliche Elternteile untereinander 174
6. Ehegatten oder nichteheliche Elternteile neben Verwandten 175
7. Haftungskonkurrenz bei Unterhalt minderjähriger Kinder 186
8. Mangelfall bei Barunterhaltspflicht beider Elternteile 167

§ 6 Sonderfragen

1. Abschnitt: Selbstständige Bestandteile des Unterhaltsanspruchs

I. Sonderbedarf 1
1. Anspruchsvoraussetzungen 1
2. Beteiligung des Unterhaltsgläubigers an der Finanzierung des Sonderbedarfs 10
3. Einzelfälle 14

nach Randnummern **Inhaltsverzeichnis**

    II. Prozess- und Verfahrenskostenvorschuss 20
        1. Terminologie 20
        2. Anspruchsberechtigte 21
        3. Anspruchsvoraussetzungen 28
        4. Inhalt des Anspruchs 37
        5. Prozessuales, Rückforderung des Kostenvorschusses 39

2. Abschnitt: Unterhalt für die Vergangenheit

    I. Anspruchsvoraussetzungen 100
        1. Gesetzliche Grundlagen 100
        2. Rechtshängigkeit 106
        3. Auskunft 107
        4. Sonderbedarf 108
        5. Rückwirkender Unterhalt nach § 1613 II Nr. 2 BGB 109
        6. Übergeleitete und übergangene Unterhaltsansprüche 110
        7. Sonstige Ansprüche 113
        8. Absichtlicher Leistungsentzug beim nachehelichen Unterhalt 114
    II. Verzug 119
        1. Verzug nach § 286 I BGB 119
        2. Verzug nach § 286 II Nr. 1 BGB 134
        3. Verzug nach § 286 II Nr. 3 BGB 135
        4. Verzug nach § 286 II Nr. 4 BGB 136
        5. Verschulden des Pflichtigen 137
        6. Verzugszinsen 138
        7. Beseitigung der Verzugsfolgen und Verwirkung 140
    III. Verjährung 147

3. Abschnitt: Rückforderung von zu Unrecht gezahltem Unterhalt

    I. Grundsätze 200
        1. Ausgangslage 200
        2. Anspruchsgrundlagen 203
    II. Rückforderungsansprüche aus ungerechtfertigter Bereicherung 204
        1. Anspruchsgrundlage 204
        2. Entreicherung 208
        3. Verschärfte Haftung 213
        4. Möglichkeiten des Pflichtigen gegen den Entreicherungseinwand 221
        5. Mehrleistung mit Erstattungsabsicht 226
    III. Ansprüche aus dem Vollstreckungsrecht 228
        1. Ansprüche bei vorläufig vollstreckbaren Urteilen 228
        2. Ansprüche bei Notunterhalt 230
        3. Ansprüche bei Vaterschaftsfeststellung 231
        4. Keine Ansprüche bei einstweiligen Anordnungen 232
    IV. Ansprüche aus unerlaubter Handlung 233
        1. Anspruch bei Betrug 233
        2. Vorsätzliche sittenwidrige Ausnützung eines unrichtig gewordenen
           Vollstreckungstitels 235
    V. Sonderfälle 239
        1. Rückforderung bei Rentennachzahlung 239
        2. Rückforderung eines Verfahrenskostenvorschusses 242

4. Abschnitt: Aufrechnung mit Gegenforderungen

    I. Aufrechnungsverbot für unpfändbare Forderungen 300
    II. Aufrechnungen gegen Unterhaltsforderungen 302
    III. Der Arglisteinwand 307
    IV. Die Aufrechnungserklärung 309

Inhaltsverzeichnis

V. Die Aufrechnungsvereinbarung 310
VI. Die Aufrechnung mit Rückforderungsansprüchen aus
    Unterhaltsüberzahlungen 311
VII. Zusammenfassung 313

5. Abschnitt: Unterhalt bei Gütergemeinschaft

I. Überblick 400
II. Ehegattenunterhalt 402
   1. Trennungsunterhalt 402
   2. Familienunterhalt 412
   3. Nachehelicher Unterhalt 413
III. Kindesunterhalt 419
   1. Kindesunterhalt in der Trennungszeit 420
   2. Kindesunterhalt ab Rechtskraft der Scheidung 422
IV. Keine fiktiven Einkünfte 423
V. Eilmaßnahmen 424

6. Abschnitt: Vereinbarungen zum Ehegattenunterhalt

I. Allgemeines 600
II. Vereinbarungen zum Familienunterhalt 610
III. Vereinbarungen zum Getrenntlebensunterhalt 611
IV. Vereinbarungen zum Nachscheidungsunterhalt 612
   1. Vorsorgende Vereinbarungen 613
   2. Vereinbarungen anlässlich oder nach der Scheidung 614
V. Vereinbarung eines Unterhaltsverzichts 615
   1. Die besondere Problematik des Verzichts auf nachehelichen Unterhalt ... 615
   2. Die allgemeine Sittenwidrigkeit des Verzichts auf nachehelichen Unterhalt 616
   3. Richterliche Wirksamkeits- und Ausübungskontrolle 617
VI. Vereinbarung einer Wertsicherungsklausel 623
VII. Vereinbarung einer Kapitalabfindung 627

7. Abschnitt: Darlegungs- und Beweislast sowie tatrichterliche Ermittlung und Schätzung nach § 287 ZPO

I. Zur Darlegungs- und Beweislast 700
   1. Allgemeiner Überblick 700
   2. Zur Darlegungs- und Beweislast des Unterhaltsberechtigten 703
   3. Zur Darlegungs- und Beweislast des Unterhaltspflichtigen 721
   4. Zur Regel-Ausnahme-Situation 732
   5. Negativtatsachen und substantiiertes Bestreiten von Tatsachen aus dem eigenen Wahrnehmungsbereich 741
   6. Darlegungs- und Beweislast bei Abänderungsklagen 746
   7. Darlegungs- und Beweislast bei negativen Feststellungsklagen 747
   8. Zur Umkehr der Beweislast 749
II. Zur tatrichterlichen Ermittlung und Schätzung nach § 287 ZPO 750
   1. Zur Anwendung des § 287 ZPO im Unterhaltsverfahren 750
   2. Zur Schätzung nach § 287 ZPO 755
   3. Zu den Schätzungsvoraussetzungen 758

§ 7 Unterhalt zwischen nicht verheirateten Eltern und zwischen Lebenspartnern

1. Abschnitt: Ansprüche der Mutter oder des Vaters eines nichtehelichen Kindes gegen den anderen Elternteil und damit zusammenhängende Ansprüche

I. Allgemeines 1
   1. Historische Entwicklung des § 1615 l BGB 1
   2. Bedeutung des § 1615 l BGB 10

Inhaltsverzeichnis

II. Die einzelnen Unterhaltstatbestände des § 1615 l BGB	11
1. Überblick	11
2. Der Mutterschutzunterhalt gemäß § 1615 l I 1 BGB	14
3. Der Unterhalt wegen Schwangerschaft oder Krankheit gemäß § 1615 l II 1 BGB	17
4. Der Unterhalt wegen Kindesbetreuung gemäß § 1615 l II 2 bis 5 BGB	20
5. Der Unterhaltsanspruch des nichtehelichen Vaters	78
6. Der Anspruch auf Ersatz von Schwangerschafts- und Entbindungskosten nach § 1615 l I 2 BGB	82
III. Die Bemessung des Unterhalts	91
1. Der Unterhaltsbedarf	91
2. Die Bedürftigkeit	123
3. Die Leistungsfähigkeit	141
IV. Rangverhältnisse und Unterhaltskonkurrenzen	152
1. Mehrere Unterhaltsberechtigte	152
2. Mehrere Unterhaltspflichtige	161
V. Einzelne Fragen des materiellen Rechts	191
1. Abgrenzung der Ansprüche aus § 1615 l BGB und § 1570 BGB	191
2. Anspruchsberechtigte, Anspruchsgegner, Durchsetzung des Anspruchs aus § 1615 l BGB	193
3. Fälligkeit, Unterhalt für die Vergangenheit	197
4. Auskunftsanspruch	200
5. Erlöschen des Anspruchs durch den Tod des Unterhaltsberechtigten	203
6. Erlöschen des Anspruchs des Berechtigten durch andere Gründe	204
7. Der Anspruch auf Übernahme von Beerdigungskosten der Mutter	210
8. Tod des Unterhaltspflichtigen	215
9. Tot- oder Fehlgeburt des Kindes, Schwangerschaftsabbruch	218
10. Verzicht, Unterhaltsvereinbarungen	226
11. Verwirkung	228
12. Verjährung	235
13. Steuerliche Abzugsmöglichkeiten	236
VI. Verfahrensrechtliches	240
1. Zuständiges Gericht für Unterhaltsverfahren	240
2. Verfahren	242
3. Verfahrenskostenvorschuss	243
4. Darlegungs- und Beweislast	244
5. Titel, Befristung des Betreuungsunterhalts	259
6. Abänderungsantrag	265
7. Vorläufige Rechtsschutzmöglichkeiten	266
8. Übergangsrecht	281

2. Abschnitt: Unterhaltsansprüche zwischen eingetragenen Lebenspartnern

I. Allgemeines	
1. Die Entwicklung der eingetragenen Lebenspartnerschaft	290
2. Die eingetragene Lebenspartnerschaft als Unterhaltsvoraussetzung	298
3. Grundsätze zur Unterhaltspflicht nach dem LPartG	307
II. Die einzelnen Unterhaltsansprüche	310
1. Lebenspartnerschaftsunterhalt nach § 5 LPartG	310
2. Trennungsunterhalt nach § 12 LPartG	327
3. Der nachpartnerschaftliche Unterhalt nach § 16 LPartG	353
4. Gerichtliche Geltendmachung	376

Inhaltsverzeichnis

§ 8 Unterhalt und Sozialleistungen

1. Abschnitt: Das Verhältnis von Sozial- und Unterhaltsrecht

I. Die verschiedenen Sozialleistungen	1
II. Die Reform des Sozialrechts zum 1. 1. 2005 und weitere Änderungen	4
III. Sozialleistungen als anrechenbares Einkommen im Unterhaltsrecht	5
1. Einkommensersetzende Sozialleistungen	5
2. Subsidiäre Sozialleistungen	7
3. Bedürftigkeit beim Bezug subsidiärer Sozialleistungen	10
4. Leistungsfähigkeit beim Bezug subsidiärer Sozialleistungen	13
5. Verwirklichung des Nachrangs und Rechtsschutz	15

2. Abschnitt: Sozialhilfe und Unterhalt

I. Abgrenzung von Sozialhilfe und Leistungen zur Sicherung des Lebensunterhalts nach dem SGB II	18
II. Hilfebedürftigkeit	23
1. Einsatzgemeinschaft („Bedarfsgemeinschaft")	23
2. Einsatz des Einkommens und des Vermögens	29
III. Hilfe zum Lebensunterhalt	46
1. Anspruchsberechtigung	46
2. Notwendiger Unterhalt	47
IV. Sonstige Hilfearten	57
V. Der Übergang des Unterhaltsanspruchs auf den Sozialhilfeträger	60
1. Abgrenzung des § 94 SGB XII vom Übergang anderer Ansprüche	60
2. Übergehende Unterhaltsansprüche; Ausschluss des Anspruchsübergangs	62
3. Umfang des Forderungsübergangs	69
4. Wirkung des Anspruchsübergangs	77
5. Unterhalt für die Vergangenheit, Rechtswahrungsanzeige	81
6. Unterhaltsverzicht und Unterhaltsvereinbarungen	83
7. Laufende Zahlung des Unterhalts	84
8. Unterhalt volljähriger Kinder	85
9. Unbillige Härte	87
VI. Sozialhilferechtliche Vergleichsberechnung	91
1. Rechtslage bis zum 31. 12. 2004	91
2. Inhalt der gesetzlichen Neuregelung	92
VII. Geltendmachung des Unterhaltsanspruchs im Prozess	107
1. Konsequenzen des Anspruchsübergangs	107
2. Rückübertragung des übergegangenen Unterhaltsanspruchs	111
3. Erneute Abtretung an den Sozialhilfeträger	119
4. Konkurrenz zwischen Unterhaltsberechtigtem und Sozialhilfeträger	120
5. Abänderungsverfahren	123
VIII. Rechtslage bei Ausschluss des Anspruchsübergangs	124
1. Geltendmachung des Unterhaltsanspruchs durch den Sozialhilfeträger	124
2. Geltendmachung des Unterhaltsanspruchs durch den Leistungsberechtigten	126

3. Abschnitt: Grundsicherung im Alter und bei Erwerbsminderung und Unterhalt

I. Anspruch auf Grundsicherung im Alter und bei Erwerbsminderung	135
1. Verhältnis zur Sozialhilfe und zur Grundsicherung für Arbeitsuchende	135
2. Voraussetzungen und Art der Leistungen	138
3. Bewilligungszeitraum	146

nach Randnummern   **Inhaltsverzeichnis**

　II. Das Verhältnis von Unterhaltsansprüchen zur Grundsicherung im Alter und
　　　bei Erwerbsminderung 147
　　　1. Überblick 147
　　　2. Einsatzgemeinschaft 149
　　　3. Unterhalt zwischen getrennt lebenden oder geschiedenen Ehegatten
　　　　 (Lebenspartnern); Betreuungsunterhalt nach § 1615 l BGB 152
　　　4. Elternunterhalt 154
　　　5. Unterhalt volljähriger Kinder 167
　　　6. Unterhalt zwischen Verwandten zweiten Grades 170

4. Abschnitt: Die Grundsicherung für Arbeitsuchende und Unterhalt

　　I. Grundsicherung und Sozialhilfe 171
　　　1. Die Reform des Sozialrechts zum 1. 1. 2005 171
　　　2. Abgrenzung von der Sozialhilfe und der Jugendhilfe 175
　　　3. Zuständigkeiten 176
　 II. Anspruchsvoraussetzungen 178
　　　1. Berechtigter Personenkreis 178
　　　2. Alter 186
　　　3. Gewöhnlicher Aufenthalt 187
　　　4. Erwerbsfähigkeit 188
　　　5. Hilfebedürftigkeit; Einsatz von Einkommen und Vermögen 189
　III. Leistungen zur Sicherung des Lebensunterhalts 200
　　　1. Arbeitslosengeld II 201
　　　2. Sozialgeld 210
　　　3. Berechnung des Arbeitslosengeldes II und des Sozialgeldes 212
　　　4. Sonstige Geldleistungen 214
　　　5. Ausschließlichkeit der Leistungen nach dem SGB II 218
　 IV. Leistungsfähigkeit des Unterhaltspflichtigen bei Bezug von Grundsicherung
　　　für Arbeitsuchende 219
　　　1. Erwerbsobliegenheit 219
　　　2. Leistungen der Grundsicherung für Arbeitsuchende als
　　　　 unterhaltsrechtliches Einkommen des Pflichtigen 220
　　V. Bezug von Grundsicherung für Arbeitsuchende durch den
　　　Unterhaltsberechtigten; Anspruchsübergang 225
　　　1. Subsidiarität der Grundsicherung 225
　　　2. Anspruchsübergang 228
　　　3. Kraft Gesetzes übergehende Unterhaltsansprüche 232
　　　4. Umfang des Anspruchsübergangs 238
　　　5. Unterhalt für die Vergangenheit 245
　　　6. Vergleichsberechnung 248
　　　7. Keine Härteregelung 251
　　　8. Laufende Zahlung des Unterhalts 252
　　　9. Geltendmachung des übergegangenen Anspruchs 253
　　　10. Rückübertragung und erneute Abtretung des Unterhaltsanspruchs 255
　 VI. Rechtslage bei Ausschluss des Anspruchsübergangs 256
　　　1. Geltendmachung des Unterhaltsanspruchs durch die Träger der
　　　　 Grundsicherung 256
　　　2. Geltendmachung des Unterhaltsanspruchs durch den Leistungsempfänger .. 261

5. Abschnitt: Unterhaltsvorschuss und Unterhalt

　　I. Die Voraussetzungen des Unterhaltsvorschusses 262
　 II. Anspruchsübergang 270
　III. Verhältnis von Sozialhilfe und Grundsicherung für Arbeitsuchende zum
　　　Unterhaltsvorschuss 276

XXXV

Inhaltsverzeichnis zu § 9

6. Abschnitt: Ausbildungsförderung und Unterhalt

I. Voraussetzungen und Dauer der Förderung 279
II. Das Verhältnis von Ausbildungsförderung und Unterhalt 286
  1. Ausbildungsförderung und Vorausleistung 286
  2. Anspruchsübergang 288

§ 9 Auslandsberührung

1. Abschnitt: Materielles Recht

I. Rechtsquellen 1
II. Definition der Unterhaltspflicht 9
III. Anwendbares materielles Recht – Unterhaltsstatut 11
  1. Gesetzliche Grundlagen 11
  2. Vorbehalt nach Art. 15 HUÜ 12
  3. Gewöhnlicher Aufenthalt 13
  4. Subsidiarität 16
  5. Gemeinsame Staatsangehörigkeit 18
  6. Recht des Gerichtsstaats 23
  7. Verstoß gegen den Ordre Public 24
  8. Folgen einer Scheidung 26
  9. Wahl des anzuwendenden Rechts 31
  10. Auf öffentliche Träger übergegangene Unterhaltsansprüche 34
IV. Bemessung des Unterhalts 35
  1. Bedarfsermittlung 35
  2. Bedarfskorrektur mit Hilfe der Verbrauchergeldparität 38
  3. Bedarfskorrektur nach Teuerungsziffern für den Kaufkraftausgleich der Auslandsbesoldung 91
V. Währung 94
VI. Ausgewählte Länder 100

Belgien

1. Kinderunterhalt 101
2. Ehegattenunterhalt 102
3. Familienunterhalt 108

Bosnien-Herzegowina

1. Allgemeines 109
2. Kinderunterhalt 111
3. Ehegattenunterhalt 115
4. Unterhalt des außerehelichen Partners 117
5. Sonstiger Verwandtenunterhalt 118
6. Allgemeine Vorschriften zur Bestimmung des Unterhalts 119

Dänemark

1. Kinderunterhalt 124
2. Ehegattenunterhalt 127

England und Wales

1. Kinderunterhalt 133
2. Ehegattenunterhalt 140
3. Allgemeine Grundsätze 149

Finnland

1. Kinderunterhalt	150
2. Ehegattenunterhalt	158
3. Unterhaltsanspruch eines Lebenspartners	162

Frankreich

1. Kinderunterhalt	163
2. Ehegattenunterhalt	164
3. Familienunterhalt	173

Griechenland

1. Kinderunterhalt	174
2. Ehegattenunterhalt	177
3. Verwandtenunterhalt	183
4. Allgemeine Grundsätze	186

Irland

1. Kinderunterhalt	189
2. Ehegattenunterhalt	192

Italien

1. Kinderunterhalt	198
2. Ehegattenunterhalt	200
3. Verwandtenunterhalt	208

Kroatien

1. Kinderunterhalt	209
2. Ehegattenunterhalt	212
3. Unterhalt des außerehelichen Partners	215
4. Verwandtenunterhalt	218
5. Allgemeine Vorschriften zur Bestimmung des Unterhalts	219

Montenegro

1. Kinderunterhalt	224
2. Ehegattenunterhalt	227
3. Unterhalt des außerehelichen Partners	232
4. Verwandtenunterhalt	238
5. Allgemeine Vorschriften zur Bestimmung des Unterhalts	242

Niederlande

1. Kinderunterhalt	246
2. Ehegattenunterhalt	249
3. Verwandtenunterhalt	257
4. Allgemeine Vorschriften zur Bestimmung des Unterhalts	259

Norwegen

1. Kinderunterhalt	260
2. Ehegattenunterhalt	264

Österreich

1. Kinderunterhalt	271
2. Ehegattenunterhalt	275

Inhaltsverzeichnis zu § 9

Polen

1. Kinderunterhalt 294
2. Ehegattenunterhalt 303
3. Verwandtenunterhalt 310
4. Unterhalt aus gemeinsamer Elternschaft 312
5. Allgemeine Vorschriften 313

Portugal

1. Kinderunterhalt 316
2. Ehegattenunterhalt 324
3. Verwandtenunterhalt 332
4. Unterhaltsanspruch der Kindesmutter 334

Rumänien

1. Kinderunterhalt 335
2. Ehegattenunterhalt 344
3. Verwandtenunterhalt 351

Schottland

1. Kinderunterhalt 352
2. Ehegattenunterhalt 354
3. Allgemeine Grundsätze 356
4. Prozessrecht 360

Schweden

1. Kinderunterhalt 363
2. Ehegattenunterhalt 371

Schweiz

1. Kinderunterhalt 376
2. Ehegattenunterhalt 383
3. Verwandtenunterhalt 401
4. Allgemeine Vorschriften 402

Serbien

1. Kinderunterhalt 403
2. Ehegattenunterhalt 406
3. Unterhalt der Mutter eines Kindes und des außerehelichen Partners 409
4. Verwandtenunterhalt 411
5. Allgemeine Vorschriften zur Bestimmung des Unterhalts 414

Slowenien

1. Kinderunterhalt 419
2. Ehegattenunterhalt 422
3. Unterhalt des außerehelichen Partners 431
4. Verwandtenunterhalt 432
5. Allgemeine Vorschriften 433

Spanien

1. Kinderunterhalt 438
2. Ehegattenunterhalt 444
3. Verwandtenunterhalt 450

Tschechische Republik

1. Kinderunterhalt	451
2. Ehegattenunterhalt	456
3. Verwandtenunterhalt	464

Türkei

1. Kinderunterhalt	466
2. Ehegattenunterhalt	471
3. Verwandtenunterhalt	494

Ungarn

1. Kinderunterhalt	495
2. Ehegattenunterhalt	501
3. Verwandtenunterhalt	504

Vereinigte Staaten von Amerika (USA)

1. Kinderunterhalt	508
2. Ehegattenunterhalt	512

2. Abschnitt: Verfahrensrecht einschließlich Vollstreckung

I. Rechtsquellen	600
II. Internationale Zuständigkeit und Verfahren	640
1. Internationale Zuständigkeit	640
2. Rechtsschutzbedürfnis	665
3. Abänderung ausländischer Unterhaltstitel	666
4. Einstweiliger Rechtsschutz	671
III. Anerkennung und Vollstreckung ausländischer Unterhaltstitel	675
1. Unmittelbare Vollstreckbarkeit nach der EuUnthVO	677
2. Exequaturverfahren	682
3. Anerkennungs- und Vollstreckungshindernisse	686
4. Umsetzung durch nationales Recht	691
5. Anerkennung und Vollstreckung nach nationalem Recht	699
IV. Beitrittsgebiet (ehemalige DDR)	710

§ 10 Verfahrensrecht

1. Abschnitt: Verfahrensgegenstand, Zuständigkeit und Gericht

I. Vom Unterhaltsprozess zum Verfahren in Unterhaltsstreitsachen	1
II. Verfahrensgegenstand	2
1. Die Unterhaltssachen als Familienstreitsachen (§ 231 I FamFG)	2
2. Die Nichtunterhaltssachen	4
3. Mischverfahren	5
III. Das Familiengericht	6
1. Die sachliche Zuständigkeit	6
2. Die örtliche Zuständigkeit	8
3. Internationale Zuständigkeit	15
4. Abgabe, Verweisung und Kompetenzkonflikte	19
5. Der Familienrichter	32

2. Abschnitt: Die Schaffung und Abänderung von Unterhaltstiteln

I. Der Leistungsantrag im Hauptsacheverfahren 1. Instanz	34
1. Allgemeines	35
2. Rechtsschutzbedürfnis und Titulierungsinteresse	37

Inhaltsverzeichnis

3. Die Beteiligten, gesetzliche Vertretung Minderjähriger und Verfahrensstandschaft	42
4. Verfahrensgrundsätze	53
5. Sonderformen des Leistungsantrags in Unterhaltssachen („Teilunterhalt")	55 b
6. Verfahrensrechtliche Auskunftspflichten (§§ 235, 236 FamFG)	56
7. Die das Verfahren erledigende Endentscheidung (§§ 116 I, 38 FamFG)	76
II. Die Unterhaltssachen im Verbundverfahren	93
1. Das Verbundverfahren	93
2. Die Unterhaltsfolgesachen	94
3. Die Einleitung des Verbundes in Unterhaltsfolgesachen	96
4. Verfahrensgrundsätze in Unterhaltsfolgesachen	101
5. Die Abtrennung der Unterhaltsfolgesache	106
6. Die Unterhaltsfolgesache im Entscheidungsverbund	108
III. Das streitige Unterhaltsverfahren bei ungeklärter Vaterschaft	114
1. Der Kindesunterhalt bei ungeklärter Vaterschaft	114
2. Das Tituierungsverfahren (§ 237 FamFG)	115
3. Das „Korrekturverfahren" (§ 240 FamFG)	124
IV. Die Abänderung gerichtlicher Endentscheidungen (§ 238 FamFG)	133
1. Allgemeines	133
2. Rechtsnatur	138
3. Verfahrensgegenstand	139
4. Anwendungsbereich	141
5. Abgrenzung zwischen Abänderungsantrag (§ 238 FamFG) und Vollstreckungsabwehrantrag (§ 767 ZPO) sowie Verhältnis zur Vollstreckungserinnerung (§ 766 ZPO)	152
6. Abgrenzung zwischen Abänderungs- (§ 238 FamFG) und negativem Feststellungsantrag	164
7. Abgrenzung zwischen Abänderungs- und Zusatz- oder Nachforderungsantrag	165
8. Abgrenzung zwischen Abänderungsantrag und Rechtsmittel	171
9. Zulässigkeit des Abänderungsverfahrens	179
10. Begründetheit des Abänderungsantrags	191
11. Darlegungs- und Beweislast im Abänderungsverfahren	247
12. Die Abänderungsentscheidung	248
V. Die Abänderung von Vergleichen und Urkunden (§ 239 FamFG)	252
1. Allgemeines	252
2. Der Vergleich	255
3. Die vollstreckbaren Urkunden	271
VI. Die Abänderung von Unterhaltstiteln nach Art. 3 II Unterhaltsänderungsgesetz 2008	283
VII. Das Vollstreckungsabwehrverfahren (§ 767 ZPO)	295
1. Verfahrensgegenstand	295
2. Zuständigkeit	297
3. Die Vollstreckungstitel	299
4. Das Rechtsschutzbedürfnis	301
5. Einwendungen (§ 767 I ZPO)	303
6. Die Rechtskraft	308
7. Verzicht auf Verfahren	309
8. Verbindung des Vollstreckungsabwehr- mit einem Abänderungsantrag	310
9. Vollstreckungsabwehr und negativer Feststellungsantrag	312
10. Abgrenzung zwischen Vollstreckungsabwehrantrag und Rechtsmittel	313
11. Die Entscheidung	314
VIII. Das Feststellungsverfahren (§ 256 ZPO)	315
1. Allgemeines	315
2. Feststellungsinteresse	320
3. Abgrenzung zu anderen Verfahren	323

Inhaltsverzeichnis

4. Prüfungs- und Entscheidungsumfang	324
5. Darlegungs- und Beweislast	325
6. Rechtskraft	326
7. Einstweilige Einstellung der Zwangsvollstreckung	328
8. Verfahrenswert	329
IX. Die Verfahren wegen ungerechtfertigter Bereicherung, Erstattung und Schadensersatz in Unterhaltssachen (§ 231 I FamFG)	330
1. Die Ungerechtfertigte Bereicherung	330
2. Erstattungsanträge	337
3. Schadensersatz	338
X. Das Drittschuldnerverfahren	343
XI. Das isolierte Auskunfts-, Beleg- und Versicherungsverfahren	345
XII. Das Stufenverfahren (§ 254 ZPO)	358
XIII. Das Anpassungsverfahren bei außergerichtlichen Unterhaltsvereinbarungen	369
XIV. Das Mahnverfahren (§ 113 II FamFG, §§ 688-703 d ZPO)	374
XV. Das Wiederaufnahmeverfahren (§ 118 FamFG, §§ 578-591 ZPO)	375
XVI. Der „Widerantrag" (§ 33 ZPO)	380
1. Allgemeines	380
2. Die Einleitung des Widerantragsverfahrens	382
3. Die allgemeinen Verfahrensvoraussetzungen	383
4. Der Zusammenhang des § 33 I ZPO	384
5. Der zeitliche Zusammenhang von Antrag und Widerantrag	385
6. Die Beteiligten des Widerantragsverfahrens	386
7. Identität der Verfahrensart von Vorantrag und Widerantrag	387
8. Sonderformen des Widerantrags, Hilfswiderantrag	388
9. Feststellungswiderantrag	389
10. Wider-Widerantrag	390
11. Gerichtsstandvereinbarungen	391

3. Abschnitt: Vorläufige Regelung und Sicherung von Unterhaltsansprüchen

I. Die einstweilige Anordnung in Unterhaltsverfahren	392
1. Die einstweilige Anordnung als Grundtatbestand (§ 246 FamFG)	396
2. Die einstweilige Anordnung vor Geburt eines Kindes (§ 247 FamFG)	460
3. Die einstweilige Anordnung bei Feststellung der Vaterschaft (248 FamFG)	469
4. Konkurrenzen	484
II. Der Arrest in Unterhaltssachen (§ 119 II FamFG, §§ 916 ff. ZPO)	485
1. Verfahrensvoraussetzungen	485
2. Verfahrensablauf	490

4. Abschnitt: Rechtsmittel in Unterhaltssachen

I. Die Beschwerde gegen in der Hauptsache ergangene Endentscheidungen (§§ 58, 117 FamFG)	501
1. Allgemeines	501
2. Zuständigkeit und Eingang	503
3. Beschwerdefrist	504
4. Die Beschwerdeschrift	508
5. Beschwerdesumme/Beschwer	513
6. Beschwerdebegründung	518
7. Beschwerdeerweiterung, Antragserweiterung	528
8. Antragsänderung/Beteiligtenänderung	531
9. Die Beschwerdeerwiderung	533
10. Der Gang des Beschwerdeverfahrens	534
11. Die Beschwerdeentscheidung (§§ 116, 69, 38 FamFG)	544

Inhaltsverzeichnis zu § 10

  12. Die Rücknahme der Beschwerde/der Verzicht 549
  13. Verfahrenskostenhilfe im Beschwerdeverfahren 556
  14. Verfahrenskostenhilfe und Wiedereinsetzung in den vorigen Stand 559
  15. Neuere BGH-Rechtsprechung zur Wiedereinsetzung 574
 II. Die Anschlussbeschwerde (§§ 66, 117 II FamFG) 590
 III. Die sonstige befristete Beschwerde gegen Endentscheidungen (§ 58 FamFG) 597
 IV. Die sofortige Beschwerde (§§ 567-572 ZPO) 602
 V. Die Rechtsbeschwerden 610
  1. Die Rechtsbeschwerde gegen Endentscheidungen (§§ 70-75 FamFG) ... 610
  2. Die Rechtsbeschwerde gegen sonstige Entscheidungen (§§ 574-577) ZPO 618
 VI. Die Anhörungsrüge (§ 321 a ZPO) 623
  1. Verfahrensgegenstand 623
  2. Zulässigkeit der Rüge 626
  3. Gang des Verfahrens 628
  4. Die Abhilfe 632

5. Abschnitt: Das vereinfachte Verfahren über den Unterhalt Minderjähriger (§§ 249 – 260 FamFG)

  1. Allgemeines 634
  2. Zulässigkeit des vereinfachten Verfahrens 637
  3. Anpassung von Unterhaltsrenten, Abgrenzung zu anderen Verfahren 640
  4. Erstmalige Unterhaltsfestsetzung i. S. d. § 249 II FamFG 643
  5. Einstweiliger Rechtsschutz und vereinfachtes Verfahren 646
  6. Zuständigkeit, Formalien, Kosten, Verfahrenswert und VKH 648
  7. Zurückweisung des Antrags 656
  8. Verbindung mehrerer Verfahren 660
  9. Mitteilung an Antragsgegner 661
  10. Einwendungen des Antragsgegners 662
  11. Folgen der Einwendungen 672
  12. Der Festsetzungsbeschluss (§ 253 FamFG) 674
  13. Die Beschwerde im vereinfachten Verfahren (§ 256 FamFG) 678
  14. Das weitere Verfahren bis zum Teilbeschluss (§ 254 S. 2 FamFG) 686
  15. Der Übergang ins streitige Verfahren (§ 255 FamFG) 688
  16. Die Abänderung („Korrektur") von Entscheidungen im vereinfachten Verfahren (§ 240 FamFG) 632

Seite

Anhang D: Düsseldorfer Tabelle 2011 (mit Hinweisen zur DT 2009/2010) *1887*
Anhang R: Rechtsprechungsauszüge *1895*
  Register der auszugsweise abgedruckten Entscheidungen *2315*

Sachverzeichnis *2321*

Hinweise für die Benutzung der 8. Auflage

Die Gerichtsentscheidungen sind dann mit Fundstellen aus den Zeitschriften FamRZ und NJW zitiert, wenn sie nicht (auszugsweise) im Anhang R abgedruckt wurden; andernfalls ist eine Fundstelle und der Verweis auf die Ziffer im Teil R angegeben. Bei den Seitenangaben erfolgt eine Angabe der Folgeseiten nur dann, wenn sich die konkret zitierte Stelle weder auf der ersten noch auf der zweiten Seite der zitierten Entscheidung befindet.

Rund 300 der wichtigsten Entscheidungen des BGH und des Bundesverfassungsgerichts sind im **Rechtsprechungsanhang R** auszugsweise enthalten. Dieser Anhang bildet eines der konzeptionellen Merkmale des Handbuches und soll es dem Praktiker ermöglichen, zentrale Passagen aus der Judikatur sofort nachzuschlagen. Eine Umfrage unter Beziehern hatte ja ergeben, dass dieser Rechtsprechungsteil sehr geschätzt wird. Insgesamt 32 neue wichtige Entscheidungen aus den letzten Jahren wurden nachgetragen. Die Nummerierung dieser Entscheidungsauszüge (R 141–R 724) weist deshalb Lücken auf; sie enthält auch zusätzliche Entscheidungen, die innerhalb der fortlaufenden Zählung mit Großbuchstaben gekennzeichnet sind (etwa R 528 A) – dies ist dadurch verursacht, dass die Entscheidungen nach dem Datum sortiert sind und einige ältere Entscheidungen nachträglich eingefügt wurden. Einen schnellen Überblick bietet die am Ende des Anhangs R abgedruckte Konkordanzliste.

Damit der Umfang der Neuauflage nicht so groß wird, wurde auch bei dieser Auflage auf den Abdruck der meisten unterhaltsrechtlichen Tabellen und Leitlinien verzichtet, zumal diese in einer Beilage zur NJW sowie durch die Veröffentlichungen in der FamRZ allen Praktikern leicht zugängig sind. Der **Anhang D** enthält deshalb nur noch die aktuelle Fassung der Düsseldorfer Tabelle sowie erstmals eine Aufstellung der Kindergeldhöhe seit 1997 sowie der jährlichen Kindergeldfreibeträge .

Die Randnummern sind in jedem der 10 Hauptparagraphen durchgezählt. An verschiedenen Stellen befinden sich Lücken in der Randnummernzählung; diese sollen Platz für Erweiterung der entsprechenden Kommentierungsabschnitte in späteren Auflagen bieten, ohne dass dann die bisher vorhandene Randnummernzählung geändert werden müsste.

Querverweisungen innerhalb eines Hauptkapitels geben nur die jeweilige Randnummer an, bei einer Verweisung auf eine Stelle in einem anderen Hauptkapitel ist zusätzlich auch der Paragraph angegeben (Beispiel: vgl. unten Rn. 393 sowie Rn. 6/123 bzw. § 6 Rn. 123).

Paragraphen sind grundsätzlich wie folgt zitiert: § 1361 IV 3 BGB – die römischen Ziffern bezeichnen also die Absätze der einzelnen Paragraphen, die arabischen Zahlen die Sätze der einzelnen Absätze.

Da sich dieses Handbuch schon von seiner Konzeption her schwerpunktmäßig mit der Rechtsprechung – insbesondere der des Bundesgerichtshofes – auseinandersetzt, wurde auf ein Literaturverzeichnis bewusst verzichtet. Einschlägige Literatur ist in den Fußnoten nachgewiesen.

Abkürzungsverzeichnis

AVAG	Anerkennungs- und Vollstreckungsausführungsgesetz vom 30. 5. 1988 (BGBl. I 662)
AUG	Auslandsunterhaltsgesetz vom 23.5.2011 (BGBl. I 898)
BL	Unterhaltsrechtliche Leitlinien der Familiensenate des Kammergerichts Berlin
BraL	Unterhaltsleitlinien des OLG Brandenburg
BrauL	Leitlinien des OLG Braunschweig
BrL	unterhaltsrechtliche Leitlinien der Familiensenate des Hanseatischen OLG in Bremen
CL	Unterhaltsrechtliche Leitlinien des OLG Celle
DL	Leitlinien zum Unterhalt des OLG Düsseldorf
DrL	Unterhaltsleitlinien des OLG Dresden
DT	Düsseldorfer Tabelle
EuGVÜ	Europäisches Übereinkommen über die gerichtliche Zuständigkeit und Vollstreckung gerichtlicher Entscheidungen in Zivil- und Handelssachen vom 27.9.1968
EuGVVO	VO (EG) Nr. 44/2001 über die gerichtliche Zuständigkeit und die Anerkennung und Vollstreckung von Entscheidungen in Zivil- und Handelssachen (Brüssel I VO) vom 22.12.2000
EuUntVO	VO (EG) Nr. 4/2009 über die Zuständigkeit, das anwendbare Recht, die Anerkennung und Vollstreckung von Entscheidungen und die Zusammenarbeit in Unterhaltssachen vom 18.12.2008
EuVTVO	VO (EG) Nr. 805/2004 zur Einführung eines europäischen Vollstreckungstitels für unbestrittene Forderungen vom 21.4.2004
FGB	Familiengesetzbuch der ehemaligen DDR
FL	Unterhaltsgrundsätze des OLG Frankfurt am Main
HaL	Unterhaltsrechtliche Leitlinien des Hanseatischen OLG Hamburg
HKUVÜ 58	Haager Übereinkommen über die Anerkennung und Vollstreckung von Entscheidungen auf dem Gebiet der Unterhaltspflicht gegenüber Kindern vom 15.4.1958
HL	Leitlinien des OLG Hamm zum Unterhaltsrecht
HUP 2007	Haager Protokoll über das auf Unterhaltspflichten anzuwendende Recht vom 23.11.2007
HÜÜ 56	Haager Übereinkommen über das auf Unterhaltspflichten gegenüber Kindern anwendbare Recht vom 24.10.1956
HÜÜ 73	Haager Übereinkommen über das auf Unterhaltspflichten anwendbare Recht vom 2. 10. 1973
HUVÜ 73	Haager Übereinkommen über die Anerkennung und Vollstreckung von Unterhaltsentscheidungen vom 2. 10. 1973
HUVÜ 2007	Haager Übereinkommen über die Geltendmachung der Unterhaltsansprüche von Kindern und anderen Familienangehörigen vom 23.11.2007
IPR	Internationales Privatrecht
IZPR	Internationales Zivilprozessrecht
KL	Unterhaltsleitlinien des OLG Köln
KobL	Unterhaltsleitlinien des OLG Koblenz
LugÜ	Luganer Übereinkommen über die gerichtliche Zuständigkeit und die Anerkennung und Vollstreckung von Entscheidungen in Zivil- und Handelssachen vom 30.10.2007
NaL	Unterhaltsleitlinien des OLG Naumburg

Abkürzungsverzeichnis

OL .... Unterhaltsrechtliche Leitlinien der Familiensenate des OLG Oldenburg
RL .... Unterhaltsrechtliche Leitlinien der Familiensenate des OLG Rostock
SaL .... Unterhaltsrechtliche Leitlinien des Saarländischen OLG
SchL .... Unterhaltsrechtliche Leitlinien des Schleswig-Holsteinischen OLG
SL (SüdL) .... Süddeutsche Leitlinien
ThL .... Unterhaltsrechtliche Leitlinien der Familiensenate des Thüringer OLG
ZGB .... Zivilgesetzbuch

§ 1 Die Ermittlung des unterhaltsrechtlich relevanten Einkommens

1. Abschnitt: Überblick und Grundlagen

I. Der Unterhaltsanspruch

1. Unterhaltsberechtigungen

Gegenstand des vorliegenden Buches sind die auf Ehe oder Lebenspartnerschaft, Verwandtschaft und gemeinsamer Elternschaft beruhenden Unterhaltsansprüche. Wer nicht in der Lage ist, für sich selbst aufzukommen, ist auf fremde Hilfe angewiesen. Nach dem Subsidiaritätsprinzip (s. Rn. 8/7 ff.) sind dafür in erster Linie die im Gesetz vorgesehenen Unterhaltspflichtigen zuständig. Für Ansprüche innerhalb der Familie enthält das deutsche Unterhaltsrecht jedoch **keine Generalklausel**, die den Kreis der Unterhaltsberechtigten und Unterhaltspflichtigen festlegt. Das Gesetz beschränkt sich vielmehr auf drei Grundverhältnissen, nämlich die Ehe oder Lebenspartnerschaft, die Verwandtschaft in gerader Linie und die gemeinsame Elternschaft, regelt insoweit bestimmte Unterhaltstatbestände und legt fest, wer in welchem Umfang unterhaltsberechtigt und unterhaltspflichtig ist. Geschwistern, Onkeln, Tanten, Nichten, Neffen, Vettern, Cousinen, Schwiegereltern und Schwiegerkindern wird hingegen kein Unterhalt geschuldet. 1

Der Unterhaltsanspruch **minderjähriger Kinder** beruht auf den §§ 1601 ff. BGB. Die Eltern trifft ihnen gegenüber nach § 1603 II 1 eine gesteigerte Unterhaltspflicht (Rn. 2/366). Der Elternteil, der das Kind allein oder überwiegend[1] betreut, erfüllt in der Regel allein dadurch seine Unterhaltspflicht (§ 1606 III 2 BGB). Der Barunterhalt wird dann in voller Höhe vom anderen Elternteil geschuldet (vgl. Rn. 2/410 ff.). Bei eingeschränkter Leistungsfähigkeit des Unterhaltspflichtigen ist der Unterhaltsanspruch minderjähriger Kinder und privilegiert volljähriger Kinder vorrangig (§ 1609 Nr. 1 BGB). Der Unterhalt minderjähriger Kinder wird in § 2 A Abschnitte 1–5, 7 und 8 (Rn. 2/1 ff., 299 ff.) behandelt. Zu den früheren Besonderheiten des Kindesunterhalts in den neuen Bundesländern siehe § 2 A Abschnitt 5 III. 2

Der Unterhalt **volljähriger Kinder** richtet sich ebenfalls nach den §§ 1601 ff. BGB und ist daher mit dem Unterhalt der minderjährigen Kinder identisch (Rn. 2/28).[2] Die Eltern haften nach § 1606 III 1 BGB ab Eintritt der Volljährigkeit anteilig nach ihren Einkommens- und Vermögensverhältnissen für den Barunterhalt (vgl. Rn. 2/472). Wegen des Wegfalls der gesteigerten Unterhaltspflicht gegenüber nicht privilegierten volljährigen Kindern (§ 1603 II 2 BGB) und ihres Nachrangs (§ 1609 Nr. 4 BGB) wird ihnen ein höherer Selbstbehalt zugestanden (Rn. 2/546). Im Mangelfall haben neben den Unterhaltsansprüchen minderjähriger sowie privilegierter volljähriger Kinder nach § 1609 Nr. 2–3 BGB auch diejenigen der Ehegatten oder sonstige Ansprüche auf Betreuungsunterhalt (§ 1615l BGB) Vorrang (Rn. 2/556 f.). Der Unterhalt volljähriger Kinder wird in § 2 A Abschnitte 1–4 und 6–8 (Rn. 2/1 und 2/468) behandelt.

Auch der Unterhaltsanspruch von **Eltern gegen ihre Kinder** und die Unterhaltsansprüche von Verwandten in gerader Linie ab dem zweiten Grad beruhen auf den §§ 1601 ff. BGB. Sie sind gemäß § 1609 Nr. 6 BGB gegenüber den zuvor erwähnten Ansprüchen und den Ansprüchen der Enkel und weiteren Abkömmlinge nachrangig. Bei diesen Ansprüchen wird deswegen auf den Eigenbedarf des Pflichtigen noch stärker Rücksicht genommen (s. dazu § 2 B (Rn. 2/900 ff.). 3

---

[1] Vgl. BGH FamRZ 2007, 707 Rn. 16 = R 672
[2] BGH FamRZ 1984, 682

4 Der **Familienunterhalt** nach §§ 1360 ff. BGB soll den gesamten Lebensbedarf der Familie einschließlich des Bedarfs der Kinder bei bestehender Lebensgemeinschaft sichern. Er ist nicht auf eine Geldrente gerichtet, sondern auf Bedarfsbefriedigung durch häusliche Arbeitsleistungen und finanzielle Beiträge. Dieser Anspruch wird in § 3 behandelt (Rn. 3/1). Der Anspruch ist nur ausnahmsweise in Geld zu berechnen, wenn über gleich- oder nachrangige Ansprüche Dritter (z. B. der Eltern eines Ehegatten oder Kinder aus erster Ehe) zu befinden ist (s. Rn. 3/2).[3]

5 Der Unterhalt **getrennt lebender Ehegatten** nach § 1361 BGB ist durch Zahlung einer Geldrente zu leisten (§ 1361 IV 1 BGB), weil jetzt die häusliche Gemeinschaft aufgelöst ist. Der Anspruch auf Trennungsunterhalt ist weder mit dem Familienunterhalt noch mit dem Anspruch auf nachehelichen Unterhalt identisch (Rn. 4/6). Der in der Ehe bisher nicht erwerbstätige Ehegatte wird in § 1361 II BGB besonders geschützt (s. Rn. 4/32). Der Trennungsunterhalt wird im 1. Abschnitt des § 4 B (Rn. 4/21 ff.) behandelt.

6 Der Unterhalt **geschiedener Ehegatten** nach §§ 1569 ff. BGB betrifft die Zeit nach Rechtskraft der Scheidung. Es handelt sich dabei um einen neuen, eigenständigen Anspruch.[4] Jetzt wirkt sich aus, dass die Verantwortung der Eheleute füreinander nach der Scheidung auf einer nachehelichen Solidarität beruht und nur noch in abgeschwächter Form vorhanden ist. Ein Anspruch besteht nur, wenn der Berechtigte nach der Scheidung nicht selbst für seinen Unterhalt sorgen kann (§ 1569 BGB). Das ist der Fall, solange und soweit
- von dem Bedürftigen wegen
  - Kinderbetreuung (§ 1570 BGB; Rn. 4/157 f.),
  - Alters (§ 1571 BGB; Rn. 4/214 ff.) oder
  - Krankheit oder Gebrechen (§ 1572 BGB; Rn. 4/237 ff.)
  eine Erwerbstätigkeit nicht erwartet werden kann,
- der Bedürftige keine angemessene Erwerbstätigkeit zu finden vermag (§ 1573 I BGB; Rn. 4/268 ff.),
- die Einkünfte aus einer angemessenen Erwerbstätigkeit zum vollen Unterhalt nach § 1578 BGB nicht ausreichen (Aufstockungsunterhalt; § 1573 II BGB; Rn. 4/308 ff.),
- der Bedürftige zur Erlangung einer angemessenen Erwerbstätigkeit einen Ausbildungsbedarf hat (§ 1575 BGB; Rn. 4/328 ff., 338 ff.) oder
- aus sonstigen schwerwiegenden Gründen die Versagung von Unterhalt grob unbillig wäre (§ 1576 BGB; Rn. 4/368 ff.).

Der nacheheliche Unterhalt wird im 2.-8. Abschnitt von § 4 B (Rn. 4/102 ff.) behandelt.

Wurde die Ehe in den alten Bundesländern **vor dem 1. 7. 1977 geschieden,** gilt nach Art. 12 Nr. 3 II 1 des 1. EheRG noch das frühere verschuldensabhängige Unterhaltsrecht (§§ 58 f. EheG). Die Düsseldorfer Tabelle[5] sieht in B II 1 dazu folgende Regeln vor:
- Bei Ansprüchen nach §§ 58, 59 EheG wird Unterhalt in gleicher Höhe geschuldet, wie er nach dem neuen Recht zu zahlen wäre.
- Bei Ansprüchen nach § 60 EheG ist in der Regel die Hälfte des nach den §§ 58, 59 geschuldeten Unterhalts zu zahlen.
- Bei Ansprüchen nach § 61 EheG entscheidet die Billigkeit. Obergrenze ist der nach §§ 59, 60 EheG geschuldete Unterhalt.

Diese Regelung erscheint sachgerecht und wird, soweit ersichtlich, auch überall so praktiziert.[6]

Für Unterhaltsansprüche von Ehegatten, die vor dem 3. 10. 1990 in der früheren DDR geschieden worden sind, ist nach Art. 234 § 5 EGBGB noch das FGB-DDR maßgeblich. Diese Ansprüche sind zuletzt in der 5. Auflage im 8. Abschnitt von § 6 ab Rn. 6/650 behandelt worden.

Nach § 1313 BGB kann eine fehlerhaft zustande gekommene Ehe durch ein Gestaltungsurteil mit Wirkung ex nunc aufgehoben werden.[7] Der Unterhalt von Ehegatten, de-

---

[3] BGH FamRZ 2010, 1535 Rn. 30 ff. = R 714
[4] BGH FamRZ 1981, 242
[5] Abgedruckt im Anhang D; vgl. auch FamRZ 2010, 1960, 1961
[6] Vgl. BGH FamRZ 2006, 317; 1991, 1040
[7] Vgl. BGH FamRZ 1967, 562; OLG Frankfurt FamRZ 2002, 705

1. Abschnitt: Überblick und Grundlagen § 1

ren **Ehe aufgehoben** wurde folgt grundsätzlich den Vorschriften über den nachehelichen Unterhalt (§ 1318 I BGB). Unterhalt steht nach § 1318 II BGB uneingeschränkt allerdings nur dem hinsichtlich des Aufhebungsanspruches gutgläubigen Ehegatten zu. Wer die Aufhebbarkeit kannte, kann Unterhalt nur verlangen, wenn auch der andere bösgläubig war. Die Interessen gemeinsamer Kinder haben jedoch Vorrang.

Elternschaftsunterhalt. Sind oder waren die Eltern eines Kindes nicht miteinander verheiratet, gewährt § 1615l BGB Unterhaltsansprüche für den betreuenden Elternteil. Dieser Betreuungsunterhalt, der in § 7 näher behandelt wird, hat seine wesentliche Wurzel in der gemeinsamen Elternschaft und der daraus folgenden gemeinsamen Verantwortung für das Kind. Für die Dauer des Mutterschutzes hat der Vater der Mutter Unterhalt zu leisten, weil sie in dieser Zeit nicht in der Lage ist, für ihren Unterhalt selbst zu sorgen (§ 1615l I BGB). Der daran anschließende Unterhaltsanspruch für die Dauer von wenigstens drei Jahren ab der Geburt des Kindes[8] soll dem berechtigten Elternteil die notwendige Erziehung des gemeinsamen Kindes ermöglichen.

7

2. Struktur des Unterhaltsanspruchs

Der Unterhaltsanspruch unterscheidet sich grundlegend von allen anderen auf Zahlung einer Geldsumme gerichteten Ansprüchen. Denn neben den Voraussetzungen des Unterhaltstatbestandes muss für den jeweiligen Unterhaltszeitraum beim Unterhaltspflichtigen immer auch seine **Leistungsfähigkeit,** beim Unterhaltsberechtigten auch dessen **Bedürftigkeit** vorliegen. Während es bei schuldrechtlichen Ansprüchen auf diese Zusatzfragen nicht ankommt, stehen sie im Unterhaltsrecht im Vordergrund aller Streitigkeiten. Nach Feststellung des konkreten Unterhaltstatbestands sind daher stets die Einkommens- und Vermögensverhältnisse des Unterhaltspflichtigen und des Unterhaltsberechtigten sorgfältig zu klären. In der Regel sind sie auch für die Höhe des Unterhalts maßgeblich, die nur in Ausnahmefällen unabhängig vom Einkommen des Unterhaltspflichtigen festgelegt wird (Rn. 2/8, 2/508, 4/763 ff.).

8

Der Unterhaltsanspruch wird nicht als Einheit gesehen sondern entsteht für jeden Zeitabschnitt neu, in dem seine Voraussetzungen vorliegen.[9] Wegen der monatlichen Zahlungsweise (§ 1361 IV 2, § 1585 I 2, § 1612 III 1 BGB) geschieht dies also von Monat zu Monat. Deshalb schafft ein klagabweisendes Urteil keine Rechtskraft für die Zukunft, so dass eine neue Leistungsklage für spätere Zeiträume nicht an die Voraussetzungen des § 323 ZPO gebunden ist.[10] Für die einzelnen Unterhaltsrechtsverhältnisse gibt es zum Teil gemeinsame Regeln, etwa auf dem Gebiet der Einkommensermittlung (Rn. 21 ff.), zum Teil bestehen aber auch ganz erhebliche Unterschiede, die auf die verschiedenen Unterhaltstatbestände zurückzuführen sind. Das gilt vor allem für die Höhe des Unterhalts, die Dispositionsfreiheit der Parteien, die Verwirkung usw.

3. Prüfungsschema

Wegen der Abhängigkeit des Unterhaltsanspruches von den beiderseitigen Einkommens- und Vermögensverhältnissen ist bei der rechtlichen Beurteilung stets das Folgende **Prüfungsschema** zu beachten:
- Ist der Tatbestand einer **konkreten Anspruchsgrundlage** (§§ 1601, 1360 f., 1361, 1569 ff., 1615l BGB) erfüllt?
- Wie hoch ist der **Bedarf des Berechtigten** (= Bedarfsstufe)? Die Höhe bestimmt sich nach den konkreten Lebensverhältnissen, wie sie sich aus den Einkommens- und Vermögensverhältnissen der Parteien ergeben. Beim Trennungs- und nachehelichen Unterhalt ist bei den ehelichen Lebensverhältnissen anzusetzen (§§ 1361 I 1, 1578 I 1 BGB;

9

---
[8] BGH FamRZ 2010, 444 Rn. 23 ff.; 2010, 357 Rn. 45 ff. = R 709 c; 2006, 1362 = R 656 a; vgl. auch BT-Drs. 16/1830 S. 30 ff.
[9] BGH FamRZ 2007, 453 = R 665 c
[10] BGH FamRZ 2005, 101 = R 620

§ 1   Die Ermittlung des unterhaltsrechtlich relevanten Einkommens

Rn. 4/400 ff.), während sich der Unterhaltsbedarf beim Verwandtenunterhalt und beim Betreuungsunterhalt nach § 1615 l BGB nach der eigenen Lebensstellung des Berechtigten richtet (§ 1610 I BGB; Rn. 2/311, 503, 508, 7/1 ff.).
- Ist der **Unterhaltsberechtigte** in Höhe seines Bedarfs auch bedürftig, d. h. kann er seinen Bedarf nicht ganz oder jedenfalls teilweise durch eigene Einkünfte decken (= Stufe der Bedürftigkeit)?
- Ist der **Unterhaltspflichtige** in dieser Höhe ohne Beeinträchtigung seines (notwendigen, eheangemessenen[11] oder angemessenen) eigenen Bedarfs auch leistungsfähig (= Leistungsstufe, Prüfung der Leistungsfähigkeit)?[12]
- Bestehen für den konkreten Fall weitere für oder gegen den Unterhaltsanspruch sprechende Voraussetzungen oder sonstige Besonderheiten? Dabei handelt es sich im Wesentlichen um
    - die Herabsetzung und zeitliche Begrenzung des Unterhalts (vgl. Rn. 4/1000 ff.),[13]
    - die Verwirkung (vgl. Rn. 2/936 ff., 4/1200 ff.),
    - den Verzug (vgl. Rn. 6/119 ff.),
    - die Rückforderung (vgl. Rn. 6/200 ff.),
    - die Aufrechnung (Rn. 6/300 ff.),
    - die Mangelverteilung (vgl. Rn. 5/1 ff.),
    - die Rangfolge (vgl. Rn. 5/105 ff.) und
    - den Unterhaltsanspruch bei Gütergemeinschaft (Rn. 6/400 ff.).
- Abschließend ist das Ergebnis nach den jeweiligen Umständen des Einzelfalles stets auf seine Angemessenheit und Ausgewogenheit hin zu überprüfen, und zwar gleichgültig, ob es sich um einen so genannten Mangelfall handelt[14] oder nicht.[15]

4. Höhe des Unterhalts und Zahlungsweise

10
- Beim Ehegattenunterhalt richtet sich die Höhe gemäß §§ 1361 I 1, 1578 I 1 BGB nach den **ehelichen Lebensverhältnissen.** Dieser Begriff umschreibt somit eine zentrale Frage des Unterhaltsrechts. Zwar besteht auch nach der neuesten Rechtsprechung des BGH zur Anrechnungs- und Differenzmethode[16] Übereinstimmung, dass sich der Unterhalt in der Regel nach einer Quote dieser ehelichen Lebensverhältnisse bemisst. Maßgeblich für die Bemessung der ehelichen Lebensverhältnisse sind aber nicht die Bareinkünfte, die während der Ehe zur Deckung des Lebensbedarfs zur Verfügung standen, sondern die Einkünfte, die im Unterhaltszeitraum selbst zur Verfügung stehen oder erzielbar wären (Rn. 4/400 ff.).
- Minderjährige Kinder, ihnen gleichgestellte privilegierte volljährige Kinder (§ 1603 II BGB)[17] und sonstige volljährige Kinder, die noch bei ihren Eltern wohnen, leiten ihre Lebensstellung (§ 1610 I BGB) vom Einkommen der unterhaltspflichtigen Eltern ab.[18] Weil der allein oder überwiegend betreuende Elternteil minderjährigen Kindern nach § 1606 III 2 BGB keinen Barunterhalt schuldet, richtet sich die für den Barunterhalt maßgebliche Lebensstellung regelmäßig allein nach dem Einkommen des barunterhaltspflichtigen Elternteils. Nur ausnahmsweise, etwa hinsichtlich eines Mehrbedarfs des Kindes[19] oder im Falle der Betreuung nach einem gleichgewichtigen Wechselmodell[20] haften

---

[11] BGH FamRZ 2006, 683
[12] Zur Verbraucherinsolvenz vgl. Rn. 1118 ff.
[13] BGH FamRZ 2010, 874 = R 711; 2010, 1971 = R 719 und 2010, 2059 = R 720
[14] BGH FamRZ 2006, 26 = R 637 a; 2005, 354 = R 624; 2003, 363 mit Anm. Scholz FamRZ 2003, 514
[15] BGH FamRZ 2005, 1154; 2000, 1492 = R 546 c; 1987, 456, 459
[16] BGH FamRZ 2005, 1979 = R 640 d; 2005, 1154 = R 630 e; 2004, 1173; 2003, 848; 2001, 986 = R 563
[17] Vgl. insoweit BGH FamRZ 2006, 99 = R 641 a
[18] BGH FamRZ 2009, 962 = R 700
[19] BGH FamRZ 2009, 962 = R 700
[20] BGH FamRZ 2007, 707 = R 672

1. Abschnitt: Überblick und Grundlagen § 1

beide Eltern auch dem minderjährigen Kind für dessen Barbedarf anteilig. Dann und bei volljährigen Kindern, denen beide Eltern nur Barunterhalt schulden, richtet sich der Barbedarf nach den Einkünften beider Eltern. Nur wenn in diesen Fällen ein Elternteil nicht leistungsfähig ist, richtet sich die Lebensstellung des Kindes allein nach den Einkünften des barunterhaltspflichtigen Elternteils.[21] Nach diesen Maßgaben richtet sich die Höhe des Unterhalts nach den im jeweiligen OLG-Bezirk geltenden Tabellen und Leitlinien (s. Rn. 20), die sich durchweg den Werten der Düsseldorfer Tabelle anschließen (s. Anhang D und Rn. 2/216 ff., 503). Volljährige Kinder mit eigener Wohnung haben demgegenüber eine eigene Lebensstellung, weswegen die Rechtsprechung für sie von festen Bedarfssätzen ausgeht (Rn. 2/505 ff., 508).[22]

- Bei den Unterhaltsansprüchen sonstiger Verwandter richtet sich die Höhe nach der Lebensstellung des Bedürftigen, die Leistungsfähigkeit des Berechtigten ist allerdings zu beachten (s. Rn. 2/919 ff., 923 ff.).[23]
- Beim Unterhalt wegen gemeinsamer Elternschaft kommt es ebenfalls auf die Lebensstellung des Berechtigten an (Rn. 7/1 ff.), weil § 1615 l III 1 BGB auf den Verwandtenunterhalt (§ 1610 I BGB) verweist.[24] Diese richtet sich grundsätzlich nach dem Einkommen, das der Berechtigte ohne die Geburt des Kindes zur Verfügung hätte, bemisst sich aber jedenfalls nach einem Mindestbedarf in Höhe des Existenzminimums, der unterhaltsrechtlich mit dem notwendigen Selbstbehalt eines Nichterwerbstätigen pauschaliert werden darf.[25] Allerdings ist schon der Unterhaltsbedarf durch den Halbteilungsgrundsatz auf die Hälfte des dem Unterhaltspflichtigen nach Abzug des Erwerbstätigenbonus verbleibenden Einkommens begrenzt.[26] Die Leistungsfähigkeit ist wie beim Ehegattenselbstbehalt durch einen Betrag begrenzt, der zwischen dem notwendigen und dem angemessenen Selbstbehalt liegt.[27]

In der Regel wird eine monatlich im Voraus fällige Geldrente – also **Barzahlung** – 11 geschuldet; §§ 1361 IV, 1585 I, 1612 I und III BGB. **Fällig** ist der Unterhaltsanspruch danach ab dem konkreten Tag, von dem ab Unterhalt geschuldet wird. Der Familien-, Kindes-, Trennungs- und nacheheliche Unterhalt wird nach der für diese Berechtigten maßgeblichen Regelung in § 1613 I 2 BGB (vgl. auch §§ 1361 IV 4, 1360 a III BGB) stets schon mit dem Ersten des Monats geschuldet, in dem Auskunft verlangt wurde, Verzug entstand oder Rechtshängigkeit eingetreten ist, sofern der Anspruch dem Grunde nach bestand. Das gilt seit der Änderung des § 1585 b II BGB durch das Unterhaltsrechtsänderungsgesetz seit dem 1. Januar 2008 auch für den nachehelichen Unterhalt (s. Rn. 6/100 f.).

Die Zahlung des geschuldeten Unterhalts richtet sich nach § 270 BGB, weil auch die Unterhaltsschuld eine Geldschuld i. S. dieser Vorschrift ist.[28] Das Geld hat der Schuldner daher auf seine Kosten und seine Gefahr an den Gläubiger zu übermitteln. Unter Berücksichtigung der Rechtsprechung des Europäischen Gerichtshofs[29] zur Richtlinie 2000/35/EG des Europäischen Parlaments und des Rates vom 29. Juni 2000 zur Bekämpfung von Zahlungsverzug im Geschäftsverkehr ist § 270 BGB nunmehr dahingehend auszulegen, dass die Geldschuld eine **Bringschuld** des Schuldners darstellt. Dies bedeutet, dass der Wohnsitz des Gläubigers sowohl Leistungs- als auch Erfolgsort der Geldschuld ist. Für die Rechtzeitigkeit der Leistung kommt es daher nunmehr darauf an, dass das Geld rechtzeitig dem Unterhaltsberechtigten zugeht. Der Unterhaltsschuldner hat die Wahl, ob er seiner Zahlungspflicht durch Barzahlung oder durch Überweisung genügt. Wenn er sich für die

---

[21] BGH FamRZ 2006, 99 Rn. 13
[22] BGH FamRZ 2007, 542, 543; 2006, 99, 100 = R 641 a
[23] BGH FamRZ 2006, 26 = R 637 a; 2004, 795 = R 606 c; 2004, 792 = R 605 b, d; 2003, 1179; 2002, 1698 = R 580 c
[24] Vgl. BGH FamRZ 1998, 541
[25] BGH FamRZ 2010, 357 = R 709 a, b
[26] BGH FamRZ 2005, 442 = R 625 b
[27] BGH FamRZ 2005, 354 = R 624; 2005, 357
[28] OLG Köln FamRZ 1990, 1243
[29] EUGH NJW 2008, 1935 Rn. 28

§ 1   Die Ermittlung des unterhaltsrechtlich relevanten Einkommens

Überweisung entscheidet, ist es seine Aufgabe, von dem Gläubiger die erforderlichen Daten seiner Bankverbindung zu erfragen.[30]

Unterhaltszahlungen erfolgen regelmäßig unbar durch **Kontoüberweisungen**. Da Barzahlung geschuldet wird, liegt hierin lediglich eine Leistung an Erfüllungs Statt. Dies kann zu Problemen führen, wenn der Unterhalt auf ein überzogenes Konto überwiesen wird und die Bank keine Verfügung über das Guthaben zulässt. War die Kontenüberweisung nicht vereinbart, muss der Unterhaltspflichtige ein zweites Mal zahlen.[31] Überweisungen auf ein Konto müssen daher vorher abgesprochen werden.

12   Mit der Umstellung der deutschen Währung von DM auf **Euro** (Art. 10, 15 EuroVO) ist dieser gesetzliches Zahlungsmittel geworden. Alle Verträge und Vollstreckungstitel mit DM-Beträgen sind auf den Euro umgerechnet (Art. 14 EuroVO).[32] Dies ist nur eine **Währungsumstellung**. Die Werte bleiben unverändert, es kann daher nicht zu Äquivalenzänderungen kommen. Die Vertragskontinuität bleibt gewahrt.

5. Härteregelungen

13   Bei schuldhaften Verfehlungen des Unterhaltsberechtigten oder grober Unbilligkeit aus anderen Gründen kann der Unterhalt ganz oder jedenfalls zum Teil entfallen. Beim Ehegattenunterhalt richtet sich dies nach §§ 1361 III, 1579 BGB (Rn. 4/87 ff., 4/1200 ff.), beim Verwandtenunterhalt nach § 1611 BGB (Rn. 2/600 ff., 2/936 ff.). Daneben ist der nacheheliche Unterhalt unter Berücksichtigung aller Umstände des Einzelfalles, insbesondere ev. ehebedingter Nachteile, herabzusetzen oder zeitlich zu befristen, wenn ein an den ehelichen Lebensverhältnissen orientierter ungekürzter Unterhalt auch unter Berücksichtigung der Belange eines gemeinsamen Kindes unbillig wäre (§ 1578 b BGB; vgl. Rn. 4/1000 ff.).

6. Unterhalt und Sozialhilfe

14   Nach § 19 I SGB XII ist Hilfe zum Lebensunterhalt „dem zu gewähren, der seinen notwendigen Unterhalt nicht oder nicht ausreichend aus eigenen Kräften und Mitteln, vor allem aus seinem Einkommen und Vermögen, beschaffen kann". Diese Hilfe (= Sozialhilfe) ist jedoch nach § 2 SGB XII nachrangig.[33] Gesetzliche Ansprüche auf Unterhalt haben grundsätzlich Vorrang. Wird gleichwohl Sozialhilfe geleistet, weil der Unterhaltsschuldner seiner Verpflichtung nicht nachkommt, geht der Unterhaltsanspruch nach § 94 I SGB XII auf den Träger der Sozialhilfe über und kann dann von diesem durchgesetzt werden.[34] Die öffentlichen Leistungen sind aber dann nicht subsidiär sondern bedarfsdeckend, wenn sie eigene staatliche Aufgaben verfolgen. So sieht das Kinder- und Jugendhilferecht (SGB VIII) z. B. für Fälle der Heimunterbringung keinen Übergang des zivilrechtlichen Unterhaltsanspruches, sondern lediglich einen Anspruch auf einen öffentlich-rechtlichen Kostenbeitrag vor.[35] Das Verhältnis von Unterhalt und Sozialhilfe wird in Rn. 8/1 ff. näher behandelt (s. Rn. 110 ff. zum ALG II).

7. Gerichtliches Verfahren

15   Alle Unterhaltssachen sind Familiensachen. Nach § 23 a I S. 1 Nr. 1, S. 2 GVG, § 23 b I GVG, §§ 111 Nr. 8, 231 FamFG gehören sie zur ausschließlichen Zuständigkeit des Fa-

---

[30] LG Saarbrücken vom 17. 5. 2010 – 5 T 142/10 – FamFR 2010, 309; vgl. auch Palandt/Diederichsen § 1612 Rn. 4 unter Hinweis auf AG Überlingen FamRZ 1985, 1143
[31] Vgl. OLG Hamm FamRZ 1988, 499
[32] 1 Euro = 1,95583 DM
[33] BGH FamRZ 2000, 1358, 1359 = R 543
[34] BGH; FamRZ 2010, 1888 Rn. 43; 2010, 1418 Rn. 22; 2005, 25; 2004, 1097 = R 610 (einschränkend)
[35] BGH FamRZ 2007, 377, 378 f. = R 666 d

1. Abschnitt: Überblick und Grundlagen § 1

miliengerichts. Es gilt das Verfahrensrecht des FamFG, das nach §§ 112 Nr. 1, 113 I FamFG durch Vorschriften der ZPO ergänzt wird. Unterhalt für ein minderjähriges Kind kann neben dem ordentlichen Verfahren wahlweise auch in einem stark vereinfachten Verfahren nach §§ 249 ff. FamFG geltend gemacht werden (s. Rn. 10/634 ff.). Das gerichtliche Verfahren wird in § 10 behandelt (s. Rn. 10/1 ff.).

II. Zu den Tabellen und Leitlinien der Oberlandesgerichte

1. Die Bedeutung von Tabellen und Leitlinien in der Praxis

Im Rahmen der zum 1. Januar 2008 in Kraft getretenen Unterhaltsrechtsreform hat der **16** Gesetzgeber die Orientierung an Leitlinien ausdrücklich hervorgehoben und ausgeführt: „Das Unterhaltsrecht beschränkt sich in weiten Teilen auf konkretisierungsbedürftige Grundaussagen und Generalklauseln. Der Gesetzgeber gibt den Gerichten damit bewusst einen relativ breiten Spielraum, um dem konkreten Einzelfall nach Billigkeits- und Zumutbarkeitsgesichtspunkten gerecht zu werden. Die Gerichte orientieren sich dabei an Leitlinien der Oberlandesgerichte, die zur Rechtsvereinheitlichung und zum Rechtsfrieden ganz erheblich beitragen. Diese Grundkonzeption hat sich in der Vergangenheit bewährt und soll beibehalten werden."[36] Weil das Gesetz zur Bestimmung des angemessenen Unterhalts keine festen Maßstäbe, sondern nur ausfüllungsbedürftige unbestimmte Rechtsbegriffe enthält, sind von den Oberlandesgerichten im Interesse einer Einheitlichkeit der Rechtsprechung der Instanzgerichte und der Rechtssicherheit Unterhaltstabellen und Leitlinien entwickelt worden. Für die Zeit ab dem 1. Juli 2003 haben sich die Oberlandesgerichte auf eine einheitliche Leitlinienstruktur[37] geeinigt und ihre Leitlinien auch inhaltlich weitgehend angeglichen. Die Tabellen und Leitlinien besitzen **keinen Rechtssatzcharakter** und keine einer Rechtsnorm vergleichbare Verbindlichkeit. Es handelt sich um Hilfsmittel, die der Richter zur Ausfüllung des unbestimmten Rechtsbegriffs „angemessener Unterhalt" verwendet, um eine möglichst gleichmäßige Behandlung gleichartiger Lebenssachverhalte zu erreichen. Im Abänderungsverfahren ist das Gericht wegen des fehlenden Rechtssatzcharakters nicht verpflichtet, die im Ersturteil herangezogenen Leitlinien oder Tabellen wiederum zugrunde zu legen. Es kann daher beim Ehegattenunterhalt ohne Weiteres die Beteiligungsquote geändert oder von der Anrechnungsmethode zur Differenzmethode übergegangen werden, soweit dies sachlich veranlasst ist (s. Rn. 10/230).[38]

Die **Leitlinien** enthalten Hinweise zur Rechtsanwendung in Standardsituationen. Bei **17** ihrer Anwendung muss der Tatrichter aber stets die gesetzlichen Vorgaben und die Besonderheiten des konkret zu entscheidenden Falles beachten.[39] Den Tabellen ist der konkret geschuldete Unterhalt bei feststehendem Einkommen zu entnehmen. Beim Kindesunterhalt hat sich die **Düsseldorfer Tabelle** (s. Anhang D und Rn. 2/319) bundesweit durchgesetzt. Sie beruht auf Koordinierungsgesprächen zwischen Richtern der Familiensenate an den Oberlandesgerichten Düsseldorf, Hamm und Köln sowie allen übrigen Oberlandesgerichte und der Unterhaltskommission des Deutschen Familiengerichtstages e. V. Ausgangspunkt ist der Mindestunterhalt minderjähriger Kinder nach § 1612a BGB auf der Grundlage des doppelten Kinderfreibetrages nach § 32 VI 1 EStG. Er beträgt von dem zu errechnenden Monatsbetrag für Kinder bis zur Vollendung des 6. Lebensjahres 87%, sodann bis zur Vollendung des 12. Lebensjahres 100% und danach bis zur Volljährigkeit 117% (s. Rn. 2/312). Mit der Anpassung der ersten Einkommensgruppe der Düsseldorfer Tabelle an den wieder eingeführten Mindestunterhalt minderjähriger Kinder ist die Tabelle ohne Einschränkungen auch auf Unterhaltstatbestände in den neuen Bundesländern anzuwenden. Wegen des gesetzlich festgelegten Mindestbedarfs bleibt auch bei geringem Einkom-

---

[36] BT-Drs. 16/1830 S. 13
[37] FamRZ 2003, 909
[38] BGH FamRZ 2003, 848; 2003, 518; 2001, 1687 = R 566
[39] BGH FamRZ 2006, 683 = R 649 d unter 2.

men kein Raum für einen nach der früheren **Berliner Vortabelle** gekürzten Unterhaltsbedarf (vgl. dazu die 6. Auflage Rn. 2/210 a).

18 Nach ständiger Rechtsprechung des BGH ist eine Orientierung des Tatrichters an Tabellen und Leitlinien revisionsrechtlich unbedenklich, sofern nicht im Einzelfall besondere Umstände eine Abweichung erfordern.[40] Die Anwendung von Tabellen und Leitlinien obliegt dem tatrichterlichen Ermessen. Revisionsrechtlich kann nur überprüft werden, ob die Richtwerte den anzuwendenden Rechtsvorschriften entsprechen, ob ein entsprechender Lebenserfahrungssatz aufgestellt werden kann, ob besondere Umstände des Einzelfalls hinreichend berücksichtigt sind und ob sich das Gericht an die selbst gesetzten Maßstäbe gehalten hat.[41]

Aus den Vorbemerkungen der Tabellen und Leitlinien ist ersichtlich, dass sie auch von ihren Verfassern nur in diesem Sinn als Orientierungshilfe gemeint sind und so verstanden werden sollen. Auf dieser Basis sind die Tabellen und Leitlinien neben der Rechtsprechung des BGH wichtige Erkenntnisquellen nicht nur für Richter und Rechtsanwälte, sondern auch für die Betroffenen selbst. Die mit der Veröffentlichung der Leitlinien erfolgte Aufdeckung der früher oft nur schwer erkennbaren allgemeinen Maßstäbe hat auch durch die dadurch ausgelösten Diskussionen eine Annäherung der Rechtsprechung in den einzelnen Oberlandesgerichtsbezirken bewirkt. Entsprechend haben sich vor einigen Jahren die Oberlandesgerichte Bamberg, Karlsruhe, München, Nürnberg, Stuttgart und Zweibrücken weitgehend auf gemeinsame Süddeutsche Leitlinien[42] geeinigt.

2. Düsseldorfer Tabelle zum Unterhaltsbedarf

19 Inzwischen bestimmen alle Oberlandesgerichte den Unterhaltsbedarf minderjähriger sowie volljähriger Kinder ohne eigene Lebensstellung nach den Beträgen der Düsseldorfer Tabelle. Sie wird in den oberlandesgerichtlichen Leitlinien lediglich in unterschiedlichem Umfang ergänzt bzw. zu einzelnen Punkten abgeändert. Die Düsseldorfer Tabelle, (DT), Stand 1. 1. 2011,[43] ist in dieser Auflage des Handbuchs abgedruckt unter Rn. 2/319 sowie im Anhang D. Nachdem Neufassungen der Düsseldorfer Tabelle in der Vergangenheit stets zum 1. Juli in Kraft traten, wird die Tabelle seit 2008 wegen der Anknüpfung des Mindestunterhalts in § 1612 a I 2 BGB (= 1. Einkommensgruppe der DT) an den steuerlichen Kinderfreibetrag aus § 32 VI 1 EStG (zur Übergangsregelung vgl. § 36 Nr. 4 EGZPO) bei Bedarf zum 1. Januar des betreffenden Jahres anzupassen sein.[44] Die frühere Berliner Vortabelle zur Düsseldorfer Tabelle für das Beitrittsgebiet, zuletzt Stand 1. 7. 2007, ist letztmals in der 6. Auflage abgedruckt, und zwar dort in Rn. 2/210 a und im Anhang L.[45] Sie gilt nur noch für Unterhaltszeiträume bis Ende Dezember 2007, weil das neue Unterhaltsrecht für die Zeit ab Januar 2008 in § 1612 a BGB einen einheitlichen Mindestunterhalt geschaffen hat, was eine differenzierte Betrachtung des Unterhaltsbedarfs in den neuen Bundesländern verbietet.[46]

3. Oberlandesgerichtliche Leitlinien zum Unterhaltsrecht

20 Inzwischen haben nahezu alle deutschen Oberlandesgerichte Leitlinien entwickelt, die sich aus Gründen der Übersichtlichkeit und zur weiteren Angleichung seit dem 1. Juli 2003

---

[40] BGH FamRZ 2010, 802 Rn 27; 2006, 683 = R 649 d; 2000, 358 = R 537 b; 1985, 354; 1983, 678
[41] BGH FamRZ 2008, 968 = R 689 i; 2006, 683 = R 649 d; 1983, 678
[42] Stand 1. 1. 2011 im Internet veröffentlicht unter: www.famrz.de sowie in der Sonderbeilage zu NJW Heft 8/2011 bzw. FPR Heft 3/2011
[43] FamRZ 2010, 1960. In der NJW sind die Tabellen und Leitlinien in einer Sonderbeilage zu Heft 8/2011 abgedruckt
[44] Vgl. Klinkhammer FamRZ 2008, 194 und Soyka FamRZ 2011, 73
[45] Zum Stand 1. Juli 2007 vgl. auch FamRZ 2007, 1370
[46] Vgl. Vossenkämper FamRZ 2008, 215; siehe auch BT-Drs. 16/1830 S. 14, 27 und BT-Drs. 16/6980 S. 23

1. Abschnitt: Überblick und Grundlagen   § 1

an eine gemeinsam festgelegte Struktur[47] halten. Die Leitlinien sind unter www.heiss-born.de abrufbar. Es liegen vor:
- Unterhaltsrechtliche Leitlinien der Familiensenate in Süddeutschland – Oberlandesgerichte Bamberg, Karlsruhe, München, Nürnberg, Stuttgart und Zweibrücken –, Stand 1. 1. 2011,[48] abgekürzt SüdL.[49]
- Unterhaltsrechtliche Leitlinien der Familiensenate des Kammergerichts in Berlin, Stand 1. 1. 2011,[50] abgekürzt BL.
- Unterhaltsleitlinien des OLG Brandenburg, Stand 1. 1. 2011,[51] abgekürzt BraL.
- Unterhaltsrechtliche Leitlinien des OLG Braunschweig, Stand 1. 1. 2011,[52] abgekürzt BrauL.
- Leitlinien zum Unterhaltsrecht der Familiensenate des Hanseatischen Oberlandesgerichts in Bremen, Stand 1. 1. 2011,[53] abgekürzt BrL.
- Unterhaltsrechtliche Leitlinien des Oberlandesgerichts Celle, Stand 1. 1. 2011,[54] abgekürzt CL.
- Unterhaltsleitlinien des OLG Dresden, Stand 1. 1. 2011,[55] abgekürzt DrL.
- Leitlinien der Familiensenate des Oberlandesgerichts Düsseldorf zum Unterhaltsrecht, Stand 1. 1. 2011,[56] abgekürzt DL.
- Unterhaltsgrundsätze des OLG Frankfurt a. M., Stand 1. 1. 2011,[57] abgekürzt FL.
- Unterhaltsrechtliche Grundsätze der Familiensenate des Hanseatischen Oberlandesgerichts Hamburg, Stand 1. 1. 2011,[58] abgekürzt HaL.
- Leitlinien zum Unterhaltsrecht der Familiensenate des Oberlandesgerichts Hamm, Stand 1. 1. 2011,[59] abgekürzt HL.
- Thüringer Tabelle zum Unterhaltsrecht des OLG Jena, Stand 1. 1. 2011,[60] abgekürzt ThL.
- Unterhaltsleitlinien des OLG Koblenz, Stand 1. 1. 2011,[61] abgekürzt KobL.
- Unterhaltsrichtlinien der Familiensenate des Oberlandesgerichts Köln, Stand 1. 1. 2011,[62] abgekürzt KL.

---

[47] Bundeseinheitliche Struktur für unterhaltsrechtliche Leitlinien, FamRZ 2003, 909
[48] Im Internet veröffentlicht unter: www.famrz.de
[49] Im Internet sind die SüdL u. a. veröffentlicht unter: „www.olg-karlsruhe.de" (unter Suchbegriff); „www.justiz.bayern.de/gerichte/olg/m" (unter Schnellsuche); „www.justiz.bayern.de/gerichte/olg/n" (unter Schnellsuche); „www.olg-stuttgart.de" (unter Suchbegriff); www.olgzw.justiz.rlp.de (unter Unterhaltsleitlinien)
[50] Im Internet veröffentlicht unter: www.famrz.de; vgl. auch die Homepage im Internet: „www.kammergericht.de"
[51] Im Internet veröffentlicht unter: www.famrz.de; vgl. auch die Homepage im Internet: „olg.brandenburg.de"
[52] Im Internet veröffentlicht unter: www.famrz.de; vgl. auch die Homepage im Internet: „www.oberlandesgericht-braunschweig.niedersachsen.de" (unter Rechtsprechung)
[53] Im Internet veröffentlicht unter: www.famrz.de; vgl. auch die Homepage im Internet: „www.oberlandesgericht.bremen.de" (unter Informationen)
[54] Im Internet veröffentlicht unter: www.famrz.de; vgl. auch die Homepage im Internet: „www.oberlandesgericht-celle.niedersachsen.de" (unter Rechtsprechung)
[55] Im Internet veröffentlicht unter: www.famrz.de; vgl. auch die Homepage im Internet: „www.justiz.sachsen.de/olg/"
[56] Im Internet veröffentlicht unter: www.famrz.de; vgl. auch die Homepage im Internet: „www.olg-duesseldorf.nrw.de" (unter Service)
[57] Im Internet veröffentlicht unter: www.famrz.de; vgl. auch die Homepage im Internet: „www.olg-frankfurt.justiz.hessen.de"
[58] Im Internet veröffentlicht unter: www.famrz.de; vgl. auch die Homepage im Internet: „justiz.hamburg.de/oberlandesgericht"
[59] Im Internet veröffentlicht unter: www.famrz.de; vgl. auch die Homepage im Internet: „www.olg-hamm.nrw.de" (unter Service)
[60] Im Internet veröffentlicht unter: www.famrz.de; vgl. auch die Homepage im Internet: „www.thueringen.de/olg/"
[61] Im Internet veröffentlicht unter: www.famrz.de; vgl. auch die Homepage im Internet „www.olgko.justiz.rlp.de"
[62] Im Internet veröffentlicht unter: www.famrz.de; vgl. auch die Homepage im Internet: „www.olg-koeln.nrw.de" (unter Service)

- Unterhaltsleitlinien des OLG Naumburg, Stand 1. 1. 2011,[63] abgekürzt NaL.
- Unterhaltsrechtliche Leitlinien der Familiensenate des OLG Oldenburg, Stand 1. 1. 2011,[64] abgekürzt OL.
- Unterhaltsrechtliche Grundsätze des OLG Rostock, Stand 1. 1. 2011,[65] abgekürzt RL.
- Unterhaltsrechtliche Leitlinien des Saarländischen Oberlandesgerichts, Stand 1. 1. 2011,[66] abgekürzt SaL.
- Unterhaltsrechtliche Leitlinien des Schleswig-Holsteinischen Oberlandesgerichts, Stand 1. 1. 2011,[67] abgekürzt SchL.

III. Zum anrechenbaren monatlichen Nettoeinkommen

21   Die Einkommensermittlung erfolgt für Unterhaltsberechtigte und Unterhaltspflichtige nach den **gleichen allgemeinen Grundsätzen.** Es macht zunächst auch keinen Unterschied, ob die Höhe von Familienunterhalt, Ehegattenunterhalt oder Kindesunterhalt bestimmt werden soll. Erst bei der später zu prüfenden Bedarfsstufe ist zu entscheiden, ob alle ermittelten Einkünfte für die Unterhaltsbestimmung maßgeblich sein sollen. Dies kann wegen der unterschiedlichen Ausgestaltung der Unterhaltsansprüche beim Kindes- und Ehegattenunterhalt und auch beim sonstigen Verwandtenunterhalt abweichend zu beurteilen sein (s. Rn. 31 ff.). Auf eine genaue Einkommensermittlung kann nur in Ausnahmefällen verzichtet werden. Beim **Ehegattenunterhalt** ist dies möglich, wenn das Einkommen des Unterhaltspflichtigen so hoch ist, dass anstelle des Quotenunterhalts der konkrete Bedarf festgestellt werden muss (s. Rn. 4/763 ff.).[68] Beim **Kindesunterhalt** kann auf die Einkommensermittlung verzichtet werden, wenn der Unterhaltspflichtige seine uneingeschränkte Leistungsfähigkeit einräumt und der gesamte Bedarf des Berechtigten jedenfalls nicht über dem anerkannten Betrag liegt.[69]

1. Grundsatz der unterschiedslosen Erfassung aller Einkünfte aus allen Einkommensarten

22   Bei der Einkommensermittlung gilt sowohl für den Unterhaltsberechtigten als auch für den Unterhaltspflichtigen der Grundsatz der unterschiedslosen Erfassung aller unterhaltsrechtlich relevanten Einkünfte, d. h. es sind auf beiden Seiten grundsätzlich **alle zufließenden Einkünfte** anzurechnen, gleichgültig welcher Art sie sind und aus welchem Anlass sie gezahlt werden (s. Rn. 74 ff.).[70] Auch Sachleistungen,[71] ein Lottogewinn[72] und selbst regelmäßige Gewinne eines Skatspielers sind heranzuziehen.[73] Zu erfassen sind somit alle Einkünfte aus allen Einkunftsarten. Innerhalb jeder Einkunftsart zählen dazu alle aus dieser Einkunftsart zufließenden Einkünfte, z. B. beim Arbeitseinkommen (s. Rn. 74 f.) u. a. auch

---

[63] Im Internet veröffentlicht unter: www.famrz.de; vgl. auch die Homepage im Internet: „www.justiz.sachsen-anhalt.de/olg" (unter Rechtsprechung)
[64] Im Internet veröffentlicht unter: www.famrz.de; vgl. auch die Homepage im Internet: „www.oberlandesgericht-oldenburg.niedersachsen.de" (unter Rechtsprechung)
[65] Im Internet veröffentlicht unter: www.famrz.de; vgl. auch die Homepage im Internet: „www.mv-justiz.de/ pages/ordent_gerichte/olg_hro.htm"
[66] Im Internet veröffentlicht unter: www.famrz.de
[67] Im Internet veröffentlicht unter: www.famrz.de; vgl. auch die Homepage im Internet: „www.olg-schleswig.de"
[68] BGH FamRZ 2011, 192; 2010, 1637 = R 715 a; 2007, 117, 118 = R 662 b; 1994, 1169 = R 481
[69] BGH FamRZ 2001, 1603, 1604; 2000, 358 = R 537 c; 1983, 473
[70] BGH FamRZ 2006, 99 = R 641 c, e (zum Kindergeld und zur Ausbildungsvergütung beim Kindesunterhalt); 1986, 780 (zur Aufwandsentschädigung eines Abgeordneten); 1983, 670 (zu Sitzungsgeldern kommunaler Abgeordneter)
[71] BGH FamRZ 2005, 97 = R 616 a
[72] OLG Frankfurt FamRZ 1995, 874
[73] OLG Düsseldorf FamRZ 1994, 896

1. Abschnitt: Überblick und Grundlagen §1

Sonderzuwendungen, Zulagen, Spesen,[74] Prämien, Weihnachtsgeld, Urlaubsgeld, Auslösungen, Überstundenvergütungen sowie sonstige Nebeneinnahmen. Sogar die Tilgungsanteile einer Leibrente sind zu berücksichtigen.[75] Dabei trifft sowohl den Unterhaltspflichtigen als auch den Berechtigten eine Obliegenheit, alle ihm zumutbaren Einkünfte zu erzielen. Sie sind verpflichtet, sowohl ihre Arbeitskraft als auch ihr Vermögen so gut wie möglich einzusetzen. Kommen sie dieser Pflicht nicht nach, können ihnen unter besonderen Voraussetzungen **fiktive Einkünfte** zugerechnet werden. Beim Unterhaltspflichtigen erhöhen diese zusätzlichen Einkünfte sein anrechenbares Einkommen (s. Rn. 735 ff.), beim Berechtigten mindern sie die Bedürftigkeit (s. Rn. 773 ff.). Wird der Unterhaltspflichtige oder der Unterhaltsberechtigte allerdings **überobligatorisch** tätig, ist nur der unterhaltsrelevante Teil in die Unterhaltsermittlung einzubeziehen (s. Rn. 800 ff.).[76]

2. Zur Berechnung des anrechenbaren Nettoeinkommens

Maßgeblich für die Unterhaltsberechnung ist aber nur der Teil des Einkommens, der zur Deckung des laufenden Lebensbedarfs zur Verfügung steht und bei Anlegung eines objektiven Maßstabs dafür eingesetzt werden kann.[77] Dies ist das **unterhaltsrechtlich relevante Nettoeinkommen**. Bei den nicht anzurechnenden Einkommensteilen handelt es sich um folgende typische Abzugsposten vom Bruttoeinkommen (s. Rn. 850 f.): 23
- Zahlungen für **Lohn- oder Einkommensteuer,** Solidaritätszuschlag und Kirchensteuer (s. Rn. 870 ff., 582 ff., 1009 ff.).
- **Vorsorgeaufwendungen** für Krankheit, Pflegebedürftigkeit, Invalidität, Alter[78] und Arbeitslosigkeit (s. Rn. 1029 ff.).
- Aufwendungen, die zur Erzielung des Einkommens erforderlich sind. Es handelt sich hierbei im Wesentlichen um **Werbungskosten.** Der Abzug berufsbedingter Aufwendungen setzt allerdings voraus, dass die betreffenden Kosten notwendigerweise mit der Ausübung der Erwerbstätigkeit verbunden sind und sich eindeutig von denjenigen der privaten Lebensführung abgrenzen lassen. Dass bestimmte Aufwendungen steuerlich als Werbungskosten anerkannt werden, hat unterhaltsrechtlich nicht die entsprechende Bewertung zur Folge.[79] Bei Einkünften aus abhängiger Arbeit werden die Werbungskosten auch berufsbedingte oder ausbildungsbedingte Aufwendungen genannt (Rn. 122 ff.). Bei Einkünften von bilanzierenden und nicht bilanzierenden Unternehmern oder Freiberuflern und Landwirten heißen sie Betriebsausgaben (Rn. 330 ff.). Bei den übrigen Einkunftsarten heißen sie wie im Steuerrecht Werbungskosten.
- Regelmäßiger Mehrbedarf durch Kinderbetreuung (Rn. 1053 ff.), durch Ausbildung, durch Krankheit, durch Behinderung oder durch Alter (Rn. 4/400 ff., 840 ff.).
- Berücksichtigungsfähige Zins- und Tilgungsleistungen bei Schulden (Rn. 1072 ff.).
- Beim Ehegattenunterhalt zusätzlich:
  – Berücksichtigungsfähige Aufwendungen des Unterhaltspflichtigen oder des Unterhaltsberechtigten zur Vermögensbildung, soweit nach der Trennung auch der andere Ehegatten noch daran partizipiert, etwa durch den Zugewinnausgleich oder durch einen Abtrag auf gemeinsame Verbindlichkeiten (Rn. 4/453 ff.).[80]
  – Der Kindesunterhalt, soweit er dem Gesetz oder einer hinzunehmenden Vereinbarung entspricht.[81]

---

[74] OLG Düsseldorf – 6 UF 150/07 BeckRS 2008, 17153
[75] BGH FamRZ 1994, 228 = R 471 c
[76] BGH FamRZ 2011, 454 = R 721; 2009, 1391 Rn. 18; 2009, 770 = R 704 a; 2005, 1154 = R 630 c, e
[77] BGH FamRZ 2007, 1532, 1534 = R 681 d; 1989, 838; 1986, 780
[78] Zur zusätzlichen Altersvorsorge neben der gesetzlichen Altersvorsorge vgl. BGH FamRZ 2009, 1207 Rn. 29 ff.
[79] BGH FamRZ 2009, 762 Rn. 38 ff.; 2007, 193 = R 664 a; 1988, 159, 161
[80] BGH FamRZ 2008, 693 = R 692 d
[81] Vgl. aber BGH FamRZ 2005, 1817 = R 632 e (zu Stiefkindern)

§ 1   Die Ermittlung des unterhaltsrechtlich relevanten Einkommens

– Freiwillige Leistungen sind Geschenke an Dritte, die dem unterhaltspflichtigen Ehegatten nicht einkommensmindernd und dem Unterhaltsberechtigten nicht bedarfserhöhend entgegengehalten werden dürfen.[82]

3. Zum monatlichen Nettoeinkommen

24   Der geschuldete Unterhalt ist jeweils monatlich im Voraus zu zahlen; § 1361 IV 2, § 1585 I 2, § 1612 I und III BGB. Für den gesamten rückständigen Unterhalt ab Verzugseintritt (§§ 1613 I, 1360 a III, 1361 IV 4, 1585 b II BGB) kann das zugrunde liegende Einkommen konkret ermittelt werden.[83] Für den künftigen Unterhalt muss wegen dessen Abhängigkeit von den beiderseitigen Einkünften hingegen vorausschauend geprüft werden, welches Einkommen dem Unterhaltspflichtigen und dem Unterhaltsberechtigten voraussichtlich künftig monatlich zur Verfügung stehen wird.[84] Diese **Zukunftsprognose** beruht auf den Werten der Vergangenheit, die bei unverändertem Bezug ohne weiteres der Berechnung auch des zukünftigen Unterhalts zugrunde gelegt werden können. Gab es im Prüfungszeitraum außerordentliche Einnahmen oder Ausgaben, mit deren Wiederholung nicht zu rechnen ist, muss das Ergebnis um diese Zahlungsvorgänge bereinigt werden. Gleiches gilt, wenn künftig, z. B. wegen eines Wechsels der Steuerklasse in Folge der Ehescheidung, höhere Abzüge geschuldet sind (s. Rn. 907). Das unbereinigte Ergebnis kann dann nur für den rückständigen Unterhalt gelten, nicht aber für die Zukunft.

25   Das in der Vergangenheit liegende Monatseinkommen, das zum Ausgangspunkt der Unterhaltsberechnung für die Zukunft werden soll, bemisst sich wegen der Unregelmäßigkeit nahezu aller Einkünfte bei Arbeitnehmern nach dem Durchschnitt des letzten Jahreseinkommens. Dazu können entweder die Einkünfte der letzten 12 Monate vor der Unterhaltsbemessung oder **im letzten abgelaufenen Kalenderjahr** herangezogen werden. Bei im Wesentlichen gleich bleibenden Einkünften empfiehlt es sich, von dem letzten abgelaufenen Kalenderjahr auszugehen. Auf diesem Weg können die einzelnen Faktoren des Einkommens am besten und sichersten berücksichtigt werden. Dies gilt auch für Arbeitnehmer, denen oft ebenfalls unregelmäßige Zahlungen geleistet werden oder Kosten erwachsen (z. B. Steuererstattungen,[85] Steuernachzahlungen, Sonderzuwendungen), unter deren Berücksichtigung so problemlos ein Durchschnittseinkommen gebildet werden kann.[86] Die Heranziehung des Kalenderjahres ist bei Arbeitnehmern auch deshalb sinnvoll, weil es dann in der Regel genügt, zur Einkommensermittlung die Jahresabrechnung oder die Lohnsteuerbescheinigung heranzuziehen (s. Rn. 69 ff.).

26   Eine **Korrektur** des aus dem abgelaufenen Kalenderjahr berechneten durchschnittlichen Einkommens muss aber dann erfolgen, wenn feststeht, dass sich das Einkommen bereits nicht unwesentlich und nachhaltig geändert hat oder künftig ändern wird.[87] In einem solchen Fall muss die eingetretene oder absehbare Änderung des Einkommens schon in die Prognose des künftigen Durchschnittseinkommens einfließen. Das fiktive Durchschnittseinkommen muss dann ggf. auf der Grundlage aktueller Einkommensbelege für kurze Zeitabschnitte errechnet werden. Wird jedoch nur geltend gemacht, dass Änderungen zu erwarten sind und lässt sich deren Umfang noch nicht konkret bestimmen, muss wegen der Unsicherheit von Zukunftsprognosen jeder Art deren Eintritt abgewartet werden. Anschließend kann eine Änderung nach §§ 238 f. FamFG erfolgen (Rn. 10/190 ff.).[88]

---

[82] BGH FamRZ 2008, 968 = R 689 j; 2008, 594; 2005, 967, 969 = R 629 b (zu freiwilligen Leistungen von Dritten); OLG Karlsruhe FamRZ 1985, 286, 288; OLG Zweibrücken FamRZ 1982, 1016
[83] BGH FamRZ 2007, 1532 = R 681 c
[84] BGH FamRZ 2010, 1050 Rn. 47; 2008, 1739 Rn. 56; 2005, 101 = R 620; zur Abänderung bei einer von der Prognose abweichenden Entwicklung vgl. BGH FamRZ 2007, 983 = R 676 a
[85] BGH FamRZ 2009, 1207 Rn. 26 ff.
[86] BGH FamRZ 1986, 87; 1983, 996 = R 178; OLG München FamRZ 1984, 173
[87] BGH FamRZ 2010, 869 Rn. 25; 1984, 353; OLG München a. a. O.
[88] BGH FamRZ 2010, 1318 Rn. 32 ff. und 2010, 1150 Rn. 17 ff. (Abänderung eines Versäumnisurteils); 2010, 192 = R 708 a (Abänderung eines Vergleichs); 2008, 872 Rn. 12 ff. (Abänderung bei fiktiven Einkünften); vgl. aber BGH FamRZ 2005, 101 = R 620

1. Abschnitt: Überblick und Grundlagen § 1

Bei den jährlich schwankenden Einkünften von **Gewerbetreibenden, Freiberuflern,** 27
bilanzierenden Unternehmern oder bei schwankenden **Miet- oder Kapitaleinkünften** ist ein möglichst zeitnaher Mehrjahresdurchschnitt, im Regelfall ein Durchschnitt aus den letzten drei Jahren, zu bilden, damit nicht ein zufällig günstiges oder ungünstiges Jahr als Maßstab für die Zukunft dient (s. Rn. 420 f.).[89] Wegen der hier bestehenden Abhängigkeit von den Jahresabschlüssen, d. h. Bilanzen mit Gewinn- und Verlustrechnung (Rn. 169 ff.), oder Einnahmen-Überschuss-Rechnungen (Rn. 250 ff.) sind in diesen Fällen stets abgeschlossene Kalenderjahre zugrunde zu legen. Wenn mit einer stetigen Weiterentwicklung der Einkünfte zu rechnen ist, kann im Einzelfall auch eine Prognose auf der Grundlage des zuletzt erreichten Einkommens zugrunde gelegt werden.[90] Bei Vorliegen besonderer Umstände, vor allem bei sehr schwankenden Einkünften und tendenziellen Änderungen kann auch ein Zeitraum von mehr als drei Jahren herangezogen werden (Fünfjahresdurchschnitt). Wie weit in die Vergangenheit zurückgegangen werden soll, ist Sache des Tatrichters.[91] Stets ist aber die mit einiger Sicherheit vorauszusehende künftige Entwicklung in die Betrachtung einzubeziehen. Dazu gehört auch ein mit hoher Wahrscheinlichkeit eintretender, nicht abzuwendender und dem Selbständigen nicht vorwerfbarer Einkommensrückgang.[92] Das kann aber nicht ohne weiteres auch für einen Einkommensrückgang gelten, der so einschneidend ist, dass er den erreichten Lebensstandard grundlegend verändert, und der von unabsehbarer Dauer und ohne Aussicht auf Besserung ist. Unter solchen Umständen gewinnt die unterhaltsrechtliche Erwerbsobliegenheit besondere Bedeutung, wonach ein Unterhaltspflichtiger seine Arbeitskraft und sonstige zu Gebote stehenden Einkommensquellen so gut wie möglich einzusetzen hat.[93] Erwirtschaftet der selbständige Unternehmer nur Verluste oder äußerst geringe Einkünfte, kann er nach einer Übergangszeit unterhaltsrechtlich zur Aufgabe des Unternehmens und zur Aufnahme einer abhängigen Arbeit verpflichtet sein (Rn. 769).[94]

Das durchschnittliche Monatseinkommen ergibt sich bei Arbeitnehmern, indem ihr 28
Jahreseinkommen durch 12 geteilt wird. Bei Selbstständigen werden die zusammengerechneten Jahresgewinne durch die Zahl der Monate des Prüfungszeitraumes geteilt. Ein regelmäßiges wöchentliches Einkommen wird auf das Jahr hochgerechnet und durch 12 geteilt. Ein wöchentliches Arbeitslosengeld von 300 EUR ergibt somit ein Monatseinkommen von $300 \times 52 : 12 = 1300$ EUR (zum Prüfungszeitraum für Arbeitnehmer s. näher Rn. 69 f. und bei Freiberuflern Rn. 420 f.).

4. Zur Berücksichtigung von Abfindungen und einmaligen höheren Zuwendungen

Höhere einmalige **Sonderzuwendungen,** wie z. B. aus Mitarbeiterbeteiligung, aus Anlass 29
eines Jubiläums, als Abfindung bei Arbeitsplatzverlust auf Grund eines Sozialplanes oder aus Anlass der Aufhebung eines Arbeitsvertrages oder als Übergangsbeihilfe der Bundeswehr, sind bei der Unterhaltsberechnung zu berücksichtigen, wenn sie Lohnersatzfunktion haben.[95] Auch wenn die Parteien die Sonderzuwendung durch Ehevertrag oder unterhaltsrechtlichen Vergleich in die Unterhaltsberechnung einbezogen haben, bleibt es bei dieser Zuordnung, was eine **Doppelberücksichtigung** beim Zugewinnausgleich ausschließt.[96] Allgemein kann für die Zuordnung zum Unterhalt oder zum Zugewinn danach differenziert werden, ob und in welchem Umfang der Vermögenswert oder dessen Erträge der Sicherung des allgemeinen Lebensunterhalts dienen.[97] Soweit die Sonderzuwendung bei der

---

[89] BGH FamRZ 2004, 1177 = R 615 b; 1986, 48, 51 = R 275; 1985, 471; 1985, 357; vgl. auch Ziff. 1.5 der Leitlinien der Oberlandesgerichte
[90] BGH FamRZ 1985, 471; OLG Hamm FamRZ 1997, 310 (Arzt)
[91] BGH FamRZ 1985, 357
[92] BGH FamRZ 2008, 1739 Rn. 57; 2006, 683 = R 649 f–h; 2003, 590 = R 586
[93] BGH FamRZ 1993, 1304
[94] OLG Düsseldorf FamRZ 1997, 1078
[95] BGH FamRZ 2007, 983 = R 676 d; 2001, 278; 1998, 362
[96] BGH FamRZ 2008, 761, 763; 2004, 1352 und 2003, 432, 433
[97] Zum Verbot der Doppelberücksichtigung allgemein: Schulz FamRZ 2006, 1237

Unterhaltsberechung (und nicht beim Zugewinnausgleich) zu berücksichtigen ist, ist sie auf mehrere Jahre zu verteilen.[98] Eine Abfindung bei Beginn des Vorruhestandes ist auf die Zeit bis zur erwarteten Verrentung aufzuteilen.[99] Eine Sonderzuwendung, die auf Grund einer früheren unzumutbaren Tätigkeit gezahlt wird, ist in vollem Umfang zu berücksichtigen, da es sich insoweit um zumutbares Einkommen handelt.[100] Soweit erforderlich ist die Abfindungssumme selbst (nicht nur etwaige Zinseinkünfte) im Rahmen einer sparsamen Wirtschaftsführung zur Deckung des nach den **ehelichen Lebensverhältnissen** zu bemessenden Unterhaltsbedarfs aller Berechtigten und des Unterhaltspflichtigen zu verwenden. Der Unterhaltspflichtige ist aber bei beengten wirtschaftlichen Verhältnissen nicht gehalten, die ihm aus der Abfindung zur Verfügung stehenden Mittel voll einzusetzen, um die aus dem verminderten laufenden Einkommen nicht mehr finanzierbaren Ansprüche des Berechtigten nach den früheren ehelichen Lebensverhältnissen weiter zu bezahlen, wenn ihm bei angemessenem Verbrauch selbst nur ein Betrag unterhalb der früheren ehelichen Lebensverhältnisse verbleibt.[101] Wird die Abfindung erst nachehelich gezahlt und erzielt der Unterhaltspflichtige aus einer neuen Erwerbstätigkeit Einkünfte in unveränderter Höhe, bleibt sie bei der Unterhaltsbemessung unberücksichtigt. Das gilt auch dann, wenn sie zur Tilgung von Verbindlichkeiten verwendet wird, die unterhaltsmindernd berücksichtigt sind. Wie im Falle eines Karrieresprungs können solche während der Ehezeit noch nicht absehbare nachehelichen Entwicklungen den nachehelichen Unterhalt nicht über die Verhältnisse in der Ehezeit hinaus erhöhen. Denn der nacheheliche Unterhalt beruht grundsätzlich auf einer nachehelichen Solidarität, die nicht stärker sein kann, als die gegenseitige Verantwortung während der Ehezeit.[102] Eine Verteilung auf mehrere Jahre kommt auch bei überdurchschnittlich hohen Erträgen aus selbstständiger Erwerbstätigkeit in Betracht[103] (s. Rn. 93 ff.).

30   Eine Abfindung dient als Ersatz des fortgefallenen Arbeitseinkommens dazu, dass für eine gewisse Zeit die bisherigen wirtschaftlichen Verhältnisse aufrechterhalten werden können. Ergibt sich aus ihrem Zweck, etwa der Einkommenssicherung bis zum Rentenbeginn, keine feste Dauer, ist sie zeitlich so zu verteilen, dass der angemessene Bedarf des Unterhaltsberechtigten und des Unterhaltspflichtigen in bisheriger Höhe sichergestellt wird. Dann erfolgt erst nach Ablauf dieser Zeit eine Anpassung des Unterhalts an die veränderten Verhältnisse.[104] Bei gesteigerter Unterhaltspflicht gegenüber minderjährigen Kindern sind die Mittel für den eigenen Bedarf sparsam einzusetzen, um den notwendigen Unterhalt des minderjährigen Kindes nach Möglichkeit bis zur Volljährigkeit sicherzustellen[105] (s. Rn. 94). Weil die Abfindung nicht aus einer fortdauernden Erwerbstätigkeit herrührt, ist von ihr ein **Erwerbstätigenbonus** nicht in Abzug zu bringen.[106]

IV. Unterschiedliche Berücksichtigung der Einkünfte bei der Berechnung des Kindesunterhalts und des Ehegattenunterhalts

1. Berücksichtigung der Einkünfte beim Kindesunterhalt

31   Für die Berechnung des Kindesunterhalts spielen uneingeschränkt alle Nettoeinkünfte des Unterhaltspflichtigen und alle Nettoeinkünfte des Kindes eine Rolle. Der abgeleitete Bedarf **minderjähriger Kinder** ergibt sich aus der Düsseldorfer Tabelle (s. Rn. 19), wobei für die Einordnung in die unterschiedlichen Einkommensgruppen ohne Einschränkung alle

---

[98] BGH FamRZ 1987, 930; 1987, 359; 1982, 250
[99] OLG München FamRZ 2005, 714; OLG Karlsruhe FamRZ 2001, 1615; OLG Frankfurt FamRZ 2000, 611
[100] OLG Köln FamRZ 2006, 342; OLG Koblenz FamRZ 2002, 325
[101] Vgl. BGH FamRZ 2008, 968 = R 689 g; 2006, 683; BGH FamRZ 1990, 269, 271
[102] BGH FamRZ 2010, 1311 Rn. 27 ff.
[103] BGH FamRZ 1982, 250
[104] BGH FamRZ 1987, 359; 1982, 250; OLG Koblenz FamRZ 2006, 1447
[105] BGH FamRZ 1987, 930
[106] BGH FamRZ 2007, 983, 987 = R 676 e

1. Abschnitt: Überblick und Grundlagen § 1

Einkünfte des Barunterhaltspflichtigen maßgeblich sind (s. Rn. 22). Gleiches gilt für den Bedarf volljähriger Kinder, die noch im Haushalt eines Elternteils leben und ihren Unterhaltsbedarf weiterhin von der Lebensstellung der Eltern ableiten. Denn ihr Unterhaltsbedarf ergibt sich aus der vierten Altersgruppe der Düsseldorfer Tabelle.[107]

Soweit sich der Unterhaltsbedarf **volljähriger Kinder** auf Grund von unterhaltsrechtlichen Leitlinien nach festen Bedarfssätzen bemisst,[108] sind die Einkünfte eines Unterhaltspflichtigen für die Bedarfsfeststellung an sich ohne Bedeutung. Sind allerdings beide Eltern barunterhaltspflichtig, müssen für die Berechnung des jeweiligen Unterhaltsanteils alle Einkünfte beider Eltern ermittelt und berücksichtigt werden (Rn. 2/560 ff.).[109]

Im Rahmen der **Bedürftigkeitsprüfung** sind uneingeschränkt alle Einkünfte des Kindes 32 bedürftigkeitsmindernd auf den Bedarf des Kindes anzurechnen (s. Rn. 2/51 ff., 107 ff.).[110]

Zur Beurteilung der **Leistungsfähigkeit** des Unterhaltspflichtigen sind ebenfalls ohne Einschränkung alle Einkünfte des Unterhaltspflichtigen bedeutsam.[111] Unterste Opfergrenze ist der jeweilige Selbstbehalt des Unterhaltspflichtigen (Rn. 5/1 ff.).

2. Berücksichtigung der Einkünfte beim Ehegattenunterhalt

Der Unterhaltsbedarf des Berechtigten bemisst sich sowohl beim Trennungsunterhalt 33 (§ 1361 I 1 BGB) als auch beim nachehelichen Unterhalt (§ 1578 I 1 BGB) nach den **ehelichen Lebensverhältnissen.** Dieser Bezug erfordert jedoch keine feste Anknüpfung an die Verhältnisse im Zeitpunkt der rechtskräftigen Scheidung[112] und schließt es nicht aus, nacheheliche Entwicklungen schon bei der Bedarfsermittlung zu berücksichtigen (vgl. Rn. 4/426 ff.).[113] Nach dem Sinn des Gesetzes ist bei der Bemessung des Unterhaltsbedarfs nach den ehelichen Lebensverhältnissen danach zu unterscheiden, ob sich die Einkünfte seit Rechtskraft der Ehescheidung erhöht oder verringert haben. Nach ständiger Rechtsprechung des BGH können sich **Einkommensverbesserungen,** die erst nach der Scheidung beim unterhaltspflichtigen Ehegatten eintreten, dann bedarfssteigernd auswirken, wenn ihnen eine Entwicklung zugrunde liegt, die aus der Sicht zum Zeitpunkt der Scheidung mit hoher Wahrscheinlichkeit zu erwarten war und wenn diese Erwartung die ehelichen Lebensverhältnisse bereits geprägt hatte. Das ist regelmäßig, nicht aber bei einem Karrieresprung, der Fall.[114] Umgekehrt können auch nach der Scheidung eintretende **Einkommensminderungen** für die Bedarfsbemessung nicht grundsätzlich unberücksichtigt bleiben, sofern sie nicht auf einer Verletzung der Erwerbsobliegenheit des Unterhaltspflichtigen beruhen oder durch freiwillige berufliche oder wirtschaftliche Dispositionen des Unterhaltspflichtigen veranlasst sind und von diesem durch zumutbare Vorsorge aufgefangen werden können. Der BGH hat deshalb in seiner neuesten Rechtsprechung ausdrücklich ausgesprochen, dass die Anknüpfung in § 1578 I 1 BGB an die ehelichen Lebensverhältnisse keine Prägung an die Umstände im Zeitpunkt der Rechtskraft des Scheidungsurteils und somit auch keine die früheren ehelichen Lebensverhältnisse unverändert fortschreibende Lebensstandardgarantie begründet, deren Erfüllung nur in den Grenzen fehlender Leistungsfähigkeit des unterhaltspflichtigen Ehegatten an dessen dauerhaft veränderte wirtschaftliche Verhältnisse angepasst und nur insoweit auch „nach unten korrigiert" werden könnte. Für eine solche Absicherung bietet das Recht des nachehelichen Unterhalts, das – unter Berücksichtigung des neu eingeführten § 1578 b BGB – nur die Risiken der mit

---

[107] Vgl. Ziff. 11 und 13.1.1 der Leitlinien der Oberlandesgerichte
[108] BGH FamRZ 2006, 1100 Rn. 38; vgl. auch Ziff. 13.1.2 der Leitlinien der Oberlandesgerichte
[109] BGH FamRZ 2009, 762 = R 703
[110] BGH FamRZ 2009, 762 Rn. 55; 2006, 1100 = R 654 h; 2006, 99, 101 = R 641 c, e; 1988, 159; 1980, 1109
[111] BGH FamRZ 1982, 250
[112] So noch BGH FamRZ 1999, 367
[113] Zur Berücksichtigung der Haushaltstätigkeit und Kindererziehung schon BGH FamRZ 2001, 986 = R 563
[114] BGH FamRZ 2010, 1311 Rn. 28; 2009, 411 = R 702 a, c; 2008, 968 = R 689 g; 1987, 459; 1985, 791; 1982, 684

der Scheidung fehlgeschlagenen Lebensplanung der Ehegatten und der von ihnen in der Ehe praktizierten Arbeitsteilung angemessen ausgleichen will, keine gedankliche Rechtfertigung. Das Unterhaltsrecht will den bedürftigen Ehegatten, der seine Lebensstellung grundsätzlich von der Lebensstellung des Unterhaltspflichtigen ableitet, nach der Scheidung wirtschaftlich im Grundsatz nicht besser stellen, als er sich ohne die Scheidung stünde. Bei Fortbestehen der Ehe hätte ein Ehegatte die negative Einkommensentwicklung des anderen Ehegatten ebenfalls wirtschaftlich mit zu tragen. Es ist nicht einzusehen, warum die Scheidung ihm das Risiko einer solchen – auch vom unterhaltspflichtigen Ehegatten hinzunehmenden – Entwicklung, wenn sie dauerhaft und vom Schuldner nicht durch in Erfüllung seiner Erwerbsobliegenheit gebotenen Anstrengungen vermeidbar ist, abnehmen soll.[115] Maßgeblich sind deshalb beim Trennungsunterhalt die tatsächlich vorhandenen Einkünfte bis zur Ehescheidung, während auch beim nachehelichen Unterhalt im Grundsatz vom gegenwärtigen Einkommen im Unterhaltszeitraum auszugehen und nur bei der Begrenzung im Ausnahmefall zwischen Einkommenssteigerungen oder Einkommensminderungen nach Rechtskraft der Scheidung zu unterscheiden ist (weiter dazu 4/61 ff. und 4/426 ff., 467 ff.).[116]

34 Bei der Bedarfsbemessung nach den ehelichen Lebensverhältnissen sind daher grundsätzlich alle aktuellen Einkünfte, bis auf die bei Rechtskraft der Ehescheidung nicht absehbaren Einkommenssteigerungen, zu berücksichtigen.
– In der sog. **Alleinverdienerehe** sind dies nach der Rechtsprechung des BGH[117] aber nicht nur die schon in der Ehezeit vorhandenen Einkünfte des Unterhaltspflichtigen. Soweit der unterhaltsberechtigte Ehegatte nach der Scheidung ein Einkommen erzielt oder erzielen kann, ist dieses Einkommen nach der **Differenzmethode** in die Unterhaltsberechnung einzubeziehen (vgl. Rn. 4/468 ff., 800 ff.).[118] Kann der Unterhaltsberechtigte (z. B. wegen fortdauernder Kindererziehung) allerdings auch weiterhin kein eigenes Einkommen erzielen, bemisst sich der Bedarf allein nach den Einkommens- und Vermögensverhältnissen des Unterhaltspflichtigen. Dann wird der Unterhaltsbedarf durch Multiplikation des vorhandenen Einkommens des Unterhaltspflichtigen mit der Ehegattenquote (z. B. $3/7$) berechnet.[119]

> **Beispiel:**
> Erwerbseinkommen des Unterhaltspflichtigen: 3500;
> Berechtigter ohne eigenes Einkommen;
> Unterhaltsbedarf des Berechtigten (Bonus $1/7$): $3500 \times 3 : 7 = 1500$.

35 – In der **Doppelverdienerehe** sind die vorhandenen oder erzielbaren Einkünfte beider Ehegatten maßgeblich.[120] Die Bedarfsbemessung hat auf der Grundlage der Einkünfte beider Ehegatten unter Berücksichtigung des jedem Ehegatten auf sein Einkommen zustehenden Erwerbstätigenbonus[121] zu erfolgen. Auf den so errechneten Betrag ist das eigene Einkommen des Berechtigten anzurechnen. Dieses gilt auch für das Einkommen des Unterhaltsberechtigten, das dieser nach der Scheidung erzielt oder erzielen kann. Es bestimmt also ebenfalls die ehelichen Lebensverhältnisse mit und erhöht damit den Unterhaltsbedarf. Wenn bei allen zu berücksichtigenden Einkünften ein Erwerbstätigenbonus zu berücksichtigen ist, lässt sich der Unterhaltsbedarf einfacher nach der **Differenzmethode** ermitteln. Dieses erfolgt durch Multiplikation der Differenz der beiderseits vorhandenen oder erzielbaren Einkünfte mit der Ehegattenquote.[122]

---

[115] BGH FamRZ 2008, 968 = R 689 g; 2006, 683 = R 649 f, g; 2003, 590 = R 586 a
[116] BGH FamRZ 2010, 111 = R 707 a; 2009, 411 = R 702 a; vgl. auch BVerfG FamRZ 2011, 437 Rn 64, 70 = R 722
[117] BGH FamRZ 2001, 986 = R 563
[118] BGH FamRZ 2010, 1050 Rn. 31 ff.; 2009, 1391, Rn. 19 ff.; 2009, 770 = R 704 a; 2004, 1170 = R 612; 2004, 1173 = R 611
[119] Vgl. DT B I 1 a; FamRZ 2010, 1960, 1961
[120] BGH FamRZ 2004, 443 = R 604 c; 1989, 838
[121] BGH FamRZ 2009, 307 (Rn. 15 zum Krankengeld und Rn. 25 zum ALG I); 2007, 983, 987; 2004, 1867, 1868
[122] Vgl. DT B I 1 b; FamRZ 2010, 1960, 1961

1. Abschnitt: Überblick und Grundlagen § 1

Beispiel:
Erwerbseinkommen M 3500; Erwerbseinkommen F 700;
Unterhaltsanspruch nach der Additionsmethode (Bonus 1/7): (3500 × $^3/_7$ = 1500) + (700 × $^4/_7$ = 400) = 1900 − 700 = 1200;
Unterhaltsanspruch nach der Differenzmethode (Bonus $^1/_7$): 3500 − 700 = 2800 × 3 : 7 = 1200.

Der **Erwerbstätigenbonus** ist vom bereinigten Nettoeinkommen abzuziehen (Rn. 4/ 36 773 ff.).[123] Bei Mischeinkünften darf er nur vom Erwerbseinkommen, nicht hingegen von sonstigen Einkünften abgezogen werden.[124] Hat also der Unterhaltspflichtige Erwerbseinkünfte und der Unterhaltsberechtigte Renteneinkünfte,[125] ist nur das Erwerbseinkommen des Unterhaltspflichtigen vor der Unterhaltsberechnung um $^1/_7$ bzw. $^1/_{10}$ (zur Höhe vgl. Rn. 4/782 ff.) zu bereinigen (zum Erwerbstätigenbonus s. auch Rn. 131). Der Unterhaltsbedarf beträgt dann $^1/_2$ aus der Differenz der verbleibenden Einkünfte.[126]

Beispiel:
Nettoeinkommen M 3500 − $^1/_7$ (500) = 3000; Rente F 1000;
Unterhaltsanspruch: 3000 − 1000 = 2000 : 2 = 1000.

Der berechtigte Ehegatte ist **bedürftig,** wenn und soweit er seinen Unterhaltsbedarf 37 nicht durch anrechenbare eigene Einkünfte decken kann. Hierzu zählen auf dieser Stufe auch alle Einkünfte des Berechtigten, die keinen Bezug zu den ehelichen Lebensverhältnissen haben, etwa − entsprechend dem Karrieresprung beim Unterhaltspflichtigen − nacheheliche Einkommenssprünge, die nach der **Anrechnungsmethode,** d. h. durch Abzug von dem ohne sie errechneten (geringeren) Unterhaltsbedarf, berücksichtigt werden. Die übrigen Einkünfte wurden bereits auf der Stufe der Bedarfsbemessung (s. Rn. 34, 35) im Weg der Differenzmethode zunächst (in Höhe von $^4/_7$) bedarfserhöhend und sodann (in vollem Umfang) bedarfsdeckend berücksichtigt. Unabhängig von der Art der Berücksichtigung sind allerdings sämtliche Erwerbseinkünfte vor der Anrechnung um $^1/_7$ bzw. $^1/_{10}$ (als Arbeitsanreiz) zu bereinigen (Rn. 4/776).

Beispiel:
Erwerbseinkommen M 3500;
nachehelich unvorhersehbares Erwerbseinkommen F 1400 − $^1/_7$ (200) = 1200;
Unterhalt: 3500 × 3 : 7 = 1500 − 1200 = 300.

Verfügt der Unterhaltsberechtigte sowohl über Einkünfte, die bei der Bemessung des 38 Unterhaltsbedarfs nach den ehelichen Lebensverhältnissen zu berücksichtigen sind, als auch über nacheheliche unvorhersehbare Einkünfte, etwa aus einem späteren Lottogewinn, sind die Differenzmethode und die Anrechnungsmethode **nebeneinander** anzuwenden.

Beispiel:
Erwerbseinkommen M 3500;
Erwerbseinkommen F 700;
Unterhaltsbedarf: 3500 − 700 = 2800 × $^3/_7$ = 1200;
Erwerbseinkommen F aus Lottogewinn = 600;
Unterhalt: 1200 − 600 = 600.

Bei der abschließenden Beurteilung der **Leistungsfähigkeit** des Unterhaltspflichtigen sind seine gesamten Einkünfte heranzuziehen.[127] Vorrangige Unterhaltspflichten, z. B. auf Kindesunterhalt, sind zuvor in tatsächlich gezahlter Höhe und nicht um das anrechenbare Kindergeld erhöht oder gemindert vom Einkommen abzuziehen.[128] Als

---

[123] BGH FamRZ 1997, 806 = R 512 b, c
[124] BGH NJW 2011, 303 Rn. 24 ff.; 2010, 1050 Rn. 48 (zum Wohnvorteil); 2009, 307 = R 699 a und c (zum Krankengeld und ALG I); 2007, 983, 987; 2006, 387, 391; 1991, 1163, 1166 = R 437 c; 1990, 989 (unter 3.)
[125] BGH FamRZ 1982, 894; OLG Hamm FamRZ 1998, 295
[126] BGH FamRZ 1989, 1160, 1162; DT B I 1 a
[127] BGH FamRZ 1986, 780; 1985, 354 = R 222
[128] BGH FamRZ 2009, 1477 Rn. 22 f. (Zahlbetrag auf Minderjährigenunterhalt für Leistungsfähigkeit); 2009, 1300 = R 705 c (Zahlbetrag auf Minderjährigenunterhalt für Bedarfsbemessung); 2006, 99 = R 641 e und 2005, 347 = R 622 (Zahlbetrag auf Volljährigenunterhalt)

§ 1   Die Ermittlung des unterhaltsrechtlich relevanten Einkommens

unterste Opfergrenze des Unterhaltspflichtigen ist sein Selbstbehalt zu wahren (Rn. 5/1).[129]

39   Anstelle der Differenzmethode und der Anrechnungsmethode wird teilweise auch die **Additionsmethode** zur Unterhaltsberechnung herangezogen (s. Rn. 4/814 ff.).[130] Diese Methode (näher dazu Rn. 4/800, 821) unterscheidet sich nur in den einzelnen Rechenschritten von der oben dargestellten Berechnung, führt aber – bei beiderseits bereinigtem Einkommen – stets zum gleichen Ergebnis.[131] Im zuletzt dargestellten Beispiel rechnet die Additionsmethode 3500 × 6:7 + 700 × 6:7 = 3000 + 600 = 3600:2 (Halbteilungsprinzip) = 1800 (Bedarf) – 1200 (Einkommen F 700 × 6:7 + Lottogewinn F 600) = 600.

40   Eine weitere Berechnungsmöglichkeit **(Quotenbedarfsmethode)**, ergibt sich aus Ziff. 15.2 i. V. m. dem Anhang der unterhaltsrechtlichen Leitlinien des OLG Düsseldorf. Danach beträgt der Bedarf des Berechtigten $3/7$ der Erwerbseinkünfte des anderen Ehegatten und $4/7$ der eigenen Einkünfte sowie $1/2$ des sonstigen Einkommens beider Eheleute, soweit die Einkünfte und geldwerten Vorteile bei der Bedarfsbemessung zu berücksichtigen sind. Vorhandenes Erwerbseinkommen des Berechtigten und sonstiges Einkommen ist hierauf grundsätzlich voll anzurechnen, wenn eine Erwerbstätigkeit den Bedarf nicht erhöht hat nur mit $6/7$. Mit dem hier gegebenen Beispiel wäre daher so zu rechnen: (3500 Erwerbseinkommen des Ehegatten × 3:7) + (700 eigenes Erwerbseinkommen × 4:7) = 1500 + 400 = 1900 – 700 (volles bei der Bedarfsbemessung berücksichtigtes Einkommen F) – 600 (voller Lottogewinn F) = 600. Also der gleiche Betrag (s. Rn. 4/822 ff.).

3. Zusammenfassendes Ergebnis

41   Die Einkünfte können ausnahmsweise in **unterschiedlichem Umfang** zur Unterhaltsberechnung heranzuziehen sein, je nachdem, ob es sich um Kindesunterhalt oder Ehegattenunterhalt handelt. Dies ist in den entsprechenden Einzelfällen zu berücksichtigen, auch dann wenn im gleichen Verfahren sowohl Ehegattenunterhalt als auch Kindesunterhalt verlangt wird.
– Beim **Kindesunterhalt** sind auf allen Stufen alle Einkünfte des Unterhaltspflichtigen und des Unterhaltsberechtigten maßgeblich.
– Beim **Ehegattenunterhalt** bleiben die nachehelichen unvorhersehbaren Einkünfte des Unterhaltspflichtigen und des Unterhaltsberechtigten aus einem Karrieresprung u. a.[132] auf der Stufe der Bedarfsbemessung unberücksichtigt. Dies gilt nach der neuesten Rechtsprechung des BGH zu Bedarfsbemessung nach den ehelichen Lebensverhältnissen[133] aber nur für außergewöhnliche nacheheliche Einkommenssteigerungen. Die regelmäßig zu berücksichtigenden Einkünfte des Berechtigten werden auf dieser Stufe mittels der Differenzmethode berechnet. Nur die sonstigen Einkünfte des Berechtigten werden auf der Bedürftigkeitsstufe auf den ohne sie festgestellten Bedarf angerechnet. Bei der Prüfung der **Leistungsfähigkeit** sind allerdings alle Einkünfte des Unterhaltspflichtigen bedeutsam (s. Rn. 4/966 ff.).

---

[129] BGH, FamRZ 2010, 1535 = R 714 b, c (Familienselbstbehalt); 2009, 404 Rn. 10 f. (Trennungsunterhalt); 2009, 311 Rn. 20 und 2009, 307 = R 699 c (Betreuungsunterhalt); 2008, 594 = R 688 b (Ersparnis durch Zusammenleben); 2006, 683 = R 649 c, d; BVerfG FamRZ 2004, 253

[130] BGH FamRZ 2005, 1979 = R 640 b–d; vgl. Mayer FamRZ 1992, 138; Gerhardt FamRZ 1993, 261

[131] BGH FamRZ 2001, 986, 988 = R 563

[132] Zur Unterhaltspflicht gegenüber einer geschiedenen und einer neuen Ehefrau vgl. aber BGH FamRZ 2009, 579 Rn. 43 f. und 2009, 411 = R 702 c; vgl. auch BVerfG FamRZ 2011, 437 Rn. 64, 70 = R 722

[133] BGH FamRZ 2008, 968 = R 689 g; 2006, 683 = R 649 f–h; 2004, 1173 = R 611; 2001, 986

V. Ermittlung der unterhaltsrechtlich relevanten Einkünfte anhand steuerrechtlicher Unterlagen

1. Darlegungen der Parteien zum unterhaltsrechtlich relevanten Einkommen

Den Unterhaltsberechtigten trifft die **Darlegungs- und Beweislast** für die Höhe seines Unterhaltsbedarfs[134] und somit auch für das Einkommen des Unterhaltspflichtigen, soweit sich sein Bedarf danach bemisst. Er hat ferner die Darlegungs- und Beweislast für seine Bedürftigkeit sowie für die Tatbestandsvoraussetzungen einer unterhaltsrechtlichen Anspruchsnorm (Rn. 6/703 ff.). Der Unterhaltspflichtige hat die Darlegungs- und Beweislast für eine von ihm behauptete Leistungsunfähigkeit (Rn. 6/721 ff.). Da die Unterhaltsbeteiligten die genauen Einkommensverhältnisse des jeweils anderen nicht oder nur teilweise kennen, sind sie sich nach den §§ 1360a III; 1361 IV 3, 1580 1, 1605 BGB gegenseitig zur vollständigen Angabe ihrer Einkommens- und Vermögensverhältnisse verpflichtet.[135] Sie können daher zur Vorbereitung eines Unterhaltsverfahrens **Auskunft** und Vorlage entsprechender Unterlagen verlangen (zum Auskunftsanspruch allgemein s. Rn. 1150 ff.). Der Berechtigte kann seinen Auskunftsanspruch entweder isoliert in einem eigenständigen Verfahren oder im Wege eines Stufenantrags gemeinsam mit dem sich dann ergebenden Unterhaltsanspruch geltend machen (Rn. 10/358 ff.). Um den laufenden Unterhalt ab Aufforderung zur Auskunft zu sichern, ist ein Stufenantrag allerdings generell nicht mehr notwendig, zumal das Gesetz jetzt auch für den nachehelichen Unterhalt auf § 1613 I BGB verweist (§§ 1585 II, 1360a III, 1361 IV 4 BGB). Danach kann der Berechtigte Unterhalt für die Vergangenheit schon von dem Zeitpunkt an fordern, in dem er den Unterhaltspflichtigen zur Auskunft aufgefordert hat.

Im Rahmen des Auskunftsanspruchs hat der jeweils Berechtigte gegenüber dem anderen einen Anspruch auf Vorlage einer systematischen Aufstellung der erforderlichen Angaben, die ihm ohne übermäßigen Arbeitsaufwand die Berechnung des Unterhaltsanspruchs ermöglicht (s. Rn. 1150 ff. und für die Auskunft durch Selbständige Rn. 424 ff.).[136] Die Einkommensberechnungen erfolgen in der Praxis häufig so, wie auch dem **Finanzamt** gegenüber abgerechnet wird.[137] Dazu werden die Angaben aus den Steuerbescheiden oder den für das Finanzamt erstellten Jahresabschlüssen und Steuererklärungen einfach übernommen. Im Unterhaltsverfahren müssen die Einnahmen und die behaupteten Aufwendungen allerdings im Einzelnen so dargestellt werden, dass die allein steuerrechtlich beachtlichen Aufwendungen von solchen, die unterhaltsrechtlich bedeutsam sind, abgegrenzt werden können.[138]

Eine nur ziffernmäßige Aneinanderreihung einzelner Kostenarten wie Abschreibungen, allgemeine Kosten, Kosten für Versicherungen usw. genügt solchen Anforderungen nicht.[139] Steuerrechtlich beachtliche Aufwendungen oder Abschreibungen können ganz oder teilweise unberücksichtigt bleiben, wenn ihre unterhaltsrechtliche Abzugsfähigkeit nicht näher dargelegt wird (vgl. Rn. 314 ff.). Das Gericht kann z. B. Bewirtungs- oder Repräsentationskosten unberücksichtigt lassen oder die Abschreibungsbeträge für einen Pkw kürzen und die Abschreibungszeit verlängern (s. Rn. 341 ff.).[140]

Die erforderlichen Darlegungen können nicht durch einen Antrag auf Vernehmung eines Steuerberaters oder Sachverständigen ersetzt werden.[141] Eine Beweiserhebung durch Zeu-

---

[134] BGH FamRZ 2010, 357 Rn. 39
[135] BGH FamRZ 2011, 21; zur Beschwer durch ein Auskunftsurteil vgl. BGH FamRZ 2010, 964 Rn. 14
[136] BGH FamRZ 2011, 21; 1997, 811 (Scheidungsverbund); 1994, 1169 (bei konkreter Bedarfsermittlung); 1004, 28; 1983, 996, 998 = R 178
[137] BGH FamRZ 1982, 680
[138] BGH FamRZ 1987, 46, 48; 1985, 357; 1980, 770
[139] BGH FamRZ 1980, 770
[140] BGH FamRZ 2005, 1159 = R 623a; 2003, 741; 1987, 46, 48; 1984, 39
[141] BGH FamRZ 1980, 770

genvernehmung oder Sachverständigengutachten kommt erst in Betracht, wenn und soweit vom Gegner die Richtigkeit **detailliert** behaupteter Ausgaben bestritten wird.[142]

2. Richterliche Ermittlung unterhaltsrechtlich relevanter Einkünfte und Vorlage von Unterlagen

45 In der Praxis bereitet die Ermittlung der unterhaltsrechtlich relevanten Einkünfte oft große Schwierigkeiten, weil die Unterhaltsbeteiligten hierzu nur ungenaue, verschleiernde, unvollständige und – nicht selten – auch bewusst falsche Angaben machen, die teilweise sogar den Tatbestand eines versuchten Prozessbetrugs erfüllen. Dieser Umstand verpflichtet das Gericht zur genauen Nachprüfung nicht hinreichend substantiierter oder bestrittener Auskünfte. Zuverlässige Feststellungen lassen sich für den Zahlungsantrag dann regelmäßig nur anhand **schriftlicher Unterlagen** treffen, deren Beschaffung und unterhaltsrechtliche Auswertung deshalb zu den wichtigsten richterlichen Aufgaben gehört (s. Rn. 46). Zu solchen Unterlagen zählen in der Regel Verdienstbescheinigungen des Arbeitgebers und Steuerbescheide (Einkommensteuer) mit entsprechenden Steuererklärungen nebst dazugehörigen Belegen und Unterlagen, die für die steuerlichen Ermittlungen der Einkünfte notwendig sind, wie Aufzeichnungen, Gewinn- und Verlustrechnungen, Bilanzen u. ä. Eine Verpflichtung zur Vorlage solcher Belege, auch der Steuerbescheide und Steuererklärungen, besteht nach den §§ 1361 IV 4, 1580 S. 2, 1605 I 2 BGB (s. Rn. 1150 ff.).[143]

46 Vom Gericht kann die Vorlage solcher Belege von Amts wegen nach § 113 I 2 FamFG i. V. m. § 273 ZPO oder auf Antrag eines Beteiligte nach § 113 I 2 FamFG i. V. m. § 421 ZPO angeordnet werden. Die Vorlage von Handelsbüchern (§ 238 HGB) kann nach § 258 HGB auch in Unterhaltssachen verlangt werden. Kommt eine Partei einer solchen Anordnung nicht nach, können die Behauptungen des Beweisführers über den Inhalt der zurückgehaltenen Unterlagen entsprechend § 113 I 2 FamFG i. V. m. § 427 ZPO als bewiesen angesehen werden.[144] Das Gericht kann auch ohne entsprechenden Antrag einer Partei eine Gehaltsauskunft bei Dritten einholen, wenn – wie in der Regel – die Einkommensverhältnisse in dem Verfahren eine Rolle spielen.[145] Neben den materiellrechtlichen Verpflichtungen zur Auskunft nach §§ 1361 IV 4, 1580 2, 1605 I 2 BGB hat das Gesetz mit den §§ 235, 236 FamFG auch die **prozessuale Auskunftspflicht** der Parteien und Dritter aufrechterhalten (s. Rn. 1151).[146] Danach kann das Gericht auch von Amts wegen Auskünfte von den Beteiligten oder Dritten einholen, wenn es darauf in dem Unterhaltsverfahren ankommt. Nach §§ 235 II, 236 II FamFG hat es die notwendigen Auskünfte einzuholen, wenn ein Beteiligter dies beantragt und der andere Beteiligte seiner Auskunftspflicht nicht fristgemäß nachgekommen ist. Die nach dieser Vorschrift erlassene Aufforderung zur Auskunft ist nicht isoliert anfechtbar.[147] Die Zulässigkeit der auf die materielle Auskunftspflicht gestützten Stufenklage ist durch das prozessuale Auskunftsrecht des Gerichts nicht entfallen.[148]

3. Unterhaltsrechtliche Relevanz steuerrechtlich erfasster Einkünfte

47 Das Einkommen wird auch im Steuerrecht regelmäßig genau erfasst. Es stehen daher meist **steuerrechtliche Unterlagen** zur Überprüfung der unterhaltsrechtlichen Angaben zur Verfügung. Um die Angaben in solchen steuerrechtlichen Unterlagen besser auf ihre unterhaltsrechtliche Relevanz überprüfen und auswerten zu können, ist es hilfreich, wenn

---

[142] BGH FamRZ 1980, 770
[143] BGH FamRZ 2002, 666; 1982, 680, 682; 1982, 151
[144] OLG Karlsruhe FamRZ 1990, 533
[145] BGH FamRZ 1986, 885; zu §§ 235 I, 236 I FamFG vgl. Klein FPR 2011, 9
[146] Zur früheren prozessualen Auskunftspflicht nach § 643 ZPO a. F. vgl. BGH FamRZ 2005, 1986
[147] §§ 58 I, 235 IV, 236 V FamFG; zum früheren Recht OLG Naumburg EzFamR aktuell 2000, 357; OLGR Celle 1999, 304
[148] Zum früheren Recht OLG Naumburg FamRZ 2000, 101

1. Abschnitt: Überblick und Grundlagen § 1

man Sinn, Zweck und Bedeutung solcher Angaben im Rahmen der steuerrechtlichen Ermittlungen versteht und wenn man die Positionen kennt, bei denen die entsprechenden Angaben mit besonderer Aufmerksamkeit auf ihre unterhaltsrechtliche Relevanz überprüft werden müssen (vgl. Rn. 314 ff., 330 ff.). Denn das unterhaltsrechtlich relevante Einkommen ist nicht identisch mit dem steuerpflichtigen Einkommen (s. Rn. 970 ff.).[149]

Die zu versteuernden Einkünfte eines Unterhaltspflichtigen sind in der Regel **nicht** **48** **identisch** mit dem Einkommen, nach dem sich der Unterhalt bemisst.[150] Teilweise ist das Steuerrecht großzügiger als das Unterhaltsrecht. Denn unterhaltsrechtlich wird einerseits zusätzlich vieles als Einkommen angerechnet, was nicht versteuert werden muss, z. B. Wohngeld[151] (Rn. 665), BAföG-Leistungen (Rn. 670 ff.), teilweise Renten (Rn. 646 ff.) u. ä. Ebenso wird nicht alles, was steuerrechtlich als Werbungskosten oder Betriebsausgaben abgezogen werden kann, auch unterhaltsrechtlich als berechtigter Abzugsposten anerkannt.[152] Es gibt eine Vielzahl von steuerspezifischen Absetzungs- und Abschreibungsmöglichkeiten zur Konjunkturbelebung oder Vermögensbildung, die zum Schutz der Unterhaltsberechtigten nicht einkommensmindernd berücksichtigt werden dürfen[153] (s. Rn. 341 ff.). Andererseits ist das Steuerrecht in Teilbereichen auch restriktiver als das Unterhaltsrecht. Denn Aufwendungen für die **Altersvorsorge** können unterhaltsrechtlich in Höhe der gesetzlichen Rentenversicherung (gegenwärtig 19,9% des Bruttoeinkommens) und zusätzlich als private Altersvorsorge in Höhe weiterer 4% des Bruttoeinkommens[154] (beim Elternunterhalt sogar 5%[155]) berücksichtigt werden, während das Steuerrecht neben den Beiträgen zu gesetzlichen Rentenversicherung (§ 10 I Nr. 2 EStG) eine zusätzliche Altersvorsorge nur bis zu einem Höchstbetrag von 2100 €/jährlich vorsieht (§§ 10 a I, 82 EStG). Bereits ab einem Bruttojahreseinkommen von 52 500 € ist das Steuerrecht insoweit also restriktiver. Auch die sonstige Vorsorge durch Kranken-, Pflege- und Unfallversicherung ist steuerlich auf einen Jahresbetrag von 2800 €, bei Nichtselbständigen sogar nur auf 1900 €/jährlich, begrenzt (§ 10 I Nr. 3 a, IV EStG), während sie unterhaltsrechtlich regelmäßig voll abgezogen werden kann. Schließlich ist nach § 9 I Nr. 4 EStG auch die steuerliche Berücksichtigung von berufsbedingten Fahrtkosten auf die Hälfte des tatsächlichen Aufwands (Entfernungspauschale) begrenzt, während unterhaltsrechtlich die gesamte Fahrtstrecke zu berücksichtigen ist (s. Rn. 133 ff.).

Wegen der besonders in Bezug auf **Abschreibungen von Gebäuden** im Steuerrecht **49** herrschenden Großzügigkeit (s. Rn. 205 ff.) ist die Übertragbarkeit auf das Unterhaltsrecht besonders sorgfältig zu prüfen. Unterhaltsrechtlich dürfen nur solche Beträge abgeschrieben werden, die mit dem tatsächlichen Wertverzehr einhergehen oder für die Erhaltung der Einkommensquelle tatsächlich erforderlich sind bzw. waren (s. Rn. 141). Alles, was darüber hinausgeht und aus wirtschaftspolitischen Gründen auf eine Steuerersparnis hinausläuft, der Vermögensmehrung dient oder in sonstiger Weise zu einer unterhaltsrechtlich nicht zumutbaren Minderung des Unterhaltsanspruchs führt, hat außer Betracht zu bleiben (s. Rn. 141, 205 ff., 341 ff.).[156] Allerdings ist dabei zu beachten, dass die Abschreibung (Absetzung für Abnutzung = AfA) jedenfalls beim Anlagevermögen regelmäßig nur zu einer Gewinnverschiebung führt (s. Rn. 205 ff.).

Auch bei **Einkünften aus Vermietung und Verpachtung** wirken sich erfahrungsgemäß **50** Abschreibungen für die Abnutzung (AfA) von Gebäuden sowie Instandsetzungskosten erheblich zugunsten des Steuerpflichtigen aus, ohne dass diese in gleicher Weise unterhaltsrechtlich berücksichtigt werden dürfen. So berühren z. B. die Abschreibungen für die Abnutzung von Gebäuden das unterhaltsrechtlich maßgebliche Einkommen nicht, weil ihnen lediglich eine pauschal vermutete Wertminderung von Vermögensgegenständen zugrunde liegt. Insoweit gehen die zulässigen steuerlichen Pauschalen vielfach über das tatsächliche Ausmaß einer

---

[149] BGH FamRZ 1998, 357 = R 515 a; 1987, 46, 48; 1980, 770
[150] BGH FamRZ 2009, 762 Rn. 38 ff.; 1997, 281, 283 = R 509 g
[151] BGH FamRZ 2003, 860
[152] BGH FamRZ 2009, 762 Rn. 38 ff.; 1980, 770
[153] BGH FamRZ 2003, 741; 1997, 281, 283 = R 509 g
[154] BGH FamRZ 2005, 1817, 1822 = R 632j
[155] BGH FamRZ 2004, 792, 793 = R 605 a
[156] BGH FamRZ 1998, 357 = R 515 a; 1987, 46, 48; 1980, 770

Wertminderung hinaus. Außerdem kann eine solche Wertminderung durch eine günstige Entwicklung des Immobilienmarktes ausgeglichen werden. Steuerlich anerkannte Verluste aus Vermietung oder Verpachtung sowie aus Beteiligungen sind unterhaltsrechtlich nur dann zu berücksichtigen, wenn der Unterhaltspflichtige substantiiert darlegt, wie sich die Beträge im Einzelnen zusammensetzen, und wenn eine Prüfung der einzelnen Positionen ergibt, dass sie nach unterhaltsrechtlichen Grundsätzen anerkennungsfähig sind. Dabei sind Positionen, die keine Vermögenseinbuße zum Gegenstand haben oder nicht der tatsächlichen Wertminderung oder Nutzung entsprechen, nicht zu berücksichtigen.[157] **Instandsetzungskosten** oder sonstige Investitionen können nur insoweit einkommensmindernd berücksichtigt werden, als es sich um notwendigen Erhaltungsaufwand handelt und nicht um Aufwand für Vermögensbildung, wie er etwa vorliegt, wenn Ausbauten und wertsteigernde Verbesserungen vorgenommen worden sind.[158] Grundsätzlich ist es zwar ratsam, die handelsrechtlichen und steuerrechtlichen Belege wegen ihres meist unersetzlichen informativen Wertes für die Einkommensermittlung heranzuziehen. Bei der unterhaltsrechtlichen Bewertung jeder Einzelnen steuerrechtlichen Einkunftsart ist es aber wichtig, an die unterschiedlichen steuerrechtlichen Ermittlungsarten zu denken und dabei aufmerksam die jeweiligen unterhaltsrechtlichen Besonderheiten zu erkennen und korrigierend zu berücksichtigen.

4. Steuerrechtliche und unterhaltsrechtliche Einkunftsarten

51   Die nahezu lückenlose Einkommenserfassung im Steuerrecht legt es nahe, die hierzu entwickelte Systematik auch für das Unterhaltsrecht heranzuziehen. Das Steuerrecht kennt sieben Einkunftsarten (§ 2 EStG):
– Einkünfte aus Land- und Forstwirtschaft (§§ 13–14 a EStG).
– Einkünfte aus Gewerbebetrieb (§§ 15–17 b EStG).
– Einkünfte aus selbständiger Arbeit (§ 18 EStG).
– Einkünfte aus nichtselbständiger Arbeit (§ 19 EStG).
– Einkünfte aus Kapitalvermögen (§ 20 EStG).
– Einkünfte aus Vermietung und Verpachtung (§ 21 EStG).
– Sonstige Einkünfte im Sinn des § 22 EStG.

52   Die Einkünfte aus den drei ersten Einkunftsarten werden wegen der Art ihrer Ermittlung als **Gewinn** bezeichnet (§ 2 II Nr. 1 EStG). Die Gewinnermittlung erfolgt je nach Größe und Art des Betriebes im Weg des Betriebsvermögensvergleichs (Bilanzierung; § 4 I EStG) oder auf vereinfachte Weise durch eine Einnahmen-Überschuss-Rechnung (§ 4 III EStG). Gewinn nach der zuletzt genannten Methode ist die Summe der Betriebseinnahmen abzüglich aller Betriebsausgaben. Die Einkünfte aus den vier weiteren Einkunftsarten sind wegen der Art ihrer Ermittlung so genannte **Überschusseinkünfte**. Überschuss ist die Summe aller Einnahmen abzüglich der Werbungskosten (§ 2 II Nr. 2 EStG).

53   Die steuerrechtlich relevanten Einkünfte sind also in allen Fällen so genannte **Reineinkünfte**, die sich errechnen aus der Summe aller zugeflossenen steuerpflichtigen Bruttoeinnahmen abzüglich der Aufwendungen, die zur Erwerbung, Sicherung oder Erhaltung der Einnahmen notwendig waren. Das sind alle Betriebsausgaben und Werbungskosten. Die gleiche Weise der Einkommensermittlung gilt im Prinzip auch für die unterhaltsrechtlich relevanten Einkünfte. Auch diese sind Reineinkünfte, d. h. Bruttoeinnahmen abzüglich Werbungskosten oder Betriebsausgaben. Beim Arbeitseinkommen werden die Werbungskosten im Unterhaltsrecht als **berufsbedingte Aufwendungen** bezeichnet. Zu den steuerrechtlich relevanten Einkunftsarten kommen unterhaltsrechtlich auch vermögenswerte Vorteile wie z. B. **Wohnvorteile** (Rn. 473 ff.), nicht zu versteuernde Einkommensteile und **fiktives Einkommen** aus unterlassener zumutbarer Erwerbstätigkeit (Rn. 734 ff.) oder aus nicht verantwortlich genutztem Vermögen (Rn. 632 ff.) hinzu. Einer besonderen Erörterung bedürfen auch Einkünfte aus **unzumutbarer Erwerbstätigkeit**, weil diese nach den §§ 242, 1577 II BGB nur teilweise zu berücksichtigen sind (Rn. 800 ff.).[159]

---

[157] BGH FamRZ 1997, 281; OLG Koblenz – 9 UF 140/01, BeckRS 2001, 30212022
[158] BGH FamRZ 1997, 281; 1984, 39, 41
[159] BGH FamRZ 2011, 454 = R 721; 2005, 1154 = R 630 c, d

1. Abschnitt: Überblick und Grundlagen § 1

5. Gliederung der unterhaltsrechtlich relevanten Einkünfte

Aus Gründen der unterhaltsrechtlichen Praxis hält sich die Gliederung der Einkünfte in 54
§ 1 dieses Buches nicht an die im Steuerrecht vorgegebene Reihenfolge der einzelnen Einkunftsarten. Übereinstimmung besteht jedoch mit der Art und Weise der jeweils im Steuerrecht durchzuführenden Einkommensermittlung bei den verschiedenen Einkunftsarten. Werden die unterhaltsrelevanten Einkünfte nach sachlichen Gesichtspunkten geordnet, kann man von Erwerbseinkünften, Vermögenseinkünften, Erwerbsersatzeinkünften sowie sonstigen Einkünften sprechen.

Erwerbseinkünfte sind alle Einkünfte, die auf dem Einsatz der Arbeits- und Leistungs- 55
kraft beruhen. Nur von diesen Einkünften ist dem Erwerbstätigen bei der Ermittlung des Ehegattenunterhalts der so genannten „Erwerbstätigenbonus" (s. Rn. 36; 131 sowie 4/773 ff.) zu belassen. Der Erwerbstätigenbonus soll nach ständiger Rechtsprechung des BGH den mit der Erwerbstätigkeit einher gehenden Aufwand abgelten und zugleich einen Arbeitsanreiz bieten.[160] Auch bei fiktiven Einkünften wegen unterlassener zumutbarer Erwerbstätigkeit ist ein Erwerbstätigenbonus zu berücksichtigen.[161] Bei den übrigen Einkünften ist dies hingegen nicht angebracht. Zu den Erwerbseinkünften zählen:
– Einkünfte aus abhängiger Arbeit (s. Rn. 65 ff.).
– Einkünfte von Freiberuflern, sonstigen Selbstständigen und Gewerbetreibenden, die nicht buchführungspflichtig sind und auch freiwillig keine Bücher führen (s. Rn. 250 ff.).
– Einkünfte von Vollkaufleuten, Gewerbetreibenden und sonstigen Selbstständigen, die ihren Gewinn nach § 5 EStG durch Betriebsvermögensvergleich ermitteln (s. Rn. 160 ff.). Bei dieser Einkunftsart ist zu berücksichtigen, dass es sich genau genommen um eine Mischung von Erwerbseinkünften und Vermögenseinkünften handelt, weil der Gewinn in Form von Zinsen und Mieten auch auf dem investierten Kapital beruht (§§ 15, 18 EStG; s. Rn. 222 ff.). Diese Einkünfte werden unterhaltsrechtlich zu den Erwerbseinkünften gerechnet, wenn und soweit auch der persönliche Leistungseinsatz für die Gewinnerzielung bedeutsam ist.
– Einkünfte aus Land- und Forstwirtschaft (s. Rn. 266 ff., 436).

Bei den **Vermögenseinkünften** handelt es sich im Wesentlichen um alle Nutzungen 56
aus einem Vermögen oder Kapital einschließlich der Gebrauchsvorteile eines Vermögens. Unterhaltsrechtlich sind in diesem Zusammenhang auch die Probleme einer zumutbaren aber unterlassenen Vermögensverwertung zu erörtern (s. Rn. 632 ff.).
Die bedeutsamsten Vermögenseinkünfte sind:
– Einkünfte aus Vermietung und Verpachtung (Rn. 450 ff.).
– Wohnvorteil als Gebrauchsvorteil eines Vermögens (Rn. 473 ff.).
– Einkünfte aus Kapital, etwa Zinsen, Dividenden oder Verwertungserlöse (Rn. 600 ff.).
– Zurechenbare Einkünfte aus unterlassener zumutbarer Vermögensverwertung (Rn. 632 ff.).

Bei den **Erwerbsersatzeinkünften** handelt es sich um Einkommen aus einer früheren 57
Erwerbstätigkeit, die wegen Alters oder Invalidität beendet wurde oder wegen Krankheit oder Arbeitslosigkeit vorübergehend unterbrochen ist. Hierzu zählen:
– Einkünfte aus Renten und Pensionen (Rn. 646 ff.).
– Einkünfte aus vergleichbaren Erwerbsersatzleistungen, wie etwa Arbeitslosengeld I, Krankengeld usw. (Rn. 115 ff.).

Zu den **sonstigen Einkünften** zählen insbesondere: 58
– Alle sozialstaatlichen Zuwendungen wie Arbeitslosengeld II, Wohngeld, BAföG, Kindergeld, Pflege-, Erziehungs- und Elterngeld, Ausbildungsbeihilfen und Leistungen der Grundsicherung (Rn. 110 ff., 664 ff.).
– Der steuerrechtliche Splittingvorteil[162] (Rn. 917 ff. und 4/437, 579).

---

[160] BGH FamRZ 1992, 539
[161] BGH FamRZ 2005, 23, 25 = R 619; OLGR Köln 2005, 679 = NJOZ 2005, 4419; zur Bemessung eines ehebedingten Nachteils im Rahmen des § 1578 b BGB vgl. aber BGH FamRZ 2009, 406 Rn. 17
[162] BGH FamRZ 2010, 1318 Rn. 18 ff.; 2008, 2189 = R 697 (beim Kindesunterhalt); 2010, 869 Rn. 33; 2008, 1911 = R 695 b (zum Ehegattenunterhalt) 2007, 793 = R 674 e; 2005, 1817 = R 632 b, c

§ 1 Die Ermittlung des unterhaltsrechtlich relevanten Einkommens

- Freiwillige unentgeltliche Zuwendungen Dritter (Rn. 708 ff.).
- Zuwendungen eines neuen Partners an den Berechtigten sowie entsprechende fiktive Einkünfte als Gegenleistungen für die Haushaltsführung oder sonstige Versorgungsleistungen[163] (Rn. 712 ff.).
- Einkünfte aus Unterhaltszahlungen (Rn. 721 ff.).

59 Abschließend sind verschiedene sozialstaatliche Leistungen zu erwähnen, die unterhaltsrechtlich überwiegend nicht als Einkommen zu werten sind (Rn. 727 sowie 8/1 ff.). Gesondert erörtert wird die unterhaltsrechtlich bedeutsame fiktive Zurechnung erzielbarer Einkünfte bei unterlassener zumutbarer Erwerbstätigkeit (Rn. 734 ff.) und die Anrechnung von Einkünften aus unzumutbarer Erwerbstätigkeit[164] (Rn. 800 ff.). Da es sich bei den hier beschriebenen Einkünften um Reineinkünfte und nicht um Nettoeinkünfte handelt, sind diese noch zu vermindern um die Einkommensteile, die für Unterhaltszwecke nicht zur Verfügung stehen (Rn. 1000 ff.).

60–64 *– in dieser Auflage nicht belegt –*

2. Abschnitt: Einkünfte aus abhängiger Arbeit sowie Nebeneinkünfte und Lohnersatzleistungen bei oder nach einem bestehenden Arbeitsverhältnis

I. Überblick

1. Bruttoeinnahmen und berufsbedingte Aufwendungen

65 Die Einkünfte aus abhängiger Arbeit sind **Überschusseinkünfte** (Rn. 52). Sie errechnen sich aus der Summe aller Bruttoeinnahmen eines Kalenderjahres abzüglich aller in dem gleichen Kalenderjahr entstandener Ausgaben, die notwendig waren, um dieses Einkommen zu erzielen oder zu erhalten. Diese Ausgaben werden **berufsbedingte Aufwendungen** oder wie im Steuerrecht Werbungskosten genannt. Zu ermitteln ist somit der Überschuss, der sich nach Abzug der berufsbedingten Aufwendungen ergibt.

66 Zu den Bruttoeinnahmen zählen grundsätzlich alle Einkünfte, die ein Arbeitnehmer aus einem Arbeits- oder Dienstverhältnis laufend, unregelmäßig oder einmalig bezieht, einschließlich Sonderzuwendungen, Zulagen, Zuschlägen, Zuschüssen, Sachbezügen, sonstigen Nebeneinnahmen[1] und Steuererstattungen.[2] Es kommt auch nicht darauf an, ob die Erwerbstätigkeit legal oder als **„Schwarzarbeit"** ausgeübt wird.[3] Da „Schwarzarbeit" allerdings jederzeit folgenlos beendet werden darf, weil sie gesetzwidrig und damit auch unzumutbar ist, können Einkünfte daraus nicht bei der Berechnung des künftigen Unterhaltsanspruchs berücksichtigt werden.[4] Diesem ist vielmehr ein ordnungsgemäß versteuertes fiktives Einkommen zugrunde zu legen. Stammen die „schwarzen" Einkünfte allerdings aus einer Nebentätigkeit, sind die in Rn. 96 ff. dazu entwickelten Grundsätze zu beachten. Das laufende Entgelt sowie gesetzliche, tarifliche oder freiwillige Zulagen oder Zuwendungen sind in der Regel anhand der **Verdienstbescheinigungen** des Arbeitgebers, der Steuerbescheinigung (vgl. Rn. 984 ff.) oder des **Steuerbescheids** nebst **Steuererklärung** fest-

---

[163] BGH FamRZ 2004, 1173 = R 611
[164] BGH FamRZ 2009, 1124 Rn. 25, 37; 2008, 1739 Rn. 103 f. (beim Betreuungsunterhalt); 2005, 1154 = R 630 c–e (allgemein)
[1] BGH FamRZ 1986, 780
[2] Vgl. BGH FamRZ 2009, 1207 Rn. 26 f.; 2005, 104; OLG Nürnberg FamRZ 2006, 1132; OLGR Hamm 2001, 47; vgl. auch Rn. 892 ff.
[3] OLG Nürnberg EzFamR aktuell 1997, 339
[4] OLG Hamm – 1 UF 259/77 – nicht veröffentlicht

2. Abschnitt: Einkünfte aus abhängiger Arbeit § 1

zustellen. Zwischen den Berufseinnahmen und den berufsbedingten Aufwendungen muss ein zweckbedingter wirtschaftlich notwendiger Zusammenhang bestehen.

Anders als im Steuerrecht, das Werbungskosten in der Regel anerkennt, wenn der Pflichtige sie als berufsnotwendig bezeichnet, sind **berufsbedingte Aufwendungen** unterhaltsrechtlich stets vom Gericht auf ihre objektive Notwendigkeit und Angemessenheit zu überprüfen und gegebenenfalls nach einer Schätzung gemäß § 287 ZPO herabzusetzen (Rn. 6/750 ff.). Deshalb sind genaue Darlegungen zur Notwendigkeit und zur Höhe der berufsbedingten Aufwendungen erforderlich, wenn ein konkreter Abzug über die gängigen Pauschalen hinaus (Rn. 124 ff.) verlangt wird. 67

2. Nicht berufsbedingte Aufwendungen

Nicht zu den berufsbedingten Aufwendungen zählen vor allem die Ausgaben für die **Vermögensbildung,** soweit sie über eine zulässige Altersvorsorge (Rn. 48) hinausgehen, und alle Kosten der **privaten Lebensführung,** wie Aufwendungen für Ernährung, Wohnung, Kleidung, Repräsentation und für Wirtschaftsgüter, deren Nutzung auf den privaten Bereich beschränkt ist. Betreffen so genannte gemischte Aufwendungen sowohl die private Lebensführung als auch den beruflichen Bereich, so sind sie grundsätzlich überhaupt nicht absetzbar. Ausnahmsweise ist eine Aufteilung in einen nicht absetzbaren Anteil für die private Lebensführung und einen abziehbaren berufsbedingten Anteil zulässig, wenn objektive Merkmale und Unterlagen eine zutreffende und leicht nachprüfbare Trennung und Anteilsschätzung nach § 287 ZPO (Rn. 6/750) ermöglichen. Dies kann z. B. der Fall sein bei Kraftfahrzeug-[5] (Rn. 134 ff.), Telefon- (Rn. 144) und Reisekosten (Rn. 148), wenn genaue und zuverlässige Einzelangaben vorliegen. 68

II. Der Prüfungszeitraum

In der Praxis der Instanzgerichte wird aus Gründen der Praktikabilität das jeweils **zuletzt abgelaufene Kalenderjahr** als Beurteilungszeitraum bevorzugt (s. zunächst Rn. 25).[6] Dabei werden auch die erst in der Jahresmitte oder am Jahresende bezogenen Sonderzuwendungen in vollem Umfang mit einbezogen.[7] Dieser Weg bietet erhebliche Vorteile. Das Jahreseinkommen lässt sich ohne weiteres entweder der Lohnsteuerbescheinigung (Rn. 1179 ff.) oder der Gehaltsabrechnung für den Dezember des Vorjahres entnehmen, wenn darin auch die aufgelaufenen Jahresbeträge ausgewiesen werden. Zusätzlich braucht in der Regel nur nach etwaigen Steuernachzahlungen oder -erstattungen gefragt zu werden. Werden dagegen die Gehaltsabrechnungen für die letzten 12 Monate herangezogen, müssen zunächst alle Monatsabrechnungen beschafft und sodann alle Einzelbeträge zusammengerechnet werden. Dies kann bei einmaligen Sonderzahlungen zu Schwierigkeiten führen, weil sie steuerlich auf das Kalenderjahr der Zahlung umzulegen sind. Die höhere Aktualität der Gehaltsabrechnungen der letzten 12 Monate kann den erhöhten Aufwand deswegen nur dann rechtfertigen, wenn seit Beendigung des letzten Kalenderjahres nicht unerhebliche Änderungen des relevanten Einkommens eingetreten sind. 69

Sind nach dem zugrunde gelegten Kalenderjahr durch **Lohnerhöhungen** oder -kürzungen, Änderungen der Steuerklasse u. ä. wesentliche Veränderungen eingetreten, muss ihnen durch Zu- oder Abschläge von dem nachgewiesenen Einkommen Rechnung getragen werden. Hat etwa ein bisher gut verdienender Unterhaltspflichtiger kurz vor der mündlichen Verhandlung das Rentenalter erreicht und verfügt er jetzt nur über eine bescheidene Rente, darf für die in der Zukunft liegenden Zeiträume nur von der Rente ausgegangen 70

---

[5] BGH FamRZ 2006, 846 = R 648 a
[6] BGH FamRZ 1983, 996 = R 178; OLG Frankfurt FamRZ 1989, 1300, OLG Hamm FamRZ 1986, 1102; OLG München FamRZ 1984, 173
[7] OLG Hamburg FamRZ 1997, 574

§ 1 Die Ermittlung des unterhaltsrechtlich relevanten Einkommens

werden. Für die Zeit bis zur Verrentung ist der Unterhalt dagegen noch nach den Einkünften des vergangenen Kalenderjahres zu bestimmen.[8]

71 Manchmal **verändert** sich das unterhaltsrechtlich relevante Einkommen mehrmals im Kalenderjahr nicht unerheblich. Auch in diesen Fällen sollte jedenfalls für den rückständigen Unterhalt regelmäßig auf den Jahresdurchschnitt abgestellt werden.

> **Beispiel:**
> Zu Beginn des Jahres beträgt das relevante Einkommen 2100 EUR. Im Mai fällt eine bisher berücksichtigte Verbindlichkeit von 300 EUR weg, von September bis November wird nur Arbeitslosengeld von monatlich 1300 EUR gezahlt, im Dezember beläuft sich das Erwerbseinkommen auf 2400 EUR.

72 Vielfach wird der Unterhalt in diesen Fällen für die einzelnen Zeitabschnitte getrennt berechnet, also von Januar bis Mai aus 2100 EUR, von Juni bis August aus 2400 EUR, von September bis November aus 1300 EUR und für die folgende Zeit aus 2400 EUR. Dieses umständliche Verfahren bürgt nur scheinbar für größere Gerechtigkeit. Der Berechtigte erhält ständig wechselnde Beträge und kann sich daher nur schwer auf die Höhe künftiger Einnahmen einstellen. Das nur in einem Monat erzielte Einkommen von 2400 EUR kann deswegen nicht ohne weiteres als dauerhaft erzielbar behandelt werden. Jedenfalls für die Vergangenheit sollte daher selbst in solchen Fällen von dem **Durchschnittseinkommen** von 2100×5 (Januar bis Mai) + 2400×3 (Juni bis August) + 1300×3 (September bis November) + 2400 (Dezember) = $10\,500 + 7200 + 3900 + 2400 = 24\,000 : 12 = 2000$ EUR ausgegangen werden.[9] Das gilt auch für den künftigen Unterhalt, wenn die Zukunftsprognose eine ähnliche Entwicklung des künftigen Erwerbslebens nahe legt. Eine andere Beurteilung der zukünftigen Unterhaltsansprüche ist nur dann veranlasst, wenn sich zusätzliche Anhaltspunkte dafür ergeben, dass das im Dezember erzielte Einkommen von 2400 EUR dauerhaft gesichert ist. Ist etwa der Unterhaltspflichtige Beamter mit diesem Einkommen geworden, wäre es richtig, für die Vergangenheit vom Durchschnittseinkommen aber für die Zeit ab Januar des Folgejahres ausschließlich von dem nunmehr erzielten Einkommen von 2400 EUR auszugehen.

73 Bei Unterhaltsstreitigkeiten, die sich in die Länge ziehen, kann es erforderlich werden, den Prüfungszeitraum zu verändern und dem Zeitablauf anzupassen. Wurde etwa im Oktober 2001 Trennungsunterhalt für die Zeit ab der Trennung im Juni 2001 auf der Basis der durchschnittlichen Einkünfte des Jahres 2000 geltend gemacht und kommt es 2001 nicht mehr zum Verfahrensabschluss, sollte sofort mit Beginn des Jahres 2002 der Unterhalt nach den jetzt bekannten Einkünften im Jahr 2001 neu berechnet werden.[10] Die neu berechneten Einkünfte sind dann nicht nur für die Zukunft, sondern auch für die Rückstände aus dem Jahr 2001 maßgeblich. Das führt für den rückständigen Unterhalt schon deswegen zu gerechteren Ergebnissen, weil dieser nach dem konkret erzielten Einkommen errechnet werden kann und es somit keiner **Prognose** bedarf. Für den künftigen Unterhalt bildet das zeitnähere Einkommen ebenfalls eine bessere Grundlage für die Zukunftsprognose. Wenn sich allerdings nur wenig verändert hat, ist es nicht zwingend erforderlich, den Prüfungszeitraum im laufenden Verfahren zu verändern.

---

[8] BGH FamRZ 2010, 1050 Rn. 47; 2010, 869 Rn. 25; 2008, 1739 Rn. 56; 2005, 101 = R 620; zur Abänderung bei einer von der Prognose abweichenden Entwicklung vgl. BGH FamRZ 2007, 983 = R 676 a
[9] OLG Zweibrücken FamRZ 2000, 112
[10] BGH FamRZ 2007, 1532 = R 681 c

2. Abschnitt: Einkünfte aus abhängiger Arbeit § 1

III. Typische Bruttoeinnahmen

1. Barbezüge aller Art

– Löhne, Gehälter, Provisionen[11] und Tantiemen,[12] Prämien[13] für besondere Leistungen, **74** Umsatz- und Gewinnbeteiligungen,[14] nebst Zuschlägen, Zulagen und Sonderzuwendungen aller Art[15] sowie der Wehrsold nach dem Wehrsoldgesetz.[16]
– Beamtengehalt nebst Familienzuschlag,[17] einschließlich kinderbezogener Bestandteile der Dienstbezüge.[18] Beruht der Familienzuschlag auch darauf, dass der Unterhaltspflichtige eine weitere Ehe eingegangen ist (vgl. § 40 I Nr. 1 und 3 BBesG), ist er beim Kindesunterhalt in voller Höhe zu berücksichtigen.[19] Bei der Bemessung des Unterhaltsanspruchs eines ersten Ehegatten ist er grundsätzlich hälftig als Einkommen zu berücksichtigen.[20] In Fällen, in denen der Unterhaltsanspruch einer geschiedenen Ehefrau im Wege der Dreiteilung mit dem Unterhaltsanspruch einer neuen Ehefrau bemessen wird, ist der Familienzuschlag in voller Höhe dem Einkommen hinzuzurechnen (s. Rn. 75 ff.).[21] Auch der Zuschlag zum Ortszuschlag, den der in einer neuen Ehe verheiratete Beamte für ein bei ihm lebendes Stiefkind erhält, zählt bei der Bemessung des Unterhaltsanspruchs eines früheren Ehegatten grundsätzlich nicht zum unterhaltsrelevanten Einkommen.[22] Auch dieser ist – wie der Splittingvorteil – allerdings dann bei der Bemessung des Unterhaltsanspruchs einer geschiedenen Ehefrau zu berücksichtigen, wenn ihr Anspruch nach den ehelichen Lebensverhältnissen im Wege der Dreiteilung bemessen wird.[23] Stehen beide Elternteile im öffentlichen Dienst, ist der nur einmal ausbezahlte kindbezogene Teil des Familienzuschlages zwischen den Eltern aufzuteilen.
– Die Haushalts- und Erziehungszulage eines Beamten der Europäischen Kommission.[24]
– Entgelt für Arbeit in einer Behindertenwerkstatt.[25]
– Kinderzuschüsse, die das Kindergeld übersteigen.[26] Das ergibt sich jetzt ausdrücklich aus § 1612 c BGB.
– Erhöhte Auslandsdienstbezüge nebst Zuschlägen und Zulagen, die dem Ausgleich der besonderen materiellen und immateriellen Belastungen infolge des Dienstes im Ausland dienen.[27] Zum Ausgleich für schwierige Lebensbedingungen kann jedoch ein Teil anrech-

---

[11] OLG Koblenz FamRZ 2009, 524 Rn. 18
[12] BGH FamRZ 2003, 432 Rn. 15; OLGR Frankfurt 1997, 166
[13] OLG Saarbrücken NJW-RR 2010, 1303 Rn. 34
[14] BGH FamRZ 1982, 680; OLG Schleswig – 8 UF 210/00 BeckRS 2001, 30182251
[15] BGH FamRZ 1986, 780; 1982, 250
[16] BFH DStR 1991, 905; OLG Hamm FamRZ 2010, 1085 und OLG Schleswig FamRZ 2005, 369 (zur Auslandszulage)
[17] BGH FamRZ 2010, 869 Rn. 32 ff.; 2007, 793 = R 674 h, i; 2007, 882 = R 675 e; 1990, 981, 983; OLG Köln FamRZ 1983, 750
[18] BGH FamRZ 2007, 882 = R 675 e; 1989, 172; 1983, 49; BVerfG FamRZ 1999, 561
[19] BGH FamRZ 2010, 1318 Rn. 18 ff.; 2008, 2189
[20] BGH FamRZ 2007, 793, 797 f. = R 674 h; OLG Hamm FamRZ 2005, 1177
[21] BGH FamRZ 2010, 869 Rn. 32 f.; vgl. aber BVerfG FamRZ 2011, 437 = R 722
[22] BGH FamRZ 2007, 793, 798 = R 674 i; OLG Hamm FamRZ 2005, 1177 (unter Hinweis auf BGH FamRZ 2005, 1817 = R 632 b–d, f und BVerfG FamRZ 2003, 1821; anders noch die Vorauflage unter Hinweis auf BGH FamRZ 1989, 172; a. A. OLG Hamm FamRZ 2005, 1177
[23] BGH FamRZ 2010, 869 Rn. 32 f.; 2009, 411 = R 702 c; 2009, 23 Rn. 32; 2008, 1911 = R 695 b (jeweils zum Splittingvorteil)
[24] BGH FamRZ 2009, 1990 Rn. 26 ff.; OLG Koblenz FamRZ 1995, 1374
[25] OLG Brandenburg FamRZ 2010, 302 (zum Unterhaltsbedarf eines behinderten Kindes; vgl. insoweit auch BGH FamRZ 2010, 1418 Rn. 22 ff.); FamRB 2004, 287; der Auffassung des OLG Oldenburg FamRZ 1996, 625, eine bedarfsmindernde Anrechnung dürfe nicht erfolgen, weil das Entgelt nur eine Anerkennung darstelle und die Eingliederung in das Erwerbsleben vorbereiten solle, kann nicht gefolgt werden
[26] BGH FamRZ 1981, 28; 1980, 1112; OLG Hamm FamRZ 1994, 895
[27] BGH FamRZ 1980, 342, 344; OLG Hamm NJW-RR 2006, 168; OLGR Hamm 1999, 90; OLG Koblenz FamRZ 2000, 1154

nungsfrei bleiben.[28] In vollem Umfang können der Kaufkraftausgleich und ein Mietzuschuss unberücksichtigt bleiben, wenn schon nach § 287 ZPO angenommen werden kann, dass damit nur ein tatsächlich vorhandener Mehraufwand abgedeckt wird.[29]
– Urlaubs- und Weihnachtsgeld sowie sonstige Sonderzuwendungen.[30] Dabei dürfen nicht die im Monat der Auszahlung einbehaltenen Steuern, sondern nur die aufs ganze Jahr bezogenen Steuern abgesetzt werden (Näheres zu den Steuern s. Rn. 850 ff.).
– Berufsübliche Prämien wie Treue- und Leistungsprämien; Prämien für Verbesserungsvorschläge, Umsatzbeteiligungen u. ä.[31]
– 13. oder 14. Monatsgehalt.[32]
– Monatszulagen.[33]
– Krankenversicherungzuschüsse des Arbeitgebers für einen privat krankenversicherten Arbeitnehmer.[34] Abzugsfähig sind dann im Gegenzug allerdings die gesamten Krankenversicherungsbeiträge.
– Fliegerzulagen und Fliegeraufwandsentschädigungen nach dem Soldatenversorgungsgesetz. Die Mehraufwendungen zum Erhalt der fliegerischen Leistungsfähigkeit können gemäß § 287 ZPO pauschal mit $^1/_3$ geschätzt werden.[35]
– Streckengeld eines Postbediensteten.[36] Der Arbeitnehmer muss belegen, dass diese Zahlungen durch erhöhte berufsbedingte Aufwendungen verbraucht werden.
– Vermögenswirksame Leistungen des Arbeitgebers. Zwar sind vermögenswirksame Leistungen des Arbeitgebers grundsätzlich Bestandteil des Arbeitsentgelts und daher lohnsteuer- und sozialversicherungspflichtig. In Höhe der Zusatzleistungen des Arbeitgebers (Sparzulage s. Rn. 730) verbleiben sie allerdings unterhaltsrechtlich anrechnungsfrei, weil sie dem Arbeitnehmer insoweit zweckgebunden nur für eine Vermögensanlage zur Verfügung stehen. In diesem Umfang sind die vermögenswirksamen Leistungen daher mit der Nettoquote von dem Arbeitsentgelt abzuziehen (vgl. unterhaltsrechtliche Leitlinien der Oberlandesgerichte Ziff. 10.6).[37] Soweit der Beklagte über die zweckgebundenen vermögenswirksamen Leistungen seines Arbeitgebers hinaus Teile seines Arbeitsentgelts vermögenswirksam anlegt, ist dies unterhaltsrechtlich nur im Rahmen der vom Bundesgerichtshof gebilligten zusätzlichen Altersversorgung zu berücksichtigen.[38]
– Arbeitgeberzahlungen für eine als betriebliche Altersversorgung ausgestaltete Direktversicherung sind nur als Durchgangsposition dem Einkommen hinzuzurechnen.[39] Denn die Zuschüsse sind als Beiträge für die Direktversicherung sogleich wieder abzusetzen, soweit sie sich im Rahmen einer zulässigen zusätzlichen Altersversorgung halten (vgl. auch Rn. 1029 ff.).[40]
– Ministerialzulage.[41]
– Heimarbeiterzuschlag.

---

[28] OLG Schleswig FamRZ 2005, 369; OLG Stuttgart FamRZ 2002, 820; OLG Köln FamRZ 1991, 940
[29] OLG Bamberg FamRZ 1997, 1339; vgl. dazu Rn. 38
[30] BGH FamRZ 2008, 2104 Rn. 27; 1982, 250; 1991, 416, 418; OLG München FamRZ 1996, 307
[31] BGH FamRZ 1970, 636; 1982, 250; OLG Saarbrücken NJW-RR 2010, 1303 Rn. 34
[32] BGH FamRZ 2010, 869 Rn. 34; 1970, 636
[33] BGH FamRZ 1982, 887
[34] OLG Hamm FamRZ 2001, 370
[35] BGH FamRZ 1994, 21 = R 466 a; OLG Hamm FamRZ 1991, 576
[36] OLG Köln vom 23. 11. 1978 – 21 UF 86/78 – unveröffentlicht
[37] BGH FamRZ 1980, 984; OLG Karlsruhe FamRZ 2003, 1675
[38] BGH FamRZ 2006, 1511 Rn. 29 ff.; FamRZ 2005, 1817 = R 632j (bis zu 4% des Bruttoeinkommens beim Kindes- und Ehegattenunterhalt); 2004, 792 = R 605 a (bis zu 5% des Bruttoeinkommens beim Elternunterhalt)
[39] OLG Celle FamRZ 2005, 297; OLG Schleswig FamRZ 2005, 211; OLG Nürnberg EzFamR aktuell 2002, 67; OLGR Hamm 1998, 66
[40] BGH FamRZ 2005, 1817 = R 632j (4% der Bruttoeinkünfte); 2004, 792 = R 605 a (5% der Bruttoeinkünfte beim Elternunterhalt)
[41] OLG Köln FamRZ 1982, 706

2. Abschnitt: Einkünfte aus abhängiger Arbeit § 1

– Abgeordnetenentschädigungen und Kostenpauschale zur Abgeltung typischer mandatsbedingter Aufwendungen. Der Abgeordnete muss darlegen und beweisen, in welchem Umfang er durchschnittlich die Aufwandsentschädigung oder Kostenpauschale für mandatsbedingte Aufwendungen benötigt.[42]
– Sitzungsgelder bei Mitwirkung in kommunalen Gebietsvertretungen.[43]
– Entschädigungen für Schöffentätigkeit und für die Führung einer Betreuung, einer Vormundschaft[44] sowie für ähnliche ehrenamtliche Tätigkeiten.
– Vergütungen des Krankenhauspersonals aus Liquidationseinnahmen der Chefärzte oder aus einem Mitarbeiterfonds (Liquidationspool).
– Trinkgelder einschließlich der Anteile aus einem Trinkgeldpool. Besteht Streit über die Höhe der Trinkgelder, darf nicht einfach eine Schätzung nach § 287 ZPO erfolgen, wenn konkrete Beweisangebote vorliegen.[45]
– Erfindervergütungen.
– Übergangsbeihilfe der Bundeswehr für einen ausgeschiedenen Soldaten.[46]
– Krankenhaustagegelder aus einem privaten Versicherungsvertrag.[47]
– Steuererstattungen (dazu s. Rn. 931).[48]

Familienzuschlag nach § 40 I BBesG (Stufe 1) erhalten Beamte, Richter oder Soldaten **75** u. a., wenn sie verheiratet sind oder wenn sie geschieden und aus dieser Ehe in Höhe des Familienzuschlags zum Unterhalt verpflichtet sind. Ist ein Ehegatte seinem geschiedenen Ehegatten aus erster Ehe vorrangig unterhaltspflichtig (§ 1609 Nr. 2 BGB) und ist er nach der Scheidung eine zweite Ehe eingegangen, beruht die Zahlung des Familienzuschlags auf zwei alternativen Rechtsgründen (§ 40 I Nr. 1 und 3 BBesG). Nachdem das BVerfG und dem folgend der BGH entschieden haben, dass in solchen Fällen der **Splittingvorteil** (s. Rn. 917 ff.) aus der zweiten Ehe nur dieser Ehe zugute kommt und deswegen beim nachehelichen Unterhaltsanspruch des ersten Ehegatten unberücksichtigt bleibt,[49] stellte sich die Frage, wie mit dem Familienzuschlag zu verfahren ist. Die Rechtsprechung zum Ehegattensplitting war darauf nicht übertragbar, weil der Familienzuschlag nach seiner öffentlich-rechtlichen Zweckbestimmung nicht stets der neuen Ehe vorbehalten bleiben und nur deren Belastungen mildern soll. Nach § 40 I Nr. 3 BBesG wird er vielmehr auch bewilligt, um die Unterhaltslasten aus einer geschiedenen Ehe abzumildern. Dann treten durch die neue Ehe keine finanziellen Veränderungen ein und der Familienzuschlag wird auch nicht erst durch die Eheschließung ausgelöst, weil er schon zuvor gewährt wurde. Einem ersten Ehegatten, auf dessen Unterhaltsanspruch das Gesetz ebenfalls abstellt, kann der Familienzuschlag deswegen durch die zweite Ehe nicht vollständig entzogen werden.[50]

Andererseits ergibt sich aus der Begründung des Gesetzes zur Reform des öffentlichen Dienstrechts, mit dem der bis Juni 1997 geltende Ortszuschlag durch den neuen Familienzuschlag ersetzt wurde, dass damit die Funktion des familienbezogenen Bezahlungsbestandteils verdeutlicht werden sollte.[51] Sinn und Zweck des Familienzuschlags ist es danach, den unterschiedlichen Belastungen des Familienstands Rechnung zutragen. Weil der Familienzuschlag somit auch die zusätzlichen Belastungen in der neuen Familie abmildern will, ist es nicht gerechtfertigt, ihn in vollem Umfang für einen gegenüber dem neuen Ehegatten vorrangigen Unterhaltsanspruch zu verwenden. Das wäre aber der Fall, wenn der Familienzuschlag stets voll als Einkommen berücksichtigt würde und deswegen der jeweils nach

---

[42] BGH FamRZ 1986, 780; OLG Stuttgart FamRZ 1994, 1251
[43] BGH FamRZ 1983, 670, 672; 1986, 780; OLG Bamberg FamRZ 1999, 1082 und 1986, 1144
[44] BGH FamRZ 1983, 670, 673
[45] BGH FamRZ 1991, 182, 184 = R 430 c
[46] BGH FamRZ 1987, 930; OLG Brandenburg FamRZ 2009, 521; OLG Naumburg FamRZ 2003, 474
[47] BGH FamRZ 1994, 626; 1987, 930; 1987, 36; OLG Bremen FamRZ 1991, 86 (zur Absetzbarkeit der Beiträge BGH FamRZ 2009, 1207)
[48] BGH FamRZ 2009, 1207 Rn. 26 f.; 2005, 104
[49] BVerfG FamRZ 2003, 1821 = R 598; BGH FamRZ 2005, 1817 = R 632 b–d
[50] BGH FamRZ 2007, 793, 797 f. = R 674 h; OLG Celle FamRZ 2005, 716; OLG Oldenburg FamRZ 2006, 1127
[51] BT-Drs. 13/3994 S. 29, 42

§ 1609 BGB bevorrechtigte Unterhaltsberechtigte davon profitieren könnte. Wird der Familienzuschlag also wegen der bestehenden (zweiten) Ehe und zugleich nach § 40 I Nr. 3 BBesG wegen einer fortdauernden Unterhaltspflicht aus einer früheren Ehe gezahlt, ist er nach seinem Sinn und Zweck auf beide Ansprüche aufzuteilen und deswegen bei der Bemessung des Unterhaltsanspruchs der geschiedenen Ehefrau nur **hälftig** zu berücksichtigen (vgl. auch Rn. 4/579).[52]

76 Soweit nach der neueren Rechtsprechung des BGH der Unterhaltsanspruch einer geschiedenen Ehefrau im Wege der Dreiteilung mit dem Unterhaltsanspruch eines neuen Ehegatten zu bemessen ist, kann der volle Familienzuschlag – wie der Splittingvorteil – in die Berechnung eingestellt werden.[53]

77 Beim **Kindesunterhalt** ist hingegen der gesamte Familienzuschlag zu berücksichtigen. Denn beim Verwandtenunterhalt ist nicht auf einen Bedarf nach den ehelichen Lebensverhältnissen, sondern auf das tatsächlich vorhandene Einkommen und die reale Steuerlast abzustellen, aus denen sowohl ein Kind aus einer neuen Ehe als auch das Kind aus der geschiedenen Ehe seine Lebensstellung ableitet.[54]

2. Zweckbestimmte Entgelte für berufsbedingte Mehraufwendungen wie Spesen, Reisekosten und Auslösungen

78 Spesen und Reisekosten sind durch Geschäfts- oder Dienstreisen veranlasste Aufwendungen. Meist sind es Fahrtkosten, zusätzlicher Aufwand für die Verpflegung, Übernachtungskosten sowie sonstige Nebenkosten. Dazu können auch die Kosten für Wochenendheimfahrten bei einer längeren Reise gehören.

79 **Unterhaltsrechtlich** werden Spesen und Reisekosten zunächst als Einkommen behandelt. Die durch die beruflich veranlasste Reise tatsächlich entstandenen und nachgewiesenen Aufwendungen sind jedoch grundsätzlich in vollem Umfang abzuziehen, etwa die Fahrtkosten bei Sitzungsgeldern.[55] Wenn solche Entgelte im konkreten Fall oder nach der Lebenserfahrung nur einen tatsächlich anfallenden Mehraufwand abdecken, können sie daher unterhaltsrechtlich von vorneherein unberücksichtigt bleiben (vgl. auch Rn. 92, 153 f.).[56] Auch wenn bei bescheiden bemessenen Pauschalvergütungen nur geringe Überschüsse verbleiben, können diese Beträge wegen Geringfügigkeit anrechnungsfrei bleiben.[57]

80 **Auslösungen,** manchmal heißt es auch Auslösen, sind Entschädigungen, die private Arbeitgeber ihren Arbeitnehmern zum Ausgleich für Mehraufwendungen infolge auswärtiger Beschäftigung zahlen. Dies gilt auch bei Beschäftigungen im Ausland.[58] Auslösungen sind steuerfrei, soweit sie konkret entstandenen Mehraufwand ausgleichen. Zahlt der Arbeitgeber höhere Auslösungen, als es dem tatsächlichen Mehraufwand entspricht, sind diese insoweit steuerpflichtig. Zahlt er geringere Auslösungen, zählt der Fehlbetrag zu den abziehbaren Werbungskosten des Arbeitnehmers. Unterhaltsrechtlich gilt für die Auslösungen im Prinzip das Gleiche wie für Spesen.[59] Sind Auslösungen erkennbar höher als der tatsächliche Mehraufwand, empfiehlt sich eine konkrete Berechnung, wobei der Betrag, der den tatsächlichen Aufwand übersteigt, zum Einkommen gerechnet werden muss.[60] Der anrechenbare Differenzbetrag kann nach § 287 ZPO geschätzt werden (Rn. 6/750 ff.).

81 In Einzelfällen können solche zweckbestimmten Entgelte auch eine **häusliche Ersparnis** bei den privaten Lebenshaltungskosten zur Folge haben. Diese Ersparnis ist dann eben-

---

[52] BGH FamRZ 2007, 793, 797 f. = R 674 h; OLG Hamm FamRZ 2005, 1177
[53] BGH FamRZ 2010, 869 Rn. 32 f.; 2009, 411 = R 702 c; 2009, 23 Rn. 32; 2008, 1911 = R 695 b (jeweils zum Splittingvorteil); vgl. aber BVerfG FamRZ 2011, 437 = R 722
[54] BGH FamRZ 2010, 1318 Rn. 18 ff.; 2008, 2189
[55] BGH FamRZ 1983, 670, 672
[56] BGH FamRZ 1990, 266; OLG Köln FamRZ 2003, 602; OLG Frankfurt FamRZ 1994, 1031
[57] BGH FamRZ 1983, 670, 673
[58] OLG Koblenz FamRZ 2000, 1154; OLGR Hamm 1999, 90
[59] BGH FamRZ 1990, 266
[60] BGH FamRZ 1980, 342 (zu Auslandsentschädigungen); 1986, 780 (zur Aufwandsentschädigung eines Abgeordneten)

falls nach § 287 ZPO zu schätzen und zum Einkommen zu rechnen. Sie kann bis zu $^1\!/\!_3$ oder $^1\!/\!_2$ der Aufwandsentschädigung betragen.[61] Eine solche **Ersparnis** wird allerdings regelmäßig nur bei Abwesenheitsspesen vorliegen,[62] wie bei Tagesspesen, Essensspesen, Trennungsentschädigungen, Auslösungen, Montageprämien und Aufwandsentschädigungen. Fraglich ist eine häusliche Ersparnis bei Übernachtungsgeldern sowie Kleider- und Schmutzzulagen. Allenfalls bei gehäuften häuslichen Abwesenheiten sollte darüber nachgedacht werden, ob sich dadurch Einsparungen an Wasser-, Strom- und Heizkosten ergeben. In anderen Fällen, in denen eine häusliche Ersparnis weniger nahe liegt, sollte kleinliches Nachrechnen hingegen vermieden werden. Dies gilt vor allem, wenn nur über den Kindesunterhalt zu entscheiden ist, weil das zusätzlich zu berücksichtigende Einkommen häufig ohnehin nicht zu einer höheren Einkommensgruppe der Düsseldorfer Tabelle führt. Der mit der Überprüfung verbundene Arbeitsaufwand lohnt sich deswegen regelmäßig nur bei einem oft mit großzügigem Spesenersatz verbundenen Aufenthalt im Ausland (zu den besonderen Problemen beim Ersatz von Fahrtkosten s. Rn. 134 ff.).

In der gerichtlichen Praxis wurde in der Vergangenheit häufig um eine teilweise Zurechnung von Spesen und Auslösungen bei der Einkommensermittlung gerungen. Der damit verbundene Aufwand an Zeit und Energie lohnt sich jedoch nur selten. Weil die Spesen oft dem entstandenen Aufwand entsprechen, kann regelmäßig von ihrer Bewertung nach steuerrechtlichen Grundsätzen ausgegangen werden. Handelt es sich um **steuerfreie** Spesen, Reisekosten und Auslösungen, wird vermutet, dass mit ein tatsächlich entstandener Aufwand abgedeckt wurde. In diesen Fällen kann allenfalls eine häusliche Ersparnis berücksichtigt werden, die in den Leitlinien der Oberlandesgerichte (Ziff. 1.4) regelmäßig mit $^1\!/\!_3$ geschätzt wird. Wenn auch eine häusliche Ersparnis ausgeschlossen ist (z.B. beim Kilometergeld), scheidet eine Zurechnung dieser Entgelte vollständig aus. Soweit Spesen und Auslösungen hingegen **steuerpflichtig** sind, erfolgt eine Zurechnung des Nettobetrages zum Einkommen, die nur insoweit entfällt, als ein entsprechender tatsächlicher Aufwand dargelegt werden kann. 82

Im Ansatz sind Spesen, Reisekosten und Auslösungen also als Einkommen zu behandeln. Davon sind allerdings die mit ihrer Leistung zusammenhängenden Aufwendungen abzuziehen; eine ev. häusliche Ersparnis ist dem Einkommen hinzuzurechnen. Wenn die Oberlandesgerichte deswegen in Regelfällen, in denen – anders als beim Kilometergeld – eine häusliche Ersparnis nicht von vornherein ausgeschlossen ist, pauschal $^1\!/\!_3$ der Spesen und Auslösungen zum Einkommen hinzurechnen,[63] bestehen dagegen grundsätzlich keine Bedenken. Dabei ist aber stets zu beachten, dass ein verbleibender Vorteil aus den Zuwendungen oder eine nachgewiesene häusliche Ersparnis vielfach als Einkommen aus „unzumutbarer Tätigkeit" angesehen werden muss und deshalb nach § 242 oder § 1577 II BGB nicht angerechnet werden kann (Rn. 800 ff.). Dies kommt z.B. in Betracht, wenn eine besonders lästige Reisetätigkeit vorliegt oder wenn ein Fernfahrer, statt sich im Hotel einzuquartieren, die Nacht in seinem Lastzug verbringt. 83

Wenn der Unterhaltspflichtige detailliert und unter Beweisantritt vorträgt, er habe von seinem Arbeitgeber Fahrtkostenerstattung nur gegen konkreten Nachweis der tatsächlich angefallenen Kosten erhalten und Spesen sowie Auslöse seien für entsprechende Mehraufwendungen voll verbraucht worden, reicht es nicht aus, wenn der Unterhaltsberechtigte diesem Vortrag nur unsubstantiiert bestreitet. Das Gericht kann den substantiierten Tatsachenvortrag des Unterhaltspflichtigen zu Fahrtkostenerstattungen, Spesen oder Auslösungen dann mangels substantiierten Bestreitens ohne Beweisaufnahme seiner Entscheidung zugrunde legen.[64] Im Allgemeinen sollte kleinliches Nachrechnen in diesem Bereich vermieden werden. 84

---

[61] BGH, VRS 1960, 801; OLG Hamm FamRZ 2010, 1085; OLG Düsseldorf BeckRS 2008, 17153; OLG Stuttgart FamRZ 2002, 820
[62] OLG Bamberg FamRZ 1982, 519
[63] OLG Stuttgart FamRZ 2002, 820; OLGR Braunschweig 1995, 262; Leitlinien der Oberlandesgerichte Ziff. 1.4
[64] BGH FamRZ 1990, 266

§ 1   Die Ermittlung des unterhaltsrechtlich relevanten Einkommens

3. Die Leitlinien zu den Spesen, Reisekosten, Auslösen

85   Nach der neu vereinbarten bundeseinheitlichen Leitlinienstruktur (hierzu Rn. 16) werden die Spesen, Reisekosten und Auslösungen jeweils unter **Ziff. 1.4** geregelt. Die einzelnen Leitlinien sehen hierzu folgende Regelungen vor (zu den Abkürzungen vgl. Rn. 20).

- Nach SüdL 1.4 gelten Spesen und Reisekosten sowie Auslösen in der Regel als Einkommen. Damit zusammenhängende Aufwendungen, vermindert um häusliche Ersparnisse, sind jedoch abzuziehen. Bei Aufwendungspauschalen (außer Kilometergeld) kann $1/3$ als Einkommen angesetzt werden.
- Die BL 1.4 sind wortgleich mit Ziff. 1.4 der SüdL.
- Nach BraL 1.4 werden Spesen und Auslösungen dem Einkommen zugerechnet, soweit dadurch eine Ersparnis eintritt oder Überschüsse verbleiben. Im Zweifel kann davon ausgegangen werden, dass eine Ersparnis eintritt oder Überschüsse verbleiben, die mit $1/3$ der Nettobeträge dem Einkommen zuzurechnen sind.
- Nach BrauL 1.4 werden Spesen und Auslösungen pauschal zu $1/3$ dem Einkommen hinzugerechnet, soweit nicht nachgewiesen wird, dass die Zulagen notwendigerweise in weitergehendem Umfang verbraucht werden und keine häusliche Ersparnis eintritt. Bei steuerfreien Auslösungen wird davon ausgegangen, dass sie auf Nachweis gezahlt wurden.
- Nach BrL 1.4 gelten Spesen und Reisekosten sowie Auslösen in der Regel als Einnahmen. Damit zusammenhängende Aufwendungen, vermindert um häusliche Ersparnisse, sind jedoch abzuziehen. Bei Aufwendungspauschalen kann in der Regel $1/3$ als Einkommen angesetzt werden.
- Nach CL 1.4 werden Spesen und Auslösungen pauschal zu $1/3$ dem Einkommen hinzugerechnet, soweit nicht nachgewiesen wird, dass die Zulagen notwendigerweise in weitergehendem Umfang verbraucht werden und keine häusliche Ersparnis eintritt.
- Nach DL 1.4 sind Auslösungen und Spesen nach den Umständen des Einzelfalls anzurechnen. Soweit solche Zuwendungen geeignet sind, laufende Lebenshaltungskosten zu ersparen, ist diese Ersparnis in der Regel mit $1/3$ des Nettobetrages zu bewerten.
- Die DrL 1.4 sind wortgleich mit Ziff. 1.4 der SüdL.
- Nach FL 1.4 ist über die Anrechenbarkeit von Spesen und Auslösungen nach Maßgabe des Einzelfalls zu entscheiden. Als Anhaltspunkt kann eine anzurechnende häusliche Ersparnis (also nicht für reine Übernachtungskosten oder Fahrtkosten bis zu der in Ziff. 10.2.2 definierten Höhe) von einem Drittel in Betracht kommen.
- Die HaL 1.4 sind annähernd wortgleich mit Ziff. 1.4 der SüdL.
- Nach HL 1.4 ist über die Anrechnung von Auslösungen und Spesen nach Maßgabe des Einzelfalls zu entscheiden. Im Zweifel kann davon ausgegangen werden, dass eine Ersparnis eintritt, die mit $1/3$ der Nettobeträge zu bewerten und insoweit dem anrechenbaren Einkommen zuzurechnen ist.
- Die ThL 1.4 sind annähernd wortgleich mit Ziff. 1.4 der SüdL.
- Nach KL 1.4 sind geldwerte Zuwendungen aller Art des Arbeitgebers Einkommen, soweit sie entsprechende Eigenaufwendungen ersparen.
- Nach KobL 1.4 sind Auslösungen und Spesen nach den Umständen des Einzelfalls anzurechnen. Soweit solche Zuwendungen geeignet sind, laufende Lebenshaltungskosten zu ersparen, ist diese Ersparnis i. d. R. mit $1/3$ des Nettobetrags zu bewerten.
- Die NaL 1.4 sind wortgleich mit Ziff. 1.4 der SüdL.
- Nach OL 1.4 sind Auslösungen und Spesen Einnahmen, soweit sie sich nicht auf die Erstattung nachgewiesener Auslagen beschränken. Aufwendungspauschalen sind aufgrund häuslicher Ersparnis i. d. R. mit $1/3$ ihres Nettowertes anzurechnen.
- Die RL 1.4 sind wortgleich mit Ziff. 1.4 der SüdL.
- Die SchL 1.4 sind annähernd wortgleich mit Ziff. 1.4 der SüdL.

2. Abschnitt: Einkünfte aus abhängiger Arbeit § 1

4. Vergütungen und Zuschläge für Überstunden, Mehrarbeit, Urlaubsabgeltung und sonstige überobligatorische Belastungen, wie bei Zuschlägen für Schicht-, Nacht-, Feiertags- und Sonntagsarbeit sowie bei Zulagen für Schmutz-, Schwer- und Schwerstarbeit

Solche Vergütungen sind in der Regel, auch wenn sie ganz oder teilweise steuerfrei 86 gewährt werden, voll anzurechnen, wenn sie berufstypisch sind und entweder in geringem Umfang anfallen oder zumindest das im Beruf des Pflichtigen übliche Maß nicht übersteigen[65] (vgl. auch Rn. 96 ff.). Im Regelfall wird man Überstunden bis zu 10% der normalen Arbeitszeit als Überstunden in geringem Umfang ansehen können und voll anrechnen.[66] Bei Berufskraftfahrern können in der Regel Überstunden **bis zu 25%** der normalen Arbeitszeit noch als berufstypisch beurteilt werden.[67] Wegen der gesteigerten Unterhaltspflicht gegenüber minderjährigen und ihnen nach § 1603 II 2 BGB gleichgestellten Kindern (§ 1603 II BGB) können vom Unterhaltspflichtigen geleistete Überstunden unter Umständen sogar in weitergehendem Umfang voll oder jedenfalls teilweise anrechenbar sein.[68]

Geht das Maß der Überstunden oder die sonstige Mehr- bzw. Sonderarbeit deutlich über 87 diesen üblichen Rahmen hinaus,[69] sind die Einkünfte daraus wie solche aus **unzumutbarer Arbeit** zu bewerten und gemäß Treu und Glauben nach den Umständen des Einzelfalls zu berücksichtigen.[70] Beim unterhaltsberechtigten Ehegatten erfolgt eine Anrechnung unzumutbarer Überstunden nach § 1577 II BGB, sonst nach Billigkeit gemäß § 242 BGB (s. Rn. 800 ff.).

Ähnliches gilt bei Zuschlägen für **Schicht-, Sonntags-, Feiertags- und Nachtarbeit** 88 sowie bei Zuschlägen für sonstige überobligatorische Belastungen. Auch sie sind voll anzurechnen, wenn sie berufstypisch sind und in geringem Umfang anfallen.[71] Übersteigen sie dieses Maß, können sie ebenfalls wie Einkünfte aus unzumutbarer Erwerbstätigkeit behandelt werden. Es handelt sich dann auch insoweit um Einkünfte aus überobligationsmäßigen Leistungen mit der Folge, dass der Mehrverdienst um einen gewissen „Bonus" vermindert werden kann. Nach OLG München[72] kann in solchen Fällen etwa ein Drittel der Zuschläge als Kompensation für die erheblichen Belastungen anrechnungsfrei verbleiben. Der Pflichtige soll sich hierdurch eine etwas aufwändigere Freizeit und Erholungsgestaltung leisten können und einen Anreiz erhalten, die belastenden Schicht- und Feiertagsarbeiten im Interesse der Unterhaltsberechtigten auch weiterhin auszuüben. Dieses gilt allerdings nicht für geldwerte Versorgungsleistungen (an einen neuen Partner), die regelmäßig am Wochenende erbracht werden[73] (vgl. Rn. 713 ff.).

Urlaubsabgeltung: Auch Einkünfte, die durch Verzicht auf den tarifgemäßen Urlaub 89 erzielt werden (sog. Urlaubsabgeltung), sind wie Einkünfte aus unzumutbarer Arbeit (Rn. 800 ff.) zu behandeln. Sie resultieren aus überobligationsmäßigen Anstrengungen, weil einem Arbeitnehmer nach allgemeiner Überzeugung und sozialer Gepflogenheit ein Verzicht auf den Jahresurlaub nicht zugemutet werden kann.[74] Wenn allerdings nur ein Anteil des Jahresurlaubs abgegolten wurde, weil dieser ohnehin nicht mehr fristgerecht angetreten

---

[65] BGH FamRZ 1983, 886; 1982, 779; 1980, 984; OLG Hamm FamRZ 2009, 2009; OLG Köln FamRZ 2008, 1657; OLG Brandenburg FamRZ 2004, 484
[66] BGH FamRZ 2004, 186 = R 595 a; OLG Nürnberg EzFamR aktuell 2000, 292
[67] OLG Köln FamRZ 1984, 1109; OLG Hamm FamRZ 2000, 605
[68] OLG Köln FamRZ 2008, 1657; OLG Koblenz FamRZ 2005, 650; OLG Hamm FamRZ 2001, 565; OLG Nürnberg FuR 1997, 154
[69] Vgl. OLG Bamberg FamRZ 2005, 1114
[70] BGH FamRZ 2005, 1154 = R 630 c–e; 1980, 984; BVerfG FamRZ 2007, 273; OLG Stuttgart FamRZ 1995, 1487
[71] OLG Celle FamRZ 2004, 1573; OLG Nürnberg EzFamR aktuell 2000, 292; OLG Naumburg DAVorm 1992, 1121
[72] OLG München NJW 1982, 835
[73] BGH FamRZ 2004, 1170 = R 612; 2004, 1173 = R 611 (jeweils Differenzmethode); OLG Hamm FamRZ 1995, 1152
[74] OLG Köln FamRZ 1984, 1108; AG Freiburg FamRZ 2004, 705

werden konnte, bestehen keine Bedenken, jedenfalls die Hälfte des ausgezahlten Betrages als unterhaltsrelevantes Einkommen zu berücksichtigen.[75]

90　Soweit es sich bei den Einkünften um **überobligatorische** und damit unzumutbarer Tätigkeit handelt, können vom Unterhaltsberechtigten und vom Unterhaltspflichtigen die zum Mehrverdienst führenden belastenden Umstände (hohe Überstunden, Urlaubsverzicht, Schichtarbeit, Schmutzarbeit und dergleichen) **jederzeit beendet** werden.[76] Erst ab dann ist die unzumutbare Tätigkeit nicht mehr bei der Bemessung des Unterhaltsbedarfs nach den ehelichen Lebensverhältnissen oder nach der vom unterhaltspflichtigen Elternteil abgeleitetet Lebensstellung eines Kindes zu berücksichtigen (näher dazu Rn. 4/944 ff.).[77] Solange die Einkünfte aus der überobligatorischen Tätigkeit allerdings erzielt werden, ist es regelmäßig unbillig, diese überhaupt nicht zu berücksichtigen.[78]

5. Sachbezüge, d. h. zusätzliche Leistungen des Arbeitgebers, die in einem geldwerten Vorteil bestehen

91　Die Bewertung der Sachbezüge erfolgt mit dem Betrag, der am Verbrauchsort für eine vergleichbare Ware oder Leistung üblicherweise zu zahlen ist. Dieser Wert ist nach § 287 ZPO zu schätzen. Anzurechnen ist also die durch die Sachzuwendung eingetretene **Ersparnis**. Sachbezüge sind:
- Freie Wohnung (oder Unterkunft),[79] Zuschüsse zu den Energiekosten, zur Verpflegung[80] und zu den Aufwendungen für Dienstpersonal.[81]
- Verbilligte Dienst- oder Werkswohnung oder sonstige Miet- und Wohnvorteile.
- Verbilligter Warenbezug und sonstige Einkaufs- oder Sonderrabatte.[82]
- Deputate in der Land- und Forstwirtschaft.
- Unentgeltliche Überlassung eines Dienst- oder Geschäftswagens für private Zwecke.[83] Auch wenn der Arbeitgeber einen Betriebs-Pkw nur für die Fahrten zwischen Wohnung und Arbeitsstätte unentgeltlich zur Verfügung stellt, ist dies ein geldwerter Vorteil, der zu schätzen und anzurechnen ist.
- Jahreswagenvorteil.[84]
- Gewährung von Zuschüssen für private Anschaffungen.
- Privater Anteil der vom Arbeitgeber übernommenen festen und laufenden Kosten eines Telefonanschlusses in der Wohnung des Arbeitnehmers.
- Aufwendungen des Arbeitgebers für Verpflegungsmehraufwendungen und für doppelte Haushaltsführung.[85]
- Verbilligte Überlassung von Aktien zu einem Vorzugskurs.[86]
- Zuschüsse des Arbeitgebers zur freiwilligen Weiterversicherung in der Altersversorgung (vgl. Rn. 74).
- Freifahrten und Freiflüge für private Zwecke.

---

[75] BGH NJW-RR 1992, 1282
[76] BGH FamRZ 2009, 770 = R 704a; 1983 146, 148; OLG Hamburg FamRZ 1984, 1257
[77] BGH FamRZ 2006, 683 = R 649b und 2003, 590 = R 586a; anders noch die Vorauflage und BGH FamRZ 1985, 360, 362
[78] BGH FamRZ 2005, 1154 = R 630 c–e
[79] OLG Nürnberg FamRZ 2009, 345 Rn. 61 ff.; OLG Bremen vom 20. 7. 1977 – WF 37/77 –
[80] OLG Brandenburg – 10 WF 206/08 BeckRS 2008, 23471; OLG Frankfurt FamRZ 1994, 1031
[81] BGH FamRZ 1983, 352
[82] OLG Hamm FamRZ 1999, 166
[83] OLG Saarbrücken FuR 2010, 235 Rn. 46; OLG Stuttgart FamRZ 2010, 217 Rn. 23; OLG Hamm FamRZ 2009, 981 Rn. 52; OLG Celle FamRZ 2008, 1627 Rn. 8; OLG Karlsruhe FuR 2006, 472; OLG Hamburg EzFamR aktuell 2001, 45; OLGR Frankfurt 1997, 166; OLG Hamburg FamRZ 1987, 1044; OLG Köln FamRZ 1981, 489
[84] AG Essen FamRZ 1990, 195 (ca. 195 EUR mtl. = alle 8 Jahre Neuwagen erspart); AG Stuttgart FamRZ 1990, 195 (20% Rabatt jährlich)
[85] Vgl. aber OLG Zweibrücken FamRZ 1997, 837
[86] OLG Celle NJW 2010, 79 Rn. 25

2. Abschnitt: Einkünfte aus abhängiger Arbeit § 1

Für die Anrechnung von Sachbezügen kommt es zunächst darauf an, ob ein tatsächlich 92
entstandener beruflicher Mehraufwand abgegolten werden soll. Wird z. B. ein beruflicher
Mehraufwand während eines Auslandsaufenthalts mit berufsbedingten Repräsentationspflichten durch zusätzliche Sachleistungen des Arbeitgebers wie freie Zweitwohnung,
Dienstwagen und sonstige Vorteile ausgeglichen, sind die Sachleistungen unterhaltsrechtlich
ebenso wenig zu bewerten wie der Aufwand.[87] Handelt es sich jedoch um zusätzliche
Leistungen ohne beruflichen Mehraufwand (z. B. freie Kost und Wohnung), sind sie grundsätzlich dem Einkommen hinzuzurechnen. Für die Bemessung eines beruflichen Mehraufwands kann auf die Bewertungsrichtlinien des Steuer- und Sozialversicherungsrechts
zurückgegriffen werden, weil sie realistisch sind und regelmäßig den Marktpreisen angepasst
werden.[88] Unabhängig von einem mit den Sachbezügen einher gehenden Mehraufwand
sind aber stets auch die damit ev. verbundenen ersparten Aufwendungen zu bewerten und
bei der Einkommensermittlung zu berücksichtigen (s. Rn. 82, 153 f.).

6. Einmalige Zahlungen und Sonderzuwendungen wie z. B. Abfindungen u. ä.

Abfindungen aus Arbeitsverhältnissen (vgl. zunächst Rn. 29 f.) haben regelmäßig Lohn- 93
ersatzfunktion und sind deshalb als Einkommen zu bewerten.[89] Jedenfalls wenn die Parteien
die Sonderzuwendung schon durch Ehevertrag oder unterhaltsrechtlichen Vergleich in die
Unterhaltsberechnung einbezogen haben, bleibt es bei dieser Zuordnung,[90] was eine **Doppelverwertung** bei der Unterhaltsbemessung und beim Zugewinnausgleich ausschließt
(vgl. Rn 4/480 ff.).[91] Ist die Abfindung hingegen bereits im Zugewinnausgleich hälftig
ausgeglichen worden, bleibt es auch unterhaltsrechtlich bei dieser Zuordnung. Bei der
Unterhaltsbemessung nach den ehelichen Lebensverhältnissen können dann zur Vermeidung einer unzulässigen Doppelverwertung nur noch die Vermögenseinkünfte (Zinsen)
berücksichtigt werden, nicht aber der Vermögensstamm. Sind Abfindungen unterhaltsrechtlich zu berücksichtigen, sind sie, wie sonstige einmalige Zuwendungen, je nach Höhe auf
einen größeren Zeitraum (ein Jahr und länger) angemessen zu verteilen.[92] Ein Abfindungsbetrag wegen **Ausscheidens aus dem Erwerbsleben** ist auf eine längere Zeit zu verteilen.[93] Ein verhältnismäßig geringer Einmalbetrag kann aber in vollem Umfang dem Jahr
des Geldflusses zugeschlagen werden und hat damit keine Auswirkungen auf Folgejahre.[94]
Im Einzelnen zählen hierzu:
– Gratifikationen[95] und Jubiläumszuwendungen.[96]
– Abfindungen bei Verlust eines Arbeitsplatzes z. B. auf Grund eines Sozialplans.[97]
– Austrittsvergütungen, die ein Arbeitnehmer bei vorzeitiger Beendigung seines Arbeitsverhältnisses aus gesundheitlichen Gründen von der Versorgungskasse seines Arbeitgebers
erhält.[98]
– Sonstige Abfindungen, Übergangsgelder oder Übergangsbeihilfen bei Entlassung aus
einem Dienst- oder Arbeitsverhältnis oder aus der Bundeswehr.[99]

---

[87] BGH FamRZ 1983, 352; OLG Köln FamRZ 2003, 602 (zu Reisekosten)
[88] BFH, NJW 2007, 1167 (zur steuerlichen Bewertung eines Dienstwagens)
[89] BGH FamRZ 2001, 278; 1998, 362; OLGR Köln 2004, 285
[90] BGH FamRZ 2004, 1352 und 2003, 432
[91] Zum Verbot der Doppelberücksichtigung allgemein: BGH FamRZ 2003, 432; Schulz FamRZ 2006, 1237
[92] BGH FamRZ 1987, 930; 1987, 359; 1982, 250, 252; OLG Karlsruhe FamRZ 2001, 1615
[93] BGH FamRZ 2007, 983, 987 = R 676 d
[94] BGH FamRZ 1988, 1039
[95] OLG Karlsruhe FamRZ 2004, 1651; OLG München FamRZ 1996, 307
[96] BGH FamRZ 1970, 636
[97] BGH FamRZ 2007, 983 = R 676 d; 1982, 250, 252; OLG Koblenz FamRZ 2006, 1447 und 1991, 573; OLG München FamRZ 2005, 714; OLG Saarbrücken FuR 2004, 260; OLG Dresden FamRZ 2000, 1433; a. A. OLG Hamm FamRZ 1999, 1068 (Zugewinn)
[98] OLG Köln FamRZ 1998, 619
[99] BGH FamRZ 1987, 930; OLG München FamRZ 2006, 1125; OLG Köln FamRZ 2006, 342; OLG Naumburg FamRZ 2003, 474

94 Ist die Abfindung nicht mehr vorhanden, kann sich der Unterhaltsschuldner auf seine Leistungsunfähigkeit nur dann berufen, wenn er nicht unterhaltsbezogen leichtfertig oder verantwortungslos gehandelt hat.[100] Die Abfindungssumme selbst, nicht nur die Zinseinkünfte, ist im Rahmen einer sparsamen Wirtschaftsführung zur Deckung des nach den früheren ehelichen Lebensverhältnissen bemessenen Unterhaltsbedarfs aller zu verwenden. Die Abfindung dient als Ersatz des fortgefallenen Arbeitseinkommens dazu, dass die bisherigen wirtschaftlichen Verhältnisse vorübergehend aufrechterhalten werden können.[101] Sie ist deshalb zeitlich so zu verteilen, dass der angemessene Bedarf des Unterhaltsberechtigten und des Unterhaltspflichtigen in bisheriger Höhe sichergestellt bleibt.[102] Bei älteren Arbeitnehmern und beim Vorruhestand ist die Abfindung auf die Zeit bis zum Rentenbeginn zu verteilen.[103] Eine Übergangsbeihilfe der Bundeswehr, die in einer Summe ausgezahlt wird,[104] dient dazu, die Zeit bis zum Erwerb eines neuen Arbeitsplatzes zu überbrücken. Erst nach Ablauf dieser Zeit erfolgt eine Anpassung des Unterhalts an die veränderten Verhältnisse.[105] Auch im Rahmen des Ehegattenunterhalts ist von der als Ersatz für ein fortgefallenes Arbeitseinkommen gezahlten und auf einen längeren Zeitraum umgelegten Abfindung **kein Erwerbstätigenbonus** abzusetzen.[106] Endet der Zeitraum der Arbeitslosigkeit früher als vermutet, ist der verbliebene Teil der Abfindung nicht dem neuen Arbeitseinkommen hinzuzurechnen sondern verbleibt dem Unterhaltspflichtigen als gewöhnliches Vermögen,[107] wenn er nicht zur Aufstockung des neuen Einkommens auf das frühere Maß erforderlich ist.[108] Auch wenn nach Zahlung der Abfindung sofort wieder ein Arbeitsplatz mit gleichem Einkommen wie zuvor zur Verfügung steht, bleibt die Abfindung bei der Bemessung des Unterhaltsbedarfs nach den ehelichen Lebensverhältnissen unberücksichtigt. Selbst wenn mit der vorhandenen Abfindung dann ein zuvor unterhaltsrechtlich berücksichtigter Kredit getilgt wird, bleibt dies unberücksichtigt.[109]

95 Der Unterhaltspflichtige ist aber bei beengten wirtschaftlichen Verhältnissen nicht gehalten, die ihm aus der Abfindung zur Verfügung stehenden Mittel voll einzusetzen, um die aus dem verminderten laufenden Einkommen nicht mehr finanzierbaren Ansprüche des Berechtigten nach den früheren ehelichen Lebensverhältnissen weiter zu bezahlen, wenn ihm bei angemessenem Verbrauch selbst nur ein Betrag unterhalb der früheren ehelichen Lebensverhältnisse verbleibt.[110] Bei gesteigerter Unterhaltspflicht gegenüber minderjährigen Kindern (§ 1603 II 1 BGB) sind die Mittel für den eigenen Bedarf sparsam einzusetzen, um möglichst den Mindestunterhalt des minderjährigen Kindes bis zur Volljährigkeit sicherzustellen.[111]

7. Einkünfte aus Nebentätigkeiten und sonstiger Zweitarbeit neben einer hauptberuflichen Tätigkeit

96 Die Berücksichtigung von Einnahmen aus einer Nebentätigkeit zusätzlich zu den Einkünften aus einem vollzeitigen Arbeitsverhältnis richtet sich vornehmlich nach **Zumutbarkeitsgesichtspunkten**.[112] Wie bei der Berücksichtigung von Einkünften aus Über-

---

[100] BGH FamRZ 2008, 1163; OLG München FamRZ 1998, 559; OLG Celle FamRZ 1992, 590
[101] OLGR Koblenz 2000, 143; OLG Frankfurt FamRZ 2000, 611
[102] BGH FamRZ 1987, 930; 1987, 359; 1982, 250; OLG Dresden FamRZ 2000, 1433
[103] OLG Koblenz FamRZ 2008, 2281 Rn. 11 f.; OLG München FamRZ 2005, 714; OLG Karlsruhe FamRZ 2001, 1615 (8 Jahre und 8 Monate); OLG Frankfurt FuR 2001, 371 (6$^{1}/_{4}$ Jahre); OLG Hamm FamRZ 1999, 233; OLG Koblenz FamRZ 1991, 573 (6 Jahre)
[104] OLG Naumburg FamRZ 2003, 474
[105] BGH FamRZ 1987, 359; 1982, 250; OLG Koblenz FamRZ 2006, 1447
[106] BGH FamRZ 2007, 983, 987 = R 676 e
[107] OLG Frankfurt FPR 2001, 404
[108] OLG Dresden FamRZ 2000, 1433
[109] BGH FamRZ 2010, 1311 Rn. 28 f.
[110] Vgl. BGH FamRZ 2006, 683; BGH FamRZ 1990, 269, 271
[111] BGH FamRZ 1987, 930; OLG Hamm FamRZ 1997, 1169; OLG Brandenburg FamRZ 1995, 1220
[112] BGH FamRZ 1988, 156; 1983, 152; vgl. auch BVerfG FamRZ 2008, 1403 Rn. 12 f.; 2003, 661

stunden (Rn. 86) ist auch hier § 1577 II BGB zu beachten, dessen Rechtsgedanke über § 242 BGB auch für den Verwandtenunterhalt gilt.[113] Der Umfang der Anrechnung richtet sich daher stets nach Treu und Glauben unter Berücksichtigung der Umstände des Einzelfalls.[114] Hat die Partei des Unterhaltsrechtsstreits die Nebentätigkeit allerdings aus freien Stücken und nicht aus finanzieller Not im Zusammenhang mit der Trennung und Scheidung aufgenommen, spricht dies – wie bei überobligatorischer Tätigkeit allgemein – als **Indiz** dafür, dass ihr die zusätzliche Tätigkeit möglich ist und die daraus resultierenden Einkünfte, jedenfalls solange sie erzielt werden, dem Grunde nach zu berücksichtigen sind.[115] Geht die Nebentätigkeit allerdings über das zumutbare Maß hinaus, kann der Unterhaltsberechtigte eine Aufnahme der zusätzlichen Nebentätigkeit nicht verlangen und der Unterhaltspflichtige eine bislang ausgeübte Nebentätigkeit jederzeit einschränken oder sogar aufgegeben.[116] Eine dadurch bedingte Minderung des Gesamteinkommens und damit des Unterhalts ist mit einem Abänderungsantrag geltend zu machen.[117]

Was dem einzelnen nach der jeweils geltenden Sozialauffassung an Arbeit zumutbar ist, ist bei abhängiger Arbeit weitgehend durch Tarifverträge oder Gesetze geregelt. Grundsätzlich besteht bei abhängiger Arbeit nur eine Verpflichtung zu tarifgemäßer oder dienstzeitgemäßer Erwerbstätigkeit.[118] Nach **§ 3 ArbZG** darf die werktägliche Arbeitszeit der Arbeitnehmer acht Stunden nicht überschreiten. Auf bis zu zehn Stunden kann sie nur verlängert werden, wenn innerhalb von sechs Kalendermonaten oder innerhalb von 24 Wochen im Durchschnitt acht Stunden werktäglich nicht überschritten werden. Nach § 9 Abs. 1 ArbZG dürfen Arbeitnehmer an Sonn- und gesetzlichen Feiertagen grundsätzlich nicht beschäftigt werden. Damit ist die wöchentliche Arbeitszeit regelmäßig auf (6 Tage × 8 Stunden =) 48 Stunden begrenzt, wobei nach § 2 ArbZG die Arbeitszeiten bei verschiedenen Arbeitgebern zusammenzurechnen sind. Lediglich in mehrschichtigen Betrieben kann der Beginn und das Ende der Sonn- und Feiertagsruhe verschoben werden. Darüber hinaus sieht § 10 ArbZG Ausnahmen für bestimmte Arbeiten vor, die nicht an Werktagen vorgenommen werden können. Mit diesen Vorschriften ist aus objektiver Sicht die Obergrenze der zumutbaren Erwerbstätigkeit auch für die Fälle vorgegeben, in denen der Unterhaltspflichtige nach § 1603 II 1 und 2 BGB gesteigert unterhaltspflichtig ist.[119] Übersteigt die Arbeitsbelastung aus Haupt- und Nebentätigkeit diese Grenze, ist stets von einer überobligatorischen und damit unzumutbaren Tätigkeit auszugehen. Entscheidend ist deswegen auf die **Summe der Arbeitsbelastung** aus Haupt- und Nebentätigkeit abzustellen.[120] Wird die Nebentätigkeit neben einer vollschichtige Erwerbstätigkeit ausgeübt, handelt es sich regelmäßig um eine überobligatorische zusätzliche Arbeitsbelastung, die mit der Situation eines Überstunden leistenden Arbeitnehmers vergleichbar ist (Rn. 86).[121] Nur in Fällen gesteigerter Unterhaltspflicht gegenüber minderjährige oder privilegiert volljährigen Kindern (§ 1603 II 1 und 2 BGB) kann die Summe der Erwerbspflicht aus Haupt- und Nebentätigkeit bis zur Höchstgrenze nach dem Arbeitszeitgesetz (48 Stunden wöchentlich) ausgedehnt sein. Dabei sind aber alle Umstände des Einzelfalles, insbesondere auch die zeitliche Belastung durch die Ausübung des Umgangsrechts mit dem Kind zu beachten. Ein vollschichtig tätiger Arbeitnehmer mit tariflichem Einkommen ist deswegen auch bei gesteigerter Unterhaltspflicht gegenüber minderjährigen Kindern (§ 1603 II BGB) nicht generell verpflichtet, eine zusätzliche Nebentätigkeit aufzunehmen.[122] Soweit die Rechtsprechung einiger Oberlandesgerichte pauschal über diese Grenze hinausgeht, ist dies schon

---

[113] BGH FamRZ 1995, 475 = R 491 b
[114] BGH FamRZ 1980, 984
[115] BGH FamRZ 2006, 846 = R 648 c; 2005, 1154 = R 630 c–e; 2005, 442 = R 625 c; BVerfG FamRZ 2003, 661, 662
[116] BGH FamRZ 2009, 314 = R 701; 2006, 846 = R 648 d; 2005, 1154 = R 630 c, d; vgl. auch BVerfG FamRZ 2008, 1403 Rn. 12 f.; 2007, 273
[117] BGH FamRZ 1988, 156; 1983, 152
[118] BVerfG FamRZ 2003, 661, 662
[119] BGH FamRZ 2009, 314 = R 701 und FamRZ 2008, 872, 875; BVerfG FamRZ 2003, 661, 662
[120] BGH FamRZ 2008, 872 = R 690 c; KG FamRZ 2003, 1208, 1210
[121] BGH FuR 2001, 224; vgl. KG FamRZ 2003, 1208
[122] BGH FamRZ 2009, 314 = R 701; BVerfG FamRZ 2008, 1403 Rn. 12 f.; 2003, 661

§ 1   Die Ermittlung des unterhaltsrechtlich relevanten Einkommens

von Verfassungs wegen nicht haltbar.[123] Geht der Unterhaltspflichtige hingegen keiner vollschichtigen Erwerbstätigkeit nach, obwohl er dazu in der Lage ist, muss er regelmäßig, stets aber in Fällen der gesteigerten Unterhaltspflicht nach § 1603 II BGB, eine zusätzliche Nebentätigkeit übernehmen, um den Unterhalt seiner Kinder sicherzustellen.[124] Ist ein Unterhaltspflichtiger arbeitslos und auf Grund seines Alters und seiner Ausbildung für eine Vollzeitstelle nicht mehr vermittelbar, kann ihn die Obliegenheit treffen, sich um eine Nebentätigkeit zu bemühen, bei der er so viel hinzu verdienen kann, wie es ihm ohne Anrechnung auf die Arbeitslosenunterstützung erlaubt ist. Denn es kann nicht ohne weiteres davon ausgegangen werden, dass der für eine Vollzeitbeschäftigung nicht mehr vermittelbare Unterhaltspflichtige auch für solche Nebentätigkeiten nicht mehr vermittelbar ist.[125]

98 Hatte der Unterhaltspflichtige über längere Zeit bis nach der Trennung der Parteien eine zusätzliche Wochenendarbeit **ausgeübt,** kann es zweifelhaft sein, ob diese Tätigkeit als überobligatorische zu beurteilen ist. Dann liegt es nicht fern, die aus einem derart beständigen Nebenerwerb erzielten Einkünfte auch weiterhin der Unterhaltsermittlung zugrunde zu legen, wenn sie nach wie vor erzielt werden (vgl. Rn. 96).[126] Ergibt die tatrichterliche Beurteilung allerdings, dass es sich hierbei in der gegenwärtigen Lebenssituation des Unterhaltspflichtigen um eine unzumutbare überobligatorische Tätigkeit handelt, können die daraus erzielten Einkünfte teilweise unberücksichtigt bleiben. Dann ist nur der nicht überobligatorische **unterhaltsrelevante Teil** in die Unterhaltsbemessung einzubeziehen.[127] Auch insoweit ist eine Anrechnung in **Mangelfällen** oder bei einer nach § 1603 II BGB gesteigerten Unterhaltspflicht eher zumutbar.[128] Nebeneinkünfte des Unterhaltspflichtigen sind in der Regel aber dann nicht bedarfserhöhend zu berücksichtigen, wenn der Unterhaltsberechtigte selbst nur einer Teilzeitarbeit nachgeht und mit den hieraus erzielten Einkünften seinen daraus und nach dem Haupteinkommen des Unterhaltspflichtigen berechneten Bedarf selbst decken kann.[129]

99 Einnahmen aus einer Nebentätigkeit sind bei der Unterhaltsberechnung voll zu berücksichtigen, soweit die zusätzliche Tätigkeit unter Billigkeitsgesichtspunkten zumutbar ist. Bei überobligatorischer Nebentätigkeit können die daraus erzielten Einkünfte teilweise unberücksichtigt bleiben.[130] Eine teilweise Anrechnung kommt in Betracht, wenn die Tätigkeit schon vor der Trennung oder über eine längere Zeit hinweg ausgeübt worden ist und weiterhin ausgeübt wird. Auch dann darf die **Höhe** der zu berücksichtigenden Einkünfte allerdings nicht nach einer festen und für alle Fälle geltenden Quote bemessen werden.[131] Nach der Rechtsprechung des BGH ist der unterhaltsrechtlich zu berücksichtigende Anteil der erzielten Nebeneinkünfte vielmehr nach Billigkeit unter Berücksichtigung der Umstände jedes Einzelfalles (Umfang der gesamten Arbeitsleistung, Dauer der Nebentätigkeit in der Vergangenheit, hohe Schuldenbelastung, Sicherung des Mindestbedarfs, Umfang der Arbeitsleistung des Berechtigten) zu bemessen.[132] Nach Auffassung des OLG Köln[133] sind

---

[123] OLGR Nürnberg 2002, 215 (allgemein nicht zumutbar); OLG Koblenz FamRZ 2002, 965 (nur für Leistungsfähigkeit); OLG Celle FamRZ 2002, 694 (nicht zumutbar); OLG Koblenz FamRZ 2002, 481 (geringer Nebenverdienst zumutbar); KGR Berlin 2002, 146 (neben Kindeserziehung); OLG Düsseldorf FamRZ 2001, 1477 (leichte Erwerbstätigkeit neben Erwerbsunfähigkeitsrente); OLG Stuttgart FuR 2001, 569 (Nebentätigkeit eines Arbeitslosen bis zur Anrechnungsgrenze); OLG Hamm FamRZ 2001, 565 (bis insgesamt 200 Std. monatlich); OLG Hamm FuR 2001, 559 (bis zum Regelbetrag)
[124] BGH FuR 2001, 224
[125] BGH FamRZ 1983, 152
[126] BVerfG FamRZ 2003, 661, 662; vgl. auch OLG Saarbrücken FF 2001, 23 mit Anm. Büttner
[127] BGH FamRZ 2005, 1154 = R 630 e; dazu s. auch OLG Hamburg FamRZ 1996, 217 (Busfahrer und Schiffsführer am Wochenende); OLG Stuttgart FamRZ 1995, 1487 (Nebentätigkeit als Discjockey); OLGR Hamm 2000, 346 (Einnahmen als Hobbymusiker)
[128] BGH FamRZ 1983, 569, 571; OLG Celle FamRZ 2000, 1430
[129] OLG Koblenz FamRZ 1991, 1440
[130] BGH FamRZ 2005, 1154 = R 630 c, d; vgl. auch Ziff. 7 der Leitlinien der Oberlandesgerichte
[131] So noch OLG München FamRZ 1982, 801 (Einkünften aus Nebentätigkeit als Kommentator neben Beamtentätigkeit)
[132] BGH FamRZ 2005, 1154 = R 630 c, d
[133] OLG Köln FamRZ 1998, 1427

2. Abschnitt: Einkünfte aus abhängiger Arbeit § 1

Nebeneinkünfte nicht bei der Bemessung des Bedarfs auf Ehegattenunterhalt zu berücksichtigen, wenn sie während des Zusammenlebens nicht zum Familienunterhalt, sondern im Wesentlichen zur Vermögensbildung verwendet wurden und der Unterhaltsberechtigte sonst nachehelich besser stünde, als er während der Ehezeit mit dem Unterhaltspflichtigen stand.

Für Einkünfte aus einer Arbeit als **Werkstudent** oder ähnliche Nebeneinkünfte bei Schülern, Lehrlingen und Studenten gelten besondere Grundsätze. Schüler, Lehrlinge und Studenten sind grundsätzlich nicht verpflichtet, durch eigene Erwerbstätigkeit zu ihrem Unterhalt beizutragen, denn ihre Haupttätigkeit in Schulbesuch, Ausbildung, Fortbildung und Studium ist als volle Arbeitstätigkeit anzusehen, der sie sich mit ganzer Kraft widmen müssen.[134] Unter Berücksichtigung dieses Grundsatzes ist im konkreten Einzelfall zu prüfen, ob die Nebentätigkeit im Hinblick auf Art, Ziel, Dauer, Intensität und Stand der Ausbildung[135] oder des Studiums einerseits sowie Art und Umfang der Nebentätigkeit andererseits ohne Gefährdung von Ausbildung oder Studium möglich und zumutbar ist. Dabei ist auch die gesetzliche Wertung des § 9 II 2 SGB II zu beachten. Nach dieser Vorschrift ist bei unverheirateten Kindern, die mit ihren Eltern oder einem Elternteil in einer Bedarfsgemeinschaft leben und die die Leistungen zur Sicherung ihres Lebensunterhalts nicht aus ihrem eigene Einkommen oder Vermögen beschaffen können, auch das Einkommen oder Vermögen der Eltern oder eines Elternteils und dessen in Bedarfsgemeinschaft lebenden Partners zu berücksichtigen. Demgegenüber sieht § 9 II SGB II keine Anrechnung des Einkommens oder Vermögens von Kindern bei ihren Eltern vor.[136] Ein etwa den eigenen sozialrechtlichen Bedarf übersteigendes Einkommen des schulpflichtigen oder studierenden Kindes kann daher den Eltern nicht leistungsmindernd entgegen gehalten werden. Entsprechend umfasst auch die öffentlich-rechtliche Ausbildungsförderung nach § 11 I BAföG mit den Kosten für Lebensunterhalt und Ausbildung den gesamten Unterhaltsbedarf.

Während der **Schulzeit** ist eine Nebentätigkeit generell unzumutbar.[137] Regelmäßig bleibt auch der tatsächlich erzielte Betrag anrechnungsfrei, den sich der Schüler als Taschengeld durch Austragen von Zeitungen verdient. Eine Anrechnung von Schülereinkünften kommt ausnahmsweise nur dann in Betracht, wenn der Unterhaltspflichtige dartut und beweist, dass ihn die Unterhaltspflicht besonders hart trifft, weil ihm unterhaltsbezogene Vorteile (z. B. Kindergeld, Kindergeldanteil mit Familienzuschlag) verloren gehen oder sich der Unterhaltszeitraum deshalb verlängert, weil sich der Berechtigte nicht hinreichend der Ausbildung widmet.[138] Zwischen Abitur und Studium ist dem Schüler eine Erholungszeit von ca. 3 Monaten zuzubilligen, in der eine Nebentätigkeit nicht verlangt werden kann.[139] Erst bei einer weiteren Verzögerung ist eine vorübergehende Tätigkeit zumutbar, die auch aus einfacher Hilfsarbeit bestehen kann. Nach allgemeiner Auffassung trifft auch einen **Studenten** neben dem Studium regelmäßig keine Erwerbsobliegenheit.[140] Denn er soll sich, auch im Interesse des Unterhaltspflichtigen, mit ganzer Kraft sowie dem gehörigen Fleiß und der gebotenen Zielstrebigkeit dem Studium widmen, um dieses innerhalb angemessener und üblicher Dauer zu beenden. Das gilt auch für die Zeit der Semesterferien, die neben der notwendigen Erholung einer Wiederholung und Vertiefung des Stoffes dient, soweit sie nicht ohnehin durch studienbedingte Arbeiten (Hausarbeiten) ausgefüllt ist.[141] Allerdings ist eine Nebentätigkeit während des Studiums ganz oder teilweise zumutbar, wenn es sich z. B. um studiumbegleitende Praktika oder

---

[134] BGH FamRZ 1995, 475, 477 = R 491 b; OLG Celle FamRZ 2001, 1640, 1641; OLG Hamm FamRZ 1997, 231; OLGR Düsseldorf 1993, 8; vgl. auch § 1 IV Arbeitslosengeld II/Sozialgeldverordnung
[135] Zur Aufnahme einer Erstausbildung des Unterhaltspflichtigen BGH FamRZ 2011, 1041
[136] OLG Brandenburg FuR 2010, 290 Rn. 59
[137] OLGR Zweibrücken 2001, 157; OLG Köln FamRZ 1996, 1101; KG FamRZ 1982, 516
[138] OLGR Zweibrücken 2001, 157; OLG Köln FamRZ 1996, 1101
[139] KG FamRZ 1985, 962
[140] OLG Jena FamRZ 2009, 1416 Rn. 76
[141] BGH FamRZ 1995, 475 = R 491 b

sonst studiumfördernde Nebenarbeit im Studienfach handelt.[142] Übt ein Student sonst eine (Neben-)Erwerbstätigkeit aus, so stellt die Vergütung, die er hierfür erhält, grundsätzlich Einkommen aus überobligatorischer Tätigkeit dar, das jedenfalls nicht in voller Höhe zu berücksichtigen ist.

102 Die Anrechnung solcher Einkünfte aus unzumutbarer Tätigkeit bestimmt sich auch im Verwandtenunterhaltsrecht nach dem – hier nach § 242 BGB entsprechend heranzuziehenden – Rechtsgedanken des § 1577 II BGB. Danach bleiben Einkünfte anrechnungsfrei, soweit der Unterhaltspflichtige nicht den vollen Unterhalt leistet (§ 1577 II 1 BGB). Darüber hinaus kommt eine Anrechnung in Betracht, soweit dies unter Berücksichtigung der beiderseitigen wirtschaftlichen Verhältnisse der Billigkeit entspricht (§ 1577 II 2 BGB).[143] Ausnahmen kommen allenfalls bei Mithilfe im elterlichen Betrieb, bei eigener Unterhaltspflicht gegenüber minderjährigen Kindern[144] und in den ersten Studiensemestern in Betracht. In der Regel wird die Nebentätigkeit jedenfalls dann nicht mehr zumutbar sein, wenn sie eine zielstrebige Ausbildung, vor allem einen bevorstehenden Examensabschluss, verzögern oder gefährden würde.[145]

103 Ist dem Schüler oder Studenten im Einzelfall eine Nebentätigkeit aus besonderen Gründen ganz oder teilweise **zumutbar,** sind die Einkünfte daraus auf seinen Bedarf anzurechnen, weil Einkünfte aus zumutbarer Tätigkeit nach §§ 1602, 1577 I BGB grundsätzlich anzurechnen sind. Nur ausnahmsweise kann bei geringfügigen Einkünften von einer Anrechnung abgesehen werden, wenn mit den Einnahmen Kosten einhergehen oder sie als zusätzliches Taschengeld neben dem Unterhalt gerechtfertigt sind.[146] Das Entgelt aus einer solchen Nebentätigkeit ist aber stets voll anzurechnen, wenn der Student „bummelt" und seiner Ausbildungsverpflichtung nicht in einer von ihm zu erwartenden Weise nachkommt.[147]

104 Ist die Nebentätigkeit hingegen **unzumutbar,** kann der Student oder Schüler sie jederzeit aufgeben. Erzielt er die Einkünfte gleichwohl auch weiterhin, ist über deren Anrechnung nach den Rechtsgedanken der §§ 1577 II, 242 BGB zu entscheiden[148] (s. Rn. 100). Ist danach ein unterhaltsrelevanter Teil des Einkommens zu berücksichtigen, erfolgt dies bei der Bemessung des Ehegattenunterhalts in Wege der Differenzmethode.[149] Bei den Einkünften eines Studenten ist stets zwischen Art, Ziel und Dauer der Ausbildung einerseits und den Belangen des Unterhaltsberechtigten und des Unterhaltspflichtigen andererseits abzuwägen, wobei es entscheidend auch auf die Höhe der Einkünfte ankommt.[150] Je nach dem Ergebnis dieser Abwägung können die Einkünfte ganz oder teilweise anrechnungsfrei bleiben, oder als unterhaltsrelevanter (An-)Teil berücksichtigt werden. Erzielt z. B. ein ausnahmsweise noch unterhaltsberechtigter Student nach Ablauf der Regelstudienzeit und bevorstehendem Examen weiterhin Nebeneinkünfte, können diese nunmehr voll angerechnet werden.[151] Nicht vertretbar ist es hingegen, einem Studenten, dem monatlich Unterhalt i. H. v. ca. 670 EUR zur Verfügung steht (vgl. insoweit die OLG-Leitlinien Ziff. 13.1.2), generell eigene Einkünfte bis zur Höhe des notwendigen Selbstbehalts eines Erwerbstätigen anrechnungsfrei zu lassen.[152] Die Verwendung für besondere Wünsche (z. B. Urlaubsreisen) ist kein geeignetes Kriterium für eine Anrechnung nach Billigkeitsgesichts-

---

[142] OLG Jena FamRZ 2009, 1416 Rn. 77; OLG Karlsruhe – 16 UF 138/02 BeckRS 2004, 06930
[143] BGH FamRZ 1995, 475 = R 491b; OLGR Hamm 1998, 174 (verschwiegene Einkünfte des Studenten); OLG Hamm FamRZ 1997, 1496; OLG Koblenz FamRZ 1996, 382
[144] OLG Nürnberg EzFamR aktuell 2001, 216; OLG Hamm FamRZ 1992, 469
[145] BGH FamRZ 1983, 140; 1980, 126; OLG Hamm FamRZ 1992, 469
[146] OLG Düsseldorf FamRZ 1986, 590; OLG Koblenz FamRZ 1996, 382
[147] LG Hamburg FamRZ 1997, 1421
[148] BGH FamRZ 1995, 475, 477 = R 491 c; OLG Hamm FamRZ 1998, 767; FamRZ 1997, 1496; FamRZ 1997, 232; OLGR Karlsruhe 1998, 46
[149] BGH FamRZ 2005, 1154 = R 630 e
[150] OLG Celle FamRZ 2001, 1640, 1641 (16 000 DM jährlich); OLG Hamm FamRZ 1998, 767 (350 DM mtl. anrechnungsfrei); OLG Schleswig FamRZ 1996, 814 (600 DM mtl. anrechnungsfrei)
[151] LG Hamburg FamRZ 1997, 1421
[152] BGH FamRZ 1995, 475 = R 491 b

punkten.[153] Für eine Nichtanrechnung kann auch sprechen, dass die Eltern überdurchschnittlich gut verdienen[154] (s. auch Rn. 825 ff.). Die Darlegungslast für die nur ausnahmsweise in Betracht kommende Anrechnung von Schülereinkünften trägt der Unterhaltspflichtige.[155]

8. Sozialleistungen mit Lohnersatzfunktion

Sozialleistungen werden nach ihrem Leistungszweck dahin unterschieden, ob sie eine **105** **Lohnersatzfunktion** haben oder eine **Unterhaltsersatzfunktion**. Diese Differenzierung ist vor allem bedeutsam für die Beantwortung der Frage, ob und in welchem Umfang Sozialleistungen unterhaltsrechtlich als Einkommen anzurechnen sind. Sozialleistungen mit Lohnersatzfunktion sind unterhaltsrechtlich als Einkommen anzurechnen und somit bedarfsdeckend. Weil eine bedarfsdeckende Sozialleistung die Unterhaltsforderung zum Erlöschen bringt, ist mit ihr auch kein Anspruchsübergang auf den Sozialleistungsträger verbunden. Soweit wegen der Subsidiarität einer Sozialleistung nur eine Unterhaltsersatzfunktion besteht, wie etwa bei der Sozialhilfe oder beim Arbeitslosengeld II (s. Rn. 110 ff.), will die Sozialleistung nur den akuten Unterhaltsbedarf sichern. Sie ist dann nicht bedarfsdeckend und der fortbestehende Unterhaltsanspruch geht aufgrund besonderer Vorschriften auf den Träger der Sozialhilfe über (vgl. Rn. 727 f. und 8/1 ff.). Als bedarfsdeckende Sozialleistungen mit Lohnersatzfunktion hat der Gesetzgeber folgende Leistungen ausgestaltet:

a) **Arbeitslosengeld I (ALG I).** Der Anspruch auf Arbeitslosengeld I bei Arbeitslosig- **106** keit und beruflicher Weiterbildung nach § 117 SGB III[156] setzt voraus, dass der Arbeitslose arbeitsfähig ist und sich der Arbeitsvermittlung zur Verfügung stellt, seine Arbeitskraft also dem Arbeitsmarkt anbietet. Das Arbeitslosengeld I ist ein Ausgleich für entgangenen Arbeitsverdienst, und wird auf der Grundlage des zuvor erzielten pauschalen Nettoarbeitsentgelts (§ 131 SGB III) bemessen. Weil die Leistungen auf ALG I durch Beiträge zur Arbeitslosenversicherung erdient wurden, ist es gegenüber Unterhaltsansprüchen nicht subsidiär[157] und hat mithin Lohnersatzfunktion.[158] Es ist auch dann voll anzurechnen, wenn es Ersatz für eine an sich unzumutbar gewesene Tätigkeit ist.[159] Beim Ehegattenunterhalt wird **kein Erwerbstätigenbonus** vorweg abgezogen.[160] Kosten, die bei der Suche nach einer neuen Stelle entstehen, sind jedoch abzuziehen (Rn. 141 Stichwort „Anzeigen").

Die Dauer des Anspruchs auf Arbeitslosengeld I richtet sich gemäß § 127 SGB III einer- **107** seits nach der Dauer des versicherungspflichtigen Arbeitsverhältnisses und andererseits nach dem Lebensalter bei Entstehung des Anspruchs. Sie beträgt für Versicherte unter 50 Jahren abhängig von der Dauer des Versicherungsverhältnisses 6 bis 12 Monate. Für über 50-jährige wird ALG I seit dem Januar 2008 ab einer Versicherungsdauer von 30 Monaten für 15 Monate geleistet, für über 55-jährige ab einer Versicherungsdauer von 36 Monaten für 18 Monate und für über 58-jährige ab einer Versicherungsdauer von 48 Monaten für 24 Monate (127 II SGB III). Nach § 129 Nr. 1 SGB III beträgt das Arbeitslosengeld I für Arbeitslose, die mindestens ein Kind i. S. des § 32 I, III–V EStG (also eheliche oder nichteheliche Kinder) haben, 67% des pauschalierten Nettoentgelts (**erhöhter Leistungssatz**), während es sonst nur 60% (allgemeiner Leistungssatz, § 129 Nr. 2 SGB III) beträgt. Der wegen eines leiblichen Kindes gewährte erhöhte Leistungssatz des Arbeitslosengeldes ist auch im Falle einer

---

[153] BGH FamRZ 1995, 475, 478 = R 491 c; OLG Köln FamRZ 1996, 1101 (Verwendung für PKW, Motorrad)
[154] OLG Hamm FamRZ 1994, 1279
[155] OLG Zweibrücken NJWE-FER 2001, 4
[156] BGH FamRZ 1987, 456, 458; NJW 1984, 1811
[157] Zur Subsidiarität gegenüber anderen öffentlichen Leistungen vgl. § 22 I SGB III
[158] BGH FamRZ 2008, 594 Rn. 20; NJW 1984, 1811; Leitlinien der Oberlandesgerichte Nr. 2.1
[159] OLG Düsseldorf FamRZ 2002, 99; OLGR München 1996, 150; OLG Hamburg FamRZ 1992, 1308; OLG Stuttgart FamRZ 1996, 415; a. A. OLG Köln FamRZ 2001, 625; FamRZ 1994, 897
[160] BGH FamRZ 2009, 307 = R 699 c; 2007, 983, 987 = R 676 e; OLG Karlsruhe FamRZ 1998, 746; OLG Stuttgart FamRZ 1996, 415; OLGR München 1996, 150; OLG Hamburg 1996, 8

Wiederverheiratung des Unterhaltspflichtigen bei der Bemessung des nachehelichen Unterhaltsanspruchs der ersten Ehefrau als Einkommen zugrunde zu legen.[161] Denn umgekehrt wird der Unterhalt für das leibliche Kind auch bei der Bemessung des Ehegattenunterhalts von dem maßgeblichen Einkommen des Unterhaltspflichtigen abgezogen.[162]

108 Zwar erhält ein Arbeitsloser den erhöhten Leistungssatz nach § 129 Nr. 1 SGB III auch dann, wenn dessen Ehegatte oder Lebenspartner mindestens ein Kind im Sinne des § 32 I, IV–V EStG hat, sofern beide Ehegatten oder Lebenspartner unbeschränkt einkommensteuerpflichtig sind und nicht dauernd getrennt leben. Dieser erhöhte Leistungssatz infolge eines Kindes des Lebensgefährten ist aber nicht auf die eigene Unterhaltspflicht gegenüber dem Kind, sondern auf die Einkommensgemeinschaft innerhalb der neuen Ehe oder Lebensgemeinschaft zurückzuführen. In solchen Fällen muss der erhöhte Leistungssatz – wie nach der Rechtsprechung des BVerfG und des BGH der Splittingvorteil aus der neuen Ehe[163] – im Falle einer isolierten Betrachtung allein des nachehelichen Unterhalts der neuen Lebensgemeinschaft verbleiben.[164] Wenn allerdings auch gegenüber dem neuen Ehegatten (§§ 1570 ff. BGB) eine Unterhaltspflicht besteht, kann der erhöhte Leistungssatz im Rahmen der dann gebotenen Unterhaltsbemessung nach der Dreiteilungsmethode insgesamt zugrunde gelegt werden.[165]

Ein aus einer Nebenbeschäftigung erzieltes Einkommen wird in Höhe eines monatlichen Freibetrages von 165 EUR nicht angerechnet. Weil unterhaltsrechtlich ein strengerer Maßstab für die Erwerbspflicht anzuwenden ist als dies für den Bezug des ALG I gilt, kann es dem Unterhaltspflichtigen zumutbar sein, neben dem Bezug des ALG I eine Nebentätigkeit aufzunehmen oder sich über seine Obliegenheit nach dem SGB III hinaus um Aufnahme einer neuen vollschichtigen Erwerbsmöglichkeit zu bemühen.[166] Die Arbeitslosigkeit als eine der Voraussetzung des Bezugs von ALG I setzt ohnehin die Verfügbarkeit am Arbeitsmarkt (§ 119 SGB III), also die Erwerbsfähigkeit voraus. Wenn gleichwohl keine Nebentätigkeit aufgenommen wird, ist für die Frage der Anrechnung fiktiver Einkünfte allerdings zusätzlich zu klären, ob für die betreffende Person eine reale Beschäftigungschance gegeben ist (s. Rn. 782 ff.).[167] Neben dem ALG I wird häufig auch Wohngeld gezahlt, das bedarfsdeckend zu berücksichtigen ist, wenn es nicht erhöhte Wohnkosten ausgleicht (s. Rn. 665 ff.).

109 Wie das ALG I haben auch das Teilarbeitslosengeld bei Teilarbeitslosigkeit nach § 116 Nr. 2 SGB III, das Übergangsgeld bei Teilnahme an Leistungen zur Teilhabe am Arbeitsleben nach § 116 Nr. 3 SGB III, das **Kurzarbeitergeld** für Arbeitnehmer, die infolge eines Arbeitsausfalles einen Entgeltausfall haben, nach § 116 Nr. 4 SGB III[168] und das **Insolvenzgeld** für Arbeitnehmer, die wegen Zahlungsunfähigkeit des Arbeitgebers kein Arbeitsentgelt erhalten, nach § 116 Nr. 5 SGB III (früher Konkursausfallgeld) Lohnersatzfunktion und sind wie Arbeitslosengeld als Erwerbsersatzeinkommen zu behandeln (s. auch Rn. 121).[169]

110 **b) Arbeitslosengeld II (ALG II) ohne Lohnersatzfunktion.** Die frühere Arbeitslosenhilfe ist mit Wirkung zum 1. Januar 2005 entfallen. Das SGB II hat die Arbeitslosenhilfe und die Sozialhilfe für Erwerbsfähige zu einer einheitlichen Leistung, dem Arbeitslosengeld II (ALG II), zusammengeführt (s. auch Rn. 8/201 ff.).[170] Nach § 7 SGB II er-

---

[161] BGH FamRZ 2007, 983, 986 = R 676 c
[162] BGH FamRZ 2006, 683, 686 = R 649 h
[163] BVerfG FamRZ 2003, 1821; BGH FamRZ 2007, 793, 796 = R 674 e; 2005, 1817, 1819 = R 632 b–d
[164] BGH FamRZ 2007, 983, 986 = R 676 c
[165] Zum Splittingvorteil vgl. BGH FamRZ 2010, 869 Rn. 32 f.; 2008, 1911 = R 695 b und zum Karrieresprung vgl. BGH FamRZ 2010, 111 = R 707 a; 2009, 411 = R 702 c; vgl. aber BVerfG FamRZ 2011, 437 = R 722
[166] BGH FamRZ 2008, 594 Rn. 21
[167] Zur Aufgabe des ALG I zwecks Aufnahme einer selbständigen Erwerbstätigkeit vgl. OLG Celle OLGR 2008, 812 Rn. 54
[168] OLG Saarbrücken NJW-RR 2010, 1303 Rn. 33
[169] OLG Hamburg EzFamR aktuell 2001, 45
[170] Viertes Gesetz für moderne Dienstleistungen am Arbeitsmarkt vom 24. Dezember 2003 (Hartz IV; BGBl I 2954); Gesetzentwurf BT-Drs. 15/1516; zur Verfassungsmäßigkeit vgl. BVerfG NJW 2011, 1058; vgl. auch Klinkhammer FamRZ 2004, 1909

2. Abschnitt: Einkünfte aus abhängiger Arbeit § 1

halten die Personen zwischen dem 15. Lebensjahr und Erreichen der Altersgrenze ALG II, die erwerbsfähig und hilfebedürftig sind.[171] Inzwischen sind mehrere Änderungen des SGB II in Kraft getreten, von denen die wichtigste mit § 33 SGB II die frühere Anspruchsüberleitung mittels Verwaltungsakt durch einen gesetzlichen Anspruchsübergang ersetzt hat.[172] Damit und mit der Subsidiarität des ALG II (§§ 9, 12a SGB II) ist die Lohnersatzfunktion der Arbeitslosenhilfe entfallen und durch eine bloße Unterhaltsersatzfunktion ersetzt worden. Das ALG II ist deswegen, auch soweit es an die Stelle der früheren Arbeitslosenhilfe getreten ist, grundsätzlich unterhaltsrechtlich nicht mehr als Einkommen zu berücksichtigen (vgl. Rn. 8/225 ff.).[173] Ein an den **Unterhaltsberechtigten** gezahltes ALG II wirkt folglich nicht bedarfsdeckend, zumal nur so der Übergang des fortbestehenden Anspruchs auf den Träger der Leistungen möglich ist. Auch ein an den **Unterhaltspflichtigen** gezahltes ALG II deckt grundsätzlich allein den sozialhilferechtlichen Lebensbedarf ab, hat damit lediglich Unterhaltsersatzfunktion und gewährt auch zur Höhe kein Einkommen, das den verfassungsrechtlich gewährleisteten Mindestselbstbehalt[174] übersteigt.[175]

Wie bei der Sozialhilfe (s. Rn. 727) treten jedoch Probleme auf, wenn die Gesamt- **111** einkünfte des Unterhaltspflichtigen seine notwendigsten Bedürfnisse übersteigen, weil bei der Bemessung der Sozialhilfe von einem anrechnebaren Nettoeinkommen Freibeträge abgesetzt werden (§ 11b III SGB II; s. Rn. 8/220 ff.).[176] Während das Einkommen des Unterhaltspflichtigen allein seinen Selbstbehalt dann regelmäßig nicht übersteigt, kann er aus der Summe seines Einkommens und des ergänzenden Arbeitslosengeldes II zu Unterhaltsleistungen in der Lage sein. Soweit das Arbeitslosengeld II wegen der im Gesetz vorgesehenen **Freibeträge** nicht zurück gefordert werden kann, muss der Unterhaltspflichtige dieses zunächst für die Sicherung der eigenen notwendigen Bedürfnisse verwenden. Sein zusätzliches Einkommen benötigt der Unterhaltspflichtige dann nicht mehr in voller Höhe zur Sicherung seines eigenen Selbstbehalts. Dann kann er den Teil davon für Unterhaltszwecke einsetzen, der gemeinsam mit dem Arbeitslosengeld II den jeweiligen Selbstbehalt übersteigt. Diese Beurteilung ist auch für besondere Leistungen nach dem SGB II geboten, die über den sozialhilferechtlichen Lebensbedarf hinausgehen, von der Subsidiarität ausgenommen sind und somit auch den Unerhaltspflichtigen entlasten sollen (s. auch Rn. 8/220 ff.). Dabei handelt es sich um folgende Leistungen (s. auch Ziff. 2.2 der Leitlinien der Oberlandesgerichte):

- Den **Zuschlag**, den der erwerbsfähige Hilfsbedürftige nach § 24 SGB II innerhalb von **112** zwei Jahren nach dem Ende des Bezugs von ALG I erhielt, hat der Gesetzgeber für die Zeit ab dem 1. 1. 2011 abgeschafft.[177] Er ist also nur noch bei Unterhaltsansprüchen bis Ende 2010 zu berücksichtigen. In der ursprünglichen Fassung des § 19 S. 1 SGB II war dieser Zuschlag ausdrücklich von den sonstigen Leistungen zur Sicherung des Lebens-

---

[171] ALG II in der Fassung des Gesetzes zur Ermittlung von Regelbedarfen und zur Änderung des Zweiten und Zwölften Buches des Sozialgesetzbuches vom 24. März 2011 BGBl I S. 453; vgl. auch die Verordnung zur Berechnung von Einkommen sowie zur Nichtberücksichtigung von Einkommen und Vermögen beim Arbeitslosengeld II/Sozialgeld (Arbeitslosengeld II/Sozialgeld-Verordnung – Alg II–V) vom 17. Dezember 2007, BGBl I S. 2942 in der Fassung der Vierten Verordnung zur Änderung der Arbeitslosengeld II/Sozialgeld-Verordnung vom 21. Dezember 2010, BGBl I S. 2321
[172] Gesetz zur Fortentwicklung der Grundsicherung für Arbeitssuchende vom 20. 7. 2006 (Fortentwicklungsgesetz; BGBl I S. 1706); BGH FamRZ 2011, 197 Rn. 13 ff.; vgl. auch Scholz FamRZ 2006, 1417 und Klinkhammer FamRZ 2006, 1171
[173] BGH NJW-RR 2011, 145 Rn. 19; 2011, 97 Rn. 31 f.; 2009, 307 = R 699b; OLG Stuttgart FamRZ 2008, 795 Rn. 16 f.
[174] Vgl. insoweit BGH FamRZ 2008, 594 = R 688a und 2006, 683 = R 649c; BVerfG FamRZ 2001, 1685; zum Mindestbedarf des Berechtigten vgl. BGH FamRZ 2010, 802 Rn. 18 und 2010, 357 = R 709b
[175] OLGR Köln 2009, 611 Rn. 13 ff.; Klinkhammer FamRZ 2004, 1909, 1913 f., vgl. auch die Leitlinien der Oberlandesgerichte jeweils unter Ziff. 2.2
[176] Zum Freibetrag nach § 11 II Nr. 7 SGB II wegen titulierter Unterhaltsschulden s. OLG Hamm FamRZ 2010, 570 Rn. 37 ff.
[177] Gesetzes zur Ermittlung von Regelbedarfen und zur Änderung des Zweiten und Zwölften Buches des Sozialgesetzbuches vom 24. 3. 2011 BGBl I S. 453, 464 ff.

unterhalts abgegrenzt. In der bis Ende 2010 geltenden Fassung wurde diese Differenzierung zwar aufgegeben. Dafür wurde schon in der Überschrift des Unterabschnitts 1 des 3. Kapitels und 2. Abschnitts des SGB II zwischen dem ALG II und dem befristeten Zuschlag differenziert. § 19 SGB II bezog sich damit ausdrücklich nur noch auf das ALG II i. e. S., während der befristete Zuschlag in § 24 SGB II geregelt war. Auch der Sache nach verfolgte der befristete Zuschlag eher eine Lohnersatzfunktion, zumal er zur Höhe an der Differenz zwischen dem erdienten ALG I (vgl. Rn. 106) und dem ALG II ansetzte und nicht zum sozialhilferechtlichen Lebensbedarf des ALG II zählte.[178]

113 • Nach § 16 b SGB II (bis 31. 12. 2008 § 29 SGB II)[179] kann erwerbsfähigen Hilfsbedürftigen, die arbeitslos sind, bei Aufnahme einer sozialversicherungspflichtigen oder selbständigen Erwerbstätigkeit zur Überwindung von Hilfebedürftigkeit ein **Einstiegsgeld** erbracht werden, wenn dies zur Eingliederung in den allgemeinen Arbeitsmarkt erforderlich ist. Das Einstiegsgeld kann auch erbracht werden, wenn die Hilfebedürftigkeit durch oder nach Aufnahme der Erwerbstätigkeit entfällt. Damit soll es einen Anreiz bieten, eine neue Arbeitsstelle anzutreten oder eine selbständige Tätigkeit zu ergreifen, was eine Unterhaltsersatzfunktion ausschließt. Es wird für höchstens 24 Monate erbracht (§ 16 b II SGB II). Zur Höhe knüpft es allerdings nicht an das frühere Erwerbseinkommen, sondern an die Dauer der Arbeitslosigkeit und die Größe der Bedarfsgemeinschaft an. In diesem gesetzlichen Rahmen enthält § 16 b III SGB II eine Verordnungsermächtigung zur Bemessung der Höhe des Einstiegsgeldes (s. auch Rn 8/215). Das als Zuschuss zum ALG II bezogene Einstiegsgeld hat nach seinem gesetzgeberischen Sinn und Zweck Lohnersatzfunktion und ist in die Unterhaltsberechnung einzustellen. Denn es dient nicht der Sicherung des Lebensunterhalts sondern der Eingliederung in den Arbeitsmarkt und soll einen Anreiz für die Fortführung einer aufgenommenen Erwerbstätigkeit darstellen. Dafür spricht auch, dass das Einstiegsgeld neben dem ALG II gewährt wird und somit über den sozialhilferechtlichen Lebensbedarf des ALG II hinausgeht.[180] Weil das Einstiegsgeld als staatliche Subvention gezahlt wird, ist der Abzug des Erwerbstätigenbonus allerdings nicht gerechtfertigt.

114 • **Nicht** anrechenbar ist hingegen der in dem ALG II enthaltene **Wohnkostenanteil.** Zwar erhielten Sozialhilfeempfänger bis Ende 2004 neben der Sozialhilfe Wohngeld nach dem WoGG, das unterhaltsrechtlich als Einkommen zu berücksichtigen ist.[181] Inzwischen sind Empfänger des ALG II, wie die Empfänger von Sozialhilfe nach dem SGB XII, vom Bezug des Wohngeldes ausgeschlossen (§ 7 I Nr. 1–4 WoGG), weil dieses bereits aus Gründen der Verwaltungsvereinfachung bei der Höhe ihrer allgemeinen Sozialleistung berücksichtigt ist.[182] Bei der Sozialhilfe hat der Gesetzgeber dem Rechnung getragen, indem er den rechnerischen Wohngeldanteil vom Kostenersatz bei Doppelleistung (§ 105 II SGB XII) und vom Anspruchsübergang (§ 94 I 6 SGB XII) ausgenommen hat. Wegen der bezweckten Verwaltungsvereinfachung und der Beschränkung der Gesamtleistung auf den sozialhilferechtlichen Lebensbedarf spricht aber schon dies nicht notwendig für eine Berücksichtigung des Wohnkostenanteils als Einkommen des Unterhaltspflichtigen. Beim ALG II hat der Gesetzgeber zwar auch aus Gründen der Verwaltungsvereinfachung die Rückforderung nach § 50 II SGB X eingeschränkt (§ 40 II SGB II). Selbst bei der Neuregelung des Anspruchsübergangs zum 1. August 2006 (§ 33 SGB II) hat er aber insoweit von einer Einschränkung abgesehen, was gegen eine unterhaltsrechtliche Anrechnung des Wohnkostenanteils spricht.[183]

115 c) **Krankengeld.** Nach § 44 SGB V haben gesetzlich Krankenversicherte Anspruch auf Krankengeld, wenn die Krankheit sie arbeitsunfähig macht oder sie auf Kosten der Kran-

---

[178] Klinkhammer FamRZ 2006, 1171, 1172; im Ergebnis ebenso OLG München FamRZ 2006, 1125 und OLG Zweibrücken FamRZ 2006, 135; vgl. auch OLGR Köln 2009, 611 Rn. 18
[179] Gesetz zur Neuausrichtung der arbeitsmarktpolitischen Instrumente BGBl 2008 I S. 2917; 2009 I S. 23
[180] OLG Celle FamRZ 2006, 1203; vgl. auch Klinkhammer FamRZ 2006, 1171, 1172; 2004, 1909, 1911
[181] BGH FamRZ 1982, 587; 1982, 898
[182] Vgl. BT-Drs. 15/3943 S. 10 f.
[183] OLG Celle FamRZ 2006, 1203; vgl. auch Klinkhammer FamRZ 2006, 1171, 1172 f. m. w. N.

2. Abschnitt: Einkünfte aus abhängiger Arbeit § 1

kenkasse stationär in einem Krankenhaus, einer Vorsorge- oder Rehabilitationseinrichtung (§ 23 Abs. 4, §§ 24, 40 Abs. 2 und 41 SGB V) behandelt werden. Nach § 46 S. 1 SGB V entsteht der Anspruch auf Krankengeld bei Krankenhausbehandlung oder Behandlung in einer Vorsorge- oder Rehabilitationseinrichtung (§ 23 Abs. 4, §§ 24, 40 Abs. 2 und § 41 SGB V) von ihrem Beginn an, im übrigen von dem Tag an, der auf den Tag der ärztlichen Feststellung der Arbeitsunfähigkeit folgt. Das Krankengeld beträgt 70% des erzielten regelmäßigen Arbeitsentgelts und Arbeitseinkommens, soweit es der Beitragsberechnung unterliegt (Regelentgelt). Das aus dem Arbeitsentgelt berechnete Krankengeld darf 90% des Nettoarbeitsentgelts nicht übersteigen (§ 47 I SGB V). Bei Bezug von Arbeitslosengeld, Unterhaltsgeld und Kurzarbeitergeld wird Krankengeld in Höhe des Betrages des Arbeitslosengeldes oder des Unterhaltsgeldes gewährt, den der Versicherte zuletzt bezogen hat. Das Krankengeld wird vom ersten Tage der Arbeitsunfähigkeit an gewährt (§ 47b SGB V). Versicherte erhalten Krankengeld ohne zeitliche Begrenzung, für den Fall der Arbeitsunfähigkeit wegen derselben Krankheit jedoch für längstens achtundsiebzig Wochen innerhalb von je drei Jahren, gerechnet vom Tage des Beginns der Arbeitsunfähigkeit an. Tritt während der Arbeitsunfähigkeit eine weitere Krankheit hinzu, wird die Leistungsdauer nicht verlängert. Für Versicherte, die im letzten Dreijahreszeitraum wegen derselben Krankheit für achtundsiebzig Wochen Krankengeld bezogen haben, besteht nach Beginn eines neuen Dreijahreszeitraums ein neuer Anspruch auf Krankengeld wegen derselben Krankheit, wenn sie bei Eintritt der erneuten Arbeitsunfähigkeit mit Anspruch auf Krankengeld versichert sind und in der Zwischenzeit mindestens sechs Monate nicht wegen dieser Krankheit arbeitsunfähig waren und erwerbstätig waren oder der Arbeitsvermittlung zur Verfügung standen (§ 48 I, II SGB V). Bei der Feststellung der Leistungsdauer des Krankengeldes werden Zeiten, in denen der Anspruch auf Krankengeld ruht oder für die das Krankengeld versagt wird, wie Zeiten des Bezugs von Krankengeld berücksichtigt. Zeiten, für die kein Anspruch auf Krankengeld besteht, bleiben unberücksichtigt (§ 48 III SGB V). Versicherte haben auch dann Anspruch auf Krankengeld, wenn es nach ärztlichem Zeugnis erforderlich ist, dass sie zur Beaufsichtigung, Betreuung oder Pflege ihres erkrankten und versicherten Kindes der Arbeit fernbleiben, eine andere in ihrem Haushalt lebende Person das Kind nicht beaufsichtigen, betreuen oder pflegen kann und das Kind das zwölfte Lebensjahr noch nicht vollendet hat oder behindert und auf Hilfe angewiesen ist. Ein solcher Anspruch auf Krankengeld besteht in jedem Kalenderjahr für jedes Kind längstens für 10 Arbeitstage, für allein erziehende Versicherte längstens für 20 Arbeitstage. Der Anspruch besteht für Versicherte insgesamt für nicht mehr als 25 Arbeitstage, für allein erziehende Versicherte insgesamt für nicht mehr als 50 Arbeitstage je Kalenderjahr (§ 45 I, II SGB V).

Krankengeld, Krankentagegeld und Krankenhaustagegeld[184] sind **Lohnersatzleistungen** und somit als Einkommen anzurechnen.[185] Gleiches gilt für sonstige Lohnfortzahlung im Krankheitsfall, die ebenfalls der Sicherung des Erwerbseinkommens im Falle der Krankheit dient. Von dem Einkommen sind jedoch krankheitsbedingte Mehrkosten abzuziehen.[186] Diese sind allerdings konkret nachzuweisen, weil die Vermutung des § 1610a BGB für diese Einkünfte mit Lohnersatzfunktion nicht gilt.[187] Zu beachten ist auch, dass die Kosten häufig als außergewöhnliche Belastungen steuerlich absetzbar sind.[188] Dann kann unterhaltsrechtlich allenfalls der um den Steuersatz verminderte Betrag der nachgewiesenen Krankheitskosten abgesetzt werden. Weil auch diese Einkünfte nicht auf einer Erwerbstätigkeit beruhen, sind weder pauschale berufsbedingte Kosten noch bei der Bemessung des Ehegattenunterhalts ein **Erwerbstätigenbonus** abzuziehen.[189] Entsprechend ist im Mangelfall le-

---

[184] BGH FamRZ 2009, 1207 Rn. 28; OLG Bremen FamRZ 1991, 86
[185] BGH FamRZ 2009, 1207 Rn. 28; 1987, 36, 38; OLG Köln FamRZ 2001, 177; OLG Karlsruhe FamRZ 2000, 1091; Leitlinien der Oberlandesgerichte Nr. 2.1
[186] BGH FamRZ 1987, 36, 38; OLG Hamm FamRZ 2006, 124; KGR 2002, 163
[187] BGH FamRZ 2009, 307 = R 699a; OLGR Schleswig 1998, 105; OLG Schleswig SchlHA 1992, 216
[188] BFH NJW 2000, 2767
[189] BGH FamRZ 2009, 307 = R 699a; OLG Hamburg FamRZ 1992, 1308; OLGR Hamburg 1996, 8

diglich der Selbstbehalt eines nicht Erwerbstätigen zu belassen.[190] Der Bezieher von Krankheitsgeld ist unterhaltsrechtlich allerdings verpflichtet, alles zu unternehmen, um seine Arbeitskraft wiederherzustellen. Wenn er nichts dafür unternimmt und sich auf einen langfristigen Bezug des Krankheitsgeldes einrichtet, bestehen keine Bedenken dagegen, ihn für die Zukunft fiktiv so zu behandeln, als ob er dem Arbeitsmarkt wieder zur Verfügung stünde.[191] Bei unzureichenden Arbeitsbemühungen bei gleichzeitig gegebener Erwerbsfähigkeit ist er nicht etwa als weiterhin (fiktiv) krank, sondern als fiktiv erwerbstätig zu behandeln. Bei der Bemessung des erzielbaren Einkommens ist dann zu berücksichtigen, dass das frühere Krankengeld sich nach § 47 SGB V aus 70% des früher erzielten Regelentgelts bemisst.

116   **d) Erziehungsgeld.** Nach § 1 des Bundeserziehungsgeldgesetzes (BErzGG) hatte Anspruch auf Erziehungsgeld, wer u. a. mit einem Kind, für das ihm die Personensorge zustand, in einem Haushalt lebte, es selbst betreute und erzog und keine oder keine volle (weniger als 30 Stunden wöchentlich) Erwerbstätigkeit ausübte. Das BErzGG galt nur für Ansprüche auf Erziehungsgeld wegen Kindern, die vor dem 1. Januar 2007 geboren wurden; es ist deswegen und im Hinblick auf die zweijährige Förderungsdauer auf die Zeit **bis Ende 2008 befristet** worden. Für später geborene Kinder richtet sich die Förderung nach dem BEEG (s. Rn. 117 ff.). Wurde das Kind von beiden Eltern betreut, konnte nur einem von ihnen, den sie bestimmen mussten, Erziehungsgeld gezahlt werden. Einem nicht sorgeberechtigten Elternteil konnte Erziehungsgeld nur mit Zustimmung des sorgeberechtigten gezahlt werden (§ 3 BErzGG). Das Erziehungsgeld wurde unter Beachtung der Einkommensgrenzen bis zur Vollendung des 12. Lebensmonats als Budget oder bis zur Vollendung des 24. Lebensmonats als Regelbetrag gezahlt (§ 4 BErzGG). Die Höhe des Erziehungsgeldes betrug – jeweils einkommensabhängig – bei einer beantragten Zahlung als Budget monatlich 450 € und bei einer beantragten Zahlung als Regelbetrag monatlich 300 € (§ 5 BErzGG). Ein Mutterschaftsgeld war für die Zeit ab der Geburt auf das Erziehungsgeld anzurechnen (§ 7 BErzGG). Das Erziehungsgeld und das entsprechend anrechenbare Mutterschaftsgeld blieben für den Bezug von Sozialleistungen als Einkommen unberücksichtigt (§ 8 BErzGG). Nach § 9 BErzGG wurden Unterhaltsverpflichtungen durch die Zahlung des Erziehungsgeldes und anderer vergleichbarer Leistungen der Länder nicht berührt; dies galt jedoch nicht in den Fällen des § 1361 III, der §§ 1579, 1603 II und des § 1611 I BGB.

Das **Erziehungsgeld** hatte somit keine Lohnersatzfunktion, sondern wurde auch an Eltern gezahlt, die zuvor nicht erwerbstätig waren. Weil das Erziehungsgeld weder tatsächliche Einkommenseinbußen ausgleichen noch für den tatsächlichen Betreuungsaufwand entschädigen sollte, wurde durch den Bezug die Betreuung und Erziehung eines Kindes durch eine nicht oder nicht voll erwerbstätige, sorgeberechtigte Person in der ersten Lebensphase des Kindes allgemein gefördert.[192] Es ermöglichte und erleichterte somit den Eltern, im Anschluss an die Mutterschutzfrist ganz oder teilweise auf die Erwerbstätigkeit zu verzichten. Damit diente es sozialpolitischen Zielen und schaffte zugleich einen finanziellen Anreiz für die Kindererziehung.[193] Dieses sozialpolitische Ziel wurde dadurch unterstützt, dass nach § 9 Satz 1 BErzGG **Unterhaltsverpflichtungen** nicht durch die Zahlung des Erziehungsgeldes und anderer vergleichbarer Leistungen der Länder berührt wurden. Der Barunterhaltspflichtige sollte durch die Zahlung des Erziehungsgeldes an den Unterhaltsberechtigten von seiner Unterhaltsverpflichtung grundsätzlich nicht entlastet werden. Die Leistung nach dem Bundeserziehungsgeldgesetz sollte dem Erziehungsgeldberechtigten also regelmäßig ungeschmälert zugute kommen. Nach übereinstimmender Auffassung war das Erziehungsgeld deswegen im Regelfall nicht als anrechenbares Einkommen bei der Bemessung von Unterhaltsansprüchen zu berücksichtigen.[194]

---

[190] BGH FamRZ 2009, 311 Rn. 14
[191] BGH FamRZ 2009, 311 Rn. 10
[192] BVerfG FamRZ 1994, 363
[193] BT-Drs. 10/3729 S. 13; BGH; FamRZ 2006, 1010 = R 651
[194] BVerfG FamRZ 2000, 1149 m. w. N.

2. Abschnitt: Einkünfte aus abhängiger Arbeit § 1

Dies galt nach § 9 Satz 2 BErzGG allerdings nicht in den Fällen der **gesteigerten Unterhaltspflicht** gegenüber minderjährigen Kindern (§ 1603 II BGB)[195] und im Rahmen einer Billigkeitsabwägung nach den §§ 1361 III, 1579[196] und 1611 I BGB. In diesen Fällen steht die Unterhaltsgewährung in besonderem Maße unter dem Gebot der Billigkeit, und es konnte zu groben Ungerechtigkeiten führen, wenn das Erziehungsgeld bei der Bemessung des Unterhalts unberücksichtigt blieb.[197] Ob das Erziehungsgeld nach § 9 S. 2 BErzGG auch im Rahmen des Anspruchs auf Familienunterhalt zu berücksichtigen war, wenn es nicht von dem – auch von seinen minderjährigen Kindern aus erster Ehe in Anspruch genommenen – Unterhaltspflichtigen, sondern von seinem (ebenfalls) unterhaltsberechtigten zweiten Ehegatten bezogen wurde und wenn wegen der eingeschränkten Leistungsfähigkeit des Unterhaltspflichtigen ein absoluter Mangelfall vorlag, war in Rechtsprechung und Literatur umstritten. Zur Klärung dieser Frage war im Rahmen der Auslegung des § 9 S. 2 BErzGG zwischen zwei Fallgruppen mit unterschiedlichem Regelungsinhalt zu unterscheiden:[198]

Soweit die Vorschrift des § 9 S. 2 BErzGG auf § 1579 BGB (ggf. i. V. mit § 1361 III BGB) und auf § 1611 I BGB abstellte, ließen sich die **Billigkeitskriterien** zur Vermeidung grober Ungerechtigkeiten[199] unmittelbar aus diesen Bestimmungen entnehmen. Wenn wegen eines sittlichen Verschuldens des Unterhaltsberechtigten eine Herabsetzung, zeitliche Begrenzung oder, bei grober Unbilligkeit, sogar eine vollständige Versagung des Unterhalts in Betracht kam, lag es nahe, ihm auch sein Erziehungsgeld nicht anrechnungsfrei zu belassen. Denn diesen Bestimmungen war gemein, dass sie – bis auf § 1579 Nr. 1 BGB – auf ein sittliches Verschulden des Unterhaltsberechtigten abstellten. In solchen Fällen hätte es zu groben Ungerechtigkeiten geführt, wenn das Erziehungsgeld – wie im Regelfall nach § 9 S. 1 BErzGG – nicht bei der Unterhaltsbemessung berücksichtigt, sondern dem Unterhaltsberechtigten in voller Höhe zusätzlich belassen worden wäre. Im Ergebnis galt aber auch nichts anderes in Fällen kurzer Ehedauer nach § 1579 Nr. 1 BGB, der den Grundsatz der Eigenverantwortlichkeit beider Ehegatten nach § 1569 BGB betont. Auch in solchen Fällen wäre es mit der Möglichkeit einer Begrenzung, Herabsetzung oder vollständigen Versagung des Unterhalts nicht vereinbar gewesen, wenn dem Unterhaltsberechtigten das von ihm bezogene Erziehungsgeld stets anrechnungsfrei verblieben wäre. Die in § 9 S. 2 BErzGG aus Gründen der Billigkeit geregelten Ausnahmen vom Grundsatz der Nichtanrechnung des Erziehungsgeldes, nämlich in den Fällen der §§ 1361 III, 1579 und 1611 I BGB, griffen daher nur ein, wenn der **Unterhaltsberechtigte das Erziehungsgeld erhielt**. Bezog hingegen der unterhaltspflichtige Ehegatte das Erziehungsgeld, war kein Grund dafür ersichtlich, den geschuldeten Unterhalt wegen eines sittlichen Verschuldens des Unterhaltsberechtigten sogar zu erhöhen. Dann blieb es für den Unterhaltsberechtigten bei dem Grundsatz des § 9 S. 1 BErzGG, wonach die Unterhaltspflicht durch das Erziehungsgeld nicht berührt wurde. Anderenfalls wäre das sittliche Verschulden des Unterhaltsberechtigten bzw. die ihm auferlegte Eigenverantwortlichkeit indirekt zu seinem Vorteil geraten, weil das unterhaltsrechtlich zu berücksichtigende Einkommen des Unterhaltspflichtigen um das diesem gezahlte Erziehungsgeld erhöht worden wäre.

Nicht vergleichbar war damit der weitere von § 9 S. 2 BErzGG erfasste Fall der gesteigerten Unterhaltspflicht gegenüber minderjährigen oder ihnen nach § 1603 II 2 BGB gleichgestellten Kindern. In einem solchen Fall waren grobe Ungerechtigkeiten denkbar, wenn das Erziehungsgeld dem Berechtigten (neben sonstigen Einkünften) anrechnungsfrei verblieb, während vorrangige minderjährige Kinder, die ihren Unterhalt naturgemäß nicht selbst decken können, im Mangelfall nicht ihren vollen Unterhalt erhielten. Der Regelungsgehalt dieses Ausnahmetatbestands des § 9 S. 2 BErzGG erfasste deswegen lediglich

---

[195] OLG Dresden – 20 WF 366/00 BeckRS 2000, 30117654; OLG Koblenz – 13 WF 583/99 BeckRS 1999, 31147759; OLGR Hamm 2000, 59; OLG Nürnberg FamRZ 1998, 981; Leitlinien der Oberlandesgerichte Nr. 2.5
[196] OLG Zweibrücken NJW-RR 2000, 1388
[197] BT-Drs. 10/3792 S. 18
[198] BGH FamRZ 2006, 1182
[199] Vgl. BT-Drs. 10/3792 S. 18

§ 1   Die Ermittlung des unterhaltsrechtlich relevanten Einkommens

die Fälle, in denen der nach § 1603 II BGB **Unterhaltspflichtige** das **Erziehungsgeld bezog**.[200] Nur dann entsprach es dem Gebot der Billigkeit, den Unterhaltspflichtigen wegen seiner gesteigerten Unterhaltspflicht gegenüber minderjährigen Kindern auch auf das Erziehungsgeld zurückgreifen zu lassen. Erhielt hingegen der unterhaltsberechtigte Ehegatte das Erziehungsgeld, rückte der Zweck des Erziehungsgeldes als einkommensunabhängige Sozialleistung mit sozialpolitischen Zielen in den Vordergrund. Nach dem Willen des Gesetzgebers sollte der Unterhaltspflichtige durch den Bezug des Erziehungsgeldes auf Seiten des Berechtigten gerade nicht entlastet werden, auch wenn dies dazu führte, dass konkurrierende Unterhaltsansprüche minderjähriger Kinder nicht voll befriedigt werden konnten.[201]

Auch soweit Erziehungsgeld nach § 9 S. 2 BErzGG als Einkommen des Unterhaltspflichtigen zu berücksichtigen war, musste es unterhaltsrechtlich erst dann eingesetzt werden, wenn und soweit sein eigener Selbstbehalt sichergestellt war (zum Pflege- und Erziehungsgeld nach §§ 23 III, 39 SGB VIII s. Rn. 690).[202]

117   **e) Elterngeld.** Nach § 1 des Bundeselterngeld- und Elternzeitgesetzes (BEEG)[203] hat Anspruch auf Elterngeld, wer u. a. mit einem Kind, für das ihm die Personensorge zusteht, in einem Haushalt lebt, es selbst betreut und erzieht und keine oder keine volle (weniger als 30 Stunden wöchentlich) Erwerbstätigkeit ausübt. Das Gesetz gilt nur für Kinder, die **ab dem 1. Januar 2007 geboren** wurden; für früher geborene Kinder galten die Vorschriften des BErzGG weiter fort (§ 27 BEEG; vgl. insoweit Rn. 116). Wird das Kind von beiden Eltern betreut, bestimmen sie, wer von ihnen welche Monatsbeträge in Anspruch nimmt (§ 5 BErzGG). Das Elterngeld kann von dem Tag der Geburt bis zur Vollendung des 14. Lebensmonats des Kindes bezogen werden; ein Elternteil kann allerdings nur für mindestens zwei und höchstens zwölf Monate Elterngeld beziehen. Die Eltern können die jeweiligen Monatsbeträge abwechselnd oder gleichzeitig beziehen (§ 4 BEEG). In welchem Umfang dem einen oder dem anderen betreuenden Elternteil Elterngeld zustehen soll, können die Eltern in diesem gesetzlichen Rahmen frei festlegen. Beanspruchen beide Elternteile zusammen mehr als die ihnen zustehenden zwölf oder 14 Monatsbeträge Elterngeld, besteht der Anspruch eines Elternteils, der nicht über die Hälfte der Monatsbeträge hinausgeht, ungekürzt; der Anspruch des anderen Elternteils wird gekürzt auf die verbleibenden Monatsbeträge. Beanspruchen beide Elternteile Elterngeld für mehr als die Hälfte der Monate, steht ihnen jeweils die Hälfte der Monatsbeträge zu (§ 5 BEEG). Die Eltern können auch Zahlung der hälftigen Monatsbeträge für den doppelten Auszahlungszeitraum verlangen (§ 6 BEEG).

118   Elterngeld wird in Höhe von 67% des in den letzten zwölf Kalendermonaten vor der Geburt des Kindes durchschnittlich erzielten monatlichen Einkommens aus Erwerbstätigkeit bis zu einem Höchstbetrag von 1800 € monatlich für volle Monate gezahlt, in denen die berechtigte Person kein Einkommen aus Erwerbstätigkeit erzielt (§ 2 I BEEG).[204] War das durchschnittliche monatliche Einkommen aus Erwerbstätigkeit vor der Geburt geringer als 1000 €, erhöht sich der Prozentsatz von 67 auf bis zu 100 (§ 2 II BEEG).[205] Unabhängig davon wird Elterngeld mindestens in Höhe von monatlich 300 EUR, bei Mehrlingsgeburten multipliziert mit der Anzahl der Kinder, gezahlt (§ 2 V, VI BEEG). Ein Mutterschaftsgeld, das der Mutter nach der RVO oder dem Gesetz über die Krankenversicherung der Landwirte ab dem Tag der Geburt zusteht (§ 13 I MuSchG), wird auf das Elterngeld angerechnet. Das gilt nicht für ein Mutterschaftsgeld nach § 13 II MuSchG, das bis zu 210 EUR beträgt (§ 3 I BEEG). Das Elterngeld und das entsprechend anrechenbare Mut-

---

[200] OLG Hamm FamRZ 1995, 805, 806; BVerfG FamRZ 2000, 1149 (für Ansprüche nach § 1615l II BGB)
[201] BVerfG FamRZ 2000, 1149
[202] BGH FamRZ 2006, 1010 = R 651; BVerfG FamRZ 2004, 253
[203] Zur Entstehungsgeschichte vgl. BT-Drs. 16/1889
[204] Zur Steuerklassenwahl und zum Faktorverfahren als Möglichkeiten zur Erhöhung des Elterngeldes vgl. Hosser FamRZ 2010, 951
[205] Zur verfassungsrechtlichen Einordnung des Elterngeldes und der steuerlichen Absetzbarkeit von Kinderbetreuungskosten vgl. Brosius-Gersdorf JZ 2007, 326

terschaftsgeld bleiben für den Bezug von Sozialleistungen bis zur Höhe von 300 EUR monatlich als Einkommen unberücksichtigt (§ 10 I BEEG). Nach § 11 BEEG werden Unterhaltsverpflichtungen durch die Zahlung des Elterngeldes und anderer vergleichbarer Leistungen der Länder nur insoweit berührt, als die Zahlung 300 EUR monatlich (bei Verlängerung auf die doppelter Zeit und halber Höhe 150 EUR monatlich) übersteigt.[206] Das gilt jedoch nicht in den Fällen des § 1361 III, der §§ 1579, 1603 II und des § 1611 I BGB.

Weil das Elterngeld einkommensabhängig gewährt wird, hat es Lohnersatzfunktion und ist deswegen im Grundsatz als Einkommen das bezugsberechtigten Elternteils zu berücksichtigen. Nur bis zur Höhe von 300 EUR monatlich bleibt es – wie früher das Erziehungsgeld (s. Rn. 116) – nach der ausdrücklichen Regelung in § 11 Satz 1 BEEG unberücksichtigt.[207] Wird es hälftig an beide Eltern gezahlt, bleibt es jeweils bis zur Höhe von 150 EUR anrechnungsfrei (§§ 6 Satz 2 und 11 Satz 2 BEEG). Bei Mehrlingsgeburten vervielfachen sich die Sätze mit der Zahl der geborenen Kinder (§ 11 Satz 3 BEEG). In besonders gelagerten Fällen, die § 11 Satz 4 BEEG im Einzelnen aufzählt, ist allerdings das gesamte Elterngeld bei der Unterhaltsbemessung zu berücksichtigen. Das ist bei Bezug des Elterngeldes durch den Unterhaltsberechtigten der Fall, wenn auf seiner Seite ein Verwirkungstatbestand erfüllt ist (§§ 1361 III, 1579, 1611 I BGB). Ein vom Unterhaltspflichtigen bezogenes Elterngeld ist hingegen nur dann nach § 11 Satz 2 BEEG i. V. m. § 1603 II BGB in vollem Umfang zu berücksichtigen, wenn eine gesteigerte Unterhaltspflicht gegenüber minderjährigen Kindern oder privilegierten Volljährigen vorliegt (s. Rn. 116).[208]

f) Mutterschaftsgeld. Das Mutterschaftsgeld nach §§ 13, 14 MuSchG i. V. m. §§ 195, 200 RVO hat Lohnersatzfunktion und ist deswegen als Einkommen zu berücksichtigen. Frauen, die Mitglieder der gesetzlichen Krankenkasse sind, erhalten während der Zeit des Beschäftigungsverbots nach § 3 II, 6 I MuSchG Mutterschaftsgeld nach § 13 MuSchG i. V. m. §§ 195, 200 RVO. Ergänzend dazu erhalten sie nach § 14 MuSchG einen Zuschuss des Arbeitgebers in Höhe der Differenz zu ihrem Nettoeinkommen. Diese Lohnersatzleistung währen des Mutterschutzes (sechs Wochen vor bis acht Wochen nach der Geburt) wird nach § 13 I BEEG auf das Elterngeld angerechnet, verliert dadurch aber nicht seinen Charakter als Lohnersatzleistung.[209]

g) Sonstige Leistungen mit Lohnersatzfunktion
– Renten aus der gesetzlichen[210] oder einer privaten[211] Unfallversicherung.
– Kurzarbeitergeld nach § 116 Nr. 4, 169 ff. SGB III,[212] Schlechtwettergeld,[213] Streikgeld.[214]
– Insolvenzgeld nach §§ 3 Nr. 10, 116 Nr. 5, 183 ff. SGB III[215] (früheres Konkursausfallgeld nach §§ 141 a, 141 b AFG).[216]
– Ausbildungsvergütungen (zu Ausbildungsbeihilfen vgl. Rn. 701) und Anlernzuschüsse sind anrechenbares Einkommen nach Vorabzug ausbildungsbedingter Aufwendungen.[217]
– Anwärterbezüge (früher Unterhaltszuschüsse) für Beamte im Vorbereitungsdienst u. ä.[218]

---

[206] BGH FamRZ 2011, 97 Rn. 29
[207] BGH FamRZ 2011, 97 Rn. 29; OLG Bremen FamRZ 2009, 343 Rn. 20
[208] BGH FamRZ 2006, 1182 und 2006, 1010 = R 651 (zur gleichen Rechtsfrage beim Erziehungsgeld)
[209] BGH FamRZ 2006, 1010, 1013 = R 651; OLG Zweibrücken FamRZ 1987, 820; a. A. OLG Brandenburg FamRB 2004, 287
[210] BGH FamRZ 1982, 252; OLG Brandenburg NJW-RR 2009, 1371 Rn. 45; OLGR Naumburg 1997, 337; vgl. auch Rn. 339 f.
[211] OLG Brandenburg FamRZ 2004, 484; zur Berufsunfähigkeitszusatzversicherung vgl. OLG Hamm FamFR 2010, 153 Rn. 44 f.; vorausgehend BGH FamRZ 2009, 1207
[212] So auch LSG München InVo 2002, 157
[213] OLG Zweibrücken FamRZ 2000, 112; die §§ 209 ff. SGB III sind zum 1. April 2006 aufgehoben worden
[214] So BSGE 19, 230; zum Steuerrecht BFHE 184, 474
[215] Zur Höhe BSG ArbuR 2002, 359; LSG Celle ZInsO 2002, 392
[216] OLG Hamburg EzFamR aktuell 2001, 45
[217] BGH FamRZ 2006, 99 = R 641 c; 1988, 159; 1981, 541; OLG Naumburg FamRZ 2001, 1480; OLG Hamm FamRZ 1998, 1612; vgl. auch die OLG-Leitlinien Nr. 10.2.3 und 13.2
[218] BVerfG MDR 1993, 290; OLG Braunschweig NJW 1955, 1599

– Stipendien.[219]
– Überbrückungsgeld eines Strafgefangenen für den Entlassungsmonat, in dem das Überbrückungsgeld ausbezahlt wird, das so genannte Hausgeld bleibt anrechnungsfrei (vgl. Rn. 731 f.).[220]

Bezüge aus Renten, Pensionen und ähnlichen Leistungen, die genau genommen auch Lohnersatzleistungen sind, werden in Rn. 646 ff. gesondert erörtert.

IV. Berufs- und ausbildungsbedingte Aufwendungen

1. Berufs- und ausbildungsbedingte Aufwendungen als Abzugsposten

122 Berufsbedingte Aufwendungen sind vom Einkommen abziehbare Werbungskosten, weil sie zur Einkommenserzielung notwendig sind.[221] Sie werden in allen OLG-Bezirken **vor Abzug eines Erwerbstätigenbonus** (vgl. insoweit Rn. 131 sowie 4/773 ff.) konkret oder pauschaliert vom Einkommen abgezogen.[222] Denn die für berufsbedingte Aufwendungen benötigten Einkünfte können nicht mehr zur Bestreitung der Kosten der allgemeinen Lebensführung verwendet werden und mindern deshalb das unterhaltsrechtlich relevante Einkommen. Dafür ist aber erforderlich, dass sich die Aufwendungen nach objektiven Kriterien eindeutig **von den Kosten der privaten Lebenshaltung abgrenzen** lassen.[223] Ein Abzug berufsbedingter Aufwendungen setzt zwingend voraus, dass solche zusätzlichen Kosten überhaupt entstanden sind und künftig fortbestehen.[224] Erfahrungsgemäß können bei Einkünften aus abhängiger Arbeit berufsbedingte Aufwendungen für **Fahrten zur Arbeitsstätte** (Rn. 133 ff.), außerhäusliche Verpflegung, erhöhten Kleiderverschleiß, Beiträge zu Berufsverbänden u. ä. entstehen. Steuerrechtlich entspricht dem die Zuerkennung eines Arbeitnehmerpauschalbetrages nach § 9a I Nr. 1a EStG in Höhe von jährlich 920 EUR, sofern nicht konkret höhere Aufwendungen geltend gemacht und belegt werden. Bei Selbständigen sind die Werbungskosten oft schon bei der Einkommensermittlung berücksichtigt und dürfen dann nicht erneut abgezogen werden. Das gilt etwa für Einzelkaufleute, Inhaber freiberuflicher Praxen oder Kanzleien oder Gesellschaftsbeteiligungen. Ist ein Gesellschafter aber zusätzlich angestellter Geschäftsführer, sind von diesem Einkommen berufsbedingte Kosten abzuziehen, wenn sie nicht auf vertraglicher Grundlage von der Gesellschaft erstattet werden.[225] Unterhaltsrechtlich anzuerkennende berufsbedingte Aufwendungen können allerdings nicht ohne nähere Prüfung mit den steuerlich anerkannten Werbungskosten gleichgesetzt werden.[226]

123 Unterhaltsrechtlich sind solche Aufwendungen im Einzelnen **darzulegen** und entweder der Höhe nach pauschaliert (s. Rn. 124 ff.) geltend zu machen oder konkret aufzuschlüsseln und nachzuweisen (s. Rn. 132). Für ausbildungsbedingte Aufwendungen von Lehrlingen oder Studenten und Schülern mit eigenen Einkünften gilt im Prinzip das Gleiche (genaueres s. Rn. 2/112 ff.).[227] Bei der unterhaltsrechtlichen Einkommensermittlung können zu den berufsbedingten Aufwendungen auch außergewöhnliche Kinderbetreuungskosten zäh-

---

[219] Vgl. BVerfG FamRZ 1998, 893; BFH DStRE 2002, 276 (ERASMUS); OLG Koblenz NJW-RR 1992, 389; OLG Bamberg FamRZ 1986, 1028
[220] BGH FamRZ 2002, 813 = R 573; 1982, 792, 794; 1982, 913; OLG Naumburg FamRZ 2010, 572 Rn. 22; OLG München FamRZ 2010, 127 Rn. 18; OLG Hamm FamRZ 2004, 1743; OLG Zweibrücken FamRZ 2004, 1291; OLG Karlsruhe FamRZ 1998, 45; siehe auch Rn. 385 b
[221] BGH FamRZ 1988, 159, 161
[222] Vgl. Ziff. 10.2.1 der Leitlinien der Oberlandesgerichte und Anmerkung A 3 zur Düsseldorfer Tabelle
[223] Vgl. die Regelungen in den Leitlinien SüdL; BL; BrauL; CL; DrL; FL; HaL; ThL; KL; KobL; NaL jeweils unter 10.2
[224] BGH FamRZ 2003, 860; OLG Karlsruhe FamRZ 1992, 344
[225] BGH FamRZ 2008, 1739 Rn. 73 f.
[226] BGH FamRZ 2009, 762 Rn. 39 f.
[227] BGH FamRZ 2006, 99 = R 641 c; vgl. auch die Leitlinien der Oberlandesgerichte Nr. 13.2

2. Abschnitt: Einkünfte aus abhängiger Arbeit § 1

len, wenn infolge der Berufstätigkeit die Betreuung durch Dritte erforderlich wird, ein Ehegatte diese Kosten allein trägt und die Beteiligung des anderen Ehegatten damit einvernehmlich über den Ehegattenunterhalt erfolgt (s. Rn. 146).[228] Zwar können berufsbedingte Aufwendungen nur dann berücksichtigt werden, wenn solche tatsächlich entstanden sind. Zu Höhe ist nach ständiger Rechtsprechung des BGH[229] aber eine Schätzung nach § 287 ZPO zulässig (s. dazu Rn. 6/755 ff.). Dabei sind die Pauschalierungen nach den Leitlinien der Oberlandesgerichte Orientierungshilfen für die gebotene Schätzung. Erhält der Arbeitnehmer eine Entschädigung und ist diese etwa gleich hoch wie der nachgewiesene Mehraufwand, muss die Entschädigung in vollem Umfang unberücksichtigt bleiben, weil sich die Beträge gegenseitig aufheben. Bei nicht Erwerbstätigen, etwa Rentnern und Pensionären, kann es keine abziehbaren berufsbedingten Aufwendungen geben.[230]

2. Zur Pauschalierung berufsbedingter Aufwendungen

Da einerseits im Zusammenhang mit einer Erwerbstätigkeit regelmäßig berufsbedingte **124** Aufwendungen entstehen und andererseits ein konkreter Nachweis oft mühsam und schwer ist, erkennt die Praxis überwiegend (s. u.) eine **Pauschalierung** berufsbedingter Aufwendungen an, wenn auch in unterschiedlichem Umfang. Die Leitlinien der Oberlandesgerichte sehen teilweise eine solche Pauschalierung vor, wenn keine höheren berufsbedingten Aufwendungen behauptet und nachgewiesen werden. Voraussetzung ist aber stets, dass überhaupt berufsbedingte Aufwendungen entstanden sind, die sich von den privaten Lebenshaltungskosten eindeutig abgrenzen lassen und dies vorgetragen ist.[231]

Nach der neu vereinbarten bundeseinheitlichen Leitlinienstruktur (hierzu näher oben **125** Rn. 8) werden die berufsbedingten Aufwendungen jeweils unter **Ziff. 10.2.1** geregelt.
- Nach SüdL kann bei Vorliegen entsprechender Anhaltspunkte eine Pauschale von 5% des Nettoeinkommens angesetzt werden. Übersteigen die berufsbedingten Aufwendungen diese Pauschale, so sind sie im Einzelnen darzulegen. Bei eingeschränkter Leistungsfähigkeit kann im Einzelfall nur mit konkreten Kosten gerechnet werden.
- Nach BL sind berufsbedingte Aufwendungen bei Einkünften aus nichtselbständiger Tätigkeit vom Einkommen abzuziehen, wobei ohne Nachweis eine Pauschale von 5% – mindestens 50 EUR, bei geringfügiger Teilzeitarbeit auch weniger, und höchstens 150 EUR monatlich – des Nettoeinkommens geschätzt werden kann. Übersteigen die berufsbedingten Aufwendungen diese Pauschale, so sind sie im Einzelnen darzulegen. Bei beschränkter Leistungsfähigkeit kann im Einzelfall mit konkreten Kosten gerechnet werden.
- Nach BraL sind berufsbedingte Aufwendungen im Rahmen des Angemessenen vom Arbeitseinkommen abzuziehen. Sie können in der Regel mit einem Anteil von 5% des Nettoeinkommens angesetzt werden, wenn hinreichende Anhaltspunkte für eine Schätzung bestehen. Werden höhere Aufwendungen geltend gemacht oder liegt ein Mangelfall vor, so sind sämtliche Aufwendungen im Einzelnen darzulegen und nachzuweisen.
- Nach BrauL kann bei Vorliegen entsprechender Anhaltspunkte von Einkünften aus nichtselbstständiger Erwerbstätigkeit eine Pauschale von 5% des Nettoeinkommens angesetzt werden, höchstens jedoch monatlich 150 EUR und mindestens monatlich 50 EUR bzw. 25 EUR bei geringerem Monatseinkommen als 500 EUR. Übersteigen die berufsbedingten Aufwendungen diese Pauschale oder werden sie substantiiert bestritten, so sind sie im Einzelnen darzulegen.
- Nach BrL setzt die Berücksichtigung berufsbedingter Aufwendungen eine konkrete Darlegung des Aufwands voraus.

---

[228] BGH FamRZ 2005, 1154 = R 630 c; 2005, 442 = R 625 c; 2001, 350; OLG Celle FamRZ 2004, 1380; vgl. auch Leitlinien der Oberlandesgerichte Nr. 10.3 und § 4 f EStG
[229] BGH FamRZ 2006, 108 = R 642 a; 1981, 541, 543
[230] BGH FamRZ 1982, 579, 581
[231] BGH FamRZ 2003, 860; OLG Braunschweig FamRZ 1995, 356; OLG Karlsruhe FamRZ 1992, 344

- Nach CL kann bei Vorliegen entsprechender Anhaltspunkte von Einkünften aus nichtselbstständiger Erwerbstätigkeit eine Pauschale von 5% des Nettoeinkommens angesetzt werden. Übersteigen die berufsbedingten Aufwendungen diese Pauschale, so sind sie im Einzelnen darzulegen.
- Nach DL, die sich auf Ziff. A 3 der DT beziehen, sind berufsbedingte Aufwendungen, die sich von den privaten Lebenshaltungskosten nach objektiven Merkmalen eindeutig abgrenzen lassen, vom Einkommen abzuziehen, wobei bei entsprechenden Anhaltspunkten eine Pauschale von 5% des Nettoeinkommens – mindestens 50 EUR, bei geringfügiger Teilzeitarbeit auch weniger, und höchstens 150 EUR monatlich – geschätzt werden kann. Übersteigen die berufsbedingten Aufwendungen die Pauschale, sind sie insgesamt nachzuweisen. Dies gilt somit für alle Oberlandesgerichte, die die Düsseldorfer Tabelle uneingeschränkt anwenden und keine abweichende Regelung getroffen haben.
- Nach DrL kann bei Vorliegen entsprechender Anhaltspunkte eine Pauschale von 5% des Nettoeinkommens, höchstens aber 150 EUR angesetzt werden. Übersteigen die berufsbedingten Aufwendungen die Pauschale, so sind sie im Einzelnen darzulegen. Bei beschränkter Leistungsfähigkeit ist mit konkreten Kosten zu rechnen.
- Nach FL kann bei Vorliegen entsprechender Anhaltspunkte eine Pauschale von 5% des Nettoeinkommens (maximal 150 EUR) abgesetzt werden. Diese Pauschale wird vom Nettoeinkommen vor Abzug von Schulden und besonderen Belastungen abgezogen. Übersteigen die berufsbedingten Aufwendungen diese Pauschale, so sind sie im Einzelnen darzulegen.
- Nach HaL wird eine Pauschale in der Regel nicht gewährt, sondern die berufsbedingten Aufwendungen sind im Einzelnen darzulegen.
- Nach HL mindern notwendige berufsbedingte Aufwendungen von Gewicht das Einkommen, soweit sie konkret dargelegt werden.
- Nach ThL sind berufsbedingte Aufwendungen, die sich von den privaten Lebenshaltungskosten nach objektiven Merkmalen eindeutig abgrenzen lassen, vom Einkommen abzuziehen. Bei entsprechenden Anhaltspunkten kann – auch bei fiktiven Einkünften – eine Pauschale von 5% des Nettoeinkommens – mindestens 50 EUR, bei geringfügiger Teilzeitarbeit auch weniger, und höchstens 150 EUR monatlich – geschätzt werden. Übersteigen die berufsbedingten Aufwendungen die Pauschale, sind sie in voller Höhe konkret darzulegen.
- Nach KL wird eine Pauschale von 5% in der Regel nicht gewährt, sondern die berufsbedingten Aufwendungen sind im Einzelnen darzulegen.
- Nach KobL sind berufsbedingte Aufwendungen, die sich von den privaten Lebenshaltungskosten nach objektiven Merkmalen abgrenzen lassen, vom Einkommen abzuziehen, wobei bei entsprechenden Anhaltspunkten eine Pauschale von 5% des Nettoeinkommens – mindestens 50 EUR, bei geringfügiger Teilzeitarbeit auch weniger, und höchstens 150 EUR monatlich – geschätzt werden kann. Übersteigen die berufsbedingten Aufwendungen die Pauschale, sind sie insgesamt nachzuweisen.
- Nach NaL kann bei Vorliegen entsprechender Anhaltspunkte eine Pauschale von 5% des Nettoeinkommens angesetzt werden. Übersteigen die berufsbedingten Aufwendungen diese Pauschale oder liegt ein Mangelfall vor, sind sie im Einzelnen darzulegen und ggf. nachzuweisen.
- Nach OL ist bei Einnahmen aus nichtselbständiger Tätigkeit eine Pauschale von 5% des Nettoeinkommens – bei Vollzeittätigkeit mindestens 50 EUR und höchstens 150 EUR – anzusetzen. Eine Anerkennung von diese Pauschale übersteigenden sowie mit anderen Einnahmen verbundenen Aufwendungen setzt die konkrete Darlegung des Aufwandes voraus.
- Nach RL setzt die Berücksichtigung berufsbedingter Aufwendungen eine konkrete Darlegung voraus. Eine Schätzung nach § 287 ZPO ist möglich.
- Nach SaL ist auch insoweit die Düsseldorfer Tabelle anwendbar (s. DL).
- Nach SchL werden notwendige berufsbedingte Aufwendungen vom Einkommen nur abgezogen, wenn sie konkret nachgewiesen sind. Eine Pauschale wird nicht gewährt.

126 **Gegen eine Pauschalierung** sprechen sich somit nur noch die Oberlandesgerichte Bremen (BrL), Hamburg (HaL), Hamm (HL), Köln (KL), Rostock (RL) und Schleswig

2. Abschnitt: Einkünfte aus abhängiger Arbeit § 1

(SchL) aus. Auch nach den Leitlinien dieser Gerichte ist bei konkretem Vortrag aber eine Schätzung nach § 287 ZPO zulässig.

127 Der BGH[232] hat in einer früheren Entscheidung zu **ausbildungsbedingten** Aufwendungen ausgeführt, dass solche Kosten zum Ausgleich eines erhöhten Bedarfs grundsätzlich auch von der Ausbildungsvergütung abgezogen werden können, jedoch nicht pauschal in Höhe der Hälfte der gesamten Vergütung. Sie seien vielmehr entsprechend den besonderen Verhältnissen des Einzelfalls festzustellen,[233] wobei jedoch Richtsätze, die auf die gegebenen Verhältnisse abstellen und der Lebenserfahrung entsprechen, als Anhalt dienen können, falls nicht im Einzelfall besondere Umstände eine Abweichung gebieten. Der BGH hatte damals einen Betrag von 120 DM akzeptiert. In der Folgezeit hat er für den Regelfall einen monatlichen ausbildungsbedingten Mehrbedarf von pauschal 145 DM,[234] später einen solchen von pauschal 160 DM und jüngst einen solchen in Höhe der Anmerkung 8 zur Düsseldorfer Tabelle[235] (jetzt 90 EUR) für bedenkenfrei gehalten. Entsprechend gehen einige Oberlandesgerichte in Ziff. 10.2.3 ihrer Leitlinien inzwischen von einem regelmäßigen ausbildungsbedingten Mehrbedarf aus (SüdL = 90 EUR; BraL = 90 EUR; BrauL = 90 EUR; BrL = 90 EUR; DrL = pauschal 5%; DL und DT = 90 EUR; FL = pauschal 5%; HL = 90 EUR; KL = 90 EUR; KobL = 90 EUR; NaL = 10% max. 90 EUR; OL = 90 EUR; SchL = 90 EUR). Dem ist aus Gründen der Rechtseinheitlichkeit zuzustimmen, sofern sich die genannten Beträge nicht von dem üblichen Wert solcher Aufwendungen entfernen, lediglich für den Regelfall gelten und stets auch die Besonderheiten des konkreten Einzelfalles berücksichtigt werden können.

128 Der BGH hat in ständiger Rechtsprechung betont, dass die Bemessung **berufsbedingter** Aufwendungen nach pflichtgemäßem Ermessen des Tatrichters zu erfolgen hat.[236] Ebenso hat er in ständiger Rechtsprechung die pauschale Kürzung des Nettoeinkommens um 5% für berufsbedingte Aufwendungen als im Rahmen des tatrichterlichen Ermessens liegend akzeptiert.[237] In einer weiteren Entscheidung[238] hat er eine den Pauschalabzug von 5% versagende OLG-Entscheidung sogar aufgehoben und ausgeführt, dass der Pauschalabzug berechtigt sei, weil sich die Parteien auf den Pauschalabzug verständigt hätten. Ein entsprechender Parteiwille sei zu beachten. Auch wenn ein Einkommen aus fiktiver Erwerbstätigkeit berücksichtigt wird, sind berufsbedingte Kosten zu pauschalieren, weil ein konkreter Vortrag hinsichtlich fiktiver Einkünfte nicht verlangt werden kann.[239] Bei einem pauschalierten Abzug in Höhe von 5% des Nettoeinkommens kann es aber dann nicht verbleiben, wenn der Unterhaltspflichtige höhere Aufwendungen konkret vorgetragen hat.[240] In solchen Fällen muss der Tatrichter, notfalls im Wege der Schätzung nach § 287 ZPO, den Gesamtbetrag der substantiiert vorgetragenen und ggf. bewiesenen berufsbedingten Aufwendungen bemessen.

129 Werden berufsbedingte Aufwendungen nach einer prozentualen Pauschale (etwa 5%) des Nettoeinkommens bemessen, ist vor der Berechnung der Pauschale das Bruttoeinkommen **um Steuern und Vorsorgeaufwendungen zu bereinigen.**[241]

Beispiel:
70 564 € (Bruttoeinkommen) − 20 071 € (Lohnsteuer) − 1103,90 € (Solidaritätszuschlag) − 6142,50 € (Rentenversicherung) − 2047,50 € (Arbeitslosenversicherung) − 3227,63 € (Krankenversicherung) − 363,38 € (Pflegeversicherung) = 37 608,09 € : 12 = 2977,31 € × 5% = 148,87 €. Das bereinigte Nettoeinkommen beträgt somit 2977,31 € − 148,87 € = 2828,44 €.

---

[232] BGH FamRZ 1981, 541, 543
[233] So auch OLG Dresden FamRZ 1999, 1351
[234] BGH FamRZ 1988, 159
[235] BGH FamRZ 2006, 99 = R 641 b
[236] BGH FamRZ 2006, 108 = R 642 a
[237] BGH FamRZ 2006, 108 = R 642 a; 2002, 536, 537 = R 572 a; 1984, 151, 153; 1982, 887
[238] BGH FamRZ 1986, 790
[239] BGH FamRZ 2009, 314 Rn. 39
[240] BGH FamRZ 2006, 108 = R 642 b
[241] Vgl. BGH FamRZ 2008, 968 Rn. 29

§ 1   Die Ermittlung des unterhaltsrechtlich relevanten Einkommens

130   Mit der Inanspruchnahme einer Pauschale sind **alle berufsbedingten Aufwendungen** aus abhängiger Arbeit abgegolten. Es können dann neben der Pauschale nicht zusätzliche konkrete Aufwendungen abgerechnet werden. Werden über die Pauschale hinausgehende berufsbedingte Aufwendungen geltend gemacht, sind die gesamten berufsbedingten Aufwendungen konkret darzulegen und in der nachgewiesenen oder nach § 287 ZPO geschätzten Höhe abzuziehen.

131   Da mit dem Abzug einer Pauschale alle berufsbedingten Aufwendungen abgegolten sind, ist zweifelhaft, ob danach und nach Abzug eines ev. Kindesunterhalts vom bereinigten Einkommen[242] noch ein **Erwerbstätigenbonus** (s. Rn. 36) [243] in der noch überwiegend üblichen **Höhe** von $^1/_7$ abgesetzt werden darf.[244] Nach ständiger Rechtsprechung des BGH muss dem Unterhaltspflichtigen bei der Bemessung des Unterhaltsbedarfs nach den ehelichen Lebensverhältnissen ein die Hälfte des verteilungsfähigen Einkommens „maßvoll übersteigender Betrag" verbleiben.[245] Diesen Erwerbstätigenbonus hat der BGH stets damit begründet, dass der mit der Erwerbstätigkeit verbundene höhere Aufwand abzugelten und **zugleich** ein Anreiz für die weitere Erwerbstätigkeit zuzubilligen sei.[246] Sind berufsbedingte Kosten bereits in voller Höhe vom Einkommen abgezogen worden, ist der nur noch als Anreiz zur Erwerbstätigkeit dienende pauschale Bonus geringer zu bemessen, als wenn er berufsbedingte Aufwendungen einschließt.[247] Das muss aber auch dann gelten, wenn berufsbedingte Aufwendungen pauschal mit 5% abgesetzt wurden, weil auch damit regelmäßig der beruflich entstandene zusätzliche Aufwand vollständig abgegolten ist. Deswegen hat der BGH[248] für solche Fälle eine Herabsetzung des Erwerbstätigenbonus von $^1/_7$ auf $^1/_9$ gebilligt, wenngleich er dabei erneut darauf hingewiesen hat, dass die Höhe des Erwerbstätigenbonus allein im Ermessen des Tatrichters steht und deswegen nur bedingt revisionsrechtlich nachprüfbar ist. Bei besonders beengten wirtschaftlichen Verhältnissen kann neben dem Vorwegabzug berufsbedingter Aufwendungen ein weiterer Bonus sogar vollständig entfallen.[249] Im Regelfall genügt der bloße Abzug berufsbedingter Kosten, auch wenn er mit 5% pauschaliert ist, hingegen dem doppelten Zweck des Erwerbstätigenbonus nicht.[250] Auf der Grundlage dieser Rechtsprechung des BGH sollte es beim Abzug eines zusätzlichen Erwerbstätigenbonus auch neben pauschalen berufsbedingten Auslagen bleiben (vgl. auch Rn. 4/773 ff.). Die Unterscheidung zwischen berufsbedingten Auslagen und Erwerbstätigenbonus ist nämlich auch deswegen geboten, weil bei dem Einkommen Selbstständiger regelmäßig schon die berufsbedingten Auslagen berücksichtigt sind und deswegen nur noch der Erwerbstätigenbonus abgesetzt werden muss.[251] Allerdings halte ich auf der Grundlage der genannten Rechtsprechung des BGH eine Herabsetzung des Erwerbstätigenbonus auf $^1/_{10}$ für geboten, wenn er sich – wie nach der Rechtsprechung aller Oberlandesgerichte – nur noch auf den Arbeitsanreiz beschränkt.[252] Denn unabhängig von der Möglichkeit einer Pauschalierung der berufsbedingten Aufwendungen lassen alle Oberlandesgerichte den zusätzlichen Abzug aller berufsbedingten Aufwendungen zu, die sich von den privaten Lebenshaltungskosten nach objektiven Merkmalen eindeutig abgrenzen lassen.

---

[242] BGH FamRZ 1999, 367; 1997, 806
[243] BGH FamRZ 2004, 1867, 1868
[244] BGH FamRZ 1993, 1304; 1990, 989; dafür OLG Düsseldorf FamRZ 1999, 1349, OLG München FamRZ 1993, 328; zur Höhe vgl. die Leitlinien der Oberlandesgerichte unter Ziff. 15.2
[245] BGH FamRZ 2008, 1911 = R 695 a; 2006, 683 = R 649 h; 1990, 1090; 1990, 503 = R 413; 1989, 842 (selbst mit $^1/_7$ bemessen)
[246] BGH FamRZ 2004, 254 Rn. 15; 1997, 806 = R 512 b; 1992, 539; 1988, 265; 1985, 161, 164; 1981, 1165
[247] BGH FamRZ 1998, 899 = R 525 c; 1997, 806 = R 512 b; 1995, 346 (unter 4 b); 1990, 1090; OLG Karlsruhe FamRZ 1996, 350
[248] BGH FamRZ 1997, 806 = R 512 b; 1990, 989 (unter 3.); 1990, 979
[249] BGH FamRZ 1992, 539; OLG Koblenz FamRZ 1995, 169
[250] BGH FamRZ 2010, 1637 = R 715 b; 2010, 968 Rn. 29; 2004, 254; 1991, 670; 1991, 170; 1990, 1085
[251] Vgl. Leitlinien der Oberlandesgerichte Nr. 15.2
[252] BGH FamRZ 1998, 899 = R 525 c; so jetzt auch Ziff. 15.2 der SüdL

3. Konkrete Bemessung berufsbedingter Aufwendungen

Werden berufsbedingte Aufwendungen konkret geltend gemacht, was auch bei den Oberlandesgerichten möglich ist, die eine pauschale Geltendmachung anerkennen (siehe Rn. 125), müssen alle berufsbedingten Aufwendungen nach Grund und Höhe **dargelegt** und bei Bestreiten nachgewiesen werden.[253] Die behaupteten Aufwendungen müssen eindeutig von privaten Lebenshaltungskosten abgegrenzt werden können. Es darf sich nicht um so genannte Mischaufwendungen handeln. Für eine solche konkrete Geltendmachung gibt es eine Reihe von typischen Einzelpositionen, die in Rn. 141 ff. zusammengestellt sind und erörtert werden. Bei jeder dieser Positionen sind Grund und Höhe nach den besonderen Verhältnissen des Einzelfalls vom Gericht festzustellen. Dabei können Richtsätze, die auf die individuellen Verhältnisse abstellen und der Lebenserfahrung entsprechen, als Anhalt dienen.[254] Die Höhe eines substantiiert vorgetragenen und ggf. nachgewiesenen berufsbedingten Aufwands kann nach § 287 ZPO (Rn. 6/750 ff.) geschätzt werden. Wenn der Berechtigte den unter Beweis gestellten substantiierten Tatsachenvortrag nur allgemein und unsubstantiiert bestreitet, kann das Gericht den Tatsachenvortrag als unstreitig behandeln und ohne Beweisaufnahme entscheiden.[255]

132

4. Berechnung von Fahrtkosten

Grundsätzlich besteht die Verpflichtung, für Fahrten zwischen Wohn- und Arbeitsstätte die billigeren **öffentlichen Verkehrsmittel** zu benutzen. Die dadurch entstehenden Kosten sind regelmäßig anzuerkennen.[256] Kann die Arbeitsstätte in zumutbarer Weise mit einem öffentlichen Verkehrsmittel erreicht werden, können höhere Kraftfahrzeugkosten nicht als berufsbedingte Aufwendungen abgesetzt werden.[257] Auch für dienstliche Fahrten muss sich der Pflichtige mit dem Verkehrsmittel begnügen, dessen dienstliche Notwendigkeit vom Dienstherrn anerkannt wird. Wenn der Dienstherr zeitsparende Pkw-Reisen im Dienst nicht nach den Reisekostenvorschriften ersetzt, muss davon ausgegangen werden, dass er die Zeitersparnis dienstlich nicht für notwendig hält.[258] In all diesen Fällen dürfen trotz Benutzung des eigenen Pkw nur die Kosten abgezogen werden, die bei Benutzung öffentlicher Verkehrsmittel entstanden wären.[259] Dabei kommt es stets aber auch auf die wirtschaftlichen Verhältnisse aller Beteiligten, auch diejenigen des Unterhaltspflichtigen an.[260] Bei besonders hohen Fahrtkosten kann einen Unterhaltsschuldner nach § 1603 II BGB ausnahmsweise eine Obliegenheit treffen, in die Nähe seiner Arbeitsstelle umzuziehen[261] oder, wenn er wegen einer neuen Verbindung oder aus anderen Gründen nicht umziehen kann,[262] sich eine neue Arbeit in unmittelbarer Nähe des Wohnorts zu suchen.

133

Der Ersatz von **Kraftfahrzeugkosten** (vgl. auch Rn. 334, 1045 ff.) kann hingegen nur verlangt werden, wenn die Arbeitsstätte mit öffentlichen Verkehrsmitteln nicht oder nur in verkehrsmäßig nicht zumutbarer Weise erreicht werden kann, wenn das Fahrzeug auch während der Berufstätigkeit beruflich benötigt wird (z. B. im Außendienst oder bei mehreren Beschäftigungsorten) oder wenn der Unterhaltspflichtige aus persönlichen Gründen (z. B. Krankheit, Gehbehinderung oder sonstige wesentliche Körperbehinderung) auf die

134

---

[253] OLG Dresden FamRZ 2001, 47; OLGR Hamm 2000, 292
[254] BGH FamRZ 1981, 541, 543
[255] BGH FamRZ 1990, 266
[256] BGH FamRZ 1998, 1501 = R 521 b
[257] BGH FamRZ 2002, 536 = R 572 a; 1998, 1501 = R 521 b; 1984, 988, 990; 1982, 360, 362; OLG Karlsruhe FuR 2001, 565; OLG Dresden FamRZ 1999, 1528; FamRZ 1999, 1351 (jeweils zur Darlegungslast); OLG Hamburg ZfJ 1999, 354; OLG Hamm FamRZ 1996, 958; OLG Karlsruhe FamRZ 1981, 783 (Entfernung 3 km)
[258] OLG Köln FamRZ 1982, 707
[259] OLG Karlsruhe FuR 2001, 565
[260] BGH FamRZ 1989, 483
[261] BGH FamRZ 2009, 762 Rn. 27 ff. (Umzug eines Studenten an den Studienort); 1998, 1501 = R 521 b; OLG Koblenz FamRZ 1994, 1609; OLG Naumburg FamRZ 1997, 311; a. A. OLG Hamm FamRZ 2001, 46
[262] BVerfG FamRZ 2007, 273

§ 1   Die Ermittlung des unterhaltsrechtlich relevanten Einkommens

Benutzung eines Pkw dringend angewiesen ist.[263] Gleiches kann gelten, wenn der Unterhaltspflichtige im Schichtdienst arbeitet und deswegen auf die Benutzung seines PKW angewiesen ist.[264] Wenn eine solche Notwendigkeit substantiiert vorgetragen und ggf. bewiesen ist oder sich sonst aus den Umständen ergibt, können also auch die Kosten der Fahrt mit eigenem PKW berücksichtigt werden.[265] Im Mangelfall kann allerdings auch bei längerer Fahrtzeit die Benutzung öffentlicher Verkehrsmittel zumutbar sein.[266] Teilweise wird bei beengten finanziellen Verhältnissen oder bei längerer Fahrstrecke auch die Höhe der Kilometerkosten reduziert.[267]

135 Wird ein Pkw – wie meist – auch privat genutzt, sind die Gesamtkosten im Falle einer konkreten Berechnung im Verhältnis der beruflichen und privaten Nutzung aufzuteilen.[268] Dazu ist festzustellen, wie viele Kilometer jährlich gefahren werden und welcher Anteil davon dienstlich veranlasst ist, weil nur die Kosten des beruflichen Anteils abgezogen werden können. Sie sind auf der Grundlage entsprechender Feststellungen nach § 287 ZPO zu schätzen, wenn eine eindeutige Abgrenzung der berufsbedingten Fahrten von den privaten Lebenshaltungskosten nicht möglich ist.[269] Bei einem Nettoeinkommen des Mannes von ca. 1600 EUR und der Frau von ca. 1400 EUR ist die Nutzung eines Pkw grundsätzlich den allgemeinen Lebenshaltungskosten zuzurechnen. Für die berufsbedingten Fahrten zur Arbeitsstelle können dann nicht die gesamten Betriebskosten, sondern nur die durch diese Fahrten entstehenden **Mehrkosten** vom Einkommen abgezogen werden.[270] Bei berechtigter Pkw-Benutzung zählen sowohl die Betriebskosten als auch die **Anschaffungskosten** zu den abziehbaren berufsbedingten Aufwendungen.[271] Für eine notwendig werdende Neuanschaffung dürfen Rücklagen gebildet werden,[272] die aber nicht neben Kreditkosten für das alte Auto berücksichtigt werden dürfen.[273] Die Anschaffungskosten für einen Pkw können aber auch auf die voraussichtliche Laufzeit des Fahrzeugs umgelegt und wie bei Abschreibungen abgesetzt werden. Die Betriebskosten (Steuer, Versicherung, Treibstoff, Wartung und Reparaturen) sind entweder konkret abzurechnen oder können nach § 287 ZPO geschätzt werden (vgl. auch Rn. 1047 f.).

136 Nach ständiger Rechtsprechung des BGH[274] können für die **gesamten Pkw-Kosten** „mangels sonstiger konkreter Anhaltspunkte" aber auch die Kostenansätze nach § 5 des Justizvergütungs- und -entschädigungsgesetzes (JVEG) herangezogen werden. Darin ist für Zeugen einen Satz von 0,25 EUR/km vorgesehen, was allerdings nur die Abgeltung der Betriebskosten und der Abnutzung des KFZ erfasst (§ 5 II Nr. 1 JVEG). Für Sachverständige ist zur Abgeltung der Anschaffungs-, Unterhaltungs- und Betriebskosten sowie zur Abgeltung der Abnutzung ein Satz von 0,30 EUR/km vorgesehen (§ 5 II Nr. 2 JVEG). Wird nach dieser Pauschale abgerechnet, sind damit alle Pkw-Kosten einschließlich der Anschaffungskosten abgegolten.[275] Sind die Anschaffungskosten bereits durch eine Kreditrate berücksichtigt, kann daneben nicht der volle Kilometersatz berücksichtigt werden.[276]

---

[263] OLG Karlsruhe FuR 2001, 565; OLG Hamm NJW-RR 1998, 724
[264] BGH NJW-RR 1995, 129; OLG Naumburg FamRZ 1998, 558
[265] BGH FamRZ 2009, 762 Rn. 36; 2006, 108 = R 642 a
[266] OLG Brandenburg FamRZ 1999, 1010
[267] OLGR Hamm 2000, 276: Bei längerer Strecke als 20 km/täglich Reduzierung von 0,42 DM/km auf 0,35 DM/km
[268] BGH, NJW-RR 1992, 1282; FamRZ 1982, 360, 362; vgl. auch OLG Saarbrücken FuR 2010, 235 Rn. 46; OLG Karlsruhe FuR 2006, 472; OLG Hamm NJW-RR 2005, 515
[269] BGH FamRZ 2009, 404 Rn. 12 ff.; OLG München FamRZ 1984, 173
[270] BGH FamRZ 1984, 988, 990
[271] OLG Hamm ZFE 2006, 156; OLG Dresden FamRZ 2000, 1176; OLG Karlsruhe NJWE-FER 1999, 268; OLG Hamm FamRZ 1998, 1512
[272] BGH FamRZ 1982, 360, 362
[273] OLG Hamm FamRZ 1997, 835
[274] BGH FamRZ 1994, 87 = R 468 b; vgl. auch OLG Saarbrücken – 9 UF 8/04 BeckRS 2005, 290027
[275] BGH FamRZ 2006, 1182 Rn. 9; 2006, 846 = R 648 a
[276] Das OLG Hamm (FamRZ 1997, 835) hat die reinen Betriebskosten nach § 287 ZPO auf 0,15 DM pro Entfernungskilometer geschätzt. Das liegt allerdings auch deutlich unter dem Kilometersatz des § 5 II Nr. 1 JVEG von 0,25 €/km. Besser wäre es wohl gewesen, den Kredit nicht

2. Abschnitt: Einkünfte aus abhängiger Arbeit § 1

Dabei begegnet es keinen rechtlichen Bedenken, wenn der Berechung nicht die kürzeste Strecke, sondern diejenige zugrunde gelegt wird, die ohne Staugefahr genutzt werden kann.[277] Diese Berechungsweise ist wegen der deutlich einfacheren Berechnung und besseren Transparenz einer Berechung der Gesamtkosten mit Bildung einer Quote für die berufsbedingten Fahrtkosten vorzuziehen.

Entsprechend lehnt sich die überwiegende Zahl des Oberlandesgerichte in seinen **Leitlinien** (s. Rn. 20; nach der neuen einheitlichen Leitlinienstruktur jeweils unter Ziff. 10.2.2) an die Höhe der Entschädigung für Sachverständige an (§ 5 II Nr. 2 JVEG) und setzen für notwendige berufsbedingte Fahrtkosten regelmäßig **0,30 EUR**/km ab. Das ergibt sich aus den SüdL, BL, BrauL, BrL, CL, DL, DrL, FL, HaL, HL, ThL; KL, NaL, OL, RL und den SchL. Bei Entfernungen ab 30 km einfache Fahrtstrecke sollen für die Mehrkilometer nur 0,20 EUR/km oder weniger berücksichtigt werden.[278] Diese Rechtsprechung hat der BGH ausdrücklich gebilligt.[279] 137

Teilweise werden in Anlehnung an die Entschädigung für Zeugen (§ 5 II Nr. 1 JVEG) regelmäßig **0,25 EUR**/km abgesetzt, was nur die Betriebskosten und die Abnutzung erfasst. Das gilt allerdings nur noch nach den BraL.

Nach den KobL sind pro Entfernungskilometer nur 10 EUR monatlich zu berücksichtigen.[280]

Bei Benutzung **anderer Fahrzeuge** können nur entsprechend geringere Pauschalen berücksichtigt werden. Das OLG Karlsruhe[281] ging bei Benutzung eines Motorrades von 0,24 DM/km, das OLG Hamm[282] bei der Nutzung eines Motorrollers von 0,12 EUR/km aus. 138

Die berufsbedingt gefahrenen Kilometer sind substantiiert darzulegen und zu belegen. Das schließt einen Vortrag zur einfachen Entfernung zwischen Wohnung und Arbeitsstätte und die Häufigkeit der Fahrten ein. Unter Berücksichtigung der Wochenenden sowie der Urlaubs- und Feiertage ist regelmäßig von einem Jahresdurchschnitt an Arbeitstagen auszugehen. Bei normaler Arbeitszeit ergeben sich etwa **220 Arbeitstage** im Jahr. Liegt die Arbeitsstätte von der Wohnung 15 km entfernt, ergibt sich ein monatlicher Aufwand von 15 km × 2 Fahrten × 220 Tage × 0,30 EUR/km : 12 Monate = 165 EUR. 139

Ergibt sich bei **weiten Entfernungen** eine unangemessen hohe Belastung, muss geprüft werden, ob ein Umzug in eine näher gelegene Wohnung zumutbar ist.[283] Ein Wechsel der Arbeitsstelle kommt hingegen nur in Betracht, wenn ein Umzug wegen einer neuen gefestigten Verbindung des Unterhaltsschuldners ausgeschlossen und der Wechsel der Arbeitsstelle unter Berücksichtigung aller Umstände des Einzelfalles zumutbar ist (vgl. Rn. 133). „Echte" Fahrtkosten von monatlich 227 EUR sind nach dem OLG Hamm[284] noch nicht zu beanstanden. In einem Mangelfall beim Kindesunterhalts hat das OLG Koblenz[285] die rechnerischen Fahrtkosten von rd. 500 EUR auf ein Viertel reduziert. 140

---

zu berücksichtigen und stattdessen die Pauschale von 0,30 €/km zu berücksichtigen. Dann wären die Kosten der privaten Lebensführung zugleich ausgeschieden.
[277] BGH FamRZ 2009, 762 Rn. 37
[278] Vgl. OLG Hamm FamRZ 1997, 836
[279] BGH FamRZ 2006, 1511 = R 658 (unter 1 d); vgl. auch OLG Jena FamRZ 2010, 2079 Rn. 64 f.; OLG Naumburg NJW-RR 2010, 655 Rn. 18; OLG Braunschweig FamRZ 2010, 987 Rn. 46; OLG Zweibrücken NJW-RR 2010, 514 Rn. 5; OLG Hamm FamRZ 2009, 2093 Rn. 50; OLG Celle NJW 2010, 79 Rn. 31 und FamRZ 2010, 54 Rn. 9 ff. (im Rahmen der VKH); OLG Schleswig NJW 2009, 3732 Rn. 31; OLG Düsseldorf FamRZ 2009, 1698 Rn. 7; KG Berlin FamRZ 2009, 336 Rn. 18; OLG Karlsruhe NJW 2008, 3290 Rn. 16 f.; OLG Köln FamRZ 2009, 449 Rn. 21 und 2008, 2119 Rn. 12; OLG München FamRZ 2008, 1945 Rn. 48; OLG Dresden FamRZ 1999, 1528;
[280] OLG Koblenz NJWE-FER 2000, 80
[281] FuR 2001, 565
[282] OLG Hamm BeckRS 2003, 09223
[283] BGH FamRZ 1998, 1501 = R 521 b; vgl. aber KG Berlin FuR 2009, 116 Rn. 18 und OLG Hamm FamRZ 2001, 46
[284] OLG Hamm FamRZ 1997, 356
[285] FamRZ 1994, 1609

§ 1   Die Ermittlung des unterhaltsrechtlich relevanten Einkommens

Fahrtkosten sind nicht abzuziehen, wenn und soweit sie durch **Kilometergeldzahlungen** oder sonstige Fahrtkostenerstattungen des Arbeitgebers erstattet werden. Werden die Aufwendungen für Anschaffung und Haltung eines Pkw in Anlehnung an ADAC-Tabellen geschätzt, so ist zu beachten, dass auch in einer solchen Schätzung in der Regel die vollen Anschaffungs- und Betriebskosten enthalten sind. Deshalb sind auch dann Zuschüsse des Arbeitgebers zu den Anschaffungskosten zu berücksichtigen.[286]

5. Zusammenstellung weiterer berufsbedingter oder ausbildungsbedingter Aufwendungen

141 • **Abschreibungen** oder AfA (Absetzungen für Abnutzung) bezüglich der Anschaffungskosten von berufsbedingt benötigten Gegenständen (genaueres zur AfA Rn. 205 ff.). Immobilien oder bewegliche Sachen können grundsätzlich auch unterhaltsrechtlich abgeschrieben werden, wenn sie zur Erzielung unterhaltsrelevanter Einkünfte erforderlich sind, soweit damit Kosten oder ein Wertverlust einhergehen. Dabei handelt es sich um eine Aufteilung der beruflich bedingten Anschaffungskosten auf eine pauschale Gesamtzeit der Verwendung. Die Kosten werden dann von den mit Hilfe der Gegenstände erzielten Gewinnen abgesetzt. Die zeitliche Aufteilung der Kosten kann unterhaltsrechtlich sinnvoll und geboten sein, damit der Unterhaltsanspruch nicht zu sehr durch hohe einmalige Ausgaben gemindert wird und abhängig vom Anschaffungszeitpunkt schwankt. Das gilt für Sachen, die für einen Gewerbebetrieb oder sonstige selbständige Erwerbstätigkeit erforderlich sind (s. Rn. 341 ff.) aber auch für andere Sachen, aus denen unmittelbar Einkünfte erzielt werden.[287] Bei Einkünften aus unselbständiger Arbeit sind Abschreibungen hingegen seltener. Ausnahmsweise können darunter z. B. die Anschaffungskosten für ein beruflich benötigtes Auto (s. aber Rn. 134 ff.), für notwendige Einrichtungsgegenstände eines beruflich benötigten eigenen Arbeitszimmers (s. u.) oder für sonstige wichtige Gegenstände oder Werkzeuge wie z. B. für das Musikinstrument eines angestellten Musikers fallen. Sind die Kosten hingegen nicht zur Erzielung von Einkünften erforderlich, handelt es sich um Kosten der privaten Lebensführung, die nicht abgesetzt werden können. Eine Bindung an die steuerlichen Abschreibungssätze besteht nicht.[288] Steuerlich wirksame Abschreibungen können unterhaltsrechtlich nur dann übernommen werden, wenn es dadurch nicht zu Verfälschungen der unterhaltsrechtlichen Leistungsfähigkeit kommt und sie sich im Wesentlichen mit einer tatsächlichen Verringerung der für den Lebensbedarf verfügbaren Mittel decken. Dies gilt für die geringfügigen Wirtschaftsgüter im Jahr der Anschaffung und für die linearen Abschreibungen beweglicher Wirtschaftsgüter, soweit sie einen tatsächlichen Wertverlust der Wirtschaftsgüter widerspiegelt, der irgendwann ausgeglichen werden muss. Bezüglich der linearen Abschreibung eines Pkw der gehobenen Klasse ist von einer Nutzungsdauer von mindestens zehn Jahren auszugehen.[289] Der Unterhaltspflichtige hat die Voraussetzungen der von ihm geltend gemachten Abschreibung darzulegen und deswegen auch dazu vorzutragen, dass und weshalb der Zeitraum der Abschreibung und der tatsächlichen Lebensdauer der betroffenen Güter deckungsgleich sind. Bestehen daran ernsthafte Zweifel, kann im Einzelfall $1/3$ des steuerlichen Abschreibungsbetrages dem unterhaltspflichtigen Einkommen zugeschlagen werden.[290] Dabei ist die Verteilung der Gesamtkosten allerdings nach unterhaltsrechtlichen Zumutbarkeitsgesichtspunkten bei Berücksichtigung der beiderseitigen Interessen vorzunehmen. So hat das OLG Hamm[291] für Musiker einer Tanzband nur $2/3$ der steuerlichen Abschreibungen ihrer Instrumente anerkannt. Bei der Berücksichtigung von Ansparabschreibungen eines Selbständigen sind neben der Erforderlichkeit auch alle Umstände des Unterhaltsrechtsverhältnisses zu berücksichtigen. Sie dürfen aber nicht generell

---

[286] BGH FamRZ 1982, 579, 581
[287] Zur Abschreibung von Immobilien bei Mieteinnahmen BGH FamRZ 2007, 1532, 1534 und 1997, 281; vgl. auch OLG Düsseldorf – 8 UF 38/10 – BeckRS 2010, 30169 = FamFR 2011, 47 Rn. 31; OLG Hamm FF 2009, 28 Rn. 32 und FamRZ 2009, 981 Rn. 41
[288] BGH FamRZ 2005, 1159 = R 623 a; 2003, 741, 743; 1998, 357; 1984, 39
[289] OLG Koblenz BeckRS 2001, 30212022
[290] OLG Köln FamRZ 2002, 819; vgl. aber OLG Celle FamRZ 2005, 1098
[291] OLGR Hamm 1999, 124

2. Abschnitt: Einkünfte aus abhängiger Arbeit § 1

unberücksichtigt bleiben, weil dem Selbständigen die unternehmerische Entscheidung verbleiben muss, ob er die Kosten für notwendige Investitionen vorher anspart oder einen dafür aufgenommenen Kredit nachträglich tilgt.[292] Dann ist aber darauf zu achten, dass sich Kredittilgung und Ansparabschreibung nicht summieren.[293] Auch ist zu berücksichtigen, in welchem Umfang Ansparabschreibungen gebildet und ggf. im Gegenzug aufgelöst wurden.[294] Wird eine Ansparabschreibung im Einzelfall unterhaltsrechtlich korrigiert, müssen die steuerlichen Auswirkungen beachtet werden.[295]

- Anzeigen und sonstige **Bewerbungskosten** eines Arbeitslosen oder Arbeitsuchenden; z. B. auch entsprechende Schreib- und Telefonkosten, Reisekosten für Vorstellungsgespräche u. ä.
- **Arbeitsmittel,** wie Aufwendungen für **Fachliteratur,**[296] die nicht dienstlich zur Verfügung steht, oder für spezifische **Berufskleidung,**[297] die von den durchschnittlichen Verhältnissen im Sozialbereich des Pflichtigen erheblich abweicht,[298] oder für Werkzeuge und Gegenstände, die dringend zur Berufsausübung benötigt werden, z. B. das Instrument eines Musikers[299] u. ä. In der Regel sind solche Arbeitsmittel vom Arbeitgeber zu stellen und deshalb nur ausnahmsweise abziehbar. Der Abzug berufsbedingter Aufwendungen setzt voraus, dass die betreffenden Kosten notwendigerweise mit der Ausübung der Erwerbstätigkeit verbunden sind und sich eindeutig von denjenigen der privaten Lebensführung abgrenzen lassen.[300] Dass bestimmte Aufwendungen steuerlich als Werbungskosten anerkannt werden, hat unterhaltsrechtlich nicht die entsprechende Bewertung zur Folge.
- **Arbeitsgerichtsprozess,** z. B. Kosten eines Kündigungsschutzprozesses[301] oder eines Folgeprozesses.
- **Arbeitszimmer.** Aufwendungen hierfür sind nur ausnahmsweise abziehbar, wenn der Arbeitgeber ein solches nicht zur Verfügung stellt, obwohl es für die Erwerbstätigkeit dringend benötigt wird,[302] wie es z. B. bei Provisionsvertretern und Heimarbeitern möglich sein kann. Bei nur gelegentlicher häuslicher Erwerbstätigkeit entfällt ein zwingendes Erfordernis für ein Arbeitszimmer.[303] Ein Abzug entfällt auch dann, wenn die privaten Wohnräume zum Arbeiten (z. B. bei Heimarbeit) genutzt werden, weil das Arbeitszimmer von der privaten Nutzung klar abgegrenzt sein muss.[304] Wird die Absetzbarkeit anerkannt, sind auch beruflich dringend benötigte **Einrichtungsgegenstände** absetzbar.
- **Beiträge** zu berufswichtigen Verbänden wie Gewerkschaften,[305] Beamtenbund, Richterbund u. a.,[306] sowie Kammerbeiträge[307] aber auch Beiträge zur Sterbegeldkasse[308] sind absetzbar.

142

---

[292] BGH FamRZ 2004, 1177, 1178 Rn. 23 ff.; OLG Hamm FamRZ 2009, 981 Rn. 38; a. A. OLG Brandenburg – 10 UF 132/09 – BeckRS 2010, 21333 Rn. 26 ff.
[293] OLG Saarbrücken FuR 2010, 235 Rn. 49; OLG Brandenburg – 10 UF 17/05 – BeckRS 2009, 10159 Rn. 63
[294] Vgl. OLG Celle FamRZ 2010, 1673 Rn. 32
[295] BGH FamRZ 2004, 1177 = R 615 b
[296] BGH FamRZ 2009, 1391 Rn. 37; OLG München FamRZ 2008, 1945 Rn. 53; OLG Karlsruhe FamRZ 1999, 1276; BGH NJW-RR 1992, 1282 (konkreter Nachweis erforderlich); FamRZ 1984, 374 a. E.; vgl. auch Rn. 2/511
[297] KG FamRZ 2009, 336 Rn. 21; OLG Düsseldorf FamRZ 1994, 1049 (unter 5.); vgl. aber OLG Karlsruhe FamRZ 1996, 350 (unter 1 a)
[298] OLG Köln FamRZ 1982, 706
[299] OLG Hamm NJWE-FER 1999, 180
[300] KG FamRZ 2003, 1107 (unter 1 bb)
[301] Vgl. aber OLG Dresden FamRZ 2000, 1433; OLG Hamm FamRZ 1996, 1017
[302] OLG Düsseldorf FamRB 2010, 168 Rn. 22 ff.; OLG Bamberg FamRZ 1987, 1295
[303] OLG Köln FamRZ 1983, 750, 753
[304] OLG Celle FamRZ 2006, 1203 (unter 1 c); KG FamRZ 2003, 1107 (unter 1 bb)
[305] BGH FamRZ 2006, 1511 = R 658 (unter 1 d); OLG Frankfurt DAV 1983, 92; OLG Köln FamRZ 1985, 1166; vgl. aber OLG Düsseldorf FamRZ 2005, 2016
[306] OLG Köln FamRZ 1983, 751, 753
[307] OLG Köln EzFamR aktuell 2001, 122 = BeckRS 2003, 0144978
[308] OLG Celle FamRZ 1999, 162; OLG Hamm 4 UF 225/77 – unveröffentlicht; zu Leistungen der Sterbegeldkasse als zulässige Vermögensbildung vgl. OLG Hamm 13 UF 272/07 – BeckRS 2010, 04808 = FamFR 2010, 153

- **Betriebsrat.** Abziehbar sind Aufwendungen, die notwendig mit einer Betriebsratstätigkeit zusammenhängen und vom Arbeitgeber nicht erstattet werden.
143 - **Doppelte Haushaltsführung.** Mehraufwendungen für einen doppelten Haushalt sind unterhaltsrechtlich nur abziehbar, wenn sowohl die Begründung als auch die Aufrechterhaltung einer doppelten Haushaltsführung beruflich notwendig ist und ein Umzug an den Beschäftigungsort nicht möglich oder nicht zumutbar ist. In der Regel wird eine solche Notwendigkeit nur bei verheirateten Ehegatten, die nicht getrennt leben, oder im Interesse von Kindern bejaht werden können. Bei getrennt lebenden oder geschiedenen Ehegatten setzt eine Berücksichtigung voraus, dass die Kosten niedrig sind und besondere persönliche Gründe die doppelte Haushaltsführung gerechtfertigt erscheinen lassen.[309] Im Falle einer berechtigten doppelten Haushaltsführung sind die tatsächlichen Kosten der zweiten Unterkunft am Beschäftigungsort, Mehraufwendungen für Verpflegung und Kosten für wöchentliche Familienheimfahrten abzuziehen.[310] Zuschüsse des Arbeitgebers sind allerdings darauf anzurechnen.[311]
144 - **Fachliteratur** (s. Arbeitsmittel).
- **Fehlbeträge** bei der Kassenführung durch Arbeitnehmer sind abziehbar, wenn sie nach vertraglicher Vereinbarung vom Arbeitnehmer zu tragen sind, der Fehlbestand nachgewiesen ist und nicht auf Vorsatz oder grober Fahrlässigkeit beruht.
- **Fernsprechgebühren** sind nur absetzbar, wenn nachgewiesen werden kann, dass Telefongespräche dringend für berufliche Zwecke geführt werden müssen.[312] Im Zweifel handelt es sich um Kosten der privaten Lebensführung. Nur ausnahmsweise wird der berufliche Anteil eindeutig vom privaten Anteil abgegrenzt und geschätzt werden können.
- **Fortbildungskosten** sind Aufwendungen, die erforderlich sind, um in einem bereits ausgeübten Beruf auf dem laufenden zu bleiben und den jeweiligen Anforderungen dieses Berufs gerecht zu werden oder um sich im Falle eines drohenden Verlustes des Arbeitsplatzes eine andere Beschäftigungschance zu sichern.[313] Dazu zählt der Besuch von notwendigen Fachtagungen und Fachlehrgängen. Abziehbar sind Lehrgangskosten, Tagungsgebühr, Fahrt-, Verpflegungs- und Übernachtungskosten, abzüglich der vom Arbeitgeber übernommenen oder erstatteten Leistungen sowie einer etwaigen häuslichen Ersparnis (s. Rn. 81). Die Fortbildung ist auch bei vorübergehender Einkommensminderung hinzunehmen, wenn der Mindestunterhalt gewahrt bleibt und die Unterhaltsreduzierung bei Abwägung der wechselseitigen Interessen zumutbar ist.[314]
145 - **Instandhaltungs- und Reparaturkosten** sind nur abziehbar, wenn sie sich auf berufsnotwendige Arbeitsmittel und sonstige berufsnotwendige Gegenstände beziehen.
146 - **Kinderbetreuungskosten** sind grundsätzlich Mehrbedarf des Kindes, für den beide Eltern – wie gegenüber dem Unterhaltsanspruch volljähriger Kinder – gemäß § 1006 III 1 BGB anteilig nach ihren Erwerbs- und Vermögensverhältnissen haften (s. Rn. 1053 und 2/233, 400).[315] Bei der Bemessung weiterer Ansprüche kann jeder Elternteil dann den von ihm zu tragenden Teil dieser Kosten abziehen.[316] Wenn hingegen ein Elternteil die Betreuungskosten allein trägt, etwa weil sie dem Sorgeberechtigten für die Betreuung der Kinder entstehen, damit er einer Erwerbstätigkeit nachgehen kann (z. B. Kosten einer Ganztagsschule oder Entgelt für Pflege- oder Aufsichtsperson u. ä.), kann er diese Kosten in voller Höhe von seinem Einkommen absetzen.[317] Sinnvoll ist dies für den betreuenden Elternteil aber nur dann, wenn ihm ein eigener Unterhaltsanspruch zusteht und die Berücksichtigung der Betreuungskosten zu einem höheren eigenen Unterhalt und somit zu der anteiligen Teilhabe des Unterhaltspflichtigen an den Betreuungskosten

---

[309] OLG Zweibrücken FamRZ 1997, 837
[310] BGH FamRZ 2009, 762 Rn. 36
[311] BGH FamRZ 1990, 266
[312] OLG Bamberg FamRZ 1987, 1295
[313] OLGR Hamm FamRZ 1997, 280
[314] OLG Bamberg FamRZ 2000, 307
[315] BGH FamRZ 2009, 962 = R 700
[316] Zur Berechnung vgl. BGH FamRZ 2009, 762 = R 703
[317] BGH FamRZ 2001, 350 = R 551 c; OLG Köln FamRZ 2002, 463

2. Abschnitt: Einkünfte aus abhängiger Arbeit § 1

führt. Entfällt der eigene Unterhaltsanspruch, sollte der betreuende Elternteil darauf drängen, dass die Betreuungskosten von beiden Eltern anteilig gezahlt werden. Zu Höhe ist jedoch zu beachten, dass die Kinderbetreuungskosten schon steuerlich berücksichtigt werden können. Aufwendungen für Dienstleistungen zur Betreuung eines zum Haushalt des Steuerpflichtigen gehörenden Kindes, die wegen einer Erwerbstätigkeit des Steuerpflichtigen anfallen, können bei Kindern, die das 14. Lebensjahr noch nicht vollendet haben oder wegen einer vor Vollendung des 25. Lebensjahres eingetretenen körperlichen, geistigen oder seelischen Behinderung außerstande sind, sich selbst zu unterhalten, in Höhe von zwei Dritteln der Aufwendungen, höchstens 4000 Euro je Kind, bei der Ermittlung der Einkünfte aus Land- und Forstwirtschaft, Gewerbebetrieb oder selbständiger Arbeit wie Betriebsausgaben abgezogen werden (s. Rn. 51 f.). Im Fall des Zusammenlebens der Eltern gilt dies nur, wenn beide Elternteile erwerbstätig sind (§ 9 c I EStG). Nicht erwerbsbedingte Aufwendungen können nach § 9 c II 1 EStG in gleichem Umfang als Sonderausgaben abgezogen werden, wenn der Steuerpflichtige sich in Ausbildung befindet, körperlich, geistig oder seelisch behindert oder krank ist.[318] Sonst können Aufwendungen für Dienstleistungen zur Betreuung eines zum Haushalt des Steuerpflichtigen gehörenden Kindes nur bei Kindern, die das dritte Lebensjahr vollendet, das sechste Lebensjahr aber noch nicht vollendet haben, als Sonderausgaben abgezogen werden und zwar in Höhe von zwei Dritteln der Aufwendungen, höchstens 4000 Euro je Kind (§ 9 c II 2 EStG). Neben den steuerlichen Vorteilen sind auch Unterstützungsleistungen nach den §§ 22 ff. SGB VIII zu berücksichtigen.
Die Anrechnung solcher konkret feststehenden Kosten als berufsbedingte Aufwendung wird dem Grundsatz von Treu und Glauben aber besser gerecht als die Nichtanrechnung des Einkommens wegen unzumutbarer Erwerbstätigkeit. Nach früherer Rechtsprechung des BGH konnte sogar ein pauschaler Betreuungsbonus gewährt werden, wenn die Betreuung zwar ohne konkreten Kostenaufwand, jedoch unter besonderen Erschwernissen erfolgte.[319] Das trug der überobligatorischen Belastung aus der Summe von Erwerbstätigkeit und Betreuung Rechnung. Besser ist es hingegen, zunächst die konkret angefallenen Betreuungskosten bei dem Elternteil abzusetzen, der sie (ggf. anteilig) trägt und von den verbleibenden Einkünften – je nach Umfang der überobligatorischen Belastung – nur ein Teil zu berücksichtigen.[320] Nach der einheitlichen Leitlinienstruktur der Oberlandesgerichte (s. Rn. 16) werden die Kinderbetreuungskosten unter **Ziff. 10.3** geregelt. Nach den Leitlinien fast aller Oberlandesgerichte sind Kinderbetreuungskosten abzugsfähig. Im Einzelfall kann danach auch ein Kinderbetreuungsbonus angesetzt werden. In den SüdL, BraL, BrauL, BrL, CL, DrL, DL, FL, HaL, HL, ThL, KobL, KL, NaL, OL, RL und den SchL ist ein Abzug konkreter Kinderbetreuungskosten vorgesehen, soweit die Betreuung durch Dritte allein infolge der Berufstätigkeit erforderlich ist. Teilweise ist daneben auch der Abzug eines Kinderbetreuungsbonus vorgesehen. Die FL begrenzen einen pauschalen Abzug auf monatlich bis zu 200 €. Nach der neueren Rechtsprechung des BGH sollte der damit erfasste Gedanke der überobligatorischen Belastung eher über eine individuelle nur anteilige Berücksichtigung überobligatorisch erzielten Einkommens als durch den Abzug eines pauschalen Betreuungsbonus erfasst werden.[321] In vielen Leitlinien sind die Kosten von Kindertagesstätten ausdrücklich ausgenommen. Die dafür genannte Begründung ist missverständlich. Zutreffend bauen diese Leitlinien zwar auf der Rechtsprechung des BGH auf, wonach solche Kosten kein Bedarf des betreuenden Elternteils, sondern Mehrbedarf des Kindes sind.[322] In dem Umfang, in dem ein Elternteil dafür aber (anteilig) Unterhalt schuldet, kann er diesen auch von seinem Einkommen absetzen (so ausdrücklich auch die FL). Allein die BL sehen keinen ausdrücklichen Abzug vor, schließen diesen auf der Grundlage der Rechtsprechung des

---

[318] Vgl. Scholz FamRZ 2006, 737
[319] BGH FamRZ 2006, 846 = R 648 b; 2005, 818; 2001, 350, 352 = R 551 c; 1991, 182, 184 mit weiteren Nachweisen; vgl. aber OLGR Hamm 2001, 89
[320] BGH FamRZ 2005, 1154 = R 630 c, d
[321] BGH FamRZ 2005, 1154 = R 630 c, d
[322] BGH FamRZ 2009, 962 = R 700

BGH aber auch nicht aus. Ein Freibetrag für Kinderbetreuungskosten kann auch dann gerechtfertigt sein, wenn die neue Ehefrau unentgeltlich Betreuungsleistungen für die Kinder des Unterhaltspflichtigen aus der 1. Ehe erbringt[323] (s. auch Rn. 712 ff. und Rn. 4/438).

147 • **Prozesskosten** und Rechtsberatungskosten in Arbeitsgerichtsverfahren, z. B. wegen Kündigung, sind bei der Unterhaltsbemessung zu berücksichtigen, wenn sie nicht mutwillig entstanden sind.[324] Absetzbar sind auch die Kosten des Scheidungsverfahrens[325] einschließlich der notwendigen Folgesachen. Die Kosten des Unterhaltsverfahrens sind hingegen als Kosten der allgemeinen Lebensführung nicht abzugsfähig, weil sonst der Unterhaltsberechtigte über die Höhe des Unterhalts den gegen ihn geführten Prozess mitfinanzieren würde.

148 • **Reinigungskosten** bei spezieller Berufskleidung sind vom Erwerbseinkommen absetzbar,[326] falls sie nicht vom Arbeitgeber ersetzt werden. Soweit solche Kosten auch bei Normalkleidung anfallen, sind sie als Kosten allgemeiner Lebensführung zu behandeln und nicht abzusetzen,[327] es sei denn, außergewöhnliche berufliche Verschmutzung verursacht einen erhöhten Reinigungsbedarf.

• **Reisekosten** für beruflich veranlasste Reisen sind, anders als Kosten privater Reisen, die zu den Kosten allgemeiner Lebensführung zählen, unterhaltsrechtlich zu berücksichtigen. Hierzu gehören u. a. Fahrtkosten, Mehraufwendungen für Verpflegung, Übernachtungskosten, Nebenkosten und unter Umständen auch Kosten für Zwischenheimfahrten.[328] Erstattungen durch den Arbeitgeber sind allerdings anzurechnen und können das unterhaltsrechtlich relevante Einkommen sogar erhöhen, wenn dem keine tatsächlichen Mehraufwendungen gegenüberstehen[329] (vgl. auch Rn. 78 ff., 134 ff.).

• **Repräsentations- und Bewirtungskosten** sind regelmäßig nicht abziehbare Kosten der privaten Lebensführung. Dies gilt auch, wenn sie der Berufsausübung dienen. Die Rechtsprechung ist insoweit zu Recht sehr zurückhaltend.[330]

149 • **Steuerberatungskosten** sind anzuerkennen, wenn die Zuziehung eines Steuerberaters zweckdienlich erscheint. Weil sie unmittelbar mit der Erzielung der unterhaltsrelevanten Einkünfte zusammenhängen, können sie nicht der privaten Lebensführung zugerechnet werden.[331] Hinzu kommt, dass sich geringere Steuern über das dann verbleibende höhere Nettoeinkommen auch für den Gegner des Unterhaltsrechtsstreits positiv auswirken. Das OLG Hamm[332] hat die Berücksichtigung dieser Kosten bei Arbeitnehmern grundsätzlich abgelehnt, sofern nur eine „ganz normale Steuererklärung" abzugeben sei. Diese Auffassung ist abzulehnen, weil sich erst durch die Beratung ergeben kann, ob steuerliche Besonderheiten vorliegen. Ein Abzug der tatsächlich angefallenen Steuerberaterkosten ist deswegen – auch wegen des gegenwärtig noch sehr komplizierten Steuerrechts – nur dann ausgeschlossen, wenn von vornherein feststeht, dass für das abgelaufene Steuerjahr weder eine Steuerpflicht noch eine Erstattung in Betracht kommt.[333]

150 • **Taxikosten** sind nur dann zu absetzbar, wenn sie beruflich oder krankheitsbedingt unbedingt notwendig waren und nicht als unangemessen anzusehen sind. Auch dann sind aber

---

[323] BGH FamRZ 1995, 537 = R 493 b
[324] OLG Koblenz FamRZ 2010, 379 Rn. 30 und FF 2009, 83 Rn. 13
[325] BGH FamRZ 2009, 23, Rn. 20; OLG Karlsruhe NJW-RR 1998, 578
[326] KG FamRZ 2009, 336 Rn. 21
[327] OLG Karlsruhe NJW 2008, 3645 Rn. 137; OLG Stuttgart FamRZ 2004, 1109; OLG München FamRZ 1999, 1350; OLG Schleswig DAVorm 1987, 268, 270
[328] OLG Schleswig FamRZ 2009, 1414 Rn. 18; OLG Düsseldorf – 6 UF 150/07 – BeckRS 2008, 17153 Rn. 5
[329] OLG Köln FamRZ 2003, 602; OLG Braunschweig – 2 WF 68/95 BeckRS 1995, 31128878; OLG Zweibrücken FamRZ 1981, 257 unter Hinweis auf BGH FamRZ 1980, 770
[330] BGH FamRZ 1987, 46; vgl. aber OLG Hamm NJWE-FER 1999, 110 und OLG Köln FamRZ 1992, 322
[331] So auch OLG Zweibrücken – 2 UF 35/07 BeckRS 2008, 24583 Rn. 45
[332] OLG Hamm FamRZ 1992, 1177; so auch OLG Frankfurt JurBüro 1988, 360
[333] BGH FamRZ 2009, 1207 Rn. 27

2. Abschnitt: Einkünfte aus abhängiger Arbeit § 1

stets die Erstattungsbeträge des Arbeitgebers oder der Krankenkasse sowie ev. steuerliche Vorteile anzurechnen.[334]
- **Umzugskosten** können berücksichtigt werden, wenn und soweit sie beruflich veranlasst waren, z. B. durch Betriebsverlegung an einen anderen Ort, nicht hingegen bei Wohnungswechsel innerhalb desselben Ortes. Dies kommt auch in Betracht, wenn der Umzug notwendig ist, um am neuen Ort eine Erwerbstätigkeit aufzunehmen[335] oder um ausnahmsweise die Fahrtkosten zu der entfernt liegenden Arbeitsstelle zu verringern (s. Rn 140). Die Kosten sind konkret nachzuweisen. Erstattungen durch den Arbeitgeber oder steuerliche Vorteile sind anzurechnen (vgl. auch Rn. 6/18). **151**
- **Unfallkosten** sind jedenfalls dann zu berücksichtigen, wenn sich der Unfall im Beruf oder während einer beruflich veranlassten Fahrt ereignet hat und der Schaden nicht vom Arbeitgeber oder einem ersatzpflichtigen Dritten ersetzt wurde. Aber auch sonst können unvermeidbare Folgekosten eines Unfalls, die die Kosten der allgemeinen Lebensführung übersteigen, unterhaltsrechtlich berücksichtigt werden.[336] Dann kann ein unfallbedingter Mehrbedarf mit einer Verletztenrente aus der gesetzlichen Rentenversicherung verrechnet werden.[337] (zur Unfallversicherung vgl. Rn. 1029).
- **Verpflegungsmehraufwendungen**, wenn sie auf Dienstreisen, anlässlich einer zu berücksichtigenden doppelten Haushaltsführung (s. Rn. 143), anlässlich sonstiger berufsbedingter längerer Abwesenheit von zu Hause oder bei ständig wechselnden Arbeitsstellen entstehen.[338] Weil dem ersparte Aufwendungen entgegenzusetzen sind, kann lediglich der Aufwand berücksichtigt werde, um den die nachgewiesenen Kosten in der konkreten Lebenssituation den allgemeinen Aufwand übersteigen.[339] **152**

6. Berufsbedingte Aufwendungen, für die Zulagen (Auslands-, Kleider-, Schmutzzulagen) oder ähnliche Entgelte (Aufwandsentschädigungen, Spesen, Reisekosten) gezahlt werden

Wie schon oben in Rn. 79 und 92 ausgeführt wurde, sind solche Zulagen und Entgelte zunächst unabhängig von ihrer Zweckbestimmung grundsätzlich als Entgelt für die Berufstätigkeit voll dem Bruttoeinkommen zuzurechnen. Im Gegenzug kann der tatsächlich beruflich entstandene Aufwand vom Gesamteinkommen abgezogen werden, wenn er nicht bestritten oder nachgewiesen ist.[340] Sind die pauschale Entschädigung und die berufsbedingten Aufwendungen – wie in der Regel – der Höhe nach unterschiedlich, ist die Differenz als Einkommen (wenn die Entschädigung höher ist)[341] oder als Ausgabe (wenn die Aufwendungen höher sind) zu berücksichtigen. Sind die Entschädigungen und der Aufwand im Wesentlichen gleich, können beide Posten unterhaltsrechtlich unberücksichtigt bleiben[342] (zur Darlegungs- und Beweislast vgl. Rn. 6/700 ff.). **153**

Der BGH hat als berücksichtigungsfähige Aufwendungen für die gesonderte Entgelte gezahlt werden u. a. anerkannt: **154**
– Bei behaupteten besonderen Repräsentationskosten im Ausland die Kosten für Dienstpersonal, Taxifahrten, einen Casinobeitrag und den Beitrag für die deutsche Delegation.[343]
– Bei der Mitwirkung an Sitzungen einer kommunalen Bezirksvertretung die Fahrtkosten, Kosten für gelegentliche Stärkungen während der Sitzung und einen an die Partei abzu-

---

[334] OLG Frankfurt FamRZ 2009, 526 Rn. 48
[335] BGH FamRZ 1983, 29
[336] BGH FamRZ 2009, 23 Rn. 23
[337] BGH FamRZ 1982, 252
[338] OLG Frankfurt FamRZ 1994, 1031
[339] Vgl. auch BGH FamRZ 2010, 123 Rn. 9 und BGH FamRZ 2009, 962 Rn. 28 f.
[340] BGH FamRZ 1983, 352; 1980, 342, 344; OLG Köln FamRZ 2003, 602
[341] OLG Hamm FamRZ 2009, 2009 Rn. 33
[342] BGH FamRZ 2009, 1207 Rn. 28; 1983, 670
[343] BGH FamRZ 1983, 352; 1980, 342; vgl. auch OLG Koblenz FamRZ 2000, 1154; OLGR Hamm 1999, 90

führenden Geldbetrag.³⁴⁴ Umgekehrt wird die Aufwandsentschädigung (Kostenpauschale) eines Bundestagsabgeordneten,[345] eines Landtagsabgeordneten (Bayern)[346] sowie eines Bürgermeisters oder Kreisrats (Bayern)[347] aber auch als Einkommen behandelt, soweit sie nicht durch konkreten Aufwand aufgezehrt wird. Das OLG Hamm[348] hat überschießende Einkünfte eines Gemeinderatsmitglieds abgelehnt, weil die Kostenpauschale für die Deckung der Aufwendungen bestimmt und dafür auch nötig sei.

– Die Entschädigungen für eine Schöffentätigkeit und für die Führung einer Vormundschaft hat der BGH nach Sachlage im Hinblick auf fast gleich hohe konkrete Mehrausgaben unberücksichtigt gelassen.[349]

155–159 – *in dieser Auflage nicht belegt* –

3. Abschnitt: Gewinneinkünfte – Einkommensermittlung durch Betriebsvermögensvergleich

I. Die steuerlichen Gewinnermittlungsarten

160 Das Einkommensteuergesetz unterteilt die sieben in § 2 I EStG aufgeführten Einkunftsarten (Rn. 51) in **Gewinneinkünfte** und **Überschusseinkünfte**.
Gemäß § 2 II EStG sind Gewinneinkünfte
– Einkünfte aus Land- und Forstwirtschaft (§ 13 EStG)
– Einkünfte aus Gewerbebetrieb (§ 15 EStG)
– Einkünfte aus selbstständiger Arbeit (§ 18 EStG).
Anders als bei den Überschusseinkünften, bei denen die Einkünfte durch Ermittlung des Überschusses der (zugeflossenen) Einnahmen über die (abgeflossenen) Werbungskosten (= berufsbedingte Aufwendungen) ermittelt werden, sind die Einkünfte aus Land- und Forstwirtschaft, Gewerbebetrieb und selbstständiger Arbeit durch Feststellung des Gewinns nach §§ 4 ff. EStG zu ermitteln. Dies geschieht im Regelfall durch den **Betriebsvermögensvergleich**, der in diesem Abschnitt dargestellt wird.

161 **Ausnahmsweise** können jedoch gemäß § 4 III EStG auch Gewinneinkünfte entsprechend den Überschusseinkünften durch **Ermittlung des Überschusses der** (zugeflossenen) **Einnahmen über die** (abgeflossenen) **Betriebsausgaben** (Rn. 250 ff.) ermittelt werden. Eine weitere Sonderregelung gilt für die Einkünfte aus Land- und Forstwirtschaft, die je nach Umfang durch Betriebsvermögensvergleich, Einnahmen-Überschuss-Rechnung oder gemäß § 13 a EStG nach **Durchschnittssätzen** (Rn. 266) festzustellen sind.
Unabhängig von der Art der Gewinnermittlung können an Gewinneinkünften mehrere Personen in Form einer Personengesellschaft beteiligt sein. In diesem Fall wird der Gewinn wie bei Einzelpersonen für die Personengesellschaft festgestellt und im Wege der **gesonderten und einheitlichen Gewinnfeststellung** den Beteiligten zugeschrieben.
Sofern der Steuerpflichtige seiner Verpflichtung zur Einkommensermittlung nicht nachkommt, kann dieses vom Finanzamt gemäß § 162 AO durch **Schätzung** (Rn. 269) festgestellt werden.
Die besonderen Arten der Einkommensermittlung werden im 4. Abschnitt dargestellt. Mit der unterhaltsrechtlichen Bewertung der steuerlichen Einkommensermittlung befasst sich der 5. Abschnitt.

---

[344] BGH FamRZ 1983, 670
[345] OLG Stuttgart FamRZ 1994, 1251
[346] BGH FamRZ 1986, 780; OLG Bamberg FamRZ 1986, 1144
[347] OLG Bamberg 1999, 1082
[348] OLG Hamm FamRZ 1980, 997
[349] BGH FamRZ 1983, 670

3. Abschnitt: Gewinneinkünfte – Einkommensermittlung § 1

II. Einkünfte aus Gewerbebetrieb

1. Definition im Einkommensteuergesetz

Einkünfte aus Gewerbebetrieb sind gemäß § 15 EStG insbesondere: 162
- Einkünfte aus gewerblichen Unternehmen
- Gewinnanteile der Gesellschafter von Personengesellschaften.

Nach § 15 II EStG ist Gewerbebetrieb eine **selbstständige nachhaltige Betätigung,** die **mit Gewinnerzielungsabsicht** unternommen wird und sich als Beteiligung am allgemeinen wirtschaftlichen Verkehr darstellt, wenn die Betätigung weder der Land- und Forstwirtschaft gemäß § 13 EStG noch der selbstständigen Tätigkeit nach § 18 EStG zuzuordnen ist. Gewerbetreibende sind u. a. Kaufleute, Handwerker und Fabrikanten. Die steuerrechtliche Bedeutung der Zuordnung zu den gewerblichen Einkünften liegt in den Vorschriften zur Gewinnermittlung und der Belastung gewerblicher Einkünfte mit Gewerbesteuer.

Auch **Kapitalgesellschaften,** deren Einkommen nach dem Körperschaftsteuergesetz zur Besteuerung veranlagt wird (Rn. 600 ff.), ermitteln den Gewinn gemäß § 8 KStG (Körperschaftsteuergesetz) nach den Vorschriften des EStG.

2. Umfang der Einkünfte aus Gewerbebetrieb

Alle Einkünfte, die im Rahmen eines Gewerbebetriebs erzielt werden, sind **gewerbliche** 163 **Einkünfte,** auch wenn sie für sich gesehen einer anderen Einkunftsart zuzurechnen wären.

Beispiel:
Ein Kraftfahrzeughändler vermietet zu seinem Betriebsvermögen gehörende Garagen an Privatpersonen. Die Mieten sind nicht nach § 21 EStG als Mieteinkünfte sondern als gewerbliche Einkünfte im Sinn des § 15 EStG zu erfassen und zu versteuern.
Ein Fabrikant legt betrieblich eingenommene Gelder als Festgeld an. Die Zinsen sind nicht nach § 20 EStG als Kapitaleinkünfte sondern als gewerbliche Einkünfte im Sinn des § 15 EStG zu erfassen und zu versteuern.

Auch diese Einkünfte werden im Steuerbescheid nicht bei den „eigentlichen" Einkunftsarten sondern bei den Einkünften aus Gewerbebetrieb bzw selbständiger Arbeit erfasst.

Auch an sich nicht gewerbliche Einkünfte einer **Kapitalgesellschaft** sowie einer **GmbH** 164 **& Co KG** werden nach § 15 III Nr. 2 EStG steuerlich grundsätzlich wie Einkünfte aus Gewerbebetrieb behandelt.

Löhne, Gehälter, Mieten und Zinsen, die eine Personengesellschaft an ihre Gesell- 165 schafter zahlt, sind gemäß § 15 I Nr. 2 EStG bei der steuerlichen Gewinnermittlung als sogenannte „Vorabvergütung" den gewerblichen Einkünften der Gesellschaft zuzurechnen und im Rahmen der gesonderten und einheitlichen Gewinnfeststellung (Rn. 275) auf die betreffenden Gesellschafter zu verteilen.

Beispiel:[1]
An der ABC-Altenpflegeheim KG sind die Gesellschafter A, B und C beteiligt. Die KG ist von der Gewerbesteuer befreit. A hat als Komplementär die Geschäfte der KG geführt und dafür 60 000 € entnommen, die auf seinem Verrechnungskonto verbucht wurden. B hat der oHG ein Betriebsgebäude für 48 000 € pa. vermietet, C hat für ein der oHG gewährtes Darlehen 6000 € Zinsen erhalten. In der betriebswirtschaftlichen Gewinnermittlung sind neben den sonstigen Betriebsausgaben auch diese Beträge abgezogen worden. Der verbleibende Gewinn ist mit 100 000 € ausgewiesen.
Die Einkünfte aus Gewerbebetrieb betragen 100 000 €[2] + 48 000 € + 6000 € = 214 000 €

Ob derartige Einkünfte bilanzsteuerrechtlich als Betriebsausgaben gewinnmindernd oder als laufende Entnahmen auf den Gewinnanteil des jeweiligen Gesellschafters zu buchen sind, hängt von der Ausgestaltung der Rechtsbeziehungen zwischen Gesellschaft und

---

[1] Ausführlich mit Lösung Rn. 275
[2] Da das Gehalt des A als Entnahme gebucht worden ist, hat es den Gewinn nicht gemindert, muss daher auch nicht zugerechnet werden. Anders wäre es, wenn es in der Buchhaltung als Betriebsausgabe erfasst worden wäre.

Gesellschaftern ab. Gegebenenfalls sind die betrieblichen Jahresabschlüsse der Gesellschafter (Ergänzungsbilanzen, Sonderbilanzen) zu überprüfen. Der dem jeweiligen Gesellschafter zuzurechnende **Gewinnanteil** ergibt sich aber immer verbindlich und spezifiziert aus der gesonderten und einheitlichen Gewinnfeststellung (Rn. 275).

3. Gesetzliche Grundlagen der Gewinnermittlung

166 Nach der Definition des § 4 I EStG ist der Gewinn der Unterschiedsbetrag zwischen dem Betriebsvermögen (Rn. 236) am Schluss des Wirtschaftsjahres und dem Betriebsvermögen am Schluss des vorangegangenen Wirtschaftsjahres, vermehrt um den Wert der Entnahmen und vermindert um den Wert der Einlagen. Dies entspricht genau dem System der Feststellung des Zugewinns im ehelichen Güterrecht.

Familienrecht:		**Steuerrecht:**	
Zugewinnausgleich		**Betriebsvermögensvergleich**	
	Endvermögen		Betriebsvermögen am Jahresende
−	Anfangsvermögen	−	Betriebsvermögen am Vorjahresende
+	Minderungen nach § 1375 II BGB	+	Entnahmen
−	Schenkungen und Erbschaften § 1374 II BGB	−	Einlagen
=	Zugewinn	=	Gewinn

§ 4 I EStG stellt wie das eheliche Güterrecht auf **Stichtage** ab. Dem Endvermögen entspricht das Betriebsvermögen am Jahresende, dem Anfangsvermögen das Betriebsvermögen am Ende des Vorjahres. Dem Zugewinn entspricht der steuerliche Gewinn, wobei dieser allerdings im Gegensatz zu jenem durchaus negativ, also ein Verlust sein kann.

Ähnlich den Regelungen der §§ 1374 II, 1375 II BGB für den Zugewinnausgleich gibt es auch beim Betriebsvermögensvergleich für die Gewinnermittlung unerhebliche Vorgänge, nämlich **Entnahmen und Einlagen** (Rn. 237 ff.). Wie im ehelichen Güterrecht die Vermögensveränderungen unberücksichtigt bleiben, die ihre Ursache außerhalb der Ehe haben, sind bei der Gewinnermittlung durch Betriebsvermögensvergleich nicht betrieblich veranlasste Vorgänge irrelevant.

167 Bei Gewerbetreibenden, die auf Grund gesetzlicher Vorschriften verpflichtet sind, Bücher zu führen und regelmäßig Abschlüsse zu machen oder dies freiwillig tun, ist gemäß § 5 I EStG das **Betriebsvermögen** anzusetzen, das nach den **handelsrechtlichen Grundsätzen ordnungsgemäßer Buchführung** auszuweisen ist. Entsprechend kodifiziert § 140 AO die steuerliche Verpflichtung zu Buchführung und Jahresabschluss für den, der auf Grund anderer Gesetze Bücher führen muss.

Für Gewerbetreibende gelten die §§ 238 ff. HGB. Danach sind die **ordnungsmäßige Buchführung** (§ 238 I HGB) und die **Erstellung eines Jahresabschlusses,** bestehend aus der **Bilanz und der Gewinn- und Verlustrechnung** (§ 242 II HGB) vorgeschrieben.

Für Gewerbetreibende, die nicht unter §§ 238 ff. HGB fallen, gilt § 5 EStG nur dann, wenn sie freiwillig Bücher führen und regelmäßig Abschlüsse machen. Darunter fallen in erster Linie Selbstständige im Sinn des § 18 EStG. Dass Einnahmen und Ausgaben im Wege der doppelten Buchführung (Rn. 183 ff.) erfasst werden, führt allein noch nicht zur Bilanzierungspflicht.

4. Ausnahmeregelungen

168 Für sonstige Gewerbetreibende besteht eine Verpflichtung zur Buchführung und zur Erstellung eines Jahresabschlusses nur, wenn
– der Umsatz 500 000 EUR oder
– der Gewinn 50 000 EUR

pro Jahr übersteigt (Rn. 250). Dies ergibt sich aus § 141 AO, der in solchen Fällen die §§ 238 bis 240 I, §§ 243 bis § 256 HGB für entsprechend anwendbar erklärt. Es besteht

3. Abschnitt: Gewinneinkünfte – Einkommensermittlung § 1

keine Verpflichtung, neben der Bilanz auch eine **Gewinn- und Verlustrechnung zu erstellen,** da auf § 242 Abs. 2 HGB nicht verwiesen wird.

Da gemäß § 1 I HGB der Kreis der Kaufleute alle Gewerbetreibenden unabhängig von der Art des Gewerbes erfasst, dürfte § 141 AO nur insoweit von Bedeutung sein, als entgegen den unbestimmten Rechtsbegriffen in § 1 II HGB für das Steuerrecht präzise definiert ist, wer nicht buchführungs- und abschlusspflichtig ist.

III. Der Jahresabschluss

1. Die Elemente des Jahresabschlusses

Gemäß § 242 I und II HGB gehören zum Jahresabschluss die Bilanz mit der Gegenüberstellung von Vermögen (Aktiva) und Schulden und Eigenkapital (Passiva) zum Schluss des Geschäftsjahres sowie die **Gewinn- und Verlustrechnung** mit der Gegenüberstellung der Aufwendungen und Erträge des abgelaufenen Geschäftsjahres. Kapitalgesellschaften haben nach § 264 I HGB den Jahresabschluss um einen **Anhang** zu erweitern, der mit der Bilanz und der Gewinn- und Verlustrechnung eine Einheit bildet. Dies gilt entsprechend für offene Handelsgesellschaften und Kommanditgesellschaften, bei denen nicht wenigstens eine natürliche Person unmittelbar oder mittelbar persönlich haftet.[3]

169

2. Handelsbilanz[4]

Nach § 247 HGB sind in die Handelsbilanz aufzunehmen
- das Anlagevermögen,
- das Umlaufvermögen,
- das Eigenkapital,
- die Schulden und
- die Rechnungsabgrenzungsposten.

Außerdem sind unter bestimmten Voraussetzungen Rückstellungen zu bilden (§ 249 HGB).

Wie das Anlage- und Umlaufvermögen und die Schulden zu bewerten sind, ist im HGB ebenso geregelt wie Einzelheiten zur Bildung von Rechnungsabgrenzungsposten und Rückstellungen. Die nach diesen Grundsätzen erstellte Bilanz heißt **„Handelsbilanz"**. Die Handelsbilanz soll dem Kaufmann selbst und seinen Geschäftspartnern, vorrangig den Kreditgebern regelmäßig Aufschluss über sein Vermögen geben. Die handelsrechtlichen Vorschriften für die Bilanz sind deshalb vom **Prinzip vorsichtiger Bewertung** geprägt;[5] Gewinn und Vermögen sollen eher zu niedrig als zu hoch angesetzt werden.[6]

170

Die Bilanz ist nach § 266 I HGB in **Kontenform** aufzustellen, und sieht wie nachfolgend dargestellt aus:[7]

171

AKTIVA	PASSIVA
A. Anlagevermögen	A. Eigenkapital
Immaterielle Vermögensgegenstände	Gezeichnetes Kapital
Sachanlagen	Kapitalrücklage
Finanzanlagen	Gewinnrücklagen
	Gewinnvortrag/Verlustvortrag
	Jahresüberschuss/Jahresfehlbetrag

---

[3] Große Kapitalgesellschaften müssen daneben einen Lagebericht erstellen.
[4] Die Vorschriften des HGB für die Bilanz und Gewinn- und Verlustrechnung gelten an sich nur für Kapitalgesellschaften, werden jedoch in den Grundzügen generell angewandt
[5] Schmidt/Weber-Grellet EStG § 5 Rn. 77 und 381; Baumbach/Hopt/Merkt HGB § 243 Rn. 9 und § 252 Rn. 10 ff.
[6] Winkeljohann/Büssow in Beck Bil-Komm, 7. Aufl., § 252 Rn. 29 ff.
[7] In verkürzter Form

§ 1   Die Ermittlung des unterhaltsrechtlich relevanten Einkommens

AKTIVA	PASSIVA
B. Umlaufvermögen Vorräte Forderungen Wertpapiere Schecks, Kassenbestand, Guthaben	B. Rückstellungen C. Verbindlichkeiten
C. Rechnungsabgrenzungsposten	D. Rechnungsabgrenzungsposten

Auf der linken Seite steht immer das positive Vermögen (Aktivkonten), auf der rechten Seite stehen die Schulden und das Eigenkapital (Passivkonten).

3. Das Eigenkapital

172   Da das positive Vermögen abzüglich der Schulden (Rückstellungen, Verbindlichkeiten und Rechnungsabgrenzungsposten) den Wert des Unternehmens ausmacht, stellt das **Eigenkapital** den Wert des Unternehmens dar.

Das mag verwirren: obwohl doch das Eigenkapital den Wert des Betriebs darstellt, wird es wie die Schulden auf der Passivseite geführt. Dies erklärt man sich am besten damit, dass die Bilanz die betriebliche Sphäre darstellt. **Das Kapital sind die „Schulden", die der Betrieb bei seinem Inhaber hat.**

173   **Beispiel:**
U will einen Handelsbetrieb eröffnen. Er beschafft sich dazu ein Gebäude zum Kaufpreis von 800 000 €, Büroinventar für 50 000 €, Kraftfahrzeuge für 100 000 € und Waren für den Weiterverkauf für 200 000 €. Aus einer Erbschaft und Ersparnissen hat er 100 000 €, von denen er 50 000 € auf das betriebliche Girokonto einzahlt und 50 000 € für die Anschaffungen verwendet. Im Übrigen finanziert er das Anlagevermögen durch Bankkredit. Die für die Verarbeitung bestimmten Waren erwirbt er mit der Vereinbarung, sie beim Weiterverkauf zu bezahlen.

Seine Eröffnungsbilanz sieht dem gemäß so aus:

AKTIVA		PASSIVA	
Anlagevermögen		**Eigenkapital**	
Maschinen	800 000	Kapital	100 000
Inventar	50 000		
Kraftfahrzeuge	100 000		
		Verbindlichkeiten	
Umlaufvermögen		Verbindlichkeiten aus Lieferung und Leistung	200 000
Waren	200 000		
Girokonto	50 000	Langfristige Verbindlichkeiten	900 000
	1 200 000		**1 200 000**

174   Die von U vorgenommene Einlage ist in das Betriebsvermögen eingegangen und dort in den bilanzierten Aktiva enthalten. Das **Kapital** beinhaltet keinen eigenen Vermögenswert sondern **stellt spiegelbildlich das Nettovermögen dar.** Übersteigen die Aktiva die Passiva, ist also das Nettovermögen positiv, so steht das Kapital auf der Passivseite. Würden dagegen die Passiven die Aktiven übersteigen, müsste das Kapital die werthaltigeren Passiven

3. Abschnitt: Gewinneinkünfte – Einkommensermittlung § 1

ausgleichen. In diesem Fall spricht man vom **negativen Kapital**. Das Unternehmen hat in diesem Fall keine Schulden bei seinem Inhaber sondern eine Forderung ihm gegenüber (Rn. 172).

Das negative Kapital wird in diesem Fall als letzter Posten auf der Aktivseite mit der Bezeichnung „**nicht durch Einlage gedeckte Verluste/Entnahmen des Geschäftsinhabers**" erfasst.

Beispiel: 175
Am Jahresende wird der Bestand des Betriebsvermögens festgestellt. Nach Berücksichtigung der Abschreibungen ergeben sich beim Anlagevermögen
- für das Gebäude 780 000 €
- für das Inventar 45 000 €
- für die Kraftfahrzeuge 80 000 €

Beim Umlaufvermögen sind zu erfassen
- Waren 40 000 €
- Girokonto 5000 €

Die Schulden haben sich reduziert
- Verbindlichkeiten aus Lieferung und Leistung 100 000 €
- Langfristige Verbindlichkeiten 855 000 €

Die Bilanz des U nach Ablauf des ersten Wirtschaftsjahres stellt sich daher dar:

AKTIVA		PASSIVA	
Anlagevermögen			
Gebäude	780 000		
Inventar	45 000		
Kraftfahrzeuge	80 000		
Umlaufvermögen		**Verbindlichkeiten**	
Rohwaren	40 000	Verbindlichkeiten aus Lieferung und Leistung	100 000
Girokonto	5000		
Nicht durch Einlagen gedeckter Verlust	5000	Langfristige Verbindlichkeiten	855 000
	955 000		**955 000**

Die Verbindlichkeiten bei Banken und Lieferanten übersteigen mit 955 000 EUR das Aktivvermögen von 950 000 EUR um 5000 EUR, der Betrieb ist also bei steuerlichen Ansätzen um diesen Betrag überschuldet, das Kapital mit 5000 EUR negativ. Im Fall einer Insolvenz hätte der persönlich haftende Betriebsinhaber 5000 EUR aus dem Privatvermögen einzuschießen, wenn die Buchwerte den tatsächlichen Verkehrswerten entsprächen.

Eine **Untergliederung des Eigenkapitals** beim Einzelkaufmann ist nicht nötig. Empfohlen ist allenfalls eine Darstellung seiner Entwicklung:[8] 176
Eigenkapital zu Beginn des Geschäftsjahres
Entnahmen im Geschäftsjahr
Einlagen im Geschäftsjahr
Jahresergebnis
Eigenkapital zum Schluss des Geschäftsjahres.

---

[8] Förschle/Hoffmann in Beck Bil-Komm, 7. Aufl., § 247, Rn. 155

§ 1 Die Ermittlung des unterhaltsrechtlich relevanten Einkommens

177   Das Eigenkapital einer **Personengesellschaft** wird jedoch untergliedert, da zwischen dem eigentlichen Eigenkapital und den Verbindlichkeiten und Forderungen zwischen Gesellschaft und Gesellschaftern differenziert werden muss.[9] Unterschieden wird vor allem auch zwischen **Festkapital, gesamthänderisch gebundenen Rücklagen** und **variablem Kapital.** Verluste werden nicht mit dem Kapital verrechnet sondern in einem besonderen Posten ausgewiesen.

4. Die Steuerbilanz

178   Gemäß § 5 I EStG ist das in der Handelsbilanz festgestellte Betriebsvermögen auch für die nach § 4 I EStG für die Ermittlung des steuerlichen Gewinns zu erstellende **Steuerbilanz** maßgeblich.[10] Das handelsrechtliche **Prinzip vorsichtiger Bewertung** läuft jedoch dem Interesse des Fiskus zuwider, da der Gewinn für die steuerlich relevanten Einkünfte maßgeblich ist und demzufolge nicht zu gering sondern möglichst realistisch festgestellt werden soll. Die handelsrechtlichen Vorschriften sind daher u. a. durch § 5 II bis VI, § 6 und § 7 EStG modifiziert. Andererseits sind in der Steuerbilanz steuerliche Vergünstigungen, etwa Sonderabschreibungen (Rn. 213) oder Sonderposten mit Rücklageanteil (Rn. 232) zu berücksichtigen, die handelsrechtlich nicht relevant sind.

Auf Grund des in den maßgeblichen Vorschriften des HGB und des EStG vorhandenen Spielraums ist es möglich, eine beiden Gesetzen entsprechende Bilanz, also eine **Einheitsbilanz** aufzustellen.[11] Daher fand man Handels- und Steuerbilanzen bei kleineren Unternehmen selten nebeneinander. Für bilanzierungspflichtige Kaufleute ist seit der Änderung der handelsrechtlichen Bilanzierungsvorschriften durch das Bilanzrechtsmodernisierungsgesetz (BilMoG) die Erstellung einer Einheitsbilanz jedoch nur noch seltener möglich. Wenn die Einkünfte von Unterhaltspflichtigen und/oder Unterhaltsberechtigten möglichst sachgerecht ermittelt werden sollen, ist die **Handelsbilanz als Mittel zur Feststellung des unterhaltsrechtlich relevanten Einkommens weniger geeignet als die Steuerbilanz.** Abgesehen von den unterhaltsrechtlich erforderlichen Korrekturen ist der steuerliche Jahresabschluss, insbesondere die dazu gehörende Gewinn- und Verlustrechnung nach wie vor die geeignetste Grundlage für die Ermittlung des unterhaltsrechtlich maßgeblichen Einkommens.

179   Die im HGB vorgeschriebene **Gliederung der Bilanz** (Rn. 171) wird üblicherweise auch **für die Steuerbilanz** verwendet. Die Grundstruktur ist allgemeingültig, die Untergliederung erfolgt darüber hinaus nach branchenspezifischen Bedürfnissen oder Vorgaben.

Aufgrund des Zusammenhangs zwischen Bilanz einerseits und Gewinn- und Verlustrechnung andererseits gelten die vorstehenden Ausführungen in gleicher Weise für die steuerrechtliche Gewinn- und Verlustrechnung.

5. Gewinn- und Verlustrechnung

180   Zum ordnungsgemäßen kaufmännischen Jahresabschluss gehört nach § 242 II HGB die **Gegenüberstellung der Aufwendungen und Erträge,** die sogenannte Gewinn- und Verlustrechnung. Während die Bilanz statisch das Betriebsvermögen zum jeweiligen Bilanzstichtag darstellt, werden in der Gewinn- und Verlustrechnung alle Erträge und Aufwendungen des abgelaufenen Wirtschaftsjahres erfasst.

Gemäß § 275 I HGB ist die Gewinn- und Verlustrechnung in **Staffelform** aufzustellen. In § 275 II und III HGB ist detailliert beschrieben, wie die einzelnen Erlöse und Aufwendungen aufzuführen sind. Der Übersichtlichkeit halber wird nachfolgend eine stark verkürzte Gewinn- und Verlustrechnung nach dem Gesamtkostenverfahren dargestellt und wegen der Darstellung im Detail auf die gesetzliche Vorschrift verwiesen.

---

[9] A. a. O. Rn. 160 ff.
[10] Einzelheiten und Besonderheiten der Maßgeblichkeit der Handelsbilanz bleiben hier unerörtert
[11] Baumbach/Hopt/Merkt § 242 Rn. 6

3. Abschnitt: Gewinneinkünfte – Einkommensermittlung § 1

> Umsatzerlöse
> Veränderungen des Warenbestands
> Sonstige betriebliche Erträge
> Materialaufwand
> Personalaufwand
> Abschreibungen
> Sonstige betriebliche Aufwendungen
> Erträge aus Beteiligungen
> Zinsen und ähnliche Erträge
> Zinsen und ähnliche Aufwendungen
> Außerordentliche Erträge und Aufwendungen
> Steuern vom Einkommen und Ertrag[12]
> Gewinn

Sowohl die Bilanz als auch die Gewinn- und Verlustrechnung weisen den Gewinn aus. **181** Wenn die Buchführung zwischen zwei Bilanzstichtagen einerseits, die Feststellung des Betriebsvermögens zu diesen Zeitpunkten andererseits ordnungsgemäß war, so müssen die Auswirkungen der einzelnen Geschäftsvorfälle auf das Betriebsvermögen logischerweise zu demselben Ergebnis führen wie der Bestandsvergleich, da die Summe der Erträge und der Gesamtaufwand in der Gewinn- und Verlustrechnung das Anfangsvermögen in der Bilanz erhöhen bzw verringern (Rn. 201).

6. Anhang zur Bilanz und Lagebericht

Kapitalgesellschaften haben gemäß § 264 I HGB den Jahresabschluss um einen Anhang **182** zu erweitern und einen Lagebericht aufzustellen. Der Anhang soll ein den tatsächlichen Verhältnissen entsprechendes Bild der Vermögens-, Finanz- und Ertragslage vermitteln. Im Lagebericht soll das Geschäftsergebnis erläutert und die aktuelle wirtschaftliche Situation des Unternehmens sowie eine Prognose für die Zukunft dargestellt werden. Umfang und Inhalt richten sich nach der Größe der Gesellschaft. Die Erstellung eines Lageberichtes ist nur für mittelgroße und große Kapitalgesellschaften bzw Personenhandelsgesellschaften im Sinn des § 264 I HGB vorgeschrieben.

V. Die Doppelte Buchführung

1. Vorbemerkung

Auch soweit keine Verpflichtung zur Buchführung nach § 238 HGB oder § 141 AO **183** besteht, zeichnen Gewerbetreibende wie Selbstständige die Geschäftsvorfälle ihres Betriebs in der Form der **doppelten Buchführung** auf, da die EDV-Buchführung, derer sie sich in der Regel bedienen, entsprechend aufgebaut ist. Die **einfache Buchführung** genügt nur unter besonderen Verhältnissen, etwa in Kleinbetrieben des Einzelhandels oder Handwerks, die aber in der Regel nicht buchführungspflichtig sind.[13] Da die Buchführung die Grundlage für die Gewinn- und Verlustrechnung ist und auch der überwiegende Teil der Posten der Bilanz aus der Buchführung entnommen wird, ist es für das Verständnis des Jahresabschlusses unverzichtbar, sich mit den Grundlagen der Buchführung vertraut zu machen.

---

[12] Beim Einzelunternehmen und bei Personengesellschaften findet sich hier nur die Gewerbesteuer, die Einkommensteuer ist kein betrieblicher Aufwand. Wenn sie aus betrieblichen Mitteln bezahlt wird, ist sie als Privatentnahme zu buchen
[13] Baumbach/Hopt/Merkt § 238 Rn. 12

2. Grundzüge der doppelten Buchführung

184 Während die Geschäftsvorfälle in der einfachen Buchführung nur auf **Erfolgskonten** erfasst werden, werden in der doppelten Buchführung sowohl **Bestandskonten** als auch Erfolgskonten bebucht. Bestandskonten gehören zur Bilanz, Erfolgskonten zur Gewinn- und Verlustrechnung.

> **Beispiel:**
> In der einfachen Buchführung wird eine Verfügung über das Guthaben auf dem Geschäftskonto nur dort als Abfluss gebucht. In der doppelten Buchführung muss dagegen zwingend eine Gegenbuchung erfolgen, z. B. auf dem Kassenkonto (Bestandskonto), wenn der Betrag in die Geschäftskasse eingelegt wurde, auf dem Konto „Mieten" (Erfolgskonto), wenn damit die Geschäftsmiete bezahlt wurde oder auf dem Privatkonto (Bestandskonto), wenn das Geld zu betriebsfremden Zwecken entnommen wurde.

185 Zu Beginn eines Wirtschaftsjahres werden die Bilanzposten aus der Schlussbilanz des Vorjahres in die Buchführung übernommen. Wie die Bilanz selbst gliedert sich die Buchführung in Konten auf. Die Aktiva, also das positive Vermögen, stehen wie in der Bilanz auf der linken Seite, die Passiva, also die Schulden und das Eigenkapital, finden sich auf der rechten Seite. In der Buchführung werden jedoch nicht die Begriffe „Aktiva" und „Passiva" aus der Bilanz verwandt sondern **„Soll" und „Haben"** aus der Gewinn- und Verlustrechnung. Aktiva stehen also im „Soll", Passiva im „Haben".[14]

Die laufenden Geschäftsvorfälle werden zwingend doppelt erfasst, nämlich einmal im „Soll" und einmal im „Haben". Wie das obige Beispiel zeigt, ist aber unterschiedlich, ob der Geschäftsvorfall mit Buchung und Gegenbuchung auf Bestandskonten oder mit einer Buchung auf einem Bestandskonto und mit der Gegenbuchung auf einem Erfolgskonto zu buchen ist.

Wird durch einen Geschäftsvorfall nur ein Bestandskonto berührt, die dort eintretende Vermögensänderung also nicht durch Änderung eines anderen Bestandskontos kompensiert, so ändert sich um den Buchungsbetrag das Betriebsvermögen. Eine **Bestandsbuchung im Soll** ergibt sich aus einer **Vermögensmehrung**, eine **Buchung im Haben** aus einer **Vermögensminderung** in der Bilanz, die Gegenbuchung im Soll führt zu einem Aufwand, im Haben zu einem Ertrag in der Gewinn- und Verlustrechnung. Die durch eine Buchung verursachten Veränderungen in der Bilanz einerseits und der Gewinn- und Verlustrechnung andererseits sind in jedem Fall betragsmäßig identisch.

186 In der Buchführung werden alle Geschäftsvorfälle erfasst, die das Betriebsvermögen betreffen. Dies können sein:
– Vermögensverlagerungen (keine Veränderung des Betriebsvermögens)
– Entnahmen und Einlagen (außerbetrieblich bedingte Veränderung des Betriebsvermögens)
– Aufwendungen und Erträge (betrieblich bedingte Veränderung des Betriebsvermögens).

187 Drei Grundprinzipien sind für die doppelte Buchführung charakteristisch:
- Die Kontenform der Bilanz bleibt auch in der laufenden Buchführung erhalten, indem für jeden Bilanzposten – sowohl Aktiva als auch Passiva – ein eigenes Konto mit „Soll" und „Haben" eröffnet wird. Bestandserhöhungen werden daher auf dem jeweiligen Konto im „Soll", Bestandsminderungen im „Haben" gebucht. In der laufenden Buchhaltung wird – außer bei Stornierung fehlerhafter Buchungen – nicht saldiert.
- Jeder „Soll"-Buchung ist zwingend eine „Haben"-Buchung zugeordnet und umgekehrt, so dass auch in der laufenden Buchführung das Gleichgewicht immer erhalten bleibt.
- Wenn beide Buchungen auf Bestandskonten erfolgen, ergibt sich nur eine qualitative aber keine quantitative Änderung des Betriebsvermögens, also kein Gewinn oder

---

[14] Durch den täglichen Umgang mit dem eigenen Girokonto verbindet man mit dem Begriff „Haben" das Guthaben, mit dem Begriff „Soll" das überzogene Konto, also die Schulden. Dass genau das Gegenteil richtig ist, verdeutlicht man sich am schnellsten und einfachsten damit, dass das Spar- und Girokonto ein Konto der Bank ist. „Soll" auf dem Girokonto bedeutet für die Bank, dass der Kontoinhaber an sie zahlen soll, das Guthaben hat also die Bank. „Haben" dagegen besagt, dass sie an den Kunden zu zahlen hat

3. Abschnitt: Gewinneinkünfte – Einkommensermittlung § 1

Verlust. Wird ein Geschäftsvorfall dagegen auf einem Bestands- und einem Erfolgskonto erfasst, ergibt sich daraus eine quantitative Veränderung des Betriebsvermögens, also ein Gewinn oder Verlust.

3. Buchungen auf Bestandskonten

Beispiel: 188
Bei U ergeben sich folgende Geschäftsvorfälle:
1. Vom Girokonto hebt U 500 EUR ab und legt sie in die Bürokasse.
2. U kauft einen Schreibtischsessel für 1160 EUR brutto und lässt den Kaufpreis von seinem Girokonto abbuchen.
3. U schafft einen PKW an. Seine Bank überweist den Kaufpreis von brutto 34 800 EUR unmittelbar von seinem Darlehenskonto.[15]
4. U erhöht seinen Lagerbestand durch Ankauf von Waren für 23 200 EUR brutto.
5. Die laufende Rate in Höhe von 10 000 EUR für das Darlehen wird vom Girokonto abgebucht.

Diese Geschäftsvorfälle werden in der Buchführung – im sogenannten „Buchungssatz" – 189
wie folgt erfasst:

Kasse	500	S	Girokonto	500	H

Obwohl das Girokonto in der Eröffnungsbilanz mit einem Guthaben auf der Aktivseite, in der Buchführung also im Soll steht, wird der entnommene Betrag nicht dort im Minus gebucht sondern im Haben, also der Passivseite. Dies lässt sich anhand der sogenannten „T-Konten", der Darstellung der Einzelkonten darstellen:

Girokonto

	Übertrag in Kasse	500 EUR

(Haben = Vermögensminderung auf dem Girokonto)

Kasse

Übertrag vom Girokonto	500 EUR	

(Soll = Vermögensmehrung in der Kasse)

Erst in der Bilanz erfolgt die Zusammenfassung je nach Saldo auf der Aktiv- oder Passivseite.
Die Buchungssätze für die weiteren Geschäftsvorfälle lauten:

Inventar	1000	S	Girokonto	1160	H
Vorsteuer	160	S			
Kraftfahrzeuge	30 000	S	Langfristige Verbindlichkeiten	34 800	H
Vorsteuer	4800	S			

Die vorstehenden Buchungen zeigen, dass beim bilanzierenden Unternehmer der Abzugsmöglichkeit der an die Lieferanten bezahlten **Umsatzsteuer** – der sogenannten **Vorsteuer**[16] – dadurch Rechnung getragen wird, dass nur die verbleibende Vermögensmehrung durch die angeschafften Wirtschaftsgüter im Anlage- oder Umlaufvermögen erfasst

---

[15] Die umsatzsteuerliche Sonderregelung für betrieblich und privat genutzte Pkw bleibt hier zur Vereinfachung unberücksichtigt
[16] Die Abzugsfähigkeit der Vorsteuer setzt nach § 14 UStG die Vorlage einer Rechnung mit ausgewiesener Umsatzsteuer voraus

§ 1   Die Ermittlung des unterhaltsrechtlich relevanten Einkommens

wird. Die Vermögensminderung durch die an den Lieferanten gezahlte oder geschuldete Vorsteuer wird durch die gleichzeitige Erfassung als Forderung gegenüber dem Finanzamt kompensiert.[17]

190   Auch die Zahlung der **Tilgungsrate** führt nicht zu Gewinn oder Verlust. Gemäß § 362 BGB erlischt durch die Tilgung (= Zahlung vom Girokonto) die Verbindlichkeit (= anteilige Rückführung des Darlehens).

Langfristige Verbindlichkeiten	10 000	S	Girokonto	10 000	H

191   Fasst man die dargestellten Buchungen in einer „Zwischenbilanz" zusammen, so ergibt sich folgende Darstellung:[18]

Anlagevermögen		Kapital	
2) Sessel	+ 1 000		
3) Kraftfahrzeuge	+ 30 000		
Umlaufvermögen		**Verbindlichkeiten**	
1) Girokonto	− 500	3) Langfristige Verb.	+ 34 800
1) Kasse	+ 500	4) Verb. aus Lieferung + Leistung	− 23 200
2) Girokonto	− 1 160	5) Langfristige Verbindlichkeiten	+ 10 000
5) Girokonto	− 10 000		
2) Vorsteuer	+ 160		
3) Vorsteuer	+ 4 800		
4) Warenbestand	+ 20 000		
4) Vorsteuer	+ 3 200		
Summe Aktivbuchungen	**48 000**	**Summe Passivbuchungen**	**48 000**

Dem Prinzip der doppelten Buchführung entsprechend sind die Summen von „Soll"- und „Haben"-Buchungen gleich. Da nur Bestandskonten angesprochen worden sind, heben sich Vermögensmehrungen und Minderungen per Saldo auf. Es gibt weder Gewinn noch Verlust. In der Bilanz ist dieses daraus zu entnehmen, dass sich das Eigenkapital nicht geändert hat.

4. Buchungen auf Erfolgskonten

192   Dies ist anders, wenn die Geschäftsvorfälle auf Erfolgskonten gegenzubuchen sind.

Beispiele:
1. U bezahlt die Miete von 3000 € netto für das Ladengeschäft per Dauerauftrag von seinem Girokonto.
2. U schuldet am Monatsende Löhne/Gehälter von 10 000 € netto zzgl. 6000 € Lohnsteuer, Kirchensteuer und Solidaritätszuschlag. Die Löhne und Gehälter zahlt er noch am Monatsletzten aus. Die Sozialabgaben in Höhe von 8000 € (AG + AN) hat er Ende des Monats gezahlt, die Steuern führt er erst Anfang des folgenden Monats ab.
3. U verkauft aus seinen Beständen Waren mit dem Buchwert von 20 000 € zum Verkaufspreis von 50 000 € zzgl. USt.

Im Fall 1. verringert sich der Bestand des Girokontos um 3480 EUR, im Fall 2 um 18 000 EUR. Hier erhöhen sich außerdem die Verbindlichkeiten um 6000 EUR, da die Steuern im folgenden Monat abgeführt werden müssen. Im Fall 3 vermindert sich der Warenbestand um 20 000 EUR, die Forderungen erhöhen sich um 58 000 EUR. Auch die Umsatzsteuer und die Vorsteuer werden auf den Bestandskonten erfasst. Erfasst man die Geschäftsvorfälle in unserer „Zwischenbilanz" nur mit den Bestandsbuchungen, würde sich dies so darstellen:

---

[17] Ausführlich dazu Rn. 226
[18] Die Ziffern bei den Bilanzposten beziehen sich auf die Nummern des Beispielsfalls

3. Abschnitt: Gewinneinkünfte – Einkommensermittlung § 1

Anlagevermögen		Kapital	
Umlaufvermögen		**Verbindlichkeiten**	
1) Girokonto	− 3 480	2) Verb. Lohnsteuer pp.	+ 6 000
1) Vorsteuer	+ 480	3) Umsatzsteuer	+ 8 000
2) Girokonto	− 18 000		
3) Warenbestand	− 20 000		
3) Forderungen aus L+L	+ 58 000		
Summe Aktivbuchungen	**+ 17 000**	**Summe Passivbuchungen**	**+ 14 000**

Im Gegensatz zu den reinen Bestandsbuchungen heben sich Vermögensmehrungen und Vermögensminderungen nicht auf. Da die Bilanz jedoch im Gleichgewicht bleiben muss, können die Gegenbuchungen nur beim Kapital erfolgen. Dies ist auch folgerichtig: das Kapital gibt den Bestand des Betriebsvermögens wieder. Vermögensmehrungen oder -minderungen senken oder steigern also das Kapital. Die Vorgänge haben also das Betriebsvermögen um 3000 EUR erhöht; diese Vermögensmehrung ist nach der Definition des § 4 EStG der Gewinn. 193

Anlagevermögen		Kapital	
		Gewinn	+ 3000
Umlaufvermögen		**Verbindlichkeiten**	
1) Girokonto	− 3480	2) Verb. Lohnnebenkosten	+ 6000
1) Vorsteuer	+ 480	3) Umsatzsteuer	+ 8000
2) Girokonto	− 18 000		
3) Warenbestand	− 20 000		
3) Forderungen aus L+L	+ 58 000		
Summe Aktivbuchungen	**+ 17 000**	**Summe Passivbuchungen**	**+ 17 000**

5. Die Gewinn- und Verlustrechnung

Die Geschäftsvorfälle, die das Betriebsvermögen verändern, werden jedoch nicht auf dem zum Kapital gehörenden Bestandskonto gegengebucht; dort wird erst beim Jahresabschluss der Saldo als Gewinn oder Verlust erfasst. In der Buchführung wird das Kapitalkonto in **Ertrags- und Aufwandskonten** der Gewinn- und Verlustrechnung untergliedert, die zum einen den Erfordernissen des § 275 HGB entsprechen müssen und sich im Übrigen nach den Bedürfnissen des Buchführenden bezüglich der Spezifizierung seiner Buchführung richten. Die in den Beispielen dargestellten Geschäftsvorfälle werden dem gemäß wie folgt gebucht: 194

Miete[19]	3 000	S	Girokonto	3 480	H
Vorsteuer[20]	480	S			

Löhne/Gehälter	10 000	S	Girokonto	10 000	H
Sozialabgaben	8 000				
Lohnsteuer	6 000	S	Verbindlichkeiten	6 000	H

---

[19] Zur besseren Übersicht sind in dieser Darstellung die Erfolgskonten immer kursiv dargestellt
[20] Auch bei der Erfassung von Aufwand und Ertrag werden die Umsatzsteuer und Vorsteuer auf Bestandskonten gebucht, weil die dem Kunden in Rechnung gestellte Umsatzsteuer an das Finanzamt abgeführt werden muss, während die dem Unternehmer in Rechnung gestellte Vorsteuer mit der Umsatzsteuer verrechnet bzw. vom Finanzamt zurückgefordert werden kann. Die **Umsatzsteuer** ist daher beim bilanzierenden Unternehmer **erfolgsneutral**

§ 1 Die Ermittlung des unterhaltsrechtlich relevanten Einkommens

Wareneinsatz[21]	20 000	S	Waren	20 000	H

Forderungen	58 000	S	Erlöse	50 000	H
			Umsatzsteuer	8000	H
					H

195 Wie das Kapital in der Bilanz spiegelbildlich den Gesamtwert des Vermögens darstellt, entspricht der Vermögensänderung im Einzelfall spiegelbildlich die Erfassung des erlöswirksamen Vorgangs außerhalb der Bilanz in der Gewinn- und Verlustrechnung. So geht vom Konto des U die Miete mit 3000 EUR netto ab. Die Buchung des Betrags im Haben des Girokontos mindert dessen Bestand und damit das Betriebsvermögen. Die Gegenbuchung auf dem Erfolgskonto spiegelt diesen Vorgang als Aufwand in dem Erfolgskonto der Gewinn- und Verlustrechnung.[22]

6. Das Privatkonto oder das Variable Kapitalkonto

196 Nicht nur Erträge und Aufwendungen sondern auch Entnahmen und Einlagen verändern das Betriebsvermögen und damit das Kapitalkonto. Um gemäß § 4 Abs. 1 EStG die durch Entnahmen und Einlagen bedingten Kapitalveränderungen von denen zu unterscheiden, die auf Erträge oder Aufwendungen zurückzuführen sind, wird das Kapitalkonto nicht nur in die Konten der Gewinn- und Verlustrechnung untergliedert. Es werden also auch für Privatentnahmen und -einlagen entsprechende Unterkonten gebildet. Beim Einzelunternehmer sind dies die Privatkonten.[23]

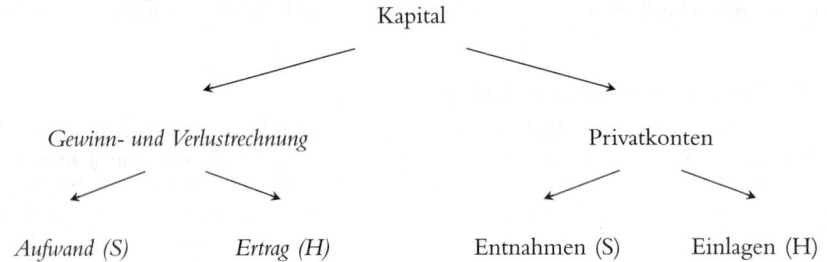

Auch das Privatkonto kann wieder in Unterkonten aufgeteilt werden, vorrangig in Einlagen und Entnahmen, darüber hinaus jedoch in beliebig viele Unterkonten (Rn. 177).

197 a) **Bareinzahlungen und Barauszahlungen**

Beispiel:
1. Um einen finanziellen Engpass zu überbrücken, überweist U von seinem privaten Girokonto 5000 € auf das Geschäftskonto.
2. U hebt vom Geschäftskonto 3000 € für seinen Privatbedarf ab.

Durch die Einlage von 5000 EUR erhöht sich das Guthaben auf dem Geschäftskonto und damit das Betriebsvermögen, während die Entnahme von 3000 EUR das Guthaben und damit das Betriebsvermögen mindert. Da das Kapital spiegelbildlich den Wert des Betriebsvermögens darstellt, verändert sich betragsgleich das Kapital, wie es auch durch die Erträge und Aufwendungen geschieht. Versteht man das Eigenkapital sinnbildlich als Schul-

---
[21] Zum Warenkonto und Wareneinsatz vgl. Rn 238 f.
[22] Die bezahlte Umsatzsteuer wird als Vorsteuer (Forderung gegenüber dem Finanzamt) aktiviert, der Vorgang bleibt erfolgsneutral
[23] Bei Personengesellschaften werden statt dessen Variable Kapitalkonten geführt

3. Abschnitt: Gewinneinkünfte – Einkommensermittlung § 1

den des Betriebs gegenüber seinem Inhaber (Rn. 121), so erhöhen sich diese bei jeder Einlage und verringern sich bei jeder Entnahme. Das **Privatkonto** ist ein **Bestandskonto**. Die Beispielsfälle 1. und 2. werden daher wie folgt erfasst:

| Geschäftskonto | 5000 | S | Privateinlagen | 5000 | H |
| Privatentnahmen | 3000 | S | Geschäftskonto | 3000 | H |

b) Private Nutzung und Entnahme betrieblicher Wirtschaftsgüter[24]   198

Beispiel:
1. U nutzt das betriebliche Telefon auch privat. Er schätzt die auf die privaten Telefonate anfallenden Kosten auf 200 € p. a.
2. U entnimmt einen im Anlagevermögen mit 1000 € erfassten Schreibtisch; der Teilwert zuzüglich Umsatzsteuer beträgt 1392 €.

Der private Kostenanteil wird nicht von den Betriebsausgaben abgezogen sondern mit den Selbstkosten des U als Ertrag erfasst, als ob er diese Leistung – Überlassung des Telefons – an einen Dritten erbracht hätte. Der fiktive Ertrag wird gleichzeitig als Entnahme erfasst, so dass wie folgt zu buchen ist:

| Privatentnahmen | 236 | S | *Unentgeltliche Wertabgabe* | 200 | H |
| | | | Umsatzsteuer | 36 | H |

Die Entnahme ist gemäß § 6 I 4 EStG mit dem **Teilwert** anzusetzen. Das ist gemäß § 6 I 1 3 EStG der Betrag, den ein Erwerber des ganzen Betriebs im Rahmen des Gesamtkaufpreises für das einzelne Wirtschaftsguts ansetzen würde. **Untergrenze** ist der **Einzelveräußerungspreis**, **Obergrenze** für den Teilwert sind die **Wiederbeschaffungskosten**.[25] Die Entnahme unterliegt gemäß § 3 Ib 1 UStG der Umsatzsteuer, so dass sie in der Buchführung wie folgt zu erfassen ist:

Privatentnahmen	1392	S	*Unentgeltliche Wertabgabe*	1200	H
			Umsatzsteuer	192	H
Abgang Anlagevermögen	1000	S	Anlagevermögen	1000	H

U bucht wie bei einer Veräußerung an einen Dritten einen Nettoertrag von 1200 EUR. 199 Diesem steht nur ein Aufwand aus dem Abgang aus dem Anlagevermögen in Höhe von 1000 EUR gegenüber. Die Differenz zwischen dem Buchwert und dem Teilwert des Anlagevermögens – die sogenannte **„Stille Reserve"** – stellt einen steuerpflichtigen Ertrag dar. Der entnommene Gegenstand ist mit dem Teilwert und der zu zahlenden Umsatzsteuer als Privatentnahme zu buchen. U wird also so behandelt, als hätte er einen Bruttoerlös von 1392 EUR erzielt und diesen Betrag seinem Geschäftskonto entnommen, um den Schreibtisch zu diesem Betrag zu erwerben.

7. Entwicklung des Jahresabschlusses aus der Buchführung

Zur Erstellung des Jahresabschlusses werden die während des Geschäftsjahres in der 200 Buchführung erfassten Konten saldiert und nach Bestandskonten und Erfolgskonten getrennt. Die Bestandskonten gehen in die Bilanz ein, die Erfolgskonten in die Gewinn- und Verlustrechnung. In der Bilanz findet man daher nur die durch die Buchungsvorgänge des abgelaufenen Geschäftsjahres geänderten Vermögenswerte, die Änderungsvorgänge selbst verschwinden durch den Abschluss der Konten. Da sie aber spiegelbildlich durch die Gegenbuchungen auf den in die Gewinn- und Verlustrechnung eingegangenen Erfolgskonten

---

[24] Einzelheiten dazu in Rn. 240 ff.
[25] Schmidt/Kulosa § 6 Rn. 252 und 254

erfasst worden sind, kann man die Vermögensveränderungen dort erfasst und saldiert nach den verursachenden Geschäftsvorfällen entnehmen.

Wenn – was in aller Regel der Fall ist – die Erträge sowie die dadurch verursachten Vermögensmehrungen einerseits und die Aufwendungen und die dadurch bedingten Vermögensminderungen andererseits sich nicht decken, so ergibt sich als Differenz der Gewinn oder Verlust. Da wiederum alle auf den Erfolgskonten erfassten und in die Gewinn- und Verlustrechnung eingegangenen Erträge den auf den Bestandskonten erfassten Vermögensmehrungen entsprechen, während alle auf den Erfolgskonten erfassten und in die Gewinn- und Verlustrechnung eingegangenen Aufwendungen den auf den Bestandskonten erfassten Vermögensminderungen entsprechen ist die Differenz in der Bilanz und in der Gewinn- und Verlustrechnung betragsmäßig gleich.

201 Der Zusammenhang zwischen Vorjahresbilanz, Buchführung, Gewinn- und Verlustrechnung und Schlussbilanz lässt sich so darstellen:

Die Vermögensmehrungen (= Bestand) im Soll werden als Ertrag (= Gewinn- und Verlustrechnung) im Haben, Vermögensminderungen (= Bestand) im Haben werden als Aufwand (= Gewinn- und Verlustrechnung) im Soll gebucht.

V. Die steuerliche Behandlung des Anlagevermögens

1. Definition

202 Das Steuerrecht unterscheidet zwischen **Umlaufvermögen** und **Anlagevermögen**. Während das Umlaufvermögen selbst Gegenstand der betrieblichen Tätigkeit – Anschaffung und Veräußerung beim Handelsbetrieb bzw Anschaffung, Verarbeitung und Veräußerung beim Werkunternehmen – darstellt, dient das Anlagevermögen dem eigentlichen Betriebszweck. Lediglich diese Kriterien sind für die Unterscheidung von Umlauf- und Anlagevermögen von Bedeutung. Selbst **gleichartige Wirtschaftsgüter** können in ein- und demselben Betrieb **einmal Umlaufvermögen, ein andermal Anlagevermögen** sein.

Beispiel:
K ist selbstständiger Fahrzeugmechaniker. Er betreibt eine Werkstatt und befasst sich außerdem mit der Anschaffung und Veräußerung von Gebrauchtfahrzeugen. Zu seinem Betriebsvermögen gehört u. a. ein Kleinlastwagen, den K für den Einkauf von Ersatzteilen, etc. einsetzt. Außerdem hat er 20 Fahrzeuge gebraucht erworben, instandgesetzt und zum Zwecke der Weiterveräußerung bereitgestellt.

3. Abschnitt: Gewinneinkünfte – Einkommensermittlung § 1

Der Kleinlastwagen gehört zum Anlagevermögen; alle übrigen Fahrzeuge sind Umlaufvermögen.

Beispiel:
Der Immobilienmakler M betreibt sein Büro in einem ausschließlich zu diesem Zweck genutzten Reihenhaus. Neben der Vermittlung von Immobilienkaufverträgen erwirbt M Wohneigentum in Versteigerungen, um es weiterzuveräußern. Gegenwärtig befinden sich aus solchen Geschäften in seinem Betriebsvermögen zwei Eigentumswohnungen.

Das Reihenhaus, in dem M sein Büro betreibt, dient der Ausübung seines Berufes und ist deshalb Anlagevermögen. Die beiden Eigentumswohnungen sind Objekte seiner Tätigkeit – Ankauf und Verkauf von Immobilien – und somit Umlaufvermögen.

Die Unterscheidung ist deshalb von Bedeutung, weil Anlagevermögen und Umlaufvermögen bei der Gewinnermittlung und bei der Ermittlung des unterhaltsrechtlichen Einkommens unterschiedlich behandelt werden.

2. Arten des Anlagevermögens

Das Steuerrecht unterscheidet zwischen   203
- beweglichem und unbeweglichem Anlagevermögen
- abnutzbarem und nicht abnutzbarem Anlagevermögen.

Unbewegliches Anlagevermögen sind Grundstücke und Gebäude, die im Gegensatz zum Zivilrecht nicht als einheitlicher Gegenstand angesehen werden sondern unterschiedlich zu behandeln sind. Sogar einzelne Gebäudeteile können bei unterschiedlicher Nutzung selbstständige Wirtschaftsgüter sein.

Beispiel:
R kauft ein Grundstück und errichtet darauf ein Wohn- und Geschäftshaus. Im Erdgeschoss richtet er seine Anwaltskanzlei ein, im gleich großen Obergeschoss befindet sich seine Familienwohnung.

Das erste Geschoss des Hauses ist abnutzbares unbewegliches Anlagevermögen; das Obergeschoss gehört zum Privatvermögen. Das Grundstück ist hälftig unbewegliches nicht abnutzbares Anlagevermögen und hälftig Privatvermögen. Erträge und Aufwendungen sind entsprechend steuerbar dem Betrieb oder steuerfrei dem privaten Bereich zuzurechnen.

3. Anschaffungskosten in der Bilanz[26]

Bei der Gewinnermittlung durch Betriebsvermögensvergleich ist der Zufluss und Abfluss   204
von Geldmitteln ohne Bedeutung. Die Anschaffung eines Wirtschaftsguts[27] hat keinen Einfluss auf den Gewinn; sie schlägt sich daher nicht in der Gewinn- und Verlustrechnung nieder. Dem durch die Anschaffung des neuen Wirtschaftsguts verursachten Mehrwert des Anlagevermögens steht eine Minderung des Geldvermögens gegenüber.

In der Buchführung stellt sich die Anschaffung eines Lkw so dar:

| Kraftfahrzeuge | 45 000 | S | Bank | 45 000 | H |

Dem Zuwachs im Anlagevermögen (Kraftfahrzeuge im Soll) steht ein Abgang im Umlaufvermögen (Girokonto im Haben) gegenüber, das Betriebsvermögen ändert sich also nicht. Dies gilt auch, wenn die Anschaffung aus einem Kredit finanziert wird:

| Kraftfahrzeuge | 45 000 | S | Verbindlichkeiten | 45 000 | H |

Aktiva und Passiva erhöhen sich durch den Anschaffungsvorgang in gleichem Umfang. Die Gewinn- und Verlustrechnung wird weder durch die Anschaffung noch durch die

---

[26] Die Umsatzsteuer bleibt bei den nachfolgenden Ausführungen unberücksichtigt, da sie sich auf die maßgeblichen Probleme nicht auswirkt
[27] Steuerrechtliche Bezeichnung vgl. § 6 EStG

Bezahlung oder Finanzierung des Kaufpreises berührt. Erst die **Wertminderung** des angeschafften Wirtschaftsgutes ändert den Bestand des Betriebsvermögens. Dieser Änderung in der Bilanz entspricht die Abschreibung oder Absetzung für Abnutzung in der Gewinn- und Verlustrechnung.

4. Absetzung für Abnutzung in der Bilanz und der Gewinn- und Verlustrechnung

205   Der Begriff „**Abschreibung**" stammt aus dem Bilanzrecht des HGB, wo es in § 253 I 1 heißt:

> „*Vermögensgegenstände sind höchstens mit den Anschaffungs- oder Herstellungskosten, vermindert um die Abschreibungen nach den Absätzen 2 und 3 anzusetzen.*"

Die Handelsbilanz soll zum maßgeblichen Stichtag, insbesondere zum Ende eines Wirtschaftsjahres, den Wert des Handelsunternehmens für den Unternehmer selbst, insbesondere aber auch für Kreditgeber, Geschäftspartner und Anteilseigner darstellen. Da der Wertansatz zum Schutz der Gläubiger gemäß § 252 I Nr. 4 HGB vorsichtig zu erfolgen hat, die Wirtschaftgüter also keinesfalls überbewertet werden dürfen,[28] müssen nutzungs- und alterungsbedingte, aber auch technische Wertminderungen der ursprünglich mit den Anschaffungskosten bilanzierten Wirtschaftsgüter durch angemessene Abschläge, eben die „Abschreibungen" korrigiert werden.

206   Die dem § 252 HGB entsprechende Bewertungsvorschrift des Bilanzsteuerrechts findet sich in § 6 EStG. Danach sind Wirtschaftsgüter des Anlagevermögens, die der Abnutzung unterliegen, mit den Anschaffungs- oder Herstellungskosten vermindert um die **Absetzung für Abnutzung** anzusetzen. Anstelle des Begriffs der Abschreibung ist also bei abnutzbaren Wirtschaftsgütern von der „Absetzung für Abnutzung" die Rede, die unter der Abkürzung „**AfA**" geläufiger ist.

Im EStG finden sich ausführliche Regelungen zur AfA. In § 7 EStG werden aufgeführt:[29]
– in Abs. 1 Satz 1 bis 3 die lineare AfA,
– in Abs. 1 Satz 5 die AfA nach Maßgabe der Leistung,
– in Abs. 1 Satz 6 die AfA für außergewöhnliche technische oder wirtschaftliche Abnutzung,
– in Abs. 2 die degressive AfA.[30]

207   Auch der Ansatz der für die Höhe der Jahres-AfA maßgeblichen **betriebsgewöhnlichen Nutzungsdauer** ist nicht in das Belieben des Steuerpflichtigen gestellt, sondern in vom Bundesministerium der Finanzen herausgegebenen AfA-Tabellen[31] geregelt. Diese sind für die AfA ausnahmsweise nicht maßgeblich, wenn im Einzelfall der Steuerpflichtige geltend macht, dass in seinem Betrieb die betriebsgewöhnliche Nutzungsdauer auf Grund höherer Beanspruchung des Wirtschaftsguts geringer ist. Änderungen der in den Tabellen geregelten Nutzungsdauer erfolgen mit genereller Wirkung aus technischen[32] oder steuerlichen[33] Gründen.

Beispiel:
U macht geltend, eine mit der betriebsgewöhnlichen Nutzungsdauer von 12 Jahren in der AfA-Tabelle verzeichnete Maschine werde bei ihm im Dreischichtbetrieb 24 Stunden täglich eingesetzt. Die Nutzungsdauer betrage deshalb nur vier Jahre.

Die Erfassung der Wertminderung in den Bestandsbuchungen erfolgt durch Buchung im Haben, also auf der Passivseite. Die Gegenbuchung wird auf dem Erfolgskonto „Absetzung

---

[28] Näheres siehe Baumbach/Hopt/Merkt § 252 Rn. 10
[29] Sonderregeln gelten gemäß § 7 Abs. 4 und 5 EStG für Gebäude. Gemäß §§ 7 g bis i EStG können in bestimmten Fällen Sonderabschreibungen vorgenommen werden
[30] Für Anschaffungen bis 31. 12. 2007 und vom 1. 1. 2009 bis 31. 12. 2010
[31] Die Tabellen enthalten aufgegliedert nach einer Vielzahl von Gewerbebetrieben verbindliche Regeln für die Nutzungsdauer der dort verwendeten Wirtschaftsgüter. Alle Tabellen im Internet unter http://www.urbs.de/afa/home.htm
[32] Z. B. Verkürzung der AfA für Computer auf drei Jahre
[33] Z. B. Verlängerung der Nutzungsdauer langlebiger Wirtschaftsgüter durch die Steuerreform zum 1. 1. 2001

für Abnutzung" im Soll vorgenommen. Bei einer betriebsgewöhnlichen Nutzungsdauer von neun Jahren gemäß der amtlichen AfA-Tabelle ergibt sich für den LKW (Rn. 204) in jedem vollen Kalenderjahr:[34]

| AfA Kraftfahrzeuge | 5000 | S | Kraftfahrzeuge | 5000 | H |

Die im Haben erfasste Wertminderung wird mit dem Bestand saldiert und verringert das Betriebsvermögen beim Jahresabschluss in der Bilanz. Die Buchung der AfA wird als Aufwand in der Gewinn- und Verlustrechnung erfasst. Nach der **Wertverzehrthese** (Rn. 263)[35] wird die AfA als Wertverzehr und dieser als betrieblicher Aufwand deklariert. **208**

5. Lineare AfA

Die Grundregeln der steuerlichen AfA finden sich in § 7 EStG. Es heißt dort in Abs. 1: **209**

„Bei Wirtschaftsgütern, deren Verwendung oder Nutzung durch den Steuerpflichtigen zur Erzielung von Einkünften sich erfahrungsgemäß auf einen Zeitraum von mehr als einem Jahr erstreckt, ist jeweils für ein Jahr der Teil der Anschaffungs- oder Herstellungskosten abzusetzen, der bei gleichmäßiger Verteilung dieser Kosten auf die Gesamtdauer der Verwendung oder Nutzung auf ein Jahr entfällt (Absetzung für Abnutzung in gleichen Jahresbeträgen). Die Absetzung bemisst sich hierbei nach der betriebsgewöhnlichen Nutzungsdauer des Wirtschaftsgutes."

Diese Methode wird als lineare Abschreibung bezeichnet. Die jährliche AfA bemisst sich für die gesamte Nutzungsdauer mit einer gleich bleibenden Quote der Anschaffungskosten. Die AfA und der jeweilige Restwert stellen sich bei einem Anfang des Jahres 01 für 10 000 EUR angeschafften Wirtschaftsgut mit einer Nutzungsdauer von 10 Jahren wie folgt dar:

Jahr	AfA (Gewinn- und Verlustrechnung)	Restwert (Bilanz)
01	1000 EUR	9000 EUR
02	1000 EUR	8000 EUR
usw.	usw.	usw.
08	1000 EUR	2000 EUR
09	1000 EUR	1000 EUR
10	1000 EUR	0 EUR

Für Gebäude gab und gibt es Sonderregeln: Nach § 7 IV EStG gilt für Gebäude, die zu einem Betriebsvermögen (Rn. 236) gehören und nicht Wohnzwecken dienen und für die der Bauantrag nach dem 31. 3. 1985 gestellt worden ist, eine jährliche lineare AfA von 3%.[36] Wenn diese Voraussetzungen nicht vorliegen, beträgt die AfA 2% pro Jahr. **210**

6. Degressive AfA

Die degressive AfA gibt es nur für vor dem 1. 1. 2008 und zwischen dem 31. 12. 2008 und dem 1. 1. 2011 angeschaffte Wirtschaftsgüter. Die in diesen Zeiträumen angeschafften Wirtschaftsgüter können linear oder degressiv abgeschrieben werden. Während die lineare AfA auch bei Überschusseinkünften (z. B. Vermietung, Nichtselbstständige Tätigkeit) möglich ist, gab es die **degressive Abschreibung nur bei den Gewinneinkünften** (Land- und Forstwirtschaft, Gewerbebetrieb, Selbstständige Arbeit). Die Definition findet sich in § 7 II EStG: **211**

*„Bei **beweglichen Wirtschaftsgütern des Anlagevermögens** kann der Steuerpflichtige statt der Absetzung für Abnutzung in gleichen Jahresbeträgen die Absetzung für Abnutzung in fallenden Jahresbeträgen bemessen."*

---

[34] Jahr der Anschaffung monatlich zeitanteilig
[35] Schmidt/Kulosa EStG § 7 Rn. 3
[36] Bis 2000: 4%

§ 1 Die Ermittlung des unterhaltsrechtlich relevanten Einkommens

Die degressive AfA errechnet sich mit einem **festen Prozentsatz vom jeweiligen Wert** beim Beginn der AfA-Periode, also den Anschaffungskosten im ersten, dem jeweiligen Restbuchwert in den folgenden Jahren; der Prozentsatz durfte höchstens das Dreifache der linearen AfA-Rate und 30% betragen.[37] Zu dem Zeitpunkt, zu dem die lineare Abschreibung auf der Basis des vorhandenen Restwertes und der Restnutzungsdauer günstiger wird, kann auf die lineare Abschreibung übergegangen werden (§ 7 III EStG). Tabellarisch ergibt sich gegenüber dem vorangehenden Beispiel:

Jahresende	AfA linear	AfA 20% degressiv	Restwert Linear	Restwert – degressiv
01	1000 EUR	2000 EUR	9000 EUR	8000 EUR
02	1000 EUR	1600 EUR	8000 EUR	6400 EUR
03	1000 EUR	1280 EUR	7000 EUR	5120 EUR
04	1000 EUR	1024 EUR	6000 EUR	4096 EUR
05	1000 EUR	819 EUR	5000 EUR	3277 EUR
06	1000 EUR	655 EUR	4000 EUR	2622 EUR
07	1000 EUR	655 EUR	3000 EUR	1967 EUR
08	1000 EUR	655 EUR	2000 EUR	1312 EUR
09	1000 EUR	655 EUR	1000 EUR	657 EUR
10	1000 EUR	657 EUR	0 EUR	0 EUR
	10 000 EUR	10 000 EUR		

Degressive AfA-Raten sind **in den ersten vier Jahren höher, danach niedriger** als bei der linearen AfA.[38] Der linearen und der degressiven AfA ist gemeinsam, dass sie über die Dauer der betriebsgewöhnlichen Nutzungsdauer den steuerlichen Wert des abnutzbaren Anlagemögens Jahr für Jahr verringern und als Betriebsausgaben abzugsfähig sind, bis die Summe der AfA-Beträge die Anschaffungskosten kompensiert hat.

Die degressive AfA ist zum Teil sachbezogen, da nicht wenige Wirtschaftsgüter gerade zum Anfang der Nutzungsdauer überdurchschnittlich an Wert verlieren. In erster Linie stellt sie eine steuerliche Vergünstigung dar, die dem Unternehmer die Anschaffung neuer Wirtschaftsgüter erleichtern und damit die Wirtschaft allgemein fördern soll. Sie ist daher wiederholt zum Gegenstand von Gesetzesänderungen geworden. Während sie bis 2000 das Dreifache der linearen AfA, höchstens 30% der Anschaffungskosten betrug, betrug der Höchstsatz von 2001 bis 2005 das Zweifache bzw 20% der Anschaffungskosten, um dann in 2006 und 2007 auf die ursprünglichen Sätze zurückzukehren. Für Anschaffungen nach dem 31. 12. 2007 gibt es keine degressive AfA mehr:[39]

212 Für **Gebäude** gab es **bis 2005** in § 7 V EStG **unterschiedliche Sonderregelungen** für die degressive AfA, die ausschließlich der Subvention dienten. Angesichts der Nutzungsdauer von Gebäuden sind ist die degressive AfA für vor diesem Stichtag angeschaffte Gebäude noch zu beachten. Nur für nach dem 31. 12. 1995 angeschaffte Gebäude liegt die jährliche AfA zurzeit noch über der linearen AfA.

7. Sonderabschreibungen, und Investitionsabzugsbetrag

213 a) **Sonderabschreibungen.** Sonderabschreibungen sind auf Grund unterschiedlicher steuerlicher Vorschriften möglich. Sie sind gemäß § 7 a VIII EStG nur zulässig, wenn die

---

[37] Für vom 1. 1. 2001 bis 31. 12. 2007 angeschaffte Wirtschaftsgüter das Zweifache und 20%
[38] Der Zeitpunkt hängt von der jeweiligen Nutzungsdauer ab
[39] Abgesehen von der Sonderregelung vom 1. 1. 2009 bis 31. 12. 2010

3. Abschnitt: Gewinneinkünfte – Einkommensermittlung § 1

Wirtschaftsgüter in ein besonderes, **laufend zu führendes Verzeichnis** aufgenommen werden, das den Tag der Anschaffung oder Herstellung, die Anschaffungs- oder Herstellungskosten, die betriebsgewöhnliche Nutzungsdauer und die Höhe der Sonderabschreibungen enthält, soweit dies nicht bereits aus der Buchführung ersichtlich ist. Am meisten werden die Sonderabschreibungen zur Förderung kleiner und mittlerer Betriebe nach § 7 g V EStG in Anspruch genommen.

Nach dieser Vorschrift können bei beweglichen Wirtschaftsgütern[40] des Anlagevermögens unter bestimmten Voraussetzungen im Jahr der Anschaffung oder Herstellung und in den folgenden vier Jahren neben der linearen oder degressiven Abschreibung Sonderabschreibungen bis zu insgesamt 20% der Anschaffungs- oder Herstellungskosten vorgenommen werden.

Beispiel:
Der Unternehmer U, der die Voraussetzungen des § 7 g EStG erfüllt, hat im Jahr 01 eine neue Maschine für 100 000 € angeschafft, nachdem sich auf Grund eines außergewöhnlichen Auftrags ein überdurchschnittlicher Gewinn abgezeichnet hat. Nach der maßgeblichen AfA-Tabelle beträgt die betriebsgewöhnliche Nutzungsdauer der Maschine 5 Jahre, die jährliche AfA bei linearer Absetzung also 20%. U nimmt daneben die Sonderabschreibung nach § 7 g EStG gleich ersten Jahr voll in Anspruch.

Jahr	lineare AfA	AfA § 7 g EStG	Jahres-AfA
01	20 000 €	20 000 €	40 000 €
02	20 000 €		
03	20 000 €		
04	20 000 €		
05	0		

U kann die Sonderabschreibung jedoch auch anders verteilen, z. B.:

Jahr	lineare AfA	AfA § 7 g EStG	Jahres-AfA
01	20 000 EUR	10 000 EUR	30 000 EUR
02	20 000 EUR	8000 EUR	28 000 EUR
03	20 000 EUR	0 EUR	20 000 EUR
04	20 000 EUR	2000 EUR	22 000 EUR
05	0		

Durch die Inanspruchnahme der Sonderabschreibung sind bereits nach dem vierten Jahr der fünfjährigen Nutzungsdauer alle Anschaffungskosten abgeschrieben, es ist also für das fünfte Jahr keine AfA mehr einkommens- und steuermindernd anzusetzen. Auch bei Inanspruchnahme der Sonderabschreibung kann das Wirtschaftsgut insgesamt nur zu 100% abgesetzt werden. Der **Vorteil** liegt in dem durch die **Verschiebung der anteiligen Steuerlast** bedingten Liquidität und dem Zinsvorteil.

Wird die Sonderabschreibung neben der degressiven AfA in Anspruch genommen, so mindert sie das für das folgende Jahr zur Verfügung stehende AfA-Volumen.

Beispiel:
Bei einem zum Jahresbeginn 2005 für 10 000 € neu angeschafften Wirtschaftsgut mit zehnjähriger Nutzungsdauer konnten im ersten Jahr die degressive AfA mit 20% und die Sonderabschreibung bis zu weiteren 20% abgesetzt werden. Die AfA im zweiten Jahr errechnet sich mit 20% aus 10000 € – 2000 € –2000 €, also 12% der ursprünglichen Anschaffungskosten.

---

[40] Bei Anschaffungen bis 31. 12. 2007 nur für neue Wirtschaftsgüter

§ 1 Die Ermittlung des unterhaltsrechtlich relevanten Einkommens

Bis 2007 konnte die Sonderabschreibung nach § 7 g EStG nur in Anspruch genommen werden, wenn zuvor für das angeschaffte Wirtschaftsgut eine **Ansparrücklage** gebildet worden war.[41] Diese Einschränkung ist inzwischen weggefallen, da der an die Stelle der Ansparrücklage getretene Investitionskostenabzugsbetrag (Rn. 214) keine Voraussetzung für die Sonderabschreibung mehr ist sondern neben dem Investitionskostenabzugsbetrag geltend gemacht werden kann.

214 **b) Investitionsabzugsbetrag.** Seit dem 1. 1. 2008 Steuerpflichtige nach § 7 g EStG einen Investitionsabzugsbetrag[42] in Anspruch nehmen. Die Investitionsfrist beträgt drei Jahre; der Abzugsbetrag kann auch für gebrauchte Wirtschaftsgüter in Anspruch genommen werden. Im Gegensatz zur früheren Ansparrücklage erfolgt die Abwicklung außerhalb der Bilanz. Der Investitionskostenabzug beeinflusst daher nicht den im Jahresabschluss ausgewiesenen steuerlichen Gewinn sondern wird separat steuermindernd erfasst.

Wenn die begünstigte Investition nicht erfolgt wird der Investitionskostenabzug rückgängig gemacht. Es erfolgt also keine Auflösung ex nunc mit Verzinsung der nachzuzahlenden Steuern sondern eine Änderung des früheren Steuerbescheids ex tunc mit verzinster Nachversteuerung. Damit besteht nicht mehr die Möglichkeit, die Versteuerung von Gewinnspitzen in ein späteres schlechtes Jahr zu verschieben.

Beispiel:
U hat im Jahr 01 aufgrund außergewöhnlich guter Umsätze einen zu versteuernden Jahresgewinn von 80 000 € gegenüber dem Durchschnitt von rund 40 000 €. Da ein Teil der Umsätze auf vorgezogenen Investitionen von Stammkunden beruht, reduzieren sich die Gewinne in 02 und 03 auf 30 000 €. U nimmt für zwei Wirtschaftsgüter Investitionsabzüge von je 20 000 € in Anspruch die er mit je 20 000 € in den beiden folgenden Jahren – Jahresgewinn wieder auflöst.

Durch den Investitionsabzug reduziert er seinen zu versteuernden Gewinn in 01 auf 40 000 EUR. Aufgrund der späteren Auflösung wird der Gewinn 01 durch die späteren Berichtigungen so versteuert, als hätte er den Abzug nie in Anspruch genommen. Er zahlt außerdem 6% Zinsen auf die Steuern. Eine Ansparrücklage nach altem Recht hätte die Gewinne von 02 und 03 erhöht, so dass die progressionsbedingten (Rn. 924) Mehrsteuern erheblich vermindert worden wären.

Erfolgt die Investition planmäßig, so kann der Abzugsbetrag im Ergebnis gewinnneutral auf die Anschaffungskosten übertragen werden. Damit reduziert sich die Bemessungsgrundlage für die AfA: nur 60% der Anschaffungskosten bleiben abzuschreiben. Das gilt nach § 7 g II EStG auch für die Sonderabschreibung, die also neben dem Investitionskostenabzug abgesetzt werden kann.

Beispiel:
U beabsichtigt, im Jahr 04 eine Maschine für 100 000 € anzuschaffen. Er kann im Jahr 01 einen Investitionskostenabzugsbetrag von 40 000 € gewinnmindernd in Anspruch nehmen. Bei der Anschaffung im Jahr 04 ist der Investitionskostenabzugsbetrag gewinnerhöhend aufzulösen, jedoch können gleichzeitig die Anschaffungskosten um denselben Betrag gewinnmindernd abgesetzt werden. Für die AfA stehen damit nur noch 60 000 €, bei zehnjähriger Nutzungsdauer also eine jährliche AfA von 6000 € – im Jahr der Anschaffung ggfs. zeitanteilig – zur Verfügung. Bei Inanspruchnahme der Sonderabschreibung (Rn. 213) kommen im Jahr der Anschaffung und den folgenden vier Jahren noch einmal bis zu insgesamt 12 000 € dazu.

Bevor das Wirtschaftsgut angeschafft ist, können 40% der Anschaffungskosten vom Gewinn abgesetzt werden, dazu kommen im Anschaffungsjahr bis zu 18%.

8. Sofortabschreibung bei geringwertigen Wirtschaftsgütern

215 Die gesetzlichen Bestimmungen für die ratenweise Absetzung für Abnutzung gelten zunächst unabhängig von der Höhe der Anschaffungs- oder Herstellungskosten. Aus Gründen der Vereinfachung können jedoch selbstständig nutzbare Wirtschaftsgüter des Anlagevermögens bei Anschaffungskosten bis zu 410 EUR gemäß § 6 Abs. 2 EStG im Jahr der

---

[41] Da die Ansparrücklagen spätestens 2009 aufgelöst werden mussten, wird auf eine Darstellung an dieser Stelle verzichtet
[42] Wegen der bis Ende 2007 möglichen Ansparrücklage wird auf die Vorauflage Rn. 1/157 verwiesen

3. Abschnitt: Gewinneinkünfte – Einkommensermittlung § 1

Anschaffung vollständig abgeschrieben werden.[43] Jedoch ist in diesem Fall ein Verzeichnis zu führen. Das Verzeichnis ist nicht erforderlich, wenn die notwendigen Angaben aus der Buchführung ersichtlich sind.

Wirtschaftsgüter mit Anschaffungskosten von über **150 EUR bis zu 1000 EUR** können in einen **Sammelposten** eingestellt werden, der im Jahr der Anschaffung und den vier folgenden Jahren mit jeweils 20% aufgelöst wird. Bei vorzeitigem Ausscheiden eines Wirtschaftsguts ändert sich die Absetzung nicht: es bleibt bei der pauschalen fünfjährigen Abschreibung, obwohl das Wirtschaftsgut nicht mehr vorhanden ist. 216

9. Veräußerungserlöse

Im Gegensatz zur Anschaffung kann die Veräußerung bei der Gewinnermittlung durch Betriebsvermögensvergleich zu steuerlich relevanten Gewinnen oder Verlusten führen, da der Veräußerungserlös in der Regel nicht mit dem in der letzten Bilanz erfassten Wert, dem sogenannten Buchwert übereinstimmt. Die jährlich als AfA gewinnmindernd erfasste Wertminderung ist pauschaliert; auch bei zufällig der tatsächlich eingetretenen Wertminderung entsprechender AfA bestimmt das Verkaufsgeschick des Steuerpflichtigen und die Marktlage den Veräußerungserlös. 217

Beispiel:
Der Unternehmer hat einen für 30 000 € angeschafften Pkw linear mit 16,67% p. a. abgesetzt; der Buchwert beträgt, als U den Pkw nach drei Jahren verkauft, noch 15 000 €. Er erzielt beim Verkauf einen Erlös von 20 000 €.[44]

Die Gewinnauswirkung zeigt sich am einfachsten in der entsprechenden Buchung:[45]

Girokonto	20 000	S	Kraftfahrzeuge	15 000	H
			Gewinn	*5000*	H

Das Vermögen erhöht sich um 20 000 EUR durch den Geldzufluss und verringert sich um 15 000 EUR durch Verkleinerung des Pkw-Bestandes. Die Differenz ergibt den Gewinn in der Bilanz. In der Buchhaltung wird häufig auch der gesamte Erlös als Ertrag verbucht; dann wird der Abgang des Wirtschaftsgutes ebenfalls erfolgswirksam als Aufwand erfasst, so dass im Ergebnis derselbe Gewinn herauskommt:

Girokonto	20 000	S	*Erlös aus Veräußerung von Anlagevermögen*	*20 000*	H
Abgang von Anlagevermögen	*15 000*	S	Kraftfahrzeuge	15000	H

In der Bilanz erhöht sich das Guthaben um 20 000 EUR, der Fahrzeugbestand verringert sich um 15 000 EUR; die Änderung des Betriebsvermögens beträgt + 5000 EUR. In der Gewinn- und Verlustrechnung wird ein Ertrag von 20 000 EUR und ein Aufwand von 15000 EUR erfasst, was per Saldo ebenfalls einen Gewinn von 5000 EUR ergibt.

Beispiel:
Wie vor, jedoch erzielt U beim Verkauf nur 10 000 €.

Dieser Fall ist in der Buchführung wie folgt zu erfassen:

Girokonto	10 000	S	Kraftfahrzeuge	15 000	H
Verlust	*5000*	S			H

Die Differenz der Vermögensmehrung durch den Verkaufserlös zum Buchwert des abgegebenen Fahrzeugs wird als Aufwand gewinnmindernd erfasst. Saldiert man beide Positionen, also die AfA über die gesamte tatsächliche Nutzungsdauer und den Veräußerungs-

---

[43] Schmidt/Kulosa EStG § 6 Rn. 592 ff.
[44] Die Umsatzsteuer wird in diesem Beispiel vernachlässigt
[45] Zum besseren Verständnis ist die Buchung gekürzt dargestellt

§ 1   Die Ermittlung des unterhaltsrechtlich relevanten Einkommens

gewinn bzw. Verlust, so hat sich von der Anschaffung bis zum Verkauf der genaue wirtschaftliche Wertverlust **steuermindernd** ausgewirkt.

	Ausgangsfall	Variante
Anschaffungskosten	30 000 EUR	30 000 EUR
Veräußerungserlös	− 20 000 EUR	− 10 000 EUR
Aufwand	**10 000 EUR**	**20 000 EUR**
AfA	− 15 000 EUR	− 15 000 EUR
Gewinn/Verlust	+ 5000 EUR	− 5000 EUR
Aufwand	**10 000 EUR**	**20 000 EUR**

218   Auch bei nicht abnutzbaren Wirtschaftsgütern können durch die Veräußerung steuerpflichtige Erlöse entstehen, wenn der Veräußerungserlös wegen eines besonders günstigen Kaufpreises oder zwischenzeitlicher Wertsteigerung über den Anschaffungskosten liegt.

Beispiel:
1. U hat in einer Zwangsversteigerung ein Grundstück für 175 000 € zzgl. 5000 € Erwerbsnebenkosten erworben. Da er es entgegen seiner ursprünglichen Planung nicht benötigt, verkauft er es nach neun Monaten zum tatsächlichen Verkehrswert von 250 000 €.
2. U hat eine Lizenz für die Herstellung und den Verkauf einer Software für 10 000 € erworben. Durch eine gute Markteinführung werden ihm für die Lizenz ein Jahr später 60 000 € geboten, als er sie wegen einer betrieblichen Umstrukturierung zum Verkauf anbietet.

Im Fall 1) sind die den Buchwert von 180 000 EUR übersteigenden 70 000 EUR, im Fall 2) 50 000 EUR steuerpflichtige Veräußerungsgewinne. Die Differenz zwischen Veräußerungserlös und Buchwert bezeichnet man als **Stille Reserven,** die beim Abgang aus dem Betriebsvermögen **aufgedeckt** und versteuert werden. Im Ergebnis stellt daher immer die Differenz zwischen den Anschaffungs- bzw. Herstellungskosten und dem Veräußerungserlös den steuermindernden Aufwand oder den zu versteuernden Ertrag dar, gleichgültig ob und in welcher Höhe zwischenzeitlich abgeschrieben wurde.

10. Finanzierung

219   Die Aufnahme und die Tilgung von Krediten ist steuerlich irrelevant, da sie sich ausschließlich auf der Vermögensebene abspielt. Sie beeinflusst daher den Gewinn nicht. Nur die Zinsen sind als Aufwand steuerlich relevant. Bei Annuitätendarlehen sind daher bereits in der Buchführung Zins- und Tilgungsanteil auseinander zu halten.

Beispiel:
U nimmt am 31. 12. einen Kredit von 10 000 € auf, der mit 8% p. a. zu verzinsen und in 36 zum Monatsende fälligen gleich bleibenden Raten in Höhe von 313,36 € zurückzuzahlen ist. Der Kredit wird auf das betriebliche Girokonto ausgezahlt; von diesem Konto werden die monatlichen Annuitäten abgebucht.

Die Kreditaufnahme wird wie folgt gebucht:

Girokonto	10 000	S	Langfr. Verbindlichkeit	10 000	H

Die monatlichen Raten sind in Zins und Tilgung aufzuteilen:
31. 1.

Langfristige Verbindlichkeit	246,70	S	Girokonto	313,36	H
Zinsen	66,66				

3. Abschnitt: Gewinneinkünfte – Einkommensermittlung   **§ 1**

28. 2.

| Langfristige Verbindlich-keit | 248,34 | S | Girokonto | 313,36 | H |
| Zinsen | 65,02 | | | | |

31. 3.

| Langfristige Verbindlich-keit | 250,00 | S | Girokonto | 313,36 | H |
| Zinsen | 63,36 | | | | |

etc.

Im Jahresabschluss sind die Tilgungen nur aus dem Vergleich zwischen dem Anfangs- und Endbestand zu entnehmen, da die einzelnen Beträge mit dem Anfangsbestand saldiert werden und nur der sich daraus ergebende Endbestand übernommen wird. Die Summe der Zinszahlungen findet sich dagegen in der Gewinn- und Verlustrechnung als Aufwandsposten.

11. Investitionszulagen

Investitionszulagen nach dem Investitionszulagengesetz werden unter im Einzelnen geregelten Voraussetzungen für Investitionen im Fördergebiet[46] gewährt. Nach § 13 InvZulG gehören Investitionszulagen nicht zu den Einkünften im Sinne des Einkommensteuergesetzes. Sie mindern nicht die steuerlichen Anschaffungs- und Herstellungskosten, damit auch nicht die AfA. Das bedeutet, dass die vollen Anschaffungskosten ohne Abzug der Investitionszulage abgeschrieben werden können, ohne dass die Zulage versteuert werden muss.   **220**

Beispiel:
U erhält für die Anschaffung einer Produktionsanlage mit einer betriebsgewöhnlichen Nutzungsdauer von 10 Jahren und Anschaffungskosten von 100 000 € eine **Investitionszulage** nach § 5 InvZulG in Höhe von 12 500 €, bezahlt also 87 500 € selbst.

Dennoch kann er den vollen Kaufpreis von 100 000 EUR absetzen. U erhält daher noch eine Steuerminderung in Höhe seines jährlichen Spitzensteuersatzes bezogen auf die jährliche AfA aus den vom Staat bezahlten 12 500 EUR.

12. Investitionszuschüsse

Zuschüsse für die Anschaffung oder Herstellung von aktivierungspflichtigen Wirtschaftsgütern sind nach Nr. 6.5 der Einkommensteuerrichtlinien 2005 gewinnerhöhend zu erfassen oder als Minderung der Anschaffungs- bzw. Herstellungskosten. Im ersten Fall fließt dem Begünstigten die Steuer über die AfA aus den vollen Anschaffungskosten zurück; im zweiten Fall dürfen sie bei der Absetzung für Abnutzung nicht gewinnmindernd angesetzt werden, da nur die aktivierten Anschaffungskosten abgeschrieben werden können.   **221**

Es können entweder die vollen Anschaffungskosten einschließlich des Investitionszuschusses aktiviert und damit der Zuschuss versteuert werden.[47] Dann werden die vollen Anschaffungskosten über die betriebsgewöhnliche Nutzungsdauer gewinnmindernd abgesetzt.

---

[46] Berlin, Brandenburg, Mecklenburg-Vorpommern, Sachsen, Sachsen-Anhalt und Thüringen
[47] Das Betriebsvermögen vermehrt sich um die vollen Anschaffungskosten und vermindert sich um den tatsächlichen Aufwand. Die Differenz – also der Zuschuss – ist steuerbarer Ertrag

Es können aber auch nur die tatsächlichen Anschaffungskosten aktiviert und abgesetzt werden. Die erste Variante wird in der Regel nur dann gewählt, wenn im Jahr des Zuschusses nur ein sehr geringer Gewinn oder sogar ein Verlust erwirtschaftet wurde, mit dem Zuschuss dann verrechnet werden kann.

Beispiel:
U erhält für die Anschaffung einer Produktionsanlage mit Anschaffungskosten von 100 000 € einen **Investitionszuschuss** von 12 500 €. Hier hat U die Wahl, die vollen Anschaffungskosten zu aktivieren; er kann dann 100 000 € über die Nutzungsdauer anteilig absetzen. Wenn er den Investitionskostenzuschuss steuerfrei bucht, setzt er auch nur 87 500 € ab.

VI. Unterhaltsrechtlich relevante Merkmale der Gewinnermittlung durch Betriebsvermögensvergleich

1. Periodengerechte Gewinnermittlung

222   **a) Grundsatz.** Die wesentlichen und prinzipiellen Merkmale der Bilanz mit Gewinn- und Verlustrechnung bestehen im „Stichtagsprinzip" und der periodengerechten Gewinnermittlung. In der Bilanz werden alle aktiven und passiven Vermögenswerte, die den Wert des Betriebes ausmachen, zum Bilanzstichtag erfasst. Die Bilanz gibt – wenn auch zu steuerlichen Buchwerten – wieder, was ein Käufer des Unternehmens am Bilanzstichtag als Kaufpreis bezahlen würde.

Dem trägt die periodengerechte Gewinnermittlung Rechnung: nicht der Zufluss oder Abfluss von Geldmitteln ist für das Betriebsvermögen maßgeblich sondern die Erhöhung oder Verminderung des Vermögens, die nicht notwendig zeitgleich erfolgen müssen. Ertrag und Aufwand in der Gewinn- und Verlustrechnung decken sich daher nicht notwendig zeitlich mit dem Zufluss von Betriebseinnahmen oder dem Abfluss von Betriebsausgaben.[48]

223   **b) Forderungen und Verbindlichkeiten.** Dementsprechend müssen alle Betriebseinnahmen und Betriebsausgaben bereits bei der Entstehung der ursächlichen Forderungen und Verbindlichkeiten in die Gewinn- und Verlustrechnung aufgenommen werden, auch wenn der Zu- oder Abfluss der Geldmittel bereits vor Beginn oder erst nach Ende des maßgeblichen Geschäftsjahres erfolgt ist. In der Gewinn- und Verlustrechnung ist deshalb auch nicht von Betriebseinnahmen und Betriebsausgaben sondern von **Ertrag** und **Aufwand** die Rede.

Beispiel:
U hat für K ein umfangreiches Gutachten erstellt. Nach Fertigstellung und Übergabe übersendet er am 28. 11. 01 die Ausfertigungen mit einem abschließenden Schreiben und seiner Honorarrechnung über 23 800 € brutto. K bezahlt diese am 20. 1. 02.
Von dem eingegangenen Honorar bezahlt U die Rechnung für die Wartung seiner EDV-Anlage, die Anfang Dezember 01 durchgeführt und am 23. 12. 02 mit 4760 € in Rechnung gestellt wurde.

Wenn U seinen Gewinn nach § 4 I EStG durch Betriebsvermögensvergleich ermittelt, sind sowohl das Honorar als Erlös als auch die erhaltene Rechnung als Aufwand im Jahr 01 zu erfassen, auch wenn die Bezahlung erst im Jahr 02 zu einer Betriebseinnahme bzw Betriebsausgabe führt. Die Leistungen sind in 01 erbracht, die Gegenleistungen werden geschuldet.

Würde U zum 31. 12. 01 seinen Betrieb mit allen Aktiven und Passiven verkaufen, so würde der Käufer die Honorarforderung erwerben und das im Januar 02 zufließende Honorar vereinnahmen dürfen, ohne die dafür ursächliche Leistung noch erbringen zu müssen, wie er andererseits auch die Verbindlichkeit gegenüber dem EDV-Betrieb übernehmen und im Januar begleichen müsste, obwohl der Vorteil nicht mehr ihm zugute kommt. Der Wert des Unternehmens erhöht sich also durch die Forderungen und vermin-

---

[48] Die Begriffe „Betriebseinnahmen" und „Betriebsausgaben" werden hier nur im Sinne des Zu- und Abflusses von Geldmitteln verwendet

dert sich durch die Verbindlichkeiten bereits bei ihrer Entstehung und nicht erst bei der Erfüllung, also dem Zu- oder Abfluss.

Dem gemäß hat U die Forderung als Aktiv-Posten, die Verbindlichkeit als Passiv-Posten in die Bilanz zum 31. 12. 01 einzustellen und das Honorar als Erlös, die Rechnung für die EDV-Wartung als Aufwand in der Gewinn- und Verlustrechnung 02 zu erfassen.

In der Buchführung stellen sich die Bildung von Forderungen und Verbindlichkeiten so dar:

Forderungen	23 200	S	*Erlöse aus Gutachten*	20 000	H
			Umsatzsteuer	3200	H

Instandhaltungskosten	4000	S	Verbindlichkeiten aus Lieferungen und Leistungen	4640	H
Vorsteuer	640	S			

Zum Zeitpunkt des Entstehens der Forderung erfolgt also die Berücksichtigung für Ertrags- und Umsatzsteuer.[49]

Wenn dann später die Zahlungen eingehen bzw geleistet werden, sind diese Vorgänge **erfolgsneutral**, also ohne Gewinnauswirkung zu erfassen. Dies erfolgt durch die **Auflösung** der Forderungen und Verbindlichkeiten:

Girokonto	23 200	S	Forderungen	23 200	H

Verbindlichkeiten	4640	S	Girokonto	4640	H

Wenn die Erfüllung der Forderung und der Verbindlichkeiten nicht in demselben Geschäftsjahr erfolgt, in dem sie gebildet wurden, werden sie beim Jahresabschluss in die Bilanz aufgenommen. Der Ertrag bzw der Aufwand wird dementsprechend in der Gewinn- und Verlustrechnung bereits erfasst, ohne dass der Zufluss oder der Abfluss erfolgt wäre.

c) **Wertberichtigungen.** Der Tatsache, dass sich nicht mit Sicherheit prognostizieren lässt, dass die sich als Ertrag verbuchten Forderungen auch realisieren lassen, trägt das Bilanzrecht dadurch Rechnung, dass Wertberichtigungen gewinnmindernd gebucht werden. Durch **Einzelwertberichtigung** wird eine Forderung korrigiert, die ganz oder teilweise uneinbringlich geworden ist. Durch **Pauschalwertberichtigung** wird der Forderungsbestand zum Ende des Geschäftsjahres verringert, um voraussichtlichen Ausfällen und Beitreibungskosten Rechnung zu tragen. Für deren Höhe ist ein angemessener Durchschnittssatz zu schätzen.[50] Gewinnauswirkung hat nur die Veränderung der Wertberichtigung gegenüber dem Vorjahr. Nur die Vermögensveränderung stellt nach der Definition in § 4 EStG einen Gewinn oder Verlust dar; dies gilt auch für die Gewinnauswirkung einzelner Bilanzposten.

d) **Umsatzsteuer.** Bei der Gewinnermittlung durch Betriebsvermögensvergleich wirken sich umsatzsteuerliche Vorgänge nicht auf den Gewinn aus. Zwar entsteht mit Erbringung und Abrechnung einer umsatzsteuerpflichtigen Leistung eine Forderung in Höhe des Bruttobetrages, gleichzeitig entsteht jedoch gegenüber dem Finanzamt eine Verbindlichkeit in Höhe der vereinnahmten Umsatzsteuer, so dass sich Steuerforderung und -verbindlichkeit aufheben, sich also nur die Nettoforderung auf den Gewinn auswirkt. Dasselbe gilt umgekehrt im Hinblick auf Vorsteuer. Mit Erbringung und Abrechnung einer umsatz-

---
[49] Zur Ist-Versteuerung siehe Rn. 226
[50] Schmidt/Kulosa EStG § 6 Rn. 305

steuerpflichtigen Leistung gegenüber dem Steuerpflichtigen entsteht für diesen eine Verbindlichkeit in Höhe des Bruttobetrages, gleichzeitig jedoch eine Forderung in Höhe der anteiligen Umsatzsteuer gegenüber dem Finanzamt auf Erstattung der Vorsteuer, so dass sich auch hier beide Posten gewinnmäßig neutralisieren.

Dies gilt auch in den Fällen der **Ist-Versteuerung** gemäß § 20 UStG.[51] In diesem Fall wird die Umsatzsteuer, die als Forderung gewinnhöhend erfasst aber noch nicht eingenommen ist, als „**nicht fällige Umsatzsteuer**" gewinnmindernd passiviert.

227 e) **Rechnungsabgrenzungsposten.** Der periodengerechten Gewinnermittlung tragen auch Rechnungsabgrenzungsposten nach § 250 HGB und § 5 V EStG Rechnung. Rechnungsabgrenzungsposten sind zu bilden, wenn Einnahmen oder Ausgaben für einen Zeitraum getätigt werden, der das Ende des Geschäftsjahres überdauert.

Beispiele:[52]
Am 1. 10. zahlt U Versicherungsprämien in Höhe von 6000 € für die folgenden zwölf Monate. Der auf das laufende Wirtschaftsjahr entfallende Anteil ist als Betriebsausgabe zu buchen; der für das folgende Jahr bezahlte Anteil ist durch Rechnungsabgrenzung gewinnneutral zu erfassen und im folgenden Jahr gewinnmindernd aufzulösen.
Für eine für 18 Monate vermietete Baumaschine hat der Vermieter die gesamte Miete in Höhe von 24 000 € bereits bei Übergabe am 30. 6. im Voraus bezahlt bekommen. Nur in Höhe des auf das Wirtschaftsjahr entfallenden Anteils ist die Miete als Ertrag zu buchen. Die Miete für die Zeit nach Abschluss des Geschäftsjahres ist gewinnneutral abzugrenzen und im folgenden Jahr gewinnhöhend aufzulösen.

In der Buchführung erfolgt die Erfassung dieser Vorgänge so:

Versicherungsbeiträge	2 000	S	Girokonto	6 000	H
Aktive Rechnungsabgrenzung	4 000	S			
Girokonto	24 000	S	Erlöse aus Vermietung	8 000	H
			Passive Rechnungsabgrenzung	16 000	

Erst bei der Auflösung im folgenden Jahr erfolgt die Erfassung des zeitanteiligen Aufwands bzw Ertrages:

Versicherungsbeiträge	4 000	S	Aktive Rechnungsabgrenzung	4 000	H
Pass. Rechnungsabgrenzung	16 000	S	Erlöse aus Vermietung	16 000	

Zu Lasten der Bilanzposten – also ohne Zufluss oder Abfluss – werden die dem neuen Wirtschaftsjahr zuzuordnenden Erträge bzw. Aufwendungen gebucht. Obwohl durch die Auflösung der Rechnungsabgrenzungsposten keine Einnahmen oder Ausgaben anfallen, wird ein Aufwand gebucht und geht in die Gewinnermittlung ein. Die Bildung und Auflösung von Rechnungsabgrenzungsposten verlagert die Betriebsausgaben in den Zeitraum der wirtschaftlichen Zugehörigkeit. Die Aufnahme der Rechnungsabgrenzungsposten in die Bilanz erfasst den Anspruch auf kostenlose, – da bereits bezahlte – zu beanspruchende Gegenleistung bzw die Verpflichtung zur „kostenlos" noch zu erbringenden Leistung als einen positiven bzw negativen Vermögenswert.

228 f) **Rückstellungen.** Die Bildung von Rückstellungen ist in § 249 HGB geregelt. Nach dem Grundsatz vorsichtiger Bewertung des Betriebsvermögens sind in der Handelsbilanz für

---

[51] Betrifft insbesondere freiwillig bilanzierende Freiberufler
[52] Zur Vereinfachung der Darstellung bleibt die Umsatzsteuer unberücksichtigt

3. Abschnitt: Gewinneinkünfte – Einkommensermittlung § 1

- ungewisse Verbindlichkeiten und drohende Verluste aus schwebenden Geschäften Rückstellungen zu bilden,
außerdem für
- im Geschäftsjahr unterlassene Aufwendungen für Instandhaltung, die im folgenden Geschäftsjahr innerhalb von drei Monaten, oder für Abfallbeseitigung, die im folgenden Geschäftsjahr nachgeholt werden,
- Gewährleistungen, die ohne rechtliche Verpflichtung erbracht werden.

Darüber hinaus dürfen in der Handelsbilanz keine Rückstellungen gebildet werden.

Da der Grundsatz vorsichtiger Bewertung steuerrechtlich nur eingeschränkt gilt, wird § 249 HGB in § 5 III–IV b EStG modifiziert. Zum Bespiel dürfen nach § 5 IVa EStG Rückstellungen für drohende Verluste aus schwebenden Geschäften nicht gebildet werden. Weitere Einschränkungen finden sich in § 5 III und IVb.

Wenn der erwartete Aufwand anfällt, für den die Rückstellung gebildet worden ist, darf **229** dieser bis zum Betrag der Rückstellung erneut als gewinnmindernd gebucht werden, die Rückstellung ist gewinnneutral aufzulösen. Fällt er nicht oder nur in geringerem Umfang an, so ergibt die Auflösung der Rückstellung einen außerordentlichen Ertrag. Ist der tatsächliche Aufwand höher, so ist der Mehrbetrag als periodenfremder Aufwand gewinnmindernd zu erfassen.

Beispiele:
1. Für das abgelaufene Jahr ist Gewerbesteuer in Höhe 2000 € nachzuzahlen; tatsächlich sind es nur 1600 €.
2. Es werden für den Jahresabschluss Steuerberatungskosten von voraussichtlich 8000 € anfallen; tatsächlich werden es 9000 €.

Die Verpflichtung zur Zahlung der Gewerbesteuer, die sich aus dem Jahresgewinn errechnet, entsteht erst mit dem Ablauf des Wirtschaftsjahres, also erst nach Ablauf des Veranlagungszeitraums. Sie ist aber dem abgelaufenen Geschäftsjahr wirtschaftlich zuzuordnen. Der Kaufmann hat den Jahresabschluss für das abgelaufene Geschäftsjahr zu erstellen; die Tätigkeit des Steuerberaters kann aber erst nach Vorliegen aller Daten, also nach Jahresabschluss aufgenommen werden. Es liegen also zum Jahresende noch keine Verbindlichkeiten vor. Um die Kosten in die Gewinn- und Verlustrechnung einbuchen zu können, bucht man entsprechende Rückstellungen auf einem Bestandskonto vermögensmindernd gegen.

Gewerbesteuer	2000	S	Gewerbesteuer-Rückstellung	2000	H
Abschlusskosten	8000	S	Rückstellung für Abschlusskosten	8000	H

Wie bei den Verbindlichkeiten erfolgt die **Auflösung von Rückstellungen erfolgsneutral.**

Gewerbesteuer-Rückstellung	2000	S	Girokonto	1600	H
		S	*Ertrag aus Auflösung der Rückstellung*	400	H
Rückstellung für Abschlusskosten	8000	S	Girokonto	9000	H
periodenfremder Aufwand	1000				

g) Langfristige und unregelmäßige Rückstellungen. Während die Rückstellungen **230** für Gewerbesteuer und Abschlusskosten jährlich gebildet und jährlich wieder aufgelöst werden, bleiben z. B. Gewährleistungs- und Pensionsrückstellungen über mehrere Geschäftsjahre hinweg zum Teil langfristig bestehen. Ihre Bildung unterscheidet sich nicht von den regelmäßigen kurzfristigen Rückstellungen.

§ 1 Die Ermittlung des unterhaltsrechtlich relevanten Einkommens

Die **unveränderte Übernahme einer Rückstellung** hat **keine Gewinnauswirkung**, da gemäß § 4 EStG nur die Änderung des Betriebsvermögens als Gewinn oder Verlust zu erfassen ist. Soweit sich die Rückstellung später als begründet erweist, ist sie **erfolgsneutral aufzulösen**. War sie der Höhe oder gar dem Grunde nach unnötig, entsteht ein **periodenfremder Ertrag**.

Beispiel:
U hat auf Grund eines selbstständigen Beweisverfahrens im Jahre 02 50 000 € für Gewährleistungen auf in 01 erbrachte Leistungen zurückgestellt.[53] Im anschließenden Prozess wird im Dezember 04 ein Vergleich abgeschlossen auf Grund dessen U an den A Anfang 05 20 000 € zahlt.

In der Buchführung werden die Vorgänge wie folgt erfasst:
Zum Bilanzstichtag des Geschäftsjahres 01 wird die Rückstellung gebildet:

Gewährleistungen	50 000	S	Rückstellung	50 000	H

Die Rückstellung (= Bestandskonto) geht vermögensmindernd in die Bilanz, die zu erwartenden Betriebsausgaben für die Durchführung der Gewährleistung oder Erstattung des Werklohns werden als Aufwand in der Gewinn- und Verlustrechnung erfasst.

Zum Bilanzstichtag der Geschäftsjahre 02 und 03 wird der Posten unverändert übernommen. Da nur Änderungen des Betriebsvermögens zu Gewinnen oder Verlusten führen, tritt keine Vermögensänderung ein. Dem gemäß ist auch kein diesbezüglicher Gewinn oder Verlust zu verzeichnen.

Durch den Vergleich im Geschäftsjahr 04 wird aus der ungewissen Verbindlichkeit eine gewisse in Höhe von 20 000 EUR; die darüber hinausgehende Rückstellung ist aufzulösen.[54]

Rückstellungen	50 000	S	Verbindlichkeiten	20 000	H
			Periodenfremder Ertrag	30 000	H

Die in 01 um 50 000 EUR vorgenommene Verminderung des Einkommens wird durch die Erfassung eines fiktiven Ertrags in Höhe von 30 000 EUR auf den tatsächlich begründeten Aufwand von 20 000 EUR reduziert. In 05 wird erfolgsneutral die Betriebsausgabe erfasst.

Verbindlichkeiten	20 000	S	Bank	20 000	H

231 Von der Gewährleistungsrückstellung unterscheidet sich die Pensionsrückstellung (Rn. 389) dadurch, dass sie in der Regel stufenweise gebildet und auch stufenweise wieder aufgelöst wird. Für jedes Jahr der Betriebszugehörigkeit des begünstigten Arbeitnehmers kann der Unternehmer den Betrag als (Personal-)Aufwand buchen, den er ansparen müsste, um den daraus resultierenden Anteil an der Betriebsrente bei Fälligkeit abdecken zu können. Ein hoher Betrag entsteht nur in dem Jahr der erstmaligen Bildung der Pensionsrückstellung, da die Betriebsrente in der Regel erst nach längerer Betriebszugehörigkeit zugesagt wird und die Rentenverpflichtung im ersten Jahr für die bereits erfüllte Betriebszugehörigkeit rückwirkend entsteht. Nur die **Bildung und die jährliche Erhöhung** stellt **betrieblichen Aufwand** dar.

232 **h) Sonderposten mit Rücklagenanteil (Rücklage gemäß § 6 b EStG).** Sonderposten mit Rücklagenanteil gemäß § 6 b EStG werden gebildet, um die an sich steuerpflichtige Auflösung stiller Reserven aus Veräußerung (Rn. 213) von betrieblichen Grundstücken oder Gebäuden[55] sowie Aufwuchs bei land- oder forstwirtschaftlichem Grundbesitz steuerfrei auf Ersatzbeschaffungen zu übertragen. Sie werden daher wie Rückstellungen

---

[53] Die rückstellungsfähigen Verfahrenskosten bleiben außer Betracht
[54] Jetzt eventuell anfallende Umsatzsteuer/Vorsteuer bleibt zur Vereinfachung außer Ansatz
[55] Nur bei Gewinnermittlung durch Betriebsvermögensvergleich möglich

behandelt, sind daher nach Realisierung der Investition oder Ablauf der gesetzlichen Frist aufzulösen.

Beispiel:
U hat vor Jahrzehnten für – umgerechnet – 10 000 € ein Betriebsgrundstück erworben. Er verkauft dieses zum Verkehrswert von 100 000 € im Jahr 01 und erwirbt für 120 000 € im Jahr 02 ein Ersatzgrundstück.

An sich würde der die bilanzierten Anschaffungskosten um 90 000 EUR übersteigende Anteil am Veräußerungserlös (Aufdeckung „stiller Reserven") als steuerpflichtiger Gewinn zu erfassen sein (Rn. 217). Die späteren Anschaffungskosten dürften nicht abgeschrieben werden, da ein Grundstück kein abnutzbares Wirtschaftsgut ist. Diese steuerlich konsequente aber wirtschaftlich unverständliche Belastung wird vermieden, indem der Veräußerungsgewinn als Sonderposten mit Rücklagenanteil gebucht wird.

Bank	100 000	S	Grundstück	10 000	H
			Veräußerungsgewinn	90 000	H
Veräußerungsgewinn	90 000		SoPo (6 b-Rücklage)	90 000	

Der Veräußerungsgewinn wird also in die Rücklage umgebucht. Bei Anschaffung des Ersatzgrundstücks ist der Sonderposten aufzulösen.

Grundstück	30 000	S	Bank	120 000	H
SoPo (6 b-Rücklage)	90 000	S			

Von den Anschaffungskosten wird nur der den Sonderposten mit Rücklagenanteil übersteigende Betrag als Grundstück aktiviert. Die in dem alten Grundstück ruhenden stillen Reserven werden ohne Aufdeckung und Versteuerung auf das neue Grundstück übertragen. Obwohl die Anschaffungskosten 120 000 EUR betragen haben, wird es nur mit 30 000 EUR aktiviert. Mit den restlichen 90 000 EUR wir die 6 b-Rücklage aufgelöst. Würde das neue Grundstück verkauft, wären dann auch die stillen Reserven aus dem alten Grundstück zu versteuern.

Das gilt auch dann, wenn die Neuinvestition nicht innerhalb der gesetzlichen Fristen[56] erfolgt. Werden nach § 6 b EStG stille Reserven auf ein abnutzbares Wirtschaftsgut, etwa ein Betriebsgebäude, übertragen, mindern sich die Anschaffungskosten und gehen in Höhe der Rücklage nicht in die Absetzung für Abnutzung ein. Würde das Grundstück später für 150 000 EUR veräußert oder entnommen, so wären auch die aus dem ersten Grundstück stammenden stillen Reserven zu versteuern.

Bank	150 000	S	Grundstück	30 000	H
			Veräußerungsgewinn	120 000	

Die 120 000 EUR setzen sich zusammen aus der Wertsteigerung des neuen Grundstücks in Höhe von 30 000 EUR und den übertragenen stillen Reserven von 90 000 EUR.

i) Sonderposten mit Rücklageanteil (Ansparrücklage gemäß § 7 g EStG). Auch die Ansparrücklage wird in der Bilanz als Sonderposten mit Rücklageanteil erfasst. Die Bildung einer Ansparrücklage war letztmals im Jahr 2007 möglich.

2. Wareneinkauf, Bestandsveränderungen und Inventur

Da bei der Gewinnermittlung durch Betriebsvermögensvergleich das Betriebsvermögen zum jeweiligen Bilanzstichtag zu bewerten ist, ergibt sich zwingend, dass Wertveränderun-

---

[56] Vier Jahre, bei Neuerrichtung von Gebäuden sechs Jahre

gen **Gewinnauswirkung** haben. Der Bestand kann **durch qualitative oder quantitative Veränderungen des Umlaufvermögens** erhöht oder verringert werden.

Qualitative Änderung ist z. B. die AfA (Rn. 205 ff.) beim Anlagevermögen. Beim Umlaufvermögen führt die Verarbeitung zu einer Neubewertung. Auch die Reduzierung des Teilwerts durch Sinken des Marktpreises für die Neuanschaffung führt zu einer – geringeren – Neubewertung in der Bilanz.[57]

Beispiel:
F ist als Zulieferer für einen Metallverarbeitungsbetrieb tätig. Er verzinkt gleichartige Eisenteile, die er unbehandelt anschafft und nach Verarbeitung mit Gewinn weiterveräußert. Aus der Buchführung ergibt sich
– ein Anfangsbestand[58] unbehandelter Teile von 10 000 Stück mit Gesamtwert von 8000 € und
– ein Anfangsbestand verarbeiteter Teile von 5000 Stück mit Gesamtwert von 12 000 €.
– ein Zukauf unbehandelter Teile von 100 000 Stück mit Gesamtwert von 80 000 €,
– ein Verkauf verarbeiteter Teile von 90 000 Stück mit Gesamtwert von 270 000 €,
– Die Inventur am Jahresende ergibt
– einen Endbestand unbehandelter Teile von 15 000 Stück mit Gesamtwert von 12 000 € und
– einen Endbestand verarbeiteter Teile von 10 000 Stück mit Gesamtwert von 28 000 €.

235 Die **Anschaffung von Wirtschaftsgütern des Umlaufvermögens** hat bei der Gewinnermittlung durch Betriebsvermögensvergleich **keinen Einfluss auf den Gewinn.** Der Einkauf wird zwar zunächst mit den Einkaufspreisen als Aufwand gebucht, z. B.:[59]

| Wareneinkauf | 80 000 | S | Girokonto | 80 000 | H |

Der Verkauf wird mit den Verkaufspreisen als Ertrag erfasst:

| Erlöse aus Verkauf | 270 000 | S | Bank | 270 000 | H |

Obwohl dem aus dem Verkauf erzielten Erlös der Abgang der verkauften Waren gegenüber steht, wird der Warenausgang nicht als Aufwand gewinnmindernd gebucht, weil der Warenbestand mit dem Einkaufspreis, der Warenverkauf mit dem Verkaufspreis erfasst wird. Es müsste als bei jedem Verkauf der Einkaufspreis des verkauften Gegenstands ermittelt und gegengebucht werden. Auch die qualitative Wertsteigerung durch die Verarbeitung wird nicht laufend ermittelt.

Stattdessen wird am Ende des Geschäftjahres im Wege der **Inventur** festgestellt, was an Waren noch vorhanden ist. Auch werden dabei die Werte festgestellt.

Die Differenz zum Anfangsbestand erhöht oder vermindert die Betriebsausgaben.

Endbestand unbehandelter Werkstücke	12 000
./. Anfangsbestand	– 8 000
Bestandsveränderung	+ 4 000

Endbestand verarbeiteter Werkstücke	28 000
./. Anfangsbestand	– 12 000
Bestandsveränderung	+ 16 000

Die im Wege der vom Steuerpflichtigen vorgenommenen Inventur ermittelte Veränderung des Warenbestands wird eingebucht:

---

[57] Schmidt/Kulosa § 6 EStG Rn. 407 ff.
[58] Die Posten der Vorjahresbilanz werden im Wege der Eröffnungsbuchung (= EB) in die Buchführung übernommen (vgl. Rn. 185)
[59] Umsatzsteuer bleibt zur Vereinfachung unberücksichtigt; vgl. dazu Rn. 226

3. Abschnitt: Gewinneinkünfte – Einkommensermittlung § 1

Warenbestand, unbehandelt.	4 000	S	Bestandsveränderung	4 000	H
Warenbestand, verarbeitet.	16 000	S	Bestandsveränderung	16 000	H

In diesem Beispielsfall verändert sich auf die Weise der aus der Buchführung ermittelte Gewinn um
- quantitative Erhöhung des gesamten Lagerbestandes,
- qualitative Wertsteigerung durch Verarbeitung und
- Teilwertveränderungen.

3. Betriebsvermögen

Dem Betriebsvermögen steht das steuerrechtlich irrelevante Privatvermögen gegenüber. Die Zuordnung von Wirtschaftsgütern ist mitunter nicht einfach, da viele Wirtschaftsgüter nicht ausschließlich betrieblich oder ausschließlich privat genutzt werden. 236

Bei der Gewinnermittlung wird unterschieden zwischen
- notwendigem Betriebsvermögen
- notwendigem Privatvermögen und
- gewillkürtem Betriebsvermögen.

Notwendiges Betriebsvermögen stellen nach der Rechtsprechung des BFH die Wirtschaftsgüter dar, die funktional auf den Einsatz im Betrieb ausgerichtet sind und bei denen diese Bestimmung objektiv erkennbar ist. Zum **notwendigen Privatvermögen** gehören solche Wirtschaftsgüter, die keinen anzuerkennenden funktionalen Bezug zum Betrieb aufweisen, die also der privaten Lebensführung des Steuerpflichtigen und seiner Angehörigen dienen.

Nach Abschnitt 13 Abs. 1 der Einkommensteuerrichtlinien ist bei betrieblich und privat genutzten Wirtschaftsgütern notwendiges Privatvermögen, was zu weniger als 10% betrieblich, notwendiges Betriebsvermögen, was zu mehr als 50% betrieblich genutzt wird. Bei 10–50% betrieblicher Nutzung kann gewillkürtes Betriebsvermögen geschaffen werden.

Als **gewillkürtes Betriebsvermögen** kommen solche Wirtschaftsgüter in Betracht, die bestimmt und geeignet sind, den Betrieb zu fördern. Die Verknüpfung mit der Ausübung des Betriebs ist daher weniger eng als beim notwendigen Betriebsvermögen, die Rechtsprechung dazu meist großzügig[60] Gewillkürtes Betriebsvermögen durfte nach der früheren Rechtsprechung nur in einer Bilanz gebildet werden. Der BFH hat seine Rechtsprechung jedoch geändert[61] und die Bildung von gewillkürtem Betriebsvermögen auch in der Einnahmen-Überschuss-Rechnung zugelassen.

Beispiel:
U erwirbt ein Mehrfamilienwohnhaus. Die Wohnungen vermietet er an seine Arbeiter und ihre Familien zum ortsüblichen Mietzins.

Das Wohnhaus ist kein notwendiges Betriebsvermögen. Seine Erwerbstätigkeit kann U genauso gut ausüben, wenn seine Arbeiter auf dem freien Markt Wohnungen nehmen. Der betriebliche Zusammenhang reicht jedoch für gewillkürtes Betriebsvermögen aus, wenn U das Wohnhaus im Anlagevermögen aktiviert. Bei der Einnahmen-Überschussrechnung ist die Zuordnung eines Wirtschaftsgutes zum gewillkürten Betriebsvermögen in unmissverständlicher Weise durch entsprechende, zeitnah erstellte Aufzeichnungen auszuweisen.[62]

---

[60] Schmidt/Heinicke § 4 Rn. 151; Beispiele siehe EStH 4.2
[61] BFH BStBl 2004 II S. 985
[62] BFH a. a. O.

VII. Entnahmen und Einlagen

1. Entnahmen

237 Das Betriebsvermögen ändert sich nicht nur aus betrieblicher Veranlassung durch Erträge oder Aufwand sondern auch durch **nicht betrieblich veranlasste Vorgänge.** Bei der Buchung der Geschäftsvorfälle ist aus der Veränderung der Bestandskonten nicht ersichtlich, ob diese betriebsbedingt oder privat veranlasst sind. Gemäß § 4 I EStG müssen aber die privaten von den betriebsbedingten Vermögensänderungen unterschieden werden (Rn. 166). Bereits in der Buchführung werden daher die **vermögensändernden Geschäftsvorfälle** auf einem der Gewinn- und Verlustrechnung zugeordneten **Erfolgskonto** oder einem der Bilanz zugeordneten **Kapital- oder Privatkonto** gegengebucht. Die Summe der Privatentnahmen und die Summe der Privateinlagen eines Geschäftsjahres finden sich deshalb **in der Bilanz beim Kapital.**

§ 4 I 2 EStG definiert als Entnahmen **alle Wirtschaftsgüter,**[63] nämlich
– Barentnahmen,
– Waren
– Erzeugnisse
– Nutzungen
– Leistungen.

238 Entnahmen eines Steuerpflichtigen für sich, für seinen Haushalt oder für andere betriebsfremde Zwecke sind mit dem **Teilwert** anzusetzen (Rn. 198). Wenn im Fall einer Entnahme der **Buchwert,** also der Betrag, mit dem das entnommene Wirtschaftsgut in einer auf diesen Tag zu erstellenden Bilanz aufzunehmen wäre, vom Teilwert abweicht, ergibt sich ein Gewinn oder Verlust.

239 **a) Barentnahmen.** Bei Barentnahmen sind Buchwert und Teilwert gleich, sie sind daher immer erfolgsneutral[64] (Rn. 198).

Nicht auf Grund steuerlicher Vorschriften sondern zum Zwecke einer übersichtlicheren Erfassung der Privatentnahmen werden diese häufig weiter aufgeschlüsselt. So sehen z. B. die gängigen DATEV-Kontenrahmen SKR 03 und SKR 04 vor:
– Privatentnahmen allgemein (enthält nicht nur Barentnahmen!)
– Privatsteuern
– beschränkt abzugsfähige Sonderausgaben
– unbeschränkt abzugsfähige Sonderausgaben
– Zuwendungen, Spenden
– Außergewöhnliche Belastungen
– Unentgeltliche Wertabgaben
– Grundstücksaufwand.[65]

Ob von diesen **Buchungsmöglichkeiten** Gebrauch gemacht wird oder ob sogar weitere Unterkonten eingerichtet werden, ist in keiner Weise vorgeschrieben sondern steht **im Belieben des Steuerpflichtigen.** Es besteht auch keine Notwendigkeit, eingerichtete Konten regelmäßig zu bebuchen. So kann er zum Beispiel bei entsprechendem Guthaben die Einkommensteuervorauszahlungen vom Betriebskonto, bei fehlender Liquidität vom Privatkonto überweisen. Privat veranlasste Zahlungen führen u. U. zu steuerschädlichen Überentnahmen (Rn. 367).

240 **b) Entnahmen von Anlagevermögen.** Entnahmen von Anlagevermögen und Umlaufvermögen sind erfolgsneutral, wenn **Buchwert und Teilwert** (Rn. 198) des entnommenen Wirtschaftsgutes **gleich** sind, sie haben jedoch Gewinnauswirkung, wenn der Buchwert nicht mit dem Teilwert übereinstimmt. Bei umsatzsteuerpflichtigen Personen ist die Entnahme jedoch umsatzsteuerpflichtig.

---

[63] ABC der Entnahmen bei Schmidt/Kulosa § 6 Rn. 545
[64] Sie ändern den Gewinn nicht
[65] Für privaten Grundbesitz

3. Abschnitt: Gewinneinkünfte – Einkommensermittlung §1

Beispiel:
U schenkt einen bisher ausschließlich betrieblich genutzten PKW seinem Sohn zum Staatsexamen. Das Fahrzeug war für 24 000 € angeschafft worden und wird durch Absetzung für Abnutzung in der Bilanz noch mit 12 000 € geführt. Der Teilwert beträgt
a) 12 000 €,   b) 16 000 €,   bzw. c) 8 000 €.

Im Fall a) ergibt sich weder ein Gewinn noch ein Verlust, da Buchwert und Teilwert übereinstimmen. Im Fall b) liegt der Teilwert um 4000 EUR über dem Buchwert. Durch den tatsächlichen Wertverzehr übersteigende AfA-Raten haben sich **Stille Reserven** gebildet, die bei der Entnahme – wie bei einem Verkauf – aufgelöst und versteuert werden.[66] Im Fall c) ist der Teilwert geringer als der Buchwert; die AfA-Raten waren geringer als der tatsächliche Wertverzehr. Die durch die Entnahme aufgedeckte Differenz wird als erlösschmälernder Aufwand erfasst.

c) Entnahmen von Umlaufvermögen. Auch Umlaufvermögen ist bei der Entnahme mit dem Teilwert anzusetzen. Wäre U in dem unter Rn. 240 dargestellten Beispiel Kfz-Händler und gehörte der PKW zu seinem Gebrauchtwagenbestand, so wäre der Teilwert des Fahrzeugs ebenfalls in Ansatz zu bringen. Auch hier ist die Entnahme umsatzsteuerpflichtig.

241

Für die in der Praxis regelmäßig vorkommenden Entnahmen von selbst hergestellten Lebensmitteln werden von den Oberfinanzdirektionen Pauschalwerte zugrundegelegt, die jährlich an die wirtschaftliche Entwicklung angepasst werden. Bei diesen Schätzwerten sind nicht nur die Kosten des Wareneinkaufs sondern auch die Verarbeitungs-[67] und die anteiligen Gemeinkosten[68] berücksichtigt.

Die Pauschalen beruhen auf Erfahrungswerten und bieten dem Steuerpflichtigen die Möglichkeit, die Warenentnahmen monatlich pauschal zu verbuchen. Sie entbinden ihn damit von der Aufzeichnung einer Vielzahl von Einzelentnahmen. Diese Regelung dient der Vereinfachung und lässt keine Zu- und Abschläge wegen individueller persönlicher Ess- oder Trinkgewohnheiten zu. Auch Krankheit und Urlaub rechtfertigen keine Änderung der Pauschbeträge. Die Pauschbeträge sind Jahreswerte für eine Person. Für Kinder von über 2 bis zu 12 Jahren ist die Hälfte des jeweiligen Wertes anzusetzen. Tabakwaren sind in den Pauschbeträgen nicht enthalten. Soweit diese entnommen werden, sind die Pauschbeträge entsprechend zu erhöhen (Schätzung). Die pauschalen Werte berücksichtigen im jeweiligen Gewerbezweig das allgemein übliche Warensortiment. Bei gemischten Betrieben (Metzgerei oder Bäckerei mit Lebensmittelangebot oder Gastwirtschaft) ist nur der jeweils höhere Pauschbetrag der entsprechenden Gewerbeklasse anzusetzen.

Für 2011 gelten folgende Werte für den Eigenverbrauch (Jahresbetrag pro erwachsene Person):[69]

Gewerbezweig	Jahreswerte für eine Person ohne Umsatzsteuer (in EUR)		
	ermäßigter Steuersatz	voller Steuersatz	insgesamt
Bäckerei	847	430	1277
Fleischerei	672	1008	1680
Gast- und Speisewirtschaften			
a) mit Abgabe von kalten Speisen	807	1210	2017
b) mit Abgabe von kalten und warmen Speisen	1116	1989	3105
Getränkeeinzelhandel		363	363

---

[66] Bei umsatzsteuerpflichtigen Unternehmer fallen auch 19% Umsatzsteuer an
[67] Insbesondere Lohnkosten, Hilfsstoffe
[68] Alle betrieblichen Festkosten
[69] Fundstelle: http://www.urbs.de/zahlen/change.htm?lohn2.htm

Gewerbezweig	Jahreswerte für eine Person ohne Umsatzsteuer (in EUR)		
	ermäßigter Steuersatz	voller Steuersatz	insgesamt
Konditorei und Café	860	739	1599
Milch, Milcherzeugnisse, Fettwaren und Eier (Einzelhandel)	511	68	579
Nahrungs- und Genussmittel (Einzelhandel)	1169	565	1734
Obst, Gemüse, Südfrüchte und Kartoffeln (Einzelhandel)	269	200	469

242 **d) Nutzungs- und Leistungsentnahmen.** Die Nutzung betrieblicher Wirtschaftsgüter und die Inanspruchnahme von betrieblichen Leistungen sind als Entnahme zu erfassen. Da sich der Wert der Nutzungen und Leistungen nicht in der Bilanz verkörpert, führen derartige Entnahmen mit ihrem vollen Wert zu steuerpflichtigen Erlösen. Der Unternehmer wird im Ergebnis so behandelt, als hätte er die Nutzungen oder Leistungen einem fremden Dritten gegen Entgelt gewährt und den daraus erzielten Erlös entnommen. Allerdings bleibt die dabei zu erzielende Gewinnspanne außer Ansatz; es werden die Selbstkosten zuzüglich Umsatzsteuer angesetzt.

Bei dem in der Praxis häufigsten Fall, der **privaten Nutzung eines betrieblichen PKW**,[70] der zu mehr als 50% betrieblich genutzt wird, sind nach § 6 I Nr. 4 Satz 2 EStG für den **Privatanteil monatlich 1% des Bruttolistenpreises** einschließlich Sonderausstattung anzusetzen sind, sofern der Steuerpflichtige nicht ein ordnungsgemäßes **Fahrtenbuch** führt und dadurch die Aufteilung der betrieblichen und privaten Nutzung belegen kann.

Fahrten zwischen Wohnung und Arbeitsstätte gelten nicht mehr als Betriebsausgaben. Es werden daher gemäß § 6 I Nr. 4 Satz 3 **0,03% pro Entfernungskilometer** pro Entfernungskilometer gewinnerhöhend zugerechnet, wenn das Fahrzeug – auch nur gelegentlich – für **Fahrten zwischen Wohnung und Arbeitsstätte** benutzt wird. Der Listenpreis ist auch Gebrauchtfahrzeugen oder mit Rabatt erworbenen Fahrzeugen anzusetzen.

Entfallen **nicht mehr als 50% auf die betriebliche Nutzung,** so ist der **betriebliche Anteil** vom Steuerpflichtigen **glaubhaft zu machen.** Dies erfolgt in der Regel durch Aufzeichnungen über einen repräsentativen Zeitraum; an die Aufzeichnungen werden nicht die gleichen Anforderungen wie an ein Fahrtenbuch gestellt.

Der Umfang des **Privatanteils** an den Kosten privater und betrieblicher **Telefonnutzung** wird dagegen geschätzt.

Auch die private Nutzung von Betriebsvermögen ist umsatzsteuerpflichtig.

2. Einlagen

243 Einlagen bestehen nicht ausschließlich in **Bareinzahlungen.** In Betracht kommen nach § 4 I 5 EStG daneben alle **sonstigen Wirtschaftsgüter.**[71]

Wie Barentnahmen führen auch Bareinzahlungen weder zu Ertrag noch zu Aufwand. Auch für Einlagen können in der Buchführung beliebige Unterkonten geführt werden, was nur sinnvoll ist, wenn es sich um regelmäßige Einlagen handelt. Privat verauslagte Betriebsausgaben werden als Privateinlage erfasst, wenn der Steuerpflichtige sich die verauslagten Kosten nicht aus dem Betriebsvermögen (Kasse, Bank) erstatten lässt.

> **Beispiel:**
> U benutzt für eine Geschäftsreise den PKW seiner Ehefrau, weil sich das Geschäftsfahrzeug in der Reparatur befindet. Die Kosten für die Übernachtung zahlt er mit seiner privaten Kreditkarte. Auf

---

[70] Einzelheiten im Schreiben des Bundesfinanzministeriums vom 18. 11. 2009 BStBl 2009 I S. 1326
[71] ABC der Einlagen bei Schmidt/Kulosa § 6 Rn. 569

4. Abschnitt: Sonstige Gewinneinkünfte § 1

der Rückfahrt wird er unverschuldet in einen Unfall verwickelt; der Unfallverursacher flüchtet unerkannt. Das Fahrzeug erleidet einen Totalschaden. Es besteht keine Kaskoversicherung.

U kann die Kosten der PKW Nutzung mit einem Pauschalbetrag von 0,30 EUR/km als Einlage buchen, ebenso die Übernachtungskosten. Der Wert des Fahrzeugs vor dem Unfall wird als „Aufwandseinlage" gebucht.[72]

– *derzeit nicht belegt* – 244–249

4. Abschnitt: Sonstige Gewinneinkünfte – Einkommensermittlung durch Einnahmen-Überschuss-Rechnung und nach Durchschnittssätzen sowie das Einkommen von Personengesellschaften

I. Einnahmen-Überschuss-Rechnung

1. Gesetzliche Grundlagen und Personenkreis

Die Gewinnermittlung durch Einnahmen-Überschuss-Rechnung stellt die **Ausnahme gegenüber** der Gewinnermittlung durch **Betriebsvermögensvergleich** dar. Nur in den Fällen, in denen sich nicht aus den im 3. Abschnitt dargelegten Vorschriften die Verpflichtung zur Gewinnermittlung durch Betriebsvermögensvergleich ergibt, darf der Steuerpflichtige gemäß **§ 4 III EStG** als Gewinn den **Überschuss der Einnahmen über die Ausgaben** ansetzen. 250

Nach § 140 AO i. V. m. §§ 1, 238 HGB ist jeder Gewerbetreibende von der Einnahmen-Überschuss-Rechnung ausgeschlossen und zur Gewinnermittlung durch Betriebsvermögensvergleich verpflichtet, wenn sein Unternehmen einen kaufmännischen Geschäftsbetrieb erfordert oder im Handelsregister eingetragen ist.

Nach § 141 AO kommt bei **Gewerbetreibenden** die Einnahmen-Überschuss-Rechnung nur in Betracht, wenn
- die Umsätze 500 000 EUR
oder
- der Gewinn 50 000 EUR
im Wirtschaftsjahr, bei Einkünften aus **Land- und Forstwirtschaft**
- selbstbewirtschaftete land- und forstwirtschaftliche Flächen mit einem Wirtschaftswert von mehr als 25 000 EUR
oder
- der Gewinn 50 000 EUR
im Kalenderjahr nicht übersteigen.

Diese Einschränkungen gelten nach den Vorschriften der Abgabenordnung nicht für **Einkünfte aus selbstständiger Arbeit.** Derartige Einkünfte erzielen nach § 18 EStG unter anderem 251
- Wissenschaftler, Künstler, Schriftsteller, Lehrende und Erzieher,
- Ärzte, Zahnärzte, Tierärzte, Rechtsanwälte, Notare, Patentanwälte, Steuerberater
- Vermessungsingenieure, Ingenieure, Architekten,
- Heilpraktiker, Krankengymnasten sowie
- Journalisten, Dolmetscher und Übersetzer,
sofern sie in keinem Anstellungsverhältnis[1] stehen.

Selbstständige sind von der Gewinnermittlung durch Einnahmen-Überschuss-Rechnung nur nach § 5 I EStG ausgeschlossen, d. h. wenn sie freiwillig Bücher führen und Abschlüsse machen. Buchführung in diesem Sinn ist die doppelte Buchführung unter Zugrundelegung der periodengerechten Gewinnermittlung.[2] 252

---

[72] Schmidt/Kulosa § 6 Rn. 569 „Aufwandseinlage"
[1] Zur Scheinselbstständigkeit Schmidt EStG/Drenseck § 19 Rn. 4
[2] Schmidt/Weber-Grellet § 5 Rn. 15; BFH BStBl. 1990 II, S. 287

§ 1   Die Ermittlung des unterhaltsrechtlich relevanten Einkommens

Die **Einnahmen-Überschuss-Rechnung** ist für Selbstständige der **Regelfall**, für Gewerbetreibende die Ausnahme.

2. Methode der Gewinnermittlung

253 In der Einnahmen-Überschuss-Rechnung sind alle **Einnahmen** und **Ausgaben** zu erfassen, soweit es sich nicht um solche handelt, die im Namen und für Rechnung eines anderen vereinnahmt oder verausgabt werden, wie z. B. Fremdgelder oder Gerichtskosten bei Rechtsanwälten. Einnahmen sind in § 4 III EStG nicht definiert. In entsprechender Anwendung von § 8 I EStG[3] sind es

> „alle Güter, die in Geld oder Geldeswert bestehen und dem Steuerpflichtigen im Rahmen einer der Einkunftsarten zugeflossen sind."

Eine klare Unterscheidung zwischen Betriebsausgaben und Aufwendungen gibt das EStG nicht.[4] Auch in der Rechtsprechung und der steuerlichen Fachliteratur werden die Begriffe meist synonym verwendet. Jedoch wird man in Parallele zur Unterscheidung von Erträgen und Betriebseinnahmen als Aufwand die wirtschaftliche Auswirkung und als Betriebsausgabe den Abfluss von Geld oder Geldeswert anzusehen haben.

Während also in der Gewinn- und Verlustrechnung unabhängig vom Zeitpunkt des Zuflusses oder Abflusses der Einnahmen und Betriebsausgaben diese als **Ertrag und Aufwand** erfasst werden, sobald sie sich im Betriebsvermögen auswirken (Rn. 222), werden in der Einnahmen-Überschuss-Rechnung gemäß § 11 I Satz 1 und II Satz 1 EStG Einnahmen und Ausgaben aufgezeichnet, die als **innerhalb des Kalenderjahres bezogen** gelten, in dem sie dem Steuerpflichtigen **zu- bzw. abgeflossen** sind.

254 Das **Zuflussprinzip** in der Einnahmen-Überschuss-Rechnung wird jedoch in § 11 EStG insoweit eingeschränkt, als **regelmäßig wiederkehrende Einnahmen,** die kurz vor Beginn oder kurze Zeit nach Beendigung des Kalenderjahres fällig werden, als in dem Kalenderjahr getätigt gelten, dem sie wirtschaftlich zuzuordnen sind, mithin **periodengerecht** erfasst werden.

Beispiel:
1. U zahlt die Miete für seinen Laden an V durch Dauerauftrag zum Ersten des jeweiligen Monats. Wegen des Neujahrestages buchte die Bank die Januarmiete bereits kurz vor dem Ende des Wirtschaftsjahres 01 von seinem Konto ab.
2. Mit K hat U in einem Unternehmensberatervertrag vereinbart, dass er monatlich im Voraus ein Pauschalhonorar erhält. Da K über die Jahreswende verreist, überweist er vor seiner Abreise das Januarhonorar an U, auf dessen Konto es kurz vor Jahresende eingeht.

Bei strenger Anwendung des Zuflussprinzips müsste U das Honorar in 01 als Erlös, die Miete als Betriebsausgabe erfassen. Gemäß § 11 EStG gilt jedoch für derartige Fälle nicht das Zuflussprinzip sondern ausnahmsweise die periodengerechte Gewinnermittlung. Voraussetzung ist allerdings, dass die Zahlungen kurz vor oder nach dem **Jahreswechsel** erfolgen, wobei nur ein **Zeitraum von höchstens zehn Tagen** als kurz gilt. Abgeführte Lohnsteuern und Sozialabgaben – fällig am 15. des Folgemonats – werden daher erst im Folgejahr erfasst, auch wenn sie wirtschaftlich dem Kalenderjahr zuzuordnen sind.

Unter diese Regelung fallen auch
– Zinsen
– Zahlung von Arbeitslohn
– Honorarzahlungen der kassenärztlichen Vereinigung,
– Umsatzsteuervorauszahlungen.[5]

---

[3] Schmidt/Heinicke § 4 Rn. 420
[4] Vgl. § 4 IV EStG
[5] BFH DStR 2007, 1856

4. Abschnitt: Sonstige Gewinneinkünfte § 1

3. Steuerliche Unterlagen

Bei der Gewinnermittlung durch Einnahmen-Überschuss-Rechnung braucht **keine** 255 **Bilanz** aufgestellt zu werden, da das Betriebsvermögen und seine Veränderungen für die Gewinnermittlung ohne Bedeutung sind. **Nach § 4 III EStG** besteht **keine Notwendigkeit irgendwelche Aufzeichnungen** zu fertigen. Es muss keine Inventur gemacht werden; es wäre steuerrechtlich nicht zu beanstanden, wenn lediglich eine Belegsammlung vorgelegt würde, aus der sich die betrieblichen Einnahmen und Ausgaben ersehen lassen.[6]

Dennoch bestehen auch bei der Gewinnermittlung durch Einnahmen-Überschuss-Rechnung Aufzeichnungspflichten; es sind gemäß Abschnitt H 18.2 der aktuellen Einkommensteuerrichtlinien u. a. zu führen:
- Verzeichnis sofort abgeschriebener geringwertiger Wirtschaftsgüter nach § 6 II EStG
- Verzeichnis nicht abnutzbarer Anlagegüter gemäß § 4 III Satz 5 EStG
- Anlageverzeichnis für degressive und Sonderabschreibung
- besondere Aufzeichnungen für Entnahmen und Einlagen gemäß § 4 Abs. 4a Satz 6 EStG.

Wenn Einkünfte in unterhaltsrechtlich relevanter Höhe erzielt werden, dürfte der 256 Steuer- und Unterhaltspflichtige nicht nur eine Einnahmen-Überschuss-Rechnung sondern auch **Buchführungsunterlagen** besitzen, die von gleicher Qualität sind, wie die bei der Gewinnermittlung durch Betriebsvermögensvergleich. **In aller Regel** wird wie beim bilanzierenden Steuerpflichtigen auf eine **EDV-Buchführung** zurückgegriffen werden können.

Die EDV-Buchführung baut auf demselben **Kontenrahmen** auf **wie** die **Doppelte Buchführung** für die Gewinn- und Verlustrechnung.[7] Sie unterscheidet sich ausschließlich dadurch, dass die Geschäftsvorfälle erst zum Zeitpunkt des Zuflusses oder Abflusses erfasst werden.[8] Forderungen und Verbindlichkeiten, Rechnungsabgrenzungsposten, Rückstellungen etc. werden daher nicht bebucht. Die Konten des Anlagevermögens und teilweise des Umlaufvermögens (Kasse, Banken) sowie die Privatkonten werden bebucht, in der Einnahmen-Überschuss-Rechnung am Jahresende aber nicht ausgedruckt.

Zu Kontrollzwecken (Abstimmung der Buchungen) werden sie jedoch mit der Einnahmen-Überschuss-Rechnung als „**Sonstige Konten**" erfasst und ausgedruckt.

4. Unterschiede zur Gewinn- und Verlustrechnung

a) **Zuflussprinzip.** Einnahmen und Ausgaben werden bei der Gewinnermittlung durch 257 Einnahmen-Überschuss-Rechnung zum **Zeitpunkt** des Zu- oder Abflusses erfasst. Auf die Auswirkung auf das Betriebsvermögen kommt es nicht an, eine Zuordnung zum Jahr der wirtschaftlichen Veranlassung erfolgt nicht.[9] Der Steuerpflichtige, der seinen Gewinn durch Einnahmen-Überschuss-Rechnung ermittelt, hat es in der Hand, den **Gewinn** auf das folgende Jahr zu **verschieben,** indem er
- Betriebseinnahmen erst im Folgejahr einzieht,
- im Folgejahr fällige Rechnungen schon vor Jahresende bezahlt,
- Vorschüsse auf ihm noch nicht erbrachte Leistungen zahlt.

Umgekehrt kann er **Gewinne** in ein früheres Jahr **vorziehen,** indem er
- auf noch nicht abgeschlossene Leistungen Vorschüsse einzieht,
- Rechnungen trotz Fälligkeit erst im Folgejahr bezahlt.

Während dies bei der Gewinnermittlung durch Betriebsvermögensvergleich eine Steuerverkürzung darstellen würde, ist es in der Einnahmen-Überschuss-Rechnung erlaubt.

Der **Totalgewinn,** also der gesamte Gewinn zwischen Beginn und Beendigung der 258 Einkunftserzielung ist mit dem durch Betriebsvermögensvergleich ermittelten Gewinn

---

[6] Schmidt/Heinicke § 4 Rn. 374 f.
[7] In aller Regel wird der Kontenrahmen SKR 03 verwendet
[8] Zu den Besonderheiten beim Anlagevermögen vgl. Rn. 260 ff. und Entnahmen von betrieblichen Wirtschaftsgütern vgl. Rn. 263 f.
[9] Schmidt/Heinicke § 4 Rn. 370 f.

gleich.[10] Dies gilt zum größten Teil auch in kurzen Zeitabschnitten, da der Bildung der für die periodengerechte Gewinnermittlung erforderlichen Bilanzposten die Auflösung der entsprechenden Posten aus dem Vorjahr gegenübersteht (Rn. 224, 227 und 229).

259 Während die **Umsatzsteuer,** die **Vorsteuer** und die **Zahlung oder Erstattung von Umsatzsteuer** in der Gewinn- und Verlustrechnung keine Auswirkungen auf den Gewinn haben, werden sie in der Einnahmen-Überschuss-Rechnung beim Zufluss als Einnahme, beim Abfluss als Ausgabe behandelt. Durch **Anschaffung hochwertiger Anlagegüter** kann daher auf Grund der sofort nach Vorlage der Rechnung mit Umsatzsteuerausweis abzugsfähigen Vorsteuer eine gravierende Gewinnverschiebung herbeigeführt werden, ohne dass dies steuerrechtlich zu beanstanden wäre.

Beispiel:
Der nicht bilanzierungspflichtige Selbstständige U kauft Anfang Dezember einen ausschließlich betrieblich genutzten PKW für 60 000 € zuzüglich 11 400 € Umsatzsteuer.

Die im Kaufpreis enthaltene **Vorsteuer** kann U in der Einnahmen-Überschuss-Rechnung für das abgelaufene Geschäftsjahr **gewinnmindernd** als Betriebsausgabe ansetzen, sobald ihm die Rechung mit ausgewiesener Umsatzsteuer vorliegt. Im Januar des folgenden Jahres mindert sie die von U zu zahlende Umsatzsteuer und erhöht damit den Gewinn. Im Gegensatz zur Gewinnermittlung durch Betriebsvermögensvergleich, bei der die Umsatzsteuer gewinnneutral behandelt wird (Rn. 226), wirkt sie sich in der Einnahmen-Überschussrechnung auf den Gewinn aus.

Umgekehrt wirkt sich die eingenommene Umsatzsteuer gewinnerhöhend aus:

Beispiel:
R erhält Ende des Geschäftsjahres ein Anwaltshonorar von 1000 € zuzüglich 190 € Umsatzsteuer.

Die Umsatzsteuer erhöht das Einkommen von R, obwohl sie bereits im Januar des folgenden Jahres an das Finanzamt abgeführt wird und das Einkommen des R wieder mindert.

260 Während in der Gewinn- und Verlustrechnung durch Rechnungsabgrenzung **Vorauszahlungen von Jahresbeiträgen** u. ä. auf das laufende und folgende Jahr, **Disagio** und **Leasingsonderzahlungen** auf mehrere Jahre verteilt werden, stellen sie in der Einnahmen-Überschuss-Rechnung **sofort abzugsfähige Betriebsausgaben** dar.[11]

Beispiel:
U nimmt für die Anschaffung einer Maschine einen Kredit in Höhe von 100 000 € auf. Die Bank zahlt den Betrag an den Lieferanten und bucht vom Geschäftskonto das vereinbarte Disagio von 10% = 10 000 € ab. Die Laufzeit für das Darlehen beträgt fünf Jahre.

Während das Disagio für das zweite bis fünfte Jahr in der Bilanz im Wege der Rechnungsabgrenzung gewinnerhöhend zu aktivieren und Jahr für Jahr mit 2000 EUR aufzulösen ist (Rn. 227), kann es in der Einnahmen-Überschuss-Rechnung sofort als Betriebsausgabe abgezogen werden.

261 **b) Umlaufvermögen.** Während die **Anschaffung** von Umlaufvermögen in der Gewinn- und Verlustrechnung nicht zu einer Gewinnminderung führt (Rn. 235), stellen die Anschaffungskosten in der Einnahmen-Überschuss-Rechnung zum Zeitpunkt des Abflusses eine gewinnmindernde Betriebsausgabe dar. Durch **Erhöhung des Vorrates** an hochwertigem Umlaufvermögen lassen sich daher u. U. massive Gewinnverschiebungen herbeiführen.

Beispiel:
Um das in diesem Jahr überdurchschnittlich hohe Einkommen zu kompensieren kauft und bezahlt der Zahnarzt Z Ende Dezember einen für sieben Jahre reichenden Vorrat an Zahngold.

Der Bundesfinanzhof hat das Vorliegen einer sofort abzugsfähigen Betriebsausgabe bejaht.[12]

---

[10] Schmidt/Heinicke § 4 Rn. 10
[11] Schmidt/Drenseck § 11 Rn. 30; Disagio wird nur bis zu 5% anerkannt
[12] BFH BStBl. 1994 II S. 750

4. Abschnitt: Sonstige Gewinneinkünfte § 1

Qualitative Bestandsveränderungen durch Verarbeitung von Umlaufvermögen (Rn. 235) wirken sich dagegen in der Einnahmen-Überschuss-Rechnung nicht auf Gewinn aus, ebenso wenig Veränderungen des Marktwertes bereits angeschaffter Warenvorräte. Die Wertsteigerung wirkt sich erst bei der Veräußerung aus.

c) Das Anlagevermögen in der Einnahmen-Überschuss-Rechnung. Bei Aufwendungen für die **Anschaffung von** Wirtschaftsgütern des Anlagevermögens wird das **Zuflussprinzip durchbrochen.** Obwohl die Anschaffungskosten Ausgaben im Sinn des § 11 II EStG sind, darf der Steuerpflichtige sie bei nicht abnutzbaren Wirtschaftsgütern erst im Jahr der Veräußerung als Betriebsausgabe berücksichtigen, gemäß § 4 III Satz 3 EStG bei abnutzbaren Wirtschaftsgütern des Anlagevermögens nicht die Anschaffungskosten sondern nur die **AfA gemäß § 7 EStG** wie eine Betriebsausgabe berücksichtigen. 262

Beispiel:
A hat Anfang Januar 01 zum Betrieb einer Arztpraxis ein Geschäftshaus erworben. Die Anschaffungskosten betrugen umgerechnet 300 000 €, A hat den Betrag aus einer Erbschaft auf das Praxiskonto eingezahlt und von dort bei Fälligkeit von Kaufpreis und diversen Anschaffungsnebenkosten die Überweisungen getätigt. Von den Anschaffungskosten entfielen 100 000 € auf das Grundstück. Ende Dezember 2003 verkauft er das Objekt zum Preis von 360 000 €. Auf das Grundstück entfallen davon 120 000 €.

Jahr	Vorgang	Betrag	Gewinnauswirkung
01	Kauf		
	Grundstück	100 000 €	
	Gebäude	200 000 €	0 €
01	AfA § 7 IV EStG	6000 €	– 6000 €
02	AfA § 7 IV EStG	6000 €	– 6000 €
03	AfA § 7 IV EStG	6000 €	– 6000 €
03	Verkauf		
	Grundstück	120 000 €	+ 20 000 €
	Gebäude	240 000 €	+ 58 000 €

Obwohl aus betrieblicher Veranlassung im Jahr 01 umgerechnet 300 000 EUR abgeflossen sind, darf A diese nicht als Betriebsausgabe absetzen. Gemäß § 4 III Satz 4 EStG dürfen die **Anschaffungskosten für das Grundstück** erst **bei der Veräußerung,** die **für das Gebäude** nur im Wege der **AfA nach § 7 IV EStG** einkommensmindernd als Betriebsausgabe angesetzt werden.

Beim Grundstück ist der anteilige Verkaufspreis von 120 000 EUR als Einnahme, der anteilige Kaufpreis von 100 000 EUR als Ausgabe anzusetzen. Daraus ergibt sich ein Veräußerungsgewinn von 20 000 EUR. Beim Gebäude stellt ebenfalls der anteilige Verkaufspreis von 240 000 EUR eine Einnahme dar. Die Differenz zwischen dem Verkehrswert 240 000 EUR und dem Buchwert von 182 000 EUR ergibt den Veräußerungsgewinn von 64 000 EUR.

Durch diese Sondervorschriften erfolgt eine **Gleichstellung** mit der Behandlung **des Anlagevermögens** in der Gewinnermittlung durch **Betriebsvermögensvergleich.** In Abänderung seiner früheren Rechtsprechung hat der Bundesfinanzhof auch in der Einnahmen-Überschuss-Rechnung **gewillkürtes Betriebsvermögen** zugelassen (Rn. 236).

Die **„Wertverzehrthese",** die besagt, dass die Anschaffung abnutzbarer Wirtschaftsgüter eine Vermögensumschichtung darstellt und erst der quantitative oder qualitative Wertverzehr durch die Abnutzung einen steuerlich relevanten Aufwand ausmacht, ist für die Einnahmen-Überschuss-Rechnung **nicht anwendbar,** da auch der Wertverzehr keinen Geldabfluss, also keine Betriebsausgabe darstellt. Nach der **„Aufwandsverteilungsthe-** 263 se"[13] stellen die Anschaffungskosten an sich sofort abzugsfähige Betriebsausgaben dar, die jedoch auf Grund der gesetzlichen AfA-Regelung über die betriebsübliche Nutzungsdauer verteilt werden müssen.

264 **d) Entnahmen und Einlagen.** Der Gewinn ergibt sich in der Einnahmen-Überschuss-Rechnung aus dem **Überschuss der Betriebseinnahmen über die Betriebsausgaben.** Nur diese sind daher bei der Gewinnermittlung zu erfassen. **Privat veranlasste** Entnahmen oder Einlagen von Geld oder Geldeswerten sind daher **ohne Relevanz.** Einer ausdrücklichen Regelung, dass sie sich nicht auf den Gewinn auswirken dürfen, wie sie für die Gewinnermittlung durch Betriebsvermögensvergleich in § 4 I EStG enthalten ist, bedarf es für die Einnahmen-Überschuss-Rechnung daher nicht. Entnahmen und Einlagen brauchten daher bis 1999 nicht aufgezeichnet werden und erschienen nicht in der Einnahmen-Überschuss-Rechnung.

Dies hat sich durch die Einfügung des § 4 IVa EStG geändert, der in Satz 6 eine gesonderte Aufzeichnung von Einnahmen und Ausgaben zum Zweck der Ermittlung von Überentnahmen vorschreibt.[14]

Es gibt in der Einnahmen-Überschuss-Rechnung **keine Privatkonten,** da diese zu der Bilanz zugeordneten Bestandskonten gehören (Rn. 196). Da in der Regel auch für die Aufzeichnung zur Einnahmen-Überschuss-Rechnung die doppelte Buchführung verwendet wird (Rn. 257), werden **in der Buchführung** auch die Privatkonten geführt und bebucht und neben der Einnahmen-Überschuss-Rechnung als „Sonstige Konten" ausgedruckt.[15]

265 Anders ist es jedoch bei der **Entnahme** oder der privaten Nutzung von Wirtschaftsgütern. Diese führen zu unentgeltlichen Wertabgaben, die wie in der Gewinnermittlung durch **Betriebsvermögensvergleich** behandelt werden (Rn. 240–242). Für die Einkommensermittlung ist jedoch nicht die Entnahme als solche sondern nur die Gewinnauswirkung der Entnahmehandlung, nämlich die **Aufdeckung stiller Reserven** (Rn. 199), entscheidend. Sie wird – wie in der Gewinn- und Verlustrechnung beim Ertrag – in der Einnahmen-Überschuss-Rechnung bei den Einnahmen erfasst und ist wie die regulären Einnahmen **umsatzsteuerpflichtig.**[16]

II. Gewinnermittlung nach Durchschnittssätzen

1. Zum Personenkreis und zur Einkommensermittlung

266 Zum Personenkreis, der seine Gewinne nach Durchschnittssätzen gemäß § 13a EStG ermitteln kann, zählen ausschließlich **Land- und Forstwirte.** Voraussetzung ist aber, dass
– keine Verpflichtung zur Buchführung und zum Jahresabschluss besteht (§ 13a Abs. 1 Nr. 1 EStG) und
– ein im Einzelnen gesetzlich bestimmter Umfang der Landwirtschaft nicht überschritten wird (§ 13a Abs. 1 Nr. 2–4 EStG).

Landwirte, die buchführungspflichtig sind und einen Jahresabschluss machen müssen, haben dies auch zum Zweck der Gewinnermittlung zu tun.[17] Besteht eine solche Verpflichtung nicht, werden jedoch die in § 13a Abs. 1 Nr. 2–4 EStG vorgegebenen Werte überschritten, so besteht auch für Land- und Forstwirte die Verpflichtung zur Gewinnermittlung durch Einnahmen-Überschuss-Rechnung nach § 4 Abs. 3 EStG (Rn. 250 ff.).

---

[13] Vgl. dazu im Einzelnen Schmidt/Kulosa § 7 Rn. 2; Kemper FuR 2003, 113 ff. und 168 ff., FamRZ 2003, 1430
[14] Schmidt/Heinicke § 4 Rn. 376
[15] Wegen der Einzelheiten kann daher auf Rn. 239 verwiesen werden
[16] Die Gleichbehandlung ergibt sich aus der Gleichstellung der Einnahmen-Überschuss-Rechnung mit dem Betriebsvermögensvergleich in § 4 III Satz 3 und 4 EStG
[17] In diesem Fall kann auf die Ausführungen zur Gewinnermittlung im 3. Abschnitt verwiesen werden

4. Abschnitt: Sonstige Gewinneinkünfte § 1

2. Die Ermittlung der Durchschnittssätze

Gemäß § 13 a III EStG setzt sich der Durchschnittssatzgewinn zusammen aus 267
– dem Grundbetrag (IV),
– den Zuschlägen für Sondernutzungen (V),
– den nach VI zu ermittelnden Gewinnen,
– den vereinnahmten Miet- und Pachtzinsen,
– den vereinnahmten Kapitalerträgen, die sich aus Kapitalanlagen von Veräußerungserlösen im Sinne des Absatzes 6 Satz 1 Nr. 2 ergeben.

Die Höhe des Grundbetrags richtet sich bei der landwirtschaftlichen Nutzung nach dem Hektarwert der selbst bewirtschafteten Fläche. Je Hektar sind zwischen 205 EUR und 512 EUR anzusetzen.[18]

Was tatsächlich aus der landwirtschaftlichen Nutzung erwirtschaftet worden ist, ist nur in 268 den Fällen von steuerlicher Relevanz, in denen der Landwirt freiwillig oder auf Grund gesetzlicher Vorschriften seinen Gewinn durch Einnahmen-Überschuss-Rechnung oder Bilanz mit Gewinn- und Verlustrechnung ermittelt. Der nach Durchschnittssätzen ermittelte Gewinn hat mit den realen Verhältnissen nichts gemein.

III. Einkommensermittlung durch Schätzung

Soweit die Finanzbehörde den Gewinn nicht ermitteln oder berechnen kann, hat sie 269 nach § 162 AO die **Besteuerungsgrundlagen** zu **schätzen**. Geschätzt wird nicht der Gewinn als solcher, geschätzt werden dürfen **nur Tatsachen**.[19] Dies ist regelmäßig der Fall, wenn dem Steuerpflichtigen die genaue Ermittlung der einkunftsrelevanten Tatsachen nicht möglich oder nicht zuzumuten ist.

Beispiel:
A hat seine Praxis und seine Wohnung im selben Gebäude. An die Telefonanlage sind die Telefongeräte der Wohnung und der Praxis angeschlossen.

Die Finanzbehörde wird den privaten Anteil an den Telefonkosten nach ihren Erfahrungssätzen schätzen.[20]

Sofern die vom Steuerpflichtigen erteilten **Auskünfte nicht ausreichen** oder **Unterlagen**, die der Steuerpflichtige zu führen hat, **nicht vorgelegt** werden oder es ihnen an Beweiskraft ermangelt, können die gesamten Besteuerungsgrundlagen **geschätzt** werden.

IV. Wechsel der Gewinnermittlungsart

Steuerpflichtige, die nicht auf Grund der gesetzlichen Bestimmungen zur Gewinnermittlung 270 durch Betriebsvermögensvergleich verpflichtet sind, können durch die **Art ihrer Aufzeichnungen** die **Art der Gewinnermittlung** bestimmen. Freiwillige Buchführung mit Abschlusserstellung zwingt zur Gewinnermittlung durch Betriebsvermögensvergleich[21] (Rn. 252). Der Wechsel der Gewinnermittlungsart ist nur zum Beginn eines Wirtschaftsjahres möglich. Die notwendigen Maßnahmen beim Wechsel von der Einnahmen-Überschuss-Rechnung zum Betriebsvermögensvergleich sind zum Jahresbeginn erforderlich und können nicht nachgeholt werden.[22] Der Steuerpflichtige ist an seine Wahl drei Jahre gebunden.

---

[18] Stand 2011
[19] Klein Abgabenordnung § 162 Nr. 10
[20] BFH BStBl 1979, S. 149; vgl. auch Rn. 180
[21] Schmidt/Heinicke § 4 Rn. 377
[22] Schmidt/Heinicke § 4 Rn. 6

§ 1   Die Ermittlung des unterhaltsrechtlich relevanten Einkommens

Durch **Zurechnung von Forderungen und Warenbestand, Abzug von Anzahlungen, Verbindlichkeiten, und Rückstellung sowie Zurechnung oder Abzug von Rechnungsabgrenzungsposten** ergibt sich eine Veränderung des Gewinns, in der Regel eine Erhöhung, weil neben den vor dem Wechsel mangels Zufluss noch nicht versteuerten Erträgen auch die am Jahresende noch nicht zugeflossenen Betriebseinnahmen nach dem Prinzip der periodengerechten Gewinnermittlung gewinnerhöhend erfasst werden müssen, während die Erfassung von Betriebsausgaben und Aufwand meistens geringer ist. Dieser sogenannte **Übergangsgewinn** (Saldo aus Zu- und Abrechnungen) kann auf drei Jahre verteilt werden.[23]

V. Ermittlung des Einkommens aus Beteiligung an Gesellschaften

1. Gesetzliche Grundlagen und Personenkreis

271   **Personengesellschaften,** nämlich
– Gesellschaften bürgerlichen Rechts,
– Partnerschaftsgesellschaften,
– offene Handelsgesellschaften,
– Kommanditgesellschaften[24]

sind als solche nicht einkommensteuerpflichtig.[25] In § 1 I EStG werden nur natürliche Personen aufgeführt. Einkommensteuerpflichtig sind ihre Gesellschafter. Ihre Einkünfte, gleich welcher Art (Rn. 51) sie sind, werden nach § 15 I Nr. 2 EStG als Einkünfte aus Gewerbebetrieb behandelt (Ausnahme Rn. 274). Die Personengesellschaft trägt aber die Umsatzsteuer und die Gewerbesteuer. Einkommensteuerpflichtig sind aber die einzelnen Gesellschafter mit ihren jeweiligen Gewinnanteilen.[26] Steuerrechtlich werden diese Personenvereinigungen als **Mitunternehmerschaften bezeichnet.**[27]

Wenn Gesellschafter von einer Personengesellschaft Einkünfte beziehen, z. B. Tätigkeitsvergütungen, Vermietung oder Darlehen, werden diese im Rahmen der Gewinnverteilung den jeweiligen Gesellschaftern als Vorabgewinn zugeordnet, auch wenn es sich zivilrechtlich um einen Leistungsaustausch handelt. Verträge zwischen der Personengesellschaft und ihren Gesellschaftern werden **steuerrechtlich nicht anerkannt** (Rn. 275 ff.).

272   Anders ist es bei den **Kapitalgesellschaften.** Dieses sind nach § 1 des Körperschaftssteuergesetzes (KStG)
– Kapitalgesellschaften (insbesondere Europäische Gesellschaften, Aktiengesellschaften, Kommanditgesellschaften auf Aktien, Gesellschaften mit beschränkter Haftung);
– Genossenschaften einschließlich der Europäischen Genossenschaften;
– Versicherungs- und Pensionsfondsvereine auf Gegenseitigkeit;
– sonstige juristische Personen des privaten Rechts;
– nicht rechtsfähige Vereine, Anstalten, Stiftungen und andere Zweckvermögen des privaten Rechts;
– Betriebe gewerblicher Art von juristischen Personen des öffentlichen Rechts.

Körperschaften sind eigene Steuersubjekte. Deshalb werden Verträge zwischen der Körperschaft und ihren Anteilseigner auch steuerrechtlich anerkannt. Alle in § 2 II Satz 1 EStG aufgeführten Einkünfte sind bei der Kapitalgesellschaft Einkünfte aus Gewerbebetrieb. Geschäftsführerbezüge und sonstige Gehälter, Mieten, Zinsen etc. sind bei der Körperschaft Betriebsausgaben und werden bei den Anteilseignern erfasst, wie wenn sie diese Einkünfte von fremden Dritten erzielen würden.

---

[23] Einzelheiten EStR 4.6, Amtliche Hinweise 4.6
[24] Auch GmbH & Co KG
[25] Anders bei der Umsatzsteuer und der Gewerbesteuer: hier ist das Unternehmen bzw der Gewerbebetrieb steuerpflichtig
[26] Anders bei der Gewerbesteuer: steuerpflichtig ist nach § 5 GewStG das Unternehmen
[27] Schmidt/Wacker § 15 EStG Rn. 160

4. Abschnitt: Sonstige Gewinneinkünfte § 1

Beispiel: 273
A ist Gesellschafter der X-GmbH. Er erhält von der GmbH als deren Geschäftsführer ein regelmäßiges Jahresgehalt von 100 000 €. Für die Vermietung eines Lagerplatzes an die GmbH erhält er eine jährliche Miete von 12 000 €. A hat der GmbH zum marktüblichen Zins von 5% ein Darlehen von 100 000 € gegeben. Die GmbH erzielt im Jahr 01 einen Gewinn vor Körperschaftssteuer in Höhe von von 100 000 €, im Jahr 02 sind es 200 000 €. Im Jahr 01 werden keine Gewinne ausgeschüttet. Im Jahr 02 schüttet die GmbH Gewinne aus; A erhält 20 000 €.

Zu versteuern sind:

Jahr	GmbH		Gesellschafter	
01	100 000 EUR	§ 1 KStG, § 15 EStG	100 000 EUR	§ 19 EStG (Rn. 65 ff.)
			12 000 EUR	§ 21 EStG (Rn. 293, 409)
			5 000 EUR	§ 20 EStG (Rn. 408)
02	200 000 EUR	§ 1 KStG, § 15 EStG	100 000 EUR	§ 19 EStG (Rn. 46 ff.)
			12 000 EUR	§ 21 EStG (Rn. 293, 409)
			5 000 EUR	§ 20 EStG (Rn. 408)
			10 000[28] EUR	§ 3 Nr. 40, § 20 EStG (Rn. 408)

Alle Einkünfte des A werden bei seiner Steuerveranlagung erfasst. Mit Ausnahme der Gewinnausschüttung sind es bei der GmbH Betriebsausgaben. Bei der Besteuerung der ausgeschütteten Gewinne wird die Vorbelastung durch die Körperschaftsteuer pauschal kompensiert: Bis einschließlich 2007 gilt gemäß § 3 Nr. 40 EStG das **Halbeinkünfteverfahren,** ab 2009 das **Teileinkünfteverfahren.** Damit wird der Reduzierung der Körperschaftsteuer von 25% auf 15% Rechnung getragen. Werden **fiktive Gewinnausschüttungen** dem unterhaltsrechtlichen Einkommen zugerechnet, so ist die entsprechende fiktive Steuerbelastung nach diesen Grundsätzen zu ermitteln. In der Regel macht dies die Hinzuziehung eines Steuersachverständigen nötig.

Eine **Personengesellschaft** die nur **aus Selbstständigen** im Sinn des § 18 EStG 274 besteht, erzielt Einkünfte aus selbstständiger Tätigkeit. Wenn jedoch auch nur einem der Gesellschafter die Qualifikation des § 18 EStG fehlt oder er gewerbliche Einkünfte erzielt, sind die gesamten Einkünfte der Personengesellschaft gewerbliche Einkünfte.[29]

Beispiele:
1. Die Architekten A und B üben ihren Beruf gemeinsam in einer Gesellschaft bürgerlichen Rechts aus. Nach dem Tod von A geht der Anteil auf seine Ehefrau F über, die als gelernte Steuerfachangestellte im Anstellungsverhältnis die Buchhaltung der GbR und die rechnerische Abwicklung der Bauvorhaben übernommen hatte. B führt mit F die Gesellschaft weiter.
2. Die Architekten A und B üben ihren Beruf gemeinsam in einer Gesellschaft bürgerlichen Rechts aus. Außerdem erwerben sie Mehrfamilienhäuser und verkaufen diese nach Umbau und Renovierung als Eigentumswohnungen weiter.

Im Fall 1. erzielt die GbR gewerbliche Einkünfte, weil F keinen freien Beruf i. S. d. § 18 EStG ausübt. Im Fall 2. erzielt die GbR neben den Einkünften aus § 18 EStG auch aus dem Immobiliengeschäft Einkünfte aus gewerblicher Tätigkeit. In beiden Fällen sind die gesamten Einkünfte der GbR solche aus Gewerbebetrieb.

---

[28] Ab 2009 12 000 €
[29] Und damit auch gewerbesteuerpflichtig!

2. Gesonderte und einheitliche Gewinnfeststellung bei Mitunternehmerschaften

275 Die Ermittlung der Gewinnanteile aus einer Mitunternehmerschaft erfolgt in zwei Stufen. Zunächst wird nach den Gewinnermittlungsvorschriften des Einkommensteuergesetzes der Gewinn des Unternehmens festgestellt. Dieser wird dann gemäß § 180 AO in der gesonderten und einheitlichen Gewinnfeststellung auf die einzelnen Mitunternehmer verteilt.

Beispiel:
An der ABC-KG sind die Gesellschafter A, B und C beteiligt. Aufgrund entsprechender Regelung im Gesellschaftsvertrag haben
- A als Komplementär die Geschäfte der KG geführt und dafür monatlich 6000 € entnommen,
- B hat an die KG das Betriebsgebäude vermietet, wofür ihm im Laufe des Jahres 48 000 € auf sein privates Girokonto überwiesen wurden,
- C für die Vermittlung einzelner Geschäfte insgesamt 12 000 € erhalten.

Die Zahlungen sind vertragsgemäß als Vorabgewinn in der Buchhaltung auf den variablen Kapitalkonten der Gesellschafter gewinnneutral erfasst worden. Den verbleibenden Gewinn haben sie gleichmäßig aufgeteilt. Der Gewinn ist in der Gewinn- und Verlustrechnung mit 252 000 € ausgewiesen.

Die gesonderte und einheitliche Gewinnfeststellung ergibt folgendes Bild:

ABC KG

A	B	C
Vorabgewinn 72 000 €	Vorabgewinn 48 000 €	Vorabgewinn 12 000 €
+	+	+
Anteil am lfd. Gewinn 40 000 €	Anteil am lfd. Gewinn 40 000 €	Anteil am lfd. Gewinn 40 000 €
=	=	=
Gewerbliche Einkünfte 112 000 €	**Gewerbliche Einkünfte 88 000 €**	**Gewerbliche Einkünfte 52 000 €**

Die Einkünfte der KG aus Gewerbebetrieb sind den Gesellschaftern nach dem vorstehend erläuterten Schlüssel zuzurechnen. Die Gesellschafter erzielen mit ihren **Vorabgewinnen** keine Einkünfte aus nichtselbstständiger Tätigkeit bzw. aus Vermietung. Alle Einkünfte sind Einkünfte aus Gewerbebetrieb und werden so in den Steuererklärungen der Gesellschafter erfasst und in den Steuerbescheiden ausgewiesen.

276 Der in der Gewinn- und Verlustrechnung oder Einnahmen-Überschuss-Rechnung **ausgewiesene Gewinn** und der **Gesamtgewinn** der Mitunternehmerschaft sind **nicht notwendig identisch**. Wenn die den Gesellschaftern zustehende Sondervergütung nicht nur aus dem erzielten Gewinn sondern auf Grund eines im Gesellschaftsvertrag oder sondervertraglich vereinbarten Leistungsaustauschverhältnisses zu Lasten der Gesellschaft auch dann beansprucht werden kann, wenn der Gewinn nicht ausreicht oder sogar ein Verlust erwirtschaftet worden ist, wird sie in der Gewinn- und Verlustrechnung als Aufwand bzw in der Einnahmen-Überschuss-Rechnung als Betriebsausgabe gewinnmindernd erfasst.

In solchen Fällen werden die **Sonderbetriebseinnahmen** – ebenso damit verbundene **Sonderbetriebsausgaben** der Gesellschafter in einem eigenen zusätzlichen Jahresabschluss erfasst. Die Form dieses besonderen Jahresabschlusses richtet sich nach der Gewinnermittlung der Mitunternehmerschaft. Wenn diese bilanziert, sind auch die Sondervergütungen im Wege einer (Sonder-)bilanz zu ermitteln; ermittelt die Mitunternehmerschaft – etwa eine Anwaltssozietät oder ärztlich Gemeinschaftspraxis – ihren Gewinn nach § 4 III EStG, gilt dieses auch für die Sondervergütungen

277 Beispiel:
Die ABC-KG hatte im vorigen Beispielsfall alle Leistungen an die Gesellschafter A, B und C aufgrund individueller Verträge mit den Gesellschaftern zu erbringen, und zwar auch bei Verlusten der Gesellschaft. Im Jahresabschluss wird ein Verlust von 60 000 € ausgewiesen: Die Aufwendungen an die Gesellschafter sind gewinnmindernd als Aufwand gebucht. A hatte ein Jahresgehalt von 72 000 € bezogen; B der Gesellschaft das in seinem Eigentum stehende Gebäude gegen eine Jahres-

4. Abschnitt: Sonstige Gewinneinkünfte § 1

miete von 48 000 € überlassen. Die Instandhaltungskosten, die im abgelaufenen Wirtschaftsjahr 20 000 € betrugen, hatte B vertragsgemäß getragen; sonstige Kosten sind im Rahmen der Vermietung bei ihm mit 4000 € angefallen. C hat als einziger Gesellschafter auswärts gewohnt. Für die Teilnahme an Gesellschafterversammlungen sind ihm Kosten in Höhe von 1000 € entstanden, die ihm die Gesellschaft nicht zu erstatten hatte.

Sonderbetriebseinnahmen und -ausgaben der Gesellschafter sind auch hier Einkünfte aus Gewerbebetrieb. Sie sind in **Sonderbilanzen** zu erfassen. Die gesonderte und einheitliche Gewinnfeststellung sieht schematisch dargestellt wie folgt aus:

ABC KG		A		B		C	
Jahresergebnis	− 60 000	Anteil	− 20 000	Anteil	− 20 000	Anteil	− 20 000
+		+					
Löhne und Gehälter	72 000	SBE★	72 000				
+				+			
Mieten und Pachten	48 000			SBE★	48 000		
						+	
Provisionen	12 000					SBE★	12 000
−				−			
Sonderbetriebs- ausgaben B	24 000			SBA★	24 000		
						−	
Sonderbetriebs- ausgaben C	1 000					SBA★	1 000
		=		=		=	
Gewinn (f. GewSt)	47 000	Gewerbliche Einkünfte	52 000 €	Gewerbliche Einkünfte	4 000 €	Gewerbliche Einkünfte	− 9 000 €

★ SBA = Sonderbetriebsausgaben; SBE = Sonderbetriebseinnahmen

Für die Ermittlung der Einkommensteuer werden jeweils gesondert die Sonderbetriebseinnahmen und Sonderbetriebsausgaben für A, B und C zusammengefasst und als Einkünfte nach § 15 EStG versteuert. Für die Ermittlung der Gewerbesteuer, die die ABC KG zu zahlen hat, wird der Verlust der ABC KG um die Sonderbetriebseinnahmen von A, B und C erhöht; ihre Sonderbetriebsausgaben werden abgezogen. Der steuerliche Gewinn der KG beträgt also 47 000 EUR.

Soweit sich für einzelne Gesellschafter **andere Wertansätze als in der Bilanz** ergeben, ist dies in **Ergänzungsbilanzen** darzustellen. Die daraus resultierenden zusätzlichen Gewinne oder Verluste gehen ebenfalls in die gesonderte und einheitliche Gewinnfeststellung ein.

Beispiel:
D übernimmt den Anteil des C an der ABC KG. Für dessen Anteil am Betriebsvermögen mit einem Buchwert von 100 000 € zahlt D entsprechend dem Verkehrswert 200 000 €.

Soweit der Kaufpreis auf abnutzbare Wirtschaftsgüter des Anlagevermögens entfällt, hat D auch die Differenz zwischen dem Buchwert und seinen Anschaffungskosten in einer Ergänzungsbilanz darzustellen. Er kann die daraus resultierende **zusätzliche AfA** einkommensmindernd berücksichtigen. Auch die Ergebnisse aus der Ergänzungsbilanz sind in der **gesonderten und einheitlichen Gewinnfeststellung** zu berücksichtigen. Die dort für die einzelnen Gesellschafter ausgewiesenen Gewinne sind die Berechnungsgrundlage für das unterhaltsrechtliche Einkommen.

278

3. Betriebsverpachtung und Betriebsaufspaltung

279 Wenn ein Unternehmer seinen Betrieb an einen anderen verpachtet, bleiben seine Einkünfte aus der **Betriebsverpachtung** solche aus Gewerbebetrieb nach § 15 EStG, solange der Betrieb nach Ende der Pachtzeit von ihm selbst wieder übernommen und in der bisherigen Art fortgeführt werden kann. Dies gilt dann nicht, wenn der Unternehmer dem Finanzamt gegenüber die Betriebsaufgabe erklärt hat. Dann erzielt er nur noch Einkünfte aus Vermietung und Verpachtung. Die stillen Reserven seines Betriebs einschließlich des ideellen Geschäftswertes sind jedoch im Jahr der Aufgabe nach § 16 EStG zu versteuern. Unterhaltsrechtlich ist der Aufgabeerlös kein Einkommen sondern Vermögensverwertung.

280 Eine **Betriebsaufspaltung** setzt ein **Besitzunternehmen** und ein **Betriebsunternehmen** voraus, die sachlich und personell verflochten sind. Das Besitzunternehmen muss dem Betriebsunternehmen funktional wesentliche Betriebsgrundlagen – etwa Grundstücke, Gebäude, Produktionsanlagen – überlassen haben **(sachliche Verflechtung)**. Dieselben Personen oder Personengruppen müssen Inhaber beider Unternehmen sein oder in beiden Unternehmen bestimmen können **(personelle Verflechtung)**.

> **Beispiel:**
> U hat seinen bisher allein geführten Fabrikationsbetrieb mit dem gesamten Betriebsvermögen an die X-GmbH verpachtet. Gesellschafter der GmbH sind U mit 60% und A mit 40% der Anteile. Alle wesentlichen Entscheidungen in der Gesellschafterversammlung der GmbH können mit einfacher Mehrheit beschlossen werden. U und A sind Geschäftsführer der GmbH. U hat im abgelaufenen Wirtschaftsjahr 200 000 € Pacht und 150 000 € Gehalt von der GmbH erhalten.
> Hätte U mit 50% oder weniger oder überhaupt nicht an der GmbH beteiligt, so wären die Pachteinnahmen als Einkünfte aus Vermietung und Verpachtung nach § 21 EStG zu erfassen. Aufgrund der Betriebsaufspaltung sind sie jedoch Einkünfte aus Gewerbebetrieb nach § 15 EStG. Das Geschäftsführergehalt ist trotz Betriebsaufspaltung Einkunft aus nichtselbständiger Tätigkeit.

In der Regel ist das Besitzunternehmen ein Einzelunternehmen oder eine Personengesellschaft, das Betriebsunternehmen eine GmbH. Zwingend ist dies aber nicht: beide Unternehmen können in jeder beliebigen Form betrieben werden. Die Besitzgesellschaft erhält von der Betriebsgesellschaft für die Überlassung des Betriebs einen Pachtzins, der bei der Betriebsgesellschaft gewinnmindernd als Aufwand erfasst wird. **Gewinnausschüttungen sind Sonderbetriebseinnahmen** (Rn. 274) bei der Besitzgesellschaft, da die Anteile der Besitzgesellschafter an der Betriebsgesellschaft zum Sonderbetriebsvermögen bei der Besitzgesellschaft gehören. Die **Bezüge des Geschäftsführers der Besitzgesellschaft** gehören dagegen bei ihm zu den **Einkünften aus nichtselbständiger Arbeit,** auch wenn der Geschäftsführer der Betriebsgesellschaft gleichzeitig Besitzgesellschafter ist. Dies gilt aber nur, wenn die Betriebsgesellschaft eine GmbH oder andere Körperschaft ist.

Bei Unterhaltsbeteiligten, die an Besitzunternehmen und Betriebsunternehmen beteiligt sind, beziehen sie auch aus beiden Unternehmen unterhaltsrechtlich relevante Einnahmen.[30] Aufschluss geben in solchen Fällen die Einkommensteuerbescheide und die einheitlichen und gesonderten Gewinnfeststellungen (Rn. 275).

281–299 *– derzeit nicht belegt –*

---

[30] BGH FamRZ 2004, 1179 = R 613

5. Abschnitt: Gewinneinkünfte im Unterhaltsrecht

I. Vorbemerkung

1. Verwertbarkeit steuerlicher Einkommensermittlung im Unterhaltsrecht

Trotz aller Kritik an der Verwertbarkeit der steuerlichen Einkommensermittlung stellt diese in der Praxis die unverzichtbare Basis für die Feststellung des unterhaltsrechtlichen Einkommens[1] dar. Die Auffassung, es müsse zur Ermittlung des unterhaltsrechtlich relevanten Einkommens eine „Unterhaltsbilanz" erstellt werden,[2] hat sich nicht durchgesetzt. Kaum ein Steuerberater verfügt über ausreichende unterhaltsrechtliche Kenntnisse. Entscheidend ist aber wohl eher, dass der erhebliche Aufwand für die Erstellung zusätzlicher Bilanzen und die damit verbundenen Kosten in keinem vertretbaren Verhältnis zu dem angestrebten Nutzen stehen.[3]

Es wird daher auch in Zukunft kein Weg daran vorbeigehen, die steuerlichen Unterlagen daraufhin zu prüfen, ob und in welchen Punkten die steuerlichen Grundlagen zu modifizieren sind.

Dass das steuerrechtlich relevante Einkommen und das unterhaltsrechtlich relevante nicht immer identisch sind,[4] ist zutreffend. Dies ist aber kein „Privileg" der Gewinneinkünfte.

Beispiel:
A hat im Jahr 2011 ein Jahresbruttogehalt von 32 000 € bezogen. Ihm wurden netto 20 500 € ausgezahlt. Die Arbeitnehmerbeiträge zur Sozialversicherung beliefen sich auf 6600 € (RV 3184 €, AV 480 €, KV 2624 €, PV 312) Unstreitig bestehende berufsbedingte Aufwendungen hat er nicht näher substantiiert.

Das Finanzamt erkennt ohne Nachweis an

– für berufsbedingte Aufwendungen (Werbungskosten)   1000 €
– für Vorsorgeaufwendungen[5]   4944 €

Unterhaltsrechtlich sind abzugsfähig

– berufsbedingte Aufwendungen (Rn. 124)   1025 €
– für Vorsorgeaufwendungen (Rn. 596 ff.)   6600 €

Je nach Lage des Einzelfalls kann das steuerlich relevante Einkommen auch bei Nichtselbstständigen höher oder niedriger als das unterhaltsrechtliche sein. Dagegen ist die Schlussfolgerung[6] unzutreffend – zumindest nicht allgemein gültig –, dass das steuerlich ermittelte (Netto-)Einkommen bei Gewerbetreibenden und Selbstständigen das (unterhaltsrechtliche) Mindesteinkommen darstellt.

Beispiel:
U bebaut ein zum Betriebsvermögen gehörendes Grundstück mit einem Wohnhaus zum Zweck privater Nutzung. Die im Jahr 1970 angefallenen Anschaffungskosten des Grundstücks haben 20 000 € betragen; der Verkehrswert (Teilwert) zum Zeitpunkt der Bebauung beträgt 80 000 €.

Unterhaltsrechtlich findet kein Zufluss von verfügbarem Einkommen statt; es liegt lediglich eine Vermögensverlagerung vor. Einkommensteuerrechtlich führt die Entnahme von Betriebsvermögen in das Privatvermögen zur Aufdeckung stiller Reserven, d. h. zu

---

[1] Zur Unverwertbarkeit der Handelsbilanz vgl. Rn. 178
[2] Nickl, Die unterhaltsrechtliche Bilanz als Basis der Einkommensermittlung bei selbstständigen Unterhaltsverpflichteten, Bremen 1987
[3] Für eine einzige Einkommensermittlung wären wenigstens drei Unterhaltsbilanzen aufzustellen
[4] Ständige Rechtsprechung: BGH FamRZ 2003, 741 = R 590
[5] Berechung nach § 10 III EStG n. F.
[6] BGH a. a. O.

einem Gewinn in Höhe der Differenz zwischen Anschaffungskosten und Teilwert, hier 60 000 EUR.[7]

2. Vorbehalt der Nachprüfung

302 Im 3. Abschnitt (Rn. 160 ff.) ist dargestellt, dass im Gegensatz zum bei der handelsrechtlichen Gewinnermittlung maßgeblichen Vorsichtsprinzip (Rn. 178) bei der steuerlichen Gewinnermittlung durch Betriebsvermögensvergleich nach §§ 4, 5 EStG oder Einnahmen-Überschuss-Rechnung nach § 4 III EStG ein möglichst realistisches Einkommen festgestellt wird.

Nicht immer jedoch ist der im steuerlichen Jahresabschluss und dem daraufhin erlassenen Steuerbescheid festgestellte Gewinn mit dem tatsächlichen steuerlichen Gewinn identisch. Das gilt insbesondere dann, wenn der **Steuerbescheid**[8] **unter dem Vorbehalt der Nachprüfung** steht. Gemäß § 164 AO erfolgt eine Steuerfestsetzung unter Nachprüfungsvorbehalt, wenn der Steuerfall nicht abschließend geprüft ist. In solchen Fällen ist der vom Steuerpflichtigen mit der Steuererklärung eingereichte Jahresabschluss allenfalls auf Förmlichkeiten und grobe Unrichtigkeiten überprüft worden. Der Vorbehalt der Nachprüfung bewirkt, dass die Steuerfestsetzung aufgehoben oder geändert werden kann.

Bis zu einer abschließenden Prüfung liegen dem Steuerbescheid somit lediglich die Buchführung des Steuerpflichtigen oder im Regelfall des Steuerberaters zu Grunde, die dieser anhand der ihm vom Steuerpflichtigen vorgelegten Unterlagen erstellt hat. Es ist davon auszugehen, dass ein versierter Steuerberater zwar keine Beihilfe zur Steuerhinterziehung leistet, jedoch steuerrechtliche Beurteilungsspielräume vollumfänglich zugunsten des Steuerpflichtigen ausschöpft. Was letztendlich steuerrechtlich Bestand behält, ergibt sich erst aus den Bescheiden, die auf Grund des Ergebnisses der Außenprüfung ohne Vorbehalt der Nachprüfung erlassen werden.[9]

3. Steuerliche Außenprüfung (Betriebsprüfung)

303 Eine Außenprüfung – im täglichen Sprachgebrauch „Betriebsprüfung" genannt – ist nach § 193 AO bei allen Steuerpflichtigen, die Einkünfte aus Gewerbebetrieb (Rn. 162), Land- und Forstwirtschaft (Rn. 266) oder selbstständiger Arbeit (Rn. 251) beziehen, ohne Einschränkung zulässig. Sie erfolgt gemäß § 193 AO, „wenn zu erwarten ist, dass eine größere Anzahl von Lebensvorgängen mit einem größeren Zeitaufwand zu prüfen ist", als dies im Rahmen der Steuerveranlagung möglich wäre.

Nach § 3 der Betriebsprüfungsordnung werden untergliedert
– Großbetriebe
– Mittelbetriebe
– Kleinbetriebe und
– Kleinstbetriebe,
wobei die Zuordnung zu den einzelnen Klassen von den Finanzbehörden festgelegt wird.[10] Nur bei Großbetrieben erfolgt – in der Regel im dreijährigen Turnus – eine lückenlose Prüfung der Jahresabschlüsse. Bei den übrigen Betrieben liegt die Anordnung im Ermessen der Finanzbehörde, wobei davon auszugehen ist, dass dafür die Wahrscheinlichkeit der Erzielung erheblicher Nachzahlungen maßgeblich ist. Betriebsprüfungen kleinerer Betriebe werden insbesondere auch dann angeordnet, wenn sich aus **Kontrollmitteilungen** bei Prüfungen der Geschäftspartner Anhaltspunkte für Unregelmäßigkeiten bei der Gewinnermittlung ergeben.

---

[7] Dies gilt in gleicher Weise für Gewinn- und Verlustrechnung und Einnahmen-Überschuss-Rechnung
[8] Einkommensteuerbescheid beim Einzelunternehmer, Gesonderte und einheitliche Gewinnfeststellung bei Personengesellschaften
[9] Sofern nicht dagegen Einspruch eingelegt und ggfs. geklagt wird
[10] Zuletzt BStBl 2006 I S. 530

5. Abschnitt: Gewinneinkünfte im Unterhaltsrecht § 1

4. Steuerhinterziehung

Allein die Möglichkeit zur Verschaffung von Schwarzgeld bei Gewerbetreibenden und Selbstständigen darf genauso wenig wie die Möglichkeit zur Schwarzarbeit bei einem nichtselbstständig Tätigen Veranlassung zu Zurechnungen zum steuerlich ermittelten Einkommen geben, solange nicht konkrete Hinweise für solche Steuerhinterziehungen vorliegen. Mit Freiheitsstrafe bis zu fünf Jahren oder mit Geldstrafe wird gemäß § 370 AO wegen Steuerhinterziehung bestraft, wer den Finanzbehörden über steuerlich erhebliche Tatsachen unrichtige oder unvollständige Angaben macht oder solche Tatsachen verschweigt; der Versuch ist strafbar. Bereits die Ausstellung falscher Belege oder Falschbuchungen werden gemäß § 379 AO als Steuergefährdung verfolgt. **304**

II. Steuerrechtlich und unterhaltsrechtlich irrelevante Aufwendungen

Ein aus einer ordnungsgemäßen Buchführung entwickelter Jahresabschluss entspricht insoweit auch unterhaltsrechtlichen Anforderungen, als nicht betriebsbedingte Aufwendungen **nicht gewinnmindernd** erfasst werden dürfen. Ausschließlich persönlich bedingte Aufwendungen, die unterhaltsrechtlich nicht einkommensmindernd berücksichtigt werden dürfen, stellen auch steuerrechtlich keine gewinnmindernden Ausgaben dar. **305**

Nach § 12 EStG dürfen u. a. Beträge, die **für den Haushalt** des Steuerpflichtigen **und für den Unterhalt** seiner Familienangehörigen aufgewendet werden, ebenso wenig bei den Einkünften abgezogen werden wie die Aufwendungen für die Lebensführung, die die wirtschaftliche oder gesellschaftliche Stellung des Steuerpflichtigen mit sich bringt, auch wenn diese zur Förderung des Berufs oder der Tätigkeit des Steuerpflichtigen erfolgen.

Rein privat veranlasste Ausgaben, etwa der Einkauf von Lebensmitteln für den Haushalt oder die Anschaffung privater Kleidung gehören daher nicht zu den Betriebsausgaben oder Werbungskosten sondern sind als **Privatentnahme** zu erfassen, sofern die Barzahlung aus der betrieblichen Kasse oder vom Geschäftskonto erfolgt.

Beispiel:
U kauft sich einen neuen Anzug und bezahlt dieses mit der Bankkarte, die für das Geschäftskonto ausgestellt ist. Der Betrag wird von diesem Konto abgebucht.

Der Vorgang ist als Privatentnahme zu erfassen. Buchungsmäßig steht ein solcher Vorgang einer privaten Geldentnahme gleich; wofür das Geld verwendet worden ist, ist steuerlich irrelevant. Derartige Vorgänge dürfen daher weder in der Gewinn- und Verlustrechnung noch in der Einnahmen-Überschuss-Rechnung zu finden sein.

Auch nicht eindeutig beruflich bedingter Aufwand[11] stellt steuerlich weder Betriebsausgabe noch Werbungskosten dar. **306**

Beispiel:
R macht geltend, dass er üblicherweise legere und preisgünstige Kleidung benutze, ausschließlich aus beruflicher Veranlassung in der Kanzlei teure Maßanzüge tragen müsse.

Die Nutzung der Anzüge wird steuerlich nicht als Betriebsausgabe anerkannt. Bei der Beurteilung der Abzugsfähigkeit derartiger Aufwendungen wird kein Unterschied zwischen Selbstständigen und Nichtselbstständigen gemacht. Im Unterhaltsrecht wird man im Einzelfall entscheiden müssen, ob gemischte Aufwendungen anteilig anzurechnen sind.

Nur wenn sich berufliche und private Nutzung abgrenzen und getrennt erfassen lassen, ist bei der steuerlichen Einkommensermittlung eine Aufteilung vorzunehmen, die entweder auf einer Schätzung beruht – wie etwa bei der privaten Nutzung des betrieblichen Telefons – oder auf Grund pauschalierter Berechnungsmethoden zu ermitteln ist, so beim privat und betrieblich genutzten PKW (Rn. 242 und 324).

Was ordnungsgemäß auf Privatkonten verbucht ist, beeinflusst den Gewinn nicht, wirkt sich also nicht auf das Einkommen aus.[12]

---

[11] Beispiele aus der BFH-Rechtsprechung Schmidt/Drenseck § 12 Rn. 12; EStH 4.7
[12] Rn. 166; Rn. 197 ff.; Rn. 237 ff.; Rn. 264 f.

III. Unterhaltsrechtlich relevante Unterschiede zwischen Gewinn- und Verlustrechnung und Einnahmen-Überschuss-Rechnung

307 Unabhängig davon, ob der Gewinn durch Gewinn- und Verlustrechnung oder durch Einnahmen-Überschuss-Rechnung ermittelt wird: der Gesamtgewinn von der Aufnahme bis zur Beendigung der Erwerbstätigkeit ist betragsmäßig identisch. Aus der unterschiedlichen Art der Gewinnermittlung ergeben sich jedoch zeitliche Verschiebungen. Während in der **Gewinn- und Verlustrechnung** der **Eintritt der Vermögensmehrung** maßgeblich ist, kommt es in der **Einnahmen-Überschuss-Rechnung** auf den **Zufluss oder Abfluss** der für eine Leistung zu erbringenden **Geldzahlung** an.

Soweit die Auswirkung eines Geschäftsvorfalls auf das Vermögen und der damit verbundene Zufluss oder Abfluss von Geldmitteln in ein und demselben Wirtschaftsjahr erfolgen, ergeben sich auch bei der Ermittlung des Jahresgewinns gegenüber der Einnahmen-Überschuss-Rechnung keine Unterschiede. Nur wenn zwischen der Vermögensänderung und dem Zu- oder Abfluss ein Bilanzstichtag liegt, ergeben sich vorübergehende Abweichungen.

Beispiele:
Der ausschließlich mit der Bauplanung beauftragte Architekt hat am 10. 11. dem Auftraggeber die fertigen Planungsunterlagen übergeben und sein Honorar in Rechnung gestellt. Die Zahlung des Honorars geht auf seinem Konto
a) am 27. 12.
b) am 5. 1. des folgenden Jahres
ein.

Für eine Gewinn- und Verlustrechnung ist die Forderung im November erlöswirksam zu buchen; das Honorar wird also unabhängig vom Zeitpunkt des Zahlungseingangs erfasst.[13] Für eine Einnahmen-Überschuss-Rechnung wird erst der Zahlungseingang als Erlös verbucht; im Fall a) wird das Honorar daher noch im selben Geschäftsjahr, im Fall b erst im Folgenden als Einkommen erfasst. Ein Unterschied zwischen dem durch Betriebsvermögensvergleich ermittelten Gewinn und der Einnahmen-Überschuss-Rechnung ergibt sich also nur, wenn der Zufluss oder Abfluss der Betriebseinnahmen oder Betriebsausgaben nicht in dem Wirtschaftsjahr erfolgen, dem der Aufwand oder Ertrag wirtschaftlich zuzuordnen ist.

308 Das für die Gewinnermittlung durch Betriebsvermögensvergleich maßgebliche Prinzip der periodengerechten Gewinnermittlung entspricht dem aus der Unterhaltsrechtsprechung zur Anrechnung von Steuern bekannten **Für-Prinzip** (Rn. 584 c). Die Einnahmen-Überschuss-Rechnung baut dagegen auf dem dem unterhaltsrechtlichen **In-Prinzip** entsprechenden Zufluss-Prinzip auf.

Bei der Erfassung von
– Forderungen und Verbindlichkeiten (Rn. 223),
– Rechnungsabgrenzungsposten (Rn. 227) und
– Rückstellungen (Rn. 228 ff.)
in der Bilanz werden in der Gewinn- und Verlustrechnung Erträge und Aufwendungen in dem Jahr gewinnwirksam gebucht, dem sie wirtschaftlich zuzuordnen sind, auch wenn der Zufluss oder Abfluss der in Geld oder Geldeswert bestehenden Betriebseinnahmen oder -ausgaben außerhalb des Jahres erfolgt sind.[14] Der in der Bilanz und der Gewinn- und Verlustrechnung festgestellte Gewinn basiert daher zu einem nicht unerheblichen Teil auf noch nicht geflossenen Einkünften bzw noch nicht bezahlten Schulden, was sich aber zum großen Teil durch die Auflösung entsprechender Bilanzposten aus dem Vorjahr bzw. innerhalb des Auskunftszeitraums ausgleicht.[15]

---

[13] Würde die Zahlung bereits im November erfolgen, könnte auch direkt der Zahlungseingang als Erlös verbucht werden, da die zu bildende Forderung ja sonst in derselben Buchungsperiode wieder aufgelöst werden müsste
[14] Einzelheiten siehe Rn. 250 ff. und 257 ff.
[15] Eine Gewinn- und Verlustrechnung lässt sich allerdings in der modernen EDV-Buchführung – z. B. DATEV – ohne Schwierigkeiten im Nachhinein als Einnahmen-Überschuss-Rechnung erstellen.

IV. Unterhaltsrechtliche Bewertung der Gewinnermittlung nach Durchschnittssätzen und durch Schätzung

1. Gewinnermittlung nach Durchschnittssätzen

Die Gewinnermittlung nach Durchschnittssätzen (Rn. 266 ff.) ist für die Berechnung des unterhaltsrechtlich relevanten Einkommens **unbrauchbar**. Die Schätzwerte liegen weit unter dem tatsächlich zur Verfügung stehenden Einkommen. Soweit nicht auf Grund der erteilten Auskünfte (Rn. 437) ein **Sachverständigengutachten** Aufschluss geben kann, wird man allenfalls über die Kosten der tatsächlichen Lebensführung **den konkreten Bedarf ermitteln** können, wobei besonders zu berücksichtigen ist, dass Landwirte in großem Umfang den Lebensunterhalt aus dem eigenen Betrieb decken können. 309

2. Steuerliche Gewinnschätzungen

Wenn mangels der nach der Abgabenordnung geschuldeten Mitwirkung der Gewinn von Gewerbetreibenden und Selbstständigen durch die Finanzbehörde geschätzt (Rn. 269) worden ist, liegen dieser Schätzung die für das steuerliche Einkommen maßgeblichen Kriterien zugrunde. Die Schätzung erfolgt auf der Basis des **innerbetrieblichen Vergleichs** mit Veranlagungszeiträumen, für die Gewinnermittlungen vorliegen, und dem Fremdvergleich mit vergleichbaren anderen Betrieben und auf der Basis der Richtwerte. 310

Mit der Schätzung greift die Finanzbehörde – insbesondere bei dem Verdacht von Steuerhinterziehungen – in der Regel sehr hoch, um die Abgabe einer Steuererklärung als das „kleinere Übel" zu erzwingen. Da ein Sachverständiger kaum bessere Möglichkeiten hat als die Finanzbehörden, wird man für die Ermittlung des unterhaltsrechtlich relevanten Einkommens **auf den Schätzbetrag zurückgreifen** können.

Dabei muss man allerdings genau wie bei der regulären Gewinnermittlung die Erforderlichkeit unterhaltsrechtlich bedingter Korrekturen prüfen.

3. Einkünfte des Gesellschafter-Geschäftsführers einer GmbH

Wie bei Rn. 273 dargestellt, kann der Gesellschafter einer GmbH von dieser außer **ausgeschütteten Gewinnen** auch andere Einkünfte beziehen, insbesondere **Lohn** oder **Gehalt, Mieten** oder **Zinsen**. Wenn der Unterhaltsbeteiligte weder aus seiner Gesellschafterstellung noch aus einer eventuellen Tätigkeit für die GmbH Einfluss auf die Gewinnerzielung und oder Gewinnausschüttung hat, muss man seine jeweiligen Einkünfte anhand seiner persönlichen Unterlagen, z. B. Verdienstbescheinigungen, Miet- und Darlehensverträgen feststellen. Alle Einkünfte sind aus dem **Steuerbescheid** ersichtlich. Verpflichtungen zur Vorlage der Jahresabschlüsse bestehen nicht, da die Gewinne der GmbH nur im Rahmen der Ausschüttungen zu Einkünften beim Gesellschafter führen. Bei stark unterschiedlichen Gewinnausschüttungen wird man unter Umständen wie bei gewerblichen Einkünften ein Mehrjahresmittel bilden müssen. 311

Beispiel:
A ist technischer Angestellter bei der X-GmbH. Sein unterhaltsrechtlich bereinigtes Einkommen beträgt im Jahr 05 monatlich 2500 €. Anlässlich seiner 25-jährigen Betriebszugehörigkeit hat er vor einigen Jahren einen Geschäftsanteil von 0,5% bekommen. Die Gesellschaft hat je nach Gewinnlage unterschiedliche Gewinnausschüttungen vorgenommen. A hat unter Berücksichtigung der Steuerbelastung erhalten: im Jahr 03: 1200 €, im Jahr 04: 0 € und im Jahr 05: 2400 €. Die Schwankungen entsprechen dem Üblichen.

Es ist sachgerecht, dem unterhaltrechtlichen Einkommen des A monatlich 100 EUR zuzuschlagen.

Alle nicht im Geschäftsjahr zugeflossenen Einnahmen bzw abgeflossenen Ausgaben werden automatisch herausgerechnet

312 Anders sind die Verhältnisse beim Gesellschafter-Geschäftsführer der GmbH zu behandeln.

> **Beispiel:**
> S war als selbständiger Steuerberater tätig. Sein durchschnittlicher Umsatz betrug in den letzten Jahren seiner selbständigen Tätigkeit 300 000 €, der Gewinn vor Steuern 150 000 €. Vor Beginn des unterhaltsrechtlichen Prüfungszeitraums hat S eine GmbH gegründet, deren alleiniger Gesellschafter und Geschäftsführer er ist. Er erteilt im Jahr 04 Auskunft über seine Einkünfte aus Geschäftsführertätigkeit und legt seine Jahresverdienstbescheinigung vor, woraus sich ein Jahresnettoeinkommen bei Lohnsteuerklasse I/0 mit 33 000 € ergibt. Dies entspricht einem Bruttogehalt von ca. 60 000 €. Außerdem belegt er Einkünfte aus der Vermietung der in seinem Alleineigentum stehenden Kanzleiräumen an die GmbH in Höhe von 24 000 €. Auf Nachfrage teilt er mit, die GmbH habe seit ihrer Gründung noch keine Gewinnausschüttungen vorgenommen.

313 Bei einem **alleinigen Gesellschafter-Geschäftsführer** sollte die Ermittlung des unterhaltsrechtlich maßgeblichen Einkommens in gleicher Weise **wie bei einem Selbständigen** erfolgen, wenn offenkundig ist, dass er seine Einkünfte in der GmbH thesauriert. Das bedeutet im Beispielsfall, dass S Auskunft über die Einkünfte der GmbH in den letzten drei Jahren zu erteilen und die Jahresabschlüsse der Gesellschaft vorzulegen hat. Die Gewinne der GmbH werden in derselben Weise unterhaltsrechtlich geprüft wie die eines Selbständigen. Auch die Gewinnthesaurierung der GmbH unterliegt der unterhaltsrechtlichen Überprüfung. Soweit sie weder betrieblich veranlasst ist, noch den Einkommensverhältnissen entspricht, kann sie unterhaltsrechtlich keinen Bestand haben. Im Beispielsfall läge nahe, die Einkünfte aus seiner selbständigen Tätigkeit für den Unterhalt heranzuziehen, wenn sich die Umsätze nicht wesentlich geändert haben sollten.

In den meisten Fällen werden die tatsächlichen Verhältnisse zwischen diesen beiden Extremen angesiedelt sein. Bei Gesellschaftern, die **nicht alleiniger Gesellschafter-Geschäftsführer** sind, die aber auf Grund der Quote ihrer Beteiligung und/oder ihrer Position (Geschäftsführer, Prokurist, Beirat) die Geschäfte der Gesellschaft und oder die Gewinnausschüttung **steuern oder in ihrem Interesse maßgeblich beeinflussen können**, wird man prüfen müssen, inwieweit gewinnmindernde Maßnahmen persönlich bedingt sind. Je größer der Geschäftsanteil des unterhaltsbeteiligten Gesellschafters und je enger seine Beziehungen zu den Mitgesellschaftern sind, umso größer sind seine Möglichkeiten, seine unterhaltsrechtlichen Einkünfte zu bestimmen.[16] Wenn der unterhaltsbeteiligte Gesellschafter und/oder Geschäftsführer auf die Geschäfts- und Bilanzpolitik der Gesellschaft Einfluss nehmen kann, gelten für die Auskunfts- und Belegpflicht dieselben Kriterien wie bei der Personengesellschaft (Rn. 435). Immer können die – verkürzten – Bilanzen beim **Handelsregister** eingesehen werden, wenn die Gesellschaft nach § 325 HGB zur Offenlegung verpflichtet ist.

Wenn der Unterhaltsbeteiligte die Gewinnausschüttung nach nicht gesellschaftsbedingten Kriterien sondern persönlichen Interessen maßgeblich beeinflussen kann, wird man die Gründe für geringe Gewinnausschüttungen hinterfragen müssen. Die Beweislast für betriebliche Gründe liegt beim Gesellschafter.

V. Posten der Gewinn- und Verlustrechnung und der Einnahmen-Überschuss-Rechnung nach unterhaltsrechtlichen Kriterien[17]

1. Erträge/Einnahmen

314 **a) Umsatzerlöse.** Alle der betrieblichen Tätigkeit zuzuordnenden Betriebseinnahmen sind als Umsatzerlöse zu erfassen, in der Gewinn- und Verlustrechnung periodengerecht[18]

---

[16] BGH FamRZ 2004, 1179 = R 613
[17] Soweit sich aus den folgenden Ausführungen nicht ausdrücklich etwas anderes ergibt, gelten sie für Gewinn- und Verlustrechnung und Einnahmen-Überschuss-Rechnung gleichermaßen
[18] Siehe dazu Rn. 222

5. Abschnitt: Gewinneinkünfte im Unterhaltsrecht § 1

zum Zeitpunkt des Entstehens der Forderung, in der Einnahmen-Überschuss-Rechnung zum Zeitpunkt des Zuflusses der Gegenleistung.[19] Zu den Umsatzerlösen gehören auch solche aus Nebenleistungen, wie etwa dem Kunden in Rechnung gestellte Verpackungs- und Transportkosten bei einem Handelsbetrieb. Inwieweit eine Untergliederung in einzelne Umsatzarten erfolgt, liegt im Belieben des Unternehmers und richtet sich in erster Linie nach betriebswirtschaftlichen Überlegungen.

Beispiel:
U betreibt eine Kraftfahrzeugwerkstatt und handelt mit Gebrauchfahrzeugen und Ersatzteilen.

U kann in seiner Buchführung und im Jahresabschluss alle Umsätze auf einem Konto erfassen oder aber untergliedern, z. B.
– Erlöse aus Verkauf von Kraftfahrzeugen
– Erlöse aus Verkauf von Ersatzteilen
– Erlöse aus Reparaturen
und mehr.

b) Erträge aus Verkauf von Anlagevermögen. Die Erlöse aus dem Verkauf von Anlagevermögen erhöhen den laufenden Gewinn (Rn. 217), soweit stille Reserven aufgedeckt werden. Dies ist dann der Fall, wenn das Wirtschaftsgut beim Verkauf mehr als die Anschaffungskosten bringt oder durch frühere Abschreibungen (AfA) der Buchwert unter dem Verkaufspreis liegt. Falls unterhaltsrechtliche Korrekturen als erforderlich angesehen werden, ist zu beachten, dass in der Regel der **Veräußerungserlös** – also nicht nur der **Veräußerungsgewinn** – bei den Erträgen und der Buchwert als **Anlagenabgang** beim Aufwand, gewinnerhöhend erfasst wird. Unterhaltsrechtlich ist zu prüfen, inwieweit Gewinnerhöhungen aus Anlageverkäufen in die Einkommensprognose einfließen dürfen. Gewinne oder Verluste aus dem Auskunftszeitraum sind unterhaltsrechtlich zu korrigieren, wenn sie im Zahlungszeitraum nicht mehr zu erwarten sind (hierzu im Einzelnen oben Rn. 26). **315**

Beispiel:
U hat einen kleinen Betrieb, in dem er mit einer Maschine Werkzeugteile herstellt. Die Maschine ist zum Zeitpunkt ihres Verkaufs seit fünf Jahren auf 0 € abgeschrieben. Beim Verkauf im letzten Jahr des Auskunftszeitraums erzielt U einen Kaufpreis von netto 18 000 €.

Wenn man den Gewinn nicht unterhaltsrechtlich storniert, wird dem U ein Mehreinkommen von monatlich 500 EUR brutto zugerechnet, das er in den folgenden Jahren nicht erzielen wird, da ein derartiger Verkauf nicht mehr ansteht.

Im Fall eines Unterhaltsabänderungsverfahrens ist außerdem zu prüfen, ob möglicherweise im früheren Unterhaltsverfahren Abschreibungen nicht anerkannt wurden. In diesem Fall ist auch der Veräußerungsgewinn zu berichtigen, damit unterhaltsrechtlich maßgebliches Einkommen nicht doppelt berücksichtigt wird. **316**

Beispiel:
U hat im Januar 01 einen Lkw für 90 000 € angeschafft und linear mit 10 000 € abgeschrieben. Im Anschaffungsjahr hat er eine Sonderabschreibung nach § 7 g EStG in Höhe von 18 000 € Anspruch genommen. Im Unterhaltsverfahren Anfang 02 wurde die Sonderabschreibung nicht anerkannt sondern das Einkommen um 18 000 € erhöht. Ende Dezember 04 verkauft U dem Lkw für 54 000 €. Buchwert zum Zeitpunkt des Verkaufes beträgt 30 000 €. Demgemäß wird in der Bilanz für 04 ein Veräußerungsgewinn von 18 000 € ausgewiesen. Im Unterhaltsverfahren wird keine Berichtigung vorgenommen.

Aus dem erzielten Verkaufserlös von 54 000 EUR ergibt sich, dass die lineare Abschreibung von jährlich 9000 EUR den tatsächlichen Wertverlust des Fahrzeugs ergeben hätte. Ohne die Sonderabschreibung hätte der Buchwert des Fahrzeugs genau 54 000 EUR betragen, so dass kein Veräußerungsgewinn entstanden wäre. Den in 01 durch die Sonderabschreibung erzielten Steuervorteil holt das Finanzamt sich in 04 durch Besteuerung des Veräußerungsgewinns zurück. Da unterhaltsrechtlich die Verminderung des Gewinns be-

---

[19] Vgl dazu Rn. 192; 223 f.; 253

reits in 01 durch Stornierung der Sonderabschreibung korrigiert wurde, muss konsequenterweise in 04 der Veräußerungsgewinn ebenfalls storniert werden.[20]

317 Ob der **Erlös aus dem Verkauf von Anlagevermögen** unterhaltsrechtlich zum Einkommen zählt oder der Vorgang der Vermögenssphäre zuzuordnen ist, muss im Einzelfall entschieden werden. Veräußerungsgewinne aus dem Verkauf von teilweise oder ganz abgeschriebenen Wirtschaftsgütern sind dann unterhaltsrechtlich relevantes Einkommen, soweit die AfA-Raten auch bei der Festsetzung des Unterhalts berücksichtigt worden sind.

Ein Veräußerungsgewinn aus der **Wertsteigerung eines Grundstücks** wird man in der Regel der **Vermögenssphäre** zurechnen müssen.

> **Beispiel:**
> Zum Betriebsvermögen des U gehört ein Grundstück, dass U mit dem Betrieb zusammen im Jahr 2000 von seinem Vater geerbt hat. Es ist in der Bilanz ordnungsgemäß mit den Anschaffungskosten aus dem Jahr 1958 in Höhe von umgerechnet 2000 € aktiviert und wird im Auskunftszeitraum für 52 000 € verkauft. In der Gewinn- und Verlustrechnung sind die stillen Reserven von 50 000 € dem laufenden Gewinn zugerechnet.

Der Veräußerungsgewinn ist in diesem Fall unterhaltsrechtlich irrelevant. Er ist als Vermögensmehrung auf der güterrechtlichen Ebene zu berücksichtigen. Soweit die Wertsteigerung bei Eingehung der Ehe schon vorhanden war, fällt sie in den privilegierten Erwerb.

318 Die auf den Veräußerungsgewinn entfallenden Steuern sind ebenfalls auf der Vermögensebene zu berücksichtigen.[21]

319 **c) Erträge aus Bestandsveränderungen.**[22] Bei der Gewinnermittlung durch Betriebsvermögensvergleich führen alle Mehrungen des Umlaufvermögens, die nicht auf Einlagen zurückzuführen sind, zu Erträgen oder Aufwendungen, gleichgültig ob irgendwelche Geldmittel oder sonstige Vermögenswerte dem Betrieb zugeflossen wären.[23] In Betracht kommen (Rn. 234 f.)
– Wertsteigerung durch Verarbeitung (Rn. 261)
– Veränderung des Bestands durch nicht verbrauchten Wareneinkauf.

Obwohl kein Geldzufluss vorliegt, sollte unterhaltsrechtlich keine Korrektur erfolgen, da sich die Wertveränderungen in der Regel kurzfristig gewinnneutral monetarisieren. So wirkt sich z. B. der Verkaufserlös nicht mehr auf den Gewinn aus, soweit er auf der bereits berücksichtigten Wertsteigerung beruht. Zu beachten ist aber, dass die Bestandsveränderung durch die vom Steuerpflichtigen selbst durchzuführenden **Inventur** ermittelt wird. Wird der Bestand[24] zu gering bewertet, sinkt der Gewinn. Wenn die Entwicklung während des Auskunftszeitraums zu Bedenken Anlass gibt, ist die Einholung eines Gutachtens geboten, wenn sich die Abweichungen nicht klären lassen.

320 **d) Erträge aus Herabsetzung oder Auflösung von Wertberichtigungen.**[25] Gegen die in der Bilanz ausgewiesenen **Nettoforderungen** (Rn. 225) aus Lieferungen und Leistungen kann eine erlösmindernde Wertberichtigung gebucht werden. Reduzieren sich in der Bilanz die Forderungen gegenüber dem Vorjahr, so reduziert sich auch die Wertberichtigung in entsprechendem Umfang und wird gewinnerhöhend aufgelöst.

> **Beispiel:**
> Gegenüber der Bilanz 01 mit Forderungen in Höhe von 250 000 € sind in der Bilanz 02 nur noch 200 000 € ausgewiesen. Die Wertberichtigung ist wie folgt aufzulösen:

Pauschalwertberichtigung	50 000	S	*Erlöse aus der Auflösung von Pauschalwertberichtigungen*[26]	50 000	H

---

[20] im einzelnen dazu Rn. 351
[21] BGH FamRZ 1987, 36 = R 310
[22] Nicht bei Einnahmen-Überschuss-Rechnung
[23] Vgl. dazu BGH FamRZ 2003, 741 = R 590 b
[24] In der Bilanz
[25] Nicht bei Einnahmen-Überschuss-Rechnung
[26] Bei der Darstellung von Buchungssätzen wird für die Bestandskonten die Normalschrift, für Erfolgskonten die Kursivschrift gewählt. Zu den Grundlagen der Buchführung vgl. Rn 183 ff.

5. Abschnitt: Gewinneinkünfte im Unterhaltsrecht § 1

Der Erhöhung des Betriebsvermögens in der Bilanz (= Gewinn) entspricht der Ertrag in der Gewinn- und Verlustrechnung (= Gewinn). Eine unterhaltsrechtliche Korrektur ist nicht geboten. Der Gewinnerhöhung durch die Auflösung entspricht die frühere Gewinnminderung durch die Bildung der Pauschalwertberichtigung.

Eine gewinnsteigernde Wertberichtigung ergibt sich auch dann, wenn sich eine Forderung, für die wegen Illiquidität eines Schuldner früher eine Einzelwertberichtigung vorgenommen wurde, doch noch ganz oder teilweise erfüllt wird.

Beispiel:
U hat eine Forderung von netto 40 000 €[27] gegen einen Kunden im Jahr 01 im Wege der Einzelwertberichtigung vollständig ausgebucht, nachdem in der Ersten nach Insolvenzeröffnung durchgeführten Gläubigerversammlung vom Insolvenzverwalter die Einstellung mangels Masse prognostiziert worden war. Erst in 02 stellte sich heraus, dass verbindlich mit einer Befriedigung in Höhe von 25% zu rechnen sei.

U muss in den nächsten Bilanz gewinnerhöhend einbuchen, was die Forderung wert ist.

Forderungen	10 000	S	Erlöse aus der Auflösung von Wertberichtigungen	10 000	H

Unterhaltsrechtlich ist eine Korrektur allenfalls dann vorzunehmen, wenn es sich um eine hohe Wertberichtigung handelt, die vor dem unterhaltsrechtlich maßgeblichen Zeitraum gebildet wurde und in Zukunft ein entsprechender Gewinn nicht mehr zu erwarten ist.

e) Erträge aus der Auflösung von Sonderposten mit Rücklageanteil – Rücklage nach § 6 b EStG. Sonderposten mit Rücklageanteil (Rn. 232) sind bei in der Gewinnermittlung durch Betriebsvermögensvergleich zulässigen Rücklagen nach § 6 b EStG aufzulösen, wenn die Ersatzbeschaffung nicht fristgerecht erfolgt oder die Rücklage nicht in vollem Umfang auf die Anschaffungskosten übertragen wird. Unterhaltsrechtlich stellt sich der Auflösungsertrag als zeitlich verschobener Gewinn aus Vermögensverwertung dar. Er ist daher nach den dafür geltenden Kriterien (Rn. 315 ff.) zu berücksichtigen. Nach der Rechtsprechung des BGH ist die Einkommensteuerbelastung für die Ermittlung des unterhaltsrechtlich maßgeblichen Einkommens fiktiv zu ermitteln. Da der Geldzufluss sich nicht auswirkt, darf der Unterhaltsberechtigte auch nicht mit der diesbezüglichen Einkommensteuer belastet werden (Rn. 980).[28] 321

Da die unterhaltsrechtliche Einkommensermittlung im Allgemeinen nicht unerhebliche Zeit nach dem letzten Bilanzstichtag stattfindet, wird in der Regel feststehen, was aus der gewinnmindernden Maßnahme geworden ist.

f) Sachbezüge. Abgabe oder Nutzung von Umlaufvermögen zugunsten seiner Arbeitnehmer – sogenannte Sachbezüge – sind beim Arbeitgeber als umsatz- und einkommensteuerpflichtiger Erlös gewinnerhöhend zu buchen, wobei auch hier vielfach pauschaliert wird. Zu erwähnen sind vor allem: 322
– freie Kost,
– freie oder verbilligte Unterkunft,
– kostenloser oder verbilligter Warenbezug und
– private Nutzung betrieblicher Kraftfahrzeuge.

Die Beträge für Kost und Unterkunft sind in § 2 der Sozialversicherungsentgeltverordnung geregeltIn der Gewinnberechnung des Arbeitgebers heben sich die Sachbezüge auf, da sie im Rahmen der Erträge als Erlöse, beim Aufwand in gleicher Höhe als Aufwand/Betriebsausgaben erfasst werden. Als Unkosten bleiben ihm die für die Bereitstellung der Sachbezüge angefallenen Kosten (Wareneinkauf, Herstellungskosten etc.) Soweit es sich um Leistungen an fremde Arbeitnehmer des Unterhaltspflichtigen handelt, können daher die in den steuerlichen Unterlagen vorgegebenen Zahlen unbeanstandet in die Berechnung des unterhaltsrechtlich maßgeblichen Einkommens übernommen werden, da der Arbeitgeber

---

[27] Die Umsatzsteuer wird im Beispielsfall nicht dargestellt
[28] BGH FamRZ 1987, 36 = R 310; bestätigt durch BGH FamRZ 1992, 1045

§ 1   Die Ermittlung des unterhaltsrechtlich relevanten Einkommens

auch bei zu gering angesetzten Pauschalen keinen wirtschaftlichen Vorteil hätte sondern lediglich der Arbeitnehmer private Aufwendungen verbilligt erhielte.

Aufmerksamkeit ist aber geboten, wenn ein **neuer Lebens- oder Ehepartner im Betrieb** des Unterhaltspflichtigen – oder auch Unterhaltsberechtigten – tätig ist, dessen Einkommen ermittelt werden muss. In diesem Fall hat man, wenn man das Arbeitsverhältnis nicht als berufsbedingt anerkennt, den einkommenserhöhenden Sachbezug zu berücksichtigen, den Personalaufwand einschließlich des darin enthaltenen Sachbezugs jedoch dem Einkommen zuzurechnen.

323   g) **Versicherungsentschädigungen.** Werden Schäden an versicherten Wirtschaftsgütern instandgesetzt und die dadurch anfallenden Kosten ganz oder teilweise von einer Sach- oder Haftpflichtversicherung ersetzt, sind die Ersatzleistungen steuer- wie unterhaltsrechtlich relevante Erlöse und kompensieren die Instandsetzungskosten. Betriebseinnahme und Betriebsausgabe heben sich im Ergebnis auf.

Wird das beschädigte Wirtschaftsgut nicht repariert, kann eine Absetzung für Abnutzung in Höhe der Wertminderung erfolgen: Soweit diese sich nicht mit der Versicherungsleistung deckt, entstehen Aufwand/Betriebsausgabe oder Ertrag/Betriebseinnahme.

324   h) **Unentgeltliche Wertabgaben. aa) Grundlagen.** Während Barentnahmen (Rn. 239) oder privat veranlasste Abhebungen vom Geschäftskonto über das Privatkonto gebucht werden und den Gewinn nicht beeinflussen, verhält es sich anders, wenn betrieblich angeschaffte oder hergestellte Gegenstände zu privaten Zwecken entnommen (Rn. 240 f.) oder neben der betrieblichen Nutzung auch zu privaten Zwecken genutzt (Rn. 242) werden. In solchen Fällen werden nicht etwa die Betriebsausgaben anteilig gekürzt. Vielmehr werden alle zugrundeliegenden Aufwendungen als Betriebsausgaben erfasst, die privaten Entnahmen und Nutzungen also wie Leistungen an Dritte als Erlöse aufgeführt.

Da die privaten Entnahmen und Nutzungen von betrieblichen Wirtschaftsgütern als Erlöse zu erfassen sind, ist aus einem ordnungsgemäß erstellten Jahresabschluss zu erkennen, ob und in welcher Höhe privat bedingte Aufwendungen gebucht worden sind. Eine **unterhaltsrechtliche Korrektur** darf zur Vermeidung doppelter Berücksichtigung nur bei den Einnahmen und **nicht bei den Betriebsausgaben** erfolgen.

325   bb) **Sachentnahmen.** Bei Selbstständigen und Gewerbetreibenden kommen insbesondere in Betracht
- der private Verbrauch von Lebensmitteln und Getränken bei Gastwirten und einschlägigen Handelsbetrieben,
- der private Verbrauch von Arzneimitteln bei Apothekern und Ärzten,
- die private Nutzung des betrieblichen Telefons,
- die private Nutzung des betrieblichen Kraftfahrzeuges,
- die Entnahme von betrieblich genutzten Gegenständen ins Privatvermögen sowie
- der Einsatz von Betriebspersonal zu privaten Zwecken.

Der nach § 6 I Nr. 4 Satz 1 EStG für die Privatentnahmen anzusetzende Teilwert wird in diesen Fällen nicht tatsächlich ermittelt, sondern vom Steuerpflichtigen geschätzt oder mit Pauschalbeträgen angesetzt. So wird z. B. der Eigenverbrauch von Lebensmitteln nach jährlich vom Bundesministerium der Finanzen festgesetzten Werten (Rn. 241) gebucht.

Bei korrekter Buchführung wird der Eigenverbrauch mit diesen Pauschalwerten als steuerpflichtige Einnahme erfasst.

Beispiel:
Der geschiedene Gastwirt lebt mit seiner Lebensgefährtin und deren beiden minderjährigen Kindern zusammen. Alle Mahlzeiten nehmen die vier Personen in der Gaststätte ein.

Die **Beköstigung eines Gastwirtes** im eigenen Betrieb wird im Jahresabschluss als **unentgeltliche Wertabgabe** erfasst. Sie beträgt 3105 EUR (Rn. 241) für jede erwachsene Person, die Hälfte für das minderjährige Kind. Der monatliche Eigenverbrauch der Beispielspersonen beträgt also 3 × 259 EUR = 777 EUR und ist wie folgt zu erfassen:

Privat (Kapital)		891	S	Unentgeltliche Wertabgabe	777	H
				Umsatzsteuer	114	H

5. Abschnitt: Gewinneinkünfte im Unterhaltsrecht §1

Dadurch dass die Entnahme der Lebensmittel als umsatzsteuerpflichtiger Erlös gebucht wird, wird der Steuerpflichtige im Ergebnis so behandelt, als hätte er die für die Beköstigung seiner neuen Familie erforderlichen Lebensmittel zum Preis von 891 EUR monatlich = 9,90 EUR pro erwachsene Person und Tag aus versteuertem Einkommen erworben. Auf die Pauschalansätze wird man jedenfalls dann zurückgreifen können, wenn kein Mangelfall vorliegt.

Dagegen bedürfen die **Entnahmen von Anlage- oder Umlaufvermögen** einer sorgfältigen Prüfung, bei der man auch nicht immer auf den Teilwert abstellen kann. Es ist vielmehr festzustellen, was ein Nichtselbstständiger hätte aufwenden müssen. 326

Beispiel:
U stellt Motorrasenmäher her. Er entnimmt einen davon aus dem Lagerbestand
a) für seinen eigenen Hausgarten,
b) als Geschenk für eine gemeinnützige Einrichtung.
In der Buchführung wird der Vorgang nicht erfasst. In der Inventur finden sich nur die noch im Lager befindlichen Rasenmäher, die – für diesen Typ – zutreffend mit 300 € bewertet wurden. Der Ladenverkaufspreis beträgt 500 € netto.

Steuerlich wäre die Entnahme in beiden Fällen mit dem Teilwert anzusetzen gewesen. Unterhaltsrechtlich wird man zumindest im Fall a) den Verkaufspreis ansetzen müssen.[29]

cc) Nutzungsentnahmen. Wenn der Unterhaltspflichtige sein Telefon auch privat benutzt, insbesondere wenn die Privatwohnung an die Telefonanlage des Betriebs angeschlossen ist, wird der Privatanteil vom Finanzamt in der Regel geschätzt und[30] als unentgeltliche Wertabgabe dem Gewinn zugerechnet. Wenn die Schätzung zu großzügig erfolgt oder wenn der Unterhaltspflichtige von höheren Ansätzen ohne erklärbaren Grund abweicht, ist dies gegebenenfalls unterhaltsrechtlich zu korrigieren. 327

Von größerer Bedeutung ist die Behandlung der gemischten Nutzung betrieblicher Kraftfahrzeuge. Nach § 6 Absatz 1 Nr. 4 Satz 2 EStG sind bei betrieblicher und privater Nutzung eines betrieblichen Fahrzeugs für den Privatanteil monatlich 1% des Bruttolistenpreises einschließlich Sonderausstattung anzusetzen, sofern der Steuerpflichtige nicht ein ordnungsgemäßes Fahrtenbuch führt und dadurch die Aufteilung der betrieblichen und privaten Nutzung belegen kann. Die 1%-Regelung gilt jedoch nur, wenn das Fahrzeug zu mehr als 50% betrieblich genutzt wird; andernfalls wird der betriebliche Anteil geschätzt.

Dazu kommen 0,03% des Bruttolistenpreises pro Entfernungskilometer abzüglich der Kilometerpauschale von 0,30 EUR pro Kilometer, wenn das Fahrzeug – auch nur gelegentlich – für Fahrten zwischen Wohnung und Arbeitsstätte benutzt wird. Der Listenpreis ist auch bei Gebrauchtfahrzeugen oder mit Rabatt erworbenen Fahrzeugen anzusetzen.

Beispiel:
Der Landarzt A hat einen Pkw – deutscher Listenpreis brutto 60 000 € – als Euroimport für 48 000 € angeschafft. Er schreibt das Fahrzeug linear mit jährlich 16,67% = 8000 € ab. Steuer und Versicherungen betragen jährlich zusammen 1000 €. Laufende Kosten – Benzin, Inspektionen, Reifen, Wagenwäsche etc. – betrugen 5000 €.[31] Er ist mit dem Fahrzeug privat 15 000 km, zu Hausbesuchen und zu beruflich bedingten Veranstaltungen 30 000 km gefahren. Die Zahlen sind zutreffend geschätzt; ein Fahrtenbuch hat A nicht geführt. Die Praxis ist 10 km vom Wohnhaus entfernt; A hat an 250 Tagen gearbeitet. Auf die Fahrten zwischen Wohnung und Praxis entfallen also 5000 km.
Das Finanzamt berechnet dem A privat:
Pauschale 12% von 60 000 €   7200 €
10 × 0,03 von 60 000 € × 12 Monate (bis 2006)   2160 €
steuerliches Mehreinkommen   9360 €

A wird also behandelt als hätte er aus versteuertem Einkommen 9360 €[32] für die private Nutzung seines Fahrzeugs aufwenden müssen.
Unterhaltsrechtlich sind die beruflichen Fahrten einschließlich der Fahrten von und zur Arbeitsstätte berufsbedingte Aufwendungen, so dass sich folgende Berechnung ergibt:

---

[29] Zur Entnahme von Anlagevermögen vgl. das Beispiel Rn. 301
[30] Ggfs. zuzüglich der gesetzlichen Umsatzsteuer
[31] Ärzte zahlen keine USt und haben keinen Vorsteuerabzug
[32] Beim Umsatzsteuerpflichtigen kommen noch einmal 19% USt auf 80% des Nettoeigenverbrauchs dazu

laufende Kosten pro Jahr	5 000 €
feste Kosten pro Jahr	1 000 €
AfA (Nutzungsdauer 6 Jahre) 16,67 von 48 000 €	8 000 €
Kosten total	14 000 €
davon betrieblich ³⁵/₅₀ = 70	9 800 €
und privat ¹⁵/₅₀ = 30	4 200 €

Während steuerlich als 9360 EUR einkommenserhöhend angesetzt werden, wären es unterhaltsrechtlich nur 4200 EUR.[33] Bei einer Pauschalberechnung ergeben sich 15 000 km × 0,30 EUR/km = 4500 EUR.

Einkommensteuerrechtlich kann wegen der zwingenden Regelung in § 4 V Nr. 6 EStG die 1%-Regelung durch den Steuerpflichtigen nur durch Führung eines Fahrtenbuchs vermieden werden. Unterhaltsrechtlich ist diese Vorschrift nicht zwingend, so dass auch eine Schätzung nach § 287 ZPO in Betracht kommt. Dies ist dann geboten, wenn für die Ermittlung des unterhaltsrechtlichen Einkommens auf frühere Jahre zurückgegriffen wird, in denen kein Fahrtenbuch geführt wurde und der tatsächliche Anteil der privaten Nutzung nicht mehr genau ermittelt werden kann. Eine Schätzung kann auch dann geboten sein, wenn ausschließlich aus betrieblichen Gründen ein repräsentatives Fahrzeug angeschafft und auch privat genutzt wird. Ob unterhaltsrechtlich zu korrigieren ist, hängt von den Umständen des Einzelfalls ab. Das OLG Hamm hat eine Herabsetzung der steuerlichen Bewertung der privaten Nutzung eines betrieblichen PKW vorgenommen, weil aus betrieblichen Gründen ein besonders repräsentatives Fahrzeug zur Verfügung gestellt worden war.[34]

328 **i) Zinsen und sonstige Kapitalerträge.** Zinsen für betriebliche Bankguthaben oder sonstige Erträge aus angelegtem Betriebsvermögen sind immer Gewinneinkünfte gemäß § 2 II Nr. 1 EStG und nicht Einkünfte aus Kapitalvermögen nach § 20 EStG (Rn. 163). Eine Korrektur ist nicht geboten. Zu beachten ist, dass die Zinsen nicht außerhalb der Gewinneinkünfte noch einmal als Zinseinkünfte erfasst werden. Dies ist ausgeschlossen, wenn man die Gesamteinkünfte anhand der Steuerbescheide überprüft.

329 **j) Umsatzsteuer.** Die mit der bei der Gewinnermittlung durch Betriebsvermögensvergleich mit den Forderungen erfasste Umsatzsteuer ist gewinnneutral, da ihr eine identische Verbindlichkeit gegenüber dem Finanzamt gegengebucht wird (Rn. 192, 226). Sie wird als nicht fällige Umsatzsteuer gegengebucht, wenn dem Unternehmer gemäß § 20 UStG vom Finanzamt die **Ist-Versteuerung** gestattet ist,[35] d. h. zwar ihre Einkünfte periodengerecht erfassen und versteuern müssen, jedoch die Umsatzsteuer erst bei Vereinnahmung abzuführen haben.

Die **Umsatzsteuer** stellt jedoch in der **Einnahmen-Überschuss-Rechnung** zum Zeitpunkt des Zuflusses des Erlöses eine **Betriebseinnahme** dar und erhöht den Gewinn (Rn. 259). Da sie auch hier nur ein durchlaufender Posten ist, sollte sie bei der Ermittlung des unterhaltsrechtlichen Einkommens abgezogen werden.[36]

Unterhaltsrechtliche Änderungen bei der Umsatzsteuer müssen zwingend auch bei der Vorsteuer und den Umsatzsteuerzahlungen (Rn. 368) vorgenommen werden.

2. Aufwand/Betriebsausgaben

330 **a) Allgemeines.** Bei allen Betriebsausgaben kann man grundsätzlich die Frage stellen, ob es sich jeweils um berufsbedingten Aufwand handelt oder sie nur den persönlichen Bedarfsvorstellungen entsprechen. Dies gilt z. B. für die Größe und Ausstattung der Praxis oder des Büros von Freiberuflern. Obwohl die Anschaffungskosten von Anlagevermögen

---

[33] Die hier dargestellte Problematik ergibt sich in gleicher Weise, wenn einem Arbeitnehmer vom Arbeitgeber ein Betriebsfahrzeug für den Privatgebrauch und/oder die Fahrten zwischen Wohnung und Arbeitsstätte zur Verfügung gestellt wird vgl. Rn. 334.
[34] OLG Hamm FamRZ 2008, 281
[35] Die Sonderregelung gilt u. a. für freiwillig bilanzierende Selbstständige
[36] Vgl. den Beispielsfall in Rn. 259

5. Abschnitt: Gewinneinkünfte im Unterhaltsrecht § 1

als solche den Gewinn nicht beeinflussen, wirken sie sich über Gebrauchs- und Unterhaltungskosten, AfA und eventuell Zinsen für Anschaffungskredite auf den Gewinn aus. Für die steuerliche Anerkennung sind weder Notwendigkeit, noch Angemessenheit, Üblichkeit oder Zweckmäßigkeit Voraussetzung.[37] Nur soweit durch die Betriebsausgaben die private Lebensführung des Steuerpflichtigen berührt wird, erfolgt nach § 4 V 7 EStG eine Angemessenheitsprüfung.[38] Diese erfolgt im Allgemeinen recht großzügig. Unterhaltsrechtlich wird man unter Umständen andere Maßstäbe anzusetzen haben.

Beispiel:
Der Arzt A least einen PKW zum Kaufpreis von 150 000 €. Gewinnmindernd sind gegenüber einem kleineren Fahrzeug
– die Leasingsonderzahlung,
– die Leasingraten,
– die Kfz-Steuer und die Versicherungen
– die Verbrauchskosten.
Er nutzt das Fahrzeug für die Fahrten zwischen Wohnung und Praxis und für Hausbesuche. Längere Fahrten unternimmt er nur privat im Urlaub.

Bei der steuerlichen Angemessenheitsprüfung wird nur zwischen einem üblichen Betriebsfahrzeug und einem Sport- oder Luxusfahrzeug unterschieden.[39] Unterhaltsrechtlich wird man engere Grenzen ziehen müssen, vor allem wenn die Kfz-Aufwendungen in einem unangemessenen Verhältnis zu den Einnahmen und dem verbleibenden Gewinn stehen. Insbesondere wird man bei einem erst nach der Scheidung angeschafften Luxusfahrzeug auf die eheprägenden Verhältnisse abzustellen haben, sofern sich nicht die wirtschaftlichen Gegebenheiten nachhaltig verändert haben. Es sollte aber wie bei allen erforderlich erscheinenden Korrekturen im Auge behalten, ob sich die für notwendig erachteten Änderungen wirklich nennenswert auf den Unterhalt auswirken.

Das OLG Düsseldorf hat im Jahr 1981[40] geurteilt, der Unterhaltspflichtige habe bei seinen Investitionsentscheidungen vorrangig seine Unterhaltsverpflichtungen zu berücksichtigen. Diese Auffassung ist zu Recht auf Kritik gestoßen.[41] Eine Überprüfung ist nur dann zulässig und geboten, wenn die Investitionen gegenüber früheren Jahren erst bei Absehbarkeit der Trennung erheblich zugenommen haben und/oder auch den privaten Bedürfnissen dienen.[42] Auch wird im Mangelfall ein strengerer Maßstab anzulegen sein.

Grundsätzlich wird es dem Familienrichter schon mangels betriebswirtschaftlicher Sachkunde verwehrt sein, über das Unterhaltsrecht eine Investitionskontrolle auszuüben. Es wird jedoch Sache des Unterhaltspflichtigen sein, in begründeten Fällen die **Berufsbedingtheit von Anschaffungen und Betriebsausgaben** darzulegen und nachzuweisen, insbesondere dann, wenn sich gegenüber der Zeit des Zusammenlebens gravierende Abweichungen ergeben oder die Investitionen oder Betriebsausgaben in einem offensichtlichen Missverhältnis zu den Erträgen stehen.

b) Wareneinkauf. Die Anschaffung von Vorratsvermögen wird in der Gewinn- und Verlustrechnung nur insoweit als Aufwand erfasst, als es im Geschäftsjahr verarbeitet oder verkauft worden ist. Dies erfolgt durch Erfassung der Bestandsveränderung mittels der **Inventur**[43] (Rn. 234 f.). Dabei werden auch Änderungen des Wertes des Umlaufvermögens erfasst. Schon weil der Stichtag für die Inventur bei der Überprüfung des Jahresabschlusses – sei es im Rahmen einer Betriebsprüfung (Rn. 303), sei es bei der Ermittlung des unterhaltsrechtlichen Einkommens – längst verstrichen ist, ist die Ermittlung des Warenbestands und die dadurch bedingte Gewinnveränderung nicht nachprüfbar. Eine unterhaltsrechtliche Kontrolle ist nur in eingeschränktem Maß möglich, in dem man den Wareneinsatz über mehrere Jahre vergleicht. Anhand der vom Bundesfinanzministerium alljährlich für die Be-

---

[37] Schmidt/Heinicke § 4 Rn. 483
[38] Im Einzelnen dazu Schmidt/Heinicke § 4 Rn. 602
[39] Schmidt/Heinicke § 4 Rn. 602; ausführlich zu Pkw BFH BStBl 1987 II S. 853
[40] FamRZ 1982, 1108 ff.
[41] Strohal Rn. 293
[42] Pkw, Büroausstattung, betrieblich genutztes Flugzeug
[43] Bestandsaufnahme am Ende des Wirtschaftsjahres

§ 1 Die Ermittlung des unterhaltsrechtlich relevanten Einkommens

triebsprüfung (Rn. 303) herausgegebenen **Richtsatzsammlung**[44] lässt sich das Verhältnis von Wareneinsatz und Gewinn prüfen. Gegebenenfalls wird man eine Auskunft des Finanzamtes einholen oder ein Gutachten erstellen lassen müssen.

Bei der unterhaltsrechtlichen Auswertung der **Einnahmen-Überschuss-Rechnung** (Rn. 261) ist zu prüfen, ob der Wareneinkauf nennenswert gestiegen ist, um auf Kosten des unterhaltsberechtigten Partners schon für spätere Jahre einzukaufen. Die **Anschaffung von Umlaufvermögen** ist in der Einnahmen-Überschuss-Rechnung ohne Einschränkung nach dem Zuflussprinzip zu erfassen. Die Sonderregelung des § 4 Abs. 3 Satz 4 EStG gilt nur für die Anschaffung von abnutzbarem **Anlage**vermögen. Beim Umlaufvermögen bietet sich eine Möglichkeit, durch **Vorverlagerung von Betriebsausgaben** das steuerliche Einkommen auf legale Weise erheblich zu mindern.

332   c) **Aufwendungen für Hilfs- und Betriebsstoffe.** Die Anschaffung von Hilfs- und Betriebsstoffen führt in der Gewinn- und Verlustrechnung nicht zu einer Gewinnminderung. Sie werden zwar wie die zur Verarbeitung und/oder Weiterveräußerung bestimmten Waren bei der Anschaffung als Aufwand gebucht. Jedoch wird durch Inventur der Endbestand am Bilanzstichtag ermittelt und im Vergleich mit dem Vorjahresbestand festgestellt, was tatsächlich verbraucht worden ist. Auf diese Weise wird als Aufwand nur erfasst, was wirtschaftlich dem Geschäftsjahr zuzuordnen ist.[45]

Im Gegensatz dazu gilt auch hier in der Einnahmen-Überschuss-Rechnung gilt das Zuflussprinzip. So werden z. B. die für die Anschaffung von Heizöl aufgewandten Kosten unabhängig von der Notwendigkeit der Anschaffung der jeweiligen Menge zum Zeitpunkt der Bezahlung der Rechnung als Betriebsausgabe erfasst.

Beispiel:
H, der Inhaber einer kleinen Pension deckt sich üblicherweise im April mit Heizöl ein, da es zu diesem Zeitpunkt erfahrungsgemäß am billigsten ist. Nach der Trennung von seiner Ehefrau tankt er am 31. 12. noch einmal voll und bezahlt den Kaufpreis von 3000 € noch am selben Tag.

Für die Einkommensermittlung sind diese 3000 EUR korrekt im laufenden Jahr gewinnmindernd einzubuchen. Legt man der Ermittlung des unterhaltsrechtlich relevanten Einkommens den zurückliegenden Dreijahreszeitraum zugrunde, reduziert sich das Durchschnittseinkommen um 1000 EUR p. a. Unterhaltsrechtlich wird man daher diesen Aufwand dem Einkommen zuschlagen müssen.[46]

Wäre der Hotelier zur Gewinnermittlung durch Betriebsvermögensvergleich verpflichtet, müsste er in der Bilanz den Heizölbestand am Jahresende in der Bilanz gewinnerhöhend erfassen. Der Einkauf würde sich – jedenfalls bei korrekter Inventur – nicht auf den Gewinn auswirken.

333   d) **Personalkosten.** Bei Personalkosten[47] ist dann eine Überprüfung angesagt, wenn der neue Lebens- oder Ehepartner als Arbeitnehmer des Steuerpflichtigen beschäftigt ist. Das Finanzamt prüft nicht, ob der Steuerpflichtige nur das betriebsnotwendige Personal eingestellt hat. Kontrolliert wird allenfalls
– ob ein Scheinarbeitsverhältnis mit einer nahe stehenden Person – etwa dem nicht verheirateten Lebenspartner – zum Zweck der Einkommensverlagerung (Vermeidung des Progressionsnachteils (Rn. 924)) vorliegt oder
– beim Ehegattenarbeitsverhältnis unter Fremden übliche Bedingungen gelten.

Auch wenn steuerlich nur wirksam vereinbarte, tatsächlich ausgeübte und einem Fremdvergleich standhaltende Arbeitsverhältnisse zwischen Familienangehörigen anerkannt werden, ist der Missbrauch nicht selten, sei es, dass das gesamte Arbeitsverhältnis fingiert ist, sei es, dass dem nahe stehenden Arbeitnehmer Bezüge oder Vergünstigungen gewährt werden, die aus der persönlichen Beziehung, nicht aber aus dem Arbeitsverhältnis resultieren, wie etwa Direktversicherung oder betriebliche Altersversorgung. Durch ein solches Arbeitsver-

---

[44] Zuletzt BStBl. 2006 I S. 374; abrufbar auch unter www.bundesfinanzministerium.de
[45] Zur Buchführung und Berechnungsmethode vgl. Rn. 234 und 235
[46] Dasselbe Problem kann natürlich auftreten, wenn beim Unterhalt Vermietungseinkünfte eine Rolle spielen
[47] Zur Anerkennung von Familiengesellschaften Einkommensteuerrichtlinien R 15.9

5. Abschnitt: Gewinneinkünfte im Unterhaltsrecht § 1

hältnis können u. U. auch mittelbare Folgekosten verursacht werden, wie etwa zusätzlich Haftpflichtversicherungsprämien oder die Einrichtung eines zusätzlichen Arbeitsplatzes.

Abgesehen davon, dass das Finanzamt in der Regel kaum wissen wird, ob und mit welcher beschäftigten Person der nicht wiederverheiratete Steuerpflichtige eine private Beziehung unterhält, wird eine Feststellung des tatsächlich zu hohen Einkommens erst im Rahmen einer Betriebsprüfung erfolgen, die zum Zeitpunkt der Auskunftserteilung noch in ferner Zukunft liegen wird.

Soweit der neue Lebenspartner unverheiratet keinen Unterhaltsanspruch hat oder verheiratet dem bisherigen Ehepartner im Unterhaltsrang nachgeht, wird auch **bei einem tatsächlich ausgeübten Arbeitsverhältnis** zu prüfen sein, ob hier nicht die den früheren Ehepartner schützende gesetzliche Regelung der **Rangfolge unterlaufen** wird. Maßgeblich dürfte in einem solchen Fall sein, ob durch die Einstellung des Lebenspartners ein anderer Arbeitnehmer entlassen wurde oder die Einstellung eines anderen Arbeitnehmers eingespart werden konnte. Die Schaffung eines betrieblich nicht erforderlichen Arbeitsplatzes ist zwar steuerlich anerkennungsfähig, nicht aber unterhaltsrechtlich.

Wenn durch plötzlich gestiegene Personalkosten gravierende Einkommensminderungen eingetreten sind, kann sich unter Umständen auch die Frage stellen, ob der Unterhaltspflichtige/Unterhaltsberechtigte noch in ausreichendem Maße seiner eigenen Verpflichtung zur Erwerbstätigkeit nachkommt oder einen angestellten Mitarbeiter die ihm selbst obliegende Arbeit verrichten lässt.

Beispiel:
R hat nach der Trennung von seiner Ehefrau seine frühere Referendarin F nach ihrem zweiten Examen als Rechtsanwältin angestellt. Er unterhält mit ihr seit längerem eine Liebesbeziehung. Er zahlt ihr gegenüber üblichen 25 000 bis 30 000 € ein Jahresgehalt von brutto 40 000 €. Bis zur Einstellung von F hatte R eine durchschnittliche Wochenarbeitszeit von 50 Stunden. Durch die Tätigkeit von F braucht er nur noch 30 Stunden zu arbeiten. Die gewonnene Freizeit verbringt er mit F.

e) Fahrzeugkosten. Bei ordnungsgemäßer Buchführung wird der Anteil der privaten Nutzung eines betrieblichen PKW bei den unentgeltlichen Wertabgaben (Rn. 324) einkommenserhöhend berücksichtigt, ebenso die Überlassung an den als Arbeitnehmer beschäftigten neuen (Ehe-)Partner. Eine Kürzung der Fahrzeugkosten kommt daher wohl nur in Betracht, wenn der Unternehmer ein unangemessen teures Fahrzeug mit entsprechend hohen Betriebsausgaben (feste Kosten, AfA, lfd. Kosten) benutzt (Rn. 330). 334

f) Reisekosten. Reisekosten werden bei Gewerbetreibenden und Selbstständigen in gleicher Weise kritisch auf private Veranlassung geprüft wie beim Arbeitnehmer. Dies geschieht aber in der Regel erst im Rahmen einer Betriebsprüfung, so dass eine unterhaltsrechtliche Prüfung bei ungeprüften Jahresabschlüssen geboten sein kann, wenn Anlass zur Annahme von missbräuchlichem Ansatz besteht. In der Regel wird der unterhaltsbegehrende Ehepartner die notwendigen Informationen aus der Handhabung von Geschäftsreisen während des ehelichen Zusammenlebens haben, die dem Finanzamt nicht gegeben wurden. Bei Ungereimtheiten ist substantiiert zu bestreiten, womit dem Auskunftspflichtigen obliegt, die Berufsbedingtheit der Aufwendungen spezifiziert darzulegen und zu beweisen. 335

g) Bewirtungskosten. Gemäß § 4 V Nr. 2 EStG sind Bewirtungsaufwendungen nur mit 70% als Betriebsausgabe zu berücksichtigen, soweit sie angemessen und ihre betriebliche Veranlassung durch Angabe u. a. des Anlasses und der bewirteten Personen nachzuweisen. Inwieweit darüber hinaus unterhaltsrechtlich Zurechnungen erfolgen müssen, wird man im Einzelfall entscheiden müssen. Bei unterhaltsrechtlichen Zurechnungen ist der steuerliche Pauschalabzug von 30% zu berücksichtigen, soweit er bei der steuerlichen Gewinnermittlung bereits erfasst sein sollte (Rn. 338). 336

h) Geschenke. Geschenke an Personen, die nicht seine Arbeitnehmer sind, dürfen den Gewinn nicht mindern, es sei denn, dass sie 35 EUR pro Empfänger und Jahr nicht überschreiten. Geschenke an Arbeitnehmer sind bei diesem lohnsteuerpflichtig, für den Arbeitgeber Personalkosten (Rn. 333). 337

i) Bewirtungskosten. In einer ordnungsgemäßen Buchführung werden nicht abzugsfähige Bewirtungskosten und nicht abzugsfähige Betriebsausgaben auf besonderen Konten erfasst, mindern aber nicht den im Jahresabschluss ausgewiesenen Gewinn. Bei der Ermitt- 338 lung des unterhaltsrechtlichen Einkommens ist daher darauf zu achten, dass dies nicht übersehen wird. Ein Vergleich des Gewinns mit den im Steuerbescheid aufgeführten Einkünften aus Gewerbebetrieb ist immer geboten.

Steuerlich nicht abzugsfähige Betriebsausgabe ist nach § 4 V b EStG auch die Gewerbesteuer. Sie mindert zwar noch den betrieblichen Gewinn, ist also in der Gewinn- und Verlustrechnung, bzw der Einnahmen-Überschuss-Rechnung gewinnmindernd erfasst. Zur Berechnung des Einkommens aus Gewerbebetrieb in der steuerlichen Veranlagung wird sie jedoch dem betrieblichen Gewinn zugerechnet. Als Ausgleich erhält der Steuerpflichtige eine Gutschrift auf die Einkommensteuer. Die Gewerbesteuer ist nach wie vor berufsbedingter Aufwand und damit unterhaltsrechtlich einkommensmindernd zu berücksichtigen.[48]

339 **j) Instandhaltungskosten/Instandsetzungskosten.** Den Positionen Instandsetzung und Instandhaltung ist jedenfalls dann unterhaltsrechtlich besondere Beachtung zu schenken, wenn diese außergewöhnlich hoch sind, insbesondere im Vergleich mit früheren Jahren. Selbst die **Generalüberholung** eines Gebäudes für etliche hunderttausend Euro kann unter steuerlichen Aspekten als sofort abzugsfähige Instandhaltung bei den Betriebsausgaben einkunftsmindernd erfasst werden, wobei es nicht darauf ankommt, ob diese Maßnahmen notwendig waren. Solange nichts Neues geschaffen, sondern Vorhandenes ersetzt wird, handelt es sich um sofort abzugsfähige Betriebsausgaben bzw Werbungskosten.[49]

Nach der Rechtsprechung des BGH sind Instandsetzungskosten bei Gebäuden unterhaltsrechtlich nur insoweit einkommensmindernd zu berücksichtigen, als es sich um **notwendigen Erhaltungsaufwand** handelt und nicht um solchen für Ausbauten und wertsteigernde Verbesserungen, die der Vermögensbildung dienen.[50]

Es ist durchaus nicht ausgeschlossen, dass der Unterhaltspflichtige in dem für den Unterhaltsbedarf maßgeblichen Zeitraum – zufällig oder absichtlich – einmalig langfristig werterhaltende Maßnahmen vornimmt, die sich der Unterhaltsberechtigte dann mit der Folge massiver Unterhaltskürzung anrechnen lassen müsste, wenn hier keine Korrekturen vorgenommen werden.

Grundsätzlich ist bei Instandsetzungsmaßnahmen größeren Umfangs zu überlegen, ob diese nicht über einen längeren Zeitraum zu verteilen bzw bei unterschiedlich hohen Aufwendungen in mehreren Jahren mit dem zu errechnenden Mittelwert in Ansatz zu bringen sind.[51]

Bei der Gewinnermittlung durch Betriebsvermögensvergleich kommt bei der Gewinnermittlung durch Betriebsvermögensvergleich außerdem eine Rückstellung (Rn. 228 ff.; Rn. 388) für unterlassene Aufwendungen für Instandhaltung in Betracht, wenn diese in den ersten drei Monaten des folgenden Jahres nachgeholt wird.

340 **k) Mieten und Pachten, Leasing, Disagio.** Die Ausführungen zu den Personalkosten (Rn. 333) gelten auch bei Miet- und Pachtzinsen, wenn Vermieter oder Verpächter eine nahe stehende Person ist. In solchen Fällen wird die Angemessenheit der Höhe der Miet- oder Pachtzinsen zu prüfen sein. Zu prüfen ist in solchen Angemessenen unter Umständen auch, ob das Objekt überhaupt benötigt wird, während dies bei Anmietung oder Anpachtung von Fremden sicherlich der unternehmerischen Entscheidung und nicht der unterhaltsrechtlichen Kontrolle unterliegt.

In der Einnahmen-Überschuss-Rechnung können wegen des Zu- und Abflussprinzips Mietvorauszahlungen (Rn. 260) unmittelbar als Betriebsausgabe gewinnmindernd angesetzt werden. Dies schafft die Möglichkeit, unterhaltsrechtlich irrelevante Betriebsausgaben in einem scheinbar unverdächtigen Posten unterzubringen. Dasselbe gilt für Leasing-Sonderzahlungen.

Entsprechend kann das Disagio in der Einnahmen-Überschuss-Rechnung sofort abzugsfähiger Aufwand sein, während es in der Bilanz über die Laufzeit des Darlehens aktiviert und zeitanteilig als Betriebsausgabe abgesetzt wird.

---

[48] Einzelheiten siehe Rn 854
[49] Schmidt/Kulosa § 6 Rn. 188
[50] BGH FamRZ 2005, 1159 = R 623
[51] Diese gelten auch auch bei Einkünften aus Vermietung oder Verpachtung Rn. 338

5. Abschnitt: Gewinneinkünfte im Unterhaltsrecht § 1

Beispiel:
1. A least im Jahr nach der Trennung einen Mercedes – Kaufpreis 45 000 € und leistet eine Leasingsonderzahlung von 10 000 €. Die Leasingraten betragen im ersten Jahr 14 400 €. Steuerlich sind für die Sonderzahlung und die laufenden Raten 24 400 € als Betriebsausgabe erfasst.
2. Für die Einrichtung eines neuen Behandlungszimmers nimmt er im Dezember ein Darlehen in Höhe von 40 000 € auf. Er erhält 90% ausgezahlt. Das Darlehen ist bei einer Laufzeit von 5 Jahren mit 6% zu verzinsen. Der Steuerberater hat die Zinsen für Dezember in Höhe von 400 € und das Disagio in Höhe von 4000 € als Betriebsausgabe gebucht.

Während derartige Aufwendungen in der Bilanz durch Rechnungsabgrenzungsposten auf mehrere Jahre verteilt werden, sind sie bei der Einnahmen-Überschuss-Rechnung sofort abzugsfähiger Aufwand. Es erscheint sachgerecht, auch unterhaltsrechtlich derartige Aufwendungen zeitanteilig zu erfassen, auch wenn dies dem In-Prinzip widerspricht.

l) Abschreibung/Absetzung für Abnutzung/AfA[52] 341
aa) Rechtsprechung und herrschende Auffassung. Die wirtschaftlichen Auswirkungen der Nutzung von Anlagevermögen bei der unterhaltsrechtlichen Einkommensermittlung zu erfassen, hat in der Vergangenheit erhebliche Schwierigkeiten gemacht und war deshalb in der Rechtsprechung und Literatur jahrelang eines der umstrittensten Themen.

Zur AfA des Anlagevermögens hatte sich der BGH schon 1980[53] geäußert und festgestellt, dem durch das steuerliche Institut der Abschreibung pauschal berücksichtigten Verschleiß von Gegenständen des Anlagevermögens entspreche oft keine tatsächliche Wertminderung in Höhe des steuerlich anerkennungsfähigen Betrages, erst recht keine entsprechende Minderung des Einkommens. Dementsprechend haben die meisten Oberlandesgerichte in ständiger Rechtsprechung den Ansatz einer **verlängerten Nutzungsdauer** und damit die **Kürzung der jährlichen AfA** für geboten gehalten. 342

Diese Rechtsauffassung kann jedoch heute als überholt angesehen werden, da seit dem 343 Urteil des BGH vom 19. 3. 2003[54] **im Regelfall der Ansatz der linearen AfA** nach den von der Finanzverwaltung herausgegebenen AfA-Tabellen in die Ermittlung des unterhaltsrechtlich maßgeblichen Einkommens übernommen werden kann. Die Gerichte sind jedoch nicht daran gebunden,[55] insbesondere sind auch die Tabellenwerte dann unbeachtlich, wenn sie „**erkennbar nicht auf Erfahrungswissen beruhen**", also offensichtlich unzutreffend sind. Maßgeblich für diese Entscheidung war, dass nach Auffassung des BGH die AfA-Tabellen regelmäßig den **tatsächlichen Wertverzehr** wiedergeben. Dies gelte insbesondere für die vom Bundesministerium der Finanzen im Jahr 2000 erstellte – heute noch gültige – AfA-Tabelle für die allgemein verwendbaren Anlagegüter.[56]

Für die auch unterhaltsrechtlich zu beachtende Angemessenheit der linearen AfA nach den aktuellen AfA-Tabellen spricht die Vermutung. Wer bei der Ermittlung des unterhaltsrechtlich maßgeblichen Einkommens davon abweichen will, hat die Vermutung mit substantiiert darzulegenden Tatsachen zu entkräften; einfaches Bestreiten reicht nicht mehr aus.[57]

Die **unterhaltsrechtlichen Leitlinien** der Oberlandesgerichte – Stand 1. 1. 2011 – 344 befassen sich nur zum geringen Teil mit der AfA für bewegliche Wirtschaftsgüter im Unterhaltsrecht. Fast alle Leitlinien beschränken sich in Nr. 1.5. darauf, für das unterhaltsrechtliche Einkommen bei Selbständigen auf den **steuerlichen Gewinn der letzten drei Jahre** abzustellen.

Das OLG Koblenz erkennt Abschreibungen an, soweit dem steuerlich zulässigen Abzug ein **tatsächlicher Wertverlust** entspricht. Das OLG Hamburg akzeptiert in der Regel **lineare** Abschreibungen und setzt im übrigen das Vorliegen eines Wertverlustes voraus. Das OLG Schleswig geht davon aus, dass der Abschreibung in der Regel entsprechende **Aus-**

---

[52] Eine umfassende Darstellung der Behandlung der AfA im Steuerrecht findet sich unter Rn. 202 ff.
[53] FamRZ 1980, 770
[54] FamRZ 2003, 741 = R 590 c
[55] Siehe dazu Rn. 344
[56] BStBl 2000 I S. 1532; alle Tabellen im Internet unter www.urbs.de/afa/home.htm
[57] So auch Schürmann FamRB 2006, 183, 186; siehe auch OLG Celle FamRZ 2010, 1673

gaben für Betriebsmittel gegenüberstehen, die Abschreibung daher gewinnmindernd abzusetzen sei, berücksichtigt sie aber nicht, soweit sie erheblich über das tatsächliche Ausmaß der Wertminderung hinausgehen. Das OLG Oldenburg will steuerliche Abschreibungen grundsätzlich „unterhaltsrechtlich korrigieren". Bemerkenswert ist die Regelung in den Leitlinien des OLG Hamm, wonach bei Nichtanerkennung der AfA eine Berücksichtigung der Tilgungsleistungen in Betracht kommt. Die Auffassung vertritt offensichtlich auch das OLG Frankfurt. In dessen Leitlinien wird zutreffend darauf hingewiesen, dass eine Tilgung nicht in Betracht kommt, soweit die AfA bereits berücksichtigt ist.[58]

345 Eine Sonderstellung nimmt die **Gebäude-AfA** (Rn. 210 und 212) ein. Sie wird in den Leitlinien von wenigen Ausnahmen abgesehen nicht bei den Einkünften von Selbstständigen sondern bei den Einkünften aus Vermietung und Verpachtung erwähnt; ihre Berücksichtigung bei der Ermittlung des unterhaltsrechtlich maßgeblichen Einkommens wird abgelehnt. Dies ist nach wie vor als herrschende Auffassung anzusehen. Die Frage, ob an dieser Rechtsprechung festzuhalten ist, hat der BGH in seinen Entscheidung vom 11.5. und 23. 11. 2005[59] ausdrücklich als nicht entscheidungserheblich offen gelassen. Neuere Entscheidungen zur Gebäude-AfA liegen nicht vor.

346 Zur steuerrechtlich korrekt vorgenommenen **Sonderabschreibung** (Rn. 213) hat der BGH[60] entschieden, dass das betreffende Wirtschaftsgut im Jahr der Anschaffung und in der Folgezeit zu unterhaltsrechtlichen Zwecken fiktiv linear abzuschreiben ist. Der die lineare AfA übersteigende Betrag sei dem Gewinn zuzurechnen, da nur die lineare AfA dem tatsächlichen, unterhaltsrechtlich relevanten Wertverzehr entspreche. Eine fiktive Steuerberechnung (Rn. 980) – auf der Basis des so erhöhten Einkommens – sei nicht erforderlich.

347 **bb) Kritik.** Nach herrschender Auffassung ist für die Berechnung des Unterhalts auf das verfügbare Einkommen abzustellen. Berufsbedingte Aufwendungen sind als einkommensmindernd in Abzug zu bringen. Dass die Anschaffung und Nutzung betriebsnotwendigen Anlagevermögens berufsbedingt ist, lässt sich nicht bestreiten, wird aber nicht angemessen berücksichtigt, wenn die AfA isoliert behandelt und die **zusammenhängenden Auswirkungen** von **Anschaffung, Abschreibung und Veräußerung** (ausführlich dazu Rn. 202 ff.) nicht beachtet und in die unterhaltsrechtliche Beurteilung einbezogen werden.

348 **Beispiel:**[61]
U schafft im Januar 01 für 30 000 € einen ausschließlich betrieblich genutzten PKW an. Da das Geschäft im Jahr 03 schlecht gelaufen ist und das Fahrzeug inzwischen nicht mehr benötigt wird, verkauft er es gleich Anfang Januar 04 für 18 000 €. U erteilt Auskunft über seinen Gewinn von 01 bis 03.

Dass in Höhe der Differenz von 12 000 EUR zwischen Anschaffungskosten von 30 000 EUR und Veräußerungserlös von 18 000 EUR berufsbedingte Aufwendungen zu berücksichtigen sind, sollte außer Frage stehen. Von der nahe liegenden Möglichkeit, die Anschaffungskosten im Jahr 01 als einkommensmindernd und den Veräußerungserlös im Jahr 04 als einkommenserhöhend zu erfassen, wird im Unterhaltsrecht kein Gebrauch gemacht, obwohl es dem Zuflussprinzip entspräche: das verfügbare Einkommen hat sich im Jahr 01 durch die Bezahlung des Kaufpreises um 30 000 EUR verringert, im Jahr 04 durch Erhalt des Verkaufserlöses um 18 000 EUR erhöht.

349 Bei der **Gewinnermittlung durch Betriebsvermögensvergleich** (ausführlich dazu Rn. 204 ff.) ist der Zufluss und Abfluss von Geldeswert ohne Bedeutung: ausschließlich die **quantitative Veränderung** des Betriebsvermögens ist **maßgeblich**. Durch die **Anschaffung von Anlagevermögen** ergibt sich nur eine **Vermögensverschiebung:** das Guthaben auf dem Geschäftskonto verringert sich um den Betrag, mit dem der PKW ins Anlagevermögen aufzunehmen ist; bei Finanzierung der Anschaffungskosten steht dem angeschafften Wirtschaftsgut eine entsprechende Lieferanten- oder Bankverbindlichkeit gegenüber.

---

[58] Zur Tilgung im Verhältnis zur AfA vgl. Rn. 359
[59] BGH FamRZ 2003, 741 R = R 623 a; BGH FamRZ 2006, 387 = R 643 e
[60] BGH FamRZ 2003, 741 = R 590 c
[61] Die Umsatzsteuer bleibt zur Vereinfachung unberücksichtigt

5. Abschnitt: Gewinneinkünfte im Unterhaltsrecht § 1

Das Vermögen bleibt quantitativ unverändert, die Anschaffung von Anlagevermögen hat keine Gewinnauswirkung.

In die Bilanzen 01 bis 03 darf das Fahrzeug nur mit dem durch die AfA verringerten Wert aufgenommen werden. Die Wertminderung wird nach der amtlichen AfA-Tabelle mit $^1/_6$ der Anschaffungskosten, also 5000 EUR/Jahr angesetzt. Ende 03 beträgt der Buchwert somit 15 000 EUR.

Wegen des Zusammenhangs zwischen Bilanz und Gewinn- und Verlustrechnung muss in der Buchführung[62] der im „Haben" auf dem Konto „PKW" gebuchte **jährliche Minderwert** in der Gewinn- und Verlustrechnung im „Soll", also als Aufwand erfasst werden.

Gewinn- und Verlustrechnung § 7 I EStG: „Wertverzehr"		Bilanz § 6 I 1 EStG: Minderwert		
AfA	5000	S	PKW	5000	H

Dieser Zusammenhang zwischen bilanziellem Ansatz und Berücksichtigung in der Gewinn- und Verlustrechnung stützt sich auf die vom BGH für das Unterhaltsrecht übernommene **„Wertverzehrthese"**.[63]

Wenn U seinen Gewinn im Wege der **Einnahmen-Überschuss-Rechnung** 350 (Rn. 250 ff.) ermitteln würde, käme es auf die Vermögensänderungen für die Gewinnermittlung nicht an, da das Vermögen in der Einnahmen-Überschuss-Rechnung nicht erfasst wird, sondern der Gewinn sich aus der Gegenüberstellung der Einnahmen und der Betriebsausgaben ergibt. Jedoch dürfen gemäß § 4 III Satz 3 EStG auch bei der Einnahmen-Überschuss-Rechnung die Anschaffungskosten nicht zum Zeitpunkt des Abflusses als Betriebsausgabe abgesetzt werden (Rn. 262 f.), sondern stattdessen erst über die betriebsgewöhnliche Nutzungsdauer verteilt in Höhe der jährlichen AfA.[64]

Beim Verkauf im Jahr 04 erhöht sich das bilanzierte Vermögen um den erhaltenen 351 Verkaufserlös von 18 000 EUR und verringert sich um den Buchwert des abgegebenen Fahrzeugs von 15 000 EUR.

Bank	18 000	S	PKW	15 000	H
			Veräußerungsgewinn	*3 000*	H

Da durch Erfassung des Gewinns oder Verlusts bei der Veräußerung eines abschreibungsfähigen Wirtschaftsgutes die **zu hohe oder zu niedrige AfA** und damit in der Vergangenheit zu niedrige oder zu hohe Steuer **kompensiert** wird, und so exakt der tatsächliche Aufwand für das genutzte Wirtschaftsgut als einkunftsmindernde Betriebausgabe erfasst wird, ist **über die gesamte Nutzungsdauer** zwischen Anschaffung und Veräußerung gesehen der **wirtschaftlich zutreffende Gewinn der Besteuerung** zugrundegelegt worden.

Da auch die Unterhaltsverpflichtung in der Regel über einen längeren Zeitraum besteht, beim Gewerbetreibenden und Selbstständigen sogar nicht nach dem jeweiligen Jahresbetrag sondern nach einem mehrjährigen Mittelwert des Einkommens errechnet wird, wird sich häufig eine im Einzelfall zu hohe AfA ausgleichen. Dies gilt insbesondere dann, wenn man der Einkommensermittlung nicht mehr wie bisher einen Drei- sondern wie anlässlich des 14. Familiengerichtstages gefordert einen Fünfjahreszeitraum zugrundelegt.[65]

Die in der Rechtsprechung früher regelmäßig vorgenommenen Korrekturen wie Ver- 352 längerung der Nutzungsdauer[66], aber auch die heute noch nach der Rechtsprechung des BGH und der herrschenden Auffassung vorzunehmende Umrechnung degressiver auf lineare AfA sind in vielen Fällen überflüssig. Übersehen wird nämlich,[67] dass in Fällen li-

---

[62] Zu den Grundsätzen der Doppelten Buchführung vgl. Rn. 183–201
[63] Vgl. Rn. 208 und Schmidt/Kulosa § 7 Rn. 3
[64] Vgl. Schmidt/Kulosa § 7 Rn. 2
[65] Empfehlungen des 14. Deutschen Familiengerichtstags in FamRZ 2002, 296
[66] Nicht mehr BGH vgl. FamRZ 2003, 741 = R 590 c
[67] Siehe dagegen zutreffend Weychardt a. a. O.

nearer AfA **bei unterhaltsrechtlich verlängerter Nutzungsdauer** AfA-Raten zugerechnet werden müssen, wenn das Wirtschaftsgut steuerlich längst abgeschrieben ist, da nunmehr der **unterhaltsrechtlich fingierte Restbuchwert** weiter abgeschrieben werden muss.

353 Wenn man bei degressiver AfA[68] die anfangs die linearen Raten übersteigende Gewinnminderung nicht akzeptiert, müssen die AfA-Raten bei der Unterhaltsberechnung erhöht werden, sobald die lineare AfA höher ist. Ansonsten würden die durch die Nutzung des Wirtschaftsgutes zwischen Anschaffung und Veräußerung bzw. Verwertung anfallenden berufsbedingten Aufwendungen nur zum Teil berücksichtigt. Bei einem Wirtschaftsgut mit Anschaffungskosten von 100 000 EUR und zehnjähriger Nutzungsdauer ergeben sich im Vergleich folgende Entwicklungen:[69]

	lineare AfA	Restwert	degress. AfA	Restwert
			höher	
01	10 000	90 000	20 000	80 000
02	10 000	80 000	16 000	64 000
03	10 000	70 000	12 800	51 200
04	10 000	60 000	10 240	10 240
			niedriger	
05	**10 000**	50 000	8 192	40 960
06	10 000	40 000	6 554	32 768
07	10 000	30 000	6 554	26 114
08	10 000	20 000	6 554	19 660
09	10 000	10 000	6 554	6 552
10	10 000	0	6 552	0

354 Die insbesondere in der Rechtsprechung **übersehene Kompensation** durch Berücksichtigung des Veräußerungserlöses[70] beim steuerlichen Einkommen zeigt sich in der nachfolgenden Gegenüberstellung:

Jahr	Lineare AfA	Degressive AfA	Einkommensänderung
01	− 10 000	− 20 000	− 10 000
02	− 10 000	− 16 000	− 6 000
03	− 10 000	− 12 800	− 2 800
Gesamt	− 30 000	− 48 800	− 18 800
Restbuchwert	+ 70 000	− 51 200	
Veräußerungserlös	+ 60 000	+ 60 000	
Veräußerungsgewinn/-verlust	− 10 000	+ 8 800	+ 18 800

---

[68] Nach EStG nur zulässig für vor dem 1. 1. 2008 und zwischen dem 31. 12. 2008 und dem 1. 1. 2001 angeschaffte Wirtschaftsgüter
[69] Die Werte bei der degressiven AfA sind − steuerlich in diesem Maß unzulässig − wegen der Überschaubarkeit stark abgerundet
[70] Bejahend jetzt bei der unterbewertem Umlaufvermögen BGH FamRZ 2003, 741 = R 590 b

5. Abschnitt: Gewinneinkünfte im Unterhaltsrecht §1

Die zunächst durch die AfA eingetretene Einkommensminderung wird bei der Veräußerung durch die unterschiedlich hohen Veräußerungsgewinne auf den tatsächlichen Aufwand reduziert. Der bei der steuerlichen Einkommensermittlung erfasste **Veräußerungsgewinn muss unterhaltsrechtlich abgezogen** werden, soweit in den Vorjahren die degressive AfA unterhaltsrechtlich nicht anerkannt, das Einkommen also um die AfA-Differenz erhöht wurde.[71]

Entsprechende Korrekturen sind erforderlich, wenn man gemäß der herrschenden Auffassung und der Rechtsprechung des BGH[72] die **Sonderabschreibung** nicht anerkennt. Durch die Sonderabschreibung erhöht sich das AfA-Volumen nicht. Es kann zwar zusätzlich zur linearen oder degressiven AfA die Sonderabschreibung vorgenommen werden, um diese verringert sich aber die verbleibende AfA (Rn. 213). Bei neben linearer AfA vorgenommener Sonderabschreibung ist das Wirtschaftsgut früher abgeschrieben, so dass nach steuerlicher Vollabschreibung noch ein unterhaltsrechtlicher Restwert abzuschreiben wäre, bei degressiver AfA wird früher als ohne Sonderabschreibung der Zeitpunkt erreicht, von dem ab die degressiven Raten unter denen der linearen AfA liegen. 355

Außerdem ist zu berücksichtigen, dass in der Mehrzahl der Fälle der Unterhaltspflichtige nicht nur einige wenige Wirtschaftsgüter steuerlich absetzt und darüber hinaus außer bei Neugründung des Unternehmens die Anschaffungen über Jahre verteilt sind. Den steuerlich noch absetzbaren Wirtschaftsgütern steht in der Regel eine weitaus größere Zahl an noch genutzten aber längst voll abgeschriebenen Wirtschaftsgütern gegenüber, wie sich aus dem vorstehend (Rn. 351 f.) dargestellten Fall zeigt.[73] 356

Macht der Unterhaltspflichtige von der Möglichkeit der **degressiven AfA** Gebrauch, wird er sich bei einem Teil derselben in der Anfangsphase mit über der linearen AfA liegenden Raten, bei anderen in der späten Phase mit geringeren Raten bewegen. Wirtschaftsgüter, die früher angeschafft und ganz oder teilweise abgesetzt worden sind und stille Reserven enthalten, werden im unterhaltsrechtlich maßgeblichen Zeitraum unter Erzielung eines Veräußerungsgewinns verkauft. Je umfangreicher also der Bestand abnutzbarer Wirtschaftsgüter und je kürzer die tatsächliche Nutzungsdauer ist, umso mehr wird die durchschnittliche steuerliche Abschreibung der tatsächlichen Wertminderung entsprechen.

Zu beachten ist bei der Beurteilung vermeintlich zu hoher AfA nicht nur die Kompensation bei der Veräußerung und die notwendige Berücksichtigung des nach steuerlich vollständiger Abschreibung auf Grund unterhaltsrechtlich längerer Nutzungsdauer noch zu berücksichtigenden restlichen „Wertverzehrs", sondern auch die durch die – vom Unternehmer mit der degressiven AfA im Jahr der Anschaffung und den folgenden Jahren beabsichtigte – **einkommenserhöhende Reduzierung der Ertragsteuern**: Durch die unterhaltsrechtlich vermeintlich **zu hoch angesetzte AfA** hat der Unternehmer einen entsprechend geringeren Gewinn, also eine **geringere Belastung** mit Gewerbe-, Einkommen- und Kirchensteuern, sowie Solidaritätszuschlag. Einer um 1000 EUR geringeren Jahres-AfA steht daher bei hohem zu versteuernden Einkommen eine Steuerminderung von bis zu 477 EUR[74] gegenüber, so dass die Auswirkung auf das unterhaltsrechtlich maßgebliche Einkommen nur etwas mehr als die Hälfte der beanstandeten AfA-Differenz ausmacht. Der BGH verneint jedoch im Allgemeinen die Notwendigkeit fiktiver Steuerberechnung (Rn. 977 ff.) bei Herabsetzung der AfA. 357

Fazit: Die Absetzung für Abnutzung ist ein notwendiges **Instrument des Bilanzsteuerrechts**. Da es bei der Gewinnermittlung durch Betriebsvermögensvergleich nicht auf den Zu- und Abfluss von Geld oder Geldeswerten ankommt sondern auf die Veränderung des Betriebsvermögens, muss dessen nutzungsbedingter Wertverlust gewinnmindernd erfasst werden. 358

---

[71] Kleinle und Weychardt a. a. O., Linderer a. a. O.; anders Fischer-Winkelmann a. a. O.
[72] BGH FamRZ 2003, 741 = R 590 c
[73] Fischer-Winkelmann a. a. O.
[74] Die Gewerbesteuer bleibt hier unberücksichtigt, weil sie sich durch den Abzug als Betriebsausgabe und teilweise Anrechnung auf die Einkommensteuer beim einkommensteuerpflichtigen Unternehmer nicht auswirkt. Bei der fiktiven Steuerberechnung muss aber auch die Gewerbesteuer neu berechnet werden

§ 1 Die Ermittlung des unterhaltsrechtlich relevanten Einkommens

Die Absetzung für Abnutzung ist der Einnahmen-Überschuss-Rechnung **wesensfremd**, da es nicht auf den Wert des Betriebsvermögens sondern nur auf den Geldfluss ankommt. Sie wird jedoch gemäß § 4 III EStG als **entsprechend anwendbar** erklärt. Da der Wertverzehr in der Einnahmen-Überschuss-Rechnung ohne Relevanz ist, ist die dogmatische Grundlage die **Aufwandsverteilungsthese**. Danach bezwecken die AfA-Vorschriften die Anschaffungskosten über die Nutzungsdauer zu verteilen.[75] Der Zusammenhang zwischen Anschaffungskosten, Absetzung für Abnutzung und Veräußerungsgewinn gewährleistet, dass in jedem Fall – gleich welche AfA-Methode man wählt – die Differenz zwischen Anschaffungskosten und Veräußerungserlös gewinnmindernd erfasst wird. Wie immer man im Unterhaltsrecht mit der AfA verfährt, muss dieses auch hier gewährleistet sein. Denn diese Differenz ist berufsbedingter Aufwand.

359 m) **Absetzung für Abnutzung und Tilgung von Anschaffungskrediten.** In den meisten Fällen wird die Anschaffung von Wirtschaftsgütern mit mehrjähriger Nutzungsdauer nicht aus vorhandenen Mitteln sondern aus Anschaffungskrediten finanziert. Diese müssen nicht nur verzinst sondern auch getilgt werden.

> **Beispiel:**
> U hat einen ausschließlich betrieblich genutzten PKW für 36 000 € netto angeschafft und dafür in gleicher Höhe ein Darlehen aufgenommen. Vertragsgemäß zahlt er das Darlehen in 72 Monatsraten zu je 500 € zurück. Die Zahlungen leistet er durch Überweisung vom Guthaben des betrieblichen Girokontos.

Das Guthaben auf dem Girokonto mindert sich monatlich um 500 EUR, in gleicher Höhe reduziert sich das Darlehen; es liegt ein sogenannter Aktiv-Passivtausch vor. Die Höhe des Betriebsvermögens ändert sich nicht. Die buchhalterische Erfassung erfolgt ausschließlich auf Bestandskonten; die Gewinn- und Verlustrechnung wird nicht betroffen. Die Zahlung von **Tilgungsraten** ist **gewinnneutral** (Rn. 219).

Der PKW wird nach der gültigen AfA-Tabelle bei einer Nutzungsdauer von sechs Jahren mit jährlich 6000 EUR steuerlich abgeschrieben. Wenn man steuerliche AfA als Wertverzehr und die Tilgungsraten als unterhaltsrechtlich relevante Vermögensbildung anerkennt und nebeneinander ansetzt, werden dem U für die Nutzung des PKW in sechs Jahren insgesamt 36 000 EUR AfA und 36 000 EUR Tilgung als berufsbedingter Aufwand angerechnet, also die doppelten Anschaffungskosten. Tilgungsraten dürfen daher **unterhaltsrechtlich nicht angesetzt** werden, **soweit** die **AfA für das Wirtschaftsgut berücksichtigt** wird, dessen Anschaffungskosten mit dem Darlehen finanziert worden sind.[76]

360 Die **Tilgung** von Bau- oder Anschaffungsdarlehen bei Gebäuden, bei denen die steuerliche AfA beim Unterhalt nicht einkommensmindernd berücksichtigt wird, hat der BGH zutreffend als Vermögensbildung angesehen, die im entschiedenen Fall den Unterhaltsberechtigten nicht angerechnet werden dürfe.[77] Ob der BGH im Umkehrschluss die Tilgung eines für den Bau oder Erwerb eines Gebäudes aufgenommenen Kredits einkommensmindernd berücksichtigen würde, wenn der Aufwand im Rahmen der eheprägenden Einkommensverhältnisse als angemessen anzusehen ist, lässt die Entscheidung nicht erkennen. In einer späteren Entscheidung[78] hat der BGH entschieden, dass Tilgungsleistungen für ein Darlehen zum Erwerb einer Immobilie als Form zusätzlicher Altersversorgung zu berücksichtigen sein können.

Bei **Annuitätendarlehen** wird ein fester Monatsbetrag auf Zins- und Tilgungsraten gezahlt. Infolge des Tilgungsanteils reduziert sich laufend der Zins; der Tilgungsanteil wird höher. In der Gewinn- und Verlustrechnung wird **nur der Zinsanteil** erfasst; der Tilgungsanteil geht in die Bilanz ein.

361 n) **Abschreibungsbedingte Steuerermäßigung im Unterhaltsrecht.** Nach der Rechtsprechung des BGH sind dem Unterhaltsbeteiligten die Steuervorteile zu belassen, die auf Grund tatsächlicher einkommensmindernder, unterhaltsrechtlich jedoch nicht aner-

---

[75] Schmidt/Kulosa EStG § 7 Rn. 2
[76] BGH FamRZ 2004, 1179 = R 613
[77] BGH FamRZ 2005, 1159 = R 623
[78] BGH FamRZ 2005, 1817 = R 632

5. Abschnitt: Gewinneinkünfte im Unterhaltsrecht § 1

kannter Aufwendungen gewährt werden. Dies ist bereits 1986 im „Bauherrenmodellfall"[79] entschieden. Dort stellt der BGH fest, dass

> „zwar einerseits die in diesem Rahmen anfallenden Zins- und Tilgungsaufwendungen nicht als einkommensmindernd berücksichtigt werden dürfen, dass aber andererseits auch die dadurch erzielte Steuerersparnis außer Betracht bleiben muss."

In seiner Entscheidung vom 1. 12. 2004[80] hat der BGH diese Auffassung bestätigt. **362**

Wo der BGH die AfA nicht anerkennt oder kürzt, weil er keinen Wertverzehr sieht, ist in den einschlägigen Entscheidungen von einer fiktiven Steuerberechnung nicht einmal die Rede. Das unterhaltsrechtlich maßgebliche Einkommen wird um den nicht anerkannten Teil der AfA erhöht, die **abschreibungsbedingte Steuerersparnis wird nicht korrigiert.**

Für die **Sonderabschreibung** hat der BGH dies ausdrücklich entschieden[81] und zusätz- **363** lich damit begründet, dass im entschiedenen Fall die Steuerersparnis wegen geringer Einkünfte in den Folgejahren endgültig erhalten geblieben sei. Dies ist aber im Allgemeinen nicht so: auch bei Vornahme von Sonderabschreibungen wird insgesamt nur der tatsächliche Wertverlust während der Nutzung steuermindernd berücksichtigt (Rn. 213).

Zur Behandlung der Steuerbelastung im Fall der Bildung der bis 2007 steuerlich zulässigen **Ansparrücklage** nach § 7 g III EStG hat der BGH[82] zwar zunächst zutreffend festgestellt, dass es sich um eine Rückstellung für künftige abschreibungsfähige Investitionen handele; die sich als vorgezogene Abschreibung darstelle. Es heißt dann:

> „Sie stellt sich als vorgezogene Abschreibung und damit wirtschaftlich als eine befristete Kreditierung der Steuerschuld dar. Sie dient der Verbesserung der Liquidität und Eigenkapitalausstattung kleinerer und mittlerer Betriebe und soll diesen die Vornahme von Investitionen erleichtern."
>
> „Bereits daraus ist ersichtlich, dass der Zweck dieser Vorschrift weitgehend durchkreuzt würde, wenn die hierdurch erhöhte Liquidität des Unternehmens automatisch eine erhöhte Unterhaltsschuld des Unternehmers zur Folge hätte, da die zusätzlich zur Verfügung stehenden liquiden Mittel gerade nicht in den privaten Konsum fließen sollen, was das letztlich vom Fiskus übernommene Insolvenzrisiko erhöhen würde."

Nicht anders ist es aber im Fall der **Sonderabschreibung** und der **degressiven AfA:** auch hier wird durch gegenüber der linearen AfA frühere Abschreibung dem Unternehmer durch zinsfreie Kreditierung der Steuerschuld ein **Liqiditätsvorteil,** gewährt. Die zunächst durch höhere AfA ersparte Steuer zahlt er in den Jahren zurück, in denen die AfA gegenüber der regulären linearen AfA geringer und der für die Einkommensteuer maßgebliche Gewinn entsprechend höher ausfällt (Rn. 213). Der Widerspruch ist bisher ungeklärt.

o) **Sofortabschreibung GWG.** Von der Möglichkeit, die Anschaffungskosten für ge- **364** ringwertige Wirtschaftsgüter im Jahr der Anschaffung voll abzuschreiben (Rn. 215) wird in der Praxis in der Regel Gebrauch gemacht. Zum einen führt die Sofortabschreibung zu sofortiger Gewinn- und Steuerminderung, zum andern erspart man sich Buchführungsaufwand. In aller Regel ist der Aufwand pro Jahr etwa gleich bleibend, so dass es sachgerecht ist, sie unterhaltsrechtlich zu übernehmen.[83]

Für ab 2008 angeschaffte geringwertige Wirtschaftsgüter (Rn. 215) liegt die Grenze für die Sofortabschreibung bei 150 EUR. Hier wird schon wegen Geringfügigkeit der Gewinnauswirkung eine unterhaltsrechtliche Korrektur entbehrlich sein. Die auf fünf Jahre festgeschriebene Nutzungsdauer von Wirtschaftsgütern mit Anschaffungskosten zwischen 151 EUR und 1000 EUR zu korrigieren, wird allenfalls in Ausnahmefällen notwendig sein.

p) **Telefon.** Der Privatanteil an betrieblichen Telefonkosten wird in einem korrekten **365** Jahresabschluss bei den Erlösen auf dem Konto „Unentgeltliche Wertabgaben" erfasst

---

[79] BGH FamRZ 1987, 36
[80] BGH; FamRZ 2005, 1159 = R 623
[81] BGH FamRZ 2003, 741 = R 590 c
[82] BGH FamRZ 2004, 1177 = R 615
[83] Anders wird man entscheiden müssen, wenn ohne betrieblichen Anlass die Anschaffungskosten weit über denen früherer Jahre liegen

(Rn. 324). Eine Korrektur bei unterhaltsrechtlich nicht akzeptablem steuerlichen Ansatz muss daher dort erfolgen.

366 **q) Zinsaufwendungen.** Steuerlich stellen Zinsen für Kredite zum Zwecke der Anschaffung von betrieblich genutzten Wirtschaftsgütern Betriebsausgaben dar. Zu beachten ist, dass **steuerlich unerheblich** ist, **ob die Kreditaufnahme notwendig** ist. Betrieblich bedingte Kreditzinsen werden vom Finanzamt auch dann anerkannt, wenn der Steuerpflichtige das Wirtschaftsgut ohne Inanspruchnahme eines Kredites aus seinem Privatvermögen hätte bezahlen können.

Werden vom betrieblichen Kontokorrentkonto Privatentnahmen getätigt und gerät das Konto dadurch ins Minus oder erhöht sich solches, sind die auf die Privatentnahme entfallenden Zinsen nicht als Betriebsausgabe abzugsfähig. Zur Vermeidung dient das **Zweikontenmodell,** bei dem ein Konto für die Betriebseinnahmen und ein weiteres für die Betriebsausgaben verwendet wird. Das Betriebseinnahmenkonto wird im Plus gehalten; ausschließlich von diesem werden die Privatentnahmen getätigt. Wenn die Einnahmen zur Deckung des privaten und betrieblichen nicht ausreichen, wird das Betriebsausgabenkonto durch Finanzierung ausschließlich betrieblicher Ausgaben überzogen; die Zinsen dieses Kontos sind Betriebsausgaben.[84]

367 Bis Ende 1998 war es möglich, auf diese Weise unbegrenzt über Gewinn und Rücklagen hinaus alle Betriebseinnahmen privat zu entnehmen, auch wenn infolgedessen sämtliche betriebliche Aufwendungen mit Schulden finanziert werden mussten. Voraussetzung war lediglich, dass durch die Privatentnahme nicht unmittelbar zusätzliche Schulden entstanden. Mit dem sogenannten **Mehrkontenmodell** ließen sich private Schulden – meistens aus dem Bau des Wohnhauses – in betriebliche umwandeln. Der BFH hat diese Methode entgegen den ständigen Bestrebungen der Finanzverwaltung mehrfach für zulässig erklärt, so dass der Gesetzgeber mit einer Ergänzung des § 4 EStG um den Abs. 4a eingegriffen hat. Zinsen werden seitdem nur noch eingeschränkt als betrieblich veranlasst anerkannt, wenn mehr privat entnommen worden ist als aus Einlagen, Rücklagen und Gewinn zur Verfügung stand.[85]

Unterhaltsrechtlich bleibt das Mehrkontenmodell insbesondere deshalb aktuell, weil Zinsen aus bis zum 31. 12. 1998 umgeschuldeten Privatkrediten gemäß § 52 XI EStG auch **weiterhin als Betriebsausgaben anerkannt** werden.

Auch bei steuerlicher Akzeptanz des Mehrkontenmodells muss man die umgeschuldeten Kredite unterhaltsrechtlich wie Privatschulden beurteilen und danach die unterhaltsrechtliche Relevanz prüfen.

368 **r) Vorsteuer und gezahlte Umsatzsteuer.** Während Vorsteuer und Umsatzsteuerzahlungen in der Gewinn- und Verlustrechnung nicht erscheinen,[86] werden sie in der Einnahmen-Überschuss-Rechnung **als Betriebseinnahmen** bzw **Betriebsausgaben** erfasst. Obwohl es sich wirtschaftlich um durchlaufende Posten handelt, da der Steuerpflichtige die eingenommene Umsatzsteuer abführen muss und die gezahlte Vorsteuer verrechnen kann, ergeben sich durch die Erfassung in der Einnahmen-Überschuss-Rechnung unter Umständen erhebliche Gewinnverschiebungen.

> **Beispiel:**
> Der nicht bilanzierende selbstständige S kauft am 20. 12. 2002 einen neuen PKW zur ausschließlich betrieblichen Nutzung für 50 000 € und eine EDV-Anlage mit Software für 25 000 € zuzüglich 8000 € + 4000 € Umsatzsteuer. Dadurch reduziert sich sein Gewinn um diese 12 000 €, nämlich die an die Lieferanten gezahlte Umsatzsteuer. Die kompensierende Gewinnerhöhung tritt erst im Jahr 2003 ein, wenn sich die als Betriebsausgabe zu buchende Umsatzsteuerzahlung um den anrechenbaren Vorsteuerbetrag vermindert.
>
> Dass der Steuerpflichtige in einem solchen Fall die aus diesen 12 000 EUR resultierende Einkommensteuer erst ein Jahr später zahlen muss, trifft den Fiskus nicht besonders schwer.

---

[84] Schmidt/Drenseck § 12 Rn. 25 „Zinsen"
[85] Schmidt/Heinicke § 4 Rn. 522 ff.
[86] Mit Verbuchung der umsatzsteuerpflichtigen Forderung wird eine Verbindlichkeit gegenüber dem Finanzamt, mit Verbuchung der vor steuerbelasteten Verbindlichkeit eine Forderung gegen das Finanzamt gebucht. Es werden also nur Bestandskonten, keine Erfolgskonten berührt

5. Abschnitt: Gewinneinkünfte im Unterhaltsrecht §1

kannter Aufwendungen gewährt werden. Dies ist bereits 1986 im „Bauherrenmodellfall"[79] entschieden. Dort stellt der BGH fest, dass

> „zwar einerseits die in diesem Rahmen anfallenden Zins- und Tilgungsaufwendungen nicht als einkommensmindernd berücksichtigt werden dürfen, dass aber andererseits auch die dadurch erzielte Steuerersparnis außer Betracht bleiben muss."

In seiner Entscheidung vom 1. 12. 2004[80] hat der BGH diese Auffassung bestätigt. **362**

Wo der BGH die AfA nicht anerkennt oder kürzt, weil er keinen Wertverzehr sieht, ist in den einschlägigen Entscheidungen von einer fiktiven Steuerberechnung nicht einmal die Rede. Das unterhaltsrechtlich maßgebliche Einkommen wird um den nicht anerkannten Teil der AfA erhöht, die **abschreibungsbedingte Steuerersparnis wird nicht korrigiert**.

Für die **Sonderabschreibung** hat der BGH dies ausdrücklich entschieden[81] und zusätz- **363** lich damit begründet, dass im entschiedenen Fall die Steuerersparnis wegen geringer Einkünfte in den Folgejahren endgültig erhalten geblieben sei. Dies ist aber im Allgemeinen nicht so: auch bei Vornahme von Sonderabschreibungen wird insgesamt nur der tatsächliche Wertverlust während der Nutzung steuermindernd berücksichtigt (Rn. 213).

Zur Behandlung der Steuerbelastung im Fall der Bildung der bis 2007 steuerlich zulässigen **Ansparrücklage** nach § 7g III EStG hat der BGH[82] zwar zunächst zutreffend festgestellt, dass es sich um eine Rückstellung für künftige abschreibungsfähige Investitionen handele; die sich als vorgezogene Abschreibung darstelle. Es heißt dann:

> „Sie stellt sich als vorgezogene Abschreibung und damit wirtschaftlich als eine befristete Kreditierung der Steuerschuld dar. Sie dient der Verbesserung der Liquidität und Eigenkapitalausstattung kleinerer und mittlerer Betriebe und soll diesen die Vornahme von Investitionen erleichtern."
>
> „Bereits daraus ist ersichtlich, dass der Zweck dieser Vorschrift weitgehend durchkreuzt würde, wenn die hierdurch erhöhte Liquidität des Unternehmens automatisch eine erhöhte Unterhaltsschuld des Unternehmers zur Folge hätte, da die zusätzlich zur Verfügung stehenden liquiden Mittel gerade nicht in den privaten Konsum fließen sollen, was das letztlich vom Fiskus übernommene Insolvenzrisiko erhöhen würde."

Nicht anders ist es aber im Fall der **Sonderabschreibung** und der **degressiven AfA**: auch hier wird durch gegenüber der linearen AfA frühere Abschreibung dem Unternehmer durch zinsfreie Kreditierung der Steuerschuld ein **Liqiditätsvorteil**, gewährt. Die zunächst durch höhere AfA ersparte Steuer zahlt er in den Jahren zurück, in denen die AfA gegenüber der regulären linearen AfA geringer und der für die Einkommensteuer maßgebliche Gewinn entsprechend höher ausfällt (Rn. 213). Der Widerspruch ist bisher ungeklärt.

o) **Sofortabschreibung GWG.** Von der Möglichkeit, die Anschaffungskosten für ge- **364** ringwertige Wirtschaftsgüter im Jahr der Anschaffung voll abzuschreiben (Rn. 215) wird in der Praxis in der Regel Gebrauch gemacht. Zum einen führt die Sofortabschreibung zu sofortiger Gewinn- und Steuerminderung, zum andern erspart man sich Buchführungsaufwand. In aller Regel ist der Aufwand pro Jahr etwa gleich bleibend, so dass es sachgerecht ist, sie unterhaltsrechtlich zu übernehmen.[83]

Für ab 2008 angeschaffte geringwertige Wirtschaftsgüter (Rn. 215) liegt die Grenze für die Sofortabschreibung bei 150 EUR. Hier wird schon wegen Geringfügigkeit der Gewinnauswirkung eine unterhaltsrechtliche Korrektur entbehrlich sein. Die auf fünf Jahre festgeschriebene Nutzungsdauer von Wirtschaftsgütern mit Anschaffungskosten zwischen 151 EUR und 1000 EUR zu korrigieren, wird allenfalls in Ausnahmefällen notwendig sein.

p) **Telefon.** Der Privatanteil an betrieblichen Telefonkosten wird in einem korrekten **365** Jahresabschluss bei den Erlösen auf dem Konto „Unentgeltliche Wertabgaben" erfasst

---

[79] BGH FamRZ 1987, 36
[80] BGH; FamRZ 2005, 1159 = R 623
[81] BGH FamRZ 2003, 741 = R 590 c
[82] BGH FamRZ 2004, 1177 = R 615
[83] Anders wird man entscheiden müssen, wenn ohne betrieblichen Anlass die Anschaffungskosten weit über denen früherer Jahre liegen

§ 1   Die Ermittlung des unterhaltsrechtlich relevanten Einkommens

(Rn. 324). Eine Korrektur bei unterhaltsrechtlich nicht akzeptablem steuerlichen Ansatz muss daher dort erfolgen.

366   q) **Zinsaufwendungen.** Steuerlich stellen Zinsen für Kredite zum Zwecke der Anschaffung von betrieblich genutzten Wirtschaftsgütern Betriebsausgaben dar. Zu beachten ist, dass **steuerlich unerheblich** ist, **ob die Kreditaufnahme notwendig** ist. Betrieblich bedingte Kreditzinsen werden vom Finanzamt auch dann anerkannt, wenn der Steuerpflichtige das Wirtschaftsgut ohne Inanspruchnahme eines Kredites aus seinem Privatvermögen hätte bezahlen können.

Werden vom betrieblichen Kontokorrentkonto Privatentnahmen getätigt und gerät das Konto dadurch ins Minus oder erhöht sich solches, sind die auf die Privatentnahme entfallenden Zinsen nicht als Betriebsausgabe abzugsfähig. Zur Vermeidung dient das **Zweikontenmodell,** bei dem ein Konto für die Betriebseinnahmen und ein weiteres für die Betriebsausgaben verwendet wird. Das Betriebseinnahmenkonto wird im Plus gehalten; ausschließlich von diesem werden die Privatentnahmen getätigt. Wenn die Einnahmen zur Deckung des privaten und betrieblichen nicht ausreichen, wird das Betriebsausgabenkonto durch Finanzierung ausschließlich betrieblicher Ausgaben überzogen; die Zinsen dieses Kontos sind Betriebsausgaben.[84]

367   Bis Ende 1998 war es möglich, auf diese Weise unbegrenzt über Gewinn und Rücklagen hinaus alle Betriebseinnahmen privat zu entnehmen, auch wenn infolgedessen sämtliche betriebliche Aufwendungen mit Schulden finanziert werden mussten. Voraussetzung war lediglich, dass durch die Privatentnahme nicht unmittelbar zusätzliche Schulden entstanden. Mit dem sogenannten **Mehrkontenmodell** ließen sich private Schulden – meistens aus dem Bau des Wohnhauses – in betriebliche umwandeln. Der BFH hat diese Methode entgegen den ständigen Bestrebungen der Finanzverwaltung mehrfach für zulässig erklärt, so dass der Gesetzgeber mit einer Ergänzung des § 4 EStG um den Abs. 4a eingegriffen hat. Zinsen werden seitdem nur noch eingeschränkt als betrieblich veranlasst anerkannt, wenn mehr privat entnommen worden ist als aus Einlagen, Rücklagen und Gewinn zur Verfügung stand.[85]

Unterhaltsrechtlich bleibt das Mehrkontenmodell insbesondere deshalb aktuell, weil Zinsen aus bis zum 31. 12. 1998 umgeschuldeten Privatkrediten gemäß § 52 XI EStG auch **weiterhin als Betriebsausgaben anerkannt** werden.

Auch bei steuerlicher Akzeptanz des Mehrkontenmodells muss man die umgeschuldeten Kredite unterhaltsrechtlich wie Privatschulden beurteilen und danach die unterhaltsrechtliche Relevanz prüfen.

368   r) **Vorsteuer und gezahlte Umsatzsteuer.** Während Vorsteuer und Umsatzsteuerzahlungen in der Gewinn- und Verlustrechnung nicht erscheinen,[86] werden sie in der Einnahmen-Überschuss-Rechnung **als Betriebseinnahmen** bzw **Betriebsausgaben** erfasst. Obwohl es sich wirtschaftlich um durchlaufende Posten handelt, da der Steuerpflichtige die eingenommene Umsatzsteuer abführen muss und die gezahlte Vorsteuer verrechnen kann, ergeben sich durch die Erfassung in der Einnahmen-Überschuss-Rechnung unter Umständen erhebliche Gewinnverschiebungen.

> **Beispiel:**
> Der nicht bilanzierende selbstständige S kauft am 20. 12. 2002 einen neuen PKW zur ausschließlich betrieblichen Nutzung für 50 000 € und eine EDV-Anlage mit Software für 25 000 € zuzüglich 8000 € + 4000 € Umsatzsteuer. Dadurch reduziert sich sein Gewinn um diese 12 000 €, nämlich die an die Lieferanten gezahlte Umsatzsteuer. Die kompensierende Gewinnerhöhung tritt erst im Jahr 2003 ein, wenn sich die als Betriebsausgabe zu buchende Umsatzsteuerzahlung um den anrechenbaren Vorsteuerbetrag vermindert.

Dass der Steuerpflichtige in einem solchen Fall die aus diesen 12 000 EUR resultierende Einkommensteuer erst ein Jahr später zahlen muss, trifft den Fiskus nicht besonders schwer.

---

[84] Schmidt/Drenseck § 12 Rn. 25 „Zinsen"
[85] Schmidt/Heinicke § 4 Rn. 522 ff.
[86] Mit Verbuchung der umsatzsteuerpflichtigen Forderung wird eine Verbindlichkeit gegenüber dem Finanzamt, mit Verbuchung der vor steuerbelasteten Verbindlichkeit eine Forderung gegen das Finanzamt gebucht. Es werden also nur Bestandskonten, keine Erfolgskonten berührt

5. Abschnitt: Gewinneinkünfte im Unterhaltsrecht § 1

Wenn aber der Unterhaltsschuldner den Kauf in dem letzten für die Unterhaltsberechnung maßgeblichen Jahr ausführt, ist die Unterhaltseinbuße erheblich. Es ist meines Erachtens daher das einzig Sinnvolle, Umsatzsteuer, Vorsteuer und Umsatzsteuerzahlungen auch in der Einnahmen-Überschuss-Rechnung außer Betracht zu lassen, da es sich letztlich um durchlaufende Posten handelt.[87]

Bei Korrekturen der Vorsteuern und Umsatzsteuerzahlungen ist auch die Umsatzsteuer entsprechend zu korrigieren (Rn. 329).

s) Steuern vom Einkommen und vom Ertrag. Beim Einzelunternehmer und bei gewerblichen Personengesellschaften wird hier die Gewerbesteuer erfasst. In der Gewinn- und Verlustrechnung werden die Steuervorauszahlungen für das abgelaufene Wirtschaftsjahr sowie der als Rückstellung (Rn. 388) gegengebuchte noch offene Betrag ausgewiesen. Gewerbesteuerzahlungen für frühere Jahre finden sich auf einem besonderen Konto, da es sich um periodenfremden Aufwand handelt. 369

In der Einnahmen-Überschuss-Rechnung werden alle im Laufe des Wirtschaftsjahres gezahlten Gewerbesteuern in der Regel auf ein Konto gebucht, gleichgültig, für welchen Zeitraum sie gezahlt wurden.

Seit 2008 gilt gemäß § 4 V b EStG die Gewerbesteuer beim Einzelunternehmer und bei Personengesellschaften als nicht abzugsfähige Betriebsausgabe. Die Korrektur erfolgt außerhalb der Bilanz und Gewinn- und Verlusrtrechnung bzw Einnahme-Überschussrechnung. Als Ausgleich wird jedoch die Einkommensteuer ermäßigt.[88]

Wenn auf dem Konto Steuern vom Einkommen und Ertrag Einkommensteuern gebucht sind, verfälscht das den Gewinn, da Einkommensteuern Privatsteuern sind, die bei Zahlung aus dem Betriebsvermögen auf einem Privatkonto (Rn. 1/239) gewinnneutral gebucht werden müssen. 370

t) Bildung von Sonderposten mit Rücklageanteil – § 6 b – Rücklage. Durch Bildung eine Rücklage nach § 6 b EStG soll verhindert werden, dass bei der Veräußerung von Betriebsvermögen ein steuerbarer Gewinn entsteht, wenn innerhalb von vier Jahren nach Ablauf des Jahres, in dem die Veräußerung erfolgt ist, eine Re-Investition erfolgt (Rn. 232). Wenn der Veräußerungsgewinn als solcher nicht unterhaltsrechtlich relevant ist (Rn. 354) sind keine Korrekturen nötig.[89] 371

– in dieser Auflage nicht belegt – 372–379

VI. Bilanzposten in unterhaltsrechtlicher Betrachtung

1. Vorbemerkung

Die Bilanz als solche dient nicht der Gewinnermittlung sondern gibt den Stand des Betriebsvermögens am Bilanzstichtag zu steuerlichen Wertansätzen wieder (Rn. 178 ff.). Der in der Bilanz aufgeführte Gewinn ergibt sich theoretisch aus dem Betriebsvermögensvergleich mit Vorjahresbilanz; in der Praxis wird er aus der Gewinn- und Verlustrechnung eingebucht und separat beim Vorjahreskapital ausgewiesen (Rn. 200 f.). 380

Aus der Bilanz ist jedoch zu ersehen, inwieweit in der Gewinn- und Verlustrechnung Aufwand gewinnmindernd aufgezeichnet ist, der noch nicht als Betriebsausgabe ab- bzw Einnahme noch nicht zugeflossen ist. Die Bilanz erspart daher die umständliche **Prüfung** einzelner Posten der Gewinn- und Verlustrechnung **auf Abweichungen vom In-Prinzip**.

Beispiel:
Die Gewinn- und Verlustrechnung 02 weist einen Aufwand für Gewährleistungen in Höhe von 100 000 € aus. Die Bilanz enthält eine Rückstellung für Gewährleistungen in Höhe von 20 000 €, die in der Bilanz 01 noch nicht enthalten ist.

---

[87] So auch OLG Celle FamRZ 2000, 1153
[88] Im Einzelnen dazu Rn. 854
[89] Zum Zusammenhang zwischen Bildung und Auflösung von Rücklagen siehe Rn. 321 und 390

Da die Rückstellung im Jahr 02 gebildet worden ist, ist der verbuchte Aufwand in dieser Höhe noch nicht als Betriebsausgabe abgeflossen.[90] Eine bereits am Jahresbeginn bestehende Rückstellung wirkt sich auf den Gewinn nicht aus, da insoweit das Betriebsvermögen am Jahresanfang und am Jahresende gleich ist (Rn. 166).

Der Vergleich einzelner Posten in mehreren aufeinander folgenden Bilanzen lässt zumeist erkennen, ob die Bildung und Auflösung per Saldo zu Gewinnveränderungen geführt hat. Die **Änderung eines Bilanzposten** gegenüber dem Vorjahr **zeigt,** inwieweit sich innerhalb des Jahres eine **Gewinnauswirkung** ergeben hat. Häufig heben sich die Bildung von Bilanzposten und die Auflösung der Vorjahresposten auf.

Beispiel:
1. U zahlt für eine Betriebsausfallversicherung jährlich gleich bleibend jeweils am 1. September 12 000 €.
2. Am 31. 12. 01 verzeichnet U gewinnerhöhend noch nicht bezahlte Forderungen in Höhe von 100 000 €. Die in der Vorjahresbilanz mit 80 000 € ausgewiesen Forderungen sind im Lauf des Jahres bezahlt worden. Seinen am 31. 12. 01 bilanzierten unbezahlten Verbindlichkeiten in Höhe von 40 000 € steht die Begleichung der Vorjahresverbindlichkeiten in Höhe von 50 000 € gegenüber.

Fall 1: Zum Bilanzstichtag ist für den auf das folgende Wirtschaftsjahr entfallenden Anteil eine Rechnungsabgrenzung (Rn. 227) in Höhe von 8000 EUR gewinnerhöhend einzubuchen. Sofern noch nicht in der Buchführung geschehen ist die Rechnungsabgrenzung in derselben Höhe aus der Vorjahresbilanz für die Monate 01–08 des abgelaufenen Jahres gewinnmindernd auszubuchen. Die Buchungen heben sich daher auf; im Ergebnis wird nur als Betriebsausgabe berücksichtigt, was für das jeweilige Wirtschaftsjahr gezahlt worden ist.

Fall 2: Der Saldo aus der Bilanzierung der Forderungen und der Auflösung der Vorjahresforderungen mit + 20 000 EUR, stehen – 10 000 EUR Saldo aus Erfassung und Auflösung von Verbindlichkeiten gegenüber.

Soweit nicht bereits durch derartige Vorgänge die Unterschiede zwischen der periodengerechten Gewinnermittlung durch Betriebsvermögensvergleich und der dem Zuflussprinzip weitgehend entsprechenden Gewinnermittlung durch Einnahmen-Überschuss-Rechnung im Lauf eines Jahres kompensieren, tritt dieser Effekt umso stärker ein, je länger der Zeitraum ist über den der Gewinn ermittelt wird. Die Gewinnermittlung durch Betriebsvermögensvergleich führt nicht zu einem anderen Gewinn als die Einnahmen-Überschuss-Rechnung, er wird nur zeitlich verschoben erfasst.[91] Unterhaltsrechtlich ist die steuerliche Behandlung zu übernehmen, es sei denn, dass man die gesamte Gewinnermittlung auf das Zuflussprinzip umstellen will. Eine Umrechnung der Gewinn- und Verlustrechnung in eine Einnahmen-Überschuss-Rechnung ist in der Regel nicht erforderlich.[92]

381 Um festzustellen, ob eine Korrektur überhaupt eine nennenswerte Änderung des Gewinns ergibt, reicht es aus, beim zu überprüfenden Posten nur den Bestand am Beginn des Auskunftszeitraums mit dem Bestand an dessen Ende zu vergleichen, da nur die Änderung von Vermögensposten Auswirkung auf den Gewinn hat. Soweit die Bilanz des ersten Jahres des Auskunftszeitraums nicht die Vorjahreszahlen enthält, ergibt sich der Anfangsbestand aus dem entsprechenden Konto der Buchhaltung.

Beispiel:
In den Bilanzen des Auskunftszeitraums verzeichnet U folgende Gewährleistungsrückstellungen:
Jahr 1: 20 000 €
Jahr 2: 160 000 €
Jahr 3: 40 000 €

Aus dem Konto „Gewährleistungsrückstellungen des Jahres 1 ergibt sich ein Anfangsbestand von 34 000 €.

Für die Berechnung des unterhaltsrechtlichen Einkommens wird auf den Durchschnittsgewinn des Auskunftszeitraums abgestellt; dies ist ein Drittel des Gesamtgewinns. Der Ge-

---

[90] Vgl. zu den steuerlichen Grundlagen Rn. 230
[91] Vgl. dazu nachfolgend Rn. 384–391
[92] im Rahmen einer DATEV-Buchführung aber durchaus möglich

5. Abschnitt: Gewinneinkünfte im Unterhaltsrecht § 1

winn ist nach der Definition des § 4 I EStG der Unterschied des Betriebsvermögens am Ende des Wirtschaftsjahres zu dem am Anfang des Wirtschaftsjahres. Mithin ist der Gesamtgewinn der Unterschied zwischen dem Betriebsvermögen am Anfang und am Ende des Auskunftszeitraums.

Die Rückstellungen des U gehen in das Betriebsvermögen am Anfang des Auskunftszeitraums mit 34 000 EUR, am Ende mit 40 000 EUR ein, sie haben daher den Gesamtgewinn um 6000 EUR, den Durchschnittsgewinn um 2000 EUR vermindert. Falsch wäre es, Rückstellungen und ähnliche Bilanzposten für die Ermittlung des unterhaltsrechtlichen Einkommens zu eliminieren.

Nur die **Änderung des Betriebsvermögens führt zu Gewinn oder Verlust,** nur die **Änderung eines Bilanzpostens hat daher Gewinnauswirkung.**

2. Anlagevermögen

Anschaffungskosten für Anlagevermögen wirken sich nicht unmittelbar (Rn. 204) sondern ausschließlich über die Absetzung für Abnutzung (Rn. 205 ff. und 341 ff.) gewinnmindernd aus. Bei der Veräußerung entsteht meistens ein Gewinn oder Verlust, da der Buchwert in der Regel nicht dem Veräußerungserlös entspricht (Rn. 315). **382**

3. Umlaufvermögen

Die Anschaffungskosten von Umlaufvermögen werden zwar als Aufwand gewinnmindernd erfasst. Durch Inventur und einzubuchende Bestandsveränderungen (Rn. 329) wirken sich im Jahresabschluss jedoch nur der tatsächliche Wareneinsatz und eventuelle Wertveränderungen auf den Gewinn aus. **383**

Beim Wertansatz des Umlaufvermögens ist ein nicht unerheblicher Beurteilungsspielraum gegeben, so dass die vom Steuerpflichtigen und die vom Finanzamt vorgenommenen Wertansätze sich häufig deutlich unterscheiden. Je niedriger das Umlaufvermögen bewertet wird, umso geringer fällt der Gewinn aus. Dies wird jedoch beim Verkauf durch einen entsprechend höheren Gewinn wieder kompensiert. Zutreffend hat der BGH[93] die Bewertung des Umlaufvermögens für entscheidungsunerheblich angesehen. Dies gilt jedoch uneingeschränkt nur dann, wenn die Veräußerung in angemessener Zeit erfolgt und nicht zu niedrig bewertete Waren gehortet werden.[94]

4. Forderungen und Verbindlichkeiten

In aller Regel stellen die Bilanzposten „Forderungen" und „Verbindlichkeiten" vom Umfang her die größte Abweichung vom unterhaltsrechtlich maßgeblichen In-Prinzip dar. Für die Ermittlung des der Bilanz zugrundezulegenden Betriebsvermögens kommt es auf das Entstehen und nicht auf die Realisierung der Forderungen und Verbindlichkeiten an (Rn. 223). Dem wird in der der Gewinn- und Verlustrechnung zugrundeliegenden Buchführung Rechnung getragen, indem bereits die **Forderungen als Ertrag,** die **Verbindlichkeiten als Aufwand** erfasst werden. Der in der Bilanz und der Gewinn- und Verlustrechnung festgestellte Gewinn basiert daher zu einem häufig nicht unerheblichen Teil auf noch nicht geflossenen Einkünften bzw noch nicht bezahlten Schulden.[95] **384**

Soweit Bildung und Auflösung der Forderungen und Verbindlichkeiten in demselben Wirtschaftsjahr erfolgen, heben sie sich auf. Es gibt also keinen Unterschied zur Einnahmen-Überschuss-Rechnung. Erfolgt die Bezahlung der Forderung erst in einem späteren Wirtschaftsjahr, führt dies aber zu einer Vorverlagerung des Gewinns zum Zweck der periodengerechten Gewinnermittlung, läuft also dem unterhaltsrechtlichen In-Prinzip kon-

---

[93] BGH FamRZ 2003, 741 = R 590 b
[94] Anders in der Einnahmen-Überschuss-Rechnung (Rn. 261)
[95] Vgl. dazu auch Rn. 307

trär zuwider. Dies gilt bei der Buchung von Verbindlichkeiten und ihrer Begleichung im Folgejahr mit umgekehrten Vorzeichen entsprechend. Hier werden Betriebsausgaben gewinnmindernd vorgezogen.

Unterhaltsrechtliche Korrekturen sind in der Regel nicht erforderlich (Rn. 380, 381).

385 Aus dem Vergleich der Bilanzansätze für **Darlehen** ergibt sich die jährliche Tilgung. Tilgungsraten stellen keine quantitative Vermögensveränderung sondern nur eine Umschichtung – in der Regel vom Girokonto auf das Darlehenskonto – dar. Sie haben daher keine Gewinnauswirkung. Wenn sie nach dem Zuflussprinzip unterhaltsrechtlich als einkommensmindernde Vermögensbildung oder Rückführung eheprägender Verbindlichkeiten anzusetzen sind, muss dies daher unter Abänderung des unterhaltsrechtlichen Einkommens erfolgen.[96]

5. Anzahlungen

386 Bei der Gewinnermittlung durch Betriebsvermögensvergleich werden **Anzahlungen** als **Passivposten** erfasst. Damit wird dem Umstand Rechnung getragen, dass entweder die Leistung, für die die Anzahlung erbracht ist, bereits vermögensmehrend gebucht oder aber noch geschuldet wird und damit das Betriebsvermögen vermindert. In der Einnahmen-Überschuss-Rechnung dagegen ist der als Anzahlung geleistete Geldeingang ohne Korrektur als Erlös erfasst.

> **Beispiel:**
> U hat einen Auftrag zur Herstellung und Montage von Fenstern für ein Bürogebäude erhalten. Der Festpreis beträgt 10 000 €, Liefertermin ist der 1. 3. 02. Nach Auftragserteilung am 20. 12. 01 hat er eine Anzahlung von 1500 € erhalten.
>
> Das Betriebsvermögen hat sich zum 31. 12. erhöht um die Einzahlung auf der Bank, es ist mit der Liefer- und Montageverpflichtung belastet, der nur noch die restliche Werklohnforderung gegenübersteht. Ein Unternehmenskäufer würde die Anzahlung kaufpreismindernd bewerten, da er die Gegenleistung insoweit unentgeltlich erbringen müsste.

6. Rechnungsabgrenzungsposten

387 Bei den Rechnungsabgrenzungsposten handelt es sich in den meisten Fällen – z. B. Kfz-Steuern, betriebliche Versicherungen – um Jahresbeiträge, die regelmäßig anfallen. Soweit sich nicht die Auflösung und die Neubildung decken und dadurch periodengerechter Aufwand und tatsächlicher Mittelabfluss übereinstimmen, erfolgt in der Regel ein kurzfristiger Ausgleich, so dass unterhaltsrechtlich kein Handlungsbedarf bestehen dürfte. Dies lässt sich durch den Vergleich der entsprechenden Bilanzposten kontrollieren, da ja nach dem System der Gewinnermittlung durch Betriebsvermögensvergleich **nur die Veränderung des Betriebsvermögens** zu Gewinn oder Verlust führt.

> **Beispiel:**
> U zahlt die Versicherungsbeiträge für seinen Taxibetrieb zu unterschiedlichen Zeitpunkten während des Geschäftjahres. Während des unterhaltsrechtlichen Auskunftszeitraums 01–03 haben sich die Tarife und die Zahl der Versicherungsverträge mehrfach geändert. In der Gewinn- und Verlustrechnung sind im Jahresdurchschnitt Versicherungsbeiträge von 8000 € erfasst. In den Bilanzen sind für die Versicherungsbeiträge folgende aktive Rechnungsabgrenzungen aufgeführt:
>
> | | |
> |---|---|
> | 01 | 2800 € |
> | 02 | 3700 € |
> | 03 | 2700 € |
>
> Aus der Bilanz 01 ergibt sich der Vorjahresbetrag mit 2400 €.[97]

---

[96] Zur Konkurrenz von AfA und Tilgung wird auf die Ausführungen unter Rn. 359 verwiesen
[97] Der Betrag ist aus den Buchführungsunterlagen 01 zu entnehmen, da der Bilanzposten als Anfangsbestand in das Buchführungskonto übernommen werden musste

5. Abschnitt: Gewinneinkünfte im Unterhaltsrecht § 1

In der Zeit vom Anfang 01 bis Ende 03 hat sich dieser Bilanzposten daher nur um 300 EUR erhöht (2700 EUR − 2400 EUR); bei konsequenter Anwendung des Zuflussprinzips könnte U daher die Verringerung seines Einkommens um 300 EUR, jährlich also 100 EUR verlangen.

Das Resultat ergibt sich auch aus der Überlegung, dass zwar durch Bildung der aktiven Rechnungsabgrenzung (Rn. 227) in Höhe von 2700 EUR per 31. 12. 03 die tatsächlich abgeflossenen Versicherungsbeiträge um 2700 EUR gekürzt und erst in 04 als Aufwand gebucht werden dürfen, dass aber umgekehrt durch Auflösung des Bilanzpostens (Rn. 227) aus 00 im Jahr 01 ein gewinnmindernder Aufwand gebucht wurde, der tatsächlich bereits in 00 als Betriebsausgabe abgeflossen war.

7. Rückstellungen und Rücklagen

Für kurzfristige und regelmäßige Rückstellungen (Rn. 228 f.) gelten die Ausführungen zur Rechnungsabgrenzung (Rn. 387) entsprechend: Im Allgemeinen werden bei der Ermittlung des unterhaltsrechtlichen Einkommens keine Korrekturen notwendig sein. **388**

Bei **Gewährleistungsrückstellungen** u. ä. (Rn. 230, 380 f.) muss zunächst geprüft werden, ob und wann sie aufgelöst wurden. Erfolgten Bildung und Auflösung im Auskunftszeitraum, dann besteht kein Handlungsbedarf, weil sich im Ergebnis nur der tatsächliche Aufwand gewinnmindernd ausgewirkt hat. Da in aller Regel zwischen dem Stichtag für die letzte Bilanz und der Entscheidung über den Unterhalt erhebliche Zeit verstrichen ist, sind bis dahin möglicherweise in der letzten Bilanz enthaltene Rückstellungen gewinnneutral oder gewinnerhöhend aufgelöst.[98] Die unterhaltsrechtliche Behandlung ist unterschiedlich: Wenn der Aufwand, für den die Rückstellung gebildet wurde, tatsächlich entstanden ist, wird man sie anerkennen, andernfalls einkommenserhöhend herausrechnen müssen. Nach den Leitlinien des OLG Oldenburg[99] ist die Bildung von Rückstellungen zu korrigieren. Nach zutreffender Auffassung des **BGH**[100] ist gegebenenfalls mit sachverständiger Hilfe zu überprüfen, ob der Beklagte sein Einkommen durch eine entsprechende Bilanzpolitik, durch **erhöhte Rückstellungen** steuerlich vermindert hat, was unterhaltsrechtlich nicht anzuerkennen wäre.

Zu beachten ist jedoch auch hier, dass nur die **Bildung oder Auflösung der Rückstellung gewinnwirksam** ist. Sie darf daher, wenn sie in mehreren aufeinander folgenden Bilanzen steht, nicht mehrfach zugerechnet werden.

Dies zeigt sich insbesondere bei **Pensionsrückstellungen.** **389**

Beispiel:
U hat seinem Prokuristen P anlässlich seiner 20-jährigen Betriebszugehörigkeit am Ende des Wirtschaftsjahres 01 eine Betriebsrente von 400 € monatlich zugesagt. P ist in diesem Jahr 45 Jahre alt geworden.

Zum Zeitpunkt der Zusage hat P durch die Arbeitsleistung seit seinem Eintritt in das Unternehmen die Hälfte der Altersversorgung verdient. U muss gemäß § 6a II EStG für die zugesagte Rente eine Rückstellung bilden und zwar in Höhe des durch versicherungsmathematisches Gutachten zu ermittelnden zeitanteiligen Teilwerts. Die Rückstellung mindert den Gewinn in der Bilanz, durch Erfassung entsprechender Personalkosten auch in der Gewinn- und Verlustrechnung. In den folgenden zwanzig Jahren erhöht sich die Rückstellung um die Beträge, um die sich die Anwartschaft jeweils erhöht. Nur diese Differenz wirkt sich gewinnmindernd aus:[101]

---

[98] Vgl. dazu das Beispiel in Rn. 230
[99] Nr. 1.5.1
[100] BGH FamRZ 2003, 741 = R 615
[101] Beispiel nach Wolfgang Banzhaf, Wirtschaftsmathematiker in Stuttgart

Bilanzstichtag	Rückstellung	Gewinnminderung
01	9086 EUR	9086 EUR
02	9976 EUR	890 EUR
03	10 924 EUR	948 EUR
04	11 934 EUR	1010 EUR
05	13 013 EUR	1078 EUR

Die durch die Gewinnminderungen erzielten Steuereinsparungen werden dadurch kompensiert, dass bei Zahlung der Betriebsrente diese zwar als Aufwand gewinnmindernd erfasst wird, jedoch jährlich die gebildete Rückstellung zeitanteilig aufzulösen ist. In aller Regel wird die Einkommenserhöhung den Unterhaltsberechtigten nicht mehr zugute kommen, so dass in Höhe des Zuwachses der Rückstellungen im Auskunftszeitraum das unterhaltsrechtliche Gesamteinkommen zu erhöhen ist.[102]

Wird der Unterhaltsberechnung das Einkommen 01 bis 03 zugrundegelegt, so wäre es insgesamt um 10 924 EUR, das Jahreseinkommen also um 3641 EUR zu erhöhen. Im Zeitraum 02–04 wären es dagegen 2848 EUR bzw pro Jahr 949 EUR.

390 Rücklagen nach § 6b EStG oder § 7g EStG beeinflussen ebenfalls den Gewinn nur in den Jahren, in denen sie gebildet oder aufgelöst werden. Grundsätzlich ist daher auch hier zur unterhaltsrechtlichen Einkommensüberprüfung die Gewinn- und Verlustrechnung heranzuziehen. Der jeweilige Bestand der Rücklage in der Bilanz ist unmaßgeblich. Nur Änderungen des Betriebsvermögens, also auch der Einzelnen bilanzierten Positionen wirken sich auf den Gewinn aus.

Allerdings kann man die Gewinnauswirkung auch aus der Bilanz ermitteln. Wenn man auch den Stand am Beginn des Prüfungszeitraums kennt, hat man dabei sogar den Vorteil, dass man die gesamte Gewinnauswirkung im Prüfungszeitraum in einem Rechengang feststellen kann. Ist der Bestand am Ende höher, liegt in Höhe der Differenz eine Minderung des Gewinns, ist er niedriger eine Erhöhung des Gewinns vor.

Beispiel:
U hat über sein Einkommen in den Jahren 01 bis 03 Auskunft erteilt. Aus den Bilanzen ergeben sich folgende Daten zu Gewährleistungsrücklagen:
01 100 000 €
02 150 000 €
03 36 000 €
In der Bilanz des Jahres 01 waren auch die Vorjahreswerte angegeben. Eine Gewährleistungsrücklage war dort nicht aufgeführt.

Da die Bilanz nur über den Vermögensstatus Auskunft gibt, wäre es bei unterhaltsrechtlicher Nichtanerkennung der Ansparrücklage falsch, die Gewinne des U um die angegebenen Jahresbeträge zu erhöhen. Nur die Änderung des Betriebsvermögens und damit partiell auch die Änderung eines Bilanzpostens stellen den Gewinn dar. Die Auswirkung auf den Gewinn ergibt sich aus Endbestand – Anfangsbestand = Gewinnauswirkung. Hier hatte U Anfang 01 keine Ansparrücklage bilanziert, Ende 03 standen 36 000 EUR in der Bilanz. Das Betriebsvermögen hat sich durch diesen Posten daher im Prüfungszeitraum um 36 000 EUR vermindert. Wenn man die Ansparrücklage unterhaltsrechtlich zurechnen müsste, ergibt sich eine Erhöhung gegenüber dem steuerlichen Ansatz um 36 000 EUR : 3 = 12 000 EUR pro Jahr.

8. Wertberichtigungen

391 Wenn bei Erstellung der Bilanz bereits konkret abzusehen ist, dass eine Forderung nicht realisierbar ist, muss wegen des handelsrechtlichen Vorsichtsprinzips eine Wertberichtigung vorgenommen werden, d. h. die Forderung darf nur insoweit bilanziert werden, als mit

---

[102] Anders wird zu entscheiden sein, wenn zur Absicherung der späteren Pensionsverpflichtung tatsächliche Rücklagen gebildet werden

5. Abschnitt: Gewinneinkünfte im Unterhaltsrecht § 1

einer Tilgung zu rechnen ist. Auch in der Steuerbilanz erfolgt in der Regel eine solche **Einzel-Wertberichtigung.**

Die Tatsache, dass sich erfahrungsgemäß auch solche Forderungen z. T. nicht realisieren lassen, bei denen dies bei Erstellung der Bilanz noch nicht abzusehen ist, wird in der Steuerbilanz dadurch Rechnung getragen, dass eine **Pauschalwertberichtigung** prozentual vom Nettobetrag der in der Bilanz ausgewiesenen Forderungen aus Lieferungen und Leistungen vorgenommen wird. Maßgeblich für die Quote sind die betrieblichen Erfahrungen in der Vergangenheit.[103] Wenn diese Wertberichtigung – wie üblich – fortlaufend bilanziert wird, tritt eine Gewinnerhöhung oder Gewinnreduzierung nur in Höhe der Änderung des Betrags zum Vorjahr ein. In der Regel wird man daher die Pauschalwertberichtigung auch unterhaltsrechtlich akzeptieren können.

Beispiel:

Bilanz	Forderungen (brutto 19% MwSt)	Pauschalwertberichtigung 1%
00	1 190 000 €	10 000 €
01	1 190 000 €	10 000 €
02	1 428 000 €	12 000 €
03	1 368 500 €	11 500 €

Wie bei allen Bilanzposten gilt auch hier, dass nur die Änderung Gewinnauswirkung hat. Dem Anfangsbestand am Beginn des Auskunftszeitraums 01–03 in Höhe von 10 000 EUR steht am Ende ein Bestand von 11 500 EUR gegenüber, der Durchschnittsgewinn würde sich daher vor Gewerbe- und Einkommensteuer um 500 EUR jährlich erhöhen.

Aufmerksamkeit ist aber dann geboten, wenn erstmals in einem für die Unterhaltsberechnung maßgeblichen Jahr eine Wertberichtigung gebucht wird. Auch hohe Einzelwertberichtigungen können manipuliert sein.[104]

9. Kapital

Das Kapital (Rn. 171 ff.) stellt keinen eigenen Vermögenswert dar. Es ist ein fiktiver Posten, der den Wert des Unternehmens wiedergibt. In der Jahresbilanz natürlicher Personen und Personengesellschaften werden die Vermögensveränderungen gegenüber dem Vorjahr getrennt nach Gewinn, Einlagen und Entnahmen ausgewiesen (Rn. 200). **392**

10. Privatentnahmen und Privateinlagen

Einlagen und Entnahmen dürfen gemäß § 4 I EStG den Gewinn nicht beeinflussen. Da sie jedoch Auswirkung auf das Betriebsvermögen haben, werden sie bei der Gewinnermittlung durch Betriebsvermögensvergleich in der Buchführung erfasst. Wenn bei der Einnahmen-Überschuss-Rechnung eine EDV-Buchhaltung gemacht wird, wird ebenfalls doppelt gebucht, auch wenn weder Bank- noch Kapital- oder Privatkonten in der Einnahmen-Überschuss-Rechnung erscheinen. Die Höhe der Entnahmen wird nach herrschender Meinung zur Überprüfung des verfügbaren Einkommens herangezogen, wenn die steuerlichen Unterlagen nicht vollständig oder widersprüchlich sind.[105] **393**

Gemäß § 4 Abs. 1 Satz 2 EStG sind Entnahmen alle Wirtschaftsgüter (Barentnahmen, Waren, Erzeugnisse, Nutzungen oder Leistungen), die der Steuerpflichtige dem Betrieb für sich, für seinen Haushalt oder für andere betriebsfremde Zwecke im Lauf des Wirtschaftsjahres entnommen hat.

---

[103] Schmidt/Kulosa § 6 Rn 305
[104] Sie würden erst im Rahmen einer Außenprüfung gewinnerhöhend korrigiert
[105] Vgl. dazu Rn. 438

Beispiele:
a) Barentnahmen:
   Entnahme von Bargeld aus der Kasse oder Überweisung auf ein privates Konto,
   Überweisung auf ein fremdes Konto ohne betriebliche Veranlassung,
b) Warenentnahmen:
   Entnahme von Umlaufvermögen vor der Verarbeitung (z. B. Lebensmitteln) zum privaten Verbrauch,
   Verzicht auf eine betriebliche Forderung aus privatem Anlass,
   Bebauung eines betrieblichen Grundstücks mit einem privat genutzten oder privat vermieteten Wohnhaus,
c) Erzeugnisentnahmen:
   Entnahme von verarbeitetem Umlaufvermögen (z. B. Backwaren) zum privaten Verbrauch,
d) Nutzungsentnahmen
   Private Telefon- oder Fahrzeugnutzung,
e) Einsatz von betrieblichem Personal für private Zwecke.

Gemäß § 4 Abs. 1 Satz 5 EStG sind Einlagen alle Wirtschaftsgüter (Bareinzahlungen und sonstige Wirtschaftsgüter), die der Steuerpflichtige dem Betrieb im Laufe des Wirtschaftsjahres zugeführt hat.

Beispiele:
a) Bareinlagen:
   Einlage von Bargeld in die Kasse oder Überweisung von einem privaten Konto,
   Überweisung von einem fremden Konto ohne betriebliche Veranlassung,
b) Wareneinlagen:
   Einlage von Umlaufvermögen zur Verarbeitung,
   Einbringung einer privaten Forderung,
   Einbringung eines privaten Grundstücks oder Gebäudes zur dauernden betrieblichen Nutzung
c) Nutzungseinlagen
   Betriebliche Nutzung des privaten Telefons oder PKW
d) Einsatz von betrieblichem Personal für private Zwecke.

Neben Nutzungsentnahmen, die immer Gewinnauswirkung haben, ist auch bei Entnahmen von Anlage- oder Umlaufvermögen eine Gewinnauswirkung gegeben, wenn Buchwert und Teilwert nicht identisch sind (Rn. 301). Da die Gewinnauswirkung aber bei den Erträgen oder bei Aufwand erfasst wird, bedarf es insoweit keiner Kontrolle der Privatkonten.

11. Investitionszulagen und Investitionszuschüsse

394 Mit der unterhaltsrechtlichen Behandlung von **Investitionszulagen** (Rn. 220) hat sich der BGH in seinem Urteil vom 19. 2. 2003[106] befasst und die AfA einkommenserhöhend zugerechnet, wie sie auf den subventionierten Teil der Anschaffungskosten entfiel. Dass dies allerdings mit der in demselben Urteil noch einmal bestätigten Auffassung nicht zu vereinbaren ist, nach der die AfA unterhaltsrechtlich in Höhe des tatsächlichen Wertverzehrs anzuerkennen ist, wird nicht angesprochen (ausführlich Rn. 357).

Das Urteil ist **auf Investitionszuschüsse nicht anwendbar,** da Investitionszuschüsse nicht steuerfrei gewährt werden.[107]

VII. Steuerliche Korrekturen außerhalb der Bilanz und Gewinn- und Verlustrechnung

395 Wenn aufgrund steuerlicher ein Vorschriften der Jahresabschluss ausgewiesene Gewinn durch Hinzurechnungen oder Kürzungen verändert wird, erfolgt dies nicht durch Ände-

---

[106] BGH FamRZ 2003, 741 = R 590 d
[107] Steuerliche Einzelheiten unter Rn. 221

rung der Positionen im Jahresabschluss. Viel mehr werden diese Änderungen in einem besonderen Abschnitt ausgewiesen.

Muster:

Betrieblicher Gewinn lt. Bilanz		140 000 €
Steuerliche Korrekturen		
Hinzurechnungen		
1. Nicht abzugsfähige Betriebsausgaben		
a) Geschenke	Rn. 337	400 €
b) Bewirtungskosten	Rn. 338	650 €
c) Gewerbesteuer	Rn. 369 f., 854	
Kürzungen		
2. Bildung Investitionsabzugsbetrag	Rn. 214	– 40 000 €
Steuerlicher Gewinn für die ESt-Veranlagung		101 050 €

Die Korrekturen können jedoch auch in einer Anlage S zur Einkommensteuer oder zur Erklärung zur gesonderten Feststellung dokumentiert werden.

– *in dieser Aufl. nicht belegt* – 396–419

VIII. Berechnung des unterhaltsrechtlichen Einkommens

1. Prüfungszeitraum

Wegen der jährlich der Höhe nach stark schwankenden Einkünften von Gewerbetreibenden und Selbstständigen ist ein **möglichst zeitnaher Mehrjahresdurchschnitt** zu bilden, damit nicht ein zufällig günstiges oder ungünstiges Jahr als Maßstab für die Zukunft dient. Dies gilt vor allem dann, wenn in Zukunft mit weiteren Schwankungen zu rechnen ist.[108] Dies wird der Regelfall sein. Wenn mit einem stetigen Anstieg oder Rückgang der Einkünfte zu rechnen ist, kann im Einzelfall der Tatrichter auch das zuletzt erreichte Einkommen zugrundelegen.[109] 420

Beispiel:
A hat im Jahr 01 eine Facharztpraxis eröffnet. Im Jahr 04 erteilt er Auskunft über seine Einkommen bis 03. Es ergibt sich ein unterhaltsrechtlich relevantes Einkommen
für 01   20 000 €
für 02   50 000 €
für 03   80 000 €.

Wenn keine Anhaltspunkte für einen Einkommensrückgang bestehen, wäre es unbillig, den Unterhalt aus 50 000 EUR zu berechnen.

Nach herrschender Auffassung und Rechtsprechung wird für die Ermittlung des unterhaltsrechtlich relevanten Einkommens ein **Zeitraum von drei Jahren** als erforderlich und **ausreichend** angesehen.[110] Im Hinblick auf die Besonderheiten bei Gewerbetreibenden und Selbstständigen ist der Empfehlung des 14. Familiengerichtstags zuzustimmen, dass ein **Fünfjahreszeitraum** zugrunde zu legen ist.[111] Dies gilt insbesondere bei starken Gewinnschwankungen, umfangreichen Abschreibungen und Rückstellungen, da sich im Fünfjahreszeitraum nahezu alle derartigen Einflüsse ausgleichen. Man wird auch dann auf den Fünfjahreszeitraum abstellen müssen, wenn Anlass zur Annahme besteht, dass in Kenntnis der bevorstehenden Unterhaltspflichten im Gegensatz zur früheren betrieblichen Praxis

---

[108] BGH FamRZ 1986, 48, 51; FamRZ 1985, 357; FamRZ 1983, 680
[109] BGH FamRZ 1985, 471; ausführlich dazu Strohal Rn. 206 ff.
[110] Kalthoener/Büttner Rn. 680 mit umfangreichen Nachweisen; Strohal Rn. 205
[111] FamRZ 2002, 296

steuerlich legale Mittel der Gewinnverlagerung genutzt und die Gewinne durch strafrechtliche Methoden verkürzt hat.

Bei kontinuierlichen Gewinnveränderungen – Steigerung oder Minderung – wird wie im obigen Beispielsfall einer Betriebsgründung der Mittelwert keine zuverlässige Prognose für den Unterhaltszahlungszeitraum geben. Hier kann unter Umständen aus der in der laufenden Buchhaltung abgelaufener aber noch nicht abgeschlossener Jahre festgestellt werden, ob mit einer weiteren Steigerung/Minderung der Gewinne zu rechnen ist. Zu beachten ist aber, dass Rückschlüsse aus dem vorläufigen Gewinn aus der Buchhaltung gegenüber den Bilanzgewinnen früherer Jahre ohne steuerliche Fachkenntnisse nicht möglich sind.

Bietet sich eine pauschale Schätzung an, kann z. B. eine unterschiedliche Gewichtung ähnlich dem sogenannten **„Stuttgarter Verfahren"** erfolgen, das für die Bewertung von Anteilen an Kapitalgesellschaften verwendet wird. Dabei wäre das erste Jahr mit dem einfachen, das zweite Jahr mit dem doppelten und das letzte Jahr mit dem dreifachen Gewinn zusammenzurechnen und die Summe durch sechs zu teilen.

Im obigen Beispielsfall ergäbe sich daraus ein Durchschnittsgewinn von 60 000 EUR.

```
für 01    20 000 € × 1 =   20 000 €
für 02    50 000 € × 2 = 100 000 €
für 03    80 000 € × 3 = 240 000 €
                  von 360 000 €
```

Die Ermittlung des Einkommens in dieser Weise soll eine möglichst genaue Prognose für das Einkommen sein, das in dem Zeitraum zur Verfügung steht, in dem der Unterhalt geleistet werden muss. Einkommensrelevante Ereignisse, die im Zahlungszeitraum nicht mehr zu erwarten sind, müssen daher bei der Ermittlung des unterhaltsrechtlich maßgeblichen Einkommens eliminiert werden.[112]

2. Berücksichtigung von Verlusten aus anderen Wirtschaftjahren

421 Soweit in einem Wirtschaftsjahr die Aufwendungen/Betriebsausgaben Ertrag/Betriebseinnahmen übersteigen, entsteht ein Verlust. Dieser kann gemäß § 2 II EStG bei der Einkommensteuerveranlagung zunächst in eingeschränktem Umfang mit positiven Einkünften aus derselben oder einer anderen Einkunftsart verrechnet werden. Im Fall der Zusammenveranlagung (Rn. 924) ist auch die Verrechnung mit positiven Einkünften des Ehepartners möglich.

Soweit danach noch negative Einkünfte verbleiben, können diese gemäß § 10 d I EStG vom Gesamtbetrag der Einkünfte des unmittelbar vorangegangenen Wirtschaftsjahres (= Verlustrücktrag), weiter verbleibende in den folgenden Wirtschaftsjahren (= Verlustvortrag) abgezogen werden.

Die Verluste aus dem folgenden oder aus früheren Jahren erscheinen also nicht in den Gewinn- und Verlustrechnungen oder Einnahmen-Überschuss-Rechnungen; der Ausgleich erfolgt außerhalb des Jahresabschlusses im Rahmen der Steuerveranlagung. Der Verlustabzug beeinflusst nicht die Gewinnermittlung sondern nur die Höhe der Steuerbelastung.

Der Verlustabzug ist auch nicht auf Gewinneinkünfte (Rn. 160) beschränkt. Verluste – also negative Einkünfte – sind in allen Einkommensarten möglich.

3. Berücksichtigung außerbetrieblicher Aufwendungen

422 Da in der Gewinn- und Verlustrechnung und der Einnahmen-Überschuss-Rechnung alle berufsbedingten Aufwendungen enthalten sind, besteht kein Anlass, von dem ermittelten (Brutto-)Einkommen die 5%ige Pauschale für berufsbedingten Aufwand in Abzug zu bringen.[113]

---

[112] BGH FamRZ 2004, 1177 = R 615
[113] Offengelassen von BGH FamRZ 2008, 1739

5. Abschnitt: Gewinneinkünfte im Unterhaltsrecht § 1

Abzugsfähig sind jedoch alle anderen Aufwendungen, die auch dem Nichtselbstständigen zustehen, vor allem
- Steuern (ausführlich unter Rn. 850 ff., Rn. 1009 ff.)
- Vorsorgeaufwendungen (Rn. 1029 ff.)
- ehebedingte Verbindlichkeiten (Rn. 1072 ff.).

Nach ständiger Rechtsprechung des BGH[114] sind von den unterhaltsrechtlich bereinigten Gewinneinkünften die tatsächlich in den einzelnen Jahren des Prüfungszeitraums gezahlten Steuern abzuziehen und erstatteten Steuern zuzurechnen. Dies ist in Rechtsprechung und Literatur umstritten.[115] Dagegen ist an Vorsorgeaufwendungen in Abzug zu bringen, was in dem Jahr, für das Unterhalt verlangt wird, entrichtet wurde oder voraussichtlich entrichtet werden muss (Rn. 1029 ff.).

4. Berücksichtigung des Übergangsgewinns beim Wechsel der Gewinnermittlungsart

In der Regel entsteht beim Wechsel von der Einnahmen-Überschuss-Rechnung zum **423** Betriebsvermögensvergleich (Rn. 270) ein Übergangsgewinn, weil nach dem Wechsel die bisher mangels Zu- oder Abfluss noch nicht als Ertrag oder Aufwand berücksichtigten Betriebseinnahmen und -ausgaben erfasst werden. Im ersten Jahr nach dem Wechsel wird der Gewinn um die im Vorjahr noch nicht erfassten Betriebseinnahmen und -ausgaben verfälscht. Wenn der Wechsel zu Beginn des ersten Jahres des Auskunftszeitraums vorgenommen wurde, ist der Übergangsgewinn bei der Berechnung des unterhaltsrechtlich maßgeblichen Einkommens zu stornieren, die Steuerbelastung ist fiktiv zu ermitteln.[116] Ist der Wechsel jedoch nach dem ersten Jahr des Auskunftszeitraums erfolgt, müssen die steuerlichen Gewinnkorrekturen insoweit berücksichtigt werden, wie sie auf Betriebseinnahmen oder -ausgaben des Auskunftszeitraums entfallen.

Beim Wechsel vom Betriebsvermögensvergleich zur Einnahmen-Überschuss-Rechnung erfolgt nach dem Wechsel in der Regel eine Gewinnminderung, da der bereits gewinnerhöhend berücksichtigte Zufluss den gewinnmindernd berücksichtigten Abfluss übersteigen dürfte. Auch hier muss beim Wechsel jeweils beachtet werden, dass steuerliche Korrekturen immer dann auch unterhaltsrechtlich relevant sind, wenn sie auf Vorgänge innerhalb des Auskunftszeitraums zurückzuführen sind.

IX. Auskunfts- und Belegpflichten

1. Allgemeines

Gewerbetreibende und Selbstständige sind nach denselben gesetzlichen Bestimmun- **424** gen zur Erteilung von Auskünften und Vorlage von Belegen verpflichtet **wie alle anderen am Unterhaltsverfahren beteiligten Personen.** In erster Linie gelten deshalb die allgemeinen Grundsätze.[117] Die Auskunft ist zu erteilen durch Vorlage einer systematischen Aufstellung aller Angaben, die nötig sind, damit der Berechtigte ohne übermäßigen Arbeitsaufwand seinen Unterhaltsanspruch berechnen kann.

Eine Auskunftspflicht besteht nicht, wenn der Unterhalt nach dem Bedarf berechnet wird und der Unterhaltspflichtige diesen anerkennt.[118]

---

[114] BGH a. a. O.
[115] Ausführlich dazu Rn. 976 ff.
[116] Der BGH bejaht steuerliche Korrekturen, wenn die Ursachen unterhaltsrechtlich nicht berücksichtigt werden. (BGH FamRZ 2008, 1739, FamRZ 2005, 1159
[117] Ausführungen dazu im 14. Abschnitt Rn. 661 ff.
[118] BGH FamRZ 1994, 1169 = R 481

2. Besonderheiten des Auskunftsanspruchs gegenüber Gewerbetreibenden und Selbstständigen

425 Während bei Nichtselbstständigen auf das Einkommen der letzten zwölf Monate abgestellt wird, sind Gewerbetreibende und Selbstständige verpflichtet über **drei volle Geschäftsjahre** Auskunft zu erteilen.[119] Im Allgemeinen deckt sich das Geschäftsjahr von Gewerbetreibenden und Selbstständigen mit dem Kalenderjahr, jedoch können im Handelsregister eingetragene Unternehmen gemäß § 4a I 2 EStG beim Finanzamt ein **abweichendes Wirtschaftsjahr** beantragen, wovon insbesondere bei saisonabhängigen Betrieben Gebrauch gemacht wird, um ein wirtschaftlich sinnvolles Ergebnis zu erzielen.

> **Beispiel:**
> Um die Winter- und Sommersaison vollständig zu erfassen, wählt der Hotelier den Zeitraum 1. 10. bis 30. 9. für das Wirtschaftsjahr.
> Ein Hersteller von Tiefkühlkost beginnt das Wirtschaftsjahr am Schluss der Erntezeit 1. 10.

426 Bei Land- und Forstwirten beginnt gemäß § 4 I 1 EStG das Wirtschaftsjahr am 1. 7. und endet am 30. 6. des Folgejahres.[120]

Bei der Veranlagung zur Einkommensteuer wird bei Gewerbetreibenden gemäß § 4a II 2 EStG der Gewinn des Wirtschaftsjahres, das im Veranlagungsjahr endet, als Einkunft aus Gewerbebetrieb erfasst. Bei Land- und Forstwirten ist jedoch der jeweils hälftige Gewinn aus den beiden in den Veranlagungszeitraum fallenden Halbjahren zusammenzurechnen und der Besteuerung zugrundezulegen.

427 Unabhängig von den handelsrechtlichen und steuerrechtlichen Erfordernissen wird im Unterhaltsrecht die **Erstellung des Jahresabschlusses innerhalb von sechs Monaten** nach Ende des Wirtschaftsjahres verlangt.[121] Für den Zeitraum zwischen dem Ablauf des letzten Geschäftsjahres und der Geltendmachung des Anspruchs besteht keine Auskunftspflicht.[122] Dem ist zuzustimmen: bei Gewerbetreibenden und Selbstständigen kann im Allgemeinen aus der **Hochrechnung eines Jahresabschnitts** auf ein volles Kalenderjahr **kein verwertbares Ergebnis** erzielt werden, weil die Einnahmen und Betriebsausgaben nur selten kontinuierlich über das Jahr verteilt anfallen. In Ausnahmefällen kann aber der Vergleich eines Zeitabschnitts mit dem entsprechenden Vorjahresabschnitt Aufschluss über die weitere Entwicklung geben, wenn etwa in der Eröffnungs- oder Anstiegsphase[123] eine Prognose überprüft werden soll.[124]

428 Die Auskunft darf sich weder auf die Wiedergabe der steuerlichen Daten beschränken noch ist der Hinweis ausreichend, der Steuerberater sei zur Auskunfterteilung bereit.

Sachgerecht erscheint die zur Einkommensermittlung durch Einnahmen-Überschuss-Rechnung ergangene Entscheidung des OLG München,[125] deren Leitsätze daher wiedergegeben werden:

1. Die Erteilung der Auskunft richtet sich im Unterhaltsrecht nach BGB §§ 260, 1580, 1605 Abs 1 und erfordert eine systematische Zusammenstellung aller erforderlichen Angaben, die notwendig sind, um dem Berechtigten ohne übermäßigen Arbeitsaufwand eine Berechnung seiner Unterhaltsansprüche zu ermöglichen.
2. Die Darstellung des Endergebnisses entsprechend einem Steuerbescheid genügt generell nicht; vielmehr müssen die gesamten Einnahmen und auch die damit zusammenhängenden Ausgaben niedergeschrieben werden.
3. Die Vorlage von Belegen soll dem Berechtigten nur die Überprüfung der Auskunft ermöglichen.

---

[119] OLG München FamRZ 1992, 1207
[120] Sonderregeln für Futterbau, reine Forstwirtschaft und reinen Weinbau in § 8c EStDV
[121] OLG München a. a. O.
[122] OLG München a. a. O.
[123] Strohal Rn. 206 ff.
[124] Wegen der Möglichkeit zur Verschiebung von Einkünften müssen aber Einkommensrückgänge während der Auseinandersetzung äußerst zurückhaltend bewertet werden
[125] A. a. O.

5. Abschnitt: Gewinneinkünfte im Unterhaltsrecht § 1

4. Um Kleinigkeiten im Auskunftsverfahren zu vermeiden, genügt es, in der Auskunft den Gewinn bzw Überschuss pauschal anzuführen und hinsichtlich der Einzelposten auf eine beigefügte Anlage, z. B. die Einnahmen-/Überschussrechnung oder die Aufstellung über Einnahmen und alle Werbungskosten, Bezug zu nehmen.

Diese Anforderungen können auf die Einkommensermittlung durch Betriebsvermögensvergleich übertragen werden, sofern man die systembedingte Abweichung vom unterhaltsrechtlichen In-Prinzip hinnimmt (Rn. 222 ff.).

3. Besonderheiten des Beleganspruchs gegenüber Gewerbetreibenden und Selbstständigen

Bei der in der überwiegenden Zahl der Fälle angewandten EDV Buchführung liegen vor **429** oder können aus der Buchführung und dem Jahresabschluss „per Knopfdruck" erstellt werden:

Betriebsvermögensvergleich	Einnahmen-Überschuss-Rechnung
• Bilanz	• Einnahmen-Überschuss-Rechnung
• Gewinn- und Verlustrechnung	
• Bilanz nach Konten	• Einnahmen-Überschuss-Rechnung nach Konten
• Gewinn- und Verlustrechnung nach Konten	• Einnahmen-Überschuss-Rechnung mit Kontennachweis
• Bilanz mit Kontennachweis	• Sonstige Konten
• Gewinn- und Verlustrechnung mit Kontennachweis	
• Entwicklung des Anlagevermögens (Summenblatt und Einzelkonten)	• Entwicklung des Anlagevermögens (Summenblatt und Einzelkonten)
	• Betriebwirtschaftliche Auswertungen
	• Liquiditätsberechnungen
	• Summen- und Saldenlisten
	• Einzelkonten
	• Lohn- und Gehaltsabrechnungen
	• ggfs. Betriebsprüfungsberichte

Außerdem hat der Steuerpflichtige aufzubewahren
– Sparkassen- und Bankunterlagen;
– Kassenbuch und
– Einzelbelege.

Während die Bilanz, die Gewinn- und Verlustrechnung und die Einnahmen-Überschuss-Rechnung die aus der Buchführung und der Inventur[126] erfassten Daten in wenigen Sammelposten saldiert darstellen und deshalb zur unterhaltsrechtlichen Überprüfung ungeeignet sind, sind in den **nach Konten gegliederten Abschlussunterlagen** alle Positionen einzeln aufgeführt, für die nach Abschluss der Buchführung positive oder negative Salden vorhanden waren. In der Fassung **„mit Kontennachweis"** sind die Nummern der jeweiligen Einzelkonten aufgeführt.

Die **Vorlage der Bilanz** sowie Gewinn- und Verlustrechnung bzw der Einnahmen- **430** Überschuss-Rechnung jeweils mit Kontennachweis sollte mit dem Beleganspruch verlangt werden, da aus ihnen erforderlichenfalls auf die Einzelkonten (Jahreskonten) der Buchführung zurückgegriffen werden kann, wenn dies zur Überprüfung unterhaltsrechtlicher Relevanz erforderlich erscheint. Auf den Einzelkonten sind alle einzelnen Buchungen unter Angabe von Gegenkonto, Datum und Einzelbeleg ausgewiesen, so dass jeder Geschäftsvorfall bis in seinen Ursprung zurückverfolgt werden kann.

---

[126] Eine Inventur findet nur bei der Gewinnermittlung durch Betriebsvermögensvergleich statt

Personalkosten werden allerdings in die Buchführung nur mit den monatlichen Gesamtbeträgen übernommen, soweit nicht zum Zweck betriebswirtschaftlicher Kontrolle eine Untergliederung[127] vorgenommen wurde. Hier muss man die **Lohnabrechnungen** verlangen, wenn z. B. der neue Lebens- oder Ehepartner beim Auskunftspflichtigen angestellt ist.

In der Praxis wird man zunächst die Bilanz mit Gewinn- und Verlustrechnung[128] – jeweils mit Kontennachweis – vorlegen lassen, um dann die **Einzelposten** auf unterhaltsrechtliche Relevanz zu **prüfen**. Soweit diese substantiiert bestritten werden, hat der Auskunftspflichtige durch Vorlage der detaillierten Unterlagen die betriebliche Veranlassung der Aufwendungen oder Betriebsausgaben darzulegen und zu beweisen.

Die einzelnen Anlagegüter sind in einem **Anlagenverzeichnis** aufgeführt, in dem Anschaffungskosten, Zeitpunkt der Anschaffung, Nutzungsdauer, Abschreibungsart, Sonderabschreibungen und Veräußerungszeitpunkt eines jeden einzelnen Wirtschaftsgutes aufgezeichnet werden.

431 Da die Jahresabschlüsse erst im Rahmen einer **Betriebsprüfung** auf steuerliche Korrektheit überprüft werden, ist auch Auskunft zu erteilen, ob hinsichtlich der Abschlüsse im Auskunftszeitraum eine Betriebsprüfung durchgeführt worden ist. Ob die vorgelegten Steuerbescheide auf Grund einer Betriebsprüfung ergangen sind, ergibt sich aus den Erläuterungen am Schluss des Bescheids. Gegebenenfalls ist der **Abschlussbericht** vorzulegen.[129] Der Schlussbericht ist zwar kein formaler Bescheid sondern gibt dem Finanzamt lediglich die Veranlassung zur Abänderung der für den Prüfungszeitraum ergangenen Steuerbescheide; dem Bericht sind aber Einzelheiten zu den Ansätzen in der Bilanz und der Gewinn- und Verlustrechnung bzw in der Einnahmen-Überschuss-Rechnung zu entnehmen. Allein die Tatsache, dass der Bescheid nicht mehr unter dem Vorbehalt der Nachprüfung steht, besagt nicht unbedingt zwingend, dass bereits eine Betriebsprüfung erfolgt ist.

432 Die **Betriebswirtschaftliche Auswertung (BWA)** stellt für den jeweiligen Buchungszeitraum – in der Regel den Kalendermonat – Aufwand und Ertrag bzw Betriebseinnahmen und Betriebsausgaben gegenüber; insbesondere bei Unternehmen mit hohen und schwankenden Umsätzen ist die BWA für unterhaltsrechtliche Berechnungen ungeeignet (Rn. 420), auch wenn sie außer den Daten für den aktuellen Monat die jeweiligen Jahressummen enthält. Dazu kommt, dass häufig die AfA erst am Jahresende eingebucht wird und ebenso wenig wie nicht monatlich anfallende Betriebsausgaben (Urlaubsgeld, Weihnachtsgeld, Versicherungsbeiträge) zeitanteilig gebucht werden.

Die **Summen- und Saldenliste (SuSa)** enthält eine Aufstellung aller bebuchten Konten und zwar die monatlichen Buchungen, die Jahressummen der jeweiligen Buchungen seit Beginn des Wirtschaftsjahres und den Saldo der bebuchten Konten zum Zeitpunkt der letzten Erfassung. Die Summen- und Saldenliste ist ebenso wenig verwertbar wie die BWA.

433 Daneben sind – soweit erstellt bzw erlassen – vorhanden
- Einkommensteuererklärungen
- Einkommensteuerbescheide
- Gewerbesteuererklärungen
- Gewerbesteuerbescheide
- Umsatzsteuererklärungen
- Umsatzsteuerbescheide
- Umsatzsteuervoranmeldungen.

Die Steuererklärungen von Gewerbetreibenden und Selbstständigen dürften nahezu ausnahmslos mit Computerprogrammen erstellt sein, mit denen auch die Steuerberechnungen ausgedruckt werden können. Wenn also die Steuererklärung gefertigt, der Bescheid aber noch nicht erlassen ist, wird man vom Auskunftspflichtigen auch die Vorlage einer solchen **Steuerberechnung** verlangen können.

434 Für die unterhaltsrechtliche Einkommensermittlung sind nur **Einkommensteuerbescheide** geeignet. Die **Gewerbesteuer** basiert zwar auch auf dem Gewinn aus dem Ge-

---

[127] Z. B. Verwaltung, Produktion, Verkauf, Transportwesen o. ä.
[128] Bzw. Einnahmen-Überschuss-Rechnung
[129] Strohal Rn. 162

5. Abschnitt: Gewinneinkünfte im Unterhaltsrecht § 1

werbetrieb; dieser wird jedoch durch komplizierte Zu- und Abrechnungen modifiziert. **Umsatzsteuerbescheide** sind für die Einkommensermittlung **ungeeignet.** Die Umsatzsteuer ist gemäß § 4 I EStG in der Gewinnermittlung durch Betriebsvermögensvergleich gewinnneutral, in der Einnahmen-Überschuss-Rechnung durchlaufender Posten. Auf den Gewinn hat sie deshalb nur bei der Einnahmen-Überschuss-Rechnung vorübergehend Einfluss. Umsatzsteuervoranmeldungen basieren auf der monatlichen Buchführung, so dass – wenn überhaupt auf unterjährige Belege zurückgegriffen werden muss, zweckmäßigerweise auf die Betriebswirtschaftliche Auswertung und/oder Summen- und Saldenliste zurückgegriffen wird.

4. Besonderheiten bei Personengesellschaften

Personengesellschaften sind als Unternehmer umsatzsteuerpflichtig und gegebenenfalls als 435 Gewerbebetriebe gewerbesteuerpflichtig. Der Einkommensteuerpflicht unterliegen jedoch nur die einzelnen Gesellschafter. Für deren Einkommensermittlung liegen vor (Rn. 275):
- der Jahresabschluss der Gesellschaft,
- die **gesonderte und einheitliche Gewinnfeststellung** (Rn. 276),
- ggf. **Sonderbilanzen** und
- ggf. **Ergänzungsbilanzen** (Rn. 278).

Der Auskunftspflichtige hat im Hinblick auf die Daten der Gesellschaft bis zur Grenze seines gesellschaftsrechtlichen Auskunfts- und Kontrollrechtes die für die unterhaltsrechtliche Überprüfung seines Einkommens erforderlichen Auskünfte zu erteilen.[130] Daten, die ausschließlich die anderen Gesellschafter betreffen, sind gegebenenfalls unkenntlich zu machen.[131]

5. Auskünfte von Land- und Forstwirten

Soweit Land- und Forstwirte ihren Gewinn durch Betriebsvermögensvergleich oder 436 Einnahmen-Überschuss-Rechnung ermitteln (Rn. 250, 266), gelten die zu diesen Gewinnermittlungsarten erörterten Grundsätze ohne Abstriche. Wird der Gewinn dagegen nach Durchschnittssätzen ermittelt (Rn. 267), besteht keine Verpflichtung, Aufzeichnungen zu machen oder Belege aufzubewahren. Eine solche Verpflichtung ergibt sich auch nicht aus den unterhaltsrechtlichen Bestimmungen. Wenn man es nicht vorzieht, den Unterhaltsbedarf im Wege der Schätzung aus der tatsächlichen Lebensführung zu ermitteln, ist über die einkommensrelevanten Daten Auskunft zu erteilen.

6. Auskunftspflichten bei Schätzungen

Inwieweit über einkommensrelevante Tatsachen Auskünfte erteilt werden, wenn der 437 Steuerpflichtige dieser Verpflichtung gegenüber der Finanzbehörde nicht nachgekommen ist, ist mehr als fraglich. Bei Zugrundelegung der steuerlichen Schätzung (Rn. 269) wird man ergänzende Auskünfte gleichwohl für unterhaltsrechtlich relevante Posten verlangen können.

X. Alternative Methoden der Einkommensermittlung

1. Entnahmen als Grundlage der Einkommensermittlung

a) Vorbemerkung. Der BGH hat sich zur Frage der Privatentnahmen als Kriterium der 438 Gewinnermittlung bisher nicht geäußert. Die unterhaltsrechtlichen Leitlinien schweigen

---

[130] OLG Naumburg FamRZ 2001, 1303
[131] BGH FamRZ 1983, 680 (zum Einkommensteuerbescheid bei Zusammenveranlagung mit dem neuen Partner)

sich zu diesem Aspekt meistens aus. Als Indiz für den Gewinn sehen die Entnahmen die OLG Bremen, Braunschweig, Hamm und Oldenburg an, Braunschweig jedoch nur in Ausnahmefällen, Hamm bei erheblichem Gewinnrückgang oder Manipulationsverdacht oder wenn der Gewinn anders nicht zuverlässig zu ermitteln ist. Nach OLG Schleswig kann ausnahmsweise auf die Privatentnahmen abgestellt werden, soweit sie Ausdruck eines nicht durch Verschuldung finanzierten Lebensstandards sind. Die OLG Hamburg und Koblenz wollen ausnahmsweise auf die Entnahmen abzüglich der Einlagen abstellen, wenn eine zuverlässige Gewinnermittlung nicht möglich oder der Betriebsinhaber unterhaltsrechtlich zur Verwertung seines Vermögens verpflichtet ist. Für das OLG Oldenburg können die Entnahmen Indizcharakter für die Feststellung der verfügbaren Mittel haben.

439 **b) Einzelheiten.** Privatentnahmen und Privateinlagen bestehen nicht nur in Geldzuflüssen, Geldabflüssen und der Erfassung der privaten Nutzung betrieblicher Wirtschaftsgüter (Rn. 393). Es trifft auch nicht zu, dass über die Privatentnahmen nur der tägliche Bedarf finanziert und über Einlagen nur andere Einkünfte in den Betrieb einfließen. Ausnahmslos jede außerbetrieblich bedingte **Änderung des Betriebsvermögens** wird über die **Entnahmen und Einlagen** erfasst. Die meisten Geschäftsvorfälle werden – da steuerlich ohne Belang – auf dem allgemeinen Privatkonto erfasst.

Ob der Steuerpflichtige seine Privatentnahmen bereits bei der Entnahme nach den im Kontenrahmen vorgegebenen Unterkonten (Rn. 239) spezifiziert, obliegt seiner freien Entscheidung ebenso, ob er dies regelmäßig tut. So wird er zur Vermeidung von steuerschädlichen Überentnahmen (Rn. 367) oder des Einblicks seiner Buchhaltung in seine privaten Verhältnisse die Einkommensteuervorauszahlungen nicht vom betrieblichen Konto vornehmen. Die Analyse der Privatentnahmen ist nicht weniger kompliziert als die der steuerlichen Gewinnermittlung.

Privatentnahmen liegen auch vor, wenn lediglich eine Umschichtung von betrieblichem Vermögen ins Privatvermögen vorgenommen wird, die unterhaltsrechtlich irrelevant ist.[132] Da Privatentnahmen Vermögensverfügungen sind, kann es **Überschneidungen mit dem Zugewinn** geben.

Beispiel:
In den drei Jahren nach seiner Ehescheidung liefen die Geschäfte des U ausnehmend schlecht. Die Betriebseinnahmen deckten gerade einmal die Betriebsausgaben. Auf Drängen der Bank verkaufte U eine weitere kleinere Teilfläche des nicht mehr benötigten Lagerplatzes für 30 000 € an den Nachbarn zur Arrondierung dessen Privatgrundstücks. Beim Zugewinnausgleich war das Grundstück mit dem Verkehrswert berücksichtigt worden. Die Entnahmen in den drei Jahren betrugen 60 000 €.

Würde man den Unterhalt aus den Entnahmen berechnen, so würde die Ehefrau des U zum zweiten Mal an dem zur Deckung der Überentnahmen veräußerten Vermögen partizipieren.

440 **Entnahmen und Einlagen** steuern bei Selbstständigen und Gewerbetreibenden das Betriebsvermögen. Wie beim nichtselbstständig Tätigen die **Vermögensbildung** aber nur bei entsprechenden Einkommensverhältnissen unterhaltsrechtlich zu berücksichtigen ist und das Vermögen nur ausnahmsweise für den Unterhalt herangezogen werden muss, muss man auch bei Selbstständigen und Gewerbetreibenden dieselben Maßstäbe ansetzen. Nur soweit die Entnahmen dem gegebenenfalls unterhaltsrechtlich zu bereinigenden Gewinn entsprechen, sind sie verfügbares Einkommen.

Beispiel:
1. Der Angestellte A hat ein Jahresnettoeinkommen von 60 000 €. Er unterhält ein Gehaltskonto, auf das der Arbeitgeber monatlich das Nettogehalt überweist. Per Dauerauftrag gehen davon auf das Hauswirtschaftskonto monatlich 2000 €. Davon werden alle Lebenshaltungskosten der dreiköpfigen Familie gedeckt. Das verbleibende Gehalt verwendet A zur Anschaffung von Wertpapieren.
2. Der in gleichen familiären Verhältnissen lebende Unternehmer U, der nach Abzug von Steuern und Vorsorgeaufwendungen auch über das gleiche Einkommen wie A verfügt, überweist von seinem Geschäftskonto monatlich auf das Hauswirtschaftskonto 2000 €.

---

[132] Vgl. das Beispiel unter Rn. 301

5. Abschnitt: Gewinneinkünfte im Unterhaltsrecht § 1

Nach herrschender Auffassung wird die Vermögensbildung unterhaltsrechtlich nur akzeptiert, soweit sie angemessen ist. Eine Vermögensbildung von 36 000 EUR ist nicht angemessen, wenn für den Lebensunterhalt nicht mehr als der notwendige Bedarf übrigbleibt, weder beim Nichtselbstständigen noch beim Gewerbetreibenden oder Selbstständigen.

c) Fazit 441

1. Durch Entnahmen und Einlagen wird die Vermögensbildung des Gewerbetreibenden und Selbstständigen gesteuert. Zur Prüfung der Angemessenheit muss daher wie beim nichtselbstständig Tätigen das verfügbare Einkommen festgestellt werden. Dies ergibt sich aus dem unterhaltsrechtlich zu bereinigenden Gewinn.
2. Die steuerliche Erfassung der Privatentnahmen und Privateinlagen beschränkt sich nicht auf die Entnahme oder Einlage von Geld. Sie bedarf in gleicher Weise wie die steuerliche Gewinnermittlung einer unterhaltsrechtlichen Überprüfung, wenn man sie für die Einkommensermittlung heranzieht.
3. Der herrschenden Auffassung, die die Entnahmen nur in Ausnahmefällen heranzieht, ist zuzustimmen. Dabei sind Einlagen und Entnahmen zu saldieren. Zu prüfen ist, inwieweit Privatentnahmen bereits gewinnerhöhend erfasst worden sind.

2. Cash flow

Häufig wird bei der Analyse und der Erläuterung von Bilanzen der Begriff „Cash flow" 442 (= Geldflussrechnung) verwendet. Der Cash flow stellt die ertragsbezogene Liquidität eines Unternehmens dar. Eine einheitliche Definition dieses Begriffes gibt es nicht. Auch wenn der Cash flow der Umsetzung der periodengerechten Gewinnermittlung in das Zuflussprinzip nahe kommt und hier wie dort Vermögensveränderungen ohne Liqiditätsauswirkung eliminiert, erscheint angesichts der unklaren Definition und der unterschiedlichen Varianten der Berechnung unzweckmäßig, den Cash flow als unterhaltsrechtlich maßgebliche Berechnungsgrundlage zu übernehmen.[133]

3. Fazit

Wenn der Empfehlung des 14. Familiengerichtstags[134] folgend der Prüfungszeitraum für 443 die Ermittlung des Durchschnittseinkommens – wenigstens in den Fällen zweifelhafter Ergebnisse bei der Auswertung des Dreijahreseinkommens – auf fünf Jahre erstreckt wird, nivellieren sich die Unterschiede zwischen der steuerlichen Gewinnermittlung durch Betriebsvermögensvergleich weitgehend, so dass allenfalls wenige der unterhaltsrechtlich relevanten Bilanzposten (Rn. 368 ff.) weiterer Korrekturen bedürfen. Dabei wird dann in Regel die Zuziehung des Steuerberaters die Einholung eines Sachverständigen ersetzen.

– in dieser Aufl. nicht belegt – 444–449

---

[133] So auch Strohal a. a. O. Rn. 168, 211
[134] FamRZ 2002, 296

6. Abschnitt: Einkünfte aus Vermietung und Verpachtung sowie aus einem Wohnvorteil

I. Einkünfte aus Vermietung und Verpachtung

1. Zur Einkunfts- und Gewinnermittlungsart

450 Miet- und Pachteinnahmen sind Einkünfte aus der Nutzung eines Vermögens (s. Rn. 600).

451 Einkünfte aus Vermietung und Verpachtung sind sog. Überschusseinkünfte (§ 2 II Nr. 2 EStG) und werden wie Einkünfte aus abhängiger Arbeit durch Abzug der Werbungskosten von den Bruttoeinnahmen ermittelt (vgl. Rn. 65). Zum Nachweis können Überschussrechnungen verlangt werden, die eine genaue Aufstellung der Bruttoeinkünfte und aller sie kürzenden Werbungskosten enthalten (vgl. §§ 8, 9 EStG). Geht es um **Unterhaltsrückstände,** sind die in diesem Zeitraum tatsächlich erzielten Mieteinkünfte heranzuziehen, wobei aus Vereinfachungsgründen ein Jahresdurchschnitt bzw. bei einem über ein Jahr liegenden Rückstand ein Mehrjahresdurchschnitt gebildet werden kann.[1] Bei der für den **künftigen Unterhalt** zu treffenden Prognoseentscheidung ist, soweit die Mieteinnahmen der Höhe nach schwanken, ein möglichst zeitnaher Mehrjahresdurchschnitt zu bilden.[2] Beim Ehegattenunterhalt sind nur die tatsächlich erzielten Mieteinkünfte **in der Ehe angelegt,** wenn vorhandener Wohnraum zum Teil nicht vorwerfbar leer stand.[3]

452 Vermietet oder verpachtet werden gegen Miet- oder Pachtzins in erster Linie Grundstücke, Gebäude, Gebäudeteile, Wohnungen, möblierte Zimmer, aber auch bewegliche Gegenstände, Betriebe, Geschäfte, Praxen, Entnahme von Bodenschätzen (Sand, Kies), vgl. § 21 EStG. Das vermietete oder verpachtete Objekt selbst zählt zum Vermögen. Deshalb können Aufwendungen (= Tilgungen) für den Erwerb des Objekts oder für werterhöhende Maßnahmen nicht als Werbungskosten abgesetzt werden, wohl aber Zinsen und Finanzierungskosten, die für einen Erwerbskredit aufgenommen worden sind und noch laufend gezahlt werden müssen (§ 9 I Nr. 1 EStG). Etwas anderes kann nur gelten, wenn es sich bei der Tilgung um eine zulässige **Altersvorsorge** handelt (vgl. näher Rn. 1034, 1037). Der Wertzuwachs, der sich aus der Entwicklung des Immobilienmarktes oder aus sonstigen Gründen ergibt, ist kein Einkommen. Die Berücksichtigung des Wertes der Immobilie im Zugewinnausgleich und der Mieteinkünfte im Unterhalt beinhaltet **keinen Verstoß** gegen das **Verbot der Doppelverwertung,** da es einmal um den Vermögensstamm und einmal um die Nutzungen aus dem Vermögen als Einkommen geht (vgl. Rn. 4/480). Muss wegen des Zugewinnausgleichs eine Immobilie veräußert werden, reduziert sich aber das Einkommen des Ausgleichspflichtigen ab Scheidung entsprechend, d. h. es dürfen insoweit keine fiktiven Mieteinkünfte wegen des Verbots der Doppelverwertung mehr angesetzt werden. Auch Nießbraucher und Untervermieter erzielen Einkünfte aus Vermietung und Verpachtung. Bei einer Untervermietung entfällt aber der Ansatz eines Einkommens, wenn sie nur der Reduzierung der zu hohen eigenen Mietkosten dient (vgl. auch Rn. 462).

2. Einnahmen

453 Zu den Einnahmen zählen in der Regel:
– Miet- oder Pachtzinsen.
– Mietvorauszahlungen, Mietzuschüsse und Baukostenzuschüsse.
– Alle Nebenleistungen des Mieters für Strom, Wasser, Heizung, Müllabfuhr, Straßenreinigung u. ä. sowie sonstige Erstattungen von Werbungskosten durch den Mieter.

---

[1] BGH FamRZ 2007, 1532 = R 681 c
[2] BGH FamRZ 2007, 1532 = R 681 c; 1986, 48
[3] BGH FamRZ 2007, 1532 = R 681 b

6. Abschnitt: Einkünfte aus Vermietung und Verpachtung　　　　　　　§ 1

– Entschädigungen, die als Ersatz für entgangene Miet- oder Pachtzinsen gezahlt werden.
– Schadensersatzleistungen des Mieters oder Pächters, die auf einer Vertragsverletzung beruhen.
– Wert von Sachleistungen oder Dienstleistungen des Mieters anstelle eines Barzinses.
– Bau- oder Reparaturaufwendungen des Mieters, die mit der Miete verrechnet werden.
– Einnahmen aus Immobilienfonds, soweit sie keine Kapitaleinkünfte darstellen.

Steuerrechtlich zählt der Nutzwert eines eigengenutzten Hauses (Wohnung) nur noch als **454** Mieteinnahme, wenn das Haus vor dem 1. 1. 1987 errichtet und nicht wahlweise in das Privateigentum übergeführt wurde. Seit 1. 1. 1987 wird der Nutzwert einer nach diesem Zeitpunkt errichteten Wohnung nicht mehr besteuert. **Unterhaltsrechtlich** ist ein solcher Wohnvorteil in jedem Fall als Einkommen anzusetzen (s. unten Rn. 473 ff.).

3. Abziehbare Ausgaben

Abziehbare Werbungskosten, jeweils bezogen auf ein konkretes Objekt, für das Einnah- **455** men erzielt werden, soweit sie vom Vermieter bezahlt und nicht vom Mieter direkt an den Erzeuger geleistet werden:
- Allgemeine **Hausunkosten** als Werbungskosten: Grundsteuer und öffentliche Gebühren für Müllabfuhr, Abwasser, Straßenreinigung, Kaminkehrer, Wasser, Strom, Gas u. ä., Kosten für Zentralheizung, Warmwasserbereitung, Fahrstuhl, Hauslicht, Hausmeister (vgl. § 556 I BGB, § 2 BetrKV).
– Ausgaben für Hausverwaltung,
– notwendige Reisekosten zum Mietobjekt,
– notwendige Prozesskosten für Miet- und Räumungsprozesse,
– Beiträge zum Haus- und Grundbesitzerverein,
– Prämien für notwendige Hausversicherungen (Sach-Haftpflicht-, Brand- und sonstige Schadensversicherungen).
- Notwendige **Erhaltungsaufwendungen** (= Kosten für Instandhaltungs- und Schön- **456** heitsreparaturen): Instandsetzungskosten können unterhaltsrechtlich **bei Alleineigentum** nur einkommensmindernd berücksichtigt werden, wenn es sich um einen notwendigen Erhaltungsaufwand handelt, dagegen nicht, wenn sie der Vermögensbildung dienen, z. B. bei Ausbauten und wertsteigernden Verbesserungen.[4] Gegebenenfalls ist durch einen Sachverständigen der Anteil der notwendigen Erhaltungsaufwendungen und der Anteil für wertsteigernde Vermögensverbesserungen festzustellen. Handelt es sich beim Ehegattenunterhalt um eine **gemeinsame Immobilie**, sind ausnahmsweise auch wertsteigernde Ausbauten zu berücksichtigen, da es sich dann um eine beiden Ehegatten zu Gute kommende gemeinsame Vermögensbildung handelt (näher unten Rn. 458). Größere notwendige Erhaltungsaufwendungen können nach einem wirtschaftlich sinnvollen Zeitplan auf etwa zwei bis fünf Jahre verteilt werden. Stehen konkrete Instandhaltungsmaßnahmen bevor, können hierfür **Rücklagen** gebildet werden, wenn sie sich im Rahmen der zu erwartenden Instandhaltungskosten bewegen.[5] Zur Finanzierung können, falls die entsprechenden Barmittel nicht vorhanden sind, auch Darlehen aufgenommen werden. Beim Ehegattenunterhalt sind diese Abzahlungen, auch wenn sie erst nach Trennung/Scheidung aufgenommen wurden, als sog. unumgängliche Schulden in der Ehe angelegt (vgl. näher Rn. 1084).[6] Einmalige Modernisierungsarbeiten sind bei der Prognose künftiger Mieteinnahmen nicht zu berücksichtigen, da es sich um keine wiederkehrenden Erhaltungsaufwendungen handelt.[7] Bei Eigentumswohnanlagen sind auch die nach der Eigentümerordnung pauschal zu leistenden Rücklagen zu berücksichtigen.
- **Abschreibungen** für Gebäudeabnutzungen (AfA): Steuerrechtlich sind solche Abschrei- **457** bungen möglich (vgl. §§ 7 ff. EStG). Steuerrechtlich zulässige Abschreibungen für Ge-

---

[4] BGH FamRZ 2000, 351; 1997, 281 = R 509 g
[5] BGH FamRZ 2000, 351
[6] OLG München FamRZ 2002, 1407; Gerhardt FuR 2007, 393
[7] BGH FamRZ 2009, 770

bäudeabnutzung und Instandsetzungskosten **berühren** nach BGH bei Einkünften aus Vermietung und Verpachtung das **unterhaltsrechtlich maßgebliche Einkommen nicht,** weil diesen lediglich ein pauschal angerechneter Verschleiß von Vermögensgegenständen zugrunde liegt, der erfahrungsgemäß entweder konkret nicht vorliegt oder zumindest über das tatsächliche Ausmaß der Wertminderung hinausgeht und auch ausgeglichen sein kann durch eine günstige Entwicklung des Immobilienmarktes.[8] Die kurzfristige Abnützung von Gebäuden wird zudem durch Instandhaltungsmaßnahmen aufgefangen. Der langfristige Wertverlust eines Gebäudes erstreckt sich über einen Zeitraum von 80–100 Jahren, d. h. es handelt sich um eine gegenüber der Unterhaltspflicht vernachlässigbare Größe. Bei einer Vielzahl von vermieteten Imobilien erscheint die Nichtberücksichtigung der AfA allerdings problematisch, wenn auch die Tilgung für die Finanzierung des Objektes nicht angesetzt wird (s. unten Rn. 458). Im Zweifel wird der Vermieter einen durch gleichzeitige Werterhöhungen nicht ausgeglichenen konkreten Wertverlust behaupten und nachweisen müssen. Ob die Nichtberücksichtigung der AfA auch für Gewerbeimmobilien mit schnellerer Abnutzung gegenüber Wohngebäuden oder für Gebäude mit kurzer Nutzungsdauer (Lagerhallen usw.) gilt, hat der BGH noch nicht entschieden. Insoweit wird man auf die tatsächliche konkrete Nutzungsmöglichkeit abzustellen und die AfA wie bei sonstigem Betriebsvermögen zu berücksichtigen haben (vgl. Rn. 205 ff.). Die Nichtberücksichtigung der AfA führt zu einer fiktiven Steuerberechnung (näher Rn. 1018).

458 • Laufend noch zu zahlende **Kredit- und Finanzierungskosten** (z. B. Zinsen für Darlehen u. ä.): **Nicht abziehbar** sind ab Rechtshängigkeit des Scheidungsverfahrens als Stichtag für den Zugewinnausgleich bzw. bei Gütertrennung ab Trennung Tilgungsbeträge, wenn diese der **einseitigen** Vermögensbildung dienen.[9] Handelt es sich um eine gemeinsame Immobilie der Eheleute und damit um eine **gemeinsame** Vermögensbildung, sind dagegen auch die Tilgungsleistungen zu berücksichtigen, da sie beiden Eheleuten zugute kommen, d. h. die regelmäßige Bedienung der Kredite auch nach Trennung/Scheidung bis zur Vermögensauseinandersetzung im beiderseitigen Interesse der Eheleute liegt (vgl. Rn. 1019). Tilgt nur einer der Eheleute die Schuld, erfolgt durch die unterhaltsrechtliche Berücksichtigung kein Gesamtschuldnerausgleich nach § 426 I 1 BGB (vgl. Rn. 1094). Auch bei **Alleineigentum** kann im Einzelfall eine **Berücksichtigung der Tilgung** in Betracht kommen, wenn es sich **um eine zulässige Altersvorsorge** handelt (näher Rn. 1034, 1037). Sind die Mieteinkünfte **nach einem objektiven Maßstab** so hoch, dass sie für die Lebensführung nicht benötigt werden, sind sie für die Unterhaltsberechnung nicht heranzuziehen;[10] es erfolgt dann in der Regel eine konkrete Bedarfsermittlung (vgl. Rn. 1135, 4/763). Bilden die Einkünfte aus Vermietung/Verpachtung mit mehreren Objekten die wesentliche Einkunftsquelle, kann es im Einzelfall ebenfalls angemessen sein, zum Ausgleich des Steuervorteils aus der nicht berücksichtigten Gebäudeabschreibung die Tilgung als Abzugsposten anzuerkennen bzw. bei Nichtberücksichtigung der Tilgung die AfA zu belassen. Der Tilgung gleichgestellt sind entsprechende Surrogate, insbesondere eine für den Erwerb des Objektes geleistete **Leibrente.**

4. Verluste

459   Liegen steuerrechtliche Verluste aus Vermietung und Verpachtung vor, ist unterhaltsrechtlich zu differenzieren.
• Beruhen die Verluste nur auf Abschreibungen und/oder überhöhten Instandhaltungspauschalen, ist das steuerrechtliche Einkommen zu korrigieren. Auch wenn nur dadurch positive Mieteinkünfte entstehen, hat der Steuervorteil aus der Abschreibung bei **Alleineigentum** dem Pflichtigen/Bedürftigen zu verbleiben, da das Steuerrecht im Gegensatz

---

[8] BGH FamRZ 2005, 1159 = R 623 a; 1997, 281, 283 = R 509 g
[9] BGH FamRZ 2008, 963 = R 692 d, e; 2007, 879 = R 677 d; vgl. auch Gerhardt FuR 2007, 393
[10] BGH FamRZ 2007, 1532 = R 681 d

6. Abschnitt: Einkünfte aus Vermietung und Verpachtung § 1

zum Unterhaltsrechts diesen Abzugsposten anerkennt und deshalb eine fiktive Steuerberechnung vorzunehmen ist (näher Rn. 1018).[11] Handelt es sich um eine **gemeinsame** Vermögensbildung der Eheleute, ist diese bis zur Vermögensauseinandersetzung zu berücksichtigen (vgl. näher Rn. 1134), d. h. es verbleibt beim Abzug der AfA und bei der tatsächlich gezahlten Steuer (s. auch unten).

- Handelt es sich um mehrere Objekte, bei denen nur ein Teil nach Korrektur der Abschreibung Verluste macht, ist nach Objekten getrennt abzurechnen.
- Liegen kurzfristige Verluste vor, z. B. durch vorübergehende Mietausfälle, sind die Negativeinkünfte unterhaltsrechtlich zu akzeptieren.
- Bei Verlusten aus der Bildung von **Negativeinkünften** (i. d. R. zur Steuerersparnis) handelt es sich um Aufwendungen zur **Vermögensbildung,** die der Verpflichtete zu Lasten des Unterhalts ab Rechtshängigkeit des Scheidungsverfahrens als Stichtag für den Zugewinnausgleich bzw. bei Gütertrennung ab Trennung nicht mehr fortsetzen darf, wenn es sich um eine **einseitige** Vermögensbildung handelt.[12] Hierfür anfallende **Zins- und Tilgungsleistungen** dürfen dann **nicht einkommensmindernd** berücksichtigt werden. Der Berechtigte kann allerdings verlangen, so gestellt zu werden, als hätten die vermögensbildenden Aufwendungen nicht stattgefunden, nachdem das Steuerrecht im Gegensatz zum Unterhaltsrecht diese Abzugsposten (Zinsen; AfA = Tilgung) anerkennt. Die **Steuervorteile** aus den Verlusten **verbleiben** dem Verpflichteten daher allein.[13] Dies führt zu einer **fiktiven** Steuerberechnung (vgl. Rn. 1018). Sie erfolgt in der Weise, dass das zu versteuernde Einkommen um den in dem Steuerbescheid ausgewiesenen Verlustabzug aus Vermietung erhöht wird. Aus dem erhöhten Einkommen wird eine fiktiv zu zahlende Steuer nach der Steuertabelle ermittelt. Von dem unterhaltsrechtlich relevanten Bruttoeinkommen (ohne Berücksichtigung eines Verlustabzuges und ggf. weiterer nur steuerlich, nicht aber unterhaltsrechtlich zu berücksichtigender Ausgaben, vgl. Rn. 1018) ist anstelle der tatsächlich gezahlten Steuer die fiktiv ermittelte Steuerlast in Abzug zu bringen.
- Handelt es sich bei der Bildung von Negativeinkünften um eine **gemeinsame** Vermögensbildung, sind die Abzahlungen (Zins und Tilgung) in voller Höhe als Abzugsposten zu berücksichtigen, ebenso die daraus resultierenden Steuervorteile (vgl. Rn. 458). Nur die einseitige Vermögensbildung geht zu Lasten des Bedürftigen und muss daher hinter dem Unterhalt zurückstehen. Eine gemeinsame Vermögensbildung kommt dagegen als Vermögensmehrung beiden Eheleuten zugute; eine Einstellung der Zahlungen hätte vielfach auch hohe Verzugszinsen zur Folge, für die beide Eheleute haften. Früher war umstritten, ob die Abzahlungen dabei die Erwerbseinkünfte kürzen oder ob negative Mieteinkünfte zu bilden sind. Letzteres beeinflusst die Höhe des Erwerbstätigenbonus. Wie der BGH nunmehr beim Wohnwert entschieden hat,[14] sind negative Mieteinkünfte zu bilden, da es sich um eine allein dieser Einkunftsart zuzuordnende gemeinsame Schuld handelt (vgl. näher Rn. 520 ff.).

5. Zurechnung von Mieteinnahmen aus einem gemeinsamen Objekt und fiktive Mieteinnahmen aus unterlassener zumutbarer Vermietung

Sind beide Eheleute Miteigentümer des Mietobjektes, stehen im Regelfall die Mieteinnahmen nach § 743 I BGB jedem zur Hälfte zu. Etwas anderes gilt nur dann, wenn sich die Parteien ausdrücklich oder stillschweigend geeinigt haben, dass die Einkünfte einem Beteiligten allein gehören sollen[15] oder es sich nicht um die übliche hälftige Beteiligung an der Immobilie handelt. **460**

---

[11] BGH FamRZ 2005, 1159 = R 623 a
[12] BGH FamRZ 2010, 1633; 2009, 23; 2008, 963 = R 692 d, e
[13] BGH FamRZ 2005, 1159 = R 623a; 2003, 741 = R 590 c; 1987, 36; 1987, 913, 915
[14] BGH FamRZ 2007, 879 = R 677 d
[15] BGH FamRZ 1986, 434

§ 1 Die Ermittlung des unterhaltsrechtlich relevanten Einkommens

461 Vermietbarer Grundbesitz ist, wie sonstiges Vermögen, unterhaltsrechtlich in zumutbarer, ertragbringender Weise zu nutzen (vgl. auch Rn. 632, 635).

Für den berechtigten Ehegatten ergibt sich aus § 1577 I BGB die Obliegenheit, vorhandenes Vermögen so ertragreich wie möglich anzulegen und zu nutzen, weil auch solche Einkünfte seine Bedürftigkeit mindern, die zwar tatsächlich nicht gezogen werden, aber in zumutbarer Weise gezogen werden könnten (näher Rn. 633, 4/593).[16] Dies gilt auch für vermietbare Garagen.[17] Wer eine zumutbare Nutzung durch Vermietung unterlässt, dem ist der durchschnittlich erzielbare Ertrag (Mietzins) als **fiktives Einkommen** zuzurechnen. Die gleichen Grundsätze gelten, wenn es um die Leistungsfähigkeit des Pflichtigen geht, soweit von einem unterhaltsbezogen leichtfertigen Verhalten auszugehen ist.[18] Als Orientierung für eine Schätzung (§ 287 ZPO) dient der voraussichtlich erzielbare Mietzins für ein nach Ortslage, Größe, Zuschnitt und Bequemlichkeit vergleichbares, qualitativ gleichwertiges Objekt.[19] Werden – teilweise – nicht vorwerfbar keine Mieteinkünfte erzielt, z. B. wenn der Mieter den Mietzins nicht leistet oder eine kurzfristige Vermietung nicht möglich oder zumutbar ist, entfällt der Ansatz fiktiver Mieteinkünfte.[20]

462 Bei selbst genutztem **Wohnungseigentum** ist zu prüfen, ob es dem Benutzer zugemutet werden kann, künftig anderweitig eine Wohnung zu nehmen, um auf diese Weise u. U. eine wirtschaftlich günstigere Verwertung des Hauses zu ermöglichen[21] und überschüssige Mieteinnahmen zur Deckung des Unterhaltsbedarfs einzusetzen. Zumutbar kann es auch sein, durch Vermietung einzelner Räume des Hauses Mieteinnahmen zu erzielen.[22] Entsprechende Einkünfte können dann fiktiv zugerechnet werden. In der Regel löst sich dieses Problem jedoch bereits durch Ansatz der objektiven Marktmiete beim Unterhalt für den Wohnvorteil (vgl. Rn. 480).

463 Während der **Trennungszeit** ist eine Vermietung oder Teilvermietung des Familienheimes bis zum endgültigen Scheitern der Ehe in der Regel nicht zumutbar, weil eine mögliche Wiederherstellung der ehelichen Lebensgemeinschaft nicht erschwert werden darf (vgl. näher Rn. 479 ff.). Die Verpachtung eines Wochenendgrundstückes oder eines Ferienheimes ist regelmäßig zumutbar.[23]

464 Von einem **volljährigen Kind mit eigenem Einkommen** muss der Pflichtige und der Berechtigte nach der Trennung für die Wohnungsüberlassung ein entsprechendes Entgelt verlangen und im Fall seiner Weigerung die Wohnung anderweitig vermieten. Denn insoweit liegt bereits eine Vermögensnutzung vor, die nach der Trennung nicht mehr zu Lasten des Unterhaltsberechtigten bzw. -pflichtigen kostenlos fortgeführt werden darf. Unterlässt dies der Berechtigte/Pflichtige, können ihm bedarfsmindernd bzw. leistungserhöhend fiktive Einkünfte für die unterlassene Teilvermietung zugerechnet werden, wenn und soweit das Kind nicht mehr auf mietfreie Überlassung der Wohnung angewiesen ist.[24] Diese Grundsätze gelten nicht, wenn sich das Kind noch in Ausbildung befindet[25] oder sich beide Elternteile über die weitere kostenlose Nutzung der Immobilie des bereits verdienenden Volljährigen einig sind.

465 In allen Fällen einer fiktiven Zurechnung von Einkünften wegen unterlassener Vermietung oder Teilvermietung müssen im Rahmen einer Zumutbarkeitsprüfung die Belange des Berechtigten und des Verpflichteten unter Berücksichtigung der Umstände des Einzelfalls angemessen gegeneinander abgewogen werden.[26]

---

[16] BGH FamRZ 1998, 87, 89; FamRZ 1990, 269, 270 = NJW 1990, 709; FamRZ 1990, 283, 288
[17] BGH FamRZ 1990, 283, 288
[18] BGH FamRZ 1990, 269; 1990, 283, 288
[19] BGH FamRZ 1985, 89
[20] BGH FamRZ 2007, 1532 = R 681 b
[21] BGH FamRZ 2000, 950; 1988, 145, 149; 1984, 358, 360
[22] BGH FamRZ 1988, 145, 149
[23] BGH FamRZ 1989, 1160
[24] BGH FamRZ 1990, 269, 271
[25] BGH FamRZ 2000, 351
[26] BGH FamRZ 1988, 145, 149; 1990, 269, 271

6. Abschnitt: Einkünfte aus Vermietung und Verpachtung § 1

Soweit fiktive Einkünfte angesetzt werden, **erhöhen** sie den **Bedarf** nach den ehelichen 466
Lebensverhältnissen **nicht,** da sie in der Ehe nicht erzielt wurden und damit nicht in der
Ehe angelegt sind.[27] Sie reduzieren nach § 1577 I BGB lediglich die **Bedürftigkeit** des
Berechtigten[28] bzw. erhöhen die **Leistungsfähigkeit** des Pflichtigen.[29]

Bei **Gütergemeinschaft** dürfen auch nach der Scheidung keine erzielbaren Mietein- 467
künfte als fiktives Einkommen zugerechnet werden, weil alle erzielbaren Einnahmen bis zur
vollzogenen Auseinandersetzung in das Gesamtgut fallen und bei der Auseinandersetzung
beide Eheleute an solchen Einnahmen zu gleichen Teilen partizipieren (§§ 1474 ff. BGB).
Deshalb dürfen faktische oder fiktive Mieteinnahmen nicht nochmals einseitig einem Ehegatten zugerechnet werden[30] (vgl. auch Rn. 492 und insgesamt Rn. 6/400 ff.).

6. Eigene Mietkosten

Bei den Mietkosten für die selbstgenutzte Wohnung handelt es sich um keine Einnah- 468
men-, sondern um eine **Ausgabenposition.** Sie gehören zu den allgemeinen Lebenshaltungskosten und sind jeweils im Bedarf des Berechtigten bzw. Selbstbehalt (= Eigenbedarf) des Pflichtigen enthalten. Sie sind vom **Bedürftigen** aus seinem Eigeneinkommen
einschließlich Unterhalt,[31] vom **Pflichtigen** aus den ihm nach Unterhaltsleistung verbleibenden Resteinkünften zu begleichen.

Beim **Pflichtigen** sind die eigenen Wohnkosten im Selbstbehalt enthalten (näher Rn. 5/ 469
19 ff.) und insoweit in den Leitlinien seit der gemeinsamen Leitlinienstruktur vom 1. 7.
2003 in Nr. 21.2, 21.3, 21.4 geregelt. Sie betragen seit der letzten Neufassung der DT und
der Leitlinien zum 1. 1. 2011 beim Verwandtenunterhalt einheitlich in allen OLG-Bezirken
beim **notwendigen Selbstbehalt** weiterhin 360 EUR, beim **angemessenen Selbstbehalt** gegenüber Volljährigen sowie Eltern/Großeltern weiterhin 450 EUR.[32] Werden
diese Kosten erheblich und nach den Umständen nicht vermeidbar überschritten, ist der
Selbstbehalt entsprechend anzuheben. Dies ist vor allem beim notwendigen Selbstbehalt
(Existenzminimum) zu beachten, da der Pflichtige ansonsten sozialhilfebedürftig würde.
Maßgebend wird jeweils bei überhöhten Mietkosten sein, ob nach den Umständen des
Einzelfalls auch eine billigere Wohnung anmietbar ist oder nicht. Bestehen bei niedrigeren
Einkünften **Wohngeldansprüche,** besteht eine Obliegenheit, diese in Anspruch zu neh-
men und dadurch die Eigenbelastung zu kürzen (vgl. auch Rn. 665 ff.).[33] Seit Inkrafttreten
des SGB II und SGB XII zum 1. 1. 2005 ist allerdings bei Bezug von Arbeitslosengeld II
und Sozialhilfe Wohngeld in diesen Sozialleistungen mit enthalten. Bewohnen beim Verwandtenunterhalt neben dem Pflichtigen weitere Personen die Wohnung, sind die Mietkosten für Erwachsene nach Köpfen aufzuteilen und für minderjährige Kinder mit $^1/_5$ des
Tabellenunterhalts anzusetzen.[34] Wohnt der Pflichtige billiger, u. U. sogar umsonst, spielt
dies nur im **Mangelfall** eine Rolle. Problematisch ist, ob der Selbstbehalt dann im Einzelfall, vor allem wenn es um den Unterhalt minderjähriger Kinder und die Sicherung des
Mindestunterhalts geht, entsprechend zu kürzen ist. Wohnt der Pflichtige kostenlos bei den
Eltern, handelt es sich um eine freiwillige Leistung, die im Mangelfall bewertet werden
kann.[35] Wohnt der Pflichtige beim Elternunterhalt kostengünstiger, kann nach BGH der
Selbstbehalt nicht reduziert werden, weil es dem Pflichtigen überlassen bleibt, wie er bei
beengten Verhältnissen seine Mittel verteilt.[36] Entsprechendes hat beim Unterhalt Voll-

---

[27] BGH FamRZ 1990, 269, 271
[28] BGH a. a. O.
[29] BGH FamRZ 1990, 283, 288
[30] BGH FamRZ 1984, 559, 561
[31] OLG Köln FamRZ 2002, 98
[32] Vgl. DT A 5; B IV, D I, II; SüdL, BrL, BraL, BrauL, DrL, HL, HaL, KL, KoL, jeweils Nr. 21.2, 21.3.1; NaL Nr. 21.5.2; nach FL 380/480 €, nach ThL 290/330 € (Kaltmiete)
[33] Vgl. z. B. SüdL Nr. 21.5.2
[34] Vgl. SüdL Nr. 21.5.2
[35] BGH FamRZ 1999, 843 = R 533 c
[36] BGH FamRZ 2004, 370 = R 603 d; FamRZ 2004, 186

jähriger und beim Ehegattenunterhalt zu gelten. Nach BGH kann auch beim Unterhalt minderjähriger Kinder aus den genannten Gründen der Selbstbehalt nicht gekürzt werden.[37] Dem kann aus mehreren Gründen nicht gefolgt werden, wenn die tatsächlichen Wohnkosten unter 360 EUR liegen. Nach § 1603 II 1, 2 BGB sind zur Bezahlung des Unterhalts Minderjähriger im Gegensatz zum sonstigen Verwandtenunterhalt und Ehegattenunterhalt alle Mittel einzusetzen, damit auch Ersparnisse gegenüber den im Selbstbehalt angesetzten Kosten. Außerdem ist zu beachten, dass im Sozialrecht zwischen Wohnkosten und sonstigen Lebenshaltungskosten differenziert wird. Das Argument, jeder dürfe selbst entscheiden, wie er seine Mittel verbraucht, betrifft beim Existenzminimum (= notwendiger Selbstbehalt) deshalb nur die Lebenshaltungskosten und nicht auch die Wohnkosten. Dies gilt aber nur, wenn der Pflichtige in einer Gegend mit generell unterdurchschnittlichen Mieten lebt. Dagegen kann nie verlangt werden, wenn sich seine Wohnkosten auf 360 EUR belaufen, dass er in eine billigere Unterkunft umzieht. Geht es beim Verwandtenunterhalt um den **Familienbedarf** des verheirateten Pflichtigen, ist die Ersparnis durch das Zusammenleben zu beachten (vgl. Eigenbedarfssätze DT B VI, Leitlinien Nr. 22).[38]

470 Im **Ehegattenmindestselbstbehalt** belaufen sich die Mietkosten auf 400 EUR (vgl. DT B IV; SüdL Nr. 21.4). Beim Ehegattenunterhalt ist aber bei der Trennung zusätzlich zu beachten, dass es um die Mietkosten beider Eheleute geht. Bleibt der Pflichtige nach Trennung der Eheleute und Auszug des Bedürftigen in der Ehewohnung und zahlt die Mietkosten weiter, handelt es sich in der Höhe der Miete um trennungsbedingte Mehrkosten. Auch wenn nach der geänderten Rechtsprechung des BGH zu den ehelichen Lebensverhältnissen ein trennungsbedingter Mehrbedarf nicht mehr Teil des Bedarfs sein kann, ist er als **Ausgabenposition** zu berücksichtigen (vgl. Rn. 556, 1067, 1084). Durch Übernahme der vollen Mietkosten, besteht beim Pflichtige eine im Rahmen der Bedarfsermittlung zu prüfende Mehrbelastung, die grundsätzlich berücksichtigungsfähig ist. Liegt der eheangemessene Selbstbehalt (= Hälfte des Bedarfs) über dem Ehegattenmindestselbstbehalt von derzeit 1050EUR, wird es regelmäßig zumutbar sein, die Mehrbelastung selbst zu tragen, soweit die Mietkosten in einer vertretbaren Relation zum verbleibenden Einkommen stehen (bis 50% einschließlich Nebenkosten). Verbleibt dem Pflichtigen dagegen unter Berücksichtigung der Mietkosten nur der Ehegattenmindestselbstbehalt, ist zu prüfen, ob ihm die Aufgabe der durch den Auszug des Bedürftigen zu großen Ehewohnung zumutbar ist. Nach den beim Wohnwert entwickelten Grundsätzen ist dafür maßgebend, ob durch Aufgabe der Ehewohnung eine Versöhnung der Eheleute erschwert wird (vgl. Rn. 479), ferner, ob und wann mietrechtlich überhaupt eine Kündigung möglich ist. Da die Aufgabe einer Mietwohnung nicht so weitreichende Konsequenzen wie der Verkauf eines Eigenheimes hat, wird man spätestens nach Ablauf des Trennungsjahres den Wechsel in eine kleinere billigere Wohnung zumuten können. Bis dahin ist der Selbstbehalt entsprechend den überhöhten Mietkosten anzuheben, da der Pflichtige ansonsten sozialhilfebedürftig würde.

471 Beim **Bedürftigen** spielen erhöhte Mietkosten i. d. R. nur beim Ehegattenunterhalt eine Rolle. Beim Unterhalt **Minderjähriger** und noch **bei den Eltern lebender volljähriger Kinder** tragen die Eltern die Mietkosten. Im Tabellenunterhalt ist dabei ein Zuschuss zu den Mietkosten von 20% enthalten (näher Rn. 2/326). Bei **Volljährigen mit eigenem Hausstand** belaufen sich die Mietkosten im Bedarfssatz von 670 EUR auf 280 EUR;[39] bei nicht vermeidbaren höheren Kosten ist der Bedarf entsprechend zu erhöhen.

472 Bleibt beim **Trennungsunterhalt** der Bedürftige in der Ehewohnung, während der **Pflichtige** die Miete **weiter bezahlt,** ist die Mietzahlung abweichend von den sonstigen Grundsätzen zunächst wie eine berücksichtigungswürdige Schuld zu behandeln, d. h. sie kürzt bei der Bereinigung des Nettoeinkommens das Einkommen des Pflichtigen (näher Rn. 1084).[40] Denn es besteht für beide Eheleute zunächst keine Obliegenheit, die durch den Auszug eines Ehepartners für den anderen zu große Wohnung sofort aufzugeben, um

---

[37] BGH FamRZ 2009, 314; 2006, 1664 = R 657e
[38] BGH FamRZ 2010, 1535 = R 714c
[39] Vgl. z. B. SüdL, BrL, BraL, FL, HaL, KL, NaL jeweils Nr. 13.1.2; DT A 7
[40] OLG Köln FamRZ 2002, 98

6. Abschnitt: Einkünfte aus Vermietung und Verpachtung § 1

eine Versöhnung nicht zu erschweren. Ein Mietverhältnis kann regelmäßig auch nicht sofort beendet werden, bei einem gemeinschaftlichen Mietverhältnis bedarf es zudem der Kündigung durch beide Eheleute. Wie beim Pflichtigen wird man aber auch beim Bedürftigen aus den dort genannten Gründen nicht erst ab Scheidung, sondern bereits zu einem früheren Zeitpunkt, d. h. spätestens nach Ablauf des Trennungsjahres, verlangen können, die zu große Ehewohnung aufzugeben[41] und deshalb ab diesem Zeitpunkt die Bezahlung der Mietkosten als Teilzahlung auf den Unterhalt ansehen. Der Berechtigte erhält damit nur den um die gezahlte Miete gekürzten Unterhalt ausbezahlt, während die Miete als Restzahlung unmittelbar an den Vermieter geht (§§ 362 II, 185 BGB). Die nach § 185 BGB notwendige Einwilligung des Berechtigten liegt zumindest konkludent in dem bisherigen Einverständnis der Fortzahlung der Miete durch den Ehepartner an den Vermieter.

Stellt der Pflichtige die Mietzahlungen ein, obwohl der gemeinsame Mietvertrag noch fortbesteht, d. h. er noch weiter haftet, verbleibt es bei den oben genannten Grundsätzen (vgl. auch Rn. 509).[42] Muss der Bedürftige die Miete allein tragen, weil der Mietvertrag umgeschrieben wurde oder nach einem Umzug höhere Mietkosten anfallen, handelt es sich um ein Problem des **trennungsbedingten Mehrbedarfs.** Dieser bildet seit der geänderten Rechtsprechung des BGH zu den ehelichen Lebensverhältnissen mit der Surrogatslösung keinen Teil des Bedarfs mehr (s. näher Rn. 556; 4/406.). Er ist im Einzelfall nur noch als Ausgabenposition (sog. unumgängliche Schuld) zu berücksichtigen (näher Rn. 556, 1084). Beim nachehelichen Unterhalt ist ferner der Grundsatz der Eigenverantwortung zu beachten, d. h. es wird regelmäßig Bedürftigen und Pflichtigen zumutbar sein, ihre Mietkosten den verfügbaren Mitteln anzupassen. Bei einem gemieteten großen Haus oder einer größeren Wohnung wird im Einzelfall eine **Teilvermietung** zumutbar sein, um die Mietbelastung zu senken. Die Mieteinnahmen aus Untervermietung sind dabei regelmäßig keine eigenen Einkünfte, sondern dienen nur der Reduzierung der eigenen Kosten.

II. Der Wohnvorteil beim Wohnen im eigenen Haus

1. Der Wohnvorteil als unterhaltsrechtlich zu berücksichtigender Vermögensvorteil

Unterhaltsrechtlich zu berücksichtigende Einkünfte sind auch Vermögenserträge und sonstige wirtschaftliche Nutzungen, die aus einem Vermögen gezogen werden. Zu solchen Nutzungen des Vermögens zählen die Vorteile des mietfreien Wohnens im eigenen Haus. Es handelt sich insoweit um Nutzungen des Grundstückseigentums i. S. von § 100 BGB in Form von Gebrauchsvorteilen.[43] **473**

Der Nutzen besteht im Wesentlichen darin, dass der Eigentümer für das Wohnen keine Mietzinszahlungen leisten muss, die in der Regel einen Teil des allgemeinen Lebensbedarfs ausmachen. Soweit diese ersparten Mietaufwendungen höher sind als die mit dem Eigentum verbundenen Unkosten, ist die Differenz, d. h. **der Betrag, um den der Eigentümer billiger als der Mieter lebt,** als Einkommen anzusetzen.[44] Der Wohnwert besteht dabei sowohl bei Allein- als auch bei Miteigentum der Immobilie, ebenso bei Gütergemeinschaft, Nießbrauch[45] oder einem unentgeltlichen dinglichen oder schuldrechtlichen Wohnrecht. Da es um die Nutzung und nicht um die Verwertung des Vermögens geht, kommt es auf die Herkunft der Mittel zur Schaffung des Wohneigentums nicht an, ein Wohnwert ist daher auch anzusetzen bei Erwerb eines dinglichen Wohnrechts aus einer Schmerzens- **474**

---

[41] OLG Köln a. a. O.
[42] OLG Köln a. a. O.
[43] BGH FamRZ 2010, 1633; 2009, 1300 = R 705 a; 2009, 23; 2008, 963 = R 692 b; 2007, 879 = R 677 a; 2007, 793 = R 674 d; 2005, 1817 = R 632 g; 2003, 1179 = R 592 a; 2000, 950; 1998, 87; NJW 1998, 2821
[44] BGH FamRZ 2010, 1633; 2009, 1300 = R 705 a; 2008, 963 = R 692 b; 2007, 879 = R 677 a; 2003, 1179 = R 592 a; 2000, 950; 1998, 87; 1995, 869; 1994, 1100, 1102; 1990, 283, 288
[45] BGH FamRZ 2010, 1633

geldzahlung,[46] bei Kauf eines Reihenhauses aus ererbten Mitteln[47] oder aus dem Zugewinn bzw. Erlös aus der Vermögensauseinandersetzung (vgl. insoweit Rn. 557 ff.).

475 Bei **freiwilligen Zuwendungen Dritter**, z. B. der Eltern, kommt es auf die Willensrichtung des Zuwendenden an (s. näher Rn. 708 ff.). Soweit die Eltern ihrem Kind während der Ehe und/oder nach der Trennung/Scheidung ohne Gegenleistung kostenlos eine Wohnung zur Verfügung stellten, handelt es sich um eine freiwillige Leistung ohne Einkommenscharakter, so dass kein Wohnwert anzusetzen ist.[48] Anders ist die Sachlage, wenn für das mietfreie Wohnen Gegenleistungen zu erbringen sind, z. B. Pflege und Betreuung[49] oder ein Leibgeding. Eine freiwillige Leistung Dritter liegt auch vor, wenn die Eltern dem Unterhaltspflichtigen Geld schenken, mit dem er ein Eigenheim kauft[50] oder ihm ein Haus schenken, sich aber den lebenslangen Nießbrauch vorbehalten.[51] Im Mangelfall können nach BGH allerdings freiweillige Leistungen Dritter ausnahmsweise bewertet werden (s. näher Rn. 5/73 ff.).[52]

Heiratet der Pflichtige wieder und lebt in einem seiner **neuen Ehefrau gehörenden Eigenheim**, liegt **keine freiwillige Leistung** eines Dritten vor, da dann das mietfreie Wohnen von der Ehefrau im Rahmen ihrer Pflicht zum Familienunterhalt nach § 1360a BGB gewährt wird.[53] Diese Gebrauchsvorteile sind sowohl bei der Bedarfsermittlung zu berücksichtigen als auch bei der Leistungsfähigkeit im Rahmen der Wohnkosten im Selbstbehalt.[54] Gegenüber dem ersten Ehegatten ist bei der Bedarfsermittlung allerdings in diesen Fällen zu beachten, dass dieser Wohnvorteil zwar nicht in der Ehe angelegt war, aber bei Entstehen zusätzlicher Unterhaltslasten, z. B. weiterer Kinder nach BGH für die Bedarfsermittlung heranzuziehen ist (vgl. näher Rn. 4/435, 573).[55]

476 Ist ein Teil des Grundstücks, z. B. eine Garage, vermietet, handelt es sich bei dem Mietzins um „Früchte" des Grundstücks i. S. von § 99 III BGB. Unterbleibt die Teilvermietung, rechnet die Möglichkeit zur Nutzung der Garage ebenfalls zu den Gebrauchsvorteilen i. S. von § 100 BGB.[56]

2. Die unterhaltsrechtliche Bewertung des Wohnvorteils beim Ehegattenunterhalt

477 a) **Grundsatz.** Der Wert des Wohnens als Vermögensnutzung kann objektiv festgestellt werden. Es bedarf dazu der Ermittlung des objektiven Mietwertes auf der einen und der mit dem Grundeigentum verbundenen Lasten auf der anderen Seite. Die steuerrechtliche Behandlung ist für diese Bewertung unbeachtlich.[57]

478 Der Wohnwert entspricht damit grundsätzlich der **objektiven Marktmiete** ohne Mietnebenkosten, d. h. der sog. Kaltmiete für eine nach Ortslage, Größe, Beschaffenheit, Zuschnitt und Bequemlichkeit vergleichbare Wohnung (näher Rn. 485).[58] Nur die Marktmiete bewertet den Gebrauchsvorteil entsprechend dem Mietobjekt. Nach der geänderten Rechtsprechung des BGH wird der Wohnwert nicht um die nach § 556 I BGB i. V. mit §§ 1, 2 BetrKV auf den Mieter umlegbare Betriebskosten gekürzt (s. hierzu näher Rn. 499 ff.).[59] Der Begriff der objektiven Marktmiete entspricht der sog. Vergleichsmiete nach § 558 BGB, in der Betriebs-, Modernisierungs- und Kapitalkosten gemäß §§ 556, 559, 560 BGB nicht enthalten sind (sog. Netto-Kaltmiete bzw. Nettomiete).[60]

---

[46] BGH FamRZ 1988, 1031, 1033
[47] BGH FamRZ 1986, 560, 562
[48] OLG München FamRZ 1996, 169
[49] BGH FamRZ 1995, 537
[50] OLG Brandenburg FamRZ 2009, 1837; OLG Saarbrücken FamRZ 1999, 396
[51] OLG Koblenz FamRZ 2003, 534
[52] BGH FamRZ 1999, 843, 847
[53] BGH FamRZ 2008, 986 = R 689j
[54] BGH FamRZ 2008, 986 = R 689j
[55] BGH FamRZ 2010, 111 = R 707a; 2009, 579; 2009, 411 = R 702c
[56] BGH FamRZ 1990, 283, 288; 1986, 434
[57] BGH FamRZ 1995, 869; 1990, 283, 288
[58] BGH FamRZ 2003, 1179 = R 592a; 2000, 950; NJW 1985, 49
[59] BGH FamRZ 2009, 1300 = R 705b
[60] BGH FamRZ 2009, 1300 = R 705b

6. Abschnitt: Einkünfte aus Vermietung und Verpachtung § 1

b) Bewertung beim Trennungsunterhalt. Beim mietfreien Wohnen ist jedoch zu 479
beachten, dass Wohnkosten zu den allgemeinen Lebenshaltungskosten zählen und deshalb
einen Teil des Unterhaltsbedarfs des Berechtigten sowie des Eigenbedarfs des Verpflichteten
beinhalten. Diese Bedarfspositionen ändern sich mit der Zurechnung eines Wohnwertes,
dem als Rechnungsposten ein verfügbares Einkommen nicht entspricht, so dass ein Ausgleich nur durch Einsparungen bei den übrigen Lebenshaltungskosten möglich wird.[61]
Gebrauchsvorteile sind kein Bargeld. In sehr vielen Fällen ist das Haus, das als Heim für die
ganze Familie angelegt war, nach der Trennung für den zurückbleibenden Ehegatten und
dessen neuen Lebenszuschnitt zu groß, zu aufwändig und auch zu kostspielig. Es ist wie mit
einem zu großen Gewand, das von ihm nicht mehr ausgefüllt werden kann. Graba spricht
deshalb zu Recht von einem **„toten Kapital"**.[62] Der BGH hat diesen Begriff übernommen.[63] Maßgebend ist unterhaltsrechtlich, ob nach Treu und Glauben eine Vermögensverwertung oder (Unter-)Vermietung des wegen der Trennung zu groß gewordenen
Familienheims zumutbar ist. In der Trennungszeit ist das zunächst nicht der Fall[64] (vgl. auch
Rn. 463). Denn es dürfen keine Fakten geschaffen werden, die eine mögliche Wiederherstellung der ehelichen Lebensgemeinschaft erschweren.[65]

Diese „aufgedrängte Bereicherung" hat zur Folge, dass in der **Trennungszeit** zunächst
nicht der objektiv erzielbare, sondern aus Billigkeitsgründen nur ein **unterhaltsrechtlich
angemessener Betrag** als Wohnwert anzusetzen ist.[66] Dieser angemessene Betrag ist so zu
bewerten, dass den Parteien noch ausreichende Mittel für ihre sonstige Lebensführung zur
Verfügung bleiben. Nach BGH muss der Wert aber objektbezogen bemessen werden.[67] Zur
Höhe des angemessenen Wohnwertes s. unten, Rn. 486.

In Änderung seiner früheren Rechtsprechung hat der BGH aber am 5. 3. 2008 ent- 480
schieden, dies betreffe **nicht die gesamte Trennungszeit** unabhängig von der Trennungsdauer, sondern nur, bis eindeutig feststeht, dass die Ehe endgültig gescheitert ist.[68] Davon ist
auszugehen, wenn **das Scheidungsverfahren rechtshängig wird**,[69] die Eheleute in der
Trennungszeit einen Ehevertrag mit Gütertrennung schließen, durch Veräußerung des
gemeinsamen Familienheimes an einen Dritten oder an den Ehepartner bereits die Vermögensauseinandersetzung durchführen (vgl. hierzu näher Rn. 557 ff.)[70] oder die Trennungsdauer über 3 Jahre liegt, weil ab diesem Zeitraum nach § 1566 II BGB grundsätzlich
vom Scheitern einer Ehe auszugehen ist.[71] Es ist dann ab diesem Zeitpunkt die **objektive
Marktmiete** als Wohnwert anzusetzen.[72]

Entsprechendes gilt, wenn in der Trennungszeit ein Teil der Ehewohnung **untervermietet,** d. h. das tote Kapital voll genutzt wird. Die objektive Marktmiete ist auch
anzusetzen, wenn ein **neuer Lebensgefährte** in die Wohnung aufgenommen wird.[73] Es
wird regelmäßig zumutbar sein, dass dieser einen Wohnkostenbeitrag leistet. Nach dem
Verbot der Doppelverwertung dürfen dann allerdings aus diesem Grund keine Einkünfte
wegen ersparter Aufwendungen durch Zusammenleben mit einem neuen Partner angesetzt
werden (näher zur Ersparnis Rn. 4/585).

Die Änderung der Rechtsprechung wurde von der Praxis seit langem gefordert und ist
sehr zu begrüßen. Denn der Ansatz eines angemessenen Wohnwertes auch bei langer

---

[61] BGH FamRZ 2003, 1179 = R 592 a
[62] Graba NJW 1987, 1721
[63] BGH FamRZ 1998, 899; 1989, 1160
[64] BGH FamRZ 2009, 1300 = R 705 a; 2008, 963 = R. 692 b; 2003, 1179 = R 592 a; 2000, 351
[65] BGH FamRZ 2000, 351; 1989, 1160
[66] BGH FamRZ 2007, 879 = R 677 a; 2003, 1179 = R 592 a; NJW 1998, 2821; FamRZ 1990, 989, 991; 1989, 1160, 1163
[67] BGH FamRZ 2007, 879 = R 677 b; 2003, 1179 = R 592 a; NJW 1998, 2821
[68] BGH FamRZ 2008, 963 = R 692 b
[69] BGH FamRZ 2008, 963 = R 692 b, c
[70] BGH FamRZ 2009, 23; 2008, 963 = R 692 b
[71] BGH FamRZ 2008, 963 = R 692 b, c; Gerhardt FuR 2007, 393
[72] BGH FamRZ 2009, 23; 2008, 963 = R 692 b, c
[73] OLG Koblenz NJW 2003, 1816; Gerhardt FamRZ 1993, 1139

Trennungszeit führte in der Vergangenheit vielfach dazu, Scheidungsverfahren und Vermögensauseinandersetzung zu verzögern, um möglichst lange in den Genuss des angemessenen Wohnwertes zu bleiben.

481 **c) Nachehelicher Unterhalt.** Beim nachehelichen Unterhalt besteht in der Regel keine Veranlassung, für die Wohnwertberechnung vom Grundsatz der objektiven Marktmiete abzuweichen. Die unterhaltsrechtliche Obliegenheit, vorhandenes Vermögen so ertragreich wie möglich anzulegen, um die Bedürftigkeit zu mindern, bzw. die Leistungsfähigkeit zu erhöhen,[74] bedeutet, dass der erzielbare Wohnwert, d. h. die objektive Marktmiete als Vermögensnutzung heranzuziehen ist.[75] **Ab Scheidung** besteht keine Veranlassung mehr, eine zu große Wohnung aus der Ehezeit beizubehalten. Will der Berechtigte auf den bisherigen Wohnkomfort nicht verzichten, muss er sich den entsprechenden „Mehrwert" als Einkommen anrechnen lassen.[76]

Nach BGH besteht zwar durch den Auszug des Ehepartners der Wohnvorteil nur in Höhe der eingeschränkten Nutzung, der im Familienheim zurückbleibende Ehegatte ist aber verpflichtet, den freiwerdenden Raum ertragreich zu verwerten.[77] Im Ergebnis führt dies regelmäßig zur objektiven Marktmiete.[78] Einfacher ist es deshalb zur Begründung der Höhe des Wohnwertes entsprechend der ursprünglichen Argumentation des BGH den Wert als Nutzung des Grundeigentums im Sinne des § 100 BGB von vornherein als Wert zu bezeichnen, um den der Eigentümer billiger als im Mieter lebt[79] und diesen Wert nur aus Billigkeitsgründen, z. B. in der Trennungszeit bis zum endgültigen Scheitern der Ehe, auf einen angemessenen Betrag herabzusetzen. Der Eigentümer lebt stets in Höhe der objektiven Marktmiete billiger als ein Mieter.

482 Seltene Ausnahmefälle, in denen auch beim nachehelichen Unterhalt aus Billigkeitsgründen nur ein angemessener Wohnwert anzusetzen ist, liegen nur vor, wenn unter Abwägung aller Umstände des Einzelfalls nach Treu und Glauben eine **Weiter- oder Untervermietung unzumutbar** oder ein Verkauf nicht durchführbar ist, d. h. eine Vermögensverwertung aus Billigkeitsgründen nicht verlangt werden kann.[80] Derartige Gründe liegen z. B. vor, wenn die Eheleute **zwei Immobilien als Ehewohnung** hatten und ein Ehegatte diese nach Trennung und endgültigem Scheitern der Ehe allein weiter nutzt, eine Verwertung zumindestens einer Immobilie aber noch nicht möglich oder zumutbar ist.[81] Das gleich gilt, wenn es sich um ein von einem Ehegatten bereits in die Ehe eingebrachtes Familienheim handelt, die finanziellen Verhältnisse beengt sind und deshalb eine Veräußerung der Immobilie nicht zumutbar erscheint oder es sich um ein nicht veräußerbares oder nur mit starken Verlusten verkaufbares Objekt handelt. Im Einzelfall ist dabei immer zu prüfen, ob der im Familienheim verbleibende Ehegatte mit den vorhandenen Barmitteln seine Lebenshaltungskosten finanzieren kann, ansonsten ist nach § 242 BGB eine Ergebniskorrektur veranlasst. In der Regel besteht beim Ehegattenunterhalt keine Obliegenheit, eine im Alleineigentum stehende Immobilie zu veräußern, um Unterhalt leisten zu können, da auch das mietfreie Wohnen der Sicherung des eigenen Unterhalts dient. Beim Verwandtenunterhalt wird vom BGH vertreten, der angemessene Wohnwert könne auch angesetzt werden, wenn sich der Pflichtige eine der Marktmiete entsprechende Mietwohnung nicht hätte leisten können.[82] Diese Auffassung kann man bei Alleineigentum auf die Ehegatten übertragen, vor allem, wenn die Immobilie vom Pflichtigen bereits in die Ehe mitgebracht wurde. Bei Miteigentum gilt dieser Grundsatz dagegen nicht, weil man in der Regel nicht weiß und wissen kann, welche Miete die Eheleute gezahlt hätten, wenn sie sich kein

---

[74] BGH FamRZ 2003, 1179 = R 592 a; 2000, 950; 1992, 423 = R 442 c; 1990, 269
[75] BGH FamRZ 2003, 1179 = R 592 a; 2000, 950 = R 540 a; 1998, 87; 1995, 869; 1994, 1100, 1102 = R 482 b; 1992, 423, 425 = R 442 c
[76] BGH FamRZ 2000, 950 = R 540 a
[77] BGH a. a. O.
[78] BGH FamRZ 2003, 1179 = R 592 a
[79] Vgl. z. B. BGH FamRZ 1995, 896
[80] BGH FamRZ 2009, 1300 = R 705 a; 2003, 1179 = R 592 a; 2000, 950
[81] BGH FamRZ 2009, 1300 = R 705 a
[82] BGH FamRZ 2003, 1179 = R 592 b

6. Abschnitt: Einkünfte aus Vermietung und Verpachtung § 1

Wohnungseigentum angeschafft hätten. Im Übrigen orientieren sich die ehelichen Lebensverhältnisse nach einem objektiven Maßstab (s. näher Rn. 4/463 ff.), dem als Nutzung des Vermögens allein die Marktmiete entspricht. Ein Ausnahmefall ist bei einer gemeinsamen Immobilie auch nicht gegeben, wenn sich der weiterhin im Familienheim lebende Ehepartner weigert, das gemeinsame Wohnungseigentum zu veräußern.[83]

Soweit ein Ehegatte nach der Trennung oder nach der Scheidung eine **neue Immobilie** 483 erwirbt und dadurch mietfrei wohnt, z. B. aus dem Verkaufserlös des Familienheimes (vgl. näher Rn. 557 ff.) oder aus einer Erbschaft, ist aus den oben genannten Gründen ebenfalls die objektive Marktmiete als Wohnwert anzusetzen.[84] Das Gleiche gilt, wenn er vom gemeinsamen Familienheim die Haushälfte des Ehepartners erwirbt (näher Rn. 569).[85]

d) **Wohnwert bei mehreren bedürftigen Ehegatten.** Vom BGH noch nicht ent- 484 schieden wurde die Frage, welcher Wohnwert nach der seit der Unterhaltsreform 2008 geltenden Rechtslage bei **Konkurrenz mehrerer bedürftiger Ehegatten** anzusetzen ist. Generell ist zu differenzieren, ob der Pflichtige oder der Bedürftige mietfrei wohnt.

Lebt der **Pflichtige** in der ersten und zweiten Ehe mietfrei, ist ein einheitlicher Wohnwert für die Bedarfsermittlung des Geschiedenen und die Korrekturberechnung bei der Leistungsfähigkeit anzusetzen, nachdem auf Grund der Entscheidung des BVerfG vom 25. 1. 2011 beim Bedarf des Geschiedenen der Unterhalt für den neuen Ehegatten nicht berücksichtigt werden darf (eingehend hierzu Rn. 4/ 426 ff, 805 ff.). Um die Berechnung nicht zu erschweren, ist dabei generell die Marktmiete anzusetzen, auch für den Wohnwert in der zweiten Ehe. Der Ansatz der Ersparnis auf Grund des Zusammenlebens mit dem zweiten Ehegatten entfällt dadurch nicht, weil die vom BGH analog § 20 III SGB II hierfür angesetzten 20% alleine die Lebenshaltungskosten erfassen (näher zur Ersparnis Rn. 4/ 585).[86] Dabei ist zu beachten, dass der Wohnwert beim Familienunterhalt nur ein Rechenfaktor ist, der sich bei Zusammenleben nach der tatsächlichen Ersparnis richtet, d. h. mangels toten Kapitals nach der Marktmiete. Bei Scheitern auch der zweiten Ehe ist bereits nach der derzeitigen Rechtsprechung generell die Marktmiete heranzuziehen. Der Ansatz der Marktmiete in der ersten und zweiten Ehe gilt dabei unabhängig vom Rang der bedürftigen Ehegatten. Zu einem Rechenbeispiel vgl. Rn. 497.

Wohnt der **erste Ehegatte als Bedürftiger** weiterhin mietfrei, verbleibt es beim bisherigen Ansatz der Marktmiete ab Scheidung. Lebt der **zweite bedürftige Ehegatte** nach Scheitern der zweiten Ehe weiterhin mietfrei, gilt das Gleiche.

Besteht **nur in der zweiten Ehe der Wohnvorteil**, gelten für die Bewertung die gleichen Grundsätze. Denn nach BGH ist in diesen Fällen wegen der zusätzlichen Unterhaltsverpflichtung durch den neuen Ehegatten auch der nicht in der Ehe angelegte neue Wohnwert als Einkommen bedarfsdeckend heranzuziehen, weil der Grundsatz der Halbteilung dadurch nicht verletzt wird und bei der Leistungsfähigkeit das gesamte Vermögen des Pflichtigen anzusetzen ist (vgl. näher Rn. 4/435, 573).[87]

e) **Bemessung des Wohnwertes.** Ist die **objektive Marktmiete** als Wohnwert anzu- 485 setzen, ist ein durchschnittlicher, nach Ortslage, Größe, Zuschnitt und Ausstattung vergleichbarer Wert heranzuziehen.[88] Unter **Marktmiete** ist dabei die Miete ohne die auf einen Mieter umlegbaren Nebenkosten zu verstehen (eingehend Rn. 498 ff.),[89] d. h. der Wert, um den der Eigentümer gegenüber einem Mieter billiger lebt. Der objektive Mietwert ist tatrichterlich festzustellen. Ein mit Ort und Mietpreisen vertrauter Richter oder Anwalt wird ihn in der Regel nach § 287 ZPO schätzen können, wobei zu berücksichtigen ist, dass die Eheleute regelmäßig schon längere Zeit das Eigenheim bewohnten, es also nicht um eine maximal erzielbare Miete wie bei einer Neuvermietung geht. Die

---

[83] BGH FamRZ 1994, 1100, 1102
[84] BGH FamRZ 2010, 1633; 2009, 1300 = R 705 a; 2009, 23
[85] BGH FamRZ 2008, 963 = R 692 a
[86] BGH FamRZ 2010, 1535 = R714 c; vgl. näher Gerhardt/Gutdeutsch FamRZ 2011, 597
[87] BGH FamRZ 2010, 111 = R 707 a; 2009, 579; 2009, 411 = R 702 b
[88] BGH FamRZ 2009, 23; 2003, 1179 = R 592 c; 1998, 899 = R 525
[89] Vgl. SüdL, BL, BraL, BrL, BrauL, CL, DL, DrL, FL, HaL, HL, KL, KoL, NaL, OL, RL, SchL jeweils Nr. 5

mit erheblichen Kosten und Zeitverlust verbundene Einschaltung eines Sachverständigen erscheint in den meisten Fällen entbehrlich. Um schätzen zu können, muss der Anwalt aber immer die hierfür **wertbildenden Faktoren vortragen,** d. h. insbesondere die qm, Anzahl der Räume, Baujahr des Objekts, Einzelhaus mit Garten oder Eigentumswohnanlage usw.

Eine Wohnwertermittlung kann unterbleiben, wenn sich die Parteien auf einen bestimmten Wohnwert geeinigt haben oder einen behaupteten Wohnwert etwa zur Vermeidung von Sachverständigenkosten außer Streit stellen.[90]

486 Der **angemessene Wohnwert** wurde früher nach der sog. Drittelobergrenze ermittelt,[91] die sich an den Einkommensverhältnissen der Parteien orientierte. In seiner grundlegenden Entscheidung vom 22. 4. 1998[92] hat der BGH demgegenüber ausgeführt, dass der angemessene Wohnwert als eingeschränkter Wohnvorteil unter Berücksichtigung des durch den Auszug eines Ehepartners entstehenden „toten Kapitals" nur in einer Höhe anzusetzen ist, wie sie sich als angemessene Wohnungsnutzung durch den Zurückbleibenden gegenüber der Marktmiete darstellt. Die ehelichen Lebensverhältnisse verwirklichen sich nach der Trennung in Form eines entsprechend geringer anzusetzenden Gebrauchsvorteils als bedarfsbestimmender Wohnwert.[93] Der verbleibende Gebrauchswert ist dabei in der Regel danach zu bestimmen, welchen Mietzins der Ehegatte auf dem örtlichen Wohnungsmarkt für eine **dem ehelichen Lebensstandard entsprechende kleinere Wohnung** zahlen müsste, nach oben begrenzt durch die objektive Marktmiete.[94] Haben die Eheleute im Einzelfall, gemessen an ihren sonstigen wirtschaftlichen Verhältnissen, zu aufwändig gewohnt, kann dies berücksichtigt und der verbleibende Wohnwert auf einen angemessenen Betrag zurückgeführt werden.

Die Bewertung des angemessenen Wohnwertes ist grundsätzlich dem Tatrichter vorbehalten. Im Ergebnis ist die Reduzierung der Marktmiete auf einen angemessenen Betrag vom Tatrichter zu **schätzen**.[95] Ein Anhaltspunkt können die Mietkosten des ausziehenden Ehegatten sein,[96] soweit er eine dem ehelichen Lebensstandard entsprechende kleinere Wohnung anmietet, die er mit seinen ihm nach Abzug des Unterhalts verbleibenden Mitteln bezahlen kann. In den meisten Fällen wird man zu einem sachgerechten Ergebnis kommen, wenn man die objektive Marktmiete um etwa ein Drittel reduziert und den dann rechnerisch ermittelten Unterhalt nochmals auf seine Angemessenheit überprüft (vgl. Beispiel Rn. 497).[97] Zusätzlich zu berücksichtigen ist aber auch, welche Barmittel beiden Eheleuten entsprechend dem angesetzten Wohnwert verbleiben. Haben die Eheleute gemessen an den vorhandenen Einkünften zu aufwendig gewohnt, ist dies mit zu beachten.

Bei der Schätzung eines vom **Bedürftigen mit einem gemeinsamen Kind** weiterhin bewohnten Familienheimes ist beim angemessenen Wohnwert des Elternteils der Wohnbedarf des Kindes mit zu berücksichtigen (Rn. 573 mit Beispiel Rn. 580).

487 **f) Leitlinien.** Die unterhaltsrechtlichen Leitlinien behandeln den Wohnwert gemäß der zwischen allen Oberlandesgerichten ab 1. 7. 2003 vereinbarten einheitlichen Leitlinienstruktur unter **Nr. 5.** In der Neufassung ab 1. 1. 2011 ist zwischenzeitlich in allen Leitlinien die neue Rechtsprechung des BGH zum Ansatz der Marktmiete oder des angemessenen Wohnwertes, ebenso zu den Abzugsposten eingearbeitet (vgl. z. B. SüdL Nr. 5).

488 **g) Zusatzfragen.** Haben die Eheleute in der Ehezeit **zwei Immobilien** bewohnt, sind beide Wohnwerte für die Einkommensermittlung heranzuziehen. Benutzt nach der Trennung jeder Ehegatte eine Wohnung, ist regelmäßig sofort bei jedem die objektive Markt-

---

[90] BGH FamRZ 1986, 434
[91] Vgl. 3. Auflage 1/229 ff.
[92] BGH FamRZ 2007, 879 = R 677 b; 2003, 1179 = R 592 a; NJW 1998, 2821
[93] BGH FamRZ 2007, 879 = R 677 a; vgl auch BGH FamRZ 2009, 1300 = R 705 a
[94] BGH FamRZ 2009, 1300 = R 705 a; 2007, 879 = R 677 a
[95] Gerhardt FuR 2007, 393
[96] BGH FamRZ 2009, 1300 = R 705 a; NJW 1998, 2821
[97] Brühler Schriften zum Familienrecht, 13. Deutscher Familiengerichtstag, Beschlüsse Arbeitskreis 3, I 2 b; Gerhardt FuR 2007, 393

6. Abschnitt: Einkünfte aus Vermietung und Verpachtung § 1

miete anzusetzen, außer es liegt noch ein sog. totes Kapital durch Auszug des Ehepartners vor, weil eine der beiden Wohnungen für einen Ehepartner an sich zu groß ist.

Benutzt nur noch ein Ehegatte beide Immobilien und haben sich die Eheleute beim Miteigentum noch nicht über die Verwertung einigen können, ist nur der jeweils angemessene Wohnwert heranzuziehen (vgl. auch Rn. 482).[98] **489**

Hatten die Eheleute neben dem Familienheim ein **Mietobjekt**, in das ein Ehegatte nach der Trennung zieht, ist dieser neue Wohnwert beim Ehegattenunterhalt **Surrogat der früheren Mieteinkünfte** und damit ebenfalls in der Ehe angelegt. Als Wohnwert ist die Marktmiete heranzuziehen, weil bereits eine Vermögensauseinandersetzung der Ehegatten erfolgte. **490**

Hatten die Eheleute neben ihrem Eigenheim noch eine **Ferienwohnung**, ist im Einzelfall auch für diese Ferienwohnung ein Nutzungsvorteil anzusetzen.[99] Wird die Ferienwohnung von den Eheleuten nach der Trennung abwechselnd genutzt, ist dieser Nutzungsvorteil wertneutral und muss dann nicht einbezogen werden. **491**

Bei einer **Gütergemeinschaft** kann bis zur endgültigen Auseinandersetzung des Gesamtgutes, d. h. auch über die Scheidung hinaus, regelmäßig nur ein angemessener Wohnwert angesetzt werden, soweit noch ein Ehegatte das Familienheim bewohnt. Ab Scheidung verwalten die Eheleute bei der Auseinandersetzung das Gesamtgut gemeinsam, auch wenn vorher ein Alleinverwaltungsrecht eines Ehegatten bestand (§§ 1471, 1472 BGB). Die Eheleute können das Eigenheim daher nur gemeinsam anderweitig (unter-)vermieten oder veräußern, der Erlös fließt nach § 1473 BGB ins Gesamtgut.[100] Der Ansatz eines fiktiven Einkommens wegen unterlassener anderweitiger (Unter-)Vermietung oder Veräußerung scheidet somit aus.[101] Ist das Gesamtgut dagegen auseinandergesetzt und hat einer der Eheleute das Familienheim übernommen, ist der Wohnwert mit der Marktmiete zu bewerten. **492**

Bewohnen die Eheleute in der Ehe oder ein Ehegatte nach der Trennung **kostenlos ohne Gegenleistung eine Immobilie der Eltern,** handelt es sich um eine freiwillige Zuwendung Dritter, die kein unterhaltsrechtliches Einkommen darstellt (vgl. näher Rn. 475). **493**

h) Zusammenfassung und Rechenbeispiele. Der Wohnwert bestimmt sich somit grundsätzlich nach der **objektiven Marktmiete.** Beim **Trennungsunterhalt** ist aus Billigkeitsgründen zunächst nur ein **angemessener** Wohnwert anzusetzen, da eine Verwertung des durch den Auszug des Partners entstehenden sog. toten Kapitals nicht verlangt werden kann, um eine Versöhnung der Eheleute nicht zu erschweren. Etwas anderes gilt, wenn das **endgültige Scheitern der Ehe** durch Rechtshängigkeit des Scheidungsverfahrens feststeht[102] oder wenn der im Familienheim zurückbleibende Ehegatte aus eigenem Entschluss aus den frei gewordenen Räumen bereits Nutzungen zieht, z. B. durch Untervermietung oder Aufnahme eines neuen Lebensgefährten. Bei Verkauf des Familienheimes sind statt des bisherigen Wohnwertes die Zinsen aus dem Erlös eheprägendes Surrogat (näher Rn. 557 ff.). Beim **nachehelichen Unterhalt** ist als Wohnwert regelmäßig die objektive Marktmiete anzusetzen, ebenso bei einem neuen, erst nach der Trennung der Parteien entstandenen Wohnwert. **494**

Nachdem Trennungs- und nachehelicher Unterhalt verschiedene Streitgegenstände sind, bereitet die unterschiedliche Bewertung des Wohnwertes beim Trennungs- und nachehelichen Unterhalt keine Probleme. Soweit beim Trennungsunterhalt ab Rechtshängigkeit des Scheidungsverfahrens die Marktmiete anzusehen ist, kann dies bereits bei der ersten Berechnung des Trennungsunterhalts berücksichtigt werden, da es um einen bestimmbaren Zeitpunkt geht. Nachdem es sich nur um eine Berechnungsmethode handelt, besteht im Abänderungsverfahren insoweit keine Bindungswirkung.[103]

Soweit bei der Unterhaltsberechnung ein Wohnwert anzusetzen ist, empfiehlt es sich, die **Additionsmethode** heranzuziehen (hierzu näher Rn. 4/800 ff.). Sie ist die verständlichere **495**

---

[98] BGH FamRZ 2009, 1300 = R 705 a
[99] OLG Karlsruhe FamRZ 2009, 48
[100] BGH FamRZ 1984, 559
[101] OLG Nürnberg FamRZ 1997, 1217; OLG Karlsruhe FamRZ 1996, 1414
[102] BGH FamRZ 2009, 1300 = R 705 a; 2009, 23; 2008, 963 = R 692 b, c
[103] BGH FamRZ 1994, 1100 = R 482 a

Methode[104] und führt vor allem bei schwierigen Fällen mit Mischeinkünften zu nachvollziehbaren Lösungen. Um zu sachgerechten Ergebnissen zu kommen, ist nämlich in vielen Fällen exakt zwischen dem Bedarf nach den ehelichen Lebensverhältnissen und dem hierauf anzurechnenden Einkommen des Berechtigten zu trennen, insbesondere wenn es um die Anrechnung von Hauslasten auf den Wohnwert (s. näher Rn. 505 ff.) oder um das Zinseinkommen aus dem Verkaufserlös des Familienheims als Surrogat des früheren Wohnwerts geht (s. näher Rn. 557 ff.).

496 Wird der Unterhalt nach der Additionsmethode errechnet (vgl. näher Rn. 4/800 ff.), ist der Wohnwert sowohl bei der Ermittlung des Unterhaltsbedarfs als auch bei der Feststellung der Unterhaltshöhe mit der gleichen Bezugsgröße, d. h. nach dem angemessenen Wohnwert oder der objektiven Marktmiete, anzusetzen, da es sich um einen einheitlichen Rechenvorgang handelt.[105] Würde man anders vorgehen und den Wohnwert z. B. bei der Bedarfsermittlung nach der objektiven Marktmiete, bei der Bedürftigkeit nach dem angemessenen Wohnwert ansetzen, wäre die Leistungsfähigkeit des Pflichtigen nicht mehr gewahrt, weil ihm nicht mehr die Hälfte des Bedarfs verbleiben würde.

497 **Rechenbeispiele** zur Berechnung des Unterhalts bei mietfreiem Wohnen im Familienheim, wenn das Ehepaar ein Haus bewohnt, für das eine ortsübliche Marktmiete von 800 EUR bezahlt werden müsste und der angemessene Wohnwert auf 500 EUR zu schätzen ist. Bei dieser Berechnung ist zu berücksichtigen, dass es sich bei der Zurechnung eines Wohnvorteils nicht um Erwerbseinkünfte handelt, sondern um sonstige Einkünfte, bei denen ein **Erwerbstätigenbonus nicht berücksichtigt** werden darf[106] (s. auch Rn. 4/787, 801). Der Wohnwert der **Ehewohnung** ist stets **in der Ehe angelegt**[107] (s. näher Rn. 535 ff.). Die Berechnung erfolgt nach der Additionsmethode, wobei die Beispiele jeweils mit einem Erwerbstätigenbonus von $1/10$ (SüdL) und $1/7$ (DT) gerechnet werden.

Beispiel 1:
Bereinigtes Nettoerwerbseinkommen M: 2000 €; F 1000 € (prägend); M und F trennen sich, das Scheidungsverfahren ist noch nicht rechtshängig.
a) M bleibt in Ehewohnung
b) F bleibt in Ehewohnung
Lösung:
Beim Trennungsunterhalt ist zunächst der angemessene Wohnwert, d. h. 500 €, anzusetzen.
a) M bleibt in Ehewohnung:
Nach SüdL mit $1/10$
Bedarf: $1/2 \times (9/10 \times 2000 + 500 + 9/10 \times 1000) = 1600$;
Höhe: $1600 - 9/10 \times 1000 = 700$
Nach DT mit $1/7$
Bedarf: $1/2 \times (6/7 \times 2000 + 500 + 6/7 \times 1000) = 1536$;
Höhe: $1536 - 6/7 \times 1000 = 679$
Die Leistungsfähigkeit des M ist jeweils gegeben, da ihm einschließlich des mietfreien Wohnens die Hälfte des gemeinsamen Einkommens verbleibt und der Mindestehegattenselbstbehalt von 1050 € gewahrt ist.
b) F bleibt in Ehewohnung
Nach SüdL mit $1/10$
Bedarf: $1/2 \times (9/10 \times 2000 + 500 + 9/10 \times 1000) = 1600$;
Höhe: $1600 - (9/10 \times 1000 + 500) = 200$
Nach DT mit $1/7$
Bedarf: $1/2 \times (6/7 \times 2000 + 500 + 6/7 \times 1000) = 1536$;
Höhe: $1536 - (6/7 \times 1000 + 500) = 179$

Beispiel 2:
Wie 1, aber das Scheidungsverfahren ist rechtshängig oder M und F lassen sich scheiden.
a) M bleibt in Ehewohnung
b) F bleibt in Ehewohnung

---

[104] BGH FamRZ 2001, 986, 991 = R 563 d
[105] BGH NJW 1998, 2821
[106] BGH FamRZ 1991, 1163 = R 437 c; 1990, 989, 991; 1989, 1160, 1163
[107] BGH FamRZ 1990, 989; 1989, 1160, 1162; 1986, 437

6. Abschnitt: Einkünfte aus Vermietung und Verpachtung § 1

Lösung:
Ab endgültigen Scheitern der Ehe durch Rechtshängigkeit des Scheidungsverfahrens und beim nachehelichen Unterhalt ist die objektive Marktmiete, d. h. 800 €, als Wohnwert anzusetzen.
a) M bleibt in Ehewohnung:
Nach SüdL mit $1/10$
Bedarf: $1/2 \times (9/10 \times 2000 + 800 + 9/10 \times 1000) = 1750$;
Höhe: $1750 - 9/10 \times 1000 = 850$
Nach DT mit $1/7$
Bedarf: $1/2 \times (6/7 \times 2000 + 800 + 6/7 \times 1000) = 1686$;
Höhe: $1686 - 6/7 \times 1000 = 829$
Die Leistungsfähigkeit des M ist jeweils gegeben, da ihm einschließlich des mietfreien Wohnens die Hälfte des gemeinsamen Einkommens verbleibt und der Mindestehegattenselbstbehalt von 1050 € gewahrt ist.
b) F bleibt in Ehewohnung:
Nach SüdL mit $1/10$
Bedarf: $1/2 \times (9/10 \times 2000 + 800 + 9/10 \times 1000) = 1750$;
Höhe: $1750 - (9/10 \times 1000 + 800) = 50$
Nach DT mit $1/7$
Bedarf: $1/2 \times (6/7 \times 2000 + 800 + 6/7 \times 1000) = 1686$;
Höhe: $1686 - (6/7 \times 1000 + 800) = 29$

Beispiel 3:
M hat unter Berücksichtigung des geleisteten Kindesunterhalts ein bereinigtes Nettoeinkommen nach Steuerklasse 3 von 2000 €, nach Steuerklasse 1 von fiktiv 1800 €, seine geschiedene erste Ehefrau F 1 von 700 €, seine mit ihm zusammenlebende zweite Ehefrau F 2 hat kein Einkommen. M bewohnt wie in der Ehe mit F 1 weiterhin mit F 2 das ihm gehörende Eigenheim. F 1 und F 2 betreuen jeweils gemeinsame Kinder, ein Verstoß gegen die Erwerbsobliegenheit liegt nicht vor. Unterhaltsanspruch F 1?
Lösung (nach SüdL mit $1/10$):
Beide bedürftigen Ehegatten sind nach § 1609 Nr. 2 BGB gleichrangig. Als Wohnwert ist jeweils die Marktmiete anzusetzen, auch für die zweite Ehe. Zunächst ist der Bedarf der geschiedenen F1 ohne Berücksichtigung des Unterhalts von F 2 nach Steuerklasse 1 zu ermitteln. Im Rahmen der Leistungsfähigkeit ist dann eine Korrektur nach der Dreiteilung vorzunehmen (näher Rn. 4/803, 805 ff.). Für F 2 ist der Familienunterhalt als Rechenfaktor wie bei einer Trennung anzusetzen. Bei der Korrekturrechnung im Rahmen der Leistungsfähigkeit ist bei M von der tatsächlich gezahlten Steuer auszugehen und die Ersparnis durch das Zusammenleben von M mit F 2 zu berücksichtigen durch Erhöhung des Bedarfs von F 1 um 10% und Kürzung des Bedarfs von F 2 um 10% (näher Rn. 4/809, 5/109).
Bedarf F1: $½ (9/10 \times 1800 + 800 + 9/10 \times 700) = 1525$
Höhe: $1525 - 9/10 \times 700 = 895$
Mangelfallkorrektur durch Dreiteilung: $1/3 \times (9/10 \times 2000 + 800 + 9/10 \times 700) = 1077$
Höhe F 1: Erhöhung des Bedarfs um 10%: $1077 + 10\% = 1184$
$1184 ./. 9/10 \times 700 = 554$
(F 2: $1077 ./. 10\% = 970$)
Leistungsfähigkeit M wegen mietfreien Wohnens gegeben: $2000 + 800 - 554 - 970 = 1276$
Kontrollrechnung: F 1 verbleiben damit 1254 € (554 + 700), M und F 2 mit mietfreien Wohnen 2076 € (1276 + 970). Dies entspricht einer angemessenen Verteilung für beide Familien.

3. Abziehbare Hauslasten, Instandhaltungskosten und Annuitätsleistungen vom Wohnwert

Nach der Rechtsprechung des BGH ist dem Eigentümer ein Wohnvorteil nur insoweit zuzurechnen, als der Wohnwert die mit dem Grundeigentum verbundenen Unkosten übersteigt.[108] Ein Wohnwert besteht nämlich nur, soweit der Eigentümer billiger lebt als der Mieter.[109] Er soll bei der Unterhaltsbemessung weder besser noch schlechter gestellt wer-

---

[108] BGH FamRZ 2009, 1300 = R. 705 b; 2008, 963 = R. 692 d; 2007, 879 = R. 677 a; 2003, 1179 = R. 592 c; 2000, 951; 2000, 351; 354; 1998, 87; NJW 1998, 2821, 2824; FamRZ 1995, 869; 1994, 1100, 1102
[109] BGH FamRZ 2009, 1300 = R. 705 b; 1995, 869

den. Es wird ihm daher nur die Differenz aus Wohnwert und dem Mietzins vergleichbarem Aufwand als Einkommen zugerechnet.

499   a) **Betriebskosten.** Der BGH hat bei den Grundstückskosten früher zwischen den mit dem Grundeigentum verbundenen allgemeinen Grundstückskosten und -lasten, wozu er die sog. verbrauchsunabhängigen Nebenkosten und Instandhaltungskosten (s. unten Rn. 502) rechnete und den sog. verbrauchsabhängigen Nebenkosten unterschieden. Abzugsposten waren dabei nach seiner früheren Rechtsprechung die verbrauchsunabhängigen Nebenkosten und Instandhaltungskosten,[110] nicht aber verbrauchsabhängige Nebenkosten als allgemeine Lebenshaltungskosten. Im Mietrecht werden die verbrauchsabhängigen und verbrauchsunabhängigen Nebenkosten als Betriebskosten bezeichnet (§ 556 BGB i. V. mit § 2 BetrKV) und nur zwischen Betriebskosten und Instandhaltungskosten differenziert. Nur dies entspricht auch der üblichen mietvertraglichen Praxis.[111] Mit Urteils vom 27. 5. 2009 hat der BGH seine Rechtsprechung geändert und dargelegt, dass alle auf den Mieter nach § 556 I BGB, §§ 1, 2 BetrKV umlegbaren Betriebskosten beim Wohnwert keine Abzugsposten darstellen, weil der Eigentümer insoweit nicht billiger als ein Mieter wohnt.[112] Dies sind zum einen alle sog. **verbrauchsabhängigen Nebenkosten,** d. h. insbesondere die Kosten für Heizung, Strom, Gas, Müllabfuhr, Wasser, Abwasser u. ä., die als allgemeine Lebenshaltungskosten generell nicht abzugsfähig sind. Diese Kosten können sich je nach wechselndem Verbrauch laufend ändern und individuell gesteuert werden.

500   Zum anderen sind dies aber auch die umlegbaren sog. **verbrauchsunabhängigen Lasten** am Grundstückseigentum, z. B. Grundsteuer, Brandversicherung, Haushaftpflicht, Kaminkehrer, Aufzug, Hausreinigung, Gartenpflege, Beleuchtung, Antennenanlage, Sach- und Haftpflichtversicherung sowie Hauswart usw. Auch diese Kosten können gemäß § 556 I BGB, § 2 BetrKV als Betriebskosten auf den Mieter umgelegt werden.[113] Dies entspricht seit langem der mietvertraglichen Praxis. **Nicht erfasst** werden im Ergebnis bei Wohnanlagen lediglich die Kosten der Hausverwaltung und des Geldverkehrs, die gemäß § 556 IV BGB, § 2 BetrKO als nicht aufgeführte Betriebskosten generell nicht auf einen Mieter umlegbar sind. Mit dieser geänderten Rechtsprechung wurde erreicht dass der im Unterhaltsrecht verwendete Mietbegriff als Anhaltspunkt für die Bemessung des Wohnwerts mit dem mietrechtlichen Mietbegriff gemäß § 558 BGB übereinstimmt (s. oben Rn. 478). In den meisten Leitlinien wurde in Nr. 5 bereits des Längerem aufgeführt, dass alle umlegbaren Betriebskosten entsprechend dem Mietrecht den Wohnwert nicht kürzen.

501   Die Differenzierung zwischen den sog. verbrauchsabhängigen Nebenkosten als allgemeine Lebenshaltungskosten und den sog. verbrauchsunabhängigen Nebenkosten als Lasten am Grundeigentum gilt auch bei einer im **Miteigentum der Eheleute** stehenden Immobilie. Zahlt wie häufig der Pflichtige nach der Trennung die verbrauchsunabhängigen Nebenkosten allein weiter, ist aber zu beachten, dass bei Miteigentum jeder Ehegatten nach Gemeinschaftsrecht verpflichtet ist, die nicht auf den individuellen Verbrauch fallenden Hauskosten je zur Hälfte zu tragen. Dies gilt unabhängig davon, wer die Immobilie bewohnt. Deshalb ist es in diesen Fällen einfacher, die verbrauchsunabhängigen Nebenkosten entsprechend der früheren Rechtsprechung des BGH vom Wohnwert abzuziehen.[114] Ein Ausgleichsanspruch entfällt dadurch. Bei Alleineigentum eines Ehegatten muss dieser die verbrauchsunabhängigen Nebenkosten dagegen allein tragen. Die sog. verbrauchsabhängigen Nebenkosten als allgemeine Lebenshaltungskosten trägt dagegen immer der Ehegatte, der nach der Trennung das Familienheim bewohnt.

502   b) **Instandhaltungskosten.** Abziehbar sind ferner notwendige Instandhaltungsaufwendungen als Grundstückslasten.[115] Insoweit lebt der Eigentümer nicht billiger als ein Mieter. Unter Instandhaltungskosten versteht man die Kosten zur Erhaltung des Wohnraumes (vgl. §§ 535 I 2, 554 I BGB), die konkret anfallen. Sie sind abzugrenzen von Kosten für Aus-

---

[110] Vgl. Vorauf. Rn. 1/335 ff
[111] BGH FamRZ 2009, 1300 = R 705 b
[112] BGH FamRZ 2009, 1300 = R 705 b
[113] BGH FamRZ 2009, 1300 = R 705 b
[114] Gerhardt FuR 2007, 393
[115] BGH FamRZ 2000, 351, 354; 1997, 281, 283 = R 509 g

6. Abschnitt: Einkünfte aus Vermietung und Verpachtung § 1

bauten und Modernisierungsaufwendungen (vgl. § 554 II, III BGB), die als vermögensbildende Ausgaben anzusehen sind.[116] Diese sind nur Abzugsposten, wenn es sich um Miteigentum handelt und beide Eheleute mit der Wertverbesserung einverstanden sind. Generell ist beim Wohnwert an den Begriff Instandhaltungskosten ein großzügiger Maßstab anzulegen, da Wohnwertverbesserungen zu einer Erhöhung der anzusetzenden Marktmiete führen können (vgl. § 559 BGB). Bei einem Wohnwert durch Nießbrauch sind diese Kosten generell Erhaltungsaufwand und damit Abzugsposten.[117]

Zur Finanzierung für Instandhaltungskosten können **Rücklagen** gebildet werden, wenn 503 es sich um konkrete unaufschiebbare Maßnahmen handelt, die zur ordnungsgemäßen Bewohnbarkeit der Immobilie erforderlich sind.[118] Eine generelle Rücklagenbildung wird man bei Eigentumswohnungen zulassen, da sie nach der Eigentümerordnung regelmäßig vorgeschrieben ist und der Vermeidung von sehr hohen konkreten Instandhaltungskosten dient.[119] Zur Finanzierung von Instandhaltungskosten können auch **Kredite** berücksichtigt werden, wenn die vorhandenen Barmittel nicht ausreichen.[120]

Ausgaben für Instandhaltungsmaßnahmen, auch soweit sie über Kredite finanziert wer- 504 den, sind bei einem in der Ehe angelegten Wohnwert **berücksichtigungswürdig**, auch wenn sie erst nach Trennung/Scheidung entstehen.[121] Dies gilt nicht nur für die Zinsen, sondern auch für die Tilgung,[122] da es sich um keine Vermögensbildung handelt. Auch bei einem **nicht in der Ehe angelegten** Wohnwert sind Verbindlichkeiten für notwendige Instandhaltungsmaßnahmen als nicht leichtfertig entstandene einseitige neue Schulden berücksichtigungsfähig (vgl. Rn. 1084).

Instandhaltungskosten sind, auch wenn sie bar bezahlt werden, je nach Höhe immer auf einen **angemessenen** Zeitraum umzulegen, z. B. auf drei bis fünf Jahre.

c) Zins und Tilgung. Bei Zins- und Tilgungsleistung ist zu differenzieren, ob es sich 505 um einen in der Ehe angelegten oder nicht in der Ehe angelegten Wohnwert handelt (vgl. insoweit Rn. 535 ff.), wem das Eigenheim gehört und wer abzahlt.

Abzuziehen sind stets die **Kreditzinsen** für Hausschulden eines in der Ehe angelegten 506 Wohnwertes,[123] d. h. Zinsen, die im Berechnungszeitraum noch zu bezahlen waren. Das Gleiche gilt für die Zinsen eines Darlehens bei einem nicht in der Ehe angelegten Wohnwert.[124] Sie sind wie eine Nutzungsentschädigungen am direktesten mit einem Mietzins vergleichbar. Außerdem sind die Zinsen auch bei Mieteinkünften als Werbungskosten Abzugsposten (vgl. Rn. 458). Bei der Bedürftigkeit/Leistungsfähigkeit ist jedoch zu beachten, wer den Kredit abzahlt.

Bei der **Tilgungsleistung als Vermögensbildung** ist nach der geänderten Rechtspre- 507 chung des BGH zu differenzieren, ob es sich um einen in der Ehe angelegten oder nicht in der Ehe angelegten Wohnwert handelt, beim in der Ehe angelegten Wohnwert ferner, ob die Immobilie im **Allein- oder Miteigentum** der Ehegatten steht und wer abzahlt.[125] Bei Alleineigentum ist außerdem zu prüfen, ob es sich bei der Tilgung um eine zulässige Altersvorsorge handelt (näher Rn. 1034, 1037).

Der BGH hat zu dieser Frage mit Urteil vom 5. 3. 2008 seine frühere Rechtsprechung bei in der Ehe angelegtem Alleineigentum geändert[126] und vertritt nunmehr wie beim Verwandtenunterhalt die Auffassung, dass bereits bei der Bedarfsermittlung die **Unterhaltspflicht** der einseitigen Vermögensbildung **vorgeht** (näher unten Rn. 510).[127] Die geänder-

---

[116] BGH FamRZ 1997, 281, 283 = R 509 g
[117] BGH FamRZ 2010, 1633
[118] BGH FamRZ 2000, 351, 354
[119] OLG München FamRZ 2002, 1407
[120] BGH FamRZ 2010, 1633; 2000, 351
[121] OLG München FamRZ 2002, 1407
[122] BGH FamRZ 2010, 1633
[123] BGH FamRZ 2009, 23; 2008, 963 = R 692 d; 2007, 879 = R 677 d; 2000, 950, 952; 1998, 87; 1995, 869; 1994, 1100, 1102; 1989, 1160, 1162
[124] BGH FamRZ 2008, 963 = R 692 d; 2000, 950
[125] Gerhardt FuR 2007, 393
[126] BGH FamRZ 2008, 963 = R 692 d
[127] BGH FamRZ 2010, 1633; 2009, 23; 2008, 963 = R 692 d; 2007, 879 = R 677 d

te Rechtsprechung ist zu begrüßen, weil die frühere Rechtsprechung, bei dieser Frage zwischen Bedarf und Bedürftigkeit/Leistungsfähigkeit zu differenzieren, kaum verständlich war, keinem Gerechtigkeitsgebot entsprach und eine Doppelverwertung der Tilgung beim Unterhalt und Zugewinnausgleich vermieden wird (näher Rn. 4/455, 484 ff.).[128]

Waren für einen **in der Ehe angelegten Wohnwert** bei der Trennung **noch Abzahlungen** zu leisten, gilt daher folgendes:

508
- Für die **Ermittlung des Bedarfs** nach den ehelichen Lebensverhältnissen kürzen bei **Miteigentum** Zins und Tilgung den in der Ehe angelegten Wohnwert.[129] Unter Tilgung fällt auch eine gesonderte Abzahlung durch monatliche Einzahlungen in eine sog. Tilgungslebensversicherung oder eine Leibrentenzahlung. Soweit das Ehepaar während des Zusammenlebens auf das gemeinsame Eigenheim Kredite (= Zins und Tilgung) leistet, wohnt es nicht billiger als ein Mieter.

Bei der **Bedarfsermittlung** ist die Berücksichtigung der Abzahlungen bei Miteigentum unproblematisch, da sie den gemeinsamen Wohnwert und nicht das Erwerbseinkommen kürzen und es deshalb nicht darauf ankommt, wer abzahlt. Die Abzahlung kommt aber beiden Eheleuten zugute und ist deshalb auch über die Scheidung hinaus bis zur Vermögensauseinandersetzung zu berücksichtigen.[130] Bei Miteigentum handelt es sich regelmäßig um gemeinsame Schulden der Eheleute, deren Fortzahlung im gemeinsamen Interesse liegt, um hohe Verzugszinsen oder eine Zwangsversteigerung durch den Darlehensgläubiger zu vermeiden. Sie vermehrt bis zu einer Vermögensauseinandersetzung das gemeinsame Vermögen. Deshalb ist es unproblematisch, dass die Tilgung Vermögensbildung ist (vgl. näher Rn. 1091, 1134). Die unterhaltsrechtliche Berücksichtigung einer gemeinsamen Schuld lässt einen Gesamtschuldnerausgleich nach § 426 I 1 BGB entfallen, da eine anderweitige Regelung vorliegt (vgl. auch Rn. 1094).[131] Etwas anderes gilt nur, wenn die Parteien in einem Unterhaltsvergleich ausdrücklich vereinbaren, dass die Frage von Ausgleichsansprüchen ausgeklammert und offen gehalten bleiben soll,[132] wovon jedoch im Hinblick auf die nachfolgenden Ausführungen abzuraten ist. Bei Miteigentum sind daher auch auf der **Bedürftigkeitsstufe** nicht nur die Zinsen, sondern auch die Tilgung bis zur Verwertung des Objekts, d. h. auch über die Scheidung hinaus, als Abzugsposten beim nach § 1577 I BGB anzurechnenden Wohnwert des Berechtigten zu berücksichtigen, soweit er nach der Trennung weiterhin mietfrei in der Ehewohnung lebt.[133] Das Gleiche gilt bei der Prüfung der **Leistungsfähigkeit**, wenn der Verpflichtete nach der Trennung in der Ehewohnung bleibt. Voraussetzung für die Anrechnung von Zins und Tilgung auf den Wohnwert ist allerdings in beiden Fällen, dass der **mietfrei Wohnende** auch die **Abzahlungen leistet**. Zahlt der mietfrei wohnende Bedürftige sie nur **zur Hälfte,** während die andere Hälfte vom Pflichtigen getilgt wird, kürzt sie den nach § 1577 I BGB auf den Bedarf anzurechnenden Wohnwert nur in dieser Höhe, während sich gleichzeitig die Leistungsfähigkeit des Pflichtigen um den von ihm übernommenen Anteil der Schuld mindert.[134] Zahlt hingegen der **Pflichtige allein** die Hausschulden ab, während der **Bedürftige** weiterhin **mietfrei** im Eigenheim lebt, ist der nach § 1577 I BGB bedarfsmindernde Wohnwert ohne Kürzung durch Hausschulden anzusetzen; als berücksichtigungswürdige Schuld kürzt die Abzahlung dagegen die Leistungsfähigkeit des Pflichtigen. Rechnerisch führt dies jeweils dazu, dass durch die Berücksichtigung der Abzahlung bei der Bedürftigkeit/Leistungsfähigkeit der Unterhalt so verändert wird, wie wenn beide Eheleute je die Hälfte des Kredits zahlen würden (vgl. Beispiele Rn. 518).

509
- Ein Sonderfall besteht, wenn der **Pflichtige** seine **Zahlungen** auf Zins und Tilgung **einstellt** und auch der weiterhin im Familienheim lebende Bedürftige nichts abzahlt.

---

[128] Gerhardt/Schulz FamRZ 2005, 1523; Gerhardt FuR 2007, 393
[129] BGH FamRZ 2003, 1179 = R 592 c; 2000, 950, 952
[130] BGH FamRZ 1995, 869
[131] BGH FamRZ 1988, 264; 1986, 881; OLG Köln FamRZ 1994, 961; 1995, 1149
[132] BGH FamRZ 1995, 216, 218
[133] Gerhardt FamRZ 1993, 1039, 1041
[134] BGH FamRZ 1994, 1100, 1102

Für die Bedarfsermittlung entfällt bei dieser Sachlage die Anrechnung eines in der Ehe angelegten Wohnvorteils in Höhe der Schuld, da mietfreies Wohnen unterhaltsrechtlich nur zu berücksichtigen ist, soweit der Wohnwert nicht durch damit verbundene Belastungen und Unkosten aufgezehrt wird.[135] Haftet der Berechtigte wie üblich bei Miteigentum als Gesamtschuldner, ist nach BGH auch von einem nach § 1577 I BGB auf den Bedarf anzurechnenden gekürzten Mietvorteil, d. h. einem Wohnwert nach Schuldenabzug des weiterhin im gemeinsamen Eigentum lebenden Bedürftigen auszugehen, obwohl auch er nichts abzahlt. Denn auch der Berechtigte schuldet gegenüber dem Darlehensgläubiger die Zahlung, so dass der Fall nicht anders liegt als bei einem Mieter, der die geschuldete Miete nicht zahlt.[136] Der Auffassung des BGH ist zu folgen, da ansonsten die Zahlungseinstellung den Pflichtigen privilegiert würde und er es in der Hand hat, durch Wiederaufnahme der Abzahlung zu erreichen, dass ab diesem Zeitpunkt im Rahmen der Anrechnung des Eigeneinkommens des Bedürftigen nach § 1577 I BGB der ungekürzte Wohnwert den Unterhalt reduziert (s. oben und Beispiel Rn. 518).

- Bei **Alleineigentum** hat der BGH seine frühere **Rechtsprechung** hingegen grundlegend **geändert**. Denn dann ist zu beachten, dass beim gesetzlichen Güterstand die **Tilgung** ab Rechtshängigkeit des Scheidungsverfahrens eine **einseitige Vermögensbildung** darstellt, bei Gütertrennung bereits ab der Trennung bzw bei einer erst in der Trennungszeit vereinbarten Gütertrennung ab deren Beginn. Nach der früheren Rechtsprechung des BGH war die Tilgung bei der Bedarfsermittlung trotzdem zu berücksichtigen, wenn die Abzahlung nach einem objektiven Maßstab wirtschaftlich vertretbar war.[137] Bei der Bedürftigkeit und Leistungsfähigkeit war dagegen immer zu beachten, dass der Unterhalt nur zur Finanzierung der Lebenshaltungskosten des Bedürftigen und nicht zu seiner Vermögensbildung dient[138] bzw. bei der Leistungsfähigkeit der Unterhaltsverpflichtung nicht vorgeht.[139] Die gleiche Tilgung wurde damit nur beim Bedarf berücksichtigt, nicht aber bei der Bedürftigkeit/Leistungsfähigkeit. Diese kaum verständliche Rechtsprechung hat der BGH durch seine Entscheidung vom 28. 3. 2007 zunächst für den Trennungsunterhalt grundlegend geändert[140] und mit Urteil vom 5. 3. 2008 auch für den nachehelichen Unterhalt bestätigt.[141] Ab Beendigung des gesetzlichen Güterstandes, d. h. der Rechtshängigkeit des Scheidungsverfahrens ist die **Tilgung als einseitige Vermögensbildung** nicht mehr als Abzugsposten zu berücksichtigen, weil der Unterhaltsberechtigte an der Vermögensbildung nicht mehr über den Zugewinn partizipiert und auf die tatsächlichen Verhältnisse abzustellen ist.[142] Entsprechendes gilt bei einer Gütertrennung ab Trennung oder Beginn der Gütertrennung.[143] Etwas anderes gilt nur, wenn es sich bei der **Tilgung um eine zulässige Altersvorsorge** handelt (s. näher Rn. 1034, 1037).[144] Abzuziehen sind damit nur noch die Zinsen. Diese Rechtsprechungsänderung ist sehr zu begrüßen, weil sie wesentlich verständlicher ist, nachdem die Unterhaltsleistung generell einer Vermögensbildung vorgeht, und es auch keinem Gerechtigkeitsgebot entsprach, den vermögenslosen Beedürftigen durch einen reduzierten Unterhalt weiterhin an der Vermögensbildung des Pflichtigen zu beteiligen. Deshalb entspricht nur diese Rechtsprechung auch dem für den Bedarf der Eheleute heranzuziehenden objektiven Maßstab (näher Rn. 4/463 ff.).[145]

- Nach BGH ist in der Trennungszeit bei der **Bedürftigkeit** zusätzlich zu berücksichtigen, dass die Kreditbelastungen bei Alleineigentum des Bedürftigen nur in Höhe der Eigeneinkünfte einschließlich des Wohnwertes als Abzugsposten angesetzt werden kön-

---

[135] BGH FamRZ 1995, 291 = R 487 b
[136] BGH a. a. O.
[137] Vgl. z. B. BGH FamRZ 1995, 869
[138] BGH FamRZ 1992, 423 = R 442 b
[139] BGH FamRZ 1984, 353; 1987, 36
[140] BGH FamRZ 2007, 879 = R 677 d
[141] BGH FamRZ 2008, 963 = R 692 d
[142] BGH FamRZ 2010, 1633; 2009, 23; 2008, 963 = R 692 d; 2007, 879 = R 677 d
[143] BGH FamRZ 2010, 1633; 2008, 963 = R 692 e
[144] BGH FamRZ 2008, 963 = R 692 f; 2007, 879 = R 677 d
[145] BGH FamRZ 2007, 1532 = R 681 d

nen.¹⁴⁶ Bis Rechtshängigkeit des Scheidungsverfahrens als Stichtag für den Zugewinnausgleich gilt dies für Zins und Tilgung, ab Rechtshängigkeit nur noch für die Zinsen, da die Tilgung als einseitige Vermögensbildung keinen Abzugsposten mehr darstellt.

512 • Zinsen und Tilgungsleistungen werden im Allgemeinen zusammen in festen Raten (Annuitäten) an Banken und Bausparkassen bezahlt. Obige Ausführungen gelten aber auch, wenn es sich um getrennte Verträge handelt und für das Darlehen nur die Zinsen gezahlt werden, während die Tilgung durch Beitragszahlung auf eine Lebensversicherung erfolgt, die nach Auszahlung den Kredit ablöst. Wegen der differenzierten Beurteilung der Tilgungsleistungen ist es meist notwendig, dass der auf die Annuitäten entfallende Zins- und Tilgungsanteil getrennt beziffert wird.

513 • Läuft die Darlehensrückzahlung, die auf den in der Ehe angelegten Wohnwert geleistet wird, aus, ist ab diesem Zeitpunkt weder Zins noch Tilgung abzuziehen, weil für die ehelichen Lebensverhältnisse auch der Wegfalls von Schulden zu berücksichtigen ist (näher Rn. 1093).¹⁴⁷ Seit der geänderten Rechtsprechung des BGH zu den ehelichen Lebensverhältnissen mit Wegfall der Lebensstandardgarantie und des Stichtagsprinzips bei Veränderungen (näher Rn. 4/426 ff., 467 ff.) kommt es dabei nicht mehr darauf an, ob die Abzahlung in einem nahen Zusammenhang mit der Scheidung endet. Maßgebend sind allein die tatsächlichen Verhältnisse, d. h. der Wegfall der Schuld. Wird die Schuld **vorzeitig getilgt,** ist dies ebenfalls zu berücksichtigen, da es sich bei der vorzeitigen Ablösung von Krediten bei Trennung/Scheidung aus vorhandenem Kapital um eine wirtschaftlich vernünftige Überlegung und deshalb um keine Abweichung vom Normalverlauf handelt.¹⁴⁸ Bei Reduzierung der Abzahlung vgl. Rn. 1093.
Übersteigen die Abzahlungen den Wohnwert, vgl. näher Rn. 520 ff.

514 • Wird aus einem eheprägenden Surrogat, z. B. dem Erlös des Familienheims, ein neuer Wohnwert gebildet, ist dieser für die ehelichen Lebensverhältnisse anzusetzen (s. Rn. 557 ff.).¹⁴⁹ Wird hierfür eine neue Schuld aufgenommen, ist diese nicht berücksichtigungswürdig.¹⁵⁰ Abzugsfähig sind nach BGH **nur die Zinsen, nicht** aber die **Tilgung** als einseitige Vermögensbildung.¹⁵¹ da der andere Ehegatte sonst über den Unterhalt die nicht in der Ehe angelegte Schuld und damit die Vermögensbildung mitfinanzieren müsste. Der Unterhalt dient aber nur zur Bezahlung der Lebenshaltungskosten, nicht zur Bezahlung von vermögensbildenden Aufwendungen.¹⁵² Die Berücksichtigung der Zinsen beruht darauf, dass sie auch bei Mieteinkünften einen Abzugsposten bilden (näher Rn. 458). Es ist aber in diesen Fällen immer zu prüfen, ob es sich bei der Tilgung um eine zu berücksichtigende **Altersvorsorge** handelt (vgl. Rn. 1034, 1037).¹⁵³ Nach BGH ist in diesen Fällen außerdem zu prüfen, ob bei dem Erwerb der Immobilie mit Krediten unter Berücksichtigung von Zins und Tilgung bei der Abzahlung eine zu niedrige Rendite gegenüber einer Anlage des Geldes ohne Schuldenaufnahme erzielt wird.¹⁵⁴ Bei Unwirtschaftlichkeit ist der Wohnwert nicht in voller Höhe, sondern durch **Vermögensumschichtung** mit einem Betrag anzusetzen, den man bei Kauf einer Immobilie ohne Schuld erzielt hätte (s. näher Rn. 568). Bei Verkauf des Familienheims an Dritte oder den Ehepartner vgl. auch Rn. 560, 569.

515 • Das Gleiche gilt, wenn es sich um einen neuen **nicht in der Ehe angelegten Wohnwert** handelt, z. B. aus einer Erbschaft nach Trennung/Scheidung (s. Rn. 4/598) oder Ersparnissen nach Trennung/Scheidung, der mit einem Darlehen finanziert werden musste. Auch insoweit handelt es sich um keine berücksichtigungswürdige Schuld. Abzuziehen sind nur

---

¹⁴⁶ BGH FamRZ 2007, 879 = R 677 e
¹⁴⁷ BGH FamRZ 1995, 869
¹⁴⁸ BGH NJW 1998, 2821 = R 525
¹⁴⁹ BGH FamRZ 2005, 1159 = R 623 b, c; 2001, 1140 = R 560 b
¹⁵⁰ BGH FamRZ 2000, 950 = R 540 d
¹⁵¹ BGH FamRZ 2010, 1633; 2000, 950, 952 = R 540 b; 1998, 87, 88 = R 516 b; 1992, 423 = R 442 b
¹⁵² BGH FamRZ 1998, 87, 88 = R 516 b; 1992, 423, 425 = R 442 b
¹⁵³ BGH FamRZ 2008, 963 = R 692 f.; 2007, 897 = R 677 d
¹⁵⁴ BGH FamRZ 2009, 23; 2005, 1159 = R 623 d; 2006, 387 = R 643 f.; 2001, 1140; 1998, 87, 89

a) M bleibt in Ehewohnung:
Nach SüdL mit $^1/_{10}$
1) Bedarf: $^1/_2 \times (^9/_{10} \times 3000 + 200 + {}^9/_{10} \times 1000) = 1900$
2) Höhe: $1900 - {}^9/_{10} \times 1000 = 1000$
Leistungsfähigkeit M gegeben, da mietfrei = 200 € wohnt und ihm 2200 € verbleiben (3000 + 200 − 1000), d. h. die Hälfte des Bedarfs einschließlich seines Erwerbstätigenbonus und sein Ehegattenmindestselbstbehalt von 1050 € gewahrt ist.
Nach DT mit $^1/_7$
1) Bedarf: $^1/_2 \times (^6/_7 \times 3000 + 200 + {}^6/_7 \times 1000) = 1814$
2) Höhe: $1814 - {}^6/_7 \times 1000 = 957$
Leistungsfähigkeit M gegeben, da mietfrei = 200 € wohnt und ihm 2243 € verbleiben (3000 + 200 − 957), d. h. die Hälfte des Bedarfs einschließlich seines Erwerbstätigenbonus und sein Ehegattenmindestselbstbehalt von 1050 € gewahrt bleibt.
b) F bleibt in Ehewohnung:
Wohnwert für Bedarf 200 €, für Bedürftigkeit (= Höhe) 500 €, da M Kredit zahlt
Nach SüdL mit $^1/_{10}$
1) Bedarf: $^1/_2 \times (^9/_{10} \times 3000 + 200 + {}^9/_{10} \times 1000) = 1900$
2) Höhe: $1900 - (^9/_{10} \times 1000 + 500) = 500$
Leistungsfähigkeit M gegeben, da ihm weiterhin 2200 € (3000 − 250 − 50 − 500) bleiben, d. h. die Hälfte des Bedarfs einschließlich seines Erwerbstätigenbonus und sein Ehegattenmindestselbstbehalt von 1050 € gewahrt ist.
Nach DT mit $^1/_7$
1) Bedarf: $^1/_2 \times (^6/_7 \times 3000 + 200 + {}^6/_7 \times 1000) = 1814$
2) Höhe: $1814 - (^6/_7 \times 1000 + 500) = 457$
Leistungsfähigkeit M gegeben, da ihm weiterhin 2243 € (3000 − 250 − 50 − 457) bleiben, d. h. die Hälfte des Bedarfs einschließlich seines Erwerbstätigenbonus und sein Ehegattenmindestselbstbehalt von 1050 € gewahrt ist.
Hinweis: Im Ergebnis wird die Abzahlung des Kredits so gewertet, wie wenn er von beiden Eheleuten zu gleichen Teilen geleistet wurde. Wegen der anderweitigen Regelung erfolgt jeweils kein Gesamtschuldnerausgleich (§ 426 I 1 BGB).
Fall 2:
M und F werden geschieden. M hat ein Erwerbseinkommen von 3000 €, F von 1000 €. Die objektive Marktmiete beträgt 1000 €, die Zinsen 300 € und die Tilgung 100 €.
a) M bleibt in der Ehewohnung (Miteigentum) und zahlt Zins und Tilgung
b) F bleibt in der Ehewohnung und zahlt alles ab
c) F bleibt in der Ehewohnung, M zahlt Zins und Tilgung
d) F bleibt in der Ehewohnung und zahlt $^1/_2$ Zins und Tilgung, M zahlt die andere Hälfte des Kredits.
Lösung:
Wohnwert jeweils nach objektiver Marktmiete
a) M bleibt in Ehewohnung:
Wohnwert: $1000 - 300 - 100 = 600$
Unterhalt:
Lösung nach SüdL mit $^1/_{10}$
1) Bedarf: $^1/_2 \times (^9/_{10} \times 3000 + 600 + {}^9/_{10} \times 1000) = 2100$
2) Höhe: $2100 - {}^9/_{10} \times 1000 = 1200$
Leistungsfähigkeit M gegeben, da mietfrei (= 600 €) wohnt und ihm daher 2400 € verbleiben (3000 + 600 − 1200), d. h. die Hälfte des Bedarfs einschließlich seines Erwerbstätigenbonus und der Ehegattenmindestselbstbehalt von 1050 € gewahrt ist.
Lösung nach DT mit $^1/_7$
1) Bedarf: $^1/_2 \times (^6/_7 \times 3000 + 600 + {}^6/_7 \times 1000) = 2014$
2) Höhe: $2014 - {}^6/_7 \times 1000 = 1157$
Leistungsfähigkeit M gegeben, da mietfrei (= 600 €) wohnt und ihm daher 2443 € verbleiben (3000 + 600 − 1157), d. h. die Hälfte des Bedarfs einschließlich seines Erwerbstätigenbonus und der Ehegattenmindestselbstbehalt von 1050 € gewahrt ist.
b) F bleibt in Ehewohnung:
Wohnwert wie a
Unterhalt:
Lösung nach SüdL mit $^1/_{10}$
1) Bedarf: $^1/_2 \times (^9/_{10} \times 3000 + 600 + {}^9/_{10} \times 1000) = 2100$
2) Höhe: $2100 - (^9/_{10} \times 1000 + 600) = 600$
Leistungsfähigkeit M gegeben, da ihm 2400 € verbleiben (3000 − 600), d. h. die Hälfte des Bedarfs einschließlich seines Erwerbstätigenbonus und der Ehegattenmindestselbstbehalt von 1050 € gewahrt ist.

6. Abschnitt: Einkünfte aus Vermietung und Verpachtung § 1

die **Zinsen** (vgl. Rn. 506), die **Tilgung** als einseitige Vermögensbildung nur, wenn sie als **Altersvorsorge** zu berücksichtigen ist (s. Rn. 1034, 1037).[155] Entsprechendes gilt, wenn die neue Immobilie mit einer Leibrente bezahlt wird oder der Pflichtige sich an den Abzahlungen einer Eigentumswohnung seiner neuen Lebensgefährtin beteiligt.

Sind Instandhaltungskosten sowie Zins und Tilgung abzugsfähig, ist genau zwischen **516** Bedarf und Bedürftigkeit (= Unterhaltshöhe) zu trennen. Die Unterhaltsberechnung kann dann nur nach der Additionsmethode erfolgen (vgl. hierzu ausführlich Rn. 4/800 ff.), weil die Differenzmethode den Bedarf nach den ehelichen Lebensverhältnissen nicht ermittelt, sondern nur den Restbedarf quotiert.

d) Zusammenfassung. (1) Verbrauchsunabhängige Nebenkosten, die ausnahmsweise **517** nicht auf einen Mieter umgelegt werden, und notwendige Instandhaltungsaufwendungen kürzen den Wohnwert. Betriebskosten sind dagegen nicht zu berücksichtigen. Etwas anderes kann aus Vereinfachungsgründen nur gelten, wenn es sich um eine gemeinsame Immobilie handelt, in der der Bedürftige lebt, während der Pflichtige weiterhin die sog. verbrauchsunabhängigen Nebenkosten wie Grundsteuer und Hausversicherungen trägt, an denen sich auch der Bedürftige beteiligen muss.

(2) Bei einem in der Ehe angelegten Wohnwert eines im gemeinsamen Eigentum der Eheleute stehenden Familienheimes kürzen bis zur Vermögensauseinandersetzung angefallene Abzahlungen (Zins und Tilgung) das für den Bedarf nach den ehelichen Lebensverhältnissen anzusetzende Einkommen für mietfreies Wohnen, auch wenn die Zahlungen nach der Trennung eingestellt werden. Bei der Anrechnung des Eigeneinkommens des Berechtigten auf diesen Bedarf, bzw. bei der Feststellung der Leistungsfähigkeit des Pflichtigen kürzen Zins und Tilgung weiterhin den Wohnwert, soweit der mietfrei Wohnende sie bezahlt. Soweit der nicht mietfrei Wohnende Pflichtige für die Hausschulden aufkommt, ist dagegen der ungekürzte Wohnwert auf den Bedarf anzurechnen. Stellt der Pflichtige Zahlungen auf einen in der Ehe angelegten Wohnwert ein, kürzen sie bei einer Gesamtschuld den nach § 1577 I BGB auf den Bedarf anzurechnenden Wohnwert des Berechtigten in Höhe der Schuld.

(3) Bei in der Ehe angelegtem mietfreien Wohnen und Alleineigentum kürzen die Zinsen für die Bedarfsermittlung und bei der Bedürftigkeit/Leistungsfähigkeit den Wohnwert. Die Tilgungsleistungen als einseitige Vermögensbildung sind dagegen nur bis zur Rechtshängigkeit des Scheidungsverfahrens als Stichtag für den Zugewinnausgleich als Abzugsposten zu berücksichtigen, es sei denn, es handelt sich um eine Altersvorsorge im Rahmen der insgesamt zulässigen 24% des Bruttoeinkommens. Bei Gütertrennung erfolgt die Berücksichtigung bis zur Trennung bzw. dem Beginn der Gütertrennung in der Trennungszeit.

(4) Bei einem als Surrogat des früheren mietfreien Wohnens anzusetzenden in der Ehe angelegtem Wohnwert und bei einem nicht in der Ehe angelegtem Wohnwert sind bei neuen nicht berücksichtigungswürdigen Schulden nur die Zinsen, nicht aber die Tilgung als einseitige Vermögensbildung zu anzusetzen, es sei denn, es handelt sich um eine zulässige Altersvorsorge (vgl. 3). Vorab ist in diesen Fällen stets zu prüfen, ob mit dem nur durch Schuldenaufnahme geschaffenen neuen Wohnwert eine angemessene Rendite erzielt wird, ansonsten ist eine Vermögensumschichtung vorzunehmen.

Rechenbeispiele: **518**
Fall 1:
M und F trennen sich, Erwerbseinkommen M 3000 €; F 1000 € (prägend); M zahlt für in gemeinsamen Eigentum stehende Ehewohnung mit Mietwert 800 € Zinsen von 250 € und Tilgung von 50 €. Der Wert einer angemessenen kleineren Wohnung für eine Person ($2^{1}/_{2}$ Zimmer) beläuft sich auf 500. Ein Scheidungsverfahren ist noch nicht rechtshängig.
a) M bleibt in Wohnung
b) F bleibt in Wohnung
Lösung (nach Additionsmethode):
Da Trennungsunterhalt, ist zunächst der angemessene Wohnwert von 500 € und nicht die objektive Marktmiete anzusetzen. Für die Bedarfsermittlung ist dieser Wohnwert jeweils um 250 € Zinsen und 50 € Tilgung auf 200 € zu kürzen.

---

[155] BGH FamRZ 2008, 963 = R 692 d

6. Abschnitt: Einkünfte aus Vermietung und Verpachtung § 1

Lösung nach DT mit $^1/_7$
1) Bedarf: $^1/_2 \times (^6/_7 \times 3000 + 600 + {}^6/_7 \times 1000) = 2014$
2) Höhe: $2014 - (^6/_7 \times 1000 + 600) = 557$
Leistungsfähigkeit M gegeben, da ihm 2443 € verbleiben (3000 − 557) d. h. die Hälfte des Bedarfs einschließlich seines Erwerbstätigenbonus und der Ehegattenmindestselbstbehalt von 1050 € gewahrt ist.
c) F bleibt in Ehewohnung, M zahlt ab:
Wohnwert für Bedarf 600, für Höhe 1000
Unterhalt:
Lösung nach SüdL mit $^1/_{10}$
1) Bedarf: $^1/_2 \times (^9/_{10} \times 3000 + 600 + {}^9/_{10} \times 1000) = 2100$
2) Höhe: $2100 - (^9/_{10} \times 1000 + 1000) = 200$
Leistungsfähigkeit M gegeben, da auch hier 2400 € verbleiben (3000 − 300 − 100 − 200), vgl. a.
Lösung nach DT mit $^1/_7$
1) Bedarf: $^1/_2 \times (^6/_7 \times 3000 + 600 + {}^6/_7 \times 1000) = 2014$
2) Höhe: $2014 - (^6/_7 \times 1000 + 1000) = 157$
Leistungsfähigkeit M gegeben, da ihm auch hier 2443 € verbleiben (3000 − 300 − 100 − 157), vgl. a.
Der Unterhalt der F kürzt sich jeweils genau in Höhe der von M übernommenen Abzahlung der gemeinsamen Schuld (vgl. b)
d) F bleibt in Ehewohnung und zahlt $^1/_2$ Zins + $^1/_2$ Tilgung:
Wohnwert für Bedarf 600, für Höhe 1000 − 150 − 50 = 800
Unterhalt:
Lösung nach SüdL mit $^1/_{10}$
1) Bedarf: $^1/_2 \times (^9/_{10} \times 3000 + 600 + {}^9/_{10} \times 1000) = 2100$
2) Höhe: $2100 - (^9/_{10} \times 1000 + 800) = 400$
Leistungsfähigkeit M gegeben, da ihm weiterhin 2400 € verbleiben (3000 − 150 − 50 − 400), vgl. a.
Lösung nach DT mit $^1/_7$
1) Bedarf: $^1/_2 \times (^6/_7 \times 3000 + 600 + {}^6/_7 \times 1000) = 2014$
2) Höhe: $2014 - (^6/_7 \times 1000 + 800) = 357$
Leistungsfähigkeit M gegeben, da ihm weiterhin 2443 € verbleiben (3000 − 150 − 50 − 357), vgl. a.
Der Unterhalt der F kürzt sich wiederum im Verhältnis der von M weiterhin geleisteten Abzahlung (vgl. b)
Fall 3
M hat ein in der Ehe angelegtes bereinigtes Nettoeinkommen aus Erwerbstätigkeit von 3000 €, F von 1400 €. F arbeitet im öffentlichen Dienst und hat dort eine Zusatzaltersversorgung von 4% ihres Bruttoeinkommens. Die Parteien lebten mietfrei im Eigenheim, das F gehört, und trennen sich. Die objektive Marktmiete der 100 qm großen 4-Zimmerwohnung beläuft sich auf 1000 €, der Wert einer angemessenen kleineren Wohnung für eine Person (2$^1/_2$-Zimmer) 600 €. Für die Wohnung sind von F noch mtl. 300 € (200 € Zinsen, 100 € Tilgung) abzuzahlen. F bleibt nach der Trennung in ihrer Wohnung und verlangt Unterhalt. Welchen Anspruch hat F
a) ab der Trennung?
b) ab Rechtshängigkeit des Scheidungsverfahrens?
c) ab Scheidung, wenn die kinderlose Ehe 7 Jahre dauerte?
Lösung:
Zu a)
§ 1361 BGB
Der Wohnwert ist zunächst beim Trennungsunterhalt, da regelmäßig eine Vermietung nicht zumutbar ist, mit einem angemessenen Betrag für geschätzte Wohnkosten einer kleineren Wohnung und damit mit 600 € anzusetzen. Die objektive Marktmiete bleibt außer Betracht. Hiervon sind nicht nur die Zinsen, sondern auch die Tilgung als einseitige Vermögensbildung abzuziehen, da M über den Zugewinn noch an der Vermögensbildung von F partizipiert.
Der Restwohnwert beträgt damit 300 € (600 − 200 − 100).
Nach SüdL mit $^1/_{10}$:
Bedarf: $^1/_2 \times (^9/_{10} \times 3000 + {}^9/_{10} \times 1400 + 300) = 2130$
Höhe: $2130 - (^9/_{10} \times 1400 + 300) = 570$
Nach DT mit $^1/_7$:
Bedarf: $^1/_2 \times (^6/_7 \times 3000 + {}^6/_7 \times 1400 + 300) = 2036$
Höhe: $2036 - (^6/_7 \times 1400 + 300) = 536$
Zu b)
Ab Rechtshängigkeit des Scheidungsverfahrens ist mit einer Wiederherstellung der ehelichen Lebensgemeinschaft nicht mehr zu rechnen und damit als Wohnwert die Marktmiete einzusetzen. Außerdem kann ab Rechtshängigkeit beim Wohnwert die Tilgung als einseitige Vermögensbildung

nicht mehr berücksichtigt werden. Bei der Tilgung handelt es sich auch um keine zulässige Altersvorsorge. Der Restwohnwert beträgt nunmehr 800 € (1000 – 200).

Nach SüdL mit $^1/_{10}$:
Bedarf: $^1/_2 \times (^9/_{10} \times 3000 + ^9/_{10} \times 1400 + 800) = 2380$
Höhe: $2380 - (^9/_{10} \times 1400 + 800) = 320$

Nach DT mit $^1/_7$:
Bedarf: $^1/_2 \times (^6/_7 \times 3000 + ^6/_7 \times 1400 + 800) = 2286$
Höhe: $2286 - (^6/_7 \times 1400 + 800) = 286$

Zu c:
§ 1573 II BGB
Wohnwert: Objektive Marktmiete, da Vermietung zumutbar ist, gekürzt nur um die Zinsen, nicht die Tilgung als einseitige Vermögensbildung: 1000 – 200 = 800; Berechnung damit wie b.
Wegen der kurzen Ehedauer wäre dieser Anspruch nach § 1578 b BGB zeitlich zu begrenzen (Einzelfallfrage).

4. Eigenheimzulage

519 Bei Errichtung und Kauf eines im Inland gelegenen Eigenheims zwischen 1996 und 2005 konnten staatliche Fördermittel nach dem Eigenheimzulagengesetz (EigZulG) beansprucht werden. Dies galt auch bei Ausbauten und Erweiterung der Wohnung, nicht dagegen bei Anschaffung einer Ferien- oder Wochenendwohnung (§ 2 EigZulG). Die Eigenheimzulage wurde nicht gewährt, wenn eine erhöhte Absetzung nach § 7 b EStG oder § 10 e EStG geltend gemacht wurde (§ 6 III EigZulG). Jeder Ehegatte konnte sie nur jeweils für ein Objekt in Anspruch nehmen (§ 6 I EigZulG). Für ab 2006 erworbene Objekte gibt es keine Eigenheimzulage mehr, da die Eigenheimförderung für Neuanschaffungen inzwischen beendet ist und nur noch für die bis spätestens 2005 erworbenen Objekte abgewickelt wird.

Die Fördermittel wurden ab Fertigstellung oder Anschaffung für 8 Jahre gewährt (§ 3 EigZulG). Die Höhe der Eigenheimzulage betrug pro Jahr für Neubauten bis zu 2556 EUR, für die Anschaffung von Gebäuden, die 2 Jahre und älter sind, bis zu 1278 EUR, die Kinderzulage 767 EUR pro Kind (§ 9 EigZulG) bei Einkommensgrenzen von 163 614 EUR Einkünften bei gemeinsamer und von 81 807 EUR bei getrennter Veranlagung mit Erhöhung um 30 678 EUR pro Kind (§ 5 EigZulG).

Die Eigenheimzulage ist, soweit sie noch bezahlt wird, unterhaltsrechtliches Einkommen.[156] Sie erhöht entweder den Wohnwert oder kürzt die Abzahlungen.[157] Für die Praxis ist zu beachten, dass die Eigenheimzulage zwar vom Finanzamt ausbezahlt wird, aber nicht im Steuerbescheid auftaucht, sondern hierzu ein gesonderter Bescheid ergeht. Ein Auskunftsverlangen hat sich deshalb auch hierauf zu erstrecken, bei Vorlage von Belegen ist der Bescheid gesondert anzufordern.

5. Abzug von Hausschulden, die den Wohnwert übersteigen, vom sonstigen Einkommen

520 Sind die berücksichtigungswürdigen Hausschulden bei einer im **Miteigentum** stehenden Immobilie höher als der in der Ehe angelegte Wohnwert, so entfällt für die Bedarfsermittlung die Zurechnung eines Wohnvorteils.[158] Der Hausbewohner erbringt für das Wohnen eine höhere Gegenleistung als der Mieter eines vergleichbaren Wohnobjektes. Wie der BGH inzwischen entschieden hat, ist in diesen Fällen ein negativer Wohnwert zu bilden (s. unten Rn. 523 und Beispiel Rn. 527).[159]

Bei **Alleineigentum** eines in der Ehe angelegten Wohnwertes ist bei gesetzlichem Güterstand zusätzlich zu differenzieren zwischen der Zeit bis zur Rechtshängigkeit des Scheidungsverfahrens und ab Rechtshängigket (vgl. Rn. 510). Außerdem ist bei der Tilgung

---

[156] Vgl. Leitlinien Nr. 5, z. B. SüdL Nr. 5
[157] OLG München FamRZ 1999, 251
[158] BGH FamRZ 1995, 291 = R 487 b; 1987, 572, 575
[159] BGH FamRZ 2007, 879 = R 677 c

6. Abschnitt: Einkünfte aus Vermietung und Verpachtung § 1

vorab zu prüfen, ob und in welcher Höhe es sich um eine zulässige Altersvorsorge handelt (vgl. Rn. 1034, 1037). Zur Überschuldung vgl. auch Rn. 1100 ff.
Im Einzelnen sind folgende Umstände bedeutsam:

- Die Verbindlichkeiten müssen **ehebedingt** sein, d. h. aus der Zeit des ehelichen Zusammenlebens stammen und für das Haus verwendet worden sein.[160]   521
- Die Tilgung berücksichtigungswürdiger Schulden hat im Rahmen eines **vernünftigen Tilgungsplanes** in angemessenen Raten zu erfolgen.[161] Soweit möglich, ist die Abzahlung durch Kreditverlängerung zu reduzieren.   522
- Bei einem in **Miteigentum** stehenden Eigenheim und einer gemeinsamen Schuld der Eheleute sind auch über den Wohnwert hinausgehende Zins- und Tilgungsleistungen aus den oben bereits genannten Gründen beim Bedarf und der Bedürftigkeit/Leistungsfähigkeit zu berücksichtigen (vgl. Rn. 508 ff.). Der Bedarf nach den ehelichen Lebensverhältnissen ist dann ohne Wohnwert und gekürzt um den über den Wohnwert hinausgehenden Schuldenanteil anzusetzen. Dies gilt auch über die Scheidung hinaus bis zur Vermögensauseinandersetzung. Die Berücksichtigung der Abzahlung bewirkt, dass kein Gesamtschuldnerausgleich erfolgt, es sich also weiter um eine gemeinsame Zahlung und gemeinsame Vermögensbildung handelt. Um im Hinblick auf die Gesamtschuld eine Gleichbehandlung der Eheleute zu erreichen, ist die den Wohnwert übersteigende Schuld nicht beim Erwerbseinkommen (und damit bonusmindernd, vgl. Rn. 4/773), sondern als **negativer Wohnwert** anzusetzen. Dies hat der BGH inzwischen bestätigt.[162] Abzüge sind bei der Einkommensart vorzunehmen, zu der sie gehören. Würde man hingegen die den Wohnwert übersteigende Schuld, wie z. T. vertreten wird, beim Erwerbseinkommen des Pflichtigen abziehen, würde sich dessen Erwerbstätigenbonus entsprechend reduzieren und der Unterhalt des Bedürftigen erhöhen. Dies ist nicht gerechtfertigt, nachdem es um eine gemeinsame Schuldentilgung und Vermögensbildung geht.   523
- Bei **Alleineigentum** gelten beim gesetzlichen Güterstand bis zur Rechtshängigkeit des Scheidungsverfahrens die gleichen Grundsätze. Ab Rechtshängigkeit ist zu berücksichtigen, dass es sich bei der Tilgung um eine **nicht mehr berücksichtigungsfähige einseitige Vermögensbildung** handelt, die nicht mehr abgezogen werden kann (vgl. Rn. 510), außer es handelt sich um eine zulässige **Altersvorsorge** (vgl. Rn. 1034, 1037). Das Gleiche gilt bei der Gütertrennung ab Trennung, bzw. ab Beginn des Güterstandes. Abzuziehen sind dagegen stets die Zinsen. Übersteigen sie in der Trennungszeit den angemessenen Wohnwert bzw. nach der Scheidung die Marktmiete, entfällt für die Bedarfsermittlung ein Wohnwert (s. oben Rn. 520). Den Wohnwert übersteigende Zinsen sind beim Bedarf als negativer Wohnwert zu berücksichtigen (s. oben Rn. 523), die Tilgung kann nur noch als Altersvorsorge angesetzt werden. Sind die Zinsen niedriger als der Wohnwert, besteht ein Restwohnwert. Bis zur Rechtshängigkeit des Scheidungsverfahrens ist bei der Bedürftigkeit außerdem zu berücksichtigen, dass nach BGH eine Abzugsfähigkeit der Verbindlichkeit nur möglich ist bis zur Höhe des Eigeneinkommens einschließlich Wohnwert (vgl. 511).[163]   524
- Wurde das **Anwesen** nach Trennung und Scheidung **veräußert** und dabei alle Schulden getilgt, sind die Zinsen aus dem Erlös als Surrogat des früheren Wohnwertes in der Ehe angelegt (näher Rn. 558),[164] auch wenn in der Ehe nur ein negativer Wohnwert vorlag. Denn auch ein über dem Wohnwert liegender Zinserlös ist Surrogat des früheren Wohnwertes.[165] Gerade bei zu hohen Belastungen ist ein Verkauf mit vorzeitiger Ablösung der Kredite eine wirtschaftlich vernünftige Überlegung, der Wegfall der Schuld damit berücksichtigungswürdig (vgl. Rn. 513).[166] Bei Hypothekendarlehen ist allerdings zu beach-   525

---

[160] BGH FamRZ 1984, 358; 1982, 157; 1982, 23
[161] BGH FamRZ 1982, 355; 1982, 23
[162] BGH FamRZ 2007, 879 = R 677 c
[163] BGH FamRZ 2007, 879 = R 677 e
[164] BGH FamRZ 2009, 23; 2008, 963 = R 692 a; 2006, 349 = R 643 f.; 2005, 1817 = 632; 2005, 1159 = R 623 b, c; 2001, 1140; 2001, 986, 991 = R 563 e
[165] BGH FamRZ 2002, 88 = R 569 b
[166] BGH NJW 1998, 2821, 2822

ten, dass bei vorzeitiger Ablösung in der Regel eine sog. Vorfälligkeitsentschädigung anfällt. **Verbleiben** nach Veräußerung des Familienheims noch **Verbindlichkeiten**, die durch den Erlös nicht abgedeckt wurden, handelt es sich bei **Miteigentum** um berücksichtigungsfähige Schulden (s. oben Rn. 523). Bei **Alleineigentum** ist zu beachten, dass keine einseitige Vermögensbildung mehr vorliegt. Deshalb ist eine Gesamtabwägung vorzunehmen, inwieweit eine Berücksichtigungswürdigkeit gegeben ist. Hierbei ist auf die Belange des Pflichtigen und Bedürftigen abzustellen, ferner wann und warum es zu einer einseitigen Vermögensbildung kam. Bei hohem Einkommen wird man regelmäßig zur Berücksichtigungswürdigkeit kommen. Bei beengten Verhältnissen sollte zumindest einschließlich Eigeneinkommen ein Eigenbedarf in Höhe des Selbstbehalts (derzeit 1050 EUR) gesichert bleiben. Etwas anderes kann gelten, wenn es dadurch zu einer dauerhaften Überschuldung des Pflichtigen kommt.

526 • Bei einem **nicht in der Ehe angelegten Wohnwert** können nur die Zinsen, nicht die Tilgung abgezogen werden (vgl. näher Rn. 515). Übersteigen die Zinsen den Wohnwert, sind sie nur bis zur Höhe des Wohnwertes berücksichtigungsfähig.

527 • **Nicht abgezogen** werden darf aus den gleichen Gründen ein Kredit zur Finanzierung des Zugewinns, durch den die vom Gesetz zugemutete Verwertung des Hauses zum Verkauf abgewendet wurde. Es handelt sich um keine berücksichtigungswürdige Schuld (vgl. Rn. 1096). Der Unterhalt darf durch diese Art des Vermögenserhalts (= Vermögensbildung) nicht zu Lasten des anderen Partners verkürzt werden.[167]

Rechenbeispiel:
Fall:
M und F trennen sich. Erwerbseinkommen M 2800 € netto, F 1050 €. M zahlt für die im gemeinsamen Eigentum stehende Ehewohnung mit Mietwert 600 € die Zinsen von 700 € sowie die Tilgung von 100 € ab. Die geschätzten Wohnkosten für eine angemessenere kleinere Wohnung betragen 400 €.
a) F bleibt in Wohnung und will Trennungsunterhalt; das Scheidungsverfahren ist noch nicht rechtshängig
b) M bleibt in Wohnung, F will Trennungsunterhalt
c) F bleibt in Wohnung und will nachehelichen Unterhalt
d) M bleibt in Wohnung, F will nachehelichen Unterhalt
e) Wie a, aber die Wohnung gehört M, der durch eine Direktversicherung eine Altersvorsorge von 24% hat.
Lösung:
a) F bleibt in Ehewohnung und will Trennungsunterhalt:
Für den Trennungsunterhalt ist als Wohnwert zunächst nur ein angemessener Betrag, hier 400 €, anzusetzen. Die Abzahlungen sind unter Berücksichtigung des mietfreien Wohnens auch bezüglich der Tilgung zu berücksichtigen, da es sich um eine gemeinsame Vermögensbildung handelt. Da es um die Hausschulden geht, sind sie beim Wohnwert abzuziehen und insoweit einen negativen Wohnwert zu bilden.
Der Wohnwert beträgt damit für den Bedarf minus 400 € (400 € – 700 € – 100 €). Bei der Unterhaltshöhe ist er, soweit F in der Wohnung verbleibt, in Höhe von 400 € anzusetzen, da F nichts abzahlt
Berechnung nach SüdL mit $1/10$
Bedarf: $1/2$ ($9/10 \times 2800$ € + $9/10 \times 1050$ € – 400 €) = 1533 €
Höhe: 1533 € – ($9/10 \times 1050$ € + 400 €) = 188 €
Leistungsfähigkeit M gegeben, da M trotz Abzahlung 1813 € verbleiben (2800 € – 700 € – 100 € – 188 €), d. h. die Hälfte des gemeinsamen Einkommens und der Mindestselbstbehalt von 1050 € gewahrt ist.
Berechnung nach DT mit $1/7$
Bedarf: $1/2 \times (6/7 \times 2800$ € + $6/7 \times 1050$ € – 400 €) = 1450 €
Höhe: 1450 € – ($6/7 \times 1050$ € + 400 €) = 150 €
Leistungsfähigkeit M gegeben, da M trotz Abzahlung 1850 € verbleiben (2800 € – 700 € – 100 € – 150 €), d. h. die Hälfte des gemeinsamen Einkommens und der Mindestselbstbehalt von 1050 € gewahrt ist.
Hinweis: Ab Rechtshängigkeit des Scheidungsverfahrens Lösung wie c

---

[167] BGH FamRZ 2000, 950, 952

6. Abschnitt: Einkünfte aus Vermietung und Verpachtung   § 1

b) M bleibt in Ehewohnung, F will Trennungsunterhalt:
Wohnwert wie a für Bedarf
Berechnung nach SüdL mit $^1/_{10}$
1. Stufe: $^1/_2$ ($^9/_{10}$ × 2800 € + $^9/_{10}$ × 1050 € − 400 €) = 1533 €
2. Stufe: 1533 € − $^9/_{10}$ × 1050 € = 588 €
Leistungsfähigkeit M gegeben, da M auch hier trotz Abzahlung durch das mietfreie Wohnen 1813 € verbleiben, (2800 € + 400 € − 700 € − 100 € − 588 €), vgl. a.
Berechnung nach DT mit $^1/_7$
1. Stufe: $^1/_2$ × ($^6/_7$ × 2800 € + $^6/_7$ × 1050 € − 400 €) = 1450 €
2. Stufe: 1450 € − $^6/_7$ × 1050 € = 550 €
Leistungsfähigkeit M gegeben, da M auch hier trotz Abzahlung durch das mietfreie Wohnen 1850 € verbleiben (1450 € + 400 € − 700 € − 100 € − 550 €), vgl. a

c) F bleibt in Wohnung und will nachehelichen Unterhalt
Für den nachehelichen Unterhalt ist als Wohnwert die Marktmiete, hier 600 €, anzusetzen, ansonsten wie a. Der Wohnwert beträgt damit für den Bedarf minus 200 € (600 € − 700 € − 100 €). Bei der Unterhaltshöhe ist er, soweit F in der Wohnung verbleibt, in Höhe von 600 € anzusetzen, da F nichts abzahlt
Berechnung nach SüdL mit $^1/_{10}$
Bedarf: $^1/_2$ ($^9/_{10}$ × 2800 € + $^9/_{10}$ × 1050 € − 200 €) = 1633 €
Höhe: 1633 € − ($^9/_{10}$ × 1050 € + 600 €) = 88 €
Leistungsfähigkeit M gegeben, da M trotz Abzahlung 1913 € verbleiben (2800 € − 700 € − 100 € − 88 €), d. h. die Hälfte des gemeinsamen Einkommens und der Mindestselbstbehalt von 1050 € gewahrt ist.
Berechnung nach DT mit $^1/_7$
Bedarf: $^1/_2$ × ($^6/_7$ × 2800 € + $^6/_7$ × 1050 € − 200 €) = 1550 €
Höhe: 1550 € − ($^6/_7$ × 1050 € + 600 €) = 50 €
Leistungsfähigkeit M gegeben, da M trotz Abzahlung 1950 € verbleiben (2800 € − 700 € − 100 € − 150 €), d. h. die Hälfte des gemeinsamen Einkommens und der Mindestselbstbehalt von 1050 € gewahrt ist.

d) M bleibt in Ehewohnung, F will nachehelichen Unterhalt:
Wohnwert wie c für Bedarf
Berechnung nach SüdL mit $^1/_{10}$
1. Stufe: $^1/_2$ ($^9/_{10}$ × 2800 € + $^9/_{10}$ × 1050 € − 200 €) = 1633 €
2. Stufe: 1633 € − $^9/_{10}$ × 1050 € = 688 €
Leistungsfähigkeit M gegeben, da M auch hier trotz Abzahlung durch das mietfreie Wohnen 1913 € verbleiben, (2800 € + 600 € − 700 € − 100 € − 688 €), s. c.
Berechnung nach DT mit $^1/_7$
1. Stufe: $^1/_2$ × ($^6/_7$ × 2800 € + $^6/_7$ × 1050 € − 200 €) = 1550 €
2. Stufe: 1550 € − $^6/_7$ × 1050 € = 650 €
Leistungsfähigkeit M gegeben, da M auch hier trotz Abzahlung 1950 € verbleiben (2800 € + 600 € − 700 € − 100 € − 650 €), s. c.

e) Wie a, aber die Wohnung gehört M
Es ist bei der Berechnung zu differenzieren bis zur Rechtshängigkeit und nach der Rechtshängigkeit. Bis zur Rechtshängigkeit verbleibt es bei der Lösung a, da F noch an der Vermögensbildung des M über den Zugewinnausgleich partizipiert.
Ab Rechtshängigkeit:
Abzuziehen sind nur die Zinsen, nicht die Tilgung als einseitige Vermögensbildung, nachdem sie keine zulässige Altersvorsorge darstellt. Als Wohnwert ist die Marktmiete anzusetzen. Der Wohnwert beträgt damit für den Bedarf minus 100 € (600 − 700).
Berechnung nach SüdL mit $^1/_{10}$
1. Stufe: $^1/_2$ ($^9/_{10}$ × 2800 € + $^9/_{10}$ × 1050 € − 100 €) = 1683 €
2. Stufe: 1683 € − $^9/_{10}$ × 1050 € = 738 €
Leistungsfähigkeit M gegeben, da M durch das mietfreie Wohnen 1962 € verbleiben (2800 € + 600 € − 700 € − 738 €).
Berechnung nach DT mit $^1/_7$
1. Stufe: $^1/_2$ × ($^6/_7$ × 2800 € + $^6/_7$ × 1050 € − 100 €) = 1600 €
2. Stufe: 1600 € − $^6/_7$ × 1050 € = 700 €
Leistungsfähigkeit M gegeben, da M trotz Abzahlung 2000 € verbleiben (2800 + 600 − 700 − 700).

6. Nutzungsentschädigung

528 Eine Nutzungsentschädigung kann auf Grund einer richterlichen Entscheidung oder auf Grund einer Vereinbarung der Eheleute anfallen, wenn der ausziehende Ehegatte Eigentümer oder Miteigentümer des Hauses ist. Sie entspricht einem Mietzins für einen Teil des Anwesens. Nach der geänderten Rechtsprechung des BGH ist sie Surrogat des früheren Wohnwertes und damit bei einer Unterhaltsberechnung in der Ehe angelegt.[168] Wird bei der Bemessung des **Unterhalts** ein Wohnwert bedarfserhöhend angesetzt, schließt dies eine zusätzliche Nutzungsentschädigung aus (näher unten Rn. 533).

529 Bei einem Streit der Eheleute, wer von ihnen ab Trennung zur alleinigen Benutzung einer im Miteigentum oder Alleineigentum stehenden Ehewohnung berechtigt ist, entscheidet der Familienrichter nach § 1361b BGB. Er kann bei der Zuweisung an einen Ehegatten wegen des Alleineigentums oder Miteigentumsteils des anderen Ehegatten ein Nutzungs- und ab Scheidung nach § 1568a V BGB ein Mietverhältnis begründen sowie eine Nutzungsentschädigung/Miete festlegen. Die in §§ 1361b, 1568a BGB neugefassten familienrechtlichen Regelungen gehen bei Miteigentum als lex specialis den gemeinschaftsrechtlichen Regelungen nach § 745 II BGB vor.

Bei Nutzung eines Hauses, das dem anderen Ehegatten **allein gehört,** besteht außerhalb eines Verfahrens auf Zuweisung der Ehewohnung nach §§ 1361b, 1568a BGB kein Anspruch gegen den Eigentümer auf Nutzungsregelung. Der andere ist gegen den Willen des Eigentümers zur alleinigen Nutzung nicht berechtigt.

Seit der Neufassung des § 1361b III BGB kann eine Nutzungsentschädigung auch bei freiwilligem Auszug und bei Miteigentum verlangt werden (lex specialis zu § 745 II BGB).

530 Ein angemessener Ausgleich für die alleinige Benutzung kann statt einer Nutzungsentschädigung darin bestehen, dass der das Haus bewohnende Ehegatte die Kosten des Hauses einschließlich aller Annuitätszahlungen übernimmt, soweit die Kosten in etwa dem Nutzungsentgelt entsprechen und damit ein ausgewogenes Verhältnis besteht.[169] Ein Gesamtschuldnerausgleich kommt dann nicht in Betracht, weil es sich um eine anderweitige Regelung im Sinne des § 426 I BGB handelt.

Eine Neuregelung nach § 1361b BGB wird erst ab dem Zeitpunkt wirksam, ab dem sie erstmals mit Nachdrücklichkeit verlangt wurde.[170] Eine bloße Zahlungsaufforderung reicht dazu nicht aus. Verlangt ein Ehegatte, der nach der Trennung der Parteien in der beiden gehörenden Ehewohnung allein weiter lebt und wie bisher die Hauskredite weiter bedient, später rückwirkend einen Gesamtschuldnerausgleich nach § 426 I BGB, kann der andere Ehegatte rückwirkend mit einem Anspruch auf Nutzungsentschädigung aufrechnen.[171]

Bei der Entscheidung über die Höhe der Nutzungsentschädigung sind vom Gericht u. a. zu berücksichtigen der Mietwert des Hauses, Nebenkosten, Zins- und Tilgungsleistungen sowie etwaige zufließende Mieteinnahmen. Da es sich nach der geänderten Rechtsprechung des BGH um ein Surrogat des mietfreien Wohnens in der Ehe handelt, ist es in der Regel angebracht, bei Miteigentum die Hälfte des Wohnwertes anzusetzen, bei Alleineigentum des nicht mehr im Familienheim lebenden Ehegatten den vollen Wohnwert.

Ein entsprechendes Nutzungsentgelt kann auch ohne gerichtliche Entscheidung vereinbart werden.

531 **Vereinbarten die Parteien** bei einem im gemeinsamen Eigentum stehenden Familienheim neben dem Barunterhalt, dass ein Ehegatte auch nach der Scheidung mit den Kindern **weiterhin das Eigenheim bewohnen darf,** handelt es sich bei der zur Verfügung gestellten Nutzung der gemeinsamen Immobilie um einen neben der Geldrente geleisteten **Naturalunterhalt.**[172] Für nach dem 1. 1. 2008 geschlossene Vereinbarungen muss dabei zur Wirksamkeit die nach der **Neufassung des § 1585c BGB** notwendige **Form** gewahrt sein. Auch wenn § 1585 BGB beim nachehelichen Unterhalt grundsätzlich eine Geldrente

---

[168] BGH FamRZ 2005, 1817 = R 632h
[169] BGH FamRZ 1986, 436; 1986, 881
[170] BGH FamRZ 1995, 216; 1993, 676
[171] BGH FamRZ 1993, 676
[172] BGH FamRZ 1997, 484, 486 = R 508

vorsieht, kann nach § 1585 c BGB diese Art der Unterhaltsleistung vereinbart werden.[173] Darin liegt zugleich eine Neuregelung der Nutzung und Verwaltung, wobei ein an sich höherer Unterhaltsanspruch durch die alleinige Nutzung der gemeinsamen Immobilie kompensiert wird. Veräußert der Ausziehende später seinen Miteigentumsanteil an einen Dritten, und muss der im Anwesen Verbleibende an den Dritten eine Nutzungsentschädigung zahlen, muss ihn der Ausziehende unterhaltsrechtlich von dieser Nutzungsentschädigung freistellen.[174]

Im Ergebnis liegt bei Nutzung des Miteigentums des Ehegatten, auch wenn dies unterhaltsrechtlich berücksichtigt wurde, immer eine Naturalleistung in Höhe des halben Wohnwertes vor; bei Durchführung des **Realsplittings** kann dies deshalb statt oder neben dem Barunterhalt als Sonderausgabe gemäß § 10 I 1 EStG angesetzt werden.[175]

532

Soweit im **Unterhaltsverfahren** ein Wohnwert einkommenserhöhend berücksichtigt wurde, kommt daneben keine Nutzungsentschädigung mehr nach §§ 1361 b, 1568 a BGB in Betracht.[176] Ansonsten würde ein Verstoß gegen das **Verbot der Doppelverwertung** vorliegen (vgl. näher Rn. 4/480).[177] Wie oben bereits ausgeführt wurde, ist die Nutzungsentschädigung insoweit unterhaltsrechtlich bereits kompensiert.[178] Denn der im Unterhaltsverfahren angesetzte Wohnwert beinhaltet bereits eine Regelung über den Nutzungswert des dem Ausziehenden gehörenden, aber vom anderen Ehegatten genutzten Miteigentums. Dies gilt nicht nur bei einem Wohnwert nach der objektiven Marktmiete, sondern auch bei Ansatz des angemessenen Wohnwertes in der Trennungszeit, da auch insoweit über den Gebrauchswert der gesamten Wohnung entschieden wurde.[179] Der ausziehende bzw. verbleibende Ehegatte wird dadurch nicht schlechter gestellt, soweit die Nutzungsentschädigung dem Wohnwert entspricht (s. oben Rn. 531).

533

Eine anderweitige Regelung liegt auch vor, wenn durch Berücksichtigung des mietfreien Wohnens des Bedürftigen der Unterhaltsanspruch entfällt.[180] Das grundsätzliche Verlangen auf Trennungsunterhalt kann sich auch konkludent ergeben, wenn der Bedürftige bei rückwirkender Geltendmachung einer Nutzungsentschädigung einwendet, er habe von Anfang an nur wegen des mietfreien Wohnens davon abgesehen, Trennungsunterhalt zu verlangen. Entfällt der Unterhaltsanspruch dagegen bereits aus anderen Gründen, steht keine anderweitige Regelung dem Begehren auf Nutzungsentschädigung entgegen.[181]

Rechenbeispiel:
M und F werden geschieden. Erwerbseinkommen M 2000 €, F 1000 € (in der Ehe angelegt). Der Mietwert der gemeinsamen Ehewohnung beträgt 700 €. F beantragt nachehelichen Unterhalt.
a) M bleibt in der Ehewohnung.
b) M bleibt in der Ehewohnung und zahlt F eine Nutzungsentschädigung von 350 €.
c) F bleibt in der Ehewohnung.
d) F bleibt in der Ehewohnung und zahlt M eine Nutzungsentschädigung von 350 €.
Lösung (nach der Additionsmethode):
a) M bleibt in Ehewohnung:
Nach SüdL mit $1/10$
Bedarf: $1/2 \times (9/10 \times 2000 + 9/10 \times 1000 + 700) = 1700$
Höhe: $1700 ./. 9/10 \times 1000 = 800$
M verbleiben damit einschließlich des Wohnwertes 1900 € (2000 + 700 ./. 800), F 1800 € (1000 + 800).
Nach DT mit $1/7$
Bedarf: $1/2 \times (6/7 \times 2000 + 6/7 \times 1000 + 700) = 1636$
Höhe: $1636 ./. 6/7 \times 1000 = 778$

534

---

[173] BGB a. a. O.
[174] BGH a. a. O.
[175] BFH FamRZ 2000, 1360
[176] BGH FamRZ 2003, 432 = R 583; 1994, 1100, 1102 = R 482 b
[177] BGH FamRZ 2003, 432 = R 583
[178] BGH FamRZ 1997, 484, 486 = R 508
[179] Gerhardt FamRZ 1993, 1139, 1141
[180] OLG Karlsruhe FamRZ 2009, 775
[181] OLG Karlsruhe FamRZ 2009, 775

M verbleiben damit einschließlich des Wohnwertes 1922 € (2000 + 700 ./. 778), F 1778 € (1000 + 778).

b) M bleibt in Ehewohnung und zahlt Nutzungsentschädigung:
Nach SüdL mit $^1/_{10}$
Bedarf: $^1/_2 \times (^9/_{10} \times 2000 + ^9/_{10} \times 1000 + 700) = 1700$
Höhe: 1700 ./. $(^9/_{10} \times 1000 + 350) = 450$
M verbleiben damit einschließlich des Wohnwertes 1900 € (2000 + 700 ./. 350 ./. 450), F 1800 € (1000 + 350 + 450).
Nach DT mit $^1/_7$
Bedarf: $^1/_2 \times (^6/_7 \times 2000 + ^6/_7 \times 1000 + 700) = 1636$
Höhe: 1636 ./. $(^6/_7 \times 1000 + 350) = 428$
M verbleiben damit einschließlich des Wohnwertes weiterhin 1922 € (2000 + 700 ./. 350 ./. 428), F 1778 € (1000 + 350 + 428).

c) F bleibt in Ehewohnung:
Nach SüdL mit $^1/_{10}$
Bedarf: $^1/_2 \times (^9/_{10} \times 2000 + ^9/_{10} \times 1000 + 700) = 1700$
Höhe: 1700 ./. $(^9/_{10} \times 1000 + 700) = 100$
M verbleiben damit 1900 € (2000 ./. 100), F einschließlich des Wohnwertes 1800 € (1000 + 700 + 100).
Nach DT mit $^1/_7$
Bedarf: $^1/_2 \times (^6/_7 \times 2000 + ^6/_7 \times 1000 + 700) = 1636$
Höhe: 1636 ./. $(^6/_7 \times 1000 + 700) = 78$
M verbleiben damit weiterhin 1922 € (2000 ./. 78), F einschließlich des Wohnwertes 1778 € (1000 + 700 + 78).

d) F bleibt in Ehewohnung und zahlt Nutzungsentschädigung:
Beim Bedarf verbleibt es beim Wohnwert von 700, bei der Bedürftigkeitsstufe (= Höhe) ist bei F dagegen nur der um die Nutzungsentschädigung als Belastung gekürzte Wohnwert von 350 € (700 ./. 350) anzusetzen
Nach SüdL mit $^1/_{10}$
Bedarf: $^1/_2 \times (^9/_{10} \times 2000 + ^9/_{10} \times 1000 + 700) = 1700$
Höhe: 1700 ./. $(^9/_{10} \times 1000 + 350) = 450$
M verbleiben damit 1900 € (2000 + 330 ./. 450), F einschließlich des Wohnwertes 1800 € (1000 + 350 + 450).
Nach DT mit $^1/_7$
Bedarf: $^1/_2 \times (^6/_7 \times 2000 + ^6/_7 \times 1000 + 700) = 1636$
Höhe: 1636 ./. $(^6/_7 \times 1000 + 350) = 428$
M verbleiben damit weiterhin 1922 € (2000 + 350 ./. 428), F einschließlich des Wohnwertes 1778 € (1000 + 350 + 428).

7. Unterhaltsrechtliche Auswirkung eines Wohnvorteils beim Ehegattenunterhalt

535   a) **Wohnvorteil und Bedarfsbemessung.** Im Rahmen der Bedarfsbemessung (§§ 1361, 1578 BGB) zählt der Wohnvorteil (= Differenz zwischen Wohnwert und abzugsfähigen Hauskosten) zu den **in der Ehe angelegten Einkünften,** wenn die Eheleute bis zur Trennung ein eigenes Haus oder eine Eigentumswohnung (Allein- oder Miteigentum) bewohnt haben.[182]

536   • Für diese Beurteilung als in der Ehe angelegt ist der Lebenszuschnitt maßgeblich, den die Eheleute während der Zeit des Zusammenlebens in der Ehe (= bis zur Trennung) durch ihre Leistungen begründet haben.[183]

537   • **In der Ehe angelegt** ist dabei der Wohnwert, der nach Abzug der Instandhaltungskosten sowie bei Trennung/Scheidung noch zu zahlenden Abzahlungen (Zins und Tilgung) verbleibt, da die Eheleute nur in dieser Höhe billiger als ein Mieter wohnten[184] (vgl. Rn. 498 ff.). Er bemisst sich in der Trennungszeit zunächst nach einem angemessenen

---

[182] BGH FamRZ 2009, 23; 2008, 963 = R 692a; 2007, 879 = R 677a; 2005, 1817 = R 632g; 2003, 1179 = R 592a; 2001, 1140, 1143; 2001, 986, 991 = R 563e; 2000, 950, 952; 1998, 87
[183] BGH FamRZ 2007, 879 = R 677a; NJW 1998, 2821 = R 525f.
[184] BGH FamRZ 2007, 879 = R 677a; 2003, 1179 = R 592a; 2000, 950, 951; 1998, 87; NJW 1998, 2821, 2823

6. Abschnitt: Einkünfte aus Vermietung und Verpachtung § 1

Wert, ab Rechtshängigkeit des Scheidungsverfahrens und nach der Scheidung nach der objektiven Marktmiete (vgl. Rn. 478 ff.). Auch wenn durch den Ansatz eines angemessenen Wohnwertes der Bedarf während der Trennungszeit zunächst aus Billigkeitsgründen niedriger ausfällt als bei Ansatz der objektiven Marktmiete, ist dies hinzunehmen. Denn die ehelichen Lebensverhältnisse verwirklichen sich nach der Trennung der Parteien in Form eines entsprechend geringer anzusetzenden Gebrauchsvorteils als bedarfsbestimmend.[185] Dies gilt nicht, wenn die Endgültigkeit der Trennung feststeht, z. B. ab Rechtshängigkeit des Scheidungsverfahrens, durch einen Ehevertrag in der Trennungszeit mit Gütertrennung oder bei einer Trennung über drei Jahre (vgl. Rn. 480).[186] Im Ergebnis geht es insoweit nur um eine Bewertungsfrage unter Berücksichtigung der vorhandenen Barmittel für einen Zeitraum, in dem eine Vermögensverwertung/-umschichtung des durch den Auszug des Ehepartners entstandenen sog. toten Kapitals noch nicht verlangt werden kann, um eine Versöhnung der Eheleute nicht zu erschweren. Es bleibt aber beim Grundsatz, dass die ehelichen Lebensverhältnisse durch mietfreies Wohnen bestimmt wurden.

- Haben die Eheleute in der Ehezeit zwei Immobilien als Familienheim genutzt, sind beide Wohnwerte in der Ehe angelegt.[187] Dies ist vor allem zu beachten, wenn die Eheleute nach der Trennung jeweils eine der Wohnungen nutzen. Benutzt ein Ehegatte nach der Trennung beide Wohnungen, ist regelmäßig auch nach endgültigem Scheitern der Ehe aus Billigkeitsgründen nur ein angemessener Wohnwert bis zum Verkauf einer Immobilie anzusetzen.[188] **538**
- Ein in der Ehe angelegtes mietfreies Wohnen liegt auch vor, wenn den Eheleuten in der Ehe zwei Wohnungen gehörten, wovon sie eine bewohnten und die andere vermieteten, das Mietverhältnis wegen der Trennung gekündigt wurde und diese Wohnung dann von dem aus dem Familienheim ausziehenden Ehegatten genutzt wird. Denn das mietfreie Wohnen ist dann **Surrogat** der früheren in der Ehe angelegten Mieteinkünfte. **539**
- **Wohnen beide Eheleute** nach der Trennung zunächst noch **weiter im Eigenheim**, ist der Wohnwert beim Bedarf als in der Ehe angelegt zu berücksichtigen, auch wenn er sich bei der Unterhaltsberechnung im Ergebnis als wertneutral auswirkt, da er dann auf der Bedürftigkeitsstufe zur Hälfte anzurechnen ist. Es ist jedoch zu beachten, dass sich der Bedarf durch das mietfreie Wohnen erhöht. Außerdem wird dadurch berücksichtigt, wer Hausschulden abzahlt (vgl. Rn. 505 ff.). **540**
- Wohnt bei **mehreren** bedürftigen **Ehegatten** der **Pflichtige** in der ersten und zweiten Ehe mietfrei, ist die Marktmiete als Wohnwert anzusetzen. Der Ausgleich in der zweiten Ehe, dass dort bei Zusammenleben der Eheleute an sich nur der angemessene Wohnwert anzusetzen wäre, wird durch die Ersparnis aus dem Zusammenleben ausgeglichen (vgl. Rn. 484), zumal bei Zusammenleben kein totes Kapital entsteht und es damit auf den tatsächlichen Wohnwert ankommt. Entsprechendes gilt für den Bedürftigen, der mietfrei wohnt. Wohnt der Pflichtige nur in der zweiten Ehe mietfrei, ist dieser Wohnwert gegenüber dem ersten Ehegatten zwar nicht in der Ehe angelegt. Er ist aber nach BGH wegen der zusätzlichen Unterhaltslast durch den zweiten Ehegatten bei der Korrekturberechnung im Rahmen der Leistungsfähigkeit anzusetzen, weil dadurch der Grundsatz der Halbteilung nicht verletzt wird und bei der Leistungsfähigkeit das gesamte Einkommen des Pflichtigen heranzuziehen ist (vgl. näher Rn. 484, 4/434).[189] **541**
- Wird das gemeinsame Familienheim nach Trennung/Scheidung veräußert und aus dem Erlös eine neue Immobilie angeschafft, ist der neue Wohnwert als Surrogat des früheren mietfreien Wohnens in der Ehe angelegt (näher Rn. 558 ff.).[190] Zur Übernahme der Haushälfte des anderen Ehegatten näher Rn. 569. **542**

---

[185] BGH FamRZ 2009, 1300 = R 705 a; 2000, 351, 353; NJW 1998, 2821, 2823
[186] BGH FamRZ 2009, 1300 = R 705 a; 2009, 23; 2008, 963 = R 692 b, c
[187] BGH FamRZ 2009, 1300 = R 705 a
[188] BGH FamRZ 2009, 1300 = R 705 a
[189] BGH FamRZ 2010, 111 = R 707 a; 2009, 579; 2009, 411 = R 702 b
[190] BGH FamRZ 2009, 1300 = R 705 a; 2009, 23; 2008, 693 = R 692 a; 2006, 387 = R 643 f.; 2005, 1159 = R 623 b, c; 2001, 1140, 1143; 2001, 986, 991 = R 563 e

543 • Das Gleiche gilt, wenn der Wohnwert Surrogat sonstiger in der Ehe angelegter Einkünfte ist, z. B. von Kapital- oder Mieteinkünften oder aus dem Zugewinnausgleich angeschafft wurde (vgl. hierzu Rn. 4/597, 598).

544 • Die ehelichen Lebensverhältnisse werden **nicht bestimmt** durch ein Haus, das von den Eheleuten zwar als Ehewohnung geplant, aber nicht gemeinsam bewohnt wurde, weil es bei Trennung erst im Rohbau fertiggestellt war.[191]

545 • Ein Wohnvorteil ist **nicht in der Ehe angelegt,** wenn ein Ehegatte das Haus oder die Ehewohnung erst **nach der Trennung/Scheidung** mit nicht in der Ehe angelegten Mitteln, z. B. einer Erbschaft, einem Lottogewinn oder nach der Trennung aufgebauten Ersparnissen, erworben und bezogen hat.[192]

546 • Kein in der Ehe angelegter Wohnwert ist anzusetzen, wenn die Eheleute in der Ehe mietfrei und ohne Gegenleistung in einer Immobilie der Eltern oder eines nahen Angehörigen lebten (vgl. Rn. 475).

547 Entfallen für einen Ehepartner infolge seines Auszugs bei Trennung die **Nutzungen des Hauses,** so hat dieser Ausfall der Nutzungen **keinen Einfluss** auf die Beurteilung der in der Ehe angelegten ehelichen Lebensverhältnisse, weil der bedürftige Ehegatte nach der Intention des Gesetzes vor einem sozialen Abstieg infolge der Scheidung bewahrt werden soll.[193] Der Wohnwert bleibt als in der Ehe angelegt erhalten, während der Trennungszeit zunächst in Höhe eines angemessenen Wertes, ab endgültigem Scheitern der Ehe z. B. wegen Rechtshängigkeit des Scheidungsverfahrens und nach Scheidung in Höhe der objektiven Marktmiete. Am besten lässt sich dies nach der Additionsmethode darstellen, da dort klar erkennbar ist, dass es für die Bedarfsermittlung nicht darauf ankommt, wer nach Trennung/Scheidung im Familienheim bleibt, sondern nur, dass ein in der Ehe angelegter Wohnwert vorhanden ist (vgl. Beispiele Rn. 497).

Wird das Familienheim veräußert, setzt sich der frühere Wohnwert nur noch in Höhe der Nutzungen am Erlös als Surrogat fort (näher Rn. 557 ff.).

Nutzungen der Ehewohnung, die der ausziehende Ehegatte nicht mehr ziehen kann, bleiben bei dem **auf den Bedarf** nach den ehelichen Lebensverhältnissen **anzurechnenden Einkommen** des Berechtigten, bzw. der Leistungsfähigkeit des Pflichtigen **außer Betracht,** d. h. dem **Ausziehenden** ist nach §§ 1577 I, 1581 BGB **kein Wohnvorteil** zuzurechnen. Dabei kommt es auf die Gründe der Trennung nicht an. Ein Ehegatte führt nicht dadurch mutwillig seine Bedürftigkeit herbei, dass er aus der Ehewohnung auszieht. Das gilt in gleicher Weise für den Verpflichteten und den Berechtigten.[194]

548 b) **Wohnvorteil und Bedürftigkeit des Berechtigten.** Hat der **Berechtigte** nach der Trennung weiterhin einen **in der Ehe angelegten Wohnvorteil,** weil er in der Ehewohnung verbleibt, **kürzt** dieser seinen sich aus den ehelichen Lebensverhältnissen ergebenden **Bedarf** (§ 1577 I BGB). Er ist beim Trennungsunterhalt zunächst auf einen angemessenen Wert zu begrenzen, soweit er auch bei der Bedarfsermittlung nur mit einem angemessenen Wert angesetzt wurde,[195] ab endgültigem Scheitern der Ehe z. B. ab Rechtshängigkeit des Scheidungsverfahrens und beim nachehelichen Unterhalt richtet er sich bei Bedarf und Bedürftigkeit nach der objektiven Marktmiete (vgl. Rn. 479 ff.). Der **in der Ehe angelegte Wohnwert** ist also vom **Wertansatz** bei der Ermittlung des Bedarfs und des auf diesen Bedarf anzurechnenden Einkommens des Berechtigten (= Unterhaltshöhe) stets **identisch**[196] (vgl. Beispiele Rn. 497). Die **tatsächlich anzurechnende Wohnwerthöhe** kann jedoch differieren. Denn bei den zum Zeitpunkt der Trennung auf das Eigenheim noch zu leistenden Abzahlungen ist zwischen Bedarfsermittlung und anzurechnendem Einkommen zu unterscheiden. Bei der Ermittlung des Bedarfs sind sie bei Miteigentum in vollem Umfang zu berücksichtigen (s. oben Rn. 508 ff.), bei Alleineigentum bis zur Rechtshängigkeit des Scheidungsverfahrens, danach nur noch die Zinsen und eine als Altersvorsorge zu

---

[191] BGH FamRZ 1988, 145
[192] BGH FamRZ 1988, 1031 vgl. auch OLG Brandenburg FamRZ 2009, 1837
[193] BGH FamRZ 1986, 437
[194] BGH FamRZ 1989, 1160, 1162; FamRZ 1986, 434
[195] BGH NJW 1998, 2821, 2823
[196] BGH a. a. O.

6. Abschnitt: Einkünfte aus Vermietung und Verpachtung § 1

berücksichtigende Tilgung (näher Rn. 510). Beim anzurechnenden Einkommen kommt es darauf an, ob und in welcher Höhe sie der Berechtigte nach der Trennung weiterbezahlt, wenn ja ferner, ob es sich um Allein- oder Miteigentum handelt (vgl. Rn. 507 ff.).

Handelt es sich um einen in der Ehe angelegten Wohnwert aus einem Surrogat früherer **549** in der Ehe angelegter Einkünfte (Wohnwert, Mieteinkünfte, Zugewinnausgleich usw.) mit einer neuen und damit nicht berücksichtigungswürdigen Hausschuld, sind bei Bedarf und Bedürftigkeit/Leistungsfähigkeit nur die Zinsen, nicht die Tilgung als einseitige Vermögensbildung Abzugsposten (vgl. näher Rn. 514), außer es handelt sich um eine zulässige Altersvorsorge.

Hat der Berechtigte einen **nicht in der Ehe angelegten Wohnvorteil,** z. B. durch **550** Eigentumserwerb aus Mitteln eines Lottogewinn, einer Abfindung, aus nach der Trennung aufgebauten Ersparnissen, aus Erbschaft oder aus einem neuen dinglichen Wohnrecht, dann mindert dieser Wohnvorteil die Bedürftigkeit ebenfalls, weil der Berechtigte nach § 1577 I BGB alle in der Ehe angelegten und nicht in der Ehe angelegten Einkünfte bedarfsmindernd heranziehen muss.[197] Der nicht in der Ehe angelegte neue Wohnwert ist stets mit der **objektiven Marktmiete** anzusetzen. Werden zum Erwerb der neuen Immobilie Schulden aufgenommen, kürzen nach BGH zwar die **Zinsen,** nicht aber die **Tilgung** als einseitige Vermögensbildung den Wohnwert, da der Unterhalt nicht der Finanzierung der Vermögensbildung des Bedürftigen dient.[198] Es ist aber zu prüfen, ob durch Vermögensumschichtung eine bessere Rendite zu erzielen ist. Letzteres führt vielfach dazu, nur einen ohne Aufnahme von Schulden erzielbarer Wohnwert anzusetzen, bzw. soweit dieser neue Wohnwert im Verhältnis zum eingesetzten Kapital eine zu geringe Rendite erbringt, Zinsen aus dem eingesetzten Kapital (vgl. näher Rn. 568).

Wenn die Parteien in einem früheren Urteil/Beschluss einen in der Ehe Wohnvorteil bei **551** der Bedarfsbemessung völlig unberücksichtigt gelassen haben, dann ist auch in einem **Abänderungsverfahren** kein Wohnvorteil zu berücksichtigen. Denn es ist die sich aus der Präklusion ergebende Einschränkung der Abänderbarkeit im Verfahren nach § 238 II FamFG zu beachten.[199] Nach ständiger Rechtsprechung des BGH binden auch fehlerhafte Feststellungen, da § 238 FamFG – ebenso § 323 ZPO für Altverfahren – nur der Korrektur fehlgeschlagener Prognosen dient, nicht wie ein Rechtsmittel der Beseitigung von Fehlern (näher Rn. 10/222).[200] Wurde in einem Vorverfahren der eheangemessene Bedarf konkret ermittelt und dabei der Wohnbedarf auf 500 EUR bemessen, so ist ein späterer höherer neuer Wohnvorteil des Berechtigten in Höhe des Mehrwertes auf den Bedarf anzurechnen, wobei der frühere Wohnwert nach Maßgabe der gestiegenen Lebenshaltungskosten fort zuschreiben ist.

Die Bedürftigkeit des Berechtigten wird nicht gemindert, wenn ihm die Eltern oder ein **552** naher Angehöriger **freiwillig und kostenlos** als Sachleistung eine Wohnung zur Verfügung stellen oder ihn in ihre Wohnung unentgeltlich aufnehmen (vgl. Rn. 475). Die Anrechenbarkeit solcher Leistungen hängt in diesen Fällen grundsätzlich vom Willen des Zuwendenden ab. Geht der Wille, wie in der Regel, dahin, den Berechtigten zu unterstützen, ohne den Verpflichteten von seiner Unterhaltspflicht zu entlasten, ist die Zuwendung nicht mit dem Unterhaltsanspruch zu verrechnen.[201] Eine Ausnahme besteht nur im Mangelfall, da im Mangelfall auch freiwillige Leistungen Dritter als Einkommen angesetzt werden können (näher Rn. 5/73 ff.).[202]

Erfolgt die Wohnungsgewährung im Rahmen der **Haushaltsführung für einen neuen Lebensgefährten,** ist in dem für die als vermögenswerter Vorteil anzusetzende Ersparnis das kostenlose Wohnen mit enthalten (vgl. Rn. 4/585 ff.).[203]

---

[197] BGH FamRZ 1998, 87 = R 516 b; NJW-RR 1988, 1093, 1095
[198] BGH FamRZ 2000, 950, 951; 1998, 87; 1992, 423 = R 442 b
[199] FamRZ 2007, 793; 1990, 269
[200] BGH FamRZ 2001, 905, 906; 2000, 1687
[201] BGH FamRZ 1999, 843, 847; 1980, 40, 42; 1980, 879; 1985, 584; vgl. auch OLG München FamRZ 1996, 199
[202] BGH FamRZ 1999, 843, 847 = R 533 c
[203] BGH FamRZ 1995, 343

553 Erhält der Berechtigte für die Nutzung seines Miteigentumsanteils oder seines Alleineigentums gemäß einer Vereinbarung oder einer richterlichen Entscheidung ein Nutzungsentgelt, so mindert diese Zahlung seine Bedürftigkeit und ist auf seinen Bedarf nach den ehelichen Lebensverhältnissen anzurechnen (vgl. Rn. 528 mit Beispiel Rn. 534).

554 **c) Wohnvorteil und Leistungsfähigkeit des Verpflichteten.** Bei der Ermittlung der **Leistungsfähigkeit** des Verpflichteten sind wie beim Bedürftigen **alle Einkünfte** heranzuziehen, die diesem zufließen, gleich welcher Art sie sind und auf welcher Grundlage er sie bezieht[204] (vgl. auch Rn. 4/972). Dazu zählen sowohl alle in der Ehe angelegten Einkünfte, z. B. ein Wohnvorteil, als auch alle nicht in der Ehe angelegten Einkünfte, z. B. ein Wohnvorteil aus einem erst nach der Trennung aus einer Erbschaft erworbenen Haus oder bei Wiederverheiratung das kostenlose Wohnen im Haus des neuen Ehegatten.[205] Bei neuen Unterhaltslasten für Kinder oder nach § 1615 l BGB sowie sonstigen neuen berücksichtigungswürdigen Verbindlichkeiten sind diese Mehreinkünfte nach BGH bereits beim Bedarf anzusetzen (s. näher oben Rn. 484, 541, 4/435), für einen neuen Ehegatten im Rahmen der Leistungsfähigkeit (näher Rn. 4/426 ff). Zur Höhe eines in der Ehe oder nicht nicht in der Ehe angelegten Wohnwertes gelten die bereits beim Bedürftigen gemachten Ausführungen (s. oben Rn. 548 ff.).

Bei einem **negativen Wohnwert** ist zu beachten, dass Abzahlungen, die den Wohnwert übersteigen, nicht berücksichtigungsfähig sind, soweit sie dem Mietkostenanteil im Selbstbehalt entsprechen; sie würden ansonsten im Ergebnis doppelt verwertet (vgl. Rn. 579).

555 Im Rahmen der Leistungsfähigkeit darf dem Verpflichteten – wie beim Berechtigten – nicht leistungserhöhend zugerechnet werden, dass ihn die Eltern oder ein naher Angehöriger unentgeltlich in der Wohnung aufnehmen oder ihm als Sachleistung kostenlos eine Wohnung zur Verfügung stellen. Seine Leistungsfähigkeit erhöht sich dadurch nur, wenn es sich um eine Gegenleistung handelt (s. näher Rn. 475, 468 ff.). Eine Ausnahme besteht im Mangelfall; der Selbstbehalt kann dann um den im Selbstbehalt enthaltenen Wohnkostenanteil gekürzt werden.[206] Etwas anderes gilt, wenn der Pflichtige nach Wiederverheiratung in das Haus des neuen Ehepartners zieht, da das mietfreie Wohnen dann Teil des Familienunterhalts nach § 1360 a BGB ist (s. oben Rn. 554).[207]

Nimmt der Pflichtige einen neuen Lebensgefährten mietfrei bei sich auf oder zieht der Pflichtige zu einem neuen Lebensgefährten, liegt durch die jeweilige Ersparnis ein nicht in der Ehe angelegtes Einkommen vor, da der Doppelhaushalt billiger ist als der Einzelhaushalt und sich der neue Partner an den Kosten beteiligen kann. Wie der BGH mehrfach entschieden hat, handelt es sich bei der Ersparnis um keine freiweillige Leistung, sondern um als Folge des Zusammenlebens eintretenden Synergieeffekte (näher Rn. 4/585).[208]

556 **d) Wohnvorteil und trennungsbedingter Mehrbedarf.** Wie der BGH inzwischen mehrfach entschieden hat, gibt es seit seiner geänderten Rechtsprechung zu den ehelichen Lebensverhältnissen mit der Surrogatslösung keinen unterhaltsrechtlich zu berücksichtigenden trennungsbedingten Mehrbedarf als Teil des Bedarfs nach den ehelichen Lebensverhältnissen mehr (näher Rn. 4/406).[209] Soweit einige Oberlandesgerichte weiterhin am trennungsbedingten Mehrbedarf festhalten, obwohl dieser bereits begrifflich nicht in der Ehe angelegt sein kann und deshalb auch vom Gesetzgeber nicht als Teil des Bedarfs normiert wurde (vgl. §§ 1361, 1578 BGB), kann dem nicht gefolgt werden.[210]

Trennungsbedingte Mehrkosten können deshalb nicht mehr bedarfserhöhend angesetzt werden. Sie können aber als **Abzugsposten** zu berücksichtigen sein, wenn es sich um eine unumgängliche erst nach der Trennung entstandene Verbindlichkeit handelt, die nach der geänderten Rechtsprechung des BGH berücksichtigungswürdig ist (näher Rn. 1084).

---

[204] BGH FamRZ 1986, 780; 1985, 354, 356; 1980, 342; 1982, 250; 1981, 338
[205] BGH FamRZ 2008, 986 = R 689 j
[206] OLG Koblenz FamRZ 2002, 1215; OLG Dresden, FamRZ 1999, 1522
[207] BGH FamRZ 2008, 986 = R 689 j
[208] BGH FamRZ 2010, 1535 = R 714 a; 2009, 314; 2008, 594 = R 688 b, c
[209] BGH FamRZ 2010, 111 = R 707 a; 2007, 1303 = R 669 b
[210] Vgl. eingehend Vorauflage Rn. 1/377 ff.

8. Wohnvorteil und Unterhalt nach Veräußerung des Familienheims

a) Erlös als Surrogat. Nach der früheren Rechtsprechung des BGH war bei Veräußerung des Familienheims nach Trennung oder Scheidung der **Wohnvorteil,** der die ehelichen Lebensverhältnisse geprägt hatte, festzustellen und als Bestandteil der ehelichen Lebensverhältnisse bei der Ermittlung des Bedarfs fiktiv mit in die Bemessungsgrundlage für den Unterhaltsanspruch einzubeziehen.[211] Auf diese Weise sollte ein sozialer Abstieg des Bedürftigen durch die Veräußerung des Familienheims vermieden werden.

557

Diese Rechtsprechung hat der BGH zeitgleich mit der Änderung seiner Rechtsprechung zur Haushaltsführung in der Ehe entsprechend einer Empfehlung des Arbeitskreises 3 des 13. Deutschen Familiengerichtstages 1999[212] grundlegend geändert.[213] Die **Zinsen aus dem Erlös** oder ein mit dem Erlös angeschaffter **neuer Wohnwert** sind **Surrogat** des früheren Wohnwertes und damit **in der Ehe angelegt.**[214] Dies gilt auch, wenn die Zinsen aus dem Erlös den früheren Wohnwert **übersteigen.**[215]

558

Die Änderung der Rechtsprechung ist sehr zu begrüßen. Es handelt sich um eine Lösung, die immer schon gangbar war und wesentlich einleuchtender ist. Die frühere Rechtsprechung wurde vom Normalbürger – und auch von vielen Juristen – nicht verstanden, weil bei einem Verkauf des Eigenheimes immer nur die beiderseitigen Erlösanteile verglichen wurden, nicht aber der frühere Wohnwert und der Erlös. Letzterer war in der Praxis selten identisch und konnte im Einzelfall auch zu unbilligen Ergebnissen führen, z.B. wenn der Wohnwert durch Abzahlungen niedrig, der Verkaufserlös dagegen durch teure Grundstückspreise hoch lag. Die Surrogatslösung ist daher auch fairer, da die Parteien das Risiko des Verkaufs teilen. Wie der BGH zu Recht ausgeführt hat, beinhaltet sie auch Abweichungen vom früheren Wohnwert, nachdem der Wert eines Surrogats nicht identisch mit dem abzulösenden Wert sein muss. Beide Eheleute teilen damit das Risiko des durch Beendigung der Ehe notwendigen Verkaufs, nachdem die Immobilie bei Trennung/Scheidung nicht real zwischen ihnen geteilt werden kann. Der Wert hat sich an dem jetzt vorhandenen und nicht zugunsten bzw. zulasten eines Ehegatten an einen früher vorhandenen Nutzungsvorteil zu orientieren. Nur dieses Ergebnis entspricht der Realität. Dies führt aber dazu, die Zinsen in voller Höhe als Surrogat anzusetzen, auch wenn sie den früheren Wohnwert übersteigen.[216] Letzteres muss auch gelten, wenn im Einzelfall durch hohe Abzahlungen der Wohnwert null oder sogar negativ war und durch einen hohen Immobilienwert nicht nur die Schulden beglichen werden, sondern auch ein Erlös verbleibt. Denn maßgebend für das Surrogat sind allein die derzeitigen Verhältnisse.[217] Es besteht zwar keine generelle Verpflichtung, wegen der Trennung/Scheidung Vermögen zu veräußern, um eine höhere Rendite und damit höhere Einkünfte zu erzielen.[218] Wenn aber eine Veräußerung des Familienheimes wegen Trennung/Scheidung erfolgen muss, weil eine Teilung in Natur bei gemeinsamem Immobilieneigentum nicht möglich ist bzw. sonstige bei Trennung/Scheidung entstehende finanzielle Belastungen, z.B. durch den Zugewinn, bei Alleineigentum einen Verkauf erfordern, sind die nunmehr gezogenen Nutzungen, i.d.R. Zinsen aus dem Erlös oder ein mit dem Erlös angeschaffter neuer Wohnwert, als tatsächlich vorhandenes Einkommen, für die Unterhaltsbemessung maßgebend.

559

Für die Praxis ist darauf hinzuweisen, dass sich nach **Veräußerung des gemeinsamen Familienheimes** die **Unterhaltsberechnung ändert.** Während bis dahin der Wohnwert bei der Bedürftigkeit bzw. Leistungsfähigkeit nur bei dem Ehegatten angesetzt wurde, der

---

[211] Vgl. z.B. BGH FamRZ 1998, 87; 1994, 1100, 1102
[212] Brühler Schriften zum Familienrecht, Bd. 11, 13. Deutscher Familiengerichtstag 1999, Beschlüsse Arbeitskreis 3 zu III
[213] Gerhardt FamRZ 2003, 414
[214] BGH FamRZ 2009, 23; 2008, 963 = R 692a; 2006, 387 = R 643f.; 2005, 1817 = R 632g; 2005, 1159 = R 623b, c; 2002, 88 = 569b; 2001, 986, 991 = R 563e; 2001, 1140, 1143
[215] BGH FamRZ 2002, 88, 91 = R 569b
[216] BGH FamRZ 2002, 88 = R 569b
[217] BGH FamRZ 2008, 968 = R 689g
[218] BGH FamRZ 1997, 281 = R 509f.; 1992, 1045

in der Wohnung verblieb, werden die Zinsen aus dem Erlös als Surrogat bei beiden Ehegatten je zur Hälfte eingestellt.

560 **b) Eigenheim gehört den Ehegatten gemeinsam.** Die geänderte Rechtsprechung führt im Hauptanwendungsfall, dass das Familienheim beiden Eheleuten gemeinsam gehört, wegen der Trennung veräußert werden muss und der Erlös geteilt wird, zu wesentlich einfacheren Lösungen. Denn im Ergebnis sind die beiderseitigen Zinsen dann beim Ehegattenunterhalt wertneutral. Streitigkeiten der Eheleute über erzielbare Zinshöhe sind damit überflüssig, da die Zinsen für beide gleich hoch anzusetzen sind. Ausnahmen könnten sich allenfalls ergeben, wenn die Zinsen erheblich über den steuerlichen Freibeträgen liegen und die Eheleute sehr unterschiedliche Steuersätze haben. I. d. R. werden diese Abweichungen aber vernachlässigbar sein. Die **beiderseitigen Zinsen** sind damit in gleicher Höhe beim Bedarf anzusetzen und in Höhe des jeweiligen (Hälfte-)Anteils bei der Bedürftigkeit bzw. Leistungsfähigkeit.

Fall 1:
M hat ein bereinigtes Nettoeinkommen von 3000 €, F von 1500 €. M und F wohnten im Eigenheim mit einem Wohnwert von 1000 €, wobei sie noch 400 € Schulden monatlich abzahlen mussten. Welchen Unterhaltsanspruch hat F, wenn der Verkaufserlös des Hauses 200 000 € betrug, wovon sie 100 000 € erhielt und hieraus Zinseinkünfte von monatlich 400 € erzielte?

Lösung:
In der Ehe angelegt ist neben dem Erwerbseinkommen der Parteien nach Veräußerung des Eigenheimes nicht mehr der frühere Wohnwert von 600 € (1000 ./. 400), sondern als Surrogat die Zinsen aus dem Verkaufserlös, auch wenn sie den Wohnwert übersteigen. Dabei ist zu beachten, dass beide Ehepartner je 400 € Zinsen erhalten. Die Lösung erfolgt nach der Additionsmethode, da nur nach dieser Methode der Bedarf ermittelt wird, was zur verständlicheren Darstellung unumgänglich ist.

Nach SüdL mit $^1/_{10}$:
Bedarf: $^1/_2$ ($^9/_{10}$ 3000 + $^9/_{10}$ 1500 + 2 × 400) = 2425
Höhe: 2425 ./. ($^9/_{10}$ 1500 + 400) = 675

Nach DT mit $^1/_7$:
Bedarf: $^1/_2$ ($^6/_7$ 3000 + $^3/_7$ 1500 + 2 × 400) = 2328;
Höhe: 2328 ./. ($^6/_7$ 1500 + 400) = 643

Wäre der Erlös wegen höherer Schulden auf dem Eigenheim nur 100 000 €, so dass jeder Ehegatte 50 000 € erhält und hieraus 200 € Zinsen erzielt, würde sich das Ergebnis nicht ändern.

Nach SüdL mit $^1/_{10}$:
Bedarf: $^1/_2$ ($^9/_{10}$ 3000 + $^9/_{10}$ 1500 + 2 × 200) = 2225
Höhe: 2225 ./. ($^9/_{10}$ 1500 + 200) = 675

Nach DT mit $^1/_7$:
Bedarf: $^1/_2$ ($^6/_7$ 3000 + $^3/_7$ 1500 + 2 × 200) = 2128;
Höhe: 2128 ./. ($^6/_7$ 1500 + 200) = 643

561 Im Ergebnis kann beim Ehegattenunterhalt **bei gemeinsamem Eigentum bei Vergleichen vereinfacht** vorgegangen werden. Da der Erlös wertneutral ist, kann man als Geschäftsgrundlage vereinbaren, dass der Bedarf nur aus dem sonstigen Einkommen, i. d. R. dem Erwerbseinkommen, ermittelt, dagegen die Zinsen aus dem Verkaufserlös weder beim Bedarf, noch bei der Bedürftigkeit/Leistungsfähigkeit angesetzt werden, da sich das Ergebnis rechnerisch nicht ändert. Dies hat den großen Vorteil, dass die Ehegatten über das Kapital frei verfügen können und in den Verhandlungen die üblichen gegenseitigen Vorwürfe, Geld verschleudert zu haben, unterbleiben, vor allem auch in späteren Abänderungsfällen. Wegen der ab 1. 1. 2008 geltenden neuen Rangordnung mit der Möglichkeit, dass zu einem späteren Zeitpunkt gleichrangige Ehegattenansprüche oder Ansprüche nach § 1615 l BGB entstehen können, sollte in der Geschäftsgrundlage ein Passus aufgenommen werden, dass dann beim Bedürftigen und Pflichtigen ein gleichhoher bestimmter Betrag als Zinseinkommen anzusetzen ist.

Fall 1 (vereinfacht):
Lösung:
Nach SüdL mit $^1/_{10}$:
$^1/_2$ ($^9/_{10}$ 3000 + $^9/_{10}$ 1500) = 2025
2025 ./. $^9/_{10}$ 1500 = 675
Nach DT mit $^1/_7$:
$^3/_7$ (3000 ./. 1500) = 643

6. Abschnitt: Einkünfte aus Vermietung und Verpachtung § 1

Um Missverständnisse zu vermeiden: Diese **vereinfachte Lösung gilt nur bei Miteigentum** der Ehegatten, nicht bei Alleineigentum Sie gilt ferner nicht in einem Mangelfall, wenn es um die Leistungsfähigkeit des Pflichtigen geht und nicht beim Kindesunterhalt, bei dem die Zinsen als Surrogat des früheren Wohnwertes beim Barunterhaltspflichtigen selbstverständlich für die Bedarfsermittlung des Kindes heranzuziehen sind. Bei mehreren gleichrangigen Ehegatten nach der ab 1. 1. 2008 geltenden Rangordnung gilt die wertneutrale Lösung nur, wenn die zweite Ehe noch besteht, nicht dagegen, wenn auch die zweite Ehe des Pflichtigen gescheitert ist. 562

Soweit mit dem **Erlös ein neuer Wohnwert** angeschafft wurde, vgl. Rn. 567.

Waren in einem **Urteil/Beschluss** oder **Unterhaltsvergleich** nach der früheren Rechtsprechung des BGH beim Bedarf der frühere Wohnwert angesetzt und hierauf die Zinsen aus dem Erlös angerechnet worden, besteht durch die geänderte höchstrichterliche Rechtsprechung ein **Abänderungsgrund,** wenn sich durch die geänderte Rechtsprechung die Unterhaltsberechnung ändert. Denn Abänderungsgrund ist auch eine geänderte Rechtslage durch eine geänderte höchstrichterliche Rechtsprechung (vgl. § 238 I FamFG sowie eingehend Rn. 10/204 ff.). Das frühere Ergebnis kann deshalb mit einem **Abänderungsverfahren** korrigiert werden.[219] Der Abänderungsgrund liegt dabei **ab der geänderten Rechtsprechung des BGH** vor.[220] 563

c) **Eigenheim im Alleineigentum eines Ehegatten.** Bei Alleineigentum des Bedürftigen/Pflichtigen sind die Zinsen als Surrogat des früheren Wohnwertes in der Ehe angelegt, bei der Bedürftigkeit/Leistungsfähigkeit sind sie in vollem Umfang beim Eigentümer als Einkommen anzusetzen. 564

Fall 2:
Wie Fall 1, aber das Eigenheim stand im Alleineigentum von
a) M
b) F
Lösung:
Zu a)
Nach SüdL mit $^1/_{10}$:
Bedarf: $^1/_2$ ($^9/_{10}$ 3000 + $^9/_{10}$ 1500 + 800) = 2425
Höhe: 2425 ./. $^9/_{10}$ 1500 = 1075
Leistungsfähigkeit M: gegeben, da ihm 2725 € verbleiben (3000 + 800 ./. 1075), d. h. die Hälfte des Bedarfs zuzüglich seines Erwerbstätigenbonus und der Ehegattenmindestselbstbehalt von 1050 € gewahrt bleibt.
Nach DT mit $^1/_7$:
Bedarf: $^1/_2$ ($^6/_7$ 3000 + $^6/_7$ 1500 + 800) = 2328;
Höhe: 2328 ./. $^6/_7$ 1500 = 1043
Leistungsfähigkeit M: gegeben, da ihm 2757 € verbleiben (3000 + 800 ./. 1043), d. h. die Hälfte des Bedarfs zuzüglich seines Erwerbstätigenbonus und der Ehegattenmindestselbstbehalt von 1050 € gewahrt bleibt.
Zu b)
Nach SüdL mit $^1/_{10}$:
Bedarf: $^1/_2$ ($^9/_{10}$ 3000 + $^9/_{10}$ 1500 + 800) = 2425
Höhe: 2425 ./. ($^9/_{10}$ 1500 + 800) = 275
Nach DT mit $^1/_7$:
Bedarf: $^1/_2$ ($^6/_7$ 3000 + $^6/_7$ 1500 + 800) = 2328;
Höhe: 2328 ./. ($^6/_7$ 1500 + 800) = 243

d) **Verwendung und Verbrauch des Erlöses.** Aus der unterhaltsrechtlichen Obliegenheit des Bedürftigen, sich möglichst selbst zu unterhalten bzw. des Pflichtigen, für den errechneten Unterhalt leistungsfähig zu sein, ergibt sich zum einen die Verpflichtung, den Verkaufserlös adäquat anzulegen, zum anderen, das Geld nicht ungerechtfertigt zu verbrauchen. 565

• Soweit der Berechtigte das Geld **angelegt** hat, hat er die Obliegenheit, sein Vermögen so ertragreich wie möglich zu nutzen.[221] Niedrige Sparbuchzinsen reichen hierfür regelmä- 566

---

[219] BGH FamRZ 2007, 882; 2007, 793 = R 674 e; 2005, 1979; 2003, 1734; 2003, 848 = R 588 c; 2001, 1687 = R 566 a
[220] BGH FamRZ 2007, 793 = R 674 e; 2005, 1979; 2003, 518 = R 585 b; 2001, 1687 = R 566 b
[221] BGH FamRZ 2009, 23; 1992, 423, 425 = R 442 c; 1990, 267, 270

ßig nicht aus. Im Einzelfall wird aber zuzubilligen sein, dass ein Teil des Geldes so angelegt wird, dass es schnell verfügbar bleibt, z. B. über Festgeld. Höhere Zinseinkünfte sind vor ihrer Anrechnung auf den Bedarf um die Zinsabschlagsteuer (seit 2009 pauschal 25%, §§ 43, 43 a EStG) zu kürzen,[222] wobei der Freibetrag einschließlich Werbungskosten ohne Berücksichtigung ihrer tatsächlichen Höhe seit 2009 bei Einzelveranlagung 801 EUR, bei gemeinsamer Veranlagung 1602 EUR beträgt (§ 20 IX EStG). Wie bereits ausgeführt, spielt diese Frage bei Veräußerung eines im gemeinsamen Miteigentum stehenden Familieneigenheimes beim Ehegattenunterhalt keine Rolle, da die Zinsen in gleicher Höhe angesetzt werden (s. oben Rn. 560). Bei Alleineigentum eines Ehegatten, bei gleichrangigen Ehegatten, beim Anspruch nach § 1615 l BGB oder beim Kindesunterhalt ist dieses Problem aber zu beachten.

567 • Wurde das Geld ganz oder teilweise **verbraucht,** ohne Nutzungen zu ziehen, können fiktive Zinseinkünfte nur angesetzt werden, wenn der Bedürftige unwirtschaftlich handelte und dadurch eine mutwillige Herbeiführung der Bedürftigkeit nach § 1579 Nr. 4 BGB vorliegt (näher Rn. 4/1308 ff.).[223] Dies ist der Fall, wenn sich der Berechtigte unter grober Missachtung dessen, was jedem einleuchten muss, oder in Verantwortungs- und Rücksichtslosigkeit gegen den Unterhaltspflichtigen über die erkannte Möglichkeit nachteiliger Folgen für seine Bedürftigkeit hinweggesetzt hat.[224] Nur dann kann ein unterhaltsbezogen leichtfertiges oder mutwilliges Verhalten vorgeworfen werden. Letzteres entfällt, soweit der Berechtigte das Geld für Verfahrenskosten, den Umzug, notwendige neue Einrichtungsgegenstände oder Fahrzeuge oder für seine unzureichende Altersversorgung ausgegeben hat.[225] Betreut der Bedürftige gemeinschaftliche minderjährige Kinder, entfällt ein Ansatz fiktiver Zinsen bei Verbrauch des Verkaufserlöses von vornehrein, wenn der Mindestbedarf nicht gesichert ist.[226]

Probleme nach der geänderten Rechtsprechung ergeben sich in der Praxis, wenn die Parteien einen Teil des Erlöses in **unterschiedlicher Höhe verbraucht** haben, wenn mit dem Erlös erneut Wohneigentum mit neuen Schulden erworben wird, wenn ein Ehegatte seinen Hälfteanteil an den anderen Ehegatten verkauft hat oder wenn in den Erlös auch andere Zahlungen, z. B. der Zugewinn, eingeflossen sind. Aus Billigkeitsgründen wird man in der Regel bei Miteigentum die beiderseitigen Zinseinkünfte bei Verbrauch eines Teils des Geldes gleich hoch ansetzen, so dass sie sich im Ergebnis wertneutral verhalten (vgl. Rn. 560 Fall 1).[227] Das OLG Koblenz schlägt dabei vor, dass von den Zinsen aus dem niedrigeren Kapitalrest auszugehen ist, um den sparsamen Ehegatten nicht zu benachteiligen.[228]

568 • Wurde mit dem Erlös neues Wohneigentum gebildet, ist der **neue Wohnwert** Surrogat des früheren vollen Wohnwertes bzw. bei Miteigentum halben Wohnwertes und insoweit in der Ehe angelegt.[229] Er richtet sich regelmäßig nach der **objektiven Marktmiete** (vgl. Rn. 480, 542). Abzugsposten sind, falls für den Erwerb neue, d. h. nichtprägende Kredite aufgenommen wurden, nach BGH nur die Zinsen, nicht aber die Tilgung, da sie der **einseitigen** Vermögensbildung dient.[230] Der Unterhalt dient aber nicht dazu, Vermögensbildung zu ermöglichen.[231] Etwas anderes gilt nur, wenn es sich um eine zulässige Altersvorsorge handelt (vgl. Rn. 1034, 1037).[232] Die Berücksichtigung der Zinsen beruht

---

[222] OLG München FamRZ 1994, 1459
[223] BGH FamRZ 2010, 629; 2005, 1159 = R 623 e; 1997, 873, 875 = R 513 c; 1990, 989, 991 = R 418 d
[224] BGH FamRZ 1990, 989, 991 = R 418 d
[225] BGH a. a. O.
[226] BGH FamRZ 1997, 873, 875 = R 513 c
[227] Brühler Schriften zum Familienrecht, Bd. 12, 14. Deutscher Familiengerichtstag 2001, Beschlüsse Arbeitskreis 13 zu II 1
[228] OLG Koblenz FamRZ 2002, 1407
[229] BGH FamRZ 2009, 23; 2006, 387 = R 643 f; 2005, 1159 = R 623 b; 2001, 1140, 1143; 2001, 986, 991 = R 563 e
[230] BGH FamRZ 2009, 23; 2008, 963 = R 692 d, e; 2005, 1159 = R 623 c; 2001, 1140, 1143; 2000, 950; 1998, 87, 88 = R 516 c; 1992, 423, 425 = R 442 c
[231] BGH FamRZ 1998, 87, 88
[232] BGH FamRZ 2008, 963 = R 692 f.; 2007, 879 = R 677 d

6. Abschnitt: Einkünfte aus Vermietung und Verpachtung § 1

hingegen darauf, dass sie auch bei Mieteinkünften als Werbungskosten Abzugsposten darstellen und damit berücksichtigungswürdig sind (vgl. Rn. 458, 506), auch wenn sie Teil der neuen Schuld sind. Ergibt der neue Wohnwert im Verhältnis zum eingesetzten Kapital keine ertragreiche Rendite, ist im Einzelfall zu prüfen, ob eine Verpflichtung zur **Vermögensumschichtung** besteht.[233] Dabei sind nach BGH alle Umstände des Einzelfalls unter Berücksichtigung der Belange des Berechtigten und Pflichtigen gegeneinander abzuwägen. Zu beachten sind die beiderseitigen früheren wie jetzigen Wohnverhältnisse, ferner wie hart den Pflichtigen die Unterhaltslast trifft und welcher Entscheidungsspielraum dem Vermögensinhaber eingeräumt werden kann.[234] Der neue Wohnwert darf durch eine Darlehensaufnahme mit hohen Zinsen nicht auf oder gegen Null reduziert werden, wenn man mit einer anderen Vermögensanlage positive Einkünfte erzielen würde.[235] Bei Miteigentum wird es aus Gleichbehandlungsgründen vielfach angemessen sein, durch Vermögensumschichtung für die Unterhaltsberechnung nur die objektive Marktmiete einer ohne Schulden angeschafften Immobilie bzw. Zinsen aus dem vorhanden gewesenen Kapital als Einkommen anzusetzen.[236] Zu vergleichen ist dabei der neue Wohnwert abzüglich Zins und Tilgung mit einem ohne Schuldenaufnahme gebildeten neuen Wohnwert, bzw. die Zinsen aus einer Kapitalanlage.[237] Denn auf Grund der generellen unterhaltsrechtlichen Obliegenheiten, seinen Bedarf möglichst selbst zu decken bzw. sich voll leistungsfähig zu halten, darf kein Ehegatte bei gleich hohem Erlös durch die unterschiedliche Vermögensanlage benachteiligt werden.

e) **Veräußerung des Hälfteanteils an den Ehepartner.** Kauft ein Ehepartner dem anderen seinen Hälfteanteil ab, ist nach BGH bei einem Ehegatten der **volle Wohnwert** abzüglich der **Zinsen aus den Hausschulden** und der **Zinsen** des für die Veräußerung an den Ehegatten **aufgenommenen Darlehens,** beim anderen Ehegatten die **Zinsen aus dem Erlös** als in der Ehe angelegt beim Bedarf anzusetzen.[238] Die Tilgung des neu aufgenommenen Darlehens ist als **einseitige Vermögensbildung** nicht zu berücksichtigen, es sei denn es handelt sich um eine zusätzliche **Altersvorsorge.**[239] Bei den aus der Ehezeit übernommenen Hausschulden ist zu berücksichtigen, dass durch die Übertragung des Hälfteanteils die zunächst in der Ehe gemeinsame Vermögensbildung zur **einseitigen Vermögensbildung** wird, wie der BGH 2008 entschieden hat.[240] Der Ansatz des vollen Wohnwertes beim Erwerber entspricht den realen Verhältnissen und rechtfertigt sich nach BGH durch die Berücksichtigung der zusätzlichen Zinsen aus dem Übernahmedarlehen, womit praktisch ausgeglichen wird, dass beim anderen Ehegatten bereits für eine Haushälfte Zinsen als Surrogat angesetzt wurden.[241] Die gleiche Lösung gilt, wenn die gemeinsame Immobilie von einem Ehegatten im Rahmen der **Zwangsversteigerung** erworben wurde.[242] Anders ist die Sachlage nach BGH nur, wenn sich die Übernahme des Familienheimes durch einen Ehepartner nicht als angemessene Vermögensnutzung darstellt, sondern unwirtschaftlich ist und deshalb eine Obliegenheit zur Vermögensumschichtung besteht.[243]

Gegen die Lösung des BGH bestehen Bedenken, auch wenn sie von den realen Gegebenheiten ausgeht. Die Lösung des BGH beruht auf dem Blickwinkel der Revisionsinstanz und dem vorgegebenen Sachverhalt, dass bei Übertragung der Haushälfte – fehlerhaft – der Unterhalt nicht gleichzeitig einvernehmlich mit geregelt wurde. In der Tatsacheninstanz ist für den Richter und Rechtsanwalt zu beachten, dass diese Lösung meistens zur **Benachtei-**

569

---

[233] BGH FamRZ 2009, 23; 2005, 1159 = R 623 d; 2001, 1140, 1143 = R 560 a; 1998, 87, 89; 1992, 423 = R 442 c
[234] BGH FamRZ 2009, 23; 2001, 1140, 1143
[235] BGH FamRZ 2009, 23
[236] BGH FamRZ 1998, 87, 89
[237] BGH FamRZ 1998, 87, 89
[238] BGH FamRZ 2008, 963 = R 692 a, d, e; 2005, 1159 = R 623 c
[239] BGH FamRZ 2008, 963 = R 692 f
[240] BGH FamRZ 2008, 963 = R 692 d, e; anders noch BGH FamRZ 2005, 1159 = R 623 c
[241] BGH FamRZ 2008, 963 = R 692 a; 2005, 1159 = R 623 c
[242] BGH FamRZ 2005, 1817 = R 632 h
[243] BGH FamRZ 2009, 23; 2005, 1159 = R 623 d

ligung eines Ehegatten führt. weil Wohnwert und Zinsen aus dem Erlös selten gleich hoch sind. Die Benachteiligung kann sowohl den Pflichtigen als auch den Bedürftigen treffen, je nachdem, ob der Wohnwert hoch bzw. durch Belastungen niedrig oder der Erlös hoch oder niedrig ist (vgl. unten Fall 3). Dies erschwert aber eine Einigung über die Übertragung der Haushälfte an einen Ehepartner. Nach der Rechtslage kann eine Übertragung aber nur einvernehmlich erfolgen oder durch Zwangsversteigerung. Zumindest für einvernehmliche Lösungen ist deshalb die Übertragung der Haushälfte an den Ehepartner nicht anders zu werten als der Verkauf der Immobilie an einen Dritten mit einem wertneutralen Erlös für beide Ehegatten (s. oben Rn. 561 ff.). Nur dadurch wird mit Übertragung an den Ehepartner keiner der Eheleute unterhaltsrechtlich benachteiligt. Der Unterhalt muss darum in diesen Fällen immer sofort mit erledigt werden.

Fall 3:
a) M und F werden am 10. 8. 2011 geschieden. Sie wohnten im Eigenheim mit einer Marktmiete von 1000 €, wobei für aufgenommene Grundschulden noch 600 € abzuzahlen sind (500 € Zinsen, 100 € Tilgung). M kauft F ihren Hälfteanteil des Familienheims für 100 000 € ab und übernimmt ihren Hälfteanteil offener Schulden von 40 000 € (offene Gesamtschuld 80 000 €). Zur Zahlung der 100 000 € an F nahm er einen Kredit auf, den er mit mtl. Raten von 500 € (400 € Zinsen, 100 € Tilgung) abbezahlt. M hat ein bereinigtes Nettoerwerbseinkommen von 2000 €, wobei er über eine Gesamtaltersvorsorge von 24% des Bruttoeinkommens verfügt. F war in der Ehe Hausfrau und ist jetzt ganztägig berufstätig mit einem bereinigten Nettoeinkommen von 1000 €. Aus dem Erlös hat F Zinseinkünfte von 250 €. Unterhaltsanspruch F?
b) Wie a, aber die Abzahlung des Familienheimes betrug nur noch 400 € (300 € Zinsen, 100 € Tilgung).
c) Wie a, aber das Familienheim war schuldenfrei.
Lösung:
Zu a)
In der Ehe angelegt ist bei M nach BGH der volle Wohnwert abzüglich der Zinsen (= 500 €) sowie abzüglich der Zinsen von mtl. 400 € des neu aufgenommenen nicht in der Ehe angelegten Kredits von 100 000 € zur Auszahlung der F. Nicht abzusetzen sind dagegen die Tilgungen, da sie jeweils der einseitigen Vermögensbildung dienen. Sie bilden auch keine zulässige Altersvorsorge im Rahmen einer Gesamtaltersvorsorge von 24% des Bruttoeinkommens. Der Wohnwert beläuft sich damit auf 100 € (1000 − 500 − 400).
Bei F sind nach BGH die Zinsen von mtl. 250 € aus dem Erlös als Surrogat des früheren Wohnwertes anzusetzen.
Nach SüdL mit $1/10$:
$1/2$ ($9/10$ 2000 + 100 + 250 + $9/10$ 1000) = 1525
1525 − ($9/10$ 1000 + 250) = 375
Nach DT mit $1/7$:
$1/2$ ($6/7$ 2000 + 100 + 250 + $6/7$ 1000) = 1461
1461 − ($6/7$ 1000 + 250) = 353
AA, insbesondere für gütliche Einigung:
Nach dem vorliegendem Beispiel würde F durch den Verkauf an den Ehegatten statt an einen Dritten schlechter gestellt, weil bei Verkauf an einen Dritten nach Abzug der Schulden von einem Erlös von 200 000 € (2 × 100 000) und damit von Zinseinkünften von 500 € (2 × 250) auszugehen wäre. Damit kann für eine gütliche Lösung als Geschäftsgrundlage eine Vermögensumschichtung bei M verlangt werden, wodurch der Wohnwert bei M und die Zinsen aus dem Erlös bei F wertneutral werden.
Nach SüdL (vereinfacht):
$1/2$ ($9/10$ 2000 + $9/10$ 1000) = 1350
1350 − ($9/10$ 1000) = 450
Nach DT mit $1/7$:
$3/7$ (2000 − 1000) = 429
Zu b)
Nach BGH beträgt der in der Ehe angelegte Wohnwert des M jetzt 300 € (1000 − 300 − 400)
Nach SüdL mit $1/10$:
$1/2$ ($9/10$ 2000 + 300 + 250 + $9/10$ 1000) = 1625
1625 − ($9/10$ 1000 + 250) = 475
Nach DT mit $1/7$:
$1/2$ ($6/7$ 2000 + 300 + 250 + $6/7$ 1000) = 1561
1561 − ($6/7$ 1000 + 250) = 453

6. Abschnitt: Einkünfte aus Vermietung und Verpachtung § 1

AA:
Lösung wie a, auch wenn F nunmehr durch den Verkauf an M gegenüber einem Verkauf an einen Dritten bessergestellt wäre. Das Ergebnis nach BGH wäre hier allerdings fast wertneutral.

Zu c:
Nach BGH beträgt der in der Ehe angelegte Wohnwert des M jetzt 600 EUR (1000 – 400)
Nach SüdL mit $^1/_{10}$:
$^1/_2$ ($^9/_{10}$ 2000 + 600 + 250 + $^9/_{10}$ 1000) = 1775
1775 – ($^9/_{10}$ 1000 + 250) = 625
Nach DT mit $^1/_7$:
$^1/_2$ ($^6/_7$ 2000 + 600 + 250 + $^6/_7$ 1000) = 1711
1711 – ($^6/_7$ 1000 + 250) = 604

AA:
Lösung wie a. Es besteht ansonsten die Gefahr, dass der Pflichtige zur Vermeidung der überhöhten Unterhaltslast den für den Bedürftigen vielfach sehr ungünstigen Weg der Zwangsversteigerung beschreitet.

f) Verkaufserlös und Zugewinn. Enthält der Erlös bei Veräußerung des Eigenheimes 570 bei einem Ehegatten zugleich auch einen Zugewinnausgleich, sind die Zinsen aus dem Zugewinnausgleichsbetrag nach der geänderten Rechtsprechung des BGH ebenfalls **in der Ehe angelegt**. Es bleibt daher bei den bereits allgemein geschilderten Grundsätzen. Wie der BGH inzwischen entschieden hat, sind die Zinsen aus dem Zugewinnausgleich Surrogat, soweit sie bereits die Ehe als Erträge des ausgleichspflichtigen Ehegatten beeinflusst hatten.[244] Der BGH hat in seiner Entscheidung zwar offen gelassen, ob dies auch gilt, wenn der Zugewinn auf Vermögen beruht, aus dem in der Ehe keine Nutzungen gezogen wurden, z. B. aus unterschiedlichem Anfangsvermögen, Kapitallebensversicherungen, Firmenbewertungen. Unter Berücksichtigung des Vereinfachungsgrundsatzes wird man künftig aber auch in diesem Fall die Zinsen – im weitesten Sinn – als Surrogat der beim Endvermögen vorhandenen Aktiva bzw. von berücksichtigungswürdigen Passiva (Zahlung auf Lebensversicherung als Altersvorsorge) ansehen können. Dies entspricht auch der gewandelten Rechtsprechung, die Lebensverhältnisse stärker am vorhandenen realen Einkommen zu orientieren.[245] Es würde auch zu unüberwindbaren Schwierigkeiten stoßen, Zinsen aus dem Zugewinnausgleichsbetrag unterschiedlich zu behandeln, insbesondere wenn das Endvermögen durch Passiva gekürzt wurde.

Bei der Unterhaltsberechnung ist allerdings zu beachten, dass bei dieser Sachlage der Erlös aus der Veräußerung des Eigenheimes zwar zu gleich hohen Zinssätzen bei beiden Eheleuten führt, aber zu keiner wertneutralen Lösung, weil beide Eheleute durch den Zugewinnausgleich unterschiedliche Endbeträge erhalten und damit unterschiedliche Kapitaleinkünfte beziehen. Am einfachsten errechnet sich dies, indem man nach der Additionsmethode beim Bedarf die Gesamtzinsen aus dem Verkaufserlös ansetzt und bei der Bedürftigkeit (Höhe) die nach der Zugewinnverrechnung anteilig auf den Bedürftigen fallenden Zinsen anrechnet.

Fall 4:
M. hat eine bereinigtes Nettoerwerbseinkommen von 2000 €, F von 1000 €. Der Verkaufserlös des Familienheimes betrug 200 000 €, wovon an sich jedem Ehegatten 100 000 € zustanden und jeder hieraus 350 € monatliche Zinseinkünfte erzielen könnte. Ferner fällt noch ein Zugewinnausgleich von 50 000 € an.
a) Ausgleichspflichtig für den Zugewinn ist M, so dass F aus dem Verkaufserlös 150 000 € erhält (100 000 + 50 000), d. h. weitere Zinsen (neben 350 € aus 100 000 €) von 175 € hat, während M nur 175 € Zinsen verbleiben.
b) Ausgleichspflichtig für den Zugewinn ist F, so dass F nur 50 000 € ausbezahlt erhält (100 000 ./. 50 000), d. h. nur 175 € Zinsen erzielt, während M einen Zinserlös von 525 € hat.
Lösung:
Zu a)
Beim Bedarf sind die Zinsen aus dem beiderseits verbleibenden Erlös und Zugewinnausgleich als Surrogat anzusetzen, d. h. bei F 525 € (350 + 175), bei M 175 € aus den ihm verbleibenden

---
[244] BGH FamRZ 2008, 963 = R. 692 h; 2007, 1532 = R. 681 k
[245] Vgl. auch Brühler Schriften zum Familiengerichtstag, Bd. 15, 17. Deutscher Familiengerichtstag 2007, Empfehlungen des Arbeitskreises 3

§ 1 Die Ermittlung des unterhaltsrechtlich relevanten Einkommens

50 000 €. Im Ergebnis verbleibt es damit beim Bedarf bei dem Ansatz der Gesamtzinsen aus dem Verkaufserlös von 700 € (2 × 350) Bei der Bedürftigkeit sind bei F die Zinsen aus dem Erlösanteil und aus dem Zugewinn von 525 € zu berücksichtigen.

Nach SüdL mit $^1/_{10}$:
Bedarf: $^1/_2$ ($^9/_{10}$ 2500 + $^9/_{10}$ 1000 + 175 + 525) = 1925
Höhe: 1925 ./. ($^9/_{10}$ 1000 + 525) = 500
Die Leistungsfähigkeit des M bleibt trotz Zugewinnzahlung gewahrt, da ihm 2175 € verbleiben (2500 + 175 ./. 500), d. h. die Hälfte des Bedarfs zuzüglich der Erwerbsbonus und der Ehegattenmindestselbstbehalt von 1050 € gewahrt bleibt

Nach DT mit $^1/_7$:
Bedarf: $^1/_2$ ($^6/_7$ 2500 + $^6/_7$ 1000 + 175 + 525) = 1850
Höhe: 1850 ./. ($^6/_7$ 1000 + 525) = 468

Zu b)
Beim Bedarf sind nunmehr bei M 525 € Zinsen und bei F 175 € Zinsen anzusetzen, d. h. er ändert sich gegenüber der Lösung a nicht. Bei der Bedürftigkeit sind bei F nur 175 € Zinsen aus dem ihr verbleibenden Betrag von 50 000 €. anzurechnen.

Nach SüdL mit $^1/_{10}$:
Bedarf: $^1/_2$ ($^9/_{10}$ 2500 + $^9/_{10}$ 1000 + 525 + 175) = 1925
Höhe: 1925 ./. ($^9/_{10}$ 1000 + 175) = 850
Die Leistungsfähigkeit des M bleibt gewahrt, da ihm weiterhin 2175 € verbleiben (2500 + 525 ./. 850), d. h. die Hälfte des Bedarfs zuzüglich der Erwerbsbonus und der Ehegattenmindestselbstbehalt von 1050 € gewahrt bleibt

Nach DT mit $^1/_7$:
Bedarf: $^1/_2$ ($^6/_7$ 2500 + $^6/_7$ 1000 + 525 + 175) = 1850
Höhe: 1850 ./. ($^6/_7$ 1000 + 175) = 817

9. Unterhaltsrechtliche Auswirkungen des Wohnwertes beim Verwandtenunterhalt

571   a) **Kindesunterhalt.** Beim Kindesunterhalt ist zu unterscheiden, ob der barunterhaltspflichtige oder der das Kind betreuende Elternteil mietfrei wohnt.

572   • **Mietfreies Wohnen des Pflichtigen.** Für die Bedarfsbemessung und für die Leistungsfähigkeit des Verpflichteten zählt jedes Einkommen. Wohnt der Pflichtige mietfrei, ist daher vor der Einordnung in eine Einkommensgruppe nach der Düsseldorfer Tabelle ein Wohnvorteil einkommenserhöhend zuzurechnen, weil für die Einkommensgruppen der Tabelle das gesamte Einkommen des Unterhaltsschuldners heranzuziehen ist. Anders als beim Ehegattenunterhalt, der nach einer Quote der in der Ehe angelegten Einkünfte bemessen wird, spielt es beim Kindesunterhalt keine Rolle, ob der Wohnvorteil in der Ehe angelegt war, weil das Kind ohne jede Einschränkung an der Entwicklung des Lebensstandards des barunterhaltspflichtigen Elternteils in gleicher Weise weiterhin teilnimmt wie während intakter Ehe.[246] Bewohnen neben dem Pflichtigen weitere Familienangehörige das Eigenheim, z. B. bei Wiederverheiratung der neue Ehegatte oder bei Kindern nichtverheirateter Eltern dessen Ehefrau, kann der Wohnwert nur anteilig angesetzt werden. Bei Erwachsenen ist der Wohnwert nach Köpfen zu verteilen,[247] Kinder sind geringer, z. B. mit $^1/_5$ des Tabellenbetrags des Unterhalts nach der Düsseldorfer Tabelle, anzusetzen.[248]

573   • **Mietfreies Wohnen des betreuenden Elternteils.** Beim **minderjährigen Kind** wird durch den Barunterhalt dessen gesamter Lebensbedarf abgedeckt mit Ausnahme des Betreuungsbedarfs, den der sorgeberechtigte Elternteil bis zur Volljährigkeit gleichwertig erbringt. Durch die Bedarfssätze der Düsseldorfer Tabelle wird daher auch ein Wohnbedarf des Kindes mit abgegolten, d. h. in dem geleisteten Barunterhalt ist ein Teil für den Wohnbedarf bestimmt.[249]

---

[246] BGH FamRZ 2000, 358; 1996, 160 = R 496 a; 1993, 1304 = R 464 b
[247] OLG München FamRZ 1999, 251
[248] Vgl. SüdL Nr. 21.5.2
[249] BGH FamRZ 1992, 425 = R 442 a; 1989, 1160, 1163

6. Abschnitt: Einkünfte aus Vermietung und Verpachtung § 1

Wenn – wie in der Regel – das Kind mietfrei in Wohn- und Haushaltsgemeinschaft mit dem Sorgeberechtigten lebt, wird dadurch die Bedürftigkeit des Kindes nicht gemindert. Der Sorgeberechtigte darf eigenverantwortlich den Unterhalt für den Gesamtbedarf des Kindes verwenden. Außerdem will er nach der Lebenserfahrung mit einer Wohnungsgewährung nicht den barunterhaltspflichtigen Elternteil entlasten. Das mietfreie Wohnen des betreuenden Elternteils führt damit nach BGH nicht zu einer Kürzung des Barunterhalts des Kindes.[250] Eine Ausnahme kann bei beengten Verhältnissen nach Treu und Glauben angebracht sein, wenn zwar der betreuende Elternteil weiterhin mietfrei im Familienheim wohnt, der Barunterhaltspflichtige nach Absprache aber alle Hausschulden abzahlt,[251] ferner im Mangelfall, wenn die vorhandenen Mittel des Pflichtigen nicht ausreichen, den Mindestunterhalt bezahlen zu können. Der Barunterhalt kann dann wegen des mietfreien Wohnens bis zu 20% gekürzt werden (vgl. auch § 5 Rn. 22).

Der für das Kind geleistete Barunterhalt **erhöht** aber beim Trennungsunterhalt durch den darin enthaltenen Mietkostenzuschuss den Wohnwert des mietfrei wohnenden, das Kind **betreuenden Elternteils**.[252] Bei der Berechnung des Ehegattenunterhalts ist der Wohnwert daher in diesen Fällen angemessen zu erhöhen. Beim angemessenen Wohnwert, der in der Trennungszeit zunächst herangezogen wird (vgl. Rn. 479, 486), geschieht das am einfachsten, indem man bei der Abwägung, welche Wohnungsgröße unter Berücksichtigung des sog. toten Kapitals angemessen ist, das Kinderzimmer mitberücksichtigt und bewertet; also z. B. bei einer Wohnungsgröße von 4 Zimmern mit einer Marktmiete von 800 EUR als angemessenen Wohnwert nicht eine 2–2$^{1}/_{2}$ Zimmer große Wohnung mit einem Wohnwert von 500 EUR, sondern eine 3 Zimmer große Wohnung mit einem Wohnwert von 600 EUR ansetzt (vgl. Beispiel Rn. 580). Ist beim Ehegattenunterhalt dagegen die objektive Marktmiete heranzuziehen, entfällt eine Erhöhung, da der Wert des mietfreien Wohnens bereits voll ausgeschöpft ist. **574**

- **Eigener Wohnvorteil des Kindes.** Ein Wohnvorteil mindert die Bedürftigkeit des Kindes nur, wenn die Wohnung dem Kind selbst gehört, wenn also z. B. das Kind durch Erbfolge oder Schenkung eine eigene Wohnung erhalten hat, die vom Sorgeberechtigten verwaltet und mitbenutzt wird. In einem solchen Fall ist der Barunterhalt des minderjährigen Kindes um den Wohnkostenanteil im Tabellenunterhalt von 20% zu kürzen (s. oben), regelmäßig dagegen nicht um einen höheren Betrag, da eine Vermögensverwertung des Eigenheimes durch das Kind nach § 1602 II BGB nicht in Betracht kommt und dem Kind ein angemessener Betrag für die allgemeinen Lebenshaltungskosten verbleiben muss. **575**

- **Wohnvorteil beim volljährigen Kind.** Bei volljährigen Kindern wird in der Regel ebenfalls mit festen Bedarfssätzen oder den Sätzen der Altersstufe 4 der Düsseldorfer Tabelle der gesamte Lebensbedarf des Kindes, also auch ein Wohnbedarf, mitabgegolten. Es ist insoweit aber zu **differenzieren**, ob das Kind einen eigenen Hausstand hat oder nicht. Bei eigenem Hausstand mindert ein Wohnvorteil des Kindes (z. B. Wohnen in einer ihm gehörenden Eigentumswohnung) dessen Bedürftigkeit. Lebt ein noch in Ausbildung befindlicher Volljähriger mit eigenem Hausstand im Eigenheim, wird man seinen Bedarf von derzeit 670 EUR[253] um den darin enthaltenen Wohnanteil für Unterkunft und Heizung von 280 EUR kürzen.[254]
Lebt das Kind in der Wohnung eines leistungsfähigen Elternteils, kürzt das mietfreie Wohnen dagegen seinen Bedarf nach der Altersstufe 4 der DT nicht. Der die Unterkunft gewährende Elternteil kann vom Volljährigen jedoch für diese Naturalleistung **Kostgeld** verlangen und mit seinem anteiligen Unterhaltsanspruch verrechnen.[255]
Lebt das Kind in Haushalts- und Wohngemeinschaft mit einem nicht leistungsfähigen Elternteil, so mindert dieser Vorteil den Barunterhaltsanspruch gegen den anderen Eltern- **576**

---

[250] BGH a. a. O.; vgl. auch OLG Koblenz FamRZ 2009, 891
[251] OLG Düsseldorf FamRZ 1994, 1049, 1053
[252] BGH a. a. O.
[253] DT Anm. A 7; SüdL, BL, BrL, CL, FL, HaL, HL, KL, OL jeweils Nr. 13.1.2
[254] SüdL, BrL, FL, HaL, KL, NaL jeweils Nr. 13.1.2
[255] BGH FamRZ 1988, 1039

teil ebenfalls nicht, weil der nicht barunterhaltspflichtige Elternteil in der Regel mit seiner freiwilligen unentgeltlichen Zuwendung nicht den barunterhaltspflichtigen Elternteil von dessen Unterhaltsverpflichtung entlasten will. Im Einzelfall kann es bei beengten Verhältnissen auch des Pflichtigen gerechtfertigt sein, in solchen Fällen im Hinblick auf Ersparnisse durch das Zusammenleben in Haushalts- und Wohngemeinschaft von einem geminderten Gesamtbedarf des Kindes auszugehen, insbesondere im Mangelfall.

577 • **Wohnwertbemessung beim Kindesunterhalt.** Vom BGH noch nicht entschieden wurde die Frage, ob als Wohnwert beim Kindesunterhalt beim barunterhaltspflichtigen Elternteil stets die objektive Marktmiete oder nur ein angemessener Wohnwert anzusetzen ist. In seiner Entscheidung vom 19. 3. 2003 zum Elternunterhalt hat er lediglich zum Ausdruck gebracht, dass zwar grundsätzlich von der objektiven Marktmiete auszugehen ist, aber nach Treu und Glauben nur ein angemessener Wohnwert angesetzt werden kann, wenn die verbleibenden Mittel für Unterhaltszahlung und Lebensführung nicht ausreichen, nachdem der Wohnwert kein Bargeld ist.[256] Die Gründe, die beim Trennungsunterhalt aus Billigkeitsgründen zur Begrenzung auf den sog. angemessenen Wohnwert führen, weil eine sofortige Unter- oder Weitervermietung nicht zumutbar ist, treffen im Übrigen auch auf den Kindesunterhalt ehelicher Kinder zu. Außerdem ist stets eine Kontrollrechnung vorzunehmen, wie viel Bargeld dem Pflichtigen zur Lebensführung verbleibt, d. h. ob gegenüber minderjährigen Kindern sein notwendiger Selbstbehalt ohne Wohnkosten (derzeit 950 ./. 360 = 590 EUR) verbleibt.[257] Der **Wohnwert** kann auch beim Volljährigen nicht generell nur nach den Wohnkosten im Selbstbehalt angesetzt werden.[258] Er wird sich meistens bei beengten finanziellen Verhältnissen während der **Trennung nach** dem **angemessenen** Wert richten. **Ab Rechtshängigkeit des Scheidungsverfahrens,** bei Kauf eines neuen Eigenheimes, bei sehr guten Einkommensverhältnissen und bei Kindern nichtverheirateter Eltern wird dagegen regelmäßig die **objektive Marktmiete** anzusetzen sein, es sei denn, der Pflichtige wäre dadurch gezwungen, das Eigenheim zu veräußern.[259] Dies entspricht auch den Empfehlungen des Arbeitskreises 3 des 13. Deutschen Familiengerichtstages 1999.[260] Beim nicht privilegierten Volljährigen ist nach BGH außerdem zu prüfen, ob sich der Pflichtige eine Mietwohnung der gleichen Art und Größe leisten könnte, weil er das Eigenheim mit Eigenleistungen günstig erworben hat (näher Rn. 581).[261] Der Wohnwert ist wie beim Ehegattenunterhalt um Instandhaltungskosten zu kürzen (vgl. Rn. 502).

578 **Abzugsposten beim Wohnwert des Pflichtigen.** Auch die Frage, inwieweit Hausschulden zu berücksichtigen sind, richtet sich regelmäßig nach den bereits beim Ehegattenunterhalt geschilderten Grundsätzen, da den Belastungen durch den Wohnwert ein Gegenwert durch mietfreies Wohnen gegenübersteht und das mietfreie Wohnen den eigenen Unterhalt sichert. Bei den Verbindlichkeiten ist wie bei allen Schulden beim Kindesunterhalt eine umfassende Interessenabwägung nach dem Zweck der Verbindlichkeit, Zeitpunkt und Art der Entstehung der Schuld sowie Kenntnis der Unterhaltsverpflichtung nach Grund und Höhe vorzunehmen.[262] Beim minderjährigen Kind muss zumindest der Mindestunterhalt gesichert sein (vgl. § 1603 II 1, 2 BGB). Der Kredit muss insgesamt im angemessenen Rahmen zum Wohnwert stehen.[263] Verbindlichkeiten (Zins und Tilgung) bis zur Höhe des Wohnwertes sind regelmäßig wegen des mietfreien Wohnens anzuerkennen.[264] Zu berücksichtigen ist ferner, ob es sich um eine bereits in der Ehe bzw. vor Kenntnis der Barunterhaltsverpflichtung angeschaffte Immobilie handelt, bei nach Kenntnis

---

[256] BGH FamRZ 2003, 1179 = R 592 b
[257] BGH FamRZ 2008, 968 = R 689 i
[258] BGH FamRZ 2006, 1100 = R 654 i
[259] Gerhardt FamRZ 1993, 1139
[260] Brühler Schriften zum Familienrecht, Bd. 11, 13. Deutscher Familiengerichtstag 1999, Beschlüsse des Arbeitskreises 3 zu I 3 a
[261] BGH FamRZ 2003, 1179 = R 592 b
[262] BGH FamRZ 2002, 815 = R 570 c
[263] BGH NJW-RR 1995, 129; FamRZ 1984, 358
[264] BGH FamRZ 2004, 1184

6. Abschnitt: Einkünfte aus Vermietung und Verpachtung § 1

der Unterhaltsverpflichtung erworbenem Eigenheim, inwieweit es den Wohnbedarf des Pflichtigen und ggf. einer neuen Familie abdeckt. Über den Wohnwert hinausgehende Schulden sind regelmäßig nicht anzuerkennen,[265] außer es liegen sehr gute Einkommensverhältnisse vor. Zu prüfen ist ferner, ob bei beengten Verhältnissen die Tilgung nicht gestreckt werden oder bei Wiederverheiratung sich der neue Ehepartner an der Abzahlung beteiligen kann.[266] In Ausnahmefällen kann bei zu hoher Belastung des Eigenheims oder bei Kenntnis der Unterhaltsschuld bei einem erst nach der Trennung der Eltern neugeschaffenen Wohnungseigentum eine Vermögensumschichtung in Betracht kommen, wenn dies bei Abwägung der beiderseitigen Belange aus der Sicht des Unterhaltsberechtigten notwendig und für den Pflichtigen zumutbar erscheint.[267] Kommt eine Vermögensumschichtung nicht in Betracht, kann es im Einzelfall angebracht sein, die Tilgungsrate für den Hauskredit als Vermögensbildung außer Ansatz zu lassen.[268] Zieht der Pflichtige nach der Trennung aus dem Familienheim aus, während der Ehegatte mit Kindern weiter dort wohnt, zahlt aber nach wie bisher die auf dem Familienheim lastenden Schulden ab, kürzen letztere sein Erwerbseinkommen. Insgesamt ist zu beachten, dass bei Berücksichtigung von Abzahlungen auf ein Eigenheim beim Kindesunterhalt ein zu kleinlicher Maßstab zu vermeiden ist, soweit bei Minderjährigen und privilegierten Volljährigen der Mindestunterhalt gesichert ist, bei noch bei einem Elternteil lebenden Volljährigen der Unterhalt nach Gruppe 1 der Altersstufe 4 der DT, bei Volljährigen mit eigenem Hausstand der Festbetrag von derzeit 670 € jeweils nach Abzug des Bedarfs deckenden hälftigen bzw. vollen Kindergeldes (§ 1612b I Nr. 1, 2 BGB).

Bei der Leistungsfähigkeit ist im Mangelfall bzw. bei Volljährigen bei der Haftungsverteilung zu beachten, dass **Hausschulden im Einzelfall nicht zu berücksichtigen** sind, soweit sie den **Wohnkosten entsprechen,** die nach den normalen Lebenshaltungskosten aufzubringen sind.[269] Dies gilt zumindest für die im notwendigen bzw. angemessenen Selbstbehalt enthaltenen Wohnkosten (360 EUR/450 EUR),[270] wovon noch die darin enthaltenen Heizkosten abzuziehen sind. Denn diese Abzahlungen entsprechen im Ergebnis einer Miete und würden damit zu einem doppelten Ansatz führen. Die Nichtberücksichtigung von Schulden gilt dabei abweichend von den sonstigen Grundsätzen **nur im Rahmen der Leistungsfähigkeit,** nicht bereits bei der Bedarfsermittlung (= Eingruppierung), da nur bei der Leistungsfähigkeit der Mietanteil im Selbstbehalt eine Rolle spielt. Es muss in diesen Fällen aber stets eine **Kontrollrechnung** vorgenommen werden, ob dem Pflichtigen unter Berücksichtigung der Hausschulden zumindest die für die Lebensführung notwendigen Mittel, d. h. der notwendige Selbstbehalt ohne Wohnkosten von derzeit 590 EUR (950 EUR − 360 EUR) verbleiben, da er sonst gezwungen wäre, das Eigentum zu veräußern (vgl. Fall 2).

579

Beispiele **580**
Fall 1:
M und F wohnen im 4 Zimmer großen Eigenheim und trennen sich. M hat ein in der Ehe angelegtes bereinigtes Nettoeinkommen von 2400 €, F hat kein Einkommen. Sie betreut die gemeinsamen Kinder K 1 (2) und K 2 (6) und erhält das Kindergeld von 368 €. Die Marktmiete für das Eigenheim beträgt 800 €, für eine kleinere Wohnwert für eine kleinere 2-Zimmer-Wohnung für eine Person 500 €, für eine kleinere 3-Zimmer-Wohnung für eine Person mit 2 Kindern 600 €. F begehrt ab 1. 9. 2011 Kindes- und Trennungsunterhalt. Das Scheidungsverfahren ist noch nicht rechtshängig.
a) M wohnt mietfrei in der Ehewohnung
b) F wohnt mietfrei in der Ehewohnung
Lösung:
a) M wohnt mietfrei:
Anzusetzen ist nach der Trennung der angemessene Wohnwert, da M alleine im Familienheim lebt. Der Wohnwert ist damit nur mit 500 EUR anzusetzen. Eine Ausnahme kann angebracht sein,

---

[265] BGH FamRZ 2003, 445, 447 = R 587a
[266] BGH a. a. O.
[267] BGH NJW-RR 1995, 129
[268] BGH a. a. O.
[269] BGH FamRZ 2002, 815 = R 570c; FamRZ 1984, 358 = NJW 1984, 1237
[270] Vgl. DT Anm. A 5; SüdL 21.2, 21.3.1

§ 1 Die Ermittlung des unterhaltsrechtlich relevanten Einkommens

wenn M ein regelmäßiges und häufiges Umgangsrecht mit Übernachtung ausübt (Wohnwert dann 600 €).
Kindesunterhalt:
Einkommen M: 2400 + 500 = 2900
K 1: DT (Stand 1. 1. 2011) Gr 4 (Herabstufung um eine Gruppe, vgl. DT Anm. A 1, SüdL Nr. 11.2)
St 1 = 365 (= 115% des Mindestunterhalts); 365 – 92 (= $^1/_2$ Kindergeld) = 273
K 2: DT Gr 4 St 2 = 419 (= 115% des Mindestunterhalts); 419 – 92 ($^1/_2$ Kindergeld) = 327
Trennungsunterhalt:
Bereinigtes Nettoerwerbseinkommen M: 2400 – 273 – 327 (jeweils Zahlbetrag) = 1800
Nach SüdL mit $^1/_{10}$: $^1/_2$ x ($^9/_{10}$ x 1800 + 500) = 1060
Nach DT mit $^1/_7$: $^1/_2$ x ($^6/_7$ x 1800 + 500) = 1022
Leistungsfähigkeit M ist jeweils gegeben, da er mietfrei wohnt und ihm zB nach SüdL noch 740 EUR Bargeld verbleiben (2400 – 273 – 327 – 1060), d. h. sein Selbstbehalt abzüglich Wohnkosten verbleibt (1050 – 400 = 650).
b) F wohnt mietfrei.
Kindesunterhalt:
K 1: DT Gr 3 (– 1), St 1 = 349 (= 110% des Mindestunterhalts); keine Reduzierung wegen mietfreien Wohnens; 349 – 92 = 257
K 2: DT Gr 3 St 2 = 401 (= 110% des Mindestunterhalts); 401 – 92 = 309
Trennungsunterhalt:
Anzusetzen ist nach der Trennung der angemessene Wohnwert mit Kind, da F mit den Kindern im Familienheim lebt, von 600 EUR.
Bereinigtes Nettoeinkommen M: 2400 – 257 – 309 = 1834
Nach SüdL mit $^1/_{10}$:
Bedarf: $^1/_2$ × ($^9/_{10}$ × 1843 +600) = 1125
Höhe: 1125 – 600 = 525
Nach DT mit $^1/_7$:
Bedarf: $^1/_2$ x ($^6/_7$ × 1843 + 600) = 1086
Höhe: 1086 – 600 = 486
Die Leistungsfähigkeit des M ist jeweils gegeben, da ihm über 1050 € verbleiben.

Fall 2:
a) M hat einen nichtehelichen Sohn K1 (geb. 10. 6. 2011), der von ihm ab 1. 9. 2011 Unterhalt verlangt. M hat ein bereinigtes Nettoerwerbseinkommen von 1650 EUR; er wohnt in einer Eigentumswohnung mit einem Wohnwert von 300 EUR, für die er monatlich noch 150 EUR Schulden abzahlt. Der angemessene Wohnwert würde 200 € betragen.
Welchen Anspruch hat K, wenn M ansonsten keine weiteren Unterhaltspflichten hat?
b) Wie wäre es, wenn M noch für seine beiden weiteren Kinder K 2 (geb. 4. 5. 1998) und K 3 (geb. 8. 7. 1996) Unterhalt zahlen müsste
Lösung
Zu a)
Da keine beengten Verhältnisse vorliegen, ist die Marktmiete anzusetzen und um die Schulden (Zins und Tilgung) zu kürzen, so das sich der Restwohnwert auf 150 € beläuft (300 ./. 150).
Einkommen M: 1650 € + 150 € = 1800 €;
DT Gr. 3 (+ 1), St. 1 : 349 (= 110% des Mindestunterhalts)
Kindergeldverrechnung: 349 – 92 = 257
Zu b)
Bei drei Berechtigten ist der Unterhalt um eine Gruppe herabzustufen. Da die Kinder aus verschiedenen Familien stammen, ist K 1 für die Kindergeldverrechnung kein drittes Kind.
DT Gr. 1 (– 1), St 1 (K1) und 3 (K2 und K3)
K1 : 317; 317 ./. 92 = 225;
K 2 + K 3: jeweils 426; 426 ./. 92 = 334
Leistungsfähigkeit M gegeben, da insoweit die Wohnwertschulden nicht anzusetzen sind, da sie den Wohnkosten im Selbstbehalt entsprechen.
Für die Leistungsfähigkeit beträgt damit das Einkommen des M 1950 € (1650 + 300); 1950 – 225 – 334 – 334 = 1057).
Kontrollrechnung: 1650 (tatsächliche Barmittel) – 225 – 2 × 334 (Zahlbeträge beim Kindesunterhalt) – 150 (Hausschuld) = 607, d. h. die notwendigen Lebenshaltungskosten (950 – 360 = 590) verbleiben M.

581 **b) Sonstiger Verwandtenunterhalt.** Der Wohnwert wird hier regelmäßig mit der objektiven Marktmiete anzusetzen sein es ist aber in jedem Einzelfall zu prüfen, ob aus Billigkeitsgründen lediglich ein angemessener Wert ansetzen werden kann, damit der eigene

7. Abschnitt: Einkünfte aus Vermögen										§ 1

angemessene Bedarf gemäß § 1603 I BGB gesichert bleibt. Es ist vor allem zu beachten, dass das mietfreie Wohnen des Pflichtigen der Sicherung seines eigenen Unterhalts dient und die Sicherung des eigenen Unterhalts der Zahlung des Unterhalts an Dritte vorgeht (Ausnahme wegen § 1603 II 1, 2 BGB Mindestunterhalt beim minderjährigen Kind). Dies gilt insbesondere beim Elternunterhalt,[271] ebenso beim Großelternunterhalt.[272] Da der Wohnwert kein Bargeld ist, muss deshalb beachtet werden, ob bei Ansatz der objektiven Marktmiete noch genügend Barmittel für die Lebenshaltungskosten nach Zahlung des Unterhalts verbleiben. Der Ansatz der objektiven Marktmiete statt des angemessenen Wohnwertes darf regelmäßig nicht dazu führen, dass das Eigenheim verkauft werden muss. Zu beachten ist ferner, ob der Ansatz der Marktmiete über die individuellen Verhältnissen hinausgeht, wenn das Eigenheim z. B. durch Eigenleistungen kostengünstig errichtet wurde.[273] Beim **Elternunterhalt** darf die Unterhaltsverpflichtung deshalb nicht zu einer spürbaren Absenkung des Lebensstandards führen, so dass auch aus diesem Grunde vielfach nicht die Marktmiete, sondern nur ein angemessener Wohnwert angesetzt werden kann.[274] Entsprechendes gilt bei der **Ersatzhaftung der Großeltern.**[275] Im Ergebnis kommt es beim Eltern- und Großelternunterhalt darauf an, welcher Lebensstand dem Pflichtigen im Verhältnis zu dem Bedürftigen zuzubilligen ist und ob eine Obliegenheit zur Verwertung der Immobilie besteht.[276] Bewohnen mehrere Familienangehörige das Eigenheim, wird man den Wohnwert nach Köpfen verteilen (vgl. näher Rn. 572). Ansonsten gelten die bereits beim Kindesunterhalt dargelegten Grundsätze (vgl. Rn. 571 ff.), d. h. der Wohnwert erhöht das Einkommen des Pflichtigen, bzw. reduziert den Bedarf des Berechtigten.

Abzahlungen werden regelmäßig auch bezüglich der Tilgung wohnwertmindernd zu berücksichtigen sein, soweit ein Restwohnwert verbleibt.[277] Zu Instandhaltungs- und Betriebskosten vgl. Rn. 499 ff., 577. Bei der **Leistungsfähigkeit** ist beim Pflichtigen wie beim Kindesunterhalt zu beachten, dass die Abzahlungen nicht zu anzusetzen sind, soweit sie den Wohnkosten im Selbstbehalt entsprechen (vgl. Rn. 579). Außerdem ist in einer Kontrollrechnung zu überprüfen, wie viele Barmittel für die Lebenshaltung verbleiben. 582

– in dieser Aufl. nicht belegt – 583–599

7. Abschnitt: Einkünfte aus Vermögen, Verwertung des Vermögensstammes und fiktive Einkünfte bei unterlassener zumutbarer Vermögensnutzung bzw. unterlassener Verwertung des Vermögensstammes

I. Einkünfte aus Vermögen

1. Vermögenserträge

Zu den Vermögenserträgen zählen vor allem: 600
– Zinsen aus Kapitalvermögen (Rn. 605).
– Einkünfte aus Beteiligungen an Kapitalgesellschaften, z. B. an einer GmbH oder an einer Aktiengesellschaft (Rn. 601, 604 f.). Einkünfte aus Beteiligungen an Personengesellschaften, z. B. an einer GbR, einer Partnerschaftsgesellschaft, einer OHG oder an einer KG, sind solche aus selbständiger Tätigkeit oder gewerbliche Einkünfte (Rn. 271 ff.).

---

[271] BGH FamRZ 2003, 1179 = R 592 b
[272] BGH FamRZ 2006, 26 = R 637 b
[273] BGH FamRZ 2003, 1179 = R 592 b; vgl. auch BGH FamRZ 2009, 1300 = R 705 a
[274] BGH FamRZ 2006, 2003, 1179 = R 592 b
[275] BGH FamRZ 2006, 26 = R 637 b
[276] BGH FamRZ 2003, 1179 = R 592 c
[277] BGH FamRZ 2003, 1179 = R 592 c

§ 1   Die Ermittlung des unterhaltsrechtlich relevanten Einkommens

- Einkünfte aus Vermietung und Verpachtung (Rn. 450 ff.).
- Einkünfte aus Gebrauchsvorteilen, insbesondere Wohnvorteilen (Rn. 473 ff.).
- Einkünfte aus Verwertung des Vermögensstammes (Rn. 607 ff.) mit Schaffung wiederkehrender Leistungen, z. B. aus einer Leibrente (Rn. 617, 650).
- Einkünfte aus Erbansprüchen und Pflichtteilsforderungen (Rn. 642).
- Einkünfte aus sonstigem Vermögen jeder Art. Anzurechnende Vermögenserträge sind auch eine monatliche Haftungsentschädigung, die für die Bereitstellung eines Grundstücks als Sicherheitsleistung bezahlt wird,[1] oder Erträge aus der Anlage von Schmerzensgeld.[2]

2. Anrechnung von Vermögenseinkünften

601   Vermögenseinkünfte erhöhen als Erträge des Vermögens das unterhaltsrechtlich relevante Einkommen des jeweiligen Vermögensinhabers, also sowohl das des Unterhaltsberechtigten als auch das des Unterhaltspflichtigen.[3] Auf die **Herkunft** des ertragbringenden Vermögens kommt es nicht an.[4] Das Vermögen, dessen Zinserträge zu berücksichtigen sind, kann aus einer Erbschaft,[5] aus erarbeitetem Vermögen, einem Zugewinnausgleich,[6] einer Leibrente (vgl. insoweit aber Rn. 617, 650),[7] aus der Anlage einer kapitalisierten Schmerzensgeldrente,[8] aus einer Grundstücksveräußerung oder -versteigerung, einer Abfindung nach Auflösung einer stillen Gesellschaft[9] oder auch aus einem Kapital stammen, das mit Mitteln des Unterhalts angespart worden ist.[10] Den Vermögenserträgen darf kein inflationsbedingter Wertverlust des Vermögensstammes gegen gerechnet werden.[11] Allerdings sind die Vermögenserträge um Tilgungsleistungen für Kredite zu kürzen, mit denen die Einkommensquelle finanziert worden ist,[12] und die weiterhin anfallen.

Als Vermögenseinkünfte sind auch **Einnahmen aus Kapitalbeteiligungen** an Personengesellschaften[13] (z. B. Kommanditbeteiligung an einer KG oder OHG; s. Rn. 271 ff.) oder Kapitalgesellschaften[14] (z. B. als Gesellschafter einer GmbH oder einer Aktiengesellschaft) zu berücksichtigen. Bei Gewinnanteilen an Kapitalgesellschaften kommen auch die der Körperschaftssteuern nach § 20 I EStG zugrunde liegenden Einkünfte in Betracht. Die Einnahmen aus diesen Beteiligungen sind wegen der eingeschränkten Verfügungsbefugnis (z. B. als Mitgesellschafter) regelmäßig nur im tatsächlich erzielten Umfang zu berücksichtigen. Nur wenn der Vermögende, z. B. als Alleingesellschafter und Geschäftsführer einer GmbH, unmittelbar Einfluss auf die Dispositionen der Gesellschaft hat und somit die

---

[1] BGH FamRZ 1987, 36, 38
[2] BGH FamRZ 1988, 1031
[3] BGH FamRZ 2010, 1637 Rn. 38; 2009, 23 Rn. 20; OLG Köln – 4 WF 103/05 BeckRS 2005, 09837
[4] BGH FamRZ 1985, 471; 1985, 582; 1985, 357, 359; OLG Celle FamRZ 1999, 508; OLG Bamberg FamRZ 1992, 1305
[5] BGH FamRZ 2010, 1637 Rn. 38; OLG Oldenburg FamRZ 2005, 718; OLG Hamm FamRZ 1998, 620
[6] BGH FamRZ 2008, 1325 Rn. 33; 2007, 1532 = R 681 k; 1987, 912; 1985, 357; OLG Saarbrücken NJW-RR 2005, 1454 und FamRZ 2003, 685; OLG Bamberg FamRZ 1992, 1305; OLG Koblenz FamRZ 1989, 59; zum Verbot der Doppelverwertung vgl. aber OLG München FamRZ 2005, 714
[7] BGH FamRZ 1994, 228 = R 471 c
[8] BGH FamRZ 1988, 1031; OLG Karlsruhe FamRZ 2002, 750
[9] Dazu BGH (II. ZS) FamRZ 2001, 1290; vgl. aber BGH FamRZ 2010, 1311 Rn. 28 f.
[10] BGH FamRZ 2007, 1532 = R 681 d–f; 1986, 441; 1985, 582; 1985, 357
[11] BGH FamRZ 1986, 441; 1992, 423 = R 442 c; a. A. zuvor OLG Stuttgart FamRZ 1985, 607; OLG Saarbrücken FamRZ 1985, 447
[12] BGH FamRZ 2005, 1159 und 2003, 1179 (zum Wohnwert); 1991, 1163 = R 437 b; OLG Hamm – 3 UF 365/03 BeckRS 2008, 26139; OLG Stuttgart FamRZ 2004, 1109
[13] BGH FamRZ 2003, 432; OLG Bamberg FamRZ 2006, 344
[14] BGH FamRZ 2008, 1739 Rn. 57 f.; 2004, 1179 = R 613; 1982, 680; OLG Celle FuR 2001, 509; OLGR Frankfurt 1994, 175

7. Abschnitt: Einkünfte aus Vermögen § 1

Höhe der Erträge steuern kann, was ihm erhebliche Manipulationsmöglichkeiten verschaffen würde, sind die Einkünfte nach den Maßstäben für Einkommen von Freiberuflern und Gewerbetreibenden (Rn. 162 ff., 300 ff.) zu beurteilen. Bei einem **Mehrheitsgesellschafter** ist deswegen unterhaltsrechtlich zu prüfen, ob der Gewinn korrekt ermittelt wurde,[15] bei einem Minderheitsgesellschafter dürfen solche Korrekturen hingegen nicht vorgenommen werden.[16] Bei der Beteiligung an einer Personengesellschaft ist auch der Umfang des zustehenden Entnahmerechts zu berücksichtigen.[17]

Bei Zahlung eines **Schmerzensgeldes** steht einer Berücksichtigung der Vermögenseinkünfte die spezifische schadensersatzrechtliche Funktion des Schmerzensgeldes als Ausgleich immaterieller Beeinträchtigungen des Betroffenen und als Genugtuung zwar nicht entgegen (s. Rn. 726). Allerdings kann unter Berücksichtigung des Rechtsgedanken des § 1610 a BGB eine Ausnahme gelten, soweit ein immaterieller Mehrbedarf besteht, für dessen Ausgleich die Leistung bestimmt war. Hat der Empfänger von Schmerzensgeld derartig schwere körperliche Verletzungen davongetragen, dass er noch während des Unterhaltszeitraums unter fortdauernden schwerwiegenden Behinderungen zu leiden hat, können auch die Kapitaleinkünfte aus dem Schmerzensgeld bei der Bedarfsbemessung unberücksichtigt bleiben. Auf Seiten des Unterhaltspflichtigen kann dem aber auch bei der Bemessung seiner Leistungsfähigkeit durch eine maßvolle, die Belange des Unterhaltsberechtigten berücksichtigende Anhebung seines notwendigen Selbstbehalts Rechnung getragen werden.[18]

Beim **Kindesunterhalt** sind sowohl beim Unterhaltsberechtigten (auch bei minderjährigen Kindern, § 1602 II BGB) als auch beim Unterhaltspflichtigen ohne Einschränkung alle Vermögenserträge bedeutsam und zwar für die Bedarfsbemessung, die Bedürftigkeit und die Leistungsfähigkeit. 602

Beim **Ehegattenunterhalt,** der auf einer nachehelichen Solidarität beruht, dürfen bei der Bedarfsbemessung nach §§ 1361 I, 1578 I BGB Vermögenserträge nur in dem Umfang berücksichtigt werden, in dem sie bereits während des Zusammenlebens[19] zum Verbrauch zur Verfügung gestanden haben[20] (näher s. Rn. 33 f.). Dazu zählen auch Erträge aus einem vor der Trennung durch Erbfall erworbenen Vermögen eines der Ehegatten.[21] Dem bei der Bemessung des Unterhaltsbedarfs nach den ehelichen Lebensverhältnissen zu beachtenden objektiven Maßstab steht es nicht entgegen, wenn ein Ehegatte mit Rücksicht auf eine zu erwartende Erbschaft sein gesamtes verfügbares Einkommen verlebt und davon absieht, in angemessener Weise für sein Alter vorzusorgen. In diesem Umfang sind dann auch die erst nach der Scheidung anfallenden Einkünfte aus einer Erbschaft zu berücksichtigen, weil sie lediglich eine Fortsetzung des zu großzügigen Lebensstils erlauben.[22] Nur wenn mit später hinzugetretenen Vermögenserträgen ein erheblicher Anstieg der Lebensverhältnisse gegenüber den ehelichen Lebensverhältnissen einhergeht, müssen diese, wie bei einem Karrieresprung,[23] unberücksichtigt bleiben. Die danach zu berücksichtigenden Erträge sind bei der Bedarfsbemessung in die Differenzrechnung (vgl. Rn. 34) einzustellen, andere Erträge sind nur der Person zuzurechnen, der sie auch zufließen. Erträge und Nutzungen des Berechtigten, die nicht bei der Bedarfsbemessung berücksichtigt werden können, mindern somit dessen Bedürftigkeit und sind mittels der Anrechnungsmethode (vgl. Rn. 37) auf seinen Unterhaltsanspruch anzurechnen. Entsprechend sind beim Unterhaltspflichtigen im Rahmen seiner Leistungsfähigkeit alle Erträge und Nutzungen zu berücksichtigen. Zu beachten ist, dass bei Vermögenserträgen der sog. „**Ehegattenbonus**" als Erwerbsanreiz entfällt und 603

---

[15] OLG Celle FuR 2001, 509
[16] Im Einzelnen s. hierzu Fischer-Winkelmann, FamRZ 1996, 1391
[17] BGH, VersR 1968, 770; OLG Frankfurt FuR 2001, 370; OLG Dresden FamRZ 1999, 850
[18] BGH FamRZ 1989, 170, 172 (zum Kindesunterhalt)
[19] BGH FamRZ 2008, 968 = R 689; BVerfG FamRZ 1993, 171; OLG Celle FamRZ 1999, 508
[20] Vgl. auch BGH FamRZ 2006, 683 = R 649 f–h
[21] BGH FamRZ 1988, 1145, 1147; OLG Hamm FamRZ 1998, 620
[22] Vgl. BGH FamRZ 2006, 387 = R 643 a; OLG Frankfurt FamRZ 1986, 165
[23] Vgl. aber BGH FamRZ 2009, 579 Rn. 42 ff.

§ 1   Die Ermittlung des unterhaltsrechtlich relevanten Einkommens

deswegen die Ehegattenquote insoweit in der Regel 50% beträgt (Rn. 4/778, 787 und Fn. 36).[24] Das wird häufig bei gemischten Einkünften übersehen.

3. Ermittlung der Vermögenserträge

604   Die Ermittlung der Vermögenserträge erfolgt als **Überschussrechnung** durch Abzug der Werbungskosten von den Bruttoeinnahmen (§ 2 II Nr. 2, §§ 8 ff. EStG). Auch bei solchen Einkünften (etwa aus einer Kapitalgesellschaft) kann es – wie bei Freiberuflern – erhebliche Einkommensschwankungen geben. In solchen Fällen ist unterhaltsrechtlich ebenfalls der Durchschnittswert aus einem **längeren Zeitraum** zugrunde zu legen (Rn. 274 f.). Wer Kapitaleinkünfte bezieht, die vom Gewinn einer Kapitalgesellschaft abhängen (z. B. der Gesellschafter einer GmbH), muss im Rahmen seiner Auskunftspflicht (s. Rn. 1150 ff.) auf Verlangen die Bilanzen nebst Gewinn- und Verlustrechnung sowie weitere Belege vorlegen, aus denen der Unternehmensgewinn ermittelt werden kann (s. Rn. 1182). Dies ist ihm regelmäßig auch möglich, weil der gesetzliche Vertreter einer Kapitalgesellschaft den **Jahresabschluss** mit der Bilanz und der Gewinn- und Verlustrechnung nach §§ 242, 264 I HGB in den ersten drei Monaten des Geschäftsjahres für das vergangene Geschäftsjahr aufzustellen hat.

Häufig handelt es sich bei den Einkünften aus Kapital allerdings um **Zinseinkünfte**. Insoweit kann vom Unterhaltspflichtigen die Vorlage der entsprechenden Bankbelege, Sparbücher, Darlehensverträge und sonstiger Verträge verlangt werden. Über den **Vermögensstamm** kann nach §§ 1605 I 3, 1361 IV, 1580, 260 I BGB, §§ 12 II, 16 II LPartG Auskunft und Vorlage eines Bestandsverzeichnisses verlangt werden, wenn ausnahmsweise eine Verwertung des Vermögensstamms in Betracht kommt oder der begründete Verdacht einer Sorgfaltspflichtverletzung besteht. Die Richtigkeit der Auskunft ist auf Verlangen dann ebenfalls nach § 260 II BGB an Eides Statt zu versichern (zur Auskunft und Abgabe der eidesstattlichen Versicherung s. Rn. 1150, 1195 ff.). Daneben ist das Gericht nach §§ 235 f. FamFG befugt, Auskünfte über das Einkommen, das Vermögen und die persönlichen und wirtschaftlichen Verhältnisse der Beteiligten von ihnen oder von Dritten anzufordern und die Vorlage bestimmter Belege zu verlangen, soweit dies für die Bemessung des Unterhalts von Bedeutung ist (s. Rn. 46).

Wer einen Unterhaltsanspruch geltend macht, hat sodann die zur Begründung des Anspruchs sowie die zur Bemessung seines Unterhaltsbedarfs und seiner Bedürftigkeit notwendigen tatsächlichen Umstände wahrheitsgemäß anzugeben und darf nichts verschweigen, was seine Unterhaltsbedürftigkeit in Frage stellen könnte. Das gilt mit Rücksicht auf die nach § 113 I FamFG i. V. m. § 138 I ZPO bestehende prozessuale Wahrheitspflicht erst recht während eines laufenden Rechtsstreits. Ändern sich die maßgeblichen Verhältnisse während des Rechtsstreits, sind Umstände, die sich auf den geltend gemachten Anspruch auswirken können, auch ungefragt anzuzeigen (s. Rn. 1199 ff.).[25] Die Entscheidung darüber, ob und gegebenenfalls in welchem Umfang der Vermögensstamm nach § 1577 III BGB anrechenbar ist oder ob er zumindest mit anrechenbaren Zinseinkünften angelegt werden muss, obliegt dem Gericht und nicht der jeweiligen Partei.[26]

4. Einkünfte aus Kapitalvermögen

605   Zu den Einnahmen aus Kapitalvermögen zählen u. a. **Zinsen** aus Sparvermögen, Festgeld, Bausparguthaben, gegebenen Darlehen und Hypotheken, Anleihen, Einlagen und sonstigen Konten bei Kreditinstituten sowie Diskonterträge bei Wechselgeschäften, Ausschüttungen von Investmentgesellschaften, Stückzinsen, Gewinnanteile aus Beteiligung an Kapitalgesellschaften, Dividenden sowie Einkünfte aus stiller Gesellschaft und aus sonstigen Wertpapieren. Nach der Rechtsprechung des Bundesverwaltungsgerichts[27] können auch

---

[24] Vgl. BGH FamRZ 20009, 307 Rn. 15
[25] BGH FamRZ 2008, 1325 = R 694
[26] BGH FamRZ 2000, 153 = R 534
[27] Vgl. BVerwG FamRZ 1999, 1653

7. Abschnitt: Einkünfte aus Vermögen § 1

Wertzuwächse von Papieren ohne Ausschüttung Kapitaleinkünfte begründen. Diese Rechtsprechung ist auf das Unterhaltsrecht nicht unmittelbar übertragbar, soweit die Wertzuwächse dem Unterhaltspflichtigen selbst nicht zur Verfügung stehen. Weil unterhaltsrechtlich allerdings eine Obliegenheit besteht, das Vermögen ertragreich anzulegen, können fiktive Erträge in der Höhe berücksichtigt werden, wie sie im Falle einer Vermögensanlage mit Ausschüttung zur Verfügung stünden. Damit ist es dem Unterhaltspflichtigen verwehrt, die Berücksichtigung von Vermögenserträgen durch bestimmte Anlageformen zu umgehen. Zu den Vermögenseinkünften können auch Spekulationsgewinne gehören, die der Versteuerung unterliegen.[28] Wenn solche Gewinne in erheblichem Umfang neben das während der Ehezeit vorhandene Einkommen treten oder schon damals vorhanden waren aber nur dem Vermögenszuwachs dienten und deswegen nicht für den allgemeinen Lebensunterhalt zur Verfügung standen, sind sie der Bemessung des Unterhalts nach den ehelichen Lebensverhältnissen nicht zugrunde zu legen.[29] Dann sind sie nur beim Verwandtenunterhalt und im Rahmen der Leistungsfähigkeit zu berücksichtigen (s. Rn. 603).

- **Abziehbare Werbungskosten** sind: Depotgebühren, Bankspesen, Schließfachmiete, Kosten für Teilnahme an der Hauptversammlung, Versicherungsbeiträge, Kosten für einen notwendigen Vermögensverwalter sowie anteilige Steuern (Kapitalertragssteuer und persönliche Steuern).
- **Nicht abziehbar** sind Aufwendungen für das Kapital oder das sonstige Vermögen sowie der Verlust des Kapitals oder des Vermögens; ferner Aufwendungen zur Wertverbesserung. Auch ein Ausgleich für zukünftige Kaufkraftverluste kann nicht abgezogen werden.[30]

5. Einkünfte aus Grundstücken

Grundstücke können vermietet oder verpachtet werden. Die hierauf beruhenden Einkünfte werden in Rn. 450 ff. behandelt. Bewohnt der Eigentümer sein Haus oder seine Eigentumswohnung selbst, kann ihm ein geldwerter Wohnvorteil zugerechnet werden (dazu s. Rn. 473 ff.). Das gilt sowohl für den Unterhaltsberechtigten als auch für den Unterhaltspflichtigen. Zum Einkommen gehört auch der Betrag, den ein Ehegatte von einem neuen Partner als Entgelt für Wohnungsgewährung erhält oder den er sich dafür als Entgelt des leistungsfähigen Partners anrechnen lassen muss.[31] Werden Grundstücke schuldhaft weder vermietet oder verpachtet, noch vom Eigentümer genutzt oder verkauft, können auch insoweit fiktive Einkünfte angesetzt werden (Rn. 632 ff.). Ist der Eigentümer ausnahmsweise verpflichtet, auch den Stamm seines Vermögens einzusetzen (Rn. 607 ff.), muss er die Immobilie verkaufen. Der Erlös ist dann bei der Unterhaltsberechnung wie das Kapital einer zur Unterhaltssicherung ausbezahlten Lebensversicherung einzusetzen (s. Rn. 629 f.). Muss der Stamm nicht verwertet werden, kommt es auf den erzielten oder bei einer Vermietung oder Verpachtung erzielbaren Erlös an.

606

II. Zur Verwertung des Vermögensstammes

1. Obliegenheit zur Verwertung des Vermögensstammes auf Grund einer Billigkeitsabwägung

Ob bei der Unterhaltsbemessung neben den Einkünften auch ein Vermögensstamm einzusetzen ist, ist grundsätzlich nach Billigkeit zu entscheiden. Fehlt es an ausreichenden sons-

607

---

[28] OLG Stuttgart FamRZ 2002, 635; vgl. aber OLG Stuttgart 2009, 53 Rn. 23 das Spekulationsgewinne und Verluste dem eigenen Risikobereich zuordnet
[29] Vgl. BGH FamRZ 2009, 411 = R 702 a, c; 2007, 1532 = R 681 d–h; OLG Hamm NJWE-FER 1999, 204
[30] BGH FamRZ 1992, 423 = R 442 c; 1986, 441
[31] BGH FamRZ 1983, 150; 1980, 879, 880; 1980, 665, 668; für den umgekehrten Fall das Wohnens bei einem neuen Lebenspartner als freiwillige Leistung vgl. aber OLG Hamm NJWE-FER 2000, 249

tigen Mitteln müssen **unterhaltsberechtigte** Ehegatten (Rn. 611 ff., 614 ff.) und Verwandte mit Ausnahme minderjähriger Kinder (Rn. 621, 624, 2/932 f.) ebenso wie der **Unterhaltspflichtige** (Rn. 617, 618, 619 f., 622 f.) bei beschränkter Leistungsfähigkeit den Vermögensstamm verwerten, soweit dies nicht unwirtschaftlich oder unter Berücksichtigung der beiderseitigen wirtschaftlichen Verhältnisse unbillig ist (§§ 1577 I und III, 1581 S. 2, 1602 I, 1603 II 3 BGB). Nur **minderjährige Kinder** (Rn. 621) müssen ihren eigenen Vermögensstamm im Verhältnis zu ihren Eltern nicht angreifen, solange die Eltern leistungsfähig sind (§ 1602 II BGB).

Die danach gebotene Billigkeitsabwägung ist Sache des Tatrichters. Sie erfordert eine umfassende Beurteilung der Umstände des Einzelfalls. Diese Beurteilung kann vom Revisionsgericht nur darauf überprüft werden, ob dieser die im Rahmen der Billigkeitsprüfung maßgebenden Rechtsbegriffe verkannt oder für die Einordnung unter diese Begriffe wesentliche Umstände unberücksichtigt gelassen hat.[32] Die Obliegenheit zur Vermögensverwertung findet aber stets dort ihre Grenze, wo dem Unterhaltspflichtigen nicht mehr die Mittel zur Bestreitung des eigenen unentbehrlichen Lebensbedarfs (Selbstbehalt) verbleiben würden und er durch die Unterhaltszahlungen selbst sozialhilfebedürftig würde.[33] Dies gilt auch, wenn der Unterhalt nur aus dem Stamm des Vermögens aufgebracht werden kann.[34] Zum Stamm des Vermögens gehören auch die stillen Reserven eines Unternehmers (s. Rn. 265).

Je **größer** das Vermögen ist, umso eher kommt eine Obliegenheit zur Verwertung in Betracht. Kleinere Vermögen können geschont werden, damit eine Reserve für Notfälle oder als Altersvorsorge[35] erhalten bleibt; bei größeren Vermögen kann ein entsprechender Sockelbetrag als Schonvermögen verbleiben.[36] Die Auffassung, dass eine Verwertung schon dann ausscheidet, wenn der Erlös nicht für einen lebenslangen Unterhalt ausreicht,[37] überzeugt jedenfalls nicht, wenn ohnehin nur ein zeitlich befristeter Bedarf besteht und dieser durch die Verwertung von Vermögen abgedeckt wird.[38] Besteht eine Pflicht zur Verwertung des Vermögensstammes, so hat ein Affektionsinteresse an bestimmten Gegenständen umso weniger Gewicht, je höher der Wert ist.[39]

608 Grundsätzlich dient somit das Vermögen, zusammen mit den Einkünften, der lebenslangen Unterhaltssicherung (zur Abfindung vgl. Rn. 93 ff.). Es soll nicht den **Erben** erhalten werden, wenn davon zu Lebzeiten neben der eigenen Unterhaltssicherung ein berechtigter Unterhaltsanspruch erfüllt werden kann. Das Vermögen ist daher so zu verwerten, dass der Unterhaltsbedarf bei Berücksichtigung der überschaubaren wirtschaftlichen Entwicklung während der gesamten voraussichtlichen Dauer des Anspruchs erfüllt werden kann.[40]

609 Zuvor ist allerdings auch schon bei der Bestimmung des **Schonvermögens,** das zur Sicherung des eigenen Unterhaltsbedarfs des Unterhaltspflichtigen (Selbstbehalt) unberücksichtigt bleiben muss, die voraussichtlich gesamte Lebensdauer des Unterhaltspflichtigen zu beachten.[41] Dabei ist insbesondere zu berücksichtigen ob das Vermögen zur Sicherung der **eigenen Altersvorsorge** vorgesehen ist. Zwar erfolgt die primäre Altersvorsorge regelmäßig im Wege der gesetzlichen Rentenversicherung. Nachdem sich jedoch zunehmend die Erkenntnis durchgesetzt hat, dass die primäre Versorgung in Zukunft nicht mehr für eine angemessene Altersversorgung ausreichen wird, sondern zusätzlich private Vorsorge zu tref-

---

[32] BGH FamRZ 2005, 97; 1987, 912; 1986, 560
[33] BGH FamRZ 2006, 683 = R 649 (zum Ehegattenselbstbehalt); BVerfG FamRZ 2004, 253
[34] BGH FamRZ 1989, 170, 172; zum Elternunterhalt vgl. BGH FamRZ 2006, 1511 = R 658 e
[35] BGH FamRZ 2006, 1577 = R 658 d
[36] BGH FamRZ 1998, 367 = R 517 c; OLG Celle FamRZ 2001, 47 (Schonbetrag von 5000 DM bei Unterhaltsanspruch eines volljährigen Kindes); OLG Karlsruhe NJWE-FER 2001, 147 (schwer behindertes Kind); OLG Schleswig MDR 2000, 163 BeckRS 1999, 30085328 (Schonbetrag von 4500 DM bei Unterhaltsanspruch eines volljährigen Kindes)
[37] OLG Hamm FamRZ 1997, 1537
[38] BGH FamRZ 2002, 1698, 1702 = R 580 c
[39] BGH FamRZ 1998, 367, 369 = R 517 c
[40] BGH FamRZ 1985, 357; 1985, 354 = R 222; 1966, 28
[41] BGH FamRZ 1989, 170

fen ist,[42] darf einem Unterhaltspflichtigen diese Möglichkeit nicht mit dem Hinweis auf die Beeinträchtigung der Leistungsfähigkeit zur Erfüllung von Unterhaltsansprüchen genommen werden. Denn die eigene angemessene Altersvorsorge geht jedenfalls dann der Sorge für die Unterhaltsberechtigten vor, wenn er diesen nicht nach § 1603 II BGB gesteigert unterhaltspflichtig ist und dem Unterhaltspflichtigen deswegen vorrangig auch die Sicherung des eigenen angemessenen Unterhalts zu gewährleisten ist.[43] Ihm ist deshalb die Möglichkeit eröffnet, geeignete Vorkehrungen dafür zu treffen, dass er nicht seinerseits im Alter auf Unterhaltsansprüche oder sonstige staatliche Förderung angewiesen ist. Vor diesem Hintergrund hat der BGH die einer zusätzlichen Altersversorgung dienenden Aufwendungen als abzugsfähig anerkannt.[44] Ist es dem Unterhaltsschuldner aber gestattet, die zur eigenen Alterssicherung notwendigen Beträge zusätzlich zurückzulegen, dann müssen auch die so geschaffenen Vermögenswerte als Alterssicherung dem Zugriff der Unterhaltsgläubiger entzogen bleiben, um den Zweck der Alterssicherung erreichen zu können. Dabei steht es dem Unterhaltspflichtigen nach ständiger Rechtsprechung des BGH grundsätzlich frei, in welcher Weise er – jenseits der gesetzlichen Rentenversicherung – Vorsorge für sein Alter trifft. Der BGH hat deswegen sowohl den Abschluss von **Lebensversicherungen** als auch sonstige vermögensbildende Investitionen als angemessene Art der Altersversorgung gebilligt, soweit sie geeignet sind, diesen Zweck zu erreichen. Das gilt auch für den Erwerb von Wertpapieren oder Fondsbeteiligungen und sogar für bloßes Sparvermögen.[45] In welchem Umfang vorhandenes Vermögen im konkreten Einzelfall dem eigenen angemessenen Unterhalt einschließlich der eigenen Altersvorsorge dient und deswegen dem Zugriff der Unterhaltsgläubiger entzogen ist, kann in diesem Rahmen nur individuell beantwortet werden.[46]

Die Umrechnung eines vorhandenen Kapitals in eine **lebenslange Rente** ist wegen der unbekannten individuellen Lebenserwartung und wegen der sich ständig ändernden Ertragsmöglichkeiten schwierig. Da unterhaltsrechtlich ohnehin eine entsprechende Anlage erforderlich ist, kann im Einzelfall bei einer Bank oder einem größeren Versicherungsunternehmen nachgefragt werden, in welcher Höhe sich eine lebenslange Rente ergäbe, wenn das einzusetzende Kapital sofort in einem Betrag eingezahlt würde. Da den Erben nichts erhalten werden muss, ist von den möglichen Vertragsvarianten diejenige maßgeblich, die ohne Rückzahlung eines nicht verbrauchten Kapitalrestes im Todesfall die größte Rente ergibt.[47] Bei Lebensversicherungen auf Kapitalbasis braucht nur gefragt zu werden, welche Rente sich bei Ausübung des **Rentenwahlrechts** ergeben würde. Auch hier ist die Variante maßgeblich, die den Erben nichts oder jedenfalls möglichst wenig belässt.[48] 610

2. Verwertung des Vermögensstammes des Berechtigten beim nachehelichen Unterhalt (§ 1577 III BGB)

Der **Anspruchsberechtigte auf nachehelichen Unterhalt** hat sich grundsätzlich aus seinen Einkünften und seinem Vermögen selbst zu unterhalten (§ 1577 I BGB). Auch Vermögen, das aus der Veräußerung eines früher gemeinsam genutzten Anwesens herrührt, soll grundsätzlich, wie alle Vermögenswerte eines Unterhaltsberechtigten, dazu dienen, ergänzend dessen Unterhaltsbedarf auf Lebenszeit zu sichern.[49] Einzusetzen sind deswegen jedenfalls die **Erträge** aus dem vorhandenen Vermögen, insbesondere aus einem 611

---

[42] Vgl. Art. 6 des Altersvermögensgesetzes vom 26. Juni 2001, BGBl. I 1310, 1335
[43] BGH FamRZ 2003, 1179, 1182 (zum Elternunterhalt)
[44] BGH FamRZ 2005, 1817 = R 632j (bis zu 4% des Bruttoeinkommens); 2004, 792 = R 605a (bis zu 5% des Bruttoeinkommens beim Elternunterhalt)
[45] BGH FamRZ 2006, 1511 = R 658 d; 2003, 860
[46] BGH FamRZ 2006, 1511 = R 658 d, e
[47] Zur Leibrente vgl. BGH FamRZ 1994, 228 = R 471 c
[48] Vgl. den vom OLG Hamm in FamRZ 1998, 1520 behandelten Fall mit kritischer Anmerkung Bienko, FamRZ 1999, 512; zur Verwendung von Sterbetafeln zur Ermittlung von Schätzwerten beim Zugewinnausgleich vgl. BGH FamRZ 1992, 1155, 1159
[49] BGH FamRZ 1985, 354, 356 = R 222; OLG Karlsruhe FamRZ 2010, 655; OLG Bamberg FamRZ 1992, 1305

§ 1 Die Ermittlung des unterhaltsrechtlich relevanten Einkommens

- Versteigerungserlös,[50]
- Vermögen aus Zugewinnausgleich,[51]
- Kapital aus einer ausbezahlten Lebensversicherung (s. Rn. 629 f.),[52]
- Miteigentumsanteil am Haus (s. Rn. 628),[53]
- Erbanteil, z. B. an einem Baugrundstück[54] sowie
- Sparguthaben.[55]

612 Den **Stamm des Vermögens** muss der Unterhaltsberechtigte nach § 1577 III BGB ausnahmsweise nicht verwerten, *soweit die Verwertung unwirtschaftlich oder unter Berücksichtigung der beiderseitigen Interessen unbillig wäre.* Danach muss der Unterhaltsberechtigte den Vermögensstamm dann nicht verwerten, wenn dies für ihn mit einem wirtschaftlich nicht mehr vertretbaren Nachteil verbunden wäre. Bei der insoweit gebotenen Billigkeitsabwägung sind vor allem folgende Umstände zu berücksichtigen:
- Voraussichtliche Dauer der Unterhaltsbedürftigkeit des Berechtigten und der Ertragsmöglichkeit des zur Verfügung stehenden Vermögens.[56]
- Belange naher Angehöriger wie Eltern und Kinder.[57]
- Der Umstand, dass ein Vermögenswert aus dem Verkauf eines gemeinsamen Hauses stammt und dass auch der Unterhaltspflichtige einen entsprechenden Erlösanteil zur freien Verfügung erhalten hat.[58]
- In welcher Höhe der Berechtigte sonstiges Vermögen oder Altersvorsorge besitzt.[59]
- Das Ausmaß der Belastung des Unterhaltspflichtigen durch eine Unterhaltsgewährung aus seinem Einkommen oder Vermögen
- Der Verlust eines Wohnvorteils (vgl. dazu Rn. 473 ff.).[60]
- Die Verwertung einer angemessenen **selbst genutzten Immobilie**, was ohnehin stets zur Anrechnung eines Wohnvorteils führt, kann regelmäßig nicht verlangt werden.[61]

613 Besteht der Vermögensstamm aus einem **Barvermögen** (Sparguthaben), so ist dessen Verwertung zwar grundsätzlich nicht unwirtschaftlich[62] (vgl. aber Rn. 609). Erzielt der Berechtigte keine eigenen Erwerbseinkünfte, ist ihm aber zumindest eine „Reserve" als Notgroschen für Fälle plötzlich auftretenden Sonderbedarfs zu belassen.[63] Insoweit dürfen mithin nur Vermögenserträge in Form einer Rendite für kurzfristig verfügbare Sparguthaben in Ansatz gebracht werden.[64] Der Miteigentumsanteil an einem Einfamilienhaus macht eine solche Rücklage nicht entbehrlich, weil er bei eigener Nutzung regelmäßig nicht verwertet werden muss und auch sonst erfahrungsgemäß nur unter Schwierigkeiten, daher nicht kurzfristig und häufig auch nur unwirtschaftlich verwertbar ist.[65] Hat der Unterhaltspflichtige seinerseits kein Vermögen, das er zur Deckung plötzlich auftretenden Sonderbedarfs verwenden könnte, wäre es allerdings unbillig, dem Unterhaltsberechtigten zu gestat-

---

[50] BGH FamRZ 1985, 582
[51] BGH FamRZ 2008, 1325 Rn. 33; 1985, 357, 359; zum Verbot der Doppelverwertung vgl. aber BGH FamRZ 2007, 1532 = R 681 h; 2004, 1352 und 2003, 432 und allgemein: Schulz FamRZ 2006, 1237
[52] OLG Hamm FamRZ 2000, 1286
[53] BGH FamRZ 2009, 1300 = R 705 a, b; 1984, 662
[54] BGH FamRZ 1980, 43; OLG Celle NJW 2010, 79 Rn. 41 f.; OLG Oldenburg FamRZ 2005, 718
[55] BGH FamRZ 1985, 582; 1985, 360
[56] BGH FamRZ 1985, 354, 356 = R 222; OLG München FamRZ 1994, 1459
[57] BGH FamRZ 1980, 126, 128
[58] BGH FamRZ 2006, 387; 2005, 1159; OLG Brandenburg NJW-RR 2009, 1371 Rn. 39
[59] BGH FamRZ 2006, 1511 = R 658 c, d; 1985, 360
[60] BGH FamRZ 1985, 360
[61] BGH FamRZ 2006, 1511 = R 658 c, d; vgl. auch BVerfG FamRZ 2005, 1051 und Brudermüller NJW 2004, 633, 637 m. w. N.
[62] BGH FamRZ 1985, 360
[63] BGH FamRZ 2006, 1511 = R 658 b; 1998, 367, 369 = R 517 c; 1986, 439; 1985, 354, 356 = R 222; 1985, 360
[64] BGH FamRZ 1986, 439
[65] BGH FamRZ 1985, 360

ten, einen Teil seines Vermögens auf Kosten des Unterhaltspflichtigen als „Notgroschen" unangegriffen zu lassen (s. auch Rn. 4/959 ff.).[66]

Besteht das Vermögen aus einer **Lebensversicherung,** die dem Unterhaltsberechtigten zur Abgeltung der Ansprüche aus dem Versorgungsausgleich übertragen wurde, dient das Kapital im Zweifel zur Deckung des laufenden Lebensunterhalts im Alter. Der ausgezahlte Betrag muss dann unter Berücksichtigung der statistischen Lebenserwartung und der erzielbaren Zinsen auf längere Zeit umgelegt werden[67] (vgl. Rn. 629 f.).

3. Verwertung des Vermögensstammes des Berechtigten beim Trennungsunterhalt

Für den **Unterhaltsberechtigten beim Trennungsunterhalt** fehlt eine dem § 1577 III BGB entsprechende Bestimmung (s. Rn. 611 ff.). Eine Pflicht zur Verwertung des Vermögensstammes kann sich nach der Rechtsprechung des BGH[68] jedoch aus § 1361 I und II BGB ergeben, wenn der Unterhalt des Berechtigten nicht aus den Vermögenseinkünften, wohl aber aus dem Stamm seines Vermögens bestritten werden kann. Diese Verpflichtung geht allerdings beim Trennungsunterhalt weniger weit als beim Scheidungsunterhalt, bei dem jeder der beiden Scheidungspartner im Grundsatz wirtschaftlich auf eigenen Füßen stehen soll (§ 1569 BGB), während beim Trennungsunterhalt die wirtschaftliche Grundlage der ehelichen Gemeinschaft zunächst noch nicht beeinträchtigt und offen gehalten werden soll, dass die Ehegatten nach Möglichkeit wieder zu ihrer ehelichen Gemeinschaft zurückfinden (vgl. z. B. § 1361 II BGB). Außerdem haben die Eheleute während der Trennungszeit noch eine stärkere Verantwortung füreinander als nach der Scheidung, was ebenfalls gegen eine Verwertung des Vermögens des Berechtigten sprechen kann.[69] **614**

Eine Verpflichtung zur Verwertung des Vermögensstamms durch den Unterhaltsberechtigten besteht vor allem dann, wenn die Eheleute dies schon **während der bestehenden Ehe** zur Unterhaltsdeckung getan haben. Sie kann aber auch bestehen, wenn die Ehegatten nach ihrem gemeinsamen Lebensplan während intakter Ehe den Vermögensstamm nicht oder nur in besonderen Fällen angegriffen haben. Mit der Aufgabe der häuslichen Gemeinschaft tritt nämlich eine wesentliche Änderung der Verhältnisse ein. Dann sind beide Ehegatten einander nicht mehr gemäß § 1360 BGB verpflichtet, die Familie angemessen zu unterhalten. Bei dem Anspruch auf Trennungsunterhalt nach § 1361 BGB handelt es sich demgegenüber um einen Anspruch auf Barunterhalt eines Ehegatten gegen den anderen, was diesen Anspruch von dem Anspruch auf Familienunterhalt grundlegend unterscheidet. Deshalb kann ein entsprechender früherer gemeinsamer Lebensplan bezüglich der Nichtverwertung des Vermögensstammes bei der gebotenen Billigkeitsabwägung nur als ein Umstand unter mehreren anderen bedeutsam werden. **615**

Als weitere zu berücksichtigende Umstände kommen neben der Höhe des dem Unterhaltsberechtigten zur Verfügung stehenden Vermögens besonders die **Einkommens- und Vermögensverhältnisse des Unterhaltspflichtigen** in Betracht.[70] Auch die Dauer des Getrenntlebens kann bedeutsam sein, weil bei kurzer Trennung noch eher eine Aussicht auf eine Wiederaufnahme der ehelichen Lebensgemeinschaft besteht. Je länger die Trennung währt, desto eher kann eine Verwertung des Vermögensstammes durch den Unterhaltsberechtigten verlangt werden.[71] Von Bedeutung kann aber auch sein, dass die Ehegatten nur kurze Zeit zusammengelebt haben und dem Berechtigten neben Grundvermögen auch ein größeres Wertpapierdepot zusteht.[72] **616**

---

[66] BGH FamRZ 1984, 364, 367
[67] OLG Hamm FamRZ 2000, 1286
[68] BGH FamRZ 2009, 307 Rn. 17; 1985, 360
[69] BGH FamRZ 2009, 307 Rn. 17; 2008, 963 = R 692 b, d (zum Wohnvorteil); 2005, 97 = R 616 a; 1986, 556; OLG Koblenz FamRZ 2005, 1482
[70] FamRZ 1997, 281, 285 = R 509 i; OLG Koblenz FPR 2002, 310
[71] BGH FamRZ 1985, 360; OLG Hamm FamRZ 1993, 1085; OLG Karlsruhe FamRZ 1990, 163
[72] OLG Hamm FamRZ 1993, 1085, 1087; OLG Frankfurt FamRZ 1995, 874 (Anteil am Lottogewinn i. H. v. 350 000 DM)

4. Verwertung des Vermögensstammes des Unterhaltspflichtigen beim nachehelichen Unterhalt (§ 1581 S. 2 BGB)

617 Der **Unterhaltspflichtige** muss nach § 1581 S. 2 BGB auch bei eingeschränkter Leistungsfähigkeit den Stamm seines Vermögens nicht für den **nachehelichen Unterhalt** verwerten, *soweit die Verwertung unwirtschaftlich oder unter Berücksichtigung der beiderseitigen wirtschaftlichen Verhältnisse unbillig wäre*.[73] Danach muss der Unterhaltspflichtige ein angemessenes Hausgrundstück, das er selbst bewohnt, regelmäßig nicht für den nachehelichen Unterhalt verwerten. Im Rahmen der Billigkeitsabwägung ist auch beim Unterhaltsschuldner zu berücksichtigen, in welchem Umfang er Vermögen angespart hat und ob dieses als Rentenersatz bei sonst sehr geringer Altersrente vorgesehen ist.[74] Dann muss er aber ab Rentenbeginn – vorbehaltlich seiner Leistungsfähigkeit – den Stamm des Vermögens nicht nur für den eigenen Unterhalt, sondern auch für den Unterhalt des Berechtigten verwenden.[75] Da unterhaltsrechtlich grundsätzlich keine Vermögenslage hinzunehmen ist, die keinen oder nur einen eindeutig unwirtschaftlichen Ertrag bringt, kann auch eine Umschichtung des Vermögens (vgl. Rn. 637 ff.) zumutbar sein. Hat der unterhaltspflichtige Ehegatte sein Vermögen veräußert und in ein Rentenstammrecht **umgewandelt,** aus dem wiederkehrende Leistungen fließe, hat er im Ergebnis den Vermögensstamm bereits für sich selbst angegriffen und zum laufenden Verbrauch bestimmt. Die aus der Veräußerung fließenden Leibrentenzahlungen sind damit von vornherein nicht als Vermögensstamm anzusehen (s. Rn. 648).[76] Gleiches gilt für den Betrag einer Rentennachzahlung, der ebenfalls unterhaltsrechtlich relevantes Einkommen ist.[77]

5. Verwertung des Vermögensstammes des Unterhaltspflichtigen beim Trennungsunterhalt

618 Für die Frage, ob und in welchem Umfang der **Unterhaltspflichtige** auch beim **Trennungsunterhalt** den Stamm seines Vermögens einsetzen muss, sind im Rahmen des § 1361 BGB auch die Grundsätze des § 1581 S. 2 BGB (s. Rn. 617) mit heranzuziehen. Die in § 1581 S. 2 BGB festgelegten Billigkeits- und Wirtschaftlichkeitsmaßstäbe setzen dabei eine äußerste Grenze, bis zu der vom Unterhaltspflichtigen eine Vermögensverwertung verlangt werden kann. Ergänzend sind die Besonderheiten zu berücksichtigen, die das Verhältnis der Ehegatten während des Getrenntlebens von demjenigen nach der Scheidung unterscheiden. Einerseits tragen die Ehegatten während der Ehe noch mehr Verantwortung füreinander als nach der Ehescheidung. Andererseits legt die besondere Verbundenheit, von der das Verhältnis der Ehegatten geprägt wird, dem Unterhaltsberechtigten während des Getrenntlebens auch noch ein höheres Maß an Rücksichtnahme auf die Interessen des Unterhaltspflichtigen auf, als dies nach der Scheidung der Fall ist. Diese Pflicht kann dazu führen, dass dem Unterhaltspflichtigen während der Trennungszeit die Verwertung seines Vermögens noch nicht zugemutet werden kann.[78] Wichtig sind in diesem Zusammenhang also vor allem die noch bestehende stärkere Verantwortung der Eheleute füreinander, das höhere Maß an Rücksichtnahme auf die beiderseitigen Interessen und der Umstand, dass Eheleute bei der Regelung ihrer unterhaltsrechtlichen Beziehungen im Interesse der Aufrechterhaltung ihrer Ehe möglichst nicht zu Änderungen ihrer Lebensverhältnisse gedrängt werden sollen, die die Zerrüttung ihrer Ehe weiter fördern könnten. Diese Pflicht zur Rücksichtnahme kann dem Interesse des Unterhaltspflichtigen überwiegendes Gewicht verleihen und dazu führen, dass ihm die Verwertung seines Vermögens nicht zugemutet werden kann, während er es nach der Scheidung für den Unterhalt des anderen einsetzen

---

[73] BGH FamRZ 1986, 560; 1985, 354 = R 222
[74] BGH FamRZ 2006, 1511 = R 659 c
[75] OLG Schleswig FuR 2004, 279
[76] BGH FamRZ 1994, 228 = R 471 c
[77] OLGR Braunschweig 1997, 157; OLG Hamburg FamRZ 1991, 953 (zur Umlegung auf einen angemessenen Zeitraum)
[78] BGH FamRZ 2009, 307 Rn. 17; 2005, 97 = R 616 a; 1986, 556; 1985, 360

müsste. Deshalb ist dem Unterhaltspflichtigen eine Vermögensverwertung, die ihm die Grundlage seiner beruflichen Existenz entziehen und die gemeinsame Lebensplanung und -grundlage im Fall einer Fortsetzung der ehelichen Lebensgemeinschaft gefährden würde, grundsätzlich nicht zuzumuten. Er braucht insbesondere einen landwirtschaftlichen Betrieb während der Trennungszeit nicht zu veräußern, wohl aber kann ihm eine Teilverwertung durch Veräußerung oder Belastung einzelner Grundstücke zugemutet werden.[79] Auch hier ist allerdings die Dauer der Trennung ein bedeutsamer Umstand, weil bei kurzer Trennung noch eher Aussicht auf Wiederaufnahme der ehelichen Gemeinschaft besteht. Je länger die Trennung währt, desto eher kann eine Verpflichtung zur Verwertung des Vermögensstamms angenommen werden.[80]

6. Verwertung des Vermögensstammes des Unterhaltspflichtigen beim Kindesunterhalt

Wie allgemein beim Verwandtenunterhalt muss der **Unterhaltspflichtige** grundsätzlich auch im Verhältnis zu Kindern den Stamm seines Vermögens zur Bestreitung des Unterhalts einsetzen. Eine allgemeine Billigkeitsgrenze, wie sie § 1581 Satz 2 BGB für die Leistungsfähigkeit beim nachehelichen Ehegattenunterhalt vorsehen, enthält das Gesetz im Bereich des Verwandtenunterhalts nicht. Das einzusetzende Vermögen ergibt sich hier allein aus § 1603 I BGB, wonach nicht unterhaltspflichtig ist, *wer bei Berücksichtigung seiner sonstigen Verpflichtungen außerstande ist, ohne Gefährdung seines eigenen angemessenen Unterhalts den Unterhalt zu gewähren.*[81]

619

Einschränkungen der Obliegenheit zum Einsatz auch des Vermögensstammes ergeben sich somit allein daraus, dass nach dem Gesetz auch die sonstigen Verpflichtungen des Unterhaltsschuldners zu berücksichtigen sind und er seinen eigenen angemessenen Unterhalt nicht zu gefährden braucht. Daraus folgt, dass eine Verwertung des Vermögensstammes nicht verlangt werden kann, wenn sie den Unterhaltsschuldner von fortlaufenden Einkünften abschneiden würde, die er zur Erfüllung weiterer Unterhaltsansprüche, anderer berücksichtigungswürdiger Verbindlichkeiten[82] oder zur Bestreitung seines eigenen Unterhalts benötigt. Auch die Verwertung, jedenfalls die Veräußerung, eines nach den übrigen Verhältnissen der Familie angemessenen Familieneigenheims kann grundsätzlich nicht verlangt werden, weil es ebenfalls der Befriedigung des Unterhaltsbedarfs des Schuldners und seiner weiteren Familienangehörigen dient und zugleich Mietaufwendungen erspart.[83] Allgemein braucht der Schuldner des Familienunterhalts den Stamm seines Vermögens nicht zu verwerten, wenn dies für ihn mit einem wirtschaftlich nicht mehr vertretbaren Nachteil verbunden wäre. Denn das wäre mit der nach dem Gesetz gebotenen Berücksichtigung der sonst zu erfüllenden Verbindlichkeiten nicht zu vereinbaren und würde letztlich auch den eigenen angemessenen Unterhaltsbedarf des Unterhaltspflichtigen in Mitleidenschaft ziehen.[84] Diese Grundsätze gelten gleichermaßen für den Unterhaltsanspruch von Abkömmlingen (Deszendenten) wie für den Anspruch auf Zahlung von Elternunterhalt.[85] Da das Gesetz keine allgemeine Billigkeitsgrenze vorsieht, sind umfassende Zumutbarkeitsabwägungen erforderlich, in deren Rahmen auch Zuwendungen an nachrangig berechtigte Angehörige berücksichtigt werden können.[86] Danach ist dem Unterhaltspflichtigen die Verwertung eines Ferienhauses jedenfalls dann zumutbar, wenn dieses weder als Einkommensquelle noch zur Befriedigung des Wohnbedarfs der Familie benötigt wird.[87]

---

[79] BGH FamRZ 1986, 556
[80] OLG Karlsruhe FamRZ 1990, 163
[81] BGH FamRZ 2004, 1184
[82] Vgl. BGH FamRZ 1989, 170; 1982, 157 f.; OLGR Frankfurt 2009, 484 Rn. 19 f.; OLG Hamm FamRZ 1998, 1609
[83] OLGR Frankfurt 2009, 484 Rn. 19 f.; Brudermüller NJW 2004, 633, 637; vgl. auch § 90 II Nr. 8 SGB XII
[84] BGH FamRZ 1988, 604; 1986, 48 = R 275
[85] BGH FamRZ 2006, 1511 = R 658 c–e
[86] BGH FamRZ 1998, 367, 369 = R 517 c
[87] BGH FamRZ 1986, 48, 50 = R 275

620 Gegenüber **minderjährigen Kindern** hat der unterhaltspflichtige Elternteil nach § 1603 II 1 BGB alle verfügbaren Mittel, d. h. auch den Vermögensstamm, zu seinem und der Kinder Unterhalt gleichmäßig zu verwenden.[88] Das gilt nach § 1603 II 2 BGB gleichermaßen für den Unterhaltsanspruch privilegierter volljähriger Kinder. Der Unterhaltspflichtige kann dann auch zum Verkauf seines Miteigentumsanteils an einem Grundstück verpflichtet sein; sein Wunsch, auf dem Grundstück zur Vermögensbildung Eigentumswohnungen zu errichten, ist gegenüber dem Anspruch der Kinder auf Mindestunterhalt (§ 1612 a BGB) nachrangig.[89] Auch im Rahmen dieser erweiterten Unterhaltspflicht darf der Vermögensstamm jedoch nur dann zur Befriedigung des Mindestbedarfs des Kindes herangezogen werden, wenn der notwendige Selbstbehalt des Unterhaltspflichtigen unter Berücksichtigung seiner voraussichtlichen Lebensdauer sowie unter Einbeziehung zu erwartender künftiger Erwerbsmöglichkeiten bis an sein Lebensende gesichert bleibt.[90] Denn nach ständiger Rechtsprechung des BVerfG und des BGH besteht eine Unterhaltspflicht nicht, soweit der Unterhaltsschuldner infolge einer Unterhaltsleistung selbst sozialhilfebedürftig würde. Dem Unterhaltspflichtigen muss schon aus verfassungsrechtlichen Gründen jedenfalls der Betrag verbleiben, der seinen eigenen Lebensbedarf nach sozialhilferechtlichen Grundsätzen sicherstellt. Die finanzielle Leistungsfähigkeit endet also dort, wo der Unterhaltspflichtige auch unter Berücksichtigung seines Vermögens nicht mehr in der Lage ist, seine eigene Existenz zu sichern.[91] Gegenüber minderjährigen Kindern wird dem unterhaltspflichtigen Elternteil im Rahmen des § 1603 II 1 BGB grundsätzlich auch der Einsatz eines erhaltenen Schmerzensgeldes zugemutet.[92] Leidet Unterhaltspflichtige allerdings während des Unterhaltszeitraums unter fortwirkenden schwerwiegenden Behinderungen, kann dem im Hinblick auf die besondere Ausgleichsfunktion des Schmerzensgeldes bei der Unterhaltsbemessung dadurch Rechnung getragen werden, dass ein Teil des Schmerzensgeldes unberücksichtigt bleibt.[93] Auch insoweit ist eine Verwertung des vorhandenen Vermögensstammes ausgeschlossen, wenn dem Unterhaltspflichtigen dadurch die für seinen eigenen notwendigen Bedarf erforderlichen Einkünfte verloren gehen.[94]

7. Verwertung des Vermögensstammes des Unterhaltsberechtigten beim Kindesunterhalt

621 **Vermögen der Kinder.** Eine allgemeine Billigkeitsgrenze, wie sie § 1577 III BGB für den Bedarf beim nachehelichen Ehegattenunterhalt vorsieht, enthält das Gesetz im Bereich des Verwandtenunterhalts nur für den Unterhaltsanspruch minderjähriger Kinder (§ 1602 II BGB). Sonst ist für den Unterhaltsbedarf auf § 1602 I BGB abzustellen, wonach nur derjenige unterhaltsberechtigt ist, der *außerstande ist, sich selbst zu unterhalten*. Hierzu außerstande ist jedoch nicht, wer über verwertbares Vermögen verfügt. Auch dabei ist allerdings auf Zumutbarkeitserwägungen abzustellen.

Für **volljährige Kinder** ist die Grenze der Unzumutbarkeit nach der Rechtsprechung des BGH etwas enger zu ziehen als im Rahmen des nachehelichen Unterhalts gemäß § 1577 III BGB. Das volljährige Kind muss ein vorhandenes Vermögen nur dann nicht einsetzen, wenn dies grob unbillig wäre. Der Tatrichter hat darüber im Einzelfall nach einer umfassenden Zumutbarkeitsabwägung zu entscheiden, die alle bedeutsamen Umstände und insbesondere auch die Lage des Unterhaltspflichtigen berücksichtigt[95] Dabei kann auch volljährigen Kindern ein Sockelbetrag als Schonvermögen verbleiben (s. Rn. 607 ff.), grund-

---

[88] OLG Hamburg FamRZ 2000, 1431; OLG Dresden FamRZ 1999, 396
[89] OLG Köln FamRZ 2006, 809; KG FamRZ 2004, 1745; OLG Dresden FamRZ 1999, 396; OLGR Celle 1998, 42 (jeweils zum früheren Regelbetrag)
[90] BGH FamRZ 1989, 170; OLG Hamm FamRZ 2009, 1258 Rn. 53 f.; KG FamRZ 2003, 1864
[91] BVerfG FamRZ 2006, 683 = R 649 c; 2001, 1685; BGH FamRZ 2006, 765 (zum Ehegattenselbstbehalt); 1996, 1272; 1990, 849
[92] BGH FamRZ 1989, 170
[93] BGH FamRZ 1989, 170 (Erhöhung des Selbstbehalts)
[94] OLG Hamburg FamRZ 1991, 472
[95] BGH FamRZ 1998, 367 = R 517 c; OLG Karlsruhe FamRZ 2001, 47 (behindertes Kind)

7. Abschnitt: Einkünfte aus Vermögen § 1

sätzlich müssen sie zunächst aber ihr eigenes Vermögen verwerten, soweit dies nicht unwirtschaftlich ist.[96] Hat etwa ein volljähriges Kind von seiner Großmutter Investmentanteile im Wert von 25 000 EUR geerbt, sind diese vorrangig bis zu einem Schonbetrag für den eigenen Unterhalt zu verwenden.[97] Eigenes erhebliches Vermögen des volljährigen unterhaltsberechtigten Kindes schließt also regelmäßig dessen Bedürftigkeit aus.[98] Gehört dem volljährigen Kind mit Anspruch auf Ausbildungsunterhalt ein mit einem Nießbrauch belastetes Grundstück, ist u. U. ein Kredit aufzunehmen, bei dem die Rückzahlungsraten bis zum Eintritt in das Erwerbsleben gestundet werden.[99]

Minderjährige Kinder brauchen ihren eigenen Vermögensstamm im Verhältnis zu ihren Eltern allerdings nicht zu verwerten, solange die Eltern leistungsfähig sind (§ 1602 II BGB).[100] Die Eltern können das Kind aber nach § 1603 II 3 BGB auf den Stamm seines Vermögens verweisen, wenn andernfalls ihr eigener angemessener Unterhalt[101] gefährdet wäre.[102] Denn die gesteigerte Unterhaltspflicht des § 1603 II 1 BGB, die gegenüber minderjährigen und privilegiert volljährigen Kindern den Einsatz vorhandener Einkünfte bis zum notwendigen Selbstbehalt verlangt, tritt nach § 1603 II 3 BGB nicht ein, soweit das Kind seinen Unterhalt aus dem Stamm seines Vermögens bestreiten kann. In einem solchen Fall ist das Vermögen des minderjährigen Kindes allerdings zunächst ausdrücklich vom Familiengerichtgericht freizugeben (§§ 1638, 1643 BGB). Auch bei der Verwertung von Kindesvermögen müssen keine unwirtschaftlichen Maßnahmen getroffen werden (s. Rn. 612 sowie 2/132 ff.). Hat ein minderjähriges Kind vorhandenes Vermögen verbraucht, ist ihm das nach § 1611 II BGB nicht vorwerfbar.[103]

8. Verwertung des Vermögensstammes des Unterhaltspflichtigen beim Elternunterhalt

Die Rechtsprechung hat sich zunehmend mit Unterhaltsansprüchen von unterhaltsbedürftigen Eltern gegen ihre erwachsenen Kinder zu befassen.[104] Diese Ansprüche gehören ebenso zum Verwandtenunterhalt nach §§ 1601 ff. BGB wie die Ansprüche der Kinder gegen die Eltern (vgl. Rn. 619 ff.). Auch im Rahmen des Elternunterhalts muss der Unterhaltspflichtige deswegen grundsätzlich den Stamm seines Vermögens einsetzen. Hinsichtlich der Opfergrenze für den Unterhaltspflichtigen ergeben sich jedoch Unterschiede, die durch Bedeutung und Rang des Elternunterhalts im Gefüge der gesetzlichen Unterhaltstatbestände bedingt sind und sich vor allem in einem „maßvollen Zuschlag" beim Selbstbehalt (vgl. Rn. 2/923 ff., 932 ff.) auswirken.[105] Hinsichtlich der Verwertung des Vermögensstammes fehlt im Verwandtenunterhalt – im Unterschied zur Regelung des § 1577 III BGB für die Bedürftigkeit und des § 1581 S. 2 BGB für die Leistungsfähigkeit beim nachehelichen Unterhalt – zwar an einer allgemeinen gesetzlichen Billigkeitsgrenze.[106] Gleichwohl ist auch hier im Rahmen einer umfassenden **Zumutbarkeitsabwägung** auf der Grundlage des § 1602 I BGB für die Bedürftigkeit und des § 1603 I BGB für die Leistungsfähigkeit der besonderen Lage von erwachsenen Unterhaltspflichtigen gegenüber ihren Eltern Rechnung

622

---

[96] OLG Celle FamRZ 2001, 47 (Schonvermögen 5000 DM); OLG Schleswig MDR 2000, 163 (Schonvermögen 4500 DM); OLG Düsseldorf FamRZ 1990, 1137; OLG Braunschweig NJW 1996, 3016
[97] OLG München FamRZ 1996, 1433 (50 000 DM)
[98] OLG Celle FamRZ 2001, 47; OLG Köln FamRZ 1999, 1277
[99] OLG Bamberg FamRZ 1999, 876
[100] OLG Frankfurt NJW 2009, 3105 Rn. 21
[101] Bis Ende 2010 = 1100 EUR, ab dem 1. 1. 2011 = 1150 EUR, vgl. Leitlinien der Oberlandesgerichte Nr. 21.3
[102] BGH FamRZ 1985, 360
[103] BGH FamRZ 1988, 159
[104] BGH FamRZ 2006, 1511 = R 658 e; 2006, 935 = R 644; 2004, 1184; 2004, 795; 2004, 792; 2004, 443; 2004, 370; 2004, 366; 2002, 1698
[105] BGH FamRZ 2010, 1535 = R 714 b; 2006, 1511 = R 658 c, d; 2003, 1179 = R 592 e; 2002, 1698 = R 580 c; 1992, 795
[106] BGH FamRZ 1998, 367, 369 = R 517 c

§ 1   Die Ermittlung des unterhaltsrechtlich relevanten Einkommens

zu tragen[107] (s. auch Rn. 2/932 ff.). Einschränkungen der Obliegenheit zum Einsatz des Vermögensstammes ergeben sich daraus, dass nach dem Gesetz auch die sonstigen Verpflichtungen des Unterhaltsschuldners zu berücksichtigen sind und er seinen eigenen angemessenen Unterhalt nicht zu gefährden braucht. Daraus folgt, dass eine Verwertung des Vermögensstammes nicht verlangt werden kann, wenn sie den Unterhaltsschuldner von fortlaufenden Einkünften abschneiden würde, die er zur Erfüllung weiterer, regelmäßig vorrangiger, Unterhaltsansprüche, anderer berücksichtigungswürdiger Verbindlichkeiten oder zur Bestreitung seines eigenen Unterhalts benötigt.[108] Allgemein braucht der Unterhaltsschuldner den Stamm seines Vermögens auch dann nicht zu verwerten, wenn dies für ihn mit einem wirtschaftlich nicht mehr vertretbaren Nachteil verbunden wäre (s. Rn. 617 zum nachehelichen Unterhalt); denn auch das wäre mit der nach dem Gesetz gebotenen Berücksichtigung der ansonsten zu erfüllenden Verbindlichkeiten nicht zu vereinbaren und müsste letztlich den eigenen angemessenen Unterhaltsbedarf des Unterhaltspflichtigen in Mitleidenschaft ziehen.[109] Diese für den Unterhalt von Abkömmlingen (Deszendenten) entwickelten Grundsätze müssen jedenfalls auch dann herangezogen werden, wenn ein Anspruch auf Zahlung von Elternunterhalt zu beurteilen ist. Denn in dem rechtlich sogar schwächer ausgestalteten Unterhaltsrechtsverhältnis zwischen unterhaltsberechtigten Eltern und ihren unterhaltspflichtigen Kindern können keine strengeren Maßstäbe gelten.[110]

623   Dass der Elternunterhalt vergleichsweise schwach ausgestaltet ist, wirkt sich somit nicht nur auf den dem **Unterhaltspflichtigen** monatlich zu belassenden Selbstbehalt, sondern auch auf sein **Schonvermögen** und damit auf seine Obliegenheit zum Einsatz des Vermögensstammes aus. Auch insoweit ist zu berücksichtigen, dass ein unterhaltspflichtiges Kind seine Vermögensdispositionen regelmäßig in Zeiten getroffen hat, in denen Elternunterhalt nicht geschuldet wurde. Deswegen hat es regelmäßig auch seine Lebensverhältnisse auf die vorhandenen Einkünfte und Vermögenswerte eingerichtet. Das gilt jedenfalls insoweit, als der Unterhaltsschuldner seine Vermögenswerte als Alterssicherung vorgesehen und deswegen seinen gesamten Lebensplan auch auf diese Beträge eingestellt hat. Zwar erfolgt die primäre Altersversorgung regelmäßig durch die gesetzliche Rentenversicherung. Nachdem sich jedoch zunehmend die Erkenntnis durchgesetzt hat, dass die primäre Versorgung in Zukunft nicht mehr für eine angemessene Altersversorgung ausreichen wird, sondern zusätzlich private Vorsorge zu treffen ist,[111] darf einem Unterhaltspflichtigen diese Möglichkeit nicht mit dem Hinweis auf die Beeinträchtigung der Leistungsfähigkeit zur Erfüllung von Unterhaltsansprüchen genommen werden. Denn auch die eigene angemessene Altersvorsorge geht der Sorge für die Unterhaltsberechtigten grundsätzlich vor, wenn dem Unterhaltspflichtigen – wie bei der Inanspruchnahme auf Elternunterhalt – vorrangig die Sicherung seines eigenen angemessenen Unterhalts zu gewährleisten ist.[112] Dem Unterhaltspflichtigen ist deshalb die Möglichkeit eröffnet, geeignete Vorkehrungen dafür zu treffen, dass er nicht seinerseits im Alter auf Unterhaltsansprüche oder sonstige staatliche Förderung angewiesen ist. Vor diesem Hintergrund hat der BGH auch die der zusätzlichen Altersversorgung dienenden Aufwendungen bis zu 5% des Bruttoeinkommens als abzugsfähig anerkannt.[113] Auf diese Weise kann in dem rechtlich schwächer ausgestalteten Unterhaltsrechtsverhältnis zwischen erwachsenen Kindern und ihren unterhaltsbedürftigen Eltern der notwendige Handlungsspielraum gewahrt werden, der es dem Unterhaltspflichtigen erlaubt, sich selbst für das Alter angemessen abzusichern. Ist es dem Schuldner des Anspruchs auf Elternunterhalt aber gestattet, die zur eigenen Alterssicherung notwendigen Beträge zusätzlich zurückzulegen, müssen auch die so geschaffenen Vermögenswerte als Alterssicherung dem Zugriff des Unterhaltsberechtigten entzogen bleiben, um den Zweck

---

[107] OLG Hamm FamRZ 2002, 1212; OLG München FuR 2000, 350 (Beleihung einer vom Berechtigten geschenkten Immobilie)
[108] BGH FamRZ 1989, 170; OLG Hamm FamRZ 2010, 303 Rn. 41; 2006, 885
[109] BGH FamRZ 1986, 48 = R 275; OLG Köln FamRZ 2003, 471
[110] BGH. FamRZ 2006, 1511; 2004, 1184; OLG Karlsruhe FamRZ 2004, 292
[111] Vgl. Art. 6 des Altersvermögensgesetzes vom 26. Juni 2001, BGBl. I S. 1310, 1335
[112] BGH FamRZ 2003, 1179
[113] BGH FamRZ 2004, 792; zum Ehegattenunterhalt vgl. BGH FamRZ 2005, 1817 = R 632j

der Alterssicherung erreichen zu können. Dabei steht es dem Unterhaltspflichtigen nach ständiger Rechtsprechung des BGH grundsätzlich frei, in welcher Weise er – jenseits der gesetzlichen Rentenversicherung – Vorsorge für sein Alter trifft. Wenn er sich angesichts der unsicheren Entwicklung der herkömmlichen Altersversorgungen für den Abschluss von Lebensversicherungen entscheidet, muss dieser Entschluss unterhaltsrechtlich im Allgemeinen akzeptiert werden. Gleiches gilt sowohl für Wertpapieren oder Fondsbeteiligungen als auch für ein zur Alterssicherung angelegtes Sparvermögen.[114] Bei der Bemessung einer individuellen Vermögensfreigrenze sind die Besonderheiten des jeweiligen Einzelfalles zu berücksichtigen, ohne dass dies einer Pauschalierung für den Regelfall entgegenstehen müsste. Der BGH hat neben dem in zumutbarer Weise als Alterssicherung zurück gelegten Vermögen auch die Rücklage für ein beruflich benötigtes Kraftfahrzeug anerkannt.[115]

Für den Unterhaltspflichtigen ist die Verwertung des Miteigentumsanteils an einem **Familienwohnheim** zugunsten der Unterhaltsansprüche seiner Eltern i. d. R. unwirtschaftlich und kann daher nicht verlangt werden.[116] Gleiches gilt für eine selbst genutzte Eigentumswohnung.[117] Das ist aber nicht der Fall, wenn der Unterhaltsschuldner wegen einer geringen Restforderung auf einen Teil seines erheblichen Vermögens zurückgreifen muss. Dann kommt es auch nicht auf die voraussichtliche Lebensdauer des Unterhaltspflichtigen an.[118]

9. Verwertung des Vermögensstammes des Unterhaltsberechtigten beim Elternunterhalt

Ein – nicht minderjähriger – **Unterhaltsberechtigter** ist im Verhältnis zu dem Unterhaltspflichtigen grundsätzlich gehalten, vorhandenes Vermögen zu verwerten, soweit ihm dies – auch unter Wirtschaftlichkeitsgesichtspunkten – zumutbar ist. Weil sich die gesetzlichen Regelungen der §§ 1602 II, 1603 II 3 BGB auf den Unterhaltsanspruch minderjähriger Kinder beschränken, ist im Rahmen des Elternunterhalts die Vorschrift des § 1577 III BGB entsprechend heranzuziehen. Danach braucht der Unterhaltsberechtigte den Stamm seines Vermögens nicht zu verwerten, soweit die Verwertung unwirtschaftlich oder unter Berücksichtigung der beiderseitigen wirtschaftlichen Verhältnisse unbillig wäre. Danach kann dem Unterhaltsberechtigten eine gewisse Vermögensreserve als so genannten Notgroschen für Fälle plötzlich auftretenden (Sonder-)Bedarfs belassen bleiben. Auch betagte Eltern können noch Notfallreserven benötigen, deren Auflösung von ihnen deshalb grundsätzlich nicht verlangt werden kann. Dabei ist dem Unterhaltsberechtigte regelmäßig zumindest der sozialhilferechtliche Schonbetrag zu belassen (§ 90 II Nr. 9 SGB XII).[119] Hat ein unterhaltsberechtigter Elternteil eigenes Vermögen in Form der Teilhabe an einer ungeteilten Erbengemeinschaft, ist er verpflichtet, entweder auf eine unverzügliche Aufteilung der Erbengemeinschaft hinzuwirken oder den Anteil als Kreditunterlage für seinen Pflegebedarf zu nutzen.[120] Auch ein **Unterhaltsberechtigter,** der pflegebedürftig ist und sich in Heimpflege befindet, hat somit zunächst sein Vermögen bis auf einen angemessenen Notgroschen einzusetzen, bevor er sein Kind auf Unterhalt in Anspruch nehmen kann.[121]

---

[114] BGH FamRZ 2003, 860
[115] BGH FamRZ 2006, 1511 = R 658 g (für ein Gesamtvermögen von 113 400 EUR); OLG München FamRZ 2005, 299 (80 000 EUR)
[116] LG Heidelberg, FamRZ 1998, 164
[117] OLG Köln FamRZ 2001, 1475
[118] BGH FamRZ 2002, 1698, 1702 = R 580 c; OLG Köln (27. ZS) FamRZ 2003, 470; a. A. OLG Köln (25. ZS) FamRZ 2003, 471, das lediglich offensichtlich unwirtschaftliche Vermögensverwertungen ausnimmt
[119] BGH FamRZ 2004, 370 = R 603 a
[120] BGH FamRZ 2006, 935 = R 644
[121] OLG Köln FamRZ 2001, 437

10. Vermögensverwertung beim Unterhaltsanspruch aus Anlass der Geburt

625 Der Unterhaltsanspruch aus Anlass der Geburt (§ 1615 l II 2 BGB) war schon in der Vergangenheit immer stärker dem Unterhaltsanspruch des geschiedenen Ehegatten wegen Betreuung eines Kindes (§ 1570 BGB) angeglichen worden.[122] Entsprechend hatte die Rechtsprechung auch die Anspruchsvoraussetzungen mit Blick auf die auch hier im Vordergrund stehende Betreuung und Erziehung des gemeinsamen Kindes dem nachehelichen Betreuungsunterhalt weitgehend **angeglichen**.[123] Die fehlende nacheheliche Solidarität kann deswegen auch aus verfassungsrechtlicher Sicht keine gravierenden Unterschiede in der Ausgestaltung des Unterhaltsrechts rechtfertigen, solange das Kind auch unter Berücksichtigung staatlicher Hilfen einer (zeitweisen) Betreuung bedarf. Unterschiede sind lediglich hinsichtlich der Dauer des Unterhaltsanspruchs gerechtfertigt, soweit der (nacheheliche) Betreuungsunterhalt auf nachehelicher Solidarität und somit auf elternbezogenen Verlängerungsgründen beruht (vgl. allgemein Rn. 7/1 ff.).[124] Nachdem der Gesetzgeber nunmehr die Vorschriften der §§ 1570, 1615 l II 2 BGB weitgehend angeglichen und beiden Unterhaltsansprüchen den gleichen Rang (§ 1609 Nr. 2 BGB) zugewiesen hat, sind im Rahmen der Obliegenheit zum Einsatz des Vermögens jedenfalls auch die gesetzlichen Vorgaben für den nachehelichen Betreuungsunterhalt zu berücksichtigen (s. Rn. 611 ff., 617 ff.). Zwar sehen die nach § 1615 l III 1 BGB anwendbaren Vorschriften über den Verwandtenunterhalt im Unterschied zur Regelung des § 1577 III BGB für die Bedürftigkeit des Unterhaltsberechtigten und des § 1581 S. 2 BGB für die Leistungsfähigkeit des Unterhaltspflichtigen beim nachehelichen Unterhalt keine allgemeine gesetzliche Billigkeitsgrenze vor.[125] Gleichwohl ist auch hier im Rahmen einer umfassenden **Zumutbarkeitsabwägung** auf der Grundlage des § 1602 I BGB für die Bedürftigkeit und des § 1603 I BGB für die Leistungsfähigkeit der weitgehenden Angleichung des Anspruchs an den nachehelichen Betreuungsunterhalt Rechnung zu tragen.

Beim **Unterhaltsberechtigten** ist im Rahmen der Zumutbarkeit aber zu berücksichtigen, dass ihm aus § 1615 l II BGB kein Anspruch auf Altersvorsorgeunterhalt oder Krankheitsunterhalt zusteht und er ev. vorhandenes Vermögen deswegen zur Alterssicherung und Krankheitsvorsorge benötigt.[126]

11. Verwertung von Grundstücken

626 Grundvermögen kann durch Veräußerung, Belastung oder (Teilungs-)Versteigerung verwertet werden (zur Obliegenheit Rn. 607). Die Tatsache, dass im Fall einer sofortiger Verwertung **künftige Wertsteigerungen** verloren gehen, führt für sich genommen noch nicht zu einer Unzumutbarkeit oder Unwirtschaftlichkeit, zumal auch der Erlös durch Zinsen im Wert steigen kann. Dies gilt erst recht bei der Verwertung von Erbanteilen, etwa an einem Baugrundstück.[127] Gestaltet sich der an sich veranlasste Verkauf einer Eigentumswohnung allerdings schwierig und zeitraubend, kann es auch wirtschaftlich sinnvoller sein, eine Vermietung vorzunehmen.[128] Auch wenn ein Verkauf des Grundstücks den Unterhaltsschuldner von laufenden Einkünften abschneiden würde, die er für vorrangige Unterhaltspflichten oder zur Sicherung des eigenen Lebensbedarfs in Form des jeweils geltenden Selbstbehalts benötigt, besteht keine Obliegenheit zur Verwertung.[129] Statt einer Verwertung kann der Erbteil auch zur Kreditbeschaffung für den Unterhalt verwendet werden. Wenn wirtschaftlich vertretbare Rückzahlungsmöglichkeiten bestehen, kann bis zur Höhe des Vermögens auch die Inanspruchnahme eines Real- oder Personalkredits für Unterhaltszwecke mit Kreditsicherung durch Vermögensbelastung zumutbar sein.

---

[122] Vgl. BGH FamRZ 2005, 347 = R 622
[123] BGH FamRZ 2005, 442 = R 625 b; 2005, 357; 2005, 354 = R 624; 2005, 347 = R 622
[124] BGH FamRZ 2010, 444 Rn. 23 ff.; 2009, 1391 Rn. 16 ff.; 2009, 77 = R 704 a; 2006, 1362 = R 656 a
[125] BGH FamRZ 1998, 367, 369 = R 517 c
[126] Vgl. BGH FamRZ 2010, 357 Rn. 53 f.; KG FPR 2003, 671; OLG Hamm FF 2000, 137
[127] BGH FamRZ 1980, 43
[128] OLG Karlsruhe FuR 1998, 361
[129] BGH FamRZ 2009, 23 Rn. 19; 2004, 1184

7. Abschnitt: Einkünfte aus Vermögen § 1

Die Verwertung **landwirtschaftlich** genutzter Flächen scheitert häufig an der mit diesen 627
Flächen verbundenen Sicherung des eigenen Lebensbedarfs. Ein Hof wird regelmäßig als
der maßgebende Vermögensbestandteil die wirtschaftliche Grundlage der Einkünfte darstellen, die der Unterhaltsschuldner als Lebens- und Erwerbsgrundlage für sich und andere
vor- oder gleichrangige Unterhaltsberechtigte erhalten muss.[130] Die Aufnahme von Krediten unter Belastung der Hofflächen würde den Schuldner immer weiter in die Verschuldung treiben, was ihm nach der Rechtsprechung des BGH nicht zumutbar ist.[131] Eine
solche Belastung oder ein Verkauf einzelner Flächen, kommt also nur dann in Betracht,
wenn die Flächen wegen der Größe des Betriebs nicht zur Fortführung des Hofes erforderlich sind oder wenn der Hof auf Dauer ohnehin keine genügenden Einkünfte abwirft und
dem Unterhaltsschuldner deswegen ein Berufswechsel zumutbar ist. Eine Verpachtung
einzelner Flächen ist hingegen nicht zumutbar, wenn diese zur Fortführung des Hofes
notwendig sind oder wenn dadurch keine höheren Gewinne erzielt werden können als
gegenwärtig aus landwirtschaftlicher Tätigkeit in Verbindung mit den dafür erzielten Sub-
ventionen.[132]

Sind der Unterhaltsberechtigte und der Unterhaltspflichtige **Miteigentümer** eines Haus- 628
grundstücks, blockieren sie sich häufig gegenseitig bei der Verwertung. Denn ein Ehegatte
kann die Zustimmung zur Teilungsversteigerung so lange verweigern, bis das Scheidungsverfahren und ein Verfahren auf Zugewinnausgleich abgeschlossen sind.

Beispiel:
F ist ausgezogen und verlangt von M Unterhalt. Das Haus ist schuldenfrei. M bietet F für ihren
Hälfteanteil 150 000 EUR und erklärt, dass sie von diesem Kapital ihren Unterhalt bestreiten könne.
F möchte jedoch 200 000 EUR. Dazu ist M nicht bereit und verlangt nun, dass F ihren Hälfteanteil
beleiht und davon lebt. F beantragt hierauf lediglich die Teilungsversteigerung und verlangt erneut
Unterhalt.

Es liegt kein Verstoß gegen unterhaltsrechtliche Obliegenheiten vor, wenn sich ein
Miteigentümer auf die Aufhebung der Gemeinschaft durch **Teilungsversteigerung** und
anschließende Erlösteilung (§ 753 BGB) beschränkt, weil die Wirtschaftlichkeit am ehesten
durch Verwertung im Weg der Aufhebung der Miteigentumsgemeinschaft gewährleistet ist.
Denn bei einem Verkauf oder einer Beleihung des Miteigentumsanteils ist erfahrungsgemäß
nur ein geringerer Erlös zu erwarten.[133] Erwirbt ein Ehegatte den Miteigentumsanteil des
anderen im Wege der Teilungsversteigerung oder durch Kauf, muss er das Grundstück
regelmäßig nicht verwerten, wenn er es selbst als Wohnung nutzt (s. Rn. 617). Dann muss
sich der Erwerber künftig den vollen Wohnwert anrechnen lassen, gemindert lediglich um
Zinsaufwendungen für den aufgenommenen Kredit. Der Kreditabtrag bleibt hingegen
unberücksichtigt, weil der Unterhaltspflichtige, mit Ausnahme einer zulässigen Altersvorsorge, keine Vermögensbildung zu Lasten der Unterhaltsansprüche des Unterhaltsberechtigten bilden darf.[134] Bei dem veräußernden Ehegatten tritt der Erlös als Surrogat an die Stelle
des früheren Miteigentums und der daraus erzielbare Zins an die Stelle der früheren
Nutzungsvorteile. Wie der Erwerber ist auch er dann nicht gehalten, den Verkaufserlös als
Vermögensstamm zu verwerten (s. Rn. 612).

Einer Teilungsversteigerung nach § 180 ZVG können allerdings nicht unerhebliche
rechtliche Hindernisse entgegenstehen. So bedarf schon der Antrag gemäß § 1365 BGB der
Zustimmung des anderen Ehegatten, wenn die Ehegatten (noch) im gesetzlichen Güterstand leben und der Grundstücksanteil des Antragstellers dessen ganzes Vermögen darstellt.[135] Die Zustimmung kann verweigert werden, wenn durch sie der Anspruch auf
Zugewinnausgleich konkret gefährdet wäre oder wenn voraussichtlich nach Beendigung

---

[130] BGH FamRZ 2005, 97 = R 616 a
[131] BGH FamRZ 2005, 608 = R 627 a
[132] OLG Hamm Agrar- und Umweltrecht 2003, 377
[133] BGH FamRZ 1984, 662
[134] BGH FamRZ 2009, 1300 = R 705 a, b; 2009, 23 Rn. 16 ff.; 2007, 879 = R 677 a–d; 2006, 387 = R 643 f; 2005, 1817 = R 632 g, h; 2005, 1159 = R 623 b
[135] OLG Frankfurt FamRZ 1999, 524; BayObLG FamRZ 1996, 1013; OLG Düsseldorf FamRZ 1995, 309; OLG Bremen FamRZ 1984, 272

§ 1 Die Ermittlung des unterhaltsrechtlich relevanten Einkommens

des Güterstandes gemäß § 242 BGB ein Anspruch auf Übereignung des Grundstücksanteils selbst bestehen wird.[136] Damit kann ein Ehegatte die Zustimmung zur Teilungsversteigerung so lange verweigern, bis das Scheidungsverfahren und ein Verfahren auf Zugewinnausgleich abgeschlossen sind.[137] Ausnahmsweise kann der Teilungsversteigerung auch noch nach rechtskräftiger Ehescheidung der Einwand der unzulässigen Rechtsausübung entgegenstehen, solange die Aufhebung der Gemeinschaft für einen Ehegatten mit einem unzumutbar unbilligen Ergebnis verbunden wäre.[138] Die Zwangsversteigerung kann auch zur Abwendung einer ernsthaften Gefährdung des Wohls eines gemeinschaftlichen Kindes einstweilen eingestellt werden (§ 180 III 1 ZVG).[139]

12. Verwertung des ausgezahlten Kapitals einer Lebensversicherung

629   Lebensversicherungen können der Altersvorsorge (vgl. Rn. 609, 613) aber auch der Kapitalbildung dienen. Im Fall der Scheidung unterliegen Lebensversicherungen nunmehr dem Versorgungsausgleich, wenn sie auf eine Rentenzahlung gerichtet sind oder wenn ein Kapitalrecht als Anrecht im Sinne des Betriebsrentengesetzes oder des Altersvorsorgeverträge-Zertifizierungsgesetzes besteht (§ 2 II VersAusglG).[140] Ein güterrechtliche Ausgleich findet für diese Anrechte nicht statt (§ 2 IV VersAusglG). Lebensversicherungen auf Kapitalbasis, die die genannten Voraussetzungen nicht erfüllen, sind beim gesetzlichen Güterstand in den Zugewinnausgleich einzubeziehen.[141] Bei Gütertrennung erfolgt hingegen kein Ausgleich des in der Ehe angesammelten Kapitals (vgl. auch § 1414 S. 2 BGB). Die laufenden Beiträge des Versicherungsnehmers werden bei der Unterhaltsberechnung vom Einkommen vorweg abgezogen, soweit es sich um eine angemessene Altersvorsorge handelt (s. Rn. 1033 ff.).[142] Ob schon während der Ehezeit Beiträge für die zusätzliche Altersvorsorgung gezahlt wurden, ist unerheblich, wenn im Unterhaltszeitraum solche gezahlt werden (s. Rn. 4/550 ff.).[143] Diese unterschiedliche Ausgangslage lässt keine einheitliche Beantwortung der Frage zu, ob das ausbezahlte Kapital auch unterhaltsrechtlich verwertet werden muss. Dabei ist zunächst zu beachten, dass ein und dieselbe Vermögensmasse nicht doppelt ausgeglichen werden darf.[144] Das steht einer Berücksichtigung der Vermögenserträge schon deswegen nicht entgegen, weil im Versorgungsausgleich oder im Zugewinnausgleich nur der Vermögensstamm ausgeglichen wird. Weil unterhaltsrechtlich nur von dem tatsächlich noch vorhandenen Vermögen auszugehen ist, steht das Doppelverwertungsverbot aber auch einer Berücksichtigung des noch vorhandenen Vermögens nicht entgegen, wenn es für Unterhaltszwecke verwertet werden muss.[145]

630   Beim **nachehelichen Ehegattenunterhalt** ist für den **Unterhaltspflichtigen** von § 1581 S. 2 BGB auszugehen. Danach braucht auch dieses Kapital nicht eingesetzt zu werden, soweit es unwirtschaftlich oder unter Berücksichtigung der beiderseitigen wirtschaftlichen Verhältnisse unbillig wäre. Die danach geforderte Billigkeitsabwägung verlangt eine umfassende Bewertung aller Umstände eines Einzelfalles. Folgende Gesichtspunkte können sich dabei auswirken:

---

[136] BayObLG, FamRZ 1981, 46
[137] OLG Köln FamRZ 2002, 97; 2001, 176; OLG Frankfurt FamRZ 1997, 1490
[138] BGH FamRZ 1977, 458
[139] Näher zur Verwertung des Miteigentumsanteils siehe Haußleiter/Schulz, Vermögensauseinandersetzung 5. Auflage Kap 5 Rn. 23 ff., 45 ff.
[140] Zum früheren Recht vgl. BGH FamRZ 2003, 664; 1993, 684 (zur Ausübung des Rentenwahlrechts); 1984, 156
[141] Zum früheren Recht vgl. BGH FamRZ 2003, 664 (zur Ausübung des Kapitalwahlrechts nach Ende der Ehezeit); 2003, 1267; 1995, 1270
[142] BGH FamRZ 2008, 1739 Rn. 67 f.; 2005, 1817 = R 632j (4% der Bruttoeinkünfte); 2004, 792 = R 605 a (5% der Bruttoeinkünfte beim Elternunterhalt)
[143] BGH FamRZ 2009, 1207 Rn. 30 f.
[144] BGH FamRZ 2008, 761 Rn. 16 f.
[145] BGH FamRZ 2010, 1311 Rn. 28 f. (zur Abfindung)

7. Abschnitt: Einkünfte aus Vermögen § 1

– Kann der Unterhaltsbedarf des Unterhaltsberechtigten auch ohne Kapitalverwertung gesichert werden?
– Verbleibt dem Vermögensinhaber, der ebenfalls vom Vermögen leben muss, genug für den eigenen lebenslangen Bedarf?[146]
– Wie sind die Vermögensverhältnisse des anderen Ehegatten?[147]
– Wurden die Versicherungsprämien bei der Unterhaltsberechnung einkommensmindernd berücksichtigt?[148]
– Wirkte sich die Lebensversicherung schon beim Zugewinnausgleich auf die Ausgleichsforderung aus (vgl. Rn. 29 f.)?[149]
– Liegt eine Einkommensänderung vor, die eine Herabsetzung des Unterhaltsbedarfs rechtfertigen kann (vgl. Rn. 4/557 ff.).

Daneben muss aber stets auch geprüft werden, ob es den ehelichen Lebensverhältnissen gemäß § 1578 I 1 BGB entspricht, dass auch das Kapital verbraucht wird.

Fall:
Der Arzt M zahlt seit 1980 für eine Lebensversicherung monatlich 1000 EUR. 1995 wird er geschieden. Unter Berücksichtigung des Aufwands für die Lebensversicherung wurden der kranken Ehefrau F als Unterhalt monatlich 1800 EUR zugesprochen. Im Jahr 2000 beendet M seine Tätigkeit. Er erhält von der Lebensversicherung 500 000 EUR. Davon kauft er Pfandbriefe zu 6% und hat deshalb monatlich nur noch 2500 EUR zur Verfügung. F wehrt sich gegen eine Herabsetzung der Unterhaltszahlungen.

Die Lebensversicherung war in diesem Fall als einzige Altersvorsorge gedacht, sollte also im Alter die ehelichen Lebensverhältnisse aufrechterhalten. Wegen fehlender weiterer Altersvorsorge war abzusehen, dass dazu auch das Kapital der Lebensversicherung verbraucht werden muss. Dafür spricht auch, dass F durch eine langjährige Unterhaltsschmälerung die Lebensversicherung mitfinanziert hatte (s. Rn. 4/682). Die Umrechnung des Kapitals in Monatsbeträge geschieht nach den oben (Rn. 610) mitgeteilten Grundsätzen.

Das Gleiche gilt nach § 1577 III BGB beim nachehelichen Unterhalt für den **Unterhaltsberechtigten.** Wird ihm eine Lebensversicherung ausbezahlt, ist nach ähnlichen Kriterien zu prüfen, ob auch das Kapital in die Bedarfsberechnung einzubeziehen ist.[150] Nicht anders ist beim Trennungsunterhalt (s. Rn. 614, 618) und beim Verwandtenunterhalt (s. Rn. 619 ff.) zu verfahren. Maßgeblich sind stets Gesichtspunkte der Billigkeit. 631

III. Zurechnung fiktiver Erträge bei unterlassener zumutbarer Vermögensnutzung oder Vermögensverwertung

1. Fiktive Zurechnung erzielbarer Erträge im Rahmen einer Obliegenheit zur Erzielung von Vermögenserträgen oder zur Vermögensverwertung

Sowohl dem Unterhaltsberechtigten als auch dem Unterhaltspflichtigen sind fiktive Erträge als Einkommen zuzurechnen, wenn sie es unterlassen, ihr Vermögen in zumutbar Ertrag bringender Weise zu nutzen oder zu verwerten. Die Feststellung einer entsprechenden Obliegenheit setzt stets eine **Zumutbarkeitsprüfung** voraus, bei der die Belange des Unterhaltsberechtigten und des Unterhaltspflichtigen unter Berücksichtigung der Umstände des Einzelfalls gegeneinander abzuwägen sind.[151] 632

---

[146] OLG München FamRZ 1994, 1459
[147] BGH FamRZ 1986, 560; OLG Hamm FamRZ 2000, 1286
[148] OLG Hamm FamRZ 1998, 1520
[149] BGH FamRZ 2011, 622 Rn. 31 ff.; OLG Düsseldorf FamRZ 1998, 621; zum Verbot der Doppelberücksichtigung allgemein: Schulz FamRZ 2006, 1237
[150] OLG Hamm FamRZ 2000, 1286; OLG Celle FamRZ 2000, 1153 (von Zugewinn i. H. v. 340 000 DM einen Teilbetrag i. H. v. 100 000 DM für Alterssicherung ohne Zinsgewinn verwendet)
[151] BGH FamRZ 1990, 269; 1988, 145, 149; 1986, 560; 1986, 439; OLGR Hamm 2000, 329 (an ein Kind verschenktes Vermögen)

633 Die von einem **unterhaltsberechtigten Ehegatten** tatsächlich erzielten Vermögenserträge mindern nach ständiger Rechtsprechung des BGH gemäß § 1577 I BGB ohne Rücksicht auf die Herkunft des Vermögens und auf Billigkeitsgründe seine Bedürftigkeit.[152] Darüber hinaus besteht aber auch eine grundsätzliche Obliegenheit, vorhandenes Vermögen **so ertragreich wie möglich** anzulegen und zu nutzen. Denn seine Bedürftigkeit wird auch durch solche Einkünfte gemindert, die er in zumutbarer Weise ziehen könnte, aber nicht zieht.[153] Weil es sich dabei um eine aus § 242 BGB abgeleitete Obliegenheit handelt, ist allerdings stets eine Zumutbarkeitsprüfung vorzunehmen, bei der die Belange des Unterhaltsberechtigten und des Unterhaltspflichtigen unter Berücksichtigung der Umstände des Einzelfalles angemessen gegeneinander abzuwägen sind. Wenn der Unterhaltsberechtigte ertragsloses Vermögen besitzt, wie z. B. eine Münzsammlung, wird ihm die Umschichtung in ein Erträge abwerfendes Vermögen in der Regel zuzumuten sein. Geht es hingegen darum, ob in einer anderen Anlageform eine höhere Rendite erzielbar ist, ist Zurückhaltung geboten und muss dem Vermögensinhaber eine gewisse Entscheidungsfreiheit belassen werden. Von ihm kann nicht verlangt werden, wegen möglicher höherer Erträge die Sicherheit der Vermögensanlage zu vernachlässigen oder eine im Verkehr ungewöhnliche Anlageform zu wählen. Stets muss sich die tatsächliche Anlage des Vermögens als eindeutig unwirtschaftlich darstellen, ehe der Unterhaltsberechtigte auf eine anderweitige Anlage und daraus erzielbare Einkünfte verwiesen werden kann[154] Darüber hinaus kann nach § 1577 III BGB für den Berechtigten beim nachehelichen Unterhalt auf Grund einer Billigkeitsabwägung sogar eine Obliegenheit zur Verwertung des Vermögensstammes bestehen (s. Rn. 611 ff.). Ähnliche Obliegenheiten bestehen beim Trennungsunterhalt im Rahmen des § 1361 I und II BGB (s. Rn. 614 ff.)[155] und beim Verwandtenunterhalt im Rahmen des § 1602 I, II BGB (s. Rn. 621, 624).[156] Besteht eine Obliegenheit zur Verwertung, kann im Rahmen der Bedürftigkeit sogar ein fiktiver Verwertungserlös berücksichtigt werden.

634 Auch den **unterhaltspflichtigen Ehegatten** trifft eine Obliegenheit, alle ihm zumutbaren Erträge aus seinem Vermögen zu erzielen.[157] Unterlässt er dieses, muss er sich insoweit als leistungsfähig behandeln lassen. In besonderen Fällen kann ihn sogar eine Obliegenheit zur Vermögensverwertung treffen, die sich im Rahmen des nachehelichen Unterhalts aus § 1581 BGB (s. Rn. 617) und im Rahmen des Trennungsunterhalts aus § 1361 BGB herleiten lässt (s. Rn. 618).[158] Weil der Unterhaltsbedarf nach den ehelichen Lebensverhältnissen gemäß § 1578 I 1 BGB auf der Grundlage der vorhandenen und der erzielbaren Einkünfte zu bemessen ist, können fiktive Einkünfte bereits bei der Bedarfsbemessung berücksichtigt werden (s. Rn. 761 ff.). Die Grenze dafür bildet aber eine nacheheliche Entwicklung, die – wie ein Karrieresprung – keine hinreichende Anknüpfung an die ehelichen Lebensverhältnisse hat und wegen der allmählich nachlassenden nachehelichen Solidarität jedenfalls nicht zu deutlich höheren Unterhaltsansprüchen führen kann, als dies der Ehe zugrunde lag. Wer ein größeres Vermögen noch nie wirtschaftlich genutzt hat, darf deswegen auch nicht auf Grund fiktiver Einkünfte aus diesem Vermögen zu höherem Unterhalt verurteilt werden, als es dem bisherigen Bedarf entsprach.[159] Im Rahmen der Leistungsfähigkeit sind solche fiktiven Einkünfte aus unterlassener zumutbarer Vermögensnutzung, Vermögensumschichtung oder Vermögensverwertung allerdings stets zu berücksichtigen. Auch beim **Verwandtenunterhalt** muss sich der Unterhaltspflichtige fiktiv Vermögenserträge zurechnen lassen, die er in zumutbarer Weise erzielen könnte (s. auch Rn. 2/207).[160] Er muss nach § 1603 I, III BGB auch den Vermögensstamm verwerten,

---

[152] BGH FamRZ 1985, 357, 359; zum Verbrauch BGH FamRZ 2010, 629 Rn. 20
[153] BGH FamRZ 1990, 269; 1988, 145, 149; 1986, 439; 1986, 560; 1986, 441
[154] BGH FamRZ 2009, 23 Rn. 19 f.; 2008, 1325 Rn. 18; 1998, 87, 89; 1986, 439
[155] BGH FamRZ 1986, 556; 1985, 360
[156] BGH FamRZ 2006, 1511 = R 658 c
[157] BGH FamRZ 1988, 604, 607; 1986, 556
[158] BGH FamRZ 1986, 556
[159] BGH FamRZ 2006, 683 = R 649 f–h; 1997, 281 = R 509 i
[160] OLG Hamm FamRZ 2009, 981

7. Abschnitt: Einkünfte aus Vermögen § 1

wenn dies nicht mit einem wirtschaftlich nicht mehr vertretbaren Nachteil für ihn verbunden ist[161] (s. Rn. 619 f., 622 f.).

2. Obliegenheiten bei Immobilien

Sowohl der Unterhaltsberechtigte als auch der Unterhaltspflichtige muss ein angemessenes und selbst genutztes Einfamilienhaus grundsätzlich nicht verwerten. Regelmäßig ist stattdessen nur der Wohnvorteil zu berücksichtigen (Rn. 473 ff.; vgl. auch § 90 II Nr. 8 SGB XII). Sonstiges Grundvermögen ist hingegen regelmäßig bestmöglich zu verwerten (s. Rn. 626 ff.). Selbst wenn eine Verwertung nicht in Betracht kommt, ist die Immobilie aber unter Berücksichtigung aller Umstände des Einzelfalles möglichst ertragreich einzusetzen. Das kann folgende Verpflichtungen nach sich ziehen: 635

- Vermietung eines großen luxuriösen Hauses und Anmietung einer weniger kostspieligen Wohnung.[162]
- Vermietung einzelner Räume eines Hauses.[163] Im Allgemeinen wird die Vermietung von Einzelräumen an Fremde wegen der damit verbundenen Unbequemlichkeiten bei der Benutzung der sanitären Einrichtungen und der Küche aber unzumutbar sein. Für Räume, die während der Ehe volljährigen Kindern unentgeltlich überlassen waren, ist jedoch ein Entgelt zu fordern, wenn die Kinder ein eigenes Einkommen haben und nicht mehr auf die kostenlose Überlassung angewiesen sind.[164] Auch von einem aufgenommenen neuen Lebenspartner ist Miete zu verlangen.[165]
- Veräußerung eines Hauses und Deckung des Unterhaltsbedarfs aus den Erträgen des anzulegenden Kapitals.[166]
- Veräußerung einzelner Grundstücke eines landwirtschaftlichen Anwesens (s. Rn. 627)[167] oder eines Baugrundstücks.[168]
- Kreditaufnahme und Belastung des Grundvermögens im Rahmen des Zumutbaren und unter Berücksichtigung der Tilgungsmöglichkeiten.[169]
- Mitwirkung bei der Verwertung der in Miteigentum stehenden Familienwohnung (s. Rn. 628).[170]

Wer sich gegen eine solche unter Abwägung der Umstände des Einzelfalles mögliche Pflicht sträubt, läuft Gefahr, dass ihm erzielbare fiktive Einkünfte zugerechnet werden.

3. Obliegenheiten bei Barvermögen, wie Sparguthaben, Zugewinnausgleichszahlungen oder Veräußerungserlösen

Bei **Barmitteln** besteht die Verpflichtung, sie möglichst gewinnbringend anzulegen.[171] Bei erstmaligem Zufluss von Barmitteln z. B. aus dem Zugewinnausgleich, einer sonstigen Vermögensauseinandersetzung oder aus einer Unterhaltsabfindung besteht eine angemessene Überlegungsfrist zu Art und Zeitpunkt der Anlage. Fiktive Einkünfte dürfen erst nach 636

---

[161] BGH FamRZ 1988, 604, 607; 1986, 48, 50 = R 275
[162] BGH FamRZ 1988, 145, 149; 1984, 358, 360
[163] BGH FamRZ 1988, 145, 149; 1984, 358; 1986, 439; OLG Jena NJW 2006, 1745
[164] BGH FamRZ 2006, 99 = R 641; 1990, 269; OLG Hamm FamRZ 2004, 108; OLG Bamberg FamRZ 1999, 849
[165] BGH FamRZ 2008, 594 = R 688 b; OLG Frankfurt NJW-RR 1995, 945 (dann auch während der Trennungszeit voller Wohnwert)
[166] Vgl. BGH FamRZ 2005, 1159; 1988, 145, 149
[167] BGH FamRZ 1986, 556; OLG Schleswig FamRZ 1985, 809
[168] BGH FamRZ 1982, 23, 25; bei Verbrauch vgl. BGH FamRZ 1997, 873; KG FamRZ 2004, 1745
[169] BGH FamRZ 1988, 259, 263; 1982, 678; OLG München FuR 2000, 350; OLG Bamberg FamRZ 1999, 876
[170] OLG Frankfurt/Main FamRZ 1992, 823; vgl. aber OLG Köln FamRZ 2002, 97 (zum Trennungsunterhalt)
[171] BGH FamRZ 1988, 145, 149; 1986, 439; OLG Koblenz FF 2005, 193; OLG Köln – 16 Wx 15/03 BeckRS 2003, 08414; OLG Frankfurt FuR 2001, 371

§ 1   Die Ermittlung des unterhaltsrechtlich relevanten Einkommens

Verstreichen dieser Frist zugerechnet werden.[172] Eine solche Zurechnung kommt in Betracht, wenn das Geld leichtfertig dem Unterhalt entzogen,[173] vergeudet oder verspielt[174] wurde oder wenn es so angelegt ist, dass es keinen Ertrag bringt (s. Rn. 637 f.).

4. Obliegenheit zur Vermögensumschichtung

637   Ein unterhaltsberechtigter Ehegatte ist grundsätzlich verpflichtet, vorhandenes Vermögen so **anzulegen**, dass dieses möglichst sichere und hohe Erträge abwirft.[175] Wenn der Berechtigte ertragloses Vermögen besitzt, z. B. eine Münzsammlung, wird ihm die Umschichtung in ein Erträge abwerfendes Vermögen in der Regel zuzumuten sein.[176] Sonst kommt es darauf an, ob es ihm zumutbar ist, sein Vermögen zu günstigeren Bedingungen einzusetzen. Ist dieses nicht der Fall, muss die gewählte Anlageform unterhaltsrechtlich hingenommen werden.[177] Zurückhaltung ist aber geboten, wenn es nur darum geht, ob in einer anderen Anlageform eine höhere Rendite erzielbar ist. Der Vorteil eines Ehegatten aus dem **mietfreien Wohnen** im eigenen Haus, der bei der Ermittlung des unterhaltsrechtlich relevanten Einkommens dieses Ehegatten zu berücksichtigen ist, bemisst sich grundsätzlich nach den tatsächlichen Verhältnissen. Für die Ermittlung der ihm zufließenden Einkünfte ist deshalb grundsätzlich von dessen tatsächlichem, um seinen Zinsaufwand gemindertem, Wohnvorteil auszugehen. Zwar kann den Ehegatten auch eine Obliegenheit treffen, sein in einem Eigenheim gebundenes Vermögen zur Erzielung höherer Erträge umzuschichten. Ob eine solche Obliegenheit zur Vermögensumschichtung besteht, bestimmt sich jedoch nach Zumutbarkeitsgesichtspunkten, wobei unter Berücksichtigung der Umstände des Einzelfalles, auch die beiderseitigen früheren wie jetzigen Wohnverhältnisse sowie die Belange des Unterhaltsberechtigten und des Unterhaltspflichtigen gegeneinander abzuwägen sind. Es kommt einerseits darauf an, ob der Unterhaltsberechtigte den Unterhalt dringend benötigt oder die Unterhaltslast den Unterhaltspflichtigen besonders hart trifft. Andererseits muss dem Vermögensinhaber ein gewisser Entscheidungsspielraum belassen werden. Die tatsächliche Anlage des Vermögens muss sich als **eindeutig unwirtschaftlich** darstellen, ehe der betreffende Ehegatte auf eine andere Anlageform und daraus erzielbare Beträge verwiesen werden kann.[178] Davon kann aber nicht schon dann ausgegangen werden, wenn ein Wohnvorteil nicht den Ertrag erreicht, der aus einem Veräußerungserlös erzielbar wäre. Von dem Vermögensinhaber kann jedenfalls nicht verlangt werden, nur wegen möglicherweise höherer Erträge die Sicherheit der Vermögensanlage zu vernachlässigen oder eine im Verkehr ungewöhnliche Anlageform zu wählen. Würde ein etwaiger Verkauf des Hausgrundstücks keinen nennenswerten Überschuss erbringen, scheidet schon deswegen eine Pflicht zur Vermögensumschichtung durch Veräußerung des Grundbesitzes aus.[179] Der Grundsatz, dass die Obliegenheit eines **getrennt lebenden** Ehegatten zur Verwertung seines Vermögensstammes im Allgemeinen nicht so weit geht wie diejenige eines Geschiedenen (vgl. Rn. 614 ff.), gilt entsprechend auch für die Obliegenheit zu einer Vermögensumschichtung.[180] Grundlegende Veränderungen der Vermögensanlage werden in der Trennungszeit nur unter besonderen Umständen und nicht kurzfristiger Vorteile wegen verlangt werden können. Die bisherige Vermögensanlage muss sich als eindeutig unwirtschaftlich darstellen, ehe vom Vermögensinhaber eine Umschichtung verlangt werden kann.[181]

---

172   BGH FamRZ 1986, 441, 443
173   BGH FamRZ 2007, 1532 = R 681 e–h; OLG Hamm – 11 UF 207/99 BeckRS 2000, 05176
174   OLG Hamm FamRZ 1999, 516
175   OLG Stuttgart FamRZ 1993, 559; OLG München – 23 U 3186/99 BeckRS 2009, 87968
176   Unveröffentlichtes Urteil des BGH vom 29. 6. 1983 – IV b ZR 395/81
177   BGH FamRZ 1986, 441; 1988, 145 (zur vollständigen oder teilweisen Vermietung eines großen und luxuriösen Einfamilienhauses)
178   BGH FamRZ 2009, 23 Rn. 19 f.; 2008, 1325 Rn. 18; 2006, 387 = R 643 f; 2005, 1159 = R 623 d; 2001, 1140, 1143; 2000, 950, 951; 1998, 87 = R 516 c (Einsatz von 263 000 DM zum Kauf eines Einfamilienhauses); 1992, 423
179   BGH NJW-RR 1995, 129
180   BGH FamRZ 1986, 439
181   BGH FamRZ 1986, 560; 1986, 439

7. Abschnitt: Einkünfte aus Vermögen § 1

Entsprechend ist der Unterhaltsberechtigte auch nicht befugt, vorhandenes Vermögen so **638** **umzuschichten**, dass es zu erheblichen Einkommensverlusten führt.[182] Wer etwa aus der Vermögensauseinandersetzung im Rahmen der Ehescheidung 300 000 EUR erhält, zusätzlich 200 000 EUR aufnimmt, für 500 000 EUR ein Haus kauft und wegen der Kreditverbindlichkeiten fast keinen anrechenbaren **Wohnwert** erzielt, muss sich den Vorwurf der Unwirtschaftlichkeit gefallen lassen.[183] Bei dem Vergleich des Mietwerts mit einem möglichen Kapitalertrag sind bis zur Zustellung des Scheidungsantrags eine angemessene ersparte Miete und danach der volle Mietwert zu berücksichtigen. Von diesem Mietwert sind bis zur Zustellung des Scheidungsantrags die gesamten Finanzierungskosten, danach aber nur noch die Zinsen und nicht die Kapitalrückzahlung, abzuziehen.[184] Weil sich der Wohnvorteil danach bemisst, in welchem Umfang der Eigentümer billiger lebt als ein Mieter, können von dem verbleibenden Wohnwert weitere Nebenkosten abgesetzt werden, die der Eigentümer, nicht hingegen ein Mieter zu zahlen hat. Danach können auch die vom Eigentümer zu tragenden verbrauchsunabhängigen Kosten nur dann von seinem Wohnvorteil abgezogen werden, wenn es sich um nicht umlagefähige Kosten im Sinne der § 556 I BGB, §§ 1, 2 BetrKV handelt.[185] Beim Ehegattenunterhalt ist zu berücksichtigen, wenn die Parteien ursprünglich gemeinsam Eigentümer eines Hauses waren, in dem sie mietfrei wohnten und das ein Ehegatte seit der Trennung nutzte. Schon der Lebensbedarf während der Ehe war deshalb durch die gezogenen Nutzungsvorteile erhöht.[186] Diese Nutzungsvorteile entfallen zwar, wenn das gemeinsam genutzte Haus im Zusammenhang mit der Scheidung veräußert wird. An ihre Stelle aber treten die Vorteile, die die Ehegatten aus dem Erlös ihrer Miteigentumsanteile ziehen oder ziehen könnten. Das können entweder Zinseinkünfte sein oder, soweit mit dem Erlös ein neues Eigenheim finanziert worden ist, der Vorteil, der in dem mietfreien Wohnen in diesem besteht.[187] Zwar kann auch in solchen Fällen eine Obliegenheit zur Vermögensumschichtung bestehen, etwa wenn andernfalls keine wirtschaftlich angemessene Nutzung des Verkaufserlöses verwirklicht worden ist. Davon kann aber nicht schon dann ausgegangen werden, wenn der nunmehr zuzurechnende Wohnvorteil nicht den Ertrag erreicht, den der Ehegatte aus dem erhaltenen Erlös hätte erzielen können. Vielmehr muss sich auch hier die tatsächliche Anlage des Vermögens – unter Berücksichtigung der Umstände des Einzelfalls – als eindeutig unwirtschaftlich darstellen, bevor der, ein neues Eigenheim erwerbende, Ehegatte auf eine andere Anlageform und daraus erzielbare Erträge verwiesen werden kann.[188] Nur dann ist, wie in dem oben geschilderten Fall, davon auszugehen, dass der Wohnbedarf auch mit einer Eigentumswohnung zu einem deutlich geringeren Kaufpreis und ohne Aufnahme eines weiteren Kredits angemessen hätte befriedigt werden können. Bei der Unterhaltsberechnung ist in solchen Fällen nur der fiktive Wohnwert einer entsprechend kleineren – dann aber unbelasteten – Wohnung anzurechnen. Das OLG Koblenz[189] hält es für unwirtschaftlich, wenn ein Barvermögen von rund 36 000 EUR zum Kauf einer Eigentumswohnung verwendet wird, die insgesamt 102 000 EUR kostet. Um entscheiden zu können, ob eine solche Verwendung des vorhandenen Barvermögens zu nicht hinnehmbaren Einkommensverlusten führt, sind allerdings auch alle weiteren Umstände des Einzelfalles zu berücksichtigen, etwa der Umstand, ob auch der andere Ehegatte in Wohneigentum lebt. Eine eindeutig unwirtschaftliche Anlage des Vermögens liegt jedenfalls dann nicht vor, wenn die Wohnung unter Berücksichtigung aller Umstände des Einzelfalles weder zu groß, noch zu teuer ist. Dagegen spricht auch, wenn der Erwerb den Lebensverhältnissen während der Ehe ent-

---

[182] OLG Hamm FamRZ 1999, 917
[183] BGH FamRZ 2009, 23 Rn. 19; 2006, 387 = R 643 f; 2005, 1159 = R 623 d; 2001, 1140, 1143; 2000, 950, 951; 1992, 423 = R 442 c + d
[184] BGH FamRZ 2008, 963 = R 692 d–f; 2007, 879 = R 677; 1998, 87, 89
[185] BGH FamRZ 2009, 1300 = R 705 b
[186] BGH FamRZ 2009, 23 Rn. 19; 1998, 87, 88
[187] BGH FamRZ 2009, 23 Rn. 19; 2006, 387 = R 643 f; 2001, 1140, 1143; 2001, 986, 991; 1998, 87, 92
[188] BGH FamRZ 2009, 23 Rn. 19; 2006, 387 = R 643 f; 2005, 1159 = R 623 d; 2000, 950, 951
[189] OLG Koblenz FamRZ 1997, 371

spricht, weil die Eheleute zuvor in einem ihnen gehörenden Haus gewohnt hatten und auch die Tilgung einer angemessenen Altersvorsorge entspricht.[190] Dem anderen Ehegatten ist diese Verwendung des Geldes dann regelmäßig zuzumuten, insbesondere wenn er auf die Anrechnung von Zinsen aus dem Betrag von 36 000 EUR nicht angewiesen war. Entsprechend hat das OLG Frankfurt[191] den Kauf des Miteigentumsanteils an einer Doppelhaushälfte mit einem aus der Zwangsversteigerung des ehelich genutzten Hauses zugeflossenen Betrag von 118 000 EUR als nicht eindeutig unwirtschaftlich angesehen. Wer aber als alleinstehende Person ein nach den Umständen zu großes und zu teures Haus bewohnt und gleichwohl Unterhalt verlangt, wird sich stets auf eine nutzbringendere Anlage seines Vermögens verweisen lassen müssen.[192]

639 Dabei ist stets auch danach zu fragen, ob die wirtschaftlichen Verhältnisse des Unterhaltspflichtigen es erfordern, dass der Berechtigte aus seinem Vermögen einen bestmöglichen Ertrag erzielt.[193] Bei der Umschichtung von Immobilien in eine Kapitalanlage muss zudem der **Kaufkraftverlust** von Geldvermögen im Verhältnis zu Immobilienwerten mitbedacht werden.[194] Der Grundsatz, dass beim Trennungsunterhalt die Obliegenheit zur Verwertung des Vermögensstammes nicht so weit geht wie beim nachehelichen Unterhalt (vgl. Rn. 614 ff.), gilt auch für die Obliegenheit zur Vermögensumschichtung.[195]

5. Obliegenheit zur Belastung eines vorhandenen Vermögens, zur Kreditaufnahme und zur Einziehung von Forderungen

640 Der Unterhaltsschuldner kann auch verpflichtet sein, sich Mittel für den Unterhalt zu verschaffen, indem er sein Vermögen beleiht (vgl. aber Rn. 626 ff.).[196] Dies kommt insbesondere in Betracht, wenn im Einzelfall eine Pflicht zur Verwertung des Vermögensstammes besteht und eine andere Verwertung des Vermögens zu wirtschaftlichen Bedingungen nicht möglich ist.[197] Muss der einkommenslose Unterhaltspflichtige beim Verwandtenunterhalt im Rahmen seiner Leistungsfähigkeit auch den Vermögensstamm einsetzen (s. Rn. 619 f.; 622 f.), ist ihm jedenfalls die Beleihung einer vom Unterhaltsberechtigten geschenkten Immobilie zumutbar, wenn sogar die Voraussetzungen der Rückgewähr der Schenkung wegen Notlage nach § 528 BGB gegeben sind.[198] Als Sicherheit für einen aufzunehmenden Kredit ist vorhandenes Vermögen dann zu nutzen, wenn die spätere Rückzahlung des Kredits nach Ende der Unterhaltspflicht möglich ist. So kann selbst die Beleihung eines Erbteils in Form der Teilhabe an einer ungeteilten Erbengemeinschaft zumutbar sein.[199] Auch der Unterhaltsberechtigte hat im Rahmen des Zumutbaren alle Möglichkeiten einer Kreditaufnahme durch Beleihung vorhandenen Vermögens auszunutzen, um nicht unterhaltsbedürftig zu werden.[200] Ist der Unterhaltspflichtige bereits so sehr überschuldet, dass die Kreditrückzahlung seine finanziellen Möglichkeiten übersteigt, kann ihm eine weitere Erhöhung der Schulden nicht zugemutet werden.[201] Die Verpflichtung, sich durch Inanspruchnahme eines Kredits eigene Mittel für den Unterhalt zu verschaffen, ist zwar stets begrenzt durch die Möglichkeit, die Zins- und Tilgungszahlungen für das Darlehen aufbringen zu können.[202] Wenn ein vorhandener Vermögensstamm einzusetzen

---

[190] BGH FamRZ 2007, 879 Rn. 18 f.; 2006, 387 = R 643 e
[191] OLG Frankfurt FuR 2001, 371
[192] Vgl. dazu OLG Düsseldorf FamRZ 1996, 1418, 1420
[193] BGH FamRZ 1986, 560
[194] BGH FamRZ 1986, 560, 561; 1986, 439; OLG Karlsruhe FamRZ 2001, 47
[195] BGH FamRZ 1986, 556
[196] BGH FamRZ 1988, 259; 1985, 916; 1982, 678; OLG Bamberg FamRZ 1999, 876
[197] BGH FamRZ 1986, 48 = R 275
[198] OLG München FuR 2000, 350
[199] BGH FamRZ 2006, 935 = R 644; 1980, 43
[200] BGH FamRZ 1988, 259, 263; 1985, 916
[201] BGH FamRZ 2005, 608 = R 627 a; 1982, 678; zur Entschuldung im Wege der Verbraucherinsolvenz vgl. BGH FamRZ 2008, 497 = R 687; 2008, 137 = R 684 b-d; 2005, 608 = R 627 a, b
[202] BGH FamRZ 1966, 28

7. Abschnitt: Einkünfte aus Vermögen § 1

ist, deckt aber auch dieser die Kreditkosten ausreichend ab. Verfügt etwa ein volljähriger Unterhaltsberechtigter über beleihungsfähigen Grundbesitz, der ihm eine Kreditaufnahme nebst Stundung entsprechender Ratenzahlungsverbindlichkeiten ermöglicht, mit dem er seinen Unterhalt bis zum Eintritt ins Erwerbsleben selbst decken kann, fehlt es an der Bedürftigkeit.[203] **Minderjährige Kinder** sind wegen § 1602 II BGB nicht zur Kreditaufnahme verpflichtet (zur gesteigerten Unterhaltspflicht s. aber § 1603 II 3, 2. HS BGB).[204]

Wer in Kenntnis der Unterhaltspflicht oder Bedürftigkeit erhebliche Vermögenswerte verschenkt, verschleiert oder sonst in unverantwortlicher Weise verbraucht und dadurch Einkünfte verliert, ist fiktiv so zu behandeln, als hätte er die Vermögenswerte und die daraus zu erzielenden Erträge noch. Außerdem ist in solchen Fällen eine Verwirkung des Unterhaltsanspruchs zu prüfen (vgl. Rn. 2/601 ff.; 4/1289 ff.). Eigene Forderungen haben der Unterhaltsberechtigte zur Bedarfsdeckung und der Unterhaltspflichtige zur Wahrung seiner Leistungsfähigkeit einzuziehen. Für Unterhaltsansprüche gilt dies allerdings nur insoweit, als damit der eigene Bedarf gedeckt wird (s. Rn. 721).

641

6. Obliegenheit zur Verwertung von Erbanteilen und Pflichtteilsrechten

Den Parteien eines Unterhaltsrechtsstreits können auch Beteiligungen an noch nicht auseinander gesetzten Erbengemeinschaften oder Pflichtteilsrechte nach einem verstorbenen Elternteil zustehen. Dabei handelt es sich häufig um „totes Kapital", das keinen Ertrag abwirft und dadurch einer Berücksichtigung bei der Leistungsfähigkeit oder bei der Bedürftigkeit entzogen ist. Solche Rechte, die zum Vermögensstamm gehören, sind nach ständiger Rechtsprechung allerdings rasch und konsequent zu realisieren. Im Ausnahmefall kann sogar schon die bloße Erwartung eines Erbanfalls die Höhe des Unterhaltsbedarfs nach den ehelichen Lebensverhältnissen (§ 1578 I 1 BGB) beeinflussen, wenn die Ehegatten im Hinblick darauf keine oder nur eine geringe Altersvorsorge betrieben und ihr verfügbares Einkommen vollständig verbraucht haben.[205]

642

Auch ein **Pflichtteilsanspruch** zählt nach der Rechtsprechung des BGH zu den Vermögensbestandteilen, deren Verwertung dem Unterhaltsberechtigten grundsätzlich zumutbar ist. Denn bei solchen Ansprüchen handelt es sich in aller Regel um einen fälligen Zahlungsanspruch, dessen Geltendmachung nicht generell als unwirtschaftlich angesehen werden kann.[206] Lediglich im Einzelfall kann die sofortige Durchsetzung des Pflichtteilsrechts für den Unterhaltspflichtigen nach § 1581 S. 2 BGB unzumutbar sein; solche Zumutbarkeitsgesichtspunkte sind nach § 1577 III BGB auch auf Seiten des Unterhaltsberechtigten zu berücksichtigen.[207]

Die Durchsetzung eines Pflichtteilsrechts kann in folgenden Fällen unzumutbar sein:
- Eine Obliegenheit zur Durchsetzung des Pflichtteilsanspruchs besteht dann nicht, wenn es sich um relativ geringe, **unsichere Beträge** handeln.[208]
- Pflichtteilsansprüche entstehen oft durch den Tod des zuerst versterbenden Elternteils, wenn der überlebende Elternteil Vollerbe wird. Werden in dieser Situation gegen den Vollerben Pflichtteilsansprüche durchgesetzt, besteht die Gefahr einer Enterbung oder des Wegfalls der Einsetzung zum Schlusserben im Wege des **„Berliner Testaments"** (§ 2269 BGB). Diese Gefahr des Wegfalls der späteren Erbenstellung kann der Unterhaltsberechtigte dem Unterhaltspflichtigen aber nicht „ohne weiteres" entgegenhalten. Maßgeblich sind dabei auch alle weiteren Umstände des Einzelfalles, etwa die Höhe des Pflichtteilsanspruches, Umstände und Höhe der Erberwartung sowie die wirtschaftliche Situation des Pflichtteilschuldners und des Unterhaltsschuldners. In der Regel wird dem Unterhaltsberechtigten die Verwertung des Pflichtteilsanspruches zur Behebung seiner Bedürftigkeit nach § 1577 I, III BGB sogar zugemutet werden müssen.[209]

643

---

[203] OLG Bamberg 1999, 876
[204] BGH FamRZ 1985, 916
[205] BGH FamRZ 2006, 387 = R 643 d, e; OLG Hamburg FamRZ 2003, 1108
[206] BGH FamRZ 1993, 1065 = R 461; OLG Oldenburg FamRZ 2005, 718
[207] BGH FamRZ 1993, 1065 = R 461 a + b
[208] OLG Hamm FamRZ 1997, 1537
[209] BGH FamRZ 1993, 1065 = R 461 a + b

§ 1 Die Ermittlung des unterhaltsrechtlich relevanten Einkommens

- Steht dem Unterhaltspflichtigen ein Erbanteil oder Pflichtteilsrecht zu, ist beim **Ehegattenunterhalt** zu prüfen, ob es auch bei intakter Ehe zu einer Verwertung gekommen wäre oder sogar schon gekommen ist, weil eine Berücksichtigung sonst über die ehelichen Lebensverhältnisse nach § 1578 I 1 BGB hinaus ginge.[210] Nur wenn dies der Fall ist und damit eine Anhebung der Lebensverhältnisse während der Ehe verbunden war oder bei fortbestehender Ehe gewesen wäre, dürfen bei einer späteren Unterhaltsberechnung insoweit fiktive Einkünfte herangezogen werden.[211]
- Beim **Kindesunterhalt**, der sich gemäß § 1610 BGB nach der Lebensstellung des Unterhaltsberechtigten richtet, sind ebenfalls Zumutbarkeitsgesichtspunkte zu berücksichtigen. Ein unterhaltsberechtigtes minderjähriges unverheiratetes Kind muss nach § 1602 II BGB allerdings weder einen Erbteil noch einen sonstigen Vermögensstamm für seinen Unterhalt einsetzen. Auf Seiten des Unterhaltspflichtigen ist entscheidend, in welchem Umfang das übrige Vermögen und Einkommen zur Unterhaltsleistung herangezogen werden kann und ob dadurch der Mindestunterhalt nach § 1612 a BGB gesichert ist.[212] Lediglich die gesteigerte Unterhaltspflicht gegenüber minderjährigen Kindern und die Absenkung des dem Unterhaltspflichtigen zu belassenden Selbstbehalts auf den notwendige Selbstbehalt entfallen nach § 1603 II 3 BGB, soweit das Kind seinen Unterhalt durch vorhandenes Vermögen selbst decken kann. Es können aber auch Gesichtspunkte der Pietät gegenüber einem Erben oder Miterben, etwa dem überlebenden Elternteil, entscheidend sein.

7. Höhe der fiktiv zurechenbaren Erträge

644 Fiktiv zuzurechnen ist grundsätzlich der erzielbare Ertrag einer zumutbaren Nutzung oder Verwertung, z. B. die angemessene Verzinsung eines Kapitals in dem Unterhaltszeitraum.

- Bei der Zurechnung fiktiver **Zinsen** kann sich der Tatrichter an den langfristig erzielbaren Renditen öffentlicher Anleihen, etwa der Bundesschatzbriefe, oder, wenn dies günstiger ist, an den Zinssätzen für Festgelder orientieren. Zinsen dürfen nicht sofort ab dem Kapitalzufluss zugerechnet werden, sondern erst nach Ablauf einer Überlegungsfrist über die Art der Anlage.[213] Werden die Erträge erst später ausgezahlt, kann für die Übergangszeit unter Berücksichtigung der Umstände des Einzelfalles der Einsatz des Vermögensstammes oder eine Überbrückung durch Kredit zumutbar sein.
- Bei leer stehenden **Wohnungen**, deren Vermietung möglich und zumutbar ist, ist von dem angemessenen ortsüblichen Mietzins auszugehen (zum Wohnvorteil beim Wohnen im eigenen Haus s. Rn. 473 ff.).
- Bei der fiktiven Zurechnung des Wertes eines Vermögensstammes ist auf den Verkehrswert abzustellen.

645 Bei fiktiven Vermögenseinkünften aus Kapital oder Vermietung ist die anfallende **Steuerlast** unter Berücksichtigung steuerlicher Abzugsmöglichkeiten anhand von Computerprogrammen zu ermitteln oder nach § 287 ZPO zu schätzen und vom fiktiven Ertrag abzuziehen. Bei den Einkünften aus Kapital sind nach § 20 IX EStG die Werbungskosten und der Sparerfreibetrag (801 EUR bei Ledigen, 1602 EUR bei Verheirateten) zu berücksichtigen. Der sich daraus ergebende Ertrag darf nicht zum Ausgleich eines inflationsbedingten Kaufkraftschwundes gemindert werden.[214]

---

[210] BGH FamRZ 2006, 387 = R 643 d, e (zur Erberwartung); 1982, 996; OLG Hamm FamRZ 1998, 620

[211] BGH FamRZ 2006, 387 = R 643 d, e; 1988, 1145; 1982, 996 (für einen Pflichtteil), OLG München FamRZ 1993, 62 (für einen Erbteil); OLG Karlsruhe – 2 UF 282/01 BeckRS 2001, 30211589 (für ein vorweggenommenes Erbrecht)

[212] OLG Köln FamRZ 2006, 809

[213] BGH FamRZ 1986, 441, 443

[214] BGH FamRZ 1986, 441; 1992, 423

8. Abschnitt: Einkünfte aus Pensionen, Renten und ähnlichen wiederkehrenden Bezügen Nichterwerbstätiger

1. Allgemeines

Laufende Einkünfte aus Pensionen und Renten aller Art nebst Zuschlägen und Zulagen (s. Rn. 649 ff.) sind unterhaltsrechtlich wie Erwerbseinkommen zu berücksichtigen.[1] Das gilt auch für andere Bezüge, Vorteile und Zulagen, die wegen Erreichens der Altersgrenze, teilweiser oder voller Erwerbsminderung[2] oder für Witwen und Waisen[3] gewährt werden. Gleiches gilt für Leibrenten und sonstige private Rentenzahlungen aus Anlass von Vermögensübertragungen, für private Versorgungsrenten und Schadensrenten aus Versicherungsverträgen, für betriebliche Renten und andere wiederkehrende Leistungen wie Altenleistungen in der Landwirtschaft u. ä. Bei diesen Einkommensersatzleistungen gibt es **keine berufsbedingten Aufwendungen** (Werbungskosten) und deshalb auch keinen entsprechenden pauschalen oder konkreten Abzug.[4] Dafür kann ein nachgewiesener konkreter Mehrbedarf abgezogen werden (Rn. 652 ff., 1064 ff.). Ein **Erwerbstätigenbonus** ist von Renteneinkünften bei der Bemessung des Ehegattenunterhalts regelmäßig ebenfalls nicht abzusetzen.[5] In Ausnahmefällen können allerdings beim Bezug einer Erwerbsunfähigkeitsrente besondere Gründe wie etwa krankheitsbedingte Nachteile dafür sprechen, auch dem Rentenempfänger einen entsprechenden Bonus zu gewähren.[6] Ab Erreichen der allgemeinen Altersgrenze können Vorsorgeaufwendungen für das Alter grundsätzlich nicht mehr berücksichtigt werden. Denn regelmäßig ist mit dem Eintritt in das Rentenalter der Lebensabschnitt erreicht, für den mit Rücksicht auf die sinkenden Einkünfte Vorsorge getroffen worden ist. Anderes gilt nur dann, wenn die betroffene Person vorzeitig in Ruhestand geht und deswegen keine weitere primäre Altersvorsorge aufbauen kann. Dann darf sie bis zur Erreichung der gesetzlichen Altersgrenze eine weitere zusätzliche Altersvorsorge im unterhaltsrechtlich zulässigen Rahmen aufbauen.[7]

Beim Ehegattenunterhalt treten die Renteneinkünfte an die Stelle der früheren Erwerbseinkünfte und sind deswegen im Wege der **Differenzmethode** zu berücksichtigen, und zwar unabhängig davon, ob sie (teilweise) auf eigenen vorehelich erworbenen Rentenanrechten, auf dem infolge der Scheidung durchgeführten Versorgungsausgleich oder auf nachehelich erworbenen Rentenanrechten beruhen.[8] Entgegen der früheren Auffassung des BGH gilt dies auch für Anwartschaften, die mit Mitteln des Altersvorsorgeunterhalts erworben sind.[9] Denn sonst würde der unterhaltsberechtigte Ehegatte mit dem Altersvorsorgeunterhalt und der damit verbundenen Kürzung des Elementarunterhalts anrechenbare Versorgungsanwartschaften erwerben, die im Wege der Anrechnungsmethode nur den Unterhaltspflichtigen entlasten würden. Richtig ist es deswegen, auch den Altersvorsorgeunterhalt als Fortentwicklung der Lebensverhältnisse während der Ehe anzusehen und die daraus begründeten Anwartschaften im Wege der Differenzmethode zu berücksichtigen.

---

[1] BGH FamRZ 2011, 454 = R 721; 2003, 848, 851 = R 588 a, e; 2005, 1479 = R 636 a und OLGR Saarbrücken 1998, 446 (zu den ehelichen Lebensverhältnissen bei durchgeführtem Versorgungsausgleich)
[2] BGH FamRZ 2010, 1057 Rn. 16; 2010, 869 Rn. 42; 2009, 406 Rn. 34; OLG Köln FamRZ 2001, 1524
[3] BGH FamRZ 2009, 762 Rn. 55; 2006, 1597 = R 659 b
[4] BGH FamRZ 2009, 762 Rn. 39 ff.; 2009, 307 = R 699 a (zum Krankengeld); 1983, 150; FamRZ 1982, 579, 581
[5] BGH FamRZ 2010, 1050 Rn. 49; 1982, 894; OLG Hamm FamRZ 1998, 295
[6] BGH FamRZ 1990, 981 = R 416
[7] BGH FamRZ 2010, 1535 Rn. 26
[8] BGH FamRZ 2005, 1479 = R 636 a; 2002, 88, 91 = R 569 a; vgl. aber BGH FamRZ 2006, 317 (zu außergewöhnlichen nachehelichen Rentenentwicklungen) und 2003, 848 = R 588 a (zu vorehelich erworbenen Rentenanwartschaften)
[9] BGH FamRZ 2005, 1479, 1480 = R 636 a; a. A. noch BGH FamRZ 2002, 88, 91

§ 1 Die Ermittlung des unterhaltsrechtlich relevanten Einkommens

648 Renten mit Lohnersatzfunktion sind stets als Einkommen bei der Unterhaltsberechnung zu berücksichtigen.[10] Wird eine Rente allerdings wegen eines Körper- oder Gesundheitsschadens gezahlt, will die Rente regelmäßig auch die dadurch entstandenen Mehrkosten ausgleichen. Die dafür notwendigen Beträge sind dem Verletzten deswegen vorweg zu belassen.[11] § 1610 a BGB, der zum 23. Januar 1991 in Kraft getreten ist, stellt insoweit für den Verwandtenunterhalt eine gesetzliche Vermutung auf, wonach die Sozialleistungen regelmäßig nicht höher sind, als die Aufwendungen infolge eines Körper- oder Gesundheitsschadens. Für den Trennungsunterhalt verweist § 1361 I 1 2. HS BGB, für den nachehelichen Unterhalt § 1578 a BGB auf diese Vorschrift. Mit der gesetzliche Vermutung nimmt § 1610 a BGB einem körper- oder gesundheitsbeschädigten Unterhaltsberechtigten oder Unterhaltspflichtigen die Darlegungs- und Beweislast für einen konkreten schadensbedingten Mehrbedarf, und zwar sowohl hinsichtlich des Schadensgrundes als auch hinsichtlich der Höhe der Sozialleistung. Nunmehr obliegt es dem Unterhaltsgegner darzulegen und zu beweisen, dass die Sozialleistung nicht zum Schadensausgleich geleistet wird oder dass sie den tatsächlichen schadensbedingten Mehraufwand übersteigt. Die Vorschrift erfasst aber nur solche Sozialleistungen für Körper- und Gesundheitsbeschädigte, die allein oder neben einem ideellen Ausgleich den Ausgleich schädigungsbedingter Mehraufwendungen bezwecken, also keine Einkommensersatzfunktion haben (s. Rn. 654 ff.). Hat eine Rente daneben auch Einkommensersatzfunktion, gilt die Vermutung des § 1610 a BGB hingegen nicht, sodass die Höhe der unfallbedingten Mehraufwendungen dann vom Verletzten dargelegt und bewiesen werden muss (s. Rn. 652 f.).

2. Arten von Versorgungsbezügen und Renten nebst Zulagen und Zuschlägen

649
- **Pensionen,**[12] Familienzuschlag (vgl. insoweit Rn. 75)[13] und kinderbezogene Bestandteile der Bezüge eines Beamten oder Ruhestandsbeamten.[14]
- **Renten** einschließlich Zusatzrenten[15] und Kinderzuschuss zu Renten (§§ 35 ff., 270 SGB VI),[16] ggf. abzüglich eines Betrages in Höhe des fiktiven Kindergeldes (§ 1612 b, c BGB). Soweit der Zuschuss neben dem Kindergeld geleistet wird, dient er der Deckung der Bedürfnisse des Rentenempfängers und nicht – wie das Kindergeld – ausschließlich der Erleichterung der Unterhaltslast aller Unterhaltspflichtigen gegenüber Kindern.[17]
- Rente wegen teilweiser oder voller **Erwerbsminderung** (§ 43 SGB VI; zur Grundsicherung bei Erwerbsminderung s. Rn. 703 ff.)[18] oder Rente für Bergleute (§ 45 SGB VI) einschließlich eines Übergangsgeldes neben dem Krankengeld.[19]
- Grundrente nach § 31 BVG. Diese gilt als Teil der Kriegsopferversorgung nach der Zielsetzung des Bundesversorgungsgesetzes zwar als Entschädigung für den Verlust der körperlichen Integrität und als Ausgleich für Mehraufwendungen infolge der Schädigung. Sie steht dem Beschädigten aber auch zur Deckung seines tatsächlichen Lebensbedarfs zur Verfügung, und zwar je nach den Verhältnissen des Einzelfalls teilweise des schädigungsbedingt besonderen als auch des allgemeinen Bedarfs. Deshalb ist die Rente grundsätzlich als Einkommen zu behandeln, soweit sie nicht durch den tatsächlichen Mehrbedarf

---

[10] BGH FamRZ 1994, 21 = R 466 b
[11] Vgl. z. B. BGH FamRZ 1982, 252
[12] BGH FamRZ 2004, 254 (zur Erwerbsobliegenheit bei frühzeitiger Pensionierung)
[13] BGH FamRZ 2010, 869 Rn. 25, 32; 2008, 1911 Rn. 52 ff.; 2007, 793, 797 f. = R 674 h, i; vgl. auch OLGR Saarbrücken 1998, 446
[14] BGH FamRZ 2007, 882 = R 675 e; 1989, 172
[15] BGH FamRZ 2011, 454 = R 721 a; Zur sog. Riester-Rente vgl. Strohal FamRZ 2002, 277
[16] BGH FamRZ 20
[17] BGH FamRZ 2010, 1318 Rn. 28 f.; 2009, 1477 Rn. 22 f.; 2009, 1300 = R 705 c; 2005, 347 = R 622; 1997, 806, 809; 1981, 28; 1980, 1112
[18] BGH FamRZ 2010, 1057 Rn. 16; 2010, 869 Rn. 42; 2009, 406 Rn. 34; OLG Jena FamRZ 2006, 1299 (zur Zuverdienstmöglichkeit); OLG Hamm FamRZ 2004, 1807 (zur Grundsicherung wegen Erwerbslosigkeit)
[19] OLG Brandenburg OLGR 2009, 427 Rn. 53

8. Abschnitt: Einkünfte aus Pensionen, Renten und ähnlichen Bezügen § 1

aufgezehrt wird.[20] Trotz der Doppelfunktion geht die Rechtsprechung bei dieser Grundrente von der Vermutung des § 1610a BGB aus, wonach die Aufwendungen infolge eines Körper- oder Gesundheitsschadens nicht geringer sind, als die Höhe der Leistungen[21] (s. aber Rn. 652 f., 654 ff.).
- Schwerstbeschädigten- und Pflegezulage nach §§ 31 und 35 BVG. Sie wird, wie die Grundrente, als pauschaler Ausgleich für die Beeinträchtigung der körperlichen Unversehrtheit und für Mehraufwendungen gewährt.[22] Allerdings wird die Vermutung des § 1610a BGB bei diesen Einkünften kaum widerlegbar sein, sodass regelmäßig davon auszugehen ist, dass sie durch den tatsächlichen Mehrbedarf aufgezehrt werden.
- Die Ausgleichsrente, die Schwerbeschädigte nach § 32 BVG erhalten, wenn sie infolge ihres Gesundheitszustands, hohen Alters oder aus einem von ihnen nicht zu vertretenden sonstigen Grund eine ihnen zumutbare Erwerbstätigkeit nicht, nur in beschränktem Umfang oder nur mit überdurchschnittlichem Kräfteaufwand ausüben können, hat Einkommensersatzfunktion und ist deswegen grundsätzlich bei der Unterhaltsbemessung zu berücksichtigen.[23] Allerdings ist auch hier ein tatsächlicher Mehrbedarf wegen der Schwerbeschädigung abzusetzen.
- Bei einer **Leibrente**, die als Gegenleistung für eine Vermögensveräußerung vereinbart ist, wurde das Kapital dem Vermögensstamm entzogen und in ein Rentenstammrecht umgewandelt, aus dem die einzelnen Rentenleistungen als wiederkehrende Leistungen fließen.[24] Damit sind auch diese Rentenleistungen von vornherein nicht als Vermögensstamm i. S. v. § 1581 S 2 BGB anzusehen (vgl. Rn. 617). In der laufenden Leibrentenzahlungen ist zwar wirtschaftlich gesehen neben der Zinsleistung auch ein Tilgungsanteil enthalten. Unterhaltsrechtlich beinhaltet das aber keine Verwertung des Vermögensstammes und steht deswegen einer Berücksichtigung der gesamten Leibrente nicht entgegen. Eine Verwertung des Vermögensstammes würde nur dann vorliegen, wenn das Rentenstammrecht selbst – etwa durch eine Rekapitalisierung – angegriffen würde.[25]

650

- Eine Berufsschadensausgleichsrente nach § 30 III BVG hat Einkommensersatzfunktion und ist deswegen als unterhaltsrelevantes Einkommen zu berücksichtigen.[26] Die gesetzliche Vermutung des § 1610a BGB, wonach die Aufwendungen infolge eines Körper- oder Gesundheitsschadens nicht geringer sind, als die Höhe der Leistungen, gilt wegen der Einkommensersatzfunktion nicht für diesen Rentenanteil.[27]
- Auch der Ehegattenzuschlag nach § 33a BVG ist unterhaltsrechtlich relevantes Einkommen, denn er soll die Erfüllung einer Unterhaltspflicht erleichtern.[28]
- Die Kleiderzulage nach § 15 BVG deckt einen erhöhten Bedarf und befriedigt, wie die Grundrente, allgemeine Unterhaltsbedürfnisse. Sie ist deswegen grundsätzlich als Einkommen zu berücksichtigen.[29] Allerdings gilt auch für sie die Vermutung des § 1610a BGB, wonach die Leistungen regelmäßig durch einen erhöhten Bedarf aufgebraucht werden.[30]
- Die Verletztenrente aus der gesetzlichen Unfallversicherung nach §§ 7 ff., 26 ff. SGB VII hat auch Einkommensersatzfunktion und ist deswegen unterhaltsrechtlich grundsätzlich als Einkommen zu behandeln.[31] Weil die Rente daneben unfallbedingte Mehraufwendungen ausgleichen will, sind die dafür notwendigen Beträge dem Verletzten vorweg zu

---

[20] BGH FamRZ 1983, 674; 1982, 579; 1982, 252; 1981, 1165
[21] OLGR München 1994, 126; OLG Nürnberg EzFamR aktuell 1993, 71; OLG Hamm FamRZ 1992, 186 (beschränkt auf die Grundrente) und 1991, 1199
[22] BGH FamRZ 1983, 674; 1982, 579; 1982, 252; 1981, 1165
[23] BGH FamRZ 1983, 674; 1982, 252
[24] Vgl. BGH FamRZ 2009, 198
[25] BGH FamRZ 1994, 228 = R 471 c; OLGR München 1992, 122; OLG Köln FamRZ 1983, 643
[26] BGH FamRZ 1983, 674; OLG Bamberg FamRZ 1981, 266
[27] OLG Hamm FamRZ 1992, 186
[28] BGH FamRZ 1982, 252; vgl. aber BGH FamRZ 2005, 1817 = R 632
[29] BGH FamRZ 1983, 674; 1982, 579
[30] OLG Hamm FamRZ 1991, 1199
[31] BGH FamRZ 1983, 674; OLG Koblenz FamRZ 2003, 1106; OLG Hamm FamRZ 2001, 441 (Rente für Bergleute)

belassen.³² Insoweit gilt wegen der Einkommensersatzfunktion die Vermutung des § 1610 a BGB jedoch nicht, sodass die Höhe der unfallbedingten Mehraufwendungen vom Verletzten dargelegt und bewiesen werden muss.
- Auch Renten nach dem Bundesentschädigungsgesetz (BEG) wegen Schadens an Körper und Gesundheit (§§ 28 ff. BEG) und wegen Schadens im beruflichen Fortkommen (§§ 64 ff. BEG) sind als unterhaltsrelevantes Einkommen zu berücksichtigen, weil sie Einkommensersatzfunktion haben.³³ Auch insoweit sind schadensbedingte Mehraufwendungen vom Verletzten darzulegen und zu beweisen und werden nicht nach § 1610 a BGB vermutet.

651
- **Waisenrenten**³⁴ und Halbwaisenrenten (§ 48 SGB VI; vgl. auch § 46 BVG)³⁵ sind als eigenes Einkommen des Kindes auf dessen Unterhaltsbedarf anzurechnen. Wegen der aus § 1606 II 2 BGB folgenden Gleichwertigkeit ist die an minderjährige Kinder gezahlte (Halb-)Waisenrente hälftig auf den Betreuungs- und den Barunterhalt anzurechnen.³⁶ Bei volljährigen Kindern ist sie in voller Höhe auf den Barunterhalt anzurechnen. Damit kommen sie mehreren Unterhaltspflichtigen im Verhältnis ihrer Haftungsanteile für Bar- und Betreuungsunterhalt zugute, weil sich der Unterhaltsbedarf um den Rentenbetrag mindert und die Haftung nur für den Restbetrag bestehen bleibt.³⁷ Einem allein unterhaltspflichtigen überlebenden Elternteil kommt die Halbwaisenrente stets in voller Höhe zugute.³⁸ Wird eine Halbwaisenrente nach dem Tod des Stiefvaters gewährt, kommt die dadurch eintretende Entlastung wie sonstiges Kindesvermögen mehreren Unterhaltspflichtigen im Verhältnis ihrer Haftungsanteile zugute.
- Das Blindengeld ist ebenfalls grundsätzlich unterhaltsrelevantes Einkommen.³⁹ Weil mit dieser Sozialleistung allerdings neben einem ideellen Ausgleich nur der Ausgleich schädigungsbedingter Mehraufwendungen bezweckt ist, gilt insoweit die Vermutung des § 1610 a BGB, wonach die Sozialleistung regelmäßig durch die erhöhten Aufwendungen aufgebraucht wird.⁴⁰ Auch ein aus dem Blindengeld angesparter Vermögensstamm muss unterhaltsrechtlich nicht eingesetzt werden.⁴¹
- Witwenrente nach § 46 SGB VI⁴² und Erziehungsrente nach § 47 SGB VI⁴³ sind ebenfalls als unterhaltsrelevantes Einkommen zu berücksichtigen (zur wieder aufgelebten Witwenrente s. Rn. 729).
- Zu Lebensversicherungen s. Rn. 629 ff.

3. Berücksichtigung von konkretem Mehrbedarf und Mehraufwand

652   a) **Die allgemeine Regelung.** Ein Teil der hier behandelten Einkünfte wird jedenfalls auch wegen **körperlicher Behinderungen** und der dadurch bedingten zusätzlichen Aufwendungen gewährt. Nach der Rechtsprechung des BGH ist ein solcher Mehrbedarf grundsätzlich nur in dem Umfang zu berücksichtigen, in dem er tatsächlich entsteht. Der Betroffene muss den konkreten Mehrbedarf deswegen (vorbehaltlich Rn. 654 ff.) substantiiert darlegen. Der Tatrichter muss bei der Feststellung des Mehrbedarfs in jedem Einzelfall die von dem Betroffenen vorgetragenen besonderen Bedürfnissen berücksichtigen. Den

---

32 BGH FamRZ 1982, 252
33 BGH FamRZ 1983, 674
34 BGH FamRZ 1980, 1109, 1111; OLG Frankfurt FamRZ 1989, 279
35 BGH FamRZ 2009, 762 Rn. 55; 2006, 1597 = R 659 b
36 BGH FamRZ 2009, 762 Rn. 55; 1980, 1109, 1111
37 BGH FamRZ 2006, 1597, 1599 = R 659 b; BGHZ 44, 312, 316 f. = FamRZ 1966, 97; BVerfGE 25, 167, 194
38 BGH FamRZ 2006, 1597, 1599 = R 659 b
39 OLG Hamm FamRZ 1990, 405; OLG Nürnberg FamRZ 1981, 964; vgl. auch Ziff. 2.7 der Leitlinien der Oberlandesgerichte
40 OLG Zweibrücken NJW-RR 2010, 514; OLG Hamm FamRZ 2003, 1771; OLG Schleswig FamRZ 1992, 471
41 Vgl. BSG FEVS 59, 441
42 OLG Düsseldorf FamRZ 2007, 835 Rn. 21 f.
43 BGH FamRZ 2010, 444 Rn. 20, 31

8. Abschnitt: Einkünfte aus Pensionen, Renten und ähnlichen Bezügen § 1

Aufwand, der mit bestimmten vermehrten Bedürfnissen eines Geschädigten üblicherweise verbunden ist, darf er allerdings nach § 287 ZPO schätzen (vgl. Rn. 6/750), wobei auch der ideelle Zweck einer Rente in billiger Weise berücksichtigt werden kann. Je nach den Umständen des Einzelfalls kann eine großzügigere Beurteilung geboten sein, wenn und soweit es dem Geschädigten nicht zumutbar ist, seine Mehraufwendungen in allen Einzelheiten spezifiziert darzulegen.[44] Unentgeltlich erbrachte Pflege- und Hilfeleistungen naher Verwandter wirken sich unterhaltsrechtlich nicht bedarfsmindernd aus. Denn bei diesen Leistungen handelt es sich um freiwillige Leistungen Dritter, die dem Unterhaltsschuldner nur dann zugute kommt, wenn der Dritte auch ihn mit seiner Pflegeleistung unterhaltsrechtlich entlasten will.[45] Der für Pflegeleistungen erforderliche Einsatz des Dritten ist regelmäßig als Ausgleich des tatsächlichen Mehrbedarfs anzusehen und auf die Rente anzurechnen.[46]

Ist im konkreten Einzelfall wegen der Art der Verletzung eine genaue Trennung zwischen allgemeinem Lebensbedarf und schadensbedingtem Mehrbedarf nur schwer möglich, kann der Aufwand einheitlich bemessen werden, indem z. B. die Kosten einer Heimunterbringung um einen angemessenen Zuschlag erhöht werden.[47] Ist der Geschädigte, etwa weil er beiderseits oberschenkelamputiert ist, auf die Benutzung eines Pkw angewiesen, sind seine Aufwendungen für die Anschaffung, Umrüstung und Benutzung des Pkw sowie für eine Pflegekraft und eine Haushaltshilfe als schädigungsbedingter Mehrbedarf zu berücksichtigen.[48] Zuschüsse Dritter, auf die ein Rechtsanspruch besteht, sind wiederum auf den Mehrbedarf anzurechnen.[49] Der Mehraufwand wird in der Weise berücksichtigt, dass er in der festgestellten Höhe von der Rente abgezogen wird, weil sie insoweit verbraucht wird. Ein solcher Abzug unterbleibt allerdings, wenn ein Mehrbedarf nicht konkret geltend gemacht wird und die Voraussetzungen des § 1610 a BGB nicht vorliegen oder wenn ein Mehrbedarf nicht vorhanden ist.[50] Auch wenn eine objektiv erforderliche Hilfskraft nicht beschäftigt wird, können die dafür notwendigen Kosten ausnahmsweise berücksichtigt werden, soweit der Behinderte stattdessen „in einer schlicht unzumutbaren häuslichen Situation dahinlebt".[51] Ausnahmsweise kann der ideelle Charakter einer Rentenleistung es rechtfertigen, dem Unterhaltspflichtigen den Rentenbetrag auch insoweit zur alleinigen Verfügung zu belassen, als die staatliche Sozialleistung von ihm nicht dazu benötigt wird, die materiellen Mehraufwendungen abzudecken.[52]

b) Die Sonderregelung der §§ 1610 a, 1578 a, 1361 I 1 HS 2 BGB. Durch die 653 654
Neuregelung der §§ 1610 a, 1578 a, 1361 I 1 HS 2 BGB zum 23. Januar 1991 wurde die **Darlegungs- und Beweislast** für bestimmte Sozialleistungen geändert.[53] Im Geltungsbereich dieser Vorschriften wird gesetzlich vermutet, dass ein Behinderter die wegen der Behinderung empfangenen Sozialleistungen auch tatsächlich für den mit der Behinderung einhergehenden Mehraufwand benötigt.[54] Diese Regelung gilt für den **Unterhaltsberechtigten** ebenso wie für den **Unterhaltspflichtigen**. Es macht auch keinen Unterschied, ob es um Kindesunterhalt, Trennungsunterhalt, nachehelichen Unterhalt oder sonstigen Verwandtenunterhalt geht. Dadurch wird neben einer Vereinfachung des Unterhaltsverfahrens auch eine Besserstellung des Behinderten erreicht, zumal er keinen Verwendungsnachweis mehr führen muss. Wenn der Gegner den vollständigen Verbrauch dieser Rentenleistungen für den Körper- oder Gesundheitsschaden bezweifelt, muss er dies substantiiert vortragen und ggf. beweisen.[55] Da dies kaum gelingen wird, kann als Grundregel festgehalten werden,

---

[44] BGH FamRZ 1982, 898; 1981, 1165; 1981, 338
[45] BGH FamRZ 2005, 967, 969 = R 629 b
[46] OLG Hamm FamRZ 1990, 405 (zum staatlichen Blindengeld)
[47] BGH FamRZ 1981, 1165
[48] BGH FamRZ 1982, 579; OLGR München 1994, 126
[49] BGH FamRZ 1982, 579
[50] BGH FamRZ 1982, 579
[51] OLG Karlsruhe FamRZ 1998, 479
[52] OLG Karlsruhe FamRZ 1990, 1240 (zum staatlichen Blindengeld)
[53] OLG Bamberg FamRZ 1992, 185; OLG Hamm FamRZ 1991, 1199
[54] BGH NJW 2011, 1284
[55] OLG Schleswig FamRZ 2000, 1367; OLG Hamm FamRZ 1991, 1199

§ 1   Die Ermittlung des unterhaltsrechtlich relevanten Einkommens

dass Sozialleistungen, die von § 1610 a BGB erfasst werden, unterhaltsrechtlich in der Regel nicht relevant sind.

655   Die Vermutung des vollständigen Verbrauchs der Rentenleistung für einen schadensursächlich erhöhten Bedarf gilt nach dem gesetzlichen Wortlaut aber nur für diejenigen Sozialleistungen, die ihren Leistungsgrund in **Körper- und Gesundheitsschäden** haben. Davon sind jedenfalls alle Sozialleistungen im Sinn von § 5 SGB I erfasst. Privilegiert sind aber auch Körper- und Gesundheitsbeschädigte, denen andere Sozialleistungen zufließen, die allein oder neben einem ideellen Ausgleich den Ausgleich schädigungsbedingter Mehraufwendungen bezwecken und keine Einkommensersatzfunktion haben. Hat eine Rente daneben auch Einkommensersatzfunktion, gilt die Vermutung des § 1610 a BGB hingegen nicht. In solche Fällen muss die Höhe der unfallbedingten Mehraufwendungen auch weiterhin vom Verletzten dargelegt und bewiesen werden (vgl. Rn. 105 ff.: Renten wegen teilweiser oder voller Erwerbsminderung,[56] Krankengeld, Unfallrente[57] u. ä. und Rn. 649 f.: Ausgleichsrenten nach §§ 30 III und 32 BVG, Ehegattenzuschlag nach § 33 a BVG).[58]

656   Unter die Regelung der §§ 1610 a, 1578 a, 1361 I HS 2 BGB fallen (s. auch Rn. 649 f.) Sozialleistungen wie
– Leistungen an den Pflegebedürftigen aus der Pflegeversicherung (zur Pflegeperson s. Rn. 689 ff.),[59]
– Blindengeld, das nach landesrechtlichen Vorschriften gewährt wird,[60]
– orthopädische Hilfsmittel nach § 13 BVG,[61]
– Führungshundezulage für Blinde nach § 14 BVG,[62]
– Kleider- und Wäschezuschuss nach 15 BVG,[63]
– Kosten von Krankenbehandlung und Badekuren nach § 18 BVG,[64]
– Grundrente nach § 31 I BVG,[65]
– Schwerstbeschädigtenzulage nach § 31 V BVG,[66]
– Pflegezulagen nach § 35 BVG,[67]
– Leistungen nach § 80 Soldatenversorgungsgesetz (SVG),[68] nach §§ 47, 47 a und 50 Zivildienstgesetz (ZDG), nach § 52 Bundesgrenzschutzgesetz (BGSG), nach § 1 Opferentschädigungsgesetz (OEG), nach §§ 28, 31 BEG[69] und ähnlichen Rechtsvorschriften.

657   Werden Leistungen nach diesen oder ähnlichen Vorschriften gewährt, hat der Gegner, **darzulegen und zu beweisen,** dass die Sozialleistungen den behinderungsbedingten Mehrbedarf übersteigen. Der Vortrag, dass während des Zusammenlebens ein Teil der Sozialleistungen dem allgemeinen Konsum zugeführt wurde, reicht dafür nicht aus. Denn durch die Trennung und den damit verbundenen Ausfall der Betreuungsleistungen des Partners entstehen in der Regel erhebliche zusätzliche Aufwendungen für Hilfspersonen. Die gesetzliche Vermutung kann daher nur durch den Nachweis entkräftet werden, dass in dem Zeitraum, für den Unterhalt beansprucht wird, mit den Sozialleistungen entweder der

---

[56] OLG Köln FamRZ 2001, 1524
[57] OLG Hamm FamRZ 2001, 441 (Rente für Bergleute); OLG Schleswig FamRZ 1993, 712
[58] BGH FamRZ 1994, 21 = R 466b; für eine differenzierende Betrachtungsweise bei der Unfallrente sprechen sich Brudermüller/Klattenhoff in FuR 1993, 333 aus
[59] OLG Koblenz FamRZ 2005, 1482; OLG Hamm FamRZ 2003, 1771 und 1994, 1193; OLG Zweibrücken – 6 WF 81/00 BeckRS 2000, 301 17777; OLGR München 1995, 263; OLG Stuttgart FamRZ 1994, 1407
[60] OLG Zweibrücken NJW-RR 2010, 514; OLG Brandenburg ZFE 2008, 191; OLG Hamm FamRZ 2003, 1771; OLG Schleswig FamRZ 1992, 471
[61] Vgl. BSG Behindertenrecht 2005, 138
[62] Vgl. BSG FEVS 55, 437
[63] BGH FamRZ 1983, 674; 1982, 579; OLG Hamm FamRZ 1991, 1199
[64] Vgl. BSGE 92, 19
[65] BGH FamRZ 1982, 579; OLGR München 1994, 126; OLG Nürnberg EzFamR aktuell 1993, 71; OLG Hamm FamRZ 1992, 186 (nicht für Berufsschadensausgleichsrente nach § 30 BVG)
[66] BGH FamRZ 1982, 579
[67] OLGR München 1994, 126
[68] Vgl. BGH VersR 2005, 1004
[69] BGH FamRZ 1983, 674

8. Abschnitt: Einkünfte aus Pensionen, Renten und ähnlichen Bezügen § 1

allgemeine Konsum finanziert oder eine Vermögensbildung betrieben wird.[70] Dieser Nachweis wird je nach Zweck der bewilligten Sozialleistung nur schwer zu führen sein.[71] Geschieht die Pflege kostenlos durch einen Dritten, gelten die für unentgeltliche Zuwendungen Dritter entwickelten Grundsätze (s. Rn. 708 f.).

4. Berücksichtigung von Nebeneinkünften

Nebeneinkünfte von Rentnern und Pensionären sind wie Einkünfte aus **unzumutbarer Tätigkeit** zu behandeln (s. Rn. 96 ff. und 800 ff.).[72] Nach dem Erreichen der Regelaltersgrenze (z. Zt. des 65. Lebensjahres; vgl. aber §§ 35, 235 SGB VI) entfällt nach den sozialen Gepflogenheiten im Regelfall eine Verpflichtung zu weiterer Erwerbstätigkeit. Kein Ehegatte kann von dem anderen verlangen, dass er nach Erreichen des Ruhestandsalters weiterarbeitet. Eine darüber hinaus andauernde Erwerbstätigkeit kann allenfalls in außergewöhnlichen Einzelfällen aus besonderen Gründen geboten sein. Erzielt der gegenüber einem minderjährigen Kind gesteigert Unterhaltspflichtige (§ 1603 II BGB) eine Erwerbsunfähigkeitsrente wegen eingeschränkter Erwerbsfähigkeit, kann er im Mangelfall ausnahmsweise verpflichtet sein, weiterhin eine leichte Nebentätigkeit auszuüben.[73] Nur in solchen Ausnahmefällen, in denen noch eine (teilweise) Erwerbspflicht besteht, ist die Erwerbstätigkeit nicht überobligatorisch und das daraus erzielte Einkommen in voller Höhe zu berücksichtigen. Regelmäßig kann eine über die Regelaltersgrenze hinaus fortgeführte Berufstätigkeit jedoch jederzeit aufgegeben werden.

658

Einkünfte, die ohne fortdauernde Erwerbspflicht nach Vollendung der Regelaltersgrenze aus Erwerbstätigkeit erzielt werden, stammen aus unzumutbarer Tätigkeit. Ob und in welchem Umfang ein solches **überobligatorisch** erzieltes Einkommen bei der Unterhaltsberechnung zu berücksichtigen ist, lässt sich nach der Rechtsprechung des BGH nicht pauschal beantworten, sondern ist stets von den besonderen Umständen des Einzelfalles abhängig.[74] Dabei kann die freiwillige Ausübung einer Berufstätigkeit ein maßgebendes Indiz für eine Vereinbarkeit der Arbeit mit der persönlichen Situation sein. Dies kann etwa bei Freiberuflern der Fall sein, die auch bei fortgesetzter Ehe nach Erreichen des 65. Lebensjahres weitergearbeitet hätten. Ein überobligatorisch erzieltes Einkommen ist bei der Unterhaltsbemessung deswegen nicht von vornherein völlig unberücksichtigt zu lassen. Über die Anrechnung ist vielmehr nach Treu und Glauben unter Berücksichtigung der Umstände des Einzelfalles zu entscheiden. Dabei ist nicht zu beanstanden, wenn zunächst die Kosten für einen besonderen Aufwand von dem Einkommen abgesetzt werden, der berufsbedingt wegen des Alters oder wegen der teilweisen Erwerbsunfähigkeit zusätzlich entsteht. In welchem Umfang ein überobligatorisch erzieltes Einkommen nach diesen Grundsätzen unberücksichtigt bleibt, ist dann grundsätzlich einer tatrichterlichen Entscheidung vorbehalten, die sich allerdings nicht auf feste Prozentsätze stützen darf, sondern stets die besonderen Umstände des Einzelfalles berücksichtigen muss.[75] Unter besonderen Umständen können die Einkünfte aus der Nebentätigkeit sogar bis zur Differenz aus dem Vollzeiteinkommen und der Rente angerechnet werden, z. B. wenn ein vorzeitig pensionierter Beamter in zumutbarer Weise Einkünfte neben seiner Pension erzielt.[76] Beim Ehegattenunterhalt ist der sog. unterhaltsrelevante Teil der überobligatorisch erzielten Einkünfte im Wege der Additions- bzw. Differenzmethode in die Unterhaltsberechnung einzubeziehen,

659

---

[70] OLG Schleswig FamRZ 2000, 1367; OLG Hamm NJWE-FER 1999, 294; OLG Bamberg FamRZ 1992, 185; OLG Hamm FamRZ 1991, 1199
[71] OLGR München 1994, 126; OLG Nürnberg EzFamR aktuell 1993, 71
[72] BGH FamRZ 2011, 454 = R 721 b
[73] OLG Düsseldorf FamRZ 2001, 1477; OLG Schleswig ZfS 1998, 522
[74] BGH FamRZ 2011, 454 = R 721 b; FamRZ 2010, 1880 Rn. 19; 2009, 770 = R 704 a; 2005, 1154 = R 630 c–e; 2005, 442, 444 = R 625 c
[75] BGH FamRZ 2005, 1154 = R 630 c–e; OLG Köln FamRZ 1984, 269; OLG Frankfurt FamRZ 1985, 481
[76] BGH FamRZ 2011, 454 = R 721 b; OLG Hamm FamRZ 1995, 1422

während der übrige – nicht unterhaltsrelevante – Teil wie beim Verwandtenunterhalt vollständig unberücksichtigt bleibt.[77]

5. Berücksichtigung eines Rentenanspruchs ab Antragstellung sowie einer Rentennachzahlung

660 Eine Rentennachzahlung, die der **Unterhaltspflichtige** für einen längeren zurückliegenden Zeitraum erhält, ist nicht auf die zurückliegenden Monate aufzuteilen, sondern für einen entsprechenden zukünftigen Zeitraum den laufenden Bezügen für Zwecke der Unterhaltsberechnung hinzuzurechnen.[78] Denn ein Unterhaltsanspruch setzt stets die Bedürftigkeit des Berechtigten und die Leistungsfähigkeit des Unterhaltspflichtigen in dem betreffenden Unterhaltszeitraum voraus. Die Leistungsfähigkeit des Unterhaltspflichtigen erhöht sich aber mit dem Erhalt der Nachzahlung erst für die Zukunft. So hätte die Nachzahlung auch bei Fortbestand der Ehe nur für künftige Unterhaltszwecke zur Verfügung gestanden. Ein bereits bestehender Titel kann dann im Hinblick auf diese zusätzlichen Einkünfte abgeändert werden, wenn die weiteren Voraussetzungen der §§ 238 f. FamFG erfüllt sind, insbesondere die Wesentlichkeitsschwelle (§ 238 I FamFG) überschritten und die Zeitschranke (§ 238 III FamFG) eingehalten ist.[79] Wird die Nachzahlung allerdings geleistet noch bevor über den rückständigen Unterhaltsanspruch entschieden ist, kann und muss (§ 238 II FamFG) der dann vorhandene Betrag auch auf die noch offene Zeit angerechnet werden.[80] Nachzahlungen in Unterhaltsfällen nach §§ 5, 6 VAHRG a. F. erfolgen an den Unterhaltsberechtigten und den Unterhaltspflichtigen je zur Hälfte und gelten damit pauschal etwaige Unterhaltsansprüche ab.[81] Der Unterhaltspflichtige, der eine Rente beantragt hat und auf diese Rente noch keine Vorschüsse erhält, kann sich mit Blick auf die erwartete Bewilligung bereits anderweitig einen Kredit verschafft haben. Hat er seine Lebensstellung auf die künftige Rente eingerichtet und hat auch der Unterhaltsberechtigte von dieser Lebensstellung profitiert, ist die Nachzahlung mit dem Kredit zu verrechnen. Lässt er den Berechtigten an seiner auf diese Weise verbesserten Leistungsfähigkeit allerdings nicht teilhaben, kann er ihm auch die Verpflichtungen aus einem solchen Kredit nicht einkommensmindernd entgegenhalten.[82]

661 Erhält der **Unterhaltsberechtigte** eine Rentennachzahlung, mindert sich seine Bedürftigkeit aus den gleichen Gründen regelmäßig erst ab Zugang der Nachzahlung und nicht rückwirkend.[83] Die Unterhaltsbedürftigkeit kann dann für eine Übergangszeit ganz entfallen. Selbst wenn der Unterhaltsberechtigte zurzeit der Klageerhebung bereits das Rentenalter erreicht und einen Rentenantrag unter Berücksichtigung der ihm durch den Versorgungsausgleich übertragenen oder begründeten Rentenanwartschaften gestellt hat, ist seine Bedürftigkeit allein dadurch noch nicht entfallen. Die Bedürftigkeit entfällt erst dann im Umfang der geleisteten Rente, wenn diese tatsächlich gezahlt wird. Im Falle einer rückwirkenden Rentenbewilligung ist allerdings auch der Unterhaltsberechtigte verpflichtet, diese zusätzlichen Einkünfte für seinen künftigen Unterhalt einzusetzen. Ist der Unterhaltsanspruch für den betreffenden Zeitraum allerdings noch rechtshängig, kann die Nachzahlung noch für diese Zeit bedürftigkeitsmindernd berücksichtigt werden. Ist der von der Rentenerhöhung betroffene Unterhaltsanspruch nicht (mehr) rechtshängig, kann die Nachzahlung auf zweierlei Weise berücksichtigt werden. Der Nachzahlungsbetrag kann, angemessen auf die Zukunft verteilt, als künftiges Einkommen bedürftigkeitsmindernd berücksichtigt werden, was der Unterhaltsschuldner unter den Voraussetzungen der §§ 238 f.

---

[77] BGH FamRZ 2005, 1154 = R 630 e
[78] OLG Nürnberg FamRZ 1997, 961; OLG Hamburg FamRZ 1991, 953
[79] BGH FamRZ 2010, 1150 = R 704 und 1985, 155 (jeweils zu § 323 ZPO)
[80] So im Ergebnis für den Berechtigten OLG Frankfurt EzFamR aktuell 2002, 85
[81] OLG Düsseldorf FamRZ 2003, 769; OLG Frankfurt FuR 2002, 81; vgl. auch OLG Nürnberg FamRZ 1997, 961
[82] BGH FamRZ 1985, 155
[83] BGH FamRZ 1990, 269; OLGR Braunschweig 1997, 157; OLG Hamburg FamRZ 1991, 953; a. A. OLG Frankfurt EzFamR aktuell 2002, 85

8. Abschnitt: Einkünfte aus Pensionen, Renten und ähnlichen Bezügen § 1

FamFG im Wege der Abänderungsklage durchsetzen kann. In der Praxis wird aber auch der Weg gewählt, dem Unterhaltsschuldner Ausgleich in der Höhe zu leisten, in der sich sein Unterhaltsanspruch für die Vergangenheit ermäßigt hätte, wenn die Rente schon während des fraglichen Zeitraums gezahlt worden wäre (vgl. Rn. 662).[84] Um sich diesen Rückzahlungsanspruch zu erhalten und dem Einwand der Entreicherung nach § 818 III BGB zu entgehen,[85] kann der Unterhaltsschuldner dem Unterhaltsberechtigten ab Stellung seines Rentenantrags zur Abwendung der gegenwärtig noch vorliegenden Bedürftigkeit ein zins- und tilgungsfreies Darlehen mit der Verpflichtung anbieten, im Fall einer endgültigen Ablehnung des Rentenantrags auf dessen Rückzahlung zu verzichten[86] (vgl. Rn. 6/204 ff.). Zur Sicherung eines solchen Darlehens kann der Anspruch auf Rentennachzahlung abgetreten werden. Dem Berechtigten obliegt es, einen solchen Kredit zur Minderung seiner Bedürftigkeit anzunehmen und in eine Sicherungsabtretung einzuwilligen. Tut er dies nicht, muss er sich unterhaltsrechtlich so behandeln lassen, als hätte er dem zugestimmt und die Unterhaltsleistungen lediglich darlehensweise erhalten.[87] Denn es verstößt gegen Treu und Glauben, wenn der Unterhaltsberechtigte durch die Ablehnung eines solchen Kreditangebots seine Bedürftigkeit zu Lasten des Unterhaltspflichtigen aufrechterhalten will.

Insbesondere wenn mit der auf die Zukunft umlegbaren Rentennachzahlung auch eine **662** Rentenkürzung beim Unterhaltspflichtigen einhergeht (zum Unterhaltsprivileg vgl. aber §§ 33 f. VersAusglG, früher § 5 VAHRG; zum Rentenprivileg §§ 101 III 4, 268 a SGB VI), kann die Änderung unterhaltsrechtlich oft nicht vollständig ausgeglichen werden. In Fällen einer Rentennachzahlung an den Unterhaltsberechtigten nimmt die Rechtsprechung dann nach § 242 BGB einen **Erstattungsanspruch** des Unterhaltspflichtigen gegen den Berechtigten für die Zeit und in der Höhe an, in der sich der Unterhaltsanspruch ermäßigt hätte, wenn die Rente schon in der fraglichen Zeit gezahlt worden wäre. Wird eine Rente rückwirkend für einen Zeitraum nachgezahlt, in dem der Unterhaltsanspruch bereits durch Leistungen des Unterhaltspflichtigen erfüllt war, so „verfehle" die Nachzahlung den mit ihr verfolgten Zweck, den Unterhaltsbedarf zu sichern. Es widerspreche deswegen Treu und Glauben, dem Berechtigten für den Zeitraum, in dem er Unterhalt bezogen hat, zu Lasten des Unterhaltspflichtigen auch die nachgezahlte Rente in vollem Umfang zu belassen.[88] Ein solcher Erstattungsanspruch bestehe nicht nur, wenn die Rentennachzahlung auf einem Versorgungsausgleich beruhe und eine Rentenkürzung des Unterhaltspflichtigen zur Folge habe, sondern auch, wenn sie ganz oder teilweise auf Grund von Anwartschaften gewährt werde, die der Berechtigte durch eine eigene Erwerbstätigkeit erlangt hat (zur Unterhaltsbemessung bei Rentenbezug s. Rn. 646 f.).[89] Eine Neuberechnung des Unterhalts sei auch notwendig, wenn der Anspruch auf nachehelichen Unterhalt auf der Grundlage einer Rente berechnet worden sei, die durch den Versorgungsausgleich aus einer früheren Ehe gekürzt war und der Unterhaltsgläubiger nach dem Tod dieses Ehegatten aus der früheren Ehe auf seinen Antrag die **Rentenkürzung erstattet** erhalte (§ 4 VAHRG a. F., jetzt § 37 f. VersAusglG).[90] Die Entscheidung über den Erstattungsanspruch erfolge auf Grund einer tatrichterlichen **Billigkeitsabwägung im Rahmen des § 242 BGB**. Sie unterliege der revisionsrechtlichen Nachprüfung nur im Hinblick darauf, ob sie einen Rechtsirrtum oder einen Verstoß gegen allgemeine Erfahrungssätze enthalte oder wesentliches Vorbringen der Parteien ersichtlich unberücksichtigt gelassen habe.[91] Ein solcher Erstattungsanspruch sei vor allem dann gegeben, wenn die Nachzahlung aus dem Versorgungsausgleich stamme und zu einer Kürzung der laufenden Altersrente des Unter-

---

[84] BGH FamRZ 1990, 269; OLG Zweibrücken FamRZ 1997, 504; OLG Hamm FamRZ 1988, 732
[85] Vgl. insoweit BGH FamRZ 2010, 1637 Rn. 55; s. auch Dose Einstweiliger Rechtsschutz in Familiensachen 3. Aufl. Rn. 527 ff.
[86] BGH FamRZ 1998, 951 = R 526; OLG Oldenburg – 12 UF 9/05 BeckRS 2005, 09037
[87] BGH FamRZ 1983, 574
[88] BGH FamRZ 1990, 269; 1989, 718
[89] BGH FamRZ 2005, 1479, 1480 = R 636 a; 1990, 269
[90] OLG Frankfurt FamRZ 2002, 958
[91] BGH FamRZ 1990, 269

haltspflichtigen führe.[92] Er solle aber auch dann gewährt werden, wenn nicht nach Rn. 661 verfahren werden kann, weil wegen der Rentengewährung für die Zukunft kein Unterhaltsanspruch mehr besteht.

663 Diese Rechtsprechung ist schon deswegen **verfehlt**, weil sie entweder die Rechtskraft der bestehenden Unterhaltsentscheidung übergeht oder auf einer Anspruchsgrundlage beruht, deren Voraussetzungen nicht vorliegen. Würde sich der Anspruch unmittelbar auf Rückzahlung des (nach der Rentennachzahlung) überzahlten Unterhalts richten, müsste er die Rechtskraft früherer Entscheidungen zum Unterhalt beachten. Denn eine rechtskräftige Entscheidung zur Hauptsache bildet (unbeschadet der Möglichkeit nach Rn. 661) den Rechtsgrund der Unterhaltszahlung, was einer Rückforderung entgegensteht. Die Rechtskraft kann zwar durch eine Unterhaltsabänderung nach §§ 238 f. FamFG beseitigt werden, wobei eine Herabsetzung des geschuldeten Unterhalts nach den §§ 238 III FamFG, 1585 b II BGB aber erst für die Zeit ab Rechtshängigkeit möglich ist. Soweit die Rechtsprechung hingegen, zur Vermeidung dieses Widerspruchs mit der Rechtskraft eines bestehenden Unterhaltstitels, einen direkten Anspruch auf Auszahlung eines Teils der erhaltenen Rentennachzahlung annimmt, fehlt dem eine Anspruchsgrundlage. Die §§ 242, 313 BGB enthalten selbst keine eigene Anspruchsgrundlage für den Rückzahlungsanspruch, sondern betreffen lediglich die Geschäftsgrundlage oder den Zweck der Leistung, hier also der Rentennachzahlung. Eine Rückforderung käme dann allenfalls nach §§ 812 ff. BGB in Betracht, was aber ausscheidet, weil insoweit eine Leistung des Rentenversicherungsträgers und nicht eine solche des Unterhaltsschuldners vorliegt. Im Ergebnis kommt eine Rückforderung des auf einen Unterhaltstitel geleisteten Unterhalts im Falle einer Rentennachzahlung deswegen nur dann in Betracht, wenn der Unterhaltsschuldner den Unterhalt als Darlehen geleistet hat (s. Rn. 661). Sonst sollte der erhaltene Betrag – wenn möglich – zur Sicherung des Unterhaltsbedarfs für die Zukunft genutzt werden.

9. Abschnitt: Sonstige Einkünfte aus sozialstaatlichen Zuwendungen, freiwilligen Zuwendungen Dritter, Versorgungsleistungen des Berechtigten für seinen neuen Partner, aus Unterhaltsleistungen, Schmerzensgeld sowie nicht anzurechnende Vermögensvorteile

I. Sozialstaatliche Zuwendungen wie Wohngeld, BAföG, Pflege- und Erziehungsgeld, Kindergeld, Ausbildungsbeihilfen und -geld sowie Leistungen nach §§ 41 ff. SGB XII (Grundsicherung im Alter und bei Erwerbsminderung)

1. Allgemeines (vgl. auch Rn. 8/1 ff.)

664 Nach ständiger Rechtsprechung sind sozialstaatliche Zuwendungen unabhängig von ihrer sozialpolitischen Zweckbestimmung unterhaltsrechtlich als Einkommen anzurechnen, soweit sie geeignet sind, den allgemeinen Lebensunterhalt des Empfängers **endgültig** zu decken. Dies trifft zu für das Wohngeld (Rn. 665 ff.)[1] für BAföG-Leistungen (Rn. 670 ff.),[2] nicht aber für Pflegegelder (Rn. 689 ff.).[3] Ferner, wie bereits erörtert, für vermögenswirksame Leistungen (Rn. 74), Teile des Arbeitslosengeldes II mit Lohnersatzfunktion (Rn. 111 ff.)[4] und sozialstaatliche Renten (z. B. nach dem BEG; Rn. 650) sowie für das Überbrückungsgeld des Strafgefangenen (Rn. 121, 731). Eine Sonderstellung nimmt das

---

[92] BGH FamRZ 1989, 718
[1] BGH FamRZ 2003, 860 = R 590A c; OLG Brandenburg FamRZ 2010, 1915 Rn. 54 f.
[2] BGH FamRZ 2000, 640
[3] BGH FamRZ 2008, 2189 = R 697; 2006, 846, 848 = R 648c; vgl. BVerwG FamRZ 2003, 756
[4] BGH NJW-RR 2011, 145 Rn. 19; 2011, 97 Rn. 31 f.; 2009, 307 = R 699b; 1996, 1067, 1069; 1987, 456

9. Abschnitt: Sonstige Einkünfte aus sozialstaatlichen Zuwendungen § 1

Kindergeld ein (Rn. 677 ff.). Nicht als Einkommen anzurechnen sind hingegen **subsidiäre Sozialleistungen**[5] wie etwa die Sozialhilfe (Rn. 727 f.) und der Regelbetrag des Arbeitslosengeldes II (Rn. 110) sowie wegen sonstiger besonderer Umstände die Sparzulage[6] (Rn. 74) und das Hausgeld des Strafgefangenen (Rn. 121, 731 f.). Ansprüchen auf **Grundsicherung** sind gegenüber den darin privilegierten Verwandten gerader Linie als Einkommen zu behandeln (vgl. Rn. 703 ff.).

2. Zur Anrechnung von Wohngeld und Eigenheimzulagen

Ein Anspruch auf Zahlung von Wohngeld ergibt sich aus den Vorschriften des Wohngeldgesetzes.[7] Das Wohngeld ist 2001 und zuletzt wegen des erheblichen Anstiegs der Heizkosten im Jahre 2008 erhöht worden. Empfänger von ALG II erhalten nach § 7 I Nr. 1 WoGG kein Wohngeld, weil ihre Wohnkosten schon durch andere Leistungen abgedeckt sind. **665**

Nach der Rechtsprechung des BGH und der Oberlandesgerichte ist Wohngeld bei der Unterhaltsbemessung grundsätzlich einkommenserhöhend zu berücksichtigen, soweit es nicht erhöhte Aufwendungen für den Wohnbedarf ausgleicht.[8] Im Einklang mit der Rechtsprechung des BGH[9] wird der Bezug von Wohngeld häufig als Indiz dafür angesehen, dass den Wohngeldempfänger Wohnkosten treffen, die unterhaltsrechtlich als erhöht zu werten sind. Dann gleicht das Wohngeld nur die überhöhten Mietkosten aus und ist nicht als zusätzliches Einkommen zu berücksichtigen. Weil das aber nicht zwingend der Fall ist, muss der Wohngeldempfänger **darlegen und ggf. beweisen,** dass und in welcher Höhe das Wohngeld im konkreten Fall erhöhte Wohnkosten ausgleicht.[10] Kommt er dem nicht nach, ist das Wohngeld als Einkommen anzurechnen.[11] Wohngeld ist danach voll anzurechnen, wenn die tatsächlich gezahlte Miete niedriger ist als der im Unterhaltsanspruch oder Eigenbedarf enthaltene Wohnkostenanteil, weil dann das Wohngeld nicht unvermeidbare erhöhte Aufwendungen für den Wohnbedarf ausgleicht.[12] Darauf, um wie viel die gezahlte Miete das Wohngeld unterschreitet, kommt es dann nicht an.[13] Ist dagegen die tatsächlich gezahlte Miete höher als der im Unterhaltsanspruch oder Eigenbedarf[14] enthaltene Wohnkostenanteil, so bleibt ein Betrag in Höhe der Differenz zwischen der tatsächlich gezahlten Miete und dem Wohnkostenanteil anrechnungsfrei. Nur der überschießende Rest des Wohngeldes ist dann als Einkommen anzurechnen.[15] Ist die gezahlte Miete höher als die Summe aus Wohnkostenanteil und Wohngeld, gleicht das Wohngeld in vollem Umfang erhöhte Wohnkosten aus und bleibt unterhaltsrechtlich völlig unberücksichtigt.[16] **666**

Um festzustellen, ob und in welcher Höhe Wohngeld als Einkommen anzurechnen ist, sind nach der Rechtsprechung des BGH also folgende Punkte zu klären: **667**
- Wie hoch ist die auf die vom Unterhaltsrechtsstreit betroffene Person entfallende **Miete?** Das setzt Vortrag zum tatsächlich gezahlten Mietzins und dazu voraus, für wie viele Personen dieser den Mietbedarf deckt. Wird die Wohnung z. B. vom Berechtigten nicht allein bewohnt, sondern zusammen mit dem neuen Partner und zwei Kindern, so sind die Wohnkosten im Verhältnis von $1/3 : 1/3 : 1/6 : 1/6$ aufzuteilen.[17]

---

[5] BGH FamRZ 2009, 307 = R 699 b; 1993, 417 = R 458; 2000, 1358 = R 543 a
[6] BGH FamRZ 1980, 984 f.
[7] Wohngeldgesetz in der Fassung des Ersten Gesetzes zur Änderung des Wohngeldgesetzes vom 22. Dezember 2008, BGBl I 2008, 2963
[8] BGH FamRZ 2003, 860 = R 590A c; 1985, 374; 1984, 772, 774; 1982, 587, 589 f.; vgl. auch die Leitlinien der Oberlandesgerichte unter 2.3
[9] BGH FamRZ 2003, 860, 862 = R 590 A c; 1982, 587, 589
[10] BGH FamRZ 1984, 772
[11] BGH FamRZ 1985, 374
[12] BGH FamRZ 1985, 374; 1984, 772; 1982, 898
[13] BGH. FamRZ 2006, 1664, 1666 = R 657 d
[14] Vgl. insoweit Nr. 21.2 und 21.3 der Leitlinien der Oberlandesgerichte
[15] BGH FamRZ 2003, 860, 862 = R 590 A c; 1982, 587, 590
[16] OLG Brandenburg FamRZ 2010, 1915 Rn. 54 f.
[17] BGH FamRZ 1982, 587

- Wie hoch ist der im Unterhaltsanspruch oder Eigenbedarf enthaltene **Wohnkostenanteil?** Dieser Anteil am Lebensbedarf, dessen Einsatz für Wohnkosten unterhaltsrechtlich zuzumuten ist, ist bei der Bedarfsbemessung an der konkreten Unterhaltshöhe und den individuellen Verhältnissen zu orientieren.[18] In der Regel, d. h. bei Fehlen besonderer Umstände, wird dieser Anteil nicht höher als mit $1/3$ des Unterhaltsanspruchs anzusetzen sein, weil nach der Lebenserfahrung für Wohnzwecke nicht mehr als $1/3$ des Unterhalts (= des für den Gesamtlebensbedarf zur Verfügung stehenden Einkommens) ausgegeben werden kann. Unter Berücksichtigung der Umstände des Einzelfalles ist dieser Anteil grundsätzlich eher niedriger ansetzen; nur in Großstädten kann ein höher Anteil üblich sein. Im Rahmen der Leistungsfähigkeit ist zu berücksichtigen, in welcher Höhe Kosten für die Unterkunft einschließlich umlagefähiger Nebenkosten und Heizung (Warmmiete) in dem jeweiligen Selbstbehalt enthalten sind. Nach der Düsseldorfer Tabelle (Anm. A 5 und B IV) und den Leitlinien der Oberlandesgerichte sind im notwendigen Selbstbehalt (z. Zt. 770/950 EUR) 360 EUR, im angemessenen Selbstbehalt (z. Zt. 1150 EUR) 450 EUR und im Ehegattenselbstbehalt (z. Zt. 1050 EUR) 400 EUR für die Warmmiete enthalten.
- Für welche Personen wird das **Wohngeld** bezogen? Bei mehreren Personen erfolgt die Aufschlüsselung des Wohngeldes nach den gleichen Grundsätzen wie die Aufteilung der Wohnungsmiete (s. oben).[19] Das Wohngeldgesetz selbst sieht keine anteilige Aufschlüsselung des Wohngeldes vor.[20]

  In Höhe der **Differenz** zwischen dem auf die betreffende Person entfallenden Mietzinsanteil und dem in ihrem Bedarf oder Selbstbehalt enthaltenen Wohnkostenanteil gleicht ihr Wohngeldanteil lediglich erhöhte Wohnkosten aus und bleibt insoweit anrechnungsfrei. Nur ein überschießender Wohngeldanteil ist dann anzurechnen. Ist der Mietzinsanteil hingegen sogar geringer als der Wohnkostenanteil, ist das Wohngeld voll als Einkommen anzurechnen.

668 In der **Praxis** wird – wohl auch wegen dieser komplizierten Berechnung – das Wohngeld vielfach von vornherein anrechnungsfrei gelassen, weil nach der Lebenserfahrung davon ausgegangen werden könne, dass den Wohngeldempfänger unterhaltsrechtlich erhöhte Wohnkosten treffen, die das Wohngeld vollständig aufzehren.[21] Weil dieser Schluss allerdings nicht zwingend ist,[22] trifft den Bezieher des Wohngeldes die **Darlegungs- und Beweislast** dafür, dass und in welchem Umfang das Wohngeld erhöhte Wohnkosten – als Differenz der auf ihn entfallenden tatsächlichen Miete mit seinem Wohnkostenanteil der Einkünfte – ausgleicht. Die in der Praxis gebräuchliche Pauschalierung ist deswegen jedenfalls für die Fälle abzulehnen, in denen die Wohnung von mehreren Personen mit jeweils eigenen Einkünften bewohnt wird, etwa auch von unterhaltsberechtigten Kindern. In solchen Fällen kann sich der Mietanteil so verringern, dass er unter dem Wohngeld liegt, was zu einer entsprechenden Anrechnung des Wohngeldes führen muss.[23]

669 **Eigenheimzulagen** nach dem Eigenheimzulagengesetz (EigZulG) gehören in vollem Umfang zum Einkommen.[24] Bei der Berechnung des Wohnwerts ist die Eigenheimzulage zunächst von dem auf der Immobilie lastenden Abtrag und nur im Übrigen von der Zinslast abzuziehen. Denn sie ist – wie eine vermögenswirksame Leistung des Arbeitgebers (s. Rn. 74) – eine zweckgebunden Sozialleistung, die die Bildung von Wohneigentum und somit von Vermögen erleichtern soll (vgl. Rn. 519).[25] Für die Praxis ist von besonderer Bedeutung, dass die Eigenheimzulage zwar vom Finanzamt ausgezahlt wird, aber nicht im Steuerbescheid auftaucht. Der Auskunftsanspruch des Unterhaltsgläubigers (§§ 1361 IV,

---

[18] BGH FamRZ 2000, 950, 951; 1998, 899
[19] Vgl. aber LSG Celle-Bremen – L 8 AS 307/05 BeckRS 2006, 41733
[20] BGH FamRZ 1982, 587
[21] BGH FamRZ 2003, 860 = R 590A c; OLG Hamburg FamRZ 1985, 291; OLG Karlsruhe FamRZ 1985, 286, 288 und FamRZ 1981, 783; OLG Hamm FamRZ 1984, 783
[22] BGH FamRZ 1984, 772, 774; 1982, 898, 899; 1982, 587, 588
[23] Vgl. auch BGH FamRZ 2003, 860, 862
[24] OLG Jena NJW 2009, 2832; OLG Koblenz FamRZ 2009, 531 Rn. 5 und FamRZ 2004, 1573; OLGR Köln 2002, 251 = BeckRS 200205932
[25] OLG München FamRZ 1999, 251

9. Abschnitt: Sonstige Einkünfte aus sozialstaatlichen Zuwendungen § 1

1580, 1605 BGB) erstreckt sich deswegen auch auf die Höhe der bewilligten Eigenheimzulage.[26]

3. Zur Anrechnung von BAföG-Leistungen

Leistungen nach dem Bundesausbildungsförderungsgesetz (BAföG; vgl. auch Rn. 8/ **670** 279 ff.)[27] sind als bedarfsdeckendes **Einkommen** anzurechnen, soweit sie als **Regelleistungen** gewährt werden. Dies gilt auch, soweit die Förderung nach § 17 II, III BAföG nur darlehensweise gewährt wird.[28] Nicht als Einkommen anzurechnen sind jedoch die **Vorausleistungen** nach § 36 BAföG, weil diese nur subsidiär gewährt werden und nach Anspruchsübergang gemäß § 37 BAföG von dem Unterhaltspflichtigen zurückgefordert werden können.[29] Dem Land steht als Träger der Sozialleistung ein eigenes öffentlich-rechtliches Auskunftsrecht nach § 47 IV BAföG i. V. m. § 60 SGB I zu. Mit dem Übergang des Unterhaltsanspruches nach § 37 BAföG geht zudem der unterhaltsrechtliche Auskunftsanspruch des Unterhaltsberechtigten auf das Land über (s. die Leitlinien der Oberlandesgerichte Rn. 20 unter 2.4).[30] Entsprechend hat auch eine Ausbildungsbeihilfe nach § 40 I 1 AFG a. F. Lohnersatzfunktion.[31] Subsidiär ist hingegen eine Ausbildungsbeihilfe, die nach § 40 III AFG a. F. als Vorauszahlung geleistet wird.[32] Eine gleiche Aufteilung gilt für die jetzt nach §§ 59 ff. SGB III geleistete Ausbildungsbeihilfe. Als Maßnahme der Arbeitsförderung hat sie für die Versicherungspflichtigen nach §§ 34 ff. SGB III grundsätzlich Lohnersatzfunktion. Lediglich die Vorausleistungen nach § 72 SGB III werden subsidiär gewährt; auch insoweit geht der Unterhaltsanspruch gegen unterhaltspflichtige Eltern gemäß § 72 II SGB III mit dem unterhaltsrechtlichen Auskunftsanspruch auf die Agentur für Arbeit über (dazu näher Rn. 701 f.).

Nach § 1 BAföG besteht ein Rechtsanspruch auf individuelle Ausbildungsförderung für **671** eine der Neigung, Eignung und Leistung entsprechende Ausbildung, wenn dem Auszubildenden die für seinen Lebensunterhalt und seine Ausbildung erforderlichen Mittel nicht anderweitig zur Verfügung stehen. Dabei ist zunächst das eigene Einkommen[33] und Vermögen des Auszubildenden zu berücksichtigen (§§ 22, 23 BAföG). Einkommen und Vermögen der unterhaltspflichtigen Eltern und des Ehegatten[34] eines Schülers ist nur dann heranzuziehen, wenn es die Einkommensgrenzen der §§ 24 bis 25 b BAföG übersteigt. Entsprechend geht ein Unterhaltsanspruch gegen die Eltern nach § 37 I 1 BAföG bis zur Höhe der geleisteten Aufwendungen nur dann auf das Land über, wenn das Einkommen der Eltern nach den Vorschriften des BAföG auf den Bedarf des Auszubildenden anzurechnen ist. Die BAföG-Förderung ist somit zwar grundsätzlich subsidiär gegenüber Unterhaltspflichten der Eltern und nicht dauernd getrennt lebender Ehegatten. Eine dauerhafte staatliche Förderung scheidet aber nur dann aus, wenn auch nach **verwaltungsrechtlichem Maßstab**[35] vorrangig auf Eltern oder nicht getrennt lebende Ehegatten zurückgegriffen werden muss (s. Rn. 672). Hat die Behörde dem Antrag des Kindes hingegen unter Berücksichtigung des Einkommens der Eltern nach verwaltungsrechtlichem Maßstab des BAföG stattgegeben, ist damit zugleich ein Rückgriff ausgeschlossen und die Förderung

---

[26] OLG Bamberg FamRZ 2006, 344
[27] Neufassung des Bundesausbildungsförderungsgesetzes vom 7. Dezember 2010 (BGBl. I S. 1962 ff.)
[28] BGH, NJW-RR 1986, 1262; FamRZ 1985, 916; FamRZ 1989, 499
[29] BGH FamRZ 1996, 798; NJW-RR 1986, 1262; FamRZ 1985, 916; FamRZ 1980, 126, 128
[30] KG FamRZ 2009, 702 Rn. 26; anders zur früheren Rechtslage BGH FamRZ 1991, 1117
[31] OLG Hamm FamRZ 1995, 958; OLG Oldenburg FamRZ 1989, 531; OLG Schleswig SchlHA 1988, 53
[32] BGH FamRZ 1986, 151, 153; OLG Oldenburg FamRZ 1989, 531
[33] § 21 III 1 Nr. 4 BAföG i. V. m. der Verordnung zur Bezeichnung der als Einkommen geltenden sonstigen Einnahmen nach § 21 Abs. 3 Nr. 3 Bundesausbildungsförderungsgesetz (BAföG-EinkommensV) vom 5. April 1988 BGBl. 1988 I S. 505 in der Fassung des 22. BAföGÄndG vom 23. Dezember 2007 BGBl. 2007 I S. 3254
[34] Zum Anspruch nach § 1615 l BGB vgl. OLG Nürnberg FamRZ 2010, 577
[35] BGH FamRZ 2000, 640; OLG Dresden FuR 1999, 479; OLG Stuttgart FamRZ 1995, 489; zur Sozialhilfe vgl. Rn. 8/91 f.

somit als bedarfsdeckendes Einkommen des Kindes zu berücksichtigen. Für die Vergangenheit ist ein die verwaltungsrechtlichen Grenzen übersteigendes Einkommen der Eltern nur zu berücksichtigen, wenn die Voraussetzungen des § 1613 BGB vorliegen, die Eltern an der Antragstellung mitgewirkt haben oder sie von der Antragstellung Kenntnis hatten und darüber belehrt wurden, unter welchen Voraussetzungen eine Inanspruchnahme möglich ist. Gegenüber anderen zivilrechtlichen Unterhaltspflichtigen ist die Förderung von vornherein bedarfsdeckend und nicht subsidiär, weil insoweit auch kein Anspruchsübergang vorgesehen ist. Auf die Leistungsfähigkeit eines getrennt lebenden Ehegatten oder sonstiger Verwandter kommt es also nicht an.[36] Auch nichteheliche Lebensgemeinschaften berühren den Anspruch nicht. Selbst tatsächlich erbrachte Unterhaltsleistungen der Großeltern oder eines Lebensgefährten sind nicht auf den Anspruch anzurechnen.[37]

672 Für Eltern und nicht dauernd getrennt lebende Ehegatten ergeben sich **Einschränkungen der Subsidiarität** von BAföG-Leistungen somit sowohl aus dem – günstigeren – verwaltungsrechtlichen Maßstab bei der Berechung ihres unterhaltspflichtigen Einkommens, als auch aus dem Ausbildungsablauf des Förderungsberechtigten. Einkommen der Eltern bleibt stets außer Betracht, wenn der Auszubildende ein Abendgymnasium oder Kolleg besucht oder bei Beginn des Ausbildungsabschnitts das 30. Lebensjahr vollendet hatte (§ 11 III Nr. 1 und 2 BAföG). Gleiches gilt nach § 11 III Nr. 3 und 4 BAföG, wenn er vor Beginn des Ausbildungsabschnitts entweder nach Vollendung des 18. Lebensjahres fünf Jahre oder nach einer Berufsausbildung von wenigstens drei Jahren weitere drei Jahre erwerbstätig und in der Lage war, sich selbst zu unterhalten.[38] In diesen Fällen ist die gezahlte Ausbildungsförderung nach dem BAföG also stets bedarfsdeckend. Im Übrigen richtet sich das anrechenbare Einkommen der Unterhaltspflichtigen nach den Bestimmungen des BAföG.[39] Danach bleiben von dem Einkommen der Eltern und des Ehegatten pauschale Freibeträge anrechnungsfrei und auch das darüber hinausgehende Einkommen wird nur zu 50% (abzüglich 5% für jedes weitere anrechenbare Kind) angerechnet (§ 25 I bis IV BAföG). Maßgeblich ist das Einkommen der Unterhaltspflichtigen im vorletzten Kalenderjahr vor Beginn des Bewilligungszeitraums (§ 24 I BAföG) und nur auf Antrag das Einkommen im Bewilligungszeitraum, wenn es wesentlich niedriger ist (§ 24 III BAföG).

673 Macht der Auszubildende glaubhaft, dass seine Eltern auch den nach den Vorschriften des BAföG geschuldeten und auf die Förderung anzurechnenden Unterhaltsbetrag nicht leisten, kann ihm auf Antrag und nach Anhörung der Eltern insoweit eine subsidiäre **Vorausleistung** bewilligt werden (§ 36 BAföG). In dieser Höhe geht sein Unterhaltsanspruch zusammen mit dem unterhaltsrechtlichen Auskunftsanspruch bis zur Höhe der geleisteten Beträge auf das Land über (§ 37 BAföG). Im Gegensatz zur dauerhaften Förderung ist die Vorausleistung deswegen subsidiär und nicht als Einkommen des Kindes bedarfsdeckend zu berücksichtigen.[40]

674 Erhält der Unterhaltsberechtigte Leistungen nach dem BAföG, sind diese also (mit Ausnahme der subsidiären Vorausleistungen nach § 36 BAföG) als Einkommen anzurechnen. Bei der Berechung einer darüber hinausgehenden ergänzenden Unterhaltsforderung gegen die Eltern sind die als Einkommen zu behandelnden BAföG-Leistungen um einen ausbildungsbedingten Mehrbedarf zu kürzen und nur im Übrigen auf den Unterhaltsbedarf anzurechnen.[41] Das gilt grundsätzlich auch für BAföG-**Darlehen** (§§ 17 II, III, 18 ff. BAföG), weil auch diese wegen ihrer besonders günstigen Konditionen erhebliche unterhaltsrechtlich relevante wirtschaftlichen Vorteile enthalten. Sie sind regelmäßig bis zum Zahlungstermin unverzinslich (§ 18 I, II 1 BAföG) und nach § 18 a BAföG nur in einkommensabhängigen Raten nach Abschluss der Ausbildung zurückzuzahlen. Außerdem ist ein leistungsabhängiger Teilerlass des Darlehens möglich (§ 18 b BAföG). Letztlich ist das

---

[36] BGH FamRZ 1980, 126
[37] OLG Celle FamRZ 1993, 352; OVG Münster NJW 1990, 2640
[38] OLG Stuttgart FamRZ 1996, 181
[39] BGH FamRZ 2000, 640
[40] BGH FamRZ 1996, 798 (zur unwirksamen Unterhaltsbestimmung nach § 1612 II BGB)
[41] OLG Brandenburg NJW-RR 2009, 941 Rn. 5; OLGR Schleswig 1999, 245; a. A. OLGR Köln 2005, 204

9. Abschnitt: Sonstige Einkünfte aus sozialstaatlichen Zuwendungen § 1

Darlehen für eine Erstausbildung nach § 17 II 1 BAföG auch nur bis zu einem Höchstbetrag von 10 000 EUR zurückzuzahlen. Entscheidend ist aber, dass die augenblickliche Bedürftigkeit des Empfängers durch eine als Darlehen gewährten Leistungen in gleicher Weise gemindert wird, wie durch endgültig gewährte Leistungen. Würden die Darlehensleistungen nicht auf den Unterhalt angerechnet, würde der Auszubildende sie zusätzlich zum Unterhalt beziehen, d.h. er würde mehr erhalten, als ihm zivilrechtlich als Unterhalt zustünde. Da Beginn und Umfang der Rückzahlung von seinen späteren Einkommensverhältnissen und seinem Leistungseinsatz abhängig sind, belastet ihn die Rückzahlungsverpflichtung nicht unangemessen hart. Auch deswegen spricht nichts dagegen, darlehensweise gewährte BAföG-Leistungen bedarfsdeckend auf den Unterhalt anzurechnen.[42] Entsprechend sind die BAföG-Leistungen, wenn es nicht subsidiäre Vorausleistungen sind, auch als Einkommen des **unterhaltspflichtigen** Auszubildenden zu berücksichtigen. Weil die Höhe allerdings regelmäßig hinter dem zivilrechtlichen Unterhaltsbedarf eines Studenten (z. Zt. 670 EUR; s. Ziff. 13.1.2 der unterhaltsrechtlichen Leitlinien der Oberlandesgerichte) zurückbleibt, ist der Auszubildende ohne hinzurechnende weitere Einkünfte auch seinen minderjährigen Kindern nicht leistungsfähig.[43]

Wegen der günstigen Darlehensbedingungen ist einem Studierenden in der Regel die **675** Kreditaufnahme in Form eines BAföG-Darlehens zumutbar.[44] Allerdings sind im Rahmen der gebotenen **Zumutbarkeitsprüfung** stets die beiderseitigen Interessen zu berücksichtigen. Die Frage stellt sich aber nur bei Eltern, die zwar aus zivilrechtlicher Sicht teilweise leistungsfähig wären, deren Einkommen nach dem System der verwaltungsrechtlichen Einkommens- und Vermögensanrechnung (§§ 21 ff. und 26 ff. BAföG) aber nicht zu berücksichtigen ist. Dabei handelt es sich also ohnehin um Eltern, denen die Unterhaltsgewährung nicht leicht fällt. Außerdem haben sie im Allgemeinen ihre Kinder bereits über die übliche Ausbildungszeit hinaus bis zur Erlangung der Hochschulreife unterhalten.[45] Besondere Umstände, die eine Unterhaltspflicht der Eltern trotz bedarfsdeckender Darlehensleistung nach dem BAföG begründen könnten, müsste – als Abweichung vom Regelfall – der Studierende **behaupten und nachweisen**. Wenn das BAföG-Darlehen den Mindestbedarf des Auszubildenden nicht deckt, verbleibt es ohnehin bei dem ergänzenden zivilrechtlichen Unterhaltsanspruch.[46] Ein die Darlehensleistung ausschließender zivilrechtlicher Unterhaltsanspruch gegen die Eltern kommt aber dann in Betracht, wenn der Auszubildende noch minderjährig ist.[47]

Wenn dem Auszubildenden auch im Hinblick auf die anteilige Darlehensleistung ein **676** BAföG-Antrag zumutbar ist, trifft ihn eine entsprechende unterhaltsrechtliche **Obliegenheit**. Stellt er einen solchen Antrag nicht und könnte er bei Antragstellung ein BAföG-Darlehen erhalten könnte, ist ihm ein **fiktives Einkommen** in Höhe der BAföG-Leistungen zuzurechnen.[48] Allerdings erfüllt der Studierende seine Obliegenheit regelmäßig schon durch die erstmalige Antragstellung. Eine unterhaltsrechtlich vorwerfbare Obliegenheitsverletzung liegt jedenfalls nicht vor, wenn ein früherer Antrag abgelehnt wurde und der Unterhaltsschuldner den Berechtigten nicht ausdrücklich angehalten hat, einen neuen Antrag zu stellen.[49] Der Unterhaltsberechtigte ist grundsätzlich auch nicht verpflichtet, gegen einen ablehnenden Bescheid Rechtsmittel einzulegen, wenn dies der Unterhaltspflichtige nicht ausdrücklich von ihm verlangt.[50] Ändert sich nach einer vorangegangenen Ablehnung allerdings die finanzielle Situation der Eltern, kann das Kind auf Verlangen der

---

[42] BGH FamRZ 1985, 916; NJW-RR 1986, 1262
[43] OLG Jena FamRZ 2010, 746 Rn. 28 ff.; zum Selbstbehalt in diesen Fällen vgl. BGH FamRZ 1987, 930
[44] BGH FamRZ 1989, 499
[45] Vgl. aber BGH FamRZ 1985, 916; NJW-RR 1986, 1262
[46] So OLG Köln FamRZ 1985, 1166
[47] OLG Hamm FamRZ 1987, 91; BGH FamRZ 1985, 916 bezieht sich auf volljährige Darlehensempfänger
[48] BGH FamRZ 1980, 126, 128; OLG Jena FamRZ 2009, 1416 Rn. 72 ff.; OLG Schleswig FamRZ 2006, 571
[49] OLG Hamm FamRZ 1998, 1612
[50] BGH FamRZ 1989, 499; OLG Brandenburg 10 UF 133/08 Juris

§ 1　　　　　　　　　Die Ermittlung des unterhaltsrechtlich relevanten Einkommens

Eltern verpflichtet sein, eine Abänderung des zunächst ablehnenden BAföG-Bescheides nach § 53 BAföG zu beantragen.[51] **Rückzahlungsraten** aus einem BAföG-Darlehen sind nicht bereits während der Förderungsdauer, sondern erst dann vom Einkommen des Unterhaltsberechtigten abzuziehen, wenn die Rückzahlungsverpflichtung nach §§ 18 III 3, V b und 20 BAföG besteht oder zumindest unmittelbar bevorsteht.[52]

4. Kindergeld und Kinderzuschlag nach § 6 a BKGG

677　　Das staatliche Kindergeld[53] nach §§ 62 f. EStG[54] und nach dem BKGG[55] dient dem allgemeinen **Familienleistungsausgleich** (vgl. Rn. 2/700 ff.). Es ist eine öffentliche Sozialleistung, die gewährt wird, um die Unterhaltslast der Eltern gegenüber ihren Kindern zu erleichtern. Das gilt auch, wenn ein im Ausland lebender barunterhaltspflichtiger Elternteil in dem ausländischen Staat kindergeldberechtigt wäre und sein dort begründeter Anspruch wegen der sich aus dem deutschen Recht ergebenden Kindergeldberechtigung des anderen Elternteils ruht.[56] Das staatliche Kindergeld soll zwar beide Eltern entlasten. Aus Gründen der Verwaltungsvereinfachung wird es gemäß § 64 I EStG aber immer nur an einen Berechtigten ausgezahlt. Der interne Ausgleich unter den Eltern erfolgte ursprünglich mit der Konstruktion eines familienrechtlichen Ausgleichsanspruches. In der Praxis der Gerichte entwickelte sich dann die Übung, das Kindergeld über eine entsprechende Erhöhung oder Herabsetzung des Kindesunterhalts zwischen den unterhaltspflichtigen Eltern auszugleichen.[57] Der BGH hatte sich dem angeschlossen und zugleich entschieden, dass Kindergeld **nicht als Einkommen des bezugsberechtigten Elternteils** anzusehen ist.[58] Das Kindergeld wurde somit zwar zwischen den unterhaltspflichtigen Eltern ausgeglichen, für weitere Unterhaltsansprüche wurde es aber nicht herangezogen; es verblieb den Eltern somit hälftig für eigene Zwecke, etwa auch zur Finanzierung der Ausübung des Umgangsrechts. Mit der zum 1. 7. 1998 in Kraft getretenen früheren Fassung des § 1612 b BGB hatte das Gesetz diese Regelung im Wesentlichen übernommen (zu den Einzelheiten s. Rn. 2/714, sowie für minderjährige Kinder Rn. 2/718 und für volljährige Kinder Rn. 2/722 f.). Entsprechend war das Kindergeld auch nach den Leitlinien der Oberlandesgerichte (s. Rn. 20) nicht als Einkommen des unterhaltspflichtigen Elternteils zu berücksichtigen.[59] Im Einklang damit sah § 1612 b V BGB a. F. ausdrücklich vor, dass das Kindergeld für den Unterhalt nur eingesetzt werden musste, um den Regelbetrag und ab der Neufassung zum 1. Januar 2001 bis zu 135% des Regelbetrags nach der früheren Regelbetrag-Verordnung sicherzustellen.[60] Nur in besonders beengten Verhältnissen war das Kindergeld für den Bedarf des Kindes einzusetzen und stand den Eltern dann nicht mehr zur Verfügung. Wegen der damit erstrebten Sicherung des Existenzminimums der Kinder war diese Regelung trotz der damit (teilweise) entfallenen Entlastung der Eltern verfassungsrechtlich nicht zu beanstanden.[61] Im

---

[51] OLG Karlsruhe NJW-RR 2010, 8
[52] BGH FamRZ 1986, 148; OLGR Celle 2008, 812 Rn. 45 zur Freistellungsmöglichkeit nach § 18 a I BAföG
[53] Seit dem 1. 1. 2010 beträgt es für das 1. bis 2. Kind 184 EUR, für das 3. Kind 190 EUR und ab dem 4. Kind 215 EUR; zur Entwicklung seit 1975 vgl. FamRZ 2005, 1402, 2009, 184, 2010, 177; s. auch Rn. 2/707
[54] Neufassung des Einkommensteuergesetzes vom 8. Oktober 2009 BGBl. 2009 I S. 3366 in der Fassung des Art. 1 Nr. 7 des Gesetzes zur Beschleunigung des Wirtschaftswachstums (Wachstumsbeschleunigungsgesetz) vom 22. Dezember 2009 BGBl. 2009 I S. 3950 f.
[55] Neufassung des Bundeskindergeldgesetzes vom 28. Januar 2009 BGBl. 2009 I S. 142 in der Fassung des Art. 8 des Gesetzes zur Beschleunigung des Wirtschaftswachstums (Wachstumsbeschleunigungsgesetz) vom 22. Dezember 2009 BGBl. 2009 I S. 3954
[56] BGH FamRZ 2004, 1639; zu vergleichbaren Leistungen im Ausland s. FamRZ 2005, 1402 ff
[57] Vgl. Rn. 2/530 ff., 2/539 ff.
[58] BGH FamRZ 1997, 806 = R 512
[59] Vgl. Leitlinien der Oberlandesgerichte Ziff. 3 und 14
[60] BGH FamRZ 2006, 108 = R 642 a; 2003, 445
[61] BVerfG FamRZ 2003, 1370; BGH FamRZ 2003, 445; zum Ausgleich durch Erhöhung des Selbstbehalts vgl. BGH FamRZ 2005, 706, 708 = R 626; vgl. auch BVerfG FamRZ 2001, 541 und 756

9. Abschnitt: Sonstige Einkünfte aus sozialstaatlichen Zuwendungen § 1

Übrigen verblieb das Kindergeld den Eltern anrechnungsfrei, indem im Rahmen des Ehegattenunterhalts nicht nur der tatsächliche Zahlbetrag auf den Kindesunterhalt, sondern der ungekürzte Tabellenbetrag abgesetzt wurde.

In seiner neueren Rechtsprechung hat der BGH zwar daran festgehalten, dass das **678** Kindergeld kein Einkommen der Eltern bildet. Darüber hinaus hat er aber dem Kind einen Anspruch auf Auskehr des Kindergeldes zugesprochen und dieses bedarfsdeckend auf seinen Barunterhaltsanspruch angerechnet. Damit hat er das Kindergeld unterhaltsrechtlich als **Einkommen des Kindes** bewertet.[62] Zwar bezweckt das Kindergeld grundsätzlich eine gezielte Förderung von Familien mit Kindern, deren Lebensverhältnisse sich durch den Bedarf der Kinder generell schwieriger gestalten.[63] Es ist deswegen auch dazu bestimmt, die Eltern von ihrer jeweiligen Unterhaltspflicht zu entlasten. Diese Entlastung betrifft aber nicht das Verhältnis der Eltern untereinander, sondern nur ihr Verhältnis zu den Kindern, weil ihnen das Kindergeld der Kindesunterhalt gesichert werden soll. Die vom Gesetz bezweckte Entlastung der Eltern tritt dadurch ein, dass sie nur noch den um das (hälftige) Kindergeld reduzierten Barunterhalt schulden[64] Das geht einher mit sozialhilferechtlichen Vorschriften, in denen das Kindergeld ebenfalls als Einkommen des Kindes gewertet wird. Aus sozialhilferechtlicher Sicht ist das an minderjährige Kinder gezahlte Kindergeld dem jeweiligen Kind als Einkommen zuzurechnen, soweit es bei diesem zur Deckung des notwendigen Lebensunterhaltes benötigt wird (§ 82 I 2 SGB XII). Gleiches gilt nach § 11 I 3 i. V. m. § 7 III Nr. 2 und 4 SGB II für Kinder innerhalb einer Bedarfsgemeinschaft bis zur Vollendung des 25. Lebensjahres, also bis zur neuen Förderungshöchstdauer. Mit der Neufassung des § 1612 b BGB zum 1. Juli 2007 hat der Gesetzgeber sich dem auch für die unterhaltsrechtliche Einordnung des Kindergeldes angeschlossen.

Der BGH hat seine schon vor in Kraft treten des § 1612 b BGB vertretene Auffassung[65] **679** in ständiger Rechtsprechung bestätigt und daran festgehalten, dass Kindergeld kein Einkommen ist, das bei der Berechnung des **Ehegattenunterhalts** nach § 1578 BGB berücksichtigt werden darf.[66] Diese Rechtsprechung wird durch die Neufassung des § 1612 b BGB gestützt. Zwar steht das Kindergeld jetzt unmittelbar dem Kind als Einkommen zu und ist deswegen auf dessen Barunterhaltsanspruch (bei minderjährigen Kindern hälftig, bei volljährigen Kindern in voller Höhe) bedarfsdeckend anzurechnen (s. Rn. 680). Mit dieser Bedarfsdeckung entlastet es den barunterhaltspflichtigen Elternteil und – bei minderjährigen Kindern in Höhe der zweiten Hälfte des Kindergeldes – auch den betreuenden Elternteil. Bei volljährigen Kindern ergibt sich durch die Bedarfsdeckung des Kindergeldes eine Entlastung der barunterhaltspflichtigen Eltern im Umfang ihres Anteils an der Barunterhaltspflicht.[67] Weil das Kindergeld jetzt aber dem Kind als Einkommen zusteht, hat es mit dieser Entlastung der Eltern von ihrer Barunterhaltspflicht sein Bewenden. Ein zusätzlicher Ausgleich im Rahmen des Ehegattenunterhalts oder des Unterhalts nach § 1615 l BGB ist nicht mehr geboten. Insoweit ist nur noch die Belastung zu berücksichtigen, die durch den vorrangigen Kindesunterhalt tatsächlich entsteht. Seit mit der Neufassung des § 1612 b BGB das Kindergeld als Einkommen des Kindes behandelt wird, ist deswegen von dem unterhaltsrelevanten Einkommen nur noch der **tatsächliche Zahlbetrag** auf den Kindesunterhalt abzusetzen (vgl. auch Rn. 2/729 f.).[68] Das trägt auch zu der gewünschten Vereinfachung des Unterhaltsrechts bei, zumal jetzt bei der Bemessung des Ehegattenunterhalts

---

[62] So grundlegend BGH FamRZ 2006, 99, 101 = R 641 e; zur Entwicklung der Rechtsprechung vgl. auch Dose, FamRZ 2007, 1289 ff.
[63] BVerfG FamRZ 1977, 611; BGH FamRZ 1988, 604
[64] BGH FamRZ 2006, 99, 101 = R 641 e; 2006, 1597, 1599 = R 659 b; 2005, 347 = R 622; 2003, 445
[65] BGH FamRZ 1997, 806, 808 ff. = R 512
[66] BGH FamRZ 2005, 347 = R 622; 2003, 445; 2000, 1492, 1494 = R 546 d; vgl. auch BVerfG FamRZ 2003, 1370
[67] Vgl. insoweit BGH FamRZ 2006, 99, 101 = R 641 e; 2006, 1597, 1599 = R 659 b
[68] BGH FamRZ 2010, 1318 Rn. 28 f. (Mangelfall); 20091477 Rn. 21 ff. (Leistungsfähigkeit); 2009, 1300 = R 705 c (Bedarfsbemessung); 2008, 963 = R 692 g; BT-Drs. 16/1830 S. 29; vgl. auch Gerhardt FamRZ 2007, 945, 948; Dose FamRZ 2007, 1289, 1292 f.; Scholz FamRZ 2007, 2221, 2224; Klinkhammer FamRZ 2008, 193, 199

nur noch der Betrag abgesetzt werden darf, der tatsächlich auf den Kindesunterhalt geleistet wird und deswegen nicht für andere Unterhaltszwecke zur Verfügung steht. Der Umstand, dass dem betreuenden Elternteil eines minderjährigen Kindes das hälftige Kindergeld anrechnungsfrei verbleibt, während sich die Entlastung des barunterhaltspflichtigen Elternteils auf die Höhe des Ehegattenunterhalts auswirkt, kann diese Rechtsprechung nicht in Frage stellen. Denn auch einem unterhaltspflichtigen Ehegatten bleibt nach Zahlung des Ehegattenunterhalts von seiner hälftigen Entlastung durch das Kindergeld ein Anteil von 55% bzw. $^4/_7$ für eigene Zwecke, während der betreuende Elternteil von diesem Teil 45% bzw. $^3/_7$ erhält. Die zusätzliche Entlastung des betreuenden Elternteils entfällt auf zusätzliche Belastungen durch die Betreuung und kann unterhaltsrechtlich nicht zwischen den Eltern ausgeglichen werden. Im Mangelfall, wenn also dem unterhaltspflichtigen Ehegatten trotz der Entlastung durch das Kindergeld nur der Ehegattenselbstbehalt verbleibt, kann es bei besonders hohen Umgangskosten jetzt allerdings geboten sein, seinen jeweiligen Selbstbehalt mäßig anzuheben.[69]

680 Soweit der BGH in seiner früheren Rechtsprechung zur Bemessung des Ehegattenunterhalts das Kindergeld verschiedentlich sogar zum Einkommen des Unterhaltspflichtigen gerechnet hatte, handelte es sich dabei stets um besonders gelagerte Sachverhalte. In einem Fall[70] war der Kindesunterhalt bereits durch Pflegegeld vollständig gesichert, in anderen Fällen[71] handelte es sich um volljährige Kinder, für die ausschließlich der Vater aufkam. Soweit der BGH in einer weiteren Entscheidung[72] darauf abgestellt hatte, dass es sich um einen Mangelfall handele, hat er dieser Rechtsprechung inzwischen ebenfalls aufgegeben.[73] Diese Entscheidungen durften daher schon in der Vergangenheit nicht so verstanden werden, dass das Kindergeld bei der Bemessung des Ehegattenunterhalts generell zum Einkommen der Eheleute zu rechnen wäre. Im Regelfall wäre dies beim Kindergeld für minderjährige Kinder auch ein überflüssiger Rechenschritt, weil sich bei der hälftigen Aufteilung des Kindergeldes auf beide Ehegatten die Zurechnung zu den beiderseitigen Einkünften gegenseitig aufhebt.[74]

> **Beispiel:**
> Verbleiben dem unterhaltspflichtigen Ehegatten nach Abzug des Unterhalts für ein Kind noch 2800 €, würden einem einkommenslosen unterhaltsberechtigten Ehegatten hiervon 2800 × 3 : 7 = 1200 € zustehen. Würde das Kindergeld von 184 € jedem Ehegatten zur Hälfte als Einkommen zugerechnet, ergäbe sich keine Veränderung. Das Einkommen des Unterhaltspflichtigen betrüge nunmehr 2800 + 92 = 2892 €, beim Berechtigten wären es 92 €. Danach wären unverändert 2892 − 92 = 2800 × 3 : 7 = 1200 € zu zahlen.

Das Kindergeld für volljährige Kinder, das den Eltern wegen ihrer unterschiedlichen Haftungsquote in unterschiedlichem Umfang zugute kommt,[75] bleibt deswegen erst Recht und selbst im Mangelfall[76] bei der Bemessung anderer Unterhaltsansprüche unberücksichtigt. Das entspricht der Neufassung des § 1612b BGB, der das Kindergeld jetzt auch aus unterhaltsrechtlicher Sicht als Einkommen des Kindes versteht. Der BGH lehnt in seiner ständigen Rechtsprechung[77] deswegen zu Recht selbst dann eine Zurechnung von Kindergeld zum Einkommen bei der Bedarfsermittlung für den Ehegattenunterhalt ab, wenn das Kindergeld für ein nicht gemeinschaftliches Kind gezahlt wird. Auch soweit einem Ehegatten wegen eines weiteren nicht gemeinsamen Kindes hinsichtlich der gemeinsamen Kinder

---

[69] BGH FamRZ 2005, 706, 708 = R 626 (zu den Kosten des Umgangsrechts)
[70] BGH FamRZ 1984, 769, 771
[71] BGH FamRZ 1990, 979; 1990, 499, 502 = R 407 d; vgl. jetzt aber BGH FamRZ 2006, 99, 101 = R 641 e
[72] BGH FamRZ 1992, 539, 541 = R 444 c
[73] BGH FamRZ 2010, 1318 Rn. 28 f. (Mangelfall); 2009, 1477 Rn. 21 ff. (Leistungsfähigkeit); 2005, 347 = R 622
[74] Vgl. BGH FamRZ 2006, 99 = R 641 e
[75] BGH FamRZ 2006, 99 = R 641 e
[76] BGH FamRZ 2005, 347 = R 622
[77] BGH FamRZ 2000, 1492, 1494 = R 546 d, mit dem er das abweichende Urteil des OLG München FamRZ 1999, 511 abgeändert hat; 1997, 806 = R 512 f.; 1977, 806 = R 512 f.

9. Abschnitt: Sonstige Einkünfte aus sozialstaatlichen Zuwendungen § 1

ein sog. **Zählkindvorteil** erwächst, ist dieser nicht als unterhaltsrelevantes Einkommen in die Bedarfsberechnung einzubeziehen, sondern kommt dem betreffenden Elternteil allein zugute (s. § 1612 b II BGB; zum Kindergeld und Zählkindervorteil im Mangelfall s. Rn. 5/62 ff., 2/732, zur Verrechnung des Kindergeldes mit dem Unterhalt s. Rn. 2/716 ff., 732). Ähnliche Leistungen sind der im Jahre 2009 einmalig gezahlte Kinderbonus nach § 6 III BKGG bzw. § 66 I 2 EStG,[78] der **Kinderzuschuss** aus der gesetzlichen Rentenversicherung, Kinderzulagen aus der gesetzlichen Unfallversicherung und die Kinderzulagen von zwischen- oder überstaatlichen Einrichtungen.[79] Diese Zuwendungen verdrängen nach § 65 EStG das Kindergeld. Soweit dies der Fall ist, gilt nach § 1612 c BGB die gleiche Regelung wie in § 1612 b BGB (näher dazu Rn. 2/713).

Bei **minderjährigen Kindern** wird das Kindergeld nur zur Hälfte auf den Barbedarf angerechnet. Denn wenn ein minderjähriges unverheiratetes Kind von seinen Eltern in der Weise unterhalten wird, dass der eine Elternteil das Kind pflegt und erzieht und der andere für den Barunterhalt aufkommt, ist darin regelmäßig eine Unterhaltsleistung der Eltern zu gleichen Anteilen zu erblicken (§ 1606 III 2 BGB). Das hat zur Folge, dass sie durch eigene Einkünfte des minderjährigen Kindes[80] und somit auch durch das Kindergeld je zur Hälfte entlastet werden.[81] Entsprechend sieht § 1612 b I Nr. 1 BGB für solche Fälle ausdrücklich nur eine hälftige Anrechnung auf den Barunterhaltsbedarf des Kindes vor. **681**

Volljährigen Kindern haften die Eltern nur noch für einen – erhöhten – Barunterhaltsbedarf, während der Anspruch auf Betreuungsunterhalt entfallen ist. Eine Entlastung der Eltern durch das Kindergeld ist nur noch insoweit geboten, als sie den geschuldeten Barunterhalt anteilig erbringen. Für die anteilige Aufteilung des Kindergeldes hat das Gesetz im Einklang mit der Rechtsprechung des BGH[82] mit der Neufassung des § 1612 b BGB I Nr. 2 BGB den einfachsten Weg gewählt. Danach ist das volle Kindergeld bedarfsdeckend auf den Unterhaltsbedarf des volljährigen Kindes anzurechnen, womit erreicht wird, dass beide Elternteile entsprechend der jeweils geschuldeten Unterhaltsquote vom Barunterhalt entlastet werden. Die Zurechnung des Kindergeldes als Einkommen des volljährigen Kindes geht einher mit der Vorschrift des § 74 I 3 EStG, die dem Kind unter Umständen sogar ein eigenes Bezugsrecht für das Kindergeld einräumt. **682**

Für **privilegierte Volljährige** oder sonstige volljährige Kinder, die noch bei einem (nicht barunterhaltspflichtigen) Elternteil wohnen, ergibt sich insoweit kein Unterschied. Soweit dieser Elternteil trotz seiner Leistungsunfähigkeit Naturalleistungen durch Wohnungsgewährung und im Rahmen der gemeinsamen Haushaltsführung erbringt, kann er dafür zwar ein erhaltenes Kindergeld einsetzen. Im Unterschied zur Unterhaltspflicht gegenüber einem minderjährigen Kind erfüllt er mit den Naturalleistungen aber keine zusätzliche eigene Unterhaltspflicht. In diesem Umfang wird das Kindergeld also ebenfalls – in Form von Naturalleistungen – bedarfsdeckend verwendet und entlastet deswegen den für den Barbedarf unterhaltspflichtigen Elternteil. Erbringt der nicht (bar-)leistungsfähige Elternteil hingegen keine Naturalleistungen oder nur solche in einem Umfang, der die Höhe des vollen Kindergeldes nicht erreicht, steht dem Kind im Übrigen unterhaltsrechtlich ein Anspruch auf Auskehr des Kindergeldes zu, weil es sonst beim nicht leistungsfähigen (und auch nicht leistenden) Elternteil verbliebe und den Zweck einer Entlastung von der Unterhaltspflicht nicht erreichen könnte (vgl. § 1612 b I BGB). In beiden Fällen wird die dem allein barunterhaltspflichtigen Elternteil zustehende Entlastung durch bedarfsdeckende Naturalleistungen an das Kind oder eine ebenfalls bedarfsdeckende Auskehr des Kindergeldes erreicht. Für die volle bedarfsdeckende Anrechnung des Kindergeldes kommt es deswegen nicht darauf an, ob das volljährige Kind bei dem nicht (bar-)leistungsfähigen Elternteil wohnt und von diesem Naturalleistungen erhält, oder ob es sich (z. B. als auswärts wohnen- **683**

---

[78] Vgl. insoweit Diehl FamRZ 2009, 932
[79] Vgl. OLG Koblenz FamRZ 1995, 1374 für die Beamten der Europäischen Kommission; zu vergleichbaren Leistungen im Ausland s. FamRZ 2005, 1402 ff.
[80] BGH FamRZ 2009, 762 Rn. 55; 2006, 1597 (alleinige Unterhaltspflicht beim Tod eines Elternteils)
[81] BGH FamRZ 2006, 1597, 1599 = R 659 b; 2006, 99, 101 = R 641 e
[82] BGH FamRZ 2006, 99, 101 = R 641 e

§ 1　　　Die Ermittlung des unterhaltsrechtlich relevanten Einkommens

der Student) in vollem Umfang selbst unterhält und deswegen das Kindergeld zur eigenen Verfügung hat.[83]

684　　Nach § 6 a BKGG könne Personen für die in ihrem Haushalt lebenden und noch nicht 25 Jahre alten Kinder auf Antrag (§§ 6 a II 5 BKGG, 28 SGB X) einen **Kinderzuschlag** erhalten. Der Kinderzuschlag beträgt bis zu 140 EUR monatlich (§ 6 a II 1 BKGG). Nach § 6 a II 3 BKGG soll der Kinderzuschlag für jeweils 6 Monate bewilligt werden; die ursprünglich in § 6 a II 3 BKGG vorgesehene Befristung des Kinderzuschlags auf 36 Monate ist jedoch zum 1. Januar 2008 aufgehoben worden. Die Summe der Kinderzuschläge für mehrere Kinder wird zu einem Gesamtkinderzuschlag zusammengefasst (§ 6 a II 2 BKGG). Voraussetzung für die Zahlung ist, dass die Antragsteller für die Kinder Anspruch auf Kindergeld nach dem BKGG oder nach §§ 62 ff. EStG haben, ihr nach den § 11 I 1 SGB II zu bemessendes Einkommen und Vermögen mit Ausnahme des Wohngeldes und des Kindergeldes 900 EUR, bei Alleinerziehenden 600 EUR, nicht unterschreitet, das nach §§ 11, 12 SGB II zu bemessende Einkommen mit Ausnahme des Wohngeldes einen Betrag in Höhe des jeweils maßgebenden ALG II nach § 19 Satz 1 des SGB II oder des Sozialgeldes nach § 28 Abs. 1 SGB II zuzüglich des Gesamtkinderzuschlags nicht überschreitet und dass deswegen durch die Zahlung des Kinderzuschlags eine Hilfsbedürftigkeit nach § 9 SGB II vermieden werden kann (§ 6 a I, IV 1 BKGG). Mit dem Kinderzuschlag will der Gesetzgeber somit die Eltern, deren eigener Bedarf durch ihr Einkommen oder Vermögen gedeckt ist, davor bewahren, Arbeitslosengeld II oder Sozialgeld beantragen zu müssen, um den notwendigen Lebensunterhalt ihrer minderjährigen Kinder sicherstellen zu können.[84] Für Monate, in denen das Kind zumutbare Anstrengungen zur Einkommenserzielung unterlassen hat, wird kein Kinderzuschlag gezahlt (§ 6 a III 3 BKGG).

685　　Der Kinderzuschlag mindert sich um das nach den §§ 11, 12 SGB II zu berücksichtigende **Einkommen des Kindes** mit Ausnahme des Wohngeldes und des Kindergeldes (§ 6 a III 1, 2 BKGG). Liegt das maßgebliche **Einkommen des Antragstellers** unter dem eigenen Bedarf nach dem SGB II, wird ein Kinderzuschlag nicht gewährt, weil dann ohnehin Arbeitslosengeld II gezahlt werden muss. Liegt das maßgebliche Einkommen des Antragstellers hingegen über diesem Betrag und unterhalb der Höchstgrenze, wird der Kinderzuschlag stufenweise gemindert (§ 6 a IV 3–5 BKGG). Dann wird der Kinderzuschlag, bei mehreren Kindern der Gesamtkinderzuschlag, für je 10 EUR höhere Erwerbseinkünfte seit dem 1. 10. 2008 nur noch um jeweils 5 EUR (davor um jeweils 7 EUR) gekürzt. Anderes Einkommen sowie anrechenbares Vermögen mindern den Kinderzuschlag in voller Höhe (§ 6 a IV 6–8 BKGG). Der Anspruch auf Kinderzuschlag entfällt, wen der Berechtigte erklärt, ihn wegen eines damit verbundenen Verlustes von anderen Ansprüchen nicht geltend machen zu wollen. Die Erklärung kann aber für die Zukunft widerrufen werden (§ 6 a V BKGG).[85]

686　　Nach §§ 3 II 1, 6 a I BKGG wird der Kinderzuschlag an den Elternteil gezahlt, in dessen Haushalt das Kind lebt. Sozialrechtlich wird er hingegen, wie das Kindergeld,[86] dem Kind als Einkommen zugerechnet, weil dessen Bedarf gedeckt und dessen Hilfebedürftigkeit nach dem SGB II vermieden werden soll (§ 11 I 2, 3 SGB II). **Unterhaltsrechtlich** ist ein Kinderzuschlag – wie das Kindergeld – zur Deckung des Unterhaltsbedarfs des Kindes zu verwenden und deswegen ebenfalls als **Einkommen des Kindes** zu behandeln. Zwar ist § 1612 b BGB nicht unmittelbar auf den Kinderzuschlag anwendbar und auch § 1612 c BGB, der die Vorschrift auf andere wiederkehrende Leistungen für entsprechend anwendbar erklärt, greift nicht ein, weil der Kinderzuschuss neben und nicht an Stelle des Kindergeldes gezahlt wird.[87] Für eine Behandlung des Kinderzuschlags als Einkommen des Kindes spricht aber schon die neuere Rechtsprechung des BGH zu § 1612 b BGB a. F.[88] Wie durch das

---

[83] BGH FamRZ 2006, 99, 102 = R 641 e
[84] Scholz in Scholz/Stein Praxishandbuch Familienrecht Teil L Stand: März 2011 Rn. 185 ff.
[85] Zur Berechnung des Kinderzuschlags vgl. LSG Rheinland-Pfalz BeckRS 2006, 44913 und SG Koblenz BeckRS 2006, 44181
[86] Vgl. insoweit BGH FamRZ 2006, 99, 101
[87] Klinkhammer FamRZ 2004, 1909, 1912; Scholz in Scholz/Stein a. a. O. Rn. 189
[88] BGH FamRZ 2006, 99, 102

9. Abschnitt: Sonstige Einkünfte aus sozialstaatlichen Zuwendungen § 1

Kindergeld soll auch durch den Kinderzuschlag die Unterhaltslast gegenüber dem Kind erleichtert werden. Der Kinderzuschuss wird nur gezahlt, wenn der berechtigte Antragsteller über Einkünfte verfügt, die zwar seinen eigenen Bedarf, nicht aber den Bedarf des Kindes deckt. Er soll also gezielt einen ungedeckten Unterhaltsbedarf des Kindes abdecken, um eine Hilfsbedürftigkeit nach § 9 SGB II zu vermeiden. Dann muss ein gezahlter Kinderzuschlag auch für diesen Bedarf des Kindes verwendet werden, steht also in vollem Umfang dem Kind zu. Erbringt der berechtigte Elternteil aus dem gezahlten Kinderzuschlag keine Naturalleistungen, die den Barunterhaltsbedarf des Kindes decken, steht dem Kind unterhaltsrechtlich ein Anspruch auf Auskehr des Kinderzuschlags zu.[89] Damit deckt der Kinderzuschlag den Bedarf des Kindes und verhindert, dass nur wegen dieses Bedarfs Leistungen nach dem SGB II beantragt werden müssen.

Als eigenes Einkommen deckt ein gezahlter Kinderzuschlag somit den Unterhaltsbedarf **687** des Kindes und steht in diesem Umfang einem Anspruch auf Kindesunterhalt **für die Vergangenheit** entgegen, soweit keine Rückforderung in Betracht kommt.[90] Im Einklang damit sieht das Gesetz für den Kinderzuschlag auch weder einen gesetzlichen Anspruchsübergang wie in § 94 SGB XII und in § 33 SGB II noch eine Überleitungsmöglichkeit durch Verwaltungsakt vor, wie dies bei anderen subsidiären Sozialleistungen der Fall ist. Einem Anspruch auf **künftigen Kindesunterhalt** steht der Kinderzuschlag allerdings nicht entgegen. Denn unabhängig davon, ob dieser als eigenes Einkommen des Kindes anzusehen ist, mindert sich der Anspruch auf Kinderzuschlag nach § 6a III BKGG um eigenes Einkommen und Vermögen des Kindes, also auch um dessen Anspruch auf Barunterhalt. Darin kommt eine Subsidiarität des Kinderzuschlags zum tragen, die einer Deckung des künftigen Unterhaltsbedarfs des Kindes entgegensteht.[91]

Im Rahmen eines Anspruchs auf **Ehegattenunterhalt** oder auf Betreuungsunterhalt **688** nach § 1615 l BGB ist ein für die Vergangenheit gezahlter Kinderzuschlag nicht als Einkommen des Elternteils zu berücksichtigen. Als Einkommen des Kindes (s. Rn. 678 f.) ist der Kinderzuschlag für seinen Unterhaltsbedarf zu verwenden und steht damit dem antragsberechtigten Elternteil, um dessen Bedarf es hier geht, nicht zusätzlich zur Verfügung.

5. Pflege- und Erziehungsgeld nach SGB VIII, Pflegegeld für Pflegepersonen nach SGB XI, Pflegegeld nach SGB XII, Leistungen nach dem Stiftungs- und dem Kindererziehungsleistungsgesetz

Ansprüche auf **Pflegegeld** ergeben sich in verschiedenen tatsächlichen Konstellationen **689** aus unterschiedlichen gesetzlichen Grundlagen. Dabei sind die folgenden Fallgestaltungen zu unterscheiden:
- Pflegegeld nach §§ 23 I, II, 39 SGB VIII (KJHG) bei Förderung in Kindertagespflege, Erziehung in einer Tagesgruppe, Vollzeitpflege, Heimerziehung, sozialpädagogischer Einzelbetreuung oder Eingliederungshilfe für seelisch behinderte Kinder und Jugendliche (s. Rn. 690 ff.),
- Pflegegeld nach dem Sozialgesetzbuch XI – Soziale Pflegeversicherung nach § 37 I SGB XI (s. Rn. 694 ff.),
- Pflegegeld nach § 64 SGB XII, insbesondere für die Pflege eigener schwer behinderter Kinder (s. Rn. 697),
- Pflegezulagen nach § 35 BVG, § 37 SGB V und § 269 I LAG (s. Rn. 698 ff.).

Nach **§ 23 I, 24 SGB VIII (KJHG)** umfasst die Förderung in Kindertagespflege neben der **690** Vermittlung des Kindes zu einer geeigneten Tagespflegeperson sowie deren fachlicher Beratung, Begleitung und weiteren Qualifizierung auch die Gewährung einer laufenden Geldleistung. Die an die Pflegeperson zu zahlende laufende Geldleistung umfasst nach § 23 II

---

[89] BGH FamRZ 2006, 99, 102 (zum Kindergeld nach früherem Recht)
[90] So auch Schürmann FF 2005, 10; a. A. Klinkhammer FamRZ 2004, 1909, 1912 und Scholz in Scholz/Stein a. a. O. Rn. 189
[91] So auch Klinkhammer FamRZ 2004, 1909, 1912 und Scholz in Scholz/Stein a. a. O. Rn. 189; zur gleichgelagerten Frage bei der Grundsicherung im Alter vgl. BGH FamRZ 2007, 1158 = R 667 a, b

SGB VIII die Erstattung ihres angemessenen Sachaufwands, einen angemessenen Beitrag zur Anerkennung ihrer Förderungsleistung, die Erstattung von Beiträgen zur Unfallversicherung und die teilweise Erstattung von Beiträgen zur Renten-, Kranken- und Pflegeversicherung. Die Höhe der laufenden Geldleistung wird von den Trägern der öffentlichen Jugendhilfe festgelegt, soweit Landesrecht nicht etwas anderes bestimmt. Der Betrag zur Anerkennung der Förderungsleistung der Tagespflegeperson ist leistungsgerecht auszugestalten. Dabei sind der zeitliche Umfang der Leistung und die Anzahl sowie der Förderbedarf der betreuten Kinder zu berücksichtigen (§ 23 II a SGB VIII). Wird Erziehung in einer Tagesgruppe, Vollzeitpflege, Heimerziehung, sozialpädagogische Einzelbetreuung oder Eingliederungshilfe für seelisch behinderte Kinder und Jugendliche gewährt, so ist nach § 39 I SGB VIII auch der notwendige Unterhalt des Kindes oder Jugendlichen außerhalb des Elternhauses einschließlich der Kosten der Erziehung sicherzustellen. Nach § 39 II SGB VIII soll durch die laufende Leistung der gesamte regelmäßig wiederkehrende Bedarf gedeckt werden, was – außer bei Erziehung in einer Tagesgruppe oder einer Tageseinrichtung – auch einen angemessenen Barbedarf zur persönlichen Verfügung des Kindes (Taschengeld) umfasst.

691 Das Pflege- und Erziehungsgeld nach den §§ 23 I, II, 39 SGB VIII wird zwar zur Förderung des Kindes oder Jugendlichen gewährt, unterhaltsrechtlich ist es aber (wie die entsprechenden Einkünfte nach dem früheren JWG) als **Einkommen der Pflegeperson** zu berücksichtigen, soweit es, wie in der Regel, den für den Unterhalt des Pflegekindes benötigten Betrag übersteigt und als Anerkennung für die Betreuung und erzieherischen Bemühungen der Pflegeperson gezahlt wird (vgl. § 23 II Nr. 2 SGB VIII).[92] Der Bedarf des Pflegekindes umfasst alles, was es zum Lebensunterhalt benötigt, insbesondere die Aufwendungen für Ernährung, Bekleidung, Reinigung, Körper- und Gesundheitspflege, Hausrat, Unterkunft, Heizung, Beleuchtung, Schulbedarf, Bildung und Unterhaltung.[93] Um den überschießenden Anerkennungsbedarf ermitteln zu können, ist zunächst der Bedarf des Pflegekindes festzustellen und notfalls nach § 287 ZPO zu schätzen. Die Düsseldorfer Tabelle bietet hierfür keinen ausreichenden Anhaltspunkt, weil das Pflegegeld zwar gestaffelt nach Altersgruppen (§ 39 II 2 HS 2, V SGB VIII) aber unabhängig vom Einkommen gewährt wird. Außerdem enthalten die Sätze der Düsseldorfer Tabelle in der Regel einen für die Fremdunterbringung zu niedrigen Mietanteil. Der den Bedarf des Kindes übersteigende Teil des Pflegegeldes ist den Pflegeeltern als Einkommen zuzurechnen. Soweit allerdings pauschal 1/3 des Pflegegeldes, etwa bei 600 EUR Pflegegeld grundsätzlich 200 EUR, als Einkommen für die Pflegeperson berücksichtigt wird, berücksichtigt dies die Umstände des Einzelfalles nicht in ausreichender Weise.[94] Soweit das Pflegegeld unter Berücksichtigung aller Umstände des Einzelfalles allerdings als Einkommen der Pflegeperson aus Erwerbstätigkeit zu behandeln ist, ist davon auch ein **Erwerbstätigenbonus** abzusetzen.[95]

692 Auf den **Unterhaltsanspruch des Kindes oder des Jugendlichen** wirkt sich das für sie gezahlte Pflegegeld bedarfsdeckend aus. Das gilt nach neuester Rechtsprechung des BGH sowohl für das frühere Recht, als auch für die zum 1. Oktober 2005 in Kraft getretene – und nach § 97b SGB VIII auch für laufende Maßnahmen ab April 2006 geltende – Neufassung des SGB VIII.[96] Zwar umfasst der Unterhaltsbedarf eines auswärts untergebrachten Kindes neben dem Barunterhalt auch den Betreuungsunterhalt, der sich nach der Rechtsprechung des BGH pauschal nach der Höhe des Barunterhalts richtet.[97] Dieser Unterhaltsbedarf wurde aber schon nach dem früheren Recht in vollem Umfang

---

[92] OLG Nürnberg FamRZ 2010, 1361; OLG Köln FamRB 2010, 3; OLG Zweibrücken FamRB 2002, 167; OLG Hamm NJWE-FER 1999, 294; OLG Hamburg FamRZ 1992, 444; OLG Karlsruhe FamRZ 2004, 645 (zur Berücksichtigung im PKH-Verfahren); vgl. auch Nr. 2.8 der Leitlinien der Oberlandesgerichte
[93] BGH FamRZ 1984, 769, 771
[94] So aber OLGR Zweibrücken 2002, 75
[95] OLG Zweibrücken FuR 2009, 298 Rn. 11; OLG Braunschweig, FamRZ 1996, 1216
[96] BGH FamRZ 2007, 377, 379 = R 666 a, c, d
[97] BGH FamRZ 2006, 1597, 1598 = R 659 a

durch die Leistungen der Kinder- und Jugendhilfe gedeckt. Die nach den Vorschriften des SGB VIII in der **bis zum 30. September 2005** geltenden Fassung gewährten Leistungen waren zwar grundsätzlich gegenüber Unterhaltsansprüchen subsidiär, zumal durch sie die Verpflichtungen Anderer, insbesondere Unterhaltspflichtiger ausdrücklich nicht berührt werden sollten (§ 10 I Satz 1 SGB VIII a. F.).[98] Diese grundsätzliche Subsidiarität wurde aber schon nach früherem Recht durch diverse Vorschriften eingeschränkt und speziell ausgestaltet. War ein Kind schon vor der Maßnahme der Kinder- und Jugendhilfe von seinen Eltern getrennt, ging der zivilrechtliche Unterhaltsanspruch in Höhe des Betrages auf den Träger der öffentlichen Jugendhilfe über, der zu zahlen wäre, wenn die Leistungen der Jugendhilfe und der sie veranlassende besondere Bedarf außer Betracht bleiben. Wurden die Kinder hingegen erst durch die Maßnahme der Kinder- und Jugendhilfe von ihren Eltern getrennt, erfolgte kein Anspruchsübergang; der Träger der öffentlichen Jugendhilfe war dann darauf verwiesen, die Eltern durch öffentlich-rechtlichen Leistungsbescheid zu den durch die Maßnahme ersparten Unterhaltskosten heranzuziehen.[99] In beiden Fällen sollte die finanzielle Belastung der Eltern durch die Maßnahme der Kinder- und Jugendhilfe nicht erhöht werden. Soweit deren Kosten die Unterhaltspflicht nach der Düsseldorfer Tabelle überstiegen, waren die Sozialleistungen deswegen nicht subsidiär und die Eltern nicht zur Erstattung verpflichtet.

An dieser begrenzten Subsidiarität hat sich durch die **seit dem 1. Oktober 2005** geltende Fassung des SGB VIII nichts geändert. Zwar werden auch jetzt nach § 10 I SGB VIII Verpflichtungen Anderer durch die Leistungen der Kinder- und Jugendhilfe grundsätzlich nicht berührt. Zugleich hat der Gesetzgeber aber in § 10 II SGB VIII die Art der Inanspruchnahme unterhaltspflichtiger Personen dahin konkretisiert, dass sie stets im Wege des öffentlich-rechtlichen Kostenbeitrags an den Kosten der Leistungen und vorläufigen Maßnahmen zu beteiligen sind. Im Einklang damit ordnet § 10 II Satz 2 SGB VIII jetzt ausdrücklich an, dass der Bedarf des jungen Menschen durch die Leistungen und vorläufigen Maßnahmen gedeckt ist, was beim zivilrechtlichen Unterhaltsanspruch berücksichtigt werden muss. Wegen des somit stets voll gedeckten zivilrechtlichen Unterhaltsanspruchs hat das Gesetz die frühere Vorschrift zur Überleitung dieses zivilrechtlichen Anspruchs auf den Träger der Jugendhilfe ersatzlos gestrichen. Zum Umfang des jetzt nur noch vorgesehenen öffentlich-rechtlichen Kostenbeitrags enthält § 94 V SGB VIII eine Verordnungsermächtigung, von der durch die Kostenbeitragsverordnung[100] Gebrauch gemacht worden ist.[101]

693

Für die Leistungen der **Pflegeversicherung nach § 37 I SGB XI** gilt Folgendes:[102]

694

Die **bedürftige Person,** für die das Pflegegeld gezahlt wird, kann sich auf die Vermutung des § 1610a BGB stützen (s. Rn. 654). Weil danach regelmäßig vermutet wird, dass mit dem Pflegegeld ein entsprechend hoher zusätzlicher pflegebedingter Aufwand einhergeht, wird der allgemeine Lebensbedarf des Pflegebedürftigen durch die Leistungen der Pflegeversicherung regelmäßig nicht berührt.[103] Im Einzelfall kann es sogar unschädlich sein, wenn das Pflegegeld nicht vollständig für Hilfsdienste ausgegeben wird, weil diese zum Teil unentgeltlich erbracht werden.[104] Denn der zusätzliche Pflegebedarf kann auch dann die Höhe des Pflegegeldes erreichen und eine (teilweise) unentgeltliche Pflege soll den Unterhaltspflichtigen nicht entlasten. Weil die Einstufung in die Pflegestufen des § 37 I SGB XI auf der Grundlage des konkreten Pflegebedarfs erfolgt, wird die Vermutung des § 1610a BGB bei diesen Leistungen kaum zu widerlegen sein.[105]

---

[98] Wiesner SGB VIII Kinder- und Jugendhilfe vor § 90 Rn. 2 f.
[99] BGH FamRZ 2007, 377, 378 = R 666 c
[100] Verordnung zur Festsetzung der Kostenbeiträge für Leistungen und vorläufige Maßnahmen in der Kinder- und Jugendhilfe (Kostenbeitragsverordnung – KostenbeitragsV) vom 1. Oktober 2005 (BGBl. I S. 2907)
[101] BGH FamRZ 2007, 377, 379 = R 666 d
[102] Grundlegend dazu Büttner FamRZ 1995, 193 ff. und FamRZ 2000, 596
[103] BGH NJW 2011, 1284
[104] OLG Hamm FamRZ 1998, 1431
[105] Vgl. BGH NJW 2006, 3565 Rn. 7; BGH FamRZ 2004, 1471 Rn. 8 (zu § 44 II 3 SGB VII); OLG Brandenburg FamRZ 2010, 991 Rn. 38 ff.

§ 1 Die Ermittlung des unterhaltsrechtlich relevanten Einkommens

695 Auch bei der **Pflegeperson,** an die das nach § 37 I SGB XI bewilligte Pflegegeld weitergeleitet wird, bleibt dieses nach der ausdrücklichen gesetzlichen Regelung in § 13 VI 1 SGB XI bei der Ermittlung von Unterhaltsansprüchen **grundsätzlich unberücksichtigt**. Mit dieser Regelung soll erreicht werden, dass das Pflegegeld nicht nur dem Pflegebedürftigen selbst, sondern auch der Pflegeperson, die die häusliche Pflege übernommen hat, möglichst ungeschmälert erhalten bleibt.[106] Damit wollte der Gesetzgeber ausdrücklich von der bisherigen zivilrechtlichen Rechtsprechung zum Pflegegeld nach dem BSHG und dem SGB V abweichen, wonach das vom Pflegebedürftigen an die Pflegeperson weitergeleitete Pflegegeld zu einem erheblichen Teil als „Vergütungsanteil" der Pflegeperson bewertet und demzufolge unterhaltsrechtlich als Einkommen der Pflegeperson berücksichtigt worden war. Eine solche Anrechnung als Einkommen der Pflegeperson hielt der Gesetzgeber nicht für vereinbar mit dem sozialpolitischen Anliegen einer Förderung der häuslichen Pflege und Stärkung der Pflegebereitschaft und -fähigkeit im häuslichen Bereich. Mit der Neuregelung sollte vielmehr erreicht werden, dass z. B. der nacheheliche Unterhaltsanspruch nicht mehr gemindert wird, wenn der unterhaltsberechtigte Ehegatte für die Pflege des gemeinsamen behinderten pflegebedürftigen Kindes Pflegegeld erhält.[107] Der BGH hat mit Blick auf diese zum 1. August 1999 in Kraft getretene Neufassung des § 13 VI Satz 1 SGB XI nicht mehr an seiner entgegenstehenden früheren Auffassung festgehalten.[108] Soweit keiner der in § 13 VI 2 SGB XI geregelten Ausnahmefälle (hierzu nachstehend) vorliegt, verbietet sich mithin eine unterhaltsrechtliche Berücksichtigung des Pflegegeldes.[109]

696 Ein an die Pflegeperson weitergeleitetes Pflegegeld ist nach § 13 VI 2 SGB XI nur in wenigen **Ausnahmefällen** als ihr Einkommen zu berücksichtigen. Dabei hat der Gesetzgeber (mit Ausnahme der letzten Alternative) die gleichen Fälle aufgezählt, die nach § 9 Satz 2 BErzGG für das Erziehungsgeld galten (s. Rn. 116) und nach § 11 Satz 2 BEEG für das Elterngeld gelten (s. Rn. 117 ff.). Das ist der Fall:
– wenn die Pflegeperson ihren Anspruch auf Trennungsunterhalt nach § 1361 III i. V. m. § 1579 Nr. 2 bis 8 BGB, ihren Anspruch auf nachehelichen Unterhalt nach § 1579 Nr. 1 bis 8 BGB oder ihren Anspruch auf Verwandtenunterhalt nach § 1611 I BGB verwirkt hat,
– wenn die Pflegeperson nach § 1603 II BGB gesteigert unterhaltspflichtig ist oder
– wenn die Pflegeperson eine Erwerbsobliegenheit trifft und sie deswegen ihren Unterhaltsbedarf ganz oder teilweise durch eigene Einkünfte decken kann, soweit der Pflegebedürftige mit dem Unterhaltspflichtigen nicht in gerader Linie verwandt ist. Das gilt also nicht, wenn die Ehefrau ein gemeinsames behindertes Kind oder die Eltern des Unterhaltspflichtigen betreut.[110]

Die Pflegeperson muss ihre Einkünfte allerdings nicht **versteuern,** wenn sie zu den Angehörigen zählt oder mit der Pflege auch eine sittliche Pflicht i. S. von § 33 II EStG erfüllt (§ 3 Nr. 36 EStG).

697 Pflegegeld nach **§ 64 SGB XII** (früher § 69 BSHG), das für häusliche Pflege durch nahe stehende Personen (z. B. Eltern) oder als Nachbarschaftshilfe nach § 63 SGB XII gewährt wird und sich zur Höhe nach den Beträgen der Pflegeversicherung in § 37 I SGB XI richtet,[111] ist wie beim Pflegegeld nach §§ 23 I, II, 39 SGB VIII (s. Rn. 690 ff.) der **Pflegeperson** in Höhe des den Bedarf des Pfleglings übersteigenden Teiles als Einkommen zuzurechnen.[112] Soweit die gerichtliche Praxis der Pflegeperson im Zweifel etwa ein Drittel

---

[106] BGH FamRZ 2006, 846, 848 = R 648 c–e; OLG Saarbrücken – 9 UF 25/03 BeckRS 2003, 303 33771; OLG Schleswig – 10 WF 611/02 BeckRS 2002, 302 60520
[107] BT-Drs. 14/580 S. 5
[108] Zum früheren Recht vgl. noch BGHR SGB XI § 37 Abs. 1 Pflegegeld, OLG Hamm FamRZ 1999, 852
[109] BGH FamRZ 2008, 2189 Rn. 26; 2006, 846, 848 = R 648 c–e; OLG Hamm FamRZ 2008, 1937 Rn. 37
[110] OLG Koblenz FamRZ 2000, 826
[111] BVerwG FamRZ 2003, 756
[112] Vgl. BGHR SGB XI § 37 Abs. 1 Pflegegeld; BGH FamRZ 1987, 259, 261

9. Abschnitt: Sonstige Einkünfte aus sozialstaatlichen Zuwendungen § 1

des Pflegegeldes als Einkommen zurechnet, erscheint dies zu pauschal und lässt die Vermutung des § 1610a BGB unberücksichtigt (s. Rn. 654 ff.).[113] Bezieht die Pflegeperson neben dem Pflegegeld für die Pflege ihres Kindes das staatliche Kindergeld, das sie im Wege des Familienleistungsausgleichs zusätzlich entlastet (vgl. Rn. 677 ff.), kann ihr das Pflegegeld ausnahmsweise in höherem Umfang als Einkommen zugerechnet werden, weil die zu einer angemessenen Versorgung des Kindes erforderlichen Mittel teilweise bereits anderweitig durch das Kindergeld gedeckt sind.[114] Für die Bemessung des Unterhaltsanspruchs des **Pflegebedürftigen** ist das Pflegegeld schon wegen seiner subsidiären Natur (§ 94 SGB XII) nicht als bedarfsdeckendes Einkommen anzurechnen.[115] Unabhängig davon scheidet eine Berücksichtigung als Einkommen des Pflegebedürftigen auch deswegen aus, weil mit den Pflegeleistungen regelmäßig ein entsprechend höherer Bedarf einhergeht (§ 1610a BGB). Hinzu kommt, dass sich die Höhe des Pflegegeldes gemäß § 63 I bis III SGB XII nach dem Umfang der erforderlichen Pflegeleistungen richtet und auch bei Kindern nur den zusätzlichen Pflegebedarf gegenüber einem gesunden gleichaltrigen Kind umfasst (§ 64 IV SGB XII).

Auch für **sonstige Arten von Pflegegeld** (z. B. nach Landesrecht) gilt für den Pflegebedürftigen regelmäßig der Grundsatz, dass die Sozialleistung nur den behinderungsbedingt erhöhten Bedarf ausgleicht (§ 1610a BGB; s. Rn. 654 ff.). Das Pflegegeld darf deswegen grundsätzlich auch nicht teilweise auf seinen allgemeinen Unterhaltsbedarf angerechnet werden.[116] Wird das Pflegegeld allerdings als nicht subsidiäre Sozialleistungen für den gesamten Unterhaltsbedarf gewährt, deckt es nicht nur auf den behinderungsbedingten Mehrbedarf ab.[117] Dann ist es mangels Forderungsübergang und Subsidiarität auch auf den – den Pflegeaufwand übersteigenden – allgemeinen Bedarf anzurechnen (vgl. Rn. 690 ff.). **698**

Schon die Leistungen nach dem **Kindererziehungsleistungsgesetz** vom 12. 7. 1987 (KLG), die ursprünglich nur den vor 1921 geborenen Müttern zustanden, hatten, wie jetzt die Kindererziehungszeiten in der gesetzlichen Rentenversicherung nach § 56 SGB VI, versicherungsrentenähnlichen Charakter. Solche Leistungen sind deswegen als Lohnersatzleistungen auf den Bedarf eines Berechtigten **anzurechnen**.[118] Die Leistungen nach dem Gesetz über die Errichtung einer Stiftung **„Hilfswerk für behinderte Kinder"** vom 17. 12. 1971 (HiWerkBehKG) werden im Sozialrecht nicht angerechnet,[119] weil sie den Behinderten bessere Eingliederungschancen eröffnen und ihnen daher ungeschmälert zugute kommen sollen. Diese besondere Zweckbestimmung lässt auch unterhaltsrechtlich eine Anrechnung auf den Bedarf des Behinderten nicht zu (s. auch § 1610a BGB, Rn. 654 ff.). Eine Pflegeperson muss sich allerdings auch bei solchen Leistungen (wie beim Pflegegeld nach § 23 I, 24 SGB VIII, Rn. 690 ff.) einen nach § 287 ZPO zu schätzenden Anteil der Leistungen als Einkommen zurechnen lassen, wenn sie selbst Unterhalt beansprucht. **699**

Pflegezulagen sind außerdem vorgesehen in § 37 SGB V (häusliche Krankenpflege), in §§ 267 I 3–7, 269 II, 279 I 2 Nr. 3, 280 II 2 Nr. 3 LAG und nach den Vorschriften des BVG.[120] **700**

6. Ausbildungsbeihilfe und Ausbildungsgeld nach dem Arbeitsförderungsrecht (SGB III = AFG)

Berufsausbildungsbeihilfen nach den §§ 59 f., 65 ff., 72–76 SGB III sind als Lohnersatzleistungen **grundsätzlich** – wie Leistungen nach dem BAföG (s. Rn. 670 ff.) – Einkommen des Auszubildenden. Weil sie im Regelfall von der Agentur für Arbeit nicht **701**

---

[113] Vgl. OLG Oldenburg FamRZ 2010, 992 Rn. 22 ff.
[114] So im Ergebnis auch BGH FamRZ 1984, 769, 771
[115] BGH FamRZ 1993, 417 = R 458
[116] A. A. noch BGH FamRZ 1985, 917, 919
[117] BGH FamRZ 1993, 417 = R 458
[118] BGH FamRZ 1992, 162
[119] BVerwG FamRZ 1993, 181
[120] BGH FamRZ 1993, 411 (zu § 35 BVG); OLG Hamm FamRZ 1992, 186 (zu § 30 BVG)

§ 1   Die Ermittlung des unterhaltsrechtlich relevanten Einkommens

zurückgefordert werden können und dem Unterhaltsberechtigten daneben nicht auch noch Unterhaltsansprüche gegen die Eltern zustehen können, führt die gesetzliche Regelung zu einer bedarfsdeckenden Entlastung der Eltern.[121] Grundsätzlich ist eine Ausbildungsbeihilfe deswegen auf den Bedarf des Kindes anzurechnen. Einen Übergang des Unterhaltsanspruchs auf die Agentur für Arbeit sieht das Gesetz in § 72 II SGB III nur für den Fall vor, dass die Förderung als **Vorausleistung** nach § 72 I SGB III ohne Rücksicht auf bestehende Unterhaltsansprüche gewährt wurde. Nur in diesem Fall ist die Berufsausbildungsbeihilfe subsidiär und deswegen nicht auf den Unterhaltsbedarf anzurechnen.[122] Dann bleibt der Unterhaltsanspruch bestehen und die Agentur für Arbeit kann nach Anspruchsübergang gemäß § 72 II 1 SGB III Rückgriff bei dem Unterhaltspflichtigen nehmen. Hatte dieser trotz der Vorausleistung und des damit verbundenen Anspruchsübergangs mit befreiender Wirkung (erneut) an den Unterhaltsberechtigten gezahlt, kann die Agentur für Arbeit nach § 72 II 4 SGB III sogar Erstattung der an den Auszubildenden gezahlten Vorausleistungen verlangen. Selbst im Falle einer Vorausleistung können die Eltern des Auszubildenden nach § 72 II a SGB III für die Vergangenheit nur von dem Zeitpunkt an in Anspruch genommen werden, in dem die Voraussetzungen des § 1613 BGB vorlagen, sie bei dem Antrag auf Ausbildungsförderung mitgewirkt haben oder von ihm Kenntnis erhalten haben und darüber belehrt worden sind, unter welchen Voraussetzungen das SGB III eine Inanspruchnahme von Eltern ermöglicht.

Berufsausbildungsbeihilfen **für Arbeitslose** nach §§ 74 ff. SGB III können weder zurückgefordert werden noch ist ein Forderungsübergang vorgesehen. Sie sind deswegen nicht subsidiär und somit ebenfalls als bedarfsdeckendes Einkommen des Berechtigten anzurechnen.

702   Gleiches gilt für das **Ausbildungsgeld für Behinderte** nach § 104 SGB III. Auch diese Leistung wird unabhängig von Unterhaltsansprüchen gewährt; ein Forderungsübergang ist nur in eingeschränktem Umfang bei Überschreitung der Einkommensfreigrenzen des § 108 SGB III vorgesehen und wird erst mit der Anzeige der Förderung an die Eltern wirksam. Im Regelfall ist das Ausbildungsgeld daher ebenfalls nicht subsidiär, sondern deckt den Unterhaltsbedarf auch im Verhältnis zum Unterhaltspflichtigen endgültig ab. Dann bleibt es auch hier bei der Grundregel, dass Einkünfte jeder Art die Bedürftigkeit der Unterhaltsberechtigten mindern.[123] Seit Inkrafttreten des § 1610 a BGB spricht allerdings eine (widerlegbare) Vermutung dafür, dass ein behinderungsbedingter Mehrbedarf in Höhe der Sozialleistung vorliegt, der vorweg vom Ausbildungsgeld abzuziehen ist (s. Rn. 654 ff.).

7. Leistungen der Grundsicherung im Alter und bei Erwerbsminderung (§§ 41 ff. SGB XII)

703   Als Bestandteil der Rentenreform des Jahres 2001 war mit Art. 12 des Altersvermögensgesetzes (AVmG) vom 26. Juni 2001[124] das Gesetz über die bedarfsorientierte Grundversorgung im Alter und bei Erwerbsminderung (Grundsicherungsgesetz – GSiG) verabschiedet worden, das zum 1. Januar 2003 in Kraft getreten war.[125] Zum 1. Januar 2005 sind diese Vorschriften als **§§ 19 II, 41 ff. SGB XII** in das Sozialhilferecht übernommen worden (s. auch Rn. 8/135 ff.). Es gewährt dem berechtigten Personenkreis (§ 41 SGB XII), nämlich Personen, die die Altersgrenze nach § 41 II SGB XII erreicht haben oder volljährigen Personen, die dauerhaft voll erwerbsgemindert i. S. von § 43 II SGB VI sind, einen gegenüber der Sozialhilfe vorrangigen (§ 19 II 3 SGB XII) Anspruch auf Grundsicherung.[126] Voraussetzung ist, dass der Berechtigte seinen Lebensunterhalt nicht aus eigenem Einkom-

---

[121] BGH FamRZ 2000, 640 (zu BAföG-Leistungen)
[122] BGH FamRZ 2006, 1100 = R 654 a–d (zum Ausbildungsunterhalt); 1986, 151; OLG Brandenburg ZfJ 2001, 159; OLG Oldenburg FamRZ 1989, 531; OLG Schleswig SchlHA 1988, 53
[123] OLG Brandenburg FamRB 2004, 287; OLG München FamRZ 1992, 212, 214 zu der insoweit gleichgebliebenen früheren Regelung in §§ 40, 58 I 3 AFG
[124] BGBl. 2001 I S. 1310
[125] Vgl. zum früheren GSiG Klinkhammer FamRZ 2002, 997, 1002
[126] Vgl. BGH FamRZ 2002, 1698, 1701 = R 580 c unter 3 f.; vgl. auch Sartorius FPR 2009, 465

9. Abschnitt: Sonstige Einkünfte aus sozialstaatlichen Zuwendungen § 1

men oder Vermögen beschaffen kann (§ 41 I SGB XII). Von dem Erwerbseinkommen aus selbständiger oder nichtselbständiger Tätigkeit ist regelmäßig allerdings ein Betrag von 30%, höchstens jedoch 50% des Eckregelsatzes, bei Beschäftigung in einer Werkstatt für behinderte Menschen ein Achtel des Eckregelsatzes zuzüglich 25% des diesen Betrag übersteigenden Entgelts abzusetzen (§ 82 Abs. 3 SGB XII). Einkommen und Vermögen eines nicht getrennt lebenden Ehegatten sowie des Partners einer eheähnlichen Lebensgemeinschaft, die dessen notwendigen Lebensunterhalt übersteigen, sind zu berücksichtigen.[127] Keinen Anspruch auf Grundsicherung haben Personen, die ihre Bedürftigkeit in den letzten zehn Jahren vorsätzlich oder grob fahrlässig herbeigeführt haben (§ 41 IV SGB XII). Das ist z. B. der Fall, wenn sie in dieser Zeit ohne gesetzliche oder moralische Pflicht ein eigenes Vermögen an Dritte übertragen haben. Nach § 42 S. 1 SGB XII lehnen sich die Leistungen der Grundsicherung unter Aufgabe der früheren Pauschalierung durch das GSiG den Leistungen der Sozialhilfe nach den §§ 27 ff. SGB XII an. Sie umfassen den Regelsatz nach § 28 SGB XII, Aufwendungen für Unterkunft und Heizung nach § 29 bzw. § 98 SGB XII,[128] Mehrbedarfe nach § 30 SGB XII sowie einmalige Bedarfe nach § 31 SGB XII, die Kranken- und Pflegeversicherungsbeiträge nach § 32 SGB XII, Vorsorgebeiträge nach § 33 SGB XII und Hilfe zum Lebensunterhalt in Sonderfällen nach § 34 SGB XII. Reichen diese Leistungen nicht aus, um den Bedarf eines Berechtigten zu decken, können entsprechend § 37 SGB XII ergänzende Darlehen erbracht werden (§ 42 S. 2 SGB XII).

Bei der **Bedürftigkeitsprüfung** bleiben gemäß § 43 II 1 SGB XII Unterhaltsansprüche 704 gegenüber Eltern und Kindern der Leistungsberechtigten, nach der Entstehungsgeschichte und dem Sinn des Gesetzes aber auch gegenüber entfernteren Verwandten in gerader Linie,[129] unberücksichtigt, wenn deren jährliches Gesamteinkommen nach § 16 SGB IV unter 100 000 EUR liegt. Nach § 43 II 2 SGB XII wird **vermutet**, das das Einkommen eines Unterhaltspflichtigen diese Grenze nicht überschreitet. Nach dem Sinn des Gesetzes müssen dann auch freiwillige Leistungen solcher nachrangigen Verwandten unberücksichtigt bleiben, weil sie nicht den Staat entlasten sondern dem Bedürftigen zusätzliche Einkünfte verschaffen wollen (§ 84 II SGB XII).[130] Die Landkreise und kreisfreien Städte sind als Träger der Grundsicherung bei der Prüfung des anrechenbaren Einkommens zunächst ausschließlich auf die Angaben des Antragstellers angewiesen; zur Widerlegung der Vermutung nach Satz 2 kann der zuständige Träger der Sozialhilfe lediglich von den Leistungsberechtigten Angaben verlangen, die Rückschlüsse auf die Einkommensverhältnisse der Unterhaltspflichtigen zulassen (§ 43 II 3 SGB XII). Ein eigenständiger Auskunftsanspruch gegen dessen unterhaltspflichtige Kinder und Eltern besteht nach § 43 II 4, 5 SGB XII nur, wenn „hinreichende Anhaltspunkte" für ein Überschreiten der genannten Einkommensgrenze vorliegen.[131] Ein Anspruch des Leistungsberechtigten auf Grundsicherung entfällt nur insoweit, als die Vermutung des § 43 II 2 SGB XII durch die Angaben des Berechtigten und die darauf folgende Auskunft eines Unterhaltspflichtigen widerlegt ist (§ 43 II 6 SGB XII). Auch dann haftet der privilegierte Unterhaltspflichtige nach Sinn und Zweck der Regelung nur mit dem die Haftungsgrenze von 100 000 EUR/jährlich übersteigenden Einkommen vorrangig vor den Leistungen der Grundsicherung. Weil in § 43 II 1 SGB XII lediglich vom Gesamteinkommen des Unterhaltspflichtigen, nicht aber von dessen Vermögen die Rede ist, hat sich die Auffassung durchgesetzt, dass Grundsicherung im Alter und bei Erwerbsminderung unabhängig von dem Vermögen eines dem Grunde nach unterhaltspflichtigen Elternteils oder Kindes zu bewilligen ist.[132]

Ob Unterhaltsansprüche **Einkommen i. S. von § 43 SGB XII** sind und damit den 705 Anspruch auf Grundsicherung ausschließen können, hängt von der Unterhaltsbeziehung

---

[127] Vgl. insoweit die Empfehlungen des Deutschen Vereins für öffentliche und private Vorsorge FamRZ 2005, 1387, Nr. 172–176
[128] Vgl. Paul ZfF 2005, 145
[129] Vgl. Klinkhammer FamRZ 2002, 997, 999
[130] Vgl. BGH FamRZ 2005, 967, 969 = R 629 b
[131] Dazu Steymans FamRZ 2002, 1687
[132] BGH FamRZ 2006, 1511, 1515 = R 658 f. (zum Elternunterhalt)

ab. Das SGB XII privilegiert in § 43 II 1 nur den Unterhalt von Verwandten, während es im Übrigen, insbesondere bei getrennt lebenden oder geschiedenen Ehegatten, beim grundsätzlichen Vorrang des Unterhalts vor der Sozialleistung verbleibt.

Jede von **nicht privilegierten** Unterhaltspflichtigen zugeflossene Unterhaltszahlung ist also als Einkommen zu behandeln. Das gilt auch für die von diesen Personen noch geschuldeten Unterhaltsleistungen, sodass der Berechtigte darauf verwiesen werden kann, zunächst das Bestehen eines Unterhaltsanspruches zu prüfen und diesen geltend zu machen.[133] Selbst wenn die Durchsetzung ungewiss oder die Vollstreckung gefährdet ist, sind die Anforderungen an eine Unzumutbarkeit der Anspruchserhebung erheblich höher anzusetzen als bei der Sozialhilfe, denn die Grundsicherung dient weder der Verhinderung akuter Notsituationen, noch kann, wie bei der Sozialhilfe mittels Anspruchsübergang nach § 94 SGB XII, beim Unterhaltsschuldner Rückgriff genommen werden.[134] Bei zweifelhafter Realisierbarkeit eines Unterhaltsanspruchs gegen nicht privilegierte Unterhaltspflichtige ist also zunächst Sozialhilfe zu beantragen; Grundsicherung tritt erst an deren Stelle, wenn Unterhalt auch von ihnen nicht erlangt werden kann. Aus denselben Gründen gilt auch nichts anderes, wenn der Unterhaltsanspruch gegen nicht privilegierte Unterhaltspflichtige auf fiktiven Einkünften beruht.

706 Unterhaltsleistungen **privilegierter** Verwandter sind hingegen nur dann ausnahmsweise als Einkommen zu werten und können den Anspruch auf Grundsicherung ausschließen, soweit sie in der Vergangenheit tatsächlich geflossen sind, um den Bedarf des Leistungsberechtigten zu decken.[135]

Umgekehrt ist die auf Grund eines stattgebenden Bescheids der Sozialbehörde gewährte Grundsicherung stets auch bedarfsdeckendes **Einkommen des Leistungsberechtigten** im unterhaltsrechtlichen Sinn und vermindert den Bedarf gegenüber privilegierten Unterhaltspflichtigen. Der **privilegierte** Unterhaltspflichtige (Verwandter in gerader Linie) kann den Berechtigten sogar auf die Inanspruchnahme der Grundsicherung verweisen, was zur fiktiven Anrechnung der daraus möglichen Einkünfte führt.[136] Dieses folgt schon daraus, dass die eigenständige Grundsicherung weder einen Nachrang entsprechend § 2 SGB XII, noch einen Anspruchsübergang entsprechend § 94 SGB XII kennt und Verwandte in gerader Linie durch § 43 II SGB XII ausdrücklich entlasten will.[137]

Gegenüber **nicht privilegierten** Unterhaltspflichtigen (getrennt lebende oder geschiedene Ehegatten) ist der Anspruch auf Grundsicherung nachrangig und deswegen für die Bedürftigkeit bedeutungslos. Ein Anspruch auf Grundsicherung kommt dann nur im Mangelfall in Betracht, wenn der vollständige Bedarf des Berechtigten durch den vorrangigen Unterhaltsanspruch gegenüber getrennt lebenden oder geschiedenen Ehegatten nicht gedeckt werden kann.[138]

707 Unbillige Ergebnisse entstehen auch dann nicht, wenn z. B. mit zwei Geschwistern Unterhaltspflichtige vorhanden sind, von denen nur einer die Einkommensgrenze von 100 000 EUR/jährlich überschreitet und deswegen nicht mehr nach § 43 II 1 SGB XII privilegiert ist. Wenn nur der privilegierte Sohn vorhanden wäre, könnte er sich auf den Nachrang seiner Unterhaltspflicht berufen. Umgekehrt haftet der nicht privilegierte Sohn vorrangig auf Unterhalt, weil der Unterhaltsanspruch gegen ihn bei der Ermittlung des Einkommens des Berechtigten berücksichtigt wird und nach § 43 II 6 SGB XII den Anspruch ausschließt. Da die Unterhaltspflichtigen aber nicht gesamtschuldnerisch sondern nach § 1606 III 1 BGB anteilig nach ihren Erwerbs- und Vermögensverhältnissen haften,

---

[133] OLG Zweibrücken FamRZ 2003, 1850; s. auch Ziff 2.9 der Leitlinien der Oberlandesgerichte
[134] So auch Klinkhammer FamRZ 2002, 997, 1000
[135] BGH FamRZ 2007, 1158, 1159 f. = R 667 b; OLG Saarbrücken – 6 UF 77/03 BeckRS 2005, 00424; OLG Nürnberg FamRZ 2004, 1988; OLG Brandenburg FamRB 2004, 287; BVerwG ZMR 1998, 113 m. w. N. (zum Wohngeld)
[136] OLG Frankfurt – 5 UF 146/07 – Juris Rn. 16 ff.
[137] BGH FamRZ 2007, 1158, 1159 f. = R 667 a mit Anm. Scholz; 2002, 1698, 1701 = R 580 c unter 3 f.; OLG Brandenburg JAmt 2006, 262; OLG Hamm FamRZ 2006, 125 (allerdings begrenzt auf Leistungen nach den GSiG); OLG Nürnberg FamRZ 2004, 1988 (bei Obliegenheitsverstoß); OLG Hamm FamRZ 2004, 1807; OLG Oldenburg FamRZ 2004, 295
[138] BGH NJW 2011, 1284; a. A. OLG Bremen FamRZ 2005, 801

9. Abschnitt: Sonstige Einkünfte aus sozialstaatlichen Zuwendungen § 1

verbleibt es dann bei der alleinigen Haftung des nicht privilegierten Sohnes. Selbst wenn dessen Haftungsgrenze keine vollständige Bedarfsdeckung ermöglichen würde, käme für den restlichen Bedarf ein Anspruch auf Grundsicherung in Betracht, was ebenfalls einen Rückgriff auf den privilegierten Sohn ausschließen würde.[139] Diese Regelung verstößt nicht gegen den Gleichheitssatz des Art. 3 I GG, weil auch die Unterhaltspflicht gegen den nicht privilegierten Sohn durch die Einkommensgrenze des § 43 II 1 SGB XII begrenzt ist (a. A. Klinkhammer Rn. 8/160). Mit seinem darunter liegenden Einkommen haftet er neben dem anderen Sohn nur insoweit anteilig nach den Einkommens- und Vermögensverhältnissen, als der Unterhaltsbedarf nicht schon durch den dann vorrangigen Anspruch auf Grundsicherung gedeckt ist.

Beispiel:
Die 70-jährige O ist verwitwet. Sie hat einen Bedarf von 770 €, wohnt in einer Mietwohnung (Wohnungskosten: 300 €) und bezieht eine Rente von 400 €. Tochter T ist allein stehend und bezieht ein bereinigtes Einkommen von 2300 €.
a) Unterhaltsberechnung ohne Berücksichtigung der Grundsicherung:

Bedarf der O	770 €	
abzüglich Rente	400 €	
ungedeckter Bedarf	370 €	370,00 €
Leistungsfähigkeit der T:		
Einkommen	2300 €	
abzüglich Selbstbehalt	1500 €	
Leistungsfähigkeit	800 € × ½	400,00 €
Unterhaltsanspruch		370,00 €.

b) Unterhaltsberechnung unter Berücksichtigung der Grundsicherung nach dem SGB XII:

Ungedeckter Bedarf (s. o.)		370,00 €
Abzüglich Grundsicherung		
– Regelsatz nach § 28 SGB XII[140]	359,00 €	
– Kranken- und Pflegeversicherung (§ 32 SGB XII)	67,40 €	
– Kosten Unterkunft/Heizung (§ 29 SGB XII)	300,00 €	
Summe der Grundsicherung	726,40 €	
Abzüglich Rente (§ 41 II SGB XII)	400,00 €	
Zu leistende Grundversorgung	326,40 €	326,40 €
Unterhaltsanspruch		43,60 €.

II. Freiwillige unentgeltliche Zuwendungen eines Dritten

Freiwillige Zuwendungen eines Dritten (z. B. eines nahen Angehörigen) können in Barleistungen[141] und Sachleistungen (z. B. kostenloser Wohnungsgewährung) bestehen. Auch in der unterlassenen Geltendmachung von Unterhaltsansprüchen kann eine freiwillige Leistung Dritter liegen.[142] Solche Leistungen, durch die allenfalls einer nur sittlichen Pflicht entsprochen wird, können den Zuwendungen auf Grund rechtlicher Verpflichtung grundsätzlich nicht gleichgestellt werden; weder erhöhen sie die Leistungsfähigkeit des Unterhaltspflichtigen, noch mindern sie die Bedürftigkeit des Berechtigten. Bei Leistungen Dritter ist daher zunächst zu klären, ob der Empfänger einen rechtlichen Anspruch auf solche Leistungen hat. Besteht kein solcher rechtlicher Anspruch, hängt die Anrechenbarkeit im Unterhaltsrechtsstreit vom **Willen des Zuwendenden** ab.[143] Der Zweck der Zu- **708**

---

[139] A. A. Klinkhammer FamRZ 2002, 997, 1003
[140] Vgl. FamRZ 2005, 1386 sowie die Homepage: www.bmas.de
[141] Zu einem gestundeten Mietzins als zinsloser Kredit vgl. OLG Hamm FamRZ 2008, 893 Rn. 92
[142] OLG Stuttgart FamRZ 2008, 1653 Rn. 27
[143] BGH FamRZ 2005, 967, 969 = R 629b; 1995, 537 = R 493b; 1993, 417, 419 = R 458

wendung kann sich aus einer ausdrücklichen Willensbestimmung des Zuwendenden aber auch aus den persönlichen Beziehungen der Beteiligten zueinander ergeben.[144] Geht der Wille, wie in der Regel, dahin, den Empfänger zusätzlich zu unterstützten, ohne den Unterhaltspflichtigen von dessen Unterhaltspflicht zu entlasten oder die Bedürftigkeit des Unterhaltsberechtigten zu mindern, ist die Zuwendung unterhaltsrechtlich nicht zu berücksichtigen.[145] Wird größeres Kapital geschenkt, sind die hieraus erzielbaren Zinsen allerdings als eigenes Einkommen zu berücksichtigen.[146] Selbst im Mangelfall können die freiwilligen unentgeltlichen Zuwendungen eines Dritten nur ausnahmsweise ganz oder teilweise bei der Billigkeitsabwägung berücksichtigt werden (Rn. 5/73 ff.).[147] Wird der Dritte selbst auf Unterhalt in Anspruch genommen, kann er seine freiwilligen Leistungen in keinem Fall unterhaltsmindernd absetzen. Leistet allerdings ein Elternteil Unterhalt für ein gemeinsames Kind ohne hierzu verpflichtet zu sein, muss der andere Elternteil diese Zahlungen nach Treu und Glauben gegen sich gelten lassen, solange er die Zahlungen beanstandungslos entgegengenommen hat.[148] Gleiches gilt, wenn beide Eltern einem (volljährigen) Kind barunterhaltspflichtig sind aber einvernehmlich nur einer den vollen Unterhalt zahlt. Dann kann er bei der Bemessung des Ehegattenunterhalts auch den vollen gezahlten Unterhalt von seinem unterhaltsrelevanten Einkommen absetzen.[149] Wenn ein Elternteil an den volljährigen Sohn Unterhalt gezahlt hat, weil dieser ihn darauf verklagt hatte und die Klage erst später abgewiesen wurde, sind die vorangegangenen Leistungen keine freiwilligen Leistungen Dritter, sondern beim Sohn bedarfsdeckend zu berücksichtigen und bei dem zahlenden Elternteil vom Einkommen abzusetzen.[150]

709   Zuwendungen in diesem Sinn können auch **Naturalleistungen** sein, wie etwa persönliche Dienstleistungen in Form von Pflege und Betreuung, für die der Leistungsempfänger sonst bezahlen müsste. Wird z. B. ein unterhaltspflichtiger Behinderter von seiner Ehefrau unentgeltlich gepflegt, bleiben die „eingesparten" Mittel unterhaltsrechtlich unberücksichtigt, wenn der Ehepartner nur ihn und nicht zugleich den Unterhaltsberechtigten unterstützen will.[151] Das Gleiche gilt, wenn die neue Ehefrau eines Unterhaltspflichtigen oder die Großeltern unentgeltlich Kinder aus der ersten Ehe betreuen.[152] Die Freistellung von den Betreuungskosten[153] bleibt dann unterhaltsrechtlich unberücksichtigt. Auch der geldwerte Vorteil, den der Pflichtige dadurch hat, dass er **mietfrei** im Haus eines neuen Partners lebt, kann seinen sonstigen Einkünften grundsätzlich nicht hinzugerechnet werden.[154] Allerdings sind in solchen Fällen die durch die gemeinsame Haushaltsführung ersparten Kosten der Lebenshaltung zu berücksichtigen, weil sie auf einem Synergieeffekt und nicht auf freiwilligen Leistungen des Lebenspartners beruhen.[155] Ist der Empfänger der Leistung allerdings verheiratet, sind er und der neue Ehegatte nach § 1360 a BGB einander zum Familienunterhalt verpflichtet. Wechselseitig erbrachte Leistungen erfolgen dann auf dieser rechtlichen Grundlage und nicht als freiwillige Leistungen Dritter.[156]

710   Am Merkmal einer unentgeltlichen Zuwendung fehlt es allerdings, soweit der Empfänger seinerseits gegenüber dem Dritten unentgeltliche Leistungen (z. B. Versorgungsleistungen;

---

[144] BGH FamRZ 2005, 967, 969 = R 629 b
[145] BGH FamRZ 2000, 153, 154 = R 534 c; 1995, 537, 538 f. = R 493 b; 1988, 159; 1985, 584; 1980, 40, 42
[146] OLG Köln FamRZ 1993, 711
[147] BGH FamRZ 2000, 153, 154 = R 534 c; 1999, 843 = R 533 c
[148] OLGR Hamm 2000, 326
[149] BGH FamRZ 2011, 628 = R 723; 2009, 762 = R 703
[150] BGH FamRZ 2009, 411 Rn. 38
[151] BGH FamRZ 1995, 537 = R 493 a; OLGR Hamm 1997, 205; OLG Hamm FamRZ 1990, 405
[152] BGH IV b ZR 379/81 vom 29. 6. 1983 zit. in BGH FamRZ 1995, 537 = R 493 a
[153] Vgl. BGH FamRZ 2009, 962 = R 700
[154] BGH FamRZ 2010, 444 Rn. 16; 2010, 357 = R 709 a; 2008, 1739 Rn. 32; 2008, 594 Rn. 42 (Beteiligung an Wohnkosten); OLG Hamm FamRZ 2008, 893 Rn. 92; OLG Bamberg FamRZ 1996, 628; OLG München FamRZ 1996, 169
[155] BGH FamRZ 2010, 1535 = R 714 c; 2008, 594 = R 688
[156] BGH FamRZ 2008, 968 = R 689 i

vgl. Rn. 712 ff.) erbringt.[157] Aus wirtschaftlicher Sicht handelt es sich bei den Leistungen des Dritten dann um **vermögenswerte Gegenleistungen,** um die Zuwendungen des Empfängers abzugelten. In Höhe des Wertes der Gegenleistungen sind die Zuwendungen dann Einkommen, das im Wege der Differenzmethode zu berücksichtigen ist.[158] Die Höhe der Zuwendungen und einer ev. Gegenleistung hat das Gericht unter Berücksichtigung der Umstände des Einzelfalls zu ermitteln und gegebenenfalls nach § 287 ZPO zu schätzen (s. dazu Rn. 6/750 f.).[159]

Dritter in diesem Sinn kann beim **Kindesunterhalt** auch der andere Elternteil sein, der an das Kind Leistungen erbringt, zu denen er gesetzlich nicht verpflichtet ist.[160] Nach der Lebenserfahrung kann grundsätzlich nicht angenommen werden, dass ein Elternteil den anderen nach der Trennung von dessen gesetzlicher Unterhaltsverpflichtung entlasten will, wenn er trotz Leistungsunfähigkeit Sachleistungen, z. B. in Form der Wohnungsgewährung, an das gemeinsame volljährige Kind erbringt. Die ohne gesetzliche Verpflichtung gewährten Leistungen mindern die Bedürftigkeit des Kindes dann grundsätzlich nicht. Soweit der Elternteil diese Leistungen aber mit dem noch an ihn ausgezahlten Kindergeld verrechnet und dieses entgegen § 1612b I BGB nicht an das volljährige Kind auskehrt, entlasten die – auf diese Weise entgeltlich erbrachten[161] – Leistungen den barunterhaltspflichtigen anderen Elternteil (zur Berücksichtigung freiwilliger Zuwendungen eines Dritten oder eines Elternteils an Kinder vgl. Rn. 2/121 ff.; zu Zuwendungen eines **Lebensgefährten des Kindes** vgl. Rn. 2/131).[162] **711**

III. Zuwendungen eines neuen Partners an den Berechtigten sowie Gegenleistungen des Berechtigten an den neuen Partner

1. Allgemeines

Grundsätzlich gelten die Ausführungen zu Rn. 708 ff. auch für das Verhältnis von Personen, die in eheähnlicher Lebensgemeinschaft zusammenleben, da die eheähnliche Lebensgemeinschaft als solche keine Rechtsbeziehungen und gegenseitige Rechtsansprüche zwischen den Partnern schafft.[163] Freiwillige Zuwendungen des neuen Partners an den Unterhaltsberechtigten mindern dessen Bedürftigkeit grundsätzlich nicht, weil der Berechtigte auf solche Zuwendungen keinen Rechtsanspruch hat[164] und sein neuer Partner nach der Lebenserfahrung nur ihn unterstützen, aber nicht den früheren Partner von dessen Unterhaltspflicht entlasten will. Dies gilt im Prinzip für alle Leistungen des neuen Partners, vor allem für die **Wohnungsgewährung** (s. Rn. 719 f.), finanzielle Zuwendungen und ähnliche Leistungen.[165] **712**

2. Zur Anrechnung von Leistungen des neuen Partners

Führt der **Unterhaltsberechtigte** seinem neuen Partner allerdings den **Haushalt**[166] oder erbringt er ihm sonstige Versorgungsleistungen, so können dessen Bar- und Sachleistungen **713**

---

[157] OLG Hamm NJWE-FER 2000, 249
[158] BGH FamRZ 2004, 1170 = R 612; 2004, 1173 = R 611
[159] BGH FamRZ 1983, 146; 1980, 665, 668; 1980, 40, 42; OLG Hamm FamRZ 2000, 1285
[160] Vgl. OLGR Hamm 2000, 326
[161] BGH FamRZ 2006, 774 Rn. 9; 2006, 99 = R 641 e
[162] BGH FamRZ 2006, 99, 101 = R 641 e
[163] BGH FamRZ 2008, 1739 Rn. 32 f.
[164] BGH FamRZ 2010, 1422 Rn. 16; 2010, 357 = R 709a; 2009, 1391 Rn. 33; 2008, 594 = R 688 c
[165] BGH FamRZ 1995, 537 = R 493 b; 1980, 40, 42; 1980, 879, 880, OLG Hamm FamRZ 2000, 1285
[166] Zur Hausmannrechtsprechung beim Unterhaltspflichtigen vgl. BGH FamRZ 2006, 1827, 1828 = R 660 a, b; 2006, 1010, 1012 = R 650; siehe auch Rn. 2/172 ff.

§ 1   Die Ermittlung des unterhaltsrechtlich relevanten Einkommens

(z. B. Wohnungsgewährung) nicht mehr als unentgeltlich beurteilt werden. Sie beinhalten dann wirtschaftlich eine Vergütung für die erbrachten Versorgungsleistungen (s. aber Rn. 716, 722 sowie 4/585 ff.). Dabei kommt es nicht darauf an, ob die beiden Partner ausdrücklich entsprechende Absprachen getroffen haben. Denn unabhängig davon ist der wirkliche Wert dessen, was der Unterhaltsberechtigte von seinem neuen Partner unter Berücksichtigung dessen Leistungsfähigkeit als Gegenleistung erhält oder erhalten müsste Einkommen und somit – ggf. auch als **Surrogat** früherer Kindererziehung und Haushaltstätigkeit – im Wege der Differenzmethode in die Unterhaltsberechnung einzubeziehen.[167] Die geldwerten Versorgungsleistungen für einen Lebenspartner sind somit nicht anders zu beurteilen, als eine bezahlte Tätigkeit des Unterhaltsberechtigten in einem fremden Haushalt.[168] Allerdings kann heute nicht mehr davon ausgegangen werden, dass in der neuen Lebensgemeinschaft die Frau den Haushalt allein versorgt.[169] Solches muss vielmehr im Einzelfall konkret festgestellt werden. Wenn der Unterhaltsberechtigte einen neuen Partner allerdings neben einer vollschichtigen Erwerbstätigkeit versorgt, sind die Versorgungsleistungen überobligatorisch und er kann diese jederzeit einstellen. Solange er die Leistungen aber erbringt und dafür eine Gegenleistung verlangen kann, bleibt der Wert dieser überobligationsmäßigen Tätigkeit, wie allgemein bei überobligatorischen Einkünften, nicht völlig unberücksichtigt, sonder ist nach Billigkeit mit einem Anteil in die Unterhaltsbemessung einzustellen.[170] Zur Ermittlung der angemessenen Vergütung ist daher stets zu klären, in welchem Umfang der Unterhaltsberechtigte erwerbstätig ist und welche Leistungen er seinem Partner (daneben) erbringt. Erbringt der Partner für die Versorgungsleistungen konkrete Gegenleistungen, können diese, etwa ein Wohnwert, als Indiz für die Bewertung der Versorgungsleistung herangezogen werden.

714   Oft besteht die Zuwendung in der Bereitstellung der **Wohnung** (s. Rn. 719) und der (teilweisen) Übernahme von Kosten der allgemeinen Lebenshaltung, wie Heizung, Strom, Lebensmittel u. ä. Von den Gesamtkosten der Lebenshaltung ist der Teil abzusetzen, der auf den neuen Partner selbst entfällt. Der Rest, vorbehaltlich besserer Erkenntnisse die Hälfte der vom Partner erbrachten gesamten Lebenshaltungskosten, ist als Zuwendung zu berücksichtigen. Regelmäßig sind diese gesamten Zuwendungen des neuen Partners abzüglich eines Abschlags für ev. eigene Mehraufwendungen als Abgeltung der hauswirtschaftlichen Tätigkeit und sonstiger Versorgungsleistungen des Berechtigten zu behandeln. In der Regel ist es deswegen gerechtfertigt, die Zuwendungen in diesem Umfang beim Berechtigten als Einkommen zu berücksichtigen.[171] Ergibt sich der Wert der Versorgungsleistungen nicht bereits über den Wert der Gegenleistung des Partners, ist der Umfang der Betreuungs- und Versorgungsleistungen konkret zu ermitteln und zu bewerten; dabei handelt es sich in der Regel um Instandhaltungs- und Pflegearbeiten in der Wohnung, Waschen der Wäsche, Einkaufen, Überlassung von Haushaltsgeräten, Kochen, Betreuung von Kindern des neuen Partners u. ä.[172]

3. Zur fiktiven Anrechnung einer angemessenen Vergütung für Versorgungsleistungen des Unterhaltsberechtigten

715   Erbringt der neue Partner keine Gegenleistungen oder bleibt sein Beitrag hinter dem tatsächlichen **Wert der Versorgungsleistungen** zurück, die ihm der Unterhaltsberechtigte gewährt, muss der wirkliche Wert der vom Berechtigten erbrachten Leistungen in entsprechender Anwendung des § 850h ZPO als maßgeblich angesehen werden. Eine fehlende oder verhältnismäßig geringe Gegenleistung für die Versorgungsleistungen an den neuen Partner kann hier ebenso wenig zu Lasten des unterhaltspflichtigen Ehegatten maßgeblich

---

[167] BGH FamRZ 2004, 1170 = R 612; 2004, 1173 = R 611
[168] BGH FamRZ 2001, 1693, 1694 = R 567
[169] OLG Zweibrücken FamRZ 2009, 49 Rn. 34
[170] Zur Berücksichtigung überobligatorischer Einkünfte vgl. BGH FamRZ 2005, 1154, 1156 = R 630 c–e; s. auch Rn. 800 ff.
[171] BGH FamRZ 1980, 40, 42
[172] BGH FamRZ 1989, 487

sein, wie im Bereich des § 850 h ZPO zum Nachteil eines Gläubigers. Der Unterhaltsberechtigte muss sich in solchen Fällen deswegen grundsätzlich eine angemessene Vergütung für seine Versorgungsleistungen anrechnen lassen.[173] Fiktive Zuwendungen des neuen Partners für die Versorgungsleistungen können allerdings nicht angerechnet werden, wenn dieser leistungsunfähig ist.[174] Der neue Partner muss also **finanziell im Stande sein,** die ihm erbrachten Leistungen zu vergüten.[175] Bei relativ geringen Einkünften des neuen Lebenspartners ist allerdings zu berücksichtigen, dass dieser die Aufwendungen auch dann aus seinem geringen Einkommen finanzieren müsste, wenn er allein leben würde.[176] Das ist jedenfalls dann der Fall, wenn er die Leistungen nicht selbst erbringen könnte. Ist das Einkommen des neuen Partners nicht bekannt, kann dies u. U. der Bescheinigung zum Lohnausfall für die Zeugenentschädigung entnommen werden.[177] Ist der neue Partner zu einer Vergütung der Versorgungsleistungen nicht in der Lage, muss geprüft werden, ob der Unterhaltsberechtigte an Stelle der Versorgungsleistungen für den neuen Partner eine anderweitige **Erwerbstätigkeit** ausüben und sich diese Einkünfte anrechnen lassen muss. Dem neuen Partner kann eine Unterstützung zugemutet werden, weil er die Leistungen des Berechtigten sonst kostenlos erhalten würde.

Im Rahmen eines Anspruchs auf Betreuungsunterhalt nach §§ 1570, 1615l BGB ist das Maß einer zumutbaren eigenen Erwerbstätigkeit bereits unter Berücksichtigung der Kindesbetreuung und der Haushaltstätigkeit für den Haushalt des Unterhaltsberechtigten und des Kindes ermittelt.[178] Weitere Versorgungsleistungen sind dem betreuenden Elternteil daneben grundsätzlich nicht zumutbar und deswegen **überobligatorisch.** Wie allgemein bei überobligatorischen Einkünften kann die Tätigkeit zwar jederzeit eingestellt werden. Eine gleichwohl ausgeübte Versorgungsleistung für einen neuen Partner ist allerdings zu berücksichtigen und nach Billigkeit anteilig in die Unterhaltsbemessung einzustellen.[179] Selbst soweit die Versorgungsleistungen neben einer vollschichtigen Erwerbstätigkeit überobligatorisch sind, können sie nach den zu § 1577 II BGB entwickelten Grundsätzen **mindestens teilweise** in die Unterhaltsberechnung einbezogen werden (vgl. hierzu auch Rn. 550).[180] Macht der Unterhaltspflichtige derartige Versorgungsleistungen geltend, obliegt es dem Unterhaltsberechtigten, dies als Teil seiner Bedürftigkeit zu widerlegen.[181] Eine solche Vergütung, die jederzeit wegfallen kann, darf aber nicht einer unterhaltssichernden Erwerbstätigkeit nach § 1573 IV BGB gleichgesetzt werden.[182]

716

4. Zur Bemessung der angemessenen Vergütung

Die Höhe des anzurechnenden Betrages ist vom Gericht zu ermitteln. Dabei ist – ausgehend vom Umfang der Versorgungsleistungen oder dem Wert der Wohnungsgewährung – vor allem auf den **objektiven Wert** abzustellen, den die Haushaltsführung und die sonstigen Vermögensleistungen für den Partner unter Berücksichtigung seines Einkommens haben.[183] Bei dieser Wertermittlung können Richtsätze, die auf die vorliegenden Verhältnisse abgestimmt sind und der Lebenserfahrung entsprechen, sowie Richtlinien und Erfahrungssätze, die zur Bestimmung von Schadensersatzrenten für die Verletzung oder Tötung

717

---

[173] BGH FamRZ 2004, 1170 = R 612; 1984, 662; 1980, 665, 668; 1980, 879; OLGR Koblenz 1997, 205; OLGR Hamm 2000, 326; OLGR Hamm 2000, 236, a. A. OLG München FamRZ 2006, 1535
[174] BGH FamRZ 1985, 273
[175] BGH FamRZ 1989, 487
[176] BGH FamRZ 1987, 1011, 1013 (für ein Nettoeinkommen von 1366 DM im Jahre 1987)
[177] OLG Hamm FamRZ 1993, 1450
[178] BGH FamRZ 2009, 1124 Rn. 37; 2008, 1739 Rn. 103
[179] BGH FamRZ 2010, 1818 Rn. 19; 2009, 1391 Rn. 18; 2005, 1154 = R 630 d; so im Ergebnis auch BGH FamRZ 1995, 343 = R 489 a; 1988, 259, 263; 1987, 1011
[180] BGH FamRZ 2005, 1154 = R 630 c–e; 1995, 343
[181] BGH FamRZ 1995, 291 = R 487 b
[182] BGH FamRZ 1987, 689
[183] BGH FamRZ 2001, 1693, 1694 = R 567

718 von Hausfrauen entwickelt worden sind, als Anhalt dienen, soweit nicht im Einzelfall besondere Umstände eine Abweichung gebieten.[184] Die Bremer, Dresdener, Berliner, Kölner, Rostocker und Süddeutschen Leitlinien (s. Rn. 20)[185] bewerten die Haushaltsführung in der Regel mit einem Betrag von 200 bis 550 EUR.[186] Bei Bestehen einer eheähnlichen Lebens- und Haushaltsgemeinschaft berücksichtigt das OLG Oldenburg in der Regel einen wirtschaftlichen Vorteil von 425 EUR, wenn nicht die Leistungsunfähigkeit des Partners feststeht.[187] Das OLG Frankfurt und das OLG Jena berücksichtigen für die Führung des Haushalts eines leistungsfähigen Dritten durch einen Nichterwerbstätigen regelmäßig ein fiktives Einkommen von 400 EUR, das OLG Koblenz und das OLG Düsseldorf ein solches von regelmäßig 350 EUR. Das OLG Hamm fingiert für die Haushaltstätigkeit im Falle der Vollversorgung eine Vergütung von 250 bis 500 EUR.[188] Die weiteren Leitlinien sehen die Zurechnung eines Einkommens vor, wenn jemand einem leistungsfähigen Dritten den Haushalt führt, enthalten aber keine Wertmaßstäbe. Der BGH hat eine Bewertung der Haushaltstätigkeit in kinderloser Ehe mit 400 DM revisionsrechtlich gebilligt.[189] **Gegenleistungen des neuen Partners gegenüber Kindern** des Berechtigten (z. B. Hausaufgabenüberwachung) können bei der Schätzung nicht berücksichtigt werden, weil diese Tätigkeit den Unterhaltsberechtigten in entsprechendem Umfang entlastet und ihm insoweit die Möglichkeit zu einer ergänzenden Erwerbstätigkeit verschafft. Der Wert der Versorgungsleistungen für den neuen Partner ist daher ohne Abzug für dessen Betreuungsleistungen zu ermitteln.[190] Können solche Versorgungsleistungen nicht angenommen werden, weil jeder Partner den auf ihn entfallenden Anteil der Haushaltsleistungen selbst oder die Hälfte der insgesamt anfallenden Arbeiten trägt, kann jedenfalls eine **Haushaltsersparnis von 10% der Lebenshaltungskosten** für jeden Partner der Lebensgemeinschaft bedarfsmindernd zugrunde gelegt werden.[191] Beim Zusammenleben der Unterhaltspflichtigen kann dessen Selbstbehalt entsprechend um 10% herabgesetzt werden.[192]

5. Zur Wohnungsgewährung durch den neuen Partner

719 Häufig wird der **Unterhaltsberechtigte in der Wohnung** des neuen Partners aufgenommen und erbringt dort seine fiktiv zu bewertenden Versorgungsleistungen.[193] Eine isolierte Betrachtung der Wohnungsgewährung ergibt folgendes Bild: Trägt der neue Partner die Wohnkosten allein, könnte der Unterhaltsberechtigte nicht den vollen Unterhalt, sondern nur den Teil verlangen, der nicht bereits durch die Wohnungsgewährung gedeckt ist. Zusätzlich zu dem gedeckten Wohnbedarf wäre noch eine fiktive Vergütung für die Haushaltstätigkeit zu berücksichtigen. Die Darlegungs- und Beweislast dafür, dass diese Vorteile nicht auf Grund einer konkreten Absprache mit dem neuen Partner zu verrechnen sind, trägt der Unterhaltsberechtigte als Teil seiner Bedürftigkeit.[194] Diese Sicht berücksichtigt allerdings die **Freiwilligkeit der Leistungen Dritter** (vgl. Rn. 708 ff.) nicht ausreichend. Danach würde die Haushaltstätigkeit mit dem fiktiven Entgelt und der Wohnungsgewährung des neuen Partners doppelt vergolten. Ist die Haushaltstätigkeit bereits durch das fiktive Entgelt voll abgegolten, bleibt als Rechtsgrund für die Wohnungsgewäh-

---

[184] BGH FamRZ 2009, 596 Rn. 5 ff.; 1993, 411; 1984, 662; 1980, 40, 42
[185] Jeweils unter Ziff. 6
[186] Vgl. BGH FamRZ 2001, 1693, 1694 = R 567 mit Anm. Büttner
[187] Leitlinien Ziff. 6
[188] Leitlinien Ziff. 6; vgl. auch OLG Hamm – 11 UF 26/00 BeckRS 2000, 06453
[189] BGH FamRZ 2001, 1693 = R 567 b
[190] BGH FamRZ 1983, 146, 148
[191] BGH FamRZ 2010, 1535 = R 714 c; 2004, 792, 793 = R 605 b, c; OLG München FamRZ 2004, 485; OLG Hamburg FamRZ 1987, 1044; OLG Frankfurt FamRZ 1985, 957; a. A. OLG Karlsruhe FamRZ 2004, 1209
[192] BGH FamRZ 2008, 593 Rn. 34 ff.
[193] Vgl. OLG Nürnberg NJW-RR 1996, 1412
[194] BGH FamRZ 1995, 343

9. Abschnitt: Sonstige Einkünfte aus sozialstaatlichen Zuwendungen § 1

rung nur die Freiwilligkeit der Leistungen durch den neuen Lebenspartner. Der Wohnbedarf ist deswegen nur dann unterhaltsmindernd gedeckt, wenn die Wohnungsgewährung nicht als freiwillige Leistung Dritter sondern als Entgelt für die Haushaltstätigkeit erfolgt, was neben fiktiv zu bewertende Versorgungsleistungen regelmäßig nicht der Fall ist.[195]

Anders zu beurteilen ist die kostenlose Wohnungsgewährung des neuen Partners für die **in die Wohnung mit aufgenommenen Kinder** aus der früheren Ehe, da insoweit weder Gegenleistungen der Kinder vorliegen, noch nach der Lebenserfahrung ein Wille des neuen Partners auf Entlastung des barunterhaltspflichtigen Elternteils von dessen Unterhaltspflicht gegenüber den Kindern angenommen werden kann.[196] Der Kindesunterhalt ist somit in diesen Fällen ungekürzt zu zahlen. Zum gleichen Ergebnis führt es, wenn die Versorgungsleistungen des Unterhaltsberechtigten und die Wohnungsgewährung des neuen Partners auch als Gegenleistungen gewertet werden. Dann kann nur die für die Arbeitsleistung erhaltene Gegenleistung als bedarfsdeckendes eigenes Einkommen behandelt werden. 720

IV. Unterhaltsleistungen als anrechnungsfähiges Einkommen

1. Grundsatz

Auch Unterhaltsleistungen, die ein Unterhaltspflichtiger von seinem Ehegatten erhält, zählen grundsätzlich zu seinem Einkommen. Weil diese Unterhaltsleistungen aber der **Deckung des eigenen angemessenen Bedarfs** dienen, muss der Unterhaltspflichtige sie nicht für den Unterhalt anderer Berechtigter, auch nicht für den seiner Kinder verwenden. Das gilt vor allem, wenn der Ehegattenunterhalt unter Vorwegabzug des Kindesunterhalts berechnet wurde.[197] Wenn beide Eltern ihren volljährigen Kindern dem Grunde nach gemäß §§ 1601, 1606 III 1 BGB unterhaltspflichtig sind, der Aufstockungsunterhalt unter ihnen (§ 1573 II BGB) aber auf der Grundlage errechnet wird, dass der Besserverdienende den vollen Kindesunterhalt bezahlt, muss der andere Ehegatte sein Einkommen und den entsprechend reduzierten Aufstockungsunterhalt nicht mehr für den Kindesunterhalt einsetzen.[198] Der Unterhalt ist aber auch sonst nicht dazu bestimmt, Unterhaltsverpflichtungen gegenüber Kindern zu erfüllen. Entsprechend wird auch der Bedarf des Ehegatten nicht dadurch erhöht, dass er von Kindern auf Unterhalt in Anspruch genommen wird.[199] Anderenfalls müsste auch ein neuer Ehegatte über den Umweg des Familienunterhalts Kindesunterhalt zahlen, für den er nach dem Gesetz nicht haftet.[200] Dies ist auch dann stets zutreffend, wenn der Empfänger die Unterhaltsleistungen braucht, um seinen eigenen angemessenen Unterhalt decken zu können, und er den Kindern nach § 1603 I, II 3 BGB nur bis zur Grenze seines eigenen angemessenen Unterhalts haftet.[201] Für diese Fälle ergibt sich unmittelbar aus § 1603 I BGB, dass aus einem Unterhalt, der den angemessenen eigenen Bedarf nicht übersteigt, kein Unterhalt für Kinder bezahlt werden muss.[202] Jedenfalls in diesem Rahmen kann der berechtigte Ehegatte seinen Unterhalt nach Belieben verwenden. Es ist ihm auch nicht verwehrt, den Unterhalt teilweise, z. B. für eine ergänzende Altersversorgung,[203] anzusparen. Durch eine solche freiwillige Einschränkung in der Lebensführung mindert sich seine Bedürftigkeit nicht. Diese mindert sich erst dann, wenn er seinen Bedarf dauerhaft zumindest teilweise aus eigenen Kräften oder mit eigenen 721

---

[195] OLG Hamm FamRZ 2001, 46; OLG Hamm FamRZ 2000, 1285; So auch Büttner, FamRZ 1996, 126, 138
[196] BGH FamRZ 1980, 665, 669
[197] OLG Hamm FamRZ 1992, 91
[198] BGH FamRZ 2009, 762 = R 703
[199] BGH FamRZ 1985, 273
[200] Zur Hausmann-Rechtsprechung vgl. BGH FamRZ 2006, 1827 = R 660 b
[201] BGH FamRZ 2008, 137 = R 684 g
[202] BGH FamRZ 2006, 1827, 1828 = R 660 b; 2006, 1010, 1014 = R 651; 1991, 182 = R 430 a; 1980, 555
[203] BGH FamRZ 2007, 793 = R 674 c; 2006, 1511, 1513 = R 658 d; 2005, 1817 = R 632 j

Mitteln, etwa Zinseinkünften aus dem Ersparten, decken kann (s. auch Rn. 2/247 ff.; zum **Taschengeld**[204] s. Rn. 3/56).[205]

2. Ausnahmen

722 Im Verhältnis von Eltern zu ihren **minderjährigen Kindern** besteht nach § 1603 II 1, 2 BGB eine gesteigerte Unterhaltsverpflichtung der Eltern, die auf der besonderen familienrechtlichen Verantwortung der Eltern gegenüber minderjährigen und privilegierten volljährigen Kindern beruht.[206] Die Eltern sind dann verpflichtet, alle verfügbaren Mittel gleichmäßig zu ihrem Unterhalt und zum Unterhalt der Kinder zu verwenden. Den barunterhaltspflichtigen Elternteil trifft deswegen grundsätzlich eine Obliegenheit zur Aufnahme einer Erwerbstätigkeit, um dadurch wenigstens den eigenen notwendigen Lebensbedarf und den Mindestunterhalt der Kinder sicherzustellen (vgl. auch Rn. 2/275 ff.).[207] War der seinen Kindern unterhaltspflichtige Elternteil in seiner früheren Ehe erwerbstätig und hat er diese Erwerbstätigkeit zugunsten der Haushaltsführung und Kindererziehung in seiner neuen Ehe aufgegeben, kann dieser **Rollenwechsel** mit der sich daraus ergebenden Minderung seiner Erwerbseinkünfte aus unterhaltsrechtlicher Sicht nur ausnahmsweise hingenommen werden. Das ist nur dann der Fall, wenn wirtschaftliche Gesichtspunkte oder sonstige Gründe von gleichem Gewicht, die einen erkennbaren Vorteil für die neue Familie mit sich bringen, im Einzelfall den Rollentausch rechtfertigen. Die minderjährigen Kinder aus erster Ehe müssen die damit verbundene Gefährdung ihrer Unterhaltsansprüche also nur hinnehmen, wenn das Interesse des Unterhaltspflichtigen und seiner neuen Familie an der Aufgabenverteilung ihr eigenes Interesse an der Beibehaltung der bisherigen Unterhaltssicherung deutlich überwiegt.[208] Das ist etwa der Fall, wenn die neue Ehefrau deutlich mehr verdient als der unterhaltspflichtige Ehemann und die Entscheidung der Ehegatten, die Erziehung der Kinder aus dieser Ehe dem Ehemann zu übertragen, auch aus objektiver Sicht nachvollziehbar ist. Liegen diese Voraussetzungen nicht vor, ist der Ehemann gegenüber seinen Kindern aus erster Ehe erwerbspflichtig und ihm ist ein erzielbares fiktives Einkommen zuzurechnen (s. dazu Rn. 734 ff.).

723 Müssen die minderjährigen Kinder aus erster Ehe den Rollenwechsel in der neuen Familie hingegen hinnehmen, können sie für ihre Unterhaltsansprüche grundsätzlich nicht auf **Unterhaltsleistungen eines späteren Ehepartners** zurückgreifen. Denn aus Sicht des neuen Ehegatten liefe dies auf eine Unterhaltspflicht für die Kinder seines Ehegatten aus erster Ehe hinaus, die im Gesetz nicht vorgesehen ist.[209] Stattdessen ist der barunterhaltspflichtige Elternteil verpflichtet, neben der Kindererziehung in zweiter Ehe eine Nebenerwerbstätigkeit aufzunehmen. Diese Verpflichtung ergibt sich aus dem Gleichrang der minderjährigen Kinder aus beiden Ehen, die es dem Elternteil versagt, sich allein den Kindern aus einer Ehe zu widmen. Weil der neue Ehegatte es auch im Falle der Vollerwerbstätigkeit des den Kindern aus erster Ehe unterhaltspflichtigen Ehepartners hinnehmen müsste, dass die Einnahmen daraus nicht in voller Höhe dem Familienunterhalt zur Verfügung stünden, sondern teilweise für den Unterhalt der Kinder verwendet werden müssten, trifft ihn auch in dieser Konstellation nach dem Rechtsgedanken des § 1356 II BGB eine Pflicht, die Nebentätigkeit zu ermöglichen. Das durch die Nebentätigkeit erlangte eigene Einkommen kann der barunterhaltspflichtige Elternteil in vollem Umfang für den Unterhaltsanspruch seiner Kinder aus erster Ehe verwenden, soweit sein eigenen notwendiger Lebensbedarf durch den Anspruch auf Familienunterhalt gegen seinen zweiten Ehegatten gesichert ist.[210] Erzielt der barunterhaltspflichtige Elternteil wegen der Erziehung der Kleinkinder in seiner neuen Ehe allerdings Erziehungsgeld oder Elterngeld (s.

---

[204] BGH FamRZ 2006, 1827, 1830 = R 660 b; 2004, 366 = R 599
[205] BGH FamRZ 1985, 582
[206] BGH FamRZ 1989, 170
[207] BGH FamRZ 2009, 314 = R 701; 2006, 1827, 1828 = R 660 a, b; 2006, 1010, 1012 = R 651
[208] BGH FamRZ 2006, 1827, 1828 = R 660 a; 2006, 1010, 1012 = R 651
[209] BGH FamRZ 2006, 1827, 1830 = R 660 b
[210] BGH FamRZ 2006, 1827, 1828 = R 660 b; 2004, 24 = R 660 a, b

9. Abschnitt: Sonstige Einkünfte aus sozialstaatlichen Zuwendungen § 1

Rn. 116 ff.), ist ihm daneben keine Erwerbstätigkeit zumutbar. An Stelle der Einkünfte daraus ist dann aber das Erziehungs- oder Elterngeld für den Kindesunterhalt einzusetzen, sofern der eigene notwendige Lebensbedarf durch seinen Anspruch auf Familienunterhalt gesichert ist.[211]

Neben dem eigenen Einkommen aus Nebentätigkeit oder Erziehungs- bzw. Elterngeld muss der barunterhaltspflichtige Elternteil nach der Rechtsprechung des BGH den von seinem zweiten Ehegatten geschuldeten Familienunterhalt nur insoweit für den Unterhaltsanspruch der Kinder aus erster Ehe einsetzen, als er seinen Anspruch auf **Taschengeld** betrifft. Dieser Teil des Familienunterhalts stehe ihm zur Befriedigung seiner persönlichen Bedürfnisse nach eigenem Gutdünken und freier Wahl unabhängig von einer Mitsprache des anderen Ehegatten zur Verfügung. Im Rahmen seiner gesteigerten Unterhaltspflicht nach § 1603 II BGB habe er dieses Geld deswegen ebenfalls für den Kindesunterhalt zu verwenden, wenn sein eigener notwendiger Lebensbedarf durch den Familienunterhalt im Übrigen vollständig gedeckt sei. Wegen der Beschränkung auf den frei verfügbaren Teil des Familienunterhalts führe dies nicht zu einer indirekten Haftung der zweiten Ehefrau für den Unterhaltsanspruch der Kinder ihres Ehegatten aus erster Ehe. Nur dieser Taschengeldanspruch sei im Rahmen der gesteigerten Unterhaltspflicht nach § 1603 II BGB als Einkommen zu berücksichtigen.[212]

724

Ich teile diese Auffassung nur in ihrem Ansatz.[213] Zutreffend ist sicher, dass nicht der gesamte Unterhaltsanspruch gegen den neuen Ehegatten als Einkommen für den Unterhalt der Kinder aus der geschiedenen Ehe behandelt werden darf. Denn ein solcher „Durchgriff" liefe tatsächlich auf eine – im Gesetz nicht vorgesehene – Haftung des neuen Ehegatten für den Unterhalt der Kinder seines Ehegatten aus erster Ehe hinaus. Der Unterhalt muss deswegen nur zur Sicherung des eigenen Lebensbedarfs des Ehegatten verwendet werden. Reicht der Unterhalt dafür aus, ermöglicht dies ihm, alles weitere Einkommen, etwa aus Nebentätigkeit oder aus Elterngeld (s. § 11 S. 4 BEEG), für den Unterhalt der Kinder aus der geschiedenen Ehe zu verwenden. Ein Taschengeld kann dem m. E. aber nicht hinzugerechnet werden. Während intakter Ehe schulden sich die Ehegatten lediglich Familienunterhalt nach § 1360 BGB, der nach § 1360 a BGB grundsätzlich nicht auf einen finanziellen Ausgleich gerichtet ist. Nur ausnahmsweise kann ein Ehegatte währen bestehender Ehe vom anderen Wirtschaftsgeld oder Taschengeld verlangen. Das für die eigenen Bedürfnisse des berechtigten Ehegatten bestimmte Taschengeld[214] wird den eigenen Lebensbedarf und somit den Selbstbehalt gegenüber den minderjährigen Kindern regelmäßig nicht abdecken. Um in Fällen der Konkurrenz des Familienunterhalts mit andern Unterhaltsansprüchen eine dem Gesetz entsprechende Aufteilung der vorhandenen Einkünfte zu ermöglichen, hat es der BGH in ständiger Rechtsprechung gebilligt, den Familienunterhalt – wie sonst den nachehelichen Unterhalt – als Geldforderung zu bemessen.[215] Auch das ist nicht zu beanstanden. Dabei ist aber zu beachten, dass dem Ehegatten während intakter Ehe für sich selbst nur der Anspruch auf Taschengeld zusteht; wird der Unterhalt wegen der Konkurrenz mit anderen Unterhaltsansprüchen wie ein nachehelicher Unterhalt berechnet, kann dem Unterhaltsanspruch nicht zusätzlich ein Anspruch auf Taschengeld hinzugerechnet werden. Soweit der BGH deswegen davon ausgeht, dass in dem § 1578 I 1 BGB bemessenen Familienunterhalt das Taschengeld enthalten ist, muss dieses bei bestehender Ehe als erstes für die eigene Bedarfssicherung eingesetzt werden und steht deswegen nicht für andere Unterhaltsansprüche zur Verfügung.[216] Ein darüber hinausgehender – monetär berechneter – Familienunterhalt ist dem Durchgriff für weitere Unterhaltspflichten des Unterhaltsberechtigten ohnehin entzogen.

---

[211] BGH FamRZ 2006, 1010, 1014 = R 651; 2001, 1065
[212] BGH FamRZ 2006, 1827, 1830 = R 660b (beim Kindesunterhalt); 2004, 366 = R 599c (beim Elternunterhalt); vgl. auch BVerfG FamRZ 1985, 143, 146
[213] Anders noch die Vorauflage
[214] Zur Bemessung vgl. BGH FamRZ 1998, 608 f.
[215] BGH FamRZ 2010, 1535 = R 714b; 2004, 186 = R 595b; 2003, 860 = R 590A f.; 2002, 742; 2001, 1065, 1066
[216] Vgl. auch BGH FamRZ 1998, 608 f.

§ 1 Die Ermittlung des unterhaltsrechtlich relevanten Einkommens

725 Erhält der berechtigte Elternteil zusätzlich zu eigenen Erwerbseinkünften **Aufstockungsunterhalt nach § 1573 II BGB**, ist er ebenso zu Unterhaltsleistungen gegenüber seinen minderjährigen[217] und volljährigen[218] Kindern verpflichtet, wenn sein Gesamteinkommen aus bedarfsdeckendem Unterhalt und Eigenverdienst höher ist als sein eigener (notwendiger oder angemessener) Lebensbedarf (vgl. Rn. 2/247). Dabei wird der eigene Lebensbedarf zunächst durch den Aufstockungsunterhalt und erst darüber hinaus durch das eigene Erwerbseinkommen gesichert. Soweit die Summe über den eigenen Lebensbedarf hinausgeht, wird der Unterhaltsanspruch der Kinder nicht aus dem Unterhalt, sondern aus seinem eigenen Erwerbseinkommen geleistet.[219] Voraussetzung ist allerdings auch dann, dass ihm sein notwendiger bzw. angemessener Selbstbehalt verbleibt (siehe auch Rn. 723 und 5/1). Wenn im Falle einer Konkurrenz von Ansprüchen auf Ehegattenunterhalt und auf Volljährigenunterhalt der Kindesunterhalt nicht im Einklang mit tatsächlichen Zahlungen vorab vom Einkommen des besser verdienenden Ehegatten abgezogen wird, sind auch bei der Berechnung der Haftungsanteile für den Volljährigenunterhalt nach § 1606 III 1 BGB der Aufstockungsunterhalt und das Erwerbseinkommen des unterhaltsberechtigten Ehegatten zusammenzurechnen (näher dazu s. Rn. 2/148).[220]

V. Schmerzensgeld

726 Ein Schmerzensgeld bleibt unterhaltsrechtlich jedenfalls in dem Umfang unberücksichtigt, in dem es neben einem ideellen Anteil den Ausgleich von Mehraufwendungen für Körper- und Gesundheitsschäden bezweckt. Denn dann wird nach **§ 1610a BGB** vermutet, dass die Kosten der zusätzlichen Aufwendungen nicht geringer sind als das gezahlte Schmerzensgeld (vgl. Rn. 648, 654 ff.).[221] Auch wenn diese Vermutung auf der Grundlage der konkreten Verhältnisse des Einzelfalles widerlegt werden kann, ist das Schmerzensgeld bei vorliegenden Behinderungen nur teilweise als unterhaltsrelevantes Einkommen anzurechnen oder hinsichtlich der Leistungsfähigkeit eines Unterhaltspflichtigen der Selbstbehalt maßvoll zu erhöhen.[222] Handelt es sich allerdings um ein Schmerzensgeld, das einem minderjährigen unterhaltsberechtigten Kind gezahlt wurde, bleiben der darin liegende Vermögensstamm nach § 1602 II BGB völlig unberücksichtigt; nur die Zinsen als Vermögenseinkünfte sind dann einzubeziehen. Wurde das Schmerzensgeld noch während der Minderjährigkeit gezahlt, bleibt der Stamm auch dann unberücksichtigt, wenn das Kind inzwischen volljährig ist (vgl. Rn. 621).[223]

Soweit das Schmerzensgeld nicht zum Ausgleich zusätzlicher Bedürfnisse benötigt wird, ist es jedenfalls bei der Prüfung der Leistungsfähigkeit eines Elternteils gegenüber **minderjährigen Kindern** als Einkommen zu berücksichtigen. Im Rahmen der Billigkeit ist dann aber stets zu prüfen, ob dem Unterhaltspflichtigen unter Berücksichtigung des ideellen Anteils des Schmerzensgeldes selbst noch ein angemessener Unterhalt verbleibt.

Beim **Ehegattenunterhalt** sind hingegen regelmäßig lediglich die Einkünfte aus dem Schmerzensgeld anzurechnen.[224] Das Kapital selbst darf der Empfänger frei verwenden, „um sich nach seinen Wünschen und Interessen einen gewissen Ausgleich für den erlittenen immateriellen Schaden zu ermöglichen" (vgl. Rn. 607 ff.).

---

[217] Vgl. aber § 1606 III 2 BGB und BGH FamRZ 2007, 707 = R 672 (zum Wechselmodell)
[218] BGH FamRZ 2009, 762 = R 703; OLG Hamm FamRZ 1988, 1270 mit Anmerkung Däther FamRZ 1989, 507
[219] OLG Celle FamRZ 1998, 1614 (für Arbeitslosengeld)
[220] BGH FamRZ 2009, 762 = R 703; 1986, 153
[221] BGH FamRZ 1994, 21 = R 466 b; OLG Hamm FamRZ 2003, 1771
[222] BGH FamRZ 1989, 170
[223] OLG Düsseldorf FamRZ 1992, 1097; BVerwG FamRZ 1995, 1348 (zum Einsatz des Schmerzensgeldes als Härte i. S. von § 88 III BSHG)
[224] BGH FamRZ 1988, 1031; OLG Karlsruhe FamRZ 2002, 750

9. Abschnitt: Sonstige Einkünfte aus sozialstaatlichen Zuwendungen § 1

VI. Zu den nicht als Einkommen anzurechnenden Geldeinkünften

Sozialhilfe (s. Rn. 8/18 ff.),[225] die dem Unterhaltsbedürftigen nach den Vorschriften des 727
SGB XII geleistet wird, hat auf den Unterhaltsanspruch keinen Einfluss (zur Grundsicherung nach den §§ 41 ff. SGB XII s. aber Rn. 703 ff.). Sie mindert die Bedürftigkeit des Unterhaltsberechtigten nicht, weil sie wegen ihres subsidiären Charakters (§ 2 SGB XII) und des mit ihrer Leistung verbundenen Anspruchsübergangs (§ 94 SGB XII) den Unterhaltspflichtigen nicht von seiner Leistungspflicht befreien soll.[226] Wie die allgemeinen Leistungen des Arbeitslosengeldes II (s. Rn. 110 ff.) hat auch die Sozialhilfe keine Einkommensersatz-, sondern nur eine subsidiäre Unterhaltsersatzfunktion. Dieser Grundsatz gilt allerdings nicht eingeschränkt, soweit der Anspruchsübergang nach § 94 I 1 SGB XII ausnahmsweise gemäß **§ 94 II 1 SGB XII** ausgeschlossen ist. In dem Umfang, in dem ein Rückgriff des Sozialhilfeträgers aus sozialstaatlichen Gründen ausdrücklich ausgeschlossen ist, ist die Sozialhilfe ausnahmsweise als bedarfsdeckendes Einkommen zu berücksichtigen (s. auch Rn. 8/91 ff.)[227] Ein Rückgriff des Sozialhilfeträgers gegen den Unterhaltspflichtigen scheidet nach **§ 94 III 1 Nr. 2 SGB XII** auch dann aus, wenn der Anspruchsübergang eine unbillige Härte für den Unterhaltspflichtigen bewirken würde.[228] Auch dann ist eine geleistete Sozialhilfe ausnahmsweise als bedarfsdeckend zu berücksichtigen. Ist schließlich ein Forderungsübergang ausgeschlossen, weil der Unterhaltsanspruch auf der Berücksichtigung **fiktiver Einkünfte** des Unterhaltsschuldners beruht,[229] kann es nach § 242 BGB ebenfalls angebracht sein, auf die Unterhaltsansprüche, die vor Zustellung der Klageschrift entstanden sind, die dann bedarfsdeckenden Sozialhilfeleistungen ganz oder teilweise anzurechnen.[230]

Für den **Unterhaltspflichtigen** kann die allgemeine Sozialhilfe grundsätzlich schon 728
deswegen nicht als Einkommen berücksichtigt werden, weil sie geleistet wird, um seine notwendigsten Bedürfnisse abzudecken. Nach ständiger Rechtsprechung des BVerfG und des BGH muss dem Unterhaltspflichtigen aber stets ein Einkommen verbleiben, das seinen eigenen notwendigsten Bedarf abdeckt.[231] Wie bei dem Arbeitslosengeld II (s. Rn. 110 ff.) treten allerdings Probleme auf, wenn die Gesamteinkünfte des Unterhaltspflichtigen seine notwendigsten Bedürfnisse übersteigen, weil bei der Bemessung der Sozialhilfe von einem anrechenbaren Nettoeinkommen Freibeträge abgesetzt werden (§ 82 III SGB XII). Während das Einkommen des Unterhaltspflichtigen allein seinen Selbstbehalt dann regelmäßig nicht übersteigt, kann er aus der Summe seines Einkommens und der ergänzenden Sozialhilfe zu Unterhaltsleistungen in der Lage sein. Weil die Sozialhilfe wegen der Freibeträge in diesen Fällen nicht zurück gefordert wird, muss der Unterhaltspflichtige diese zunächst für die Sicherung der eigenen notwendigen Bedürfnisse verwenden. Sein Einkommen benötigt der Unterhaltspflichtige dann nicht mehr in voller Höhe zur Sicherung seines eigenen Selbstbehalts. Dann kann er den Teil seines Einkommens für Unterhaltszwecke einsetzen, der gemeinsam mit der ergänzenden Sozialhilfe den jeweiligen Selbstbehalt übersteigt.

Die **wieder aufgelebte Witwenrente** nach dem vorletzten Ehegatten gemäß §§ 46 III, 729
90, 107, 243 IV, 269 II–IV SGB VI und § 44 II–V BVG bleibt als Einkommen unberück-

---

[225] Siehe die Empfehlungen des Deutschen Vereins für öffentliche und private Fürsorge für die Heranziehung Unterhaltspflichtiger in der Sozialhilfe, FamRZ 2005, 1387
[226] BGH FamRZ 2010, 1888 Rn. 43 ff.; 2010, 1418 Rn. 22 ff.; 2010, 1057 Rn. 12; 2010, 802; 2000, 1358, 1359 = R 543; 1999, 843 = R 533 b; 1984, 364, 366; 1983, 574; 1981, 30; OLG Hamm FamRZ 2000, 1091
[227] BGH FamRZ 2010, 1418 Rn. 22 ff.; 2000, 1358, 1359 = R 543; s. auch OLG Koblenz – 11 UF 742/03 BeckRS 2004, 304 70612; OLG Hamm FamRZ 2002, 751; FamRZ 2000, 1222; OLG Koblenz MDR 1999, 1330
[228] BGH FamRZ 2010, 1888 Rn. 43 ff.; 2010, 1418 Rn. 22 ff.; 2004, 1097 = R 610
[229] BGH famRZ 1990, 849; vgl. aber BGH FamRZ 2001, 619 und FuR 2001, 320 (zum UVG)
[230] BGH FamRZ 2000, 1358; 1999, 843 = R 533 c; 1998, 818
[231] BGH FamRZ 2010, 357 = R 709 b; 2009, 404 Rn. 10; 2009, 311 Rn. 20; 2009, 307 Rn. 26 f.; 2008, 594; 2006, 683, 684 = R 649 c; 1990, 849; BVerfG FamRZ 2004, 253; 2001, 1685

§ 1   Die Ermittlung des unterhaltsrechtlich relevanten Einkommens

sichtigt, weil sie gegenüber dem Anspruch auf Witwenrente, Versorgung oder Unterhalt nach bzw. gegenüber dem letzten Ehegatten subsidiär ist (zum Einkommen aus Renten allgemein vgl. Rn. 438 ff.).[232] Gleiches gilt für den Anspruch auf Witwenversorgung nach aufgelöster neuer Ehe gemäß § 61 III BeamtVG. Wegen des Nachrangs dieser wieder aufgelebten Renten- oder Versorgungsbezüge ist der Unterhaltsanspruch gegenüber nachfolgenden Ehegatten so zu berechnen, als existiere diese Rente nicht. Nach Rechtskraft des Unterhaltsurteils wird der Versorgungsträger die Rente oder die Versorgung wegen der bedarfsdeckenden Unterhaltsleistung entsprechend kürzen.[233] Diese Subsidiarität besteht grundsätzlich auch dann fort, wenn ein Unterhaltsanspruch nach § 1579 BGB aus Billigkeitsgesichtspunkten nur gekürzt wird oder wenn der Anspruch nach einer Verschuldensscheidung auf den §§ 60 ff. EheG beruht. Weil die wiederauflebende Witwenversorgung keine Unterhaltsersatzfunktion hinsichtlich der neuen Ehe hat, kann in die Billigkeitserwägung des § 1579 BGB nicht einfließen, dass auch eine wieder aufgelebte Witwenversorgung besteht.[234] Das gilt auch dann, wenn der dem Unterhaltspflichtigen verbleibende Betrag erheblich niedriger ist als die Summe aus den Einkünften des Berechtigten und seiner wieder aufgelebten Witwenrente. Eine „Schieflage mit unterhaltsrechtlich unvertretbaren Ergebnissen"[235] entsteht schon deswegen nicht, weil bei der Bemessung des Unterhalts die Halbteilung zu beachte ist und die subsidiäre Rentenleistung gerade nicht gezahlt wird. Nur soweit ein Unterhaltsanspruch wegen Unbilligkeit nach § 1579 BGB aus anderen Gründen vollständig entfällt, kann die wieder aufgelebte Witwenrente nicht als subsidiär dahinter zurücktreten.[236]

730 Die **Arbeitnehmersparzulage** ist als zweckgebundene freiwillige Leistung des Arbeitgebers nicht anzurechnen (vgl. Rn. 74).[237]

731 Ein unterhaltspflichtiger **Untersuchungs- oder Strafgefangener** kann sich grundsätzlich auf seine durch die Haft bedingte Leistungsunfähigkeit berufen (s. Rn 121). Das ist ihm nach Treu und Glauben nur ausnahmsweise verwehrt, wenn die Strafhaft auf einem Fehlverhalten beruht, das sich gerade auf die Unterhaltspflicht gegenüber dem Unterhaltsgläubiger bezieht.[238] Nur in solchen Fällen kommt deswegen eine Anrechnung fiktiver Einkünfte nach Höhe des auf dem allgemeinen Arbeitsmarkt erzielbaren Einkommens in Betracht (s. Rn. 770 f.). Soweit er allerdings tatsächlich – als Freigänger oder innerhalb der Haft – Einkommen erzielt, ist dieses bei der Unterhaltsbemessung zu berücksichtigen. Grenzen ergeben sich lediglich aus dem (auch insoweit zu wahrenden) Selbstbehalt des Inhaftierten[239] und der unterhaltsrechtlich verbindlichen konkreten Zweckbestimmung der Einkünfte. Während der Haft kann der Gefangene Arbeitsentgelt nach § 43 StVollzG, Ausbildungsbeihilfe nach § 44 StVollzG, (Arbeits-)Ausfallentschädigung nach § 45 StVollzG oder Taschengeld nach § 46 StVollzG erhalten. Nach § 47 I StVollzG darf er $^3/_7$ der Vollzugsbezüge, mindestens 30 EUR monatlich, als Hausgeld, bei Arbeit in einem freien Beschäftigungsverhältnis ein angemessenes Hausgeld, sowie das angemessene Taschengeld für den Einkauf oder anderweitig verwenden. Nach § 49 StVollzG ist auf Antrag des Gefangenen zur Erfüllung einer gesetzlichen Unterhaltspflicht aus seinen Bezügen ein Unterhaltsbetrag an den Unterhaltsberechtigten oder einen Dritten zu zahlen. Reichen seine Einkünfte nach Abzug des Hausgeldes und des Unterhaltsbetrags nicht aus, um den Haftkostenbeitrag (§ 50 StVollzG) zu begleichen, wird der Unterhaltsbeitrag nur bis zur Höhe des nach § 850c ZPO unpfändbaren Betrags gezahlt. Aus den Bezügen des Gefangenen ist ferner nach § 51 StVollzG ein Überbrückungsgeld zu bilden, das den Lebensunterhalt des

---

[232] BGH FamRZ 1979, 211; OLGR Saarbrücken 1998, 446; OLG Hamm FamRZ 1987, 597
[233] BGH FamRZ 1986, 889; 1979, 211; 1979, 470
[234] BGH FamRZ 1986, 889; 1979, 470; vgl. auch BVerfGE 38, 187, 200
[235] So OLG Düsseldorf FamRZ 1998, 743 und 1996, 947 mit weiteren Nachweisen; OLG Koblenz FamRZ 1987, 1154
[236] OLG Hamm NJW-RR 2006, 651
[237] BGH, DAVorm 1982, 263; FamRZ 1980, 984; OLG Karlsruhe FamRZ 2003, 1675
[238] BGH FamRZ 2002, 813 = R 573; 1982, 913; OLG Naumburg FamRZ 2010, 572 Rn. 16; OLG Hamm FamRZ 2004, 1743; OLG Koblenz FamRZ 2004, 1313
[239] OLG Hamm FamRZ 2004, 1743 (Selbstbehalt eines Freigängers 280 EUR/mtl.); OLG Köln FamRZ 2004, 1744 (Selbstbehalt 480 EUR/mtl.)

Gefangenen und seiner Unterhaltsberechtigten für die ersten vier Wochen nach seiner Entlassung sichern soll. Bezüge des Gefangenen, die nicht als Hausgeld, Haftkostenbeitrag, Unterhaltsbeitrag oder Überbrückungsgeld in Anspruch genommen werden, stehen ihm nach § 52 StVollZG als Eigengeld wie Einkommen zur Verfügung.

Hausgeld erzielt der Inhaftierte durch seine Arbeit für den Einkauf von Nahrungs- und Genussmitteln, von Körperpflegemitteln oder zur Bezahlung von Postgebühren (§ 47 StVollzG). Die Höhe des Hausgeldes übersteigt auch unter Berücksichtigung der freien Unterkunft, Verpflegung, Bekleidung und Gesundheitsfürsorge nicht den notwendigen Selbstbehalt und ist dem Strafgefangenen unter Berücksichtigung des Resozialisierungsgedankens auch bei gesteigerter Unterhaltspflicht nach § 1603 II 1, 2 BGB zu belassen.[240] Wenn die notwendigen Bedürfnisse des Strafgefangenen hingegen bereits durch einen eigenen Unterhaltsanspruch abgedeckt sind, kann das Hausgeld zur Befriedigung von Unterhaltsansprüchen gegen den Inhaftierten herangezogen werden (vgl. Rn. 722 ff.).[241] Umgekehrt deckt das Hausgeld im Zusammenhang mit den sonstigen gesetzlichen Ansprüchen auf freie Unterkunft und Versorgung den Unterhaltsbedarf eines inhaftierten Unterhaltsberechtigten voll ab, sodass daneben kein weiterer Unterhaltsbedarf mehr besteht.[242]

732

Im Gegensatz zum Hausgeld dient das **Überbrückungsgeld** dem Unterhalt des Gefangenen und seiner Familie in den ersten vier Wochen nach seiner Haftentlassung (§ 51 I StVollzG). Zwar wird es aus den Bezügen des Inhaftierten während seiner Zeit im Strafvollzug gebildet. Es wird jedoch erst bei Entlassung für den Bedarf der nächsten 4 Wochen ausgezahlt. Weil der Gefangene erst nach seiner Entlassung über dieses Geld verfügen kann, steht es auch unterhaltsrechtlich erst ab diesem Zeitpunkt zur Verfügung. Für Unterhaltsansprüche nach der Entlassung steht es allerdings zur Verfügung. Im Falle der Arbeitslosigkeit ist es dann – wie eine Sonderzuwendung oder Abfindung (s. Rn. 29 f.) – als Lohnersatzleistung auf einen angemessenen Zeitraum aufzuteilen.[243]

733

10. Abschnitt: Fiktives Einkommen aus unterlassener zumutbarer Erwerbstätigkeit

Die tragenden Grundsätze des Unterhaltsrechts, nach denen
– nur bei Bedürftigkeit Unterhalt verlangt werden kann (§§ 1577, 1602 BGB)
– und bei Leistungsunfähigkeit kein Unterhalt geschuldet wird (§§ 1581, 1603 BGB),
stellen nicht allein auf das tatsächlich vorhandene Einkommen und Vermögen ab. Daneben ist stets auch nach dem Grund der Erwerbslosigkeit sowie der Arbeits- und Erwerbsfähigkeit und somit nach den Ursachen einer Bedürftigkeit oder einer Leistungsunfähigkeit zu fragen. Im Einzelfall kann dies dazu führen, dass ein an sich Mitteloser keinen Unterhalt verlangen kann oder sogar seinerseits zum Unterhalt verpflichtet ist. **Dogmatisch** werden solche Ergebnisse dadurch abgesichert, dass bei selbstverschuldeter Mittellosigkeit in bestimmten Fällen **fiktive Einkünfte** zugerechnet werden. Fiktive Einkünfte sind somit sowohl bei der Leistungsfähigkeit des Unterhaltspflichtigen (Rn. 735 ff.) als auch bei der Bedürftigkeit des Berechtigten (Rn. 773 ff.) von Bedeutung. Bei der Bedarfsbemessung sind weitere Besonderheiten zu beachten (Rn. 761 ff.). Im Rahmen der **Prozesskostenhilfe** werden fiktive Einkünfte normalerweise nicht zugerechnet. Dies kann allenfalls dann geschehen, wenn es „andernfalls zu einer missbräuchlichen Inanspruchnahme von Prozesskostenhilfe durch arbeitsunlustige Personen käme" und die erzielbaren Einkünfte die Prozesskosten decken

734

---

[240] BGH FamRZ 2002, 813 = R 573; 1982, 913; OLG Koblenz FamRZ 2004, 1313; vgl. auch OLG Frankfurt NStZ 1994, 608
[241] OLG Hamm FamRZ 2004, 1734; OLG Zweibrücken FamRZ 1990, 553
[242] OLG Zweibrücken FamRZ 2004, 1291
[243] BGH FamRZ 1982, 792, 794; OLG Frankfurt NStZ-RR 2006, 156; OLG Karlsruhe NStZ 2006, 62; OLG Hamm FamRZ 2004, 1743; OLG Koblenz FamRZ 2004, 1313; OLG Hamburg StV 2003, 403

§ 1   Die Ermittlung des unterhaltsrechtlich relevanten Einkommens

würden.[1] Auch die **Sozialhilfe** kennt keine Zurechnung fiktiver Einkünfte. Unterhaltsansprüche, die auf der Zurechnung fiktiver Einkünfte beruhen, gehen daher nach der Rechtsprechung des BGH nicht nach § 94 I 1 SGB XII auf den Sozialhilfeträger über[2] sondern verbleiben dem Unterhaltsberechtigten. Weil das Gesetz in § 94 SGB XII, anders als noch in § 91 II 1 BSHG, keine ausdrückliche Einschränkung des Anspruchsübergangs enthält, ist mit der Rechtsprechung des BGH keine endgültige Bedarfsdeckung verbunden. Werden die Unterhaltsansprüche trotz des Bezugs von Sozialhilfe weiter verfolgt, kann ihm der Unterhaltspflichtige u. U. den Einwand unzulässiger Rechtsausübung entgegenhalten (siehe dazu Rn. 8/126 ff.).

Fiktive Einkünfte werden in erster Linie bei Verletzung von Erwerbsobliegenheiten zugerechnet. Eine solche Verletzung kann sich sowohl aus einer leichtfertigen Aufgabe einer Erwerbstätigkeit als auch aus unzureichenden Bemühungen um Aufnahme einer neuen Erwerbsmöglichkeit bei realistischer Beschäftigungschance ergeben. Damit befasst sich der vorliegende Abschnitt. Wird ein **Vermögen** nicht wirtschaftlich genutzt, können ebenfalls fiktiv erzielbare Einkünfte zugerechnet werden (s. Rn. 632 ff.). Auch eine unterlassene Nutzung von **Steuervorteilen** kann zu fiktiven Einkommenserhöhungen führen (s. Rn. 564 ff.). Eine Zurechnung fiktiven Einkommens kann sich auch aus einem Verzicht auf öffentlich-rechtliche Hilfe ergeben, sofern diese nicht subsidiär sind, sondern Einkommensersatzfunktion haben. Wer z. B. als BAföG-Berechtigter aus Nachlässigkeit keinen Antrag stellt, kann so behandelt werden, als ob er BAföG-Leistungen erhielte (vgl. Rn. 670 ff. sowie 8/279 ff.).[3]

I. Zurechnung fiktiver Einkünfte beim Unterhaltsschuldner

1. Allgemeine Grundsätze

735 Das Gesetz trifft keine besondere Bestimmung für den Fall, dass der Unterhaltspflichtige seine Leistungsunfähigkeit selbst herbeigeführt hat. Hieraus folgert der BGH, dass dessen Leistungsunfähigkeit grundsätzlich auch dann zu beachten ist, wenn sie von ihm selbst – auch schuldhaft – herbeigeführt wurde. Nur **ausnahmsweise** wird dem Unterhaltspflichtigen „nach Maßgabe von Treu und Glauben" die Berufung auf seine Leistungsunfähigkeit verwehrt.[4] In der gerichtlichen Praxis werden in diesem Zusammenhang zwei unterschiedliche Fallgruppen behandelt.[5]

Fall 1:
M verfügte über erhebliches Einkommen, so dass er gut für seine Angehörigen sorgen konnte. Nach der Scheidung vermindern sich seine Einkünfte dauerhaft mit der Folge, dass er seinen Unterhaltsverpflichtungen nur noch eingeschränkt nachkommen kann.
In diesem Fall ist zunächst die Frage zu beantworten, ob und in welchem Umfang sich der Einkommensrückgang auf den **Bedarf** der Unterhaltsberechtigten auswirkt. Danach ist zusätzlich die **Leistungsfähigkeit** des Unterhaltspflichtigen zu prüfen.

- Nach der Rechtsprechung des BGH wirkt sich eine Einkommensreduzierung nicht nur auf den **Unterhaltsbedarf** der Kinder, sondern auch auf denjenigen des Ehegatten nach den ehelichen Lebensverhältnissen aus.[6] Das ist nur dann ausnahmsweise nicht der Fall, wenn die Reduzierung des Einkommens auf einer Verletzung der Erwerbsobliegenheit

---

[1] BVerfG NJW-RR 2005, 1725; OLG Karlsruhe FamRZ 2004, 1120; OLG Naumburg FamRZ 2001, 924; OLG Koblenz FamRZ 1997, 376
[2] BGH FamRZ 2000, 1358 = R 543 a; 1999, 843 = R 533; 1998, 818 = R 524 (jeweils zum früheren § 91 II 1 BSHG)
[3] BGH FamRZ 1980, 126, 128; OLG Hamm FamRZ 1998, 1612
[4] BGH FamRZ 2008, 872 = R 690; 2002, 813 = R 573; 1985, 273, 275
[5] Vgl. die Gegenüberstellung in BGH FamRZ 1987, 252; zu dieser Differenzierung s. auch Rn. 2/244
[6] BGH FamRZ 2008, 968 = R 689 g; 2007, 793, 795 = R 674 a, b; 2006, 683, 685 = R 649 f–h; 2003, 590, 591 = R 586

10. Abschnitt: Fiktives Einkommen aus unterlassener zumutbarer Erwerbstätigkeit § 1

des Unterhaltspflichtigen beruht oder durch eine freiwillige berufliche oder wirtschaftliche Dispositionen des Unterhaltspflichtigen veranlasst ist und von ihm nicht durch zumutbare Vorsorge aufgefangen werden kann (s. Rn. 761 ff.).[7] Regelmäßig hat eine hinzunehmende Reduzierung des Einkommens deswegen auch eine Herabsetzung des danach zu bemessenden Unterhaltsbedarfs zur Folge.
- Gleiches gilt für die **Leistungsfähigkeit** des Unterhaltspflichtigen. Ist ihm die Reduzierung seines Einkommens vorwerfbar, wird er in Höhe des bisherigen Unterhaltsbedarfs weiterhin als leistungsfähig angesehen. Das frühere Einkommen bleibt also weiterhin maßgeblich, auch wenn der Unterhaltspflichtige nicht mehr so viel verdient (hierzu vertiefend Rn. 743 ff.).[8] Ist die Einkommensminderung hingegen nicht vorwerfbar und darf deshalb auch nicht an das frühere Einkommen angeknüpft werden, so ist auch die Leistungsfähigkeit auf der Grundlage der veränderten Einkünfte unter Abwägung der beiderseitigen Interessen neu zu bemessen (Rn. 753 ff.).

Fall 2:
M hat noch nie gut verdient. Er hat zwar eine ordentliche Ausbildung, aus Bequemlichkeit geht er jedoch keiner regelmäßigen Arbeit nach und ist deshalb nicht in der Lage, Unterhalt zu leisten. Sein Vermögen ist so festgelegt, dass es keinen Ertrag bringt.
In diesem Fall kann bei der Bemessung des eheangemessenen **Bedarfs** nicht an ein früheres Einkommen angeknüpft werden. Der Unterhaltsbedarf ist dann allein auf der Grundlage einer fiktiven Einkommenszurechnung zu bemessen, wenn das Fehlen der Einkünfte nicht unverschuldet ist (vgl. Rn. 761 ff.). Entsprechend ist in diesem Fall auch die Leistungsfähigkeit isoliert zu ermitteln (dazu näher Rn. 743 ff., 753 ff.).[9]

Die Anrechnung fiktiver Einkünfte beruht auf folgenden Überlegungen: **736**
Die Leistungsfähigkeit des Unterhaltsschuldners (zur Bedürftigkeit des Unterhaltsberechtigten s. Rn. 773 ff.) wird nicht nur durch sein tatsächlich vorhandenes Vermögen und Einkommen bestimmt, sondern auch durch seine **Arbeits- und Erwerbsfähigkeit.** Reichen seine tatsächlichen Einkünfte nicht aus, so trifft ihn unterhaltsrechtlich die Obliegenheit, die ihm zumutbaren Einkünfte zu erzielen, insbesondere seine Arbeitsfähigkeit so gut wie möglich einzusetzen und eine ihm mögliche Erwerbstätigkeit auszuüben. Kommt er dieser Erwerbsobliegenheit nicht nach, muss er sich so behandeln lassen, als ob er ein Einkommen, das er bei gutem Willen erzielen könnte, auch tatsächlich erzielt. Zum unterhaltsrechtlich relevanten Einkommen zählen daher auch Einkünfte, die der Unterhaltspflichtige in zumutbarer Weise erzielen könnte, aber tatsächlich nicht erzielt.[10] Die Erwerbsobliegenheit verpflichtet grundsätzlich (mit Ausnahmen z.B. bei Kindererziehung) zur Aufnahme einer **Vollzeiterwerbstätigkeit.** Grundsätzlich ist auch ein Unterhaltsschuldner, der eine sichere Teilzeitbeschäftigung hat, verpflichtet, sich nachhaltig um eine vollschichtige Erwerbstätigkeit zu bemühen. Stattdessen kann es aber auch zumutbar sein, das gegenwärtige Einkommen aus einer nicht vollschichtigen Berufstätigkeit durch eine zusätzliche Nebenbeschäftigung aufzubessern.[11] Neben eine vollschichtigen Berufstätigkeit besteht aber regelmäßig keine Verpflichtung zur Aufnahme einer **Nebentätigkeit** (s. Rn. 96 ff.).[12]

Hat der Unterhaltsschuldner nicht eine zuvor ausgeübte vollschichtige Berufstätigkeit **737** leichtfertig aufgegeben, setzt die Berücksichtigung fiktiver Einkünfte neben dem Vorwurf nicht ausreichender Bemühungen um einen solchen Arbeitsplatz auch die Feststellung

---

[7] BGH FamRZ 2008, 968 = R 689 g; 2006, 683, 685 = R 649 h; 2003, 590, 591 = R 586
[8] BGH FamRZ 2008, 872 = R 690 d
[9] Zur Erforderlichkeit der Differenzierung vgl. BGH FamRZ 1997, 281 = R 509
[10] BVerfG FamRZ 2005, 1893; BGH FamRZ 2005, 23, 24 = R 619; 2003, 1471, 1473; 1994, 372, 373 = R 473 c und 1987, 252 für Verstöße gegen Erwerbsobliegenheiten; 1990, 283, 288 für unterlassene Vermietung von Garagen; 1980, 126, 128 für nicht geltend gemachte BAföG-Einkünfte
[11] Vgl. aber BGH FamRZ 2008, 594, 596 = R 688 und BVerfG FamRZ 2008, 1403, 1404; 2008, 131, 133; 2007, 273, 274; 2003, 661, 662; OLG Schleswig NJW-RR 2011, 7; OLG Hamm FamRZ 2010, 985; OLG Saarbrücken NJW-RR 2009, 942; OLG Karlsruhe FamRZ 2005, 1855; OLG Bamberg FamRZ 2005, 1114
[12] BGH FamRZ 2009, 314 = R 701 und FamRZ 2008, 872 = R 690 d; BVerfG FamRZ 2003, 661, 662

voraus, dass er unter Berücksichtigung seiner persönlichen Qualifikation Einkünfte in der fiktiv zurechenbaren Höhe tatsächlich erzielen könnte (**realistische Beschäftigungschance**).[13] Hat der Unterhaltsschuldner hingegen leichtfertig eine Einkommensminderung herbeigeführt, knüpft die fiktive Zurechnung des früher erzielten Einkommens an die Aufgabe dieser Erwerbstätigkeit an (Rn. 743 ff.). Dann kann ihm das zuvor erzielte Einkommen weiterhin fiktiv zugerechnet werden, ohne dass es auf eine anderweitige Beschäftigungschance ankommt. Damit wird der in Ehekrisen häufig anzutreffenden Tendenz entgegengewirkt, zum Nachteil der Berechtigten vorhandenes Einkommen einzuschränken.[14] Fällt dem Unterhaltspflichtigen ein solcher Vorwurf zur Last, kommt es also nicht mehr darauf an, ob er seine früheren Einkünfte in Zukunft an einem anderen Arbeitsplatz erzielen könnte. Er bleibt vielmehr im bisherigen Umfang leistungsfähig.[15] Dagegen kann er sich in einem späteren Abänderungsverfahren nur mit der Argumentation zur Wehr setzen, dass er auch bei Fortdauer des früheren Arbeitsverhältnisses nicht mehr das frühere Einkommen erzielen würde. Das kann der Fall sein, wenn der frühere Arbeitgeber seine Tätigkeit eingestellt hat, ein Abbau von Arbeitsplätzen auch den Unterhaltsschuldner getroffen hätte oder ein struktureller Einkommensrückgang unvermeidbar gewesen wäre. Verstöße gegen die Erwerbsobliegenheit können aber auch unabhängig von früheren Einkünften dazu führen, dass eine vorhandene Leistungsunfähigkeit nicht berücksichtigt wird (vgl. dazu Rn. 761 f.). Nach ständiger Rechtsprechung des BGH ist die Zurechnung fiktiven Einkommens für jedes Unterhaltsverhältnis gesondert zu beurteilen, weil dies voraussetzt, dass der Unterhaltspflichtige im jeweiligen Unterhaltsverhältnis gegen seine unterhaltsrechtliche Erwerbsobliegenheit verstoßen hat. Die Erwerbsobliegenheiten beim Ehegattenunterhalt und beim Kindesunterhalt sind unterschiedlich ausgestaltet. Sie unterscheiden sich auch danach, ob sie den Unterhaltsberechtigten oder den Unterhaltspflichtigen betreffen.[16]

738   Gegenüber **minderjährigen Kindern** haben Eltern nach § 1603 II 1, 2 BGB eine gesteigerte Unterhaltspflicht und daraus folgend eine verstärkte Erwerbsobliegenheit. Sie sind minderjährigen Kindern gegenüber verpflichtet, alle verfügbaren Mittel zu ihrem und aller Kinder Unterhalt gleichmäßig zu verwenden. Deshalb dürfen sie in einer neuen Ehe nicht ohne Grund die Haushaltsführung und Kindererziehung übernehmen und auf eine eigene Erwerbstätigkeit verzichten.[17] Stets müssen die Eltern im Verhältnis zu minderjährigen Kindern ihre Arbeitsfähigkeit so gut wie möglich einsetzen und sich Einkünfte anrechnen lassen, die sie durch zumutbare Erwerbstätigkeit erreichen könnten.[18] Diese Verpflichtung legt ihnen nicht nur bei der Wahl ihres Arbeitsplatzes, sondern auch bei der Aufgabe einer vorhandenen Beschäftigung weitere Pflichten auf. Von den Eltern kann sogar in zumutbaren Grenzen sowohl ein Orts- als auch ein Berufswechsel verlangt werden, wenn sie auf diese Weise ihre Unterhaltspflicht erfüllen können.[19] Gegenüber dieser, sich als höherwertig erweisenden familienrechtlichen Unterhaltspflicht muss u. U. auch das Recht des unterhaltspflichtigen Elternteils auf freie Entfaltung seiner Persönlichkeit sowie auf freie

---

[13] BGH FamRZ 2009, 314 = R 701; 2003, 1471; OLG Karlsruhe FamRZ 2005, 1855; OLG Hamm FamRZ 2005, 803
[14] BGH FamRZ 2008, 872 = R 690 b-d; OLG Karlsruhe FamRZ 2006, 223; OLG Hamm FamRZ 1999, 1528 zur bewussten unterhaltsbezogenen Aufgabe des Arbeitsplatzes
[15] BGH FamRZ 2008, 872 = R 690 b, c; 1994, 372 = R 473 c; 1992, 1045, 1047; 1988, 597, 599; 1987, 930, 932; 1987, 372, 374
[16] BGH FamRZ 2008, 2104 = R 696 b
[17] BGH FamRZ 2006, 1827 = R 660 a; 2006, 1010, 1012 = R 651
[18] BGH FamRZ 2009, 314 = R 701; 2003, 1471; OLG Bremen FamRZ 2010, 574; OLG Nürnberg FuR 2010, 50; OLG Köln FamRZ 2009, 1920; OLG Bremen FamRZ 2009, 889
[19] BGH FamRZ 1980, 1113; OLG Koblenz FamRZ 2005, 650. Nach OLG Dresden in FamRZ 1997, 836 besteht die Obliegenheit, aus einem neuen Bundesland in ein altes Bundesland umzusiedeln, aber nur, wenn dort ein Arbeitsplatz konkret in Aussicht steht. Nach der gleichen Entscheidung besteht in der Regel aber keine Obliegenheit zu einer Nebentätigkeit während einer Umschulungsmaßnahme. Nach OLG Hamm FamRZ 1998, 42, 43 muss sich ein arbeitsloser Hilfsarbeiter „bundesweit" um Arbeit bemühen, wenn ihm ein konkreter Rat gegeben werden kann, in welcher anderen Region bessere Chancen für eine Hilfsarbeiterstelle bestehen; vgl. auch OLG Naumburg NJW-RR 2009, 873. Zu den Grenzen vgl. aber BVerfG FamRZ 2006, 469

10. Abschnitt: Fiktives Einkommen aus unterlassener zumutbarer Erwerbstätigkeit   § 1

Berufswahl zurücktreten (vgl. auch § 10 SGB II).[20] Allerdings setzt die Verpflichtung zu einer bundesweiten Arbeitssuche im Einzelfall stets die Prüfung voraus, ob dies dem Unterhaltspflichtigen unter Berücksichtigung seiner persönlichen Bindungen, insbesondere des Umgangsrechts und der Umgangspflicht mit seinen Kindern, zumutbar ist.[21] Von einem Landwirt mit dauerhaft unzureichendem Einkommen kann verlangt werden, dass er zur Nebenerwerbslandwirtschaft übergeht oder notfalls die Landwirtschaft ganz aufgibt und eine anderweitige volle Erwerbstätigkeit mit höheren Einkünften aufnimmt.[22] Gleiches gilt bei sonstiger selbständiger Tätigkeit, wenn über Jahre hinweg nur Verluste erwirtschaftet wurden[23] oder sonst eine nachhaltige Sicherung des Unterhalts ausgeschlossen ist. Bei unverschuldeter Arbeitslosigkeit ist der Unterhaltspflichtige, der keine Aussicht auf eine neue vollzeitige Berufstätigkeit hat, wegen der gesteigerten Erwerbsobliegenheit (§ 1603 II 1, 2 BGB) zur Aufnahme einer geringfügigen Nebenbeschäftigung verpflichtet, weil nach § 141 I, II SGB III ein Teil des Einkommens neben dem bezogenen Arbeitslosengeld I anrechnungsfrei verbleibt.[24] Es kann auch eine Verpflichtung zur beruflichen Weiterbildung bestehen (vgl. §§ 77 ff., 141 III SGB III), wenn auf diese Weise der Kindesunterhalt gesichert werden kann. Andererseits müssen unterhaltspflichtige Eltern im Interesse der Kinder auf eine Weiterbildung (z. B. weiterführende Schule oder Hochschulstudium) oder Umschulung verzichten, wenn sie eine zumutbare Erwerbstätigkeit in ihrem früheren Beruf finden können (s. Rn. 767 f.).[25] Demgegenüber hat eine Erstausbildung regelmäßig Vorrang vor der Unterhaltspflicht (s. Rn. 747).

Bei Eingriffen in die vom Unterhaltsschuldner gewählte Erwerbstätigkeit kommt es stets auf den Einzelfall an. Einem Oberarzt kann es wegen der regelmäßig günstigen Prognose durchaus gestattet sein, eine eigene Praxis zu gründen, auch wenn er in der Anlaufphase nur geringeren Unterhalt zahlen kann.[26] Die Einkommensreduzierung eines Polizeibeamten zur Vorbereitung des Aufstiegs in den gehobenen Polizeidienst ist von den Unterhaltsberechtigten hinzunehmen, wenn der Mindestunterhalt gewahrt und ihnen die Reduzierung unter Abwägung der beiderseitigen Interessen zumutbar ist.[27] Allerdings muss der gesteigerte Unterhaltspflichtige sich besonders intensiv um Arbeit bemühen und deswegen im Rahmen der Zumutbarkeit auch Aushilfstätigkeiten und Gelegenheitsarbeiten annehmen.[28] Wenn er eine Umschulung durchführt oder ein Studium aufgenommen hat, kann er verpflichtet sein, zeitweilig in dem früher ausgeübten Beruf tätig zu sein, soweit er damit den Mindestunterhalt seiner minderjährigen Kinder aufbringen kann.[29] In besonders gelagerten Fällen kann eine entsprechende Pflicht auch gegenüber dem **geschiedenen Ehegatten** bestehen, obwohl es insoweit an einer gesteigerten Unterhaltspflicht fehlt.[30]

Gegenüber **volljährigen Kindern** besteht keine gesteigerte Erwerbsobliegenheit. Ein Volljähriger, der sich nicht in Berufsausbildung befindet, ist in erster Linie für seinen Lebensunterhalt selbst verantwortlich (siehe Rn. 2/468 ff.). Hat er eine (ggf. mehrstufige)[31] Berufsausbildung abgeschlossen, ist er verpflichtet, seine eigene Arbeitskraft zur Sicherung seines notwendigen Unterhaltsbedarfs zu nutzen.[32] Für die Obliegenheit eines gesunden Volljährigen zur Nutzung seiner Arbeitskraft gelten dann ähnliche Maßstäbe wie beim

739

740

---

[20] BGH FamRZ 2003, 1471, 1473; 1987, 930, 932; 1981, 341, 344; 1981, 539; 1980, 1113
[21] BVerfG FamRZ 2007, 469; 2006, 469; OLG Naumburg NJW-RR 2009, 873
[22] BGH FamRZ 1998, 357 = R 515 b; 1993, 1304
[23] BGH FamRZ 2003, 741 = R 590 f.; OLG Koblenz FamRZ 2009, 1921 und 2000, 288; OLG Naumburg NJW-RR 2008, 1389; OLG Dresden FF 2000, 31; OLG Hamm FamRZ 1993, 970; vgl. aber OLG Hamm FamRZ 2004, 1514 und OLGR Stuttgart 2002, 231
[24] OLG Zweibrücken FamRZ 2000, 308, 309 m. Anm. Luthien
[25] BGH FamRZ 1987, 930, 932; 1981, 539; 1980, 1113; OLG Karlsruhe FamRZ 2010, 1342; OLG Saarbrücken NJW-RR 2010, 219; OLGR Jena 2005, 584
[26] OLG Frankfurt FamRZ 1990, 786
[27] OLG Bamberg FamRZ 2000, 307, 308; vgl. auch OLG Dresden FamRZ 2010, 575
[28] OLG Hamburg FamRZ 1984, 924; OLG Koblenz FamRZ 1984, 1225
[29] OLG Hamburg FamRZ 1991, 106; OLG Koblenz FamRZ 1991, 1475
[30] BGH FamRZ 1981, 539 (unter Hinweis auf dem Gleichrang nach früherem Recht)
[31] BGH FamRZ 2006, 1100 = R 654 b–d
[32] BGH FamRZ 1985, 273; 1987, 930, 932

§ 1 Die Ermittlung des unterhaltsrechtlich relevanten Einkommens

Unterhaltspflichtigen gegenüber minderjährigen Kindern (s. Rn. 738 f.). Er ist gehalten, auch berufsfremde Tätigkeiten aufzunehmen und ihm sind sogar Arbeiten unterhalb seiner gewohnten Lebensstellung zuzumuten.[33] Ehe der erwerbslose Volljährige von seinen Eltern Unterhaltszahlungen verlangen kann, muss er zunächst selbst bis zur Zumutbarkeitsgrenze Opfer auf sich nehmen und im gesamten Bundesgebiet nach einer Arbeitsstelle als ungelernter Arbeiter suchen,[34] wenn dem nicht besondere Umstände im Einzelfall entgegenstehen. Diese eigene Erwerbsobliegenheit des volljährigen Kindes ist bei der Beurteilung der Erwerbsobliegenheit der Eltern stets mit zu beachten. Allerdings besteht regelmäßig auch gegenüber volljährigen Kindern eine Obliegenheit zur Ganztagsarbeit. Arbeitet ein Elternteil ohne besonderen Anlass nur halbtags, kann daher fiktiv ein Einkommen aus Ganztagstätigkeit berücksichtigt werden.[35]

741 Wenn sich der Unterhaltspflichtige beruflich unter **Aufgabe seiner bisherigen Tätigkeit** verändern will und diese Veränderung für ihn voraussichtlich eine zeitweise rückläufige Einkommensentwicklung zur Folge haben wird, muss er vorher sicherstellen, dass er den geschuldeten Unterhalt auch bei geringeren Einkünften erfüllen kann. Dies kann durch Kreditaufnahme oder vorherige **Rücklagenbildung** geschehen. Sonst darf er im Regelfall seine bisherige Tätigkeit nicht aufgeben (s. Rn. 769).[36] Unter den genannten Voraussetzungen können folgende berufliche Veränderungen in Betracht kommen:
- die Aufgabe des Arbeitsplatzes, um sich selbstständig zu machen;[37]
- ein beruflicher Wechsel vom Krankenhausarzt zum frei praktizierenden Arzt;[38]
- der Beginn einer weiteren Ausbildung nach vorangegangener Berufstätigkeit;[39]
- jede weitere berufliche Veränderung, die zu einer besser qualifizierten Stelle oder zu höheren bzw. sicheren Einkünften führt.

Die Erfüllung von Unterhaltspflichten hat aber grundsätzlich Vorrang vor den beruflichen Interessen des Unterhaltspflichtigen.[40]

742 Auch bei fiktiven Erwerbseinkünften ist im Rahmen des Ehegattenunterhalts ein **Erwerbstätigenbonus** zu berücksichtigen (s. Rn. 131).[41] Kreditraten, die zuvor vom tatsächlich erzielten Einkommen abgesetzt werden konnten sind auch weiterhin vom fiktiven Einkommen abzuziehen.[42] Im Rahmen der gesteigerten Unterhaltspflicht gegenüber minderjährigen Kindern kann im Einzelfall aber eine Pflicht zur Einleitung der **Verbraucherinsolvenz** gegeben sein, wenn der Unterhaltspflichtige neben den Kreditraten nicht wenigstens den Mindestunterhalt zahlen kann (s. auch Rn. 1118).[43] Bei der Prüfung, ob der Unterhaltspflichtige seine Arbeitskraft bestmöglich verwertet hat, obliegt ihm die **Darlegungs- und Beweislast** für eine Einschränkung oder den Verlust seiner Leistungsfähigkeit (vgl. Rn. 6/721 f.). Soweit der Unterhaltspflichtige sich auf eine von ihm nachgewiesene Leistungsunfähigkeit beruft, obliegt dem Unterhaltsberechtigten der Nachweis, dass eine Einkommensminderung gleichwohl unterhaltsbezogen leichtfertig eingetreten ist.[44]

---

[33] BGH FamRZ 1985, 1245; 1985, 273
[34] OLG Zweibrücken FamRZ 1984, 1250; OLG Köln FamRZ 1983, 942; vgl. aber BVerfG FamRZ 2007, 469
[35] OLG Hamm FamRZ 1998, 42
[36] BGH FamRZ 1988, 145, 147; 1988, 256; 1987, 372, 374; OLGR Naumburg 2001, 55; OLG Hamm FamRZ 1996, 959
[37] BGH FamRZ 1987, 372, 374
[38] BGH FamRZ 1988, 256; 1988, 145, 147; OLG Hamm FamRZ 1996, 959
[39] BGH FamRZ 1987, 930, 932; zur Erstausbildung vgl. BGH FamRZ 2011, 1041
[40] BGH FamRZ 1985, 782, 786; 1982, 365
[41] BGH FamRZ 2005, 23 = R 619; 1997, 806 = R 512 b; 1991, 307, 310
[42] OLG Hamm FamRZ 1995, 1203
[43] BGH FamRZ 2005, 608 = R 627 a–c; zur Bemessung des unterhaltsrelevanten Einkommens nach Eröffnung der Verbraucherinsolvenz vgl. BGH FamRZ 2008, 137, 138 ff. = R 684 b–e; im Rahmen des Ehegattenunterhalts trifft den Unterhaltspflichtigen hingegen regelmäßig keine Obliegenheit zur Einleitung der Verbraucherinsolvenz vgl. BGH FamRZ 2008, 497 = R 687
[44] OLG Karlsruhe FamRZ 2000, 1419; OLG Düsseldorf FamRZ 1994, 926; a. A. OLG Hamm FamRZ 1994, 755

10. Abschnitt: Fiktives Einkommen aus unterlassener zumutbarer Erwerbstätigkeit § 1

2. Leistungsfähigkeit des Unterhaltspflichtigen bei leichtfertig herbeigeführter Einkommensminderung durch Arbeitsaufgabe, Berufswechsel, Selbständigkeit oder sonstige berufliche Veränderung

Bei **Aufgabe seines Arbeitsplatzes** (z. B. durch eigene Kündigung), bei Arbeitgeberkündigung sowie bei Berufswechsel, Übernahme einer selbständigen Erwerbstätigkeit oder sonstiger beruflicher Veränderung, die sich nachteilig auf die Einkünfte auswirken, ist stets zu prüfen, ob der Unterhaltspflichtige eine sich daraus ergebende Leistungsunfähigkeit oder Leistungsminderung selbst **schuldhaft herbeigeführt** hat. Für den von § 1579 Nr. 4 BGB erfassten Fall einer vom Unterhaltsgläubiger selbst verursachten Bedürftigkeit hatte der BGH schon früh entschieden, dass eine Verwirkung des Unterhaltsanspruchs zwar kein vorsätzliches Verhalten voraussetzt, andererseits aber einfache Fahrlässigkeit nicht ausreicht. Erforderlich ist insoweit vielmehr ein leichtfertiges, vom üblichen sozialen Standard abweichendes Verhalten, bei dem sich die zugrunde liegenden Vorstellungen und Antriebe auch auf die Bedürftigkeit als Folge dieses Verhaltens erstrecken müssen (sog. **unterhaltsbezogene Leichtfertigkeit**). Leichtfertig in diesem Sinn handelt, wer seine Arbeitskraft oder sein Vermögen, also die Faktoren, die ihn in die Lage versetzen, seinen Lebensunterhalt selbst zu bestreiten, auf sinnlose Art aufs Spiel setzt und einbüßt. Der Unterhaltsberechtigte muss sich unter grober Nichtachtung dessen, was jedem einleuchten muss, oder in Verantwortungslosigkeit und Rücksichtslosigkeit gegen den Unterhaltspflichtigen über die als möglich erkannten nachteiligen Folgen für seine Bedürftigkeit hinweggesetzt haben.[45] Im Gegensatz zur Bedürftigkeit des Unterhaltsberechtigten enthält das Gesetz zwar keine ausdrücklichen Regelungen zur selbst herbeigeführten Leistungsunfähigkeit des Unterhaltspflichtigen. Für diesen gesetzlich nicht besonders geregelten Fall der vom **Unterhaltsschuldner** selbst verursachten Leistungsunfähigkeit können allerdings keine geringeren Anforderungen gelten. Der BGH löst diese Lücke nach dem Grundsatz von **Treu und Glauben** (§ 242 BGB) unter Berücksichtigung des gesetzlichen Maßstabs zum Wegfall der Bedürftigkeit nach § 1579 Nr. 4 BGB. Auch wer seine Leistungsunfähigkeit freiwillig herbeigeführt hat, kann sich nur dann darauf berufen, wenn er dabei nicht leichtfertig gehandelt und somit nicht gegen Treu und Glauben verstoßen hat.[46] 743

Unterhaltsrechtlich kann ein **selbst verschuldeter** aber doch ungewollter Verlust des Arbeitsplatzes nicht der freiwilligen Aufgabe einer versicherungspflichtigen Tätigkeit gleichgestellt werden. Im ersten Fall ist dem Unterhaltspflichtigen nur dann aus Treu und Glauben eine Berufung auf seine Leistungsunfähigkeit verwehrt, wenn dem Fehlverhalten ein schwerwiegendes und nicht nur leichtes Verschulden zugrunde liegt und sich die zugrunde liegenden Vorstellungen und Antriebe auch auf die Verminderung der unterhaltsrechtlichen Leistungsfähigkeit als Folge des Verhaltens erstreckt haben.[47] Erforderlich ist somit, dass sich das für den Verlust des Arbeitsplatzes ursächliche Verhalten seinerseits als Verletzung der Unterhaltspflicht darstellt. Für diesen unterhaltsrechtlichen Bezug (auch einer Straftat) reicht es nicht aus, dass ein Verhalten für den Verlust des Arbeitsplatzes kausal geworden ist oder dass sich der Verlust des Arbeitsplatzes außer auf den Lebensstandard des Unterhaltspflichtigen auch auf denjenigen seiner unterhaltsberechtigten Angehörigen auswirkt. Vielmehr ist grundsätzlich ein Fehlverhalten erforderlich, dass sich unmittelbar auf die Unterhaltspflicht bezieht. Selbst wenn es aber an einem solchen objektiven Unterhaltsbezug fehlt, kann sich ein für den Verlust des Arbeitsplatzes ursächliches Fehlverhalten im Einzelfall gleichwohl als Verletzung seiner Unterhaltspflicht darstellen. Das setzt jedoch eine auf diesen Einzelfall bezogene Wertung voraus, dass sich die der Tat zugrunde liegenden Vorstellungen und Antriebe des Täters auf die Verminderung seiner unterhaltsrechtlichen Leistungsfähigkeit als Folge seines Verhaltens erstreckt haben. Damit bietet die Vorhersehbarkeit des Arbeitsplatzverlustes für sich genommen kein geeignetes Kriterium, um den unterhaltsrechtlichen Bezug einer vom Unterhaltsschuldner begangenen Straftat zu begründen (vgl. 744

---

[45] BGH FamRZ 2001, 541; 2000, 815; 1988, 375; 1984, 364, 367 f.; 1981, 1042, 1044 f. (jeweils zum früheren § 1579 Nr. 3 BGB)
[46] BGH FamRZ 2003, 1471, 1473; 2000, 815, 816 f. = R 541; 1994, 240
[47] BGH FamRZ 1994, 240

Rn. 770 f.).[48] Dem Unterhaltsschuldner ist die Berufung auf die eigene Leistungsunfähigkeit also nur dann versagt, wenn er seine Leistungsunfähigkeit durch **unterhaltsbezogene Mutwilligkeit** herbeigeführt hat, die allerdings nicht stets vorsätzliches Handeln erfordert, sondern auch leichtfertig herbeigeführt sein kann. In Anlehnung an die Regelungen zum Wegfall der Bedürftigkeit des Unterhaltsberechtigten bejaht der BGH[49] also auch beim Unterhaltspflichtigen eine Anrechnung fiktiven Einkommens nur bei schuldhaftem Verhalten.

745 Ein solches schuldhaftes Verhalten liegt vor, wenn
– der Unterhaltspflichtige seinen Arbeitsplatz aufgibt, um sich der Unterhaltspflicht zu entziehen oder um seine Einkünfte zu vermindern oder zu verschleiern,
– der Unterhaltspflichtige bewusst seine wirtschaftliche Existenz zerstört oder absichtlich gebummelt hat oder
– wenn er seinen Arbeitsplatz infolge eines mutwilligen oder verantwortungslosen oder zumindest leichtfertigen Verhaltens verloren hat.

Dabei hält der BGH an früheren Formulierungen, wie Aufgabe des Arbeitsplatzes „ohne zureichenden Grund" oder „ohne vernünftigen Grund" nicht mehr fest, sondern verlangt stets eine **„unterhaltsbezogene Leichtfertigkeit"** zumindest in der Schuldform der **bewussten Fahrlässigkeit**, die als Regelfall angesehen wird,[50] also schuldhaftes Verhalten in der Form eines zumindest leichtfertigen Verhaltens.[51]

746 Nach dieser Rechtsprechung des BGH ist eine tatsächlich bestehende Leistungsunfähigkeit **grundsätzlich zu beachten,** und zwar selbst dann, wenn der Unterhaltspflichtige sie durch freiwillige Aufgabe seines Arbeitsplatzes herbeigeführt hat.[52] Nur besondere Gründe sind geeignet, ihm nach Treu und Glauben im Verhältnis zu Ehegatten und Kindern eine Berufung auf seine Leistungsunfähigkeit zu verwehren. Ein solcher Verstoß gegen Treu und Glauben kann im Allgemeinen nur angenommen werden, wenn sich der Unterhaltspflichtige verantwortungslos oder zumindest leichtfertig verhalten hat,[53] was voraussetzt, dass ihm nach seinen Erkenntnismöglichkeiten die Verantwortungslosigkeit seines Verhaltens ersichtlich war.[54] Ob dies der Fall ist, kann sich vor allem aus dem Bezug seines Verhaltens zur Unterhaltspflicht ergeben.

747 Die Annahme eines **zumindest leichtfertigen Verhaltens** erfordert somit stets eine genaue Bewertung und Abwägung aller maßgeblichen Umstände des Einzelfalles.[55] Dabei sind vor allem folgende Umstände zu berücksichtigen:
– der bisherige berufliche Werdegang des Unterhaltspflichtigen,
– seine Erfahrungen, Fähigkeiten und Neigungen sowie seine Motivation,
– berechtigte Erwartung auf langfristige Verbesserungen der beruflichen und wirtschaftlichen Situation,
– die Ausnutzung von Möglichkeiten einer Unterhaltsvorsorge durch Rücklagenbildung oder Kreditaufnahme bei vorübergehender rückläufiger Einkommensentwicklung.
– sonstige wirtschaftliche und persönliche Verhältnisse des Unterhaltspflichtigen und seiner unterhaltsberechtigten Angehörigen und
– der grundsätzliche Vorrang einer Erstausbildung.[56]

748 Bei der Prüfung einer Leichtfertigkeit dürfen später hinzutretende Umstände, die im Zeitpunkt der beruflichen Veränderung noch nicht voraussehbar waren, nicht berücksichtigt werden. Das Grundrecht auf freie Berufswahl und Berufsausübung (Art. 12 GG) steht zwar in Wechselwirkung zu der aus Art. 6 GG folgenden Verantwortung für die Familie, muss aber im Zweifel dazu führen, dass eine berufliche Entscheidung zu respektieren ist.[57]

---

[48] BGH FamRZ 2002, 813, 814 = R 573; 2000, 815, 816 f. = R 541
[49] BGH FamRZ 2000, 815, 816 f. = R 541
[50] BGH FamRZ 1994, 240
[51] BGH FamRZ 2008, 968 = R 689 g; 2002, 813, 814 = R 573; 2000, 815, 816 f. = R 541; 1985, 158; 1985, 273, 275
[52] BGH FamRZ 1987, 372, 374; 1985, 158
[53] BGH FamRZ 1989, 159
[54] BGH FamRZ 1993, 1055 = R 462A b; 1985, 158, 160
[55] BGH FamRZ 2011, 1041; 1988, 597, 599; 1987, 930, 932
[56] BGH FamRZ 2011, 1041; 1994, 372, 375 = R 473 d
[57] BGH FamRZ 1988, 256

10. Abschnitt: Fiktives Einkommen aus unterlassener zumutbarer Erwerbstätigkeit § 1

Dabei ist stets auch das **Elternrecht** zu beachten.[58] Wen einem Elternteil auch nur vorläufig das Aufenthaltsbestimmungsrecht für seine Kinder übertragen wurde, darf ihm kein Vorwurf daraus gemacht werden, dass er zugunsten der Kindesbetreuung seine beruflichen Möglichkeiten nachvollziehbar einschränkt.[59] Andererseits kann die Erfüllung von Unterhaltspflichten nach den Besonderheiten eines Einzelfalles auch Vorrang vor den beruflichen Interessen des Unterhaltspflichtigen haben.[60]

Diese Grundsätze sind entsprechend anwendbar, wenn der Unterhaltspflichtige eine berufliche Entscheidung trifft, die eine gegenüber dem früheren Zustand **erheblich eingeschränkte Leistungsfähigkeit** zur Folge hat.[61] Dies betrifft die Fälle, in denen nach der Trennung Überstunden abgebaut oder weniger anstrengende und deshalb schlechter bezahlte Tätigkeiten übernommen werden. Generell werden solche Entscheidungen zu akzeptieren sein, solange eine hinreichende Grundversorgung der Unterhaltsberechtigten verbleibt. Problematisch sind aber **Vorruhestandsvereinbarungen**, wenn das verbleibende Einkommen nicht mehr für den notwendigen Unterhalt ausreicht. Gegen ein unterhaltsrechtlich leichtfertiges Verhalten spricht die Vereinbarung einer größeren Abfindung, die regelmäßig Lohnersatzfunktion hat und von deren Vermögensstamm auch der Unterhaltsberechtigte durch die Umlage auf die Zeit bis zur allgemeinen Altersgrenze profitiert (s. Rn. 29 f.).[62] Grundsätzlich ist jedoch jeder verpflichtet, bis zur Vollendung der allgemeinen Altersgrenze (s. § 235 SGB VI und § 51 BBG) zu arbeiten.[63] Wenn der Arbeitnehmer keine schwerwiegenden Gründe für die Beendigung des Arbeitsverhältnisses darlegen und beweisen kann und dem Arbeitgeber kein Recht zur Kündigung zustand, kann ein Verstoß gegen die unterhaltsrechtliche Erwerbsobliegenheit angenommen werden.[64] In der Vereinbarung von **Altersteilzeit** ist allerdings dann keine unterhaltsbezogene Mutwilligkeit zu sehen, wenn der Bedarf der Unterhaltsberechtigten schon durch eigene Einkünfte auf einem relativ hohen Niveau sichergestellt ist[65] oder wenn im Zeitpunkt der Vereinbarung überwiegende betriebliche, gesundheitliche und persönliche Gründe dafür sprechen.[66] Erhält ein Beamter allerdings wegen Inanspruchnahme eines sog **Sabbatjahres** reduzierte Bezüge, muss er sich für die Berechnung des Ehegattenunterhalts sein volles Einkommen anrechnen lassen.[67] Auch ein voll erwerbsfähiger Unterhaltspflichtiger, der sich bereits im Alter von 41 Jahren mit seinen Versorgungsbezügen als Strahlflugzeugführer bei der Bundeswehr begnügt, verletzt grundsätzlich seine Erwerbsobliegenheit. Das gilt nur dann nicht, wenn er darlegt und beweist, dass er auf Grund seiner Beanspruchung einen besonderen physischen und psychischen Verschleiß erlitten hat und ihm auch eine andere berufliche Tätigkeit nicht mehr zumutbar wäre. Sonst obliegt es ihm unterhaltsrechtlich, das Niveau seines bisherigen Erwerbseinkommens über seine Pensionierung hinaus durch eine andere berufliche Tätigkeit zu halten.[68]

Der Verzicht eines Arbeitnehmers auf eine **Kündigungsschutzklage** kann nur dann leichtfertig sein, wenn die Kündigung offensichtlich unbegründet war.[69] An der erforderlichen Leichtfertigkeit fehlt es schon dann, wenn der Arbeitsplatz während einer längeren Zeit der **Arbeitsunfähigkeit** aufgegeben wurde. Stellt sich später heraus, dass die Arbeitsunfähigkeit gleichwohl nur vorübergehend war, entsteht aber eine Obliegenheit, noch während des Krankengeldbezugs nach einem neuen Arbeitsplatz zu suchen.[70] Wer aus

---

[58] BVerfG FamRZ 2007, 469; 2006, 469
[59] BVerfG FamRZ 1996, 343 = R 498
[60] BGH FamRZ 1985, 782, 786; 1983, 140
[61] BGH FamRZ 1987, 930, 932; 1987, 372, 374
[62] BGH FamRZ 2004, 1352; OLG München FamRZ 2005, 714; OLG Hamm FamRZ 1998, 27
[63] BGH FamRZ 1999, 708 = R 532 c
[64] OLG Koblenz FamRZ 2004, 1573 (Mitarbeiter der Deutschen Bahn)
[65] OLG Koblenz FamRZ 2000, 610
[66] OLG Hamm NJW 2005, 161; OLG Koblenz NJW-RR 2004, 938; OLG Köln FamRZ 2003, 602; OLG Hamm FamRZ 2001, 1476 und FamRZ 2001, 482
[67] OLG Schleswig – SUF 180/00 BeckRS 2000, 30150880
[68] BGH FamRZ 2004, 254
[69] BGH FamRZ 1994, 372 = R 473 c; OLG Hamm FamRZ 2002, 1427; OLG Dresden FamRZ 2000, 1433 und 1997, 836
[70] OLG Hamm FamRZ 1997, 1016

einem alten Bundesland in seinen Heimatort in den neuen Bundesländern zurückkehrt, handelt jedenfalls bei familiären oder sonstigen persönlichen Bindungen nicht leichtfertig und ihm kann unterhaltsrechtlich keinen Nachteil daraus erwachsen, dass er in einem seiner Ausbildung und seinen Fähigkeiten entsprechenden neuen Arbeitsverhältnis weniger verdient.[71] Eine nach **Erreichen der Regelaltersgrenze** (s. Rn. 749) ausgeübte Tätigkeit darf ohne unterhaltsrechtliche Nachteile grundsätzlich jederzeit eingestellt werden.[72]

751 Wird im Rahmen einer Zumutbarkeitsabwägung allerdings ein zumindest leichtfertiges Verhalten des Unterhaltspflichtigen bejaht, ist es ihm nach Treu und Glauben verwehrt, sich auf seine Leistungsunfähigkeit oder eine eingeschränkte Leistungsfähigkeit zu berufen. Er wird unterhaltsrechtlich so behandelt, als wenn er sein Einkommen **in bisheriger Höhe** weiterhin erzielen würde und damit weiterhin den ungekürzten Unterhalt zahlen könnte.[73] Der Unterhalt ist dann auf der Grundlage der früheren regelmäßigen Erwerbseinkünfte des Unterhaltspflichtigen zu berechnen, denn für die Unterhaltsbemessung bleiben die Einkommensverhältnisse vor einer leichtfertigen beruflichen Veränderung maßgeblich.[74]

Einem Unterhaltsschuldner, der sich leichtfertig selbständig gemacht hat und der später arbeitsunfähig **erkrankt** ist, kann die Berufung auf seine Leistungsunfähigkeit schon deswegen verschlossen sein, weil das ihm vorzuwerfende Verhalten dazu geführt hat, dass er im Krankheitsfall keine Lohnfortzahlung und kein anschließendes Krankengeld erhält. Denn er muss bei Aufgabe seiner abhängigen Arbeit schon den jederzeit möglichen Fall einer Erkrankung bedenken und geeignete Vorsorge treffen, um seiner Unterhaltspflicht auch im Krankheitsfall nachkommen zu können. Ähnliches gilt, wenn er eine ihm angebotene Möglichkeit zur Aufnahme einer anderen versicherungspflichtigen Tätigkeit nicht wahrgenommen hat.[75]

752 In den folgenden **Fallgruppen** hat die Rechtsprechung bisher einen Unterhaltspflichtigen wegen treuwidrigen Verhaltens als weiterhin leistungsfähig behandelt oder jedenfalls eine Überprüfung der Treuwidrigkeit verlangt (siehe dazu auch Rn. 4/605 ff.):
– Leichtfertige Kündigung des Arbeitsplatzes durch den Unterhaltspflichtigen.[76] Dabei handelt auch derjenige leichtfertig, der seine Arbeit wegen aufgetretener Konflikte am Arbeitsplatz aufgibt, ohne zuvor eine interne Bereinigung anzustreben oder sich einen Ersatzarbeitsplatz zu verschaffen.[77]
– Vom Unterhaltspflichtigen leichtfertig verschuldete Kündigung durch den Arbeitgeber.[78]
– Leichtfertige weitere Ausbildung nach abgeschlossener Berufsausbildung oder Berufsausübung, ohne den Unterhalt der Angehörigen ausreichend abzusichern.[79]
– Leichtfertige Aufgabe eines Arbeitsplatzes um sich selbständig zu machen, ohne vorherige Unterhaltssicherung durch Kreditaufnahme oder Rücklagenbildung.[80]
– Unterlassene Vorsorge bei Berufswechsel mit voraussehbarem Einkommensrückgang.[81]
– Fortsetzung eines Studiums, wenn die Regelstudienzeit bereits um drei Semester überschritten und ein Studienabschluss noch nicht absehbar ist.[82]

Auch ein Arbeitsplatzverlust infolge von Straftaten, sonstiger Verfehlungen oder Alkoholmissbrauch kann unterhaltsrechtlich leichtfertig sein und zur Berücksichtigung fiktiver Einkünfte führen (s, Rn. 770 f.).

---

[71] OLG Brandenburg FamRZ 1997, 1073; a. M. OLG Dresden FamRZ 1998, 979
[72] BGH NJW 2011, 303; 2006, 683, 684 = R 649 b; OLG Hamm FamRZ 1997, 883
[73] BGH FamRZ 1987, 930, 932; 1987, 372, 374; 1981, 539
[74] BGH FamRZ 2008, 872 = R 690 b, c; 1987, 930, 932
[75] BGH FamRZ 1988, 597, 599
[76] BGH FamRZ 2008, 872 = R 690 b–d; 1985, 158; OLGR Hamburg 1996, 8; OLG Bamberg FamRZ 1988, 1083; OLG Stuttgart FamRZ 1982, 1076
[77] OLG Hamm FamRZ 1997, 357
[78] BGH FamRZ 1993, 1055 = R 462A b; 1988, 597, 599; OLG Hamm FamRZ 1998, 979; OLG Karlsruhe NJW-RR 1992, 1412
[79] BGH FamRZ 1987, 930, 932; 1980, 1113; OLG Hamm FamRZ 1998, 979
[80] BGH FamRZ 1987, 930, 932; 1987, 372, 374; 1980, 1113; OLG Hamm FamRZ 1996, 959
[81] BGH FamRZ 1982, 365; zum Einkommensrückgang vgl. i. Ü. BGH FamRZ 2003, 590 = R 586 c; OLG Bamberg JurBüro 1990, 1646
[82] OLG Hamm FamRZ 1998, 30

3. Unterhaltsbemessung bei nicht leichtfertig herbeigeführter Einkommensminderung

Wird auf Grund einer **Zumutbarkeitsabwägung** (s. Rn. 747) festgestellt, dass der Unterhaltspflichtige bei seiner beruflichen Veränderung und der damit zusammenhängenden Einkommensminderung nicht leichtfertig gehandelt hat, ist zu prüfen, ob und in welcher Höhe nach den Umständen des Einzelfalles der Unterhalt vorübergehend oder auf Dauer neu zu bemessen ist. Dabei kann sich sogar der ursprünglich maßgebliche Unterhaltsbedarf eines geschiedenen Ehegatten verringern.[83] Denn grundsätzlich hat in diesem Fall der Berechtigte die berufliche Veränderung und deren unterhaltsrechtliche Auswirkungen zu akzeptieren.[84] Das bedeutet allerdings nicht, dass jede damit verbundene, vorübergehende Einkommensminderung sofort auch eine Unterhaltsminderung zur Folge hat. Denn auch wenn kein treuwidriges Verhalten im Zusammenhang mit der beruflichen Veränderung vorliegt, sind ergänzend die Grundsätze heranzuziehen, die allgemein für die Leistungsfähigkeit des Unterhaltspflichtigen gelten. Führt der Unterhaltspflichtige durch seine berufliche Veränderung freiwillig eine voraussehbar rückläufige Entwicklung seiner Einkünfte herbei, ist bereits bei Prüfung der Treuwidrigkeit zu klären, ob er in geeigneter Weise durch **Rücklagenbildung oder Kreditaufnahme** sichergestellt hat, dass er seine Unterhaltsverpflichtungen in der Übergangszeit auch bei geringeren Einkünften erfüllen kann (s. Rn. 743 ff.).[85] Konnte er eine solche Vorsorge treffen, muss er den Unterhalt in unveränderter Höhe weiterzahlen.[86] Die Dauer einer solchen Übergangszeit ist nach den Umständen des Einzelfalles zu bemessen.

Ist eine zeitweilige Absenkung der ehelichen Lebensverhältnisse auch durch eine Kreditaufnahme oder Verwendung von Rücklagen nicht zu vermeiden oder stellt sich später heraus, dass die nunmehr erzielten Einkünfte unter Berücksichtigung einer angemessenen Tilgung für aufgenommene Kredite den früheren Verdienst nicht innerhalb der vorgesehenen Zeit wieder erreichen, stellt sich die Frage, ob, in welcher Höhe und für welche Zeit der Unterhalt auf der Grundlage verminderter Einkünfte neu zu berechnen ist.[87] Zwar müssen Unterhaltsberechtigte, seien es Verwandte (§§ 1601 ff. BGB), Mütter eines außerhalb einer Ehe geborenen Kindes (§ 1615 l BGB) oder frühere Ehegatten (§§ 1570 ff. BGB), einen Rückgang des Einkommens des Unterhaltspflichtigen grundsätzlich mittragen.[88] Das gilt aber nicht ausnahmslos, wenn die Reduzierung des Einkommens auf eine freie Entscheidung des Unterhaltspflichtigen zurückzuführen ist, obwohl diese Auswirkungen von vornherein für ihn absehbar waren. Die Berücksichtigung dieser Auswirkungen erfordert deswegen eine **neue Zumutbarkeitsabwägung.** Dabei ist neben den persönlichen und wirtschaftlichen Verhältnissen vor allem zu klären, ob im konkreten Fall das größere Schwergewicht dem Interesse des Unterhaltspflichtigen an der beruflichen Veränderung oder dem Interesse des Unterhaltsberechtigten an der Beibehaltung des bisherigen Lebensstandards zukommt. Im Rahmen des Ehegattenunterhalts kann für diese Abwägung auch von Bedeutung sein, ob die berufliche Veränderung der ursprünglichen **gemeinsamen Lebensplanung** vor der Trennung entsprach. Wenn sich der Unterhaltsberechtigte auch bei Fortbestand der ehelichen Lebensgemeinschaft vorübergehenden wirtschaftlichen Beschränkungen in seiner Lebensführung auferlegt hätte, um die finanziellen Lasten des anderen in einem gewissen Umfang und für beschränkte Zeit zu erleichtern, spricht auch dies für eine Herabsetzung der ehelichen Lebensverhältnisse.

Weil das künftig erzielbare Einkommen stets auf einer Prognose beruht und das früher aus einer anderen Tätigkeit erzielte Einkommen keine sicheren Rückschlüsse darauf zulässt, wird der Tatrichter den nach der Änderung der Verhältnisse neu festzulegenden Unterhaltsbedarf zunächst nur im Weg einer Schätzung nach § 287 ZPO ermitteln kön-

---

[83] BGH FamRZ 2007, 793, 795 = R 674a; 2006, 683, 685 = R 649g, h; 2003, 590, 591 = R 586
[84] BGH FamRZ 1988, 145, 147
[85] BGH FamRZ 1988, 145, 147; 1987, 372; OLG Hamm FamRZ 1996, 959
[86] BGH FamRZ 1988, 256; OLG Brandenburg FamRZ 1995, 1220
[87] BGH FamRZ 1993, 1304 = R 464; 1988, 256; 1988, 145, 147
[88] BGH FamRZ 2007, 793, 795 = R 674a; 2006, 683, 685 = R 649g, h; 2003, 590, 591 = R 586

nen.[89] Der Berechtigte kann aber verlangen, dass sein Unterhalt wieder auf das vor der beruflichen Veränderung erreichte Niveau angehoben wird, sobald und soweit die neuen Einkünfte dies unter Berücksichtigung einer angemessenen Tilgung erlauben.[90] Bei späteren Einkommenssteigerungen im Rahmen einer normalen beruflichen Entwicklung nach den ehelichen Lebensverhältnissen ist der Unterhalt dann auch nach Maßgabe dieser höheren Einkünften abzuändern.

756 War die berufliche Veränderung (z. B. Beginn einer Zweitausbildung) nicht leichtfertig, weil etwa der Lebensbedarf zu dieser Zeit gesichert war, und ist der Unterhaltsberechtigte erst später in gesteigertem Umfang und nicht vorhersehbar bedürftig geworden, so kann diesem eine vorübergehende Unterhaltsminderung und im Einzelfall sogar ein **zeitweiliger Wegfall** der Unterhaltszahlungen zugemutet werden, wenn die Ausbildung nur noch eine verhältnismäßig kurze Zeit in Anspruch nimmt, erhöhte Einkommens- und Aufstiegschancen bietet und nicht gegen den Willen des Berechtigten aufgenommen worden war. Denn letztlich erhöht eine in der Ehe angelegte verbesserte berufliche Situation des Unterhaltspflichtigen auch den späteren Anspruch des Berechtigten.[91] Mit ähnlicher Begründung hat der BGH sogar den zeitweiligen Wegfall von Unterhaltsleistungen für den Berechtigten für zumutbar gehalten, wenn ein Mediziner sich nach seiner Ausbildung im Hinblick auf die zu erwartenden wirtschaftlichen Verbesserungen sofort wirtschaftlich selbstständig gemacht und anfangs noch keinen Gewinn erzielt hat.[92] In beiden Fällen partizipieren die Berechtigten später unterhaltsrechtlich auch an den absehbaren höheren Einkünften. Erhält ein unterhaltspflichtiger Maurer eine Winterkündigung, ist davon auszugehen, dass er im Frühjahr beim selben Arbeitgeber eine Beschäftigung findet, so dass er nicht gehalten ist, sich um eine anderweitige vollschichtige Tätigkeit zu bemühen. Ihm ist dann jedoch zuzumuten, während der Arbeitslosigkeit einer Nebenbeschäftigung von 15 Stunden wöchentlich nachzugehen.[93]

757 Ein freiwilliger **Arbeitsplatzwechsel** ist auch dann unterhaltsrechtlich nicht vorwerfbar, wenn durch die neue Tätigkeit ein annähernd gleich hoher Verdienst erzielt wird. Kommt es später aus nicht vorhersehbaren und vom Unterhaltspflichtigen nicht zu vertretenden Gründen dennoch zu nachhaltigen Einkommenseinbußen (z. B. durch Währungsverfall bei Arbeit im Ausland), so ist der Unterhalt nach dem tatsächlichen Einkommen neu zu bemessen. Ein fiktives Einkommen darf dann nicht angerechnet werden.[94]

758 Hat der Unterhaltspflichtige eine **Arbeitgeberkündigung** nicht leichtfertig verschuldet, ist der Unterhalt auf der Grundlage des Arbeitslosengeldes I (s. Rn. 106) neu zu berechnen. Eine unerwartet eintretende unverschuldete Arbeitslosigkeit des Unterhaltspflichtigen beeinflusst nicht nur dessen Leistungsfähigkeit, sondern auch die für die frühere Unterhaltsbemessung maßgeblichen ehelichen Lebensverhältnisse.[95] Nach Beendigung der Arbeitslosigkeit ist der Unterhalt dann nicht mehr auf der Grundlage des früheren Erwerbseinkommens, sondern nach den Einkünften aus der neuen Erwerbstätigkeit zu bemessen. Bei einer Kündigung durch den Arbeitgeber kann dem Pflichtigen in der Regel zugemutet werden, die **Kündigungsschutzvorschriften** auszunutzen, wenn dies nicht von vornherein aussichtslos erscheint.[96] Ist die Kündigung nicht zu verhindern, muss er auch **Abfindungsansprüche** gegen seinen Arbeitgeber geltend machen (s. Rn. 93 ff.).[97] Um seinen Arbeitsplatz zu erhalten, darf und muss der Unterhaltspflichtige eine Gehaltskürzung akzeptieren. Erklärt er sich mit einer wegen schwieriger Auftrags- und Beschäftigungslage beabsichtigten Änderungskündigung (geplante 10%ige Lohnkürzung) nicht einverstanden und wird ihm

---

[89] BGH FamRZ 1988, 256
[90] BGH FamRZ 1988, 256
[91] BGH FamRZ 1983, 140; vgl. auch OLG Bamberg FamRZ 2000, 307
[92] BGH FamRZ 1985, 782, 786
[93] OLG Brandenburg – 10 UF 149/08 BeckRS 2009, 09474 Rn. 21 f.
[94] BGH FamRZ 1988, 705
[95] BGH FamRZ 2008, 968 = R 689 g; 2006, 683, 685 = R 649 a; 2003, 590, 591 = R 586; 1988, 256
[96] OLG Hamm FamRZ 2002, 1427 und 1995, 1203; OLG Frankfurt FamRZ 1983, 392
[97] OLG Hamburg FamRZ 1998, 619; OLG Brandenburg FamRZ 1995, 1220; OLG Koblenz FamRZ 1991, 573

deshalb ordnungsgemäß gekündigt, kann ihm sogar ein entsprechend um 10% gekürztes fiktives Einkommen zugerechnet werden (siehe dazu auch Rn. 4/605 ff., 654).[98]

Im Hinblick auf die **Beendigung einer bestehenden Arbeitslosigkeit** treffen den Unterhaltspflichtigen die gleichen Pflichten wie den Unterhaltsberechtigten (dazu Rn. 782 ff.). Bei Arbeitslosigkeit muss der Unterhaltspflichtige daher nachprüfbar vortragen, was er im Einzelnen unternommen hat, um einen neuen Arbeitsplatz zu finden. Dazu gehören konkrete Angaben, wann und bei welchem Arbeitgeber er sich beworben hat. Allein die Verletzung dieser Obliegenheit rechtfertigt es aber noch nicht, dem Unterhaltspflichtigen ein Einkommen aus Erwerbstätigkeit zuzurechnen. Zusätzlich ist immer auch zu prüfen, ob der Arbeitslose überhaupt vermittelbar war. Das hängt neben den Verhältnissen am Arbeitsmarkt auch von den persönlichen Eigenschaften des Bewerbers, insbesondere seinem Alter, seiner Ausbildung, seiner Berufserfahrung und seinem Gesundheitszustand ab.[99] Zu dieser weiteren Voraussetzung der Anrechnung fiktiver Einkünfte muss das Gericht nachprüfbare Feststellungen treffen.[100] In der Rechtsprechung wird gefordert, dass der Arbeitslose für die Suche nach Arbeit etwa die Zeit aufwendet, die ein Erwerbstätiger für seinen Beruf aufwendet, so dass monatlich 20 Bewerbungen zu verlangen seien.[101] Nur wenn von vornherein sicher feststeht, dass ein passender Arbeitsplatz nicht zu finden ist, kann auf Bewerbungen verzichtet werden.[102] Das wird regelmäßig bei Unterhaltspflichtigen der Fall sein, die in erheblichem Umfang erwerbsbehindert sind oder kurz vor dem allgemeinen Rentenalter stehen. Unterlässt ein arbeitsloser Unterhaltspflichtiger hingegen trotz realistischer Beschäftigungschance eine ihm mögliche und zumutbare Suche nach einer Erwerbstätigkeit, liegt schon darin ein leichtfertiges Verhalten, sodass ihm ein fiktives Einkommen auch ohne leichtfertige Verletzung der Erwerbsobliegenheit selbst zugerechnet werden kann (näheres dazu Rn. 2/244).[103] Weil die Treuwidrigkeit in diesen Fällen nicht in der Aufgabe der früheren Erwerbstätigkeit, sondern in den fehlenden Bemühungen um eine neue Tätigkeit liegt, richtet sich die **Höhe der fiktiven Einkünfte** nicht nach den früher erzielten Einkünften. Maßstab ist vielmehr das Entgelt, das der Unterhaltspflichtige bei erfolgreichen Bewerbungen hätte erzielen können (s. Rn. 793 ff.).[104]

Hat der Unterhaltspflichtige infolge **betrieblicher Umstrukturierung** bei demselben Arbeitgeber einen neuen Arbeitsvertrag mit deutlich ungünstigeren Bedingungen geschlossen, ist er nach einer kurzen Orientierungsfrist gehalten, sich um eine besser bezahlte Arbeitsstelle zu bemühen. Neben der Vollzeitbeschäftigung muss er aber nur ausnahmsweise eine zusätzliche Nebentätigkeit aufnehmen (s. Rn. 96 ff.).[105]

4. Bedarfsbemessung auf der Grundlage von fiktiv zugerechneten Einkünften des Unterhaltspflichtigen

Konnte wegen eines zuvor erzielten Einkommens auf einen früher bestehenden Unterhaltsanspruch und damit auf eine zuvor maßgebliche Bedarfsbemessung zurückgegriffen werden, war nach früherer Rechtsprechung nur noch die **Leistungsfähigkeit** zu prüfen. Auf der Grundlage der neueren Rechtsprechung des BGH[106] wirkt sich eine nacheheliche Verminderung des maßgeblichen Einkommens allerdings auch auf den Unterhaltsbedarf nach den ehelichen Lebensverhältnissen aus (s. Rn. 735 Fall 1).[107] Wenn ein Unterhalts-

---

[98] OLG Celle FamRZ 1983, 704; a. A. OLG Hamm FamRZ 1997, 356
[99] BGH FamRZ 1996, 345, 1994, 372; 1987, 912, 913; 1987, 144, 145
[100] BGH FamRZ 1996, 345, 1993, 789
[101] OLG Karlsruhe FamRZ 2002, 1567; OLG Köln FamRZ 1997, 1104; OLG Naumburg FamRZ 1997, 311; vgl. dazu auch OLG Hamm FamRZ 1998, 982, 983
[102] OLG Nürnberg FamRZ 1998, 857
[103] OLG Düsseldorf FamRZ 1998, 851
[104] OLG Hamm FamRZ 2000, 1219 und FamRZ 1998, 979; OLG Frankfurt/Main FamRZ 1995, 1217
[105] BGH FamRZ 2009, 314 = R 701; OLG Hamm FamRZ 2003, 177
[106] BGH FamRZ 2008, 968 = R 689 g; 2006, 683, 685 = R 649 a; 2003, 590, 591 = R 586
[107] BGH FamRZ 2007, 793, 795 = R 674 a

pflichtiger hingegen noch nie entsprechend seinen Möglichkeiten nachhaltig am Wirtschaftsleben teilgenommen hat, ist der Unterhaltsbedarf des Berechtigten losgelöst von einem früher erzielten Einkommen völlig neu zu ermitteln (Rn. 735 Fall 2). Dann wirken sich die weiteren Probleme bei der Ermittlung der Höhe der erzielbaren Einkünfte schon auf die Bemessung des **fiktiven Bedarfs** aus. Dies ist nur dann nicht der Fall, wenn der Bedarf unabhängig vom Einkommen festgestellt werden kann, etwa bei auswärtiger Unterbringung eines minderjährigen Kindes[108] oder (wie nach den Leitlinien aller OLG, oben Rn. 20)[109] beim Unterhaltsanspruch volljähriger Kinder, die nicht mehr im Haushalt eines Elternteils leben (vgl. Rn. 2/508 ff.). Auch der Mindestunterhalt minderjähriger Kinder nach § 1612a BGB wird als unterste Grenze des Bedarfs stets unabhängig vom Einkommen des Unterhaltspflichtigen als Mindestbedarf geschuldet.[110] Auch in diesen Fällen kommt es also nur noch auf die Leistungsfähigkeit des Unterhaltspflichtigen an.[111]

762 Muss hingegen schon der **Unterhaltsbedarf anhand fiktiver Einkünfte** festgestellt werden, dürfen sich keine Widersprüche zu den gesetzlichen Bestimmungen ergeben, nach denen für die Unterhaltsbemessung konkrete Lebenssachverhalte, wie etwa die ehelichen Lebensverhältnisse, maßgeblich sein sollen. Das gilt auch auf der Grundlage der Rechtsprechung des BGH zu den **ehelichen Lebensverhältnissen**.[112] Denn durch diese Rechtsprechung des BGH ist die Unterhaltsbemessung nicht von dem gesetzlich in § 1578 I BGB vorgegebenen Maßstab losgelöst, sondern lediglich der unbestimmte Rechtsbegriff der ehelichen Lebensverhältnisse weiter konkretisiert worden. Während dieser Begriff schon wegen der Begrenzungsmöglichkeit nach § 1578b BGB keine Lebensstandardgarantie gewährleistet und der Unterhaltsberechtigte auch ein unverschuldetes Absinken des maßgeblichen Einkommens mittragen muss, hat nicht jede spätere Einkommenssteigerung einen Bezug zu den ehelichen Lebensverhältnissen, sodass auch weiterhin jedenfalls der sog. Karrieresprung bei der Bedarfsbemessung nach § 1578 I 1 BGB unberücksichtigt bleibt.[113] So hatte der BGH[114] schon im Jahre 1992 entschieden, dass lediglich gedachte wirtschaftliche Verhältnisse, die keine Grundlage in der tatsächlichen Einkommenssituation der Ehegatten während der Ehe haben, die ehelichen Lebensverhältnisse nicht prägen können. Ein nachehelicher Unterhaltsbedarf könne daher nicht aus fiktiven Mitteln hergeleitet werden, die den Ehegatten während des Zusammenlebens objektiv nie oder jedenfalls nicht nachhaltig zur Verfügung gestanden hätten. Der BGH gibt dazu folgendes Beispiel: Ein Ehegatte hätte nach seinen Kenntnissen und Fähigkeiten bei zumutbarem Einsatz seiner Arbeitskraft während des Zusammenlebens ein höheres Einkommen erzielen können. Aus Bequemlichkeit habe er dies jedoch unterlassen, so dass sich beide Eheleute von vorneherein mit einem niedrigeren Standard begnügen mussten. Liege eine solche Situation vor, dürften zur Bedarfsbestimmung für den nachehelichen Unterhalt die erzielbaren höheren Einkünfte nicht fiktiv herangezogen werden. Auch zum **Trennungsunterhalt** hat der BGH entschieden, dass der Bedarf grundsätzlich nicht aus höheren fiktiven Mitteln hergeleitet werden darf. Beim Ehegattenunterhalt sei insoweit auch eine Korrektur wegen des zu beachtenden objektiven Maßstabs, wonach sowohl eine zu dürftige Lebensführung als auch ein übermäßiges Ausgabeverhalten unberücksichtigt bleibt (vgl. Rn. 4/463 ff.),[115] möglich. Der objektive Maßstab dürfe nicht dazu führen, dass der Boden der ehelichen Lebensverhältnisse verlassen werde und Einkünfte als prägend herangezogen würden, die tatsächlich nie vorhanden waren. Beim nachehelichen Unterhalt gilt dies für einen erheblichen Anstieg des Einkommens durch fiktive Zurechnung weiterer, in der Ehezeit noch nicht erzielbarer Einkünfte nach wie vor. Hätten die fiktiv erzielbare Einkünfte aber schon während der

---

[108] BGH FamRZ 2007, 377, 378 = R 666 b; 2006, 1597, 1598 = R 659 a
[109] Vgl. Ziff. 13.1 der jeweiligen Leitlinien und Anm. A 7 Abs. 2 zur DT
[110] BGH FamRZ 2009, 962 Rn. 21 = R 700; vgl. auch BGH FamRZ 2003, 1471, 1472; 2002, 536, 538
[111] OLG Karlsruhe FamRZ 1993, 1481
[112] BGH FamRZ 2007, 793, 795 = R 674 a
[113] BGH FamRZ 2006, 683, 685 = R 649 f; 2003, 590, 591 = R 586
[114] BGH FamRZ 1992, 1045, 1047
[115] BGH FamRZ 2007, 1532 = R 681 d–f; 1989, 1160, 1161

10. Abschnitt: Fiktives Einkommen aus unterlassener zumutbarer Erwerbstätigkeit § 1

Ehezeit erzielt und zugerechnet werden können, haben sie schon den Unterhaltsbedarf nach den ehelichen Lebensverhältnissen beeinflusst, weil die ehelichen Lebensverhältnisse nicht nur durch die tatsächlich erzielten Einkünfte, sondern auch durch die Erwerbsfähigkeit der Ehegatten beeinflusst werden.

763 Unter Bezug auf eine Entscheidung des OLG Karlsruhe[116] hatte der BGH[117] seine zurückhaltende Rechtsprechung sodann auf den **Kindesunterhalt** erstreckt. Die Höhe eines von der Einkommenssituation des Unterhaltspflichtigen abhängigen Unterhaltsbedarfs könne nicht aus lediglich fiktivem Einkommen hergeleitet werden. Nur gedachte wirtschaftliche Verhältnisse, die keine Grundlage in der tatsächlichen Einkommenssituation des Unterhaltspflichtigen haben, könnten die Lebensstellung des Kindes (§ 1610 I BGB) nicht bestimmen. Daher könne ein Unterhaltsbedarf nicht aus fiktiven Mitteln hergeleitet werden, die dem Unterhaltspflichtigen nie zur Verfügung gestanden haben. Das gilt nach der neueren Rechtsprechung des BGH aber schon dann nicht, wenn der Unterhaltspflichtige über einen längeren Zeitraum Einkünfte in dieser Höhe erzielt und damit die Lebensstellung des Kindes dauerhaft bestimmt hatte.[118] Dann begründet das fiktive Einkommen keine fiktiv höhere Lebensstellung, sondern stellt lediglich die bereits zuvor erreichte Lebensstellung wieder her. Hinzu kommt, dass die Lebensstellung des Kindes nicht nur von dem tatsächlich erzielten Einkommen, sondern auch von der Leistungsfähigkeit des Unterhaltspflichtigen bestimmt wird.[119] Deswegen und weil die von den Eltern abgeleitete gegenwärtige Lebensstellung des minderjährigen Kindes sich nach den gegenwärtigen Verhältnissen richtet, schließe ich mich der Auffassung von Klinkhammer (s. Rn. 2/207) an, wonach die fiktiv hinzuzurechnenden Einkünfte auch den abgeleiteten Bedarf des Kindes bestimmen.

764 Diese Auffassung steht auch im Einklang mit der Bedarfsbemessung beim Ehegattenunterhalt. Während der Bedarf des minderjährigen Kindes nach der abgeleiteten Lebensstellung (§ 1610 I BGB) auf die Einkünfte und Erwerbsmöglichkeiten im Unterhaltszeitraum abstellt, knüpft der Bedarf beim nachehelichen Unterhalt (§ 1578 I 1 BGB) an die ehelichen Lebensverhältnisse an und schließt damit Entwicklungen aus, die während der Ehezeit nicht absehbar waren. Die Erwerbsfähigkeit während der Ehezeit war aber schon seinerzeit absehbar und hat sich lediglich später durch Arbeitsaufnahme oder Hinzurechnung eines fiktiven Einkommens realisiert. Insoweit besteht also kein Unterschied zum Kindesunterhalt. Nur soweit die Umstände während der Ehe noch keine fiktive Einkommenszurechnung zuließen und dies erst jetzt durch nacheheliches Hinzutreten unvorhersehbarer weiterer Umstände möglich ist, sind die ehelichen Lebensverhältnisse (wie beim Karrieresprung) nicht durch die nachehelichen Umstände bestimmt worden. In der Praxis dürften sich solche Fallkonstellationen nicht sehr häufig ergeben, weil Unterhaltsverhältnisse mit dauerhaft fehlenden Einkünften nicht allzu häufig anzutreffen sind. In den meisten Fällen werden sich früher erzielte Einkünfte feststellen lassen, an die entsprechend den oben aufgezeigten Regeln angeknüpft werden kann.

765 Soweit sich eine Lebensstellung des unterhaltsberechtigten Ehegatten und ein sich daraus herzuleitender Unterhaltsbedarf ausnahmsweise nicht aus fiktiven Mitteln herleiten lassen, erfordert die Bemessung des geschuldeten Unterhalts weitere Feststellungen zur maßgeblichen Lebensstellung, insbesondere zu einem unterhaltsrechtlich relevanten früheren Einkommen des Unterhaltsschuldners. Dann ist zu klären, welche Einkünfte der Unterhaltspflichtige aufgrund seiner Erwerbspflicht während der Ehezeit erzielen müsste und ob er diese auch jetzt noch erzielen muss (zur Arbeitslosigkeit s. Rn. 759). Gleiches gilt, wenn ein Vermögen nicht sinnvoll genutzt wird (s. Rn. 632 ff.). Weil es hier nur um die Bemessung der objektiven Lebensstellung geht, kommt es insoweit auf eine unterhaltsbezogene **Leichtfertigkeit** nicht an (vgl. Rn. 2/244). Bestand für den Unterhaltspflichtigen eine realistische Beschäftigungschance mit bestimmten Einkünften, „so stellt sich allein die Frage, ob ihm die dazu erforderliche Erwerbstätigkeit auch zugemutet werden kann".[120]

---

[116] OLG Karlsruhe FamRZ 1993, 1481
[117] BGH FamRZ 1997, 281 = R 509 f, i
[118] BGH FamRZ 2000, 1358 = R 543 b; 1993, 1304 = R 464 b
[119] BGH FamRZ 2003, 1471
[120] BGH FamRZ 1987, 252

766 **Zusammenfassend** lassen sich folgende Feststellungen treffen:
- Als erstes ist zu prüfen, ob zur Bedarfsbestimmung an **früher erzieltes** Einkommen angeknüpft werden kann, ohne dass es eines Rückgriffs auf ein fiktiv zurechenbares Einkommen bedarf (Rn. 494 ff., 502 ff.).
- Wenn dies nicht möglich ist, kommt es beim **Ehegattenunterhalt** hinsichtlich des Bedarfs ausschließlich auf die ehelichen Lebensverhältnisse an, die allerdings auch durch die Erwerbspflicht des Unterhaltspflichtigen während der Ehezeit bestimmt wird. Fiktive Einkünfte dürfen danach zur Bemessung des Unterhaltsbedarfs nach den ehelichen Lebensverhältnissen berücksichtigt werden, soweit der Unterhaltspflichtige schon während der Ehezeit erwerbspflichtig und –fähig war. Soweit der Unterhaltspflichtige sein Einkommen schon seinerzeit leichtfertig vermindert hatte, kann auch nach der Rechtsprechung des BGH an das früher fiktiv erzielbare Einkommen angeknüpft werden. Ein Landwirt, dessen Betrieb zum Ende der Ehezeit unrentabel wurde, kann daher schon hinsichtlich der Bedarfsbemessung verpflichtet sein, eine zusätzliche Teilzeitbeschäftigung anzunehmen oder den Betrieb aufzugeben und ganztags in abhängiger Stellung zu arbeiten.
- Beim **Kindesunterhalt** ist der Bedarf von fiktiven Einkünften unabhängig, wenn einkommensunabhängige feste Bedarfsbeträge maßgeblich sind. Sonst bemisst sich der Unterhaltsbedarf jedenfalls dann nach der Höhe eines fiktiven Einkommens, wenn der unterhaltspflichtige Elternteil Einkünfte in dieser Höhe über längere Zeit erzielt und damit die Lebensstellung des Kindes geprägt hatte. Aber selbst wenn dies nicht der Fall ist, führt die Erwerbspflicht des Unterhaltspflichtigen dazu, dass fiktiv zurechenbare Einkünfte auch den abgeleiteten Unterhaltsbedarf nach § 1619 I BGB bestimmen. So sind etwa die Kinder eines arbeitsunwilligen Arztes nicht dauerhaft auf den Mindestbedarfs nach § 1612 b BGB verwiesen, sondern können die Höhe ihres Unterhaltsbedarfs von den fiktiv zurechenbaren Einkünften ableiten.

5. Arbeitsplatzaufgabe wegen beruflicher Weiterbildung oder Zweitausbildung

767 Ein Unterhaltspflichtiger ist grundsätzlich nicht berechtigt, seinen Beruf, der seiner Familie eine auskömmliche Lebensgrundlage bietet, zum Zweck einer weiteren Ausbildung aufzugeben. Tut er es trotzdem ohne Rücksicht auf eine bereits bestehende Bedürftigkeit der von ihm abhängigen Familienangehörigen und ohne deren Einverständnis, muss er die Ausbildung später selbst dann abbrechen, wenn sie bereits weit fortgeschritten ist. Kommt er dem nicht nach, ist ihm im Hinblick auf die leichtfertige Arbeitsaufgabe ein fiktives Einkommen zuzurechnen.[121] Hatte der Unterhaltspflichtige die Zweitausbildung hingegen **im Einvernehmen** mit seinem Ehegatten aufgenommen und war der Unterhalt zunächst durch eine Erwerbstätigkeit des anderen Ehegatten gesichert, ist ihm ein Abbruch der Zweitausbildung jedenfalls dann nicht mehr zuzumuten, wenn deren Abschluss alsbald (in ca. 1 bis 2 Jahren) bevorsteht. Weil der Beginn der Zweitausbildung in solchen Fällen nicht unterhaltsrechtlich leichtfertig erfolgt ist, steht einer Fortsetzung auch nicht entgegen, dass der Frau wegen der Geburt eines Kindes eine weitere Erwerbstätigkeit unmöglich geworden ist, soweit ein Abbruch der einvernehmlich aufgenommenen Weiterbildung unwirtschaftlich und unvernünftig wäre.[122] Dann hat der Unterhaltspflichtige seine Fortbildung aber mit dem gebotenen Fleiß und zielstrebig zum Abschluss zu bringen.[123] Wer sich allerdings noch in der „Erstausbildung" befindet, muss sich keine fiktiven Einkünfte zurechnen zu lassen.[124]

768 Auch aus Sicht des Unterhaltsberechtigten ist eine vorübergehende Unterhaltsminderung und u. U. sogar ein zeitweiliger Wegfall von Unterhaltszahlungen zumutbar, wenn die Zweitausbildung des Unterhaltspflichtigen bereits weit fortgeschritten ist und nur noch eine

---
[121] BGH FamRZ 1983, 140
[122] BGH FamRZ 1983, 140
[123] OLG Koblenz FamRZ 2006, 725
[124] BGH FamRZ 2011, 1041; 1994, 372, 375 = R 473 d; vgl. aber KGR 2004, 408

10. Abschnitt: Fiktives Einkommen aus unterlassener zumutbarer Erwerbstätigkeit § 1

verhältnismäßig kurze Zeit in Anspruch nimmt, erhöhte Einkommens- und Aufstiegschancen bietet und nicht gegen den Willen des Berechtigten aufgenommen wurde. Zulässig kann eine berufliche Fortbildung des Unterhaltspflichtigen unter Berücksichtigung aller übrigen Gesichtspunkte auch dann sein, wenn während ihrer Dauer jedenfalls das **Existenzminimum**[125] der Berechtigten gesichert ist.[126] Denn schließlich begünstigt die verbesserte berufliche Situation des Unterhaltspflichtigen auch den Unterhaltsberechtigten, weil sie ihm mit besseren Berufsaussichten regelmäßig höhere Einkünfte bietet.[127] Die Tatsache, dass eine nach freiwilliger Aufgabe des Arbeitsplatzes beabsichtigte oder durchgeführte Umschulung mit öffentlichen Mitteln gefördert wird, ist hingegen unterhaltsrechtlich ohne Bedeutung und kann, bei Vorliegen der weiteren Voraussetzungen, sogar die Anrechnung eines fiktiven Einkommens in der früher erzielten Höhe zur Folge haben.[128] Anders ist es allerdings, wenn das Arbeitsamt einem unverschuldet arbeitslos gewordenen Unterhaltspflichtigen die Förderung einer Umschulungsmaßnahme aus Gründen besserer Vermittelbarkeit bewilligt hat. Dann kann während der Förderungszeit kein fiktives Einkommen angerechnet werden.[129] Auch unter Berücksichtigung der gesteigerten Unterhaltspflicht nach § 1603 II BGB ist dem Unterhaltsschuldner eine Umschulung zuzubilligen, wenn für ihn sonst praktisch **keine Vermittlungschancen** bestehen.[130] Eine Zurechung fiktiver Einkünfte scheitert in solchen Fällen schon daran, dass der Unterhaltspflichtige vor der Umschulung keine reale Beschäftigungschance auf dem Arbeitsmarkt hat (s. Rn. 784 f.). Wer jedoch bisher nur „ungelernte Tätigkeiten" ausgeübt hat, darf sich jedenfalls dann nicht auf eine Umschulung berufen, wenn damit nur der Hauptschulabschluss und keine konkrete Berufsqualifikation erreicht werden soll.[131] Wenn die Umschulung den Schüler wie eine vollschichtige Erwerbstätigkeit beansprucht, besteht grundsätzlich keine Verpflichtung zur Aufnahme einer weiteren Nebentätigkeit.[132] Das kann allerdings ausnahmsweise der Fall sein, wenn der Unterhaltspflichtige trotz gesteigerter Unterhaltspflicht gegenüber seinen Kindern nach § 1603 II 1, 2 BGB deren Mindestbedarf sonst nicht sicherstellen kann und ihm die Nebentätigkeit zumutbar ist.[133]

6. Fiktives Einkommen bei Selbständigen

Für Selbständige gelten die bereits erörterten Grundsätze mit folgenden Besonderheiten: 769
– Wer künftig eine selbständige Tätigkeit ausüben will und dadurch eine voraussehbare rückläufige Einkommensentwicklung herbeiführt, muss bestehende und absehbare Unterhaltsverpflichtungen durch **Bildung von Rücklagen** bzw. durch Kreditaufnahme für die Übergangszeit, in der geringere Gewinne zu erwarten sind, sicherstellen (s. Rn. 741) oder in sonstiger Weise dafür sorgen, dass er den Unterhalt in bisheriger Höhe weiterzahlen kann. Er muss auch dafür sorgen, dass er bei einem unvorhergesehenen Krankheitsfall leistungsfähig bleibt (s. Rn. 751).
– Der Selbständige ist verpflichtet, seinen Betrieb weiterhin so zu führen, dass er Unterhalt in bisheriger Höhe weiterzahlen kann.
– Einem selbständigen Unternehmer, der nur Verluste erwirtschaftet, kann die Aufgabe des Unternehmens und die Aufnahme einer abhängigen Arbeit zugemutet werden, wenn er

---

[125] BGH FamRZ 2010, 357 = R 709b (§ 1615l BGB); 2010, 802 Rn. 18 ff. (nachehelicher Unterhalt); zum Mindestbedarf minderjähriger Kinder vgl. § 1612a BGB; s. auch BGH FamRZ 2003, 363 = R 584b, c, f
[126] OLG Bamberg FamRZ 2000, 307, 308
[127] BGH FamRZ 1983, 140
[128] OLG Stuttgart FamRZ 1983, 1233
[129] OLG Düsseldorf FamRZ 1984, 392
[130] OLG Hamm FamRZ 1997, 1168
[131] OLG Hamm FamRZ 1998, 979 mit ablehnender Anmerkung Struck, FamRZ 1998, 1610
[132] BGH FamRZ 1994, 372 = R 473c; BVerfG FamRZ 2003, 661; OLG Hamm FamRZ 1997, 1168; OLG Dresden FamRZ 1997, 836; a. A. OLG Koblenz FamRZ 2002, 1215; KG NJWE-FER 2001, 119 (zum Kindesunterhalt)
[133] Vgl. BGH FamRZ 2009, 314 = R 701

sonst auf längere Zeit nicht zu Unterhaltsleistungen in der Lage ist (s. Rn. 738).[134] Dabei sind alle Umstände des Falles sorgfältig abzuwägen, und dem Unterhaltspflichtigen ist zusätzlich eine Karenzzeit zuzubilligen, die bis zu zwei Jahre betragen kann.[135]
– Auch ein Selbständiger darf eine nach Erreichen der Altersgrenze (z. Zt. **65. Lebensjahr**) noch ausgeübte Tätigkeit jederzeit ohne unterhaltsrechtliche Nachteile einstellen.[136]

7. Fiktives Einkommen bei Arbeitsplatzverlust infolge von Straftaten, sonstigen Verfehlungen oder Alkoholmissbrauch

770 Bei dieser Fallgruppe handelt es sich regelmäßig um verschuldete, aber nicht gewollte Leistungsunfähigkeiten. Der Dieb will normalerweise seine Leistungsfähigkeit sogar verbessern. Der Alkoholiker verharmlost sein Trinkverhalten und geht in der Regel davon aus, dass er auch am Arbeitsplatz nicht auffällt und die Trunksucht keinen Krankheitswert erlangt. Die Regeln, die bei der freiwilligen Aufgabe eines Arbeitsplatzes gelten (Rn. 743 ff., 767 ff.), können daher für diese Fälle nicht ohne weiteres übernommen werden.[137] Die unterhaltsrechtliche Vorwerfbarkeit einer durch Straftaten bedingten Leistungsunfähigkeit ist auf schwerwiegende Fälle zu beschränken, vor allem auf die, in denen sich das strafbare Verhalten **gegen den Unterhaltsberechtigten gewendet** hat.[138] Um einen solchen unterhaltsrechtlichen Bezug einer vom Unterhaltsschuldner begangenen Straftat zu begründen genügen allerdings für sich genommen weder die Kausalität für den Arbeitsplatzverlust noch dessen Vorhersehbarkeit.[139] Dem Unterhaltsschuldner ist die Berufung auf die eigene Leistungsunfähigkeit auch in solchen Fällen nur dann versagt, wenn er seine Leistungsunfähigkeit durch unterhaltsbezogene Mutwilligkeit herbeigeführt hat, die aber nicht nur vorsätzliches, sondern auch leichtfertiges Handeln umfasst (s. Rn. 743 f.).[140] Für eine solche Leichtfertigkeit, die gewöhnlich bewusste Fahrlässigkeit sein wird, ist es erforderlich, dass der Unterhaltsschuldner die Möglichkeit des Eintritts der Leistungsunfähigkeit als Folge seines Verhaltens erkennt und im Bewusstsein dieser Möglichkeit, wenn auch im Vertrauen auf den Nichteintritt jener Folge, handelt. Der Unterhaltsschuldner muss sich somit unter grober Missachtung dessen, was jedem einleuchten muss, oder in Verantwortungslosigkeit und Rücksichtslosigkeit gegen den Unterhaltsgläubiger über die erkannte Möglichkeit nachteiliger Folgen für seine Leistungsfähigkeit hinweggesetzt haben. Wesentlich ist also, ob die der Tat zugrunde liegenden Antriebe und Vorstellungen auch auf die Verminderung der Leistungsfähigkeit als Folge der Straftat gerichtet waren oder sich zumindest aufgedrängt haben.[141] Für die vom **Unterhaltsgläubiger** selbst verursachte Bedürftigkeit hatte der BGH dies nach § 1579 Nr. 3 BGB schon wiederholt entschieden.[142] Entsprechend kann ein leichtfertiges Verhalten auch bei schuldhaften Verstößen gegen die Arbeitspflicht vorliegen, wenn sich z. B. ein Arbeitnehmer mit einem Arztattest eine tatsächlich nicht bestehende Arbeitsunfähigkeit bescheinigen lässt und ihm daraufhin gekündigt wird.[143] Ebenso kann auch die Berufung eines strafgefangenen Unterhaltsschuldners auf seine Leistungsunfähigkeit gegen Treu und Glauben verstoßen (s. Rn. 731 ff.).[144] Dies kann z. B. für den Fall einer Fahnenflucht gelten, weil damit die Einkommensquelle verloren geht und der Unterhaltsanspruch unmittelbar gefährdet wird.[145] Nach Auffassung des OLG Koblenz sollen bei sexuellem Missbrauch eines minder-

---

[134] BGH FamRZ 1993, 1304 = R 464; OLG Koblenz FamRZ 1984, 1225; OLG Köln FamRZ 1983, 87
[135] OLG Hamm FamRZ 2004, 1514; OLG Düsseldorf FamRZ 1997, 1078
[136] BGH FamRZ 2011, 454 = R 721 b; OLG Hamm FamRZ 1997, 883
[137] BGH FamRZ 1993, 1055 = R 462A b
[138] BGH FamRZ 2002, 813 = R 573
[139] BGH FamRZ 2000, 815, 816 f. = R 541
[140] BGH FamRZ 1994, 240; 1993, 1055
[141] BGH FamRZ 2001, 541; 2000, 815; 1988, 375
[142] BGH FamRZ 1984, 364, 367 f.; 1981, 1042, 1044 f.
[143] OLG Hamm FamRZ 1998, 979
[144] BGH FamRZ 1982, 913, 914
[145] OLG Bamberg FamRZ 1997, 1486

jährigen Kindes für die Dauer der Haft zwar dem geschädigten Kind gegenüber fiktive Einkünfte herangezogen werden, den Geschwistern gegenüber allerdings nicht.[146] Das überzeugt schon wegen der unterschiedlichen Behandlung der gleichrangigen Kinder nicht. Entsprechend hat auch der BGH darauf hingewiesen, dass sich der Täter einer Sexualstraftat (noch dazu im familiären Bereich) regelmäßig keine Vorstellungen darüber macht, dass er auf Grund seiner Tat den Arbeitsplatz verlieren und seine unterhaltsrechtliche Leistungsfähigkeit einbüßen könnte.[147]

Wer wegen wiederholten Arbeitsantritts in **alkoholisiertem** Zustand seinen Arbeitsplatz verloren hat, darf sich jedenfalls dann auf verminderte Leistungsfähigkeit berufen, wenn es sich „ähnlich wie beim Führen eines Kraftfahrzeugs unter Alkoholeinfluss" um ein typisches jugendlich unüberlegtes Vorgehen gehandelt hat, verbunden mit dem Gedanken, schon nicht aufzufallen.[148] Trotz des Krankheitscharakters der Alkoholabhängigkeit kann eine darauf beruhende Kündigung vorwerfbar sein, wenn die Abhängigkeit leichtfertig und unentschuldbar herbeigeführt wurde.[149] Unterlässt der alkoholkranke Unterhaltspflichtige eine Erfolg versprechende Langzeittherapie, muss er sich so behandeln lassen, als ob die Kur alsbald durchgeführt worden wäre und er danach dem Arbeitsmarkt wieder zur Verfügung stünde.[150] Gleiches gilt, wenn der Unterhaltsschuldner eine begonnene Entzugstherapie bei voller Einsichtsfähigkeit in die eigene Krankheit und deren unterhaltsbezogene Auswirkungen abbricht.[151] Allerdings sind dann strenge Voraussetzungen an die Einsichts- und Steuerungsfähigkeit zu stellen, was regelmäßig nicht ohne sachverständige Hilfe beantwortet werden kann.

771

8. Fiktives Einkommen bei unentgeltlichen oder unterbezahlten Dienstleistungen gegenüber Dritten

Leistet der Unterhaltspflichtige einem Dritten ständig ganz oder teilweise unentgeltliche oder unterbezahlte Dienste, die normalerweise vergütet werden, muss er sich, wie im Vollstreckungsrecht gemäß § 850 h II ZPO, grundsätzlich eine angemessene Vergütung für seine Dienste anrechnen lassen. Der BGH hatte dies zunächst für einen in eheähnlicher Gemeinschaft lebenden Berechtigten entschieden (s. Rn. 715 ff.).[152] Erst recht gilt dieser Rechtsgedanke für Leistungen des Unterhaltspflichtigen nach Trennung und Scheidung.[153] Eine in nichtehelicher Lebensgemeinschaft lebende Mutter, die ein aus dieser Verbindung hervorgegangenes Kleinkind bis zur Vollendung des 3. Lebensjahres betreut, ist jedoch nicht verpflichtet, zur Erfüllung von Unterhaltsansprüchen minderjähriger Kinder aus einer früheren Ehe erwerbstätig zu werden.[154] Fiktive Einkünfte können ihr deswegen in dieser Zeit auch nicht nach den Grundsätzen der Hausmannrechtsprechung des BGB zugerechnet werden (zur Erwerbsobliegenheit und fiktiven Zurechnungen bei Übernahme der **Hausmann- oder Hausfrauenrolle** in neuer Ehe s. Rn. 792 ff. sowie Rn. 2/400).[155] Wer anstelle einer Erwerbstätigkeit seine betagten Eltern betreut, muss sich in der Regel gegenüber minderjährigen Kindern als leistungsfähig behandeln lassen, weil diese den Eltern im Rang vorgehen. In jedem Fall sind aber das Einkommen und das Vermögen der betreuten Eltern sorgfältig zu ermitteln; auf dieser Grundlage ist dann ein fiktives Entgelt für die Betreuungsleistung zu bestimmen.

772

---

[146] OLG Koblenz FamRZ 1998, 44
[147] BGH FamRZ 2002, 813, 814 f. = R 573
[148] BGH FamRZ 1994, 240
[149] BGH FamRZ 1981, 1042; OLG Hamm FamRZ 1996, 1017
[150] BGH FamRZ 1981, 1042; OLG Hamburg FamRZ 1998, 182
[151] KG FamRZ 2001, 1617
[152] BGH FamRZ 1987, 1011; 1984, 683; 1984, 662; 1980, 665
[153] BGH FamRZ 2004, 1173 = R 611; 2004, 1170 = R 612
[154] BGH FamRZ 2010, 357 Rn. 47 = R 709 c; Vgl. OLG Frankfurt/Main FamRZ 1992, 979
[155] BGH. FamRZ 2006, 1827, 1828 = R 660 b; 2006, 1010, 1012 = R 651

II. Zurechnung fiktiver Einkünfte beim Berechtigten

1. Bedürftigkeitsminderung durch Zurechnung fiktiver Einkünfte bei unterlassener zumutbarer Erwerbstätigkeit

773 Beim Unterhaltsberechtigten ist die Anrechnung tatsächlicher oder fiktiver Erwerbseinkünfte ein Problem seiner Bedürftigkeit (§§ 1361 II, 1577 I, 1602 BGB). Insoweit gelten für den Berechtigten trotz der grundsätzlichen Eigenverantwortung ähnliche Grundsätze wie für den Unterhaltspflichtigen in Bezug auf dessen Leistungsfähigkeit.[156] Die auch nachehelich nach den §§ 1570 ff. BGB fortwirkende Verantwortlichkeit von **Ehegatten** füreinander verpflichtet den unterhaltsberechtigten Ehegatten zur Minderung seiner Bedürftigkeit. Wie der Unterhaltspflichtige hat auch er die Obliegenheit, seine Arbeitsfähigkeit so gut wie möglich einzusetzen. Entsprechend muss er sich Einkünfte anrechnen lassen, die er bei gutem Willen durch eine zumutbare (§ 1574 BGB) und mögliche Erwerbstätigkeit erzielen könnte.[157] Ein unterhaltsberechtigter Ehegatte, der sich nicht hinreichend um eine Arbeit bemüht, muss sich ein fiktives Einkommen in erzielbarer Höhe anrechnen lassen, dass als Surrogat des wirtschaftlichen Werts seiner bisherigen Leistung durch Haushaltsführung und/oder Kindererziehung nach der Additions- bzw. Differenzmethode in die Unterhaltsberechnung einzubeziehen ist.[158] Der Bedarf richtet sich dann nach der Summe dieses fiktiven, an die Stelle der Hausarbeit und Kindererziehung in der Ehe getretenen Einkommens und des in der Ehe erzielten und auch heute noch erzielbaren Einkommens des anderen Ehegatten.[159] So können etwa einer beurlaubten Beamtin, deren Kinder deutlich älter als drei Jahre sind, regelmäßig fiktive Einkünfte jedenfalls aus Halbtagstätigkeit in ihrer Beamtenstelle zugerechnet werden, wenn sie ihrer Erwerbsobliegenheit nicht nachkommt und stattdessen aus dem Beamtenverhältnis ausscheidet.[160] Wird dem bedürftigen Ehegatten ein fiktives Einkommen aus vollschichtiger Tätigkeit zugerechnet, das den im Rahmen der Differenzmethode angestiegenen Bedarf nach den ehelichen Lebensverhältnissen gemäß § 1578 I BGB nicht voll deckt, dann beruht der verbleibende Unterhaltsanspruch auf § 1573 II BGB, nicht auf Erwerbsunfähigkeit.[161] Entsprechend beruht der Unterhaltsanspruch bei fiktiver Zurechnung eines Einkommens aus Halbtagstätigkeit neben der Erziehung und Betreuung eines Kindes nur bis zur Höhe des vollschichtig erzielbaren Einkommens auf § 1570 BGB und darüber hinaus, bis zur Höhe des gesamten Unterhaltsbedarfs nach den ehelichen Lebensverhältnissen gemäß § 1578 I BGB, als Aufstockungsunterhalt auf § 1573 II BGB.[162]

774 Nach ähnlichen Grundsätzen sind **volljährige Kinder,** die sich nicht in Ausbildung befinden,[163] verpflichtet, durch den Einsatz ihrer Arbeitsfähigkeit für den eigenen Lebensbedarf selbst zu sorgen (s. Rn. 740).[164] Befindet sich der Unterhaltsberechtigte noch in der Ausbildung, ist er verpflichtet, bestehende BAföG-Ansprüche geltend zu machen. Auch die Verletzung dieser Obliegenheit kann zur Anrechnung fiktiver Einkünfte führen (s. Rn. 670 ff.). Auch **minderjährigen Kindern** kann ein fiktives Einkommen zugerechnet werden, wenn sie nach Abschluss der allgemeinen Schulausbildung keiner weiteren Berufsausbildung und auch keiner Erwerbstätigkeit nachgehen (§ 1602 II BGB; s. Rn. 2/

---

[156] BGH FamRZ 2010, 629 Rn. 19
[157] BGH FamRZ 1988, 927, 929; 1988, 256, 258; 1988, 159; 1981, 1042; OLG Karlsruhe FamRZ 2002, 1567; OLG Köln – 27 UF 122/01 BeckRS 2002, 30244883
[158] BGH FamRZ 2005, 1979, 1981 = R 640 b–d
[159] BGH FamRZ 2003, 434 = R 589; OLG Hamm FamRZ 2002, 751
[160] BGH FamRZ 2009, 770 = R 704 a; OLG Celle FamRZ 1998, 1518
[161] BGH FamRZ 2011, 192 Rn. 15 ff.; 1988, 927, 929
[162] BGH FamRZ 2010, 869 = R 712; 2009, 406 Rn. 20 ff.; 2007, 793, 798 = R 674j (Aufstockungsunterhalt neben Betreuungsunterhalt); FamRZ 2007, 1232, 1233 = R 678 (Aufstockungsunterhalt neben Unterhalt wegen Krankheit)
[163] BGH FamRZ 2006, 1100 = R 654 b–d (zur gestuften Ausbildung)
[164] BGH FamRZ 1985, 273

10. Abschnitt: Fiktives Einkommen aus unterlassener zumutbarer Erwerbstätigkeit § 1

55).[165] Die Anrechnung ist allerdings durch die Vorschriften des Gesetzes zum Schutz der arbeitenden Jugend (Jugendarbeitsschutzgesetz – JArbSchG) begrenzt. Nach dessen § 5 dürfen Kinder, also Minderjährige, die das 15. Lebensjahr noch nicht vollendet haben (§ 1 I JArbSchG), grundsätzlich nicht beschäftigt werden. Ausnahmen sind nur nach § 5 II bis V oder § 6 JArbSchG für leichte Tätigkeiten oder nach § 7 JArbSchG außerhalb einer Vollzeitschulpflicht zulässig. Nur in diesem Rahmen können sie ihren Bedarf deswegen durch eigene Erwerbstätigkeit decken.

Gibt der Unterhaltsberechtigte eine Erwerbstätigkeit **leichtfertig** auf oder verdient er bei einem freiwilligen Arbeitsplatzwechsel weniger als vorher, ist er wie ein Unterhaltspflichtiger unterhaltsrechtlich so zu behandeln, als hätte er weiterhin die Einkünfte aus seiner bisherigen Tätigkeit (s. Rn. 743 f.). Regelmäßig kann dem Unterhaltsberechtigten sogar ein Wechsel des Arbeitsplatzes zugemutet werden, wenn er bei einer anderen Stelle mehr verdienen könnte, ohne dadurch sonstige Nachteile zu erleiden. Wird ein unterhaltsberechtigter Ehegatte **unverschuldet arbeitslos,** z. B. durch eine nicht leichtfertig verursachte Arbeitgeberkündigung, ist der Unterhalt – wie bei entsprechender Leistungsunfähigkeit des Unterhaltspflichtigen (s. Rn. 753 ff.) – neu zu berechnen, wenn schon zuvor der Einsatzzeitpunkt für einen nachehelichen Unterhalt gegeben war oder Betreuungsunterhalt verlangt wird (s. Rn. 4/654). Dann ist aber auch er, wie der Unterhaltspflichtige, gehalten, sich ernsthaft um eine realistische Beschäftigung zu bemühen (s. Rn. 782 ff.). Macht sich der Berechtigte selbständig oder produziert er in seinem Unternehmen nur Verluste, gelten ebenfalls ähnliche Grundsätze wie für den Unterhaltspflichtigen (Rn. 769). 775

Ein Unterhaltsanspruch kann auch entfallen oder herabgesetzt werden, wenn der berechtigte Ehegatte seine Bedürftigkeit **mutwillig herbeigeführt** hat (§§ 1361 III, 1579 Nr. 4 BGB; s. Rn. 4/1289 ff.). Das kann auch dann der Fall sein, wenn der Unterhaltsberechtigte durch sein früheres Verhalten in vorwerfbarer Weise krank und erwerbsunfähig geworden ist oder nicht dafür gesorgt hat, dass er wieder erwerbsfähig wird. Allerdings erfordert auch der Vorwurf der mutwillig herbeigeführten Bedürftigkeit eine unterhaltsbezogene Leichtfertigkeit (s. Rn. 743 ff.). Ähnliches gilt nach § 1611 I BGB beim Kindesunterhalt, wenn das Kind durch ein sittliches Verschulden bedürftig geworden ist und die Inanspruchnahme des unterhaltspflichtigen Elternteils (grob) unbillig wäre (s. Rn. 2/ 601 ff.). Das gilt nach § 1611 II BGB aber nicht für minderjährige unverheiratete Kinder. Stets setzt eine Verwirkung aber ein erheblich vorwerfbares Verhalten des Unterhaltsberechtigten mit zumindest **unterhaltsbezogener Leichtfertigkeit** voraus.[166] Fiktives Einkommen aus Rentenbezügen kann im Rentenalter über § 1579 Nr. 4 BGB zugerechnet werden, wenn der Berechtigte Vorsorgeunterhalt zweckwidrig nicht an einen Versorgungsträger weitergeleitet hat.[167] 776

Der Berechtigte hat die **Darlegungs- und Beweislast** für seine Bedürftigkeit und somit für alle Umstände, die für seine Bedürftigkeit bedeutsam sind. Er muss also auch zu seiner Arbeitsunfähigkeit, seinen Bemühungen um einen Arbeitsplatz, seine Nichtvermittelbarkeit auf dem Arbeitsmarkt u. ä. substantiiert vortragen (s. Rn. 6/703 ff.). Verbleibende Zweifel gehen deshalb zu seinen Lasten (s. nachstehend Rn. 782, 786, 787). 777

2. Zumutbare Erwerbstätigkeiten des Berechtigten

Art und Umfang einer Erwerbstätigkeit, die vom Berechtigten zur Minderung seiner Bedürftigkeit verlangt werden kann, sind auch von der jeweiligen Anspruchsgrundlage abhängig. 778

Beim **Trennungsunterhalt** kann der nicht erwerbstätige Ehegatte nur dann darauf verwiesen werden, *seinen Unterhalt durch eine Erwerbstätigkeit selbst zu verdienen, wenn dies von*

---

[165] OLG Koblenz JAmt 2004, 153; OLG Köln FuR 2005, 570; OLG Brandenburg FamRZ 2005, 2094; OLG Brandenburg JAmt 2004, 504; a. A. OLG Stuttgart FamRZ 1997, 447
[166] BGH FamRZ 1985, 273, 275
[167] BGH FamRZ 2005, 1479 (zum Rentenbezug); OLG Koblenz – SUF 535/00 BeckRS 2001, 30208382; OLG Schleswig – 8 UF 169/99 BeckRS 2000, 30146344; OLG Hamm FamRZ 1991, 1056

ihm nach seinen persönlichen Verhältnissen, insbesondere wegen einer früheren Erwerbstätigkeit unter Berücksichtigung der Dauer der Ehe, und nach den wirtschaftlichen Verhältnissen beider Ehegatten erwartet werden kann (§ 1361 II BGB; s. Rn. 4/32 ff.).[168] Liegt danach grundsätzlich eine Erwerbsobliegenheit vor, ist eine konkrete Erwerbstätigkeit nur dann zumutbar, wenn sie – wie beim nachehelichen Unterhalt nach § 1574 II BGB – eheangemessen ist.

779 Beim **nachehelichen Unterhalt** besteht wegen des Grundsatzes der Eigenverantwortung nach § 1569 BGB grundsätzlich die Obliegenheit, eine angemessene Erwerbstätigkeit auszuüben (§ 1574 I BGB). Angemessen ist eine Erwerbstätigkeit, die der Ausbildung, den Fähigkeiten, einer früheren Erwerbstätigkeit, dem Lebensalter und dem Gesundheitszustand entspricht, soweit eine solche Tätigkeit nicht nach den ehelichen Lebensverhältnissen, insbesondere unter Berücksichtigung der Ehedauer und der Dauer der Pflege oder Erziehung gemeinschaftlicher Kinder, unbillig wäre (§ 1574 II BGB; s. Rn. 4/139 ff.). Soweit erforderlich trifft den Unterhaltsberechtigte auch eine Obliegenheit zur beruflichen Aus- oder Fortbildung, wenn er nach deren Abschluss voraussichtlich eine geeignete Erwerbstätigkeit aufnehmen oder ausweiten kann (§ 1574 III BGB). Eine approbierte Ärztin ohne Berufserfahrung, die keine adäquate Beschäftigung findet, muss sich z. B. einer Fortbildung unterziehen und darf sich dann nicht nur um Stellen in einer Arztpraxis oder einem Krankenhaus bewerben, sondern muss auch Ausbildungstätigkeiten in Alten- oder Krankenpflegerschulen und dergleichen übernehmen.[169]

780 Ob und inwieweit der Unterhaltsberechtigte nach diesen Bestimmungen zu einer Erwerbstätigkeit verpflichtet ist, ist im konkreten Einzelfall auf Grund einer **Zumutbarkeitsabwägung** der maßgeblichen Umstände festzustellen.[170] Wenn der Unterhaltspflichtige nach § 1581 BGB[171] nur nach Billigkeitsgrundsätzen Unterhalt zu leisten hat, weil sein eigener angemessener Unterhalt gefährdet ist, kann dies zu einer Verschärfung der Anforderungen an die Erwerbspflicht des Unterhaltsberechtigten führen.[172]

781 An die Unterhaltsbedürftigkeit eines **volljährigen Kindes,** das sich nicht in einer Ausbildung befindet,[173] stellt die Rechtsprechung, sofern nicht besondere Erschwernisgründe vorgetragen sind, strenge Anforderungen; für die Suche eines Ausbildungsplatzes billigt sie aber regelmäßig einen Zeitraum von bis zu 3 Monaten zu.[174] Für die Erwerbsobliegenheit eines volljährigen Kindes, das schon eine abgeschlossene Berufsausbildung hat und sich nicht in Berufsausbildung befindet, gelten ähnliche Maßstäbe wie bei der verstärkten Unterhaltspflicht der Eltern gegenüber minderjährigen Kindern. Dem Volljährigen sind zur Deckung des eigenen Unterhaltsbedarfs dann auch berufsfremde Tätigkeiten sowie Arbeiten unterhalb seiner gewohnten Lebensstellung zuzumuten.[175] Der Volljährige muss grundsätzlich auch eine von einem Elternteil angebotene Stelle annehmen.[176] Nach allgemeiner Auffassung trifft einen **Studenten** neben dem Studium in der Regel keine Erwerbsobliegenheit. Denn er soll sich, auch im Interesse des Unterhaltspflichtigen, mit ganzer Kraft sowie dem gehörigen Fleiß und der gebotenen Zielstrebigkeit dem Studium widmen, um dieses innerhalb angemessener und üblicher Dauer abzuschließen. Das gilt auch für die Zeit der Semesterferien, die neben der notwendigen Erholung der Wiederholung und Vertiefung des Stoffes dient, soweit sie nicht ohnehin durch studienbedingte Arbeiten (Hausarbeiten) ausgefüllt ist. Übt ein Student gleichwohl eine (Neben-)Erwerbstätigkeit aus, stellt die Vergütung, die er hierfür erhält, grundsätzlich Einkommen aus überobligatorischer Tätigkeit dar. Die Anrechnung solcher Einkünfte aus unzumutbarer Tätigkeit bestimmt sich auch beim Verwandtenunterhalt nach dem – hier entsprechend heranzuziehenden –

---

[168] BGH FamRZ 2005, 23 = R 619; OLG Köln FamRZ 1993, 711; Dose, FamRZ 2007, 1289, 1296
[169] OLG Hamm FamRZ 1998, 243; zur nachehelichen Erwerbsobliegenheit nach neuem Recht vgl. Dose, FamRZ 2007, 1289, 1296 ff.
[170] BGH FamRZ 1985, 50; 1982, 148; OLG Karlsruhe FamRZ 2002, 1567
[171] Vgl. BGH FamRZ 2006, 683 = R 649 d
[172] BGH FamRZ 1983, 569, 571
[173] BGH FamRZ 2006, 1100 = R 654 b–d (zur gestuften Ausbildung)
[174] OLG Hamm NJW-RR 2006, 509 (Zeit zwischen Abitur und Studium); OLG Hamburg FamRZ 2003, 180, 181; OLG Hamm FamRZ 1987, 411
[175] BGH FamRZ 1987, 930, 932; 1985, 273
[176] OLG Zweibrücken FamRZ 1984, 1250

10. Abschnitt: Fiktives Einkommen aus unterlassener zumutbarer Erwerbstätigkeit § 1

Rechtsgedanken des § 1577 II BGB.[177] Danach bleiben Einkünfte anrechnungsfrei, soweit der Unterhaltspflichtige nicht den vollen Unterhalt nach den §§ 1578, 1578 b BGB leistet (§ 1577 II 1 BGB). Einkünfte, die den vollen Unterhalt übersteigen, sind insoweit anzurechnen, als dies unter Berücksichtigung der beiderseitigen wirtschaftlichen Verhältnisse der Billigkeit entspricht (§ 1577 II 2 BGB).[178] Allerdings kann einem Studierenden während der Semesterferien ausnahmsweise eine gewisse Erwerbstätigkeit zugemutet werden, wenn dadurch der Examensabschluss nicht verzögert oder gefährdet wird (zur Berücksichtigung eines Einkommens von Studenten und Schülern siehe oben Rn. 100 f.).[179]

III. Ernsthafte Bemühungen um eine Erwerbstätigkeit und reale Beschäftigungschancen

1. Ernsthafte Bemühungen um eine Arbeitsstelle

Wer zur Aufnahme oder zur Ausweitung einer Erwerbstätigkeit verpflichtet ist, muss sich 782 ernsthaft und intensiv um eine zumutbare Arbeitsstelle bemühen. Die Meldung bei der Agentur für Arbeit zum Zweck der Arbeitsvermittlung (s. § 35 SGB III) reicht hierzu nicht aus, weil nach aller Erfahrung nicht alle Arbeitsstellen über die Arbeitsagentur vermittelt werden.[180] Viele Arbeitgeber suchen neue Arbeitskräfte ohne Einschaltung der Arbeitsagentur über Stellenanzeigen in Tageszeitungen und Anzeigenblättern. Deswegen gehört es zu den zumutbaren Bemühungen um eine Arbeitsstelle, dass sich der Erwerbslose aus eigenem Antrieb laufend auch über Zeitungsannoncen, Vermittlungsagenturen und ähnliches um Arbeit bemüht.[181] Er muss Stellenangebote in den örtlichen und regionalen Zeitungen und Anzeigenblättern auf entsprechende Anzeigen sorgfältig überprüfen. Die Obliegenheit kann sich aber auch auf weitere private Initiativen wie Erkundigungen im Bekanntenkreis, Nachfrage bei früheren Arbeitgebern u. ä. erstrecken. Zu der geschuldeten Obliegenheit gehören aber vor allem zeitnahe schriftliche oder persönliche (nicht nur telefonische) Bewerbungen bei privaten Arbeitgebern und Behörden, die über zumutbare Arbeitsplätze verfügen. In der Rechtsprechung wird gefordert, dass der Arbeitslose für die Suche nach Arbeit etwa die Zeit aufwendet, die ein Erwerbstätiger für seinen Beruf aufwendet, so dass monatlich 20 Bewerbungen zu verlangen seien.[182] Wichtiger als die Quantität ist aber die Qualität und Aussagekraft der einzelnen Bewerbungen und der Adressatenkreis.[183] Um seiner **Darlegungs- und Beweislast** für hinreichende Erwerbsbemühungen zu genügen, muss der Unterhaltspflichtige in nachprüfbarer Weise vortragen, welche Schritte er im Einzelnen unternommen hat, um eine Arbeitsstelle zu finden.[184] Er muss nachprüfbar darlegen, um welche Stellen er sich in der fraglichen Zeit beworben hat, welche Reaktionen er auf diese Bewerbungen erhalten und was er sonst konkret unternommen hat, um eine Arbeitsstelle zu finden. Um eine Nachprüfung der Qualität seiner Erwerbsbemühungen zu ermöglichen, muss er auch die entsprechenden Bewerbungsschreiben und die Antwortschreiben vorlegen.[185]

---

[177] BGH FamRZ 1985, 916; OLG Jena FamRZ 2009, 1416; OLGR Karlsruhe 1999, 46; OLGR Hamm 1998, 174; OLG Karlsruhe FamRZ 1994, 1278
[178] BGH FamRZ 2005, 23, 24 = R 619; 1995, 475 = R 491 b
[179] BGH FamRZ 1983, 140; FamRZ 1980, 126
[180] BGH FamRZ 1986, 1085; 1986, 244, 246; OLGR Hamm 2004, 394
[181] BGH FamRZ 2008, 2104 Rn. 19; 2000, 1358, 1359 f. = R 543
[182] OLG Köln ZKJ 2010, 284; OLG Stuttgart Rn. 20; FamRZ 2008, 1653; OLG Hamm FamRZ 2004, 298; OLG Hamm NJW-RR 2004, 149; OLGR Jena 2002, 316; OLG Naumburg FamRZ 1997, 311
[183] OLG Hamm FamRZ 2004, 298
[184] BGH FamRZ 2000, 1358, 1359 f. = R 543; 1996, 345, 346; OLG Nürnberg FamRZ 2009, 345 Rn. 75 f.
[185] OLG Dresden FamRZ 1999, 1527; OLG Hamburg FamRZ 1984, 1245; OLG Zweibrücken FamRZ 1984, 1250; OLG Stuttgart FamRZ 1983, 1233

783 Die Bemühungen um eine Erwerbstätigkeit müssen von subjektiver **Arbeitsbereitschaft** getragen und ernsthaft sein. Wenn daran Zweifel bestehen, muss der Richter die Ernsthaftigkeit besonders sorgfältig nachprüfen. Erkenntnisse dafür kann er aus den konkreten Bemühungen um eine Erwerbstätigkeit aber auch aus der Arbeitsbiographie, dem weiteren Parteivortrag oder sonstigen Umständen gewinnen. Anhaltspunkte dafür können sich vor allem aus dem Text von Bewerbungsschreiben oder der darauf erhaltenen Absagen aber auch anlässlich einer Beweiserhebung zu dem Inhalt von Vorstellungsgesprächen ergeben. Schließlich kann eine fehlende Arbeitswilligkeit auch dadurch verschleiert werden, dass zwar einerseits umfangreich zu missglückten Bewerbungen vorgetragen wird, andererseits aber zumutbare ernsthafte **Stellenangebote verschwiegen** werden.[186] Deswegen sind selbst 50 Absagen und mehr noch kein zwingender Nachweis für die Ernsthaftigkeit ausreichender Bemühungen um einen Arbeitsplatz. Zweifel an der Ernsthaftigkeit von Bewerbungsbemühungen gehen zu Lasten des Arbeitsuchenden, der sich auf die fehlenden eigenen Einkünfte beruft (s. Rn. 786).[187]

2. Reale Beschäftigungschance auf dem Arbeitsmarkt

784 Ob ein Arbeitsuchender einen geeigneten Arbeitsplatz finden kann, ist auch von objektiven Voraussetzungen abhängig, wie den jeweiligen Verhältnissen auf dem Arbeitsmarkt und den persönlichen Eigenschaften des Arbeitsuchenden wie Alter, Ausbildung, Berufserfahrung, Gesundheitszustand, Geschlecht u. ä.[188] Auf seine mangelnden Sprachkenntnisse kann der Unterhaltspflichtige sich allerdings nur für eine Übergangszeit berufen. Denn zu den gesteigerten Anforderungen an seine Bemühungen um einen neuen Arbeitsplatz gehört es nicht nur, die berufliche Qualifikation weiter zu fördern (s. §§ 46 f. SGB III), sondern auch, sich unter Ausnutzung sämtlicher Hilfsangebote intensiv um eine Verbesserung der deutschen Sprachkenntnisse zu bemühen.[189] Allgemein bestehen in dicht besiedelten Gebieten mit hohem Beschäftigungsstand bessere Bedingungen als in strukturschwachen und weniger bevölkerten Landesteilen.[190] In Zeiten der Vollbeschäftigung sind an den Nachweis vergeblichen Bemühens höhere Anforderungen zu stellen als in Zeiten hoher Arbeitslosigkeit auf dem einschlägigen Arbeitsmarkt. Allerdings kann die allgemeine Arbeitsmarktsituation allein eine reale Beschäftigungschance nicht ausschließen, weil auch in besonders angespannten Zeiten ein gewisser Wechsel am Arbeitsmarkt stattfindet. Es müssen deswegen stets auch individuelle Umstände hinzukommen, um eine Beschäftigungschance im Einzelfall ausschließen zu können. Oft kann deswegen über die Beschäftigungschance nur unter Berücksichtigung der fehlgeschlagenen Erwerbsbemühungen entschieden werden. Die bisherige Tätigkeit eines Unterhaltsschuldners im Rahmen von untertariflich entlohnten Zeitarbeitsverhältnissen ist kein hinreichendes Indiz dafür, dass es ihm bei ausreichenden Erwerbsbemühungen nicht gelingen kann. eine besser bezahlte Stelle auf dem Arbeitsmarkt zu finden; dazu müssen weitere Umstände hinzutreten, die die Annahme rechtfertigen, dass er auch bei Erfüllung seiner Erwerbsobliegenheit nicht in der Lage ist, eine tariflich entlohnte Festanstellung auf dem allgemeinen Arbeitsmarkt zu erhalten.[191] Im Einzelfall kann die persönliche Situation bei fehlender beruflicher Qualifikation allerdings dafür sprechen, dass ein Unterhaltspflichtiger auch bei entsprechenden Erwerbsbemühungen jedenfalls keine Einkünfte erzielen kann, die seinen zu beachtenden Selbstbehalt übersteigen.[192] Auch bei längerer (und sogar mehrjähriger) Arbeitslosigkeit besteht kein genereller Erfahrungssatz, dass ein älterer Unterhaltspflichtiger keine Arbeitsstelle mehr finden wird. Er kann sich deswegen nicht stets pauschal auf eine fehlende reale Erwerbsmöglichkeit berufen, sondern hat substantiiert darzulegen und gegebenenfalls zu beweisen, dass er keine reale Chance auf

---

[186] BGH FamRZ 1986, 244, 246
[187] OLG Brandenburg JAmt 2004, 502
[188] BGH FamRZ 2009, 314 Rn. 21 ff.; 2005, 23, 24 = R 619; 1996, 345, 346; 1994, 372; 1993, 789; 1987, 912; 1987, 144; 1986, 885; 1986, 244
[189] OLG Celle FamRZ 1999, 1165
[190] BGH FamRZ 1986, 244, 246
[191] OLG Hamm NJW-RR 2010, 1657
[192] OLG Schleswig FamRZ 2009, 1163

10. Abschnitt: Fiktives Einkommen aus unterlassener zumutbarer Erwerbstätigkeit § 1

einen Arbeitsplatz hat.[193] Nach langjähriger Unterbrechung der Erwerbstätigkeit wegen Kindererziehung kann eine realistische Beschäftigungschance in dem erlernten Beruf allerdings entfallen sein, wenn seitdem eine deutliche Entwicklung der beruflichen Anforderungen eingetreten ist. Dann ist allerdings zu prüfen, ob die Möglichkeit besteht, die eigene Qualifikation durch Fortbildungsmaßnahmen auf den neuesten Stand zu bringen, um die eigene Beschäftigungschance zu erhöhen. Ist das nicht der Fall, kann nur das erzielbare Einkommen aus einer entsprechend geringer qualifizierten Tätigkeit berücksichtigt werden.[194] **Der Tatrichter** muss im Einzelfall darüber entscheiden, ob die Chance, eine Arbeit zu finden, jedenfalls nicht völlig irreal oder nur theoretischer Art ist. Jeder ernsthafte Zweifel daran, ob bei sachgerechten Bemühungen eine nicht ganz von der Hand zu weisende Beschäftigungschance bestanden hätte und besteht, geht zu Lasten des Arbeitspflichtigen. Andererseits kann der Nachweis als geführt angesehen werden, wenn nach dem Ergebnis der tatrichterlichen Würdigung eine Beschäftigungschance praktisch nicht bestanden hat.[195] Solches kann bei erheblichen krankheitsbedingten Einschränkungen der Fall sein, insbesondere wenn die Person ohnehin kurz vor dem Rentenbeginn steht.

Wird zum Beweis der substantiiert behaupteten Nichtvermittelbarkeit die Einholung einer **Auskunft der Arbeitsagentur** beantragt, muss diese eingeholt werden, denn die amtliche Auskunft einer Behörde ersetzt die Zeugenvernehmung des sonst in Frage kommenden Sachbearbeiters. Der Richter darf sich über einen solchen Beweisantrag nicht hinwegsetzen und nicht ohne die Beweisaufnahme vom Gegenteil ausgehen.[196] Bestätigt die Arbeitsagentur, dass die betreffende Person von der Arbeitsverwaltung voraussichtlich nicht vermittelt werden kann, sind die dafür benannten Gründe tatrichterlich zu würdigen. Es ist aber in jedem Fall weiter zu fragen, ob bei ausreichender Entfaltung von Privatinitiative (Rn. 527) nicht gleichwohl ein angemessener Arbeitsplatz gefunden werden könnte.[197] Derartigen Bestätigungen der Agentur für Arbeit kommt daher für die Praxis nur eine begrenzte Bedeutung zu. Eine auf der Erfahrung des Gerichts und seiner Kenntnis von den Verhältnissen des örtlichen Arbeitsmarktes beruhende tatrichterliche Beurteilung der Vermittelbarkeit ist aus Rechtsgründen (revisionsrechtlich) nicht zu beanstanden.[198]

785

3. Darlegungs- und Beweislast zu den Arbeitsbemühungen und zur Beschäftigungschance

Wer trotz Erwerbslosigkeit Unterhalt beansprucht, hat die **Darlegungs- und Beweislast** für seine Bedürftigkeit (s. Rn. 6/716). Er muss in nachprüfbarer Weise vortragen, welche Schritte er im Einzelnen unternommen hat, um einen zumutbaren Arbeitsplatz zu finden und die sich ergebenden Erwerbsmöglichkeiten auszunutzen. Eine Beweiserleichterung nach § 287 II ZPO kommt ihm nicht zugute.[199] Er muss außerdem ggf. darlegen und nachweisen, dass für ihn objektiv eine reale Beschäftigungschance nicht bestanden hat.[200] Gleiches gilt für den Unterhaltsschuldner, der sich auf seine Leistungsunfähigkeit oder beschränkte Leistungsfähigkeit infolge Arbeitslosigkeit beruft (vgl. Rn. 6/721).[201] Im Rahmen der nach § 1603 II BGB gesteigerten Erwerbsobliegenheit ist der Unterhaltsschuldner darlegungs- und beweispflichtig dafür, dass er die Kündigung seines Arbeitsverhältnisses nicht zu vertreten hat und trotz intensiver Anspannung aller Kräfte keine neue Erwerbstätigkeit finden konnte.[202] Bei verbleibenden Zweifeln wird er als leistungsfähig behandelt.

786

---

[193] OLG DresdenNJWE-FER 2000, 256; OLG Hamm FamRZ 1999, 1011
[194] BGH FamRZ 2009, 1300 Rn. 42; OLG Stuttgart FamRZ 2010, 217 Rn. 46
[195] BGH FamRZ 1994, 372; 1987, 144; 1986, 885
[196] BGH FamRZ 1987, 912
[197] OLG Köln NJWE-FER 1997, 174
[198] BGH FamRZ 1993, 789; 1988, 604
[199] BGH FamRZ 2008, 2104 Rn. 18 f.
[200] BGH FamRZ 2009, 1300 Rn. 42; 2008, 2104, 2105; 1996, 345; 1993, 789, 791; 1987, 144; 1986, 885; 1986, 244, 246
[201] OLG Karlsruhe FamRZ 2000, 1419
[202] OLG Brandenburg JAmt 2004, 502; OLG Stuttgart JAmt 2001, 48; OLG Hamm FamRZ 1998, 1252

IV. Krankheitsbedingte Arbeitsunfähigkeit

1. Krankheitsbedingte Erwerbsunfähigkeit und Pflicht zur Wiederherstellung der Arbeitskraft

787 Fehlendes oder unzulängliches Erwerbseinkommen wird häufig mit krankheitsbedingter Arbeitsunfähigkeit begründet. Wer behauptet, infolge Krankheit arbeitsunfähig oder nur beschränkt arbeitsfähig zu sein, hat seine gesundheitliche Beeinträchtigung und das Ausmaß der Minderung seiner Arbeitsfähigkeit substantiiert darzulegen und ggf. zu beweisen. Das gilt sowohl für den Unterhaltsberechtigten als auch für den Unterhaltspflichtigen. Die Anerkennung als Schwerbehinderter, sei es auch zu 100%, rechtfertigt nicht ohne weiteres den Schluss auf eine Erwerbsunfähigkeit.[203] Fehlt es an entsprechendem Vortrag zu konkreten Erwerbsbeeinträchtigungen, muss sich der Unterhaltspflichtige als erwerbsfähig behandeln lassen; ihm sind dann die nach den Umständen des Einzelfalles erzielbaren Einkünfte fiktiv zuzurechnen. Auf substantiierten Vortrag, der auf Arztberichte oder Privatgutachten gestützt werden sollte, kann der Nachweis einer Minderung der Erwerbsfähigkeit bei ebenso substantiiertem Bestreiten durch die Gegenseite durch einen Beweisantritt auf Einholung eines **ärztlichen Sachverständigengutachtens** geführt werden.[204] Empfehlenswert ist es, damit einen Arbeitsmediziner zu beauftragen, der neben den gesundheitlichen Einschränkungen auch die Anforderungen im Erwerbsleben berücksichtigen kann. Der Sachverständige hat dann zu klären, ob qualitative oder quantitative Leistungseinschränkungen vorliegen.

788 Zu den **qualitativen Leistungseinschränkungen** gehören
– die Unfähigkeit zu Arbeiten unter Zeitdruck,
– die Unfähigkeit zu Nacht- oder Wechselschicht,
– die Unfähigkeit, schwer zu heben oder schwer zu tragen,
– die Unverträglichkeit von bestimmten Reizstoffen, Hitze oder Kälte
– die Unfähigkeit, in offenen oder in geschlossenen Räumen zu arbeiten, und
– die Unfähigkeit, im Sitzen, Gehen oder Stehen zu arbeiten.

Die **quantitativen Einschränkungen** bringen ein herabgesetztes Leistungsvermögen in zeitlicher Hinsicht zum Ausdruck, in erster Linie die Unfähigkeit zur Ganztagsarbeit. Ursache können körperliche Beeinträchtigungen sein aber auch psychische Erkrankungen, die das Durchhaltevermögen, die Leistungsmotivation, die Ausdauer, die nervliche Belastbarkeit, die Anpassungsfähigkeit oder die geistige Beweglichkeit beeinträchtigen.

789 Im Fall einer Erkrankung trifft den Unterhaltsberechtigten wie den Unterhaltspflichtigen eine Obliegenheit, alles zur **Wiederherstellung seiner Arbeitskraft** Erforderliche zu tun, um seine Unterhaltsbedürftigkeit zu mindern bzw. seine Leistungsfähigkeit wiederherzustellen. Wer leichtfertig oder fahrlässig die Möglichkeit einer ärztlichen Behandlung zur Behebung der einer Aufnahme einer Erwerbstätigkeit entgegenstehenden Umstände nicht nutzt, muss sich unterhaltsrechtlich so behandeln lassen, als hätte die Behandlung Erfolg gehabt. Er kann dann als unterhaltsrechtlich leistungsfähig angesehen werden.[205] Der Unterhaltsberechtigte kann seinen Unterhaltsanspruch auch verwirken, wenn er seine Bedürftigkeit mutwillig herbeigeführt oder aufrechterhalten hat (§§ 1579 Nr. 4, 1611 I BGB).[206] Die bewusste Ablehnung einer ärztlichen Behandlung, etwa bei einer neurotischen Depression, kann dazu führen, dass der Unterhaltsberechtigte als erfolgreich therapiert anzusehen ist (s. Rn. 4/238 ff., 1289 ff.).[207] War der Unterhaltsberechtigte, dessen überwiegend psychisch bedingte Krankheitssymptome zur völligen Erwerbsunfähigkeit geführt hatten, allerdings

---

[203] OLG Saarbrücken – 6 UF 64/01 BeckRS 2001, 30213060
[204] BGH FamRZ 2003, 1471, 1473; OLG Schleswig FF 2003, 110; OLG Celle FamRZ 2000, 1153
[205] KG FamRZ 2001, 1617
[206] BGH FamRZ 1988, 375, 377; 1987, 359, 361; 1981, 1042; OLG Hamm NJW-RR 2003, 510; OLG Hamburg FamRZ 1982, 702; OLG Düsseldorf FamRZ 1982, 518
[207] OLG Hamm FamRZ 1999, 237; vgl. auch OLG Düsseldorf FamRZ 1990, 68 und FamRZ 1987, 1262; OLG Hamburg FamRZ 1982, 702

krankheitsbedingt wegen fehlender Therapieeinsicht zur Durchführung von Heilmaßnahmen nicht in der Lage, kann ihm dies unterhaltsrechtlich nicht angelastet und ihm ein Unterhaltsanspruch nicht wegen mutwilliger Herbeiführung der Bedürftigkeit versagt werden.[208] Gleiches gilt, wenn er eine Therapie durchgeführt hat, die aber ohne Erfolg geblieben ist.[209]

Bei **Suchtdelikten** wie Alkohol- oder Drogenabhängigkeit kann die Bedürftigkeit im Sinne des § 1579 Nr. 4 BGB auch dadurch mutwillig herbeigeführt sein, dass der Unterhaltsberechtigte es leichtfertig unterlassen hat, durch geeignete und zumutbare Maßnahmen seine Erwerbsfähigkeit wiederherzustellen (vgl. Rn. 771). Die Frage, von welchem Zeitpunkt an dem Bedürftigen die Kenntnis der Art seiner Erkrankung zugerechnet werden muss, und die Beurteilung des Zeitraums, innerhalb dessen er gehalten war, wirksame Maßnahmen zur Wiederherstellung seiner Gesundheit zu ergreifen, sind Gegenstand tatrichterlicher Würdigung.[210] Wer aus krankhafter und somit nicht vorwerfbarer Labilität und Charakterschwäche nicht in der Lage ist, dem Alkoholmissbrauch entgegenzusteuern und Maßnahmen zu dessen Bekämpfung zu ergreifen, braucht unterhaltsrechtliche Nachteile nicht zu befürchten (s. Rn. 4/1296 ff.).[211]

790

2. „Rentenneurose" des Berechtigten

Bei psychischen Krankheiten, die der so genannten „**Rentenneurose**" oder „Prozessneurose" des Haftpflichtrechts und Sozialrechts vergleichbar sind, lassen sich keine körperlichen Einschränkungen der Erwerbsfähigkeit feststellen, während die Person subjektiv von der Krankheit überzeugt und deswegen nicht zu einer Erwerbstätigkeit in der Lage ist. Dies wirft zunächst erhebliche Darlegungs- und Beweisschwierigkeiten auf. Selbst wenn ein Unterhaltsberechtigter derart erkrankt ist, kann er aus unterhaltsrechtlicher Sicht nur dann als bedürftig behandelt werden, wenn er erfolglos versucht hat, wieder erwerbstätig zu werden. Zwar ist nach allgemeiner Meinung grundsätzlich auch derjenige bedürftig, der infolge einer seelischen Störung erwerbsunfähig ist. Anders ist die Bedürftigkeit jedoch zu beurteilen, wenn die seelische Störung ihr Gepräge erst durch das – wenn auch unbewusste – Begehren nach einer Lebenssicherung oder durch die Ausnutzung einer vermeintlichen Rechtsposition erhält und der Unterhaltsanspruch zum Anlass genommen wird, den Mühen des Arbeitslebens auszuweichen. Diese Grundsätze hat der Bundesgerichtshof im Schadensersatzrecht zur Haftungsbegrenzung bei so genannten Rentenneurosen entwickelt.[212] Damit wird dem Gesichtspunkt Rechnung getragen, dass die Wiedereingliederung neurotisch labiler Personen in den sozialen Lebens- und Pflichtenkreis teilweise nur daran scheitert, dass die Aussicht besteht, ein bequemes Renteneinkommen zu erhalten. Dem Rentenneurotiker, dessen Verhalten wesentlich von Begehrensvorstellungen bestimmt ist, darf seine **Flucht in die seelische Krankheit** rechtlich nicht durch Bewilligung der erstrebten Versorgungsleistung „honoriert" werden. Denn die Bewilligung der aus der Krankheit heraus begehrten Zahlungen würde sogar zur Verfestigung eines Zustandes beitragen, der letztlich der körperlichen und seelischen Gesundung des Geschädigten abträglich ist. Entsprechende Erwägungen gelten im Recht der gesetzlichen Rentenversicherung. Erforderlich für eine Anerkennung der Erkrankung ist dort, dass die seelische Störung nicht aus eigener Kraft überwunden werden kann. Wenn vorhersehbar ist, dass eine Ablehnung der begehrten Renten die neurotischen Erscheinungen entfallen lässt, muss die Rente sogar versagt werden. Denn mit dem Sinn und Zweck der Rentengewährung bei Berufsunfähig-

791

---

[208] KG FamRZ 2002, 460; OLG Bamberg FamRZ 1998, 370; OLG Hamm FamRZ 1996, 1080
[209] OLG Schleswig – 13 UF 113/00 BeckRS 2001, 30157890
[210] OLG Brandenburg FamRZ 2007, 72, 73; KG FamRZ 2001, 1617; OLGR Schleswig 2001, 248; OLG Düsseldorf FamRZ 1987, 1262; OLG Frankfurt FamRZ 1985, 1043; OLG Düsseldorf FamRZ 1985, 310; OLG Stuttgart FamRZ 1981, 963
[211] OLG Bamberg FamRZ 1998, 370; OLG Hamm FamRZ 1996, 1080; OLG Frankfurt DAVorm 1987, 677
[212] Grundlegend BGHZ 20, 137 = NJW 1956, 1108; BGH NJW 1998, 813; 1979, 1935

792 Im **Unterhaltsrecht,** das zwischen geschiedenen Ehegatten auf der Fortwirkung der ehelichen Beistandspflichten im Sinne einer nachehelichen Solidarität und im Übrigen auf der Verwandtschaft von Unterhaltsberechtigtem und Unterhaltspflichtigem beruht, kann den Auswirkungen von seelischen Störungen und Fehlreaktionen jedenfalls keine geringere rechtliche Bedeutung beigemessen werden als im Haftungs- und Sozialversicherungsrecht. Eine krankheitsbedingte Bedürftigkeit entfällt deswegen ganz oder teilweise, wenn voraussehbar ist, dass eine Versagung oder Minderung des Unterhaltsanspruchs über die dadurch bedingten Aktivierung eigener Kräfte den neurotischen Zustand verbessern kann.[214] Ist dagegen die seelische Störung so übermächtig, dass sie voraussichtlich auch nach Aberkennung des Unterhaltsanspruchs fortdauern würde, muss von einer fortbestehenden Unterhaltsbedürftigkeit ausgegangen werden.[215] Wegen der Möglichkeiten zur Simulation ist in diesen Fragen stets besondere Wachsamkeit des Tatrichters und des Sachverständigen geboten. Dem Erwerbslosen obliegt allerdings die Darlegungs- und Beweislast dafür, dass bei ihm eine Erkrankung in Form einer Rentenneurose vorliegt und dass seine seelische Erkrankung so übermächtig ist, dass sie auch nach Aberkennung eines Unterhaltsanspruchs nicht überwunden werden kann.[216]

Neurosen haben Krankheitswert, sind aber durch eine **therapeutische Behandlung** veränderbar. Es besteht daher die unterhaltsrechtliche Verpflichtung, sich zur Wiederherstellung der Erwerbsfähigkeit in eine solche therapeutische Behandlung zu begeben und aktiv daran mitzuwirken, die psychische Arbeitsunwilligkeit zu heilen. Verstößt der Kranke gegen diese Obliegenheit, muss er sich unterhaltsrechtlich so behandeln lassen, als sei eine solche Behandlung erfolgreich gewesen.[217]

V. Bemessung und Dauer der fiktiven Einkünfte

1. Zur Bemessung fiktiver Einkünfte

793 Die Höhe fiktiver Einkünfte mangels hinreichender Bemühungen um einen Arbeitsplatz kann im Allgemeinen nur im Weg einer Schätzung nach **§ 287 ZPO** ermittelt werden.[218] Maßgeblich ist in diesen Fällen stets das **erzielbare Einkommen.** Geschätzt wird ein **Nettobetrag,** der nach Abzug von Steuern und Vorsorgeaufwendungen erzielt werden könnte. Dabei ist unter Berücksichtigung der örtlichen Besonderheiten ein Einkommen zu ermitteln, das der Betreffende nach seinem Alter, seiner Vorbildung, seinen Fähigkeiten und seinem Gesundheitszustand gegenwärtig erzielen könnte.[219] Fehlen im Einzelfall verlässliche konkrete Anhaltspunkte für eine Schätzung, können als vergleichbare Beträge die in den Anlagen zum **Fremdrentengesetz** (FRG) aufgeführten Bruttojahresentgelte herangezogen werden.[220] Diese Bruttojahresentgelte beruhen auf zuverlässigen, für die gesamte Bundesrepublik geltenden Erhebungen und Feststellungen und sind daher für eine vergleichbare Schätzung durchschnittlicher Einkommen besonders geeignet.[221] Stattdessen kann auch auf die von den Berufskammern herausgegebenen Übersichten über das im jeweiligen Bereich erzielbare Durchschnittseinkommen zurückgegriffen werden. Ohne besonderen Grund können keinesfalls nur die untersten beruflichen Möglichkeiten maßgeblich sein.[222] Wurde

---

[213] BSG NJW 1964, 2223, 2224
[214] Vgl. OLG Hamburg FamRZ 2009, 781 Rn. 40 f.
[215] BGH FamRZ 1984, 660; OLG Düsseldorf FamRZ 1990, 68
[216] BGH FamRZ 1984, 660; 1981, 1042; OLG Hamburg FamRZ 1982, 702
[217] OLG Hamm FamRZ 1999, 237; OLG Düsseldorf FamRZ 1982, 518
[218] BGH FamRZ 1986, 885; 1984, 662; OLG Köln FamRZ 1982, 707, 709
[219] BGH FamRZ 1984, 374, 377; OLG Koblenz FamRZ 2006, 725; KG FuR 2005, 454; OLG Hamm FamRZ 2005, 35
[220] Vgl. BGBl I 2006, S. 1881 ff.
[221] OLG Düsseldorf FamRZ 1981, 255
[222] OLG Düsseldorf FamRZ 1991, 220

10. Abschnitt: Fiktives Einkommen aus unterlassener zumutbarer Erwerbstätigkeit § 1

hingegen ein früheres Arbeitsverhältnis leichtfertig aufgegeben, ist bei der Bemessung der fiktiven Einkünfte auf die Höhe des früheren Einkommens abzustellen, wenn keine Gründe dagegen sprechen, dass dieses Einkommen ohne die leichtfertige Auflösung des Arbeitsverhältnisses nach wie vor erzielt würde.[223]

Sonst ist bei der Schätzung der erzielbaren Einkünfte auf den objektiven Wert der Arbeitsleistungen abzustellen. Für Versorgungsleistungen und Haushaltsführung können Richtsätze als Anhalt dienen, die auf die gegebenen Verhältnisse abgestimmt sind und der Lebenserfahrung entsprechen, aber auch Richtlinien und Erfahrungssätze, die zur Bestimmung von Schadensrenten für die Verletzung oder Tötung von Hausfrauen entwickelt worden sind, soweit nicht im konkreten Einzelfall besondere Umstände eine Abweichung gebieten (s. Rn. 717 f.).[224] Die fiktive Höhe eines Verdienstes aus wechselnden Aushilfs- und Gelegenheitsarbeiten muss vom Gericht in nachprüfbarer Weise dargelegt und begründet werden. Nötig sind dazu Angaben zur Art der in Betracht kommenden Gelegenheits- und Aushilfstätigkeiten, zum „Markt" für solche Tätigkeiten in dem für den Erwerbslosen erreichbaren Einzugsgebiet sowie zu dem möglichen persönlichen Zugang zu diesem „Markt".[225] Häufig wird es sich dabei um Arbeiten in einem **fremden Haushalt** handeln (zum Wert der Haushaltstätigkeit s. Rn. 718). Im Falle einer Obliegenheit zur Ausübung einer Ganztagstätigkeit kann die Höhe des erzielbaren Einkommens allerdings nicht auf den Wert der üblichen Haushaltstätigkeit beschränkt bleiben. Bei der Bemessung ist im Einzelfall auch der Gesundheitszustand der betroffenen Person zu berücksichtigen.[226] Wird Ehegattenunterhalt geltend gemacht, ist auch von dem fiktiv erzielbaren Einkommen ein **Erwerbstätigenbonus** (s. Rn. 131) abzusetzen.[227] **794**

Wer sich auf eine Obliegenheit des Prozessgegners zur Erzielung fiktiver Einkünfte beruft, hat ein der beruflichen Qualifikation des Gegners entsprechendes erzielbares Einkommen schlüssig vorzutragen. Die **Darlegungs- und Beweislast** dafür, dass ein solches Einkommen nicht erzielbar ist, trifft dann den erwerbslosen Gegner.[228] **795**

2. Zur Dauer fiktiver Einkünfte

Ein fiktives Einkommen ist so lange zuzurechnen, wie sich die maßgeblichen Umstände, die nach § 242 BGB zur Annahme eines fiktiven Einkommens geführt haben, nicht wesentlich geändert haben (§§ 238 f. FamFG).[229] Bei einem Unterhaltspflichtigen, der seinen **Arbeitsplatz leichtfertig aufgegeben** hatte, ist daher zu klären, ob er die Arbeit zu einem späteren Zeitpunkt aus hinnehmbaren Gründen ohnehin verloren hätte. Nur wenn dies der Fall ist, dürfen die Einkünfte aus dem früheren Arbeitsverhältnis nicht mehr fiktiv zugerechnet werden. Erst dann kommt es darauf an, was der Unterhaltspflichtige bei zureichenden Bemühungen um eine neue Arbeitsstelle hätte verdienen können.[230] Dann kann auch in diesen Fällen eingewandt werden, dass inzwischen kein oder nur noch ein **geringeres Einkommen** erzielbar wäre.[231] Soweit in der Vergangenheit vertreten wurde, dass die früheren Einkünfte stets nur für eine gewisse Übergangszeit maßgeblich sein können,[232] ist der BGH dem nicht gefolgt.[233] Erfolgt die Zurechnung hingegen wegen **fehlender Bemühungen** um einen Arbeitsplatz, kann einem Unterhaltspflichtigen ein fiktives Einkommen nur so **796**

---

[223] BGH FamRZ 2008, 872 = R 690 b, c; 2005, 1979, 1981 = R 640 b–d; KG FamRZ 2003, 1208; OLG Hamburg FamRZ 1982, 611
[224] BGH FamRZ 1984, 662; 1980, 40, 42
[225] Vgl. BGH FamRZ 2009, 314 Rn. 29
[226] BGH FamRZ 1984, 682, 686
[227] BGH FamRZ 2005, 23, 25 = R 619; 1991, 307 = R 427 b
[228] BGH FamRZ 1986, 244; OLG Brandenburg JAmt 2004, 502; OLG Naumburg FamRZ 1998, 557
[229] OLG Karlsruhe FamRZ 1983, 931
[230] OLG Hamm FamRZ 1995, 1217
[231] BGH FamRZ 2008, 872 = R 690 b
[232] OLG Schleswig – 8 UF 16/00 BeckRS 2000, 30152696
[233] BGH FamRZ 2008, 872 = R 690 c

lange angerechnet werden und die Bedürftigkeit eines Unterhaltsberechtigten nur so lange verneint werden, wie sich der Betreffende nicht hinreichend um einen neuen Arbeitsplatz bemüht (s. Rn. 782 ff.). Ein solches ernsthaftes und intensives Bemühen kann im Weg eines **Abänderungsantrags** geltend gemacht werden, auch wenn es wegen der Arbeitsmarktlage, eines fortgeschrittenen Alters oder eines verschlechterten Gesundheitszustands erfolglos geblieben ist.[234] Das erfolglose Bemühen kann dann die frühere Prognose der Erzielbarkeit entsprechender Erwerbseinkünfte widerlegen. Für ein Abänderungsbegehren mit dem Ziel der Anhebung des Kindesunterhalts auf den Mindestunterhalt nach § 1612a BGB genügt die Darlegung von Verhältnissen, die eine fiktive Zurechnung von Einkünften auf Seiten des Unterhaltspflichtigen erlauben. Das ist z.B. beim Auslaufen einer Eingliederungshilfe durch die Agentur für Arbeit der Fall, weil der Betreffende dann dem Arbeitsmarkt wieder zur Verfügung steht und entsprechende Anstrengungen unternehmen muss, um seine Arbeitskraft voll auszuschöpfen.[235] Mit dem Abänderungsantrag kann hingegen nicht geltend gemacht werden, dass bereits im Ausgangsverfahren ein zu hohes fiktives Einkommen angesetzt wurde, auch wenn dies im Versäumnisverfahren geschehen ist.[236]

3. Vorsorgeunterhalt

797 Die fiktive Unterstellung eines Einkommens aus Erwerbstätigkeit hat beim **Unterhaltsberechtigten** grundsätzlich zur Folge, dass insoweit auch kein Vorsorgeunterhalt geschuldet wird.[237] Im Umfang der gebotenen Erwerbstätigkeit würde der Unterhaltsberechtigte selbst für seine Kranken- und Altersvorsorge sorgen. Die Höhe des Altersvorsorgeunterhalts bemisst sich dann nur noch auf der Grundlage des verbleibenden Anspruchs auf Barunterhalt.[238] Krankenvorsorgeunterhalt wird schon dann nicht mehr geschuldet, wenn Einkommen aus einer Teilzeitarbeit zuzurechnen ist, weil die gesetzliche Krankenversicherung eine Vollversicherung schon bei Teilzeittätigkeit sicherstellt.[239] Erhält ein Ehegatte Altersvorsorgeunterhalt und verwendet er diesen zweckwidrig für den allgemeinen Lebensbedarf, handelt er grundsätzlich mutwillig i. S. v. § 1579 Nr. 4 BGB, es sei denn, er weist nach, dass er aus einer besonderen Notlage heraus gehandelt hat. Erbringt er diesen Beweis nicht, ist er so zu behandeln, als hätte er den Altersvorsorgeunterhalt zum Aufbau einer Altersvorsorge verwendet. Die daraus erzielbare höhere Rente ist ihm dann später als fiktives Renteneinkommen zuzurechnen.[240]

798, 799 – in dieser Auflage nicht belegt –

---

[234] OLG Schleswig FamRZ 1985, 69; OLG Celle FamRZ 1983, 717; OLG Karlsruhe FamRZ 1983, 931
[235] OLG Köln FamRZ 2003, 1960
[236] BGH FamRZ 2010, 1150 = R 713; OLG Hamm FamRZ 1997, 891; zur Abänderung eines Anerkenntnisurteils vgl. BGH FamRZ 2007, 1459 = R 680
[237] OLG Köln FamRZ 1993, 711
[238] BGH FamRZ 2007, 117, 118 = R 662a–e (zur Bemessung des Altersvorsorgeunterhalts)
[239] OLG Hamm FamRZ 1994, 107
[240] BGH FamRZ 2003, 848 = R 588 e; (Differenzmethode); 1987, 684; OLG Koblenz – 9 UF 535/00 BeckRS 2001, 30208382; OLG Köln NJW 2001, 3716 OLG Schleswig – 8 UF 169/99 BeckRS 2000, 30146344

11. Abschnitt: Einkommen aus unzumutbarer Erwerbstätigkeit

I. Grundsatz

1. Abgrenzung zumutbare und unzumutbare Tätigkeit

800 Das Unterhaltsrecht legt den Parteien wechselnde Obliegenheiten auf. Der Unterhaltsgläubiger hat die Unterhaltslast soweit wie möglich zu verringern, der Unterhaltsschuldner hat sich leistungsfähig zu halten. Bedürftiger wie Pflichtiger müssen daher ihre Arbeitskraft so gut wie möglich einsetzen (s. näher Rn. 735 ff. und 773 ff.).

801 Die Erwerbsobliegenheit bezieht sich aber nur auf **zumutbare Tätigkeiten**. Wird der Berechtigte oder Verpflichtete dagegen **überobligationsmäßig** tätig, z.B. durch Berufstätigkeit nach der Trennung/Scheidung trotz Betreuung eines Kindes unter drei Jahren, durch Zusatztätigkeiten neben einer Vollzeittätigkeit oder durch Ferienarbeit als Student, handelt es sich um eine sog. **unzumutbare Erwerbstätigkeit**. Unzumutbar bedeutet, dass für diese Tätigkeit keine Erwerbsobliegenheit besteht. Derjenige, der sie ausübt, ist unterhaltsrechtlich also nicht gehindert, sie **jederzeit zu beenden,** gleichgültig, ob er Unterhaltsschuldner ist und möglicherweise seine Leistungsfähigkeit herabsetzt oder ob er sich in der Rolle des Unterhaltsgläubigers befindet und seine Bedürftigkeit erhöht.[1]

802 Die unterhaltsrechtliche Berücksichtigung des Einkommens aus unzumutbarer Tätigkeit ist im Gesetz nur unvollkommen in dem schwer verständlichen § 1577 II BGB beim Ehegattenunterhalt geregelt. Nach der Rechtsprechung wird es nur zum Teil oder überhaupt nicht angerechnet (s. näher Rn. 812, 821 ff., 835 ff.). Im konkreten Einzelfall ist **vorab** aber zunächst **genau zu prüfen,** ob es sich um Einkünfte aus einer nachhaltig erzielten, dauerhaften und damit zumutbaren oder aus einer überobligationsmäßigen, jederzeit beendbaren und damit unzumutbaren Tätigkeit handelt.

2. Erwerbstätigkeit trotz Betreuung kleiner Kinder

803 Die Wahrung der Kindesbelange und die gemeinschaftliche Verantwortung von Eltern für ihre Kinder bewirken, dass bei deren Betreuung auch beim Ehegattenunterhalt der Grundsatzes der Eigenverantwortung zurücktritt und in erster Linie auf die Belange des Kindes abgestellt werden muss.[2] Darauf hat der Gesetzgeber bei der Reform des Unterhaltsrechts zum 1. 1. 2008 trotz der Stärkung der Eigenverantwortung in § 1569 BGB beim nachehelichen Unterhalt in seinen Materialien zur Neufassung des § 1570 BGB ausdrücklich hingewiesen.[3] Auch wenn die Neufassung der §§ 1570, 1615l BGB insgesamt bei ehelichen Kindern zu einer Vorverlagerung des Beginns der Erwerbsobliegenheit führt, dienen Betreuungsansprüche nicht der Entlastung des Pflichtigen, sondern der Stärkung und Förderung des Kindeswohls durch eine frühere Absicherung des Arbeitsplatzes des das Kind betreuenden Elternteils. Die Vorverlagerung des Beginns der Berufstätigkeit entspricht den geänderten realen Verhältnissen mit dem ab Vollendung des 3. Lebensjahrs eines Kindes garantierten Kindergartenplatz (§ 24 I SGB VIII) und den in den letzten Jahrzehnten erfolgten gesellschaftlichen Veränderungen mit einem früheren Einstieg in das Berufsleben trotz Kinderbetreuung.[4] Nach den Vorstellungen des Gesetzgebers erfordert das Kindeswohl regelmäßig nur bis zur Vollendung des dritten Lebensjahres eines Kindes eine persönliche Betreuung durch einen Elternteil. Für die Zeit danach wurde dieser Vorrang gegenüber anderen kindgerechten Betreuungsmöglichkeiten aufgegeben.[5]

---

[1] BGH FamRZ 2006, 846 = R 648 d; 1984, 364; 1983, 146, 149
[2] BT-Drs. 16/6980 S. 9
[3] BT-Drs. a. a. O. S. 9
[4] BT-Drs. a. a. O. S. 8
[5] BGH FamRZ 2010, 1880 = R 716 a; 2010, 1050; 2010, 357 = R 709 c; 2009, 1124 ; 2009, 770 = R 704 a

§ 1   Die Ermittlung des unterhaltsrechtlich relevanten Einkommens

804   Durch die Neufassung der §§ 1570, 1615l II BGB zum 1. 1. 2008 besteht damit bei Ansprüchen auf nacheheliche Unterhalt oder Ansprüchen nicht verheirateter Eltern mindestens bis zur **Vollendung des 3. Lebensjahres** eines Kindes keine Erwerbsobliegenheit.[6] Wird in dieser Zeit trotzdem einer Erwerbstätigkeit nachgegangen, ist sie immer **überobligatorisch**.[7] Dies bedeutet allerdings regelmäßig nicht, dass das hieraus erzielte Einkommen überhaupt nicht angesetzt wird, es ist vielmehr im Rahmen des § 1577 II BGB zu kürzen (näher Rn 812, 822). In der Trennungszeit gilt dies auch bei der Betreuung nichtgemeinschaftlicher im Haushalt lebender Kinder (vgl. Rn. 4/38).

805   Ab welchem Zeitpunkt und in welchem Umfang danach eine Erwerbsobliegenheit beginnt, ist im Gegensatz zur bis 31. 12. 2007 geltenden Rechtslage nach dem Willen des Gesetzgebers in Abkehr vom bis dahin angewandten sog. Altersphasenmodell stärker nach dem konkreten Einzelfall zu beurteilen. Dabei sind nach §§ 1570 I 3, 1615l II 5 BGB in erster Linie die Belange des Kindes und die bestehenden Kinderbetreuungsmöglichkeiten zu berücksichtigen, nach §§ 1570 II, 1615l II 5 BGB ferner der Vertrauensschutz in die während des Zusammenlebens vereinbarte und praktizierte Rollenverteilung und Ausgestaltung der Kinderbetreuung (vgl. Rn. 4/160 ff.).[8] Nach dem sich aus den Materialien ergebenden Willen des Gesetzgebers ist dabei kein abrupter Wechsel von der elterlichen Betreuung zur Vollzeittätigkeit gewollt, sondern wie bisher ein **gestufter, an den Belangen des Kindes und den bestehenden Kinderbetreuungsmöglichkeiten orientierter Übergang** ins Berufsleben.[9] Hierbei ist auch zu berücksichtigen, dass ein Ehegatte, der wegen der Kinderbetreuung seine eigene Erwerbstätigkeit dauerhaft oder eingeschränkt aufgegeben hat, anders zu behandeln ist als ein Ehegatte, der trotz Kinderbetreuung alsbald in den Beruf zurückkehren wollte.[10]

Vorrangig zu prüfen sind für die Frage einer Erwerbsobliegenheit nach Vollendung des 3. Lebensjahres eines Kindes die sog. **kindbezogenen Gründe** (Alter, Anzahl der Kinder, gesundheitliche Beeinträchtigung des Kindes, Betreuungssituation, kindgerechte Betreuungsmöglichkeit),[11] daneben aber auch **elternbezogene Gründe** (Vertrauensschutz, persönliche Restbetreuung neben der Fremdbetreuung, Beteiligung am Umgangsrecht).[12]

806   Nach BGH kann auch bei Betreuung von **über drei Jahre alten** Kindern eine **überobligatorische Tätigkeit** vorliegen, wenn der nach der Betreuung in einer Tageseinrichtung verbleibende Anteil an der persönlichen Betreuung zu einer überobligatorischen Belastung führt.[13] Wann dies der Fall ist, ist eine Einzelfallfrage, die vor allem genaue Ausführungen des betreuenden Elternteils zum Umfang der ihm trotz Fremdbetreuung verbleibenden Restbetreuung erfordert. Indizien sind insbesondere das Alter des Kindes, da kleinere Kinder noch eine Betreuung rund um die Uhr benötigen, die Anzahl der Kinder sowie Gesundheitszustand und Entwicklungsstand eines Kindes.[14] Entsprechendes gilt, wenn bei Betreuung mehrerer Kinder entgegen der Eheplanung eine Erwerbstätigkeit aufgenommen werden muss, weil sich der Pflichtige weigert, Unterhalt zu zahlen oder auf Grund Überschuldung nur bedingt leistungsfähig ist. Da nach dem Willen des Gestzgebers kein übergangsloser Wechsel von Ganztagsbetreuung in Ganztagserwerbsobliegenheit erfolgen soll,[15] ist bei Prüfung dieser Frage ein großzügiger Maßstab anzulegen. Es wird sich allerdings regelmäßig nur um eine **teilweise überobligatorische** Tätigkeit handeln, z. B. bezüglich des über eine Halbtagstätigkeit hinausgehenden Einkommens. Nicht ausreichend

---

[6] BGH FamRZ 2010, 1880 = R 716 a; 2010, 357 = R 709 c; 2009, 1391; 2009, 1124; 2009, 770 = R 704 a
[7] BGH FamRZ 2010, 1880 = R 716 a; 2010, 357 = R 709 c; 2009, 1391; 2009, 1124; 2009, 770 = R 704 a
[8] BT-Drs. a. a. O. S. 8, 10
[9] BGH FamRZ 2010 = 1880 = R 716 a; 2010, 357 = R 709 c; 2009, 1391; 2009, 1124; 2009, 770 = R 704 a
[10] BT-Drs. a. a. O. S. 9; Gerhardt FuR 2008, 9
[11] Gerhardt FuR 2010, 61 mit einem Prüfungsschema
[12] BGH FamRZ 2010, 1880 = R 716 a; 2009, 1391; 2009, 1124; 2009, 770 = R 704 a
[13] BGH FamRZ 2010, 1880 = R 716 a; ; 2009, 1391; 2009, 1739
[14] BGH FamRZ 2009, 1391
[15] BT-Drs. 16/6980 S. 9

11. Abschnitt: Einkommen aus unzumutbarer Erwerbstätigkeit § 1

ist für die Annahme einer unzumutbaren Tätigkeit nach BGH, dass Berufsausübung und Kinderbetreuung einen täglichen Umfang von 8 Stunden überschreiten.[16]

Eine überobligatorische Tätigkeit liegt regelmäßig vor, wenn das zu betreuende Kind **schwer behindert** ist, selbst wenn Pflegegeld nach § 13 VI SGB XI bezahlt wird (vgl. näher Rn. 816).[17] 807

Nach der geänderten Rechtsprechung des BGH ist beim Ehegattenunterhalt auch eine überobligatorische Tätigkeit **eheprägend**. Das Einkommen ist aber vorab nach § 1577 II BGB um einen anrechnungsfreien Teil zu kürzen (näher Rn. 822, 4/552, 583).[18] Dies gilt auch, wenn der **Pflichtige** die Kinder betreut, wobei dann die Kürzung des Einkommens aus Billigkeitsgründen nach § 242 BGB zu erfolgen hat (näher Rn. 834, 839).[19] 808

Die neue Rechtslage ab 1. 1. 2008 zeigt deutlicher als früher auf, dass das Problem der Berufstätigkeit neben der Kinderbetreuung an sich nicht in der Einordnung als normale oder überobligatorische Tätigkeit liegt, weil sich am Aufgabenbereich des neben der Kinderbetreuung berufstätigen Elternteils nichts geändert hat. Entscheidend ist vielmehr die in diesen Fällen immer schon gegebene und auch künftig weiterhin bestehende **Doppelbelastung**.[20] 809

Die Doppelbelastung wird zum Teil ausgeglichen durch die Berücksichtigung der konkreten **Kinderbetreuungskosten** (näher Rn. 1053 ff.).[21] Nach dem Willen des Gesetzgebers sind diese generell als Abzugsposten bei der Bereinigung des Nettoeinkommens für die Unterhaltsberechnung zu berücksichtigen (vgl. Leitlinien Ziff. 10.3)[22] bzw. als Mehrbedarf des Kindes einzustufen. Mehrbedarf des Kindes sind nach BGH z. B. die **Kindergartenkosten** (näher Rn. 1054, 2/400).[23] Die Berücksichtigung der Kinderbetreuungskosten hat nicht nur zu erfolgen, wenn es beim nachehelichen Ehegattenunterhalt um den Tatbestand des § 1570 BGB geht, sondern auch bei einem Anspruch nach § 1573 II BGB, wenn der Kinder betreuende Elternteil nur durch eine Kosten verursachende Ganztagsbetreuung des Kindes einer Vollzeittätigkeit nachgehen kann. Entsprechendes gilt bei Ansprüchen nach § 1615l BGB. 810

Zusätzlich kann ein Ausgleich der Doppelbelastung durch Ansatz eines **Betreuungsbonus** vorgenommen werden (näher Rn. 1058 ff.). Mit dem Betreuungsbonus soll der finanziell nicht messbare Mehraufwand durch die Berufstätigkeit neben der Kinderbetreuung etwas ausgeglichen werden (vgl. eingehend Rn. 1059). Dieser Mehraufwand ist naturgemäß bei kleinen Kindern größer, da diese regelmäßig noch einer ständigen Betreuung bedürfen.[24] Er besteht aber im Einzelfall auch noch bei über 10-jährigen Kindern bis zur Volljährigkeit, z. B. bei Schulproblemen, in der Pubertät, bei Suchtproblemen usw.[25] Der BGH lehnt allerdings in ständiger Rechtsprechung einen pauschalierten Betreuungsbonus ab.[26] Wenn der Bedürftige bei einer normalen Tätigkeit einen Betreuungsbonus beanspruchen will, muss er deshalb die genauen Gründe für seine Doppelbelastung nachvollziehbar darlegen. 811

Die Bonushöhe richtet sich nach den Umständen des Einzelfalls (Anzahl und Alter der Kinder; Umfang der Betreuungsbedürftigkeit und eigene Tätigkeit)[27] und ist nach Abwägung aller Umstände zu schätzen. Eine Pauschalierung hat der BGH abgelehnt.[28] Dem ist

---

[16] BGH FamRZ 2010, 1050
[17] BGH FamRZ 2006, 846 = R 648 c
[18] BGH FamRZ 2005, 967 = R 629 c; FamRZ 2005, 1154 = R 630 e; FamRZ 2006, 683 = R 649 b; FamRZ 2006, 846 = R 648 e
[19] BGH FamRZ 2003, 848 = R 588 d; FamRZ 2001, 350 = R 551 c
[20] Vgl. den von Meier FamRZ 2008, 101 eindrucksvoll geschilderten Tagesablauf einer allein erziehenden Mutter
[21] BGH FamRZ 1991, 182 = R 430
[22] BT-Drs. 16/1830 S. 17
[23] BGH FamRZ 2009, 962 = R 700; 2008, 1152 = R 691 c
[24] Meier FamRZ 2008, 101
[25] Gerhardt NJW-Spezial 2008, 228
[26] BGH FamRZ 2010, 1880 = R 716 a; 2010, 1050
[27] BGH FamRZ 2001, 350 = R 551 c
[28] BGH FamRZ 2005, 1154 = R 630 d

§ 1   Die Ermittlung des unterhaltsrechtlich relevanten Einkommens

wegen der Vielzahl der möglichen Fallgestaltungen zuzustimmen. Zu den näheren Einzelheiten vgl. Rn. 1060.

812 Handelt es sich um eine **überobligatorische** Tätigkeit, weil gearbeitet wird, obwohl das Kind das 3. Lebensjahr noch nicht vollendet hat, sind die konkreten Betreuungskosten und der Betreuungsbonus im Rahmen des anrechnungsfreien Betrages nach § 1577 II BGB zu berücksichtigen (vgl. auch Rn. 1053).[29] Eine zusätzliche Berücksichtigung als Abzugsposten bei der Bereinigung des Nettoeinkommens nach Nr. 10.3 der Leitlinien kommt wegen des Verbots der Doppelverwertung dann nicht mehr in Frage. Auch der anrechnungsfreie Betrag ist nach den Umständen des Einzelfalls zu ermitteln und darf nicht pauschaliert werden. In der Regel wird der anrechnungsfreie Betrag in der Praxis geschätzt, wobei er über den darin enthaltenen konkreten Betreuungskosten liegen muss. Wird eine **normale Tätigkeit** angenommen oder betreut **der Pflichtige** die Kinder und geht zugleich einer Erwerbstätigkeit nach, erfolgt die Berücksichtigung bei der Bereinigung des Nettoeinkommens (näher Rn. 1053 ff.).[30]

813 Berechnungsbeispiele:
a) M hat nach Abzug des Kindesunterhalts ein bereinigtes Nettoeinkommen von 1600 €, F aus einer Geringverdienertätigkeit von 400 €, wobei sie das gemeinsame zweijährige Kind betreut, erst nach der Trennung wegen der beengten finanziellen Verhältnisse zu arbeiten begann und konkrete Fahrtkosten von 20 € hat. Anspruch F?
b) Wie wäre es, wenn F konkrete Betreuungskosten von 50 € geltend machen würde?
c) Wie wäre es im Fall a, wenn das Kind bereits vier Jahre alt wäre, F nur einen Halbtagskindergartenplatz bekommt, wobei die Kindergartenkosten 100 € betragen, und F wie in der Ehe beabsichtigte eine Halbtagstätigkeit mit einem Nettoeinkommen von 650 € bei konkreten Fahrtkosten von 50 € aufgenommen hat?

Lösung
zu a)
Das Einkommen der F ist beim Alter des Kindes überobligatorisch und daher nach § 1577 II 2 BGB nur zum Teil anzusetzen. Als anrechnungsfreier Betrag kommen z. B. 100 € in Betracht. Das bereinigte Nettoeinkommen von F beträgt dann nach Abzug von 20 € berufsbedingten Aufwendungen und des anrechnungsfreien Betrages 280 € (400 ./. 20 ./. 100). Nach der geänderten Rechtsprechung des BGH ist das Einkommen der F in dieser Höhe prägend.

Nach SüdL mit $^1/_{10}$:
$1/2$ ($^9/_{10}$ 1600 + $^9/_{10}$ 280) = 846;
846 ./. $^9/_{10}$ 280 = 594.

Nach DT mit $^1/_{7}$:
$3/7$ (1600 ./. 280) = 566

zu b)
Die konkreten Betreuungskosten sind bei der Billigkeitsabwägung zu berücksichtigen, so dass weiterhin von einem anrechnungsfreien Betrag von 100 € auszugehen ist (Rest ist Betreuungsbonus); Lösung dann wie a.

zu c)
Es liegt keine überobligatorische Tätigkeit vor, da die Halbtagsbetreuung des Kindes im Kindergarten eine Halbtagserwerbstätigkeit der F ermöglicht. Die Kindergartenkosten sind als Mehrbedarf des Kindes bei M abzuziehen, da F ohne die Berücksichtigung des Ehegattenunterhalts hierfür nicht leistungsfähig ist. Eine Mehrfachberechnung, in der zunächst der Ehegattenunterhalt ohne Kindergartenkosten berechnet wird, ist m. E. wegen des Vereinfachungsgrundsatzes entbehrlich, da sich F durch die Berücksichtigung des Mehrbedarfs Kindergartenkosten (Teil des Kindesunterhalts) bei der Bereinigung des Nettoeinkommens des M wegen der Halbteilung beim Ehegattenunterhalt zu 50% an den Kindergartenkosten durch entsprechende Kürzung ihres Unterhalts beteiligt.
Weitere Bereinigung Nettoeinkommen M: 1600 ./. 100 = 1500
Bereinigtes Nettoeinkommen F: 650 ./. 50 (konkrete Fahrtkosten) = 600
Nach SüdL mit $^1/_{10}$:
Bedarf: $½$($^9/_{10}$ 1500 + $^9/_{10}$ 600) = 945
Höhe: 945 ./. $^9/_{10}$ 600 = 405
Leistungsfähigkeit M gegeben, da sein Mindestselbstbehalt von 1050 € gesichert ist (1500 ./. 405 = 1095).

---

[29] Gerhardt in Anm. zu BGH FamRZ 2005, 1154
[30] Vgl. SüdL, BL, BraL, BrL, CL, DrL, DL, FL, HaL, KoL, NaL, OL, RL, SchL, ThL jeweils Nr. 10.3

11. Abschnitt: Einkommen aus unzumutbarer Erwerbstätigkeit § 1

Nach DT mit $^1/_7$**:**
$^3/_7$ (1500 ./. 600) = 386

Beim **Verwandtenunterhalt** gelten diese Kriterien nicht. Bei minderjährigen Kindern 814
besteht eine gesteigerte Erwerbsobliegenheit (näher Rn. 2/366 ff.). Die beim Unterhaltsanspruch nach §§ 1570, 1615 l BGB entwickelten Kriterien, die auf der gemeinsamen Verantwortung der Eltern für ihre Kinder beruhen, gelten bei Betreuung eines Kindes und Barunterhaltspflicht gegenüber einem weiteren beim Kindsvater lebenden Kind nicht. Nach BGH kann vielmehr die Erwerbsobliegenheit bereits ab Beendigung der Zahlung von Elterngeld (vor dem 1. 1. 2007 Erziehungsgeld) beginnen.[31] Bei mehreren Kindern, die in verschiedenen Haushalten leben, darf nach BGH nicht nur für ein Kind eine Unterhaltsleistung erbracht werden (sog. Hausmann-Rechtsprechung, vgl. Rn. 2/275 ff.). Auch ein trotz Betreuung kleiner Kinder erzieltes Einkommen ist deshalb bei der Leistungsfähigkeit zur Sicherung des Existenzminimums des Barmindestunterhalts eines weiteren beim Vater lebenden Kindes regelmäßig ungekürzt heranzuziehen. Geht es dagegen um höhere Einkommensgruppen, kann es angebracht sein, aus Billigkeitsgründen nach § 242 BGB einen Teil des Einkommens anrechnungsfrei zu belassen. Umgekehrt geht es beim Pflichtigen in diesen Fällen nicht um die Ausübung einer überobligatorischen Tätigkeit, sondern um die Übernahme von Bar- und Betreuungsunterhalt für das Kind (vgl. Rn. 839 ff.).

II. Unzumutbare Tätigkeit beim Berechtigten

1. Unzumutbare Tätigkeit beim Ehegattenunterhalt

Eine unzumutbare Tätigkeit lag nach BGH nach der bis 31. 12. 2007 geltenden Rechts- 815
lage insbesondere vor, wenn der Bedürftige bei beengten finanziellen Verhältnissen trotz Betreuung kleiner Kinder erwerbstätig war oder wurde[32] (s. oben Rn. 803). Dabei hatte der BGH zuletzt nur noch darauf abgestellt, ob nach dem Altersphasenmodell keine oder keine volle Erwerbsobliegenheit bestand und die Überobligationsmäßigkeit aus dem Umstand hergeleitet, dass der Ehepartner durch die Trennung nicht mehr als Betreuungsperson zur Verfügung stand, um die Mehrbelastung Berufstätigkeit und Kinderbetreuung aufzufangen.[33] Diese Rechtsprechung gilt nur noch für Fälle, in denen es um Unterhaltsrückstände vor dem 1. 1. 2008 geht, da insoweit noch die frühere Rechtslage gilt (vgl. § 36 Nr. 7 EGZPO).

Nach der **ab 1. 1. 2008 geltenden Rechtslage** kann man bei Berufstätigkeit und Kinderbetreuung von einer überobligatorischen Tätigkeit generell nur noch ausgehen, wenn das Kind das 3. Lebensjahr noch nicht vollendet hat; dies gilt auch bei **Ansprüchen nach § 1615 l BGB** (vgl. näher Rn. 804, 7/24).[34] Bei der Betreuung über dreijähriger Kinder kann nach BGH im konkreten Einzelfall eine überobligatorische Tätigkeit vorliegen, wenn trotz Fremdbetreuung des Kindes noch eine erhebliche persönliche Restbetreuung verbleibt (eingehend Rn. 806).[35] Es wird dann aber regelmäßig nur ein Teil der Erwerbstätigkeit überobligatorisch sein, z. B. die über eine Halbtagstätigkeit hinausgehende Berufstätigkeit.

Im Einzelfall kann ferner eine überobligatorische Tätigkeit vorliegen, wenn der Bedürfti- 816
ge ein **behindertes Kind** betreut und daneben gearbeitet wird, selbst wenn für das Kind Pflegegeld nach § 13 VI SGB XI geleistet wird.[36] Dies gilt auch bei einem **betreuungs-**

---

[31] Vgl. insoweit BGH FamRZ 2006, 1010 = R 650 beim früheren Erziehungsgeld
[32] Vgl. z. B. BGH FamRZ 2006, 846 = R 648 c; FamRZ 2003, 518; FamRZ 1998, 1501, 1502; FamRZ 1983, 146
[33] BGH FamRZ 2006, 846 = R 648 c
[34] BGH FamRZ 2010, 1880 = R 716 a; FamRZ 2010, 357 = R 709 c; FamRZ 2009, 1391; FamRZ 2009, 1124; FamRZ 2009, 770 = R 704 a
[35] BGH FamRZ 2010, 1880 = R 716 a; 2009, 770 = R 704 a; 2009, 1391
[36] BGH FamRZ 2006, 846 = R 648 c

bedürftigen Volljährigen, der nicht in einer Behindertenwerkstatt tätig sein kann und einer umfassenden Einzelfallbetreuung bedarf.

817 Eine unzumutbare Tätigkeit ist ferner gegeben, wenn der Bedürftige nach der **Verrentung oder Pensionierung** mit 65 Jahren weiter arbeitet oder Nebentätigkeiten verrichtet (vgl. auch Rn. 833).[37] Wie der BGH mit Urteil vom 12. 1. 2011 klarstellte, endet mit der Regelaltersgrenze von derzeit 65 Jahren die Erwerbsobliegenheit, so dass für die Zeit danach grundsätzlich keine Ausübung einer Berufstätigkeit mehr verlangt werden kann.[38] Dies gilt auch bei Ausübung einer **selbständigen Tätigkeit,** selbst wenn es in bestimmten Berufen üblich ist, auch über 65 Jahre hinaus tätig zu sein. Zum Umfang der Kürzung s. unten Rn 823.

818 Das Gleiche gilt, wenn die Berechtigte nach der Trennung trotz ausreichender Bemühungen keine angemessene Arbeit im Sinne des § 1574 II BGB findet und deshalb eine **untergeordnete Stellung** annimmt, z. B. statt in ihrem erlernten Beruf als Kindergärtnerin als Verkaufshilfe arbeitet.[39] Anders ist seit der Unterhaltsreform 2008 die Sachlage, wenn bereits in der Ehe vom Bedürftigen eine im Verhältnis zur Ausbildung untergeordnete Tätigkeit ausgeübt wurde, da letztere nach der geänderten Rechtsprechung des BGH[40] und der Neufassung des § 1574 II BGB zum 1. 1. 2008 eine angemessene Tätigkeit darstellt. Gemäß § 1577 II 2 BGB ist das Einkommen der Bedürftigen dann nicht in voller Höhe, sondern mit einem der Billigkeit entsprechenden gekürzten Betrag anzusetzen.

819 Erhält der Bedürftige bei einer überobligatischen Tätigkeit wegen Verlusts des Arbeitsplatzes **Arbeitslosengeld,** handelt es sich um kein Einkommen aus unzumutbarer Tätigkeit.[41]

820 **Keine überobligatorische Tätigkeit** liegt vor, wenn eine Frau trotz **teilweiser Berufstätigkeit** einem neuen Lebensgefährten den **Haushalt führt** und für ihn Versorgungsleistungen erbringt. Nach BGH bildet die anzusetzende Vergütung regelmäßig ein Einkommen aus zumutbarer Tätigkeit, da die Haushaltsführung erfahrungsgemäß eher als eine Erwerbstätigkeit mit anderen Verpflichtungen vereinbar ist.[42] Nach der Rechtsprechung des BGH wird bei einer **Vollzeittätigkeit** davon auszugehen sein, dass die Haushaltsführung in der neuen Partnerschaft geteilt wird und deshalb keine Vergütungsleistung anzusetzen ist.[43] Meines Erachtens handelt es sich in beiden Fällen um kein Problem der Zahlung einer Vergütungsleistung, weil bekanntermaßen für eine Haushaltstätigkeit weder in der Ehe noch in einer neuen Partnerschaft etwas bezahlt wird, sondern um ersparte Aufwendungen durch das Zusammenleben (näher Rn. 4/587 ff.).[44] Bei ersparten Aufwendungen stellt sich das Problem des unzumutbaren Einkommens nicht.

Eine in der Ehe bereits seit einem längeren Zeitraum trotz behaupteter **gesundheitlicher Beeinträchtigungen** ausgeübte Erwerbstätigkeit, die nach der Scheidung fortgesetzt wird, ist ebenfalls nicht überobligatorisch.[45]

2. Anrechnung nach § 1577 II BGB beim Ehegattenunterhalt

821 Die Höhe der Anrechnung richtet sich nach § 1577 II BGB. § 1577 II BGB beinhaltet eine Spezialregelung für die Anrechnung von Einkünften aus unzumutbarer Erwerbstätigkeit des Bedürftigen beim nachehelichen Unterhalt. § 1577 II BGB wird auch auf den Trennungsunterhalt angewendet.[46] Nach der geänderten Rechtsprechung des BGH handelt es sich bei einem Einkommen aus überobligatorischer Tätigkeit ebenfalls um ein Surrogat

---

[37] BGH FamRZ 2011, 454 = R 721 b, c; 2006, 683 = R 649 b
[38] BGH FamRZ 2011, 454 = R 721 b, c
[39] BGH NJW-RR 1992, 1282 = R 454
[40] BGH FamRZ 2005, 23 = R 619
[41] OLG Köln FamRZ 2006, 342
[42] BGH FamRZ 1995, 343
[43] BGH FamRZ 2005, 567 = R 629 d
[44] OLG München FamRZ 2006, 1535; 2005, 713; Gerhardt 2003, 372
[45] BGH NJW 1998, 2821, 2822
[46] BGH FamRZ 1983, 146

11. Abschnitt: Einkommen aus unzumutbarer Erwerbstätigkeit   § 1

der Familienarbeit und damit ein **in der Ehe angelegtes** Einkommen. Es bleibt nicht völlig anrechnungsfrei, sondern wird vorab aus Billigkeitsgründen um einen anrechnungsfreien Teil gekürzt (vgl. Beispiel Rn. 813).[47]

Die Höhe der Kürzung ist eine Einzelfallfrage. Bei dem Hauptanwendungsfall, der **Betreuung von kleinen Kindern** sind anfallende Betreuungskosten und ein evtl. zu zu erkennender Betreuungsbonus in die Billigkeitsentscheidung einzubeziehen.[48] Wegen des Verbots der Doppelverwertung dürfen sie dann nicht mehr zusätzlich bei der Bereinigung des Nettoeinkommens nach Nr. 10.3 der Leitlinien angesetzt werden. Andererseits ist zu beachten, dass das Ergebnis nicht zu weit vom Halbteilungsgrundsatz abweicht. I. d. R. wird ein Abzug von 20–30% angemessen sein, bei hohen konkreten Betreuungskosten aber auch ein Betrag darüber hinaus. 822

Die Höhe der Kürzung bei Fortsetzung einer **Tätigkeit über 65 Jahre hinaus** oder Ausübung einer Nebentätigkeit nach Verrentung/Pensionierung hängt im Wesentlichen davon ab, warum weiter gearbeitet wird bzw. warum Nebentätigkeiten verrichtet werden (z. B. Schuldenabbau, unzureichende Altersvorsorge).[49] Im Einzelfall kann das bisherige Einkommen weiterhin voll angesetzt werden. Es darf aber durch die Verrentung/Pensionierung nicht zu einer Erhöhung des bisherigen Einkommens kommen, d. h. die ab 65 Jahren gezahlte Altersvorsorge und der Alterssteuerfreibetrag haben dem Bedürftigen auf jeden Fall anrechnungsfrei zu verbleiben, wenn man das bisherige Einkommen noch eine gewisse Zeit weiter ansetzt. Es kann aber auch, wenn die Fortsetzung der Berufstätigkeit nur wegen hoher Schulden oder fehlender ausreichender Altersversorgung erfolgen muss, lediglich das Einkommen aus den vorhandenen Versorgungsbezügen angesetzt werden. Zu berücksichtigen ist in diesem Zusammenhang auch das Alter,[50] d. h. bei einem Alter über 70 Jahren wird auch bei voller Erwerbstätigkeit eines Selbständigen generell nur eine Teilanrechnung des Einkommens nach § 1577 II BGB über das Einkommen aus den Versorgungsbezügen hinaus in Betracht kommen. 823

3. Anrechnung bei Ehegatten nach altem Recht (§§ 58 ff. EheG)

Die §§ 58 ff. EheG enthalten keine dem § 1577 II BGB entsprechende Regelung. Andererseits kann § 1577 II BGB nicht rückwirkend auf Altfälle angewendet werden. Nach der Rechtsprechung des BGH erfolgt bei solchen Altfällen eine Anrechnung von Erwerbseinkommen nach den Grundsätzen von Treu und Glauben unter Berücksichtigung der besonderen Umstände des Einzelfalls durch den Tatrichter.[51] Der BGH hat es z. B. akzeptiert, wenn nach diesen Grundsätzen bei unzumutbarer Arbeit nur der halbe Arbeitsverdienst als Einkommen angerechnet wird.[52] Da diese Rechtsprechung des BGH noch auf seiner früheren Auffassung, es handle sich um nichtprägendes Einkommen, beruhte, entspricht dies bei Ansatz des Einkommens nach seiner geänderten Rechtsprechung als eheprägend einer Kürzung von 25% (s. oben Rn. 821). 824

4. Anrechnung bei Kindern

Bei **minderjährigen Schülern** besteht keine Erwerbsobliegenheit, zumindest solange sie noch schulpflichtig sind und den Einschränkungen des JugArbSchG unterliegen.[53] Eine Ausnahme kann nur bestehen, wenn der Minderjährige nach Beendigung der Schulzeit seine Ausbildung nicht fortsetzt oder eine aufgenommene Lehre abbricht. Er ist dann je nach Lage des Einzelfalls zur Aufnahme von Aushilfsarbeiten oder einer Hilfsarbeitertätig- 825

---

[47] BGH FamRZ 2006, 683 = R 649b; 2005, 1154 = R 630e; 2005, 967 = R 629c
[48] BGH FamRZ 2005, 1154 = R 630c; Gerhardt in Anm. zu BGH FamRZ 2005, 1154
[49] BGH FamRZ 2011, 454 = R 721c
[50] BGH FamRZ 2011, 454 = R 721c
[51] BGH FamRZ 1983, 146, 148
[52] BGH a. a. O.
[53] OLG Düsseldorf FamRZ 2010, 2082

keit verpflichtet. Dies gilt auch bei einer Teilzeitausbildung.[54] Ansonsten dienen Ferienjobs oder Zeitungsaustragen regelmäßig nur der Verbesserung des Taschengeldes und sind daher aus Billigkeitsgründen nicht auf den Kindesunterhalt anzurechnen, sondern sind anrechnungsfrei (vgl. Rn. 100, 2/109). Dies gilt selbst dann, wenn das erzielte Einkommen höher ist oder für Luxuswünsche (gebrauchter Pkw oder Motorrad) verwendet wird.[55]

826 Beim **volljährigen Schüler bis 21 Jahre,** der noch im Haushalt eines Elternteils lebt, besteht grundsätzlich ebenfalls keine Obliegenheit, neben der Schule einer Erwerbstätigkeit nachzugehen, so dass die gleichen Grundsätze gelten. Im Mangelfall kann unter Umständen verlangt werden, durch Aufnahme einer Aushilfsbeschäftigung selbst zur Deckung des Lebensbedarfs beizutragen.[56] Das dann erzielte Einkommen wäre zumindest teilweise analog § 1577 II BGB auf den Bedarf anzurechnen.

827 Bei sonstigen **volljährigen Kindern** kommen Einkünfte aus unzumutbarer Tätigkeit vor allem bei Werkstudentenarbeit vor. Vergütungen für Nebentätigkeiten eines Studenten in den Semesterferien sind grundsätzlich Einkommen aus einer überobligationsmäßigen Tätigkeit.[57] Der Student soll sich, auch im Interesse des Unterhaltspflichtigen, mit ganzer Kraft sowie dem gehörigen Fleiß und der gebotenen Zielstrebigkeit dem Studium widmen, um dieses innerhalb angemessener Zeit und üblicher Dauer zu beenden. Die Semesterferien dienen daher neben der Erholung der Vertiefung und Wiederholung des Stoffes, soweit sie nicht ohnehin durch studienbedingte Arbeiten (Praktikum, Hausarbeiten) ausgefüllt sind.[58]

Da eine gesetzliche Regelung fehlt, ist die **Anrechenbarkeit** solcher Leistungen **nach § 1577 II BGB analog** unter Berücksichtigung der Umstände des Einzelfalls zu beurteilen. Danach bleiben Einkünfte anrechnungsfrei, soweit der Verpflichtete nicht den vollen Unterhalt leistet. Darüber hinaus kommt eine Anrechnung in Betracht, soweit dies unter Berücksichtigung der beiderseitigen wirtschaftlichen Verhältnisse der Billigkeit entspricht.[59] Zu berücksichtigen sind dabei u. a. die Lebenshaltungskosten (z. B. Miete über den in den Leitlinien ausgewiesenen Wohnkosten, derzeit 280 EUR[60]) und studienbedingte Mehraufwendungen. Soweit ein entsprechender Mehrbedarf besteht, wird das insoweit erzielte Einkommen anrechnungsfrei zu belassen sein. Das Gleiche gilt, wenn der Unterhalt nicht freiwillig bezahlt, sondern im Wege der Zwangsvollstreckung beigetrieben werden muss.[61] Ein pauschaler anrechnungsfreier Betrag z. B. in Höhe der Differenz des Bedarfs eines Studenten und des notwendigen Selbstbehalts des Pflichtigen als Existenzminimum ist dagegen ohne nähere Prüfung des Einzelfalls abzulehnen[62] (s. auch Rn. 100 ff., 2/109).

III. Anrechnung von Einkommen aus unzumutbarer Erwerbstätigkeit beim Verpflichteten

1. Einkünfte des Verpflichteten aus unzumutbarer Erwerbstätigkeit

828 Beim Verpflichteten ist ein Erwerbseinkommen aus unzumutbarer Tätigkeit u. a. möglich in folgenden Fällen:
- Bei über das übliche Maß hinausgehenden Überstunden,[63] Urlaubsabgeltung und sonstigen überobligationsmäßigen, unüblichen Mehrarbeiten und Belastungen[64] (vgl. näher Rn. 87 ff.).

---

[54] OLG Düsseldorf a. a. O.
[55] OLG Köln FamRZ 1996, 1001
[56] BGH FamRZ 2003, 363, 365
[57] BGH FamRZ 1995, 475 = R 491 b
[58] BGH a. a. O.
[59] BGH a. a. O.
[60] Vgl. z. B. DT Anm. A 7; SüdL Nr. 13.1.2
[61] BGH a. a. O.
[62] BGH a. a. O.
[63] BGH FamRZ 2004, 186 = R 595 a
[64] BGH FamRZ 1980, 984

11. Abschnitt: Einkommen aus unzumutbarer Erwerbstätigkeit § 1

- Bei Nebentätigkeit und sonstiger unzumutbarer Zweitarbeit[65] (vgl. Ausführungen Rn. 96 ff.).
- Bei Berufstätigkeit des Verpflichteten trotz Kinderbetreuung (vgl. Rn. 803 ff, 834).[66]
- Bei Berufstätigkeit von Selbständigen und Nichtselbständigen über die Regelaltersgrenze von derzeit 65 Jahren hinaus (vgl. Rn. 833).[67]
- Bei Zusatzverdienst bei Renten- und Pensionsempfängern (vgl. auch Ausführungen Rn. 658 ff.).

Ob in den genannten Fällen von einer vollen oder teilweisen unzumutbaren Tätigkeit **829** auszugehen ist, hängt von den konkreten Umständen des Einzelfalles ab. Ein wesentliches Kriterium ist das jeweilige Berufsbild. Mehrarbeit, für die keine Erwerbsobliegenheit besteht und die jederzeit beendet werden kann, ist regelmäßig überobligatorisch.[68] Außerdem ist zu differenzieren, um welchen Unterhalt es geht.

a) Verwandtenunterhalt: Beim Verwandtenunterhalt sind regelmäßig alle Einkünfte **830** heranzuziehen. Insbesondere beim Kindesunterhalt Minderjähriger und privilegierten Volljährigen kann wegen der erhöhten Erwerbsobliegenheit nach § 1603 II 1, 2 BGB eine Nebentätigkeit oder Überstunden zur Sicherung des Regelbedarfs zumutbar sein (s. näher Rn. 2/366 ff.). Werden vom Barunterhaltspflichtigen neben einer Vollzeittätigkeit weitere minderjährige Kinder betreut, ist sein Einkommen für den Kindesunterhalt der nicht in seinem Haushalt lebenden Kinder nicht nach § 1577 II BGB oder durch einen Betreuungsbonus zu kürzen.[69]

b) Ehegattenunterhalt: Beim Ehegattenunterhalt ist eine neben einer vollschichtigen **831** Erwerbstätigkeit ausgeübte Nebentätigkeit unzumutbar, soweit sie jederzeit beendet werden kann (s. näher Rn. 96 ff., 801). Anders ist die Sachlage, wenn bei bestimmten Berufsgruppen oder bei Selbstständigen Zusatzarbeiten Bestandteil ihrer Tätigkeit sind (z. B. Gutachter-, Prüfertätigkeit), sich der Beruf aus mehreren Tätigkeiten zusammensetzt (freischaffender Künstler und Hochschullehrer,[70] Arzt und Gutachter, Arztpraxis und Werksarzt, Abgeordneter und Rechtsanwalt) und damit nur als eine einheitliche Tätigkeit gewertet werden kann.

Der früher geäußerten Auffassung des BGH, eine während einer Ehe über einen längeren Zeitraum dauerhaft ausgeübte Zusatztätigkeit, z. B. eine 6- bis 7-jährige Wochenendarbeit während des Zusammenlebens, sei eine zumutbare Tätigkeit,[71] kann nicht mehr gefolgt werden; denn maßgebendes Abgrenzungskriterium ist allein, ob der Pflichtige diese Tätigkeit jederzeit folgenlos beenden kann. Beim Ehegattenunterhalt ist aber niemand neben einer Vollzeittätigkeit zu Zusatzarbeiten verpflichtet, auch nicht bei beengten Verhältnissen. Ob der BGH seiner früheren Auffassung noch folgt, ist bereits deshalb fraglich, weil nach seiner früheren Rechtsprechung auch eine vom Pflichtigen ausgeübte überobligatorische Tätigkeit nichtprägend war[72] und damit für die Unterhaltsberechnung überhaupt nicht angesetzt wurde. Diese Rechtsprechung hat er aber zwischenzeitlich geändert und sieht auch ein Einkommen aus unzumutbarer Tätigkeit als prägend an, soweit es nach Treu und Glauben anzusetzen ist.[73]

Bei Überstunden oder Sonntagsarbeit Nichtselbständiger kommt es darauf an, ob die **832** Mehrarbeit berufstypisch ist oder nicht (vgl. im Einzelnen Rn. 87 ff.).

Bei Selbständigen ist zu beachten, dass für sie nicht die gleichen Arbeitszeiten gelten wie für Nichtselbständige. Andererseits wird man die Reduzierung der Arbeitszeit eines Selbständigen auf die bei Nichtselbständigen üblichen Arbeitsstunden nicht beanstanden können.

---

[65] BGH FamRZ 2006, 846 = R 648 d; 1985, 360, 362; 1983, 152
[66] BGH FamRZ 2001, 350 = R 551 c; 1991, 182
[67] BGH FamRZ 2011, 454 = R 721 b
[68] Eingehend Born, FamRZ 1997, 129, 136
[69] BGH FamRZ 2006, 1597 = R 659 c
[70] BGH FamRZ 1983, 152
[71] BGH FamRZ 1985, 360
[72] Vgl. z. B. BGH FamRZ 1985, 360
[73] BGH FamRZ 2003, 848 = R 588 d

833 Wird die Berufstätigkeit **über die Regelzeit der Altersrente** von derzeit 65 Jahren hinaus fortgesetzt oder werden von einem Rentner/Pensionär **Zusatztätigkeiten** ausgeübt, handelt es sich stets um eine überobligatorische Tätigkeit.[74] Der Pflichtige kann insoweit nicht anderes behandelt werden wie der Bedürftige (vgl. Rn. 817).[75] Es darf insoweit auch nicht differenziert werden, ob es sich um einen Selbständigen oder Nichtselbständigen handelt. Ebenso wenig kommt es nach BGH zu Recht darauf an, ob es in bestimmten Berufen, z. B. bei Rechtsanwälten, Apothekern, niedergelassenen Ärzten, Firmeninhabern, üblich ist, über 65 Jahre hinaus zu arbeiten.[76] Auch Selbständige können ihre Tätigkeit ab Vollendung des 65. Lebensjahres jederzeit beenden. Die Problematik ist deshalb nur über die Frage zu lösen, in welchem Umfang die über das 65. Lebensjahr hinausgehenden Erwerbseinkünfte nach § 242 BGB angesetzt werden (s. näher unten Rn. 838).

834 In welchem Umfang bei der Bemessung des Ehegattenunterhalts das Mehreinkommen eines Ehegatten aus einer Erwerbstätigkeit zu berücksichtigen ist, die er **neben der Betreuung von Kindern** über das gebotene Maß hinaus ausübt, ist nach den Grundsätzen von Treu und Glauben unter Berücksichtigung der Umstände des Einzelfalls tatrichterlich zu beurteilen. Generell liegt wie beim Bedürftigen nur eine **unzumutbare Tätigkeit** vor, wenn das Kind das dritte Lebensjahr noch nicht vollendet hat (vgl. 804). Ansonsten hängt es von der Betreuungsbedürftigkeit der Kinder und den vorhandenen Betreuungseinrichtungen ab; insoweit gilt beim Pflichtigen nichts anderes wie beim Bedürftigem (vgl. § 1570 I 2, 3 BGB). Reduziert er wegen der Kinderbetreuung berechtigt seine Tätigkeit, ist dies zu akzeptieren, da der Bedeutung und Tragweite des Elternrechts Rechnung zu tragen ist.[77]

2. Zur Anrechnung solcher Einkünfte

835 Beim Verpflichteten fehlt wie beim Kindesunterhalt eine dem § 1577 II BGB entsprechende Bestimmung. Deshalb ist bei ihm ein Einkommen aus unzumutbarer Tätigkeit nach den allgemeinen unterhaltsrechtlichen Grundsätzen von **Treu und Glauben** unter Berücksichtigung der besonderen Umstände des Einzelfalls **anzurechnen**.[78] Wie bereits ausgeführt ist dabei zwischen Kindes- und Ehegattenunterhalt zu differenzieren.

836 Beim Unterhalt **minderjähriger Kinder** oder privilegierter Volljähriger ist zur Sicherung des Mindestunterhalts bzw. des Ausbildungsbedarfs **Volljähriger** auch ein an sich überobligatorisches Einkommen in voller Höhe anzusetzen.[79] Dies gilt auch beim Ausbildungsunterhalt nicht privilegierter Volljähriger. Ansonsten kann das überobligatorisch erzielte Einkommen nur teilweise angerechnet werden, z. B. wenn es um die Eingruppierung in eine höhere Gruppe der DT oder um die Berechnung des Haftungsanteils eines Volljährigen geht.[80]

837 Beim **Ehegattenunterhalt** hat der BGH seine frühere Rechtsprechung geändert und behandelt auch dieses Einkommen als **in der Ehe angelegt,** soweit es nach Treu und Glauben anzusetzen ist.[81] Insoweit wird man unter Berücksichtigung des konkreten Einzelfalls regelmäßig nur einen Teil des Einkommens, z. B. $1/3$ bis $1/2$, der Unterhaltsberechnung zugrunde legen, wenn es sich um eine neben der vollen Berufstätigkeit ausgeübten Nebentätigkeit handelt (z. B. Gutachter-, Autoren- oder Referententätigkeit). Gibt der Pflichtige die Nebentätigkeit auf und senkt sich dadurch das Einkommen, ist diese Einkommensreduzierung eheprägend und damit vom Bedürftigen zu akzeptieren (näher Rn. 4/584), weil keine entsprechende Erwerbsobliegenheit bestand, d. h. der Titel entsprechend abzuändern.

---

[74] BGH FamRZ 2011, 454 = R 721 b
[75] BGH FamRZ 2011, 454 = R 721 b; 2003, 848 = R 588 d
[76] BGH FamRZ 2011, 454 = R 721 b
[77] BVerfG FamRZ 1996, 343, 344 = R 498
[78] BGH FamRZ 2001, 350 = R 551 c; 1991, 182 = R 430; 1983, 146, 148
[79] BGH FamRZ 2011, 454
[80] BGH FamRZ 2011, 454
[81] BGH FamRZ 2003, 848 = R 588 d

11. Abschnitt: Einkommen aus unzumutbarer Erwerbstätigkeit § 1

Diese Grundsätze von Treu und Glauben gelten auch für die Anrechenbarkeit von Erfindervergütungen.[82]

Wird über die **Regelalterszeit** hinaus in vollem Umfang gearbeitet, kann allenfalls das bisherige Einkommen ohne Berücksichtigung der zusätzlich gezahlten Altersvorsorge und des steuerlichen Altersfreibetrages angesetzt werden, d. h. die überobligatorische Tätigkeit des Pflichtigen kann nicht zu einer Verbesserung der Lebensstellung des Bedürftigen führen. Im Einzelfall ist aber zu prüfen, ob nicht lediglich die Altersvorsorge und ein kleiner Teil des bisherigen Einkommens nach Treu und Glauben für die Unterhaltsberechnung herangezogen wird oder nur die Altersvorsorge. Es handelt sich immer um eine Einzelfallprüfung.[83] Prüfungskriterien sind insbesondere, warum trotz Bezugs der Altersrente weitergearbeitet wird (Freude an der Tätigkeit, Überschuldung, fehlende ausreichende Altersversorgung, Umfang der Belastung durch die Fortführung der Tätigkeit usw.)[84] und inwieweit der Bedürftige auf Fortzahlung des bisherigen Unterhalts angewiesen ist. Dabei ist auch ein fortgeschrittenes Alter des Pflichtigen einzubeziehen.[85] Bezieht der Pflichtige mangels ausreichender Altersvorsorge ausnahmsweise ab dem 65. Lebensjahr keine oder zu geringe Versorgungsbezüge und muss deshalb noch weiterarbeiten, dient dieses überobligatorische erzielte Einkommen idR seiner eigenen Versorgung und damit der Sicherung des eigenen Unterhalts. Für die Bedarfsermittlung kann es damit nur in dem Umfang herangezogen werden, in dem der Pflichtige üblicherweise ab dem 65. Lebensjahr eine Altersversorgung hätte, es sei denn, der Verdienst wird nicht nur für die Altersversorgung herangezogen. Entsprechendes gilt bei einer Überschuldung. Bei **Selbständigen** ist es in vielen Berufen üblich, auch über 65 Jahre hinaus zu arbeiten. Es bleibt trotzdem bei dem Grundsatz, dass die Tätigkeit ab 65 Jahren überobligatorisch wird und deshalb nach den näheren Umständen des Einzelfalls gemäß § 242 BGB nur zum Teil anzusetzen ist. Bei **Nebentätigkeiten** eines Rentners kann für eine Übergangszeit nach der Trennung im Einzelfall das volle Zusatzeinkommen angesetzt werden, er kann die überobligatorische Tätigkeit aber jederzeit beenden.[86] Um den Anreiz in die Fortführung zu erhalten, wird man im Regelfall aus Billigkeitsgründen das Zusatzeinkommen nur zum Teil ansetzen. Bei einer **Berufstätigkeit über 70 Jahre** hinaus wird man das hieraus erzielte Einkommen nur noch in Ausnahmefällen heranziehen. Zu beachten ist außerdem, ob auch beim Bedürftigen bereits der Rentenfall eintrat und er über den Versorgungsausgleich eine zusätzliche Altersversorgung erhielt.[87]

Handelt es sich bei einer **Berufstätigkeit neben der Betreuung von Kindern** um eine überobligatorische Tätigkeit, ist nach Treu und Glauben nur ein Teil des Einkommens anzusetzen. Dabei sind wie beim Bedürftigen die konkreten Betreuungskosten und/oder ein „Betreuungsbonus" als anrechnungsfrei zu berücksichtigen (vgl. näher Rn 812).[88] Handelt es sich um eine **normale Tätigkeit,** sind wegen der **Doppelbelastung** Berufstätigkeit und Kinderbetreuung wie beim Bedürftigen bei der Bereinigung des Nettoeinkommens nach Nr. 10.3 der Leitlinien die konkreten **Betreuungskosten** und im Einzelfall ein **Betreuungsbonus** abzuziehen (vgl. Rn. 812, 1053 ff.). In beiden Fällen ist damit das Einkommen wie beim Bedürftigen nicht in voller Höhe anzusetzen, sondern gekürzt um einen anrechnungsfreien Betrag, entweder im Rahmen des § 242 BGB oder bei der Bereinigung des Nettoeinkommens.

Muss der Pflichtige daneben auch für den Barunterhalt des Kindes aufkommen, weil ihn der andere Elternteil nicht leistet, ist neben Betreuungskosten oder Betreuungsbonus zusätzlich der aus seinem Einkommen errechnete Zahlbetrag des Kindesunterhalts vorab abzuziehen.

---

[82] Nichtveröffentlichte BGH-Entscheidung vom 4. 11. 1984 – IV b ZR 614/80
[83] BGH FamRZ 2011, 454 = R 721 c
[84] BGH FamRZ 2011, 454 = R 721 c
[85] BGH FamRZ 2011, 454 = R 721 c
[86] OLG Hamm FamRZ 2009, 699
[87] BGH FamRZ 2011, 454 = R 721 c
[88] BGH FamRZ 2001, 350 = R 551 c

840   Beispiel:
M und F werden am 1. 9. 2011 nach 10-jähriger Ehe geschieden. Das gemeinsame Kind K (7) bleibt bei M und wird nach der Schule von Ms Lebensgefährtin betreut. M erhält das Kindergeld für K. Er hat ein Nettoeinkommen von 2800 €, fährt mit öffentlichen Verkehrsmitteln zum Arbeitsplatz und zahlt ein Ehedarlehen von monatlich 223 € ab. Welchen Unterhaltsanspruch hat F gegen M bei der Scheidung, wenn sie ein eheprägendes Nettoeinkommen aus einer Vollzeittätigkeit von 1100 € und nachgewiesene Fahrtkosten von 100 € hat, sie trotz teilweiser Übernahme der Familienarbeit in der Ehe keine beruflichen Nachteile hat, deshalb auch bei einer durchgehenden vollen Erwerbstätigkeit 1100 € verdienen würde und für K keinen Barunterhalt leistet?

Lösung
Anspruch nach § 1573 II BGB.
Bereinigtes Nettoeinkommen M:
Abzugsposten sind 5% berufsbedingte Aufwendungen, die Eheschuld, der bei ihm als Barunterhalt anzusetzende Unterhalt für K (Zahlbetrag), wobei sich der Unterhalt aus dem bereinigten Nettoeinkommen des M errechnet und ein Betreuungsbonus für K, nachdem L das Kind nach der Schule betreut und M keine konkreten Betreuungskosten geltend macht, z. B. 100 €. Angemessen ist insoweit ein Betrag, den sich M durch ansonsten anfallende Hortkosten erspart.
Bereinigtes Nettoeinkommen M:
2800 ./. 140 ./.223 = 2437; Kindesunterhalt: DT Gr. 4 St. 2 = 419; 419 ./. 92 = 327
2437 ./. 327 ./. 100 = 2000
Bereinigtes Nettoeinkommen F: 1100 ./. 100 = 1000

Nach SüdL mit $^1/_{10}$:
Bedarf: $^1/_2$ ($^9/_{10}$ 2000 + $^9/_{10}$ 1000) = 1350
Höhe: 1350 ./. $^9/_{10}$ 1000 = 450

Nach DT mit $^1/_7$:
$^3/_7$ (2000 ./. 1000) = 429
Der Anspruch ist bei einer Ehedauer von 10 Jahren ohne berufliche Nachteile der F nach § 1578 b BGB aus Billigkeitsgründen zu begrenzen. Ob eine zeitliche Begrenzung des Anspruchs nach § 1578 b II BGB oder eine Begrenzung auf den angemessenen Bedarf nach § 1578 b I BGB aus Billigkeitsgründen in Betracht kommt, ist eine Einzelfallfrage, kann aber hier dahingestellt bleiben. Denn auch bei einer Begrenzung auf den angemessenen Bedarf wäre der Unterhaltsanspruch beendet, weil F mit ihrem Eigeneinkommen den angemessenen Bedarf selbst deckt.[89] Die Dauer der Übergangszeit ist ebenfalls eine Einzelfallfrage, die von den näheren Umständen abhängt. In Betracht käme z. B. eine Übergangszeit von drei Jahren.

841–849   *– in dieser Aufl. nicht belegt –*

12. Abschnitt: Unterhalt und Einkommensteuer

I. Einführung

1. Besteuerung von Ehe und Familie und Grundgesetz

850   Gemäß Art. 6 Absatz 1 GG stehen Ehe und Familie unter dem besonderen Schutz der staatlichen Ordnung. Dies bedingt unter anderem, dass der Staat die wirtschaftlichen Grundlagen der Ehe und Familie nicht durch zu hohe Steuern beeinträchtigen darf. Das Bundesverfassungsgericht hat wiederholt Einfluss auf die Besteuerung des Familieneinkommens genommen. So wurde auf Grund des Urteils vom 17. 1. 1957[1] das heute noch gültige **Ehegattensplitting** eingeführt, das vom Gericht auch für die kinderlose Ehe als verfassungsgemäß bestätigt wurde.[2]

851   Die steuerliche Förderung der Ehe durch das Ehegattensplitting darf nicht durch Berücksichtigung des Steuervorteils bei der Ermittlung des für den **Unterhalt eines früheren Ehepartners** maßgeblichen Einkommens der neuen Ehe teilweise wieder entzogen wer-

---

[89] BGH FamRZ 2007, 2052 = R 683
[1] BVerfG FamRZ 1957, 208
[2] BVerfG FamRZ 1982, 1185

12. Abschnitt: Unterhalt und Einkommensteuer § 1

den.[3] Die Rechtsprechung des Bundesgerichtshofs, nach der das tatsächliche Gesamteinkommen des Unterhaltspflichtigen, des geschiedenen und des neuen Ehepartners unter Einbeziehung des Splittingvorteils aus der neuen Ehe den Beteiligten mit je einem Drittel zukommen solle[4], hat das Bundesverfassungsgericht für verfassungswidrig erklärt.[5] Jedenfalls auf der Bedarfsebene ist das Einkommen bei der Berechnung des geschiedenen Ehegatten auf der Basis der Einzelveranlagung (Rn. 921) (Lohnsteuerklasse I oder II) (Rn. 909 ff.) und gegebenenfalls unter Berücksichtigung des Realsplittings mit Nachteilsausgleich (Rn. 960 ff.) zu ermitteln.

Bereits am 25. 9. 1992[6] wurde die **Verfassungswidrigkeit der Besteuerung des Existenzminimums** festgestellt. Demzufolge sieht das Einkommensteuergesetz einen **Grundfreibetrag** (Rn. 924) vor, der unabhängig von der Höhe des zu versteuernden Einkommens **steuerfrei** bleibt. Dieser Grundfreibetrag muss das Existenzminimum des Steuerpflichtigen abdecken. Dieses ist für 2011 mit 8004 EUR festgestellt.[7] Dem entspricht der Grundfreibetrag in den Steuertabellen (Rn. 889), und zwar für einzeln oder getrennt veranlagte Steuerpflichtige in der Grundtabelle mit 8004 EUR und für zusammen veranlagte Ehepaare in der Splittingtabelle mit 16008 EUR.   852

Dass nicht nur das Existenzminimum des Steuerpflichtigen und seines Ehepartners sondern auch das **Existenzminimum der Kinder steuerfrei** bleiben muss, wurde vom Bundesverfassungsgericht im Jahr 1998[8] in mehreren Entscheidungen festgestellt. Ob dies durch Kindergeld oder Kinderfreibeträge (Rn. 2/700 ff., 2/707 ff.) erfolgt oder über eine Kombination von beidem, hat das Gericht dem Gesetzgeber überlassen.

2. Unterhaltsrechtliche Relevanz von Steuern

Während die Einkünfte aus nichtselbständiger Tätigkeit nur mit Einkommensteuer, Solidaritätszuschlag und gegebenenfalls Kirchensteuer belastet werden, belastet der Staat andere Einkunftsarten mit weiteren Steuern.

Die bei den Einkünften von Unternehmern[9] anfallende **Umsatzsteuer** geht allerdings gar nicht erst in die Gewinnermittlung ein, wenn der Gewinn durch Betriebsvermögensvergleich ermittelt wird. Wird der Gewinn durch Einnahmen-Überschuss-Rechnung ermittelt, so handelt es sich bei der Umsatzsteuer um einen durchlaufenden Posten, der durch Vorsteuer und Umsatzsteuerzahlungen kompensiert wird. Bei der Ermittlung des unterhaltsrechtlich relevanten Einkommens sind die umsatzsteuerrechtlichen Vorgänge zu eliminieren (Rn. 329 und 368).   853

Die **Gewerbesteuer** (Rn. 370) ist betrieblich veranlasst. Sie wird deshalb in der Gewinn- und Verlustrechnung bzw. Einnahmen-Überschuss-Rechnung als **Betriebsausgabe gewinnmindernd** erfasst. Die Gewerbesteuer ist gemäß § 1 GewStG eine Gemeindesteuer und wird daher von der Gemeinde erhoben, in der sich die Betriebsstätte des Unternehmers befindet. Maßgeblich für die Festsetzung der Gewerbesteuer ist der Gewerbeertrag, den das Finanzamt auf der Grundlage des nach den Vorschriften des Einkommensteuergesetzes ermittelten Gewinns gemäß §§ 7 ff. GewStG errechnet. Der Gewerbeertrag ergibt – bei natürlichen Personen und Personengesellschaften gemäß § 11 GewStG um einen Freibetrag von 24500 EUR gekürzt – multipliziert mit der Steuermesszahl[10] den Steuermessbetrag, der die Grundlage für die Festsetzung der Gewerbesteuer ist. In den Gemeinden gibt es unterschiedliche **Hebesätze,** die auf den Steuermessbetrag angewendet die Gewerbesteuer ergeben.   854

---

[3] BVerfG FamRZ 2003, 1281
[4] BGH FamRZ 2008, 1911
[5] BVerfG FamRZ 2011, 437
[6] BVerfG FamRZ 1993, 285
[7] Konjunkturpaket II BGBl I 2009, 416
[8] U. a. BVerfG FamRZ 1999, 291
[9] Unternehmer ist nach § 4 UStG, wer eine gewerbliche oder berufliche Tätigkeit selbständig ausübt
[10] Derzeit 3,5%

Beispiel:
U hat einen Gewinn von 114500 € erzielt. Nach § 8 GewSt ergeben sich Hinzurechnungen von 24 000 €, nach § 9 GewStG Kürzungen von 14 000 €. Der Gewerbeertrag beträgt daher 124 500 €. Abzüglich des Freibetrags von 24 500 € verbleiben 100 000 €, die mit der Steuermesszahl von 3,5% multipliziert einen Steuermessbetrag von 3500 € ergeben. Die Gemeinde hat einen Hebesatz von 400% beschlossen, so dass sich eine Gewerbesteuer von 14 000 € ergibt.

Nach § 4 V b EStG[11] ist die Gewerbesteuer eine **steuerlich nicht abzugsfähige Betriebsausgabe**. Sie mindert daher den betrieblichen, nicht aber den steuerlichen Gewinn. Im Unterhaltsverfahren ist vom betrieblichen Gewinn auszugehen, da die Gewerbesteuer **berufsbedingter Aufwand** ist. Betrieblicher Gewinn und steuerlicher Gewinn werden am Ende der Gewinn- und Verlustrechnung bzw. der Einnahmen-Überschuss-Rechnung getrennt ausgewiesen. Im Einkommensteuerbescheid ist bei den Einkünften aus Gewerbebetrieb der um die Gewerbesteuer erhöhte Gewinn angegeben.

Die tarifliche Einkommensteuer ermäßigt sich jedoch, soweit sie anteilig auf die gewerblichen Einkünfte entfällt, nach § 35 EStG um einen Freibetrag in Höhe des 3,8-fachen des Steuermessbetrags[12]. Die Einkommensteuer von U verringert sich also um 3500 EUR × 3,8 = 13 300 EUR. Unter dem Strich verbleibt also eine Steuerbelastung von 700 EUR.[13]

855 Die auf das Einkommen von Körperschaften erhobene **Körperschaftssteuer** betrifft das Einkommen der Gesellschafter nicht unmittelbar, sondern nur insoweit, als sie als Betriebsausgabe den Gewinn und damit den Gewinnanteil des Gesellschafters mindert. Beim Gesellschafter wird als Einkommen nur erfasst, was ihm von der Gesellschaft ausgezahlt wird. Der **ausgeschüttete Gewinnanteil** wird bei ihm bei den **Einkünften aus Kapitalvermögen** (Rn. 272, 604) ausgewiesen, wenn er den Gesellschaftsanteil im Privatvermögen hält, bei den **Einkünften aus Gewerbebetrieb** (Rn. 163 ff.), wenn er zum Betriebsvermögen des Gesellschafters gehört.

Sonstige Zuwendungen der Kapitalgesellschaft an die Gesellschafter, wie z. B. **Gehalt, Miete** oder **Zinsen** werden bei den entsprechenden Einkommensarten in gleicher Weise erfasst, wie wenn diese Einkünfte von einem fremden Dritten bezogen würden. Es kann daher **bei der Ermittlung des unterhaltsrechtlichen Einkommens** eines Gesellschafters an einer Kapitalgesellschaft auf die Angaben im **Einkommensteuerbescheid** abgestellt werden.

Beispiel:
U ist mit 20% an der X-GmbH beteiligt. Im Jahr 01 hat er aufgrund entsprechenden Gesellschaftserbeschlusses 10 000 € Gewinn erhalten. Ein in seinem Eigentum stehendes Wohnhaus hat er der GmbH für monatlich 2000 € vermietet. Für seine Tätigkeit für die GmbH aus einem Anstellungsverhältnis hat er ein Jahreseinkommen von 60 000 € bezogen. Im Zusammenhang mit der Vermietung sind Werbungskosten in Höhe von 4000 € angefallen. Berufsbedingte Aufwendungen hatte er nicht.

Steuerlich relevant sind folgende Einkünfte:
Einkünfte aus Kapitalvermögen 10 000 EUR nach § 20 EStG
Einkünfte aus Vermietung und Verpachtung 20 000 EUR nach § 21 EStG
Einkünfte aus nichtselbständiger Tätigkeit 59 000 EUR nach § 19 EStG.

856 Im Rahmen der Ermittlung des unterhaltsrechtlich maßgeblichen Einkommens ist also nur die **Einkommensteuer** von Bedeutung, nebst ihren Annexsteuern **Solidaritätszuschlag** (SolZ) und **Kirchensteuer** (KiSt). **Lohnsteuer** (Rn. 892, 900 ff.), und **Kapitalertragssteuer** (Rn. 893) sind Einkommensteuer.

856a Bis zum Jahr 2012 kann sich noch die Wohnbauförderung nach dem **Eigenheimzulagengengesetz** (EigZulG) auf das unterhaltsrechtlich maßgebliche Einkommen auswirken. Unbeschränkt Steuerpflichtige können nach § 9 EigZulG eine jährliche Eigenheimzulage von bis zu 1250 EUR zuzüglich 205 EUR für bestimmte Wärmeschutzmaßnahmen, weiter

---

[11] Gilt erstmals für 2008
[12] Einzelheiten bei Schmidt/Wacker EStG § 35 Rn. 17
[13] Beträge der Hebesatz der Gemeinde weniger als 380%, wäre die Einkommensteuerermäßigung höher als die Gewerbesteuer. Diese ist jedoch nach § 35 I V EStG die Obergrenze für die Ermäßigung

12. Abschnitt: Unterhalt und Einkommensteuer § 1

zuzüglich 800 EUR für jedes Kind, für das sie kindergeldberechtigt sind, erhalten, wenn sie bis zum 31. 12. 2003 eine Wohnung in einem im Inland gelegenen Haus oder einer Eigentumswohnung hergestellt oder angeschafft haben. Die Förderung gilt für das Jahr der Anschaffung bzw Herstellung und die sieben folgenden Jahre.

3. Steuersätze

Einkommensteuer, Kirchensteuer und Solidaritätszuschlag sind in der Regel der **größte** 857 **Abzugsposten** beim Bruttoeinkommen. Bei einem zu versteuernden Einkommen von 30 000 EUR liegt der **Durchschnittssteuersatz** der Einkommensteuer bereits ohne Solidaritätszuschlag und Kirchensteuer über der Quote der Arbeitnehmeranteile zur Sozialversicherung.

Zu versteuerndes Einkommen	Durchschnittssteuersatz	mit KiSt und Soli	Grenzsteuersatz	mit KiSt und Soli
20 000,00 EUR	13,51%	15,33%	26,96%	30,60%
30 000,00 EUR	18,75%	21,28%	31,53%	35,79%
40 000,00 EUR	22,52%	25,56%	36,11%	40,98%
50 000,00 EUR	25,69%	29,16%	40,68%	46,17%
75 000,00 EUR	31,10%	35,30%	42,00%	47,67%

Beim Abzug von Posten, die das zu versteuernde Einkommen mindern, kommt es nicht 858 auf den Durchschnittssteuersatz sondern auf den höheren **Grenzsteuersatz** an. Dies ist die Quote der Besteuerung der Einkommensspitze:

Beispiel:

zu versteuerndes Einkommen	ESt	Steuersatz
30 000 €	5 625 €	18,75% Durchschnittssteuersatz
29 900 €	5 594 €	18,71% Durchschnittssteuersatz
auf die letzten 100 € entfallen	31 €	31% Grenzsteuersatz
mit 5,5% SolZ und 8% Ki.S.t		35,79%

Bezogen auf die Einkommensminderung von 100 EUR mindert sich die Steuerbelastung um 31%. Rechnet man den Solidaritätszuschlag und die Kirchensteuer dazu, sind es sogar über 35%.

Hat ein Steuerpflichtiger neben steuerpflichtigen Einkünften auch solche bezogen, die 859 nicht der (deutschen) Einkommensteuer unterliegen, z. B. **Arbeitslosengeld, Krankengeld** oder **Mutterschaftsgeld,** in Deutschland nicht steuerbare **ausländische Einkünfte** etc.,[14] gilt nach § 32 b EStG ein besonderer Steuersatz. Dieser wird ermittelt, indem man aus dem um die zusätzlichen Einkünfte erhöhten Einkommen den Durchschnittssteuersatz ermittelt und diesen dann auf das zu versteuernde Einkommen anwendet. Durch diesen sogenannten **Progressionsvorbehalt** wird gewährleistet, dass das zusätzliche Einkommen als solches zwar steuerfrei bleibt, das zu versteuernde Einkommen jedoch mit der Progression des Gesamteinkommens (Rn. 924) versteuert wird.

Beispiel:
Das zu versteuernde Einkommen des A beträgt 20 000 €. Daraus ergibt sich nach der Grundtabelle eine Einkommensteuer von 2701 €. Zusätzlich hat A jedoch ein steuerfreies Krankengeld von 5000 € erhalten.

Der Durchschnittssteuersatz aus 25 000 EUR beträgt 16,42%, angewandt auf das zu versteuernde Einkommen ergibt sich eine Einkommensteuer von 3284 EUR, also 583 EUR mehr als ohne Krankengeld.[15]

---

[14] Vollständige Aufstellung in § 32 b EStG
[15] Im Einzelnen EStH 32 b

860 **Besondere Steuersätze** gelten z. B. gemäß § 34 EStG für außerordentliche Einkünfte und gemäß § 34a EStG für nicht entnommene Gewinne.

Außerordentliche Einkünfte im Sinn des § 34 EStG sind Gewinne nach § 16 I EStG aus der **Veräußerung eines Gewerbebetriebs** insgesamt oder auch eines Teilbetriebs oder der **Veräußerung eines Geschäftsanteils an einer Personengesellschaft**. Dies gilt gemäß § 18 EStG auch bei freiberuflicher Arbeit. Auch **Vergütungen für mehrjährige Tätigkeiten** sind außergewöhnliche Einkünfte. Die infolge der Zusammenballung von solchen Einkünften auf einen Veranlagungszeitraum massive Erhöhung der Progression (Rn. 924) wird durch eine besondere Berechnung der Einkommensteuer vermindert.[16]

Bei Veräußerungsgewinnen kann stattdessen nach § 16 IV EStG ein **Freibetrag** und nach § 34 III EStG ein **ermäßigter Steuersatz** in Anspruch genommen werden. Dies gilt aber nur für einen einzigen Veräußerungsfall im Leben und setzt die Vollendung des 55. Lebensjahres oder dauernde Berufsunfähigkeit voraus.

Um die Benachteiligung von Einzelunternehmern und Personengesellschaften gegenüber Kapitalgesellschaften zu mindern, kann nach § 34a EStG für **nicht entnommene Gewinne** ab dem Veranlagungszeitraum 2008 ein **auf 28,25% reduzierter Steuersatz** beantragt werden. Bei späterer Entnahme dieses Gewinns erfolgt eine Nachversteuerung.

861 Ein besondere Regelung gilt für **Parteispenden**: diese mindern nach § 34g EStG die tarifliche Einkommensteuer um 50% der Zuwendungen, höchstens jedoch um 825 EUR, bei zusammenveranlagten Ehegatten um 1650 EUR. Weitere 825 EUR (bei Zusammenveranlagung 1650 EUR) können nach § 10b II EStG als Sonderausgaben abgesetzt werden.

4. Einkommensteuergesetz, Richtlinien und amtliche Hinweise; Solidaritätszuschlags- und Kirchensteuergesetz

862 Die Besteuerung des Einkommens natürlicher Personen regelt das Einkommensteuergesetz (EStG). Seit dem 1. 1. 1996 sind im EStG in §§ 62 bis 78 auch die **Regelungen für das Kindergeld** (Rn. 2/700 ff.) enthalten. Ausführliche Erläuterungen zu den einzelnen Vorschriften enthalten die **Einkommensteuerrichtlinien** (EStR) sowie die **Amtlichen Hinweise** (EStH). Richtlinien und Hinweise haben keinen Gesetzescharakter, sondern sind als Selbstbindung der Finanzverwaltung anzusehen. Der Steuerpflichtige kann auf Grund des Gleichheitsgrundsatzes die Anwendung der Richtlinien und Hinweise auf seine Steuerveranlagung verlangen. Nimmt er eine günstigere Auslegung für sich in Anspruch und lehnt das Finanzamt dies ab, so kann er gegebenenfalls durch die Finanzgerichte die Vereinbarkeit der einschlägigen Richtlinien und Hinweise mit dem Gesetz und der Verfassung überprüfen lassen.

863 Der **Solidaritätszuschlag** wird als Ergänzungsabgabe zur Einkommensteuer und zur Körperschaftsteuer erhoben. Auf die Festsetzung und Erhebung des Solidaritätszuschlags sind die Vorschriften des Einkommensteuergesetzes und des Körperschaftsteuergesetzes entsprechend anzuwenden (vgl. § 1 Solidaritätszuschlaggesetz). Der SolZ beträgt 5,5% der Einkommensteuer (§ 4 SolZG), wobei jedoch Freibeträge gemäß § 3 III SolZG zu beachten sind.

864 Entsprechendes gilt für die Berechnung der **Kirchensteuer**, die landesgesetzlich geregelt ist und teils 8%, teils 9% der Einkommensteuer beträgt. Solidaritätszuschlag und Kirchensteuer werden zusammen mit der Einkommensteuer bzw Lohnsteuer erhoben.

865–869 – *in dieser Aufl. nicht belegt –*

II. Grundbegriffe des Einkommensteuerrechts

1. Steuerpflicht

870 Das EStG unterscheidet zwischen **unbeschränkter** (§ 1 EStG) und **beschränkter Steuerpflicht** (§ 50 EStG). Diese Unterscheidung hat auch Bedeutung für das Unterhaltsrecht. Einerseits führt nur die **unbeschränkte Steuerpflicht** zur steuerlichen Erfassung des

---

[16] Einzelheiten bei Schmidt/Seger EStG § 34

12. Abschnitt: Unterhalt und Einkommensteuer § 1

gesamten Einkommens, gleich wo dieses Einkommens erzielt wird („Welteinkommensprinzip"),[17] andererseits ist die unbeschränkte Steuerpflicht Voraussetzung für die Gewährung steuerlicher Vergünstigungen, wie etwa der **Ehegattenveranlagung** nach §§ 26 ff. EStG (Rn. 917 ff.), des **Realsplitting** nach § 10 I EStG[18] (Rn. 950 ff.), der sonstigen **Sonderausgaben** der §§ 10, 10 a und 10 c EStG sowie der **außergewöhnlichen Belastungen** nach § 33 ff. EStG (Rn. 963 ff.).

Unbeschränkt steuerpflichtig sind nach § 1 EStG **natürliche Personen, die im Inland** ihren **Wohnsitz** oder **gewöhnlichen Aufenthalt** haben. Einen Wohnsitz hat nach § 8 der Abgabenordnung (AO) jemand dort, wo er eine Wohnung unter Umständen hat, die darauf schließen lassen, dass er die Wohnung beibehalten und benutzen wird. Nach § 9 AO hat jemand dort den gewöhnlichen Aufenthalt, wo er sich unter Umständen aufhält, die erkennen lassen, dass er an diesem Ort oder in diesem Gebiet nicht nur vorübergehend verweilt. Als gewöhnlicher Aufenthalt im Geltungsbereich dieses Gesetzes ist stets und von Beginn an ein zeitlich zusammenhängender Aufenthalt von mehr als sechs Monaten Dauer anzusehen; kurzfristige Unterbrechungen bleiben unberücksichtigt. Dies gilt nicht, wenn der Aufenthalt ausschließlich zu Besuchs-, Erholungs-, Kur- oder ähnlichen privaten Zwecken genommen wird und nicht länger als ein Jahr dauert.

Auf Antrag werden jedoch nach § 1 III EStG auch natürliche Personen ohne Wohnsitz oder gewöhnlichen Aufenthalt als **unbeschränkt einkommensteuerpflichtig** behandelt, die im Inland weder Wohnsitz noch gewöhnlichen Aufenthalt haben, soweit sie **inländische Einkünfte** im Sinne des § 49 EStG beziehen. Dies gilt nur, wenn ihre gesamten Einkünfte im Kalenderjahr mindestens zu 90% der deutschen Einkommensteuer unterliegen oder die nicht der deutschen Einkommensteuer unterliegenden Einkünfte den **Grundfreibetrag** nach § 32 I Satz 1 Nr. 2 EStG[19] (Rn. 924) nicht übersteigen. Dieser Betrag ist zu kürzen, soweit es nach den Verhältnissen im Wohnsitzstaat des Steuerpflichtigen notwendig und angemessen ist. 871

Die **fiktive unbeschränkte Steuerpflicht von Angehörigen der EU** oder des Europäischen Wirtschaftsraums (EWR)[20] nach § 1 a EStG reicht für die Inanspruchnahme des **Realsplittings** nach § 10 I EStG aus, wenn die Besteuerung des Unterhalts beim Empfänger durch eine Bescheinigung der ausländischen Steuerbehörde nachgewiesen wird (§ 1 a I Nr. 1 EStG). Die **Ehegattenveranlagung** nach §§ 26 ff. EStG (Rn. 915, 917) ist möglich, wenn einer der Ehegatten seinen Wohnsitz oder gewöhnlichen Aufenthalt im Inland hat oder die zusammengerechneten Einkünfte der Eheleute zu höchstens 10% oder dem doppelten Grundfreibetrag im EU-Ausland erzielt werden (§ 1 a I Nr. 2 EStG). Die Höhe aller, also auch der ausländischen Einkünfte ist nach dem deutschen Einkommensteuerrecht zu ermitteln.[21] 872

Beispiel:
A, der sein überwiegendes Einkommen in Deutschland erzielt, hat laut österreichischem Steuerbescheid Einkünfte aus nichtselbständiger Tätigkeit in Höhe von 7440 €. Seine Krankenversicherungsbeiträge belaufen sich auf monatlich 30 €. Die Entfernung zwischen Wohnung und Arbeitsstätte beträgt 10 km.

Er kann nicht in Deutschland nach § 1 III EStG versteuert werden. In Österreich werden Krankenversicherungsbeiträge als Werbungskosten abgezogen, das 13. und 14. Monatsgehalt[22] sind steuerfrei. Fahrten zwischen Wohnung und Arbeitsstätte sind keine Werbungskosten, sondern werden mit einem Steuerabzugsbetrag abgegolten. Nach deutschem Steuerrecht betragen die Einkünfte aus nichtselbständiger Tätigkeit daher: Bruttogehalt (7440 EUR + 360 EUR KV) + 1300 EUR steuerfreies Gehalt − 1000 EUR Ar-

---

[17] Schmidt/Seeger EStG § 2 Rn. 4
[18] Vgl. dazu § 50 I EStG
[19] Im Jahr 2011 8004 EUR/16008 EUR
[20] Island, Norwegen und Liechtenstein
[21] BFH DStR 2008, 2255
[22] Das nach österreichischem Recht steuerfreie 13. und 14. Monatsgehalt wird, wenn es nicht bereits im Lohnausweis separat ausgewiesen ist, aus dem Gesamtgehalt fiktiv ermittelt

§ 1   Die Ermittlung des unterhaltsrechtlich relevanten Einkommens

beitnehmerpauschbetrag = 8100 EUR und überschreiten damit den Grenzbetrag von 8004 EUR.[23]

Allerdings muss es sich um Einkünfte handeln, die als solche nach den Gesetzen des anderen EU-Staats, nicht nach den deutschen Gesetzen steuerbar sind. So sind Wochengeld, ein Karenzgeld und Familienbeihilfe, die nach österreichischem Recht steuerfrei sind, nicht nach § 1 III EStG als Einkommen zu berücksichtigen.[24]

873 **Beschränkt Steuerpflichtige** dürfen Betriebsausgaben (§ 4 Abs. 4 bis 8 EStG) oder Werbungskosten (§ 9 EStG) nur insoweit abziehen, als sie mit inländischen Einkünften in wirtschaftlichem Zusammenhang stehen. Sonderausgaben und außergewöhnliche Belastungen sind nicht abzugsfähig; Realsplitting und Ehegattenveranlagung sind nicht möglich.

2. Umfang der Besteuerung und Ermittlung des zu versteuernden Einkommens

874 **a) Umfang der Besteuerung.** Der Einkommensteuer unterliegen
1. Einkünfte aus Land- und Forstwirtschaft (Rn. 266 ff.),
2. Einkünfte aus Gewerbebetrieb (Rn. 162 ff.),
3. Einkünfte aus selbständiger Arbeit (Rn. 250 ff.),
4. Einkünfte aus nichtselbständiger Arbeit (Rn. 65 ff.),
5. Einkünfte aus Kapitalvermögen (Rn. 605),
6. Einkünfte aus Vermietung und Verpachtung (Rn. 450 ff., 606),
7. sonstige Einkünfte im Sinn des § 22 (Rn. 664 ff.),

die der Steuerpflichtige während seiner unbeschränkten Steuerpflicht oder als inländische Einkünfte erzielt. Die **Aufzählung ist abschließend;** ein Beurteilungs- oder Ermessensspielraum besteht nicht. Analoge Anwendungen der Bestimmungen zu Lasten des Steuerpflichtigen sind nicht zulässig. Die Steuerpflicht erfasst daher zum Teil unterhaltsrechtlich nicht relevante Einkünfte (z. B. **nichtprägende Einkünfte**); zum Teil sind unterhaltsrechtlich maßgebliche Einkünfte nicht steuerpflichtig (z. B. **fiktives Erwerbseinkommen, Wohnvorteil**).

875 **b) Ermittlung des zu versteuernden Einkommens.** Die **Ermittlung des zu versteuernden Einkommens** ist in § 2 III–V EStG geregelt. Eine ausführliche Übersicht enthalten die Einkommensteuerrichtlinien (Rn. 862). Das zu versteuernde Einkommen errechnet sich nach Abschnitt 2 wie folgt:
Summe der Einkünfte aus allen Einkunftsarten
+ Hinzurechnungsbeträge
Summe der Einkünfte
– Entlastungsbeträge (Rn. 882 f.)
Gesamtbetrag der Einkünfte
– Verlustabzug (Rn. 878)
– Sonderausgaben (Rn. 879 ff.)
– außergewöhnliche Belastungen (Rn. 882 ff.)
– Steuerbegünstigungen
+ zuzurechnendes Einkommen nach dem Außensteuergesetz
Einkommen
– Freibeträge für Kinder (Rn. 2/707 ff.) und Härteausgleich
zu versteuerndes Einkommen

3. Überblick über wichtige Abzugsposten

876 **a) Entlastungsbeträge.** Der **Altersentlastungsbetrag** nach § 24 a EStG ist ein nach einem Prozentsatz ermittelter Abzugsbetrag des Arbeitslohns und der positiven Summe der übrigen Einkünfte. Er wird ohne Antrag bei der Steuerveranlagung des Kalenderjahres be-

---

[23] BFH DStR 2008, 2626
[24] EuGH DStR 2007, 232

12. Abschnitt: Unterhalt und Einkommensteuer § 1

rücksichtigt, vor dem der Steuerpflichtige das 64. Lebensjahr vollendet hat, also erstmals in dem Jahr, in dem der Steuerpflichtige 65 Jahre alt wird.

Der **Entlastungsbetrag für Alleinerziehende** nach § 24b EStG in Höhe von 1308 EUR steht alleinstehenden Steuerpflichtigen zu, wenn zu ihrem Haushalt wenigstens ein Kind gehört, für das ihm ein **Kinderfreibetrag** nach § 32 VI EStG (Rn. 2/700 ff.) oder Kindergeld nach § 64 EStG (Rn. 2/707) zusteht. Der Entlastungsbetrag steht beiden einzeln veranlagten (Rn. 916) Elternteilen zu, wenn jeder die Voraussetzungen erfüllt. 877

Lebt der Steuerpflichtige mit anderen volljährigen Personen – etwa einem neuen Partner – in Haushaltsgemeinschaft, steht ihm der Entlastungsbetrag nicht zu. Bundesfinanzhof[25] und Bundesverfassungsgericht[26] haben die Beschränkung auf alleinstehende Eltern nicht für verfassungswidrig angesehen; der EuGH hat über die dagegen eingelegte Beschwerde noch nicht entschieden.[27]

Ein Kind gehört zum Haushalt des Steuerpflichtigen, wenn es dauerhaft in dessen Wohnung lebt oder mit seiner Einwilligung vorübergehend, z. B. zu Ausbildungszwecken, auswärtig untergebracht ist. Haushaltszugehörigkeit erfordert ferner eine Verantwortung für das materielle (Versorgung, Unterhaltsgewährung) und immaterielle Wohl (Fürsorge, Betreuung) des Kindes. Eine Heimunterbringung ist unschädlich, wenn die Wohnverhältnisse in der Familienwohnung die speziellen Bedürfnisse des Kindes berücksichtigen und es sich im Haushalt des Steuerpflichtigen regelmäßig aufhält.[28] Ist das Kind nicht in der Wohnung des Steuerpflichtigen gemeldet, trägt der Steuerpflichtige die Beweislast für das Vorliegen der Haushaltszugehörigkeit. Ist das Kind bei mehreren Steuerpflichtigen gemeldet oder gehört es unstreitig zum Haushalt des Steuerpflichtigen ohne bei ihm gemeldet zu sein, ist es aber bei weiteren Steuerpflichtigen gemeldet, steht der Entlastungsbetrag demjenigen Alleinstehenden zu, zu dessen Haushalt das Kind tatsächlich gehört. Dies ist im Regelfall derjenige, der das Kindergeld erhält.[29]

Negative Einkünfte des Steuerpflichtigen, die im Jahr ihrer Entstehung nicht mit positiven Einkünften verrechnet werden können, werden nach § 10d EStG im vorangegangenen Jahr und soweit dadurch nicht verbraucht in den auf die Entstehung folgenden Jahren als **Verlustabzug** vor den weiteren Sonderausgaben vom Gesamtbetrag der Einkünfte abgezogen. 878

Beispiel:	Gewinn/Verlust	Verlustabzug	Einkommen
01	200 000 €	0 €	200 000 €
02	40 000 €	– 40 000 €	0 €
03	– 120 000 €	0 €	0 €
04	90 000 €	– 80 000 €	10 000 €
Summe	210 000 €	– 120 000 €	210 000 €

Der durch den Abzug im Jahr 02 nicht ausgeglichene Verlust aus dem Jahr 03 darf nicht im Jahr 01 abgezogen werden, obwohl es für U dort die höchste Steuerersparnis gegeben hätte, sondern muss auf die folgenden Jahre vorgetragen werden. Da der Verlust als erster Posten vom Gesamtbetrag der Einkünfte abgezogen wird (Rn. 875), verfallen die Steuervorteile aus Sonderausgaben, außergewöhnlichen Belastungen, Kinderfreibeträgen usw. sowie dem Grundfreibetrag. Da bei Zusammenveranlagung auch die Vergünstigungen des Ehepartners entfallen, ist die getrennte Veranlagung vorzuziehen.

b) Sonderausgaben. Unterhaltsleistungen an den dauernd getrennt lebenden oder geschiedenen Ehegatten können nach § 10 I Nr. 1 EStG bis zur Höhe von 13 805 EUR als Sonderausgabe angezogen werden. Das Verfahren wird als **Realsplitting** (Rn. 950) bezeichnet, da im Gegensatz zur fiktiven Einkommensaufteilung bei der Zusammenveranlagung (Rn. 919) nur der real gezahlte Unterhalt berücksichtigt wird. 879

---

[25] BFH BStBl. 2007 II S. 637; DStR 2007, 342; FuR 2007, 175
[26] BVerfG FamRZ 2009, 1295
[27] Az. 45624/09
[28] BFH BStBl. 2002 II S. 244
[29] Ausführlich dazu: BMF-Schreiben, DStR 2004, 2054

Beispiel:
M und F sind verheiratet. M hat ein Bruttogehalt von 3700 €, F hat kein steuerpflichtiges Einkommen. M und F haben zwei Kinder von 12 und 14 Jahren. Im Januar 01 haben sich M und F getrennt. M zahlt monatlich 500 € Trennungsunterhalt.

Im Trennungsjahr werden M und F zusammenveranlagt (Rn. 919). Zur Steuerberechnung werden von dem um den Arbeitnehmerspauschbetrag von 1000 EUR gekürzten Bruttogehalt des M, also seinem Einkommen im Sinn des § 2 EStG (Rn. 874) 50% = 18 000 EUR der F zugerechnet. Die Steuerbelastung (Lohnsteuer (Rn. 900 ff.) mit Solidaritätszuschlag und Kirchensteuer) beträgt ca. 3276 EUR. Im Jahr 02 ist keine Zusammenveranlagung mehr möglich. Wegen des beschränkten Realsplittings werden nur die gezahlten 6000 EUR abzüglich der Pauschalen für Werbungskosten und Sonderausgaben der F zugerechnet. Diese sind bei ihr steuerfrei, M werden vom Gehalt im Jahr 4420 EUR einbehalten. Die Zusammenveranlagung war daher um 1144 EUR günstiger.

880 Ein Abzug von Kindesunterhalt als Sonderausgabe ist nicht möglich.[30] Jedoch können bei Erwerbstätigkeit beider Eltern nach § 9c I EStG zwei Drittel der Aufwendungen für **Dienstleistungen zur Betreuung** eines zum Haushalt gehörenden noch nicht 14 Jahre alten Kindes, höchstens jedoch 4000 EUR je Kind, bei Gewinneinkünften wie Betriebsausgaben, bei den übrigen Einkunftsarten über den Verweis in § 9 V 1 EStG als Werbungskosten abgesetzt werden. Leben die Eltern zusammen, gilt dies jedoch nur, wenn beide Eltern erwerbstätig sind.

Nicht erwerbsbedingte Aufwendungen für Dienstleistungen zur Betreuung können gemäß § 9c II EStG nur unter erschwerten Bedingungen als Sonderausgabe steuerlich berücksichtigt werden.

881 Während bis einschließlich 2004 sämtliche **Vorsorgeaufwendungen** nach § 10 III EStG a. F. nur bis zur Höhe von 5069 EUR steuerlich abzugsfähig waren, sind es auf Grund der vom Bundesverfassungsgericht[31] geforderten Gesetzesänderung ab dem 1. 1. 2005 bei ausschließlich der **Alters- und Hinterbliebenenvorsorge** des Steuerpflichtigen dienenden Aufwendungen nach § 10 III EStG 20 000 EUR, bei sonstigen Vorsorgeaufwendungen nach § 10 IV EStG 2800 EUR, wobei Beiträge für die Kranken- und Pflegeversicherung jedoch unbeschränkt abzugsfähig sind.[32] Die Höchstbeträge verdoppeln sich bei Zusammenveranlagung von Eheleuten (Rn. 919). Bei Steuerpflichtigen, die ohne eigene Beitragsleistungen Anspruch auf Vorsorge haben, z. B. bei Beamten und, Sozialversicherten, erfolgt eine **Kürzung der Höchstbeträge.** Bei Zusammenveranlagung von Eheleuten (Rn. 919) erfasst die Kürzung nach § 10 III EStG a. F. den Vorsorgeabzug des Ehegatten auch dann, wenn dieser selbständig tätig ist und die Voraussetzungen für die Kürzung erfüllt. Dies wirkt sich angesichts der hohen Höchstbeträge nach neuem Recht im Allgemeinen nicht mehr aus.

In einer Übergangszeit bis 2019 werden die nach altem Recht geltenden Höchstbeträge für die Altersvorsorge reduziert, die neuen Beiträge werden um jährlich 2% ansteigend seit 2005 mit 60% auf 100% im Jahr 2025 erhöht.

882 **c) Außergewöhnliche Belastungen.** Erwachsen einem Steuerpflichtigen zwangsläufig größere Aufwendungen als der überwiegenden Mehrzahl der Steuerpflichtigen gleicher Einkommensverhältnisse, gleicher Vermögensverhältnisse und gleichen Familienstands, so sind diese gemäß § 33 EStG **auf Antrag** als außergewöhnliche Belastung einkommensmindernd zu berücksichtigen. Dabei sind die Aufwendungen jedoch um die **zumutbare Belastung** zu kürzen. Diese wird aus dem Gesamtbetrag der Einkünfte wie folgt ermittelt:

---

[30] Die Berücksichtigung der Aufwendungen für Kinder geschieht durch Kindergeld oder Kinderfreibeträge (Rn. 2/486 ff.)
[31] BVerfG NJW 2002, 1103
[32] BVerfG DStR 2008, 604; Schmidt/Heinicke § 10 Rn. 94

12. Abschnitt: Unterhalt und Einkommensteuer　　　　　　　　　　　　§ 1

Gesamtbetrag der Einkünfte	bis 15 340 EUR	bis 51 130 EUR	über 51 130 EUR
Einzelveranlagung und getrennte Veranlagung	5%	6%	7%
Zusammenveranlagung	4%	5%	6%
1–2 Kinder	2%	3%	4%
3 oder mehr Kinder	1%	1%	2%

Was im Einzelnen als außergewöhnliche Belastung im Sinn des § 33 EStG berücksichtigt wird ist gesetzlich nicht geregelt. Aufschluss geben die Einkommensteuerrichtlinien und -hinweise (Rn. 862) sowie eine umfangreiche Rechtsprechung.[33]

Für das unterhaltsrechtliche Verfahren bedeutsam sind u. a.

Art der Belastungen	Abzug
Adoptionskosten	nein
Ausbildungskosten	nein
auswärtige Unterbringung eines Kindes aus gesundheitlichen Gründen	ja
Befruchtung, künstliche	ja
Besuchsreisen	nein
Ehescheidung, Kosten des Verbundverfahrens	ja
Ehescheidung, Kosten sonstiger Folgesachen	nein
Ehescheidung, Kosten für neuen Haushalt	nein
Ehescheidung, Kosten einer Mediation[34]	ja
Fahrkosten, bei Behinderungen	z. Teil
Hausrat, Zerstörung durch Katastrophen	ja
Internatskosten	§ 33 a
nicht erstattete Krankheitskosten	ja
Nachhilfe	§ 33 a
Sozialversicherungsbeiträge, für behindertes Kind	ja
Therapie, Kosten: wenn krankheitsbedingt	ja
Umgangskosten[35]	nein
Umzugskosten	nein
Unterhalt	§ 33 a
Versorgungsausgleich	nein
Zugewinnausgleich	nein

Für typische und häufige außergewöhnliche Belastungen sind in § 33 a EStG **Pauschal-** 883
regelungen vorgesehen:
– Unterhalt 8004 EUR (Rn 963)
– Ausbildungsfreibeträge 924 EUR (Rn. 885)

Gemäß § 33 a III EStG gibt es neben § 33 a EStG keine Steuerermäßigung nach § 33 EStG. Ein Abzug für zumutbare Belastung wird in den Fällen des § 33 a EStG nicht vorgenommen. Liegen die Voraussetzungen nicht für das ganze Kalenderjahr vor, so werden sie gemäß § 33 a IV EStG für jeden vollen dieser Monate um $1/12$ gekürzt.

Unterhalt ist nur als außergewöhnliche Belastung abzugsfähig, wenn er – anders als beim 884
Realsplitting – auf Grund gesetzlicher Verpflichtung gezahlt wird und für den Unterhaltsberechtigten kein Kindergeld gezahlt oder Kinderfreibetrag in Anspruch genommen werden kann.

Zur Abgeltung des Sonderbedarfs eines sich in Berufsausbildung befindlichen, auswärtig 885
untergebrachten Kindes wird nach § 33 a II EStG ein **Ausbildungsfreibetrag** von 924 EUR gewährt. Auch dieser wird nur einmal gewährt. Wenn getrennt oder einzeln veranlagte Eltern ihrem Kind Unterhalt gewähren und die Voraussetzungen für den Ausbildungsfreibetrag vorliegen, erhalten sie diesen für jedes Kind je zur Hälfte, soweit sie keine

---

[33] Schmidt/Loschelder § 33 Rn. 35
[34] FinMin Niedersachsen DStR 2000, 1691
[35] BFH BStBl. 2008 II S. 287

§ 1 Die Ermittlung des unterhaltsrechtlich relevanten Einkommens

Teilung vornehmen. Im Gegensatz zum Kinderfreibetrag (Rn. 2/708) ist die Aufteilung des Ausbildungsfreibetrags disponibel.

886 **Beispiel:**
M und F leben getrennt. Sie haben zwei Kinder, den 13jährigen S und die 19jährige T. S lebt im Haushalt der F, T studiert auswärts; sie erhält den Unterhalt mit 324 € von M und mit 162 € von F. Das zu versteuernde Einkommen beträgt bei M 30 000 €, bei F sind es 8000 €.

Das Einkommen von F ist steuerfrei. M zahlt 5160 EUR Steuern p. a. Nach § 33 a II Satz 5 EStG wird der Ausbildungsfreibetrag hälftig aufgeteilt, unabhängig von der Höhe des Anteils am Unterhalt. Auf gemeinsamen Antrag der Eltern kann jedoch M den gesamten Freibetrag bekommen und damit über 300 EUR Steuern sparen. Sind M und F sich nicht einig, so müsste M die F auf Zustimmung verklagen. Der Sachverhalt ist nicht anders zu beurteilen als bei der Zustimmung zur Zusammenveranlagung (Rn. 936 f. und 943 ff.) oder zum Realsplitting (Rn. 958 f.).

4. Die Entstehung und die Höhe der Einkommensteuer

887 Die Einkommensteuer[36] entsteht nach § 36 I EStG mit Ablauf des Veranlagungszeitraums; dies ist das jeweilige Kalenderjahr.[37] Bei **abweichendem Wirtschaftsjahr** (Rn. 425) von **Gewerbetreibenden** gelten die Einkünfte gemäß § 4 a II Nr. 2 EStG als in dem Jahr bezogen, in dem das Wirtschaftsjahr endet; bei **Land- und Forstwirten** dagegen werden die Einkünfte zeitanteilig erfasst (§ 4 a II Nr. 1 EStG). Die Einkommensteuer wird gemäß § 25 EStG nach Ablauf des Kalenderjahres nach dem Einkommen erhoben, das der Steuerpflichtige in diesem Veranlagungszeitraum bezogen hat.

Beispiel:
Das Wirtschaftsjahr des Landwirtes L beginnt am 1.7. und endet am 30.6. des darauf folgenden Jahres. Sein Gewinn betrug:
40 000 € im Wirtschaftsjahr 01/02, davon 30 000 € von Juli 01 bis Dezember 01 und 10 000 € Zeit von Januar 02 bis Juni 02
48 000 € im Wirtschaftsjahr 02/03, davon 36 000 € von Juli 02 bis Dezember 02 und 12 000 € Zeit von Januar 03 bis Dezember 03

In der Einkommensteuerveranlagung 02 werden Einkünfte aus Landwirtschaft in Höhe von 10 000 EUR + 36 000 EUR = 46 000 EUR erfasst. Bei einem Gewerbetreibenden mit den gleichen Bedingungen würde im Jahr der gesamte Gewinn des Wirtschaftsjahres 01/02 in Höhe von 40 000 EUR besteuert.

888 Gemäß § 149 II AO ist die Einkommensteuererklärung bis zum 31. 5. des Folgejahres abzugeben. Fristverlängerungen werden auf Antrag gewährt, insbesondere dann, wenn das zu versteuernde Einkommen wie bei Gewinneinkünften und bei Einkünften aus Vermietung und Verpachtung vom Steuerpflichtigen oder seinem Berater selbst ermittelt werden muss. In solchen Fällen ist die Abgabe der Einkommensteuererklärung Ende des folgenden Jahres beim Finanzamt einzureichen. Die Erzielung des Einkommens und die Feststellung der darauf zu erhebenden Steuern fallen daher in der Regel – teilweise sogar ganz erheblich – zeitlich auseinander.

889 Die Höhe der Einkommensteuer richtet sich gemäß § 32 a EStG nach der Höhe des zu versteuernden Einkommens. Da mit dem sehr komplizierten Rechenschlüssel die Ermittlung der Steuer sehr schwierig und zeitaufwändig wäre, sind die Berechnungen in zwei Tabellen erfasst. Der **Grundtabelle** ist die **bei Einzelveranlagung und getrennter Veranlagung,** der **Splittingtabelle** die **bei Zusammenveranlagung** anfallende Steuer zu entnehmen. Anders als in der Lohnsteuertabelle sind in den Einkommensteuertabellen **keine Abzüge berücksichtigt.** Die Lohnsteuertabelle geht vom (Brutto-)Einkommen aus nichtselbständiger Arbeit aus, die Einkommensteuertabellen basieren auf dem zu versteu-

---

[36] Soweit im Folgenden nicht ausdrücklich anders erwähnt gelten die Ausführungen sinngemäß auch für die Kirchensteuer und den Solidaritätszuschlag

[37] Bei Zustellung des Scheidungsantrags vor dem 1. 1. des Folgejahres wird die noch bestehende Steuerlast daher nicht berücksichtigt

12. Abschnitt: Unterhalt und Einkommensteuer § 1

ernden Einkommen (Rn. 875). Auf der Grundlage dieser Tabellen sind die EDV-Steuerberechnungsprogramme erstellt.

5. Vorauszahlungen

Im Allgemeinen werden vom Finanzamt Vorauszahlungen auf die für das im laufenden Jahr erzielte Einkommen voraussichtlich anfallende Einkommensteuer, den Solidaritätszuschlag und die Kirchensteuer erhoben. Wenn sie durch **Vorauszahlungsbescheid** festgestellt sind, entsteht die Verpflichtung zum 1. eines jeden Quartals,[38] Zahlungen sind jedoch erst am 10. März, 10. Juni, 10. September und 10. Dezember zu leisten. Die **Höhe der Vorauszahlungen** richtet sich nach dem zu versteuernden Einkommen aus der letzten Einkommensteuerveranlagung, es sei denn dass sich aus schlüssigen Angaben des Steuerpflichtigen etwas anderes ergibt. Für das laufende Jahr werden die noch nicht fälligen Vorauszahlungen angepasst, wenn diesen ein geringeres Einkommen zugrunde liegt. Wenn zwischen dem Veranlagungszeitraum, der Gegenstand des Steuerbescheids war, und dem Zeitpunkt des Erlasses dieses Steuerbescheids ein volles Kalenderjahr liegt, werden für dieses gegebenenfalls höhere Vorauszahlungen nachträglich festgesetzt. Eine Anpassung kann auch von Amts wegen veranlasst werden, wenn aus den Umsatzsteuervoranmeldungen auf ein höheres Einkommen zu schließen ist.

890

Beispiel: 891
Das Finanzamt erlässt den Steuerbescheid für 02 im Juli 04 und setzt die Steuern auf insgesamt 24 000 € fest. Da die Vorauszahlungen für 02 auf 4 × 5000 € festgesetzt waren, wird eine Nachzahlung von 4000 € angeordnet. Gleichzeitig erfolgt eine nachträgliche Anpassung der Vorauszahlungen für 03 von ebenfalls 4 × 5000 € um weitere 4000 €. Die für September und Dezember 04 noch nicht fälligen Vorauszahlungen werden angepasst, so dass sich auch für 04 insgesamt Vorauszahlungen in Höhe von 24 000 € ergeben.

6. Abzugsteuern

Vorauszahlungen stellen auch die Abzugsteuern dar. Dies sind die Lohnsteuer und die Kapitalertragsteuer. 892
a) **Lohnsteuer.** Die Lohnsteuer (Rn. 900) ist keine selbständige Steuer sondern Einkommensteuer, die bei Einkünften aus nichtselbständiger Tätigkeit nicht im Wege der Veranlagung nach § 25 EStG festgesetzt sondern gemäß § 38 EStG durch **Abzug vom Arbeitslohn** oder Gehalt durch den Arbeitgeber einbehalten und an das Finanzamt abgeführt wird. Sie wird bei der Steuerveranlagung **wie eine Steuervorauszahlung** nach § 37 EStG auf die Einkommensteuerschuld **angerechnet**.
b) **Kapitalertragsteuer.** Entsprechendes gilt für Kapitaleinkünfte gemäß § 44 EStG. 893
Die Kapitalertragsteuer[39] wird bei Auszahlung einbehalten und an das Finanzamt abgeführt. Bei der Veranlagung werden die Kapitaleinkünfte brutto, d. h. einschließlich der Steuer, beim Gesamtbetrag der Einkünfte erfasst und in die Besteuerung einbezogen. Die **einbehaltenen Steuern** werden neben der Lohnsteuer und der Steuervorauszahlung **auf die Steuerschuld angerechnet**. Die Höhe der Besteuerung richtet sich daher immer nach dem individuellen Steuersatz des Steuerpflichtigen. **Werbungskosten** werden gemäß § 20 IX EStG pauschal mit 801 EUR für jeden Steuerpflichtigen abgezogen. Darin ist der frühere Sparerfreibetrag enthalten. Der Abzug tatsächlich angefallener Werbungskosten ist ausgeschlossen. Bei Zusammenveranlagung (Rn. 919) bleiben bis zu 1602 EUR steuerfrei.
Die Kapitalertragsteuer wird bis zur Höhe von 801 EUR, bei Zusammenveranlagung von 1602 EUR nicht einbehalten, wenn der Steuerpflichtige gemäß § 44a II EStG auf dem amtlich vorgeschriebenen Formular einen **Freistellungsantrag** stellt. Dies gilt nach

---

[38] Nicht geleistete Vorauszahlungen sind daher beim Zugewinnausgleich nur zu berücksichtigen, wenn ein Vorauszahlungsbescheid vorliegt
[39] Die Höhe des Steuersatzes ist in § 43 a EStG für die Kapitalerträge des § 43 EStG geregelt

§ 1 Die Ermittlung des unterhaltsrechtlich relevanten Einkommens

§ 32 d VI EStG auch dann, wenn die Steuerveranlagung aufgrund geringer Einkünfte des Steuerpflichtigen zu einer Steuerbelastung unter 25% führt. Entsprechend der Obliegenheit zum Eintrag von Freibeträgen auf die Lohnsteuerkarte (Rn. 911 ff.) besteht unterhaltsrechtlich auch hierzu die Verpflichtung.

894 **Beispiel:**
S erteilt Auskunft über Zinseinkünfte im Prüfungszeitraum in Höhe von insgesamt 567 €. Aus den Abrechnungen der Bank, zu deren Vorlage S verpflichtet ist, ergibt sich folgende Berechnung:

Zinsen	800 €
./. Kapitalertragsteuer	240 €
./. Solidaritätszuschlag	13 €
Auszahlung	567 €

Einen Freistellungsauftrag hat S nicht gestellt. Ein Steuerbescheid für den Prüfungszeitraum liegt noch nicht vor. Im Vorjahresbescheid waren keine Zinserträge erfasst.

Dem unterhaltsrechtlichen Einkommen sind 253 EUR zuzurechnen, da bei einer Freistellung aus 801 EUR keine Steuern angefallen wären. Zu beachten ist allerdings, ob mit dem Steuerbescheid eine Steuererstattung erfolgt. Diese darf dann nicht nochmals zugerechnet werden.

895–899   – in dieser Aufl. nicht belegt –

III. Besteuerung von Einkünften aus nichtselbständiger Tätigkeit

1. Einkommensermittlung

900 **a) Werbungskosten/Arbeitnehmerpauschbetrag.** Für die Besteuerung von Einkünften aus nichtselbständiger Arbeit (Rn. 46 ff.) nach § 19 EStG gelten besondere Regeln. So wird gemäß § 9 a I EStG für Aufwendungen, die im Zusammenhang mit der Erwerbstätigkeit anfallen („Werbungskosten"), der **Arbeitnehmerpauschbetrag** in Höhe von **1000 EUR**[40] abgezogen, auch wenn geringere oder gar keine Werbungskosten angefallen sind. Bei Versorgungsbezügen ist ein Pauschalbetrag von 102 EUR steuerfrei. Wenn der Steuerpflichtige höhere Werbungskosten geltend machen will, geschieht dies im Veranlagungsverfahren (Rn. 915 ff.).[41]

Abzugsfähig sind bei den Einkünften aus nichtselbständiger Tätigkeit nach § 9 EStG u. a.
- Beiträge zu Berufständen und Berufsverbänden (Absatz 1 Nr. 3),
- Mehraufwendungen, die einem Arbeitnehmer wegen einer aus beruflichem Anlass begründeten doppelten Hauhaltsführung entstehen, und zwar unabhängig davon, aus welchen Gründen diese beibehalten wird (Absatz 1 Nr. 5),
- Aufwendungen für Arbeitsmittel, z. B. Werkzeuge und typische Berufskleidung (Absatz 1 Nr. 6),
- Abschreibung von Arbeitsmitteln, die bei Gewinneinkünften zum Anlagevermögen gehören würden (Absatz 1 Nr. 7).[42]

901   **Keine Werbungskosten** sind die Aufwendungen für **Fahrten zwischen Wohnung und Arbeitsstätte.** Zur Abgeltung derartiger Aufwendungen wird stattdessen eine Entfernungspauschale von 0,30 EUR pro vollen Entfernungskilometer und jeden Arbeitstag gewährt, die wie Werbungskosten anzusetzen ist. Der absetzbare Betrag ist auf 4500 EUR pro Kalenderjahr begrenzt, wenn nicht bei Nutzung eines PKW höhere Kosten angefallen sind. Die Pauschale wird auch gewährt, wenn keine Kosten anfallen.

902 **Beispiel:**
A fährt von seiner Wohnung mit dem Fahrrad 4 km zu einem Treffpunkt, von wo er zusammen mit seinem Vater zur Arbeit fährt. Die Strecke beträgt 36 km. Der Vater berechnet ihm keine Kosten.

---

[40] bis 31. 12. 2010: 920 EUR
[41] Zur Eintragung von Freibeträgen siehe Rn. 911 ff.
[42] Vgl. dazu die Ausführungen Rn. 202 ff. und Rn. 341 ff.

12. Abschnitt: Unterhalt und Einkommensteuer § 1

A kann die volle Pauschale von 40 km × 0,30 EUR/km = 12 EUR pro Arbeitstag in Anspruch nehmen.

Unterhaltsrechtlich sind die Pauschalen ohne Bedeutung, maßgeblich sind für die Fahrten zwischen Wohnung und Arbeitstätte die unterhaltsrechtlichen Ansätze (Rn. 133 ff.).[43]

b) Lohnsteuer/Antragsveranlagung. Im Gegensatz zu den Gewinneinkünften wird die Einkommensteuer nicht im Wege veranlagter Steuervorauszahlungen (Rn. 890) erhoben sondern vom Arbeitgeber – bei Versorgungsbezügen vom Versorgungsträger – auf der Basis des monatlichen Bruttobezugs ermittelt, einbehalten und an die zuständige Finanzkasse abgeführt. Die so gezahlte Einkommensteuer wird als **Lohnsteuer** (Rn. 892) bezeichnet. Die monatliche Lohnsteuer berechnet sich nach dem tatsächlichen Monatsgehalt oder Monatslohn. Bei stark wechselnden Einkünften wird daher wegen der Steuerprogression (Rn. 924) insgesamt zu viel Steuer abgezogen. 903

> **Beispiel:**
> Das monatliche Bruttoeinkommen des A beträgt 3000 €; der Arbeitgeber behält davon jeweils 502,08 € für Lohnsteuer und Solidaritätszuschlag ein. Zum 1. 7. wird das Gehalt auf 4000 € erhöht, der Steuerabzug beträgt nunmehr 823,42 €.

Insgesamt werden daher 7953,00 EUR abgeführt. Für das Jahreseinkommen von 42 000 EUR werden jedoch nur 7829,15 EUR geschuldet. Der gleiche Effekt tritt bei Zahlung von Gratifikationen oder Tantiemen ein. Auf Antrag kann ein Arbeitgeber mit der Auszahlung des Dezemberbezugs den Lohnsteuerausgleich vornehmen, bei mindestens zehn Beschäftigten ist der **Lohnsteuerjahresausgleich durch den Arbeitgeber** Pflicht. Voraussetzungen und Ausnahmen ergeben sich aus § 42 b EStG.

Die **Jahreslohnsteuer** bemisst sich gemäß § 38 a EStG nach dem Arbeitslohn, den der Arbeitnehmer im maßgeblichen Kalenderjahr bezieht. Dabei gilt abweichend von dem für Einkünfte aus nichtselbständiger Arbeit gültigen Zuflussprinzip (§ 11 EStG) als Kalenderjahr der **Lohnabrechnungszeitraum**. 904

> **Beispiel:**
> A hat am 3. 1. von seinem Arbeitgeber 15 000 € brutto erhalten. Darin enthalten sind 5000 € laufendes Gehalt für den Vormonat Dezember und ein Bonus in Höhe von 10 000 € für das abgelaufene Jahr.

Als im abgelaufenen Kalenderjahr bezogen gelten 12 × 5000 EUR = 60 000 EUR. Der Bonus von 10 000 EUR wird mit dem Einkommen des laufenden Jahres versteuert, weil er nicht zum Lohnzahlungszeitraum um den Jahreswechsel gehört.

Unter besonderen Voraussetzungen, die in § 46 EStG im Einzelnen aufgeführt sind, ist bei einem Lohnsteuerpflichtigen **keine Veranlagung zur Einkommensteuer** erforderlich. 905

> **Beispiel:**
> M ist im Veranlagungsjahr nur bei einem Arbeitgeber tätig gewesen. Freibeträge waren auf der Lohnsteuerkarte nicht eingetragen. Sonstige Einkünfte hat M nicht erzielt.

M ist nicht zur Abgabe einer Einkommensteuererklärung verpflichtet. Er kann eine solche aber im Wege der **Antragsveranlagung** abgeben, wenn er mit einer Steuererstattung rechnen kann, weil er z. B. höhere Werbungskosten als den Arbeitnehmerpauschbetrag geltend machen kann oder Sonderausgaben über die Pauschale von 36 EUR (vgl. § 10 c I EStG) hatte.

Eine Veranlagung ist aber u. a. dann **vorgeschrieben,** wenn 906
- Verheiratete die Lohnsteuerklassenkombination III/V (Rn. 907) gewählt haben oder
- Freibeträge auf der Lohnsteuerkarte (Rn. 911 ff.) waren.

---

[43] Vgl. auch BGH FamRZ 2006, 108, 110 = R 642

2. Lohnsteuerklassen

907 Bei der Bemessung der Lohnsteuer werden nach § 38a EStG auch die persönlichen Verhältnisse des Steuerpflichtigen berücksichtigt, soweit sie typischerweise vorliegen. Dies erfolgt durch die Einstufung in die in § 38b EStG definierten Lohnsteuerklassen I bis VI.

Steuerklasse berücksichtigte Abzüge (§§ des EStG)

I bis V	Arbeitnehmer-Pauschbetrag (§ 9a Satz 1 Nr. 1 Buchstabe a) oder bei Versorgungsbezügen Pauschbetrag (§ 9a Satz 1 Nr. 1 Buchstabe b); Zuschlag zum Versorgungsfreibetrag (§ 19 Abs. 2); Sonderausgaben-Pauschbetrag (§ 10c Abs. 1)
I, II und IV	Sonderausgaben-Pauschbetrag (§ 10c Abs. 1); Vorsorgepauschale nach Maßgabe des § 10c Abs. 2 oder Abs. 3, jeweils in Verbindung mit § 10c Abs. 5
III	doppelter Sonderausgaben-Pauschbetrag (§ 10c Abs. 1); Vorsorgepauschale nach Maßgabe des § 10c Abs. 2 oder Abs. 3, jeweils in Verbindung mit § 10c Abs. 4 Satz 1 und Abs. 5
II	Entlastungsbetrag für Alleinerziehende (§ 24b)
V	Zuschläge
VI	Zuschläge
I bis VI	Versorgungsfreibetrag (§ 19 Abs. 2) und Altersentlastungsbetrag (§ 24a), wenn die Voraussetzungen für den Abzug dieser Beträge jeweils erfüllt sind

908 Das Finanzamt hat ab 2010 abweichend nach § 39f EStG bei verheirateten unbeschränkt steuerpflichtigen Arbeitnehmern, die nicht dauernd getrennt leben und die beide Arbeitslohn beziehen, auf Antrag beider Ehegatten bei der Steuerklasse IV auf der Lohnsteuerkarte einzutragen:
- den Prozentsatz in ganzen Zahlen, der dem Anteil des jeweiligen Arbeitslohns am Gesamtarbeitslohn beider Ehegatten entspricht, und
- beim Ehegatten mit der bisherigen Steuerklasse V die Zahl der Kinderfreibeträge entsprechend der Zahl der Kinderfreibeträge des Ehegatten mit der bisherigen Steuerklasse III.

Damit wird erreicht, dass die Nachteile der Steuerklassenwahl III/V (Rn. 939) vermieden und den Eheleuten schon mit der Lohnsteuer der **ihrem jeweiligen Einkommen entsprechende Anteil** an der insgesamt zu entrichtenden Einkommensteuer abgezogen wird.[44]

Dieses sogenannte **Faktorverfahren** ist **im Trennungsjahr dringend zu empfehlen**, da damit zu geringes Einkommen und zu hoher Unterhalt sowie Probleme bei der späteren Steuerveranlagung vermieden werden können.

909 Die Lohnsteuer richtet sich in der Steuerklasse III nach der **Splittingtabelle,** in den Steuerklassen I und II sowie IV bis VI nach der **Grundtabelle.** Der Steuerpflichtige wird in der Steuerklasse III versteuert, als ob sein Einkommen das Gesamteinkommen der Ehepartner wäre, auch dann, wenn der andere Ehepartner ebenfalls zu versteuerndes Einkommen hat. Dieser muss daher zwingend in die Lohnsteuerklasse V, in der die zu hohe Begünstigung des anderen ausgeglichen wird; er zahlt also einen Teil der Steuern des anderen aus seinem Einkommen. Da die Zurechnung pauschal erfolgt und nicht mit der tatsächlichen Steuerbelastung der beiden Eheleute übereinstimmt, ist in den Fällen der Besteuerung nach den Steuerklassen III/V gemäß § 46 II Nr. 3a EStG die Abgabe einer Einkommensteuererklärung zwingend vorgeschrieben.

910 Die in der Lohnsteuerkarte eingetragenen **Kinderfreibeträge** (Rn. 2/494) wirken sich nicht auf die Lohnsteuer aus, da die Familienförderung vorab über das Kindergeld erfolgt. Die Eintragung von Kindern mindert jedoch die Belastung mit Solidaritätszuschlag und Kirchensteuer. Wenn die Berücksichtigung der Kinderfreibeträge nach § 32 VI EStG zu einer das Kindergeld übersteigenden Steuerentlastung führt, wird die geringere Steuer festgesetzt und das Kindergeld zugerechnet. Dies erfolgt diese von Amts wegen im Rahmen der **Günstigerprüfung** (Rn. 2/710) bei der Steuerveranlagung.

---

[44] Siehe dazu ausführlich Rn. 935 ff.

12. Abschnitt: Unterhalt und Einkommensteuer § 1

Im **Trennungsjahr** können nicht die Steuerklasse I oder II gewählt werden. Diese Steuerklassen entsprechen der Einzelveranlagung, die aber im Trennungsjahr nicht zulässig ist (Rn. 919).

3. Freibeträge

Über die in den Lohnsteuertabellen bereits berücksichtigten, allen Steuerpflichtigen 911 zustehenden Abzüge vom Einkommen (Rn. 909) hinaus können gemäß § 39 a EStG auch individuelle steuermindernde Belastungen durch **Eintragung von Freibeträgen** beim Lohnsteuerabzug geltend gemacht werden. Dies sind
- die Pauschale übersteigende Werbungskosten,
- diverse Sonderausgaben,
- diverse außergewöhnliche Belastungen.

Diese Vorteile in Anspruch zu nehmen ist eine **unterhaltsrechtlichen Obliegenheit.**[45]

Der Antrag auf Eintragung kann bis zum 30. November des Kalenderjahres gestellt werden, für das die Lohnsteuerkarte gilt. Wenn die Eintragung im Lauf einer Kalenderjahres eingereicht wird, erfolgt keine rückwirkende Abänderung. Der Jahresfreibetrag wird auf die noch verbleibenden Monate verteilt. Die Eintragung von Werbungskosten, Sonderausgaben und außergewöhnlichen Belastungen ist nur zulässig, wenn die Aufwendungen – bei Werbungskosten abzüglich des Arbeitnehmerpauschbetrags – insgesamt einen **Mindestbetrag von 600 EUR** übersteigen

Auch der nach § 10 I EStG als Sonderausgabe abzugsfähige an den geschiedenen Ehe- 912 partner im laufenden Jahr zu zahlende Ehegattenunterhalt kann auf die Lohnsteuerkarte eingetragen werden.

Beispiel:
A ist geschieden er hat zwei Kinder. Er hat ein monatliches Bruttoeinkommen von 4800 €. Sein Nettoeinkommen – Lohnsteuerklasse I/1 – beträgt 2800 €. Steuerlich anrechenbare Werbungskosten fallen jährlich mit 2700 € an. Ehegattenunterhalt zahlt er seit Anfang des Jahres in Höhe von 700 €.

A kann sich die den Arbeitnehmerpauschbetrag von 1000 EUR übersteigenden Werbungskosten mit (2800 EUR – 1000 EUR =) 1800 EUR und den Ehegattenunterhalt mit 8400 EUR, insgesamt also 10 200 EUR auf die Lohnsteuerkarte eintragen lassen. Sein monatliches Nettoeinkommen erhöht sich damit um 340 EUR auf 3140 EUR. Der Steuervorteil wirkt sich schon beim Bezug des Gehalts und nicht erst bei der Steuerveranlagung im nächsten Jahr aus und kommt damit auch den Unterhaltsgläubigern früher zugute.

In ständiger Rechtsprechung seit 2007[46] hat der BGH die Obliegenheit zur **Eintragung des Realsplittings** auf die Lohnsteuerkarte **eingeschränkt**: einzutragen ist nur der Unterhalt, der auf Grund eines Anerkenntnisses oder einer rechtskräftigen Verurteilung oder der freiwillig gezahlt worden ist. Der BGH stellt zutreffend darauf ab, dass das Finanzamt wegen der für Sonderausgaben geltenden Abflussprinzips nach § 11 II EStG[47] den Unterhalt erst dann einkommensmindernd berücksichtigt, wenn der Unterhalt tatsächlich gezahlt wird.

Zu beachten sind die steuerlichen Voraussetzungen: der Sonderausgabenabzug ist nur in dem Jahr möglich, in dem die Zahlungen geleistet werden. Ein fiktive Erhöhung des Einkommens darf daher nur erfolgen, soweit der Unterhaltsschuldner den Sonderausgabenabzug noch hätte in Anspruch nehmen können (Rn. 976).

Neben der Eintragung von steuermindernden Aufwendungen und Freibeträgen kann die 913 Lohnsteuer auch reduziert werden, wenn der Steuerpflichtige mehrere Arbeitsverhältnisse hat. **Auf der Lohnsteuerkarte VI** für ein zweites oder weitere Dienstverhältnisse kann gemäß § 39 a EStG ein **Freibetrag** bis zur Höhe des Betrags eingetragen werden, für den

---

[45] Leitlinien Nr. 10.1
[46] BGH FamRZ 2007, 793, 797 = R 674 g; FamRZ 2007, 885 = R 675 c, zuletzt FamRZ 2009, 1124
[47] Schmidt/Heinicke § 11 Rn. 30 „Sonderausgaben"

§ 1   Die Ermittlung des unterhaltsrechtlich relevanten Einkommens

beim ersten Dienstverhältnis noch keine Steuern anfallen. Dieser Freibetrag wird auf die Lohnsteuerkarte für das erste Dienstverhältnis als Hinzurechnungsbetrag eingetragen. Hiermit wird erreicht, dass der volle Freibetrag schon bei der Lohnsteuer erfasst wird. Überzahlungen der Lohnsteuer nach Klasse VI werden vermieden oder verringert. Der Antrag ist auf einem amtlichen Vordruck zu stellen.

Beispiel:
Die unterhaltsberechtigte F hat zwei lohnsteuerpflichtige Arbeitsverhältnisse. Bei beiden Arbeitgebern beträgt ihr monatliches Bruttoeinkommen 510 €. Mit Lohnsteuerklasse II/0,5 werden vom ersten Arbeitgeber keine Steuern einbehalten, beim anderen mit Lohnsteuerklasse VI sind es 76,50 €. Sie will sich ihr Nettoeinkommen nach Abzug von berufsbedingten Aufwendungen und Erwerbstätigenbonus mit 943,50 € auf den Unterhaltsbedarf anrechnen lassen.

Wenn F sich auf der Lohnsteuerkarte VI einen jährlichen Freibetrag von 6120 EUR eintragen lässt, bezieht sie ihren Zweitlohn steuerfrei. Beim ersten Arbeitsverhältnis ergibt sich trotz der Zurechnung dieses Freibetrags immer noch kein Steuerabzug. Das Nettoeinkommen der F erhöht sich also um monatlich 76,50 EUR. In die Unterhaltsberechnung einzustellen sind also 1020 EUR.

914   Die Obliegenheit zur Minderung der Steuerbelastung trifft also nicht nur den Unterhaltspflichtigen sondern auch den Unterhaltsberechtigten. Diesen trifft in gleicher Weise wie den Unterhaltspflichtigen die Obliegenheit, durch Absetzung der Beträge als Sonderausgabe seine Steuerbelastung und damit den Nachteilsausgleich möglichst gering zu halten. Er hat auch die aus dem **Vorsorgeunterhalt** aufzubringenden Versicherungsbeiträge **als Sonderausgabe** bei der Lohnsteuer oder den Steuervorauszahlungen berücksichtigen zu lassen. Unterlässt er dieses, muss die mögliche Steuerersparnis und der daraus resultierende Nachteilsausgleich fiktiv ermittelt werden.

Ungeklärt aber meines Erachtens zu bejahen ist, ob eine fiktive Berechnung auch dann geboten ist, wenn der Unterhaltsberechtigte den Vorsorgeunterhalt zweckwidrig verwendet und daher keinen Sonderausgabenabzug hat.[48]

IV. Einkommensteuerveranlagung nach steuerrechtlichen Kriterien

1. Veranlagungsarten im Einkommensteuergesetz

915   Die gesetzlichen Methoden für die Feststellung der Einkommensteuer sind die **Einzelveranlagung** und die **Ehegattenveranlagung**. Bei der Ehegattenveranlagung unterscheidet das Gesetz
- die getrennte Veranlagung nach §§ 26, 26 a EStG,
- die Zusammenveranlagung nach §§ 26, 26 b EStG und
- die besondere Veranlagung für den Veranlagungszeitraum der Eheschließung nach §§ 26, 26 c EStG.[49]

Der Einzelveranlagung entsprechen die Lohnsteuerklassen (Rn. 907) I und II, der Ehegattenveranlagung die Lohnsteuerklassen III bis V. Einzeln veranlagt werden unverheiratete, geschiedene oder verwitwete Personen[50] sowie getrennt lebende Ehepartner von dem auf die Trennung folgenden Kalenderjahr an.

Beispiel:
Die seit längerem in Schwierigkeiten lebenden Eheleute M und F geraten am Silvesterabend des Jahres 01 in einen Streit, der „das Fass zum Überlaufen bringt". F entscheidet sich für die sofortige Trennung.

---

[48] Siehe dazu auch Rn. 978, 4/873
[49] Die besondere Veranlagung ermöglicht einem Geschiedenen oder Verwitweten im Jahr der Wiederheirat die Einzelveranlagung zu wählen, wenn dies gegenüber der Zusammenveranlagung oder getrennten Veranlagung ausnahmsweise günstiger ist
[50] In dem auf den Tod des Ehepartners folgenden Jahr kann nochmals die Zusammenveranlagung gewählt werden („Gnadensplitting")

12. Abschnitt: Unterhalt und Einkommensteuer § 1

Wenn F noch am Silvesterabend ausziehen würde, müssten M und F bereits im Jahr 02 einzeln veranlagt werden. Erfolgt der Auszug erst am Neujahrstag, so gilt für das Jahr 02 noch die Ehegattenveranlagung.

Unbeschränkt einkommensteuerpflichtige Ehegatten, die zu Beginn des Kalenderjahres nicht dauernd getrennt leben oder bei denen diese Voraussetzungen im Lauf des Jahres eingetreten sind, werden grundsätzlich nicht einzeln veranlagt, sondern können nur zwischen der Zusammenveranlagung und der getrennten Veranlagung wählen, sofern nicht die Voraussetzungen für die besondere Veranlagung nach § 26 c EStG vorliegen.

2. Einzelveranlagung

Die Modalitäten der Einzelveranlagung sind nicht ausdrücklich geregelt; sie ergeben sich aus der Anwendung der für die Einkommens- und Steuerermittlung maßgeblichen Bestimmungen des EStG. Nur bei der Einzelveranlagung wird der **Entlastungsbetrag für Alleinerziehende** (Rn. 877) nach § 24 b EStG gewährt. Die Einzelveranlagung ist im Trennungsjahr noch nicht möglich (Rn. 920). 916

3. Ehegattenveranlagung

Ehegatten, die beide **unbeschränkt steuerpflichtig** (Rn. 870) im Sinn des § 1 I oder II oder des § 1 a EStG (Rn. 872) sind und nicht dauernd getrennt leben und bei denen diese Voraussetzungen zu Beginn des Veranlagungszeitraums vorgelegen haben oder im Laufe des Veranlagungszeitraums eingetreten sind, können gemäß § 26 EStG zwischen getrennter Veranlagung und Zusammenveranlagung wählen. 917

a) Getrennte Veranlagung § 26 a EStG. Wenn die Ehegatten die getrennte Veranlagung wählen, wird ihr zu versteuerndes Einkommen separat nach der Grundtabelle (Rn. 887) besteuert. Der Entlastungsbetrag für Alleinerziehende (Rn. 877) steht den Steuerpflichtigen anders als bei der Einzelveranlagung aber nicht zu. Die Sonderausgaben werden bei dem Ehegatten erfasst, den sie betreffen. Außergewöhnliche Belastungen, z. B. der Ausbildungsfreibetrag (Rn. 885), werden hälftig auf die Eheleute verteilt, soweit diese nichts anderes beantragen. 918

Beispiel:
M und F lassen sich getrennt veranlagen, da M Verluste aus früheren Jahren vorträgt (Rn. 878), die seine Einkünfte vollständig kompensieren. M und F haben zwei auswärts studierende Kinder.

Da der Gesamtbetrag der Einkünfte des M bereits durch den Verlustabzug auf 0 EUR reduziert wird, kann er wegen des Nachrangs außergewöhnlicher Belastungen (Rn. 875) durch den Ausbildungsfreibetrag keine Steuerminderung mehr erreichen. M und F werden daher übereinstimmend den Freibetrag bei F ansetzen.

Auch bei Einzelveranlagung nach Ablauf des Trennungsjahres (Rn. 916, 920) ist die Aufteilung des Freibetrags den Eltern freigestellt. Wenn ein Elternteil durch den Freibetrag keine Steuervorteile erzielen kann, muss er der Übertragung auf den anderen zustimmen.[51] Ob dies bei entsprechendem Nachteilsausgleich auch dann gilt, wenn der andere Elternteil eine erheblich höhere Steuerersparnis hat, ist bisher nicht entschieden, aber wohl zu bejahen.

b) Zusammenveranlagung § 26 b EStG. Bei zusammenveranlagten Ehegatten wird auf das zu versteuernde Einkommen die Splittingtabelle (Rn. 887) angewandt. Dies beinhaltet, dass die **Summe der Einkünfte** beider Eheleute **zusammengerechnet,** Sonderausgaben, außergewöhnliche Belastungen und persönliche Freibeträge zusammengefasst abgezogen werden und das sich daraus ergebende zu versteuernde Einkommen halbiert wird. Die sich daraus ergebenden Steuern (Einkommensteuer, Solidaritätszuschlag und Kirchensteuer) werden dann wieder zusammengerechnet. Dadurch wird die Auswirkung der 919

---

[51] Schmidt/Loschelder § 33 a Rn. 66

Steuerprogression vermindert und zwar umso deutlicher, je größer der Einkommensunterschied ist (Rn. 924 f.).

920 Die Möglichkeit zur Zusammenveranlagung besteht auch noch **im Trennungsjahr,** da die Ehegattenveranlagung zwingend vorgeschrieben ist. Dies gilt selbst dann, wenn sich die Eheleute schon am 1. 1. getrennt haben (Rn. 915). Wenn aber die Voraussetzungen zur Ehegattenveranlagung auf Grund vorher vollzogener Trennung zum Jahresbeginn nicht vorgelegen haben, kann ein **Versöhnungsversuch** zur vorübergehenden Aufhebung einer dauerhaften Trennung führen und dadurch die Zusammenveranlagung in dem Jahr ermöglichen,[52] in dem dieser Versuch stattgefunden hat. Erforderlich dafür ist, dass die eheliche Lebens- und Wirtschaftsgemeinschaft zeitweise wiederhergestellt worden ist.[53] Die Kriterien dafür hat der BFH nicht konkretisiert sondern den Rechtsstreit an das Finanzgericht zurückverwiesen.

921 Das FG Hamburg[54] hat bereits früher folgende Auffassung vertreten:

> *„Da grundsätzlich bereits das Zusammenleben an einem Tage im Veranlagungszeitraum für die Zusammenveranlagung genügt, so dass eine Heirat am 31. Dezember zur Zusammenveranlagung im abgelaufenen Jahr und eine Trennung der Ehegatten am 1. Januar die Zusammenveranlagung im neuen Jahr ermöglicht, kommt es weniger auf die Dauer des Versöhnungsversuchs an. Ausschlaggebend ist vielmehr, dass die Eheleute die vorangegangene Trennung rückgängig machen und die Lebens- und Wirtschaftsgemeinschaft auf Dauer wiederherstellen wollen. Gelegentliche gemeinsame Übernachtungen, mehrtägige Besuche oder auch gemeinsame Urlaubsreisen begründen deshalb noch keine Lebens- und Wirtschaftsgemeinschaft und unterbrechen mithin das Getrenntleben nicht."*

922 Vom FG Nürnberg wird dagegen der **Dauer des Versöhnungsversuchs** die **größere Bedeutung** zugemessen.[55] Das Gericht führt in diesem Urteil aus:

> *„Bei einer vorangegangenen dauernden Trennung von Eheleuten kann erst bei einem Zusammenleben von über einem Monat und weiteren objektiven Gegebenheiten und Umständen sowie unter Heranziehung der inneren Einstellung der Ehegatten zur ehelichen Lebensgemeinschaft von einer – wenn auch (nicht absehbar) kurzen – Wiederherstellung der ehelichen Lebensgemeinschaft gesprochen werden, die zu einem „nicht dauernd getrennt" Leben führt und damit die Zusammenveranlagung eröffnet."*

Zutreffend muss man folgende Unterscheidung treffen:
- Hat die Lebensgemeinschaft am ersten Tag des Veranlagungszeitraums noch bestanden, so kommt es nicht darauf an, nach wie vielen Tagen sie auseinandergeht. Die Ehegattenveranlagung – zusammen oder getrennt – ist in jedem Fall zwingend, die Einzelveranlagung ist ausgeschlossen.
- Haben die Eheleute zu Beginn des Veranlagungszeitraums getrennt gelebt, ziehen aber in der ernsthaften Absicht zusammen, die Lebensgemeinschaft auf Dauer wieder aufzunehmen, lebt das Recht zur Ehegattenveranlagung wieder auf, und zwar auch dann, wenn der Versöhnungsversuch scheitert.
- Erfolgt die Rückkehr in die Ehewohnung in der unverbindlichen Absicht, es noch einmal zu versuchen, oder verbringt man nur noch einmal einen gemeinsamen Urlaub, so bleibt es bei der Einzelveranlagung.
- Ob der Versöhnungsversuch nach den familienrechtlichen Kriterien vorliegt ist nicht entscheidend; § 1567 II BGB ist nicht maßgeblich. Es kommt auf die tatsächlichen Umstände des Einzelfalls an.
- Die Aufgabe der nach der Trennung bezogenen Zweitwohnung wird unabhängig von der Dauer des Versöhnungsversuchs die Zusammenveranlagung rechtfertigen.
- Ein Versöhnungsversuch nach der Scheidung ist steuerrechtlich irrelevant, da keine Ehegatteneigenschaft mehr vorliegt.

923 Bei der **Steuerveranlagung** sind die **Angaben im Scheidungsurteil unerheblich**.[56] Die **Beiziehung der Scheidungsakten** gegen den Willen der Ehegatten ist **unzulässig,**

---

[52] BFH BeckRS 2006, 25010834
[53] BFH a. a. O.
[54] FG Hamburg BeckRS 2002, 21010173
[55] FG Nürnberg DStRE 2005, 938: ein Monat
[56] BFH BStBl. 1986 II S. 486

12. Abschnitt: Unterhalt und Einkommensteuer § 1

es sei denn dass dies im überwiegenden Interesse der Allgemeinheit unter strikter Wahrung der Verhältnismäßigkeit erforderlich ist.[57] In der Regel sind die Angaben der Ehegatten anzuerkennen, sie lebten nicht dauernd getrennt, es sei denn, dass die äußeren Umstände gegen das Bestehen einer ehelichen Lebens- und Wirtschaftsgemeinschaft sprechen.[58] Diese Rechtsprechung ist in die EStH 2009[59] aufgenommen worden und damit für die Finanzverwaltung verbindlich. Da die Zusammenveranlagung eine Steuervergünstigung mit sich bringt, liegt die Darlegungs- und Beweislast beim Steuerpflichtigen.[60]

c) Vor- und Nachteile der Zusammenveranlagung. Der Einkommensteuertarif ist gemäß § 32 a EStG gestaffelt bis zu einem **Grundfreibetrag von 8004 EUR,** zwei unterschiedliche **Progressionszonen** und zwei **Proportionalzonen.** In den Proportionalzonen erhöht sich die Steuer mit dem Prozentsatz der Erhöhung des Einkommens, in den Progressionszonen (Rn. 924) steigt auch der Prozentsatz der Steuer an. **924**

Grundfreibetrag	bis	8 004 EUR
15–20%	bis	13 469 EUR
20–42%	bis	52 881 EUR
42%	ab	52 882 EUR
45% („Reichensteuer")	ab	250 731 EUR

Bei der Zusammenveranlagung wird der **Nachteil der Progression reduziert,** und zwar umso mehr, je unterschiedlicher die Einkünfte der Ehegatten sind. **925**

Beispiel:
Das zu versteuernde Familieneinkommen beträgt 60 000 €. Bei Zusammenveranlagung entfallen darauf 11 250 € Einkommensteuer.[61] Bei getrennter Veranlagung ergibt sich folgende Steuerbelastung:

zvE[62] Ehemann	zvE Ehefrau	ESt Ehemann	ESt Ehefrau	Summe ESt	Mehrsteuern
60 000 €	0 €	17 028 €	0 €	17 286 €	5 778 €
40 000 €	20 000 €	9 007 €	2 701 €	11 708 €	458 €
30 000 €	30 000 €	5 625 €	5 625 €	11 250 €	0 €

Die größte Steuerersparnis durch die Zusammenveranlagung wird mit 5778 EUR, bei Berücksichtigung von SolZ und KiSt sogar in Höhe von 6438 EUR erzielt, wenn die Ehefrau kein eigenes Einkommen hat. Wenn die Eheleute ein gleich hohes zu versteuerndes Einkommen haben, führen getrennte Veranlagung und Zusammenveranlagung zum selben Ergebnis.

Schon bei annähernd **gleich hohen zu versteuernden Einkünften** kann die Zusammenveranlagung **nachteilig** sein. So verzehrt der Kürzungsbetrag bei Vorsorgeaufwendungen (Rn. 881) nach § 10 III a. F. EStG nicht nur den **Vorwegabzug** des Arbeitnehmerehegatten sondern auch den des anderen, auch wenn dieser freiberuflich oder gewerblich tätig ist.[63]

Die **getrennte Veranlagung** ist häufig auch dann **vorzuziehen,** wenn einer der Ehegatten einen **Verlust** (Rn. 878) erzielt hat, weil mit der Verlustverrechnung auch dessen Grundfreibetrag und die steuermindernden Posten sich nicht mehr auswirken.

Beispiel:

Einkommen E1		**Einkommen E2**	
Einkünfte aus Gewerbebetrieb	– 12 000 €	Einkünfte aus nichtselbständiger Arbeit	12 000 €
abzugsfähige Vorsorgeaufwendungen	2 000 €	abzugsfähige Vorsorgeaufwendungen	2 400 €
sonstige Sonderausgaben	400 €	sonstige Sonderausgaben	672 €
Ausbildungsfreibetrag	462 €	Ausbildungsfreibetrag	462 €
Grundfreibetrag	8 004 €	Grundfreibetrag	8 004 €

---

[57] BFH BStBl. 1991 II, S. 806
[58] BFH DStRE 1998, 54
[59] EStH 2009 H 26 „Getrenntleben"
[60] FG Hamburg VI 87/01
[61] Solidaritätszuschlag und Kirchensteuer erhöhen die Beträge prozentual
[62] Zu versteuerndes Einkommen
[63] Bei der Neuregelung tritt dieser Nachteil angesichts der Höhe der Freibeträge in der Regel aber nicht mehr aus.

§ 1 Die Ermittlung des unterhaltsrechtlich relevanten Einkommens

Wenn die Eheleute die Zusammenveranlagung wählen, werden ihre Einkünfte zusammengefasst, so dass die Summe der Einkünfte 0 EUR beträgt. Sie brauchen keine Steuern zu bezahlen. Jedoch bleiben die abzugsfähigen Sonderausgaben, außergewöhnlich Belastungen und Freibeträge von beiden ungenutzt. Bei getrennter Veranlagung gingen zwar die steuermindernden Sonderausgaben und der Grundfreibetrag von E1 verloren, weil er wegen des Verlustes keine Einkünfte hat, von denen etwas abgezogen werden könnte. Den Ausbildungsfreibetrag könnte E2 nach § 33 a II S. 6 EStG vollständig übernehmen E2 hätte zudem die Möglichkeit, den Verlust vorzutragen, so dass dieser im folgenden Jahr nach § 10 d I S. 1 EStG vor den Sonderausgaben vom Gesamtbetrag der Einkünfte abgezogen werden und damit die Steuern mindern könnte.

Anders ist es jedoch bei höherem Einkommen von E2.

Beispiel:

Einkommen E1		Einkommen E2	
Einkünfte aus Gewerbebetrieb	− 12 000 €	Einkünfte aus nichtselbständiger Arbeit	66 000 €
abzugsfähige Vorsorgeaufwendungen	2 000 €	abzugsfähige Vorsorgeaufwendungen	2 400 €
sonstige Sonderausgaben	400 €	sonstige Sonderausgaben	672 €
Ausbildungsfreibetrag	0 €	Ausbildungsfreibetrag	924 €
Grundfreibetrag	8 004 €	Grundfreibetrag	8 004 €

In einem solchen Fall wäre die Zusammenveranlagung vorteilhafter, weil der Verlust bei der Zusammenfassung der Einkünfte beider Eheleute verrechnet und nach § 26 b EStG die Sonderausgaben beider Eheleute und ihre außergewöhnlichen Belastungen von den zusammengefassten Einkünften abgezogen und die Freibeträge von beiden berücksichtigt würden.

Summe der Einkünfte E1	− 12 000 €
Summe der Einkünfte E2	60 000 €
Vorsorgeaufwendungen E1 und E2	4 400 €
sonstige Sonderausgaben von E1 und E2	1 072 €
Ausbildungsfreibetrag	924 €
Einkommen	41 604 €
Grundfreibeträge	16 016 €
zu versteuerndes Einkommen	25 592 €

Durch das hohe Einkommen würden der Verlust und alle steuermindernden Positionen beide Eheleute berücksichtigt. Die Einzelveranlagung wäre wesentlich ungünstiger, zumal außer dem Verlust der Sonderausgaben und der Freibeträge von E_1 außerdem noch die höhere Steuer nach der Grundtabelle anfallen würde.

926 Zu beachten ist, dass **steuerliches und unterhaltsrechtliches Einkommen stark differieren** können, z. B. bei unterhaltsrechtlich nicht anerkennungsfähigen Verlusten aus der Abschreibung von Immobilien. Es ist daher im Einzelfall – gegebenenfalls durch den Steuerberater – zu prüfen, ob sich eine Auseinandersetzung um die Veranlagung (Rn. 936 ff.) überhaupt lohnt.

Wenn beide Eheleute ein zu versteuerndes Einkommen über je 52 881 EUR haben, wirkt sich die Zusammenveranlagung nicht mehr aus, da von diesem Betrag an der Prozentsatz der Einkommensteuer 42% vom zu versteuernden Einkommen beträgt. Diese Regel gilt allerdings wiederum dann nicht, wenn durch die Zusammenveranlagung einer der Ehepartner aus der „Reichensteuer" herausgeholt werden kann.

Beispiel:
Das zu versteuernde Einkommen beträgt bei M 80 000 €, bei F 55 000 €.

Bei getrennter Veranlagung zahlt M 25 428 EUR, F 14 928 EUR, zusammen also 40 356 EUR; bei Zusammenveranlagung ergibt sich bei einem zu versteuernden Einkommen von 135 000 EUR ebenfalls eine Einkommensteuer von 40 356 EUR.

Beispiel:
Das zu versteuernde Einkommen beträgt bei M 80 000 €, bei F 260 000 €.

12. Abschnitt: Unterhalt und Einkommensteuer § 1

Bei getrennter Veranlagung fallen bei M 25 428 EUR, bei F 101 306 EUR an Einkommensteuer, insgesamt also 126 734 EUR. Bei Zusammenveranlagung sind es 126 456 EUR und damit 278 EUR weniger. Dies sind 3% „Reichensteuer" aus den 10 000 EUR, die F über der Einkommensgrenze von 250 731 EUR liegt. Bei Zusammenveranlagung werden M und F je 170 000 EUR zugerechnet; auch das Einkommen der F wird daher nur mit einem Spitzensteuersatz von 42% versteuert, die Reichensteuer entfällt.

4. Verfahren

Das Finanzamt führt die **getrennte Veranlagung** gemäß § 26 II EStG **nur auf Antrag** 927 eines Ehegatten durch. Wird von den Steuerpflichtigen keine diesbezügliche Erklärung abgegeben, wird nach § 26 III EStG unterstellt, dass die Ehegatten die Zusammenveranlagung wählen. Dies ist aber nur dann der Fall, wenn die gewünschte Veranlagungsart in der Steuererklärung nicht angekreuzt wird, da nach § 25 III EStG in jedem Fall die Einkommensteuererklärung **von beiden Ehegatten eigenhändig unterschrieben** werden muss.

Das Wahlrecht der Ehegatten für eine Getrennt- oder Zusammenveranlagung zur Einkommensteuer wird in der Insolvenz eines Ehegatten durch den Insolvenzverwalter und im vereinfachten Insolvenzverfahren durch den Treuhänder ausgeübt.[64]

Die **Wahl** zwischen der Zusammenveranlagung und der getrennten Veranlagung kann 928 **bis zur Bestandskraft der Einkommensteuerbescheide** ausgeübt und geändert werden.[65] Das gilt auch, wenn der Bescheid gegen den anderen Ehegatten schon bestandskräftig geworden ist.[66]

Beispiel:
M und F – beide erwerbstätig – haben sich im Juni 01 getrennt. Im Februar 02 hat F die Einkommensteuererklärung für 01 abgegeben und im April den Steuerbescheid erhalten. M hat seine Steuererklärung am 31. 5. 02 abgegeben. Im Juni kommt es zu einem Gespräch über Scheidung und Scheidungsfolgen. M und F erfahren, dass sie im Trennungsjahr noch zusammenveranlagt werden konnten. Der Steuerbescheid gegen M war zu diesem Zeitpunkt noch nicht bestandskräftig. M legt daher Einspruch gegen den Steuerbescheid ein und beantragt die Zusammenveranlagung.

Das Finanzamt muss dem Einspruch und dem Antrag des M stattgeben. Die geänderte Veranlagung stellt im Hinblick auf den Steuerbescheid ein rückwirkendes Ereignis nach § 175 I Nr1 S 2 AO da, so dass auch der Bescheid der F geändert werden muss.[67]

Mit mehreren gleich lautenden Entscheidungen hat der BFH am 17. 1. 2008 noch einmal bestätigt, dass der einseitige Antrag eines mittlerweile geschiedenen Ehegatten auf getrennte Veranlagung für zurückliegende Veranlagungszeiträume wirksam ist, wenn der die getrennte Veranlagung beantragende Ehegatte eigene Einkünfte hat, die zur Einkommensteuerveranlagung führen. Der familienrechtliche Anspruch auf Zusammenveranlagung ist nicht von den Finanzbehörden zu prüfen.[68]

Der **Antrag** auf getrennte Veranlagung ist für das Finanzamt nur dann **unbeachtlich,** 929 **wenn** die getrennte Veranlagung dem Antragsteller offenkundig keinerlei Vorteile bietet, er also über **keine steuerpflichtigen Einkünfte** verfügt und auch **keine Verluste** erklären kann. Das gilt auch dann, wenn dem anderen Ehegatten eine Steuerstraftat zur Last gelegt wird.[69] In allen anderen Fällen muss der Ehegatte, der durch die getrennte Veranlagung Nachteile erwartet, seinen Anspruch auf Zusammenveranlagung gegenüber dem anderen vor dem Zivilgericht geltend machen.[70]

---

[64] BGH FamRZ 2007, 1320
[65] Schmidt EStG § 26 Rn. 17
[66] BFH/NV 2006, 933
[67] Schmidt/Seeger § 26 Rn. 25
[68] BFH III B 81/07 und III B 82/07 BeckRS 2008, 25012916; wegen der unterhaltsrechtlichen Behandlung siehe Rn. 938 ff.
[69] BFH NJW 1992, 1471
[70] BGH FamRZ 2002, 1024

5. Gesamtschuld und Haftungsbeschränkung

930 Durch das Unterschreiben einer gemeinsamen Steuererklärung allein übernimmt der Ehegatte **keine Verantwortung für die Richtigkeit** der Angaben des anderen Ehegatten, er haftet daher nicht für dessen Steuerschulden nach § 71 AO. Zusammenveranlagte Ehegatten sind zwar nach § 44 I AO als **Gesamtschuldner** für die Zahlung der gesamten Steuer verpflichtet. Jeder Ehegatte kann jedoch seine gesamtschuldnerische Verpflichtung für den Anteil des anderen an der gemeinsamen Steuerschuld durch Antrag nach §§ 268 ff. AO ausschließen. Die Aufteilung erfolgt gemäß § 270 AO nach dem Maßstab fiktiver getrennter Veranlagung,[71] erstreckt sich aber nur auf noch nicht durch Vorauszahlungen getilgte Steuerschulden.

6. Erstattung von Steuern

931 Ergibt die Steuerveranlagung eine Erstattungspflicht des Finanzamtes gegenüber den Steuerpflichtigen, so stehen die Erstattungsansprüche gemäß § 37 AO dem zu, auf dessen Rechnung die Überzahlung erfolgt ist. Dabei kommt es auf den erkennbaren Willen des Zahlenden zum Zeitpunkt der Zahlung an.[72] Über eine zivilrechtlich abweichende Verteilung hat das Finanzamt nicht zu entscheiden.[73] Werden Einkommensteuer-**Vorauszahlungen** für zusammen zur Einkommensteuer veranlagte Eheleute geleistet, kann aus der Sicht des Finanzamtes als Zahlungsempfänger mangels entgegenstehender ausdrücklicher Absichtsbekundungen auf Grund der zwischen den Eheleuten bestehenden **Lebens- und Wirtschaftsgemeinschaft** angenommen werden, dass derjenige Ehegatte, der die Zahlung auf die gemeinsame Steuerschuld bewirkt, mit seiner Zahlung auch die Steuerschuld des anderen mit ihm zusammen veranlagten Ehepartners begleichen will. In diesem Fall sind bei einer Überzahlung beide Ehegatten erstattungsberechtigt. Der **Erstattungsbetrag** ist dann zwischen ihnen **hälftig aufzuteilen**.[74]

932–934 *– in dieser Aufl. nicht belegt –*

V. Unterhaltsrechtliche Kriterien für die Steuerveranlagung

1. Frühere Rechtsprechung des Bundesgerichtshofes

935 Bereits im Jahr 1976 hat der BGH entschieden, dass ein Ehegatte dem anderen gemäß § 1353 I EStG zur Zusammenveranlagung bei der Einkommensteuer verpflichtet ist, wenn dies ihm selbst keine steuerlichen Nachteile, dem anderen aber **steuerliche Vorteile** bringt. Die Verletzung dieser Verpflichtung führte schon nach damaliger Rechtsprechung zum Anspruch des anderen Ehegatten auf **Schadensersatz**.[75] Über die Frage, wie bei beiderseitigen Einkünften im Detail zu verfahren ist, hatte der BGH nicht zu entscheiden, da der Sachverhalt dazu keine Veranlassung gegeben hatte. Der BGH beschränkte sich auf die allgemeine Feststellung, dass es ausreiche, wenn im Fall eigener Einkünfte die gegenüber der getrennten Veranlagung anfallende Mehrsteuer ersetzt werde. Es bestehe **kein Anspruch auf Beteiligung an der Steuerersparnis** des begünstigten Ehegatten.[76]

In der zum Zugewinnausgleich ergangenen Entscheidung vom 6. 12. 1978[77] hat der BGH festgestellt, dass Eheleute auch im Güterstande der Zugewinngemeinschaft hinsichtlich ihres Vermögens grundsätzlich völlig selbständig sind, gleichermaßen beim Vermögen und bei den Schulden. Deshalb habe im Verhältnis der Ehegatten zueinander jeder von

---

[71] Vgl. Beispiele Rn. 944 und 945
[72] BFH/NV 2002, 1274 (ständige Rechtsprechung)
[73] Klein, AO § 37 Nr. 4
[74] BFH NJW 2006, 942
[75] BGH FamRZ 77, 38
[76] Nach wie vor ständige Rechtsprechung, zuletzt BGH FamRZ 2011, 210
[77] BGH NJW 1979, 546

12. Abschnitt: Unterhalt und Einkommensteuer § 1

ihnen für die Steuer, die auf seine Einkünfte entfalle, selbst aufzukommen. Dies führe im Falle der Zusammenveranlagung dazu, dass bei der Aufteilung der Steuerschuld die Höhe der beiderseitigen Einkünfte zu berücksichtigen ist, die der Steuerschuld zugrunde liegen. Mit dem Hinweis, dass nur bei Aufteilung mit der Quote der Steuerbelastung bei fiktiver getrennter Veranlagung die Auswirkung der Steuerprogression (Rn. 924 f.) angemessen berücksichtigt werde, ließ der BGH die Frage der Aufteilung mangels Entscheidungserheblichkeit offen.

2. Aktuelle Rechtsprechung

a) Grundsätzliche Voraussetzungen für die Zusammenveranlagung. Nach wie vor ist es ständige Rechtsprechung des BGH, dass auch nach der Trennung die Eheleute wechselseitig der Zusammenveranlagung zustimmen müssen.[78] Bei **Insolvenz** des Unterhaltsberechtigten obliegt die Verpflichtung zur Zustimmung zum Realsplitting dem Insolvenzverwalter.[79] 936

Die Zusammenveranlagung kann wegen einer angeblichen Steuerstraftat des anderen Ehegatten nicht verweigert werden. Auch die gesamtschuldnerische Haftung nach § 44 AO ist kein rechtfertigender Grund für eine Verweigerung, da gemäß § 268 AO die Haftung bei Zusammenveranlagung auf die Steuern aus dem eigenen Einkommen beschränkt werden kann.[80]

Die Verpflichtung zur Zusammenveranlagung besteht auch, wenn **ungewiss** ist, **ob sie steuerlich überhaupt** möglich ist.[81] Letzteres ist insbesondere bei Zweifeln an der steuerlichen Relevanz eines Versöhnungsversuchs (Rn. 920) der Fall. Über die steuerliche Seite hat nicht das Zivilgericht sondern das Finanzamt zu entscheiden. 937

Beispiel:
M verlangt für das Jahr nach der Trennung die Zusammenveranlagung, weil er für drei Wochen in die Ehewohnung zurückgekehrt war. F hat die Einzelveranlagung beantragt, weil sie nie die Absicht zur Versöhnung gehabt habe.

Nur wenn die Zusammenveranlagung gewählt wird, kann das Finanzamt die Voraussetzungen dafür prüfen. Ein Antrag auf Einzelveranlagung würde daher zu einer Prüfung der Voraussetzungen für eine Zusammenveranlagung keinen Anlass geben (Rn. 927).

Beim Vorliegen einer **Ehegatteninnengesellschaft** gelten deren Kriterien auch für die Veranlagung zur Einkommensteuer. Ein Anspruch auf Zustimmung zu einer Zusammenveranlagung zur Einkommensteuer ergibt sich dann aus der Verpflichtung, an der Erreichung des gemeinsamen Gesellschaftszwecks mitzuwirken.[82]

b) Zurechnung von Lohnsteuerabzügen nach Lohnsteuerklassen III/V vor der Trennung. In dem der Entscheidung vom 12. 6. 2002[83] zugrunde liegenden Fall hatten die Parteien, die beide Einkünfte aus nichtselbständiger Tätigkeit bezogen, in den Jahren vor der Trennung einvernehmlich die Lohnsteuerklasse III (Rn. 900 ff.) für den Ehemann mit dem höheren Einkommen und die Lohnsteuerklasse V für die Ehefrau gewählt und waren für mehrere Jahre vor der Trennung zusammenveranlagt worden. Während der Ehemann die gegen ihn ergangenen Bescheide bestandskräftig werden ließ, hatte die Ehefrau vor Rechtskraft der Zusammenveranlagungsbescheide die getrennte Veranlagung beantragt und dem entsprechend eine hohe Steuerrückzahlung erhalten. Der Ehemann, nunmehr nach §§ 175 AO, 26 a EStG ebenfalls getrennt veranlagt, musste eine weitaus höhere Nachzahlung leisten.[84] 938

---

[78] BGH FamRZ 2010, 269; 2011, 210
[79] BGH FamRZ 2011, 210
[80] Schmidt/Seeger § 26 Rn. 22; siehe auch Rn. 930
[81] BGH FamRZ 2005, 182; BGH FamRZ 2010, 269
[82] BGH FamRZ 2003, 1454
[83] BGH FamRZ 2002, 1024 = R 578
[84] Zur steuerrechtlichen Behandlung siehe Rn. 929

Nach dem Urteil des BGH kann der Ehegatte, der während des Zusammenlebens die ungünstige Steuerklasse V gewählt hatte, nach der Trennung die Zustimmung zur Zusammenveranlagung nicht davon abhängig machen, dass ihm die Steuern in Höhe des Differenzbetrags zur getrennten Veranlagung – Steuerklasse IV – ersetzt werden. Er hat lediglich Anspruch darauf, dass er nicht mehr als die von seinem Gehalt abgeführte Lohnsteuer zu tragen hat. Der BGH verneint zwar nicht die in der Entscheidung von 1976 (Rn. 935) vertretene Auffassung, wonach Eheleute die Steuern im Verhältnis der Besteuerung ihrer jeweiligen Einkünfte bei getrennter Veranlagung zu tragen haben, lässt dies aber dann nicht gelten, wenn sie ausdrücklich oder stillschweigend eine andere Aufteilung vereinbart haben. Eine solche abweichende Regelung liege auch im Fall der Steuerklassenwahl III/V vor.

In seiner Entscheidung vom 23. 5. 2007[85] hat der BGH seine Rechtsprechung bestätigt.

939 **c) Zurechnung von Steuervorauszahlungen vor der Trennung.** Bereits am 20. 3. 2002[86] hatte der BGH den Anspruch des klagenden Ehemanns auf Erstattung einer anteilig auf die Steuerschuld der Ehefrau verrechneten Steuervorauszahlung mit derselben Begründung verneint: Wie die Wahl der Steuerklassen ist auch die Handhabung der Steuervorauszahlung eine **bindende Abweichung** vom Prinzip der Belastung des jeweiligen Ehegatten mit der seinen Einkünften entsprechenden Einkommensteuer und vom Gesamtschuldnerausgleich nach § 426 BGB.

In einer dritten Entscheidung im Jahr 2002[87] hat der BGH dem Ehemann den Anspruch auf die gesamte Steuererstattung zugesprochen, weil dieser in der Vergangenheit ständig alle Steuervorauszahlungen für beide Ehegatten gezahlt, aber auch sämtliche Erstattungen einbehalten hatte.

940 **d) Aufteilung von Lohnsteuern im Trennungsjahr.** Sehr detailliert hat sich der BGH in seiner Entscheidung vom 23. 5. 2007[88] mit der Steuerveranlagung im Trennungsjahr befasst. Die Parteien, beide nichtselbständig tätig, hatten sich nach zehnjähriger Ehe im November getrennt. Der Abzug der Lohnsteuer erfolgte bis zum Jahresende beim Verdienst des Ehemanns nach Lohnsteuerklasse III, während vom Verdienst der Ehefrau die Lohnsteuerabzug nach Lohnsteuerklasse V abgeführt wurde. Die Ehefrau hatte beim Finanzamt nach Ablauf des Kalenderjahres die getrennte Veranlagung beantragt und einen Betrag von rund 3000 EUR erstattet bekommen. Der Beklagte, nunmehr ebenfalls getrennt veranlagt, sollte rund 3900 EUR nachzahlen. Er verlangte deshalb von der Ehefrau die Zustimmung zu Zusammenveranlagung. Zwischen den Parteien war streitig, ob die Ehefrau die Mehrsteuern aus der Lohnsteuerklasse V gegenüber der Steuerklasse IV erstattet verlangen konnte.

Der BGH hat dies gemäß seiner Entscheidung vom 12. 6. 2002 (Rn. 938) verneint, jedoch der Ehefrau für den Teil des Trennungsjahres **ab der Trennung** einen **Ausgleich** zugesprochen, der entweder durch Unterhaltszahlung oder durch Erstattung der sich für diesen Zeitraum gegenüber der getrennte Veranlagung ergebenden Mehrsteuern.

941 **e) Aufteilung von Steuernachzahlungen für Zeiten vor der Trennung.** Der Entscheidung des BGH vom 31. 5. 2006[89] lag vereinfacht dargestellt folgender Sachverhalt zugrunde:

Fall
M und F hatten sich 1999 getrennt. Aufgrund einer Betriebsprüfung im Jahr 2001 für einen Zeitraum vor der Trennung ergaben sich bei Zusammenveranlagung Nachforderungen in Höhe von umgerechnet 17 650 €. Diese resultierten daraus, dass ursprünglich das positive Einkommen der F mit einem Verlust des M in Höhe von 100 000 € verrechnet worden war. Durch Verrechnung des Verlustes (Rn. 878) mit den Einkünften der F ergab sich ein zu versteuerndes Einkommen bei der Zusammenveranlagung von 150 000 € (F) – 100 000 (M) auf 50 000 €. In der Betriebsprüfung wurde der Verluste nur in Höhe von 50 000 € anerkannt, wodurch sich das zu versteuernde Einkommen auf 100 000 € erhöhte. F machte geltend, nur das – wenn auch negative – Einkommen des M sei höher festgesetzt worden, M berief sich darauf, dass auch nach der Änderung sein Einkommen negativ und daher steuerfrei geblieben sei. Die ursprünglich festgesetzte Steuer hatte F bezahlt.

---

[85] BGH FamRZ 2007, 1229
[86] BGH FamRZ 2002, 729 = R 575
[87] BGH FuR 2002, 498
[88] BGH FamRZ 2007, 1229 = R 679
[89] BGH FamRZ 2006, 1178 = R 655

3. Zusammenfassung der Grundsätze und Musterberechnungen

943 **a) Zusammengefasste Grundsätze.** Die Zustimmung zur Zusammenveranlagung kann nicht von einer unmittelbaren Beteiligung am Steuervorteil des Ehegatten abhängig gemacht werden, sofern dies nicht schon vor der Trennung so gehandhabt worden war. Die steuerrechtliche Zulässigkeit und sonstige Steuerprobleme sind **im Veranlagungsverfahren vom Finanzamt zu klären** und berühren die familienrechtliche Verpflichtung zur Zusammenveranlagung nicht.

Für die Zeit vor der Trennung und im Trennungsjahr besteht die gegenseitige Verpflichtung zur Zusammenveranlagung, sofern nicht ausnahmsweise feststeht, dass keiner der Ehegatten davon einen Vorteil hat.

Für die Aufteilung der Steuerschuld gelten für die Zeit bis zum Tag der Trennung die **ausdrückliche Vereinbarung** oder tatsächliche Handhabung vor der Trennung. Die Wahl der Lohnsteuerklassen, die Regelung der Vorauszahlungen und die Abwicklung von Nachzahlungen und Erstattungen sind für diesen Zeitraum auch nach der Trennung maßgeblich. Vor der Trennung geleistete Vorauszahlungen oder abgeführte Lohnsteuern müssen vom begünstigen Ehepartner nicht erstattet oder verrechnet werden.

Für eine nach der Trennung bis zum Ende des Trennungsjahres entstehende Steuerbelastung sind **frühere Regelungen nicht mehr verbindlich.** Für diesen Zeitraum ist bei der Zusammenveranlagung die Steuerlast (Lohnsteuer; Einkommensteuervorauszahlungen jeweils mit Solidaritätszuschlag und Kirchensteuer) nach dem Verhältnis der jeweiligen Steuerlast der Ehepartner bei fiktiver getrennter Veranlagung aufzuteilen oder der Steuernachteil durch Unterhalts- oder Ausgleichszahlung zu kompensieren.

Soweit durch die Steuerveranlagung oder nachträgliche Änderungen vorangegangener Steuerfestsetzung nach der Trennung Nachzahlungen oder Erstattungen anfallen, werden diese **im Verhältnis fiktiver Veranlagung** aufgeteilt. Die tatsächliche Aufteilung der während der Lebensgemeinschaft erfolgten Zahlungen und Erstattungen bleibt unberührt. Die Forderungen oder Nachzahlungen entstehen am Ende des Veranlagungszeitraums (Rn. 887) und sind beim gesetzlichen Güterstand ins **Endvermögen** einzustellen. Die Quotierung ist daher überflüssig, wenn die Differenz über den Zugewinnausgleich wieder nivelliert wird.

944 **b) Aufteilung von Jahressteuern bei fiktiver getrennter Veranlagung.** Die Berechnung der Verteilung der gesamten Steuern im Trennungsjahr zeigt das folgende Beispiel, wobei zur Vereinfachung von einer Trennung bereits zu Anfang des Jahres ausgegangen wird.

Beispiel:[96]
M hat ein zu versteuerndes Einkommen von 35 000 €, F von 15 000 €. Bei getrennter Veranlagung würden bei M 7500 €, bei F 1500 € Einkommensteuer, insgesamt also 9000 € anfallen. Bei Zusammenveranlagung sind es 8400 €. M hat Vorauszahlungen von 8000 € geleistet, bei F hat der Arbeitgeber 3400 € Lohnsteuer abgeführt. M und F haben sich am 2. 1. getrennt. Trennungsunterhalt wurde nicht gezahlt.

Da die eheliche Wirtschaftsgemeinschaft zu Beginn des Jahres aufgehoben worden ist, ist die bis zum Ende des Vorjahres geübte Handhabung nicht mehr maßgeblich. Die Steuerbelastung ist wie folgt aufzuteilen:

veranlagte Einkommensteuer	– 8 400 EUR	
Vorauszahlungen M + Lohnsteuer F	11 400 EUR	
Erstattung	**3 000 EUR**	
fiktive Gesamtsteuer bei getrennter Veranlagung	9 000 EUR	
Anteil M	7 500 EUR	⁵⁄₆
Anteil F	1 500 EUR	¹⁄₆

---

[96] Solidaritätszuschlag und Kirchensteuer sind zum besseren Verständnis im Beispielsfall nicht berücksichtigt, die Steuerbeträge sind stark abgerundet

12. Abschnitt: Unterhalt und Einkommensteuer § 1

Der BGH hat entschieden, dass die Aufteilung einer nach der Trennung fällig gewordenen Steuerschuld und der sich hieraus ergebenden Erstattungs- bzw. Nachzahlungsansprüche zusammen veranlagter Ehegatten im Innenverhältnis grundsätzlich unter entsprechender Heranziehung des § 270 AO **auf der Grundlage fiktiver getrennter Veranlagung der Ehegatten** zu erfolgen habe.

Die Entscheidung, dass die Aufteilung von Steuerbelastungen nicht im Verhältnis der Einkünfte sondern im Verhältnis der bei fiktiver getrennter Veranlagung auf das zu versteuernde Einkommen des jeweiligen Ehegatten zu erfolgen hat, ist zu begrüßen, beantwortete sie nicht nur eine bis dahin offene Frage (Rn. 935) sondern brachte auch eine sachgerechte Regelung.

Die von Wever dagegen geäußerten Bedenken[90] sind unbegründet. Der BGH setzt sich nicht in Widerspruch zu seinen bisherigen Grundsätzen: Die Aufteilung von nach der Trennung zu leistenden Steuernachzahlungen besagt nichts anderes, als dass die Zahlungen bis zur Trennung als von dem geleistet gelten, auf dessen zu versteuerndes Einkommen sie entfallen.

Da die anteiligen Steuerverbindlichkeiten in das Endvermögen als Schulden eingestellt werden müssen, kann in den Fällen auf die Quotierung verzichtet werden, in denen sie sich auf den Zugewinnausgleich auswirken.[91]

f) Einkommensteuerveranlagung nach der Trennung für Zeiten vor der Trennung. Am 18. 11. 2009 hatte der BGH über einen weiteren Fall der Steuerveranlagung zu entscheiden.[92] 942

Fall
Die Beteiligten hatten im Jahr 1997 geheiratet und sich Anfang 2000 getrennt. Im Jahr 2003 wurde die Ehe geschieden. Für 1997 hatten sie die Zusammenveranlagung gewählt und dies auch noch – nach der Trennung – für 1998 so gehandhabt. Da die Ehefrau in 1998 Verluste erwirtschaftet hatte, wurden diese mit den positiven Einkünften des Ehemanns verrechnet,[93] der dadurch einen Teil seiner Steuervorauszahlungen erstattet bekam. Erst ein Jahr später beantragte die Ehefrau für 1998 und gleichzeitig für 1999 die getrennte Veranlagung. Infolgedessen wurde gegen den Ehemann eine erhebliche Steuernachzahlung festgesetzt. Die Ehefrau erhielt in beiden Jahren Verlustvorträge, die sie mit positiven Einkünften in 2000 und 2001 verrechnen konnte. Sie machte die Zustimmung zur Zusammenveranlagung davon abhängig, dass der Ehemann ihr auch die in 2000 und 2001 dadurch entstehenden Steuerbelastungen ersetzte.

Der BGH hat die Entscheidung des Berufungsgerichts verworfen, das die Verpflichtung der Ehefrau zur Zusammenveranlagung verneint hatte. Der Rechtsstreit wurde zurückverwiesen. Die Entscheidung lässt leider die sorgfältige Analyse der Urteilsbegründung des vorstehend unter Rn. 941 dargestellten Falls vermissen. Die dort aufgestellten Grundsätze sind auch hier anzuwenden. Diese werden in der Kritik von Tiedtke und Szczesny[94] ebenfalls übersehen, sind aber auch hier einschlägig: Steuernachzahlungen oder Erstattungen nach der Trennung sind entsprechend § 270 AO im Verhältnis fiktiver getrennter Veranlagung aufzuteilen. Steuerzahlungen und Erstattungen vor der Trennung dürfen nicht nachträglich verändert werden. D. h. die während des Zusammenlebens infolge der Verluste der Ehefrau erfolgten Minderungen der Vorauszahlungen dürfen nicht nachträglich durch die getrennte Veranlagung vom Ehemann auf die Ehefrau übertragen werden, da sie durch das die eheliche Wirtschaftsgemeinschaft beiden Eheleuten zugute gekommen sind. Die Steuererstattung, die dem Ehemann nach der Trennung zugeflossen ist, muss gemäß dem Urteil vom 31. 5. 2006[95] aufgeteilt werden. Dies ist in dem Urteil des BGH nicht berücksichtigt.

---

[90] So auch Wever FamRZ 2006, 1181
[91] Palandt/Brudermüller § 1372 Rn. 11; § 1375 Rn. 19
[92] BGH FamRZ 2010, 269
[93] Zur steuerlichen Behandlung von Verlusten bei Ehegatten siehe Rn. 878
[94] FamRZ 2011, 425
[95] BGH FamRZ 2006, 1178; Rn. 941

12. Abschnitt: Unterhalt und Einkommensteuer § 1

tatsächliche Einkommensteuer bei Zusammenveranlagung		8 400 EUR
Anteil M	⁵/₆	7 000 EUR
Anteil F	¹/₆	1 400 EUR
Vorauszahlung M		8 000 EUR
Anteil M	⁵/₆	– 7 000 EUR
Erstattung M		1 000 EUR
Lohnsteuer F		3 400 EUR
Anteil F	¹/₆	– 1 400 EUR
Erstattung F		2 000 EUR

Von der Erstattung in Höhe von 3000 EUR erhält M 1000 EUR, F 2000 EUR.

Variante: M hat nur 3000 € Vorauszahlungen geleistet.

Veranlagte Einkommensteuer	– 8 400 EUR
Vorauszahlungen M + Lohnsteuer F	6 400 EUR
Nachzahlung	– 2 000 EUR
fiktive Gesamtsteuer bei getrennter Veranlagung	9 000 EUR;
Anteil M	7 500 EUR;
Anteil F	1 500 EUR;
tatsächliche Einkommensteuer bei Zusammenveranlagung	8 400 EUR;
Anteil M	7 000 EUR;
Anteil F	1 400 EUR;
Vorauszahlung M	3 000 EUR;
Anteil M	–
	7 000 EUR;
Nachzahlung M	–
	4 000 EUR;
Lohnsteuer F	3 400 EUR;
Anteil F	–
	1 400 EUR;
Erstattung F	2 000 EUR

M hat die Nachzahlung von 2000 EUR an das Finanzamt zu leisten und weitere 2000 EUR an F zu zahlen. Zu beachten ist, dass die bei Zusammenveranlagung von Eheleuten zusammengefassten **Sonderausgaben, außergewöhnliche Belastungen und Freibeträge** bei fiktiver getrennter Veranlagung **beim jeweiligen Ehepartner zu berücksichtigen** sind. Eine **fiktive Steuerberechnung** kann im Hinblick darauf **auch bei getrennter Veranlagung** erforderlich sein, da die Eheleute wegen der Wahlmöglichkeiten nach § 26 a II EStG die steuermindernden Aufwendungen bei höher versteuerten Ehegatten ansetzen werden.

Nur in seltenen Fällen wird man beim internen Ausgleich der Ehegatten untereinander mit dieser Berechnung auskommen, da die Zusammenveranlagung von Eheleuten letztmals im Trennungsjahr möglich ist. Nur in zwei Fällen ist daher die gesamte Jahressteuer noch fiktiver getrennter Veranlagung denkbar: entweder haben sich die Eheleute bereits zu Jahresbeginn getrennt (Rn. 915) oder für das streitgegenständliche Kalenderjahr sind noch keine Vorauszahlungen geleistet und keine Lohnsteuer abgeführt. Dies kommt nur bei in Betracht, wenn beide Eheleute selbständig tätig sind, und auch da nur in Ausnahmefällen. In der Regel werden also nur Nachzahlungen oder Erstattungen auszugleichen sein (Rn. 945). Bedeutsam ist die Berechnung allerdings dann, wenn die Steuerbelastung eines zusammenveranlagten wiederverheirateten Unterhaltsbeteiligten (Rn. 976) festgestellt werden muss.

945 **c) Aufteilung von Steuernachzahlungen nach der Trennung.** Die Aufteilung von Steuernachzahlungen nach der Trennung bei während des Zusammenlebens erfolgter Zahlung von Lohnsteuern, Vorauszahlungen oder Schlusszahlungen soll an einem weiteren Bespiel dargestellt werden:

Beispiel:[97]
M hat ein monatliches Durchschnittseinkommen von 5500 € brutto, F ein solches von 1400 €. Vom Jahreseinkommen des M sind in der Steuerklasse III durch den Arbeitgeber an Lohnsteuer und Solidaritätszuschlag insgesamt 11274 € einbehalten worden, bei F waren es in Steuerklasse V 3067 €, insgesamt also 14 341 €. Nach Ablauf des Jahres haben sich M und F getrennt. Die in der Zusammenveranlagung festgestellte Jahressteuer beträgt 15 972 €, so dass M und F 1631 € nachzahlen müssen.

Das Finanzamt würde bei nachträglich getrennter Veranlagung M und F (M = 17 176 EUR; F = 985 EUR) jeweils die tatsächlich abgeführte Lohnsteuer mit Solidaritätszuschlag zurechnen, der M dem gemäß eine Nachzahlung in Höhe von 5902 EUR aufgeben und der F 2082 EUR erstatten. Die Steuerbelastung von M und F zusammen läge um 2189 EUR höher als bei der Zusammenveranlagung. Da unterhaltrechtlich der steuerliche Mehraufwand der F während des Zusammenlebens als ausgeglichen gilt und nicht nachträglich korrigiert werden darf, muss F der Zusammenveranlagung zustimmen. Die Nachzahlung wird im Verhältnis fiktiver getrennter Veranlagung aufgeteilt. Dies ergibt folgende Berechnung:
ESt F getrennt/(ESt M getrennt + ESt F getrennt) × Nachzahlung zusammen = Anteil F
ESt M getrennt/(ESt M getrennt + ESt F getrennt) × Nachzahlung zusammen = Anteil M
Angewandt auf den Beispielsfall sieht die Gleichung so aus:
985 EUR/(17 176 EUR + 985 EUR) × 1631 EUR = 88 EUR
17 176 EUR/(17 176 EUR + 985 EUR) × 1631 EUR = 1543 EUR.

So ist gewährleistet, dass es hinsichtlich der vor der Trennung geleisteten Zahlungen oder erhaltenen Erstattungen bei der ausdrücklichen oder konkludenten Vereinbarung bleibt.

946 Wenn die bei Lohnsteuer berücksichtigten Pauschalen übersteigende Werbungskosten und Sonderausgaben oder außergewöhnliche Belastungen auf den Lohnsteuerkarten eingetragen waren, wird daran nichts geändert. Auch auf diese Steuervorteile erstreckt sich die Bindung an die ausdrückliche oder stillschweigende Vereinbarung. Werden derartige **Steuerminderungen** jedoch erst bei der Steuerveranlagung nach der Trennung berücksichtigt, sind sie bei der fiktiven Steuerberechnung dem **Ehegatten zuzurechnen, bei dem sie angefallen sind.** Maßgeblich ist der Zeitpunkt der Zahlungen: bis zur Trennung gilt die bisherige Handhabung, nach der Trennung gilt die Aufteilung nach fiktiver getrennter Veranlagung.

Beispiel:
Wie im vorigen Fall hat M hat ein monatliches Durchschnittseinkommen von 5500 € brutto, F ein solches von 1400 €. Vom Jahreseinkommen des M sind in der Steuerklasse III durch den Arbeitgeber an Lohnsteuer und Solidaritätszuschlag jedoch nicht 11392 € sondern 10600 € wegen der Eintragung hoher Werbungskosten einbehalten worden, bei F waren es wie im Grundfall in Steuerklasse V 3096 €. Die in der Zusammenveranlagung festgesetzte Nachzahlung beträgt auf Grund dieser Werbungskosten und nur auf F allein entfallender außergewöhnlicher Belastungen nur 800 €.

In die obige Berechnungsformel geht die tatsächliche – geringere – Lohnsteuer mit Solidaritätszuschlag ein, die vom Gehalt des M einbehalten worden ist. Die außergewöhnlichen Belastungen verringern die Steuerbelastung der F in der fiktiven getrennten Veranlagung und damit ihren Anteil an der Nachzahlung. Dies entspricht den Grundsätzen des BGH, weil die

---

[97] Steuer gemäß EStG 2011

tatsächlich bei M einbehaltene Lohnsteuer mit Solidaritätszuschlag die wirtschaftlichen Verhältnisse während des Zusammenlebens geprägt hat und im Regelfall beiden Eheleuten zugute gekommen ist. Die Steuererstattung auf Grund der außergewöhnlichen Belastungen der F fließt erst nach der Auflösung des gemeinsamen Haushaltes. Es gibt keinen Grund die Berücksichtigung von steuermindernden Aufwendungen anders zu behandeln als die Wahl der Steuerklassen: Wenn F von M nicht die auf Grund der Steuerklasse V zu hohe Lohnsteuer zurückverlangen kann, braucht sie auch dann keinen Ausgleich zu leisten, wenn ihre außergewöhnlichen Belastungen aus der „gemeinsamen Kasse" aufgebracht worden sind.

– *in dieser Aufl. nicht belegt* – 947–949

VI. Die Abzugsfähigkeit von Unterhaltslasten beim Einkommen

1. Realsplitting

a) Steuerliche Grundlagen. Der für die Familienangehörigen gezahlte Unterhalt sowie 950 freiwillige oder auf Grund einer freiwillig begründeten Rechtspflicht oder auf Grund gesetzlicher Verpflichtung an eine unterhaltsberechtigte Person erbrachte Zuwendungen dürfen nach § 12 Nr. 1 und Nr. 2 EStG weder bei den einzelnen Einkunftsarten noch beim Gesamtbetrag der Einkünfte abgezogen werden. Nur soweit dies ausdrücklich gesetzlich geregelt ist, sind derartige Aufwendungen als Sonderausgabe (Rn. 879) oder außergewöhnliche Belastung (Rn. 884) abzugsfähig.

Unterhaltsleistungen eines unbeschränkt Steuerpflichtigen an den geschiedenen oder dauernd getrennt lebenden unbeschränkt steuerpflichtigen oder als EU-Angehörigen gemäß § 1 a EStG gleichgestellten Ehegatten (Rn. 872) sind nach § 10 I Nr. 1 EStG bis zu einem Höchstbetrag von 13 805 EUR pro Jahr einkommensmindernde Sonderausgaben, wenn der Geber dies **mit Zustimmung des Empfängers** beantragt, sogenanntes **„begrenztes Realssplitting".**[98]

Das Realsplitting ist bei Unterhaltszahlungen der **Erben** des unterhaltpflichtigen Ehe- 951 partners nach § 1586 b EStG nicht zulässig,[99] auch nicht Zahlungen des Vaters an die nicht mit ihm verheiratete die Mutter seines Kindes nach § 1615 l BGB.[100] Auch für den Unterhalt an den Partner einer eingetragenen Lebenspartnerschaft gezahlten Unterhalt gibt es kein Realsplitting.[101]

Eine gesetzliche Unterhaltspflicht ist nicht Voraussetzung für den Sonderausgabenabzug. 952 Es genügen auch Unterhaltszahlungen, die **freiwillig** oder auf Grund einer freiwillig eingegangenen Verpflichtung geleistet werden.[102] Nur der im jeweiligen Kalenderjahr real geleistete Unterhalt kann – begrenzt auf den Höchstbetrag von 13 805 EUR p. a. – als Sonderausgabe abgesetzt werden, gleichgültig für welchen Zeitraum die Zahlung bestimmt ist.

Beispiel:
M lebt seit Ende 01 getrennt. Unterhalt an F zahlt er trotz Stufenmahnung im Januar 02 nicht, obwohl diese wegen der Betreuung der gemeinsamen Kinder keiner Erwerbstätigkeit nachgeht. Mit einer einstweiligen Anordnung wird M im Mai 02 zu monatlichen Unterhaltszahlungen in Höhe 600 € verurteilt. Er zahlt bis zum Jahresende 4800 €, im Jahr 03 7200 €. Im Hauptverfahren vergleichen M und F sich im Dezember 03 auf einen monatlichen Ehegattenunterhalt von 1000 € ab Jan 04; nachzuzahlen sind für Januar 02 bis Dezember 03 insgesamt 12000 € (7200 € für 02, 4800 € für 03). Den auf 02 nachzuzahlenden, aber erst in 03 geflossenen Unterhalt kann M nicht um Einkommen in 02 absetzen, auch wenn der Steuerbescheid noch nicht bestandkräftig wäre. Nur die tatsächlich in 02 gezahlten 4800 € sind als Sonderausgabe abzugsfähig. In 03 sind durch die Zahlungen auf Grund der einstweiligen Anordnung 7200 € vom Höchstbetrag „verbraucht". M kann also maximal noch 6605 € abziehen, wenn er mindestens diesen Betrag vor Jahresende zahlt. In 04 kann er den laufenden Unterhalt 12 000 € abziehen, so dass von der Nachzahlung noch 1805 € geltend gemacht

---

[98] Gilt aufgrund von Doppelbesteuerungsabkommen auch für Dänemark, Kanada, USA und Schweiz (EStH 10.2)
[99] BFH NJW 1998, 1584
[100] BFH NV 1995, 777
[101] BFH NJW 2006, 3310: ggfs. außergewöhnliche Belastung nach § 33 a EStG (Rn. 963 ff.)
[102] BFH FamRZ 2000, 1360

§ 1 Die Ermittlung des unterhaltsrechtlich relevanten Einkommens

werden können. Wenn F sich nicht darauf einlässt, dass der verbleibende Rückstand erst ab 05 mit anteilig 1805 € jährlich getilgt wird, verfällt die steuerliche Abzugsmöglichkeit.[103]

953 Der Höchstbetrag gilt bei **mehreren Unterhaltspflichten** für jede.[104]

Beispiel:
M hat nach der Scheidung von F1 wieder geheiratet, lebt aber inzwischen von der zweiten Ehefrau F2 getrennt. Er hat in 01 9600 € nachehelichen Unterhalt an F1 und 6000 € Trennungsunterhalt an F2, insgesamt also 15 600 € gezahlt.

M kann den gesamten Unterhalt steuerlich absetzen, da die Zahlungen an F1 und F2 jeweils unter dem Höchstbetrag lagen.

954 Neben **Barunterhalt** kommen auch **Sachleistungen oder Nutzungen,** insbesondere die **unentgeltliche Überlassung einer Wohnung** in Betracht.[105] Wird eine Wohnung unentgeltlich zu Unterhaltszwecken überlassen und dadurch der Anspruch der Unterhaltsberechtigten auf Barunterhalt vermindert, so ist die Wohnungsüberlassung **mit dem objektiven Mietwert** einer geldwerten Sachleistung (Ausgabe) gleichzusetzen, mit der lediglich der Zahlungsweg der Unterhaltsleistungen abgekürzt wird. Aus demselben Grund kann der Unterhaltsverpflichtete die von ihm übernommenen umlagefähigen Nebenkosten als Unterhalt nach § 10 I EStG absetzen.

Beispiel:
F bewohnt mit den gemeinsamen Kindern die frühere Ehewohnung. Diese gehört F und M je zur Hälfte. Der objektive Mietwert beträgt monatlich 800 €. Der Wohnwert ist im Unterhaltsprozess mit 500 € festgestellt. M hat sich im Wege eines Vergleichs verpflichtet, der F die Wohnung zur alleinigen Nutzung zu überlassen und sämtliche Nebenkosten von 180 € zu tragen.

Als Sonderausgabe kann M ansetzen:
- den auf sein Miteigentum entfallenden Anteil an der objektiven Miete von 400 EUR,
- die verbrauchsabhängigen[106] Nebenkosten von 180 EUR;
- die verbrauchsunabhängigen Nebenkosten, soweit sie auf den Miteigentumsanteil der F entfallen.

Maßgeblich hierfür ist, dass der Verpflichtete seiner Ehefrau auch einen entsprechend höheren Barunterhalt hätte bezahlen und im Gegenzug die Erstattung der von ihm übernommenen Kosten hätte fordern können.

955 Das Realsplitting kann **nicht auf Teile eines Jahres beschränkt** werden. Ob der Höchstbetrag ausgeschöpft wird oder nur ein Teil des Unterhalts geltend gemacht wird, liegt aber im Ermessen der Beteiligten.[107] Eine Beschränkung auf einen Teil des Unterhalts ist insbesondere zu erwägen, wenn der volle Abzug beim Unterhaltsempfänger auch zu außersteuerlichen Nachteilen führt (Rn. 956).

Die **Zustimmung ist unbefristet** und kann vom Empfänger nicht für das laufende oder frühere Kalenderjahre widerrufen werden. Der Geber muss den **Sonderausgabenabzug** in jedem Jahr neu beantragen; dies erfolgt in der Steuererklärung. Wenn die Zustimmung erst nachträglich erteilt und auch der Antrag erst nachträglich gestellt worden ist, sind auch bereits bestandskräftige Steuerbescheide zu ändern.[108]

Beispiel:
M und F haben sich nach der Trennung im Jahr 01 über einen Ehegattenunterhalt in Höhe von 200 € geeinigt Außerdem hat F in der den Eheleuten je zur Hälfte gehörenden ETW gewohnt. Sie hat keine Miete, jedoch die Nebenkosten bezahlt. Der objektive Mietwert betrug 600 € monatlich. Ab 02 waren M und F in der Lohnsteuerklasse I bzw II. Von der Möglichkeit des Realsplitting war ihnen nichts bekannt. Als sie Ende 03 im Rahmen der Scheidungsvereinbarung informiert wurden, waren die Steuerbescheide für 02 bestandskräftig.

---

[103] Für 05 und ggfs. weitere Jahre kann M nicht nur den laufenden Unterhalt sondern auch die Nachzahlung, insgesamt höchstens 13 805 € auf die Lohnsteuerkarte eintragen lassen (Rn. 911 ff.)
[104] EStR 10.2 III
[105] BFH FamRZ 2000, 1360; BFH BeckRS 2006, 25011481; EStH 10.2 „Wohnungsüberlassung"
[106] Vgl. BGH FamRZ 2009, 1300 (beim Wohnwert „umlagefähige Nebenkosten")
[107] EStR 10.2 I
[108] EStH 10.2 „Allgemeines"; BFH DB 1989, 2259

12. Abschnitt: Unterhalt und Einkommensteuer § 1

M kann eine Änderung seines Steuerbescheides nach § 175 AO beantragen und 12 × 200 EUR Barunterhalt sowie 12 × 300 EUR für die unentgeltliche Überlassung seines Anteils an der ETW als Sonderausgabe absetzen. Der Steuerbescheid der F wird nach § 175 AO von Amts wegen geändert: 6000 EUR werden als sonstige Einkünfte nach § 22 EStG angesetzt.

Auch die Erweiterung der ursprünglich beschränkten Zustimmung stellt einen Fall der rückwirkenden Änderung nach § 175 AO dar und kann daher nachträglich zur Steuerermäßigung führen.[109]

b) Nachteilsausgleich. Die Unterhaltsleistungen stellen beim Empfänger gemäß § 22 Nr. 1 a EStG „Sonstige Einkünfte" dar, soweit sie vom Unterhaltspflichtigen als Sonderausgaben abgesetzt werden. Sie sind zu versteuern, soweit sie allein oder zusammen mit anderen steuerpflichtigen Einkünften die Freibeträge übersteigen. Dies gilt auch dann, wenn der Unterhaltspflichtige durch das Realsplitting keine Steuern spart, etwa aufgrund von Verlusten.[110] Wenn der Unterhaltsempfänger, nicht aber der Unterhaltspflichtige unbeschränkt steuerpflichtig ist, ist der Unterhalt beim Empfänger nicht zu versteuern.[111]

956

Nach § 10 I EStG als Sonderausgabe abgezogener Unterhalt ist auch nach anderen Gesetzen **als Einkommen zu behandeln**. So kann der Trennungsunterhalt schon vor der Rechtskraft der Scheidung dazu führen, dass der Empfänger aus der **Familienversicherung** des Unterhaltspflichtigen herausfällt.[112] Dies ist gemäß § 10 I Nr. 5 SGB V dann der Fall, wenn mit dem Trennungsunterhalt regelmäßig eine Einkommensgrenze von einem Siebtel der monatlichen Bezugsgröße nach § 18 SGB IV überschritten wird.[113] Die dann anfallenden Versicherungsbeiträge übersteigen leicht den steuerlichen Vorteil beim Geber. Auch können durch Überschreiten von Einkommensgrenzen öffentlichrechtliche Vergünstigungen etc. entfallen, z. B. Wohnungsbauprämien. Diese Nachteile können durch **Beschränkung des Realsplitting** auf den unschädlichen Teilbetrag oder den Ansatz des Unterhalts nach § 33 a I als außergewöhnliche Belastung (Rn. 963) vermieden werden.

Unschädlich ist das Realsplitting dagegen im Hinblick auf eine Geringfügige Beschäftigung, den sogenannten **„Minijob"**. Nach § 40 a IV EStG ist nur eine andere Beschäftigung bei demselben Arbeitgeber, nicht aber sonstiges Einkommen schädlich. Nach § 8 II SGB IV sind nur mehrere Geringfügige Beschäftigungen zusammenzurechnen und führen zur Versicherungspflicht. Sonstige Einkünfte im Sinn des § 22 EStG, zu denen auch der beim Geber als Sonderausgabe geltend gemachte Unterhalt gehört, ändern an der Steuer- und Versicherungsfreiheit eines Minijobs nichts.

Je geringer der Unterschied des jeweils zu versteuernden Einkommens bei Geber und Empfänger vor der Berücksichtigung der Unterhaltszahlung ist, umso geringer sind die steuerlichen Vorteile.

957

Beispiel:
M hat ein zu versteuerndes Einkommen von 50 000 €, bei F sind es 24 000 €. Das unterhaltsrechtliche Einkommen entspricht dem zu versteuernden. M zahlt 6000 € Kindesunterhalt. M zahlt an F einen Jahresunterhalt von 6000 €.[114]

Ohne Realsplitting zahlen M und F zusammen 17578 EUR Einkommensteuer und Solidaritätszuschlag, mit Realsplitting sind es 16954 EUR. Die Steuerersparnis beträgt 624 EUR pro Jahr.

Beispiel:
M hat ein zu versteuerndes Einkommen von 36 000 €, bei F sind es 24 000 €. Das unterhaltsrechtliche Einkommen entspricht dem zu versteuernden. Kinder sind nicht vorhanden. M zahlt an F einen Jahresunterhalt von 6000 €.

---

[109] BFH NJW-RR 2007, 217
[110] BFH Beck-online 2009, 25016415
[111] BFH FamRZ 2004, 1286
[112] BSG FamRZ 94, 1239; Lösungsmöglichkeit siehe Rn. 963
[113] Dies sind 365 € (Stand 2011)
[114] Der Erwerbstätigenbonus bleibt diesem und dem folgenden Beispiel zur Vereinfachung außer Ansatz

Ohne Realsplitting zahlen M und F zusammen 12 042 EUR Einkommensteuer und Solidaritätszuschlag, mit Realsplitting sind es 11 766 EUR. Die Steuerersparnis beträgt 275 EUR pro Jahr.

Wenn der Nachteilsausgleich beim Unterhalt berücksichtigt wird, teilen sich die Ersparnisse zwischen M und F im Verhältnis 4 : 3 – bei Geltung der SüdL 55 : 45 – auf.[115] Es sollte daher vor der Geltendmachung des Realsplitting in jedem Einzelfall geprüft werden, was tatsächlich an Steuerersparnis herauskommt.

958   c) **Unterhaltsrechtliche Fragen.** Der Empfänger hat die Zustimmung zum Realsplitting auf Verlangen des Gebers nach dem Grundsatz von Treu und Glauben zu erteilen,[116] weil er damit die finanzielle Belastung des Gebers verringert. Eine schuldhafte **Verweigerung** der Zustimmung führt zur **Schadensersatzpflicht.**[117] Die Zustimmung kann aber davon abhängig gemacht werden, dass der Geber dem Empfänger die wirtschaftlichen Nachteile (Einkommensteuer, Solidaritätszuschlag, Kirchensteuer und sonstige finanzielle Nachteile)[118] ausgleicht, die ihm durch das Realsplitting entstehen.

Im Jahr der **Wiederheirat des Empfängers** beschränkt sich der Ausgleich jedoch auf die Nachteile, die auch ohne die Wiederheirat entstanden wären.[119] Dies gilt nach Auffassung des BGH auch, wenn der Unterhalt für die Zeit vor der neuen Eheschließung geschuldet und bei rechtzeitiger Zahlung keine oder geringere Steuern nach sich gezogen hätte, aber erst danach gezahlt worden ist und infolge der Zusammenveranlagung mit dem gut verdienenden neuen Ehepartner erhebliche zusätzliche Steuern verursacht hat.[120] Offen lässt der BGH dabei, ob ein weitergehender Anspruch als Verzugsschaden geltend gemacht werden kann.[121]

959   Für die Erteilung der Zustimmung gelten nach der Rechtsprechung des BGH[122] folgende Kriterien:
- Der barunterhaltsberechtigte Ehegatte muss dem sog. begrenzten Realsplitting grundsätzlich zustimmen, wenn der Unterhaltspflichtige die **steuerlichen Nachteile ausgleicht,** die dem Berechtigten daraus erwachsen.
- Die Zustimmung kann nur Zug um Zug gegen eine **bindende Erklärung** verlangt werden, durch die sich der Unterhaltsverpflichtete zur Freistellung des Unterhaltsberechtigten von den ihm entstehenden steuerlichen Nachteilen verpflichtet.
- Von einer entsprechenden Verpflichtung zum Ausgleich sonstiger Nachteile kann der Unterhaltsberechtigte seine Zustimmung nur abhängig machen, wenn er diese **Nachteile im Einzelfall substantiiert** darlegt.
- Ob der Unterhaltsberechtigte seine Zustimmung von einer **Sicherheitsleistung** abhängig kann machen, ist vom BGH bisher nicht entschieden. Das OLG Schleswig[123] hat dies für den Fall bejaht, dass zu besorgen ist, dass der Unterhaltspflichtige seine Verpflichtung zum Ausgleich der finanziellen Nachteile nicht oder nicht rechtzeitig erfüllen wird.

960   Zu den grundsätzlich zu erstattenden Nachteilen aus der Inanspruchnahme des begrenzten Realsplittings gehören auch die Steuervorauszahlungen des Ehegatten, dessen Einkommen sich durch diese Wahl der Besteuerung erhöht und deshalb zur Festsetzung von Vorauszahlungen führt.[124] Der Anspruch auf Erstattung der Steuervorauszahlungen kann bereits **zum Zeitpunkt ihrer Fälligkeit** gegeben sein.

961   Die Zustimmung ist auch bei **Streitigkeiten über die Höhe des Unterhalts** zu erteilen, da die Höhe des gezahlten Unterhalts keine Frage der Zustimmung zum Realsplitting ist; die Zustimmung gilt dem Grunde nach, soweit sie nicht ausnahmsweise betrags-

---

[115] Die Steuerersparnis erhöht sich bei Kirchensteuerpflicht und wenn F Kranken- oder/und Altersvorsorgeunterhalt erhält und als Sonderausgabe abziehen kann
[116] BGH FamRZ 1998, 953
[117] BGH FamRZ 1988, 820; NJW 1988, 2886
[118] BGH FamRZ 1983, 576
[119] BGH FamRZ 1992, 1050
[120] BGH FamRZ 2010, 717 Rn. 16 ff.
[121] A. a. O. Rn. 20
[122] BGH FamRZ 1983, 576; NJW 1983, 1545
[123] NJW-RR 2007, 660
[124] OLG Hamburg FamRZ 2005, 519; OLG Bamberg FamRZ 1987, 1047 gegen OLG Karlsruhe FamRZ 1992, 67

12. Abschnitt: Unterhalt und Einkommensteuer § 1

mäßig beschränkt wird. Die Angabe des als Sonderausgabe abzusetzenden Betrags erfolgt in der Anlage U, die mit der Einkommensteuererklärung des Unterhaltsverpflichteten abgegeben wird. Die Unterzeichnung der **Anlage U** wird nicht geschuldet.[125] Bei Meinungsverschiedenheiten über die Höhe des als Sonderausgabe abzugsfähigen Unterhalts, z. B. bei Sachleistungen, kann dem unterhaltsberechtigten Ehepartner kein Anerkenntnis zugemutet werden.

Die Zustimmung darf nicht davon abhängig gemacht werden, dass der Geber den Empfänger **an der Steuerersparnis beteiligt,** die dieser auf Grund des Sonderausgabenabzugs erhält.[126] Diese kommt dem Empfänger verspätet durch die Einkommenserhöhung beim Geber zugute, wobei der von diesem geleistete Nachteilsausgleich wiederum einkommensmindernd ins Gewicht fällt. Eine Aufrechnung gegen den Anspruch auf Nachteilsausgleich ist nicht zulässig.[127]

Die Zustimmung ist zum Nachweis in der Regel **schriftlich** oder zur Niederschrift des Finanzamtes zu erklären.[128] Wird sie gegenüber dem Finanzamt erklärt, ist der Geber zu benachrichtigen.[129] Die Klage auf Zustimmung ist eine Familiensache und richtet sich auf Abgabe einer Willenserklärung. Eine Vollstreckung aus dem Urteil erübrigt sich wegen der Fiktion nach § 894 ZPO. Ein Widerruf durch den Unterhaltsberechtigten ist in diesem Fall ausgeschlossen, gegebenenfalls muss er klagen.

Der **Nachteilsausgleich** kann **auch nach Ablauf der Jahresfrist** des § 1585 b BGB **962** noch geltend gemacht werden. Er ist ein Anspruch eigener Art und fällt nicht unter diese Bestimmung; sie ist auch nicht analog anzuwenden, da der Geber bei Inanspruchnahme des Realsplittings mit der Erstattungspflicht rechnen muss und insoweit keinen Vertrauensschutz genießt.[130] Im Sinn des Art. 5 II EuGVVO ist der Anspruch auf Nachteilsausgleich ist jedoch eine Unterhaltssache.[131] Der Unterhaltsberechtigte kann daher seinen Anspruch auf Nachteilsausgleich bei dem für seinen Wohnsitz zuständigen Gericht einklagen, wenn der Unterhaltsverpflichtete im EU-Ausland lebt. Auch einkommensteuerrechtlich wird der Nachteilsausgleich als Unterhalt und damit als Sonderausgabe abzugsfähige Unterhaltsleistung behandelt.[132]

2. Unterhaltszahlungen als außergewöhnliche Belastung

Der an den auf Dauer getrennt lebenden oder geschiedenen Ehegatten auf Grund **963** gesetzlicher Verpflichtung gezahlte Unterhalt kann statt als Sonderausgabe nach § 10 EStG **bis zur Höhe von 8004 EUR** auch gemäß § 33 a EStG als außergewöhnliche Belastung vom Gesamtbetrag der Einkünfte abgezogen werden, wenn der Unterhaltsempfänger kein oder nur geringes Vermögen hat. Dies ist nach Auffassung der Finanzverwaltung ein Vermögen mit einem Verkehrswert von nicht mehr als 15 500 EUR. Selbstbewohntes angemessenes Wohneigentum wird nicht berücksichtigt.[133] **Eigene Einkünfte sind** auf den Abzugsbetrag **anzurechnen,** soweit sie 624 EUR im Jahr übersteigen. Im Gegensatz zum Realsplitting ist der vom Unterhaltspflichtigen als außergewöhnliche Belastung abgesetzte Unterhalt beim Empfänger **kein Einkommen,** so dass er nicht zu versteuern ist und auch nicht zum Ausscheiden aus der Familienversicherung führt. Der Nachteilsausgleich entfällt. Die Berücksichtigung des Unterhalts als außergewöhnliche Belastung ist daher beim Trennungsunterhalt eine Möglichkeit, den Versicherungsschutz des unterhaltsberechtigten Ehepartners aus der Familienversicherung (Rn. 956) zu erhalten.

---

[125] BGH FamRZ 1998, 953
[126] BGH FamRZ 1984, 1211
[127] BGH FamRZ 1997, 544
[128] Schmidt/Heinicke EStG § 10 Rn. 54
[129] OLG Karlsruhe FamRZ 2004, 960
[130] BGH FamRZ 1985, 1232 = R 273; BGH FamRZ 2005, 1162 = R 631
[131] BGH FamRZ 2008, 40
[132] BFH FamRZ 2008, 888
[133] Schmidt/Loschelder § 33 a Rn. 27; Einzelheiten EStR 33 a

964 Wenn sowohl § 10 I EStG als auch § 33a EStG anwendbar sind, kommt es auf die Verhältnisse im Einzelfall an, welcher Ansatz der günstigere ist. In der Regel ist dies das Realsplitting, sobald der Unterhalt den Grenzbetrag nach § 33a EStG übersteigt oder der Unterhaltsempfänger eigene Einkünfte über 52 EUR monatlich hat.

Kirchensteuerpflicht, Kinderfreibeträge und die Absetzbarkeit von Vorsorgeaufwendungen auf Seiten des Unterhaltsberechtigten wirken sich aus, so dass man um eine Vergleichsrechnung nicht auskommt.

Auch wo der Abzug nach § 33a EStG eine geringere Steuerentlastung bringt, muss der Vorteil berücksichtigt werden, dass er ohne Zustimmung und ohne die Umstände und Risiken des Nachteilsausgleichs geltend gemacht werden kann. Man sollte deshalb auf das Realsplitting verzichten, wenn der Unterhalt nicht oder nur wenig höher ist als der nach § 33a EStG absetzbare Betrag und die steuerrechtlichen Voraussetzungen für den Abzug als außergewöhnlich Belastung (Rn. 963) vorliegen.

965 Der den Höchstbetrag nach § 10 I EStG übersteigende Unterhalt kann nicht nach § 33 EStG als außergewöhnliche Belastung abgesetzt werden. Nach Auffassung des BFH wird **durch die Wahl des Realsplitting** der **gesamte Unterhalt** zur **Sonderausgabe** erklärt, so dass andere Abzugsmöglichkeiten ausscheiden.[134]

Die Berücksichtigung als außergewöhnliche Belastung kommt dann in Betracht, wenn der Unterhaltsempfänger den Unterhalt nicht versteuern muss. Dies ist bei nicht unbeschränkt Steuerpflichtigen der Fall und bei Unterhaltsempfängern in der EU zu prüfen.[135] Ein weiterer Anwendungsfall des § 33a EStG ist die Belastung mit Unterhaltspflichten nach § 1615l BGB. Steuerrechtlich geht die Verpflichtung des Kindsvaters gegenüber der Mutter eventuellen Unterhaltspflichten ihrer Eltern vor, so dass der Kindsvater die Absatzmöglichkeit nach § 33a BGB hat und die Eltern der Kindsmutter keine Kinderfreibeträge für diese in Anspruch nehmen können.[136]

Ein Abzug des Unterhalts nach § 33 EStG (Rn. 882) kommt nicht in Betracht, da § 33a EStG lex specialis ist.[137] Dies gilt auch für Nachzahlungen. Jedoch gilt dies nur für den regulären Unterhalt. Besondere Aufwendungen können daneben als außergewöhnlich Belastung nach § 33 EStG abgesetzt werden.[138]

966–969 – in dieser Aufl. nicht belegt –

VII. Berücksichtigung der Steuerbelastung beim unterhaltsrechtlichen Einkommen

1. Grundlagen

970 Durch die Unterhaltszahlung soll der Unterhaltsempfänger am laufenden Einkommen des Unterhaltspflichtigen **angemessen beteiligt** werden. Dabei ist auf die aktuellen Einkommensverhältnisse abzustellen, soweit sie eheprägend sind (Rn. 4/416). Da es aber nicht möglich ist, das im Zahlungszeitraum zur Verfügung stehende Einkommen zeitgleich zu ermitteln, muss im Wege einer Prognose das **künftige Einkommen geschätzt** werden (vgl. Rn. 24 ff.). Diese Prognose basiert auf den Einkünften in möglichst aktueller Vergangenheit. Die einkommenserheblichen Umstände aus der Vergangenheit müssen jedoch korrigiert werden, soweit sie erkennbar im Unterhaltszeitraum nicht mehr eintreten werden (vgl. Rn. 24, 26, 72).[139] Wenn eine künftige Änderung zwar zu erwarten, ihr Umfang jedoch nicht zu bestimmen ist, muss deren Eintritt abgewartet und dann eine Abänderung des Unterhalts veranlasst werden.

---

[134] EStH 10.2 „Allgemeines"; BFH DStR 2001, 338
[135] Vgl. § 1 a I EStG 1. Alternative
[136] BFH DStRE 2004, 1143
[137] Schmidt/Loschelder § 33 Rn. 35 „Unterhalt"
[138] BFH DStR 2008, 1961
[139] BGH FamRZ 2004, 1177 = R 615

2. Rechtsprechung des Bundesgerichtshofes

Der BGH hält trotz vielfach zugestandener Ausnahmen in ständiger Rechtsprechung am **In-Prinzip als Grundsatz** fest: bei der Ermittlung des unterhaltsrechtlichen Einkommens ist auf die Steuern abzustellen, die **im Prüfungszeitraum**, d. h. bei nichtselbständig Tätigen in den letzten zwölf Monaten, bei selbständig Tätigen in den letzten drei Jahren vor der Unterhaltsberechnung **tatsächlich gezahlt oder erstattet** worden sind. Der Leitsatz des Urteils des BGH vom 31. 1. 1990[140] lautet: **971**

> „Es wird daran festgehalten, dass bei der Ermittlung der ehelichen Lebensverhältnisse grundsätzlich auf das tatsächliche, auf der Grundlage der konkreten Steuerbelastung (hier: nach Steuerklasse I) verfügbare Nettoeinkommen des unterhaltsverpflichteten Ehegatten abzustellen ist."

Der BGH nimmt Bezug auf frühere Urteile.[141] Diesen Grundsatz hat der BGH noch im selben Jahr in mehreren Entscheidungen[142] wiederholt. Schon im Jahr 1980[143] hatte der BGH sogar für den Fall der Wiederheirat des Unterhaltspflichtigen das nach Lohnsteuerklasse III besteuerte Einkommen zugrunde gelegt.[144]

Auch für Steuern auf **Einkünfte von Selbständigen** soll das In-Prinzip gelten. In der Entscheidung des BGH vom 19. 2. 2003[145] heißt es: **972**

> „Vielmehr entspricht es der Rechtsprechung des Senats, dass Steuern regelmäßig in der Höhe angerechnet werden, in der sie im Prüfungszeitraum real angefallen sind."

Auch in seiner Entscheidung vom 23. 5. 2007[146] hat der BGH noch einmal dargelegt, dass grundsätzlich **von den tatsächlich erzielten Einkünften auszugehen** ist und deswegen auch die Steuerlast in ihrer jeweils realen Höhe maßgebend ist. Dies gilt nach Auffassung des BGH unabhängig davon, ob sie im konkreten Fall seit der Trennung gestiegen oder gesunken ist und ob das auf einem gesetzlich vorgeschriebenen Wechsel der Steuerklasse oder auf einer Änderung des Steuertarifs beruht.[147] **973**

Berichtigungen der tatsächlichen, durch Steuerbescheid oder Lohnabrechnung nachgewiesenen Nettoeinkünfte sind nur in besonders gelagerten Fällen vorzunehmen, wenn z. B.

- nicht prägende Einkünfte geflossen sind,[148]
- steuerliche Vergünstigungen vorliegen, die dem Unterhaltsberechtigten nicht zugute kommen dürfen (Ehegattensplitting aus neuer Ehe,[149] Verheiratetenzuschlag aus zweiter Ehe,[150] oder der auf den neuen Ehepartner entfallende Kinderfreibetrag[151]),
- erreichbare Steuervorteile entgegen einer Obliegenheit (Rn. 911 ff., Rn. 1020) nicht in Anspruch genommen worden sind.[152]

Weitere Ausnahmen vom In-Prinzip wurden schon früher anerkannt, so etwa **974**

- wenn wegen **Verletzung der Erwerbsobliegenheit** fiktive Einkünfte oder Mehreinkünfte zu berücksichtigen sind,[153]
- wenn **steuermindernde Aufwendungen** als unterhaltsrechtlich irrelevant dem Einkommen zugerechnet werden.[154]

---

[140] BGH FamRZ 1990, 981 = R 416 c
[141] BGH FamRZ 1983, 152; 1988, 486; 1988, 817
[142] BGH FamRZ 1990, 503 = R 413; NJW 1991, 224 = R 425; FamRZ 1991, 670
[143] BGH FamRZ 1980, 984
[144] Überholte Rechtsprechung, vgl. Rn. 976
[145] BGH FamRZ 2003, 741, 744 = R 590 c
[146] BGH FamRZ 2007, 1232 = R 678
[147] A. a. O. S. 1234
[148] BGH FamRZ 1990, 981 = R 416 c
[149] BGH FamRZ 2005, 1817; NJW-Spezial 2005, 536
[150] BGH FamRZ 2007, 882 (884); nicht dagegen beim Kinderzuschlag und beim Kinderfreibetrag
[151] A. a. O.
[152] Hinweis auf BGH FamRZ 1998, 953
[153] BGH a. a. O.
[154] BGH FamRZ 1987, 36 = R 310; bestätigt BGH FamRZ 1992, 1045

§ 1 Die Ermittlung des unterhaltsrechtlich relevanten Einkommens

In der letztgenannten zum Bauherrenmodell ergangenen Entscheidung hat der BGH festgestellt, dass bei der unterhaltsrechtlichen Einkommensermittlung eine **fiktive Steuerberechnung** erfolgen muss, wenn steuerlich relevante Betriebsausgaben oder Werbungskosten **unterhaltsrechtlich nicht anerkannt** werden. In diesem Fall sei es unbillig, die dadurch erzielten, die Einkommensminderung teilweise kompensierenden Steuervorteile nicht ebenfalls außer Ansatz zu lassen.

Dementsprechend wurde in einer anderen Entscheidung[155] der Steuervorteil aus wegen nach § 323 ZPO nicht berücksichtigter Fahrkosten dem Unterhaltsschuldner belassen.

975 Anders dagegen verhält es sich, wenn die unterhaltsrechtlich nicht anerkannten einkommensmindernden Umstände **nicht zu einem Abfluss von Geldmitteln** geführt haben, etwa bei **linearer Abschreibung von Gebäuden**.[156] Allerdings hat der BGH in dieser Entscheidung die durch das OLG vorgenommene fiktive Steuerberechnung mit der Begründung bestätigt, dass ohne die Anschaffung der Immobilie die Steuerminderung nicht erfolgt wäre. Auch bei Sonderabschreibungen[157] hält der BGH eine fiktive Steuerberechnung nicht für nötig.

Wenn jedoch die Bildung von **Ansparrücklagen**[158] unterhaltsrechtlich nicht als abzugsfähig anerkannt wurde, musste nach einer späteren Entscheidung eine fiktive Steuerberechnung vorgenommen werden.[159] Es ist diejenige Steuerbelastung – fiktiv – zu berücksichtigen, die ohne die Ansparabschreibungen angefallen wäre. Der BGH begründet dies damit, dass der Zweck der Ansparrücklage weitgehend durchkreuzt würde, wenn die hierdurch erhöhte Liquidität des Unternehmens automatisch eine erhöhte Unterhaltsschuld des Unternehmers zur Folge hätte, da die zusätzlich zur Verfügung stehenden liquiden Mittel gerade nicht in den privaten Konsum fließen sollen, was das letztlich vom Fiskus übernommene Insolvenzrisiko erhöhen würde.

An die Stelle der Ansparrücklage ist ab 2008 der **Investitionsabzugsbetrag** (Rn. 214) getreten. Die Veränderungen sind unterhaltsrechtlich nicht relevant. Die Rechtsprechung des BGH zur Ansparrücklage gilt in gleicher Weise für die unterhaltsrechtliche Behandlung der Steuerbelastung beim Investitionsabzugsbetrag.

Dies gilt aber in gleicher Weise bei der Sonderabschreibung, die ebenso wie die Ansparrücklage die Liquidität des investierenden Unternehmens durch nachgelagerte Besteuerung erhöhen soll (Rn. 213 ff.; 346).

976 Dass in Fällen der **Wiederheirat des Unterhaltspflichtigen** das für den nachehelichen Unterhalt maßgebliche Einkommen mit einer fiktiven Steuerberechnung auf der Basis getrennter Veranlagung ermittelt werden muss, war nach dem Urteil des Bundesverfassungsgerichts vom 7. 10. 2003[160] nicht mehr umstritten.[161] Nach der Änderung des Unterhaltsrechts zum 1. 1. 2008 hat der BGH in seiner Rechtsprechung[162] zur Dreiteilungsmethode festgestellt, dass bei **Wiederheirat des Unterhaltspflichtigen** der nacheheliche Unterhalt und der Unterhalt der neuen Ehefrau unter Berücksichtigung des Splittingvorteils aus der neuen Ehe zu ermitteln sei. Der Gleichrang des neuen Ehegatten nach § 1609 n. F. BGB beseitige die Benachteiligung, die Grundlage für die Entscheidung des BVerfG zur fiktiven Steuerberechnung gewesen sei. Allerdings hat der BGH auch festgestellt, dass dem geschiedenen Ehegatten

> „danach Unterhalt allenfalls in der Höhe zu(stehe), wie er sich ergäbe, wenn der Unterhaltspflichtige nicht neu geheiratet hätte und deswegen weder ein Splittingvorteil noch ein neuer unterhaltsberechtigter Ehegatte vorhanden wären."

---

[155] BGH FamRZ 2007, 882, 884 = R 675 a
[156] BGH FamRZ 2005, 1159 = R 623
[157] BGH FamRZ 2003, 741 = R 590 c
[158] Anparrücklagen konnten bei Gewinneinkünften (Rn. 160 ff.) bis Ende 2007 gebildet werden. Bis zu zwei Jahre vor der geplanten Investition konnten damit ohne tatsächliche wirtschaftliche Belastung Abschreibungen einkommensmindernd angesetzt werden
[159] BGH FamRZ 2004, 1177
[160] BVerfG FamRZ 2003, 1821 = R 598
[161] BGH FamRZ 2005, 1817 = R 632; FamRZ 2007, 882 = R 675; FamRZ 2007, 1232, 1233 = R 678 b
[162] BGH FamRZ 2008, 1911 Rn 49

12. Abschnitt: Unterhalt und Einkommensteuer § 1

Unter Berücksichtigung der Entscheidung des BVerfG zur Dreiteilungsmethode[163] ist bei der Ermittlung des Unterhaltsbedarfs die bisherige Rechtsprechung[164] zu Grunde zu legen, also der Splittingvorteil aus der neuen Ehe nicht zu berücksichtigen, während bei der Leistungsfähigkeit das tatsächliche Einkommen unter Berücksichtigung von Splitting und Realsplitting heranzuziehen ist.[165]

Beim Kinderfreibetrag (Rn. 2/708) ist zu unterscheiden: Die Freibeträge des § 32 VI für alle Kinder – gleich aus welcher Ehe sind immer zu berücksichtigen, soweit sie dem Unterhaltspflichtigen zustehen. Die der neuen Ehefrau zustehenden Freibeträge stehen jedoch nur der zweiten Ehe zu. Da diese bei Zusammenveranlagung durch Verdopplung der Freibeträge berücksichtigt werden, sind die im Steuerbescheid berücksichtigten Beträge bei der fiktiven Einzelveranlagung zu halbieren.[166]

Für die **Berechnung des Unterhalts der Kinder** – gleichgültig aus welcher Ehe – ist jedoch das tatsächliche Einkommen **unter Berücksichtigung des Ehegattensplittings** und gegebenenfalls Realsplittings zu Grunde zu legen,[167] und zwar auch dann, wenn der zweite Ehegatte nachrangig ist.[168] Eine Ungleichbehandlung der Kinder aus erster und zweiter Ehe ist unzulässig.[169] 977

Daran dass das unterhaltsrechtlich maßgebliche Einkommen des Unterhaltspflichtigen **nicht aus der Lohnsteuerklasse V** errechnet werden darf,[170] hat sich nichts geändert. In der Lohnsteuerklasse V wird ein Zuschlag zum tatsächlichen Einkommen versteuert zum Ausgleich dafür, dass der andere Ehepartner mit einer Progression ohne Berücksichtigung des zweiten Einkommens begünstigt wird.

Wenn in der neuen Ehe **beide Ehegatten steuerpflichtige Einkünfte** erzielen, darf jedoch auch nicht von der Steuerklasse III ausgegangen werden. Der auf den Unterhaltspflichtigen entfallende Steueranteil ist nicht mehr durch einen Zuschlag – so noch der BGH a. a. O. – sondern wie bei der Ermittlung der unterhaltsrechtlichen Einkünfte nach der Trennung (Rn. 944) im Verhältnis **fiktiver getrennter Steuerveranlagung** zu ermitteln.[171] Bei der Ermittlung des Einkommens auf der Basis der Lohnsteuer ist diese nach dem Faktorverfahren (Rn. 909) zu ermitteln. Dem nicht unterhaltspflichtigen Ehepartner müssen dabei auch die Steuervergünstigungen aus Werbungskosten, Sonderausgaben, außergewöhnlichen Belastungen und Freibeträgen verbleiben,[172] da er sonst an der Unterhaltsverpflichtung des anderen beteiligt würde.

Beim **Realsplitting** (Rn. 950 ff.) wird die Verpflichtung zum Eintrag auf die Lohnsteuerkarte nur hinsichtlich des bereits festgestellten oder vom Schuldner anerkannten Betrags oder Teilbetrags angenommen (Rn. 912), jedoch Steuerminderung fiktiv auch dann berücksichtigt, wenn Zahlungen trotz Anerkenntnis oder Verurteilung schuldhaft nicht erbracht worden sind.[173]

Eine fiktive Steuerberechnung beim Unterhaltsberechtigten wird man vornehmen müssen, wenn dieser den **Vorsorgeunterhalt zweckwidrig verbraucht** und deshalb keine Vorsorgeaufwendungen als Sonderausgabe abziehen kann (Rn. 914; 4/873). 978

3. Ermittlung der unterhaltsrechtlich abzugsfähigen Steuern nach dem In-Prinzip

In der Entscheidung zur Ansparrücklage (Rn. 975)[174] hat der BGH festgestellt, dass die Ermittlung des unterhaltsrechtlich maßgeblichen Einkommens aus dem Einkommen des 979

---

[163] BVerfG FamRZ 2011, 437 = NJW 2011, 836 = R 722
[164] BGH FamRZ 2007, 1232, 1232 = R 678
[165] Im Einzelnen dazu Rn. 4/579
[166] BGH FamRZ 2007, 983 und 2008, 968
[167] BGH FamRZ 2007, 882 = R 675 b
[168] BGH FamRZ 2010, 1318
[169] BGH FamRZ 2008, 2189
[170] BGH FamRZ 1980, 984
[171] BGH FamRZ 2007, 882, 884 = R 675 a., zur Regelung ab 1. 1. 2008 siehe Fn. 123
[172] BGH FamRZ 2007, 983 = R 676
[173] BGH FamRZ 1990, 504 = R 413; 2007, 1232, 1234 = R 678 d; 2007, 793, 797 = R 674 g
[174] BGH FamRZ 2004, 1177 = R 615

Prüfungszeitraums, also das In-Prinzip nicht als Dogma missverstanden werden dürfe. Die Heranziehung der Ergebnisse der Vorjahre erscheine ausnahmsweise nicht gerechtfertigt, wenn sie keinen zuverlässigen Schluss auf die Höhe des laufenden Einkommens zulasse. Wenn man diesen Grundsatz der unterhaltsrechtlichen Berücksichtigung der Steuerbelastung zugrunde legt, ergibt sich folgendes: die Steuerbelastung ist ein Abzugsposten bei der Ermittlung des unterhaltsrechtlich maßgeblichen Einkommens (Rn. 595 ff.). Wenn das unterhaltsrechtlich maßgebliche Einkommen aus dem steuerrechtlich maßgeblichen Einkommen ermittelt ist, lässt sich der Umfang der daraus resultierenden Steuerbelastung genau berechnen; ein Rückgriff auf die Steuerbelastung im Prüfungszeitraum ist daher nicht zulässig, wenn die steuerrechtlich relevanten Verhältnisse im Zahlungszeitraum, sei es auf der Ebene der Einkommensermittlung, sei es auf der Ebene der Steuergesetze, von denen im Prüfungszeitraum nennenswert abweichen. In einem solchen Fall muss die Steuerbelastung fiktiv ermittelt werden.

980 Die Betrachtung der BGH-Rechtsprechung zeigt, dass das In-Prinzip nicht der tragende Grund für die jeweilige Entscheidung war. Teils wurde es nur erwähnt, wenn es wegen besonderer Umstände nicht angewandt wurde,[175] teils wurde es nur unterstützend herangezogen. So ist das wesentliche Argument für den BGH in der ausführlich begründeten Entscheidung vom 24. 1. 1990,[176] dass das nach Abzug der Lohnsteuer aus Klasse I verbleibende Nettoeinkommen zum Zeitpunkt der Ehescheidung bereits prägend war. Dann heißt es:

> *„Gleichwohl hat der Senat seine Rechtsprechung* **auch** *(Hervorhebung durch Verf.) auf Gründe der Praktikabilität gestützt, weil die Ermittlung eines fiktiven Einkommens unter Ansatz einer anderen als der tatsächlich zugrundegelegten Steuerklasse mit Schwierigkeiten und Unsicherheiten behaftet sein könne."*

Dass die Argumentation mit der Schwierigkeit fiktiver Steuerberechnung nicht mehr zeitgemäß ist, hat das Bundesverfassungsgericht inzwischen ausdrücklich festgestellt.

> *„Auch im Übrigen ist aber eine etwas schwierigere, jedoch mögliche und durch Technik und Programme unterstützte Berechnung kein hinreichender Grund, Steuervorteile in Abweichung von der gesetzgeberischen Absicht zuzuordnen."*[177]

981 Bei **Einkünften aus Gewerbebetrieb,** Selbstständiger Arbeit und Land- und Forstwirtschaft oder auch bei Einkünften aus Vermietung oder Verpachtung ist die Abweichung der künftigen Steuerlast von den im Prüfungszeitraum angefallenen Steuern **die Regel,** eine Übereinstimmung wäre der reine Zufall. Die **Festsetzung der Steuervorauszahlung** erfolgt im Allgemeinen auf der Grundlage der Einkünfte, die im letzten Steuerbescheid festgestellt worden waren, und entspricht daher nur selten den tatsächlichen Einkünften. Die endgültige Steuerbelastung wird in den meisten Fällen erst ein bis zwei Jahre nach Ablauf des Veranlagungszeitraums festgesetzt, meistens unter dem Vorbehalt der Nachprüfung (Rn. 302), so dass unter Umständen erst nach weiteren drei bis fünf Jahren nach Abschluss einer Betriebsprüfung (Rn. 303) eine verbindliche Festsetzung vorliegt. Eine Betriebsprüfung führt häufig **zu erheblichen Nachzahlungen** oder selten zu Erstattungen.

Nach der Rechtsprechung des BGH ist das unterhaltsrechtlich relevante Einkommen aus dem Einkommensdurchschnitt der letzten drei Jahre zu ermitteln (Rn. 420), wobei dabei die jeweilige tatsächliche Steuerbelastung zu berücksichtigen ist (Rn. 972). Unerheblich ist dabei bei strikter Anwendung des In-Prinzips, ob die Steuerbelastung den tatsächlichen Einkünften entspricht und ob geflossene Steuerzahlungen und Steuererstattungen überhaupt im Bezug zum Einkommen des Jahres stehen.

> **Beispiel:**
> U erteilt zur Ermittlung seines unterhaltsrechtlich maßgeblichen Einkommens Auskunft für die Wirtschaftsjahre 03 bis 05. In den Jahren 03 und 04 hat er neben den Steuervorauszahlungen für das jeweils laufende Jahr auf Grund von Steuerbescheiden für 01 und 02 insgesamt 12 000 € nachgezahlt.

---

[175] Siehe die Fundstellen für die Entscheidungen unter Rn. 973 bis 976
[176] BGH FamRZ 1990, 981 = R 416 c (unter II. 4. Abs. 1 der Begründung)
[177] BVerfG FamRZ 2003, 1821 = R 598 Rn. 44 letzter Satz

12. Abschnitt: Unterhalt und Einkommensteuer § 1

In Jahr 04 und 05 hat er Vorauszahlungen in Höhe von jeweils 30 000 € pro Jahr geleistet. In 04 kam dazu eine Nachzahlung von 20 000 € auf Grund der Betriebsprüfung für die Jahre 00 bis 02. Aufgrund der Steuerveranlagung für 04 ergibt sich im Jahr 06 eine Steuererstattung von 10 000 €, in 07 für 05 eine Erstattung von 5000 €.

U hat im Prüfungszeitraum neben den Steuern für 02 und 03, die mit dem sich für die beiden Jahr ergebenden Betrag bis 05 abgewickelt waren, folgende Einkommensteuern gezahlt:

Nachzahlung für 02 und 03	12 000 EUR
Vorauszahlungen für 04 und 05	60 000 EUR
Nachzahlung für 00 bis 02	20 000 EUR
insgesamt	92 000 EUR

Davon entfallen 32 000 EUR auf Einkünfte vor 03, die nicht in die unterhaltsrechtliche Einkommensermittlung eingehen. Von den Vorauszahlungen in 04 und 05 für die laufenden Jahre erhält er nach dem Prüfungszeitraum insgesamt 15 000 EUR zurück. Im Ergebnis werden also 47 000 EUR mehr an Steuern einkommensmindernd berücksichtigt, als auf das maßgebliche Einkommen entfallen.

Bei anderen Konstellationen ergeben sich zu geringe Steuerabzüge. Dass sich die im Prüfungszeitraum für die vorangegangene Zeit realisierten Steuern mit denen aufheben, die für den Prüfungszeitraum erst nach dessen Ablauf zu- oder abfließen, ist kaum jemals der Fall.

Das **In-Prinzip** ist deshalb vor allem insoweit **seit Jahren in der Kritik,** als es auch bei 982 der Einkommensermittlung von Gewerbetreibenden und Selbstständigen angewandt wird. Die unterschiedlichen Alternativen zum strengen In-Prinzip des BGH bei der Berücksichtigung der Einkommensteuer bei der Ermittlung des unterhaltsrechtlich relevanten Einkommens sind[178]

- das Für-Prinzip unter Berücksichtigung der veranlagten Steuern,
- das Für-Prinzip mit vollständiger fiktiver Steuerberechnung und
- das Für-Prinzip mit partieller fiktiver Steuerberechnung.

Das **Für-Prinzip** unter Berücksichtigung der veranlagten Steuern[179] bedeutet, dass statt der tatsächlich im Prüfungszeitraum gezahlten und erstatteten Steuern die vom Finanzamt **für den Prüfungszeitraum veranlagten Steuern** ohne Korrekturen in Ansatz gebracht werden. Beim Für-Prinzip mit vollständiger fiktiver Steuerberechnung werden zunächst **alle unterhaltsrechtlich relevanten Korrekturen** am steuerlichen Einkommen vorgenommen und aus diesem sodann fiktiv die Einkommensteuer errechnet. Dies steht der differenzierten Auffassung zur Berücksichtigung steuerlicher Auswirkungen von unterhaltsrechtlich nicht anerkannten Posten in der steuerlichen Gewinnermittlung entgegen.[180] Der **BGH** wendet daher inzwischen in Einzelfällen das Für-Prinzip mit partieller fiktiver Steuerberechnung an (Rn. 974). Danach werden die veranlagten Steuern nur korrigiert, soweit die Einkommenskorrektur auf Grund tatsächlicher, aber unterhaltsrechtlich nicht anerkannter Einkommensveränderungen erfolgt.

Es wäre wünschenswert, das In-Prinzip generell bei der Ermittlung des unterhaltsrechtlich maßgeblichen Einkommens als ungeeignet aufzugeben.

Dabei sollte jedoch **nicht für jedes Jahr** des Prüfungszeitraums die **fiktive Steuerbelas-** 983 **tung** ermittelt werden. Die für Gewerbetreibende und Selbständige auf der Basis der Vorjahreseinkünfte erstellte Prognose für das im Unterhaltszeitraum maßgebliche Einkommen ist noch weniger zuverlässig ist als beim Nichtselbstständigen. Daher bringt auch die Ermittlung der auf die Einkünfte in den einzelnen Kalenderjahren des Prüfungszeitraums

---

[178] Zitiert nach Maier, Das unterhaltsrechtliche Einkommen von Selbstständigen 1996, S. 368 ff.; vgl. auch Fischer-Winkelmann/Maier FamRZ 1993/880 und 1995, 79; Blaese FamRZ 1994, 216; Kleffmann FuR 1994, 159; Strohal Rn. 316 ff.
[179] So bereits OLG Frankfurt FamRZ 1989, 1300; 3. Senat OLG Brandenburg, Leitlinien 1.7 bzw. OLG Düsseldorf, Leitlinien 10.1 wenden bei Selbständigen das Für-Prinzip an
[180] Vgl. BGH FamRZ 2003, 741 und 1987, 36

§ 1 Die Ermittlung des unterhaltsrechtlich relevanten Einkommens

entfallende Einkommensteuer keine größere Genauigkeit. Gemessen an den Unsicherheiten der Einkommensprognose ist die Auswirkung der jeweiligen Steuerprogression (Rn. 924) minimal.

Es ist daher sachgerecht, die Steuerbelastung aus dem unterhaltsrechtlich maßgeblichen Bruttoeinkommen, also dem **Mehrjahresmittel,** nach den für den Unterhaltszeitraum gültigen Sätzen zu berechnen. Dies macht es überflüssig, für die Ermittlung des unterhaltsrechtlich maßgeblichen Einkommens drei Steuerberechnungen vorzunehmen.

Beispiel:
Das Einkommen des U wird wie folgt ermittelt:
für 01 mit   39 000 €
für 02 mit   54 000 €
für 03 mit   48 000 €

Es wird der Vereinfachung halber unterstellt, dass das unterhaltsrechtlich maßgebliche und das zu versteuernde Einkommen identisch sind.

Das unterhaltsrechtlich relevante Durchschnittseinkommen im Prüfungszeitraum beträgt 47 000 EUR. Dies wird prognostisch als fiktives Einkommen für die Zukunft unterstellt, weil das tatsächliche Einkommen nicht vorhersehbar ist (Rn. 981). Welche Einkommensteuer bei diesem Einkommen zu zahlen wäre, lässt sich aber anhand des EStG zweifelsfrei berechnen: es sind nach der Grundtabelle 11 647 EUR.

Bei fiktiver Ermittlung der Einkommensteuern für die einzelnen Jahre des Prüfungszeitraums ergäben sich:

- für 2009   8 735 EUR
- für 2010 14 508 EUR
- für 2011 12 042 EUR

im Mittel also 11 761 und damit ca. 3 EUR pro Monat weniger als bei der Berechnung der Einkommensteuer aus dem fiktiven Durchschnittseinkommen. Angesichts der Ungewissheit der Einkommensermittlung ist die Differenz marginal.

Wenn man die dogmatische Überlegung nicht akzeptiert, rechtfertigt sich die Berechnungsmethode aus Praktikabilitätsgründen, die der BGH ja selbst als rechtfertigenden Grund ansieht (Rn. 979).

984 Auch bei **Einkünften aus nichtselbstständiger Arbeit** hat der BGH inzwischen wiederholt die fiktive Steuerberechnung zugelassen (Rn. 973). Grundsätzlich sollen jedoch nach wie vor die tatsächlichen, durch Steuerbescheid oder Lohnabrechnung **nachgewiesenen Nettoeinkünfte** für das unterhaltsrechtlich maßgebliche Einkommen herangezogen werden.[181]

Im Gegensatz zu den Steuervorauszahlungen bei Selbständigen errechnet sich die vom Arbeitgeber in Abzug gebrachte Lohnsteuer aus den tatsächlich bezogenen Einkünften. Auch bei Einkünften aus nichtselbständiger Arbeit gibt es jedoch viele Konstellationen, in denen die **Besteuerung** im Prüfungszeitraum für den Zahlungszeitraum **nicht repräsentativ** und eine zuverlässige Prognose für das zu versteuernde Einkommen im Zahlungszeitraum möglich ist, z. B.:

- Im Prüfungszeitraum waren die Eheleute noch zusammen veranlagt, im Zahlungszeitraum ist die Einzelveranlagung vorgeschrieben.
- Maßgeblich ist das nach dem Ehegattensplitting zu ermittelnde Einkommen eines Wiederverheirateten; es ist noch keine Steuerveranlagung erfolgt, die Lohnsteuer wurde nach Steuerklasse III oder V berechnet.[182]
- Im Prüfungszeitraum ergingen ausnahmsweise Steuerbescheide für mehrere Jahre oder gar keiner.

---

[181] BGH FamRZ 2007, 1232 = R 678
[182] Bei der Besteuerung von Ehegatten mit Lohnsteuerklassenkombination III und V ergibt weder beim einen noch beim anderen den maßgeblichen Steueranteil; der Ehepartner mit der Steuerklasse V zahlt einen erheblichen Teil der auf das Einkommen des anderen entfallenden Steuer (Rn. 940)

12. Abschnitt: Unterhalt und Einkommensteuer § 1

- Im Prüfungszeitraum waren noch keine Steuerfreibeträge auf der Lohnsteuerkarte eingetragen.
- Im Prüfungszeitraum waren die Möglichkeiten der Eintragung in die Lohnsteuerkarte ausgeschöpft, die Steuerermäßigung aber zugleich noch für das Vorjahr im Rahmen der Steuerveranlagung vergütet worden.
- Im Zahlungszeitraum ergeben sich aus anderen Gründen – vgl. Steuersenkungen 2004, 2005, 2009 und 2010 – wesentliche Veränderungen des Steuerbelastung.
- Werbungskosten, Sonderausgaben oder außergewöhnliche Belastungen ändern sich, z. B. durch Einzahlungen für eine Riesterrente, Änderung der Entfernungspauschale durch Wechsel des Arbeitsplatzes oder der Wohnung, Wegfall oder Entstehen von Unterhaltspflichten, die nach § 33a EStG abzugsfähig sind.

Bei Zusammenveranlagung eines Unterhaltsbeteiligten mit seinem Ehepartner muss selbst dann in der Regel eine fiktive Steuerberechnung vorgenommen werden, wenn es bei der Zusammenveranlagung bleibt, weil der Anteil des unterhaltsbeteiligten Ehepartners am gesamten Nettoeinkommen im Verhältnis fiktiver getrennter Veranlagung erfolgen muss (Rn. 976). Insbesondere in der Zeit der Änderung der steuerlichen Verhältnisse infolge von Trennung und Scheidung ist daher das In-Prinzip auch bei Einkünften aus nichtselbständiger Tätigkeit die Ausnahme, die fiktive Steuerberechnung die Regel.

Fazit: Der BGH hat mit seiner Rechtsprechung zu den Fällen fiktiver Steuerberechnung 985 praktikable Grundsätze aufgestellt, die anders als die Anwendung des In-Prinzips zu einem realistischen und gerechten Ansatz der steuerbedingten Einkommenskürzung führen. Diese Grundsätze sollten allgemein und nicht nur in Ausnahmefällen der Maßstab für die Ermittlung der unterhaltsrechtlich maßgeblichen Steuerbelastung sein. Das In-Prinzip kann nach wie vor bei Einkünften aus nichtselbständiger Tätigkeit als Vereinfachung gelten, wenn – abgesehen von den Umbrüchen in der Trennungs- und Scheidungsphase – die Einkommens- und damit auch die Einkommensteuerverhältnisse nur geringen Veränderungen unterliegen (siehe Rn. 981).

– in dieser Aufl. nicht belegt – 986–994

VIII. Steuerfragen bei Unterhalt, Zugewinn und Vermögen

1. Doppelberücksichtigung von Steuerschulden und Forderungen

Nach Nr. 10 Nr. 1 der unterhaltsrechtlichen Leitlinien sind die Steuern bei der Ermitt- 995 lung des unterhaltsrechtlichen Einkommens vom Bruttoeinkommen abzuziehen. Nach dem zwar häufig durchbrochenen aber noch nicht revidierten Grundsatz der BGH Rechtsprechung sind Steuernachzahlungen oder -erstattungen zum Zeitpunkt des Zuflusses oder Abflusses auch bei der Ermittlung des unterhaltsrechtlich maßgeblichen Einkommens zu berücksichtigen.

Beispiel:
M und F leben seit mehreren Jahren getrennt und werden auch einzeln zur Einkommensteuer veranlagt. Anfang Januar 04 wird der Scheidungsantrag zugestellt. F macht nachehelichen Unterhalt geltend und verlangt Auskunft über das Einkommen des M im Jahr 03. In diesem Jahr hatte der nichtselbständig tätige M ausweislich der Jahresverdienstbescheinigung ein Nettoeinkommen von 30 000 €. In 03 hat er die Steuerbescheide für die beiden vorangegangenen Jahre 01 und 02 erhalten. Es werden jeweils ca. 2000 € erstattet. Eine Erstattung in dieser Höhe fiel regelmäßig auch in früheren Jahren an und ist auch bei der letztmaligen Unterhaltsfestsetzung in die Unterhaltsberechnung eingegangen.

Bei strenger Anwendung des In-Prinzips (Rn. 971) müssten für den Unterhalt 04 2 × 2000 EUR zusätzliches Einkommen zugerechnet werden. Andererseits sind Ansprüche aus dem Steuerverhältnis Vermögensgegenstände die bei der Ermittlung des Zugewinns zu berücksichtigen sind.[183] Aufgrund des **Verbots der Doppelberücksichtigung**[184] von Ver-

---

[183] BGH FamRZ 2006, 1178 = R 655
[184] BGH FamRZ 2004, 1352

§ 1   Die Ermittlung des unterhaltsrechtlich relevanten Einkommens

mögen im Unterhalt und beim Zugewinn sind die Ansprüche auf Steuererstattungen nicht ins Endvermögen einzustellen, soweit sie bei der Ermittlung des Unterhalts berücksichtigt worden sind. Ob dies auch gilt, wenn es sich um Steuernachzahlungen, also Schulden handelt, ist umstritten und höchstrichterlich noch nicht entschieden.

2. Steuerprobleme bei der Übertragung von Einkommensquellen

996   Bei hohen Unterhaltsverpflichtungen kommt es zur **Überschreitung des** steuerlich abzugsfähigen **Höchstbetrags** von 13 805 EUR; der Mehrbetrag muss dann aus versteuertem Einkommen aufgebracht werden. In manchen Fällen besteht auch das Interesse an einer Vermeidung langwieriger Unterhaltspflichten. Durch Kapitalisierung der Unterhaltsverpflichtung lassen sich nur geringe Steuervorteile erzielen, da eine Steuerminderung durch Realsplitting (Rn. 950 ff.) auch bei Unterhaltsabfindungen auf den Jahresbetrag von 13 805 EUR begrenzt ist und ein Abzug als außergewöhnliche Belastung (Rn. 963) an der fehlenden Zwangsläufigkeit scheitert.

997   Durch eine **Übertragung von ertragbringendem Vermögen** auf den unterhaltsberechtigten Ehepartner gehen steuerbare Einkünfte des Unterhaltspflichtigen auf den Unterhaltsberechtigten über und kompensieren oder mindern dessen Unterhaltsbedarf. Zu beachten ist aber, dass solche Maßnahmen **erhebliche Belastungen** mit Einkommensteuer, Gewerbesteuer und Umsatzsteuer auslösen können. Dies gilt immer dann, wenn der übertragene Gegenstand zu einem Betriebsvermögen gehört oder es sich um ein Veräußerungsgeschäft nach § 23 I EStG handelt.

> **Beispiel:**
> M ist zum nachehelichen Unterhalt in Höhe von 1000 € monatlich verpflichtet. Außerdem hat er Zugewinnausgleich in Höhe von 150 000 € zu leisten. Zu seinem Vermögen gehört eine vermietete Eigentumswohnung im gleichen Wert. Die daraus nach Abzug der Kosten erzielten Mieten von monatlich 500 € sind beim Einkommen des M berücksichtigt. Den Kaufpreis der Eigentumswohnung mit umgerechnet 120 000 € hatte M bei den Einkünften aus Vermietung gemäß § 7 V Nr. 3 c) EStG acht Jahre lang mit 4% abgeschrieben. Der steuerliche Wert der Eigentumswohnung beträgt aktuell 81 600 €

998   Wenn M in Anrechnung auf den Zugewinnausgleich die Wohnung überträgt, mindern sich seine Einkünfte um 6000 EUR im Jahr, die der F erhöhen sich um denselben Betrag. Entsprechend vermindert sich bei M das zu versteuernde Einkommen zu Lasten der F. Wenn zwischen Anschaffung der Wohnung und der Übertragung auf F nicht mehr als zehn Jahre vergangen sind, ist der Unterschiedsbetrag zwischen dem Verkehrswert zum Zeitpunkt der Übertragung und dem steuerlichen Wert („Buchwert") nach § 23 I EStG einkommensteuerpflichtig. Im Beispielsfall – Veräußerung nach acht Jahren – müsste M 68 400 EUR versteuern.

Bei anderen Wirtschaftsgütern, insbesondere bei Wertpapieren beträgt die Frist ein Jahr.

999   Gehört der übertragene Vermögensgegenstand zu einem Betriebsvermögen (Rn. 236), so führt **jede Veräußerung** (= entgeltliche Übertragung) zur **Besteuerung** des Differenzbetrags (sogenannte „Stille Reserve"). Das gilt auch für Schenkungen, da hier eine Entnahme unterstellt wird, die wie eine entgeltliche Veräußerung zu versteuern ist. Außer der Einkommensteuer mit Solidaritätszuschlag fällt auch Gewerbesteuer und – wenn nicht wie etwa bei Immobilien ein Befreiungstatbestand vorliegt – auch Umsatzsteuer an.

ND## 13. Abschnitt: Berechnung des bereinigten Nettoeinkommens durch unterhaltsrechtlich relevante Abzüge

I. Überblick zu den relevanten Abzügen

1. Das bereinigte Nettoeinkommen

Wie bereits erörtert (s. Rn. 23), geht der Unterhalt nicht allen sonstigen Verbindlichkeiten vor (vgl. z. B. §§ 1581, 1603 I BGB). Für die Unterhaltsberechnung ist nur der Teil des Einkommens zugrunde zu legen, der zur Deckung des laufenden Lebensbedarfs zur Verfügung steht und bisher dafür eingesetzt wurde bzw. bei Anlegung eines objektiven Maßstabs dafür eingesetzt werden könnte.[1] Es ist dies das sog. **bereinigte Nettoeinkommen**.[2] **1000**

Dieses bereinigte Nettoeinkommen wird berechnet, indem von den Bruttoeinkünften aus allen bisher erörterten Einkunftsarten abgezogen wird, was für andere Zwecke als den laufenden Lebensbedarf verwendet werden muss und deshalb unterhaltsrechtlich als zulässiger Abzugsposten anerkannt werden kann.[3]

Auch nach der gemeinsamen Leitlinienstruktur der Oberlandesgerichte ist Grundlage der Unterhaltsberechnung das bereinigte Nettoeinkommen, d. h. das Bruttoeinkommen abzüglich Steuern und Aufwendungen für Altersvorsorge, Arbeitslosen- und Krankenversicherung, wovon im Einzelfall noch weitere Abzüge wie insbesondere berufsbedingte Aufwendungen, Kinderbetreuungskosten, berücksichtigungswürdige Schulden, Unterhaltslasten vorzunehmen sind (näher Rn. 1007).[4]

Bei der Bildung des bereinigten Nettoeinkommens ist zu differenzieren, ob es sich um Verwandten- oder Ehegattenunterhalt handelt. **1001**

Beim **Verwandtenunterhalt** sind stets die aktuellen Einkünfte und die berücksichtigungsfähigen aktuellen Abzugsposten anzusetzen. **1002**

Beim **Ehegattenunterhalt** war früher stärker zu unterscheiden, ob es um den Bedarf oder die Bedürftigkeit/Leistungsfähigkeit geht.[5] Bei Veränderungen nach der Trennung/Scheidung bestand für die Bedarfsermittlung keine einheitliche Rechtsprechung. Überwiegend wurde auf die **tatsächlich vorhandenen Belastungen** abgestellt (z. B. Steuer, Vorsorgeaufwendungen, berufsbedingte Aufwendungen, Kinderbetreuungskosten, Mehrbedarf wegen Krankheit und Alter), teilweise aber auf die **Prägung** (Schulden, Unterhaltslasten, vermögensbildende Ausgaben). Im Ergebnis beruhte diese uneinheitliche Rechtsprechung darauf, dass der Gesetzgeber den Begriff der „**ehelichen Lebensverhältnisse**" in § 1578 BGB nicht näher erläutert hatte. Aus dem inhaltsgleichen § 1361 BGB ergibt sich, dass er darunter in erster Linie nur die **Einkommens- und Vermögensverhältnisse** subsumieren wollte.[6] Dies bedeutete nicht, dass Verbindlichkeiten nur bei der Leistungsfähigkeit angesetzt werden sollten, wo sie ausdrücklich normiert wurden (vgl. §§ 1581, 1603 I BGB), sondern dass der Gesetzgeber es der Rechtsprechung überließ, was im Einzelfall beim Bedarf als Abzugsposten zu berücksichtigen war. Diese Abzüge sollten aber nicht nur die Steuer und die Vorsorgeaufwendungen umfassen, da für die Untwerhaltsberechnung immer das Nettoeinkommen zu Grunde gelegt wurde, sondern auch weitere Verbindlichkeiten, die für die Lebensführung nicht zur Verfügung standen. Nachdem der BGH bereits mit Urteil vom 29. 1. 2003 erstmals entschieden hatte, dass der Bedürftige nach der Scheidung nicht nur an in der Ehe angelegten Einkommenssteigerungen teilnimmt, sondern auch

---

[1] BGH FamRZ 2008, 968 = R 689 g; 2006, 683 = R 649 g, h; 1997, 806 = R 512 b; 1986, 780; 1985, 471; 1985, 357
[2] BGH FamRZ 1985, 471
[3] BGH FamRZ 1985, 357
[4] SüdL, BL, BraL, BrauL, BrL, CL, DL, DrL, FL, HaL, HL, KL, KoL, NaL, OL, RL, SchL, TL jeweils Nr. 10
[5] Vgl. SüdL, BL, BrL, CL, DrL, HaL, KL, NaL, RL, SchL jeweils vor 1
[6] Gerhardt in Anm. zu BVerfG FamRZ 2011, 537

§ 1 Die Ermittlung des unterhaltsrechtlich relevanten Einkommens

nicht leichtfertig entstandene Einkommenssenkungen hinnehmen muss, z.B durch Verrentung oder unverschuldete Arbeitslosigkeit,[7] war es folgerichtig, dass er mit seinem Urteil vom 15. 3. 2006 die Einkommenssenkungen nach der Scheidung auch auf neue nicht leichtfertig entstandene Ausgaben ausdehnte.[8] Erst mit diesem Urteil kam der BGH bei der Bereinigung des Nettoeinkommens zu der dringend notwendigen einheitlichen Rechtsprechung. Wegen des gewandelten Ehebildes änderte er seine frühere Rechtsprechung zur Berücksichtigung von nach der Scheidung entstandenen neuen Unterhaltslasten für minderjährige Kinder und sonstigen nicht leichtfertig entstandenen Verbindlichkeiten und entschied zutreffend, dass diese Ausgaben nicht erst bei der Leistungsfähigkeit, sondern bereits beim Bedarf des Geschiedenen anzusetzen sind. Denn der Bedürftige muss auch diese nicht vorwerfbaren Einkommenssenkungen akzeptieren, wenn dem Pflichtigen die entsprechenden Mittel nicht mehr zur Verfügung stehen, ohne dass ihm ein unterhaltsbezogen leichtfertiges Verhalten vorgeworfen werden kann.[9] Beim Kindesunterhalt war die frühere Rechtsprechung auch immer fehlerhaft gewesen (eingehend Rn. 1122). Im Rahmen seiner generellen Neubewertung des Begriffs der ehelichen Lebensverhältnisse seit seiner Surrogatslösung zur Familienarbeit 2001 kam es mit der Entscheidung vom 15. 3. 2006 zur dringend **notwendigen Gleichbehandlung** aller Ausgabenpositionen bei der Bereinigung des Nettoeinkommens für die Bedarfsermittlung, Für nach Trennung/Scheidung entstandene Änderungen oder neu entstandene Belastungen kommt es seither nur noch darauf an, ob diese unterhaltsbezogen leichtfertig entstanden sind. Diese geänderte Rechtsprechung diente auch der dringend erforderlichen Vereinfachung des Unterhaltsrechts, nachdem es weltweit als das komplizierteste gilt.[10]

Abzuziehen sind seither nicht nur alle nach der Trennung, aber vor der Scheidung entstandene Änderungen bei der Steuer, den Vorsorgeaufwendungen, den berufsbedingten Aufwendungen, den Kinderbetreuungskosten, eines Alters- oder krankheitsbedingten Mehrbedarfs, berücksichtigungswürdige Schulden sowie alle bis zu diesem Zeitpunkt entstandenen Unterhaltslasten, auch wenn es sich um ein Kind aus einer neuen Verbindung handelte. **Berücksichtigungswürdig** sind bei der Bedarfsermittlung des Geschiedenen vielmehr auch alle erst **nach der Scheidung** entstandenen erhöhten Ausgaben durch Steuern, Vorsorgeaufwendungen, berufsbedingte Aufwendungen, Kinderbetreuungskosten, unumgängliche Schulden und insbesondere auch durch neue Unterhaltslasten, soweit die Mehrausgaben auf keinem unterhaltsbezogen leichtfertigen Verhalten beruhen.[11] Der Bedürftige nimmt nach der Trennung/Scheidung nicht nur an einer voraussehbaren Einkommenserhöhung des Pflichtigen, sondern auch an einer **nicht vorwerfbaren Einkommensminderung** teil, weil wegen höherer Ausgaben ein nicht mehr vorhandener Lebensstandard nicht fiktiv fortgeführt werden darf.[12]

1004 Die **geänderte Rechtsprechung** hatte zur Folge, dass der BGH bei der Bedarfsermittlung eines geschiedenen Ehegatten auch die Unterhaltsbelastung durch einen neuen Ehegatten im Wege der Dreiteilung berücksichtigte.[13] Mit Beschluss vom 25. 1. 2011 erklärte das **BVerfG** die Einbeziehung des Unterhalts eines neuen Ehegatten in den Bedarfs des Geschiedenen für **verfassungswidrig**; die vom BGH entwickelte Rechtsprechung zu den wandelbaren ehelichen Lebensverhältnissen unter Anwendung der Berechnungsmethode der sog. Dreiteilung bei mehreren bedürftigen Ehegatten löse sich vom Konzept des Gesetzgebers zur Berechnung des nachehelichen Unterhalts mit einer Differenzierung von Bedarf und Leistungsfähigkeit, weil die Wiederverheiratung des Pflichtigen die Scheidung

---

[7] BGH FamRZ 2003, 590 = R. 586 c
[8] BGH FamRZ 2006, 683 = R. 649 g
[9] BGH FamRZ 2006, 683 = R. 649 g; vgl. auch BGH 2007, 793 = R. 674 b; 2008, 968 = R. 689 g; 2008, 1911 = R. 695 a; 2009, 23; 2009, 411 = R. 702 b; 2009, 579; 2010, 111 = R. 707 a
[10] Gutdeutsch FamRZ 2011, 523
[11] BGH FamRZ 2008, 968 = R. 689 g; 2007, 793 = R. 674 b; 2006, 683 = R. 649 g; vgl. auch Gerhardt FamRZ 2007, 945
[12] BGH FamRZ 2006, 683 = R. 649 f, g, h; 2007, 793 = R. 674 a; 2008, 968 = R. 689 g; 2009, 411 = R. 702 b; 2010, 111 = R. 707 a
[13] BGH FamRZ 2010, 111 = R. 707 a; 2009, 579; 2009, 411 = R. 702 b; 2008, 1911 = R. 695 a

13. Abschnitt: Berechnung des bereinigten Nettoeinkommens § 1

der ersten Ehe voraussetze und verletze damit das Rechtsstaaatsprinzip nach Art. 2, 20 Abs. 3 GG (eingehend Rn. 4/426 ff., auch zur Kritik an der Entscheidung des BVerfG).[14]

Die **Entscheidung des BVerfG hat nicht zur Folge**, dass bei Ausgaben generell zur alten Rechtsprechung des BGH vor 2001 zurückgekehrt werden muss. Eine Bindungswirkung erzeugt die Entscheidung nur, soweit bei der Bedarfsermittlung des geschiedenen Ehegatten durch Dreiteilung auch der Bedarf eines neuen Ehegatten berücksichtigt wurde (näher Rn. 4/429).[15] Das BVerfG ist in der Begründung seiner Entscheidung nicht näher auf den Unterschied von Einnahmen und Ausgaben eingegangen. Es hat aber ausdrücklich ausgeführt, dass auch erst **nach der Scheidung entstandene Einkommensminderungen** bereits bei der **Bedarfsermittlung zu berücksichtigen** sind, wenn sie auch **ohne Scheidung entstanden** wären.[16] Dies gilt nicht nur für voraussehbare Einkommenssenkungen, z.B bei Verrentung/Pensionierung, sondern auch bei nicht vorausehbaren Einkommensreduzierungen, z. B. durch unverschuldete Arbeitslosigkeit, Kurzarbeit usw. Maßgebend ist insoweit immer nur, dass durch ein unterhaltsbezogen nicht leichtfertiges Verhalten der frühere Lebensstandard nicht fortgeführt werden kann. Entsprechendes gilt auch für Einkommensminderungen durch neue nicht leichtfertig entstandene Ausgaben, z. B. neue unvermeidbare Schulden oder neue Unterhaltslasten für Kinder, Eltern oder Ansprüche nach § 1615l BGB.[17] Die Entstehung dieser Ausgaben setzt nie die Scheidung voraus. Durch die insoweit bindende Entscheidung des BVerfG sind hiervon nur die Unterhaltslasten für einen neuen Ehegatten ausgenommen, da letzterer die Scheidung bedingt. Insoweit ist auch zu berücksichtigen dass dem Gesetzgeber bei der Unterhaltsänderung 2008 die geänderte Rechtsprechung des BGH mit Entscheidungen vom 29. 1. 2003 und 15. 3. 2006 bekannt war. Er hat ihr im Gesetzgebungsverfahren nicht ansatzweise widersprochen. Er ging vielmehr zumindest für neue Kindesunterhaltslasten ebenfalls von der generellen Berücksichtigung für die Bedarfsermittlung beim Ehegattenunterhalt aus, auch wenn sie erst nach der Scheidung entstanden sind, weil er ihnen dort einen absoluten Vorrang einräumte.[18] Die für den Unterhalt minderjähriger Kinder zu verwendende Mittel sind für die Bedarfsermittlung beim Ehegattenunterhalt damit generell nicht mehr vorhanden. Für Kinder ergibt sich die Notwendigkeit ihrer generellen Berücksichtigung bereits bei der Bedarfsermittlung des Geschiedenen im Übrigen auch aus Art. 6 Abs. 5 GG, der jegliche Ungleichbehandlung bei minderjährigen Kindern untersagt.[19] Darunter fällt auch eine unterschiedliche Behandlung als Abzugsposten beim Unterhalt, da die Berücksichtigung einmal bereits beim Bedarf und das anderes Mal nur bei der Leistungsfähigkeit die Gefahr einer Ungleichbehandlung der Höhe nach beinhaltet.

Trotz der Verwendung des Begriffs der Prägung durch das BVerfG zeigen obige Ausführungen auf, dass spätestens seit der geänderten Rechtsprechung des BGH zum Abzug von nach der Scheidung neu entstandenen Ausgaben mit seiner Entscheidung vom 15. 3. 2006 und der Unterhaltsreform 2008 der Begriff der Prägung zumindest bei Ausgaben überholt und irreführend ist. Der Begriff stammt noch aus der Zeit vor der Eherechtsreform 1977 mit einem völlig anderen Ehebild und beruhte nach dem seit 1977 geltenden Recht im Bereich der Verbindlichkeiten insbesondere auf den Vorrang des ersten Ehegatten. **Einnahmen und Ausgaben** sind etwas grundsätzlich Unterschiedliches, worauf das BVerfG bedauerlicher Weise mit keinem Wort einging. Nur die Fortentwicklung von Einnahmen kann man an die Ehe binden und für die Zukunft als voraussehbar ansehen, Einkommenssenkungen und künftige Ausgaben aber nicht. Für sie spielt es nur eine Rolle, ob sie unterhaltsrechtlich nicht leichtfertig entstanden und damit berücksichtigungswürdig sind. Der Begriff der Prägung ist zwar im Wortsinn sehr einprägsam und deshalb macht es offensichtlich große Schwierigkeiten, sich von ihm zu verabschieden.[20] Er passt aber spätestens

1005

---

[14] BVerfG FamRZ 2011, 437 = R 722 a, d, e, i
[15] Gerhardt/Gutdeutsch FamRZ 2011, 597
[16] BVerfG FamRZ 2011, 437 = R 722 f
[17] Gerhardt/Gutdeutsch FamRZ 2011, 597
[18] BT-Drs. 16/1830 S. 9
[19] BVerfG FamRZ 2007, 968 = R 671 b
[20] Gerhardt FamRZ 2011, 8

seit der Unterhaltsreform mit dem generellen Vorrang aller minderjährigen Kinder und dem Wegfall der Priorität des ersten Ehegatten im Bereich der Verbindlichkeiten nicht mehr und sollte deshalb zur Vermeidung grundlegender Mißverständnisse nicht mehr verwendet werden. Verständlicher ist bei dem Abzugsposten im Rahmen der Bereinigung des Nettoeinkommens der Begriff der **Berücksichtigungswürdigkeit**,[21] der deshalb im Folgenden verwendet wird.

1006 Im Gegensatz zur früheren Fallrechtsprechung bleibt es damit trotz der Entscheidung des BVerfG vom 25. 1. 2011 im Wesentlichen bei einer einheitlichen Behandlung der Abzugsposten beim Ehegattenunterhalt. Sie sind idR in **tatsächlicher Höhe** bereits bei der Bedarfsermittlung des geschiedenen Ehegatten anzusetzen, auch wenn sie erst nach der Scheidung entstanden sind. Eine Ausnahme bildet nur ein neuer Ehegattenunterhalt, weil er die Scheidung voraussetzt, ferner eine leichtfertig entstandene neue Verbindlichkeit, z. B. Schulden für eine Urlaubsreise. Der Unterhalt des zweiten Ehegatten wird dagegen auch nach der früheren Rechtsprechung vom Unterhalt des ersten Ehegatten beeinflusst.[22]

Der Begriff Berücksichtigungswürdigkeit kann weiterhin beim Verwandten- und Ehegattenunterhalt unterschiedlich ausgelegt werden, auch innerhalb des Verwandtenunterhalts, z. B. die Berücksichtigung von Schulden beim Unterhalt für minderjährige Kinder oder beim Elternunterhalt.

2. Die Abzugsposten im Einzelnen:

– Lohn- oder Einkommensteuer einschließlich Solidaritätszuschlag und Kirchensteuer.
1007 – Vorsorgeaufwendungen für Krankheit, Invalidität, Alter und Arbeitslosigkeit.
– Berufsbedingte Aufwendungen, Werbungskosten oder Betriebsausgaben.
– Kinderbetreuungskosten und Betreuungsbonus
– Im konkreten Einzelfall Aufwendungen für einen berechtigten Mehrbedarf wegen Krankheit, Behinderung oder Alter.
– Berücksichtigungswürdige Schulden.
Beim Ehegattenunterhalt und beim **sonstigen Verwandtenunterhalt** (ohne Kindesunterhalt Minderjähriger) außerdem
– Unterhaltsleistungen für Kinder und sonstige berücksichtigungswürdige Unterhaltspflichten sowie berücksichtigungswürdige Aufwendungen des Verpflichteten für die Vermögensbildung.
Nicht abziehbar sind die Kosten des laufenden Lebensbedarfs wie Miete, Haushaltsgeld usw. (zur Miete vgl. Rn. 468 ff.) Die Lebenshaltungskosten sind im eigenen Unterhalt, dem sog. Selbstbehalt enthalten. Kein Abzugsposten ist beim Ehegattenunterhalt ferner der sog. Erwerbstätigenbonus. Er ist nur bei der Quotierung zu berücksichtigen und kürzt dann bei der Unterhaltsberechnung das bereinigte Nettoeinkommen (vgl. näher Rn. 4/772 ff).

II. Abzug von Steuern

1. Abzug der tatsächlich angefallenen Steuern

1009 Abziehbar sind die Einkommensteuer bzw. Lohnsteuer, der Solidaritätszuschlag und die
1008 Kirchensteuer, und zwar grundsätzlich in der Höhe, in der sie in dem maßgeblichen Kalenderjahr entrichtet wurden (sog. **In-Prinzip**, vgl. näher Rn. 971 ff., 979 ff.).[23] Dies gilt auch bei einem Wechsel der Steuerklasse von III in I und umgekehrt bzw. von gemeinsamer in getrennter Veranlagung. Eine Ausnahme besteht bei einer **fiktiven Steuerberechnung**, die stets zum sog. **Für-Prinzip** führt. Eine fiktive Steuerberechnung ist im Unterhaltsrecht

---

[21] Gerhardt FamRZ 2007, 945; FamRZ 2011, 8
[22] Gerhardt/Gutdeutsch FamRZ 2011, 597
[23] BGH FamRZ 2007, 793 = R 674 b, f; 1991, 670; 1991, 304 = R 425; 1990, 503 = R 413; 1990, 499 = R 407 c

13. Abschnitt: Berechnung des bereinigten Nettoeinkommens § 1

relativ häufig erforderlich, z. B. weil steuerlich anerkannte Ausgabenpositionen unterhaltsrechtlich nicht berücksichtigt werden (s. näher unten Rn. 1018), für die Prognoseentscheidung zur künftigen Unterhaltslast statt der gemeinsamen Veranlagung bzw. bei Lohnsteuerpflichtigen der Klasse III von einer getrennten Veranlagung bzw. Steuerklasse I auszugehen ist (s. näher unten Rn. 1021) oder bei nicht eingetragenen Freibeträgen eine Obliegenheitspflichtverletzung vorliegt (s. näher unten Rn. 1020).

Der frühere Streit zwischen dem sog. In- und Für-Prinzip (eingehend Rn. 971 ff.) ist heute überholt. Maßgebend ist beim Verwandten- wie beim Ehegattenunterhalt stets die tatsächliche Steuerlast, bei Durchführung einer fiktiven Berechnung das sog. Fürprinzip.

Nachdem es auf die tatsächlichen Verhältnisse ankommt, ist beim Ehegattenunterhalt eine erst nach der Scheidung entstandene **neue Steuer berücksichtigungswürdig,** z. B. eine durch Wiedereintritt in die Kirche entstandene Kirchensteuer.[24] **1010**

Bei **Doppelverdienern** mit Einkommensgefälle und der Steuerklassenkombination III/V besteht seit 2010 auf Antrag die Möglichkeit des sog. **Faktorenverfahrens,** das insbesondere im Trennungsjahr zur tatsächlichen individuellen Steuerlast führt (näher Rn. 908).[25]

Steuererstattungen erhöhen nach ständiger Rechtsprechung des BGH das Einkommen im Jahr des Anfalls, **Steuernachzahlungen** mindern es.[26] Soweit wegen verzögerter Abgabe der Steuererklärung oder aus anderen Gründen in einem Jahr zwei Steuererstattungen anfielen, im Vorjahr dagegen keine, können diese im Einzelfall auf beide Jahre verteilt werden, um Einkommensverzerrungen zu vermeiden. Entfallen bisherige Steuerfreibeträge, kann für die Prognoseentscheidung des künftig zu zahlenden Unterhalts eine darauf beruhende Steuererstattung nicht mehr angesetzt werden. Erfolgt eine fiktive Steuerberechnung, kommt es für diesen Zeitraum auf Steuererstattungen oder -nachzahlungen nicht an. **1011**

Steuerberaterkosten sind nach BGH abzugsfähig, wenn die Einschaltung eines Steuerberaters zu einem erhöhten Nettoeinkommen führt.[27]

2. Eintragung von Freibeträgen

Um beim Ansatz der tatsächlichen Steuerlast ein möglichst reales Einkommen ermitteln zu können, besteht für Lohnsteuerpflichtige die Obliegenheit, alle gesetzlichen Möglichkeiten zur Steuerentlastung durchzuführen.[28] Dies wird bei Lohnsteuerpflichtigen (= Nichtselbständigen) durch die **Eintragung von Freibeträgen auf der Lohnsteuerkarte** erreicht, die über der Arbeitnehmerpauschale liegen (vgl. näher Rn. 911). Werden mögliche Freibeträge nicht eingetragen, ist eine fiktive Steuerberechnung vorzunehmen (hierzu unten Rn. 1022).[29] **1012**

Freibeträge sind insbesondere einzutragen bei hohen Fahrtkosten (näher Rn. 901 ff., auch zur Höhe). Zur Abgrenzung der Fahrtkosten eines Leiharbeiters mit unterschiedlichen Einsatzorten und doppelter Haushaltsführung vgl. Rn. 900. **1013**

Die Höhe des Freibetrags muss aber zweifelsfrei feststehen. Dies ist vor allem beim Realsplitting zu beachten, wenn über die Unterhaltshöhe noch gestritten wird (s. unten Rn. 1025).

3. Wiederverheiratung des Pflichtigen

a) **Ehegattenunterhalt.** Beim Ehegattenunterhalt hat der **Steuervorteil** bei Wiederverheiratung des Pflichtigen nach einem Beschluss des BVerfG vom 7. 10. 2003 bei Vorrang des ersten Ehegatten der neuen Ehe zu verbleiben.[30] Das BVerfG hatte die frühere ander- **1014**

---

[24] BGH FamRZ 2007, 793 = R 674 b
[25] Perleberg/Kölbel FuR 2010, 451
[26] BGH FamRZ 1980, 984
[27] BGH FamRZ 2009, 1207
[28] BGH FamRZ 2008, 968 = R 689 g; 2007, 793 = R 674 f.; 1999, 372
[29] BGH FamRZ 2008, 968 = R 689 d; 2007, 793 = R 674 f.; 1999, 372
[30] BVerfG FamRZ 2003, 1821 = R 598

weitige Rechtsprechung des BGH, diesen Steuervorteil für die Unterhaltsberechnung eines nach § 1582 BGB a. F. vorrangigen ersten Ehegatten heranzuziehen und das Ergebnis nur über § 1579 Nr. 7 BGB a. F. (= § 1579 Nr. 8 BGB n. F.) zu korrigieren, wenn die zweite Ehe wegen beengter Verhältnisse auf den Splittingvorteil angewiesen war,[31] wegen Verstoßes gegen Art. 6 GG für verfassungswidrig erklärt. Der BGH übernahm für die Rechtslage bis zur Unterhaltsreform 2008 diese Rechtsprechung und führte aus, dass in diesen Fällen eine **fiktive Berechnung** entsprechend einer getrennten Veranlagung des Pflichtigen unter Berücksichtigung des Realsplittingvorteils durchzuführen ist.[32] Auswirkungen hat dies im Ergebnis aber nur, wenn der neue Ehegatte kein oder nur ein geringes Einkommen nach Steuerklasse V hat, da ansonsten Steuerklasse I und IV identisch sind. Er änderte aber diese Rechtsprechung, als er nach der der Unterhaltsreform zur Berechnung des Unterhalts mehrerer Ehegatten die sog. Drittelmethode übernahm, da mit der Unterhaltsreform die frühere Priorität des ersten Ehegatten beseitigt wurde und sich durch die Gleichteilung der Steuervorteil und der Realsplittingvorteil auf alle Beteiligten gleichmäßig aufteilte.[33]

Nachdem bei Wiederverheiratung des Pflichtigen der Bedarf des geschiedenen Ehegatten nach der Entscheidung des BVerfG vom 25. 1. 2011 getrennt vom Bedarf des neuen Ehegatten zu ermitteln ist, muss wieder eine fiktive Steuerberechnung beim Pflichtigen mit getrennter Veranlagung bzw. Steuerklasse I durchgeführt werden.[34] Eine Ausnahme besteht nur, wenn der neue Ehegatte des Pflichtigen ebenfalls Einkünfte hat, weil die dann beim Pflichtigen angesetzte Steuerklasse IV mit Steuerklasse I identisch ist. Erfolgt bei gleichrangigen Ehegatten im Rahmen der Leistungsfähigkeit die **Korrekturberechnung nach der Dreiteilung**, bleibt es dagegen gemäß der Rechtsprechung des BGH bei der nur tatsächlichen Steuerlast des Pflichtigen, weil bei der Leistungsfähigkeit dessen gesamtes Einkommen heranzuziehen ist und sich im Übrigen durch die Gleichteilung alle Steuervorteile einschließlich des Splitting- und Realsplittingvorteils auf alle Beteiligten gleichmäßig verteilen.[35] In der Praxis wird dies zur Vermeidung fiktiver Steuerberechnungen dazu führen, bei Gleichrangigen nur noch den im Rahmen der Leistungsfähigkeit zu ermittelnden tatsächlich zu zahlenden Ehegattenunterhalt zu berechnen.

Bei vor- und nachrangigen Ehegatten gelten die gleichen Grundsätze. Kommt es in diesen Fällen zu einem sog. **absoluten Mangelfall** (s. näher § 5 Rn. 6, 105 ff.), muss für die Bedarfsermittlung des geschiedenen Ehegatten eine fiktive Steuerberechnung mit getrennter Veranlagung erfolgen, ebenso wenn aus Billigkeitsgründen auch beim sog. **relativen Mangelfall** (s. näher § 5 Rn. 105 ff.) keine Dreiteilung erfolgt, sondern die Vorranglösung.[36] Eine Ausnahme besteht nur, wenn insbesondere bei Vorrang des Geschiedenen der neue Ehegatte eigenes Einkommen und der Pflichtige deshalb die Steuerklasse IV hat.

1015 b) **Verwandtenunterhalt.** Beim **Kindesunterhalt** ist der Splittingvorteil der neuen Ehe generell für alle Kinder zu berücksichtigen. Insoweit ist stets das tatsächlich vorhandene Einkommen und damit auch die tatsächlich gegebene Steuerlast einschließlich aller Steuervorteile anzusetzen.[37] Ansonsten käme es entgegen Artikel 6 V GG zu einer Ungleichbehandlung der Kinder aus verschiedenen Ehen bzw. einer neuen Partnerschaft. Auch den Kindern aus der ersten Ehe kommt damit der Steuervorteil durch Wiederverheiratung einschließlich des Realsplittingvorteils zugute.[38] Dies gilt selbst dann, wenn der neue Ehegatte wegen Nachrangs keinen Unterhaltsanspruch hat.[39]

1016 Beim **sonstigen Verwandtenunterhalt** gilt nichts Anderes. Auch insoweit kommt es stets auf die tatsächliche Steuerlast an.

---

[31] Vgl. z. B. BGH FamRZ 1990, 981 = R 416 c
[32] BGH FamRZ 2008, 968 = R 689 b; 2007, 1232 = R 678; 2005, 1817 = R 632 b; 2007, 983 = R 676 b
[33] BGH FamRZ 2008, 1911 = R 695 b
[34] BVerfG FamRZ 2011, 437 = R 722 i; Borth in Anm. zu BVerfG FamRZ 2011, 445; Gerhardt/Gutdeutsch FamRZ 2011, 597; 2011, 772; Maurer FamRZ 2011, 849
[35] BGH FamRZ 2008, 1911 = R 695 b; vgl. auch Gerhardt/Gutdeutsch FamRZ 2011, 597
[36] Gerhardt/Gutdeutsch FamRZ 2011, 772
[37] BGH FamRZ 2008, 968 = R 689 c; 2007, 882 = R 675 b; 2005, 1817 = R 632 c
[38] BGH FamRZ 2007, 882 = R 675 b; 2005, 1817 = R 632 c
[39] BGH FamRZ 2010, 1318

Entsprechendes gilt bei Ansprüchen nach § 1615 l BGB, nachdem § 1615 l III 1 BGB auf den Verwandtenunterhalt verweist.

c) Obliegenheitspflichtverletzung. Dem Unterhaltspflichtigen ist es bei Wiederverheiratung aus den fortbestehenden gegenseitigen unterhaltsrechtlichen Treuepflichten nicht gestattet, bei Berufstätigkeit des neuen Ehepartners die ungünstige Steuerklasse V statt IV zu wählen, um sein Einkommen zu reduzieren.[40] Die Verschiebung der Steuerbelastung ist in diesen Fällen durch einen an Hand der Steuerklasse IV in tatrichterlicher Verantwortung zu schätzenden Abschlag zu korrigieren.[41] Generell ist in diesen Fällen seit 2010 auch vom Einkommensschwächeren das sog. Faktorenverfahren zu wählen (vgl. oben Rn. 1010). 1017

4. Fiktive Berechnung

a) Unterhaltsrechtlich nicht anerkannte steuerliche Ausgaben. Wenn der betreffende Steuerschuldner, idR der Unterhaltspflichtige, Ausgaben hat, die nach dem Steuerrecht anerkannt, unterhaltsrechtlich aber **nicht berücksichtigt** werden, ist eine fiktive Steuerberechnung durchzuführen, Das Steuerrecht läßt z.B. zu Investitionsanreizen Ausgabenpositionen zu, die keinen tatsächlichen Ausgaben bzw. nicht in dieser Höhe entsprechen, der Vermögensbildung dienen oder unter Berücksichtigung einer Unterhaltsverpflichtung nicht erforderlich scheinen. Nach ständiger Rechtsprechung des BGH sind deshalb steuerliche Ausgaben unterhaltsrechtlich zu prüfen und ggf. zu korrigieren.[42] Bei einer unterhaltsrechtlicher Korrektur der steuerrechtlich anerkannten Ausgaben muss dem Betreffenden aber der Steuervorteil verbleiben, um ihn nicht doppelt zu benachteiligen. Dies gilt insbesondere, wenn Bewirtungs-, Repräsentations- oder Werbungskosten nicht oder nur zum Teil anerkannt werden,[43] bei nicht anerkannten Fahrtkosten,[44] wenn unterhaltsrechtlich nicht berücksichtigte außergewöhnliche Belastungen nach § 33 EStG das Einkommen mindern (vgl. Rn. 882 ff.), bei Einkünften Selbständiger oder Gewerbetreibender, soweit einzelne Ausgabenpositionen unterhaltsrechtlich nicht anerkannt wurden, z.B. bei der Korrektur von Investitionsabzugsbeträgen/Ansparabschreibungen, die im Berechnungszeitraum nicht wieder in gleicher Höhe aufgelöst wurden (näher Rn. 975),[45] bei geänderten Abschreibungssätzen, weil die gewählte Abschreibungsdauer nicht der tatsächlichen Nutzungsdauer entspricht (vgl. Rn. 341 ff.)[46] oder bei geänderte Privatanteilen bei nur teilweiser Nutzung eines Pkw als Firmenfahrzeug, bei Negativeinkünften zur einseitigen Vermögensbildung, insbesondere bei Einnahmen aus Vermietung und Verpachtung (vgl. Rn. 459),[47] bei der unterhaltsrechtlich nicht zu berücksichtigenden AfA von Gebäuden (näher Rn. 457),[48] bei nicht in voller Höhe berücksichtigten Steuerberaterkosten, bei Ansatz fiktiver Einkünfte oder bei teilweise nicht in der Ehe angelegten und deshalb für die Bedarfsermittlung beim Ehegattenunterhalt nicht heranzuziehendem Einkommen.[49] Aus Praktikabilitätsgründen ist allerdings vor Durchführung einer fiktiven Steuerberechnung bei kleineren steuerlich, aber nicht unterhaltsrechtlich berücksichtigten Positionen zu überprüfen, ob die fiktive Steuerberechnung zu einer relevaten Änderung des Ergebnisses führt. 1018

Beinhaltet der steuerlich anerkannte Abzugsposten ausnahmsweise keine tatsächliche Ausgabe, sondern dient lediglich Investitionsanreizen, z.B. eine **Sonderabschreibung,** ist dagegen keine fiktive Steuerberechnung durchzuführen (s. näher Rn. 975).[50] Der dadurch entstehende Steuervorteil kommt vielmehr allen Beteiligten zugute. Das Gleiche gilt, 1019

---

[40] BGH FamRZ 2004, 443 = R 604 a
[41] BGH FamRZ 2004, 443 = R 604 a
[42] BGH FamRZ 2009, 762 (zu berufsbedingten Aufwendungen); 1998, 357 = R 515 a; 1980, 770
[43] BGH FamRZ 2009, 762; 2003, 741 = R 590 c
[44] BGH FamRZ 2007, 882 = R 675 a
[45] BGH FamRZ 2004, 1177 = R 655 b
[46] BGH FamRZ 2003, 741 = R 590 c
[47] BGH FamRZ 2005, 1159 = R 623 a; 2003, 741 = R 590 c; 1987, 36
[48] BGH FamRZ 2005, 1159 = R 623 a
[49] BGH FamRZ 2007, 793 = R 674 f.; 1990, 503 = R 413
[50] BGH FamRZ 2003, 741 = R 590 c

wenn es sich um Negativeinkünfte zur **gemeinsamen Vermögensbildung** handelt (vgl. Rn. 459).

1020 **b) Obliegenheitspflichtverletzung.** Eine fiktive Unterhaltsberechnung ist ferner vorzunehmen, wenn mögliche **Steuerfreibeträge** nicht in die Lohnsteuerkarte eingetragen wurden (vgl. oben Rn. 1012; beim Realsplitting Rn. 1025) oder wenn bei Wiederverheiratung die Steuerklassenwahl nicht ordnungsgemäß erfolgte (vgl. Rn. 1017). Entsprechendes gilt, wenn beim Verwandtenunterhalt der Pflichtige wiederverheiratet ist, sein nicht unterhaltspflichtiger Ehegatte über ein Einkommen verfügt und die anteilige Steuerlast zu ermitteln ist (s. unten Rn. 1027).

1021 **c) Steuerklassenwechsel.** Eine fiktive Steuerberechnung hat ferner zu erfolgen, wenn nur Einkommensunterlagen für die Vergangenheit vorliegen, aber eine **Prognoseentscheidung für das künftige Einkommen** zu treffen ist und feststeht, dass sich beim Lohnsteuerpflichtigen die Steuerklasse geändert hat (I statt III) bzw. bei Einkommensteuerpflichtigen eine getrennte und keine gemeinsame Veranlagung mehr erfolgt. Die frühere Rechtsprechung des BGH, auch in diesen Fällen die bisherige Steuerlast anzusetzen und hinsichtlich der geänderten Verhältnisse auf ein Abänderungsverfahren zu verweisen, um fiktive Berechnungen zu vermeiden,[51] ist seit der Entscheidung des BVerfG vom 7.10.2003 überholt (vgl. auch Rn. 1009).[52] Das BVerfG hat in dieser Entscheidung ausdrücklich der früheren Rechtsprechung des BGH eine Absage erteilt, aus Praktibilitätsgründen keine fiktive Steuerberechnung vorzunehmen, weil den Gerichten letztere jederzeit mit Unterstützung von Rechenprogrammen möglich ist. Da sich eine Prognoseentscheidung an einem möglichst realen Einkommen zu orientieren hat,[53] muss daher auch ein Einkommensrückgang durch eine höhere Steuerbelastung berücksichtigt werden. Dies führt nicht nur bei Nichtselbständigen ab dem der Trennung folgenden Jahr, sondern vor allem auch bei Selbständigen/Gewerbetreibenden regelmäßig zu einer fiktiven Steuerberechnung. Der in der Literatur zum Teil noch geführte Streit zwischen dem In-Prinzip und dem Für-Prinzip beruht im Wesentlichen auf einer überholten Rechtsprechung des BGH. Soweit der BGH nach seiner geänderten Rechtsprechung beim Ehegattenunterhalt möglichst auf die tatsächlichen Verhältnisse abstellt, entspricht dies dem seit der Surrogatslösung geänderten Prägungsbegriff (vgl. oben Rn. 1003 ff.).

1022 **d) Durchführen einer fiktiven Steuerberechnung.** Ist eine fiktive Steuerberechnung durchzuführen, ist bei Nichtselbständigen das letzte Jahresbruttoeinkommen heranzuziehen und die Steuerlast an Hand der aktuellen Steuertabelle umzurechnen. Bei **Selbstständigen/Gewerbetreibenden** wird der letzte Steuerbescheid benötigt, um an Hand der im Einzelfall zu berücksichtigenden konkreten Werbungskosten und Sonderausgaben das zu versteuernde Einkommen ermitteln zu können. Angesetzt werden können nur die unterhaltsrechtlich zu berücksichtigende Werbungskosten, Sonderausgaben und außergewöhnlichen Belastungen usw. Erst aus dem auf diese Weise festgestellten zu versteuernden Einkommen ist die genaue aktuelle Steuerlast zu ermitteln. Im Hinblick auf den Vereinfachungsgrundsatz ist dabei die Steuerlast bei Selbständigen/Gewerbetreibenden nicht für jedes herangezogene Jahr gesondert, sondern nur aus dem ermittelten Mehrjahresdurchschnitt zu errechnen. Zu den näheren Einzelheiten vergleiche Rn. 983 ff.

5. Realsplitting

1023 Steuervorteile auf Grund des Realsplittings sind vom Pflichtigen wahrzunehmen.[54] Realsplitting bedeutet, dass der geleistete Ehegattenunterhalt bis zu einem Höchstbetrag von 13 805 EUR im Jahr (§ 10 I EStG) steuerlich als Sonderausgabe abgezogen werden kann. Seit 1.1.2010 erhöht sich dieser Freibetrag durch das Bürgerentlastungsgesetz um die im jeweiligen Veranlagungszeitraum für die Absicherung des getrennt lebenden oder geschie-

---

[51] Vgl. z.B. BGH FamRZ 1990, 981
[52] BVerfG FamRZ 2003, 1821 = R 598
[53] Vgl. BGH FamRZ 2007, 793 = R 674 f.; 2007, 1232 = R 678
[54] BGH FamRZ 2010, 717; 2007, 1303; 2007, 793; 2005, 1162 = R 631; 1998, 953

13. Abschnitt: Berechnung des bereinigten Nettoeinkommens § 1

denen Ehegatten aufgewandten **Beiträge zur Kranken- und Pflegeversicherung**, soweit sie nach § 10 I Nr. 3, IV EstG steuerlich berücksichtigungsfähig sind.[55] Dies sind bei Privatversicherten 2800 EUR jährlich bei getrennter bzw. 5600 EUR bei gemeinsamer Veranlagung, bei gesetzlich Versicherten 1900/3800 EUR.[56] Der Kindesunterhalt kann im Rahmen des Realsplitting nicht angesetzt werden, sondern im Einzelfall nur als außergewöhnliche Belastung gemäß § 33 a EstG, nachdem es trotz vieler Forderungen bisher kein Familiensplitting gibt.

Das Realsplitting ist erst im Jahr des Vorteilseintritts unterhaltsrechtlich zu berücksichtigen (weitere Einzelheiten und Rechtsprechungshinweise hierzu Rn. 950 ff.). Der Bedürftige muss nach Treu und Glauben dem Realsplitting zustimmen, wenn der Pflichtige die daraus entstehenden Nachteile ersetzt[57] und sich hierzu bindend verpflichtet.[58] Die Anlage U zur Einkommensteuererklärung muss er nicht unterzeichnen, es ist vielmehr ausreichend, wenn er dem Finanzamt des Pflichtigen seine Zustimmung mitteilt.[59] Die **Zustimmung zum Realsplitting** ist auch zu erteilen, wenn zweifelhaft ist, ob die vom Pflichtigen steuerlich geltend gemachten Aufwendungen dem Grunde und der Höhe nach als Unterhaltsleistungen im Sinne des § 10 I Nr. 1 EStG anerkannt werden.[60] Unterhaltsleistungen nach § 10 I Nr. 1 EStG sind nicht nur der geleistete Barunterhalt, sondern auch Naturalleistungen wie die unentgeltliche Überlassung des Miteigentumsanteils an einer gemeinsamen Wohnung (vgl. Rn. 954),[61] die Zahlung von Hausnebenkosten des Ehepartners, seiner Krankenversicherung usw. Bei Durchführung des Realsplittings muss der Pflichtige dem Bedürftigen daraus entstehende **Nachteile ersetzen,** worunter nicht nur steuerliche Nachteile fallen, sondern auch höhere Krankenkassenkosten bei der gesetzlichen Krankenversicherung oder der Wegfall öffentlicher Leistungen (vgl. Rn. 956); der Ersatz von Steuerberaterkosten kann nur verlangt werden, wenn die Zustimmung zum Realsplitting ohne Übernahme dieser Kosten wegen schwieriger steuerrechtlicher Fragen unzumutbar ist.[62] Insoweit ist aber ein großzügiger Maßstab angebracht, nachdem der BGH inzwischen generell Steuerberaterkosten als Abzugsposten anerkennt (vgl. Rn. 1011), wenn sich dadurch eine geringere Steuerlast ergibt.[63] Eine Sicherheitsleistung für die zu erstattenden Kosten muss der Pflichtigen lediglich leisten, wenn zu befürchten ist, dass er seiner Verpflichtung zum Ausgleich finanzieller Nachteile nicht oder nicht rechtzeitig nachkommt.[64] Zum Realsplitting im Jahr der Wiederverheiratung vgl näher Rn. 958. Für den Nachteilsausgleich gilt § 1585 b III BGB nicht (vgl. Rn. 6/117).[65]

Für das Realsplitting sind **Freibeträge** nur einzutragen, wenn der Unterhalt durch Anerkenntnis, Verurteilung oder freiwillige Leistung erfüllt wird.[66] Ist beim Unterhalt nur der Spitzenbetrag streitig, der Sockelbetrag dagegen nicht, ist ein Freibetrag zum Realsplitting in Höhe des Sockelbetrags einzutragen; wird dies unterlassen, ist eine entsprechende fiktive Steuerberechnung vorzunehmen.[67] Kein Freibetrag ist nach BGH dagegen einzutragen, wenn beim Realsplitting noch über die Unterhaltshöhe insgesamt gestritten wird.[68] Nach BGH kann in diesen Fällen auch keine fiktive Ermittlung des Realsplittingvorteils über eine zweistufige Berechnung erfolgen, weil die steuerliche Anerkennung des Real-

---

[55] Perleberg-Kölbel FuR 2010, 18 mit Beispiel; Borth FamRZ 2010, 416
[56] Perleberg-Kölbel FuR 2010, 18
[57] BGH FamRZ 2007, 1303; 1998, 953
[58] BGH FamRZ 2010, 717; 2005, 1162 = R 631
[59] BGH FamRZ 1998, 953
[60] BGH a. a. O.
[61] BFH FamRZ 2000, 1360
[62] BGH FamRZ 2002, 1024, 1027 = R 578 b
[63] BGH FamRZ 2009, 1207
[64] BGH a. a. O.
[65] BGH FamRZ 2005, 1162 = R 631 c
[66] BGH FamRZ 2008, 968 = R 689 e; 2007, 882 = R 675 c; 2007, 1232 = R 678 c; 2007, 793 = R 674 b; 1999, 372 = R 529
[67] BGH FamRZ 1999, 372 = R 529
[68] BGH FamRZ 2007, 793 = R 674 g

splittings voraussetzt, dass der Unterhalt in diesem Jahr auch tatsächlich bezahlt wurde (§ 11 I 1 EStG).[69] Dieses Argument des BGH gilt allerdings nur für rückständigen, nicht für künftigen Unterhalt, so dass bei gütlichen Einigungen eine volle Einbeziehung des Realsplittingvorteils erfolgen kann, um Abänderungsverfahren zu vermeiden.

6. Zusammenveranlagung

1026 Nach ständiger Rechtsprechung des BGH besteht bei Ehegatten während des Zusammenlebens eine **Obliegenheit,** der gemeinsamen Veranlagung zuzustimmen, wenn einer dies aus finanziellen Gründen wünscht.[70] Dies gilt auch, wenn ein Ehegatte in diesem Zeitraum steuerliche Verluste erwirtschaftet hat.[71] Streit entsteht zwischen Eheleuten vielfach im Trennungsjahr, wenn steuerlich noch eine gemeinsame Veranlagung möglich ist.

1027 Ist der Pflichtige beim Verwandtenunterhalt verheiratet bzw. wiederverheiratet und hat der mit dem Bedürftigen nicht verwandte Ehegatte bei gemeinsamer Veranlagung eigene Einkünfte, ist die Steuerbelastung des Pflichtigen fiktiv zu ermitteln. Steuerfreibeträge, die auf den Ehegatten fallen, sind diesem bei der Ermittlung der fiktiven Steuer zu belassen.[72] Nach BGH ist in diesen Fällen zunächst die Steuerlast des Pflichtigen im Innenverhältnis unter Heranziehung des § 270 AO auf der Grundlage einer getrennten Veranlagung fiktiv zu ermitteln.[73] Im Verhältnis der dabei festgestellten fiktiven Steuerlast für jeden Ehegatten ist sodann die tatsächlich angefallene Steuer aufzuteilen. Zu den näheren Einzelheiten vergleiche Rn. 935 ff.

1028 Das Gleiche gilt, wenn beim Ehegattenunterhalt der **berufstätige neue Ehegatte** des Pflichtigen nach § 1609 Nr. 3 BGB gegenüber dem ersten Ehegatten **nachrangig** ist und ein Mangelfall vorliegt. Bei **Gleichrang** ist dagegen bei der Leistungsfähigkeit die jeweilige tatsächliche Steuerlast anzusetzen, da sich durch die Drittelrechnung ein eventueller interner Steuerausgleich nicht auswirkt (vgl. hierzu Rn. 1014, 4/437).

III. Abzug von Vorsorgeaufwendungen

1. Bei Nichtselbstständigen

1029 **a) Kranken- und Arbeitslosenvorsorge.** Abziehbar sind Vorsorgeaufwendungen für eine Krankenversicherung, Pflegeversicherung, Unfallversicherung und Arbeitslosenversicherung. Bei Unfallversicherungen ist dabei zu prüfen, ob keine Überversicherung vorliegt. Wie bei der Steuer kommt es dabei immer auf die **aktuelle Höhe** dieser Aufwendungen an. Bei Einkünften aus abhängiger Arbeit des Pflichtigen und berufstätigen Bedürftigen fallen hierunter alle gesetzlichen Abzüge für Krankheit, Unfall und Arbeitslosigkeit, soweit sie den Arbeitnehmer treffen. Diese Aufwendungen sind regelmäßig aus der Brutto- und Nettoeinkommensbestätigung des Arbeitgebers zu ersehen.

1030 Bei einer **gesetzlichen Krankenversicherung** ist nur der Arbeitnehmeranteil abzusetzen. Umfasst der ausgewiesene Krankenkassenzahlungsbetrag auch den Arbeitgeberanteil (= voller Krankenkassenbeitrag), so ist vor Abzug des vollen Krankenkassenbeitrags das Bruttoeinkommen um den Arbeitgeberanteil zu erhöhen bzw der Krankenkassenbeitrag um den Arbeitgeberanteil zu kürzen.[74] Bei einer **privaten Krankenversicherung** gelten die gleichen Grundsätze (s. auch Rn. 4/900, 903). Leistet der Arbeitgeber bei denjenigen, die über der Beitragsbemessungsgrenze für die gesetzliche Krankenversicherung liegen und

---

[69] BGH FamRZ 2007, 793 = R 674 g; 2007, 882 = R 675 c
[70] BGH FamRZ 2010, 269; 2007, 1229 = R 679; 2005, 182; 2003, 1454; 2002, 1025 = R 578 a
[71] BGH FamRZ 2010, 269
[72] BGH FamRZ 2007, 981 = R 676 b; 2007, 882 = R 675 f.
[73] BGH FamRZ 2006, 1178 = R 655 a
[74] BGH FamRZ 1982, 887

13. Abschnitt: Berechnung des bereinigten Nettoeinkommens § 1

sich deshalb privat versichern, Zuschüsse, sind die Kranken- und Pflegeversicherungskosten um diese Beiträge zu reduzieren. Durch die Leistungseinschränkungen bei der gesetzlichen Krankenversicherung im Zuge der Gesundheitsreform sind auch Zusatzversicherungen, z. B. für Krankenhausaufenthalt, Zahnersatz, berücksichtigungsfähig, soweit sie zu einer ausreichenden Krankheitsvorsorge erforderlich sind und in einem angemessenen Verhältnis zum Einkommen stehen. Das Gleiche gilt, wenn bei einer Privatversicherung eine Eigenbeteiligung vereinbart wurde und nachgewiesen wird, dass diese Eigenbeteiligung ausgeschöpft wurde[75] und für Krankengeldtageversicherungen.[76]

Seit 1. 1. 1995, dem Inkrafttreten des Pflegeversicherungsgesetzes, sind die Beiträge zur **Pflegeversicherung** zu berücksichtigen (s. näher Rn. 4/927). Bei Arbeitgeberzuschüssen gelten die zur Krankenversicherung gemachten Ausführungen entsprechend. **1031**

Eine **Unfallversicherung** ist zu berücksichtigen, soweit keine Überversicherung vorliegt.

Abzugsfähig sind ferner Vorsorgeaufwendungen für Arbeitslosigkeit, insbesondere die gesetzliche **Arbeitslosenversicherung.**

Beim **Ehegattenunterhalt** sind jeweils die Ausgaben in der tatsächlich entstandenen und anerkannten Höhe berücksichtigungswürdige Aufwendungen und damit **für die Bedarfsermittlung ein Abzugsposten,** unabhängig davon, ob sie bereits in der Ehe bestanden oder erst nach Trennung/Scheidung neu entstanden sind (näher Rn. 1003 ff, 4/437). Denn insoweit kommt es immer auf die Höhe der tatsächlichen Zahlungen an (näher unten Rn. 1035). **1032**

b) **Altersvorsorge.** Unter die **primäre Altersvorsorge** fallen die gesetzliche Rentenversicherung und die Beamtenversorgung. Liegt das Einkommen des Pflichtigen **über der Beitragsbemessungsgrenze** zur Rentenversicherung (2011: 5500 EUR brutto monatlich, in den neuen Bundesländern 4800 EUR brutto), ist ihm eine **primäre Versorgung für das Alter** von ca. 20% des Bruttoeinkommens zuzubilligen,[77] wie der BGH zwischenzeitlich mehrfach anerkannt hat (s. auch Rn. 1037).[78] Entsprechendes gilt bei einer konkreten Bedarfsbemessung, wobei der ermittelte Bedarf (ohne Altersvorsorge) als Nettobetrag nach der Bremer Tabelle auf einen Bruttobetrag umzurechnen und hieraus nach dem aktuellen Rentenbeitragssatz die dem Bedürftigen zustehende Altersvorsorge zu ermitteln ist (näher Rn. 4/874 ff.).[79] Denn jeder hat den Anspruch, für sein Alter entsprechend seinen Einkommensverhältnissen adäquat versorgt zu sein, wobei beim Pflichtigen die Sicherung des eigenen Unterhalts, auch für das Alter, immer Unterhaltsleistungen an Dritte vorgeht.[80] **1033**

Wegen der großen Unsicherheit über die Zukunft der gesetzlichen Rentenversicherung und der bereits erfolgten Einschränkungen in der Altersvorsorge bei Rentnern und Beamten können nach der geänderten Rechtsprechung des BGH sowohl beim Ehegatten- als auch beim Verwandtenunterhalt neben dieser **primären Altersvorsorge** weitere **4% des Bruttoerwerbseinkommens als zweite Säule** für die Altersvorsorge verwendet werden,[81] so dass sich die. **Gesamtversorgung für das Alter auf 24% des Bruttoerwerbseinkommens** beläuft. Die 4% wurden hierbei dem Altersvermögensgesetz vom 20. 6. 2001 entnommen (sog. Riester-Rente). Dies gilt auch für Beamte.[82] Etwas anderes gilt nur, wenn der Betreffende bereits anderweitig für das Alter ausreichend abgesichert ist.[83] Als **Zusatzversorgung** kommen betriebliche Zusatzversorgungen bzw. solche des öffentlichen Dienstes in Betracht, ferner Direktversicherungen, auch wenn es sich um Kapitallebens- **1034**

---

[75] OLG Brandenburg FamRZ 2008, 789
[76] BGH FamRZ 2009, 1207
[77] BGH FamRZ 2007, 117 = R 662 d, e
[78] BGH FamRZ 2009, 1637 = R 715 c; 2009, 1207; 2008, 1739; 2008, 963 = R 692 f.; 2007, 793 = R 674 c; 2005, 1817 = R 632 j; 2003, 860 = R 590 A d
[79] BGH FamRZ 2010, 1637 = 715 c
[80] BGH FamRZ 2008, 1739; 2007, 117 = R 662 d, e; 2003, 1179 = R 592; 2003, 860 = R 590 A
[81] BGH FamRZ 2009, 1391 = R 706 a; 2009, 1207; 2008, 1739; 2008, 963 = 692 f.; 2007, 793 = R 674 c; 2006, 387 = R 643 b; 2005, 1817 = R 632 j
[82] BGH FamRZ 2009, 1391 = R 706 a; 2007, 793 = R 674 c
[83] BGH FamRZ 2007, 739 = R 674 c; 2006, 387 = R 643

§ 1   Die Ermittlung des unterhaltsrechtlich relevanten Einkommens

versicherungen handelt, Tilgungen von Immobilienschulden, Wertpapiere, Fonds, Gehaltsabtretungen zur Altersvorsorge, Sparguthaben.[84] Dies gilt sowohl für den **Pflichtigen** als auch für den **Bedürftigen,** wenn er über eigenes Einkommen verfügt.[85] Der Umstand, dass es sich vielfach auch um Vermögensbildung handelt, steht dem nicht entgegen, da in der heutigen Zeit die Vermögensbildung regelmäßig eine vernünftige Form der Altersvorsorge bildet. Deshalb erfolgt die Berücksichtigung dieser zusätzlichen Altersvorsorge bei der Bereinigung des Nettoeinkommens nicht als (einseitige) Vermögensbildung. Maßgebend ist allerdings, dass die Leistungen für diese Zusatzversorgung **tatsächlich** erbracht werden, eine fiktive Altersvorsorge gibt es nicht.[86] Beim **Elternunterhalt** hat der BGH sogar eine Gesamtaltersvorsorge von insgesamt 25% des Bruttoeinkommens, d. h. als zweite Säule 5%, anerkannt.[87] **Ausnahmen,** in denen keine zusätzliche Altersvorsorge zugebilligt werden kann, bestehen nur im Mangelfall[88] oder wenn der Mindestunterhalt eines minderjährigen Kindes gefährdet wäre.[89]

1035   Beim Ehegattenunterhalt sind diese Leistungen **beim Bedarf als Abzugsposten** anzusetzen, auch wenn sie erst nach Trennung/Scheidung aufgenommen wurden, da bei der Berücksichtigungswürdigkeit einer Altersvorsorge immer allein auf die tatsächlichen Leistungen abzustellen ist.[90] Nachdem es sich insoweit um Altersvorsorge und **keine einseitige Vermögensbildung** handelt, kommt das Verbot der Doppelverwertung nicht zum Tragen (vgl. Rn. 4/480).

Zu beachten ist bezüglich der sog. zweiten Säule, dass bei Eintritt des Rentenfalls auch der Vermögensstamm einer insoweit als Altersvorsorge vorgenommenen Kapitalbildung für den Unterhalt einzusetzen ist (näher Rn. 4/682).

2. Bei Selbstständigen und Gewerbetreibenden

1036   **a) Kranken- und Pflegeversicherung.** Bei einem Selbstständigen oder bei sonstigem Erwerbseinkommen können wie bei Nichtselbständigen die Beiträge für eine freiwillige Krankenversicherung, Pflegeversicherung und Unfallversicherung abgezogen werden (s. oben Rn. 1029 ff.). Bei der **Kranken- und Pflegeversicherung** richten sich die Abzüge nach den entsprechenden Kosten einer Privatversicherung einschließlich Zusatzversicherungen und Eigenanteilen. Nicht berücksichtigungsfähig sind regelmäßig Kosten für die Absicherung einer Arbeitslosigkeit, da Selbstständigen keine Kündigung droht.[91] Dies gilt auch für Gesellschafter-Geschäftsführer, die als Selbstständig anzusehen sind, da sie maßgebenden Einfluss auf die Entscheidung der Gesellschaft und damit die Fortdauer der eigenen Anstellung besitzen.[92]

1037   **b) Altersvorsorge.** Bei Selbständigen gelten die bei Nichtselbständigen gemachten Ausführungen entsprechend, d. h. sie haben einschließlich der sog. zweiten Säule einen Anspruch auf eine **Gesamtaltersvorsorge von 24%** des Bruttoerwerbseinkommens, d. h. ihres **Gewinns.** Zu berücksichtigen sind insoweit neben **berufsständischen Altersversorgungen** (z. B. Rechtsanwalts- oder Ärzteversorgung) und **Lebensversicherungen** sonstige vermögensbildende Aufwendungen wie Tilgung für Immobilien (auch bei Negativeinkünften, vgl. Rn. 4/457, 461), Wertpapiere, Fonds, Sparguthaben usw., soweit es sich nicht um rein spekulative Anlageformen handelt.[93] Dies gilt auch bei sehr **hohen Ein-**

---

[84] BGH FamRZ 2009, 1300; 2008, 963 = R 692 f.; 2005, 1817 = R 632 i, j; 2003, 860 = R 590 A d
[85] BGH FamRZ 2008, 963 = R 692 f.; 2006, 387 = R 643 b; 2005, 1817 = R 632 j
[86] BGH FamRZ 2007, 793 = R 674 c; 2007, 193 = R 664 b; 2003, 860 = R 590 A d
[87] BGH FamRZ 2010, 1535; 2009, 1207; 2008, 1739; 2007, 793 = R 674 c; 2006, 1511 = R 658 g; 2004, 792 = R 605 a
[88] BGH FamRZ 2003, 741 = R 590
[89] OLG Düsseldorf FamRZ 2006, 1685
[90] BGH FamRZ 2009, 1207; 2007, 1232 = R 678 f.; 2007, 793 = R 674 c; 2006, 387 = R 643 e; 1991, 234
[91] BGH FamRZ 2003, 860, 863 = R 590 A e
[92] BGH a. a. O.
[93] BGH FamRZ 2009, 1300; 2009, 1207; 2008, 1739; 2008, 963 = R 692 f.; 2007, 793 = R 674 c; 2006, 387 = R 643 b; 2005, 1817 = R 632 j; 2004, 792 = R 605 a; 2003, 860 = R 590 A a

13. Abschnitt: Berechnung des bereinigten Nettoeinkommens § 1

künften, da sich jeder entsprechend seinem tatsächlichen Einkommen altersmäßig versorgen kann und die Altersvorsorge Teil des eigenen Unterhalts ist (s. oben Rn. 1033). Wie bereits ausgeführt müssen die Leistungen aber **tatsächlich erbracht** werden (s. oben Rn. 1034).

Die Altersvorsorge ist beim Ehegattenunterhalt in der anerkannten Höhe **beim Bedarf** 1038 **zu berücksichtigen,** auch wenn die Altersvorsorge nach Trennung/Scheidung im zulässigen Rahmen angehoben oder sogar erst neu aufgenommen wurde (s. oben Rn. 1035). Bei Eintritt des Rentenfalls ist bei einer Vermögensanlage der daraus stammende Vermögensstamm einzusetzen (s. oben Rn. 1035, 4/682). Dies gilt auch hinsichtlich des Erlöses aus dem Verkauf einer Praxis, Kanzlei usw. Das Vermögen ist in diesen Fällen entsprechend der Lebenserwartung als monatliche Rente umzulegen, wobei Obergrenze das vor dem Rentenfall erzielte Erwerbseinkommen ist.[94]

3. Krankenversicherungs- und Vorsorgeunterhalt

Macht der berechtigte **Ehegatte** als Unterhalt auch Vorsorgeaufwendungen für Alter 1039 oder Krankheit geltend, so ist das Einkommen des Verpflichteten vor der Berechnung des endgültigen Elementarunterhalts durch Vorabzug um die Beiträge zu bereinigen, die als Altersvorsorgeunterhalt und (oder) Krankheitsvorsorgeunterhalt zugesprochen werden (vgl. Leitlinien Nr. 15.4).[95] Es handelt sich insoweit um einen gesetzlich normierten Fall des trennungsbedingt entstandenen Mehrbedarfs (§§ 1361 I, 1578 II, III BGB). Dabei ist zunächst die Krankenvorsorge abzuziehen und in einem erneuten Rechengang die Altersvorsorge zu ermitteln (näher Rn. 4/911 ff.). Der Vorabzug für die Ermittlung des Elementarunterhalts entfällt, wenn bei sehr guten Einkommensverhältnissen der Unterhalt nach dem konkreten Bedarf ermittelt wird oder **nicht in der Ehe angelegtes Einkommen des Bedürftigen** vorhanden ist (vgl. Leitlinien Nr. 15.4), weil der Vorsorgebedarf dann neben dem laufenden Unterhaltsbedarf befriedigt werden kann, ohne dass der Halbteilungsgrundsatz verletzt wird[96] (vgl. näher Rn. 4/889). Hat der Berechtigte ein eigenes Einkommen, so erfolgt der Abzug der Krankenversicherung von diesem, wenn er gesetzlich krankenversichert ist. Dies gilt auch bei Ansatz fiktiver Einkünfte wegen Verstoßes gegen die Erwerbsobliegenheit. Ein Anspruch auf Altersvorsorgeunterhalt besteht dagegen auch bei eigenen Einkünften, wenn ein Unterhaltsanspruch gegeben ist, weil die Altersvorsorge aus dem eigenen Einkommen nicht den ehelichen Lebensverhältnissen entspricht. Genauere Ausführungen zum Altersvorsorgeunterhalt und Krankheitsvorsorgeunterhalt Rn. 4/855 ff., 900 ff.

Solange getrennt lebende Ehegatten noch nicht geschieden sind, ist der Bedürftige noch 1040 in der gesetzlichen Krankenversicherung des berufstätigen Ehegatten mitversichert, wenn er kein eigenes Einkommen hat, so dass ihm kein zusätzlicher eigener Krankheitsvorsorgebedarf erwächst. Nach der Scheidung kann ein solcher Bedarf entstehen, weil die Mitversicherung eine bestehende Ehe voraussetzt[97] (s. näher Rn. 4/901 ff.). Nach §§ 10, 9 I Nr. 2 SGB V besteht die Möglichkeit, innerhalb von 3 Monaten ab Rechtskraft der Scheidung der gesetzlichen Krankenversicherung beizutreten. Bei privat Versicherten wird regelmäßig der bisherige Vertrag gekündigt, die Versicherung hat aber die Obliegenheit, mit dem Bedürftigen einen eigenen Vertrag abzuschließen, falls er nicht durch Aufnahme einer Berufstätigkeit gesetzlich krankenversichert wird. Die Höhe der bei privat Versicherten vom Berechtigten für eine angemessene Krankenversicherung aufzuwendenden Kosten kann danach bemessen werden, was bei einer freiwilligen Weiterversicherung beim gleichen Versicherungsträger und bei einem Einkommen in Höhe des Unterhalts gezahlt werden müsste[98] (s. eingehend Rn. 4/901 ff.).

---

[94] Empfehlungen des Arbeitskreises 3 des 17. Deutschen Familiengerichtstages 2007
[95] BGH FamRZ 2007, 117 = R. 662 a; 2003, 590 = R. 587; 1983, 888
[96] BGH FamRZ 2010, 1637 = R. 715 c; 2007, 117 = R. 662 b; 2003, 590 = R. 587 d; 1999, 372, 374 = R. 529 b; vgl. auch Leitlinien Nr. 15.4
[97] BGH FamRZ 1982, 887
[98] BGH FamRZ 1989, 483

§ 1   Die Ermittlung des unterhaltsrechtlich relevanten Einkommens

Bei der Altersvorsorge endet die Teilhabe an der Versorgung des Partners mit der Rechtshängigkeit des Scheidungsverfahrens als Endstichtag für den Versorgungsausgleich (§ 1587 II BGB), so dass ab diesem Zeitpunkt ein Altersvorsorgeunterhalt verlangt werden kann (§ 1361 I 2 BGB). Die Höhe richtet sich nach dem errechneten Unterhalt (s. näher Rn. 4/874 ff.).

4. Kindesunterhalt

1041   Für den Pflichtigen gelten die bereits gemachten Ausführungen (Rn. 1029 ff.). Einschränkungen bezüglich der zweiten Säule der Altersvorsorge gibt es nur, wenn der Mindestunterhalt eines minderjährigen Kindes nicht gesichert ist (näher Rn. 1034). Beim Bedarf wird beim **Kindesunterhalt** in den Tabellenbeträgen der Düsseldorfer Tabelle und bei den Festbeträgen für Volljährige mit eigenem Hausstand davon ausgegangen, dass bei der Krankenversicherung eine Familienversicherung besteht. Bei privat Versicherten sind die Tabellenbeträge um die Kosten für die Krankenversicherung zu erhöhen.[99] Abzugsposten bei der Bereinigung des Nettoeinkommens für den Kindesunterhalt sind dann neben dem Elementarunterhalt gemäß der Düsseldorfer Tabelle auch die Krankenversicherungskosten einschließlich einer ggf. anfallenden Eigenbeteiligung. Einen Altersvorsorgeunterhalt gibt es beim Kindesunterhalt nicht.

IV. Berufsbedingte Aufwendungen

1. Bei Gewinnermittlung

1042   Bei Einkünften aus selbstständiger Tätigkeit, Gewerbebetrieb und Land- und Forstwirtschaft ist nach § 2 II Nr. 1 EStG der Gewinn im Wege der Bilanzierung oder durch eine Einnahmen-Überschussrechnung zu ermitteln (vgl. Rn. 160 ff., 253 ff., 314 ff.). Sämtliche anfallenden Ausgaben sind als Betriebsausgaben bereits berücksichtigt, so dass daneben **keine zusätzlichen berufsbedingten Ausgaben** anfallen.

2. Bei Einkünften aus Kapital und Vermietung und Verpachtung

1043   Nach § 2 II Nr 2 EStG ergibt sich hier das Einkommen aus dem Überschuss der Einnahmen über die Werbungskosten. Diese **Werbungskosten** sind in der Regel abziehbar. Vgl. insoweit näher zum Einkommen aus Vermietung und Verpachtung Rn. 455 ff. und aus Kapital Rn. 605. Weitere berufsbedingte Aufwendungen kommen nicht in Betracht.

3. Bei Renten, Pensionen

1044   Bei diesen Einkünften gibt es keine berufsbedingten Aufwendungen und deshalb auch **keinen** entsprechenden **pauschalen oder konkreten Abzug**.[100]

4. Bei Nichtselbstständigen

1045   **a) Abgrenzung zu steuerlichen Werbungskosten.** Bei Nichtselbstständigen wird das Einkommen aus dem Überschuss der Einnahmen über die Werbungskosten gebildet (§ 2 II Nr 2 EStG). Unterhaltsrechtlich werden die steuerlichen Werbungskosten als **berufsbe-**

---

[99] DT A 9; SüdL, BL, BraL, BrauL, BrL, CL, DL, DrL, FL, HaL, HL, KL, KoL, NaL, OL, RL, SchL, TL jeweils Nr. 11.1
[100] BGH FamRZ 1982, 579, 581

13. Abschnitt: Berechnung des bereinigten Nettoeinkommens § 1

dingte Aufwendungen bezeichnet. Hierunter fallen in erster Linie die Fahrtkosten zum Arbeitsplatz (vgl. näher unten Rn. 1047 sowie Rn. 133 ff.). Berufsbedingte Aufwendungen sind aber auch Arbeitsmittel, Fachliteratur,[101] Beiträge zu Berufsverbänden, Fortbildungskosten und im Einzelfall Kosten der doppelten Haushaltsführung (vgl. Aufstellung Rn. 141 ff.). Keine berufsbedingten Aufwendungen sind eine Hausrats- und/oder private Haftpflichtversicherung,[102] diese zählen vielmehr zu den allgemeinen Lebenshaltungskosten. Soweit sie zur Erzielung des Einkommens erforderlich sind und vom Arbeitgeber nicht ersetzt werden, sind berufsbedingte Aufwendungen abzugsfähig.[103] Die betreffenden Kosten müssen sich eindeutig von denjenigen der privaten Lebensführung abgrenzen lassen und notwendigerweise für die Berufsausübung entstehen.[104] Der Begriff der berufsbedingten Aufwendungen ist im Unterhaltsrecht enger gefasst als der Begriff der Werbungskosten im Steuerrecht. Für die steuerliche Anerkennung reicht regelmäßig bereits aus, dass die Aufwendungen durch die Berufsausübung veranlasst sind. Im Unterhaltsrecht müssen sie für die Berufsausübung **erforderlich** sein.[105] Nicht alle steuerlich anerkannten Werbungskosten, wie z. B. Bewirtungs- und Repräsentationskosten, Werbekosten, Porto, Kontoführungskosten, sind deshalb unterhaltsrechtlich berücksichtigungsfähig.[106]

b) Pauschale. Da es sich bei Unterhaltsfällen um Massenerscheinungen handelt, sind **1046** nach BGH aus Vereinfachungsgründen Pauschalen zulässig.[107] Üblich ist insoweit der Ansatz einer Pauschale von 5% des Nettoeinkommens. Nach der zwischen den Oberlandesgerichten vereinbarten gemeinsamen Leitlinienstruktur werden die berufsbedingten Aufwendungen in den einzelnen Unterhaltsleitlinien in Nr. 10.2 abgehandelt. Eine Pauschale von 5% setzen neben der Düsseldorfer Tabelle Anm. A 3 die Süddeutschen Leitlinien und die Leitlinien des Kammergerichts sowie der Oberlandesgerichte Brandenburg, Braunschweig, Celle, Frankfurt, Dresden, Düsseldorf, Koblenz, Naumburg und Oldenburg jeweils in Nr. 10.2.1 an, die Düsseldorfer Tabelle und die Leitlinien des Kammergerichts sowie der Oberlandesgerichte Braunschweig, Düsseldorf, Koblenz und Oldenburg dabei mit einer Unter- und Obergrenze von 50 EUR bzw. 150 EUR, der Oberlandesgerichte Dresden und Frankfurt nur mit einer Obergrenze von 150 EUR. Im Gegensatz zum Steuerrecht wird die Pauschale dabei nicht aus dem Brutto-, sondern dem Nettoeinkommen gebildet. Neben der Pauschale können keine Einzelposten, z. B. Gewerkschaftsbeitrag, Reinigungskosten für Kleidung usw., gesondert verlangt werden, sondern bei Überschreitung des Pauschalbetrags sind alle Einzelpositionen konkret darzulegen. **Geringfügige Einzelkosten,** z. B. Hemden- oder Kleiderreinigung und Telefonkosten, sind dabei konkret darzulegen, eine Schätzung scheidet in diesen Fällen aus.[108] Wird keine Pauschale geltend gemacht, sind derartige Kosten regelmäßig bereits mit dem Erwerbstätigenbonus abgegolten.[109] Im Mangelfall kann verlangt werden, dass die berufsbedingten Aufwendungen konkret vorgetragen werden (vgl Südl Nr. 10.2.1). Nach den Leitlinien der OLG Bremen, Hamburg, Hamm, Köln, Rostock, Schleswig und Thüringen sind berufsbedingte Aufwendungen generell nur bei konkretem Nachweis abzugsfähig.[110]

c) Fahrtkosten. Ein Überschreiten der Pauschale kommt regelmäßig bei **hohen Fahrt- 1047 kosten** in Betracht. Zunächst ist in diesen Fällen zu prüfen, ob nicht billigere Fahrten mit öffentlichen Verkehrsmitteln zumutbar sind oder Fahrgemeinschaften gebildet werden können.[111] Dies gilt insbesondere, wenn Fahrtkosten mit dem Pkw das Nettoeinkommen in unverhältnismäßiger Höhe aufzehren, z. B. zu einem Drittel[112] oder wenn es um den

---

[101] BGH FamRZ 2009, 1391
[102] BGH FamRZ 2010, 1535
[103] BGH FamRZ 1988, 159
[104] BGH FamRZ 2009, 762
[105] BGH FamRZ 2009, 762
[106] BGH FamRZ 2009, 762
[107] BGH FamRZ 2006, 108; FamRZ 2002, 536 = R 572 a
[108] BGH FamRZ 2007, 193 = R 664 a
[109] BGH FamRZ 2007, 193 = R 664 a
[110] BrL, DrL, HaL, HL, KL, RL, SchL jeweils Nr. 10.2.1
[111] BGH FamRZ 1982, 360
[112] BGH FamRZ 1998, 1501 = R 521 b

Mindestunterhalt beim minderjährigen Kind geht.[113] Wird nur eine Pauschale von 5% berücksichtigt, ist zu beachten, dass dem Pflichtigen dann der Steuervorteil der nicht berücksichtigten Fahrtkosten zu verbleiben hat. Zu den steuerlichen Freibeträgen vgl. Rn. 901. Wird die Benutzung des Pkw für Fahrten zum Arbeitsplatz anerkannt, weil der Pkw auch beruflich benötigt wird (z. B. Außendienst) oder aus persönlichen Gründen die Autofahrten zu erstatten sind (Krankheit, Körperbehinderung, ungünstige öffentliche Verkehrsmittel, sehr gute Einkommensverhältnisse), sind die Gesamtkosten im Verhältnis der beruflichen und privaten Nutzung aufzuteilen. In den Leitlinien werden in Nr. 10.2.2 seit 1. 1. 2011 einheitliche Beträge entsprechend § 5 II Nr. 2 JEVG von 0,30 EUR pro gefahrener Kilometer angesetzt. Bei längeren Fahrten (über 30 km einfach) besteht die Möglichkeit einer Reduzierung dieses Betrages auf 0,20 EUR. Wie der BGH inzwischen klargestellt hat, sind hierin **sämtliche** mit der Haltung, dem Betrieb, der Steuer, der Versicherung, der Abnutzung und der Anschaffung anfallenden **Kosten** enthalten.[114] Dies gilt auch für bei der Anschaffung des Fahrzeugs eingegangene Schulden, ebenso für künftige Anschaffungskosten. Werden die Darlehenskosten für die Anschaffung des Fahrzeuges im Einzelfall als in der Ehe angelegte Schuld berücksichtigt, weil sie im Verhältnis zu den errechneten Fahrtkosten zu hoch sind, können als Kilometerpauschale nur noch die zu schätzenden reinen Betriebskosten (z. B. 50% der Pauschale) oder die pauschalen 5% als berufsbedingte Aufwendungen angesetzt werden.[115] Bei einer normalen Arbeitszeit von 220 Tagen im Jahr und einer Kilometerpauschale von 0,30 EUR ergeben sich deshalb z. B. bei einer Fahrtstrecke von 25 km einfach zu berücksichtigende Fahrtkosten von 275 EUR (220 × 25 × 2 × 0,30 : 12).

1048 Werden bei einem Einsatz als Leiharbeiter über 5% hinausgehende Fahrtkosten zu verschiedenen Arbeitsstätten geltend gemacht, dürfen an den Nachweis keine übertriebenen Anforderungen gestellt werden; soweit sie steuerlich nicht angesetzt wurden, ist zu beachten, dass nach dem Steuerrecht diese Ausgaben auch als Kosten der doppelten Haushaltsführung deklariert werden können (vgl. auch Rn. 900).[116] Zu weiteren Einzelheiten und Rechtsprechungshinweisen vgl. Rn. 133 ff.

1049 **d) Berücksichtigungswürdigkeit beim Bedarf.** Berufsbedingte Aufwendungen sind, da sie den steuerlichen Werbungskosten entsprechen, immer in Höhe des berücksichtigungswürdigen Anfalls abziehbar, auch beim Ehegattenunterhalt, da wie bei der Steuer und den Vorsorgeaufwendungen der anzuerkennende aktuelle Aufwand **berücksichtigungswürdig** ist (näher Rn. 4/437 ff.).

1050 **e) Abgrenzung zum Erwerbstätigenbonus.** Der sog. Erwerbstätigenbonus beinhaltet bei Geltendmachung von berufsbedingten Aufwendungen allein den Arbeitsanreiz (näher § 4 Rn. 773). Ansonsten käme es zu einer Ungleichbehandlung von Nichtselbständigen und Selbständigen, da bei letzteren im Rahmen der Gewinnermittlung bereits alle Ausgaben abgezogen werden. Er ist kein Abzugsposten bei der Bereinigung des Nettoeinkommens, sondern dient nur der **Quotierung** des Unterhalts. Bei Ansatz pauschaler berufsbedingter Aufwendungen von 5% hat der BGH mehrfach darauf hingewiesen, dass ein Erwerbstätigenbonus von $1/7$ daneben zu hoch erscheint[117] und deshalb ein Bonus von $1/10$ angemessener ist (vgl. auch Rn. 131). Ob es wegen der Gleichwertigkeit von Familienarbeit und Berufstätigkeit heute noch gerechtfertigt ist, überhaupt einen Erwerbstätigenbonus beim Ehegattenunterhalt anzusetzen, erscheint fraglich (eingehend Rn. 4/781). Vom Gesetzgeber ist er als Arbeitsanreiz zu Recht nur bei Leistungen nach dem SGB II vorgesehen, um die Arbeitsaufnahme von Leistungsempfängern des Arbeitslosengeldes II zu fördern. Entsprechend muss er auch im notwendigen Selbstbehalt als Existenzminimum verankert werden. Ansonsten fördert der Gesetzgeber heute nicht die Erwerbstätigkeit, sondern, wie das BEGG zeigt, die Übernahme der Familienarbeit.

---

[113] BGH FamRZ 2002, 536 = R 572 a
[114] BGH FamRZ 2006, 846 = R 648 a; BGH früher: nur künftige Anschaffungskosten, vgl. BGH NJW-RR 1992, 1282
[115] Born in Anm. zu BGH FamRZ 2006, 846 = R 648 a
[116] BGH FamRZ 2006, 108 = R 642 a, b
[117] BGH NJW 1998, 2821 = R 525 c; FamRZ 1993, 1304; 1990, 1085; 1990, 979

13. Abschnitt: Berechnung des bereinigten Nettoeinkommens § 1

f) Sonderfragen. Bei **Azubis** sind die berufs- und ausbildungsbedingten Aufwendungen abzugsfähig, nach der Düsseldorfer Tabelle Anm. A 8 und den SüdL, BraL, DL, HL, KL, KoL NaL, OL und SchL jeweils Nr. 10. 2. 3 seit 1. 1. 2011 weiterhin mit einem Pauschbetrag von 90 EUR. Ein Teil der Oberlandesgerichte setzen nach Nr. 10. 2. 3 eine 5%-Pauschale an oder erkennen ausbildungsbedingten Aufwendungen nur gegen konkreten Nachweis an (vgl. eingehend Rn. 2/112 ff.). 1051

Bei **Arbeitslosen** sind Aufwendungen für die Arbeitsplatzsuche nur bei konkretem Nachweis zu berücksichtigen. Das Gleiche gilt für andere Sozialleistungen mit Lohnersatzfunktion (s. näher Rn. 105 ff.). 1052

V. Kinderbetreuungskosten und Betreuungsbonus

1. Kinderbetreuungskosten

Kinderbetreuungskosten sind zwar im weitesten Sinn auch berufsbedingte Aufwendungen. Sie werden aber in den Leitlinien in Nr. 10.3 gesondert abgehandelt und können deshalb **neben** pauschalen berufsbedingten Aufwendungen verlangt werden. Ansonsten würde der kinderbetreuende Elternteil benachteiligt. Sie sind deshalb auch erst nach pauschalen berufsbedingten Aufwendungen vom Nettoeinkommen abzuziehen. Kinderbetreuungskosten sind generell anzuerkennen, wenn sie zur Ausübung einer Berufstätigkeit erforderlich sind und in angemessenem Rahmen geltend gemacht werden (vgl. Rn. 810 ff., 4/438). Auf die Berücksichtigungswürdigkeit bei der Unterhaltsberechnung hat der Gesetzgeber bei der Reform des Unterhaltsrechts zum 1. 1. 2008 in seinen Materialien zu § 1570 BGB ausdrücklich hingewiesen.[118] Dies gilt beim Ehegattenunterhalt nicht nur für den Betreuungsanspruch, sondern auch für den Aufstockungsunterhalt, wenn nur durch eine Kosten verursachende Kinderbetreuung gearbeitet werden kann.[119] Sie können von der jeweiligen Betreuungsperson, d. h. sowohl vom **Bedürftigen** als auch vom **Pflichtigen** bei Ausübung einer Berufstätigkeit neben der Kinderbetreuung geltend gemacht werden. Handelt es sich beim Bedürftigen um eine **überobligatorische Tätigkeit** gemäß § 1577 II BGB, sind sie im Rahmen des anrechnungsfreien Betrages zu berücksichtigen und dürfen deshalb wegen des Verbots der Doppelverwertung nicht zusätzlich als Abzugsposten bei der Bereinigung des Nettoeinkommens angesetzt werden (s. näher Rn. 812).[120] Abzugsposten bei der Bereinigung des Nettoeinkommens sind sie damit nur, wenn es sich beim Bedürftigen um eine normale Tätigkeit handelt oder wenn der Pflichtige die Kinder betreut. 1053

Unter Kinderbetreuungskosten fallen insbesondere Kosten für eine Kinderkrippe, Tagesstätte, Verpflegungskosten bei Mittagsbetreuung, Hort oder eine Betreuungsperson (auch bei Betreuung durch nahe Angehörige). Die Höhe der Kosten dürfen im Hinblick auf die wechselseitigen Obliegenheiten, den Bedarf möglichst selbst zu decken bzw. sich leistungsfähig zu erhalten, nicht überhöht sein.

Kindergartenkosten sind dagegen nach einem Urteil des BGH vom 5. 3. 2008 Mehrbedarf des Kindes (näher Rn. 2/400).[121] Sie sind generell nicht in den Sätzen der DT enthalten, da sich der Mindestunterhalt gemäß § 1612 a I 2 BGB nach dem steuerlichen sächlichen Existenzminimum richtet (§ 32 VI 1 EStG), Betreuungskosten aber vom steuerlichen Betreuungsfreibetrag umfasst werden (nach § 32 VI EStG z.Zt. 1320 EUR pro Elternteil). 1054

Offen ist derzeit, ob neben Kindergartenkosten auch sonstige Kinderbetreuungskosten als **Mehrbedarf des Kindes** angesetzt werden können, wenn kein Ehegattenunterhaltsanspruch besteht. Der Gesetzgeber hat diesen Abzugsposten zwar beim neugefassten Be- 1055

---

[118] BT-Drs. 16/1830 S. 17
[119] Gerhardt FuR 2008, 9
[120] Gerhardt in Anm. zu BGH FamRZ 2005, 1154
[121] BGH FamRZ 2009, 962 = R 700; 2008, 1152 = R 691 c

treuungsanspruch nach § 1570 BGB behandelt, im Ergebnis aber nur auf die generelle Berücksichtigungswürdigkeit bei der Unterhaltsbemessung hingewiesen.[122] Der BGH hat bisher darauf abgestellt, ob die Kosten begründende Einrichtung aus pädagogischen Gründen besucht wird oder um dem Elternteil eine Berufstätigkeit zu ermöglichen.[123] Nach der Neufassung der Betreuungsansprüche wird man meist Letzteres annehmen müssen. Andererseits handelt es sich stets um Kosten, die das Kind betreffen. Dies hat der BGH ausdrücklich für **Kindergartenkosten** klargestellt (s. oben).[124] Deshalb sollte aus Billigkeitsgründen bei der Abgrenzung ein großzügiger Maßstab angesetzt werden und eine Berücksichtigung als Mehrbedarf des Kindes erfolgen, wenn ein Anspruch auf Ehegattenunterhalt z. B. wegen Zusammenlebens mit einem neuen Partner oder Wiederverheiratung nicht besteht.[125]

1056 Für die Praxis ist darauf hinzuweisen, dass bei Vorliegen eines Ehegattenunterhaltsanspruchs sich Auseinandersetzungen, ob es sich um Kinderbetreuungskosten oder Mehrbedarf des Kindes handelt, idR erübrigt. Übernimmt der Pflichtige oder Bedürftige diese Kosten jeweils in voller Höhe, beteiligt sich der andere Ehegatte wegen der Halbteilung beim Ehegattenunterhalt hieran rechnerisch jeweils zur Hälfte. Damit besteht meist Einverständnis, zumal es sich vielfach um zeitlich begrenzte Kosten handelt.

1057 Betreuen die **Großeltern** kostenlos die Enkelkinder, handelt es sich um eine freiwillige Leistung. Handelt es sich um die Eltern der bedürftigen Kindsmutter, übernehmen sie dies nicht kostenlos, um den Unterhaltspflichtigen zu entlasten. Deshalb kann hierfür **fiktiv** eine angemessene Entschädigung als Betreuungskosten angesetzt werden (z. B. in Höhe ersparter Krippen-, Kindergarten oder Hortkosten).[126] In diesem Sinne hat der BGH bereits entschieden, wenn Eltern ihrem Kind ein zinsloses Darlehen gewähren.[127] Die Zinsfreiheit ist – wie die kostenlose Kinderbetreuung – eine freiwillige Leistung Dritter, auf die kein Rechtsanspruch besteht und die deshalb dem Pflichtigen nicht zugute kommen soll. Etwas Anderes würde nur gelten, wenn die Eltern des Pflichtigen das Enkelkind kostenlos betreuen.

2. Betreuungsbonus

1058 Werden bei Ausübung einer Berufstätigkeit trotz Betreuung kleiner Kinder keine konkreten Betreuungskosten geltend gemacht, kann stattdessen ein sog. **Betreuungsbonus** vorweg vom Nettoeinkommen abgezogen werden. Für den Pflichtigen hat der BGH dies bereits mehrfach entschieden.[128] Beim Bedürftigen können keine anderen Grundsätze gelten (näher Rn. 811 ff.). Der Betreuungsbonus kommt aber auch **zusätzlich** zu konkret geltend gemachten Betreuungskosten in Betracht.[129] In den einzelnen Leitlinien wurde deshalb neben konkreten Betreuungskosten auch der Betreuungsbonus als Abzugsposten aufgenommen.[130]

1059 Der Betreuungsbonus wurde nach der bis 31. 12. 2007 geltenden Rechtslage beim Bedürftigen vielfach nur bei einer überobligatorischen Tätigkeit im Rahmen des nach § 1577 II BGB anrechnungsfreien Teils des Einkommens berücksichtigt. Seit der Neufassung des § 1570 I 1 BGB und der damit verbundenen erheblichen Vorverlagerung der Erwerbsobliegenheit bei der Kinderbetreuung kann aber regelmäßig nur noch von einer überobligatorischen Tätigkeit ausgegangen werden, wenn der das Kind betreuende Elternteil einer Berufstätigkeit nachgeht, obwohl das Kind das 3. Lebensjahr noch nicht vollendet hat oder wenn bei Unterbringung des Kindes in einer Betreuungseinrichtung noch ein erheblicher Restbetreuungsaufwand besteht (näher Rn. 804, 806). Damit gewinnt der Betreuungsbonus einen völlig **neuen Stellenwert**. Denn es geht nicht mehr um die in der

---

[122] BT-Drs. 16/1830 S. 17
[123] BGH FamRZ 2007, 882 = R 675 g
[124] BGH FamRZ 2008, 1152 = R 691 c, d
[125] BGH FamRZ 2008, 1152 = R 691 c
[126] Vgl. z. B. OLG Hamm FamRZ 2009, 2093
[127] BGH FamRZ 2005, 967 = R 629 b
[128] BGH FamRZ 2001, 350 = R 551 c; 1991, 482; 1986, 790
[129] Eingehend Gerhardt NJW-Spezial 2008, 228
[130] Vgl. SüdL, BrL, BraL, BrauL, CL, DrL, FL, HL, HaL, KL, KoL, NaL, OL, ThL jeweils Nr. 10.3

13. Abschnitt: Berechnung des bereinigten Nettoeinkommens § 1

Vergangenheit oft sehr schwierige Abgrenzung, ob bei einer Berufstätigkeit neben der Kinderbetreuung eine normale oder eine überobligatorische Tätigkeit vorliegt, sondern um das in all diesen Fällen immer gegebene Problem der **Doppelbelastung** (näher Rn. 809 ff). An der realen Situation des kinderbetreuenden Elternteils hat sich durch die vorverlagerte Erwerbsobliegenheit mit der Unterhaltsreform zum 1. 1. 2008 nichts geändert. Der erhöhte Aufwand, der durch eine Berufstätigkeit neben der Kinderbetreuung gegenüber einer Berufstätigkeit ohne Kinderbetreuung entsteht, wird in den meisten Fällen nicht in vollem Umfang durch die Berücksichtigung der konkreten Betreuungskosten aufgefangen. Er muss deshalb auch im Interesse des Kindeswohles **stärker** als bisher berücksichtigt werden.[131] Das Verhältnis Betreuungskosten zum Betreuungsbonus ist im Ergebnis nichts anderes als das Verhältnis berufsbedingter Aufwendungen zum Erwerbstätigenbonus. Die Betreuungskosten bzw. berufsbedingten Aufwendungen umfassen die konkret entstehenden Mehrkosten, der Betreuungsbonus bzw. Erwerbstätigenbonus den generell vorhandenen, finanziell aber oft nicht messbaren Mehraufwand. Bei der Betreuung von Kindern betrifft dies z. B. das unumgänglich notwendige frühere Aufstehen, das Verbringen in den Kindergarten und das pünktliche Abholen, die Überwachung der Hausaufgaben, das kurzfristige Organisieren einer anderweitigen Betreuung in Krankheitsfällen, die Gestaltung der Ferienzeit außerhalb des eigenen Urlaubs, das Zurückstellen eigener Freizeitinteressen usw.[132] Die alleinige Zuständigkeit für die Alltagsbetreuung erfordert zudem wesentlich mehr Zuwendung und Anstrengung als die Kinderbetreuung in einer intakten Familie. Kleine Kinder benötigen außerhalb der Kindergarten- bzw. der Schulzeit regelmäßig noch eine Betreuung rund um die Uhr.[133] Ein Betreuungsbonus sollte deshalb seit der Gesetzesänderung zum 1. 1. 2008 in wesentlich stärkerem Umfang als bisher angesetzt werden, um die **Doppelbelastung durch die Vorverlagerung der Erwerbsobliegenheit bei Kinderbetreuung** aufzufangen.[134] Da vielfach auch ältere Kinder noch einer intensiven Betreuung bedürfen, insbesondere bei Schulproblemen, sollte er nicht nur bei der Betreuung kleiner Kinder bis zum Alter von 10 Jahren zugebilligt werden, sondern je nach Sachvortag und Einzelfall bis zur Volljährigkeit (vgl. auch Rn. 811). Wie die konkreten Betreuungskosten ist auch der Betreuungsbonus, soweit er zugebilligt wird, nicht nur bei Ansprüchen nach § 1570 BGB, sondern auch nach § 1573 II BGB anzusetzen. Die Praxis erkennt diese Problematik bedauerlicherweise vielfach nicht an bzw. weist die Zuerkennung eines Betreuungsbonus generell ab.

Die **Höhe des Bonus** richtet sich nach ständiger Rechtsprechung des BGH nicht nach festen Pauschalen oder dem jeweiligen Tabellenkindesunterhalt, sondern nach den Umständen des Einzelfalls.[135] Abzustellen ist insbesondere auf das Alter des Kindes und seine Betreuungsbedürftigkeit, die Anzahl der Kinder sowie Umfang und Arbeitszeit des Elternteils.[136] Wird das Kind teilweise anderweitig betreut, z. B. bei Besuch eines Kindergartens, kommt es auf den Umfang der verbleibende Restbetreuung an.[137] Die Doppelbelastung ist im konkreten Einzelfall genau zu schildern, z. B. das notwendige frühere Aufstehen mit Fahrt zum Kindergarten. Die einzelnen Konstellationen sind insgesamt zu vielschichtig, um eine einheitliche Bewertung zu ermöglichen, so wünschenswert dies für die Praxis zur Vereinfachung wäre.[138] Generell ist lediglich der Halbteilungsgrundsatz zu beachten, so dass sich je nach Umständen des Einzelfalls die Höhe des Betreuungsbonus unter Berücksichtigung der konkreten Betreuungskosten vielfach zwischen 5–30% des Nettoeinkommens bewegen wird. **1060**

Betreut der für den Ehegattenunterhalt Pflichtige neben seiner vollen Erwerbstätigkeit das Kind und zahlt der andere Ehegatte wegen beengter Verhältnisse keinen Kindesunter- **1061**

---

[131] Vgl. Empfehlungen des Arbeitskreises 13 des 167. Deutschen Familiengerichtstages 2007
[132] Vgl. Meier FamRZ 2008, 101 und den von ihm eindrucksvoll geschilderten Tagesablauf einer allein erziehenden Mutter
[133] Meier FamRZ 2008, 101
[134] Gerhardt NJW Spezial 2008, 228
[135] BGH FamRZ 2010, 1050; 2005, 1154 = R 630 d
[136] BGH FamRZ 2005, 1154 = R 630 d; 2001, 350 = R 551 c
[137] BGH a. a. O.
[138] Gerhardt in Anm. zu BGH FamRZ 2005, 1154

halt, wird in der Praxis der Abzug des Betreuungsbonus häufig verwechselt mit dem Abzug des Barunterhalts. Denn der Pflichtige muss in diesen Fällen sowohl für den Bar- als auch für den Naturalunterhalt des Kindes trotz Berufsausübung aufkommen, so dass es sich um zwei Abzugsposten handelt (vgl. näher Rn. 839).

3. Berücksichtigungswürdigkeit beim Bedarf

1062 Kinderbetreuungskosten und Betreuungsbonus kommen in erster Linie beim Ehegattenunterhalt in Betracht. Sie sind dort unabhängig, ob sie bereits in der Ehe bestanden oder erstmals nach Trennung/Scheidung anfielen, für die Bedarfsermittlung **berücksichtigungswürdig**. Dies ergibt sich bereits aus den Vorgaben des Gesetzgebers bei der Unterhaltsreform, dass wegen der Berufstätigkeit anfallende Betreuungskosten generell Abzugsposten darstellen.[139] Es kommt daher für die Berücksichtigungswürdigkeit nur auf den **tatsächlichen** Anfall bzw. Ansatz an, nicht auf den Zeitpunkt der Entstehung (näher Rn. 4/438).[140]

4. Verwandtenunterhalt und Ansprüche nach § 1615l BGB

1063 Kinderbetreuungskosten kommen daneben auch bei Ansprüchen nach § 1615l BGB in Betracht, ferner beim **Verwandtenunterhalt,** wenn es um die Leistungsfähigkeit bei nachrangigen Unterhaltslasten geht. Bei Ansprüchen nach § 1615l BGB gelten die oben zum Ehegattenunterhalt gemachten Ausführungen entsprechend.

VI. Berücksichtigung eines Mehrbedarfs für Krankheit, Behinderung und Alter

1. Mehrbedarf und Mehrbedarfsfälle

1064 Einen Mehrbedarf kann es sowohl beim Berechtigten als auch beim Verpflichteten geben. Er kann sich durch erhöhte Kosten oder einen erhöhten Bedarf ausdrücken.
Ein erhöhter Bedarf entsteht, wenn auf Grund besonderer Umstände des Einzelfalls zusätzliche Mittel für Aufwendungen benötigt werden, die durch den Elementarbedarf nicht gedeckt werden und deshalb zusätzlich zum Elementarunterhalt als unselbstständiger Unterhaltsbestandteil des einheitlichen Lebensbedarfs aufgewendet bzw. geleistet werden müssen (s. auch Rn. 4/403, 840 ff.). Bei dem Mehrbedarf muss es sich um vorhersehbare regelmäßige Mehraufwendungen handeln. Elementarbedarf und Mehrbedarf zusammen beinhalten beim Bedürftigen den vollen Gesamtunterhalt.

1065 Erhöhte Aufwendungen können entstehen infolge Krankheit, Unfall, Alter, Pflegebedürftigkeit, Gebrechlichkeit und auf Grund einer Ausbildung, Fortbildung oder Umschulung. Auch Aufwendungen für eine aus gesundheitlichen Gründen benötigte Haushaltshilfe können ein solcher Mehrbedarf sein,[141] desgleichen der Eigenanteil für Arzt- und Arzneimittelkosten sowie Aufwendungen für eine Zugehfrau, die aus krankheits- oder altersbedingten Gründen benötigt wird.[142]

Übernimmt die (neue) **Ehefrau Pflegeleistungen** eines Schwerstbehinderten, geht dies über die im Rahmen der gegenseitigen Beistandspflicht der Ehegatten gemäß §§ 1353, 1360 BGB geschuldete übliche Krankenpflege hinaus und stellt eine freiwillige Leistung des Ehegatten dar, die sonstigen Unterhaltsberechtigten, z. B. Kindern, nicht zugute kommen

---

[139] BT-Drs. 16/1830 S. 17
[140] Gerhardt FamRZ 2007, 945
[141] BGH FamRZ 1984, 151, 154
[142] BGH FamRZ 1986, 661, 663

13. Abschnitt: Berechnung des bereinigten Nettoeinkommens § 1

soll. Der Unterhaltspflichtige kann in diesem Fall die **ersparten Fremdpflegekosten als krankheitsbedingten Mehrbedarf** von seinem Einkommen abziehen.[143]

Ähnliche Mehrbedarfsfälle wurden bereits bei den Renteneinkünften erörtert (s. dazu näher Rn. 441 ff.).

Ein Mehrbedarf ist im Ergebnis auch der Krankheitsvorsorgeunterhalt und der Altersvorsorgeunterhalt eines Ehegatten (s. näher Rn. 4/403, 855 ff., 980 ff.).

Ein Mehrbedarf muss grundsätzlich durch Darlegung **konkreter Tatsachen** vorgetragen und nachgewiesen werden. Eine pauschale Berücksichtigung erkennt der BGH nicht an. Ein konkreter Nachweis zu Art und Höhe des Mehrbedarfs kann in der Regel durch Vorlage von Belegen über Ausgaben geführt werden, die gemacht werden mussten, um den Mehrbedarf zu decken. Die Ausgaben sind unter Berücksichtigung der beiderseitigen wirtschaftlichen und persönlichen Verhältnisse auf ihre Notwendigkeit und Angemessenheit zu überprüfen. Die angemessene Höhe kann erforderlichenfalls nach § 287 ZPO geschätzt werden. 1066

Kein Mehrbedarf als Teil des Bedarfs ist ein **trennungsbedingter Mehrbedarf** beim Ehegattenunterhalt (s. dazu Rn. 4/406, 835 ff.). Wie der BGH inzwischen entschieden hat, ist er entgegen der früheren Rechtsprechung beim Berechtigten kein unselbständiger Bestandteil des Unterhaltsbedarfs nach §§ 1361, 1578 BGB, weil er nicht in den ehelichen Lebensverhältnissen angelegt ist und seit der Surrogatslösung zur Familienarbeit das gesamte Einkommen beider Eheleute in die Unterhaltsberechnung einbezogen wird, so dass keine Mittel zur Deckung eines trennungsbedingten Mehrbedarfs verbleiben.[144] 1067

Hiervon zu unterscheiden sind **trennungsbedingte Verbindlichkeiten,** die als Abzugsposten berücksichtigungswürdig sind, soweit sie unterhaltsbezogen nicht leichtfertig entstanden sind (vgl. näher Rn. 1084). Sie können aber nicht pauschal angesetzt werden.

2. Berücksichtigung eines Mehrbedarfs

Wird bei einem Mehrbedarf für Körper- oder Gesundheitsschäden **eine Sozialleistung nach § 1610 a BGB** erbracht, ist die Sozialleistung in Höhe der Aufwendungskosten kein Einkommen (vgl. näher Rn. 652 ff.), so dass ein Mehrbedarf nur in Betracht kommt, wenn die tatsächlich anfallenden Kosten die Sozialleistung übersteigen. 1068

Ansonsten ist ein Mehrbedarf nach näherer Prüfung aller Umstände zu berücksichtigen, soweit er angemessen ist. Dabei ist zwischen Pflichtigem und Bedürftigem zu differenzieren.

Beim **Pflichtigen** erfolgt ein Abzug der konkreten Kosten vom Nettoeinkommen. Maßgebend sind immer die anzuerkennenden Kosten, unabhängig vom Zeitpunkt der Entstehung, d. h. sie sind auch bei der Bereinigung des Nettoeinkommens für den Bedarf **berücksichtigungswürdig,** wenn sie erst nach der Scheidung entstanden sind. Denn sie wären auch ohne Trennung der Eheleute eingetreten und es handelt sich um keine unterhaltsbezogen leichtfertig entstandenen Verbindlichkeiten. Der Mehrbedarf verbleibt dem Pflichtigen dadurch beim Ehegattenunterhalt zusätzlich zu seiner Ehegattenquote (genauere Einzelheiten s. Rn. 4/652 ff.), beim Verwandtenunterhalt zusätzlich zu seinem Selbstbehalt. 1069

Hat der **Berechtigte** eigenes Einkommen, wird sein Mehrbedarf ebenfalls unabhängig vom Zeitpunkt der Entstehung von seinem Einkommen abgezogen und dann erst der Unterhalt berechnet. Hat er neue nicht in der Ehe angelegte Einkünfte, muss er einen erst nach der Trennung/Scheidung entstandenen Mehrbedarf daraus decken.[145] Im Ergebnis verbleibt ihm sein Mehrbedarf anrechnungsfrei zusätzlich zum Unterhalt Hat der Berechtigte kein Einkommen, ist der Mehrbedarf zusätzlich als unselbständiger Bestandteil des Unterhaltsbedarfs geltend zu machen (Rn. 4/846 ff., 859, 906 ff.). 1070

Beim Kindesunterhalt gelten die gleichen Grundsätze. Hat das **Kind einen Mehrbedarf,** z. B. durch Kindergartenkosten, Privatschule, Internat, haben ihn die zur Unter- 1071

---

[143] BGH FamRZ 1995, 537 = R 493 b
[144] BGH FamRZ 2010, 111 = R 707 a; 2007, 1303 = R 669 b
[145] BGH FamRZ 2010, 111 = R 707 a; 2009, 579; 2009, 411 = R 702 b

haltsleistung verpflichteten Eltern anteilig gemäß § 1606 III BGB bis zur Grenze des Selbstbehalts zusätzlich zum Elementarunterhalt zu bezahlen[146] (s. dazu Rn. 2/462).

VII. Berücksichtigung von Schulden

1. Zur Problematik der Berücksichtigung von Schulden sowie zu Regelungen in den Leitlinien

1072   a) **Gesetzliche Regelung.** Nach dem Gesetz sind **Schulden** im Rahmen der **Leistungsfähigkeit** des Verpflichteten zu berücksichtigen (§§ 1581, 1603 I BGB). Mit dem Hinweis auf die zu berücksichtigenden Verbindlichkeiten hat der Gesetzgeber klargestellt, dass auch im Rahmen der Leistungsfähigkeit der Unterhalt nicht allen sonstigen Verbindlichkeiten des Pflichtigen vorgeht. Gemäß § 1581 BGB muss der Verpflichtete nur einen Billigkeitsunterhalt leisten, wenn er nach seinen Erwerbs- und Vermögensverhältnissen unter Berücksichtigung seiner sonstigen Verpflichtungen nicht in der Lage ist, dem Berechtigten ohne Gefährdung seines eigenen angemessenen Unterhalts den vollen Unterhalt nach § 1578 BGB zu gewähren.

Nach § 1603 I BGB besteht keine Unterhaltsverpflichtung, wenn der Unterhaltsschuldner bei Berücksichtigung seiner sonstigen Verpflichtungen außerstande ist, ohne Gefährdung seines angemessenen Unterhalts dem Kind dessen angemessenen Unterhalt zu gewähren. Verpflichtungen im Sinn dieser Bestimmungen sind vor allem Schulden. Hierunter fallen aber auch alle sonstigen Verbindlichkeiten, z. B. Unterhaltslasten, Steuern, Vorsorgeaufwendungen usw.

1073   b) **Berücksichtigung bei der Bedarfsermittlung für den Ehegattenunterhalt.** Gesetzlich ist nicht ausdrücklich geregelt, ob und inwieweit auch im Rahmen der **Bedarfsbemessung** Schulden zu berücksichtigen sind. Dazu gibt es weder in § 1361 BGB noch in § 1578 BGB Anhaltspunkte, weil in diesen Bestimmungen die Verbindlichkeiten nicht aufgeführt wurden.[147]

Trotzdem spielen Schulden nach ständiger Rechtsprechung bereits im Rahmen der Bedarfsbemessung eine Rolle, weil sie die verfügbaren Mittel reduzieren. Dies galt auch bereits nach § 58 EheG. Der aus dem Recht vor 1977 entnommenen Begriff der ehelichen Lebensverhältnisse befasste sich im Wesentlichen nur mit dem anzusetzenden Einkommen und überließ die Regelung der Verbindlichkeiten der Rechtsprechung, wobei nach der bis zur Eherechtsreform 1977 geltenden Rechtslage regelmäßig auch neue nach der Scheidung entstandene Unterhaltslasten und sonstige zu berücksichtigende Verbindlichkeiten beim Bedarf berücksichtigt wurden.[148] Der BGH hatte früher den Abzug trotzdem im Rahmen der ehelichen Lebensverhältnisse auf sogenannte ehebedingte Verbindlichkeiten beschränkt. Insoweit handelt es sich um Verbindlichkeiten, die noch vor der Trennung mit Einverständnis des anderen Ehegatten entstanden sind oder in die Ehe mitgebracht wurden und auch bei Fortbestehen der ehelichen Gemeinschaft aus dem Einkommen abzubezahlen gewesen wären (s. näher Rn. 1083 ff.). Mittel, die zur Bezahlung solcher Verbindlichkeiten benötigt werden, stehen für deren Laufzeit zur Verwendung für den laufenden Lebensunterhalt nicht zur Verfügung. Sie mindern als **in der Ehe angelegte Ausgaben** das für Unterhaltszwecke verbrauchbare Einkommen. Auch bei Fortbestand der Ehe hätten solche Mittel zur Deckung des laufenden Lebensbedarfs nicht zur Verfügung gestanden. Etwas anderes gilt, wenn die Schuld generell nicht als berücksichtigungswürdig angesehen werden kann, z. B. bei Luxusausgaben oder Verschwendung (s. näher Rn. 1087).

1074   Der BGH hat seine frühere Rechtsprechung mit Urteil vom 15. 3. 2006 geändert (näher Rn. 1003 ff.).[149] Abzugsposten sind für die Bedarfsermittlung nicht nur Schulden aus der

---

[146] BGH FamRZ 1998, 286 = R 518 a
[147] Gerhardt in Anm. zu BVerfG FamRZ 2011, 537
[148] Vgl. z. B. Hoffmann/Stephan, EheG, 2. Aufl., § 58 Rn. 32, § 59 Rn 30
[149] BGH FamRZ 2006, 683 = R 649 g, h

13. Abschnitt: Berechnung des bereinigten Nettoeinkommens § 1

Zeit des Zusammenlebens, sondern auch nach der Trennung/Scheidung entstandene **neue Verbindlichkeiten**, soweit sie **unumgänglich** sind bzw. **nicht leichtfertig** eingegangen wurden.[150] Denn sie wären auch entstanden, wenn es nicht zur Scheidung gekommen wäre. Diese Ausweitung auf unterhaltsbezogen nicht leichtfertig entstandene neue Verbindlichkeiten nach der Scheidung auf die Bedarfsermittlung wurde vom BVerfG in seiner Entscheidung vom 25. 1. 2011 gebilligt (näher Rn. 1004).[151] Da es keine Lebensstandardgarantie mehr gibt, nimmt der Bedürftige nach der Trennung nicht nur an Einkommenserhöhungen des Pflichtigen, sondern auch an Einkommensminderungen durch nicht vorwerfbare Einkommensreduzierungen oder neue Ausgaben teil, die auch ohne Scheidung eingetreten wären.[152] Die Neuaufnahme der Schuld als berücksichtigungswürdige Ausgabe darf nur nicht auf einem unterhaltsbezogen leichtfertigen oder mutwilligen Verhalten beruhen.[153] Nach der Scheidung entstandene berücksichtigungswürdige Ausgaben sind wie sonstige nicht leichtfertig entstandene Einkommensreduzierungen bereits bei der Bedarfsermittlung des Geschiedenen zu berücksichtigen.[154] Der herkömmliche Begriff eheprägend ist insoweit irreführend, maßgebend ist nach der geänderten Rechtsprechung des BGH die **Berücksichtigungswürdigkeit der Ausgaben** (näher Rn. 1005).[155] Mit dieser neuen Rechtsprechung erfolgt eine stärkere Anpassung an die realen Gegebenheiten. Sie ist deshalb sehr zu begrüßen, weil der Pflichtige nur aus dem tatsächlich vorhandenen Einkommen bzw. bei einem unterhaltsrechtlich leichtfertigem Verhaltem dem Einkommen, das vorhanden sein müsste, den Unterhalt bezahlen kann.[156] Der BGH hat aus diesem Grunde auch seine Rechtsprechung zum Abzug einseitig vermögensbildender Ausgaben beim Ehegattenunterhalt geändert und den tatsächlichen Verhältnissen angepasst (vgl. näher Rn. 1089 ff).[157] Tilgungen zur **einseitigen Vermögensbildung** gehen der Unterhaltsverpflichtung nicht vor und können damit ab Rechtshängigkeit des Scheidungsverfahrens nicht mehr berücksichtigt werden, es sei denn, es handelt sich um eine zu berücksichtigende Altersvorsorge (näher Rn. 1034, 1037).[158] Deshalb ist bei den **Verbindlichkeiten** künftig zwischen nicht vermögensbildenden Verbindlichkeiten, insbesondere sog. Konsumschulden, und Verbindlichkeiten zur gemeinsamen oder einseitigen Vermögensbildung zu **differenzieren**.

Ist im Rahmen der Bedarfsbemessung die Abtragung eines Kredits zu berücksichtigen, ist zunächst das Einkommen um diese Belastungen zu vermindern und erst dann der Bedarf der Ehegatten mit der Ehegattenquote aus den nach Abzug der Belastungen für Unterhaltszwecke verbleibenden Mitteln zu errechnen.[159] Im Ergebnis gilt auch bei Selbstständigen und Gewerbetreibenden für betriebliche Aufwendungen nichts anderes. Darlehen für notwendige Anschaffungen kürzen als Ausgaben den Gewinn, die Zinsen unmittelbar, die Tilgung mittelbar über die Abschreibung. **1075**

Eine **Ausnahme** besteht, wenn der Pflichtige über **neue nichtprägende Einkünfte**, z. B. aus einem Karrieresprung oder einer Erbschaft nach der Trennung, verfügt. Er muss dann zunächst diese Mittel heranziehen, um neue Verbindlichkeiten abzuzahlen, weil damit der Grundsatz der Halbteilung beim Ehegattenunterhalt nicht verletzt wird.[160] **1076**

Bei der Berücksichtigungswürdigkeit einer Schuld kommt es bei Konsumgütern, die zu keiner Vermögensbildung führen (Möbel, PKW usw.), nicht darauf an, wer mit dem Darlehen angeschaffte **Gegenstände nach der Trennung behält**. Letzteres ist nur eine Frage der Vermögensauseinandersetzung, nicht der Bemessung des Unterhalts.[161] **1077**

---

[150] BGH FamRZ 2008, 968 = R 689 g; 2006, 683 = R 649 g, h; näher Gerhardt FamRZ 2007, 945
[151] BVerfG FamRZ 2011, 437 = R 722 f
[152] BGH FamRZ 2010, 538; 2009, 411 = R 702 a; 2008, 968 = R 689 g; 2006, 683 = R 649 f, g, h
[153] BGH FamRZ 2008, 968 = R 689 g
[154] BGH FamRZ 2010, 538
[155] Gerhardt FamRZ 2007, 945
[156] Gerhardt FamRZ 2011, 8
[157] BGH FamRZ 2008, 963 = R 692 d, e; 2007, 879 = R 677 d
[158] BGH FamRZ 2010, 1633; 2009, 23; 2008, 963 = R 692 f.; 2007, 879 = R 677 d
[159] BGH FamRZ 2010, 538; 1997, 806 = R 512 b; 1989, 159; 1985, 911
[160] BGH FamRZ 2010, 111 = R 707 a; 2009, 579; 2009, 411 = R 702 b
[161] BGH FamRZ 1995, 869, 870; OLG München FamRZ 1995, 233

§ 1   Die Ermittlung des unterhaltsrechtlich relevanten Einkommens

1078   Die Abzahlung von Schulden erfolgt üblicherweise durch den **Pflichtigen**. Hat auch der **Berechtigte** ein eigenes Einkommen und **tilgt ehebedingte** Verbindlichkeiten, ist in gleicher Weise auch dessen Einkommen um solche Verbindlichkeiten zu bereinigen, ehe der Unterhaltsbedarf berechnet wird. Insoweit ist er mit dem Verpflichteten gleich zu behandeln.[162]

Dagegen **erhöht** sich der Bedarf des Berechtigten **nicht,** weil er Mittel für eine **neue Schuldentilgung** benötigt. Sein Unterhaltsanspruch umfasst nur seinen laufenden Lebensbedarf. Zu diesem Lebensbedarf gehört im unterhaltsrechtlichen Sinn nicht sein Interesse an der Tilgung von Schulden. Die Unterhaltsverpflichtung umfasst grundsätzlich nicht die Verpflichtung, Schulden des anderen Ehegatten zu tilgen.[163] Nach der Trennung aufgenommene **neue nicht berücksichtigungswürdige Schulden** des Berechtigten haben keinen Einfluss auf dessen **Bedarf**, d. h. sie können seine Bedürftigkeit, die sich nach seinem ungedeckten Bedarf bemisst, nicht erhöhen. Eine **Ausnahme** besteht nur bei Eigeneinkommen des Bedürftigen, soweit es sich um **unumgängliche**, z. B. trennungsbedingte Mehrkosten handelt und keine Mittel, z. B. Sparvermögen, zu deren Deckung vorhanden sind (vgl. Rn. 1084).

1079   **c) Berücksichtigung bei der Bedürftigkeit und Leistungsfähigkeit.** Seit der geänderten Rechtsprechung des BGH zum Abzug berücksichtigungsfähiger Verbindlichkeiten gilt die früher notwendige strikte Unterscheidung beim Abzug von Schulden zwischen Bedarf und Bedürftigkeit/Leistungsfähigkeit nur noch eingeschränkt. Handelt es sich um eine berücksichtigungswürdige Schuld, ist sie sowohl beim Bedarf als auch bei der Bedürftigkeit/Leistungsfähigkeit Abzugsposten.[164] Dies gilt auch für erst nach der Scheidung **neu entstandene** nicht leichtfertig eingegangene **Verbindlichkeiten.** Maßgebend ist bei der Bedürftigkeit/Leistungsfähigkeit lediglich, wer abzahlt. Ist die Verbindlichkeit dagegen nicht berücksichtigungsfähig, ist sie weder beim Bedarf noch bei der Bedürftigkeit/Leistungsfähigkeit anzusetzen.

1080   **d) Berücksichtigung beim Verwandtenunterhalt.** Die vorstehenden Erörterungen gelten dem Grundsatz nach in gleicher Weise für den **Ehegattenunterhalt und den Verwandtenunterhalt.** Selbst Ansprüche minderjähriger Kinder haben keinen allgemeinen Vorrang vor sonstigen Verpflichtungen des Schuldners.[165] Auch beim Kindes- und sonstigen Verwandtenunterhalt sind Verbindlichkeiten deshalb vom Einkommen abzuziehen, bevor z. B. der Unterhaltsbedarf eines Kindes nach der DT aus dem bereinigten Nettoeinkommen bemessen wird.[166] Minderjährige Kinder leiten ihre Lebensstellung von den unterhaltspflichtigen Eltern ab, nach Trennung der Eltern bezüglich der Geldrente vom barunterhaltspflichtigen Elternteil.[167] Ist der Elternteil mit Schulden belastet, beeinträchtigt dies auch die Lebensstellung des Kindes. Da es beim Kindesunterhalt immer auf das tatsächlich verfügbare Einkommen ankommt, gilt dies bei ehelichen Kindern auch für erst nach der Trennung der Eheleute aufgenommene Kredite, es ist aber insoweit immer eine Einzelfallprüfung vorzunehmen (näher Rn. 1105 ff.). Beim Unterhalt Volljähriger, beim sonstigen Verwandtenunterhalt und bei Unterhaltsansprüchen nach § 1615l II BGB ist ebenfalls bereits auf der Bedarfsebene die notwendige Einzelfallprüfung vorzunehmen, soweit beim Bedarf die Einkommensverhältnisse des Pflichtigen zu berücksichtigen sind (vgl. Rn. 1113 ff.).

1081   **e) Behandlung der Schulden in den Leitlinien.** Nach der gemeinsamen Leitlinienstruktur der Oberlandesgerichte wird die Berücksichtigungswürdigkeit von Schulden in Nr. 10.4 abgehandelt. Die meisten Oberlandesgerichte haben dabei die geänderte Rechtsprechung des BGH, dass auch nach der Trennung/Scheidung entstandene unumgängliche Schulden beim Bedarf berücksichtigungswürdig sind, noch nicht in den Leitlinien umgesetzt.

---

[162] BGH a. a. O.
[163] BGH FamRZ 1985, 902
[164] BGH FamRZ 2008, 497 = R 687
[165] BGH FamRZ 2008, 137 = R 684 a
[166] BGH FamRZ 1996, 160, 161 = R 496 b
[167] BGH FamRZ 2002, 536 = R 572 b

2. Abzug berücksichtigungswürdiger Schulden bei der Bedarfsermittlung des Ehegattenunterhalts

a) Berücksichtigungswürdige Schulden. Wie bereits ausgeführt ist der Begriff ehe- **1082**
prägend seit der geänderten Rechtsprechung des BGH bei Ausgaben nur noch im Sinne einer Berücksichtigungswürdigkeit zu verstehen (s. oben Rn. 1005, 1074). Nach der Neubewertung der ehelichen Lebensverhältnisse im Gefolge der Surrogatslösung mit einem stärkeren Abstellen auf die tatsächlichen Gegebenheiten ist deshalb bei der Bedarfsermittlung nur noch zwischen **nicht vermögensbildenden Schulden,** z. B. Konsumschulden (= Verbindlichkeiten für den täglichen Bedarf), in die Ehe mitgebrachte Schulden, Schulden aus Überziehungskrediten, Schadensereignissen usw. und **vermögensbildenden Schulden** zu unterscheiden. Bei den nicht vermögensbildenden Schulden ist im Rahmen der **Berücksichtigungswürdigkeit** zu differenzieren, ob sie vor oder nach der Trennung entstanden sind (s. unten Rn. 1083, 1084), bei den vermögensbildenden Schulden, ob es sich um eine einseitige oder gemeinsame Vermögensbildung handelt und ob eine zulässige Altersvorsorge vorliegt (s. unten Rn. 1089 ff). Aus Gleichbehandlungsgründen gelten die folgenden Ausführungen nicht nur, wenn wie üblich der Pflichtige die Schulden tilgt, sondern auch, wenn der Berechtigte über eigenes Einkommen verfügt und Verbindlichkeiten abzahlt.

b) Nicht vermögensbildende Schulden. Schulden, die nicht der Vermögensbildung **1083**
dienen, sind als ehebedingte Verbindlichkeiten abziehbar, wenn sie bereits vor der Trennung mit ausdrücklicher oder stillschweigender Zustimmung des anderen Ehepartners begründet wurden oder in die Ehe mitgebracht wurden und damit die ehelichen Lebensverhältnisse bestimmt haben[168] (vgl. Rn. 4/432, 439). Die Mittel für die Abzahlung der Schulden hätten auch bei Fortsetzung des ehelichen Zusammenlebens ohne Trennung nicht zur Deckung des laufenden Lebensbedarfs zur Verfügung gestanden und sind damit berücksichtigungswürdig. Nicht ausschlaggebend ist, ob im Außenverhältnis beide Ehegatten für diese Verbindlichkeiten haften oder nur ein Ehegatte allein, bzw., wer den Gegenstand nach der Trennung erhält.[169] Letzteres ist allein im Rahmen der Hausrats- oder Vermögensauseinandersetzung und des Zugewinns zu klären. Unter die bis zur Trennung angefallenen berücksichtigungswürdigen Schulden, die nicht der Vermögensbildung dienen, fallen insbesondere Konsumkredite, voreheliche Schulden, die auch während der Ehe weiter abbezahlt werden mussten, Überziehungskredite, auch im Zusammenhang mit der Trennung.

Für die Bedarfsermittlung zu berücksichtigende Schulden sind nach der geänderten **1084**
Rechtsprechung des BGH aber auch erst nach der **Trennung/Scheidung** aufgenommene **neue einseitige Verbindlichkeiten,** soweit sie unumgänglich sind bzw. nicht leichtfertig eingegangen wurden und deshalb auch ohne Scheidung entstanden wären.[170] Davon werden auch scheidungsbedingte Verbindlichkeiten erfasst. Wie bei einer Einkommensreduzierung muss der Bedürftige auch ein Absenken des Bedarfs durch neu eingegangene, nicht vermeidbare Ausgaben hinnehmen. Es gibt **keine Lebensstandardgarantie** mehr, der Bedürftige trägt daher auch die Risiken einer negativen Entwicklung der vorhandenen Mittel mit.[171] Im Gegensatz zur früheren Rechtsprechung sind deshalb nach der Trennung/Scheidung nicht vorwerfbar entstandene neue einseitige Belastungen nicht erst bei der Leistungsfähigkeit zu berücksichtigen, was im Einzelfall zu einer Korrektur des Bedarfs mit einem Billigkeitsunterhalt führte.[172] Der Bedürftige muss vielmehr die Realität des tatsächlich vorhandenen geringeren Einkommens des Pflichtigen bereits bei der Bedarfsbemessung anerkennen. An den Begriff „unterhaltsbezogen nicht leichtfertig oder mutwillig eingegangene Schuld" ist dabei ein **strenger Maßstab** zu stellen. Es dürfen keine anderweitigen Mittel zur Abzahlung vorhanden sein (nicht in der Ehe angelegtes Einkommen, vermögensbildende Einkünfte), außerdem muss die Kreditaufnahme nach Würdigung des

---

[168] BGH FamRZ 2002, 536 = R 572 b; NJW 1992, 2821 = R 525
[169] BGH FamRZ 1995, 869; OLG München FamRZ 1995, 233
[170] BGH FamRZ 2010, 538; 2008, 968 = R 689 g; 2006, 683 = R 649 f, g
[171] BGH FamRZ 2010, 538; 2010, 111 = R 707 a; 2008, 968 = R 689 g; 2006, 683 = R 649 g
[172] Vgl. 6. Auflage § 1 Rn. 642

Einzelfalls notwendig sein. **Beispiele** sind trennungsbedingte Kredite zur Finanzierung des Umzugs, notwendigen Mobiliars, der Kaution für eine Mietwohnung usw., ferner nach der Scheidung neue nicht vorwerfbar entstandene Schulden, z. B. für den notwendigen Kauf eines gebrauchten Pkw bei einem mit öffentlichen Verkehrsmitteln nicht erreichbaren Arbeitsplatz. Durch die Beschränkung auf nicht leichtfertig oder mutwillig eingegangene neue Schulden ist nach **Grund und Höhe** sichergestellt, dass nicht jede neue nach Trennung eingegangene Verbindlichkeit als Abzugsposten anzuerkennen ist.[173]

1085 Notwendige Kosten des **Umgangsrechts** sind stets als unumgängliche Schuld **berücksichtigungswürdig,** da die Ausübung des Umgangsrechts verfassungsrechtlich geschützt ist. Sie sind zunächst über das Kindergeld zu decken. Reicht das Kindergeld hierfür nicht aus, z. B. bei höheren Fahrtkosten, kürzen sie das bereinigte Nettoeinkommen.[174] Dies ist insbesondere ab der Reform des Unterhaltsrechts zum 1. 1. 2008 zu beachten, wenn bei der Bereinigung des Nettoeinkommens für den Ehegattenunterhalt durch Abzug des Zahlbetrags für den Kindesunterhalt dem Pflichtigen rechnerisch nur ein Viertel des Kindergeldes verbleibt und damit die nachgewiesenen konkreten Umgangskosten nicht gedeckt werden können.[175] Maßgebend ist aber stets, dass sie anfallen und im Einzelfall erforderlich sind.

1086 Durch die Umschuldung nach der Trennung verlieren Verbindlichkeiten nicht ihren Charakter als berücksichtigungswürdige Verbindlichkeiten. Bei einer Kreditausweitung anlässlich der Umschuldung sind Beträge in Höhe der noch nicht getilgten ehebedingten Verbindlichkeiten weiter zu berücksichtigen,[176] in darüber hinausgehender Höhe dagegen nur, wenn es sich bei der Kreditausweitung um eine nicht leichtfertig begründete neue Schuld handelt.

1087 Ausnahmsweise **nicht berücksichtigungsfähig** sind nach Treu und Glauben Verbindlichkeiten, die während der Ehe von einem der Eheleute **leichtfertig, für luxuriöse Zwecke oder ohne verständlichen Grund** eingegangen sind.[177] Hierunter fallen Kredite für Spielschulden, einseitig betriebene teure Hobbys oder Reisen,[178] Anschaffung eines zweiten Motorrades,[179] Spekulationen usw. Bei den ehelichen Lebensverhältnissen ist auf einen objektiven Maßstab abzustellen (näher Rn. 4/463 ff.), dies hat auch für die Ausgaben zu gelten.

1088 Werden ehebedingte Verbindlichkeiten nach der Trennung **ohne Not aufrechterhalten,** dürfen sie nicht mehr vom Einkommen abgezogen werden. Der BGH hat dies bejaht bezüglich Bereitstellungszinsen für einen während des Zusammenlebens geplanten Hausbau, nachdem dem Bauvorhaben mit dem Auseinanderbrechen der ehelichen Lebensgemeinschaft der Boden entzogen worden war und der Berechtigte zur Mitwirkung an der möglichen Rückgängigmachung des Projekts bereit war.[180]

1089 c) **Vermögensbildende Schulden.** Bei vermögensbildenden Schulden ist zwischen **Zins** und **Tilgungen** zu differenzieren, ferner zwischen gemeinsamer und einseitiger Vermögensbildung. Außerdem ist zu prüfen, ob es sich um eine zulässige Altersvorsorge handelt.

1090 • **Zinsen** als Geldbeschaffungskosten sind regelmäßig berücksichtigungsfähig, auch wenn die Verbindlichkeit erst nach Trennung/Scheidung aufgenommen wurde (vgl. z. B. zu den Hausschulden Rn. 505 ff.).[181]

1091 • **Gemeinsame Vermögensbildung.** Bei einer gemeinsamen Vermögensbildung, die naturgemäß vor der Trennung gebildet wurde, ist die **Tilgung** als Abzugsposten zu berücksichtigen (näher Rn. 508, 1134; 4/453), weil beide Ehegatten die Vermögensbildung

---

[173] Gerhardt FamRZ 2007, 945
[174] BGH FamRZ 2009, 1391 = R 706 b; 2008, 594 = R 688 d; 2007, 193 = R 664 c; 2005, 706 = R 626; 1995, 215
[175] Gerhardt FuR 2008, 9
[176] BGH NJW 1998, 2821, 2822 = R 525
[177] BGH FamRZ 1996, 160 = R 496 c; 1984, 358, 360
[178] Gerhardt FamRZ 2007, 945
[179] OLG Düsseldorf FamRZ 2007, 1039
[180] BGH FamRZ 1983, 670, 673
[181] BGH FamRZ 2008, 963 = R 692 d; 2007, 879 = R 677 d; 2000, 950; 1998, 87

13. Abschnitt: Berechnung des bereinigten Nettoeinkommens § 1

wollten und sie beiden zugute kommt. Dies gilt auch über die Scheidung hinaus bis zur Vermögensauseinandersetzung. Übernimmt ein Ehegatte bei der Vermögensauseinandersetzung den damit finanzierten Wertgegenstand, z. B. die gemeinsame Immobilie, wird aus der gemeinsamen eine einseitige Vermögensbildung (vgl. Rn. 569).[182]

- **Einseitige Vermögensbildung.** Tilgungsleistungen für eine einseitige Vermögensbildung sind nach der **geänderten Rechtsprechung** des BGH beim gesetzlichen Güterstand ab Rechtshängigkeit des Scheidungsverfahrens als Stichtag für den Zugewinnausgleich, bei Gütertrennung bereits ab Trennung **nicht mehr als Abzugsposten** zu berücksichtigen (vgl. auch Rn. 510), es sei denn, es handelt sich um eine zulässige Altersvorsorge (vgl. Rn. 1034, 1037).[183] Denn der **Unterhalt geht** der Vermögensbildung **vor.**[184] Entgegen der früheren Auffassung des BGH entsprach es daher nie einem objektiven Maßstab, einseitig vermögensbildende Ausgaben, für die bereits in der Ehe aufgekommen wurde, bei der Bedarfsermittlung noch unterhaltsmindernd zu berücksichtigen, wenn der Bedürftige an der Vermögensmehrung des Pflichtigen nicht mehr partizipierte. Dies galt schon immer bei sog. Negativeinkünften zur einseitigen Vermögensbildung, die generell nicht berücksichtigungsfähig sind, bei denen aber dem Pflichtigen der Steuervorteil zu verbleiben hat (s. näher Rn. 459).[185] Eine Berücksichtigung einseitig vermögensbildender Schulden nach dem Stichtag für den Zugewinnausgleich entsprach auch nie einem Gerechtigkeitsgebot, weil es nicht darauf ankommt, dass die Tilgung zur einseitigen Vermögensbildung die in der Ehe vorhandenen Mittel kürzte, sondern nur, dass der bedürftige Ehepartner nicht hinnehmen muss, die einseitige Vermögensbildung des Pflichtigen durch einen gekürzten Unterhalt mit zu finanzieren.[186] Deshalb sind von Schulden zur einseitigen Vermögensbildung ab dem Zeitpunkt, ab dem beim gesetzlichen Güterstand über den Zugewinnausgleich keine Teilhabe an dieser Vermögensbildung mehr erfolgt, d. h. ab Rechtshängigkeit des Scheidungsverfahrens nur noch die **Zinsen, nicht mehr die Tilgung** zu berücksichtigen. Bei Gütertrennung gilt dies bereits ab Trennung bzw. ab Beginn der Gütertrennung, wenn diese erst in der Trennungszeit vereinbart wurde.[187] Nach dieser geänderten Rechtsprechung kann es auch zu keiner Doppelverwertung beim Unterhalt und Zugewinn durch Berücksichtigung der Tilgung beim Zugewinn mehr kommen (näher Rn. 4/484).[188] 1092

  Eine **Ausnahme** besteht, wenn es sich um eine zulässige Altersvorsorge im Rahmen der Gesamtversorgung von 24% des Bruttoeinkommens handelt,[189] ferner wenn nach einem objektiven Maßstab die Einkommensverhältnisse der Eheleute so gut sind, dass die vermögensbildenden Aufwendungen nicht oder nicht in voller Höhe für die Lebensführung benötigt werden. Letzteres führt regelmäßig zu einer konkreten Bedarfsbemessung (näher Rn. 1135 und § 4 Rn. 763 ff.).

  d) **Wegfall von Verbindlichkeiten.** In der Ehe angelegte Verbindlichkeiten sind so lange einkommensmindernd zu berücksichtigen, solange tatsächlich Zahlungen auf sie geleistet werden. **Entfallen die Zahlungen** wegen Kredittilgung, dann **erhöht sich das anrechenbare Einkommen** und damit der Bedarf in Höhe der bisher geleisteten Zahlungen,[190] unabhängig davon, ob dies vor oder nach der Scheidung war.[191] (s. auch Rn. 4/439, 665). Zu berücksichtigen ist bei Konsumkrediten auch eine **vorzeitige Tilgung** aus dem Erlös eines verkauften Schrebergartens oder sonstigen Gegenstandes, der während der Ehe keine wirtschaftlich messbaren Vorteile brachte. Denn es handelt sich insoweit um eine wirtschaftlich vernünftigen Überlegung, einen Kapitalwert einzusetzen, um damit gemeinsame Schulden 1093

---

[182] BGH FamRZ 2008, 963 = R 692 a, d
[183] BGH FamRZ 2008, 963 = R 692 d, e, f; 2007, 879 = R 677 d
[184] BGH FamRZ 1992, 423 = R 442 b
[185] BGH FamRZ 2003, 741 = R 590 c; 1987, 87
[186] BGH FamRZ 2008, 963 = R 692 d
[187] BGH FamRZ 2008, 963 = R 692 e
[188] Gerhardt/Schulz FamRZ 2005, 1523; Gerhardt FamRZ 2007, 945
[189] BGH FamRZ 2008, 963 = R 692 d; 2007, 879 = R 677 d
[190] BGH FamRZ 1988, 701, 703; 1982, 678
[191] BGH FamRZ 2005, 967 = R 629; 1990, 1085, 1087; 1988, 701, 703

abzulösen und dadurch die beiderseitigen finanziellen Verhältnisse zu bereinigen.[192] Entsprechendes gilt bei vermögensbildenden Krediten, z. B. Hausschulden, wenn sie nach der Trennung/Scheidung vorzeitig zurückgeführt (vgl. Rn. 513) oder reduziert werden.[193]

Eine Ausnahme besteht, wenn zwischen den Eheleuten bei der Scheidung vereinbart wurde, dass ein Unterhaltsanspruch des Bedürftigen erst geltend gemacht wird, wenn der Pflichtige die von ihm übernommenen Eheschulden getilgt hat und er diese vorzeitig aus nicht in der Ehe angelegten Mitteln zurückzahlt; die Verbindlichkeiten werden fiktiv noch bis zum normalen Ende der Rückzahlung als bestehend angesehen.[194]

1094   e) **Gesamtschuldenausgleich.** Soweit eine gemeinsame Schuld bei der Bildung des bereinigten Nettoeinkommens für den Ehegattenunterhalt berücksichtigt wird, **entfällt** ein Gesamtschuldnerausgleich, weil es sich insoweit um eine anderweitige Regelung nach § 426 I 2 BGB handelt.[195] Letztere kann ausdrücklich oder stillschweigend vereinbart werden, sich aus einem zwischen den Gesamtschuldnern bestehenden Rechtsverhältnis oder aus der Natur der Sache ergeben.[196] Die Berücksichtigung der Ratenzahlung beim bereinigten Nettoeinkommen des Pflichtigen beinhaltet, soweit keine anderweitige Vereinbarung getroffen wurde, aus der Natur der Sache eine anderweitige Regelung.[197] Der Ausgleich ist bereits durch die Berücksichtigung der vollen Ratenzahlung beim Einkommen des Unterhaltsschuldners erfolgt. Führt die Übernahme der gemeinsamen Schuld zum **Wegfall des Unterhaltsanspruchs,** gilt nichts Anderes. Auch in diesem Fall ist zumindest von einer stillschweigenden Vereinbarung auszugehen, dass wegen Übernahme der gemeinsamen Schuld kein Unterhalt verlangt wird.[198] Entsprechendes gilt, wenn die Schulden den Unterhalt übersteigen und deshalb nur teilweise eine anderweitige Regelung gegeben ist. Zur Feststellung, ob derartige Konstellationen vorliegen, ist eine Doppelberechnung durchzuführen, einmal mit und einmal ohne Berücksichtigung der Schuld. Die angeführten Grundsätze sind auch bei Wohnwertschulden anwendbar, ebenso bei Steuerschulden aus der Zeit der gemeinsamen Veranlagung.[199] Ansonsten würde der Berechtigte, dessen Unterhaltsanspruch entsprechend geschmälert ist, den Haftungsanteil des Pflichtigen mitfinanzieren. Denn rechnerisch bedeutet die Kürzung des Einkommens des Pflichtigen um eine gemeinschaftliche Schuld durch den Halbteilungsgrundsatz eine Kürzung des Unterhalts um die Hälfte der Schuld, d. h. der Pflichtige zahlt im Ergebnis beim Gläubiger seinen Hälfteanteil und für den Bedürftigen dessen Hälfteanteil.

Ist der **Unterhaltsanspruch beendet,** die Schuld aber noch nicht abgezahlt, gilt die ausdrückliche oder stillschweigende Vereinbarung nicht fort. Es liegt dann zumindest ein Wegfall der Geschäftsgrundlage vor, d. h. der Ehepartner muss sich ab diesem Zeitpunkt an der Abzahlung der gemeinsamen Schuld beteiligen.[200] Etwas Anderes gilt nur, wenn die Parteien vereinbart hatten, dass ein Ehepartner nach Trennung/Scheidung die Rückzahlung der gemeinsamen Schuld übernimmt und den anderen Ehegatten im Innenverhältnis von der Mithaftung freigestellt hat.

Keine anderweitige Regelung liegt vor, wenn eine gemeinsame Schuld lediglich bei der Bereinigung des Nettoeinkommens für den Kindesunterhalt berücksichtigt wurde.[201]

1095   f) **Darlegungs- und Beweislast.** Die Darlegungs- und Beweislast für berücksichtigungswürdige Schulden des Pflichtigen trägt der Unterhaltsschuldner, da es im Ergebnis um eine Reduzierung seiner Leistungsfähigkeit geht.[202]

---

[192] BGH NJW 1998, 2821, 2822 = R 525
[193] BGH FamRZ 2007, 879 = R 677 c
[194] BGH FamRZ 2010, 1311
[195] BGH FamRZ 2005, 1236; 1995, 216; OLG München FamRZ 2006, 208; OLG Bremen FamRZ 2007, 47
[196] BGH FamRZ 2010, 542; 2008, 602; 2005, 1236; 1995, 216; 1988, 264
[197] BGH FamRZ 2005, 1236; vgl. auch OLG München FamRZ 2006, 208; OLG Bremen FamRZ 2007, 47
[198] OLG München FamRZ 2006, 208; OLG Bremen FamRZ 2007, 47; FamRZ 2008, 1443
[199] BGH FamRZ 2002, 739
[200] BGH FamRZ 2005, 1236
[201] BGH FamRZ 2008, 602; 2007, 1975
[202] BGH FamRZ 1990, 283, 287

g) Nicht in der Ehe angelegte Schulden. Keine berücksichtigungswürdigen Verbindlichkeiten sind nach der Trennung entstandene einseitige neue Schulden, die unterhaltsbezogen leichtfertig eingegangen wurden, d. h. die zur Befriedigung eigener Bedürfnisse aufgenommen wurden, ohne dass dies erforderlich war, z. B. für eine Urlaubsreise, Einrichtungsgegenstände zur Verbesserung des Wohnkomfort, Kauf eines größeren Pkw usw. Dies gilt insbesondere, wenn an sich ausreichende Barmittel zur Verfügung standen. Deshalb sind auch Kredite, die zur **Finanzierung des Zugewinns** aufgenommen wurden, nicht berücksichtigungsfähig,[203] weil entsprechende Vermögenswerte vorhanden sind, von denen sich der Pflichtige nicht trennen will. Bei **Wiederverheiratung des Pflichtigen** gelten die gleichen Maßstäbe, da auch dann in erster Linie auf die tatsächlich vorhandenen Mittel abzustellen ist. Bei diesen den Bedarf nicht beeinflussenden nicht in der Ehe angelegten Schulden verbleibt es bei dem Grundsatz, dass der Unterhalt nur dazu dient, die Lebenshaltungskosten zu finanzieren, nicht aber die Schulden des anderen Ehegatten zu bezahlen.[204]

Nicht berücksichtigungsfähig sind ferner einseitig in der Ehe eingegangenen Kredite für luxuriöse oder leichtfertige oder ohne verständlichen Grund eingegangene Zwecke (s. näher Rn. 1087).

Nicht berücksichtigungsfähig sind ferner die **Verfahrenskosten.** Verfahrenskosten für Scheidungs- und Folgeverfahren sind von jeder Partei in der Höhe, in der sie ihr auferlegt wurden, aus den Lebenshaltungskosten selbst zu tragen. Ist eine Partei dazu nicht in der Lage, kann sie Verfahrenskostenhilfe in Anspruch nehmen. Werden hierfür Verfahrenskostenhilferaten angeordnet, müssen diese selbst getragen werden, da die Freibeträge so angelegt sind, dass sie für die Lebenshaltungskosten ausreichen. Ähnliches gilt auch für Kosten anderer Prozesse. Wer zu Unrecht Verfahrenskosten verursacht hat, hat sie im Zweifel aus seinem Einkommen selbst zu tragen. Verfahrenskosten sind beim Bedürftigen auch kein Teil seines Bedarfs. Er kann lediglich im Verfahren wegen Trennungs- und Familienunterhalt nach §§ 1361 IV 4, 1360 a IV BGB Verfahrenskostenvorschuss beantragen (s. näher Rn. 6/20 ff.).

h) Schuldenabzug in angemessener Höhe. Soweit Verbindlichkeiten dem Grunde nach als berücksichtigungswürdige Verbindlichkeiten abgezogen werden können, ist zusätzlich zu prüfen, ob sie dies unter Anlegung eines objektiven Maßstabs auch der Höhe nach sind. Denn entscheidend für die Bedarfsbemessung ist der Lebensstandard, der nach den von dem Einkommen geprägten ehelichen Lebensverhältnissen vom Standpunkt eines vernünftigen Betrachters aus angemessen erscheint. Damit hat, gemessen am verfügbaren Einkommen, sowohl eine zu dürftige Lebensführung als auch ein übermäßiger Aufwand außer Betracht zu bleiben[205] (s. auch Rn. 4/463 ff.).

Wurde z. B. während des Zusammenlebens ein nach objektiven Umständen unvertretbar geringer Teil des Einkommens zur Rückführung von Verbindlichkeiten aufgewendet, ist zu prüfen, wie sich ein vernünftiger Betrachter bei Fortdauer der ehelichen Lebensgemeinschaft verhalten hätte, und es ist dementsprechend auf einen vernünftigen Tilgungsplan abzustellen.[206] Mit ähnlichen Erwägungen kann der Schuldenabzug auch verringert und auf einen längeren Zeitraum verteilt werden, wenn die Eheleute zugunsten einer raschen Schuldentilgung übermäßig dürftig gelebt haben.[207] Voraussetzung ist, dass der Gläubiger mit einer Streckung der Schuld durch niedrigere Abzahlungsraten oder Stundung der Tilgung einverstanden ist.

i) Überschuldung. Bei einer Überschuldung des Verpflichteten hat eine Tilgung berücksichtigungswürdiger Schulden im Rahmen eines **vernünftigen Tilgungsplanes** zu erfolgen.[208] Bei **ehebedingten Schulden** ist danach zu fragen, wie sich der Verpflichtete ohne die Trennung vernünftigerweise verhalten hätte, um die Schulden abzubauen. Dies

---

[203] BGH FamRZ 2000, 950
[204] BGH FamRZ 1985, 902
[205] BGH FamRZ 2007, 1532 = R 681 d; 1995, 869; 1987, 36, 39; 1987, 838
[206] BGH FamRZ 1982, 678
[207] BGH FamRZ 1984, 358, 360
[208] BGH FamRZ 2002, 536, 542 = R 572 g; 1982, 23; 1982, 250, 252

gilt nicht nur, wenn die Eheleute über ihre Verhältnisse gelebt hatten, sondern auch, wenn es sich um Geschäftsschulden oder um Fehlinvestitionen handelt. Im Rahmen eines vernünftigen Tilgungsplanes sind Beiträge in einer Höhe zu berücksichtigen, wie sie im Fall der Fortdauer der ehelichen Lebensgemeinschaft bei verantwortlicher Abwägung der Unterhaltsbelange und der Fremdgläubigerinteressen für die Schuldentilgung verwendet worden wären. Ihre Höhe ist anhand des verfügbaren oder erzielbaren Einkommens zu schätzen.[209] Der Verpflichtete muss sich bei seinen Gläubigern außerdem um **günstigere Zahlungsbedingungen** bemühen. Er muss dazu im Einzelnen konkret darlegen und nachweisen, was er in dieser Hinsicht unternommen hat. Unterlässt er solche zumutbaren Bemühungen, kann tatrichterlich eine Anpassung der Zins- und Tilgungsleistungen vorgenommen werden.[210] Eine Obliegenheit, ein Verbraucherinsolvenzverfahren einzuleiten, besteht dagegen nach BGH beim Ehegattenunterhalt nicht (näher Rn. 1120).[211]

1101 Ergibt sich bei einer Überschuldung, dass während des Zusammenlebens ein nach objektiven Maßstäben unvertretbar geringer Teil des Einkommens zur Rückführung der Verbindlichkeiten aufgewendet worden ist, kann der Verpflichtete bei der Beurteilung seiner Leistungsfähigkeit für die Zukunft nicht daran festgehalten werden, wenn er nunmehr zur Zahlung angemessener Tilgungsraten im Rahmen eines vernünftigen Tilgungsplans entschlossen ist. Dies ist vor allem dann wichtig, wenn die dem Verpflichteten verbleibenden Beträge nicht ausreichen, um die laufenden Zinsen abzudecken, und damit nicht gegen ein weiteres Anwachsen der Schulden angegangen wird.[212]

1102 Handelt sich um **berücksichtigungswürdige Schulden** und gelingt es dem Verpflichteten trotz zumutbarer Bemühungen nicht, die getroffenen Dispositionen rückgängig zu machen und seine Leistungsfähigkeit wiederherzustellen, muss sich der Berechtigte mit einer den notwendigen Unterhalt unterschreitenden Alimentierung zufriedengeben und sich fehlende Mittel unter äußerster Anspannung seiner Kräfte durch einen über das im allgemeinen Gebotene hinausgehenden Einsatz selbst verschaffen. Denn sein Bedarf wird durch die Überschuldung entsprechend gekürzt. Bei einer Überschuldung durch **einseitig vermögensbildende** Verbindlichkeiten, die auf Fehlspekulationen beruhen, ist im Einzelfall zu prüfen, ob nach Treu und Glauben eine Berücksichtigung auch über die Rechtshängigkeit des Scheidungsverfahrens hinaus erfolgen muss. Dies gilt vor allem, wenn der angeschaffte Wert, z.B. eine Immobilie, nur mit Verlust zu veräußern ist, so dass die darauf lastenden Verbindlichkeiten nicht gedeckt werden und der Verpflichtete nicht einmal zur Begleichung der laufenden Zinsen in der Lage ist und Unterhaltsleistungen daher nur auf Kosten einer weiteren Erhöhung der Schulden möglich wären. Dies kann eine derartige Beeinträchtigung des wirtschaftlichen Fortkommens des Verpflichteten zur Folge haben, dass die Grenze des Zumutbaren überschritten wird.[213]

3. Berücksichtigungswürdige Schulden im Rahmen der Bedürftigkeit und Leistungsfähigkeit

1103 **a) Bedürftiger.** Hat der Bedürftige eigenes Einkommen und tilgt in der Ehezeit entstandene Verbindlichkeiten, kürzen sie nicht nur den Bedarf, sondern auch sein Einkommen auf der Bedürftigkeitsstufe. Aus Gleichbehandlungsgründen gilt dies auch für erst nach der Trennung entstandene neue unumgängliche Verbindlichkeiten, insbesondere bei trennungsbedingten Schulden für den Umzug, notwendiges Mobiliar usw. (vgl. Rn. 1084). Sonstige neue Schulden sind hingegen auch bei der Bedürftigkeit nicht berücksichtigungsfähig, weil der Unterhalt nicht dazu dient, die Schulden des Bedürftigen abzuzahlen. Tilgungen zur einseitigen Vermögensbildung sind ab Rechtshängigkeit des Scheidungsverfahrens wie beim Bedarf auch bei der Bedürftigkeit kein Abzugsposten. Absetzen kann der Bedürftige insoweit nur die Zinsen als Geldbeschaffungskosten (vgl. näher Rn 514).

---

[209] BGH FamRZ 1982, 23
[210] BGH FamRZ 1982, 23
[211] BGH FamRZ 2008, 497 = R 687
[212] BGH FamRZ 1984, 657; 1982, 678
[213] BGH FamRZ 1984, 657

13. Abschnitt: Berechnung des bereinigten Nettoeinkommens § 1

b) Pflichtiger. Auf der **Leistungsstufe** sind wie beim Bedarf alle Verbindlichkeiten zu berücksichtigen (vgl. §§ 1581, 1603 I BGB), die ehebedingt sind sowie alle erst nach Trennung oder Scheidung entstandenen unumgänglichen Verbindlichkeiten (vgl. Rn. 1084).[214] Nach der früheren Rechtsprechung waren unumgängliche erst nach der Trennung/Scheidung entstandene Verbindlichkeiten nur bei der Leistungsfähigkeit zu prüfen und führten zu einer Herabsetzung des Unterhalts auf einen Billigkeitsunterhalt.[215] Durch die geänderte Rechtsprechung des BGH, bei Einkommenssenkungen mehr auf die realen Verhältnisse abzustellen, sind derartige Korrekturen nicht mehr erforderlich (vgl. Rn. 1003 ff.; 1084). 1104

4. Berücksichtigung von Schulden beim Verwandtenunterhalt

Die bisher erörterten Grundsätze gelten im Wesentlichen auch beim Verwandtenunterhalt, da beim Verwandtenunterhalt die Rechtsprechung schon immer beim Abzug von Schulden auf die Berücksichtigungswürdigkeit abgestellt hat. Sie ergibt sich generell aus § 1603 I BGB, wonach grundsätzlich Schulden des Verpflichteten zu berücksichtigen sind. Selbst die Ansprüche minderjähriger Kinder haben keinen allgemeinen Vorrang vor den sonstigen Verpflichtungen des Unterhaltsschuldners.[216] 1105

a) Kindesunterhalt. Schulden sind beim Kindesunterhalt wie beim Ehegattenunterhalt bereits bei der **Bedarfsermittlung** und nicht erst bei der Prüfung der Leistungsfähigkeit berücksichtigungsfähig.[217] Denn der für die Unterhaltsbemessung maßgebliche Lebensstandard wird durch die tatsächlich verfügbaren Mittel der Eltern geprägt mit der Folge, dass sich auch die abgeleitete Stellung des Kindes und damit die Eingruppierung in die DT nach diesen Verhältnissen richtet.[218] 1106

Bei der Prüfung, ob es sich um eine **berücksichtigungsfähige Verbindlichkeit** handelt, ist der Zweck der eingegangenen Verpflichtung, der Zeitpunkt und die Art ihrer Entstehung, die Dringlichkeit der beiderseitigen Bedürfnisse, die Kenntnis des Unterhaltsschuldners von Grund und Höhe der Unterhaltsschuld und seine Möglichkeit, die Leistungsfähigkeit in zumutbarer Weise ganz oder teilweise wiederherzustellen, sowie gegebenenfalls schutzwürdige Belange des Drittgläubigers zu prüfen.[219] Es hat ein angemessener Ausgleich zwischen den Interessen des Unterhaltsgläubigers, Unterhaltsschuldners und Drittgläubigers zu erfolgen, ggf. auch durch Streckung der Tilgung.[220] Dabei ist zu differenzieren, ob es um den Mindestunterhalt oder um einen Kindesunterhalt im oberen Bereich der Düsseldorfer Tabelle geht. 1107

Die **Darlegungs- und Beweislast** für eine Berücksichtigungsfähigkeit trägt der Schuldner, da es im Ergebnis um eine Herabsetzung seiner Leistungsfähigkeit geht.[221] 1108

• **Minderjähriges Kind.** Handelt es sich um Schulden, die bereits die ehelichen Lebensverhältnisse der Eltern bis zur Trennung geprägt haben, ist die Schuld in der Regel berücksichtigungswürdig, da die Kinder wirtschaftlich unselbstständig sind und ihre Lebensstellung von den Eltern ableiten, d. h. von deren Einkommensverhältnissen und Konsumverhalten abhängig sind.[222] Im Ergebnis gilt dies nicht nur für Konsumkredite, sondern auch für Schulden zur **gemeinsamen Vermögensbildung der Eltern,** z. B. zum Bau eines Familienheimes (s. näher Rn. 578). Sie sind bei der Leistungsfähigkeit in Höhe der ersparten Wohnkosten nicht zu berücksichtigen (näher Rn. 579),[223] darüber hinaus nur, wenn sich die Abzahlung im angemessenen Rahmen hält, selbst wenn das 1109

---

[214] BGH FamRZ 2008, 497 = R 687
[215] Vgl. z. B. BGH FamRZ 2004, 1357
[216] BGH FamRZ 2008, 137 = R 684 a; 1996, 160
[217] BGH FamRZ 2002, 536, 537 = R 572 b; 1996, 160 = R 496 b
[218] BGH FamRZ 2002, 536, 537 = R 572 b
[219] BGH FamRZ 2002, 536, 537 = R 572 b, g; 1996, 160 = R 496 c; 1992, 797 = R 447 a; 1986, 254, 256
[220] BGH FamRZ 2002, 536, 542 = R 572 g
[221] BGH FamRZ 1990, 283, 287
[222] BGH FamRZ 2002, 536, 537 = R 572 b; 1996, 160, 161 = R 496 b
[223] BGH FamRZ 2002, 815 = R 570 c

§ 1   Die Ermittlung des unterhaltsrechtlich relevanten Einkommens

Haus nach der Trennung vorübergehend vermietet wurde.[224] Übersteigen die Verbindlichkeiten den Wohnwert, sind die durch den Wohnwert nicht gedeckten Schulden i. d. R. nicht berücksichtigungswürdig (vgl. Rn 578), außer der Pflichtige verfügt über ein sehr gutes Einkommen. Nach Kenntnis der Unterhaltsverpflichtung aufgenommene Tilgungsleistungen zur **einseitigen Vermögensbildung** sind regelmäßig nicht berücksichtigungsfähig, da der Unterhalt der Vermögensbildung vorgeht. Die gleichen Grundsätze gelten wegen des Gleichbehandlungsgrundsatzes nach Art. 6 V GG beim Unterhalt von Kindern nichtverheirateter Eltern, soweit die Schuld vor Kenntnis der Barunterhaltspflicht aufgenommen wurde.

1110 • Kredite, die allein zur Befriedigung rein persönlicher Bedürfnisse aufgenommen wurden, sind hingegen, auch wenn sie in der Ehe angelegt waren, beim Kindesunterhalt nicht berücksichtigungsfähig.[225]

1111 • Zu beachten ist, dass minderjährige Kinder bei Vorhandensein einer erheblichen Verschuldung soweit möglich den **Mindestunterhalt** nach § 1612 a I BGB erhalten sollen (vgl. auch Rn. 2/257), was einem Unterhalt nach der ersten Gruppe der DT entspricht. Bei minderjährigen Kindern scheidet zumindest bis zum Ende der Schulpflicht von vornherein jede Möglichkeit aus, durch eigene Anstrengungen zur Deckung des notwendigen Unterhaltsbedarfs beizutragen, so dass sie besonders schutzwürdig sind.[226] Außerdem haben Kinder im Gegensatz zu Ehegatten auf die Entstehung von Schulden selbst keinen Einfluss.[227] Die nach Billigkeitsgrundsätzen vorzunehmende Abwägung der berechtigten Interessen des Verpflichteten und der minderjährigen Kinder wird daher regelmäßig zu keiner Berücksichtigung von Schulden führen, durch die der Mindestunterhalt nicht mehr erreicht wird.[228] Denn sowohl für die Abwägung im Rahmen der Bedarfsbemessung als auch für die Mangelfallkürzung auf der Leistungsstufe ist bei minderjährigen Kindern zusätzlich zu ihrem Schutz zu berücksichtigen, dass ihnen gegenüber eine gesteigerte Unterhaltsverpflichtung besteht (§ 1603 II BGB).[229] Kann der Verpflichtete den Kindesunterhalt nach Gruppe 1 der DT nur **auf Kosten einer ständig weiterwachsenden Verschuldung** leisten, sind Ausnahmen angebracht.[230] Zunächst ist aber zu prüfen, ob **niedrige Schulden** (derzeit unter 180 EUR monatlich) bei **beengten Verhältnissen** nicht als allgemeine Lebenshaltungskosten angesehen und deshalb aus dem Erwerbsbonus beim notwendigen Selbstbehalt von zur Zeit 180 EUR (Differenz 770 EUR zu 950 EUR beim notwendigen Selbstbehalt des Nichterwerbstätigen und Erwerbstätigen, vgl. DT Anm. A 5, Leitlinien Ziff. 21.2) getragen werden können, um den Mindestunterhalt zu sichern.[231] Außerdem ist zu prüfen, ob dem Elternteil, der den Betreuungsunterhalt leistet, in Abweichung von der Regel des § 1606 III 2 BGB nicht ein Teil der Barunterhaltsverpflichtung für das minderjährige Kind auferlegt werden kann. Dies ist insbesondere dann angebracht, wenn dieser während bestehender Ehe der Kreditaufnahme zugestimmt und an ihr wirtschaftlich teilgenommen hat (vgl auch § 1603 II 3 BGB, näher Rn. 2/397 ff.)[232] Eine Ausnahme kann ferner bestehen, wenn die **notwendigen Umgangskosten** nicht durch das Kindergeld gedeckt sind (vgl. Rn. 1085); sie sind dann zu berücksichtigen, selbst wenn es dadurch zum Mangelfall kommt.[233]

1112 • In der Regel dürfen sich Eltern ferner auf Kreditverbindlichkeiten nicht berufen, die sie **in Kenntnis ihrer Barunterhaltsverpflichtung** gegenüber einem Kind eingegangen sind. Anders ist die Sachlage bei neuen Verbindlichkeiten, die als unumgänglich anzusehen sind.

---

[224] BGH NJW-RR 1995, 129
[225] BGH FamRZ 1992, 797 = R 447 a
[226] BGH FamRZ 2002, 536, 540 = 572 g; 1997, 806
[227] BGH FamRZ 1984, 657, 659
[228] BGH FamRZ 1984, 657, 659
[229] BGH FamRZ 1986, 254, 256
[230] BGH FamRZ 2008, 137 = R 684 a; 2002, 536 = R 572
[231] BGH FamRZ 2009, 314
[232] BGH FamRZ 1986, 254, 256
[233] BGH FamRZ 2007, 193 = R 664 c; 2005, 706 = R 626

- **Volljähriger.** Es gelten die oben angeführten Grundsätze. Bei nicht privilegierten Volljährigen ist im Rahmen der Berücksichtigungswürdigkeit des Schuldenabzugs zu beachten, dass kein erhöhter Einsatz aller Mittel gemäß § 1603 II 1, 2 BGB besteht. Bei einer Überschuldung ist deshalb ein großzügigerer Maßstab angebracht. Andererseits ist die gemeinsame Verantwortung der Eltern für eine angemessene Ausbildung nach § 1610 II BGB zu beachten, für die sich die Eltern im Zweifel einschränken müssen. Auch vom Vater eines studierenden volljährigen Kindes kann deshalb im Allgemeinen verlangt werden, dass er auf dessen Unterhaltsbedürftigkeit bis zum Abschluss der Ausbildung Rücksicht nimmt, bevor er mit dem Bau eines Eigenheimes beginnt und dadurch seine Leistungsfähigkeit erschöpfende Verbindlichkeiten eingeht.[234] Ansonsten sind Hausschulden einschließlich Tilgung, die zur Deckung des eigenen Wohnbedarfs und damit zur Sicherung des eigenen Unterhalts dienen, i. d. R. berücksichtigungswürdig, vor allem wenn sie sich innerhalb des Wohnwertes bewegen (vgl. auch Rn. 578 ff.). 1113

  b) Sonstiger Verwandtenunterhalt. Auch beim sonstigen Verwandtenunterhalt ist die Berücksichtigungswürdigkeit von Schulden nach einer umfassenden Abwägung des Einzelfalls zu prüfen. Es gelten insoweit die beim Kindesunterhalt bereits dargestellten Grundsätze (vgl. Rn. 1109 ff). Das Problem stellt sich regelmäßig erst bei der Prüfung der Leistungsfähigkeit. Dabei ist je nach dem Rang der Unterhaltsberechtigung ein großzügigerer Maßstab angebracht. Zu den näheren Einzelheiten vgl. auch Rn. 2/930. 1114

  Beim **Elternunterhalt** ist zu beachten, dass es sich in der Regel um keine von vornherein voraussehbare Unterhaltsverpflichtung handelt, die der Unterhaltsschuldner bei Kreditaufnahme einplanen musste. Voll zu berücksichtigen sind insbesondere Hausschulden, da damit die eigenen Wohnbedürfnisse gedeckt werden, d. h. es sich um die Sicherung des eigenen Unterhalts handelt.[235] Lediglich bei Schulden, die nach Kenntnis der Unterhaltspflicht aufgenommen wurden, ist eine sorgfältige Prüfung mit Interessenabwägung geboten. Zu Schulden beim Elternunterhalt vgl. im Übrigen näher Rn. 2/930. 1115

  c) Ansprüche nach § 1615 l BGB. Bei Ansprüchen nach § 1615 l II BGB ist stets eine Abwägung der beiderseitigen Interessen vorzunehmen, vor allem, ob die Schuld bereits vor Kenntnisnahme der Schwangerschaft entstanden ist und ob der Kredit für als notwendig anzusehende Bedürfnisse aufgenommen wurde. 1117

5. Verbraucherinsolvenz bei Überschuldung

Die Obliegenheit des Pflichtigen, sich leistungsfähig zu halten, kann es bei nachhaltiger und dauerhafter Überschuldung, die zum Mangelfall führt, gebieten, ein **Verbraucherinsolvenzverfahren zu beantragen** (vgl. Rn. 2/258 ff., 4/135 und eingehend 5/95 ff.).[236] Seit dem Insolvenzrechtsänderungsgesetz vom 26. 10. 2001 und der Erhöhung der Pfändungsfreigrenzen sind die Zumutbarkeitsvoraussetzungen an den Schuldner gestiegen, über ein Verbraucherinsolvenzverfahren eine Restschuldbefreiung zu erwirken.[237] Im Gegensatz zur Verweisung auf die Pfändungsfreigrenzen, die dem Schuldner keine dauerhafte Perspektive schafft, weil Schulden einschließlich Zinsen weiterlaufen, führt die Insolvenz nach § 300 InsO zur Restschuldbefreiung.[238] Sie entlastet damit im Ergebnis auf Kosten der Kreditgeber das Sozialamt, das ansonsten für die Bedürftigen aufkommen müsste. Unterhaltsrückstände fallen dann allerdings auch in die Insolvenz. 1118

Zu den allgemeinen Voraussetzungen für die Durchführung des Insolvenzverfahrens vgl. eingehend Rn. 5/95 ff.

Eine Obliegenheit, ein Verbraucherinsolvenzverfahren einzuleiten, besteht nach BGH aber nur bei **minderjährigen Kindern** und **privilegierten Volljährigen,** wenn der Min- 1119

---

[234] BGH FamRZ 1982, 157
[235] BGH FamRZ 2003, 1179 = R 592 c
[236] BGH FamRZ 2008, 497 = R 687; 2008, 137 = R 684 b; 2005, 608 = R 627 a
[237] Vgl. allgemein Hauß, FamRZ 2006, 1496; MDR 2002, 1163; Hoppenz, FF 2003, 158; Melchers FuR 2003, 145
[238] BGH FamRZ 2008, 497 = R 687

destunterhalt durch dauerhafte Überschuldung nicht gesichert ist.[239] Denn nur ihnen gegenüber besteht eine gesteigerte Unterhaltspflicht.[240] Es ist dann Aufgabe des Pflichtigen, Umstände vorzutragen und zu beweisen, dass die Einleitung eines Insolvenzverfahrens im konkreten Einzelfall unzumutbar ist.[241] Zu prüfen ist in diesen Fällen, ob die Verbindlichkeit des Pflichtigen unterhaltsrechtlich überhaupt berücksichtigungswürdig ist, die Laufzeit der Einzelverbindlichkeiten und der Unterhaltsverpflichtung, ob eine Restschuldbefreiung im Insolvenzverfahren erreichbar ist (Zahlungsunfähigkeit des Schuldners gemäß § 17 InsO; keine Versagensgründe nach § 290 InsO), ob es dem Schuldner zumutbar ist, sich gegenüber den einzelnen Gläubigern auf Pfändungsfreigrenzen zu berufen (Bank; Privatgläubiger) und in welcher Höhe sich die Unterhaltsforderung bei Berufung auf die Pfändungsfreigrenzen beläuft. Im Ergebnis handelt es sich immer um eine Einzelfallentscheidung. Der Unterhaltsgläubiger hat zwar keinen generellen Vorgang vor anderen Gläubigern des Pflichtigen und umgekehrt. Durch das Insolvenzänderungsgesetz vom 26. 10. 2001 und die Erhöhung der Pfändungsfreigrenzen hat der Gesetzgeber aber mittelbar einen Vorrang des Bedürftigen durch Erhöhung des bei Unterhaltslasten nicht pfändbaren Teils des Arbeitseinkommens geschaffen. Zu beachten ist aber auch, dass durch das Insolvenzverfahren die wirtschaftliche Bewegungsfreiheit des Pflichtigen sechs Jahre eingeschränkt ist (§ 287 InsO),[242] bis zur Löschung aus der sog. Schuldnerkartei ca. zehn Jahre.

Die Durchführung eines Insolvenzverfahrens ist bei der Unterhaltsberechnung des Kindesunterhalts zu berücksichtigen.[243] Die sonstigen Verbindlichkeiten des Pflichtigen sind dann nicht mehr an zu setzen. Ihm verbleiben bei Unterhaltslasten sein unpfändbarer Teil des Einkommens (§ 850 c ZPO i. V. mit der PfändungsfreigrenzenVO). Hieraus kann er Unterhalt leisten, da ihm gegenüber dem Bedürftigen gemäß § 850 d ZPO nur sein jeweiliger Selbstbehalt verbleiben muss.[244] Dem Unterhalt wird insoweit ein Vorrang vor sonstigen Verbindlichkeiten eingeräumt. Bei **Selbständigen** ist allerdings zu beachten, dass Honoraransprüche ohne Abzüge in die Insolvenzmasse fallen, so dass er im Insolvenzverfahren beantragen muss, ihm hiervon soviel zu belassen, wie er für seinen eigenen und den Unterhalt der Bedürftigen benötigt, höchstens aber so viel, wie ihm verbleiben würde, wenn sein Einkommen aus laufendem Arbeits- oder Dienstlohn bestände (§ 36 I InsO i. V. mit § 850 i I ZPO).[245] Aus Gleichbehandlungsgründen ist auch bei Selbständigen die vollständige materielle Unterhaltsschuld zu berücksichtigen.[246] Der dem Selbständigen nach § 850 i ZPO zu belassende notwendige Unterhalt umfasst auch seine Vorsorgeaufwendungen.

1120 Beim **Trennungs- und nachehelichen Unterhalt** besteht dagegen nach der Entscheidung des BGH vom 12. 12. 2007 **keine Obliegenheit,** ein Verbraucherinsolvenzverfahren durchzuführen.[247] Ihnen gegenüber besteht nicht wie bei minderjährigen Kindern eine gesteigerte Erwerbsobliegenheit. Beim Ehegattenunterhalt handelt es sich in der Regel auch um Schulden aus der Ehezeit, die der Bedürftige mittragen muss. Außerdem hat der Ehegatte, vor allem nach der Scheidung die Obliegenheit, den eigenen Unterhalt selbst sicher zu stellen. Die verfassungsrechtlich geschützte allgemeine Handlungsfreiheit des Pflichtigen lässt deshalb eine Obliegenheit zur Einleitung eines Verbraucherinsolvenzverfahrens entfallen.[248]

---

[239] BGH FamRZ 2008, 497 = R 687; 2008, 137 = R 684 b; 2005, 608 = R 627 a
[240] BGH FamRZ 2008, 497 = R 687
[241] BGH FamRZ 2005, 608 = R 627 a, c; vgl. auch OLG Dresden. FamRZ 2003, 1028; OLG Stuttgart, 2003, 1216; OLG Koblenz 2003, 109; NJW 2004, 1256
[242] BGH FamRZ 2008, 497 = R 687
[243] BGH FamRZ 2008, 137 = R 684 b
[244] BGH FamRZ 2008, 137 = R 684 f
[245] BGH FamRZ 2008, 137 = R 684 d
[246] BGH FamRZ 2008, 137 = R 684 d
[247] BGH FamRZ 2008, 497 = R 687
[248] BGH FamRZ 2008, 497 = R 687

VIII. Nur beim Ehegattenunterhalt und sonstigem Verwandtenunterhalt zu berücksichtigende Abzüge

1. Kindesunterhalt und sonstige vorrangige Unterhaltslasten

a) Ehegattenunterhalt. Ehebedingte Verbindlichkeiten sind auch Unterhaltszahlungen für alle minderjährigen Kinder und nach § 1603 II 2 BGB privilegierten Volljährigen, unabhängig vom Zeitpunkt der Entstehung des Anspruchs, sowie für sonstige Unterhaltsberechtigte, für die bereits **während bestehender Ehe** Unterhalt geleistet werden musste oder auch ohne Scheidung zu zahlen gewesen wäre (Ausnahme: Mangelfall). Auch solche Unterhaltsverpflichtungen werden beim Ehegattenunterhalt vom Einkommen abgezogen, ehe der **Bedarf** nach der Ehegattenquote bemessen wird (s. näher Rn. 1003 ff.; 4/440 ff.).

1121

Kein Vorabzug von Unterhaltsleistungen erfolgt dagegen beim Kindesunterhalt Minderjähriger, weil die Bedarfsberechnung nach der DT davon ausgeht, dass für weitere Unterhaltsberechtigte Unterhalt geschuldet wird (s. Rn. 2/343 ff.). Unterhalt für weitere Kinder wird vielmehr bei der Eingruppierung berücksichtigt.

- **Minderjährige Kinder und privilegierte Volljährige.** Der Kindesunterhalt Minderjähriger war auch nach der bis 31. 12. 2007 geltenden Rechtslage trotz Gleichrangs nach § 1609 BGB a. F. ein Abzugsposten, weil sie sich nicht selbst unterhalten können.[249] Er war jedoch nach der bis 2006 geltenden Rechtsprechung des BGH begrenzt auf Kinder, die bis zur Rechtskraft der Scheidung geboren wurden und entfiel, wenn dadurch ein Missverhältnis zum verbleibenden Bedarf des Ehegatten entstand, d. h. im Mangelfall (näher Rn. 4/440 ff.).[250] Nach der Scheidung geborene minderjährige Kinder des Pflichtigen waren hingegen nur bei der Leistungsfähigkeit zu berücksichtigen und führten zur Korrektur des Unterhalts nach § 1581 BGB auf einen Billigkeitsunterhalt. Mit Urteil vom 15. 3. 2006 **änderte der BGH** diese **Rechtsprechung** grundlegend.[251] Seither ist auch der Unterhalt für **nach der Scheidung geborene minderjährige Kinder** wie sonstige nicht leichtfertig entstandene Einkommensminderungen bereits bei der Bedarfsermittlung des Ehegatten als berücksichtigungswürdiger Abzugsposten anzusetzen, weil sich minderjährige Kinder generell nicht selbst unterhalten können.[252] Dies gilt auch für nach der Scheidung adoptierte Kinder.[253] Die Korrektur der früheren Rechtsprechung des BGH war bereits wegen des **Gleichbehandlungsgebots nach Art. 6 V GG** erforderlich, weil es bei der Berücksichtigung des Unterhalts minderjähriger Kinder nicht darauf ankommen kann, ob sie in die Ehe mitgebracht wurden, aus der Ehe stammen oder aus einer neuen Verbindung nach Trennung/Scheidung hervorgehen. Im Gesetz finden sich auch keinerlei Anhaltspunkte, die zu der früheren Rechtsprechung mit einer Unterscheidung in vor und nach Rechtskraft geborene Kinder berechtigte. Die diesbezügliche frühere Rechtsprechung war vielmehr immer fehlerhaft.[254] Denn der Vorabzug des Unterhalts aller vor der Scheidung geborenen Kinder bei der Bereinigung des Nettoeinkommens für den Ehegattenunterhalt, unabhängig davon, ob sie in die Ehe mitgebracht wurden, aus der Ehe stammten oder auf einer neuen Verbindung beruhten, wurde trotz des nach der damaligen Rechtslage bestehenden Gleichrangs nach § 1609 I BGB a. F. alleine darauf gestützt, dass sich minderjährige Kinder nicht selbst unterhalten können. Dies galt aber für alle Kinder, unabhängig davon, ob sie vor oder nach der Scheidung geboren wurden. Mit der **Unterhaltsreform zum 1. 1. 2008** wurde dem Rechnung getragen und den minderjährigen Kindern und privilgierten Volljährigen ein

1122

---

[249] Vgl. z. B. BGH Fam 2003, 363 = R 584 f.; 1999, 367
[250] BGH FamRZ 2003, 363 = R 584
[251] BGH FamRZ 2006, 683 = R 649 g, h
[252] BGH FamRZ 2008, 968 = R 689 g; 2007, 983; 2006, 683 = R 649 g
[253] BGH FamRZ 2009, 23
[254] Gerhardt FamRZ 2011, 8

§ 1 Die Ermittlung des unterhaltsrechtlich relevanten Einkommens

wie es in der Gesetzesbegründung wörtlich heißt **absoluter Vorrang** zur Förderung des Kindeswohles eingeräumt.[255] Dies bedeutet, dass der Unterhalt minderjähriger Kinder und privilegierter Volljähriger bereits für die **Bedarfsermittlung des Ehegattenunterhalts generell nicht zur Verfügung steht.** Dies hat, soweit es sich um erst nach der Scheidung geborene Kinder aus einer neuen Verbindung handelt, nichts damit zu tun, dass man insoweit nicht von einer „Prägung" der ehelichen Lebensverhältnisse sprechen kann. Maßgebend ist allein, dass es nach den Vorstellungen des Gesetzgebers zur Förderung des Kindeswohles geboten ist, minderjährige Kinder und privilegierte Volljährige, weil sie sich nicht selbst unterhalten können, gegenüber Ehegatten bevorzugt zu behandeln (vgl. auch Rn. 4/431, 440).[256] Deshalb passt für diese Ausgabenposition auch nicht der Begriff „prägend", sondern nur „berücksichtigungswürdig" (näher Rn. 1005). Die **Entscheidung des BVerfG vom 25. 1. 2011** hat hieran **nichts geändert,** weil sich das BVerfG nicht mit dem Vorabzug des Kindesunterhalts beschäftigte.[257] Im Übrigen hat es selbst ausgeführt, dass auch erst nach der Scheidung entstandene Veränderungen einzubeziehen sind, wenn sie auch ohne Scheidung entstanden wären.[258] Es kann insoweit nicht argumentiert werden, ohne Scheidung wären diese Kinder nicht gezeugt worden, maßgebend ist allein, dass ihr Unterhalt als neue unterhaltsrechtlich nicht leichtfertig entstandene Verbindlichkeit auch ohne Scheidung zu leisten wäre, unabhängig davon, ob es sich um ein eheliches oder nicht eheliches Kind handelt. Ihr Unterhalt verbleibt damit gemäß der geänderten Rechtsprechung des BGH seit 2006 und der neuen Rechtslage seit 2008 auch beim geschiedenen Ehegatten ein Abzugsposten (vgl. auch § 4 Rn. 440).[259] Gegenteilige Auffassungen berücksichtigen den Willen des Gesetzgebers bei der Unterhaltsreform 2008 nicht.[260]

- Eine **Ausnahme** besteht, wenn der Pflichtige über **neue nichtprägende Einkünfte**, z. B. aus einem Karrieresprung oder einer Erbschaft nach der Trennung, verfügt. Er muss dann zunächst diese Mittel heranziehen, um neue Verbindlichkeiten abzuzahlen, d. h. auch neu entstandenen Kindesunterhalt, weil damit der Grundsatz der Halbteilung beim Ehegattenunterhalt nicht verletzt wird.[261]

1123 • Liegt ein **Mangelfall im zweiten Rang** vor, weil der Mindestunterhalt des betreuenden Elternteils von derzeit 770 EUR nicht gesichert ist, ist nach den Vorstellungen des Gesetzgebers[262] unter Berücksichtigung der Bedarfskontrollbeträge bzw. einer Angemessenheitskontrolle nur der Mindestunterhalt anzusetzen (näher § 4 Rn. 442).[263]

1124 • Abzuziehen war bei Minderjährigen bis 31. 12. 2007 jeweils der Tabellenbetrag des Kindesunterhalts, seit der Reform zum 1. 1. 2008 der **Zahlbetrag,** nachdem das Kindergeld seither gemäß § 1612b BGB bedarfsdeckend anzusetzen ist (vgl. näher Rn. 4/444).[264] Zu berücksichtigen ist dabei jeweils nur der tatsächlich geschuldete Unterhalt, nicht ein höher titulierter, soweit davon ausgegangen werden kann, dass der Titel abgeändert werden kann.[265] Wenn es um rückständigen Unterhalt geht, bei dem eine Änderung nicht mehr in Betracht kommt, ist dagegen der titulierte Kindesunterhalt abzuziehen (vgl. Rn. 4/451). Zur Korrektur der Höhe des Kindesunterhalts bei nichtprägenden Einkünften des Pflichtigen beim Ehegatten vgl. Rn. 4/441.

1125 • Treffen nach § 1609 Nr. 1 BGB **gleichrangige Unterhaltslasten Minderjähriger** und nach § 1603 II 2 BGB **privilegierter Volljähriger** zusammen, ergibt sich wegen der

---

[255] BT-Drs. 16/1830 S. 23
[256] BT-Drs. 16/1830 S. 23
[257] BVerfG FamRZ 2011, 437 = R 722 e
[258] BVerfG FamRZ 2011, 437 = R 722 f
[259] Gerhardt/Gutdeutsch FamRZ 2011, 597; 2011, 772; Gerhardt FamRZ 2011, 8; Anm. zu BVerfG FamRZ 2011, 537; Gutdeutsch FamRZ 2011, 523
[260] Z. B. Götz/Brudermüller NJW 2011, 801; Maurer FamRZ 2011, 849
[261] BGH FamRZ 2010, 111 = R 707 a; 2009, 579; 2009, 411 = R 702 b
[262] BT-Drs. 16/1830 S. 24
[263] BGH FamRz 2010, 111 = R 707 a; 2008, 1911 = R 695 a; 2008, 968 = R 689 h
[264] BGH FamRZ 2010, 1318; 2010, 802; 2009, 1477; 2009, 1300 = R 705 c; 2009, 311; 2008, 963 = R 629
[265] BGH FamRZ 2003, 363, 367 = R 584 h

13. Abschnitt: Berechnung des bereinigten Nettoeinkommens § 1

vom Gesetzgeber nur unvollständig geregelten Rechtstellung des privilegierten Volljährigen das Problem, dass für den Unterhalt des minderjährigen Kindes nur der barunterhaltspflichtige Elternteil haftet, für den Unterhalt des privilegierten Volljahrigen dagegen beide Elternteile. Bei Minderjährigen ist zu beachten, dass nach § 1612 I Nr. 1 BGB nur das halbe Kindergeld den Barbedarf deckt, beim privilegierten Volljährigen dagegen nach der geänderten Rechtsprechung des BGH und der Neuregelung in § 1612 b I Nr. 2 BGB das volle Kindergeld. Da bei Gleichrangigen kein gegenseitiger Vorabzug erfolgt, ist der Barunterhalt des minderjährigen Kindes nicht vorweg abzuziehen. Lediglich bei beengten Verhältnissen kann nach BGH eine anteilige Verrechnung in Betracht kommen (vgl. auch Rn. 2/598 ff.).[266]

- **Sonstige Volljährige.** Abzugsposten ist beim Ehegattenunterhalt **trotz Nachrangs** auch der Unterhalt nicht privilegierter volljähriger Kinder, da er die ehelichen Lebensverhältnisse beeinflusst hat,[267] wenn kein Mangelfall vorliegt (vgl. näher Rn. 4/445). Ein Mangelfall ist für den bedürftigen vorrangen Ehegatten nach ständiger Rechtsprechung gegeben, wenn durch den Vorabzug **ein Mißverhältnis zum verbleibenden Bedarf des Ehegatten** einschließlich Eigeneinkommen entsteht, d. h. die sog. Eigenbedarfssätze des Ehegatten gegenüber dem Volljährigen unterschritten werden (vgl. DT Anm B VI Nr. 1 b, 2 b; Leitlinien Nr. 22.2, 23.2).[268] Denn die Rangfrage spielt erst im Mangelfall eine Rolle. Da aus Gleichbehandlungsgründen der Mangelfall des Bedürftigen und Pflichtigen nicht unterschiedlich behandelt werden kann, liegt ein Mangelfall vor, wenn dem vorrangigen bedürftigen Ehegatten einschließlich seines eigenen Einkommens der angemessene Bedarf entsprechend dem angemessenen Selbstbehalt des Volljährigen von derzeit 1150 EUR, bei zusammenlebenden Ehegatten von 920 EUR nicht verbleibt (näher Rn. 2/556 ff.).[269] Nach der geänderten Rechtsprechung des BGH zur Kindergeldverrechnung bei Volljährigen[270] und der geänderten Rechtslage zum 1. 1. 2008 ist das Kindergeld nach § 1612 b I Nr. 2 BGB in voller Höhe **bedarfsdeckend** anzusetzen,[271] ebenso ein Eigeneinkommen z. B. ein Lehrlingsentgeld (vgl. Rn. 2/112 ff.). Abzugsposten ist deshalb nur der verbleibende **Restbedarf.**[272]   1126
- **Weiterer Ehegatte.** Nach der Entscheidung des BVerfG vom 25. 1. 2011 ist der Unterhalt für weitere Ehegatten beim **Geschiedenen** erst bei der Leistungsfähigkeit zu berücksichtigen, weil er die Scheidung voraussetzt (näher Rn. 4/449, 805 ff.; 5/107 ff.).[273] Die Berechnung des Unterhalts des bedürftigen zweiten Ehegatten wird dagegen bereits bei der Bedarfsermittlung durch den Unterhalt des geschiedenen Ehegatten beeinflusst (s. näher Rn 4/449, 805 ff.; 5/107 ff.).   1127
- **Anspruch nach § 1615 l BGB.** Zu Ansprüchen nach § 1615 l BGB hat sich das BVerfG nicht geäußert. Sie sind eine Folge der Geburt eines nichtehelichen Kindes, so dass es naheliegt, sie entsprechend dem Unterhalt minderjähriger Kinder zu behandeln, d. h. sie generell auch beim Bedarf des geschiedenen bedürftigen Ehegatten zu berücksichtigen, unabhängig davon, ob dieser Anspruch bereits vor oder nach der Scheidung entstanden ist (vgl. näher Rn 4/ 448, 812 ff.).   1128
- **Elternunterhalt.** Auch sonstige nachrangige Unterhaltslasten, insbesondere Elternunterhalt, sind Abzugsposten, soweit sie berücksichtigungswürdig sind, weil kein Missverhältnis zum verbleibenden Bedarf des Ehegatten entsteht.[274] Dies gilt auch für erst nach der Scheidung entstandene neue Ansprüche für die Eltern, nachdem sie auch ohne Scheidung entstanden wären.[275] Der BGH sprach insoweit früher von sog. **latenten Unterhalts-**   1129

---

[266] BGH FamRZ 2002, 815 = R 570 d
[267] BGH FamRZ 2006, 26 = R 637 d; 2003, 860 = R 590 A g
[268] BGH FamRZ 2009, 762 = R 703; 1991, 1163; 1986, 553
[269] BGH FamRZ 2009, 762 = R 703; 1991, 1163; 1986, 553
[270] BGH FamRZ 2009, 762 = R703; 2008, 963 = R 692 g; 2007, 542; 2006, 1100 = R 654 h; 2006, 774; 2006, 99 = R 641 e
[271] BGH FamRZ 2006, 99 = R 641 e
[272] BGH FamRZ 2009, 762 = R 703; 2008, 963 = R 692 g; vgl. auch Dose FamRZ 2007, 1229
[273] BVerfG FamRZ 2011, 437 = R 722 e, i
[274] BGH FamRZ 2004, 792 = R 605 d; 2004, 186 = R 595; 2003, 860 = R 590 A g
[275] Gerhardt/Gutdeutsch FamRZ 2011, 597

lasten, d. h. Unterhaltspflichten, die in der Ehe bereits voraussehbar waren.[276] Ein Missverhältnis liegt entsprechend den oben angeführten Grundsätzen zur Berücksichtigung des Unterhalts Volljähriger vor, wenn beim Bedürftigen ein Mangelfall eintritt, d. h. dem bedürftigen Ehegatten einschließlich seines Eigeneinkommens der angemessene Bedarf entsprechend dem angemessenen Selbstbehalt des Pflichtigen nicht mehr verbleibt. Dieser beträgt gegenüber Eltern nach den Eigenbedarfssätzen mindestens 1500 EUR, bei verheirateten Ehegatten 1200 EUR (vgl. DT Anm. B VI Nr. 1 c, 2 c; Leitlinien Nr. 22.3, 23.3). Voraussetzung ist aber stets, dass gegenüber den Eltern eine tatsächliche Unterhaltsverpflichtung besteht und nicht nur eine freiwillige Zahlung erfolgt.

1130 • **Kein Abzugsposten.** Nicht abziehbar sind Unterhaltsleistungen, für die keine gesetzliche Verpflichtung besteht oder die über den Rahmen des gesetzlichen Unterhalts hinausgehen. Dies gilt insbesondere für den Unterhalt von **Stiefkindern.**[277]

1131 **b) Ansprüche nach § 1615 l II BGB.** Abzugsposten war nach der Rechtslage bis 31. 12. 2007 bei der Leistungsfähigkeit der Unterhalt aller minderjährigen Kinder und des Ehegatten des Pflichtigen (§ 1615 l III 3 BGB a. F.). Seit der Unterhaltsreform zum 1. 1. 2008 und der geänderten Rangordnung gemäß § 1609 BGB ist nur noch der Unterhalt aller minderjährigen Kinder und privilegierten Volljährigen berücksichtigungswürdig. Bei Gleichrang mit einem Ehegatten nach § 1609 Nr. 2 BGB erfolgt kein Vorwegabzug, sondern eine wechselseitige Berücksichtigung (näher Rn. 4/812 ff.).

1132 **c) Sonstige Volljährige.** Bei der Bildung des bereinigten Nettoeinkommens sind an sich alle vorrangigen Unterhaltslasten abzugsfähig. Dies gilt uneingeschränkt für den Unterhalt aller minderjährigen Kinder und privilegierten Volljährigen. Umstritten ist, ob auch der Ehegattenunterhalt bei der Ermittlung der Haftungsanteile zu berücksichtigen ist (näher Rn. 2/566 ff.). Insoweit hat das Gleiche zu gelten wie nach der früheren Rechtsprechung des BGH bei Minderjährigen, d. h. wegen der gemeinsamen Verantwortung der Eltern für die Ausbildung des Volljährigen ist der Ehegattenunterhalt nur im Mangelfall ein Abzugsposten.[278] Bei der Ermittlung der Haftungsanteile der unterhaltspflichtigen Eltern nach § 1606 III 1 BGB kann geleisteter Ehegattenunterhalt als Einkommen berücksichtigt werden (näher Rn. 725).[279] Um Mehrfachberechnungen zu vermeiden, sollten im Sinne des Vereinfachungsgrundsatzes aber zunächst die Haftungsanteile ermittelt und erst dann der Ehegattenunterhalt berechnet werden.

1133 **d) Sonstiger Verwandtenunterhalt.** Beim sonstigen Verwandtenunterhalt sind vorab bei der Leistungsfähigkeit alle vorrangigen Unterhaltslasten, z. B. bei Ansprüchen der Eltern gegen ihr Kind, noch bestehende Unterhaltsansprüche der Enkelkinder und des Ehegatten des Kindes, abzuziehen (§ 1609 Nr. 1, 2, 3, 4 BGB). Der Familienunterhalt des Ehegatten ist dabei in Konkurrenzfällen zu monitarisieren und entsprechend den ehelichen Lebensverhältnissen beim Trennungs- und nachehelichen Unterhalt zu berechnen (näher Rn. 3/70, 74 ff.).

2. Vermögenswirksame Leistungen des Pflichtigen

1134 **a) Ehegattenunterhalt.** Eine **gemeinsame Vermögensbildung** der Eheleute ist grundsätzlich zu beachten, da sie beiden Eheleuten bis zur Vermögensauseinandersetzung, und nicht nur bis zur Trennung/Scheidung durch Vermögensmehrung zugute kommt und die Fortführung damit im beiderseitigen Interesse der Eheleute liegt (näher Rn. 458, 4/453). Dies gilt nicht nur für das gemeinsam bewohnte Eigenheim (vgl. Rn. 508), sondern auch für alle sonstigen Immobilien, auch bei Negativeinkünften (vgl. Rn. 459). Zu berücksichtigen sind ferner alle einseitigen vermögensbildenden Ausgaben als Abzugsposten, die als **Altersvorsorgeaufwendungen** anerkannt wurden (vgl. Rn. 1034, 1037).[280] Dies ist

---
[276] BGH FamRZ 2004, 186 = R 595 d; 2003, 860 = R 590 A h
[277] BGH FamRZ 2005, 1817 = R 632 e
[278] BGH FamRZ 2009, 762 = R 703
[279] BGH FamRZ 2005, 1817
[280] BGH FamRZ 2010, 1633; 2009, 23; 2008, 963 = R 629 d

13. Abschnitt: Berechnung des bereinigten Nettoeinkommens §1

insbesondere im Rahmen der Zusatzversorgung als zweite Säule von 4% des Bruttoerwerbseinkommens zu beachten sowie bei der Gesamtversorgung von Selbständigen in Höhe von 24% des Gewinns.

Bei **einseitigen** vermögensbildenden Ausgaben ist zu differenzieren. Bei **sehr guten** **1135** Einkommensverhältnissen kann man generell davon ausgehen, dass ein Teil der Mittel in die Vermögensbildung fließt, weil er für die Lebensführung nicht benötigt wird. Dies führt beim Ehegattenunterhalt in der Regel zu einer **konkreten Bedarfsermittlung,** so dass sich die Frage eines Vorabzugs vermögensbildender Ausgaben nicht stellt (näher Rn. 4/763 ff.). Davon wird man immer ausgehen müssen, wenn der Bedarf nach den ehelichen Lebensverhältnissen über 5000 EUR monatlich liegt.[281]

Nach der **geänderten Rechtsprechung des BGH** ist ansonsten bei Ausgaben stärker auf einen objektiven Maßstab abzustellen (vgl. Rn. 4/463 ff.). Bei niedrigen oder durchschnittlichen Einkommensverhältnissen ist daher bei einseitig vermögensbildenen Ausgaben eine Berücksichtigungswürdigkeit nicht mehr gegeben, wenn der Bedürftige an der Vermögensbildung des Pflichtigen nicht mehr teilnimmt und umgekehrt (Ausnahme: zulässige Altersvorsorge).[282] Dies ist beim gesetzlichen Güterstand die Rechtshängigkeit des Scheidungsverfahrens als Stichtag für den Zugewinnausgleich, bei Gütertrennung die Trennung[283] Die fehlende Berücksichtigungswürdigkeit gilt sowohl für die Bedarfsermittlung als auch für die Bedürftigkeit/Leistungsfähigkeit. Denn es entspricht weder einem objektivem Maßstab noch einem Gerechtigkeitsgebot, dass der Bedürftige durch einen gekürzten Unterhalt eine einseitige Vermögensbildung des Pflichtigen weiter finanzieren muss, auch wenn diese Mittel während des Zusammenlebens für die Lebenshaltungskosten nicht zur Verfügung standen.

b) Verwandtenunterhalt. Berücksichtigungsfähig können nur vermögensbildende Auf- **1136** wendungen des Pflichtigen sein, nie des Bedürftigen. Maßgebend ist insoweit immer eine Einzelfallbetrachtung, welchem Zweck die Vermögensbildung dient. Bei Ansprüchen minderjähriger Kinder wird man vermögensbildende Ausgaben nur ausnahmsweise anerkennen können, es sei denn, es wird damit ein unterhaltsrechtlich relevanter Gegenwert, z. B. ein Wohnwert, geschaffen (vgl. Rn. 578). Der Mindestunterhalt muss aber immer gesichert bleiben. Anzuerkennen als Altersvorsorge sind vermögensbildende Aufwendungen im Rahmen der zulässigen Gesamtversorgung von 24% (vgl. Rn. 1034, 1037) bzw. beim Elternunterhalt von 25% (vgl. Rn. 1034),[284] außer der Mindestunterhalt ist nicht gesichert (vgl. Rn. 1034). Bei höheren Einkommensgruppen der Düsseldorfer Tabelle kann dagegen ein großzügigerer Maßstab angebracht sein.

Beim sonstigen Verwandtenunterhalt ist wie bei Schulden eine umfassende Interessenabwägung vorzunehmen. Dabei ist generell zu beachten, dass der Unterhalt der Vermögensbildung vorgeht.[285] Vorab muss man aber prüfen, ob die Vermögensbildung der eigenen Lebensführung, d. h. der Sicherung des eigenen Unterhalts, dient, z. B. beim Kauf eines Eigenheims, oder zur Alterssicherung gedacht ist. Ein wesentliches Prüfungskriterium kann auch sein, ob die vermögensbildende Aufwendung bereits vor Kenntnis der Barunterhaltspflicht getätigt wurde und ob sie ohne größere Verluste rückgängig gemacht werden kann (vgl. auch Rn. 2/930, 934, 954).

– *in dieser Aufl. nicht belegt* – **1137–1149**

---

[281] BGH FamRZ 2010, 1637 = R 715 a
[282] BGH FamRZ 2008, 963 = R 692 d, e; 2007, 879 = R 677 d
[283] BGH FamRZ 2008, 963 = R 692 d
[284] BGH FamRZ 2005, 1817 = R 632 j
[285] BGH FamRZ 2004, 443 = R 604 b; 2004, 370 = R 603 b

14. Abschnitt: Der Anspruch auf Auskunft und Vorlage von Belegen

I. Der Auskunftsanspruch

1. Allgemeiner Überblick

1150 Zweck der gesetzlichen Auskunftspflicht ist es, einer **Beweisnot** des Darlegungs- und Beweispflichtigen und dem daraus folgenden Kostenrisiko abzuhelfen (s. Rn. 424 ff. für das Einkommen Selbständiger, Rn. 2/751 ff. für den Kindesunterhalt und Rn. 10/345 ff. zum Prozessrecht). Die Auskunft soll die Parteien in die Lage versetzen, ihren Anspruch richtig zu bemessen und einen Rechtsstreit durch Abschluss einer gütlichen Unterhaltsvereinbarung zu vermeiden. Regelmäßig verschafft die Auskunft dem vermeintlichen Unterhaltsberechtigten erst die notwendigen Informationen, um die Höhe seines Unterhaltsbedarfs und das Bestehen eines durch die Leistungsfähigkeit des Unterhaltspflichtigen begrenzten Unterhaltsanspruchs prüfen zu können. Allein mit dem außergerichtlichen oder gerichtlichen Auskunftsbegehren berühmt er sich deswegen noch nicht eines Unterhaltsanspruchs, sodass es dem vermeintlichen Unterhaltspflichtigen zunächst noch an einem Feststellungsinteresse für einen negativen Feststellungsantrag fehlt.[1]

1151 Neben den in diesem Abschnitt behandelten materiellrechtlichen Verpflichtungen zur Auskunft nach §§ 1361 IV 4, 1580, 1605 BGB haben die §§ 235 f. FamFG die zuvor in § 643 ZPO a. F. geregelte **prozessuale Auskunftspflicht** der Parteien und Dritter übernommen.[2] Sie gilt für alle Verfahren in Unterhaltssachen nach § 231 I FamFG, also für die durch Verwandtschaft oder Ehe begründete gesetzliche Unterhaltspflicht und die durch gemeinsame Elternschaft begründete Unterhaltspflicht nach §§ 1615 l, 1615 m BGB. Mit der prozessualen Auskunftspflicht ist das Unterhaltsverfahren allerdings nicht zu einem Amtsverfahren geworden. Denn der Amtsermittlungsgrundsatz des § 26 FamFG ist nach § 113 I FamFG in Familienstreitsachen und somit auch in Unterhaltssachen (§ 112 Nr. 1 FamFG) nicht anwendbar. Das Auskunftsrecht baut auch weiterhin auf dem Parteivortrag auf, sodass es auch insoweit bei der Herrschaft der Beteiligten verbleibt.[3] Mit der neuen Regelung soll lediglich die bereits nach § 113 I 2 FamFG i. V. m. §§ 139, 142 f., 273, 358 a, 377 III ZPO bestehende Möglichkeit zur Förderung des Verfahrens durch das Gericht sachgerecht erweitert werden. Zu diesem Zweck schränkt die Vorschrift des § 236 FamFG die Verschwiegenheitspflicht der Arbeitgeber, Sozialleistungsträger, sonstigen Personen oder Stellen, die Leistungen zur Versorgung im Alter und bei verminderter Erwerbsfähigkeit sowie Leistungen zur Entschädigung und zum Nachteilsausgleich zahlen, sowie der Versicherungsunternehmen und Finanzämter gegenüber dem Gericht ein. Dies ergibt sich aus der gesetzlichen Wertung, wonach das Gericht im Unterhaltsverfahren über die Einkünfte einer Partei, die seiner Aufforderung zur Auskunftserteilung nicht nachkommt, unmittelbar Auskünfte einholen darf. Die genannten Stellen sind nach § 236 IV FamFG zur Auskunft verpflichtet und können sich nicht auf eine eigene Verschwiegenheitspflicht berufen, da sich der Gesetzgeber für den Vorrang des Unterhaltsinteresses vor dem Geheimhaltungsinteresse entschieden hat. Aus dieser gesetzlichen Regelung ist ersichtlich, dass die Sicherung der wirtschaftlichen Basis Unterhaltspflichtiger sogar Vorrang vor der Wahrung des Steuergeheimnisses hat.[4] Ob und in welchem Umfang das Gericht von den Parteien Auskünfte verlangt, steht in seinem Ermessen. Ein solches Vorgehen kommt insbesondere dann in Betracht, wenn die nach §§ 1361 IV 3, 1580, 1605 BGB vorgelegten Unterlagen unvollständig oder veraltet sind, weil sich das Unterhaltsverfahren verzögert hat. Dann kann es geboten sein, das unterhaltsrelevante Einkommen und Vermögen zu aktualisieren, um die Prognose der künftigen Einkommensverhältnisse im Interesse beider Parteien auf

---

[1] OLG Brandenburg FamRZ 2005, 117
[2] Zur gesetzlichen Neuregelung vgl. Klein FPR 2011, 9
[3] Vgl. OLG Naumburg FamRZ 2000, 101 zum früheren Recht
[4] BGH FamRZ 2005, 1986, 1987 zum Kindesunterhalt nach früherem Recht

14. Abschnitt: Der Anspruch auf Auskunft und Vorlage von Belegen § 1

möglichst zeitnahen Daten aufzubauen. Der von § 1605 II BGB bezweckte Schutz des Unterhaltsschuldners vor ständigen Nachfragen des Unterhaltsgläubigers ist damit nicht beeinträchtigt, weil die Zweijahresfrist für ein erneutes Auskunftsbegehren ohnehin erst mit der letzten mündlichen Verhandlung vor einer Einigung oder gerichtlichen Entscheidung beginnt[5] (s. Rn. 1172 ff.). Weil mit der gerichtlichen Auflage zur Erteilung einer Auskunft durch die Parteien oder der Anforderung einer Auskunft von Dritten keinem Antrag der Partei stattgegeben wird, schließt das Gesetz in §§ 235 IV, 236 V FamFG ein Rechtsmittel gegen die Zwischenentscheidung ausdrücklich aus.[6] Da die materiellrechtlichen Verpflichtungen zur Auskunft vor allem im vorprozessualen Raum zum Tragen kommen, haben sie durch die Einführung der zusätzlichen prozessualen Auskunftspflicht nicht an Bedeutung verloren. Eine vorprozessuale Verpflichtung zur Auskunft besteht auch nach § 6 UVG, § 60 SGB II, § 315 SGB III, § 97 a SGB VIII und § 117 SGB XII (zur Verpflichtung zu ungefragten Informationen s Rn. 1199 ff.).

Materielle Auskunftspflichten sind in § 1361 IV 4 i. V. m. § 1605 BGB zum Trennungsunterhalt, in § 1580 i. V. m. § 1605 BGB zum nachehelichen Unterhalt, in § 1615 l III 1 i. V. m. § 1605 BGB zum Unterhalt aus sonstiger gemeinsamer Elternschaft und in § 1605 BGB zum Verwandtenunterhalt geregelt. In diesen Unterhaltsrechtsverhältnissen sind sich der Unterhaltsberechtigte und der Unterhaltspflichtige gegenseitig auch außergerichtlich zur Auskunft verpflichtet, soweit dies zur Feststellung eines Unterhaltsanspruchs oder einer Unterhaltsverpflichtung erforderlich ist (§ 1605 I 1 BGB). Über die Höhe der Einkünfte sind auf Verlangen Belege, insbesondere Bescheinigungen des Arbeitgebers, vorzulegen (§ 1605 I 2 BGB). Auf diese Auskunftspflichten sind nach § 1605 I 3 BGB die Vorschriften der §§ 260, 261 BGB entsprechend anwendbar, der Auskunftsberechtigte kann also eine geordnete Aufstellung der Einnahmen und Ausgaben, die Vorlage von Belegen sowie, wenn Grund zu der Annahme besteht, dass die in der Aufstellung enthaltenen Angaben über die Einnahmen nicht mit der erforderlichen Sorgfalt gemacht worden sind, Abgabe der Eidesstattlichen Versicherung verlangen. Eine neue Auskunft kann nach § 1605 II BGB grundsätzlich nur nach Ablauf von zwei Jahren verlangt werden, wenn nicht der Auskunftsberechtigte glaubhaft macht, dass sich das Einkommen oder Vermögen des Auskunftspflichtigen in der Zwischenzeit wesentlich erhöht hat. Neben diesen ausdrücklich normierten Auskunftspflichten leitet die Rechtsprechung aus § 242 BGB weitere materielle Auskunftspflichten ab, sofern die Beteiligten, wie etwa beim Familienunterhalt, in einem gemeinsamen Unterhaltsrechtsverhältnis stehen und wechselseitig auf Kenntnis der Einkommensverhältnisse des Anderen angewiesen sind (s. Rn. 1159 ff.).[7] Stehen Beteiligte hingegen nicht unmittelbar in einem Unterhaltsrechtsverhältnis, wie dies beim Kindesunterhalt gegenüber dem neuen Ehegatten eines unterhaltspflichtigen Elternteils[8] oder beim Elternunterhalt gegenüber dem Ehegatten des unterhaltspflichtigen Kindes[9] der Fall sein kann, bestehen zwischen ihnen keine unmittelbaren Auskunftspflichten.[10] Dann können lediglich die am Unterhaltsstreit unmittelbar Beteiligten gegenseitig Auskunft zu den Einkommens- und Vermögensverhältnissen verlangen, wobei sich die Auskunft zum Vermögen allerdings auch auf den Familienunterhalt im der (neuen) Ehe erstreckt.[11]

Der Sache nach wirkt die Auskunft wie eine auf Antrag erteilte **Selbstanzeige**. Eine Auskunftspflicht besteht nur dann nicht, wenn und soweit die Auskunft unter keinem Gesichtspunkt für die Unterhaltsbemessung von Bedeutung sein kann. Allerdings müssen die übrigen materiellen Voraussetzungen des Unterhaltsanspruchs vorliegen, sofern sie von den wirtschaftlichen Verhältnissen des Auskunftspflichtigen unabhängig sind.[12] Die Aus-

1152

1153

---

5 OLG München FamRZ 2010, 816; OLGR Karlsruhe 2004, 305
6 OLG Celle NJWE-FER 2000, 218; OLG Naumburg EzFamR aktuell 2000, 357 zum früheren Recht
7 BGH FamRZ 2011, 21 Rn. 19 ff.
8 BGH FamRZ 2006, 1827 = R 660 (zur Hausmannrechtsprechung)
9 BGH FamRZ 2010, 1535 = R 714 b, c (zum Familienselbstbehalt beim Elternunterhalt)
10 BGH FamRZ 2003, 1836, 1838 f.
11 BGH FamRZ 2011, 21 Rn. 19 ff.; 2003, 1836, 1838 f.
12 OLG Frankfurt – 6 UF 152/04 BeckRS 2005, 01258

kunft muss sich auf den jeweils maßgeblichen Prüfungszeitraum beziehen (s. Rn. 69 ff., 1170). Sie betrifft dem Wortlaut nach zwar nur das Einkommen und Vermögen des Auskunftspflichtigen, gilt darüber hinaus als Ausfluss von § 242 BGB[13] aber sinngemäß auch für alle weiteren Umstände, deren Kenntnis für die Bemessung des Unterhaltsanspruchs notwendig ist. Sie umfasst somit auch eine Auskunft über die Fortdauer von Beschwerden, die eine Arbeitsunfähigkeit begründen[14] oder über die Höhe von Steuererstattungen.[15] Die Auskunft muss weder höchstpersönlich noch unter Wahrung der Schriftform des § 126 BGB mit eigenhändiger Unterschrift des Auskunftspflichtigen erteilt, sondern kann auch schriftsätzlich durch einen bevollmächtigten Rechtsanwalt des Auskunftspflichtigen abgegeben werden, sofern nicht gewichtige Gründe es rechtfertigen, eine vom Anwalt gefertigte Auskunft als unzureichend zurückzuweisen (s. Rn. 1165).[16]

1154 Die Auskunftspflicht besteht nicht, wenn sie den Unterhaltsanspruch **unter keinem Gesichtspunkt** beeinflussen kann,[17] denn sie dient nicht dazu, andere als für die Bemessung des Unterhaltsanspruchs notwendige Informationen zum Zwecke der Rechtsverfolgung zu beschaffen.[18] Haben die Ehegatten Unterhaltsansprüche rechtswirksam wechselseitig ausgeschlossen, ist eine nach der Trennung erhobene Klage auf Auskunft über die Einkünfte des anderen Ehegatten jedenfalls dann rechtsmissbräuchlich, wenn schon der Einsatzzeitpunkt für den nachehelichen Unterhalt nicht gewahrt ist (vgl. §§ 1571 Nr. 3, 1572 Nr. 2–4, 1573 III BGB). Gleiches gilt, wenn keine maßgebliche Veränderung der Verhältnisse vorgetragen ist, die Einfluss auf den Unterhaltsbedarf haben könnte.[19] Auch wenn der Bedarf auf nachehelichen Unterhalt ausnahmsweise konkret und nicht als Quotenunterhalt geschuldet wird[20] und die Leistungsfähigkeit des Unterhaltspflichtigen außer Streit steht, bedarf es unter keinem Gesichtspunkt der Auskunft.[21] Es besteht auch dann keine Auskunftspflicht, wenn die Leistungsfähigkeit für den geltend gemachten Kindesunterhalt außer Frage steht oder wenn auch bei höherem Einkommen kein höherer Unterhalt verlangt werden könnte.[22] Gleiches gilt, wenn ein Unterhaltsanspruch infolge der Härteklausel des § 1579 BGB sicher und ausnahmsweise schon unabhängig von der Höhe eines sonst gegebenen Unterhaltsanspruchs entfällt.[23] Ist dies aber wegen der unbekannten Höhe des rechnerischen Unterhalts noch zweifelhaft oder kommt nur eine Befristung oder Herabsetzung des geschuldeten Unterhalts in Betracht, kann weiter Auskunft verlangt werden.[24] Bezüglich eines Arbeitsentgelts, das keinen Bezug zu den ehelichen Lebensverhältnissen hat, besteht auch kein Auskunftsanspruch, weil dies zur Ermittlung des Unterhaltsbedarfs nach § 1578 I 1 BGB ohnehin unerheblich ist.[25] Weil der Auskunftsanspruch aber auch die Durchsetzbarkeit des Unterhaltsanspruchs erfasst, kann der Unterhaltsberechtigte auch hinsichtlich nachehelicher Einkommenssteigerungen Auskunft verlangen, wenn die Leistungsfähigkeit des Unterhaltsschuldners nicht sicher feststeht. Ein Anspruch auf Auskunft kann auch dann entfallen, wenn der Unterhaltspflichtige bereits in einem anderen

---

[13] BGH FamRZ 1983, 473; 1982, 680
[14] OLG Schleswig FamRZ 1982, 1018
[15] BGH FamRZ 2009, 1207 Rn. 26 ff.; OLG Düsseldorf FamRZ 1991, 1315
[16] BGH FamRZ 2008, 600, 601; OLG Hamm FamRZ 2005, 1194; OLGR München 1998, 82
[17] BGH FamRZ 2010, 964 Rn. 21; 1985, 791; 1983, 674; 1982, 996, 997; OLG Rostock FamRZ 2009, 2014; OLG Düsseldorf FamRZ 1998, 1191
[18] OLG Hamm FamRZ 2005, 1839; KGR 2002, 86
[19] OLG Köln FamRZ 2000, 609
[20] Vgl. BGH FamRZ 2011, 192 Rn. 21 ff.; 2010, 1637 Rn. 27 ff.
[21] BGH FamRZ 2007, 117, 118 = R 662 b; 1994, 1169 = R 481; OLG Karlsruhe NJWE-FER 2000, 130; OLG Hamm FamRZ 1996, 736
[22] BGH FamRZ 1983, 473
[23] BGH FamRZ 1983, 996 = R 178; s. auch OLG Bamberg FamRZ 1998, 741: „wenn auszuschließen ist, dass ein Unterhaltsanspruch dem Grunde nach überhaupt in Betracht kommt". Einschränkend OLG München FamRZ 1998, 741: Härtegründe nach § 1579 BGB können generell nicht zum Verlust des Anspruchs auf Auskunft führen und sind daher im Auskunftsverfahren auch nicht zu prüfen
[24] OLG Bamberg FamRZ 2006, 344; OLG Karlsruhe – 2 WF 88/00 BeckRS 2000, 30125259
[25] BGH FamRZ 2009, 579 Rn. 42 ff.; 2007, 793, 795; 1985, 791

14. Abschnitt: Der Anspruch auf Auskunft und Vorlage von Belegen § 1

Verfahren verurteilt wurde, dem Unterhaltsberechtigten für den relevanten Zeitraum Auskunft über seine Einkommensverhältnisse zu erteilen.[26] Ein nachrangig Unterhaltspflichtiger muss eine Auskunft erst erteilen, wenn feststeht, dass die vorrangig haftenden Unterhaltspflichtigen ganz oder teilweise leistungsunfähig sind.[27] Der unterhaltsrechtliche Auskunftsanspruch ist kein unselbstständiges Nebenrecht, das dem Leistungsanspruch gemäß §§ 412, 401 BGB folgt. Nach früherem Recht hatte der Sozialhilfeträger deswegen mit dem übergegangenen Unterhaltsanspruch nicht zugleich den Anspruch auf Auskunft erworben.[28] Nach § 94 I 1 SGB XII (früher § 91 I BSHG) geht im Falle einer Gewährung von Sozialhilfe der Auskunftsanspruch jetzt aber ausdrücklich zusammen mit dem Unterhaltsanspruch auf den Träger der Sozialhilfe über.[29] Gleiches gilt nach § 33 I 4 SGB II für den Anspruchsübergang durch Leistungen auf Arbeitslosengeld II.

Die Auskunftsverpflichtung erstreckt sich auch auf das **Vermögen**. Diese weitgehende **1155** Verpflichtung wird in der Praxis oft nicht hinreichend beachtet. Wegen der laufenden Veränderungen des Vermögens und seiner Erträge muss in dem Titel stets ein **Stichtag** festgelegt werden. Ist dies im Urteil übersehen worden, liegt grundsätzlich keine vollstreckbare Verpflichtung vor.[30] Anderes gilt nur dann, wenn der Stichtag durch Auslegung des Titels eindeutig bestimmt werden kann.[31] Über den Verbleib von früheren Vermögensgegenständen muss keine Auskunft erteilt zu werden,[32] wenn nicht ausnahmsweise die Zurechnung fiktiver Einkünfte aus dem Vermögen in Betracht kommt. Mit dem Auskunftsanspruch kann daher auch keine Abrechnung der während der Ehe erfolgten Geldzuflüsse verlangt werden.[33] Als Stichtag für die Vermögensbewertung sollte regelmäßig der 31. Dezember des Vorjahres herangezogen werden, weil sich auf diesen Tag regelmäßig auch die Bankabrechnungen über die Guthaben und Schulden auf den Geschäftskonten, die Wertpapiere usw. beziehen. Zum Nachweis des Vermögens ist – wie beim Zugewinn (§ 1379 BGB) – nach § 260 I BGB ein Verzeichnis über den Vermögensbestand mit Wertangaben zu fertigen. Dabei sind auch die **Passiva** anzugeben, weil der Unterhaltsberechtigte sonst kein zutreffendes Bild von der Höhe seines Anspruchs erhält. Auch diese Angaben sind unter den im Gesetz genannten Voraussetzungen gegebenenfalls eidesstattlich zu versichern (Rn. 1195 ff.). Die Auskunft erstreckt sich wegen der unterhaltsrelevanten Erträge auch darauf, wie das im Rahmen der Vermögensauseinandersetzung erhaltene Kapital angelegt wurde (zum Unterhaltsverfahren s. Rn. 10/354 ff., zum Stufenverfahren s. Rn. 10/358 ff., zur Vollstreckung s. Rn. 1188 ff. und zu den allgemeinen Einschränkungen s. Rn. 1154).[34]

Ist der Unterhaltspflichtige seiner Auskunftspflicht nicht schon vorgerichtlich nach- **1156** gekommen, wird der Anspruch regelmäßig im Wege des **Stufenverfahrens** geltend gemacht. Allerdings kann sich der Unterhaltsberechtigte den Anspruch auf rückständigen Unterhalt nach §§ 1360a III, 1361 IV 4, 1585b II 2, 1613 I BGB inzwischen auch allein dadurch erhalten, dass er den Unterhaltspflichtigen **zum Zwecke der Geltendmachung des Unterhaltsanspruchs** zu Auskunft auffordert. Der von der Rechtsprechung nach früherem Recht für erforderlich gehaltenen Stufenmahnung bedarf es jetzt also nicht mehr und der Berechtigte kann den Anspruch auf Auskunft auch in einem isolierten Verfahren geltend machen. Allerdings ist der Auskunftsantrag keine Folgesache i. S. von § 137 II FamFG und kann deswegen nicht im Scheidungsverbund geltend gemacht werden, wenn er nicht zur Vorbereitung des nachehelichen Unterhalts oder des Kindesunterhalts (§ 137 II Nr. 2 FamFG) als Stufenantrag erhoben wird.[35] Über einen isolierten Auskunftsantrag ist

---

[26] OLG Köln FamRZ 2001, 1713
[27] OLG Hamm FamRZ 2005, 1926; LG Osnabrück, FamRZ 1984, 1032
[28] BGH FamRZ 1991, 1117
[29] OLG München FamRZ 2002, 1213; OLG Karlsruhe FamRZ 2001, 926; KG FamRZ 1997, 1405; näheres dazu Künkel, FamRZ 1996, 1509
[30] OLG Karlsruhe FamRZ 1986, 271
[31] OLG Karlsruhe – 16 UF 168/03 BeckRS 2004, 00543
[32] OLG Karlsruhe FamRZ 1986, 271; OLG Hamburg FamRZ 1985, 394; OLG Düsseldorf FamRZ 1981, 893
[33] BGH FamRZ 1978, 677 für den insoweit gleichartigen güterrechtlichen Anspruch auf Auskunft
[34] OLG Karlsruhe FamRZ 1990, 756
[35] BGH FamRZ 1997, 811; 1982, 151 (zum früheren Recht)

§ 1 Die Ermittlung des unterhaltsrechtlich relevanten Einkommens

durch Endentscheidung zu beschließen. Im Rahmen eines Stufenverfahrens ergeht über den Auskunftsanspruch (und später ggf. über einen Anspruch auf eidesstattliche Versicherung) eine Teilbeschluss, wenn nicht bereits der Unterhaltsantrag aus Gründen, die nicht in der Höhe des anrechenbaren Einkommens liegen, endgültig abgewiesen werden muss.

1157 Hat das Gericht über den Auskunftsanspruch entschieden, richtet sich die **Beschwer** für eine Beschwerde der unterlegenen Partei (§ 511 II 1 ZPO) nach deren Interesse, das gemäß § 3 ZPO nach freiem Ermessen festzusetzen ist. Hat das Gericht den Auskunftsantrag abgewiesen, richtet sich die **Beschwer des Antragstellers** danach, dass mit dem Antrag die Durchsetzung des Anspruchs auf Unterhalt vorbereitet werden soll. Sie richtet sich deswegen nach einem Bruchteil des begehrten Unterhalts, der in der gerichtlichen Praxis mit Werten zwischen $1/4$ und $1/10$ der Hauptsache festgesetzt wird.[36] Hat das Gericht dem Auskunftsantrag hingegen stattgegeben, richtet sich die **Beschwer des Antraggegners** nach seinem Interesse, die Auskunft nicht erteilen zu müssen. Dabei ist – von Fällen eines besonderen Geheimhaltungsinteresses abgesehen[37] – auf den Aufwand an Zeit und Kosten abzustellen, den die Erteilung der nach dem erstinstanzlichen Urteil geschuldeten Auskunft erfordert.[38] Die Kosten der Zuziehung einer sachkundigen Hilfsperson (z. B. eines Steuerberaters) können nur berücksichtigt werden, wenn sie zwangsläufig entstehen, weil der Auskunftspflichtige selbst zu einer sachgerechten Auskunft nicht in der Lage ist.[39]

2. Auskunft beim Ehegattenunterhalt

1158 Beim **Trennungsunterhalt** und beim **nachehelichen Unterhalt** steht beiden Ehegatten wechselseitig ein Auskunftsanspruch über die Höhe der Einkünfte und des Vermögens zu (§§ 1580, 1361 IV 4 i. V. m. § 1605 BGB). Sinngemäß gelten diese Bestimmungen auch für Ehen, die vor dem Inkrafttreten des 1. Gesetzes zur Reform des Ehe- und Familienrechts zum 1. Juli 1977 geschieden wurden. Denn der seitdem im Gesetz normierte Auskunftsanspruch ist eine Ausprägung des durch Treu und Glauben (§ 242 BGB) gebotenen Grundsatzes, nach dem innerhalb eines bestehenden Schuldverhältnisses (hier das gesetzliche Unterhaltsrechtsverhältnis) derjenige, der ohne Verschulden über das Bestehen und den Umfang seiner Ansprüche in Unkenntnis ist, von dem Auskunftspflichtigen eine entsprechende Auskunft verlangen kann, wenn dieser zur Erteilung unschwer in der Lage ist.[40] Der Auskunftsanspruch nach § 1361 IV 4 i. V. m. § 1605 BGB setzt als Tatbestandsmerkmal die Trennung der Ehegatten voraus (zur Auskunft beim Familienunterhalt s. Rn. 1159). Auskunft für die Bemessung des nachehelichen Unterhalts nach § 1580 i. V. m. § 1605 BGB wird ab Rechtshängigkeit des Scheidungsantrags geschuldet.[41] Dieser Anspruch kann im Rahmen eines Stufenantrags im Scheidungsverbund geltend gemacht werden. Dann ist über das Auskunftsbegehren vor Erlass des Scheidungs- oder Unterhaltsbeschlusses vorab durch Teilbeschluss zu entscheiden (s. §§ 137 II Nr. 2, 140, 142 FamFG).[42] Ein isoliertes Auskunftsverfahren ist allerdings keine Folgesache im Sinne von § 137 II FamFG und somit im Scheidungsverbund unzulässig.[43] Ein Auskunftsanspruch besteht ausnahmsweise dann nicht, wenn sich die Höhe des Unterhaltsbedarfs nicht im Wege der Quotenmethode nach den Einkünften des Unterhaltspflichtigen richtet, sondern wegen überdurchschnittlich hoher Einkünfte konkret bemessen wird[44] und auch die Leistungsfähigkeit des Unterhaltspflichtigen nicht in Frage stellt.[45] Denn dann kommt es weder für die Bedarfsbemessung noch für die Leistungsfähigkeit auf die Höhe des vorhandenen Einkommens und Vermö-

---

[36] BGH, FuR 2001, 236; FamRZ 1993, 1189 ($1/5$ gebilligt); 1982, 787
[37] BGH FamRZ 2005, 1986; OLG Köln FamRZ 2010, 29
[38] BGH FamRZ 2008, 1336 Rn. 16 ff.; 2007, 714; 2005, 104; (GSZ) 1995, 349
[39] BGH FamFR 2010, 254; FamRZ 2002, 666, 667; OLG Jena FamRZ 2009, 65
[40] BGH FamRZ 1982, 680
[41] BGH FamRZ 1983, 674
[42] BGH FamRZ 1982, 151; 1982, 996 (zum früheren Recht)
[43] BGH FamRZ 1997, 811 = R 511 B (zum früheren Recht)
[44] BGH FamRZ 2011, 192 Rn. 21 ff.; 2010, 1637 Rn. 27 ff.; 1994, 1169
[45] OLG Köln FamRZ 2010, 1445; OLGR Karlsruhe 2000, 195

14. Abschnitt: Der Anspruch auf Auskunft und Vorlage von Belegen   § 1

gens an und die Auskunft könnte den Unterhaltsanspruch unter keinem Gesichtspunkt beeinflussen. Soweit es im Rahmen der Leistungsfähigkeit des Unterhaltspflichtigen auch auf seine Unterhaltspflichten gegenüber anderen Unterhaltsberechtigten ankommt, erstreckt sich die Auskunftspflicht auch auf den Umfang dieser Unterhaltspflichten.

Für den **Familienunterhalt** sieht das Gesetz (trotz eines Gesetzentwurfs des Bundesrats vom 9. 7. 1999 zu § 1360 a III BGB)[46] keinen ausdrücklichen Auskunftsanspruch vor.[47] Allerdings ist auch bei bestehender Ehe in vielfacher Hinsicht eine Kenntnis der Einkommens- und Vermögensverhältnisse des anderen Ehegatten erforderlich. Das gilt zum einen für die Vorbereitung von unmittelbaren Zahlungsansprüchen zwischen den Ehegatten, wie einer Klage auf Wirtschaftsgeld[48] oder Haushalts- oder Taschengeld.[49] Darüber hinaus kann sich der Anspruch auf Familienunterhalt nach § 1360 a BGB über die sich daraus ergebende Sicherung des eigenen Lebensbedarfs auch auf die Leistungsfähigkeit eines Ehegatten gegenüber anderen Unterhaltsberechtigten auswirken.[50] Dann ist für den Unterhaltspflichtigen und für den unterhaltsberechtigten Dritten eine Kenntnis der Einkommens- und Vermögensverhältnisse des Ehegatten erforderlich. Die Rechtsprechung hat deswegen auch im Verhältnis der – nicht getrennt lebenden – Ehegatten einen wechselseitigen Auskunftsanspruch anerkannt. Ein solcher Anspruch ergibt sich während des Zusammenlebens der Ehegatten zwar nicht aus § 1605 I BGB, da in den §§ 1360, 1360 a BGB, anders als in den §§ 1361 IV, 1580 BGB, nicht auf § 1605 BGB verwiesen wird. Ehegatten haben sich aber nach der Generalklausel der Verpflichtung zur ehelichen Lebensgemeinschaft (§ 1353 I 2 BGB) einander über die von ihnen vorgenommenen Vermögensbewegungen zu unterrichten. Daraus und aus § 242 BGB folgt auch ein wechselseitiger Anspruch, auf Auskunft über die für die Höhe des Familienunterhalts und eines Taschengeldes maßgeblichen finanziellen Verhältnisse. Entgegen der früheren Rechtsprechung umfasst dieser Auskunftsanspruch nicht nur eine Unterrichtung in groben Zügen,[51] weil eine derart eingeschränkte Kenntnis den Ehegatten nicht in die Lage versetzen würde, den ihm zustehenden Unterhalt zu ermitteln. Geschuldet wird vielmehr die Erteilung einer Auskunft, wie sie zur Feststellung des entsprechenden Unterhaltsanspruchs erforderlich ist. Die Auskunftspflicht entspricht damit zum Umfang derjenigen des § 1605 I 1 BGB. Diese Verpflichtung läuft dem Gebot der gegenseitigen Rücksichtnahme der Ehegatten grundsätzlich nicht zuwider, weil die Auskunft erforderlich ist, um die Bemessung der eigenen Ansprüche nach den Einkommens- und Vermögensverhältnissen des anderen Ehegatten zu ermöglichen. Der Auskunftsanspruch erstreckt sich wegen des auf § 1353 I 2 BGB beruhenden wechselseitigen Vertrauens der Ehegatten allerdings nicht auf Vorlage von Belegen oder Abgabe der eidesstattlichen Versicherung zur Richtigkeit und Vollständigkeit der Angaben. Im Gegensatz zu den ausdrücklich normierten Auskunftsansprüchen wird in § 1353 I 2 BGB nicht auf die §§ 260, 261 BGB verwiesen. Dies würde auch dem aus der intakten ehelichen Lebensgemeinschaft folgenden Vertrauensgrundsatz widersprechen.[52]

1159

3. Auskunft beim Kindesunterhalt

Nach § 1605 BGB sind sich Verwandte in gerader Linie, insbesondere also Eltern gegenüber ihren Kindern und Kinder gegenüber ihren Eltern verpflichtet, auf Verlangen über ihre Einkünfte und ihr Vermögen Auskunft zu erteilen, soweit dies zur Feststellung eines Unterhaltsanspruchs erforderlich ist. Das ist in der Regel der Fall, wenn der Unterhaltsbedarf einkommensabhängig nach der Düsseldorfer Tabelle bemessen wird. Eine Auskunft ist zur Ermittlung des Unterhaltsbedarfs hingegen nicht erforderlich, wenn der Unterhalt

1160

---

[46] BR-Drucks. 268/99 Anlage
[47] OLG München FamRZ 2000, 1219
[48] OLG Celle FamRZ 1999, 162
[49] BGH FamRZ 1998, 608
[50] BGH FamRZ 2010, 1535 = R 714b, c (zum Familienselbstbehalt beim Elternunterhalt); 2006, 1827 = R 660 (zur Hausmannrechtsprechung)
[51] Zur früheren Rechtsprechung vgl. BGH FamRZ 2001, 23, 24; 1986, 558, 560
[52] BGH FamRZ 2011, 21 Rn. 13 ff.

§ 1   Die Ermittlung des unterhaltsrechtlich relevanten Einkommens

für nicht mehr bei den Eltern lebende volljährige Kinder **nach festen Bedarfssätzen** bemessen wird[53] und nicht besondere Umstände vorgetragen sind, die ausnahmsweise eine Abweichung von diesen festen Regelbedarfssätzen rechtfertigen (s. Rn. 2/752).[54] Ist allerdings die Leistungsfähigkeit des Unterhaltspflichtigen im Streit, bedarf es trotz des feststehenden Unterhaltsbedarfs einer Auskunft. Zwar ist der Unterhaltspflichtige und nicht der Unterhaltsberechtigte für die (mangelnde) Leistungsfähigkeit darlegungs- und beweispflichtig. Um eine erfolglose Klage zu vermeiden und eine außergerichtliche Einigung zu fördern, steht dem Berechtigten aber auch insoweit ein Auskunftsanspruch zu. Dies gilt nur dann nicht, wenn auch die Leistungsfähigkeit des Unterhaltspflichtigen zweifelsfrei gegeben ist. **Das Kind** kann von jedem Elternteil Auskunft verlangen, der ihm Barunterhalt schuldet. Volljährigen Kindern schulden deswegen beide Eltern Auskunft, weil sie nach § 1606 III 1 BGB anteilig nach ihren Einkommens- und Vermögensverhältnissen Barunterhalt schulden und der jeweilige Anteil sowie die Leistungsfähigkeit erst durch die Auskunft geklärt werden soll. Minderjährigen Kindern schuldet jedenfalls der nach § 1606 III 2 BGB barunterhaltspflichtige Elternteil Auskunft. Haften die Eltern ausnahmsweise anteilig für den Barunterhalt,[55] steht auch dem minderjährigen Kind ein Auskunftsanspruch gegen beide Eltern zu, um die Haftungsquote der Eltern ermitteln zu können. Der neue Ehepartner eines Elternteils schuldet dem Kind keine Auskunft, weil er dem Kind nicht unterhaltspflichtig ist. Soweit es im Rahmen des Unterhaltsanspruchs gegen einen Elternteil auf dessen Familienunterhalt ankommt,[56] erstreckt sich der Auskunftsanspruch des Kindes gegen den Elternteil aber auch auf die Höhe dieses Anspruchs als den eigenen Bedarf des Unterhaltspflichtigen sichernde Vermögensposition. Weil dem unterhaltspflichtigen Elternteil insoweit ein Auskunftsanspruch gegen seinen Ehegatten zusteht (s. Rn. 1159), kann er dessen Ergebnis dem unterhaltsberechtigten Kind als eigene Vermögensposition weitergeben. Das sollte aber aus dem Tenor der Entscheidung deutlich hervorgehen.[57]

1161   Im Zusammenhang mit der Bemessung des Kindesunterhalts kann auch **ein Elternteil vom anderen** Auskunft über dessen Einkünfte und Vermögen verlangen, wenn er bei beiderseitiger Barunterhaltspflicht (s. Rn. 2/560 ff.) von einem gemeinschaftlichen Kind auf Barunterhalt in Anspruch genommen wird und ohne diese Auskunft seinen Haftungsanteil nach § 1606 III 1 BGB nicht errechnen kann. Die gegenseitige Auskunftspflicht der Eltern ergibt sich allerdings weder unmittelbar aus § 1605 BGB noch aus einer analogen Anwendung dieser Vorschrift. Weil Eltern und Kinder sich nach § 1618a BGB einander Beistand und Rücksicht schulden, ergibt sich die Auskunftspflicht als Folge der besonderen Rechtsbeziehungen der Eltern, die gegenüber gemeinschaftlichen Kindern gleichrangig unterhaltspflichtig sind, aus § 242 BGB.[58] Diesem wechselseitigen Auskunftsbegehren der Eltern steht nicht entgegen, dass das Kind seinen Auskunftsanspruch nach § 1605 BGB gegen beide Eltern geltend machen könnte.[59] Denn im Hinblick auf die Leitbildfunktion des § 1618a BGB, der auch zur Ausfüllung von Lücken im Familienrecht heranzuziehen ist, ist ein barunterhaltspflichtiger Elternteil nicht darauf verwiesen, die notwendigen Informationen auf dem Umweg über eine Inanspruchnahme des anderen barunterhaltspflichtigen Elternteils durch das gemeinsame Kind zu erlangen.[60] Diese Auskunftsverpflichtung der Eltern untereinander kann auch bei minderjährigen Kindern in Betracht kommen, wenn Anhaltspunkte dafür bestehen, dass ausnahmsweise auch der betreuende Elternteil Barunterhalt leisten muss (s. Rn. 2/416 f.).[61]

---

[53] Vgl. Leitlinien der Oberlandesgerichte Ziff. 13.1
[54] OLG Naumburg FamRZ 2001, 1480
[55] BGH FamRZ 2009, 962 (zu Kindergartenkosten als Mehrbedarf); 2007, 707 (zum Wechselmodell)
[56] Zur Hausmannrechtsprechung vgl. BGH FamRZ 2006, 1827, 1828 = R 660 a, b; 2006, 1010, 1012 = R 650 b, c
[57] OLG Hamm – 5 WF 157/10 BeckRS 2011, 02255
[58] BGH FamRZ 2003, 1836; 1988, 268, 269; KG FamRZ 2009, 702; OLG Zweibrücken FamRZ 2001, 249; OLG Schleswig – 8 UF 210/00 BeckRS 2001, 30182251; a. A. OLG Karlsruhe FamRZ 2009, 1497
[59] OLG Hamm FamRZ 2005, 1926
[60] BGH FamRZ 1988, 268; OLG Schleswig – 8 UF 210/00 BeckRS 2001, 30182251
[61] BGH FamRZ 1981, 347; OLG Köln FamRZ 1992, 469

14. Abschnitt: Der Anspruch auf Auskunft und Vorlage von Belegen § 1

4. Auskunft beim Elternunterhalt

Im Rahmen des Elternunterhalts haben mehrere unterhaltspflichtige **Geschwister** einander Auskunft über ihre Einkommens- und Vermögensverhältnisse zu geben, soweit dies für die Berechnung des eigenen Haftungsanteils erforderlich ist. Dieser Anspruch ergibt sich aus Treu und Glauben (§ 242 BGB), weil sie nach § 1606 III 1 BGB anteilig nach ihren Einkommens- und Vermögensverhältnissen für den Unterhalt der Eltern haften und deswegen in einem besonderen Rechtsverhältnis zueinander stehen. Ein solcher – über die gesetzliche Regelung des § 1605 BGB hinausgehender – Auskunftsanspruch kann nach ständiger Rechtsprechung[62] aber nur insoweit aus Treu und Glauben (§ 242 BGB) hergeleitet werden, als die besondere rechtliche Beziehungen unmittelbar zwischen den Beteiligten bestehen. Das ist gegenüber den Schwägern und Schwägerinnen nicht der Fall, so dass ihnen gegenüber kein unmittelbarer Auskunftsanspruch besteht.[63] Soweit deren Einkommen über den Anspruch auf Familienunterhalt für die anteilige Bemessung des Elternunterhalts erheblich ist,[64] erstreckt sich die unter Geschwistern geschuldete Auskunft aber auch auf die Einkommensverhältnisse des jeweiligen Ehegatten als Vermögensposition des unterhaltspflichtigen Kindes. Die Auskunft ist ihm auch in diesem Umfang möglich, weil ihm gegen seinen Ehegatten ein entsprechender eigener Auskunftsanspruch zusteht (s. Rn. 1159).

1162

5. Auskunft beim Unterhaltsanspruch aus Anlass der Geburt (§ 1615 l BGB)

Der Unterhaltsbedarf des kindererziehenden nichtehelichen Elternteils richtet sich gemäß § 1615 l III 1 i. V. m. § 1610 I BGB nach der eigenen Lebensstellung des Unterhaltsberechtigten. Diese ist auch dann, wenn die Eltern zuvor in nichtehelicher Lebensgemeinschaft zusammen gelebt haben, unabhängig von der Höhe des Einkommens des unterhaltspflichtigen Elternteils zu bemessen.[65] Sie richtet sich vielmehr nach dem Einkommen, das der betreuende Elternteil ohne die Geburt des gemeinsamen Kindes zur Verfügung hätte. Dabei werden die Lebensstellung und damit der Unterhaltsbedarf jedoch durch den Halbteilungsgrundsatz begrenzt.[66] Weil damit schon die Höhe des Unterhaltsbedarfs durch das Einkommen des Unterhaltspflichtigen begrenzt ist, benötigt der Unterhaltsberechtigte die Auskunft nach § 1615 l III 1 i. V. m. § 1605 BGB, um seinen Anspruch berechnen zu können. Daneben bedarf der Unterhaltsberechtigte der Auskunft auch, um sich über die **Leistungsfähigkeit** des Unterhaltspflichtigen zu vergewissern.[67] Weil sich die Auskunft sowohl auf die Höhe des Unterhaltsbedarfs als auch auf die Leistungsfähigkeit des Unterhaltspflichtigen auswirkt, setzt der Anspruch nicht voraus, dass der Unterhaltsbedarf bereits konkret dargelegt ist.[68] Erfüllt der Unterhaltspflichtige allerdings den vollen Bedarf nach der Lebensstellung des Berechtigten, weil seine Leistungsfähigkeit nicht zweifelhaft ist, könnte die Auskunft den Unterhaltsanspruch unter keinem rechtlichen Gesichtspunkt beeinflussen. Dann kommt ein Auskunftsanspruch nicht mehr in Betracht.

1163

II. Die Auskunftserteilung

1. Die systematische Aufstellung

Die Auskunft ist nach §§ 260, 261 BGB durch Vorlage einer **systematischen Aufstellung** aller Angaben zu erteilen, die nötig sind, damit der Berechtigte ohne übermäßigen Arbeitsaufwand seinen Unterhaltsanspruch berechnen kann.[69] Schon der Unterhaltsberech-

1164

---

[62] BGH FamRZ 1988, 268
[63] BGH FamRZ 2003, 1836; OLG München FamRZ 2002, 50
[64] BGH FamRZ 2010, 1535 = R 714 b, c (zum Familienselbstbehalt beim Elternunterhalt)
[65] BGH FamRZ 2008, 1739 Rn. 24 ff.
[66] BGH FamRZ 2008, 1739 Rn. 24 ff.; 2005, 442 = R 625 b
[67] OLG Nürnberg – 9 UF 225/03 BeckRS 2003, 30315642
[68] A. A. OLG Frankfurt – 6 UF 152/04 BeckRS 2005, 01258
[69] BGH FamRZ 1983, 996 = R 178; OLG Dresden FamRZ 2005, 1195; OLG Hamm FamRZ 2005, 1194

tigte darf sich nicht darauf beschränken, pauschal „Auskunft über die Einkommensverhältnisse" des Unterhaltspflichtigen zu verlangen sondern er muss eindeutig festlegen, welche Auskünfte er zur Berechnung seines Unterhaltsanspruchs verlangt. Es kann nicht dem Unterhaltspflichtigen überlassen bleiben, zu ermitteln, was die Auskunft fordernde Partei unter einer „Zusammenstellung über alle Ein- und Ausgaben" versteht.[70] Grundsätzlich kann der Auskunftsberechtigte Angaben zu allen Bruttoeinnahmen sowie zu den Aufwendungen, Ausgaben und den sonstigen unterhaltsrechtlich relevanten Abzügen verlangen.[71] Auch Spekulationsgewinne, die der Versteuerung unterliegen, sind unterhaltsrechtlich erheblich und damit von der Auskunftsverpflichtung umfasst.[72] An einer geordneten systematischen Aufstellung fehlt es, wenn der Unterhaltspflichtige nur eine Reihe von Belegen, etwa Lohnabrechnungen und Steuerbescheide, vorlegt. Diese müssen von ihm vielmehr zu einem geschlossenen Werk zusammengefügt werden.[73] Der auf Wertermittlung in Anspruch genommene Ehegatte ist grundsätzlich nur insoweit zur Ermittlung und Angabe der Vermögenswerte verpflichtet, als er selbst dazu imstande ist. Dritte Personen, insbesondere einen Sachverständigen, muss er mit der Wertermittlung nicht zu beauftragen.[74] Dies schließt jedoch nicht aus, dass der Auskunftspflichtige – wie beim Zugewinnausgleich – zu Einzelfragen Auskünfte einholen oder Hilfskräfte einschalten muss, um den Wert der Vermögensgegenstände (z. B. eines Hausgrundstücks) zuverlässig zu ermitteln, wenn es für den Unterhaltsanspruch darauf ankommt. Dadurch anfallende Auslagen gehören dann zu den Kosten der Wertermittlung, die der Auskunftspflichtige zu tragen hat.[75]

1165 Die Auskunft ist eine Wissenserklärung, die – abgesehen von einfachen Fällen – grundsätzlich von dem Schuldner der Auskunft persönlich abgegeben werden muss. Die bislang streitige Frage, ob diese persönliche Auskunft der **Schriftform** bedarf, hat der Bundesgerichtshof inzwischen verneint. Danach ist zwar eine schriftlich verkörperte Zusammenstellung erforderlich, die aber keine gesetzliche Schriftform i. S. des § 126 BGB und damit auch keine persönliche Unterschrift des Auskunftsschuldners erforderlich.[76] Das ändert allerdings nichts daran, dass die Auskunft als Wissenserklärung höchstpersönlicher Natur ist und als nach § 888 ZPO zu vollstreckende unvertretbare Handlung von dem Auskunftspflichtigen in Person zu erfüllen ist.[77] Die Information muss somit vom Auskunftspflichtigen selbst stammen, ohne dass dadurch die Hinzuziehung von Hilfspersonen als Boten des höchstpersönlich Erklärenden, z. B. seines Rechtsanwalts, ausgeschlossen ist.[78] Denn lediglich die Abgabe der Erklärung ist höchstpersönlicher Natur,[79] nicht hingegen deren Übermittlung, die auch durch Hinzuziehung eines Dritten, also in Form des Schreiben eines Rechtsanwalts erfolgen kann.[80] Weil die Auskunft allerdings höchstpersönlicher Natur ist, kann auch der Rechtsanwalt lediglich als Bote und nicht als Vertreter des Auskunftspflichtigen handeln.[81] Auf die schriftliche Zusammenfassung aller Einkünfte in einer Urkunde kann auch in solchen Fällen nicht verzichtet werden, weil nur dieses Schriftstück zum Gegenstand einer eidesstattlichen Versicherung (s. Rn. 1195 ff.) werden kann.

1166 Zu allen Einnahmen sind auch die damit zusammenhängenden **Ausgaben** mitzuteilen, denn die Auskunft soll den Unterhaltsberechtigten auch vor einer zu hohen Unterhaltsforderung und den dadurch verursachten Kosten schützen. Gleichartige Ausgaben können

---

[70] BGH FamRZ 1983, 454; OLG Düsseldorf FamRZ 2001, 836
[71] BGH FamRZ 1983, 996 = R 178; 1980, 770; OLG Dresden FamRZ 2005, 1195; OLG Köln FamRZ 2000, 622; OLG Hamm FamRZ 1983, 1232
[72] OLG Stuttgart FamRZ 2002, 635
[73] BGH FamRZ 1983, 1232; OLG Hamm FamRZ 2006, 865 und 2005, 1194; OLG Köln FamRZ 2003, 235; OLGR München 1998, 82
[74] BGH NJW-RR 2001, 210; FamRZ 1991, 316
[75] BGH FamRZ 2007, 714 Rn. 4; 2006, 33; 2002, 666, 667; 1991, 316; 1989, 731
[76] BGH FamRZ 2008, 600, 601 m. w. N.
[77] BGH FamRZ 1986, 369
[78] BGH FamRZ 2007, 714; 2006, 33 f. und 2002, 666, 667
[79] BGH FamRZ 1989, 731
[80] OLG Hamm FamRZ 2005, 1194; OLG Zweibrücken EzFamR aktuell 2000, 71; OLGR München 1998, 82; a. A. OLG Köln FamRZ 2003, 235; OLG München FamRZ 1996, 738 und 1995, 737
[81] BGH FamRZ 2008, 600, 601

14. Abschnitt: Der Anspruch auf Auskunft und Vorlage von Belegen § 1

allerdings zusammengefasst werden, soweit der Verzicht auf eine detaillierte Aufschlüsselung üblich ist und eine Orientierung des Auskunftsberechtigten nicht behindert. Bei Gewinneinkünften von Freiberuflern genügt es, nur das Endergebnis in der Auskunft anzuführen und auf eine beigefügte Gewinn- und Verlustrechnung Bezug zu nehmen.[82] Ist ein Unterhaltspflichtiger an einer Personengesellschaft beteiligt, kann der Unterhaltsberechtigte von ihm als Beleg in der Regel die Vorlage des Bescheides über die gesonderte Feststellung des Gewinns oder Verlustes durch das Betriebsfinanzamt verlangen.[83]

Die Auskunft kann von einem **Selbstständigen** auch dann verlangt werden, wenn sein Steuerberater die steuerliche Gewinnermittlung noch nicht fertig gestellt hat. Dann ist allerdings eine angemessene Frist zur Auskunftserteilung zu setzen.[84] In der Praxis verschleppen Freiberufler häufig das Auskunftsverfahren unter Berufung auf eine Überlastung ihres Steuerberaters. Das kann unterhaltsrechtlich nicht toleriert werden. Spätestens ab Ende Juni eines jeden Jahres muss unterhaltsrechtlich die Gewinn- und Verlustrechnung für das Vorjahr vorliegen, wenn die nachteiligen Folgen der fehlenden Sachaufklärung (Rn. 425 ff.) vermieden werden sollen (zum **Verfahrensantrag** in solchen Fällen s. Rn. 10/350).[85] Im Einzelfall kann es geboten sein, neben der Gewinn- und Verlustrechnung[86] auch konkret Auskunft über Anschaffungen, Abschreibungen, Veräußerungen, private Nutzungsanteile, Aushilfskräfte, staatliche Zuschüsse usw. zu verlangen.[87] Weil die Auskunft kein vermögensrechtlicher Anspruch ist, bleibt dem auskunftspflichtigen Unterhaltsschuldner die Auskunft auch dann möglich, wenn über sein Unternehmen ein Gesamtvollstreckungsverfahren oder über sein Vermögen die Verbraucherinsolvenz eröffnet wurde.[88]

1167

Im Auskunftsverfahren einschließlich des Verfahrens auf Abgabe einer eidesstattlichen Versicherung **ist Kleinlichkeit zu vermeiden** (§§ 259 III, 260 III BGB). Sachgesamtheiten und Inbegriffe von Gegenständen können als solche aufgeführt werden, wenn und soweit der Verzicht auf eine detaillierte Aufschlüsselung im Verkehr üblich ist und eine ausreichende Orientierung des Auskunftsberechtigten nicht behindert. An die Aufschlüsselung können umso geringere Anforderungen gestellt werden, je eher bei dem Empfänger der Auskunft eine persönliche Kenntnis der zugrunde liegenden Umstände vorausgesetzt werden kann.[89] In der Praxis streiten die Parteien gelegentlich jahrelang und durch mehrere Instanzen über die geschuldete Auskunft, auch wenn ein solcher Streit wenig sinnvoll ist. Der Unterhaltsberechtigte sollte unter allen Umständen möglichst **rasch zur Leistungsklage** übergehen, um zu hohe Rückstände zu vermeiden und der Gefahr eines Vermögensverfalls und einer Verwirkung rückständigen Unterhalts zu entgehen.[90] Der Anspruch lässt sich meist auch bei noch nicht vollständig erfülltem Auskunftsanspruch hinreichend sicher beziffern. Nur so kann Verschleppungstendenzen eines Unterhaltspflichtigen wirksam begegnet werden. Bei unvollständiger Aufklärung zu einem Unterhaltsrückgang kommen dem Unterhaltsberechtigten ohnehin in der Regel die Grundsätze über die Darlegungslast (s. Rn. 6/700 ff.) und die Möglichkeit einer Kostenentscheidung nach billigem Ermessen gemäß § 243 FamFG zu Hilfe.

1168

Bei Einkünften aus **abhängiger Arbeit** sind das Bruttogehalt, Art und Umfang der Abzüge sowie Sonderzahlungen wie Weihnachts- und Urlaubsgeld, Spesen, Auslösungen, Tantiemen etc. anzugeben (s. Rn. 74). Wegen der wechselnden Einkommenshöhe genügt es nicht, nur das Einkommen für einen einzelnen Monat vorzutragen und durch einen Einkommensnachweis zu belegen. Eine solchermaßen unvollständige Auskunft ist auf Verlangen des Auskunftsberechtigten zu ergänzen.[91] Die Auskunft muss sich auf alle verschiedenen

1169

---

[82] OLG München FamRZ 1996, 738
[83] OLG Bamberg FamRZ 2006, 344
[84] OLG Düsseldorf DAV 1982, 689; OLG Koblenz FamRZ 1981, 922
[85] OLG München FamRZ 1992, 1207
[86] OLG Karlsruhe – 2 WF 55/00 BeckRS 2001, 30156983
[87] Vgl. KG Berlin FamRZ 1997, 360
[88] OLG Naumburg FamRZ 2008, 620; OLG Brandenburg FamRZ 1998, 178
[89] BGH FamRZ 1984, 144
[90] Vgl. insoweit BGH FamRZ 2007, 453, 454 = R 665 a–c
[91] BGH FamRZ 1983, 996, 998 = R 178; 1982, 250, 252

Einkunftsarten (s. Rn. 51 ff.) erstrecken. Bei Einkünften als **GmbH-Gesellschafter** ist über Gewinne und Zinsen der Gesellschaft Auskunft zu erteilen (näher dazu Rn. 1182 f.).[92] Wenn der Schuldner mit der Zusammenstellung seiner Einkünfte lediglich seine Lohnnachweise einreichen muss, ist dafür eine kurze Frist von ca. 3 Wochen angemessen; in besonders eiligen Fällen kann schon eine Frist von einer Woche zuzüglich Postlaufzeit ausreichen.[93]

2. Der Zeitraum

1170   Die Auskunft ist für den Zeitraum zu erteilen, der für die Unterhaltsbemessung maßgeblich ist. Bei Arbeitnehmern ist sie also in der Regel für das abgelaufene Kalenderjahr (s. Rn. 69 f.),[94] bei Selbständigen oder bei sonstigen schwankenden Einkünften in der Regel für die drei letzten abgelaufenen Kalenderjahre (s. Rn. 420, 425) und im Einzelfall auch für eine längere Zeit geschuldet.[95] Bei Land- und Forstwirten sollte sich die Auskunft nicht auf das Kalenderjahr beziehen, sondern auf das gemäß § 4 I 1 EStG vom 1. Juli bis zum 30. Juni laufende Wirtschaftsjahr (s. Rn. 425 f.).[96]

3. Die Kosten

1171   Die Kosten der Auskunft hat der Auskunftspflichtige zu tragen, auch soweit sie durch die Erteilung eines Vermögensverzeichnisses oder die Ermittlung und Angabe der Vermögenswerte entstehen. Dazu gehören auch die Kosten der Übersetzung einer fremdsprachigen Urkunde.[97] Selbst ev. **Sachverständigenkosten** hat der Auskunftsberechtigte zu tragen, wenn sie zwangsläufig entstehen, weil der Auskunftspflichtige allein nicht zu einer sachgerechten Auskunftserteilung in der Lage ist.[98]

4. Zur Häufigkeit

1172   Grundsätzlich kann erst **nach Ablauf von zwei Jahren** eine neue Auskunft verlangt werden (§ 1605 II BGB). Denn regelmäßig treten in kürzeren zeitlichen Abständen keine Änderungen ein, die so ins Gewicht fallen, dass darauf eine Abänderung nach §§ 238 f. FamFG gestützt werden kann. Die Frist beginnt bei einer rechtskräftigen Verurteilung zur Auskunft mit dem Tag der letzten mündlichen Verhandlung.[99] Hat das Gericht im schriftlichen Verfahren entschieden, ist der Zeitpunkt maßgeblich, der dem Schluss der mündlichen Verhandlung entspricht.[100] Haben die Parteien einen Vergleich geschlossen, kommt es auf den Zeitpunkt des Vergleichs an.[101] Auf den Zeitpunkt der Auskunft kommt es hingegen nicht an, weil sowohl eine Entscheidung als auch eine Einigung auf der Zukunftsprognose aus der erteilten Auskunft beruhen und mit dieser Prognose eine – zeitweilige – Stabilisierung des Unterhaltsrechtsverhältnisses ab dann bezweckt ist.[102]

1173   Kann der Unterhaltsberechtigte glaubhaft machen, dass beim Unterhaltspflichtigen schon vor Ablauf der Zweijahresfrist erhebliche Einkommenssteigerungen oder Vermögensmehrungen eingetreten sind, kann er nach § 1605 II BGB auch schon früher eine neue Aus-

---

[92] BGH FamRZ 2008, 1739 Rn. 58 ff.; 2004, 1179, 1180; 1982, 680
[93] OLG Naumburg FamRZ 2001, 1719
[94] OLG Dresden FamRZ 2005, 1195
[95] BGH FamRZ 1985, 471; 1985, 357
[96] OLG Düsseldorf FamRZ 1997, 830
[97] OLG Koblenz FamRZ 1990, 79
[98] BGH FamRZ 1991, 316; 1982, 682; vgl. aber BGH FamRZ 2006, 33; 2002, 666
[99] OLG München FamRZ 2010, 816; OLG Karlsruhe – 16 WF 173/03 BeckRS 2004, 04375; OLG Hamburg FamRZ 1984, 1142
[100] AG Essen FamRZ 1993, 593
[101] OLG Hamm FGPrax 2002, 75; OLG Düsseldorf FamRZ 1993, 591, 592 f.; OLG Stuttgart FamRZ 1978, 717
[102] A. A. OLG Hamm FamRZ 2005, 1585

14. Abschnitt: Der Anspruch auf Auskunft und Vorlage von Belegen § 1

kunft verlangen.[103] Ergab die frühere Auskunft einen Mangelfall, sind für das Auskunftsverlangen des Unterhaltsberechtigten geringere Anforderungen an die Wesentlichkeit der Änderungen i. S. des § 1605 II BGB zu stellen.[104] Hatte sich der Unterhaltsberechtigte in einem Vergleich verpflichtet, die Aufnahme einer Erwerbstätigkeit von sich aus anzuzeigen, kann der Unterhaltspflichtige vor Ablauf von zwei Jahren eine Auskunft nur verlangen, wenn er die Aufnahme einer Erwerbstätigkeit glaubhaft macht.[105] Diente die erste Auskunft der Berechnung des Trennungsunterhalts, muss die Zweijahresfrist für eine Auskunft zum nachehelichen Unterhalt nicht beachtet zu werden, weil die Ansprüche nicht identisch sind.[106] Die Frist gilt auch nicht für einen Ehegatten, der zunächst für sich selbst Auskunft verlangt hatte, wenn er später in Prozessstandschaft für ein minderjähriges Kind erneut Auskunft begehrt (§ 1629 III BGB).[107]

Bei Stufenanträgen gegenüber **Freiberuflern** wird gelegentlich nach erteilter Auskunft im Rahmen des Zahlungsantrags ein Gutachten zum unterhaltsrelevanten Einkommen eingeholt, dessen anschließende Erörterung und Überprüfung das Verfahren so sehr in die Länge zieht, dass die zweijährige Wiederholungsfrist noch während des Verfahrens abläuft. In dieser Situation sollte einem neuen förmlichen Auskunftsantrag innerhalb des gleichen Verfahrens mit allen prozessualen Mitteln (§ 263 ZPO) entgegengetreten werden, weil das Verfahren sonst nie zum Abschluss gebracht werden kann.[108] Das Gericht kann den Auskunftspflichtigen dann über § 273 ZPO i. V. m. § 235 FamFG auffordern, die neuen Jahresabschlüsse vorzulegen, und bei einer Verweigerung die entsprechenden Schlüsse aus der Untätigkeit ziehen (s. Rn. 6/700 ff.). Soweit angenommen wird, dass in einem Unterhaltsverfahren noch vor Ablauf der Sperrfrist eine weitere Auskunft für Unterhaltszeiträume verlangt werden kann, die im ersten Auskunftsverlangen nicht enthalten waren,[109] wird verkannt, dass damit die Sperrfrist unzulässigerweise verletzt wird. Wenn die erste Auskunft schon erteilt ist, kann nicht mehr von einer zeitlichen Erweiterung des ersten Auskunftsbegehrens gesprochen werden. Es liegt vielmehr ein neues Auskunftsbegehren vor, das grundsätzlich an die Einhaltung der Sperrfrist gebunden ist. Auch dann kann nur ausnahmsweise und unter den Voraussetzungen des § 1605 II BGB vor Ablauf der Sperrfrist eine neue Auskunft verlangt werden, etwa wenn sich die frühere Auskunft auf den Beginn einer selbstständigen Erwerbstätigkeit beschränkte und glaubhaft gemacht ist, dass inzwischen wesentlich höhere oder auch andere Einkünfte erzielt werden.[110] Im Hinblick auf die prozessuale Auskunftspflicht in den §§ 235, 236 FamFG mit der Möglichkeit Auskünfte zu streitigen Tatsachen auch von Amts wegen einzuholen (s. Rn. 1151) dürften derartige Streitigkeiten allerdings nicht mehr oft vorkommen.

1174

5. Schadensersatzanspruch bei Verstoß gegen die Auskunftspflicht

Gerät der Auskunftspflichtige mit der Erteilung der Auskunft in Verzug, kann er dem Berechtigten zum Ersatz des daraus entstandenen Schadens verpflichtet sein.[111] Der Schaden kann etwa in den Prozesskosten bestehen, die der Kläger zu tragen hat, wenn sich erst im Rahmen einer Stufenklage nach der verspätet erteilten Auskunft herausstellt, dass ein Unterhaltsanspruch wegen fehlender Leistungsfähigkeit nicht gegeben ist und das Gericht dem Auskunftspflichtigen nicht schon deswegen nach § 243 FamFG die gesamten Kosten des Rechtsstreits auferlegt. Dieser Schaden kann noch im gleichen Verfahren durch Klageänderung gemäß § 263 ZPO geltend gemacht werden;[112] auch dafür ist das Familien-

1175

---

[103] OLG Köln FamRZ 2003, 1960
[104] OLG Karlsruhe NJWE-FER 2000, 143
[105] OLG Bamberg FamRZ 1990, 75
[106] OLG Hamm FamRZ 2004, 377; OLG Düsseldorf FamRZ 2002, 1038; OLG Hamm FamRZ 1996, 868; a. A. OLG Jena FamRZ 1997, 1280
[107] OLG Brandenburg FamRZ 1998, 1192
[108] Vgl. OLG Bamberg NJWE-FER 2000, 296
[109] OLG Düsseldorf FamRZ 1997, 1271 m. w. N.
[110] OLG Karlsruhe NJWE-FER 2000, 143
[111] BGH FamRZ 1984, 163, 165
[112] BGH FamRZ 1995, 348; OLG Karlsruhe FamRZ 1999, 1216

gericht zuständig.[113] Ein ersatzfähiger Schaden konnte früher auch darin liegen, dass der Unterhalt wegen einer verzögerten Auskunft erst später geltend gemacht und ein Teil der Rückstände wegen fehlenden Verzugs nicht mehr durchgesetzt werden konnte.[114] Ein solcher Schaden kann jetzt nicht mehr entstehen, weil der Unterhaltspflichtige rückständigen Verwandten-, Familien- und Trennungsunterhalt seit der Neufassung der §§ 1613 I 1, 1360a III, 1361 IV 4 BGB schon für die Zeit ab Zugang eines isolierten Auskunftsersuchens schuldet (s. Rn. 6/109). Dies hat der Gesetzgeber mit der Verweisung in § 1585b II BGB durch das Unterhaltsrechtsänderungsgesetz 2008 auch für den nachehelichen Unterhalt übernommen. Auf die von der Rechtsprechung geschaffene Verzugswirkung der Stufenmahnung kommt es deswegen auch insoweit nicht mehr an. Rückständiger Unterhalt ist jetzt generell schon ab Zugang des isolierten Auskunftsersuchens geschuldet.

III. Vorlage von Belegen über das Einkommen

1. Allgemeines

1176 Der Auskunftspflichtige muss auf Verlangen im Rahmen seine Auskunftspflicht nach §§ 1361 IV 4, 1580 S. 2, 1605 I 2 BGB auch Belege über die Höhe seiner Einkünfte vorlegen. Der Gläubiger kann Vorlage der Originale verlangen und sich davon Abschriften oder Fotokopien fertigen.[115] Auskunftsanspruch und Anspruch auf Vorlage von Belegen sind **getrennte Ansprüche,** die auch einzeln geltend gemacht werden können.[116] Allerdings darf der Anspruch auf Vorlage von Belegen inhaltlich nicht über den Auskunftsanspruch hinausgehen. Der Auskunftspflichtige muss vielmehr nur solche Belege vorlegen, über die er Auskunft erteilt hat und die für die Feststellung des Unterhaltsanspruchs erforderlich sind. Dabei ist auf den Informationsbedarf des Auskunftsberechtigten im konkreten Einzelfall abzustellen. Zur Höhe eines Vermögens besteht eine unterhaltsrechtliche Auskunftspflicht nur dann, wenn der Vermögensstamm ausnahmsweise verwertet werden muss (s. Rn. 600 ff.) und er deswegen den Einkünften i. S. v. § 1605 I 2 BGB zuzurechnen ist. Vermögenserträge zählen hingegen stets zu den Einkünften (s. Rn. 600 ff.), die nach § 1605 I 2 BGB auf Verlangen zu belegen sind.[117] Wird die Vorlage von Belegen und Unterlagen verlangt, müssen diese schon im Antrag aber auch im Urteilstenor genau bezeichnet werden. Ein Antrag, „diejenigen Belege beizufügen, aus denen die Richtigkeit des Zahlenmaterials entnommen werden kann", genügt diesen Anforderungen nicht. Er ist nicht hinreichend bestimmt und deshalb als unzulässig abzuweisen.[118] Hat das Gericht gleichwohl ein (Teil-)Urteil mit einer derart unbestimmten Vorlageverpflichtung ausgesprochen, ist dieser Titel wertlos, weil er wegen der fehlenden Bestimmbarkeit nicht vollstreckt werden kann.[119] Klageantrag und Urteilsformel müssen die Belege daher so bestimmt bezeichnen, dass es notfalls einem Gerichtsvollzieher möglich ist, sie aus den Unterlagen des Auskunftspflichtigen auszusondern und dem Berechtigten zu übergeben (zur Vollstreckung s. Rn. 1188 ff.).[120]

---

[113] KGR 1998, 267
[114] BGH FamRZ 1985, 155, 158
[115] KG FamRZ 1982, 624
[116] OLG Karlsruhe BeckRS 200406938; OLG München FamRZ 1996, 307 und 1993, 202
[117] BGH FamRZ 2008, 1739 Rn. 61
[118] BGH FamRZ 1983, 454; OLG Hamm FamRZ 1983, 1232 und FamRZ 1979, 1012; OLG Düsseldorf FamRZ 1978, 717
[119] BGH FamRZ 2002, 666; OLG Saarbrücken – 6 WF 78/05 BeckRS 2006, 00704; OLG Karlsruhe FamRZ 1983, 631
[120] BGH FamRZ 1983, 454; OLG Stuttgart FamRZ 1991, 84

14. Abschnitt: Der Anspruch auf Auskunft und Vorlage von Belegen § 1

2. Der Umfang der Vorlagepflicht

Die Verpflichtung zur Vorlage von Belegen findet ihre Grenze in der **Zumutbarkeit** für den Auskunftspflichtigen. Der Berechtigte kann daher nur dann Vorlage der gesamten Buchführung verlangen, wenn es im Einzelfall ausnahmsweise darauf ankommt.[121] Wenn er keinen konkreten Anlass hat, die Richtigkeit der Bilanz anzuzweifeln, ist die Auskunftspflicht mit Vorlage der Bilanz erfüllt. Zu beachten ist weiterhin, dass die Vorlagepflicht nicht über den Auskunftsanspruch hinausgeht. Der Berechtigte kann daher nur die Vorlage solcher Belege fordern, die er für die Feststellung des Unterhaltsanspruchs benötigt. Abzustellen ist dabei auf den Informationsbedarf des Unterhaltsberechtigten.[122] Für eine Vorlage kommen folgende Unterlagen in Betracht: 1177

Als vorzulegende Belege nennt das Gesetz in § 1605 I 2 BGB *insbesondere Bescheinigungen des Arbeitgebers*, womit **Verdienstbescheinigungen** gemeint sind.[123] Soweit Verdienstbescheinigungen vorgelegt sind, die für den nachzuweisenden Zeitraum lückenlos sämtliche Einkünfte aus dem Arbeitsverhältnis ausweisen, ist die Verpflichtung zur Vorlage von Belegen damit regelmäßig erfüllt. Das hat zur Folge, dass der Auskunftsberechtigte nicht die Vorlage weiterer Dokumente – etwa des Arbeitsvertrages – verlangen kann. Lässt sich die Höhe der Einkünfte für einen bestimmten Zeitraum hingegen nicht zweifelsfrei aus den vorliegenden Verdienstbescheinigungen entnehmen, kann grundsätzlich auch die Vorlage solcher Schriftstücke verlangt werden, aus denen sich entsprechende Erkenntnisse gewinnen lassen. Das ergibt sich aus dem Sinn und Zweck der Bestimmung, die sicherstellen soll, dass der Berechtigte auf Grund der belegten Auskunft in die Lage versetzt wird, den Unterhaltsanspruch konkret zu berechnen und im Verfahren einen entsprechend bezifferten Antrag zu stellen.[124] 1178

Da für die Einkommensprognose bei Arbeitnehmern regelmäßig vom Einkommen in dem zuletzt abgelaufenen Kalenderjahr auszugehen ist (s. Rn. 69), begnügen sich die Parteien und ihnen folgend die Gerichte meist mit Vorlage der elektronischen **Lohnsteuerbescheinigung** oder, soweit noch vorhanden, der Lohnsteuerkarte. Im Regelfall sind diese auch hinreichend aussagekräftig. Denn nach § 41 b EStG in Verbindung mit R 41 B der Lohnsteuerrichtlinien[125] hat der Arbeitgeber bei Beendigung des Arbeitsverhältnisses oder am Ende des Kalenderjahres spätestens bis zum 28. Februar des Folgejahres auf Grund der Eintragungen im Lohnkonto die Dauer des Dienstverhältnisses im Kalenderjahr, den Bruttoarbeitslohn, die Steuerabzüge, das Kurzarbeiter-, Schlechtwetter- und Winterausfallgeld, den Zuschuss zum Mutterschaftsgeld und die Arbeitgeberleistungen für Fahrten zwischen Arbeitsplatz und Wohnung zu bescheinigen. Eingetragen werden auch die steuerfrei gezahlten Verpflegungszuschüsse und Vergütungen bei doppelter Haushaltsführung und die Abgaben für die Sozialversicherung (§ 41 b I 2 Nr. 10 bis 13 EStG). Dabei darf aber nicht übersehen werden, dass die Lohnsteuerkarte **Lücken** aufweisen kann, weil sie keine Auskunft über das bezogene Arbeitslosen- und Krankengeld gibt und auch die steuerfreien Leistungen, wie Spesen, Zuschläge für Feiertags- und Nachtarbeit oder ähnliches nicht erfasst. Liegen Anhaltspunkte dafür vor, dass der Arbeitnehmer im Beurteilungszeitraum Arbeitslosen- oder Krankengeld, Spesen oder sonstige steuerfreien Leistungen des Arbeitgebers bezogen hat, kann auf die entsprechenden Leistungsbescheide und die monatlichen Einzelabrechnungen nicht verzichtet werden. Diese Belege sind daher in solchen Fällen zusätzlich anzufordern und müssen dann auch vorgelegt werden.[126] Der abweichenden Auffassung,[127] die Lohnsteuerkarte eigne sich generell nicht für eine Einkommensermittlung, weil sie keinen Aufschluss über die Einkommensentwicklung gebe, kann so pauschal nicht gefolgt werden. Denn Feststellungen dazu, aus welchen Teilbeträgen sich das Jahres- 1179

---

[121] OLG Schleswig FamRZ 1981, 53
[122] OLG München FamRZ 1993, 202
[123] BGH FamRZ 1983, 996, 998 = R 178
[124] BGH FamRZ 1994, 28 = R 467
[125] www.einkommensteuerrichtlinien.de
[126] OLG Frankfurt FamRZ 1987, 1056
[127] Vogel FuR 1995, 197, 204

einkommen im Einzelnen zusammensetzt und wie sich die Einkünfte im Verlauf des letzten Jahres entwickelt haben, sind oft entbehrlich. Anderes gilt nur, wenn sich die Höhe der Einkünfte innerhalb des letzten Jahres nachhaltig geändert hat und deswegen bei der Einkommensprognose für den künftigen Unterhaltsanspruch von den zuletzt gezahlten Einkünften auszugehen ist. In dem nachfolgenden Beispiel ist der Unterhalt für das Jahr 2010 auf der Grundlage des durchschnittlichen unterhaltsrelevanten Einkommens von 3000 EUR zu bemessen, während für die Zeit ab Januar 2011 von Einkünften in Höhe von 3050 EUR auszugehen ist. Das setzt allerdings einen Nachweis der Einkommensentwicklung innerhalb des Jahres 2010 voraus:

Beispiel:
Monatseinkommen in der Zeit von Januar bis Mai 2010:	2980 €
Monatseinkommen in der Zeit von Juni bis Oktober 2010:	3000 €
Monatseinkommen in der Zeit von November bis Dezember 2010:	3050 €
Durchschnittseinkommen für die Unterhaltsberechnung im Jahre 2010 (5 × 2 980 €) + (5 × 3 000 €) + (2 × 3 050 €) = 36 000 €/12 =	3000 €
Einkommensprognose für die Unterhaltsberechnung ab Januar 2011:	3050 €

1180 **Einkommensteuerbescheide** und dazugehörende Einkommensteuererklärungen können verlangt werden, wenn die vorgelegten Einkommensnachweise noch keinen zuverlässigen und vollständigen Überblick über das unterhaltsrelevante Einkommen geben. Das kann der Fall sein, wenn weitere Nebeneinkünfte vorliegen oder im Einzelfall mit Steuerrückerstattungen zu rechnen ist. Im Einzelfall ist eine Pflicht zur Vorlage des Einkommensteuerbescheids abgelehnt worden, weil ein unterhaltspflichtiger Beamter oder Richter, dessen Bezügemitteilungen vorlagen, keine Nebeneinkünfte aus selbständiger Tätigkeit erzielte.[128] Das ist jedenfalls dann bedenklich, wenn der Auskunftspflichtige besondere Kosten steuerlich absetzen kann und dies zu einer Steuerrückerstattung führt, was sich aus den vorgelegten Einkommensnachweisen nicht vollständig ergibt. Wird zusätzlich Vorlage des Einkommensteuerbescheids verlangt, ist unbedingt das jeweilige Veranlagungsjahr anzugeben. Weil sich der Steuerbescheid an steuerlichen Grundlagen orientiert, können ihm allein die unterhaltsrechtlich relevanten Einkünfte nicht zuverlässig entnommen werden; er ist aber regelmäßig geeignet, wenigstens ein steuerliches Mindesteinkommen als Grundlage der Unterhaltsbemessung zu belegen. Denn ihm können jedenfalls die Höhe der zu versteuernden Einkünfte und das steuerliche Nettoeinkommen entnommen werden.[129]

1181 Auf Verlangen muss der Pflichtige auch die dem Steuerbescheid zugrunde liegenden **Steuererklärungen** vorlegen. Oft kann aus dem Steuerbescheid erst im Zusammenhang mit der Steuererklärung erkannt werden, welche Einkommensteile steuerrechtlich unberücksichtigt geblieben sind und inwieweit steuerrechtlich absetzbare Beträge anerkannt wurden, die unterhaltsrechtlich möglicherweise nicht als einkommensmindernd hinzunehmen sind.[130] Dies gilt vor allem für die Gewinn- und Verlustrechnung Selbständiger. Beruft sich ein Unterhaltsschuldner für seine eingeschränkte Leistungsfähigkeit auf sein steuerpflichtiges Einkommen, muss er zwar nicht sämtliche Belege vorlegen, mit denen die behaupteten Aufwendungen gegenüber der Steuerbehörde glaubhaft zu machen sind. Er muss jedoch seine Einnahmen und die behaupteten Aufwendungen im Einzelnen so darstellen, dass die allein steuerlich beachtlichen Aufwendungen von solchen, die unterhaltsrechtlich von Bedeutung sind, abgegrenzt werden können.[131] Spekulationsgewinne ergeben sich nach Maßgabe der §§ 22 Nr. 2, 23 I 1 Nr. 2 EStG schon aus dem Einkommensteuerbescheid.[132] Soweit die Vorlage von Steuerbescheiden und -erklärungen zur Bemessung des unterhaltsrelevanten Einkommens erforderlich ist, muss es hingenommen wer-

---

[128] OLG Dresden FamRZ 2005, 1195
[129] BGH FamRZ 1982, 151; vgl. insoweit auch BGH FamRZ 1998, 357 = R 515 a
[130] BGH FamRZ 2008, 1739 Rn. 59; 1998, 357 = R 515 a; 1982, 680, 682; OLG München FamRZ 1993, 202; OLG Hamm FamRZ 1992, 1190; OLG Stuttgart FamRZ 1991, 84; a. A. OLG Schleswig – 8 UF 210/00 BeckRS 2001, 30182251
[131] BGH FamRZ 1998, 357 = R 515 a
[132] OLG Stuttgart FamRZ 2002, 635; OLG Stuttgart – 17 WF 232/01 BeckRS 2001, 30189538

14. Abschnitt: Der Anspruch auf Auskunft und Vorlage von Belegen § 1

den, wenn aus den Unterlagen auch auf die Ertragslage einer Gesellschaft oder auf die Einkommensverhältnisse von Mitgesellschaftern geschlossen werden kann.[133]

Gesellschafter einer Abschreibungsgesellschaft, die in Form einer Personengesellschaft als GmbH & Co. KG geführt wird, müssen grundsätzlich nur die gesonderte Feststellung des Gewinns oder Verlustes durch das zuständige Betriebsfinanzamt mit der entsprechenden Steuernummer vorlegen. Diese Unterlagen dienen der Kontrolle der Angaben in der Anlage G zur entsprechenden Einkommensteuererklärung. Einen Anspruch auf weitergehende Belege, die die Gesellschaft selbst betreffen, hat der Auskunftsberechtigte nicht, weil die Anleger einer Personengesellschaft grundsätzlich keinen Einfluss auf die Geschäftsführung und die Gewinnsituation haben. Die Bilanzen haben daneben keine eigenständige Bedeutung, zumal sie ohnehin der gesonderten Gewinnfeststellung des Betriebsfinanzamtes zugrunde liegen. Anderes gilt nur, wenn der Auskunftsberechtigte substantiiert dazu vorträgt, dass die Feststellungen des Finanzamtes unzutreffend seien.[134] Ist der Auskunftspflichtige allerdings zugleich **Geschäftsführer** einer GmbH und bezieht er gewinnabhängige Einkünfte, müssen auch die Bilanzen und die Gewinn- und Verlustrechnungen der GmbH vorgelegt werden.[135] Das Gleiche gilt für die Körperschafts- und Umsatzsteuerbescheide. **1182**

Der unterhaltspflichtige Gesellschafter oder Geschäftsführer kann die Vorlage nicht mit dem Hinweis auf **Belange anderer Beteiligter** verweigern.[136] Grundsätzlich hat ein selbständiger Gewerbetreibender oder sonstiger Freiberufler auch seine Einkommensteuerbescheide vorzulegen.[137] Dabei tritt der Schutz des Steuergeheimnisses regelmäßig gegenüber den Belangen des Berechtigten im Unterhaltsverfahren zurück.[138] Wird der Auskunftspflichtige in dem vorzulegenden Steuerbescheid allerdings zusammen mit seinem neuen Ehegatten veranlagt, darf er in dem Bescheid und den dazugehörenden Steuererklärungen solche Angaben abdecken oder sonst unkenntlich machen, die **ausschließlich seinen Ehegatten** betreffen oder in denen Werte für ihn und seinen Ehegatten zusammengefasst sind, ohne dass daraus sein eigener Anteil entnommen werden kann. Beträge, die beide Ehegatten gleichermaßen oder anteilig betreffen, müssen dagegen angegeben werden, weil andernfalls der Anteil des Auskunftspflichtigen nicht ermittelt werden kann. Wenn und soweit aus diesen Angaben Schlüsse auf die Verhältnisse des Ehegatten gezogen werden können, muss dies hingenommen werden.[139] Gleiches gilt für die Vorlage steuerlicher Unterlagen, wenn der Auskunftspflichtige in einer Gemeinschaftspraxis mit einem Berufskollegen erwerbstätig ist und Gesamtgewinne ermittelt werden, die dann anteilig auf den Auskunftspflichtigen und seinen Kollegen aufzuteilen sind. Die Steuererklärung muss allerdings nicht vorgelegt werden, wenn der Auskunftspflichtige sämtliche relevanten Einkünfte bereits ausreichend in anderer Weise belegt hat oder wenn der Vorlage im Einzelfall ein schutzwürdiges Interesse des Auskunftspflichtigen entgegensteht.[140] Das gilt erst recht, wenn die Angaben für den Unterhaltsanspruch ohne besondere Bedeutung sind. Auch wenn auf Grund besonderer Umstände im Einzelfall die Gefahr einer missbräuchlichen Verwendung droht, entfällt die Vorlagepflicht.[141] **1183**

Vorlage von Geschäftsunterlagen. Vom bilanzierenden Kaufmann (s. Rn. 170 ff.) kann die Vorlage von Bilanzen nebst Gewinn- und Verlustrechnung verlangt werden, weil seine Einkünfte hieraus am sichersten entnommen werden können. Wenn, wie in der Regel, die Unterhaltshöhe vom Unternehmensgewinn abhängig ist, sind die Belege vorzulegen, aus denen sich dieser Unternehmensgewinn ergibt oder sich ermitteln lässt. Dies gilt auch für Unterlagen einer GmbH, wenn der Auskunftspflichtige als Gesellschafter und **1184**

---

[133] BGH FamRZ 1982, 151
[134] OLG Bamberg FamRZ 2006, 344
[135] BGH FamRZ 2008, 1739 Rn. 58 ff.; 2004, 1179, 1180; 1982, 680; OLGR Schleswig 1999, 152
[136] BGH FamRZ 1982, 151
[137] BGH FamRZ 1983, 680, 682; 1982, 680, 682; 1982, 151
[138] BGH FamRZ 1982, 680, 682; OLGR Schleswig 1999, 152
[139] BGH FamRZ 1983, 680, 682
[140] BGH FamRZ 2005, 1986; 2005, 1064
[141] BGH FamRZ 1982, 680, 682

Geschäftsführer der GmbH vom Gewinn der Gesellschaft abhängige Einkünfte bezieht.[142] Die Belange der Gesellschaft oder von Mitgesellschaftern müssen in einem solchen Fall regelmäßig hinter dem Interesse des Auskunftsberechtigten zurückstehen.[143] Bei konkretem Verdacht unvollständiger Angaben kann auch die Vorlage oder Einsicht in weitere Geschäftsunterlagen (Bücher, Buchhaltungsunterlagen und Konten) verlangt werden. Die gleichen Grundsätze gelten für die Einnahmen- und Überschussrechnung und sonstige Unterlagen bei nicht bilanzierenden Gewerbetreibenden und Freiberuflern (s. Rn. 250 ff.). Denn dabei handelt es sich lediglich um eine andere Gewinnermittlungsart (Rn. 51 ff.; zum Wechsel s. Rn. 270).

1185 Unterhaltsrelevant können auch die **Umsatzsteuerbescheide** und die dazugehörenden Erklärungen sein. Diese ermöglichen eine Überprüfung der Angaben in den Einkommensteuererklärungen und den Gewinn- und Verlustrechnungen.[144] Vor allem die Angaben zum Eigenverbrauch[145] und zu Art und Höhe der Umsätze in den Umsatzsteuererklärungen lassen einen Rückschluss auf Geschäftsumfang und Lebensstil des Auskunftspflichtigen zu. Umsatzsteuererklärungen haben zudem einen hohen Informationswert für die aktuellen Einkünfte eines Freiberuflers oder Unternehmers, weil sie monatlich abzugeben sind und daher den **Zeitraum bis in die Gegenwart** erfassen. Dies gewinnt vor allem dann an Bedeutung, wenn geltend gemacht wird, dass die nach den vergangenen Kalenderjahren berechneten Einkünfte keinen sicheren Schluss auf die gegenwärtigen und künftigen Erträge zulassen.

Von einem **Abgeordneten** kann neben dem Nachweis der Diäten und weiterer Nebeneinkünfte auch die Vorlage von Belegen über die Höhe von Aufwandsentschädigungen und den mandatsbedingten Aufwand verlangt werden.[146]

1186 Wenn durch eine Bescheinigung des Arbeitgebers die tatsächliche Höhe der insgesamt bezogenen Einkünfte nicht ausreichend belegt wird, kann zusätzlich die Vorlage des **Arbeitsvertrages** verlangt werden.[147] Das kann insbesondere bei einer Tätigkeit im Ausland erforderlich sein, wenn sich aus den vorgelegten Einkommensnachweisen nicht ergibt, welcher Betrag für welchen konkreten Zeitraum ausgezahlt wurde, und ob daneben weitere Zahlungen geleistet wurden, weil sich das Gehaltsgefüge des Arbeitgebers möglicherweise aus mehreren im Einzelnen nicht bekannten Elementen zusammensetzt und auch Aufwands- oder andere Entschädigungen einschließt (s. Rn. 1178 f.).

1187 Die Vorlage von Kontoauszügen ist regelmäßig nicht geschuldet.[148] Sie sind entbehrlich, soweit sie zur Bemessung des unterhaltsrelevanten Einkommens nichts beitragen können. Die Höhe des Einkommens wird durch einen Kontoauszug nur indirekt und somit auch nur unzuverlässig belegt. Allenfalls Zinseinkünfte lassen sich fortlaufenden und lückenlosen Kontoauszügen entnehmen; einfacher und aussagekräftiger ist aber auch insoweit eine konkrete Bankauskunft zur Höhe der Zinsgewinne. Räumt eine Partei bestimmte Zinseinkünfte bei einer bestimmten Bank ein, liegt sogar ein nach § 288 ZPO nicht mehr beweisbedürftiges Geständnis vor. Die Frage, ob die Partei noch aus anderen Quellen weitere Zinseinkünfte bezieht, lässt sich nicht mit einem für die zugegebenen Zinsen, sondern nur mit einem auf weitere Zinsen ausgestellten Beleg klären. Da Belege nur „über die Höhe" vorzulegen sind, brauchen **keine Negativatteste** als Bestätigungen über das Nichtvorhandensein bestimmter Einkünfte vorgelegt zu werden.[149]

---

[142] BGH FamRZ 2008, 1739 Rn. 58 ff.; 2004, 1179, 1180
[143] BGH FamRZ 1994, 28 = R 467; 1982, 680; OLG Braunschweig FamRZ 2005, 725
[144] KG FamRZ 1997, 360; OLG München FamRZ 1996, 738
[145] Vgl. insoweit BGH FamRZ 2004, 370 = R 603; OLG Hamm FamRZ 1997, 674; OLG Frankfurt FamRZ 1992, 64
[146] BGH FamRZ 1986, 780; OLG Stuttgart FamRZ 1994, 1251; OLG Bamberg FamRZ 1986, 1144
[147] BGH FamRZ 1994, 28 = R 467; OLG München FamRZ 1993, 202
[148] Vgl. aber BGH FuR 2002, 423
[149] OLG München FamRZ 1993, 202

IV. Die Vollstreckung von Titeln zur Auskunft und zur Vorlage von Belegen

1. Vollstreckungsfähige Titel

Im Rahmen der Vollstreckung von Titeln zur Auskunft und zur Vorlage von Belegen[150] ist zunächst zu prüfen, ob ein vollstreckungsfähiger Inhalt vorliegt. Denn viele Titel sind nicht vollstreckungsfähig, weil sie die geschuldete Leistung **nicht konkret bezeichnen** und daher zu unbestimmt sind.[151] Vor allem der Zeitraum, für den Auskunft zur Bemessung des Unterhalts verlangt wird, und der Zeitpunkt, für den ggf. auch das Vermögen aufgelistet werden soll (s. Rn. 1176), müssen genau angegeben sein. Eine allgemeine Verpflichtung, Auskünfte über das Einkommen und das Vermögen zu erteilen, lässt sich daher nicht vollstrecken.[152] Auch die geforderten Belege müssen genau bezeichnet sein.[153] An der Vollstreckungsfähigkeit fehlt es auch dann, wenn die Auskunftserteilung im Titel von einer Zug um Zug zu erbringenden Gegenleistung abhängig gemacht wurde, die ihrerseits nicht eindeutig bestimmt ist.[154] Die Beschlussformel kann aber mit Hilfe des Tatbestands und der Entscheidungsgründe ausgelegt werden.[155] Ist etwa ein Freiberufler zur Vorlage seiner „Geschäftsunterlagen" verurteilt worden, kann die Auslegung ergeben, dass damit die Gewinn- und Verlustrechnung gemeint ist. Die nicht näher eingeschränkte Verpflichtung, Auskunft zum Einkommen in einem bestimmten Jahr zu geben, verpflichtet zur Angabe aller im Steuerrecht aufgeführten Einkommensarten (s. Rn. 51 ff.).

1188

Eine Zwangsvollstreckung nach § 95 I FamFG i. V. m. § 888 ZPO kommt nur dann in Betracht, wenn die geschuldete Auskunft verweigert wurde oder erkennbar unvollständig ist. Sonst ist für Vollstreckungsmaßnahmen zur Erzwingung der geschuldeten Auskunft kein Raum. Dem Interesse des Auskunftsberechtigten, eine wahrheitsgemäße und vollständige Auskunft zu erhalten, wird in der Bekräftigungsstufe (s. Rn. 1195 ff.) entsprochen, die im Wege des Stufenantrags (§ 113 I 2 FamFG i. V. m. § 254 ZPO) mit dem Auskunftsverlangen verbunden werden kann.[156]

1189

Auch im Vollstreckungsverfahren nach § 95 I FamFG i. V. m. § 888 ZPO ist (noch) zu prüfen, ob dem Schuldner die Erfüllung der titulierten Verpflichtung möglich ist.[157] Wird festgestellt, dass ihm die **titulierte Leistung nicht möglich** ist, weil etwa die vorzulegenden Belege nicht existieren, scheitert die Vollstreckung schon daran.[158] Ist der Auskunftspflichtige etwa zur Vorlage der Steuererklärung und des Steuerbescheides für das letzte Jahr verpflichtet worden und existieren diese Unterlagen noch nicht, hat der Beschluss insoweit keinen vollstreckungsfähigen Inhalt. Der Auskunftspflichtige ist nach dem Tenor des Beschlusses auch nicht verpflichtet, die verlangte Steuererklärung zu erstellen. Die dafür entstehenden (Steuerberater-)Kosten bleiben dann auch bei der Bestimmung der Berufungsbeschwer außer Betracht.[159] Allerdings ist bei der Bemessung der Beschwer auch die Gefahr zu berücksichtigen, dass der Auskunftspflichtige etwaigen Vollstreckungsversuchen zur Vorlage der noch nicht existenten Steuererklärung und des ebenfalls nicht vorhandenen Steuerbescheides entgegentreten muss.[160] Beruft sich der Schuldner im Vollstreckungsver-

1190

---

[150] Grundlegend dazu Büttner FamRZ 1992, 629
[151] BGH FamRZ 2002, 666; 1983, 454, 455; OLG Brandenburg FamRZ 2004, 820; OLG Bamberg FamRZ 1994, 1048
[152] OLGR Saarbrücken 2001, 498; OLG Frankfurt/Main FamRZ 1991, 1334; OLG Karlsruhe FamRZ 1983, 631
[153] BGH FamRZ 1989, 731
[154] BGH FamRZ 1994, 101
[155] BGH FamRZ 2002, 666; 1986, 45
[156] OLG Zweibrücken EzFamR aktuell 2000, 71
[157] OLG Hamm FamRZ 1997, 1094
[158] BGH FamRZ 1992, 535; 1989, 731; OLG Düsseldorf FamRZ 1997, 830
[159] BGH FamRZ 1992, 425
[160] BGH EzFamR aktuell 1993, 405; a. A. OLGR München 1996, 58

fahren darauf, dass ihm die von ihm verlangten Handlungen unmöglich seien, trägt er dafür die Darlegungs- und Beweislast und muss dazu substantiiert und nachprüfbar vortragen.[161] Durch ein Insolvenzverfahren wird dem Schuldner die Auskunft nicht unmöglich. Denn die geschuldete Auskunft ist kein vermögensrechtlicher Anspruch und der Verwalter hat ihm zumindest Kopien der erforderlichen Unterlagen herauszugeben.[162] Die Frage, ob der Vollstreckungstitel der materiellen Rechtslage entspricht, darf im Vollstreckungsverfahren nicht geprüft werden.[163] Anders ist es nur, wenn Erfüllung der geschuldeten Auskunft eingewendet wird. Denn dieser Einwand kann unmittelbar im Vollstreckungsverfahren nach § 95 I FamFG i. V. m. § 891 ZPO geltend gemacht werden.[164] Er ist dann beachtlich, wenn die vom Vollstreckungsschuldner behauptete Erfüllung offenkundig, zugestanden, unstreitig oder nachgewiesen ist.[165] Dagegen findet im Zwangsvollstreckungsverfahren keine Beweisaufnahme über die dem Erfüllungseinwand zugrunde liegenden streitigen Tatsachen statt. Wenn eine solche Beweisaufnahme notwendig wird, ist der Vollstreckungsschuldner darauf verwiesen, seinen Erfüllungseinwand im Wege der Vollstreckungsabwehrklage nach § 95 I FamFG i. V. m. § 767 ZPO geltend zu machen. Die Verpflichtung zur Vorlage von Belegen kann in der Regel durch Übersendung von Ablichtungen an den Gläubiger oder an dessen Prozessbevollmächtigten erfüllt werden, wenn nicht aus besonderen Gründen die Vorlage der Originale erforderlich ist.[166]

2. Die Art der Vollstreckung

1191 Die geschuldeten **Auskünfte** sind Wissenserklärungen des Auskunftspflichtigen.[167] Weil die Verpflichtung somit eine **unvertretbare Handlung** betrifft, erfolgt die Vollstreckung nach § 95 I FamFG i. V. m. § 888 ZPO. Vor der Festsetzung des Zwangsgeldes und/oder der Zwangshaft ist der Auskunftsschuldner zwar anzuhören; das Zwangsmittel kann aber nach § 95 I FamFG i. V. m. § 888 II ZPO – anders als bei der Anordnung eines Ordnungsmittels nach § 89 FamFG – ohne vorausgegangene Androhung festgesetzt werden. Der Beschluss, der das Zwangsmittel festsetzt, bildet einen Vollstreckungstitel nach § 794 I Satz 3 ZPO. Er wird nach § 329 III ZPO von Amts wegen zugestellt und ist nach § 793 ZPO mit sofortiger Beschwerde anfechtbar. Die sofortige Beschwerde gegen die Verhängung eines Zwangsgeldes hat keine aufschiebende Wirkung, weil § 570 I ZPO auch nach der Neufassung durch das Zivilprozessreformgesetz auf Beschlüsse nach den §§ 888, 890 ZPO nicht anwendbar ist.[168] Auf Antrag ist deswegen ggf. die Vollziehung des angefochtenen Beschlusses einstweilen auszusetzen.[169]

1192 Die Vollstreckung des rechtskräftig festgesetzten Zwangsmittels ist allerdings sehr mühsam. Sie erfolgt nur auf Antrag des Gläubigers und nicht von Amts wegen.[170] Zuerst muss nach § 724 I ZPO eine **Vollstreckungsklausel** erteilt werden. Das Zwangsgeld wird nach den allgemeinen Regeln des Vollstreckungsrechts beigetrieben.[171] Ein zur Erzwingung der – vollständigen – Auskunftserteilung festgesetztes Zwangsgeld kann durch das Beschwerdegericht auch herabgesetzt werden, wenn zwischenzeitlich teilweise Auskunft erteilt worden ist. Denn in jeder Lage des Vollstreckungsverfahrens ist zu prüfen, ob die Maßnahme noch

---

161 OLG Brandenburg FamRZ 2007, 63; OLG Köln InVo 1996, 107
162 BGH FamRZ 2008, 137 = R 684 a–d; OLG Naumburg FamRZ 2008, 620; OLG Koblenz FamRZ 2005, 915; OLG Brandenburg FamRZ 1998, 178
163 OLG München FamRZ 1992, 1207
164 OLG Frankfurt OLGZ 1991, 340; OLG Bamberg FamRZ 1993, 581
165 OLG Naumburg – 8 WF 2/10 BeckRS 2010, 18508; OLG Köln – 4 WF 100/03 BeckRS 2003, 30329405
166 OLG Schleswig SchlHA 1980, 71
167 Palandt/Heinrichs § 261 Rn. 20
168 OLG Köln FamRZ 2005, 223; a. A. OLG Frankfurt InstGE 9, 301 und – 6 W 81/09 BeckRS 2009, 20252; offen gelassen in BGH NJW 2005, 509
169 Vgl. insoweit BGH FamRZ 2005, 1064, 1065 und 2005, 1066
170 BGH FamRZ 1983, 578
171 BGH FamRZ 1983, 578; OLG Stuttgart FamRZ 1997, 1495

14. Abschnitt: Der Anspruch auf Auskunft und Vorlage von Belegen § 1

notwendig ist und ob nach dem Inhalt des Schuldtitels noch ein Anspruch auf weitere Erzwingung der Auskunftserteilung besteht.[172] Das beigetriebene Zwangsgeld fällt der Staatskasse an.[173] Zwangshaft wird auf Grund eines Haftbefehls des Prozessgerichts gemäß §§ 904 ff. ZPO vollstreckt. Auch wenn der Schuldner prozessunfähig ist, wird das Zwangsgeld in sein Vermögen vollstreckt, die Zwangshaft aber gegen seinen gesetzlichen Vertreter.[174] Sobald die Auskunft erteilt ist, ist die Vollstreckung zu beenden.[175] Denn das Zwangsgeld nach § 888 ZPO ist ein Beugemittel und soll den Schuldner lediglich zur Durchführung der unvertretbaren Handlung anhalten. Wird die Auskunft trotz Vollstreckung des Zwangsgeldes oder der Zwangshaft nicht erteilt, kann auf Antrag erneut Zwangsgeld oder Zwangshaft festgesetzt werden, sobald die Zwangsvollstreckung aus einem vorausgegangenen Beschluss abgeschlossen ist.[176]

Bei der Verpflichtung zur **Vorlage von Belegen,** handelt es sich in der Regel um eine vertretbare Handlung. Die Vollstreckung geschieht daher grundsätzlich gemäß § 95 I FamFG i. V. m. § 883 ZPO im Wege der **Wegnahme durch den Gerichtsvollzieher.** Findet der Gerichtsvollzieher die herauszugebenden Belege nicht vor, ist der Schuldner verpflichtet, auf Antrag des Gläubigers zu Protokoll an Eides statt zu versichern, dass er die Sache nicht besitze und auch nicht wisse, wo sich die Sache befinde (§ 883 II ZPO). Diese – von der Vollstreckung einer Auskunft abweichende – Art der Vollstreckung ist jedoch dann sehr unbefriedigend, wenn aus dem gleichen Titel sowohl nach § 888 ZPO die Vollstreckung der Auskunft als auch nach § 883 ZPO die Vollstreckung der Belegvorlage erfolgen soll. Im Interesse einer effektiven Vollstreckung nimmt die Praxis in solchen Fällen daher an, dass es sich bei der Vorlageverpflichtung nur um eine unwesentliche Nebenverpflichtung zur Auskunftspflicht handelt, die zusammen mit dieser durch Zwangsgeld und Zwangshaft vollstreckt werden kann.[177]   **1193**

Der Schuldner ist nur verpflichtet, die Belege „vorzulegen". Geschuldet wird daher nur eine vorübergehende Überlassung ohne Besitzaufgabe.[178] Der Gläubiger ist jedoch berechtigt, sich vor der Rückgabe **Kopien anzufertigen.**[179] Die Praxis begnügt sich häufig damit, dass bereits der Auskunftspflichtige Kopien anfertigt und übergibt. Bei Verdacht auf Fälschungen sollte der Berechtigte jedoch stets auf Vorlage der Originale bestehen, um diese mit den Kopien vergleichen zu können. Das ist ihm auch möglich, weil sich ein bestehender Titel immer auf Vorlage der Originale bezieht.[180]   **1194**

V. Die eidesstattliche Versicherung

1. Voraussetzungen

Nach § 1605 I 3 i. V. m. §§ 259 II, 260 II BGB kann eine eidesstattliche Versicherung verlangt werden, wenn der begründete Verdacht besteht, dass die Auskunft in einzelnen Punkten **nicht mit der erforderlichen Sorgfalt** erteilt worden ist. Es muss also streitig sein, ob in einer vorliegenden Auskunft einzelne Posten falsch sind oder sogar fehlen. Dazu muss bereits eine Auskunft in der Form eines Bestandsverzeichnisses nach § 260 I BGB erteilt worden sein.[181] Ist das nicht der Fall, muss zunächst die Auskunftspflicht vollstreckt   **1195**

---

[172] OLG Nürnberg EzFamR aktuell 1997, 135
[173] BGH FamRZ 1983, 578
[174] Thomas/Putzo § 888 Rn. 16
[175] Thomas/Putzo § 888 Rn. 14
[176] OLG Brandenburg FamRZ 1998, 180
[177] OLG Karlsruhe NJW-RR 2000, 1172; OLG Hamm NJW 1974, 653; s. auch Büttner FamRZ 1992, 629, 632
[178] OLG Hamm NJW 1974, 653; Zöller/Stöber ZPO, 26. Aufl. § 883 Rn. 2
[179] KG FamRZ 1982, 614
[180] KG FamRZ 1982, 514 und 1296; der entgegenstehenden Ansicht des OLG Frankfurt/M. in FamRZ 1997, 1296 kann schon wegen der großen Gefahr von Fälschungen beim Ablichten nicht gefolgt werden
[181] BGH FamRZ 1984, 144; 1983, 996, 998 = R 178; OLG Hamm NJWE-FER 2001, 1

werden (s. Rn. 1191 f.). Ob der Auskunftspflichtige eine vorliegende Auskunft mit der erforderlichen Sorgfalt erteilt hat, ist eine Frage des Einzelfalles, die der Tatrichter unter Berücksichtigung aller Umstände, einschließlich der Angriffe des Berechtigten beantworten muss. Das Rechtsbeschwerdegericht kann insoweit nur prüfen, ob die Erwägungen des Tatrichters von Rechtsirrtum beeinflusst sind, ob er also wesentliche Umstände unberücksichtigt gelassen hat oder seine Entscheidung gegen Denkgesetze verstößt. Für das Vorliegen der Voraussetzungen des § 260 II BGB ist der Auskunftsberechtigte darlegungs- und beweispflichtig.[182] Allerdings kann von ihm nur in dem Umfang substantiierter Vortrag erwartet werden, in dem er sich mit zumutbaren Anstrengungen Kenntnis verschaffen kann. Handelt es sich um Umstände aus dem Wahrnehmungsbereich des Auskunftspflichtigen, kann diesen nach den Regeln zum Beweis negativer Tatsachen auch eine sekundäre Darlegungslast zu einem weniger substantiierten Vortrag des Auskunftsberechtigten treffen.[183] Dann kann sein Wissensstand als Beweisbelasteter zum Maßstab seiner primären Darlegungslast werden.[184] Dem Berechtigten fehlt allerdings ein Rechtsschutzinteresse für die Heranziehung des Auskunftspflichtigen zur eidesstattlichen Versicherung, wenn er sich – sei es z. B. als Miteigentümer oder Mitgesellschafter – über ein eigenes Einsichtsrecht leichter, schneller und zuverlässiger Gewissheit über die Richtigkeit und Vollständigkeit der Abrechnung verschaffen kann.[185]

1196 Die Feststellung, dass die Auskunft in einzelnen Punkten **unvollständig oder unrichtig** ist, begründet nicht ohne weiteres die Annahme einer für die Abgabe der eidesstattlichen Versicherung notwendigen mangelnden Sorgfalt. Der in solchen Fällen zunächst gegebene Verdachtsgrund ist entkräftet, wenn nach dem Vortrag des Auskunftspflichtigen davon auszugehen ist, dass seine mangelhafte Auskunft auf unverschuldeter Unkenntnis oder auf einem entschuldbaren Irrtum beruht. In solchen Fällen besteht noch kein Anspruch auf Abgabe der eidesstattlichen Versicherung, sondern zunächst nur ein Anspruch auf **ergänzende Auskunft**.[186] Die auf eine unzureichende Auskunft gegründete Verurteilung zur Abgabe der eidesstattlichen Versicherung muss deshalb neben der Unvollständigkeit oder Unrichtigkeit des Verzeichnisses stets auch Feststellungen dazu treffen, dass sich die Unvollständigkeit oder Unrichtigkeit bei gehöriger Sorgfalt hätte vermeiden lassen.[187] Wurde die Auskunft allerdings bereits mehrfach ergänzt oder berichtigt, kann die eidesstattliche Versicherung mit dem Inhalt verlangt werden, dass die jetzt vorliegende Aufstellung vollständig und richtig ist.[188]

1197 Falsche oder unvollständige Auskünfte beruhen in der Praxis allerdings selten auf einem unverschuldeten Irrtum. Oft liegen grobe Nachlässigkeiten oder sogar **handfeste Betrugsversuche** vor. In solchen Fällen sollte sofort die eidesstattliche Versicherung verlangt werden, weil dies die vom Gesetzgeber vorgegebene Reaktion auf unzutreffende Auskünfte ist. Die eidesstattliche Versicherung ist auch abzugeben, wenn der Auskunftspflichtige nicht mitgeteilt hat, wie er das bei der Vermögensauseinandersetzung erhaltene Kapital angelegt hat.[189] Weil nach §§ 260 III, 259 III BGB in Angelegenheiten von geringer Bedeutung kein Anspruch auf Abgabe der eidesstattlichen Versicherung besteht, sind Kleinlichkeiten insoweit stets zu vermeiden.[190]

2. Die Durchsetzung des Anspruchs

1198 Die eidesstattliche Versicherung kann vor dem Gericht der freiwilligen Gerichtsbarkeit nach §§ 410 Nr. 1, 413 FamFG **freiwillig** abgegeben werden. Zuständig ist der Rechts-

---

[182] BGH FamRZ 1984, 144
[183] Vgl. BGH FamRZ 2010, 875 Rn. 20 f.
[184] Vgl. BGH (KZR 13/92) WuW 1994, 237
[185] BGH NJW 1998, 1636
[186] BGH – I ZB 50/10 BeckRS 2011, 04937; WM 1996, 466
[187] BGH FamRZ 1984, 144
[188] OLG Braunschweig ErbR 2010, 232
[189] OLG Karlsruhe FamRZ 1990, 756
[190] BGH FamRZ 1984, 144

14. Abschnitt: Der Anspruch auf Auskunft und Vorlage von Belegen § 1

pfleger (§ 3 Nr. 1 b RPflG). Wird die eidesstattliche Versicherung verweigert, kann der Anspruch im Wege eines neuen Verfahrens geltend gemacht werden. Meist empfiehlt sich ein Stufenantrag nach § 113 I FamFG i. V. m. § 254 ZPO. Ist der Auskunftspflichtige zur Abgabe einer eidesstattlichen Versicherung (über die Richtigkeit der erteilten Auskunft) verurteilt worden, ist diese nach § 95 I FamFG i. V. m. § 889 Abs. 1 ZPO beim Amtsgericht als **Vollstreckungsgericht** abzugeben. Das Verfahren der Abgabe der eidesstattlichen Versicherung beginnt regelmäßig erst mit dem Antrag des Berechtigten, mit dem dem Vollstreckungsgericht Titel, Klausel und Zustellung als Voraussetzungen für die Zwangsvollstreckung nachgewiesen werden.[191] Zuständig ist auch dort der Rechtspfleger (§ 20 Nr. 17 RPflG); die Anordnung der Erzwingungshaft ist jedoch dem Richter vorbehalten (§ 4 II Nr. 2 RPflG). Zwangsmittel nach §§ 889 II, 888 ZPO dürfen erst festgesetzt werden, wenn das nach § 889 I ZPO zuständige Amtsgericht einen Termin zur Abgabe der eidesstattlichen Versicherung bestimmt hat, in dem der Schuldner nicht erschienen ist oder die Abgabe verweigert hat.[192] Die Kosten für die Abnahme der eidesstattlichen Versicherung trägt nach § 261 II BGB der Gläubiger; das gilt sowohl für die freiwillige Abgabe nach dem FamFG, als auch für das Verfahren vor dem Vollstreckungsgericht.[193] Diese Kostenfolge ist aber nicht auf die Kosten des Rechtsstreits zur Abgabe der eidesstattlichen Versicherung übertragbar. Insoweit ist gemäß § 243 FamFG unter Berücksichtigung der dort genannten Umstände nach billigem Ermessen zu entscheiden. Bleibt ein verfrüht gestellter Antrag des Auskunftsberechtigten erfolglos, fallen die Kosten, einschließlich derjenigen einer erfolgreichen Beschwerde des Auskunftspflichtigen, nach § 243 S. 2 Nr. 1 FamFG ihm zur Last.[194]

VI. Die Verpflichtung zu ungefragten Informationen

1. Voraussetzungen

Nach den §§ 1361 IV 3, 1580, 1615 l III 1, 1605 BGB schuldet der Auskunftspflichtige **1199** grundsätzlich nur „auf Verlangen" Auskunft über seine Einkünfte und sein Vermögen. Unter engen[195] Voraussetzungen besteht daneben nach dem Grundsatz von Treu und Glauben (§ 242 BGB) aber eine zusätzliche Verpflichtung zu „ungefragten" Informationen.[196] Eine solche Verpflichtung kann unter besonderen Umständen bestehen, wenn der **Unterhaltsberechtigte** einen rechtskräftig zuerkannten Unterhalt laufend entgegennimmt, ohne die Aufnahme oder Aufstockung einer eigenen Erwerbstätigkeit zu offenbaren.[197] Auch dann ergibt sich eine Offenbarungspflicht aber nicht schon daraus, dass die neuen Tatsachen zu einer wesentlichen Änderung im Sinn der §§ 238 f. FamFG führen. Das Schweigen muss sich darüber hinaus als „evident unredlich" darstellen, was der Fall ist, wenn der Unterhaltspflichtige die Änderung weder erwarten noch erkennen konnte und deshalb von einer förmlichen Auskunft abgesehen hat, während der Unterhaltsberechtigte durch die fortlaufende Annahme des Unterhalts den Irrtum des Unterhaltspflichtigen noch unterstützt.[198] Die Pflicht zur Rücksichtnahme der einen Partei auf die Belange der anderen erhöht sich noch, wenn es um die Durchführung einer **Unterhaltsvereinbarung** geht. Dann ist der Unterhaltsberechtigte schon im Hinblick auf seine vertragliche Treuepflicht gehalten, jederzeit und unaufgefordert dem anderen Teil Umstände zu offenbaren, die ersichtlich dessen Verpflichtungen aus dem Vertrag berühren.[199] Soll nach einer Unter-

---

[191] OLG Frankfurt FamRZ 2004, 129
[192] OLG Frankfurt FamRZ 2004, 129; OLG Düsseldorf FamRZ 1997, 1495
[193] BGH NJW 2000, 2113
[194] OLG Frankfurt FamRZ 2004, 129
[195] OLG Hamm FamRZ 1997, 433
[196] Grundlegend dazu Hoppenz FamRZ 1989, 337 ff. und Büttner FF 2008, 15
[197] BGH FamRZ 2008, 1325 Rn. 28; 1986, 450
[198] BGH FamRZ 1986, 794; OLG Koblenz FamRZ 1997, 1338; s. auch Büttner FF 2008, 15
[199] BGH FamRZ 2008, 1325 Rn. 28; 2000, 153, 154 = R 534; 1997, 483 = R 510 a; OLG Bamberg FamRZ 2001, 834

haltsvereinbarung ein bestimmtes Einkommen des Unterhaltsberechtigten anrechnungsfrei bleiben, kann deswegen sogar vollendeter Betrug durch Unterlassen vorliegen, wenn der Unterhaltspflichtige nicht ungefragt informiert wird, sobald der Verdienst diese Grenze deutlich übersteigt.[200] Entsteht die Pflicht zur ungefragten Information noch während eines laufenden Unterhaltsverfahrens, müssen die entsprechenden Tatsachen unverzüglich mitgeteilt werden.[201] Nimmt ein Unterhaltsberechtigter titulierte Unterhaltsbeträge laufend entgegen und erreicht er durch einen weiteren Vergleich sogar eine Erhöhung des Unterhalts, obwohl er bereits seit längerem in einer nicht offenbarten eheähnlichen Versorgungsgemeinschaft zusammenlebt, erfüllt er auch den Tatbestand einer vorsätzlichen sittenwidrigen Schädigung gemäß § 826 BGB.[202]

1200 Die zu der Offenbarungspflicht eines Unterhaltsberechtigten entwickelte Rechtsprechung setzt besondere Umstände voraus, die das Unterbleiben der Information zur (teilweisen) eigenen Bedarfsdeckung oder zum Wegfall des Unterhaltsanspruchs als evident unredlich erscheinen lassen. Sie lässt sich deswegen nicht ohne weiteres auf den **Unterhaltspflichtigen** übertragen. Denn das Risiko der Aktualisierung einer erteilten Auskunft liegt grundsätzlich beim Unterhaltsberechtigten und kann nur ausnahmsweise dem Unterhaltspflichtigen aufgebürdet werden.[203] Eine Pflicht zur ungefragten Information kann sich für den Unterhaltspflichtigen aber dann ergeben, wenn er wegen eingeschränkter Leistungsfähigkeit nur einen reduzierten Unterhalt schuldet und der Grund für die Kürzung des Unterhalts später entfällt. Auch dann setzt die Pflicht zur ungefragten Information aber voraus, dass das Schweigen über die günstige Entwicklung seiner wirtschaftlichen Verhältnisse „evident unredlich" erscheint.[204] Das ist nicht der Fall, wenn der Unterhaltspflichtige die bei der Bemessung des nachehelichen Unterhalts zunächst berücksichtigten Verbindlichkeiten nicht mehr bedient, weil er diese mit einem nachehelich unvorhersehbar hinzugekommenen Vermögen tilgen konnte[205] oder wenn er die zuvor abgesetzten Raten für eine zusätzliche Altersversorgung[206] wegen besonders beengter wirtschaftlicher Verhältnisse nicht mehr erbringt und dadurch seine eigene Altersvorsorge gefährdet.

1201 Eine **Pflicht zur Selbstoffenbarung** besteht somit für den Unterhaltspflichtigen[207] nur bei mehr oder weniger „betrügerischem Verhalten". Die Beurteilung, ob das Verschweigen unerwarteter Einkommenssteigerungen beim Unterhaltsberechtigten in besonderem Maße als unredlich erscheint, kann auch davon beeinflusst werden, ob der Unterhaltsschuldner Änderungen seines eigenen Einkommens für den fraglichen Zeitraum mitgeteilt hat.[208] War mit Veränderungen zu rechnen, konnte vom Gegner erwartet werden, dass er von seinem Auskunftsanspruch im Rahmen des § 1605 II BGB Gebrauch macht. Hat er diese ihm zumutbare Rechtsausübung unterlassen, kann das Verschweigen von Veränderungen nicht als „evident" unredlicher Verstoß gegen die Grundsätze von Treu und Glauben angesehen werden. Der Auffassung des OLG Hamm,[209] ein unterhaltsberechtigter Ehegatte sei grundsätzlich verpflichtet, dem Unterhaltsschuldner die Aufnahme einer eheähnlichen Lebensgemeinschaft zu offenbaren, kann daher nicht gefolgt werden. Eine solche Pflicht kann nur dann eintreten, wenn der Unterhaltsschuldner im Hinblick auf frühere Äußerungen und Umstände nicht mit einer solchen Veränderung rechnen konnte.

---

[200] BGH FamRZ 1997, 483 = R 510a; OLG Frankfurt FamRZ 2003, 1750; OLG Hamm FamRZ 1994, 1265; vgl. auch OLG Hamm FamRZ 2004, 1786
[201] OLG Düsseldorf FamRZ 1997, 827, 828
[202] OLG Hamm FuR 1998, 319
[203] OLG Düsseldorf FamRZ 1995, 741
[204] BGH FamRZ 1988, 270
[205] BGH FamRZ 2010, 1311 Rn. 28 f.
[206] Vgl. BGH FamRZ 2006, 1511 Rn. 29 ff.; 2005, 1817 = R 632j (bis zu 4% des Bruttoeinkommens beim Kindes- und Ehegattenunterhalt); 2004, 792 = R 605a (bis zu 5% des Bruttoeinkommens beim Elternunterhalt
[207] Vgl. OLG Düsseldorf FamRZ 1995, 741
[208] OLG Hamm FamRZ 1997, 433
[209] OLG Hamm FuR 1998, 319

14. Abschnitt: Der Anspruch auf Auskunft und Vorlage von Belegen § 1

2. Die Folgen des Verschweigens

Wer eine bestehende Verpflichtung zur Erteilung von ungefragten Informationen verletzt, **schuldet Schadensersatz.** Der Unterhaltsberechtigte kann ohne Rücksicht auf die Vorschriften über die Geltendmachung von rückständigem Unterhalt (§§ 1360a III, 1361 IV 4, 1585b, 1613 BGB) und auf bereits vorliegende Verurteilungen oder Vereinbarungen zusätzlichen Unterhalt als Verzugsschaden (§ 286 BGB) geltend machen. Der Verzug bezieht sich in diesem Zusammenhang auf die unterlassene Information.[210] Der Unterhaltspflichtige kann bereits Geleistetes ohne die Einschränkungen des Bereicherungsrechts zurückverlangen. Im Falle einer früheren Verurteilung kann er sogar die Zeitschranke des § 238 III FamFG durchbrechen, wenn die weiteren Voraussetzungen einer sittenwidrigen Schädigung nach § 826 BGB vorliegen. Dazu genügt es, dass derjenige, der eine Veränderung trotz bestehender Offenbarungspflicht verschwiegen hat, die Tatumstände des Falles gekannt und in Bezug auf die Schadenszufügung vorsätzlich gehandelt hat (dazu näher Rn. 6/235 ff.).[211] Als Schadensersatz wegen missbräuchlicher Vollstreckung (s. § 717 II ZPO) kann der Unterhaltspflichtige im Wege der Vollstreckungsgegenklage nach § 767 ZPO auch die Unterlassung der Zwangsvollstreckung und die Herausgabe des Titels verlangen.[212] Daneben kann die Verletzung der Pflicht zu ungefragten Informationen auch zur **Verwirkung** des noch gegebenen Restanspruches nach § 1579 Nr. 5 BGB führen.[213] Im Rahmen der Billigkeit kann es aber auch angebracht sein, nur den über den notwendigen Selbstbehalt hinausgehenden Teil des Unterhaltsanspruchs zu versagen.[214]

1202

---

[210] OLG Karlsruhe – 16 UF 238/02 BeckRS 2004, 00290; Hoppenz, FamRZ 1989, 337, 341
[211] BGH FamRZ 1988, 270, 272
[212] OLG Düsseldorf FamRZ 1997, 827
[213] BGH FamRZ 2008, 1325 Rn. 29 ff.; 1997, 483 = R 510b; OLG Koblenz FamRZ 1997, 371; OLG Hamm FamRZ 1994, 1265
[214] OLG Frankfurt FamRZ 2003, 1750; OLG Koblenz FamRZ 1997, 1338, 1339

§ 2 Kindes-, Eltern- und sonstiger Verwandtenunterhalt

A. Kindesunterhalt

1. Abschnitt: Grundlagen

I. Entstehung und Dauer des Unterhaltsanspruchs

1. Eltern-Kind-Verhältnis

Anspruchsgrundlage für den Kindesunterhalt ist § 1601 BGB. Danach sind Verwandte in gerader Linie verpflichtet, einander Unterhalt zu gewähren. Dies gilt besonders für **Eltern** gegenüber ihren Kindern. Die Unterhaltspflicht ist beim minderjährigen Kind Ausdruck der elterlichen Sorge (§§ 1626 ff. BGB), beim volljährigen Kind Ausfluss der über die Volljährigkeit hinausgehenden familienrechtlichen Solidarität (§ 1618 a BGB). Eine Unterhaltspflicht besteht jedoch nur, wenn die tatbestandlichen Voraussetzungen der §§ 1601 ff. BGB gegeben sind. Auf §§ 242, 1618 a BGB allein kann der Unterhaltsanspruch nicht gestützt werden, wohl aber auf eine vertragliche Vereinbarung.[1] Vgl. dazu auch Rn. 37, 755 ff. 1

Nach § 1601 BGB sind aber auch Kinder gegenüber ihren Eltern, Großeltern und ggf. Urgroßeltern unterhaltspflichtig. Ebenso müssen Großeltern und Urgroßeltern ggf. für ihre Enkel und Urenkel Unterhalt leisten. Vgl. hierzu *Wönne* Rn. 900 ff.

Das Eltern-Kind-Verhältnis wird durch das **Abstammungsrecht** (§§ 1591 ff. BGB) geregelt.[2] Die Fortschritte der Medizin, insbesondere die Möglichkeit der künstlichen Befruchtung, haben den hergebrachten Begriff der Eltern in Frage gestellt. Deshalb hat § 1591 BGB i. d. F. des Kindschaftsrechtsreformgesetzes (KindRG)[3] erstmals den Begriff der Mutter definiert; die rechtlichen Voraussetzungen der Vaterschaft sind in §§ 1592, 1593 BGB geregelt worden. 2

Mutter ist danach die Frau, die das Kind geboren hat (§ 1591 BGB). Bei der in Deutschland verbotenen Leihmutterschaft[4] ist also die Frau, die entgegen dem Verbot oder im Ausland das Ei gespendet hat, nicht Mutter im Sinne des Gesetzes. Sie ist im Rechtssinne mit dem Kind nicht verwandt. Das Gesetz eröffnet weder ihr noch dem Kind die Möglichkeit, in einem Statusverfahren die Abstammung feststellen zu lassen.[5] Daher sind gesetzliche Unterhaltsansprüche des Kindes gegen die Eispenderin ausgeschlossen. Wenn die Eispenderin das Kind nach der Geburt in ihren Haushalt aufgenommen hat, kann u. U. ein Unterhaltsanspruch auf vertraglicher Grundlage in Betracht kommen, da die Frau dadurch praktisch die elterliche Verantwortung übernommen hat.[6] Jedoch erlaubt es § 1598 a BGB den in dieser Bestimmung genannten Personen nunmehr, die genetische Abstammung zu klären; dies hat allerdings keinen Einfluss auf den rechtlichen Status des Kindes.[7]

Vater ist der Ehemann oder der innerhalb eines Zeitraums von 300 Tagen vor der Geburt verstorbene Ehemann der Mutter (§§ 1592 Nr. 1, 1593 S. 1 BGB). Bei Wiederheirat 3

---

[1] BGH FamRZ 2001, 1601 = R 562 b
[2] Vgl. zum Abstammungsrecht MünchKommBGB/Seidel §§ 1591 ff., Eckebrecht in Scholz/Kleffmann/Motzer Praxishandbuch Familienrecht, Teil Q
[3] Vom 16. 12. 1997 – BGBl. I S. 2942
[4] Vgl. §§ 13 c, 13 d Adoptionsvermittlungsgesetz, § 1 Embryonenschutzgesetz
[5] Eckebrecht in Scholz/Kleffmann/Motzer Teil Q Rn. 16 ff.
[6] BGH FamRZ 1995, 861, 865; vgl. auch BGH FamRZ 1995, 995
[7] Eckebrecht, a. a. O., Teil Q Rn. 17 a

der Mutter und Geburt eines Kindes innerhalb von 300 Tagen nach Auflösung der früheren Ehe löst § 1593 S. 3 BGB den Konflikt zwischen den als Vätern in Betracht kommenden Ehemännern. Bei Kindern, die nicht von dem Ehemann der Mutter abstammen, kann die Vaterschaft auf Anerkennung oder auf gerichtlicher Feststellung beruhen (§ 1592 Nr. 2, 3 BGB). Vor Wirksamkeit der Anerkennung oder vor Rechtskraft der Feststellung dürfen die Rechtswirkungen der Vaterschaft nicht geltend gemacht werden, sofern sich nicht aus dem Gesetz anderes ergibt (§§ 1594 I, 1600 d IV BGB). Deshalb sind Unterhaltsansprüche eines nichtehelichen Kindes gegen seinen (mutmaßlichen) Vater vor Anerkennung oder **vor gerichtlicher Feststellung der Vaterschaft grundsätzlich ausgeschlossen.** Die Abstammung muss im Statusverfahren geklärt werden; über sie soll nicht als Vorfrage in einem der Disposition der Parteien überlassenen Zivilprozess, insbesondere in einem Rechtsstreit über Unterhalt oder über den Regress des Scheinvaters gegen den biologischen Vater, entschieden werden. Nur ausnahmsweise lässt der BGH[8] die Rechtsausübungssperre der §§ 1594 I, 1600 d IV BGB in besonders gelagerten Einzelfällen aufgrund einer umfassenden Interessenabwägung nicht eingreifen. Voraussetzung ist, dass die Vaterschaft unstreitig ist oder deren Voraussetzungen (§ 1600 d II BGB) substantiiert behauptet werden, aus bestimmten Gründen aber ein Verfahren auf Feststellung der Vaterschaft – z. B. wegen Fehlens der Antragsbefugnis oder wegen Verstreichens der Anfechtungsfrist – nicht oder nicht in absehbarer Zeit stattfinden kann. Darüber hinaus lässt § 247 FamFG (früher: § 1615 o I BGB) die Geltendmachung des Kindesunterhalts für die ersten drei Monate nach der Geburt durch einstweilige Anordnung gegen den Mann zu, der die Vaterschaft anerkannt hat oder der nach § 1600 d II, III BGB als Vater vermutet wird. Für den Nasciturus kann die Mutter schon vor der Geburt Unterhalt verlangen (§ 247 II 1 FamFG). Die Bestellung eines Pflegers ist danach nicht erforderlich.[9]

Soweit die Sperrwirkung der §§ 1594 I, 1600 d IV BGB eingreift, sind das Kind und die nichteheliche Mutter nicht rechtlos gestellt. Nach § 1613 II Nr. 2a BGB kann Unterhalt nach Anerkennung oder Feststellung der Vaterschaft auch für die davor liegende Zeit geltend gemacht werden, obwohl die Voraussetzungen des § 1613 I 1 BGB, insbesondere Verzug, nicht vorliegen. Vgl. dazu Rn. 6/109.

Die Vaterschaft kann unter bestimmten Voraussetzungen (vgl. § 1600 BGB) angefochten werden. Die Klärung der Vaterschaft unabhängig vom Anfechtungsverfahren (§ 1598a BGB)[10] hat für das Unterhaltsrecht keine Bedeutung, da allein die Anfechtung der Vaterschaft, die weiterhin an bestimmte Fristen gebunden bleibt, das rechtliche Vater-Kind-Verhältnis beendet.

Ist das Kind mit Einwilligung des Mannes und der Mutter durch künstliche Befruchtung mittels Samenspende eines Dritten gezeugt worden, so ist die Anfechtung der Vaterschaft durch den Mann oder die Mutter ausgeschlossen (§ 1600 V BGB). Dagegen ist die Anfechtung durch das Kind möglich.

4   Das Kindschaftsreformgesetz (KindRG)[11] und das Kindesunterhaltsgesetz (KindUG)[12] haben die Unterschiede zwischen **ehelichen und nichtehelichen Kindern** fast völlig beseitigt. Selbst der Begriff „nichteheliches Kind" wird vom Gesetz vermieden, sondern lediglich in § 1615 a BGB in schwer verständlicher Weise umschrieben. Auch nicht miteinander verheiratete Eltern können seit dem 1. 7. 1998 das Sorgerecht für ein Kind gemeinsam ausüben (§ 1626 a BGB). Für eine Legitimation nichtehelicher Kinder durch Eheschließung der Eltern und durch Ehelichkeitserklärung besteht kein Bedürfnis mehr. Die entsprechenden Vorschriften (§§ 1719 S. 1, 1736 BGB a. F.) sind ersatzlos aufgehoben worden. Ähnliches gilt für den Unterhalt nichtehelicher Kinder. Die §§ 1615 b bis 1615 k BGB a. F. sind entfallen. Als „Besondere Vorschriften für das Kind und seine nicht miteinander verheirateten Eltern"[13] sind im Gesetz nur noch §§ 1615 a, 1615 l bis 1615 n BGB

---

[8] FamRZ 2009, 32; 2008, 1424 mit Anm. Wellenhofer
[9] Keidel/Giers FamFG, § 247 Rn. 7
[10] Vgl. dazu im Einzelnen Frank und Helms FamRZ 2007, 1277
[11] Vom 16. 12. 1997 – BGBl. I S. 2942
[12] Vom 6. 4. 1998 – BGBl. I S. 666
[13] So die Überschrift vor § 1615 a BGB

1. Abschnitt: Grundlagen § 2

verblieben. Diese regeln aber nicht die Bemessung des Kindesunterhalts, sondern vorzugsweise die Rechte der Mutter des nichtehelichen Kindes. Der Kindesunterhalt wird noch in § 247 FamFG (früher: § 1615 o I BGB) angesprochen. Alle übrigen Sondervorschriften für das nichteheliche Kind in der bis 30. 6. 1998 geltenden Fassung des BGB sind entweder aufgehoben oder als für alle Kinder geltendes Recht in die §§ 1601 ff. BGB neuer Fassung übernommen worden. Dies bedeutet u. a., dass auch die Düsseldorfer Tabelle uneingeschränkt für nichteheliche Kinder anzuwenden ist. Vgl. dazu Rn. 310 ff.

Ein Eltern-Kind-Verhältnis kann nach wie vor durch **Adoption** begründet werden 5 (§§ 1754, 1767 II 1 BGB). Durch die Annahme eines minderjährigen Kindes erlischt die Verwandtschaft zu den bisherigen Eltern (§ 1755 I BGB). Unterhaltsrechtlich treten diese Wirkungen teilweise schon ein, sobald die Eltern des minderjährigen Kindes die erforderliche Einwilligung in die Adoption erteilt haben und das Kind in die Obhut des Annehmenden mit dem Ziel der Annahme aufgenommen ist. Von diesem Zeitpunkt an ist der Annehmende vor den Verwandten des Kindes und damit auch vor dessen Eltern zum Unterhalt verpflichtet (§ 1751 IV 1 BGB). Zur Unterhaltspflicht bei der Adoption eines Volljährigen vgl. § 1770 III BGB. Ein vertraglicher Unterhaltsanspruch kann bestehen, wenn ein Mann und eine Frau ein Kind ohne förmliche Annahme zu sich nehmen und es durch mittelbare Falschbeurkundung im Geburtenregister als ihr eigenes Kind eintragen lassen.[14] Zur Auswirkung dieses Anspruchs auf den Familienunterhalt vgl. Rn. 3/37.

Die Unterhaltspflicht der Eltern besteht gegenüber **minderjährigen und volljährigen** 6 **Kindern,** solange die unter Rn. 7 ff. dargestellten Anspruchsvoraussetzungen vorliegen, insbesondere solange das Kind sich nicht selbst unterhalten kann (§ 1602 BGB). Der Unterhaltsanspruch des minderjährigen und derjenige des volljährigen Kindes sind identisch. Im Einzelnen bestehen manche Unterschiede. Vgl. dazu Rn. 28 ff., 299 ff., 468 ff.

2. Übersicht über die wichtigsten Anspruchsvoraussetzungen und Einwendungen gegen den Anspruch

a) **Bedürftigkeit.** Nach § 1602 I BGB sind Kinder nur unterhaltsberechtigt, wenn sie 7 außerstande sind, sich selbst zu unterhalten, d. h., wenn sie bedürftig sind. Das ist in der Regel der Fall, solange sie minderjährig sind und kein eigenes Einkommen haben. Bedürftig sind Kinder auch, solange sie sich noch in einer Berufsausbildung befinden (§ 1610 II BGB). Genaueres dazu Rn. 54, 68 ff.

Auf die Ursache der Bedürftigkeit kommt es beim Kindesunterhalt grundsätzlich nicht an. Die gesetzliche Regelung des Verwandtenunterhalts enthält keine dem Ehegattenunterhalt vergleichbare Aufzählung von unterschiedlichen Bedarfsgründen und Einsatzzeitpunkten (vgl. §§ 1570 ff. BGB). Das Kind kann auch nach Eintritt der Volljährigkeit erneut bedürftig werden, z. B. durch Arbeitslosigkeit, Krankheit oder Betreuung eines eigenen Kindes. Jedoch sind dann an die Obliegenheit des volljährigen Kindes, sich selbst durch jede, auch berufsfremde Arbeit zu unterhalten, strenge Anforderungen zu stellen.[15] Genaueres dazu Rn. 57, 535. Ist das volljährige Kind durch sittliches Verschulden bedürftig geworden, wird nur Unterhalt nach Billigkeit geschuldet (§ 1611 BGB; vgl. Rn. 601, 603).

b) **Bedarf.** Der Bedarf des Kindes richtet sich im Allgemeinen nach den Lebensverhält- 8 nissen seiner Eltern, da es in der Regel noch keine selbstständige Lebensstellung (vgl. § 1610 I BGB) erreicht hat. Entscheidend sind insbesondere die Einkommens- und Vermögensverhältnisse der Eltern. Genaueres dazu Rn. 200 ff. Der Bedarf von Kindern, die im Haushalt der Eltern oder eines Elternteils leben, wird üblicherweise nach der Düsseldorfer Tabelle (Rn. 319 ff.), bemessen. Die Tabelle baut auf dem **Mindestunterhalt** für minderjährige Kinder auf, den § 1612a I 2 BGB seit dem 1. 1. 2008 auf den doppelten Freibetrag für das sächliche Existenzminimum eines Kindes, also den doppelten Kinderfreibetrag nach § 32 VI 1 EStG festsetzt. Vgl. dazu Rn. 223. Das minderjährige Kind kann den Unterhalt

---

[14] BGH FamRZ 1995, 995; OLG Bremen FamRZ 1995, 1291
[15] BGH FamRZ 1985, 273; FamRZ 1985, 1245

§ 2 Kindes-, Eltern- und sonstiger Verwandtenunterhalt

auch als Prozentsatz des jeweiligen Mindestunterhalts verlangen (§ 1612a I BGB). Vgl. Rn. 358 ff.

9   c) **Leistungsfähigkeit.** Ein Unterhaltsanspruch des Kindes besteht nur, wenn die Eltern bzw. der barunterhaltspflichtige Elternteil leistungsfähig sind, und zwar gerade in der Zeit, in der das Kind bedürftig ist.[16] Nach § 1603 I BGB sind Eltern nicht unterhaltspflichtig, wenn sie bei Berücksichtigung ihrer sonstigen Verpflichtungen außerstande sind, den Unterhalt ohne Gefährdung ihres eigenen angemessenen Unterhalts zu gewähren. Gegenüber **minderjährigen Kindern** besteht jedoch eine verschärfte Unterhaltspflicht (§ 1603 II 1 BGB). Die Eltern sind minderjährigen Kindern gegenüber verpflichtet, alle verfügbaren Mittel zu ihrem und der Kinder Unterhalt gleichmäßig zu verwenden. Genaueres dazu Rn. 366 ff. In dieser Weise haften sie auch für den Unterhalt volljähriger unverheirateter Kinder bis zur Vollendung des 21. Lebensjahres, solange diese im Haushalt der Eltern oder eines Elternteils leben und sich in der allgemeinen Schulausbildung befinden (sog. **privilegiert volljährige Kinder;** § 1603 II 2 BGB). Dazu Rn. 579 ff. Ist der unterhaltspflichtige Elternteil nicht in der Lage, allen gleichrangig Berechtigten Unterhalt zu leisten, liegt ein sog. Mangelfall vor. Dann werden zunächst die vorrangigen Ansprüche der minderjährigen unverheirateten und der privilegiert volljährigen Kinder befriedigt (§ 1609 Nr. 1 BGB). Im Übrigen ist der zur Verfügung stehende Betrag nach Abzug des Selbstbehalts auf die Berechtigten entsprechend der weiteren Rangordnung des § 1609 BGB zu verteilen; vgl. Rn. 262 ff., Gutdeutsch Rn. 5/115 ff.

10   d) **Haftung der Eltern.** Nach § 1606 III 1 BGB haften die Eltern für den Barunterhalt anteilig nach ihren Erwerbs- und Vermögensverhältnissen. Jedoch erfüllt der Elternteil, der ein unverheiratetes minderjähriges Kind betreut, seine Unterhaltspflicht in der Regel durch Pflege und Erziehung (§ 1606 III 2 BGB). Zum Bar-, Natural- und Betreuungsunterhalt vgl. Rn. 16 ff. Zur Haftung der Eltern auf Bar- und Betreuungsunterhalt beim minderjährigen Kind Rn. 410 ff., zur anteiligen Barunterhaltspflicht beim volljährigen Kind Rn. 560 ff. Wenn ein Elternteil oder ein Dritter anstelle des eigentlich Verpflichteten Unterhalt leistet, kann ein familienrechtlicher Ausgleichsanspruch begründet sein (Rn. 767 ff.); ggf. kommt auch ein Übergang des Unterhaltsanspruchs auf den Leistenden in Betracht (§§ 1607 II 2, III, 1608 BGB; dazu Rn. 773, 787 ff.).

11   e) **Sonderfragen.**
- **Kindergeld** ist seit dem 1. 1. 2008 zur Deckung des Barbedarfs des Kindes zu verwenden, und zwar zur Hälfte, wenn ein Elternteil seine Unterhaltspflicht durch Betreuung nach § 1606 III 2 BGB erfüllt, im Übrigen in voller Höhe (§ 1612b I BGB).[17] Dazu Rn. 717 ff.
- Bei mehreren Unterhaltsberechtigten und eingeschränkter Leistungsfähigkeit des Verpflichteten kommt es auf die **Rangverhältnisse** an. Dazu Gutdeutsch Rn. 5/115 ff.
- Unterhalt für die **Vergangenheit** wird nur unter bestimmten Voraussetzungen, insbesondere bei Verzug, geschuldet. Dazu Gerhardt Rn. 6/100 ff.
- Kindesunterhalt kann wegen illoyalen Verhaltens **verwirkt** werden, nicht jedoch während der Minderjährigkeit des Kindes. Dazu Rn. 601 ff.
- Kindesunterhalt unterliegt seit dem 1. 1. 2002 der regelmäßigen **Verjährungsfrist** von drei Jahren (§§ 195, 197 II BGB); jedoch ist die Verjährung bis zur Volljährigkeit des Kindes gehemmt (§ 207 I 2 Nr. 2 BGB). Dazu Gerhardt Rn. 6/147 ff. Zum Übergangsrecht vgl. Art. 229 § 6 EGBGB.
- Die Geltendmachung von Kindesunterhalt kann **wegen verspäteter Geltendmachung** nach § 242 BGB unzulässig sein. Dazu Gerhardt Rn. 6/142 ff.
- Ein Unterhaltsanspruch des Kindes kann auch durch **Vertrag** begründet werden. Der gesetzliche Anspruch kann durch Vereinbarungen modifiziert werden. Vgl. Rn. 755. Jedoch ist ein **Verzicht** auf künftigen Kindesunterhalt nicht zulässig. Dazu Rn. 758 ff.

---

[16] BGH FamRZ 2006, 1511, 1512 = R 658a mit Anm. Klinkhammer
[17] Bei beiderseitiger Barunterhaltspflicht ergab sich die bedarfsdeckende Anrechnung des Kindergeldes bereits aus dem Urteil des BGH vom 26. 10. 2005, FamRZ 2006, 99 = R 641e mit Anm. Viefhues und Scholz

1. Abschnitt: Grundlagen § 2

- **Sozialleistungen** haben in vielfältiger Hinsicht Einfluss auf den Unterhaltsanspruch des Kindes. Sozialstaatliche Zuwendungen sind grundsätzlich als Einkommen zu behandeln, nicht dagegen subsidiäre Sozialleistungen. Dazu Dose Rn. 1/105 ff., 664 ff. Bei subsidiären Sozialleistungen (vgl. Rn. 8/7 ff.), insbesondere beim Arbeitslosengeld II, bei der Sozialhilfe und beim Unterhaltsvorschuss, geht der Unterhaltsanspruch nach § 33 SGB II, § 94 SGB XII, § 7 UVG u. U. auf den Sozialleistungsträger über. Dazu im Einzelnen Rn. 8/60 ff., 225 ff., 270 ff.

3. Beginn und Ende des Unterhaltsanspruchs

Die Unterhaltspflicht beginnt mit der Geburt des Kindes und **dauert dem Grunde nach lebenslang** fort, solange das Kind bedürftig ist und die Eltern leistungsfähig sind; sie ist nicht an bestimmte Altersgrenzen gebunden.[18] 12

Diese Pflicht zur Unterhaltsleistung und zur Finanzierung einer Ausbildung besteht über den Eintritt der Volljährigkeit hinaus für die Dauer normaler Ausbildungs- und Studienzeiten. Das Kind erhält in dieser Zeit den sogenannten Ausbildungsunterhalt (§ 1610 II BGB; vgl. Rn. 68 ff.).

In der Regel **endet der Unterhaltsanspruch,** wenn das Kind nach einer abgeschlossenen Ausbildung in der Lage ist, für seinen Lebensunterhalt selbst zu sorgen. Dies wird meistens erst nach Eintritt der Volljährigkeit der Fall sein. Weigert sich das Kind, sich einer Ausbildung zu unterziehen, muss es seinen Lebensunterhalt selbst durch eigene Arbeit sicherstellen. Dies gilt auch für ein arbeitsfähiges minderjähriges Kind.[19] Unterhaltsansprüche bestehen in einem solchen Fall nicht, solange das Kind sich nicht ausbilden lässt oder nicht wenigstens eine Aushilfsarbeit aufnimmt. Genaueres dazu Rn. 55 ff. Beginnt das Kind eine Ausbildung oder eine Berufstätigkeit, entfällt seine Bedürftigkeit in Höhe der anzurechnenden Vergütung erst dann, wenn diese tatsächlich gezahlt wird, nicht dagegen schon mit dem Antritt der Ausbildung oder der Erwerbstätigkeit.[20] 13

Ein bereits erloschener Unterhaltsanspruch kann **wieder aufleben,** wenn und solange das Kind erneut bedürftig wird. An die Bedürftigkeit eines volljährigen Kindes sind dabei strenge Anforderungen zu stellen (vgl. Rn. 57, 535).[21] 14

Der Unterhaltsanspruch **erlischt** mit dem Tod des Kindes oder des verpflichteten Elternteils. Für Rückstände und bereits fällige Leistungen gilt dies natürlich nicht (§ 1615 I BGB). Stirbt das Kind während des laufenden Monats, hat der Verpflichtete den Unterhalt für den vollen Monat zu zahlen (§ 1612 III 2 BGB). Er hat auch für die Beerdigungskosten aufzukommen, soweit ihre Bezahlung nicht von dem Erben zu erlangen ist (vgl. §§ 1615 II, 1968 BGB).[22] Entgegen der Regelung beim Ehegattenunterhalt (§ 1586 b BGB) geht die Unterhaltspflicht nicht auf die Erben des Verpflichteten über. Dafür besteht kein Bedürfnis, weil das Kind beim Tod eines Elternteils erb- und pflichtteilsberechtigt ist, zudem der nächste Verwandte, in erster Linie der andere Elternteil, Unterhalt zu leisten hat, falls die Erbschaft oder der Pflichtteil den Bedarf des Kindes nicht decken (§ 1601 BGB). 15

II. Unterhaltsarten

1. Bar-, Betreuungs- und Naturalunterhalt

Der Unterhaltsanspruch des Kindes umfasst nach § 1610 II BGB seinen gesamten Lebensbedarf einschließlich der Kosten für eine angemessene Ausbildung und – bei einem minderjährigen Kind – für die Erziehung. Dazu gehören im Wesentlichen Wohnung, Ver- 16

---

[18] BGH FamRZ 1984, 682
[19] OLG Düsseldorff FamRZ 1990, 194
[20] So zu Recht Nickel FamRZ 2006, 887 gegen AG Weiden FamRZ 2006, 565
[21] BGH FamRZ 1985, 273; FamRZ 1985, 1245
[22] LG Münster FamRZ 2009, 431

pflegung, Kleidung, Versorgung, Betreuung, Erziehung, Bildung, Ausbildung, Erholung sowie Gesundheits- und Krankheitsfürsorge.[23] Zu Recht weist das Bundesverfassungsgericht,[24] allerdings im Rahmen von Ausführungen zum steuerlichen Existenzminimum, darauf hin, dass die Eltern auf Grund ihrer Unterhaltspflicht dem Kind auch eine Entwicklung zu ermöglichen haben, die es zu einem verantwortlichen Leben in der Gesellschaft befähigt, insbesondere durch Mitgliedschaft in Vereinen, durch Erlernen moderner Kommunikationstechniken, von Kultur- und Sprachfertigkeiten und durch die sinnvolle Gestaltung der Freizeit und der Ferien. Erbringen die Eltern diese vielfältigen Leistungen nicht in Natur (vgl. Rn. 18), werden die dafür erforderlichen Kosten dem Kind nach § 1612 I 1 BGB als sog. **Barunterhalt** in Form einer Geldrente geschuldet. Dies ist die Regel, wenn die Eltern nicht zusammenleben oder wenn das Kind das Elternhaus verlassen hat.

Der Barunterhaltspflichtige kann nach § 1612 I 2 BGB **verlangen,** dass ihm die Gewährung des Unterhalts ganz oder teilweise **in anderer Art,** z.B. in der Form von Sachleistungen, gestattet wird, wenn besondere Gründe dies rechtfertigen. Diese Vorschrift, die beim Kindesunterhalt wegen § 1612 II 1 BGB nur geringe praktische Bedeutung hat, ist immerhin die gesetzliche Grundlage dafür, dass ein erwerbstätiger Elternteil den **Krankenversicherungsschutz** seiner Kinder durch Mitversicherung in der gesetzlichen Krankenkasse sicherstellen kann.[25] Dadurch können gegenüber einer privaten Krankenversicherung beachtliche Kosten erspart werden, da Kinder, die sich einer Schul- oder Berufsausbildung unterziehen, bis zum vollendeten 25. Lebensjahr in der Regel im Rahmen der Familienversicherung beitragsfrei mitversichert sind (§ 10 II Nr. 3 SGB V). Bis zur Vollendung des 18. Lebensjahres entfällt auch die sog. Praxisgebühr von 10,– EUR pro Quartal (§§ 28 IV 1, 61 S. 2 SGB V). Vgl. auch Rn. 6/14. Ob der Barunterhaltspflichtige, der nicht Mitglied einer gesetzlichen Krankenkasse ist, verlangen kann, dass die Kinder weiter in seiner privaten Krankenversicherung versichert bleiben, hängt von den Umständen ab. Im Allgemeinen werden keine höheren Kosten entstehen, wenn die Versicherung vom sorgeberechtigten Elternteil für die Kinder fortgeführt wird und der Barunterhaltspflichtige die Kosten des Versicherungsschutzes als Teil des Barunterhalts den Kindern zur Verfügung stellt. Anders kann es sein, wenn der betreuende Ehegatte oder das Kind einen Versicherungsvertrag bei einem anderen Unternehmen abschließen wollen und dadurch höhere Kosten verursachen würden, z.B. wegen eines Risikozuschlages bei Vorerkrankungen.[26] Dann kann der baruntererhaltspflichtige Elternteil nach § 1612 I 2 BGB verlangen, dass die bisherige Mitversicherung im Rahmen seiner Krankenversicherung fortgeführt wird, es sei denn, dass es bei der Erstattung von Krankheitskosten wegen seines Verhaltens (z.B. nicht pünktliche Weiterleitung der erstatteten Beträge) zu Unzuträglichkeiten gekommen ist.[27] Ist der baruntererhaltspflichtige Elternteil, z.B. als Beamter, beihilfeberechtigt, kann er das Kind darauf verweisen, ihm die Belege über die Krankheitskosten zu überlassen, damit er sie der Beihilfestelle zur Erstattung vorlegen kann. Die Kosten der (privaten) Krankenversicherung sind neben dem Tabellenunterhalt zu zahlen; vgl. Rn. 327, 512, 525.

17 Leben die Eltern mit dem Kind – wenn auch getrennt – noch in derselben Wohnung, so kann der Pflichtige nach § 1612 I 2 BGB den **Wohnbedarf** des Kindes dadurch decken, dass er die Miete für die gesamte Wohnung oder die Belastungen des Einfamilienhauses (der Eigentumswohnung) trägt. Dies rechtfertigt dann eine Kürzung des sich aus der Düsseldorfer Tabelle ergebenden Tabellenunterhalts, und zwar um rund 20% (SüdL 21.5.2). Vgl. dazu auch Rn. 124 ff., 326.

18 Nach dem Gesetz ist der Barunterhalt nur scheinbar die Regel. Im Gegenteil wird üblicherweise minderjährigen und volljährigen Kindern, die das Elternhaus noch nicht verlassen haben, **Naturalunterhalt** gewährt, wenn die Eltern, ob verheiratet oder nicht, in

---

[23] BGH FamRZ 1988, 159, 161; FamRZ 1983, 473
[24] FamRZ 1999, 285, 290
[25] OLG Düsseldorf FamRZ 1994, 396 mit Anmerkung van Els FamRZ 1994, 926, der § 1618a BGB für anwendbar hält; zur Mitversicherung des Kindes in einer ausländischen gesetzlichen Krankenversicherung vgl. OLG Karlsruhe FamRZ 2008, 1209
[26] OLG Koblenz FamRZ 2010, 1457
[27] Vgl. OLG Düsseldorf FamRZ 1992, 981, 983

1. Abschnitt: Grundlagen § 2

einem Haushalt zusammenleben. Der Naturalunterhalt findet seine gesetzliche Grundlage in § 1612 II 1 BGB. Danach können Eltern bei unverheirateten Kindern, gleich ob minderjährig oder volljährig, **bestimmen,** in welcher **Art und** für welche **Zeit** im Voraus der Barunterhalt gewährt werden soll, sofern auf die Belange des Kindes die gebotene Rücksicht genommen wird. Dieser Naturalunterhalt umfasst alles, was in Natur zur Befriedigung der Lebensbedürfnisse geleistet wird, wie freie Kost, Wohnung, Versorgung, sonstige Sachaufwendungen und Leistungen, insbesondere für Bildung und Freizeitgestaltung;[28] hinzu kommt aber auch ein angemessenes Taschengeld. Zum Bestimmungsrecht der Eltern vgl. Rn. 32 ff.

Naturalunterhalt ist gesetzlich geschuldeter Unterhalt (auch im Sinne des § 844 II BGB), und zwar selbst dann, wenn er einem verheirateten (behinderten) volljährigen Kind geleistet wird.[29] Er ist nicht kostenlos, da Nahrung, Kleidung, Spielzeug, Bücher, Lernmittel usw. gekauft werden müssen und auch der für das Kind bestimmte Wohnraum finanzielle Aufwendungen erfordert. Diese Aufwendungen für das im Haushalt der Eltern lebende Kind sind bei verheirateten Eltern Teil des Familienunterhalts, zu dem beide Ehegatten durch ihre Arbeit und ihr Vermögen beizutragen haben; dabei steht die Haushaltsführung der Erwerbstätigkeit gleich (§ 1360 BGB; vgl. Rn. 3/14, 45). Dieses gilt auch für das bei den Eltern lebende volljährige, unverheiratete Kind. Ihm wird auf Grund einer konkludenten Bestimmung der Eltern Naturalunterhalt gewährt. Es hat dann kein Recht auf Unterhalt in Form einer Geldrente (vgl. Rn. 3/12). Andererseits hat ein solches Kind, wenn es den Haushalt der Eltern verlassen hat, keinen Anspruch, dort wieder gegen deren Willen aufgenommen zu werden; die Eltern schulden in diesem Fall dem bedürftigen Kind eine Geldrente (§ 1612 I 1 BGB), allein sie bestimmen, nicht das Kind, ob es Naturalunterhalt erhalten soll.[30] Bei einem minderjährigen Kind ist die Bestimmung Ausfluss der elterlichen Sorge. Steht den Eltern die Sorge gemeinsam zu, ist die Bestimmung von beiden zu treffen, da sie – ebenso wie die Festlegung des Aufenthalts des Kindes bei dem einen oder anderen Elternteil – keine Angelegenheit des täglichen Lebens ist, über die der Elternteil, der das Kind in Obhut hat, allein entscheiden darf (vgl. § 1687 I 1, 2 BGB). Können sich die Eltern nicht einigen, muss das Familiengericht entscheiden und die Bestimmung einem Elternteil übertragen (§ 1628 BGB). Hat ein Elternteil allein das Sorgerecht, so bestimmt er, ob Naturalunterhalt zu gewähren ist. Der nicht sorgeberechtigte Elternteil kann die Bestimmung nur für die Zeit treffen, in der das Kind in seinen Haushalt aufgenommen worden ist (§ 1612 II 2 BGB; vgl. unten Rn. 40). Bei einem Volljährigen hat grundsätzlich der von diesem in Anspruch genommene Elternteil das Bestimmungsrecht (vgl. unten Rn. 41 ff.).

Bei minderjährigen Kindern werden außer dem Barunterhalt noch die Versorgung, **19** Betreuung, Erziehung und Haushaltsführung für das Kind geschuldet. Es ist dies ein reiner Leistungsaufwand, der **Betreuungsunterhalt** genannt wird. Er darf nicht mit dem Naturalunterhalt verwechselt werden.[31] Der Naturalunterhalt deckt anstelle des vom Gesetz (§ 1612 I 1 BGB) als Regel vorgesehenen Barunterhalts die materiellen Bedürfnisse des Kindes, während der Betreuungsunterhalt den Anspruch des Kindes auf Pflege und Erziehung, also auf persönliche Zuwendung und Versorgung, befriedigen soll. Der betreuende Elternteil erfüllt nach § 1606 III 2 BGB seine Verpflichtung, zum Unterhalt des Kindes beizutragen, in der Regel durch dessen Pflege und Erziehung, bei der er sich allerdings der Hilfe Verwandter oder sonstiger Dritter bedienen kann (vgl. Rn. 411). Die Auffassung des BGH,[32] das Recht des Kindes auf Betreuung beruhe nicht auf seinem Unterhaltsanspruch, trifft daher nicht zu. Dies räumt der BGH[33] nunmehr selbst ein, wenn er eine Pflicht der Mutter, bei der ihr minderjähriges Kind lebt, zur Leistung von Betreuungsunterhalt verneint, wenn sie krankheitsbedingt nicht in der Lage ist, das Kind angemessen zu versorgen.

---

[28] Vgl. Klinkhammer FamRZ 2010, 845
[29] BGH FamRZ 2006, 1108 mit Anm. Luthin
[30] BGH FamRZ 1994, 1102 = R 480 mit Anm. Scholz FamRZ 1994, 1314
[31] Ungenau: BGH FamRZ 1994, 1102 = R 480 mit Anm. Scholz FamRZ 1994, 1314, 1315
[32] BGH FamRZ 1994, 1102 = R 480 mit Anm. Scholz FamRZ 1994, 1314
[33] FamRZ 2010, 1888 mit Anm. Hauß = R 717 b

Richtig ist allerdings, dass das Kind den Anspruch auf Betreuung nicht einklagen, sondern nur die Verurteilung der Eltern zur Leistung von Barunterhalt gerichtlich durchsetzen kann (§ 1612 I 1 BGB). Anspruch und Klagbarkeit sind jedoch nicht unbedingt miteinander verknüpft.[34]

2. Gleichwertigkeit von Bar- und Betreuungsunterhalt

20   Bei **Minderjährigen** erfüllt der Elternteil, bei dem das Kind lebt, seinen Anteil an der gesamten Unterhaltsverpflichtung in der Regel durch die Pflege, Betreuung und Erziehung des Kindes (§ 1606 III 2 BGB). Er leistet den **Betreuungsunterhalt** (siehe Rn. 19). Bar- und Betreuungsunterhalt sind im Regelfall **gleichwertig**.[35] Dies gilt jedenfalls, wenn sich die Einkommensverhältnisse beider Eltern im mittleren Bereich halten und das Einkommen des barunterhaltspflichtigen Elternteils nicht wesentlich geringer ist als das des betreuenden Elternteils.[36] Nur in Ausnahmefällen kann der betreuende Elternteil auch – ganz oder teilweise – zum Barunterhalt herangezogen werden (vgl. dazu Rn. 416 ff.). § 1606 III 2 BGB gilt nur im Verhältnis der Eltern zueinander, nicht aber im Verhältnis zu den nachrangig haftenden Großeltern.[37] Vgl. dazu Rn. 787. Ist ein Elternteil verstorben oder z. B. wegen einer Erkrankung weder zur Zahlung von Barunterhalt noch zur Pflege und Erziehung des Kindes in der Lage, muss der andere sowohl den Bar- als auch den Betreuungsunterhalt sicherstellen.[38] Lebt das Kind in seinem Haushalt, erhält es Naturalunterhalt (vgl. Rn. 18). Wird das Kind vollständig von Dritten, z. B. den Großeltern betreut, soll der Betreuungsunterhalt pauschal in Höhe des sich aus der Düsseldorfer Tabelle ergebenden Barunterhalts bemessen werden (Rn. 22). Der Elternteil schuldet dann den doppelten Tabellenbetrag. Dies schließt freilich nicht aus, dass auch höhere Betreuungskosten, z. B. bei Aufenthalt in einem Heim, von dem Elternteil zu tragen sind.[39]

21   Der **nicht betreuende Elternteil** ist dem minderjährigen Kind – von Ausnahmefällen (vgl. Rn. 416) abgesehen – **allein barunterhaltspflichtig.** Er trägt die Kosten des gesamten Lebensbedarfs (Rn. 216 ff., 326 ff.) und stellt die dafür benötigten Mittel in Form einer Geldrente (§ 1612 I 1 BGB) als Barunterhalt zur Verfügung. Im Einvernehmen mit dem anderen Elternteil kann er einen Teil des Barunterhalts auch in der Form von Sachleistungen, also als Naturalunterhalt, erbringen.[40] Auch besondere Gründe können nach § 1612 I 2 BGB die Gewährung von Naturalunterhalt rechtfertigen (vgl. dazu Rn. 16 f.).

22   Der Aufwand, den die Betreuung eines minderjährigen Kindes erfordert, ist je nach dessen Alter, Gesundheit und Eigenart unterschiedlich. Darauf kommt es aber in der Regel nicht an. Barleistungen und Betreuungsleistungen sind rechtlich gleichwertig (§ 1606 III 2 BGB). Damit trägt das Gesetz der Tatsache Rechnung, dass eine auf den Einzelfall abstellende rechnerische Bewertung des Betreuungsaufwands meist unzulänglich bleiben müsste. Einer rechnerischen Bewertung (Monetarisierung) der Betreuung, z. B. durch den Ansatz von Aufwendungen, die für die Besorgung vergleichbarer Dienste durch Hilfskräfte erforderlich wären, bedarf es grundsätzlich nicht.[41] Zu Ausnahmefällen vgl. Rn. 416 ff. Wenn kein Elternteil seine Unterhaltspflicht durch Pflege und Erziehung erfüllt (§ 1606 III 2 BGB), müssen die Eltern oder der allein leistungsfähige Elternteil auch den Betreuungsunterhalt sicherstellen, der nach Auffassung des BGH[42] pauschal in Höhe des sich aus der Düsseldorfer Tabelle ergebenden Barunterhalts anzusetzen ist. Der Unterhaltsbedarf beträgt also das Doppelte des Tabellenbetrages, wenn nicht höhere Betreuungskosten, z. B. bei

---

[34] Scholz FamRZ 1994, 1314
[35] BGH FamRZ 2006, 1597 f. = R 659 a mit Anm. Born; BGH FamRZ 1994, 696, 699 = R 477 c
[36] BGH FamRZ 1991, 182 = R 430 a; FamRZ 1980, 994 = NJW 1980, 2306
[37] OLG Thüringen FamRZ 2009, 1498
[38] BGH FamRZ 2010, 1888 mit Anm Hauß = R 717 b; FamRZ 2009, 762, 767
[39] BGH FamRZ 2006, 1597 mit zu Recht kritischer Anm. Born
[40] BGH FamRZ 1987, 58; FamRZ 1985, 584
[41] BGH FamRZ 2006, 1597 f. = R 659 a mit Anm. Born
[42] FamRZ 2006, 1597 = R 659 a mit zu Recht kritischer Anm. Born

1. Abschnitt: Grundlagen § 2

Aufenthalt in einem Heim oder einem Internat, einen konkret zu berechnenden Mehrbedarf begründen. Vgl. auch Rn. 20.

Dies schließt aber nicht aus, bei der Berechnung des Ehegattenunterhalts als Werbungskosten oder berufsbedingte Aufwendungen den Aufwand zu ermitteln, der dem betreuenden Elternteil dadurch entsteht, dass er infolge seiner Berufstätigkeit die Versorgung des Kindes zum Teil Dritten übertragen muss. Auch kann ein Betreuungsbonus gewährt werden.[43] Genaueres Rn. 400 f, 411, 419 ff., 458 sowie 1/107.

Der **Grundsatz der Gleichwertigkeit** von Bar- und Naturalunterhalt gilt nach der Rechtsprechung des BGH im Regelfall für **jede Altersstufe** minderjähriger, unverheirateter Kinder bis zum Eintritt der Volljährigkeit.[44]   23

Die Einführung des **gemeinsamen Sorgerechts** hat dazu geführt, dass etliche Eltern auch nach Trennung und/oder Scheidung die Verantwortung für ihre minderjährigen Kinder weiter gemeinsam wahrnehmen und die Betreuung unter sich aufteilen. In solchen Fällen wird man nicht stets davon ausgehen können, dass ein Elternteil den gesamten Barunterhalt allein zu tragen hat. Teilen die Eltern die Versorgungs- und Erziehungsaufgaben etwa hälftig unter sich auf, kommt eine anteilige Barunterhaltspflicht in Betracht.[45] Vgl. dazu Rn. 449.   24

Während das Gesetz bis zum 30. 6. 1998 davon ausging, dass ein **nichteheliches Kind** von seiner allein sorgeberechtigten Mutter betreut wurde und der Vater lediglich Barunterhalt zu leisten hatte (§§ 1615 f, 1705 BGB a. F.), kann der Vater seitdem seine Unterhaltspflicht auch durch Betreuung erfüllen. Solange die Eltern in einer nichtehelichen Gemeinschaft zusammenleben, wird dem Kind ohnehin Naturalunterhalt (Rn. 18) geleistet. Dies beruht auf einer Bestimmung der sorgeberechtigten Mutter oder der nach § 1626 a BGB gemeinsam sorgeberechtigten Eltern. Trennen die Eltern sich später, so steht es ihnen frei, den Aufenthalt des Kindes beim Vater festzulegen. Dann hat dieser Betreuungs- und die Mutter Barunterhalt zu leisten.   25

Ab Erreichen der **Volljährigkeit** werden **keine Betreuungsleistungen** mehr geschuldet.[46] An die Stelle des entfallenden Betreuungsunterhalts tritt erhöhter Barbedarf.[47] Die Unterhaltsbemessung erfolgt nach § 1606 III 1 BGB, d. h. anteilig nach den Einkommens- und Vermögensverhältnissen beider Eltern.[48] Dies gilt grundsätzlich auch dann, wenn das volljährige Kind weiterhin die Schule besucht und sich an seinen Lebensverhältnissen zunächst nichts ändert, es z. B. weiter im Haushalt der Mutter lebt und von ihr versorgt wird. Das Gegenteil ergibt sich auch nicht aus §§ 1603 II 2, 1609 Nr. 1 BGB. Diese Vorschriften stellen sog. **privilegiert volljährige Kinder,** also volljährige unverheiratete Kinder bis zur Vollendung des 21. Lebensjahres, solange sie im Haushalt der Eltern oder eines Elternteils leben und sich in der allgemeinen Schulausbildung befinden, minderjährigen Kindern gleich; dies gilt aber nur für Leistungsfähigkeit und Rang.[49] Daher ist für eine entsprechende Anwendung des § 1606 III 2 BGB auf privilegiert volljährige Kinder kein Raum.[50] Vgl. dazu im einzelnen Rn. 579 ff. Zur Anwendung des § 1606 III 1 BGB, wenn das volljährige Kind wegen Krankheit oder Behinderung tatsächlich betreuungsbedürftig ist, vgl. Rn. 577.   26

Sind **beide Eltern** dem Kind **barunterhaltspflichtig,** haften sie anteilig nach ihren Erwerbs- und Vermögensverhältnissen (§ 1606 III 1 BGB). Wegen der Einzelheiten vgl. für das minderjährige Kind Rn. 418 ff. und für das volljährige Kind Rn. 560 ff.   27

---

[43] BGH FamRZ 1991, 182 = R 430; gegen den Ansatz eines Betreuungsbonus beim Kindesunterhalt BGH FamRZ 2006, 1597, 1599 = R 659 c mit Anm. Born
[44] BGH FamRZ 2006, 1597, 1599 = R 659 a mit Anm. Born; FamRZ 1994, 696, 698 = R 477 c
[45] BGH FamRZ 2006, 1015, 1017 = R 646 b mit Anm. Luthin
[46] BGH FamRZ 2006, 99 f. = R 641 d mit Anm. Viefhues und Scholz; FamRZ 2002, 815, 817 = R 570 b
[47] BGH FamRZ 2002, 815, 817 = R 570 b
[48] BGH a. a. O.
[49] BGH a. a. O.
[50] BGH FamRZ 2002, 815, 817 = R 570 b unter Hinweis auf die ganz herrschende Meinung

3. Verhältnis des Minderjährigen- zum Volljährigenunterhalt

28   Minderjährigen- und Volljährigenunterhalt sind **identisch**.[51] Dies gilt auch dann, wenn das Kind verheiratet ist, gleichwohl aber noch eine Unterhaltspflicht der Eltern besteht.[52] Allerdings ist der Unterhaltsanspruch des minderjährigen Kindes gegenüber dem des volljährigen Kindes bevorzugt ausgestaltet. Eltern haften dem minderjährigen unverheirateten Kind verschärft und haben daher ihre verfügbaren Mittel bis zum notwendigen Selbstbehalt von 950,– EUR bei Erwerbstätigen bzw. 770,– EUR bei Nichterwerbstätigen nach Anm. A 5 I der Düsseldorfer Tabelle Stand: 1. 1. 2011 einzusetzen (§ 1603 II 1 BGB). Während diese verschärfte Haftung früher mit dem Eintritt der Volljährigkeit endete, gilt sie ab 1. 7. 1998 auch zugunsten sog. privilegiert volljähriger Kinder bis zur Vollendung des 21. Lebensjahres, solange sie im Haushalt der Eltern oder eines Elternteils leben, nicht verheiratet sind und sich in der allgemeinen Schulausbildung befinden (§ 1603 II 2 BGB). Vgl. Rn. 579 ff. Ihrem nicht privilegiert volljährigen Kind haften Eltern nur bis zur Grenze ihres eigenen angemessenen Unterhalts (§ 1603 I BGB), der nach Anm. A 5 II der Düsseldorfer Tabelle 1150,– EUR beträgt. Ab Volljährigkeit wird Betreuungsunterhalt nicht mehr geschuldet (vgl. Rn. 26). Der Elternteil, der seine Unterhaltsverpflichtung bisher durch Betreuung erfüllte, haftet nun, Leistungsfähigkeit vorausgesetzt, ebenfalls anteilig auf Barunterhalt (§ 1606 III 1 BGB). Volljährigenunterhalt kann verwirkt werden, Minderjährigenunterhalt dagegen nicht (§ 1611 II BGB). Diese und weitere Besonderheiten, die für den Unterhalt Minderjähriger bestehen (dazu Rn. 299 ff.), rechtfertigen nicht, den Anspruch auf Volljährigenunterhalt als eigenständigen Anspruch aufzufassen. Die unveränderte Fortdauer des die Unterhaltspflicht begründenden Verwandtschaftsverhältnisses über den Eintritt der Volljährigkeit hinaus unterscheidet den Verwandtenunterhalt grundsätzlich vom Ehegattenunterhalt, der für die Zeit vor und nach der Scheidung auf jeweils anderen Anspruchsgrundlagen beruht.[53]

29   Dies hat zur Folge, dass **gerichtliche Entscheidungen über Unterhalt** und Vergleiche, die aus der Zeit der Minderjährigkeit des Kindes stammen, über den Zeitpunkt der Vollendung der Volljährigkeit hinaus **weiter gelten**.[54] Dies gilt sowohl für Titel, die auf einen bestimmten Unterhalt lauten, als auch für solche, die einen dynamischen Unterhalt im Sinne des § 1612 a I 1 BGB titulieren.[55] Im Übrigen ist in verfahrensrechtlicher Hinsicht zu beachten:
– Hat ein Elternteil einen Titel in Verfahrensstandschaft für das minderjährige Kind nach § 1629 III 1 BGB erwirkt, ist nach Eintritt der Volljährigkeit gemäß § 1629 III 2 BGB, § 727 ZPO eine **Titelumschreibung** auf den Volljährigen nötig.
– Wird das Kind während eines noch schwebenden Verfahrens, in dem ein Elternteil gegen den anderen Kindesunterhalt in Verfahrensstandschaft geltend macht, volljährig, so tritt es durch **Parteiwechsel** an Stelle des bisherigen Antragstellers in das Verfahren ein.
– Führt der vertretungsberechtigte Elternteil das Unterhaltsverfahren im Namen des Kindes (vgl. § 1629 I 3, II 2 BGB), fällt mit Volljährigkeit die gesetzliche Vertretung fort. Dasselbe gilt, wenn das Jugendamt im Verfahren als Beistand und damit als gesetzlicher Vertreter des Kindes aufgetreten war.[56] Das Verfahren muss vom volljährigen Kind selbst weiter betrieben werden.
– Einzelheiten zur Verfahrensstandschaft siehe Rn. 2/448.

30   Ein wirksamer Unterhaltstitel aus der Zeit der Minderjährigkeit kann nach Eintritt der Volljährigkeit nur auf **Abänderungsantrag** (§ 238 FamFG) abgeändert werden. Ein Leis-

---

[51] BGH FamRZ 1994, 696 = R 477 a
[52] OLG Koblenz FamRZ 2007, 653
[53] BGH FamRZ 1984, 682
[54] BGH FamRZ 2006, 99, 100; 1983, 582; OLG Saarbrücken FamRZ 2007, 1829; anders zu Unrecht OLG Hamm FamRZ 2006, 48 mit zustimmender Anm. Otten und ablehnender Anm. Stollenwerk
[55] BGH FamRZ 2006, 99, 100; anders zu Unrecht OLG Hamm FamRZ 2006, 48 mit zustimmender Anm. Otten und ablehnender Anm. Stollenwerk
[56] OLG Brandenburg FamRZ 2006, 1782

tungsantrag auf höheren Unterhalt ist ebenso unzulässig[57] wie ein Vollstreckungsgegenantrag, den der Schuldner geltend macht.[58]

Materiell endet der Unterhalt des Minderjährigen mit dem Tag der Volljährigkeit, nicht erst am Monatsende. Der Volljährigenunterhalt beginnt mit dem 18. Geburtstag des Kindes und nicht am Ersten des Monats, in den der Geburtstag fällt, oder gar erst am Ersten des folgenden Monats (vgl. dazu Rn. 308, 330, 479). § 1612a III BGB bezieht sich nur auf den Minderjährigenunterhalt. Dies kann bei Abänderungsklagen wegen erhöhten Bedarfs oder wegen geminderter Leistungsfähigkeit des Verpflichteten infolge des veränderten Selbstbehaltssatzes (angemessener Selbstbehalt von 1150,– EUR statt des notwendigen Selbstbehalts von 950,– EUR bzw. 770,– EUR) eine Rolle spielen (vgl. dazu Rn. 385, 536 ff., 546 ff.). **31**

Der anteilige Unterhalt bis zum Tage der Volljährigkeit ist in der Weise zu berechnen, dass die monatliche Unterhaltsrente mit dem Kalendertag multipliziert und durch die Anzahl der Tage im Monat (z. B. 30 oder 31) dividiert wird.[59]

III. Bestimmungsrecht der Eltern

1. Bestimmungsrecht

Nach § 1612 II 1 BGB können Eltern gegenüber **unverheirateten** Kindern bestimmen, in welcher Art (Bar- oder Naturalunterhalt) und für welche Zeit im Voraus Unterhalt gewährt werden soll. Daher können sie insbesondere festlegen, dass der Unterhalt weiterhin im Elternhaus entgegenzunehmen ist. In Ausnahmefällen kommt die Gewährung von Naturalunterhalt auch bei verheirateten Kindern in Betracht.[60] **32**

Dieses Bestimmungsrecht gilt gegenüber **minderjährigen und volljährigen** Kindern.[61] Es ist bei einem Minderjährigen Ausfluss der elterlichen Sorge (vgl. dazu Rn. 18). **33**

Der Gesetzgeber hat das umstrittene Bestimmungsrecht der Eltern bei einem volljährigen Kind zu Recht nicht in Frage gestellt. Könnte das Kind nach Eintritt der Volljährigkeit stets das Elternhaus verlassen und Unterhalt in Form einer Geldrente verlangen, würden die Eltern vielfach wirtschaftlich überfordert.[62] Jedoch wird in § 1612 II 1 BGB ausdrücklich klargestellt, dass die Bestimmung nur wirksam ist, sofern auf die Belange des Kindes die gebotene Rücksicht genommen wird. Dies hat Bedeutung insbesondere für das volljährige Kind.[63]

Eine wirksame Bestimmung setzt voraus, dass der Unterhaltsanspruch als solcher nicht bestritten, sondern nur die Art der Unterhaltsgewährung einseitig geregelt wird.[64] **34**

Sachlich muss die Bestimmung, wie sich aus § 1610 II BGB ergibt, den **gesamten Lebensbedarf** des Kindes umfassen. Das schließt nicht aus, eine Bestimmung dahin zu treffen, dass der Unterhalt zu einem abgrenzbaren Teil in Natur (z. B. Wohnung und Verpflegung im Elternhaus) und im Übrigen in Geld (z. B. als Taschengeld sowie für sonstige Sachaufwendungen) gewährt wird. In solchen Fällen ist auch die Überlassung von Geldbeträgen ein Teil des in Form von Naturalleistungen gewährten Unterhalts.[65] Es reicht dagegen nicht aus, wenn Eltern einzelne Betreuungs- und Pflegeleistungen anbieten, den übrigen Unterhalt aber offen lassen.[66] **35**

---

[57] BGH FamRZ 1988, 1039; FamRZ 1984, 682
[58] OLG Koblenz FamRZ 2007, 653
[59] BGH FamRZ 1988, 604
[60] BGH FamRZ 2006, 1108
[61] BGH FamRZ 1996, 798 = R 501 b; FamRZ 1993, 417, 420
[62] Vgl. dazu die Begründung des Regierungsentwurfs zum UÄndG BT-Drucks. 16/1830 S. 26
[63] Vgl. Beschlussempfehlung und Bericht des Rechtsausschusses zum KindUG, BT-Drucks. 13/9596 S. 32
[64] OLG Stuttgart FamRZ 1984, 504
[65] BGH FamRZ 1985, 584; FamRZ 1984, 37; FamRZ 1983, 369
[66] BGH FamRZ 1993, 417, 420

36 Das Bestimmungsrecht nach § 1612 II 1 BGB verschafft den Eltern über die Volljährigkeit hinaus einen gewissen **Einfluss auf die Lebensführung** des Kindes. Allerdings haben sie bei der Ausübung des Bestimmungsrechts auf die Belange des Kindes die gebotene Rücksicht zu nehmen (§ 1612 II 1 BGB; vgl. Rn. 33, 45 f.); auch sind volljährige Kinder zur Selbstbestimmung herangewachsen. Jedoch schulden nicht nur die Eltern, sondern auch die Kinder ihren Eltern Beistand und Rücksicht (§ 1618 a BGB), zumal da sie von ihnen wirtschaftlich abhängig sind. Außerdem werden die Eltern bei einer solchen Bestimmung in der Regel wirtschaftlich – vor allem durch Ersparnisse bei den Wohnkosten – entlastet. Es kann daher Kindern nach wie vor in der Regel zugemutet werden, nach Volljährigkeit noch gewisse Zeit im Elternhaus zu verbleiben. In diesem Zusammenhang ist darauf hinzuweisen, dass auch das SGB II volljährigen Kindern unter 25 Jahren ein Verbleiben im Elternhaus grundsätzlich zumutet (§§ 7 III Nr. 4, 22 V SGB II;[67] vgl. Rn. 8/181, 205). Die berechtigten Interessen des Kindes werden dadurch geschützt, dass die Bestimmung der Eltern nur wirksam ist, wenn sie auf seine Belange die gebotene Rücksicht nehmen. Insbesondere darf die Bestimmung der Eltern nicht die Ausbildung des Kindes behindern oder gefährden.

37 Das Bestimmungsrecht ist ein **Gestaltungsrecht**.[68] Es ist gegenüber bereits volljährigen Kindern durch eine rechtsgeschäftliche, empfangsbedürftige Willenserklärung auszuüben. Da für die Bestimmung keine besondere Form vorgeschrieben ist, kann sie auch durch schlüssiges Verhalten erfolgen. Letzteres setzt allerdings voraus, dass der Verpflichtete weiß oder wenigstens mit der Möglichkeit rechnet, einer von ihm durch konkludentes Verhalten abgegebenen Erklärung könne rechtliche Bedeutung zukommen. Bei der Prüfung, ob im Einzelfall eine den gesetzlichen Anforderungen gerecht werdende Bestimmung vorliegt, gelten die allgemeinen Grundsätze zur Ermittlung des Inhalts empfangsbedürftiger Willenserklärungen. Dabei ist davon auszugehen, wie die Erklärung von dem Empfänger aufgefasst wurde oder bei unbefangener Würdigung nach Treu und Glauben aufgefasst werden musste.[69]

Haben die Eltern vereinbart, der Vater solle Unterhalt in Natur gewähren, so kann in der tatsächlichen Handhabung der Unterhaltsgewährung in der Folgezeit eine dieser Vereinbarung entsprechende elterliche Unterhaltsbestimmung durch schlüssiges Verhalten gesehen werden.[70] Den Eltern und dem Kind bleibt es unbenommen, Art und Höhe des Unterhalts durch **Vertrag** zu regeln (Rn. 755). So können die Eltern eine ihnen gehörende Eigentumswohnung dem Kind zum Wohnen überlassen und insoweit Naturalunterhalt gewähren, wenn sie die Kosten der Wohnung selbst tragen. Die Beteiligten können aber auch einen Mietvertrag abschließen. Dann sind die Eltern nur zum Barunterhalt verpflichtet. Das Kind hat mit Hilfe des Unterhalts die Miete zu entrichten.[71]

2. Bestimmungsberechtigung

38 Das Bestimmungsrecht steht nach § 1612 II 1 BGB den Eltern grundsätzlich gemeinsam zu. Es ist bei minderjährigen unverheirateten Kindern Ausfluss der elterlichen Sorge, die auch die Unterhaltsgewährung umfasst (Rn. 18). Bei unverheirateten volljährigen Kindern gibt es den Eltern die Möglichkeit, auf die Art der Unterhaltsgewährung Einfluss zu nehmen. Sie dürfen dieses Recht allerdings nur ausüben, wenn sie auf die Belange des Kindes die gebotene Rücksicht nehmen (§§ 1612 II 1, 1618 a BGB). Vgl. Rn. 33, 36.

39 **a) Minderjährige Kinder.** Leben die Eltern getrennt oder sind sie geschieden, steht das Bestimmungsrecht dem Inhaber des Sorgerechts als Teil der Personensorge zu (§ 1631 I BGB). Bei gemeinsamer elterlicher Sorge üben die Eltern es gemeinsam aus. Bei Meinungsverschiedenheiten müssen sie versuchen, sich zu einigen (§ 1627 S. 2 BGB). Misslingt das, können sie das Familiengericht anrufen. Dieses kann die Entscheidung einem Elternteil übertragen und die Übertragung mit Beschränkungen und Auflagen verbinden (§ 1628

---

[67] In der Fassung des Gesetzes vom 24. 3. 2011 – BGBl. I S. 453
[68] OLG Brandenburg FamRZ 2004, 900 f.
[69] BGH FamRZ 1983, 369; OLG Brandenburg FamRZ 2004, 900 f.
[70] BGH FamRZ 1985, 584
[71] Zur steuerlichen Zulässigkeit einer solchen Vereinbarung BFH NJW 2000, 758

BGB). Bei alleiniger elterlicher Sorge eines Elternteils hat nur dieser das Bestimmungsrecht.[72] Der andere Elternteil ist an die Bestimmung gebunden. Er kann insbesondere nicht die Übersiedlung des Kindes in seinen Haushalt verlangen, wenn das Kind beim Sorgeberechtigten wohnt und es von diesem im Sinne des § 1606 III 2 BGB betreut wird. Wechselt das Kind gegen den Willen des Sorgeberechtigten zum anderen Elternteil, geht das Bestimmungsrecht nicht auf diesen über.[73] Es bleibt dem anderen Elternteil überlassen, eine Änderung des Sorgerechts zu erwirken (§ 1696 BGB). Die Entscheidung des Familiengerichts über das Sorgerecht ist für den Unterhaltsprozess bindend. Trifft der Sorgeberechtigte die Bestimmung, dass das Kind von Dritten, z. B. in einer Pflegefamilie, einem Heim oder einem Internat betreut wird und entstehen dadurch erhebliche Mehrkosten, kann im Unterhaltsprozess geprüft werden, ob gewichtige Gründe diese Kosten rechtfertigen. Vgl. dazu Rn. 456 ff.

Der nicht sorgeberechtigte Elternteil kann eine Bestimmung nur für die Zeit treffen, in **40** der das Kind in seinen Haushalt aufgenommen ist (§ 1612 II 2 BGB). Ein solches Recht hat er jedoch nicht für die üblichen Besuche der Kinder in den Ferien, auch wenn diese einige Wochen dauern. Derartige Besuche ermöglichen nur die **Ausübung des Umgangsrechts;** sie sind nicht unvorhersehbar und geben dem barunterhaltspflichtigen Elternteil deshalb grundsätzlich nicht die Befugnis, die pauschalierte monatliche Unterhaltsrente zu kürzen.[74] Bei umfangreicherem Aufenthalt des Kindes beim nicht sorgeberechtigten Elternteil wird man ein zeitlich eingeschränktes Recht, die Art des Unterhalts bestimmen zu können, nicht generell ausschließen können; der Barunterhalt ist aber auch in einem solchen Fall nur ausnahmsweise zu kürzen.[75] Vgl. Rn. 271, 449. Der Vater, der während einer längeren Krankheit der Mutter mit deren Zustimmung oder kraft einer einstweiligen Anordnung das Kind in seinen Haushalt aufnimmt, trifft dadurch konkludent die Bestimmung, dass er Unterhalt in Natur gewähren will. Daran ist er auch nicht durch eine gerichtliche Entscheidung gehindert, die ihn zu einem früheren Zeitpunkt zur Zahlung von Barunterhalt an das Kind verpflichtet hatte.[76] Zur Minderung der Leistungsfähigkeit durch Umgangskosten vgl. Rn. 271 ff., zum Kindesunterhalt bei gemeinsamer elterlicher Sorge vgl. Rn. 447 ff.

b) Volljährige Kinder. Bei diesen legt es der unterhaltsrechtliche Zusammenhang nahe, **41** im Regelfall das Bestimmungsrecht **dem Elternteil** zuzubilligen, **der** von dem volljährigen Kind **in Anspruch genommen wird.** Dieser kann das Recht – auch durch Erklärung in einem Unterhaltsverfahren –, einseitig ohne Mitwirkung des anderen Elternteils ausüben, hat jedoch dessen Interessen zu berücksichtigen.[77] Vgl. dazu Rn. 45 ff. Die Bestimmung ist nur wirksam, sofern auf die Belange des Kindes die gebotene Rücksicht genommen wird (§ 1612 II 1 BGB).

Verlangt das volljährige Kind, das das Elternhaus verlassen hat, von beiden weiter **42** **zusammenlebenden Eltern** Barunterhalt, können sie die Bestimmung, dass das Kind in ihrem Haushalt weiterhin Naturalunterhalt entgegenzunehmen hat, nur gemeinsam ausüben. Sich widersprechende Erklärungen sind unwirksam (vgl. auch Rn. 43), weil die Gewährung von Naturalunterhalt durch den einen und von Barunterhalt durch den anderen Elternteil bei Zusammenleben in einem Haushalt kaum möglich ist. Zudem weiß das Kind nicht, wie es sich verhalten soll. Dies ist mit seinen berechtigten Belangen nicht zu vereinbaren. Bei zusammenlebenden verheirateten Eltern ist der Naturalunterhalt überdies Teil des Familienunterhalts (Rn. 3/12) und daher von beiden Ehegatten aufzubringen (§ 1360 BGB).

Besondere Probleme entstehen, wenn das (volljährige) Kind seine **getrennt lebenden** **43** **Eltern,** von denen jeder leistungsfähig ist, auf Barunterhalt in Anspruch nimmt. Wider-

---

[72] OLG Brandenburg FamRZ 2004, 900 f.
[73] OLG Koblenz NJW 2006, 3649
[74] BGH FamRZ 2006, 1015, 1017 = R 646 d; FamRZ 2007, 707 = R 672 c mit Anm. Luthin
[75] Vgl. dazu BGH FamRZ 2006, 1015, 1017 = R 646 d mit Anm. Luthin; OLG Düsseldorf NJW 2001, 3344; auch OLG Hamm FamRZ 1994, 529
[76] Bedenklich: BGH FamRZ 1994, 1102 = R 480 mit Anm. Scholz FamRZ 1994, 1314
[77] OLG Brandenburg FamRZ 2008, 1558; OLG Celle FamRZ 1997, 966

sprechende Erklärungen der Eltern können auch in diesem Fall die Belange des Kindes missachten, so z. B., wenn jeder Elternteil ohne Rücksicht auf das Kind die Bestimmung trifft, dass es den Unterhalt in seinem Haushalt entgegenzunehmen hat.[78] Andererseits ist es durchaus möglich, dass die Bestimmung des einen Elternteils den wohlverstandenen Interessen des Kindes entspricht, die andere jedoch nicht. Dies ist z. B. der Fall, wenn der Vater nach Eintritt der Volljährigkeit dem Kind Unterhalt in seinem Hause anbietet, obwohl es seit langem ohne Beanstandungen bei der Mutter wohnt und dort weiter leben will. In solchen Fällen wird man die interessengerechte Bestimmung für wirksam halten müssen, die andere dagegen für unwirksam. Dies hat zur Folge, dass derjenige Elternteil, der die wirksame Bestimmung getroffen hat, Unterhalt in Natur leistet. Das Kind kann von dem anderen Barunterhalt verlangen. Dieser schuldet allerdings nicht mehr, als seinen Einkommens- und Vermögensverhältnissen (§ 1606 III 1 BGB) entspricht.

3. Wirksamkeit der Unterhaltsbestimmung

44 a) **Bis zum 31. 12. 2007 geltendes Recht.** Nach § 1612 II BGB a. F. war das Prozessgericht im Unterhaltsprozess an die Bestimmung der Eltern oder des bestimmungsberechtigten Elternteils gebunden. Nur schwerwiegende Mängel, insbesondere die Unbestimmtheit sowie rechtliche oder tatsächliche Undurchführbarkeit führten zur Unwirksamkeit der Erklärung.[79] Die Interessen des Kindes wurden grundsätzlich nur in einem gesonderten Verfahren berücksichtigt, in dem das Familiengericht die Unterhaltsbestimmung aus „besonderen Gründen" abändern konnte. Dieses Nebeneinander zweier Verfahren führte in der Praxis zu erheblichen Schwierigkeiten. In vielen Fällen war unklar, ob das Vorbringen des Kindes, das die Bestimmung nicht anerkennen wollte, im Unterhaltsprozess oder nur in dem weiteren Verfahren berücksichtigt werden durfte. Zudem war streitig, ob über die Abänderung der Unterhaltsbestimmung für ein volljähriges Kind der Richter oder der Rechtspfleger zu entscheiden hatte.[80]

45 b) **Neufassung des § 1612 II BGB zum 1. 1. 2008.** Das UÄndG hat Satz 2 der alten Fassung zu Recht ersatzlos gestrichen und damit das Verfahren auf Abänderung der Unterhaltsbestimmung beseitigt. In der Sache selbst hat sich freilich kaum etwas geändert. Die Umstände, die früher eine Abänderung der Unterhaltsbestimmung rechtfertigten, werden nunmehr vom Richter im Unterhaltsverfahren bei Prüfung der Wirksamkeit der Bestimmung berücksichtigt.[81] Die Eltern, die einem unverheirateten minderjährigen oder volljährigen Kind zum Unterhalt verpflichtet sind, können nach § 1612 II 1 BGB Art und Weise der Unterhaltsgewährung nur bestimmen, **sofern** sie auf die Belange des Kindes die gebotene **Rücksicht** nehmen. Fehlt es daran oder leidet die Bestimmung an sonstigen Mängeln (Rn. 47), ist sie unwirksam.[82] Im Unterhaltsverfahren ist die Wirksamkeit der Bestimmung daher eine Vorfrage, über die der Richter zu entscheiden hat. Ist die Bestimmung unwirksam, hat das Gericht entsprechend § 1612 I 1 BGB eine Geldrente zuzusprechen. Eine wirksame Bestimmung bindet dagegen die Eltern und das Kind. Der Antrag auf Barunterhalt ist ggf. abzuweisen.

46 Die Entscheidung, ob die Eltern die gebotene Rücksicht auf die Belange des Kindes genommen haben, hängt von einer umfassenden **Würdigung der Interessen** ab.[83] Dabei ist zugunsten der Eltern vor allem zu berücksichtigen, dass § 1612 II BGB sie vor einer wirtschaftlichen Überforderung durch längere Ausbildungszeiten und zunehmende Ausbildungskosten bewahren will.[84] Deshalb kann dem volljährigen Kind, auf das die Vorschrift vorzugsweise zugeschnitten ist, zunächst ein Verbleiben im Elternhaus zugemutet werden, wenn nicht gewichtige Gründe entgegenstehen. Solche Gründe liegen vor, wenn der Ausbildungsbetrieb oder der Studienort vom Wohnort der Eltern nur schwer zu erreichen

---

[78] Vom BGH FamRZ 1988, 831 nicht entschieden
[79] Vgl. die 6. Auflage Rn. 2/36 ff.
[80] Vgl. dazu die 6. Auflage Rn. 2/41
[81] Vgl. Begründung des Regierungsentwurfs zum UÄndG, BT-Drucks. 16/1830 S. 26
[82] Vgl. Begründung des Regierungsentwurfs zum UÄndG, BT-Drucks. 16/1830 S. 26
[83] OLG Karlsruhe FamRZ 2004, 655
[84] Vgl. Begründung des Regierungsentwurfs zum UÄndG, BT-Drucks. 16/1830 S. 25

ist oder dem Kind wegen langer Fahrzeiten eine tägliche Rückkehr in das Elternhaus nicht zugemutet werden kann. vgl. auch Rn. 47. Unterhaltsrechtliche Belange des Kindes werden in der Regel nicht beeinträchtigt, wenn in Ausübung des Bestimmungsrechts der gesamte Unterhalt (Rn. 35) angeboten wird.[85] Das Bedürfnis des volljährigen Kindes, ein eigenes Leben, auch zusammen mit einem Freund oder einer Freundin, zu führen, genügt jedenfalls bei einem Kind, das gerade volljährig geworden ist oder in seiner Berufsausbildung noch keine nennenswerten Fortschritte gemacht hat, nicht. Die Interessen der Eltern müssen jedoch hinter denen des Kindes zurücktreten, wenn sie dessen wohlverstandenen Belangen zuwider laufen.[86] So kann es sein, wenn das Kind bereits seit einiger Zeit volljährig ist, vor allem, wenn es schon einige Jahre einen eigenen Hausstand geführt hat und kraft der Unterhaltsbestimmung wieder in den elterlichen Haushalt zurückkehren soll.[87] Dies ist insbesondere einem seit langem volljährigen Kind, das an einer schweren Krankheit leidet und in einem funktionierenden sozialen Umfeld lebt, nicht zuzumuten.[88] Anders kann es sein, wenn die Eltern ihr behindertes Kind im eigenen Haushalt wie bisher versorgen wollen und dazu auch – ggf. unter Heranziehung mobiler Pflegedienste – in der Lage sind.[89] Zum Unterhaltsanspruch des erwerbsunfähigen volljährigen Kindes vgl. Rn. 534 f. Eine **tief greifende Entfremdung** zwischen dem bestimmenden Elternteil und dem Kind kann zur Unwirksamkeit der Bestimmung führen, jedenfalls dann, wenn sie auch auf unangemessene Erziehungsmaßnahmen zurückzuführen ist.[90] Dazu gehören vor allem, aber nicht notwendigerweise, eine erniedrigende Behandlung oder körperliche Züchtigungen.[91] Jedoch darf das Kind die Entfremdung nicht durch eigenes Verhalten provoziert haben.[92] Übliche familiäre Streitigkeiten und unangemessene Äußerungen reichen in der Regel nicht aus.[93] Die Bestimmung kann dagegen unwirksam sein, wenn seit Jahren kein engerer Kontakt zu dem bestimmenden Elternteil besteht, z. B. weil das Kind nach der Scheidung von dem anderen Elternteil erzogen worden ist.[94] Auf die Belange des Kindes wird vielfach nicht die gebotene Rücksicht genommen, wenn es sich dem anderen Elternteil stärker verbunden fühlt und deshalb nach Volljährigkeit in dessen Wohnung umzieht und der Elternteil, bei dem es bisher gewohnt hat, dies zum Anlass nimmt, die Rückkehr in seinen Haushalt durch eine Bestimmung nach § 1612 II 1 BGB zu erzwingen.[95] Auch sich widersprechende Bestimmungen der Eltern können unwirksam sein (vgl. Rn. 42 f.).

Schon nach dem bis zum 31. 12. 2007 geltenden Recht wurde die Unterhaltsbestimmung als unwirksam angesehen, wenn sie an **schwerwiegenden Mängeln** litt. Daran hat sich durch die Neufassung des § 1612 II BGB nichts geändert, zumal da die Bestimmung in diesen Fällen regelmäßig auf die Belange des Kindes nicht die gebotene Rücksicht nimmt. Eine Unterhaltsbestimmung ist danach unwirksam,

- wenn sie **nicht den gesamten Lebensbedarf** des Kindes umfasst (vgl. Rn. 35),[96]
- wenn sie **rechtlich undurchführbar** ist,[97] insbesondere wenn sie mit der Aufenthaltsbestimmung des gesetzlichen Vertreters, z. B. des Betreuers eines volljährigen Kindes oder des Pflegers eines minderjährigen Kindes, nicht zu vereinbaren ist. Wenn das Aufenthaltsbestimmungsrecht des Betreuers oder des Pflegers in seinen Auswirkungen mit dem elterlichen Bestimmungsrecht kollidiert, haben die Befugnisse des Betreuers oder Pflegers den Vorrang.[98] Die von den Eltern gewählte Art der Unterhaltsgewährung kann auch

---

[85] BGH FamRZ 1988, 831.
[86] BayObLG FamRZ 2000, 976
[87] OLG Hamburg FamRZ 1983, 643; KG FamRZ 2006, 60
[88] KG FamRZ 2000, 979
[89] Vgl. BGH FamRZ 2006, 1108
[90] OLG Celle FamRZ 1997, 966; KG, FamRZ 2003, 619
[91] OKG Köln FamRZ 1996, 963; BayObLG FamRZ 1986, 930
[92] KG FamRZ 1990, 791; OLG Hamburg FamRZ 1990, 1269
[93] OLG Brandenburg FamRZ 2009, 236
[94] BayObLG FamRZ 2000, 976
[95] OLG Köln FuR 2001, 415; OLG Schleswig FuR 1998, 178
[96] BGH FamRZ 1996, 417, 420; FamRZ 1988, 831
[97] BGH FamRZ 1996, 798 = R 501 b
[98] BGH FamRZ 1985, 917

rechtlich undurchführbar sein, wenn das Kind wegen der geltenden Zulassungsbeschränkung sein Studium nicht an dem Ort aufnehmen kann, an dem ihm Naturalunterhalt angeboten wird; in einem solchen Fall kann auch eine zunächst (z. B. während des Schulbesuchs) zulässige Unterhaltsbestimmung nachträglich unwirksam werden;[99]
- wenn der angebotene Unterhalt für das Kind **tatsächlich unerreichbar** ist.[100] Dies ist der Fall, wenn bei gemeinsamer elterlicher Sorge der Vater seinen minderjährigen Kindern Unterhalt in Natur anbietet, obwohl sie sich bei der Mutter aufhalten. Hier sind die Kinder wegen des entgegenstehenden Willens der Mutter ohne eigenes Verschulden nicht in der Lage, der Unterhaltsbestimmung des Vaters Folge zu leisten; der Streit der Eltern kann zu einer Entscheidung des Familiengerichts nach § 1628 BGB führen (vgl. Rn. 39), darf sich aber im Unterhaltsverfahren nicht zu Lasten des Kindes auswirken.[101] Bei einem volljährigen Kind kann die Unterhaltsbestimmung aus tatsächlichen Gründen dann undurchführbar sein oder nachträglich werden, wenn es sein Studium auf Grund eines Zuweisungsbescheides der ZVS an einem anderen Ort aufnehmen muss und eine tägliche Rückkehr zum Wohnort der Eltern nicht möglich oder nicht zumutbar ist;[102]
- wenn sie die schutzwürdigen **Interessen des anderen Elternteils missachtet.**[103] Zwar muss ein Elternteil zunächst auf die Belange des Kindes die gebotene Rücksicht nehmen, muss aber auch denjenigen des anderen Elternteils Rechnung tragen. In einem solchen Fall bedarf es einer **Abwägung der gegenseitigen Interessen der Eltern.** Die einseitige Bestimmung ist nur dann wirksam, wenn die Gründe des bestimmenden Elternteils die berechtigten Belange des Kindes wahren und zugleich dem anderen Elternteil unter Berücksichtigung seiner entgegenstehenden Interessen zugemutet werden kann, die beabsichtigte Art der Unterhaltsgewährung hinzunehmen. Bei dieser Abwägung spielen vor allem wirtschaftliche Interessen eine Rolle, aber auch Veränderungen der beiderseitigen Lebensverhältnisse durch die Art der Unterhaltsgewährung. Die Befürchtung, dass der Bestimmende einen familienrechtlichen Ausgleichsanspruch gegen den anderen Elternteil geltend machen werde, reicht allein noch nicht aus, um die einseitige Bestimmung als nicht gerechtfertigt zu beurteilen;[104]
- wenn sie **offensichtlich missbräuchlich** aus sachfremden Erwägungen getroffen worden ist.[105]

48 Ist die Unterhaltsbestimmung unwirksam, wird eine Geldrente geschuldet (§ 1612 I 1 BGB). Haben die Eltern dagegen eine wirksame Naturalunterhaltsbestimmung getroffen, kann das Kind **keinen Barunterhalt** verlangen. Nimmt es den angebotenen Naturalunterhalt nicht an, kann es weder eine Teilunterhaltsrente noch ein ihm ausgesetztes Taschengeld noch den Wert des von den Eltern ersparten Unterhalts beanspruchen.[106] Die Bestimmung entfaltet auch gegenüber dem Träger der Ausbildungsförderung Wirkung, führt also bei Ablehnung von Naturalunterhalt durch das Kind dazu, dass ein Anspruch auf Unterhalt in Geld, der auf den Träger der Ausbildungsförderung nach § 37 BAföG übergehen könnte, nicht besteht.[107] Dasselbe gilt für den Träger der Grundsicherung für Arbeitsuchende, den Sozialhilfeträger und das Amt für Ausbildungsförderung, wenn einem Kind, das entgegen einer wirksamen Unterhaltsbestimmung Barunterhalt verlangt, Arbeitslosengeld II, Sozialgeld (§§ 19, 23 SGB II[108]) oder Sozialhilfe gewährt wird.[109] Zum Anspruchsübergang vgl. Rn. 8/60 ff., 229 ff., 288 ff.

---

[99] BGH FamRZ 1996, 798 = R 501 b
[100] BGH FamRZ 1996, 798 = R 501 b; FamRZ 1992, 426
[101] BGH FamRZ 1992, 426
[102] BGH FamRZ 1996, 798 = R 501 b; 1988, 831; OLG Celle FamRZ 2001, 116; OLG Karlsruhe FamRZ 2004, 655
[103] BGH FamRZ 1988, 831
[104] BGH FamRZ 1988, 831
[105] BGH FamRZ 1996, 798 = R 501 b
[106] BGH FamRZ 1984, 37 = NJW 1984, 305
[107] BGH FamRZ 1996, 798 = R 501 b; FamRZ 1984, 37
[108] In der Fassung des Gesetzes vom 24. 3. 2011 – BGBl. I S. 453
[109] Vgl. dazu BGH FamRZ 2002, 1698 mit Anm. Klinkhammer = R 580 a; FamRZ 1981, 250, 252

2. Abschnitt: Bedürftigkeit des Kindes § 2

Hat ein Elternteil eine wirksame Bestimmung getroffen, **leistet das volljährige Kind** 49
ihr aber nicht Folge, kann es auch den anderen Elternteil nicht auf Barunterhalt in
Anspruch nehmen, da es seinen Bedarf dadurch decken kann, dass es den angebotenen
Naturalunterhalt annimmt. Leistet der andere Elternteil, weil er es mit dem Kind nicht
verderben will, gleichwohl Barunterhalt, kann er gegen seinen (früheren) Partner keinen
familienrechtlichen Ausgleichsanspruch geltend machen, da auf diesem Weg dessen Bestimmungsrecht letztlich gegenstandslos würde.

Haben getrennt lebende Eltern in einem Unterhaltsvergleich vereinbart, in welcher Art
jeder von ihnen dem (minderjährigen oder volljährigen) Kind den Unterhalt gewährt, kann
sich ein Elternteil von dieser Vereinbarung jedenfalls nicht ohne besondere Gründe durch
anderweitige Bestimmung der Unterhaltsgewährung lösen. Eine solche Vereinbarung wird
auch durch den Eintritt der Volljährigkeit nicht wirkungslos.[110]

4. Verfahren

Mit Inkrafttreten des UÄndG ist das frühere Verfahren auf Abänderung der Unterhalts- 50
bestimmung der Eltern entfallen. Vgl. Rn. 44 f. Mangels einer Übergangsvorschrift ist ein
anhängiges Verfahren am 1. 1. 2008 unzulässig geworden und hat sich damit in der Hauptsache erledigt. Es bleibt den Beteiligten überlassen, ihren Streit in einem bereits rechtshängigen oder noch einzuleitenden Unterhaltsverfahren auszutragen. In diesem ist die
Wirksamkeit der Unterhaltsbestimmung eine Vorfrage.

2. Abschnitt: Bedürftigkeit des Kindes

I. Unvermögen des Kindes, sich selbst zu unterhalten

1. Nichterwerbspflichtige Kinder

Bedürftig ist nur, wer außerstande ist, sich selbst zu unterhalten (§ 1602 I BGB). Dies ist 51
der Fall, wenn das Kind nicht erwerbstätig sein darf (Rn. 52), nicht erwerbstätig sein kann
(Rn. 53) oder, insbesondere wegen Schulbesuchs, Studiums oder einer Ausbildung, keiner
Erwerbstätigkeit nachgehen muss (Rn. 54 ff.) und es weder über ausreichendes sonstiges
Einkommen (z. B. Waisenrente, Kapitaleinkünfte) oder Vermögen (vgl. Rn. 132 ff.) verfügt.
Nicht bedürftig ist das Kind in der Regel, wenn es den Wehr- oder Ersatzdienst leistet
(Rn. 486 ff.). Dasselbe gilt, wenn es sich in Straf- oder Untersuchungshaft befindet.[1] Jedoch
kann ein Anspruch auf Prozesskostenvorschuss für die Verteidigung im Strafverfahren
gegeben sein.[2] Vgl. Rn. 6/34.

Minderjährige, die jünger als 15 Jahre alt sind oder noch der Vollzeitschulpflicht un- 52
terliegen, dürfen nach §§ 2 III, 5 I, 7 I JugArbSchG nicht beschäftigt werden und können
ihren Bedarf daher nicht durch Erwerbstätigkeit decken. Auch soweit Kinder und Jugendliche ausnahmsweise mit leichten Arbeiten beschäftigt werden dürfen, besteht für sie eine
Erwerbsobliegenheit nicht, solange sie sich in einer Schul- oder Berufsausbildung befinden
(vgl. Rn. 55, 57). Gleichwohl erzieltes Einkommen, z. B. aus **Schülerarbeit,** Nachhilfeunterricht, Austragen von Zeitungen usw., stammt aus **unzumutbarer Tätigkeit** und ist
daher in entsprechender Anwendung des § 1577 II BGB nicht anzurechnen, wenn der
Unterhaltspflichtige nicht den geschuldeten Unterhalt leistet; im Übrigen kann derartiges
Einkommen nach Billigkeit teilweise auf den Unterhaltsanspruch angerechnet werden.[3]
Näheres Rn. 109, 414 und 1/100.

---

[110] BGH FamRZ 1983, 892, 895
[1] AG Stuttgart FamRZ 1996, 955 f.; vgl. OLG Zweibrücken FamRZ 2004, 1291
[2] DIJuF JAmt 2002, 126
[3] BGH FamRZ 1995, 475 = R 491 b, c; OLG Köln FamRZ 1995, 55

53 **Kranke oder behinderte Kinder** können erwerbsunfähig sein. Sie sind dann bedürftig und können ihre Eltern auf Unterhalt in Anspruch nehmen, auch wenn sie bereits eine selbstständige Lebensstellung erreicht hatten; allerdings sind in diesem Fall nicht ohne weiteres die Bedarfssätze anzuwenden, die für den Unterhalt volljähriger Kinder in der Düsseldorfer Tabelle festgelegt sind. Vielmehr wird in der Regel eine konkrete Bemessung des Unterhaltsbedarfs angezeigt sein (vgl. dazu Rn. 534).[4] Bei gesunden, aber arbeitslosen volljährigen Kindern wird der Bedarf das Existenzminimum eines Erwachsenen von 770,– EUR (analog B V der Düsseldorfer Tabelle Stand 1. 1. 2011) nicht übersteigen. Vgl. Rn. 535. Erwerbsunfähige Kinder trifft die Obliegenheit, sich einer Erfolg versprechenden und zumutbaren ärztlichen Behandlung zu unterziehen (vgl. dazu Rn. 1/789). Kinder, die aus sittlichem Verschulden krank und dadurch unterhaltsbedürftig geworden sind, können den Unterhaltsanspruch ganz oder teilweise verwirken (§ 1611 I BGB). Dies gilt allerdings grundsätzlich nur für volljährige Kinder (§ 1611 II BGB). Genaueres dazu Rn. 601 ff. Bei volljährigen Kindern, die an einer **Unterhaltsneurose** leiden, wird man ein sittliches Verschulden im Sinne des § 1611 I 1 BGB nur schwer bejahen können. Eine dem § 1579 Nr. 8 (früher: Nr. 7) BGB[5] entsprechende Vorschrift existiert beim Kindesunterhalt nicht. Einen Unterhaltsanspruch wird man daher nur verneinen können, wenn eine Flucht in die seelische Krankheit vorliegt und sich das Kind mit ärztlicher Hilfe aus seiner seelischen Fehlhaltung befreien kann (vgl. dazu Rn. 1/791 f.).

2. Ausbildungsbedürftige Kinder

54 Jedes Kind hat das **Recht auf** eine angemessene **Ausbildung,** damit es später seinen Unterhalt selbst durch eigene Erwerbstätigkeit sicherstellen kann. Während der Ausbildung ist das Kind unterhaltsbedürftig; sein Bedarf umfasst nicht nur die Lebenshaltungskosten, sondern auch die Kosten der Ausbildung, z. B. Schulgeld und Studiengebühren, soweit sie nicht von der öffentlichen Hand übernommen werden, Fahrtkosten zur Ausbildungsstätte usw. (§ 1610 II BGB).

55 Das Kind ist gehalten, sich ausbilden zu lassen. Kommt es dieser **Ausbildungsobliegenheit** nicht nach, werden die Eltern, solange es minderjährig ist, durch Erziehungsmaßnahmen auf es einwirken müssen. Hat es das Elternhaus zu Recht oder zu Unrecht bereits verlassen, kann es trotz der **Minderjährigkeit** darauf verwiesen werden, sich einer Ausbildung zu unterziehen oder, wenn es keinen Ausbildungsplatz findet, seinen Unterhalt durch eigene Erwerbstätigkeit sicherzustellen, sofern es nicht dem Arbeitsverbot des JugArbSchG oder der Schulpflicht unterliegt.[6] Vgl. dazu Rn. 52. Bei Abbruch einer Lehre hat es sich mit Unterstützung des oder der Sorgeberechtigten nachdrücklich um einen anderen Ausbildungsplatz und in der Zwischenzeit um eine bedarfsdeckende Tätigkeit, mindestens aber eine Teilzeitbeschäftigung, zu bemühen.[7] Nimmt der Besuch einer Abendschule einschließlich der Vor- und Nachbereitung des Unterrichts nur einen Teil der Arbeitskraft des Kindes in Anspruch, besteht eine Obliegenheit zur Ausübung einer teilschichtigen Erwerbstätigkeit.[8] § 1611 II BGB verbietet es nicht, einem minderjährigen Kind bei Verletzung seiner Erwerbsobliegenheit fiktive Einkünfte zuzurechnen.[9] So auch Rn. 1/774.

Volljährige Kinder, die sich keiner Berufsausbildung unterziehen, sind grundsätzlich nicht unterhaltsbedürftig.[10] Dies gilt auch dann, wenn sie ein Praktikum oder ein freiwilliges soziales bzw. ökologisches Jahr (Rn. 489) durchlaufen, das für den beabsichtigten Beruf

---

[4] BGH FamRZ 2006, 1108 f.; OLG Bamberg FamRZ 1994, 255
[5] Zur Unterhaltsneurose beim nachehelichen Unterhalt: OLG Düsseldorf FamRZ 1990, 68
[6] OLG Rostock FamRZ 2007, 1267; OLG Koblenz JAmt 2004, 153; OLG Köln FUR 2005, 570; OLG Düsseldorf FamRZ 1990, 194; a. A. OLG Saarbrücken FamRZ 2000, 40; OLG Stuttgart FamRZ 1997, 447
[7] OLG Koblenz JAmt 2004, 153
[8] OLG Düsseldorf FamRZ 2010, 2082
[9] OLG Düsseldorf FamRZ 2010, 2082; 2000,442; OLG Koblenz JAmt 2004, 153; a. A. OLG Frankfurt NJW 2009, 3105; OLG Stuttgart FamRZ 1997, 447
[10] BGH FamRZ 1998, 671 = R 523

2. Abschnitt: Bedürftigkeit des Kindes § 2

nicht förderlich ist,[11] oder wenn sie zunächst ein Fach studieren, das nicht auf das Berufsziel bezogen ist (sog. Parkstudium; vgl. unten Rn. 57, 77, 87).[12] Eine Au-Pair-Tätigkeit im Ausland ist allenfalls eine Ausbildung im Sinne des § 1610 II BGB, wenn sie mit dem Besuch einer (Sprach-)Schule oder von Universitätskursen verbunden ist und dies die Arbeitszeit des Kindes zu einem beachtlichen Teil in Anspruch nimmt.[13] Zudem wird der Bedarf durch Gewährung von Kost und Logis und von Taschengeld im Wesentlichen gedeckt sein.

Die Eltern haben keinen Anspruch darauf, dass ein Kind sich ausbilden lässt. Sie können, wenn Erziehungsmaßnahmen nicht mehr in Betracht kommen, lediglich die Zahlung von Unterhalt einstellen, wenn das Kind seiner Ausbildungsobliegenheit nicht nachkommt. **56**

3. Erwerbspflichtige Kinder

Ein **Volljähriger**, der sich **nicht in einer Schul- oder Berufsausbildung** befindet oder der nach Abschluss einer Ausbildung arbeitslos ist, muss primär für seinen Lebensunterhalt selbst aufkommen. An die Beurteilung seiner Bedürftigkeit sind strenge Anforderungen zu stellen. Für die Nutzung seiner Arbeitskraft gelten ähnliche Maßstäbe wie für die Haftung der Eltern gegenüber minderjährigen Kindern. Der gesunde Volljährige muss grundsätzlich **jede Arbeitsmöglichkeit** ausnutzen und auch berufsfremde Tätigkeiten und Arbeiten unter seiner gewohnten Lebensstellung annehmen.[14] Dies gilt nicht nur, wenn er in seinem erlernten Beruf keine Anstellung findet, sondern auch, wenn er seine bisherige Arbeitsstelle verliert.[15] Das volljährige Kind muss ggf. eine von seinem Vater in dessen Geschäft angebotene Stelle annehmen.[16] Nimmt eine Abendschule nur einen kleinen Teil der Arbeitskraft in Anspruch, kann dem Kind unter Umständen eine Aushilfstätigkeit zugemutet werden.[17] Kommt der Volljährige einer zumutbaren Erwerbsobliegenheit nicht nach, entfällt seine Bedürftigkeit in Höhe eines erzielbaren Erwerbseinkommens. Auf § 242 BGB oder auf § 1618 a BGB allein kann ein Unterhaltsanspruch nicht gestützt werden.[18] Vgl. dazu auch Rn. 755. **57**

Zum Bedarf des Kindes, das keine Berufsausbildung absolviert, gleichwohl ausnahmsweise unterhaltsberechtigt ist, vgl. Rn. 534.

Auch ein **minderjähriges Kind** ist zur Erwerbstätigkeit verpflichtet, wenn es nicht mehr schulpflichtig ist und sich nicht ausbilden lässt (vgl. oben Rn. 55). **58**

4. Erwerbspflicht des Kindes trotz Schwangerschaft oder Betreuung eines eigenen Kindes

Eine Tochter, die schwanger ist oder ein eigenes Kind betreut und deshalb nicht erwerbstätig ist, kann **ausnahmsweise** einen **Unterhaltsanspruch** gegen ihre Eltern haben. Ein solcher Anspruch dient nur der Behebung der eigenen Bedürftigkeit der Mutter, nicht der des (Enkel-)Kindes, für dessen Bedarf zunächst der Kindesvater aufzukommen hat.[19] Ein Unterhaltsanspruch der Tochter wird in erster Linie bei Geburt eines nichtehelichen Kindes in Betracht kommen, wenn der vorrangige Anspruch auf Betreuungsunterhalt gegen den Kindesvater (§ 1615 l II 2, III 2 BGB) nicht besteht oder nicht verwirklicht werden kann. Jedoch ist auch ein Unterhaltsanspruch einer verheirateten Tochter infolge der Geburt eines ehelichen Kindes nicht ausgeschlossen, z. B. wenn der vorrangig haftende Ehemann (§ 1608 **59**

---

[11] OLG Naumburg FamRZ 2008, 86; OLG Frankfurt FamRZ 1990, 789
[12] OLG Koblenz FamRZ 1991, 108
[13] Büttner NJW 2000, 2547, 2549; zur Kindergeldberechtigung vgl. BFH NJW 1999, 3214
[14] BGH FamRZ 1987, 930, 932; FamRZ 1985, 273; FamRZ 1985, 1245.
[15] OLG Zweibrücken FamRZ 1984, 1250; OLG Hamburg FamRZ 1984, 607; OLG Köln FamRZ 1983, 942
[16] OLG Zweibrücken FamRZ 1984, 1250
[17] OLG Düsseldorf FamRZ 2010, 2082; OLG Köln FamRZ 2006, 504, das jedoch im konkreten Fall dem Kind zu viel zumutet
[18] BGH FamRZ 2001, 1601 = R 562 b
[19] BGH FamRZ 1985, 273

60 Eltern sind ihrem Kind, das ein eigenes (Enkel-)Kind betreut, nur dann unterhaltspflichtig, wenn der andere Elternteil des (Enkel-)Kindes nicht leistungsfähig ist. Volljährige Kinder, die selbst Kinder haben, sind für sich und ihre Kinder grundsätzlich selbst verantwortlich. Vgl. Rn. 57. Der Unterhaltsanspruch gegen die Eltern ist **nachrangig**. Vorrangig haften der Ehemann für den Unterhalt der verheirateten Mutter und der nicht verheiratete Vater für denjenigen der nichtehelichen Mutter (§§ 1608 S. 1, 1615 l III 2 BGB). Das Gleiche gilt für die (eingetragene) Lebenspartnerin der Mutter (§ 1608 S. 4 BGB). Die Unterhaltspflicht des Vaters des nichtehelichen Kindes beginnt frühestens vier Monate vor der Entbindung und endet frühestens drei Jahre danach; sie verlängert sich, solange und soweit dies der Billigkeit entspricht (§ 1615 l II 3, 4 BGB). Vgl. dazu im Einzelnen Rn. 7/25 ff.

61 Eine Haftung der Eltern für den Unterhalt ihrer Tochter, also der Mutter des nichtehelichen Kindes, kommt in Betracht, wenn und solange diese wegen des Mutterschutzes vor und nach der Geburt nicht beschäftigt werden darf (§§ 3, 6 MuSchuG) und sie kein Mutterschaftsgeld erhält, z. B. weil sie keine versicherungspflichtige Tätigkeit ausgeübt hat.[20] Im Übrigen haften die Eltern – anders als der Kindesvater nach § 1615 l II BGB[21] (vgl. dazu Rn. 7/22 ff.) – nur dann auf Unterhalt, wenn die Kindesmutter alle Erwerbsmöglichkeiten ausgeschöpft hat. Im Verhältnis zu ihren Eltern – anders als im Verhältnis zu ihrem Ehemann oder dem Vater des nichtehelichen Kindes – steht es auch während der ersten drei Jahre nach der Geburt (vgl. §§ 1570 I 1, 1615 l II 3 BGB)[22] nicht im Belieben der Kindesmutter, ob sie ihr Kind selbst versorgen möchte. Voraussetzung ist vielmehr, dass die **Betreuung** und Versorgung des Kindes durch die Mutter in dessen Interesse **erforderlich** ist, weil eine Möglichkeit zu einer anderweitigen entgeltlichen oder unentgeltlichen Versorgung, z. B. in einer Kindertagesstätte, durch Verwandte oder eine Tagesmutter, bzw. durch den Kindesvater und den jetzigen Lebenspartner nicht besteht.[23] Dasselbe gilt, wenn die Fremdbetreuung durch Erwerbseinkünfte, die die Mutter durch eine ihr zuzumutende Tätigkeit erzielen könnte, nicht finanziert werden kann. Zu berücksichtigen ist aber, dass das Kind ab seinem dritten Lebensjahr Anspruch auf einen Kindergartenplatz hat und dass zunehmend auch Plätze für jüngere Kinder angeboten werden.

Der **Lebensgefährte** der Mutter ist jedenfalls dann zur unentgeltlichen Mitbetreuung des Kindes verpflichtet, wenn er dessen Vater ist. Er trägt Verantwortung für das Kind, selbst wenn er die elterliche Sorge nicht gemäß § 1626a BGB gemeinsam mit der Mutter ausübt, da wesentliche Unterschiede zwischen ehelichen und nichtehelichen Kindern nicht mehr bestehen.[24] Vgl. dazu Rn. 4. Die Tochter kann daher ihren Eltern nicht entgegenhalten, die Betreuung des nichtehelichen Kindes durch den Kindesvater sei eine freiwillige Leistung eines Dritten, die ihre Bedürftigkeit nicht beseitige (Rn. 121 ff.). Führt die Mutter des Kindes dem leistungsfähigen Kindesvater den Haushalt, mindern Leistungen, die sie von ihm für die gemeinsame Lebenshaltung entgegennimmt, ihre Bedürftigkeit.[25] Vergütet der Kindesvater die Haushaltsführung durch die Mutter nicht, kann ihr ein fiktives Entgelt für die Versorgung ihres Partners zugerechnet werden (vgl. Rn. 111, 1/713 f.). Erziehungsgeld, das ein Elternteil für ein bis zum 31. 12. 2006 geborenes Kind bezog, war im Verhältnis zu seinen eigenen Eltern grundsätzlich kein anrechenbares Einkommen (§ 9 BErzGG).[26] Elterngeld, das für ab 1. 1. 2007 geborene Kinder gezahlt wird, ist in Höhe des Sockelbetrages von 300,– EUR bzw. 150,– EUR grundsätzlich nicht als Einkommen im Sinne

---

[20] OLG Frankfurt NJW 2009, 3195
[21] BGH FamRZ 1998, 541
[22] Vgl. dazu BGH FamRZ 2009, 770, 772; = R 704a; FamRZ 1985, 273
[23] BGH FamRZ 1985, 273; OLG Thüringen FamRZ 2009, 1498
[24] So BGH FamRZ 2001, 614, 616 = R 556b unter Aufgabe seiner früheren Rechtsprechung (FamRZ 1995, 598)
[25] So OLG Koblenz FamRZ 1991, 1469, jedenfalls dann, wenn die Partner seit Jahren in einem „festgefügten sozialen Verbund" leben
[26] OLG München FamRZ 1999, 1166

2. Abschnitt: Bedürftigkeit des Kindes § 2

des Unterhaltsrechts zu behandeln; es ist dagegen als Einkommen anzurechnen, soweit es diesen Sockelbetrag übersteigt (§ 11 Bundeselterngeld- und Elternzeitgesetz – BEEG). Zur Anrechnung von Elterngeld bei Bezug von Arbeitslosengeld II, Sozialhilfe und Kinderzuschlag nach § 6a BKGG vgl. § 10 V BEEG.[27] Ob während der Zeit, in der Erziehungs- oder Elterngeld bezogen wird, eine Erwerbsobliegenheit des betreuenden Elternteils gegenüber seinen eigenen unterhaltspflichtigen Eltern besteht, ist noch nicht entschieden.[28]

Wenn eine Schwangere oder ein Elternteil, der ein Kind bis zur Vollendung seines **62** sechsten Lebensjahres betreut, Arbeitslosengeld II oder Sozialhilfe bezieht, geht der Unterhaltsanspruch gegen die Eltern nicht auf den Träger der Grundsicherung für Arbeitsuchende bzw. den Sozialhilfeträger über (§ 33 II 1 Nr. 3 SGB II, § 94 I 4 SGB XII). Gleichwohl können die Eltern das Kind nicht auf die Inanspruchnahme dieser subsidiären Sozialleistungen verweisen. Es steht vielmehr dem Kind frei, von seinen eigenen Eltern Unterhalt zu verlangen und dadurch die Sozialleistung entbehrlich zu machen (vgl. dazu Rn. 8/68, 128, 236, 256).

Wegen der verstärkten eigenen Erwerbsobliegenheit der Kindesmutter hindert die **Be- 63 treuung eines** schulpflichtigen siebenjährigen und eines sechzehnjährigen **Kindes** jedenfalls eine Teilerwerbstätigkeit nicht.[29] Auch die Betreuung eines weiteren zweijährigen Kindes steht nur dann einer Teilerwerbstätigkeit entgegen, wenn die ganztägige Betreuung und Versorgung des Kindes durch die Kindesmutter selbst in dessen objektivem Interesse erforderlich ist, weil eine Möglichkeit zu einer Teilzeitversorgung, z.B. in einer Kindertagesstätte, oder bei Verwandten nicht besteht.[30] Dasselbe gilt, wenn die Kinder durch den Lebensgefährten der Mutter betreut werden können, jedenfalls dann, wenn dieser der Vater eines der Kinder ist (s. Rn. 61).[31]

Im Verhältnis zu ihrem Kind erfüllt die betreuende Mutter ihre Unterhaltspflicht zwar **64** durch dessen Betreuung (§ 1606 III 2 BGB); dies befreit sie aber nicht von der Erwerbsobliegenheit gegenüber ihren Eltern. Auch möglicherweise auftretende versorgungstechnische Schwierigkeiten im Krankheitsfall, etwaige Entfernungs- und Verkehrsprobleme, fehlende Koordinierung von Betriebs- und Kindergartenferien, sind nicht geeignet, die Kindesmutter von vornherein davon zu entbinden, sich um Arbeitsstellen zu bemühen.[32]

Hinsichtlich des **Selbstbehalts** der unterhaltspflichtigen Eltern gilt § 1603 BGB. Ist die **65** (nicht verheiratete) Tochter noch minderjährig, steht ihnen nur der notwendige Selbstbehalt zu (§ 1603 II 1 BGB). Vgl. dazu Rn. 380, 385 ff. Bei einem privilegiert volljährigen Kind (vgl. dazu Rn. 579 ff.) kommt ein Anspruch auf Barunterhalt nicht in Betracht, da die Tochter dann noch im Haushalt der Eltern oder eines Elternteils leben und die Schule besuchen muss (§ 1603 II 2 BGB). In einem solchen Fall erhält sie Naturalunterhalt im elterlichen Haushalt. Nach Auszug der volljährigen Tochter aus dem elterlichen Haus verbleibt den Eltern der angemessene Selbstbehalt von 1150,– EUR gemäß § 1603 I BGB, Anm. A 7 II der Düsseldorfer Tabelle Stand: 1.1.2011. Vgl. dazu Rn. 546 ff. Hat die Tochter die Ausbildung bereits beendet und eine selbstständige Lebensstellung erlangt, ist sie aber infolge der Schwangerschaft oder der Geburt des Kindes erneut bedürftig geworden, kommt in Anlehnung an die Rechtsprechung des BGH[33] zum Elternunterhalt eine Erhöhung des angemessenen Selbstbehalts der Eltern auf 1500,– EUR bzw. 1200,– EUR (Anm. D I der Düsseldorfer Tabelle Stand: 1.1.2011), zuzüglich 50% des Mehreinkommens in Betracht. Vgl. dazu Rn. 928.

---

[27] In der Fassung des Gesetzes vom 24.3.2011 – BGBl. I S. 453; zum Elterngeld vgl. Scholz FamRZ 2007, 7
[28] Der BGH FamRZ 2006, 1010, 1014 = R 650c mit Anm. Borth hat in einem „Hausmannsfall" (dazu Rn. 269, 275 ff.) eine solche Obliegenheit des Elternteils, der Erziehungsgeld bezieht, gegenüber dem eigenen Kind verneint
[29] BGH FamRZ 1985, 1245
[30] BGH FamRZ 1985, 1245; OLG München FamRZ 1999, 1166
[31] BGH FamRZ 2001, 614, 616 = R 556b; OLG Oldenburg FamRZ 1991, 1090
[32] BGH FamRZ 1985, 1245
[33] FamRZ 2002, 1698, 1701 = R 580c; FamRZ 2003, 1179, 1182 = R 592e jeweils mit Anm. Klinkhammer

66 Sollte ausnahmsweise die Bedürftigkeit der Kindesmutter bejaht werden können, scheidet eine **Verwirkung** des Unterhaltsanspruchs nach § 1611 I BGB (Rn. 601 ff.) in der Regel aus. Die Herbeiführung der eigenen Bedürftigkeit durch einfaches Verschulden berührt den Unterhaltsanspruch nicht, sondern nur ein vorwerfbares sittliches Verschulden von erheblichem Gewicht. Infolge der gewandelten gesellschaftlichen Auffassung wird heute der intime Umgang zwischen erwachsenen Partnern auch im Rahmen einer flüchtigen Verbindung nicht mehr sittlich missbilligt. Auch kommt es in der Regel nicht darauf an, ob die Partner (sichere) Maßnahmen der Empfängnisverhütung getroffen haben.[34] War die Kindesmutter bei der Zeugung noch minderjährig, scheidet eine Verwirkung ohnehin aus (§ 1611 II BGB).[35]

67 Die Ausführungen in Rn. 59 bis 66 gelten sinngemäß, wenn der **Vater** das Kind betreut, er keiner oder nur einer eingeschränkten Erwerbstätigkeit nachgeht, Unterhaltsansprüche gegen die vorrangig haftende Mutter nicht bestehen oder nicht realisierbar sind und der Vater deshalb seine Eltern auf Unterhalt in Anspruch nimmt.

II. Ausbildungsunterhalt

1. Ausbildungsanspruch

68 Eltern schulden ihren minderjährigen wie ihren volljährigen Kindern, ihren Söhnen wie ihren Töchtern nach § 1610 II BGB eine angemessene Vorbildung für einen Beruf. Dies gilt selbstverständlich auch dann, wenn die Eltern nie miteinander verheiratet waren, das Kind also nicht ehelich ist.

69 „Angemessen" ist eine Ausbildung, die der Begabung und den Fähigkeiten, dem Leistungswillen und den beachtenswerten, nicht nur vorübergehenden Neigungen des einzelnen Kindes entspricht. Geschuldet wird die den Eltern **wirtschaftlich zumutbare Finanzierung einer optimalen begabungsbezogenen Berufsausbildung** ihres Kindes, die dessen Neigungen gerecht wird, ohne dass sämtliche Neigungen und Wünsche berücksichtigt werden müssen, insbesondere nicht solche, die sich nur als flüchtig oder vorübergehend erweisen oder mit den Anlagen und Fähigkeiten des Kindes oder den wirtschaftlichen Verhältnissen der Eltern nicht zu vereinbaren sind.[36]

Auf den Beruf oder die gesellschaftliche Stellung der Eltern kommt es nicht an, wohl aber auf deren wirtschaftliche Leistungsfähigkeit.

70 Kinder haben grundsätzlich nur Anspruch auf **eine Ausbildung,** nicht auf mehrere. Haben Eltern die ihnen obliegende Pflicht, ihrem Kind eine angemessene Ausbildung zu gewähren, in rechter Weise erfüllt und hat es den üblichen Abschluss seiner Ausbildung erlangt, sind sie ihrer Unterhaltspflicht aus § 1610 II BGB in ausreichender Weise nachgekommen. Sie sind unter diesen Umständen grundsätzlich nicht verpflichtet, noch eine weitere zweite Ausbildung zu finanzieren, der sich das Kind nachträglich nach Beendigung der ersten Ausbildung unterziehen will.[37] Dieser Grundsatz ist jedoch durch zahlreiche Ausnahmen durchlöchert (vgl. unten Rn. 91 ff., 97 ff.). Die in der Rechtsprechung entwickelten Ausnahmen vom Grundsatz der Finanzierung nur einer Ausbildung dürfen nicht als abschließender, andere Fallgruppen ausschließender Katalog verstanden werden.[38]

---

[34] BGH FamRZ 1985, 273
[35] BGH FamRZ 1988, 159, 163
[36] BGH FamRZ 2006, 1100 f. = R 654a; FamRZ 2000, 420 = R 536a; FamRZ 1992, 170; FamRZ 1989, 853
[37] BGH FamRZ 2000, 420 = R 536a; FamRZ 1993, 1057 = R 462b; FamRZ 1992, 170; FamRZ 1989, 853
[38] BGH FamRZ 2006, 1100, 1102 = R 654d

2. Berufswahl

Bei **Minderjährigen** bestimmen die Eltern oder der sorgeberechtigte Elternteil im Interesse des Kindes unter Berücksichtigung der in Rn. 69 aufgeführten Kriterien zunächst die Schule und nach Beendigung des Schulbesuchs den Beruf, in dem das Kind ausgebildet werden soll. An dem Entscheidungsprozess ist das Kind entsprechend seinem Entwicklungsstand zu beteiligen (§ 1626 II 2 BGB). Die Eltern haben auf Eignung und Neigung des Kindes Rücksicht zu nehmen (§ 1631 a S. 1 BGB) und auf Grund ihrer Erfahrungen mit dem Kind eine Prognose anzustellen. Dabei müssen nur solche Neigungen und Begabungen berücksichtigt werden, deren Vorhandensein über einen längeren Zeitraum hinweg beobachtet werden konnte und die nicht auf einer flüchtigen Laune des Augenblicks beruhen.[39] Bei gemeinsamer elterlicher Sorge müssen die Eltern versuchen, sich zu einigen (§ 1627 S. 2 BGB). Bei Alleinsorge ist die Entscheidung des sorgeberechtigten Elternteils von dem anderen grundsätzlich hinzunehmen, auch wenn die gewählte Ausbildung mit Mehrkosten verbunden ist.[40] Sind die Mehrkosten, z. B. für ein Internat, erheblich, müssen gewichtige Gründe vorliegen, die diese Ausbildung rechtfertigen.[41] Vgl. dazu Rn. 456. Nur in Ausnahmefällen kommen Maßnahmen des Familiengerichts nach §§ 1666, 1629 II 3, 1796 BGB in Betracht. 71

Volljährige entscheiden gemeinsam mit ihren Eltern über die Berufswahl.[42] Letztlich können sie die Entscheidung allein treffen, insbesondere das Studienfach wählen,[43] ggf. auch gegen den Willen ihrer Eltern. Sie müssen allerdings bei dieser Entscheidung die in Rn. 69 erwähnten Kriterien beachten. Vgl. dazu auch Rn. 481 ff. Im Streitfall entscheidet das Familiengericht (Rn. 76). 72

Eltern in wirtschaftlich beengten Verhältnissen sind nicht zur Finanzierung einer aufwändigen Ausbildung verpflichtet, auch wenn sie den Fähigkeiten des Kindes entsprechen würde. Die Beziehungen zwischen Eltern und Kindern sind nach § 1618 a BGB von gegenseitiger Rücksicht geprägt. Aus diesem **Gegenseitigkeitsprinzip**[44] (vgl. dazu näher Rn. 77) folgt, dass sich der Berechtigte bei schlechten wirtschaftlichen Verhältnissen seiner Eltern oder bei eigenen Verstößen gegen die Obliegenheit zur zielstrebigen Ausbildung auf eine weniger kostspielige Ausbildung oder einen weniger kostspieligen Ausbildungsort verweisen lassen muss (vgl. Rn. 482 f.).[45] In solchen Fällen hat u. U. die staatliche Ausbildungsförderung einzugreifen. Zu berücksichtigen ist allerdings, dass in Deutschland in der Regel kein Schulgeld zu zahlen ist. Die insbesondere im Vergleich zum Ausland verhältnismäßig geringen Studiengebühren, die von vielen Hochschulen erhoben werden, können vorfinanziert werden; das aufgenommene Darlehen ist vom Kind nach Ende des Studiums in Raten zu tilgen. Zudem verbleibt den Eltern gegenüber volljährigen Kindern, die das Elternhaus verlassen oder die allgemeine Schulausbildung beendet haben, der große Selbstbehalt (§ 1603 I, II 2 BGB), der nach der Düsseldorfer Tabelle Stand: 1. 1. 2011 (Anm. A 5 II) und den Leitlinien der Oberlandesgerichte (21.3.1) 1150,– EUR beträgt. Eltern werden sich daher der Finanzierung einer Ausbildung nur in seltenen Fällen entziehen können. Jedoch ist jedenfalls bei engen wirtschaftlichen Verhältnissen das Interesse des Unterhaltspflichtigen zu berücksichtigen, seine finanzielle Belastung gering zu halten.[46] Besondere Bedeutung gewinnt die **Zumutbarkeit** der weiteren Unterhaltszahlung dagegen bei Verletzung der Ausbildungsobliegenheit (Rn. 77) und in den Fällen der Weiterbildung, insbesondere bei dem Ausbildungsgang Abitur – Lehre – Studium (vgl. dazu unten Rn. 97 ff.). 73

Bei ernsthaften Zweifeln an der **Eignung** und am Leistungswillen des Kindes für eine beabsichtigte Ausbildung, insbesondere für ein anspruchsvolles Studium, sind die Eltern 74

---

[39] OLG Stuttgart NJW 1979, 1166
[40] OLG Nürnberg FamRZ 1993, 837
[41] OLG München FF 2008, 509; vgl. auch BGH FamRZ 1983, 48
[42] BGH FamRZ 2000, 420 = R. 536 a
[43] Vgl. BGH FamRZ 1996, 798 = R. 501 a
[44] BGH FamRZ 2006, 1100, 1102 = R. 654 c; FamRZ 1995, 416
[45] Zu einem kostspieligen Aufenthalt in einem Internat vgl. OLG München FF 2008, 509
[46] BGH FamRZ 2009, 762, 765

nicht gehalten, Unterhalt zu gewähren. Vgl. dazu Rn. 79. Sie sind nicht verpflichtet, begabungsmäßig abwegige Berufswünsche und damit eine offensichtliche Fehlentwicklung zu finanzieren, die voraussehbar zu Enttäuschungen führen wird. Dies gilt vor allem bei mehrfachem Scheitern im Rahmen der bisherigen Ausbildung. Vgl. auch Rn. 84. Die Eignung des Kindes ist aus der Sicht eines objektiven Beobachters bei Aufnahme der Ausbildung zu beurteilen, was allerdings nicht ausschließt, zur Bestätigung des gewonnenen Ergebnisses die spätere Entwicklung des Kindes heranzuziehen.[47] Dies gilt besonders dann, wenn es um die Frage geht, ob die Eltern die Begabung des Kindes falsch eingeschätzt haben.[48] Hat das Kind die Hochschulreife erworben, wird nur in seltenen Ausnahmefällen seine Eignung für ein Studium verneint werden können. Eine Versagung des Unterhalts kann allerdings in Betracht kommen, wenn das Kind infolge ihm anzulastender Verzögerungen das Abitur erst im vorgerückten Alter von z. B. 28 Jahren besteht.[49] Vgl. auch Rn. 79.

75 Ein Berufswunsch kann von den Eltern dagegen nicht mit der Begründung abgelehnt werden, dass später ungünstige Anstellungsaussichten bestünden. Einmal arbeiten viele Kinder, insbesondere solche mit Hochschulabschluss, nicht in dem Bereich, für den sie sich durch ihre Ausbildung in erster Linie qualifiziert haben. Zum anderen tragen die Eltern nach Ausbildungsabschluss nicht das **Arbeitsplatzrisiko des Kindes.** Vielmehr ist das Kind dann verpflichtet, selbst für seinen Lebensunterhalt zu sorgen und jede Arbeitsstelle, auch außerhalb des erlernten Berufs, notfalls Hilfsarbeiten, anzunehmen (vgl. Rn. 57).

76 Besteht zwischen Eltern und Kindern **Streit um die Angemessenheit eines Berufswunsches,** ist hierüber bei Volljährigen vom Familienrichter im Rahmen eines Unterhaltsverfahrens zu entscheiden. Bei Minderjährigen kann das Familiengericht die erforderlichen Maßnahmen nach §§ 1666, 1629 II 3, 1796 BGB treffen.

3. Ausbildungsverpflichtungen des Kindes und Ausbildungsdauer

77 a) **Beginn und Durchführung der Ausbildung.** Nach dem **Gegenseitigkeitsprinzip** (Rn. 73) steht der Verpflichtung der Eltern, dem Kind eine angemessene Berufsausbildung zu ermöglichen (§ 1610 II BGB), die Ausbildungsobliegenheit des Kindes gegenüber. Vgl. Rn. 55. Nach Ablauf einer **Orientierungsphase** (vgl. dazu auch Rn. 88), deren Dauer unterschiedlich ist und sich nach Alter, Entwicklungsstand und den gesamten Lebensumständen richtet, hat das Kind seinen Berufs- und Lebensweg eigenverantwortlich zu gestalten.[50] Zu lange Verzögerungen der Aufnahme einer Berufsausbildung können zum Verlust des Ausbildungs- und damit des Unterhaltsanspruchs führen.[51]

Das Kind ist daher gehalten, alsbald nach der Schule oder der Beendigung des letzten Ausbildungsabschnitts eine Berufsausbildung zu beginnen oder fortzusetzen und sie mit Fleiß und der gebotenen Zielstrebigkeit in angemessener und üblicher Zeit zu beenden. Ausbildungsunterhalt wird nur insoweit geschuldet, als er für eine angemessene Vorbildung zu einem Beruf erforderlich ist. Hat das Kind keine Lehrstelle gefunden, steht ihm Unterhalt auch für die Dauer der Teilnahme an einem berufsvorbereitenden Lehrgang oder am Berufsgrundschuljahr zu.[52] Vgl. dazu Rn. 96, 586 Stichwort: Berufsschule. Wenn das Kind nachhaltig seine Obliegenheit, die Ausbildung planvoll und zielstrebig aufzunehmen und durchzuführen, verletzt, büßt es den Unterhaltsanspruch ein und ist darauf zu verweisen, seinen Unterhalt selbst durch Erwerbstätigkeit sicherzustellen (vgl. Rn. 57). Die Voraussetzungen für eine Verwirkung des Unterhaltsanspruchs (§ 1611 I BGB; vgl. Rn. 601 ff.) brauchen nicht vorzuliegen.[53] Diese Grundsätze gelten auch dann, wenn das Kind den Un-

---

[47] BGH FamRZ 2006, 1100, 1102 = R 654 d
[48] BGH a. a. O.; FamRZ 2000, 420 = R 536 c
[49] BGH FamRZ 2006, 1100, 1102 = R 654 f; FamRZ 2000, 420 = R 536 d; OLG Thüringen NJW-RR 2009, 651
[50] BGH FamRZ 2001, 757 = R 557 a
[51] BGH FamRZ 1998, 671 = R 523
[52] OLG Brandenburg FamRZ 2006, 560; OLG Hamm FamRZ 2004, 1131
[53] BGH FamRZ 1998, 671 = R 523

2. Abschnitt: Bedürftigkeit des Kindes § 2

terricht schwänzt und deshalb von der Schule verwiesen wird oder nach Beendigung der Schule zunächst **überhaupt keine Ausbildung** beginnt.[54]

Die Konsequenzen dieser Rechtsprechung dürfen freilich nicht überschätzt werden. Es bleibt dabei, dass jedes Kind grundsätzlich Anspruch auf eine Berufsausbildung hat (Rn. 68 ff.). Dies gilt besonders für die Erstausbildung. Der Ausbildungsanspruch kann daher nur dann versagt werden, wenn das Kind nachhaltig während eines längeren Zeitraums seine **Ausbildungsobliegenheit** verletzt und den Eltern deshalb weiterer Unterhalt **nicht mehr zugemutet** werden kann (vgl. dazu auch Rn. 103). Dabei sind alle Umstände des Falles, insbesondere die schulischen Leistungen und der bisherige Ausbildungsgang des Kindes zu würdigen. Danach brauchen die Eltern unter Umständen nicht mehr damit zu rechnen, dass das Kind die Hochschulreife nachholt und ein Studium beginnt.[55] Es kann auch ins Gewicht fallen, dass auf Grund des Alters des Kindes steuerliche Erleichterungen, insbesondere der Kinderfreibetrag, das Kindergeld und kindbezogene Gehaltsbestandteile unabhängig vom Ausbildungsstand entfallen.[56] Vgl. dazu Rn. 703 ff. Schließlich können auch das Alter der Eltern und die von ihnen im Vertrauen auf das Verhalten des Kindes getroffenen Dispositionen eine Rolle spielen (vgl. Rn. 103).[57] 78

Nach diesen Grundsätzen hat ein Kind, das nach dem Schulabschluss nicht sogleich eine Ausbildung begonnen hat, um z. B. zur „Selbstfindung" eine **Weltreise** zu unternehmen, mangels Bedürftigkeit keinen Unterhaltsanspruch. Es ist vielmehr darauf angewiesen, seinen Bedarf durch ungelernte Arbeit oder aus eigenem Vermögen zu decken. Dadurch verliert es aber nicht ohne weiteres den Anspruch auf eine angemessene Ausbildung. So kann auch ein 24-jähriges Kind jedenfalls dann eine Ausbildung oder ein Studium beginnen, wenn die Eltern noch damit rechnen mussten, auf Unterhalt in Anspruch genommen zu werden.[58] Jedoch ist mit zunehmendem Alter des Kindes besonders zu prüfen, ob die erste oder ggf. die weitere Ausbildung angemessen ist, ob angesichts der Entwicklung des Kindes Zweifel an seiner Eignung und seinem Leistungswillen bestehen (vgl. dazu Rn. 74) und ob mit einem erfolgreichen Abschluss des Studiums gerechnet werden kann.[59] Die Eltern werden aber dem Kind, wenn es seine Begabung zulässt, in aller Regel den Besuch der Sekundarstufe II ermöglichen müssen, damit es die Hochschulreife erlangen kann.[60] Dies gilt auch dann, wenn es – wie viele Kinder – vor Ende des Schulbesuchs noch keine genauen Vorstellungen über das Studienfach hat. Ein mäßiger Hauptschulabschluss schließt eine praktische Ausbildung nicht aus; beim Scheitern des Kindes in dieser Ausbildung kann der Wechsel zu einer anderen gerechtfertigt sein.[61] Jedoch endet die Unterhaltspflicht der Eltern, wenn das Kind aus einer Verweigerungshaltung unzureichende Leistungen, z. B. an einer Fachschule, erbringt. Dann muss es die Ausbildung abbrechen und seinen Unterhalt durch ungelernte Arbeit sicherstellen.[62] Auch wenn eine Berufsausbildung nicht abgeschlossen oder nicht einmal begonnen wurde, kann der Anspruch des Kindes auf eine angemessene Ausbildung ausnahmsweise mit der Zeit vollständig zurücktreten, wenn das Kind eine selbstständige Lebensstellung erlangt hat und seinen Bedarf auf Grund bislang ausgeübter Tätigkeiten oder sonst erworbener Fähigkeiten selbst decken kann.[63] Vgl. Rn. 535. Voraussetzung des Ausbildungsunterhalts ist, dass das Kind seine Ausbildung **zielstrebig** und ohne wesentliche Verzögerungen, die in seinen Verantwortungsbereich fallen, betreibt.[64] Es muss darlegen und ggf. beweisen, dass es diesen Anforderungen in der Vergangenheit grundsätz- 79

---

[54] OLG Frankfurt NJW 2009, 235
[55] BGH FamRZ 1998, 671 = R 523
[56] BGH FamRZ 1998, 671 = R 523
[57] BGH FamRZ 1989, 853
[58] OLG Thüringen NJW-RR 2009, 651; OLG Köln FamRZ 2005, 301; OLG Stuttgart FamRZ 1996, 181
[59] BGH FamRZ 2000, 420, 422 = R 536 c, d; OLG Thüringen NJW-RR 2009, 651; OLG Hamm FamRZ 1995, 1007
[60] OLG Karlsruhe NJW-FER 1998, 148
[61] OLG Hamm FamRZ 1997, 695
[62] OLG Hamm FamRZ 1997, 695
[63] OLG Hamm FamRZ 1995, 1007
[64] OLG Hamm FamRZ 2005, 1005

lich genügt hat oder jedenfalls begründete Aussicht auf eine Änderung seines bisherigen Verhaltens besteht, wenn es weiter Unterhalt begehrt.[65] Vgl. dazu auch Rn. 84. Dies bedeutet aber nicht, dass das Kind auf Möglichkeiten weiteren Kenntniserwerbs, der einer angemessenen Berufsausbildung dient, zu verzichten hat, um den Unterhaltspflichtigen zu entlasten.[66]

80   **b) Studienverlauf.** Ein Studierender hat grundsätzlich den für seinen Studiengang maßgeblichen Studienplan einzuhalten.[67] Ihm ist allerdings ein **gewisser Spielraum** für die selbstständige Auswahl der angebotenen Lehrveranstaltungen und für den eigenverantwortlichen Aufbau des Studiums zuzugestehen, sofern dadurch nicht der ordnungsgemäße Abschluss des Studiums innerhalb angemessener Frist gefährdet wird. Allein die Tatsache, dass eine vorgeschriebene Zwischenprüfung nicht rechtzeitig absolviert wurde, führt noch nicht zum Verlust des Anspruchs auf Ausbildungsunterhalt, wenn es auch sonst üblich ist, die Zwischenprüfung entgegen dem Wortlaut der Prüfungsordnung erst später abzulegen, und wenn ein ordnungsgemäßer Abschluss des Studiums innerhalb angemessener und üblicher Zeit möglich bleibt.[68] Vgl. zu Verzögerungen des Studiums auch Rn. 84.

81   **c) Studienort, Auslandsaufenthalt.** Das volljährige Kind kann innerhalb der ihm zustehenden Gestaltungsautonomie den Studienort selbst wählen. Dabei hat es allerdings auf die Belange der Eltern, insbesondere deren finanzielle Belastungen, Rücksicht zu nehmen. Ein Student, der im Haushalt eines Elternteils lebt, kann im Verhältnis zu dem anderen Elternteil darauf verwiesen werden, am Studienort zu wohnen, wenn durch Fahrten zwischen Wohnung und Hochschule hohe Kosten entstehen und dem Interesse des anderen Elternteils, die Unterhaltsbelastung gering zu halten, keine gewichtigen Belange des Studenten entgegenstehen.[69] Nach Maßgabe des § 1618a BGB kann das Kind den Studienort wechseln oder zeitweise im Ausland studieren, wenn dadurch Kenntnisse erworben, vertieft oder erweitert werden, die seine fachliche Qualifikation und seine Berufsaussichten fördern. Soweit hierdurch ein erhöhter Unterhaltsbedarf besteht, ist dieser regelmäßig vom Verpflichteten zu tragen, sofern sich die Finanzierung in den Grenzen seiner wirtschaftlichen Leistungsfähigkeit hält und sie für ihn nicht wirtschaftlich unzumutbar ist; vgl. dazu Rn. 103. Zeitliche Verzögerungen müssen hingenommen werden, wenn sie durch die Studienbedingungen im Ausland oder durch Sprachschwierigkeiten bedingt sind, wenn der Auslandsaufenthalt (vor allem bei Minderjährigen) von den Eltern mit zu verantworten ist oder wenn das Kind schwierigen häuslichen Verhältnissen (Rn. 92) entkommen wollte.[70] Jedoch darf der ordnungsgemäße Abschluss des Studiums innerhalb angemessener Frist nicht gefährdet sein.[71]

82   **d) Studienreform.** Unterhalt muss grundsätzlich nur **bis zum Regelabschluss** einer üblichen Ausbildung, also bis zur Abschlussprüfung nach einer Lehre oder einem Studium, gezahlt werden. Das Studium schloss bisher üblicherweise mit der Diplom- oder der Magisterprüfung, bei Juristen und Lehrern und anderen Studiengängen mit dem ersten Staatsexamen, bei Medizinern mit dem ersten Abschnitt der ärztlichen Prüfung ab. Die Rechtsprechung wird demnächst zu entscheiden haben, wie die Abschlüsse nach der Studienreform, die mit dem Ziel der Vereinheitlichung der europäischen Studiengänge bereits weitgehend durchgeführt worden ist, unterhaltsrechtlich zu beurteilen sind.[72] Das Studium teilt sich künftig in die Bachelor-Ebene, die Master-Ebene und die Doktoratsebene auf. Nach einem Vollzeitstudium von drei bis vier Jahren kann der Grad eines **Bachelors** erworben werden, nach ein bis zwei weiteren Jahren der Grad eines **Masters.** Dagegen ist es in vielen Bundesländern bei den Staatsexamina, die vor allem Lehrer und Juristen abzulegen haben, bzw. bei der ärztlichen Prüfung bisher geblieben. Die Einzelheiten der Reform und ihre Auswirkungen auf das Unterhaltsrecht lassen sich gegenwärtig

---

[65] OLG Hamm FamRZ 2005, 60
[66] BGH FamRZ 1992, 1064 = R 446
[67] BGH FamRZ 1992, 1064 = R 446
[68] BGH FamRZ 1992, 1064 = R 446; FamRZ 1987, 470; FamRZ 1984, 777
[69] BGH FamRZ 2009, 762, 765
[70] BGH FamRZ 2001, 757 = R 557b
[71] BGH FamRZ 1992, 1064 = R 446
[72] Dazu im Einzelnen Liceni-Kierstin FamRZ 2011, 526

nur schwer übersehen, zumal da Anforderungen und Studienangebote von Land zu Land und von Hochschule zu Hochschule variieren. Der Bachelor soll zu einer mehr praxisbezogenen beruflichen Tätigkeit befähigen, der Master dagegen zu einer wissenschaftlich fundierten Berufsausübung. Der Masterabschluss entspricht in seiner Wertigkeit im Wesentlichen der Diplom- oder der Magisterprüfung bzw. bei Juristen, Lehrern sowie bei verwandten Berufen dem ersten Staatsexamen, bei Medizinern dem zweiten Abschnitt der ärztlichen Prüfung. Da diese Prüfungen bislang unterhaltsrechtlich als Abschluss der Ausbildung anerkannt waren, wird man die Eltern grundsätzlich für verpflichtet halten müssen, dem Kind den Masterabschluss zu ermöglichen.[73] Voraussetzung ist freilich, dass es die erste Prüfung zum Bachelor bestanden und etwaige weitere Zulassungsvoraussetzungen der Hochschule erfüllt hat. Bei Nichtbestehen dieser Prüfung gelten die zu Rn. 84 entwickelten Grundsätze. Das auf der Bachelorprüfung aufbauende Masterstudium ist wie der Bildungsgang Abitur, Lehre, Studium keine Zweitausbildung, sondern Teil einer **einheitlichen mehrstufigen Ausbildung.**[74] Der Entschluss zum Masterstudium kann daher erst nach bestandenem Bachelorexamen gefasst werden. Notwendig ist allerdings ein enger zeitlicher Zusammenhang zwischen Bachelor- und Masterstudium (vgl. Rn. 101). Übt das Kind nach bestandener Bachelor-Prüfung eine berufliche Tätigkeit aus, die nicht nur der Überbrückung der Zeit bis zum Beginn des nächsten Studienabschnitts dient, endet grundsätzlich die Unterhaltspflicht der Eltern. Nimmt es später erneut das Studium mit dem Ziel des Erwerbs des Mastergrades auf, wird ein Wiederaufleben der Unterhaltspflicht allenfalls in Ausnahmefällen in Betracht kommen.

Eine **Promotion** ist nur ausnahmsweise der Regelabschluss eines Studiums. Dies wird auch für die Studenten gelten, die nach Bestehen der Master-Prüfung promovieren wollen. Zudem ist der Doktorand in der Regel gehalten, einer Teilzeitarbeit nachzugehen und hierdurch seinen Bedarf zu decken, so dass eine Unterhaltspflicht der Eltern im Allgemeinen nicht in Betracht kommt.[75] Unterhalt für ein Zusatzstudium nach der Abschlussprüfung für das Lehramt zum Erwerb der Lehrbefähigung für ein weiteres Unterrichtsfach wird von den Eltern auch dann nicht geschuldet, wenn sich dadurch die Anstellungschancen erhöhen.[76] Vgl. aber hierzu Rn. 97 ff. Auch die Vorbereitung auf die **Meisterprüfung** gehört im Allgemeinen nicht zur Berufsausbildung; jedoch kann sich eine Verpflichtung der Eltern zur Fortzahlung des Unterhalts aus den Grundsätzen über die Weiterbildung ergeben.[77] Vgl. Rn. 97 ff.

83

e) Ausbildungsdauer, Überschreitung der Regelstudienzeit. Unterhalt wird nur während der üblichen Ausbildungsdauer geschuldet. Auf die Mindeststudiendauer kann nicht abgestellt werden. Einen Anhalt für die Zeit, innerhalb deren ein durchschnittlicher Student bei gehöriger Anstrengung den Studienabschluss erreichen kann, wird in der Regel die Höchstförderungsdauer nach § 15 a BAföG bieten,[78] die sich ihrerseits an der Regelstudienzeit des § 10 II des Hochschulrahmengesetzes – HRR – orientiert. Diese beträgt beim Bachelorstudium drei bis vier Jahre, beim Masterstudiengang (weitere) ein bis zwei Jahre, bei konsekutiven Studiengängen aber nicht mehr als fünf Jahre (§ 19 II bis IV HRR). Vgl. dazu Rn. 8/282. Eine **Verlängerung** dieser Zeit kann in Betracht kommen:
– bei **Krankheit**,[79]
– bei Verzögerungen, die auf gestörten Familienverhältnissen (Rn. 92) oder **erzieherischem Fehlverhalten** der Eltern und den daraus entstehenden psychischen Folgen für das Kind beruhen,[80]

84

---

[73] OLG Celle FamRZ 2010. 1456; OVG Hamburg FamRZ 2006, 1615
[74] OVG Hamburg FamRZ 2006, 1615; wohl auch OLG Celle FamRZ 2010, 1456
[75] OLG Hamm FamRZ 1990, 904; OLG Karlsruhe OLGZ 1980, 209
[76] OLG Stuttgart FamRZ 1996, 1434
[77] OLG Stuttgart FamRZ 1996, 1435
[78] OLG Hamm FamRZ 1994, 387
[79] OLG Thüringen NJW-RR 2009, 651; OLG Hamm FamRZ 1990, 904; recht weitgehend OLG München FamRZ 2007, 911, das auch bei einer 38-jährigen Tochter einen Anspruch auf weitere Finanzierung eines durch Krankheit verzögerten Studiums bejaht
[80] BGH FamRZ 2001, 757, 759 = R 557 b; FamRZ 2000, 420 = R 536 c

- bei **leichterem,** nur vorübergehendem **Versagen** des Kindes,[81] z. B. einmaligem Nichtbestehen einer Prüfung oder bei Hinauszögern des Examens, wenn dadurch der Abschluss der gesamten Ausbildung in angemessener Zeit nicht gefährdet wird,
- bei **erheblichen Schwierigkeiten** während des Studiums, die nicht dem Kind anzulasten sind, sondern auf Mängeln des Ausbildungssystems beruhen, z. B. darauf, dass manche Lehrveranstaltungen, insbesondere Seminare, die belegt werden müssen, überfüllt sind und Studenten deshalb zurückgewiesen werden oder dass Bibliotheken unzureichend mit Fachliteratur ausgestattet sind,[82]
- bei **Auslandsstudium,** Wechsel des Studienorts (vgl. Rn. 81),[83]
- bei sonstigen **zwingenden Umständen,** die eine Unterbrechung oder eine Verzögerung des Studiums zur Folge haben. Solche Verhältnisse können vorliegen, wenn der Student seinen Lebensunterhalt durch **Nebenarbeit** verdienen muss, weil die Eltern ihren Unterhaltspflichten verschuldet oder unverschuldet nicht nachkommen. Vgl. auch Rn. 109. Allerdings wird das Kind in einem solchen Fall eine Vorausleistung nach § 36 BAföG beantragen müssen (vgl. Rn. 8/288).

85 Vom Kind ist zu verlangen, dass es die Gründe für die Verzögerung des Studiums substantiiert **darlegt und ggf. beweist.** Im Allgemeinen wird man eine Überschreitung der üblichen Studiendauer um ein bis zwei Semester tolerieren können. Nach nicht bestandener Prüfung muss einem Studierenden grundsätzlich ein, nur in seltenen Ausnahmefällen ein zweiter Wiederholungsversuch zugestanden werden, bevor Rückschlüsse auf fehlende Eignung für den angestrebten Beruf gezogen werden können. Anders kann es liegen, wenn Zweifel an der psychischen Belastbarkeit und damit an der Prüfungsfähigkeit des Kindes bestehen.[84] Ferner ist Unterhalt für die Zeit des Examens zu gewähren und für einen Zeitraum von etwa drei Monaten, innerhalb dessen sich das Kind um eine Arbeitsstelle bewerben kann.[85]

86 f) **Bummelstudium.** Die Grundsätze zu Rn. 84 bedeuten nicht, dass die Eltern ein „Bummelstudium" finanzieren müssen. Wenn der Student nachhaltig seine Obliegenheit verletzt, dem Studium pflichtbewusst und zielstrebig nachzugehen, büßt er seinen Anspruch auf Ausbildungsunterhalt ein und muss sich darauf verweisen lassen, seinen Lebensunterhalt durch Erwerbstätigkeit selbst zu verdienen.[86]

87 g) **Parkstudium.** Die Eltern sind unterhaltsrechtlich nicht verpflichtet, ein nicht berufszielbezogenes Parkstudium zu finanzieren.[87] Vielmehr hat das Kind während der Wartezeit bis zur Zulassung zum gewünschten Studienfach seinen Bedarf durch eigene Erwerbstätigkeit sicherzustellen.[88] Wird während eines von den Eltern tolerierten Parkstudiums Unterhalt bezahlt, muss sich das Kind bereits während der Wartezeit intensiv mit den angestrebten Fächern befassen.[89] Haben Eltern ohne rechtliche Verpflichtung ein Parkstudium finanziert oder hat sich die Ausbildung aus sonstigen Gründen verzögert, darf der Unterhalt für ein dann aufgenommenes, zielstrebig betriebenes Studium nicht um die letztlich nutzlos verstrichene Zeit gekürzt werden. Unterhalt für ein wertloses **Teilstudium** wird nicht geschuldet. Die Unterhaltspflicht für das verspätet aufgenommene Studium kann nur insgesamt bejaht oder verneint werden.[90] Beginnt das Kind ein Teilstudium, das nicht zu einem Abschluss führen kann (Magisterstudium ohne Hauptfach, aber mit zwei Nebenfächern), hat es keinen Unterhaltsanspruch.[91]

88 h) **Wechsel oder Abbruch der Ausbildung.** Ein Wechsel der Ausbildung ist unbedenklich, wenn er auf sachlichen Gründen beruht und unter Berücksichtigung der Gesamt-

---

[81] BGH FamRZ 2006, 1100, 1102 = R 654 e
[82] OLG Hamm FamRZ 1990, 904
[83] BGH FamRZ 1992, 1064 = R 446
[84] OLG Hamm FamRZ 1997, 767
[85] OLG Hamm FamRZ 1990, 904
[86] BGH FamRZ 1987, 470; OLG Hamm FamRZ 1995, 1006; 2005, 60
[87] OLG Koblenz FamRZ 1991, 108
[88] OLG Frankfurt FamRZ 1990, 789
[89] OLG Celle FamRZ 1983, 641
[90] BGH FamRZ 1990, 149
[91] OLG Karlsruhe FamRZ 2001, 852

2. Abschnitt: Bedürftigkeit des Kindes § 2

umstände aus der Sicht des Unterhaltspflichtigen wirtschaftlich zumutbar ist. Jedem jungen Menschen ist zuzubilligen, dass er sich über seine Fähigkeiten irrt oder falsche Vorstellungen über den gewählten Beruf hat. Ihm steht daher eine **Orientierungsphase** zu (vgl. auch Rn. 77). Ein Wechsel kann insbesondere dann gerechtfertigt sein, wenn zwischen der abgebrochenen und der angestrebten Ausbildung ein **sachlicher Zusammenhang** besteht. Dem Unterhaltspflichtigen können der Wechsel der Fachrichtung oder des Ausbildungsplatzes und die damit verbundenen Mehrkosten umso mehr zugemutet werden, je früher der Wechsel stattfindet. Die Belange des Schuldners erfordern es grundsätzlich, dass das Kind versucht, sich mit ihm über seine geänderten Ausbildungspläne zu verständigen.[92]

Die Gründe, die die Eltern zur Finanzierung einer Zweitausbildung verpflichten (vgl. Rn. 91 ff.), werden auch bei einem Wechsel der Ausbildung eine weitere Unterhaltspflicht rechtfertigen.[93] Daher kann ein mehrfacher Abbruch der Ausbildung entschuldbar sein, wenn er auf erzieherischem Fehlverhalten der Eltern, den sich daraus ergebenden psychischen Folgen für das Kind oder auf einer Erkrankung beruht.[94] Liegen solche Umstände nicht vor, kommt ein Studienwechsel ohne Einverständnis des Verpflichteten in der Regel nur bis zum zweiten, allenfalls dritten Semester in Frage, keinesfalls mehr in der zweiten Studienhälfte. Dasselbe gilt für den Wechsel des Ausbildungsplatzes oder einer Fach(ober-)schule, wenn bereits ein beachtlicher Teil der Ausbildungszeit verstrichen ist. Der Berechtigte hat ohne Zustimmung des Verpflichteten dann nur die Wahl zwischen Fortsetzung der begonnenen oder Selbstfinanzierung einer anderen Ausbildung. Ein nach fortgeschrittener Ausbildung behaupteter ernsthafter Neigungswandel ist kein wichtiger Grund für einen Fachrichtungswechsel, wenn es dem Auszubildenden möglich und zumutbar war, die gegen die zuerst gewählte Fachrichtung sprechenden Gründe vorher zu erkennen.[95] In der Regel ist es mit den schutzwürdigen Belangen des Verpflichteten nicht vereinbar, einem Studenten vor dem Studienabbruch wegen mangelnder Eignung eine „Überlegungs- und Erfahrungszeit" von drei Semestern zuzugestehen.[96] Vgl. dazu auch Rn. 93.

i) Kontrollrechte der Eltern. Dem Grundsatz der Gegenseitigkeit (vgl. Rn. 73, 77) 90 widerspricht es, wenn der Berechtigte den zu Ausbildungszwecken gezahlten Unterhalt zu anderen Zwecken (Reisen, Bummeln) verwendet. Nimmt das Kind Unterhalt entgegen, obwohl es die Ausbildung abgebrochen hat, ohne eine neue zu beginnen, kann der Unterhaltsanspruch ganz oder teilweise verwirkt sein (§ 1611 I BGB).[97] Der Verpflichtete ist deshalb zu einer gewissen Kontrolle der Ausbildung berechtigt und kann die **Vorlage von Zeugnissen** über Zwischenprüfungen, erfolgreiche Teilnahme an Übungen, Studienbescheinigungen usw. verlangen.[98] Besucht das Kind berechtigterweise eine Privatschule (vgl. Rn. 451 ff.), so kann der Pflichtige den Nachweis des Schulbesuchs und der Höhe des Schulgeldes insbesondere dann fordern, wenn das Kind im Ausland lebt oder der unterhaltspflichtige Elternteil keine Möglichkeit hat, sich von dem Wohlergehen und der Entwicklung des Kindes zu überzeugen.[99] Solche Kontrollrechte der Eltern ergeben sich aus § 242 BGB.[100] Weigert sich das Kind, die zu Recht geforderten Belege vorzulegen, sind die Eltern berechtigt, den Unterhalt bis zur Beibringung der Nachweise zurückzubehalten (§ 273 I BGB). Das Aufrechnungsverbot des § 394 BGB (vgl. Rn. 6/300 ff.) steht der Ausübung des Zurückbehaltungsrechts nicht entgegen, da die Zurückhaltung des Unterhalts keinen der Aufrechnung gleichkommenden Erfolg hat.[101] Legt das Kind ordnungsgemäße Studiennachweise vor, ist der Unterhalt nachzuzahlen. Kann es den Nachweis nicht erbringen, ist

---

[92] BGH FamRZ 2001, 757, 759 = R 557 b
[93] Vgl. BGH FamRZ 2000, 420 = R 536 a, b
[94] BGH FamRZ 2000, 420 = R 536 b, c; FamRZ 2001, 757 = R 557 b
[95] OLG Frankfurt FamRZ 1997, 694
[96] BGH FamRZ 1987, 470
[97] OLG Köln FamRZ 2005, 301
[98] OLG Celle FamRZ 1980, 914
[99] Vgl. hierzu OLG Hamm FamRZ 1996, 49
[100] BGH FamRZ 1987, 470; OLG Hamm FamRZ 1996, 49
[101] BGH NJW 1987, 3254

der Unterhalt dagegen zu versagen, weil das Kind nicht nachgewiesen hat, die Ausbildung ordnungsgemäß betrieben zu haben.[102]

4. Finanzierung einer Zweitausbildung

91 Haben Eltern ihre Pflicht zur Gewährung einer Ausbildung in rechter Weise erfüllt, sind sie im Allgemeinen zur Finanzierung einer Zweitausbildung nicht verpflichtet (vgl. Rn. 70).[103] Es ist unerheblich, ob und in welchem Umfang sie finanziell zur Erstausbildung beigetragen haben; denn § 1610 II BGB verfolgt nur das Ziel, dem Kind **eine angemessene Ausbildung** zu verschaffen, verlangt aber nicht unter allen Umständen, dass die Eltern diese Ausbildung bezahlt haben.[104] Jedoch kann bei der Frage, ob die Eltern trotz eines früheren vorübergehenden Versagens des Kindes eine (weitere) Ausbildung finanzieren müssen, nicht unberücksichtigt bleiben, dass das Kind sich bislang bemüht hat, sie finanziell möglichst wenig zu belasten.[105] Vgl. dazu Rn. 94.

Unerheblich ist auch, ob die staatliche Ausbildungsförderung Beihilfen für eine bestimmte Ausbildung vorsieht. Allein die Tatsache, dass das Kind bei einem Studienfach, das einer Zulassungsbeschränkung unterliegt, die Studienberechtigung für die Zweitausbildung erlangt hat, rechtfertigt die Fortdauer der Unterhaltspflicht der Eltern nicht.[106] Entscheidend ist allein, ob die Erstausbildung angemessen war, d. h. der Begabung und den Fähigkeiten des Kindes, seinem Leistungswillen und beachtenswerten Neigungen entsprochen hat.[107]

92 Eine **Verpflichtung** der Eltern **zur Finanzierung einer Zweitausbildung** (zur Weiterbildung vgl. Rn. 97 ff.) besteht **ausnahmsweise,**
- wenn das Kind nach dem Abitur eine praktische Ausbildung durchläuft und sich erst danach zu einem Studium, entschließt **(Ausbildungsgang Abitur – Lehre – Studium;** vgl. dazu Rn. 99 ff.), nicht aber, wenn das Kind nach dem Sekundarabschluss I zunächst eine Lehre absolviert, dann die Fachoberschule besucht, dort die Hochschulreife erwirbt und anschließend ein Studium beginnt (vgl. dazu Rn. 104);[108]
- wenn die Eltern das Kind gegen dessen Willen **in eine unbefriedigende Ausbildung gedrängt** hatten, die seiner Neigung und Begabung nicht entsprach.[109] Das ist insbesondere der Fall, wenn die Eltern dem Kind ein Studium aus Kostengründen verweigert haben und es deshalb eine Lehre absolviert hat[110] oder wenn sie einen während der Ausbildung rechtzeitig vorgebrachten Wunsch nach einem Ausbildungswechsel abgelehnt haben;[111]
- wenn, vor allem bei **Spätentwicklern,** bei der Berufswahl entweder die eigentliche **Begabung** des Kindes **von den Eltern falsch eingeschätzt** oder infolge einer Entwicklungsstörung nicht rechtzeitig entdeckt und erst später, spätestens bei Ende der Erstausbildung oder beim Beginn der Zweitausbildung, erkennbar wurde;[112] vgl. dazu aber Rn. 94.
- wenn die Voraussetzungen des Ausbildungsgangs Abitur – Lehre – Studium nicht vorliegen (vgl. Rn. 99 ff.), aber die bisherige Ausbildung die **Begabungen** und Fertigkeiten des Kindes **nicht voll ausgeschöpft hat** (z. B. die Ausbildung zum Industriekaufmann bei einem Abiturienten mit einem im oberen Bereich liegenden Notendurchschnitt) **und**

---

[102] BGH FamRZ 1987, 470
[103] BGH FamRZ 1993, 1057; 1991, 322; 1989, 853
[104] BGH FamRZ 1989, 853
[105] Vgl. BGH FamRZ 2006, 1100, 1102 = R 654 g
[106] BGH FamRZ 1977, 629 ff.; OLG Frankfurt FamRZ 1984, 926
[107] OLG Frankfurt FamRZ 1984, 926
[108] BGH FamRZ 2006, 1100, 1101 = R 654 c
[109] BGH FamRZ 2006, 1100, 1102 = R 654 d; 2000, 420 = R 536 a; FamRZ 1995, 416; FamRZ 1989, 853; 1980, 1115
[110] BGH FamRZ 1991, 322
[111] BGH FamRZ 1991, 931 = NJW-RR 1991, 770
[112] BGH FamRZ 2006, 1100, 1102 = R 654 d; FamRZ 2000, 420 = R 536 a

2. Abschnitt: Bedürftigkeit des Kindes § 2

die **Verzögerung** des Studienabschlusses durch die vorgeschaltete praktische Ausbildung auf einem **leichteren vorübergehenden Versagen** des Kindes beruht, z. B. weil es auf den Rat einer fachkundigen Behörde vertraut hat;[113] vgl. dazu Rn. 93;
- wenn sich **schwierige häusliche Verhältnisse,** vor allem Trennung und Scheidung der Eltern nachteilig auf die Entwicklung und Ausbildung des Kindes ausgewirkt, insbesondere zu einer Verschlechterung seiner Leistungen während der Ausbildung geführt haben;[114]
- wenn sich die **Notwendigkeit eines Berufswechsels** herausstellt, weil der erlernte Beruf aus gesundheitlichen Gründen, z. B. einer Allergie bei einer Friseurin, oder aus Gründen, die bei Beginn der Ausbildung nicht vorhersehbar waren, keine Lebensgrundlage mehr bietet.[115] Die Notwendigkeit muss sich jedoch während oder unmittelbar nach Abschluss der Ausbildung herausstellen, da das Kind, das durch Ausübung des erlernten Berufs bereits eine selbstständige Lebensstellung erlangt hat, das Arbeitsplatzrisiko allein trägt (vgl. Rn. 75).

Insgesamt ist festzustellen, dass der BGH seine frühere Rechtsprechung, den Eltern die **93** Finanzierung nur einer Ausbildung aufzuerlegen,[116] zwar weiter aufrecht erhält, aber so viele Ausnahmen zugelassen hat, dass der Unterhaltsantrag eines Kindes, das dem Richter die Überzeugung vermittelt, es wolle nach etlichen Fehlschlägen endlich eine angemessene Ausbildung beginnen und auch mit Erfolg abschließen, kaum noch abgewiesen werden kann. Während der BGH[117] früher die Auffassung vertrat, die Berücksichtigung einer **Spätentwicklung** würde zu uferlosen Ansprüchen auf Ausbildungsfinanzierung führen, die die Eltern mit unübersehbaren und unangemessenen Unterhaltspflichten belasteten, ist es nunmehr gerade Ziel der neueren Rechtsprechung, eine unangemessene Benachteiligung von Spätentwicklern zu vermeiden.[118] Deshalb hält der BGH zwar daran fest, dass die berufliche Eignung eines Kindes nach seinen Anlagen und Neigungen zu Beginn der Ausbildung zu beurteilen ist; dies gilt aber nicht, wenn die zunächst getroffene Entscheidung auf einer deutlichen Fehleinschätzung der Begabung des Kindes beruht.[119]

Während früher eine **Fehleinschätzung der Begabung** durch die Eltern erforderlich **94** war (vgl. Rn. 92), eine unzutreffende Prognose des Kindes selbst nicht ausreichte, ist davon in den späteren Entscheidungen[120] zu Recht nicht mehr die Rede, da die Eltern den Berufsweg des minderjährigen Kindes nicht ohne dessen Beteiligung festlegen dürfen (§ 1626 II BGB) und das volljährige Kind ohnehin selbst über seine Ausbildung entscheidet. Die Berücksichtigung einer Spätentwicklung scheidet jedoch nach wie vor aus, wenn das Kind nach Abschluss der Ausbildung längere Zeit in dem erlernten Beruf gearbeitet hat.[121] Dadurch hat es eine eigene Lebensstellung erlangt. Eine zusätzliche Ausbildung ist dann in der Regel nur neben der Berufsausübung, z. B. durch ein Fernstudium oder den Besuch einer Abendschule möglich. Sie ist vom Kind selbst zu finanzieren. Die Fehleinschätzung der Begabung geht vielfach mit einem leichteren vorübergehenden Versagen des Kindes einher. Ist dieses überwunden und erbringt das Kind nunmehr brauchbare Leistungen, werden die Eltern auch eine nicht unerhebliche Verzögerung der Ausbildung hinnehmen müssen.[122] Dabei ist ggf. zugunsten des Kindes zu berücksichtigen, dass es sich bisher bemüht hat, seine Eltern finanziell möglichst wenig zu belasten, und seinen Unterhalt weitgehend selbst gedeckt hat.[123] Vgl. dazu auch Rn. 91. Jedoch kann eine besonders

---

[113] BGH FamRZ 2006, 1100, 1102 = R 654 e, g; FamRZ 1993, 1057 = R 462 b; vgl. auch BGH FamRZ 2000, 420 = R 536 a
[114] BGH FamRZ 2000, 420 = R 536 b, c; FamRZ 2001, 1601 = R 562 a
[115] BGH FamRZ 1995, 416; OLG Frankfurt FamRZ 1994, 257
[116] So z. B. BGH FamRZ 1977, 629 = NJW 1977, 1474
[117] BGH FamRZ 1981, 344, 346; FamRZ 1981, 346, 347
[118] BGH FamRZ 2006, 1100, 1102 = R 654 d m. w. N.
[119] BGH FamRZ 2006, 1100, 1102 = R 654 d m. w. N.
[120] BGH FamRZ 2006, 1100, 1102 = R 654 d; FamRZ 2000, 420 = R 536 a
[121] Vgl BGH FamRZ 1989, 853 = NJW 1989, 2253
[122] BGH FamRZ 2006, 1100, 1103 = R 654 f, g
[123] BGH FamRZ 2006, 1100, 1103 = R 654 f, g

lange Ausbildung nach wie vor dazu führen, dass der Ausbildungsanspruch entfällt und das Kind seinen Unterhalt mit ungelernter Tätigkeit oder mithilfe seiner sonstigen Begabungen und Fähigkeiten decken muss.[124]

95 Durch den zweijährigen Dienst als **Zeitsoldat** hat ein Kind keine angemessene Berufsausbildung erlangt. Dies gilt jedenfalls für einen Abiturienten,[125] aber auch für ein Kind mit Haupt- oder Realschulabschluss, da die allenfalls erlangte Eignung zum Unteroffizier das Kind einseitig auf die Laufbahn eines Berufssoldaten festlegt.[126]

96 Eine auf einer Regelschule neben dem Schulabschluss erworbene berufliche Qualifikation (z. B. Facharbeiter mit Abitur in der früheren DDR) ist in der Regel keine angemessene Berufsausbildung. Eine weitere Ausbildung, insbesondere ein Studium, ist daher nicht ausgeschlossen.[127] Es ist nicht erforderlich, dass zwischen der mit dem Abitur erworbenen beruflichen Qualifikation und dem anschließenden Studium ein sachlicher Bezug besteht.[128] Das **Berufsgrundschuljahr**, das vor allem Kindern, die keine Lehrstelle erhalten haben, eine berufliche Grundbildung für eine nachfolgende Berufsausbildung vermitteln soll, reicht als angemessene Ausbildung im Sinne des § 1610 II BGB nicht aus. Vgl. zur Doppelqualifikation durch eine Berufsausbildung und gleichzeitigen Schulbesuch auch Rn. 586.

5. Weiterbildung, insbesondere Studium nach einer praktischen Ausbildung

97 Ein Anspruch auf Ausbildungsunterhalt kann ausnahmsweise auch dann in Betracht kommen, wenn die weitere Ausbildung als eine bloße **Weiterbildung** anzusehen ist und diese **von vornherein angestrebt** war. Dann haben die Eltern ihre Verpflichtung erst erfüllt, wenn die geplante Ausbildung insgesamt beendet ist. Gleiches gilt, wenn während der ersten Ausbildung eine **besondere,** die Weiterbildung erfordernde **Begabung** des Kindes deutlich geworden ist[129] (vgl. Rn. 93) oder wenn sich herausstellt, dass der zunächst erlernte Beruf ohne die Weiterbildung aus nicht vorhersehbaren Gründen keine ausreichende Lebensgrundlage bietet.[130]

98 Im Allgemeinen kann nicht darauf abgestellt werden, ob die weitere Ausbildung als Weiterbildung oder Zweitausbildung zu qualifizieren ist, zumal insoweit nicht selten erhebliche Abgrenzungsschwierigkeiten bestehen. Es genügt auch nicht, dass mit der Erstausbildung die formelle Berechtigung zum Studium erlangt wurde. Mit dieser Begründung würde sonst bereits jede im ersten oder zweiten Bildungsweg erlangte förmliche Studienberechtigung die Verpflichtung der Eltern zur Finanzierung des Studiums nach sich ziehen. Die Entscheidung, ob eine zu finanzierende Weiterbildung vorliegt, ist im Rahmen einer **Zumutbarkeitsabwägung** in tatrichterlicher Verantwortung auf Grund der Sachlage des konkreten Einzelfalls zu treffen.[131]

Die angestrebte Weiterbildung wird meist ein Studium sein. Jedoch kann auch die Vorbereitung auf die **Meisterprüfung** ein Teil einer einheitlichen Ausbildung sein, die von den Eltern zu finanzieren ist.[132] Vgl. oben Rn. 83.

99 Die Abgrenzungsschwierigkeiten zwischen Zweitausbildung und Weiterbildung sind durch die Rechtsprechung des BGH weitgehend gegenstandslos geworden. Der BGH hat festgestellt, dass sich auf Grund eines veränderten Verhaltens der Schulabgänger die Ausbildung **Abitur – Lehre – Studium** zu einem eigenen und durchgehenden Ausbildungsweg entwickelt hat. Deshalb hat der BGH diesen Weg unterhaltsrechtlich als **eine** mehr-

---

[124] BGH FamRZ 2006, 1100, 1102 = R 654 f
[125] BGH FamRZ 1992, 170
[126] BGH FamRZ 1992, 170; OLG Brandenburg FamRZ 2009, 1226 (zum Ausbildungsunterhalt eines aus der Bundeswehr entlassenen Offiziers)
[127] KG FamRZ 1994, 1055
[128] OLG Brandenburg FamRZ 1997, 1107
[129] BGH FamRZ 2006, 1100, 1102 = R 654 d; FamRZ 1989, 853
[130] BGH FamRZ 1977, 629
[131] BGH FamRZ 1977, 629
[132] OLG Stuttgart FamRZ 1996, 1435

stufige Ausbildung gewertet, wenn die einzelnen Abschnitte in einem engen sachlichen und zeitlichen Zusammenhang stehen.[133] Dies dürfte auch für den Ausbildungsgang Abitur – Lehre – Fachhochschulstudium gelten. Zur Ausbildung Haupt-(Real-)schule, Lehre, Fachoberschule, Fachhochschule vgl. Rn. 104.

100 Der **enge sachliche Zusammenhang** erfordert, dass praktische Ausbildung und Studium derselben Berufssparte angehören oder jedenfalls so zusammenhängen, dass das eine für das andere eine fachliche Ergänzung, Weiterführung oder Vertiefung bedeutet oder dass die praktische Ausbildung eine sinnvolle Vorbereitung für das Studium darstellt.[134]

- Dieser enge sachliche Zusammenhang ist **bejaht** worden bei einer
  – Ausbildung zur Bauzeichnerin und dem Studium der Architektur,[135]
  – Banklehre und dem Studium der Rechtswissenschaft,[136]
  – kaufmännischen Lehre und dem Studium der Betriebswirtschaft,[137]
  – landwirtschaftlichen Lehre und dem Studium der Agrarwissenschaft,[138]
  – Ausbildung zur gestaltungstechnischen Assistentin für Grafikdesign und dem Studium der Pädagogik für das Lehramt der Primarstufe mit dem Schwerpunkt Kunst.[139]
- Der enge sachliche Zusammenhang ist **verneint** worden bei einer
  – kaufmännischen Lehre und dem Studium des Maschinenbaus,[140]
  – kaufmännischen Lehre und dem Medizinstudium,[141]
  – Ausbildung zum Speditionskaufmann und dem Studium der Rechtswissenschaft,[142]
  – Ausbildung zur „Europasekretärin" mit dem Schwerpunkt Textverarbeitung unter gleichzeitiger Vermittlung von Fremdsprachenkenntnissen und einem anschließenden Studium der Volkswirtschaftslehre.[143]

101 Der **enge zeitliche Zusammenhang** erfordert, dass der Auszubildende nach dem Abschluss der Lehre das Studium mit der gebotenen Zielstrebigkeit aufnimmt. Übt er zunächst den erlernten Beruf aus, obwohl er mit dem Studium beginnen könnte, und wird der Entschluss zum Studium auch sonst nicht erkennbar, so wird der Zusammenhang und damit die Einheitlichkeit des Ausbildungsweges aufgehoben.[144] Die Ableistung des Wehr- oder Ersatzdienstes nach der Lehre, aber vor Aufnahme des Studiums ist unschädlich.[145] Der enge zeitliche Zusammenhang kann auch dann gewahrt sein, wenn die Zeit zwischen der praktischen Ausbildung und dem Studium auf zwangsläufige, dem Kind nicht anzulastende Umstände zurückzuführen ist, z. B. auf Entwicklungsstörungen infolge von familiären Schwierigkeiten (Rn. 84, 92).[146]

102 Der **Studienentschluss** muss nicht von vornherein, sondern kann **erst nach** Beendigung **der Lehre** gefasst werden. Es entspricht gerade der Eigenart dieses Ausbildungsweges, dass die praktische Ausbildung vielfach aufgenommen wird, ohne dass sich der Auszubildende endgültig schlüssig wird, ob er nach deren Abschluss ein Studium anschließen soll.[147] Demgemäß brauchen die Eltern nicht schon vor Aufnahme des Studiums von der Absicht, die Ausbildung fortzusetzen, informiert zu werden.[148]

---

[133] BGH FamRZ 2006, 1100, 1102 = R 654b; FamRZ 1995, 416; 1993, 1057 = R 462a; FamRZ 1992, 170, 172; FamRZ 1989, 853
[134] BGH FamRZ 1989, 853
[135] BGH FamRZ 1989, 853; der BGH FamRZ 2006, 1100, 1102f. hat offen gelassen, ob ein sachlicher Zusammenhang zwischen einer Maurerlehre und dem Architekturstudium besteht
[136] BGH FamRZ 1992, 170
[137] So BGH FamRZ 1993, 1057, 1059
[138] BGH FamRZ 1990, 149
[139] OLG Köln FamRZ 2003, 1409
[140] BGH FamRZ 1993, 1057
[141] BGH FamRZ 1991, 1044
[142] BGH FamRZ 1992, 1407
[143] BGH FamRZ 2001, 1601 = R 562a
[144] BGH FamRZ 1989, 853
[145] So offenbar BGH FamRZ 1993, 1057 = NJW 1993, 2238; vgl. auch BGH FamRZ 1992, 170
[146] BGH FamRZ 2001, 1601 = R 562a
[147] BGH FamRZ 1989, 853
[148] BGH FamRZ 1992, 170ff.

Eine **kurzfristige Ausübung des erlernten Berufs** schließt den engen zeitlichen Zusammenhang nicht aus, wenn das Studium zum frühest möglichen Zeitpunkt nach Ende der Ausbildung aufgenommen wird, die Berufstätigkeit also im Wesentlichen die Zeit bis zum Studium überbrückt.[149]

103 Die Finanzierung des Studiums muss für die Eltern wie der Ausbildungsunterhalt allgemein (vgl. dazu Rn. 78) **zumutbar** sein. Die Zumutbarkeit wird nicht nur durch die wirtschaftliche Leistungsfähigkeit der Eltern, sondern auch durch die Frage bestimmt, ob und inwieweit sie damit rechnen müssen, dass ihr Kind nach einer Lehre noch weitere Ausbildungsstufen anstrebt.

Ob sich das Studium im Rahmen der wirtschaftlichen Leistungsfähigkeit der Eltern hält, ob es ihnen zumutbar ist, muss sorgfältig geprüft werden.[150] Je älter ein Kind bei Aufnahme einer (weiteren) Ausbildung ist und je eigenständiger es seine Lebensverhältnisse gestaltet, desto mehr tritt die Elternverantwortung zurück und umso sorgfältiger ist die Angemessenheit der Ausbildung zu prüfen.[151] Zu berücksichtigen ist insbesondere:
- ob die Eltern durch die bisherige Ausbildung finanziell nicht oder nur wenig in Anspruch genommen worden sind[152] oder ob sie durch eine vom Kind bezogene Ausbildungsvergütung, durch steuerliche Vorteile, durch Kindergeld oder in anderer Weise entlastet waren,[153]
- ob das Kind mit dem Abschluss der Lehre bereits ein Alter erreicht hat, in dem die Eltern nicht mehr damit rechnen mussten, dass es noch ein Studium aufnehmen werde,[154]
- ob die Eltern in der gerechtfertigten Erwartung eines früheren Ausbildungsabschlusses anderweitige finanzielle Dispositionen getroffen haben, die ihre Leistungsfähigkeit in Anspruch nehmen und sich nur unter Einbußen rückgängig machen lassen,[155] sich z. B. ein Elternteil aus wichtigem Grund einer Umschulung unterzieht (vgl. Rn. 541, auch Rn. 371),
- ob sich die Eltern bereits der Altersgrenze nähern und ihnen ein besonderes Interesse zugestanden werden muss, ihre Geldmittel frei von Unterhaltsansprüchen zur eigenen Verfügung zu haben.[156]

104 Die Grundsätze zum Ausbildungsgang Abitur – Lehre – Studium sind nicht anwendbar, wenn das Kind **erst nach** Abschluss **der Lehre** durch weiteren Schulbesuch die (Fach-)**Hochschulreife** erwirbt und dann ein Studium aufnimmt. Dies gilt insbesondere beim Ausbildungsgang **Haupt-(Real-)schule, Lehre, Fachoberschule, Fachhochschule**. Der BGH verneint in diesen Fällen grundsätzlich die Einheitlichkeit der Ausbildung, weil anders als in den Abitur-Lehre-Studium-Fällen die Eltern nicht mit der Aufnahme eines Studiums nach der Lehre rechnen müssten.[157] Er bejaht aber ausnahmsweise eine einheitliche Ausbildung und damit einen Unterhaltsanspruch, wenn das Kind **von vornherein die Absicht** geäußert hatte, nach der Lehre die Fachoberschule zu besuchen und anschließend **zu studieren oder** die Eltern auf Grund besonderer Anhaltspunkte mit einem derartigen Werdegang des Kindes rechnen mussten. Dies kann der Fall sein, wenn sich in der schulischen Entwicklung oder in der Lehre eine deutliche Begabung, insbesondere in theoretischer Hinsicht, zeigt.[158] Eine Verpflichtung zur Finanzierung des Studiums besteht auch, wenn die Eltern vor Antritt der Lehre sich darüber einig waren, dass dem Kind die Möglichkeit eröffnet werden sollte, später auf dem zweiten Bildungsweg das Abitur nachzuholen und dann zu studieren[159] Im Jahre 1990 hatte der BGH es dagegen noch für möglich ge-

---

[149] BGH FamRZ 1989, 853
[150] BGH FamRZ 1989, 853; vgl. auch BGH FamRZ 1998, 671 = R 523
[151] BGH FamRZ 2006, 1100, 1103 = R 654 f; FamRZ 1998, 671 = R 523
[152] BGH FamRZ 2006, 1100, 1103 = R 654 g
[153] BGH FamRZ 1989, 853
[154] BGH FamRZ 1989, 853
[155] BGH FamRZ 1989, 853
[156] BGH FamRZ 1989, 853
[157] BGH FamRZ 2006, 1100, 1101 = R 654 c
[158] BGH FamRZ 2006, 1100, 1101 f. = R 654 d; FamRZ 1995, 416; OLG Bamberg FamRZ 1998, 315
[159] OLG Koblenz FamRZ 2001, 1164

halten, dass der Entschluss zum Studium erst während der praktischen Ausbildung gefasst wird.[160] Notwendig ist, dass das Studium als Weiterbildung anzusehen ist, die beiden Ausbildungen also in einem engen sachlichen und zeitlichen Zusammenhang stehen (vgl. Rn. 100 f.).[161] Der sachliche Zusammenhang ist z. B. bei einer Ausbildung zum Zimmerer und dem Studiengang „Baubetrieb" gegeben.[162] Er fehlt dagegen, wenn das Kind auf der Schule zunächst scheitert und beim Beginn der praktischen Berufsausbildung weder die Absicht besteht, nach deren Abschluss die Fachhochschule zu besuchen und zu studieren, noch nach Begabung, Leistungsbereitschaft und Leistungsverhalten eine Weiterbildung nach Abschluss der praktischen Ausbildung zu erwarten ist.[163] Vgl. auch Rn. 94.

Der Verpflichtete braucht über den Plan, nach Abschluss der Lehre die Ausbildung fortzusetzen, **nicht informiert** zu werden. Es reicht aus, wenn diese Absicht in einem ernsthaften Gespräch mit dem nicht barunterhaltspflichtigen Elternteil geäußert worden ist. Wenn der Unterhaltspflichtige hiervon allerdings erst nachträglich erfährt, kann dies im Rahmen der Zumutbarkeitsprüfung von Bedeutung sein.[164] Genaueres zur Zumutbarkeit Rn. 103. Zum Ausbildungsgang Abitur – Lehre – Fachhochschulstudium vgl. Rn. 99. Die Unterhaltspflicht kann fortdauern, wenn die Begabung des Kindes zunächst falsch eingeschätzt worden ist oder wenn die Verzögerung des endgültigen Berufsabschlusses auf vorübergehendem leichtem Versagen des Kindes beruht.[165] 105

Fehlt es an einem engen sachlichen Zusammenhang zwischen **zwei Ausbildungen,** wird eine Unterhaltspflicht der Eltern nicht allein dadurch begründet, dass das Kind von vornherein die Ausbildung in zwei verschiedenen Berufen anstrebt. Notwendig ist stets, dass die zweite Ausbildung sich als bloße Weiterbildung darstellt. Dies ist bei fehlendem engem sachlichem Zusammenhang ausgeschlossen.[166] Eine Unterhaltsberechtigung des Kindes kann dann nur bejaht werden, wenn die Eltern ausnahmsweise eine Zweitausbildung finanzieren müssen (oben Rn. 91 ff.). 106

III. Einkommen und Vermögen des Kindes

1. Anrechenbare Einkünfte des Kindes

Einkünfte des Kindes sind bei der Ermittlung seiner Bedürftigkeit genauso umfassend zu berücksichtigen wie beim Verpflichteten. Deshalb mindert **eigenes Einkommen** des Kindes jeder Art dessen Bedürftigkeit.[167] Einkünfte sind erst von dem Tag an zu berücksichtigen, an dem sie tatsächlich gezahlt worden sind. Auf den Beginn der Erwerbstätigkeit oder der Ausbildung kommt es bei nachschüssiger Zahlweise der Vergütung nicht an.[168] Nur ausnahmsweise bestimmt das Gesetz, dass Einkünfte nicht auf den Unterhaltsanspruch anzurechnen sind. Dies ist vor allem bei **subsidiären Sozialleistungen** (vgl. Rn. 1/664 ff., 8/7 ff.) der Fall, insbesondere 107
– bei der Sozialhilfe nach dem SGB XII (Rn. 1/727, 8/18 ff.),
– bei der Grundsicherung für Arbeitsuchende nach dem SGB II, vor allem beim Arbeitslosengeld II (Rn. 8/171 ff.),
– bei Leistungen nach dem Unterhaltsvorschussgesetz (Rn. 8/262 ff.),
– bei Vorausleistungen nach dem BAföG (Rn. 1/727 ff., 8/287 ff.),
Erziehungsgeld für bis zum 31. 12. 2006 geborene Kinder (Rn. 1/116, 2/61), Elterngeld für ab 1. 1. 2007 geborene Kinder (Rn. 1/117, 2/61) und weitergeleitetes Pflegegeld

---

[160] BGH FamRZ 1991, 320
[161] BGH FamRZ 2006, 1100, 1103 = R 654 c; FamRZ 1995, 416
[162] OLG Karlsruhe NJW-FER 2001, 17
[163] BGH FamRZ 1995, 416
[164] BGH FamRZ 1991, 320
[165] BGH FamRZ 2006, 1100, 1103 = R 654 d, g
[166] BGH FamRZ 1992, 1407; FamRZ 1991, 1044
[167] BGH FamRZ 2006, 1597 f. = R 659 b mit Anm. Born
[168] So mit Recht Nickel FamRZ 2006, 687 gegen AG Weiden FamRZ 2006, 565

(Rn. 1/689 ff., 2/467) sind nur unter bestimmten Voraussetzungen anrechenbares Einkommen (§ 9 BerzGG, § 11 BEEG, § 13 VI SGB XI). **Kindergeld** ist seit dem 1. 1. 2008 als Einkommen des Kindes zu berücksichtigen. Es mindert den Anspruch des Kindes auf Barunterhalt, und zwar bei Betreuung des minderjährigen Kindes gemäß § 1606 III 2 BGB zur Hälfte, im Übrigen in voller Höhe (§ 1612 b I BGB). Vgl. dazu im Einzelnen Rn. 716 ff.

108   Als **anrechenbare Einkünfte** kommen vor allem in Betracht:
– Ausbildungsvergütungen (Rn. 112 ff.);
– sonstige Einkünfte aus Erwerbstätigkeit und fiktives Einkommen aus unterlassener zumutbarer Erwerbstätigkeit (Rn. 243 ff., 1/65 ff., 773);
– Einkünfte aus Vermietung und Verpachtung (Rn. 1/450 ff.), aus einem Wohnvorteil (Rn. 1/473 ff.), aus Zinsen und sonstigen Kapitalerträgen (Rn. 1/600 ff.);
– Waisen- und Halbwaisenrente[169] (Rn. 1/651);
– endgültige BAföG-Leistungen, auch soweit sie als unverzinsliches Darlehen gewährt werden[170] (Rn. 1/670 ff., 8/286); zu Vorausleistungen vgl. Rn. 8/287 ff.;
– nicht subsidiäre Sozialleistungen, insbesondere solche, die der Berechtigte durch Beiträge erkauft hat, wie z. B. Leistungen der gesetzlichen Renten-, Kranken-, Pflege-, Arbeitslosen- oder Unfallversicherung; bei Sozialleistungen infolge eines Körper- oder Gesundheitsschadens wird vermutet, dass die schadensbedingten Aufwendungen nicht geringer sind als die Sozialleistungen (§ 1610 a BGB; Näheres dazu Rn. 1/654 ff.). Leistungen nach dem SGB VIII sind bedarfsdeckend (§ 10 II 2 SGB VIII). Sie können daher den Unterhalt reduzieren oder zu seinem völligen Wegfall führen. Jedoch kann jeder unterhaltspflichtige Elternteil nach §§ 90 ff. SGB VIII zu einem öffentlich-rechtlichen Kostenbeitrag herangezogen werden;[171] vgl. dazu Rn 1/689, 2/465.

109   Einkünfte aus **Werkstudentenarbeit und Ferienjobs** sowie ähnliches Nebeneinkommen von Schülern und Studenten sind nicht oder nur teilweise anrechenbar (vgl. Rn. 52, 414, 491, 1/827). Da ein Schüler oder Student – auch während der Schul- bzw. Semesterferien – zu einer Erwerbstätigkeit neben dem Schulbesuch oder dem Studium nicht verpflichtet ist, stammt gleichwohl erzieltes **Einkommen aus überobligationsmäßiger Tätigkeit.** Derartige Einkünfte sind in entsprechender Anwendung des § 1577 II 1 BGB nicht anzurechnen, wenn der Verpflichtete nicht den vollen Unterhalt leistet, z. B. weil er die Zahlungen eingestellt hatte, das Kind also die Erwerbstätigkeit aufnehmen musste, um seinen Lebensunterhalt bestreiten zu können.[172] Von einer Anrechnung wird auch abzusehen sein, wenn der Student durch seinen Verdienst Sonderbedarf, z. B. Umzugskosten, decken will, für den die laufenden Unterhaltszahlungen nicht ausreichen. Man wird dem Schüler und Studenten ebenfalls nicht verwehren können, sich durch Nebentätigkeit in angemessenem Umfang einen besseren Lebensstandard zu ermöglichen, als der nach Tabellensätzen bemessene Unterhalt zulassen würde. Zu beachten ist aber, dass die Ausbildung unter der Erwerbstätigkeit nicht leiden darf.[173] Danach können insbesondere Einkünfte eines Studenten aus geringfügiger Nebentätigkeit in den Anfangssemestern anrechnungsfrei bleiben.[174] Im Übrigen kommt analog § 1577 II 2 BGB eine Anrechnung insoweit in Betracht, als dies unter Berücksichtigung der beiderseitigen wirtschaftlichen Verhältnisse der Billigkeit entspricht.[175] Steht ein Student in einem festen Anstellungsverhältnis, z. B. weil er in den Labors eines Wirtschaftsunternehmens Versuche für seine Diplomarbeit durchführt, wird man seinen Bedarf höher als den Studentenunterhalt nach der Düsseldorfer Tabelle Stand: 1. 1. 2011 von 670,– EUR ansetzen und ihm jedenfalls den notwendigen Eigenbedarf eines Erwerbstätigen von 950,– EUR – nach Anm. A 5 I, B V 1 der Düsseldorfer Tabelle zubilligen müssen; darauf kann eine etwaige Vergütung teilweise angerechnet werden.[176]

---

[169] BGH FamRZ 2006, 1597, 1599 = R 659 b mit Anm. Born; FamRZ 1980, 1109
[170] BGH FamRZ 1989, 499
[171] BGH FamRZ 2007, 377 = R 666 a
[172] BGH FamRZ 1995, 475, 477 = R 491 b, c; OLG Hamm FamRZ 1997, 231
[173] So mit Recht OLG Hamm FamRZ 1997, 1497
[174] BGH FamRZ 1995, 475, 477 = R 491 b, c
[175] BGH FamRZ 1995, 475, 477 = R 491 b, c
[176] OLG Hamm FamRZ 1997, 231

2. Abschnitt: Bedürftigkeit des Kindes § 2

Bei Schülern wird die Nichtanrechnung geringer Einkünfte, auch wenn sie für Luxusan- 110
schaffungen, z. B. ein gebrauchtes Motorrad, verwendet werden, in der Regel der Billigkeit
entsprechen, falls schutzwürdige Interessen des Pflichtigen nicht verletzt werden, insbesondere falls das Kind seine schulischen Pflichten erfüllt und dem Verpflichteten durch die
Erwerbstätigkeit des Kindes keine unterhaltsbezogenen Vorteile (Kindergeld, Steuerfreibeträge, kinderbezogene Bestandteile des Familienzuschlags usw.) entgehen.[177]
Zu überobligationsmäßigen Einkünften eines volljährigen, in einem Heim lebenden
Kindes aus Arbeit in einer Behindertenwerkstatt vgl. Rn. 534.

Beim Zusammenleben des Kindes mit einem anderen Partner in **nichtehelicher Le-** 111
bensgemeinschaft ist die Rechtsprechung des BGH zum Ehegattenunterhalt grundsätzlich heranzuziehen, soweit sie die Bedürftigkeit des Ehegatten betrifft, nicht dagegen, soweit
sie auf § 1579 BGB, insbesondere § 1579 Nr. 8 (früher Nr. 7), beruht.[178] Dem Kind kann
daher ein fiktives Einkommen zugerechnet werden, wenn es dem Lebensgefährten den
Haushalt führt und ihn versorgt (vgl. Rn. 1/712 ff.).[179] Auch werden im Rahmen einer auf
Dauer angelegten nichtehelichen Lebensgemeinschaft finanzielle Mittel, die das Kind von
seinem Partner für die gemeinsame Lebenshaltung entgegennimmt, seine Bedürftigkeit
grundsätzlich mindern, auch wenn es nicht den Haushalt führt (vgl. Rn. 61).[180] Jedoch wird
stets geprüft werden müssen, ob wirklich eine nichteheliche Lebensgemeinschaft vorliegt.
Zwei Studenten leben im Zweifel in einer **Wohngemeinschaft** und nicht in einer Lebensgemeinschaft. Solange sich das unterhaltsberechtigte Kind zielstrebig einer Ausbildung
unterzieht, wird ein fiktives Einkommen für die Versorgung des Partners kaum angesetzt
werden können, selbst wenn sexuelle Beziehungen bestehen. In einem solchen Fall werden
beide Partner sich die Haushaltsführung teilen. Zudem trifft ein Kind, das sich ausbilden
lässt, keine Erwerbsobliegenheit. Dann fehlt die Rechtfertigung dafür, ein fiktives Versor-
gungsentgelt zuzurechnen.

2. Anrechnung einer Ausbildungsvergütung

Ausbildungsvergütungen, Ausbildungsbeihilfen, Zuschüsse während eines Praktikums 112
und ähnliche Bezüge sind vom Zeitpunkt der Zahlung an (Rn. 107) **anrechenbare**
Einkünfte des Auszubildenden. Vor der Anrechnung sind sie um ausbildungsbedingte
Aufwendungen (Werbungskosten) oder ausbildungsbedingten Mehrbedarf (vgl. Rn. 1/
122 ff.), z. B. Fahrtkosten, Lernmittel, besonderen Kleidungsaufwand u. ä., zu bereinigen.[181]

Die Höhe der ausbildungsbedingten Aufwendungen kann nicht pauschal mit der Hälfte 113
der Ausbildungsvergütung angenommen werden, sondern ist grundsätzlich entsprechend
den besonderen Verhältnissen des Einzelfalles vom Gericht festzustellen. Dabei ist eine
Anlehnung an Richtsätze und Leitlinien möglich, die auf die gegebenen Verhältnisse abgestellt sind und der Lebenserfahrung entsprechen.[182]

Die Düsseldorfer Tabelle und ein Teil der Leitlinien der Oberlandesgerichte pauschalie- 114
ren den ausbildungsbedingten Mehrbedarf; andere verlangen eine konkrete Darlegung der
Mehraufwendungen, die dem Gericht eine Schätzung nach § 287 ZPO ermöglicht (vgl.
Rn. 6/750 ff.).

Die meisten Oberlandesgerichte ziehen **Pauschalen für ausbildungsbedingten Mehr-** 115
bedarf von der Ausbildungsvergütung ab.

Die Oberlandesgerichte **Brandenburg, Braunschweig, Bremen, Düsseldorf,**
Hamm, Koblenz, Köln, Oldenburg, Schleswig und die **süddeutschen Oberlandes-**

---

[177] OLG Köln FamRZ 1996, 1101
[178] BGH FamRZ 1989, 487
[179] Vgl. BGH FamRZ 2008, 594; FamRZ 2001, 1693 = R 567; gegen den Ansatz fiktiver Einkünfte und für teilweise Deckung des Bedarfs durch Zuwendungen des Lebensgefährten: Scholz FamRZ 2003, 265, 270
[180] OLG Koblenz FamRZ 1991, 1469 f.; a. A. OLG Celle FamRZ 1993, 352, das eine freiwillige Leistung eines Dritten annimmt
[181] BGH FamRZ 1988, 159; FamRZ 1981, 541 = NJW 1981, 2462
[182] BGH FamRZ 1981, 541, 543 = NJW 1981, 2462

gerichte setzen eine Pauschale von 90,– EUR an (jeweils 10. 2. 3 der Leitlinien). Das OLG Düsseldorf gewährt die Pauschale nur, wenn das Kind im Haushalt der Eltern oder eines Elternteils lebt (Düsseldorfer Tabelle Stand: 1. 1. 2011 Anm. A 8). Die Pauschale von 90,– EUR findet ihre Rechtfertigung darin, dass die Beträge der Tabelle Kindesunterhalt im Wesentlichen auf den Bedarf eines Schülers zugeschnitten sind, der Auszubildende, der bereits am Berufsleben teilnimmt, dagegen einen höheren, nur schwer bezifferbaren Bedarf hat, der neben den üblichen berufsbedingten Aufwendungen (Fahrgeld, Berufskleidung usw.) durch die Pauschale abgegolten werden soll.[183] Das heißt freilich nicht, dass derartige Aufwendungen neben der vollen Pauschale von 90,– EUR geltend gemacht werden können.[184] Reicht die Pauschale für den anzuerkennenden ausbildungsbedingten Mehrbedarf nicht aus, ist der Mehraufwand insgesamt darzulegen und ggf. nachzuweisen. Insoweit gilt Anm. A 3 der Düsseldorfer Tabelle sinngemäß.

Der BGH hat den pauschalierten Abzug eines ausbildungsbedingten Mehrbedarfs in Höhe von 85,– EUR nach der Düsseldorfer Tabelle Stand: 1. 1. 2002[185] für rechtlich unbedenklich gehalten.[186] Dies dürfte auch für den jetzt überwiegend angesetzten Betrag von 90,– EUR gelten.

116 Hat der minderjährige oder volljährige Auszubildende bereits einen **eigenen Haushalt** und wird deshalb der Bedarf nach der Düsseldorfer Tabelle Stand: 1. 1. 2011 (Anm. A 7 II 2) mit 670,– EUR angesetzt, kann die Pauschale von 90,– EUR nicht gewährt werden, wie sich aus Anm. A 8 der Tabelle ergibt.[187] Die Berücksichtigung ausbildungsbedingten Mehrbedarfs wird vielfach abgelehnt, weil im Richtsatz von jetzt 670,– EUR derartige Mehrkosten bereits enthalten seien (vgl. dazu Rn. 517). Es erscheint jedoch angemessen, statt des Pauschbetrags von 90,– EUR wenigstens die Pauschale von 5% des Einkommens für berufsbedingte Aufwendungen, mindestens aber 50,– EUR abzusetzen; diese Pauschale steht nach Anm. A 3 der Düsseldorfer Tabelle jedem zu, der einer abhängigen Erwerbstätigkeit nachgeht.[188] So ausdrücklich DL 10.2.3.

117 Die **konkrete Darlegung** des ausbildungsbedingten Mehrbedarfs wird von den Oberlandesgerichten **Hamburg, Rostock** und vom **Kammergericht** gefordert. Die Oberlandesgerichte **Dresden** und **Frankfurt** gehen auch beim Auszubildenden von einer **Pauschale von 5%** des Einkommens aus. Vgl. 10.2.3 der jeweiligen Leitlinien.

3. Anrechnung von Einkommen auf Barunterhalt und auf Betreuungsunterhalt

118 Einkünfte des Kindes kommen grundsätzlich beiden Eltern zugute, wenn jeder von ihnen Unterhalt leistet.

Leistet, wie es bei **Minderjährigen** die Regel ist, ein Elternteil den **Barunterhalt** und erbringt der andere Elternteil die **Betreuungsleistungen,** werden wegen der Gleichwertigkeit von Bar- und Betreuungsunterhalt nach § 1606 III 2 BGB beide Eltern je zur Hälfte durch das Einkommen des Kindes entlastet. Das heißt, die Einkünfte des Kindes, insbesondere Ausbildungsvergütung, Waisengeld, Zinseinkünfte, seit dem 1. 1. 2008 auch Kindergeld (§ 1612b I 1 Nr. 1 BGB; vgl. dazu Rn. 716 ff.), sind nur **zur Hälfte auf den Barunterhalt** anzurechnen, zur anderen Hälfte dienen sie als Ausgleich für die Betreuungsleistungen des anderen Elternteils.[189] Vgl. Rn. 414.

> **Beispiel:**
> Nettoeinkommen des Vaters = 1420,– €. Der 16-jährige Sohn S bezieht eine Ausbildungsvergütung von 300,– €. Er lebt bei der Mutter, die das Kindergeld von 184,– € erhält.
> Unterhalt nach DT 2/3 = 448,– € (Höhergruppierung um eine Einkommensgruppe nach DT Anm. A 1 wegen unterdurchschnittlicher Unterhaltsbelastung; vgl. Rn. 343 ff).

---

[183] Scholz FamRZ 1993, 125, 133
[184] Anders zu Unrecht OLG Hamburg JAmt 2001, 300
[185] FamRZ 2001, 810
[186] BGH FamRZ 2006, 99, 100 = R 641 b
[187] So auch das OLG Hamm (HL 10.2.3, 13.1.2)
[188] OLG Düsseldorf FamRZ 1994, 1610; vgl. auch HL 10. 2. 2 in Verbindung mit 13.1.2
[189] BGH FamRZ 1988, 159, 161; FamRZ 1980, 1109, 1111 = NJW 1981, 168, 170

2. Abschnitt: Bedürftigkeit des Kindes § 2

Anrechenbare Ausbildungsvergütung (vgl. Rn. 112 ff.) 300,– €; ausbildungsbedingte Aufwendungen 90,– € (vgl. Rn. 115). Bereinigte Vergütung: 300–90 = 210,– €. Anzurechnender hälftiger Anteil: 105,– €.
Restbedarf, zugleich geschuldeter Unterhalt : 448 – 105 – 92 (hälftiges Kindergeld) = 251,– €. V behält 1420 – 251 = 1169,– €.

Besteht **bei Minderjährigen** ausnahmsweise eine **Barunterhaltspflicht beider Eltern,** 119 z. B. weil das Kind in einem Heim lebt, ist grundsätzlich wie bei Volljährigen das Einkommen des Kindes in voller Höhe vom Bedarf abzuziehen und erst der Restbedarf anteilig nach § 1606 III 1 BGB zu verteilen. Vgl. dazu Rn. 418 ff. Auch das Kindergeld wird seit dem 1. 1. 2008 in voller Höhe bedarfsdeckend angerechnet, wenn das Kind nicht von einem Elternteil im Sinne des § 1606 III 2 BGB betreut wird. Vgl. Rn. 722 ff. Ist ein **Elternteil verstorben,** muss der andere sowohl den Barunterhalt als auch die Betreuung des minderjährigen Kindes sicherstellen. Betreut er das Kind selbst, kommt ihm die eine Hälfte des Halbwaisengeldes zugute; die andere Hälfte ist auf den Barunterhalt anzurechnen. Wird das Kind nicht vom überlebenden Elternteil, sondern von Dritten betreut, sind Bar- und Betreuungsunterhalt insgesamt in Höhe des doppelten Tabellenbetrages anzusetzen; darauf ist die Halbwaisenrente in voller Höhe anzurechnen.[190]

Das **volljährige Kind** wird nach Eintritt der Volljährigkeit nicht mehr von einem 120 Elternteil im Rechtssinne betreut, selbst wenn sich mit der Vollendung des 18. Lebensjahres an den bisherigen Ausbildungs- und Wohnverhältnissen nichts geändert hat.[191] Volljährige unverheiratete Kinder stehen zwar bis zur Vollendung des 21. Lebensjahres minderjährigen unverheirateten Kindern gleich, solange sie im Haushalt der Eltern oder eines Elternteils leben und sich in der allgemeinen Schulausbildung befinden. Dies betrifft aber nur die verschärfte Haftung der Eltern und den Rang der privilegiert volljährigen Kinder (§§ 1603 II 2, 1609 Nr. 1 BGB). § 1606 III 2 BGB gilt für ein solches Kind nicht. Vgl. dazu im Einzelnen Rn. 580 ff., 594 ff. Deshalb sind grundsätzlich beide Eltern im Rahmen ihrer Leistungsfähigkeit dem volljährigen Kind barunterhaltspflichtig (vgl. § 1606 III 1 BGB; Rn. 26, 560 ff.). Demgemäß sind Einkünfte des Kindes, insbesondere eine Ausbildungsvergütung, aber auch sonstiges Einkommen, seit dem 1. 1. 2008 auch Kindergeld (Rn. 722 ff.), auf den nach den Tabellen und Leitlinien ermittelten Bedarf voll anzurechnen; der Restbedarf ist anteilig nach § 1606 III 1 BGB von den Eltern zu tragen.[192] Vgl. dazu Rn. 560 ff. und das Beispiel Rn. 576. Eine volle Anrechnung des Kindeseinkommens, z. B. einer Halbwaisenrente, aber auch des Kindergeldes, findet selbst dann statt, wenn ein Elternteil nach dem Tode des anderen sowohl Bar- als auch Betreuungsunterhalt sicherstellen muss.[193] Ist ein Elternteil nicht leistungsfähig, schuldet der andere Elternteil allein den Unterhalt in Höhe des Restbedarfs.

4. Freiwillige Zuwendungen eines Dritten oder eines Elternteils

Bei freiwilligen Zuwendungen eines Dritten, auf die das Kind keinen rechtlichen Anspruch hat, hängt die Anrechenbarkeit als Einkommen des Kindes grundsätzlich vom **Willen des zuwendenden Dritten** ab.[194] Vgl. hierzu eingehend Rn. 1/708 ff. Hier geht es vielfach um Zuwendungen, die das Kind von Verwandten des Elternteils, bei dem es lebt, oder von dessen neuem Partner erhält. Diese Personen erbringen derartige Leistungen in der Regel freiwillig und ohne Rechtspflicht. Sie wollen das Kind zusätzlich unterstützen und nicht den anderen unterhaltspflichtigen Elternteil entlasten. Daher sind diese Leistungen im Normalfall nicht als anrechenbares Einkommen des Kindes anzusehen.[195] Eine Entlastung des barunterhaltspflichtigen Elternteils kann dagegen beabsichtigt sein, wenn einer

---

[190] BGH FamRZ 2006, 1597, 1599 mit Anm. Born = R 659 b
[191] BGH FamRZ 2006, 99, 102 = R 641 d mit Anm. Viefhues und Scholz; FamRZ 1994, 696, 698 = R 477 c
[192] BGH FamRZ 2006, 99 ff. = R 641 e mit Anm. Viefhues und Scholz
[193] BGH FamRZ 2006, 1597, 1599 mit Anm. Born
[194] BGH FamRZ 1995, 537 = R 493 b; FamRZ 1993, 417, 419 = R 458
[195] BGH FamRZ 1995, 537 = R 493 b; FamRZ 1985, 584

seiner Verwandten, z. B. die Mutter des Kindesvaters, das Kind in ihren Haushalt aufnimmt und versorgt oder es in sonstiger Weise unterstützt.[196] Freiwillige Leistungen können einmalige oder regelmäßige Geldgeschenke sein oder sonstige geldwerte Sach- oder Naturalleistungen, wie z. B. unentgeltliche Wohnungsgewährung, Verköstigung und die Pflege eines hilflosen Ehegatten.[197] Vermögen, das das Kind ohne Zweckbindung als Erbe oder als Vermächtnis erhalten hat, kann dagegen nicht als freiwillige Leistung des Erblassers in dem hier erörterten Sinn angesehen werden.[198] Bei Schenkungen unter Lebenden ist oft davon auszugehen, dass der Schenker einen Verbrauch des geschenkten Geldbetrages oder eine Veräußerung der geschenkten Sache, z. B. eines Grundstücks, nicht wünscht, zumal da ihm auf die Dauer von zehn Jahren ein Rückforderungsrecht wegen Notbedarfs zusteht (§§ 528 I, 529 I BGB). Als Einkommen sind dann nur Zinsen bzw. Nutzungsvorteile anzurechnen.[199] Durch das Büchergeld der Studienstiftung des Deutschen Volkes soll die besondere Begabung des studierenden Kindes gefördert, nicht aber der Unterhaltspflichtige entlastet werden. Die Gewährung des Büchergeldes ist freiwillige Leistung eines Dritten, mag auch der Student auf Grund des Bewilligungsbescheides einen Anspruch auf die demnächst zu zahlenden Raten des Büchergeldes haben.[200] Ähnliches gilt in der Regel für sonstige Stipendien.

122 Im **Mangelfall** ist es nicht ausgeschlossen, aus Billigkeitserwägungen die freiwilligen Leistungen des Dritten, die dieser ohne Rückforderungsabsicht, aber nicht zur Entlastung des Pflichtigen erbracht hat, ganz oder teilweise auf den Unterhaltsbedarf des Berechtigten anzurechnen.[201] Vgl. dazu Rn. 5/73. M. E. kommt dies allerdings nur für die Vergangenheit in Betracht, da der Dritte die Leistungen jederzeit einstellen kann. Bei **Verwirkung** des Unterhaltsanspruchs nach § 1611 BGB sind die freiwilligen Leistungen eines Dritten nicht in die Billigkeitsabwägung einzubeziehen.[202]

123 **Dritter** in diesem Sinn kann **auch ein Elternteil** sein.[203] Deshalb sind freiwillige und überobligationsmäßige Leistungen eines Elternteils in der Regel nicht auf den Barunterhaltsanspruch gegen den anderen Elternteil anzurechnen. Es kann im Allgemeinen nach der Lebenserfahrung nicht angenommen werden, dass der zuwendende Elternteil mit seiner Leistung den anderen Elternteil von dessen Unterhaltsverpflichtung entlasten will; vielmehr ist regelmäßig nur eine freiwillige Unterstützung des Kindes beabsichtigt.[204]

124 Bei Barunterhaltspflicht beider Eltern (Rn. 418 ff., 560 ff.) wird der anteilige Anspruch des Kindes gegen einen Elternteil nicht dadurch erfüllt, dass der andere Elternteil überobligationsmäßige Leistungen erbringt, d. h. dem Kind mehr zuwendet, als es seinem Haftungsanteil entspricht.[205]

Gleiches gilt im Prinzip bei **Barunterhaltspflicht nur eines Elternteils** (Rn. 410 ff.), wenn der nicht barunterhaltspflichtige Elternteil dem Kind trotzdem Geld oder geldwerte Leistungen (z. B. Wohnungsgewährung) zuwendet und dafür vom Kind keine Gegenleistung verlangt.[206] Dies berührt den Unterhaltsanspruch des Kindes gegen den anderen Elternteil nicht. Vielmehr deckt der Barunterhalt den **gesamten Lebensbedarf** des Kindes ab, insbesondere alle Aufwendungen für Wohnung, Verpflegung, Kleidung, sonstige Versorgung, Ausbildung, Erholung, Gesundheitsfürsorge und Bildung. Vgl. Rn. 326. Ausgenommen sind jedoch regelmäßiger Mehrbedarf, Sonderbedarf und Prozesskostenvorschuss

---

[196] BGH FamRZ 1993, 417, 419 = R 458
[197] BGH FamRZ 1995, 537 = R 493 b; OLG Hamm FamRZ 1999, 166; vgl. auch BGH FamRZ 2005, 967, 969 = R 629 b
[198] OLG München FamRZ 1996, 1433; Büttner FamRZ 2002, 1445, 1447
[199] Büttner FamRZ 2002, 1445, 1447
[200] Büttner FamRZ 2002, 1445, 1446
[201] Vgl. dazu BGH FamRZ 1999, 843, 847 = R 533 c, der allerdings die Frage nicht abschließend entscheidet; a. A. Büttner FamRZ 2002, 1445, 1448
[202] Büttner FamRZ 2002, 1445, 1447; a. A. Palandt/Brudermüller § 1611 Rn. 7
[203] Vgl. BGH FamRZ 2006, 99, 100 = R 641 d mit Anm. Viefhues und Scholz
[204] BGH FamRZ 1988, 159, 161; FamRZ 1986, 151 = NJW-RR 1986, 426; FamRZ 1985, 584; OLG Koblenz FamRZ 2002, 1281
[205] BGH FamRZ 1988, 159, 161; FamRZ 1986, 151 = NJW-RR 1986, 426; FamRZ 1985, 584
[206] BGH FamRZ 2006, 99, 100 = R 641 d mit Anm. Viefhues und Scholz

2. Abschnitt: Bedürftigkeit des Kindes § 2

(vgl. Rn. 232 ff., 237, 451 ff., 530 ff., 6/1 ff., 20 ff.). In den Bedarfssätzen der Düsseldorfer Tabelle ist berücksichtigt, dass das Kind einerseits einen **Wohnbedarf** hat und dass andererseits durch das Zusammenleben mit einem Elternteil eine Ersparnis eintritt (Rn. 326).[207] Dessen Aufwendungen für das vom Kind bewohnte Zimmer einschließlich der anteiligen Kosten für die von ihm mitbenutzten Räume (Wohnzimmer, Bad, Küche usw.) sind durch den Barunterhalt nach der Düsseldorfer Tabelle abgegolten. Der Elternteil kann daher den Barunterhalt zum Teil zur Deckung des Wohnbedarfs des Kindes verwenden.

Um eine solche nicht anrechenbare Zuwendung handelt es sich auch, wenn ein Elternteil **125** dem bei ihm wohnenden, in Ausbildung befindlichen Kind die Ausbildungsvergütung belässt und vom Kind keinen oder einen zu niedrigen Beitrag zu den Kosten der Wohnung, Verköstigung und sonstiger materieller Versorgung verlangt. Solche Mehrleistungen entlasten nicht den anderen Elternteil.[208] Vielmehr ist der von diesem zu zahlende Unterhalt nach den allgemeinen Regeln zu bemessen. Es bleibt dem Elternteil, bei dem das Kind wohnt, überlassen, dessen Bedarf bei Minderjährigkeit aus dem vom anderen Elternteil geschuldeten Unterhalt zu decken oder sich mit dem volljährigen Kind hinsichtlich der Leistungen, die er noch erbringt (Wohnungsgewährung, Verpflegung usw.), auseinanderzusetzen und sie mit dem anteiligen Anspruch des Kindes auf Barunterhalt zu verrechnen.

Soweit ein Elternteil Unterhaltsleistungen erbracht hat, die über das von ihm geschuldete **126** Maß hinausgehen, dürfte ein Rückforderungsanspruch gegen das Kind an § 685 II BGB scheitern; danach ist im Zweifel anzunehmen, dass dem Elternteil die Absicht fehlt, von dem Kind Ersatz zu verlangen.[209]

Bei **volljährigen Kindern** gelten im Prinzip ähnliche Grundsätze. Mit dem Tabellen- **127** unterhalt wird im Normalfall – gleichgültig, ob das Kind bereits einen eigenen Haushalt hat oder noch bei einem Elternteil lebt – der gesamte Lebensbedarf des Volljährigen einschließlich des Wohnbedarfs abgegolten (Rn. 511, 524).[210]

- Ohne Probleme ist dies, wenn der Volljährige nicht bei einem Elternteil wohnt. Sind beide Eltern barunterhaltspflichtig und wendet ihm ein Elternteil mehr zu, als seinem Haftungsanteil entspricht, so entlastet dies als freiwillige überobligationsmäßige Leistung nicht den anderen Elternteil. Gleiches gilt, wenn bei alleiniger Barunterhaltspflicht eines Elternteils der andere dem Kind freiwillige Zusatzleistungen erbringt.[211]
- Wohnt bei Barunterhaltspflicht beider Eltern der Volljährige bei einem Elternteil, so erfüllt dieser seine anteilige Unterhaltspflicht in der Regel durch Gewährung von Naturalunterhalt, indem er Wohnraum und sonstige geldwerte Leistungen zur Verfügung stellt (vgl. Rn. 18). Sind seine Leistungen mehr wert, als seinem Haftungsanteil entspricht, wird der Anteil des anderen Elternteils nicht gemindert. Decken die Naturalleistungen den Haftungsanteil des Elternteils nicht vollständig ab, ist der Differenzbetrag als Barunterhalt zu zahlen.
- Stellt ein nicht leistungsfähiger Elternteil seinem volljährigen Kind Wohnraum kostenlos zur Verfügung, so wird der andere allein barunterhaltspflichtige Elternteil dadurch nicht entlastet, weil es sich um eine freiwillige Zuwendung handelt. Jedoch ist bei der Bedarfsbemessung zu berücksichtigen, dass das Miteinanderwohnen und Zusammenwirtschaften Ersparnisse bei den Lebenshaltungskosten mit sich bringt.[212] Die Düsseldorfer Tabelle Stand: 1. 1. 2011 trägt dieser Minderung des Bedarfs dadurch Rechnung, dass sie den Unterhalt des im Haushalt eines Elternteils lebenden volljährigen Kindes wie bisher einkommensabhängig in einer 4. Altersstufe ausweist und damit – ausgenommen die 8. bis 10. Einkommensgruppe – niedriger als den Unterhalt des Kindes mit eigenem Haushalt ansetzt, der nach Anm. A 7 II in der Regel mit einem Festbetrag von 670,– EUR (Rn. 508 ff., 515 ff.) angenommen wird. Bei Einkünften, die der 8. bis 10. Einkommens-

---

[207] BGH FamRZ 2006, 99, 101 = R 641 d mit Anm. Viefhues und Scholz
[208] BGH FamRZ 1988, 159, 161; vgl. auch BGH FamRZ 2006, 99, 100 ff. = R 641 d mit Anm. Viefhues und Scholz
[209] BGH FamRZ 1998, 367 = R 517 a
[210] BGH FamRZ 2006, 99, 100 f. mit Anm. Viefhues und Scholz
[211] BGH FamRZ 2006, 99, 100 f. = R 641 e mit Anm. Viefhues und Scholz
[212] BGH FamRZ 1988, 1039

gruppe entsprechen, kommt eine Erhöhung des Festbetrages in Betracht (Rn. 226 ff., 514).

128 Wohnen ein Elternteil und das Kind in einer Immobilie, die diesem Elternteil oder beiden Eltern gemeinsam gehört, ist der Wohnvorteil allein dem Elternteil zuzurechnen.[213] Trägt der barunterhaltspflichtige Elternteil die Annuitäten, tilgt er damit nicht anteilig den Kindesunterhalt. Vgl. dazu eingehend Rn. 1/573 ff.

Nimmt der Unterhaltsverpflichtete das Kind vollständig in seinen Haushalt auf, gewährt er ihm im Zweifel auf Grund einer Bestimmung nach § 1612 II 1 BGB Naturalunterhalt. Dann hat auch das volljährige Kind keinen Anspruch auf Barunterhalt. Vgl. dazu Rn. 32 ff., 48.

129 **Zuwendungen des barunterhaltspflichtigen Elternteils** bewirken in der Regel eine Erfüllung des Barunterhaltsanspruchs, soweit sie für den jeweils aktuellen Lebensbedarf verwendet werden können. Zahlungen an das minderjährige Kind reichen nicht aus; sie müssen vielmehr den gesetzlichen Vertreter erreichen.

Raten, die der barunterhaltspflichtige Elternteil regelmäßig zugunsten des Kindes auf einen Sparvertrag, auf eine Lebens- oder Unfallversicherung einzahlt, sind kein Unterhalt, sondern freiwillige Leistungen, weil mit ihnen der aktuelle Lebensbedarf nicht gedeckt werden kann.

130 Die Aufwendungen, die durch den **Umgang** des barunterhaltspflichtigen Elternteils mit dem minderjährigen Kind entstehen, sind einschließlich der Kosten für einen gemeinsamen Urlaub keine freiwilligen Leistungen; sie sind vom Umgangsberechtigten grundsätzlich selbst zu tragen, können allerdings bei engen wirtschaftlichen Verhältnissen, vor allem wenn zur Finanzierung des Mindestunterhalts das Kindergeld herangezogen werden muss, zu einer Erhöhung des notwendigen Selbstbehalts führen.[214] Auch können hohe Umgangskosten das anrechenbare Einkommen und damit den Barunterhalt mindern. Vgl. dazu 10.7 der Leitlinien der meisten Oberlandesgerichte und Rn. 220, 271 ff. Zur Unterhaltsberechnung, wenn die Eltern die Betreuung des Kindes unter sich aufteilen, vgl. Rn. 449.

131 Auch Zuwendungen eines **Lebensgefährten** eines Elternteils oder des Kindes können freiwillige Leistungen eines Dritten sein. Nur in Ausnahmefällen können sie auf den Unterhaltsanspruch angerechnet werden (Rn. 61, 111).[215]

5. Berücksichtigung des Kindesvermögens

132 Ein **minderjähriges**, unterhaltsbedürftiges **Kind** muss nach § 1602 II BGB den **Stamm des eigenen Vermögens** grundsätzlich nicht für Unterhaltszwecke verwenden. Anders ist es jedoch, wenn die Eltern bei Berücksichtigung ihrer sonstigen Verpflichtungen außerstande sind, Unterhalt ohne Gefährdung ihres eigenen angemessenen Bedarfs zu gewähren; dann besteht eine gesteigerte Unterhaltspflicht der Eltern nicht (§ 1603 II 3 BGB). Vgl. dazu Rn. 366 ff. Das Kind muss in diesem Fall das Vermögen für seinen Unterhalt bis auf einen Notgroschen einsetzen (vgl. Rn. 134). Dagegen sind Erträge aus Vermögen stets zur Deckung des Unterhalts heranzuziehen. Soweit sie reichen, ist das Kind nicht bedürftig. Zu den Vermögenserträgen im Einzelnen vgl. Rn. 1/600 ff.

133 Das **volljährige Kind** hat – im Gegensatz zum minderjährigen Kind – vorrangig den **Vermögensstamm** zu verwerten, bevor es seine Eltern auf Unterhalt in Anspruch nimmt.[216] Dies gilt auch für das privilegiert volljährige Kind im Sinne des § 1603 II 2 BGB (vgl. dazu Rn. 580 ff.), da § 1602 II BGB nicht entsprechend anwendbar ist (Rn. 589).

Zur Verwertung des Vermögensstammes ist zunächst auf Rn. 1/607 ff., 619 ff. hinzuweisen. Zum Kindesunterhalt ist ergänzend zu bemerken: § 1577 III BGB, nach dem beim Ehegattenunterhalt die Verwertung des Vermögens nicht unwirtschaftlich und unter Be-

---

[213] BGH FamRZ 1992, 425 = R 442a; die gegenteilige Auffassung des OLG Düsseldorf FamRZ 1994, 1049, 1053, die auch in der 5. Auflage dieses Handbuchs vertreten wurde, führt zu überaus komplizierten Berechnungen
[214] BGH FamRZ 2005, 706 = R 626
[215] BGH FamRZ 1993, 417 = R 458
[216] OLG Düsseldorf FamRZ 1990, 1137; OLG München FamRZ 1996, 1433

2. Abschnitt: Bedürftigkeit des Kindes § 2

rücksichtigung der beiderseitigen Vermögensverhältnisse nicht unbillig sein darf, ist nicht entsprechend anzuwenden. Das Gesetz sieht vielmehr beim Verwandten- und damit beim Kindesunterhalt eine allgemeine Billigkeitsgrenze für die Verwertung des Vermögens nicht vor. Andererseits können Billigkeitserwägungen nicht gänzlich außer Betracht bleiben. Die Grenze der Unzumutbarkeit wird daher etwas enger als bei § 1577 III BGB zu ziehen sein, angenähert etwa dem Rahmen der groben Unbilligkeit. In einer umfassenden Zumutbarkeitsabwägung sind alle bedeutsamen Umstände, insbesondere auch die Lage des Unterhaltsverpflichteten zu berücksichtigen. Hierbei können auch nachrangige Unterhaltsansprüche der Großeltern des Kindes gegen den Kindesvater eine Rolle spielen.[217] Das volljährige Kind ist daher nicht bedürftig, wenn es die Geltendmachung einer Forderung unterlässt, die es in zumutbarer Weise einziehen könnte. Dies gilt auch für eine Forderung gegen einen Elternteil, wenn dieser einen dem Kind gehörenden namhaften Geldbetrag für sich verwendet hat und ihm aufrechenbare Gegenansprüche gegen das Kind, z. B. ein Ersatzanspruch nach § 1648 BGB, nicht zustehen.[218] Auch ererbtes Vermögen ist zu verwerten, jedenfalls wenn es dem Kind ohne Zweckbindung zugewendet worden ist.[219] Vgl. dazu Rn. 121. Der Verkauf eines gebrauchten Kraftfahrzeugs, insbesondere eines PKWs, ist wegen des raschen Wertverfalls gebrauchter Fahrzeuge häufig unwirtschaftlich und dem Kind nicht zuzumuten.[220]

Ein Sparguthaben ist grundsätzlich für den Unterhalt zu verbrauchen; jedoch muss dem **134** Volljährigen, wenn nicht auf der Seite des Verpflichteten enge wirtschaftliche Verhältnisse vorliegen, jedenfalls ein **Notgroschen** verbleiben, der früher in Anlehnung an die Sätze des BSHG (§ 1 Nr. 1 b VO zu § 88 BSHG) mit 2301,– EUR (= 4500,– DM) angesetzt worden ist.[221] Der BGH hat in diesem Zusammenhang Schonbeträge zwischen 1279,– EUR bis 4091,– EUR (früher: 2500,– DM bis 8000,– DM) genannt, die Höhe des „Notgroschens" aber letztlich offen gelassen; er hat jedoch darauf hingewiesen, dass dem Kind daneben nicht ohne Weiteres vom Großvater ererbte Goldmünzen als Erinnerungsstücke belassen werden können, weil ein Affektionsinteresse vorliege.[222] § 1 I 1 Nr. 1 der jetzt geltenden VO zur Durchführung des § 90 II Nr. 9 SGB XII belässt dem Sozialhilfeempfänger bei Inanspruchnahme von Hilfe zum Lebensunterhalt einen Schonbetrag von 1600,– EUR, bei Inanspruchnahme sonstiger Hilfen von 2600,– EUR. Vgl. dazu Rn. 8/ 43. Da das volljährige Kind in der Regel erwerbsfähig im Sinne des § 8 I SGB II ist und deshalb nur Grundsicherung für Arbeitsuchende, nicht aber Hilfe zum Lebensunterhalt nach dem SGB XII beziehen könnte (§ 5 II 1 SGB II), bietet es sich nunmehr an, nicht mehr auf die Schonbeträge des Sozialhilferechts abzustellen, sondern auf diejenigen des SGB II. Danach hat dem volljährigen Kind ein Schonvermögen von jeweils 150,– EUR je vollendetes Lebensjahr, mindestens aber von **3100,– EUR,** zu verbleiben (§ 12 II Nr. 1 SGB II). Für das minderjährige Kind gilt einheitlich der Mindestbetrag von 3100,– EUR (§ 12 II Nr. 1 a SGB II; vgl. dazu Rn. 8/199). Ein zusätzlicher Freibetrag von 750,– EUR wegen notwendiger Anschaffungen (§ 12 II Nr. 4 SGB II) sollte nicht gewährt werden, da der Unterhalt grundsätzlich pauschal den gesamten Lebensbedarf umfasst und nur ausnahmsweise bei größeren Anschaffungen ein Anspruch wegen Sonderbedarfs bestehen kann (vgl. Rn. 6/1 ff.).

Unwirtschaftlichkeit kann vorliegen, wenn das Kind aus dem Vermögensstamm ange- **135** messene Einkünfte erzielt, auf die es jetzt und in Zukunft angewiesen ist und die bei Verwertung des Vermögens fortfallen würden. Auch wenn das Kind gehalten ist, das Vermögen für den Unterhalt einzusetzen, muss es die vorhandenen Mittel nicht vollständig verbrauchen, bevor es von seinen Eltern Unterhalt verlangt. Es liegt vielmehr nahe, die für den

---

[217] BGH FamRZ 1998, 367, 369 = R 517 c
[218] BGH FamRZ 1998, 367, 368 = R 517 a, b
[219] OLG München FamRZ 1996, 1433; vgl. auch BGH FamRZ 1998, 367, 368 = R 517 c
[220] BGH FamRZ 1998, 367, 369 = R 517 c; FamRZ 2001, 21, 23; OLG Düsseldorf FamRZ 1994, 767, 770
[221] OLG Düsseldorf FamRZ 1990, 1137; ebenso OLG Koblenz FamRZ 1996, 382; vgl. auch BGH FamRZ 2004, 370 = R 603 a (zum unterhaltsbedürftigen Elternteil beim Elternunterhalt)
[222] BGH FamRZ 1998, 367, 369 = R 517 c

eigenen Unterhalt einzusetzenden Mittel auf die voraussichtliche Ausbildungszeit umzulegen. Dies gilt jedenfalls dann, wenn die Mittel dem Kind zur Finanzierung seiner Ausbildung zugewendet worden sind.[223]

136 Verfügt das volljährige Kind über Bauerwartungsland, bei dem erhebliche Wertsteigerungen bevorstehen, kann es ggf. auf die Möglichkeit der Kreditaufnahme verwiesen werden.[224] Dasselbe gilt, wenn es an einer ungeteilten Erbengemeinschaft beteiligt und die Auseinandersetzung nur unter Schwierigkeiten zu bewerkstelligen ist.[225] In der Regel ist aber die Aufnahme von Fremdmitteln, deren Amortisation die finanziellen Möglichkeiten übersteigt, nicht zumutbar.[226]

137–199 – in dieser Aufl. nicht belegt –

3. Abschnitt: Barbedarf des Kindes

I. Bedarfsbemessung nach der von den Eltern abgeleiteten Lebensstellung des Kindes

1. Lebensstellung des Kindes und Unterhaltsbedarf

200 Nach der allgemein für den Verwandtenunterhalt geltenden Vorschrift des § 1610 I BGB bestimmt sich das Maß des zu leistenden Unterhalts nach der Lebensstellung des Berechtigten (angemessener Unterhalt). Kriterien einer eigenen Lebensstellung sind im Allgemeinen der ausgeübte Beruf, die berufliche Stellung, die Berufsausbildung, vor allem aber Einkommen und Vermögen. Der BGH spricht – allerdings im Rahmen der Unterhaltspflicht des Kindes gegenüber seinen Eltern – zu Recht davon, dass die Unterhaltspflicht auch durch den sozialen Rang bestimmt wird.[1] Ein Kind hat bis zum Abschluss der Ausbildung noch keine Lebensstellung in diesem Sinn. Es ist wirtschaftlich unselbstständig und von seinen Eltern abhängig. Deshalb muss die Lebensstellung des Kindes von der seiner Eltern abgeleitet werden. Dabei kommt es entscheidend auf die **Einkommens- und Vermögensverhältnisse der Eltern** an.[2] Dies gilt insbesondere für das minderjährige Kind, da die Berufsausbildung in aller Regel vor dem 18. Geburtstag nicht abgeschlossen werden kann.

201 Zur Lebensstellung des Kindes aus einer zerbrochenen Familie gehört die Tatsache der Trennung und Scheidung der Eltern mit den sich daraus oft ergebenden ungünstigen persönlichen und wirtschaftlichen Folgen.[3] Das Kind muss daher hinnehmen, dass sein Unterhalt nach dem jetzigen Einkommen des barunterhaltspflichtigen Elternteils bemessen wird, auch wenn dessen Einkünfte infolge der trennungsbedingten Einstufung in eine ungünstigere Steuerklasse gesunken sind. Dagegen kommt dem Kind – anders als dem geschiedenen Ehegatten – der Splittingvorteil aus der vom Unterhaltspflichtigen eingegangenen neuen Ehe zugute.[4] Vgl. auch unten Rn. 210.

202 Neben dieser Verknüpfung mit den wirtschaftlichen Verhältnissen seiner Eltern ist die Lebensstellung des Kindes geprägt durch seinen speziellen sozialen Rang, durch sein **„Kindsein"**, also durch den Besuch des Kindergartens und der Schule oder durch die

---

[223] Vgl. BGH FamRZ 1998, 367, 369 = R 517c; dazu im Einzelnen OLG Köln NJW-FER 1999, 176
[224] BGH VersR 1966, 283; OLG Hamburg FamRZ 1980, 912
[225] Vgl. BGH FamRZ 2006, 935, 937 = R 644 mit Anm. Hauß
[226] BGH FamRZ 2001, 21, 23
[1] BGH FamRZ 2002, 1698, 1700 mit Anm. Klinkhammer = R 580c
[2] BGH FamRZ 2002, 536, 537 m. Anm. Büttner = R 572; FamRZ 2000, 358 mit Anm. Deisenhofer = R 537; BGH FamRZ 1996, 160 = R 496a; FamRZ 1987, 58
[3] BGH FamRZ 1981, 543
[4] BGH FamRZ 2007, 1232 m. Anm. Maurer FamRZ 2005, 1817, 1822 m. Anm. Büttner FamRZ 2005, 1899; zur Höhe s. BGH FamRZ 2007, 882, 885 (Aufteilung der Steuerschuld); a.A. OLG Oldenburg FamRZ 2006, 1127 m. Anm. Borth FamRB 2006, 234

3. Abschnitt: Barbedarf des Kindes § 2

Berufsausbildung.[5] Seine Bedürfnisse werden also durch die Rolle des Kleinkindes, des Schulkindes, des Auszubildenden bestimmt.

Der Kindesunterhalt soll dem Kind vor allem während der Ausbildung (vgl. Rn. 56 ff.) kein Leben im Luxus ermöglichen (Rn. 226 ff.). Er bezweckt vielmehr das Hineinwachsen des Kindes in eine seiner Begabung und Ausbildung entsprechende persönliche und wirtschaftliche Selbstständigkeit. Aufgabe des Kindes ist es, mit zunehmendem Alter sich unter Entfaltung der eigenen Kräfte und Fähigkeiten eine eigene Lebensstellung zu schaffen und von seinen Eltern sowohl persönlich als auch wirtschaftlich unabhängig zu werden. Dies schließt freilich nicht aus, dass dieser Zweck, z. B. bei einem kranken oder behinderten Kind, nicht stets verwirklicht werden kann.

Auch bei einem **volljährigen**, in der Ausbildung befindlichen **Kind** kommt es unterhaltsrechtlich nur darauf an, dass es während der Ausbildungszeit noch keine wirtschaftliche Selbstständigkeit erreicht hat. Die Lebensstellung eines Studenten oder Auszubildenden, der – wie regelmäßig – keine oder keine ausreichenden eigenen Einkünfte hat, bleibt daher von der seiner Eltern abgeleitet, solange er noch auf die ihm von diesen zur Verfügung gestellten Mittel angewiesen ist. Deshalb richtet sie sich während des Studiums oder der Ausbildung nach den wirtschaftlichen Verhältnissen der Eltern.[6] 203

Die **Lebensstellung** und damit der Unterhalt des Kindes hängt aber auch von der Zahl der unterhaltsberechtigten Geschwister und von etwaigen **Unterhaltsansprüchen** des oder der (früheren) Ehegatten des Verpflichteten ab. Dem trägt die Düsseldorfer Tabelle durch eine grundsätzlich vom Einkommen des Schuldners abhängige Unterhaltsbemessung, durch Zu- und Abschläge bei unter- oder überdurchschnittlicher Unterhaltslast (DT A 1; vgl. Rn. 343 ff.) und durch das System der Bedarfskontrollbeträge (DT A 6; vgl. Rn. 351 ff.) Rechnung.[7] Das Kind muss sich also mit dem begnügen, was der verpflichtete Elternteil billigerweise an Unterhalt leisten kann. Daher ist der Unterhalt des Kindes auch von der **Leistungsfähigkeit** des Schuldners abhängig. Jedoch ist auch beim Kindesunterhalt streng zwischen Bedarf und Leistungsfähigkeit zu unterscheiden.[8] Vgl. dazu Rn. 223, 239 ff. 204

2. Einkommen als Kriterium der Lebensstellung der Eltern

Die Lebensstellung der Eltern wird vorzugsweise durch ihre Einkünfte bestimmt, und zwar unabhängig davon, aus welcher Quelle sie stammen und zu welchem Zweck sie bestimmt sind. Die Eltern haben deshalb, soweit sie baruntheraltspflichtig sind (vgl. dazu Rn. 211, 213 ff.), grundsätzlich ihr **gesamtes anrechenbares Nettoeinkommen** zur Unterhaltsleistung heranzuziehen. Dazu gehören alle Einkünfte und geldwerten Vorteile, z. B. Arbeitsverdienst, Renten, Zinsen, Wohnvorteil (Rn. 1/8 ff.). Im Einzelfall kann allerdings das Einkommen des unterhaltspflichtigen Elternteils überobligatorisch sein und ist dann nur insoweit heranzuziehen, wie es im Einzelfall der Billigkeit entspricht.[9] Vom Einkommen sind Steuern und Vorsorgeaufwendungen abzuziehen. Dazu zählen Aufwendungen für die gesetzliche Kranken-, Pflege-, Renten- und Arbeitslosenversicherung oder die angemessene private Kranken-, Pflege- und Altersvorsorge (Nr. 10.1 der Leitlinien der Oberlandesgerichte). Zur zusätzlichen Altersvorsorge s. Rn. 412. 205

Der **BGH** hält übereinstimmend mit der ganz herrschenden Praxis regelmäßig nur das **Einkommen des Baruntherhaltspflichtigen** für bedarfsbestimmend.[10] Bei näherem Hinsehen erweist sich diese Sichtweise allerdings als verkürzend. Denn die Lebensstellung der Kinder leitet sich bei geschiedenen wie auch bei zusammen lebenden Eltern regelmäßig von beiden Elternteilen ab.[11] Der Bedarf eines Kindes ist höher, wenn beide Eltern Einkommen erzielen. Das ist damit zu begründen, dass das höhere Familieneinkommen nicht 206

---

[5] BGH FamRZ 1987, 58
[6] BGH FamRZ 1997, 281 = R 509 h; FamRZ 1987, 58
[7] S. Klinkhammer FamRZ 2008, 193
[8] BGH FamRZ 1997, 281, 283 = R 509 f.
[9] BGH FamRZ 2011, 454
[10] Zuletzt BGH FamRZ 2007, 707, 708
[11] So zutreffend Scholz FamRZ 2006, 1728, 1729

nur den Eltern, sondern auch den Kindern zugute kommt. Die Betrachtungsweise des BGH führt dagegen zu einer Vermischung von Bedarf und Leistungsfähigkeit.[12] Diese bleibt wohl in der Regel folgenlos (und die Methode kann zur Vereinfachung angewendet werden), wenn es allein um den Kindesunterhalt geht und der Unterhalt letztlich durch die Leistungsfähigkeit des Barunterhaltspflichtigen begrenzt wird.

Verzerrungen ergeben sich indessen etwa bei Geschwistertrennung oder wenn der betreuende Elternteil zum Ehegattenunterhalt verpflichtet ist.

Beispiel:
M und F sind geschiedene Eheleute. Der zwölfjährige Sohn S lebt bei F, die siebzehnjährige Tochter T bei M. F ist wieder verheiratet. Beide Eltern sind voll berufstätig. M hat ein Nettoeinkommen von 2800,– €, F ein Einkommen von 1400,– €.
M ist barunterhaltspflichtig für S; F ist barunterhaltspflichtig für T.
Berechnung:
Nach dem BGH beträgt der Bedarf des S nach dem Einkommen des barunterhaltspflichtigen M 546,– € (DT 6/3, Stand 1. 1. 2011, Höhergruppierung um eine Gruppe). Der Bedarf seiner Schwester T läge dagegen nach dem Einkommen der barunterhaltspflichtigen F bei nur 448,– € (DT 2/3, Stand 1. 1. 2011, Höhergruppierung um eine Gruppe). Dass die T einen um 98,– € geringeren Bedarf haben soll, obwohl sie bei dem Elternteil mit dem höheren Einkommen lebt, will nicht recht einleuchten, ebenso wenig, dass ihr Bedarf steigen sollte, wenn sie zur weniger verdienenden Mutter umzieht.

Zutreffend ist vielmehr auch hier die Ermittlung des Bedarfs nach dem **zusammengerechneten Einkommen** beider Eltern.[13] Der Bedarf beider Kinder ist daher übereinstimmend nach dem Gesamteinkommen von 2800,– EUR + 1400,– EUR = 4200,– EUR zu bemessen mit je 614,– EUR (ohne Höhergruppierung). Abzüglich des hälftigen Kindergelds ergibt sich ein Zahlbetrag von je 522,– EUR. Erst im Rahmen der Leistungsfähigkeit erfolgt die Kürzung auf die bei alleiniger Barunterhaltspflicht zu zahlenden Beträge von 454,– EUR (546,– EUR ./. 92,– EUR DT 6/3) von M für S und 356,– EUR (448,– EUR ./. 92,– EUR) von F für T. Den Unterschiedsbetrag von 98,– EUR für T hat der M beizusteuern, der insoweit abweichend von der Regel des § 1606 III 2 BGB auch für den Barunterhalt aufzukommen hat.

Die Frage ist nicht bloß theoretischer Natur, sondern kann insbesondere beim Ehegattenunterhalt oder aber auch bei der Frage der Mithaftung des betreuenden Elternteils praktische Auswirkungen haben. Zur Haftung des betreuenden Elternteils s. Rn. 397.

Im **Regelfall** kann indessen zur Vereinfachung an der vom BGH verwendeten Methode festgehalten werden. Im Folgenden wird der Bedarf deswegen nur in begründeten Ausnahmefällen auf Grund des zusammengerechneten Einkommens der Eltern ermittelt.

207 Die Lebensstellung der Eltern wird nicht nur durch ihre tatsächlichen Einkünfte, sondern auch durch die Erwerbsmöglichkeiten bestimmt, die sie nutzen können. Ist dem arbeitsfähigen Schuldner wegen unzureichender Bemühungen um eine Arbeitsstelle ein **fiktives Einkommen** zuzurechnen, ist dieses für die Bemessung des Unterhalts maßgebend. Zwar ist die Zurechnung fiktiver Einkünfte in erster Linie ein Problem der Leistungsfähigkeit des Schuldners (vgl. dazu Rn. 243, 375). Gleichwohl können fiktiv zuzurechnende Einkünfte bei der Bemessung des Unterhalts und damit des Bedarfs nicht unberücksichtigt bleiben. Daher ist fiktives Einkommen des barunterhaltspflichtigen Elternteils für die Eingruppierung in das System der Düsseldorfer Tabelle maßgebend. Dies gilt auch dann, wenn es über dem Mindestunterhalt nach § 1612a I BGB (1. Einkommensgruppe der Düsseldorfer Tabelle) liegt.[14] Die gegenteilige Auffassung des OLG Karlsruhe[15] überzeugt nicht; sie ist vom BGH[16] zu Recht missbilligt worden. Danach ist der Ansatz eines fiktiven Einkommens, das einen höheren Unterhalt als den Regelbetrag rechtfertigt, zulässig, wenn der Pflichtige über

---

[12] Scholz FamRZ 2006, 1728, 1729
[13] Scholz FamRZ 2006, 1728, 1729
[14] BGH FamRZ 2000, 1358 = R 543 b; FamRZ 1993, 1304, 1306 = R 464 b; OLG Zweibrücken FuR 1998, 321; vgl. auch BGH FamRZ 2003, 1471, 1473
[15] FamRZ 1993, 1481
[16] FamRZ 2000, 1358 = R 543 b

3. Abschnitt: Barbedarf des Kindes § 2

längere Zeit Einkünfte in entsprechender Höhe tatsächlich erzielt und damit den Lebensunterhalt der Familie bestritten hat. Das geht mir nicht weit genug. Auf die früheren Einkünfte des Schuldners kommt es beim Kindesunterhalt nicht an, sondern nur auf das im Unterhaltszeitraum erzielte oder erzielbare Einkommen (vgl. Rn. 210). Auch ist nicht entscheidend, ob die Eltern jemals mit dem Kind zusammen gelebt und wovon sie ihren Unterhalt bestritten haben. Deshalb kann das Kind eines Studenten, das aus einer flüchtigen Beziehung hervorgegangen ist, nicht auf den Mindestunterhalt verwiesen werden, wenn sich der Vater nach bestandenem Examen weigert, einer Erwerbstätigkeit nachzugehen. Sicher muss das Kind hinnehmen, dass der Vater nur ein geringes Einkommen erzielen kann; es braucht sich aber nicht damit abzufinden, dass er sich nicht um eine seinem Alter, seiner Vorbildung und seinen Fähigkeiten entsprechende Arbeitsstelle bemüht.[17] Damit soll nicht ausgeschlossen werden, dass ein Unterhaltspflichtiger aus achtenswerten Gründen eine ihm mögliche, besser bezahlte Arbeit ablehnen darf. Dies kann der Fall sein, wenn er eine bestimmte Tätigkeit, z. B. Tierversuche oder Arbeit in einem Rüstungsbetrieb, nicht (mehr) mit seinem Gewissen vereinbaren kann. Auch wird man dem Schuldner, der sich seit Jahren mit geringen Bezügen begnügt hat, nicht ohne weiteres ansinnen dürfen, eine andere, höher vergütete Arbeit anzunehmen, wenn die Ehe zerbricht und nunmehr Kindesunterhalt zu zahlen ist. Eine solche Rücksichtnahme kann aber im Allgemeinen nur dann am Platze sein, wenn das Existenzminimum des unterhaltsberechtigten Ehegatten, der minderjährigen und der privilegiert volljährigen Kinder im Sinne des § 1603 II 2 BGB gesichert ist. Keine Schonung verdient, wer bislang gut verdient hat, arbeitslos geworden ist und sich nicht um eine neue Arbeit bemüht. Zurückhaltung ist dagegen geboten bei der Zurechnung fiktiver Nebeneinkünfte, wenn der Pflichtige bereits eine vollschichtige Erwerbstätigkeit ausübt.[18] Vgl. dazu Rn. 370; zum Mindestunterhalt und zum Existenzminimum Rn. 222, 223.

Diese Auffassung deckt sich mit der Rechtsprechung des BGH.[19] Zu Recht betont der BGH allerdings auch, dass lediglich gedachte wirtschaftliche Verhältnisse, die keine Grundlage in der tatsächlichen Einkommenssituation des Pflichtigen haben, dessen Lebensstellung nicht prägen und daher die Höhe des Bedarfs des Kindes nicht lediglich aus fiktivem Einkommen hergeleitet werden darf. Hat der Pflichtige zusammen mit seiner Familie von einer Rente und den Erträgen von Mietgrundstücken gelebt, so dürfen der Unterhaltsbemessung nicht ohne weiteres wesentlich höhere Einkünfte zugrunde gelegt werden, die erst durch Verwertung des Vermögens und durch Kapitalverzehr erzielt werden können.[20] Entscheidender Aspekt ist in diesen Fällen, wie weit die unterhaltsrechtlichen Obliegenheiten des Unterhaltspflichtigen reichen.[21] Zur Bemessung fiktiver Einkünfte vgl. § 1 und Rn. 2/243 ff., 375.

Freiwillige Leistungen Dritter erhöhen das anrechnungsfähige Einkommen des Pflichtigen und damit den Bedarf des Kindes nicht. Insoweit kann zunächst auf die entsprechenden Ausführungen im Rahmen der Bedürftigkeit des Kindes verwiesen werden (vgl. Rn. 100 ff.). Daher schuldet der barunterhaltspflichtige Elternteil grundsätzlich keinen höheren Unterhalt als seinem laufenden Einkommen entspricht, wenn er bei seiner jetzigen Ehefrau, seiner Lebensgefährtin oder seinen eigenen Eltern mietfrei wohnt. Anders ist es jedoch, wenn dem Unterhaltspflichtigen ein Vermögenswert geschenkt wird (vgl. Rn. 100). Die hieraus gezogenen Nutzungen, z. B. der Wohnwert des geschenkten Grundstücks, sind anrechenbares Einkommen. Allerdings wird der Wohnwert in der Regel nicht nach der Marktmiete, sondern nach der ersparten Miete für eine den Einkommensverhältnissen an- **208**

---

[17] So mit Recht OLG Düsseldorf FamRZ 1991, 220; vgl. BGH FamRZ 2011, 1041
[18] BVerfG FamRZ 2003, 661 = R 591; bedenklich allerdings insoweit die Auffassung des OLG Frankfurt NJW 2007, 382, dass für einen 36-jährigen Abiturienten und Studenten der Neurobiologie kein den Selbstbehalt übersteigendes Einkommen erzielbar sei und er gegenüber seinem minderjährigen Kind daher vollständig leistungsunfähig sei
[19] So BGH FamRZ 2000, 1358 = R 543 b; FamRZ 2003, 1471, 1473 m. Anm. Luthin; vgl. auch FamRZ 1997, 281, 283 = R 509 f.
[20] FamRZ 1997, 281, 283 = R 509 f., g
[21] BGH FamRZ 2011, 454

gemessene Wohnung festzusetzen sein, da die Veräußerung des geschenkten Grundstücks kaum zumutbar sein dürfte.[22] Wird ein Geldbetrag für einen bestimmten Zweck geschenkt, wird der Pflichtige in der Regel nicht gehalten sein, diesen Betrag entgegen dem Willen des Zuwendenden möglichst ertragreich anzulegen. Die Zurechnung fiktiver Einkünfte scheidet danach jedenfalls dann aus, wenn kein Mangelfall vorliegt. Der Pflichtige kann vielmehr den Betrag entsprechend den Absichten des Schenkers verwenden, muss sich allerdings tatsächlich gezogene Nutzungen als Einkommen bei der Unterhaltsbemessung anrechnen lassen.[23]

209 **Schulden** können die Leistungsfähigkeit des Schuldners beeinflussen.[24] Beim Bedarf des unterhaltsbedürftigen Kindes sind Verbindlichkeiten nur ausnahmsweise zu berücksichtigen, vor allem bei einer erheblichen dauernden Verschuldung, die aus der Zeit des Zusammenlebens der Eltern stammt und damit den Lebensstandard der damals noch intakten Familie geprägt hat.[25] Der Bedarf des Kindes kann indessen nicht niedriger liegen als nach der 1. Einkommensgruppe der Düsseldorfer Tabelle, der dem Mindestunterhalt nach § 1612a I BGB entspricht. Die Frage, ob Schulden bereits bei der Bedarfsbemessung oder erst im Rahmen der Leistungsfähigkeit zu berücksichtigen sind, kann von erheblicher praktischer Bedeutung sein; vgl. dazu und zur Verbraucherinsolvenz Rn. 257, 258.

3. Einkommensverhältnisse der Eltern im Unterhaltszeitraum

210 Der Unterhalt des Kindes wird, anders als der nacheheliche Unterhalt von Ehegatten, nicht durch die Einkommens- und Vermögensverhältnisse der Eltern zum Zeitpunkt der Auflösung ihrer Ehe oder zu einem anderen Einsatzzeitpunkt bestimmt.[26] Deshalb nimmt das Kind am weiter steigenden Lebensstandard des barunterhaltspflichtigen Elternteils in ähnlicher Weise teil wie während der Zeit der intakten Ehe der Eltern. Ebenso muss es hinnehmen, dass das Einkommen des barunterhaltspflichtigen Elternteils sinkt (Rn. 201), es sei denn, dieser hat infolge leichtfertigen, unterhaltsbezogenen Verhaltens eine Einkommensquelle verloren. Das Kind partizipiert damit grundsätzlich an allen Einkommensveränderungen des barunterhaltspflichtigen Elternteils, auch wenn diese nicht vorauszusehen waren und auf einer vom Normalverlauf abweichenden Entwicklung beruhen. Voraussetzung ist allerdings, dass der Schuldner seine Arbeitskraft und sonstige ihm zu Gebote stehende Einnahmequellen in ausreichendem Maße einsetzt.[27] Ist dies nicht der Fall, wird der Unterhalt nach einem fiktiven Einkommen des Schuldners bemessen (vgl. dazu Rn. 207).

Maßgeblich sind daher stets die **jeweiligen Einkommens- und Vermögensverhältnisse** des Barunterhaltspflichtigen in den Zeiträumen, für die Unterhalt gefordert wird.[28] Nach der Trennung der Eltern richtet sich der Kindesunterhalt folglich nach der ungünstigeren Steuerklasse. Der Vorteil aus dem begrenzten Realsplitting ist hinzuzurechnen. Heiratet der Unterhaltspflichtige erneut, so bemisst sich der Kindesunterhalt sowohl beim Bedarf als auch bei der Leistungsfähigkeit unter Einbeziehung des Splittingvorteils aus der neuen Ehe.[29]

4. Bedarfsbemessung bei alleiniger Barunterhaltspflicht eines Elternteils

211 Eine **alleinige Barunterhaltspflicht** eines Elternteils besteht **gegenüber minderjährigen Kindern,** wenn – wie im Regelfall – Barunterhalt und Betreuungsunterhalt gleich-

---

[22] Vgl. dazu BGH FamRZ 2003, 1179 = R 592b
[23] Vgl. dazu OLG Saarbrücken FamRZ 1999, 396, dem ich nur teilweise folgen kann
[24] BGH FamRZ 1992, 797 = R 447a
[25] BGH FamRZ 2002, 536, 537, 540, 542 mit Anm. Büttner = R 572g; FamRZ 1996, 160, 162 = R 496b
[26] BGH FamRZ 1993, 1304, 1306 = R 464b
[27] BGH FamRZ 1993, 1304, 1306 = R 464b
[28] BGH FamRZ 1985, 371, 373 = NJW 1985, 1340, 1343
[29] BGH FamRZ 2008, 2189; FamRZ 2010, 1318

3. Abschnitt: Barbedarf des Kindes § 2

wertig sind und der andere daher seine Unterhaltspflicht durch Betreuung der Kinder erfüllt (§ 1606 III 2 BGB; Genaueres dazu Rn. 11 ff.). Da volljährige Kinder, auch privilegiert volljährige im Sinne des § 1603 II 2 BGB, nicht mehr von ihren Eltern betreut werden, haften diese anteilig für den Unterhalt des Kindes nach ihren Einkommens- und Vermögensverhältnissen (§ 1606 III 1 BGB).[30] Vgl. dazu Rn. 560 ff., 594 ff.

Ein Elternteil kann ferner allein barunterhaltspflichtig sein, wenn der andere Elternteil bei Berücksichtigung seiner sonstigen Verpflichtungen außerstande ist, ohne **Gefährdung seines eigenen angemessenen Unterhalts** den Unterhalt zu gewähren (§ 1603 I BGB). Das gilt im Grundsatz sowohl für minderjährige als auch für volljährige Kinder. Bei minderjährigen Kindern ist jedoch zu beachten, dass der nicht betreuende Elternteil verpflichtet ist, alle verfügbaren Mittel für den Kindesunterhalt einzusetzen, soweit nicht sein **notwendiger Selbstbehalt** gefährdet ist (§ 1603 II 1 BGB; vgl. dazu Rn. 380, 384 ff.). Ist allerdings der eigene angemessene Unterhalt des barunterhaltspflichtigen Elternteils nicht gewahrt, muss ausnahmsweise, allerdings nur bei erheblich höheren eigenen Einkünften,[31] der betreuende Elternteil den Barunterhalt ganz oder teilweise mit übernehmen (§§ 1603 II 3, 1606 III 1 und 2 BGB; vgl. Rn. 397 ff.).

Bei alleiniger Barunterhaltspflicht eines Elternteils lässt sich der **Unterhalt im Regelfall (vereinfachend) nur nach dem Einkommen des barunterhaltspflichtigen Elternteils bemessen** (vgl. Rn. 206).[32] Dies gilt bei minderjährigen Kindern jedenfalls dann, wenn sich die Einkünfte der Eltern im mittleren Bereich halten und das Einkommen des betreuenden Elternteils nicht höher ist als das des barunterhaltspflichtigen Elternteils.[33] 212

5. Bedarfsbemessung bei Barunterhaltspflicht beider Eltern

Beide Eltern sind barunterhaltspflichtig 213
- bei **volljährigen Kindern,** auch privilegiert volljährigen Kindern (Rn. 594 ff.), wenn beide leistungsfähig sind (§ 1603 I BGB),
- bei **minderjährigen Kindern,** wenn eine Ausnahme vom Regelfall bejaht wird, z. B. wenn ein Ehegatte durch die Betreuung allein seine Unterhaltspflicht gegenüber dem Kind nicht oder nicht in vollem Umfang erfüllt (§ 1606 III 2 BGB; Genaueres Rn. 418 ff.).

Bei beiderseitiger Barunterhaltspflicht ist für die Bemessung des Bedarfs **volljähriger Kinder** die **Summe des Nettoeinkommens beider Eltern** maßgeblich, weil in diesem Fall das Einkommen beider Einfluss auf die Lebensstellung des Kindes hat (§ 1606 III 1 BGB).[34] Jedoch hat ein Elternteil höchstens den Unterhalt zu leisten, der sich allein nach seinem Einkommen aus der Unterhaltstabelle ergibt (vgl. dazu Rn. 523). Das zusammengerechnete Einkommen der Eltern kann allerdings nur dann maßgeblich sein, wenn der Bedarf auch des volljährigen Kindes einkommensabhängig nach der Tabelle Kindesunterhalt bemessen wird. Diese Berechnungsweise, die von der Düsseldorfer Tabelle und den Leitlinien der meisten Oberlandesgerichte für den Fall empfohlen wird, dass das volljährige Kind noch im Haushalt eines Elternteils lebt (vgl. dazu im Einzelnen Rn. 518 ff.), ist vom BGH[35] gebilligt worden. 214

Eine Bemessung des Unterhalts nach dem zusammengerechneten Einkommen beider Eltern kommt dagegen nicht in Betracht, wenn die Tabellen und Leitlinien den Bedarf mit festen Beträgen ansetzen. Dies ist nach der Düsseldorfer Tabelle der Fall bei volljährigen Kindern mit eigenem Hausstand, vor allem Studierenden (vgl. DT Anm. A 7: 670,– EUR). Nur noch wenige Oberlandesgerichte haben zuletzt feste Bedarfssätze auch bei volljährigen Kindern vorgesehen, die bei einem Elternteil leben. Zur Bemessung des Volljährigenunter-

---

[30] BGH FamRZ 2011, 454; FamRZ 2002, 815, 817 = R 570 b
[31] BGH FamRZ 1991, 182 = R 430 a; NJW-FER 2001, 7; OLG Düsseldorf FamRZ 1992, 92 = NJW-RR 1992, 2
[32] BGH FamRZ 2002, 536, 537 = R 572 b
[33] BGH FamRZ 1986, 151; FamRZ 1981, 543; vgl. auch BGH FamRZ 2000, 358 = R 537 b
[34] BGH FamRZ 1994, 696, 698 = R 477 b; FamRZ 1988, 1039
[35] BGH FamRZ 1994, 696, 698 = R 477 b

halts im Einzelnen muss auf Rn. 526 ff., zur Problematik fester Bedarfssätze auf Rn. 505 verwiesen werden.

215 Eine Bemessung des Bedarfs **minderjähriger Kinder** nach dem zusammengerechneten Einkommen beider Eltern wird man außer den bereits oben angesprochenen Fällen (Rn. 206) dann in Betracht ziehen können, wenn das Kind nicht von einem Elternteil, sondern von Dritten betreut wird, sich also z. B. in einem Heim befindet. Dann kommt überdies eine anteilige Barunterhaltspflicht beider Eltern in Frage (vgl. Rn. 418 ff.). Anders liegt es dagegen, wenn der betreuende Elternteil auf Barunterhalt haftet, weil seine Einkünfte wesentlich höher sind als die des anderen Elternteils und dieser seinen eigenen angemessenen Bedarf gefährden würde, wenn er den Barunterhalt entrichten würde (vgl. Rn. 397 ff.). Dann wird der Unterhalt des Kindes nach den besonderen Umständen des Einzelfalls zu bemessen sein (vgl. auch Rn. 404). Bei besonders günstigen Einkommens- und Vermögensverhältnissen des betreuenden Elternteils kommt eine konkrete Berechnung des Unterhalts nach den berechtigten Bedürfnissen des Kindes in Betracht (Genaueres Rn. 226 ff., 341).[36]

II. Regelbedarf, regelmäßiger Mehrbedarf und Sonderbedarf

1. Pauschalierung des Kindesunterhalts nach Tabellen

216 In Durchschnittsfällen wird in der Praxis der Regelbedarf eines Kindes, vor allem eines minderjährigen Kindes, als normaler durchschnittlicher Lebensbedarf einkommensabhängig nach **Tabellen und Leitlinien** bemessen. Die Tabellen und Leitlinien sind mit Fundstellen in Rn. 1/16 f. aufgeführt. Die wichtigste Tabelle ist die **Düsseldorfer Tabelle** (vgl. dazu im Einzelnen Rn. 315 ff.).[37] Sie wird beim Kindesunterhalt von allen Oberlandesgerichten angewendet, jedoch in etlichen Einzelpunkten modifiziert.

217 Die Tabellen und Leitlinien bemessen den Unterhalt des Kindes nach Altersstufen und nach dem **Einkommen** des barunterhaltspflichtigen Elternteils. Dies gilt uneingeschränkt für minderjährige Kinder, nach der Düsseldorfer Tabelle und nahezu allen Leitlinien auch für volljährige Kinder, die im Haushalt eines Elternteils leben. Für volljährige Kinder mit eigenem Haushalt, insbesondere Studierende, werden generell feste Bedarfssätze ausgewiesen. Die Einzelheiten der Tabellenunterhalts werden für minderjährige Kinder in Rn. 309 ff. und für volljährige Kinder in Rn. 499 ff. dargestellt.

218 Die Düsseldorfer Tabelle regelt den Kindesunterhalt bis in den Bereich der gehobenen und guten Einkommen hinein. Derzeit reicht die Tabelle bis zu einem Einkommen des barunterhaltspflichtigen Elternteils von 5100,– EUR. Sie erfasst dagegen nicht besonders günstige Einkommens- und Vermögensverhältnisse (vgl. dazu Rn. 226 ff., 341). Im Bereich der Düsseldorfer Tabelle, also in Durchschnittsfällen, sind Tabellen und Leitlinien ein anerkanntes **Hilfsmittel** für die Unterhaltsbemessung. Der Richter verwendet sie zur Ausfüllung des unbestimmten Rechtsbegriffs **„angemessener Unterhalt"**, um eine möglichst gleichmäßige Behandlung gleichartiger Lebenssachverhalte zu erreichen. Sie enthalten Regeln, die auf der allgemeinen Lebenserfahrung beruhen, und ermöglichen daher eine Vereinfachung der Unterhaltsbemessung, eine gleichmäßige konkrete Rechtsanwendung und eine Vereinheitlichung der Rechtsprechung im Regelfall. Von ihnen kann abgewichen werden, wenn besondere Umstände dies im Einzelfall erfordern. Das mit Hilfe der Tabelle gewonnene Ergebnis ist stets **auf seine Angemessenheit** für den zu entscheidenden Einzelfall **zu überprüfen**.[38] Hierfür enthält die Düsseldorfer Tabelle die Institute der Höher-

---

[36] BGH FamRZ 2002, 358 mit Anm. Deisenhofer = R 537 c; OLG Düsseldorf FamRZ 1994, 767; FamRZ 1992, 981; OLG Koblenz FamRZ 1992, 1217

[37] Zur Geschichte der Düsseldorfer Tabelle und ihren Hintergründen s. Scholz Die Düsseldorfer Tabelle, Festschrift 100 Jahre Oberlandesgericht Düsseldorf S. 265 ff.; zur aktuellen Düsseldorfer Tabelle (Stand: 1. 1. 2008) Klinkhammer FamRZ 2008, 193

[38] BGH FamRZ 2000, 1492 = R 546c; FamRZ 2000, 358 m. Anm. Deisenhofer = R 537b; FamRZ 1992, 539, 541 = R 444b

3. Abschnitt: Barbedarf des Kindes § 2

und Herabgruppierung bei unterdurchschnittlicher bzw. überdurchschnittlicher Unterhaltslast (DT A 1; vgl. Rn. 343 ff.) und des Bedarfskontrollbetrages (DT A 6; vgl. Rn. 351 ff.).

Bei den Regelbedarfssätzen der Tabellen und Leitlinien handelt es sich um **Pauschalen,** 219 die den gesamten Lebensbedarf abdecken (Rn. 326, 329, 501, 511). Durch eine solche Unterhaltspauschalierung wird aus praktischen Gründen im Allgemeinen die Berücksichtigung von bedarfserhöhenden oder bedarfsmindernden Einzelumständen vermieden. Dies liegt im Interesse der Befriedung und Beruhigung des Unterhaltsrechtsverhältnisses, das sonst durch häufige Einzelanforderungen in unerwünschter Weise belastet würde.[39] Daher scheidet eine Anhebung des Tabellenunterhalts wegen besonderer Ausgaben z. B. für Kleidung, für Feste und Geburtstage aus. Derartige Mehrausgaben werden durch Minderausgaben zu anderen Zeiten ausgeglichen. Anders liegt es bei regelmäßigem Mehrbedarf (Rn. 232 ff.) und Sonderbedarf (Rn. 232, 237 ff.).

Eine Kürzung des Tabellenunterhalts kommt nicht in Betracht, wenn der nichtsorgeberechtigte 220 Elternteil das Kind im Rahmen seines üblichen Umgangsrechts während der **Ferien** einige Wochen bei sich hat und in dieser Zeit betreut und versorgt. Solche Teildeckungen des Unterhalts durch Naturalleistungen sind vorhersehbar und berechtigen nicht zu einer Unterhaltskürzung.[40] Vgl. Rn. 104, 271. Allerdings ist bei überdurchschnittlichen Umgangskontakten, die sich etwa einem Wechselmodell annähern, jedenfalls eine teilweise Erfüllung des Unterhaltsanspruchs durch Naturalleistungen in Betracht zu ziehen.

2. Mindestbedarf und Existenzminimum

Bis zum 30. 6. 1998 war nach § 1615 f I BGB a. F. für nichteheliche Kinder der turnusmäßig 221 durch Rechtsverordnung (Regelunterhalts-VO) festgelegte **Regelunterhalt** zu zahlen. Danach richtete sich gemäß § 1610 III 1 BGB a. F. auch der Mindestunterhalt des ehelichen Kindes. Das KindUG hob §§ 1610 III, 1615 f. BGB a. F. ersatzlos auf. Vom 1. 7. 1998 bis zum Inkrafttreten der Unterhaltsreform 2007 am 1. 1. 2008 hatte das eheliche wie das nichteheliche Kind Anspruch auf einen seinen Verhältnissen entsprechenden **(Individual-) Unterhalt,**[41] der sich aus § 1610 I BGB ergab und sich im Wesentlichen nach den Einkommensverhältnissen des baruntershaltspflichtigen Elternteils richtete (Rn. 210 ff.). Dieser Unterhalt konnte nach § 1612 a I BGB auch als Vomhundertsatz des jeweiligen Regelbetrages verlangt werden. Der **Regelbetrag** wurde wie der frühere Regelunterhalt durch Rechtsverordnung **(Regelbetrag-VO)** festgelegt, zuletzt zum 1. 7. 2007.[42] Die Regelbetrag-VO unterschied zwischen dem Regelbetrag **West** (§ 1 Regelbetrag-VO) und dem niedriger festgelegten Regelbetrag **Ost** (§ 2 Regelbetrag-VO), der für das Beitrittsgebiet galt.[43]

Wie das Bundesverfassungsgericht in verschiedenen Entscheidungen zum Einkommen- 222 steuerrecht ausgeführt hat, muss dem Steuerpflichtigen nach Erfüllung seiner Steuerschuld von seinem Einkommen zumindest so viel verbleiben, wie er zur Bestreitung seines notwendigen Lebensunterhalts und desjenigen seiner Familie bedarf (Familienexistenzminimum). Dieses Existenzminimum bemisst sich nach dem Mindestbedarf, wie er im Sozialhilferecht anerkannt ist, und gilt auch für das sächliche Existenzminimum eines Kindes, für das der Steuerpflichtige aufkommen muss. Dessen Leistungsfähigkeit wird aber über den existenziellen Sachbedarf hinaus auch durch den Betreuungs- und Erziehungsbedarf des Kindes gemindert. Deshalb muss das Einkommen des unterhaltspflichtigen Elternteils auch insoweit von der Einkommensteuer verschont werden.[44] Das sächliche Existenzminimum

---

[39] BGH FamRZ 1984, 470, 472
[40] BGH FamRZ 2007, 707, 708; FamRZ 2006, 1015 jeweils m. Anm. Luthin; FamRZ 1984, 470, 472
[41] BGH FamRZ 2002, 536, 539 mit Anm. Büttner = R 572; Rühl/Greßmann Kindesunterhaltsgesetz 1998, Rn. 54; Strauß FamRZ 1998, 993; anders nach wie vor Graba FamRZ 2002, 129, 133
[42] BGBl. 2007 I S. 1044, FamRZ 2007, 1068
[43] Zu den Einzelheiten der bis zum 31. 12. 2007 geltenden Regelung s. Scholz in der 6. Auflage 2/127 a
[44] BVerfG FamRZ 1993, 285; 1999, 285; 1999, 291

betrug im Jahr 2001 für alle minderjährigen Kinder 6768,– DM pro Jahr (= 564,– DM pro Monat);[45] für das Jahr 2003 geht die Bundesregierung von einem sächlichen Existenzminimum von 3648,– EUR im Jahr (= 304,– EUR pro Monat) aus.[46]

Im Hinblick auf die dargestellte Rechtsprechung des Bundesverfassungsgerichts war umstritten, ob ein Mindestbedarf des Kindes in Höhe des Existenzminimums anzuerkennen sei.[47] Der BGH hat dies abgelehnt und die Regelbeträge weiterhin angewendet.[48] Das Barexistenzminimum des Kindes sollte nach Ansicht des Gesetzgebers auf andere Weise, namentlich durch die zum 1. 1. 2001 geänderte Kindergeldanrechnung gemäß § 1612b V BGB (a. F.) sichergestellt werden. Danach war das Kindergeld ganz oder teilweise nicht auf den Tabellenunterhalt anzurechnen, wenn der Pflichtige außer Stande war, Unterhalt in Höhe von 135% des Regelbetrages zu zahlen. Das Barexistenzminimum wurde hier allerdings in bedenklicher Weise pauschal auf 135% des Regelbetrages festgelegt.[49]

223 Auch wenn die Vorschrift (noch) nicht verfassungswidrig war, war der Gesetzgeber aufgerufen, die von ihm durch Aufhebung des § 1610 III BGB a. F. geschaffene Lücke zu schließen.[50] Mit der Unterhaltsreform 2007 ist der Gesetzgeber diesem Aufruf gefolgt. Vor allem auf Grund der Entscheidung des BVerfG vom 9. 4. 2003[51] ist nunmehr mit dem wieder eingeführten gesetzlichen Mindestunterhalt eine verlässliche Anknüpfung geschaffen worden.[52]

§ 1612a I BGB definiert den unterhaltsrechtlichen Mindest-Barbedarf eines minderjährigen Kindes. Entscheidende Neuerung ist nach der Begründung des Gesetzentwurfs,[53] dass die Bestimmung des Mindestunterhalts von der Anknüpfung an die Regelbetrag-VO abgekoppelt wird. Damit wurde der Kritik des BVerfG an der fehlenden Normenklarheit begegnet. Anknüpfungspunkt sind nunmehr das Steuerrecht und die dort enthaltene Bezugnahme auf den existenznotwendigen Bedarf von Kindern, der nach der Entscheidung des BVerfG vom 10. 11. 1998[54] von der Einkommensteuer verschont bleiben muss.

Das Existenzminimum wird von der Bundesregierung alle zwei Jahre in einem Existenzminimum-Bericht auf der Grundlage der durchschnittlichen sozialhilferechtlichen Regelsätze der Bundesländer und statistischer Berechnungen der durchschnittlichen Aufwendungen für Wohn- und Heizkosten in den alten Bundesländern ermittelt. Zuletzt wurde (noch) auf der Grundlage der Einkommens- und Verbrauchsstichprobe (EVS) 2003 der Siebte Existenzminimumbericht vom 21. 11. 2008 veröffentlicht.[55] Der Existenzminimum-Bericht bildet die Orientierungsgröße für die Höhe des einkommensteuerlichen sächlichen Existenzminimums. Der Gesetzgeber hat allerdings die Möglichkeit, die steuerlichen Freibeträge oberhalb des Existenzminimums festzulegen, wovon dieser zum 1. 1. 2010 Gebrauch gemacht hat.[56] Als steuerliches Existenzminimum eines Kindes gewährt das Steuerrecht in § 32 VI 1 EStG den steuerpflichtigen Eltern einen Kinderfreibetrag von derzeit je 2184 EUR, der jedem Elternteil zusteht und zusammengerechnet das sächliche Existenzminimum ergibt. Der Kinderfreibetrag soll sicherstellen, dass Eltern der zur Sicherung des sächlichen Existenzminimums eines Kindes erforderliche Teil ihres Einkommens steuerfrei verbleibt. Der Betrag gilt seit dem 1. 1. 2010.

---

[45] Dritter Existenzminimumbericht BT-Drucks. 14/1926
[46] Sechster Existenzminimumbericht BT-Drucks. 16/3265
[47] Weitere Nachweise bei Scholz in der Vorauflage
[48] BGH FamRZ 2002, 536 mit Anm. Büttner = R 572
[49] Vgl. BVerfG FamRZ 2003, 1370; BGH FamRZ 2003, 445 = R 584
[50] Nachdrücklich in diesem Sinne Scholz in der Vorauflage
[51] BVerfGE 108, 52 = FamRZ 2003, 1370
[52] Vgl. dazu Scholz FamRZ 2007, 2021, und Klinkhammer FamRZ 2008, 193; zur weiteren Entwicklung aufgrund der Rechtsprechung des BVerfG s. Klinkhammer FamRZ 2010, 845 und Soyka FamRZ 2011, 73
[53] BT-Drucks. 16/1830 S. 26
[54] BVerfGE 99, 216 ff.; dazu Kaiser-Plessow FPR 2005, 479
[55] BT-Drucks. 16/11065
[56] Zur Problematik für den unterhaltsrechtlichen Mindestbedarf und dessen Legitimation s. Klinkhammer FamRZ 2010, 845

3. Abschnitt: Barbedarf des Kindes § 2

§ 32 VI EStG gewährt jedem Elternteil einen Freibetrag. Das sächliche Existenzminimum ist demnach mit dem doppelten Freibetrag zu bemessen, der auf den Monat umgerechnet derzeit also bei 364 EUR liegt. Der Mindestunterhalt gilt seit Inkrafttreten der Unterhaltsreform am 1. 1. 2008 einheitlich für das **gesamte Bundesgebiet**. Die Abstufung des Bedarfs zwischen Ost und West ist damit für den Mindestunterhalt minderjähriger Kinder abgeschafft und demzufolge auch für die Düsseldorfer Tabelle ohne Bedeutung.[57]

Der Mindestunterhalt ist allerdings in der **Übergangsvorschrift** des **§ 36 Nr. 4 EGZPO** vorübergehend abweichend von § 1612 a I BGB festgelegt worden.

Er betrug für die:

1. **Altersstufe (0–5 Jahre):**   **279 EUR**
2. **Altersstufe (6–11 Jahre):**   **322 EUR**
3. **Altersstufe (12–17 Jahre):**   **365 EUR**.

Das beruhte auf dem Hintergrund, dass das UÄndG mit der Anknüpfung an den jeweiligen steuerlichen Kinderfreibetrag für das sächliche Existenzminimum zu niedrigeren Zahlbeträgen (West) geführt hätte, als sie sich bis zum 31. 12. 2007 aus den Regelbeträgen im Zusammenhang mit der eingeschränkten Kindergeldanrechnung gemäß § 1612b V BGB ergeben haben.

Diese Wirkung wurde durch die Übergangsregelung (§ 36 Nr. 4 EGZPO) gezielt vermieden, indem diese einen gegenüber § 1612a BGB höheren Mindestunterhalt festlegte.[58] Inzwischen ist die Regelung durch die deutliche Erhöhung des Kinderfreibetrags ab dem 1. 1. 2010 obsolet geworden.

Der **Mindestunterhalt** deckt ausgehend vom Sozialhilferecht folgende regelmäßigen **Bedarfspositionen** des täglichen Lebens ab:
- Sozialhilferechtliche Regelsätze, die insbesondere Leistungen für Ernährung, Kleidung, Körperpflege, Hausrat, Haushaltsenergie (ohne die auf die Heizung entfallenden Anteile) sowie für persönliche Bedürfnisse des täglichen Lebens umfassen,
- Kosten der Unterkunft (Bruttokaltmiete und vergleichbare Aufwendungen für Haus- oder Wohnungseigentum) sowie
- Heizkosten (ohne die im Regelsatz enthaltenen Kosten für Warmwasserbereitung)

Der Mindestunterhalt hat vor allem folgende **Wirkungen:**   224
- **Darlegungs- und Beweislast:** Das Kind kann im Unterhaltsprozess ohne nähere Darlegung seiner Lebensverhältnisse den Mindestunterhalt geltend machen. Es braucht insoweit seinen Bedarf (insbesondere das Einkommen des Unterhaltspflichtigen) nicht darzulegen oder zu beweisen. Der Unterhaltspflichtige trägt die Darlegungs- und Beweislast für seine mangelnde oder eingeschränkte Leistungsfähigkeit.[59] Dies gilt auch, wenn der Unterhaltsanspruch nach § 7 UVG, § 33 SGB II oder § 94 SGB XII auf einen öffentlichen Träger oder nach § 1607 BGB auf einen Dritten, insbesondere einen Verwandten übergegangen ist.[60] Vgl. auch Rn. 342.
- Die **Einsatzbeträge im Mangelfall** sind nicht mehr mit 135% des Regelbetrags zu bemessen, wie es nach der Rechtslage bis 2007 bei der Konkurrenz von Ehegatten- und Kindesunterhalt erforderlich war.[61] Zumal es eine Mangelfallberechnung wegen des Vorrangs minderjähriger Kinder und privilegierter Volljähriger nur noch im Verhältnis zwischen gleichrangigen Kindern geben kann, ist der Bedarf nunmehr nach dem Mindestunterhalt zu bemessen, worauf allerdings nach § 1612b I BGB das hälftige Kindergeld anzurechnen ist. In die Mangelfallberechnung sind also die **Zahlbeträge** einzustellen (Anm. C zur Düsseldorfer Tabelle).[62] Auch für privilegiert volljährige Schüler ist nach der

---

[57] Klinkhammer FamRZ 2008, 193, 194 f.
[58] Näher dazu Scholz FamRZ 2007, 2021, 2022 f.
[59] Vgl. (zur bisherigen Rechtslage) BGH FamRZ 2002, 536, 540 mit Anm. Büttner = R 572
[60] BGH FamRZ 2003, 444 = R 582
[61] BGH FamRZ 2003, 363 = R 584
[62] BGH FamRZ 2009, 1477 Rn. 22 ff.; Klinkhammer FamRZ 2008, 193, 200 m. w. N.; vgl. auch BGH FamRZ 2009, 1300; FamRZ 2010, 869

Gruppe 4/1 der Düsseldorfer Tabelle der sich nach Abzug des vollen Kindergelds ergebende Zahlbetrag einzustellen.[63]
- Der Abzug von **Schulden** erfordert nach wie vor eine umfassende Abwägung der Interessen der Beteiligten. Es ist in Ausnahmefällen trotz der verschärften Haftung des Schuldners für sein minderjähriges oder privilegiert volljähriges Kind möglich, Schulden auch dann zu berücksichtigen, wenn der Mindestunterhalt nicht gezahlt werden kann.[64] Vgl. dazu Rn. 257.
- Auch bei den Anforderungen, die an die **Erwerbsobliegenheit** des barunterhaltspflichtigen Elternteils zu stellen sind, ist zu berücksichtigen, dass die gesteigerte Unterhaltspflicht nach § 1603 II BGB eingreift, wenn der Mindestunterhalt nicht gewährleistet ist; hierzu Rn. 366 ff.
- Schließlich greift bei nicht gewährleistetem Mindestunterhalt auch die Obliegenheit des Unterhaltsschuldners zur **Verwertung seines Vermögensstamms** (Rn. 382).

225 Abänderung von vor dem 1. 1. 2008 errichteten Titeln nach § 36 EGZPO: Titel über Kindesunterhalt, die nach § 1612a BGB a. F. dynamisiert wurden, sind nach § 36 EGZPO anzupassen. Dazu bedarf es **keiner Abänderungsklage**. Anstelle des Regelbetrages tritt nach § 36 Nr. 3 S. 4 lit. a–d EGZPO der Mindestunterhalt. Das angerechnete Kindergeld ist je nach Anrechnungsmethode (Abzug des hälftigen Kindergelds oder weniger oder ohne Kindergeldanrechnung (lit. d) = lit. a; Hinzurechnung des hälftigen Kindergelds = lit. b; Anrechnung des vollen Kindergelds = lit. c) zu berücksichtigen. Weil der Unterhalt kraft Gesetzes zum 1. 1. 2008 umgerechnet wird und die **Umrechnung nur einmal** erfolgen soll, kommt es darauf an, wie der Unterhalt zum **Stichtag 1. 1. 2008** umgerechnet worden wäre. Das gilt ungeachtet dessen, dass in der Folgezeit der von § 1612a I BGB in Bezug genommene Kinderfreibetrag (mehrfach) erhöht wurde oder das Kind nach dem 1. 1. 2008 in eine andere Altersstufe vorgerückt ist.[65] Der Auffassung des **OLG Dresden**,[66] nach dem schon zum 1. 1. 2008 die **Umrechnung für jede Altersstufe** gesondert und mit unterschiedlichen Prozentsätzen durchzuführen ist, ist nicht zu folgen.[67] Denn dieses Vorgehen würde im Gegensatz zum am 31. 12. 2007 bestehenden Titel, der nur einen Prozentsatz auswies, mehrere Berechnungen erfordern und war vom Gesetzgeber im Zweifel nicht gewollt. Der Wortlaut spricht für eine einmalige Umstellung und nur einen Prozentsatz. Es entspricht der Systematik des § 1612a I BGB, dass der Prozentsatz für alle Altersstufen einheitlich festgelegt wird. Demnach muss nicht im Voraus bedacht werden, ob sich bei einer Dynamisierung nach einer höheren Altersstufe ein anderer Unterhaltsbetrag ergeben kann. Dementsprechend ist etwa auch eine unzureichende Leistungsfähigkeit des Unterhaltspflichtigen für den Kindesunterhalt einer weiteren Altersstufe bei der Festlegung des Prozentsatzes unerheblich.

Die folgenden Beispiele verdeutlichen die Anpassung im Regelfall, dass das Kindergeld (Stand: 1. 1. 2008) dem betreuenden Elternteil ausgezahlt wird.

Beispiele:
Beispiel 1: Lautet der Titel auf 121% des Regelbetrags (West) der 2. Altersstufe abzüglich des anrechenbaren Kindergeldes nach § 1612b V BGB, so vollzieht sich die **Umrechnung in drei Schritten:**
1. Zahlbetrag ermitteln: 297–43 = 254 €
2. Hälftiges Kindergeld addieren: 254 + 77 = 331 €
3. Verhältnis zum Mindestunterhalt: 331 : 322 = **102,7%**

Kontrolle: 102,7% Mindestunterhalt = aufgerundet 331 ./. 77 Kindergeld = 254 €
Der Titel ist daher kraft Gesetzes auf 102,7% des Mindestunterhalts der zweiten Altersstufe umgestellt.
Beispiel 2: Ein Titel über 100% des Regelbetrages (West) der 1. Altersstufe mit eingeschränkter Kindergeldanrechnung ist wie folgt umzurechnen:

---

[63] Vgl. BGH FamRZ 2007, 542
[64] BGH FamRZ 2002, 536, 541 mit Anm. Büttner = R 572b, g
[65] Vgl. Anm. E zur Düsseldorfer Tabelle
[66] OLG Dresden FamRZ 2011, 42 m. w. N.; ebenso Knittel FamRZ 2010, 1349
[67] Richtig dagegen AG Kamenz FamRZ 2010, 819 als Vorinstanz zu OLG Dresden FamRZ 2011, 42; näher Vossenkämper FamFR 2011, 73 m. w. N.

3. Abschnitt: Barbedarf des Kindes §2

1. Zahlbetrag ermitteln: 202–6 = 196 €
2. Hälftiges Kindergeld addieren: 196 + 77 = 273 €
3. Verhältnis zum Mindestunterhalt: 273 : 279 = **97,8%**

Kontrolle: 97,8% Mindestunterhalt = aufgerundet 273 ./. 77 Kindergeld = 196 €
Der Titel ist kraft Gesetzes auf 97,8% des Mindestunterhalts der 1. Altersstufe umgestellt.
Titel, die auf **100% des Regelbetrags (West) der 2. und 3. Altersstufe** (jeweils ohne Kindergeldanrechnung) lauten, richten sich wegen der durch die Übergangsregelung beibehaltenen Bedarfssätze auf 100% des Mindestunterhalts, nunmehr abzüglich des hälftigen Kindergelds.[68]
Beispiel 3: Ein Titel über 100% des Regelbetrages **Ost** der 1. Altersstufe mit eingeschränkter Kindergeldanrechnung ist wie folgt umzurechnen:

1. Zahlbetrag ermitteln: 186–11 = 175 €
2. Hälftiges Kindergeld addieren: 175 + 77 = 252 €
3. Verhältnis zum Mindestunterhalt: 252 : 279 = 90,3%

Kontrolle: 90,3% Mindestunterhalt = aufgerundet 252 ./. 77 Kindergeld = 175 €
Der Titel ist kraft Gesetzes auf 90,3% des Mindestunterhalts der 1. Altersstufe umgestellt.
Im Ergebnis stimmen dynamisierte Titel also jeweils mit nicht dynamisierten Titeln, deren Zahlbetrag unabhängig von der gesetzlichen Neuregelung fortgilt, überein.

3. Bedarfsbemessung bei besonders günstigen Einkommens- und Vermögensverhältnissen der Eltern

Für besonders günstige Einkommens- und Vermögensverhältnisse der Eltern enthält die 226 Düsseldorfer Tabelle, die sich auf den Unterhalt bei Einkommen bis zu 5100,– EUR monatlich beschränkt, keine Empfehlungen. Sie enthält nur den Hinweis, dass dann der Unterhalt „nach den Umständen des Falles" zu bemessen ist. Grundsätzlich gibt es beim Kindesunterhalt **keine** allgemein gültige obere Grenze (sog. **Sättigungsgrenze**), die nicht überschritten werden dürfte. Andererseits bedeutet die Ableitung des Kindesunterhalts von der Lebensstellung der Eltern nicht, dass bei überdurchschnittlich guten wirtschaftlichen Verhältnissen der Eltern den Kindern eine luxuriöse Lebensgestaltung ermöglicht werden muss.[69]

Eine **Unterhaltsbegrenzung** ergibt sich vor allem aus der besonderen Lage, in der sich 227 minderjährige Kinder während ihrer Schul- und Ausbildungszeit sowie während des Heranwachsens befinden. Trotz der Verknüpfung mit den wirtschaftlichen Verhältnissen der Eltern oder eines Elternteils ist ihre Lebensstellung in erster Linie **durch** ihr **Kindsein** geprägt (Rn. 202). Anders als Ehegatten, für die jedenfalls in dem noch nicht der Vermögensbildung zuzurechnenden Einkommensbereich der Grundsatz der gleichmäßigen Teilhabe gilt, können Kinder nicht einen bestimmten Anteil an dem Einkommen des Unterhaltspflichtigen verlangen. Unterhaltsgewährung für Kinder bedeutet stets Befriedigung ihres gesamten, auch eines gehobenen Lebensbedarfs, nicht aber Teilhabe am Luxus (§ 1610 II BGB). Auch in besten Verhältnissen lebende Eltern schulden dem Kind nicht, was es wünscht, sondern was es nach deren Lebensstandard, an den es sich vielfach gewöhnt hat, braucht. Dieser Lebensstandard soll dem Kind auch nach Trennung der Eltern grundsätzlich erhalten bleiben.[70] Jedoch darf die Unterhaltsbemessung weder einem gedeihlichen Eltern-Kind-Verhältnis entgegenwirken noch dazu führen, die Lebensstellung des Elternteils anzuheben, bei dem das Kind lebt.[71]

Bemerkungen des BGH[72] sprechen dafür, dass bei minderjährigen Kindern, deren Eltern in überdurchschnittlichen wirtschaftlichen Verhältnissen leben, ein Unterhaltsbedarf über die Höchstsätze der Düsseldorfer Tabelle hinaus in der Regel nicht angenommen werden soll. In einer anderen Entscheidung hat der BGH dagegen, wenn auch bei einem volljährigen Kind, einen Unterhalt gebilligt, der deutlich über die Sätze der Düsseldorfer Tabelle

---

[68] Zu weiteren Beispielen und zu den übrigen Gestaltungen nach § 36 Nr. 3 S. 4 lit. b–d EGZPO s. Anm. E zur Düsseldorfer Tabelle
[69] BGH FamRZ 2000, 358 mit Anm. Deisenhofer = R 537 c; FamRZ 1987, 58; FamRZ 1983, 473
[70] BGH FamRZ 2000, 358 mit Anm. Deisenhofer = R 537 c
[71] BGH FamRZ 1987, 58; FamRZ 1983, 473
[72] BGH FamRZ 1988, 159

hinausging.⁷³ Richtig ist, dass man bei einer Erhöhung des Unterhalts des minderjährigen Kindes über die **Höchstsätze der Düsseldorfer Tabelle** hinaus vorsichtig sein muss.⁷⁴ Insbesondere ist eine automatische Fortschreibung der Tabelle über den Bereich eines monatlichen Einkommens von jetzt 5100,– EUR hinaus nicht zulässig.⁷⁵ Vielmehr ist auf die **Umstände des Einzelfalls** abzustellen und der Unterhalt auch bei Einkünften deutlich über dem Einkommensbereich der Düsseldorfer Tabelle nur maßvoll anzuheben. Der BGH hat klar gestellt, dass der Kindesunterhalt bei günstigen wirtschaftlichen Verhältnissen nicht faktisch auf dem für die höchste Einkommensgruppe geltenden Satz festgeschrieben werden darf. Vielmehr steht es dem Kind frei, einen höheren Unterhaltsbedarf darzulegen und zu beweisen.⁷⁶ Vgl. dazu im einzelnen Rn. 341.

228   Der **Unterhalt des Studierenden** oder des volljährigen Kindes mit eigenem Haushalt wird nahezu von allen Tabellen und Leitlinien mit einem Festbetrag von 670,– EUR angesetzt (DT A 7 Stand 1. 1. 2011; vgl. dazu Rn. 508 ff.). Dieser Betrag ist angesichts der Mietkosten in Universitätsstädten knapp bemessen. Man wird den Bedarfssatz von 670,– EUR für den Studierenden auch nach dessen Anhebung zum 1. 1. 2011 eher überschreiten dürfen als die Tabellensätze für minderjährige Kinder. Eine Anhebung des Regelunterhalts von 670,– EUR wird bereits im oberen Einkommensbereich der Tabelle in Betracht kommen, da schon bei einem Einkommen des Barunterhaltspflichtigen von ab 3501,– EUR der Unterhalt für das volljährige im Haushalt eines Elternteils lebende Kind auf Grund der Altersstufe 4 der Düsseldorfer Tabelle 664,– EUR (DT 4/7 Stand 1. 1. 2011) und bei einem Einkommen ab 3901,– EUR 703,– EUR beträgt (DT 4/8 Stand 1. 1. 2011); vgl. dazu Rn. 514, 518 ff. Da das Leben außerhalb des Elternhauses teurer ist und das studierende Kind mit eigenem Haushalt nicht schlechter stehen darf, als wenn es weiterhin bei einem Elternteil wohnen würde, wird man in solchen Fällen den Bedarfssatz von 670,– EUR angemessen erhöhen müssen.⁷⁷ Der Bedarfssatz beträgt seit 1. 1. 2011 wie der BAföG-Höchstsatz (seit 1. 10. 2010) 670,– EUR, beide Beträge setzen sich aber unterschiedlich zusammen. Denn der BAföG-Höchstsatz gemäß §§ 13, 13 a BAföG enthält außer dem Grundbedarf auch Zuschläge für Versicherungsbeiträge, die im Unterhaltsrecht nicht Bestandteil des Regelbedarfs sind.

229   Bei **volljährigen Kindern,** die noch **im Haushalt eines Elternteils** leben, gelten die Grundsätze unter Rn. 227 f. entsprechend, jedenfalls dann, wenn man nach der Düsseldorfer Tabelle den Unterhalt der 4. Altersstufe entnimmt und damit einen einkommensabhängigen Volljährigkeitszuschlag gewährt (DT A 7 I; Rn. 518 ff.).⁷⁸

230   Im Übrigen ist auch bei volljährigen Kindern der **Unterhalt nach oben zu begrenzen.** Unterhaltsgewährung bedeutet auch bei Volljährigen Befriedigung des gesamten Lebensbedarfs, nicht aber Teilhabe am Luxus.⁷⁹ Anhebungen des Unterhalts über den Betrag von 670,– EUR hinaus sind nicht unbegrenzt zulässig. Es ist stets zu berücksichtigen, dass der Unterhalt auch eines Studenten deutlich unter den Nettoeinkünften eines angehenden Akademikers liegen muss. Ein Betrag von 1000,– EUR sollte nicht überschritten werden. Derartige Beträge sind bisher kaum zuerkannt worden. Der BGH hat allerdings bereits im Jahre 1987 einen Unterhalt von 1700,– DM für die studierende Tochter eines vielfachen Millionärs gebilligt.⁸⁰ Das OLG Düsseldorf hat den Bedarf einer Studentin, deren Eltern ein Einkommen von je 12 000,– DM hatten, auf 1400,– DM,⁸¹ das

---

73 BGH FamRZ 1987, 58
74 Vgl. auch OLG Hamm FamRZ 2010, 2080
75 BGH FamRZ 1980, 665, 669 = NJW 1980, 1686, 1689; OLG Frankfurt/M. FamRZ 1992, 98
76 BGH FamRZ 2000, 358 mit Anm. Deisenhofer = R 537 c; vgl. auch BGH FamRZ 2001, 1603
77 Weiter gehend Soyka FamRZ 2011, 73, 76, der in der höchsten Einkommensgruppe sogar eine Heraufsetzung auf 980 EUR vorschlägt. Diese würde konsequenterweise aber eine regelmäßige Heraufsetzung auch in den unteren Einkommensgruppen erfordern, was die bisherige Praxis erheblich erschweren dürfte und jedenfalls nicht zwingend erscheint
78 OLG Karlsruhe FamRZ 1992, 1217
79 BGH FamRZ 2000, 358 mit Anm. Deisenhofer = R 537 c; FamRZ 1988, 1039; FamRZ 1987, 58; KG FamRZ 1998, 1386
80 BGH FamRZ 1987, 58
81 OLG Düsseldorf FamRZ 1992, 981

3. Abschnitt: Barbedarf des Kindes § 2

OLG Köln[82] bei ähnlichen Verhältnissen auf 1500,– DM begrenzt. Das OLG Brandenburg (BraL 13.1) beschränkt die Erhöhung des Unterhalts bei guten wirtschaftlichen Verhältnissen auf das Doppelte des Regelsatzes eines nicht im Haushalt eines Elternteils lebenden volljährigen Kindes.

Wenn das Kind einen besonders hohen Unterhaltsbedarf geltend macht, insbesondere Unterhalt über den Höchstsätzen der Düsseldorfer Tabelle verlangt, muss es im Einzelnen **darlegen und beweisen,** worin sein erhöhter Bedarf besteht und welche Mittel zu seiner Deckung erforderlich sind **(konkrete Bedarfsermittlung).**[83] Vgl. dazu Rn. 342.   231

4. Regelmäßiger Mehrbedarf

Mehrbedarf ist derjenige Teil des Lebensbedarfs (§ 1610 II BGB), der regelmäßig, jedenfalls während eines längeren Zeitraums, anfällt und das Übliche derart übersteigt, dass er mit Regelsätzen nicht erfasst werden kann, aber kalkulierbar ist und deshalb bei der Bemessung des laufenden Unterhalts berücksichtigt werden kann. **Sonderbedarf** ist dagegen ein unregelmäßig auftretender, außergewöhnlich hoher Bedarf (§ 1613 II BGB), der nicht auf Dauer besteht und daher zu einem einmaligen, jedenfalls aber zeitlich begrenzten Ausgleich neben dem regelmäßig geschuldeten Barunterhalt führen kann (vgl. dazu Rn. 237 ff.; 6/1 ff.). Der BGH[84] verlangt für Sonderbedarf, dass sich die Kosten nicht mit Wahrscheinlichkeit voraussehen lassen und bei der Bemessung des laufenden Unterhalts nicht berücksichtigt werden konnten.   232

Der typische Fall des regelmäßigen Mehrbedarfs, der durch den Regelunterhalt nach der Düsseldorfer Tabelle nicht gedeckt wird, ist der **krankheitsbedingte Mehrbedarf** des dauernd pflegebedürftigen, behinderten Kindes, soweit er nicht durch die Krankenkasse oder durch nicht subsidiäre Sozialleistungen gedeckt wird.[85] Dazu Rn. 465. Auch **Kindergartenkosten** sind nach neuerer Rechtsprechung des BGH Mehrbedarf des Kindes. Dazu näher Rn. 400. Dies gilt auch für die Kosten einer psychotherapeutischen Behandlung, wenn feststeht, dass die Behandlung über einen längeren Zeitraum erforderlich sein wird.[86] Nicht durch den Tabellenunterhalt erfasste Mehrkosten können auch durch den **Besuch von Privatschulen,** Tagesheimschulen, Internaten oder durch eine aufwändige Ausbildung z. B. zum Konzertpianisten oder aber durch schon länger gepflegten Reitsport[87] entstehen.[88] Auch **Nachhilfekosten,** die über einen längeren Zeitraum und nicht überraschend anfallen, sind Mehrbedarf (kein Sonderbedarf).[89] Der Mehrbedarf durch **Heimunterbringung** gemäß § 37 SGB VIII ist grundsätzlich auch unterhaltsrechtlich maßgebend, wird aber regelmäßig durch die dem entsprechende Jugendhilfe gedeckt.[90] Vgl. Rn. 451 ff., 530 ff.   233

Ein nicht anderweitig gedeckter Mehrbedarf ist **zusätzlich** zum Regelbedarf als laufender Unterhalt zu zahlen, wenn es sich um vorhersehbare, regelmäßig anfallende Mehraufwendungen handelt **und** die kostenverursachenden **Mehraufwendungen** im Interesse des Kindes zu Lasten des Unterhaltsschuldners **berechtigt** sind. Der Gesamtunterhaltsanspruch besteht dann aus der Summe von Regelbedarf und regelmäßigem Mehrbedarf, abzüglich etwaiger Einsparungen. Ist der Kindesunterhalt oberhalb des Mindestunterhalts festgesetzt, so kann ein gewisser Teil des von der Tabelle erfassten sächlichen Mehrbedarfs schon aus dem regelmäßigen Unterhalt bestritten werden.[91] Vgl. dazu Rn. 458, 460, 530 ff.   234

---

[82] NJW-FER 1999, 176
[83] BGH FamRZ 2000, 358 mit Anm. Deisenhofer = R 537 c
[84] BGH FamRZ 2006, 612, 613 (m. Anm. Luthin) für Kosten der Konfirmation
[85] BGH FamRZ 1983, 689
[86] OLG Düsseldorf FamRZ 2001, 444
[87] OLG Naumburg FamRZ 2008, 177
[88] BGH FamRZ 1983, 48 = R 141; FamRZ 2001, 1603
[89] OLG Düsseldorf NJW-RR 2005, 1529
[90] BGH FamRZ 2007, 377 m. Anm. Doering-Striening
[91] OLG Bremen FamRZ 2011, 43 (Kosten der Hundehaltung); die Auffassung des OLG Düsseldorf NJW-RR 2005, 1529 für – längerfristige – Nachhilfekosten dürfte insoweit aufgrund der neueren

235 Am Mehrbedarf muss sich unter Umständen der **Elternteil, der ein minderjähriges Kind betreut** und dadurch normalerweise nach § 1606 III 2 BGB seine Unterhaltspflicht erfüllen würde, **beteiligen**, wenn er über Einkünfte verfügt, insbesondere wenn er erwerbstätig ist oder ihn eine Erwerbsobliegenheit trifft. § 1606 III 2 BGB gibt bei (erheblichem) Mehrbedarf insbesondere eines behinderten Kindes keine Grundlage dafür ab, den betreuenden Elternteil von Mehrbedarf gänzlich freizustellen.[92] Vielmehr ist unabhängig von dieser Bestimmung nach einer den Interessen der Beteiligten gerecht werdenden Lösung zu suchen. Dabei muss auch berücksichtigt werden, dass das behinderte Kind, das bei einem Elternteil lebt, besonderen Betreuungsaufwand erfordern kann.[93] Zur Verteilung der Unterhaltslast bei regelmäßigem Mehrbedarf auf beide Eltern vgl. im einzelnen Rn. 460 ff.

236 Muss sich der andere Elternteil nicht am Mehrbedarf beteiligen, hat der Unterhaltsschuldner für den gesamten Bedarf (Regelbedarf und Mehrbedarf) aufzukommen, soweit ihm dies ohne Gefährdung seines eigenen angemessenen Unterhalts möglich ist (§ 1603 I BGB). Solange sein **Selbstbehalt** nicht berührt wird, hat er den Bedarf des Berechtigten selbst dann zu befriedigen, wenn dieser Bedarf höher ist als sein eigener. Diese Situation kommt gerade bei Krankheit und dadurch bedingtem Mehrbedarf vor.[94] Bei minderjährigen Kindern ist zudem die erweiterte Unterhaltspflicht nach § 1603 II 1 BGB, die ggf. bis zum notwendigen Selbstbehalt geht, zu beachten. Dem Pflichtigen wird allerdings in vielen Fällen die Unterhaltslast (teilweise) durch staatliche Leistungen abgenommen (vgl. dazu Rn. 464 ff.).

5. Sonderbedarf

237 Nach der Legaldefinition des § 1613 II Nr. 1 BGB ist Sonderbedarf im Gegensatz zum Regelbedarf (Rn. 216 ff.) oder Mehrbedarf (Rn. 232) ein unregelmäßiger außerordentlich hoher Bedarf, der nicht auf Dauer besteht und daher zu einem einmaligen, jedenfalls aber zeitlich begrenzten Ausgleich neben dem regelmäßig geschuldeten Barunterhalt führen kann. Vgl. Rn. 232.

Sonderbedarf muss überraschend und der Höhe nach nicht abschätzbar sein. Nur wenn er nicht mit Wahrscheinlichkeit voraussehbar war und deshalb bei der Bemessung der laufenden Unterhaltsrente – ggf. als Mehrbedarf – nicht berücksichtigt werden konnte, ist das Kind berechtigt, ihn neben der Geldrente geltend zu machen.[95] Da das Gesetz nur einen „außergewöhnlich" hohen Bedarf als Sonderbedarf gelten lässt, hat es im Zweifel bei der laufenden Unterhaltsrente sein Bewenden. Nur in Ausnahmefällen soll eine gesonderte Ausgleichung zusätzlicher unvorhergesehener Ausgaben erfolgen.[96] Wenn sich der Berechtigte auf eine voraussehbare Ausgabe einrichten kann, gehört diese im Zweifel zum laufenden Unterhalt.

238 Ob ein Sonderbedarf zu bejahen ist, kann nicht nach allgemein gültigen Maßstäben festgelegt werden. Es kann grundsätzlich nur von Fall zu Fall für die jeweils in Frage stehende Aufwendung entschieden werden, ob sie als Sonderbedarf zu behandeln ist.[97] Ein typischer Sonderbedarf sind unvorhergesehene Krankheits-, Operations- und ähnliche Kosten, soweit sie nicht von der Krankenkasse getragen werden.[98] Kein Sonderbedarf sind Kosten der Konfirmation.[99]

Zum Sonderbedarf im Einzelnen siehe Rn. 6/1 ff.

Rechtsprechung des BGH zu den Kindergartenkosten (FamRZ 2009, 962) nicht mehr aufrechterhalten werden können, weil es sich nicht um sächlichen Bedarf handelt, sondern um Betreuungsbedarf

[92] BGH FamRZ 1998, 286 = R 518 a; FamRZ 1983, 689
[93] BGH FamRZ 1983, 689
[94] BGH FamRZ 1986, 48
[95] BGH FamRZ 2006, 612 (Konfirmationskosten); FamRZ 2001, 1603, 1605
[96] BGH FamRZ 1984, 470, 472
[97] BGH FamRZ 2006, 612; FamRZ 1983, 29; FamRZ 1982, 145
[98] BGH FamRZ 1983, 29; OLG Celle NJW-RR 2008, 378 (Kieferorthopädische Behandlungskosten)
[99] BGH FamRZ 2006, 612, 613 m. Anm. Luthin; vgl. auch OLG Naumburg FamRZ 2006, 666 (Kommunion); OLG Brandenburg FamRZ 2006, 644 (Jugendweihe)

4. Abschnitt: Leistungsfähigkeit des Unterhaltspflichtigen

I. Leistungsfähigkeit und Eigenbedarf des Unterhaltsschuldners

Die Leistungsfähigkeit des Schuldners ist nach § 1603 BGB zu beurteilen. Entscheidend ist, ob der Schuldner imstande ist, dem Kind Unterhalt zu gewähren, ob er also den Bedarf des Kindes befriedigen kann. Dabei kommt es auf den sog. **Restbedarf** an, also den Bedarf, der nach Anrechnung etwaigen Einkommens oder Vermögens des Kindes (Rn. 107 ff.) verbleibt. Nach der Änderung zum 1. 1. 2008 ist hier die **geänderte Systematik der Kindergeld-Anrechnung** zu beachten. Nach § 1612 b I 2 BGB mindert das Kindergeld den Barbedarf des Kindes. Es ist damit nicht – wie bislang – auf den bereits festgestellten Unterhaltsanspruch anzurechnen. Der Unterhaltsanspruch ergibt sich vielmehr erst nach Anrechnung des Kindergelds. Weil das Kindergeld mithin – vergleichbar mit einer Ausbildungsvergütung – als Einkommen des Kindes behandelt wird, ist der Restbedarf der Tabellenbetrag abzüglich des – anteiligen – Kindergelds.[1] **239**

Leistungsfähig ist derjenige Elternteil, der den Restbedarf des Kindes decken kann, ohne dass bei Berücksichtigung seiner sonstigen Verpflichtungen sein eigener angemessener Unterhalt, also sein eigener angemessener Bedarf gefährdet ist (§ 1603 I BGB). Gegenüber dem minderjährigen Kind wird die Leistungsfähigkeit allerdings erweitert (§ 1603 II 1 BGB). Vgl. dazu Rn. 366 ff. Die verschärfte Unterhaltspflicht gilt seit dem 1. 7. 1998 auch gegenüber volljährigen unverheirateten Kindern bis zur Vollendung des 21. Lebensjahres, die sich in der allgemeinen Schulausbildung befinden und im Haushalt der Eltern oder eines Elternteils leben (§ 1603 II 2 BGB). Vgl. Rn. 579 ff. Der Eigenbedarf, der dem pflichtigen Elternteil belassen werden kann, wird gerade auch durch das Vorhandensein unterhaltsberechtigter Kinder bestimmt. Dem Pflichtigen wird zugemutet, sein Einkommen und ggf. sein Vermögen[2] mit den unterhaltsberechtigten Kindern und etwaigen anderen Unterhaltsberechtigten zu teilen und ggf. mit Beträgen auszukommen, die unter dem Lebensstandard seiner Berufsgruppe liegen. Zum Selbstbehalt vgl. sogleich Rn. 240, 380 ff., zur Verwertung des Vermögensstammes Rn. 382.

Die **Opfergrenze** ist gegenüber Kindern der eigene angemessene Bedarf im Sinne des § 1603 I BGB. Diese Vorschrift gewährleistet jedem Unterhaltspflichtigen vorrangig die Sicherung seines eigenen angemessenen Unterhalts; ihm sollen grundsätzlich die Mittel bleiben, die er zur Deckung des seiner Lebensstellung entsprechenden allgemeinen Bedarfs benötigt.[3] Die Düsseldorfer Tabelle (A 5 II) setzt diesen zur Deckung des allgemeinen Bedarfs erforderlichen Betrag (seit 1. 1. 2011) mit 1150,– EUR an (vgl. zum angemessenen Selbstbehalt gegenüber volljährigen Kindern Rn. 546 ff., gegenüber minderjährigen Kindern Rn. 395 und gegenüber privilegiert volljährigen Kindern Rn. 595). Gegenüber minderjährigen und privilegiert volljährigen Kindern besteht eine gesteigerte Unterhaltspflicht, wenn nicht ein anderer unterhaltspflichtiger Verwandter vorhanden ist oder das Kind über Vermögen verfügt (§ 1603 II 3 BGB). Der Schuldner ist dann verpflichtet, alle verfügbaren Mittel zu seinem und der Kinder Unterhalt gleichmäßig zu verwenden (vgl. dazu im einzelnen Rn. 366 ff.). Ihm verbleibt grundsätzlich nur der **notwendige Selbstbehalt,** der nach A 5 I der Düsseldorfer Tabelle (Stand 1. 1. 2011) bei erwerbstätigen Schuldnern 950,– EUR, bei nichterwerbstätigen 770,– EUR beträgt (Rn. 385). Auch in einem solchen Fall darf der Pflichtige aber seinen eigenen unabweisbaren Bedarf vorab befriedigen. Vgl. Rn. 392. Der Schuldner ist daher nur dann nicht leistungsfähig, wenn seine Einkünfte und ggf. sein Vermögen – allerdings unter Anlegung eines strengen Maßstabs – nicht zur Deckung seiner eigenen angemessenen, bei Unterhaltspflichten gegenüber minderjährigen und privilegiert volljährigen Kindern zur Deckung seiner notwendigen Bedürfnisse ausreichen. **240**

---

[1] BGH FamRZ 2009, 1300; 2009, 1477
[2] BGH FamRZ 1986, 48; OLG Düsseldorf FamRZ 1994, 767, 769
[3] BGH FamRZ 1992, 795, 797

II. Anrechenbare Einkünfte des Schuldners

1. Tatsächliche Einkünfte

241 Für die Beurteilung der Leistungsfähigkeit ist wie beim Bedarf des berechtigten Kindes (vgl. Rn. 205) das **gesamte Einkommen** des Schuldners maßgebend.
Die Einzelheiten der Einkommensermittlung sind in § 1 (Rn. 1/21 ff.) dargestellt. Darauf kann verwiesen werden.

242 **Ersparnisse,** die ein Schuldner erzielt, weil ihm ein Dritter ohne Rechtspflicht **freiwillige Leistungen** erbringt, die dem unterhaltsberechtigten Kind nicht zugute kommen sollen, stehen nicht für den Unterhalt des Kindes zur Verfügung (vgl. Rn. 121 ff., 1/708 ff.). Der BGH hat es deshalb gebilligt, dass das Einkommen eines schwerstbehinderten Vaters, der auf dauernde Hilfe angewiesen ist, um die Beträge gekürzt wird, die er dadurch erspart, dass ihn seine Ehefrau über das nach § 1360 BGB gebotene Maß hinaus pflegt und versorgt.[4] Geht der Beistand eines Ehegatten über dieses Maß nicht hinaus, ist er unterhaltsrechtlich nicht zu beachten. Dies gilt auch dann, wenn die Ehegatten eine Vergütung vertraglich vereinbaren.[5] Anders kann es dagegen liegen, wenn die Ehefrau ihre Arbeitsstelle oder ihr Studium aufgegeben hat, um ihren behinderten Ehemann pflegen zu können.[6]
Auch in der Gewährung eines **zinslosen Darlehens** kann eine freiwillige Zuwendung liegen, die allein dem Unterhaltspflichtigen zukommen soll.[7] Ein Wohnvorteil kann dann nicht zugerechnet werden, wenn marktübliche Zinsen den Wohnwert übersteigen.

2. Fiktive Einkünfte

243 **Leistungsunfähigkeit** ist im Unterhaltsprozess grundsätzlich **auch dann** zu beachten, **wenn** der Schuldner sie selbst **schuldhaft** herbeigeführt hat. Nur schwerwiegende Gründe, die sich aus einem verantwortungslosen, zumindest leichtfertigen und unterhaltsbezogenen Verhalten ergeben, verwehren dem Schuldner nach Treu und Glauben die Berufung auf die Leistungsunfähigkeit. Die Nichterhebung einer Kündigungsschutzklage genügt im Allgemeinen nicht,[8] wohl aber rechtfertigen die freiwillige, nicht durch besondere Gründe gerechtfertigte Aufgabe des Arbeitsplatzes[9] ebenso wie Bummelei die Zurechnung eines fiktiven Einkommens. Der BGH hat allerdings die Anforderungen an ein **verantwortungsloses, zumindest leichtfertiges und unterhaltsbezogenes Verhalten** des Pflichtigen hoch angesetzt. So reichen weder alkoholbedingter Verlust des Arbeitsplatzes noch die fristlose Kündigung des Arbeitsverhältnisses durch den Arbeitgeber wegen eines Diebstahls des Schuldners im Betrieb ohne weiteres aus.[10] Nach Auffassung des BGH muss das leichtfertige Verhalten nicht nur für den Verlust des Arbeitsplatzes ursächlich sein, sondern sich auch als Verletzung der Unterhaltspflicht darstellen.[11] Leichtfertigkeit ist gewöhnlich mit bewusster Fahrlässigkeit gleich zu setzen. Der Schuldner muss danach die Möglichkeit der Leistungsunfähigkeit als Folge seines Verhaltens erkannt und im Bewusstsein dieser Möglichkeit, wenn auch im Vertrauen auf den Nichteintritt jener Folge gehandelt und sich hierüber unter grober Missachtung dessen, was jedem einleuchten muss, oder aus Verantwortungs- oder Rücksichtslosigkeit hinweggesetzt haben.[12] Deshalb soll sich der Unterhaltsschuldner nach Auffassung des BGH auch dann nicht auf Leistungsunfähigkeit berufen dürfen, wenn er diese durch eine schwere vorsätzliche Straftat gegen den Berechtigten

---

[4] BGH FamRZ 1995, 537, 539 = R 493 b
[5] OLG Hamm FamRZ 1999, 166
[6] BGH FamRZ 1995, 537, 539 = R 493 b
[7] BGH FamRZ 2005, 967
[8] BGH FamRZ 1994, 373, 375 = R 473 c
[9] Vgl. BGH FamRZ 2003, 1471, 1473; FamRZ 2002, 813 = R 573
[10] BGH FamRZ 2000, 815 = R 541; FamRZ 1994, 240; FamRZ 1993, 1055; vgl. auch OLG Düsseldorf FamRZ 1994, 1049 ff.
[11] BGH FamRZ 2002, 813 = R 573; FamRZ 2000, 815 = R 541
[12] BGH FamRZ 2000, 815 = R 541

4. Abschnitt: Leistungsfähigkeit des Unterhaltspflichtigen § 2

herbeigeführt hat, z. B. wenn er wegen sexuellen Missbrauchs seines Kindes inhaftiert worden ist.[13] M. E. muss sich der Vater jedenfalls dann als leistungsfähig behandeln lassen, wenn er sich einer schweren Straftat gegen das Leben oder die körperliche Integrität des Unterhaltsberechtigten oder eines nahen Familienangehörigen schuldig gemacht hat, insbesondere wenn er einen Tötungsversuch oder ein Sexualdelikt an einem seiner Kinder begangen hat. In einem solchen Fall kann es nicht darauf ankommen, ob sich der Schuldner über seine unterhaltsrechtliche Leistungsfähigkeit Gedanken gemacht hat. Es muss ausreichen, dass sich der Vater bewusst der Einsicht verschließt, dass seine Straftat Sanktionen nach sich ziehen und überdies gravierende Folgen für seine Familie haben wird. Er wird sich entgegen der Auffassung des BGH[14] nicht nur gegenüber dem berechtigten Kind, sondern auch gegenüber der Kindesmutter und einem anderen Kind aus dieser Verbindung als leistungsfähig behandeln lassen müssen, jedenfalls wenn ihm erhebliche, sich über lange Zeit erstreckende Verfehlungen zur Last fallen. Vgl. dazu auch Rn. 1/735 ff.

In der Regel wird man auch die Aufgabe des Arbeitsplatzes nicht als leichtfertig ansehen können, wenn der Vater nach Trennung der Eltern sich ganz der Betreuung kleiner Kinder widmen will, deren elterliche Sorge ihm zeitweise durch einstweilige Anordnung des Gerichts anvertraut worden war.[15] Im Einzelfall muss das unterhaltsberechtigte Kind auch eine (Erst-)Ausbildung des Elternteils hinnehmen.[16] Eine Zurechnung fiktiver Einkünfte für die Zeit nach der Betreuung der Kinder ist erst möglich, wenn eine Übergangsfrist verstrichen ist, innerhalb der sich der Vater um eine neue Stelle hat bemühen können. Vgl. dazu unten Rn. 245.

244 Dies bedeutet aber nicht, dass fiktives Einkommen dem Schuldner nur dann zugerechnet werden darf, wenn ihm leichtfertiges, unterhaltsbezogenes Verhalten zur Last fällt. Vielmehr wird die **Leistungsfähigkeit** des Schuldners nicht nur durch tatsächlich vorhandenes Einkommen, sondern **auch durch seine Erwerbsfähigkeit** und seine Erwerbsmöglichkeiten bestimmt.[17] Verfügt er über keine Einkünfte oder reicht vorhandenes Einkommen zur Erfüllung der Unterhaltspflichten nicht aus, trifft ihn unterhaltsrechtlich die Obliegenheit, die ihm zumutbaren Einkünfte zu erzielen, insbesondere seine Arbeitskraft so gut wie möglich einzusetzen und eine einträgliche Erwerbstätigkeit auszuüben. Insbesondere legt ihm die verschärfte Unterhaltspflicht gegenüber minderjährigen und privilegiert volljährigen Kindern eine erhöhte Arbeitspflicht unter gesteigerter Ausnutzung seiner Arbeitskraft auf. Kommt er dieser Erwerbsobliegenheit nicht nach, muss er sich so behandeln lassen, als ob er ein Einkommen, das er bei gutem Willen erzielen könnte, auch tatsächlich hätte.[18] Wenn einem Unterhaltspflichtigen, der bereits eine vollschichtige Erwerbstätigkeit ausübt, fiktive Nebeneinnahmen zugerechnet werden sollen, weil er Überstunden leisten oder Nebeneinkünfte erzielen könne, so ist am Maßstab der Verhältnismäßigkeit zu prüfen, ob ihm die zeitliche und psychische Belastung durch die ausgeübte und die zusätzliche Belastung unter Berücksichtigung der Bestimmungen zum Schutze der Arbeitskraft, insbesondere des Arbeitszeitgesetzes, zugemutet werden kann.[19]

Diese Einkommensfiktion setzt nur voraus, dass der Schuldner eine ihm mögliche und zumutbare **Erwerbstätigkeit im Unterhaltszeitraum unterlässt,** obwohl er sie tatsächlich ausüben könnte. Ein unterhaltsbezogenes, zumindest leichtfertiges Verhalten des Pflichtigen ist insoweit nicht erforderlich.[20] Vgl. dazu Rn. 207. Dies gilt auch dann, wenn dem Pflichtigen ein Einkommen zugerechnet werden soll, das die erste Einkommensgruppe der Düsseldorfer Tabelle übersteigt.[21] Ein leichtfertiges unterhaltsbezogenes Verhalten, das die

---

[13] BGH FamRZ 2002, 813 = R 573; OLG Koblenz FamRZ 1998, 44
[14] BGH FamRZ 2002, 813 = R 573; teilweise ebenso OLG Koblenz FamRZ 1998, 44
[15] BVerfG FamRZ 1996, 343 = R 498
[16] BGH FamRZ 2011, 1041 Rn. 36 f.
[17] BGH FamRZ 2003, 1471; FamRZ 1996, 345
[18] BGH FamRZ 2003, 1471; FamRZ 1996, 345; FamRZ 1994, 373, 375 = R 473 c
[19] BVerfG FamRZ 2003, 661 = R 591
[20] OLG Düsseldorf FamRZ 1998, 851; wohl auch BGH FamRZ 2003, 1471, 1473 mit Anm. Luthin
[21] So auch BGH FamRZ 2002, 813 = R 573; FamRZ 1997, 281, 283 = R 509 f.; anders zu Unrecht OLG Karlsruhe FamRZ 1993, 1481

Leistungsunfähigkeit herbeigeführt hat, ist nur Voraussetzung für die Einkommensfiktion, wenn der Pflichtige durch früheres Verhalten eine Einkommensquelle, insbesondere eine einträgliche Arbeitsstelle, verloren hat und deshalb im Unterhaltszeitraum die früheren Einkünfte nicht mehr erzielen kann. Notwendig ist freilich stets, dass der Pflichtige bei ausreichenden Bemühungen tatsächlich einen Arbeitsplatz gefunden hätte, dass also für ihn nach seinen persönlichen Eigenschaften und Fähigkeiten (Alter, Ausbildung, Berufserfahrung, Gesundheit) angesichts der Verhältnisse auf dem Arbeitsmarkt eine reale Erwerbsmöglichkeit besteht.[22] Vgl. auch Rn. 1/765.

245 Hat der Schuldner durch ein vorwerfbares Verhalten, das noch nicht als leichtfertig oder als unterhaltsbezogen bezeichnet werden kann, seine Arbeitsstelle verloren, kann ihm sein früheres Einkommen nicht zugerechnet werden. Dies bedeutet aber nicht, dass er auf Dauer leistungsunfähig ist. Vielmehr ist er verpflichtet, sich entsprechend seinen Fähigkeiten und seinen Erwerbsmöglichkeiten mit Nachdruck um einen neuen Arbeitsplatz zu bemühen. Unterlässt er das, sind ihm erzielbare Einkünfte fiktiv zuzurechnen. Dabei ist allerdings zu berücksichtigen, dass er insbesondere bei einer Straftat gegenüber dem Arbeitgeber auf dem allgemeinen Arbeitsmarkt für gut bezahlte Vertrauensstellungen nicht mehr vermittelbar sein kann und dass ihm nach Verlust des Arbeitsplatzes, vor allem wenn er bereits älter ist, eine angemessene **Übergangszeit zur Suche einer neuen Stelle** zuzubilligen ist.[23]

> **Beispiel:**
> Der bei einer Bank in gehobener Position beschäftigte Schuldner verliert wegen eines nicht unterhaltsbezogenen Diebstahls eines Computers seines Arbeitgebers fristlos seine Arbeitsstelle. Für eine Übergangszeit, während der sich der Pflichtige nachhaltig um einen anderen Arbeitsplatz zu bewerben hat, können nur die tatsächlichen Bezüge (zunächst kein Einkommen wegen der vom Arbeitsamt verhängten Sperrzeit, danach Arbeitslosengeld) als anrechenbares Einkommen angesetzt werden. Falls der Pflichtige sich ihm bietende Arbeitschancen nicht ausgenutzt hat, kann nach dieser Zeit davon ausgegangen werden, dass der Schuldner deutlich niedrigere Bezüge aus einer untergeordneten Tätigkeit erzielen könnte.

246 Weitere Einzelheiten zum Ansatz fiktiver Einkünfte vgl. oben Rn. 207 und § 1. Zur Erwerbsobliegenheit bei gesteigerter Unterhaltspflicht nach § 1603 II 1 BGB vgl. unten Rn. 366 ff.

3. Unterhaltsleistungen als anrechenbare Einkünfte

247 Unterhaltsleistungen, die ein Elternteil von einem Dritten erhält, sind Einkünfte und daher grundsätzlich für den Unterhalt von Kindern zu verwenden. Als anrechenbares Einkommen kommt praktisch nur Unterhalt in Betracht, den ein getrennt lebender oder geschiedener Ehegatte zahlt. Das Wirtschaftsgeld, das ein mit seinem (zweiten) Ehegatten zusammen lebender Elternteil als Bestandteil des Familienunterhalts erhält, ist kein Einkommen, da es treuhänderisch für die Zwecke der neuen Familie zu verwenden ist (Rn. 3/56). Zur Unterhaltspflicht in solchen Fällen vgl. Rn. 256. Zahlungen, die ein Elternteil von anderen, insbesondere seinen eigenen Eltern erhält, sind in der Regel freiwillige Leistungen Dritter und bei der Bemessung des Kindesunterhalts daher nicht zu berücksichtigen (vgl. dazu Rn. 100 ff.).

Zwar umfasst der Ehegattenunterhalt nur den eigenen Bedarf, nicht auch denjenigen der Kinder.[24] Dies schließt aber nicht aus, dass ein Elternteil, der seinerseits Ehegattenunterhalt bezieht, seinem Kind unterhaltspflichtig ist.[25] Denn der **eheangemessene Bedarf,** den ein Elternteil von seinem Ehegatten als Unterhalt erhält (§§ 1361 I 1, 1578 I 1 BGB), kann höher sein als der **Eigenbedarf,** der ihm **gegenüber seinem Kind** nach § 1603 BGB verbleiben muss. Dazu näher Rn. 248. Der Ehegattenunterhalt wird von den ehelichen

---

[22] BGH FamRZ 2003, 1471; FamRZ 1996, 345
[23] OLG Düsseldorf FamRZ 1998, 851, 853; FamRZ 1994, 1049 ff. = NJW-RR 1994, 327 ff.
[24] BGH FamRZ 1985, 273
[25] BGH FamRZ 1985, 273; OLG Hamm FamRZ 1996, 1234; vgl. auch BGH FamRZ 2002, 742 = R 576 a; BGH FamRZ 2004, 24

4. Abschnitt: Leistungsfähigkeit des Unterhaltspflichtigen § 2

Lebensverhältnissen bestimmt und besteht in der Regel in einer Quote des Einkommens, das die ehelichen Lebensverhältnisse geprägt hat und das um den Kindesunterhalt bereinigt ist. Der notwendige oder angemessene Selbstbehalt gegenüber dem Kind wird dagegen in festen Geldbeträgen ausgedrückt und beträgt nach der Düsseldorfer Tabelle 770,– EUR bzw. 950,– EUR gegenüber dem minderjährigen und 1150,– EUR gegenüber dem volljährigen Kind (vgl. unten Rn. 385 ff., 546 ff.).

Praktisch wird die Problematik, ob Ehegattenunterhalt zur Deckung des Kindesunterhalts **248** herangezogen werden kann, in der Regel nur dann, wenn der Ehegattenunterhalt ohne Vorwegabzug des Kindesunterhalts berechnet worden ist, z. B. wenn der bedürftige Ehegatte Unterhalt nicht vom anderen Elternteil, sondern von seinem (zweiten) Ehegatten zu beanspruchen hat. Zu Unterhaltsansprüchen gegen den anderen Elternteil und zum Vorwegabzug des Kindesunterhalts vgl. unten Rn. 249 ff.

Ist der Vorwegabzug des Kindesunterhalts unterblieben, so hat der seinerseits unterhaltsberechtigte Elternteil, den gegenüber seinem minderjährigen oder privilegiert volljährigen Kind eine gesteigerte Unterhaltspflicht im Sinne des § 1603 II BGB trifft, alles Einkommen, das über seinem notwendigen Selbstbehalt von 770,– EUR bzw. von 950,– EUR liegt (vgl. DT A 5 I), für den Unterhalt des Kindes einzusetzen.[26] Aber auch einem volljährigen Kind schuldet ein Elternteil, der seinerseits auf Ehegattenunterhalt angewiesen ist, Unterhalt, wenn ihm sein eigener angemessener Unterhalt bleibt (§ 1603 I BGB).[27] Denn der angemessene Bedarf im Sinne des § 1603 I BGB, der nach der Düsseldorfer Tabelle (A 5 II) 1150,– EUR beträgt (vgl. Rn. 546 f.), kann geringer sein als der eheangemessene Unterhalt im Sinne des § 1578 I 1 BGB. Die Bedarfsbeträge nach §§ 1361 I 1, 1578 I 1 BGB einerseits und nach § 1603 I BGB andererseits sind daher **nicht identisch.**[28] Vgl. dazu unten Rn. 250, 395, 545.

Beispiel:
Die Mutter erhält von ihrem zweiten Ehemann 1450,– € Ehegattenunterhalt. Hiervon stehen für den Unterhalt des volljährigen studierenden Kindes aus erster Ehe 1450 – 1150 (angemessener Selbstbehalt) = 300,– € zur Verfügung. Ist der Vater leistungsunfähig, schuldet die Mutter 300,– € Kindesunterhalt.

Unterhalt ist daher anrechenbares Einkommen. Er ist insoweit für den Kindesunterhalt einzusetzen, als er die Selbstbehaltssätze gegenüber dem minderjährigen oder volljährigen Kind nach den Tabellen und Leitlinien übersteigt.

Auch der **Aufstockungsunterhalt,** den ein getrennt lebender oder geschiedener Elternteil bezieht, der nur über Erwerbseinkünfte verfügt, die seinen eheangemessenen Bedarf nicht decken, ist für den Kindesunterhalt heranzuziehen. Bei der Bemessung des Kindesunterhalts ist von dem Erwerbseinkommen und dem Aufstockungsunterhalt auszugehen, soweit die Gesamteinkünfte die Selbstbehaltssätze übersteigen. Vgl. aber Rn. 249 ff.

In der Praxis spielt die Unterhaltspflicht des seinerseits unterhaltsberechtigten Ehegatten **249** nur eine untergeordnete Rolle, wenn sich der **Unterhaltsanspruch gegen den anderen Elternteil** des unterhaltsbedürftigen Kindes richtet.[29] Wohnt das minderjährige Kind beim seinerseits unterhaltsberechtigten Ehegatten, haftet dieser ohnehin nicht auf Kindesunterhalt, weil er seine Unterhaltspflicht durch Betreuung erfüllt (§ 1606 III 2 BGB).

Probleme entstehen aber, wenn das minderjährige Kind bei einem Elternteil lebt, der **250** selbst seinem getrennt lebenden oder geschiedenen Ehegatten unterhaltspflichtig ist. Ähnliches gilt, wenn das Kind sich bei einem Dritten, z. B. in einer Pflegefamilie, aufhält oder wenn es nach Volljährigkeit bereits das Elternhaus verlassen hat. In all diesen Fällen wird die Problematik allerdings weitgehend entschärft, wenn der **Kindesunterhalt** – wie es abgesehen von Mangelfällen (Rn. 262 ff.) allgemeiner Übung entspricht – **zunächst berechnet**

---

[26] BGH FamRZ 1985, 273
[27] BGH FamRZ 1986, 553; die Entscheidung BGH FamRZ 1980, 555 ist überholt
[28] BGH FamRZ 1990, 260, 262; anders Wendl in der 2. Auflage S. 172, wohl auch Dose Rn. 1/479. Zur entsprechenden Problematik beim Verhältnis des Ehegatten – zum Elternunterhalt vgl. BGH FamRZ 2003, 860, 864 = R 590 A f.
[29] Zu den möglichen Berechnungsmethoden bei wechselseitiger Abhängigkeit der Unterhaltsansprüche s. BGH FamRZ 2009, 1300

und vor Ermittlung des Ehegattenunterhalts vom Einkommen des beiden Berechtigten unterhaltspflichtigen Ehegatten abgezogen wird. Bei betreuungsbedürftigen minderjährigen Kindern muss das Einkommen des Pflichtigen ggf. auch um Betreuungskosten oder einen Betreuungsbonus bereinigt werden (vgl. Rn. 400). Der Vorwegabzug gilt nicht nur für den Unterhalt minderjähriger und ihnen gleichgestellter volljähriger Kinder im Sinne des § 1603 II 2 BGB, sondern bei guten wirtschaftlichen Verhältnissen auch für den Unterhalt sonstiger volljähriger und daher nachrangiger Kinder (vgl. Rn. 545, 566).

Der Unterhalt des nachrangigen volljährigen Kindes darf aber nur vom Einkommen des Pflichtigen abgesetzt werden, wenn dies nicht zu einem Missverhältnis zum Ehegattenunterhalt führt. Ob dem berechtigten Ehegatten mindestens ein Unterhalt in Höhe des angemessenen Eigenbedarfs von 1150,– EUR nach der Düsseldorfer Tabelle (A 5 II) verbleiben muss (Rn. 251)[30] oder aber lediglich der Mindestbedarf von 770 EUR, wie es nach der neueren Rechtsprechung des BGH[31] naheliegen könnte, ist jedenfalls nach der Entscheidung des BVerfG vom 25. 1. 2011[32] derzeit offen. Andernfalls – insbesondere, aber nicht nur im Mangelfall (Rn. 251) – muss zunächst der Ehegattenunterhalt berechnet werden; das volljährige Kind erhält also nur dann Unterhalt, wenn und soweit der andere Elternteil nach Zahlung des Ehegattenunterhalts noch leistungsfähig ist.

Wird der Kindesunterhalt vom Einkommen des Pflichtigen vorweg abgezogen, zahlt allein dieser sowohl den Ehegatten- als auch den gesamten Kindesunterhalt. Durch den Vorwegabzug des Kindesunterhalts vom anrechnungsfähigen Einkommen vermindert sich jedoch der Ehegattenunterhalt. Vgl. dazu im Einzelnen die Beispiele Rn. 253 f.

Schwierigkeiten entstehen erst, wenn das Kind sich nicht an diese Berechnungsweise hält und trotz des Vorwegabzugs des Kindesunterhalts seinerseits Unterhaltsansprüche gegen den Elternteil geltend macht, der selbst Ehegattenunterhalt bezieht. Hat das Kind – sei es in Natur, sei es durch eine Geldrente – Unterhalt von dem zur Zahlung von Ehegattenunterhalt verpflichteten Elternteil erhalten, kann es den anderen Elternteil für die Vergangenheit nicht mehr in Anspruch nehmen. Durch den Vorwegabzug ist der Unterhaltsanspruch des Kindes bereits erfüllt. Denn bei einverständlicher Festlegung des Ehegattenunterhalts haben die Eltern stillschweigend vereinbart, dass der Kindesunterhalt allein durch den Ehegatten aufgebracht wird, der den gekürzten Ehegattenunterhalt zu zahlen hat. Bei Verurteilung zu Ehegattenunterhalt ersetzt das Urteil, das den Vorwegabzug des Kindesunterhalts anordnet, diese Vereinbarung. In jedem Fall erbringt der Elternteil, der entsprechend diesem Vertrag oder entsprechend dem Urteil den Kindesunterhalt sichergestellt hat, keine freiwillige Leistung, die nicht auf den Kindesunterhalt anzurechnen wäre (vgl. dazu Rn. 100).[33] Für die Zukunft kann das Kind allerdings unabhängig von der Festlegung des Ehegattenunterhalts den anderen Elternteil in Anspruch nehmen. Es kann nach § 267 II BGB der Erfüllung seines Unterhaltsanspruchs durch den Elternteil widersprechen, der nach dem Gesetz nicht zur Zahlung des Kindesunterhalts verpflichtet ist.[34]

251 In einem **Mangelfall** kann die Unterhaltspflicht des seinerseits unterhaltsberechtigten Elternteils ohnehin nicht praktisch werden, da ihm bei einem minderjährigen oder einem privilegiert volljährigen Kind sein notwendiger, bei einem volljährigen Kind sein angemessener Selbstbehalt verbleiben muss. Dann setzt sich bei Minderjährigen und privilegiert Volljährigen der Vorrang des Kindesunterhalts durch, bei nicht privilegiert Volljährigen der Vorrang des Ehegattenunterhalts. Vgl. dazu Rn. 262 ff., 268, 556 ff.

252 Auch wenn der **Ehegattenunterhalt tituliert** ist, kann es auf die Frage ankommen, ob der Elternteil, der von seinem Ehegatten Unterhalt erhält, seinerseits zur Zahlung von Unterhalt an ein Kind herangezogen werden muss. Dies kann z. B. der Fall sein, wenn das Kind erst nach dem Urteil oder dem Vergleich über den Ehegattenunterhalt geboren wor-

---

[30] Vgl. dazu BGH FamRZ 2003, 860 mit Anm. Klinkhammer = R 590 A g; FamRZ 1991, 1163 = R 437 a; FamRZ 1986, 553, 555
[31] BGH FamRZ 2010, 357; FamRZ 2010, 44 und FamRZ 2010, 802
[32] FamRZ 2011, 437
[33] Im Ergebnis ebenso OLG Hamm FamRZ 1996, 1234; OLG Koblenz FamRZ 2002, 1282
[34] Offen gelassen von OLG Koblenz FamRZ 2002, 1282; anders anscheinend OLG Hamm FamRZ 1996, 1234

4. Abschnitt: Leistungsfähigkeit des Unterhaltspflichtigen § 2

den ist und dem gemäß sein Unterhaltsanspruch noch nicht berücksichtigt werden konnte. Ein Urteil, das die Eltern untereinander über den Ehegattenunterhalt erwirkt haben, bindet das unterhaltsberechtigte Kind nicht. Der Unterhalt ist so zu berechnen, als ob ein Titel nicht bestünde und über alle Ansprüche zugleich entschieden würde.[35] Dem Verpflichteten muss es überlassen bleiben, durch einen Abänderungsantrag nach §§ 238, 239 FamFG den Titel an die veränderten Verhältnisse anzupassen. Ist dies, insbesondere wegen der für den Schuldner weiterhin geltenden Sperrwirkung des § 238 III FamFG, nicht möglich, kann der titulierte Anspruch auf Ehegattenunterhalt für die Übergangszeit zwischen Eintritt des Abänderungsgrundes und Erhebung der Abänderungsklage in einem angemessenen Umfang bei der Berechnung des Kindesunterhalts als Schuld berücksichtigt werden.[36] Vgl. dazu Rn. 340. Diese Grundsätze gelten auch für den Fall, dass ein Elternteil Aufstockungsunterhalt bezieht. Vgl. dazu das Beispiel Rn. 254.

Beispiel 1: 253
Einkommen des Vaters (V) 3500,– €. Durch Urteil ist Ehegattenunterhalt der von V schwangeren Mutter (M) in Höhe von 1500,– € ($^3/_7$ von 3500) tituliert. Das Kind muss nach seiner Geburt wegen einer längeren, aber nicht dauernden Krankheit von M von einer Tante versorgt werden. Diese verlangt von den Eltern monatlich 500,– € für die Betreuung des Kindes. Das Kindergeld von 184,– € erhält der Vater (§ 64 III EStG).
Allein V schuldet den nicht nach der Düsseldorfer Tabelle, sondern konkret berechneten Bedarf des Kindes von 500,– € (vgl. Rn. 451). Bei voller Anrechnung des Kindergeldes nach § 1612 b I 1 Nr. 2 BGB verbleibt ein restlicher Bedarf von 316,– €. V muss es überlassen bleiben, den Ehegattenunterhalt durch Abänderungsklage auf den jetzt zutreffenden Betrag von (3500 – 316) × $^3/_7$ = 1365,– € reduzieren zu lassen.
Lediglich für die Zeit zwischen Geburt des Kindes und Erhebung der Abänderungsklage kann eine Berücksichtigung des Ehegattenunterhalts bei der Berechnung des Unterhaltsanspruchs des Kindes in Betracht kommen. Für diese Zeit ist zu rechnen:
Vergleichbares Einkommen des V: 3500 – 1500 (titulierter Ehegattenunterhalt) – 1150 (angemessener Eigenbedarf) = 850,– €. Vergleichbares Einkommen der M: 1500 – 1150 (angemessener Eigenbedarf) = 350,– €; vergleichbares Gesamteinkommen der Eltern 1200,– €.
Unterhaltsanteil des V: 316 × 850 : 1200 = 224,– €.
Unterhaltsanteil der M: 316 × 350 : 1200 = 92,– €.
Zur Berechnung des Unterhalts eines minderjährigen Kindes bei Barunterhaltspflicht beider Elternteile vgl. Rn. 418 ff.

Beispiel 2: 254
Einkommen des Vaters (V) 2800,– €, Einkommen der wegen Krankheit nur beschränkt arbeitsfähigen Mutter (M) 700,– €. Durch Urteil titulierter Aufstockungsunterhalt nach der Differenzmethode (2800 – 700) × $^3/_7$ = 900,– €.
Der volljährige, in einer eigenen Wohnung lebende Sohn, der bislang wegen des Wehrdienstes nicht unterhaltsbedürftig war, verlangt nunmehr Unterhalt von 670,– € nach der Düsseldorfer Tabelle Stand: 1. 1. 2011 (A 7 II). M bezieht das Kindergeld von 184,– €. V zahlt den gesamten Kindesunterhalt von 670–184 (Kindergeld) = 486,– €. Zur Verrechnung des Kindergeldes beim volljährigen Kind vgl. Rn. 497.
Der Unterhalt der M ist auf (2800 – 486–700) × $^3/_7$ = 692,– € zu kürzen, ggf. im Wege des **Abänderungsantrags**. M verfügt zusammen mit dem Unterhalt über ein Einkommen von 700 + 692 = 1392,– € und damit über mehr als über den angemessenen Eigenbedarf von 1150,– € gegenüber dem volljährigen Kind, so dass der Kindesunterhalt vom Einkommen des V vorweg abgezogen werden kann (vgl. Rn. 250).
Berechnung des Kindesunterhalts für die **Übergangszeit** zwischen Ende des Wehrdienstes und Erhebung der Abänderungsklage (Berücksichtigung des titulierten Aufstockungsunterhalts als Schuld; vgl. oben Rn. 252).
Vergleichbares Einkommen des V: 2800 – 900 (titulierter Aufstockungsunterhalt) – 1150 (angemessener Eigenbedarf) = 750,– €. Vergleichbares Einkommen der M: 700 + 900–1150 = 450,– €.
Vergleichbares Einkommen beider Eltern: 1200,– €.
Unterhaltsanteil des V: 486 × 750 : 1200 = 304,– €.
Unterhaltsanteil der M: 486 × 450 : 1200 = 182,– €. Außerdem schuldet M dem Sohn das volle Kindergeld von 184,– €, insgesamt also 366,– €.

---

[35] BGH FamRZ 1992, 797 = R 447 b
[36] BGH FamRZ 1992, 797 = R 447 b

255 Übernimmt ein unterhaltspflichtiger **wiederverheirateter Elternteil** in der neuen Ehe die **Haushaltsführung** und bezieht er von seinem neuen Ehegatten im Rahmen des Familienunterhalts (§ 1360 BGB) Wirtschaftsgeld, ist dieses nicht für den Kindesunterhalt heranzuziehen. Jedoch kann der notwendige, ggf. auch der angemessene Eigenbedarf (§ 1603 I, II BGB) durch den Familienunterhalt gedeckt sein. Dann ist der Ehegatte, der dem Kind aus erster Ehe zum Unterhalt verpflichtet ist, gehalten, aus dem Ertrag einer Nebentätigkeit dessen Unterhaltsanspruch zu befriedigen, ohne sich auf den Selbstbehalt berufen zu können.[37] Im Übrigen muss auf die Ausführungen zur sog. Hausmannrechtsprechung verwiesen werden. Vgl. dazu Rn. 275 ff.

256 Ein wiederverheirateter Elternteil kann jedoch für ein Kind aus erster Ehe unterhaltspflichtig sein, wenn er sich **von seinem zweiten Ehegatten getrennt** hat oder von ihm geschieden ist und von ihm Ehegattenunterhalt erhält. Der Unterhalt ist anrechenbares Einkommen. Dem Elternteil muss aber gegenüber dem minderjährigen und dem privilegiert volljährigen Kind der notwendige, gegenüber dem sonstigen volljährigen Kind der angemessene Unterhalt verbleiben. Vgl. dazu oben Rn. 248 und das dortige Beispiel.

III. Berücksichtigung sonstiger Verpflichtungen des Schuldners

1. Schulden und Verbraucherinsolvenz

257 Berücksichtigungsfähige Schulden beeinflussen in der Regel nicht den Bedarf des Kindes, sondern mindern die Leistungsfähigkeit des pflichtigen Elternteils (vgl. oben Rn. 209).[38] Unterhaltsansprüchen kommt kein allgemeiner Vorrang vor Forderungen anderer Gläubiger zu. Andererseits dürfen Verbindlichkeiten nur unter Berücksichtigung von Unterhaltsinteressen getilgt werden. Daher bedarf es, insbesondere wenn nicht einmal der Unterhalt minderjähriger Kinder in Höhe des Mindestunterhalts sichergestellt wäre, einer umfassenden **Interessenabwägung**.[39] Dabei sind vor allem der Zweck der eingegangenen Verpflichtungen, der Zeitpunkt und die Art ihrer Entstehung, die Dringlichkeit der beiderseitigen Bedürfnisse, die Kenntnis des Schuldners vom Bestehen der Unterhaltsschuld und seine Möglichkeiten, die Leistungsfähigkeit in zumutbarer Weise wiederherzustellen, von Bedeutung.[40] Zu berücksichtigen ist auch, dass minderjährige, unverheiratete Kinder zu ihrem Unterhalt in aller Regel nicht durch eigene Anstrengungen beitragen können.[41] Nachdem der Gesetzgeber nunmehr einen Mindestbedarf von Kindern wieder eingeführt hat (§ 1612 a I BGB), führt diese Interessenabwägung im Allgemeinen dazu, dass der unterhaltspflichtige Elternteil dem minderjährigen Kind wenigstens den Mindestunterhalt (= Unterhalt nach der ersten Einkommensgruppe der Düsseldorfer Tabelle) zu zahlen hat, zumal ihm die Bedürftigkeit des Kindes und damit das Bestehen der Unterhaltsschuld bekannt ist. Eine Unterschreitung des Mindestunterhalts kommt nur in Ausnahmefällen in Betracht, insbesondere dann, wenn der Schuldner bei voller Berücksichtigung des Kindesunterhalts nur die Zinsen der anderen Forderungen (teilweise) aufbringen, nicht aber die Schulden selbst tilgen könnte.[42]

258 **Obliegenheit zur Einleitung der Verbraucherinsolvenz?** Der BGH hat in der Entscheidung vom 23. 2. 2005[43] seine bisherige Rechtsprechung zur Berücksichtigungsfähigkeit von Schulden im Hinblick auf die gesetzlichen Möglichkeiten der Verbraucherinsol-

---

[37] BGH FamRZ 2001, 1065 mit Anm. Büttner = R 549 c; FamRZ 2002, 742 mit Anm. Büttner = R 576 a; BGH FamRZ 2004, 24
[38] Zur Unterscheidung von Bedarf und Leistungsfähigkeit beim Kindesunterhalt vgl. BGH FamRZ 1997, 281, 283 = R 509 f. und oben Rn. 112, 114 f
[39] BGH FamRZ 2005, 608 mit Anm. Schürmann FamRZ 2005, 887; BGH FamRZ 2002, 536, 541 mit Anm. Büttner = R 572 b
[40] BGH FamRZ 1996, 160 ff. = R 496 c; FamRZ 1992, 797 = R 447 a
[41] BGH FamRZ 2005, 608 mit Anm. Schürmann FamRZ 2005, 887; BGH FamRZ 1996, 160, 162 = R 496 c
[42] BGH FamRZ 1986, 254, 256
[43] BGH FamRZ 2005, 608

4. Abschnitt: Leistungsfähigkeit des Unterhaltspflichtigen § 2

venz nach §§ 304 ff. InsO und die damit eingeräumte Möglichkeit der Restschuldbefreiung nach §§ 286 ff. InsO weiter entwickelt. Er hat entschieden, dass den Unterhaltsschuldner grundsätzlich eine Obliegenheit zur Einleitung der Verbraucherinsolvenz treffe, wenn dieses Verfahren zulässig und geeignet sei, den laufenden Unterhalt seiner **minderjährigen Kinder** dadurch sicherzustellen, dass ihm Vorrang vor sonstigen Verbindlichkeiten eingeräumt werde. Eine Ausnahme gilt nach dem BGH nur dann, wenn der Unterhaltsschuldner Umstände vorträgt und ggf. beweist, die eine solche Obliegenheit im Einzelfall als unzumutbar darstellen. Die **Darlegungslast des Schuldners** umfasst dabei nach dem BGH auch die Interessen der Unterhaltsgläubiger.[44]

Während dem Schuldner nach bisheriger Sichtweise nicht zugemutet werden konnte, durch Unterhaltszahlungen immer tiefer in Schulden zu geraten, kann daran nach dem BGH nicht mehr uneingeschränkt festgehalten werden, nachdem der Gesetzgeber mit den §§ 304 ff. InsO die Möglichkeit der Verbraucherinsolvenz mit Restschuldbefreiung geschaffen hat.[45] Wegen der Unsicherheiten und der mit der Verbraucherinsolvenz auch für das unterhaltsberechtigte Kind verbundenen Nachteile fordert der BGH stets die **Abwägung der Vor- und Nachteile,** die mit der Einleitung des Insolvenzverfahrens verbunden sind.

Im entschiedenen Einzelfall hat der BGH übereinstimmend mit dem OLG Stuttgart als Vorinstanz[46] die Einleitung der Verbraucherinsolvenz für geboten gehalten.

Voraussetzungen und mögliche Einwände: 259
- Die Entscheidung des BGH betrifft einen Fall der **gesteigerten Unterhaltspflicht nach § 1603 II BGB,**[47] auf die der BGH in den Gründen auch verwiesen hat. Allein aus § 1603 I BGB lässt sich – etwa beim Ausbildungsunterhalt eines nicht privilegiert Volljährigen – eine Obliegenheit zur Einleitung des Insolvenzverfahrens nicht herleiten.[48] Etwas anderes gilt allerdings, wenn der Unterhaltsschuldner sich für eine Verbraucherinsolvenz entschieden hat und sich aus dem eröffneten Insolvenzverfahren im Einzelfall auch für die nachrangigen Unterhaltsgläubiger Vorteile ergeben.[49]
- Erforderlich ist in jedem Fall, dass die Voraussetzungen für die Eröffnung des Verbraucherinsolvenz-Verfahrens mit der Möglichkeit der Restschuldbefreiung gegeben sind **(Eröffnungsgrund).** Es muss also Zahlungsunfähigkeit oder drohende Zahlungsunfähigkeit (§§ 16–18 InsO) des Unterhaltsschuldners bestehen.
- Die vom Unterhaltsschuldner nach Beendigung des Verfahrens zu zahlenden **Verfahrenskosten** (vgl. § 4 a InsO) sind für sich genommen kein Hinderungsgrund.
- Auch die **Einschränkungen in der Lebensführung** des Unterhaltsschuldners durch die Bestellung eines Treuhänders, die Abtretung der Bezüge aus dem Dienstverhältnis und die den Unterhaltsschuldner treffenden Auskunfts- und Mitwirkungspflichten stehen der Einleitung der Verbraucherinsolvenz nicht im Wege.
- Ob nach der Wohlverhaltensperiode von sechs Jahren die **Restschuldbefreiung** (§ 286 InsO) tatsächlich bewilligt wird, lässt sich regelmäßig nicht im Voraus feststellen.
- Die **Belange anderer Gläubiger** bleiben wegen der von der InsO vorgegebenen Rangfolge grundsätzlich unberücksichtigt, wobei der BGH aber etwa bei Unterhaltsgläubigern eine Abwägung für angebracht hält.[50]
- Die **Dauer des Insolvenzverfahrens** ist abzuwägen mit der Restlaufzeit des Kredits und der voraussichtlichen Dauer der – gesteigerten – Unterhaltspflicht nach § 1603 II BGB.
- Die **Belange des Unterhaltsschuldners** können die Einleitung der Insolvenz ebenfalls unzumutbar machen.[51]

---

[44] BGH FamRZ 2005, 608, 610
[45] BGH FamRZ 2005, 608, 609
[46] FamRZ 2003, 1216
[47] Ebenso BGH FamRZ 2008, 137 = R 684
[48] Ähnlich für den Ehegattenunterhalt BGH FamRZ 2008, 497 = R 687; OLG Celle FamRZ 2006, 1536 (vgl. auch OLG Karlsruhe FamRZ 2006, 953); für den Unterhalt nach § 1615 l BGB OLG Koblenz NJW-RR 2005, 1457
[49] BGH FamRZ 2008, 137 = R 684
[50] Vgl. etwa das Beispiel von Schürmann FamRZ 2005, 887, 889
[51] Vgl. dazu etwa Schürmann FamRZ 2005, 887, 888 f. m. N.

- Da auch die **Interessen des unterhaltsberechtigten Kindes** mit einzubeziehen (und vom Unterhaltsschuldner darzulegen) sind, ist auch zu berücksichtigen, dass anders als laufender Unterhalt während des Insolvenzverfahrens die bis zur – voraussichtlichen – Insolvenzeröffnung aufgelaufenen **Unterhaltsrückstände** zu Insolvenzforderungen werden und somit allein mit der – regelmäßig unbedeutenden – Insolvenzquote befriedigt und von der Restschuldbefreiung erfasst werden (§§ 89 II 2, 301 InsO). Nicht selten wird es hier um erhebliche Zeiträume gehen. Entscheidend ist daher der **Zeitpunkt,** zu dem die Insolvenz beantragt und – vor allem – eröffnet wird. Man wird daher auch einbeziehen müssen, ob der Unterhaltsberechtigte vom Unterhaltsschuldner die Einleitung des Insolvenzverfahrens verlangt hat und – wenn nicht – vorrangig andere Alternativen, wie z. B. eine **Umschuldung** und **Kreditstreckung** zu prüfen haben.

260 **Nachteile des Insolvenzverfahrens:** Insbesondere dem letztgenannten Aspekt kommt Gewicht zu. Denn im konkreten Fall kann das Insolvenzverfahren den Unterhaltsberechtigten je nach Zeitpunkt seiner Eröffnung höchst unwillkommen sein. Wenn der Unterhaltsschuldner sich bei Erhebung der Klage – wie üblicherweise – schon mehrere Monate im Rückstand befindet und bis zur erstinstanzlichen Entscheidung etwa ein Jahr vergangen ist, bis zu einem zweitinstanzlichen Urteil deutlich mehr, liegt es sogar in seinem Interesse, den Insolvenzantrag möglichst erst nach Abschluss des Verfahrens zu stellen. Denn er kann sich auf diese Weise der Unterhaltsansprüche für mehrere Jahre entledigen oder jedenfalls – bei später versagter Restschuldbefreiung – deren Vollstreckung verhindern. Ob man ihm dies unterhaltsrechtlich vorwerfen kann, ist schon deswegen praktisch unbedeutend, weil entweder die Restschuldbefreiung eintritt oder aber dem Unterhaltsberechtigten jedenfalls die Vollstreckung verwehrt wird.[52]

Nicht zuletzt aus diesen Gründen ist versucht worden, die zunächst gepriesene neue Entschuldungsmöglichkeit nunmehr auf eine Obliegenheit zur Berufung auf die Pfändungsfreigrenzen („Vollstreckungsschutzobliegenheit") zu reduzieren, wobei die wesentliche Aussage des BGH als zu weitgehend oder nur als Schlagwort bezeichnet worden ist.[53] Eine derartige Obliegenheit würde für sich betrachtet indessen zu einem stetigen Anwachsen der Schulden führen, was gerade vermieden werden soll.[54] Weil das Zurückziehen auf die Pfändungsfreigrenzen regelmäßig nur im Zusammenhang mit dem gleichzeitigen Antrag auf Einleitung der Verbraucherinsolvenz sinnvoll und zumutbar ist, lassen sich beide Aspekte (Vollstreckungsschutz und Verbraucherinsolvenz) jedenfalls im Regelfall nicht trennen. Gerade die Entschuldungsmöglichkeit hat den BGH ja maßgeblich zu seiner neuen Rechtsprechung veranlasst.

Scholz hat sich nicht zuletzt aus diesen Gründen in der 6. Auflage (Rn. 158 a) zu den Möglichkeiten der Verbraucherinsolvenz skeptisch geäußert. An dieser Einschätzung ist demnach im Wesentlichen festzuhalten. Im praktischen Ergebnis wird die Möglichkeit der Verbraucherinsolvenz in den meisten Fällen nur als Argument bei der Interessenabwägung eine Rolle spielen. Wenn der Unterhalt minderjähriger oder privilegiert volljähriger Kinder betroffen ist, werden die Ergebnisse denen bei herkömmlicher Betrachtungsweise (Interessenabwägung) ohnehin weitgehend entsprechen.

261 **Rechtsfolgen der Insolvenzeröffnung:** Nach §§ 35, 36 InsO umfasst die Insolvenzmasse alle pfändbaren Gegenstände, die dem Schuldner zurzeit der Eröffnung gehören und die er während des Verfahrens erlangt. Rückständige Unterhaltsansprüche sind Insolvenzforderungen; sie werden von der Restschuldbefreiung erfasst (§ 301 I InsO). Künftige Unterhaltsforderungen sind dagegen außerhalb des Insolvenzverfahrens gegen den Schuldner selbst geltend zu machen (§§ 38, 40 InsO). Wegen solcher Ansprüche kann der Gläubiger in den Teil der Bezüge des Schuldners vollstrecken, der für andere Gläubiger nicht pfändbar ist (§ 89 II 2 InsO). Es handelt sich hierbei um den Differenzbetrag zwischen der allgemeinen

---

[52] Auch der in Einzelfällen zulässige Antrag auf Feststellung, dass der Unterhaltsanspruch – auch – auf unerlaubter Handlung beruht (vgl. § 89 II 2 InsO), hilft im praktischen Ergebnis nicht wesentlich weiter, weil das pfändbare Differenzeinkommen für eine Vollstreckung der Rückstände kaum ausreichen wird.
[53] So etwa von Hauß FamRZ 2006, 306, 308; FamRZ 2006, 1496
[54] BGH FamRZ 2008, 497 = R 687; Wohlgemuth FamRZ 2006, 308

Pfändungsfreigrenze nach §§ 850 a, 850 c ZPO (derzeit etwa bei der Unterhaltspflicht gegenüber zwei Kindern rund 1570 EUR netto) und dem unterhaltsrechtlichen Selbstbehalt.[55] Der Unterhaltsschuldner ist verpflichtet, alle Möglichkeiten zur Erhöhung des pfändungsfreien Betrages auszuschöpfen.[56] Dagegen darf er auf den auch für andere Gläubiger pfändbaren Teil der Bezüge nicht im Wege der Einzelzwangsvollstreckung zugreifen.[57]

Die seit dem 1. 1. 2002 deutlich erhöhten **Pfändungsfreigrenzen** können im Rahmen der Interessenabwägung der Gläubiger berücksichtigt werden, vor allem bei der Beurteilung, ob dem Unterhaltsschuldner etwa eine Umschuldung zumutbar und möglich ist. Eine alleinige Orientierung der Leistungsfähigkeit an den Vollstreckungsmöglichkeiten ist jedoch nach wie vor unzulässig.[58] Um bestehende Engpässe bei **kurzfristigen Liquiditätslücken** zu vermeiden, dürfte schließlich das herkömmliche Instrumentarium, namentlich die Abwägung der Belange von Unterhaltsgläubiger, -schuldner und weiteren Gläubigern (vgl. 10.4 der Leitlinien) vollauf genügen.

2. Beeinträchtigung der Leistungsfähigkeit durch Unterhaltsansprüche anderer Berechtigter; Mangelfälle

a) Leistungsfähigkeit und Mangelfall. Ein Elternteil ist **leistungsfähig,** wenn sein Einkommen ausreicht, den **Restbedarf aller Unterhaltsberechtigten** (vgl. Rn. 239) und seinen eigenen angemessenen Bedarf zu decken. Der Mangelfall (im engeren Sinne) ist dagegen durch die fehlende Fähigkeit des Pflichtigen gekennzeichnet, bei Wahrung seines notwendigen Selbstbehalts aus seinem Einkommen den Bedarf der erstrangigen Berechtigten (vollständig) zu decken, so dass eine Mangefallrechnung (gleichmäßige Verteilung des zur Verfügung stehenden Einkommens – Verteilungsmasse – auf die gleichrangigen Berechtigten) anzustellen ist.[59]

Die Höhe des Bedarfs der Berechtigten kann nach dem System der Düsseldorfer Tabelle, die je nach der Zahl der Unterhaltsberechtigten Höher- und Herabgruppierungen kennt (DT A 1; vgl. dazu Rn. 343 ff., 522), von der Zahl der Unterhaltsberechtigten abhängig sein. Erst für den Fall, dass der Pflichtige aus seinem Einkommen nicht den Bedarf aller Unterhaltsberechtigten befriedigen kann, also im Mangelfall, greift die vom Gesetzgeber (§ 1609 BGB) festgelegte Rangfolge der Unterhaltsberechtigten ein.

Vorrangig zu berücksichtigen sind die Unterhaltsansprüche minderjähriger und privilegiert volljähriger Kinder (§ 1609 Nr. 1 BGB). Danach folgen die Unterhaltsansprüche der kinderbetreuenden Elternteile (§§ 1570, 1615 l BGB) sowie sonstiger Ehegattenunterhalt (§§ 1569 ff. BGB) bei Ehen von langer Dauer (§ 1609 Nr. 2 BGB), darauf die übrigen Ehegatten und geschiedenen Ehegatten (§ 1609 Nr. 3 BGB). Im vierten Rang folgen die Unterhaltsansprüche der (nicht privilegierten) volljährigen Kinder (§ 1609 Nr. 4 BGB), alsdann die der Enkel (§ 1609 Nr. 5 BGB) und zum Schluss diejenigen der Verwandten der aufsteigenden Linie, insbesondere der Eltern und Großeltern (§ 1609 Nr. 6 und 7 BGB). Vgl. dazu Rn. 556 ff. Der Rang der Lebenspartner entspricht dem der Ehegatten (§§ 5, 16 LPartG).

Reicht das Einkommen des Schuldners nicht aus, um **gleichrangige Ansprüche** mehrerer Berechtigter zu befriedigen, ist das für Unterhaltszwecke zur Verfügung stehende Einkommen bei Ansprüchen minderjähriger und privilegiert volljähriger Kinder nach Abzug des notwendigen Selbstbehalts (vgl. dazu Rn. 263 ff.) auf die Berechtigten zu verteilen. Die Einsatzbeträge der Berechtigten sind verhältnismäßig zu kürzen. Es findet also eine **Mangelverteilung**[60] statt. Dies gilt auch dann, wenn die Unterhaltsberechtigten, die mit dem

---

[55] BGH FamRZ 2008, 497 = R 687. Zur vollstreckungsrechtlichen Freigrenze nach § 850 d ZPO s. Klinkhammer FamRZ 2007, 85, 91
[56] BGH FamRZ 2008, 137 = R 684 (Antrag eines Selbstständigen auf Erhöhung des pfandfreien Betrages nach § 850 f, 850 i ZPO).
[57] Vgl. im Einzelnen Uhlenbruck FamRZ 1998, 1473
[58] BGH FamRZ 2008, 497 = R 687; BGH FamRZ 1984, 657
[59] BGH FamRZ 2003, 363, 366 mit Anm. Scholz FamRZ 2003, 514
[60] Zur Unterhaltsberechnung in Mangelfällen BGH FamRZ 2003, 363 = R 584 mit Anm. Scholz FamRZ 2003, 514

265 b) Konkurrenz mehrerer minderjähriger oder privilegiert volljähriger Kinder. Zunächst ist zu prüfen, ob der Schuldner den Unterhalt der beteiligten Kinder unter Wahrung seines notwendigen Selbstbehalts aufbringen kann. Nach der bis zum 31. 12. 2007 gültigen Rechtslage war für den Kindesunterhalt der sich aus der Düsseldorfer Tabelle ergebende Tabellenbetrag maßgebend. Anrechenbares Kindergeld blieb außer Betracht, weil es auch im Mangelfall nicht als Einkommen zu berücksichtigen war.[62] Aufgrund des früheren § 1612b V BGB war eine Kindergeldanrechnung in Mangelfällen ohnedies weitestgehend ausgeschlossen.

Seit dem **1. 1. 2008** hat sich die rechtliche Ausgangslage verändert. Nach § 1612 b I 2 BGB mindert das Kindergeld in dem nach § 1612 b I 1 BGB anrechenbaren Umfang den Barbedarf des Kindes. Demzufolge sind bei der Frage, ob der Unterhaltsschuldners hinreichend leistungsfähig ist, nunmehr die **Zahlbeträge** abzuziehen (Anm. C zur Düsseldorfer Tabelle).[63]

Reicht das Einkommen des Schuldners zur Deckung des Unterhalts nicht aus, ist zu prüfen, ob er den Unterhalt nach Herabgruppierung mit Hilfe der Bedarfskontrollbeträge zahlen kann. Ein Mangelfall liegt erst vor, wenn der Pflichtige auch den Unterhalt der 1. Einkommensgruppe der Tabelle bei Wahrung seines notwendigen Selbstbehalts nicht leisten kann. Vgl. Rn. 351, 355. Ist dies der Fall, muss eine Mangelfallberechnung durchgeführt werden. Im Folgenden werden an einem Beispielfall die Berechnungsweisen nach der bis zum 31. 12. 2007 geltenden Rechtslage und zur Rechtslage ab 1. 1. 2008 gegenübergestellt. Nach der bisherigen Rechtslage ergaben sich die Einsatzbeträge aus der 6. Einkommensgruppe der Düsseldorfer Tabelle (Tabellenbeträge), ab 1. 1. 2008 sind die Mindestunterhaltsbeträge (Einkommensgruppe 1) abzüglich anrechenbares Kindergeld (Zahlbeträge) anzusetzen.

> **Beispiel zu den Auswirkungen der Gesetzesänderung zum 1. 1. 2008:**
> Einkommen des allein barunterhaltspflichtigen Vaters: 1450,– €. Die wiederverheiratete Mutter betreut die gemeinsamen Kinder K 1 (16 Jahre), K 2 (11 Jahre) und K 3 (9 Jahre). Sie bezieht das Kindergeld von je 154,– €.
> 1. Berechnung **bis zum 31. 12. 2007** (*Düsseldorfer Tabelle* 2007)
> Bedarf der Kinder nach DT 6/3 bzw. 6/2: 389 + 331 + 331 = 1051,– € (Gesamtbedarf).
> Für den Kindesunterhalt stehen zur Verfügung 1450 – 900 (notwendiger Selbstbehalt nach DT A 5 I) = 550,– €.
> Anspruch K 1: 389 × 550 : 1051 = 204,– €.
> Anspruch K 2 und K 3: 331 × 550 : 1051 = 173,– €.
> Der Kindergeldanteil des Vaters ist nach § 1612 b V BGB nicht anzurechnen, da er weniger als 135% des Regelbetrages von 389 – 77 = 312,– € bzw. von 331 – 77 = 254,– € zahlen kann (vgl. dazu die Vorauflage Rn. 509, 5/83 ff.).
> 2. Berechnung **ab dem 1. 1. 2008** (*Düsseldorfer Tabelle* 2008)
> Bedarf der Kinder nach DT 1/3 (K 1): 365 – 77 = 288 bzw. DT 1/2 (K 2 und K 3) 322 – 77 = 245; Gesamtbedarf: 288 + 245 + 245 = 778 €. Für den Kindesunterhalt stehen zur Verfügung 1450 – 900 (notwendiger Selbstbehalt nach DT A 5 I) = 550,– €. Anspruch K 1: 288 × 550 : 778 = 204,– €. Anspruch K 2 und K 3: 245 × 550 : 778 = 173,– €. Die Zahlbeträge bleiben demnach gleich. Änderungen der Zahlbeträge ergeben sich nur, wenn ein Kind der 1. Altersstufe vorhanden ist, dessen Mindest-Zahlbetrag sich zum 1. 1. 2008 um 6,– € erhöht hat.
> Zur Umrechnung von Alttiteln aus der Zeit bis 2007 vgl. Rn. 225.

266 c) Zusammentreffen eines Ehegatten mit minderjährigen oder privilegiert volljährigen Kindern. Bis zum 31. 12. 2007 galten nach der neueren Rechtsprechung des BGH[64] die folgenden Grundsätze:
- Zunächst waren die **Unterhaltsansprüche** der Kinder und des Ehegatten individuell zu berechnen. Ein Mindestunterhalt war weder dem Kind noch dem Ehegatten geschuldet.

---

[61] BGH FamRZ 1996, 1272 = R 507 b
[62] BGH FamRZ 1997, 806; vgl. auch BGH FamRZ 2000, 1492 mit Anm. Scholz = R 546 d
[63] Dazu Klinkhammer FamRZ 2008, 193, 200
[64] FamRZ 2003, 363 = R 584 mit Anm. Scholz FamRZ 2003, 514

4. Abschnitt: Leistungsfähigkeit des Unterhaltsp...

§ 2

Der Kindesunterhalt war nach der Düsseldorfe... Nichtanwendung der Bedarfskontrollbeträge (Rn. ... entnehmen (vgl. Rn. 265). Der Ehegattenunterhalt ... des Kindesunterhalts mit Hilfe einer Quote (z. B. von ...mmensgruppe, bei der sich aus der Tabelle ergebende Kindesunterhalt, nich... heren Gruppe zu nung des Kindergeldes. Führte der Vorwegabzug des Kin... er Vorwegabzug hältnismäßig niedrigen Ehegattenunterhalt, war letzterer ohn... zuziehen war mitteln. Jedoch durfte diese Berechnung ihrerseits nicht einen ... nach Verrech- ben, der außer Verhältnis zum Kindesunterhalt stand. Dies war vo... nem unver- der so errechnete Bedarf das Existenzminimum des Ehegatten nach ... neu zu er- der Düsseldorfer Tabelle überstieg und deshalb mit den ehelichen L... halt erge- nicht in Einklang stand. In einem solchen Fall war der Bedarf des Eh... ul, wenn Beträge nach B V bzw. B VI (a. F.) der Düsseldorfer Tabelle zu begrenzen. ... (a. F.) diese Beträge weiter gekürzt werden. ... üssen
... die

- Konnte der Schuldner die so errechneten Ansprüche unter Wahrung seines notw... en Selbstbehalts von grundsätzlich 1000,– EUR (gegenüber dem Ehegatten[65]) bzw. ... 770,– EUR (gegenüber den erstrangigen Kindern) nicht decken, lag ein Mangelfall ... Dann war als Einsatzbetrag für jeden Berechtigten das jeweilige **Existenzminimum**, a... das als solches kein Anspruch bestand, das vielmehr nur als Hilfsmittel zur Berechnung der Mangelquote dient, zugrunde zu legen. Als Existenzminimum waren einzusetzen
  – für minderjährige Kinder 135% des Regelbetrages, bei privilegiert volljährigen Kindern wegen ihres Gleichrangs ebenfalls 135% des Richtsatzes der 1. Einkommensgruppe, im Ergebnis also die Richtsätze der 6. Einkommensgruppe,
  – für den getrennt lebenden oder geschiedenen Ehegatten das Existenzminimum nach B V der Düsseldorfer Tabelle von 900,– EUR bzw. von 770,– EUR, je nachdem, ob der Ehegatte erwerbstätig ist oder nicht,
  – für den mit dem Schuldner zusammenlebenden Ehegatten das Existenzminimum nach B VI der Düsseldorfer Tabelle (a. F.) von 615,– EUR bzw. 535,– EUR, auch hier je nach Ausübung einer Erwerbstätigkeit oder nicht.
- Das jeweilige Existenzminimum war im Verhältnis der Verteilungsmasse zur Summe der Einsatzbeträge zu kürzen und das Ergebnis schließlich auf seine **Angemessenheit** zu überprüfen.

Kindergeld wurde nach Maßgabe des § 1612b V BGB angerechnet.

Beispiel:
Bereinigtes Einkommen des allein barunterhaltspflichtigen Vaters (V): 1400,– €.
Die getrennt lebende Mutter (M) betreut die gemeinsamen Kinder K 1 (3 Jahre) und K 2 (1 Jahr). Sie ist nicht erwerbstätig und bezieht das Kindergeld von je 154,– €.
1. Berechnung **bis zum 31. 12. 2007** (*Düsseldorfer Tabelle* 2007)
Bedarf der Kinder nach DT 1/1 jeweils 202,– €. Bedarf der M: $1400 - 202 - 202 = 996 \times 3/7 = 427$,– €. Da offensichtlich ein Mangelfall vorliegt, kann auf eine Kontrollberechnung ohne Vorwegabzug des Kindesunterhalts verzichtet werden.
Einsatzbeträge für K 1 und K 2: Existenzminimum in Höhe von 135% des Regelbetrages (= 6. Einkommensgruppe) = jeweils 273,– €.
Einsatzbetrag M: Existenzminimum nach B V 2 der Düsseldorfer Tabelle = 770,– €. Summe der Einsatzbeträge: $273 + 273 + 770 = 1316$,– €.
Für den Unterhalt stehen zur Verfügung: $1400 - 1000$ (Ehegattenselbstbehalt) = 400,– €.
Anspruch der M: $770 \times 400 : 1316 = 234$,– €.
Anspruch der Kinder: jeweils $273 \times 400 : 1316 = 83$,– €; hinzukommen jeweils $1/2$ der weiteren Verteilungsmasse von 100,– € gegenüber Kindern (= $1000 - 900$), so dass der Kindesunterhalt je 133,– € beträgt.
Keine Kindergeldverrechnung (§ 1612b V BGB).
2. Berechnung **ab dem 1. 1. 2008** (*Düsseldorfer Tabelle* 2008)
Bedarf der Kinder nach DT 1/1 jeweils $279 - 77 = 202$,– €. Bedarf der M: $1400 - 202 - 202 = 996 \times 3/7 = 427$,– €. Offensichtlich liegt ein Mangelfall vor.
Einsatzbeträge für K 1 und K 2 (Zahlbeträge): $279 - 77 = 202$,– €. Der Kindesunterhalt ist nach § 1609 Nr. 1 BGB (n. F.) vorrangig. V verbleiben nach Abzug des Kindesunterhalts $1400 - 202 -$

---

[65] BGH FamRZ 2006, 683

§ 2

[text partially obscured by torn page corner]

...zug des Kindesunterhalts damit weniger als der Ehegattenselbstbehalt ... ür den Ehegattenunterhalt nicht leistungsfähig. Im praktischen Ergebnis ... r als nach der bisherigen Rechtslage, weil sich der Ehegattenselbstbehalt ...riger Rechtslage auf das Ergebnis aller Unterhaltsansprüche auswirkt.

267 **mehrerer nachrangiger volljähriger Kinder.** Nicht privilegiert ... kommen erst dann zum Zuge, wenn keine vorrangig Berechtigten vor-
d) der Schuldner nach Deckung der vorrangigen Ansprüche unter Wahrung ... nen Selbstbehalts von 1150,– EUR (Stand 1. 1. 2011; vgl. Rn. 546 ff.) ...ähig ist.

...und 22-jährigen Kinder K 1 und K 2 studieren und leben in einem Studentenheim. ...men des Vaters (V): 1900,– €. Die wiederverheiratete Mutter ist nicht berufstätig; sie versorgt ...chsjähriges Kind aus der neuen Verbindung. Sie bezieht das Kindergeld für K 1 und K 2 von je ...,– €. Ihr Ehemann ist arbeitslos.
...edarf der Kinder nach der Düsseldorfer Tabelle (A 7 I): jeweils 670,– €.
Da die Mutter ein vorrangiges minderjähriges Kind betreut, trifft sie keine Erwerbsobliegenheit. Daher ist allein V den Kindern K 1 und K 2 unterhaltspflichtig. Für Unterhaltszwecke stehen zur Verfügung: 1900 – 1150 (angemessener Eigenbedarf nach A 5 II der Düsseldorfer Tabelle) = 750,– €.
Jedes der Kinder hat nach bedarfsdeckender Anrechnung des vollen Kindergelds (§ 1612b I S. 1 Nr. 2) einen Bedarf von 670 – 184 = 486 €. Der Gesamtbedarf der Kinder beträgt 2 × 486 = 972 €. Die Verteilungsmasse ist mit 750,– € geringer. Die Kinder erhalten je 375,– €.
K 1 und K 2 haben einen Anspruch gegen M auf Auskehrung des gesamten Kindergelds (§ 1612b I 1 BGB).

268 Reicht das Einkommen des Pflichtigen nach Abzug des angemessenen Selbstbehalts von 1150,– EUR nicht aus, um außer den vorrangigen auch **nachrangige Unterhaltsansprüche** zu befriedigen, fallen die nachrangig Berechtigten ganz oder teilweise aus.[66] Vgl. Rn. 251, 557.

3. Beeinträchtigung der Leistungsfähigkeit durch Betreuung eines anderen unterhaltsberechtigten Kleinkindes

269 Nach Trennung oder Scheidung kann sich die Mutter eines minderjährigen Kindes aus erster Ehe, das vom Vater versorgt wird, nicht ohne weiteres auf Leistungsunfähigkeit berufen, wenn sie wegen der Geburt eines Kindes aus einer neuen Verbindung keiner Erwerbstätigkeit nachgeht. Der Vater erfüllt seine Unterhaltspflicht grundsätzlich durch die Betreuung des minderjährigen Kindes aus erster Ehe (§ 1606 III 1 BGB). Nur ausnahmsweise kommt seine Mithaftung in Betracht. Vgl. Rn. 416.
Ist die Mutter wiederverheiratet, greifen die Grundsätze der sog. Hausmannrechtsprechung ein (vgl. Rn. 275 ff.). Der BGH hat diese Rechtsprechung in Abkehr von einer früheren Entscheidung[67] auch auf den Fall erstreckt, dass die Mutter mit dem Vater ihres nichtehelichen Kindes zusammen lebt.[68] Vgl. dazu Rn. 296 ff.
Ist die Mutter nicht wiederverheiratet und lebt sie auch mit dem Vater des nichtehelichen Kindes nicht in einer Partnerschaft, so kann sie gleichwohl von ihrem früheren Ehemann keinen Ehegattenunterhalt verlangen, weil sie kein gemeinsames Kind pflegt oder erzieht (§ 1570 BGB). Dennoch darf sie sich im Verhältnis zu ihrem minderjährigen Kind aus erster Ehe nicht auf die Betreuung ihres nichtehelichen Kindes beschränken. Die Auffassung, dass die Betreuung des Kleinkindes vorgehe und von ihr die Aufnahme einer Erwerbstätigkeit nicht verlangt werden könne,[69] findet im Gesetz keine Stütze. Sie wurde schon im Jahre 1981 vom BGH[70] nicht gebilligt und ist auch mit der neueren Hausmannrechtsprechung

---

[66] BGH FamRZ 1984, 683, 685
[67] BGH FamRZ 1995, 598
[68] BGH FamRZ 2001, 614 = R 556 b
[69] OLG Frankfurt FamRZ 1992, 979, 981; OLG Stuttgart FamRZ 1984, 611
[70] FamRZ 1982, 25, 26 sub 2 e

4. Abschnitt: Leistungsfähigkeit des Unterhaltspflichtigen § 2

des BGH[71] nicht zu vereinbaren. Die Unterhaltsansprüche der beiden Kinder sind gleichrangig. § 1615 l II 2, 3 BGB entbindet die Mutter nur im Verhältnis zu ihrem nichtehelichen Kind und zu dessen Vater von einer Erwerbsobliegenheit, und zwar regelmäßig nur auf die Dauer von drei Jahren. Es ist daher Aufgabe der Mutter, die Betreuung des Kleinkindes aus ihrer neuen Verbindung durch Dritte, z. B. eine Tagesmutter, durch Verwandte, durch ihren Lebensgefährten (vgl. Rn. 52, 298), die Ganztagsschule oder durch einen Hort sicherzustellen.[72] Die dadurch entstehenden Kosten mindern allerdings ihr anrechenbares Einkommen. Dies kann dazu führen, dass die Mutter mangels Leistungsfähigkeit für das Kind aus der früheren Ehe keinen Barunterhalt zu leisten hat.

Beispiel:
Der arbeitslose frühere Ehemann betreut das 14-jährige Kind aus der geschiedenen Ehe mit der Mutter (M). Er bezieht das Kindergeld. M verdient durch vollschichtige Tätigkeit 1350,– €. Sie erhält für das sechsjährige nichteheliche Kind von dessen Vater Unterhalt, nicht aber für sich selbst. Die Betreuung des Kindes kann M nur durch eine Tagesmutter sichern, die 300,– € verlangt. Da ihr der notwendige Selbstbehalt von 950,– € nach A 5 I der Düsseldorfer Tabelle verbleiben muss, kann sie für das Kind aus ihrer früheren Ehe nur 1350 – 300 – 950 = 100,– € Unterhalt zahlen.

Wenn die Mutter nach § 1615 l BGB vom Vater des nichtehelichen Kindes Unterhalt erhält, kann dadurch ihr notwendiger Selbstbehalt gesichert sein. Sie muss dann den Ertrag einer Berufstätigkeit nach Abzug von Betreuungskosten voll für den Unterhalt des Kindes aus ihrer früheren Ehe einsetzen.[73] Vgl. dazu Rn. 248.

Dieselben Grundsätze gelten, wenn sich der Vater, der einem Kind aus einer früheren **270** Ehe Unterhalt zu leisten hat, auf die Betreuung eines Kindes aus einer Verbindung mit einer anderen Partnerin beschränkt.[74] Ähnliche Probleme wie die hier erörterten können sich ergeben, wenn jeder Elternteil nach Trennung oder Scheidung ein Kind aus der gescheiterten Ehe betreut. Vgl. dazu Rn. 440 ff.

4. Minderung der Leistungsfähigkeit durch Umgangskosten

Das minderjährige Kind hat das Recht zum Umgang mit jedem Elternteil, unabhängig **271** davon, ob die Eltern die elterliche Sorge gemeinsam ausüben oder ob einem von ihnen das Sorgerecht allein übertragen ist. Damit korrespondiert das Recht und die Pflicht des betreuenden Elternteils zum Umgang (§ 1684 I BGB); sie sind Ausfluss seiner Verantwortung für dessen Wohl (§§ 1618 a, 1626, 1631 BGB). Der nicht betreuende Elternteil hat ein subjektives Recht auf Umgang. Der andere Elternteil hat auf die Belange, insbesondere die Vermögensinteressen des Berechtigten Bedacht zu nehmen. Er darf die Wahrnehmung des Umgangsrechts nicht erschweren oder gar verleiden. Eine Verletzung dieser Pflicht kann Schadensersatzansprüche auslösen.[75]

Dem entsprechend hat das BVerfG gefordert, dass auch das Unterhaltsrecht dem Unterhaltspflichtigen nicht die Möglichkeit nehmen dürfe, sein Umgangsrecht zur Erhaltung der Eltern-Kind-Beziehung unter Berücksichtigung des Kindeswohls auszuüben.[76]

Teilweise abweichend von seiner früheren Rechtsprechung, nach der Umgangskosten jedenfalls in der Regel unberücksichtigt blieben,[77] hat der BGH nunmehr vor allem im Hinblick auf § 1612 b V BGB a. F. **angemessene Umgangskosten** des barunterhaltspflichtigen Elternteils mit seinem Kind dann für annerkennungsfähig erklärt, wenn diese nicht anderweitig abgedeckt sind.[78] Das gilt vor allem, wenn der Unterhaltspflichtige die Kosten nicht aus einem ihm verbleibenden Kindergeldanteil decken kann. Die Umgangs-

---

[71] BGH FamRZ 2001, 614 = R 556 a
[72] OLG Düsseldorf FamRZ 1996, 167
[73] BGH FamRZ 2001, 1065, 1066 = R 549 c
[74] OLG Düsseldorf FamRZ 1996, 167
[75] BGH FamRZ 2002, 1099 = NJW 2002, 2566
[76] BVerfG FamRZ 2003, 1371, 1377
[77] BGH FamRZ 1995, 215; FamRZ 2002, 1099
[78] BGH FamRZ 2005, 706 m. Anm. Luthin; FamRZ 2003, 445, 449; Scholz Vorauflage Rn. 169

kosten können dann nach dem BGH zu einer **maßvollen Erhöhung des Selbstbehalts** oder einer entsprechenden **Minderung des unterhaltsrelevanten Einkommens** führen.

Zur Unterhaltsberechnung bei umfangreichem Umgang, der sich einer dauernden Mitbetreuung annähert, vgl. Rn. 449.

272 Die gesonderte Berücksichtigung von Umgangskosten hat der BGH vor allem im Hinblick auf die frühere Regelung zur eingeschränkten Kindergeldanrechnung nach § 1612b V BGB a. F. anerkannt, weil das Kindergeld nach dieser am 1. 1. 2001 in Kraft getretenen Vorschrift dem Unterhaltspflichtigen nicht oder nur eingeschränkt zur Finanzierung der Umgangskosten zur Verfügung stand.

Nach der durch die **Unterhaltsreform 2007** geänderten Systematik ist auch auf den Mindestunterhalt regelmäßig das hälftige Kindergeld anzurechnen. Damit wird das Kindergeld zwar – vordergründig – abweichend von § 1612b V BGB a. F. beim zu zahlenden Unterhalt berücksichtigt. Es ist allerdings zu beachten, dass die Anrechnung nach § 1612b I BGB n. F. bedarfsdeckend erfolgt. Das hat zur Folge, dass die Leistungsfähigkeit des Unterhaltspflichtigen nicht mehr auf Grund der ungekürzten Tabellenbeträge festzustellen ist, sondern anhand der Zahlbeträge. Während nach bisheriger Rechnung dem Unterhaltspflichtigen also noch über den Selbstbehalt hinaus das hälftige Kindergeld verblieb, ist das nun nicht mehr der Fall. Im Ergebnis bleibt das Kindergeld also entsprechend der Regelung in § 1612b V BGB a. F. unberücksichtigt. Die Rechtsprechung des BGH gilt also fort und greift ein, wenn der Unterhaltspflichtige nur den Mindestunterhalt (abzüglich des hälftigen Kindergelds) zu zahlen hat und die Umgangskosten aus seinem (notwendigen) Selbstbehalt aufbringen müsste.

> **Beispiel:**
> Der V hat ein bereinigtes Monatsnettoeinkommen von 1300 €. Er ist allein dem sechsjährigen Kind K zum Unterhalt verpflichtet. Für zweiwöchentliche Besuchskontakte hat er Fahrtkosten und zusätzlichen Verpflegungsaufwand von monatlich 120 €.
> Der V schuldet dem K den Mindestunterhalt von 364 € abzüglich des hälftigen Kindergelds von 92 €, mithin 272 €. Eine Höherstufung wegen unterdurchschnittlicher Unterhaltslast kommt nicht in Betracht, weil das Einkommen des V deutlich unter der Grenze zur zweiten Einkommensgruppe liegt.
> **Berechnung:** Die beiden vom BGH akzeptierten Methoden führen hier zum selben Ergebnis.
> a) Anhebung des Selbstbehalts: 950 € + 120 € = 1070 €. Für den Elementarunterhalt verbleiben 1300 € – 1070 € = 230 €.
> b) Abzug vom Einkommen: 1300 € – 120 € = 1180 € – 950 € = 230 €.
> Die Differenz zwischen dem ungekürzten (272 €) und dem gekürzten Unterhalt (230 €) von 42 € entspricht den nicht durch das Einkommen und das Kindergeld abgedeckten Umgangskosten.

Für **Wohnkosten** hält der BGH indessen – von Ausnahmefällen abgesehen – einen Abzug nicht für angezeigt, weil es angemessen und ausreichend sein dürfte, die Kinder in den dem Wohnbedarf des Unterhaltspflichtigen entsprechenden Räumlichkeiten mit unterzubringen.[79] Die **Angemessenheit** der Kosten ist maßgeblich nach dem **Wohl des Kindes** zu bestimmen.[80] Der BGH hält dazu das hälftige Kindergeld jedenfalls in der Regel für ausreichend. Sowohl die Angemessenheit der Kosten als auch die Rechtsfolge der maßvollen Erhöhung des Selbstbehalts lassen es zu, im Einzelfall das Barexistenzminimum des Kindes in die Betrachtung einzubeziehen und mit seinen eigenen Umgangsbelangen wie denen des Unterhaltspflichtigen **abzuwägen**.

273 Verfügt der Unterhaltspflichtige indessen auch nach Abzug der Umgangskosten noch über **ausreichendes Einkommen,** bleibt es dabei, dass Umgangskosten regelmäßig nicht zu berücksichtigen sind.[81] Erst recht sollten bei besseren Verhältnissen Umgangskosten in der Regel nicht vom anrechenbaren Einkommen des unterhaltspflichtigen Elternteils abgezogen werden. Dies lässt sich m. E. mit § 1606 III 2 BGB begründen. Wenn zum Bedarf des Kindes auch der Umgang mit dem nicht betreuenden Elternteil gehört, fallen diesem

---

[79] BGH FamRZ 2005, 706, 708; vgl. BSG, FamRZ 2007, 465
[80] BGH FamRZ 2005, 706, 708
[81] BGH FamRZ 2006, 1015, 1018 m. Anm. Luthin vgl. auch OLG Jena – 1 UF 19/10 BeckRS 2010, 20342; OLG Saarbrücken – 6 UF 63/10 BeckRS 2010/29773 Rn. 24 f.

die dadurch entstehenden Kosten in der Regel allein zur Last. **Ausnahmen** sind denkbar, wenn das Kind beim betreuenden Elternteil in einem weit entfernten Ort lebt und deshalb durch die Ausübung des Umgangs beachtliche Kosten entstehen, die vom Berechtigten angesichts seiner wirtschaftlichen Verhältnisse nicht in zumutbarer Weise aufgebracht werden können.[82] Jedoch muss der Umgangsberechtigte alle Möglichkeiten nutzen, um diese Kosten so niedrig wie möglich zu halten.[83] So ist er ggf. auf die Benutzung öffentlicher Verkehrsmittel zu verweisen; auch kann von ihm verlangt werden, hohe Fahrtkosten dadurch zu vermeiden, dass er die Häufigkeit des Umgangs einschränkt und dafür die einzelnen Besuche verlängert.[84] Entscheidend ist auch hier das Wohl des Kindes (Rn. 272).

Der nicht betreuende Elternteil kann die **Kosten**, die er **für den Unterhalt** des Kindes **während der Ausübung des Umgangsrechts**, z. B. für dessen Ernährung, aufwendet, in der Regel nicht vom Barunterhalt abziehen.[85] Vgl. oben Rn. 220. Zum Wechselmodell und diesem nahe kommenden Betreuungsmodellen s. u. Rn. 448 f. **274**

IV. Leistungsfähigkeit eines Elternteils bei Übernahme der Haushaltsführung nach Wiederverheiratung oder Begründung einer nichtehelichen Lebensgemeinschaft („Hausmannrechtsprechung")

1. Erwerbsobliegenheit des wiederverheirateten, haushaltsführenden Ehegatten gegenüber gleichrangigen Berechtigten, insbesondere gegenüber minderjährigen Kindern aus erster Ehe

Niemand darf sich seiner Unterhaltspflicht – sei es gegenüber seinen Kindern, insbesondere seinen minderjährigen Kindern, sei es gegenüber seinem (früheren) Ehegatten – dadurch entziehen, dass er eine neue Familie gründet, keiner Erwerbstätigkeit nachgeht und sich allein auf die Haushaltsführung und ggf. Kinderversorgung in der neuen Ehe beschränkt. Diese sog. Hausmannrechtsprechung hat der BGH im Jahre 1979 begründet,[86] sie aber seit 1996 zugunsten der Berechtigten und zu Lasten des Unterhaltspflichtigen erheblich **verschärft**.[87] Inzwischen hat er sie auch auf die Haushaltsführung in einer nichtehelichen Lebensgemeinschaft erstreckt.[88] Eine weitere Verschärfung der Haftung hat der BGH durch seine Entscheidung vom 5. 10. 2006[89] vollzogen, indem er auch die mit der Rollenwahl verbundenen Vorteile in die Unterhaltspflicht mit einbezogen hat. **275**

Trotz Eingehung einer neuen Ehe bleibt ein Elternteil einem minderjährigen Kind aus erster Ehe, das vom anderen Elternteil betreut wird, barunterhaltspflichtig (§ 1606 III 2 BGB), auch wenn er im Einvernehmen mit dem neuen Partner die Haushaltsführung und ggf. die Kindesbetreuung übernimmt. Damit erfüllt er nur seine Unterhaltspflicht gegenüber dem neuen Ehegatten und ggf. gegenüber dem Kind aus der neuen Ehe (§§ 1360 S. 2, 1606 III 2 BGB), dagegen nicht gegenüber dem minderjährigen Kind aus erster Ehe.[90] Dies führt zu einem Konflikt zwischen den Unterhaltsinteressen der gemeinsamen Kinder aus der alten Familie, dem früheren Ehegatten und den Mitgliedern der neuen Familie. Der barunterhaltspflichtige Ehegatte darf sich dann nicht ohne weiteres auf die Sorge für die Angehörigen aus der neuen Familie beschränken. Er muss auch für die minderjährigen und privilegiert volljährigen Kinder sowie ggf. für den unterhaltsbedürftigen Ehegatten aus der ersten Ehe (vgl. dazu Rn. 276) sorgen. Deshalb kann die Beschränkung auf die Rolle des

---

[82] OLG Karlsruhe FamRZ 1992, 58; KG FamRZ 1998, 1386
[83] BGH FamRZ 1995, 215 mit ablehnender Anm. Weychardt; FamRZ 1995, 539 = R 483; OLG Karlsruhe FamRZ 1992, 58
[84] OLG Karlsruhe FamRZ 1992, 58
[85] BGH FamRZ 1984, 473
[86] BGH FamRZ 1980, 43
[87] BGH FamRZ 1996, 796
[88] BGH FamRZ 2001, 614 mit Anm. Büttner = R 556 b
[89] BGH FamRZ 2006, 1827 m. Anm. Strohal
[90] BGH FamRZ 1996, 796

Hausmanns bzw. der Hausfrau allenfalls unter engen Voraussetzungen anerkannt werden, vor allem dann nicht, wenn der Unterhaltspflichtige früher den Familienunterhalt durch Erwerbstätigkeit sichergestellt hat, also ein **Rollentausch** vorgenommen worden ist.[91] Fehlt es im Verhältnis zu den Berechtigten aus der ersten Ehe an einem rechtfertigenden Grund für den Rollenwechsel, ist dem Pflichtigen grundsätzlich sein bisheriges Einkommen fiktiv zuzurechnen. Vgl. dazu Rn. 280.

Kann die Rollenwahl gebilligt werden, muss der Pflichtige gleichwohl zum Unterhalt der Berechtigten aus der ersten Ehe, insbesondere der minderjährigen Kinder, beitragen. Der neue Ehegatte hat die Erfüllung dieser Obliegenheit nach dem Rechtsgedanken des § 1356 II 2 BGB zu ermöglichen, zumal bei der Aufgabenverteilung in der neuen Ehe die beiderseits bekannte Unterhaltslast gegenüber Kindern aus früheren Ehen berücksichtigt werden muss. Denn der neue Ehegatte müsste es auch im Falle der Vollerwerbstätigkeit des unterhaltspflichtigen Ehegatten hinnehmen, dass die Einnahmen daraus nicht ganz zur Bestreitung des Familienunterhalts zur Verfügung stünden, sondern zum Teil zum Unterhalt der gleichrangigen Kinder aus der früheren Ehe verwendet werden müssten.[92] Der Pflichtige muss allerdings nicht das Haushalts- oder Wirtschaftsgeld, das er von seinem neuen Ehegatten erhält, für den Unterhalt der minderjährigen Kinder aus erster Ehe einsetzen, weil dieses nur treuhänderisch zur Verwendung für Bedürfnisse der Familie überlassen wird.[93] Er ist jedoch gehalten, Taschengeld für den Barunterhalt zu verwenden.[94] Kann er aus dem Taschengeld, wie es die Regel ist, keinen oder keinen ausreichenden Unterhalt zahlen, muss er wenigstens teilweise erwerbstätig sein, um zum Ausgleich einen entsprechenden Barunterhalt zahlen zu können;[95] denn trotz der Wahl der Rollen des Hausmanns oder der Hausfrau bleibt für den unterhaltspflichtigen Elternteil im Verhältnis zu den minderjährigen Kindern aus erster Ehe eine Erwerbsobliegenheit bestehen.[96]

276 Die Erwerbsobliegenheit des „Hausmanns" oder der „Hausfrau" besteht vor allen Dingen gegenüber **minderjährigen Kindern aus erster Ehe**,[97] aber auch gegenüber einem nichtehelichen Kind, das von dem anderen Elternteil oder einem Dritten betreut wird. Die Hausmannrechtsprechung ist auch zugunsten (nicht verheirateter) **privilegiert volljähriger Kinder** bis zur Vollendung des 21. Lebensjahres anwendbar, solange diese im Haushalt der Eltern oder eines Elternteils leben und sich in der allgemeinen Schulausbildung befinden, da diese Kinder denselben Rang wie minderjährige Kinder haben (§ 1609 Nr. 1 BGB); vgl. dazu Rn. 580 ff. Dieselben Grundsätze müssen aber ausnahmsweise auch gegenüber dem unterhaltsbedürftigen **früheren Ehegatten** gelten, jedenfalls dann, wenn dessen Unterhaltsberechtigung auf § 1570 BGB beruht.[98]

277 Die Grundsätze der Hausmannrechtsprechung sind auch **zugunsten eines nichtehelichen Kindes** anzuwenden, wenn der Kindesvater verheiratet ist, keine Erwerbstätigkeit ausübt, sich vielmehr auf die Betreuung eines Kindes aus dieser Ehe beschränkt, da das Gesetz nicht mehr zwischen nichtehelichen und ehelichen Kindern unterscheidet und ihre Unterhaltsansprüche daher denselben Rang haben (§ 1609 BGB). Für Unterhaltsansprüche der betreuenden **Mutter des nichtehelichen Kindes**, die nach der neuen Gesetzeslage mit dem Unterhalt der betreuenden geschiedenen Ehefrau im Rang gleichgestellt sind (§ 1609 Nr. 2 BGB) gilt nunmehr das Gleiche wie für den früheren Ehegatten.

278 Der haushaltführende Ehegatte ist nach Maßgabe der nachfolgenden Ausführungen (Rn. 283–287) verpflichtet, eine **(Neben-)Erwerbstätigkeit** auszuüben,
– wenn aus der neuen Ehe keine Kinder hervorgegangen sind, er vielmehr nur den Haushalt für den berufstätigen neuen Ehegatten führt (vgl. dazu Rn. 284),

---

[91] BGH FamRZ 1996, 796
[92] BGH FamRZ 2006, 1827, 1828 m. w. N. m. Anm. Strohal
[93] BGH FamRZ 1995, 537 = R 493 a; FamRZ 1986, 668
[94] BGH FamRZ 2006, 1827, 1830 m. Anm. Strohal; FamRZ 2001, 1065, 1068 mit Anm. Büttner; BVerfG FamRZ 1985, 143, 145
[95] BGH FamRZ 2006, 1827, 1828 m. w. N. m. Anm. Strohal
[96] BVerfG FamRZ 1985, 143, 145; BGH FamRZ 1996, 796
[97] BGH FamRZ 1996, 796
[98] BGH FamRZ 1996, 796

4. Abschnitt: Leistungsfähigkeit des Unterhaltspflichtigen § 2

– wenn er in der neuen Ehe eigene Kinder zu betreuen hat,
– erst recht, wenn er in der neuen Ehe Kinder seines Ehegatten versorgt.

279 Der BGH gestattet dem haushaltführenden Elternteil nur in eingeschränktem Umfang die Berufung darauf, dass sein eigener notwendiger Bedarf, der nach der Düsseldorfer Tabelle bei Ausübung einer Erwerbstätigkeit 950,– EUR beträgt (vgl. Rn. 385), nicht gewahrt sei. Vielmehr ist der **Verdienst** des „Hausmanns" aus einer Nebentätigkeit voll anzurechnen, auch wenn er **unter dem Selbstbehalt** bleibt, soweit sein Eigenbedarf bereits durch den Unterhalt gesichert ist, den sein Ehegatte nach §§ 1360, 1360a BGB schuldet.[99] Der haushaltführende Ehegatte ist daher grundsätzlich verpflichtet, den Barunterhalt des minderjährigen Kindes aus erster Ehe zu tragen oder sich mindestens daran zu beteiligen. Voraussetzung ist allerdings, dass sich eine Unterhaltspflicht auch dann ergäbe, wenn der Unterhalt der unterhaltsberechtigten Angehörigen der neuen Familie, allerdings mit Ausnahme des nachrangigen zweiten Ehegatten, berücksichtigt wird.[100] Vgl. dazu Rn. 290. Wenn bei unterhaltsrechtlich hinzunehmender Rollenwahl der neue Ehegatte den Selbstbehalt des Unterhaltspflichtigen durch sein Einkommen nicht vollständig sicherstellen kann, darf der Unterhaltspflichtige seine Einkünfte aus der Nebentätigkeit zunächst zur Sicherung des eigenen notwendigen Selbstbehalts verwenden.[101] Reicht das effektive oder fiktive Einkommen des haushaltführenden Ehegatten nicht aus, um seinen angemessenen Bedarf zu decken, ist zu prüfen, ob der Vater als anderer unterhaltspflichtiger Verwandter im Sinne des § 1603 II 3 BGB in der Lage ist, ohne Beeinträchtigung seines eigenen angemessenen Bedarfs auch den Barunterhalt für das Kind ganz oder teilweise aufzubringen.[102] Vgl. dazu Rn. 290, zur Problematik des § 1603 II BGB im Allgemeinen Rn. 394 f., 397 ff.

280 Voraussetzung für die Anwendung dieser „Hausmannrechtsprechung" ist, dass die Unterhaltsberechtigten der alten Familie die **Rollenwahl** in der neuen Familie hinnehmen müssen. Während der BGH[103] zunächst offen gelassen hatte, ob die Rollenverteilung auch bei einem etwa gleich bleibenden Familieneinkommen zu tolerieren wäre, hat er später eindeutig klargestellt, dass die Übernahme der Haushaltsführung durch den Unterhaltspflichtigen, dagegen einer Erwerbstätigkeit durch den neuen Ehegatten mindestens zu einer **wesentlich günstigeren Einkommenssituation der neuen Familie** führen muss.[104] Er hat zu Recht darauf hingewiesen, dass allein die Möglichkeit, durch den Rollentausch eine Verbesserung des Lebensstandards zu erreichen, jedenfalls dann nicht ohne weiteres hingenommen werden kann, wenn sie mit der Leistungsunfähigkeit des Verpflichteten und infolgedessen mit einer Verschlechterung des Lebensstandards des Berechtigten verbunden ist. Der BGH neigt anscheinend dazu, dass der Verpflichtete in einem solchen Fall ähnlich wie bei einem zulässigen Berufswechsel zumutbare Vorsorgemaßnahmen zur Sicherstellung des Unterhalts des Berechtigten zu treffen hat; er hat dies allerdings letztlich offen gelassen. Es reicht danach nicht allein aus, dass die Rollenwahl wirtschaftlich oder aus sonstigen Gründen vernünftig ist. Sie kann keinesfalls geduldet werden, wenn es der neuen Familie dadurch wirtschaftlich schlechter geht als bei umgekehrter Aufgabenverteilung, da in einem solchen Fall die Absicht des Unterhaltspflichtigen, die alte Familie zu benachteiligen, offen zutage liegt.

Ist die Rollenwahl nicht hinzunehmen, bleibt der haushaltführende Ehegatte zu einer Erwerbstätigkeit in früherem Umfang verpflichtet. Ihm wird ein Einkommen aus einer solchen Tätigkeit fiktiv zugerechnet. Entsprechend diesen fiktiven Einkünften hat er Unterhalt zu leisten. Dabei sind allerdings dann bestehende gleichrangige Unterhaltsansprüche der Angehörigen der neuen Familie zu berücksichtigen.[105] Die minderjährigen Kinder pro-

---

[99] BGH FamRZ 2001, 1065, 1067 mit Anm. Büttner = R 549c; BGH FamRZ 1996, 796, 798
[100] BGH FamRZ 2001, 1065, 1067 mit Anm. Büttner = R 549c; FamRZ 1996, 796, 798
[101] BGH FamRZ 2006, 1827, 1830; FamRZ 2006, 1010, 1014 m. Anm. Borth
[102] BGH FamRZ 1998, 286 = R 518a; FamRZ 2002, 742 mit Anm. Büttner = R 576c; BGH FamRZ 2004, 24
[103] BGH FamRZ 1987, 472; FamRZ 1987, 252
[104] BGH FamRZ 1996, 796
[105] BGH FamRZ 1996, 796

fitieren in jedem Falle von einer durch die Wiederverheiratung gestiegenen Leistungsfähigkeit des Unterhaltspflichtigen,[106] sodass sich hier die Frage, ob der Rollentausch berechtigt war oder nicht, regelmäßig nicht stellt. Vgl. dazu Rn. 275, 290.

281 Die Pflicht zur Aufnahme einer Erwerbstätigkeit schied nach der Rechtsprechung des BGH in der Regel aus, solange der haushaltsführende Ehegatte in der Zeit nach der Geburt eines Kindes aus der neuen Ehe **Erziehungsgeld** bezog.[107] Er war allerdings verpflichtet, dieses auch für den Unterhalt des minderjährigen Kindes aus erster Ehe einzusetzen. Zwar wurden Unterhaltspflichten durch den Bezug des Erziehungsgeldes grundsätzlich nicht berührt. Dies galt jedoch nicht im Falle der gesteigerten Unterhaltspflicht nach § 1603 II BGB (§ 9 S. 2 BErzGG).[108] Das vom neuen Ehegatten des unterhaltspflichtigen Elternteils bezogene Erziehungsgeld war (bei dessen Unterhaltsanspruch gegen den zum Kindesunterhalt verpflichteten) nicht als Einkommen zu berücksichtigen.[109] Nach der seit 1. 1. 2008 geltenden Rechtslage wirkte sich das allerdings kaum mehr aus, weil der Kindesunterhalt nach § 1609 Nr. 1, 2 BGB gegenüber dem Ehegattenunterhalt vorrangig ist.

Das **Kindergeld,** das für ein Kind aus der neuen Verbindung gezahlt wird, ist nicht für den Unterhalt des Kindes aus erster Ehe einzusetzen. Dies folgt bereits aus der bedarfsdeckenden Anrechnung gemäß § 1612 b I BGB.

Auch während des Bezuges von **Elterngeld nach dem BEEG,** das das Erziehungsgeld für seit dem 1. 1. 2007 geborene Kinder ersetzt (und erweitert), ist der betreuende Elternteil zu einer Erwerbstätigkeit nicht verpflichtet.[110] Ob das Elterngeld für den Kindesunterhalt einzusetzen ist, ist differenziert zu betrachten. Hinsichtlich des bis 2010 geltenden Sockelbetrages von 300 EUR war das Elterngeld zwar grundsätzlich nicht für den Unterhalt einzusetzen. Etwas anderes galt aber für die verschärfte Unterhaltspflicht gegenüber Minderjährigen und privilegierten Volljährigen nach § 1603 II BGB. Hier war der Sockelbetrag von 300 EUR als Einkommen einzusetzen (§ 11 S. 4 BEEG a. F.). Der darüber hinausgehende Betrag des Elterngelds ist uneingeschränkt als Einkommen des Beziehers zu berücksichtigen. Zur Neuregelung des Elterngelds vgl. Rn. 8/39, 192.

282 Das BVerfG hält die (frühere) Hausmannrechtsprechung des BGH für **verfassungsgemäß.**[111]

2. Umfang der Erwerbsobliegenheit des haushaltsführenden Ehegatten; Verpflichtungen des neuen Partners

283 Der **Umfang der Erwerbstätigkeit** hängt davon ab, in welchem Maße der Unterhaltspflichtige nach den individuellen Verhältnissen in der zweiten Ehe zu einer solchen Tätigkeit in der Lage ist.[112] Dabei sind neben dem Alter der von ihm betreuten Kinder auch die berufliche Inanspruchnahme seines neuen Ehegatten und sonstige Betreuungsmöglichkeiten zu berücksichtigen. Ist der neue Ehegatte beruflich derart belastet, dass er den barunterhaltspflichtigen Ehegatten nicht persönlich entlasten kann oder will, ist stets zu prüfen, ob er seiner Verpflichtung zur Rücksichtnahme auf die weiteren Unterhaltspflichten seines Ehegatten nicht auf andere Weise genügen kann. Das kann auch durch die **Finanzierung einer Hilfe** für die Haushaltsführung und Kindesbetreuung geschehen.[113]

284 Sind aus der neuen Verbindung **keine betreuungsbedürftigen Kinder** hervorgegangen, kann eine Beschränkung des unterhaltspflichtigen Elternteils auf die Haushaltsführung im Allgemeinen nicht hingenommen werden; vgl. dazu Rn. 280. Vielmehr ist der Elternteil in der Regel gehalten, vollschichtig erwerbstätig zu sein.[114] Hat er früher eine verant-

---

[106] BGH FamRZ 2006, 1827, 1830
[107] BGH FamRZ 2006, 1010, 1014 mit Anm. Borth
[108] BGH a. a. O.
[109] BGH FamRZ 2006, 1182 mit Anm. Luthin
[110] Scholz FamRZ 2007, 7, 9, unter Hinweis auf BGH FamRZ 2006, 1010, 1014 mit Anm. Borth
[111] BVerfG FamRZ 1985, 143, 145
[112] BGH FamRZ 2006, 1827, 1830 mit Anm. Strohal = R 660
[113] BGH FamRZ 2006, 1827, 1830 mit Anm. Strohal = R 660
[114] Vgl. BGH FamRZ 2001, 1065 mit Anm. Büttner = R 549 b; FamRZ 1996, 796

wortungsvolle und ausreichend dotierte Erwerbstätigkeit ausgeübt, wird er Unterhalt in bisheriger Höhe weiterzahlen müssen. Die Eheschließung und die Aufgabenverteilung in der neuen Ehe entbinden ihn nicht von der Unterhaltsverpflichtung gegenüber seinen Kindern und dem früheren Ehegatten. Im Gegenteil kann sein notwendiger Selbstbehalt niedriger angesetzt werden als nach der Düsseldorfer Tabelle oder den Leitlinien des zuständigen Oberlandesgerichts (in der Regel 950,– EUR; vgl. dazu Rn. 385), weil der Bedarf des Unterhaltspflichtigen durch die gemeinsame Haushaltsführung mit dem ebenfalls erwerbstätigen Ehegatten geringer ist.[115] Ist ausnahmsweise die Aufgabenverteilung in der neuen Ehe hinzunehmen, so ist vom haushaltsführenden Elternteil mindestens eine umfangreiche Nebentätigkeit zu verlangen, die es ihm erlaubt, für seine minderjährigen Kinder jedenfalls den Mindestunterhalt, also den Unterhalt nach der ersten Einkommensgruppe der Düsseldorfer Tabelle aufzubringen.

Die Erwerbsobliegenheit des Pflichtigen bleibt auch dann bestehen, wenn in der neuen Ehe ein oder mehrere **gleichrangige kleine Kinder** zu betreuen sind. Dies gilt grundsätzlich auch bei einem Säugling.[116] Allerdings wird es hier zunächst genügen, wenn der haushaltsführende Ehegatte das Elterngeld (Erziehungsgeld) für den Unterhalt des Kindes aus erster Ehe einsetzt (vgl. Rn. 281). Jedoch können die minderjährigen Kinder der früheren Familie nicht ohne weiteres verlangen, dass der ihnen zur Leistung verpflichtete Elternteil in gleichem Umfang wie bisher erwerbstätig bleibt. Derartige Konflikte sind nach Zumutbarkeitsgesichtspunkten zu lösen. Es ist zu prüfen, inwieweit dem Pflichtigen trotz einer ihm obliegenden Betreuung der Kinder aus zweiter Ehe zugemutet werden kann, einer Erwerbstätigkeit nachzugehen, aus deren Ertrag die Ansprüche der erstehelichen Kinder gedeckt werden können. Ist die Übernahme der Haushaltsführung und der Kinderbetreuung im Vergleich zur Erwerbstätigkeit in der früheren Ehe mit einem **Rollenwechsel** (vgl. dazu Rn. 275) verbunden, sind die Gründe, die dies rechtfertigen sollen, einer besonders restriktiven Prüfung zu unterziehen.[117] Kann die Rollenverteilung ausnahmsweise gebilligt werden, muss der Unterhaltspflichtige die Haushaltsführung und Betreuung der Kinder in der neuen Ehe auf das unbedingt notwendige Maß beschränken, damit er durch die Nebentätigkeit den Unterhaltsbedarf seiner unterhaltsberechtigten Kinder aus der früheren Ehe soweit wie möglich sicherstellen kann.[118] Zum Umfang der Erwerbsobliegenheit vgl. unten Rn. 290. **285**

Dem baruntehaltspflichtigen Elternteil können neben seiner Hausmannsrolle **Teilzeitbeschäftigungen**,[119] Heimarbeit am Computer, häusliche Erledigung einfacher Lohnarbeiten,[120] Putztätigkeiten in den Abendstunden[121] und leichtere Arbeiten in einem fremden Haushalt,[122] auch eine zeitweise Tätigkeit als Nachtportier u. ä. zugemutet werden, selbst wenn er qualifiziert ausgebildet ist (z. B. als Amtmann).[123] **286**

Der neue Ehegatte kann selbst bei einer förmlichen Vereinbarung über die Aufgabenverteilung in der Ehe im Verhältnis zu den minderjährigen Kindern aus der ersten Ehe nicht verlangen, dass der Pflichtige in der neuen Ehe unter Verzicht auf eine Erwerbstätigkeit nur die Haushaltsführung und Kinderbetreuung übernimmt. **Der zweite Ehegatte** ist vielmehr gehalten, dem Unterhaltspflichtigen durch eine **Teilübernahme häuslicher Aufgaben** die erforderliche Zeit und damit die Möglichkeit zu verschaffen, seine Arbeitskraft nicht vollständig für Mitglieder der neuen Familie, sondern auch für den Unterhalt minderjähriger Kinder aus der ersten Ehe zu verwenden.[124] Gegebenenfalls ist es dem Unterhaltspflichtigen zuzumuten, sich die Erwerbsmöglichkeit durch den Einsatz einer Hilfskraft zu **287**

---

[115] BGH FamRZ 2002, 742 mit Anm. Büttner = R 576 b; FamRZ 1998, 287 = R 518 a
[116] BGH FamRZ 1982, 25, 26 sub 2 e
[117] BGH FamRZ 1996, 796
[118] BGH FamRZ 1996, 796
[119] BGH FamRZ 1980, 43 = NJW 1980, 340
[120] BGH FamRZ 1986, 668; FamRZ 1982, 25
[121] BGH FamRZ 1987, 270
[122] BGH FamRZ 1986, 668
[123] BGH FamRZ 1982, 590
[124] BGH FamRZ 2001, 1065, 1066 mit Anm. Büttner = R 549 a

verschaffen.¹²⁵ Freilich mindern die dadurch entstehenden Kosten das erzielbare Einkommen.

3. Bemessung der dem Verpflichteten anzurechnenden (fiktiven) Nebeneinkünfte

288 Ist die Rollenverteilung hinzunehmen (Rn. 284 f.) und erzielt der Verpflichtete **tatsächlich Nebeneinkünfte,** muss er sie für den Unterhalt der minderjährigen Kinder aus erster Ehe einsetzen. Dies gilt aber nur dann, wenn sein **eigener Bedarf** durch den vom zweiten Ehegatten gewährten Familienunterhalt gedeckt ist.¹²⁶ Der zweite Ehegatte muss also in der Lage sein, seinen Eigenbedarf, den Bedarf seines haushaltsführenden Partners, der Kindern aus erster Ehe unterhaltspflichtig ist, und den Bedarf minderjähriger Kinder aus der neuen Ehe aufzubringen. Wegen der Berechnung der konkurrierenden Ansprüche kann zunächst auf Rn. 3/70 ff. verwiesen werden. Jedoch sind hier Besonderheiten zu beachten. Der Eigenbedarf des zweiten Ehegatten, der ihm zu belassen ist, kann nicht aus §§ 1578, 1581 BGB entnommen werden, da nicht zu beurteilen ist, welcher Betrag dem zweiten Ehegatten gegenüber dem Unterhaltsberechtigten zu verbleiben hat, es vielmehr um das Konkurrenzverhältnis zwischen Unterhaltsberechtigten aus verschiedenen ehelichen oder auch nichtehelichen Verbindungen geht (vgl. Rn. 277). Daher sollte § 1603 I BGB mindestens entsprechend angewendet werden. Dies ist deshalb gerechtfertigt, weil der zweite Ehegatte zu den Kindern seines Partners aus erster Ehe (oder zu dessen nichtehelichen Kindern) in keinem Unterhaltsverhältnis steht und die Voraussetzungen des § 1603 II BGB daher nicht vorliegen. Der haushaltsführende Elternteil muss sich dagegen auf den notwendigen Selbstbehalt verweisen lassen. Die Selbstbehaltssätze können wegen der Ersparnis durch die gemeinsame Haushaltsführung niedriger angesetzt werden, als in Anm. A 5 der Düsseldorfer Tabelle festgelegt. In der Regel wird man den Bedarf des erwerbstätigen zweiten Ehegatten in entsprechender Anwendung von Anm. A 5 II der Düsseldorfer Tabelle mit 1150,– EUR ansetzen, nicht dagegen mit dem notwendigen Selbstbehalt von 950,– EUR. Der verpflichtete Elternteil muss sich demgegenüber eine Haushaltsersparnis anrechnen lassen, da er mit seinem zweiten Ehegatten zusammen lebt.¹²⁷ Eine Berechnung des Familienunterhalts nach Quoten unter Berücksichtigung des Erwerbstätigenbonus scheidet aus.¹²⁸

Für das eigene Kind hat der zweite Ehegatte mindestens den Richtsatz der ersten Einkommensgruppe der Tabelle aufzubringen, da der haushaltsführende Partner diesem Kind gegenüber seine Unterhaltspflicht durch Betreuung erfüllt (§ 1606 III 2 BGB). Das Kindergeld für das Kind aus der neuen Verbindung ist nur für dieses Kind zu verwenden. Vgl. dazu Rn. 281. Es darf daher bei der Prüfung, ob der notwendige Selbstbehalt des haushaltsführenden Elternteils gewahrt ist, nicht berücksichtigt werden.

Das Einkommen des zweiten Ehegatten und der Ertrag der Nebentätigkeit des haushaltsführenden Elternteils sind zu addieren. Nach Abzug des Unterhalts für das Kind aus zweiter Ehe ist der verbliebene Betrag jedem Ehegatten zur Hälfte zuzuweisen.¹²⁹ Dies kommt allerdings nur in Betracht, wenn nach Teilung des Familieneinkommens für den zweiten Ehegatten mindestens der angemessene Selbstbehalt von 1150,– EUR verbleibt. Erst wenn das Einkommen der neuen Familie nach Abzug des Kindesunterhalts den angemessenen Selbstbehalt des zweiten Ehegatten und den notwendigen Selbstbehalt des pflichtigen Elternteils deckt, muss der Verpflichtete den Ertrag einer Nebentätigkeit jedenfalls teilweise für den Unterhalt des Kindes aus erster Ehe verwenden. Reicht das Einkommen des zwei-

---

¹²⁵ BGH FamRZ 2006, 1827, 1830 mit Anm. Strohal = R 660; FamRZ 2001, 1065 mit Anm. Büttner = R 549 a; FamRZ 1996, 796
¹²⁶ BGH FamRZ 2001, 1065, 1066 mit Anm. Büttner = R 549 a; BGH FamRZ 2002, 742 mit Anm. Büttner = R 576 a
¹²⁷ BGH FamRZ 2003, 363 = R 584 mit Anm. Scholz FamRZ 2003, 514; die früher in B.VI der Düsseldorfer Tabelle enthaltenen Beträge sind seit 2008 in der Tabelle nicht mehr ausgewiesen.
¹²⁸ BGH FamRZ 2002, 742 mit Anm. Büttner = R 576 a, b; vgl. auch BGH FamRZ 2001, 21
¹²⁹ BGH FamRZ 2002, 742 mit Anm. Büttner = R 576 a, b; vgl. auch BGH FamRZ 2003, 860 = R 590 A j

ten Ehegatten dagegen zur Deckung des Bedarfs der neuen Familie nicht aus, darf der haushaltsführende Partner sein Nebeneinkommen zunächst zur Deckung seines eigenen Bedarfs verwenden, bevor er Unterhalt an ein minderjähriges Kind aus seiner ersten Ehe zu zahlen hat.

Beispiel:
Das 10-jährige Kind K 1 aus erster Ehe wird vom Vater betreut. Die Mutter (M) ist wiederverheiratet und versorgt das 2-jährige Kind K 2 aus der neuen Ehe. Sie verdient durch eine zumutbare Nebentätigkeit am Wochenende 300,– €. Das Einkommen des zweiten Ehegatten beläuft sich auf 1500,– €. Die Rollenwahl ist hinzunehmen, da M bei vollschichtiger Tätigkeit nur 800,– €, also deutlich weniger als ihr Ehemann verdienen könnte (Rn. 285). Einkommen der neuen Familie ohne Kindergeld für K 2: 1800,– € abzüglich Kindesunterhalt K 2 (Zahlbetrag) von 225,– € (DT 1/1) = 1575,– €. Da bei Halbteilung dieses Betrages der angemessene Selbstbehalt des zweiten Ehemannes von 1150,– € gefährdet wäre, kann M hiervon nur ein Betrag von 425,– € zugewiesen werden. Dieser Betrag deckt (auch unter Berücksichtigung der Haushaltsersparnis) nicht einmal ihr eigenes Existenzminimum und erlaubt daher die Zahlung von Kindesunterhalt nicht.

Unterlässt der Verpflichtete eine ihm mögliche und ihm zumutbare Erwerbstätigkeit, so ist ihm ein **fiktives Einkommen** zuzurechnen. Dieses ist dann für die Beurteilung seiner Leistungsfähigkeit maßgebend.[130] Vgl. dazu Rn. 244. **289**

Der BGH hat früher die Auffassung vertreten, dass die Erwerbsobliegenheit zu einem Nebenerwerb nur so weit reiche, dass die Unterhaltsberechtigten aus der früheren Ehe nicht schlechter gestellt würden, als sie ständen, wenn der Verpflichtete erwerbstätig wäre.[131] Dann könne – jedenfalls bei Vorhandensein eines Kleinkindes in der zweiten Ehe – der neue Partner nicht ohne weiteres erwerbstätig sein und nicht zum Unterhalt der neuen Familie beitragen. Der Verpflichtete müsse dann von seinem früheren Erwerbseinkommen in der Regel auch die neue Familie unterhalten. Vor einer dadurch bedingten Schmälerung des Barunterhalts seien die Berechtigten aus der früheren Ehe nicht geschützt. Die Obergrenze fiktiver Einkünfte sei hypothetisch danach zu bestimmen, wie der Unterhaltsanspruch bestehen würde, wenn der „Hausmann" voll erwerbstätig geblieben wäre und von seinem Einkommen die alte und die neue Familie zu unterhalten hätte.[132] Von dieser Ansicht ist der BGH inzwischen abgerückt.[133] Die jetzige Rechtsprechung des BGH ist wie folgt zusammen zu fassen: Die **Wiederverheiratung** des unterhaltspflichtigen Elternteils kann dazu führen, dass sich das ersteheliche Kind als Folge des Hinzutritts weiterer minderjähriger Kinder aus der neuen Ehe eine **Schmälerung seines Unterhalts** gefallen lassen muss. Andererseits kann sich die Wiederverheiratung auch zum **Vorteil** des Kindes aus erster Ehe auswirken. Das Gesetz stellt in § 1603 BGB auf die tatsächlichen Verhältnisse des Unterhaltspflichtigen ab und bemisst die Unterhaltspflicht danach, ob und inwieweit er imstande ist, den begehrten Unterhalt ohne Gefährdung seines eigenen Bedarfs zu zahlen. Daher ist die Sicherstellung des eigenen Unterhalts des dem Kind verpflichteten Elternteils in der neuen Ehe zu berücksichtigen. In derartigen Fällen kommt es also nicht darauf an, welches fiktive Einkommen der unterhaltspflichtige Elternteil aus einer Vollzeittätigkeit erzielen und ob er aus diesen fiktiven Einkünften den Unterhalt aller Berechtigten sicherstellen könnte **(keine Kontrollberechnung)**,[134] sondern allein darauf, ob sein notwendiger Selbstbehalt durch das Einkommen des Ehegatten ganz oder teilweise gewährleistet wird und ob dem gemäß die Einkünfte des Pflichtigen die aus einer ihm möglichen und zumutbaren Nebentätigkeit die Zahlung von Kindesunterhalt erlauben.[135] **290**

Ist durch den Unterhalt des zweiten Ehegatten und durch den Ertrag der Nebentätigkeit der notwendige, aber nicht der angemessene Selbstbehalt des haushaltsführenden Elternteils

---

[130] BGH FamRZ 2001, 1065, 1067 mit Anm. Büttner = R 549 b; BVerfG FamRZ 1985, 143, 145
[131] BGH FamRZ 1987, 472, 474; BGH NJW 1985, 318
[132] BGH FamRZ 1987, 472, 474; NJW 1985, 318
[133] BGH FamRZ 2006, 1827 mit Anm. Strohal = R 660; FamRZ 2001, 1065, 1067 mit Anm. Büttner = R 549 c
[134] BGH FamRZ 2006, 1827 mit Anm. Strohal = R 660
[135] BGH FamRZ 2006, 1827 mit Anm. Strohal = R 660; FamRZ 2001, 1065, 1067 mit Anm. Büttner = R 549 c

gedeckt, ist zu prüfen, ob der **frühere Ehegatte als anderer unterhaltspflichtiger Verwandter** in der Lage ist, neben der Betreuung des Kindes auch dessen Barunterhalt ganz oder teilweise sicherzustellen (§ 1603 II 3 BGB).[136] Vgl. dazu Rn. 279 und zur Problematik des § 1603 II 3 BGB Rn. 394 f., 397 ff.

4. Unterhaltspflicht des haushaltsführenden Elternteils gegenüber einem volljährigen Kind

291 Die bisher dargestellten Grundsätze gelten nicht nur gegenüber minderjährigen Kindern, sondern – wie bereits Rn. 276 erwähnt – auch gegenüber (nicht verheirateten) **privilegiert volljährigen Kindern** bis zur Vollendung des 21. Lebensjahrs, solange diese im Haushalt der Eltern oder eines Elternteils leben und sich in der allgemeinen Schulausbildung befinden. Diese Kinder haben denselben Rang wie minderjährige Kinder (§ 1609 Nr. 1 BGB); vgl. dazu Rn. 579 ff.

292 Die Hausmannrechtsprechung kann dagegen nicht ohne weiteres auf **Unterhaltsansprüche anderer volljähriger Kinder** angewendet werden, auch wenn diese ihre Ausbildung noch nicht abgeschlossen haben. Es handelt sich hier um Kinder, die entweder bereits das 21. Lebensjahr vollendet, als 18–20-Jährige bereits das Elternhaus verlassen haben oder sich nicht mehr in der allgemeinen Schulausbildung befinden, sondern z. B. bereits in einem Lehrverhältnis stehen, studieren oder eine berufsbezogene Fachschule besuchen. Vgl. dazu Rn. 579 ff. Diese volljährigen Kinder sind gegenüber minderjährigen und privilegiert volljährigen Kindern sowie gegenüber dem Ehegatten nachrangig (§ 1609 BGB). Ein Elternteil kann sich ihnen gegenüber grundsätzlich darauf berufen, dass er wegen Übernahme der häuslichen Aufgaben in seiner zweiten Ehe zu Unterhaltsleistungen ohne Gefährdung des eigenen Unterhalts nicht in der Lage ist (§ 1603 I BGB). Seine Unterhaltspflicht beginnt regelmäßig erst bei Einkünften oberhalb des angemessenen Selbstbehalts. Dieser beträgt nach den Tabellen und Leitlinien derzeit 1150,– EUR (vgl. dazu Rn. 546 ff.). Bis zu dieser Höhe müssen dem unterhaltspflichtigen Elternteil die Einkünfte zur Deckung seines eigenen Lebensbedarfs verbleiben. Soweit er allerdings das Einkommen nicht benötigt, weil sein angemessener Bedarf durch den vom neuen Partner geleisteten **Familienunterhalt** (§§ 1360, 1360 a BGB) gesichert ist, hat er die Einkünfte auch Volljährigen gegenüber für Unterhaltszwecke zu verwenden.[137] Vgl. dazu auch Rn. 294.

Zu unterscheiden sind danach folgende Fallgruppen:

293 • Der wiederverheiratete **Elternteil** ist neben der Haushaltsführung in geringem Umfang **erwerbstätig** und erzielt daraus effektiv Einkünfte. Diese Nebentätigkeit kann im Verhältnis zum volljährigen Kind aus erster Ehe überobligationsmäßig sein, vor allem wenn er ein minderjähriges Kind aus der zweiten Ehe betreut, das noch in vollem Umfang betreuungsbedürftig ist. Das in dieser Weise erzielte Einkommen ist nur nach Maßgabe von Treu und Glauben anzurechnen.[138] Vgl. Rn. 294. Stammt das Einkommen nicht aus überobligationsmäßiger Tätigkeit, ist es zwar voll für die Unterhaltsberechnung anzurechnen. Es steht aber für den Unterhalt des volljährigen Kindes nur dann zur Verfügung, wenn die Einkünfte des zweiten Ehegatten so auskömmlich sind, dass er daraus den angemessenen Bedarf des Elternteils im Sinne des § 1603 I BGB decken kann. Eine Unterhaltspflicht scheidet dagegen aus, wenn dies nicht der Fall ist und der Elternteil daher sein Nebeneinkommen für seinen eigenen Bedarf benötigt.[139]

Der Bedarf des zweiten Ehemannes ist mit mindestens 1150,– EUR anzusetzen (vgl. Rn. 288), der Bedarf des unterhaltspflichtigen Elternteils wegen Zusammenlebens mit seinem neuen Partner bei einer Haushaltsersparnis von 10%[140] nur mit mindestens 840,– EUR, der Bedarf eines minderjährigen Kindes aus zweiter Ehe, dessen Barunterhalt der zweite Ehemann sicherzustellen hat (§ 1606 III 2 BGB), mit den Richtsätzen der Düsseldorfer Tabelle. Vgl. auch Rn. 288.

---

136 BGH FamRZ 2002, 742 mit Anm. Büttner = R 576 c
137 BGH FamRZ 1987, 472; vgl. auch BGH FamRZ 1986, 553
138 BGH FamRZ 2011, 454; FamRZ 1987, 472
139 BGH a. a. O.; vgl. auch BGH FamRZ 2002, 742 mit Anm. Büttner = R 576 a, b
140 BGH FamRZ 2010, 1535; vgl. Anm. B.VI zur Düsseldorfer Tabelle

4. Abschnitt: Leistungsfähigkeit des Unterhaltspflichtigen § 2

- Der wiederverheiratete Ehegatte führt nur den Haushalt, erzielt daher **keine Einkünfte**. 294
Dann kommt es darauf an, ob er trotz der in der neuen Ehe übernommenen Aufgaben zu einer Nebentätigkeit gegenüber dem volljährigen Kind verpflichtet ist. Eine Erwerbsobliegenheit ist schon wegen des Vorrangs des Minderjährigenunterhalts (§ 1609 Nr. 1 BGB), der auch durch Betreuung erbracht werden kann (Rn. 10), in der Regel zu verneinen, wenn der wiederverheiratete Elternteil ein Kleinkind aus der zweiten Ehe betreut. Ich halte es dagegen nicht für richtig, dem Anspruch des zweiten Ehegatten einen unbeschränkten Vorrang in der Art einzuräumen, dass der einem volljährigen Kind barunterhaltspflichtige Elternteil sich in jedem Fall nur auf die Haushaltsführung beschränken darf. Vielmehr lässt sich die Führung eines kinderlosen Haushalts oder eines Haushalts mit einem Kind, das eine weiterführende Schule besucht, mindestens mit einer teilschichtigen Erwerbstätigkeit oder einer Aushilfsarbeit vereinbaren, wie die Praxis zahlreicher Ehepaare belegt. Das Recht der in zweiter Ehe verheirateten Partner, nach § 1356 BGB zu bestimmen, dass einer von ihnen sich allein auf die Haushaltsführung beschränkt, wird durch den Unterhaltsanspruch des volljährigen Kindes eingeschränkt. Dem entspricht m. E. auch die Auffassung des BGH,[141] der eine Unterhaltspflicht des haushaltführenden Elternteils auf Grund eines Einkommens aus einer Nebentätigkeit für möglich hält, wenn der zweite Ehegatte durch auskömmlichen Familienunterhalt den angemessenen Unterhalt des Elternteils sicherstellt. Vgl. oben Rn. 291.

Inwieweit einem Ehegatten, der in der neuen Ehe den Haushalt führt, aber nicht für ein in vollem Umfang betreuungsbedürftiges Kind sorgt, im Verhältnis zu einem volljährigen Kind aus erster Ehe eine (teilschichtige) Erwerbstätigkeit zugemutet werden kann, ist nach den Maßstäben des § 1574 II BGB (analog) zu beurteilen.[142] Danach ist entscheidend, ob eine berufliche Tätigkeit seiner Ausbildung, seinen Fähigkeiten, seinem Lebensalter und seinem Gesundheitszustand sowie den ehelichen Lebensverhältnissen entspricht; dabei sind auch die Dauer beider Ehen sowie die Dauer der Pflege und Erziehung minderjähriger Kinder zu berücksichtigen. Ist das Kind aus der zweiten Ehe nur noch teilweise betreuungsbedürftig oder ist die zweite Ehe kinderlos, kann eine Teilzeitarbeit zumutbar sein. Zu bedenken ist allerdings, dass einem Elternteil, der Jahrzehnte den Haushalt geführt hat, in vielen Fällen nicht zugemutet werden kann, in vorgerücktem Alter in das Erwerbsleben zurückzukehren und mit dem Ertrag einer Nebentätigkeit zum Unterhalt eines volljährigen Kindes beizutragen.

Beispiel:
Einkommen der wiederverheirateten Mutter (M), die ein zweijähriges Kind aus ihrer zweiten Ehe (K 2) betreut, 300,– €. Ein volljähriges, auswärts studierendes Kind aus erster Ehe (K 1) verlangt Unterhalt. Der Vater des Kindes ist krank und daher nicht leistungsfähig. Das Kindergeld von 184,– € erhält K 1 (§ 74 I EStG).
Einkommen des zweiten Ehemannes 2000,– €; Unterhalt für K 2 nach seinem Einkommen 349,– € (DT 3/1) – 92,– € ($^1/_2$ Kindergeld) = 257,– €. Einkommen der Eheleute also 2300,– € – 257,– € (Unterhalt für K 2) = 2043,– €.
Bedarf des zweiten Ehemannes 1150,– €, der M 840,– € (Rn. 188), insgesamt also 1990,– €. Bedarf K 1 nach DT Anm. A 7 II 670,– € – 184,– € (volles Kindergeld) = 486,– €.
Von dem Familieneinkommen von 2043,– € bleiben nach Abzug der Selbstbehaltssätze von 1990,– € nur 53,– € für den Unterhalt von K 1 übrig.

Verfügt der andere Elternteil des volljährigen Kindes über Einkommen, wird eine Unterhaltspflicht des wiederverheirateten Elternteils, der nur ein Kind aus der neuen Verbindung betreut, vielfach ausscheiden. Im Übrigen ist bei der Verteilung der Unterhaltslast § 1606 III 1 BGB zu beachten. Der sich auf Grund der Einkommensverhältnisse ergebende Verteilungsschlüssel kann wertend verändert werden.[143] Vgl. dazu Rn. 577. 295

---

[141] BGH FamRZ 1987, 472; vgl. auch BGH FamRZ 2002, 742 mit Anm. Büttner = R 576a und (jeweils zum Elternunterhalt) BGH FamRZ 2004, 366; FamRZ 2004, 370, beide mit Anm. Strohal S. 441; FamRZ 2004, 443 mit Anm. Schürmann
[142] BGH FamRZ 1980, 555; OLG Hamburg FamRZ 1998, 41
[143] OLG Hamm FamRZ 1997, 835

5. Hausmannrechtsprechung bei Übernahme der Haushaltsführung in einer nichtehelichen Lebensgemeinschaft

296 Eindeutig ist, dass sich ein Elternteil, der für ein minderjähriges Kind barunterhaltspflichtig ist und erwerbstätig sein könnte, **nicht allein durch Übernahme der Haushaltsführung** in einer nichtehelichen Lebensgemeinschaft der Unterhaltspflicht gegenüber dem Kind entziehen kann.

Dieser Grundsatz gilt auch, wenn **aus der Lebensgemeinschaft** ein **Kind** hervorgegangen ist. Auch wenn die Mutter das Kind allein betreuen muss, z. B. weil ihr Partner einen mit weiten Reisen verbundenen Beruf ausübt, muss sie grundsätzlich einer Erwerbstätigkeit nachgehen, um den Unterhalt für das beim Vater lebende Kind aus ihrer früheren Ehe zahlen zu können. Allerdings wird sie vielfach nicht oder nur eingeschränkt leistungsfähig sein, weil ihr Einkommen zunächst um die Kosten für die Betreuung des Kindes während ihrer Erwerbstätigkeit zu bereinigen ist (vgl. dazu Rn. 269).

297 Steht der Lebenspartner der Mutter dagegen für eine Mitbetreuung des nichtehelichen Kindes zur Verfügung, stellt sich die Frage, ob die Grundsätze der **Hausmannrechtsprechung** auch im Rahmen einer **nichtehelichen Lebensgemeinschaft** anzuwenden sind. Dies hat der BGH[144] im Gegensatz zu im Schrifttum vertretenen Ansichten[145] zunächst verneint, weil der Lebensgefährte nicht verpflichtet sei, auf finanzielle Belastungen der Mutter in irgendeiner Form Rücksicht zu nehmen. Im Hinblick auf die Änderungen des Kindschafts- und des Kindesunterhaltsrechts zum 1. 7. 1998 und den Widerspruch in Rechtsprechung und Schrifttum hat der BGH diese mit dem Rechtsgefühl nicht zu vereinbarende Auffassung inzwischen aufgegeben.[146] Zwar ist der Lebensgefährte als solcher nicht wie der Ehegatte zur ehelichen Lebensgemeinschaft verpflichtet und daher nicht ohne weiteres gehalten, seiner Partnerin durch Teilbetreuung des gemeinsamen Kindes eine (teilschichtige) Erwerbstätigkeit zu ermöglichen. Er ist aber zugleich Vater des gemeinsamen Kindes, dessen Betreuung die Mutter an der Erfüllung ihrer Unterhaltspflichten gegenüber dem Kind aus ihrer früheren Ehe oder ihrer früheren Partnerschaft hindert. Die Zeit, in der man die Auffassung vertreten konnte, dass zwischen nicht miteinander verheirateten Eltern keine Rechtsbeziehungen bestehen, gehört der Vergangenheit an. Nach § 1615l II 3–5 BGB ist der Vater eines nichtehelichen Kindes der Mutter mindestens bis zum dritten Geburtstag des Kindes, nach Billigkeit auch darüber hinaus, zum Unterhalt verpflichtet. Er kann seit dem 1. 7. 1998 im Einverständnis mit der Mutter zusammen mit ihr die gemeinsame elterliche Sorge ausüben (§ 1626 a I Nr. 1 BGB). Er hat wie ein mit der Mutter verheirateter Vater ein Recht auf Umgang mit dem Kind (§ 1684 BGB). Auch wenn es nicht zur gemeinsamen elterlichen Sorge kommt, kümmert sich der Kindesvater, der mit der Mutter zusammenlebt, in aller Regel mit um die Erziehung und Versorgung des Kindes, zumal viele Väter – im Gegensatz zu den Gepflogenheiten früherer Zeiten – am Wohl ihrer nichtehelichen Kinder sehr interessiert sind und häufig Lebensgemeinschaften die Vorstufe zur Ehe sind. Dazu ist er im Übrigen dem Kind gegenüber nach § 1618 a BGB verpflichtet.[147]

298 Man wird jedenfalls nach der Gleichstellung der ehelichen und der nichtehelichen Kinder und nach der Stärkung der Rechte des Vaters des nichtehelichen Kindes durch das KindUG **§ 1618 a BGB** nicht auf das Verhältnis zwischen den Eltern einerseits und den Kindern andererseits beschränken dürfen. Zu Recht leitet man auch bisher aus dieser Vorschrift Pflichten der Geschwister untereinander her.[148] Es bestehen daher jedenfalls seit dem 1. 7. 1998 keine Bedenken, mit Hilfe des § 1618 a BGB auch Rechte und Pflichten

---

[144] FamRZ 1995, 598
[145] Schwab/Borth Scheidungsrecht, 4. Aufl., V Rn. 141; so auch die Vorauflage an dieser Stelle
[146] BGH FamRZ 2001, 614 mit Anm. Büttner = R 556 b; dort auch umfangreiche Hinweise auf Rechtsprechung und Schrifttum
[147] Es war schon nach dem bis 30. 6. 1998 geltenden Recht weitgehend anerkannt, dass § 1618 a BGB auch das Verhältnis des nichtehelichen Kindes zu seinem Vater betrifft. Vgl. dazu Staudinger/Coester § 1618 a BGB Rn. 21
[148] MüKo/v. Sachsen-Gesaphe § 1618 a Rn. 54; Staudinger/Coester § 1618 a Rn. 24

5. Abschnitt: Der Unterhaltsanspruch minderjähriger Kinder　　　　　　　　§ 2

der Eltern untereinander zu begründen, wenn sich diese (bei verheirateten Eltern) nicht ohnehin aus § 1353 BGB ergeben. Die Beziehungen zwischen den Eltern auf das Eherecht zu beschränken,[149] wird den heutigen gesellschaftlichen Gegebenheiten nicht mehr gerecht. Freilich wird bei Zusammenleben mehr Beistand und Rücksicht gefordert, als wenn die nicht verheirateten Eltern nie einen gemeinsamen Haushalt geführt oder als wenn sie sich nach zeitweiser Lebensgemeinschaft wieder getrennt haben. Was an Beistand und Rücksicht gefordert ist, richtet sich nach den konkreten Beziehungen.[150] Zu Recht weist der BGH[151] darauf hin, dass zwischen den nicht verheirateten Eltern eine dem § 1356 BGB entsprechende Situation besteht. Jedenfalls dann, wenn der nichteheliche Vater im Einvernehmen mit der Mutter einen Teil der Erziehungsaufgaben übernimmt, ist er verpflichtet, für die Mutter einzuspringen, wenn und soweit diese zur Erfüllung ihrer Unterhaltspflicht gegenüber einem Kind aus erster Ehe einer teilschichtigen Erwerbstätigkeit nachgehen muss. Der Umstand, dass er nicht zur Übernahme dieser Teilbetreuung gezwungen werden kann, ist unerheblich. Auch in der Ehe sind Betreuungspflichten gegenüber dem Kind nicht einklagbar. Es ist Aufgabe der Mutter, die auf Unterhalt für ein Kind aus ihrer früheren Ehe in Anspruch genommen wird, die Haushaltsführung und Kinderbetreuung mit Hilfe ihres Lebensgefährten so zu organisieren, dass sie durch Nebenarbeit zum Unterhalt eines Kindes aus ihrer früheren Ehe beitragen kann. Sie hat darzulegen und zu beweisen, dass sie dazu nicht in der Lage ist und dass ihr Lebensgefährte aus wichtigen Gründen,[152] z. B. wegen einer Behinderung oder wegen ungewöhnlicher beruflicher Beanspruchung, zu der eine normale 40-Stunden-Woche nicht ausreicht, die Übernahme häuslicher Aufgaben ablehnt.[153]

Dies alles gilt entsprechend, wenn nicht die Mutter, sondern der **Vater** des nichtehelichen Kindes dessen **Betreuung** und die Führung des Haushalts übernimmt.[154]

5. Abschnitt: Der Unterhaltsanspruch minderjähriger Kinder

I. Besonderheiten beim Unterhalt minderjähriger Kinder

Der Unterhalt minderjähriger und volljähriger Kinder beruht auf derselben Anspruchsgrundlage. Minderjährigen- und Volljährigenunterhalt sind daher **identisch**[1] (vgl. Rn. 17). Der Unterhaltsanspruch des Minderjährigen besteht nach Eintritt der Volljährigkeit – wenn auch mit Modifikationen (vgl. dazu die Übersicht Rn. 468 ff.) – fort. Das minderjährige Kind wird gegenüber dem volljährigen in etlichen Punkten begünstigt.　　　　　299

- Während bei volljährigen Kindern die Bedürftigkeit besonderer Begründung bedarf (z. B. Fortdauer einer Berufsausbildung), sind minderjährige Kinder – bis auf seltene Ausnahmen – **bedürftig,** da sie entweder eine Schule (zum Schulsystem vgl. Rn. 584 ff.) besuchen oder für einen Beruf ausgebildet werden und daher nicht in der Lage sind, sich selbst zu unterhalten (vgl. Rn. 43).　　　　　300

- Der **Bedarf** des minderjährigen Kindes richtet sich nach den Lebensverhältnissen der Eltern (vgl. Rn. 200). Er wird von der ganz einhelligen Praxis entsprechend dem Alter der Kinder und dem Einkommen des barunterhaltspflichtigen Elternteils **nach der Düsseldorfer Tabelle** bemessen (vgl. Rn. 319 ff.). Die in den neuen Bundesländern früher herangezogenen Vortabellen zur Düsseldorfer Tabelle (vgl. Rn. 321) finden seit 1. 1. 2008 (Gleichsetzung der Bedarfssätze für das gesamte Bundesgebiet auf Grund der Unterhaltsreform 2007) keine Anwendung mehr. Der Unterhalt erhöht sich ausnahms-　　　　　301

---

[149] So anscheinend Staudinger/Coester § 1618 a Rn. 25
[150] So mit Recht Staudinger/Coester § 1618 a Rn. 21 für das Verhältnis des nichtehelichen Kindes zu seinem Vater
[151] FamRZ 2001, 614 mit Anm. Büttner = R 556 b, c
[152] OLG Oldenburg FamRZ 1991, 1090
[153] Anders OLG Hamm FamRZ 1998, 1250
[154] BGH FamRZ 2001, 614 mit Anm. Büttner = R 556 b
[1] BGH FamRZ 1994, 696 = R 477 a

weise um etwaigen Mehrbedarf (vgl. Rn. 232 ff., 451 ff.) oder Sonderbedarf (vgl. Rn. 232, 237 ff.).

302 • Auch beim minderjährigen Kind wird die Unterhaltspflicht der Eltern durch deren **Leistungsfähigkeit** beschränkt. Ein barunterhaltspflichtiger Elternteil braucht grundsätzlich keinen Unterhalt zu leisten, wenn dadurch sein eigener angemessener Unterhalt gefährdet ist (§ 1603 I BGB). Dieser Grundsatz wird allerdings – vor allem für Unterhaltspflichtige, die in engen wirtschaftlichen Verhältnissen leben – weitgehend außer Kraft gesetzt. Die Eltern trifft, wenn kein anderer unterhaltspflichtiger Verwandter vorhanden ist, nach § 1603 II 1 BGB eine **gesteigerte Unterhaltspflicht** (vgl. Rn. 366 ff.). Ihnen verbleibt dann nur der sog. notwendige Selbstbehalt (vgl. Rn. 380 ff., 384 ff.). Dies gilt auch für die Haftung der Eltern gegenüber privilegiert volljährigen Kindern (Rn. 579 ff.).

303 • Der Unterhalt des minderjährigen Kindes kann **dynamisiert** und in einem bestimmten Prozentsatz des jeweiligen Mindestunterhalts ausgedrückt werden (§ 1612a I BGB). Vgl. dazu im Einzelnen Rn. 358 ff.

304 • Der Elternteil, der ein gemeinsames minderjähriges Kind **betreut,** erfüllt dadurch in der Regel seine Unterhaltspflicht (§ 1606 III 2 BGB) und ist daher nicht zur Leistung von Barunterhalt verpflichtet (vgl. Rn. 11). Eine Barunterhaltspflicht beider Eltern besteht bei minderjährigen Kindern nur ausnahmsweise (vgl. Rn. 418). Das **Bestimmungsrecht** nach § 1612 II 1 BGB steht bei gemeinsamer Sorge beiden Eltern zu, bei alleiniger elterlicher Sorge dem sorgeberechtigten Elternteil (vgl. Rn. 27 f.).

305 • Der Unterhaltsanspruch des minderjährigen Kindes geht dem des Ehegatten und **dem Anspruch des volljährigen Kindes vor.** Privilegiert volljährige Kinder im Sinne des § 1603 II 2 BGB, also nicht verheiratete Kinder bis zur Vollendung des 21. Lebensjahres, die bei den Eltern oder bei einem Elternteil leben und sich in der allgemeinen Schulausbildung befinden, stehen rangmäßig minderjährigen Kindern gleich (§ 1609 Nr. 1 BGB). Vgl. dazu Rn. 581 ff.

306 • **Eigenes Einkommen des Kindes,** insbesondere eine Ausbildungsvergütung, wird sowohl auf den Barunterhalt als auch auf den Betreuungsunterhalt angerechnet, und zwar in der Regel je zur Hälfte (vgl. Rn. 96 ff., 414). **Kindergeld** ist wie Einkommen des Kindes zu behandeln und ist im Zweifel hälftig auf den Bedarf anzurechnen (§ 1612b I BGB).

307 • Der Unterhaltsanspruch eines minderjährigen Kindes kann grundsätzlich **nicht verwirkt** werden. Nur Fehlverhalten eines minderjährigen verheirateten Kindes kann zu einer Herabsetzung oder einem Ausschluss des Unterhalts führen (§ 1611 II BGB; vgl. Rn. 602).

308 • Der Unterhalt eines Kindes als Minderjähriger **endet** mit dem Tag des Eintritts der Volljährigkeit, nicht erst zu Monatsende.[2] Dies ist seit dem 1. 7. 1998 zweifelsfrei, weil nach § 1612a III BGB der Regelbetrag einer höheren Altersstufe ab dem Ersten des Monats zu zahlen ist, in dem das Kind das betreffende Lebensjahr vollendet. Diese Vorschrift kann für den Übergang zum Volljährigenunterhalt aber nicht analog herangezogen werden. Dagegen spricht, dass der Unterhalt des volljährigen Kindes an andere und schwerer zu erfüllende Voraussetzungen geknüpft ist als der Minderjährigenunterhalt (höherer Selbstbehalt; Unanwendbarkeit des § 1606 III 2 BGB, Nachrangigkeit). Deshalb ist auf den Tag abzustellen, an dem die Volljährigkeit eintritt. Vgl. auch Rn. 20, 330, 479.

II. Grundsätze der Bemessung des Bedarfs minderjähriger Kinder

1. Der Unterhalt des nichtehelichen Kindes bis zum 30. 6. 1998

309   Das eheliche und das nichteheliche Kind wurden bis zum 30. 6. 1998 bei der Bemessung des Unterhaltsbedarfs nicht gleich behandelt. Der Gesetzgeber ordnete zwar in § 1615a BGB a. F. die Anwendung der für eheliche Kinder geltenden Vorschriften der §§ 1601 ff.

---

[2] BGH FamRZ 1988, 604

BGB an, sah sich aber in § 1615 c BGB a. F. zu der Regelung veranlasst, dass bei der Bemessung des Unterhalts des nichtehelichen Kindes die Lebensstellung beider Eltern zu berücksichtigen sei. Diese Vorschrift wurde teilweise dahin verstanden, dass auf den Mittelwert der Einkünfte der Eltern abzustellen sei, teilweise wurde wie beim ehelichen Kind das Einkommen des allein barunterhaltspflichtigen Vaters für maßgebend gehalten.[3] Nach § 1615 f BGB a. F. hatte der Vater des nichtehelichen Kindes mindestens den Regelunterhalt zu zahlen. Dieser wurde in § 1615 f I 2 BGB a. F. definiert als der zum Unterhalt eines Kindes, das sich in der Pflege seiner Mutter befindet, bei einfacher Lebenshaltung im Regelfall erforderliche Betrag. Der Vater konnte mit der Klage auf Zahlung des Regelunterhalts in Anspruch genommen werden; die Angabe eines bestimmten Betrages war nicht erforderlich (§ 642 ZPO a. F.). Bei höherem Einkommen des Vaters konnte das Kind einen Zuschlag zum Regelunterhalt verlangen; bei unzureichender Leistungsfähigkeit war ein Abschlag festzusetzen (§ 642 d ZPO a. F., § 1615 h BGB a. F.). Der Regelunterhalt wurde durch die Verordnung zur Berechnung des Regelunterhalts vom 27. 6. 1970[4] bestimmt, die in regelmäßigen Abständen an die Lohn- und Preisentwicklung angepasst wurde, zuletzt zum 1. 1. 1996.[5]

Der Regelbedarf eines minderjährigen Kindes war nach § 1610 III 1 BGB a. F. zugleich der Mindestbedarf eines ehelichen Kindes, das in den Haushalt eines geschiedenen Elternteils aufgenommen war und vom anderen Elternteil Unterhalt verlangte. Dieser Mindestbedarf (= Regelunterhalt) war der Unterhalt, der in der ersten Einkommensgruppe der Düsseldorfer Tabelle ausgewiesen war. Die Tabelle war gleichwohl bis zum 30. 6. 1998 nicht unmittelbar auf nichteheliche Kinder anwendbar, da deren Unterhalt, wie dargelegt, nach anderen Grundsätzen als der Unterhalt ehelicher Kinder zu bemessen war. Allerdings wurde vielfach die Düsseldorfer Tabelle als Anhaltspunkt für die Bemessung des Unterhalts des nichtehelichen Kindes herangezogen.

2. Die Bedarfsbemessung bei ehelichen und nichtehelichen Kindern seit dem 1. 7. 1998

Zum 1. 7. 1998 wurden zunächst durch das Kindschaftsrechtsreformgesetz[6] die ehelichen und die nichtehelichen Kinder in ihrem Status gleichgestellt (§§ 1591 ff., 1626 ff. BGB n. F.). Auch das Verfahrensrecht wurde vereinheitlicht. Alle Streitigkeiten, die den Status und den Unterhalt ehelicher und nichtehelicher Kinder betreffen, sind nunmehr von den Familiengerichten, im zweiten Rechtszug von den Familiensenaten der Oberlandesgerichte zu entscheiden (§§ 23 b, 119 I Nr. 1 GVG).

Auf dem Gebiet des Unterhaltsrechts wurden **die Unterschiede zwischen ehelichen und nichtehelichen Kindern durch das Kindesunterhaltsgesetz**[7] fast vollständig beseitigt. Vgl. dazu Rn. 4. Der Unterhalt des minderjährigen Kindes richtet sich seit dem 1. 7. 1998 nach der Lebensstellung der Eltern (Rn. 200), mögen diese miteinander verheiratet sein, sich getrennt haben, geschieden sein, in nichtehelicher Lebensgemeinschaft verbunden sein oder nie miteinander zusammengelebt haben. Bei verheirateten oder nicht verheirateten Eltern, die mit ihren gemeinsamen Kindern zusammenleben, stellt sich die Frage, ob sie ihnen unterhaltspflichtig sind, in der Praxis kaum. Zur entsprechenden Problematik beim Familienunterhalt vgl. Rn. 3/12. Leben dagegen die Eltern getrennt, so erfüllt derjenige, der das Kind betreut, seine Unterhaltspflicht durch Pflege und Erziehung (§ 1606 III 2 BGB). Für den Barunterhalt hat grundsätzlich allein der andere Elternteil aufzukommen (Rn. 20). Seine Lebensstellung, also seine Einkommens- und Vermögensverhältnisse, bestimmen den Bedarf des Kindes (Rn. 212, 206). Entscheidend für die Höhe des Kindesunterhalts ist daher in der Regel das Einkommen des barunterhaltspflichtigen

---

[3] Göppinger/Maurer Unterhaltsrecht, 6. Aufl., Rn. 809 ff. mit weiteren Nachweisen
[4] BGBl. 1970 I S. 1010
[5] Art. 2 der VO über die Anpassung und Erhöhung von Unterhaltsrenten für Minderjährige vom 25. 9. 1995 – BGBl. I S. 1190 = FamRZ 1995, 1327
[6] Vom 16. 12. 1997 – BGBl. I S. 2942
[7] Vom 6. 4. 1998 – BGBl. I S. 666

§ 2 Kindes-, Eltern- und sonstiger Verwandtenunterhalt

Elternteils. Die verfahrensrechtlichen Vorschriften über den Regelunterhalt nichtehelicher Kinder (§§ 642 ff. ZPO a. F.) wurden durch das KindUG aufgehoben und durch einen neuen „Abschnitt 6 – Verfahren über den Unterhalt" der ZPO ersetzt;[8] damit entfiel die Bemessung des Unterhalts nichtehelicher Kinder durch Zuschläge oder Abschläge beim Regelunterhalt (§ 642 d ZPO a. F.). Nunmehr befindet sich die entsprechende Regelung in §§ 249 ff. FamFG (vereinfachtes Unterhaltsfestsetzungsverfahren), welche – nunmehr beinahe selbstverständlich – einheitlich für alle Kinder gilt.

Demgemäß rechtfertigt das Gesetz eine unterschiedliche Bemessung des Unterhalts ehelicher und nichtehelicher Kinder nicht mehr. Der Bedarf des nichtehelichen Kindes und die Leistungsfähigkeit seiner Eltern richten sich ausschließlich nach §§ 1601 ff. BGB.

311 Der Bedarf des ehelichen wie des nichtehelichen Kindes ist nach den individuellen Verhältnissen, also nach dem Einkommen des barunterhaltspflichtigen Elternteils zu bemessen (vgl. allerdings Rn. 206). Dies geschieht üblicherweise mit Hilfe der **Düsseldorfer Tabelle.** Vgl. dazu Rn. 315. Der so ermittelte Unterhalt kann vom Kind beziffert und damit als **statischer** Geldbetrag gefordert und ggf. eingeklagt werden. Aus dem früheren Recht des nichtehelichen Kindes (§§ 642 ff. ZPO a. F.) hat das Gesetz aber die Möglichkeit übernommen, den Unterhalt nach einem durch Rechtsverordnung in bestimmten Abständen anzupassenden, also **dynamischen Betrag** zu bemessen. Vgl. dazu Rn. 358 ff. Dieses Recht haben seit dem 1. 7. 1998 alle minderjährigen Kinder, die mit dem barunterhaltspflichtigen Elternteil nicht in einem Haushalt leben (§ 1612 a I BGB). Aus dem „Regelunterhalt" nach früherer Rechtslage wurde der „Regelbetrag". Damit sollte klargestellt werden, dass die Regelbeträge nicht bedarfsdeckend sind, sondern deutlich hinter dem Existenzminimum zurückblieben. Der Regelbetrag war daher eine reine Bezugsgröße.[9] Er war **nicht** mit dem Existenzminimum oder **dem Mindestbedarf** des Kindes **identisch.**[10] Vgl. dazu näher Rn. 224.

312 Die Regelbeträge wurden durch die Regelbetrag-Verordnung[11] entsprechend dem Alter des Kindes für bestimmte **Altersstufen** festgesetzt, und zwar für die Zeit bis zur Vollendung des 6. Lebensjahres (1. Altersstufe), für die Zeit bis zur Vollendung des 12. Lebensjahres (2. Altersstufe) und für die Zeit vom 13. Lebensjahr an (3. Altersstufe). Die **Regelbeträge** entsprachen in der Zeit vom 1. 7. 1998 bis zum 30. 6. 1999 dem Regelunterhalt nach der letzten Regelunterhalt-Verordnung.[12] Sie wurden **zum 1. Juli jedes zweiten Jahres,** erstmals zum 1. 7. 1999 und letztmals zum 1. 7. 2007, durch Rechtsverordnung des Bundesministeriums der Justiz **angepasst.** Maßstab war nach § 1612 a IV BGB die Entwicklung des durchschnittlich verfügbaren Arbeitsentgelts in den letzten zwei Kalenderjahren.

Die **Regelbeträge für das alte Bundesgebiet** sind wie folgt festgesetzt worden:[13]

für den Zeitraum	0–5 Jahre	6–11 Jahre	12–17 Jahre
1. 7. 1998–30. 6. 1999	349 DM	424 DM	502 DM
1. 7. 1999–30. 6. 2001	355 DM	431 DM	510 DM
1. 7. 2001–31. 12. 2001	366 DM	444 DM	525 DM
1. 1. 2002–30. 6. 2003	188 EUR	228 EUR	269 EUR
1. 7. 2003–30. 6. 2005	199 EUR	241 EUR	284 EUR
1. 7. 2005–30. 6. 2007	204 EUR	247 EUR	291 EUR
1. 7. 2007–31. 12. 2007	202 EUR	245 EUR	288 EUR

---

[8] Art. 3 Nr. 9 KindUG
[9] BT-Drucks. 13/9596 S. 32; vgl. auch Strauß FamRZ 1998, 994
[10] BGH FamRZ 2002, 536, 539 mit Anm. Büttner = Rn. 572 c
[11] Die Verordnung ist als Art. 2 in das KindUG aufgenommen worden, kann aber durch Verordnung geändert werden (Art. 7 KindUG)
[12] VO über die Anpassung und Erhöhung von Unterhaltsrenten für Minderjährige vom 25. 9. 1995 – BGBl. I S. 1190 = FamRZ 1995, 1327
[13] Vgl. Art. § 1 der Regelbetrag-VO in der Fassung der Dritten VO zur Änderung der Regelbetrag-VO vom 24. 4. 2003 – BGB. I S. 546

5. Abschnitt: Der Unterhaltsanspruch minderjähriger Kinder § 2

Für die **neuen Bundesländer** gilt seit dem 3. 10. 1990 das Unterhaltsrecht des BGB 313
(Art. 234 § 1 EGBGB). Die Regelunterhaltssätze für das Beitrittsgebiet lagen zunächst
erheblich unter den Sätzen für die alte Bundesrepublik.[14] Auch die seit dem 1. 7. 1998
eingeführten Regelbeträge Ost entsprachen nicht dem westlichen Niveau.

Die **Regelbeträge für das Beitrittsgebiet** sind wie folgt festgesetzt worden:[15]

für den Zeitraum	0–5 Jahre	6–11 Jahre	12–17 Jahre
1. 7. 1998–30. 6. 1999	314 DM	380 DM	451 DM
1. 7. 1999–30. 6. 2001	324 DM	392 DM	465 DM
1. 7. 2001–31. 12. 2001	340 DM	411 DM	487 DM
1. 1. 2002–30. 6. 2003	174 EUR	211 EUR	249 EUR
1. 7. 2003–30. 6. 2005	183 EUR	222 EUR	262 EUR
1. 7. 2005–30. 6. 2007	188 EUR	228 EUR	269 EUR
1. 7. 2007–31. 12. 2007	186 EUR	226 EUR	267 EUR

Die Regelbeträge, die bis zum 31. 12. 2007 nach § 1612a BGB a. F. und der vom Bun- 314
desministerium der Justiz erlassenen Regelbetrag-VO dem Kindesunterhalt zugrunde lagen,
waren nicht bedarfsdeckend ausgestaltet. Das Unterhaltsrechtsänderungsgesetz hat die Regelbeträge abgeschafft und die Bedarfsbemessung auf eine völlig neue Grundlage gestellt.
Der **Mindestunterhalt** wird so bemessen, dass er das Existenzminimum des Kindes
gewährleistet. Er gilt **einheitlich für das ganze Bundesgebiet**.
Der Mindestunterhalt wurde allerdings zunächst in der Übergangsvorschrift des § 36
Nr. 4 EGZPO vorübergehend abweichend von der nach § 1612a I BGB an sich vorgesehenen Anknüpfung an das steuerrechtliche Existenzminimum festgelegt.
Er betrug zum 1. 1. 2008 für die:

1. Altersstufe (0–5 Jahre):	279 EUR
2. Altersstufe (6–11 Jahre):	322 EUR
3. Altersstufe (12–17 Jahre):	365 EUR

Die Übergangsregelung in § 36 Nr. 4 EGZPO ist inzwischen bedeutungslos geworden,
weil die Beträge nach § 1612a I BGB inzwischen höher liegen. Bemerkenswert war die
deutliche Anhebung zum 1. 1. 2010. Diese lag darin begründet, dass durch die Anhebung
des steuerlichen Freibetrags das aktuelle Existenzminimum deutlich überschritten worden
ist.[16] Zum 1. 1. 2011 hat sich der Mindestunterhalt nicht verändert.

Entwicklung des Mindestunterhalts seit dem 1. 1. 2008:

	1. 1. 2008	1. 1. 2009	1. 1. 2010	**1. 1. 2011**
1. Altersstufe (0–5 Jahre):	279 EUR	281 EUR	317 EUR	**317 EUR**
2. Altersstufe (6–11 Jahre):	322 EUR	322 EUR	364 EUR	**364 EUR**
3. Altersstufe (12–17 Jahre):	365 EUR	377 EUR	426 EUR	**426 EUR**

Vgl. Rn. 224.
Das minderjährige Kind hat das Recht, als **dynamischen Unterhalt** nicht nur den
Mindestunterhalt selbst zu verlangen, sondern einen bestimmten **Prozentsatz** des jeweiligen Mindestunterhalts (§ 1612a I BGB). Damit kann das Kind der jeweiligen Leistungsfähigkeit des barunterhaltspflichtigen Elternteils Rechnung tragen. Vgl. dazu Rn. 358 ff.
Auch wenn das Kind von dieser Möglichkeit Gebrauch macht, ist zunächst der Unterhalt
mit Hilfe der Düsseldorfer Tabelle (vgl. dazu Rn. 315 ff.) zu errechnen. Der Schuldner ist je

---

[14] Vgl. dazu die Vorauflage Rn. 6/621
[15] Vgl. Art. § 2 der RegelbetragVO in der Fassung der Dritten VO zur Änderung der RegelbetragVO vom 24. 4. 2003 – BGB. I S. 546
[16] Vgl. dazu Klinkhammer FamRZ 2010, 845

nach der Zahl der Unterhaltsberechtigten unter Wahrung des Bedarfskontrollbetrages in eine andere Einkommensgruppe der Tabelle höher- oder herabzugruppieren (vgl. Rn. 343 ff., 351 ff.). Seine Leistungsfähigkeit ist zu berücksichtigen (Rn. 366 ff.). Erst der so ermittelte individuelle Unterhalt darf in einen Prozentsatz des Mindestunterhalts umgerechnet werden. Vgl. dazu Rn. 361. Die individuelle **Bemessung des Kindesunterhalts mit Hilfe der Düsseldorfer Tabelle** ist daher stets **vorrangig**.

III. Die Düsseldorfer Tabelle[17] und die ehemaligen Vortabellen für das Beitrittsgebiet[18]

1. Vorbemerkung

315 Die **Düsseldorfer Tabelle**[19] wird von allen Oberlandesgerichten des Bundesgebietes, z. T. mit gewissen Modifikationen, zur Bemessung des Unterhalts minderjähriger Kinder verwendet und meist in die eigenen Tabellen oder Leitlinien integriert. Seit dem Inkrafttreten der Unterhaltsrechtsänderung 2008 am 1. 1. 2008 gilt sie auch für das Beitrittsgebiet, nachdem die zwischen Ost und West unterschiedliche Bedarfsbemessung entfallen ist. Vgl. dazu Rn. 316, 321.

Zudem haben sich die Vertreter aller Oberlandesgerichte auf eine **bundesweite Struktur der Leitlinien** geeinigt.[20] Diese liegt den Leitlinien zugrunde. Zu den Tabellen und Leitlinien und zu ihren Fundstellen vgl. Rn. 1/16 f.

Das OLG Nürnberg, das zunächst eine eigene Tabelle herausgab,[21] hat sich zum 1. 7. 1998 den Unterhaltsleitlinien der Familiensenate in Bayern (BayL),[22] später den Unterhaltsrechtlichen Leitlinien der Familiensenate in Süddeutschland (SüdL) angeschlossen.[23]

Die Düsseldorfer Tabelle wird seit dem 1. 1. 1979 vom OLG Düsseldorf herausgegeben.[24] Die Tabellen der Jahre 1962 bis 1977 stammen vom damals zuständigen LG Düsseldorf.[25] Die Düsseldorfer Tabelle hat derzeit den **Stand vom 1. 1. 2011** und beruht auf der

---

[17] Vgl. dazu Scholz FamRZ 1993, 125; zu den späteren Änderungen der Tabelle vgl. Scholz FamRZ 1998, 797; 1999, 1177; 2001, 1045; Soyka FamRZ 2003, 1154; 2005, 1287; 2007, 1362; 2011, 73; zur Umstrukturierung der Düsseldorfer Tabelle nach der Unterhaltsreform 2007 (Stand 1. 1. 2008) s. Klinkhammer FamRZ 2008, 193
[18] Vgl. Vossenkämper FamRZ 1998, 537; 2000, 1547; Soyka FamRZ 2003, 1154; 2005, 1287; 2007, 1362
[19] In diesem Handbuch abgedruckt in Anhang D
[20] FamRZ 2003, 909; dazu Schürmann FamRZ 2005, 490
[21] Vgl. Riegner, Grundzüge der Nürnberger Tabelle 1996, FamRZ 1996, 988
[22] FamRZ 1999, 773 = NJW 1999, Beil. zu Heft 34, S. 9
[23] Zu den Besonderheiten in der Anwendung der Leitlinien durch das OLG Nürnberg s. Riegner FamRZ 2005, 1292
[24] Die früheren Tabellen sind abgedruckt:
Stand 1. 1. 1979: FamRZ 1978, 854
Stand 1. 1. 1980: FamRZ 1980, 19
Stand 1. 1. 1982: FamRZ 1981, 1207
Stand 1. 1. 1985: FamRZ 1984, 961
Stand 1. 1. 1989: FamRZ 1988, 911
Stand 1. 7. 1992: FamRZ 1992, 398
Stand 1. 1. 1996: FamRZ 1995, 1223
Stand 1. 7. 1998: FamRZ 1998, 534
Stand 1. 7. 1999: FamRZ 1999, 766
Stand 1. 7. 2001: FamRZ 2001, 806
Stand 1. 1. 2002: FamRZ 2001, 810, 1512
Stand 1. 7. 2003: FamRZ 2003, 903
Stand 1. 7. 2005: FamRZ 2005, 1300
Stand 1. 7. 2007: FamRZ 2007, 1367
[25] Die Fundstellen dieser Tabellen sind bei Köhler, Festschrift für Rebmann, S. 569, 576 wiedergegeben

5. Abschnitt: Der Unterhaltsanspruch minderjähriger Kinder § 2

am 1. 1. 2008 in Kraft getretenen Unterhaltsrechtsänderung.[26] Sie baut auf dem **gesetzlichen Mindestunterhalt** auf, der in § 1612a I BGB festgelegt ist (vgl. dazu Rn. 309). Die Richtsätze der ersten Einkommensgruppe der Tabelle entsprechen dem gesetzlichen Mindestunterhalt.

Im **Beitrittsgebiet** galten bis zum 31. 12. 2007 die Berliner Tabelle[27] als Vortabelle der Düsseldorfer Tabelle sowie die Leitlinien der ostdeutschen Oberlandesgerichte. Die Berliner Tabelle beruhte auf den niedrigeren Regelbeträgen Ost (Rn. 313) und wies zwei zusätzliche Einkommensgruppen unterhalb der Einkommensgruppe 1 der Düsseldorfer Tabelle auf. Die Berliner Tabelle ist zum 1. 1. 2008 entfallen. Für Übergangsfälle ist sie in ihrer jeweils gültigen Fassung weiterhin anzuwenden, wenn der Unterhalt bis zum 31. 12. 2007 zu ermitteln ist. 316

Die Düsseldorfer Tabelle ist ein **Hilfsmittel für die Bemessung des angemessenen Unterhalts im Sinne des § 1610 BGB.** Die in der Tabelle ausgewiesenen Richtsätze sind Erfahrungswerte, die den Lebensbedarf des Kindes – ausgerichtet an den Lebensverhältnissen der Eltern und an seinem Alter – auf der Grundlage durchschnittlicher Lebenshaltungskosten typisieren, um so eine gleichmäßige Behandlung gleicher Lebenssachverhalte zu erreichen.[28] Die Düsseldorfer Tabelle ist daher keine Rechtsquelle, insbesondere **kein Gewohnheitsrecht.**[29] Ohnehin ist nur die eigentliche Tabelle mit den Zahlenwerten für den Unterhalt minderjähriger Kinder unumstritten. Bereits die Anmerkungen zur Tabelle Kindesunterhalt werden von den anderen Oberlandesgerichten nur zum Teil übernommen. Die Düsseldorfer Tabelle ist daher – wie die anderen Unterhaltstabellen und Leitlinien – nur eine **Richtlinie.**[30] Darauf weisen die Tabelle (Anm. A 1) und die meisten Leitlinien in ihren Vorbemerkungen hin. Jedes mit Hilfe der Tabelle gewonnene Ergebnis ist im Einzelfall auf seine Angemessenheit zu überprüfen.[31] Diese **Angemessenheitskontrolle** geschieht vor allem mit Hilfe des Bedarfskontrollbetrages und durch Höher- und Herabgruppierung. Vgl. dazu Rn. 343 ff., 351 ff. 317

Da die Richtsätze der Tabelle nur eine Empfehlung darstellen, bleibt es dem Berechtigten wie dem Pflichtigen unbenommen, im Einzelnen vorzutragen, dass die Tabellensätze auf den zu beurteilenden Sachverhalt nicht passen. So kommt z. B. die Zubilligung regelmäßigen Mehrbedarfs (Rn. 232 ff., 451 ff., 530 ff.) oder unregelmäßigen Sonderbedarfs (Rn. 237 ff.) in Betracht, u. U. auch die Kürzung des Tabellenunterhalts wegen eingeschränkter Leistungsfähigkeit des Schuldners (Rn. 257 ff.). Allerdings wird man im Einzelfall sorgfältig prüfen müssen, ob wirklich besondere Umstände vorliegen, die eine Abweichung vom pauschalierten Unterhalt (Rn. 326) rechtfertigen.[32]

Die Richtsätze der Düsseldorfer Tabelle sind seit dem 1. 1. 2002 in **Euro** ausgewiesen. Auf Deutsche Mark lautende Unterhaltsbeträge sind nach dem amtlichen Umrechnungskurs von 1,95583 DM = 1 Euro umzurechnen. Das gilt auch für Vollstreckungstitel. Bereits vor dem 1. 1. 2002 war der Euro nach Art. 2 der VO 974/98 des Rates der EU[33] seit 1. 1. 1999 die Währung aller Mitgliedstaaten der Europäischen Union, die den Euro eingeführt haben. Die Deutsche Mark war nur noch eine nicht dezimale Untereinheit des Euro (Art. 6 der VO). Zur Unterhaltsfestsetzung in Euro in der Zeit vor dem 1. 1. 2002 kann auf die 6. Auflage Rn. 2/208 a verwiesen werden. 318

---

[26] FamRZ 2010, 1960 und dazu Soyka FamRZ 2011, 73
[27] Zuletzt FamRZ 2007, 1370
[28] BGH FamRZ 2000, 358 = R 537 b
[29] Anders Klingelhöffer ZRP 1994, 383, 385
[30] Scholz FamRZ 1993, 125, 127; Jost JR 2003, 89
[31] BGH FamRZ 2000, 1492 mit Anm. Scholz = R 546 c
[32] Vgl. Jost JR 2003, 89, 93
[33] Vom 3. 5. 1998, Amtsblatt der Europäischen Gemeinschaften L 139 S. 1

2. Die Düsseldorfer Tabelle, Stand: 1. 1. 2011/1. 1. 2010/1. 1. 2009/1. 1. 2008[34]

319 *Düsseldorfer Tabelle, Stand: 1. 1. 2011*

	Nettoeinkommen des Barunterhaltspflichtigen (Anm. 3, 4)	Altersstufen in Jahren (§ 1612a Abs. 1 BGB)				Prozentsatz	Bedarfskontrollbetrag (Anm. 6)
		0–5	6–11	2–17	ab 18		
	Alle Beträge in Euro						
1.	bis 1500	317	364	426	488	100	770/950
2.	1501 – 1900	333	383	448	513	105	1050
3.	1901 – 2300	349	401	469	537	110	1150
4.	2301 – 2700	365	419	490	562	115	1250
5.	2701 – 3100	381	437	512	586	120	1350
6.	3101 – 3500	406	466	546	625	128	1450
7.	3501 – 3900	432	496	580	664	136	1550
8.	3901 – 4300	457	525	614	703	144	1650
9.	4301 – 4700	482	554	648	742	152	1750
10.	4701 – 5100	508	583	682	781	160	1850
	ab 5101 nach den Umständen des Falles						

320 *Düsseldorfer Tabelle, Stand: 1. 1. 2010*

	Nettoeinkommen des Barunterhaltspflichtigen (Anm. 3, 4)	Altersstufen in Jahren (§ 1612a Abs. 1 BGB)				Prozentsatz	Bedarfskontrollbetrag (Anm. 6)
		0–5	6–11	12–17	ab 18		
	Alle Beträge in Euro						
1.	bis 1500	317	364	426	488	100	770/900
2.	1501 – 1900	333	383	448	513	105	1000
3.	1901 – 2300	349	401	469	537	110	1100
4.	2301 – 2700	365	419	490	562	115	1200
5.	2701 – 3100	381	437	512	586	120	1300
6.	3101 – 3500	406	466	546	625	128	1400
7.	3501 – 3900	432	496	580	664	136	1500
8.	3901 – 4300	457	525	614	703	144	1600
9.	4301 – 4700	482	554	648	742	152	1700
10.	4701 – 5100	508	583	682	781	160	1800
	ab 5101 nach den Umständen des Falles						

---

[34] Zur Düsseldorfer Tabelle Stand 1. 7. 2007 und 1. 7. 2005 s. Vorauflage Rn. 2/210

5. Abschnitt: Der Unterhaltsanspruch minderjähriger Kinder   § 2

Düsseldorfer Tabelle, Stand: 1. 1. 2009

	Nettoeinkommen des Barunterhaltspflichtigen (Anm. 3, 4)	Altersstufen in Jahren (§ 1612a Abs. 1 BGB)				Prozentsatz	Bedarfskontrollbetrag (Anm. 6)
		0–5	6–11	12–17	ab 18		
	Alle Beträge in Euro						
1.	bis 1500	281	322	377	432	100	770/900
2.	1501 – 1900	296	339	396	454	105	1000
3.	1901 – 2300	310	355	415	476	110	1100
4.	2301 – 2700	324	371	434	497	115	1200
5.	2701 – 3100	338	387	453	519	120	1300
6.	3101 – 3500	360	413	483	553	128	1400
7.	3501 – 3900	383	438	513	588	136	1500
8.	3901 – 4300	405	464	543	623	144	1600
9.	4301 – 4700	428	490	574	657	152	1700
10.	4701 – 5100	450	516	604	692	160	1800
	ab 5101	nach den Umständen des Falles					

Düsseldorfer Tabelle, Stand: 1. 1. 2008[35]

	Nettoeinkommen des Barunterhaltspflichtigen (Anm. 3, 4)	Altersstufen in Jahren (§ 1612a Abs. 1 BGB)				Prozentsatz	Bedarfskontrollbetrag (Anm. 6)
		0–5	6–11	12–17	ab 18		
	Alle Beträge in Euro						
1.	bis 1500	279	322	365	408	100	770/900
2.	1501 – 1900	293	339	384	429	105	1000
3.	1901 – 2300	307	355	402	449	110	1100
4.	2301 – 2700	321	371	420	470	115	1200
5.	2701 – 3100	335	387	438	490	120	1300
6.	3101 – 3500	358	413	468	523	128	1400
7.	3501 – 3900	380	438	497	555	136	1500
8.	3901 – 4300	402	464	526	588	144	1600
9.	4301 – 4700	425	490	555	621	152	1700
10.	4701 – 5100	447	516	584	653	160	1800
	ab 5101	nach den Umständen des Falles					

---

[35] FamRZ 2003, 903 = NJW 2003, Beilage zu Heft 32 bzw. FPR 2003 Beilage zu Heft 8

§ 2 Kindes-, Eltern- und sonstiger Verwandtenunterhalt

321 Die Düsseldorfer Tabelle galt auch vor dem 1. 1. 2008 hinsichtlich der Bedarfssätze für minderjährige Kinder auch im **Beitrittsgebiet,** uneingeschränkt jedoch erst ab einem Einkommen des barunterhaltspflichtigen Elternteils von 1150,– EUR. Für den darunter liegenden Bereich enthielten die Berliner Tabelle und die Leitlinien der ostdeutschen Oberlandesgerichte Vortabellen. Entsprechend den Altersstufen der Düsseldorfer Tabelle galten bis zum **31. 12. 2007** für das gesamte Beitrittsgebiet eigene Bedarfssätze, die für Übergangsfälle noch anwendbar sind. Auf die Vorauflage Rn. 210 a wird insoweit verwiesen.

322 Die Struktur und der Inhalt der Düsseldorfer Tabelle mussten in den vergangenen Jahren mehrfach geändert werden.[36] Die deutliche Erhöhung des Kindergeldes durch das Jahressteuergesetz 1996 bedingte eine nachhaltige Anhebung der Tabellensätze zum 1. 1. 1996.[37] Zum 1. 7. 1998 wurden die bisher neun Einkommensgruppen auf zwölf vermehrt, weil § 1612 a I BGB die Möglichkeit eröffnet hatte, den Unterhalt minderjähriger Kinder als Vomhundertsatz eines Regelbetrages zu verlangen (vgl. dazu Rn. 358 ff.). Dies bedingte naturgemäß einen anderen Zuschnitt der Einkommensgruppen. Es wurde eine neue Spalte „Vomhundertsatz" geschaffen, aus der abgelesen werden kann, um wie viel Prozent die Richtsätze der jeweiligen Einkommensgruppe gegenüber dem Regelbetrag, also dem Unterhalt der ersten Einkommensgruppe, steigen.[38] Nach verhältnismäßig geringfügigen Änderungen zum 1. 7. 1999[39] wurde zum 1. 7. 2001 im Hinblick auf die Rechtsprechung des BGH zur Unterhaltsbemessung bei höheren Einkünften des Pflichtigen[40] eine 13. Einkommensgruppe angefügt. Die Umstellung auf den Euro erzwang nicht nur eine Ausweisung der Tabellensätze in der neuen Währung, sondern auch eine erneute Änderung des Zuschnitts der Einkommensgruppen.[41] Ohne große Eingriffe blieben die Neufassungen zum 1. 7. 2005 und zum 1. 7. 2007, wobei die letzte Änderung sich allerdings auf Grund der erstmals gesunkenen Regelbeträge hervorhob.

Eine **grundlegende Umstrukturierung** hat die Düsseldorfer Tabelle zum **1. 1. 2008** auf Grund der Unterhaltsrechtsreform erfahren.[42] Nach dem Wegfall der Regelbeträge baut die Tabelle auf dem gesetzlichen Mindestunterhalt auf, der in § 1612 a I BGB (vorübergehend in § 36 Nr. 4 EGZPO) festgeschrieben ist. Außer den Ausgangsbeträgen mussten auch die Prozentsätze und auch die Einkommensgruppen umgestaltet werden. Weil der Ausgangsbeträge höher liegen, enthält die Düsseldorfer Tabelle nur noch 10 Einkommensgruppen und einen höchsten Steigerungssatz von 160% (10. Einkommensgruppe). Seit 2010 ist der Ausgangsfall (drei Unterhaltsberechtigte) geändert worden. Nunmehr geht die Düsseldorfer Tabelle von **nur zwei Unterhaltsberechtigten** aus, was für die Höher- und Herabgruppierung (Anm. A.1 Abs 2) bedeutsam ist.

3. Allgemeines zur Anwendung der Düsseldorfer Tabelle

323 **a) Barunterhalt.** Der gesamte Unterhaltsbedarf eines Minderjährigen besteht aus dem Barunterhalt, der vom barunterhaltspflichtigen Elternteil geschuldet wird, und dem **Betreuungsunterhalt,** den der betreuende Elternteil zu leisten hat (Rn. 16, 19). Beide Unterhaltsteile sind nach § 1606 III 2 BGB im Regelfall rechtlich **gleichwertig.** Der betreuende Elternteil erfüllt in der Regel seine Unterhaltsverpflichtung vollständig dadurch, dass er das Kind versorgt, betreut, erzieht und beaufsichtigt. Demgegenüber kommt der barunterhaltspflichtige Elternteil seiner Unterhaltsverpflichtung dadurch nach, dass er die zur Befriedigung des gesamten sonstigen Lebensbedarfs des Kindes erforderlichen Barmittel in Form einer angemessenen Unterhaltsrente bereitstellt.[43] Genaueres zur Gleich-

---

[36] Vgl. dazu im Einzelnen Scholz in der 5. Auflage Rn. 2/210 a–210 c
[37] Zur Düsseldorfer Tabelle Stand: 1. 1. 1996 vgl. Scholz FamRZ 1996, 65
[38] Zu weiteren Einzelheiten der Düsseldorfer Tabelle, Stand: 1. 7. 1998 vgl. Scholz FamRZ 1998, 797
[39] Vgl. dazu Scholz FamRZ 1999, 1177; Soyka FamRZ 2003, 1154
[40] BGH FamRZ 2000, 358 mit Anm. Deisenhofer
[41] Vgl. dazu Scholz FamRZ 2001, 1045
[42] Vgl. dazu Klinkhammer FamRZ 2008, 193
[43] BGH FamRZ 1988, 159, 161

5. Abschnitt: Der Unterhaltsanspruch minderjähriger Kinder § 2

wertigkeit der beiden Unterhaltsteile vgl. Rn. 20 ff. und zu Abweichungen von diesem Grundsatz vgl. Rn. 416 ff.

Die Richtsätze der Düsseldorfer Tabelle weisen **nur** den **Barunterhalt** aus, d. h. den gesamten durchschnittlichen Barbedarf eines minderjährigen Kindes. Erbringen beide Eltern keine Betreuungsleistungen, z. B. weil die Mutter krank oder verstorben ist und der berufstätige Vater das Kind nicht betreuen kann, muss er bei hinreichender Leistungsfähigkeit nicht nur die Kosten des Barunterhalts sicherstellen, sondern auch für die Kosten der Betreuung des Kindes, z. B. in einer Pflegefamilie, aufkommen.[44]

Die Regelbedarfssätze der Düsseldorfer Tabelle berücksichtigen auf Grund richterlicher Erfahrung **alle durchschnittlichen Lebenshaltungskosten** des Minderjährigen, der im Haushalt eines Elternteils lebt (zu den einzelnen Bedarfspositionen beim Mindestunterhalt vgl. Rn. 221). Maßgeblich sind das Lohn- und Preisniveau am gewöhnlichen Aufenthaltsort des Kindes. Probleme aus unterschiedlichen Wohnorten des Kindes und des Barunterhaltspflichtigen entstehen nur in Fällen mit Auslandsberührung (dazu Rn. 7/1 ff.) und – bis zum 31. 12. 2007 – in den sog. **Ost-West-Fällen,** wenn also der Pflichtige im Beitrittsgebiet und das berechtigte Kind im alten Bundesgebiet wohnten oder wenn das Kind im Beitrittsgebiet lebte, der Schuldner dagegen in den alten Bundesländern. In den letztgenannten Fällen richtete sich der Bedarf des Kindes nach der an seinem Aufenthaltsort geltenden Unterhaltstabelle, der Selbstbehalt des Pflichtigen nach der Tabelle, die an seinem Aufenthalt galt. Dies entsprach Nr. 25 nahezu aller Leitlinien der Oberlandesgerichte. **324**

Die Regelbeträge nach der Regelbetrag-VO nahmen von Vornherein nicht für sich in Anspruch, das Existenzminimum minderjähriger Kinder abzudecken. Jedenfalls die ersten vier Einkommensgruppen führten daher bis 2007 zu Beträgen, die das Existenzminimum nicht erreichten. Um das Existenzminimum der Kinder sicherzustellen, wurde nach der bisherigen Regelung das Kindergeld herangezogen.[45] **325**

Das unterhaltsrechtliche Existenzminimum wurde nach der vom BVerfG[46] beanstandeten Vorschrift des § 1612 b V BGB mit 135% des jeweiligen Regelbetrages festgelegt. Weil die Düsseldorfer Tabelle auch nach der Änderung des § 1612 b V BGB zum 1. 1. 2001 auf den Regelbeträgen der Regelbetrag-VO aufbaute,[47] führte sie seit 2001 in den unteren Einkommensgruppen zwar zu unterschiedlichen Bedarfsbeträgen, im Ergebnis aber im Wesentlichen zu denselben Zahlbeträgen.

Der ab 1. 1. 2008 gültige **Mindestunterhalt** richtet sich hingegen gemäß § 1612 a I S. 2 BGB nach dem **doppelten Freibetrag für das sächliche Existenzminimum eines Kindes** (Kinderfreibetrag) nach § 32 VI S. 1 EStG. Daraus ergeben sich im Grundsatz die Ausgangsbeträge der Düsseldorfer Tabelle, und zwar zu 87% in der 1. Altersstufe, 100% in der 2. Altersstufe und 117% in der 3. Altersstufe (§ 1612 a I S. 3 BGB).

In den Sätzen der Tabelle sind **alle Lebenshaltungskosten,** insbesondere die Kosten für Nahrung, Wohnung, Kleidung, Körperpflege, Schulausbildung, Unterrichtsmaterial (soweit die Kosten nicht von der öffentlichen Hand getragen werden), Ferien, musische und sportliche Interessen sowie Taschengeld **pauschal** enthalten.[48] Vgl. dazu Rn. 219. Nicht von der Pauschalierung erfasst werden regelmäßiger Mehrbedarf (dazu Rn. 232 ff., 451 ff.) und Sonderbedarf (Rn. 237, 6/1 ff.). Die weitverbreitete Übung, **Wohnkosten** nur beim Ehegattenunterhalt zu berücksichtigen, ist verfehlt. Vielmehr dient ein Teil des Tabellenunterhalts zur Deckung des Wohnbedarfs des Kindes.[49] Der Ansatz für Wohnkosten ist wegen der Ersparnis durch das Zusammenwohnen mit dem betreuenden Elternteil nur gering (vgl. Rn. 126). Nach der Umstrukturierung der Düsseldorfer Tabelle sind die Wohnkosten im Gegensatz zur früheren Rechtslage[50] auch in den unteren Einkommens- **326**

---

[44] BGH FamRZ 2006, 1597, 1598 = R 659; OLG Hamm FamRZ 1991, 107
[45] S. dazu im Einzelnen Scholz FamRZ 2007, 2021, 2022
[46] BVerfG FamRZ 2003, 1370, m. Anm. Luthin; vgl. auch BGH FamRZ 2003, 445, und zur vorausgegangenen Kritik etwa Becker FamRZ 2001, 1266 und Luthin FamRZ 2001, 1269
[47] Vgl. BGH FamRZ 2002, 536
[48] BGH FamRZ 1983, 473
[49] BGH FamRZ 1989, 1160, 1163; FamRZ 1992, 423 = R 442 a
[50] S. dazu Scholz in der Vorauflage

gruppen in den Bedarfssätzen enthalten. Sie können mit **20%** des Tabellensatzes veranschlagt werden.[51] Das bedeutet freilich nicht, dass der Kindesunterhalt um 20% zu kürzen ist, wenn das Kind auf Kosten des sorgeberechtigten Elternteils in dessen Wohnung lebt. Vielmehr kann der betreuende Elternteil den Wohnanteil im Tabellenunterhalt zur Deckung der Wohnkosten heranziehen. Vgl. dazu Rn. 126. Eine Kürzung des Kindesunterhalts kommt dagegen in Betracht, wenn der Barunterhaltspflichtige die Kosten der Wohnung trägt, in der der betreuende Elternteil mit dem Kind lebt.[52] In einem solchen Fall wird ein Teil des Bedarfs des Kindes durch Naturalunterhalt (vgl. Rn. 18) gedeckt.

327   Die Tabellensätze gehen davon aus, dass das minderjährige Kind gemäß § 1612 I 2 BGB (vgl. Rn. 16) in der gesetzlichen Familienversicherung gegen Krankheit mitversichert ist (§ 10 II SGB V). Ist dies ausnahmsweise nicht der Fall, z. B. bei Richtern, Beamten, Soldaten und Selbstständigen, hat der Barunterhaltsschuldner zusätzlich auch für die Kosten der **Krankenversicherung des Kindes** aufzukommen. Dies wird in der Düsseldorfer Tabelle (Anm. A 9) und in Nr. 11.1 der Leitlinien der meisten Oberlandesgerichte ausdrücklich klargestellt. Dementsprechend ist das Nettoeinkommen des Pflichtigen vor Anwendung der Tabelle auch um die Kosten der Krankenversicherung für das Kind zu bereinigen (so 11.1 der meisten Leitlinien). Vgl. das Beispiel Rn. 328. Zur Krankenversicherung beim volljährigen Kind vgl. Rn. 512.

328   Minderjährige Kinder sind bei ihren Eltern beitragsfrei in der **Pflegeversicherung** mitversichert, gleichgültig ob diese Versicherung bei einer gesetzlichen Krankenkasse oder einem privaten Versicherungsunternehmen besteht (§§ 25 I, 110 I 2 lit. f SGB XI). Ein zusätzlicher Bedarf in Höhe der Beiträge zu einer Pflegeversicherung kann daher bei minderjährigen Kindern in aller Regel nicht anfallen. Zur Pflegeversicherung beim volljährigen Kind vgl. Rn. 512.

> **Beispiel:**
> Bereinigtes Einkommen des Vaters, eines Beamten, nach Abzug der Lohn- und Kirchensteuer und des Solidaritätszuschlages 1720,– €. Abzusetzen sind Beiträge von 150,– € (eigene Krankenversicherung), 20,– € (eigene Pflegeversicherung) und 50,– € (Krankenversicherung für das Kind). Anrechnungsfähiges Einkommen daher 1500,– € (nicht: 1550,– €). Der Unterhalt ist also grundsätzlich der 1. Einkommensgruppe zu entnehmen und beträgt z. B. für ein 13-jähriges Kind 426,– € abzüglich 92,– € (hälftiges Kindergeld) und zuzüglich 50,– € Krankenkassenbeitrag = 384,– € (vorbehaltlich einer etwaigen Höhergruppierung wegen unterdurchschnittlicher Unterhaltspflicht nach DT A 1 – vgl. dazu Rn. 343 ff.).

329   Die Tabellenwerte weisen nicht den objektiven Barbedarf des Minderjährigen während eines bestimmten Monats aus. Vielmehr wird der Unterhalt **über einen längeren Zeitraum pauschaliert.** Mit dem Pauschalbetrag müssen alle durchschnittlichen Lebenshaltungskosten des Minderjährigen befriedigt werden (zu den einzelnen Bedarfspositionen beim Mindestunterhalt vgl. Rn. 221). Durch die Pauschalierung sind auch zeitweilige Bedarfserhöhungen oder Bedarfsminderungen abgegolten, sofern kein Sonderbedarf oder Mehrbedarf geltend gemacht werden kann. Dies liegt im Interesse einer Befriedung des Verhältnisses von Unterhaltsgläubiger und Unterhaltsschuldner: Dieses Verhältnis soll nicht durch häufige Einzelanforderungen in unerwünschter Weise belastet werden.[53] Genaueres zum Mehrbedarf Rn. 232, 451 ff. und zum Sonderbedarf Rn. 232, 237 f. und 6/1 ff.

330   **b) Altersstufen.** Die Düsseldorfer Tabelle bestimmt den Kindesunterhalt zunächst nach dem **Alter** des Kindes. Sie teilt die minderjährigen Kinder entsprechend § 1612a I 3 BGB in drei Altersstufen ein: bis zur Vollendung des 6. Lebensjahres, vom Beginn des 7. bis zur Vollendung des 12. Lebensjahres und vom Beginn des 13. bis zur Vollendung des 18. Lebensjahres. Die neue Altersstufe wird am Ersten des Monats erreicht, in dem das Kind 6 oder 12 Jahre alt wird (§ 1612a I 3 BGB). Der höhere Unterhalt wird also vom Ersten des Monats an geschuldet, in den der 6. oder der 12. Geburtstag fällt. Um einem immer wieder vorkommenden Missverständnis vorzubeugen, ist in der Düsseldorfer Tabelle seit dem 1. 7.

---

[51] KL (21.5), SüdL (21.5.2)
[52] OLG Düsseldorf FamRZ 1994, 1049, 1053; z. T. anders OLG München FamRZ 1998, 824
[53] BGH FamRZ 1984, 470, 472

5. Abschnitt: Der Unterhaltsanspruch minderjähriger Kinder § 2

1998 klargestellt worden, dass die erste Altersstufe für ein Kind von 0–5, die zweite von 6–11 und die dritte von 12–17 Jahren gilt.

Dem Gesetz ist nicht zu entnehmen, ab wann der Volljährigenunterhalt beginnt, da § 1612a III BGB sich allein auf den Minderjährigenunterhalt bezieht. Da das minderjährige Kind unterhaltsrechtlich in vielfältiger Weise begünstigt wird, endet der Minderjährigenunterhalt erst am Tage vor dem 18. Geburtstag und nicht am Monatsersten. Vgl. dazu Rn. 31, 308.

c) Einkommen. Die Höhe des Kindesunterhalts hängt ferner vom Einkommen des baruntehaltspflichtigen Elternteils (vgl. allerdings Rn. 206), bei Baruntehaltspflicht beider Eltern grundsätzlich vom zusammengerechneten Einkommen der Eltern ab. Ist der eigentlich baruntehaltspflichtige Elternteil nicht leistungsfähig, muss der andere einspringen und neben der Betreuung auch den Barunterhalt sicherstellen.[54] Dann muss sich die Eingruppierung dieses Elternteils nach seinem Einkommen richten. Dies kann wichtig werden, wenn er auch anderen Berechtigten, z. B. seinem früheren Ehegatten, unterhaltspflichtig ist. **331**

Die Tabelle versteht unter dem Einkommen die um berufsbedingte Aufwendungen und berücksichtigungsfähige Schulden **bereinigten Nettoeinkünfte** des Unterhaltspflichtigen (DT A 3 und A 4). Die berufsbedingten Aufwendungen werden bei Einkünften aus abhängiger Tätigkeit pauschaliert. Sie betragen in der Regel 5% des Einkommens, mindestens 50,– EUR, höchstens 150,– EUR. Übersteigen die berufsbedingten Aufwendungen die Pauschale, sind sie insgesamt nachzuweisen.[55] **332**

Maßgeblich für die Einordnung in eine der Einkommensgruppen ist das anrechenbare **Einkommen des baruntehaltspflichtigen Elternteils.**[56] Der Elternteil, der das Kind betreut, erfüllt hierdurch grundsätzlich seine Unterhaltspflicht (§ 1606 III 2 BGB). Genaueres hierzu Rn. 10. **333**

Sind ausnahmsweise beide Eltern baruntehaltspflichtig, erfolgt die Einordnung nach der Summe der Einkünfte beider Eltern (vgl. Rn. 420). **334**

Kindergeld war nach bisher h. M. kein unterhaltsrelevantes Einkommen. Nach § 1612b I BGB n. F. ist es ab 1. 1. 2008 zum Teil oder in vollem Umfang bedarfsdeckend anzurechnen und wird damit wie **Einkommen des Kindes** behandelt.[57] Es bleibt bei der Eingruppierung in die Tabelle unberücksichtigt. **335**

d) Aufenthalt und Betreuung des Kindes. Die Tabelle geht davon aus, dass die Eltern getrennt leben, das Kind bei einem Elternteil wohnt, von diesem betreut wird und wegen dieses Zusammenlebens verminderte Bedürfnisse, insbesondere für Wohnraum hat (vgl. Rn. 326). Der andere Elternteil leistet demgegenüber den Barunterhalt (vgl. Rn. 323). Trifft dieses Betreuungsmodell nicht zu, muss der **Tabellenunterhalt** unter Umständen **erhöht** werden. **336**

Dies kommt vor allem in Betracht, wenn das Kind von Dritten betreut wird, z. B. bei den Großeltern, bei einem Vormund oder Pfleger, in einer Pflegefamilie oder in einem Heim lebt. Eine solche **Fremdbetreuung** kann erforderlich sein, wenn ein Elternteil verstorben und der andere nicht bereit oder in der Lage ist, die Versorgung des Kindes zu übernehmen, aber auch dann, wenn den Eltern das Sorgerecht ganz oder teilweise entzogen worden ist (vgl. § 1666 BGB). Das Kind kann u. U. auch aus Gründen, die in seiner Person liegen (z. B. Schwererziehbarkeit, körperliche oder geistige Behinderung), nicht durch die Eltern versorgt werden.

Nach dem **BGH**[58] ist, wenn ein Elternteil verstorben ist, der vom anderen Elternteil bei auswärtiger Unterbringung des Kindes zusätzlich zu erbringende Betreuungsunterhalt grundsätzlich **pauschal in Höhe des Barunterhalts** zu bemessen. Dies folge aus der Gleichwertigkeit von Barunterhalt und Betreuungsunterhalt sowie der Notwendigkeit einer

---

[54] BGH NJW 1971, 2069
[55] Scholz FamRZ 1993, 125, 131 f.
[56] BGH FamRZ 2002, 536, 539 mit Anm. Büttner = R 572; vgl. aber für bestimmte Fallkonstellationen (z. B. Geschwistertrennung) Rn. 206
[57] Dose FamRZ 2007, 1289, 1292; Scholz FamRZ 2007, 2021, 2024
[58] FamRZ 2006, 1597 mit krit. Anm. Born = R 659

im Unterhaltsrecht notwendigen Pauschalierung.[59] Für einen davon abweichenden Betreuungsbedarf trage derjenige die Darlegungs- und Beweislast, der sich darauf beruft.[60] Durch die Pauschalierung werden vor allem die Fälle erfasst, in denen das Kind bei Verwandten oder in einer Pflegefamilie lebt. Betreuungsleistungen Dritter entlasten den Unterhaltspflichtigen grundsätzlich nicht. Die Darlegung der Ausnahme dürfte dann vor allem auf einen Mehrbedarf bezogen sein. Wenn das Kind allerdings im **Heim** untergebracht ist, geht dies in der Regel mit Leistungen der Hilfe zur Erziehung einher, die nach § 10 II SGB VIII (n. F.) nur im Rahmen der öffentlichrechtlichen Kostenerstattung gemäß §§ 91 ff. SGB VIII von den Eltern zu erstatten sind.[61]

Für die Geschwister, die vom barunterhaltspflichtigen Elternteil betreut werden, hat der BGH eine Monetarisierung des Betreuungsunterhalts abgelehnt.[62] Auch ein Betreuungsbonus wegen überobligationsmäßiger Erwerbstätigkeit ist dem Elternteil hier grundsätzlich nicht gutzuschreiben.[63] Allerdings hat der BGH anerkannt, dass das Einkommen auch beim Kindesunterhalt überobligatorisch sein kann, jedenfalls soweit es nicht von der gesteigerten Unterhaltspflicht nach § 1603 II 1 BGB erfasst wird.[64]

Betreuen die Eltern ein minderjähriges Kind, insbesondere beim gemeinsamen Sorgerecht, etwa zu gleichen Teilen, kann es angezeigt sein, den Tabellensatz wegen der dadurch entstehenden Mehrkosten, z. B. durch ein Kinderzimmer in der Wohnung jedes Elternteils, angemessen zu erhöhen.[65] Vgl. dazu auch Rn. 449.

337 Wohnt das minderjährige **Kind** berechtigterweise nicht mehr bei einem Elternteil, sondern führt es mit Einverständnis des Sorgeberechtigten einen **eigenen Haushalt**, z. B. weil es nur in einer anderen Stadt einen Ausbildungsplatz gefunden hat, kann der Unterhalt nicht ohne weiteres nach der Tabelle Kindesunterhalt bemessen werden. Wenn das Kind selbstständig lebt und nennenswerte Betreuungsleistungen eines Elternteils nicht mehr erbracht werden, kann es angezeigt sein, den Bedarf entsprechend dem Ansatz für ein volljähriges Kind mit eigenem Haushalt mit 670,– EUR anzunehmen (DT A 7 II). Näheres dazu Rn. 508 ff. In diesem Fall haften beide Elternteile entsprechend ihren Einkommens- und Vermögensverhältnissen anteilig für den Kindesunterhalt. Vgl. dazu Rn. 418 ff.

Ist das minderjährige Kind noch nicht selbstständig, sondern kehrt es am Wochenende und in den Ferien zu dem sorgeberechtigten Elternteil zurück, kümmert dieser sich um Wäsche, Kleidung und sonstige Bedürfnisse des Kindes, so erbringt er weiterhin nennenswerte Betreuungsleistungen. Dann wird in der Regel der Unterhalt der Tabelle Kindesunterhalt zu entnehmen und allein der nicht betreuende Elternteil zum Barunterhalt heranzuziehen sein. Vgl. dazu Rn. 411. In diesem Fall muss allerdings die anzurechnende Ausbildungsvergütung nicht nur um ausbildungsbedingten Mehrbedarf (vgl. dazu Rn. 115 ff.), sondern auch um die Kosten der Wohnung am Ausbildungsplatz und um etwaige Fahrtkosten zum betreuenden Elternteil gekürzt werden.

Ist die Restbetreuung nur geringfügig, kann es bei dem Ansatz von 670,– EUR und der beiderseitigen Barunterhaltspflicht verbleiben. Der Mehrbelastung eines Elternteils durch die Restbetreuung kann dadurch Rechnung getragen werden, dass die sich nach den Einkommens- und Vermögensverhältnissen der Eltern ergebende Verteilung der Unterhaltslast wertend zugunsten dieses Elternteils verändert wird (vgl. dazu Rn. 432).

338 Wenn die Eltern mit dem Kind zusammenleben, ist der dem Kind geschuldete Unterhalt Teil des Familienunterhalts. Ein eigener Unterhaltsanspruch des Kindes kommt nur ausnahmsweise in Betracht.

---

[59] Anders als im Schadensersatzrecht; vgl. etwa BGH NJW 1993, 124
[60] A. A. OLG Stuttgart FamRZ 2001, 1241 m. w. N. und Scholz in der 6. Aufl.
[61] BGH FamRZ 2007, 377; zur früheren Rechtslage nach dem SGB VIII OLG Düsseldorf JAmt 2005, 94 als Vorinstanz
[62] BGH FamRZ 2006, 1597, 1598 = R 659; kritisch dazu Born FamRZ 2006, 1601
[63] BGH FamRZ 2006, 1597, 1599 = R 659
[64] BGH FamRZ 2011, 454 (für Erwerbseinkommen nach Erreichen der gesetzlichen Regelaltersgrenze)
[65] BGH FamRZ 2006, 1015, 1017; OLG Düsseldorf NJW 2001, 3344; NJW-RR 2000, 74; Eschenbruch/Wohlgemuth Rn. 3135

5. Abschnitt: Der Unterhaltsanspruch minderjähriger Kinder § 2

e) Inkrafttreten der Tabelle; Geltungsdauer. Die Düsseldorfer Tabelle gilt jeweils 339 von einem bestimmten **Stichtag** an, die jetzt gültige ab 1. 1. 2011. Für Unterhaltszeiträume bis zum 30. 6. 2007 ist die Tabelle Stand: 1. 1. 2005 anzuwenden, für die Zeit vom 1. 7. 2007 bis zum 31. 12. 2007 die Tabelle Stand 1. 7. 2007. Ab 2008 tritt die Düsseldorfer Tabelle mit ihren Neufassungen nicht mehr zum 1. 7., sondern zum 1. 1. in Kraft. Ob eine Änderung des Zahlenwerks erforderlich ist, richtet sich nach der **Gesetzgebung im Einkommensteuerrecht.**

Schon nach früherer Rechtslage (vor 2008) war die Düsseldorfer Tabelle auch dann noch anwendbar, wenn sich die allgemeinwirtschaftlichen Verhältnisse bereits geändert hatten und mit der baldigen Neufassung der Tabelle zu rechnen war.[66] Diese Schematisierung führte dazu, dass ein **Unterhaltsurteil** (nunmehr Unterhaltsbeschluss), das kurz vor der Neufassung der Tabelle ergangen ist, nach deren Inkrafttreten trotz der Sperrwirkung des § 323 II ZPO (nunmehr § 238 II FamFG) **abgeändert** werden konnte, auch wenn die Änderung der wirtschaftlichen Verhältnisse, die ihren Niederschlag in den neuen Tabellensätzen gefunden hatte, teilweise bereits vor der letzten mündlichen Verhandlung im Vorprozess eingetreten war.[67]

Nach der seit dem 1. 1. 2008 gültigen Rechtslage ist jedenfalls die Änderung der Bedarfsätze wenigstens bei den Ausgangsbeträgen von § 32 VI 1 EStG gesetzlich vorgegeben, so dass an dieser Praxis festzuhalten ist.

Der Unterhaltsbedarf eines minderjährigen Kindes nach der Düsseldorfer Tabelle wird – 340 vorbehaltlich der Höher- bzw. Herabgruppierung nach A 1 der Düsseldorfer Tabelle (vgl. dazu Rn. 343 ff.) – grundsätzlich nicht dadurch beeinträchtigt, dass ein anderer Unterhaltsberechtigter vorhanden ist. Dies gilt auch dann, wenn dieser bereits einen **vollstreckbaren Titel** erwirkt hat. Die Unterhaltsansprüche sind grundsätzlich so zu errechnen, als ob über alle Ansprüche zugleich entschieden würde. Lediglich wenn der Vollstreckungstitel des anderen Berechtigten für die Vergangenheit wegen der Vorschrift des § 238 III FamFG (früher § 323 III ZPO) nicht mehr abänderbar ist, kann dessen Unterhaltsanspruch in einem angemessenen Rahmen als Schuld berücksichtigt werden. Im Übrigen muss es dem Verpflichteten überlassen bleiben, die Abänderung des Titels zu betreiben.[68] Ist eine Änderung nicht möglich, z. B. weil sich der Schuldner gegenüber einem anderen Unterhaltsberechtigten zu einem von vornherein überhöhten Unterhalt verpflichtet hat, scheidet auch eine Berücksichtigung der den gesetzlichen Unterhalt übersteigenden Unterhaltslast als Schuld aus.

f) Hohes Einkommen des Unterhaltspflichtigen. Die Düsseldorfer Tabelle begrenzt 341 den Kindesunterhalt nicht nach oben.[69] Bei Einkünften, die über den Höchstbetrag der 10. Einkommensgruppe hinausgehen (ab 5101,– EUR), also **bei besonders günstigen wirtschaftlichen Verhältnissen,** sieht die Tabelle vor, dass sich der Kindesunterhalt „nach den Umständen des Falles" richtet (vgl. Rn. 226 ff.). Dies bedeutet, dass die Bedarfsätze der Tabelle nicht schematisch entsprechend dem höheren Einkommen des barunterhaltspflichtigen Elternteils fortgeschrieben werden dürfen.[70] Vielmehr müssen auch bei höherem Einkommen der Eltern Kinder in einer ihrem Alter entsprechenden Weise an einer Lebensführung teil haben, die der besonders günstigen wirtschaftlichen Situation der Eltern Rechnung trägt. Nur unter Würdigung der besonderen Verhältnisse – namentlich einer Gewöhnung des Kindes an den von seinen Eltern gepflegten aufwändigen Lebensstil – kann festgestellt werden, welche Bedürfnisse des Kindes zu befriedigen sind und welche als bloße Teilhabe am Luxus nicht erfüllt werden müssen. Diese Gesamtumstände und Bedürfnisse müssen vom unterhaltsberechtigten Kind näher dargelegt werden.[71] Zur Darlegungs- und Beweislast in solchen Fällen vgl. Rn. 342. Insgesamt wird der Unterhalt entsprechend den

---

[66] BGH FamRZ 1995, 221, 223 = R 485 b, c
[67] BGH FamRZ 1995, 221, 224 = R 485 c
[68] BGH FamRZ 1992, 797 = R 447 b; 2003, 363, 367 = R 584 h
[69] BGH FamRZ 2000, 358 mit Anm. Deisenhofer = R 537 c
[70] BGH FamRZ 2000, 358 mit Anm. Deisenhofer = R 537 c; OLG Hamm FamRZ 2010, 2080; OLG Düsseldorf FamRZ 1998, 1191
[71] BGH FamRZ 2000, 358 mit Anm. Deisenhofer = R 537 c; FamRZ 2001, 1603

Umständen des Einzelfalles auch bei Einkünften deutlich über dem Bereich der Tabelle nur maßvoll anzuheben sein. Dies entspricht auch weitgehend der bisherigen Praxis. In jüngerer Zeit hat etwa das OLG Hamm[72] den Unterhalt der höchsten Einkommensgruppe um Positionen wie Musikunterricht für zwei Instrumente und die damit verbundenen Aufwendungen sowie für die geltend gemachten erhöhten Aufwendungen für Freizeitbedarf wie Reiten usw. maßvoll erhöht (Zahlbetrag von 590,– EUR – DT 2010 10/3 – auf 1150,– EUR einschließlich Krankenversicherung). Dass sich die Eltern schon kurz nach der Geburt des Kindes trennten, kann dabei allerdings (insoweit entgegen dem OLG Hamm) kein Grund dafür sein, die Teilhabe von vornherein zu begrenzen. Denn das Kind leitet seine Lebensstellung auch von dem Elternteil ab, mit dem es nicht zusammengelebt hat. Das KG[73] hat in einem Fall, dass der Unterhaltspflichtige fast das Doppelte des Einkommens der höchsten Tabellengruppe erzielt, neben konkret dargelegten Grundbedarf auch einen solchen für verschiedene Sportarten wie Skifahren, Tennis, Schwimmen und Judo sowie für Skiurlaub hinzugerechnet.

Beispiel:
Bereinigtes Nettoeinkommen des Vaters (V) 5300,– €, der betreuenden Mutter 2000,– €. Zinseinkünfte des 10-jährigen Kindes monatlich 100,– €; das Kindergeld von 184,– € erhält die Mutter.
Der Unterhaltsbedarf des Kindes beträgt nach dem Nettoeinkommen des allein barunterhaltspflichtigen V gemäß der höchsten Einkommensgruppe der Tabelle (DT 10/2) 583,– €.
Keine Höherstufung wegen Unterhalts für nur 1 Kind und keine Erhöhung wegen des Nettoeinkommens des V von 5500,– €, weil nicht dargelegt ist, worin der erhöhte Bedarf besteht (vgl. dazu unten Rn. 342). Das Einkommen des V, das die 10. Einkommensgruppe der Tabelle nicht erheblich übersteigt, reicht dazu allein nicht aus.
Anrechnung von 100,– € Zinsen und 184,– € Kindergeld (vgl. § 1612b I BGB) zur Hälfte auf den Bar- und auf den Betreuungsunterhalt (vgl. dazu Rn. 118). Auf das Einkommen der Mutter kommt es nicht an (§ 1606 III 2 BGB).
Unterhaltsanspruch: 583–50 (Zinsanteil) – 92 (Kindergeldanteil) = 441,– €.

342 Solange kein höherer Barbedarf geltend gemacht wird, als der jeweiligen Einkommensgruppe entspricht, werden an die **Darlegungslast** im Prozess keine besonderen Anforderungen gestellt. Das Kind hat lediglich das entsprechende anrechnungsfähige Nettoeinkommen des Barunterhaltspflichtigen für die jeweilige Einkommensgruppe darzulegen und eventuell nachzuweisen.[74] Wird nur der Unterhaltsbedarf nach Gruppe 1 (Mindestunterhalt) verlangt, braucht das Kind zum Einkommen des Schuldners nichts vorzutragen; vielmehr muss der Verpflichtete seine behauptete Leistungsunfähigkeit nachweisen.[75]

Verlangt der Berechtigte wegen einer weiter gehenden Leistungsfähigkeit des Verpflichteten einen höheren Unterhalt als nach Gruppe 10 der Tabelle, so muss er im Einzelnen darlegen, worin sein erhöhter Bedarf besteht und welche Mittel zu seiner Deckung erforderlich sind. Allerdings werden keine übertriebenen Anforderungen an die Darlegungslast gestellt werden dürfen. Das Kind ist nicht gehalten, seine gesamten – auch elementaren – Bedürfnisse und die zu deren Deckung erforderlichen Aufwendungen in allen Einzelheiten darzulegen. Es genügt der Hinweis auf besondere, vor allem auf kostenintensive Bedürfnisse. Das Gericht muss auf Grund des Parteivortrags in der Lage sein, den zur Deckung des erhöhten Bedarfs benötigten Betrag – notfalls im Wege der Schätzung – unter Heranziehung des Mehrbetrags zu berechnen, der sich aus einem Vergleich solcher Bedürfnisse mit dem bereits in der Düsseldorfer Tabelle erfassten Grundbedarf ergibt.[76] Bei Einkünften, die deutlich über dem Höchsteinkommen der Düsseldorfer Tabelle von 5100,– EUR liegen, wird man in der Regel davon ausgehen können, dass das Kind an dem höheren Lebensstandard der Familie ohnedies teilgenommen hat und schon deshalb auch nach der Trennung weiter teilnehmen muss (vgl. Rn. 341). Allerdings bleibt es dem Verpflichteten

---

[72] OLG Hamm FamRZ 2010, 2080
[73] KG KGR Berlin 2002, 216
[74] BGH FamRZ 1998, 357, 359
[75] BGH FamRZ 2002, 536, 538 mit Anm. Büttner = R 572
[76] BGH FamRZ 2000, 358 mit Anm. Deisenhofer = R 537 c; FamRZ 1983, 473; OLG Düsseldorf FamRZ 1998, 1191

5. Abschnitt: Der Unterhaltsanspruch minderjähriger Kinder § 2

unbenommen, dies substantiiert zu bestreiten und z. B. darauf hinzuweisen, dass die Eltern aus erzieherischen Gründen ihren Lebenszuschnitt eingeschränkt und wesentliche Teile des Einkommens zur Vermögensbildung verwendet haben. Dann ist es Aufgabe des Kindes, diesen Vortrag zu widerlegen und die Notwendigkeit eines über den Höchstbetrag der Tabelle hinausgehenden Unterhalts darzulegen und zu beweisen. Vgl. dazu oben Rn. 341.

4. Zu- oder Abschläge bei den Bedarfssätzen

Die Regelbedarfssätze der Düsseldorfer Tabelle sind darauf zugeschnitten, dass der Unterhaltspflichtige zwei Unterhaltsberechtigten Unterhalt zu gewähren hat. Der **Rang der Unterhaltsberechtigten** spielt hierfür keine entscheidende Rolle, was die Anmerkung A.1 S. 1 der Düsseldorfer Tabelle ausdrücklich herausstellt.[77] Bei einer größeren Anzahl von Unterhaltsberechtigten können Abschläge von den Tabellensätzen bei einer geringeren Anzahl Zuschläge zu den Tabellenbeträgen angemessen sein. Es kommt dann die Einstufung in eine niedrigere oder eine höhere Gruppe in Betracht (DT A 1). Die Praxis spricht hier auch von **Herab- bzw. Höhergruppierung.** Dieses Verfahren ist vom BGH stets gebilligt worden. Vgl. dazu Rn. 348. Die Wahl eines Zwischenbetrages zwischen zwei Gruppen, die früher empfohlen wurde, wird grundsätzlich nicht mehr angezeigt sein. Vgl. Rn. 322, 345, 351. 343

Die Höhergruppierung hängt damit zusammen, welche Einkommensspannen die jeweiligen Tabellengruppen aufweisen. Sind diese größer, wie es etwa bis zum 30. 6. 1998 der Fall war, war auch bei einer Unterhaltspflicht gegenüber nur einem Kind weitgehend anerkannt, dass in der Regel eine Höhergruppierung um zwei Einkommensgruppen vorzunehmen war. Seit dem 1. 7. 1998 verhielt sich das wegen einer kleineren Staffelung der Einkommensgruppen anders, sodass bei einer Unterhaltspflicht gegenüber nur einem Kind eine Höhergruppierung um drei Gruppen angemessen war.[78] 344

Seit dem **1. 1. 2008** enthält die wegen der Unterhaltsreform 2007 in ihrer Struktur grundlegend geänderte Düsseldorfer Tabelle mit einheitlichen Spannen von 400 EUR wiederum größer angelegte Einkommensgruppen. Das legt es nahe, zur früheren Praxis zurückzukehren und je Unterhaltsberechtigtem regelmäßig nur um eine Einkommensgruppe umzustufen.[79] Davon kann allerdings abgewichen werden, wenn sich das Einkommen an der oberen Grenze einer Einkommensgruppe befindet. 345

Voraussetzung jeder Höhergruppierung ist, dass der **Bedarfskontrollbetrag** derjenigen Einkommensgruppe gewahrt ist, aus welcher der Unterhalt entnommen werden soll. Ist dies nicht der Fall, hat die Höhergruppierung ganz oder teilweise zu unterbleiben. Vgl. dazu Rn. 353. Oberlandesgerichte, die den Bedarfskontrollbetrag nicht kennen, sind auf die allgemeine Angemessenheitskontrolle angewiesen, die bei jeder Unterhaltsbemessung vorzunehmen ist.[80] Vgl. dazu Rn. 218, 317, 355.

Eine **Herabgruppierung** ist geboten, wenn der Schuldner Unterhalt für mehr als zwei Unterhaltsberechtigte schuldet. Vgl. Rn. 343. In diesem Rahmen kann auch berücksichtigt werden, dass der Schuldner mit einer zusätzlichem Unterhaltspflicht gegenüber seinem nachrangigen zweiten Ehegatten belastet ist.[81] Auch hier ist der Bedarfskontrollbetrag zu beachten. Vgl. Rn. 353. 346

Die Leitlinien der Oberlandesgerichte übernehmen in Nr. 11. 2 weitgehend die Rn. 343 wiedergegebene Formulierung der Anm. A 1 der Düsseldorfer Tabelle Es wird meist nicht festgelegt, ob und ggf. in welchem Ausmaß über eine Höher- bzw. über eine Herabgruppierung um mehr als eine Gruppe hinaus gegangen wird. 347

Die Einstufung in eine andere Gruppe der Tabelle wegen des Vorhandenseins einer geringeren oder größeren Anzahl von Unterhaltsberechtigten, als sie den Tabellensätzen für 348

---

[77] Nach FL 11.2 soll dies nur gelten, wenn für den Nachrangigen Mittel vorhanden sind (ebenso HaL) und verlangt für ein Einkommen bis 1300 für die Aufstufung eine besondere Prüfung
[78] Näher Scholz in der Vorauflage Rn. 232 f.
[79] BGH FamRZ 2008, 968 = R 689; Klinkhammer FamRZ 2008, 193, 195 f.
[80] BGH FamRZ 2000, 1492, 1493 mit Anm. Scholz = R 546 c
[81] Scholz FamRZ 2002, 1497

den Regelfall zugrunde liegt, begegnet revisionsrechtlich keinen Bedenken, da sie im Ermessen des Tatrichters liegt; diesem steht es frei, in diesem Rahmen Bedarfskontrollbeträge heranzuziehen.[82] Der **BGH** hat bei einer Unterhaltspflicht nur gegenüber einem Kind, allerdings vor der Neugestaltung der Tabelle zum 1. 7. 1998 (Rn. 345), eine Höhergruppierung um zwei Gruppen für angemessen gehalten.[83] Andererseits hat er bei Unterhaltspflichten gegenüber einer Ehefrau und vier Kindern die Herabgruppierung von der zweiten in die erste Einkommensgruppe gebilligt.[84]

349 Im konkreten Einzelfall können die Zu- oder Abschläge auch individuell nach § 287 II ZPO geschätzt werden.

350 Der Umfang des Ehegattenunterhalts (Elementar- und Vorsorgeunterhalt) beeinflusst die Einstufung des Kindes in eine Gruppe nicht, weil der **Ehegattenunterhalt** in der Regel erst **nach Abzug des Kindesunterhalts** vom Nettoeinkommen errechnet wird.[85] Anders kann es sein, wenn bei Höhergruppierung und Vorwegabzug des Ehegattenunterhalts der Bedarfskontrollbetrag nicht gewahrt bleibt oder das Ergebnis der Berechnung nach der Tabelle im Einzelfall aus besonderen Gründen unangemessen erscheint.[86] Genaueres zum Bedarfskontrollbetrag unten Rn. 351 ff.

5. Der Bedarfskontrollbetrag

351 Der Bedarfskontrollbetrag des Unterhaltspflichtigen ist eine Rechengröße. Er ist ab Gruppe 2 **nicht identisch mit dem Eigenbedarf oder dem Selbstbehalt** des Unterhaltspflichtigen. Er soll vielmehr eine ausgewogene Verteilung des Einkommens zwischen dem Unterhaltspflichtigen und den unterhaltsberechtigten Kindern gewährleisten. Wird der Bedarfskontrollbetrag der eigentlich in Betracht kommenden Einkommensgruppe unterschritten – wobei auch der Ehegattenunterhalt zu berücksichtigen ist –, muss der Tabellenbetrag der nächstniedrigeren Gruppe, deren Bedarfskontrollbetrag nicht unterschritten wird, angesetzt werden (DT A 6). Dann ist also eine Herabgruppierung vorzunehmen.

Die Düsseldorfer Tabelle ließ früher auch die Ansetzung eines Betrages zwischen zwei Einkommensgruppen, also eines Zwischenbetrages, zu. Nachdem aber die Zahl der Gruppen von neun auf dreizehn erhöht worden (vgl. Rn. 322) und damit der Einkommensbereich, den die Gruppen abdecken, kleiner geworden ist, war ein Zwischenbetrag grundsätzlich nicht mehr angemessen sein.[87] Auch nachdem die Anzahl der Einkommensgruppen aber wieder auf zehn verringert worden ist (ab 1. 1. 2008), sollte grundsätzlich kein Zwischenbetrag mehr gewählt werden. Vgl. auch Rn. 343, 345.

Der **BGH**[88] hat die Herauf- oder Herabgruppierung mit Hilfe der Bedarfskontrollbeträge ausdrücklich gebilligt, aber nicht vorgeschrieben. Es handelt sich nach seiner Auffassung um eine der denkbaren Kontrollen, die der Richter bei der Überprüfung der Unterhaltsbemessung auf Angemessenheit und Ausgewogenheit stets durchzuführen hat. Der BGH lässt es auch zu, die Angemessenheitskontrolle ohne feste Kontrollbeträge erst im Rahmen einer Ergebnisprüfung als letzter Stufe der Unterhaltsberechnung vorzunehmen. Welche Methode das Gericht wählt, liegt in seinem Ermessen. In einer jüngeren Entscheidung hat der **BGH**[89] nicht nur die Anwendung der Bedarfskontrollbeträge als eine Methode zur ausgewogenen Verteilung des Einkommens erwähnt, sondern auch die mit der neuen Rechtslage ab 1. 1. 2008 gestiegene Bedeutung hervorgehoben.

---

[82] BGH FamRZ 2000, 1492, 1493 mit Anm. Scholz = R 546 c
[83] BGH FamRZ 1994, 696 = R 477 a
[84] BGH FamRZ 1992, 539 = NJW 1992, 1621; vgl. nunmehr auch BGH v. 6. 2. 2008 = R 689
[85] BGH FamRZ 2003, 363 = R 584 mit Anm. Scholz FamRZ 2003, 514; FamRZ 1999, 367
[86] BGH FamRZ 1992, 539, 541 mit Anm. Graba S. 541 = R 444 b
[87] Anders Steymans FuR 1999, 63, der bei Unterschreiten des Bedarfskontrollbetrages eine Art Mangelfallberechnung durchführen will. Dies führt aber zu komplizierten Berechnungen, die die Gerichte unnötig belasten würden
[88] FamRZ 2008, 2189; FamRZ 2000, 1492, 1493 mit Anm. Scholz = R 546 c
[89] BGH FamRZ 2008, 968 = R 689

5. Abschnitt: Der Unterhaltsanspruch minderjähriger Kinder § 2

Bei der Kontrollrechnung wird mit dem (ungedeckten) **Unterhaltsbedarf** des Kindes gerechnet. Das war bis zum Inkrafttreten der Unterhaltsreform 2007 am 1. 1. 2008 regelmäßig der **Tabellenunterhalt**.[90] Aufgrund der gesetzlichen Neuregelung der Kindergeldanrechnung in § 1612 b I BGB ist das Kindergeld nunmehr bedarfsdeckend anzurechnen. Es handelt sich hier um einen ausweislich der Gesetzesbegründung[91] bewusst vorgenommenen Systemwechsel, der auch hier zu beachten ist. Abziehbar ist dann nach wie vor der ungedeckte Bedarf des Kindes, der sich nunmehr allerdings aus dem Tabellenbetrag abzüglich des Kindergeldanteils **(Zahlbetrag)** ermittelt.

352

Beispiel:
Einkommen des Pflichtigen 1920,– €; Unterhalt für 3 Kinder im Alter von 13, 6 und 4 Jahren. Das Kindergeld von 184,– € für die ersten beiden Kinder und 190,– € für das dritte Kind erhält die betreuende wiederverheiratete Mutter.Kindesunterhalt (Zahlbeträge) nach Herabstufung um eine Einkommensgruppe nach DT 2/3, 2/2 und 2/1: 448 – 92 = 356 €; 383 – 92 = 291 €; 333 – 95 = 238 €; 356 + 291 + 238 = 885 €.
Dem Schuldner bleiben 1920 – 885 = 1035,– € und damit weniger als der Bedarfskontrollbetrag der 2. Einkommensgruppe von 1050,– €.
Korrigierte Berechnung:
Der Kindesunterhalt ist der 1. Gruppe zu entnehmen. Er beträgt 426 – 92 = 334 €; 364 – 92 = 272 €; 317 – 95 = 238 €; 334 + 272 + 238 = 844 €. Dem Schuldner bleiben (1920 – 844 =) 1076,– € und damit mehr als der notwendige Selbstbehalt. Dass ihm nunmehr auch mehr als der Bedarfskontrollbetrag der 2. Einkommensgruppe von 1050,– € verbleibt, gibt wegen der gebotenen Vereinfachung keine Veranlassung zu einer weiteren Korrektur (etwa durch anteilige Verteilung von 1076 – 1050 = 26,– €).

Die **Eingruppierung in eine höhere Einkommensgruppe** setzt voraus, dass dem Pflichtigen nach Abzug des Kindes- und Ehegattenunterhalts der für die höhere Einkommensgruppe maßgebende Bedarfskontrollbetrag (nicht nur der notwendige Eigenbedarf) verbleibt. Unterschreitet der verbleibende Betrag den Bedarfskontrollbetrag, ist der Kindesunterhalt nach einer niedrigeren Einkommensgruppe zu bestimmen (so DT A 6; BraL, BrL, CL, HL, SL jeweils 11. 2). Die bei einem Einzelkind nach Rn. 345 gebotene Höhergruppierung hat daher zu unterbleiben, wenn der Bedarfskontrollbetrag der höheren Einkommensgruppe nicht gewahrt ist.

353

Beispiel:
Einkommen des Schuldners 1510,– €. Unterhaltspflicht nur gegenüber einem 16-jährigen Kind. Die nach Rn. 345 eigentlich gebotene Höhergruppierung um eine Gruppe scheidet aus, weil bei einem Unterhalt von (469–92 =) 377,– € nach DT 3/3 der Bedarfskontrollbetrag von 1150,– € nicht gewahrt ist (1510 – 377 = 1133,– €) Jedoch verbleibt dem Schuldner bei einem Unterhalt von (448–92 =) 356,– € nach DT 2/3 der dann maßgebende Bedarfskontrollbetrag der 2. Einkommensgruppe von 1050,– €. Daher wird ein Unterhalt von 356,– € geschuldet.

Der Bedarfskontrollbetrag hat seine besondere Bedeutung, wenn neben dem Kindes- auch **Ehegattenunterhalt** geschuldet wird. Dass der Ehegattenunterhalt gegenüber dem Kindesunterhalt nunmehr nachrangig ist, ist nicht entscheidend.[92] Der Ehegattenunterhalt wird üblicherweise in der Weise berechnet, dass der **Zahlbetrag**[93] des Kindesunterhalts vorweg vom Einkommen des Pflichtigen abgezogen wird. Der nach bisherigem Recht (bis 31. 12. 2007) anzustellenden Betrachtung, ob der Ehegattenunterhalt und der vorweg abgezogene Kindesunterhalt in einem Missverhältnis stehen,[94] bedarf es nach der ab 1. 1. 2008 geltenden Rechtslage nicht mehr. Regelmäßig wird – bei Anwendung der Bedarfskontrollbeträge – in einem Mangelfall im 2. Rang der Kindesunterhalt der 1. Einkommensgruppe zu entnehmen sein.

354

Der Bedarfskontrollbetrag ermöglicht diese vom BGH geforderte **Angemessenheitskontrolle** gerade dann, wenn es um die Frage geht, ob bereits ein Mangelfall vorliegt oder

355

---

[90] Zuletzt BGH FamRZ 2005, 347, 350 f.; Scholz Vorauflage m. w. N.
[91] BT-Drucks. 16/1830 S. 29
[92] BGH FamRZ 2008, 968 = R 689
[93] Vgl. Klinkhammer FamRZ 2008, 193, 199 m. w. N.
[94] BGH FamRZ 2003, 363 = R 584 mit Anm. Scholz FamRZ 2003, 514

nicht und wenn deshalb besonders auf ein ausgewogenes Verhältnis von Ehegatten- und Kindesunterhalt geachtet werden muss. Zum Mangelfall vgl. insbesondere Rn. 262, 266 ff. Bei der üblichen Berechnung des Unterhalts kann der Ehegatten-Selbstbehalt des Schuldners bereits tangiert und dem gemäß eine Kürzung des Ehegattenunterhalts erforderlich sein, wenn der Kindesunterhalt einer höheren Einkommensgruppe der Düsseldorfer Tabelle entnommen wird. In einem solchen Fall kann jedoch noch der notwendige Selbstbehalt, der mit dem Bedarfskontrollbetrag der 1. Einkommensgruppe identisch ist, gewahrt sein, wenn der Kindesunterhalt unter entsprechender Herabgruppierung nach A 1 der Düsseldorfer Tabelle nach der 1. Gruppe bemessen wird. Dann kann auch unter Berücksichtigung des (etwas höheren) Ehegattenunterhalts der Schuldner hinreichend leistungsfähig sein, so dass noch kein Mangelfall gegeben ist.

Beispiel:
Einkommen des Vaters (V) 2310,- €. Ehegattenunterhalt und Unterhalt für zwei 3- und 4-jährige Kinder. Die nicht erwerbstätige Mutter (M) bezieht das Kindergeld von je 184,- €.
Berechnung ohne Bedarfskontrollbetrag:
Kindesunterhalt nach DT 3/1 (nach Herabstufung um eine Gruppe): 349 – 92 = 257 + 257 = 514,- €.
Ehegattenunterhalt: (2310 – 514) × $3/7$ = 774,- €.
V behält 2360 – 514 – 791 = 1032,- €, also weniger als den Ehegatten-Selbstbehalt von 1050,- €.[95]
Das würde zu einer Kürzung des Ehegattenunterhalts auf 756,- EUR führen.
Korrigierte Berechnung mit Bedarfskontrollbetrag:
Da die Bedarfskontrollbeträge der Einkommensgruppe 3 nicht gewahrt ist, muss der Kindesunterhalt der 2. Einkommensgruppe entnommen werden.
Kindesunterhalt also jeweils 333 – 92 = 241,- €. Ehegattenunterhalt: 2320 – 241 – 241 = 1838 × $3/7$ = 788,- €.
V behält dann 2320 – 241 – 241 – 788 = 1050,- € und damit den Ehegatten-Selbstbehalt.

356 Die Bedarfskontrollbeträge der Düsseldorfer Tabelle werden von der weit überwiegenden Mehrheit der Oberlandesgerichte, insbesondere den Oberlandesgerichten **Brandenburg, Bremen, Celle, Hamburg, Hamm, Köln, Schleswig** und **den süddeutschen Oberlandesgerichten** anerkannt; allerdings werden sie nicht von allen Senaten in die Praxis umgesetzt. Dagegen enthalten die Leitlinien des **Kammergerichts** und der Oberlandesgerichte **Frankfurt, Jena, Naumburg, Oldenburg** und **Rostock** keine Bedarfskontrollbeträge. Vgl. jeweils 11. 2 der Leitlinien.

357 Es ist nicht zu verkennen, dass die Bedarfskontrollberechnung verschiedene Rechengänge erfordern kann, bevor der endgültige Tabellenunterhalt ermittelt worden ist. Der Vorwurf, dass die Berechnungen mit dem Bedarfskontrollbetrag zu umständlich seien, geht gleichwohl fehl. Einmal muss jede Unterhaltsberechnung zum Schluss überprüft werden, damit festgestellt werden kann, ob das Ergebnis angemessen ist.[96] Der Bedarfskontrollbetrag schematisiert diese Prüfung und gibt damit zugleich den Maßstab für die in jeder Unterhaltsfestsetzung vorzunehmenden Angemessenheitsprüfung (vgl. Rn. 218, 317, 355). Zum anderen erkennt der Praktiker bei einiger Übung alsbald, ob er nur eine oder zwei Gruppen herabgruppieren muss oder ob er den Unterhalt, weil ohnehin nur der Selbstbehalt gewahrt sein kann, sogleich der ersten Einkommensgruppe zu entnehmen hat. Zudem erleichtern Rechenmaschinen, Taschenrechner und Computerprogramme die Berechnung.[97]

IV. Dynamischer Unterhalt nach dem Mindestunterhalt

358 Seit dem KindUG hat das minderjährige Kind ein **Wahlrecht zwischen statischem und dynamischem Unterhalt**.[98] Es kann Unterhalt in Form eines statischen Betrages

---

[95] Ob an dem festen Ehegattenselbstbehalt nach dem Beschluss des BVerfG (s. NJW 2011, 836) 1 BvR 918/10 – noch festgehalten werden kann, soll hier nicht behandelt werden
[96] BGH FamRZ 2000, 1492, 1493 mit Anm. Scholz = R 546 d; FamRZ 2003, 363, 366 mit Anm. Scholz FamRZ 2003, 514
[97] So das Berechnungsprogramm von Gutdeutsch Familienrechtliche Berechnungen (Beck'sche Beratungssysteme)
[98] Vgl. dazu eingehend Schumacher/Grün FamRZ 1998, 778; Strauß FamRZ 1998, 993

5. Abschnitt: Der Unterhaltsanspruch minderjähriger Kinder § 2

begehren. Dieser wird der Düsseldorfer Tabelle entnommen und muss bei Änderung der Verhältnisse neu festgesetzt werden, sei es durch Parteivereinbarung, sei es auf Abänderungsantrag durch gerichtlichen Beschluss. Die seit dem 1. 7. 1998 bestehende Möglichkeit der Dynamisierung, wenn es mit dem pflichtigen Elternteil nicht in einem Haushalt lebt, richtete sich nach § 1612a I BGB a. F. bis zum 31. 12. 2007 auf den Unterhalt als Vomhundertsatz des jeweiligen Regelbetrages nach der in zwischen abgeschafften Regelbetrag-VO. Die Regelbeträge wurden durch Rechtsverordnung des Bundesministeriums der Justiz für drei verschiedene Altersstufen im Abstand von jeweils zwei Jahren festgesetzt und zum 1. Juli jeden zweiten Jahres der Lohnentwicklung angepasst (§ 1612a IV BGB a. F.). Die letzte Änderung der Regelbeträge erfolgte zum 1. 7. 2007[99] und galt bis zum Inkrafttreten der Änderungen am 1. 1. 2008.

Die Festsetzung des Kindesunterhalts ist durch die **Unterhaltsrechtsreform 2007** grundlegend geändert worden. An Stelle der für das Existenzminimum von Vornherein unzureichenden Regelbeträge enthält das Gesetz nunmehr in § 1612a BGB einen am Existenzminimum der Kinder orientierten **Mindestunterhalt.** Dieser ist nach der gesetzlichen Verweisung auf § 32 VI EStG nach dem im Steuerrecht geltenden sächlichen Existenzminimum zu bestimmen. Vgl. Rn. 222, 311. Für den dynamisierten Kindesunterhalt steht insbesondere das **Vereinfachte Verfahren** über den Unterhalt Minderjähriger (§§ 249 ff. FamFG) zur Verfügung.

Das Wahlrecht zwischen statischem und dynamischem Unterhalt kann sowohl bei der erstmaligen Festsetzung des Unterhalts als auch im Rahmen eines **Abänderungsverfahrens** ausgeübt werden.[100] Allein der Wunsch, nunmehr statt des statischen dynamischen Unterhalt zu erhalten, reicht jedoch nicht aus. Vielmehr muss die Abänderungsklage aus anderen Gründen eröffnet sein; es müssen sich also die Verhältnisse, die dem Titel zugrunde liegen, wesentlich geändert haben (§§ 238, 239 FamFG).[101]

Seit dem **1. 1. 2008** kann nach § 1612a I BGB ein **Prozentsatz des jeweiligen** **359** **Mindestunterhalts** verlangt werden, der für das Kind nach § 1612a I 3 BGB entsprechend der erreichten Altersstufe derzeit gilt. Mit der Geltendmachung des jeweiligen Mindestunterhalts ist gemeint, dass das Kind schon vor Erreichen des 6. oder 12. Lebensjahres einen bestimmten Prozentsatz des Mindestunterhalts der erst später geltenden Altersstufe einklagen kann. In diesem Fall hat das Kind mit dem Ersten des Monats, in dem es das 6. oder 12. Lebensjahr vollendet (vgl. Rn. 330), Anspruch auf den Mindestunterhalt der 2. bzw. 3. Altersstufe, vervielfältigt mit dem im Titel festgelegten Prozentsatz (§ 1612a I BGB). Es kann daher nunmehr auch sog. **Staffelunterhalt** zugesprochen werden.[102] Der Antrag/Tenor könnte etwa wie folgt lauten:

Beispiel:
Der Beklagte wird verpflichtet, an den am 3. 2. 2006 geborenen Kläger zu Händen der Kindesmutter ab 9/2011 monatlich im Voraus den Mindestunterhalt nach § 1612a Abs. 1 S. 3 BGB der Altersstufe 1 bis 1/2012, Altersstufe 2 von 2/2012 bis 1/2018 und Altersstufe 3 ab 2/2018 zu zahlen, jeweils abzüglich des halben Kindergelds für ein erstes Kind, derzeit zu zahlen also 225 €.

Erreicht das Kind das 18. Lebensjahr, so steigt es mit dem dynamisierten Unterhalt nicht **360** in die 4. Altersstufe der Düsseldorfer Tabelle auf, da der § 1612a I 3 BGB nur drei Altersstufen kennt.[103] Anderseits wird der Titel nicht unwirksam, wenn das Kind **volljährig** wird (§ 244 FamFG – früher: § 798a ZPO). Es behält zunächst den Unterhalt der 3. Altersstufe. Dem Kind bzw. dem bisher allein barunterhaltspflichtigen Elternteil bleibt es überlassen, eine Abänderung des Titels nach §§ 238, 239 FamFG zu betreiben, wenn sie eine anderweitige Festsetzung des Kindesunterhalts für angezeigt halten. Zu den Unter-

---

[99] Fünfte VO zur Änderung der Regelbetrag-VO vom 5. 6. 2007 – BGB. I S. 1044, FamRZ 2007, 1068
[100] Schumacher/Grün FamRZ 1998, 778, 781
[101] A. a. O., vgl. zur Abgrenzung OLG Dresden FamRZ 2011, 42 (Abänderungsverlangen bei einseitiger Titulierung in statischer Form entgegen dem verlangen des Unterhaltsberechtigten) und dazu Rn. 225
[102] Johannsen/Henrich/Graba Eherecht, 4. Aufl., § 1612a Rn. 3
[103] OLG Karlsruhe Beschluss vom 24. 2. 2011 – 2 UF 45/09 BeckRS 2011, 04661 Rn. 113

schieden zwischen Minderjährigen- und Volljährigenunterhalt vgl. Rn. 468 ff. Es ist angesichts dieser Rechtslage fehlerhaft, ein Urteil über dynamischen Unterhalt nach § 1612a I BGB bis zur Vollendung des 18. Lebensjahres zu begrenzen.[104]

361   Um den Prozentsatz ermitteln zu können, muss zunächst der betragsmäßig geschuldete Unterhalt mit Hilfe der Düsseldorfer Tabelle festgelegt werden. Dabei reicht es nicht aus, den Unterhalt der jeweiligen Einkommensgruppe der Düsseldorfer Tabelle zu entnehmen. Es ist vielmehr zu prüfen, ob eine Höher- oder Herabgruppierung vorzunehmen ist (Rn. 343 ff.), ob der Bedarfskontrollbetrag (Rn. 351 ff.) und der Selbstbehalt gewahrt (Rn. 366 ff.) sind und ob sich ggf. der Elternteil, bei dem das Kind lebt, am Barunterhalt zu beteiligen hat (Rn. 416 ff.). Die **individuelle Bemessung des Unterhalts** nach der Düsseldorfer Tabelle ist daher auch bei Zubilligung dynamischen Unterhalts nach § 1612a I BGB unerlässlich. Vgl. Rn. 314.

362   Der nach Rn. 361 ermittelte Unterhalt der maßgebenden Einkommensgruppe ist in einem **Prozentsatz** des Mindestunterhalts der maßgebenden Altersstufe auszudrücken. Der Prozentsatz ist auf eine Dezimalstelle zu begrenzen; jede weitere Dezimalstelle wird nicht berücksichtigt (§ 1612a II 1 BGB). Eine Auf- oder Abrundung findet also nicht statt. Erst der mit Hilfe des Prozentsatzes errechnete Unterhalt wird auf den nächsten vollen Euro aufgerundet (§ 1612a II 2 BGB).

363   Das Gesetz sieht keinen Höchstbetrag vor, bis zu dem der Unterhalt in einem Vomhundertsatz verlangt werden kann. Es kann also durchaus Unterhalt nach der höchsten Einkommensgruppe der Düsseldorfer Tabelle in Form eines Prozentsatzes von 160% des Mindestunterhalts begehrt und eingeklagt werden. Dagegen ist der Unterhalt, der im Vereinfachten Verfahren geltend gemacht werden kann, auf das 1,2-fache des Mindestunterhalts beschränkt (§ 249 I FamFG). 120% des Mindestunterhalts entsprechen den Richtsätzen der 5. Einkommensgruppe der Düsseldorfer Tabelle.

Es ist auch nicht ausgeschlossen, bei eingeschränkter Leistungsfähigkeit des Schuldners, also im Mangelfall, einen Unterhalt von weniger als 100%, z.B. 80% des Mindestunterhalts zu verlangen. Allerdings ist dies in der Regel nicht empfehlenswert. Vgl. dazu Rn. 365.

364   Das **Kindergeld** ist auch auf den dynamischen Unterhalt nach Maßgabe des § 1612b BGB bedarfsmindernd anzurechnen. Das Kindergeld muss nicht beziffert werden.[105] Die mit der eingeschränkten Kindergeldanrechnung nach dem früheren § 1612b V BGB verbundenen Schwierigkeiten sind durch die Unterhaltsreform 2007 beseitigt. § 1612b I BGB sieht nur noch die hälftige oder volle Kindergeldanrechnung vor. Festzulegen ist demnach lediglich, ob es sich um ein erstes, zweites oder weiteres Kind handelt. Vgl. Rn. 359. Falsch wäre es, nur die Zahlbeträge als Mindestunterhalt zu titulieren.

365   In der Praxis wird die Dynamisierung des Minderjährigenunterhalts hauptsächlich von den Jugendämtern im Rahmen des Vereinfachten Verfahrens beantragt. Viele Anwälte und Richter begegnen ihr aber mit Vorbehalten, weil Klageantrag und Urteilstenor angesichts der komplizierten gesetzlichen Regelung Mühe machen. Zu empfehlen ist die Geltendmachung dynamischen Unterhalts, wenn nur ein oder zwei Kinder Unterhalt begehren und mit wesentlichen Veränderungen des Einkommens des Schuldners und anderer unterhaltsrechtlich bedeutsamer Umstände in absehbarer Zeit nicht zu rechnen ist. Abzuraten ist von einer Dynamisierung
– wenn sich die Grundlagen der Unterhaltsbemessung voraussichtlich ändern werden, also wenn **Einkommensänderungen** bevorstehen, z.B. die Veränderung der Steuerklasse im Jahr nach der Trennung, oder wenn mit dem Hinzutreten weiterer Unterhaltsberechtigter (Kinder aus zweiter Ehe) zu rechnen ist,
– in **Mangelfällen,** weil dann bereits geringe Veränderungen des Einkommens die Leistungsfähigkeit und damit die Unterhaltshöhe beeinflussen können; zudem ändert sich das „Verteilungsgefüge",[106] wenn ein Kind in die nächste Altersstufe gelangt und bei ihm ein höherer Einsatzbetrag zu berücksichtigen ist,

---

[104] OLG Saarbrücken NJW-FER 2000, 142
[105] Vgl. (zum früheren § 1612b V BGB) OLG Düsseldorf FamRZ 2002, 1046
[106] Strauß FamRZ 1998, 993, 997

5. Abschnitt: Der Unterhaltsanspruch minderjähriger Kinder   § 2

– in Fällen mit **Auslandsberührung**,[107] da der ungewöhnliche Titel zu Schwierigkeiten bei der Vollstreckung im Ausland führen kann.

Dann können sich die Vorteile der Dynamisierung, die gerade in der Vermeidung von Abänderungsverfahren bestehen, nicht auswirken.

V. Leistungsfähigkeit der Eltern beim Unterhalt minderjähriger Kinder

1. Gesteigerte Unterhaltsverpflichtung der Eltern nach § 1603 II 1 BGB

Nach § 1603 II 1 und 3 BGB sind Eltern gegenüber minderjährigen Kindern verpflichtet, das seinen Unterhalt nicht etwa aus dem Stamm seines Vermögens decken kann, alle verfügbaren Mittel gleichmäßig zu ihrem Unterhalt und zum Unterhalt der Kinder zu verwenden, wenn kein anderer unterhaltspflichtiger Verwandter vorhanden ist, der den Unterhalt der Kinder ohne Gefährdung seines eigenen angemessenen Bedarfs (§ 1603 I BGB) aufbringen könnte (vgl. Rn. 394 ff.). Dies gilt nur für die Unterhaltspflicht gegenüber unverheirateten Kindern, nicht dagegen, wenn das Kind verheiratet war oder die Ehe durch Tod, Scheidung oder Aufhebung aufgelöst worden ist. Vgl. zur entsprechenden Problematik beim privilegiert volljährigem Kind Rn. 582. Durch § 1603 II 1 BGB wird die Leistungsfähigkeit der Eltern über die Grenze der Gefährdung des eigenen angemessenen Unterhalts hinaus erweitert.[108] Die Eltern trifft also eine **gesteigerte Unterhaltsverpflichtung**.[109] Sie beruht auf ihrer besonderen Verantwortung für den angemessenen, nicht bloß den notwendigen Unterhalt ihrer minderjährigen Kinder.[110] Seit dem 1. 7. 1998 gilt die gesteigerte Unterhaltspflicht nach § 1603 II 2 BGB auch gegenüber volljährigen unverheirateten Kindern bis zur Vollendung des 21. Lebensjahres, solange sie im Haushalt der Eltern oder eines Elternteils leben und sich in der allgemeinen Schulausbildung befinden. Vgl. zu diesen **privilegiert volljährigen Kindern** im Einzelnen Rn. 581 ff. 366

Für die Eltern besteht insbesondere eine Pflicht zur **gesteigerten Ausnutzung ihrer Arbeitskraft**, d. h. eine verstärkte Erwerbsobliegenheit. Die Eltern sind verpflichtet, alle zumutbaren Erwerbsmöglichkeiten auszuschöpfen.[111] Jedoch ist stets der Grundsatz der Verhältnismäßigkeit zu wahren.[112] Vgl. dazu Rn. 370. 367

Der gesteigert Unterhaltspflichtige muss sich besonders intensiv um eine Erwerbstätigkeit bemühen. Es sind ihm auch **Gelegenheitsarbeiten sowie berufsfremde Tätigkeiten** oder Arbeiten unterhalb seiner gewohnten Lebensstellung zuzumuten.[113] Stets darf dem Unterhaltspflichtigen aber nur ein Einkommen zugerechnet werden, das von ihm **realistischerweise zu erzielen** ist.[114] 368

Die Eltern sind in zumutbaren Grenzen sowohl zu einem **Ortswechsel** als auch zu einem **Berufswechsel** verpflichtet.[115] Jedoch sind derartige Anstrengungen nur zumutbar, wenn sie Erfolg versprechen, also an anderem Ort oder in einem anderen Beruf bessere Arbeitschancen bestehen.[116] Zur Darlegungs- und Beweislast vgl. Rn. 259 a. Geht ein Elternteil einer selbstständigen landwirtschaftlichen Tätigkeit nach, die unzureichende Erträge abwirft, ist er gehalten, zur Nebenerwerbswirtschaft überzugehen und notfalls die Landwirtschaft ganz aufzugeben und eine höhere Einkünfte versprechende anderweitige volle Erwerbstätigkeit aufzunehmen.[117] 369

---

[107] Empfehlung des DIJUF zur Durchsetzung von Unterhaltsansprüchen im Ausland mit dynamisiertem Titel, JAmt 2001, 468
[108] BGH FamRZ 1984, 682
[109] BGH FamRZ 1994, 372 ff. = R 473 c; FamRZ 1989, 170 = R 379 a
[110] BGH FamRZ 2003, 1171, 1173; FamRZ 2000, 1358 = R 543 b
[111] BGH FamRZ 2009, 314 Rn. 20; FamRZ 1994, 372 ff. = R 473 c
[112] BGH FamRZ 2009, 314 Rn. 20; BVerfG FamRZ 2007, 273 f., 2006, 469 f. 2003, 661 = R 591
[113] BGH FamRZ 1994, 372 ff. = R 473 c; OLG Koblenz FamRZ 1997, 1104
[114] BVerfG NJW 2010, 1658 (ehemaliger Drogenabhängiger); vgl. BGH FamRZ 2009, 314
[115] BGH FamRZ 1994, 372 = R 473 c
[116] OLG Hamm FamRZ 1998, 43; OLG Dresden FamRZ 1997, 836
[117] BGH FamRZ 1998, 357, 359 = R 515 b

370 Den Eltern werden zusätzliche Anstrengungen zugemutet. Sie müssen notfalls **Überstunden** leisten oder **Nebenbeschäftigungen** aufnehmen, wenn das Existenzminimum (Mindestunterhalt) ihrer minderjährigen Kinder nicht gesichert ist. Vgl. dazu Rn. 127 c, d. Allerdings wird den Eltern nicht jeder zeitlich mögliche, sondern nur ein Einsatz abverlangt, der ihnen nach dem Grundsatz der Verhältnismäßigkeit zugemutet werden kann. Zu berücksichtigen sind der Gesundheitszustand des Pflichtigen[118] sowie die körperliche und zeitliche Belastung durch den Hauptberuf.[119] Von einem Elternteil, der in seinem Hauptberuf bereits erhebliche Überstunden leistet, kann demnach nur unter besonderen Umständen eine Nebentätigkeit verlangt werden.[120] Außerdem ist zu gewährleisten, dass der Unterhaltspflichtige durch eine Nebentätigkeit nicht gehindert werden darf, mit seinem Kind (und weiteren Kindern) Umgang zu pflegen.[121] Auch sonstige Unterhalts- und familiäre Unterstützungspflichten sind zu berücksichtigen[122], die allerdings mit dem Vorrang Minderjähriger und privilegiert Volljähriger vereinbar sein müssen. Da auch Eltern minderjähriger Kinder Anspruch auf Erholung haben,[123] sind die Vorschriften des Arbeitszeitgesetzes zu beachten.[124] Zu prüfen ist stets, ob der Schuldner überhaupt die tatsächliche und rechtliche Möglichkeit hat, eine Nebenbeschäftigung auszuüben oder Überstunden zu leisten.[125] Dies ist bei dem gegenwärtig angespannten Arbeitsmarkt nicht selbstverständlich. Zudem bedürfen Nebentätigkeiten in der Regel der Genehmigung des Arbeitgebers, auf deren Erteilung allerdings vielfach ein Rechtsanspruch bestehen wird. Bei Arbeitslosen oder Umschülern sind die gesetzlichen Anrechnungsvorschriften bezüglich Arbeitslosengeld oder Unterhaltsgeld zu beachten.[126] Beim Arbeitslosengeld ist ein Nebeneinkommen nur in Höhe von 165 EUR (§ 141 I SGB III) anrechnungsfrei.

Insgesamt ist bei der fiktiven Zurechnung von Nebeneinkünften Vorsicht geboten. Die Anforderungen, die die Gerichte in diesem Zusammenhang an die Erwerbsobliegenheit des barunterhaltspflichtigen Elternteils stellen, gehen teilweise zu weit.[127] Nach der Entscheidung des BVerfG vom 5. 3. 2003[128] und der dem folgenden Rechtsprechung des BGH[129] sind für die Aufnahme einer **Nebentätigkeit** vor allem folgende Umstände von Bedeutung: Die Beschränkungen des Arbeitszeitgesetzes (§§ 3, 6 ArbZG) sind zu berücksichtigen. Zusätzlich ist zu prüfen, ob und in welchem Umfang es dem betreffenden Unterhaltsverpflichteten unter Abwägung seiner von ihm darzulegenden besonderen Lebens- und Arbeitssituation sowie gesundheitlichen Belastung mit der Bedarfslage des Unterhaltsberechtigten zugemutet werden kann, eine Nebentätigkeit auszuüben. Schließlich ist zu prüfen, ob es Nebentätigkeiten entsprechender Art für den Betreffenden auf dem Arbeitsmarkt gibt und der Aufnahme einer solchen Tätigkeit wiederum keine rechtlichen Hindernisse entgegenstünden. Die **Darlegungs- und Beweislast** liegt allerdings beim Unterhaltsverpflichteten.[130] Neben einer vollschichtigen Tätigkeit wird es in der Regel nicht möglich sein, ein Einkommen aus einer die gesetzlichen Freigrenzen ausschöpfenden Nebentätigkeit („400 EUR-Job") zu erzielen, sodass in Anbetracht zunehmend verbreiteter Niedriglöhne bei ungelernten Arbeitskräften eine (teilweise) Leistungsunfähigkeit akzeptiert werden muss.

---

[118] BVerfG FamRZ 2010, 626
[119] BVerfG FamRZ 2003, 661 = R 591; OLG Celle FamRZ 2002, 694
[120] BGH FamRZ 2009, 314 Rn. 22
[121] BGH FamRZ 2009, 314 Rn. 25
[122] OLG Bremen FamRZ 2010, 574 („alleinerziehender" Vater mit zwei volljährigen Kindern, schulpflichtiger Sohn und epilepsiekranke Tochter)
[123] OLG Hamburg FamRZ 1990, 784
[124] BGH FamRZ 2009, 314 Rn. 22
[125] BVerfG FamRZ 2003, 661 = R 591
[126] Vgl. Schürmann FPR 2005, 448
[127] Zu weitgehend im Einzelfall m. E.: OLG Koblenz FamRZ 1991, 1475; OLG Hamburg FamRZ 1990, 784
[128] FamRZ 2003, 661 = R 591
[129] BGH FamRZ 2009, 314; BGH FamRZ 2011, 1041 Rn. 31 f.
[130] BGH FamRZ 2009, 314 Rn. 28; FamRZ 1998, 357, 359; BVerfG FamRZ 2003, 661 = R 591; BVerfG FamRZ 1985, 143

5. Abschnitt: Der Unterhaltsanspruch minderjähriger Kinder § 2

Auch die – mit einem Umzug verbundene – **Verpflichtung zur bundesweiten Arbeitsplatzsuche** (vgl. auch § 10 SGB II) muss im Einzelfall begründet werden.[131] Zu beachten sind dabei die bestehenden persönlichen Bindungen.[132] Wichtig ist hier vor allem auch, dass die Zurechnung eines fiktiven Einkommens wegen Verstoßes gegen unterhaltsrechtliche Obliegenheiten im Einzelfall konsequent zu Ende gedacht wird. Wenn einem Unterhaltspflichtigen der Umzug in eine andere Region abverlangt wird, sind auch damit verbundene Umzugskosten zu berücksichtigen. Außerdem sind dadurch notwendig werdende Umgangskosten vom Einkommen abzuziehen oder dem Selbstbehalt hinzuzurechnen. Vgl. dazu Rn. 271 f., 392.

Die Eltern müssen grundsätzlich **auf eigene Aus- und Fortbildungswünsche verzichten.**[133] Dies gilt vor allem dann, wenn der Unterhaltspflichtige bereits über eine Berufsausbildung verfügt und ihm die Erwerbsmöglichkeiten in dem erlernten Beruf, wenn auch möglicherweise nach einem zumutbaren Ortswechsel, eine ausreichende Lebensgrundlage bieten. Dann muss er in der Regel die angestrebte zusätzliche Ausbildung so lange verschieben, bis die Kinder nicht mehr unterhaltsbedürftig sind.[134] Kinder müssen allerdings eine Weiterbildung des Unterhaltspflichtigen hinnehmen, wenn sie nur mit einem vorübergehenden Einkommensrückgang verbunden und ihr Existenzminimum (Mindestunterhalt) gesichert ist.[135] Außerdem müssen sie im Ausnahmefall hinnehmen, dass der unterhaltspflichtige Elternteil eine Erstausbildung absolviert.[136] Vgl. dazu Rn. 222 f. Verfügt der Schuldner noch über keine abgeschlossene Berufsausbildung, ist die bisher ausgeübte Tätigkeit als ungelernte oder angelernte Hilfskraft fortgefallen und bestehen reale Arbeitsmöglichkeiten in diesem Bereich nicht mehr, kann ihm die Aufnahme einer Ausbildung nicht verwehrt werden, auch wenn die Schulzeit länger zurückliegt. Denn die Erlangung einer angemessenen Berufsausbildung gehört zum eigenen Lebensbedarf des Pflichtigen, den dieser grundsätzlich vorrangig befriedigen darf.[137] 371

Die verstärkte Erwerbsobliegenheit legt den Eltern nicht nur bei der Wahl ihres Arbeitsplatzes, sondern auch bei der **Aufgabe einer Erwerbstätigkeit** Beschränkungen auf. Dies ändert allerdings nichts daran, dass sich der Schuldner auch dann auf den Verlust einer Arbeitsstelle berufen darf, wenn er ihn selbst – auch schuldhaft – herbeigeführt hat. Nur verantwortungsloses, zumindest **leichtfertiges** und **unterhaltsbezogenes Verhalten** rechtfertigt es, dem Schuldner die Berufung auf seine Leistungsunfähigkeit zu versagen.[138] Die Nichterhebung einer **Kündigungsschutzklage** ist jedenfalls dem Pflichtigen nicht vorzuwerfen, wenn der Erfolg der Klage zweifelhaft, die Kündigung also nicht eindeutig unwirksam ist.[139] Zudem darf der Unterhaltsschuldner eine etwaige Abfindung nach § 9 KSchG zunächst zur Deckung seines eigenen notwendigen Selbstbehalts verwenden.[140] Man wird allerdings gerade bei Unterhaltsansprüchen minderjähriger Kinder die Anforderungen an die Leichtfertigkeit nicht überspannen dürfen. Ein Elternteil, der ein minderjähriges Kind zu unterhalten hat, handelt in der Regel leichtfertig, wenn er ohne wichtige Gründe (z. B. Krankheit) eine Arbeitsstelle aufgibt, obwohl eine hinreichend sichere Aussicht auf einen anderen im Wesentlichen gleichwertigen Arbeitsplatz nicht besteht. Dasselbe gilt, wenn er **sich selbstständig macht,** ohne jedenfalls für eine Übergangszeit dafür zu sorgen, dass der Unterhalt des Kindes sichergestellt ist. Näheres bei § 1 Rn. 738 ff. 372

Hat der Pflichtige seine Arbeitsstelle schuldlos verloren, so kann ihm gleichwohl fiktives Einkommen zugerechnet werden, wenn er im Unterhaltszeitraum sich nicht um eine neue

---

[131] BVerfG NJW 2006, 2317; BVerfG FamRZ 2007, 273
[132] BVerfG FamRZ 2007, 273
[133] Vgl. Grün FPR 2008, 370
[134] BGH FamRZ 1994, 372, 374 f. = R 473 d; OLG Hamm FamRZ 1998, 979 mit Anm. Born
[135] OLG Bamberg FamRZ 2000, 307
[136] BGH FamRZ 2011, 1041 Rn. 36 f (Unterhaltspflichtige Mutter, die die Kinder im Alter von 16 bzw. 18 Jahren geboren hatte)
[137] BGH FamRZ 1994, 372, 374 f. = R 473 c, d
[138] BGH FamRZ 1994, 372, 374 f. = R 473 c
[139] BGH FamRZ 1994, 372, 374 f. = R 473 c; anders wohl OLG Hamm FamRZ 2002, 1427
[140] A. A. offenbar OLG Hamm FamRZ 2002, 1427

Arbeitsstelle bemüht und eine ihm mögliche und zumutbare Erwerbstätigkeit nicht aufnimmt.[141] Vgl. dazu auch Rn. 244.

373 Ein Elternteil, der ein minderjähriges Kind aus einer neuen Ehe versorgt, muss jedenfalls eine geringfügige Tätigkeit ausüben, um den Unterhalt eines minderjährigen Kindes aus einer früheren Ehe mindestens teilweise zu decken.[142] Genaueres zu den so genannten **„Hausmannfällen"** in Rn. 275 ff., 408.

374 Gegenüber dieser aus Art. 6 I und II GG herzuleitenden verstärkten Unterhaltsverpflichtung müssen das Recht der Eltern auf **freie Entfaltung der Persönlichkeit** (Art. 2 I GG) sowie das Recht auf **freie Berufswahl** (Art. 12 I 1 GG) grundsätzlich zurücktreten.[143] Die Abwägung der grundrechtlich geschützten Interessen führt jedoch nicht in jedem Fall zu einem Vorrang des Unterhaltsanspruchs des minderjährigen Kindes vor den Belangen der Eltern. Die gesteigerte Unterhaltspflicht verpflichtet die Eltern vor allem, **das Existenzminimum des Kindes** sicherzustellen. Vgl. dazu Rn. 223 f.; 366. Verfügt das Kind wenigstens über das Existenzminimum, kann unter Umständen auch ein Wechsel in eine geringer bezahlte Arbeitsstelle und damit eine Herabsetzung des Unterhalts hingenommen werden, z. B. wenn der Pflichtige mit dem Wechsel der Arbeitsstelle gesundheitsgefährdenden Schichtdienst vermeiden kann.[144] Vgl. auch zu der vergleichbaren Problematik einer Berufsausbildung des Unterhaltsschuldners Rn. 371 und der Aufgabe einer Erwerbstätigkeit Rn. 372.

375 Kommen die Eltern ihren gesteigerten Erwerbspflichten nicht nach, werden sie unterhaltsrechtlich so behandelt, als würden sie über die Einkünfte, die sie bei gutem Willen durch eine zumutbare Erwerbstätigkeit erzielen könnten, auch tatsächlich verfügen. Es wird ihnen ein entsprechendes **Einkommen fiktiv zugerechnet,**[145] und zwar sowohl für die Bedarfsbemessung als auch für die Beurteilung der Leistungsfähigkeit. Es muss allerdings feststehen oder zumindest nicht auszuschließen sein, dass bei genügenden Bemühungen eine reale Erwerbschance bestanden hätte.[146] Näheres Rn. 207, 243 ff. Bei entsprechenden Erwerbschancen kann dem Schuldner auch ein Einkommen fiktiv zugerechnet werden, das über der ersten Einkommensgruppe der Düsseldorfer Tabelle liegt.[147] Nur Einkommen, das dem Unterhaltspflichtigen nie oder jedenfalls nicht so nachhaltig zur Verfügung gestanden hat, dass es die Lebensstellung des Kindes prägen konnte, bleibt grundsätzlich unberücksichtigt.[148] Allerdings kann es in besonderen Fallkonstellationen angebracht sein, von einem höheren Bedarf auch aufgrund fiktiven Einkommens auszugehen, wenn der Unterhaltsschuldner eine mögliche und seiner – etwa durch ein nach der Geburt abgeschlossenes Studium erworbenen – Qualifikation entsprechende Tätigkeit unterlässt, vgl. Rn. 207. Außerdem muss der Schuldner das Existenzminimum des Kindes ggf. auch durch Verwertung seines Vermögens sicherstellen (dazu Rn. 224 f.).[149] Zum Einsatz des Vermögens vgl. Rn. 382.

376 Wer als Unterhaltsverpflichteter nach dem Ausscheiden aus der Bundeswehr eine **Übergangsbeihilfe** erhält, muss diese im Rahmen einer sparsamen Wirtschaftsführung auch zur Deckung des Unterhaltsbedarfs eines minderjährigen Kindes verwenden. Mit Rücksicht auf die gesteigerte Unterhaltspflicht darf er diese Mittel – ähnlich wie eine **Abfindung** bei Ausscheiden aus einem Arbeitsverhältnis – für seinen eigenen Bedarf nur sparsam einsetzen, um den notwendigen Unterhalt des Minderjährigen möglichst bis zur Volljährigkeit sicherstellen zu können.[150]

---

[141] OLG Düsseldorf FamRZ 1998, 851; vgl. BGH FamRZ 2008, 872
[142] BGH FamRZ 1996, 796; FamRZ 1987, 270
[143] BGH FamRZ 1981, 341, 344; FamRZ 1981, 539
[144] OLG Karlsruhe FamRZ 1993, 836
[145] BGH FamRZ 1994, 372 ff. = R 473 c
[146] BGH FamRZ 1994, 372 ff. = R 473 c
[147] BGH FamRZ 2003, 1471, 1473; FamRZ 2000, 1358 = R 543 b; OLG Düsseldorf FamRZ 1991, 220
[148] BGH FamRZ 2000, 1358 = R 543 b; vgl. auch BGH FamRZ 1997, 281, 283 = R 509 f.; FamRZ 1993, 1304, 1306 = R 464 b
[149] Vgl. BGH FamRZ 1989, 170
[150] BGH FamRZ 1987, 930

5. Abschnitt: Der Unterhaltsanspruch minderjähriger Kinder § 2

Ein Elternteil, der selbst unterhaltsberechtigt ist und Ehegattenunterhalt erhält, muss u. U. auch diesen **Unterhalt** bis zur Höhe seines notwendigen Selbstbehalts für den Unterhalt eines minderjährigen Kindes verwenden, wenn und soweit die gesteigerte Unterhaltspflicht nach § 1603 II 1 BGB besteht.[151] Näheres dazu vgl. Rn. 247 ff., 275 ff. 377

Die erweiterte Unterhaltsverpflichtung gebietet es, die Leistungsfähigkeit unabhängig davon zu beurteilen, woher die zur Verfügung stehenden Mittel stammen. Dies rechtfertigt es, auch ein **Schmerzensgeld,** das der unterhaltspflichtige Elternteil erhalten hat, zu den Mitteln zu rechnen, deren Einsatz ihm nach § 1603 II 1 BGB zugemutet wird. Wenn der Verpflichtete während des Unterhaltszeitraumes noch unter fortdauernden schweren Behinderungen zu leiden hat, kann der Ausgleichsfunktion des Schmerzensgeldes durch eine maßvolle, die Belange des Kindes mitberücksichtigende Anhebung des notwendigen Selbstbehalts Rechnung getragen werden.[152] **Elterngeld** war zwar im Hinblick auf den Sockelbetrag von 300,– EUR grundsätzlich nicht zum Unterhalt einzusetzen. Das galt aber nicht bei gesteigerter Unterhaltspflicht für den Kindesunterhalt (§ 11 S. 4 BEEG a. F.; ebenso Erziehungsgeld § 9 S. 2 BErzGG).[153] Zur Neuregelung vgl. Rn. 8/39, 192. Dagegen gilt die Privilegierung von Sozialleistungen für Körper- und Gesundheitsschäden nach § 1610 a BGB auch im Rahmen der verschärften Haftung nach § 1603 II 1 BGB, da eine dem § 11 S. 4 BEEG (§ 9 S. 2 BerzGG) entsprechende Regelung fehlt.[154] Zum Einsatz des Vermögens vgl. Rn. 382. 378

Das minderjährige Kind, das nur den Mindestunterhalt nach §§ 1612 a I BGB (1. Einkommensgruppe der Düsseldorfer Tabelle) verlangt, braucht seinen Bedarf nicht weiter darzulegen. Der Barunterhaltspflichtige hat demgegenüber **darzulegen und zu beweisen,** dass er trotz der gebotenen Anstrengungen (vgl. Rn. 367 ff.) nicht in der Lage ist, Unterhalt in dieser Höhe zu zahlen.[155] Vgl. Rn. 342. Diese Verteilung der Darlegungs- und Beweislast darf allerdings nicht dazu führen, dass jedem Schuldner ohne nähere Prüfung ein Einkommen zugerechnet wird, das ihm die Zahlung des Mindestunterhalts für ein oder mehrere Kinder ermöglicht.[156] Der notwendige Selbstbehalt und der Mindestunterhalt für ein minderjähriges Kind sind heute so hoch, dass sie zusammen das Einkommen, das der Pflichtige als ungelernte Kraft erzielen kann, häufig übersteigen. Das gilt besonders, wenn die Mutter barunterhaltspflichtig ist oder wenn Unterhalt für ein oder mehrere Kinder der 3. Altersstufe zu zahlen ist.[157] 379

2. Notwendiger Selbstbehalt bei gesteigerter Unterhaltspflicht

Wenn nicht ein anderer leistungsfähiger Verwandter vorhanden ist (§ 1603 II 3 BGB; Rn. 394 ff.), haben Eltern im Rahmen der gesteigerten Unterhaltspflicht nach § 1603 II 1 BGB gleichsam das „Letzte" mit ihren minderjährigen Kindern zu teilen. Dasselbe gilt hinsichtlich der privilegiert volljährigen Kinder im Sinne des § 1603 II 2 BGB (vgl. dazu Rn. 572 ff.). Die Unterhaltsverpflichtung der Eltern findet erst dort ihre Grenze, wo die Möglichkeit der eigenen Fortexistenz in Frage gestellt wäre und ihnen nicht mehr die Mittel zur Bestreitung des unentbehrlichen Lebensbedarfs, also des **Existenzminimums,** verbleiben würden.[158] Den Eltern dürfen also die Mittel für ihren eigenen notwendigen Lebensbedarf nicht genommen werden. Die Düsseldorfer Tabelle spricht in diesem Zusammenhang vom **notwendigen Eigenbedarf (Selbstbehalt)** des Verpflichteten (DT Anm. A 5 I). Gebräuchlich sind auch die Bezeichnungen „notwendiger Selbstbehalt" und „kleiner Selbstbehalt", jeweils in Abgrenzung zum „angemessenen Selbstbehalt" oder „großen Selbstbehalt" im Sinne von § 1603 I BGB. Die „untere Opfergrenze" des notwendigen 380

---

[151] BGH FamRZ 1985, 1243
[152] BGH FamRZ 1989, 170, 172
[153] OLG Hamm FamRZ 2000, 311
[154] So mit Recht MüKo/Born § 1610 a Fn. 21; Johannsen/Henrich/Graba § 1610 a Rn. 4; a. A. Palandt/Diederichsen § 1610 a Rn. 3
[155] BGH FamRZ 2002, 536 mit Anm. Büttner = R 572
[156] Vgl. OLG Brandenburg NJW-FER 2001, 8
[157] Vgl. Büttner/Niepmann NJW 2001, 2215, 2222
[158] BGH FamRZ 2008, 594; FamRZ 1994, 372 ff. = R 473 c; s. Klinkhammer FamRZ 2007, 85

Selbstbehalts wird weniger durch die individuellen Lebensumstände des Verpflichteten als vielmehr durch das Erfordernis bestimmt, die Grenze seiner Inanspruchnahme generalisierend festzulegen.[159] Zur Bemessung des notwendigen Selbstbehalts vgl. Rn. 384 ff.

381 Das **Existenzminimum** wird im Wesentlichen durch den **Sozialhilfebedarf** bestimmt. Hiervon gehen auch die Berichte der Bundesregierung über die Höhe des steuerfrei zu lassenden Existenzminimums von Kindern und Familien aus. Vgl. dazu Rn. 222 f. Der im 7. Existenzminimum-Bericht für das Jahr 2010 angenommene Betrag für das sächliche Existenzminimum eines Alleinstehenden von 7656,– EUR pro Jahr, also von 638,– EUR pro Monat, kann gleichwohl nicht für das Unterhaltsrecht übernommen werden, da der Bericht offensichtlich zu niedrige Wohnkosten zugrunde legt.[160] Zu den Wohnkosten vgl. Rn. 268, zum Existenzminimum für das unterhaltsberechtigte Kind Rn. 222 f. Abzustellen ist für die Bemessung des Existenzminimums im Unterhaltsrecht auf die Sozialhilfe, die der Unterhaltspflichtige erhalten könnte. Daher kann niemand unterhaltspflichtig sein, der bei Zahlung von Unterhalt selbst Sozialhilfe in Anspruch nehmen müsste.[161] Dieser schon früher geltende Grundsatz findet seinen Niederschlag in § 94 III 1 SGB XII. In den in der Praxis verwendeten Tabellen und Leitlinien wird deshalb der notwendige Selbstbehalt mit einem Betrag angesetzt, der die Sätze der Sozialhilfe und damit den notwendigen Unterhalt nach § 850 d I 2 ZPO maßvoll übersteigt.[162] Ist die Sozialhilfe, die der Unterhaltsschuldner erhalten könnte, wenn er selbst bedürftig wäre, höher als der notwendige Selbstbehalt, muss dieser im Einzelfall angemessen erhöht werden.[163] Vgl. dazu Rn. 392. Dies gilt jedoch nur zugunsten des Pflichtigen selbst, nicht auch zugunsten weiterer Unterhaltsberechtigter, die mit ihm in einer Haushaltsgemeinschaft leben. Das Verhältnis mehrerer Berechtigter untereinander wird allein durch die Rangvorschriften (§ 1609 BGB, § 16 LPartG) bestimmt.[164] Damit weicht das Unterhaltsrecht in einem wichtigen Punkt vom Sozialhilferecht ab, das die Mitglieder der so genannten Bedarfsgemeinschaft bei der Bemessung des sozialhilferechtlichen Bedarfs des Hilfeempfängers mit berücksichtigt.

382 Der barunterhaltspflichtige Elternteil ist verpflichtet, den **Stamm seines Vermögens** einzusetzen, wenn er den Unterhalt des Kindes nicht durch Erwerbstätigkeit aufbringen kann. Eine Verwertung des Vermögensstammes kann allerdings nicht verlangt werden, wenn diese den Unterhaltsverpflichteten von fortlaufenden Einkünften abschneiden würde, die er zur Bestreitung seines eigenen Unterhalts benötigt. Auch im Rahmen der erweiterten Unterhaltspflicht darf der Vermögensstamm zur Befriedigung des Mindestbedarfs eines Kindes nur dann herangezogen werden, wenn unter Berücksichtigung der voraussichtlichen Lebensdauer und unter Einbeziehung etwa zu erwartender künftiger Erwerbsmöglichkeiten der notwendige Eigenbedarf des Verpflichteten bis an dessen Lebensende gesichert bleibt.[165] Vgl. auch Rn. 1/607 ff. Zur Verpflichtung, im Rahmen der gesteigerten Unterhaltspflicht auch erhaltenes Schmerzensgeld einzusetzen, vgl. Rn. 378 und 1/601.

Nach diesen Grundsätzen muss der Schuldner auch Grundeigentum durch Verkauf oder Belastung verwerten, um den Unterhalt des minderjährigen Kindes zu sichern. Der Plan, auf dem Grundstück ein Wohngebäude zu errichten, muss demgegenüber zurücktreten.[166]

383 Ob dem barunterhaltspflichtigen Elternteil eine **zusätzliche Altersvorsorge** zuzubilligen ist,[167] ist zurzeit noch offen. Das OLG Brandenburg[168] hat pauschal einen Abzug von

---

[159] BGH FamRZ 1982, 365 = NJW 1982, 1050
[160] Bericht über die Höhe des Existenzminimums von Erwachsenen und Kindern für das Jahr 2008 (Sechster Existenzminimumbericht) BTDrs. 16/3265
[161] BGH FamRZ 2006, 683; BGH FamRZ 1996, 1272 = R 507 b; FamRZ 1990, 849; vgl. auch BGH FamRZ 2000, 1358 = R 543 a und Klinkhammer FamRZ 2007, 85
[162] BGH FamRZ 2003, 1466; FamRZ 1993, 1186, 1188 = R 463; FamRZ 1984, 1000 = R 210; vgl. BGH FamRZ 2011, 208 Rn. 9, 13; FamRZ 2010, 1798
[163] Seetzen NJW 1994, 2505, 2508 m. w. N.; Hampel, Bemessung des Unterhalts an Hand von Unterhaltstabellen und Leitlinien der Oberlandesgerichte, 1994, Rn. 95
[164] BGH FamRZ 1996, 1272 = R 507 b
[165] BGH FamRZ 1989, 170; OLG Karlsruhe NJW-FER 1999, 23
[166] OLG Dresden FamRZ 1999, 396
[167] Vgl. BGH FamRZ 2005, 1817 (Ehegattenunterhalt)
[168] Urt. v. 27. 11. 2007 – 10 UF 137/07 – juris

4% des Bruttoeinkommens für die zusätzliche (sekundäre) Altersvorsorge gebilligt (für vom Unterhaltspflichtigen unterhaltene private Kapitalversicherungen). Es hat sich hierfür auf die Rechtsprechung des BGH zum Ehegattenunterhalt[169] bezogen. Dagegen spricht allerdings, dass nach § 1603 II BGB – anders als beim Ehegattenunterhalt – alle verfügbaren Mittel für den Unterhalt einzusetzen sind. Zudem ist der Unterhaltsschuldner bei unzureichendem Einkommen auch zum Einsatz seines Vermögens verpflichtet. Der Unterhaltsschuldner hat in jedem Fall die Gründe darzulegen, warum es ihm nicht zumutbar ist, den jeweiligen Vertrag für die naturgemäß vorübergehende Zeit seiner Pflicht zum Kindesunterhalt etwa ruhend zu stellen. Das Kammergericht hat es einem vier minderjährigen Kindern gegenüber unterhaltsverpflichteten Vater nicht für zumutbar gehalten, dass dieser auf den Aufbau einer zusätzlichen Altersvorsorge in Form einer betrieblichen Direktversicherung (bis zu 4% des Bruttoeinkommens) verzichtet.[170] Dem ist zuzustimmen, weil der Unterhaltszeitraum voraussichtlich lange dauert und dem Unterhaltspflichtigen ansonsten betriebliche Leistungen entgehen würden.

3. Die Bemessung des notwendigen Selbstbehalts nach den Tabellen und Leitlinien der Oberlandesgerichte

Der Gesetzgeber hat den notwendigen Selbstbehalt nicht betragsmäßig festgelegt. Auch der BGH hat keine Beträge vorgegeben, aber verlangt, dass dem Schuldner jedenfalls das Existenzminimum, also der Bedarf nach Sozialhilferecht verbleiben müsse.[171] Der notwendige Selbstbehalt müsse die Sozialhilfe, die der Schuldner erhalten könne, maßvoll übersteigen.[172] Nach der Rechtsprechung des BGH[173] ist die Bemessung des notwendigen Selbstbehalts Sache des Tatrichters. Diesem ist es nicht verwehrt, sich dabei an Erfahrungs- und Richtwerte in Unterhaltsleitlinien anzulehnen, sofern nicht im Einzelfall besondere Umstände eine Abweichung bedingen (vgl. auch Rn. 317). Der notwendige Selbstbehalt ist – zumal im Rahmen der gesteigerten Unterhaltspflicht nach § 1603 II BGB – am sozialhilferechtlichen Bedarf zu orientieren, allenfalls geringfügig darüber.[174] **384**

Die Oberlandesgerichte des gesamten Bundesgebiets gehen in ihren Leitlinien (Nr. 21.2; vgl. Rn. 386) von den Beträgen der **Düsseldorfer Tabelle** für den **notwendigen Selbstbehalt** aus. Sie unterscheiden meist zwischen dem notwendigen Selbstbehalt des erwerbstätigen und des nicht erwerbstätigen Unterhaltsschuldners. **385**

Die Sätze für den notwendigen Selbstbehalt betragen:
- **ab 1. 1. 2011:**
  - 950,– EUR als notwendiger Selbstbehalt eines **Erwerbstätigen,**
  - 770,– EUR als notwendiger Eigenbedarf eines **Nichterwerbstätigen.**

Früher betrugen die Selbstbehaltssätze der Düsseldorfer Tabelle:
- **vom 1. 7. 2007 bis zum 31. 12. 2010:**
  - 900,– EUR als notwendiger Selbstbehalt eines **Erwerbstätigen,**
  - 770,– EUR als notwendiger Eigenbedarf eines **Nichterwerbstätigen.**
- **vom 1. 7. 2005 bis zum 30. 6. 2007:**
  - 890,– EUR als notwendiger Selbstbehalt eines Erwerbstätigen,
  - 770,– EUR als notwendiger Eigenbedarf eines Nichterwerbstätigen.
- **vom 1. 1. 2002 bis zum 30. 6. 2005:**
  - 840,– EUR als notwendiger Selbstbehalt eines Erwerbstätigen,
  - 730,– EUR als notwendiger Eigenbedarf eines Nichterwerbstätigen.
- **vom 1. 7. 2001 bis 31. 12. 2001:**
  - 1640,– DM als notwendiger Selbstbehalt eines Erwerbstätigen,
  - 1425,– DM als notwendiger Eigenbedarf eines Nichterwerbstätigen.

---

[169] BGH FamRZ 2005, 1817
[170] KG KGR Berlin 2009, 299
[171] Zu den Hintergründen Klinkhammer FamRZ 2007, 85
[172] BGH FamRZ 2006, 683; FamRZ 1994, 372 = R 473 c; FamRZ 1984, 1000 = R 210
[173] FamRZ 1982, 365
[174] BGH FamRZ 2008, 594, 596 = R 688

- **vom 1. 1. 1996 bis 30. 6. 2001:**
  - 1500,– DM als notwendiger Selbstbehalt eines Erwerbstätigen,
  - 1300,– DM als notwendiger Eigenbedarf eines Nichterwerbstätigen.

386 **Abweichende Beträge für den notwendigen Selbstbehalt** setzt an:
  - das OLG **Frankfurt** (FL 21. 2) für Nichterwerbstätige: 800,– EUR.

387 Die **Oberlandesgerichte der neuen Bundesländer** legten bis zum 31. 12. 2007 in ihren Leitlinien (jeweils 21. 2.) niedrigere Selbstbehaltssätze zugrunde (vgl. auch die bis 31. 12. 2007 gültige Berliner Tabelle).

388 Der höhere notwendige Selbstbehalt eines Erwerbstätigen steht auch einem **Umschüler** zu, wenn die Umschulung seine volle Arbeitskraft in Anspruch nimmt und er etwa den gleichen Aufwand wie ein Erwerbstätiger hat, z. B. weil er günstige Einkaufsangebote aus Zeitmangel nicht nutzen kann oder er sich besser als ein Nichterwerbstätiger kleiden muss.[175] Bei Bezug von **Krankengeld** ist vom Selbstbehalt eines Erwerbstätigen auszugehen, wenn eine Wiedereingliederung in das Erwerbsleben abzusehen ist.

389 Der **volle Selbstbehalt für Erwerbstätige** von 950,– EUR ist nicht bereits bei einer geringfügigen oder weniger als halbschichtigen Erwerbstätigkeit anzuwenden.[176] In solchen Fällen hat der BGH allenfalls einen **Zwischenbetrag** für angebracht gehalten.[177] Um hier nicht zu viele Abstufungen vorzusehen, erscheint folgende Staffelung angemessen:
- Bei einer Erwerbstätigkeit, die noch keine halbschichtige Erwerbstätigkeit erreicht: Selbstbehalt in Höhe des **Zwischenbetrags** von 950/770 = **860,– EUR**[178]
- Ab halbschichtiger Erwerbstätigkeit: voller Erwerbstätigenselbstbehalt von **950,– EUR**

Der um 180,– EUR höhere Selbstbehalt für einen erwerbstätigen Schuldner (vgl. die unter Rn. 385, 387 aufgeführten Tabellen und Leitlinien) ist in erster Linie ein **Anreiz,** seine Erwerbstätigkeit nicht aufzugeben und sich statt dessen mit Sozialhilfe zu begnügen.[179] Dagegen werden konkret bezifferbare berufsbedingte Aufwendungen nicht durch den Zuschlag von 180,– EUR berücksichtigt. Vielmehr werden beim Pflichtigen, der sein Einkommen aus unselbständiger Arbeit bezieht, bezifferbare berufsbedingte Aufwendungen von diesen Einkünften vorab abgezogen, und zwar pauschal 5%, mindestens 50,– EUR, höchstens aber 150,– EUR (so die Düsseldorfer Tabelle – DT Anm. A 3 – und die ihr folgenden Tabellen und Leitlinien),[180] oder der tatsächliche Aufwand auf Grund entsprechenden konkreten Vortrags. Genaueres zu den berufsbedingten Ausgaben vgl. Rn. 1/ 122 ff.

Beispiel:
Erwerbseinkommen des Schuldners 1200,– €. Anrechenbar sind 1200,– € – 5% = 1140,– €. Unter Berücksichtigung des Selbstbehalts von 950,– € stehen 190,– € für den Kindesunterhalt zur Verfügung.

Der Trennung zwischen berufsbedingten Ausgaben und Erwerbstätigenzuschlag, wie sie die Düsseldorfer Tabelle vorsieht, entsprach der Einkommensermittlung nach § 76 BSHG. Nach § 76 II Nr. 4 BSHG waren die mit der Erzielung des Einkommens verbundenen notwendigen Ausgaben, in der Systematik der Düsseldorfer Tabelle (Anm. A 3) also die berufsbedingten Ausgaben, abzusetzen. Weiter waren nach § 76 II a Nr. 1 BSHG für Erwerbstätige Beträge in jeweils angemessener Höhe vom Einkommen abzuziehen. Dieser Abzug für Erwerbstätige, der in den meisten westlichen Bundesländern zuletzt 148,– EUR betrug, entsprach in seiner Funktion dem Zuschlag von 130,– EUR, der nach Anm. A 5 I der Düsseldorfer Tabelle dem Erwerbstätigen beim Selbstbehalt gewährt wurde. Die seit dem 1. 1. 2005 deutlich erhöhten **Einkommensfreibeträge nach §§ 11 b, 30 SGB II** verfolgen jedoch zum großen Teil arbeitsmarktpolitische Zwecke und sind auf das Unter-

---

[175] OLG Hamm FamRZ 2005, 2015; FamRZ 1999, 1015; OLG Dresden FamRZ 2006, 1703; anders OLG Dresden FamRZ 1999, 1015
[176] BGH FamRZ 2008, 594, 597 = R 688
[177] BGH FamRZ 2008, 594, 597 = R 688
[178] OLG Brandenburg – 9 UF 202/07 BeckRS 2009, 11350 Rn. 19
[179] Scholz FamRZ 1993, 125, 132; vgl. auch BGH FamRZ 1997, 806; allgemein Klinkhammer FamRZ 2007, 85
[180] Scholz FamRZ 1993, 125, 131

5. Abschnitt: Der Unterhaltsanspruch minderjähriger Kinder § 2

haltsrecht nicht zu übertragen.[181] Eine Koppelung des Selbstbehalts an die sozialrechtlichen Einkommensfreibeträge erscheint daher bedenklich. Zulässig ist es hingegen, den zusätzlichen Freibetrag nach § 30 SGB II in die Betrachtung einzubeziehen.[182]

Der Schuldner hat keinen Anspruch darauf, dass ihm neben dem notwendigen Selbst- 390 behalt auch das Kindergeld zur Hälfte (§ 1612 b I BGB) verbleibt. **Kindergeld** ist zwar – auch nach der ab 1. 1. 2008 gültigen Unterhaltsreform – kein unterhaltsrelevantes Einkommen **der Eltern.**[183] Da es aber nach § 1612 b I BGB n. F. auf den Barbedarf des Kindes anzurechnen ist, steht es dem Unterhaltspflichtigen nicht neben dem Selbstbehalt zur Verfügung.

Beispiel:
V verfügt über ein bereinigtes Einkommen von 1175,– €. Er ist nur einem 5-jährigen Kind unterhaltspflichtig. Da ihm 950,– € verbleiben, kann er den Mindestunterhalt von 317 – 92 = 225,– € aufbringen. Von der Kindergeldanrechnung profitiert er nicht, denn auch ohne sie hätte er nur 225,– € zu zahlen.

In den Selbstbehaltssätzen der Düsseldorfer Tabelle von 950,– EUR bzw. von 770,– EUR 391 sind **Wohnkosten** enthalten, und zwar **bis zu 360,– EUR** für Unterkunft einschließlich umlagefähiger Nebenkosten und Heizung **(Warmmiete).** Der Selbstbehalt kann angemessen erhöht werden, wenn dieser Betrag im Einzelfall erheblich überschritten wird und dies nicht vermeidbar ist (DT Anm. A 5). Dem sind die Oberlandesgerichte Bremen, Braunschweig, Dresden, Hamburg, Hamm, Koblenz sowie Köln, ferner die süddeutschen Oberlandesgerichte gefolgt (jeweils Nr. 21. 2 der Leitlinien).

Andere Ansätze hinsichtlich des im Selbstbehalt enthaltenen Wohnkostenanteils enthalten die folgenden Leitlinien:
– Thüringen: 290,– EUR Kaltmiete
– Frankfurt: 290,– Kaltmiete + 90,– Nebenkosten und Heizung
– Celle, Naumburg, Oldenburg Rostock, KG: kein Wohnkostenanteil ausgewiesen
– Schleswig: Bis 400,– EUR

Eine **Erhöhung der Selbstbehaltssätze** kommt vor allem dann in Betracht, 392
- wenn die **Wohnkosten** des Schuldners **überhöht sind,** also über dem im Selbstbehalt enthaltenen Ansatz von 360,– EUR liegen (vgl. dazu Rn. 391).[184] Allerdings ist, wie sich aus der Formulierung in der Düsseldorfer Tabelle (Anm. A 5) ergibt, Zurückhaltung geboten. Die Überschreitung des Betrages von 360,– EUR monatlich für Warmmiete muss erheblich und unvermeidbar sein. Der Schuldner ist gehalten, sich um eine preisgünstigere Wohnung zu bemühen und die Wohnkosten durch die Inanspruchnahme von Wohngeld zu senken.[185] Er hat darzulegen und zu beweisen, dass er dieser Obliegenheit nachgekommen ist. Als Anhalt für einen noch angemessenen Mietpreis können die Bestimmungen des Wohngeldgesetzes dienen. Die Wohnkosten dürfen auf Dauer nicht höher sein als die nach dem Wohngeldgesetz zu berücksichtigenden Aufwendungen;[186]
- wenn **angemessene Umgangskosten** des barunterhaltspflichtigen Elternteils mit seinem Kind nicht anderweitig abgedeckt sind, etwa durch das dem Unterhaltspflichtigen verbleibende Kindergeld, können die Umgangskosten zu einer maßvollen Erhöhung des Selbstbehalts (oder einer entsprechenden Minderung des unterhaltsrelevanten Einkommens) führen (vgl. dazu Rn. 271 f.).[187] Diese Folgen hat der BGH im Hinblick auf die frühere Regelung zur eingeschränkten Kindergeldanrechnung nach § 1612 b V BGB a. F. ausgesprochen, weil das Kindergeld dem Unterhaltspflichtigen nicht oder nur eingeschränkt zur Finanzierung der Umgangskosten zur Verfügung stand. Nach der **Unterhaltsreform 2007** findet zwar wiederum eine Kindergeldanrechnung statt. Weil diese

---

[181] Ausführlich dazu Klinkhammer FamRZ 2007, 85
[182] Zur Erhöhung zum 1. 1. 2011 s. Soyka FamRZ 2011, 73
[183] BGH FamRZ 2000, 1492, 1494 = R 546 d
[184] BGH FamRZ 1984, 1000 = NJW 1984, 1614 = R 210; OLG Bamberg FamRZ 1993, 66
[185] OLG Bamberg FamRZ 1993, 66
[186] KG FamRZ 1994, 1047
[187] BGH FamRZ 2005, 706; FamRZ 2003, 445; FamRZ 2008, 594, 599

393 Eine **Herabsetzung des notwendigen Selbstbehalts** ist möglich, wenn der Schuldner im Einzelfall deutlich geringere Kosten hat, als in den Tabellensätzen berücksichtigt sind. Dies kann der Fall sein, wenn er mit einem leistungsfähigen neuen Partner in einer ehelichen oder nichtehelichen Gemeinschaft lebt und es deshalb zu **Ersparnissen durch eine gemeinsame Haushaltsführung** kommt.[188] Der barunterhaltspflichtige Elternteil kann sich nicht auf den notwendigen Selbstbehalt berufen, wenn sein eigener Unterhaltsbedarf durch den Familienunterhalt gesichert ist, den sein erwerbstätiger und leistungsfähiger Ehegatte leistet.[189] Eine Herabsetzung des Selbstbehalts kommt nicht schon dann in Betracht, wenn der Schuldner in einem bescheidenen Zimmer wohnt und deshalb weniger als 360,– EUR im Monat für die Warmmiete aufwenden muss. Es muss dem Pflichtigen überlassen bleiben, wie er sich innerhalb des ohnehin kargen notwendigen Selbstbehalts arrangiert. Ihm kann nicht verwehrt werden, für die Wohnung wenig auszugeben, sich dafür aber andere Annehmlichkeiten zu verschaffen. Auch ist eine pauschale Herabsetzung des notwendigen Selbstbehalts unter Hinweis auf den ländlichen Lebensbereich des Schuldners unzulässig.[190]

Bei der Bemessung der Ersparnis durch gemeinsame Haushaltsführung ist nach dem **BGH**[191] danach zu unterscheiden, ob der Unterhaltsschuldner verheiratet ist oder in einer nichtehelichen **Lebensgemeinschaft** wohnt. Bei verheiratetem Unterhaltsschuldner ist entscheidend darauf abzustellen, dass der Unterhaltsschuldner gegen seinen neuen Ehegatten nach §§ 1360, 1360a BGB einen Anspruch auf Familienunterhalt hat. Auch bei nicht verheirateten Partnern komme es auf Grund der Synergieeffekte zu Ersparnissen bei **Wohnungskosten** und **allgemeinen Lebenshaltungskosten.** In beiden Fällen wird vorausgesetzt, dass der Partner zur Beteiligung an den Kosten in der Lage ist. Die Darlegungs- und Beweislast liegt beim Unterhaltsschuldner.

Lebt der Unterhaltspflichtige allerdings besonders sparsam, begnügt er sich etwa mit kärglichen Wohnverhältnissen, und verwendet er das dadurch freibleibende Einkommen für andere Zwecke, so berechtigt dies nicht zur Herabsetzung des Selbstbehalts.[192] Die **Ersparnis auf Grund bescheidener Lebensweise** ist abzugrenzen von der auf Grund des Synergieeffekts der Lebensgemeinschaft eintretenden Ersparnis.[193]

Ist der Schuldner auf Dauer in einem **Pflegeheim** untergebracht und werden die Kosten durch Leistungen der Pflegeversicherung und sein Einkommen gedeckt, so braucht ihm nicht der notwendige Selbstbehalt in vollem Umfang belassen zu werden. Es genügt, wenn er einen Betrag behält, der seine restlichen Bedürfnisse im Heim deckt.[194]

Beispiel:
Der schwerst pflegebedürftige Vater (V), der einem 16-jährigen Kind unterhaltspflichtig ist, verfügt über eine Pension von netto 2200,– €. Pflegegeld nach § 43 V Nr. 3 SGB XI 1550,– €. Heimkosten 3050,– €. V bleiben 700,– €, die er angesichts des weitgehend gedeckten Lebensbedarfs und seiner höchst eingeschränkten sonstigen Bedürfnisse nicht in Höhe der notwendigen Selbstbehalts von 770,– €, sondern z. B. nur noch in Höhe von 300,– € für Taschengeld, Kleidung usw. benötigt. V kann daher dem Kind den Mindestunterhalt nach DT 1/3 in Höhe von 426,– € abzüglich 92,– € Kindergeld = 334,– € zahlen.

---

[188] BGH FamRZ 2008, 594, 597 = R 688; FamRZ 1998, 286, 288 = R 518a; vgl. auch BGH FamRZ 1995, 344 = R 488; FamRZ 1995, 343; FamRZ 1991, 182 = R 430; vgl. auch BGH FamRZ 2003, 860, 866 (Berücksichtigung der Ersparnisse als Einkommen „erhöhend"?)
[189] BGH FamRZ 2006, 1827; FamRZ 2001, 1065 = R 549a, c; FamRZ 2004, 24; vgl. auch BL, BraL, BrL, CL, DrL, HaL, HL, OL (jeweils 21. 5), FL (21. 4. 1), RL (21. 6)
[190] OLG Düsseldorf FamRZ 1999, 1020; anders OLG Dresden FamRZ 1999, 1015
[191] BGH FamRZ 2008, 594, 597 f.
[192] BGH FamRZ 2006, 1664
[193] BGH FamRZ 2008, 594, 598 = R 688
[194] BGH FamRZ 1990, 849

5. Abschnitt: Der Unterhaltsanspruch minderjähriger Kinder § 2

4. Keine gesteigerte Unterhaltsverpflichtung bei Vorhandensein eines anderen leistungsfähigen Verwandten

a) Angemessener Bedarf der Eltern als Haftungsgrenze. Die gesteigerte Haftung der Eltern tritt nicht ein, wenn weitere leistungsfähige unterhaltspflichtige Verwandte (z. B. Großeltern) vorhanden sind, denen auch bei Unterhaltsleistung ihr eigener angemessener Unterhalt verbleibt oder wenn das Kind seinen Unterhalt aus dem Stamm seines Vermögens decken kann (§ 1603 II 3 BGB).[195] Die Eltern haften in diesem Fall nur dann ihrem minderjährigen Kind auf Barunterhalt, wenn und soweit ihr Einkommen ihren eigenen angemessenen Unterhalt übersteigt. 394

Der angemessene Bedarf der Eltern ist nach § 1603 I BGB, nicht dagegen nach § 1578 BGB zu bemessen. Er ist daher mit dem eheangemessenen Unterhalt und dem Ehegattenselbstbehalt nicht identisch.[196] Vgl. dazu auch Rn. 247, 545. Dies geht schon deshalb nicht an, weil der eheangemessene Bedarf durch die Unterhaltspflicht gegenüber minderjährigen Kindern bestimmt wird und der Kindesunterhalt in der Regel vor Bemessung des Bedarfs vom bedarfsprägenden Einkommen abgezogen wird; anders ist dies nur, wenn der Vorwegabzug zu einem Missverhältnis zwischen Ehegattenunterhalt und Kindesunterhalt führt[197] (vgl. dazu Rn. 266, 354). Der angemessene Bedarf gegenüber minderjährigen Kindern wird daher nach der Düsseldorfer Tabelle analog DT Anm. A 5 II, der ausdrücklich nur den großen Selbstbehalt gegenüber dem volljährigen Kind festlegt (dazu Rn. 546 ff.), auf **1150,– EUR** zu bemessen sein.[198] 395

b) Großeltern als andere unterhaltspflichtige Verwandte. Sind Eltern außerstande, ohne Gefährdung ihres eigenen angemessenen Bedarfs von 1150,– EUR den Unterhalt des Kindes zu decken, kommt in der Praxis vor allem eine Haftung der Großeltern nach § 1603 II 3 BGB in Betracht. Der Umfang des Unterhaltsanspruchs des Kindes richtet sich auch in diesem Fall nach der Lebensstellung der Eltern, nicht nach den möglicherweise deutlich besseren Einkommens- und Vermögensverhältnissen eines Großelternteils (vgl. Rn. 200 ff.). Sind die Eltern nicht leistungsfähig, wird ihr Einkommen gering sein und der Unterhalt des Enkelkindes in der Regel nicht über den Mindestunterhalt hinausgehen. Naturgemäß muss auch dem Großvater sein eigener angemessener Bedarf verbleiben. Eine unterschiedslose Festsetzung des angemessenen Selbstbehalts der Eltern und der Großeltern würde dazu führen, dass ein minderjähriges Kind schon dann seinen leistungsfähigen **Großvater** in Anspruch nehmen könnte, wenn seinem Vater bei Erfüllung der Unterhaltspflicht weniger als 1150,– EUR verbleiben würden (und die Mutter nicht über Einkommen verfügt). Unbillige Ergebnisse können dadurch vermieden werden, dass der angemessene Selbstbehalt anderer unterhaltspflichtiger Verwandter, insbesondere der Großeltern, die ohnehin ihren Enkeln nicht verschärft haften und im Allgemeinen nicht damit rechnen müssen, von diesen auf Unterhalt in Anspruch genommen zu werden, über den Tabellensatz von 1150,– EUR hinaus erhöht wird.[199] Schon in der 6. Auflage hat Scholz daher befürwortet, die Sätze heranzuziehen, die in Abschnitt D 1 der Düsseldorfer Tabelle bzw. in den Leitlinien der Oberlandesgerichte für den angemessenen Selbstbehalt der Kinder gegenüber ihren bedürftigen Eltern aufgeführt sind. Dem ist der **BGH**[200] gefolgt. Er hat dies vor allem mit unterschiedlichen Lebensverhältnissen im Hinblick auf eine der natürlichen Generationenfolge entsprechenden Entwicklung begründet, wie sie dem Volljährigenunterhalt und dem Unterhalt sonstiger Verwandter zugrunde liegen, außerdem mit dem unterschiedlichen Rang. Der BGH den Selbstbehalt der Großeltern zumindest in Höhe des **Selbstbehalts beim Elternunterhalt** (Anm. D der Düsseldorfer Tabelle) veranschlagt.[201] Das gilt auch dann, wenn die Enkel minderjährig sind und sich nicht selbst helfen kön- 396

---

[195] Vgl. BGH FamRZ 2011, 454 Rn. 35 ff.
[196] BGH FamRZ 2006, 683; FamRZ 1990, 260, 264
[197] BGH FamRZ 2003, 363 = R 584 mit Anm. Scholz FamRZ 2003, 514
[198] BGH FamRZ 2002, 742 = R 576 b
[199] OLG Oldenburg NJW 2000, 2516
[200] BGH FamRZ 2006, 26, 28
[201] BGH FamRZ 2006, 26, 28; FamRZ 2007, 375

nen.[202] Dadurch dürfte auch die früher abweichende Praxis einiger Oberlandesgerichte, die den Selbstbehalt mit dem gegenüber Volljährigen gültigen Betrag veranschlagten,[203] überholt sein.

Der **angemessene Selbstbehalt anderer unterhaltspflichtiger Verwandter** (mit Ausnahme der Eltern) ist demnach auf 1500,– EUR zuzüglich der Hälfte des darüber hinausgehenden Einkommens festzusetzen. Im erhöhten Selbstbehalt von 1500,– EUR ist ein Betrag von bis zu 450,– EUR als Warmmiete enthalten. Darüber hinausgehende Mietkosten sind in der Regel anzuerkennen. Dies gilt jedenfalls dann, wenn der andere unterhaltspflichtige Verwandte den Mietvertrag unterschrieben oder das Eigenheim erworben hat, bevor er von seinem Enkelkind auf Unterhalt in Anspruch genommen worden ist.

Die Haftung der anderen Verwandten, insbesondere des Großvaters, wird auch dadurch eingeschränkt, dass dem Unterhaltsanspruch des Enkels der Anspruch des Ehegatten, also der Großmutter, vorgeht (§ 1609 Nr. 3 BGB). Der angemessene Unterhalt der Ehefrau des nur aushilfsweise haftenden Großvaters ist analog Abschnitt D der Düsseldorfer Tabelle mit mindestens 1200,– EUR anzusetzen.[204] Auch darin ist ein Wohnkostenanteil enthalten, der 350,– EUR beträgt.

Beispiel:
Pension des Großvaters netto 2700,– €. Unterhaltspflicht gegenüber der nicht erwerbstätigen Ehefrau (Großmutter). Miete für ein Einfamilienhaus 850,– €. Der Enkel fordert Unterhalt, weil die Mutter verstorben ist und der erwerbsunfähige Vater seinen eigenen angemessenen Bedarf von 1150,– € nicht decken kann.
Der Großvater darf zunächst seinen angemessenen Bedarf von 1500,– € und denjenigen seiner Ehefrau von 1200,– € behalten. In diesen Beträgen sind Wohnkosten nur mit 450,– € bzw. 350,– € enthalten. Daher können weitere Kosten von 850 – 800 = 50,– € berücksichtigt werden.
Der Großvater ist also nicht leistungsfähig, da sein Einkommen von 2700,– € seinen angemessenen Eigenbedarf von 1500,– €, den Mindestbedarf seiner Ehefrau von 1200,– € und zusätzliche Wohnkosten von 50,– €, insgesamt also 2750,– € nicht übersteigt.

Unklar ist der Bedarf der Großmutter, wenn das Einkommen über dem Gesamtselbstbehalt liegt. Die Sachlage ist nicht vollständig vergleichbar mit dem Bedarf der vorrangigen Ehefrau des unterhaltspflichtigen Kindes beim Elternunterhalt, weil auch die Großmutter mit ihrem Enkel – anders als Schwiegertochter mit den Schwiegereltern – verwandt und ihm unterhaltspflichtig ist.

397 **c) Haftung des betreuenden Elternteils.** Eine Haftung des betreuenden Elternteils auf den Barunterhalt kommt in zwei Fällen in Frage:[205]
- Bei Gefährdung des angemessenen Selbstbehalts von 1150,– EUR des barunterhaltspflichtigen Elternteils (§ 1603 II 3 BGB).
- Bei erheblichem Ungleichgewicht der beiderseitigen Einkünfte (Ausnahme von der Regel des § 1606 III 2 BGB; dazu unten Rn. 418, 434).

398 Ein anderer unterhaltspflichtiger Verwandter i. S. des § 1603 II 3 BGB kann auch der **andere Elternteil** sein, sofern dieser bei Berücksichtigung seiner sonstigen Verpflichtungen in der Lage ist, den Barunterhalt des Kindes ohne Gefährdung seines eigenen angemessenen Unterhalts zu leisten.[206] Dann kann die verschärfte Unterhaltspflicht des nicht betreuenden Elternteils entfallen. Der andere Elternteil erfüllt zwar bei minderjährigen Kindern in der Regel seine Unterhaltspflicht in vollem Umfang durch deren Pflege und Erziehung (zur Gleichwertigkeit von Betreuungs- und Barunterhalt vgl. Rn. 20 ff.). Die Barunterhaltspflicht des nicht betreuenden Elternteils kann insbesondere aber entfallen oder sich ermäßigen, wenn er zur Unterhaltszahlung nicht ohne Beeinträchtigung seines eigenen angemessenen Unterhalts in der Lage wäre, während der andere Elternteil neben der Betreuung des

---

[202] BGH FamRZ, 2007, 375
[203] S. dazu Scholz in der 6. Auflage
[204] Vgl. zum Elternunterhalt BGH FamRZ 2010, 1535
[205] Näher dazu Scholz in: Schwab/Hahne, Familienrecht im Brennpunkt 2004, S. 99, 107 ff.
[206] BGH FamRZ 2011, 1041 Rn 41; FamRZ 2008, 137, 140; FamRZ 1999, 286, 288 = R 518 a; FamRZ 1991, 182 = R 430 a; OLG Bamberg FamRZ 1995, 566; OLG Düsseldorf FamRZ 1992, 92; vgl. auch BGH FamRZ 2011, 454 Rn. 35 ff.

5. Abschnitt: Der Unterhaltsanspruch minderjähriger Kinder § 2

Kindes auch den Barunterhalt leisten könnte, ohne dass dadurch sein eigener angemessener Unterhalt gefährdet würde.[207] In diesem Fall entfällt aber lediglich die gesteigerte Unterhaltspflicht nach § 1603 II 1, 2 BGB, also die Beschränkung auf den notwendigen Selbstbehalt. Davon nicht betroffen ist die Haftung, soweit Einkommen über dem angemessenen Selbstbehalt vorhanden ist. Der **angemessene Eigenbedarf der Eltern** ist grundsätzlich mit 1150,– EUR anzusetzen[208] (vgl. Rn. 395), nicht dagegen mit dem notwendigen Selbstbehalt von 950,– EUR. Der angemessene Selbstbehalt kann ermäßigt werden, wenn der Bedarf des Elternteils durch gemeinsame Haushaltsführung mit seinem erwerbstätigen (Ehe-)Partner geringer ist als bei einer Einzelperson.[209] Vgl. dazu auch Rn. 393. Eine Erhöhung des angemessenen Eigenbedarfs von 1150,– EUR für den betreuenden Ehegatten, wie für die Großeltern vorgeschlagen (Rn. 396), kommt dagegen nicht in Betracht. Zu Recht hat der BGH[210] darauf hingewiesen, dass sich der betreuende Elternteil auch im Rahmen des § 1603 I BGB Einschränkungen zugunsten seiner minderjährigen Kinder gefallen lassen muss, sofern das Einkommen des nicht betreuenden Elternteils nicht ausreicht, um seinen eigenen angemessenen Bedarf von ebenfalls 1150,– EUR zu befriedigen.

Eine (Mit-)Haftung des betreuenden Elternteils setzt nach dem BGH aber weiterhin voraus, dass die Inanspruchnahme des nicht betreuenden Elternteils zu einem **finanziellen Ungleichgewicht** zwischen den Eltern führen würde.[211]

Beispiel:
Einkommen des betreuenden Vaters (V) 1260,– €, der Mutter (M) 1150,– €. Bedarf des 5-jährigen Kindes auf Grund des Einkommens der M nach DT 1/1 317 – 92 = 225,– €. 184,– € Kindergeld bezieht der V
1. Schritt: M haftet allein mit dem Betrag, der über ihrem angemessenen Selbstbehalt liegt: 1200 – 1150 = 50,– €
2. Schritt: V müsste zur Wahrung des angemessenen Selbstbehalts der M 225 – 50 = 175,– € aufbringen.
3. Schritt (Gewichtung): M verbleiben 1150 €; V verbleiben 1350 – 175 = 1175,– € (und 92,– € Kindergeldanteil). Bei voller Haftung der M verblieben M 1200 – 225 = 975,– €; V verblieben 1350,– € (und 92,– € Kindergeldanteil).

Stellt man allein auf den angemessenen Selbstbehalt ab, so bliebe die Betreuung durch M im Ergebnis ohne Auswirkungen und ließe die Bestimmung in § 1606 III 2 BGB leerlaufen. Diese Folge kann nur vermieden werden, wenn die Beteiligung des betreuenden Elternteils am Barunterhalt davon abhängig gemacht wird, dass ein erheblicher Unterschied zwischen den Einkünften der Eltern besteht.[212] Der BGH hat bei einem Einkommen des betreuenden Elternteils von rund 1600,– EUR jedenfalls eine alleinige Haftung des betreuenden Elternteils in Zweifel gezogen.[213] Nach Scholz[214] müssen dem betreuenden Elternteil nach Deckung des Kindesunterhalts wenigstens 500,– EUR mehr verbleiben als dem Barunterhaltspflichtigen.

Im Beispielsfall scheidet eine Beteiligung des Vaters am Barunterhalt aus, weil der Unterschied von 1350 – 975 = 375,– EUR unter Berücksichtigung der Betreuung durch V nicht zu einem finanziellen Ungleichgewicht zwischen den Eltern führt.

---

[207] BGH FamRZ 2008, 137, 140 = R 684; FamRZ 1998, 286, 288 = R 518 a; FamRZ 1991, 182 = R 430 a
[208] BGH FamRZ 2011, 454; FamRZ 2009, 962 Rn. 32; vgl. dazu auch BGH FamRZ 2002, 742 = R 576 b
[209] BGH FamRZ 2002, 742 = R 575 b; 1999, 286, 288 = R 518 a
[210] BGH FamRZ 1991, 182, 184 = R 430 b
[211] BGH FamRZ 2008, 137, 140 = R 684; FamRZ 1998, 286, 288; FamRZ 1991, 182, 183; OLG Hamm FamRZ 2009, 1919 f.; OLG Brandenburg NJW 2007, 85
[212] OLG Düsseldorf FamRZ 1992, 92 = NJW-RR 1992, 2 im Anschluss an BGH FamRZ 1991, 182 = R 430 a, b; vgl. auch BGH FamRZ 2002, 742 = R 576 c
[213] BGH FamRZ 2008, 137, 140 = R 684
[214] Scholz in: Schwab/Hahne, Familienrecht im Brennpunkt, 99, 110; Scholz FamRZ 2006, 1728; mit anderem Ansatz (Selbstbehalt des betreuenden Elternteils analog der Praxis zum Elternunterhalt) Gutdeutsch FamRZ 2006, 1724, 1727

Diese Auffassung entspricht auch den Leitlinien zahlreicher Oberlandesgerichte (jeweils Nr. 12. 3), so der Oberlandesgerichte Bremen, Dresden, Düsseldorf (DL 12. 1), Frankfurt, Oldenburg Rostock, Schleswig. Die SüdL sehen dagegen für die Mithaftung des betreuenden Elternteils, wenn der angemessene Selbstbehalt des anderen nicht gewahrt ist, nicht ausdrücklich eine weitere Einschränkung vor, ähnlich Hamm (12.3), Koblenz, Köln und Celle (jeweils 12.1). Weitere Beispiele unter Rn. 405 ff.

399 Verbleibt dagegen – im Unterschied zum vorgenannten Fall – dem baruntersthaltspflichtigen Elternteil nach Zahlung des Kindesunterhalts sein eigener angemessener Bedarf, so kommt eine Beteiligung des anderen Elternteils, der in wesentlich günstigeren Verhältnissen lebt, **abweichend von der in § 1606 III 2 BGB enthaltenen Regel** nur ausnahmsweise in Betracht.[215] Das OLG Frankfurt (FL 12.3) verlangt hier ein etwa dreifach höheres verfügbares Einkommen und gute Vermögensverhältnisse des betreuenden Elternteils. Vgl. dazu Rn. 434.

400 **d) Betreuungskosten und Betreuungsbonus.** Das Einkommen des betreuenden Elternteils, der auch zum Barunterhalt herangezogen werden soll, ist ggf. vor Vergleich der beiderseitigen Einkünfte um die Kosten der Betreuung des Kindes zu bereinigen. Dabei ist zu unterscheiden
– zwischen den Kosten, die als Mehrbedarf Teil des Kindesunterhalts sind, z. B. dem Aufwand, der durch die Heranziehung von Pflegepersonen bei einem behinderten Kind entsteht; Näheres zum Mehrbedarf des Kindes Rn. 232 ff., 336, 435 ff., 451 ff., 458 und 1/605 ff.
– und den Kosten für die Betreuung, die der betreuende Ehegatte aufwendet, um selbst berufstätig sein zu können.

Zu diesen **durch den Beruf bedingten Aufwendungen** gehören z. B. die Vergütung für eine Tagesmutter, deren Heranziehung ohne die Berufstätigkeit des betreuenden Elternteils nicht erforderlich wäre, die Aufwendungen für Hausaufgabenüberwachung und sonstige Kosten, die dem betreuenden Elternteil infolge der erhöhten Inanspruchnahme durch Arbeit und Kinder in der allgemeinen Haushalts- und Lebensführung entstehen, z. B. Pkw-Kosten, damit er vor der Arbeit das Kind zum Kinderhort bringen und von dort nach der Arbeit wieder abholen kann.

Kindergartenkosten sieht der **BGH** in neuerer Rechtsprechung nicht als berufsbedingten Aufwand des betreuenden Elternteils, sondern als (Mehr-)**Bedarf des Kindes** an.[216] Die Kosten des halbtägigen Kindergartenbesuchs sollten nach der zur Rechtslage bis 2007 ergangenen Rechtsprechung des BGH allerdings vom Bedarf nach der Düsseldorfer Tabelle gedeckt sein, falls dieser das Existenzminimum des Kindes nicht unterschritt.[217] Inzwischen hat der BGH seine Rechtsprechung klargestellt, dass Kindergartenkosten generell nicht im sächlichen Bedarf enthalten sind.[218] Im Existenzminimum, wie es gemäß §§ 1612 a I 2 BGB, 26 VI 1 EStG dem Mindestunterhalt zugrunde liegt, sind Kindergartenkosten nicht einkalkuliert. Dementsprechend hat der BGH entschieden, dass Kindergartenbeiträge und vergleichbare Aufwendungen für die Betreuung eines Kindes in einer kindgerechten Einrichtung in den Unterhaltsbeträgen, die in den Unterhaltstabellen ausgewiesen sind, unabhängig von der sich im Einzelfall ergebenden Höhe des Unterhalts nicht enthalten sind. Die in einer Kindereinrichtung anfallenden Verpflegungskosten sind dagegen mit dem Tabellenunterhalt abgegolten.[219] Kindergartenkosten sind demnach generell Mehrbedarf des Kindes.

401 Das Einkommen des betreuenden Elternteils kann, wenn sich die Betreuung zwar ohne konkreten Kostenaufwand, aber nur unter besonderen Erschwernissen bewerkstelligen lässt, um einen **Betreuungsbonus** (vgl. Rn. 22) gemindert werden.[220] Eine solche Erschwernis der Betreuung kann bei einem Kleinkind ohne Weiteres bejaht werden. Der Bonus ist auch dann zu gewähren, wenn die Betreuung durch den dazu nicht verpflichteten (zweiten)

---

[215] BGH FamRZ 2002, 742 = R 576 c
[216] FamRZ 2008, 133 = R 691
[217] BGH FamRZ 2007, 882; FamRZ 2008, 133.3 = R 691
[218] BGH FamRZ 2009, 962
[219] BGH FamRZ 2009, 962 Rn. 25
[220] BGH FamRZ 2001, 352 = R 551 c; 1991, 182 = R 430; OLG Zweibrücken FuR 1998, 423

5. Abschnitt: Der Unterhaltsanspruch minderjähriger Kinder § 2

Ehegatten oder den Partner des Elternteils sichergestellt wird, bei dem das Kind lebt.[221] Bei der Bemessung des Bonus wird man nicht kleinlich verfahren dürfen, nachdem das BVerfG,[222] wenn auch zum Sozialhilfe- und zum Einkommensteuerrecht, die Betreuungskosten als Teil des Existenzminimums des Kindes anerkannt hat. Vgl. dazu Rn. 221 ff. U. U. kann **neben dem Abzug effektiver Betreuungskosten** ein Bonus gewährt werden. Dies kommt insbesondere in Betracht, wenn bei einem kleinen Kind durch die tatsächlich aufgewendeten Kosten die Betreuung des Kindes nur teilweise sichergestellt werden kann und sich die Restbetreuung nur unter besonderen Erschwernissen bewerkstelligen lässt.[223] Zu beachten ist indessen, dass der BGH einen Betreuungsbonus für die vom Unterhaltspflichtigen neben dem Barunterhalt übernommene Betreuung in einer neueren Entscheidung jedenfalls bei gesteigerter Unterhaltspflicht nach § 1603 II BGB abgelehnt hat.[224]

Schließlich kann das Einkommen des betreuenden Elternteils zum Teil aus **unzumut- 402 barer Erwerbstätigkeit** stammen und dann nach § 242 BGB nur teilweise anzurechnen sein. Dies bedarf allerdings besonderer Feststellungen im Einzelfall.[225] Die Berücksichtigung **konkreter Mehrkosten** wird in der Regel dem Grundsatz von Treu und Glauben besser gerecht als die pauschale Nichtanrechnung eines Teils des Einkommens.[226] Eine generelle Anrechnung von Einkünften aus unzumutbarer Arbeit nur zur Hälfte[227] wäre gerade bei der Haftung gegenüber einem weiteren Kind, das sich bei dem anderen Elternteil oder in einem Heim befindet oder das aus einer anderen Verbindung stammt, offenbar unangemessen (vgl. zum Unterhalt bei Geschwistertrennung Rn. 440 ff.). In der Regel empfiehlt es sich daher, den besonderen Belastungen des betreuenden Ehegatten entweder durch Abzug der tatsächlich entstehenden Betreuungskosten oder durch einen Betreuungsbonus Rechnung zu tragen.

e) **Kindergeld.** Nach der vom 1. 7. 1998 bis zum 31. 12. 2007 geltenden Rechtslage **403** war Kindergeld kein unterhaltsrelevantes Einkommen.[228] Seit dem 1. 1. 2008 ist das Kindergeld hingegen nach § 1612b I BGB bedarfsdeckend anzurechnen und wird insoweit unterhaltsrechtlich wie Einkommen des Kindes behandelt.[229] Soweit es dem betreuenden Elternteil verbleibt, ist es nicht als Einkommen zu berücksichtigen, weil damit der allgemeine Betreuungsbedarf abgedeckt werden soll und eine für dem Barunterhalt entsprechende Anrechnungsbestimmung fehlt. Der betreuende Elternteil wird allerdings im praktischen Ergebnis mit dem Kindergeld die Lücke bis zum Unterhalt nach dem zusammengerechneten Einkommen der Eltern auffüllen müssen (vgl. Rn. 206) oder etwa für sonstige, nicht gesondert geltend zu machende Betreuungskosten verwenden müssen Vgl. Rn. 400 und das Beispiel Rn. 398.

f) **Berechnung des Unterhalts.** In den Fällen des § 1603 II 3 BGB muss die Unter- **404** haltsbemessung letztlich dem **Einzelfall** vorbehalten bleiben. § 1606 III 1 BGB, der allein auf das Verhältnis der Einkommens- und Vermögensverhältnisse der Eltern abstellt, kann nicht herangezogen werden (vgl. dazu Rn. 418 ff.). Zu Recht hat der BGH[230] in einem vergleichbaren Fall die **Verteilungsquote** im Hinblick auf die zusätzliche Belastung des betreuenden Ehegatten, der auch noch Barunterhalt aufbringen soll, **wertend verändert.** Auch der BGH[231] stellt nicht in erster Linie auf die beiderseitigen Einkommens- und Vermögensverhältnisse, sondern auf Billigkeitserwägungen (§ 242 BGB) ab.

---

[221] BGH FamRZ 2001, 352 = R 551 c
[222] FamRZ 1995, 86; FamRZ 1999, 285, 287
[223] BGH FamRZ 1991, 182, 185 = R 430; OLG Hamm FamRZ 2002, 1708 (allerdings für den Ehegattenunterhalt); vgl. auch SüdL 10.3
[224] BGH FamRZ 2006, 1597, 1599 mit krit. Anm. Born = R 659
[225] BGH FamRZ 1991, 182 = R 430; vgl. BGH FamRZ 2011, 454
[226] BGH FamRZ 1982, 779
[227] So OLG Hamm FamRZ 1996, 488; Born FamRZ 1997, 129, 137; dagegen mit Recht OLG Zweibrücken FuR 1998, 423
[228] BGH FamRZ 2000, 1492 = R 546 d; Näheres in der Vorauflage
[229] Näher dazu Dose FamRZ 2007, 1289, 1291; Scholz FamRZ 2007, 2021, 2024
[230] BGH FamRZ 1983, 689; vgl. auch OLG Bamberg FamRZ 1995, 566, 568
[231] BGH FamRZ 1991, 182 = R 430

405 **Beispiel 1:**
Einkommen der Mutter (M) 1300,– €, des Vaters (V) 2200,– €. Das 16-jährige Kind lebt bei V. Ehegattenunterhalt wird nicht geschuldet. V bezieht das Kindergeld von 184,– €. Bedarf des Kindes nach dem Einkommen der M gemäß DT 1/3: 426 – 92 = 334,– €. Würde M verschärft auf Unterhalt haften, wäre sie für den Kindesunterhalt leistungsfähig: 1300 – 950 = 350,– €. Da ein 16-jähriges Kind keine besondere Betreuung mehr erfordert und ein erhebliches Einkommensgefälle besteht, dürfte es der Billigkeit entsprechen, dass M ihren angemessenen Bedarf von 1150,– € behält und 150,– € zum Unterhalt beiträgt, während V den Rest von 184,– € aufbringt (V verbleiben 2016,– € und das hälftige Kindergeld).

406 **Beispiel 2:**
Einkommen der Mutter (M) 1250,– €, des Vaters (V) 1750,– €. V betreut die 4- und 5-jährigen Kinder. Er bezieht das Kindergeld von je 184,– € und zahlt für die Betreuung der Kinder in einer Tagesstätte (vgl. Rn. 400) 350,– € (Mehrkosten der Kinderbetreuung). Ehegattenunterhalt wird nicht geschuldet. Barbedarf der Kinder nach DT 1/1 je 317 – 92 = 225,– €, insgesamt also 450,– €. M kann jedoch unter Wahrung ihres notwendigen Selbstbehalts von 950,– € nur 300,– € für beide Kinder aufbringen. V muss daher aus seinem Einkommen zunächst den restlichen Kindesunterhalt von 450 + 350 – 300 = 500,– € tragen. Ihm bleiben nur 1250,– €. Daher besteht kein erheblicher Einkommensunterschied. Es verbleibt bei der Zahlung von 300,– € durch M. (Vgl. Rn. 398).

407 **Beispiel 3:**
Bereinigtes Einkommen des Vaters (V), der ein 7-jähriges Kind versorgt, 2700,– €; Einkommen der nicht selbst unterhaltsberechtigten Mutter (M) 1150,– €. V bezieht des Kindergeld von 184,– €. M kann ohne Gefährdung ihres angemessenen Unterhalts von 1150,– € den nach ihrem Einkommen berechneten Kindesunterhalt nach DT 1/2 von 364 – 92 = 272,– € auch nicht teilweise decken, während der große Selbstbehalt des V von 1150,– € selbst dann nicht berührt wird, wenn von seinem Einkommen angemessene Betreuungskosten abgezogen werden. V muss daher den Bar- und den Betreuungsunterhalt allein sicherstellen. Er behält das gesamte Kindergeld. Eine Mithaftung der M scheidet aus.[232]

408 **g) Hausmannfälle.** Aus § 1603 II 3 BGB ergeben sich unbefriedigende Konsequenzen in all den Fällen, in denen ein wiederverheirateter sorgeberechtigter Elternteil in einer neuen Ehe die **„Hausmann– oder Hausfrauenrolle"** übernimmt und sich deshalb zur Zahlung von Unterhalt an ein gemeinschaftliches Kind aus erster Ehe, das sich in der Obhut des früheren Ehegatten befindet, nicht für verpflichtet hält. Der BGH[233] vermeidet solche Konsequenzen, indem er aus dem Grundsatz der Gleichrangigkeit der Unterhaltsansprüche minderjähriger Kinder aus erster und zweiter Ehe (§ 1609 Nr. 1 BGB) im Interesse der gemeinsamen Kinder eine Erwerbspflicht und damit auch eine Unterhaltspflicht des wiederverheirateten Ehegatten ableitet. Der neue Ehegatte muss es ihm ermöglichen, einer solchen Erwerbsverpflichtung nachzugehen. Genaueres zu dieser „Hausmannrechtsprechung" und den entsprechenden BGH-Entscheidungen Rn. 275 ff.

409 **h) Beweislast.** Beruft sich im Falle des § 1603 II 3 BGB der vom Kind auf Barunterhalt in Anspruch genommene Elternteil darauf, dass der andere, das Kind betreuende Elternteil im Hinblick auf seine günstigen wirtschaftlichen Verhältnisse zum Barunterhalt beizutragen habe, so hat er darzulegen und zu beweisen, dass sein angemessener Bedarf bei Leistung des Barunterhalts gefährdet wäre und dass die Einkommens- und Vermögensverhältnisse des anderen Elternteils dessen Heranziehung zum Barunterhalt rechtfertigen.[234]

---

[232] Ebenso OLG Köln OLGR 2007, 647 (Einkommen des betreuenden Vaters: 2836 €, der barunterhaltspflichtigen Mutter von 1000 € bei einem angemessenen Selbstbehalt von zeitweise noch 1000 €)
[233] FamRZ 1996, 796
[234] BGH FamRZ 2002, 742 = R 576 c; 1981, 347; OLG Köln FamRZ 1983, 714

VI. Alleinige Barunterhaltspflicht eines Elternteils oder Beteiligung beider Eltern am Barunterhalt

1. Alleinige Barunterhaltspflicht eines Elternteils

Im Regelfall besteht eine **Barunterhaltspflicht nur für den nicht betreuenden** 410 **Elternteil,** weil der andere Elternteil nach § 1606 III 2 BGB wegen der grundsätzlichen Gleichwertigkeit von Barunterhalt und Betreuungsunterhalt mit der Betreuung und Erziehung des minderjährigen Kindes seine Unterhaltspflicht erfüllt (vgl. Rn. 19).

An dieser Gleichwertigkeit ändert sich grundsätzlich auch nichts durch eine **Erwerbs-** 411 **tätigkeit des betreuenden Elternteils.** Bei der Betreuung des Kindes kann er sich durchaus zeitweise der Hilfe Verwandter (oder sonstiger Dritter) bedienen. Dies gilt auch bei längerem Aufenthalt eines Schülers im Ausland, insbesondere einem Schüleraustausch, wenn die Verbindung zum betreuenden Elternteil nicht abreißt.[235] In welcher Weise und zu welcher Zeit die Kindesbetreuung wahrgenommen wird, ist weder für die Frage der Erfüllung der Unterhaltspflicht noch der Gleichwertigkeit ausschlaggebend.[236] Jedoch muss stets ein nennenswerter Teil der Betreuung selbst wahrgenommen werden. Überlässt ein Elternteil die Pflege und Erziehung des Kindes (nahezu) völlig Dritten, z.B. der Großmutter, erfüllt er seine Unterhaltspflicht nicht durch Betreuung (§ 1606 III 2 BGB); er ist dann zu anteiligem Barunterhalt verpflichtet.[237] Vgl. dazu Rn. 418 ff.

Der Unterhalt des Kindes richtet sich bei Barunterhaltspflicht nur eines Elternteils nach 412 dessen **anrechenbarem Nettoeinkommen** (vgl. aber Rn. 206). Vom Bruttoeinkommen sind Einkommen- bzw. Lohnsteuer, Kirchensteuer, Solidaritätszuschlag, Sozialversicherungsabgaben einschließlich des Beitrags zur Pflegeversicherung abzuziehen. Bei Selbstständigen sind Krankenversicherungsbeiträge und ebenfalls Beiträge zu einer Pflegeversicherung sowie Aufwendungen für die Altersvorsorge in angemessener Höhe (in der Regel 20% des Gesamteinkommens)[238] zu berücksichtigen. Aufwendungen für die **zusätzliche Altersvorsorge** (z.B. „Riester-Rente") dürften nach der neueren BGH-Rechtsprechung bis zu 4% des Bruttoeinkommens berücksichtigungsfähig sein, soweit sie tatsächlich gemacht werden.[239] Zu Einschränkungen im Rahmen der Leistungsfähigkeit bei gesteigerter Unterhaltspflicht s. Rn. 366 ff. Das Einkommen ist ferner um berufsbedingte Aufwendungen zu bereinigen. Diese werden bei Einkünften aus abhängiger Tätigkeit vielfach pauschaliert (nach A 5 der Düsseldorfer Tabelle mit 5% des Einkommens, mindestens 50,– EUR, höchstens 150,– EUR) oder konkret berechnet. Der Unterhalt des Kindes ist gemäß seinem Alter der entsprechenden Einkommensgruppe der Düsseldorfer Tabelle zu entnehmen (Genaueres Rn. 330 ff.).

Das **Kindergeld,** das ein Elternteil erhält, wird nach § 1612b I BGB hälftig mit dem 413 Unterhaltsanspruch verrechnet (= Kindergeldausgleich). Nach dem Obhutsprinzip wird das Kindergeld in der Regel an den Elternteil gezahlt, der das Kind in seinen Haushalt aufgenommen hat (§ 64 II 1 EStG). Dann vermindert sich der Barunterhalt, den der andere Elternteil zu zahlen hat, um das halbe Kindergeld.

Eigenes Einkommen des Kindes, z.B. aus einer Ausbildungsvergütung, ist nach 414 Bereinigung um ausbildungsbedingten Mehrbedarf (vgl. dazu Rn. 112 ff.) bedürftigkeitsmindernd auf den Unterhaltsanspruch anzurechnen. Da Bar- und Betreuungsunterhalt in der Regel gleichwertig sind, muss die Ausbildungsvergütung dem betreuenden Elternteil anteilig zugute kommen. Sie ist also im Regelfall nur zur Hälfte auf den Barunterhalt anzurechnen.[240] Genaueres Rn. 118.

---

[235] OLG Hamm FamRZ 1999, 1149; a.A. wohl Büttner NJW 2000, 2555
[236] BGH FamRZ 1981, 347; FamRZ 1980, 994; vgl. auch BVerfG FamRZ 1999, 285, 287
[237] OLG Hamm FamRZ 1991, 104; FamRZ 1990, 307
[238] BGH FamRZ 2003, 860 mit Anm. Klinkhammer = R 590 A
[239] BGH FamRZ 2005, 1817, 1821 = R 632 (Ehegattenunterhalt); FamRZ 2007, 793, 795 = R 674; Palandt/Diederichsen § 1603 Rn. 19
[240] BGH FamRZ 1988, 159, 161

§ 2   Kindes-, Eltern- und sonstiger Verwandtenunterhalt

Beispiel:
Einkommen des Vaters 1800,– €, der betreuenden Mutter (M) 1400,– €. Ausbildungsvergütung des 17-jährigen Kindes, das bei M wohnt, 400,– €. Kein Ehegattenunterhalt. M bezieht das Kindergeld von 184,– €.
Kindesunterhalt (Bedarf) nach DT 3/3 (Höhergruppierung um eine Gruppe wegen Unterhaltspflicht nur gegenüber 1 Kind; vgl. Rn. 345): 469,– €.
Die Ausbildungsvergütung von 400 – 90 („ausbildungsbedingter Mehrbedarf" nach DT Anm. A 8 (vgl. dazu Rn. 517) = 310,– € ist nur zur Hälfte anzurechnen (Rn. 118), also zu 155,– €.
Kindesunterhalt: 469 – 155 – 92 (Kindergeldanteil) = 222,– €.
Keine Beteiligung der Mutter am Barunterhalt.

Einkommen aus **Schülerarbeit** stammt in der Regel aus unzumutbarer Tätigkeit und ist daher in analoger Anwendung des § 1577 II BGB nicht anzurechnen, wenn der Pflichtige nicht den geschuldeten Unterhalt leistet; im Übrigen kommt nur eine teilweise Anrechnung im Rahmen der Billigkeit in Betracht.[241] Bessert der Schüler lediglich sein Taschengeld geringfügig auf, wird von einer Anrechnung vielfach abgesehen werden können. Vgl. auch Rn. 52, 110 1/552.

415   Die **Rundung** des errechneten Unterhalts ist in der Praxis nicht einheitlich. Nach § 1612a II 2 BGB ist der dynamisierte Unterhalt (Rn. 358 ff.) auf volle Euro aufzurunden. Wenn sich bei der Berechnung statischen Unterhalts ein nicht auf volle Euro lautender Betrag ergibt, wird § 1612a II 2 BGB zum Teil analog angewendet:[242] Nr. 25 HbL, KG, SchlL, KL, , BraL, DrL, FrL, SüdL, BrL, , RostL, Nr. 24 NL, . Andere Oberlandesgerichte runden kaufmännisch (so auch hier): Nr. 25 CL, HL, Nr. 24 DL, BrbL, KoL. Bei der Kindergeldanrechnung für ein viertes Kind wurde bis 2007 eine Rundung nicht vorgenommen. Das wurde bei der Zahlbetragstabelle (Anhang zur Düsseldorfer Tabelle) beibehalten, obwohl die Kindergeldanrechnung seit 2008 bedarfsdeckend erfolgt.

2. Barunterhaltspflicht des betreuenden Elternteils

416   Auch wenn das Kind nur von einem Elternteil betreut wird, kann es **Ausnahmen** von der grundsätzlichen Gleichwertigkeit des Bar- und des Betreuungsunterhalts nach § 1606 III 2 BGB geben. Dies hat zur Folge, dass der betreuende Elternteil ganz oder teilweise barunterhaltspflichtig sein kann.
Dies kann der Fall sein,
- wenn und soweit der andere Elternteil auch bei gesteigerter Unterhaltspflicht nach § 1603 II 1 BGB **nicht leistungsfähig** ist, z. B. wegen anzuerkennender Schulden[243] (vgl. dazu Rn. 209, 257), ihm also bei Erfüllung der Barunterhaltspflicht weniger als sein eigener notwendiger Selbstbehalt verbleibt, der nach der Düsseldorfer Tabelle (Anm. A 5 I) 950,– EUR bei einem Erwerbstätigen bzw. 770,– EUR bei einem Nichterwerbstätigen beträgt. Vgl. dazu und zu abweichenden Selbstbehaltssätzen Rn. 264 ff. Dasselbe gilt, wenn der andere Elternteil zwar wegen Verletzung der Erwerbsobliegenheit fiktiv als leistungsfähig behandelt wird, Unterhalt aber nicht beigetrieben werden kann (§ 1607 II 1 BGB). In einem solchen Fall muss der leistungsfähige betreuende Elternteil auch den Barunterhalt decken. Auch eine Ersatzhaftung der Großeltern scheidet in diesem Fall aus (§ 1606 II BGB),
- wenn der **nicht betreuende Elternteil** bei voller Leistung des Barunterhalts **seinen eigenen angemessenen Bedarf von 1150,– EUR gefährden** würde, während der betreuende Elternteil als anderer unterhaltspflichtiger Verwandter im Sinne des § 1603 II 3 BGB über ein deutlich höheres Einkommen verfügt und deshalb neben der Betreuung auch den Barunterhalt ganz oder zum Teil ohne Gefährdung seines angemessenen Eigenbedarfs aufbringen kann. In diesem Fall greift die verschärfte Unterhaltspflicht nicht ein. Die Berechnung der Haftungsanteile der Eltern richtet sich dann nach den Besonderheiten des Einzelfalls. Vgl. dazu Rn. 397 ff. Hiervon ist der Fall zu unterscheiden, dass der

---

[241] BGH FamRZ 1995, 475, 477 = R 491 b
[242] So auch Scholz in der 6. Auflage
[243] BGH FamRZ 1996, 160 = R 496 b, c

5. Abschnitt: Der Unterhaltsanspruch minderjähriger Kinder § 2

barunterhaltspflichtige Elternteil den Tabellenunterhalt ohne Gefährdung seines angemessenen Selbstbehalts tragen kann, die wirtschaftlichen Verhältnisse des anderen Elternteils aber so außergewöhnlich sind, dass ein erhebliches finanzielles Ungleichgewicht entsteht. Vgl. dazu Rn. 399, 434;
- bei **Zusatzbedarf,** also bei Mehrbedarf, Sonderbedarf und Prozesskostenvorschuss (vgl. dazu Rn. 418, 435, 451 ff., 6/1 ff.).

Macht der auf Barunterhalt in Anspruch genommene Elternteil einen solchen Ausnahmefall geltend, muss er konkret **darlegen** und nachweisen, dass die Einkommens- und Vermögensverhältnisse des betreuenden Elternteils sowie die sonstigen Umstände dessen – zumindest teilweise – Heranziehung zum Barunterhalt rechtfertigen.[244] 417

3. Anteilige Barunterhaltspflicht beider Eltern nach § 1606 III 1 BGB

a) Voraussetzungen. Nach § 1606 III 2 BGB haftet ein Elternteil in der Regel allein 418 auf den gesamten Barunterhalt, wenn das minderjährige Kind (im Wesentlichen) bei dem anderen Elternteil lebt und von diesem betreut wird. Nur ausnahmsweise, wenn besondere Umstände gegeben sind, ist auf die Grundregel des § 1606 III 1 BGB abzustellen, nach der die Eltern entsprechend ihren Erwerbs- und Vermögensverhältnissen für den Kindesunterhalt haften. Die Anwendung des § 1606 III 1 BGB kann sich bei Zusatzbedarf auf diesen beschränken, während es beim Elementarunterhalt bei der alleinigen Unterhaltspflicht des nicht betreuenden Elternteils verbleibt. Vgl. dazu Rn. 435. Im Einzelfall kann es bei gemeinsamer Barunterhaltspflicht zu schwierigen Abgrenzungsfragen kommen, da zwischen alleiniger Betreuung durch einen Elternteil, genau aufgeteilter Betreuung durch beide Eltern und Fremdbetreuung zahlreiche Mischformen denkbar sind, die zunehmend von engagierten Eltern trotz ihrer Konflikte auf der Paarebene praktiziert werden.

Eine anteilige Barunterhaltspflicht beider Eltern kommt danach in Betracht,
– wenn das **Kind von Dritten betreut** wird, z. B. bei Verwandten, in einer Pflegefamilie, in einem Heim oder Internat lebt;
– wenn das minderjährige Kind mit Zustimmung des Sorgeberechtigten oder bei gemeinsamer Sorge mit Zustimmung beider Eltern bereits in einem **eigenen Haushalt** lebt (vgl. Rn. 337);
– wenn die Eltern das Kind gemeinsam betreuen **(Wechselmodell);**
– wenn die wirtschaftlichen **Verhältnisse des betreuenden Elternteils wesentlich günstiger** sind als die des anderen;
– wenn **Zusatzbedarf** zu decken ist.

b) Drittbetreuung des Kindes. Wird das minderjährige Kind von Dritten betreut, 419 z. B. von den **Großeltern,** befindet es sich bei **Pflegeeltern,** in einem **Heim** oder im **Internat,** müssen sich beide Eltern am Barunterhalt für das minderjährige Kind beteiligen (§ 1606 III 1 BGB). Dasselbe gilt, wenn das Kind bereits einen **eigenen Haushalt** hat, z. B. in einer vom Jugendamt betreuten Wohnung lebt. Die Haftung der Eltern für den Bedarf des Kindes richtet sich dann grundsätzlich nach den vergleichbaren Erwerbs- und Vermögensverhältnissen der Eltern. Auf die Grundsätze, die bei Berechnung des Unterhalts volljähriger Kinder gelten, wird verwiesen (Rn. 560 ff.). Der **Restbetreuung** des Kindes durch einen oder beide Elternteile ist ggf. durch Veränderung des Verteilungsschlüssels Rechnung zu tragen (Rn. 432). Der jeweilige Unterhaltsanteil wird danach wie folgt berechnet:

Zunächst ist der **gesamte Lebensbedarf** des Kindes zu ermitteln. Dieser besteht aus 420 dem Regelbedarf, der nach der Düsseldorfer Tabelle bemessen wird (vgl. Rn. 323 ff.). Hinzu kommt der Betreuungsbedarf, der wegen der Fremdbetreuung nicht mehr der pauschalen Regelung des § 1606 III 2 BGB unterfällt. Zu bemessen sind demnach der **Regelbedarf** und der **Betreuungsbedarf.**

Für die Feststellung des **Regelbedarfs** nach der Düsseldorfer Tabelle ist von der Summe 421 der **Einkünfte beider Eltern** auszugehen, weil bei beiderseitiger Barunterhaltspflicht die

---

[244] BGH FamRZ 1981, 347

Lebensstellung des Kindes durch das Einkommen der beiden Eltern geprägt wird. Der BGH[245] hat dies zwar bisher nur für den Unterhalt Volljähriger so entschieden (siehe Rn. 523). Die Begründung dazu trifft aber auch auf minderjährige Kinder zu, wenn Bar- und Betreuungsunterhalt nicht gleichwertig sind und sich daher beide Eltern am Barunterhalt beteiligen müssen.[246] Jedoch darf die Zusammenrechnung der Einkommen der Eltern nicht dazu führen, dass ein Elternteil höheren Unterhalt zu zahlen hat, als er allein nach seinem Einkommen nach der Düsseldorfer Tabelle zahlen müsste.[247] Diese Beschränkung gilt allerdings in Sonderfällen, insbesondere bei Mehrbedarf eines behinderten Kindes, nicht (vgl. dazu Rn. 435, 451 ff., 463 ff.).

Haben beide Eltern zusammen ein **Einkommen** von 5101,– EUR und höher (= Obergrenze des Einkommens nach der Düsseldorfer Tabelle), richtet sich der Kindesunterhalt „nach den Umständen des Falles". Vielfach kann es bei den Regelbedarfssätzen der Einkommensgruppe 10 der Tabelle verbleiben (siehe Rn. 226 f., 341).

422 Die früher streitige Frage, ob der bei Fremdunterbringung zusätzlich entstehende **Betreuungsbedarf** konkret zu bemessen ist[248] oder wegen der Gleichwertigkeit von Bar- und Betreuungsunterhalt pauschal zu monetarisieren ist, hat der **BGH**[249] nunmehr im Sinne der zweiten Meinung entschieden. Danach ist der Betreuungsunterhalt grundsätzlich pauschal in Höhe des Barunterhalts zu bemessen. Der BGH hat für die Pauschalierung neben dem Grundsatz der Gleichwertigkeit von Bar- und Betreuungsunterhalt auf die Notwendigkeit abgestellt, die Bemessung der Leistungen zu erleichtern. Die vom BGH entschiedene Fallgestaltung einer von den Großeltern betreuten Halbwaisen weist keinen entscheidenden Unterschied zur Fremdbetreuung bei Haftung beider Eltern auf.

Die Methode der pauschalen Bemessung nach Tabellenbeträgen ist allerdings nicht widerspruchsfrei. Sie führt etwa dazu, dass der Betreuungsunterhalt für ein Kind mit zunehmendem Alter entsprechend dem steigenden Barunterhalt höher zu bemessen ist. Für die Betreuung eines Siebzehnjährigen wäre demnach mehr zu veranschlagen als für die Betreuung eines Kleinkindes.

Der BGH lässt **Ausnahmen** von der Gleichwertigkeit des Bar- und Betreuungsunterhalts zu. Die Darlegungs- und Beweislast trägt derjenige Elternteil, der sich auf eine Ausnahme beruft. In Fällen der Heim- oder Internatsunterbringung stehen die Kosten regelmäßig fest, so dass die Darlegung der konkreten Kosten keine ernsthaften Schwierigkeiten bereitet. Bei der **Heimunterbringung** ist ohnedies zu beachten, dass regelmäßig öffentliche Jugendhilfeleistungen nach dem **SGB VIII** erbracht werden, die als (nicht subsidiäres) Einkommen des Kindes anzurechnen sind.[250]

423 Von dem Gesamtbedarf ist **eigenes Einkommen des Kindes** jeder Art bedürftigkeitsmindernd **voll abzuziehen**.[251] Auf diese Weise kommt das Kindereinkommen beiden Eltern entsprechend ihrem Haftungsanteil zugute. Eine Ausbildungsvergütung ist vor der Anrechnung um ausbildungsbedingten Mehrbedarf zu bereinigen (s. Rn. 112 ff.; 517).

424 **Kindergeld** ist nach § 1612b I BGB zur Deckung des Barbedarfs des Kindes zu verwenden. Der Unterhalt, den der das Kindergeld nicht beziehende Elternteil zu zahlen hat, ist im Wege der bedarfsdeckenden Anrechnung um die Hälfte des Kindergeldes zu vermindern (§ 1612b I S. 1 Nr. 1 BGB). Der Unterhalt des Elternteils, der das Kindergeld erhält, ist um die Hälfte des Kindergeldes zu erhöhen. An dieser aus § 1612b II BGB a. F. hergeleiteten Regelung hat die Unterhaltsreform 2007 nichts geändert. Kindergeld ist nach § 1612b I S. 1 Nr. 2 bedarfsdeckend vom errechneten Tabellenunterhalt abzuziehen, wenn es bei Drittbetreuung nach §§ 64 II 1, 32 I EStG unmittelbar der Betreuungsperson

---

[245] BGH FamRZ 1994, 696; FamRZ 1986, 151
[246] BGH FamRZ 1984, 39
[247] BGH FamRZ 1984, 39
[248] So Scholz in der 6. Aufl., der vom BGH FamRZ 2006, 1597, 1598 unzutreffend für die a. A. zitiert worden ist
[249] BGH FamRZ 2006, 1597 m. w. N. mit krit. Anm. Born
[250] BGH FamRZ 2007, 377 m. Anm. Doering-Striening
[251] BGH FamRZ 2006, 1597, 1599 = R 659

5. Abschnitt: Der Unterhaltsanspruch minderjähriger Kinder § 2

zufließt.[252] Die auf Pflegeeltern grundsätzlich anwendbare Vorschrift des § 1612 b I BGB passt bei Barunterhaltspflicht beider Eltern nicht.

Die Eltern **haften** gemäß § 1606 III 1 BGB für den verbleibenden **Restbedarf anteilig** 425 nach ihren Erwerbs- und Vermögensverhältnissen.[253] Die Unterhaltsquoten sind **nach der Leistungsfähigkeit** der Eltern zu bemessen.[254] Die Leistungsfähigkeit richtet sich nach den ihnen für Unterhaltszwecke tatsächlich zur Verfügung stehenden Mitteln,[255] also nach den **vergleichbaren Einkünften der Eltern.** Von dem jeweiligen Nettoeinkommen sind zunächst **alle notwendig zu erfüllenden Verpflichtungen** für Steuern, Krankheits- und Altersvorsorge, Pflegeversicherung, mit der Berufstätigkeit eines Elternteils zusammenhängende Betreuungskosten, ggf. ein Betreuungsbonus (vgl. Rn. 400 f.) abzuziehen, ferner berücksichtigungswürdige Verbindlichkeiten und Unterhaltszahlungen an andere Berechtigte, insbesondere an gleichrangige Geschwister und Halbgeschwister des unterhaltsberechtigten minderjährigen Kindes; denn die entsprechenden Gelder stehen zur Bestreitung des eigenen Bedarfs nicht zur Verfügung.[256] Zur vergleichbaren Problematik bei Berechnung des Unterhaltsanspruchs privilegiert volljähriger Kinder vgl. Rn. 598. Dagegen ist das Einkommen eines Elternteils nicht deshalb zu vermindern, weil er ein anderes Kind betreut, ohne dass dadurch besondere Kosten oder ein besonderer Betreuungsaufwand entstehen, wie dies z. B. bei einem fast volljährigen Kind der Fall ist.[257] Vgl. dazu unten Beispiel Rn. 428.

Außerdem ist bei den Einkünften beider Eltern der für den eigenen Unterhalt erforder- 426 liche Betrag, in der Regel ein gleich hoher **Sockelbetrag,** abzuziehen. Dadurch werden ungleiche Belastungen bei erheblichen Unterschieden der vergleichbaren Einkünfte vermieden. Der BGH sieht in dem Abzug eines solchen Sockelbetrages eine billigenswerte Methode, durch die eine unangemessene Belastung der Bezieher unterschiedlich hoher Einkünfte vermieden werden kann.[258] Der Sockelbetrag kann bei höheren Einkünften der Eltern wie beim Volljährigenunterhalt (vgl. Rn. 574) in Höhe des **angemessenen Selbstbehalts von 1150,– EUR** nach der Düsseldorfer Tabelle (A 5 II) angesetzt werden. Dadurch wird erreicht, dass jeder Elternteil mindestens seinen angemessenen Selbstbehalt behält. Vgl. dazu die Beispiele Rn. 428, 431. Wird der Kindesunterhalt bei dieser Berechnung nicht gedeckt, müssen die Eltern ihr Einkommen ggf. bis zum **notwendigen Selbstbehalt,** der nach Anm. A 5 I der Düsseldorfer Tabelle bei Erwerbstätigen 950,– EUR, bei Nichterwerbstätigen 770,– EUR beträgt (vgl. Rn. 385), für den Kindesunterhalt einsetzen. Das liegt darin begründet, dass nunmehr – für beide Elternteile – die verschärfte Unterhaltspflicht nach § 1603 II BGB eingreift. Diese Unterhaltsbemessung entspricht der Berechnung des Unterhalts beim privilegiert volljährigen Kind. Vgl. Rn. 595 sowie das Beispiel Rn. 429. Die Auffassung der Oberlandesgerichte Bremen und Oldenburg (ähnlich OLG Düsseldorf, jeweils 12. 3 der Leitlinien), dass als Sockelbetrag stets der notwendige Selbstbehalt vom Einkommen abzuziehen sei, ist zweifelhaft. Sie benachteiligt den weniger verdienenden Elternteil und kann dazu führen, dass dieser entgegen der Wertung des § 1603 II 3 BGB seinen angemessenen Selbstbehalt anzugreifen hat, obwohl der besser verdienende Elternteil über ausreichendes Einkommen oberhalb des angemessenen Selbstbehalts verfügt. Aus diesem Grund wird vielfach (in Einzelfällen auch vom BGH[259]) zwischen beengten und besseren Einkommensverhältnissen differenziert und nur im Mangelfall die Quotierung unter Abzug des notwendigen Selbstbehalts als Sockelbetrag durchgeführt, während es ansonsten bei dem angemessenen Selbstbehalt als Sockelbetrag verbleibt.[260] Auch dies führt indessen zu Widersprüchen, die das Beispiel 1, Rn. 428 (Abwand-

---

[252] Vgl. dazu BGH FamRZ 1986, 151 = NJW-RR 1986, 416
[253] BGH FamRZ 1988, 159, 161
[254] BGH FamRZ 2011, 454 Rn. 34; FamRZ 1986, 153
[255] BGH FamRZ 2011, 454 Rn. 34; FamRZ 1988, 1039
[256] BGH FamRZ 1988, 1039
[257] BGH FamRZ 2006, 1597; FamRZ 1988, 1039
[258] BGH FamRZ 1988, 1039; FamRZ 1986, 153; FamRZ 1986, 151
[259] Vgl. BGH FamRZ 2011, 454 Rn. 35 m. w. N.; BGHFamRZ 2008, 137
[260] So auch Scholz in der Vorauflage

§ 2 Kindes-, Eltern- und sonstiger Verwandtenunterhalt

lung) verdeutlicht. Vgl. auch Rn. 595 f. In diesem Sinne hat es auch der BGH in jüngeren Entscheidungen abgelehnt, vom notwendigen Selbstbehalt als Sockelbetrag auszugehen, weil ein Mangelfall erst vorliegt, wenn auch der angemessene Selbstbehalt des besser verdienenden Elternteils nicht gewahrt ist[261] (vgl. Rn 596; zu notwendigen Korrekturen zur Berücksichtigung der Betreuung s. Rn. 397 ff.).

427 Hier wird demnach vorgeschlagen, die Quotenberechnung auf Grund des nach Abzug des **angemessenen Selbstbehalts als Sockelbetrag** verbleibenden Einkommens als vergleichbares Einkommen vorzunehmen **(1. Schritt)**. Erst wenn (und soweit) sich bei dieser Methode noch eine Bedarfslücke beim Kindesunterhalt ergibt **(Mangelfall)**, haften beide Eltern für den Fehlbetrag anteilig mit ihrem jeweiligen Einkommen zwischen dem notwendigen und angemessenen Selbstbehalt **(2. Schritt)**.[262] Näheres beim Beispiel 1, Rn. 428.

Verbleibt bei einem Elternteil eine Restbetreuung, kann der Verteilungsschlüssel u. U. wertend verändert werden (Rn. 436).

428 Beispiel 1:
Den getrennt lebenden Eltern ist das Sorgerecht für ihr Kind (15 Jahre) vorläufig entzogen. Das Kind lebt bei einer Tante, die nach § 74 I 1 EStG das Kindergeld bezieht. Die Tante verzichtet im Interesse der Eltern auf eine Erstattung der Kosten für die Betreuung. Das Jugendamt macht als Vormund den Barunterhalt geltend. Der Vater (V) hat ein Einkommen von 1520,– €, die Mutter (M) ein Einkommen von 1150,– €
Bedarf des K auf Grund des zusammengerechneten Einkommens der Eltern von 2670,– € nach DT 4/3: 490 – 184 (volles Kindergeld) = 306,– €. Keine Höhergruppierung wegen unterdurchschnittlicher Unterhaltslast, da diese bei Zusammenrechnung der Einkommen beider Eltern zu unangemessenen Ergebnissen führt.[263]
Quotenberechnung mit notwendigem Selbstbehalt als Sockelbetrag:
Vergleichbares Einkommen V: 1520 – 950 = 570,– €
Vergleichbares Einkommen M: 1150 – 950 = 200,– €
Quote V: 570 : (570 + 200) × 306 = 227,– €; V verbleiben 1520 – 227 = 1293,– €
Quote M: 200: (570 + 200) × 306 = 79,– €; M verbleiben 1150 – 79 = 1071,– €
M muss 79,– € aus ihrem angemessenen Selbstbehalt aufbringen. Das widerspricht der gesetzlichen Regelung in § 1603 II S. 3 BGB, die eine verschärfte Unterhaltspflicht wegen des leistungsfähigen V nicht vorsieht.
Hier vorgeschlagene Methode:
1. Schritt (§§ 1603 I, 1606 III S. 1 BGB):
Vergleichbares Einkommen V: 1520 – 1150 = 370,– €
Vergleichbares Einkommen M: 1150 – 1150 = 0,– €
V ist hinreichend leistungsfähig (1520 – 306 = 1214,– €) und haftet demzufolge für den Kindesunterhalt in Höhe von 306,– € alleine.
2. Schritt (§§ 1603 II, 1606 III S. 1 BGB): Nicht erforderlich, weil kein Mangelfall vorliegt.
Kontrollberechnung: Wäre V alleine zum Unterhalt verpflichtet, so würde sich der Unterhalt wie folgt berechnen:
Bedarf nach DT 3/3: 469,– €; Höherstufung um 1 Gruppe wegen unterdurchschnittlicher Unterhaltslast:
Unterhalt: 469 – 184 (Kindergeld) = 285,– € (Bedarfskontrollbetrag ist gewahrt). V haftet somit nur auf **285,– €**. Eine ersatzweise Heranziehung der M für den ungedeckten Betrag von 21,– € (= 306 – 285) scheidet aus, weil der Mindestunterhalt des K gedeckt ist und demzufolge kein Mangelfall nach § 1603 II BGB vorliegt.
Abwandlung: Das Einkommen des V beträgt 1350,– €, das Einkommen der M 1050,– €
Bedarf des K auf Grund des zusammengerechneten Einkommens von 2400,– € DT 4/3: 490,– €; 490 – 184 = 306,– € (ohne Höhergruppierung s. o.)
Quotenberechnung mit notwendigem Selbstbehalt als Sockelbetrag:
Vergleichbares Einkommen V: 1350 – 950 = 400,– €
Vergleichbares Einkommen M: 1050 – 950 = 100,– €
Quote V: 400: (400 + 100) × 306 = 245,– €; V verbleiben 1350 – 245 = 1105,– €

---

[261] BGH FamRZ 2011, 454 Rn. 36 f. (bei privilegierten Volljährigen) und FamRZ 2009, 962 Rn. 32 (bei Minderjährigen; Kindergartenkosten); vgl. auch BGH FamRZ 2011, 1041
[262] Ähnlich Luthin/Schumacher Unterhaltsrecht 10. Aufl., Rn. 3181; nur im Ausgangspunkt übereinstimmend Luthin/Koch/Schürmann Unterhaltsrecht 11. Aufl. Rn. 4163
[263] BGH FamRZ 1986, 151; Scholz FamRZ 1993, 125, 135

5. Abschnitt: Der Unterhaltsanspruch minderjähriger Kinder § 2

Quote M: 100 : (400 + 100) × 306 = 61,– €; M verbleiben 1050 – 61 = 989,– €
Auch hier verschiebt sich die Quote überproportional zu Lasten der M.
Hier vorgeschlagene Methode:
1. Schritt (§§ 1603 I, 1606 III S. 1 BGB):
Vergleichbares Einkommen V: 1350 – 1150 = **200,– €**
Vergleichbares Einkommen M: 1050 – 1150 = 0,– €
Mangelfall: V ist nicht hinreichend leistungsfähig, weil ihm für den Kindesunterhalt von 306,– € nur 200,– € zur Verfügung stehen. Demnach ist zunächst auf der Bedarfsebene anzupassen, weil der Elternteil nur dann seinen angemessenen Selbstbehalt angreifen muss, wenn der Mindestunterhalt des Kindes nicht gedeckt ist. Der Mindestunterhalt beträgt hier 426,– € (DT 1/3). 426 – 184 = 242,– €.
2. Schritt (§§ 1603 II, 1606 III S. 1 BGB):
Vergleichbares Einkommen V (unterhalb des angemessenen Selbstbehalts): 1150 – 950 = 200,– €
Vergleichbares Einkommen M (unterhalb des angemessenen Selbstbehalts): 1050 – 950 = 100,– €
Quote V: 200 : (200 + 100) × (242 – 200) = **28,– €**
Quote M: 100 : (200 + 100) × (306 – 200) = **14,– €**
Ergebnis: V schuldet demnach 200 + 28 = **228,– €**; M schuldet **14,– €**; V verbleiben 1350 – 228 = 1122,– €; M verbleiben 1050 – 14 = 1036,– €.
Kontrollberechnung: Ist hier entbehrlich, weil der Bedarf trotz beiderseitiger Elternhaftung nur der Gruppe 1 der Düsseldorfer Tabelle entnommen worden ist (Mindestunterhalt).

Beispiel 2: 429
Anrechenbares Einkommen des Vaters (V) 1750,– €, der Mutter (M) 1250,– €. Den Eltern ist das Sorgerecht für das gemeinsame 4-jährige Kind entzogen. Es wird auf Veranlassung des Vormundes von einer Tante betreut, die sich mit dem Tabellenunterhalt und einer Vergütung von 300,– € monatlich begnügt. Bei M lebt ein nichteheliches 17-jähriges Kind, für das sie von dessen Vater Barunterhalt erhält. Kein Ehegattenunterhalt.
Regelbedarf des 4-jährigen Kindes entsprechend dem zusammengerechneten Einkommen der Eltern von 3000,– € nach DT 5/1381,– €. Keine Höhergruppierung wegen unterdurchschnittlicher Unterhaltslast. Keine Kürzung des Einkommens der M wegen Betreuung des 17-jährigen Kindes (vgl. Rn. 425).
Mehrbedarf für Betreuung 300,– €. Das Kindergeld von 184,– € wird an die Tante ausgezahlt. Restbedarf des Kindes 381 + 300 – 184 = 497,– €.
Vergleichbares Einkommen des V: 1750 – 1150 (Sockelbetrag) = 600,– €.
Vergleichbares Einkommen der M = 1250 – 1150 = 100,– €.
Summe der vergleichbaren Einkommen: 700,– €.
V schuldet 497 × 600 : 700 = 426,– €.
M schuldet 497 × 100 : 700 = 71,– €.
Beide Eltern behalten mehr als ihren angemessenen Selbstbehalt von 1150,– €. Eine Kontrollberechnung auf Seiten des V führt zu keinem geringeren Unterhalt.

Beispiel 3: Anrechenbares Einkommen des Vaters (V) 3500,– €, der Mutter (M) 1100,– €. Das 430
gemeinsame 4-jährige Kind lebt bei einer Schwester des Vaters und wird von ihr betreut. M bezieht das Kindergeld von 184,– €. Kein Ehegattenunterhalt.
Regelbedarf des Kindes entsprechend dem zusammengerechneten Einkommen der Eltern von 4600,– € nach DT 9/1482,– €.
Mehrbedarf für Betreuung durch die Schwester 150,– €.
Da V über ein deutlich höheres Einkommen als M verfügt, die Einkünfte der M zudem ihren angemessenen Bedarf von 1150,– € nicht überschreiten (vgl. Rn. 397, 426), muss V den gesamten Kindesunterhalt von 632 – 184 Kindergeld (§ 1612 b I S. 1 Nr. 2 BGB) = 448,– € allein tragen. M schuldet keinen Barunterhalt. Das Kindergeld ist von M in voller Höhe an das Kind auszukehren (§ 1612 b I S. 1 BGB).[264]

Beispiel 4: Anrechenbares Einkommen des Vaters (V) 1850,– €, der Mutter (M) 1350,– €. M tilgt 431
berücksichtigungsfähige Schulden von 100,– €. Kein Ehegattenunterhalt.
Das 5-jährige Kind wird von der Großmutter in deren Haushalt versorgt. Beide Eltern kümmern sich in ihrer Freizeit in etwa gleichem Umfang um das Kind. Die Großmutter verlangt nur den Tabellenunterhalt und verzichtet im Interesse der Eltern auf ein Entgelt für die Betreuung. Das Kindergeld von 184,– € erhält M.
Regelbedarf des Kindes entsprechend dem zusammengerechneten Einkommen der Eltern (1850 + 1350 – 100 = 3100,– €) nach DT 5/1 (DT 6/1 beginnt erst bei 3001 €) 381 – 184 = 227,– €.
Vergleichbare und um den Sockelbetrag von 1150,– € gekürzte Einkommen des V: 1850 – 1150 = 700,– €; der M: 1350 – 100 – 1150 = 100,– €; insgesamt 800,– €.

---

[264] Vgl. Scholz FamRZ 2007, 2021, 2026

Haftungsanteil des V: 227 × 700 : 800 = 172,– €.
Haftungsanteil der M: 227 × 100 : 800 = 25,– €.
Beide Eltern behalten mehr als ihren angemessenen Selbstbehalt von 1150,– €. M hat zudem nach § 1612 b I S. 1 BGB das volle Kindergeld an das Kind auszukehren.

432 Der Sockelbetrag bei **nicht aus Erwerbstätigkeit stammendem Einkommen** beträgt bei der Haftung gemäß § 1603 I BGB (angemessener Selbstbehalt) 1150,– EUR, bei der Haftung gemäß § 1603 II (notwendiger Selbstbehalt) 770,– EUR.

Der **Haftungsanteil ist wertend zu verändern,** wenn bei grundsätzlicher Fremdbetreuung ein Elternteil **restliche Betreuungsaufgaben** erfüllt. Das Ausmaß dieser wertenden Veränderung des allein nach den finanziellen Verhältnissen ermittelten Haftungsanteils zugunsten des in dieser Weise zusätzlich belasteten Elternteils ist abhängig vom Umfang der tatsächlich erforderlichen und zu erbringenden Betreuungsleistungen.[265] Vgl. auch Rn. 397 ff., 436.

433 **c) Gemeinsame Betreuung des Kindes durch die Eltern.** Insbesondere bei beiderseitiger Berufstätigkeit teilen Eltern immer häufiger die tägliche Pflege und Erziehung des Kindes unter sich auf, ohne sich an die gesetzliche Vorgabe in § 1687 BGB zu halten, nach der nur ein Elternteil das Kind betreut und die Mitbestimmung des anderen nur Angelegenheiten von erheblicher Bedeutung betrifft. Dies kommt vor allem bei nicht verheirateten Lebensgefährten, aber auch bei Ehegatten vor, die nach Trennung oder Scheidung die elterliche Sorge weiterhin gemeinsam ausüben. Vgl. dazu Rn. 336, 447 ff. Die zeitweilige Betreuung des Kindes während der Ausübung des Umgangsrechts reicht allerdings nicht aus (Rn. 129, 220, 274). Derartige Betreuungsmodelle können zu beachtlichen Schwierigkeiten bei der Unterhaltsberechnung führen. Zu den Einzelheiten vgl. Rn. 449.

434 **d) Wesentlich günstigere Einkommensverhältnisse eines Elternteils.** Der betreuende Elternteil ist verpflichtet, auch den Barunterhalt ganz oder teilweise zu tragen, wenn der angemessene Bedarf des anderen Elternteils bei Erfüllung der Barunterhaltspflicht gefährdet würde (vgl. dazu Rn. 397, 416). Aber auch dann, wenn dies nicht der Fall ist, jedoch die wirtschaftlichen Verhältnisse des betreuenden Elternteils wesentlich günstiger sind als die des anderen, kann die alleinige Barunterhaltspflicht des anderen Elternteils zu einem erheblichen finanziellen Ungleichgewicht der beiderseitigen Belastungen führen.[266] In einem solchen Fall ist der betreuende Elternteil gehalten, sich am Barunterhalt zu beteiligen. Dies ist aber auf wenige Ausnahmefälle zu beschränken.[267] Die Leitlinien der Oberlandesgerichte setzen zumeist für eine Mithaftung voraus, dass das Einkommen des betreuenden Elternteils **bedeutend höher** ist als das Einkommen des barunterhaltspflichtigen. Nach den Leitlinien des OLG Frankfurt (FL 12. 3) kommt eine Mithaftung des betreuenden Elternteils bei etwa dreifach höherem Einkommen und günstigen Vermögensverhältnissen in Betracht. Das OLG Brandenburg gelangt zu einer alleinigen Haftung des betreuenden Elternteils, wenn sein Einkommen doppelt so hoch ist wie das das anderen – an sich barunterhaltspflichtigen – Elternteils.[268]

Beispiel:
V wohnt mit dem dreijährigen Kind zusammen mit seinen Eltern, die ihm die Betreuung des Kindes weitgehend abnehmen, in einem ihm gehörenden Haus, das im Wesentlichen schuldenfrei ist. Er verdient 3800,– €, M nur 1350,– €.
M kann den Unterhalt für K nach DT 2/1 (bei einmaliger Höhergruppierung, vgl. Rn. 345) von 333–92 = 241,– € zahlen, ohne dass ihr angemessener Bedarf gefährdet würde. Gleichwohl muss angesichts der wesentlich günstigeren Einkommens- und Vermögensverhältnisse V den Barunterhalt zusätzlich zur Betreuung übernehmen.

435 **e) Zusatzbedarf.** Fällt bei einem minderjährigen Kind Zusatzbedarf an, der nicht durch den Tabellenbetrag abgedeckt wird, so muss sich der betreuende Ehegatte grundsätzlich im Rahmen seiner Leistungsfähigkeit hieran beteiligen. Die Barunterhaltspflicht des anderen

---

[265] BGH FamRZ 1983, 689
[266] BGH FamRZ 1991, 182, 184 = R 430 a
[267] BGH FamRZ 2002, 742 = R 576 c
[268] – 10 UF 106/10, BeckRS 2011, 05562 Rn. 43 m. w. N.

5. Abschnitt: Der Unterhaltsanspruch minderjähriger Kinder § 2

Elternteils in Höhe des Tabellenbetrages bleibt grundsätzlich unberührt.[269] In Betracht kommt dies vor allem bei Mehrbedarf infolge Erkrankung oder infolge Besuchs eines Internats (Rn. 451 ff.). Häusliche Ersparnisse, z. B. durch Verpflegung in der Mensa des Internats, sind zu berücksichtigen. Gemeinsam zu tragender Zusatzbedarf kann auch Sonderbedarf oder ein Prozesskostenvorschuss sein. Die Eltern haften für den Zusatzbedarf gemäß § 1606 III S. 1 BGB nach ihren Erwerbs- und Vermögensverhältnissen.[270] Die Betreuung des Kindes befreit den betreuenden Elternteil auch nicht ohne Weiteres von seiner Erwerbsobliegenheit. Das Kind kann allerdings regelmäßig nicht darauf verwiesen werden, den Unterhalt auf Grund fiktiven Einkommens gegen den betreuenden Elternteil geltend zu machen; vgl. Rn. 440.

Beispiel:
V verdient 3000 €, M 1600 €. M betreut das gemeinsame Kind K (12 Jahre) und erhält das Kindergeld von 184 €. K ist lernbehindert und besucht im Einvernehmen beider Eltern eine Privatschule, die monatlich 300 € kostet. Keine häuslichen Ersparnisse durch den Privatschulbesuch.
Tabellenunterhalt nur nach dem Einkommen des V von 3000 € (DT 7/3 bei einmaliger Höhergruppierung; vgl. Rn. 345) = 546,- €. 546 - 92 = 454,- €.
F muss sich am Mehrbedarf beteiligen. Bei der Berechnung der Haftungsanteile der Eltern für den Mehrbedarf sind der Tabellenunterhalt (abzüglich hälftiges Kindergeld) für K und der angemessene Selbstbehalt von 1150,- € (Rn. 426) vorweg abzuziehen
Vergleichbare Nettoeinkommen:

V: 3000 - 454	- 1150 =	1396,- €	
M: 1600	- 1150 =	450,- €	
Gesamteinkommen		1846,- €	

V zahlt: 300 × 1396 : 1846 = 227,- €
M zahlt: 300 × 450 : 1846 = 73,- €
V zahlt also 454 + 227 = 681,- €.
M muss die restlichen Schulkosten von 73,- € aufbringen.

f) Veränderung des Verteilungsschlüssels. Insbesondere bei behinderten Kindern ist **436** es häufig nicht angemessen, den betreuenden Elternteil an den dadurch entstehenden Kosten allein nach dem Maßstab der beiderseitigen Einkommens- und Vermögensverhältnisse zu beteiligen. Vielmehr muss seiner Zusatzbelastung durch die häufig anstrengende Betreuung und eine (Teil-) Barunterhaltpflicht dadurch Rechnung getragen werden, dass der Verteilungsschlüssel **wertend** verändert wird.[271] Es muss vermieden werden, dass der Elternteil, der das Kind ganz oder teilweise betreut und daher mehr leisten muss als der andere, durch die zusätzliche Heranziehung zum Barunterhalt im Verhältnis zum anderen ungerecht belastet wird. Durch eine entsprechende Veränderung der Haftungsquoten soll die erhöhte Belastung aufgefangen und dem zusätzlich belasteten Elternteil als Ausgleich dafür im Vergleich zum anderen ein größerer Spielraum zur Befriedigung persönlicher Bedürfnisse belassen werden.[272] Das Ausmaß richtet sich danach, in welchem Umfang der sorgeberechtigte Elternteil erhöhte oder verminderte Betreuungsleistungen zu erbringen hat und worin diese im Einzelnen bestehen.[273]

Beispiel: **437**
Nettoeinkommen des Vaters (V) 2600,- €, der betreuenden Mutter (M): 2800,- €.
Das gemeinsame Kind K 1 (10 Jahre) ist lernbehindert und schwer erziehbar und besucht deshalb eine private Ganztagsschule; Mehrkosten 350,- €; häusliche Ersparnis 50,- €; M erhält das Kindergeld von 184,- €.
V ist einem weiteren Kind (4 Jahre) aus einer nichtehelichen Lebensgemeinschaft unterhaltspflichtig.
Regelbedarf K 2 nach DT 4/1: 365 - 92 = 273,- €
Regelbedarf K 1 nach DT 4/2: 419 - 92 = 327,- €; Mehrbedarf: 350 (Mehrkosten) - 50 (Ersparnis) = 300,- €; Gesamtbedarf: 627,- €.

---

[269] BGH FamRZ 1998, 286 = R 518 a; 1983, 689
[270] BGH FamRZ 2009, 962 Rn. 32 (Kindergartenkosten)
[271] BGH FamRZ 1985, 917
[272] BGH FamRZ 1983, 689
[273] BGH FamRZ 1983, 689

Ermittlung der Haftungsanteile für den Mehrbedarf:
Das Einkommen des V ist um den Barunterhalt für beide Kinder zu kürzen (Rn. 425).
Vergleichbares Nettoeinkommen des V: 2600 − 327 (K 1) − 273 (K 2) − 1150 (Sockelbetrag) = 850,− €.
Vergleichbares Nettoeinkommen der M: 2800 − 1150 (Sockelbetrag) = 1650,− €.
Summe der vergleichbaren Beträge: 2500,− €.
Anteil des V: 300 × 850 : 2500 = 102,− €.
Anteil der M: 300 × 1650 : 2500 = 198,− €.
Da M das Kind nach der Schule, an den Wochenenden und in den Ferien weitgehend zu betreuen hat und sie im Verhältnis zu V allenfalls zu einer Halbtagstätigkeit verpflichtet ist, müssen die Haftungsanteile der Eltern für den Mehrbedarf wertend verändert werden. Es ist angemessen, dass M hiervon $^{1}/_{3}$, also 100,− €, V dagegen $^{2}/_{3}$, also 200,− €, aufbringt.

438 **g) Betreuungskosten.** Bislang war umstritten, ob Betreuungskosten Mehrbedarf des Kindes oder berufsbedingte Aufwendungen des betreuenden Elternteils sind. Der BGH hat zunächst für den Fall der Ganztagsbetreuung in einer Kindertagesstätte entschieden, dass die Kosten als Mehrbedarf des Kindes anzusehen sind.[274] In einer weiteren Entscheidung[275] hat er sodann sämtliche Kindergartenkosten als (Mehr-)Bedarf des Kindes angesehen.

Beispiel:
Anrechenbares Einkommen des Vaters (V) 2250,− €, der Mutter (M) 1650,− €. Kein Ehegattenunterhalt (z. B. wegen Verwirkung nach § 1579 Nr. 7 BGB).
Das 5-jährige Kind lebt bei der erwerbstätigen M. Es besucht die Kindertagesstätte. Hierfür sind ein Beitrag von 100,− € sowie Essensgeld von 70,− € zu entrichten.
Regelbedarf des K nach dem Einkommen des V: DT 4/1 (Höherstufung um 1 Gruppe): 365 − 92 = 273,− €.
Vergleichbares Einkommen V: 2250 − 273 − 1150 = 827,− €
Vergleichbares Einkommen M: 1650 − 1150 = 500,− €
Mehrbedarf: 100,− € Kindergartenbeitrag. Das Essensgeld wird durch den Regelbedarf abgedeckt.[276]
Anteil V: 827 : (827 + 500) : 100 = 62,− €
Anteil M: 500 : (827 + 500) : 100 = 38,− €.

439 **h) Keine Gesamtschuld.** Die Eltern haften dem Kind für ihren jeweiligen Unterhaltsanteil nicht als Gesamtschuldner, sondern als Teilschuldner.[277] Vgl. auch Rn. 564. Dies gilt auch bei gesetzlichem Forderungsübergang, z. B. nach §§ 33 SGB II, 94 SGB XII.

4. Unterhalt bei Geschwistertrennung

440 **a) Keine Verrechnung des Kindesunterhalts.** Bei Geschwistertrennung erfüllt jeder Elternteil, der mindestens eines von mehreren gemeinsamen minderjährigen Kindern betreut, nur gegenüber dem bei ihm befindlichen Kind seine Unterhaltspflicht durch Pflege und Erziehung (§ 1606 III 2 BGB). Dem anderen Kind ist er grundsätzlich zum Barunterhalt verpflichtet. Jedes Kind hat daher gegen den Elternteil, bei dem es nicht lebt, Anspruch auf Barunterhalt, dessen Höhe sich nach dem anrechenbaren Nettoeinkommen dieses Elternteils richtet. Sind die Einkünfte bei beiden Eltern annähernd gleich hoch, empfiehlt sich eine einvernehmliche Vereinbarung, dass jeder Elternteil in vollem Umfang für den Unterhalt (Bar- und Betreuungsbedarf) des bei ihm lebenden Kindes aufkommt, für das andere Kind dagegen keinen Barunterhalt zu leisten hat. Dies geschieht rechtlich in zulässiger Weise durch eine wechselseitige **Freistellungsvereinbarung** der Eltern, die allerdings nur sie selbst bindet.[278] Der Unterhaltsanspruch der Kinder bleibt unberührt, da die Eltern nicht in deren Namen mit Wirkung für die Zukunft auf Unterhalt verzichten können (§ 1614 I BGB).

---

[274] BGH FamRZ 2008, 1152 = R 691
[275] FamRZ 2011, 962
[276] BGH FamRZ 2011, 962
[277] BGH FamRZ 1986, 153
[278] OLG Zweibrücken FamRZ 1997, 178; vgl BGH FamRZ 2009, 768

b) Einkünfte der Eltern. Verfügen beide Eltern über Einkommen, insbesondere aus voll- oder halbschichtiger Erwerbstätigkeit, bemisst sich die Barunterhaltspflicht des Elternteils gegenüber dem von ihm nicht betreuten Kind nach den bisher dargestellten Grundsätzen (vgl. Rn. 410 ff.). Maßgebend ist daher zunächst das anrechenbare Nettoeinkommen des jeweils barunterhaltspflichtigen Elternteils (vgl. allerdings Rn. 206). 441

Mehrkosten, die dem Verpflichteten dadurch entstehen, dass er trotz des bei ihm befindlichen betreuungsbedürftigen Kindes einer Erwerbstätigkeit nachgeht (Kosten für den Besuch eines Horts, einer Ganztagsschule oder eines Kindergartens), dürften nach der Rechtsprechung des **BGH** nun weitgehend als Mehrbedarf des Kindes anzusehen sein und nicht – wie bisher wohl überwiegend vertreten – als berufsbedingte Aufwendungen des betreuenden Elternteils. Der BGH hat dies indessen mit der Zweckrichtung der Unterbringung des Kindes begründet und darauf abgestellt, dass der Kindergartenbesuch in erster Linie **erzieherischen Zwecken** dient. Ob etwa für Kosten einer Tagesmutter etwas anderes gilt, ist offen. Wem die Kosten zuzurechnen sind, hat Auswirkungen darauf, ob sie auch dann vom nicht betreuenden Elternteil mit zu tragen sind, wenn er dem anderen Elternteil keinen Unterhalt schuldet. 442

Das Einkommen des barunterhaltspflichtigen Elternteils wird nur in seltenen Ausnahmefällen aus **unzumutbarer Erwerbstätigkeit** stammen. Bei Geschwistertrennung besteht eine ähnliche Situation wie bei der Hausmannrechtsprechung (Rn. 275 ff.). Der Elternteil, der nur eines von zwei Kindern betreut, erfüllt nur diesem gegenüber seine Unterhaltspflicht durch Pflege und Erziehung (§ 1606 III 2 BGB). Dem anderen Kind ist er barunterhaltspflichtig. Er darf sich also nicht auf die Betreuung des bei ihm lebenden Kindes beschränken, sondern muss mindestens durch eine Nebentätigkeit zum Unterhalt des anderen beitragen.[279] Vgl. auch Rn. 446. 443

Schließlich kann dem barunterhaltspflichtigen Elternteil wegen Betreuung des bei ihm lebenden Kindes ggf. ein **Betreuungsbonus** gewährt werden, wenn die Betreuung zwar ohne konkret erfassbare Mehrkosten, aber doch nur unter tatsächlichen Schwierigkeiten möglich ist.[280] Vgl. dazu Rn. 401. 444

Es ist stets darauf zu achten, dass bei den Eltern **mit gleichem Maß** gemessen wird. Es geht nicht ohne weiteres an, die Erwerbstätigkeit der Mutter, die ein 6-jähriges Kind betreut, für unzumutbar zu halten, beim Vater, in dessen Haushalt der 5-jährige Bruder lebt, dagegen das Einkommen voll anzurechnen. Dies kann allenfalls bei gesteigerter Unterhaltspflicht nach § 1603 II 1 BGB in Betracht kommen, wenn die Betreuungsmöglichkeiten, die dem Vater zur Verfügung stehen, wesentlich günstiger sind, z. B. weil er das bei ihm lebende Kind in die Obhut der Großmutter geben kann. Auch hier wird aber vielfach ein Betreuungsbonus zu gewähren sein. 445

Bei der Berechnung des Ehegattenunterhalts ist der Kindesunterhalt vorweg vom Einkommen des Verpflichteten, aber – bei gemeinsamen Kindern – auch von den Einkünften des Berechtigten abzuziehen.[281]

c) Erwerbsobliegenheit. Wenn die Eltern nichts Gegenteiliges vereinbaren, kann ein Elternteil sich dem Unterhaltsanspruch des bei ihm nicht lebenden Kindes grundsätzlich nicht mit der Begründung entziehen, er betreue dessen Bruder oder Schwester (vgl. Rn. 440, 443). Er ist verpflichtet, das Existenzminimum des vom anderen Elternteil betreuten Kindes sicherzustellen (vgl. Rn. 222, 224), wenn er dazu nach seinen beruflichen Fähigkeiten ohne Gefährdung seines notwendigen Selbstbehalts in der Lage ist. Er ist daher in der Regel verpflichtet, einer Erwerbstätigkeit nachzugehen und dafür zu sorgen, dass das bei ihm lebende Kind teilweise von Dritten betreut wird. Die insbesondere beim Ehegattenunterhalt (§ 1570 BGB) und dem Unterhalt nach § 1615 l BGB geltende Regel, dass ein Kleinkind der ständigen Betreuung durch einen Elternteil bedarf, kann nicht ohne weiteres herangezogen werden, da jeder der Eltern für den Unterhalt jedes seiner Kinder zu sorgen hat; vgl. dazu Rn. 275 ff. Die Mutter kann sich daher grundsätzlich nicht darauf 446

---

[279] Vgl. dazu OLG Hamm FamRZ 2003, 179
[280] BGH FamRZ 1991, 182, 184 = R 430
[281] BGH FamRZ 1992, 1163 = R 437 a; bedenklich KG NJW-RR 1996, 1287, das den Kindesunterhalt beim unterhaltsberechtigten Ehegatten nur zu $3/7$ abzieht

berufen, sie könne nur einer teilschichtigen Arbeit nachgehen, weil sie eine 6-jährige (Halb-)Schwester des unterhaltsberechtigten Kindes betreuen müsse. Eine **Erwerbspflicht** eines Elternteils wird nur unter besonderen Umständen verneint werden können, z. B. wenn er ein Kleinkind zu betreuen hat und eine Fremdbetreuung auch bei Anlegung eines strengen Maßstabs nicht möglich ist,[282] während die Betreuungsmöglichkeiten beim anderen Elternteil deutlich günstiger sind, z. B. weil das bei ihm lebende Kind wesentlich älter und schon weitgehend selbstständig ist. Vgl. auch Rn. 269. Im Übrigen kann eine Barunterhaltspflicht eines Elternteils entfallen, wenn sein eigener angemessener Bedarf bei Leistung von Barunterhalt gefährdet wäre, während die Einkommens- und Vermögensverhältnisse des anderen deutlich günstiger sind (vgl. dazu näher Rn. 397 ff., 416).

5. Kindesunterhalt bei gemeinsamer elterlicher Sorge und Wechselmodell

447 Die Regelung der elterlichen Sorge ist für die Frage, welcher Elternteil Barunterhalt zu leisten hat, unerheblich. Es kommt auch nicht darauf an, ob die Eltern verheiratet oder geschieden sind, ob sie zeitweilig oder ob sie nie zusammengelebt haben. Entscheidend ist allein, ob und in welchem Umfang ein Elternteil das Kind pflegt und erzieht und dadurch seine Unterhaltspflicht erfüllt (§ 1606 III 2 BGB; vgl. Rn. 11 ff.). Dies gilt auch bei allen Formen der gemeinsamen elterlichen Sorge, gleichgültig, ob sie nach Trennung und Scheidung verheirateter Eltern fortbesteht oder ob sie bei nicht verheirateten Eltern auf einer Sorgeerklärung nach § 1626 a BGB beruht. Ist das Kind in den Haushalt eines Elternteils eingegliedert und beschränkt sich der andere nur auf eine gelegentliche Betreuung, die der Ausübung eines Umgangsrechts nahekommt, so haftet dieser allein auf Barunterhalt. Die Höhe des Unterhalts ergibt sich wie üblich aus der Düsseldorfer Tabelle. Wechseln die Eltern in der Betreuung ab, ist der Unterhalt unter Berücksichtigung der beiderseitigen Betreuungsleistungen zu berechnen.[283] Vgl. dazu Rn. 418, 449 b.

448 Steht die elterliche Sorge den Eltern gemeinsam zu, so kann der Elternteil, in dessen **Obhut** sich das Kind befindet, Unterhaltsansprüche des minderjährigen Kindes gegen den anderen Elternteil geltend machen (§ 1629 II 2 BGB in der seit 1. 7. 1998 geltenden Fassung). Bei verheirateten Eltern, die getrennt leben oder zwischen denen eine Ehesache anhängig ist, kann der nach § 1629 II 2 BGB vertretungsberechtigte Ehegatte die Unterhaltsansprüche des Kindes nur als Prozessstandschafter im eigenen Namen geltend machen (§ 1629 III 1 BGB). Der Unterhaltsschuldner kann an den anderen Elternteil gezahlten Kindesunterhalt nicht sogleich auf Grund anderer Forderungen gegen diesen wieder pfänden.[284]

Die durch die Obhut begründete gesetzliche Vertretung zur Geltendmachung von Unterhaltsansprüchen gilt für alle Fälle der gemeinsamen Sorge, also auch, wenn sie auf Sorgeerklärungen nach § 1626 a BGB beruht. Der Elternteil, bei dem das Kind lebt, kann nach § 1713 I 2 BGB auch bei gemeinsamer Sorge die Anordnung einer Beistandschaft beantragen und dem Jugendamt die Geltendmachung des Unterhalts überlassen. Betreuen beide Eltern das Kind trotz ihrer Trennung weiter, so kommt es darauf an, bei wem der **Schwerpunkt der Pflege und Erziehung** des Kindes liegt.[285] Es muss genügen, dass der Anteil eines Elternteils an Betreuung und Versorgung den Anteil des anderen geringfügig übersteigt. Nach dem BGH entfällt die Obhut des einzelnen Elternteils erst beim (strikten) **Wechselmodell,** wenn das Kind in etwa gleichlangen Phasen beim einen und dem anderen Elternteil lebt.[286] Entscheidend ist, für welche Zeiten ein Elternteil für das Kind die Verantwortung hat, auch wenn er die Betreuung teilweise durch Dritte sicherstellt[287] (vgl. Rn. 411). Der gegenteiligen Auffassung, die ein eindeutiges Übergewicht der Betreuung

---

[282] Vgl. OLG Düsseldorf FamRZ 1996, 167
[283] OLG Düsseldorf NJW 2001, 3344; A I 3.1 der Empfehlungen des 10. Deutschen Familiengerichtstages, FamRZ 1994, 358
[284] BGH FamRZ 2006, 860
[285] BGH FamRZ 2006, 1015 mit Anm. Luthin
[286] BGH FamRZ 2006, 1015, 1016; FamRZ 2007, 707 jew. mit Anm. Luthin
[287] OLG Düsseldorf NJW 2001, 3344

bei einem Elternteil verlangt,[288] ist der BGH jedenfalls für die Frage der Befugnis zur Geltendmachung des Unterhalts zu Recht nicht gefolgt. Sie ist wenig praktikabel, weil sie in zahlreichen Fällen noch zur Bestellung eines Ergänzungspflegers zwingt. Nach dem BGH liegt noch **kein Wechselmodell** vor, wenn das Kind etwa zu $1/3$ vom Barunterhaltspflichtigen betreut wird[289] und auch dann nicht, wenn es regelmäßig fünf von vierzehn Tagen sowie die Hälfte der Schulferien vom Barunterhaltspflichtigen betreut wird.[290]

Praktizieren die Eltern dagegen ein **Wechselmodell** im oben beschriebenen strengen Sinne (etwa hälftige Teilung der Betreuung), besteht weder alleinige Vertretungsmacht noch Prozessstandschaft. Dann muss entweder für die Bestellung eines Ergänzungspflegers gesorgt oder aber nach § 1628 BGB die Entscheidungsbefugnis in der Unterhaltsfrage einem Elternteil übertragen werden.[291] Zur Berechnung des Unterhalts s. Rn. 450.

Jedenfalls seit Einführung der gemeinsamen elterlichen Sorge ist festzustellen, dass sich **449** viele Kinder öfter und länger beim umgangsberechtigten Elternteil aufhalten und dass sich der Umgang teilweise einer Mitbetreuung annähert. Gleichwohl muss es im Grundsatz dabei bleiben, dass die Ausübung auch eines großzügigen Umgangsrechts nicht zur Kürzung des Barunterhalts berechtigt. Vgl. Rn. 271. Die Beköstigung des Kindes während des Umgangs führt meist nicht zu nennenswerten Ersparnissen beim betreuenden Elternteil. Daher wird der Unterhaltsbedarf des Kindes dadurch nicht teilweise gedeckt.[292] Der BGH hat daran anknüpfend eine teilweise Bedarfsdeckung selbst dann abgelehnt, wenn das Kind regelmäßig fünf von vierzehn Tage und die Hälfte der Schulferien beim Barunterhaltspflichtigen verbringt.[293]

Dieser recht weitgehenden Tendenz, die nicht selten zu einer deutlichen Mehrbelastung eines Elternteils führt, kann dadurch begegnet werden, dass der Barunterhaltspflichtige bei Betreuungszeiten, die deutlich über die üblichen Umgangskontakte hinausgehen, seine **konkreten Mehraufwendungen** darlegt.[294] Ob und inwiefern den Aufwendungen konkrete **Ersparnisse** des (hauptsächlich) betreuenden Elternteils gegenüberstehen, kann dann nach **§ 287 ZPO** geschätzt werden.

Der erweiterte Umgang stellt in der Regel auch nicht in Frage, dass der andere Elternteil im Sinne des § 1606 III 2 BGB durch Pflege und Erziehung seine Unterhaltspflicht erfüllt, da er die Hauptverantwortung für das Kind trägt und in erster Linie dessen Ansprechpartner ist.[295] Zudem erlauben ihm die Zeiten, über die er durch den Aufenthalt des Kindes beim anderen Elternteil verfügt, in der Regel die Ausübung oder Erweiterung einer Erwerbstätigkeit nicht, weil der Umgang schwerpunktmäßig am Wochenende stattfindet.

Anders kann es sein, wenn die Eltern sich in der Betreuung abwechseln, so dass auf jeden von ihnen etwa die Hälfte der Pflege und Versorgung entfällt.[296] Dann kann eine anteilige Barunterhaltspflicht in Betracht kommen. Vgl. dazu Rn. 433, 450. Es wird im Einzelfall zu prüfen sein, ob die Richtsätze der Düsseldorfer Tabelle für den Bedarf ausreichen oder ob der **Tabellenunterhalt** wegen der **Mehrkosten** angemessen erhöht werden muss, die durch die Aufteilung der Betreuung entstehen, z. B. dadurch, dass in der Wohnung jedes Elternteils ein Kinderzimmer, Kleidung, Spielzeug, Schulbedarf usw. vorhanden sein müssen. Auch kann ein Wechselmodell zu häufigen **Fahrten zwischen den beiden Wohnungen** führen.[297] Vgl. dazu Rn. 336.

---

[288] KG FamRZ 2003, 53, das bei Mitbetreuung zu $1/3$ eine Prozessstandschaft verneint
[289] BGH FamRZ 2006, 1015
[290] BGH FamRZ 2007, 707 = R 672
[291] BGH FamRZ 2006, 1015, 1016 mit Anm. Luthin
[292] BGH FamRZ 2006, 1015, 1017
[293] BGH FamRZ 2007, 707 = R 672; wohl zu Recht krit. insoweit Luthin FamRZ 2007, 710: Nach der Lebenserfahrung treffen den Vater in diesem Fall erhebliche Aufwendungen und liegen beträchtliche Ersparnisse der Mutter vor
[294] BGH FamRZ 2006, 1015, 1017 a. E.
[295] BGH FamRZ 2006, 1015, 1017
[296] BGH FamRZ 2006, 1015, 1017
[297] BGH FamRZ 2006, 1015, 1017; KG FamRZ 2010, 1447 juris Rn. 54 f. (insoweit nicht in FamRZ abgedruckt); OLG Düsseldorf NJW 2001, 3344; OLG-Report 1999, 313

In einem solchen Fall sind die Eltern in der Regel beide zu einer Erwerbstätigkeit verpflichtet. Sie haben sich den Unterhalt entsprechend ihren Einkommens- und Vermögensverhältnissen ggf unter wertender Veränderung des Verteilungsschlüssels (dazu Rn. 427, 436, 458) zu teilen. Beide Eltern werden einen Teil des Unterhalts in Natur decken, so dass Barunterhalt nur in Form einer den Tabellenunterhalt nicht erreichenden Ausgleichszahlung zu entrichten sein wird.[298]

450 Beispiel:
V und M praktizieren für ihren fünfjährigen Sohn Florian ein strenges Wechselmodell mit gleichen Betreuungsanteilen auch während der Kindergartenferien.[299] Es entstehen Mehrkosten für die Wohnung (70,– EUR) und Fahrtkosten (50,– EUR), die der V trägt. Florian leidet an einer Allergie. Die homöopathische Behandlung verursacht einen nicht durch die Krankenversicherung abgedeckten Mehraufwand von mtl. 130,– EUR. Die Kosten trägt der V. Für die Bekleidung des Kindes, die von M besorgt wird, fallen mtl. durchschnittlich 70,– EUR an. Ferner fallen 285,– EUR Kindergartenkosten (einschließlich Essensgeld 70,– EUR) an. Diese trägt die M, die auch das Kindergeld bezieht.
V hat ein monatliches Nettoeinkommen von 2500,– €, M ein solches von 2000,– €.
Berechnung:
1. **Regelbedarf** nach DT 9/1 auf Grund 4500,– € (Einkommen von M und F): 482,– €. Darin sind die Kosten für Bekleidung und Essensgeld enthalten.
Restlicher Regelbedarf: 482 – 184 (volles Kindergeld nach § 1612 b I S. 1 Nr. 2 BGB) = 298,– €.
2. **Mehrbedarf:**
a) Zusatzkosten des Wechselmodells: 70 (Wohnkosten) + 50 (Fahrtkosten) = 120,– €[300]
b) Krankheitskosten: 130,– €
c) Kindergartenkosten: 285 – 70 Essensgeld (Regelbedarf) = 215,– €
Summe Mehrbedarf: 120 + 130 + 215 = 465,– €
Gesamtbedarf des Kindes: 298 + 465 = 763,– €.
3. **Aufteilung** (§ 1606 III S. 1 BGB):
Vergleichbares Einkommen V (Rn. 295 ff.): 2500 – 1150 = 1350,– €
Vergleichbares Einkommen M: 2000 – 1150 = 850,– €
Anteil V am Gesamtbedarf: 1350: (1350 + 850) × 763 = 468,– €
Anteil M am Gesamtbedarf: 850: (1350 + 850) × 763 = 295,– €
Eine wertende Veränderung des Verteilungsschlüssels ist wegen der gleichen Betreuungsanteile nicht erforderlich.
4. **Anrechnung erbrachter Leistungen/Kindergeld:**
V: 468 – 130 (Krankheitskosten) – 120 = 218,– €
M: 295 – 70 (Kleidung) – 285 (Kindergarten einschließlich Essensgeld) + 92 (Kindergeld nach § 1612 b I S. 1) = 32,– €
5. **Ausgleichszahlung:** 218 – 32 = 186,– €; 186 : 2 = 93,– €, die der V an M zu zahlen hat.[301]

Die Kindergeldanrechnung erklärt sich aus § 1612 b I S. 1 BGB. Dem Kind steht zur Verwendung durch V und M jeweils die Hälfte des Kindergelds zu, weil beide Eltern sich die Betreuung und den Barunterhalt teilen.

VII. Mehrbedarf minderjähriger Kinder

1. Berechtigung des Mehrbedarfs

451 Mehrbedarf ist derjenige Teil des Lebensbedarfs, der regelmäßig, jedenfalls während eines längeren Zeitraums anfällt und das Übliche derart übersteigt, dass er mit Regelsätzen nicht erfasst werden kann, aber kalkulierbar ist und deshalb bei der Bemessung des laufenden Unterhalts durch Anhebung des Tabellensatzes berücksichtigt werden kann. Vgl. dazu im Einzelnen Rn. 232 ff.

---

[298] BGH FamRZ 2006, 1015, 1017; OLG Düsseldorf NJW 2001, 3344; zur Beteiligung des betreuenden Elternteils am Barunterhalt eingehend Scholz FamRZ 2006, 1728
[299] Fall angelehnt an das Beispiel von Hammer FamRB 2006, 275, 281 f.
[300] Bei höheren Einkommen kann allerdings der Mehrbedarf in dem auf Grund zusammengerechneten Einkommens ermittelten Elementarbedarf (teilweise) enthalten sein
[301] Zum Muster einer möglichen Vereinbarung vgl. Hammer, FamRB 2006, 275, 281 f.

5. Abschnitt: Der Unterhaltsanspruch minderjähriger Kinder § 2

Bei minderjährigen Kindern entsteht Mehrbedarf z. B. **als krankheitsbedingter Mehrbedarf** für ein behindertes Kind oder als **schulischer Mehrbedarf** für Sonderunterricht, Besuch einer **Privatschule,** Ganztagsschule oder eines **Internats.** Auch die Kosten des **Kindergartens** stellen Mehrbedarf des Kindes dar.[302] Auch die Notwendigkeit, ein außergewöhnliches künstlerisches Talent zu fördern, kann Mehrbedarf begründen. Die Pflege musischer Interessen im Rahmen einer angemessenen Erziehung ist dagegen aus dem Tabellenunterhalt zu bestreiten.[303] Ein solcher Mehrbedarf ist in Abgrenzung zum Sonderbedarf nur dann zu bejahen, wenn es sich um voraussehbare, regelmäßig anfallende laufende Mehrkosten handelt. Ob die Kosten für Nachhilfeunterricht Mehrbedarf oder Sonderbedarf darstellen, richtet sich nach der Regelmäßigkeit und der Voraussehbarkeit.[304]

Mehrbedarf kann auch dann entstehen, wenn ein Kind in einem Heim oder bei Pflegeeltern untergebracht werden muss, weil die Eltern das Kind verschuldet oder unverschuldet nicht versorgen können und ihnen daher das Sorgerecht ganz oder teilweise nach § 1666 BGB entzogen worden ist. Bei Anordnung einer Vormundschaft oder Pflegschaft kann auch die **Vergütung des Vormundes** oder Pflegers Mehrbedarf oder Sonderbedarf des Kindes sein. Vgl. dazu §§ 1836 c Nr. 1, 1836 d Nr. 2 BGB. Mehrbedarf kommt insbesondere bei einer länger dauernden Vormundschaft in Betracht, wenn dem Vormund eine laufende und der Höhe nach abschätzbare Vergütung zu gewähren ist.[305] Die Vergütung wird in der Regel von der Staatskasse übernommen. In ihrer Höhe geht der Unterhaltsanspruch des Kindes auf die Staatskasse über (§ 1836 e I BGB). Vgl. auch Rn. 534.

Ist der Besuch eines Horts, einer Ganztagsschule oder eines Internats nicht im Interesse des Kindes geboten, sondern – im Ausnahmefall – ausschließlich deshalb erforderlich, damit der **betreuende Elternteil einer Erwerbstätigkeit** nachgehen kann, liegt kein Mehrbedarf des Kindes vor. In einem solchen Fall mindern die durch die Fremdbetreuung entstehenden Kosten das Einkommen des Elternteils. Vgl. dazu Rn. 438, 458. Zu Kindergartenkosten vgl. Rn. 400.

Zunächst ist zu klären, ob der Mehrbedarf des Kindes als **berechtigt** anerkannt werden kann und daher vom Verpflichteten (mit-)zutragen ist. **452**

Die Berechtigung **krankheitsbedingten Mehrbedarfs** wird in der Regel nicht angezweifelt, da die Notwendigkeit zusätzlicher Pflege und Versorgung eines behinderten Kindes meist offen zutage liegt. Ähnliches gilt bei Unterbringung eines schwer erziehbaren Kindes in einem Heim oder einer Pflegefamilie (Rn. 465). Zum Umfang des Mehrbedarfs vgl. Rn. 463 ff. Kommt es zu einem Streit zwischen den Eltern über die Berechtigung des Mehraufwands, sind die unter Rn. 454 ff. dargestellten Grundsätze anzuwenden. **453**

Dagegen ist die Berechtigung **schulischen Mehrbedarfs** häufig ein Streitpunkt der Eltern. Zu unterscheiden ist zwischen gemeinsamem und alleinigem Sorgerecht. **454**

Bei gemeinsamem Sorgerecht gehört die Frage, ob ein Kind eine andere Schule besuchen soll, zu den Angelegenheiten, die für das Kind von erheblicher Bedeutung sind und die daher von beiden Eltern in gegenseitigem Einvernehmen entschieden werden müssen (§ 1687 I 1 BGB). Dies gilt besonders für den oft mit erheblichen Kosten verbundenen Wechsel zu einer Privatschule oder für die Unterbringung des Kindes in einem Internat, in der Regel aber nicht für Sonder- oder Nachhilfeunterricht.[306] Können sich die Eltern in einer wichtigen Frage nicht einigen, kann das Familiengericht auf Antrag die Entscheidung einem Elternteil übertragen (§ 1628 BGB). Trifft dieser die Entscheidung, gelten die Ausführungen in Rn. 456. Einigen sich die Eltern über einen Schulwechsel, müssen sie beide die dadurch verursachten Mehrkosten unterhaltsrechtlich gegen sich gelten lassen. Vgl. dazu Rn. 457, 460 ff. **455**

Bei alleinigem Sorgerecht ist der sorgeberechtigte Elternteil nach § 1631 I BGB berechtigt, die Ziele und Wege einer Ausbildung unter Berücksichtigung der Eignung und **456**

---

[302] BGH FamRZ 2009, 962
[303] Vgl. BGH FamRZ 2001, 1603
[304] Vgl. OLG Düsseldorf OLGR 2005, 534
[305] Vgl. Oelkers/Kraeft FamRZ 2002, 790, 793. Zur Abgrenzung Mehrbedarf – Sonderbedarf vgl. OLG Nürnberg FamRZ 1999, 1684
[306] Vgl. OLG Düsseldorf OLGR 2005, 534

Neigung des Kindes **verantwortlich** festzulegen. Dasselbe gilt, wenn bei gemeinsamer Sorge ein Elternteil den kostenträchtigen Schulwechsel veranlasst hat, nachdem ihm die Entscheidung vom Familiengericht übertragen worden ist (§ 1628 BGB). Der barunterhaltspflichtige Elternteil muss solche Entscheidungen hinnehmen, auch wenn sie sich kostensteigernd für ihn auswirken und sie ihm nicht sinnvoll erscheinen. Fehlentscheidungen sind ggf. durch das Familiengericht nach § 1666 BGB zu korrigieren.[307] Deshalb können im Unterhaltsrechtsstreit Maßnahmen des Sorgerechtsinhabers grundsätzlich nicht auf ihre Rechtmäßigkeit oder Zweckmäßigkeit überprüft werden. Das gilt auch bei der Wahl einer Mehrkosten verursachenden Privatschule.[308]

Trotz der generellen Bindung an eine Entscheidung des Sorgeberechtigten kann das Kind **Mehrbedarf nicht unbeschränkt** geltend machen. Dies gilt vor allem dann, wenn die entstehenden Mehrkosten erheblich sind. Die kostenverursachende Maßnahme muss sachlich begründet und wirtschaftlich zumutbar sein. Es müssen – ähnlich wie bei einem Auslandsstudium (vgl. dazu Rn. 81) – **wichtige Gründe** vorliegen, die es rechtfertigen, die durch die Wahl einer Privatschule verursachten Mehrkosten zu Lasten des Unterhaltspflichtigen als angemessene Bildungskosten anzuerkennen. Bei dieser Prüfung müssen insbesondere die Einkommens- und Vermögensverhältnisse der Eltern berücksichtigt werden. Zu prüfen ist ferner, ob andere Möglichkeiten der schulischen Förderung des Kindes bestehen, die bei geringeren Kosten zu einem vergleichbaren Erfolg führen würden.[309]

457 Mehrbedarf ist stets anzuerkennen, wenn der **barunterhaltspflichtige Elternteil** mit der Maßnahme des Sorgeberechtigten **einverstanden** war. Ist der Mehrbedarf **berechtigt**, muss sich unter Umständen der betreuende Elternteil **an seiner Finanzierung beteiligen**,[310] ggf. auch – bei höheren Tabellengruppen – auch das Kind.[311] Vgl. unten Rn. 460ff.

Ergibt die Prüfung, dass die Mehrkosten **nicht berechtigt** sind, verbleibt es beim **Tabellenunterhalt**. Die Mehrkosten muss dann der Elternteil tragen, der sie veranlasst hat.

458 Die **Internatsunterbringung** kann durch Gründe, die in der Person des Kindes liegen, wie z. B. durch Lern- und Erziehungsschwierigkeiten und gesundheitliche Behinderungen, gerechtfertigt sein. Wegen der erheblichen Mehrkosten ist die Berechtigung dieser Maßnahme besonders **sorgfältig zu überprüfen**. Vgl. hierzu oben Rn. 454ff.

Bei Internatsunterbringung wird in der Regel eine **beiderseitige Barunterhaltspflicht** bestehen, wenn der Sorgeberechtigte auf diese Weise einer eigenen Erwerbstätigkeit nachgehen und deshalb die von ihm veranlassten Kosten mitfinanzieren kann. Der Verteilungsschlüssel ist im Hinblick auf eine verbleibende Restbetreuung wertend zu verändern.[312] Dabei ist zu berücksichtigen, dass der sorgeberechtigte Elternteil das Kind vielfach in den Schulferien, also etwa während eines Vierteljahres, und an Wochenenden betreuen muss. Zur Berechnung des Unterhaltsanteils nach § 1606 III 1 BGB vgl. Rn. 418ff.

Der Gesamtbedarf (Regelbedarf und Internatskosten) muss ggf. im Hinblick auf die erheblichen **Einsparungen** bei den laufenden Lebenshaltungskosten gekürzt werden.[313] Vgl. dazu Rn. 435.

Ist die Internatsunterbringung nicht im Interesse des Kindes gerechtfertigt, sondern wird sie damit begründet, dass der **betreuende Elternteil** auf diese Weise einer **eigenen Erwerbstätigkeit** nachgehen kann (vgl. auch Rn. 400, 411, 438), sind die Internatskosten vom sorgeberechtigten Ehegatten zu tragen.[314] Er kann allerdings unter Umständen bei einem betreuungsbedürftigen Kind gegen den anderen Elternteil einen Anspruch auf Ehegattenunterhalt haben.

459 Macht das Kind Mehrbedarf geltend, muss es ebenfalls konkret **darlegen** und nachweisen, worin der Mehrbedarf besteht und warum er unterhaltsrechtlich berechtigt ist. Die

---

[307] BGH FamRZ 1983, 48
[308] BGH FamRZ 1983, 48
[309] BGH FamRZ 1983, 48
[310] BGH FamRZ 1999, 286 = R 518a; FamRZ 1983, 689
[311] OLG Düsseldorf NJW-RR 2005, 1529
[312] BGH FamRZ 1985, 917
[313] OLG Nürnberg FamRZ 1993, 837
[314] BGH FamRZ 1983, 689

zusätzlichen Aufwendungen sind mindestens für einen repräsentativen Zeitraum detailliert und nachvollziehbar aufzuschlüsseln.[315] Zu den Kontrollrechten des barunterhaltspflichtigen Elternteils Rn. 90.

2. Berechnung des geschuldeten Unterhalts bei berechtigtem Mehrbedarf

Ist der Mehrbedarf berechtigt, besteht der **Gesamtbedarf** des Kindes aus dem **Regelbedarf** nach der Düsseldorfer Tabelle **und** dem konkret zu ermittelnden **Mehrbedarf**. Bei der Bemessung des Gesamtbedarfs muss berücksichtigt werden, dass unter Umständen Aufwendungen eingespart werden, die normalerweise aus dem Tabellenunterhalt zu decken wären. Von den Gesamtkosten können dann Abzüge gemacht werden, z. B. wenn das Kind in einem Hort oder einer Ganztagsschule ein Mittagessen erhält. Die **Einsparung** kann durch Schätzung nach § 287 II ZPO ermittelt werden. Außerdem ist zu berücksichtigen, dass bei den Einkommensgruppen oberhalb der ersten Tabellengruppe (Existenzminimum) ein gewisser Betrag für andere Zwecke als den Elementarunterhalt abgezweigt oder angespart werden kann, was vom BGH für die Kosten der Konfirmation erwogen worden ist.[316] Die Kindergartenkosten (Beiträge, nicht Essensgeld) sind nach der neueren Rechtsprechung des BGH vom sächlichen Regelbedarf nicht gedeckt. Daran ändert sich auch dann nichts, wenn der Regelbedarf aus einer höheren Einkommensgruppe der Düsseldorfer Tabelle gezahlt wird.[317] 460

Die Aufteilung des Gesamtbedarfs in Tabellenunterhalt und Mehrbedarf wird insbesondere in Betracht kommen, wenn das Kind von einem Elternteil oder Verwandten betreut wird. Lebt es dagegen in einem Heim, deckt sich der Bedarf in der Regel mit den Heimkosten und etwaigen zusätzlichen Aufwendungen, z. B. für Fahrtkosten der Eltern zum Besuch des Kindes.[318] Der so errechnete Betrag ist allerdings um nicht subsidiäre Sozialleistungen zu kürzen. Vgl. dazu Rn. 463 ff.

Hat der **betreuende Elternteil kein eigenes Einkommen** und ist er, z. B. wegen Erwerbsunfähigkeit, nicht zu einer Berufstätigkeit verpflichtet, trägt der Barunterhaltspflichtige den Gesamtbedarf des Kindes einschließlich der Mehrkosten allein, soweit er dazu im Rahmen seiner Leistungsfähigkeit unter Berücksichtigung seiner gesteigerten Unterhaltspflicht gegenüber minderjährigen Kindern in der Lage ist. Ihm sollte grundsätzlich der Bedarfskontrollbetrag (Rn. 351 ff.) verbleiben. Im Mangelfall muss er allerdings auf den notwendigen Selbstbehalt verwiesen werden, selbst wenn der an das Kind zu zahlende Unterhalt höher sein sollte als der Betrag, den er selbst behält.[319] 461

Hat der **betreuende Elternteil eigenes Einkommen,** so hat er sich unter Berücksichtigung der beiderseitigen Einkommensverhältnisse nur am Mehrbedarf zu beteiligen (Rn. 435 ff.), wenn er weiter seine Unterhaltspflicht durch Betreuung erfüllt.[320] Dann bleibt die Barunterhaltspflicht des anderen Elternteils in Höhe des Tabellenunterhalts bestehen. Betreut kein Elternteil das Kind oder rechtfertigt die Restbetreuung durch einen Elternteil die Anwendung des § 1606 III 2 BGB nicht, ist der Unterhalt nach § 1606 III 1 BGB anteilig von beiden Eltern entsprechend ihren Einkommens- und Vermögensverhältnissen zu tragen. Ggf. ist der Verteilungsmaßstab wertend zu verändern (Rn. 427, 436, 458). 462

Beispiel:[321]
M und V streiten über die Beteiligung an Nachhilfekosten. Diese fallen mit mtl. 150 € regelmäßig für den elfjährigen Sohn K an und sind rechtzeitig geltend gemacht worden. Einkommen des V nach Abzug des Tabellenunterhalts gemäß Einkommensgruppe 4 der Düsseldorfer Tabelle ermittelten Kindesunterhalts für zwei Kinder (Regelbedarf) und des der M geschuldeten Ehegattenunterhalts: 1450,– €; Einkommen der M einschließlich Ehegattenunterhalt: 1250,– €.

---

[315] BGH FamRZ 2001, 1603
[316] BGH FamRZ 2006, 612; vgl. auch OLG Düsseldorf NJW-RR 2005, 1529 (Nachhilfekosten)
[317] BGH FamRZ 2009, 962 (unter Aufgabe von BGH FamRZ 2007, 882)
[318] OLG Bremen FamRZ 2001, 1300
[319] BGH FamRZ 1986, 48; FamRZ 1983, 48
[320] BGH FamRZ 1998, 286 = R 518 a; FamRZ 1983, 689
[321] Vgl. OLG Düsseldorf NJW-RR 2005, 1529

§ 2 Kindes-, Eltern- und sonstiger Verwandtenunterhalt

Der Tabellenunterhalt auf Grund Einkommensgruppe 4/3 (419,– €) lässt es zu, dass daraus Beträge für andere Zwecke abgezweigt oder angespart werden können,[322] was etwa ab Gruppe 2 mit je 10,– EUR veranschlagt werden kann. Verbleibender Mehrbedarf daher 150–30 = 120,– EUR. Der verbleibende Betrag ist nach dem vergleichbaren Einkommen der Eltern aufzuteilen.
Vergleichbares Einkommen V: 1450 – 1150 = 300,– €
Vergleichbares Einkommen M: 1250 – 1150 = 100,– €
Anteil V: 300: (300 + 100) × 120 = 90,– €
Anteil M: 100: (300 + 100) × 120 = 30,– €

Zur Berechnung der Haftungsanteile beim Mehrbedarf s. auch Rn. 450

3. Mehrbedarf des behinderten minderjährigen Kindes

463 Der Mehrbedarf eines behinderten Kindes kann erheblich sein und insbesondere bestehen
– in den Mehrkosten der Unterbringung, Erziehung, Pflege und Versorgung des Kindes in einem **Heim,** einschließlich der Fahrkosten zum Besuch des Kindes durch beide Eltern, nicht nur durch den sorgeberechtigten Elternteil,[323]
– in den Mehrkosten, die durch die **Versorgung des Kindes im Haushalt eines Elternteils** entstehen, insbesondere durch die behindertengerechte Ausstattung der Wohnung (Fahrstuhl, rollstuhlgerechte Türen, behindertengerechte Toilette und Badewanne usw.) oder durch die Pflege und Versorgung des Kindes, sei es durch den betreuenden Elternteil selbst (vgl. unten Rn. 467), sei es durch Dritte, vor allem mobile Pflegedienste,
– im Mehraufwand für Kleidung,
– im Mehraufwand für Hilfsmittel, z. B. einen Rollstuhl,
– in den Kosten einer psychotherapeutischen oder heilpädagogischen Behandlung,
– in den Mehrkosten einer Behindertenfreizeit gegenüber einem normalen Urlaub,
– in den Kosten für Sonderunterricht.

464 Infolge des Mehrbedarfs erhält das Kind vielfach **subsidiäre Sozialleistungen.** Diese sind kein anrechnungsfähiges Einkommen. Sozialhilfe ist nachrangig (§ 2 II SGB XII). Zudem steht dem Träger der Sozialleistung vielfach die Möglichkeit des Rückgriffs gegen den Unterhaltspflichtigen offen (vgl. z. B. § 94 SGB XII; vgl. dazu § 8).

Zu den **subsidiären Sozialleistungen** gehört in erster Linie die **Sozialhilfe,** die Mehrbedarf hauptsächlich durch das Pflegegeld nach § 64 SGB XII abdeckt. Dieses Pflegegeld ist von dem Pflegegeld, das seit 1. 4. 1995 durch die Pflegekassen gewährt wird (vgl. unten Rn. 466), scharf zu unterscheiden. Das Pflegegeld nach § 64 SGB XII ist als Sozialhilfeleistung nicht bedarfsdeckend (§ 2 II SGB XII) und daher grundsätzlich **nicht** auf den Unterhaltsanspruch **anzurechnen** (vgl. Rn. 1/664, 1/727). Vielmehr geht in seinem Umfang der Unterhaltsanspruch auf den Sozialhilfeträger über (§ 94 SGB XII). Hinsichtlich des Umfangs des Anspruchsübergangs sind die Schutzvorschriften der § 94 III SGB XII zu beachten. Genaueres dazu § 8. Nur ausnahmsweise kann für die Vergangenheit eine Anrechnung des subsidiären Pflegegeldes auf den Unterhalt in Betracht kommen, wenn der gesetzliche Forderungsübergang ausgeschlossen ist.[324]

465 Leistungen der **Jugendhilfe** sind nach der neueren Rechtsprechung des **BGH**[325] als bedarfsdeckendes Einkommen zu berücksichtigen und damit grundsätzlich nicht (mehr) subsidiär.[326] Für seinen Rückgriff gegen die Eltern ist der Träger der Kinder- und Jugendhilfe nun stets auf einen öffentlich-rechtlichen Kostenbeitrag (§§ 92, 94 SGB VIII) verwiesen.

---

[322] OLG Düsseldorf NJW-RR 2005, 1529 m. w. N. (zur Rechtslage bis 2007)
[323] OLG Bremen FamRZ 2001, 1300, das jedoch die Kosten des lediglich umgangsberechtigten Elternteils nicht berücksichtigen will
[324] BGH FamRZ 1999, 843, 847 = R 533 c
[325] BGH FamRZ 2007, 377 m. Anm. Doering-Striening
[326] Anders noch Scholz in der Vorauflage, aber schon mit Hinweis auf die großteils anzutreffende Praxis der Leistungsträger, von einem Rückgriff abzusehen

Nicht subsidiäre Sozialleistungen sind vor allem Leistungen, die durch Versiche- 466
rungsbeiträge erkauft werden, z. B. Leistungen der gesetzlichen Kranken- und Pflegekasse,
insbesondere das im Rahmen der Pflegeversicherung zu zahlende **Pflegegeld nach § 37 I
SGB XI,** oder die Übernahme der Pflegekosten bei vollstationärer Unterbringung (§ 43
SGB XI). Zu den nicht subsidiären Sozialleistungen gehört weiter das Blindengeld nach
den Landesblindengesetzen. Das Blindengeld nach § 72 SGB XII (früher § 67 BSHG) ist
zwar grundsätzlich subsidiär, wurde aber bis 2004 praktisch an alle Zivilblinden wegen der
hohen Einkommensgrenze von 1705,– EUR (§ 81 II BSHG; zu den Einkommensgrenzen
nach §§ 79 ff. BSHG vgl. die 6. Aufl. Rn. 6/538) wie eine Versorgungsleistung gewährt.[327]
Auch wenn die hohe Einkommensgrenze inzwischen abgeschafft worden ist, dürfte sich
daran im Ergebnis wegen der weiterhin bestehenden Vergünstigungen für blinde Menschen
im Ergebnis nichts geändert haben.[328] Derartige Sozialleistungen, insbesondere Pflegegeld
nach § 37 I SGB XI, sind **Einkommen** des Unterhaltsberechtigten. Sie sind daher auf den
Unterhaltsanspruch anzurechnen, grundsätzlich aber nicht auf den Elementarunterhalt,
sondern auf den Mehrbedarf. Dem steht § 1610 a BGB nicht entgegen.[329] Zu § 1610 a
BGB vgl. Rn. 1/654 ff.

Versorgt der betreuende Elternteil, z. B. die Mutter, das behinderte Kind, so kann sie das 467
Pflegegeld, soweit sie es nicht für Sachaufwendungen (häufigerer Wechsel der Wäsche,
Windeln usw.) benötigt, für sich behalten. Es darf daher an sie „weitergeleitet" werden.
Weitergeleitetes Pflegegeld ist seit dem 1. 8. 1999 im Unterhaltsrecht wie im Sozialhilfe-
recht[330] **nicht als Einkommen des betreuenden Elternteils** anzurechnen (§ 13 VI
SGB XI[331]) und damit anders als nach der bisherigen Rechtsprechung[332] bei der Ermittlung
von Unterhaltsleistungen grundsätzlich nicht zu berücksichtigen. Eine Anrechnung findet
dagegen nach § 13 VI 2 SGB XI bei verschärfter Unterhaltspflicht (§ 1603 II BGB) und in
Verwirkungsfällen (§§ 1361 III, 1579, 1611 I BGB) statt, ferner dann, wenn von der
Pflegeperson erwartet werden kann, ihren Bedarf ganz oder teilweise durch eigene Ein-
künfte zu decken, und der Pflegebedürftige mit dem Unterhaltspflichtigen nicht in gerader
Linie verwandt ist. Pflegt die unterhaltspflichtige Mutter eines beim Vater wohnenden
Kindes ihre eigene Mutter, so wird das weitergeleitete Pflegegeld nicht als Einkommen der
Kindesmutter angerechnet, wenn es um den Unterhalt des Kindes geht, da es mit seiner
Großmutter in gerader Linie verwandt ist. Verlangt die Kindesmutter dagegen Ehegattenunterhalt vom Kindesvater, ist das weitergeleitete Pflegegeld als ihr Einkommen zu berück-
sichtigen, weil der unterhaltspflichtige Ehemann mit seiner pflegebedürftigen Schwiegermutter nicht verwandt ist.

6. Abschnitt: Der Unterhaltsanspruch volljähriger Kinder

I. Besonderheiten beim Unterhalt volljähriger Kinder

Der Unterhaltsanspruch des volljährigen Kindes folgt grundsätzlich den allgemeinen 468
Regeln des Verwandtenunterhalts. Er ist nicht in gleicher Weise privilegiert wie der Minderjährigenunterhalt. Seit dem 1. 7. 1998 stehen jedoch volljährige Kinder unter bestimmten Voraussetzungen bis zur Vollendung des 21. Lebensjahres hinsichtlich der verschärften
Unterhaltspflicht der Eltern (§ 1603 II 2 BGB; Rn. 471) und hinsichtlich des Ranges
(§ 1609 Nr. 1 BGB; Rn. 480) minderjährigen Kindern gleich. Zu diesen privilegiert volljährigen Kindern vgl. Rn. 579 ff.

---

[327] Schellhorn BSHG, 16. Aufl., § 67 Rn. 2
[328] Schellhorn SGB XII, 17. Aufl., § 72 Rn. 1
[329] BGH FamRZ 1993, 417 = R 458
[330] Hess. VGH, FamRZ 1996, 976
[331] I. d. F. des 4. SGB XI-Änderungsgesetzes vom 21. 7. 1999 – BGB. I S. 1656
[332] BGH FamRZ 1993, 417 = R 458

§ 2　　　　　　　　　　Kindes-, Eltern- und sonstiger Verwandtenunterhalt

469 Das volljährige Kind ist **bedürftig**, solange es sich berechtigterweise einer Berufsausbildung unterzieht (§ 1610 I BGB; Rn. 68 ff., 481 ff.) oder bei Anlegung eines strengen Maßstabs, z. B. wegen Krankheit, nicht in der Lage ist, seinen Lebensunterhalt selbst aufzubringen (vgl. Rn. 57, 484).

470 Der **Bedarf** des volljährigen Kindes richtet sich, solange es noch wirtschaftlich von seinen Eltern abhängig ist, insbesondere die Berufsausbildung noch nicht beendet hat, nach deren Lebensverhältnissen (vgl. Rn. 200, 482). Auch beim Volljährigen werden zur Bemessung des Bedarfs Tabellen und Leitlinien herangezogen (vgl. dazu unten Rn. 501 ff.). Zu berücksichtigen sind ausnahmsweise auch Mehrbedarf (vgl. Rn. 232 ff., 530 ff.) und Sonderbedarf (vgl. Rn. 237 ff., § 6).

471 Nach § 1603 I BGB entfällt die **Leistungsfähigkeit** und damit die Unterhaltsverpflichtung eines Elternteils bereits dann, wenn dieser bei Berücksichtigung seiner sonstigen Verpflichtungen außerstande ist, ohne Gefährdung seines eigenen angemessenen Bedarfs dem Volljährigen Unterhalt zu gewähren. Eine gesteigerte Unterhaltspflicht, wie sie gegenüber dem minderjährigen Kind bestehen kann (§ 1603 II 1 BGB; vgl. dazu Rn. 366 ff.), kommt nur bei volljährigen unverheirateten Kindern bis zur Vollendung des 21. Lebensjahrs in Betracht, solange sie im Haushalt der Eltern oder eines Elternteils leben und sich in der allgemeinen Schulausbildung befinden (§ 1603 II 2 BGB; vgl. dazu im Einzelnen Rn. 579 ff.). Zur Leistungsfähigkeit beim Volljährigenunterhalt im Einzelnen s. Rn. 536 ff.

472 Mit Eintritt der Volljährigkeit erlischt das Sorgerecht (§ 1626 I BGB). Die Eltern verlieren ihre Vertretungs- und Erziehungsbefugnisse (§§ 1626, 1629 BGB), gleichgültig ob gemeinsame oder alleinige elterliche Sorge bestand; sie sind nicht mehr zur Betreuung und Erziehung des Kindes berechtigt oder verpflichtet. **Betreuungsunterhalt** wird **nicht mehr geschuldet** (vgl. Rn. 26).[1] Wegen des Wegfalls der Betreuungsverpflichtung wird der bisher betreuende Elternteil ebenfalls barunterhaltspflichtig, sofern er leistungsfähig ist. Beide Eltern haften nach § 1606 III 1 BGB anteilig nach ihren Erwerbs- und Vermögensverhältnissen für den Unterhalt des Kindes.[2] Dies gilt auch gegenüber privilegiert volljährigen Kindern im Sinne des § 1603 II 2 BGB (vgl. Rn. 80, 594 ff.). Das Kind kann von jedem Elternteil nur den Teil des Unterhalts verlangen, der nach der anteiligen Haftung gemäß § 1606 III 1 BGB auf diesen Elternteil entfällt.[3] Ein Elternteil bleibt nur dann allein barunterhaltspflichtig, wenn der andere Elternteil nicht leistungsfähig ist (§ 1603 I BGB). Zur Berechnung der Haftungsanteile der Eltern vgl. Rn. 560 ff.

473 Trotz der Eigenverantwortlichkeit des Volljährigen können Eltern bei einem unverheirateten Kind bestimmen, in welcher Art und für welche Zeit im Voraus Unterhalt gewährt werden soll (§ 1612 II 1 BGB), insbesondere dass das Kind Naturalunterhalt im Elternhaus entgegenzunehmen hat. Dieses **Bestimmungsrecht** steht den Eltern gemeinsam zu, bei getrennt lebenden oder geschiedenen Eltern grundsätzlich demjenigen von ihnen, der von dem volljährigen Kind auf Unterhalt in Anspruch genommen wird. Genaueres dazu oben Rn. 32 ff., 41 f.

474 **Eigenes Einkommen,** insbesondere eine Ausbildungsvergütung, wird nach Bereinigung um berufsbedingte Aufwendungen oder ausbildungsbedingten Mehrbedarf auf den Bedarf des volljährigen Kindes angerechnet (vgl. Rn. 490 ff.). Der Barunterhalt wird entsprechend gekürzt. Eine Anrechnung des Einkommens auf fortdauernde Versorgungsleistungen des Elternteils, bei dem das Kind lebt, ist überholt (vgl. Rn. 579).

475 Nach Volljährigkeit kann das Kind den Unterhalt nicht mehr in dynamischer Form als Prozentsatz des Mindestunterhalts geltend machen (§ 1612a I 1 BGB; vgl. Rn. 358 ff). Auch das vereinfachte Verfahren nach § 249 FamFG steht ihm nicht zu Gebote.[4]

476 **Kindergeld** wird seit dem 1. 1. 2008 bei volljährigen Kindern auf den Unterhalt in voller Höhe bedarfsdeckend angerechnet (§ 1612b I 1 Nr. 2 BGB). Zur Situation bis zum 31. 12. 2007 s. Rn. 497.

---

[1] BGH FamRZ 2002, 815, 817 = R 570 b
[2] BGH FamRZ 2002, 815, 817 = R 570 b
[3] BGH FamRZ 1988, 1039
[4] OLG Brandenburg FamRZ 2002, 1346

6. Abschnitt: Der Unterhaltsanspruch volljähriger Kinder § 2

Der Unterhaltsanspruch des volljährigen Kindes kann ganz oder teilweise **verwirkt** 477
werden, wenn das Kind durch sittliches Verschulden bedürftig geworden ist oder sich einer
schweren Verfehlung gegenüber dem unterhaltspflichtigen Elternteil schuldig gemacht hat
(§ 1611 I BGB). Genaueres dazu Rn. 601 ff.

Der Unterhaltsanspruch des minderjährigen und des volljährigen Kindes sind **identisch**. 478
Die Besonderheiten, die für den Unterhalt Minderjähriger bestehen (dazu oben Rn. 299 ff.),
rechtfertigen es nicht, den Anspruch auf Volljährigenunterhalt als eigenständigen Anspruch
aufzufassen.[5] Die unveränderte Fortdauer des die Unterhaltspflicht begründenden Verwandtschaftsverhältnisses über den Eintritt der Volljährigkeit hinaus unterscheidet den
Verwandtenunterhalt grundsätzlich vom Ehegattenunterhalt, der für die Zeit vor und nach
der Scheidung auf jeweils anderen Anspruchsgrundlagen beruht.

Dies hat zur Folge:
– **Unterhaltsurteile** und Vergleiche, die aus der Zeit der Minderjährigkeit des Kindes
  stammen, gelten über den Zeitpunkt der Vollendung der Volljährigkeit hinaus bis zu
  einer Abänderung fort.[6] Wird dagegen Unterhalt nicht mehr geschuldet, weil der Bedarf
  des volljährigen Kindes auf längere Zeit gedeckt ist, muss der Titel dahin abgeändert
  werden, dass die Unterhaltspflicht entfällt, selbst wenn nicht ausgeschlossen werden kann,
  dass später der Unterhaltsanspruch wieder auflebt.[7]
– War ein solcher Titel von einem Elternteil in **Prozessstandschaft** (Verfahrensstandschaft) für das Kind nach § 1629 BGB erwirkt worden, ist nach Eintritt der Volljährigkeit
  gemäß §§ 95 FamFG, § 727 ZPO eine Umschreibung des Titels auf den Volljährigen
  nötig.
– Wird das Kind während eines noch schwebenden Prozesses volljährig, kann es durch
  Parteiwechsel (Beteiligtenwechsel) an die Stelle des bisherantragstellenden, sorgeberechtigten Elternteils in das Verfahren eintreten;[8] war das Kind, gesetzlich vertreten durch den
  betreuenden Elternteil, nach der Scheidung selbst Beteiligter, fällt lediglich die gesetzliche
  Vertretung fort.
– Ein wirksamer Unterhaltstitel aus der Zeit der Minderjährigkeit kann nach Eintritt der
  Volljährigkeit nur im Weg des **Abänderungsantrags** (§§ 238, 239 FamFG) abgeändert
  werden. Ein Zahlungsantrag ist unzulässig.[9]
– Die Vollstreckungsgegenklage (Vollstreckungsabwehrantrag) gegen einen Unterhaltstitel,
  durch den einem minderjährigen Kind dynamischer Unterhalt im Sinne des § 1612 a I
  BGB (Rn. 358 ff.) zuerkannt worden ist, kann nicht allein darauf gestützt werden, dass
  Minderjährigkeit nicht mehr bestehe (§ 244 FamFG).

Materiell **beginnt der Unterhalt des volljährigen Kindes** mit dem Tag der Volljährig- 479
keit, nicht bereits am Ersten des laufenden Monats. Dies kann insbesondere bei Abänderungsanträgen wegen des höheren Regelbedarfs des Volljährigen nach den Tabellen und
Leitlinien oder wegen geminderter Leistungsfähigkeit des Verpflichteten infolge des veränderten Selbstbehaltssatzes (angemessener Selbstbehalt von 1150,– EUR statt des notwendigen Selbstbehalts von 950,– EUR bzw. 770,– EUR) eine Rolle spielen (vgl. dazu
Rn. 546 ff.). Der volle Monatsbetrag des infolge der Volljährigkeit höheren Unterhalts kann
nicht verlangt werden, weil es insoweit an einer gesetzlichen Regelung fehlt. § 1612 a I 3,
III BGB, der das Aufsteigen in den Altersstufen betrifft, gilt nur für minderjährige Kinder.
Vgl. dazu Rn. 31, 308, 330. Die anteilige Berechnung erfolgt in der Weise, dass die monatliche Unterhaltsrente mit dem Kalendertag multipliziert und durch die Anzahl der Tage
im Monat (z. B. 30 oder 31) dividiert wird.[10]

Unterhaltsansprüche volljähriger Kinder sind gegenüber den Unterhaltsansprüchen min- 480
derjähriger Kinder und des früheren sowie des jetzigen Ehegatten des Pflichtigen **nach-**

---

[5] BGH FamRZ 1994, 696 = R 477 a; FamRZ 1984, 682
[6] BGH FamRZ 1983, 582; OLG Hamm FamRZ 1983, 208
[7] OLG Koblenz FamRZ 1999, 677
[8] Str., ob gesetzlicher oder gewillkürter Parteiwechsel; s. Eschenbruch/Klinkhammer Unterhaltsprozess, 5. Aufl. Kap. 5 Rn. 64
[9] BGH FamRZ 1988, 1039; FamRZ 1986, 153; FamRZ 1984, 682; FamRZ 1983, 582
[10] BGH FamRZ 1988, 604

rangig. Vgl. dazu Rn. 556 ff. Jedoch stehen privilegierte Kinder im Sinne des § 1603 II 2 BGB im Rang ihren minderjährigen (Halb-)Geschwistern und dem Ehegatten des Unterhaltsschuldners gleich (§ 1609 Nr. 1 BGB). Vgl. dazu im Einzelnen Rn. 579 ff.

II. Bedürftigkeit des volljährigen Kindes

1. Auswirkungen der Volljährigkeit auf die Bedürftigkeit

481   Mit Eintritt der Volljährigkeit wird das Kind voll geschäftsfähig. Die Eltern verlieren ihre gesetzliche Vertretungsbefugnis. Der Volljährige kann sein weiteres Leben eigenverantwortlich selbst gestalten und entsprechende Entscheidungen **rechtlich selbstständig** treffen.[11] Er kann z. B. seinen Beruf oder eine entsprechende Berufsausbildung, insbesondere das Studienfach,[12] selbst wählen, ggf. auch gegen den Willen seiner Eltern; vgl. auch Rn. 72.

482   Trotz der rechtlichen Selbstständigkeit bleibt der Volljährige **wirtschaftlich noch von seinen Eltern** abhängig, solange er sich noch in einer Ausbildung befindet oder nach Ende der Berufsausbildung aus sonstigen Gründen unterhaltsbedürftig ist. Er hat während dieser Zeit noch keine eigene originäre Lebensstellung. Seine Lebensstellung im Sinn des § 1610 I BGB ist wegen der wirtschaftlichen Abhängigkeit noch von der seiner Eltern abgeleitet und richtet sich deshalb nach den wirtschaftlichen Verhältnissen seiner Eltern.[13] Deshalb hat er nach dem **Gegenseitigkeitsprinzip** bei seinen Entscheidungen auf die wirtschaftlichen Verhältnisse seiner Eltern Rücksicht zu nehmen. Er ist verpflichtet, seine Lebensplanung so zu gestalten, dass er möglichst bald von seinen Eltern auch wirtschaftlich unabhängig wird.[14] Vgl. dazu auch Rn. 72, 77.

483   Daraus ergeben sich für den Volljährigen folgende wichtige Verpflichtungen:
- Das volljährige Kind muss seine Ausbildung **zielstrebig,** intensiv und mit Fleiß betreiben und sie innerhalb angemessener und üblicher Dauer beenden.[15] Genaueres dazu Rn. 72 ff., 77 ff. Die Eltern haben insoweit nach dem Gegenseitigkeitsprinzip **Kontrollrechte** (vgl. dazu Rn. 90). Verletzt der Volljährige seine Obliegenheit, der Ausbildung pflichtbewusst und zielstrebig nachzugehen, muss er sich darauf verweisen lassen, seinen Lebensbedarf durch eigene Erwerbstätigkeit selbst zu verdienen. Allein die darin liegende Verletzung des Gegenseitigkeitsprinzips führt zum Wegfall des Unterhaltsanspruchs, ohne dass die Voraussetzungen der Verwirkung (§ 1611 BGB; dazu Rn. 601 ff.) vorliegen müssten.[16]
- Der Volljährige muss bei seinen die Ausbildung betreffenden Entscheidungen auf die finanziellen Verhältnisse seiner Eltern **Rücksicht** nehmen. Bei nachhaltiger Verschlechterung der wirtschaftlichen Verhältnisse der Eltern muss er sich, wenn nicht die staatliche Ausbildungsförderung eingreift, auf eine weniger kostspielige Ausbildung oder auf einen weniger kostspieligen Ausbildungsort verweisen lassen (vgl. Rn. 73). Nach einer abgeschlossenen Ausbildung sind Eltern in der Regel zur Finanzierung einer Zweitausbildung nicht mehr verpflichtet.[17] Dieser Grundsatz hat allerdings zahlreiche Ausnahmen (vgl. dazu im Einzelnen Rn. 91 ff., 97 ff.). Er hat überdies durch die Rechtsprechung des BGH[18] zur einheitlichen Ausbildung Abitur – Lehre – Studium (vgl. Rn. 99 ff.) einen großen Teil seiner Bedeutung verloren. Zum Ausbildungsunterhalt im Einzelnen s. Rn. 68 ff.

484   Bereits das minderjährige Kind, das nicht die Schule besucht und sich auch keiner Berufsausbildung unterzieht, kann auf eine eigene Erwerbstätigkeit verwiesen werden (vgl.

---

[11] BGH FamRZ 1998, 671 = R 523
[12] BGH FamRZ 1996, 798 = R 501 a
[13] BGH FamRZ 1987, 58; FamRZ 1986, 151
[14] BGH FamRZ 2006, 1100
[15] BGH FamRZ 2001, 757 = R 557 a; FamRZ 1998, 671 = R 523
[16] BGH FamRZ 2001, 757 = R 557 a; FamRZ 1998, 671 = R 523
[17] BGH FamRZ 2000, 420 = R 536 a; FamRZ 2006, 1100
[18] FamRZ 1989, 853

6. Abschnitt: Der Unterhaltsanspruch volljähriger Kinder § 2

Rn. 55).[19] Die Obliegenheit zur eigenverantwortlichen Sicherung des Lebensunterhalts trifft den Volljährigen stärker als das minderjährige Kind. Ein **Volljähriger,** der sich **nicht in einer berechtigten Ausbildung** befindet, z. B. den Schulbesuch einstellt[20] oder nach Ausbildungsabschluss arbeitslos ist, muss primär für seinen Lebensunterhalt selbst aufkommen und dazu verstärkt seine eigene Arbeitsfähigkeit einsetzen. Er muss, wenn er gesundheitlich dazu in der Lage ist, jede Arbeit annehmen, auch berufsfremde Tätigkeiten und Arbeiten unterhalb seiner gewohnten Lebensstellung. Für die Nutzung seiner Arbeitskraft gelten ähnliche Maßstäbe wie für die Haftung der Eltern gegenüber minderjährigen Kindern.[21] Kommt der Volljährige dieser Erwerbsobliegenheit nicht nach, entfällt seine Bedürftigkeit in Höhe eines erzielbaren Erwerbseinkommens. Vgl. dazu Rn. 57.

Zur Bedarfsbemessung, wenn der Volljährige nach diesen Maßstäben, z. B. wegen Krankheit, unterhaltsberechtigt ist, s. unten Rn. 534 f.

Diese Grundsätze gelten auch für das privilegiert volljährige Kind im Sinne des § 1603 II 2 BGB. Dieses Kind steht nur hinsichtlich der verschärften Unterhaltspflicht der Eltern (§ 1603 II 2 BGB) und hinsichtlich des Ranges (§ 1609 I 1, II BGB) einem minderjährigen Kind gleich. Gibt ein solches Kind den Schulbesuch auf, so entfällt die Privilegierung; unverschuldete Unterbrechungen der Schulausbildung, z. B. durch Krankheit, sind dagegen unschädlich. Vgl. dazu im Einzelnen Rn. 579 ff., 588. **485**

2. Unterhalt bei Wehr- oder Ersatzdienst, freiwilligem sozialem Jahr

Die Wehrpflicht ist derzeit wie der ersatzweise Zivildienst nach einem Beschluss des Bundeskabinetts vom 15. 12. 2010 „ausgesetzt"[22] und wird voraussichtlich – in Friedenszeiten – nicht wieder aufgenommen.[23] Die hierzu ergangene Rechtsprechung hat aber für Übergangsfälle weiterhin Bedeutung. Außerdem können in anderen Fällen staatlicher Fürsorge in besonderen Statusverhältnissen (etwa bei Strafhaft) Anleihen genommen werden. Schließlich ist noch nicht geklärt, welche konkrete Form der künftige „Freiwillige Wehrdienst für Frauen und Männer" erhalten wird.[24] **486**

Ein **Wehrpflichtiger,** der den Grundwehrdienst ableistet, ist in der Regel nicht unterhaltsbedürftig. Der BGH[25] hat zu Recht darauf hingewiesen, dass die Kaserne zuletzt nicht mehr wie früher der Lebensmittelpunkt der Wehrpflichtigen ist, sondern dass die jungen Soldaten sie häufig nach Dienstschluss verlassen und im Elternhaus übernachten („Heimschläfer") oder jedenfalls am Wochenende nach Hause fahren. Gleichwohl ist der **Bedarf** des wehrpflichtigen Soldaten durch die Zuwendungen der Bundeswehr **in der Regel gedeckt.** Der Wehrpflichtige erhält freie Unterkunft und Verpflegung. Er hat Anspruch auf kostenlose Heilfürsorge. Die Dienstkleidung wird ihm gestellt. Die Kleidung wird gereinigt und instand gesetzt. Er hat Anspruch auf freie Wochenendheimfahrten. Für die Tage, an denen der Soldat von der Gemeinschaftsverpflegung befreit ist, wird ihm ein Verpflegungsgeld gewährt. Für die Dauer des Erholungsurlaubs erhält er den doppelten Satz des Verpflegungsgeldes. Auch der Sohn gut verdienender oder vermögender Eltern hat daneben grundsätzlich keinen Anspruch auf ergänzenden Unterhalt. Ihm stehen durch den Wehrsold zur Befriedigung des verbleibenden Bedarfs für Freizeitgestaltung, Zivilkleidung und zusätzliche Reisekosten bereits Mittel zur Verfügung, wie sie ein auswärts studierendes Kind, das monatlich in der Regel 670,– EUR erhält (vgl. dazu Rn. 509), schwerlich für derartige Zwecke erübrigen kann.

Andererseits kann im Einzelfall ein **besonderer Unterhaltsbedarf** bestehen, den der Wehrpflichtige aus den Mitteln, die ihm von der Bundeswehr zufließen, nicht befriedigen kann. Derartiges kann in Betracht kommen, wenn die Eltern dem Sohn vor dem Wehr- **487**

---

[19] OLG Düsseldorf FamRZ 2000, 442; FamRZ 1990, 194; OLG Köln FuR 2005, 570
[20] OLG Karlsruhe FamRZ 1992, 1217
[21] BGH FamRZ 1987, 930, 932; FamRZ 1985, 1245
[22] Nunmehr ist das Gesetz in 1. Lesung beraten im Bundestag.
[23] Vgl BeckOK/Schmidt-Radefeldt GG (Stand: 15. 1. 2011) Art. 12a Rn. 5 f.
[24] Vgl BeckOK/Schmidt-Radefeldt GG (Stand: 15. 1. 2011) Art. 12a Rn. 7
[25] FamRZ 1990, 394

dienst die Eingehung von nicht unbedeutenden, wiederkehrenden Verpflichtungen ermöglicht haben (z. B. den Bezug von periodisch erscheinenden Veröffentlichungen, die Mitgliedschaft in einem Sportverein, Musikunterricht o. ä.) und eine Beendigung der Verpflichtung nicht möglich, wirtschaftlich unvernünftig oder unzumutbar wäre, so dass der Wehrpflichtige die insoweit anfallenden erheblichen Kosten weiter zu tragen hat. Voraussetzung eines solchen Anspruchs ist aber, dass der Wehrpflichtige die besonderen Umstände, auf denen sein Mehrbedarf beruht, konkret vorträgt und bei Bestreiten nachweist.[26]

488 Während des **Ersatzdienstes** gelten dieselben Grundsätze,[27] da auf den Dienstpflichtigen in Fragen der Fürsorge und der Heilfürsorge, der Geld- und Sachbezüge, der Reisekosten und des Urlaubs die Bestimmungen Anwendung finden, die für einen Soldaten des untersten Mannschaftsdienstgrades gelten (§ 35 I ZDG). Auch dem Zivildienstleistenden steht der Sold zur Befriedigung des Freizeitbedarfs zur Verfügung; seine elementaren Lebensbedürfnisse (Verpflegung, Wohnung, eventuelle Dienstkleidung sowie Heilfürsorge) sind durch Leistungen des Bundes gedeckt. Anders kann es jedoch sein, wenn der Ersatzdienstleistende nicht in einer dienstlichen Unterkunft, sondern weiterhin bei einem Elternteil wohnt. Für diesen Fall steht ihm eine Mietbeihilfe nicht zu. Der Dienstpflichtige ist grundsätzlich nicht gehalten, sich um die Einberufung zu einer Dienststelle zu bemühen, die eine dienstliche Unterkunft gewährt. Daher ist der Unterhaltsschuldner verpflichtet, die anteiligen Kosten der Wohnung des Dienstpflichtigen zu tragen. Der Umstand, dass der Elternteil, bei dem das Kind lebt, von diesem keinen Beitrag zu den Wohnkosten verlangt, entlastet den Unterhaltpflichtigen nicht, da die kostenlose Wohnungsgewährung ihm als freiwillige Leistung eines Dritten nicht zugute kommen darf.[28] Vgl. dazu Rn. 121 ff.

489 Ein **freiwilliges soziales oder ökologisches Jahr**[29] steht schon wegen seiner Freiwilligkeit dem Wehr- oder Ersatzdienst nicht gleich. Wenn die soziale Tätigkeit nicht als Voraussetzung für eine andere Ausbildung (z. B. zum Altenpfleger) gefordert wird, kann es unterhaltsrechtlich nicht als Ausbildung anerkannt werden.[30] Schon deshalb kann das volljährige Kind während dieses Jahres in der Regel keinen Unterhalt verlangen (vgl. Rn. 57). Zudem ist sein Bedarf wie beim Zivildienstleistenden in der Regel durch Unterkunft und Verpflegung, Taschengeld und Sozialversicherung gedeckt.[31]

3. Anrechnung von Einkommen, Vermögen und Kindergeld

490 Grundsätzlich ist Einkommen jeglicher Art (vgl. Rn. 107 f.) auf den Unterhalt des volljährigen Kindes anzurechnen. Dies gilt vor allem für Ausbildungsvergütungen (vgl. dazu oben Rn. 112 ff.) und BAföG-Leistungen, auch soweit sie darlehensweise gewährt werden.[32]

491 Auch ein volljähriger Schüler oder Student ist zu einer **Erwerbstätigkeit** neben dem Schulbesuch oder dem Studium nicht verpflichtet.[33] Gleichwohl erzieltes **Einkommen stammt aus überobligationsmäßiger Tätigkeit.** Es ist entsprechend § 1577 II 1 BGB nicht anrechenbar, wenn das Kind nicht den vollen Unterhalt erhält, darüber hinaus nur nach Billigkeit (§ 1577 II 2 BGB).[34] Dies gilt auch für ein privilegiert volljähriges Kind im Sinne des § 1603 II 2 BGB. Vgl. dazu Rn. 109, 579 ff., 589.

492 Alle Einkünfte aus Erwerbstätigkeit sind vor ihrer Anrechnung um **berufsbedingte Aufwendungen** (vgl. 1/122 ff.) zu bereinigen; eine Ausbildungsvergütung ist um ausbildungsbedingten Mehrbedarf (vgl. dazu Rn. 114 ff., Rn. 517) zu kürzen.

---

[26] FamRZ 1990, 394
[27] BGH FamRZ 1994, 303 = R 472 a
[28] BGH FamRZ 2006, 99; FamRZ 1994, 303
[29] Vgl. § 1 des Gesetzes zur Förderung eines freiwilligen sozialen Jahres vom 17. 8. 1964, zuletzt geändert durch Gesetz vom 24. 3. 1997 BGBl. I S. 594
[30] OLG Naumburg FamRZ 2008, 86
[31] Vgl. OLG München OLG-Report 2002, 142
[32] BGH FamRZ 1989, 499
[33] OLG Brandenburg – 10 UF 161/10 BeckRS 2011, 02245 Rn. 37 f.
[34] BGH FamRZ 1995, 475, 477 = R 491 b, c

6. Abschnitt: Der Unterhaltsanspruch volljähriger Kinder § 2

Das bereinigte Einkommen des Volljährigen mindert in voller Höhe dessen Bedürftigkeit 493 und damit den Unterhaltsanspruch. Es ist **auf den Bedarf anzurechnen,**[35] nicht auf den Betrag, den der Schuldner leisten kann (vgl. dazu Rn. 259). Da die Eltern volljährigen Kindern keine Betreuung mehr schulden (s. Rn. 26, 472), entfällt auch die bei Minderjährigen im Regelfall notwendige hälftige Anrechnung des Einkommens auf den Bar- und den Betreuungsunterhalt gemäß § 1606 III 2 BGB. Die gegenteilige Praxis einer nur anteiligen Anrechnung der Ausbildungsvergütung hat der BGH nicht gebilligt.[36] Vom nicht Barunterhalt leistenden Elternteil gleichwohl erbrachte Betreuungsleistungen sind freiwillige Leistungen, die unterhaltsrechtlich unberücksichtigt bleiben müssen, zumal der Wohnbedarf des Kindes bereits mit dem Barunterhalt nach der 4. Altersstufe der Düsseldorfer Tabelle gedeckt wird.[37] Zu Übergangsfällen in der ersten Zeit nach Volljährigkeit vgl. Rn. 579 ff.; zur Anrechnung von Einkünften eines privilegiert volljährigen Kindes vgl. Rn. 491, 589.

Grundsätzlich sind bei Volljährigen, auch bei volljährigen Kindern im Sinne des § 1603 494 II 2 BGB (vgl. dazu Rn. 579 ff., 594 ff.), beide Eltern im Rahmen ihrer Leistungsfähigkeit barunterhaltspflichtig. Sie haften nach § 1606 III 1 BGB **anteilig** nach ihren Erwerbs- und Vermögensverhältnissen für **den Restbedarf,** also den Teil des Bedarfs, der nicht durch eigenes Einkommen des Berechtigten gedeckt ist und dem Kind als Unterhalt geschuldet wird.[38] Auf diese Weise werden die Eltern durch das Kindeseinkommen entsprechend ihrem Haftungsanteil entlastet.

Ist nur ein Elternteil barunterhaltspflichtig, weil der andere Elternteil nicht leistungsfähig 495 ist, so schuldet der barunterhaltspflichtige Elternteil allein den Kindesunterhalt in Höhe des Restbedarfs. Einkommen des Kindes ist auch nicht teilweise zugunsten des nichtunterhaltspflichtigen Elternteils zu verrechnen, weil dieser weder Bar- noch Betreuungsunterhalt schuldet und leistet. Soweit er **freiwillig Naturalleistungen** erbringt, zählen diese **nicht als Einkommen** des Kindes, weil er nach der Lebenserfahrung mit seinen Leistungen nicht den anderen Elternteil von dessen Unterhaltsverpflichtung entlasten will.[39] Vgl. dazu im Einzelnen Rn. 121 ff.

Vermögen des Kindes mindert ggf. den Unterhaltsanspruch. Vgl. dazu im Einzelnen 496 Rn. 133.

Kindergeld ist nach der durch das Unterhaltsrechtänderungsgesetz 2007 geänderten 497 Systematik gemäß § 1612 b I BGB bedarfsdeckend anzurechnen. Es wird daher wie Einkommen des Kindes behandelt.[40]

Schon auf Grund der **bis zum 31. 12. 2007 geltenden Regelung** in § 1612 b I BGB (a. F.), wonach das auf das Kind entfallende **Kindergeld zur Hälfte** auf den Unterhaltsanspruch anzurechnen war, wenn es an den anderen Elternteil ausgezahlt wurde, war bereits nach der neueren Rechtsprechung des BGH[41] eine Einschränkung geboten, entsprechend der Zweckbestimmung des Kindergelds, die in der Erleichterung der Unterhaltslast bestand. Zumal der Barunterhaltspflichtige dem volljährigen Kind über den Bedarfssatz nach der Düsseldorfer Tabelle den gesamten Unterhalt zuwendet, sollte ihm schon nach bisheriger Rechtslage auch die Entlastung durch das Kindergeld in vollem Umfang zugute kommen.

Naturalleistungen, die der andere Elternteil an das volljährige Kind erbringt, kann sich der Elternteil vergüten lassen (etwa durch Verrechnung mit dem Anspruch auf Auskehrung des Kindergelds). Das gilt und galt schon vor dem 1. 1. 2008 auch für **privilegierte Volljährige.** Nach dem BGH macht es keinen Unterschied, ob ein volljähriges unver-

---

[35] BGH FamRZ 2006, 99; vgl. BGH FamRZ 2009, 1300; FamRZ 2009, 1477 (jeweils zur Kindergeldanrechnung als Vorfrage beim Ehegattenunterhalt)
[36] BGH FamRZ 2006, 99; zur Verrechnung beim Minderjährigenunterhalt vgl. Rn. 118
[37] BGH FamRZ 2006, 99; vgl. Rn. 326
[38] BGH FamRZ 2002, 815 = R 570 b; FamRZ 1988, 159, 161; FamRZ 1985, 917, 919
[39] BGH FamRZ 1995, 537 ff. = R 493 b; FamRZ 1988, 159, 161; FamRZ 1986, 151
[40] BGH FamRZ 2009, 1300; FamRZ 2009, 1477 (jeweils zur Kindergeldanrechnung als Vorfrage beim Ehegattenunterhalt); Dose FamRZ 2007, 2007, 1829; Scholz FamRZ 2007, 2021, 2024; Klinkhammer FamRZ 2008, 193
[41] BGH FamRZ 2006, 99

heiratetes Kind bis zum 21. Lebensjahr noch eine allgemeine Schulausbildung absolviert und deswegen nach § 1603 II 2 BGB privilegiert ist, oder ob ein volljähriges unterhaltsberechtigtes Kind während der Ausbildung eine eigene Wohnung unterhält. Denn auch in diesen Fällen soll das Kindergeld nur den allein barunterhaltspflichtigen Elternteil entlasten.[42]

> **Beispiel:**
> Bereinigtes Nettoeinkommen des Vaters (V): 2000 €. Ausbildungsvergütung des Kindes (K): 300 € zuzüglich 40 € Fahrtkostenerstattung. Das volljährige Kind (K) lebt bei der Mutter, die das Kindergeld von 184 € bezieht. Die Mutter hat kein Einkommen. Keine weiteren Unterhaltspflichten.
> Der Bedarf des Kindes richtet sich hier allein nach dem Einkommen des V und beträgt nach DT 4/4: 562,– € (Höherstufung um eine Gruppe wegen unterdurchschnittlicher Unterhaltslast, weil V allein verpflichtet ist, vgl. Rn. 522).
> Anrechenbares Einkommen des Kindes: 300 + 40 – 90 (Pauschale nach Anm. A.8 der DT) = 250,– €
> Berechnung des Unterhalts: 562 – 250 – 184 (Kindergeld) = 128,– € (Unterhaltsanspruch).

498 Volljährige Kinder, die auf Dauer voll erwerbsgemindert sind (§ 43 II SGB VI), haben seit dem 1. 1. 2003 bei Bedürftigkeit Anspruch auf **Grundsicherung bei Erwerbsminderung** (§ 41 ff. SGB XII, bis 31. 12. 2004: GSiG[43]) (Leistungen der Grundsicherung sind unter den Voraussetzungen des § 43 Abs. 2 Satz 1 SGB XII (bis 31. 12. 2004: § 2 Abs. 1 Satz 3 GSiG) auf den Unterhaltsbedarf eines Leistungsempfängers anzurechnen. Unterhaltsleistungen mindern – anders als bloße Unterhaltsansprüche – nach dem **BGH** allerdings den Anspruch auf Grundsicherungsleistungen.[44] Das **BSG** geht darüber hinaus und sieht auch (Natural-)Unterhaltsleistungen bei grundsätzlicher Subsidiarität nicht als Hinderungsgrund für die Bewilligung der Grundsicherung an.[45]

III. Bedarf des volljährigen Kindes

1. Lebensbedarf und Bedarfsbemessung

499 **a) Sicherstellung des Bedarfs.** Der Unterhalt Volljähriger umfasst – wie der Unterhalt Minderjähriger – grundsätzlich den gesamten Lebensbedarf einschließlich der Kosten für eine Berufsausbildung (§ 1610 II BGB). Zu diesem Lebensbedarf zählen im Wesentlichen alle Aufwendungen für Wohnung, Verpflegung, Kleidung, Körperpflege, Taschengeld, Ausbildung, Freizeitgestaltung und Erholung (Rn. 16). Zum Bedarf des volljährigen Kindes, soweit es noch keine eigene Lebensstellung innehat, gehört auch der Prozesskostenvorschuss.[46]

500 Erziehungs- und Betreuungsleistungen werden von den Eltern seit Eintritt der Volljährigkeit nicht mehr geschuldet.[47] Vgl. oben Rn. 26, 472. Auch bei privilegiert volljährigen Kindern im Sine des § 1603 II 2 BGB, die noch im Haushalt der Eltern oder eines Elternteils wohnen, findet eine Betreuung im Rechtssinne nicht mehr statt. Vgl. dazu Rn. 579 ff. Ist ein volljähriges **Kind** noch betreuungsbedürftig, z. B. weil es geistig oder körperlich **behindert** ist, müssen die Eltern die Kosten der Pflege und der Betreuung grundsätzlich in Form einer Geldrente zur Verfügung stellen (§ 1612 I 1 BGB). Bei einem unverheirateten Kind können sie allerdings bestimmen, dass es den Unterhalt weiterhin in Natur, z. B. im Haushalt der Eltern oder eines Elternteils, entgegenzunehmen hat (§ 1612 II 1 BGB). Dann müssen sie aber den gesamten Lebensunterhalt, insbesondere auch die Pflege, durch eigene Arbeit oder durch den Einsatz Verwandter oder berufsmäßiger Pfle-

---

[42] BGH a. a. O.
[43] S. dazu Klinkhammer FamRZ 2002, 997; FamRZ 2003, 1793
[44] BGH FamRZ 2007, 1158 m. w. N.; vgl. auch OLG Brandenburg FPR 2004, 474 (LS)
[45] BSG HFR 2008, 74 Rn. 32 f.
[46] BGH FamRZ 2005, 883
[47] BGH FamRZ 2002, 815, 817 = R 570 b; FamRZ 1994, 696, 698 = R 477 b, c; vgl. auch BGH FamRZ 1988, 159, 162

6. Abschnitt: Der Unterhaltsanspruch volljähriger Kinder § 2

gekräfte sicherstellen. Einzelheiten zum Bestimmungsrecht der Eltern vgl. Rn. 32 ff., zum Bedarf des volljährigen behinderten Kindes Rn. 534.

b) Bedarfsbemessung nach Tabellen und Leitlinien. Im Regelfall wird der Gesamtbedarf des Volljährigen mit pauschalierten Regelbedarfssätzen bemessen, die sich für den Ausbildungsunterhalt aus Tabellen oder Leitlinien ergeben (s. Rn. 503 f., 508 ff., 518 ff.). In Durchschnittsfällen sind die Leitlinien und die Unterhaltstabellen der Oberlandesgerichte ein anerkanntes **Hilfsmittel für eine Bedarfsbemessung**. Mit dem Tabellenunterhalt muss der Volljährige selbstverantwortlich seinen gesamten Lebensbedarf, auch den Wohnbedarf, bestreiten. Er muss mit diesen Mitteln auskommen. Die Unterhaltspauschalierung vermeidet aus praktischen Gründen im Allgemeinen die Berücksichtigung von bedarfserhöhenden oder bedarfsmindernden Einzelumständen.[48] Näheres dazu oben Rn. 218 f. 501

Abweichend hiervon kann bei Vorliegen besonderer Umstände, vor allem bei günstigen Einkommens- und Vermögensverhältnissen der Eltern und bei Heimunterbringung des Kindes, im Einzelfall der **Bedarf** auch **konkret** ermittelt werden nach den notwendigen Aufwendungen für konkrete Einzelpositionen des Gesamtbedarfs. Vgl. hierzu Rn. 226, 531 ff. 502

Die **Düsseldorfer Tabelle** unterscheidet bei der Bedarfsbemessung 503
– zwischen **Volljährigen**, die noch **im Haushalt** der Eltern oder **eines Elternteils** leben,
– und Studierenden sowie **Kindern mit eigenem Haushalt**.

Bei im Haushalt der Eltern oder eines Elternteils **lebenden volljährigen Kindern** wird der Unterhalt **einkommensabhängig** in der Weise ermittelt, dass der Bedarf der **4. Altersstufe** der Tabelle Kindesunterhalt entnommen wird (vgl. Anm. A 7 I der Düsseldorfer Tabelle). Die Richtsätze dieser Altersstufe entsprechen – von Rundungsdifferenzen abgesehen – den Tabellenbeträgen der 3. Altersstufe, erhöht um die Differenz zu den Beträgen der 2. Altersstufe.[49] Dies gilt auch für privilegiert volljährige Kinder im Sinne des § 1603 II 2 BGB (Rn. 519, 579 ff.). Einzelheiten und Beispiele dazu Rn. 518 ff. Eine Besonderheit enthalten die Leitlinien des OLG Frankfurt, die bei einem Kind mit eigenem Einkommen einen Mindestbedarf von 560 EUR vorsehen.

Bei **Studierenden und volljährigen Kindern mit eigenem Haushalt** wird der angemessene Gesamtunterhaltsbedarf in der Regel mit einem Festbetrag von 670,– EUR angesetzt. Einzelheiten dazu Rn. 508 ff. 504

Der Düsseldorfer Tabelle folgen die meisten Oberlandesgerichte des Bundesgebiets. Vgl. dazu Rn. 508 ff., 518 ff.

Der **BGH** geht ebenfalls davon aus, dass der Unterhalt eines Volljährigen, der noch bei einem Elternteil wohnt, entsprechend dem zusammengerechneten Einkommen der Eltern nach der Düsseldorfer Tabelle zu bestimmen ist.[50] Er hat bereits vor Jahren eine Berechnung des Unterhalts des bei einem Elternteil lebenden volljährigen Kindes nach dem zusammengerechneten Einkommen ausdrücklich gebilligt.[51] Demgegenüber hat er die Bemessung des Bedarfs mit einem Festbetrag von 950,– DM nach der Düsseldorfer Tabelle Stand 1. 7. 1992 Anm. 7 II (vgl. Rn. 515) bei einem volljährigen behinderten Kind, das im selben Haus wie seine Eltern, jedoch in der Wohnung seiner Schwester lebt und von der Mutter betreut wird, beanstandet und eine einkommensabhängige Unterhaltsbemessung verlangt.[52] 505

Für den Studenten, der einen eigenen Haushalt unterhält, hat der BGH einen festen Regelbedarfssatz für unbedenklich gehalten.[53] M. E. ermöglicht die von den meisten Oberlandesgerichten angewandte Methode, den Unterhalt des im Haushalt eines Elternteils lebenden volljährigen Kindes einkommensabhängig nach der Düsseldorfer Tabelle zu bestimmen (vgl. Rn. 518 ff.), dagegen bei Kindern, die das Elternhaus bereits verlassen haben, grundsätzlich von einem einheitlichen Regelbedarfssatz auszugehen (vgl. Rn. 508 ff.), in der Regel eine zutreffende Bemessung des Unterhalts. Man darf jedoch nicht unberück-

---

[48] BGH FamRZ 1984, 470, 472
[49] Scholz FamRZ 2001, 1045, 1047, Soyka FamRZ 2003, 1154; Klinkhammer FamRZ 2008, 193
[50] BGH FamRZ 2006, 99, 100
[51] BGH FamRZ 1994, 696 = R 477 b; FamRZ 1986, 151
[52] BGH FamRZ 1997, 281, 283 f. = R 509 h
[53] BGH FamRZ 1985, 916

506 sichtig lassen, dass auch der Unterhalt eines volljährigen Kindes mit eigenem Haushalt weiter von der Lebensstellung der Eltern abhängt und daher eine Erhöhung des Regelsatzes von 670,– EUR bei guten Einkommensverhältnissen der Eltern möglich ist (vgl. dazu Rn. 514).[54]

506 Die Regelbedarfssätze und die Tabellensätze gelten nur für den Durchschnittsfall. Bei Vorliegen besonderer Umstände kann von ihnen nach oben und unten abgewichen werden. Das gewonnene Ergebnis ist – wie stets bei der Anwendung von Tabellen und Leitlinien – **auf die Angemessenheit zu überprüfen.**[55] Vgl. dazu Rn. 218. Macht der Volljährige einen höheren Bedarf geltend, muss er – wie ein Minderjähriger (vgl. Rn. 342) – **darlegen und nachweisen,** worin der erhöhte Bedarf besteht und welche Mittel zur Bedarfsdeckung im Einzelnen erforderlich sind.[56] Hält dagegen der Verpflichtete den sich aus den Tabellen und Leitlinien ergebenden Bedarf für überhöht, muss er dartun und ggf. beweisen, auf Grund welcher besonderen Umstände ein niedrigerer Bedarf gerechtfertigt ist.

507 Frühere Schwierigkeiten, wenn das Kind in dem einen, die Eltern oder ein Elternteil in einem anderen OLG-Bezirk wohnen und die Leitlinien der Oberlandesgerichte verschiedene Sätze für den Bedarf und die Leistungsfähigkeit vorsehen, sind seit dem 1. 1. 2008 auf Grund der Unterhaltsreform 2007 weitgehend entfallen. Hinsichtlich der Differenzen zwischen den alten und den neuen Bundesländern kann auf die 6. Auflage verwiesen werden (Rn. 212 a ff.).

2. Bedarf von Studenten und Kindern mit eigenem Haushalt

508 Wohnt der Volljährige nicht bei einem Elternteil, wenden **alle Oberlandesgerichte feste Bedarfssätze** an.

509 a) Bei **Studierenden,** die nicht bei einem Elternteil leben und einen eigenen Haushalt führen (zu sonstigen Kindern mit eigenem Haushalt vgl. Rn. 515 ff.), beträgt der Gesamtunterhaltsbedarf nach der **Düsseldorfer Tabelle** (Anm. A 7 II) seit dem 1. 1. 2011 in der Regel **670,– EUR**, vom 1. 7. 2005 bis 31. 12. 2010 belief er sich auf 640,– EUR. Dem folgen, soweit ersichtlich, alle Oberlandesgerichte des alten Bundesgebiets (vgl. Nr. 13.1.2 der Leitlinien).

510 Die für das **Beitrittsgebiet** zuständigen Oberlandesgerichte gehen auf Grund der Unterhaltsreform 2007 seit dem 1. 1. 2008 von den gleichen Richtsätzen aus. Wegen abweichender früherer Richtsätze, die für die Vergangenheit weiter anzuwenden sind, wird auf die 6. Auflage und die bis 2007 vorgenommenen Änderungen verwiesen.

511 Der Richtsatz von 670,– EUR stimmt derzeit (Sommer 2011) mit dem Höchstsatz der Leistungen nach dem BAföG überein, der allerdings anders strukturiert ist (vgl. Rn. 228).
. Der Betrag von 670,– EUR **deckt** den **gesamten Bedarf** des Studenten ab, also vor allem Verpflegung, Wohnen, Fachliteratur, Fahrten am Studienort und Heimfahrten zu den Eltern oder einem Elternteil (vgl. aber Rn 517). Beiträge zur Krankenversicherung und Pflegeversicherung sind darin nicht enthalten, auch nicht die in den vergangenen Jahren neu eingeführten **Studiengebühren** (Anm. A.9 zur Düsseldorfer Tabelle).

512 Die Kosten einer **Krankenversicherung** und Pflegeversicherung sind zusätzlich zum Regelsatz von 670,– EUR zu zahlen, wenn das Kind nicht in der Familienversicherung eines Elternteils beitragsfrei mitversichert ist. Diese Mitversicherung ist in der gesetzlichen Krankenversicherung und Pflegeversicherung bis zum vollendeten 25. Lebensjahr des Kindes möglich, wenn es sich in Schul- oder Berufsausbildung befindet oder ein freiwilliges soziales oder ökologisches Jahr (Rn. 489) leistet (§ 10 II Nr. 3 SGB V, § 25 II Nr. 3 SGB XI). Die private Krankenversicherung, die Selbstständige, Richter, Beamte und Soldaten abschließen müssen, bietet in aller Regel keine beitragsfreie Mitversicherung von Kindern an. Dass der Unterhaltspflichtige auch die Krankenversicherung des Kindes – ggf. durch Zahlung eines zusätzlichen Beitrags neben dem Richtsatz der Tabellen – sicher-

---

[54] Vgl. BGH FamRZ 1997, 281, 283 f. = R 509 h; FamRZ 1985, 916
[55] BGH FamRZ 2000, 1492 = R 546 c; FamRZ 2000, 358 = R 537 b
[56] BGH FamRZ 2000, 358 = R 537 c

zustellen hat, wird von der Düsseldorfer Tabelle (Anm. A 9) und den meisten Leitlinien (13. 2) anerkannt.

Wohnkosten sind Teil des Regelbedarfs. Sie werden von der Düsseldorfer Tabelle (Anm. A.7) und den meisten Leitlinien der Oberlandesgerichte (Stand 2011) ausgewiesen und betragen insoweit einheitlich **280 EUR**. Nicht ausgewiesen ist der Wohnkostenanteil in den Leitlinien der Oberlandesgerichte Celle, Oldenburg Koblenz, Rostock und des Kammergerichts Berlin (Stand 2011). 513

Der Richtsatz für das studierende Kind mit eigenem Haushalt kann bei **guten Einkommensverhältnissen der Eltern erhöht** werden (vgl. Rn. 226 ff.). Dies ist insbesondere angezeigt, wenn das Kind nach der Tabelle einen höheren Unterhalt als 670,– EUR erhalten würde, falls es noch im elterlichen Haushalt lebte. Das ist nach der Düsseldorfer Tabelle 2008 der Fall bei einem zusammengerechneten Einkommen der Eltern ab 3901,– EUR,[57] wonach sich ein Tabellenbetrag von 703,– EUR ergibt. Nach den neueren Erhöhungen des Kindesunterhalts zum 1. 1. 2010, die sich in der 4. Altersstufe entsprechend fortsetzen, dürfte mit weiteren Erhöhungen allerdings Zurückhaltung angebracht sein und eine rechnerische Fortschreibung der Tabellensätze zu unangemessen hohen Bedarfsbeträgen führen.[58] 514

Das volljährige Kind mit eigenem Haushalt hat im Zweifel höhere Wohnkosten.[59] Vgl. dazu Rn. 228. Die meisten Leitlinien lassen deshalb eine angemessene Erhöhung des Studentenunterhalts oder jedenfalls eine Abweichung vom Richtsatz von 670,– EUR bzw. den Sätzen für das Beitrittsgebiet zu (jeweils 13. 1 der Leitlinien).

b) Volljährige Kinder mit eigenem Haushalt. Der Richtsatz von 670,– EUR kann auch für volljährige Schüler oder Auszubildende angesetzt werden, die das Elternhaus verlassen und einen eigenen Hausstand gegründet haben.[60] Dazu gehört auch das Leben in einer Wohngemeinschaft. Es reicht aber nicht aus, wenn ein volljähriges behindertes Kind in die Wohnung seiner Schwester umgezogen ist, aber noch im selben Haus wie seine Eltern lebt und von seiner Mutter betreut wird. In einem solchen Fall ist der Unterhalt einkommensabhängig nach der Düsseldorfer Tabelle zu bemessen.[61] 515

Der entsprechenden Empfehlung der **Düsseldorfer Tabelle** (DT Anm. A 7 II) folgen alle Leitlinien. Die obigen Ausführungen zum Studentenunterhalt (vgl. Rn. 509 ff.) gelten sinngemäß für den Unterhalt des volljährigen Kindes mit eigenem Haushalt. 516

Nicht einheitlich beantwortet wird die Frage, ob in dem Bedarfssatz von 670,– EUR **ausbildungsbedingter Mehrbedarf** (besser: **Ausbildungsaufwand**), enthalten ist. Eine Sonderregelung findet sich nur für Studiengebühren. Ob eine pauschale Anrechnung des Ausbildungsaufwands erfolgen kann, behandeln die Oberlandesgerichte in der Düsseldorfer Tabelle und den Leitlinien 2011 unterschiedlich. Die Leitlinien des OLG Hamm gehen davon aus, dass in dem Betrag von 670 EUR ein ausbildungsbedingter Bedarf von 90,– EUR enthalten sei (Nr. 13.1.2; im Ergebnis ebenso OLG Koblenz). Einzelne Oberlandesgerichte ermitteln das Einkommen wie das des Unterhaltspflichtigen (Abzug von 5%: OLG Dresden, OLG Frankfurt), erwarten einen konkreten Nachweis (KG Berlin, OLG Hamburg) oder sehen in ihren Leitlinien keine ausdrückliche Regelung vor (OLG Celle). Die Düsseldorfer Tabelle sowie die meisten Leitlinien der Oberlandesgerichte sehen dagegen seit 2011 einen Betrag von **90,– EUR** für „ausbildungsbedingten Mehrbedarf" vor (jeweils Nr. 13.2 und 10.2.3). 517

---

[57] Das KG Berlin sieht eine höhere Bemessung ab einem Einkommen über 4800,– EUR vor (Nr. 13.1.2); vgl. auch Soyka FamRZ 2007, 1362, 1364 und Klinkhammer FamRZ 2008, 193, 197

[58] Vgl. etwa – bedenklich – Soyka FamRZ 2011, 73, 76: Erhöhung des festen Bedarfssatzes auf 980 EUR

[59] Soyka FamRZ 2003, 1154

[60] Nach OLG Düsseldorf NJW-RR 2007, 794 auch für ein bei Pflegeeltern lebendes, in der Ausbildung befindliches Kind

[61] BGH FamRZ 1997, 281, 283 f. = R 509 h

3. Bedarf von Schülern, Studenten und Auszubildenden, die im Haushalt eines Elternteils leben

518 a) **Unterhaltsbemessung nach der Düsseldorfer Tabelle.** Nach der Düsseldorfer Tabelle (A 7 I) wird der Unterhalt volljähriger Kinder, die noch im Haushalt der Eltern oder eines Elternteils wohnen, seit 1. 1. 1996 nach den Richtsätzen der **Altersstufe 4** bemessen. Zur Errechnung der Richtsätze dieser Altersstufe vgl. Rn. 503. Dem folgt die weitaus überwiegende Zahl der Oberlandesgerichte (jeweils Nr. 13.1 der LL).

Die Leitlinien einzelner Oberlandesgerichte sehen Modifikationen vor. Das OLG Frankfurt sieht für ein Kind mit eigenem Einkommen einen Mindestbedarf von 560,– EUR vor (Nr. 13.1.1 LL).

519 Die Richtsätze der Altersstufe 4 gelten gerade nach nunmehr nahezu einheitlicher Praxis auch für **privilegiert volljährige Kinder** im Sinne des § 1603 II 2 BGB (zu diesen Kindern im einzelnen Rn. 579 ff.).[62] Das OLG Oldenburg das den Unterhalt für solche Kinder der Altersstufe 3 entnommen hat, hat diese praxis inzwischen aufgegeben. Dies entspricht dem Erfahrungssatz, dass volljährige Kinder bei pauschaler Betrachtung einen höheren Bedarf haben als minderjährige Kinder im Alter von 12–17 Jahren. Sie verlangen, auch wenn sie noch im Elternhaus leben, die Gleichbehandlung mit Erwachsenen, haben demgemäß – nicht zu Unrecht – höhere Ansprüche an Kleidung und Lebenshaltung und beanspruchen vielfach höheres Taschengeld. Demgemäß war es bis 30. 6. 1998 allgemeine Praxis, einem volljährigen Kind, auch wenn es bei seinen Eltern verblieb, einen höheren Unterhaltsbedarf zuzubilligen. Durch die Gleichstellung der privilegiert volljährigen Kinder mit Minderjährigen hat sich daran nichts geändert, da sich diese Gleichstellung nur auf die Leistungsfähigkeit des Schuldners und den Rang des Kindes bezieht (§§ 1603 II 2, 1609 I 1, II BGB).

520 Die Anwendung der Altersstufe 4 setzt auch und gerade bei nicht privilegiert volljährigen Kindern voraus, dass das Kind noch im Haushalt der Eltern oder eines Elternteils lebt, sich also die **Lebensverhältnisse** durch die Volljährigkeit **nicht wesentlich geändert** haben. Sie ist daher vor allem bei Schülern oder Auszubildenden angebracht, aber auch bei Kindern, die am Wohnort der Eltern studieren. Jedoch kann gerade dann der nach der Tabelle errechnete Bedarf zu niedrig sein, z. B. für einen **Studenten**, der weiter im Elternhaus wohnt, aber durch Fahrten zum Studienort, Literatur, Repetitor, Mensaessen usw. besondere Aufwendungen hat, die in dem in erster Linie auf Schüler zugeschnittenen Tabellenunterhalt nicht berücksichtigt sind.[63] Studierende Kinder, deren Wohnort in einiger Entfernung von der Universitätsstadt liegt, bleiben häufig bei einem Elternteil wohnen, obwohl dies unterhaltsrechtlich nicht ohne weiteres von ihnen verlangt werden kann, sparen sich einen Kleinwagen zusammen und nehmen beachtliche Fahrzeiten und Fahrtkosten auf sich. Hier kann es sich empfehlen, das Kind so zu behandeln, als wohne es am Studienort, und den Bedarf mit 640,– EUR nach A 7 II der Tabelle anzusetzen. Das gilt aber auch im umgekehrten Fall, dass ein Umzug an den Studienort die preiswertere Alternative wäre.[64]

521 Die Ermittlung des Unterhalts des volljährigen Kindes nach der Altersstufe 4 der Düsseldorfer Tabelle ist insbesondere dann angezeigt, wenn nur ein Elternteil barunterhaltspflichtig ist, also z. B. die Mutter, bei der das Kind lebt, nicht erwerbstätig zu sein braucht (dazu Rn. 540) oder sie durch ihr Einkommen den angemessenen Selbstbehalt von 1150,– EUR (vgl. dazu Rn. 546 ff.) nicht deckt. Auf einen solchen Fall ist die Düsseldorfer Tabelle in erster Linie zugeschnitten.[65] Zur Bedarfsbemessung bei beiderseitiger Barunterhaltspflicht der Eltern vgl. Rn. 523.

---

[62] OLG Hamm FamRZ 1999, 1018; Strauß FamRZ 1998, 993, 995 FamRefK/Häußermann § 1610 Rn. 4; vgl. auch BGH FamRZ 2002, 815 = R 570 c
[63] Scholz FamRZ 1993, 125, 135; Soyka FamRZ 2003, 1154. Generell für eine Kürzung des Festbetrages um eine Wohnkostenersparnis: OLG Koblenz FamRZ 1996, 382
[64] BGH FamRZ 2009, 762
[65] Scholz FamRZ 1993, 125, 135

Bei unterdurchschnittlicher Unterhaltslast des allein barunterhaltspflichtigen Elternteils ist **522** eine **Höhergruppierung,** bei überdurchschnittlicher Belastung des Schuldners mit Unterhaltspflichten ist eine **Herabgruppierung** nach Anm. A 1 der Düsseldorfer Tabelle möglich. Vgl. Rn. 343 ff. Bestimmt sich der Bedarf des volljährigen Kindes nach den zusammengerechneten Einkünften der Eltern, ist dagegen in der Regel von einer Höhergruppierung abzusehen.[66] Vgl. Rn. 523.

Beispiel:
Einkommen des allein barunterhaltspflichtigen Vaters 2200,– €. Die wiederverheiratete Mutter (M) ist erwerbsunfähig. Sie bezieht das Kindergeld von 184,– €. Da der Vater nur dem volljährigen, bei M lebenden Kind barunterhaltspflichtig ist, ergibt sich der Unterhalt unter einmaliger Höhergruppierung nach A 1 der Tabelle aus der 4. Einkommensgruppe. Vgl. dazu Rn. 345. Der von V geschuldete Unterhalt beträgt also 562,– € und ist um das volle Kindergeld von 184,– € zu kürzen. V hat also 378,– € zu zahlen.

Sind **beide Eltern** einem volljährigen Kind, das bei einem von ihnen lebt, barunterhalts- **523** pflichtig, ist der Bedarf nach den **zusammengerechneten Einkünften** der Eltern zu bemessen und der entsprechenden Einkommensgruppe der Tabelle zu entnehmen.[67] Ein Elternteil hat aber höchstens den Unterhalt zu leisten, der sich bei Zugrundelegung allein seines Einkommens aus der Tabelle ergeben würde.[68] Hiervon gehen alle Oberlandesgerichte aus, die den Bedarf des volljährigen Kindes, das im Haushalt eines Elternteils lebt, nach der 4. Altersstufe der Tabelle bestimmen (Rn. 518). Jedoch ist zu berücksichtigen, dass die Eltern dadurch besonders belastet sind, dass jeder von ihnen einen eigenen Haushalt führen muss. Deshalb ist eine Höhergruppierung nach A 1 der Düsseldorfer Tabelle in der Regel nicht angebracht.[69]

Der Tabellenunterhalt des volljährigen Kindes enthält wie beim Minderjährigen den **524** **gesamten Lebensbedarf,** also auch die Wohnkosten. Diese sind jedoch wegen der Ersparnis infolge des Zusammenlebens mit einem Elternteil geringer als beim Studentenunterhalt (vgl. Rn. 513 f., auch Rn. 326).

Der Unterhaltspflichtige hat neben dem Elementarunterhalt auch den **Krankenver- 525 sicherungsschutz** und die Pflegeversicherung sicherzustellen, wenn das Kind nicht bei einem Elternteil in die Versicherung eingeschlossen ist. Auf die obigen Ausführungen wird verwiesen (vgl. Rn. 512).

b) Unterhaltsbemessung nach festen Regelbedarfssätzen. Die früher von einer **526** Reihe von Oberlandesgerichten auf den Unterhalt des im Haushalt eines Elternteils lebenden nicht privilegiert volljährigen Kindes angewandten festen Regelbedarfssätze (s. dazu die 6. Auflage) werden heute – soweit ersichtlich – nicht mehr aufrechterhalten.

c) Unterhaltsbemessung teilweise nach der Düsseldorfer Tabelle, teilweise nach 527 festen Regelbedarfssätzen. Das OLG **Frankfurt** (FL 13. 1. 1) setzt für den im Haushalt eines Elternteils lebenden Volljährigen, der über kein Erwerbseinkommen verfügt, den Tabellenbetrag der 4. Altersstufe der Düsseldorfer Tabelle entsprechend dem zusammengerechneten Einkommen der Eltern an. Erzielt der bei einem Elternteil lebende Volljährige dagegen eigenes Erwerbseinkommen, so ist von einem festen Bedarfsbetrag von mindestens 560,– EUR auszugehen.

Dieser Berechnung folgt das OLG **Jena** (ThL 13.1.1. Stand: 2010). Es bemisst den **528** Bedarf wegen der wirtschaftlichen Vorteile durch das Zusammenleben mit einem Elternteil auf 530,– EUR (Stand 2010), soweit sich nicht aus der Tabelle ein höherer Bedarf ergibt.

d) Konkrete Unterhaltsbemessung. Auch der Unterhalt eines im Haushalt eines **529** Elternteils lebenden Schülers, Studenten oder Auszubildenden kann **bei günstigen Ein-**

---

[66] BGH FamRZ 1986, 151; Scholz FamRZ 1993, 125, 135
[67] BGH FamRZ 2006, 99
[68] BGH FamRZ 2006, 99; FamRZ 1994, 696, 698; FamRZ 1988, 1039; FamRZ 1986, 151; Gerhardt FamRZ 2006, 740, hält diese Einschränkung nach der vom BGH nunmehr angewendeten vollen Kindergeldanrechnung für entbehrlich; dagegen Gutdeutsch FamRZ 2006, 1502
[69] BGH FamRZ 1986, 151; Scholz FamRZ 1993, 125, 135

kommensverhältnissen der Eltern über die Richtsätze der Tabellen und Leitlinien hinaus erhöht werden. Genaueres dazu Rn. 226 ff., 514.

4. Regelmäßiger Mehrbedarf des volljährigen Schülers, Studenten oder Auszubildenden

530 Bei den Bedarfssätzen nach den Tabellen und Leitlinien handelt es sich um eine **pauschalierte Bemessung des** gesamten durchschnittlichen **Normalbedarfs** des Volljährigen. Im Einzelfall kann dieser Normalbedarf auch bei Volljährigen erhöht werden, wenn infolge besonderer Umstände ein Mehrbedarf besteht und dieser regelmäßig anfällt (vgl. oben Rn. 232 ff.).

531 So kann z. B. bei einem behinderten volljährigen Kind, das sich einer Ausbildung unterzieht und dessen Bedarf daher nach den Regelsätzen der Tabellen und Leitlinien bemessen wird, der Normalbedarf um **behinderungsbedingte** regelmäßige **Mehrkosten** erhöht werden.[70] Ergänzend kann auf die Ausführungen zum behinderungsbedingten Mehrbedarf bei Minderjährigen und zu seiner teilweisen Deckung durch Sozialleistungen hingewiesen werden (Rn. 463 ff.). Zum Bedarf behinderter volljähriger Kinder, die sich in keiner Ausbildung befinden, vgl. Rn. 534. Das volljährige Kind ohne selbstständige Lebensstellung hat einen Anspruch auf **Prozesskostenvorschuss**.[71]

532 Regelmäßiger Mehrbedarf kann u. U. bejaht werden, wenn für ein **Studium im Ausland**[72], für eine **Privatschule**[73] oder für eine sonstige entgeltliche Ausbildung, z. B. für Klavierunterricht zur Vorbereitung auf die Aufnahmeprüfung eines Konservatoriums,[74] zusätzliche Kosten anfallen. Voraussetzung ist allerdings, dass die kostenverursachende Maßnahme sachlich berechtigt ist und die sich daraus ergebenden Mehrkosten dem Unterhaltsverpflichteten nach dessen Einkommens- und Vermögensverhältnissen wirtschaftlich **zumutbar** sind. Monatliche Kosten von knapp 4000,– EUR für ein mehrjähriges Studium in den USA dürften auch bei sehr guten, aber nicht außergewöhnlichen Einkommens- und Vermögensverhältnissen den von den Eltern zu finanzierenden Rahmen sprengen.[75] Für die Zumutbarkeit gelten auch hier sinngemäß die Ausführungen zum Minderjährigenunterhalt (vgl. oben Rn. 451 ff.). Bei den hier erörterten Zusatzkosten der Ausbildung handelt es sich in der Regel nicht um Sonderbedarf, weil sie nicht überraschend auftreten und weil sie der Höhe nach bei vorausschauender Planung abschätzbar sind.[76]

533 Wer über den Normalbedarf hinausgehenden **Mehrbedarf** geltend macht, muss im Einzelnen **darlegen und** bei Bestreiten **beweisen,** worin dieser Mehrbedarf besteht und warum er berechtigt ist. Die Höhe berechtigter regelmäßiger Mehrkosten ist konkret zu ermitteln. Sie kann nach § 287 II ZPO geschätzt werden, wenn ein ausreichender entsprechender Sachvortrag besteht. Der Richter kann zu einem festen Betrag auf rechtlich nicht angreifbare Weise im Wege der Schätzung kommen.[77] Dabei kann auch berücksichtigt werden, dass es auf Grund der Mehraufwendungen auch **Einsparungen** beim Normalbedarf geben kann (vgl. Rn. 458).

5. Bemessung des Bedarfs des Volljährigen, der sich nicht in einer Ausbildung befindet

534 Die Unterhaltstabellen und die Regelbedarfssätze gelten bei einem volljährigen Kind vor allem, wenn und soweit es noch ausgebildet wird oder es sich noch einer Ausbildung unterziehen will, sei es auf einer Schule oder Hochschule, sei es in Form einer Lehre. Sie

---

[70] BGH FamRZ 1985, 917, 919
[71] BGH FamRZ 2005, 883
[72] BGH FamRZ 1992, 1064 = R 446
[73] OLG Hamm FamRZ 1997, 960
[74] OLG München FamRZ 1992, 595; vgl. auch BGH FamRZ 2001, 1603
[75] Anders zu Unrecht AG Köln FamRZ 2000, 482
[76] OLG Hamm FamRZ 1994, 1281
[77] BGH FamRZ 1985, 917, 919; vgl. auch OLG Düsseldorf FamRZ 2002, 854

6. Abschnitt: Der Unterhaltsanspruch volljähriger Kinder § 2

passen nicht oder allenfalls bedingt auf volljährige Kinder, die z. B. wegen einer **Behinderung** geistiger oder körperlicher Art eine Ausbildung nicht absolvieren können (vgl. Rn. 484). Hier wird vielfach eine konkrete Bemessung des Bedarfs angebracht sein. So wird der Bedarf eines in einem Heim untergebrachten Kindes häufig den Unterbringungskosten und einem angemessenen Taschengeld entsprechen.[78] Lebt das behinderte volljährige Kind dagegen in der Familie, müssen die den Bedarf erhöhenden Umstände im Einzelnen dargelegt werden.[79] Eine Vergütung für die Arbeit in einer Behindertenwerkstatt wird in der Regel Einkommen aus unzumutbarer Tätigkeit sein, wenn das Kind arbeitsunfähig und daher nicht zu einer Erwerbstätigkeit verpflichtet ist; die ohnehin meist nur geringe Entlohnung kann daher allenfalls zur teilweisen Deckung des Taschengeldes herangezogen werden. Es geht allerdings nicht an, sie schon deshalb nicht zu berücksichtigen, weil sie mehr als Anerkennung und als Versuch einer Eingliederung in das Erwerbsleben diene;[80] dies widerspricht dem Grundsatz, dass grundsätzlich jedes Einkommen zur Bedarfsdeckung heranzuziehen ist. Die bedarfsorientierte Grundsicherung, die auch einem voll erwerbsgeminderten volljährigen Kind zustehen kann, ist Einkommen und daher auf den Bedarf anzurechnen (vgl. Rn. 498). Neben der konkreten Berechnung des Bedarfs ist es auch möglich, vor allem bei jüngeren volljährigen Kindern, den Bedarf zunächst auf der Basis der Düsseldorfer Tabelle zu berechnen und diesen Betrag dann um konkret vorzutragenden behinderungsbedingten Mehrbedarf (vgl. Rn. 531) zu erhöhen.[81] Steht ein volljähriges Kind unter **Betreuung,** so kann die Vergütung, die es dem Betreuer nach § 1836 BGB schuldet, Teil seines Unterhaltsbedarfs sein. Dasselbe gilt für den Aufwendungsersatz nach § 1835 BGB und die Aufwandsentschädigung nach § 1835 a BGB. Allerdings wird es sich unter Umständen nicht um Mehrbedarf, sondern um Sonderbedarf handeln.[82] Vgl. dazu auch Rn. 451.

Die Belastung der Eltern durch den oft sehr hohen Mehrbedarf des behinderten Kindes wird durch die Gewährung von Sozialhilfe und die Beschränkung des Rückgriffs des Sozialhilfeträgers nach § 94 III SGB XII erheblich reduziert.

Hat ein Volljähriger bereits durch eine Berufsausbildung oder durch längere Ausübung einer ungelernten Tätigkeit eine eigene Lebensstellung erlangt (vgl. oben Rn. 200 ff.), so ist diese für die Bemessung des Bedarfs maßgebend, wenn das Kind, z. B. durch Arbeitslosigkeit oder Krankheit, wieder bedürftig wird.[83] Das Kind muss dann für seinen Unterhalt selbst aufkommen und grundsätzlich jede Erwerbsmöglichkeit auch unterhalb seiner bisherigen Lebensstellung annehmen.[84] Vgl. dazu Rn. 484. Der Volljährige muss sich ggf. zunächst mit Arbeitslosen- oder Krankengeld begnügen und eine entsprechende Schmälerung seiner Einkünfte hinnehmen. Seine Eltern kann er nur dann auf Unterhalt in Anspruch nehmen, wenn es ihm trotz aller Bemühungen nicht gelingt, das Existenzminimum zu sichern. Dieses beträgt jedenfalls bei durchschnittlichen Einkommensverhältnissen analog B V der Düsseldorfer Tabelle 770,– EUR. Ein Unterschied zwischen (teilweise) Erwerbstätigen und Nichterwerbstätigen besteht nicht. Der darüber hinausgehende Selbstbehalt des Erwerbstätigen (950 EUR) schließt einen Erwerbsanreiz ein, der auf Seiten des Unterhaltspflichtigen seine Berechtigung hat, aber nicht in gleicher Weise auf den Unterhaltsberechtigten übertragen werden kann. Denn dieser ist ohnehin gehalten, im Rahmen seiner Möglichkeiten den eigenen Lebensbedarf sicherzustellen.[85] Ein volljähriges Kind, das bereits eine eigene Lebensstellung erlangt hatte und dann wieder unterhaltsbedürftig wird, kann nicht besser stehen als ein Elternteil, der von seinem Kind Unterhalt verlangt und sich ebenfalls eine Schmälerung seines Bedarfs bis auf das Existenzminimum gefallen lassen muss.[86] Zur Höhe des angemessenen Selbstbehalts in derartigen Fällen Rn. 552.

535

---

[78] OLG Oldenburg FamRZ 1996, 625
[79] OLG Karlsruhe FuR 2000, 440; OLG Düsseldorf FamRZ 2002, 854
[80] So aber OLG Oldenburg FamRZ 1996, 625
[81] OLG Düsseldorf FamRZ 2002, 854
[82] OLG Nürnberg MDR 1999, 616
[83] Vgl. etwa OLG Brandenburg FPR 2004, 474 (LS)
[84] BGH FamRZ 1987, 930, 932; FamRZ 1985, 273
[85] BGH FamRZ 2010, 357 Rn. 38 m. w. N.
[86] BGH FamRZ 2003, 860 mit Anm. Klinkhammer = R 590 A b

IV. Leistungsfähigkeit der Eltern beim Unterhalt volljähriger Kinder

1. Grundsätzlich keine gesteigerte Unterhaltspflicht gegenüber volljährigen Kindern

536   Nach § 1603 I BGB braucht ein Elternteil einem volljährigen Kind keinen Unterhalt zu zahlen, wenn er unter Berücksichtigung seiner sonstigen Verpflichtungen außerstande ist, ohne Gefährdung seines eigenen angemessenen Unterhalts den Kindesunterhalt zu gewähren. Ihm muss also sein **eigener angemessener Bedarf** oder der sog. große Selbstbehalt verbleiben. Zur Höhe des angemessenen Eigenbedarfs vgl. Rn. 546 ff.

537   § 1603 II 1 BGB, nach dem Eltern alle verfügbaren Mittel für ihren und den Unterhalt ihrer minderjährigen Kinder gleichmäßig zu verwenden haben (vgl. oben Rn. 366), gilt bei volljährigen Kindern grundsätzlich nicht. Nur sog. privilegiert volljährige Kinder sind den Minderjährigen seit dem 1. 7. 1998 hinsichtlich der Leistungsfähigkeit der Eltern (§ 1603 II 2 BGB) und damit der gesteigerten Unterhaltspflicht, aber auch hinsichtlich des Ranges (§ 1609 Nr. 1 BGB) gleichgestellt. Es handelt sich um unverheiratete volljährige Kinder bis zur Vollendung des 21. Lebensjahres, die im Haushalt der Eltern oder eines Elternteils leben und sich in der allgemeinen Schulausbildung befinden. Vgl. dazu eingehend Rn. 579 ff.

Gegenüber nicht privilegiert volljährigen Kindern trifft die Eltern dagegen **keine gesteigerte Unterhaltspflicht.** Dies hat folgende Konsequenzen:

538   • Die Eltern können nicht auf den notwendigen Eigenbedarf oder den kleinen Selbstbehalt verwiesen werden (vgl. dazu bei minderjährigen Kindern Rn. 380 ff., 384 ff.).

539   • Die Obliegenheit zur Aufnahme von **Gelegenheitsarbeiten** und berufsfremden Tätigkeiten, zur Vornahme eines **Orts- oder Berufswechsels** (vgl. Rn. 367 ff.) trifft die Eltern nicht in demselben Umfang wie gegenüber einem minderjährigen Kind. Zu einem Berufs- oder Ortswechsel ist ein Elternteil gegenüber einem volljährigen Kind nur ausnahmsweise gehalten, wenn die Notwendigkeit einer solchen Maßnahme evident ist, z. B. weil der bisherige Beruf oder der bisherige Arbeitsort wegen einer Veränderung der wirtschaftlichen Bedingungen keine langfristige Perspektive mehr bietet.

540   • Grundsätzlich wird ein Elternteil durch Ausübung einer **vollschichtigen Tätigkeit** gegenüber einem volljährigen Kind seiner **Erwerbsobliegenheit** nachkommen. Überstundenvergütungen werden allerdings weiterhin voll dem Einkommen zugerechnet, soweit sie in geringem Umfang anfallen oder berufstypisch sind. Entgelt aus darüber hinausgehenden Überstunden kann aus unzumutbarer Tätigkeit stammen; es ist dann unter Berücksichtigung des Einzelfalles nach Treu und Glauben nicht oder nur teilweise anzurechnen (vgl. Rn. 1/87). Dies gilt sinngemäß auch für Einkünfte aus Nebenbeschäftigungen.

541   • Auch gegenüber einem volljährigen Kind müssen Eltern auf eigene **Aus- und Fortbildungswünsche** grundsätzlich verzichten, solange das Kind noch unterhaltsbedürftig ist. Die Grundsätze, die der BGH[87] für den Minderjährigenunterhalt entwickelt hat (vgl. Rn. 371), müssen sinngemäß für den Unterhalt des volljährigen Kindes gelten. Andererseits wird auch das volljährige Kind auf Zusatzausbildungen, wie z. B. ein betriebswirtschaftliches Studium nach einer Banklehre, unter Umständen verzichten müssen, wenn sich ein Elternteil aus einem wichtigen Grund umschulen oder fortbilden lassen will, da es dann für den Elternteil nicht zumutbar sein kann, weiter Unterhalt an das volljährige Kind zu zahlen. Hier müssen die Interessen des Kindes und diejenigen des Elternteils gegeneinander abgewogen werden.

542   • Ein Elternteil, der gegenüber einem volljährigen Kind unterhaltspflichtig ist, darf sich nicht durch **leichtfertiges, unterhaltsbezogenes Verhalten,** insbesondere durch Aufgabe einer ertragreichen Arbeit, **leistungsunfähig** machen (vgl. oben Rn. 243 ff., 372).

543   • Einem Elternteil, der seine **Erwerbsobliegenheit** gegenüber einem volljährigen Kind **nicht erfüllt,** wird ein **Einkommen** aus einer zumutbaren Erwerbstätigkeit, die er tatsächlich ausüben könnte, **fiktiv** zugerechnet (vgl. Rn. 244 f., 1/761 ff.).

---

[87] FamRZ 1994, 372, 374 f. = R 473 d

6. Abschnitt: Der Unterhaltsanspruch volljähriger Kinder § 2

- Die **Hausmannrechtsprechung** gilt beim volljährigen Kind nur in recht eingeschränktem Umfang. Vgl. dazu oben Rn. 291 ff. 544

2. Angemessener Eigenbedarf des Verpflichteten nach § 1603 I BGB und eheangemessener Bedarf nach §§ 1361, 1578 I 1, 1581 BGB

Der angemessene Eigenbedarf, der dem Verpflichteten gegenüber dem volljährigen Kind 545 verbleiben muss (§ 1603 I BGB), entsprach schon nach früherer Praxis im Normalfall nicht dem eheangemessenen Eigenbedarf, der dem Unterhaltspflichtigen gegenüber seinem Ehegatten zustand (§ 1581 BGB). Dieser richtete sich als Spiegelbild des Bedarfs des Berechtigten nach den ehelichen Lebensverhältnissen (§ 1578 I 1 BGB),[88] die nach der zutreffenden Auffassung des BGH[89] – von Mangelfällen abgesehen (vgl. Rn. 262 ff.) – durch die Unterhaltspflicht gegenüber einem volljährigen Kind bestimmt werden. Auch nach der Änderung der Rechtsprechung und dem nunmehr mit einem Zwischenbetrag von notwendigem und angemessenem Selbstbehalt festzusetzenden Ehegattenselbstbehalt,[90] bedeutet dies nach wie vor, dass nicht nur der Unterhalt minderjähriger, sondern auch volljähriger Kinder vorweg vom Einkommen des unterhaltsverpflichteten Ehegatten abzuziehen ist, bevor der Unterhalt des bedürftigen Ehegatten errechnet wird. Dies darf jedoch nicht zu einem Missverhältnis hinsichtlich des wechselseitigen Bedarfs der Beteiligten führen.[91] Vgl. Rn. 250.

3. Bemessung des angemessenen Eigenbedarfs des verpflichteten Elternteils nach den Tabellen und Leitlinien der Oberlandesgerichte

Nach der **Düsseldorfer Tabelle** (A 5 II) beträgt der angemessene Eigenbedarf gegen- 546 über Volljährigen seit dem 1. 1. 2011 in der Regel mindestens **1150,– EUR**. Vom 1. 7. 2005 bis 31. 12. 2010 belief er sich auf 1100,– EUR. Dieser Richtsatz gilt nach der Düsseldorfer Tabelle und den Leitlinien der Oberlandesgerichte **auch für einen nicht erwerbstätigen Unterhaltsschuldner**, z. B. einen Rentner oder Pensionär. Dazu im einzelnen Rn. 547. Wer aus dem Erwerbsleben ausgeschieden ist, muss ohnehin gegenüber seinem früheren Erwerbseinkommen eine deutliche Einbuße hinnehmen und seinen Lebensstandard entsprechend einschränken. Es ist unbillig, ihn zum Unterhalt für ein volljähriges Kind in stärkerem Umfang als einen Berufstätigen heranzuziehen, zumal da durch die Berufsausübung entstehende Aufwendungen bereits durch eine Pauschale von 5% oder jedenfalls auf konkreten Nachweis vom Einkommen abgesetzt werden.

Der Empfehlung der Düsseldorfer Tabelle, den angemessenen Selbstbehalt gegenüber 547 dem volljährigen Kind für den erwerbstätigen und den nicht erwerbstätigen Schuldner einheitlich mit 1150,– EUR anzusetzen, folgen jetzt alle Oberlandesgerichte (jeweils 21.3.1 der Leitlinien).

Das OLG Schleswig legte früher einen niedrigeren Betrag zugrunde, hat sich aber inzwischen der Düsseldorfer Tabelle angeschlossen.

Auch das OLG Braunschweig, das früher zwischen Erwerbstätigen nicht Erwerbstätige differenzierte, legt inzwischen einen einheitlichen Betrag zugrunde und folgt der Düsseldorfer Tabelle.

Die im angemessenen Eigenbedarf von 1150,– EUR enthaltenen **Wohnkosten** betragen 548 bis 450,– EUR. Es handelt sich um die Warmmiete, also die Kosten der Unterkunft einschließlich umlagefähiger Nebenkosten und Heizung (DT Anm. A 5 II). Auch der angemessene Selbstbehalt kann erhöht werden, wenn dieser Betrag im Einzelfall erheblich überschritten wird und dies nicht vermeidbar ist. Den Betrag von 450,– EUR für die Warmmiete haben die meisten Oberlandesgerichte (jeweils 21.1 der Leitlinien). Das OLG

---

[88] BGH FamRZ 1990, 260, 264
[89] FamRZ 2003, 860 mit Anm. Klinkhammer = R 590 A g; FamRZ 1986, 553, 555
[90] BGH FamRZ 2006, 683
[91] BGH FamRZ 2003, 860 mit Anm. Klinkhammer = R 590 A g; FamRZ 1986, 553, 555

§ 2 Kindes-, Eltern- und sonstiger Verwandtenunterhalt

Frankfurt geht von 480,– EUR aus (370,– EUR Kaltmiete, 110,– EUR Nebenkosten und Heizung).

549 Zu den früheren Leitlinien der für das **Beitrittsgebiet** zuständigen Oberlandesgerichte (jeweils 21. 3. 1) s. die in der 6. Auflage (Rn. 420)enthaltene Übersicht.

550 Eine **Erhöhung des angemessenen Eigenbedarfs** über den Richtsatz von 1150,– EUR oder die anderen von den Leitlinien aufgestellten Regelsätze hinaus kommt vor allem in Betracht,

551 • wenn in den **Abitur-Lehre-Studium-Fällen** nach der Rechtsprechung des BGH[92] zu prüfen ist, ob das Studium für die Eltern oder den unterhaltspflichtigen Elternteil nach seinen wirtschaftlichen Verhältnissen zumutbar ist (vgl. Rn. **103**). Dasselbe gilt in sonstigen Fällen der Weiterbildung (vgl. Rn. 97, 104 ff.);

552 • wenn das **Kind** nach Abschluss einer Ausbildung, z. B. wegen eines Unfalls, **erneut unterhaltsbedürftig** wird und sich der pflichtige Elternteil bereits auf den Fortfall der Unterhaltspflicht eingestellt und wirtschaftliche Dispositionen getroffen hat, die er bei Fortdauer der Unterhaltspflicht unterlassen hätte. Aus diesem Gesichtspunkt hat der BGH[93] bei Kindern, die ihren betagten Eltern Unterhalt zahlen müssen, eine Erhöhung des angemessenen Selbstbehalts auf den in der Düsseldorfer Tabelle unter D1 ausgewiesenen Betrag von derzeit 1500,– EUR für erforderlich gehalten. Dieser Grund trifft aber auch für die hier erörterte vergleichbare Situation beim Unterhalt volljähriger Kinder zu;[94]

553 • wenn die **Wohnkosten des Schuldners überhöht** sind, vor allem wenn der Betrag von 450,– EUR warm (vgl. Rn. 548) überschritten wird und intensive Bemühungen des Schuldners um eine billigere Wohnung oder um Wohngeld fehlgeschlagen sind oder von vornherein keinen Erfolg versprechen (vgl. auch Rn. 392);

554 • bei **krankheitsbedingtem Mehrbedarf** des unterhaltspflichtigen Elternteils, insbesondere wenn er wegen seiner Behinderung auf dauernde Pflege angewiesen ist und die dadurch entstehenden Kosten nicht durch Leistungen der Pflegeversicherung gedeckt sind. Pflegt die Ehefrau den Schuldner unentgeltlich, kommen die dadurch erzielten Ersparnisse dem Kind als freiwillige Leistungen eines Dritten (vgl. dazu Rn. 121 ff.) nicht zugute.[95]

555 Eine **Herabsetzung des angemessenen Eigenbedarfs** ist möglich, wenn der Pflichtige mit einem leistungsfähigen Partner in einer neuen Ehe oder einer **nichtehelichen Lebensgemeinschaft** zusammenlebt und dadurch Kosten, insbesondere Wohnkosten spart, er also gegenüber dem allein lebenden Unterhaltsschuldner besser steht.[96] Vgl. dazu Rn. 393. Auch kann der angemessene Eigenbedarf des wiederverheirateten Elternteils durch den auskömmlichen Familienunterhalt gesichert sein, den sein jetziger Ehegatte zur Verfügung stellt. Dann ist der Elternteil verpflichtet, aus seinem Einkommen zum Unterhalt des volljährigen Kindes beizutragen. Insoweit kann die Wiederverheiratung sich zum Vorteil des Kindes auswirken.[97] Dies gilt auch dann, wenn der Elternteil voll berufstätig ist.[98] Dazu im Einzelnen Rn. 291 ff.

Dagegen können Leistungen, die der Partner des Unterhaltspflichtigen diesem erbringt, grundsätzlich nicht dem volljährigen Kind zugute kommen. Der neue Ehegatte des Pflichtigen ist nicht verpflichtet, ihm Geldmittel für die Erfüllung von Unterhaltsansprüchen zur Verfügung zu stellen; vgl. dazu Rn. 291. **Leistungen des Partners** einer nichtehelichen Lebensgemeinschaft sind grundsätzlich als freiwillige Zuwendungen eines Dritten anzuse-

---

[92] BGH FamRZ 1989, 853
[93] BGH FamRZ 2002, 1698, 1701 mit Anm. Klinkhammer = R 580 c
[94] OLG Düsseldorf FamRZ 2001, 1724, 1726; OLG Hamm NJW-RR 2002, 650
[95] BGH FamRZ 1995, 537 = R 493 b
[96] BGH FamRZ 2001, 1065 = R 549 b; FamRZ 1998, 286, 288 = R 518 a; vgl. auch BGH FamRZ 1995, 343 = R 489 b; FamRZ 1991, 182, 185 = R 430
[97] BGH FamRZ 2001, 1065 = R 549 b; FamRZ 1998, 286, 288 = R 518 b; FamRZ 2004, 24 = R 600; vgl. auch BL, BraL, BrL, CL, DrL (jeweils 21. 5), FL (21. 4. 1), HaL, HL, OL (jeweils 21. 5), RL (21. 6), SüdL (21. 5. 1)
[98] So BGH FamRZ 1998, 286, 288 = R 518 b

6. Abschnitt: Der Unterhaltsanspruch volljähriger Kinder § 2

hen und daher nicht dem Einkommen des Pflichtigen zuzurechnen (vgl. oben Rn. 121 ff., 1/712).[99] Eine Ausnahme besteht allerdings dann, wenn der Unterhaltsschuldner den Lebensgefährten versorgt, ihm den Haushalt führt und ihm dadurch eine geldwerte Leistung erbringt (vgl. Rn. 1/713 ff.).[100]

4. Berücksichtigung anderweitiger Verpflichtungen, insbesondere vorrangiger Unterhaltsansprüche

Der unterhaltspflichtige Elternteil kann dem nicht privilegierten volljährigen Kind **vorrangige Unterhaltsansprüche Dritter** entgegensetzen. Durch die Erfüllung dieser Ansprüche wird seine Leistungsfähigkeit gegenüber dem volljährigen Kind gemindert. Vorrangig sind nach § 1609 Nr. 1–3 BGB 556
– Unterhaltsansprüche minderjähriger Kinder, aber auch privilegiert volljähriger Kinder im Sinne des § 1603 II 2 BGB (vgl. dazu Rn. 579 ff., 593), also der Geschwister oder Halbgeschwister des volljährigen Kindes,
– Unterhaltsansprüche des früheren und ggf. des jetzigen Ehegatten des unterhaltspflichtigen Elternteils und der nichtehelichen Elternteile nach § 1615l BGB.
Kann der Pflichtige die Unterhaltsansprüche aller Berechtigten erfüllen, wirkt sich der Vorrang nicht aus. Dann wird auch der Unterhalt des volljährigen Kindes vom Einkommen des Schuldners abgezogen. Erst von dem verbleibenden Einkommen wird der Ehegattenunterhalt ermittelt (vgl. Rn. 250, 545). Der Vorwegabzug des Unterhalts des volljährigen Kindes darf jedoch nicht zu einem Missverhältnis hinsichtlich des wechselseitigen Bedarfs führen.[101] Dem bedürftigen Ehegatten muss sein angemessener Unterhalt verbleiben, der im Verhältnis zum volljährigen Kind 1150,– EUR beträgt (vgl. Rn. 546 ff.).

Volljährige erhalten **nur insoweit Unterhalt,** als durch das Einkommen des pflichtigen 557
Elternteils alle **vorrangigen Unterhaltsansprüche** gedeckt sind. Bei der Ermittlung des Unterhaltsbedarfs der vorrangigen Kinder sind aber auch nachrangige Unterhaltsberechtigte zu berücksichtigen (Anm. A.1 I Düsseldorfer Tabelle).[102] Bevor also der Unterhalt des Volljährigen gekürzt wird, wird in der Regel auf Grund der Bedarfskontrollbeträge eine Herabgruppierung der minderjährigen Geschwister bis in die Einkommensgruppe 1 der Düsseldorfer Tabelle in Betracht kommen. Bleibt auch dann noch eine Lücke, so kann der Volljährige nur die Differenz zwischen dem verbleibenden Einkommen und dem angemessenen Selbstbehalt beanspruchen.[103]

Der Nachrang des volljährigen Kindes (§ 1609 BGB) gilt auch, wenn es körperlich oder 558
geistig **behindert** ist. Auf seine Geschäftsfähigkeit kommt es nicht an. Nach Inhalt und Zweck der unterhaltsrechtlichen Normen ist für das Rangverhältnis ausschließlich das Alter des Kindes maßgeblich.[104]

Ist ein Elternteil wiederverheiratet und trägt er in der neuen Ehe ausschließlich durch die 559
Haushaltsführung zum Unterhalt der neuen Familie bei (§ 1360 S. 2 BGB; vgl. Rn. 3/16, 46), kommen Unterhaltsansprüche eines volljährigen Kindes nach der **Hausmannrechtsprechung** nur in Ausnahmefällen in Betracht. Im Einzelnen dazu Rn. 291 ff.

V. Ermittlung des Haftungsanteils der Eltern nach § 1606 III 1 BGB

1. Anteilige Haftung der Eltern

Grundsätzlich sind bei Volljährigen **beide Eltern barunterhaltspflichtig,** Leistungs- 560
fähigkeit allerdings vorausgesetzt (vgl. Rn. 567 ff.).

---

[99] BGH FamRZ 1995, 537 = R 493 b
[100] BGH FamRZ 1995, 344, 346 = R 488
[101] BGH FamRZ 2003, 860 mit Anm. Klinkhammer = R 590 A g
[102] BGH FamRZ 2008, 2189 Rn. 18 f.
[103] BGH FamRZ 1986, 48
[104] BGH FamRZ 1987, 472, 474; FamRZ 1984, 683, 685

- Wohnt das **volljährige Kind im gemeinsamen Haushalt der** nicht getrennt lebenden **Eltern**, erhält es auf Grund einer Bestimmung der Eltern nach § 1612 II 1 BGB Naturalunterhalt als Teil des **Familienunterhalts**, zu dem beide Eltern nach Maßgabe des § 1360 BGB beizutragen haben. Die Haushaltsführung durch einen Ehegatten gilt auch gegenüber dem volljährigen Kind als Beitrag zum Familienunterhalt; sie und die Erwerbstätigkeit des anderen Elternteils sind gleichwertig (§ 1360 S. 2 BGB). Eine Unterhaltsrente wird dem volljährigen bei seinen Eltern lebenden Kind nur ausnahmsweise geschuldet, wenn ein Elternteil oder beide Eltern ihre Pflicht verletzen, zum Familienunterhalt beizutragen. Vgl. dazu Rn. 3/12.

561 - Lebt das **volljährige Kind nicht** mehr **im Elternhaus** und haben die Eltern eine wirksame Bestimmung nach § 1612 II 1 BGB nicht getroffen, so haften beide Eltern entsprechend ihren Erwerbs- und Vermögensverhältnissen auf Barunterhalt (§ 1606 III 1 BGB). Das Kind kann jedoch einen Elternteil auf den vollen Unterhalt in Anspruch nehmen, wenn der andere nicht über effektive Einkünfte verfügt, ihm vielmehr nur ein fiktives Einkommen zugerechnet wird. Vgl. dazu Rn. 567.

562 - Die Eltern schulden auch entsprechend ihren Erwerbs- und Vermögensverhältnissen Barunterhalt, wenn sie getrennt leben, das **volljährige Kind** aber **im Haushalt eines Elternteils** bleibt. Betreuungsunterhalt wird ihm nicht mehr geschuldet.[105] Vgl. Rn. 26472. § 1606 III 2 BGB kann auch nicht während einer Übergangszeit nach Volljährigkeit analog angewendet werden. Vgl. dazu Rn. 580. Durch das Kindesunterhaltsgesetz ist klargestellt, dass sich die Privilegierung volljähriger unverheirateter Kinder, die im Haushalt der Eltern oder eines Elternteils leben und eine allgemeine Schule besuchen, nur auf die Leistungsfähigkeit der Eltern und den Rang bezieht (§§ 1603 II 2, 1609 I, II 1 BGB).[106] Vgl. dazu Rn. 579 ff.

Gleichwohl kann das volljährige Kind den Elternteil, bei dem es lebt, in der Regel nicht auf Barunterhalt in Anspruch nehmen, da es im elterlichen Haushalt Naturalunterhalt erhält. Dieser Naturalunterhalt entbindet den das Kind versorgenden Elternteil aber nicht davon, rechnerisch zum Barunterhalt beizutragen, den beide Eltern nach § 1606 III 1 BGB schulden. Er ist auch gegenüber dem volljährigen Kind grundsätzlich verpflichtet, einer Erwerbstätigkeit nachzugehen. Ihm wird ein fiktives Einkommen zugerechnet, wenn er diese Obliegenheit verletzt. Auf der Basis dieses fiktiven Einkommens wird dann der Unterhaltsanspruch gegen den anderen Elternteil berechnet.[107] Betreut der Elternteil, bei dem das volljährige Kind lebt, minderjährige Geschwister, richtet sich die Erwerbsobliegenheit nach deren Alter und Betreuungsbedürftigkeit. § 1606 III 2 BGB ist nicht einschlägig, da diese Vorschrift den Elternteil nur im Verhältnis zum jeweils betreuten minderjährigen Kind vom Barunterhalt entbindet. Man wird sich vielmehr an den Grundsätzen orientieren können, die im Rahmen des § 1570 BGB zur Erwerbsobliegenheit des betreuenden Ehegatten gelten. Zum Abzug von Betreuungskosten und eines Betreuungsbonus vom Einkommen vgl. Rn. 400 f., 572. Ist der Elternteil, bei dem das Kind lebt, wiederverheiratet, ist die Hausmannrechtsprechung (Rn. 291 ff.) anzuwenden.

563   Die Eltern **haften anteilig** für den **Restbedarf** des volljährigen Kindes (Bedarf abzüglich anzurechnenden Einkommens). Dabei ist die neue, auf die Rechtsprechung des BGH[108] zurückgehende, ab 1. 1. 2008 geänderte Kindergeldanrechnung zu beachten. Das anzurechnende Kindergeld ist als Einkommen des Kindes zu behandeln.[109] Es ist nach § 1612 b I BGB (n. F.) auf den Unterhaltsbedarf des Kindes anzurechnen.

– Zunächst muss der **gesamte Lebensbedarf** festgestellt und beziffert werden (s. Rn. 499 ff.). Der Unterhaltsbedarf ist nach den anzuwendenden Tabellen und Leitlinien (vgl. dazu oben Rn. 508 ff., 518 ff.) zu bestimmen.

---

[105] BGH FamRZ 2002, 815 = R 570 b
[106] BGH FamRZ 2002, 815 = R 570 b
[107] A. A. OLG Braunschweig, NJOZ 2010, 2599, 2600; die Begründung, das volljährige Kind werde für die Verletzung der Erwerbsobliegenheit bestraft, trifft indessen nicht zu; vgl. Rn. 564, 567
[108] BGH FamRZ 2006, 99
[109] Dose FamRZ 2007, 1289, 1292 f.

6. Abschnitt: Der Unterhaltsanspruch volljähriger Kinder § 2

– Hierauf ist **eigenes Einkommen des Volljährigen** bedarfsmindernd anzurechnen, nachdem es um Werbungskosten bereinigt worden ist (vgl. Rn. 490 ff.; 1/21 ff.).
– **Kindergeld** ist nach § 1612 b I 1 Nr. 2 BGB in vollem Umfang bedarfsmindernd anzurechnen.
– Der Differenzbetrag ist der **Restbedarf**, für den **beide Eltern anteilig** haften.[110]
Die anteilige Haftung nach § 1606 III 1 BGB begründet **Teilschulden** der Eltern (vgl. Rn. 439). Von jedem Elternteil kann – abgesehen von der Zurechnung nur fiktiven Einkommens (vgl. Rn. 567) – nur der jeweils anteilige Unterhaltsbetrag verlangt werden.[111]

564

2. Vergleichbares Einkommen der Eltern

Die Eltern haben für den Unterhalt ihres volljährigen Kindes Einkommen jeder Art einzusetzen. Zum Einkommensbegriff vgl. Rn. 1/21 ff.

565

Auch **Unterhalt,** den ein Elternteil von seinem (früheren) Ehegatten erhält, **ist Einkommen,** das für den Unterhalt eines volljährigen Kindes zur Verfügung steht. Vgl. Rn. 237. Voraussetzung für die Beteiligung am Unterhalt des Kindes ist jedoch, dass dem Elternteil der angemessene Selbstbehalt im Sinne des § 1603 I BGB, der nach den meisten Tabellen und Leitlinien 1150,– EUR beträgt (vgl. Rn. 546 ff.), verbleibt. Der angemessene Selbstbehalt nach § 1603 I BGB ist nicht mit dem sog. Ehegattenselbstbehalt identisch.[112] Vgl. dazu im Einzelnen Rn. 237, 545.

566

In der Praxis ist die Unterhaltspflicht des Elternteils, der nur oder jedenfalls teilweise von Ehegattenunterhalt lebt, allerdings kaum von Bedeutung. Sind sowohl ein volljähriges Kind als auch ein (früherer) Ehegatte unterhaltsbedürftig, muss zunächst – vom Mangelfall abgesehen (vgl. dazu Rn. 266 ff.) – der Kindesunterhalt nach dem Einkommen des unterhaltspflichtigen Ehegatten (Elternteils) bemessen und von den Einkünften des Schuldners abgezogen werden; sodann ist vom verbleibenden Rest die Unterhaltsquote des bedürftigen Ehegatten zu berechnen.[113] Zu einer anteiligen Haftung beider Eltern kann es bei dieser Berechnung nicht kommen. Vgl. im Einzelnen Rn. 250 und das Beispiel Rn. 254.

Die **anteilige Haftung** der Eltern nach § 1606 III 1 BGB für den Restbedarf des volljährigen Kindes richtet sich **nach** deren **Leistungsfähigkeit,**[114] also nach den für Unterhaltszwecke tatsächlich verfügbaren Mitteln.[115] Vergleichbar in diesem Sinn sind demnach die Einkommensteile, die jedem der Eltern von seinem Einkommen nach Bereinigung um anzuerkennende Abzugsposten (Rn. 568–574) zur Bestreitung des eigenen Lebensbedarfs und für den Unterhalt des Volljährigen verbleiben (vgl. oben Rn. 425 ff.). In den Vergleich ist ggf. auch der **Stamm des Vermögens** einzubeziehen, falls ihn ein Elternteil für den Unterhalt einzusetzen hat (vgl. Rn. 1/619 f.).[116] Fiktives Einkommen des Elternteils, bei dem das Kind lebt, kann in den Einkommensvergleich einbezogen werden, wenn sein Bedarf (teilweise) durch Naturalunterhalt gedeckt ist (vgl. Rn. 562).[117] Im Übrigen braucht sich das volljährige Kind, insbesondere wenn es bereits das Elternhaus verlassen hat, auf **fiktive Einkünfte** eines Elternteils nicht verweisen zu lassen. Eine etwaige Verletzung der Erwerbsobliegenheit hat allein der betreffende Elternteil, nicht aber das Kind zu verantworten. Daher kann es den leistungsfähigen Elternteil entsprechend dem Rechtsgedanken des § 1607 II BGB in Anspruch nehmen. Dasselbe gilt, wenn der Aufenthalt des anderen Elternteils unbekannt ist. Auch in einem solchen Fall ist die Rechtsverfolgung gegen den anderen Elternteil erheblich erschwert (§ 1607 II 1 BGB). Dem leistungsfähigen Elternteil bleibt es unbenommen, gegen den anderen Unterhaltspflichtigen Regress zu nehmen.[118]

567

---

[110] BGH FamRZ 1988, 159, 161; FamRZ 1985, 917, 919
[111] BGH FamRZ 1989, 499; FamRZ 1986, 153
[112] BGH FamRZ 2006, 683
[113] BGH FamRZ 1986, 553, 555; OLG Frankfurt FamRZ 1993, 231
[114] BGH FamRZ 1986, 153
[115] BGH FamRZ 1988, 1039
[116] OLG Düsseldorf FamRZ 1994, 767, 769
[117] Vgl. OLG Karlsruhe – 2 WF 96/09 BeckRS 2010, 01729; OLG Köln FamRZ 2010, 382
[118] OLG Frankfurt FamRZ 1993, 231

§ 2   Kindes-, Eltern- und sonstiger Verwandtenunterhalt

568   Das **vergleichbare Einkommen** ist in der Weise zu berechnen, dass von dem Einkommen jedes Elternteils alles abzuziehen ist, was zur Bestreitung des eigenen Bedarfs und des Unterhaltsbedarfs des Volljährigen nicht zur Verfügung steht.[119] Die Abzüge müssen allerdings unterhaltsrechtlich berechtigt sein.

Dazu zählen im Wesentlichen:

569   • die **gesetzlichen Abzüge** vom Lohn und Einkommen, vor allem die Einkommen- und Kirchensteuer, sowie für die gesetzliche Renten-, Kranken- und Pflegeversicherung, bei Privatversicherten die Aufwendungen für eine angemessene entsprechende Vorsorge, auch die Beiträge einer zusätzlichen Altersvorsorge sind in Höhe von 4% des Bruttoeinkommens zu berücksichtigen, sofern sie tatsächlich angespart werden;

570   • unterhaltsrechtlich zu berücksichtigende **Verbindlichkeiten** (vgl. Rn. 209, 257).

571   • Kosten für anzuerkennenden krankheitsbedingten Mehrbedarf eines Elternteils (vgl. Rn. 554);

572   • Kosten für die **Betreuung minderjähriger Geschwister,** wenn derartige Kosten tatsächlich entstehen, oder ein Betreuungsbonus, wenn die Betreuung zwar ohne konkret fassbaren Aufwand, aber nur unter besonderen Schwierigkeiten möglich ist, wie z. B. bei kleinen Kindern.[120] Vgl. dazu Rn. 400 f. Dagegen kann bei einem größeren Kind, das keiner ständigen Betreuung mehr bedarf, ein dem Baruntherhalt entsprechender Betrag nicht vom Einkommen des nicht baruntherhaltspflichtigen Elternteils mit der Begründung abgezogen werden, der Betreuungsunterhalt sei dem Baruntherhalt gleichwertig (vgl. Rn. 425, 442, 562).[121]

573   • **Unterhaltszahlungen an vorrangige Berechtigte,** insbesondere an minderjährige oder privilegiert volljährige Kinder oder an den geschiedenen Ehegatten (Rn. 556 ff.).

574   Außerdem ist bei jedem Elternteil ein **Sockelbetrag in Höhe des angemessenen Selbstbehalts** abzuziehen, in der Regel also von 1150,– EUR (vgl. Rn. 546 ff.). Durch einen solchen Abzug werden bei erheblichen Unterschieden der vergleichbaren Einkünfte die sich daraus ergebenden ungleichen Belastungen zugunsten des weniger verdienenden Elternteils relativiert.[122] Der Abzug des Sockelbetrages ist in allen Leitlinien vorgesehen (jeweils 13. 3).

Der angemessene Selbstbehalt kann ggf. erhöht (Rn. 550 ff.) oder ermäßigt (Rn. 555) werden. Dann ist (nur) bei dem betroffenen Elternteil der so errechnete Eigenbedarf vom Einkommen abzuziehen; bei dem anderen Elternteil verbleibt es beim Abzug des Sockelbetrages von 1150,– EUR. Der angemessene Selbstbehalt kann auch durch den auskömmlichen Familienunterhalt sichergestellt werden, den der Ehegatte zur Verfügung stellt. In einem solchen Fall ist der Elternteil verpflichtet, zum Unterhalt des Kindes nach den Grundsätzen der Hausmannrechtsprechung (Rn. 291 ff.) beizutragen.[123] Im Rahmen des Vergleichs der Einkommen der Eltern kann bei ihm dann kein Sockelbetrag abgezogen werden.

3. Einzelheiten der Unterhaltsberechnung und wertende Veränderung des Verteilungsschlüssels

575   Die **Haftungsquote** nach § 1606 III 1 BGB wird in der Weise ermittelt, dass der Restbedarf des volljährigen Kindes mit dem **vergleichbaren Einkommen** jedes Elternteils (Rn. 565–574) multipliziert und durch die Summe der vergleichbaren Einkünfte beider Eltern geteilt wird.[124] Dies entspricht der allgemeinen Auffassung der Tabellen und Leitlinien (vgl. Rn. 574). Der Sockelbetrag deckt sich mit dem angemessenen Eigenbedarf und beträgt nach den meisten Tabellen und Leitlinien 1150,– EUR (vgl. Rn. 574).

---

[119] BGH FamRZ 1988, 1039
[120] BGH FamRZ 1991, 182, 184 = R 430
[121] BGH FamRZ 1988, 1039
[122] BGH FamRZ 1988, 1039; FamRZ 1986, 153; FamRZ 1986, 151
[123] Vgl. BGH FamRZ 2001, 1065 = R 549 c
[124] BGH FamRZ 1988, 1039

sowie an der Berufsfachschule, der Realschule (bei diesen Schulformen aber nur bei bestimmten Leistungen) und am Gymnasium (Versetzung in Klasse 11).
- **Fachhochschulreife** (schulischer Anteil). Erwerb an Fachoberschulen, Höheren Berufsfachschulen, insbesondere Höheren Handelsschulen, in Nordrhein-Westfalen auch Berufsfachschule für Wirtschaft und Verwaltung genannt. Voraussetzung für den Besuch der Fachhochschule sind die Absolvierung bestimmter Praktika oder eine Berufsausbildung. Die Praktika können, wie bei den Beamten des gehobenen Dienstes, in die Fachhochschulausbildung integriert sein.
- **Abitur (allgemeine Hochschulreife).** Erwerb am Gymnasium, der Gesamtschule, an Höheren Berufsfachschulen (insbesondere der Höheren Handelsschule) mit gymnasialer Oberstufe und am Abendgymnasium.

586   Eine allgemeine Schulausbildung wird danach an allen Schulen vermittelt, die auf direktem Wege zu einem der aufgezählten Abschlüsse führen. Dies ist zweifellos bei der Hauptschule, der Realschule, dem Gymnasium, der Gesamtschule und bei der Sonderschule für körperlich und geistig Behinderte der Fall.[150] Das Studium an Hochschulen, Fachhochschulen oder Gesamthochschulen gehört dagegen nicht zur Schulausbildung, sondern baut auf ihr auf.

Die Durchlässigkeit des Schulsystems führt jedoch zu beachtlichen Abgrenzungsschwierigkeiten. Wer einen Hauptschul- oder Realschulabschluss mit der entsprechenden Qualifikation hat, kann den Schulbesuch z. B. auf einem Gymnasium oder einer Gesamtschule, einer Fachoberschule oder einer Höheren Berufsfachschule fortsetzen, um die Hochschul- oder Fachhochschulreife zu erwerben. Ebenso ist der Wechsel zwischen verschiedenen Schulformen zulässig. In Nordrhein-Westfalen sind die Bildungsgänge der Berufsschule, der (Höheren) Berufsfachschule, Fachoberschule und Fachschule zum Berufskolleg zusammengefasst. Es vermittelt in einfach- und **doppelqualifizierenden Bildungsgängen** eine berufliche Qualifizierung und ermöglicht den Erwerb der allgemein bildenden Abschlüsse der Sekundarstufe II; die Abschlüsse der Sekundarstufe I können nachgeholt werden.[151] Das Berufskolleg kann man daher nicht ohne weiteres zu den allgemein bildenden Schulen zählen, es andererseits auch nicht gänzlich von dem Begriff der allgemeinen Schulausbildung im Sinne des § 1603 II 2 BGB ausnehmen, da die Durchlässigkeit des Schulwesens sowie die Verzahnung von Schul- und Berufsausbildung – bei allen Meinungsverschiedenheiten im Detail – allgemein anerkannt sind. Gleichwohl wird man bei Schulen, die auch berufliche Bildung vermitteln, eine **allgemeine Schulausbildung** nur bejahen können, wenn die in Rn. 457 aufgeführten Voraussetzungen gegeben sind, insbesondere Schwerpunkt der Ausbildung nicht die Ausbildung für einen bestimmten Beruf, sondern die Vermittlung einer allgemeinen Bildung ist, Vollzeitunterricht erteilt wird, ein kontrollierter Unterricht gewährleistet ist und Ziel der Ausbildung einer der in Rn. 585 erwähnten Schulabschlüsse ist.

Es ist unschädlich, wenn Praktika, z. B. in einem Betrieb in die Schulausbildung integriert sind. Auch wenn der Erwerb der Fachoberschul- oder der Fachhochschulreife an eine zusätzliche praktische Ausbildung oder ein Praktikum nach dem Schulbesuch geknüpft ist, steht dies der Anerkennung des schulischen Teils der Ausbildung als allgemeiner Schulausbildung nicht entgegen.[152]

Im Einzelnen gilt hinsichtlich der Einordnung dieser Schulen in das System der allgemeinen Schulausbildung folgendes:
- **Berufsschule:**
  - ja, im Berufsgrundschuljahr, da dort Schüler, die den Hauptschulabschluss erworben, aber noch keinen Ausbildungsplatz erhalten haben, den Hauptschulabschluss nach Klasse 10 und die Fachoberschulreife erwerben können und im Berufsgrundschuljahr nur die Grundbildung für eine nachfolgende Berufsausbildung gelegt wird;[153]

---

[150] Vgl. auch BGH FamRZ 2001, 1068, 1070 = R 561 a
[151] § 4 e I, II Schulverwaltungsgesetz NRW. in der Fassung der Bekanntmachung vom 18. 1. 1985 – GV. NRW. S. 155, zuletzt geändert durch Gesetz vom 19. 5. 2000 – GV. NRW. S. 462
[152] BGH FamRZ 2002, 815, 816 = R 570 a
[153] § 15 Anlage A zur VO über die Ausbildung und Prüfung in den Bildungsgängen des Berufskollegs (APO BK) vom 26. 5. 1999 – GV. NRW. S. 240, zuletzt geändert durch VO vom 29. 6. 2003 – GV. NRW. 357; vgl. auch FamRefK/Häußermann § 1603 Rn. 9

6. Abschnitt: Der Unterhaltsanspruch volljähriger Kinder § 2

Hochschule oder Fachhochschule sein, also jedenfalls der Hauptschulabschluss, der Realschulabschluss die fachgebundene oder die allgemeine Hochschulreife. Diese Voraussetzung ist beim Besuch der Hauptschule, der Gesamtschule, der Realschule, des Gymnasiums und der Fachoberschule immer erfüllt.

- Die Schulausbildung muss die **Zeit und die Arbeitskraft** des Kindes voll oder zumindest überwiegend in Anspruch nehmen; eine Erwerbstätigkeit, durch die der Schüler seinen Lebensunterhalt verdienen könnte, darf neben der Schulausbildung nicht möglich sein. Dieses Erfordernis ist jedenfalls erfüllt, wenn die Unterrichtszeit 20 Wochenstunden beträgt, also unter Berücksichtigung der Vor- und Nacharbeit sowie eventueller Fahrzeiten die Arbeitskraft des Kindes im Wesentlichen ausfüllt.
- Das Kind muss an einem **kontrollierten Unterricht** teilnehmen, die Schule muss in einer Weise organisiert sein, dass eine Stetigkeit und Regelmäßigkeit der Ausbildung wie beim herkömmlichen Schulbesuch gewährleistet ist. Die Teilnahme am Unterricht darf nicht der Entscheidung des Schülers überlassen sein.

Die Rechtslage ist wegen der Vielzahl der Schulformen und der Schulabschlüsse höchst unübersichtlich. Wegen der **Kulturhoheit der Länder** besteht in der Bundesrepublik kein einheitliches Schulsystem. Einzelne Abschlüsse werden nicht in allen Bundesländern anerkannt. In der Praxis wird es in der Regel erforderlich sein, durch eine **Auskunft der Schule** zu klären, ob die genannten Voraussetzungen einer allgemeinen Schulausbildung vorliegen. Eine Untersuchung der Frage, welche Schulformen in sämtlichen Bundesländern zur allgemeinen Schulausbildung im Sinne des § 1603 II 2 BGB gehören, würde den Rahmen dieses Handbuchs sprengen. Daher sollen anhand der Verhältnisse in **Nordrhein-Westfalen** die wesentlichen Fragen aufgezeigt werden, die bei der Auslegung des Begriffs „allgemeine Schulausbildung" zu bedenken sind.

In Nordrhein-Westfalen dauert die **Schulpflicht** zehn Jahre,[147] in anderen Ländern nur neun Jahre. Die Berufsschulpflicht, die Kinder trifft, die keine weiterführende Schule besuchen, endet mit dem 18. Lebensjahr, besteht aber, wenn vor dem 21. Lebensjahr ein Berufsausbildungsverhältnis begonnen worden ist, bis zu dessen Abschluss fort.[148] Nach der hier nicht interessierenden Grundschule können Kinder die Hauptschule, die Realschule, das Gymnasium, die Gesamtschule und Sonderschulen für geistig oder körperlich Behinderte besuchen. Daneben besteht – ohne dass die Aufzählung Anspruch auf Vollständigkeit erhebt – die Möglichkeit zum Besuch von Berufsschulen, Berufsfachschulen, Höheren Berufsfachschulen, Fachschulen, Fachoberschulen, Kollegschulen, Abendgymnasien und Volkshochschulen. Die im Folgenden aufgezählten Abschlüsse können an verschiedenen Schulformen erworben werden. Im Einzelnen gilt Folgendes:

585

- **Hauptschulabschluss nach der 9. Klasse.** Erwerb an der Hauptschule sowie durch erfolgreichen Abschluss der entsprechenden Klasse an der Realschule, der Gesamtschule und am Gymnasium; Erwerb eines gleichwertigen Abschlusses versuchsweise durch Besuch der Vorklasse zum Berufsgrundschuljahr; die Schulausbildung kann aber erst beendet werden, wenn die zehnjährige Schulpflicht erfüllt ist.
- **Hauptschulabschluss nach der 10. Klasse** (oder ein gleichwertiger Abschluss). Erwerb an der Hauptschule, der Realschule, der Gesamtschule und am Gymnasium durch erfolgreichen Abschluss der entsprechenden Klasse, ferner an der Berufsschule durch Besuch des Berufsgrundschuljahres.
- **Fachoberschulreife.** Erwerb an der Hauptschule und der Gesamtschule, der Realschule und am Gymnasium (Versetzung in Klasse 11) sowie durch Besuch des Berufsgrundschuljahres und der Berufsfachschule (bei diesen Schulformen aber nur bei bestimmten Leistungen). Auch an der Volkshochschule kann – ggf. auch in Abendkursen – der Realschulabschluss erworben werden.[149]
- **Berechtigung zum Besuch der gymnasialen Oberstufe.** Erwerb an der Hauptschule und der Gesamtschule, an der Berufsschule durch Besuch des Berufsgrundschuljahres

---

[147] § 37 I SchulG NRW
[148] § 38 SchulG NRW
[149] BGH FamRZ 2001, 1068, 1070 = R 561 a. Vgl. dazu auch Rn. 459 a. E.

berufen können (§ 1603 I BGB). Dieses Vertrauen ist schutzbedürftig. Zudem wäre eine verschärfte Haftung mit der nur ersatzweise eintretenden Unterhaltspflicht der Eltern (§ 1608 BGB) nur schwer zu vereinbaren.

583 **c) Haushaltsgemeinschaft mit den Eltern oder einem Elternteil.** Das volljährige Kind muss im Haushalt wenigstens eines Elternteils leben. Auch der Aufenthalt im Hause der Großeltern dürfte angesichts der engen familiären Bindung dafür ausreichen, jedenfalls dann, wenn das Kind seit frühester Jugend von ihnen versorgt worden ist.[141] Dagegen fällt der Aufenthalt bei Pflegeeltern oder in einem Heim nicht unter § 1603 II 2 BGB. Im Hause der Eltern muss das Kind seinen Lebensmittelpunkt haben, dort muss sich im Wesentlichen seine persönliche Habe befinden, dort muss es überwiegend schlafen. Eine auswärtige Beköstigung, z. B. in einer Schulmensa, schadet nicht. Die Haushaltsgemeinschaft dürfte in der Regel auch dann fortbestehen, wenn das Kind auswärts eine Schule besucht, am Schulort ein Zimmer hat oder in einem Internat lebt, aber am Wochenende und in den Ferien nach Hause zurückkehrt. Es kommt nicht darauf an, ob ein Elternteil Versorgungsleistungen übernimmt, also z. B. für das Kind kocht oder wäscht.[142] Eine Betreuung im Rechtssinne findet nach Volljährigkeit ohnehin nicht mehr statt (vgl. Rn. 472, 579 f.).

Unerheblich ist, ob der Elternteil, bei dem das Kind lebt, allein einen Haushalt unterhält, sich die Wohnung mit einem Lebensgefährten teilt oder eine Wohngemeinschaft mit anderen führt. Dies wird auch dann zu gelten haben, wenn ein Elternteil Unterkunft im Haushalt eines anderen gefunden hat, z. B. die Ehefrau nach der Trennung zu ihren Eltern gezogen ist und dort mit dem volljährigen Kind zusammenlebt.[143]

Vorübergehender Aufenthalt an einem anderen Ort schadet nicht, solange die Absicht der Rückkehr in den elterlichen Haushalt besteht. Dies gilt selbstverständlich für Urlaubsreisen, Krankenhaus- und Heimaufenthalte, aber auch für einen Auslandsaufenthalt während der allgemeinen Schulausbildung, z. B. für ein Schuljahr in den USA. Anders kann es dagegen liegen, wenn sich das Kind emanzipiert und unter Mitnahme seiner Sachen einen eigenen Hausstand begründet hat, z. B. auf Dauer zu einem Lebensgefährten gezogen ist und dort seinen Lebensmittelpunkt gefunden hat. Ob ein solcher endgültiger Auszug gegeben ist, wird sich allerdings erst nach Ablauf einer gewissen Übergangsfrist beurteilen lassen. Diese Übergangsfrist wird vielfach bis zur Vollendung des 21. Lebensjahres noch nicht abgelaufen sein, so dass bei Rückkehr in das Elternhaus die Privilegierung fortbesteht, wenn der Schulbesuch andauert. Macht der Elternteil, bei dem das Kind bislang gelebt hat, zu Recht von seinem Bestimmungsrecht nach § 1612 II 1 BGB Gebrauch, wird man einen endgültigen Auszug ohnehin verneinen müssen. Vgl. dazu Rn. 32 ff., 47.

584 **d) Allgemeine Schulausbildung.** Was unter diesem Begriff zu verstehen ist, lässt sich weder dem Gesetz noch der Gesetzesbegründung entnehmen. Der BGH[144] hat den Begriff der allgemeinen Schulausbildung unter Heranziehung der zu § 2 I 1 Nr. 1 BAföG entwickelten Grundsätze ausgelegt. In dieser Bestimmung wird von „weiterführenden allgemeinbildenden Schulen" gesprochen.

Die allgemeine Schulausbildung ist einerseits von der Berufsausbildung, andererseits vom Hochschulstudium abzugrenzen. Zu ihr gehören danach alle Bildungsgänge, die einen anerkannten Schulabschluss ermöglichen, der seinerseits die Grundlage für eine spezielle Berufsausbildung oder ein Studium bildet. Nicht ausreichend ist dagegen der Besuch einer Schule, die neben allgemeinen Ausbildungsinhalten bereits eine Ausbildung vermittelt, die auf ein konkretes Berufsfeld bezogen ist.[145]

Im Einzelnen setzt die allgemeine Schulausbildung nach der Rechtsprechung des BGH[146] voraus:
- Ziel des Schulbesuchs muss der **Erwerb eines allgemeinen Schulabschlusses** als Zugangsvoraussetzung für die Aufnahme einer Berufsausbildung oder den Besuch einer

---

[141] OLG Dresden FamRZ 2002, 695; einschränkend OLG Hamm NJW-RR 2005, 1670
[142] FamRefK/Häußermann § 1603 Rn. 6
[143] FamRefK/Häußermann § 1603 Rn. 6
[144] FamRZ 2001, 1068 = R 561 a
[145] BGH FamRZ 2001, 1068, 1070 = R 561 a
[146] FamRZ 2001, 1068, 1070 = R 561 a; FamRZ 2002, 815 = R 570 a

chend ihren Einkommens- und Vermögensverhältnissen beizutragen (§ 1606 III 1 BGB), zumal da ihre Betreuungsleistungen in der Regel schon vom Umfang her nicht das Maß einer vollen Unterhaltsgewährung erreichen könnten. Damit war für die Praxis geklärt, dass eine **Fortdauer der Betreuung** und damit eine analoge Anwendung des § 1606 III 1 BGB über die Volljährigkeit hinaus **in der Regel nicht** in Betracht kam.

b) Gesetzliche Neuregelung zum 1. 7. 1998. Das KindUG hat volljährige unverheiratete Kinder bis zur Vollendung des 21. Lebensjahres minderjährigen unverheirateten Kindern teilweise gleichgestellt, solange sie im Haushalt der Eltern oder eines Elternteils leben und sich in der allgemeinen Schulausbildung befinden. Diese **Privilegierung** bezieht sich aber **nur** auf die **Leistungsfähigkeit** der Eltern (§ 1603 II 2 BGB; Rn. 591) und auf den **Rang** im Verhältnis zu anderen Unterhaltsberechtigten (§ 1609 Nr. 1 BGB; Rn. 593). Eine allgemeine Gleichstellung der 18–20-jährigen Schüler mit Minderjährigen war dagegen nicht beabsichtigt. Dies gilt insbesondere für die anteilige Haftung der Eltern, die auch gegenüber diesen Kindern eingreift (§ 1606 III 1 BGB), da ein volljähriges Kind nicht mehr betreut wird und daher der Elternteil, bei dem das Kind lebt, seine Unterhaltspflicht nicht mehr gemäß § 1606 III 2 BGB durch Betreuung erfüllen kann.[138] Vgl. dazu Rn. 472, 579, 594 ff. Auch hinsichtlich der Verwertung des Vermögens (§ 1602 II BGB; Rn. 589) und der Verwirkung (§ 1611 BGB; Rn. 601 ff.) steht das privilegiert volljährige Kind dem Minderjährigen nicht gleich. Bei der Pfändung von Arbeitseinkommen stehen Unterhaltsansprüche minderjähriger Kinder und Ansprüche privilegiert volljähriger Kinder seit dem 1. 1. 2008 gleich (§§ 95 FamFG, 850 d II ZPO).[139]

580

Die Privilegierung bestimmter volljähriger Kinder nach §§ 1603 II 2, 1609 Nr. 1 BGB stellt eine **abschließende gesetzliche Regelung** dar, die nicht erweitert werden darf. Die frühere Rechtsprechung zur Gleichstellung volljähriger Kinder mit Minderjährigen während einer Übergangszeit nach Vollendung des 18. Lebensjahres (vgl. Rn. 579) ist überholt.

Auch **behinderte volljährige Kinder** stehen minderjährigen Kindern nicht gleich, selbst dann nicht, wenn sie hilflos sind und einer Betreuung bedürfen. Zu den Unterhaltsansprüchen solcher Kinder vgl. Rn. 530, 534 f.

2. Voraussetzungen der Privilegierung volljähriger Schüler nach §§ 1603 II 2, 1609 Nr. 1 BGB

a) Alter. Die Privilegierung erstreckt sich nur auf **Schüler** einer allgemein bildenden Schule bis zur Vollendung des 21. Lebensjahres, also auf 18–20-jährige Kinder. Mit dem 21. Geburtstag sind §§ 1603 II 2, 1609 Nr. 1 BGB nicht mehr anwendbar, selbst wenn die Schulausbildung noch nicht beendet ist. Der Unterhaltsanspruch des Kindes ist dann uneingeschränkt nach den Regeln des Volljährigenunterhalts zu beurteilen. Für Auszubildende, Studenten, erwerbstätige oder nicht erwerbstätige junge Volljährige gilt die Privilegierung nicht.

581

b) Unverheiratete Kinder. Die Privilegierung erfasst nur ledige Kinder. Sie endet mit der Heirat, auch wenn das Kind im elterlichen Haushalt verbleibt und weiter die Schule besucht; sie entsteht nicht wieder, wenn die Ehe aufgehoben oder geschieden wird oder durch den Tod des anderen Ehegatten endet und das Kind in den elterlichen Haushalt zurückkehrt. Mit der Heirat tritt das Kind in ein anderes Unterhaltssystem ein (§§ 1360, 1361, 1569, 1318 BGB). Selbst wenn in diesem Ansprüche nicht bestehen oder nicht durchgesetzt werden können, das Kind in den Haushalt eines Elternteils zurückkehrt und die Eltern (wieder) unterhaltspflichtig sind, leben die verschärfte Unterhaltspflicht und der Vorrang des privilegierten Kindes nicht wieder auf.[140] Wenn ein Kind geheiratet hat, dürfen die Eltern darauf vertrauen, dass sie ihrem Kind nur noch nachrangig unterhaltspflichtig sind (§ 1609 Nr. 4 BGB) und sich ihm gegenüber auf ihren angemessenen Selbstbehalt

582

---

[138] BGH FamRZ 2006, 99; BGH FamRZ 2002, 815 = R 570 b; BR-Drucks. 959/96 S. 26 f.; FamRefK/Häußermann § 1603 Rn. 2
[139] Zur früheren Rechtslage vgl. BGH FamRZ 2003, 1176
[140] So Luthin/Schumacher Rn. 3203; RGRK/Mutschler § 1602 Rn. 25; Soergel/Haeberle § 1602 Rn. 13; a. A. MüKo/Luthin § 1603 Rn. 78; FamRefK/Häußermann § 1603 Rn. 4; Schwab/Borth V Rn. 125

jetzigen Einkommens.[129] Ist der Unterhaltspflichtige verheiratet, muss er auch Angaben zum Einkommen seines ehegatten machen.[130]

Bezieht der **andere Elternteil,** z. B. die Mutter, Einkünfte, muss das Kind deren Höhe angeben und bei Bestreiten unter Beweis stellen. Verfügt sie über **kein Einkommen,** genügt der entsprechende Vortrag des Kindes und ein Beweisantritt, z. B. auf Vernehmung der Mutter als Zeugin. Trägt der Vater substantiiert vor, dass die Mutter Einkünfte habe, dass bei ihr wegen Zusammenlebens mit einem Lebensgefährten ein geringerer angemessener Selbstbehalt anzusetzen oder dass ihr angemessener Selbstbehalt durch den von ihrem Ehemann gewährten Familienunterhalt gedeckt sei (vgl. Rn. 555, 574), muss das Kind diese Behauptung ausräumen und den Beweis führen, dass sie nicht zutrifft.[131] Das Kind muss die Mutter grundsätzlich – ebenso wie den Vater – auf Auskunft über ihre unterhaltsrechtlich relevanten Einkünfte in Anspruch nehmen. Dem beklagten Vater bleibt es unbenommen, seinerseits die Mutter auf Auskunft in Anspruch zu nehmen.[132] Auf fiktive Einkünfte der Mutter braucht sich das Kind nicht verweisen zu lassen (vgl. Rn. 567).[133]

Bei einem **Abänderungsantrag** hat der Antragsteller die Darlegungs- und Beweislast für eine Veränderung der Verhältnisse, die für die Unterhaltsbemessung in dem früheren Titel maßgebend waren. Im Übrigen bleibt es bei der allgemeinen Verteilung der Beweislast. Stammt der Titel aus der Zeit der Minderjährigkeit, muss das nunmehr volljährige Kind dartun und beweisen, dass der Unterhaltsanspruch fortbesteht, insbesondere welche Haftungsquote auf den jeweiligen Elternteil entfällt (§ 1606 III 1 BGB).[134] Aus diesem Grund liegt es bereits im eigenen Interesse des Kindes, jeweils beide Eltern auf Auskunft in Anspruch zu nehmen.

VI. Gleichstellung 18–20-jähriger Schüler mit Minderjährigen

1. Problematik der Privilegierung volljähriger Kinder während einer Übergangszeit nach Eintritt der Volljährigkeit

579 a) **Rechtslage bis zum 30. 6. 1998.** Die Herabsetzung des Volljährigkeitsalters vom 21. auf das 18. Lebensjahr und die Verlängerung der Schulausbildung haben dazu geführt, dass kaum ein Jugendlicher seine Ausbildung noch während der Minderjährigkeit abschließt. An den Lebensverhältnissen des jungen Erwachsenen ändert sich daher in vielen Fällen durch die Volljährigkeit – von der rechtlichen Selbstständigkeit abgesehen – nichts. Das Kind lebt weiter bei einem Elternteil, meist der Mutter, und wird von ihr wie bisher verköstigt und versorgt. Die Rechtsprechung hat zunächst versucht, diese Lücke durch **analoge Anwendung des § 1606 III 2 BGB** zu schließen. Der BGH hat in einem Urteil vom 8. 4. 1981[135] die entsprechende Anwendung des § 1606 III 2 BGB für eine Übergangszeit nach dem 18. Geburtstag des Kindes für möglich gehalten, da im Einzelfall ausnahmsweise in den ersten Jahren nach Eintritt der Volljährigkeit weiterhin von der Gleichwertigkeit des Barunterhalts und der Betreuungsleistungen ausgegangen werden könne, etwa wenn und solange sich der Barbedarf des Kindes gegenüber den üblichen Werten für minderjährige Kinder nicht wesentlich erhöhe. Deshalb hat der BGH die Ausbildungsvergütung eines volljährigen Kindes nur zur Hälfte auf den Barunterhalt angerechnet und sie im Übrigen wie beim Minderjährigenunterhalt (Rn. 118, 414) der Mutter gutgebracht, die nicht erwerbstätig war und ein weiteres minderjähriges Kind betreute.

Im Jahre 1994 ist der BGH[136] hiervon weitgehend abgerückt. Er hat zwar offengelassen, ob dem Urteil vom 8. 4. 1981[137] noch gefolgt werden könne, aber eindeutig klargestellt, dass es sich um eine auf die damals gegebenen Umstände bezogene **Ausnahme** gehandelt habe. Er hat die erwerbstätige Mutter für verpflichtet gehalten, zum Barunterhalt entspre-

---

[129] BGH FamRZ 1987, 259
[130] BGH FamRZ 2011, 21 Rn. 13 ff.
[131] OLG Celle FamRZ 1993, 1235; vgl. auch OLG Düsseldorf FamRZ 2002, 1646
[132] BGH FamRZ 1988, 268, 270
[133] OLG Frankfurt FamRZ 1993, 231
[134] KG FamRZ 1994, 765; vgl. auch BGH FamRZ 1990, 496
[135] BGH FamRZ 1981, 541
[136] FamRZ 1994, 696 = R 477 c; bestätigt durch BGH FamRZ 2006, 99
[137] BGH FamRZ 1981, 541

In einer **Formel** ausgedrückt errechnet sich der Haftungsanteil jedes Elternteils wie **576** folgt:

R × V: S
R = Restbedarf des Kindes
V = vergleichbares Einkommen des haftenden Elternteils
S = Summe des vergleichbaren Einkommens beider Eltern

Diese Berechnung führt zum selben Ergebnis wie die Formel, die in einigen Leitlinien, insbesondere in den Süddeutschen Leitlinien (SüdL 13. 3.) empfohlen wird.

Beispiel:
Bedarf des studierenden Kindes: 670–184 = 486,– €
Nettoeinkommen des Vaters: 1800,– €
Nettoeinkommen der Mutter: 1300,– €
Vergleichbares Einkommen des Vaters. 1800 – 1150 = 650,– €.
Vergleichbares Einkommen der Mutter: 1300 – 1150 = 150,– €.
Vergleichbares Einkommen beider Eltern: 650 + 150 = 800,– €.
Quote des Vaters: 486 × 650 : 800 = 395,– €.
Quote der Mutter: 486 × 150 : 800 = 91,– €.

Das so gewonnene Ergebnis ist stets auf seine Angemessenheit zu überprüfen.[125] Der **577 Verteilungsschlüssel ist wertend zu verändern,** wenn besondere Umstände dies nahelegen, z. B. bei einem besonderen Betreuungsaufwand eines Elternteils gegenüber einem behinderten volljährigen Kind. Es ist unbillig, den betreuenden Elternteil in einem solchen Fall zur Deckung des Unterhaltsbedarfs im Verhältnis der vergleichbaren Einkünfte zu verpflichten. Deshalb ist es geboten, die Belastung des betreuenden Elternteils, die mit dem erhöhten Einsatz für den Behinderten verbunden ist, durch eine Veränderung des Verteilungsschlüssels zu seinen Gunsten aufzufangen.[126] Das Ausmaß der wertenden Veränderung ist abhängig vom Umfang der erforderlichen zusätzlichen Leistungen. Durch eine entsprechende Veränderung soll erreicht werden, dass der zusätzlich belastete Elternteil zum Ausgleich für seinen besonderen Einsatz einen größeren finanziellen Spielraum zur Befriedigung seiner persönlichen Bedürfnisse als der andere erhält. Es handelt sich hierbei nicht um eine unangebrachte „Monetarisierung" elterlicher Fürsorge, sondern um eine angemessene Verteilung der beiderseitigen Unterhaltslast.[127] Vgl. zur entsprechenden Problematik beim minderjährigen Kind Rn. 436 f.

4. Darlegungs- und Beweislast für die Haftungsanteile der Eltern

Nimmt das **volljährige Kind** einen Elternteil auf Unterhalt in Anspruch, hat es dessen **578** Haftungsanteil darzulegen und ggf. zu beweisen. Bei Übergang des Anspruchs auf den Träger der Ausbildungsförderung (§ 37 BAföG) oder den Sozialleistungsträger (§§ 33 SGB II, 94 SGB XII) trifft die Darlegungs- und Beweislast den nunmehrigen Anspruchsinhaber.[128]

Das Kind muss zunächst das **Einkommen des beklagten Elternteils** dartun. Die erforderlichen Angaben muss es sich von diesem notfalls durch die Geltendmachung des **Auskunftsanspruchs** verschaffen. U. U. genügt es jedoch, wenn das Kind die Behauptung aufstellt, das Einkommen sei gegenüber den Feststellungen in einem früheren Rechtsstreit (mindestens) um einen bestimmten Betrag angestiegen. Dann ist es Aufgabe des Elternteils, diese Behauptung substantiiert zu bestreiten. Dazu gehören Angaben über die Höhe seines

---

[125] BGH FamRZ 2000, 1492 = R 546 c; FamRZ 2000, 358 = R 537
[126] BGH FamRZ 1985, 917, 919; OLG Hamm FamRZ 1996, 303; so auch BrL, CL, DL, DrL, HaL, KL, NaL, SüdL jeweils 13. 3
[127] BGH FamRZ 1985, 917, 919; FamRZ 1983, 689
[128] Vgl. BGH FamRZ 2003, 444 = R 579 (zu § 7 UVG)

- ja, in der Vorklasse zum Berufsgrundschuljahr, da sie der Vorbereitung auf die Aufnahme einer Berufsausbildung dient, Kenntnisse und Fähigkeiten aus mehreren Berufsfeldern vermittelt und den Hauptschulabschluss ermöglicht;[154]
- nein, soweit neben einer Berufsausbildung in Fachklassen des dualen Systems der schulische Teil der Berufsausbildung vermittelt wird, da Unterricht in Teilzeitform oder in Unterbrechung der praktischen Ausbildung als Blockunterricht in Vollzeitform erteilt wird.[155]

• **Berufsfachschule:**
- ja, soweit sie zur Fachoberschulreife führt und durch Vollzeitunterricht eine erweiterte Allgemeinbildung und eine berufliche Grundbildung vermittelt;[156]

• **Höhere Berufsfachschule:**
- ja, soweit sie insbesondere als Höhere Handelsschule zur Fachhochschulreife oder als Höhere Berufsfachschule mit gymnasialer Oberstufe zur allgemeinen Hochschulreife führt;[157]
- nein, soweit sie, teilweise neben der Fachhochschulreife, einen Berufsabschluss z. B. als staatlich geprüfter Assistent für Technik oder als staatlich geprüfter kaufmännischer Assistent für Betriebswirtschaft vermittelt.[158]

• **Fachschule:**
- nein, da sie eine berufliche Weiterbildung z. B. in Technik, Gestaltung oder Sozialpädagogik bezweckt und in der Regel eine Berufsausbildung Voraussetzung für den Besuch ist.[159]

• **Fachoberschule:**
- ja, soweit sie nach Abschluss der Sekundarstufe I (Fachoberschulreife) zur Fachhochschulreife führen soll, auch wenn in Klasse 11 neben dem Schulbesuch ein berufliches Praktikum zu absolvieren ist;[160]
- nein, wenn nach einer abgeschlossenen Berufsausbildung in Vollzeit- oder Teilzeitform die Fachhochschulreife erworben werden soll.

• **Abendgymnasium, Volkshochschule:**
- ja, wenn die Abendkurse die Arbeitszeit des Schülers überwiegend in Anspruch nehmen, ein anerkannter Schulabschluss angestrebt und kontrollierter Unterricht erteilt wird,[161]
- nein, wenn die Schule neben der Berufsausübung besucht wird.

Auf die Rechtsform der Schule kommt es nicht an. Ob die erwähnten Ausbildungsgänge vom Staat, der Gemeinde, den Kirchen, von **Privatschulen,** Ersatzschulen oder Ergänzungsschulen angeboten werden, ist nicht entscheidend. Auch der Besuch von Kursen, die erst den Schulbesuch ermöglichen oder ersetzen sollen (z. B. Sprachunterricht bei Kindern von Aussiedlern oder Asylbewerbern), gehört nach dem Zweck des § 1603 II 2 BGB zur allgemeinen Schulausbildung. Notwendig ist allein, dass die Ausbildung dem Ziel dient, einen staatlich anerkannten Schulabschluss zu erwerben.[162] **587**

Der Schulbesuch wird durch Ferien, durch Krankheit oder Schwangerschaft selbstverständlich nicht unterbrochen. Auch sonstige **Unterbrechungen,** selbst von längerer Dauer, sind grundsätzlich unschädlich. Es kommt nicht darauf an, ob der Schulbesuch bei Volljährigkeit noch andauert oder erst später wieder aufgenommen wird.[163] Das Kind befindet sich bis zum Ablauf des Schuljahres in der allgemeinen Schulausbildung, in dem der Schulabschluss erworben wird. Der Vorschlag von Häußermann,[164] auf die Aushändigung des **588**

---

[154] § 11 Anlage A APO BK
[155] §§ 2, 5 Anlage A APO BK
[156] § 1 I Anlage B APO BK
[157] BGH FamRZ 2002, 815 = R 570 a
[158] OLG Koblenz NJW-FER 2001, 176; vgl. FamRefK/Häußermann § 1603 Rn. 9
[159] § 1 Anlage E APO BK; FamRefK/Häußermann § 1603 Rn. 9
[160] FamRefK/Häußermann § 1603 Rn. 9
[161] BGH FamRZ 2001, 1068, 1070 = R 561 a
[162] BGH FamRZ 2001, 1068, 1070 = R 561 a; FamRefK/Häußermann § 1603 Rn. 9
[163] BGH FamRZ 2001, 1068, 1070 = R 561 b; FamRefK/Häußermann § 1603 Rn. 12
[164] FamRefK/Häußermann § 1603 Rn. 13

Abschlusszeugnisses abzustellen, weil das Kind dann nicht mehr aus zwingenden Gründen an einer bedarfsdeckenden Erwerbstätigkeit gehindert sei, befriedigt nicht. Der nächste Ausbildungsabschnitt kann in aller Regel nicht sofort begonnen werden; auch muss dem Kind nach Ende des tatsächlichen Schulbesuchs eine gewisse Erholungsphase zugestanden werden.

3. Unterhaltsbemessung bei privilegiert volljährigen Kindern

589 **a) Die Bedürftigkeit** des Kindes ist in aller Regel zu bejahen, da es als Schüler über kein Erwerbseinkommen verfügt und nicht zu einer Erwerbstätigkeit verpflichtet ist. Gleichwohl erzieltes Erwerbseinkommen stammt aus unzumutbarer Tätigkeit und ist daher gar nicht oder nur zu einem Teil anzurechnen. Vgl. dazu Rn. 109, 491. Zinsen aus Vermögen mindern die Bedürftigkeit. Das Kind ist ggf. auch verpflichtet, den Stamm seines Vermögens zu verwerten. § 1602 II BGB gilt nur für minderjährige Kinder. Vgl. dazu Rn. 133. Eine entsprechende Anwendung dieser Vorschrift auf privilegiert volljährige Kinder ist im Gesetz nicht vorgesehen.

590 **b) Der Bedarf** des Kindes ist der **4. Altersstufe** der Düsseldorfer Tabelle zu entnehmen.[165] Dies entspricht inzwischen der Auffassung aller Oberlandesgerichte. Das OLG Oldenburg entnahm den Bedarf der 3. Altersstufe, hat sich aber inzwischen der Düsseldorfer Tabelle angeschlossen. Da grundsätzlich beide Eltern barunterhaltspflichtig sind (Rn. 594), bemisst sich der Bedarf des Kindes ohne Höhergruppierung nach ihren zusammengerechneten Einkünften[166] (vgl. Rn. 523). Ist dagegen ein Elternteil nicht leistungsfähig, richtet sich die Einstufung in die Düsseldorfer Tabelle nach dem Einkommen des allein barunterhaltspflichtigen Elternteils, da dieser nicht mehr Unterhalt zu zahlen hat, als seinem eigenen Einkommen entspricht, vgl. dazu Rn. 523. Mehrbedarf (Rn. 530 ff.) kommt ggf. hinzu. Anzurechnendes Einkommen des Kindes (Rn. 589) und das volle Kindergeld (§ 1612 b I 1 Nr. 2 BGB) kürzen den Bedarf des Kindes.

591 **c) Leistungsfähigkeit.** Gegenüber dem privilegierten Kind besteht die gleiche (verschärfte) Erwerbsobliegenheit wie gegenüber einem minderjährigen Kind (Rn. 366 ff.). Die barunterhaltspflichtigen Eltern haben alle verfügbaren Mittel für sich und den Unterhalt der minderjährigen und der privilegierten Kinder gleichmäßig zu verwenden (§ 1603 II 1, 2 BGB). Ihnen verbleibt im Mangelfall nur der notwendige Selbstbehalt von 950,– EUR bei Erwerbstätigkeit und von 770,– EUR bei Nichterwerbstätigkeit (vgl. dazu Rn. 385 ff.), wenn nicht ein anderer unterhaltspflichtiger Verwandter den Unterhalt aufbringen kann und deshalb die verschärfte Unterhaltspflicht nicht eingreift (vgl. Rn. 394 ff.). Der Elternteil, der minderjährige Geschwister des privilegiert volljährigen Kindes betreut, braucht einer Erwerbstätigkeit nicht nachzugehen, wenn ihm im Verhältnis zum anderen Elternteil in entsprechender Anwendung § 1570 BGB keine Erwerbsobliegenheit trifft. Vgl. dazu Rn. 540, 562. Anders liegt es, wenn die zu betreuenden Kinder aus einer anderen ehelichen oder nichtehelichen Verbindung stammen, da die Hausmannrechtsprechung auch zugunsten des privilegiert volljährigen Kindes gilt (Rn. 276). Auf fiktive Einkünfte braucht sich das Kind nicht verweisen zu lassen.[167] Vgl. dazu Rn. 567.

592 **d) Kindergeld** ist nach der durch die Unterhaltsreform 2007 geänderten Systematik gemäß § 1612 b I BGB zur Deckung seines Barbedarfs zu verwenden, also bedarfsdeckend anzurechnen. Dies gilt auch bei beiderseitiger Barunterhaltspflicht.[168] Die bisherige Regelung in § 1612 b II BGB, wonach sich der Haftungsanteil des Elternteils, der das Kindergeld erhält, um die Hälfte des Kindergeldes erhöht, wird nunmehr durch die allgemeine Bestimmung erfasst, dass das Kindergeld für den Barbedarf des Kindes zu verwenden ist. Diese Vorschrift begründet einen Anspruch des Kindes[169] auf Auskehrung des Kindergelds.

---

[165] OLG Hamm FamRZ 1999, 1018; Strauß FamRZ 1998, 993, 995; FamRefK/Häußermann § 1610 Rn. 4; vgl. auch BGH FamRZ 2002, 815, 818 = R 570 c
[166] OLG Hamm FamRZ 1999, 1018; Strauß FamRZ 1998, 993, 995
[167] OLG Nürnberg FamRZ 2000, 687
[168] So schon BGH FamRZ 2006, 99
[169] Gesetzesbegründung, BT-Drucks. 16/1830 S. 30

6. Abschnitt: Der Unterhaltsanspruch volljähriger Kinder § 2

e) Rangverhältnis. Das privilegiert volljährige Kind steht im Rang dem minderjährigen 593
Kind gleich (§ 1609 Nr. 1 BGB) und geht allen weiteren Unterhaltsberechtigten vor.

f) Anteilige Haftung der Eltern. Nach § 1606 III 1 BGB haften die Eltern dem pri- 594
vilegiert volljährigen Kind entsprechend ihren Erwerbs- und Vermögensverhältnissen.
§ 1606 III 2 BGB, nach dem der betreuende Elternteil seine Unterhaltspflicht gegenüber
dem minderjährigen Kind in der Regel durch Pflege und Erziehung erfüllt, gilt für
privilegiert volljährige Kinder nicht.[170] Dies ist in der Gesetzesbegründung zum KindUG[171]
ausdrücklich festgehalten und im weiteren Gesetzgebungsverfahren nicht in Frage gestellt
worden. An diesen eindeutigen Willen des Gesetzgebers hat sich die Rechtsprechung zu
halten. Freilich führt die Lösung des Gesetzgebers zu Problemen, die nur schwer zu lösen
sind. Vgl. dazu Rn. 598.

Anzuwenden sind die Grundsätze, die bei beiderseitiger Unterhaltspflicht der Eltern für 595
ein minderjähriges Kind gelten (vgl. dazu Rn. 425 ff.). Die anrechenbaren Einkünfte der
Eltern sind jeweils um einen **Sockelbetrag in Höhe des angemessenen Eigenbedarfs**
zu kürzen, der nach den meisten Tabellen und Leitlinien monatlich 1150,– EUR beträgt.
Dazu und zu abweichenden Sätzen für den angemessenen Eigenbedarf vgl. Rn. 546 ff.

Nach den allerdings nicht immer eindeutigen Leitlinien mancher Oberlandesgerichte
(BL, BraL, DL, HL, OL, jeweils 13. 3) wird generell nur ein Sockelbetrag in Höhe des
notwendigen Selbstbehalts abgezogen, weil jeder Elternteil dem Kind verschärft haftet.[172]
Dies halte ich nicht für richtig. Aus § 1603 I, II 3 BGB folgt, dass jedem Elternteil
zunächst sein angemessener Selbstbehalt verbleiben muss. Dementsprechend hat der BGH
entschieden, dass der angemessene Selbstbehalt nicht angegriffen werden muss, wenn der
andere Elternteil den Unterhalt ohne Gefährdung seines angemessenen Selbstbehalts aufbringen kann.[173] Die verschärfte Unterhaltspflicht setzt sowohl beim minderjährigen als
auch beim privilegiert volljährigen Kind erst ein, wenn kein anderer unterhaltspflichtiger
Verwandter, z. B. der andere Elternteil, vorhanden ist, der den Bedarf ohne Gefährdung
seines angemessenen Selbstbehalts decken kann. Vgl. dazu Rn. 397, 426. Daraus folgt, dass
bei beiderseitiger Unterhaltshaltspflicht der Eltern Einkommen, das den angemessenen
Eigenbedarf von 1150,– EUR nicht überschreitet, grundsätzlich nicht für den Unterhalt
des Kindes zur Verfügung steht.[174] Der Vorwegabzug nur des notwendigen Selbstbehalts
führt, wenn kein Mangelfall (vgl. Rn. 599) vorliegt, zu unangemessenen Ergebnissen.
Während der weniger verdienende Elternteil, der das minderjährige Kind betreut hat, sich
bis zur Volljährigkeit an dessen Barunterhalt nicht zu beteiligen brauchte, wird er danach
während der Privilegierung verschärft zum Unterhalt herangezogen; er kann sich erst nach
Fortfall der Privilegierung auf seinen angemessenen Selbstbehalt berufen. Vgl. dazu die
Beispiele Rn. 596.

Anders ist es dagegen, wenn bei einem Sockelbetrag in Höhe des angemessenen Selbstbehalts der Bedarf des Kindes (Rn. 590) nicht sichergestellt wird. Dann ist der Sockelbetrag
bis auf den notwendigen Selbstbehalt von 900,– EUR bzw. 770,– EUR zu ermäßigen (vgl.
Rn. 426, 298).[175] Diese Auffassung wird auch von den meisten Leitlinien vertreten (BrL,
CL, DrL, FL, HaL, KL, NaL, RL, SüdL jeweils 13. 3). Ihr scheint auch der BGH[176]
zuzuneigen. Er hat die Frage zwar nicht abschließend entschieden, aber dem Oberlandesgericht im konkreten Fall nahe gelegt, „mit Rücksicht auf die vorliegende Mangelsituation"
den Sockelbetrag in Höhe des notwendigen Selbstbehalts zu bemessen. Daraus ist gerade
nicht zu entnehmen, dass nach Ansicht des BGH in jedem Fall der notwendige Selbstbehalt
als Sockelbetrag abgezogen werden soll. Vielmehr hat der BGH inzwischen betont, dass bei
einem generellen Abzug des notwendigen Selbstbehalts die verschärfte Haftung des Eltern-

---

[170] BGH FamRZ 2002, 815, 817 = R 570 b und die dort zitierte ganz herrschende Meinung
[171] BR-Drucks. 959/96, S. 27
[172] So auch OLG Braunschweig, FamRZ 1999, 1454; Schwab/Borth V 167
[173] BGH FamRZ 2011, 454 Rn. 35 ff.
[174] OLG Düsseldorf FamRZ 2001, 1242; OLG Hamm FamRZ 2000, 379
[175] Ebenso Strauß FamRZ 1998, 993, 995; anders FamRefK/Häußermann § 1606 Rn. 2; vgl. auch OLG Hamm FamRZ 1999, 1018
[176] FamRZ 2002, 815, 818 = R 570 d

§ 2 Kindes-, Eltern- und sonstiger Verwandtenunterhalt

teils entgegen § 1603 II BGB bereits dann eingreifen würde, wenn kein Mangelfall vorliegt.[177]

596 **Beispiel 1:**
Das bei seiner Mutter (M) lebende 19-jährige Kind (K), das ein Gymnasium besucht, verlangt Unterhalt. Der Vater (V) hat ein bereinigtes Einkommen von 2500,– €, M von 1250,– €. Diese bezieht das Kindergeld von 184,– €. Kein Ehegattenunterhalt.
Der Bedarf von K beträgt nach dem zusammengerechneten Einkommen der Eltern von 3750,– € nach der 7. Einkommensgruppe der Düsseldorfer Tabelle, 4. Altersstufe 664,– € – 184,– € (Kindergeld) = 480,– €
Vorwegabzug eines Sockelbetrages von 1150,– €:
Vergleichbares Einkommen des V: 2500 – 1150 = 1350,– €.
Vergleichbares Einkommen der M: 1250 – 1150 = 100,– €
Vergleichbares Einkommen beider Eltern: 1350 + 100 = 1450,– €.
Haftungsanteil des V: 1350 × 480 : 1450 = 447,– €.
Haftungsanteil der M: 100 × 480 : 1450 = 33,– €.
Vorwegabzug eines Sockelbetrages von 900,– €:
Vergleichbares Einkommen des V: 2500 – 900 = 1600,– €.
Vergleichbares Einkommen der M: 1250 – 900 = 350,– €.
Vergleichbares Einkommen beider Eltern: 1600 + 350 = 1950,– €
Haftungsanteil des V: 1600 × 480 : 1950 = 394,– €.
Haftungsanteil der M: 350 × 480 : 1950 = 86,– €.
Diese Berechnung führt zu einer unangemessenen Benachteiligung der wirtschaftlich schwächeren M (vgl. oben im Text und Rn. 426).

Beispiel 2:
Wie Beispiel 1, Einkommen des V: 1430,– €, Einkommen der M: 1248,– €.
Der Bedarf von K beträgt nach dem zusammengerechneten Einkommen der Eltern von 2678,– € nach der 4. Einkommensgruppe der Düsseldorfer Tabelle, 4. Altersstufe 562,– € – 184,– € (Kindergeld) = 378,– €.
Vorwegabzug eines Sockelbetrages von 1150,– €:
Vergleichbares Einkommen des V: 1430 – 1150 = 280,– €.
Vergleichbares Einkommen der M: 1248 – 1150 = 98,– €
Vergleichbares Einkommen beider Eltern: 280 + 98 = 378,– €.
Jeder Elternteil haftet mit seinem verfügbaren Einkommen, kein Mangelfall.
Hat nun die M ein Einkommen von 1247,– €, also 1,– € weniger, so liegt ein **Mangelfall** vor. Eine Umstellung der Methode auf den *Abzug des notwendigen Selbstbehalts von 900,– € als Sockelbetrag* führt nun zu erheblichen Verzerrungen:
Vergleichbares Einkommen des V: 1430 – 900 = 530,– €
Vergleichbares Einkommen der M: 1247 – 900 = 347,– €
Vergleichbares Einkommen beider Eltern: 530 + 347 = 877,– €
Anteil V: 530 : 877 × 378 = 228,– €
Anteil M: 347 : 877 × 378 = 150,– €
M müsste nun ihren notwendigen Selbstbehalt mit 53,– € angreifen (= 1247 – 150 – 1150), während V nunmehr sogar 52,– € oberhalb des angemessenen Selbstbehalts behielte.
Sachlich richtig ist es dagegen, den nach Abzug des angemessenen Selbstbehalts verbleibenden Fehlbetrag (1,– €) zwischen M und V hälftig zu teilen. S. das weitere Beispiel Rn. 428. Der **BGH** hat dementsprechend darauf hingewiesen, dass eine einstufige Berechnung im Mangelfall nicht ausreichend ist.[178]

597 Verfügt ein Elternteil nur über Einkommen zwischen 900,– EUR und 1150,– EUR, ist zwar sein notwendiger, nicht aber sein angemessener Selbstbehalt gewahrt. In einem solchen Fall ist er nach §§ 1603 II 2, 3, 1606 III 1 BGB nicht unterhaltspflichtig, wenn der andere Elternteil ein deutlich höheres Einkommen hat und den Unterhalt des Kindes allein ohne Gefährdung seines angemessenen Bedarfs von 1150,– EUR decken kann.[179] Vgl. dazu im Einzelnen die entsprechende Problematik beim Minderjährigenunterhalt Rn. 397, 400, 404 ff.

---

[177] BGH FamRZ 2011, 454 Rn. 35 ff.
[178] BGH FamRZ 2011, 454 Rn. 37
[179] BGH FamRZ 2011, 454 Rn. 35 ff. m. w. N.; Strauß FamRZ 1998, 993, 995; ebenso für den Unterhalt minderjähriger Kinder BGH FamRZ 1998, 286, 288 = R 518 a

6. Abschnitt: Der Unterhaltsanspruch volljähriger Kinder § 2

Probleme wirft die Berechnung des Unterhalts auf, **wenn minderjährige und privilegiert volljährige Kinder zusammentreffen.** Für den Barunterhalt des minderjährigen Kindes haftet der betreuende Elternteil nicht (§ 1606 III 2 BGB), während er sich am Barunterhalt des privilegiert volljährigen Kindes sehr wohl beteiligen muss (Rn. 594 f.). Der Bedarf des Minderjährigen richtet sich allein nach dem Einkommen des Barunterhaltspflichtigen (Rn. 212; vgl. aber auch Rn. 206), derjenige des volljährigen Schülers nach dem zusammengerechneten Einkommen beider Eltern (Rn. 523, 590). Ob bei der Berechnung des Unterhalts des privilegiert volljährigen Kindes die Belastung der Eltern durch den Unterhalt des minderjährigen Kindes zu berücksichtigen ist, ist fraglich. Die Frage stellt sich bei der Bedarfsermittlung aufgrund der zusammengerechneten Einkommen und bei der Ermittlung der Haftungsanteile nach § 1606 III 1 BGB.

598

Bis zur Vorauflage (dort Rn. 470[180]) ist hierzu – in Auseinandersetzung mit der Ansicht von Borth[181] – die Meinung vertreten worden, dass der Minderjährigenunterhalt vorweg abzuziehen sei. Zur Begründung ist auf die Lage beim Ehegattenunterhalt verwiesen worden, bei dem ebenfalls der Kindesunterhalt vorweg abzuziehen sei. Die Berechnung ohne Vorwegabzug führe zu einer ungerechtfertigten Benachteiligung der die minderjährigen Geschwister betreuenden Mutter. Dieser Auffassung haben mehrere Oberlandesgerichte widersprochen.[182]

Die Kritik erscheint berechtigt. An der bislang vertretenen Auffassung wird daher nicht festgehalten. Die Ermittlung der Unterhaltsanteile unter Vorwegabzug des Minderjährigenunterhalts lässt sich – ebenso wie die Bestimmung des Unterhaltsbedarfs – aus der Vorgehensweise beim Ehegattenunterhalt nicht ohne weiteres begründen. Die Gleichrangigkeit der Unterhaltsansprüche Minderjähriger und privilegierter Volljähriger fordert vielmehr eine gleichzeitige Berücksichtigung sämtlicher Unterhaltspflichten. Der zusätzlichen Belastung des Elternteils durch mehrere Unterhaltspflichten kann – im Rahmen der Kontrollberechnung (Rn. 523) – durch die Einstufung in eine niedrigere Einkommensgruppe der Düsseldorfer Tabelle Rechnung getragen werden.[183]

Die Berechnung soll an zwei Beispielen verdeutlicht werden:

599

Beispiel 1:
Der 19-jährige Schüler einer Gesamtschule (K 1) lebt mit seinen 16- und 17-jährigen Brüdern K 2 und K 3 bei seiner Mutter (M), die das Kindergeld von jeweils 184,– € (K 1), 184,– € (K 2) und 190,– € (K 3) bezieht. Das bereinigte Einkommen des Vaters (V) beträgt 3000,– €, das der M 1400,– €. Kein Ehegattenunterhalt. Wieviel Unterhalt schuldet der V dem K 1?

Berechnung des Unterhalts der K 1 bis K 3:
Der Bedarf von K 2 und K 3 beträgt, ausgehend allein vom Einkommen des V nach Herabstufung um eine Gruppe gemäß der 4. Einkommensgruppe der Düsseldorfer Tabelle, Altersstufe 3, für K 2: 490 – 92 ($^1/_2$ Kindergeld 2. Kind) = 398,– € und für K 3: 490 – 95 ($^1/_2$ Kindergeld 3. Kind) = 395,– €.
Der Bedarf von K 1 beläuft sich entsprechend dem Einkommen beider Eltern von 4400,– € nach der 9. Einkommensgruppe der Düsseldorfer Tabelle, Altersstufe 4, auf 742,– € – 184,– € (Kindergeld) = 558,– €.

Kontrollberechnung: Der Unterhalt darf den Betrag nicht übersteigen, der sich bei alleiniger Haftung des V für den Volljährigenunterhalt ergäbe (Rn. 523): Einkommensgruppe 4 der Düsseldorfer Tabelle: 562 ./. 184 € (Kindergeld) = 378,– €. Hierbei ist der Unterhalt – wie bei K 2 und K 3 – wegen überdurchschnittlicher Unterhaltslast um eine Gruppe herabgestuft worden. Der Bedarfskontrollbetrag von 1250,– € ist gewahrt (3000 – 378 – 398 – 395 = 1829,– €).

Bestimmung der Haftungsanteile bei beidseitiger Elternhaftung:
(Rest-)Bedarf (s. o.): 558,– €
Vergleichbares Einkommen V: 3000 – 1150 (Rn. 427 f.) = 1850,– €
Vergleichbares Einkommen M: 1400 – 1150 = 250,– €
Summe vergleichbares Einkommen: 1850 + 250 = 2100,– €
Haftungsanteil V: 1850 × 558 : 2100 = 492,– €, ist höher als der Betrag bei Alleinhaftung (s. o.). also: 378,– €.
Haftungsanteil M: 250 × 558 : 2100 = 66,– €.
Ergebnis: V schuldet dem K 1 demnach Unterhalt von **378,– €**.

---

[180] M. w. N. auch zur a. A.
[181] In Schwab, Handbuch des Scheidungsrechts[5] Rn. 166 ff.
[182] OLG Hamm FamRZ 2010, 1346 juris Rn. 52; OLG Stuttgart FamRZ 2007, 75
[183] OLG Hamm FamRZ 2010, 1346 juris Rn. 52

Beispiel 2:
Wie oben, das Einkommen des V beträgt aber nur **2000,– €**.
Berechnung des Unterhalts der K 1 bis K 3:
Der Bedarf von K 2 und K 3 beträgt, ausgehend allein vom Einkommen des V nach Herabstufung um eine Gruppe der 2. Einkommensgruppe der Düsseldorfer Tabelle, Altersstufe 3, für K 2: 448 – 92 ($^1/_2$ Kindergeld 2. Kind) = 356,– € und für K 3: 448 – 95 ($^1/_2$ Kindergeld 3. Kind) = 353,– €.
Der Bedarf von K 1 beläuft sich entsprechend dem Einkommen beider Eltern von 3400,– € nach der 6. Einkommensgruppe der Düsseldorfer Tabelle, Altersstufe 4, auf 625,– € – 184,– € (Kindergeld) = 441,– €.
Kontrollberechnung (Rn. 523): Unterhalt bei alleiniger Haftung des V für den Volljährigenunterhalt: Einkommensgruppe 2 der Düsseldorfer Tabelle: 513 ./. 184 (Kindergeld) = 329,– €. Hierbei ist der Unterhalt – wie bei K 2 und K 3 – wegen überdurchschnittlicher Unterhaltslast um eine Gruppe herabgestuft worden. Der Bedarfskontrollbetrag von 1050,– € ist nicht gewahrt (2000 – 329 – 356 – 353 = 962,– €). Demnach ist der Unterhalt (für K1 bis K 3) der Einkommensgruppe 1 zu entnehmen und beträgt für K 1: 488 – 184 = 304,– €.
Bestimmung der Haftungsanteile bei beidseitiger Elternhaftung:
(Rest-)Bedarf (s. o.): 441,– €
Vergleichbares Einkommen V: 2000 – 1150 (Rn. 427 f.) = 850,– €
Vergleichbares Einkommen M: 1400 – 1150 = 250,– €
Summe vergleichbares Einkommen: 850 + 250 = 1100,– €
Haftungsanteil V: 850 × 441 : 1100 = 341,– €, ist höher als der Betrag bei Alleinhaftung (s. o.), also zu reduzieren auf 304,– €.
Haftungsanteil M: 250 × 441 : 1100 = 100,– €.
Leistungsfähigkeit des V: 2000 – 304 (K 1) – 334 (K 2) – 331 (K 3) = 1031,– €. Demnach ist der angemessene Selbstbehalt nach § 1603 I BGB nicht gewahrt, sodass für den Fehlbetrag (1150 – 1031 = 119,– €) – beschränkt auf K 1 – die Haftung der M nach § 1603 II 3 BGB eingreift. M schuldet daher 19,– € mehr als ihren rechnerischen Anteil nach der Quotenberechnung.
Ergebnis: V schuldet dem K 1 demnach Unterhalt von (304 – 119 =) **185,– €**, die M 119,– €. Der V behält 1150,– €, die M (1400 – 119 =) 1281,– €.
Wenn überdies der notwendige Selbstbehalt von 950,– € nicht gewahrt ist (**Mangelfall**), so ist – wenn die Ersatzhaftung der M nicht ausreicht, um den Unterhalt des K 1 auf den Unterhalt nach der 1. Einkommensgruppe aufzustocken – der Unterhalt sämtlicher – gleichrangiger – Kinder gleichmäßig herabzusetzen. Zu Besonderheiten, wenn ein Elternteil nur aufgrund fiktiven Einkommens haftet, s. Rn. 567.

600 **g) Verwirkung.** Da die entsprechende Anwendung des § 1611 II BGB auf das privilegiert volljährige Kind nicht angeordnet worden ist, kann dessen Unterhaltsanspruch verwirkt werden. Vgl. dazu Rn. 478 ff.

VII. Verwirkung des Unterhaltsanspruchs des volljährigen Kindes

601 Nach § 1611 I BGB schulden Eltern nur einen Beitrag zum Unterhalt, der der Billigkeit entspricht,
– wenn der Volljährige durch sittliches Verschulden bedürftig geworden ist,
– wenn er seine eigene Unterhaltspflicht gegenüber dem Pflichtigen gröblich vernachlässigt hat
– oder wenn er sich vorsätzlich einer schweren Verfehlung gegen den Unterhaltsschuldner oder gegen einen nahen Angehörigen des Pflichtigen (Ehegatten, Kind) schuldig gemacht hat.
Die Verpflichtung der Eltern entfällt ganz, wenn deren Inanspruchnahme grob unbillig wäre (§ 1611 I 2 BGB). Als Ausnahmevorschrift ist § 1611 BGB eng auszulegen. Wenn ein volljähriges Kind nachhaltig die Obliegenheit verletzt, seine Ausbildung planvoll und zielstrebig durchzuführen, verliert es seinen Unterhaltsanspruch schon wegen Verstoßes gegen das Gegenseitigkeitsprinzip. Die Voraussetzungen des § 1611 BGB brauchen nicht vorzuliegen.[184]

---

[184] BGH FamRZ 1998, 671 = R 523

6. Abschnitt: Der Unterhaltsanspruch volljähriger Kinder § 2

Die Verwirkung nach § 1611 BGB ist von der Verwirkung des Unterhaltsanspruchs wegen illoyaler verspäteter Geltendmachung (§ 242 BGB) zu unterscheiden.

Der Unterhaltsanspruch eines minderjährigen unverheirateten Kindes kann nicht verwirkt werden (§ 1611 II BGB). **Handlungen, die ein Kind während der Minderjährigkeit** begangen hat, können diesem auch dann **nicht** entgegengehalten werden, wenn das Kind nach Eintritt der Volljährigkeit noch unterhaltsbedürftig ist. Es kommt nur darauf an, wann der Verwirkungstatbestand eingetreten ist.[185] Der Unterhalt **privilegiert volljähriger Kinder** im Sinne des § 1603 II 2 BGB (vgl. Rn. 579 ff.) kann dagegen verwirkt werden, da das KindUG die entsprechende Anwendung des § 1611 II BGB auf diese Kinder nicht vorgesehen hat. Vgl. auch Rn. 600. 602

Die Herbeiführung der Bedürftigkeit durch **sittliches Verschulden** setzt einen Vorwurf von erheblichem Gewicht voraus.[186] Der Bedürftige muss in vorwerfbarer Weise das anerkannte Gebot der Sittlichkeit außer Acht gelassen haben. Ein derartiges Verschulden kann bei Zusammenleben des Kindes mit einem anderen in nichtehelicher Lebensgemeinschaft nicht bejaht werden, weil ein solches Verhalten heute nicht mehr als anstößig empfunden wird.[187] In Ausnahmefällen kann sich ein sittliches Verschulden aus dem Bezug des Verhaltens des Kindes zur Unterhaltsverpflichtung der Eltern ergeben. Vgl. auch Rn. 66. 603

Eine Unterhaltsverwirkung infolge sittlichen Verschuldens kann u. U. angenommen werden, wenn das volljährige Kind seine Bedürftigkeit durch übermäßigen **Rauschgift- oder Alkoholkonsum** verursacht hat.[188] Jedoch ist zu beachten, dass Alkohol- und Rauschgiftsucht häufig als eine Krankheit anzusehen sind. Dann kommt eine Verwirkung des Unterhaltsanspruchs nur in Betracht, wenn das einsichtsfähige volljährige Kind sich weigert, sich einer Erfolg versprechenden ärztlichen Behandlung zu unterziehen, oder es nach einer solchen Behandlung die ärztlichen Anweisungen nicht beachtet und rückfällig wird. Ein sittliches Verschulden kann vorliegen, wenn das volljährige Kind nach einer abgeschlossenen Berufsausbildung über lange Jahre ziellos ein Studium fortführt, aber keine Erwerbstätigkeit aufnimmt, die z. B. durch Mitgliedschaft in der gesetzlichen Sozialversicherung das Risiko der Krankheit, vor allem aber der Erwerbsunfähigkeit absichert.[189]

Die gröbliche **Verletzung der eigenen Unterhaltspflicht** gegenüber den unterhaltspflichtigen Eltern scheidet beim Kindesunterhalt in der Regel aus. Sie kann nur vorkommen, wenn das Kind bereits eine selbstständige Lebensstellung erreicht hatte, die bedürftigen Eltern trotz Leistungsfähigkeit nicht unterstützt hat, sich die Verhältnisse aber später umgekehrt haben, das volljährige Kind wieder unterhaltsbedürftig geworden ist (vgl. dazu Rn. 57, 484) und die Eltern leistungsfähig geworden sind. 604

Eine vorsätzlich **schwere Verfehlung** gegen den unterhaltspflichtigen Elternteil kann nur bei einer tiefgreifenden Beeinträchtigung schutzwürdiger wirtschaftlicher Interessen oder persönlicher Belange des Verpflichteten angenommen werden.[190] In Betracht kommen vor allem tätliche Angriffe, wiederholte grobe Beleidigungen oder Bedrohungen, falsche Anschuldigungen gegenüber Behörden[191] oder dem Arbeitgeber wegen der Schädigung des Verpflichteten in seiner beruflichen oder wirtschaftlichen Stellung.[192] Ein mehrfacher Einbruch in die Wohnung der volljährigen Tochter des Unterhaltspflichtigen soll den Tatbestand der schweren Verfehlung gegen einen nahen Angehörigen nicht erfüllen.[193] Ein Unterlassen reicht nur aus, wenn dadurch eine Rechtspflicht zum Handeln verletzt wird. Deshalb ist die **Ablehnung jeder persönlichen Kontaktaufnahme** zu dem unterhaltsverpflichteten Elternteil allein oder auch in Verbindung mit unhöflichen oder unangemessenen Äußerungen diesem gegenüber nicht als Grund für eine Herabsetzung oder den 605

---

[185] BGH FamRZ 1995, 475 = R 491 a; FamRZ 1988, 159, 163
[186] BGH FamRZ 1985, 273
[187] BGH FamRZ 1985, 273
[188] KG FamRZ 2002, 1357; OLG Celle FamRZ 1990, 1142
[189] OLG Hamm NJW-RR 2002, 650
[190] OLG Celle FamRZ 1993, 1235; OLG München FamRZ 1992, 595, 597
[191] Vgl. OLG Hamm NJW-RR 2006, 509
[192] OLG München FamRZ 1992, 595, 597
[193] KG FamRZ 2000, 1357 (m. E. bedenklich)

Ausschluss des Unterhalts nach § 1611 I BGB zu werten.[194] Erst recht reicht das Einschlafenlassen der persönlichen Beziehungen nicht aus,[195] ebenso wenig das Siezen oder Nichtgrüßen eines Eltern- oder Großelternteils.[196] Daher kann die Verweigerung des Kontakts zu einem Elternteil allenfalls unter besonderen Umständen als schwere Verfehlung angesehen werden, so wenn sie mit besonders beleidigendem oder verletzendem Verhalten einhergeht oder wenn sie den Verpflichteten, z. B. bei einer lebensgefährlichen Erkrankung, besonders hart trifft.[197] Die unzureichende Information der Eltern über ein beabsichtigtes Studium ist keine schwere Verfehlung.[198]

606 Das vorwerfbare Verhalten des Kindes muss nur im Fall eines sittlichen Verschuldens für die Bedürftigkeit **ursächlich** sein. Der Kausalzusammenhang ist zu verneinen, wenn der Berechtigte auch unabhängig von dem sittlich zu beanstandenden Verhalten, z. B. durch Krankheit, unterhaltsbedürftig geworden wäre.[199] In einem solchen Fall ist aber stets zu prüfen, ob eine vorsätzlich schwere Verfehlung gegen den Verpflichteten vorliegt.

607 Voraussetzung einer Herabsetzung des Unterhalts ist, dass die Zahlung des vollen Unterhalts **unbillig** wäre; ein Unterhaltsausschluss kommt nur bei grober Unbilligkeit in Betracht (§ 1611 I 1 und 2 BGB). Die Unterhaltsbeschränkung muss der Schwere und Nachhaltigkeit der Verfehlung angemessen sein. Notwendig ist daher stets eine umfassende **Abwägung aller** maßgeblichen **Umstände,** die auch das eigene Verhalten des Unterhaltsverpflichteten gegenüber dem Kind und dem anderen Elternteil, bei dem es vielfach lange Zeit gelebt hat und zu dem es besondere Beziehungen unterhält, angemessen berücksichtigt.[200] Daher kommt eine Unterhaltsverwirkung in der Regel nicht in Betracht, wenn der Verpflichtete für den Konflikt mitverantwortlich ist und sich seinerseits nicht um Wiederaufnahme des abgerissenen Kontakts bemüht hat.

608 Die **Darlegungs- und Beweislast** für das Vorliegen der Voraussetzungen des § 1611 BGB und das Ausmaß der Verfehlung des Kindes trifft wegen des Ausnahmecharakters der Vorschrift den in Anspruch genommenen Elternteil.

Wird der Unterhaltsanspruch nach § 1611 BGB ganz oder teilweise ausgeschlossen, kann das unterhaltsbedürftige Kind nicht einen anderen Unterhaltspflichtigen in Anspruch nehmen (§ 1611 III BGB). Dies hat insbesondere Bedeutung, wenn das Kind sich einer schweren Verfehlung gegen den primär haftenden Elternteil schuldig gemacht hat, die gegenüber dem nachrangig haftenden Verwandten den Tatbestand des § 1611 I BGB nicht erfüllen würde.

609–699 – in dieser Aufl. nicht belegt –

---

[194] BGH FamRZ 1995, 475 = R 491 a; a. A. offenbar OLG Celle FuR 2002, 332, 335
[195] BGH FamRZ 1995, 475 = R 491 a
[196] OLG Köln FamRZ 1996, 1101; OLG Hamm FamRZ 1995, 1439
[197] OLG Bamberg FamRZ 1992, 717, 719 mit Anm. Ewers, FamRZ 1992, 719 und Schütz FamRZ 1992, 1338
[198] OLG Stuttgart NJW-FER 2000, 80
[199] OLG Köln FamRZ 1990, 310
[200] BGH FamRZ 1995, 475 = R 491 a

7. Abschnitt: Kindergeld und Kindesunterhalt

I. Der öffentlich-rechtliche Anspruch auf Kindergeld

1. Rechtsgrundlagen

Das Kindergeld dient dem Familienleistungsausgleich, der durch das Jahressteuergesetz **700** 1996[1] auf neue Grundlagen gestellt worden ist; er wird seitdem in der Regel durch das **Einkommensteuerrecht**, nur ausnahmsweise durch das Bundeskindergeldgesetz (vgl. Rn. 701) verwirklicht. Den Entscheidungen des BVerfG vom 10. 11. 1998,[2] nach denen das steuerliche Existenzminimum eines Kindes auch den Betreuungs- und Erziehungsbedarf umfasst, hat der Gesetzgeber in zwei Schritten Rechnung getragen, einmal durch das (Erste) Gesetz zur Familienförderung vom 22. 12. 1999 – BGBl. I 2552, in Kraft getreten am 1. 1. 2000, und durch das Zweite Gesetz zur Familienförderung vom 16. 8. 2001 – BGBl. I 2074, in Kraft seit dem 1. 1. 2002.

Das Kindergeld ist bis auf wenige Sonderfälle (Rn. 701) im Einkommensteuergesetz geregelt. Anspruch auf Kindergeld hat nach § 62 I EStG,
– wer unabhängig von der Staatsangehörigkeit seinen Wohnsitz oder gewöhnlichen Aufenthalt im Inland hat[3]
– oder wer ohne Wohnsitz oder gewöhnlichen Aufenthalt im Inland nach § 1 II, III EStG der unbeschränkten Einkommensteuerpflicht unterliegt.

Das Kindergeld steht in der Regel den Eltern zu (vgl. Rn. 705). Das Kind hat nur ausnahmsweise Anspruch auf Kindergeld (Rn. 701). Es muss grundsätzlich seinen Wohnsitz oder gewöhnlichen Aufenthalt im Inland, in der Europäischen Union oder im Europäischen Wirtschaftsraum haben (§ 63 I 3 EStG). Nicht freizügigkeitsberechtigte Ausländer, die im Besitz einer Niederlassungs- oder Aufenthaltserlaubnis sind, erhalten Kindergeld nur unter bestimmten Voraussetzungen (§ 62 II EStG).[4] Näheres zur Kindergeldberechtigung und Kindergeldanrechnung bei Auslandsbezug vgl. Rn. 735.

Weitere Voraussetzung ist, dass Kindergeld für ein Kind im Sinne des § 63 EStG begehrt wird. Dazu Rn. 703 ff.

Das **Bundeskindergeldgesetz**[5] gilt nur noch für beschränkt Steuerpflichtige, also für **701** Steuerausländer, die aus bestimmten Gründen, z. B. weil sie als Entwicklungshelfer oder Beamte besondere Beziehungen zu Deutschland haben, kindergeldberechtigt sein sollen (§ 1 I BKGG). Ferner erhalten Kinder, die in Deutschland ihren Wohnsitz oder gewöhnlichen Aufenthalt haben, Vollwaisen sind oder den Aufenthalt der Eltern nicht kennen und nicht bei einer anderen Person als Kind berücksichtigt werden, selbst Kindergeld nach § 1 II BKGG. Zur Kindergeldberechtigung nicht freizügigkeitsberechtigter Ausländer vgl. § 1 III BKGG. Die in § 2 BKGG genannten Anspruchsvoraussetzungen decken sich mit denjenigen der §§ 32, 63 EStG. Die Höhe des Kindergeldes entspricht den Beträgen, die nach § 66 EStG gezahlt werden (§§ 6, 20 I BKGG). Vgl. dazu Rn. 707. Mit dem Kindergeld darf der Kinderzuschlag nach § 6a BKGG (vgl. Rn. 1/684) nicht verwechselt werden.

Ferner enthält das BKGG in §§ 7 ff. Vorschriften über Organisation und Verfahren der Kindergeldgewährung, insbesondere über die **Familienkasse**, die organisatorisch Teil der Bundesagentur für Arbeit ist, aber Aufgaben der Finanzverwaltung wahrnimmt (Rn. 706). Zuständig für Klagen gegen die Bescheide der Familienkassen sind die Sozialgerichte, soweit die Kindergeldberechtigung auf dem Bundeskindergeldgesetz beruht (§ 15 BKGG). Zum Rechtsweg bei Gewährung des Kindergeldes nach §§ 62 ff. EStG vgl. Rn. 706. Die

---

[1] 11. 10. 1995 – BGBl. I S. 1250
[2] FamRZ 1999, 285, 291
[3] Zur Verlegung des Wohnsitzes in das EU-Ausland vgl. BFH FamRZ 2009, 507
[4] BFH FamRZ 2008, 609
[5] I. d. F. der Bekanntmachung vom 28. 1. 2009 – BGBl. I S. 142, zuletzt geändert durch Art. 5 des Gesetzes vom 24. 3. 2011 – BGBl. I S. 453

nachfolgenden Ausführungen beschränken sich auf das nach §§ 62 ff. EStG gezahlte Kindergeld.

2. Anspruchsvoraussetzungen für Kindergeld nach §§ 62 ff. EStG

702 Der Familienleistungsausgleich wird nach § 31 S. 1 EStG entweder durch das Kindergeld nach §§ 62 ff. EStG oder durch die Freibeträge nach § 32 VI EStG (Rn. 708 ff.) verwirklicht.[6] Das Kindergeld wird im laufenden Kalenderjahr als **vorweggenommene Steuervergütung** monatlich gezahlt (§§ 31 S. 3, 62 ff. EStG). Wird Kindergeld gewährt, bleibt der Kinderfreibetrag bei der Lohnsteuer außer Betracht (§§ 38 a IV, 39 a I Nr. 6 EStG); er wird aber bei den sogenannten Annexsteuern, also beim Solidaritätszuschlag und bei der Kirchensteuer (§ 51 a II, II a EStG), berücksichtigt. Jeder Berechtigte erhält zunächst das Kindergeld. **Ein Wahlrecht zwischen Kindergeld und Kinderfreibetrag besteht nicht.** Erst in der Einkommensteuerveranlagung, also frühestens im folgenden Jahr, prüft das Finanzamt von Amts wegen, ob das Kindergeld oder die Freibeträge nach § 32 VI EStG günstiger sind (§ 31 S. 4 EStG). Erweisen sich die Freibeträge als günstiger, wird das Kindergeld mit der sich ergebenden Einkommensteuererstattung verrechnet. Ist die Entlastung durch das Kindergeld höher als diese Steuererstattung, verbleibt das Kindergeld beim Steuerpflichtigen. Es dient, soweit es zur steuerlichen Freistellung des Existenzminimums nicht erforderlich ist, der Förderung der Familie (§ 31 S. 2 EStG) und ist insoweit eine **Sozialleistung**.[7] Führen die Freibeträge zu einer über das Kindergeld hinausgehenden Steuerentlastung, wird die Steuer entsprechend niedriger festgesetzt. Das Kindergeld wird dann der auf dieser Basis ermittelten Einkommensteuer hinzugerechnet (§ 2 VI 3 EStG). Zum Vergleich zwischen Kindergeld und den Freibeträgen nach § 32 VI EStG vgl. Rn. 710.[8]

703 Die Voraussetzungen für das Kindergeld und die Freibeträge nach § 32 VI EStG sind im Wesentlichen identisch, da in § 63 I EStG auf § 32 I, III bis V EStG verwiesen wird. Kindergeld wird grundsätzlich nur bis zur Vollendung eines bestimmten Lebensalters des Kindes oder für behinderte Kinder gewährt, und zwar[9]
– generell bis zur Vollendung des **18. Lebensjahres** (§ 32 III EStG),
– bis zur Vollendung des **21. Lebensjahres** bei Arbeitslosigkeit (§ 32 IV 1 Nr. 1 EStG),
– bis zur Vollendung des **25. Lebensjahres**[10] (früher des 27. Lebensjahres) während einer Berufsausbildung, während einer Übergangszeit bis zu vier Monaten zwischen zwei Ausbildungsabschnitten oder zwischen einem Ausbildungsabschnitt und dem Wehr- bzw. dem Ersatzdienst, bei Nichtvorhandensein eines Ausbildungsplatzes, während eines freiwilligen sozialen oder ökologischen Jahres oder während bestimmter weiterer Dienste (§ 32 IV 1 Nr. 2 EStG).[11] Es kommt nicht darauf an, ob es sich um die erste oder eine weitere Berufsausbildung handelt.[12] Kindergeld wird auch gewährt, wenn das Kind während der Wartezeit auf einen Ausbildungsplatz einer Vollerwerbstätigkeit nachgeht, sofern das Einkommen die Grenze des § 32 IV 2 EStG von 8004,– EUR (Rn. 704) nicht übersteigt;[13]
– **ohne Altersbegrenzung** bei körperlicher, geistiger oder seelischer Behinderung und im Wesentlichen dadurch bedingter Unfähigkeit, sich selbst zu unterhalten, falls diese Umstände bereits vor Vollendung des 25. Lebensjahres (früher des 27. Lebensjahres)[14] bestanden haben (§ 32 IV 1 Nr. 3 EStG).[15]

---

[6] Vgl. dazu Scholz FamRZ 2006, 106; 2007, 2021, 2024; Dose FamRZ 2007, 1289
[7] BVerfG FamRZ 2010, 800
[8] Eingehend dazu Scholz FamRZ 2006, 106; 1996, 65 ff. Zur steuerrechtlichen Problematik vgl. Tischler in Scholz/Kleffmann/Motzer Praxishandbuch Familienrecht, Teil S Rn. 176 ff.
[9] Zu den Einzelheiten Tischler in Scholz/Kleffmann/Motzer Teil S Rn. 188 ff.
[10] Für Kinder, die im Veranlagungszeitraum 2006 das 24., 25. oder 26. Lebensjahr vollendet haben, gilt die Übergangsvorschrift des § 52 XL 4 EStG
[11] BFH NJW 2009, 2559
[12] BFH BStBl. 2001 II S. 107
[13] BFH FamRZ 2007, 468
[14] Vgl. dazu die Übergangsvorschrift des § 52 XL 5 EStG
[15] BFH NJW 2009, 1295; FamRZ 2008, 2113

7. Abschnitt: Kindergeld und Kindesunterhalt § 2

Bei Ableistung des Wehr- und des Zivildienstes, die zum 1. 7. 2011 ausgesetzt werden, oder einer stattdessen ausgeübten Tätigkeit als Entwicklungshelfer, nicht aber bei anderen Friedensdiensten wird ein Kind über das 21. bzw. 25. Lebensjahr hinaus berücksichtigt (§ 32 V EStG).[16] Während des Wehr- oder Zivildienstes entfällt das Kindergeld. Dies ist verfassungsgemäß.[17]

Anspruch auf Kindergeld für ein verheiratetes Kind besteht nur dann, wenn die Einkünfte des Ehegatten für den vollständigen Unterhalt des Kindes nicht ausreichen, das Kind ebenfalls nicht über genügende Mittel verfügt und die Eltern deshalb weiter für seinen Unterhalt aufkommen müssen.[18]

Kindergeld wird nach dem **Monatsprinzip** nur für die Monate gezahlt, in denen die Anspruchsvoraussetzungen vorliegen (§ 66 II EStG). Dasselbe gilt nach § 32 IV 7 EStG für die Gewährung der Freibeträge nach § 32 VI EStG.

Für minderjährige Kinder wird Kindergeld ohne Rücksicht auf deren Einkommen 704 gewährt.[19] Dagegen werden volljährige Kinder, die über **Einkünfte** und Bezüge von mehr als 8004,– EUR im Kalenderjahr verfügen, beim Kindergeld und bei den Freibeträgen nach § 32 VI EStG nicht berücksichtigt (§ 32 IV 2 EStG). Der Grenzbetrag von nunmehr 8004,– EUR ist verfassungsgemäß.[20] Einkünfte sind solche im Sinne des § 2 I EStG. Bezüge sind alle Einnahmen in Geld oder Geldeswert, also auch steuerfreie Einnahmen, die zur Bestreitung des Unterhalts oder der Ausbildung bestimmt und geeignet sind. Dazu gehören auch bestimmte steuerfreie Einnahmen (§ 32 IV 4 EStG) oder pauschal versteuerter Arbeitslohn.[21] Leistungen der Grundsicherung für Arbeitsuchende und Sozialhilfe können ebenfalls als Bezüge angesehen werden,[22] aber wohl nur dann, wenn der Träger den Steuerpflichtigen (Unterhaltsverpflichteten) nicht gemäß § 33 SGB II, § 94 SGB XII in Anspruch nimmt.[23]

Der Grenzbetrag von 8004,– EUR gilt seit dem 1. 1. 2010.[24] Bezieht das Kind Erwerbseinkommen, ist dieses um den Arbeitnehmerpauschbetrag von 920,– EUR (§ 9a S. 1 Nr. 1a EStG), ggf. um höhere Werbungskosten zu mindern. In verfassungskonformer Auslegung des § 32 IV 2 EStG sind auch Sozialversicherungsbeiträge vom Einkommen abzusetzen,[25] nicht aber Lohn- und Kirchensteuer oder Beiträge für eine private Zusatzkrankenversicherung oder eine private Rentenversicherung.[26]

Das Kindergeld und die Freibeträge nach § 32 VI EStG werden für im ersten Grad mit 705 dem Steuerpflichtigen verwandte Kinder und für Pflegekinder gewährt (§ 63 I i. V. m. § 32 I EStG).

Lediglich Kindergeld, dagegen keine Freibeträge,[27] erhält der Berechtigte für von ihm in seinen Haushalt aufgenommene Kinder seines Ehegatten und für Enkel (§ 63 I 1 Nr. 2, 3 EStG).

Das Kindergeld steht beiden Eltern zu. Es wird jedoch nur an einen Berechtigten gezahlt, bei mehreren Berechtigten nur an denjenigen, der das Kind in seinen Haushalt aufgenommen hat (§ 64 II 1 EStG). Dies verstößt nicht gegen die Verfassung.[28] Dieses sogenannte **Obhutsprinzip** bedeutet, dass das Kindergeld in der Regel dem Elternteil zusteht, der das

---

[16] BFH NJW 2009, 2559
[17] BVerfG NJW-RR 2004, 1225
[18] BFH NJW 2007, 3231
[19] BFH BStBl. 2000 II S. 459 (dort auch zur Berücksichtigung von Einkünften, die im Jahr des Eintritts der Volljährigkeit anfallen)
[20] BVerfG FamRZ 2010, 1534
[21] BFH BStBl. 1975 II S. 139; Tischler in Scholz/Kleffmann/Motzer Teil S Rn. 208 f.
[22] Vgl. dazu FG Baden-Württemberg FamRZ 1999, 536
[23] Vgl. BFH BStBl. 1975 II S. 139
[24] Vorher galten nach den jeweiligen Fassungen des § 32 IV 2 EStG folgende Höchstgrenzen: 12 000,– DM (1996, 1997), 12 360,– DM (1998), 13 020,– DM (1999), 13 500,– DM (2000), 14 040,– DM (2001), 7188,– EUR (2002), 7428,– EUR (2004), 7680,– EUR (2005)
[25] BVerfG FamRZ 2005, 962, 966
[26] BFH NJW 2008, 1022
[27] Tischler in Scholz/Kleffmann/Motzer Teil S Rn. 188
[28] BFH FamRZ 2005, 618

minderjährige Kind betreut. Bei Betreuung durch beide Elternteile oder bei einem umfangreichen Umgangsrecht kommt es darauf an, in wessen Haushalt sich das Kind überwiegend aufhält und wo es seinen Lebensmittelpunkt hat.[29] Wechselt das Kind von einem zum anderen Elternteil, kann nach drei Monaten von einer Aufnahme in dessen Haushalt ausgegangen werden.[30] Der Elternteil, der das Kind nicht betreut, wird durch den bedarfsmindernden Abzug des Kindergeldes vom Unterhalt oder durch den familienrechtlichen Ausgleichsanspruch am Kindergeld beteiligt. Vgl. dazu Rn. 718, 722, 781. Ein volljähriges Kind, das ein auswärtiges Studium aufnimmt, verbleibt im Haushalt des Elternteils, bei dem es bisher gelebt hat, wenn nicht besondere Umstände vorliegen, die für eine dauerhafte Trennung sprechen.[31] Zur Problematik, wenn das Kindergeld während einer Übergangszeit nach der Trennung an den nicht betreuenden Elternteil gezahlt wird, vgl. Rn. 781. Ist das Kind nicht in den Haushalt eines berechtigten Elternteils aufgenommen, so erhält das Kindergeld derjenige, der ihm eine Unterhaltsrente zahlt (§ 64 III 1 EStG). Zahlen beide Eltern Unterhalt, steht das Kindergeld demjenigen zu, der die höchste Unterhaltsrente zahlt (§ 64 III 2 EStG).[32] Bei gemeinsamer Haushaltsführung mehrerer Berechtigter und bei gleich hohen Unterhaltsrenten bestimmen die Berechtigten, wer das Kindergeld erhalten soll. Dasselbe gilt, wenn kein Unterhalt gezahlt wird. Eine einmal getroffene Bestimmung bleibt bis zu ihrem Widerruf wirksam.[33] Wird eine Bestimmung nicht getroffen, entscheidet das Familiengericht (§ 64 II 3, III 4 EStG), und zwar durch den Rechtspfleger (§ 25 Nr. 2 a RPflG, § 231 II FamFG). Bei der Entscheidung ist auf das Wohl des Kindes und der Familie, nicht auf die Verwirklichung eines etwaigen zivilrechtlichen Ausgleichsanspruchs eines Elternteils abzustellen.[34]

706 Bei Arbeitnehmern außerhalb des öffentlichen Dienstes setzt die **Familienkasse** auf schriftlichen Antrag das Kindergeld durch Bescheid fest und zahlt es auch aus (§§ 67, 70 EStG). Die Familienkasse hat ungeachtet ihrer Eingliederung in die Arbeitsverwaltung (vgl. dazu Rn. 701) insoweit die Stellung einer Bundesfinanzbehörde (§ 6 II Nr. 6 AO). Ein ablehnender Bescheid kann nur vor den Finanzgerichten angefochten werden, soweit die Familienkasse über das Kindergeld als vorweggenommene Steuervergütung, also auf Grund der Vorschriften des Einkommensteuerrechts entschieden hat (§ 155 IV AO, § 33 I Nr. 1, II FGO). Bei Angehörigen des öffentlichen Dienstes wird das Kindergeld von der Anstellungskörperschaft festgesetzt und ausgezahlt, die insoweit als Familienkasse tätig wird (§ 72 I EStG). Zur Rechtsstellung der Familienkasse bei Bewilligung von Kindergeld nach dem Bundeskindergeldgesetz vgl. Rn. 701.

3. Kindergeld und Freibeträge nach § 32 VI EStG

707 **a) Kindergeld.** Durch § 66 EStG ist das Kindergeld zum 1. 1. 1996 kräftig angehoben und später mehrfach erhöht worden. Es wurde bzw. wird ohne Rücksicht auf das Einkommen der Eltern in folgender Höhe gezahlt:[35]

	1996	1997/98	1999	2000/01	2002–2008	2009	ab 2010
1. und 2. Kind	200 DM	220 DM	250 DM	270 DM	154 €	164 €	184 €
3. Kind	300 DM	300 DM	300 DM	300 DM	154 €	170 €	190 €
ab 4. Kind	350 DM	350 DM	350 DM	350 DM	179 €	195 €	215 €

---

[29] BFH FamRZ 2005, 618
[30] BFH NJW 2009, 3472
[31] BFH FamRZ 2008, 1439; 2008, 1071
[32] Zur Nichtberücksichtigung des Kindergeldes bei Berechnung der höheren Unterhaltsrente vgl. BFH NJW 2005, 3742
[33] BFH NJW 2005, 2175
[34] Vgl. OLG Stuttgart FamRZ 2010, 1476; 2009, 155; OLG München FamRZ 2006, 1567
[35] Zur Entwicklung des Kindergeldes seit 1. 1. 1975 vgl. die Übersicht in FamRZ 2005, 1402

Im Jahr 2009 wurde ferner ein Einmalbetrag von 100,– EUR für Schulbedarf gezahlt (sog. Kinderbonus; § 66 I 2 EStG). Er ist bei Sozialleistungen, deren Zahlung von anderen Einkommen abhängig ist, nicht als Einkommen zu berücksichtigen; Unterhaltsleistungen nach dem UVG werden durch den Bonus nicht gemindert (Gesetz zur Nichtanrechnung des Kinderbonus vom 2. 3. 2009 – BGBl. I S. 416 f.). Der Bonus ist Teil des Kindergeldes, wie sich aus § 66 I 2 EStG ergibt, und daher nach Maßgabe des § 1612b BGB auf den Kindesunterhalt bedarfsdeckend anzurechnen.[36]

b) Freibeträge nach § 32 VI EStG. Bei der Einkommensteuerveranlagung werden zugunsten des Steuerpflichtigen Freibeträge nach § 32 VI EStG berücksichtigt. Es wird geprüft, ob sich für ihn die Gewährung des Kindergeldes oder die Steuerersparnis aufgrund der Freibeträge als günstiger erweist. Vgl. dazu Rn. 710. Der Steuerpflichtige erhält für jedes zu berücksichtigende Kind – grundsätzlich unabhängig davon, ob das Kind in seinem Haushalt lebt oder nicht[37] – jeweils pro Jahr für das sächliche Existenzminimum ab 1. 1. 2010 einen Freibetrag **(Kinderfreibetrag)** von 2184,– EUR[38] sowie **für den Betreuungs- und Erziehungs- oder Ausbildungsbedarf** einen **Freibetrag** von 1320,– EUR[39] (§ 32 VI 1 EStG). Diesen (halben) Freibeträgen entspricht das hälftige Kindergeld von monatlich 92,– EUR (1104,– EUR im Jahr) für das erste und zweite Kind, von 95,– EUR (1140,– EUR im Jahr) für das dritte Kind und von 107,50 EUR (1290,– EUR im Jahr) ab dem vierten Kind. Die Freibeträge verdoppeln sich bei verheirateten, zusammen veranlagten Eltern (§ 32 VI 2 EStG). Den doppelten (vollen) Freibeträgen von 4368,– EUR bzw. 2640,– EUR entspricht das volle monatliche Kindergeld von 184,– EUR (2208,– EUR im Jahr) für das erste und zweite Kind, von 190,– EUR (2280,– EUR im Jahr) für das dritte Kind und von 215,– EUR (2580,– EUR im Jahr) ab dem vierten Kind. Die vollen Freibeträge sind auch abzuziehen, wenn der andere Elternteil verstorben oder nicht unbeschränkt einkommensteuerpflichtig ist, wenn der Steuerpflichtige allein ein Kind angenommen hat oder wenn nur er zu dem Kind in einem Pflegekindschaftsverhältnis steht (§ 32 VI 3 EStG). Werden die Eltern getrennt veranlagt, kann der Kinderfreibetrag für das sächliche Existenzminimum auf Antrag auf einen Elternteil **übertragen** werden, wenn dieser, nicht aber der andere Elternteil seiner Unterhaltspflicht gegenüber dem Kind im Wesentlichen, also zu mindestens 75%, nachkommt (§ 32 VI 4 EStG, EStR 2008 R 32.13 II). Die Übertragung des Kinderfreibetrages führt stets auch zur Übertragung des Freibetrages für den Betreuungs- und Erziehungsbedarf oder Ausbildungsbedarf (EStR 2008 R 32.13 IV 2). Ist ein Elternteil mangels Leistungsfähigkeit nicht zur Zahlung von Unterhalt verpflichtet, kann der ihm zustehende Kinderfreibetrag nicht auf den anderen Elternteil übertragen werden, der den Unterhalt allein aufzubringen hat.[40] Diese Regelung ist nicht verfassungswidrig.[41]

Bei einem minderjährigen Kind kann der Freibetrag für den Betreuungs- und Erziehungsbedarf oder Ausbildungsbedarf auf den Elternteil übertragen werden, in dessen Wohnung das Kind gemeldet ist; erforderlich ist lediglich ein Antrag dieses Elternteils (§ 32 VI 6 EStG). Das Gesetz geht davon aus, dass dieser Elternteil seine Unterhaltspflicht durch die Betreuung des Kindes erfüllt.

Kein Freibetrag im Sinne des § 32 VI EStG ist der Ausbildungsfreibetrag von 924,– EUR, der nach § 33 a II EStG als außergewöhnliche Belastung zur Abgeltung des Sonderbedarfs eines volljährigen Kindes gewährt wird, das sich in der Berufsausbildung befindet und auswärts untergebracht ist. Jedem Elternteil steht die Hälfte dieses Freibetrags zu; auf gemeinsamen Antrag ist andere Aufteilung möglich (§ 33a II 5, 6 EStG). Vgl. auch Rn. 1/885.

c) Günstigerprüfung. Bei der Einkommensteuerveranlagung werden das Kindergeld einerseits und der Kinderfreibetrag für das sächliche Existenzminimum sowie der Freibetrag

---

[36] Büttner/Niepmann NJW 2009, 2499; DIJuF FamRZ 2009, 932
[37] BGH FamRZ 2007, 983, 986 mit Anm. Schürmann = R 676b
[38] Von 2002 bis 2008: 1824,– EUR, in 2009: 1932,– EUR
[39] Von 2002 bis 2009: 1080,– EUR
[40] BFH DStR 1997, 2017
[41] so BFH NJW 2007, 176 zu der bis 2001 geltenden Fassung des § 32 VI EStG

für Betreuungs- und Erziehungs- oder Ausbildungsbedarf andererseits einander gegenübergestellt, und zwar bei zusammen veranlagten Eltern das volle Kindergeld den vollen Freibeträgen bzw. bei getrennt veranlagten Eltern das halbe Kindergeld grundsätzlich den halben Freibeträgen. Dies folgt aus §§ 2 VI 3, 31 S. 4 EStG („im Umfang des Kinderfreibetrages"). Ergibt sich dabei eine Differenz zwischen der bei Abzug der Freibeträge ermittelten Einkommensteuer und dem Kindergeld zugunsten des Steuerpflichtigen, werden die Freibeträge gewährt (§ 31 S. 4 EStG); das Kindergeld wird der Einkommensteuer hinzugerechnet (§ 2 VI 3 EStG), um eine doppelte Begünstigung zu vermeiden.[42] Ist eine solche Differenz zugunsten des Steuerpflichtigen nicht festzustellen, verbleibt ihm das Kindergeld; die Freibeträge werden nicht gewährt (§ 31 S. 2, 4 EStG). In diesem Fall dient das Kindergeld nur teilweise der Freistellung des Existenzminimums von der Steuer; im Übrigen ist es eine Sozialleistung zur Förderung der Familie.[43] Diese Günstigerprüfung erfolgt auch dann, wenn das Kindergeld nach § 64 II 1 EStG an den anderen Elternteil gezahlt wird, da der Steuerpflichtige am Kindergeld durch dessen bedarfsdeckenden Abzug vom Kindesunterhalt nach § 1612 b I BGB Fassung teilhat. Ob tatsächlich ein Abzug erfolgt, ist unerheblich (EStR 2008 R 31 III).[44] Der halbe Kinderfreibetrag wird auch dann angesetzt, wenn der geschuldete Kindesunterhalt nicht um das Kindergeld gemindert wird, weil der Schuldner nicht in der Lage ist, wenigstens den Mindestunterhalt für sein minderjähriges Kind abzüglich des hälftigen Kindergeldes zu zahlen,[45] oder wenn ein Elternteil vertraglich auf die Anrechnung des hälftigen Kindergeldes auf den Kindesunterhalt verzichtet.[46] Entsprechendes galt bis zum 31. 12. 2007, wenn das Kindergeld nach § 1612 b V BGB a. F. ganz oder zum Teil nicht auf den Tabellenunterhalt angerechnet wurde.[47] Vgl. dazu Rn. 714.

Der Vergleich zwischen dem Kindergeld und den Freibeträgen ist hinsichtlich eines jeden Kindes, beginnend mit dem ältesten, gesondert durchzuführen.[48] Dies ist wegen der Progression des Steuertarifs erforderlich, aber auch deshalb, weil ab dem dritten Kind ein höheres Kindergeld gewährt wird, die Freibeträge dagegen unverändert bleiben.

Beispiel:
Die minderjährigen Kinder K 1 und K 2 leben bei der Mutter M, die über kein Einkommen verfügt und von ihrem Lebensgefährten unterhalten wird. M erhält das Kindergeld von 2208,– € (= 184,– € × 12) pro Kind und Jahr. Der Vater V, der über ein zu versteuerndes Einkommen von 34 000,– € verfügt, zahlt Kindesunterhalt, auf den das Kindergeld zur Hälfte bedarfsdeckend angerechnet wird. Bei der einkommenslosen M können sich die Freibeträge nicht auswirken. Die ihr zustehende Kindergeldgeldhälfte ist also eine Sozialleistung (§ 31 S. 2 EStG).
Bei V ist folgende Günstigerprüfung durchzuführen:[49]
K 1:

	Einkommen	Einkommensteuer[50]
ohne Freibeträge	34 000 €	6923 €
nach Abzug der halben Freibeträge von 2184 € und 1320 €	30 496 €	5782 €
Differenz		1141 €
hinzuzurechnendes Kindergeld		1104 €
Steuererstattung		37 €

---

[42] Zur Günstigerprüfung bei Übertragung des Kinderfreibetrages BFH NJW 2004, 2471
[43] BVerfG FamRZ 2010, 800
[44] Vgl. dazu BVerfG FamRZ 2009, 2065
[45] BFH NJW 2004, 2471
[46] BFH FamRZ 2004, 1571
[47] BVerfG FamRZ 2009, 2065
[48] Tischler in Scholz/Kleffmann/Motzer Teil S Rn. 178 a ff.
[49] Tischler in Scholz/Kleffmann/Motzer Teil S Rn. 178 a ff.
[50] Nach der Grundtabelle 2010

7. Abschnitt: Kindergeld und Kindesunterhalt § 2

K 2:

	Einkommen	Einkommensteuer
ohne Freibeträge	30496 €	5782 €
nach Abzug der halben Freibeträge von 2184 € und 1320 €	26992 €	4697 €
Differenz		1085 €
hinzuzurechnendes Kindergeld		1104 €
Steuererstattung		0 €

Für K 1 werden also die Freibeträge gewährt, hinsichtlich K 2 verbleibt es beim Kindergeld.

711 Während das Kindergeld – jedenfalls seit dem 1. 1. 2008 – kein unterhaltsrechtliches Einkommen der Eltern mehr ist (vgl. Rn. 717), ist das höhere Einkommen, das sich bei der Günstigerprüfung auf Grund des **Kinderfreibetrages** nach § 32 VI 1 EStG ergibt, Einkommen des Steuerpflichtigen und daher bei der Bemessung des Unterhalts zu berücksichtigen, und zwar sowohl bei der Berechnung des Ehegatten- als auch des Kindesunterhalts.[51] Ist der Unterhaltspflichtige wiederverheiratet und ist aus dieser Ehe ein Kind hervorgegangen, muss der sich aus § 32 VI 2 EStG ergebende weitere (halbe) Kinderfreibetrag und der daraus folgende Steuervorteil der neuen Ehe vorbehalten bleiben, da er dem (neuen) Ehegatten zusteht.[52]

4. Abzweigung des Kindergeldes

712 Nach § 74 I EStG kann das Kindergeld auf Grund eines Bescheides der Familienkasse (vgl. Rn. 706) an das Kind oder an einen Dritten, der Unterhalt gewährt, z. B. an das Sozialamt oder den Träger der Grundsicherung für Arbeitsuchende, ausgezahlt werden, wenn ein **Unterhaltsdefizit** des Kindes besteht.[53] Ein solches Defizit ist gegeben,
– wenn der Kindergeldberechtigte seiner gesetzlichen Unterhaltspflicht nicht nachkommt,[54]
– wenn er nicht leistungsfähig ist
– oder wenn er nur Unterhalt in Höhe eines Betrages zu zahlen hat, der geringer ist als das in Betracht kommende Kindergeld.
Die Vorschrift des § 74 EStG, die § 48 SGB I entspricht, hat Bedeutung insbesondere dann, wenn ein Elternteil das Kindergeld bezieht, dem (volljährigen) Kind, das nicht mehr bei ihm wohnt, aber keinen Unterhalt leistet und auch das Kindergeld nicht an das Kind weiterleitet.
Die Abzweigung setzt analog § 67 EStG einen schriftlichen Antrag voraus.[55] An das Kind selbst kann das Kindergeld nur ausgezahlt werden, wenn es volljährig ist und für sich selbst sorgt.[56] Entstehen einem kindergeldberechtigten Elternteil für sein volljähriges behindertes Kind, das auf Kosten des Sozialamts stationär untergebracht ist, Aufwendungen mindestens in Höhe des Kindergeldes, darf dieses nicht zugunsten des Sozialhilfeträgers abgezweigt werden.[57]

---

[51] BGH FamRZ 2007, 882, 885 f. = R 675 f. mit Anm. Born
[52] BGH FamRZ 2007, 882, 885 f. = R 675 f. mit Anm. Born
[53] BSG FamRZ 2008, 51, 53
[54] Zum Angebot von Naturalunterhalt anstelle der geschuldeten Geldrente vgl. BFH FamRZ 2006, 622; zur Gewährung von Naturalleistungen an ein schwer behindertes Kind, dessen Bedarf durch Leistungen der Grundsicherung nach §§ 41 ff. SGB XII gedeckt ist, vgl. BSG FamRZ 2008, 51, 54
[55] So BFH FamRZ 2009, 44; 2009, 1062, der ohne nähere Begründung von einem „Abzweigungsantrag" spricht; Nr. 74.1.1 III 1 der Dienstanweisung zur Durchführung des Familienleistungsausgleichs Stand: 2010, www.arbeitsagentur.de; a. A. Treiber in Blümich, EStG, § 74 Rn. 31
[56] Nr. 74.1.3 II 2 der Dienstanweisung, aaO.; vgl. auch BSG FamRZ 2008, 51
[57] BFH FamRZ 2009, 1062

5. Ähnliche Sozialleistungen

713 Haben die Eltern Anspruch auf Kinderzulagen aus der gesetzlichen Unfallversicherung (vgl. § 217 VII SGB III) oder auf Kinderzuschüsse aus der gesetzlichen Rentenversicherung, die ohnehin nur noch bei Altrenten aus der Zeit vor dem 1. 1. 1992 gewährt werden (vgl. § 270 SGB VI), wird Kindergeld nicht gezahlt (§ 65 I Nr. 1 EStG). Jedoch sind diese Leistungen in Höhe des durch sie verdrängten Kindergeldes unterhaltsrechtlich wie Kindergeld, darüber hinaus wie Einkommen zu behandeln.[58] Dasselbe gilt, wenn für das **Kind im Ausland** oder von einer zwischen- oder überstaatlichen Einrichtung Kindergeld oder eine vergleichbare Leistung gewährt wird und deshalb Anspruch auf deutsches Kindergeld nicht besteht (§ 65 I 1 Nr. 2, 3 EStG).[59] Verfassungsrechtliche Bedenken gegen § 65 I 1 Nr. 2 EStG bestehen nicht.[60] Zur Anrechnung des deutschen Kindergeldes auf den Unterhaltsanspruch, wenn ein ausländischer Kindergeldanspruch ruht, vgl. Rn. 735.[61]

Kinderbezogene **Teile des Ortszuschlages,** den Beschäftigte im öffentlichen Dienst erhalten, sind ebenso wie die kinderbezogenen Teile des **Familienzuschlages,** der nach §§ 39 ff. BBesG und den Landesbesoldungsgesetzen Beamten, Richtern oder Soldaten gezahlt wird, Einkommen; sie gelten nicht als Kindergeld, das ohnehin neben diesen Bestandteilen der Vergütung gewährt wird.[62] Dies gilt auch dann, wenn beide Eltern im öffentlichen Dienst tätig sind.[63] Vgl. auch Rn. 1/75. Kinderzulagen, die private Arbeitnehmer erhalten, sind kein Kindergeld, sondern anrechenbares Einkommen.[64] Dasselbe gilt für Kinderzulagen nach § 9 V Eigenheimzulagengesetz, das allerdings nur noch für eine Übergangszeit selbst genutzten Wohnungsbau steuerlich begünstigt.[65] Auch kinderbedingte Erhöhungen des Arbeitslosengeldes I gehören zum Einkommen.[66] Zum Kinderzuschlag nach § 6a BKGG vgl. Rn. 1/684, zum Erziehungsgeld vgl. Rn. 1/116, zum Elterngeld vgl. Rn. 1/117 f.

II. Das Kindergeld nach dem bis zum 31. 12. 2007 geltenden Unterhaltsrecht

714 Bis zum Jahr 2007 wurde das Kindergeld von der Rechtsprechung[67] nicht als anrechenbares Einkommen der Eltern angesehen. Es beeinflusste die Höhe des Kindesunterhalts, insbesondere die Eingruppierung in die Düsseldorfer Tabelle nicht, sondern wurde mit dem Kindesunterhalt verrechnet. Die Regelung in § 1612b BGB a. F. war überaus kompliziert. Danach wurde das Kindergeld zur Hälfte auf den an das Kind zu zahlenden Unterhalt angerechnet, wenn es nicht an den barunterhaltspflichtigen Elternteil ausgezahlt wurde. Dies war vor allem der Fall, wenn das minderjährige Kind von dem anderen Elternteil betreut wurde oder es als volljähriges Kind noch bei dem anderen Elternteil lebte.

Da der Kindesunterhalt bei minderjährigen Kindern auf nicht bedarfsdeckenden Regelbeträgen aufgebaut war und in vielen Fällen das Existenzminimum des Kindes nicht sicherstellte, ordnete der Gesetzgeber durch Änderung des § 1612b V BGB a. F. an, dass ab 1. 1. 2001 eine Anrechnung des Kindergeldes unterblieb, soweit der Schuldner außerstande war, Unterhalt in Höhe von 135% des Regelbetrages zu zahlen. Dies führte dazu, dass bis zur 6. Einkommensgruppe der Düsseldorfer Tabelle der Unterhalt weitgehend nivelliert wurde.

---

[58] BGH FamRZ 1988, 607; FamRZ 1988, 604, 606
[59] OLG München FamRZ 1994, 456; vgl. die Übersicht über vergleichbare Leistungen im Sinne des § 65 I 1 EStG, die in ausländischen Staaten gewährt werden, FamRZ 2005, 1402
[60] BVerfG NJW-RR 2004, 1657
[61] Vgl. BGH FamRZ 2004, 1639
[62] BGH FamRZ 1989, 172
[63] OLG Karlsruhe NJW-FuR 2000, 289
[64] BGH FamRZ 2007, 882, 885 = R 675 e mit Anm. Born
[65] Vgl. Tischler in Scholz/Kleffmann/Motzer Teil S Rn. 248 ff.
[66] BGH FamRZ 2007, 983, 986 = R 676 c
[67] BGH FamRZ 1997, 806; FamRZ 2000, 1494 = R 546 d mit Anm. Scholz

Tragweite und Bedeutung des § 1612b V BGB a. F. waren umstritten. Vgl. dazu die 6. Auflage Rn. 2/509 ff., 515 c. Das BVerfG[68] hat zwar letztlich die Verfassungsmäßigkeit des § 1612 b V BGB a. F. bejaht, aber gerügt, dass das Kindergeldrecht immer weniger dem Gebot der Normenklarheit entspreche, und den Gesetzgeber zur Nachbesserung aufgefordert. Dem hat der Gesetzgeber zum 1. 1. 2008 durch das Unterhaltsänderungsgesetz entsprochen und §§ 1612a, 1612b BGB geändert.

Bereits durch Urteil vom 26. 10. 2005 hatte der BGH[69] die Berücksichtigung des Kindergeldes beim Volljährigenunterhalt auf neue Grundlagen gestellt. Er billigte dem volljährigen Kind einen Anspruch auf Verwendung des vollen Kindergeldes für seinen Unterhalt zu und hielt demgemäß, wenn dies nicht geschah, die Eltern für verpflichtet, das Kindergeld an das Kind auszukehren. Er behandelte das Kindergeld als Einkommen des volljährigen Kindes und rechnete es bedarfsdeckend auf den Unterhaltsanspruch an. Dies galt auch für das privilegiert volljährige Kind, so dass eine Anwendung des § 1612b V BGB a. F. insoweit ausschied.[70] Bei minderjährigen Kindern blieb es allerdings angesichts des Wortlauts des § 1612 b I, V BGB a. F. zunächst bei der Verrechnung des (hälftigen) Kindergeldes mit dem Unterhaltsanspruch. 715

III. Die Behandlung des Kindergeldes nach dem Unterhaltsänderungsgesetz

1. Übersicht über den seit dem 1. 1. 2008 geltenden Kindergeldausgleich[71]

Nach öffentlichem Recht haben beide Eltern Anspruch auf Kindergeld. Zur Verwaltungsvereinfachung wird es aber nur an einen von ihnen ausgezahlt (vgl. Rn. 705). Leben die Eltern nicht in einem gemeinsamen Haushalt und kommt das Kindergeld daher nicht beiden zugute, muss das Zivilrecht für einen Ausgleich zwischen den Eltern sorgen. Dies geschah nach § 1612b BGB a. F. durch Verrechnung des Kindergeldes mit dem Kindesunterhalt (Rn. 714). Das Unterhaltsänderungsgesetz[72] hat den Kindergeldausgleich für Unterhaltszeiträume ab 1. 1. 2008 wesentlich vereinfacht. Der Gesetzgeber hat die Grundsätze des Urteils des BGH vom 26. 10. 2005[73] zum bedarfsdeckenden Vorwegabzug des Kindergeldes vom Unterhalt des volljährigen Kindes (Rn. 715) in das Unterhaltsänderungsgesetz übernommen und sie auf den Unterhalt minderjähriger Kinder erstreckt. § 1612b I BGB n. F. regelt wie die am 31. 12. 2007 außer Kraft getretene Fassung der Vorschrift – wenn auch in anderer Weise – nur den unterhaltsrechtlichen Ausgleich des Kindergeldes. Die Bestimmungen des Einkommensteuerrechts, insbesondere des § 31 EStG, nach denen das Kindergeld eine vorgezogene Steuervergütung, ggf. eine Sozialleistung ist, die den Eltern zusteht, bleiben unberührt.[74] Vgl. dazu Rn. 702. 716

Das ab 1. 1. 2008 geltende Recht enthält im Wesentlichen folgende Neuerungen:[75] 717
- Das Kindergeld ist zweckgebunden. Es ist nach § 1612b I BGB zur **Deckung des Barbedarfs** des Kindes zu verwenden, und zwar zur Hälfte, wenn ein Elternteil seine Unterhaltspflicht gegenüber einem minderjährigen unverheirateten Kind durch Betreuung im Sinne des § 1606 III 2 BGB erfüllt (Rn. 718 ff.), in voller Höhe dagegen in allen anderen Fällen (Rn. 722 ff.).
- Verwendet der kindergeldberechtigte Elternteil das zu berücksichtigende Kindergeld nicht für den Barbedarf des Kindes, hat dieses einen Anspruch auf **Auskehr des Kindergeldes**.

---

[68] FamRZ 2003, 1370; vgl. auch EuGHMR FamRZ 2009, 847
[69] FamRZ 2006, 99 = R 641 e mit Anm. Viefhues und Scholz
[70] BGH FamRZ 2006, 99, 102 = R 641 e mit Anm. Viefhues und Scholz; BGH FamRZ 2007, 542
[71] Vgl. dazu Scholz FamRZ 2007, 2021, 2024
[72] Vom 21. 12. 2007 – BGBl. I S. 3189
[73] FamRZ 2006, 99 = R 641 e mit Anm. Viefhues und Scholz
[74] Borth FamRZ 2006, 813, 819
[75] Vgl. dazu die Begründung des Gesetzentwurfs der Bundesregierung BT-Drucks. 16/1830 S. 28 ff.

- Das Kindergeld wird zur Hälfte oder in voller Höhe als **Einkommen des Kindes** behandelt. Insoweit deckt es den Barbedarf des Kindes. Es findet also ein **bedarfsmindernder Vorwegabzug des Kindergeldes** vom Unterhalt statt.[76] Vgl. dazu Rn. 720, 722, 727. Das Kindergeld ist kein Einkommen der Eltern und darf bei der Bemessung des Kindesunterhalts, vor allem bei der Eingruppierung in die Düsseldorfer Tabelle, nicht einkommenserhöhend berücksichtigt werden.
- Überall dort, wo es auf die Höhe des Kindesunterhalts ankommt, besonders bei Beurteilung der Leistungsfähigkeit, im Mangelfall oder beim Zusammentreffen mit anderen, auch nachrangigen Unterhaltspflichten, z. B. gegenüber dem Ehegatten, dem betreuenden nicht verheirateten anderen Elternteil oder dem volljährigen Kind, ist nicht wie früher[77] der Tabellenbetrag, sondern der **Zahlbetrag** (Tabellenbetrag abzüglich des zu berücksichtigenden Kindergeldes) in die Berechnung einzustellen.[78] Vgl. dazu Rn. 727 ff.

2. Hälftige Berücksichtigung des Kindergeldes

718 Das Kindergeld ist nach § 1612 b I 1 Nr. 1 BGB zur Hälfte zur Deckung des Barbedarfs zu verwenden, wenn ein Elternteil seine Unterhaltspflicht durch Betreuung des Kindes im Sinne des § 1606 III 2 BGB erfüllt. Eine solche Betreuung ist, wie sich bereits aus dem Wortlaut des § 1606 III 2 BGB ergibt, nur **bei minderjährigen unverheirateten Kindern** möglich. Zudem entspricht es der ständigen Rechtsprechung des BGH, dass die Betreuung eines Kindes mit dessen Volljährigkeit endet.[79] Bei volljährigen Kindern kommt daher eine hälftige Berücksichtigung des Kindergeldes nicht in Betracht. Vielmehr ist es bei ihnen stets in voller Höhe bedarfsdeckend zu berücksichtigen. Vgl. dazu Rn. 722.

719 **Betreuung** im Sinne des § 1606 III 2 BGB findet nicht nur dann statt, wenn ein Elternteil das minderjährige Kind allein pflegt und erzieht. Er kann sehr wohl voll oder teilschichtig erwerbstätig sein und für die Betreuung die Hilfe Dritter in Anspruch nehmen, indem er z. B. das Kind zeitweise in die Obhut des anderen Elternteils, der Großeltern, einer Tagesmutter, eines Horts, einer Kindertagesstätte gibt oder die Versorgung des Kindes in anderer Weise sicherstellt. Es reicht aus, dass er das Hauptverantwortung für das Kind behält und sich persönlich um dessen Wohl und Wehe kümmert.[80] Lebt das Kind dagegen im Haushalt der Betreuungsperson und wird es von ihr verantwortlich erzogen und gepflegt, ist das Kindergeld nach § 1612 b I 1 Nr. 2 BGB voll auf den von den Eltern in Form einer Geldrente geschuldeten Unterhalt anzurechnen, der dann nicht nur den Barbedarf sondern auch den Betreuungsbedarf abdecken muss und in der Regel mit dem Doppelten des Tabellenbetrages anzusetzen ist (vgl. Rn. 20, 22).[81]

720 Bezieht der betreuende Elternteil das Kindergeld, deckt es zur Hälfte, also in Höhe von 92,– EUR, ab dem dritten Kind in Höhe von 95,– EUR und ab dem vierten Kind in Höhe von 107,50 EUR (vgl. Rn. 731), den Barbedarf des Kindes. Der Barunterhaltspflichtige ist daher lediglich verpflichtet, den Tabellenunterhalt abzüglich des halben Kindergeldes zu zahlen. Er kann den Kindergeldanteil z. B. dafür verwenden, die Kosten des Umgangs mit dem Kind ganz oder teilweise zu decken. Zu den Umgangskosten vgl. Rn. 271 ff. Die andere Hälfte des Kindergeldes steht dem betreuenden Elternteil zu. Sie dient dazu, ihm die Betreuung zu erleichtern. Das Gesetz geht davon aus, dass diese Kindergeldhälfte damit letztlich dem Kind zugute kommt. Sie ist **kein unterhaltsrechtliches Einkommen** des betreuenden Elternteils und darf daher bei der Bemessung anderer Unterhaltspflichten, insbesondere des Ehegattenunterhalts, nicht berücksichtigt werden.[82] Vgl. dazu Rn. 727 ff.

---

[76] So die Begründung des Gesetzentwurfs der Bundesregierung BT-Drucks. 16/1830 S. 28; Borth, Unterhaltsänderungsgesetz, Rn. 332 f.
[77] Vgl. dazu BGH FamRZ 2005, 347, 350
[78] BGH FamRZ 2009, 1300 = R 705 c m. Anm. Schürmann; BGH FamRZ 2008, 963 = R 692 g
[79] BGH FamRZ 2006, 99 = R 641 d mit Anm. Viefhues und Scholz
[80] BGH FamRZ 2007, 707 = R 672 a
[81] So bereits zu dem bis zum 31. 12. 2007 geltenden Recht BGH FamRZ 2006, 1597 = R 659 a
[82] BGH FamRZ 2009, 1300 = R 705 c m. Anm. Schürmann; FamRZ 2008, 963 = R 692 g

7. Abschnitt: Kindergeld und Kindesunterhalt § 2

Die hälftige Anrechnung des Kindergeldes findet auch dann statt, wenn ein Elternteil 721
nicht leistungsfähig oder verstorben ist und der andere deshalb das Kind **betreuen und**
zusätzlich für den **Barunterhalt** aufkommen muss. In der Regel kommt es hierauf nicht
an, weil der Elternteil dann in seinem Haushalt Naturalunterhalt leistet und demgemäß zu
Recht das volle Kindergeld vereinnahmt. Die Bedarfsdeckung durch das Kindergeld wird
jedoch dann praktisch, wenn der Elternteil einem nachrangigen Berechtigten Unterhalt zu
zahlen hat, z.B. einem volljährigen nicht privilegierten Kind oder einem Ehegatten (vgl.
dazu Rn. 727 f.). In einem solchen Fall kann der Elternteil dem anderen Berechtigten nicht
den vollen Tabellenunterhalt, sondern nur den um das hälftige Kindergeld geminderten
Zahlbetrag entgegenhalten.

Beispiel:
Der Vater V, der über ein Einkommen von 1700,- € verfügt, betreut nach dem Tod der Mutter in
seinem Haushalt das 16-jährige Kind K 2. Betreuungskosten entstehen nicht. Kein Betreuungsbonus.[83] Das 22-jährige auswärts studierende Kind K 1 verlangt Unterhalt. V bezieht das Kindergeld
von je 184,- EUR, das er an K1 weiterleitet.
Unterhalt K 2 nach DT 2011, 2/3: 448 – 92 = 356,- €.
Unterhalt K 1: 670 – 184 = 486,- €.
K 2 erhält 356,- €. Für K 1 bleiben wegen des Nachrangs des volljährigen Kindes (§ 1609 BGB)
unter Berücksichtigung des angemessenen Selbstbehalts des V nach Anm. A 7 II zur Düsseldorfer
Tabelle nur 1700 – 356 – 1150 = 194,- €. K1 verfügt also einschließlich des Kindergeldes über
insgesamt 378,- €.

3. Berücksichtigung des Kindergeldes in voller Höhe

a) Nicht von einem Elternteil betreute Kinder. Wird das Kind nicht von einem 722
Elternteil verantwortlich betreut (vgl. Rn. 718), ist das Kindergeld in voller Höhe vom
Barbedarf des Kindes abzuziehen. Dies gilt, wie § 1612b I 1 Nr. 2 BGB eindeutig zum
Ausdruck bringt, in allen anderen Fällen, insbesondere
– für minderjährige Kinder, die nicht von einem Elternteil, sondern verantwortlich von
  Dritten betreut werden,
– für verheiratete minderjährige Kinder,
– für privilegiert volljährige Kinder im Sinne des § 1603 II 2 BGB,
– für alle anderen volljährigen Kinder, gleichgültig ob sie im Haushalt eines Elternteils,
  anderer Verwandter oder im eigenen Haushalt leben, ob sie sich in einer Schul- oder
  sonstigen Ausbildung befinden, ob sie Einkünfte beziehen, ob sie arbeitslos, arbeitsunfähig, krank oder behindert sind oder nicht.
Das Gesetz entspricht damit weitgehend der schon vor Inkrafttreten des Unterhaltsänderungsgesetzes im Jahr 2005 begründeten Rechtsprechung des BGH.[84] Vgl. Rn. 715.

In all diesen Fällen ist das **gesamte** auf das Kind entfallende **Kindergeld** von 184,- EUR, 723
190,- EUR bzw. 215,- EUR Einkommen des jeweiligen Kindes und daher auf dessen
Barbedarf anzurechnen. Zum Kindergeld für mehrere Kinder vgl. Rn. 731. Die bedarfsdeckende Anrechnung des Kindergeldes bedarf keiner Begründung, wenn das Kind selbst
das Kindergeld bezieht (Rn. 712). Wird das Kindergeld dagegen noch an den Elternteil
ausgezahlt, bei dem das Kind früher gelebt hat, kann es von ihm die Auskehr verlangen.
Gehört das volljährige Kind dem Haushalt des Elternteils an, dem das Kindergeld ausgezahlt
wird, bezieht es in der Regel auf Grund einer Bestimmung nach § 1612 II 1 BGB
(Rn. 32 ff.) Naturalunterhalt (Rn. 18); der Betreuungsunterhalt ist mit Vollendung des
18. Lebensjahrs entfallen (Rn. 26). In einem solchen Fall kann davon ausgegangen werden, dass das Kindergeld für die Kosten des Naturalunterhalts verbraucht wird. Dann besteht
kein Anspruch des Kindes gegen den Elternteil auf Auszahlung des Kindergeldes. Im
Gegenteil ist in einem solchen Fall die Frage zu stellen, ob sich das Kind nicht über das

---

[83] So BGH FamRZ 2006, 1597, 1599 = R 659 c mit Anm. Born
[84] FamRZ 2006, 99, 101 ff. = R 641 e mit Anm. Viefhues und Scholz; BGH FamRZ 2006, 1597 = R 659 b

§ 2 Kindes-, Eltern- und sonstiger Verwandtenunterhalt

Kindergeld hinaus an den Kosten des gemeinsamen Haushalts beteiligen und dafür einen Teil des vom anderen Elternteil gezahlten Barunterhalts zur Verfügung stellen muss.[85] Bezieht das Kind Leistungen nach dem SGB II oder dem SGB XII und hat der Träger der Grundsicherung für Arbeitsuchende oder der Sozialhilfeträger das Kindergeld nach § 74 EStG abgezweigt (Rn. 712), ist es bei der Berechnung des auf die Träger nach § 94 SGB XII, § 33 SGB II übergegangenen Unterhaltsanspruchs des Kindes als dessen bedarfsdeckendes Einkommen anzusehen. Zum Anspruchsübergang vgl. Rn. 8/60 ff., 229 ff.

724 **b) Unterhaltsberechnung bei Leistungsfähigkeit beider Elternteile.** Auszugehen ist vom vollen Bedarf des Kindes. Dieser entspricht in den hier erörterten Fällen (vgl. Rn. 722)
- bei minderjährigen Kindern, die nicht von einem Elternteil, sondern von Dritten betreut werden, dem nach der Düsseldorfer Tabelle geschuldeten Barunterhalt; dieser ist allerdings um Betreuungskosten zu erhöhen, die pauschal in Höhe des Tabellenunterhalts angesetzt, aber auch konkret nach den Heim- oder Pflegekosten berechnet werden können (vgl. Rn. 719),
- bei volljährigen Kinder, die im Haushalt eines Elternteils leben, gleich ob sie privilegiert volljährig sind oder nicht, dem Richtsatz der 4. Altersstufe der jeweiligen Gruppe der Düsseldorfer Tabelle,
- bei außerhalb des elterlichen Haushalts lebenden Kindern in der Regel dem Betrag von 670,– EUR nach Anm. A 7 II der Tabelle Stand: 1. 1. 2011.

Auf den so errechneten Bedarf ist das Kindergeld in voller Höhe von 184,– EUR, 190,– EUR bzw. 215,– EUR **bedarfsdeckend anzurechnen,** und zwar ohne Rücksicht darauf, wer das Kindergeld bezieht. Der geschuldete Unterhalt ist um das volle Kindergeld zu kürzen.[86] Lediglich der verbleibende Restbedarf ist in die weitere Berechnung einzustellen. Wird das Kindergeld an den Elternteil ausgezahlt, bei dem das (volljährige) Kind lebt, hat dieses einen Anspruch darauf, dass das Kindergeld für seinen Barbedarf verwendet wird, z. B. durch Gewährung von Kost und Logis. Geschieht dies nicht, kann das Kind Auskehr des Kindergeldes verlangen, muss dann allerdings mit Hilfe des von den Eltern geschuldeten Unterhalts selbst seinen Bedarf decken. Bezieht der andere Elternteil, bei dem das Kind nicht wohnt, das Kindergeld, hat er es an das Kind auszukehren. Der Restbedarf ist anteilig von den Eltern aufzubringen Rn. 560 ff., 725). Wird das Kindergeld an das (volljährige) Kind selbst gezahlt oder wird es zu Gunsten eines minderjährigen oder volljährigen Kindes an einen Sozialleistungsträger abgezweigt (vgl. § 74 EStG; Rn. 712), ist der Bedarf des Kindes in Höhe des Kindergeldes gedeckt; die Eltern haften anteilig für den Restbedarf.

725 Nach Abzug des Kindergeldes richten sich die Haftungsanteile der Eltern nach ihren Einkommens- und Vermögensverhältnissen (§ 1606 III 1 BGB). Das Einkommen jedes Elternteils ist um einen Sockelbetrag in Höhe seines angemessenen, ggf. auch seines notwendigen Selbstbehalts, zu bereinigen. Vgl. dazu Rn. 426, 574. Der sich ergebende Zahlbetrag ist nicht mehr um Kindergeldanteile zu bereinigen.[87]

Die Kürzung des Unterhaltsbedarfs um das volle Kindergeld führt dazu, dass das Kindergeld jedem Elternteil in dem Maße zugute kommt, das seinem Unterhaltsanteil entspricht. Sie begünstigt den Elternteil, der einen höheren Unterhalt schuldet.

Beispiel 1:
Der auswärts studierende Sohn S verlangt 670,– € Unterhalt. Die Mutter M bezieht das Kindergeld; sie verdient bereinigt 1650,– €, der Vater V 2150,– €.
M muss das Kindergeld von 184,– € S zur Verfügung stellen. Der Restanspruch des S beträgt 486,– €.

Verfügbares Einkommen des V: 2150 – 1150	=	1000,– €
Verfügbares Einkommen der M: 1650 – 1150	=	500,– €
Summe:		1500,– €

---

[85] BGH FamRZ 2006, 99, 102 = R 641 e mit Anm. Viefhues und Scholz
[86] Dose FamRZ 2007, 1289, 1292; OLG Brandenburg FamRZ 2006, 1782 (für volljährige Kinder nach dem bis zum 31. 12. 2007 geltenden Recht)
[87] So bereits zu dem bis 31. 12. 2007 geltenden Recht BGH FamRZ 2006, 99 = R 641 e mit Anm. Viefhues und Scholz; BGH FamRZ 2007, 542

7. Abschnitt: Kindergeld und Kindesunterhalt § 2

Haftungsanteil des V: 486 × 1000 : 1500 = 324,– €
Haftungsanteil der M: 486 × 500 : 1500 = 162,– €.
V zahlt 324,– €, M dagegen 162,– € Unterhalt und 184,– € Kindergeld, insgesamt also 346,– €.

Beispiel 2:
Wie Beispiel 1. Jedoch bezieht V das Kindergeld (§ 64 III 2 EStG). Er hat es in voller Höhe vorab an das Kind abzuführen. Damit verwendet er es für dessen Unterhalt (§ 1612 b I 1 Nr. 2 BGB). Daneben schuldet er den errechneten Unterhalt von 324,– €, insgesamt also 508,– €; die Mutter zahlt 162,– €.

Beispiel 3:
Wie Beispiel 1. Jedoch lebt S noch im Haushalt seiner Mutter und wird von ihr versorgt. Bedarf gemäß dem zusammengerechneten Einkommen der Eltern von 3800,– € nach der Düsseldorfer Tabelle Stand: 1. 1. 2011, 7/4 664,– €. Da das Kindergeld S zugute kommt, ist zwischen V und M nur der Restbedarf von (664 – 184 =) 480,– € zu verteilen.
Haftungsanteil des V: 480 × 1000 : 1500 = 320,– €
Haftungsanteil der M: 480 × 500 : 1500 = 160,– €
V zahlt 320,– €, M dagegen 160,– € Unterhalt. Kein weiterer Abzug des Kindergeldes, da M es für S verwendet.

c) Unterhaltsberechnung bei Leistungsfähigkeit nur eines Elternteils. In den in 726 Rn. 722 erörterten Fällen (keine Betreuung des Kindes nach § 1606 III 2 BGB) sind grundsätzlich beide Elternteile barunterhaltspflichtig. Trotzdem ist es nicht ungewöhnlich, dass nur ein Elternteil (Bar-)Unterhalt zu leisten hat, sei es weil der andere verstorben, sei es weil er aus verschiedenen Gründen leistungsunfähig ist. In einem solchen Fall kommt dem allein leistungsfähigen Elternteil das **volle Kindergeld** zugute. Es ist auf den Barbedarf des Kindes anzurechnen, gleichgültig ob es an einen Elternteil, an das Kind selbst oder einen Sozialleistungsträger ausgezahlt wird. Vgl. dazu Rn. 722. In der Praxis kommt am häufigsten der Fall vor, dass ein Elternteil einem volljährigen Kind – gleichgültig, ob es noch bei einem Elternteil oder bereits in einem eigenen Haushalt lebt – allein Unterhalt zu leisten hat, weil der andere nur über ein Einkommen verfügt, das den angemessenen Selbstbehalt nach Anm. A 7 II der Düsseldorfer Tabelle Stand 1. 1. 2011 von 1150,– EUR nicht erreicht.

Beispiel:
Das volljährige Kind K lebt noch bei seiner nicht unterhaltsberechtigten Mutter M und besucht eine allgemeinbildende Schule. M, die nur über ein Einkommen von 750,– € verfügt, bezieht das Kindergeld. Der Vater V verdient bereinigt 2800,– €.
Unterhalt K nach DT 2011 6/4 (Höhergruppierung um eine Gruppe): 625,– € (vgl. Rn. 522)
Das Kindergeld kommt K zugute, weil er von M Kost und Logis erhält.
Restbedarf nach Anrechnung des Kindergeldes: 625 – 184 = 441,– €. Diesen Betrag hat V an K zu zahlen.

4. Auswirkungen der bedarfsdeckenden Berücksichtigung des Kindergeldes

a) Leistungsfähigkeit des Schuldners. Da das Kindergeld – zur Hälfte oder in voller 727 Höhe (§ 1612 b I 1 BGB) – den Bedarf des Kindes mindert, braucht der Schuldner nur den Tabellenunterhalt abzüglich des zu berücksichtigenden Kindergeldes zu zahlen. Die Bedarfsdeckung durch das Kindergeld wird insbesondere dann praktisch, wenn die Mittel des Schuldners begrenzt sind und es auf seine Leistungsfähigkeit ankommt. Reicht das Einkommen des Schuldners zur Zahlung des Tabellenunterhalts abzüglich des zu berücksichtigenden Kindergeldes, also des sog. **Zahlbetrages** aus, ohne dass sein notwendiger Selbstbehalt gefährdet wird, ist er leistungsfähig.[88] Dies ergibt sich unmittelbar aus § 1612 b I 1 Nr. 1 BGB Einer dem § 1612 b V BGB a. F. (vgl. Rn. 714) entsprechenden Vorschrift bedarf es nicht.[89]

---

[88] Begründung des Regierungsentwurfs zum Unterhaltsänderungsgesetz BT-Drucks. 16/1830 S. 29; Vossenkämper FamRZ 2008, 201, 208
[89] Ebenso Borth FamRZ 2006, 813, 819 f.

Beispiel 1:
Die beiden Kinder (7 und 2 Jahre) verlangen von ihrem Vater V, der über ein Erwerbseinkommen von 1450,– € verfügt, Unterhalt. Die Mutter M bezieht das Kindergeld.
Kindesunterhalt nach DT 2011 $^{1}/_{2}$ bzw. $^{1}/_{3}$: 364,– € und 317,– €
Restbedarf (Zahlbeträge) K 1: 364 – 92 = 272,– €
  K 2: 317 – 92 = 225,– €

Für die Leistungsfähigkeit kommt es auf die Zahlbeträge, nicht auf die Tabellenbeträge an. V verbleiben 1450 – 272 – 225 = 953,– € und damit mehr als der notwendige Selbstbehalt von 950,– €. V ist leistungsfähig.
Falsch wäre die Berechnung: 1450 – 364 – 317 = 769,– € (= V teilweise nicht leistungsfähig).

Leistungsunfähig ist der Schuldner dagegen, wenn er ohne Gefährdung seines notwendigen Selbstbehalts den Tabellenbetrag abzüglich des zu berücksichtigenden Kindergeldes ganz oder teilweise nicht aufbringen kann.

Beispiel 2:
Das 2-jährige Kind verlangt von seinem Vater V, der über ein Erwerbseinkommen von 1150,– € verfügt, Unterhalt. Die Mutter M bezieht das Kindergeld.
Kindesunterhalt nach DT 2011, 1/1: 317,– €
Restbedarf K: 317 – 92 = 225,– €
V ist nur in Höhe von 1150 – 950 (notwendiger Selbstbehalt) = 200,– € leistungsfähig. Zahlbetrag: 200,– €. V behält 950,– €.

728 Auf den Zahlbetrag ist auch dann abzustellen, wenn zu prüfen ist, ob der Schuldner neben dem Unterhalt für ein minderjähriges Kind ohne Gefährdung seines angemessenen Selbstbehalts von 1150,– EUR nach Anm. A 7 II der Düsseldorfer Tabelle Stand: 1. 1. 2011 auch denjenigen für ein **nachrangiges volljähriges Kind** zahlen kann.[90] Vgl. das Beispiel Rn. 721.

729 **b) Kindergeld und Ehegattenunterhalt.** Da das Kindergeld seit dem 1. 1. 2008 als Einkommen des Kindes behandelt wird und teilweise seinen Bedarf deckt, darf auch bei der Berechnung des Ehegattenunterhalts nicht mehr der Tabellenbetrag vorweg vom Einkommen des Schuldners abgezogen werden. Denn nach dem Wortlaut des § 1612 I 2 BGB mindert das zu berücksichtigende Kindergeld den Barbedarf des Kindes. Bei der Bemessung des Ehegattenunterhalts darf aber nur der Restbedarf des Kindes vom Einkommen des unterhaltspflichtigen Ehegatten abgesetzt werden. Vgl. dazu Rn. 1/679. Daher ist das Einkommen um den sog. **Zahlbetrag,** also den Tabellenunterhalt abzüglich des zu berücksichtigenden Kindergeldes, zu bereinigen. Diese Auffassung wird vom BGH[91] und der ganz herrschenden Meinung vertreten.[92]

Der Vorwegabzug des Zahlbetrages entspricht nach dem Regierungsentwurf zum Unterhaltsänderungsgesetz,[93] der im parlamentarischen Verfahren insoweit nicht in Frage gestellt worden ist, der Absicht des Gesetzgebers. Der Entwurf weist darauf hin, dass nach § 1612 b I BGB n. F. von der zur Verteilung anstehenden Masse ein geringerer Anteil für den Kindesunterhalt erforderlich ist und ein entsprechend höherer Anteil für die nachrangigen Unterhaltsberechtigten, etwa für den betreuenden Elternteil, zur Verfügung steht.

730 Der Abzug des Zahlbetrages statt des Tabellenbetrages wird danach vom Wortlaut des Gesetzes und der Absicht des Gesetzgebers gefordert. Daran sind die Gerichte gebunden. Die gesetzliche Regelung ist **nicht verfassungswidrig.** Die Gerichte, die das anders sehen und dem eindeutigen Willen des Gesetzgebers nicht folgen wollen, sind m. E. nach Art. 100 GG zur Vorlage an das BVerfG verpflichtet. Das BVerfG[94] hat den früheren § 1612 b V BGB,

---

[90] Dose FamRZ 2006, 1289, 1293
[91] FamRZ 2009, 1300 = R 705 c m. Anm. Schürmann; FamRZ 2008, 963 = R 692 g
[92] Dose FamRZ 2007, 1289, 1292 f.; Gerhardt FamRZ 2007, 945; Gerhardt/Gutdeutsch FamRZ 2007, 748; Klinkhammer FamRZ 2008, 193, 199; Menne/Grundmann, Das neue Unterhaltsrecht, S. 106; Scholz FamRZ 2007, 2021, 2028; a. A. und damit für Abzug des Tabellenbetrages: der 7. Senat für Familiensachen des OLG Düsseldorf FamRZ 2009, 338; Maurer FamRZ 2008, 1985, 1991; Schürmann FamRZ 2008, 313, 324
[93] BT-Drucks. 16/1830 S. 29
[94] FamRZ 2003, 1370

nach dem das Kindergeld zur Deckung des Existenzminimums des Kindes herangezogen wurde, nicht als verfassungswidrig beanstandet, sondern lediglich eine klare und verständliche Regelung des Kindergeldrechts im Unterhalts-, Steuer- und Sozialrecht verlangt. Die Vorschrift entzog dem barunterhaltspflichtigen Elternteil ganz oder teilweise die ihm zustehende Kindergeldhälfte und verwendete sie de facto als unterhaltsrechtliches Einkommen des Kindes. M. E. steht es dem Gesetzgeber bei einer Reform des unterhaltsrechtlichen Kindergeldausgleichs nach der Verfassung frei, das zu berücksichtigende Kindergeld generell als Einkommen des Kindes anzusehen, es demgemäß zur Deckung des Unterhaltsbedarfs des Kindes heranzuziehen und damit sein Existenzminimum wenigstens teilweise sicherzustellen. Dies führt logischerweise in weitem Umfang zu einer Berücksichtigung nur des Zahlbetrages anstatt des Tabellenbetrages. Die damit verbundene maßvolle Erhöhung des Ehegattenunterhalts ist nur eine Folge dieser Gesetzesänderung. Sie ist eine angemessene Kompensation dafür, dass der Ehegattenunterhalt seit dem 1. 1. 2008 dem Unterhalt minderjähriger und privilegiert volljähriger Kinder im Rang nachgeht (§ 1609 BGB).[95]

Der Abzug des Zahlbetrages führt bei einem getrennt lebenden oder geschiedenen Ehegatten zu einem Unterhalt, der bei einem gemeinsamen minderjährigen betreuten Kind um ($92 \times {}^3/_7 =$) 39,43 EUR, bei einem volljährigen Kind um ($184 \times {}^3/_7 =$) 78,86 EUR höher ist.

Beispiel:
Die erwerbsunfähige Ehefrau und Mutter M und das gemeinsame einjährige Kind verlangen Unterhalt von V, der 3400,– € verdient. M bezieht das Kindergeld von 184,– €.
Bedarf K nach DT 2011 6/1: 406,– €
M hat das hälftige Kindergeld zur Deckung des Barbedarfs des Kindes zu verwenden.
Restbedarf K, zugleich Zahlbetrag: 406 – 92 = 314,– €
Ehegattenunterhalt: 3400 – 314 = 3086 × ³/₇ = 1323,– €.[96]

5. Sonderfragen

a) Kindergeld für mehrere Kinder. Während bis zum 30. 6. 1998 das Kindergeld für mehrere Kinder zusammen- und jedem Kind anteilig zugerechnet wurde, bestimmt seitdem § 1612b I BGB, dass nur das auf das jeweilige Kind entfallende Kindergeld bei der Bemessung des Kindesunterhalts zu berücksichtigen ist. Beim ersten und zweiten Kind kann daher Kindergeld von je 184,– EUR, beim dritten Kind von 190,– EUR, beim vierten und bei jedem weiteren Kind von je 215,– EUR den Barbedarf des Kindes mindern. Vgl. Rn. 707, 716. Die Reihenfolge richtet sich nach dem **Alter** des Kindes, nicht nach dem Belieben des den Kindesunterhalt begehrenden Elternteils. Ob das Kindergeld zur Hälfte oder in voller Höhe bedarfsdeckend zu berücksichtigen ist, ergibt sich aus § 1612b I 1 BGB. Vgl. dazu Rn. 718, 722. 731

b) Zählkindvorteil. Kindergeld darf zwischen den Eltern nur ausgeglichen werden, wenn und soweit es für gemeinsame Kinder gezahlt wird (§ 1612b II BGB). Danach darf Kindergeld, das wegen der Berücksichtigung eines nicht gemeinschaftlichen Kindes erhöht ist, im Umfang der Erhöhung nicht bedarfsmindernd angerechnet werden. Soweit einem Elternteil wegen der Berücksichtigung eines weiteren nicht gemeinsamen Kindes ein „Zählkindvorteil" erwächst, ist dieser dem Kindergeld für die gemeinsamen Kinder weder ganz noch teilweise zuzurechnen und darf nicht bei einem gemeinsamen Kind bedarfsmindernd berücksichtigt werden. Der Zählkindvorteil ist kein Einkommen des Unterhaltspflichtigen, das den Tabellenbedarf anderer Kinder erhöhen könnte.[97] Auf den Unterhaltsanspruch der gemeinsamen Kinder ist daher jeweils nur das fiktive Kindergeld anzurechnen, das der betreffende Elternteil für das jeweilige Kind erhalten würde, wenn es keine Zählkinder gäbe. Ungereimtheiten, die sich aus den besonderen Umständen des Einzelfalles ergeben, müssen nach der Rechtsprechung des BGH hingenommen werden.[98] 732

---

[95] Ebenso Dose FamRZ 2007, 1289, 1293
[96] Nach den SüdL hätte V (3086 × ⁹/₁₀) : 2 = 1389,– EUR zu zahlen
[97] FamRZ 2000, 1494 = R 546 d mit Anm. Scholz (zum früheren Recht)
[98] BGH FamRZ 1997, 806

Beispiel:
Der Vater V1 und die Mutter M sind geschieden. Sie haben drei gemeinsame Kinder K 1 (10 Jahre), K 2 (5 Jahre) und K 3 (4 Jahre). Erwerbseinkommen von V1: 2150,- €.
M betreut die drei Kinder und bezieht für sie Kindergeld von 184,- € für K1 und K2 und von 190,- € für K3. Für ein weiteres einjähriges Kind K 4, das von ihrem jetzigen Ehemann V 2 abstammt, erhält sie 215,- € Kindergeld.
Tabellenunterhalt nach DT 2011 3/2 und 3/1: für K 1 401,- €, für K 2 und K 3 je 349,- €. Bedarfsdeckend ist nur das hälftige Kindergeld für die drei gemeinschaftlichen Kinder anzurechnen, also jeweils 92,- € für K1 und K2 und von 95,- € für K3, sodass sich Zahlbeträge von 309,- € für K 1, von 257,- € für K 2 und von 254,- € für K 3 ergeben. Der Zählkindvorteil für das vierte Kind steht allein K 4 zu. Wenn K 4 von V 2 Unterhalt verlangt, ist sein Unterhaltsanspruch nur um 92,- € zu kürzen.

Bis zum 31. 12. 2007 hatte das Zählkind selbst keinen Anspruch auf Auskehrung des Zählkindvorteils an sich, auch nicht bei Leistungsunfähigkeit des Verpflichteten.[99] Daran wird man nunmehr nicht mehr festhalten können, da seit dem 1. 1. 2008 das Kindergeld zur Hälfte oder in voller Höhe für den Barunterhalt zu verwenden ist. Zum Anspruch auf Auskehr des Kindergeldes vgl. Rn. 722; zur Behandlung des Zählkindvorteils im Mangelfall vgl. *Gutdeutsch* Rn. 5/66.

733   c) **Kindergeldausgleich bei fehlendem Unterhaltsanspruch des Kindes.** In seltenen Fällen kann Kindergeld gewährt werden, obwohl das Kind keinen Unterhaltsanspruch hat.

Dies kommt in Betracht, wenn das Kind zwar bedürftig, beide Eltern aber nicht in der Lage sind, ihm Unterhalt zu gewähren.[100] Nach dem eindeutigen Wortlaut des § 1612 b I BGB ist auch in diesem Fall das Kindergeld als Einkommen des Kindes zu behandeln, für den Kindesunterhalt zu verwenden und, wenn dies nicht geschieht, an das Kind auszukehren. Dem entspricht die Behandlung des Kindergeldes im Recht der Grundsicherung für Arbeitsuchende und Sozialhilferecht. Nach § 11 I 4 SGB II, § 82 I 3 SGB XII[101] ist das Kindergeld dem zu einer Bedarfsgemeinschaft bzw. einer Einsatzgemeinschaft gehörenden Kind[102] als Einkommen zuzurechnen, soweit es bei ihm zur Sicherung seines Lebensunterhalts (mit Ausnahme der Bedarfe für Bildung und Teilhabe) benötigt wird.

734   Dagegen dürfte kein Anspruch des volljährigen Kindes gegen seine Eltern auf Auskehr des Kindergeldes bestehen, wenn es über Einkommen verfügt, das seinen Unterhaltsbedarf deckt, gleichwohl an die Eltern aber Kindergeld gezahlt wird. Übersteigt die Ausbildungsvergütung des volljährigen Kindes einen Betrag von 8004,- EUR nicht, wird Kindergeld gewährt (§§ 63 I 2, 32 IV 2 EStG; vgl. Rn. 704). In einem solchen Fall kann aber das unterhaltsrechtlich relevante Einkommen des Kindes seinen Unterhaltsbedarf nach der 4. Altersstufe der einschlägigen Einkommensgruppe der Düsseldorfer Tabelle übersteigen. Ein Unterhaltsanspruch ist dann mangels eines ungedeckten Bedarfs nicht gegeben. Eine Verwendung des Kindergeldes für den Barbedarf ist weder möglich noch erforderlich. Das Kindergeld verbleibt nach meiner Ansicht dann den Eltern. Es steht ihnen jeweils zur Hälfte zu. Bei Getrenntleben kann der Elternteil, der das Kindergeld nicht erhält, gegen den anderen einen familienrechtlichen Ausgleichsanspruch geltend machen. Dies dürfte einer der seltenen Fälle sein, in denen dieser Ausgleichsanspruch beim Kindergeld künftig noch in Betracht kommt. Vgl. dazu Rn. 780.

Beispiel:
Das volljährige Kind K bezieht eine Ausbildungsvergütung von 660,- €. Der Vater V hat ein Einkommen von 1450,- €, die Mutter M von 1200,- €. M bezieht das Kindergeld. K verlangt Auskehr des Kindergeldes von den Eltern.

---

[99] BGH FamRZ 1985, 1243
[100] Vgl. dazu Borth FamRZ 2006, 813, 819
[101] Jeweils in der Fassung des Gesetzes vom 24. 3. 2011 – BGBl. I S. 453
[102] Zur Bedarfsgemeinschaft gehören nach § 7 III Nr. 2, 4 SGB II seit dem 1. 7. 2006 auch volljährige Kinder bis zur Vollendung des 25. Lebensjahres, zur Einsatzgemeinschaft nach § 19 I 2 SGB XII dagegen nur minderjährige Kinder. Vgl. dazu Rn. 8/23 und 181; Scholz FamRZ 2006, 1417

7. Abschnitt: Kindergeld und Kindesunterhalt § 2

K hat keinen Unterhaltsanspruch, da sein Bedarf von 562,– € nach DT 2011 4/4 durch sein unterhaltsrechtliches Einkommen von 660 − 90 (ausbildungsbedingter Mehrbedarf) = 570,– € gedeckt ist. Daher kein Anspruch auf Auskehr des Kindergeldes.

d) Kindergeldanrechnung bei Auslandsbezug. Kindergeld wird nach § 62 EStG grundsätzlich für alle Kinder gezahlt, deren Eltern im Inland ihren gewöhnlichen Aufenthalt haben, ohne dass es auf die Staatsangehörigkeit ankommt. Ein Ausländer muss jedoch im Besitz einer Niederlassungs- oder Aufenthaltserlaubnis sein (vgl. Rn. 700). Kindergeld wird nicht gewährt, wenn für das Kind im Ausland Leistungen erbracht werden oder bei Antragstellung erbracht würden, die mit dem Kindergeld vergleichbar sind (§ 65 I 1 Nr. 2 EStG).[103] Damit stellt sich die Frage, ob Kindergeld bedarfsdeckend anzurechnen ist, wenn die Eltern in verschiedenen Staaten leben. 735

Der unterhaltsrechtliche Kindergeldausgleich unterliegt dem deutschen Sachrecht, wenn das Kind seinen gewöhnlichen Aufenthalt in Deutschland hat (Art. 4 I des Haager Übereinkommens über das auf Unterhaltspflichten anwendbare Recht vom 2. 10. 1973 – BGBl. II 1986, 837).[104] Nach der bis zum 31. 12. 2007 geltenden Fassung des § 1612 b I BGB ging das Gesetz von einer vorrangigen Kindergeldberechtigung des nicht barunterhaltspflichtigen Elternteils aus. Daraus ergab sich, dass eine Verrechnung des den Eltern zustehenden Kindergeldes mit dem Unterhalt eine beiderseitige Kindergeldberechtigung voraussetzte. Der BGH[105] hat zu Recht ausgeführt, dass sich dieser Vorrang nicht nur aus dem deutschen Recht sondern auch aus dem europäischen Gemeinschaftsrecht ergeben kann. Denn Kindergeld und die damit vergleichbaren Leistungen anderer Staaten nach § 65 I 1 Nr. 2 EStG sind dem europäischen Sozialrecht unterliegende Familienleistungen im Sinne der Verordnungen Nr. 1408/71 und 574/72.[106] Dies gilt für das deutsche Kindergeld auch dann, wenn es – wie es in der Regel geschieht – als vorgezogene Steuervergütung gewährt wird.[107]

Nach § 1612 b I BGB in der seit 1. 1. 2008 geltenden Fassung ergibt sich die vorrangige Kindergeldberechtigung des nicht barunterhaltspflichtigen Elternteils nicht mehr aus der Norm selbst. Aus Art. 76 VO 1408/71, Art. 67 VO 883/2004 folgt jedoch, dass der Wohnstaat – bei Kindern, die sich gewöhnlich bei einem in Deutschland lebenden Elternteil aufhalten, also die Bundesrepublik – vorrangig für das Kindergeld einzustehen hat, während der Kindergeldanspruch gegen den Staat, dem der andere Elternteil angehört, in Höhe des deutschen Kindergeldes ruht.[108] In einem solchen Fall bestehen keine Bedenken, das in Deutschland gezahlte Kindergeld nach Maßgabe des § 1612 b I BGB entweder zur Hälfte oder in voller Höhe auf den sich nach deutschem Recht richtenden Unterhaltsanspruch bedarfsmindernd anzurechnen. Wie zu verfahren ist, wenn der andere Elternteil einem Staat angehört, der nicht der Europäischen Union oder dem Europäischen Wirtschaftsraum angehört, ist bislang nicht geklärt. Übt der im Ausland lebende Elternteil dort eine Erwerbstätigkeit aus, muss er das Kindergeld im Land seiner Beschäftigung beantragen und an den anderen Elternteil weiterleiten. Weigert er sich, einen Antrag zu stellen, und wird demgemäß im Ausland kein Kindergeld gezahlt, kann im Inland Kindergeld bezogen werden.[109]

IV. Verfahrensfragen

In einer Unterhalt zusprechenden Entscheidung oder einem sonstigen Vollstreckungstitel ist der anzurechnende Kindergeldanteil betragsmäßig auszuweisen. Aus dem Titel, bei einem Beschluss mindestens aus den Gründen, muss sich ergeben, von welchem Unterhalt, 736

---

[103] Vgl. dazu die Übersicht in FamRZ 2005, 1402
[104] BGH FamRZ 2004, 1639 mit Anm Heimann und Anm. Eichenhofer FamRZ 2004, 1965
[105] BGH FamRZ 2004, 1639 mit Anm. Heimann und Anm. Eichenhofer FamRZ 2004, 1965
[106] Vgl. BFH FamRZ 2008, 1619
[107] BGH FamRZ 2004, 1639 mit Anm. Heimann und Anm. Eichenhofer FamRZ 2004, 1965
[108] Eichenhofer FamRZ 2004, 1639
[109] EuGH FamRZ 2010, 2049 m. Anm. Romeyko

in der Regel von welchem Tabellenbetrag, das Gericht ausgeht und in welcher Höhe – zur Hälfte oder voll – das Kindergeld bedarfsdeckend berücksichtigt wird. Macht das minderjährige Kind dynamischen Unterhalt im Sinne des § 1612a I 1 BGB geltend, muss sich der begehrte Prozentsatz auf den Mindestunterhalt beziehen. Es ist unzulässig, das Kindergeld vom Mindestunterhalt abzuziehen und einen bestimmten Prozentsatz des so errechneten Zahlbetrages zu verlangen. Denn der gesetzliche Mindestunterhalt entspricht dem doppelten Kinderfreibetrag nach § 32 VI EStG. Es ist nicht vorgesehen, dass bei einer Gesetzesänderung der Kinderfreibetrag im selben Verhältnis angehoben oder ermäßigt wird wie das Kindergeld. Jedoch bestehen keine Bedenken, das anzurechnende Kindergeld nicht in einem bestimmten Betrag anzugeben, sofern Art und Umfang der bedarfsdeckenden Anrechnung des Kindergeldes eindeutig klargestellt sind. Es ist jedoch dringend zu empfehlen, jedenfalls den jetzigen Tabellenunterhalt, die derzeitige Höhe des anzurechnenden Kindergeldes und den Zahlbetrag im Antrag und im Vollstreckungstitel anzugeben.

737 Der Anspruch auf Kindergeld kann wegen gesetzlicher Unterhaltsansprüche eines Kindes, das bei der Festsetzung des Kindergeldes berücksichtigt wird, **gepfändet** werden (§ 76 EStG). Wird das Kindergeld auf ein Konto des Berechtigten überwiesen, ist die Forderung, die durch die Gutschrift entsteht, für die Dauer von 14 Tagen unpfändbar (§ 76a I EStG).

738–750 – *in dieser Aufl. nicht belegt* –

8. Abschnitt: Sonderprobleme des Kindesunterhalts

I. Auskunftspflichten

751 Nach § 1605 I BGB sind **Eltern gegenüber Kindern,** aber auch **Kinder gegenüber ihren Eltern** verpflichtet, auf Verlangen über ihre Einkünfte und ihr Vermögen Auskunft zu erteilen, soweit dies zur Feststellung eines Unterhaltsanspruchs erforderlich ist. Unter Umständen schulden auch die **Eltern untereinander** Auskunft, wenn dies notwendig ist, um ihre Haftungsanteile nach § 1606 III 1 BGB festzustellen.[1] Wegen der Einzelheiten vgl. Rn. 1/1160 f.

752 Eltern schulden einem volljährigen Kind auch dann Auskunft, wenn dieses, z. B. als Studierender, in einem eigenen Haushalt lebt und der Unterhalt daher grundsätzlich nach einem **festen Bedarfssatz** von 670,– EUR bemessen wird (vgl. Düsseldorfer Tabelle Stand: 1. 1. 2011 Anm. A 7 II; Rn. 508 ff.; teilweise anders *Dose* Rn. 1/1160). Eine **Auskunftsverpflichtung** besteht allerdings **nicht,** wenn die begehrte Auskunft den Unterhaltsanspruch unter keinem Gesichtspunkt beeinflussen kann.[2] Dies ist aber beim sog. Studentenunterhalt nicht der Fall. Vielmehr kann der feste Bedarfssatz bei entsprechender Lebensstellung, also bei guten Einkommensverhältnissen der Eltern, erhöht werden (vgl. Rn. 226 ff., 514).[3] Diese Anhebung ist schon deshalb geboten, weil im Haushalt der Eltern lebendes Kind nach der 4. Einkommensgruppe der Tabelle einen höheren Bedarfssatz als 670,– EUR hat, wenn das Einkommen des oder der Unterhaltspflichtigen 3900,– EUR überschreitet und daher in die 8. bis 10. Einkommensgruppe einzuordnen ist. Dem Kind muss daher die Möglichkeit offen stehen, durch Geltendmachung des Auskunftsanspruchs zu prüfen, ob die Eltern in derartig günstigen Verhältnissen leben. Zudem ist die Auskunft bei beiderseits barunterhaltspflichtigen Eltern in aller Regel erforderlich, um die Haftungsanteile der Eltern zu klären.

753 Über die Höhe der Einkünfte sind auf Verlangen Belege, insbesondere **Gehaltsabrechnungen** und/oder Bescheinigungen des Arbeitgebers, vorzulegen. Solche Belege müssen bei gerichtlicher Geltendmachung des Auskunftsanspruchs im Antrag genau bezeichnet

---

[1] BGH FamRZ 1988, 268
[2] BGH FamRZ 1994, 1169 = R 481
[3] So auch DL 13.1; FL und SüdL 13.1.2

8. Abschnitt: Sonderprobleme des Kindesunterhalts § 2

werden. Die Vorlage eines Ausdrucks der elektronischen **Lohnsteuerbescheinigung** des Arbeitgebers für das letzte Kalenderjahr (früher: der Lohnsteuerkarte) reicht jedenfalls dann nicht aus, wenn der Auskunftspflichtige nicht lohnsteuerpflichtige Einkünfte, z. B. Zuschläge für Sonntags- und Nachtarbeit (§§ 3, 3 b EStG), bezogen haben kann oder wenn sich die Bezüge geändert haben können. Vgl. auch Rn. 1/1178 f.

II. Rangfolge der Unterhaltsberechtigten und Unterhaltsverpflichteten

Zur Beeinträchtigung der Leistungsfähigkeit durch Unterhaltsansprüche anderer Berechtigter und zu Mangelfällen beim Kindesunterhalt kann auf Rn. 262 ff., 556 ff., zur Rangproblematik und zu Mangelfällen auf Rn. 5/1 ff. sowie zur Konkurrenz zwischen Kindes- und Familienunterhalt auf Rn. 3/71, 99 verwiesen werden. 754

III. Vereinbarungen zum Kindesunterhalt

1. Allgemeines

Vereinbarungen zum Kindesunterhalt sind – anders als Vereinbarungen über nachehelichen Ehegattenunterhalt, die vor der Scheidung getroffen werden (§ 1585 c S. 2 BGB; Rn. 6/612) – auch nach Inkrafttreten des Unterhaltsänderungsgesetzes nicht formbedürftig. Eine vertragliche Regelung des Kindesunterhalts kann jedoch nach § 139 BGB unwirksam sein, wenn sie mit einer wegen Formmangels nichtigen Vereinbarung über Ehegattenunterhalt verbunden ist. Im Übrigen sind Vereinbarungen über Kindesunterhalt nur eingeschränkt zulässig, weil auf künftigen Unterhalt nicht verzichtet werden darf (§ 1614 I BGB). Vgl. dazu Rn. 758. Es ist aber möglich, durch Vereinbarung einen Anspruch auf Unterhalt zu begründen, auch wenn die gesetzlichen Voraussetzungen hierfür nicht vorliegen. So kann sich der Vater z. B. dem Kind gegenüber verpflichten, während einer Zweitausbildung nach dem Gesetz nicht geschuldeten Unterhalt zu zahlen. Eine solche Vereinbarung setzt aber eine eindeutige vertragliche Absprache voraus; allein die Berufung auf Treu und Glauben ist nicht ausreichend. Nur ausnahmsweise kann sich aus § 1618 a BGB die Verpflichtung ergeben, Zahlungen, die ein Elternteil in der Vergangenheit ohne Rechtspflicht erbracht hat, für einen begrenzten Zeitraum fortzusetzen, wenn das Kind auf die Fortsetzung der Zahlungen vertrauen durfte und in diesem Vertrauen Dispositionen getroffen hat, die sich nicht sofort und ohne erhebliche Nachteile rückgängig machen lassen.[4] 755

Vereinbarungen über den Kindesunterhalt selbst müssen zwischen dem volljährigen Kind und den Eltern bzw. einem Elternteil, beim minderjährigen Kind zwischen dem vertretungsberechtigten Elternteil und dem anderen getroffen werden. Für das minderjährige Kind muss also der allein Sorgeberechtigte, bei gemeinsamer Sorge der Elternteil, in dessen Obhut sich das Kind befindet (§ 1629 II 2 BGB; vgl. Rn. 448), die Vereinbarung schließen. Bei noch verheirateten Eltern, die getrennt leben oder zwischen denen eine Ehesache anhängig ist, kann ein Elternteil den Unterhaltsanspruch des Kindes nur im eigenen Namen geltend machen (§ 1629 III 1 BGB) und sich dann auch für das Kind mit dem anderen Elternteil über den Kindesunterhalt einigen. Solche Vereinbarungen sind von Freistellungsvereinbarungen zwischen den Eltern zu unterscheiden. Vgl. dazu Rn. 762 ff. 756

Die Eltern sind nicht verpflichtet, Unterhalt durch Entrichtung einer Geldrente zu gewähren. Vielmehr können sie bei einem nicht verheirateten Kind nach § 1612 II 1 BGB bestimmen, in welcher Art und für welche Zeit im Voraus der Unterhalt erbracht werden soll (vgl. Rn. 32 ff.). Dies gilt auch beim volljährigen Kind. Insbesondere können die Eltern festlegen, dass Naturalunterhalt (Rn. 18) im Haushalt eines Elternteils oder in einem 757

---

[4] BGH FamRZ 2001, 1601 = R 562 b

Internat gewährt werden soll. Über die Modalitäten können sich die Eltern mit dem Kind, aber auch untereinander einigen.

2. Kein Verzicht auf zukünftigen Kindesunterhalt

758 Auf Kindesunterhalt **kann für die Zukunft nicht verzichtet** werden (§ 1614 I BGB). Dieses Verbot betrifft auch einen teilweisen Unterhaltsverzicht. Deshalb darf eine Vereinbarung über den Kindesunterhalt sich nicht so weit vom gesetzlichen Unterhaltsanspruch entfernen, dass sie auf einen vollständigen oder teilweisen Verzicht hinausläuft. Das gilt auch für eine Beschränkung der Möglichkeit, eine Erhöhung des Kindesunterhalts im Wege eines Abänderungsverfahrens (§ 238 FamFG) zu verlangen. Ohne Bedeutung ist, ob die Parteien einen Verzicht ausdrücklich vereinbart haben. Es genügt, wenn der Kindesunterhalt objektiv verkürzt würde.[5] Ein unzulässiger Verzicht kann auch dann vorliegen, wenn das Einkommen des barunterhaltspflichtigen Elternteils erheblich über der höchsten Einkommensgruppe der Düsseldorfer Tabelle liegt.[6] Eine Vereinbarung, durch die das volljährige Kind oder der gesetzliche Vertreter des minderjährigen Kindes zugesagt hat, keinen Anspruch auf Kindesunterhalt geltend zu machen, ist ebenfalls unzulässig.[7]

759 Für die Unterhaltsbemessung nach § 1610 BGB besteht ein gewisser **Spielraum,** der von den Parteien ausgeschöpft werden kann. Eine Unterhaltsvereinbarung ist deshalb erst dann unwirksam, wenn und soweit sie diesen Angemessenheitsrahmen unterschreitet. In der Rechtsprechung wird eine Unterschreitung der gebräuchlichen Tabellensätze bis zu 20% als hinnehmbar erwogen, eine Unterschreitung um $1/3$ dagegen als im Regelfall mit § 1614 I BGB unvereinbar angesehen.[8] Bei Unterschreitung um mehr als 20% ist im Einzelfall zu prüfen, ob ein gegen § 1614 I BGB verstoßender Verzicht vorliegt.

760 Zulässig ist ein **Verzicht** auf Kindesunterhalt **für die Vergangenheit.** Ein solcher Verzicht erfordert einen Erlassvertrag (§ 397 BGB), der auch durch schlüssiges Verhalten zustande kommen kann und beim Gläubiger einen rechtsgeschäftlichen Aufgabewillen voraussetzt. Darin, dass ein Unterhaltsanspruch längere Zeit nicht geltend gemacht worden ist, liegt allein noch kein solcher Verzicht. Es ist vielmehr zu prüfen, ob der Berechtigte einen triftigen Grund für einen solchen Verzicht hatte oder ob nicht eine andere Erklärung für die Unterlassung der Rechtsausübung näher liegt.[9] Lässt der Unterhaltsberechtigte längere Zeit – genügend ist vielfach schon der Zeitraum von mehr als einem Jahr – untätig verstreichen, kann die Geltendmachung des rückständigen Unterhalts unter besonderen Umständen gegen Treu und Glauben verstoßen und dann unzulässig sein. Vgl. dazu Rn. 6/142 ff.

761 Die Wirkungen eines Unterhaltsverzichts können teilweise durch eine Freistellungsvereinbarung zwischen den Eltern erreicht werden (vgl. Rn. 762 ff.). Bei der Annahme einer konkludenten Freistellung des Barunterhaltspflichtigen durch den betreuenden Elternteil ist allerdings mit Rücksicht auf die gesetzliche Wertung des § 1614 I BGB Zurückhaltung geboten.[10] Vgl. dazu Rn. 763. Ein Freistellungsvertrag hindert das Kind jedoch nicht an der Geltendmachung seines Unterhaltsanspruchs gegen den Elternteil, der nach der Abmachung zwischen seinen Eltern vom Kindesunterhalt freigestellt werden soll. Diesem Elternteil bleibt es vielmehr überlassen, bei dem anderen Rückgriff zu nehmen.

3. Freistellungsvereinbarungen der Eltern bezüglich des Kindesunterhalts

762 Eine Vereinbarung, durch die sich ein Elternteil gegenüber dem anderen verpflichtet, ganz oder teilweise für den Unterhalt des Kindes aufzukommen und insoweit den anderen

---

[5] BGH FamRZ 1984, 997, 999
[6] OLG Hamm FamRZ 2010, 2080
[7] A. A. zum Trennungsunterhalt OLG Köln FamRZ 2000, 609 mit Anm. Bergschneider
[8] BGH FamRZ 1984, 997, 999
[9] BGH FamRZ 1981, 763
[10] BGH FamRZ 2009, 768

8. Abschnitt: Sonderprobleme des Kindesunterhalts § 2

freizustellen, ist **zulässig**. Durch eine solche Vereinbarung bleibt der Unterhaltsanspruch des Kindes unberührt.[11] Das Kind wird dadurch nicht gehindert, den Unterhalt gegen den freigestellten Elternteil geltend zu machen.[12] Dies gilt auch dann, wenn der Elternteil, der sich zur Freistellung des anderen verpflichtet hat, nach § 1629 II 2 BGB als gesetzlicher Vertreter im Namen des Kindes oder nach § 1629 III 1 BGB im eigenen Namen Kindesunterhalt verlangt.[13] In Ausnahmefällen kann die Freistellungsvereinbarung zwischen den Eltern auch als Vertrag zu Gunsten des (volljährigen) Kindes angesehen werden, wenn durch sie ein unmittelbarer Anspruch des Kindes gegen den freistellenden Elternteil begründet werden soll.

Die zwischen den Eltern verabredete Freistellung von Unterhaltsansprüchen des Kindes 763
ist rechtlich eine Erfüllungsübernahme.[14] Daher kann der vom Kind in Anspruch genommene Elternteil vom anderen verlangen, dass dieser den Anspruch des Kindes befriedigt.[15] Die Freistellung kann auch durch schlüssiges Verhalten vereinbart werden. Allein aus einer von den Eltern vereinbarten Begrenzung des Kindesunterhalts auf einem Betrag, der nach der Düsseldorfer Tabelle nicht dem hohen Einkommen des Barunterhaltspflichtigen entspricht, darf nicht auf ein konkludentes Freistellungsversprechen des betreuenden Elternteils geschlossen werden, zumal da dies der gesetzlichen Wertung des § 1614 I BGB widersprechen würde.[16] Eine Freistellungsabrede durch konkludentes Verhalten kann jedoch angenommen werden, wenn ein Elternteil den Unterhalt des (volljährigen) Kindes allein sicherstellt und beim anderen keinen Rückgriff nimmt.[17]

Eine Unterhaltsfreistellung ist **sittenwidrig** (§ 138 I BGB), wenn sie in einer Scheidungs- 764
vereinbarung enthalten ist, die einen Vorschlag zur Regelung der elterlichen Sorge über gemeinschaftliche Kinder enthält, der sich über das Kindeswohl bewusst hinwegsetzt. Die Rechtsordnung kann nicht eine Vereinbarung anerkennen, die nicht dem Wohl des Kindes, sondern materiellen egoistischen Interessen eines Elternteils dient. Dabei kommt es nicht entscheidend darauf an, ob der Richter dem Vorschlag der Eltern gefolgt ist oder ob er erkannt hat, dass zum Wohl des Kindes eine vom Vorschlag abweichende Sorgerechtsentscheidung erforderlich ist.[18] Allein die Verbindung des Elternvorschlags mit einer Unterhaltsfreistellung und mit der Regelung weiterer Scheidungsfolgen in einer notariellen Urkunde oder einem gerichtlichen Vergleich reicht dagegen zur Bejahung der Sittenwidrigkeit nicht aus.[19] Ein Verstoß gegen § 138 I BGB ist jedoch zu bejahen, wenn das Sorgerecht über ein Kind als Tauschobjekt für die Freistellung von Unterhaltspflichten benutzt wurde.[20] Die Frage, ob die Sorgerechtsentscheidung dem Kindeswohl widerspricht und ob dies nach § 138 I BGB zur Unwirksamkeit der Freistellungsvereinbarung führt, ist im Unterhaltsverfahren zu prüfen. Jedoch wird sich in vielen Fällen eine Aussetzung des Verfahrens nach § 113 I FamFG, § 148 ZPO bis zur abschließenden Entscheidung über das Sorgerecht empfehlen.

Eine Freistellungsvereinbarung ist regelmäßig sittenwidrig (§ 138 I BGB), wenn sie 765
unzulässigerweise mit einer Verpflichtung gekoppelt wurde, auf Dauer von der Ausübung des **Umgangsrechts** mit einem gemeinsamen Kind abzusehen. Hiervon ist in der Regel auszugehen, wenn die Unterhaltsfreistellung und der Verzicht auf den Umgang, zu dem jeder Elternteil nicht nur berechtigt, sondern auch verpflichtet ist (§ 1684 I BGB), in einem Gegenseitigkeitsverhältnis stehen und in ihrer Wirksamkeit voneinander abhängig sein sollen.[21]

---

[11] BVerfG FamRZ 2002, 343, 348 mit Anm. Schwab
[12] BGH FamRZ 1986, 444; vgl. auch OLG Hamm FamRZ 1999, 163 zur Verbindung einer Freistellungsvereinbarung hinsichtlich des Kindesunterhalts mit einem unwirksamen Verzicht auf Trennungsunterhalt
[13] OLG Stuttgart FamRZ 2006, 866; a. A. OLG Naumburg FamRZ 2005, 298
[14] BGH FamRZ 2009, 768
[15] BGH FamRZ 1986, 444
[16] BGH FamRZ 2009, 768
[17] BGH FamRZ 2008, 2104, 2107
[18] BGH FamRZ 1986, 444
[19] BGH FamRZ 1986, 444
[20] BGH FamRZ 1984, 778
[21] BGH FamRZ 1984, 778

766 Eine Freistellungsvereinbarung zwischen den Eltern kann unwirksam sein, wenn sie Teil eines formbedürftigen Vertrages über Ehegattenunterhalt ist (§§ 125 S. 1, 139, 1585 c S. 2 BGB). Vgl. Rn. 755. Sie kann sittenwidrig sein oder jedenfalls gegen Treu und Glauben verstoßen, wenn der betreuende, sozial schwächere Ehegatte nicht nur den Kindesunterhalt ganz oder zu einem wesentlichen Teil sicherzustellen hat, sondern zugleich auf nachehelichen Unterhalt verzichtet. Verfügt er weder über sonstiges Einkommen noch über ausreichendes Vermögen, zwingt ihn die Vereinbarung entweder dazu, die Betreuung des Kindes ganz oder teilweise in fremde Hände zu legen, um einer Erwerbstätigkeit nachgehen zu können, oder mit dem Kind in Verhältnissen zu leben, die dessen Entwicklung nachhaltig beeinträchtigen.[22] Seit dem 1. 1. 2008 ist allerdings zu beachten, dass beim Ehegattenunterhalt eine Erwerbsobliegenheit grundsätzlich bereits dann beginnt, wenn das betreute Kind das dritte Lebensjahr vollendet hat (§ 1570 BGB). Zur Sittenwidrigkeit und zur Inhaltskontrolle von Vereinbarungen über Ehegattenunterhalt vgl. Rn. 6/600 ff.

IV. Familienrechtlicher Ausgleichsanspruch

1. Ausgleich zwischen den Eltern

767 Kommt ein barunterhaltspflichtiger Elternteil seiner Unterhaltspflicht gegenüber dem Kind nicht nach und finanziert der andere (betreuende) Elternteil den Unterhalt vor, so wird der gebotene Ausgleich dadurch bewirkt, dass das Kind den Unterhalt gegen den Schuldner geltend macht. Dabei handelt der betreuende Elternteil entweder als gesetzlicher Vertreter oder als Verfahrensstandschafter für das Kind (§ 1629 II 2, III BGB). Bei rückständigem Unterhalt müssen die Voraussetzungen des § 1613 I, II BGB, insbesondere Verzug, vorliegen. Der betreuende Elternteil kann den vom anderen erstrittenen Unterhalt für sich vereinnahmen, da er den Unterhalt für das Kind in Natur geleistet hat. Das gilt nicht nur für vorfinanzierten Elementarunterhalt, sondern auch für Sonder- und Mehrbedarf.[23] Auf den familiengerichtlichen Ausgleichsanspruch muss nur dann zurückgegriffen werden, wenn der gebotene Ausgleich nicht über den (Kindes-)unterhalt bewirkt werden kann. Dies ist insbesondere dann der Fall, wenn das minderjährige Kind aus der Obhut des einen Elternteils in diejenige des anderen wechselt oder wenn das volljährige Kind sich weigert, den von einem Elternteil vorfinanzierten Unterhalt gegen den anderen geltend zu machen.

768 Ein familienrechtlicher Ausgleichsanspruch ist in der Rechtsprechung des BGH für Fälle anerkannt, in denen ein Elternteil für den Unterhalt eines gemeinsamen Kindes aufgekommen ist und dadurch dessen Unterhaltsanspruch erfüllt hat, obwohl (auch) der andere dem Kind ganz oder teilweise unterhaltspflichtig war (Rn. 775). Der Anspruch beruht auf der Unterhaltspflicht beider Eltern gegenüber ihrem Kind und ergibt sich aus der Notwendigkeit, die Unterhaltslast im Verhältnis zwischen ihnen entsprechend ihrem Leistungsvermögen gerecht zu verteilen.[24] Bei den mit Hilfe des familienrechtlichen Ausgleichsanspruchs geforderten Ersatzbeträgen handelt es sich wirtschaftlich gesehen um rückständige Unterhaltsleistungen, nämlich um Geldleistungen, die demjenigen zu erbringen sind, der die Unterhaltslast zunächst auf sich genommen hat.[25] Gleichwohl ist der Anspruch seiner Rechtsnatur nach kein Unterhalts-, sondern ein Erstattungs-(Ausgleichs-)anspruch.[26] Er kann nicht nur bei Vorfinanzierung laufenden Unterhalts, sondern auch von Sonderbedarf, z. B. der Kosten einer ärztlichen Behandlung, oder von Mehrbedarf in Betracht kommen.[27]

---

[22] BVerfG FamRZ 2001, 343, 348 mit Anm. Schwab = R 553 b; BVerfG FamRZ 2003, 985 = R 558; BGH FamRZ 2004, 601 = R 608 a, b
[23] OLG Karlsruhe FamRZ 2009, 1250
[24] BGH FamRZ 1994, 1102 = R 480; FamRZ 1989, 850 = NJW 1989, 2816; FamRZ 1960, 194 = NJW 1960, 957
[25] BGH FamRZ 1984, 775 = NJW 1984, 2158
[26] BGH FamRZ 1984, 775, 777 = NJW 1984, 2158
[27] OLG Köln FamRZ 2003, 251 mit Anm. Wever

8. Abschnitt: Sonderprobleme des Kindesunterhalts § 2

Vom familienrechtlichen Ausgleichsanspruch wird teilweise auch gesprochen, wenn ein Ehegatte dem anderen Teil Leistungen, insbesondere sog. ehebedingte Zuwendungen, erbracht hat[28] oder wenn er unfreiwillig von seinem Einkommen höhere Zahlungen für den Familienunterhalt geleistet hat, als seiner anteilmäßigen Haftung entspricht.[29] Vgl. auch Rn. 3/52, 117 ff. Weychardt[30] weist zu Recht darauf hin, dass ein familienrechtlicher Ausgleichsanspruch ferner in Betracht kommen kann, wenn sich nicht nur der barunterhaltspflichtige sondern auch der betreuende Elternteil an (umfangreichen) Umgangskosten beteiligen muss.

Der Anspruch eines Elternteils auf **Ausgleich des** dem anderen Elternteil gezahlten **Kindergeldes** (Rn. 716 ff.) ist ein Unterfall des familienrechtlichen Ausgleichsanspruchs,[31] obwohl hier nicht gezahlter Unterhalt, sondern eine vorweg genommene Steuervergütung bzw. eine staatliche Sozialleistung im Rahmen des Familienleistungsausgleichs (Rn. 702) ausgeglichen werden soll. Nach dem 1. 1. 2008 kommt ein familienrechtlicher Ausgleichsanspruch bzgl. des Kindergeldes nur noch in seltenen Ausnahmefällen in Betracht, weil die bedarfsmindernde Anrechnung des Kindergeldes auf den Unterhalt nach § 1612 b I BGB einen besonderen Ausgleich regelmäßig entbehrlich macht. Vgl. dazu näher Rn. 781.

Eine Erstreckung des familienrechtlichen Ausgleichsanspruchs auf sonstige Rückabwicklungsansprüche zwischen Eheleuten oder zwischen Eltern empfiehlt sich nicht.[32]

769

Der familienrechtliche Ausgleichsanspruch dient danach
– dem Ausgleich von Unterhaltsleistungen, die ein Elternteil anstelle des anderen erbracht und durch die er dessen Unterhaltspflicht gegenüber dem Kind erfüllt hat,
– oder dem Ausgleich von Leistungen im Rahmen des Familienleistungsausgleichs, die für beide Eltern zur Erleichterung des Kindesunterhalts bestimmt, aber entgegen § 1612 b BGB nur einem Elternteil zugeflossen sind, obwohl sie auch dem anderen zugute kommen sollen. Vgl. Rn. 781.

770

Das Rechtsinstitut des familienrechtlichen Ausgleichsanspruchs ist erforderlich, weil die **Vorschriften des allgemeinen Schuldrechts** nicht stets ausreichen, um der Interessenlage gerecht zu werden.
• Eltern sind nicht Gesamtschuldner des Kindesunterhalts. Auch wenn beide barunterhaltspflichtig sind, haften sie dem Kind nur als Teilschuldner (vgl. Rn. 439, 564). Ein Gesamtschuldnerausgleich nach § 426 BGB scheidet daher aus.
• Ein Anspruch auf Aufwendungsersatz nach §§ 683, 670 BGB ist in vielen Fällen fraglich, weil der Elternteil, der den Kindesunterhalt zunächst sicherstellt, selbst unterhaltspflichtig ist und deshalb nicht stets in der Absicht handelt, eine Verpflichtung des anderen Elternteils zu erfüllen.[33]
• Aus demselben Grund kann ein Bereicherungsanspruch nach § 812 BGB ausscheiden. Zudem ist die Anwendung des § 818 III BGB nicht angemessen, wenn ein Elternteil anstelle des anderen für den Unterhalt eines Kindes sorgt.

771

Der BGH hat bisher offen gelassen, ob der familienrechtliche Ausgleichsanspruch die Anwendung der schuldrechtlichen Vorschriften, insbesondere der §§ 683, 812 ff. BGB, ausschließt.[34] Er hat jedoch die Einschränkungen, denen der familienrechtliche Ausgleichsanspruch unterliegt, auch dann eingreifen lassen, wenn der Ausgleich aus Geschäftsführung ohne Auftrag oder ungerechtfertigter Bereicherung hergeleitet wird.[35] Dies gilt vor allem für die entsprechende Anwendung der §§ 195, 197 II (früher § 197) BGB und des § 1613 BGB (vgl. unten Rn. 783 f.).

772

Der Forderungsübergang nach § 1607 II BGB erlaubt einen Ausgleich der Unterhaltsleistungen, die ein Elternteil anstelle des anderen für das Kind erbracht hat, nur dann, wenn

773

---

[28] BGH FamRZ 1995, 537 = R 493 b; FamRZ 1994, 1167
[29] OLG Celle FamRZ 1999, 162
[30] FUR 2006, 333
[31] BGH FamRZ 2002, 536, 541 = R 572; FamRZ 1997, 806; FamRZ 1988, 834
[32] Vgl. Wever, Vermögensauseinandersetzung, Rn. 897
[33] BGH FamRZ 1960, 194
[34] BGH FamRZ 1994, 1102, 1104 = R 480; FamRZ 1984, 775, 777
[35] BGH FamRZ 1994, 1102, 1104 = R 480; FamRZ 1984, 775, 777

die Rechtsverfolgung im Inland ausgeschlossen oder erheblich erschwert ist. Auf diese Anspruchsvoraussetzung kann nicht verzichtet werden. Dies hindert den Elternteil aber nicht daran, einen familienrechtlichen Ausgleichsanspruch geltend zu machen.[36] Zu § 1607 BGB vgl. Rn. 788 ff.

774 Ein Elternteil kann **Erstattung** geschuldeter Unterhaltsleistungen **von dem Kind** selbstverständlich weder über § 812 BGB noch mit Hilfe des familienrechtlichen Ausgleichsanspruchs verlangen. Nur ausnahmsweise kommt in engen Grenzen ein Ersatzanspruch nach § 1648 BGB hinsichtlich solcher Aufwendungen in Betracht, die ein Elternteil über den geschuldeten Unterhalt hinaus erbracht hat. Entscheidend ist nicht, ob die Aufwendung notwendig war, sondern ob der Elternteil sie nach den Umständen, insbesondere den Vermögensverhältnissen des Kindes, entsprechend dem Haftungsmaßstab des § 1664 I BGB subjektiv für erforderlich halten durfte. Anders als im Rahmen des § 685 BGB besteht keine tatsächliche Vermutung dafür, dass dem Elternteil die Absicht fehlt, von dem Kind Ersatz zu verlangen.[37]

2. Erfüllung einer dem anderen Elternteil obliegenden Unterhaltspflicht

775 Der Elternteil, der den Unterhalt für das Kind geleistet hat, muss anstelle des anderen Elternteils gehandelt, also mit seiner Leistung eine im Innenverhältnis der Eheleute zueinander **dem anderen obliegende Verpflichtung** gegenüber dem Kind **erfüllt** haben.[38] Im Rahmen des Ausgleichsanspruchs muss daher geprüft werden, ob der andere Elternteil dem Kind unterhaltspflichtig, insbesondere ob er in dem Zeitraum, für den der Ausgleich verlangt wird, leistungsfähig war.[39] Waren beide Elternteile barunterhaltspflichtig, muss ihr Haftungsanteil nach § 1606 III 1 BGB ermittelt werden (vgl. Rn. 418 ff., 560 ff.). Der Ausgleichsanspruch ist dann nur insoweit begründet, als der andere Elternteil sich am Unterhalt zu beteiligen hatte.

776 Der Elternteil, der anstelle des anderen leistet, erbringt dem Kind in der Regel keinen Barunterhalt, sondern **Naturalunterhalt**, indem er den gesamten Lebensbedarf des Kindes in seinem Haushalt sicherstellt. Die Entscheidungen, in denen der BGH das Institut des familienrechtlichen Ausgleichsanspruchs entwickelt hat, betrafen gerade derartige Fallgestaltungen.[40] Nicht verständlich ist daher, dass der BGH – ohne Auseinandersetzung mit diesen Urteilen – die Auffassung vertritt, dass ein „Elternteil, der für ein gemeinsames eheliches Kind Betreuungs- und Barleistungen erbracht hat, ... vom anderen Elternteil ... grundsätzlich nur Erstattung geleisteten Barunterhalts, nicht dagegen Ersatz für geleistete Betreuung verlangen" kann.[41] Der BGH übersieht, dass es bei derartigen Fallgestaltungen nicht um Ersatz des Betreuungsunterhalts geht, sondern um die Erstattung des Aufwandes, der dem Elternteil durch die Gewährung des Unterhalts in Natur entstanden ist (zum Bar-, Betreuungs- und Naturalunterhalt vgl. Rn. 16 ff.).[42] Wechselt ein Kind vom einen Elternteil zum anderen, der bisher aufgrund eines Titels Barunterhalt geleistet hatte, ist die Erfüllung des Unterhaltsanspruchs des Kindes durch die nunmehrige Gewährung von Naturalunterhalt im Wege des Vollstreckungsgegenantrags (§ 767 ZPO), nicht dagegen durch Abänderungsantrag (§ 238 FamFG) geltend zu machen. Vgl. dazu Rn. 785. Wäre die Auffassung des BGH[43] richtig, würde das Institut des familienrechtlichen Ausgleichsanspruchs weitgehend gegenstandslos werden. Nach Auffassung des OLG Frankfurt[44] soll der Aufwand, dessen Erstattung der bisher betreuende Elternteil nach dem Wechsel des Kindes in die Obhut des

---

[36] BGH FamRZ 1989, 850
[37] BGH FamRZ 1998, 367, 368 = R 517 a hinsichtlich des Kaufs eines Pkws für ein vermögendes Kind
[38] BGH FamRZ 1981, 761 = NJW 1981, 2348
[39] BGH FamRZ 1960, 194, 197
[40] BGH FamRZ 1984, 775; FamRZ 1968, 450; FamRZ 1960, 194
[41] BGH FamRZ 1994, 1102 = R 480 mit Anm. Scholz FamRZ 1994, 1314
[42] Scholz FamRZ 1994, 1314
[43] FamRZ 1994, 1102 = R 480 mit Anm. Scholz FamRZ 1994, 1314
[44] FamRZ 1999, 1450; dagegen Wever, Vermögensauseinandersetzung, Rn. 924

anderen verlangen kann, nach der Düsseldorfer Tabelle ermittelt werden, und zwar auf der Basis seines Einkommens, nicht dagegen auf der Grundlage des Einkommens des früher barunterhaltspflichtigen Elternteils.

Der Ehegatte, der für den Unterhalt eines gemeinsamen Kindes aufgekommen ist, hat nach der Beweisregel des § 1360 b BGB im Zweifel nicht die **Absicht, Ersatz zu verlangen**.[45] Wenn er gleichwohl einen familienrechtlichen Ausgleichsanspruch geltend machen will, muss er diese gesetzliche Vermutung widerlegen. Dies gilt auch für getrennt lebende Eheleute (§ 1361 IV 4 BGB).[46] Jedoch sind an die Darlegung und den Beweis dieser Absicht für die Zeit nach der Trennung der Ehegatten keine hohen Anforderungen zu stellen, da in der Regel nicht anzunehmen ist, dass ein getrennt lebender Ehegatte den anderen begünstigen will. Zu § 1360 b BGB vgl. auch Rn. 3/117 ff. Die Absicht, Ersatz zu verlangen, ist jedenfalls dann anzunehmen, wenn der Ehegatte als (früherer) gesetzlicher Vertreter des Kindes dessen Unterhaltsanspruch gegen den anderen gerichtlich geltend gemacht hat.[47] Der BGH neigt offenbar dazu, § 1360 b BGB nach der Scheidung nicht mehr anzuwenden, hat dies aber letztlich offen gelassen.[48] Bei nicht verheirateten Eltern gilt § 1360 b BGB nicht. Gleichwohl dürfte ein Erstattungsanspruch ausscheiden, wenn ein Elternteil für den Unterhalt eines gemeinsamen Kindes während des Zusammenlebens mit dem anderen Elternteil mehr aufgewendet hat, als ihm nach dem Gesetz obliegt. Denn nach der Rechtsprechung des BGH[49] werden persönliche und wirtschaftliche Leistungen der Partner einer nichtehelichen Lebensgemeinschaft nicht gegeneinander aufgerechnet und daher grundsätzlich nicht ausgeglichen, wenn sie im Rahmen des täglichen Zusammenlebens erbracht werden.

777

Die Frage, ob das Kind einen Unterhaltsanspruch oder der bisher betreuende Elternteil einen familienrechtlichen Ausgleichsanspruch gegen den anderen Elternteil geltend machen kann, gewinnt praktische Bedeutung insbesondere dann, wenn das minderjährige Kind während eines Unterhaltsverfahrens **volljährig wird oder zum anderen Elternteil wechselt**. In beiden Fällen erlischt die Vertretungsmacht des bisher betreuenden Elternteils.

778

Dies ist beim Volljährigwerden des Kindes selbstverständlich. Das **volljährige Kind** kann den künftigen und den rückständigen Unterhalt allein gegen den pflichtigen Elternteil geltend machen. Über die Verwendung des künftigen Unterhalts entscheidet es selbst. Der rückständige Unterhalt gebührt dagegen im Innenverhältnis dem bisher betreuenden Elternteil, wenn und soweit er bisher für den Unterhalt des Kindes in Natur aufgekommen ist (vgl. zum Naturalunterhalt Rn. 18). Ihm steht ein familienrechtlicher Ausgleichsanspruch gegen den anderen Elternteil zu. Die **Konkurrenz** dieses Anspruchs **zu dem fortbestehenden Unterhaltsanspruch** des Kindes wird am besten über das Institut der Gesamtgläubigerschaft (§ 428 BGB) gelöst.[50] Der Schuldner kann nach Belieben an einen der Gesamtgläubiger leisten. Das volljährige Kind ist gemäß §§ 242, 1618 a BGB verpflichtet, vom Pflichtigen eingehende Beträge an den bisher betreuenden Elternteil abzuführen. Darüber hinaus ist es gehalten, den Unterhaltsanspruch für die Zeit der Minderjährigkeit an ihn abzutreten.[51] Soweit dagegen Leistungen der Grundsicherung für Arbeitsuchende oder Sozialhilfe den Unterhalt sichergestellt haben, ist der Anspruch auf den Träger der Grundsicherung oder den Sozialhilfeträger übergegangen (§ 33 SGB II, § 94 SGB XII) und kann vom Kind nicht mehr abgetreten werden. Der von Gießler[52] aufgezeigte Weg, dass der betreuende Elternteil gemäß § 267 BGB nachträglich bestimmt, dass mittels des ihm geleisteten Unterhalts der Anspruch des Kindes gegen den Verpflichteten getilgt werden

---

[45] BGH FamRZ 1989, 850, 852
[46] BGH FamRZ 1968, 450
[47] BGH FamRZ 1989, 850
[48] BGH FamRZ 1989, 850
[49] FamRZ 2008, 1822, 1827
[50] Wohlgemuth FamRZ 2009, 1873, 1876; a. A. Gießler FamRZ 1994, 800, 805
[51] Gießler FamRZ 1994, 800, 805
[52] Gießler FamRZ 1994, 800, 806; ebenso OLG Frankfurt FamRZ 1999, 1450; OLG Karlsruhe FamRZ 1998, 1190; OLG Koblenz FamRZ 2002, 1281

sollte, ist m. E. nicht gangbar. Einmal leistet der betreuende Elternteil entgegen Gießler nicht anstelle des anderen Barunterhalt, sondern Natural- und Betreuungsunterhalt (vgl. dazu Rn. 16 ff., 776). Zum anderen bedarf es einer solchen Tilgungsbestimmung nicht, um den familienrechtlichen Ausgleichsanspruch zu begründen. Die Absicht des betreuenden Elternteils, für seine Aufwendungen vom anderen Ersatz zu verlangen, ergibt sich aus der Tatsache, dass er namens des Kindes Unterhalt gefordert hatte.[53] Vgl. dazu Rn. 777, 783.

779 Dieselben Grundsätze gelten bei gemeinsamer elterlicher Sorge für das **minderjährige Kind,** wenn es in die Obhut des anderen Elternteils wechselt. Damit endet die Befugnis des bisher betreuenden Elternteils, Unterhaltsansprüche des Kindes gelten zu machen (§ 1629 II 2 BGB). Es wird in der Regel notwendig sein, für das Kind einen Ergänzungspfleger zu bestellen (§ 1909 BGB). Der nunmehr betreuende Elternteil ist nicht befugt, im Namen des Kindes dessen Anspruch auf rückständigen Unterhalt gegen sich zu fordern oder ihn an den anderen Elternteil abzutreten (§ 1629 II 1 BGB).[54] Zwar gilt § 1629 III 1 BGB auch für ein Verfahren, mit dem das Kind auf Abänderung eines Titels über Kindesunterhalt in Anspruch genommen wird.[55] Darum geht es hier aber nicht. Ob nach einem Obhutswechsel während eines Unterhaltsverfahrens der bisher vertretungsberechtigte Elternteil selbst als Beteiligter in das Verfahren eintreten und einen familienrechtlichen Ausgleichsanspruch gegen den anderen Elternteil geltend machen kann, ist noch nicht abschließend geklärt.[56] Wechselt das minderjährige Kind bei alleiniger elterlicher Sorge eines Elternteils zum anderen, wird in der Regel eine (neue) gerichtliche Entscheidung über die Sorge erforderlich werden. Auch hier wird meist ein Ergänzungspfleger bestellt werden müssen.[57]

3. Ausgleich von Kindergeld und anderen staatlichen kinderbezogenen Leistungen

780 a) **Kindergeldausgleich.** Das den Eltern je zur Hälfte zustehende Kindergeld wurde **bis zum 31. 12. 2007** nach § 1612b I, II BGB a. F. über den Kindesunterhalt ausgeglichen. Vgl. dazu Rn. 714. Ein weiterer Ausgleich zwischen den Eltern, auch für die Vergangenheit, fand grundsätzlich nicht statt. Jedoch konnte einem Elternteil ausnahmsweise ein familienrechtlicher Ausgleichsanspruch zustehen, wenn das Kindergeld nicht entsprechend § 1612b BGB a. F. mit dem Kindesunterhalt verrechnet worden war, insbesondere wenn das Kindergeld entgegen §§ 62 ff. EStG an einen anderen Berechtigten als dort vorgesehen ausgezahlt worden war, z. B. an den nicht betreuenden Elternteil.

Nach § 1612b V BGB a. F. unterblieb die Anrechnung des Kindergeldes, wenn und soweit der Barunterhaltspflichtige nicht in der Lage war, Unterhalt in Höhe des Existenzminimums von 135% des Regelbetrages (abzüglich des hälftigen Kindergeldes) zu zahlen. Vgl. dazu Rn. 714. Durch diese Vorschrift wurde die Anrechnung des Kindergeldes und demgemäß auch der entsprechende familienrechtliche Ausgleichsanspruch beschränkt. Dem Unterhaltspflichtigen wurde zugemutet, seinen Kindergeldanteil für den Unterhalt des Kindes einzusetzen, wenn andernfalls dessen Existenzminimum nicht gesichert gewesen wäre. Ihm wurde daher eine Leistung des Staates indirekt wieder entzogen.[58]

781 **Seit dem 1. 1. 2008** ist das Kindergeld, soweit es nach § 1612b I BGB zur Deckung des Barbedarfs des Kindes zu verwenden ist, unterhaltsrechtliches Einkommen des Kindes und nicht der Eltern. Es mindert insoweit den Unterhaltsanspruch des Kindes. Wird das Kindergeld entgegen der Zweckbindung nicht für den Barbedarf des Kindes verwendet, hat dieses einen Anspruch auf Auskehr gegen denjenigen Elternteil, der das Kindergeld bezieht (Rn. 717). Eines Ausgleichs zwischen den Eltern bedarf es dann nicht. Das Institut des familienrechtlichen Ausgleichsanspruchs braucht in aller Regel nicht mehr herangezogen zu werden. Ein solcher Ausgleichsanspruch des einen Elternteils gegen den anderen kommt

---

[53] BGH FamRZ 1989, 850, 852; vgl. auch OLG Frankfurt FamRZ 2007, 909
[54] Gießler FamRZ 1994, 800, 807
[55] KG FamRZ 1988, 313
[56] Vgl. dazu OLG Rostock FamRZ 2003, 933 mit kritischer Anm. Gießler FamRZ 2003, 1846
[57] Vgl. dazu im Einzelnen Wohlgemuth FamRZ 2009, 1873, 1877
[58] BGH FamRZ 2002, 536, 541 = R 572

allerdings in Betracht, wenn und soweit das Kind keinen Anspruch auf Auskehr des Kindergeldes hat, insbesondere bei folgenden Fallgestaltungen:
- Wechselt das minderjährige Kind aus der Obhut des einen Elternteils, z. B. der Mutter, in den Haushalt des anderen, also des Vaters, kommt es häufig vor, dass die Mutter das Kindergeld noch geraume Zeit weiter bezieht, sei es, weil die Familienkasse nicht rechtzeitig informiert wird, sei es, weil die Bearbeitung bei der Kasse nicht alsbald erfolgt und demgemäß die Zahlung des Kindergeldes an den Vater erst nach mehreren Monaten aufgenommen wird. In einem solchen Fall kann das Kind – soweit die Voraussetzungen des § 1613 I BGB vorliegen, ab Obhutswechsel – von der Mutter den Unterhalt nach der Düsseldorfer Tabelle verlangen. Die Hälfte des Kindergeldes kann nicht nach § 1612b I 1 Nr. 1 BGB abgezogen werden, weil die Mutter es nicht für den Barunterhalt verwendet, solange es noch an sie ausgezahlt wird. Vielmehr hat die Mutter die Hälfte des Kindergeldes, die ab Wechsel der Obhut dem betreuenden Vater zusteht, an diesen abzuführen. Dieser hat insoweit einen familienrechtlichen Ausgleichsanspruch gegen die Mutter. Aus praktischen Gründen sollte dieser Anspruch des Vaters, wie es vor Inkrafttreten des § 1612b BGB in der Fassung des Kindesunterhaltsgesetzes[59] allgemeiner Übung entsprach,[60] direkt mit dem Kindesunterhalt ausgeglichen werden. Eines besonderen Verfahrens des Vaters gegen die Mutter bedarf es dann nicht. Im Ergebnis schuldet also die das Kind nicht mehr betreuende Mutter den Tabellenunterhalt zuzüglich der Hälfte des Kindergeldes.[61] Zu beachten ist, dass die Familienkasse bei Wechsel der Obhut die Erstattung des zu Unrecht bezogenen Kindergeldes von dem bisher betreuenden Elternteil, hier der Mutter, verlangen kann (§ 37 II AO). Ein solcher Anspruch besteht jedoch nicht, wenn dieser Elternteil seinen unterhaltsrechtlichen Verpflichtungen nachgekommen ist und das Kindergeld an den anderen, hier den Vater, weitergeleitet hat. Mit dieser Weiterleitung wird nach öffentlichem Recht einerseits der Erstattungsanspruch der Familienkasse, andererseits der Anspruch des nunmehr betreuenden Elternteils, also des Vaters, gegen die Kasse auf Auszahlung des Kindergeldes erfüllt.[62]

Bezieht ein Elternteil das Kindergeld für ein volljähriges Kind, ohne es für den Barunterhalt zu verwenden, hat das Kind selbst einen Anspruch auf Auskehr des Kindergeldes.
- Wird Kindergeld für ein Kind, insbesondere ein volljähriges Kind, gewährt, obwohl dessen Unterhaltsbedarf gedeckt ist und daher kein Unterhaltsanspruch besteht, hat der Elternteil, der das Kindergeld nicht erhält, einen Ausgleichsanspruch gegen den anderen in Höhe der Hälfte des Kindergeldes. Insoweit kann auf Rn. 733 verwiesen werden.

b) Ausgleich anderer Vergünstigungen zwischen den Eltern. Andere Vergünstigungen, die Eltern für das Kind zustehen, sind nicht wie das Kindergeld auszugleichen. Sie erhöhen vielmehr das Einkommen des Empfängers und wirken sich dadurch auf die Höhe des Kindesunterhalts, ggf. auch auf die Höhe sonstiger Unterhaltsansprüche aus. Dies gilt zunächst für die in Rn. 713 aufgeführten Einkommensteile, insbesondere die kinderbezogenen Teile des **Familienzuschlags** zum Gehalt des Beamten, Richters und Soldaten. Auch die **Freibeträge** nach § 32 VI 1 EStG, die sich nicht beim Lohnsteuerabzug, wohl aber bei Solidaritätszuschlag und Kirchensteuer, auswirken und im Rahmen der Einkommensteuerveranlagung berücksichtigt werden (Rn. 702), erhöhen allein das Einkommen desjenigen Elternteils, dem sie gewährt werden. Steuerrechtlich stehen sie jedem Elternteil zur Hälfte zu. Zur Übertragung der Freibeträge auf den anderen Elternteil Rn. 708. **782**

4. Einschränkungen des familienrechtlichen Ausgleichsanspruchs

Da es sich bei den mit Hilfe des familienrechtlichen Ausgleichsanspruchs geforderten **783** Beträgen wirtschaftlich um rückständige Unterhaltsleistungen handelt (vgl. Rn. 768), be-

---

[59] Vom 6. 4. 1998 – BGBl. I 666
[60] Wendl/Scholz, 4. Aufl., 2/500
[61] So im Ergebnis auch Vossenkämper FamRZ 2008, 201, 208
[62] Vgl. dazu DA-FamEStG, Stand: 2010, 64.4 III, *www.arbeitsagentur.de;* FG Köln FamRZ 2001, 1566

steht der Anspruch für die Vergangenheit nur in den Grenzen des § 1613 I BGB,[63] wenn nicht ausnahmsweise die Voraussetzungen des § 1613 II BGB gegeben sind. Er darf also grundsätzlich erst ab Aufforderung zur Auskunft über Einkommen und Vermögen, ab **Verzug** oder ab Rechtshängigkeit zugesprochen werden. Vgl. dazu Rn. 6/100 ff. Es reicht allerdings aus, wenn das Kind, gesetzlich vertreten durch den ausgleichsberechtigten Elternteil, den Verpflichteten auf Unterhalt in Anspruch genommen und ihn dadurch von seiner Zahlungsverpflichtung unterrichtet hat.[64] Dies hat insbesondere Bedeutung in den Fällen, in denen das Kind von einem Elternteil zum anderen gezogen ist und diesem daraufhin das Sorgerecht übertragen worden ist. Vgl. dazu Rn. 778 f.

Beispiel:
Das Kind, gesetzlich vertreten durch die betreuende Mutter (M), hat durch Urteil Unterhalt seit 1. 1. 2008 erstritten. Der Vater (V) zahlt den Unterhalt trotz ausreichenden Einkommens nicht. Am 1. 8. 2009 wechselt das Kind zu V. Diesem wird im Oktober 2009 das alleinige Sorgerecht übertragen. M, die aus dem Urteil über Kindesunterhalt mangels Vertretungsbefugnis nicht vollstrecken darf, kann von V Ersatz des von ihr sichergestellten Unterhalts für die Zeit vom 1. 1. 2008 bis 31. 7. 2009 im Weg des familienrechtlichen Ausgleichsanspruchs verlangen.

784 Der Ausgleichsanspruch richtet sich auf wiederkehrende Leistungen; er unterliegt damit der **dreijährigen Verjährung** nach §§ 195, 197 II BGB.[65] Die Verjährung beginnt mit dem Schluss des Jahres, in dem der Anspruch entstanden ist und in dem der Gläubiger von den den Anspruch begründenden Umständen und der Person des Schuldners Kenntnis erlangt hat oder ohne grobe Fahrlässigkeit Kenntnis hätte erlangen können (§ 199 I Nr. 1, 2 BGB). Solange die Ehe zwischen den Eltern besteht, ist die Verjährung gehemmt (§ 207 I 1 BGB).[66]

785 Ein Elternteil darf durch Geltendmachung des familienrechtlichen Ausgleichsanspruchs nicht eine **gerichtliche Entscheidung** oder einen gerichtlichen Vergleich über den **Kindesunterhalt unterlaufen.** In dem Verfahren über den Kindesunterhalt werden die Leistungsfähigkeit beider Eltern und der Umfang ihrer Haftung geprüft. Diese Entscheidung kann daher bei fortbestehender Barunterhaltspflicht nur im Rahmen eines Abänderungsverfahrens veränderten Verhältnissen angepasst werden.[67] Anders ist es, wenn der titulierte Anspruch auf Barunterhalt erloschen ist, weil das Kind zu dem früher barunterhaltspflichtigen Elternteil gezogen ist und nunmehr von ihm Naturalunterhalt erhält. Dieser Elternteil kann das Erlöschen der Barunterhaltspflicht und die Gewährung des Unterhalts in Natur gegenüber dem Kind, das bei Minderjährigkeit durch einen Pfleger gesetzlich vertreten sein muss, jederzeit durch Vollstreckungsgegenantrag (§ 767 ZPO) geltend machen, der nicht den Einschränkungen des § 238 III FamFG (früher: § 323 III ZPO) unterliegt. Dann besteht aber kein Grund, dem Elternteil, der das Kind in seinen Haushalt aufgenommen und es in Natur unterhalten hat, den familienrechtlichen Ausgleichsanspruch gegen den anderen Elternteil zu versagen.[68] Vgl. dazu oben Rn. 776.

5. Verzinsung des Ausgleichsanspruchs

786 Der Ausgleichsanspruch ist ab Verzug oder Rechtshängigkeit zu verzinsen (§§ 288 I, 291 BGB). Die Geltendmachung des Unterhaltsanspruchs des Kindes, gesetzlich vertreten durch den ausgleichsberechtigten Ehegatten, reicht nicht aus (vgl. zur Problematik des § 1360 b BGB: Rn. 777).[69] Eine Verzinsung nach § 256 S. 1 BGB hat der BGH abgelehnt, weil der ausgleichsberechtigte Ehegatte durch Sicherstellung des Kindesunterhalts keine Aufwendungen im Sinne dieser Vorschrift, also keine freiwilligen Vermögensopfer im Interesse

---

[63] BGH FamRZ 1984, 775 ff.
[64] BGH FamRZ 1989, 850, 852
[65] BGH FamRZ 1960, 194 ff. (zu der damals geltenden vierjährigen Verjährung des § 197 BGB a. F.)
[66] BGH FamRZ 1960, 194 ff.
[67] BGH FamRZ 1994, 1102 = R 480 mit Anm. Scholz FamRZ 1994, 1314
[68] Scholz FamRZ 1994, 1314, 1316; a. A. BGH FamRZ 1994, 1102, 1104 = R 480; Wever, Vermögensauseinandersetzung, Rn. 918
[69] BGH FamRZ 1989, 850, 853

8. Abschnitt: Sonderprobleme des Kindesunterhalts   § 2

eines anderen, erbracht habe.[70] Damit setzt sich der BGH allerdings in Widerspruch zu seiner grundlegenden Entscheidung vom 9. 12. 1959,[71] die unbefangen von Aufwendungen spricht. Gleichwohl ist die Ablehnung des Zinsanspruchs nach § 256 BGB zutreffend, weil die weitgehende Zinspflicht nach dieser Vorschrift nicht vereinbar ist mit der besonderen Natur des familienrechtlichen Ausgleichsanspruchs, der auf der Unterhaltspflicht beider Eltern gegenüber dem Kind und der Notwendigkeit beruht, die Unterhaltslast im Innenverhältnis zwischen den Eltern gerecht zu verteilen.[72]

V. Ersatzhaftung; gesetzlicher Forderungsübergang nach § 1607 BGB

1. Reihenfolge der Haftung beim Kindesunterhalt

Nach § 1606 II BGB haften unter den Verwandten der aufsteigenden Linie die näheren vor den entfernteren. Zunächst haben also die Eltern für den Unterhalt des Kindes aufzukommen, bevor eine Inanspruchnahme anderer Verwandter, insbesondere der Groß- oder gar der Urgroßeltern, in Betracht kommt.[73] Wenn ein Elternteil nicht leistungsfähig ist oder sich der Unterhaltspflicht entzieht, erhöht sich der Haftungsanteil des anderen (§ 1606 III 1 BGB).[74] Dies gilt auch dann, wenn ein Elternteil ein minderjähriges Kind betreut. § 1606 III 2 BGB, der die Betreuung als Unterhaltsgewährung ausreichen lässt, gilt im Verhältnis der Eltern zueinander, nicht aber im Verhältnis zu den nachrangig haftenden Großeltern.[75] Vgl. Rn. 974. Die betreuende Mutter muss daher, wenn der Vater erkrankt und deshalb nicht leistungsfähig ist, trotz der Betreuung kleiner Kinder eine Erwerbstätigkeit annehmen und für den Unterhalt der Kinder sorgen, soweit ihr dies möglich ist. Für die Erwerbsobliegenheit des betreuenden Elternteils gelten die in Rn. 59 ff. dargestellten Maßstäbe. Eine Ersatzhaftung der Großeltern kommt erst dann in Betracht, wenn auch der betreuende Elternteil den Bedarf des Kindes nicht decken kann.[76] Eine Haftung nach Verwandtschaftsstämmen (vgl. § 1924 III, 1925 III BGB) ist in § 1606 II BGB nicht vorgesehen. Vielmehr haften alle noch lebenden Großeltern für den von den Eltern nicht gedeckten Bedarf des Enkelkindes nach Maßgabe ihrer Erwerbs- und Vermögensverhältnisse. Vgl. dazu Rn. 793.

787

2. Primäre Haftung nachrangig Verpflichteter

Nach § 1607 I BGB hat ein nachrangig haftender Verwandter Kindesunterhalt zu zahlen, wenn, soweit und solange der zunächst Verpflichtete nach § 1603 BGB nicht leistungsfähig und daher nicht unterhaltspflichtig ist. Die Haftung des nachrangig Verpflichteten erlischt für die Zukunft, wenn der vorrangig Haftende wieder in der Lage ist, den Unterhalt aufzubringen.[77] § 1607 I BGB ordnet eine originäre Unterhaltspflicht des nachrangig haftenden Verwandten an. Daher besteht **keine Rückgriffsmöglichkeit** gegen den zunächst verpflichteten, aber nicht leistungsfähigen Verwandten, selbst wenn dieser später wieder leistungsfähig wird.[78] Deshalb geht auch der Unterhaltsanspruch des Kindes, anders als bei § 1607 II BGB (Rn. 797, 800), nicht auf den nachrangig haftenden Verwandten über, wenn dieser den Unterhalt des Berechtigten sicherstellt. Die Ersatzhaftung der Großeltern greift

788

---

[70] BGH FamRZ 1989, 850, 853
[71] BGH FamRZ 1960, 194
[72] So mit Recht BGH FamRZ 1989, 850, 853
[73] BGH FamRZ 2006, 26, 28 = R 637 a mit Anm. Duderstadt
[74] BGH NJW 1971, 2069; a. A. Gerhardt, Handbuch des Fachanwalts Familienrecht, Kap. 6 Rn. 208 d
[75] OLG Thüringen FamRZ 2009, 1498; OLG Frankfurt FamRZ 2004, 1745; OLG Schleswig FamRZ 2004, 1058 mit Anm. Luthin
[76] OLG Thüringen FamRZ 2009, 1498
[77] Palandt/Brudermüller § 1607 Rn. 7
[78] MünchKommBGB/Born § 1607 Rn. 4

insbesondere ein, wenn die Eltern den Unterhalt für ein minderjähriges oder privilegiert volljähriges Kind nicht aufbringen können. Dies ist bei getrennt lebenden Eltern, die für ein minderjähriges oder privilegiert volljähriges Kind zu sorgen haben, der Fall, wenn ihr notwendiger Selbstbehalt nach der Düsseldorfer Tabelle Stand: 1. 1. 2011 von jeweils 950,– EUR (falls erwerbstätig) bzw. von 770,– EUR (falls nicht erwerbstätig) nicht gewahrt ist (vgl. Rn. 385, 591). Bei zusammen lebenden Eltern, die minderjährigen oder privilegiert volljährigen Kindern unterhaltspflichtig sind, ist bei einem Elternteil – je nach Erwerbstätigkeit – auf den notwendigen Selbstbehalt von 950,– EUR bzw. 770,– EUR abzustellen. Bei dem anderen Elternteil sollte wegen der Ersparnis durch die gemeinsame Haushaltsführung ein niedrigerer notwendiger Eigenbedarf angesetzt werden. Vgl. dazu Rn. 393.

789 Bei nicht privilegiert volljährigen Kindern kommt es bei einem Elternteil auf den angemessenen Selbstbehalt an, der nach der Düsseldorfer Tabelle und den Leitlinien der Oberlandesgerichte ab 1. 1. 2011 1150,– EUR beträgt (Rn. 546). Der angemessene Bedarf des anderen Elternteils sollte wegen der Ersparnis durch das Zusammenleben analog zu B VI 2 b der Düsseldorfer Tabelle und 22.2. der Leitlinien m. E. mit 80% von 1150,– EUR, also mit 920,– EUR, angesetzt werden. Vgl. dazu Rn. 3/100. Wenn die Eltern bei Zahlung des Kindesunterhalts zwar ihren notwendigen Selbstbehalt wahren könnten, nicht aber ihren angemessenen Eigenbedarf, so können die Großeltern als andere unterhaltspflichtige Verwandte (Rn. 396) an ihrer Stelle zum Unterhalt verpflichtet sein, allerdings nur unter der Voraussetzung, dass sie in der Lage sind, den Unterhalt der Enkel ohne Gefährdung ihres eigenen (erhöhten) angemessenen Selbstbehalts aufzubringen (§ 1603 II 3 BGB).[79] Vgl. dazu Rn. 791.

790 Der **Bedarf der Enkel** richtet sich nach den Lebensverhältnissen der Eltern (vgl. dazu Rn. 210, 396), nicht der Großeltern.[80] Lebt das Kind im Haushalt der Großeltern, wird man seine Lebensstellung jedoch an deren besseren Einkommensverhältnissen ausrichten können. Wenn die Eltern nicht leistungsfähig sind, wird der Bedarf ihrer Kinder kaum über den Mindestunterhalt nach § 1612 a I BGB hinausgehen, der den Richtsätzen der 1. Einkommensgruppe der Düsseldorfer Tabelle entspricht. Daher werden die Großeltern, auch wenn sie selbst in guten wirtschaftlichen Verhältnissen leben, in aller Regel nur in dieser Höhe Unterhalt für ihre Enkel zu zahlen haben. Dies gilt auch dann, wenn gegen die Eltern oder einen Elternteil höherer Kindesunterhalt tituliert ist, weil der Unterhaltstitel im Verhältnis zu den Großeltern keine Wirkung entfaltet, er zudem auf einem zu hohen früheren Einkommen der Eltern beruhen dürfte und die Kinder ein Absinken des Einkommens ihrer Eltern mitzutragen haben (Rn. 210). Zum Unterhaltsanspruch gegen die Großeltern bei Ansatz eines fiktiven Einkommens vgl. Rn. 797, 799.

791 Die Großeltern haften anteilig nach ihren Erwerbs- und Vermögensverhältnissen (§ 1606 III 1 BGB). Vgl. Rn. 793. Sie können sich gegenüber ihren Enkeln auf ihren **angemessenen Selbstbehalt** berufen (§ 1603 I BGB). Eine gesteigerte Unterhaltspflicht gegenüber minderjährigen und privilegiert volljährigen Kindern besteht nicht. Im Gegenteil ist der angemessene Selbstbehalt der Großeltern höher anzusetzen als der angemessene Eigenbedarf, der den Eltern mit 1150,– EUR nach A Anm. 5 II der Düsseldorfer Tabelle Stand: 1. 1. 2011 und den Leitlinien der Oberlandesgerichte (21.3.1) verbleibt (vgl. Rn. 546). Jedem Großelternteil ist mindestens entsprechend D I der Düsseldorfer Tabelle ein Selbstbehalt von 1500,– EUR gegenüber seinen Enkeln zuzubilligen; bei zusammen lebenden Großeltern ist der Bedarf eines von ihnen wegen der Ersparnis durch gemeinsame Haushaltsführung auf 1200,– EUR zu ermäßigen.[81] Ob diese Beträge wie beim Elternunterhalt um die Hälfte des Mehreinkommens zu erhöhen sind, hat der BGH bisher offen gelassen. Vgl. dazu Rn. 396, 977. Auch zum Einsatz des Vermögens, insbesondere zur Bildung von Rücklagen für eine angemessene Altersversorgung, kann auf die Rechtsprechung des BGH zum Elternunterhalt[82] zurückgegriffen werden.

---

[79] BGH FamRZ 2006, 26, 28 = R 637 a mit Anm. Duderstadt; a. A. OLG Hamm FamRZ 2005, 57; Palandt/Brudermüller § 1607 Rn. 5
[80] OLG Karlsruhe FamRZ 2001, 782
[81] BGH FamRZ 2006, 26, 28 = R 637 e mit Anm. Duderstadt; BGH FamRZ 2006, 1099
[82] BGH FamRZ 2006, 1511= R 658 mit Anm. Klinkhammer

Einkünfte des Kindes sind anzurechnen. **Sozialhilfe** ist subsidiär und daher kein 792 anzurechnendes Einkommen. Dem steht nicht entgegen, dass der Unterhaltsanspruch des Enkels gegen die Großeltern nach § 94 I 3 SGB XII nicht auf den Sozialhilfeträger übergeht.[83] Vgl. dazu Rn. 8/68, 128. Daher kann das Enkelkind seine Großeltern für die Zukunft ohne Anrechnung der Sozialhilfe auf Unterhalt in Anspruch nehmen. Jedoch darf das Sozialamt es nicht auf den Unterhaltsanspruch gegen die Großeltern verweisen und deshalb Sozialhilfe verweigern. Vgl. Rn. 8/7. Für die Vergangenheit wird die Geltendmachung eines Unterhaltsanspruchs nach § 242 BGB einzuschränken sein. Vgl. dazu Rn. 8/128. Arbeitslosengeld II und Sozialgeld nach dem SGB II sind gleichfalls gegenüber dem Unterhaltsanspruch subsidiär. Vgl. dazu Rn. 8/235. **Unterhaltsvorschuss** ist im Verhältnis zu den Großeltern anzurechnendes Einkommen, da der Vorschuss nicht von den Einkünften der Großeltern abhängt und eine dem § 2 SGB XII entsprechende Vorschrift im UVG fehlt. Dies gilt sowohl für bereits gezahlten als auch für noch zu gewährenden Vorschuss. Er ist nur im Verhältnis zum barunterhaltspflichtigen Elternteil subsidiär (vgl. §§ 1 I Nr. 3, 2 III Nr. 1 UVG). Vgl. dazu Rn. 8/267, 270. Die Großeltern können das Enkelkind daher auf Unterhaltsvorschuss als erzielbares Einkommen verweisen, wenn es bei einem allein erziehenden Elternteil lebt. Sie haften dann nur für den darüber hinaus gehenden Bedarf. Zur Ausbildungsförderung nach dem BAföG als einzusetzendes Einkommen beim Enkelunterhalt vgl. Rn. 8/279.

Alle Großeltern haften für den Unterhalt der Enkel **anteilig** nach ihren Erwerbs- und 793 Vermögensverhältnissen (§ 1606 III 1 BGB); eine Haftung nach Stämmen ist nicht vorgesehen (Rn. 787).[84] Wenn das minderjährige Enkelkind von einem Großelternteil betreut wird, kann sich dieser in entsprechender Anwendung des § 1606 III 2 BGB im Verhältnis zu den anderen Großeltern darauf berufen, dass er seine Unterhaltspflicht durch Betreuung erfüllt. Die Ausführungen Rn. 787 stehen dem nicht entgegen, da es hier um das Verhältnis zwischen gleichrangig haftenden Schuldnern geht.

Die **Darlegungs- und Beweislast** für mangelnde Leistungsfähigkeit des zunächst Haf- 794 tenden trifft nicht den in Anspruch genommenen nachrangigen Verwandten, sondern den Berechtigten.[85]

§ 1607 I BGB hat im **Verhältnis der Eltern** zueinander keine Bedeutung. Ein Eltern- 795 teil, der nicht leistungsfähig ist, haftet schon nach § 1606 III 1 BGB nicht für Barunterhalt, da seine Erwerbs- und Vermögensverhältnisse dies nicht erlauben.[86]

Hat ein volljähriges Kind seinen Unterhaltsanspruch gegen einen Verwandten durch 796 **Verwirkung** ganz oder teilweise verloren, kann es nicht einen anderen Verwandten ersatzweise auf Unterhalt in Anspruch nehmen (§ 1611 III BGB). Vgl. Rn. 608. Zur Aushilfshaftung eines Verwandten, wenn das Kind seinen Unterhaltsanspruch gegen den Ehegatten (Lebenspartner) nach § 1579 BGB verwirkt oder auf nachehelichen bzw. nachpartnerschaftlichen Unterhalt verzichtet hat, vgl. Rn. 907.

3. Subsidiäre Haftung nachrangig Verpflichteter

§ 1607 II BGB sieht eine Ersatzhaftung des gleich- oder nachrangig unterhaltspflichtigen 797 Verwandten vor, wenn der Primärschuldner zwar leistungsfähig ist oder sich als leistungsfähig behandeln lassen muss, die Rechtsverfolgung gegen ihn aber im Inland ausgeschlossen oder erheblich erschwert ist. Dies gilt zunächst im Verhältnis der **Eltern** zueinander. So muss die ein minderjähriges Kind betreuende Mutter bei unbekanntem Aufenthalt des leistungsfähigen Vaters auch den Barunterhalt des Kindes sicherstellen.[87] Eine Ersatzhaftung der Großeltern, und zwar sowohl der väterlichen wie der mütterlichen Linie kommt erst in

---

[83] BGH FamRZ 1999, 843 = R 533 a; FamRZ 2000, 1358 = R 543 a
[84] OLG Frankfurt FamRZ 2004, 1745; OLG Thüringen FamRZ 2006, 569
[85] BGH FamRZ 1981, 347; vgl. auch BGH FamRZ 2006, 26, 30 = R 637 f. mit Anm. Duderstadt
[86] Ebenso im Ergebnis Johannsen/Henrich/Graba § 1607 Rn. 4
[87] BGH NJW 1971, 2069

798 Ausgeschlossen ist die Rechtsverfolgung vor allem, wenn ein **nichteheliches Kind** vor Feststellung oder Anerkennung der Vaterschaft Unterhaltsansprüche gegen seinen Vater einklagen will. Die Rechtswirkungen der Vaterschaft können grundsätzlich erst ab Anerkennung oder gerichtlicher Feststellung geltend gemacht werden, soweit sich aus dem Gesetz nicht ein anderes ergibt (§§ 1594 I, 1600 d IV BGB). Nur ausnahmsweise lässt der BGH[88] in besonders gelagerten Einzelfällen die Rechtsausübungssperre der §§ 1594 I, 1600 d IV BGB aufgrund einer umfassenden Interessenabwägung nicht eingreifen. Dies kommt in Betracht, wenn die Vaterschaft unstreitig ist oder deren Voraussetzungen (§ 1600 d II BGB) substantiiert behauptet werden, aus bestimmten Gründen aber ein Verfahren auf Feststellung der Vaterschaft – z. B. wegen Fehlens der Antragsbefugnis oder wegen Verstreichens der Anfechtungsfrist – nicht oder nicht in absehbarer Zeit stattfinden kann. Vgl. Rn. 3. Wenn diese Voraussetzungen nicht vorliegen, kann sich das Kind vor Anerkennung oder Feststellung der Vaterschaft nur nach § 1607 II BGB an die Mutter, ersatzweise an die mütterlichen, nicht aber an die väterlichen Großeltern wenden. Nach Anerkennung oder Feststellung der Vaterschaft haften die väterlichen Verwandten auch für den Unterhalt, der bisher nicht gegen sie geltend gemacht werden konnte (§ 1613 II Nr. 2 a BGB); dies gilt aber nur für Unterhaltsansprüche, die nach Inkrafttreten des § 1613 II Nr. 2 a BGB, also nach dem 1. 7. 1998, entstanden sind.[89]

799 **Erheblich erschwert** ist die Rechtsverfolgung bei unbekanntem Aufenthalt des Schuldners, aber auch dann, wenn ein Urteil voraussichtlich nicht wird vollstreckt werden können, weil der Pflichtige nur **auf Grund fiktiven Einkommens** verurteilt worden ist, er aber tatsächlich den Unterhalt nicht leisten kann, z. B. weil er weder über effektives Einkommen noch über Vermögen verfügt und daher Sozialhilfe oder Arbeitslosengeld II bezieht.[90] Dies ist vom unterhaltsberechtigten Kind darzulegen und ggf. zu beweisen.[91] Eine erhebliche Erschwerung der Rechtsverfolgung liegt ferner vor, wenn von dem Berechtigten nicht erwartet werden kann, die Zwangsvollstreckung in auch ihm dienende Vermögenswerte, z. B. ein von ihm bewohntes Hausgrundstück, zu betreiben.[92] Bei fehlendem Gerichtsstand des Schuldners im Inland kann das Kind zwar in Deutschland einen Unterhaltstitel erwirken (§ 232 III 2 Nr. 3 FamFG). Die Rechtsverfolgung im Inland ist aber entweder ausgeschlossen oder erheblich erschwert, wenn die Zwangsvollstreckung im Ausland durchgeführt werden müsste. Dies gilt auch dann, wenn der deutsche Vollstreckungstitel im Ausland anerkannt würde.[93]

800 Da § 1607 II BGB nur eine subsidiäre Haftung anordnet, geht der Unterhaltsanspruch des Kindes auf den nachrangigen Verwandten über, soweit dieser dem Kind Unterhalt geleistet hat (§ 1607 II 2 BGB). Dies gilt auch dann, wenn er Unterhalt in Natur (Rn. 18) erbracht hat, z. B. wenn der Großvater das Enkelkind in seinen Haushalt aufgenommen hat, weil die Eltern unbekannten Aufenthalts sind. Voraussetzung für den **Anspruchsübergang** ist aber stets, dass die Rechtsverfolgung im Inland ausgeschlossen oder erheblich erschwert ist.[94] Andernfalls muss das Kind, ggf. gesetzlich durch einen vom Familiengericht zu bestellenden Pfleger (vgl. § 151 Nr. 5 FamFG), den Unterhaltsanspruch selbst geltend machen. Zum Ausgleichsanspruch unter Eltern, wenn einer von ihnen dem Kind Naturalunterhalt gewährt, vgl. Rn. 776.

801 § 1607 II BGB ist ebenfalls auf die Teilunterhaltsschulden der **Eltern** gegenüber ihrem Kind nach § 1606 III 1 BGB anwendbar. Dann findet auch hier ein gesetzlicher Forderungsübergang nach § 1607 II 2 BGB nur bei Ausschluss oder erheblicher Erschwerung der Rechtsverfolgung im Inland statt. Dazu gehört die Erschwerung der Vollstreckung, wenn

---

[88] FamRZ 2009, 32; 2008, 1424 mit Anm. Wellenhofer
[89] BGH FamRZ 2004, 800 = R 609 b
[90] BGH FamRZ 2006, 26, 30 = R 637 f. mit Anm. Duderstadt
[91] BGH FamRZ 2006, 26, 30 = R 637 f. mit Anm. Duderstadt
[92] BGH FamRZ 2006, 26, 30 = R 637 f. mit Anm. Duderstadt
[93] A. A. AG Leverkusen FamRZ 2003, 627; Palandt/Brudermüller § 1607 Rn. 12
[94] Vgl. dazu BGH FamRZ 1989, 850

die Leistungsfähigkeit lediglich auf fiktivem Einkommen des Schuldners beruht.[95] Im Übrigen kommt nur ein familienrechtlicher Ausgleichsanspruch (dazu Rn. 767 ff.) in Betracht, wenn dessen Voraussetzungen vorliegen.[96]

Der Anspruchsübergang darf **nicht zum Nachteil** des Unterhaltsberechtigten geltend gemacht werden (§ 1607 IV BGB). Ist der Schuldner außerstande, sowohl den übergegangenen Unterhaltsanspruch zu erfüllen als auch den laufenden Unterhalt aufzubringen, geht letzterer vor. Dieser Vorrang ist erst in der Zwangsvollstreckung zu berücksichtigen. Der übergegangene (rückständige) Unterhalt ist also zu titulieren. Jedoch empfiehlt es sich, in den Urteilstenor einen Hinweis aufzunehmen, dass das Urteil nur vollstreckt werden darf, wenn und soweit der Unterhaltsberechtigte bei Durchsetzung seiner Unterhaltsforderung nicht benachteiligt wird.[97] **802**

4. Unterhaltsleistung durch einen Dritten

§ 1607 III BGB entspricht dem am 1. 7. 1998 aufgehobenen § 1615 b BGB. Jedoch gilt die Vorschrift anders als der frühere § 1615 b BGB nicht nur für nichteheliche, sondern auch für eheliche Kinder. Durch den Übergang des Unterhaltsanspruchs auf den zahlenden Dritten soll dessen Bereitschaft gefördert werden, statt des eigentlich Verpflichteten, der nach §§ 1594 I, 1600 d IV BGB vorerst nicht in Anspruch genommen werden kann (Rn. 798), vorläufig den Unterhalt von Mutter und Kind sicherzustellen.[98] Der Zahlende soll sicher sein, dass er Ersatz seiner Leistungen verlangen kann, sobald die Rechtsverfolgung gegen den wirklichen Vater möglich ist.[99] In erster Linie hat die Vorschrift nach wie vor Bedeutung bei nichtehelichen Kindern. Sie gilt zunächst, wenn **ein anderer nicht unterhaltspflichtiger Verwandter des Kindes,** z. B. ein Onkel, eine Tante, ein älterer vermögender Bruder oder eine ältere Schwester, dessen Unterhalt sicherstellt.[100] Bei nachrangig unterhaltspflichtigen Verwandten der aufsteigenden Linie greift dagegen § 1607 I oder II BGB ein. § 1607 III 1 BGB ist auch anwendbar, wenn der **Ehemann der Mutter,** also der Stiefvater, den Unterhalt des Kindes erbringt.[101] Gilt der Ehemann nach § 1592 Nr. 1 BGB **als Vater,** so ist § 1607 III 2 BGB heranzuziehen, der eine entsprechende Anwendung des § 1607 III 1 BGB anordnet. Dasselbe gilt, wenn zunächst die Vaterschaft von einem Mann anerkannt worden ist, sie aber später von ihm mit Erfolg angefochten worden ist (§ 1600 BGB) und die Vaterschaft eines anderen Mannes festgestellt wird (§ 1600 d BGB). Es kommt nicht darauf an, ob der als Vater geltende Mann von der Vaterschaft eines anderen Mannes weiß. Auch wenn er in Kenntnis der wahren Verhältnisse für den Unterhalt des Kindes aufkommt, ist der Rückgriff gegen den wahren Vater nach Anerkennung oder Feststellung der Vaterschaft nicht ausgeschlossen.[102] Es ist nicht notwendig, dass derjenige, der zunächst den Unterhalt für das Kind leistet, sog. **Scheinvater** ist. § 1607 III 2 BGB ist auch dann anzuwenden, wenn sich der Zahlende zu Unrecht für den Vater hält, so weil er mit der Mutter während der gesetzlichen Empfängniszeit Geschlechtsverkehr hatte. Auf das Bestehen einer nichtehelichen Lebensgemeinschaft mit der Mutter kommt es nicht an. Zur Rechtsausübungssperre der §§ 1594 I, 1600 d IV BGB vgl. Rn. 3, 798. **803**

Auch nach § 1607 III BGB geht der Unterhaltsanspruch des Kindes nur dann auf den Leistenden über, wenn die Rechtsverfolgung im Inland ausgeschlossen oder erheblich erschwert ist. Diese Voraussetzung liegt allerdings bei einem nichtehelichen Kind vor Fest- **804**

---

[95] OLG Nürnberg MDR 2000, 34
[96] BGH FamRZ 1989, 850
[97] BGH FamRZ 2006, 1664 (zu § 7 UVG) = R 657 a–c mit Anm. Schürmann
[98] BT-Drucks. 13/7338 S. 21
[99] Henrich FamRZ 2001, 785
[100] Palandt/Brudermüller § 1607 Rn. 16
[101] Palandt/Brudermüller § 1607 Rn. 16
[102] OLG Schleswig FamRZ 2007, 2102; a. A. AG Wipperfürth FamRZ 2001, 783 mit abl. Anm. Henrich

stellung oder Anerkennung der Vaterschaft fast immer vor, da es seinen Vater wegen der Rechtsausübungssperre in aller Regel nicht in Anspruch nehmen kann (Rn. 798).

Der Scheinvater, der an Stelle des wahren Vaters Unterhalt für das Kind geleistet hat, kann den auf ihn übergegangenen Unterhaltsanspruch des Kindes auch dann durchsetzen, wenn die Voraussetzungen des § 1613 I BGB, unter denen Unterhalt für die Vergangenheit verlangt werden kann, nicht vorliegen. Nach § 1613 II Nr. 2 a BGB kann der Scheinvater ohne diese Voraussetzungen Unterhalt verlangen, da das Kind vor rechtskräftiger Feststellung der Vaterschaft an seiner Geltendmachung rechtlich gehindert war.

Das Benachteiligungsverbot des § 1607 IV BGB gilt auch beim Anspruchsübergang nach § 1607 III BGB. Vgl. Rn. 802.

5. Rechtsfolgen des Anspruchsübergangs

805 Nach § 412 BGB gelten die Vorschriften der §§ 399 bis 404, 406 bis 410 BGB über die Abtretung einer Forderung entsprechend. Der übergegangene Anspruch behält seine Rechtsnatur als Unterhaltsanspruch. Insbesondere kann er nur geltend gemacht werden, soweit die Voraussetzungen des § 1613 I, II Nr. 2 a BGB vorliegen. Er unterliegt der dreijährigen Verjährung des § 197 II BGB. Dem Schuldner bleiben alle Einwendungen erhalten, die er gegen den Unterhaltsanspruch des Kindes oder des sonstigen Verwandten erheben kann (§ 404 BGB). Der übergegangene Anspruch kann abgetreten werden. Zwar schließt § 400 BGB die Abtretung unpfändbarer Forderungen, also auch von Unterhaltsrenten (§ 850 b I Nr. 2 ZPO), aus, um den Unterhaltsberechtigten die Lebensgrundlage zu erhalten. Dieser Schutz ist jedoch nicht mehr erforderlich, wenn der Berechtigte den Unterhalt von dem nachrangig haftenden Verwandten erhalten hat. Der Pfändungsschutz ist an die Person des ursprünglichen Gläubigers gebunden; nach dem Anspruchsübergang ist die Verkehrsfähigkeit der Unterhaltsforderung nicht mehr eingeschränkt.[103] Dieselben Erwägungen gelten für die Aufrechnung gegen den übergegangenen Anspruch. Deshalb ist § 394 BGB ebenso wie § 400 BGB nicht anwendbar. Das Pfändungsvorrecht des Unterhaltsgläubigers nach § 850 d ZPO kommt dem neuen Gläubiger dagegen nicht zugute, da letzterer nicht unterhaltsbedürftig ist.[104]

806–899 – *in dieser Aufl. nicht belegt –*

---

[103] BGH NJW 1980, 515; Göppinger/Wax/van Els Rn. 1785
[104] Göppinger/Wax/van Els Rn. 1785

B. Unterhaltsansprüche sonstiger Verwandter, insbesondere Eltern- und Enkelunterhalt

I. Grundlagen

1. Grundfragen zum geltenden Recht

Die §§ 1601 ff. BGB regeln nicht nur die Unterhaltspflicht der Eltern für ihre Kinder, **900** sondern allgemein die Unterhaltspflicht zwischen **Verwandten in gerader Linie.** Die Verwandtschaft kann auch durch Adoption begründet werden (§ 1754 BGB). Für die Praxis spielen die Ansprüche bedürftiger Eltern gegenüber ihren Kindern und von Enkeln gegen ihre Großeltern die Hauptrolle. Dagegen bestehen **keine Unterhaltsansprüche zwischen Verwandten der Seitenlinie,** z. B. zwischen Geschwistern, **sowie zwischen Verschwägerten,** nämlich zwischen Schwiegereltern und Schwiegerkindern oder zwischen Stiefeltern und Stiefkindern.[1] Obwohl die geltende Regelung, die auf das römische und das gemeine Recht zurückgeht, seitdem unverändert gültig geblieben ist,[2] mehrten sich die Stimmen, welche das überkommene System des Verwandtenunterhalts in Frage stellten. Es wurde gefordert, den Verwandtenunterhalt auf die Unterhaltspflicht der Eltern gegenüber minderjährigen Kindern, ergänzt um Ausbildungsunterhalt für volljährige Kinder bis zu einer bestimmten Altersgrenze, **zu beschränken**[3] oder sonst einzuschränken.[4] Es seien die Probleme der sogenannten „Sandwichgeneration" zu bedenken, die wegen der verlängerten Ausbildungszeiten der Kinder einerseits mit Kindesunterhalt sowie wegen der gestiegenen Lebenserwartung bedürftiger Eltern gleichzeitig mit Elternunterhalt (zum Elternunterhalt vgl. Rn. 939 ff.) belastet werde und in eben dieser Zeit zugleich die Hauptlast der allgemeinen Rentenfinanzierung trage. Diese Argumente haben inzwischen in der Tendenz sowohl beim Gesetzgeber als auch – im Rahmen der Gesetzesauslegung – in der BGH-Rechtsprechung Gehör gefunden. Der Gesetzgeber hat – ungeachtet der Situation der öffentlichen Haushalte – bei dem am 1. 1. 2003 in Kraft getretenen Grundsicherungsgesetz – nunmehr §§ 41–43 SGB XII – (vgl. Rn. 904), das keinen Rückgriff vorsieht, die Gewährung der Grundsicherung von bestehenden, aber nicht erbrachten Unterhaltsansprüchen gegen Verwandte weitgehend unabhängig gemacht, nämlich soweit die Pflichtigen – ungeachtet ihres etwa vorhandenen Vermögens – kein Einkommen über 100 000 EUR erzielen. In mehreren Entscheidungen hat der BGH[5] die Unterhaltsverpflichtung von Kindern gegenüber ihren Eltern insbesondere über die Auslegung des Begriffs der Leistungsfähigkeit nach § 1603 I BGB bei aller unbestrittenen Notwendigkeit zur Begrenzung erheblich eingeschränkt und die Eltern damit, z. B. im Pflegefall, in vielen Fällen ohne Rückgriffsmöglichkeit auf die Leistungen der Allgemeinheit verwiesen. Die geschilderten Tendenzen kann man in gewissem Umfang durchaus als Abschied von der Solidarität als Grundlage des Verwandtenunterhalts bezeichnen[6] – vgl. auch Rn. 952.

---

[1] Vgl. zu teilweise anderen Regelungen in europäischen Rechtsordnungen Schwenzer FamRZ 1989, 685; Brudermüller FamRZ 1996, 129; Büttner FamRZ 1996, 1529
[2] Richter FamRZ 1996, 1245
[3] Schwenzer FamRZ 1989, 685, 691; Beschlüsse des 59. Deutschen Juristentages FamRZ 1992, 1275; für die zeitliche Beschränkung des Unterhalts für volljährige Kinder auch Brudermüller FamRZ 1996, 129, 134
[4] Empfehlungen des 11. Deutschen Familiengerichtstags FamRZ 1996, 337, 339; Schwab FamRZ 1997, 521, 526 f.; Schlüter/Kemper FuR 1993, 245, 251
[5] BGH FamRZ 2002, 1698 ff. = R 580; FamRZ 2003, 860 ff. = R 590A; FamRZ 2003, 1179 ff. = R 592; FamRZ 2004, 1184 ff.; FamRZ 2006, 1511 = R 658 e, f.; FamRZ 2010, 1535 Rn. 20 ff.
[6] So v. Koppelfels-Spies zum Grundsicherungsgesetz FPR 2003, 341

2. Gerichtliche Zuständigkeit

901 Für die Unterhaltsansprüche sonstiger Verwandter einschließlich der nichtehelichen Kinder (zwischen ehelichen und nichtehelichen Kindern wird nicht mehr unterschieden) ist seit 1. 7. 1998 – wie für die auf einer Ehe oder auf ehelicher Abstammung beruhenden Ansprüche – das **Familiengericht mit Rechtszug zum Oberlandesgericht** zuständig (§§ 23 a I Nr. 1, 23 b I, 119 I Nr. 1 a GVG, 111 Nr. 8 FamFG). Die besonderen Gerichtsstände des § 232 I, III Nr. 2 FamFG für die Unterhaltsklage eines Kindes gegen beide Eltern oder einen Elternteil gelten für andere Fälle des Verwandtenunterhalts nicht. Maßgebend ist nun der gewöhnliche Aufenthalt des Unterhaltspflichtigen (§§ 232 III 1 FamFG; 12, 13 ZPO).

3. Unterhaltsansprüche gegen Verwandte und Sozialgesetze

902 Der Rückgriff auf den nach bürgerlichem Recht Unterhaltspflichtigen ist den Sozialbehörden, wenn der Hilfsbedürftige öffentliche Leistungen erhält, beim Verwandtenunterhalt nur eingeschränkt möglich. Wenn **Sozialhilfe gewährt** wird, schließt § 94 I 3 SGB XII die Inanspruchnahme durch Forderungsübergang **bei Verwandten zweiten oder entfernteren Grades** aus. In bestimmten Fällen gilt dies nach § 94 I 4 SBG XII auch bei Verwandten ersten Grades (vgl. Rn. 8/68). Der Träger der Sozialhilfe darf den Hilfsbedürftigen bei dieser Sachlage trotz des Nachrangs der Sozialhilfe (§ 2 I SGB XII) nicht auf Selbsthilfe verweisen, z. B. auf die Geltendmachung von Unterhaltsansprüchen gegen leistungsfähige Großeltern, weil sonst die gesetzliche Schutzvorschrift des § 94 I 3 SGB XII unterlaufen und umgangen würde[7] (vgl. auch Rn. 8/128). Aus den eingeschränkten Rückgriffsmöglichkeiten ist der Schluss gezogen worden, dass der Unterhaltsberechtigte in den genannten Fällen, soweit er Anspruch auf Sozialhilfe habe, vom Unterhaltspflichtigen auf diesen Anspruch verwiesen werden könne, da die Bedürftigkeit entfalle.[8] Dies trifft jedoch nicht zu. Die Einschränkung der Rückgriffsmöglichkeiten hat nicht zugleich den in § 2 I SGB XII (früher: § 2 I BSHG) geregelten Grundsatz der Subsidiarität der Sozialhilfe beseitigt,[9] sondern die bürgerlich-rechtlichen Unterhaltsansprüche unberührt gelassen.[10] Es mag unbefriedigend erscheinen, dass der Hilfsbedürftige dadurch **wählen kann, ob er Sozialhilfe** in Anspruch nehmen **oder Unterhalt** von einem Verwandten **verlangen will**, gegen den ein Rückgriff des Sozialhilfeträgers ausgeschlossen ist.[11] Da der frühere § 2 II 1 BSHG, wonach Unterhaltsansprüche durch das Bundessozialhilfegesetz nicht berührt werden, unverändert geblieben war und dessen Regelung dann in § 2 II 1 SGB XII übernommen wurde, kann dem Gesetzgeber nicht unterstellt werden, es sei ein auch nur mittelbarer Eingriff in Unterhaltsansprüche gewollt. Nach der seinerzeitigen Gesetzesbegründung sollte einer Neuordnung des bürgerlichen Unterhaltsrechts gerade nicht vorgegriffen werden.[12] Allerdings darf der Berechtigte für denselben Zeitraum nicht sowohl Sozialhilfe als auch Unterhalt in Empfang nehmen, so dass der Pflichtige ihm, soweit er schon Sozialhilfe erhalten hätte, den Einwand unzulässiger Rechtsausübung entgegenhalten könnte (vgl. Rn. 8/126 f.).

903 Anders ist die Sache zu beurteilen, wenn der Hilfsbedürftige **Vorausleistungen nach § 36 BAföG** erhalten könnte, die subsidiär sind (vgl. Rn. 1/670) und für welche § 37 BAföG einen Anspruchsübergang zu Lasten der Eltern vorsieht. Für die Eltern entfällt

---

[7] Schellhorn FuR 1990, 20, 22; W. Schellhorn/H. Schellhorn, SGB XII, 17. Aufl. § 94 Rn. 72; Ullenbruch FamRZ 1982, 664
[8] Kunz FamRZ 1977, 291 ff.
[9] BGH FamRZ 2000, 1358, 1359; FamRZ 1999, 843, 845; BGH FamRZ 1992, 41, 43; OLG Köln FamRZ 1997, 1101, 1102; Heiß/Born/Hußmann, Unterhaltsrecht, 16 Rn. 21 f.; vgl. zum ähnlichen Fall der §§ 91 ff., 96 I Nr. 2 SGB VIII: BVerwG FamRZ 1997, 934, 937
[10] Ullenbruch FamRZ 1982, 664, 665
[11] Schwenzer FamRZ 1989, 685, 688; Künke FamRZ 1991, 14, 21; Bedenken gegen ein solches Wahlrecht: Giese FamRZ 1982, 666 ff.
[12] Vgl. Ullenbruch FamRZ 1982, 664, 665

deswegen die Bedürftigkeit des Kindes nicht. Dagegen dürfen **entferntere Verwandte,** also z. B. Großeltern, wenn Ausbildungsunterhalt gegen sie geltend gemacht wird, soweit Anspruch auf BAföG-Leistungen – gleich welcher Art – besteht, **auf die fehlende Bedürftigkeit verweisen,**[13] also auch, wenn nur die Inanspruchnahme von Vorausleistungen nach § 36 BAföG möglich ist. Dasselbe gilt, wenn ein Kind Anspruch auf Unterhaltsvorschuss nach dem **Unterhaltsvorschussgesetz** (UnterhVG) hat.[14] Die Unterhaltsleistung ist nach der gesetzlichen Regelung (§ 7 Abs. 1 UnterhVG) nur gegenüber der Unterhaltspflicht des anderen Elternteils, bei dem das Kind nicht lebt, subsidiär. Eine allgemeine Nachrangregelung darüber hinaus enthält das Gesetz nicht.[15] Wegen der generellen Anrechenbarkeit von **BAföG-Regelleistungen und BAföG-Darlehen** vgl. Rn. 1/670 u. 674.

Das am 1. 1. 2003 in Kraft getretene **Grundsicherungsgesetz** (GSiG = Art. 12 des **904** Altersvermögensgesetzes vom 26. 6. 2001, BGBl. I 1310, s. dazu näher Rn. 1/703 ff.) wurde inzwischen ins Sozialgesetzbuch (§§ 19 II, 41 bis 43, 94 I 3 2. Hs. SGB XII) integriert. Es will versteckter und verschämter Altersarmut abhelfen, weil vor allem ältere Menschen keine Sozialhilfeansprüche geltend gemacht hätten, um ihre Kinder nicht der Gefahr eines Unterhaltsrückgriffs auszusetzen.[16]

Antragsberechtigte für die Grundsicherung sind Personen mit gewöhnlichem Aufenthalt in Deutschland, die das 65. Lebensjahr vollendet haben (§ 41 II SGB XII) oder die das 18. Lebensjahr vollendet haben und im Sinne des § 43 II SGB VI unabhängig von der Arbeitsmarktlage dauerhaft voll erwerbsgemindert sind (§ 41 III SGB XII). Der Leistungsanspruch auf **bedarfsorientierte Grundsicherung** bestimmt sich nach § 42 SGB XII entsprechend den Sozialhilfesätzen nach §§ 28 bis 34 SGB XII und soll diese im Regelfall überflüssig machen.[17]

Anspruch auf Grundsicherung hat der Antragsberechtigte, soweit er seinen Lebensunterhalt nicht aus seinem Einkommen und Vermögen beschaffen kann (§ 41 I SGB XII). Zu seinem Einkommen gehört auch tatsächlich geleisteter Unterhalt seiner Verwandten[18] oder von Ehegatten bzw. von Lebenspartnern. Wenn die Verwandten – ungeachtet ihrer Unterhaltspflicht – nicht leisten, fehlt entsprechendes anrechenbares Einkommen. Der Leistungsträger darf den Antragsteller dann auch nicht auf an sich realisierbare Ansprüche auf Verwandtenunterhalt verweisen, solange das Einkommen des Verwandten – unbeschadet etwaigen Vermögens[19] – im Sinne des § 16 SGB IV unter einem Betrag von 100 000 EUR liegt (§ 43 II 1 SGB XII). Zwar spricht das Gesetz insoweit nur von Unterhaltsansprüchen gegen Kinder und Eltern, gemeint sind aber die Ansprüche gegen sämtliche Aszendenten und Deszendenten, also z. B. auch gegen Enkel oder Großeltern. Insofern liegt lediglich ein gesetzestechnisches Versehen vor.[20] Ursprünglich sollte nämlich § 91 BSHG entsprechend geändert werden. § 91 I 3 BSHG – nunmehr in § 94 I 3 1. Hs. SGB XII entsprechend geregelt – schloss aber eine Inanspruchnahme von Verwandten des zweiten oder entfernteren Grades im Wege des Forderungsübergangs aus. Für die Einkommensgrenze dürfte es auf die Verhältnisse des einzelnen Verwandten ankommen, bei zusammenveranlagten Eltern auf das Gesamteinkommen des einzelnen Elternteils.[21]

Im **privilegierten Unterhaltsverhältnis** zu einem Verwandten mit Einkommen unter 100 000 EUR kann der Verwandte den Berechtigten auf die **vorrangige Inanspruchnahme der Grundsicherung** verweisen.[22] Es fehlt die Subsidiarität des Anspruchs wie bei

---

[13] Vgl. Kunz FamRZ 1977, 291, 292
[14] OLG Dresden FamRZ 2006, 569
[15] Vgl. Hauß, Elternunterhalt: Grundlagen und Strategien, 3. Aufl., Rn. 535; Gutachten des Deutschen Instituts für Vormundschaftswesen DAVorm 1984, 759 ff.
[16] Vgl. zur Gesetzesgeschichte, Klinkhammer FamRZ 2002, 997
[17] Klinkhammer FamRZ 2002, 997, 998
[18] BGH FamRZ 2007, 1158, 1160 = R 667 b; Münder NJW 2002, 3661, 3663; Klinkhammer FamRZ 2002, 997, 999
[19] Klinkhammer FamRZ 2002, 997, 1000
[20] Münder NJW 2002, 3661, 3663; Klinkhammer FamRZ 2002, 997, 999
[21] Münder NJW 2002, 3661, 3663
[22] BGH FamRZ 2007, 1158, 1159 = R 667 a; OLG Hamm FamRZ 2004, 1807

der Sozialhilfe, und es gibt keinen Anspruchsübergang.[23] Der Berechtigte muss daher einen Bewilligungsantrag stellen und bei hinreichender Erfolgsaussicht gegen eine Ablehnung Widerspruch einlegen sowie ggf. Klage erheben, um zu vermeiden, dass ihm wegen Obliegenheitsverletzung fiktive Einkünfte zugerechnet werden.[24] Auf jeden Fall sind tatsächlich gewährte Leistungen auf Grundsicherung anzurechnen.[25] Umgekehrt ist die Situation im **nicht privilegierten Unterhaltsverhältnis** zum Ehegatten, Lebenspartner oder Vater des nichtehelichen Kindes. Hier stehen realisierbare Ansprüche des Berechtigten im Rahmen der Einkommensprüfung der Gewährung der Grundsicherung entgegen. Anders wäre dies z. B. bei Aussichtslosigkeit der Vollstreckung oder Bejahung der Leistungsfähigkeit des Pflichtigen nur auf Grund ihm angelasteten fiktiven Einkommens.[26] Die Auffassung von Münder,[27] in den genannten Beispielsfällen könne der Berechtigte im Hinblick auf die unterschiedliche Funktion von Grundsicherung und Sozialhilfe auf die Inanspruchnahme von Sozialhilfe verwiesen werden, um den gesetzlichen Forderungsübergang auf den Leistungsträger zu ermöglichen, ist mit dem Wortlaut von § 41 I SGB XII (früher § 1 GSiG) schwerlich vereinbar.

Da kein Vorrang der Grundsicherung im Verhältnis zum Unterhaltsanspruch besteht, ist der Berechtigte im nicht privilegierten Unterhaltsverhältnis nicht gehindert, gegenüber dem Pflichtigen seinen vollen Unterhalt geltend zu machen und einzuklagen. Soweit er Grundsicherung bezogen hat, wurde sein Bedarf allerdings gedeckt, zumal **kein Anspruchsübergang auf den Träger der Grundsicherung** im Umfang der Leistung vorgesehen ist (94 I 3 2. Hs. SGB XII). Im gewährten Umfang haben die Grundsicherungsleistungen dann seine Bedürftigkeit und damit seinen Unterhaltsanspruch entfallen lassen.[28] Nur ausnahmsweise, soweit wirksam eine Rückforderung der Grundsicherungsleistungen gegen ihn geltend gemacht wurde, mag es trotz bezogener Grundsicherung möglich sein, den Anspruch gegen den Pflichtigen durchzusetzen, soweit die übrigen unterhaltsrechtlichen Voraussetzungen vorliegen.

II. Rangfolge der Verpflichteten und Bedürftigen

1. Vorrangige Haftung des Ehegatten bzw. des Lebenspartners und des nichtehelichen Vaters

905   Der **Ehegatte** oder der Lebenspartner des Bedürftigen **haften vor** dessen **Verwandten** (§ 1608 S. 1 u. 4 BGB). Dies gilt auch für den geschiedenen Ehegatten (§ 1584 S. 1 BGB) oder den Lebenspartner nach aufgehobener eingetragener Partnerschaft (§§ 16 S. 2 LPartG, 1584 S. 1 BGB). Bei Aufhebung der Ehe gilt § 1318 II BGB. Voraussetzung für den Vorrang des Ehegatten oder des Lebenspartners ist, dass überhaupt ein Unterhaltsanspruch gegen ihn besteht. Dann schließt er die Verwandten, soweit er leistungsfähig ist, von der Haftung aus. § 1608 S. 2 BGB regelt nur eine Rangfrage. Die Bestimmung lässt den Anspruch auf Verwandtenunterhalt weder auf Grund einer Eheschließung[29] noch dann entfallen, wenn gegen den Ehegatten aus anderen Gründen als mangelnder Leistungsfähigkeit kein Unterhaltsanspruch gegeben ist.

Bei fehlender Leistungsfähigkeit des Ehegatten oder Lebenspartners tritt die **Ersatzhaftung der Verwandten** ein (§§ 1608 S. 2, 1584 S. 2 BGB, 16 S. 2 LPartG). Soweit die Unterhaltsverpflichtung deswegen entfällt, müssen die Verwandten **ohne Rückgriffsmöglichkeit** nach §§ 1608 S. 3, 1584 S. 3, 1607 II BGB, 16 S. 2 LPartG eintreten.[30]

---

[23] Vgl. Klinkhammer FamRZ 2002, 997, 1000 f.
[24] OLG Nürnberg FamRZ 2004, 1988 (Vorentscheidung zu BGH FamRZ 2007, 1158 ff.)
[25] BGH FamRZ 2007, 1158, 1159 = R 667 a
[26] Klinkhammer FamRZ 2002, 997, 1000
[27] Münder NJW 2002, 3661, 3664
[28] Vgl. OLG Bremen FamRZ 2005, 801
[29] OLG Koblenz FamRZ 2007, 653
[30] Finger FamRZ 1999, 1298; Palandt/Diederichsen § 1607 Rn. 1, 9

II. Rangfolge der Verpflichteten und Bedürftigen　　　　　　　　　　　　　§ 2

Die **Leistungsfähigkeit des Ehegatten** ist in diesem Zusammenhang grundsätzlich wie 906
nach § 1603 I BGB zu beurteilen, dessen Wortlaut § 1608 S. 2 BGB wiederholt. Es muss
ihm daher der angemessene Selbstbehalt im Sinne des § 1603 I BGB verbleiben. Vom Gesetzeswortlaut her zu verneinen dürfte die Frage sein, ob hier die den Geschiedenenunterhalt betreffende Rechtsprechung des Bundesgerichtshofs zum Selbstbehalt nach § 1581
BGB beachtet werden muss,[31] welche wegen gleicher Interessenlage auf den Trennungsunterhalt zu übertragen ist (vgl. Rn. 4/76 und 4/968). Danach gilt für den in Anspruch
genommenen Ehegatten als Mindestselbstbehalt ein Betrag, der nicht unter dem notwendigen Selbstbehalt im Sinne des § 1603 II 1 BGB zu bemessen ist, der aber auch nicht über
dem angemessenen Selbstbehalt im Sinne des § 1603 I BGB liegt.[32] Dabei kann im Regelfall im Rahmen einer Pauschalbemessung von einem etwa in der Mitte zwischen beiden
Beträgen liegenden Betrag ausgegangen werden (seit 1. 1. 2011 i. d. R. 1050 EUR).[33] Im
Übrigen gilt der variable Ehegattenselbstbehalt nach den ehelichen Lebensverhältnissen
(vgl. Rn. 4/970 f.). Dass die vorrangige Verpflichtung des Ehegatten auch dann bestehen
bliebe, wenn ihm weniger als sein angemessener Selbstbehalt verbliebe, lässt sich darüber
hinaus auch nicht damit vereinbaren, dass der Selbstbehalt der Verwandten – je nach
Unterhaltsverhältnis, z. B. beim Elternunterhalt (vgl. Rn. 953) oder beim Enkelunterhalt
(vgl. Rn. 978) den Ausgangsbetrag des angemessenen Selbstbehalts nach § 1603 I BGB
deutlich übersteigt. Für die Verwandten bedeutet dies, dass sie auf den Restbedarf haften,
wenn der **angemessene Selbstbehalt des pflichtigen Ehegatten** im Sinne des § 1603 I
BGB nicht gesichert ist[34] (vgl. den insoweit übereinstimmenden Wortlaut von § 1581 I 1
und § 1608 S. 1 BGB). Wenn keine Verwandten vorhanden oder wenn diese selbst nicht
leistungsfähig sind, tritt die verschärfte Haftung des Ehegatten unter Beschränkung auf den
der BGH-Rechtsprechung zu § 1581 BGB entsprechenden Selbstbehalt ein. Der Ausfall
unterhaltspflichtiger Verwandter ändert nichts daran, dass sich der pflichtige Ehegatte nur **in
Ausnahmefällen**, z. B. wenn der bedürftige Ehegatte hilflos und bedürftig wie ein minderjähriges Kind ist, **mit dem notwendigen Selbstbehalt begnügen** muss. Dieser muss ihm
als Existenzminimum aber jedenfalls bleiben.[35]

Der Umstand, dass der vorrangig unterhaltspflichtige Ehegatte bzw. Lebenspartner einkommenslos ist, schließt nicht aus, dass ihm wegen Verletzung seiner Erwerbsobliegenheit
fiktive Einkünfte zuzurechnen sind mit dem Ergebnis, dass er in diesem Umfang als
leistungsfähig zu behandeln ist (vgl. Rn. 1/735 f.). Entgegen der bis zur 5. Auflage unter
Hinweis auf OLG Oldenburg[36] vertretenen Meinung ist eine Inanspruchnahme der Verwandten insoweit wegen des Vorrangs der Ehegattenhaftung nicht ausgeschlossen. Es liegt
vielmehr regelmäßig ein Fall erschwerter Rechtsverfolgung im Sinne des § 1607 II BGB
vor, der zur Haftung mit Rückgriffsmöglichkeit führt – vgl. hierzu Rn. 915.

Soweit der **Unterhaltsanspruch gegen** den **Ehegatten oder den Lebenspartner** 907
gemäß §§ 1579 Nr. 2 bis 8 BGB, 12 S. 2 LPartG i. V. m. § 1361 III BGB, 16 S. 2 LPartG
ausgeschlossen ist, besteht auch kein Unterhaltsanspruch gegen die Verwandten. Diese
werden durch die entsprechend anzuwendende Vorschrift des § 1611 III BGB geschützt,
weil der bedürftige Ehegatte bzw. Lebenspartner die Folgen seines unterhaltsschädlichen
Verhaltens sonst auf seine Verwandten abwälzen könnte.[37] **Hat der** bedürftige **Ehegatte
auf** seinen nachehelichen **Unterhaltsanspruch** zu Lasten der Verwandten **verzichtet,**
könnte die Verzichtsvereinbarung je nach den Umständen des Einzelfalls gemäß § 138 I
BGB sittenwidrig sein (vgl. Rn. 6/616). Das OLG Frankfurt[38] hat zum gegebenen Fall die

---

[31] So aber Soyka in Prütting/Wegen/Weinreich § 1608 Rn. 2
[32] BGH FamRZ 2006, 683, 684 = R 649 d
[33] BGH a. a. O.
[34] OLG Zweibrücken FamRZ 1987, 590; OLG Köln FamRZ 1990, 54
[35] BVerfG FamRZ 2001, 1685, 1686
[36] OLG Oldenburg FamRZ 1991, 1090
[37] Beckmann FamRZ 1983, 863, 865; Palandt/Diederichsen § 1611 Rn. 8; einschränkend – nur wenn gleichzeitig die Voraussetzungen des § 1611 I BGB für den Ausschluss vorgelegen hatten: Heiß/Born/Hußmann, Unterhaltsrecht, 13 Rn. 79 f.
[38] OLG Frankfurt FamRZ 1984, 395, 396

Ansicht vertreten, der Unterhaltsverzicht binde nur die Vertragsparteien, nicht aber die am Verzicht nicht beteiligten Verwandten, so dass es – unabhängig von der Wirksamkeit des Verzichts – im Verhältnis zu ihnen beim Vorrang des Anspruchs gegen den Ehegatten verbleibe. Dies erscheint zweifelhaft. Der Verzichtsvertrag stellt, weil er keine unmittelbaren vertraglichen Verpflichtungen der Verwandten begründet, keinen (unwirksamen) Vertrag zu deren Lasten dar.[39] Nach der genannten Auffassung müssten auch einem unerwartet und unverschuldet in Not geratenen bedürftigen Ehegatten Ansprüche auf Verwandtenunterhalt versagt werden, wenn der andere Ehegatte wegen des Verzichts zwar rechtlich frei, aber tatsächlich leistungsfähig wäre. Richtiger dürfte es sein, den in § 162 BGB enthaltenen allgemeinen Rechtsgedanken heranzuziehen, wonach es einer Partei – hier innerhalb der Unterhaltsverhältnisse zu den Verwandten – verwehrt ist, Vorteil aus einer Lage zu ziehen, die sie selbst treuwidrig herbeigeführt hat.[40] Falls der Unterhaltsverzicht nicht ohnehin wegen Sittenwidrigkeit nichtig wäre, käme es damit darauf an, ob der Verzicht, der als Voraussetzung der Verwandtenhaftung zur Beseitigung des Ehegattenvorrangs führen würde, zur Zeit des Vertragsschlusses im Verhältnis zu den unterhaltspflichtigen Verwandten als treuwidrig anzusehen wäre.[41] Das könnte bejaht werden, wenn – entsprechend der Rechtsprechung des BGH zur Sittenwidrigkeit von Eheverträgen bei Sozialhilfebedürftigkeit[42] – der Verzicht objektiv zum Nachteil der Verwandten geregelt wäre. Das wäre bei im Zeitpunkt des Vertragsabschlusses nicht absehbarer Bedürftigkeit, die dann unvorhergesehen eintritt, jedenfalls zu verneinen.[43]

Wegen der **gestuften Rangverhältnisse zwischen** dem pflichtigen **Ehegatten und den Verwandten** vgl. Rn. 5/175 ff.

908 Auch der nichteheliche Vater haftet gemäß § 1615l III 2 BGB vor den Verwandten der Mutter für deren Unterhalt. Da § 1608 S. 2 BGB über § 1615l III 1 BGB entsprechend gilt, müssen die Verwandten bei seiner Leistungsunfähigkeit ohne Rückgriffsmöglichkeit nach §§ 1608 S. 3, 1607 II BGB an seiner Stelle einspringen. Wegen des Problems der **gleichrangigen Haftung von nichtehelichem Vater und Ehegatten** wird auf Rn. 7/163 f. verwiesen. Ein gleichartiges Rangproblem kann im Verhältnis zur Lebenspartnerin der Kindsmutter auftreten.

2. Rangfolge der unterhaltspflichtigen Verwandten

909 Gemäß § 1606 I BGB haften die Abkömmlinge **(Deszendenten) vor** den Verwandten der aufsteigenden Linie **(Aszendenten).** Innerhalb der Linie haften die näheren Verwandten vor den entfernteren (§ 1606 II BGB). Wie beim vorrangig haftenden Ehegatten treten die nachrangig haftenden Verwandten ohne Rückgriffsmöglichkeit an die Stelle des vorrangigen, soweit dieser nicht leistungsfähig im Sinne des § 1603 BGB ist (**Ersatzhaftung nach § 1607 I BGB** – siehe nachfolgend Rn. 910 ff.).

Gleich nahe (gleichrangige) **Verwandte haften anteilig,** also nicht als Gesamtschuldner,[44] nach ihren Erwerbs- und Vermögensverhältnissen (§ 1606 III 1 BGB). Wegen der problematischen Höhe des Haftungsanteils haben auch die betreffenden Verwandten untereinander nach Treu und Glauben einen **Auskunftsanspruch,** der sich auf die Einkünfte des Ehegatten des auskunftspflichtigen Verwandten erstrecken kann.[45] Die Höhe der Teilschuld bestimmt sich jedenfalls im Bereich kleinerer und mittlerer Einkommen nicht auf Grund einer schematischen Quotierung der unterschiedlich hohen Einkünfte. Dies hätte zur Folge, dass der die Eigenbedarfsgrenze überschreitende Einkommensanteil bei dem geringer Verdienenden verhältnismäßig stärker in Anspruch genommen würde als bei dem besser Verdienenden. Die ungleiche Belastung wird dadurch vermieden, dass die **Haf-**

---

[39] Vgl. zum Vertrag zu Lasten Dritter: v. Staudinger/Jagmann, Rn. 42 vor § 328
[40] Vgl. BGH NJW 1968, 2051; BGHZ 1988, 240, 248; BGH NJW-RR 1991, 177
[41] Vgl. zum Ergebnis: Heiß/Born/Hußmann, Unterhaltsrecht, 13 Rn. 13
[42] BGH FamRZ 2007, 197
[43] So wohl auch Heiß/Born/Hußmann, Unterhaltsrecht, 13 Rn. 14
[44] BGH FamRZ 1971, 569, 570 ff.
[45] BGH FamRZ 2003, 1836, 1837 f.

II. Rangfolge der Verpflichteten und Bedürftigen § 2

tungsquoten erst nach Abzug der für den eigenen Unterhalt erforderlichen Beträge nach dem Verhältnis der verbleibenden Mittel ermittelt wird.[46] In der Praxis geschieht dies durch den Vorabzug von Sockelbeträgen für den angemessenen Eigenbedarf. Wegen der anteiligen Haftung von Eltern gegenüber ihren Kindern vgl. Rn. 418 ff., 560 ff. Ist ein gleichrangiger Pflichtiger nicht leistungsfähig, haften der oder die anderen gleichrangigen Pflichtigen auf den vollen Bedarf, ohne dass sie eine Rückgriffsmöglichkeit hätten – vgl. Rn. 910.

3. Ersatzhaftung

a) **Bei Leistungsunfähigkeit des vorrangig oder gleichrangig Unterhaltspflichtigen (§ 1607 I BGB):** Ist ein Verwandter im Sinne des § 1603 I BGB nicht leistungsfähig, haftet der leistungsfähige **gleichrangig pflichtige Verwandte** schon im Hinblick auf die sich aus § 1606 III 1 BGB ergebende Haftungsbeschränkung in vollem Umfang an seiner Stelle, ohne dass im Wege des Anspruchsübergangs eine Rückgriffsmöglichkeit nach § 1607 II 2 BGB eröffnet wäre. § 1607 I BGB, der sich ausdrücklich nur auf nachrangig haftende Verwandte bezieht, braucht für dieses Ergebnis nicht entsprechend angewendet zu werden.[47] 910

Eine Unterhaltspflicht **nachrangig haftender Verwandter** im Wege der Ersatzhaftung – tatsächlich handelt es sich um eine Primärhaftung[48] – nach § 1607 I BGB, z. B. der Großeltern beim Kindesunterhalt, entsteht erst, wenn und soweit die vorrangigen Verwandten mangels Leistungsfähigkeit (§ 1603 I BGB) den Unterhalt nicht voll erbringen können.

Es ist umstritten, wer haftet, falls die nichteheliche Mutter ihre Unterhaltspflicht gegenüber dem Kind durch Betreuung vollständig erfüllt und damit nur der barunterhaltspflichtige Vater ausfällt. Es wird die Auffassung vertreten, in diesem Fall müssten für den ausgefallenen Barunterhalt des Kindes nur die väterlichen Großeltern, nicht aber auch die mütterlichen Großeltern einspringen, weil nur die Ersteren an die Stelle des vorrangig haftenden Vaters zu treten hätten.[49] Diese durchaus interessante Überlegung ist mit der gesetzlichen Regelung in §§ 1606, 1607 BGB nicht vereinbar. Das Gesetz sieht **keine Ersatzhaftung nur nach dem Stamm des ausfallenden Unterhaltspflichtigen** vor.[50] Ist kein barunterhaltspflichtiger Elternteil mehr da (z. B. weil nicht leistungsfähig), haften väterliche und mütterliche Großeltern jeweils anteilig. Die Mutter kann sich im Verhältnis zu den Großeltern nicht auf § 1606 III 2 BGB berufen und haftet im Wege der Ausfallhaftung nach § 1606 III 1 BGB. Fällt auch sie mangels Leistungsfähigkeit aus, tritt die Ersatzhaftung der nachrangigen Verwandten nach § 1607 BGB ein. Nachrangige Verwandte sind im Verhältnis zum bedürftigen Kind **alle Großeltern**. Im erwähnten Fall ginge die Unterhaltspflicht der Großeltern wegen § 1603 II 3 BGB ggf. der an sich gesteigerten Unterhaltspflicht der Eltern (§ 1603 II 1 BGB) vor[51] – vgl. auch oben Rn. 396. Nach Meinung des OLG Hamm[52] soll hier – auch wegen ihres Nachrangs nach § 1606 II BGB – die Ersatzhaftung der Großmutter eintreten, falls die vorrangig haftende Mutter den vollen Barunterhalt zwar ohne Beeinträchtigung ihres notwendigen Selbstbehalts, jedoch ohne Wahrung ihres angemessenen Selbstbehalts aufbringen könnte. Dies widerspricht § 1603 II 3 BGB, der sich auf jedweden anderen unterhaltspflichtigen Verwandten bezieht, die Anwendung des § 1607 I BGB ungeachtet der gesteigerten Unterhaltspflicht der Eltern für 911

---

[46] BGH FamRZ 1986, 153; FamRZ 2002, 815, 818 = R 570 d + c
[47] Vgl. v. Staudinger/Engler § 1607 Rn. 4; Finger FamRZ 1999, 1298 wendet § 1607 I BGB entsprechend an; ebenso offenbar MünchKommBGB/Born § 1607 Rn. 3
[48] v. Staudinger/Engler § 1607 Rn. 6
[49] AG Neu-Ulm Urt. v. 28. 7. 2000 – 3 F 586/00; ebenso Gerhardt, FA-FamR, Kap. 6 Rn. 386
[50] BGH FamRZ 2006, 26; OLG Thüringen FamRZ 2006, 569; OLG Saarbrücken JAmt 2007, 388; OLG Frankfurt FamRZ 2004, 1745
[51] v. Staudinger/Engler § 1607 Rn. 4
[52] FamRZ 2005, 57; so auch schon LG Kleve FamRZ 1988, 1085; zustimmend Büte FuR 2005, 433, 434; ebenso MünchKommBGB/Born § 1607 Rn. 4

minderjährige Kinder auch für dieses Unterhaltsverhältnis ermöglicht und den angemessenen Selbstbehalt als Grenze für den Eintritt des anderen Verwandten zieht. Die Vorschrift hat sogar zur Folge, dass auch der betreuende Elternteil trotz normalerweise bereits erfüllter Unterhaltspflicht (§ 1606 III 2 BGB) beim Barunterhalt einspringen muss, soweit dem anderen Elternteil nicht sein angemessener Selbstbehalt verbliebe, wenn ohne Beteiligung des betreuenden Elternteils an der Barunterhaltspflicht ein erhebliches finanzielles Ungleichgewicht zwischen den Eltern entstünde.[53] Damit kommt es nicht (mehr) auf ein wesentliches Ungleichgewicht der beiderseitigen Einkommen *vor* Beteiligung des betreuenden Elternteils an, wie anknüpfend an die ältere Rechtsprechung des BGH[54] verlangt worden war.[55] Entscheidend ist die Einkommenssituation der Elternteile *nach* Heranziehung allein des unterhaltspflichtigen Elternteils. Ergibt diese ein wesentliches Ungleichgewicht, hat der betreuende Elternteil sich am Kindesunterhalt zu beteiligen, soweit bei Beachtung des angemessenen Selbstbehalts des barunterhaltspflichtigen Elternteils noch ein restlicher Unterhaltsanspruch des Kindes offen ist. Der betreuende Elternteil wird bis zur Grenze seines eigenen angemessenen Selbstbehalts heranzuziehen sein, da der BGH lediglich fordert, dass der betreuende Elternteil den Barunterhalt unter Wahrung von dessen angemessenem Selbstbehalt leisten kann.[56] Dies ist bisher kontrovers diskutiert worden.[57] Man schlägt vor, das einsatzfähige bereinigte Einkommen des betreuenden Elternteils um den Betrag zu kürzen, der zusätzlich zum Barunterhalt nach dem Einkommen des Barunterhaltspflichtigen aufzuwenden wäre, wenn der Barbedarf des Kindes nach den addierten Einkommen beider Eltern bemessen würde. Zusätzlich sei beim betreuenden Elternteil ein erheblich höherer Selbstbehalt anzusetzen, als dem angemessenen Selbstbehalt nach § 1603 Abs. 1 BGB entspricht, nämlich der Selbstbehalt von unterhaltspflichtigen Kinder gegenüber Eltern zuzüglich 50% des darüber hinausgehenden Betrages,[58] oder in Höhe von 150% des Einkommens des barunterhaltspflichtigen Elternteils zuzüglich 50% des darüber hinausgehenden Betrages mit Berechnung der Beteiligungsquote des betreuenden Elternteils nach dem Verhältnis der nach Abzug des jeweiligen angemessenen Bedarfs verbleibenden Beträge[59] oder pauschal einen Betrag von 300 EUR bis 500 EUR.[60] Die Regelung des § 1603 Abs. 2 S. 3 BGB würde dadurch, soweit es um das Verhältnis von betreuendem und barunterhaltspflichtigem Elternteil geht, unter Hinweis auf § 1606 Abs. 3 S. 2 BGB weitgehend wirkungslos gemacht. Gleichzeitig würde der barunterhaltspflichtige Elternteil – auch wenn er an seiner wirtschaftlichen Situation schuldlos ist – in den meisten Fällen entweder auf den notwendigen Selbstbehalt oder doch auf einen Betrag unter dem angemessenen Selbstbehalt beschränkt, wobei er in diesem Rahmen auch noch etwa anfallende Umgangskosten zu tragen hätte. Weshalb der Barbedarf des Kindes sich hier im Rahmen des § 1603 Abs. 2 S. 3 BGB plötzlich sogar nach den addierten Einkommen beider Eltern richten soll, ist ohnehin nicht einsehbar, weil nichts dafür spricht, dass der betreuende Elternteil mit dem Kind über seine eigenen Verhältnisse lebt. Bei der Abwägung, die hier bezüglich des Verhältnisses zwischen § 1603 Abs. 2 S. 3 und § 1606 Abs. 3 S. 2 BGB zu treffen ist, muss vielmehr berücksichtigt werden, dass **beide Eltern alle verfügbaren Mittel** für den Unterhalt einsetzen müssen, nicht nur der barunterhaltspflichtige Elternteil. Dieser muss bis zu seinem angemessenen Selbstbehalt grundsätzlich ohne anteilige Kürzung und ohne Rücksicht auf die Verhältnisse des betreuenden Elternteils leisten.[61] Nur bei außergewöhnlich guten Einkommensverhältnissen des betreuenden Elternteils könnte es im Hinblick auf § 1606 Abs. 3 S. 1 u. S. 2 dazu kommen, dass ihm mehr als der angemessene

---

[53] BGH NJW 2011, 1875 Rn. 39 ff.; FamRZ 2011, 454 Rn. 36 = R 721 d; FamRZ 2008, 137 = R 684 g
[54] BGH FamRZ 1991, 182, 183 = R 430 a; FamRZ 1998, 286 = R 518 a
[55] Scholz FamRZ 2006, 1728 f.
[56] BGH NJW 2011, 1875 Rn. 41 und Leitsatz d
[57] Gutdeutsch FamRZ 2006, 1724, 1726; Scholz a. a. O.
[58] Gutdeutsch a. a. O.
[59] Scholz FamRZ 2006, 1728, 1730
[60] Gerhardt, FA-FamR, Kap. 6 Rn. 333
[61] BGH NJW 2011, 1875 Rn. 41 ff.; FamRZ 2008, 137 Rn. 41 ff. = R 684 g; OLG Hamm FamRZ 2009, 1919

II. Rangfolge der Verpflichteten und Bedürftigen § 2

Selbstbehalt zu verbleiben hätte. Lediglich dann wäre auch eine Verteilungsrechnung, wie sie nach § 1606 Abs. 3 S. 1 BGB vorgesehen ist, erforderlich. Bei privilegierten volljährigen Kindern ist zu beachten, dass diesen gegenüber beide Elternteile auf Barunterhalt haften. Die (teilweise) Leistungsunfähigkeit des einen erhöht nach § 1603 I, II BGB die Haftungsquote des anderen. Ist ein Elternteil leistungsfähig, so verbleibt aufgrund der Regelung des § 1603 II 3 BGB die Opfergrenze für den anderen Elternteil beim angemessenen Selbstbehalt nach § 1603 I BGB.[62]

Zur **Ersatzhaftung von Großeltern** unter Berücksichtigung von § 1603 II 3 BGB siehe Rn. 974.

Ist der **Vater des nichtehelichen Kindes,** dessen Unterhaltsverpflichtung nach § 1615l BGB gegenüber der Mutter der Verpflichtung der Verwandten der Mutter vorgeht (§ 1615l III 2 BGB) nicht leistungsfähig, gilt über § 1615l III 1 BGB der § 1607 I BGB unmittelbar, so dass die Verwandten der Mutter,[63] nicht aber die Verwandten des Vaters,[64] ohne Rückgriffsmöglichkeit haften müssen. Ist die Kindsmutter schon vor Geburt des Kindes verheiratet gewesen, haftet der mit dem Kindsvater gleichrangig haftende Ehemann, soweit ein ehelicher Unterhaltstatbestand gegeben ist, gemäß § 1606 III 1 anstelle des leistungsunfähigen Kindsvaters (siehe hierzu näher Rn. 7/163 f.). Bei fehlender Leistungsfähigkeit des **vorrangig haftenden Ehegatten** (vgl. Rn. 905, 906) oder **Lebenspartners** tritt die Ersatzhaftung der Verwandten nach §§ 1608 S. 2 u. 4, 1584 S. 2 BGB, 16 S. 2 LPartG ein. Soweit eine Unterhaltsverpflichtung deswegen entfällt, müssen die Verwandten ohne Rückgriffsmöglichkeit nach §§ 1608 S. 3, 1607 II BGB einspringen.[65]

Kein Fall mangelnder Leistungsfähigkeit liegt vor, soweit dem vorrangig haftenden Pflichtigen wegen Verletzung seiner Erwerbsobliegenheit ausreichende **fiktive Einkünfte** zuzurechnen sind. Eine Ersatzhaftung von Verwandten nach §§ 1607 I, 1608 S. 2 u. 4 BGB scheidet in diesem Umfang aus. Allerdings kann eine Ersatzhaftung nach § 1607 II BGB wegen erschwerter Rechtsverfolgung im Inland in Betracht kommen (vgl. Rn. 915).

Die Ersatzhaftung des nachrangigen oder gleichrangigen Verwandten wegen Leistungsunfähigkeit, sei es nach § 1607 I BGB unmittelbar, sei es auf Grund entsprechender Anwendung der Vorschrift bzw. auf Grund anderweitiger Gesetzeslage, greift immer nur für den **Zeitraum der Leistungsunfähigkeit** des vorrangigen (gleichrangigen) Unterhaltspflichtigen ein. Sie erfasst keine in Zeiten der Leistungsfähigkeit entstandenen Rückstände und endet mit der Wiederherstellung der Leistungsfähigkeit.[66]

Der **Bedarf** des Unterhaltsberechtigten bestimmt sich auch bei der Ersatzhaftung gemäß § 1607 I BGB aus seiner Lebensstellung (§ 1610 BGB). Das hat bei Kindern zur Folge, dass sich ihr Bedarf aus der Lebensstellung ihrer nicht leistungsfähigen Eltern, nicht etwa aus der Lebensstellung wohlhabender Großeltern bemisst.[67] Zu beachten ist, dass der Gesetzgeber in § 1612a I n. F. BGB den Mindestbedarf bzw. den Mindestunterhalt eines minderjährigen Kindes unter Bezugnahme auf sein in § 32 VI 1 EStG steuerlich anerkanntes (halbes) sächliches Existenzminimum (§ 36 Nr. 4 EGZPO galt bis Ende 2008 für die 1. und 3. Altersstufe, bis Ende 2009 für die 2. Altersstufe) definiert hat. Kann der barunterhaltspflichtige Vater auf Grund eingeschränkter Leistungsfähigkeit nur darunter liegenden Unterhalt leisten, haften – soweit auch die betreuende Mutter keinen Barunterhalt mehr erbringen kann – die Großeltern auf den Restbedarf bis zum Mindestunterhalt. Es besteht daher entgegen der früheren Rechtslage ein Aufstockungsanspruch gegen die Großeltern bis zur Höhe des gesetzlich definierten Mindestunterhalts, auch wenn die einfache Lebensstellung der Eltern einem unter dem gesetzlichen Mindestbedarf liegenden Unterhalt entsprechen würde – siehe zum Enkelunterhalt näher Rn. 974 ff. Die hier – wegen des

912

913

---

[62] BGH FamRZ 2011, 454 Rn. 36 = R 721 d
[63] OLG München FamRZ 1999, 1166
[64] OLG Nürnberg FamRZ 2001, 1322; OLG Brandenburg NJW-RR 2003, 1515
[65] Finger FamRZ 1999, 1298
[66] v. Staudinger/Engler § 1607 Rn. 7 m. w. N.
[67] OLG Dresden FamRZ 2006, 569; OLG Köln FamRZ 2005, 58; OLG Karlsruhe FamRZ 2001, 782, 783; Finger FamRZ 1999, 1298

vom BGH⁶⁸ nach altem Recht abgelehnten Mindestbedarfs von Kindern – früher vertretene gegenteilige Auffassung⁶⁹ trifft nach neuem Recht nicht mehr zu.

Problematisch ist, wie sich der Bedarf bestimmt, wenn der betreuende Elternteil, z. B. durch Erkrankung, leistungsunfähig wird. Hier wird es ggf. auf die zur Sicherstellung der Betreuung zusätzlich aufzuwendenden Kosten ankommen.⁷⁰

Will der Unterhaltsberechtigte einen nachrangig Haftenden in Anspruch nehmen, muss er die Leistungsunfähigkeit des vorrangig Pflichtigen zur Deckung seines vollen Bedarfs **darlegen und beweisen**.⁷¹ Nimmt er einen von mehreren nachrangig und damit anteilig Haftenden in Anspruch, erstreckt sich seine Darlegungs- und Beweislast auch auf die eine anteilige Haftung ausschließende Vermögens- und Einkommenssituation der anderen gleichrangigen Pflichtigen, z. B. der anderen Großelternteile.⁷²

914 **b) Bei erschwerter Durchsetzbarkeit des Anspruchs (§ 1607 II BGB):** Es gibt Fälle, in denen sich der Unterhaltsanspruch gegen den pflichtigen Verwandten, obwohl er leistungsfähig ist oder als leistungsfähig zu behandeln wäre, nicht realisieren lässt. In solchen Fällen erheblich erschwerter Durchsetzbarkeit des Anspruchs **im Inland** müssen die nachrangig oder an sich gleichrangig haftenden Verwandten einspringen. Allerdings geht in diesem Fall der gegen den vorrangig Haftenden bestehende Unterhaltsanspruch im Umfang der Leistung auf den nachrangig Haftenden im Wege des **gesetzlichen Forderungsübergangs** über. Dies folgt aus § 1607 II 2 BGB, der bei Inanspruchnahme eines gleichrangig Haftenden an Stelle eines Pflichtigen entsprechend anzuwenden ist.⁷³ Auch bei der Ersatzhaftung nach § 1607 II BGB ist die Rangfolge der Verpflichteten zu beachten. Zunächst haften die Gleichrangigen und erst danach die vom Gesetz als nachrangig Eingestuften.⁷⁴

§ 1607 II BGB gilt über §§ 1608 S. 2 bis 4, 1584 S. 2 u. 3 BGB, 16 S. 2 LPartG auch bei vorrangiger Haftung des **Ehegatten** oder des **Lebenspartners** sowie über §§ 1615 l III 1 BGB für den **Vater des nichtehelichen Kindes**.

Ausgeschlossen oder erheblich erschwert ist die Rechtsverfolgung im Inland gegen den Pflichtigen u. a.:⁷⁵
– bei unbekanntem Aufenthaltsort,⁷⁶
– bei Wohnsitz im Ausland, hier aber wegen des in den Mitgliedstaaten der Europäischen Union mit Ausnahme von Dänemark geltenden Art. 5 Nr. 2 EuGVVO – Maßgeblichkeit des Wohnsitzes des Unterhaltsberechtigten – ggf. nicht für die Titulierung,⁷⁷ aber möglicherweise für die Vollstreckung,
– bei fehlender inländischer Gerichtszuständigkeit oder bei zu beachtender Exterritorialität (Immunität) des Pflichtigen,⁷⁸
– bei fehlender Vollstreckungsmöglichkeit im Inland, weil der Pflichtige im Inland kein Vermögen hat,⁷⁹
– bei voraussichtlicher Erfolglosigkeit der Zwangsvollstreckung gegen den an sich leistungsfähigen oder als leistungsfähig zu behandelnden Pflichtigen, weil z. B. das Vermögen im mitbewohnten Haus gebunden ist,⁸⁰

---

68 BGH FamRZ 2003, 363 = R 584
69 Vgl. z. B. OLG Karlsruhe FamRZ 2001, 782, 783
70 Vgl. die ausführliche Darstellung der Problematik durch Kuhnigk FamRZ 2002, 923 ff.
71 MünchKommBGB/Born § 1607 Rn. 26; v. Staudinger/Engler § 1607 Rn. 54; OLG Thüringen FamRZ 2010, 746; FamRZ 2006, 569; OLG Köln FamRZ 2010, 352; OLG Hamm ZFE 2005, 249
72 OLG Köln FamRZ 2010, 382; OLG Saarbrücken JAmt 2009, 388; Thüringen FamRZ 2006, 569
73 OLG Köln FamRZ 2010, 382; OLG Koblenz NJW-RR 2009, 1153; OLG Nürnberg FamRZ 2000, 687, 688; BGH FamRZ 1989, 850; Finger FamRZ 1999, 1298, 1299
74 v. Staudinger/Engler § 1607 Rn. 11
75 Vgl. Finger FamRZ 1999, 1298, 1299
76 BGH FamRZ 1971, 571, 573
77 Vgl. BGH FamRZ 2002, 21; Henrich FamRZ 2003, 629 in Anm. zu AG Leverkusen S. 627
78 v. Staudinger/Engler § 1607 Rn. 16
79 BGH FamRZ 2006, 26, 30 = R 637 f; v. Staudinger/Engler § 1607 Rn. 17
80 v. Staudinger/Engler § 1607 Rn. 21; BGH FamRZ 2006, 26 Rn. 39

II. Rangfolge der Verpflichteten und Bedürftigen §2

– bei verantwortungsloser, zumindest leichtfertiger und unterhaltsbezogener Herbeiführung der Leistungsunfähigkeit, so dass sich der Pflichtige unterhaltsrechtlich nicht auf sie berufen darf, z. B. durch Straftaten mit entsprechendem unterhaltsrechtlichen Bezug und dadurch verursachte Haftstrafe,[81]
– wenn die (rechtliche) Leistungsfähigkeit des vorrangigen Pflichtigen ohne Vermögen und ohne tatsächliche Einkünfte nur auf Grund der Zurechnung fiktiver Einkünfte besteht, weil auf solche Einkünfte nicht im Wege der Vollstreckung zugegriffen werden kann.[82]

Nicht hierher dürften rechtliche Hindernisse gehören, welche die Entstehung eines Unterhaltsanspruch gerade verhindern,[83] z. B. die fehlende Anerkennung oder Feststellung der Vaterschaft zu einem nichtehelichen Kind (vgl. § 1600 d IV BGB).[84] Deshalb wird, sobald die Vaterschaft festgestellt ist, die Ersatzhaftung von väterlichen Großeltern für Unterhaltsansprüche, die die Zeit vor der Feststellung betreffen, über § 1613 II Nr. 2 a BGB bejaht, soweit sie seit Inkrafttreten der Vorschrift am 1. 7. 1998 entstanden sind.[85]

So kann ein volljähriges Kind vom einen der beiden Elternteile den vollen Unterhalt verlangen, wenn es vom anderen Elternteil, welcher wegen der Zurechnung fiktiver Einkünfte ebenfalls als leistungsfähig zu beurteilen ist, selbst mittels eines Vollstreckungstitels keinen Unterhalt erlangen könnte.[86] Die Großeltern müssen den Enkeln Unterhalt gewähren, falls ein Vorgehen gegen den als Elternteil allein unterhaltspflichtigen Vater, weil dieser ständig den Wohnsitz wechselt und keine Arbeit aufnimmt, praktisch nutzlos erscheint.[87] Zahlt ein als Elternteil allein unterhaltspflichtiger Vater trotz Titulierung nur einen Teilunterhalt und scheitern Vollstreckungsmaßnahmen wegen des Restunterhalts tritt die Ersatzhaftung der Großeltern nach § 1607 II BGB ein.[88]

Die Ersatzhaftung des nachrangigen oder gleichrangigen Verwandten nach § 1607 II 1 BGB greift immer nur für den **Zeitraum der erschwerten Rechtsverfolgung** gegen den vorrangigen (gleichrangigen) Unterhaltspflichtigen ein. Sie erfasst keine vorher entstandenen Rückstände und endet mit der Wegfall der Erschwerungen.[89] Fraglich ist, ob die Ersatzhaftung für diejenigen Rückstände bestehen bleibt, die während des Zeitraums der Ersatzhaftung aufgelaufen sind und für welche mangels Erfüllung der Unterhaltsanspruch noch nicht nach § 1607 II 2 BGB übergegangen ist. Entgegen Engler[90] müsste dies jedenfalls für rechtskräftig oder durch Prozessvergleich titulierte rückständige Ansprüche gelten, weil dem Berechtigten insoweit weder ein Verzicht auf den Titel noch eine Neutitulierung gegen den vorrangigen Unterhaltsschuldner zumutbar ist. Anders liegt die Sache in den übrigen Fällen, weil auch die Haftung des Primärschuldners, wie § 1607 II 2 BGB zeigt, bestehen blieb.

915

Hinsichtlich des **Bedarfs** des Berechtigten wird auf die Ausführungen zu § 1607 I BGB in Rn. 913 Bezug genommen.

Will der Unterhaltsberechtigte einen nachrangig Haftenden gemäß § 1607 II 1 BGB in Anspruch nehmen, muss er die Umstände **darlegen und beweisen,** aus denen sich der Ausschluss oder die Erschwernis der Rechtsverfolgung im Inland ergibt.[91] Liegt z. B. ein auf

---

[81] Vgl. AG Bad Homburg FamRZ 1999, 1450
[82] BGH FamRZ 2006, 26; OLG Thüringen FamRZ 2010, 746; OLG Köln FamRZ 2010, 382; OLG Nürnberg FamRZ 2000, 687, 688
[83] So aber Finger FamRZ 1999, 1298, 1299
[84] Auch der Anspruch auf Unterhaltszahlung auf Grund einstweiliger Verfügung gemäß § 248 FamFG dürfte vor der Anerkennung oder Feststellung der Vaterschaft keine Ersatzhaftung auslösen können, da der Anspruch auf die Person des vermuteten Vaters beschränkt ist
[85] BGH FamRZ 2004, 800 m. Anm. Luthin = R 609 a, b; OLG Thüringen FamRZ 2010, 746
[86] OLG Köln FamRZ 2010, 382; OLG Koblenz NJW-RR 2009, 1153; OLG Hamm NJW-RR 2006, 509
[87] AG Alsfeld DAVorm 1974, 518; vgl. auch AG Bad Homburg FamRZ 1999, 1450 zur Unterhaltsverweigerung verbunden mit Haftzeiten wegen ständiger Straffälligkeit
[88] OLG München NJW-RR 2000, 1248
[89] v. Staudinger/Engler § 1607 Rn. 22
[90] A. a. O.
[91] BGH FamRZ 2006, 26, 30 = R 637 f MünchKommBGB/Born § 1607 Rn. 12; v. Staudinger/Engler § 1607 Rn. 54; AG Leverkusen FamRZ 2003, 627

§ 2 Kindes-, Eltern- und sonstiger Verwandtenunterhalt

fiktivem Einkommen beruhender Vollstreckungstitel vor, muss dargetan werden, dass Vollstreckungsversuche gegen den Pflichtigen erfolglos waren bzw. dass der Pflichtige kein vollstreckungsfähiges Vermögen und keine vollstreckungsfähigen Einkünfte hat.[92]

Der gesetzliche Übergang des Anspruchs gegen den Erstschuldner nach § 1607 II 2 BGB fingiert das Weiterbestehen des an sich durch Erfüllung untergegangenen Anspruchs zugunsten des nachrangigen Schuldners. Gegenüber dem übergegangenen Anspruch sind Ansprüche des Berechtigten gegen den Erstschuldner auf laufenden Unterhalt vorrangig.[93] Die übergegangenen Ansprüche betreffen die gesetzliche Unterhaltspflicht (§§ 23 a I 1, 23 b I, 13 GVG, §§ 111 Nr. 8, 231 I Nr. 1 FamFG) und sind **vor den Familiengerichten geltend zu machen**.

4. Rangfolge der Bedürftigen

916 Die Rangfolge der Bedürftigen ist in § 1609 n. F. BGB geregelt. Im Mangelfall werden die Ansprüche der vorrangigen Bedürftigen im Rahmen der Leistungsfähigkeit des Verpflichteten, falls möglich, voll befriedigt. Die nachrangigen Berechtigten erhalten gegebenenfalls nichts mehr (vgl. Rn. 5/115). Soweit **gleichrangige Berechtigte** zusammentreffen und der Pflichtige nicht vollständig leistungsfähig ist, würde eine **zweistufige Mangelfallberechnung** notwendig, wenn der Selbstbehalt des Verpflichteten gegenüber den gleichrangigen Berechtigten ungeachtet der Neuregelung der Rangfolge in § 1609 n. F. BGB nicht in jeweils gleicher Höhe anzusetzen wäre. So war der Selbstbehalt des Pflichtigen gegenüber dem nach früherem Recht mit den minderjährigen Kindern gleichrangigen Ehegatten in der Regel höher gewesen als derjenige gegenüber den betreffenden Kindern.[94] Inzwischen ist dieses Problem auf Grund der geänderten Rangfolge in § 1609 n. F. BGB weitgehend überholt – siehe aber Rn. 927 zur Frage eines möglicherweise unterschiedlichen Selbstbehalts für Großeltern bei minderjährigen bzw. volljährigen Enkeln. Nach der zweistufigen Berechnungsweise würde zunächst der den höheren Selbstbedarf übersteigende Betrag der Verteilungsmasse auf die bedürftigen Berechtigten nach dem Verhältnis ihrer eigenen Mindestbedarfssätze verteilt. Anschließend würde die Differenz zwischen den beiden Selbstbehaltssätzen denjenigen Bedürftigen in entsprechender Weise zusätzlich zugeteilt, denen gegenüber sich der Verpflichtete nur auf den niedrigeren Selbstbehalt berufen könnte.

Wegen der Einzelheiten der in § 1609 n. F. BGB aufgestellten Rangfolge der Bedürftigen siehe Rn. 5/119.

5. Darlegungs- und Beweislast bei Rangfragen

917 Sollen **Verwandte statt des Ehegatten** oder des Lebenspartners auf Unterhalt in Anspruch genommen werden, muss der Berechtigte darlegen und beweisen, dass gegen den Ehegatten bzw. Lebenspartner kein Anspruch besteht bzw. dass dieser ohne Gefährdung seines eigenen angemessenen Unterhalts nicht leistungsfähig ist.[95] Kommen mehrere anteilig haftende Verwandte in Betracht, erstreckt sich die **Darlegungs- und Beweislast** auf den Umstand, dass die gleichrangigen Verwandten als Unterhaltsschuldner ausscheiden.[96] Soll der **geschiedene Ehegatte** in Anspruch genommen werden, haftet er nach § 1581 S. 1 BGB zunächst nur bis zu seinem angemessenen Selbstbehalt im Sinne des § 1603 I BGB (vgl. Rn. 906). Will der Berechtigte darüber hinaus Unterhalt von ihm, und zwar bis zum Selbstbehalt des Pflichtigen im Sinne des § 1581 S. 1 BGB nach Maßgabe der Recht-

---

[92] BGH FamRZ 2006, 26 = R 637 f.
[93] Vgl. Göppinger/Wax/Kodal, Unterhaltsrecht, Rn. 1607; v. Staudinger/Engler § 1607 Rn. 49
[94] BGH FamRZ 2006, 683, 684. = R 649 d; FamRZ 1990, 260, 265
[95] OLG Frankfurt FamRZ 1984, 395; OLG Hamm FamRZ 1996, 116
[96] OLG Thüringen FamRZ 2006, 569; OLG Kiel FamRZ 1996, 753; OLG Hamm FamRZ 1996, 116

III. Das Unterhaltsverhältnis im Einzelnen § 2

sprechung des BGH (vgl. Rn. 906), hat er darzulegen und zu beweisen, dass die Verwandten zur ergänzenden Unterhaltszahlung nicht leistungsfähig sind.[97]

III. Das Unterhaltsverhältnis im Einzelnen

In der Praxis geht es um die **Ansprüche von Enkeln gegen** ihre **Großeltern** bzw. **von bedürftigen Eltern gegen** ihre **Kinder**. Gerichtshängig werden vor allem Prozesse, welche die Sozialhilfeträger wegen übergegangener Unterhaltsansprüche bedürftiger Eltern, die oft nicht in der Lage sind, die erheblichen Heim- und Pflegekosten aufzubringen, gegen deren Kinder anstrengen. Aus den §§ 1601, 1602 I, 1603 I BGB ergibt sich, dass ein Unterhaltsanspruch im Verwandtenunterhalt nur besteht, falls während der gleichen Zeit **Unterhaltsbedürftigkeit** des Berechtigten und **Leistungsfähigkeit** des Pflichtigen vorliegen.[98] Es müssen also beide Voraussetzungen **zeitgleich** erfüllt sein.[99] 918

1. Das Maß des Unterhalts

Der **Unterhaltsbedarf** des Berechtigten umfasst seinen gesamten Lebensbedarf einschließlich Ausbildungs- und Erziehungskosten, wie er sich aus der Lebensstellung des Bedürftigen ergibt (§ 1610 I und II BGB). Diese Lebensstellung leitet sich bei minderjährigen Kindern vom barunterhaltspflichtigen Elternteil oder beiden Eltern ab (siehe Rn. 200 ff., 215). Dies gilt auch teilweise für volljährige Kinder, nämlich, solange sie noch keine eigene originäre Lebensstellung erlangt haben, z. B., weil sie sich noch in Ausbildung befinden (siehe Rn. 203, 482). Soweit es für den Bedarf von Kindern auf die Lebensstellung der Eltern ankommt, ändert sich nichts, wenn sie andere Verwandte, z. B. Großeltern in Anspruch nehmen. Sie können sich nicht auf eine etwa gehobenere Lebensstellung der Großeltern berufen.[100] Im Übrigen kommt es nach der Grundregel auf die eigene Lebensstellung des Berechtigten an, der über den Unterhaltsanspruch nicht an der möglichen höheren Lebensstellung der Verpflichteten beteiligt werden soll. Die Lebensstellung des Berechtigten bestimmt sich in erster Linie nach seinen Einkommens- und Vermögensverhältnissen. Sie ist nicht unveränderlich, sondern passt sich – eventuell nach einer Übergangszeit – auch nachteiligen Veränderungen der Einkommensverhältnisse an, z. B. nach Eintritt in den Ruhestand.[101] Auch bei ganz dürftiger Lebensstellung ist jedenfalls das **Existenzminimum** – z. B. entsprechend den Mindestbedarfssätzen der oberlandesgerichtlichen Leitlinien – als Bedarf geschuldet.[102] Der BGH hatte früher die den Ansatz des Existenzminimums als Mindestbedarf für minderjährige Kinder, die nur eine von den Eltern abgeleitete Lebensstellung haben, abgelehnt.[103] Dies ist auf Grund der gesetzlichen Neuregelung in § 1612a I n. F. BGB überholt. Dort ist das Existenzminimum eines Kindes als Mindestunterhalt unter Bezugnahme auf sein in § 32 VI 1 EStG steuerlich anerkanntes (halbes) sächliches Existenzminimum (zur übergangsweisen Geltung von § 36 Nr. 4 EGZPO siehe Rn. 913) definiert. Bei Unterhaltsberechtigten mit nicht abgeleiteter, eigener Lebensstellung kann diese ohnehin unterhaltsrechtlich nicht unter dem Existenzminimum liegen – siehe auch Rn. 946.[104] 919

---

[97] OLG Zweibrücken FamRZ 1987, 590; OLG Köln FamRZ 1990, 54
[98] BGH FamRZ 2006, 1511, 1512 = R 658a
[99] BVerfG FamRZ 2005, 1051, 1053 = R 635
[100] OLG Dresden FamRZ 2006, 569; OLG Köln FamRZ 2005, 58; Gerhardt, FA-FamR, Kap. 6 Rn. 384
[101] BGH FamRZ 2003, 860, 861 = R 590Ab
[102] BGH FamRZ 2003, 860, 861 = R 590Ab für den Elternunterhalt
[103] BGH FamRZ 2002, 536, 537 f. = R 572
[104] BGH FamRZ 2003, 860, 861 = R 590Ab; OLG Koblenz FamRZ 2001, 1212, 1213, jeweils für den Elternunterhalt

Zum nach § 1610 BGB geschuldeten Lebensbedarf gehören die im konkreten Fall angemessenen **Kosten der Kranken- und Pflegeversicherung,** die aus den laufenden Einkünften bestritten werden müssen und allgemeinen Lebensbedarf darstellen.[105] Dagegen kann **kein Altersvorsorgeunterhalt** verlangt werden, da §§ 1361 I 2, 1578 III BGB eine Sonderregelung für den Ehegattenunterhalt darstellen.

920   Nach der Rechtsprechung des Bundesgerichtshofs[106] ist der Anspruch auf **Leistung eines Prozesskostenvorschusses** wegen der vom Gesetzgeber insoweit getroffenen Sonderregelungen (§§ 1360 a IV, 1361 IV 4 BGB) nicht generell als Teil des geschuldeten Lebensbedarfs anzusehen. Die entsprechende Anwendung des § 1360 IV BGB auf andere Unterhaltsverhältnisse komme nur dort in Betracht, wo die unterhaltsrechtliche Beziehung wie beim Familien- und Getrenntlebensunterhalt zwischen Ehegatten Ausdruck einer besonderen Verantwortung des Pflichtigen für den Berechtigten sei, wie z. B. im Verhältnis von Eltern zu ihren minderjährigen unverheirateten Kindern. Nach der überwiegenden Rechtsprechung der Oberlandesgerichte[107] war diese besondere unterhaltsrechtliche Beziehung zu Eltern auch für volljährige Kinder bejaht worden, die noch keine selbstständige Lebensstellung erreicht haben (vgl. Rn. 6/26). Inzwischen hat der BGH diese Auffassung bestätigt.[108] Für den Verwandtenunterhalt folgt daraus, dass **kein Anspruch** von Eltern gegen Abkömmlinge auf Prozesskostenvorschuss besteht (vgl. Rn. 6/27).[109] Dasselbe gilt im Verhältnis von Enkeln gegenüber Großeltern und entfernteren Verwandten der aufsteigenden Linie. Von Gesetzes wegen ist keine besondere unterhaltsrechtliche Verantwortung von Großeltern gegenüber ihren Enkeln vorhanden. Die Großeltern haften nur nachrangig. § 1603 II 1 BGB gilt für sie nicht. Gerichtlichen Entscheidungen,[110] wonach auch Urgroßeltern bzw. Großeltern Prozesskostenvorschuss für ihre Urenkel bzw. Enkel leisten mussten, ist daher nicht zuzustimmen.

2. Bedürftigkeit des Berechtigten

921   Nach § 1602 I BGB setzt der Unterhaltsanspruch die Bedürftigkeit des Berechtigten voraus. Es darf also weder einsetzbares Vermögen vorhanden sein, noch dürfen Einkünfte aus Vermögen oder Erwerbstätigkeit zur Verfügung stehen bzw. wegen Verletzung der Obliegenheit zu sachgerechter Vermögensanlage oder zur Erwerbstätigkeit fiktiv zuzurechnen sein. Ebensowenig dürfen vorrangige Ansprüche auf Sozialleistungen wie die bedarfsorientierte **Grundsicherung** (vgl. Rn. 904) vorhanden sein. Auch der **Stamm des** vorhandenen **Vermögens ist** grundsätzlich **zu verwerten**[111] (wegen minderjähriger unverheirateter Kinder siehe § 1602 II BGB). Dies gilt ausnahmsweise nur dann nicht, wenn die Verwertung unmöglich ist oder ganz unwirtschaftlich wäre[112] – für volljährige Kinder vgl. Rn. 107. Eine Billigkeitsklausel wie unter Ehegatten (§ 1577 III BGB 2. Alternative) gilt im Verwandtenunterhalt nicht, so dass die Grenze der Zumutbarkeit etwas enger zu ziehen ist, und zwar angenähert an den Begriff der groben Unbilligkeit.[113] Für die erforderliche **umfassende Zumutbarkeitsabwägung,**[114] die alle bedeutsamen Umstände, insbesondere auch die Lage des Unterhaltsverpflichteten berücksichtigen muss, wird beim Berechtigten ein strengerer Maßstab anzulegen sein als beim Pflichtigen. So muss ein volljähriger Be-

---

[105] BGH FamRZ 2003, 860, 861 = R 590 A b; OLG Saarbrücken FamRZ 1999, 382; Büttner FamRZ 1995, 193, 197
[106] BGH FamRZ 1984, 148; FamRZ 2004, 1633; FamRZ 2005, 883, 885 = R 628 a
[107] Vgl. z. B. OLG München FamRZ 1993, 821
[108] BGH FamRZ 2005, 883, 885 = R 628 a
[109] OLG München FamRZ 1993, 821
[110] OLG Düsseldorf DAVorm 1990, 80; OLG Koblenz FamRZ 1997, 681; ebenso dafür: Bißmaier FamRZ 2002, 863, 864; s. a. Schwab/Borth, Handbuch des Scheidungsrechts, IV Rn. 74
[111] BGH FamRZ 1998, 367, 369 = R 517 c
[112] Vgl. BGH FamRZ 1998, 367, 369 = R 517 c; OLG Koblenz NJW 2000, 669; Staudinger/Engler § 1602 Rn. 120
[113] BGH FamRZ 1998, 367, 369 = R 517 c
[114] BGH a. a. O.

III. Das Unterhaltsverhältnis im Einzelnen § 2

rechtigter mit beleihungsfähigem Grundbesitz bei vorübergehendem Unterhaltsbedarf, z. B. wegen noch andauernder Ausbildung, Kredit mit Zins- und Tilgungsaufschub aufnehmen, auch wenn eine Veräußerung unzumutbar wäre.[115] Auch die Nutzung eines Erbauseinandersetzungsanspruchs kommt als Kreditunterlage in Betracht.[116] Dagegen müssen für den Berechtigten wertvolle Gebrauchsgegenstände mit marktbedingt geringem Veräußerungswert nicht verschleudert werden.[117] Bei einem durch Schenkung erworbenen Vermögen ist auch der Zweck derselben zu berücksichtigen.[118] Bei unvernünftigem Vermögensverbrauch in Kenntnis der (künftigen) Unterhaltsbedürftigkeit kommt die **fiktive Anrechnung von Vermögenserträgen bzw. verbrauchbaren Vermögenswerten** in Betracht.[119]

Dem Berechtigten ist jedoch je nach Umständen eine gewisse Vermögensreserve als **Schonvermögen** zu lassen, z. B. wenn er schon im fortgeschrittenen Alter ist und einer Rücklage für ungewöhnliche Ausgaben bedarf.[120] Nach der Rechtsprechung des BGH ist es angemessen, dem Berechtigten in Anlehnung an die Regelung zum sozialhilferechtlichen Schonbetrag nach § 90 II Nr. 9 SGB XII (früher § 88 II Nr. 8 BSHG) in Verbindung mit § 1 der dazu ergangenen DVO (seit 1. 1. 2005 bis 2600,– EUR zuzüglich 614,– EUR für den Ehegatten oder Lebenspartner und zuzüglich 256,– EUR für jede weitere überwiegend unterhaltene Person) pauschal eine Reserve von mindestens 2600,– EUR zu belassen.[121] Davon kann nach den Umständen des konkreten Einzelfalls in Abweichung von der Regel auch einmal teilweise abgesehen werden, z. B. wenn wegen vorgerückten Alters mit Bettlägerigkeit und Heimpflege keine Notwendigkeit zur Vorhaltung des vollen Betrags erkennbar ist.[122]

Wenn man das Unterhaltsverhältnis zwischen Eltern und minderjährigen unterhaltsberechtigten Kindern außer Betracht lässt, besteht die **Erwerbsobliegenheit des Berechtigten** anders als im Ehegattenunterhalt (vgl. Rn. 4/140) in schärferer Intensität als beim Pflichtigen.[123] Dies ist bei der erforderlichen Zumutbarkeitsprüfung (vgl. zur Zumutbarkeitsprüfung beim Unterhaltsschuldner Rn. 931) zu berücksichtigen. So gelten für die Obliegenheit des erwachsenen Unterhaltsgläubigers, wenn es sich nicht um ein volljähriges Kind in berechtigter Fortführung der Ausbildung handelt, ähnlich strenge Maßstäbe wie für den barunterhaltspflichtigen Elternteil gegenüber einem bedürftigen minderjährigen Kind.[124] Der Berechtigte muss selbst berufsfremde und unterhalb seiner beruflichen Qualifikation bzw. seiner gewohnten Lebensstellung liegende Tätigkeiten aufnehmen.[125] Ein Ortswechsel ist vielfach zumutbar.[126] Wegen der Erwerbsobliegenheit minderjähriger Kinder siehe oben Rn. 52 und 55. Beim volljährigen Studenten ist eine Erwerbstätigkeit neben dem Studium in der Regel unzumutbar, so dass für die Anrechnung von Einkünften aus einer derartigen Tätigkeit § 1577 II BGB entsprechend anzuwenden ist[127] (siehe Rn. 491).

Beim Berechtigten können – wie beim Pflichtigen – tatsächlich gemachte **Zusatzaufwendungen** über den Aufwand **für** die primäre **Altersvorsorge** hinaus abzugsfähig sein, wenn dies einer abschließenden Angemessenheitsprüfung standhält.[128] Für Unterhaltsverhältnisse im Allgemeinen hat der BGH im Hinblick auf den Umstand, dass die primäre Altersvorsorge, z. B. durch die gesetzliche Rentenversicherung, keine ausreichende Altersversorgung mehr gewährleiste, in Anlehnung an den Höchstfördersatz der Riesterrente

922

---

[115] Vgl. OLG Bamberg FamRZ 1999, 876
[116] BGH FamRZ 2006, 935, 937 = R 644
[117] Vgl. BGH FamRZ 1998, 367, 369 = R 517 c; OLG Frankfurt FamRZ 1987, 1179 f.
[118] OLG Frankfurt OLGR 2007, 285
[119] OLG Frankfurt FamRZ 1987, 1179 f.
[120] BGH FamRZ 2006, 935, 937 = R 644; FamRZ 2004, 370 = R 603 a
[121] BGH FamRZ 2006, 935, 937 = R 644; FamRZ 1998, 367, 369 = R 517 c
[122] OLG Köln FamRZ 2001, 437
[123] Anderer Ansicht Kalthoener/Büttner NJW 1991, 398, 404 = grundsätzlich gleiche Intensität
[124] BGH FamRZ 1985, 273; OLG Oldenburg FamRZ 1991, 1090; OLG Frankfurt NJW 2009, 3105
[125] BGH FamRZ 1985, 273; OLG Oldenburg FamRZ 1991, 1090
[126] BGH FamRZ 1994, 372 = R 473 c; FamRZ 1993, 1304, 1306 = R 464 b; FamRZ 1981, 539, 540
[127] BGH FamRZ 1995, 475, 477 = R 491 b
[128] BGH FamRZ 2008, 963 Rn. 22 = R 692 f.

einen Zusatzaufwand von **4% des Bruttoeinkommens** als angemessenen zusätzlichen Aufwand für eine private Zusatzversorgung angesehen.[129] Immer müssen solche Aufwendungen schon tatsächlich geleistet werden; nur die Absicht zur Leistung, falls der Aufwand unterhaltsrechtlich anerkannt werde, genügt nicht.[130]

Zu beachten ist, dass **eigene Unterhaltspflichten des Berechtigten** nicht seinen Bedarf erhöhen und seine Bedürftigkeit begründen können, weil der Unterhaltsanspruch allein zur Behebung eigenen Unterhaltsbedarfs dient.[131]

3. Leistungsfähigkeit und Eigenbedarf des Pflichtigen

923　**a) Bemessung des Eigenbedarfs.** Nach § 1603 I BGB ist nicht unterhaltspflichtig, wer unter Berücksichtigung seiner sonstigen Verpflichtungen außerstande ist, ohne Gefährdung seines angemessenen Unterhalts den Unterhalt zu gewähren. Dem Pflichtigen sollen grundsätzlich die Mittel belassen werden, die er zur Deckung des seiner eigenen Lebensstellung entsprechenden allgemeinen Bedarfs benötigt.[132] In welcher Höhe dieser Bedarf zu bemessen ist, obliegt der tatrichterlichen Beurteilung des Einzelfalls.[133] Dabei gilt als Grundsatz, dass der Eigenbedarf nicht durchgängig mit einem bestimmten festen Betrag angesetzt werden darf, sondern anhand der konkreten Umstände des Einzelfalls und des konkreten Unterhaltsverhältnisses unter Berücksichtigung der besonderen Lebensverhältnisse des Pflichtigen zu ermitteln ist.[134] Für die Bemessung der Leistungsfähigkeit ist dabei auch entscheidend auf den Zweck des vorliegenden Unterhaltsanspruchs abzustellen, insbesondere wie stark oder wie schwach ihn das Gesetz zur Verfügung stellt.[135] § 1603 I BGB gewährleistet im Verwandtenunterhalt vorrangig die Sicherung des eigenen angemessenen Unterhalts, also derjenigen Mittel, die der Pflichtige zur angemessenen Deckung seines allgemeinen Bedarfs benötigt.[136] In welcher Höhe der Bedarf zu bemessen ist, hängt von seiner Lebensstellung ab, die sich aus Einkommen, Vermögen und sozialem Rang ergibt. Denn die Lebensstellung wird erfahrungsgemäß an die zur Verfügung stehenden Mittel angepasst. Insofern kann der angemessene Eigenbedarf nicht unabhängig von dem im Einzelfall vorhandenen Einkommen bestimmt werden.[137] Dabei ist der Eigenbedarf keine unveränderliche Größe, sondern entsprechend den Umständen des Einzelfalls veränderlich.[138] Zur Sicherung des Eigenbedarfs gehört auch die **Sicherstellung der** eigenen **Altersversorgung.** Selbständige oder nicht sozialversicherungspflichtig Tätige können 20% ihres Bruttoeinkommens für die primäre Altersversorgung aufwenden.[139] Darüber hinaus kommt eine Aufstockung der primären Versorgung beim Elternunterhalt von zusätzlich 5%, bei anderen Unterhaltsverhältnissen von zusätzlich 4% in Betracht. Voraussetzung der Anerkennungsfähigkeit ist, dass der Aufwand bereits betrieben und nicht nur beabsichtigt ist – siehe zur Abzugsfähigkeit des entsprechenden Zusatzaufwands Rn. 929 am Ende.

924　In der Praxis wird der Eigenbedarf des Unterhaltsschuldners für die Unterhaltsansprüche von Kindern gegen ihre Eltern und unter Ehegatten **nach** den von den Oberlandesgerichten entwickelten **pauschalierten Selbstbehaltssätzen für den Mindestbedarf**[140] bemes-

---

[129] BGH FamRZ 2005, 1817, 1822 = R 632j; FamRZ 2007, 793, 795 = R 674c
[130] BGH FamRZ 2007, 193, 194 = R 664b; FamRZ 2007, 793, 795 = R 674c
[131] BGH FamRZ 2004, 1370, 1372 = R 618b
[132] BGH FamRZ 2006, 1511, 1512 = R 658b
[133] BGH FamRZ 2002, 1698, 1700 = R 580c; FamRZ 2003, 1179, 1182 = R 592e; FamRZ 2006, 1511, 1512 = R 658b
[134] BGH FamRZ 2002, 1698, 1701 = R 580c für den Elternunterhalt
[135] BGH FamRZ 2005, 354, 356 = R 624
[136] BGH FamRZ 2003, 1179, 1182 = R 592e
[137] BGH a. a. O.
[138] BGH FamRZ 2002, 1698, 1700 = R 580c; FamRZ 2003, 1179, 1182 = R 592e
[139] BGH FamRZ 2003, 860, 863 = R 590A d
[140] Kritisch zur Unterhaltsberechnung anhand von Pauschalsätzen der Gerichtspraxis wegen „Unvereinbarkeit mit dem Demokratie- und Rechtsstaatsprinzip": Schlüter/Kemer FuR 1993, 245, 252

III. Das Unterhaltsverhältnis im Einzelnen § 2

sen, die allerdings nach der Rechtsprechung des Bundesgerichtshofs unter Ehegatten nur mit Einschränkung gelten (vgl. Rn. 906). Bei Eltern mit verschärfter Unterhaltsverpflichtung gegenüber minderjährigen unverheirateten Kindern wird der ihnen zugestandene Eigenbedarf auf den **notwendigen Selbstbehalt** gemäß § 1603 II 1 BGB begrenzt (siehe Rn. 240, 380 f.). Gegenüber volljährigen Kindern gilt der **angemessene** oder große **Selbstbehalt** gemäß § 1603 I BGB (vgl. Rn. 536, 546 ff.). Für die übrigen Unterhaltsverhältnisse des Verwandtenunterhalts wurden ebenfalls derartige Richtlinien entwickelt. Es dient der Vorausschaubarkeit der Rechtsprechung und der Vereinheitlichung, wenn das Gericht unbeschadet der Einkommensverhältnisse und der gesellschaftlichen Stellung des Verpflichteten von pauschalierten Selbstbehaltsbeträgen ausgeht,[141] solange dies gerechtfertigt ist, weil es sich noch um bis durchschnittliche oder jedenfalls nicht besonders gehobene Einkommensverhältnisse handelt (siehe Rn. 927). Obwohl der BGH gegen eine Pauschalierung grundsätzliche Bedenken erhoben hat (vgl. Rn. 923), lehnt er Pauschalsätze nicht gänzlich ab. Insbesondere würden die Oberlandesgerichte den erhobenen Bedenken inzwischen Rechnung tragen und die Selbstbehaltssätze nur noch als Mindestbeträge angeben, so dass es tatrichterlicher Beurteilung unterliege, ob die Mindestbeträge zu erhöhen sind. Beim **Elternunterhalt** (vgl. hierzu näher Rn. 939 ff.) sei es deswegen auch grundsätzlich zu billigen, wenn für das einzusetzende Einkommen auf einen etwa hälftigen Anteil desjenigen Betrages abgestellt werde, der den an sich vorgesehenen um ca. 25% erhöhten großen Selbstbehalt übersteige.[142] Eine derartige Pauschalierung beim Elternunterhalt habe den Vorteil der Rechtssicherheit und Praktikabilität, außerdem werde eine ungerechtfertigte Nivellierung unterschiedlicher Verhältnisse vermieden.[143] Entsprechend hat der BGH auch beim **Enkelunterhalt** (vgl. hierzu näher Rn. 971 ff.) entschieden, dass einem Großelternteil jedenfalls der wie beim Elternunterhalt erhöhte große Selbstbehalt als Mindestselbstbehalt zustehe.[144]

Kommt eine Pauschalierung nicht mehr in Betracht, ist die **konkrete Lebensstellung** 925 **maßgebend** (vgl. Rn. 923), die zunächst entscheidend vom Einkommen und sozialen Rang des Pflichtigen und der mit ihm zusammenlebenden übrigen Familienmitglieder geprägt ist.[145] Danach richtet sich, welche Beträge für die allgemeine Lebensführung, die Vermögensbildung, die Alterssicherung, für Anschaffungen und die Freizeitgestaltung zur Verfügung stehen.[146] Dabei müssen Ausgaben zur langfristig angelegten Vermögensbildung, soweit es um lange bestehende vertragliche Bindungen geht, nur im rechtlich zulässigen Maß angemessenen eingeschränkt werden.[147] Entscheidend ist, ob sich die Ausgaben im Verhältnis zum vorhandenen Einkommen noch im Rahmen einer vernünftigen Lebensführung halten oder ob es sich um einen nach den Verhältnissen unangemessenen Luxusaufwand handelt.[148]

Wird das Einkommen – wie auch schon in durchaus gehobenen Verhältnissen vielfach 926 üblich – vollständig verbraucht, ist zur Herstellung der Leistungsfähigkeit dann eine **Zurücknahme der Lebensführung** zumutbar, wenn der Pflichtige einen nach den Verhältnissen unangemessenen Aufwand betreibt oder ein Leben in Luxus führt.[149] Aufgrund der Rechtsprechung des BGH hat sich allerdings die Tendenz verstärkt, z. B. die eine Pflicht und damit eine Last darstellende Unterhaltspflicht von Kindern gegenüber bedürftig gewordenen Eltern über eine entsprechende Bewertung des angemessenen Eigenbedarfs weitgehend zu entschärfen. Wegen Einzelheiten hierzu siehe Rn. 949 ff.

---

[141] Stoffregen FamRZ 1996, 1496 (Anm. zu LG Osnabrück a. a. O. S. 1494 f.); Schwab-Borth, a. a. O., Rn. IV 1087
[142] BGH FamRZ 2002, 1698, 1700 ff. = R 580 c; FamRZ 2003, 1179, 1182 = R 592 e
[143] BGH a. a. O.
[144] BGH FamRZ 2007, 375 = R 668; FamRZ 2006, 1099 = R 652; FamRZ 2006, 26, 28 = R 637 a
[145] OLG Oldenburg FamRZ 1991, 1347
[146] OLG Oldenburg a. a. O.
[147] OLG Oldenburg a. a. O.
[148] Vgl. BGH FamRZ 2002, 1698, 1700 f. = R 580 c; FamRZ 2003, 1179, 1180 = R 592 b; FamRZ 2006, 1511, 1512 m. Anm. Klinkhammer = R 658 e; OLG Oldenburg a. a. O.
[149] Vgl. BGH FamRZ 2002, 1698, 1700 f. = R 580 c; FamRZ 2006, 1511, 1512 m. Anm. Klinkhammer = R 658 e

§ 2 Kindes-, Eltern- und sonstiger Verwandtenunterhalt

927 Auch für die Unterhaltsansprüche sonstiger Verwandter besteht für die Praxis ein Bedürfnis, dass im Rahmen der Leistungsfähigkeit des Pflichtigen **von pauschalierten Mindestsätzen für den Selbstbehalt** ausgegangen werden kann (vgl. Rn. 924). Hierbei geht es, da Ansprüche minderjähriger Kinder gegenüber Eltern ausscheiden, immer um den angemessenen oder großen Selbstbehalt gemäß § 1603 I BGB. Außerdem handelt es sich nicht um Unterhaltsverhältnisse zwischen Eheleuten bzw. zwischen Eltern und bedürftigen volljährigen Kindern, die noch keine selbstständige Lebensstellung erlangt haben. Dort wird die unterhaltsrechtliche Verantwortung speziell begründet, bei Eheleuten durch die Eheschließung und bei Eltern insoweit durch das besondere Pflichtenverhältnis von Eltern gegenüber ihren noch nicht selbstständigen – wenn auch volljährigen – Kindern. Demgegenüber ist das unterhaltsrechtliche Band des Gesetzes **bei Ansprüchen von Enkeln gegen Großeltern oder** von bedürftig gewordenen **Eltern gegen** ihre **Kinder** als weniger streng gespannt zu beurteilen. Der Bundesgerichtshof hatte zu dieser Frage erstmals in einem Fall entschieden, der zu ihm gelangt war, weil in erster Instanz versehentlich das damals nicht zuständige Familiengericht entschieden hatte (Revisionsentscheidung zu OLG Oldenburg, FamRZ 1991, S. 1347). Dabei führte er zum Unterhaltsanspruch von bedürftigen Eltern gegen ihre Kinder aus, dass es sich bei den von der familiengerichtlichen Praxis entwickelten Selbstbehaltssätzen um Mindestbeträge handele, die bei durchschnittlichen Einkommensverhältnissen, wenn es um das Unterhaltsbegehren anderer Verwandter, z. B. von Eltern, gehe, um einen maßvollen Zuschlag erhöht werden könnten.[150] Es entspreche der natürlichen Generationenfolge, dass Eltern regelmäßig damit rechnen müssten, dass sie ihren Kindern ohne abgeschlossene Ausbildung und wirtschaftliche Selbstständigkeit auch über das 18. Lebensjahr hinaus Unterhalt zu gewähren haben. Mit einer solchen Entwicklung sei nicht gleichzusetzen, dass Eltern nach ihrem Ausscheiden aus dem Erwerbsleben ihre Kinder, die inzwischen selbst Familien gegründet haben, auf Unterhalt in Anspruch nehmen müssten.[151] In aller Regel hätten Eltern eine ausreichende Altersversorgung, so dass Kinder allenfalls wegen einer **unerwarteten Hilfsbedürftigkeit** mit ihrer Beteiligung an den dafür entstehenden zusätzlichen Kosten rechnen müssten. Zur Sicherstellung des Ausbildungsunterhalts für gerade volljährig gewordene Kinder könnten größere Opfer angesonnen werden, als wenn es um die Heimkosten der Eltern gehe. Die anderen unterhaltsberechtigten Verwandten würden ihre Lebensstellung nicht mehr von der des Pflichtigen ableiten, sondern hätten – oft seit langem – eine eigene Lebensstellung erlangt. Bei der Bestimmung der Leistungsfähigkeit gestatte das Gesetz ausdrücklich die Berücksichtigung sonstiger Verpflichtungen, zu denen auch solche gehörten, die sich nicht in einer konkreten Zahlungspflicht ausdrücken würden, sondern auf Vorsorge – etwa der angemessenen Bildung von Rücklagen – beruhten.[152] Diese Überlegungen, die der BGH zunächst für den Elternunterhalt (vgl. hierzu Rn. 939 ff.) in zwei weiteren Entscheidungen fortgeführt und zugunsten der unterhaltspflichtigen Kinder mit noch größerem Gewicht versehen hat[153] (vgl. 949 ff.), gelten – jedenfalls, was einen Zuschlag von ca. 25% (vgl. unten in dieser Randziffer) auf den sogenannten großen Selbstbehalt angeht – nicht nur für das Unterhaltsverhältnis zwischen bedürftig gewordenen Eltern und ihren Kindern, sondern, wie der BGH inzwischen bestätigt hat, auch für dasjenige zwischen Enkeln und Großeltern.[154] Denn Großeltern könne wegen ihrer nachrangigen Haftung und ihrer geringeren unterhaltsrechtlichen Verantwortung nicht abverlangt werden, die eigenen, ihren wirtschaftlichen Verhältnissen angepassten Bedürfnisse in gleicher Weise einzuschränken, wie es Eltern für ihre Kinder tun müssten. Hiervon macht der BGH[155] **keine Ausnahme,** wenn **minderjährige Enkel,** die auf Grund dieser Minderjährigkeit noch hilflos

---

[150] BGH FamRZ 1992, 795, 797; vgl. auch Stoffregen FamRZ 1996, 1496; van Els DAVorm 1995, 268, 270
[151] BGH FamRZ 1992, 795, 797
[152] BGH FamRZ 1992, 795, 797
[153] BGH FamRZ 2002, 1698, 1700 ff. = R 580 c; FamRZ 2003, 1179 ff. = R 592
[154] Vgl. nunmehr BGH FamRZ 2007, 375 = R 668; FamRZ 2006, 1099 = R 652; FamRZ 2006, 26, 28 = R 637 a
[155] BGH FamRZ 2006, 26, 28 = R 637 a; FamRZ 2006, 1099 = R 652

III. Das Unterhaltsverhältnis im Einzelnen   § 2

und bedürftig sind,[156] ihre Großeltern in Anspruch nehmen müssen. Die in der Vorauflage vertretene Ansicht, in diesem Fall dürften sich Großeltern nur auf den normalen, nicht auf einen erhöhten angemessenen Selbstbehalt berufen, hat der BGH nicht gebilligt.

Der Zuschlag, den die Instanzgerichte vor der Begründung der familiengerichtlichen Zuständigkeit auf den normalen angemessenen Selbstbehalt, insbesondere beim **Elternunterhalt** (vgl. hierzu näher Rn. 939 ff.), vorgenommen hatten oder der sonst vorgeschlagen worden war, reichte von 20%[157] über 30%[158] bis 70%.[159] Hier war ab der 4. Auflage ein Zuschlag von 25% vorgeschlagen worden. Für den Elternunterhalt (vgl. Rn. 939 ff.) gingen die meisten oberlandesgerichtlichen Leitlinien von entsprechenden Zuschlägen aus. Allerdings hatte bereits der 11. Deutsche Familiengerichtstag[160] empfohlen, nur 50% des Einkommens über einem erhöht angesetzten Mindestbedarf des Kindes für den Unterhalt in Anspruch zu nehmen. Entsprechende Empfehlungen kamen von dem Deutschen Verein für öffentliche und private Fürsorge[161] und vom 13. Deutschen Familiengerichtstag.[162]

Inzwischen hat der Bundesgerichtshof in mehreren Entscheidungen[163] gebilligt, dass für den Elternunterhalt (vgl. Rn. 939 ff.) der nach den oberlandesgerichtlichen Leitlinien in der Regel um 25% erhöhte Mindestselbstbehalt in der Weise zugrunde gelegt wird, dass nur eine bestimmte Quote des übersteigenden Einkommens, konkret: ein etwa hälftiger Anteil, für den Unterhalt herangezogen wird. Zu beachten ist, dass die 50-%-Quote u. U. nicht gilt, wenn es um die Leistungsfähigkeit eines verheirateten Kindes zum Elternunterhalt geht, soweit hier der angemessene Eigenbedarf bereits im Rahmen des Familienunterhalts gewahrt wird oder soweit sich Ersparnisse durch eine gemeinsame Haushaltsführung ergeben – vgl. aber näher Rn. 964 ff. Zur Begründung verweist der BGH auf den vergleichsweise schwach ausgestalteten Anspruch auf Elternunterhalt. Der Unterhaltspflichtige habe in diesem Verhältnis keine spürbare und dauerhafte Senkung seines Lebensstandards hinzunehmen.[164] Zur Bewertung dieser Rechtsprechung siehe Rn. 900 und 952. Ob auch beim **Enkelunterhalt** (vgl. hierzu näher Rn. 978) nur eine entsprechende Quote des den erhöhten Selbstbehalt übersteigenden Einkommens zum Unterhalt verwendet werden muss,[165] hat der BGH bislang offengelassen.[166] Wegen der Gleichstellung mit dem Elternunterhalt dürfte die zusätzliche quotenmäßige Beschränkung bei volljährigen Enkeln prinzipiell angemessen sein.[167] Für minderjährige Enkel erscheint die Lösung des OLG Koblenz[168] vernünftig. Danach scheidet in einem solchen Fall eine unterschiedslose Bewilligung des zusätzlichen Quotenvorteils aus. Hier ist vielmehr je nach den konkreten Umständen zu entscheiden. Werden bestehende Belastungen großzügig berücksichtigt, kann umgekehrt der zusätzliche Quotenvorteil versagt werden.

Oberlandesgerichtliche Leitlinien zum Mindest-Eigenbedarf (angemessenen Selbstbehalt) des Pflichtigen beim Unterhalt für Eltern bzw. Enkel (sämtlich mit dem **Stand vom 1. 1. 2011**): 928

---

[156] Vgl. hierzu BGH FamRZ 1990, 260, 262
[157] LG Paderborn FamRZ 1996, 1497; Fischer FamRZ 1993, 732; Empfehlungen des 11. Deutschen Familiengerichtstags FamRZ 1996, 337
[158] LG Münster FamRZ 1994, 843; LG Kiel FamRZ 1996, 753, 755; im Ergebnis auch etwa 30% AG Altena, FamRZ 1993, 835
[159] AG Hagen FamRZ 1988, 755
[160] FamRZ 1996, 337, 338 unter I. 4.2
[161] FamRZ 2000, 788, unter Nr. 121
[162] FamRZ 2000, 273, 274 unter I. 4 a)
[163] BGH FamRZ 2002, 1698, 1701 = R 580 c; FamRZ 2003, 1179, 1182 = R 592 e; FamRZ 2004, 186; FamRZ 2004, 1184; FamRZ 2006, 1511; FamRZ 2010, 1535 Rn. 23
[164] BGH FamRZ 2010, 1535 Rn. 23
[165] So aber OLG Dresden FamRZ 2006, 569, 571; OLG Koblenz OLGR Frankfurt 2005, 22 jedenfalls gegenüber volljährigen Enkeln
[166] BGH FamRZ 2007, 375 = R 668
[167] So auch Günther FPR 2006, 347, 351
[168] OLGR 2005, 22; der BGH musste in seinem dazugehörigen Revisionsurteil (FamRZ 2007, 375) nicht über diese Frage entscheiden

§ 2   Kindes-, Eltern- und sonstiger Verwandtenunterhalt

– Düsseldorfer Tabelle (abgedruckt in Anhang D) D. I.:
  gegenüber Eltern: mindestens 1500 EUR, einschließlich 450 EUR für Warmmiete, zuzüglich der Hälfte des darüber hinausgehenden Einkommens, bei Vorteilen aus Zusammenleben mit einem Partner 45% des darüber hinausgehenden Einkommens; der angemessene Unterhalt des mit dem Pflichtigen zusammenlebenden Ehegatten beträgt die Hälfte des eheangemessenen Bedarfs, mindestens 1200 EUR einschließlich 350 EUR für Warmmiete;
– Süddeutsche Leitlinien (Oberlandesgerichte Bamberg, Karlsruhe, München, Nürnberg, Stuttgart und Zweibrücken) Nr. 21.3.3:
  gegenüber Eltern: mindestens 1500 EUR, wobei die Hälfte des diesen Mindestbetrag übersteigenden Einkommens zusätzlich anrechnungsfrei bleibt, bei Vorteilen aus Zusammenleben mit einem Partner 45% des den Mindestbedarf übersteigenden bereinigten Einkommens, darin enthalten 450 EUR für Unterkunft und Heizung;
  Nr. 21.3.4.:
  gegenüber Großeltern/Enkeln: mindestens 1500 EUR;
– Kammergericht Berlin Nr. 21.3.3:
  Gegenüber Eltern und Enkeln mindestens 1500 EUR, wobei die Hälfte des diesen Mindestbetrag übersteigenden Einkommens zusätzlich anrechnungsfrei bleiben kann, bei Vorteilen aus Zusammenleben mit einem Partner 45% des darüber hinausgehenden Einkommens, wenn dies der Angemessenheit entspricht;
– OLG Brandenburg Nr. 21.3.2:
  gegenüber Eltern: 1500 EUR zuzüglich der Hälfte des darüber hinausgehenden bereinigten Einkommens, darin enthalten ein Mietanteil (Warmmiete) von 450 EUR;
– OLG Braunschweig Nr. 21.3.3:
  gegenüber Eltern nach den Umständen des Einzelfalls unter Berücksichtigung des Unterhalts vorrangig Berechtigter, mindestens 1500 EUR, wobei die Hälfte des diesen Mindestbetrag übersteigenden Einkommens zusätzlich anrechnungsfrei bleibt, enthalten sind für Unterkunft (Miete einschließlich umlagefähiger Nebenkosten und Heizung) 450 EUR;
– OLG Bremen Nr. 21.3.3:
  gegenüber Eltern und Enkeln: mindestens 1500 EUR zzgl. der Hälfte, bei Vorteilen aus Zusammenleben mit einem Partner 45% des darüber hinausgehenden Einkommens, darin enthalten Kosten für Wohnbedarf von 450 EUR;
– OLG Celle Nr. 21.3.3:
  gegenüber Eltern: nach den Umständen des Einzelfalls unter Berücksichtigung des angemessenen Unterhalts vorrangig Berechtigter, zumindest 1500 EUR, wobei die Hälfte des diesen Betrag übersteigenden Einkommens zusätzlich anrechnungsfrei bleibt;
  Nr. 21.3.4:
  gegenüber Enkeln mindestens 1500 EUR;
– OLG Dresden Nr. 21.3.2:
  gegenüber Eltern und Enkeln: mindestens 1500 EUR, wobei gegenüber Eltern die Hälfte des übersteigenden Einkommens zusätzlich anrechnungsfrei bleibt, darin enthalten Kosten für Unterkunft einschließlich umlagefähiger Nebenkosten und Heizung von 450 EUR;
– OLG Düsseldorf Nr. 21.3.3:
  gemäß Düsseldorfer Tabelle D. I. 1500 EUR;
– OLG Frankfurt Nr. 21.3.3:
  gegenüber Eltern: mindestens 1500 EUR, wobei die Hälfte des übersteigenden Einkommens zusätzlich anrechnungsfrei bleibt, darin enthalten 480 EUR für Wohnbedarf (370 EUR kalt und 110 EUR Nebenkosten und Heizung);
  Nr. 21.3.4:
  entsprechende Geltung für sonstige Unterhaltsansprüche von Verwandten der auf- oder absteigenden Linie;
– OLG Hamburg Nr. 21.3.3:
  gegenüber Eltern: mindestens 1500 EUR, wobei die Hälfte des diesen Mindestbetrag übersteigenden Einkommens zusätzlich anrechnungsfrei bleibt, darin enthalten 450 EUR für Unterkunft und Heizung (Warmmiete);

III. Das Unterhaltsverhältnis im Einzelnen § 2

Nr. 21.3.4:
gegenüber Enkeln: mindestens 1500 EUR, wobei bei volljährigen Enkeln die Hälfte des diesen Mindestbetrag übersteigenden Einkommens zusätzlich anrechnungsfrei verbleibt, im Selbstbehalt enthalten 450 EUR für Unterkunft und Heizung (Warmmiete);
– OLG Hamm Nr. 21.3.3:
gegenüber Eltern: mindestens 1500 EUR, wobei die Hälfte des diesen Mindestbetrag übersteigenden Einkommens zusätzlich anrechnungsfrei bleiben kann, bei Vorteilen aus Zusammenleben mit einem Partner 45% des darüber hinausgehenden Einkommens, darin enthalten Kosten für Unterkunft einschließlich umlagefähiger Nebenkosten und Heizung (Warmmiete) in Höhe von 450 EUR;
Nr. 21.3.4: gegenüber Enkeln gilt Nr. 21.3.3 entsprechend;
– OLG Jena Nr. 21.3.3:
gegenüber Eltern: mindestens 1500 EUR, wobei die Hälfte des diesen Mindestbetrag übersteigenden Einkommens zusätzlich anrechnungsfrei bleibt; darin enthalten ist ein Wohnanteil von 370 EUR Kaltmiete oder 480 EUR Warmmiete; bei Zusammenleben gilt ein Familienselbstbehalt von 2700 EUR, wobei 45% des darüber hinausgehenden Einkommens anrechnungsfrei bleiben;
– OLG Koblenz Nr. 21.3.3:
gegenüber Eltern: mindestens 1500 EUR (einschließlich 450 EUR Warmmiete) zuzüglich der Hälfte des darüber hinausgehenden Einkommens;
Nr. 21.3.4:
gegenüber Enkeln: mindestens 1500 EUR (zuzüglich 1050 EUR beim Zusammenleben von Großeltern);
– OLG Köln Nr. 21.3.3:
gegenüber Eltern: mindestens 1500 EUR, wobei die Hälfte des diesen Mindestbetrag übersteigenden Einkommens, bei Vorteilen aus Zusammenleben in der Regel 45% zusätzlich anrechnungsfrei bleibt; darin enthalten sind Kosten für Unterkunft und Heizung in Höhe von 450 EUR;
Nr. 21.3.4:
gegenüber Enkeln: wie gegenüber Eltern;
– OLG Naumburg Nr. 21.3.2:
gegenüber Eltern und Enkeln: mindestens 1500 EUR, wobei die Hälfte des übersteigenden Einkommens zusätzlich anrechnungsfrei bleibt;
– OLG Oldenburg Nr. 21.3.3:
gegenüber Eltern und Enkeln: 1500 EUR, wobei die Hälfte des diesen Mindestbetrag übersteigenden Einkommens anrechnungsfrei bleibt;
– OLG Rostock Nr. 21.3.3:
gegenüber Eltern mindestens 1500 EUR zzgl. der Hälfte des darüber hinausgehenden Einkommens (bei Vorteilen aus Zusammenleben 45% des darüber hinausgehenden Einkommens);
Nr. 21.3.4: gegenüber Enkeln gilt Nr. 21.3.3 entsprechend;
– OLG Saarbrücken Nr. 4.:
gegenüber Eltern mindestens 1500 EUR;
– OLG Schleswig Nr. 21.3.2:
gegenüber Eltern mindestens 1500 EUR (einschließlich 450 EUR Warmmiete), zzgl. der Hälfte des darüber hinausgehenden Einkommens, bei Vorteilen des Zusammenlebens 45% des darüber hinausgehenden Einkommens;

b) Abzug besonderer Aufwendungen. Die unterhaltsrechtliche Leistungsfähigkeit **929** wird zunächst vom Nettoeinkommen nach Abzug von Steuern und Soziallasten sowie beim Nichtselbstständigen auch von berufsbedingtem Aufwand geprägt. Weiter ist maßgebend der Abzug darüber hinausgehender unterhaltsrechtlich anerkennungsfähiger Verbindlichkeiten (vgl. Rn. 930) sowie die Berücksichtigung sonstigen **tatsächlichen Aufwands,** der als zusätzliche Last ebenfalls unterhaltsrechtlich anerkennungsfähig ist. So kann ein Selbstständiger, der nicht sozialversicherungspflichtig ist, in einer seinem Einkommen entsprechenden Weise tatsächlichen, nicht jedoch fiktiven Aufwand zur **Sicherung seiner** primären **Altersversorgung** treiben, und zwar nach den derzeitigen Verhältnissen in Höhe von etwa 20% seines Bruttoeinkommens[169] – siehe auch Rn. 949. Dasselbe gilt, soweit das Einkommen eines rentenversicherungspflichtigen Arbeitnehmers über der Beitragsbemessungsgrenze liegt, weil seine gesetzliche Altersversorgung dann nicht mehr in Übereinstimmung mit seinem Einkommen stehen kann. Dabei kommt dem Pflichtigen, was die konkrete Art der Vorsorge angeht, ein weiter Ermessensspielraum zu, so dass im Einzelfall auch die Bildung bloßen Sparvermögens anzuerkennen sein kann.[170] Wegen Fehlens des Kündigungsrisikos sind nicht berücksichtigungsfähig Aufwendungen des Selbstständigen zur Absicherung vor Arbeitslosigkeit.[171] Ebenso sind Aufwendungen für die zusätzliche Altersversorgung nach Art. 6 des Altersvermögensgesetzes vom 26. 6. 2001 (BGBl I 1310, 1313 ff.), die so genannte Riesterrente, anerkannt. Zusätzlich wird eine **Aufstockung der Altersvorsorge** angesichts der allgemeinen Entwicklung der gesetzlichen Rentenversicherung und der Beamtenversorgung generell bei Selbstständigen und Nichtselbstständigen anerkannt, soweit tatsächlich Aufwendungen dafür entstehen. Das gilt auch für Beamte.[172] Inzwischen hat der BGH unter Hinweis auf den Umstand, dass die primäre Versorgung in Zukunft nicht mehr als ausreichende Altersversorgung angesehen werden könne, seine Ansicht über den Umfang anerkennungsfähiger Zusatzaufwendungen konkretisiert. Für Unterhaltsverhältnisse allgemein können danach über den primären Vorsorgeaufwand sowohl beim Pflichtigen als auch beim Berechtigten in Anlehnung an den Höchstfördersatz der Riesterrente **4% des Bruttoeinkommens** abzugsfähig sein, wenn dies einer abschließenden Angemessenheitsprüfung standhält (vgl. dazu Rn. 1/1033 f.).[173] Beim Elternunterhalt wird dem Pflichtigen ein höherer Zusatzaufwand von **5%** des Bruttoeinkommens zugestanden (siehe Rn. 949). Der BGH betont, dass die eigene angemessene Altersvorsorge der Sorge für den Unterhaltsberechtigten grundsätzlich vorgehe, jedenfalls dann, wenn dem Pflichtigen – wie beim Elternunterhalt – vorrangig die Sicherung des eigenen angemessenen Unterhalts zu gewährleisten sei.[174] Selbst der bereits **vorzeitig in Ruhestand** getretene Pflichtige darf bis zum Erreichen der gesetzlichen Altersgrenze zusätzliche Altersorsorge betreiben. Das gilt erst recht, wenn er damit auch eine Versorgungslücke seiner Ehefrau decken muss.[175] Immer müssen solche Aufwendungen schon tatsächlich geleistet werden; nur die Absicht zur Leistung, falls der Aufwand unterhaltsrechtlich anerkannt werde, genügt nicht.[176]

930 **c) Abzug von Verbindlichkeiten.** Abzuziehen sind **vorrangige Unterhaltsverpflichtungen** (vgl. Rn. 263). Einschränkungen ergeben sich, soweit es um einen Anspruch auf Ehegattenunterhalt geht, der bereits durch Leistungen auf den betreffenden Anspruch auf Verwandtenunterhalt oder eine entsprechende latente Unterhaltslast geprägt war.[177] Hier kann von einem Abzug abgesehen werden, soweit dadurch kein Missverhältnis entsteht und dem vorrangigen Ehegatten im Einzelfall nicht einmal mehr sein Mindestbedarf verbleiben würde.[178] Wegen gleichrangiger Unterhaltsansprüche siehe Rn. 264.

Berücksichtigungswürdige sonstige Verpflichtungen können auch **Kreditverbindlichkeiten** sein. Die Abgrenzung zwischen berücksichtigungswürdigen und anderen Verbindlichkeiten geschieht im Rahmen einer umfassenden Interessenabwägung nach billigem Ermessen.[179] Für die Abwägung maßgeblich sind z. B. Zweck, Zeitpunkt und Art der Entstehung, Eingehen der Verbindlichkeiten vor oder nach der Inanspruchnahme auf Un-

---

[169] BGH FamRZ 2003, 860, 863 = R 590A d
[170] BGH a. a. O.; FamRZ 2006, 1511 = R 658 d
[171] BGH a. a. O.
[172] BGH FamRZ 2009, 1391 = R 706 a; 2007, 793 = R 674 c
[173] BGH FamRZ 2005, 1817, 1822 = R 632 j; FamRZ 2007, 793, 795 = R 674 c; 2009, 1391 = R 706 a
[174] BGH FamRZ 2010, 1535 Rn. 25; FamRZ 2006, 1511, 1512 = R 658 b
[175] BGH FamRZ 2010, 1535 Rn. 26
[176] BGH FamRZ 2007, 193, 194; = R 664 b; FamRZ 2007, 793, 795 = R 674 c; FamRZ 2010, 1535; 2009, 1391 = R 706 a
[177] BGH FamRZ 2006, 26, 29 = R 637 d; FamRZ 2004, 186, 188; FamRZ 2003, 860, 865 f. = R 590A g + h.
[178] BGH FamRZ 2003, 860, 865 = R 590A g
[179] BGH FamRZ 2003, 1179, 1181 = R 592 c

III. Das Unterhaltsverhältnis im Einzelnen § 2

terhalt, die Dringlichkeit der Bedürfnisse des Pflichtigen bzw. Berechtigten, die Kenntnis des Pflichtigen von Grund und Höhe der Unterhaltsschuld, die diesem zumutbare Möglichkeit zur Wiederherstellung seiner Leistungsfähigkeit, schutzwürdige Belange des Drittgläubigers.[180] Im Rahmen der Abwägung ist auch zu entscheiden, ob lediglich der Zinsaufwand oder auch der der Vermögensbildung dienende Tilgungsaufwand zu berücksichtigen ist. Grundsätzlich gilt, dass den Ansprüchen der Unterhaltsberechtigten kein allgemeiner Vorrang vor den anderen Verbindlichkeiten des Pflichtigen zukommt. Andererseits dürfen diese Verbindlichkeiten nicht ohne Rücksicht auf die Unterhaltsinteressen getilgt werden (vgl. Rn. 209, 257).[181] Werden **Großeltern von Enkeln** oder **Kinder von** bedürftig gewordenen **Eltern** in Anspruch genommen, kann vielfach ein **großzügigerer Maßstab** angebracht sein als zwischen Eheleuten und unterhaltspflichtigen Eltern und Kindern. Hier wird es sich im Regelfall um keine von vornherein voraussehbare Inanspruchnahme handeln, so dass die Pflichtigen in ihrer Finanzplanung freier waren. So hat der BGH[182] für den Elternunterhalt bei der Bewertung eines dem Pflichtigen zuzuordnenden Wohnwerts nicht nur die Zinsleistungen, sondern auch die Tilgungsleistungen für abziehbar angesehen, wenn die Darlehensverbindlichkeiten eingegangen wurden, bevor mit einer Inanspruchnahme auf Elternunterhalt (vgl. hierzu Rn. 939 ff.) gerechnet werden musste und entsprechender Elternunterhalt und Tilgungsleistungen nicht gleichzeitig aufgebracht werden können – siehe hierzu auch Rn. 934 u. 954. Abzugsfähig ist auch die Rücklage für eine erforderliche und in der Ausstattung angemessene Anschaffung.[183]

Zur Berücksichtigung von Schulden siehe auch Rn. 1/1072 ff.

d) Zurechnung fiktiver Einkünfte wegen Verletzung der Erwerbsobliegenheit. 931
Nach Zumutbarkeitsgesichtspunkten entscheidet sich die Frage, ob dem Unterhaltspflichtigen zur Bestimmung seiner Leistungsfähigkeit **fiktive Einkünfte zuzurechnen sind,** weil er es unterlässt, eine ihm mögliche Erwerbstätigkeit aufzunehmen oder eine ausgeübte Erwerbstätigkeit auszuweiten.[184] Hierbei ist die **Zumutbarkeitsschwelle je nach Unterhaltsverhältnis** höher oder niedriger anzusetzen. Beachten die Gerichte im Einzelfall unter Überschreitung des richterlichen Ermessensspielraums die Zumutbarkeitsgrenze nicht, kann ein Verstoß gegen das sich aus Art. 2 I GG ergebende Grundrecht auf Schutz vor einer unverhältnismäßigen Beschränkung der Dispositionsfreiheit durch Unterhaltsbelastung vorliegen;[185] zugleich ist der sich aus § 1603 I BGB ergebende Verhältnismäßigkeitsgrundsatz verletzt, der jeden Unterhaltsanspruch von der Grundvoraussetzung der Leistungsfähigkeit abhängig macht.[186]
Besonders streng sind im Hinblick auf § 1603 II 1 BGB die Anforderungen an Eltern gegenüber ihren minderjährigen unverheirateten Kindern[187] (siehe Rn. 244). Im Unterhaltsverhältnis zwischen Eheleuten und zwischen Eltern und bedürftigen volljährigen Kindern, die noch keine selbstständige Lebensstellung erlangt haben, gründet sich die Unterhaltsverpflichtung auf der unterhaltsrechtlichen Verantwortung, welche bei Eheleuten durch die Eheschließung übernommen wurde und bei Eltern insoweit auf dem besonderen Pflichtenverhältnis von Eltern gegenüber ihren Kindern beruht (siehe auch oben Rn. 927). In den anderen Unterhaltsverhältnissen ohne derartige Besonderheit liegt die Zumutbarkeitsschwelle am höchsten. Grundsätzlich muss der Unterhaltspflichtige, soweit eine reale Beschäftigungschance besteht, seine Arbeitskraft entsprechend seiner Vorbildung, seinen Fähigkeiten und der Arbeitsmarktlage in zumutbarer Weise bestmöglich einsetzen.[188] Im Einzelfall ist ein Arbeitsplatz- oder Berufswechsel vorzunehmen,[189] in zumutbaren Grenzen

---

[180] BGH FamRZ 1996, 160, 161 f. = R 496 c; BGH FamRZ 2003, 1179, 1181 = R 592 c
[181] BGH a. a. O., S. 1181 = R 592 c
[182] BGH a. a. O., S. 1181 f. = R 592 c
[183] BGH FamRZ 2006, 1511, 1516
[184] BGH FamRZ 1996, 345, 346; vgl. BVerfG FamRZ 2007, 273 zur Verfassungsmäßigkeit der Zurechnung fiktiver Einkünfte
[185] BVerfG FamRZ 2007, 273
[186] BVerfG a. a. O.
[187] BGH FamRZ 1994, 372 = R 473 c
[188] Vgl. BGH FamRZ 2008, 872 Rn. 21 = R 690 c
[189] Vgl. BGH FamRZ 2003, 1471, 1473; 1994, 372, 373 = R 473 c

auch ein Ortswechsel.[190] Dies bedeutet nicht, dass eine Großmutter fortgeschrittenen Alters, die seit langem nur eine Teilzeitarbeit ausübt, diese Tätigkeit ausweiten müsste, um unerwartete Unterhaltsansprüche von Enkeln befriedigen zu können. Hat der Pflichtige durch verantwortungsloses, zumindest leichtfertiges und unterhaltsbezogenes Verhalten seine **Leistungsunfähigkeit herbeigeführt**, z. B. wegen zurechenbaren Arbeitsplatzverlusts, kann ihm die Berufung hierauf ganz oder teilweise versagt sein.[191]

932   e) **Verpflichtung zum Einsatz des Vermögens durch Verwertung.** Der unterhaltspflichtige Verwandte muss in Ermangelung sonstiger Mittel grundsätzlich auch den Stamm seines Vermögens zur Bestreitung des Unterhalts einsetzen. Eine allgemeine Billigkeitsgrenze wie für den Unterhalt zwischen geschiedenen Eheleuten (§ 1581 S. 2 BGB) sieht das Gesetz für den Verwandtenunterhalt nicht vor.[192] Einschränkungen der Obliegenheit zum **Einsatz des Vermögensstamms** ergeben sich allein daraus, dass nach dem Gesetz (§ 1603 I BGB) auch die sonstigen Verpflichtungen des Unterhaltsschuldners zu berücksichtigen sind und er den eigenen Unterhalt nicht zu gefährden braucht. Allgemein muss der Unterhaltsschuldner den Stamm seines Vermögens nicht verwerten, wenn dies für ihn mit einem wirtschaftlich nicht mehr vertretbaren Nachteil verbunden wäre,[193] z. B. wenn er nur unter Inkaufnahme eines erheblichen Wertverlusts veräußern könnte. Eine Verwertung des Vermögensstamms kann nicht verlangt werden, wenn sie den Unterhaltsschuldner von fortlaufenden Einkünften abschneiden würde, die er zur Erfüllung weiterer Unterhaltsansprüche oder anderer berücksichtigungswürdiger Verbindlichkeiten oder zur Bestreitung seines eigenen Unterhalts benötigt.[194] Ist das Vermögen zur Sicherung des eigenen Unterhalts zu schonen, muss die gesamte voraussichtliche Lebensdauer des Pflichtigen berücksichtigt werden.[195] Diese Opfergrenze gilt, soweit der notwendige Selbstbehalt berührt wird, auch bei gesteigerter Unterhaltspflicht von Eltern gegenüber minderjährigen Kindern gemäß § 1603 II 1 BGB.[196] Der Tatrichter hat eine umfassende **Zumutbarkeitsabwägung** vorzunehmen.[197] Vgl. wegen weiterer Einzelheiten auch Rn. 956 f. zum Elternunterhalt.

933   Dem Pflichtigen ist auf jeden Fall eine gewisse **Vermögensreserve** als Rücklage für unvorhergesehene Ausgaben zu belassen. Hierbei sollte ein großzügigerer Maßstab als beim Bedürftigen (siehe Rn. 921) angelegt werden. In den Fällen des Verwandtenunterhalts mit schwacher Ausgestaltung des Anspruchs (z. B. Ansprüche von Enkeln gegen Großeltern, von Eltern gegen ihre Kinder) haben, wenn der konkrete Einzelfall keine höhere Reserve erforderte, die Instanzgerichte eine Pauschale von jedenfalls 10 000 EUR, zugebilligt.[198] Der Deutsche Verein für öffentliche und private Fürsorge hat bereits im Jahr 2005 empfohlen, beim Unterhalt sonstiger Verwandter eine Reserve von 12 500 EUR und in abgeschwächten Unterhaltsverhältnissen wie beim Elternunterhalt von 25 000 EUR zu belassen, wobei beim Elternunterhalt, falls der Pflichtige über kein selbstgenutztes Wohneigentum verfüge, eine Erhöhung auf 75 000 EUR in Betracht komme.[199] Der BGH hat sich diesen Überlegungen grundsätzlich angeschlossen, pauschale Wertgrenzen aber abgelehnt und verlangt stattdessen eine Festlegung im konkreten Einzelfall (siehe auch Rn. 1/607 ff.).[200] Er hat den vom OLG München[201] im konkreten Fall (Elternunterhalt) als die „dem jeweiligen Unterhaltszeitraum angemessene individuelle Schonvermögensgrenze" festgesetzten Betrag von 80 000 EUR akzeptiert (vgl. dazu näher Rn. 959).

---

[190] BGH FamRZ 1994, 372 = R 473 c; OLG Köln FamRZ 1997, 1104: soweit die Arbeitsplatzchancen anderswo besser und die Umzugskosten tragbar sind; zur Zumutbarkeit bundesweiter Bewerbungen und eines Umzugs vgl. BVerfG FamRZ 2007, 237
[191] Vgl. hierzu Pauling FPR 2000, 11, 13
[192] BGH FamRZ 2004, 1184, 1185; FamRZ 1998, 367, 369 = R 517 c
[193] BGH FamRZ 2004, 1184, 1185
[194] BGH a. a. O.
[195] BGH FamRZ 1989, 170, 171
[196] BGH FamRZ 1989, 170; OLG Bamberg FamRZ 1999, 1019
[197] BGH FamRZ 1998, 367, 369 = R 517 c zur Verwertungspflicht des Bedürftigen
[198] AG Höxter FamRZ 1996, 752; AG Wetter FamRZ 1991, 852; vgl. Meyer FamRZ 1997, 225
[199] FamRZ 2005, 1387, 1394 unter 95 Nr. 4 u. 5
[200] BGH FamRZ 2006, 1511, 1516 = R 658 e
[201] FamRZ 2005, 299

III. Das Unterhaltsverhältnis im Einzelnen § 2

Die **Veräußerung eines** nach den übrigen Verhältnissen der Familie angemessenen **934** **Familienheims** wird im Allgemeinen nicht verlangt werden können, weil es der Befriedigung des Unterhaltsbedarfs des Schuldners und gegebenenfalls weiterer Familienangehöriger dient und zugleich Mietaufwendungen erspart.[202] Anders ist es, wenn es sich um ein weder als Einkommensquelle noch zur Befriedigung des Wohnbedarfs der Familie nötiges Ferienhaus handelt.[203] Der Sozialhilfeträger, der ein unterhaltspflichtiges Kind aus übergegangenem Recht (nunmehr § 94 SGB XII) wegen der von ihm getragenen Heimkosten in Anspruch nimmt, kann ein sonst nicht leistungsfähiges Kind nicht dazu verpflichten, in entsprechender Anwendung von (nunmehr) § 91 SGB XII ein zinsloses Darlehen anzunehmen, das bei Tod des Kindes fällig und auf dem zu verwertenden Grundstück durch ein Grundpfandrecht gesichert wird[204] – siehe hierzu näher Rn. 958).

Hätte der Unterhaltsschuldner ein von ihm **verschenktes Hausgrundstück** für Unterhaltszwecke verwerten müssen, entsteht für ihn im Hinblick auf seine Unterhaltspflicht an sich der Rückforderungsanspruch des § 528 I BGB, der aber wohl nicht einmal eine nur fiktive Leistungsfähigkeit begründen kann. Der Schenker darf nämlich über die Frage der Rückforderung, sofern er nicht selbst als Bedürftiger Leistungen zu seinem Unterhalt entgegennimmt, frei entscheiden.[205] Außerdem kann der entsprechende Anspruch vor vertraglicher Anerkennung oder Rechtshängigkeit nicht gepfändet werden (§ 852 ZPO)[206] (vgl. hierzu bezüglich des Rückforderungsanspruchs des selbst bedürftig gewordenen Schenkers im Einzelnen Rn. 931 ff.). Ist der Schenker selbst unterhaltsbedürftig, kann der beschenkte Pflichtige, falls er unabhängig von der Schenkung unterhaltspflichtig wäre, aber einkommenslos ist, verpflichtet sein, die ihm geschenkte Immobilie, möglicherweise mit Aussetzung oder Streckung von Zinszahlung und Tilgung, zu beleihen, um – zur Meidung einer Rückforderung nach § 528 BGB – den Unterhalt aufzubringen.[207] Für die Frage, ob bestehende **Lebensversicherungen** – falls dies im Hinblick auf den erzielbaren Rückkaufswert in wirtschaftlicher Weise möglich ist – verwertet werden müssen, kommt es darauf an, ob sie noch einer nach den Verhältnissen des Pflichtigen gebotenen Altersvorsorge dienen oder wegen genügender anderweitiger Alterssicherung als Kapitalanlage anzusehen sind.[208] Gebundene Lebensversicherungen in Form von so genannten Riester-Renten dienen der Altersvorsorge. Kapitalvermögen aus einer **Schmerzensgeldzahlung** oder aus einer von der Unfallversicherung bezahlten **Invaliditätsentschädigung** muss in der Regel nur eingeschränkt eingesetzt werden. Selbst im Rahmen der gesteigerten Unterhaltspflicht (§ 1603 II 1 BGB) von Eltern gegenüber minderjährigen Kindern ist der besonderen Ausgleichsfunktion des Schmerzensgelds bei der Bestimmung der Opfergrenze in billiger Weise Rechnung zu tragen. Andauernde verletzungsbedingte Behinderungen schwerwiegender Natur führen in diesem Fall auch unter Berücksichtigung der Kindesbelange zu einer maßvollen Anhebung dessen, was dem unterhaltpflichtigen Elternteil zur Deckung seines notwendigen Eigenbedarfs zu belassen ist.[209] Bei vollständiger Invalidität kann dies unter Beachtung der Lebenserwartung des Pflichtigen und seiner Versorgung im Übrigen dazu führen, dass das Schmerzensgeld gar nicht eingesetzt werden muss. In anderen Unterhaltsverhältnissen als der gesteigerten Unterhaltspflicht liegt die Opfergrenze höher. Sind z. B. Kinder Unterhaltsschuldner gegenüber Eltern, kann – wenn schwerwiegende Verletzungsfolgen geblieben sind – der Einsatz der Entschädigung vollständig der Billigkeit widersprechen, so dass die Leistungsfähigkeit insoweit nur durch den Vermögensertrag bestimmt wird.[210]

---

[202] BGH FamRZ 2006, 1511 Rn. 27 = R 658 c; FamRZ 2004, 1184; FamRZ 2001, 21, 23; FamRZ 1986, 48, 50
[203] BGH FamRZ 1986, 48, 50
[204] BVerfG FamRZ 2005, 1051 = R 635
[205] BGH FamRZ 2001, 1127, 1138 f.
[206] BGH a. a. O.
[207] OLG München FuR 2000, 350
[208] Meyer FamRZ 1997, 225; vgl. AG Höxter FamRZ 1996, 752 mit Anm. Zieroth
[209] BGH FamRZ 1989, 170, 172
[210] Vgl. LG Paderborn FamRZ 1996, 1497

935 **f) Unterhaltsansprüche von Eltern gegen verheiratete Kinder.** Richtet sich der Unterhaltsanspruch von Eltern gegen ein verheiratetes Kind, ergeben sich aus dem gleichzeitig bestehenden Unterhaltsverhältnis der Ehegatten untereinander Reibungspunkte, die sich auch auf den Eigenbedarf des pflichtigen Ehegatten auswirken – siehe hierzu unter Rn. 963 ff.

4. Beschränkung oder Wegfall der Unterhaltsverpflichtung durch Verwirkung nach § 1611 I BGB

936 § 1611 BGB enthält eine dem § 1579 Nr. 2 bis 7 BGB für den Ehegattenunterhalt vergleichbare **negative Härteregelung** für den Verwandtenunterhalt, die als Ausnahmevorschrift eng auszulegen ist und deren Voraussetzungen der **Darlegungs- und Beweislast** des Unterhaltspflichtigen unterliegen. Die Klausel greift bei folgenden Tatbeständen ein:
– der Berechtigte ist durch sein sittliches Verschulden bedürftig geworden,
– der Berechtigte hat seine eigene Unterhaltspflicht gegenüber dem Pflichtigen gröblich vernachlässigt,
– der Berechtigte hat sich vorsätzlich einer schweren Verfehlung gegen den Pflichtigen oder einen nahen Angehörigen desselben schuldig gemacht.

Die drei Tatbestände setzen **Verschulden des Bedürftigen** voraus. Die Verletzung der Unterhaltspflicht kann nicht nur den Barunterhalt, sondern auch den gesetzlich geschuldeten Betreuungsunterhalt betreffen.[211] Die Annahme einer vorsätzlichen schweren Verfehlung erfordert eine umfassende Abwägung aller maßgeblichen Umstände unter Einbeziehung des Verhaltens des Pflichtigen.[212] Eine schwere Verfehlung kann regelmäßig nur bei einer tiefgreifenden Beeinträchtigung schutzwürdiger wirtschaftlicher Interessen oder auch persönlicher Belange des Pflichtigen angenommen werden.[213] Als **Begehungsform** kommt **Unterlassen** in Betracht, wenn der Berechtigte dadurch eine Rechtspflicht zum Handeln verletzt.[214] So kann sich die Verletzung elterlicher Pflichten durch Unterlassen als Verfehlung gegen das Kind darstellen. Das gilt z. B. für die dauernde grobe Vernachlässigung und Verletzung der Aufsichtspflicht und für die Verletzung der Pflicht zu Beistand und Rücksicht gemäß § 1618 a BGB.[215] Bei Kränkung des Unterhaltspflichtigen wird es darauf ankommen, ob dies vorsätzlich mit der Absicht einer tiefen Verletzung geschehen ist oder nur als Ausdruck eines nicht überwundenen, nicht in erster Linie vom Kränkenden zu verantwortenden Familienkonflikts zu werten ist.[216] Besondere Vorsicht ist bei der Bewertung des Verhaltens eines psychisch kranken Elternteils geboten. Objektiv schwere Verfehlungen können sich dann vor allem unter dem Aspekt des Vorsatzes sowie des Verschuldens als nicht missbilligenswert herausstellen (Verursachung eines Waschzwangs beim später unterhaltspflichtigen Kind). Dabei ist zu beachten, dass Verschulden im natürlichen Sinn in Anlehnung an die Regelung des § 2333 I Nr. 1 BGB im Pflichtteilsrecht nicht genügt. Erforderlich ist vielmehr ein Verschulden im rechtstechnischen Sinn.[217] Auch bei emotionaler Vernachlässigung in für den Elternteil besonders schwierigen Lebenssituationen kann es an der erforderlichen Schwere der Verfehlung fehlen,[218] ebenso bei mehrmaligem Einsteigen in die Wohnung des Unterhaltspflichtigen, jedenfalls soweit sie folgenlos bleibt.[219] Bloßer Kontaktmangel als solcher, wenn das unterhaltspflichtige Kind erwachsen ist, genügt nicht.[220] Für alle Tatbestände kann die Frage eine Rolle spielen, ob dem Bedürftigen seine **Verfehlung** vom Pflichtigen **verziehen** worden ist.

---

[211] BGH FamRZ 2004, 1559, 1560 = R 614; FamRZ 2010, 1888 Rn. 32 = R 717 b
[212] BGH FamRZ 1995, 475 = R 491 a
[213] BGH FamRZ 2004, 1559, 1560 = R 614; FamRZ 2010, 1888 Rn. 32 = R 717 b
[214] BGH a. a. O.
[215] BGH. a. a. O.
[216] Vgl. OLG Hamm FamRZ 2001, 1395 (LS) = OLGR 2000, 361
[217] BGH FamRZ 2010, 1888 Rn. 40 f. = R 717 b
[218] OLG Koblenz FamRZ 2002, 1212
[219] BGH FamRZ 2010, 1418 Rn. 19 zum Unterhalt des volljährigen Kindes
[220] BGH a. a. O.

III. Das Unterhaltsverhältnis im Einzelnen § 2

Ist der Tatbestand erfüllt, wird grundsätzlich nur noch der **Unterhaltsbeitrag, welcher der Billigkeit entspricht,** geschuldet.[221] Lediglich ausnahmsweise, wenn die Inanspruchnahme des Verpflichteten insgesamt grob unbillig wäre, entfällt die Unterhaltspflicht vollständig (§ 1611 I 2 BGB). So müssen Eltern wegen Herbeiführung der Bedürftigkeit durch **sittliches Verschulden** keinen Unterhalt an den volljährigen Sohn bezahlen, der infolge jahrelanger Alkoholsucht arbeitsunfähig geworden ist, wenn er es zu Zeiten, als er noch nicht schuldunfähig war, vorwerfbar an der notwendigen Therapiebereitschaft fehlen ließ.[222] Die Unterhaltsbedürftigkeit muss gerade auf der Alkoholsucht beruhen.[223] Hat sich ein Vater um seinen damals 12-jährigen Sohn seit der Scheidung von dessen Mutter sowohl in materieller als auch sonst in persönlicher Hinsicht nicht mehr gekümmert, obwohl ihm bekannt wurde, dass der finanzielle Unterhalt nicht mehr gesichert war, sind – falls der Vater nach Jahrzehnten bedürftig wird und Sozialleistungen empfangen muss – Unterhaltsansprüche gegen den Sohn wegen **grober Unbilligkeit** (§ 1611 I 2 BGB) seiner Heranziehung verwirkt.[224] Dasselbe gilt bei langjähriger Vernachlässigung, Kontaktabbruch und Nichtleistung von Unterhalt gegenüber der Tochter für die unterhaltsbedürftig gewordene Mutter[225] oder überhaupt bei unverständlicher jahrzehntelanger Kontaktlosigkeit.[226]

Liegen die Voraussetzungen für eine Beschränkung oder für den Wegfall des Unterhalts- 937 anspruchs vor, kann der Berechtigte für seinen deswegen nicht gedeckten Bedarf nicht andere Verwandte in Anspruch nehmen (§ 1611 III BGB). Nach Sinn und Zweck der gesetzlichen Regelung gilt dies für gleichrangig oder nachrangig haftende Verwandte. Andererseits greift die Klausel und damit die **Sperrwirkung des § 1611 III BGB zugunsten anderer Verwandter** nicht ein, wenn unabhängig von § 1611 I BGB ohnehin kein Unterhaltsanspruch wegen mangelnder Leistungsfähigkeit des betreffenden Unterhaltspflichtigen bestand. In diesem Fall kommt es zu keiner Beschränkung, sondern unmittelbar zur Ersatzhaftung der anderen Verwandten nach § 1607 I BGB. Wäre der Anspruch eines Vaters gegen ein Kind verwirkt, das allerdings mangels Leistungsfähigkeit ohnehin nicht unterhaltspflichtig ist, könnten Geschwister (Halbgeschwister), denen gegenüber die Voraussetzungen des § 1611 I BGB nicht erfüllt sind, ungeachtet der Vorschrift des § 1611 III BGB in Anspruch genommen werden. Dieses Ergebnis erscheint auch zweckmäßig, weil vermieden wird, dass sich ein unterhaltspflichtiger Verwandter auf Verwirkung gegenüber einem anderen vor- oder gleichrangigen Verwandten berufen darf, der wegen Leistungsunfähigkeit aus der Reihe der Pflichtigen ausgeschieden ist, so dass sich ihm gegenüber die Frage der Verwirkung nicht mehr stellt.

Die Vorschrift ist auf die Unterhaltspflicht von **Eltern gegenüber** ihren **minderjähri-** 938 **gen unverheirateten Kindern** nicht anzuwenden (§ 1611 II BGB). Ein etwaiges Fehlverhalten aus der Zeit seiner Minderjährigkeit kann dem volljährigen Kind nicht entgegen gehalten werden.[227] Ebenso wenig ist es möglich, gegenüber einem inzwischen volljährig gewordenen Kind ein Fehlverhalten seines gesetzlichen Vertreters aus der Zeit der Minderjährigkeit, z. B. wegen betrügerischen Erschleichens nicht zustehender Leistungen auf Kindesunterhalt, geltend zu machen, weil sonst das Gesetz umgangen würde. Wegen der Anwendung der Klausel auf den Unterhaltsanspruch (privilegiert) volljähriger Kinder gegen ihre Eltern und wegen der sich hierzu ergebenden Einzelfälle im Übrigen siehe Rn. 600 ff.

5. Elternunterhalt im Besonderen

a) Grundsätzliches. Zu den Grundfragen der Unterhaltsverpflichtung von Kindern 939 gegenüber ihren Eltern vgl. Rn. 900 u. 949 ff., zu dem Umstand, dass Eltern am **Ende der Rangfolge** der Berechtigten stehen, vgl. § 1609 Nr. 6 BGB und Rn. 916; vorrangig sind

---

[221] OLG Celle NJW 2010, 3727 (Absenkung um 25% bei fehlendem Kontakt über mehr als 30 Jahre)
[222] OLG Frankfurt FamRZ 2011, 226; AG Altena DAVorm 1995, 265, 267
[223] OLG Celle FamRZ 2010, 817
[224] LG Hannover FamRZ 1991, 1094
[225] AG Leipzig FamRZ 1997, 965
[226] BGH FamRZ 2004, 1559, 1560 = R 614; AG Helmstedt FamRZ 2001, 1395
[227] BGH FamRZ 1998, 367, 370, insoweit in R 518 nicht abgedruckt

auch die Unterhaltsansprüche der Mutter oder des Vaters aus Anlass der Geburt eines Kindes (§ 1615l III u. IV BGB). Unterhaltsansprüche von Eltern gegenüber Kindern kommen nicht allzu häufig vor Gericht. Allerdings ist die Zahl veröffentlichter Entscheidungen in letzter Zeit gestiegen. Dennoch dürfte die Zahl betagter Menschen mit geringem Einkommen bzw. zu geringen Pflegeversicherungsansprüchen, so dass die Kosten der notwendigen Pflege nicht gedeckt werden können oder sonst wirtschaftliche Not besteht, nicht klein sein. Eltern machen im Interesse des Familienfriedens trotz wirtschaftlicher Notlage nur selten selbst Unterhaltsansprüche gegen Kinder geltend und scheuen – möglicherweise zur Vermeidung eines Rückgriffs gegen die Kinder – auch die Inanspruchnahme von Sozialhilfe[228] – vgl. hierzu Rn. 904 zur Grundsicherung. Nur bei Heimunterbringung, wenn die Kosten vom Sozialhilfeträger übernommen werden müssen, kommt es in gewissem Ausmaß zur gerichtlichen Geltendmachung von Unterhaltsansprüchen aus übergegangenem Recht (§ 94 SGB XII) durch den Träger.

Wie allgemein beim Verwandtenunterhalt sind die Voraussetzungen eines Unterhaltsanspruchs nur gegeben, falls **Bedürftigkeit** des Berechtigten (§ 1602 I BGB) **und Leistungsfähigkeit** des Pflichtigen (§ 1603 I BGB) während der gleichen Zeit vorliegen,[229] also beide Voraussetzungen **zeitgleich** erfüllt sind.[230]

Kommen Geschwister als Haftende für Elternunterhalt in Betracht, haben sie gegeneinander einen **Auskunftsanspruch** über ihre Einkommens- und Vermögensverhältnisse, der sich aus § 242 BGB mit Rücksicht auf ihre besondere Rechtsbeziehung der anteiligen Haftung ergibt. Soweit das Einkommen ihrer jeweiligen Ehegatten von Interesse ist, besteht der Anspruch nicht gegenüber dem betreffenden Ehegatten, sondern nur gegenüber dem entsprechenden Geschwisterkind.[231]

Die Frage der teilweisen oder gänzlichen **Verwirkung des Unterhaltsanspruchs** nach § 1611 BGB (vgl. die in Rn. 936 genannten Fälle) stellt sich nicht ganz selten.

940 **b) Bedürftigkeit des Berechtigten.** An der Unterhaltsbedürftigkeit des Elternteils fehlt es, soweit Einkünfte oder verwertbares Vermögen vorhanden ist – vgl. Rn. 921. Als einzusetzende Einkünfte kommen auch Ansprüche auf die bedarfsorientierte **Grundsicherung** in Betracht (vgl. Rn. 904). **Verwertbares Vermögen** ist zunächst zu verbrauchen, bevor Unterhalt verlangt wird. Die allgemeine Billigkeitsklausel des § 1577 III BGB 2. Alternative gilt im Verwandtenunterhalt nicht, so dass die Grenze der Zumutbarkeit enger zu ziehen ist.[232] Insofern sind bei unterhaltsberechtigten Eltern – abgesehen von dem Notgroschen in Anlehnung an den sozialhilferechtlichen Schonbetrag gemäß § 90 II Nr. 9 SGB XII (vgl. Rn. 921) – geringere Einschränkungen zu machen. Zwar ist auch bei ihnen eine **umfassende Zumutbarkeitsabwägung**, die etwa der Überprüfung nach grober Unbilligkeit entspricht, unter Berücksichtigung der Lage des Verpflichteten erforderlich,[233] es ist aber ein strengerer Maßstab anzulegen als umgekehrt bei den pflichtigen Kindern. Grundsätzlich ist das Vermögen zu verwerten, es sei denn, die Verwertung wäre nicht möglich[234] oder ganz unwirtschaftlich.[235] Anders als bei volljährigen Kindern (vgl. Rn. 107 f.), die vielfach noch keine selbstständige Lebensstellung erlangt haben, kommen darüber hinausgehende Billigkeitsüberlegungen nur in geringerem Umfang in Betracht. Der BGH[236] – der Fall betraf allerdings einen Schadensersatzanspruch nach § 844 II BGB wegen Verlusts des Unterhaltsanspruchs – ging auch bei unterhaltsberechtigten Eltern bei der Zumutbarkeitsprüfung verhältnismäßig weit und nahm Unzumutbarkeit an, wenn der Verbrauch des Vermögens bei Berücksichtigung der voraussichtlichen Lebensdauer des Berechtigten dessen

---

[228] Vgl. Günther FuR 1995, 1
[229] BGH FamRZ 2006, 1511, 1512 = R 658 a
[230] BVerfG FamRZ 2005, 1051, 1053 = R 635
[231] BGH FamRZ 2003, 1836, 1838; FamRZ 2011, 21 Rn. 13
[232] BGH FamRZ 1998, 367, 368 = R 517 c
[233] BGH a. a. O.; vgl. auch BSG FamRZ 2010, 1729 zur Verwertung eines Pflichtteilanspruchs
[234] Wegen des Problems, ob eine Vermögensverwertung möglich ist, vgl. BGH FamRZ 1997, 281, 284 zur Frage einer gegenständlich beschränkten Teilauseinandersetzung einer Erbengemeinschaft
[235] BGH FamRZ 1998, 367, 369 = R 517 c
[236] BGH FamRZ 1966, 28, 29

III. Das Unterhaltsverhältnis im Einzelnen   § 2

angemessenen Lebensunterhalt beeinträchtigen würde. Hiergegen spricht beim Elternunterhalt, dass der Stamm des Vermögens nicht den Erben zu erhalten ist (BGH a. a. O.) und dass die auf Grund der konkreten gesundheitlichen Verhältnisse oder auch der statistischen Lebenserwartung zu treffende Prognose einer noch erheblichen Lebensdauer, welche wegen Sicherstellung eines Teilunterhalts der Verwertung entgegenstehen würde, zu Lasten des unterhaltspflichtigen Kindes und zugunsten der Erben ginge. Richtig dürfte die Ansicht sein, dass die Verwertung nur dann nicht mehr verlangt werden kann, wenn der berechtigte Elternteil einen auch bei Berücksichtigung der Interessen des Unterhaltspflichtigen **wirtschaftlich nicht vertretbaren Nachteil**[237] erleiden würde, z. B. wenn eine Verwertung durch Veräußerung auf Grund einer ungewöhnlichen Marktsituation nur zu einem Bruchteil des wirtschaftlichen Werts möglich wäre. Immer ist zu prüfen, ob nicht anstelle der Veräußerung eine **Verwertung als Kreditunterlage** in Betracht kommt.[238]

Bei einem vom Berechtigten **selbst bewohnten Hausgrundstück** wird die über eine Verwertung als Kreditunterlage hinausgehende, aber allein zur Aufhebung der Bedürftigkeit führende Veräußerung trotz der dadurch vorliegenden langfristigen Deckung und Sicherung des Wohnbedarfs nur dann nicht verlangt werden können, wenn der Unterhaltsbedarf durch den Verbrauch des Erlöses und seiner Erträge nur für eine nicht erhebliche Zeit befriedigt werden könnte. Ist dies für einen bedeutenden Anteil der bestehenden Lebenserwartung möglich, muss veräußert oder das Hausgrundstück stattdessen als Kreditunterlage – soweit dies wegen Stundung der Kreditraten oder wegen deren niedriger Höhe möglich ist – verwendet werden. Wie ausgeführt, ist die Verwertungspflicht des berechtigten Elternteils strenger zu beurteilen als die entsprechende Verpflichtung des Unterhaltspflichtigen; vgl. hierzu Rn. 932 f., 934 und Rn. 956. Der Berechtigte hat in erster Linie seinen gegenwärtigen Unterhaltsbedarf zu decken, so dass seine Bedürftigkeit – soweit sie von der Verwertungsfrage abhängt – nur mit Zurückhaltung auf Grund einer in die Zukunft gerichteten Prognose zu Lasten des Pflichtigen bejaht werden sollte, der seinerseits gegenwärtig lebt und gegenwärtig nicht in Anspruch genommen werden will. In seltenen Fällen mögen einer Verwertung durch Veräußerung des Eigenheims auch dringende gesundheitliche Gründe entgegenstehen, z. B. wenn ein bei Veräußerung nicht vermeidbarer Auszug des Berechtigten zu einer nicht ohne weiteres behebbaren lebensbedrohlichen Gesundheitskrise führen würde.

Auch ein angemessener **Einsatz des** üblicherweise zu belassenden **Notgroschens** kann im Einzelfall erforderlich sein – vgl. Rn. 921.

Zum einzusetzenden Vermögen gehört – wenn ein Elternteil nach Vollziehung einer Schenkung bedürftig geworden ist – auch der **Herausgabeanspruch bzw. Rückforderungsanspruch nach § 528 I BGB**,[239] der gegenüber dem Unterhaltsanspruch des Schenkers vorrangig ist.[240] Die Bedürftigkeit selbst muss nicht Folge der Schenkung sein. Soweit das Gesetz die Rückforderung an die Vollziehung der Schenkung knüpft, bedeutet dies nur eine zeitliche Abgrenzung zur Einrede des Notbedarfs (§ 519 BGB).[241] Deswegen kann der Rückforderungsanspruch, der allerdings erst mit Vollziehung der Schenkung entsteht, bei vorliegendem Notbedarf auch schon für Unterhaltszeiträume ab Abschluss des Schenkungsvertrags, nicht erst ab Vollziehung der Schenkung geltend gemacht werden.[242] Bei dem Rückforderungsanspruch handelt es sich auch dann um keinen Unterhaltsanspruch, für den die Familiengerichte zuständig wären, wenn er auf wiederkehrende Leistungen (vgl. Rn. 942) gerichtet ist.[243] Es handelt sich auch nicht um eine sonstige Familiensache i. S. v. § 266 FamFG. Der Anspruch richtet sich gegen die Erben des Beschenkten, falls dieser vorverstorben ist.[244]

941

---

[237] Vgl. zu diesem Ergebnis v. Staudinger/Engler § 1602 Rn. 120
[238] Vgl. BGH FamRZ 2006, 935, 937 = R 644
[239] Wegen der rechtlichen Probleme der Vorschrift vgl. auch Franzen FamRZ 1997, 528 ff.
[240] BGH FamRZ 2001, 1137, 1139; NJW 1991, 1824
[241] BGH FamRZ 2005, 177, 178
[242] BGH FamRZ 2007, 277, 278
[243] Vgl. OLG Naumburg FamRZ 1997, 293
[244] BGH FamRZ 1991, 1288

942 Der **Anspruch des Schenkers,** der die (volle oder teilweise) Unentgeltlichkeit der betreffenden Zuwendung[245] und seine Bedürftigkeit[246] beweisen muss, auf Herausgabe des Geschenks (§ 528 I S. 1 BGB) setzt voraus, dass er außerstande ist, seinen angemessenen Unterhalt (§ 1610 BGB) zu decken und sich die fehlenden Mittel auch nicht durch zumutbare Arbeit zu beschaffen vermag.[247] Der Bedarf des Schenkers bestimmt sich nicht nach seiner individuellen Lebensstellung vor der Ausführung der Schenkung, sondern er ist auf den Bedarf verwiesen, der objektiv seiner Lebensstellung nach der Schenkung angemessen ist.[248] Unentgeltliche Zuwendung im Sinne des § 528 BGB kann auch eine objektiv unentgeltliche Zuwendung sein, die früher güterrechtlich nicht als Schenkung, sondern als sogenannte **unbenannte Zuwendung** qualifiziert wurde.[249] Seit der Entscheidung des BGH vom 3. 2. 2010 wird diese Zuwendung nunmehr auch güterrechtlich als Schenkung qualifiziert.[250] Die Schenkung ist auch dann wegen Verarmung des Schenkers rückforderbar, wenn das Geschenk, wenn es beim Schenker verblieben wäre, zu dessen **Schonvermögen** gehört hätte.[251]

Der Rückforderungsanspruch des Schenkers geht, wenn ein laufender Unterhaltsbedarf besteht, von vornherein **auf wiederkehrende Leistungen** in Höhe des Bedarfs, bis der Wert des Schenkungsgegenstands erschöpft ist.[252] Der Beschenkte darf nämlich nur insoweit nach den Vorschriften über die ungerechtfertigte Bereicherung in Anspruch genommen werden, als der Schenker seinen angemessenen Unterhalt nicht zu bestreiten vermag. Nur mit dieser **Begrenzung des Rückforderungsanspruchs** wird in Fällen eines wiederkehrenden Bedarfs gesichert, dass das Geschenk nur in dem Maße in Anspruch genommen wird, wie es dem Bedarf des Schenkers entspricht. Zugleich werden mögliche Rückforderungsansprüche des Beschenkten vermieden, die bei Wegfall des Unterhaltsbedarfs nach Herausgabe des Gesamtwerts entstehen könnten.[253] Für die Anwendung der Ersetzungsbefugnis des § 528 I S. 2 BGB bleibt damit bei wiederkehrendem Bedarf kein Raum.[254] Auf den Wegfall der Bereicherung (§ 818 III BGB) kann sich der Beschenkte nicht berufen, falls er im Sinne der §§ 818 IV, 819 I BGB bösgläubig war, weil er das Geschenk in Kenntnis von drohender Erwerbsunfähigkeit des Schenkers wegen Alkoholabhängigkeit entgegengenommen hat. Bei verschärfter Haftung muss der Beschenkte anstelle von § 279 a. F. BGB nunmehr gem. § 276 I 1 n. F. BGB für seine finanzielle Leistungsfähigkeit eintreten, so dass er sich auch nicht auf § 529 II BGB berufen kann.[255]

Ist der Beschenkte, der Eigentümer eines wertvollen geschenkten Grundstücks, aber sonst einkommenslos ist, auch der kraft Gesetzes Unterhaltspflichtige, bedarf es keiner Rückforderung, wenn er das Grundstück, möglicherweise mit ausgesetzter oder gestreckter Zinszahlung und Tilgung beleihen kann, um den laufenden Unterhaltsbedarf des Schenkers zu bestreiten.[256] Der Beschenkte kann aber die Zahlungspflicht abwenden, indem er die Rückübertragung des geschenkten Gegenstands anbietet[257] – nach Überleitung des Anspruchs auf den Sozialhilfeträger (§ 94 SGB XII) kann das wirksam nur noch diesem gegenüber erfolgen (siehe dazu Rn. 944).

---

[245] BGH FamRZ 1995, 479, 480 – zur teilweisen Unentgeltlichkeit eines Übergabevertrags in Vorwegnahme der Erbfolge
[246] BGH NJW-RR 2003, 53, 54
[247] BGH FamRZ 1996, 483
[248] BGH FamRZ 2003, 224, 228
[249] Vgl. BGH FamRZ 2000, 84, 87 zum Begriff der Unentgeltlichkeit gem. § 822 BGB, wenn die Schenkung vom Beschenkten als unbenannte Zuwendung an seinen Ehegatten weitergegeben wurde
[250] BGH FamRZ 2010, 958; FamRZ 2010, 1626
[251] BGH FamRZ 2005, 177
[252] BGH FamRZ 1996, 483; NJW-RR 2003, 53, 54; BVerwG FamRZ 1993, 184, 185 = NJW 1992, 3312; insoweit missverständlich formuliert OLG Naumburg FamRZ 1997, 293
[253] BGH a. a. O.
[254] BGH a. a. O.
[255] BGH FamRZ 2003, 1265, 1267
[256] Vgl. OLG München FuR 2000, 350
[257] BGH FamRZ 2010, 463 Rn. 16

III. Das Unterhaltsverhältnis im Einzelnen § 2

Kann der Beschenkte das Geschenk oder dessen Surrogat nicht mehr herausgeben, weil er das Erlangte seinerseits **unentgeltlich an einen Dritten** weitergegeben hat, richtet sich der Anspruch nach § 822 BGB gegen den Dritten.[258]

Mehrere Beschenkte haften, beschränkt auf den Wert des von ihnen jeweils Empfangenen, wie Gesamtschuldner jeder für sich bis zur Obergrenze des angemessenen Unterhaltsbedarfs des Schenkers.[259] Wegen der Frage, inwieweit der Schenker den Beschenkten in **Verzug** setzen muss, siehe §§ 528 I, 3, 1613 BGB; wegen der Frage, inwieweit der Anspruch auf die **Erben des Schenkers übergeht**, siehe §§ 528 I 3, 1615 BGB.[260]

Zum **Ausschluss des Rückforderungsanspruchs** siehe §§ 529, 534 BGB. Zugunsten des Beschenkten gilt eine Frist von 10 Jahren zwischen Leistung des geschenkten Gegenstands und Eintritt der Bedürftigkeit des Beschenkten (§ 529 I BGB). Innerhalb dieser Frist muss die Bedürftigkeit bereits eingetreten sein; es genügt nicht, dass sie gedroht hatte.[261] **943**

Nach § 529 II u. I BGB kann die Herausgabe des Werts eines geschenkten Grundstücksanteils ausgeschlossen sein, wenn sich auf dem Grundstück das Familienheim befindet und wenn im Verkaufsfall trotz des dem Schuldner verbleibenden anteiligen Verkaufserlöses der angemessene Unterhalt des Schuldners und seiner Familie gefährdet wäre.[262] Zur Beurteilung der Frage, was dem Beschenkten zur **Sicherung seines standesgemäßen Unterhalts** gemäß § 529 II BGB verbleiben muss, sind die einschlägigen familienrechtlichen Bestimmungen und die hierzu von der Rechtsprechung entwickelten Grundsätze im Sinne des angemessenen Unterhalts heranzuziehen.[263] Zur Prüfung der entsprechenden Bedürftigkeit des Beschenkten gehört deswegen auch die Frage, ob die Bedürftigkeit nicht bei Erfüllung einer dem Unterhaltsrecht entsprechenden Erwerbsobliegenheit entfiele.[264]

Für die Berufung des Beschenkten auf seine eigene Bedürftigkeit nach § 529 II BGB ist es grundsätzlich unerheblich, weshalb die Bedürftigkeit entstanden ist. Anders liegt der Fall, wenn der Beschenkte oder sein Erbe in Kenntnis des Notbedarfs des Schenkers die eigene Bedürftigkeit mutwillig, nämlich in grober Missachtung dessen, was jedem einleuchtet, z. B. durch unsinnige Luxusausgaben, herbeigeführt haben.[265] War er bei Verbrauch des geschenkten Gegenstands bösgläubig im Sinne des §§ 818 IV, 819 I BGB, kann er sich von vornherein nicht auf seine mangelnde finanzielle Leistungsfähigkeit berufen, weil er hierfür anstelle von § 279 a. F. BGB nunmehr gem. § 276 I 1 n. F. BGB uneingeschränkt einstehen muss.[266] Zu beachten ist, dass **§ 529 II BGB** nur eine **anspruchshemmende Einrede** gewährt, die nicht dem Rückforderungsanspruch an sich, sondern nur seiner gegenwärtigen Durchsetzung entgegensteht.[267]

Der Anspruch auf Rückforderung wegen Verarmung des Schenkers unterliegt der **Regelverjährung** von nunmehr 3 Jahren, auch wenn der Anspruch auf regelmäßig wiederkehrenden Bedarf und damit auf wiederkehrende Leistungen geht.[268] Die neue Verjährungsregelung auf Grund des Schuldrechtsmodernisierungsgesetzes muss aber andererseits zur Vermeidung eines unangemessenen Ergebnisses zur Konsequenz führen, dass der Anspruch in diesem Fall nicht von vornherein in voller Höhe entsteht, sondern jeweils als Teilanspruch, nämlich als immer wieder neu entstehender Anspruch auf Teilwertersatz in Geld.[269] Ist ein Grundstücksrecht Gegenstand der Rückforderung, richtet sich die Verjährungsfrist nach § 196 BGB und beträgt 10 Jahre.[270] § 196 BGB gilt für Ansprüche auf Übertragung des Eigentums an einem Grundstück, wozu auch bereicherungsrechtliche

---

[258] BGH FamRZ 2004, 691, 692
[259] BGH FamRZ 1998, 155
[260] Vgl. Franzen FamRZ 1997, 528 ff.
[261] BGH NJW 2000, 728, 729; FamRZ 2001, 409, 410
[262] Vgl. OLG Hamm FamRZ, 1993, 1436
[263] BGH FamRZ 2001, 21, 22
[264] BGH FamRZ 2005, 1989, 1990
[265] BGH FamRZ 2001, 286, 288
[266] BGH FamRZ 2003, 1265, 1267
[267] BGH FamRZ 2005, 1989
[268] BGH FamRZ 2001, 409 noch zum alten Verjährungsrecht
[269] Vgl. BGH a. a. O.
[270] BGH FamRZ 2010, 1330 Rn. 18 ff.

Ansprüche (§§ 812 ff. BGB) gehören. Die Rückforderung des Geschenks richtet sich gemäß § 528 BGB nach §§ 812 ff. BGB. Das gilt auch, wenn nur ein Teilwertersatzanspruch geltend gemacht wird, weil der Rückforderungsanspruch nicht den Grundstückswert erreicht.[271]

944 Der Herausgabeanspruch des Schenkers kann vom **Sozialhilfeträger** bis zur Höhe seiner Aufwendungen für den Schenker **nach § 93 SGB XII übergeleitet werden.** Die Überleitungsanzeige ist ein privatrechtsgestaltender Verwaltungsakt gegenüber dem Schenker und dem Beschenkten.[272] Sie hat Tatbestandswirkung auch gegenüber den Zivilgerichten.[273] Nach Überleitung bestimmt sich die Einstandspflicht des verschenkten Vermögens nach der Einkommens- und Vermögenslage des Schenkers zum Zeitpunkt der Beantragung der bewilligten Sozialhilfe. Die Überleitung bewirkt den Übergang eines bestehenden Rückforderungsanspruchs, der nicht wieder untergeht, wenn der Beschenkte wegen einer nach Gewährung der Sozialhilfe eingetretenen Verbesserung seiner Einkommensverhältnisse sich wieder selbst unterhalten kann.[274] Bei laufenden Leistungen geht der Anspruch auf Grund der Überleitung auf den Sozialhilfeträger über, solange die Sozialhilfe ohne Unterbrechung (als Unterbrechung gilt ein Zeitraum von mehr als 2 Monaten) gewährt wird (§ 93 II SGB XII). Die Überleitung wirkt immer nur, soweit der Sozialhilfeträger bereits Leistungen erbracht hat. Der Übergang künftiger Ansprüche steht daher unter der aufschiebenden Bedingung der Sozialhilfegewährung.[275] Die Überleitungswirkung erlischt nicht mit dem **Tod des Schenkers**[276] und kann auch danach noch durch Überleitungsanzeige herbeigeführt werden.[277] Wird der Beschenkte Erbe des Schenkers tritt wegen der über den Tod hinaus bestehenden Erstattungspflicht kein Erlöschen des Anspruchs durch Konfusion ein, wenn der Schenker Sozialhilfe in Anspruch genommen hatte. Denn durch die Überleitungsanzeige wird die aus § 93 SGB XII resultierende Rechtslage nicht erst geschaffen, sondern die Erstattungspflicht wird dadurch nur konkretisiert und individualisiert.[278] Nach Überleitung kann sich der Beschenkte **nicht durch Rückgabe des Geschenks** an den Schenker von der übergeleiteten Zahlungsverpflichtung befreien.[279] Der Sozialhilfeträger (oder ein anderer Abtretungsempfänger) darf sich den **Anspruch aus § 528 I S. 1 BGB** auch **abtreten lassen,** soweit er den Unterhalt des Bedürftigen sichergestellt hat und weiterhin sicherstellt.[280]

Der Schenker ist grundsätzlich darin frei, ob er sich mit weniger als dem angemessenen Unterhalt begnügen und daher auf die Geltendmachung des Rückforderungsanspruchs verzichten will. Dies gilt aber mit der Folge der Vererblichkeit des Anspruchs nicht, falls er sich gerade nicht im Interesse des Beschenkten eingeschränkt hat oder – z. B. wegen seiner Pflegebedürftigkeit – nicht in dessen Interesse einschränken konnte, sondern Sachleistungen oder sonstige Zuwendungen eines Dritten, z. B. eines Pflegeheims, entgegennahm. Er hat dann durch sein Verhalten, zu dem er sich bei Ablehnung einer Inanspruchnahme des Beschenkten in Widerspruch setzen würde, gezeigt, dass er den Rückforderungsanspruch geltend machen will.[281]

945 **c) Bedarf des Berechtigten.** Durch die Einführung der Pflegeversicherung (SGB XI), ist bis zu bestimmten Höchstsätzen nur das Pflegefallrisiko (pflegebedingte Aufwendungen), nicht aber der sonstige Lebensbedarf, z. B. bei Heimunterbringung Unterkunft und Verpflegung, abgesichert. Kommt es zur Heimunterbringung, reichen u. U. auch die Höchstsätze der Pflegeversicherung (derzeit in Pflegestufe III 1510,– EUR, ab 1. 1. 2012 1550,– EUR, bei Härtefällen auch bis zu 1825,– EUR bzw. ab 1. 1. 2012 1918,– EUR

---

[271] BGH a. a. O.
[272] BGH FamRZ 1995, 1123; BVerwG NJW 1992, 3312
[273] Oestreicher/Decker § 93 SGB XII Rn. 110
[274] BGH FamRZ 2003, 1265, 1267
[275] Oestreicher/Decker § 93 SGB XII Rn. 106
[276] BGH FamRZ 2004, 691, 692
[277] BGH FamRZ 2004, 691, 692; FamRZ 2001, 1137, 1139; FamRZ 1995, 1123
[278] BGH FamRZ 1995, 1123
[279] BGH FamRZ 1994, 815
[280] BGH FamRZ 1995, 160, 161; anderer Ansicht OLG München NJW-RR 1993, 250: Abtretung nur an die in § 528 I S. 1 BGB genannten Unterhaltsgläubiger
[281] BGH FamRZ 2001, 1137, 1138

III. Das Unterhaltsverhältnis im Einzelnen § 2

§ 43 II SGB XI) nicht zur Abdeckung des Pflegeaufwands aus, so dass bei Mittellosigkeit des Elternteils auch hier die Sozialhilfe einspringen muss (vgl. § 13 III Nr. 1 SGB XI).[282]

Der unterhaltsrechtliche **Bedarf von Eltern** bestimmt sich nach § 1610 BGB (vgl. Rn. 919). Nicht die etwa gehobene Lebensstellung eines unterhaltspflichtigen Kindes ist maßgebend, sondern die eigene Lebensstellung der Eltern. Diese bestimmt sich in erster Linie nach den Einkommens- und Vermögensverhältnissen des betreffenden Elternteils. Sie ist nicht unveränderlich, sondern passt sich – eventuell nach einer Übergangszeit – auch nachteiligen Veränderungen der Einkommensverhältnisse an, z. B. nach Eintritt in den Ruhestand.[283] Allerdings wird der Bedarf auch bei bescheidensten Verhältnissen nicht niedriger angesetzt werden können als gemäß den in unterhaltsrechtlichen Leitlinien angenommenen **Mindestbedarfssätzen** (z. B. nach B. Nr. V. und D. Nr. II. der Düsseldorfer Tabelle (Stand: 1. 1. 2011) monatlich 950,– EUR beim Erwerbstätigen und 770,– EUR beim Nichterwerbstätigen).[284] Auch die Lebensstellung eines unterhaltsberechtigten Elternteils kann nämlich nicht unter dem Existenzminimum liegen. 946

Zu beachten ist, dass **eigene Unterhaltspflichten des Elternteils**, z. B. für den Ehegatten, nicht seinen Bedarf erhöhen und seine Bedürftigkeit begründen können, weil der Unterhaltsanspruch allein zur Behebung eigenen Unterhaltsbedarfs dient, auch wenn die Unterhaltspflicht sozialrechtlich zu beachten ist.[285]

Entstehen für pflegebedürftige Eltern ungedeckte **Heim- und/oder Pflegekosten,** handelt es sich um einen von den unterhaltspflichtigen Verwandten, also regelmäßig den Kindern, zu tragenden Unterhaltsbedarf.[286] Die Meinung des AG Hagen,[287] die Aufwendungen für die ständige Unterbringung in einem Pflegeheim stellten einen *regelmäßig auftretenden Sonderbedarf* dar, welcher nicht vom Unterhaltspflichtigen zu tragen sei, ist dogmatisch nicht haltbar. Soweit solche Kosten notwendigerweise entstehen, betreffen sie als existenzielle Bedürfnisse des Berechtigten dessen Bedarf, für den der Pflichtige einstehen muss,[288] solange ihm die Leistung ohne Gefährdung seines angemessenen Unterhalts (§ 1603 I BGB) möglich ist. Der Bedarf im Heim umfasst auch einen **Barbetrag** und ggf. einen **Zusatzbarbetrag**. Letzteres gilt dann, wenn der Bedürftige schon am 31. 12. 2004 im Heim gelebt hat und einen Teil der Heimkosten selbst bestreiten konnte. Er hatte dann nach § 21 III 4 BSHG einen Anspruch auf einen Zusatzbarbetrag. Diese Regelung ist nicht in das SGB XII übernommen worden – § 35 II 1 SGB XII sieht nur einen angemessenen Barbetrag vor –, wird aber als Besitzstandswahrung gemäß § 133a SGB XII solchen Heimbewohnern weitergewährt. Sie ermöglicht dem jedenfalls teilweise leistungsfähigen Heimbewohner einen etwas höheren Lebensstandard.[289] An seiner früheren Rechtsprechung, dass der Pflichtige entsprechenden Bedarf des Berechtigten selbst dann befriedigen müsse, wenn dieser Bedarf den ihm als Selbstbehalt zugestandenen eigenen Bedarf übersteige,[290] hat der BGH freilich jedenfalls für den Elternunterhalt nicht festgehalten – vgl. Rn. 950. 947

Der elterliche Bedarf kann sich in einem solchen Fall nicht nach den Kosten eines von den Eltern frei gewählten, aber nach ihren Verhältnissen unangemessen teuren Alten- und Pflegeheims bestimmen.[291] Weiter ist erforderlich, dass die Unterbringung in einem Heim

---

[282] Vgl. Menter FamRZ 1997, 919
[283] BGH FamRZ 2003, 860, 861 = R 590A b; BGH FamRZ 2010, 1535 Rn. 18 = R 714 a
[284] BGH FamRZ 2003, 860, 861 = R 590A b; Günther, FuR 1995, 1, 2; OLG Koblenz FamRZ 2001, 1212, 1213
[285] BGH FamRZ 2004, 1370, 1372 = R 618 b
[286] BGH FamRZ 2010, 1535 Rn. 13 ff. = R 714a; FamRZ 2004, 1370, 1371 = R 618a; AG Hamburg FamRZ 1991, 1086; LG Hagen FamRZ 1989, 1330; vgl. auch Empfehlungen des 17. Deutschen Famliengerichtstags unter B. 3. a), FamRZ 2007, 2040
[287] AG Hagen FamRZ 1988, 755, 756
[288] BGH FamRZ 2010, 1533 Rn. 13 = R 714a; vgl. auch Schwenzer FamRZ 1989, 685, 688; Günther FuR 1995, 1, 2; nach OLG Schleswig NJW-RR 2004, 866 müssen die Unterbringungskosten im Verhältnis zur Lebensstellung angemessen sein
[289] BGH FamRZ 2010, 1535 Rn. 15 ff. = R 714a
[290] BGH FamRZ 1986, 48, 49
[291] OLG Schleswig a. a. O.; Hauß, Elternunterhalt: Grundlagen und Strategien, 3. Aufl., Rn. 55 ff.; Herr FamRZ 2005, 1021

wirklich notwendig ist, z. B., weil eine Versorgung in der eigenen Wohnung nicht mehr organisiert werden kann und deswegen keine für die Bedarfsbestimmung untaugliche, nur präventive Unterbringung stattfindet.[292] In einzelnen Fällen mag das Problem auftauchen, ob das in Anspruch genommene Kind den bedürftigen Elternteil nach § 1612 I 2 BGB ausnahmsweise aus besonderen Gründen darauf verweisen kann, **Naturalunterhalt entgegenzunehmen**, z. B. durch Bezug eines vom Kind zur Verfügung gestellten Wohnraums und Entgegennahme von vom Kind organisierten Betreuungs- und Pflegeleistungen.[293]

948 Zur Frage der **Prozesskostenvorschusspflicht** von Kindern gegenüber Eltern vgl. Rn. 920.

949 **d) Leistungsfähigkeit des pflichtigen Kindes.** Wegen der Frage, ob die Leistungsfähigkeit des Kindes auch auf fiktiven Einkünften beruhen kann, wird wegen des unterschiedlichen Grads der Zumutbarkeit je nach Unterhaltsverhältnis zunächst auf Rn. 931 verwiesen. Konsequenterweise muss die Zumutbarkeitsschwelle für die Berücksichtigung **fiktiver Einkünfte wegen Verletzung einer Erwerbsobliegenheit** oder wegen Herbeiführung der Leistungsunfähigkeit durch ein verantwortungsloses, zumindest leichtfertiges und unterhaltsbezogenes Verhalten, beim Elternunterhalt eher hoch angesetzt werden. Auch hier ist zu bedenken, dass das Unterhaltsverhältnis nach der BGH-Rechtsprechung nur vergleichsweise schwach ausgestaltet ist. Insoweit ist fiktives Einkommen beim Elternunterhalt nur in Ausnahmefällen anzusetzen.[294] Dies bedeutet freilich nicht, dass das pflichtige Kind durch Aufgabe einer bereits vor (drohender) Inanspruchnahme ausgeübten Erwerbstätigkeit ohne zwingenden Grund zur Flucht aus dem Elternunterhalt berechtigt wäre.[295] Die Ausweitung einer bereits ausgeübten Teilzeittätigkeit wird noch eher in Betracht kommen, als die erstmalige Aufnahme einer Erwerbstätigkeit nach Inanspruchnahme auf Elternunterhalt.

Ist das pflichtige Kind verheiratet und hat es im Verhältnis zu seinem Ehegatten die **ungünstige Steuerklasse** V gewählt, ist diese Verschiebung der Steuerbelastung bei Ermittlung seiner Leistungsfähigkeit durch einen tatrichterlich – unter Berücksichtigung der Einkommen beider Ehegatten – zu schätzenden Abschlag von der Belastung zu korrigieren.[296]

Der BGH hat beim Elternunterhalt inzwischen **zusätzlichen tatsächlichen Aufwand für die Altersvorsorge** als berücksichtigungsfähig bezeichnet. Da die Selbstbehaltssätze des Pflichtigen beim Elternunterhalt um 25% höher als bei anderen Unterhaltsverhältnissen angesetzt würden (vgl. Rn. 953), sei es in der Regel angemessen, vom üblichen Satz der gesetzlichen Altersvorsorge von 20% ein zusätzliches weiteres Viertel mit 5% (= Prozentpunkten) als zusätzliche Versorgung über die primäre Altersvorsorge hinaus anzuerkennen.[297] Immer müssen solche Aufwendungen schon tatsächlich geleistet werden; nur die Absicht zur Leistung, falls der Aufwand unterhaltsrechtlich anerkannt werde, genügt nicht[298] – siehe Rn. 929 und Rn. 1/1033 f. Auch der **nicht sozialversicherungspflichtig tätige oder selbständige Unterhaltspflichtige** darf 20% seines Bruttoeinkommens für die primäre sowie weitere 5% für die sekundäre Altersversorgung einsetzen (insgesamt 25% vom Bruttoeinkommen).[299] Die Art seiner Vorsorge steht ihm frei.[300] Ist das Vermögen thesaurierend angelegt (z. B. Sparvertrag mit thesaurierendem Zins, Prämiensparvertrag), verbleibt ihm auch das daraus erwachsende Kapital.[301]

---

[292] Hauß, a. a. O. Rn. 47 ff.
[293] Hauß, a. a. O. Rn. 67 ff.
[294] Vgl. OLG Köln FamRZ 2002, 572, 573; weitgehend ablehnend Hauß, a. a. O. Rn. 344 ff.
[295] Hauß, a. a. O. Rn. 350
[296] BGH FamRZ 2004, 443, 444 = R 604a
[297] BGH FamRZ 2004, 792, 793 = R 605a; FamRZ 2006, 1511, 1514 = R 658d + g; 2009, 1207 Rn. 30; FamRZ 2010, 1535 Rn. 25
[298] BGH FamRZ 2007, 193, 194 = R 664b; FamRZ 2007, 793, 795 = R 674c; 2009, 1391 Rn. 706a
[299] BGH FamRZ 2003, 860, 860 = R 590A d; 2008, 1739 Rn. 67 (je 20%); FamRZ 2004, 792; FamRZ 2010, 1535 Rn. 25 (5%)
[300] BGH FamRZ 2003, 860, 863 = R 590A d
[301] OLG Düsseldorf FamRZ 2009, 1077

III. Das Unterhaltsverhältnis im Einzelnen § 2

aa) **Angemessener Eigenbedarf.** Wegen des angemessenen Eigenbedarfs des pflichtigen Kindes ist zunächst auf die allgemeinen Ausführungen zum Verwandtenunterhalt – Rn. 923 ff. – zu verweisen. In welcher Höhe der Bedarf zu bemessen ist, obliegt der tatrichterlichen Beurteilung des Einzelfalls.[302] Es gilt als Grundsatz, dass der Eigenbedarf nicht durchgängig mit einem bestimmten festen Betrag angesetzt werden darf, sondern **anhand der konkreten Umstände des Einzelfalls** unter Berücksichtigung der besonderen Lebensverhältnisse des Pflichtigen zu ermitteln ist.[303] § 1603 I BGB gewährleistet im Verwandtenunterhalt vorrangig die Sicherung des eigenen angemessenen Unterhalts, also derjenigen Mittel, die der Pflichtige zur angemessenen Deckung seines allgemeinen Bedarfs benötigt.[304] In welcher Höhe der Bedarf zu bemessen ist, hängt von seiner Lebensstellung ab, die sich aus Einkommen, Vermögen und sozialem Rang ergeben. Denn die Lebensstellung wird erfahrungsgemäß an die zur Verfügung stehenden Mittel angepasst. Insofern kann der angemessene Eigenbedarf nicht unabhängig von dem im Einzelfall vorhandenen Einkommen bestimmt werden.[305] Dabei ist der Eigenbedarf keine unveränderliche Größe, sondern entsprechend den Umständen des Einzelfalls veränderlich.[306] Den Elternunterhalt bezeichnet der BGH unter anderem auf Grund seiner untergeordneten Rangstufe im Verhältnis zur Rangstufe anderer Unterhaltsverhältnisse als vergleichsweise schwach ausgestaltet. Der Pflichtige brauche daher bei Inanspruchnahme für Elternunterhalt keine spürbare und dauerhafte Senkung seines berufs- und einkommenstypischen Unterhaltsniveaus, an das er sich selbst schon längerfristig angepasst habe, hinzunehmen, soweit er nicht einen nach den Verhältnissen unangemessenen Aufwand betreibe oder ein Leben in Luxus führe.[307] Insoweit hält der BGH für den Elternunterhalt an der im Urteil vom 23. 10. 1985[308] vertretenen Auffassung nicht fest, der Pflichtige habe einen entsprechenden, z. B. krankheitsbedingten Bedarf des Berechtigten, selbst dann zu befriedigen, wenn dieser Bedarf höher ist als der ihm selbst zu belassende eigene angemessene Bedarf. Die Maßstäbe dieser Entscheidung, die ein volljähriges behindertes Kind als Unterhaltsberechtigten betroffen haben, würden beim Elternunterhalt regelmäßig die Grenze des dem Pflichtigen Zumutbaren überschreiten. Die Notwendigkeit, erhebliche Abstriche vom erlangten Lebenszuschnitt zu machen, liefe für den Elternunterhalt auf eine übermäßige Belastung der Unterhaltspflichtigen hinaus, die schon Leistungen für ihre eigenen Kinder und zugleich Sozialversicherungsabgaben zugunsten der Elterngeneration erbracht hätten.[309] Bei der notwendigen Betrachtung des Einzelfalls wird es ungeachtet der Rechtsprechung des BGH in konkreten Fällen möglich sein, besondere Umstände auf Seiten der Berechtigten angemessen zu berücksichtigen, z. B. wenn Eltern unter erheblichen eigenen Einschränkungen ein Studium oder eine andere längere Ausbildung finanziert haben und trotz des auf Grund dieser Ausbildung erlangten gehobenen Einkommens bei Pflegebedürftigkeit im Alter auf Sozialhilfe verwiesen werden sollen.

950

Fraglich ist, ob nicht ein Rechtsgedanke des BGH verallgemeinert werden sollte, den dieser im Zusammenhang mit der Haftung eines verheirateten Kindes und von dessen vorrangiger Unterhaltspflicht gegenüber dem Ehegatten erörtert hat. Der BGH führt aus, dass die betreffenden ehelichen Verhältnisse mit der Folge eines grundsätzlichen Vorabzugs des Elternunterhalts sogar durch die **latente Unterhaltslast** für den Elternteil eines Ehegatten geprägt sein könnten, nämlich falls die Bedürftigkeit des Elternteils – anders allerdings als in der Regel dessen Pflegebedürftigkeit – nicht unvorhersehbar ein-

951

---

[302] BGH FamRZ 2002, 1698, 1700 = R 580 c; FamRZ 2003, 1179, 1182 = R 592 e; FamRZ 2006, 1511, 1512 = R 658 b
[303] BGH FamRZ 2002, 1698, 1701 = R 580 c für den Elternunterhalt; FamRZ 2010, 1535 Rn. 23
[304] BGH FamRZ 2003, 1179, 1180 + 1182 = R 592 b + e; FamRZ 2006, 1511, 1512 = R 658 b
[305] BGH a. a. O.
[306] BGH FamRZ 2002, 1698, 1700 = R 580 c; FamRZ 2003, 1179, 1180 = R 592 b
[307] BGH FamRZ 2002, 1698, 1700 ff. = R 580 c; FamRZ 2003, 1179, 1180 = R 592 b; zur Berücksichtigung von Tilgungsraten für die selbst bewohnte Immobilie BGH FamRZ 2003, 1179, 1181 = R 592 c
[308] BGH FamRZ 1986, 48, 49; vgl. aber BGH FamRZ 2004, 366 f. = R 599 b, soweit auskömmlicher Familienunterhalt zur Verfügung steht.
[309] BGH FamRZ 2002, 1698, 1701 = R 580 c

§ 2   Kindes-, Eltern- und sonstiger Verwandtenunterhalt

trete.[310] Ist das Vorliegen einer derartigen latenten Unterhaltslast zu bejahen, dürfte sich dies auf das Unterhaltsverhältnis generell dahin auswirken, dass dennoch getroffene Vermögensdispositionen oder Steigerungen des Lebensstandards unter Umständen ganz oder teilweise im Rahmen der Überprüfung des angemessenen Eigenbedarfs außer Betracht zu bleiben haben.

952   Die unterhaltspflichtige Kinder in erheblichem Maße privilegierende **restriktive Rechtsprechung** des BGH erscheint nicht ganz unproblematisch. So wird z. B. das Grundsicherungsgesetz (vgl. Rn. 904) als Beleg für eine auch vom Gesetzgeber gewollte Einschränkung von Unterhaltsansprüchen herangezogen,[311] obwohl das genannte Gesetz nach den Motiven des Gesetzgebers die Unterhaltspflichtigen gerade nicht entlasten sollte.[312] Zwar sind unbestritten Begrenzungen erforderlich, es erscheint aber gesellschaftspolitisch zweifelhaft, wenn private Verpflichtungen, die bei einer anderen Bewertung der Zumutbarkeit von Einschränkungen durchaus noch privat erfüllt werden könnten, auf die öffentliche Hand abgewälzt werden, die sich ohnehin in einer solchen Finanzlage befindet, dass sie derzeit weder alle wichtigen Infrastrukturaufgaben ordnungsgemäß wahrnehmen noch sichere Konzepte für die Finanzierung der Renten und Pensionen späterer Generationen vorlegen kann. Insofern ist auch die großzügige Pauschalierung mit Hilfe eines Bonus von 50% des den Mindestbedarf des Pflichtigen übersteigenden Einkommens (nachfolgend Rn. 953) nicht ganz bedenkenfrei.

953   In Rechtsprechung und Literatur hat sich die Auffassung durchgesetzt, dass die Unterhaltspflicht von Kindern gegenüber Eltern zunächst durch eine **Erhöhung des sogenannten großen Selbstbehalts um 25%** und durch eine **großzügigere Anerkennung von Abzugsposten** zu begrenzen sei. Dieser Auffassung lag eine Entscheidung des Bundesgerichtshofs[313] vom 26. 6. 1992 zugrunde (vgl. Rn. 927). Danach handele es sich bei der Unterhaltsverpflichtung von Kindern gegenüber Eltern um eine grundlegend andere Lebenssituation als bei der sich aus der natürlichen Generationenfolge ergebenden Verpflichtung von Eltern gegenüber volljährigen Kindern, die mangels Ausbildungsabschluss noch keine selbstständige Lebensstellung erlangt hätten. Insofern gestatte das Gesetz bei Kindern auch die Berücksichtigung sonstiger Verpflichtungen, darunter auch solcher, die auf Vorsorge, z. B. auf Bildung angemessener Rücklagen, beruhen. Hierfür spreche auch die Entwicklung des Sozialrechts mit der Pflicht zur Abführung von Sozialabgaben durch die berufstätigen Kinder auf der einen Seite und die Einräumung von Schongrenzen durch die Sozialgesetze (vgl. den früheren § 92 II BSHG) auf der anderen Seite. In der Folgezeit empfahl der 11. Deutsche Familiengerichtstag,[314] nur 50% des Einkommens über einem erhöht angesetzten Mindestbedarfs des Kindes für den Unterhalt in Anspruch zu nehmen. Entsprechende Empfehlungen kamen von dem Deutschen Verein für öffentliche und private Fürsorge[315] und vom 13. Deutschen Familiengerichtstag.[316] In mittlerweile ständiger Rechtsprechung hat sich der BGH diesen Empfehlungen hinsichtlich eines zusätzlichen **Bonus von etwa 50%** angeschlossen.[317] Durch eine solche Handhabung sei ein angemessener Ausgleich zwischen den Unterhaltsinteressen von Eltern und dem Interesse des Unterhaltspflichtigen an der Wahrung seines angemessenen Selbstbehalts zu bewirken. Zugleich könne eine ungerechtfertigte Nivellierung unterschiedlicher Verhältnisse vermieden werden. Andererseits habe eine derartige Verfahrensweise den Vorteil der Rechtssicherheit und Praktikabilität für sich. Zu beachten ist, dass die **50-%-Quote nicht gilt,** wenn es um die Leistungsfähigkeit eines verheirateten Kindes zum Elternunterhalt geht, soweit hier der

---

[310] BGH FamRZ 2003, 860, 865 f. = R 590A h; FamRZ 2004, 186, 188; FamRZ 2006, 26, 29 = R 637c + d
[311] BGH FamRZ 2002, 1698, 1701 = R 580 c; FamRZ 2006, 1511, 1515 unter Bezugnahme auf BVerfG FamRZ 2005, 1051
[312] Vgl. Klinkhammer FamRZ 2002, 997, 1001
[313] BGH FamRZ 1992, 795, 797
[314] FamRZ 1996, 337, 338 unter I. 4.2
[315] FamRZ 2000, 788, unter Nr. 121
[316] FamRZ 2000, 273, 274 unter I. 4 a)
[317] BGH FamRZ 2002, 1698, 1701 f. = R 580 c; FamRZ 2003, 1179, 1182 = R 592 e; FamRZ 2004, 186; FamRZ 2004, 1184; FamRZ 2006, 1511, 1512; FamRZ 2010, 1535 Rn. 23

III. Das Unterhaltsverhältnis im Einzelnen § 2

angemessene Eigenbedarf bereits im Rahmen des Familienunterhalts gewahrt wird – vgl. Rn. 963. Eine Einschränkung erfährt die Quote auch, wenn sich für das unterhaltspflichtige Kind durch gemeinsame Haushaltsführung mit dem Ehegatten eine Ersparnis ergibt. Diese wird mit 10% bewertet, so dass dann nur noch 45% des den Mindestselbstbehalt übersteigenden Einkommens anrechnungsfrei bleiben.[318]

Wird das Einkommen – wie auch in schon gehobenen Verhältnissen vielfach üblich – vollständig verbraucht, ist nach der Rechtsprechung des BGH beim Elternunterhalt zur Herstellung der Leistungsfähigkeit eine **Zurücknahme einer aufwändigen Lebensführung** auf einen den konkreten Verhältnissen noch entsprechenden Standard grundsätzlich nur sehr eingeschränkt zumutbar. Eine spürbare und dauerhafte Senkung seines berufs- und einkommenstypischen Unterhaltsniveaus brauche der Unterhaltspflichtige wegen des von Gesetzes wegen schwach ausgestatteten Anspruchs der Eltern nämlich nur hinzunehmen, wenn er einen nach den Verhältnissen unangemessenen Aufwand betreibe oder ein Leben in Luxus führe.[319] Es sei zu berücksichtigen, dass der Pflichtige, bevor er unerwartet auf Grund der Hilfs- und Pflegebedürftigkeit seiner Eltern in Anspruch genommen werden solle, sich selbst vielfach schon in höherem Lebensalter befinde und seine Lebensverhältnisse bereits längerfristig an sein Einkommensniveau angepasst habe.[320] Insbesondere werde die Grenze des Zumutbaren in der Regel überschritten, falls von ihm verlangt werde, mehr von seinem Einkommen für den Unterhalt der Eltern einzusetzen, als ihm selbst verbleibe (siehe dazu Rn. 950).[321] 954

Wird der Wohnbedarf des unterhaltspflichtigen Kindes durch Wohneigentum in einer im Verhältnis zu den Einkünften nicht unangemessenen Weise abgedeckt, so dass auch keine Veräußerungspflicht bestehen kann (vgl. Rn. 934), hält es der BGH anders als beim Nachscheidungsunterhalt, wo die Verwertungspflicht strenger zu sehen sei, nicht für angemessen, den objektiven Mietwert als **Wohnvorteil** anzusetzen.[322] Beim vergleichsweise schwach ausgestalteten Elternunterhalt würde es auf eine Schmälerung des eigenen Bedarfs des Kindes hinauslaufen, wenn für die Bemessung seiner Leistungsfähigkeit auf Grund der Berücksichtigung des objektiven Mietwerts Mittel berücksichtigt würden, die tatsächlich nicht zur Verfügung stehen und die nur durch eine Verwertung der Immobilie zu realisieren wären.[323] Maßgebend seien daher wie beim ehelichen Trennungsunterhalt die **ersparten Mietaufwendungen** für eine dem vorliegenden Lebensstandard entsprechende Mietwohnung. Der sich danach ergebende Wohnvorteil mindert sich um die Aufwendungen für die allgemeinen Grundstückskosten und -lasten, für die Finanzierungszinsen sowie für die sonstigen verbrauchsunabhängigen Lasten.[324] Insbesondere, wenn das pflichtige Kind seine Verbindlichkeiten für die Schaffung des selbstgenutzten Wohneigentums vor Bekanntwerden der Unterhaltsverpflichtung eingegangen war, sind von den Darlehensraten nicht nur die Zinsleistungen, sondern auch die Tilgungsleistungen abzugsfähig.[325] Hat es in Ansehung der Unterhaltspflicht (im entschiedenen Fall während des Rechtsstreits) eine Immobilie erworben, sind die Tilgungsraten jedenfalls noch im Umfang der sekundären Altersvorsorge (5% des Bruttoeinkommens) zu berücksichtigen.[326]

Die **Leitlinien der Oberlandesgerichte** zum Mindestbedarf des Pflichtigen beim Elternunterhalt gehen fast durchgängig von einem um 25% erhöhten großen Selbstbehalt aus, der sich um einen Bonus von 50% bzw. von 45% des den Mindestbedarf übersteigenden Einkommens erhöht. Die Leitlinien folgen damit der Rechtsprechung des BGH und den Empfehlungen des 11. und 13. Deutschen Familiengerichtstags bzw. des Deutschen 955

---

[318] BGH FamRZ 2010, 1535 Rn. 44 = R 714 c
[319] BGH FamRZ 2002, 1698, 1700 f. = R 580 c; FamRZ 2003, 1179, 1180 = R 592 b
[320] BHG FamRZ 2002, 1698, 1701 = R 580 c
[321] BGH a. a. O.
[322] BGH FamRZ 2010, 1535 Rn. 29
[323] BGH FamRZ 2003, 1179, 1181 = R 592 b
[324] BGH a. a. O.; s. a. FamRZ 2006, 1511, 1516
[325] BGH a. a. O. = R 592 c
[326] OLG Hamm FamRZ 2010, 303, 304; insoweit nicht von der Revision zum BGH erfasst (FamRZ 2010, 1888)

§ 2　　　　　　　　　　　　　　Kindes-, Eltern- und sonstiger Verwandtenunterhalt

Vereins für öffentliche und private Fürsorge (vgl. hierzu Rn. 953). Wegen der einzelnen Leitlinien zum Mindestbedarf des Pflichtigen beim Elternunterhalt siehe Rn. 928.

956　**bb) Pflicht zur Vermögensverwertung.** Allgemein zur Frage der Vermögensverwertung durch den Pflichtigen beim Verwandtenunterhalt, insbesondere dazu, dass die Verwertungspflicht weniger streng zu beurteilen ist als beim Berechtigten, siehe zunächst Rn. 932–934 und Rn. 1/622 ff.

Zwar müssen auch Kinder zur Befriedigung von Unterhaltsansprüchen der Eltern den Stamm ihres Vermögens einsetzen, zumal – wie allgemein im Verwandtenunterhalt – keine gesetzliche Billigkeitsgrenze für den Einsatz wie beim Geschiedenenunterhalt (§ 1581 S. 2 BGB) besteht.[327] Es gelten mindestens dieselben Einschränkungen wie beim sonstigen Verwandtenunterhalt.[328] Bei Anwendung der in Rn. 932–934 dargelegten Grundsätze ist aber zusätzlich zu berücksichtigen, dass die Kinder wegen ihrer noch höheren Lebenserwartung noch für längere Zeitabschnitte mit Hilfe ihres Vermögens **Vorsorge für** ihr eigenes **Alter** und für die Sicherung ihres eigenen Lebensbedarfs bzw. des Lebensbedarfs ihrer Familie treffen müssen. Es ist ihnen daher nicht zuzumuten, verwertbares Vermögen in einer kurzen Zeitspanne zu verbrauchen. Die **Absicherung der eigenen Existenz** und der eigenen vorrangigen Verpflichtungen sowie eine Verwertung nur unter dem Gesichtspunkt wirtschaftlich vernünftigen Handelns gehen vor.[329] Die Erwägungen, welche der Bundesgerichtshof zur Frage der Einschränkung des Unterhaltsanspruchs von Eltern wegen erhöhten Eigenbedarfs der Kinder angestellt hat (vgl. Rn. 949 ff.), lassen sich auf die Bestimmung des Umfangs der Verwertungspflicht übertragen. Deswegen ist bei der Prüfung, ob die **Bildung von Rücklagen** erforderlich erscheint, großzügig zu verfahren. So ist derjenige, der sich seine Versorgungsansprüche kapitalisiert auszahlen ließ und mit dem Kapital seine Altersversorgung anderweitig sicherstellt, nur in Höhe eines entsprechenden monatlichen Rentenbetrags als leistungsfähig anzusehen.[330] Hat der Pflichtige in dem anerkannten Umfang – siehe Rn. 950, 953 f. – (zusätzlichen) Aufwand für seine Altersversorgung durch Vermögensbildung getrieben, sind auch die so zur Alterssicherung geschaffenen Vermögenswerte dem Zugriff des Unterhaltsgläubigers entzogen.[331]

In welchem Umfang vorhandenes Vermögen dem eigenen angemessenen Unterhalt einschließlich der eigenen Altersvorsorge dient, kann wegen der besonderen Ausgestaltung des Elternunterhalts nur individuell beantwortet werden. Die **Beurteilungsmaßstäbe für das individuelle Schonvermögen** entsprechen denjenigen, die zur Beurteilung der individuellen Leistungsfähigkeit (siehe Rn. 949 ff.) herangezogen werden. Hat der Pflichtige seine Lebensstellung auf bestimmte regelmäßige Einkünfte oder ein vorhandenes Vermögen eingestellt, ohne dabei unangemessenen Aufwand zu betreiben oder ein Leben in Luxus zu führen oder ist das Vermögen unter Berücksichtigung seiner gesamten voraussichtlichen Lebenserwartung erforderlich, um seine Lebensstellung im Alter auf Dauer aufrechtzuerhalten, scheidet ein Zugriff des Unterhaltsgläubigers auf entsprechende Vermögenspositionen aus.[332]

Zwar darf ein seinen Eltern unterhaltspflichtiges Kind in Kenntnis dieser Verpflichtung **keine unangemessene Vermögensbildung** beginnen oder aufrechterhalten, die Lösung eines ohne diese Kenntnis begonnenen Engagements kann aber unzumutbar sein, wenn sie nur mit Verlust möglich ist.[333]

957　Dem pflichtigen Kind kann **keine unwirtschaftliche Verwertung** von Vermögen, die mit einem wirtschaftlich nicht mehr vertretbaren Nachteil verbunden wäre, angesonnen werden, also keine deutlich unter dem wirtschaftlichen Wert des Gegenstands liegende Veräußerung. Das Kind muss sich durch einen Verkauf auch nicht von laufenden Einkünften abschneiden lassen, die es zur Erfüllung weiterer Unterhaltspflichten bzw. anderer

---

[327] BGH FamRZ 2004, 1184, 1185; FamRZ 2006, 1511, 1513 = R 658 c
[328] BGH FamRZ 2004, 1184, 1185
[329] Schibel NJW 1998, 3449, 3451; OLG Köln FamRZ 2003, 470
[330] LG Lübeck FamRZ 1996, 961
[331] BGH FamRZ 2006, 1511, 1514 = R 658 d + e
[332] BGH a. a. O.
[333] OLG München FamRZ 2000, 307

III. Das Unterhaltsverhältnis im Einzelnen § 2

berücksichtigungswürdiger Verbindlichkeiten oder für seinen eigenen Unterhalt – besonders im Alter – benötigt (vgl. Rn. 932 f.).[334] Eine Pflicht zur Verwertung einer Immobilie scheidet aus, falls kein Überschuss erzielt werden könnte.[335] Dasselbe gilt, wenn das Kind den Vermögensstamm benötigt, um seinen eigenen angemessenen Lebensbedarf auch in Zukunft sicherstellen zu können.[336] Gehört der Vermögensgegenstand zu einem notwendigen oder gewillkürten Betriebsvermögen, müssen auch die steuerlichen Folgen einer Veräußerung bedacht werden. Bei einer erheblichen Belastung mit Ertragssteuern könnte dies den Ruin des Betriebs zur Folge haben.[337] Ebenso kann eine **Veräußerung** auch **aus rechtlichen Gründen unmöglich** oder unzumutbar sein. So ist eine gegenständlich beschränkte Teilauseinandersetzung einer Erbengemeinschaft nur unter engen Voraussetzungen möglich.[338] Verweigert beispielsweise der Ehegatte des im gesetzlichen Güterstand lebenden, unterhaltspflichtigen Kindes die nach § 1365 I 1 BGB erforderliche Zustimmung zur Veräußerung des Miteigentumsanteils an der gemeinsamen Eigentumswohnung, steht der Veräußerung zu Unterhaltszwecken ein rechtliches Hindernis entgegen, da auch die Teilungsversteigerung nach § 180 ZVG zustimmungspflichtig wäre.[339] Dem hält Büttner[340] entgegen, dass die aus § 1365 BGB resultierende Verfügungsbeschränkung deswegen die Leistungsfähigkeit nicht beschränke, da Gläubiger, also auch die Eltern, hierdurch nicht an der Zwangsvollstreckung gehindert würden. Hier geht es aber nicht um die Frage der Vollstreckung, sondern darum, ob eine Verwertung möglich und zumutbar ist. Ob eine **Beleihung des Miteigentumsanteils** zumutbar wäre, hängt insbesondere davon ab, ob das unterhaltspflichtige Kind auf Grund seines Einkommens ohne Einschränkung seiner Lebensstellung (vgl. Rn. 949 ff. u. 956) überhaupt in der Lage wäre, den Kredit zu bedienen.[341] Jedenfalls ist eine Pflicht zur Verwendung vorhandener Vermögenspositionen als Kreditunterlage, wie vom BGH für den bedürftigen Elternteil gefordert,[342] auch beim pflichtigen Kind nicht gänzlich ausgeschlossen. Eine entsprechende Verwertungspflicht kann jedenfalls dann in Frage kommen, wenn hierfür ein konkretes, dem Pflichtigen zumutbares günstiges Kreditangebot vorliegt, z. B. von einem gleichrangigen, ebenfalls unterhaltspflichtigen Kind.

Im Einzelfall mag auch in Frage kommen, dass der Pflichtige das Angebot des Sozialhilfeträgers akzeptieren muss, zu Unterhaltszwecken ein im Grundbuch abgesichertes **zinsloses Darlehen des Sozialhilfeträgers** mit Fälligkeit des Darlehens nach seinem Tod anzunehmen. Diese Auffassung hatte das Landgericht Duisburg[343] in einer Entscheidung vertreten. Hierfür spricht, dass zwar der eigene angemessene Unterhalt des Pflichtigen bis zu seinem Lebensende sichergestellt sein muss, dass er aber keinen Anspruch darauf hat, den Vermögensstamm seinen Erben zu erhalten.[344] Allerdings hat das Bundesverfassungsgericht die gegen das betreffende Urteil des LG Duisburg eingelegte **Verfassungsbeschwerde für begründet erachtet.**[345] Dabei ist jedoch zu beachten, dass im konkreten Fall das entsprechende Angebot erst nach dem Tod des unterhaltsbedürftigen Elternteils gemacht wurde, so dass die dadurch herbeigeführte Leistungsfähigkeit damit erst nach Wegfall der Bedürftigkeit eintreten sollte. Das Bundesverfassungsgericht hat unter dieser Vorausset-

958

---

[334] OLG Hamm FamRZ 2002, 1212
[335] OLG Köln FamRZ 2003, 471
[336] OLG Köln FamRZ 2003, 470
[337] Vgl. hierzu Schibel NJW 1998, 3449, 3452
[338] Vgl. BGH FamRZ 1997, 281, 284
[339] LG Heidelberg NJW 1998, 3502; OLG Frankfurt NJW-RR 1999, 731
[340] Büttner NJW 1999, 2315, 2318
[341] LG Heidelberg a. a. O.
[342] Vgl. BGH FamRZ 2006, 935, 937 = R 644
[343] FamRZ 1996, 1498; ablehnend schon OLG Köln FamRZ 2001, 1475, weil für die Leistungsfähigkeit immer nur auf den Zeitraum abzustellen sei, für den Unterhalt gefordert werde und die Leistungsfähigkeit nicht auf eine Zeit nach dem Tod des Pflichtigen verlagert werden könne, eine entsprechende Anwendung von § 89 BSHG scheide aus, weil die Vorschrift nur den Hilfsbedürftigen betreffe.
[344] LG Duisburg FamRZ 1996, 1498, 1499
[345] BVerfG FamRZ 2005, 1051 = R 635

zung³⁴⁶ daher mit Recht darauf hingewiesen, dass Bedürftigkeit und Leistungsfähigkeit entgegen der gesetzlichen Unterhaltsregelung (§§ 1601 I, 1602 I, 1603 I BGB) nicht zeitgleich vorliegen konnten und es damit an der notwendigen **zeitlichen Kongruenz zwischen Bedürftigkeit und Leistungsfähigkeit** gefehlt habe.³⁴⁷ Richtig ist auch, dass Voraussetzung einer entsprechenden Anwendung der für den Bedürftigen geltenden Darlehensregelung des § 91 SGB XII (früher § 89 BSHG) auf den Pflichtigen jedenfalls wäre, dass dieser unterhaltsrechtlich zur Vermögensverwertung verpflichtet und damit auch unterhaltspflichtig ist, weil eine nicht vorhandene unterhaltsrechtliche Verpflichtung nicht über das Sozialhilferecht erst geschaffen werden kann. Solche Fälle einer durch **Darlehensgewährung** des Sozialhilfeträgers oder **auch sonstiger dazu bereiter Personen** zu mildernden Verwertungspflicht bei laufender Unterhaltsverpflichtung hat Graba³⁴⁸ in seiner Besprechung der Entscheidung des Bundesverfassungsgerichts aufgezeigt, z. B. wenn der bedürftige Elternteil ein wertvolles Grundstück schenkweise auf das pflichtige Kind übertragen hat, aber wegen Ablaufs der 10-Jahresfrist des § 529 I BGB eine Rückforderung ausgeschlossen ist, oder wenn ein sehr vermögendes Kind ohne laufendes Einkommen und ein vermögensloses Kind mit für Unterhaltszahlungen ausreichendem laufenden Einkommen nebeneinander unterhaltspflichtig sind. Die Sozialhilfeträger werden allerdings in Zukunft wohl auch dann keine Darlehensangebote zur Vorfinanzierung einer laufenden Unterhaltsverpflichtung machen, die sich auf eine bestehende Pflicht zur Vermögensverwertung gründet, wenn dazu alle unterhaltsrechtlichen Voraussetzungen gegeben sind. Die Entscheidung des Bundesverfassungsgerichts, deren Tonfall teilweise allzu apodiktisch erscheint, kann so verstanden werden, als habe man einer solchen Vorfinanzierung aus sozialhilferechtlichen Gründen ohne Rücksicht auf die unterhaltsrechtliche Gerechtigkeit eine generelle Absage erteilen wollen.

959 Beim Elternunterhalt ist dem Kind auf jeden Fall eine angemessene **Vermögensreserve** zu belassen. Zu den verschiedentlich gemachten Vorschlägen vgl. Rn. 932 f. Der BGH hat sich diesen Überlegungen grundsätzlich angeschlossen,³⁴⁹ lehnt aber die Festlegung eines starren Vermögensbetrags ab und zieht ausdrücklich auch die dem Sozialhilfeberechtigten nach § 90 SGB XII zu belassenden Vermögenswerte nicht heran. Der BGH erachtet eine individuelle Bemessung des Schonvermögens für erforderlich und nimmt zur Ermittlung desselben Rückgriff auf die in Höhe von 5% zugestandenen Aufwendungen für die sekundäre Altersvorsorge. Denn wenn die Ansparung aus dem laufenden Einkommen dem Berechtigten entgegengehalten werden darf, um die Altersvorsorge in angemessenem Umfang aufzustocken, muss das daraus gebildete Kapital ebenfalls dem Zugriff enthoben werden. Darauf sind alle tatsächlich vorhandenen und der Altersvorsorge dienenden Vermögenswerte anzurechnen.³⁵⁰ Bei der Ermittlung legt der BGH das im Zeitpunkt der Entscheidung erwirtschaftete Bruttoarbeitsentgelt zugrunde und berücksichtigt eine durchschnittliche Verzinsung von 4%. Im konkreten Fall hat der BGH mit einem Berufsleben von 35 Jahren gerechnet, obwohl der Unterhaltspflichtige erst 51 Jahre alt war. Das dürfte aber eher einem frühen Beginn des Berufslebens des Unterhaltspflichtigen geschuldet als die Zugrundelegung einer durchschnittlichen Lebensarbeitszeit sein.³⁵¹ Grundsätzlich ist mit der bis zur Entscheidung zurückgelegten Erwerbszeit zu rechnen.³⁵² Denn dem Unterhaltspflichtigen wird als laufender Abzugsposten der weitere Aufbau der sekundären Altersvorsorgung weiterhin gestattet. Trotz seiner Aussage zur Anrechnung *aller* für die Altersvorsorge zur Verfügung stehenden Vermögenswerte hat der BGH nicht entschieden, ob und inwieweit Immobilienvermögen auf dieses Schonvermögen anzurechnen ist. Im entschiedenen

---

[346] Vgl. zum Problem dieser Voraussetzung aber Graba FamRZ 2005, 1149
[347] BVerfG FamRZ 2005, 1051, 1052 = R 635
[348] FamRZ 2005, 1149
[349] BGH FamRZ 2006, 1511, 1516, insoweit in R 658 nicht abgedruckt (Schonvermögen: 113 000 EUR)
[350] BGH FamRZ 2006, 1511, 1515
[351] So aber wohl AG Pankow/Weißensee FamRZ 2009, 1076
[352] Klinkhammer FamRZ 2006, 1516 (Anm. zu BGH a. a. O.); Hauß FamRB 2006, 327; Gerhardt FA-FamR, Kap. 6 Rn. 378

III. Das Unterhaltsverhältnis im Einzelnen   § 2

Fall besaß der Unterhaltspflichtige kein Immobilieneigentum. Bei Immobilieneigentum sei „zumindest" zu beachten, dass dann im Alter Mietkosten erspart würden und daher der Lebensstandard mit geringeren Einkünften aufrechterhalten werden könne.[353] Ein Abschlag für solche ersparten Aufwendungen wird jedenfalls zu machen und im Übrigen werden die Umstände des Einzelfalls genau zu betrachten sein (siehe auch Rn. 954). Offen gelassen hat der BGH in dieser Entscheidung auch, ob dem Unterhaltspflichtigen darüber hinaus ein weiteres geringes Schonvermögen für „sonstige Unwägbarkeiten des täglichen Lebens" verbleiben muss. Vorstellbar ist dies vor allem, wenn die gesamte Altersvorsorge in einer Immobilie gebunden ist. Nicht als Bestandteil der Altersvorsorge, sondern als angemessene gegenwärtige Lebensführung des Pflichtigen betrachtet der BGH das Vermögen, das der Pflichtige für den Erwerb eines neuen Pkw angespart hatte. Der Pflichtige hatte die Notwendigkeit und Angemessenheit der Anschaffung dargelegt. Deshalb muss dem Unterhaltspflichtigen die Ansparung eines zusätzlichen Betrags erlaubt sein, wenn der Zweck sich nach allgemeinen Regeln (s. Rn. 923, 949 ff.) als angemessen erweist.

cc) **Zusätzliche Schutz- und Schongrenzen zu Lasten des Sozialhilfeträgers.** Ein 960
Übergang des Unterhaltsanspruchs auf den Sozialhilfeträger findet nur statt, wenn Sozialhilfeleistung und Unterhaltsanspruch zeitlich und persönlich übereinstimmen.[354] Macht der Sozialhilfeträger einen auf ihn übergegangenen Anspruch auf Elternunterhalt (§ 94 I 1 SGB XII) geltend, kommt dem herangezogenen Kind die Schutz- und Schongrenze der §§ 94 I 6, 105 II SGB XII bezüglich der Kosten der Unterkunft zugute, d. h. 56% der Kosten ohne Kosten für Heizung und Warmwasser können beim Anspruchsübergang nicht geltend gemacht werden. Auch insoweit obliegt die Entscheidung dem Familiengericht (§ 94 V 3 SGB XII; §§ 112 Nr. 1, 231 Nr. 1 FamFG). Hat der Sozialhilfeträger den übergegangenen Anspruch zur gerichtlichen Geltendmachung an den Hilfeempfänger (Elternteil) zurückübertragen (§ 94 V 1 SGB XII), kann dies die Qualität des Anspruchs nicht mehr zu Lasten des Pflichtigen verändern, so dass die Einschränkungen des § 94 I 6, II, III SGB XII anwendbar bleiben.[355] Zum Ausschluss des Anspruchsübergangs wegen unbilliger Härte (§ 94 III 1 Nr. 2 SGB XII) siehe Rn. 8/87 ff. Immer ausgeschlossen ist ein Anspruchsübergang, soweit Grundsicherung geleistet wird (§ 94 I 3 2. Hs. SGB XII) – siehe Rn. 904. Nach den Empfehlungen des 17. Deutschen Familiengerichtstags (B. 3. b)), FamRZ 2007, 2040, darf dem unterhaltspflichtigen verheirateten Kind beim Rückgriff nicht weniger verbleiben als dem vorrangig haftenden Ehegatten des bedürftigen Elternteils.

Die nach § 94 III 1 Nr. 1 SGB XII vorzunehmende **sozialhilferechtliche Vergleichs-** 961
berechnung, die verhindern soll, dass ein Unterhaltspflichtiger, insbesondere durch die Unterhaltsleistung, nunmehr selbst Leistungsberechtigter nach dem Dritten Kapitel (Hilfe zum Lebensunterhalt) werden würde, wird wegen der hohen unterhaltsrechtlichen Selbstbehaltssätze regelmäßig nicht durchgeführt werden müssen – vgl. Rn. 8/91 ff.

e) **Besonderheit beim Unterhaltsanspruch gegen ein verheiratetes Kind.** Richtet 962
sich der Unterhaltsanspruch von Eltern gegen ein verheiratetes Kind, das mit einem Ehegatten zusammenlebt und diesem zum Familienunterhalt verpflichtet ist, ergeben sich aus dem gleichzeitig bestehenden Unterhaltsverhältnis der Ehegatten untereinander Reibungspunkte. Die Grundsätze der Hausmann-Rechtsprechung (vgl. Rn. 275 ff.) sind auf die Unterhaltspflicht von Eltern gegenüber minderjährigen unverheirateten Kindern beschränkt, so dass keine Pflicht zur Aufnahme einer Nebenerwerbstätigkeit besteht, soweit der pflichtige Ehegatte seine Verpflichtung, zum Familienunterhalt beizutragen, durch Haushaltsführung erfüllt (§ 1360 S. 2 BGB).[356] Eine Inanspruchnahme im Hinblick darauf, dass der andere Ehegatte über ein sehr hohes Einkommen verfügt, scheidet aus, weil **aus Unterhalt** grundsätzlich **kein Unterhalt** zu leisten ist (vgl. Rn. 1/721 f.). In Frage kommt nur ein teilweiser Zugriff auf einen nicht nur geringfügigen **Taschengeldanspruch,** wel-

---

[353] BGH a. a. O.; siehe aber BGH FamRZ 2003, 1179, 1181 = R 592 b
[354] Vgl. Empfehlungen des Deutschen Vereins für öffentliche und private Fürsorge FamRZ 2005, 1387
[355] Schibel NJW 1998, 3449, 3450 noch zum BSHG
[356] Vgl. BGH FamRZ 1987, 472

cher der Befriedigung persönlicher Bedürfnisse dient und in gewissem Umfang über den angemessenen Lebensbedarf hinausgehen kann.[357] Der Taschengeldanspruch ist Bestandteil des Anspruchs auf Familienunterhalt und wird üblicherweise in einer Höhe von 5 bis 7% des verfügbaren Nettoeinkommens angenommen.[358] Das Taschengeld ist unterhaltspflichtiges Einkommen und auch für den Elternunterhalt einzusetzen, soweit der tatrichterlich nach dem konkreten Einzelfall zu bestimmende angemessene Selbstbehalt und auch der angemessene Selbstbehalt nach § 1603 I BGB gewahrt ist (vgl. Rn. 3/67).[359] Im entschiedenen Fall hat es der BGH bei sehr guten wirtschaftlichen Verhältnissen gebilligt, dass ein etwa hälftiger Einsatz des Taschengeldbetrags angenommen wurde. Davon abgesehen, beschränkt sich die Pflicht zur Unterhaltsleistung prinzipiell auf diejenigen Fälle, in denen der unterhaltspflichtige Ehegatte **eigene Einkünfte** hat.[360] Diese stehen dann für Unterhaltszwecke zur Verfügung, wenn sie nicht für den Barunterhalt der Familie benötigt werden, weil der Ehegatte seine eigene Unterhaltspflicht durch Übernahme der Haushaltsführung erfüllt und auf Grund des durch den gut verdienenden anderen Ehegatten zu leistenden Familienunterhalts bereits angemessen versorgt ist.[361] Es handelt sich um Fälle einer **geringfügigen Nebenbeschäftigung,** welche die volle Übernahme der Haushaltsführung nicht hindert und deren Ertrag dem Ehegatten nicht für Unterhaltszwecke, sondern für sonstige eigene Zwecke, z. B. für Luxusaufwendungen, Vermögensbildung usw. verbleibt.[362] Ähnlich wäre es, falls – auch bei anderer Regelung der Haushaltsführung – das Einkommen des anderen Ehegatten ungewöhnlich hoch ist, so dass die Einkünfte des Pflichtigen im Rahmen des Familienunterhalts für die Deckung seines eigenen eheangemessenen Bedarfs keine Rolle mehr spielen – siehe weiter unten. Problematisch wird es, soweit die Einkünfte des Unterhaltsschuldners auch für den Familienunterhalt verwendet werden müssen.

963 Im Normalfall der **Allein- oder Doppelverdienerehe** haben die beiden zusammenlebenden Ehegatten nach §§ 1360, 1360 a BGB – durch Beteiligung an der Haushaltsführung bzw. durch Geldleistungen – zum vorrangigen Familienunterhalt und damit zur Sicherung des angemessenen Bedarfs der Familie beizutragen.[363] Dabei sind sie in der konkreten Gestaltung ihrer Ehe bezüglich Haushaltsführung bzw. Berufstätigkeit grundsätzlich frei.[364] Sie haben Anspruch auf gleiche Teilhabe am gemeinsam Erwirtschafteten, soweit dies den ehelichen Lebensstandard prägt.[365] Es kann daher nicht einfach darauf abgestellt werden, ob der andere Ehegatte seinerseits verpflichtet ist, soviel zur Verfügung zu stellen, wie dem angemessenen Selbstbehalt des pflichtigen Ehegatten nach den unterhaltsrechtlichen Leitlinien entspricht mit der Folge, dass dessen eigener Verdienst für Unterhaltsleistungen zur Verfügung steht.[366] Die gegenseitige Unterhaltspflicht der Ehegatten bezieht sich nämlich nicht nur darauf, dass der den Leitlinien entsprechende angemessene Selbstbehalt jedes von ihnen gedeckt wird, sondern der aus den ehelichen Verhältnissen herrührende ggf. höhere Bedarf. In der Doppel- oder Alleinverdienerehe beschränkt sich der **Anspruch des anderen Ehegatten auf Familienunterhalt** demnach nicht auf einen Mindestbetrag, sondern ist nach den individuellen Verhältnissen der Ehe (§ 1578 I 1 BGB) unter Berücksichtigung der jeweiligen Lebensstellung, von Einkommen und Vermögen sowie sozialem Rang zu bemessen.[367] Er kann – obwohl er an sich grundsätzlich nicht auf Geldzahlung gerichtet ist

---

[357] BGH FamRZ 2004, 366, 369 = R 599 e; FamRZ 1987, 472; Fischer FamRZ 1996, 732; ablehnend OLG Köln FamRZ 2001, 437, 438, weil der Taschengeldanspruch gerade zum angemessenen Unterhalt gehöre
[358] BGH FamRZ 2004, 366, 369 = R 599 d; FamRZ 2004, 795, 797 = R 606 b
[359] BGH a. a. O.
[360] So auch Renn/Niemann FamRZ 1994, 473, 477
[361] BGH FamRZ 2004, 366, 368 = R 599 c; OLG Hamm FamRZ 2002, 125, 126; BGH FamRZ 1987, 472 f.; Fischer FamRZ 1993, 732
[362] BGH FamRZ 2004, 370, 373 = R 603 c; FamRZ 2004, 795, 797 = R 606 a
[363] Vgl. Heinrich FamRZ 1992, 590 in Anm. zu LG Bielefeld FamRZ 1992, 589
[364] BGH FamRZ 2004, 366, 368 = R 599 c
[365] BGH a. a. O.
[366] So aber LG Bielefeld FamRZ 1992, 589
[367] BGH FamRZ 2004, 443, 445 = R 604 b; FamRZ 2004, 370, 372 = R 603 b; FamRZ 2003, 860, 865 = R 590 A f; FamRZ 2010, 1535 Rn. 30 = R 714 b

III. Das Unterhaltsverhältnis im Einzelnen § 2

– im Fall der Konkurrenz mit anderen Unterhaltsansprüchen in Höhe eines Geldbetrags veranschlagt werden.[368] Wie der Familienunterhalt danach zu bestimmen ist, obliegt der tatrichterlichen Beurteilung des Einzelfalls.[369] Die Berechnung ist nicht auf einen bestimmten Mindestbedarf zu beschränken, sondern hat von den individuellen Verhältnissen auszugehen, wobei diese auch durch Unterhaltsansprüche nachrangiger Berechtigter eingeschränkt werden können. Bei unteren und mittleren Einkommen kann allerdings ein Vorwegabzug des Elternunterhalts unterbleiben, wenn andernfalls der angemessene Unterhalt der Ehegatten nicht mehr gewährleistet wäre.[370] In einer Entscheidung aus dem Jahr 2003 hat der BGH für eine Doppelverdienerehe darauf hingewiesen, dass der gegen das pflichtige Kind gerichtete Anspruch auf Familienunterhalt grundsätzlich so berechnet werden könne, dass ihm und seinem Ehegatten mit dem Familienunterhalt jeweils die Hälfte des beiderseitig berücksichtigungsfähigen Einkommens zur Verfügung stehe.[371]

Eine solche Berechnung des Familienunterhalts als Quote von $^1/_2$ der Einkommensdifferenz dürfte beim Elternunterhalt auch dann nicht ausscheiden, wenn die ehelichen Lebensverhältnisse bereits in zurechenbarer Weise von einer latenten Unterhaltslast für Elternunterhalt geprägt waren – siehe hierzu Rn. 967. Zwar hat der BGH für den Enkelunterhalt (vgl. Rn. 978) bei bestehender latenter Unterhaltspflicht beider Großeltern für einen Enkel diese Art der Berechnung ausgeschlossen, sondern nach tatrichterlichem Ermessen den Ansatz eines Mindestbedarfssatzes für den Ehegatten nach Maßgabe des angemessenen Eigenbedarfs beim Elternunterhalt gemäß den Unterhaltstabellen unter Berücksichtigung der durch das Zusammenleben mit dem Pflichtigen eingetretenen Haushaltsersparnis als möglich angesehen.[372] Dabei lag aber die für den Enkelunterhalt typische Besonderheit vor, dass der Ehegatte als Großelternteil dem Enkel gegenüber ebenfalls dem Grunde nach unterhaltspflichtig war. Diese Besonderheit kann es beim Elternunterhalt nicht geben, so dass das Schwiegerkind keine Kürzung seines vorrangigen Familienunterhalts hinnehmen muss. **964**

Für die **Doppelverdienerehe** hat der BGH nun in seiner Entscheidung vom 28. 7. 2010 die **Ersparnis für die gemeinsame Haushaltsführung** berücksichtigt und einen Rechenweg eröffnet, mit dem die Leistungsfähigkeit des Pflichtigen ermittelt werden kann.[373] Der BGH geht dabei von dem vorrangig zu deckenden Familienbedarf aus und zieht wie schon bisher hinsichtlich des überschießenden Betrags den Unterhaltspflichtigen im Verhältnis der beiderseitigen unterhaltsrelevanten Einkünfte zum Elternunterhalt heran.[374] Er entwickelt dieses Modell aber weiter, indem er gerade die Ersparnis aufgrund gemeinsamer Haushaltsführung berücksichtigt, die auch hinsichtlich des Betrags entsteht, der in Höhe der hälftigen Differenz zwischen Mindestselbstbehalt und Einkommen ebenfalls anrechnungsfrei bleiben darf (s. Rn. 953). Diese Ersparnis setzt der BGH unabhängig von der in der Differenz der Selbstbehaltssätze liegenden Ersparnis mit in der Regel **10%** des den Familienselbstbehalt übersteigenden Einkommens an unter Bezugnahme auf die um 10% verminderten Regelsätze bei Bedarfsgemeinschaften im Sozialrecht (§ 20 III SGB II; § 28 SGB XII).[375] Die Aussagekraft der in der Differenz der Selbstbehaltssätze liegenden Ersparnis sei Änderungen unterworfen und in ihrer Aussagekraft nicht zwingend.[376] **965**

Der Rechenweg sieht wie folgt aus: Zunächst ist das bereinigte Familieneinkommen zu ermitteln. Davon wird der Familienselbstbehalt (= Mindestbedarf des Pflichtigen + Mindestbedarf des Ehegatten, seit 1. 1. 2011 nach Düsseldorfer Tabelle 2700 EUR) abgezogen. 45% vom verbleibenden Einkommen werden dem Familienselbstbehalt zugerechnet. Die Summe ergibt den **individuellen Familienselbstbehalt**. Davon wird der Betrag ermittelt,

---

[368] BGH FamRZ 2003, 860, 864 = R 590A f; FamRZ 2010, 1535 Rn. 30 = R 714 b
[369] BGH FamRZ 2004, 370, 372 = R 603 b
[370] BGH FamRZ 2010, 1535 Rn. 30 = R 714 b
[371] BGH FamRZ 2003, 860, 866 = R 590A j
[372] BGH FamRZ 2006, 26, 29 f. = R 637 e
[373] BGH FamRZ 2010, 1535 = R 714
[374] BGH FamRZ 2004, 366; FamRZ 2004, 795; FamRZ 2006, 1511; siehe auch hiesige Vorauflage Rn. 645 b
[375] BGH FamRZ 2010, 1535 = R 714 c
[376] Kritisch dazu Hauß FamRB 2010, 315 f.; ders., Elternunterhalt, 3. Aufl., Rn. 379

den der Pflichtige entsprechend dem Verhältnis seines Einkommens am Familieneinkommen zu tragen hat. Die Differenz zwischen diesem Betrag und dem bereinigten Einkommen des Pflichtigen bildet die Leistungsfähigkeit des Pflichtigen. Im Zahlenbeispiel:[377]

Einkommen des Unterhaltpflichtigen	3000 €
zzgl. Einkommen des unterhaltsberechtigten Ehegatten	1000 €
ergibt ein Familieneinkommen von	4000 €
./. Familienselbstbehalt von (1500 € + 1200 €)	2700 €
verbleiben	1300 €
hiervon 45%	585 €
zzgl. Familienselbstbehalt (2700 €), ergibt den individuellen Familienselbstbehalt von	3285 €
Anteil des Pflichtigen am Familienselbstbehalt beträgt 3 285 € × 75% (3000 € : 4000 €)	2464 €
Leistungsfähigkeit: 3000 € – 2464 € =	536 €

Eine Entscheidung des BGH war erforderlich geworden, weil die obergerichtliche Rechtsprechung bei der Erfassung des Synergieeffekts durch Zusammenleben unterschiedlichste Quoten berücksichtigt hatte. Die dem BGH zur Entscheidung vorgelegte Ausgangsentscheidung hatte eine Ersparnis von 14% zugrunde gelegt.[378] Das OLG Hamm hatte eine Einsparung von 25% angenommen.[379] Die Haushaltsersparnis hatte dadurch zu einer geringeren Leistungsfähigkeit geführt, als wenn sie gar nicht berücksichtigt worden wäre, sowie im Ergebnis zu einer nicht angemessenen Verteilung der für den Unterhalt zur Verfügung stehenden Mittel. Das widerspricht aber dem Sinn ihrer Berücksichtigung. Denn angemessen ist eine Verteilung der vorhandenen Mittel nur, wenn der aufgrund der gemeinsamen Haushaltsführung entstehenden Ersparnis eine höhere Leistungsfähigkeit des Pflichtigen folgt.[380] Die prozentuale Erfassung der Ersparnis wählt der BGH, um deren anwachsender Höhe mit ansteigendem Einkommen gerecht zu werden.[381] Er erteilt damit auch der Ansicht eine Absage, die eine über die Selbstbehaltsätze hinausgehende Ersparnis nur im Einzelfall berücksichtigen wollte,[382] weil dies nicht praktikabel sei.[383]

Der BGH betont zwar, dass dieses Rechenmodell nur bei selbstbehaltsnahen Einkünften und nur dann funktioniere, wenn der Unterhaltspflichtige ein höheres Einkommen habe als dessen Ehegatte.[384] Selbstbehaltsnahes Einkommen sollte bei einem damaligen Familienselbstbehalt von 2450 EUR jedenfalls bei 2600 EUR /2.900 EUR gegeben sein. Im Übrigen werden keine Hinweise auf Kriterien zu einer solchen Klassifizierung des Einkommens erteilt. Dieser Rechenweg dürfte aber auch bei nicht selbstbehaltsnahen Einkünften zutreffende Ergebnisse erbringen sowie dann, wenn der Ehegatte des Unterhaltspflichtigen das höhere Einkommen hat.[385] Allerdings wird bei hohen Einkünften eine Grenze erreicht sein, oberhalb derer keine Ersparnis wegen der Haushaltsführung mehr eintreten wird. Denn bei hohen Einkommen wird ein wachsender Anteil des Einkommens der Vermögensbildung zugeführt werden. Dann wird nur noch der Konsumanteil an Ersparnissen des Zusammenlebens teilhaben.[386]

966 Will der Unterhaltpflichtige, dessen Familieneinkommen die ihm und seinem Ehegatten zuzubilligenden Mindestselbstbehaltssätze übersteigt, eine weitergehende Berücksichtigung

---

[377] BGH a.a.O., Rn. 41 = R 714c mit den Selbstbehaltssätzen seit 1.1. 2011 der Düsseldorfer Tabelle
[378] OLG Düsseldorf FamRZ 2008, 438; s.a. OLG Düsseldorf FamRZ 2007, 1684; OLG Hamm FamRZ 2008, 1650
[379] OLG Hamm, OLGReport 2006, 361
[380] BGH FamRZ 2010, 1535 Rn. 37
[381] BGH a.a.O. Rn. 43 = R 714c; s.a. schon BGH FamRZ 2004, 792, 793; kritisch dazu Hauß, a.a.O., Rn. 379 ff.
[382] OLG Hamm FamRZ 2008, 1650
[383] BGH a.a.O. Rn. 43 = R 714c
[384] BGH a.a.O. Rn. 39 = R 714b
[385] Hauß FamRZ 2010, 315, 316; eingehend Gutdeutsch FamRZ 2011, 77, 80; kritisch: Wohlgemuth FamRZ 2011, 341
[386] Hauß FamRZ 2010, 1541, 1542 = Anm. zu BGH FamRZ 2010, 1535; ders. FamRB 2010, 315, 317; ders., Elternunterhalt, 3. Aufl., Rn. 387

III. Das Unterhaltsverhältnis im Einzelnen   § 2

von vermögensbildenden Beträgen erreichen, muss er vortragen, ob und ggf. welche **Beträge zur Vermögensbildung** verwendet werden.[387] Diese ist aber, abgesehen von der Finanzierung eines angemessenen Eigenheims (vgl. Rn. 954) und einer angemessenen zusätzlichen Altersversorgung (vgl. Rn. 950, 959), unterhaltsrechtlich nicht anzuerkennen.[388] Ergibt sich ein Betrag, der für den Familienunterhalt nicht benötigt wird (siehe Rn. 965), steht er dem Unterhaltspflichtigen nach dem **Verhältnis der beiderseitigen unterhaltsrelevanten Einkommen** – unter Berücksichtigung der Haushaltsersparnis – auch dann für Unterhaltszwecke zur Verfügung, wenn sein Einkommen unter dem sogenannten Mindestselbstbehalt liegt, weil **sein angemessener Unterhalt** schon **durch** den **Familienunterhalt gedeckt** ist.[389] Das gilt auch bei einer Doppelverdienerehe.[390] Denn der Pflichtige ist nur im Verhältnis seines Einkommens zum individuellen Familienselbstbehalt leistungspflichtig. Entspricht es der Lebensgestaltung der Familie, dass die Eheleute ihre jeweiligen Einkünfte voll für den Familienunterhalt einsetzen, kommt es nach dem BGH darauf an, ob dem unterhaltspflichtigen Ehegatten bei Zubilligung seines angemessenen, nach den konkreten Eheverhältnissen zu bestimmenden Bedarfs aus seinem Einkommen noch ein für den Unterhalt einsatzfähiger Überschuss verbleibt.[391] Dabei ist der BGH so zu verstehen, dass dieser Überschuss an eigenem Einkommen über den Eigenbedarf sich grundsätzlich nach Abzug eines vorrangig aufzubringenden anteiligen Familienunterhalts ergeben muss. Dies kann dann der Fall sein, wenn ein trotz der den Eheleuten zukommenden Gestaltungsfreiheit nicht mehr hinnehmbares erhebliches **Missverhältnis der** beiderseitigen **Beiträge zum Familienunterhalt** vorliegt (z. B. volle Haushaltsführung zzgl. Erwerbstätigkeit auf Seiten des Pflichtigen).[392] Hierfür kann es im Verhältnis zum unterhaltsberechtigten Elternteil unter dem Aspekt von Treu und Glauben (§ 242 BGB) darauf ankommen, in welchem Umfang der Unterhaltspflichtige rechtlich gehalten ist, über die von ihm übernommene Haushaltsführung hinaus überobligatorisch zum Familienunterhalt beizutragen.[393] Weiter sind Fallgestaltungen denkbar, bei denen der vom Ehegatten des Pflichtigen zu leistende **Familienunterhalt so auskömmlich** ist, dass der Pflichtige schon dadurch angemessen unterhalten ist, also sein eigenes Einkommen nicht mehr zur Aufrechterhaltung seines eheangemessenen Bedarfs benötigt.[394] Wie hoch die Einkünfte des Ehegatten sein müssen, um einen solchen Fall anzunehmen, ist zweifelhaft. Der BGH hat es unter Hinweis auf entsprechende Stimmen in der Literatur als möglich angesehen, bei Würdigung der tatsächlichen Verhältnisse ein bereinigtes Einkommen in Höhe des doppelten Selbstbehalts der Ehegatten oder ein Einkommen im Bereich der letzten Einkommensgruppe der Düsseldorfer Tabelle anzunehmen.[395]

Ergibt sich in diesen Fällen ein für Unterhaltszwecke einsetzbares **Resteinkommen** des pflichtigen Ehegatten, muss dies bei Berechnung seines Eigenbedarfs grundsätzlich in voller Höhe für den Elternunterhalt verwendet werden.[396] Eine **Beschränkung auf** etwa 50% bzw. 45% des den Mindestselbstbehalt übersteigenden Anteils ist nämlich insoweit nicht geboten, als der Eigenbedarf des Pflichtigen im Rahmen des angemessenen Familienunterhalts gewahrt wird.[397] Soweit der Familienunterhalt für den nicht pflichtigen Ehegatten nicht konkret, sondern nur pauschaliert (vgl. Rn. 968 u. 969) angesetzt wird und dem pflichtigen Ehegatten ebenfalls nur der pauschalierte Mindestselbstbehalt zugestanden wird,

---

[387] BGH FamRZ 2004, 370, 372 = R 603 b; FamRZ 2004, 795, 798
[388] BGH a. a. O.; vgl. aber BGH FamRZ 2006, 1511, 1515 zur Berücksichtigung von Ersparnissen für die erforderliche Anschaffung eines Pkw
[389] BGH FamRZ 2004, 366, 368 = R 599 c; FamRZ 2004, 370, 372 = R 603 b
[390] BGH FamRZ 2004, 443, 445 = R 604 c
[391] BGH FamRZ 2004, 443, 445 f. = R 604 d
[392] BGH FamRZ 2004, 795, 797 = R 606 b
[393] BGH FamRZ 2004, 370, 373 = R 603 c; FamRZ 2004, 795, 797 = R 606 b
[394] BGH FamRZ 2004, 370, 373 = R 603 c; FamRZ 2004, 795, 797; FamRZ 1987, 472, 473
[395] BGH FamRZ 2004, 370, 373 = R 603 c; FamRZ 2004, 795, 797
[396] BGH FamRZ 2004, 443, 446 = R 604 d; FamRZ 2004, 795, 798
[397] BGH FamRZ 2004, 443, 446 = R 604 d; a. A. OLG Hamm – 11 UF 118/05, BeckRS 2006, 02068

§ 2   Kindes-, Eltern- und sonstiger Verwandtenunterhalt

dürfte es aber bei der Beschränkung auf 45% (s. Rn. 965) des einsetzbaren Resteinkommens verbleiben.

967 Die ehelichen Verhältnisse können **durch die Unterhaltleistungen** des pflichtigen Ehegatten für einen Elternteil, weil sie bereits zurzeit der Heirat erbracht wurden, **geprägt** sein, so dass der andere Ehegatte bei Bemessung seines Bedarfs den Vorwegabzug des Elternunterhalts trotz seines vorrangigen Anspruchs hinnehmen muss, es sei denn, es würde dadurch ein Missverhältnis entstehen oder ihm im Einzelfall nicht einmal mehr sein Mindestbedarf verbleiben.[398] Diese Prägung ist allerdings nicht auf den Zeitpunkt der Eheschließung beschränkt, sondern kann auch durch eine spätere Entwicklung der ehelichen Verhältnisse, z. B. durch tatsächliche Unterhaltsleistungen für den Elternteil eingetreten sein.[399] Darüber hinaus kann schon die entsprechende **latente Unterhaltslast** für einen Elternteil die ehelichen Lebensverhältnisse, die von den sich wandelnden wirtschaftlichen und persönlichen Verhältnissen der Eheleute abhängen, mitbestimmen.[400] Dies gilt, wenn der künftige Unterhaltsbedarf eines Elternteils mit geringem Einkommen – anders als bei der in der Regel nicht vorhersehbaren Pflegebedürftigkeit – sich bereits seit längerem abgezeichnet hat.[401] Der BGH hat in dieser Entscheidung allerdings darauf abgehoben, ob dem Pflichtigen gegenüber in der Vergangenheit bereits Unterhaltsforderungen (wegen der dort gezahlten Sozialhilfe) erhoben worden waren.[402] Die Lebensverhältnisse werden umso eher von einer Unterhaltsverpflichtung für einen Elternteil mitbestimmt, je höher die Wahrscheinlichkeit einzuschätzen ist, für den Unterhalt von Eltern aufkommen zu müssen.[403]

968 In der Praxis ist bei durchschnittlichen Einkommensverhältnissen für die Bewertung von **pauschalen Mindestsätzen** für den Eigenbedarf des pflichtigen und des mit ihm zusammenlebenden Ehegatten auszugehen, um auf diese Weise zu bestimmen, welche Beträge vor einer pauschalen Berechnung des Eigenbedarfs des Pflichtigen nach Abzug des Familienunterhalts noch zur Verfügung stehen (s. o. Rn. 965). Der BGH hat dies für den Eigenbedarf des Pflichtigen gebilligt (vgl. im Einzelnen Rn. 927, 953). Bei der Berechnung des Bedarfs des Ehegatten ist weiterhin von den individuellen Einkommens- und Vermögensverhältnissen auszugehen.[404] Für die Praxis ist in diesem Zusammenhang zu beachten, dass das unterhaltspflichtige Kind nach allgemeinen Grundsätzen gehalten ist, alle **für eine Einschränkung seiner Leistungsfähigkeit erheblichen Tatsachen vorzutragen**.[405] Neben seinem eigenen Einkommen, muss es das Einkommen der anderen Familienmitglieder, den vollständigen Bedarf der Familie und seinen eigenen Beitrag dazu substantiiert darlegen, wenn es einen über die pauschalen Mindestsätze hinausgehenden Verbrauch geltend machen und eine Begrenzung seiner Leistungsfähigkeit nach Maßgabe pauschaler Mindestsätze für den Selbstbehalt vermeiden will.[406] Betrifft die Darlegungslast einen viele – z. B. sieben – Jahre zurückliegenden Unterhaltszeitraum, dürfen an die Darlegung, wenn der eheliche Lebenszuschnitt bislang nicht problematisiert worden war, allerdings keine zu hohen Anforderungen gestellt werden.[407]

Die oberlandesgerichtlichen Leitlinien (Rn. 969) schlagen entsprechende Mindestbedarfssätze auch für den nicht pflichtigen Ehegatten vor. Für die pauschale Berechnung des für den Familienunterhalt zu veranschlagenden Teileinkommens wird es mit den oberlandesgerichtlichen Leitlinien auch weiterhin zulässig sein, hierfür von einem Familienbedarf auszugehen, der sich aus dem um 25% erhöhten großen Selbstbehalt des Pflichtigen

---

[398] BGH FamRZ 2003, 860, 865 = R 590A j + h
[399] BGH FamRZ 2004, 792, 794 = R 605 d
[400] BGH a. a. O.
[401] BGH FamRZ 2003, 860, 865 = R 590A h
[402] BGH a. a. O.
[403] BGH FamRZ 2004, 792, 794 = R 605 d
[404] BGH FamRZ 2010, 1535 Rn. 38, 41
[405] BGH FamRZ 2004, 370, 372 = R 603 b; FamRZ 2004, 443, 445 = R 604 b; FamRZ 2004, 795, 798
[406] Schürmann FamRZ 2004, 446, 449 (Anm. zu BGH FamRZ 2004, 443); OLG Karlsruhe NJW-RR 2006, 361, 363
[407] OLG Frankfurt – 3 UF 122/99A, BeckRS 2005, 000676

III. Das Unterhaltsverhältnis im Einzelnen §2

zuzüglich dem Mindestbedarf des mit ihm zusammenlebenden Ehegatten zusammensetzt. Auch der BGH legt bei durchschnittlichen Einkommen bei der Ermittlung des (individuellen) Familienselbstbehalts die Mindestselbstbehalte für beide Ehepartner entsprechend den oberlandesgerichtlichen Leitlinien zugrunde (siehe Rn. 965). Dabei muss bei der Einzelfallprüfung im Hinblick auf die BGH-Rechtsprechung aber jeweils untersucht werden, ob diese Mindestbedarfssätze auf Grund der konkreten Umstände zu erhöhen sind. Werden der angemessene Familienunterhalt des nicht pflichtigen Ehegatten und der angemessene Selbstbehalt des pflichtigen Ehegatten pauschaliert angesetzt, dürfte es bei der Beschränkung auf 50% bzw. 45% des einsetzbaren Resteinkommens verbleiben – siehe oben Rn. 965 f.

Oberlandesgerichtliche Leitlinien zum pauschalierten Mindestbedarf des nicht- 969 pflichtigen Ehegatten beim Elternunterhalt und – soweit zusätzlich angegeben – beim Enkelunterhalt nach dem **Stand vom 1. 1. 2011**: abrufbar unter www.famrz.de/leitliniendokumente

– Düsseldorfer Tabelle (abgedruckt in Anhang D) Anm. D I.:
  mindestens 1020 EUR, darin enthalten 350 EUR für Warmmiete;
– Süddeutsche Leitlinien (Oberlandesgerichte Bamberg, Karlsruhe, München, Nürnberg, Stuttgart und Zweibrücken) Nr. 22.3:
  1200 EUR (auch bei Unterhaltsansprüchen von Enkeln), im Familienbedarf von 2700 EUR (1500 EUR + 1200 EUR) enthalten sind 800 EUR für Unterkunft und Heizung;
– Kammgericht Berlin Nr. 22.3 (für Eltern- und Enkelunterhalt):
  eheangemessener Bedarf, mindestens 1020 EUR;
– OLG Brandenburg Nr. 22. (offenbar für Eltern- und Enkelunterhalt):
  Bedarf nach den ehelichen Lebensverhältnissen, wobei der Bedarf mit Rücksicht auf das Zusammenleben niedriger anzusetzen sein kann;
– OLG Braunschweig Nr. 22.3:
  gegenüber Eltern und Enkeln mindestens 1200 EUR
– OLG Bremen Nr. 22.3:
  Nach den ehelichen Lebensverhältnissen, mindestens 1200 EUR (auch bei Unterhaltsansprüchen von Enkeln), im Familienbedarf von 2700 EUR (1500 EUR + 1200 EUR) enthalten sind 800 EUR für Kosten des Wohnbedarfs;
– OLG Celle Nr. 22.3: 1020 EUR (auch beim Enkelunterhalt)
– OLG Dresden Nr. 22.3:
  1200 EUR, im Familienbedarf von 2700 EUR (1500 EUR + 1200 EUR) enthalten sind 800 EUR für Unterkunft einschließlich umlagefähiger Nebenkosten und Heizung;
  Nr. 22.2.:
  beim Enkelunterhalt: 920 EUR;
– OLG Frankfurt Nr. 22.3:
  1200 EUR, im Familienbedarf von 2700 EUR (1500 EUR + 1200 EUR) enthalten sind 800 EUR für Unterkunft und Heizung (640 EUR kalt + 160 EUR Nebenkosten und Heizung); dies gilt auch beim Enkelunterhalt;
– OLG Hamburg Nr. 22.3:
  1200 EUR, im gemeinsamen Bedarf des Ehepaars von 2700 EUR (1500 EUR + 1200 EUR) enthalten sind 800 EUR für Unterkunft und Heizung (Warmmiete);
– OLG Hamm Nr. 22.3:
  1200 EUR, im Familienbedarf von 2700 EUR (1500 EUR + 1200 EUR) enthalten sind 800 EUR für Unterkunft und Heizung (450 EUR + 350 EUR);
– OLG Köln Nr. 22.3:
  1200 EUR (auch beim Enkelunterhalt), im Familienbedarf von 2700 EUR (1500 EUR + 1200 EUR) enthalten sind 800 EUR für Unterkunft und Heizung;
– OLG Naumburg Nr. 22.3:
  1050 EUR (auch beim Enkelunterhalt);
– OLG Oldenburg Nr. 22.3:
  1200 EUR (auch beim Enkelunterhalt) bei einem Familienbedarf von mindestens 2700 EUR (1500 EUR + 1200 EUR)

– OLG Schleswig Nr. 22.3:
Nach den ehelichen Lebensverhältnissen (Halbteilung), mindestens 1200 EUR (auch beim Enkelunterhalt);

6. Enkelunterhalt im Besonderen

970 a) **Grundsätzliches.** Großeltern stehen gegenüber ihren Enkeln in der Rangliste der Unterhaltspflichtigen wie unterhaltsberechtigte Eltern gegenüber ihren pflichtigen Kindern weit hinten. Vor ihnen haften die Eltern des betreffenden Enkelkindes (§ 1606 II BGB), noch vor den Eltern ggf. der Ehegatte oder der Lebenspartner des Enkelkindes (§§ 1608 S. 1 u. 4, 1584 S. 1 BGB, 16 S. 2 LPartG) und – soweit zugunsten des Enkelkindes wegen eines eigenen Kindes ein Unterhaltsanspruch nach § 1615 l BGB in Betracht kommt – der andere Elternteil dieses Kindes (§ 1615 l III 2 BGB). In der Rangfolge der Bedürftigen kommen die **Enkel erst an einer hinteren Rangstelle** (vgl. § 1609 Nr. 5 BGB), nämlich hinter den minderjährigen oder diesen gleichstehenden Kindern der Großeltern (§ 1609 Nr. 1), hinter dem gegenüber dem Großelternteil nach § 1615 l BGB unterhaltsberechtigten Elternteil (§ 1609 Nr. 2 BGB), hinter den Ehegatten oder Lebenspartnern der Großeltern (§§ 1609 Nr. 2 u. 3 BGB, 12 S. 2, 16 S. 2 LPartG) und hinter den volljährigen Kindern der Großeltern. Der insgesamt geringe Rang des Unterhaltsanspruchs – Enkel haben als Berechtigte nur Rang vor den Eltern und weiteren Verwandten aufsteigender Linie eines pflichtigen Großelternteils – berechtigen dazu, die **unterhaltsbeschränkende Rechtsprechung zum Elternunterhalt,** der vom Gesetz vergleichbar gering ausgestaltet ist, grundsätzlich auf den Enkelunterhalt zu übertragen.[408]

Wie allgemein beim Verwandtenunterhalt sind die Voraussetzungen eines Unterhaltsanspruchs nur erfüllt, falls **Bedürftigkeit** des berechtigten Enkelkinds (§ 1602 I BGB) **und Leistungsfähigkeit** des pflichtigen Großelternteils (§ 1603 I BGB) während der gleichen Zeit vorliegen,[409] also beide Voraussetzungen **zeitgleich** erfüllt sind.[410]

Wegen des geringen Rangs des Anspruchs auf Enkelunterhalt kommt es in der Praxis nur zu Fällen der **Ersatzhaftung nach § 1607 I oder II BGB** – siehe zur Ersatzhaftung im Einzeln Rn. 910–915. Dass keine vorrangigen Unterhaltspflichtigen vorhanden sind, an deren Stelle die Großeltern in Anspruch genommen werden sollen, wäre allerdings denkbar, z. B. bei Vorversterben beider Eltern des Enkelkindes.

971 Kommt eine Ersatzhaftung von Großeltern in Betracht, richtet sich die Verpflichtung mit der Folge **anteiliger Haftung** (§ 1606 III 1 BGB) grundsätzlich gegen alle vorhandenen Großelternteile gleichzeitig. Das Gesetz sieht **keine Ersatzhaftung nur nach dem Stamm des ausfallenden Unterhaltspflichtigen** vor.[411] Die abweichende Auffassung, wonach nur die väterlichen Großeltern, nicht aber auch die mütterlichen Großeltern einspringen, weil nur die Ersteren an die Stelle des vorrangig haftenden Vaters zu treten hätten, falls die nichteheliche Mutter ihre Unterhaltspflicht gegenüber dem Kind durch Betreuung vollständig erfülle und damit nur der barunterhaltspflichtige Vater ausfalle, ist mit der gesetzlichen Regelung in §§ 1606, 1607 BGB nicht vereinbar (s. Rn. 910 ff.).[412]

972 Da die verschiedenen Großelternteile anteilig nach ihren Erwerbs- und Vermögensverhältnissen haften (§ 1606 III 1 BGB), haben sie wegen der problematischen Höhe ihres jeweiligen Haftungsanteils nach Treu und Glauben (§ 242 BGB) untereinander einen **Auskunftsanspruch,** der sich auf die Einkünfte des nicht verwandten Ehegatten des auskunftspflichtigen Großelternteils erstrecken kann.[413] Ist der Ehegatte leiblicher Großvater oder Großmutter, besteht freilich ein direkter Auskunftsanspruch des Enkelkindes nach

---

[408] Vgl dazu BGH FamRZ 2006, 26 = R 637 a; FamRZ 2006, 1099 = R 652; FamRZ 2007, 375 = R 668
[409] BGH FamRZ 2006, 1511, 1512 = R 658 a
[410] BVerfG FamRZ 2005, 1051, 1053 = R 635
[411] OLG Frankfurt FamRZ 2004, 1745
[412] AG Neu-Ulm Urt. v. 28. 7. 2000 – 3 F 586/00; ausführlich Gerhardt, FA-FamR, Kap. 6 Rn. 386
[413] Vgl. BGH FamRZ 2003, 1836, 1838 zu anteilig haftenden Geschwistern beim Elternunterhalt; BGH FamRZ 2011, 21 zur Auskunftspflicht über Einkünfte des Ehegatten beim Kindesunterhalt

III. Das Unterhaltsverhältnis im Einzelnen   § 2

§ 1605 BGB über Einkommen und Vermögen. Da ein Unterhaltsanspruch über § 1607 BGB nur bestehen kann, wenn die Eltern leistungsunfähig sind oder die Rechtsverfolgung gegen sie erheblich erschwert ist (vgl. hierzu Rn. 910–915), wird die Ansicht vertreten, schon im Auskunftsprozess müsse dies feststehen.[414] Damit hätte das Enkelkind das Vorliegen dieser Voraussetzungen schon im Auskunftsverfahren darzulegen und zu beweisen. Sicher ist, dass es dem Enkelkind obliegt, jedenfalls seine unterhaltsrechtliche Bedürftigkeit darzulegen und zu beweisen. Daran scheitert es, wenn der nach der bescheidenen Lebensstellung der Eltern geschuldete Bedarf, der mindestens das Existenzminimum erfasst (Rn. 973), gedeckt ist.[415] Kann es darlegen, dass seine Eltern tatsächlich keine bedarfsdeckenden Leistungen, z. B. nicht das Existenzminimum erbringen, müsste dies für ein durchsetzbares Auskunftsverlangen gegen Großeltern genügen. Die Fragen der tatsächlichen Leistungsunfähigkeit ggf. beider Elternteile oder die Frage, ob ein Fall erheblicher Erschwerung der Rechtsverfolgung gegen sie vorliegt, sind u. U. nicht einfach zu beurteilen und sollten nicht dazu dienen, ein Auskunftsverfahren zeitlich unangemessen zu verzögern, indem das Verfahren in einen vorgezogenen Hauptsacheprozess umfunktioniert wird.

Die von einem Enkelkind über § 1607 I oder II BGB verfolgten Unterhaltsansprüche gegen Großeltern werden, soweit es um **Unterhalt für die Vergangenheit** geht, durch die Sondervorschrift des § 1613 BGB zugunsten der Großeltern begrenzt.[416] **Verzug** muss bei den in Anspruch genommenen Großeltern in Person vorliegen. Dies gilt aus Gründen des Schuldnerschutzes auch dann, wenn Großeltern nach § 1607 II 1 BGB als Zweitschuldner mit Anspruchsübergang nach § 1607 II 2 BGB eintreten müssen.[417]

Auch für Unterhaltsansprüche, die von Enkeln gegenüber Großeltern geltend gemacht werden, sind die **Familiengerichte zuständig** – siehe im Einzelnen Rn. 901. Die besonderen Gerichtsstände des § 232 I Nr. 2, III Nr. 2 FamFG für die Unterhaltsklage eines Kindes gegen beide Eltern oder einen Elternteil gelten für die Klage gegen einen Großelternteil nicht, so dass dessen Aufenthaltsort maßgebend ist (§ 232 III 1 FamFG; §§ 12, 13 ZPO).[418] Haben die Großeltern, die als Streitgenossen verklagt werden sollen, keinen gemeinsamen **Gerichtsstand,** kann das zuständige Oberlandesgericht auf Antrag nach § 113 I FamFG, § 36 I Nr. 3, II ZPO den gemeinschaftlichen Gerichtsstand bestimmen. Werden mehrere Großelternteile gleichzeitig verklagt, sind sie, da die gegen sie gerichteten anteiligen Ansprüche auf demselben Lebenssachverhalt beruhen, Streitgenossen im Sinne der § 113 I FamFG, §§ 59 ff. ZPO.[419] Dabei geht es aber nur um einen Fall einfacher, nicht notwendiger Streitgenossenschaft, da keine der in § 62 ZPO geregelten Fallgruppen vorliegt.

b) Bedarf und Bedürftigkeit des Enkelkindes. Der Bedarf eines Enkelkindes bestimmt sich nach § 1610 BGB nach seiner Lebensstellung. Diese leitet sich von der Lebensstellung seiner Eltern ab, nicht von der Lebensstellung seiner womöglich erheblich besser situierten Großeltern – vgl. auch Rn. 919, Rn. 913.[420] Auch bei ganz dürftiger Lebensstellung der Eltern ist jedenfalls das **Existenzminimum** als Bedarf geschuldet.[421] Das gilt auch bei minderjährigen Enkelkindern. Allerdings hatte der BGH früher den Ansatz des Existenzminimums als Mindestbedarf für minderjährige Kinder, die nur eine von den Eltern abgeleitete Lebensstellung haben, abgelehnt.[422] Dies ist auf Grund der gesetzlichen Neuregelung in § 1612 a I n. F. BGB überholt. Dort ist das Existenzminimum eines minderjährigen Kindes als Mindestunterhalt unter Bezugnahme auf sein in § 32 VI 1 EStG

973

---

[414] OLG Braunschweig FamRZ 2005, 643, 644; AG Ludwigslust FamRZ 2005, 1924; Günther FPR 2006, 347, 353; wohl auch OLG Tühringen FamRZ 2009, 1498
[415] Vgl. dazu OLG Karlsruhe FamRZ 2001, 782, 783
[416] OLG Thüringen FamRZ 2006, 569; vgl. auch BGH FamRZ 2004, 800 = R 609 a + b
[417] OLG Thüringen a. a. O.
[418] OLG Köln FamRZ 2005, 58 zum FGG
[419] Günther FPR 2006, 347, 353
[420] Allgemeine Meinung: OLG Dresden FamRZ 2006, 569, 570; Günther FPR 2006, 347, 449; Büte FuR 2005, 433, 435
[421] BGH FamRZ 2003, 860, 861 = R 590A b für den Elternunterhalt
[422] BGH FamRZ 2002, 536, 537 f. = R 572

§ 2

steuerlich anerkanntes (halbes) sächliches Existenzminimum (zur übergangsweisen Geltung von § 36 Nr. 4 EGZPO siehe Rn. 913) definiert (vgl. dazu Rn. 221 ff.). Einem volljährigen Enkelkind wird jedenfalls der in den oberlandesgerichtlichen Leitlinien angesetzte Mindestbedarf zuzubilligen sein.

Sonder- und Mehrbedarf können den auf Grund der bescheidenen Lebensstellung der Eltern begrenzten Bedarf erhöhen.[423] Mehrbedarf wird insbesondere dann auftreten, wenn z. B. laufende Ausbildungskosten (vgl. dazu § 1610 II BGB), Kindergartenkosten[424] oder von keiner Krankenversicherung gedeckte laufende Behandlungskosten vorliegen.[425] Wegen des geringen Rangs des Unterhaltsanspruchs dürfte es erforderlich sein, bedarfserhöhenden Mehrbedarf zu Lasten der Großeltern nur insoweit anzusetzen, als er unabweisbar erscheint.[426]

Kein Teil des Bedarfs von Enkelkindern gegenüber Großeltern ist ein Anspruch auf **Prozesskostenvorschuss,** da es von Gesetzes wegen an einer besonderen unterhaltsrechtlichen Verantwortung von Großeltern gegenüber ihren Enkeln fehlt. Gerichtlichen Entscheidungen,[427] wonach auch Urgroßeltern bzw. Großeltern Prozesskostenvorschuss für ihre Urenkel bzw. Enkel leisten mussten, ist daher nicht zuzustimmen – vgl. im Einzelnen Rn. 920.

Die **Bedürftigkeit** auch eines minderjährigen Enkelkindes **entfällt,** wenn es für seinen Unterhalt den Stamm seines Vermögens einsetzen kann. Das Vermögensprivileg des § 1602 II BGB gilt nur im Unterhaltsverhältnis zu den Eltern. BAföG-Leistungen und Leistungen nach dem Unterhaltsvorschussgesetz mindern die Bedürftigkeit ebenso wie Leistungen der Grundsicherung – vgl. näher Rn. 903 f.).

974   **c) Voraussetzung der Ersatzhaftung von Großeltern.** Großeltern werden in der gerichtlichen Praxis nur in Form der Ersatzhaftung nach § 1607 BGB in Anspruch genommen. Es sind also vorrangige Unterhaltspflichtige (vgl. Rn. 970), in der Regel ein Elternteil oder beide Eltern, vorhanden. Fälle einer Ersatzhaftung anstelle des Ehegatten oder Lebenspartners des Enkelkindes nach §§ 1608 S. 2, 1584 S. 2 BGB, 16 S. 2 LPartG bzw. anstelle des nach § 1615 l BGB für das Enkelkind Unterhaltspflichtigen (§§ 1615 l III 2, 1607 BGB) sind eher theoretisch.

Die **Ersatzhaftung nach § 1607 I BGB,** und zwar grundsätzlich aller vorhandenen Großelternteile – vgl. Rn. 670 – setzt die **Leistungsunfähigkeit** der vorrangigen Unterhaltspflichtigen – siehe hierzu im Einzelnen auch Rn. 910 ff. – voraus, also im Normalfall beider Elternteile. Diese dürfen im Sinne des § 1603 I BGB nicht leistungsfähig sein. Zu beachten ist, dass ein betreuender Elternteil, der im Verhältnis zum anderen Elternteil dadurch grundsätzlich seine Unterhaltspflicht erfüllt (§ 1606 III 2 BGB), trotzdem für Barunterhalt leistungsfähig sein kann und damit einer Ersatzhaftung entgegensteht. Die Regelung des § 1606 III 2 BGB gilt nur im Verhältnis der Eltern zueinander, nicht gegenüber nachrangig haftenden Verwandten (s. Rn. 787).[428] Nach Meinung des OLG Hamm[429] soll die Ersatzhaftung der Großmutter – auch wegen ihres Nachrangs nach § 1606 II BGB – schon dann nicht eintreten, falls die vorrangig haftende betreuende Mutter den vollen Barunterhalt zwar ohne Beeinträchtigung ihres notwendigen Selbstbehalts im Sinne des § 1603 II 1 BGB, aber auch ohne Wahrung ihres angemessenen Selbstbehalts im Sinne des § 1603 I BGB aufbringen könnte. Dies widerspricht **§ 1603 II 3 BGB,** der sich auf jedweden anderen unterhaltspflichtigen Verwandten bezieht und die Anwendung des § 1607 I BGB ungeachtet der gesteigerten Unterhaltspflicht der Eltern für minderjährige Kinder auch für dieses Unterhaltsverhältnis ermöglicht. Die Vorschrift hat sogar zur Folge,

---

[423] Büte FuR 2005, 433, 435
[424] BGH FamRZ 2009, 962 = R 700
[425] Büte FuR 2005, 433, 436
[426] Büte a. a. O.
[427] OLG Düsseldorf DAVorm 1990, 80; OLG Koblenz FamRZ 1997, 681; ebenso dafür: Bißmaier FamRZ 2002, 863, 864
[428] OLG Thüringen FamRZ 2009, 1498
[429] FamRZ 2005, 57; so auch schon LG Kleve FamRZ 1988, 1085; zustimmend Büte FuR 2005, 433, 434; MünchKommBGB/Born § 1607 Rn. 4

III. Das Unterhaltsverhältnis im Einzelnen § 2

dass unter Umständen auch der andere Elternteil, also der grundsätzlich nicht barunterhaltspflichtige betreuende Elternteil, trotz normalerweise bereits erfüllter Unterhaltspflicht (§ 1606 III 2 BGB) einspringen muss, soweit dem anderen Elternteil nicht sein angemessener Selbstbehalt verbliebe (s. Rn. 911 f.),[430] aber auch erst dann. Der an sich barunterhaltspflichtige Elternteil muss zunächst bis zur Grenze seines angemessenen Selbstbehalts (§ 1603 I BGB) Unterhalt leisten.[431] Die Ersatzhaftung von Großeltern wird damit möglich, wenn beide Eltern sonst jeweils weniger für sich hätten als ihrem angemessenen Selbstbehalt im Sinne des § 1603 I BGB entspricht. Kontrovers wurde diskutiert,[432] ob im Verhältnis zum anderen Elternteil eine zusätzliche **Barunterhaltspflicht des betreuenden Elternteils** nach § 1603 II 3 BGB tatsächlich schon in Betracht kommt, wenn ihm bei zusätzlicher eigener Barunterhaltsleistung ebenfalls nur sein angemessener Selbstbehalt verbleibt. Das hat der BGH nun bejaht, da er nur fordert, dass der betreuende Elternteil unter Wahrung seines angemessenen Selbstbehalts Barunterhalt leisten kann (s. näher Rn. 911).[433] Bedenkt man den geringen unterhaltsrechtlichen Rang der Großeltern, lassen sich die Überlegungen über ein wirtschaftliches Ungleichgewicht zwischen den Eltern nicht auf den Einsatzpunkt der Ersatzhaftung der Großeltern übertragen.[434] Hier bleibt es dabei, dass der betreuende Elternteil schon dann als leistungsfähig gegenüber Großeltern angesehen werden muss, wenn für ihn bei zusätzlicher Barunterhaltsleistung der angemessene Selbstbehalt im Sinne des § 1603 I BGB noch gewahrt ist.

Geht es um die Frage der **Leistungsunfähigkeit eines betreuenden Elternteils** eines minderjährigen Enkelkindes ist das Einkommen dieses Elternteils um anfallende notwendige Kosten zur Sicherung der Betreuung während der sonst nicht möglichen Erwerbstätigkeit zu bereinigen. Dabei ist aber zu beachten, dass die Kosten für den Besuch auch eines ganztägigen Kindergartens oder einer Kindertagesstätte inzwischen als Mehrbedarf des Kindes qualifiziert werden, weil der erzieherische Aspekt der Betreuung überwiege.[435] Im Zweifel kommt es auf das Konzept der Einrichtung an.[436] Soweit die Erwerbstätigkeit wegen des geringen Alters des Kindes überobligatorisch – bis zum Alter des Kindes von drei Jahren immer – ist, kommt es für die Anrechenbarkeit des überobligatorisch erzielten Einkommens in entsprechender Anwendung von § 1577 II BGB, der auch beim Verwandtenunterhalt gilt,[437] auf die Umstände des Einzelfalls an. Es geht dabei darum, wie die Betreuung während der Berufstätigkeit konkret geregelt ist, welche Hilfen zur Verfügung stehen und ob dafür zusätzliche Betreuungskosten entstehen; ob die Erwerbstätigkeit aus freien Stücken oder wegen wirtschaftlicher Notlage aufgenommen wurde – siehe dazu im einzelnen Rn. 1/803 ff.[438] Bei der Beurteilung, ob es sich um **überobligatorische Einkünfte** handelt, die im Rahmen des angemessenen Selbstbehalts gegenüber nachrangig pflichtigen Großeltern möglicherweise nicht zu berücksichtigen sind, wird man zusätzlich erwägen müssen, dass die Erwerbsobliegenheit des betreuenden Elternteils als dem vorrangigen Pflichtigen im Verhältnis zu Großeltern strenger beurteilt werden kann als im Verhältnis zum gleichrangig haftenden anderen Elternteil. Die Zumutbarkeitsschwelle, nach der sich die Frage der überobligatorischen Natur einer Berufstätigkeit entscheidet, ist je nach Intensität der maßgeblichen unterhaltsrechtlichen Beziehung unterschiedlich anzusetzen – vgl. hierzu zum ähnlichen Problem der Zurechenbarkeit fiktiver Einkünfte Rn. 931). 975

---

[430] BGH FamRZ 1991, 182, 183 = R 430 a; FamRZ 1998, 286, 286 = R 518 a; FamRZ 2008, 137 Rn. 41 = R 684 g; FamRZ 2011, 454 Rn. 34 ff. = R 721 d; NJW 2011, 1875 Rn. 39 ff.
[431] BGH FamRZ 2008, 137 Rn. 39 ff. = R 684 g; FamRZ 2011, 454 Rn. 34 ff. = R 721 d; NJW 2011, 1875 Rn. 39 ff.
[432] Vgl. Gutdeutsch FamRZ 2006, 1724, 1726 und Scholz FamRZ 2006, 1728
[433] BGH NJW 2011, 1875 Rn. 41 und Leistsatz d
[434] Scholz FamRZ 2006, 1728, 1731
[435] BGH FamRZ 2009, 962 Rn. 14 = R 700; FamRZ 2008, 1152, 1153 = R 691 b ff.
[436] BGH FamRZ 2009, 962 Rn. 15 = R 700
[437] BGH FamRZ 1995, 475, 477 = R 491 b; FamRZ 2005, 442, 444 = R 625 c
[438] Vgl. BGH FamRZ 2005, 442, 445 = R 625 c zur überobligatorischen Tätigkeit der unterhaltsberechtigten nichtehelichen Mutter

§ 2 Kindes-, Eltern- und sonstiger Verwandtenunterhalt

Kein Fall mangelnder Leistungsfähigkeit eines Elternteils liegt vor, soweit ihm wegen Verletzung seiner Erwerbsobliegenheit ausreichende **fiktive Einkünfte** zuzurechnen sind. Hierbei wird die Erwerbsobliegenheit eines betreuenden Elternteils im Verhältnis zu nachrangigen Großeltern strenger zu beurteilen sein als im Verhältnis zwischen den beiden Eltern, für welches die Unterhaltspflicht nach § 1606 III 2 BGB grundsätzlich schon durch Betreuung erfüllt wird. Auch insoweit ist eine Erwerbstätigkeit aber nur in dem Umfang zumutbar, als die Betreuung sichergestellt und bei entsprechendem Bemühen auf dem Arbeitsmarkt eine Stelle zu finden wäre.[439] Im Umfang eines zumutbar erzielbaren fiktiven Einkommens scheidet eine Ersatzhaftung der Großeltern nach §§ 1607 I BGB aus. Allerdings kann eine Ersatzhaftung nach § 1607 II BGB wegen erschwerter Rechtsverfolgung im Inland in Betracht kommen (vgl. Rn. 914 f.).

Will ein Enkelkind nachrangig haftende Großeltern in Anspruch nehmen, muss es die Leistungsunfähigkeit der vorrangig Pflichtigen, also im Normalfall seiner Eltern, zur Deckung seines vollen Bedarfs **darlegen und beweisen**.[440] Verlangt es Unterhalt von einem von mehreren Großelternteilen, erstreckt sich seine Darlegungs- und Beweislast auch auf die eine anteilige Haftung ausschließende Vermögens- und Einkommenssituation der anderen Großelternteile.[441]

976   Die **Ersatzhaftung nach § 1607 II BGB** – wegen ausgeschlossener oder erheblich erschwerter Rechtsverfolgung im Inland – mit Rückgriffsmöglichkeit gegen vorrangig Pflichtige, also regelmäßig gegen einen oder beide Elternteile, greift ein, wenn die Unterhaltspflicht des oder der Vorrangigen an sich besteht, weil Leistungsfähigkeit gegeben ist, die Unterhaltsverpflichtung sich aber nicht realisieren lässt, z. B. bei unterhaltsrechtlicher Leistungsfähigkeit nur wegen des Ansatzes von fiktiven Einkünften oder bei vergeblicher Vollstreckung – siehe zur Ersatzhaftung nach § 1607 II BGB im Einzelnen Rn. 914 f. Ein solcher Fall liegt auch bei **Leistungsunfähigkeit einer nichtehelichen Mutter** vor, weil der Anspruch auf Kindesunterhalt gegen den Kindsvater, solange die Vaterschaft nicht anerkannt oder gerichtlich festgestellt ist, nicht durchgesetzt werden kann (§§ 1594 I, 1600 d IV BGB),[442] sieht man von der nach § 248 FamFG ggf. möglichen einstweiligen Anordnung während eines Verfahrens auf Feststellung der Vaterschaft nach § 1600 d BGB einmal ab. Insofern kommt die Ersatzhaftung der mütterlichen Großeltern nach § 1607 II 1 BGB in Betracht. Nach Anerkennung oder Feststellung der Vaterschaft können ggf. auch die väterlichen Großeltern, und zwar wegen § 1613 II Nr. 2 a BGB rückwirkend auf den Zeitpunkt der Geburt – nicht aber über das Inkrafttreten dieser Vorschrift am 1. 7. 1998 hinaus[443] – je nach den Umständen nach § 1607 I oder II 1 BGB in Anspruch genommen werden.

Kommt eine Ersatzhaftung nach § 1607 II 1 BGB in Betracht, weil ein Elternteil nur wegen **fiktiver,** also nicht vorhandener **Einkünfte** als leistungsfähig angesehen wird, wird man unterscheiden müssen, ob es sich um einen Elternteil handelt, der das Enkelkind vertritt, oder einen nicht vertretungsberechtigten Elternteil. Es dürfte dem Enkelkind als treuwidrig entgegengehalten werden können, wenn sein gesetzlicher Vertreter unter Verstoß gegen seine Erwerbsobliegenheit Einkünfte nicht zieht und dies als Begründung einer Ersatzhaftung nach § 1607 II 1 BGB für das Enkelkind vorbringt.

Will das Enkelkind nachrangig haftende Großeltern gemäß § 1607 II 1 BGB in Anspruch nehmen, muss es die Umstände **darlegen und beweisen,** aus denen sich der Ausschluss oder die Erschwernis der Rechtsverfolgung, z. B. gegen den entsprechenden Elternteil, im Inland ergibt[444] – siehe dazu näher Rn. 914 f.

977   **d) Leistungsfähigkeit und Eigenbedarf der Großeltern.** In mehreren Entscheidungen hat der BGH darauf hingewiesen, dass die von ihm zum Elternunterhalt angestellten

---

[439] OLG Schleswig FamRZ 2004, 1058, 1059
[440] MünchKommBGB/Born § 1607 Rn. 26; v. Staudinger/Engler § 1607 Rn. 54; OLG Thüringen FamRZ 2006, 569; AG Leverkusen FamRZ 2003, 627
[441] OLG Thüringen FamRZ 2010, 746; FamRZ 2006, 569; OLG Köln FamRZ 2010, 352
[442] Vgl. BGH FamRZ 2004, 800 = R 609 b
[443] BGH a. a. O. S. 801 = R 609 b
[444] BGH FamRZ 2006, 26, 30 = R 637 f; MünchKommBGB/Born § 1607 Rn. 26; v. Staudinger/Engler § 1607 Rn. 54; AG Leverkusen FamRZ 2003, 627

III. Das Unterhaltsverhältnis im Einzelnen § 2

Erwägungen[445] auf das Unterhaltsverhältnis zwischen Enkeln und Großeltern übertragen werden können. Das betrifft zunächst die **Erhöhung der** in den Unterhaltstabellen angesetzten **Selbstbehaltsbeträge** um einen Zuschlag,[446] z. B. **um 25%** – siehe dazu Rn. 927 u. 953. Hiervon macht der BGH[447] keine Ausnahme bei **minderjährigen Enkeln,** die an sich auf Grund dieser Minderjährigkeit noch hilflos und bedürftig sind.[448] Großeltern unterlägen nämlich keiner gesteigerten Unterhaltspflicht nach § 1603 II 1 BGB und müssten unter Berücksichtigung ihres Eigenbedarfs nur nachrangig haften. Ob auch beim Enkelunterhalt nur eine **Quote von 50%** – oder wegen der Ersparnis einer gemeinsamen Haushaltsführung mit einem nicht verwandten Ehegatten mit der Folge einer Quote von 45% (siehe dazu Rn. 964) – des den erhöhten Selbstbehalt übersteigenden Einkommens zum Unterhalt verwendet werden muss,[449] hat der BGH bislang offen gelassen. Wegen der Gleichstellung mit dem Elternunterhalt dürfte die zusätzliche quotenmäßige Beschränkung bei volljährigen Enkeln angemessen sein (siehe dazu auch Rn. 396).[450] Die Leitlinien der Oberlandesgerichte haben dies für den Enkelunterhalt noch nicht einheitlich aufgenommen (siehe dazu Rn. 928). Im Übrigen erscheint für minderjährige Enkel die Lösung des OLG Koblenz[451] vernünftig. Danach scheidet in einem solchen Fall eine unterschiedslose Bewilligung des zusätzlichen Quotenvorteils aus. Hier ist vielmehr je nach den konkreten Umständen zu entscheiden. Werden bestehende Belastungen großzügig berücksichtigt, kann umgekehrt der zusätzliche Quotenvorteil versagt werden.

Wie beim Elternunterhalt müssen Großeltern im Verhältnis zu Enkeln **keine spürbare** und dauerhafte **Senkung ihres** berufs- und einkommenstypischen **Unterhaltsniveaus,** an das sie sich selbst schon längerfristig angepasst haben, hinnehmen, soweit sie nicht einen nach den Verhältnissen unangemessenen Aufwand betreiben oder ein Leben in Luxus führen.[452] Auch die Zurechnung **fiktiver Einkünfte** wegen Verletzung einer Erwerbsobliegenheit (vgl. dazu wegen des unterschiedlichen Grads der Zumutbarkeit je nach Unterhaltsverhältnis Rn. 931) wird nur in Ausnahmefällen in Betracht kommen.[453] Die Sache ist wegen der schwachen Ausbildung des Unterhaltsverhältnisses ähnlich zu beurteilen wie beim Elternunterhalt – siehe Rn. 949 ff. Schon aus Altersgründen wird die Aufnahme einer bisher nicht ausgeübten Tätigkeit aus Zumutbarkeitsgründen häufig nicht in Betracht kommen. Die Ausweitung einer bereits vorhandenen Teilzeittätigkeit könnte unter Umständen für einen noch in mittlerem Alter befindlichen Großelternteil zumutbar sein.[454] Auch wenn keine Obliegenheit zur Ausweitung einer ausgeübten Teilzeittätigkeit oder zur erstmaligen Aufnahme einer Tätigkeit anzunehmen wäre, kann eine bereits ausgeübte Tätigkeit nicht ohne zwingenden Grund aufgegeben werden, um die Zahlung von Enkelunterhalt zu vermeiden.

Ob laufende Lasten für **Verbindlichkeiten** zu berücksichtigen sind, beurteilt sich grundsätzlich auf Grund einer umfassend vorzunehmenden Interessenabwägung – vgl. Rn. 930. Für die Abwägung maßgeblich sind z. B. Zweck, Zeitpunkt und Art der Entstehung, Eingehen der Verbindlichkeiten vor oder nach der Inanspruchnahme auf Unterhalt, die Dringlichkeit der Bedürfnisse von Pflichtigem bzw. Berechtigten, die Kenntnis des Pflichtigen von Grund und Höhe der Unterhaltsschuld, die diesem zumutbare Möglichkeit zur

---

[445] BGH FamRZ 2002, 1698, 1700 ff. = R 580 c; FamRZ 2003, 1179, 1180 = R 592 b; FamRZ 2007, 375, 376 = R 668
[446] BGH FamRZ 2006, 26, 28 = R 637 a; FamRZ 2006, 1099 = R 652; FamRZ 2007, 375, 376 = R 668
[447] BGH FamRZ 2006, 26, 28 = R 637 a; FamRZ 2006, 1099 = R 652; FamRZ 2007, 375, 376 = R 668
[448] Vgl. hierzu BGH FamRZ 1990, 260, 262
[449] So aber OLG Dresden FamRZ 2006, 569, 571; OLG Koblenz OLGR 2005, 22 jedenfalls gegenüber volljährigen Enkeln
[450] So auch Günther FPR 2006, 347, 351, die die zusätzliche quotenmäßige Beschränkung aber bei minderjährigen Enkeln ablehnt; Leitlinien OLG Hamburg Nr. 21.3.3
[451] OLGR 2005, 22; der BGH musste in seinem dazugehörigen Revisionsurteil (FamRZ 2007, 375) nicht über diese Frage entscheiden
[452] BGH FamRZ 2006, 26, 28 = R 637 a; FamRZ 2007, 375, 376 = R 668
[453] Weitgehend ablehnend Hauß, Elternunterhalt, 3. Aufl.; Rn. 555 ff.
[454] Vgl. Hauß a. a. O., Rn. 555

Wiederherstellung seiner Leistungsfähigkeit, schutzwürdige Belange des Drittgläubigers.[455] Ein **Wohnvorteil** ist wie beim Elternunterhalt – Rn. 954 – zu bewerten. Maßgebend sind nur die ersparten Mietaufwendungen für eine dem vorliegenden Lebensstandard entsprechende Mietwohnung. Bei Darlehensfinanzierung können Großeltern jedenfalls dann sowohl Zins- als auch Tilgungsraten abziehen, wenn sich die Gesamtannuität in einer zum vorhandenen Einkommen angemessenen Höhe hält und die Verpflichtung schon begann, bevor mit einer Inanspruchnahme auf Enkelunterhalt zu rechnen war.[456] Ist der Mietzins für eine **Mietwohnung** höher als er in den Selbstbehaltssätzen berücksichtigt wird, kann der Mehraufwand abgezogen bzw. der Selbstbehalt entsprechend erhöht werden, falls altersbedingt kein Umzug mehr zumutbar ist.[457] Dasselbe gilt, wenn der Wohnbedarf nach dem Tod eines Großelternteils auch in einer kleineren Wohnung befriedigt werden könnte.[458] Auch **Kreditraten für einen Pkw** können abzugsfähig sein, wenn sie der Höhe nach im Verhältnis zu den Einkünften angemessen sind und zu einem Zeitpunkt vereinbart wurden, in dem noch nicht mit der Unterhaltsverpflichtung gerechnet wurde.[459] Ebenso verhält es sich mit Rücklagen für die erforderliche Anschaffung eines angemessenen Pkw.[460] Es kann vom Unterhaltspflichtigen insoweit nicht verlangt werden, einen Kredit aufzunehmen anstatt im Voraus angemessene Rücklagen zu bilden.

978 Zu den Verbindlichkeiten des in Anspruch genommenen Großelternteils, die nach § 1603 I BGB zu berücksichtigen sind, gehört ggf. auch die vorrangige Unterhaltspflicht auf Leistung von **Familienunterhalt** nach §§ 1350, 1360a BGB **für den Ehegatten**. Dessen Maß bestimmt sich nach den konkreten ehelichen Lebensverhältnissen. Er kann im Fall der Konkurrenz mit anderen Unterhaltsansprüchen wie im Fall des Elternunterhalts – Rn. 962 – auf die einzelnen Familienmitglieder aufgeteilt und in Geld veranschlagt werden.[461] Für die Bemessung stellt sich ähnlich wie beim Elternunterhalt auch die Frage, ob die ehelichen Verhältnisse bereits durch Unterhaltsleistungen für ein Enkelkind oder jedenfalls durch das Bestehen einer **latenten Unterhaltslast** für ein Enkelkind geprägt worden sind.[462] Kommt der Ehegatte – wie in den meisten Fällen – selbst als unterhaltspflichtiger Großelternteil in Betracht, mussten sich bei absehbarem Ausfall der vorrangigen Unterhaltspflichtigen unter Umständen beide Ehegatten auf die Inanspruchnahme wegen Enkelunterhalts einstellen.[463] Für diesen für den Enkelunterhalt typischen Fall kann der Anspruch des nicht in Anspruch genommenen Großelternteils auf Familienunterhalt nicht als **Quote von ½ der Differenz** (vgl. dazu Rn. 963 ff. zum Elternunterhalt) der beiderseitig berücksichtigungsfähigen Einkommen berechnet werden. Für den Ehegatten muss vielmehr ein Mindestbedarfssatz ansetzt werden, der sich im Rahmen tatrichterlicher Beurteilung des Einzelfalls nach dem angemessenen Eigenbedarf beim Elternunterhalt gemäß den Unterhaltstabellen unter Berücksichtigung der durch das Zusammenleben mit dem Pflichtigen eingetretenen Haushaltsersparnis richten kann.[464] Sind beide Großelternteile leistungsfähig, muss zur Bestimmung des Umfangs der jeweiligen anteiligen Haftung bei beiden Ehegatten ein gleich hoher angemessener Selbstbehalt zugrunde gelegt werden.[465] Die sich aus dem Zusammenleben ergebende Haushaltsersparnis ist bei beiden je hälftig zu berücksichtigen, so dass sich entsprechend den Unterhaltstabellen ein gleich hoher Betrag für den Eigenbedarf ergibt.[466] Die Haushaltsersparnis ist in der Regel mit 10% des Familienselbstbehalts anzusetzen (s. Rn. 964).[467]

---

[455] BGH FamRZ 1996, 160, 161 f. = R 496 c; BGH FamRZ 2003, 1179, 1181 = R 592 c
[456] BGH FamRZ 2006, 26, 29 = R 637 b
[457] BGH FamRZ 2007, 375, 376 = R 668
[458] BGH a. a. O.
[459] BGH a. a. O.
[460] BGH FamRZ 2006, 1511, 1516 (zum Elternunterhalt)
[461] BGH FamRZ 2006, 26, 29 = R 637 c; FamRZ 2010, 1535 Rn. 30 = R 714 b
[462] BGH a. a. O. = R 637 d + e
[463] BGH a. a. O.
[464] BGH FamRZ 2006, 26, 29 f. = R 637 e
[465] Günther FPR 2006, 347, 353
[466] Günther a. a. O.
[467] BGH FamRZ 2010, 1535 Rn. 31, 39 ff. = R 714 b (zum Elternunterhalt)

III. Das Unterhaltsverhältnis im Einzelnen § 2

Wegen des in den oberlandesgerichtlichen Unterhaltsleitlinien angesetzten **pauschalierten Mindestbedarfs** des mit dem unterhaltspflichtigen Großelternteil zusammenlebenden Ehegatten siehe Rn. 969.

§ 3 Familienunterhalt

1. Abschnitt: Grundsätzliches

Trennungsunterhalt und nachehelicher Unterhalt dienen dazu, dem bedürftigen Ehegatten ein vom (früheren) Ehegatten unabhängiges Leben zu ermöglichen. Dies geschieht in der Regel dadurch, dass der Berechtigte als Unterhalt eine Quote des Einkommens des Verpflichteten oder der Differenz der Einkommen beider Ehegatten erhält (vgl. dazu Rn. 4/772 ff.). Der **Familienunterhalt** soll dagegen den Lebensunterhalt beider Ehegatten und etwaiger Kinder **bei bestehender Lebensgemeinschaft** sichern.[1] Zum Unterhalt beim Zusammenleben eingetragener Lebenspartner vgl. Rn. 7/290 ff. § 1360 BGB, der den Familienunterhalt beim Zusammenleben von Ehegatten regelt, ist ein Ausfluss des § 1353 I 2 BGB, nach dem diese zur ehelichen Lebensgemeinschaft verpflichtet und füreinander verantwortlich sind. Deshalb sind grundsätzlich beide Ehegatten gehalten, durch ihre Arbeit und durch ihr Vermögen die Familie angemessen zu unterhalten.[2] Die Eheleute vereinbaren in freier Entscheidung, ob sie Kinder haben wollen, wie sie die Arbeit in der Familie aufteilen, ob einer von ihnen oder ob beide zum Familieneinkommen durch Erwerbstätigkeit beitragen, ob einer allein die Hausarbeit und damit vorzugsweise die Betreuung etwaiger Kinder, und zwar sowohl der gemeinsamen als auch der im Haushalt lebenden Kinder aus anderen Verbindungen[3] (vgl. Rn. 36) übernimmt, ob sie sich die Hausarbeit teilen oder ob sie sich der Hilfe Dritter bedienen.[4] Jeder Ehegatte hat seinen Beitrag zum Familienunterhalt entsprechend der von ihm übernommenen Funktion zu leisten.[5]

1

Der Familienunterhalt ist, vom Taschengeld (Rn. 62 ff.) abgesehen, **nicht auf eine Geldrente gerichtet,**[6] über die der Empfänger frei verfügen kann. Vielmehr dient er der Befriedigung der Bedürfnisse der Familie durch finanzielle Beiträge und durch Arbeitsleistung, Haushaltsführung, Pflege kranker oder behinderter Angehöriger usw. (vgl. dazu Rn. 25 ff.). Daher ist der Familienunterhalt konkret nach den jeweiligen Bedürfnissen gerade der Familie zu bestimmen, um die es geht (§ 1360 a II 1 BGB). Die Unterhaltspflicht ist wechselseitig; jeder Ehegatte ist zugleich unterhaltsberechtigt und unterhaltspflichtig.[7] Dies bedeutet, dass die Vorschriften über Trennungsunterhalt (§ 1361 BGB) und nachehelichen Unterhalt (§§ 1569 ff. BGB) grundsätzlich nicht anwendbar sind, da diese Bestimmungen von der Unterhaltspflicht eines Ehegatten gegenüber dem anderen ausgehen. Die Begriffe des allgemeinen Unterhaltsrechts wie Bedürftigkeit, Leistungsfähigkeit, Unterhaltsquote, Selbstbehalt sind beim Familienunterhalt nur mit Vorsicht heranzuziehen. Eine Verwirkung des Familienunterhalts analog §§ 1361 III, 1579 BGB ist ausgeschlossen.[8] Auch die Unterhaltstabellen und Leitlinien können nicht herangezogen werden, wenn es um die Bestimmung der Zahlungen geht, mit denen die Ehegatten zum Familienunterhalt beizutragen haben; vgl. aber Rn. 3. In Ausnahmefällen ist Familienunterhalt in Form einer Geldrente zu leisten, z. B. wenn ein Ehegatte pflegebedürftig wird und deshalb in einem Heim versorgt werden muss, die Eheleute aber nicht im Rechtssinne getrennt leben.[9] Vgl. dazu Rn. 44.

2

---

[1] Zu den Unterschieden zwischen Familien- und Trennungsunterhalt vgl. OLG Düsseldorf FamRZ 1992, 943
[2] BGH FamRZ 2004, 366, 368 = R 599 c mit Anm. Strohal FamRZ 2004, 441
[3] BGH FamRZ 2009, 762, 767
[4] BVerfG FamRZ 2002, 527 = R 571 a mit Anm. Scholz FamRZ 2003, 733; BGH FamRZ 2001, 986 = R 563 a mit Anm. Scholz FamRZ 2001, 1061; BGH FamRZ 2009, 762 = R 703
[5] BGH FamRZ 2011, 21; 1995, 537 = R 493 a
[6] BGH FamRZ 2003, 363, 366 = R 584 g mit Anm. Scholz FamRZ 2003, 514; OLG Hamm FamRZ 1989, 947
[7] BGH FamRZ 2006, 1010, 1014 = R 650 b; OLG Düsseldorf FamRZ 1992, 943
[8] OLG Düsseldorf FamRZ 1992, 943
[9] OLG Düsseldorf NJW 2002, 1353

3 Trotz der individuellen Bemessung des Familienunterhalts, insbesondere der von einem Ehegatten zu erbringenden Geldleistungen, muss der **Unterhaltsbedarf** eines oder mehrerer Mitglieder der Familie u. U. **in Geld veranschlagt** werden.[10] Dies ist z. B. der Fall, wenn ausnahmsweise einem (pflegebedürftigen) Ehegatten eine Geldrente gewährt werden muss (vgl. Rn. 2, 44), vor allem aber dann, wenn **Unterhaltsansprüche Dritter** gegen einen Ehegatten zu berechnen sind. So muss die Unterhaltspflicht gegenüber dem jetzigen Ehegatten und den Kindern aus der neuen Ehe vielfach in einem Geldbetrag ausgedrückt werden, wenn andere Berechtigte, z. B. minderjährige Kinder aus einer anderen Verbindung oder ein früherer Ehegatte, den Unterhaltspflichtigen in Anspruch nehmen. Dabei sind nicht nur vorrangige und gleichrangige Unterhaltsgläubiger, wie z. B. ein früherer langjähriger Ehegatte (§ 1609 Nr. 2 BGB), sondern auch nachrangige, z. B. nicht privilegiert volljährige Kinder[11] (Rn. 99 f.) oder bedürftige Eltern[12] (Rn. 103 ff.) zu berücksichtigen. Rangvorschriften setzen sich erst dann durch, wenn der Schuldner nicht in der Lage ist, den Unterhaltsbedarf aller Berechtigten zu decken.[13]

4 Muss der Familienunterhalt beim Zusammentreffen mit anderen Unterhaltsansprüchen in Geldbeträgen ausgedrückt werden, ist er auf die einzelnen Familienmitglieder, auch auf die Kinder, aufzuteilen; beim Ehegatten ist § 1578 BGB als Orientierungshilfe heranzuziehen.[14] Ein Erwerbstätigenbonus ist nicht zu gewähren. Vielmehr gilt auch bei Erwerbstätigkeit eines oder beider Ehegatten der uneingeschränkte **Halbteilungsgrundsatz.**[15] Dies gilt m. E. aber nur, wenn es um das Verhältnis zwischen Familienunterhalt und Verwandtenunterhalt geht. Konkurrieren dagegen Geschiedenen- und Familienunterhalt, ist nicht nur dem geschiedenen Ehegatten, sondern auch dem jetzigen, der mit dem Schuldner zusammenlebt, ein Erwerbstätigenbonus zu gewähren, wenn beide erwerbstätig sind. Vgl. dazu Rn. 93. Bei Konkurrenz mit den Unterhaltsansprüchen anderer Berechtigter muss dem Umstand Rechnung getragen werden, dass sich durch das Zusammenleben der Ehegatten in einem Haushalt Ersparnisse ergeben, die zu einer Korrektur der Halbteilung des Familieneinkommens führen können.[16] Vgl. dazu Rn. 94, 107 ff. Beim Kindesunterhalt sind die Tabellen und Leitlinien anzuwenden. Bei dieser Ermittlung der Höhe des Familienunterhalts müssen die allgemeinen Kriterien des Unterhaltsrechts wie Bedarf, Bedürftigkeit, Leistungsfähigkeit und Selbstbehalt herangezogen werden. Erst nach Durchführung dieser Berechnungen lässt sich vielfach feststellen, wie hoch der Bedarf der einzelnen Berechtigten ist, ob der Schuldner leistungsfähig ist oder ob einzelne nachrangige Unterhaltsgläubiger mit ihrem Anspruch ganz oder teilweise ausfallen. Dabei ist zu beachten, dass der Bedarf durch die Anzahl der Unterhaltsgläubiger eingeschränkt sein kann.[17] Zur Konkurrenz des Familienunterhalts mit Unterhaltsansprüchen anderer Berechtigter vgl. im Einzelnen Rn. 70 ff.

5 Bei **Tötung eines Ehegatten** kann der Partner vom Schädiger ggf. Schadensersatz in Form einer Geldrente verlangen (§ 844 II 1 BGB). In diesem Fall kommt es darauf an, in welchem Umfang der getötete Ehegatte dem anderen zur Leistung von Familienunterhalt verpflichtet war. Für den Verlust dieses Unterhalts ist der andere Ehegatte zu entschädigen.[18] Auch in einem solchen Fall müssen der bisher vom Getöteten geleistete Unterhalt und damit dessen in der Zukunft fiktiv zu erbringende Unterhaltsleistungen in einem Geldbetrag ausgedrückt werden.[19]

---

[10] BGH FamRZ 2010, 1535 = R 714 b; 2003, 860, 866 mit Anm. Klinkhammer = R 590 A f; OLG Hamburg FamRZ 1993, 1453, 1455
[11] BGH FamRZ 2009, 762, 766 = R 703
[12] Vgl. BGH FamRZ 2004, 795, 797 mit Anm. Strohal
[13] BVerfG FamRZ 2011, 437 = R 722 g; BGH FamRZ 2009, 762, 767 = R 703; 2008, 968 = R 689 h
[14] BGH FamRZ 2010, 1535 = R 714 b; 2004, 186 = R 595 b mit Anm. Schürmann; FamRZ 2003, 860, 866 mit Anm. Klinkhammer = R 590 A j
[15] BGH FamRZ 2002, 742 = R 576 a
[16] BGH FamRZ 2009, 762, 767; 2008, 594, 597 = R 688 b, c
[17] Vgl. Scholz FamRZ 2007, 2021, 2028 f.
[18] BGH FamRZ 1993, 411; 1985, 466
[19] BGH FamRZ 2004, 88, 90

Familienunterhalt wird in der Praxis nur selten **gerichtlich** geltend gemacht. Ein 6
solches Verfahren dokumentiert in der Regel, dass die Ehe sich in einer nachhaltigen Krise
befindet und die Trennung kurz bevorsteht. Vor Gericht kann ohnehin nur der Geldanteil des Familienunterhalts, also das Wirtschaftsgeld (Rn. 55 ff.) oder das Taschengeld
(Rn. 62 ff.) geltend gemacht werden. Dennoch hat die Vorschrift des § 1360 BGB eine
erhebliche Bedeutung. Sie stellt klar – ebenso wie das bei § 1353 I 2 BGB hinsichtlich der
Pflicht zur ehelichen Lebensgemeinschaft der Fall ist –, dass die Unterhaltspflicht zwischen
den Ehegatten bei bestehender Ehe nicht nur eine sittliche, sondern eine **Rechtspflicht** ist.
Auf diese Pflicht können sich die Ehegatten Dritten gegenüber berufen (Rn. 3, 4). Soweit
es zur Bezifferung dieser Ansprüche erforderlich ist, kann jeder Ehegatte vom anderen
Auskunft über dessen Einkommens- und Vermögensverhältnisse verlangen (§ 1353 BGB).
Sie haben sich wenigstens in groben Zügen über den Bestand ihres Vermögens und die von
ihnen vorgenommenen größeren Vermögensbewegungen zu unterrichten. Hinsichtlich des
Einkommens ist jeder Ehegatte in dem Ausmaß auskunftspflichtig, das sich bei Verwandten
aus § 1605 BGB ergibt.[20] Eine Pflicht zur Vorlage von Belegen soll dagegen nicht bestehen.[21] Vgl. dazu im Einzelnen Rn. 1/1159. Zur Rechenschaftspflicht eines Ehegatten, der
die Wirtschaftsführung übernommen hat, vgl. Rn. 56.

2. Abschnitt: Voraussetzungen des Familienunterhalts

I. Eheliche Lebensgemeinschaft, Bedürftigkeit und Leistungsfähigkeit

Familienunterhalt wird nur geschuldet, wenn zwischen den Ehegatten eine **Lebens** 7
gemeinschaft besteht. Die Unterhaltspflicht beginnt frühestens mit der Eheschließung.
Räumliche Trennung schließt die eheliche Lebensgemeinschaft nicht aus, z.B. bei auswärtiger Arbeit eines Ehegatten oder bei Strafhaft. Vgl. dazu Rn. 4/22 f. So kann die Ehefrau, die einen zu Freiheitsstrafe verurteilten Strafgefangenen geheiratet hat, nach § 1360
BGB verpflichtet sein, ihren Ehemann in bestimmter Weise zu unterstützen, wenn er in der
Anstalt bestimmte Dinge nicht erhält, auf die er angewiesen ist, z.B. Diätkost. Andererseits
können die Ehegatten in derselben Wohnung getrennt leben (§ 1567 I 2 BGB). Entscheidend ist allein, ob sie an der Ehe festhalten und entsprechend der von ihnen selbst gesetzten
Ordnung und der von ihnen vereinbarten Aufgabenverteilung leben. Ein Anspruch auf
Familienunterhalt besteht dagegen nicht, wenn von vornherein keine Lebensgemeinschaft
geplant war oder eine ursprünglich geplante Lebensgemeinschaft später nicht realisiert wird.
Vielmehr wird Trennungsunterhalt geschuldet, wenn dessen Anspruchsvoraussetzungen
vorliegen.

Keine Anspruchsvoraussetzung ist die **Bedürftigkeit** eines Ehegatten. So kann der 8
Ehegatte, der vereinbarungsgemäß den Haushalt führt, Anspruch auf Wirtschaftsgeld gegen
den anderen haben, selbst wenn er über ein beachtliches Einkommen oder Vermögen
verfügt.[1] Zum Umfang des Anspruchs auf Wirtschaftsgeld, insbesondere des nicht berufstätigen Ehegatten vgl. Rn. 55 ff. Der Anspruch auf Familienunterhalt dient der Deckung
des Bedarfs der gesamten Familie, nicht nur eines Ehegatten. Die Bedürftigkeit einzelner
Familienmitglieder, z.B. Pflegebedürftigkeit, kann sich allerdings auf Art und Umfang des
angemessenen Familienunterhalts auswirken, z.B. darauf, ob Naturalunterhalt oder Geldleistungen erbracht werden müssen.[2] Vgl. Rn. 2, 44.

Der Anspruch hängt ferner nicht von der **Leistungsfähigkeit** des Verpflichteten im Sinn 9
der §§ 1581, 1603 I BGB ab, wohl aber davon, dass dieser überhaupt in der Lage ist, zum
Unterhalt beizutragen. Der Anspruch entfällt daher nur, wenn ein Ehegatte weder durch
Erwerbstätigkeit, noch durch Vermögenseinkünfte, noch durch Haushaltsführung zum Fa-

---

[20] BGH FamRZ 2011, 21 m. Anm. Graba
[21] BGH FamRZ 2011, 21; dagegen zu Recht Graba, a. a. O.
[1] BGH NJW 1965, 1710
[2] Vgl. dazu BGH FamRZ 1993, 411; OLG Düsseldorf NJW 2002, 1353

milienunterhalt beitragen kann. Auf den notwendigen oder den angemessenen Selbstbehalt nach den Tabellen und Leitlinien der Oberlandesgerichte kann grundsätzlich nicht abgestellt werden (vgl. dazu Rn. 2, 43). Anders ist es aber in der Regel, wenn der Familienunterhalt – insbesondere bei Konkurrenz mit anderen Unterhaltsansprüchen – in Geld veranschlagt werden muss (vgl. Rn. 3, 44, 70 ff.).

10 Die **Abgrenzung zwischen Familien- und Trennungsunterhalt** ist schwierig, wenn die Ehe in eine Krise gerät und die persönlichen Beziehungen so gestört sind, dass jeder Ehegatte weitgehend seine eigenen Wege geht. Familienunterhalt wird nur dann geschuldet, wenn die eheliche Lebensgemeinschaft zumindest noch teilweise, insbesondere in wirtschaftlicher Hinsicht, besteht und mindestens ein Ehegatte Unterhalt in einer durch die eheliche Lebensgemeinschaft gebotenen Weise erhält. So hat der BGH einer Ehefrau, der nach wie vor Kost und Logis im Handwerksbetrieb ihres Ehemannes gewährt wurde, Kleider- und Taschengeld als Teil des Familienunterhalts zugebilligt, obwohl der Ehemann sich einer anderen Frau zugewandt hatte, mit der er in einer anderen Wohnung zusammenlebte.[3] Vgl. auch Rn. 11, 115.

11 Der Anspruch auf Familienunterhalt **endet mit der Trennung** der Eheleute im Sinn von §§ 1361, 1567 BGB. Vgl. dazu Rn. 7. Auf die Einreichung oder die Zustellung des Scheidungsantrages kommt es nicht an, da die Eheleute ausnahmsweise auch während des Scheidungsverfahrens noch (teilweise) zusammenleben, insbesondere gemeinsam wirtschaften können, was allerdings, wenn nicht die Voraussetzungen des § 1565 II BGB vorliegen, zur Abweisung des Scheidungsbegehrens führen wird. Erst mit der Trennung im Rechtssinne wandelt sich der bisherige Anspruch auf einen Beitrag zum Familienunterhalt nach §§ 1360, 1360a BGB in einen persönlichen Anspruch des getrennt lebenden bedürftigen Ehegatten auf Trennungsunterhalt nach § 1361 BGB und in einen Anspruch jedes Kindes auf Kindesunterhalt nach §§ 1601 ff. BGB um. Familien- und Trennungsunterhalt sind nicht identisch (Rn. 115). Dies bedeutet, dass aus einem Titel über Familienunterhalt nach der Trennung der Eheleute im Rechtssinne nicht mehr vollstreckt werden darf, ebenso wie der Anspruch auf Trennungsunterhalt erlischt, wenn die Ehegatten die häusliche Gemeinschaft wiederherstellen. Dies kann nach § 113 I 2 FamFG, § 767 ZPO mit einem Vollstreckungsgegenantrag gegen den Titel geltend gemacht werden.[4] Vgl. auch Rn. 116.

II. Unterhaltsverpflichtung der Ehegatten und Aufgabenverteilung in der Ehe

1. Verpflichtung beider Ehegatten

12 Nach § 1360 BGB ist jeder Ehegatte zugleich Unterhaltsberechtigter und Unterhaltsverpflichteter, da die Eheleute einen gegenseitigen Anspruch auf einen Beitrag zum Familienunterhalt haben.[5] Dieser Anspruch umfasst die Bedürfnisse der gesamten Familie einschließlich der Kinder (vgl. Rn. 25 ff.).[6] Der Unterhaltsanspruch der **Kinder** ergibt sich ausschließlich aus §§ 1601 ff. BGB. Jedoch bestimmen Ehegatten in der Regel nach § 1612 II 1 BGB, dass unverheirateten minderjährigen, aber auch volljährigen Kindern **Unterhalt in Natur** im gemeinsamen Haushalt gewährt wird (vgl. Rn. 2/18, 2/32 ff.). Der Anspruch auf Kindesunterhalt wird also dadurch erfüllt, dass die Eltern ihrer Verpflichtung zur Leistung des Familienunterhalts nachkommen und damit auch den Bedarf des Kindes decken.[7] Leistet dagegen der erwerbstätige oder vermögende Elternteil den geschuldeten Familienunterhalt nicht, so kann zunächst der andere Elternteil Leistung des Familienunterhalts, insbesondere Zahlung des Wirtschaftsgeldes, verlangen und damit auch den

---

[3] BGH FamRZ 1961, 432
[4] OLG Düsseldorf FamRZ 1992, 943
[5] BGH FamRZ 2011, 21; 2006, 1010, 1014 = R 650 b
[6] BGH FamRZ 1997, 281 = R 509 b; FamRZ 1985, 343 = NJW 1985, 803
[7] BGH FamRZ 2000, 640

Bedarf des Kindes sicherstellen (vgl. Rn. 25, 55). Das Kind selbst hat keinen Anspruch auf Familienunterhalt nach § 1360 BGB. Jedoch muss auch ihm, insbesondere nach Volljährigkeit, das Recht zustehen, selbst nach §§ 1601 ff. BGB Unterhalt geltend zu machen.[8] Andernfalls wäre es rechtlos, wenn sich beide Eltern oder ein Elternteil ihrer Unterhaltspflicht entziehen, z. B. das Familieneinkommen vertrinken und nicht ausreichend für das Kind sorgen. In der Praxis werden derartige Fälle kaum vorkommen, da die Vernachlässigung des Kindes in der Regel zum Einschreiten des Familiengerichts nach § 1666 BGB oder bei einem volljährigen Kind zum Auszug aus der elterlichen Wohnung führen wird und dann ohnehin ein Anspruch auf Kindesunterhalt nach § 1601 BGB entsteht.

Ein Titel über Kindesunterhalt wird demgemäß nicht dadurch gegenstandslos, dass die zeitweise getrennt lebenden Eltern die eheliche Lebensgemeinschaft wiederherstellen oder nach Scheidung ihrer ersten Ehe erneut heiraten.[9] Der barunterhaltspflichtige Elternteil kann mit einem Vollstreckungsgegenantrag (§ 113 I 2 FamFG, § 767 ZPO) nur geltend machen, dass er während des erneuten Zusammenlebens mit dem anderen Elternteil Familienunterhalt geleistet und dadurch den Bedarf des Kindes gedeckt hat. Zum Verhältnis von Familienunterhalt und Trennungsunterhalt vgl. oben Rn. 10 f. 13

2. Aufgabenverteilung in der Ehe

Dem Grundgedanken des § 1360 BGB entspricht es, dass die Last des Familienunterhalts von beiden Ehegatten gemeinsam getragen wird.[10] Der Unterhalt ist von jedem Ehegatten unter Verwertung seiner Arbeitskraft und, wenn erforderlich, durch den Einsatz seines Vermögens zu leisten (Rn. 20 ff.). Auf welche Weise dabei jeder Ehegatte die ihm obliegende Unterhaltsverpflichtung zu erfüllen hat, bestimmt sich nach der konkreten Aufgabenverteilung in der Ehe, d. h. nach dem „gegenseitigen Einvernehmen" (§ 1356 I 1 BGB), das die Ehegatten hinsichtlich Haushaltsführung und Berufsausübung erzielt haben.[11] Sie können sowohl die Rollenverteilung in der Ehe als auch die Beschaffung und Verteilung des Unterhalts weitgehend frei gestalten.[12] Diese Gestaltungsfreiheit gilt aber nur im Verhältnis der Ehegatten zueinander. Sie darf grundsätzlich nicht zu Lasten vorrangiger Unterhaltsberechtigter, insbesondere minderjähriger Kinder oder privilegiert volljähriger Kinder (Rn. 2/581 ff.) aus einer früheren Ehe oder einer anderen Verbindung, gehen und nicht zu Lasten eines gleichrangig Berechtigten, z. B. eines früheren Ehegatten, eines ein Kleinkind betreuenden Elternteils (§ 1609 Nr. 1, 2 BGB).[13] Im Verhältnis zu diesen Unterhaltsgläubigern kann eine **Erwerbsobliegenheit** bestehen. Vgl. auch Rn. 92. Eine solche kommt auch in Betracht, wenn ein nachrangiger Unterhaltsgläubiger, z. B. ein volljähriges Kind, Unterhalt von dem haushaltführenden Ehegatten verlangt (vgl. Rn. 2/294), ausnahmsweise aber auch dann, wenn ein bedürftiger Elternteil Unterhalt begehrt.[14] Insoweit kann auf die eingehenden Ausführungen zur sog. Hausmannrechtsprechung Rn. 2/275 ff. verwiesen werden; vgl. auch Rn. 36 f. 14

Bisher hat man hinsichtlich der Aufgabenverteilung in der Ehe zwischen verschiedenen Leitbildern unterschieden, nämlich der „Haushaltsführungsehe", der „Doppelverdienerehe", der „Zuverdienstehe" und schließlich der „Nichterwerbstätigenehe".[15] Spätestens seit den Entscheidungen des BGH vom 13. 6. 2001[16] und des BVerfG vom 5. 2. 2002[17] ist es aber an der Zeit, sich von bestimmten Ehebildern zu verabschieden. Es ist anders als früher 15

---

[8] BGH FamRZ 1997, 281 = R 509 b
[9] BGH FamRZ 1997, 281 = R 509 b
[10] BGH FamRZ 1995, 537 = R 493 a
[11] BGH FamRZ 1985, 576; vgl. auch BGH FamRZ 1995, 537 = R 493 a
[12] BVerfG FamRZ 2002, 527 = R 571 mit Anm. Scholz FamRZ 2002, 733; BGH FamRZ 2001, 986 = R 563 a mit Anm. Scholz FamRZ 2001, 1061
[13] Vgl. BGH FamRZ 1996, 796
[14] BGH FamRZ 2009, 762, 767; vgl. dazu Strohal FamRZ 2004, 441, 443
[15] So auch die 5. Aufl. Rn. 3/11
[16] FamRZ 2001, 986 = R 563 mit Anm. Scholz FamRZ 2001, 1061
[17] FamRZ 2002, 527 = R 571 mit Anm. Scholz FamRZ 2002, 733

nicht mehr die Regel, dass sich Eheleute auf Dauer zwischen Doppel- und Alleinverdienerehe entscheiden. Auch die Ehefrau will heute grundsätzlich einen Beruf ausüben. Die Erwerbstätigkeit wird nicht nur wegen der Kindererziehung von der Frau oder dem Mann unterbrochen, sondern auch aus anderen Gründen, die vor allem durch die langen Ausbildungszeiten und die Gegebenheiten auf dem Arbeitsmarkt bedingt sind.[18] Entscheidend ist, wie die Eheleute ihr Zusammenleben in freier Entscheidung gestalten (vgl. Rn. 14). Nach der Eheschließung folgt häufig eine Phase beiderseitiger Berufstätigkeit, die von Kindererziehungszeiten abgelöst wird, in denen ein Ehegatte ganz oder teilweise nicht erwerbstätig ist. Sobald die Betreuung der Kinder dies zulässt, wird wieder eine voll- oder teilschichtige Erwerbstätigkeit aufgenommen, die schließlich in den Ruhestand einmündet. Die konkreten Lebensverhältnisse, insbesondere Arbeitslosigkeit, Berufswechsel, Krankheit können aber auch eine andere Gestaltung der ehelichen Lebensverhältnisse bedingen. Allein nach der Verteilung der Aufgaben in dem zu beurteilenden Zeitraum bestimmt sich, von wem und in welcher Weise Familienunterhalt zu erbringen ist (§ 1360 a II 1 BGB).

16 • Bei **Haushaltsführung und ggf. Kinderbetreuung allein durch einen Ehegatten** geht in der Regel der andere einer Erwerbstätigkeit nach und verdient die für den Familienbedarf notwendigen Geldmittel. Vgl. auch Rn. 46. Übersteigt das Einkommen des allein erwerbstätigen Ehegatten den Bedarf der Familie, kann er den überschießenden Teil der Erwerbseinkünfte für sich verwenden.

Nach § 1360 S. 2 BGB sind die **Haushaltsführung** des einen **und die Erwerbstätigkeit** des anderen Ehegatten **gleichwertig**. Der haushaltführende Ehegatte leistet regelmäßig einen „gleichwertigen und nicht ergänzungsbedürftigen" Beitrag zum Familienunterhalt.[19] Das heißt freilich nicht, dass der erwerbstätige Ehegatte jede Hilfeleistung im Haushalt ablehnen darf. Im Gegenteil wird er vielfach nach § 1353 I 2 BGB zum Beistand verpflichtet sein. Um die Erziehung der Kinder muss sich ohnehin auch der berufstätige Ehegatte kümmern (§ 1626 I 1 BGB). Die Vereinbarung, dass allein ein Ehegatte den Haushalt führen soll, bedarf jedoch der Korrektur, wenn sie nicht mehr dem Willen beider entspricht oder wenn das Erwerbseinkommen des anderen Ehegatten und die etwaigen Erträge aus (beiderseitigem) Vermögen für den Unterhalt nicht mehr ausreichen (vgl. Rn. 21).[20] Dies kann z. B. der Fall sein, wenn eine Notlage eintritt oder neue Unterhaltpflichten, etwa durch Geburt eines ehelichen oder nichtehelichen Kindes entstehen. Dann müssen beide Ehegatten ganz oder teilweise erwerbstätig sein; auch muss sich der bisher allein erwerbstätige Ehegatte stärker an der Haushaltsführung beteiligen.

17 • **Bei beiderseitiger Erwerbstätigkeit** ist die Haushaltstätigkeit auf beide Ehegatten entsprechend dem jeweiligen Zeitaufwand für den Beruf zu verteilen, d. h. bei beiderseits vollschichtiger Tätigkeit in der Regel gleichmäßig. Kinder sind von beiden Eltern gemeinsam zu betreuen. Jeder muss sich nach dem Verhältnis der beiderseitigen unterhaltsrelevanten Nettoeinkommen finanziell am Familienunterhalt beteiligen.[21] Vgl. Rn. 47. Einen Mehrverdienst, der nicht anteilig für den Familienunterhalt benötigt wird, kann jeder für persönliche Zwecke oder absprachegemäß verwenden. Bei einer ungleich größeren Gesamtbelastung eines Ehegatten durch Erwerbstätigkeit, Haushalt und Kinderbetreuung kann ein Ausgleich dadurch geschaffen werden, dass der weniger belastete Ehegatte einen größeren finanziellen Beitrag zum Familienunterhalt leistet.

18 • Vielfach ist nur ein Ehegatte voll erwerbstätig und stellt hierdurch das Familieneinkommen im Wesentlichen sicher. Der andere Ehegatte führt primär den Haushalt, betreut ggf. die Kinder und erzielt durch eine **teilschichtige Erwerbstätigkeit** zusätzliches Einkommen. Wird er im Hinblick auf diesen Nebenverdienst vom voll erwerbstätigen Ehegatten in angemessener Weise bei der Haushaltsführung entlastet oder reicht dessen Einkommen für eine angemessene Lebenshaltung nicht aus, muss er sich mit seinem Zuverdienst anteilig am Familienunterhalt beteiligen. Vgl. Rn. 17, 48, 53. Erfolgt keine entsprechende Entlastung, kann bei ausreichendem Einkommen des anderen Ehegatten ein geringer

---

[18] Dazu im Einzelnen Scholz FamRZ 2003, 265, 267
[19] Begründung zum 1. Ges. zur Reform des Ehe- und Familienrechts, BT-Drucks. 7/650 S. 99
[20] Scholz FamRZ 2003, 265, 268
[21] BGH FamRZ 2004, 366, 368 = R 599 c

2. Abschnitt: Voraussetzungen des Familienunterhalts § 3

Zuverdienst in der Regel als Ausgleich für seine Mehrbelastung als Taschengeld (Rn. 62) angesehen und für eigene Zwecke verwendet werden. Im Übrigen gelten die Ausführungen zu Rn. 16 f. entsprechend.

- Sind beide Ehegatten **nicht erwerbstätig,** müssen sie den Haushalt gemeinsam führen. Wie dies im Einzelnen geschehen soll, ist im gegenseitigen Einvernehmen festzulegen (§ 1356 I 1 BGB). Es geht nicht an, dass der eine Ehegatte nur seinen Hobbys nachgeht, während der andere allein die Last des Haushalts trägt. Zu den finanziellen Lasten des Haushalts müssen beide entsprechend ihren Einkünften beitragen. **19**

III. Erwerbsobliegenheit der Ehegatten

Der allein **erwerbstätige Ehegatte** muss in der Regel einer Arbeit nachgehen, die **20** seinen Fähigkeiten, insbesondere seiner beruflichen Vorbildung, entspricht und durch die er den finanziellen Bedarf der Familie decken oder zu ihm in angemessener Weise beitragen kann. Reichen die finanziellen Mittel nicht aus, kann von ihm ein Berufswechsel oder die Aufnahme einer anderen, besser bezahlten Arbeit verlangt werden, sofern ihm dies möglich und zumutbar ist. Vgl. Rn. 2/207.

Für den Ehegatten, der vereinbarungsgemäß den **Haushalt führt,** besteht nur ausnahms- **21** weise bei einer familiären Notlage eine Erwerbsobliegenheit. Dies ist z. B. der Fall, wenn das Erwerbseinkommen des anderen Ehegatten und etwaige Erträge beiderseitigen Vermögens zur Deckung des angemessenen Familienunterhalts nicht ausreichen. Vgl. Rn. 16. Im Normalfall genießt die gleichwertige Funktion des den Haushalt führenden Ehegatten **Vertrauensschutz.** Dies gilt vor allem, wenn Kinder zu versorgen sind. Es kann vom haushaltführenden Partner nicht ohne weiteres verlangt werden, entgegen einer früheren Vereinbarung eine Erwerbstätigkeit zur Verbesserung des Lebensstandards aufzunehmen. Eine solche Verpflichtung besteht auch dann nicht, wenn der haushaltführende Ehegatte mehr verdienen könnte, als an seiner Stelle eingesetztes Personal kosten würde. Andererseits kann ihm nach Ende der Kindererziehung die Wiederaufnahme oder die Erweiterung einer Erwerbstätigkeit eher zugemutet werden, wenn er längere Zeit voll erwerbstätig war oder bereits teilweise hinzuverdient hatte. Wie lange Kinder von einem Ehegatten versorgt werden sollen und ab wann der betreuende Ehegatte wieder erwerbstätig sein soll, ist von beiden Partnern festzulegen. Die dreijährige Frist des § 1570 I 1 BGB ist nicht maßgebend. Zur Einschränkung dieser Gestaltungsfreiheit durch die sog. Hausmannrechtsprechung vgl. Rn. 2/275 ff.; zur Erwerbsobliegenheit des haushaltführenden Ehegatten im Verhältnis zu anderen Unterhaltsgläubigern auch Rn. 14, 36.

In **Notfällen** sind stets beide Ehegatten zu jeder nicht gesetz- oder sittenwidrigen Arbeit **22** verpflichtet, um die Familie unterhalten zu können. Es gelten ähnliche Maßstäbe wie bei der verschärften Unterhaltsverpflichtung von Eltern gegenüber minderjährigen Kindern (vgl. dazu Rn. 2/366 ff.).

Eine Erwerbsobliegenheit besteht nicht, wenn und solange der Familienunterhalt durch **23** Renten, Pensionen oder durch Einkünfte aus dem **Vermögen** gedeckt werden kann. Der **Vermögensstamm** muss nur bei größeren Anschaffungen oder in Notlagen für Unterhaltszwecke verwendet werden, wenn die anderen Einkünfte zur Deckung des Familienunterhalts nicht ausreichen (vgl. auch Rn. 39).

Wer bei bestehender Erwerbsobliegenheit eine zumutbare Erwerbstätigkeit unterlässt, **24** muss sich **fiktiv** so behandeln lassen, als würde er ein entsprechendes Einkommen erzielen. Zur Anrechnung fiktiver Einkünfte vgl. Rn. 1/487 ff., 2/207, 243 ff.

3. Abschnitt: Bemessung des Familienunterhalts, Unterhaltsbeiträge der Ehegatten, Wirtschaftsgeld und Taschengeld

I. Lebensbedarf der Familie

1. Angemessener Aufwand

25 Der Familienunterhalt dient der Deckung des **gesamten** Lebensbedarfs der Familie einschließlich der Kinder, nicht nur der Ehegatten. Nach § 1360a I BGB umfasst der Familienunterhalt alles, was nach den ehelichen Lebensverhältnissen, insbesondere den Einkommens- und Vermögensverhältnissen der Ehegatten, angemessen und nach den zwischen ihnen getroffenen Absprachen erforderlich ist, um die Kosten des Haushalts zu bestreiten sowie die persönlichen Bedürfnisse der Ehegatten und den Lebensbedarf der dem Haushalt angehörenden gemeinschaftlichen unterhaltsberechtigten Kinder zu befriedigen.[1] Zum Bedarf von Kindern aus einer anderen Verbindung vgl. Rn. 36. In der intakten Familie wird dieser Bedarf in der Regel nicht nur durch Geldmittel, insbesondere durch den Ertrag einer Erwerbstätigkeit, sondern auch durch Arbeitsleistung, vor allem durch die Arbeit der Hausfrau oder des Hausmanns sichergestellt, aber auch durch Mithilfe und häusliche Arbeit des erwerbstätigen Ehegatten, wie z. B. durch Renovierung der Wohnung, Reparaturarbeiten im Haus, Gartenarbeit usw. Zu Ansprüchen der Kinder vgl. Rn. 12.

26 Der Familienunterhalt orientiert sich danach an den ehelichen Lebensverhältnissen, insbesondere an den von einem oder von beiden Ehegatten erzielten Einkünften.[2] Für die rechtliche Betrachtung stehen **finanzielle Aufwendungen** zur Deckung des Familienbedarfs im Vordergrund. Sie müssen in einem angemessenen Verhältnis zu den vorhandenen Einkünften stehen (vgl. Rn. 42). Dazu zählen u. a.:

27 – Aufwendungen für das **Wohnen**, wie z. B. Miete und Mietnebenkosten, Zahlungen für das Familienheim (Zins und Tilgung, verbrauchsabhängige und verbrauchsunabhängige Hauslasten, Reparaturen) und Aufwendungen für Heizung, Wasser, Strom, Telefon, Mobiltelefon, Internet, Radio, Fernsehen, Wohnungseinrichtung, Kosten der Verteidigung gegen eine Räumungsklage[3] u. a.;
– **Haushaltskosten,** wie z. B. Aufwendungen für Verpflegung, Kleidung, Reinigung, Körper- und Gesundheitspflege;
– Aufwendungen für **Erholung,** Urlaub, Freizeitgestaltung und gesellschaftliche Verpflichtungen;
– **Beiträge** zu Verbänden, Vereinen und sonstigen Organisationen mit religiösen, kulturellen, politischen, sportlichen oder ähnlichen Zwecken einschließlich des Kirchgeldes (auch in einer Ehe, in der der nicht verdienende Ehegatte keiner Kirche angehört);[4]

28 – Aufwendungen für eine nach den Verhältnissen der Ehegatten angemessene **Krankheits-, Pflege- und Altersvorsorge,** auch wenn sie über den Schutz der gesetzlichen Sozialversicherung hinausgeht, z. B. eine Krankenhaustagegeldversicherung. Für die Altersvorsorge sind grundsätzlich Zusatzaufwendungen von 4%, beim Elternunterhalt von 5% des Bruttoeinkommens angemessen.[5] Vermögensbildung ist, soweit sie nicht einer danach angemessenen Altersvorsorge dient, kein Bestandteil des Familienunterhalts;[6]
– Aufwendungen für gesetzlich vorgeschriebene oder sonstige angemessene **Versicherungen,** z. B. Unfall-, Haftpflicht-, Hausrats- oder Rechtsschutzversicherungen;

---

[1] BGH FamRZ 2004, 443, 445 = R 604b; mit Anm. Schürmann; FamRZ 2004, 370, 372 = R 603b mit Anm. Strohal
[2] BGH FamRZ 2004, 443, 445 = R 604b mit Anm. Schürmann; FamRZ 2004, 370, 372 = R 603b mit Anm. Strohal FamRZ 2004, 441
[3] OLG Düsseldorf FamRZ 2011, 35
[4] FG Hamburg FamRZ 1997, 1155
[5] BGH FamRZ 2004, 792 = R 605a mit Anm. Borth FamRZ 2005, 1817 = R 632j
[6] BGH FamRZ 2004, 370, 372 = R 603b mit Anm. Strohal FamRZ 2004, 441

3. Abschnitt: Bemessung des Familienunterhalts, Unterhaltsbeiträge der Ehegatten § 3

- **Fahrtkosten,** insbesondere Aufwendungen für Anschaffung und Betrieb eines Kfz[7] (Finanzierung des Kaufpreises, Steuer, Versicherungen, Benzin, Reparaturen usw.), u. U. auch für einen Zweitwagen, oder für öffentliche Verkehrsmittel;
- Aufwendungen für nicht von der Krankenversicherung oder von sonstigen Kostenträgern gedeckte **Krankheitskosten,** z. B. für Wahlleistungen im Krankenhaus, Medikamente, Zahnersatz, Brillen usw., soweit sie notwendig sind oder jedenfalls im Rahmen des üblichen Lebenszuschnitts der Familie liegen.[8] Zum Familienunterhalt können auch Kosten ambulanter oder stationärer Behandlung gehören, wenn insoweit kein Krankenversicherungsschutz besteht.[9] Bei den erwähnten Aufwendungen handelt es sich vielfach um **Sonderbedarf.**[10] Vgl. dazu Rn. 6/1 ff. Behandlungskosten, deren Höhe die Leistungsfähigkeit der Familie bei weitem übersteigen, sind nicht, jedenfalls nicht vollständig, durch den Familienunterhalt sicherzustellen. Hier kommt ggf. eine Übernahme der Behandlungskosten im Rahmen des SGB II oder SGB XII in Betracht;[11] vgl. dazu Rn. 8/55, 208;   29
- Aufwendungen für die **Pflege** eines kranken oder behinderten Familienmitglieds, wenn sie nicht von der Familie selbst geleistet werden kann, sondern durch Dritte, z. B. ambulante Pflegedienste, oder in einem Pflegeheim sichergestellt werden muss.[12] Bei Pflege durch den Ehegatten besteht grundsätzlich keine Vergütungspflicht.[13] Vielfach wird die Familie hier durch Leistungen der Pflegeversicherung entlastet;   30
- Kosten der rechtlichen **Betreuung** eines Familienangehörigen im Sinne des § 1896 BGB oder der Vormundschaft (Pflegschaft) über ein minderjähriges Kind (§§ 1835 ff., 1908 i, 1915 I BGB), soweit sie nicht von der Staatskasse zu tragen sind.[14] Vgl. auch Rn. 2/451, 534;
- Aufwendungen für **persönliche Bedürfnisse** der Ehegatten, z. B. Sport, Hobbys;[15] diese Aufwendungen sind in erster Linie aus dem Taschengeld zu decken (vgl. dazu Rn. 65);   31
- vergleichbare Aufwendungen für unterhaltsberechtigte gemeinschaftliche **Kinder** einschließlich der Kosten für Erziehung und Ausbildung und einschließlich eines angemessenen Taschengeldes.[16] Zum Unterhalt für sonstige im Haushalt lebende Kinder vgl. Rn. 36.

Die Bezahlung von **Einkommensteuer** ist kein Teil des Familienunterhalts. Vielmehr mindert die Steuer das zur Verfügung stehende Einkommen.[17]   32

Entspricht die **Ausbildung** eines Ehepartners dem gemeinsamen Lebensplan oder, bei objektiver Betrachtung, dem Gebot vernünftiger Lebensgestaltung, sind die Ausbildungskosten im Rahmen des Familienunterhalts aufzubringen.[18] Wenn schon für die Zeit nach der Trennung und Scheidung nach §§ 1361, 1575 BGB ein Anspruch auf Ausbildungsunterhalt besteht (vgl. dazu Rn. 4/73 f., 338 ff.), muss dies aus Gründen der ehelichen Solidarität umso mehr für den Familienunterhalt der Ehegatten in einer intakten Ehe gelten.[19]   33

Bei einer einvernehmlichen Regelung ist der studierende Ehegatte für die Dauer des **Studiums** von der Pflicht befreit, durch Erwerbstätigkeit zum Familienunterhalt beizutragen (vgl. hierzu auch Rn. 6/610). Die Pflicht zur Mithilfe im Haushalt bleibt unberührt. Auch kann der studierende Ehegatte verpflichtet sein, Nebeneinkünfte oder den Stamm seines Vermögens für den Familienunterhalt zu verwenden. Stehen solche Mittel nicht zur Verfügung, hat der andere Ehegatte die Mittel für den gesamten Familienunterhalt allein   34

---

[7] BGH FamRZ 1983, 351
[8] BGH FamRZ 1992, 291 = R 440; OLG Stuttgart FamRZ 1994, 444
[9] BGH FamRZ 2005, 1071
[10] BGH FamRZ 1992, 291 = R 440
[11] BGH FamRZ 1992, 291 = R 440
[12] BGH FamRZ 1993, 411; OLG Düsseldorf NJW 2002, 1353
[13] BGH FamRZ 1995, 537 = R 493 b; OLG Hamm FamRZ 1999, 167
[14] OLG Düsseldorf FamRZ 2002, 1590
[15] BGH FamRZ 1983, 351
[16] Zur Höhe des Taschengeldes für minderjährige Kinder: Heiß in Heiß/Born 3 Rn. 625
[17] BGH FamRZ 2002, 1025
[18] BGH FamRZ 1985, 353 = NJW 1985, 803; FamRZ 1981, 439
[19] OLG Stuttgart FamRZ 1983, 1030

aufzubringen. Hierzu zählen auch Aufwendungen des Studierenden für Bücher, Lernmittel, Fahrtkosten u. ä.[20]

2. Schulden

35 Zum Familienunterhalt kann auch die Tilgung und Verzinsung von Schulden gehören, insbesondere wenn sie zur Finanzierung eines Familienheims oder größerer für die Familie erforderlicher Anschaffungen, z. B. eines Pkws, eingegangen worden sind. Zu Schulden vgl. im übrigen Rn. 41.

3. Unterhaltsansprüche sonstiger Verwandter

36 Solche Ansprüche gehören nicht zum Lebensbedarf eines Ehegatten im Sinn des § 1360 a I BGB. Jedoch mindern vorrangige Unterhaltsansprüche, z. B. diejenigen minderjähriger oder privilegiert volljähriger Kinder aus einer anderen Verbindung (vgl. § 1609 Nr. 1 BGB), das für den Familienunterhalt zur Verfügung stehende Einkommen. Übersteigt das Einkommen eines Ehegatten seinen Beitrag zum Familienunterhalt, kann der verbleibende Rest auch zur Befriedigung nachrangiger Unterhaltsgläubiger, z. B. bedürftiger Eltern, eingesetzt werden.[21] Vgl. dazu Rn. 103 ff. Im Übrigen ist jeder Ehegatte verpflichtet, seinen Partner teilweise von den häuslichen Pflichten freizustellen, um ihm die Möglichkeit zu geben, durch eine Erwerbstätigkeit, die bei Betreuung kleiner Kinder aus der jetzt bestehenden Ehe den Umfang einer Aushilfstätigkeit nicht zu übersteigen braucht, zum Unterhalt eines beim anderen Elternteil lebenden Kindes aus einer früheren Verbindung oder eines bedürftigen früheren Ehegatten beizutragen (vgl. dazu Rn. 2/287).[22] Zur entsprechenden Problematik bei Geltendmachung von Unterhaltsansprüchen eines volljährigen Kindes vgl. Rn. 2/291 ff., von Unterhaltsansprüchen eines bedürftigen Elternteils des Ehegatten vgl. Rn. 2/645.

37 Zum Familienunterhalt gehört dagegen auch der Bedarf eines in den Haushalt aufgenommenen Kindes eines Ehegatten aus einer früheren ehelichen oder nichtehelichen Verbindung oder eines Pflegekindes.[23] Der Unterhalt für ein solches Kind ist vorzugsweise aus dem Unterhalt, den der andere Elternteil leistet, oder aus dem Pflegegeld zu bestreiten, das für das Kind gezahlt wird. Eine Unterhaltspflicht des anderen Ehegatten für das Stief- oder Pflegekind besteht nicht.[24] Ggf. muss der Ehegatte, der ein nicht gemeinschaftliches Kind in die Familie gebracht hat, einer Erwerbstätigkeit nachgehen, um für dessen Unterhalt zu sorgen. Hierbei hat ihn der andere Ehegatte, z. B. durch Übernahme häuslicher Pflichten, zu unterstützen.[25] Zugunsten eines in den Haushalt aufgenommenen **Stiefkindes** kann eine Unterhaltsverpflichtung auf Grund einer ausdrücklichen oder stillschweigenden Übereinkunft bestehen.[26] Dasselbe gilt, wenn Eltern ein Kind ohne förmliche Adoption zu sich nehmen und es durch mittelbare Falschbeurkundung im Geburtenregister als ihr eigenes Kind eintragen lassen.[27] Vgl. dazu Rn. 2/5. Zum Kindergeld für Stiefkinder vgl. Rn. 2/705.

II. Bemessung des Familienunterhalts und Leistungsfähigkeit

1. Finanzieller Bedarf

38 Nach § 1360 a II 2 BGB sind Ehegatten verpflichtet, die zur Deckung des finanziellen Bedarfs (vgl. Rn. 25 ff.) erforderlichen Mittel für einen angemessenen Zeitraum im Voraus zur Verfügung zu stellen. Dazu ist es nötig, den durchschnittlichen finanziellen Bedarf

---

[20] BGH FamRZ 1985, 353 = NJW 1985, 803; vgl. auch BGH FamRZ 1983, 140 = NJW 1983, 814
[21] BGH FamRZ 2004, 370 = R 603 b
[22] BGH FamRZ 2001, 1065 mit Anm. Büttner = R 549 a
[23] BGH FamRZ 1999, 367, 368
[24] BGH FamRZ 1969, 599 = NJW 1969, 2007; Muscheler FamRZ 2004, 913
[25] BGH FamRZ 2001, 1065 mit Anm. Büttner = R 549 a
[26] BGH FamRZ 1969, 599 = NJW 1969, 2007; OLG Nürnberg FamRZ 1965, 217
[27] BGH FamRZ 1995, 995; OLG Bremen FamRZ 1995, 1291

3. Abschnitt: Bemessung des Familienunterhalts, Unterhaltsbeiträge der Ehegatten § 3

konkret nach den Bedürfnissen und Verhältnissen der jeweiligen Familie zu bemessen. Die Unterhaltstabellen und Leitlinien der Oberlandesgerichte sind grundsätzlich nicht heranzuziehen, da sie den Unterhalt getrennt lebender oder geschiedener Eheleute betreffen und nur als Hilfsmittel benutzt werden können, wenn der Familienunterhalt aus besonderen Gründen insgesamt in Geld veranschlagt werden muss (vgl. dazu Rn. 2 f.). Zum Auskunftsanspruch vgl. Rn. 6; zur Berechnung des Familienunterhalts, wenn ein früherer Ehegatte oder Kinder aus anderen Verbindungen Unterhaltsansprüche geltend machen, vgl. unten Rn. 70 ff.

Ausgangsbasis für die Bemessung des Familienunterhalts sind die **Einkommens- und Vermögensverhältnisse** der Eheleute,[28] also in erster Linie die laufenden Einkünfte, z. B. aus Erwerbseinkommen, Renten, Pensionen, Zinsen. Entscheidend sind die Einkommens- und Vermögensverhältnisse, die im Unterhaltszeitraum bestehen. Diese können sich jederzeit ändern, sowohl zum Positiven, als auch zum Negativen, z. B. durch die Entstehung weiterer Unterhaltspflichten oder durch die Aufnahme von Schulden.[29] Dabei kommt es nicht darauf an, ob diese Veränderungen von einem oder von beiden Ehegatten verursacht worden sind. Der **Stamm des Vermögens** braucht nur angetastet zu werden, wenn die laufenden Einkünfte auch bei sparsamer Lebensführung nicht mehr ausreichen oder wenn größere Anschaffungen nötig werden (Rn. 23). Die in Rn. 26 ff. aufgeführten Aufwendungen können nur insoweit für die Bemessung des Familienunterhalts herangezogen werden, als sie durch die vorhandenen Mittel gedeckt werden können. 39

Sozialleistungen, die **für Körper- oder Gesundheitsschäden** gewährt werden, gehören zum Familieneinkommen, soweit der Berechtigte daraus keinen Mehrbedarf befriedigen muss. Die Vermutung des § 1610a BGB gilt nur beim Verwandten-, insbesondere beim Kindesunterhalt, und kraft Verweisung auch beim Trennungsunterhalt, beim nachehelichen Unterhalt sowie bei den entsprechenden Unterhaltsansprüchen eingetragener Lebenspartner (§§ 1361 I 1 Halbs. 2, 1578a BGB, §§ 12, 16 LPartG), nicht dagegen beim Familienunterhalt.[30] Zu dieser Vermutung vgl. Rn. 1/654 ff. Auch **Erziehungsgeld,** das für bis zum 31. 12. 2006 geborene Kinder gezahlt wurde,[31] ist trotz der Vorschrift des § 9 S. 1 BErzGG – anders als beim Trennungsunterhalt und beim nachehelichen Unterhalt (vgl. dazu Rn. 1/116) – zur Deckung des Bedarfs der gesamten Familie heranzuziehen, da es gerade dazu diente, den erziehenden Elternteil von einer sonst notwendigen Erwerbstätigkeit freizustellen. Dasselbe gilt ab 1. 1. 2007 für das **Elterngeld** (vgl. dazu Rn. 1/117) einschließlich des Sockelbetrages von 300,– EUR bzw. von 150,– EUR, der im Rahmen anderer Unterhaltsverhältnisse nach § 11 BEEG grundsätzlich kein anrechenbares Einkommen ist.[32] **Pflegegeld,** das für einen pflegebedürftigen Familienangehörigen gezahlt und für dessen Mehrbedarf nicht benötigt wird, kann für den Familienunterhalt verwendet werden. § 13 VI SGB XI hat keine Bedeutung, solange die häusliche Gemeinschaft der Ehegatten noch besteht. Vgl. dazu auch Rn. 2/467. 40

Durch **Schulden** mindert sich das für den Familienunterhalt zur Verfügung stehende Einkommen, gleichgültig, ob sie vor oder während der Ehe entstanden sind (vgl. dazu auch Rn. 1/1082 ff.). Das gilt grundsätzlich auch dann, wenn sie allein von einem Ehegatten ohne hinreichenden Grund aufgenommen worden sind. Bei bestehender Ehe müssen der Ehegatte und die Kinder auch wirtschaftlich unvernünftiges Verhalten des Partners bzw. Elternteils mittragen. Allerdings können sie verlangen, dass er besondere Anstrengungen unternimmt, um sein Einkommen, z. B. durch Überstunden, zu erhöhen, oder dass die Schuldtilgung gestreckt wird. Notfalls muss auch der bisher den Haushalt führende Ehegatte ganz oder teilweise einer Erwerbstätigkeit nachgehen (vgl. dazu oben Rn. 16, 21). Zu Unterhaltsschulden vgl. Rn. 36. 41

Das so berechnete Einkommen und etwa vorhandenes Vermögen begrenzen den finanziellen Gesamtbedarf (Rn. 25 ff.) nach oben; denn es darf in der Regel zur Bedarfsdeckung 42

---

[28] BGH FamRZ 1985, 576; vgl. auch BGH FamRZ 1992, 291 = R 440
[29] BGH FamRZ 2004, 186, 188 = R 595d mit Anm. Schürmann; FamRZ 2004, 792, 794 = R 605d mit Anm. Borth; Klinkhammer FamRZ 2003, 1867; Scholz FamRZ 2004, 1829
[30] OLG Düsseldorf NJW 2002, 1353
[31] Vgl. dazu FamRZ 2006, 1010
[32] Vgl. dazu Scholz FamRZ 2007, 7, 9

nicht mehr Geld ausgegeben werden, als für Unterhaltszwecke vorhanden ist. Der Lebenszuschnitt der Familie richtet sich nach den zur Verfügung stehenden Einkünften und nach den im Rahmen der gemeinsamen Lebensplanung getroffenen Absprachen (vgl. dazu Rn. 6/610). Notfalls müssen weniger wichtige Ausgaben unterbleiben. Andererseits ist **übertriebener Aufwand** nicht zu berücksichtigen. Dagegen bleibt es den Ehegatten unbenommen, gemeinsam eine **sparsame Lebensweise** zu vereinbaren, z. B. um größere Anschaffungen tätigen, ein Einfamilienhaus erwerben oder Rücklagen für die aufwändige Ausbildung eines Kindes bilden zu können. Derartige Absprachen sind bei Wahrung eines gewissen Mindeststandards grundsätzlich möglich. An einer zu dürftigen Lebensführung muss sich dagegen kein Ehegatte gegen seinen Willen auf Dauer festhalten lassen.

Übersteigt das Einkommen den zur Deckung des Familienbedarfs (Rn. 25 ff.) erforderlichen und angemessenen finanziellen Aufwand, so verbleibt der unverbrauchte Rest demjenigen, der die Einkünfte erzielt. Er kann deshalb für den Unterhalt Dritter eingesetzt werden, sofern der in Betracht kommende Selbstbehalt gewahrt ist.[33] Etwaiger Vermögenszuwachs unterliegt bei Scheitern der Ehe dem Zugewinnausgleich. Zu Ausgleichsansprüchen vgl. Rn. 52.

2. Leistungsfähigkeit

43 Die vorhandenen Mittel begrenzen naturgemäß die Leistungsfähigkeit der Eheleute. Jedoch kann ein Ehegatte sich gegenüber dem anderen **nicht** auf einen angemessenen oder notwendigen **Selbstbehalt** berufen. Sie müssen vielmehr alle verfügbaren Mittel miteinander teilen, da allein dies der ehelichen Lebensgemeinschaft entspricht.[34] Bei beengten wirtschaftlichen Verhältnissen und im Notfall müssen die Lebensgewohnheiten drastisch eingeschränkt werden. Zur Finanzierung unabweisbarer Ausgaben, z. B. nicht von einer Krankenkasse getragener Behandlungskosten, müssen ggf. auch Schulden aufgenommen werden.[35]

3. Art und Weise des Familienunterhalts

44 Der Familienunterhalt ist in der durch die eheliche Lebensgemeinschaft gebotenen Weise (§ 1360a II 1 BGB) zu gewähren. Unter bestimmten Umständen kann auch die Zahlung einer Unterhaltsrente erforderlich sein. Können die Eheleute, ohne dass eine Trennung im Rechtssinne vorliegt, nicht mehr zusammen leben, z. B. weil einer von ihnen in einem Pflegeheim versorgt werden muss (vgl. Rn. 2), hat dieser Anspruch auf eine Geldrente, damit er die Heimkosten zahlen kann.[36] Auch kann die Übernahme von Sonderbedarf eines Ehegatten erforderlich sein, z. B. die Zahlung von Krankenhauskosten, die nicht durch eine Krankenversicherung gedeckt sind.[37] In solchen Fällen wird man allerdings dem anderen Ehegatten wenigstens den eheangemessenen Selbstbehalt von 1050,– EUR bzw. von 960,– EUR bei einem Nichterwerbstätigen[38] belassen müssen. Die für den unterhaltspflichtigen Ehegatten bestehenden Härten werden allerdings vielfach dadurch gemildert, dass die Pflegekosten von der Pflegeversicherung und vom Sozialamt übernommen werden und § 94 III 1 SGB XII den Übergang des Unterhaltsanspruchs auf den Sozialhilfeträger einschränkt. Vgl. dazu Rn. 8/93 ff.

III. Anteilige Beiträge der Ehegatten zum Familienunterhalt

1. Gleichwertigkeit der Haushaltstätigkeit

45 Wie bereits ausgeführt (Rn. 12 ff.), müssen beide Ehegatten nach § 1360 S. 1 BGB im Prinzip gleichwertige Beiträge zum Familienunterhalt leisten, wobei der Arbeitseinsatz im

---

[33] BGH FamRZ 2004, 366, 368 = R 599 c mit Anm. Strohal FamRZ 2004, 441
[34] MünchKomBGB/Weber-Monecke § 1360 Rn. 5
[35] BGH FamRZ 1992, 291 = R 440
[36] OLG Düsseldorf NJW 2002, 1353
[37] BGH FamRZ 1992, 291 = R 440
[38] BGH FamRZ 2009, 357 = R 699 c

Rahmen einer vollen Erwerbstätigkeit und die Haushaltsführung kraft Gesetzes als gleichwertig gelten (§ 1360 S. 2 BGB). Innerhalb einer intakten Ehe spielt die Bewertung der Beiträge zum Familienunterhalt in der Regel keine entscheidende Rolle. Immerhin hat aber die Gleichwertigkeit der Hausarbeit die Stellung der Hausfrau in der Familie entsprechend der Absicht des Gesetzgebers wesentlich aufgewertet, während dies bei der Stellung des Hausmanns im Bewusstsein der Allgemeinheit noch nicht in diesem Maße der Fall ist.

2. Allein erwerbstätiger Ehegatte

Verfügt nur ein Ehegatte über Einkommen, insbesondere über Erwerbseinkommen, hat **46** er mit seinem Arbeitseinkommen und etwaigen Zusatzeinkünften, für den gesamten finanziellen Bedarf der Familie (Rn. 25 f.) allein aufzukommen, sofern der andere Ehegatte keine Vermögenseinkünfte hat. Der gleichwertige Beitrag des nicht erwerbstätigen Ehegatten besteht in der Führung des Haushalts einschließlich seiner für die Hausarbeit und die Betreuung der Kinder erforderlichen persönlichen Leistungen, ggf. auch in der Pflege eines kranken oder behinderten Familienmitglieds (vgl. Rn. 2, 44). Da der haushaltführende Ehegatte zur Erfüllung seiner Aufgabe Geld benötigt, hat er gegen den erwerbstätigen Ehegatten einen eigenen Anspruch auf das so genannte **Wirtschaftsgeld** (Rn. 55 ff.) und einen Anspruch auf **Taschengeld** (Rn. 62 ff.), mit dem er seine persönlichen Bedürfnisse befriedigen kann. Hat er selbst auch Einkünfte aus eigenem Vermögen, mindern sich das Wirtschaftsgeld und das Taschengeld anteilig im Verhältnis der dann beiderseitigen Einkünfte. Die Haushaltsführung befreit ihn nur davon, durch Arbeit zum Familienunterhalt beizutragen (§ 1360 S. 2 BGB), nicht aber davon, Erträge seines Vermögens, in Ausnahmefällen auch den Stamm des Vermögens, hierfür einzusetzen (vgl. dazu Rn. 23, 39). Zu den Vermögenserträgen gehört auch ein Wohnvorteil, der sich aus dem mietfreien Wohnen in einer eigenen Immobilie abzüglich der damit verbundenen Aufwendungen für Zins, Tilgung und Nebenkosten ergibt, die üblicherweise nicht auf einen Mieter umgelegt werden können (zum Wohnvorteil vgl. 1/473 ff.); dabei ist nicht von der Marktmiete, sondern von dem ersparten Mietaufwand für eine angemessene (kleinere) Wohnung auszugehen.[39]

3. Beiderseits erwerbstätige Ehegatten

Sind beide Ehegatten erwerbstätig, haben sie mit ihrem Erwerbseinkommen einen **47** angemessenen Teil des finanziellen Bedarfs zu bestreiten. Es ist allerdings nicht üblich, dass die Eheleute jede einzelne Ausgabe entsprechend ihren Anteilen an den Gesamteinkünften unter sich aufteilen. Vielmehr trägt der eine diese, der andere jene Kosten, ohne dass die Absicht besteht, Ausgleich zu verlangen.[40] Jedoch sollte grundsätzlich der Anteil eines Ehegatten an den Ausgaben für die Familie seinem Anteil an den Einkünften entsprechen. Zu etwaigen Ausgleichsansprüchen vgl. Rn. 52. Außerdem haben die Eheleute grundsätzlich auch die Hausarbeit und die Betreuung der Kinder gleichwertig untereinander aufzuteilen. Regelmäßig sollte der Anteil am Barunterhalt nach dem Verhältnis des Erwerbseinkommens der Eltern, der Betreuungsaufwand nach der faktischen Betreuung bemessen werden. Im Ergebnis sind beide Ehegatten am Gesamtunterhalt (Bar- und Naturalunterhalt) prinzipiell zu gleichen Teilen zu beteiligen, so dass für jeden von ihnen ein Mehr an Barunterhalt ein Weniger an Naturalunterhalt bedingt und umgekehrt.[41]

Wenn beide Ehegatten bei gleicher Arbeitszeit auch gleichwertige Leistungen für Haus- **48** halt und Kinder erbringen, ist der finanzielle Unterhaltsbedarf **im Verhältnis der beiderseitigen Einkünfte** (Erwerbseinkünfte einschließlich etwaiger Vermögenserträge) zu verteilen. Bei verschieden hohen Einkünften müssen beide Ehegatten im Verhältnis ihrer Einkünfte einen Unterhaltsbeitrag leisten.[42]

---

[39] BGH FamRZ 2003, 1179 mit Anm. Klinkhammer = R 592 b
[40] BGH FamRZ 2002, 739 mit Anm. Wever = R 575
[41] BGH FamRZ 1985, 466
[42] BGH FamRZ 2004, 795, 797 = R 606 c mit Anm. Strohal FamRZ 2004, 366, 368 = R 599 c mit Anm. Strohal FamRZ 2004, 441

49 Der Anteil, mit dem jeder Ehegatte zum Familienunterhalt beizutragen hat, wird ähnlich wie bei § 1606 III 1 BGB (siehe dazu Rn. 2/425 ff., 575 f.) in der Weise berechnet, dass der finanzielle Bedarf der Familie mit dem vergleichbaren Nettoeinkommen jedes Ehegatten multipliziert und durch die Summe der vergleichbaren Nettoeinkommen beider Ehegatten geteilt wird. Des Vorwegabzuges eines Sockelbetrages in Höhe des eheangemessenen Selbstbehalts, der nach B IV der Düsseldorfer Tabelle Stand: 1. 1. 2011 in der Regel mit 1050,- EUR angesetzt wird, bedarf es nicht, da beide Eheleute während des Zusammenlebens gemeinsam wirtschaften und es auf ihre Leistungsfähigkeit grundsätzlich nicht ankommt (vgl. Rn. 2, 9, 43). In der 6. Auflage[43] habe ich die Auffassung vertreten, dass jeder Ehegatte zunächst sein Taschengeld (vgl. Rn. 62 ff.) aus dem ihm zur Verfügung stehenden Einkommen entnimmt[44] und dass demgemäß jeweils 5 bis 7% des Nettoeinkommens der Familie (vgl. hierzu Rn. 66) vor Berechnung des Anteils abgezogen werden.[45] Diese Ansicht gebe ich auf, da sie die Unterhaltsberechnung unnötig erschwert und nicht zu wesentlich anderen Ergebnissen führt als die Auffassung des BGH,[46] der – allerdings ohne auf die Problematik einzugehen – lediglich auf das Verhältnis der Einkünfte der Ehegatten abstellt.

50 Sind beide Ehegatten voll berufstätig, leistet aber einer von ihnen erheblich mehr im Haushalt und für die Kinder als der andere, so kann die sich aus dem Verhältnis der beiderseitigen Einkünfte ergebende rechnerische Verteilung (Rn. 49) **wertend** zugunsten des Ehegatten **verändert** werden, der durch Hausarbeit und Kinderbetreuung insgesamt mehr zum Familienunterhalt beiträgt. Zur wertenden Veränderung der Anteile vgl. Rn. 2/436, 577. Die Beitragspflicht dieses Ehegatten verringert sich entsprechend dem Umfang seiner Mehrarbeit im Haushalt oder seiner sonstigen Mehrbelastung.[47] In ähnlicher Weise kann die Verteilung wertend verändert werden, wenn ein Ehegatte durch die Vollerwerbstätigkeit, z. B. wegen ständiger Überstunden, erheblich stärker beansprucht wird als der andere Ehegatte.

51 Zur Orientierung bei einer wertenden Veränderung des Anteils dient der Grundsatz, dass die Leistungen für Erwerbstätigkeit, Haushaltstätigkeit und Betreuung der Kinder im Wesentlichen gleichwertig sind (vgl. Rn. 12 ff., 45). Für diese Wertung sind die tatsächlichen Verhältnisse maßgebend.

52 Leistet ein Ehegatte insgesamt einen größeren finanziellen Beitrag zum Familienunterhalt, als er ihn erbringen müsste, kann er vom anderen Ehegatten verlangen, dass sich dieser in Zukunft in geschuldetem Umfang am Familienunterhalt beteiligt. Für die Vergangenheit scheitert ein solcher Anspruch in der Regel an § 1360 b BGB. Danach wird vermutet, dass ein Ehegatte nicht beabsichtigt, vom anderen Ersatz zu verlangen, wenn er zum Unterhalt der Familie einen höheren Betrag leistet, als ihm obliegt. Vgl. Rn. 117 f. Beteiligt sich ein Ehegatte nicht in gebotenem Maße am Familienunterhalt und bildet deshalb er allein Ersparnisse, kann nur unter besonderen Umständen ein **Ausgleichsanspruch** in Betracht kommen.[48] Im Übrigen findet bei Scheitern der Ehe der Zugewinnausgleich statt.

4. Zuverdienst

53 Auch ein verhältnismäßig geringfügiger Zuverdienst ist jedenfalls bei einem Familieneinkommen im unteren oder mittleren Bereich zur Deckung des finanziellen Gesamtbedarfs im Verhältnis der beiderseitigen Einkünfte (vgl. Rn. 48 f.) anteilig zu verwenden. Einen Teil des Zuverdienstes kann der haushaltführende Ehegatte jedoch als Taschengeld für sich behalten;[49] vgl. auch Rn. 64. Ggf. ist eine **wertende Veränderung des Verteilungs-**

---

[43] Rn. 3/39
[44] BGH FamRZ 1998, 608
[45] So OLG Celle FamRZ 1999, 162
[46] BGH FamRZ 2004, 795, 797 = R 599 c mit Anm. Strohal; FamRZ 2004, 366, 368 = R 606 c mit Anm. Strohal FamRZ 2004, 441
[47] BGH NJW 1957, 537
[48] Vgl. BGH FamRZ 2002, 1696
[49] BGH FamRZ 1998, 608

schlüssels (vgl. Rn. 50 f.) möglich, wenn ein Ehegatte z. B. infolge gleichzeitiger Erwerbs- und Haushaltstätigkeit erheblich stärker belastet ist als der andere.[50]

5. Nicht erwerbstätige Ehegatten

In der Regel wird sich jeder an der Haushaltsführung beteiligen müssen. Beide haben auch entsprechend ihren Einkünften (Renten, Ruhegehalt, Zinsen usw.) zum Familienunterhalt beizutragen. Versorgt nur ein Ehegatte den Haushalt ganz oder überwiegend, z. B. wegen Krankheit des anderen Teils, so kann die Verteilung wertend verändert werden. Es gelten sinngemäß dieselben Grundsätze wie bei beiderseits erwerbstätigen Ehegatten (vgl. Rn. 47 ff.). 54

IV. Wirtschaftsgeld

Aus § 1360a II 2 BGB ergibt sich der Anspruch jedes Ehegatten, dass ihm die Mittel im Voraus zur Verfügung gestellt werden, die für den gemeinsamen Unterhalt der Familie nötig sind. Von Bedeutung ist dies vor allem, wenn einem Ehegatten die Haushaltsführung allein obliegt. Er hat dann Anspruch auf Überlassung des Wirtschaftsgeldes, das er für die ihm nach § 1356 I 2 BGB obliegende **eigenverantwortliche Haushaltsführung** benötigt. Vielfach wird dieser Anspruch in einer intakten Ehe dadurch erfüllt, dass der haushaltführende Ehegatte die erforderlichen Beträge von einem gemeinsamen Girokonto oder auf Grund einer Vollmacht von einem Konto des anderen Ehegatten abhebt. Vgl. Rn. 58. Er muss das Wirtschaftsgeld für den Familienunterhalt verwenden, d. h. die notwendigen Haushaltskosten bestreiten sowie die regelmäßigen Bedürfnisse beider Ehegatten und ihrer Kinder befriedigen. Er ist nicht berechtigt, es eigenmächtig für andere Zwecke auszugeben, wie z. B. zur Unterstützung von Verwandten, denen gegenüber keine Unterhaltsverpflichtung besteht (vgl. Rn. 36).[51] Ersparnisse aus dem Wirtschaftsgeld darf er nur dann für sich verwenden, wenn der andere Ehegatte damit einverstanden ist und der Unterhalt dadurch nicht beeinträchtigt wird.[52] Erhält er dagegen, wie es häufig der Fall ist, neben dem Wirtschaftsgeld kein Taschengeld, kann er Beträge, die als Taschengeld angemessen wären, für sich behalten.[53] 55

Das Wirtschaftsgeld wird nur **treuhänderisch** zur Verwendung für Bedürfnisse der Familie überlassen.[54] Der Anspruch auf Wirtschaftsgeld ist daher nicht pfändbar (vgl. dazu Rn. 120). Die Übernahme der Wirtschaftsführung durch einen Ehegatten begründet kein Auftragsverhältnis und damit keine Pflicht, Rechenschaft zu legen (§ 666 BGB).[55] Trotz der Eigenverantwortlichkeit des Haushaltführenden (Rn. 55) für die Wirtschaftsführung besteht aber eine familienrechtliche Obliegenheit, dem Partner Einblick in die Ausgabengestaltung zu geben und mit ihm wichtige Angelegenheiten zu besprechen. Eine übertriebene Kontrolle der Haushaltsführung kann ehewidrig sein.[56] Bei einem Streit über die Höhe des Wirtschaftsgeldes sind eine detaillierte Unterrichtung des Partners und eine Abrechnung über die Verwendung des Wirtschaftsgeldes erforderlich.[57] Zur Auskunftspflicht der Ehegatten über ihr Einkommen und Vermögen vgl. Rn. 6. 56

Die **Höhe des Wirtschaftsgeldes** bestimmt sich im Allgemeinen nach den zur Deckung des Lebensbedarfs der Familie (vgl. Rn. 25, 38) ohne Taschengeld erforderlichen Geldmitteln unter Berücksichtigung des Einkommens und Vermögens beider Ehegatten 57

---

[50] BGH FamRZ 1974, 366; 1967, 380
[51] OLG Hamburg FamRZ 1984, 583
[52] OLG Hamm FamRZ 1988, 947; OLG Frankfurt/Main NJW 1970, 1882
[53] OLG Hamm FamRZ 1988, 947
[54] BGH FamRZ 1986, 668
[55] BGH FamRZ 2001, 23
[56] OLG Nürnberg FamRZ 1960, 64
[57] OLG Hamm FamRZ 1988, 947; OLG Hamburg FamRZ 1984, 583

(Rn. 39 ff.). Maßgebend sind ferner die Absprachen, die von den Ehegatten getroffen worden sind (vgl. auch Rn. 14).

58 Soweit der nicht haushaltführende Ehegatte bestimmte laufende **Haushaltskosten** im Einverständnis mit dem anderen Ehegatten von einem Konto direkt begleicht, wie z. B. Aufwendungen für ein Familienheim oder sonstige Wohnkosten, Versicherungsprämien, Telefongebühren usw., ist dies mit dem Wirtschaftsgeld zu **verrechnen**. Der Anspruch auf Wirtschaftsgeld bezieht sich dann nur auf den Differenzbetrag.[58] Wenn der haushaltführende Ehegatte Wirtschaftsgeld verlangt, muss deshalb geklärt werden, welche Ausgaben hiervon zu bestreiten sind und welche Kosten des Haushalts vom erwerbstätigen Ehegatten unmittelbar getragen, z. B. vom Girokonto abgebucht werden.

59 **Einmalige größere Anschaffungen** (z. B. Einrichtungsgegenstände oder Pkw) sowie **Sonderbedarf** (§§ 1360 a III, 1613 II Nr. 1 BGB; vgl. dazu Rn. 6/1 ff.) sind im Wirtschaftsgeld, das nur den laufenden Bedarf decken soll, nicht enthalten. Für sie muss der erwerbstätige Ehegatte im Rahmen seiner Leistungsfähigkeit (Rn. 43) zusätzlich aufkommen. Verfügen beide Ehegatten über eigene Einkünfte oder Vermögen, kommt eine anteilige Deckung der Kosten in Betracht. Die Ehegatten können für solche Zwecke Rücklagen bilden.

60 Bei beiderseitiger Erwerbstätigkeit sind beide Ehegatten zur Haushaltsführung und zu finanziellen Beiträgen verpflichtet und berechtigt. Deshalb gibt es für sie nur einen anteiligen Anspruch auf Wirtschaftsgeld. Zum Ausgleich von Mehrleistungen vgl. Rn. 52.

61 Nach der **Trennung** der Eheleute erlischt in der Regel ein Anspruch auf Wirtschaftsgeld. Es kann weder für die Zeit nach der Trennung noch für den davor liegenden Zeitraum verlangt werden, da es nicht mehr für den Bedarf der Familie treuhänderisch verwendet werden kann.[59] Ausnahmsweise kann für die Zeit vor der Trennung ein Anspruch bestehen, wenn der haushaltführende Ehegatte zur Deckung des Familienunterhalts einen Kredit aufgenommen oder eigene Ersparnisse verwendet hat.[60] Dann kann ein familienrechtlicher Ausgleichsanspruch (Rn. 2/767) in Betracht kommen, der aber vielfach an den fehlenden Voraussetzungen des § 1360 b BGB scheitern wird (vgl. dazu Rn. 52, 117 f.).

V. Taschengeld

62 Jeder Ehegatte hat Anspruch auf einen angemessenen Teil des Gesamteinkommens beider Partner als Taschengeld, d. h. auf einen Geldbetrag, über den er zur Befriedigung seiner persönlichen Bedürfnisse **frei verfügen** kann.[61] Über diese Verwendung ist er niemandem Rechenschaft schuldig.[62] Deshalb ist Taschengeld im Gegensatz zum Wirtschaftsgeld bedingt **pfändbar** (vgl. Rn. 120).

63 Wird nur ein einheitlicher Betrag als Familienunterhalt bezahlt, ist in diesem Betrag das Taschengeld enthalten. Der Berechtigte kann in diesem Fall einen entsprechenden Teil des Geldes für seine persönlichen Bedürfnisse (Rn. 65) verwenden.[63] Dies gilt allerdings nur, soweit die wirtschaftlichen Verhältnisse die Zahlung von Taschengeld überhaupt erlauben (vgl. Rn. 68).

64 Auch der **verdienende Ehegatte** hat einen Anspruch auf Taschengeld. Dieser Anspruch wird in der Regel dadurch befriedigt, dass er den entsprechenden Betrag von seinem Verdienst zur Verwendung für persönliche Zwecke einbehält.[64] Erzielt der haushaltführende Ehegatte nur einen geringen Zuverdienst, kann er ihn ggf. als Taschengeld behalten (vgl.

---

[58] OLG München FamRZ 1982, 801
[59] OLG Hamm FamRZ 1988, 947; OLG Köln FamRZ 1984, 1089; OLG Hamburg FamRZ 1984, 583
[60] OLG Hamm FamRZ 1988, 947
[61] BGH FamRZ 2004, 1784; 2004, 366, 369 = R 599 d mit Anm. Strohal FamRZ 2004, 441
[62] OLG Hamm FamRZ 1988, 947; OLG Bamberg FamRZ 1988, 948
[63] OLG Hamm FamRZ 1988, 947
[64] BGH FamRZ 1998, 608

Rn. 53);⁶⁵ u. U. kann er vom anderen Ehegatten eine Aufstockung des Taschengeldes verlangen.

Das Taschengeld dient zur Befriedigung der **persönlichen Bedürfnisse,** z. B. Hobbys, Sport, Theater, Kino, Gaststättenbesuche usw. 65

Beim Taschengeldanspruch handelt es sich um einen auf Geld gerichteten **Zahlungsanspruch** gegen den mehr verdienenden Ehegatten. Soweit der Taschengeldbedarf durch Eigenverdienst gedeckt wird, besteht kein Anspruch auf Taschengeld.⁶⁶ Die **Höhe des Taschengeldes** richtet sich – wie beim Wirtschaftsgeld (Rn. 57) – nach den Einkommens- und Vermögensverhältnissen der Ehegatten und nach ihrem sich daraus ergebenden Lebensstil und ihrer Zukunftsplanung. In der Regel werden in der Praxis etwa 5% bis 7% des Nettoeinkommens der Familie als angemessen angesehen.⁶⁷ Eine Errechnung des Taschengeldes auf der Basis des Barbetrages, der Sozialhilfeempfängern bei Aufenthalt in einer stationären Einrichtung verbleibt (vgl. § 27 b II SGB XII in der Fassung des Gesetzes vom 24. 3. 2011⁶⁸, früher: § 35 II SGB XII; Rn. 8/57), kommt nicht in Betracht.⁶⁹ Wie auch sonst kann nur das bereinigte Nettoeinkommen als Bemessungsgrundlage dienen. Vom Nettoeinkommen sind also berufsbedingte Auslagen, Kindesunterhalt und berücksichtigungsfähige Schulden abzuziehen, bevor der Taschengeldanspruch ermittelt wird. 66

Taschengeld ist nach den Grundsätzen der **Hausmannrechtsprechung** unterhaltspflichtiges Einkommen, und zwar nicht nur im Verhältnis zu (vorrangigen) Ansprüchen minderjähriger und privilegiert volljähriger Kinder, sondern auch im Verhältnis zu gleich- oder nachrangigen Unterhaltsansprüchen, z. B. volljähriger Kinder oder bedürftiger Eltern. Voraussetzung ist, dass der eigene angemessene oder notwendige Selbstbehalt des Pflichtigen gedeckt ist, z. B. durch den vom anderen (besser verdienenden) Ehegatten aufzubringenden Familienunterhalt.⁷⁰ Vgl. dazu im Einzelnen Rn. 2/275. 67

Ein Anspruch auf Taschengeld besteht für beide Eheleute nicht, wenn das Einkommen nur zur Deckung der **notwendigen Bedürfnisse** ausreicht.⁷¹ 68

Sofern die Voraussetzungen der §§ 1360a III, 1613 I BGB vorliegen, kann auch nach der **Trennung** der Eheleute Taschengeld für einen früheren Zeitraum zugesprochen werden, weil es zur freien Verwendung bestimmt ist. Der Taschengeldanspruch muss allerdings dann genau beziffert und substantiiert begründet werden.⁷² 69

4. Abschnitt: Konkurrenz mit anderen Unterhaltsansprüchen

I. Vergleichbarkeit des Familienunterhalts und anderer Unterhaltsansprüche

Der Anspruch auf Familienunterhalt richtet sich – vom Taschengeld (Rn. 62 ff.) abgesehen – nicht auf Zahlung eines Geldbetrages, der dem Berechtigten zur freien Verfügung steht. Der Ehegatte, der den Haushalt ganz oder überwiegend führt, erhält vielmehr von seinem Partner, der erwerbstätig ist oder über laufende Einkünfte verfügt, **Naturalleistungen,** z. B. zusammen mit den anderen Familienmitgliedern freies Wohnen in einem Einfamilienhaus, einer Eigentums- oder einer Mietwohnung, sowie **Wirtschaftsgeld,** das treuhänderisch für die gesamte Familie, also beide Ehegatten und die Kinder, zu verwenden 70

---

⁶⁵ BGH FamRZ 1998, 608
⁶⁶ BGH FamRZ 1998, 608
⁶⁷ BGH FamRZ 2004, 1784; 2004, 366, 369 = R 599 d mit Anm. Strohal FamRZ 2004, 441
⁶⁸ BGBl. I S. 453
⁶⁹ FamRZ 2004, 366, 369 = R 599 e mit Anm. Strohal FamRZ 2004, 441; anders beim Elternunterhalt BGH FamRZ 2010, 1535 = R 714 a
⁷⁰ BGH FamRZ 2004, 366, 369 = R 599 b mit Anm. Strohal FamRZ 2004, 441; FamRZ 2001, 1065, 1068 mit Anm. Büttner = R 549 c; BVerfG FamRZ 1985, 140, 145
⁷¹ BGH FamRZ 2004, 1784
⁷² OLG Hamm FamRZ 1988, 947

ist (Rn. 55 ff.). Auch dem unverheirateten volljährigen Kind wird, solange es im elterlichen Haushalt lebt, Unterhalt in Natur gewährt; hier greift das Bestimmungsrecht der Eltern ein (§ 1612 II 1 BGB). Vgl. dazu auch Rn. 12. Dagegen wird der Unterhalt anderer Berechtigter, vor allem des geschiedenen und des getrennt lebenden Ehegatten, der nicht beim Unterhaltspflichtigen lebenden ehelichen oder nichtehelichen Kinder, des Elternteils, der ein nichteheliches Kind betreut, der bedürftigen Eltern in Form einer Geldrente geleistet (§§ 1585 I 1, 1612 I 1, 1615l III 1 BGB). Konkurrieren derartige Ansprüche mit dem Familienunterhalt, muss dieser auf die einzelnen Mitglieder der Familie aufgeteilt und in Geld veranschlagt werden.[1] Vgl. dazu auch Rn. 3.

II. Konkurrenz zwischen dem Unterhalt minderjähriger oder privilegiert volljähriger Kinder und dem Familienunterhalt

71 Lebt der Unterhaltspflichtige mit seinen unterhaltsberechtigten Kindern und seinem Ehegatten in einem gemeinsamen Haushalt, bedarf es einer Berechnung der einzelnen Unterhaltsansprüche nicht. Die Familie muss mit den vorhandenen Geldmitteln auskommen oder, wenn dies nicht möglich ist, weitere Mittel erschließen, z. B. dadurch, dass der bisher den Haushalt führende Ehegatte eine Erwerbstätigkeit aufnimmt, dass Überstunden geleistet oder Sozialleistungen, insbesondere Arbeitslosengeld II beantragt werden. Eine Berechnung der Unterhaltsansprüche ist jedoch vielfach erforderlich, wenn ein außerhalb der Familie lebender Unterhaltsberechtigter, z. B. ein Kind aus einer anderen Verbindung, ein früherer Ehegatte, ein betreuender Elternteil (§ 1615l II 2, IV BGB) oder ein bedürftiger Elternteil (von seinem wirtschaftlich selbständigen Kind) Unterhalt begehrt. Denn dann muss geprüft werden, ob der Schuldner angesichts seiner Einkommens- und Vermögensverhältnisse in der Lage ist, den minderjährigen und privilegiert volljährigen Kindern Unterhalt zu zahlen und ob daneben noch Raum ist für den Unterhalt anderer nachrangiger Unterhaltsgläubiger, insbesondere des früheren und des jetzigen Ehegatten. Bei dieser Berechnung ist der Kindesunterhalt mit dem Zahlbetrag, also dem Tabellenbetrag abzüglich des nach § 1612b I 1 BGB zu berücksichtigenden Kindergeldes, anzusetzen (Rn. 2/729).[2] Erst wenn das Einkommen des Schuldners zur Befriedigung aller Unterhaltsansprüche nicht ausreicht, er also nicht oder nur zum Teil leistungsfähig ist, wirkt sich der **Vorrang** aus.[3]

72 Bei der Bemessung der Höhe des **Bedarfs des Ehegatten** ist zu berücksichtigen, dass der Ehegattenunterhalt und damit auch der Familienunterhalt von der Unterhaltspflicht gegenüber Kindern, insbesondere gegenüber minderjährigen und privilegiert volljährigen Kindern, beeinflusst und dass demgemäß der Kindesunterhalt grundsätzlich vor Berechnung des Ehegattenunterhalts vom Einkommen des Unterhaltsschuldners abgezogen wird. Dies war schon bis zum 31. 12. 2007, als der Ehegatte und das minderjährige sowie das privilegiert volljährige Kind den gleichen Rang hatten, allgemeine Übung. Nach § 1609 BGB in der ab 1. 1. 2008 geltenden Fassung, der diesen Kindern den ersten Rang einräumt, ist der Vorwegabzug des Kindesunterhalts umso mehr gerechtfertigt. Trotz dieses Vorrangs hängt die Höhe des Kindesunterhalts weiterhin vom Vorhandensein eines oder mehrerer unterhaltsberechtigter Ehegatten ab.[4] Denn wenn das Kind noch mit seinem unterhaltspflichtigen Vater und seiner Mutter zusammenleben würde, müsste es – jedenfalls wenn sein Existenzminimum gesichert ist – in Kauf nehmen, dass die vorhandenen Mittel unter ihnen geteilt würden. Zu Recht hat deshalb der BGH entschieden, dass der Anspruch eines Ehegatten durch Unterhaltsansprüche nachrangig Berechtigter, z. B. der Eltern,[5] aber auch

---

[1] BGH FamRZ 2007, 1081, 1083; 2003, 860, 864 mit Anm. Klinkhammer = R 590 A f
[2] BGH FamRZ 2009, 1300 = R 705 c
[3] BGH FamRZ 2008, 968 = R 689 h; 1986, 553, 556; 1985, 912, 916 = NJW 1985, 2713 (zum Verhältnis von Ehegatten- und Volljährigenunterhalt)
[4] BGH FamRZ 1986, 553, 556; 1985, 912, 916 = NJW 1985, 2713 (zum Verhältnis von Ehegatten- und Volljährigenunterhalt)
[5] BGH FamRZ 2003, 860, 865 mit Anm. Klinkhammer = R 590 A g

4. Abschnitt: Konkurrenz mit anderen Unterhaltsansprüchen § 3

volljähriger Kinder[6] des Unterhaltsschuldners, eingeschränkt sein kann. Das bedeutet – übertragen auf das hier zu beurteilende Verhältnis des jetzt vorrangigen Unterhalts minderjähriger und privilegiert volljähriger Kinder zum nachrangigen Anspruch des Ehegatten auf Familienunterhalt –, dass der Unterhalt eines Kindes nicht ohne weiteres aus einer hohen Gruppe der Düsseldorfer Tabelle abgelesen werden darf. Dies könnte dazu führen, dass der Ehegatte den ihm zustehenden Unterhalt ganz oder teilweise nicht erhalten kann, weil dann der eheangemessene Selbstbehalt des Schuldners von mindestens 1050,– EUR nach B IV der Düsseldorfer Tabelle Stand: 1. 1. 2011 nicht mehr gewahrt wäre. Das wäre ein unbilliges und unangemessenes Ergebnis, das nach der Rechtsprechung des BGH[7] zu vermeiden ist. In einem solchen Fall ist daher der Kindesunterhalt einer niedrigeren Einkommensgruppe zu entnehmen, deren Bedarfskontrollbetrag unter Berücksichtigung von Kindesunterhalt und Ehegattenunterhalt noch gewahrt ist. Ggf. ist bis in die 1. Einkommensgruppe herabzugruppieren. Vgl. Anm. A 1 II, 6 der Düsseldorfer Tabelle und Rn 2/355.[8] Diejenigen Oberlandesgerichte, deren Leitlinien Bedarfskontrollbeträge nicht kennen, sind nach der Rechtsprechung des BGH[9] gehalten, das rechnerische Gesamtergebnis daraufhin zu überprüfen, ob im konkreten Einzelfall die Aufteilung des verfügbaren Einkommens auf die minderjährigen Kinder und den oder die unterhaltsberechtigten Ehegatten insgesamt billig und angemessen ist. Hierauf weist die Begründung des Entwurfs der Bundesregierung zum UÄndG[10] mit Nachdruck hin. In dieser gegenseitigen Beeinflussung von Kindesunterhalt und Ehegattenunterhalt liegt entgegen Borth[11] und Schwab[12] keine „Verwässerung" des durch § 1609 BGB angeordneten Vorrangs des Kindesunterhalts. Vielmehr greift dieser Vorrang erst im Mangelfall ein.[13]

Beispiel: 73
Die frühere Ehefrau F1 betreut das schwer behinderte 10-jährige Kind K 1. Die jetzige Ehefrau F2 versorgt das 2-jährige Kind K 2. Beide Frauen sind nicht erwerbstätig. M verfügt über ein Erwerbseinkommen von 2332 € (Steuerklasse III).
Der Kindesunterhalt ist nicht der 3., sondern der 2. Einkommensgruppe der Düsseldorfer Tabelle Stand: 1. 1. 2011 zu entnehmen, da angesichts der Unterhaltspflichten gegenüber zwei gleichrangigen Ehegatten dem Schuldner nur der eheangemessene Selbstbehalt von 1050 € verbleibt, der dem Bedarfskontrollbetrag der 2. Einkommensgruppe der Tabelle entspricht.
Unterhalt K 1 nach DT 2/2: 383–92 ($^1/_2$ Kindergeld) = 291 €
Unterhalt K 2 nach DT 2/1: 333–92 ($^1/_2$ Kindergeld) = 241 €
532 €

Für den Unterhalt der beiden gleichrangigen Ehefrauen F1 und F2 stehen insgesamt nur 2332 – 532 = 1800 € zur Verfügung, die offensichtlich nicht ausreichen. Es liegt also ein Mangelfall im zweiten Rang vor. Zur Berechnung der Ansprüche der Ehegatten vgl. Rn. 91.

III. Konkurrenz zwischen mehreren Ehegatten

1. Änderung der Rangverhältnisse zum 1. 1. 2008

Waren der frühere und der jetzige Ehegatte unterhaltsberechtigt, hatte bis zum 31. 12. 74 2007 der erste Ehegatte in der Regel den Vorrang (§ 1582 BGB a. F.). Reichte das anrechenbare Einkommen des Pflichtigen nicht für den Unterhalt beider Ehegatten aus, blieb der zweite bei der Unterhaltsberechnung ganz oder teilweise unberücksichtigt. Er

---

[6] BGH FamRZ 1990, 979, 980 = 437 a; 1991, 1163, 1164 f.
[7] FamRZ 1997, 806, 811
[8] Zur Berücksichtigung der Bedarfskontrollbeträge bei Vorrang des Kindesunterhalts nach § 1609 Nr. 1 BGB n. F. vgl. BGH FamRZ 2008, 968 = R 689 h
[9] FamRZ 1997, 806, 811; 2005, 347, 351
[10] BT-Drucks. 16/1830 S. 24; vgl. auch Menne/Grundmann, Das neue Unterhaltsrecht, S. 91
[11] FamRZ 2006, 813, 817
[12] FamRZ 2005, 1417, 1423
[13] BVerfG FamRZ 2011, 437 mit Anm. Borth = R 722 g

konnte wegen des Nachrangs nur ausnahmsweise Unterhalt erhalten, z. B. wenn der erste Ehegatte wegen eigener Einkünfte lediglich Aufstockungsunterhalt bezog oder wenn der Schuldner über nicht prägendes Einkommen, z. B. nach einem Karrieresprung, verfügte und er deshalb den Unterhalt des nachrangig Berechtigten bestreiten konnte.

75 Seit dem Inkrafttreten des UÄndG, also **seit dem 1. 1. 2008** kommt es nicht mehr auf die Priorität der ersten Ehe an. Vorrangig sind nunmehr Elternteile, gleichgültig ob verheiratet oder nicht, wenn sie Anspruch auf Betreuungsunterhalt haben oder im Fall der Scheidung hätten, ferner geschiedene Ehegatten nach einer Ehe von langer Dauer (§ 1609 Nr. 2 BGB). Andere Ehegatten sind nachrangig (§ 1609 Nr. 3 BGB). Elternteile und Ehegatten, die derselben Rangstufe angehören, haben untereinander den gleichen Rang. Im Folgenden wird zunächst die Konkurrenz zwischen mehreren Ehegatten behandelt; auf das Zusammentreffen des Unterhaltsanspruchs eines ein nichteheliches Kind betreuenden Elternteils mit dem Familienunterhalt wird später eingegangen (Rn. 114).

76 **Vorrang** bedeutet nicht, dass der Unterhalt des vorrangigen Ehegatten bzw. Elternteils ohne Rücksicht auf den nachrangig Berechtigten ermittelt und dieser auf den etwa verbleibenden Rest des anrechenbaren Einkommens des Schuldners verwiesen wird. Der Rang eines Unterhaltsanspruchs wird vielmehr erst dann relevant, wenn die Höhe des Anspruchs, gemessen am Bedarf des Berechtigten und der Leistungsfähigkeit des Pflichtigen, schon feststeht und ein **Mangelfall** vorliegt.[14] Auf den Rang der Berechtigten kommt es daher zunächst nicht an. Es ist vielmehr die Höhe des Anspruchs jedes Unterhaltsgläubigers festzulegen, bevor im Falle unzureichender Leistungsfähigkeit des Verpflichteten anhand der Rangordnung des § 1609 BGB zu entscheiden ist, in welchem Umfang der jeweilige Anspruch realisiert werden kann. Vgl. dazu Rn. 88.

2. Keine Dreiteilung

77 Bei Konkurrenz mit anderen Unterhaltsansprüchen muss der Familienunterhalt in Geld veranschlagt werden. Er wird dann nach den Grundsätzen berechnet, die für den Trennungsunterhalt und den nachehelichen Unterhalt gelten (vgl. Rn. 3, 70). Deshalb wird im Folgenden zunächst das Zusammentreffen des Unterhaltsanspruchs des geschiedenen Ehegatten mit demjenigen des getrenntlebenden behandelt. Diese Grundsätze gelten weitgehend auch dann, wenn der Unterhaltspflichtige und sein jetziger Ehegatte zusammenleben und daher Familienunterhalt geschuldet wird. Auf die Besonderheiten, die sich dann ergeben können, wird in Rn. 92 eingegangen.

78 Der BGH hat bei Konkurrenz mehrerer unterhaltsberechtigter Ehegatten den Bedarf jedes Berechtigten nach den ehelichen Lebensverhältnissen (§ 1578 I 1 BGB) mit einem Drittel des Gesamteinkommens des Pflichtigen und beider Unterhaltsberechtigten bemessen.[15] Das BVerfG[16] hat diese Methode zur **Berechnung des Bedarfs** als **verfassungswidrig** verworfen und insbesondere gerügt, dass der BGH die nacheheliche Unterhaltspflicht gegenüber einem nachfolgenden Ehegatten bereits auf der Bedarfsebene und nicht, wie im Gesetz vorgesehen, erst auf der Ebene der nach den gegenwärtigen Verhältnissen des Verpflichteten zu beurteilenden **Leistungsfähigkeit** berücksichtigt hat. Nach Auffassung des BVerfG müssen Veränderungen nach der Scheidung die Entwicklung in den ehelichen Lebensverhältnissen angelegt sein. Eine nachträgliche nicht vorwerfbare Einkommensverringerung müsste bei Fortbestand der Ehe auch deren Verhältnisse geprägt haben. Veränderungen sind nicht auf die Ehe zurückzuführen, wenn sie **nur und erst** dadurch eintreten konnten, dass die Ehe **geschieden** worden ist, wie z. B. bei Entstehung einer Unterhaltspflicht gegenüber einem neuen Ehegatten. Der Unterhaltsbedarf des ersten darf nicht von der Einkommenssituation des zweiten Ehegatten abhängen. Vielmehr dient § 1578 BGB dazu, dem unterhaltsberechtigten Ehegatten bei der Bestimmung seines Be-

---

[14] BVerfG FamRZ 2011, 437 mit. Anm Borth = R 722 g; vgl. auch BGH FamRZ 2008, 1911, 1916 = R 695 a
[15] BGH FamRZ 2008, 1911 = R 695 a; ebenso bereits die Vorauflage Rn. 3/67 ff.
[16] FamRZ 2011, 437 mit. Anm Borth = R 722 e, f, g

4. Abschnitt: Konkurrenz mit anderen Unterhaltsansprüchen § 3

darfs grundsätzlich gleiche Teilhabe an dem zum Zeitpunkt der **Rechtskraft der Scheidung** gemeinsam **erreichten Status** zu gewähren.

Es ist müßig, das BVerfG zu kritisieren, da die Familiengerichte an die tragenden Gründe der Entscheidung gebunden sind (§ 31 I BVerfGG). Bindend sind allerdings nur die Ausführungen zu verfassungsrechtlichen Fragen; dagegen ist dem BVerfG eine bindende Auslegung des einfachen Rechts versagt.[17] An der Ansicht der Vorauflage, die im Anschluss an die Hammer Leitlinien Stand: 1. 1. 2008 (24.4) und *Gerhardt/Gutdeutsch*[18] eine Dreiteilung auf der Bedarfsebene vorschlug, kann ich nicht mehr festhalten.[19]

3. Bedarf des ersten Ehegatten

Das BVerfG hat eindeutig festgestellt, dass der Bedarf des ersten Ehegatten nicht durch die Wiederverheiratung des Verpflichteten, durch die infolgedessen entstandene Unterhaltspflicht und durch die Einkommenssituation des nachfolgenden Ehegatten beeinflusst werden darf.[20] Deshalb wird der Bedarf des geschiedenen Gläubigers nicht dadurch gemindert, dass der Schuldner einem weiteren Ehegatten Unterhalt zu zahlen hat. Daher sind Versuche, die Dreiteilung auf der Bedarfsebene aufrecht zu erhalten, zum Scheitern verurteilt. Der Unterhaltsbedarf des ersten Ehegatten ist vielmehr **isoliert als Quotenunterhalt** auf der Basis der Einkommensverhältnisse der geschiedenen Ehegatten zur Zeit der Scheidung zu berechnen, beträgt also, wenn nur der Schuldner Einkommen hat, $^1/_2$ seines bereinigten Einkommens.[21] Einkommen des geschiedenen Ehegatten ist im Wege der Additionsmethode[22] zu berücksichtigen. 79

Der Unterhalt für gemeinsame **minderjährige** und privilegiert volljährige **Kinder** (zu nicht privilegierten volljährigen Kindern vgl. Rn. 99) ist vorweg vom Einkommen des Pflichtigen abzuziehen. Dies gilt nicht nur für gemeinsame Kinder sondern auch für vor der Scheidung geborene Kinder des Schuldners aus einer anderen Beziehung. M. E. ist der Unterhalt für solche Kinder aber auch dann als Abzugsposten zu berücksichtigen, wenn sie **nach der Scheidung** geboren sind. Dies folgt schon aus dem Gebot der Gleichbehandlung ehelicher und nicht ehelicher Kinder (Art. 6 V GG).[23] Zudem setzt die Pflicht zur Leistung von Unterhalt für nacheheliche Kinder nicht voraus, dass die Ehe zwischen dem Schuldner und seiner ersten Ehefrau geschieden worden ist; sie ist nicht „nur und erst" auf die Scheidung zurückzuführen.[24] Es handelt sich vielmehr um eine nicht vorwerfbare Einkommensminderung, die die erste Ehefrau auch dann hinnehmen müsste, wenn die Ehe mit dem Kindesvater fortbestünde. Dabei bleibt es auch, wenn das Kind erst nach Wiederheirat geboren wird. Vgl. dazu Rn. 4/1122, 4/428. 80

Der **Erwerbstätigenbonus**, der einem erwerbstätigen Schuldner ebenso wie einem erwerbstätigen unterhaltsberechtigten Ehegatten gewährt wird, sollte mit $^1/_{10}$ angesetzt werden. Dies empfiehlt sich auch für die Gerichte, die üblicherweise von einem Bonus von $^1/_7$ ausgehen.[25] Schuldet der Pflichtige nur einem nicht erwerbstätigen Ehegatten Unterhalt, beträgt dessen Unterhaltsbedarf $^3/_7$ des anrechenbaren Einkommens. Tritt ein weiterer Ehegatte, der ebenfalls nicht erwerbstätig ist und mit dem Schuldner nicht zusammenlebt, als Unterhaltsberechtigter hinzu, gebührt diesem grundsätzlich ebenfalls ein Anteil von $^3/_7$ des Einkommens des Pflichtigen. Da der Schuldner jedoch $^{10}/_7$ (= 142,86%) seines Einkommens nicht aufbringen kann, müssen die Anteile im Verhältnis von 100% zu 142,86%, also auf 70% des Betrages ermäßigt werden, den der Schuldner aufzubringen hätte, wenn er nur einem Ehegatten unterhaltspflichtig wäre, also auf einen Anteil von $^4/_{10}$[26] für den 81

---

[17] Gerhardt/Gutdeutsch FamRZ 2011, 772 m. w. N.
[18] FamRZ 2007, 778
[19] Ebenso Gerhardt/Gutdeutsch FamRZ 2011, 597, 772 m. w. N.
[20] FamRZ 2011, 437 mit. Anm Borth = R 722 f
[21] Auf die konkrete Berechnung des Unterhalts bei hohen Einkünften möchte ich nicht eingehen
[22] Die Differenzmethode sollte einfachen Unterhaltsberechnungen vorbehalten bleiben
[23] BVerfG FamRZ 2007, 965 = R 671 b
[24] BVerfG FamRZ 2011, 437 mit. Anm Borth = R 722 f
[25] Bei den Gerichten, die generell einen Bonus von $^1/_{10}$ zugrunde legen, verbleibt es dabei.
[26] $^4/_7 \times ^{70}/_{100} = ^4/_{10}$

Schuldner und auf Anteile von je $^{3}/_{10}{}^{27}$ für die Ehegatten. Damit erhält der erwerbstätige Schuldner rechnerisch nur einen Erwerbstätigenbonus von $^{1}/_{10}$, da auch dieser wegen des nicht für alle Beteiligten ausreichenden Einkommens des Schuldners nicht in Höhe von $^{1}/_{7}$ gewährt werden kann, vielmehr entsprechend, also auf 70% des sonstigen Bonus, gekürzt werden muss.[28]

4. Leistungsfähigkeit des Unterhaltspflichtigen bei Wiederverheiratung

82   Geht der Pflichtige eine weitere Ehe ein, schuldet er seinem jetzigen Ehegatten, Bedürftigkeit vorausgesetzt, ebenfalls Unterhalt, und zwar bei Getrenntleben Trennungsunterhalt, bei Zusammenleben Familienunterhalt. Dies führt – von Ausnahmen (Einkommen aus Karrieresprung oder einer Erbschaft) abgesehen – dazu, dass der Schuldner gegenüber beiden Ehegatten nicht leistungsfähig ist, jedenfalls nicht in voller Höhe. Denn die Unterhaltspflicht gegenüber dem weiteren Ehegatten ist bei der Bemessung des Unterhalts des früheren Ehegatten als **sonstige Verbindlichkeit im Sinne des § 1581 BGB** zu berücksichtigen; es ist anerkannt, dass die Grundsätze des § 1581 BGB auch für den Trennungsunterhalt[29] gelten, ebenso wie für den Familienunterhalt, wenn dieser – wie bei der Konkurrenz mit anderen Unterhaltsansprüchen – in Geld veranschlagt werden muss (Rn. 3, 70). Die Belastung mit dem Unterhalt des jeweils anderen Ehegatten führt also zur Kürzung des Unterhalts, soweit dies mit Rücksicht auf die Bedürfnisse und die Erwerbs- und Vermögensverhältnisse der geschiedenen Ehegatten der Billigkeit entspricht. Auch der eigene angemessene Unterhalt des Pflichtigen wird gekürzt. Vgl. dazu Rn. 85. Dies verstößt nicht gegen die Entscheidung des BVerfG; im Gegenteil: Das Gericht stellt ausdrücklich fest, dass nacheheliche entstandene Unterhaltspflichten erst auf der Ebene der nach den gegenwärtigen Verhältnissen des Unterhaltspflichtigen zu beurteilenden Leistungsfähigkeit zu berücksichtigen sind.[30]

5. Bedarf des nachfolgenden Ehegatten

83   In welcher Höhe der Unterhaltsanspruch des weiteren Ehegatten als sonstige Verbindlichkeit anzusetzen ist, hängt von dessen Unterhaltsbedarf ab. Zur Bemessung dieses Bedarfs hat sich das BVerfG[31] nicht geäußert, sondern sich nur mit dem Bedarf des geschiedenen Ehegatten befasst. Sicher ist allein, dass auch beim Bedarf des nachfolgenden Ehegatten auf die Dreiteilung nach der bisherigen Rechtsprechung des BGH[32] nicht mehr abgestellt werden kann. Die Tatsache, dass die ehelichen Lebensverhältnisse der zweiten Ehe mit der Unterhaltspflicht gegenüber dem ersten Ehegatten belastet sind, heißt aber nicht, dass der Bedarf des zweiten (einkommenslosen) Ehegatten sich nur nach dem Einkommen des Schuldners richtet, das bereits um den Unterhalt des ersten Ehegatten vermindert worden ist. So aber *Gerhardt* Rn. 4/428; *Gutdeutsch* Rn. 4/807, 5/107.[33] Dies würde bedeuten, dass dem zweiten Ehegatten nur $^{1}/_{4}$ des Einkommens seines Partners als Bedarf zustände, während der Bedarf des geschiedenen Ehegatten mit der Hälfte des Einkommens des Schuldners anzusetzen wäre (Rn. 79). Mit dem vom BVerfG betonten Grundsatz der Gleichwertigkeit einander nachfolgender Ehen und mit der gleichen Teilhabe der Ehegatten wäre dies nicht vereinbar.[34] Eine solche Bedarfsbemessung würde dazu führen, dass der erste Ehegatte bereits auf der Bedarfsebene de facto als vorrangig behandelt wird, obwohl der Rang auch nach Auffassung des BVerfG[35] erst eine Rolle spielt, wenn der Schuldner

---

[27] $^{3}/_{7} \times {}^{70}/_{100} = {}^{3}/_{10}$
[28] $^{1}/_{7} \times {}^{70}/_{100} = {}^{1}/_{10}$
[29] BGH FamRZ 2006, 683 = R 649 d
[30] BVerfG FamRZ 2011, 437 mit Anm. Borth = Rn. 722 e
[31] BVerfG FamRZ 2011, 437 mit Anm. Borth = Rn. 722
[32] FamRZ 2008, 1911 = R 695 a
[33] Vgl. auch Gerhardt/Gutdeutsch FamRZ 2011, 772; Borth FamRZ 2011, 445, 447
[34] BVerfG FamRZ 2011, 437 mit Anm. Borth = Rn. 722 b
[35] FamRZ 2011, 437 mit Anm. Borth = Rn. 722 g

den Bedarf aller Unterhaltsgläubiger nicht decken kann. Beim Bedarf werden zudem alle Unterhaltsberechtigten gleich behandelt. Auf die zeitliche Priorität kommt es nicht an. So wird der Unterhalt mehrerer Kinder nach dem gesamten Einkommen des baruntherhaltspflichtigen Elternteils bemessen, obwohl die Einkommensverhältnisse der Eltern bei Geburt eines jüngeren Kindes durch die Unterhaltspflicht gegenüber den älteren Geschwistern „geprägt" waren. Aus § 1578 I 1 BGB ergibt sich nichts Anderes. Deshalb beträgt, wenn allein der Verpflichtete Einkommen hat, der Bedarf des nachfolgenden Ehegatten die Hälfte dieses Einkommens, ohne dass es vorab um den Unterhalt für den ersten Ehegatten gekürzt wird.

Zusammenfassend ist daher festzustellen: Auch der **Bedarf** des nachfolgenden Ehegatten **ist unabhängig** vom Bedarf des ersten Ehegatten als Quote des Einkommens des Schuldners **zu berechnen.**[36] Das Einkommen ist in üblicher Weise zu bereinigen, vor allem um den Kindesunterhalt (Rn. 71 ff.) und bei Erwerbseinkommen um einen Erwerbstätigenbonus, der bei mehreren unterhaltsberechtigten Ehegatten $1/10$ beträgt (Rn. 81). Die Unterhaltspflicht gegenüber dem jeweils anderen Ehegatten wird erst im Rahmen der Leistungsfähigkeit erheblich (Rn. 85).

84

6. Kürzung der Unterhaltsansprüche im Rahmen der Leistungsfähigkeit

Wird der Bedarf jedes unterhaltsberechtigten Ehegatten in dieser Weise als Quote des Einkommens des Schuldners berechnet, ist dieser in der Regel – Ausnahmen sind besonders beim Karrieresprung oder eigenem Einkommen der Berechtigten denkbar – außerstande, beiden Ehegatten ohne Gefährdung seines eigenen angemessenen Bedarfs Unterhalt zu leisten (§ 1581 BGB). Denn jedem Ehegatten stünde bei einem Erwerbstätigenbonus von $1/10$ (vgl. dazu Rn. 81) ein Unterhalt von 45% des Einkommens des Pflichtigen zu. In einem solchen Fall unzureichender Leistungsfähigkeit wird beiden Ehegatten nur ein Billigkeitsunterhalt geschuldet. Dies gilt nicht nur beim nachehelichen Unterhalt, sondern auch beim Trennungsunterhalt und beim Familienunterhalt (Rn. 82). Die Unterhaltsbemessung nach Billigkeit bedeutet nicht ohne weiteres, dass dem Schuldner als eheangemessener Selbstbehalt lediglich ein Betrag von 1050 EUR verbleibt. Dies ist nur die Mindestgrenze, die dem Pflichtigen zu belassen ist. Vielmehr entspricht nach dem Urteil des BGH vom 18. 10. 1989[37] der eigene angemessene Unterhalt im Sinne des § 1581 BGB spiegelbildlich dem Bedarf nach den ehelichen Lebensverhältnissen (§ 1578 I 1 BGB). Dies bedeutet, dass auch **im Rahmen der Leistungsfähigkeit** der **Halbteilungsgrundsatz** gilt.[38] Der Selbstbehalt des Schuldners ist daher variabel. Der BGH hat zwar im Jahre 2006 diesen variablen Selbstbehalt des Unterhaltspflichtigen aufgegeben, da er Minderungen des Einkommens in vielen Fällen bereits beim Bedarf berücksichtigt hat und der Schuldner durch den Ehegattenmindestselbstbehalt von jetzt 1050 EUR geschützt ist.[39] Im Hinblick auf die Entscheidung des BVerfG sollte der BGH jedoch zu den Grundsätzen des Urteils vom 18. 10. 1989 zurückkehren, jedenfalls soweit es um die Berücksichtigung von Ehegattenunterhalt geht.

85

Bei Unterhaltspflichten gegenüber mehreren Ehegatten bedeutet der Halbteilungsgrundsatz, dass dem Pflichtigen gegenüber jedem Berechtigten so viel verbleiben muss, wie diesem zusteht. Dies führt bei zwei unterhaltsberechtigten Ehegatten rechnerisch zur **Dreiteilung** des anrechenbaren Einkommens. Das BVerfG hat der Dreiteilungsmethode „nicht zur Gänze eine Absage erteilt",[40] sondern nur ihre Anwendung im Rahmen der Bedarfsbemessung beanstandet. Auf der Ebene der Leistungsfähigkeit kann die Dreiteilungsmethode daher weiter angewandt werden.[41] Allerdings dürfen die bisherigen Entscheidungen des

86

---

[36] So zu Recht Götz/Brudermüller NJW 2011, 801, 806; anders Borth FamRZ 2011, 445, 447
[37] FamRZ 1990, 260, 264
[38] So auch Borth FamRZ 2011, 445, 448
[39] BGH FamRZ 2006, 683 = R 649 d
[40] So aber Götz/Brudermüller NJW 2011, 801, 805; Borth FamRZ 2011, 445, 449 meint, dass sie vom Gesetzgeber wieder eingeführt werden sollte
[41] So Gerhardt Rn. 4/428 ff.; Gutdeutsch Rn. 5/107 ff.; Gerhardt/Gutdeutsch FamRZ 2011, 597, allerdings mit anderer Begründung; Borth FamRZ 2011, 445, 450 (1. Beispiel) kommt im Ergebnis ebenfalls zur Dreiteilung

BGH[42] zur Bemessung des Bedarfs der Unterhaltsberechtigten nach dieser Methode nicht unkritisch auf die Ebene der Leistungsfähigkeit übernommen werden. Denn bei der Leistungsfähigkeit ist nicht von den Einkünften auszugehen, die die ehelichen Lebensverhältnisse bestimmt haben. Entscheidend sind vielmehr die **gegenwärtigen Verhältnisse** des Unterhaltspflichtigen.[43] Deshalb sind Einkünfte aus einem Karrieresprung oder aus einer Erbschaft ebenso in die Dreiteilung einzubeziehen wie der Splittingvorteil, der dem Schuldner infolge der Wiederverheiratung zusteht.[44] Die gegenwärtigen Verhältnisse sind weiter dadurch bestimmt, dass der Schuldner den Unterhaltsansprüchen mehrerer Ehegatten ausgesetzt ist. Diese sind als besondere Verbindlichkeiten bei der Ermittlung des angemessenen Selbstbehalts zu berücksichtigen. Auch ist zu bedenken, dass der Schuldner seine unzureichende Leistungsfähigkeit darzulegen und ggf. zu beweisen hat, während nach der bis zur Entscheidung des BVerfG[45] praktizierten Dreiteilungsmethode die Darlegungslast für den Bedarf dem jeweiligen Berechtigten oblag.

87 Die Dreiteilung führt in der Regel zur Festsetzung eines gekürzten, aber angemessenen Unterhalts der berechtigten Ehegatten und zur Kürzung des eigenen angemessenen Unterhalts des Schuldners. Sie entspricht der Billigkeit, wenn dem Schuldner sein eigener angemessener Ehegattenselbstbehalt verbleibt, der den Mindestselbstbehalt von 1050,– EUR durchaus übersteigen kann. Dann liegt noch kein Mangelfall (Rn. 88) vor. Denn die unterhaltsberechtigten Ehegatten haben nach dem Halbteilungsgrundsatz Einkommen von jeweils ebenfalls mindestens 1050 EUR. Dies schließt nicht aus, weitere Billigkeitserwägungen einfließen zu lassen und z. B. die besondere Notlage eines Unterhaltsberechtigten oder eines Angehörigen und eine hohe Verschuldung zu berücksichtigen.

7. Aktualisierung der Rangverhältnisse im Mangelfall

88 Die Grenze zum Mangelfall wird erreicht, wenn die Unterhaltskorrektur im Rahmen der Leistungsfähigkeit, in der Regel also die Dreiteilung der Einkünfte, im Ergebnis dazu führt, dass dem Schuldner weniger als der Ehegattenselbsthalt (Rn. 87) oder gar weniger als der Mindestselbstbehalt von 1050 EUR bzw. bei Nichterwerbstätigkeit von 960 EUR (Rn. 89) verbleibt. Erst dann kommt es auf den Rang der unterhaltsberechtigten Ehegatten an. Dies ergibt sich aus der Entscheidung des BVerfG vom 25. 1. 2011.[46] Danach wird der **Rang** erst relevant, wenn die Höhe des Anspruchs, gemessen am Bedarf des Berechtigten und der Leistungsfähigkeit des Verpflichteten, schon feststeht und ein **Mangelfall** vorliegt. Dies bedeutet, dass zunächst der Bedarf jedes unterhaltsberechtigten Ehegatten festzulegen ist. Vgl. dazu Rn. 79, 83. Dann ist mit Hilfe des Dreiteilungsgrundsatzes zu prüfen, ob und inwieweit der Schuldner durch die Unterhaltspflicht gegenüber dem jeweils anderen Ehegatten in seiner Leistungsfähigkeit beeinträchtigt ist (Rn. 85). Dies führt in der Regel zur Kürzung des Unterhaltsanspruchs jedes berechtigten Ehegatten und des eigenen angemessenen Unterhalts des Pflichtigen im Rahmen der Billigkeit. Dem Schuldner verbleibt damit zugleich sein eheangemessener (variabler) Selbstbehalt im Sinne des § 1581 BGB. Erreicht oder übersteigt dieser den Mindestselbstbehalt von 1050 EUR, ist der Schuldner leistungsfähig. Würde er bei Erfüllung der Unterhaltsansprüche weniger als den eheangemessenen Selbstbehalt behalten, liegt ein Mangelfall vor. Dies gilt im besonderen Maße, wenn der Ehegattenmindestselbstbehalt von 1050 EUR unterschritten wird. In einem solchen Mangelfall kommt es auf den Rang der Unterhaltsansprüche an. Der den jeweiligen Selbstbehalt übersteigende Teil des bereinigten Einkommens des Schuldners steht den Gläubigern zur Verfügung. Der Anspruch eines **vorrangigen Ehegatten** wird vorab befriedigt, der nachrangige Gläubiger erhält entweder den Rest der Verteilungsmasse oder fällt

---

[42] FamRZ 2008, 1911 = R 695 a; 2010, 111 R 707 a; 2009, 411 = R 702 b, c
[43] BVerfG FamRZ 2011, 435 mit Anm. Borth = R 722 e
[44] Gerhardt/Gutdeutsch FamRZ 2011, 772, 775; so auch der BGH FamRZ 2008, 1911 = R 695 b, allerdings im Rahmen der verfassungswidrigen Bedarfsbemessung
[45] BVerfG FamRZ 2011, 437 mit Anm. Borth = R 722
[46] FamRZ 2011, 437 mit Anm. Borth = R 722 g

4. Abschnitt: Konkurrenz mit anderen Unterhaltsansprüchen § 3

ganz aus. **Bei gleichem Rang** wird die zur Verfügung stehende Masse entsprechend dem Verhältnis der nach Billigkeit gekürzten Unterhaltsbeträge verteilt.

Der **Ehegattenmindestselbstbehalt** beträgt nach B VI 1 a der Düsseldorfer Tabelle Stand: 1. 1. 2011 und Nr. 21.4 SüdL **1050 EUR,** und zwar ohne Rücksicht darauf, ob der Schuldner erwerbstätig ist oder nicht.[47] Dem folgt der BGH[48] nicht, da bei einem Schuldner, der über ein Einkommen aus sonstigen Quellen, z. B. Zinsen oder einem Wohnvorteil, verfüge, ein Erwerbsanreiz nicht notwendig sei. Er hält bei einem nicht erwerbstätigen Schuldner einen Selbstbehalt für angemessen, der in der Mitte zwischen dem notwendigen Selbstbehalt von derzeit 770 EUR und dem großen Selbstbehalt von derzeit 1150 EUR liegt. Das ist ein Betrag von **960 EUR** nach dem Stand vom 1. 1. 2011.[49]

Ergibt sich bei der Dreiteilung ein gekürzter Unterhalt der berechtigten Ehegatten unterhalb des Existenzminimums, ist bei der Mangelverteilung dieses als Einsatzbetrag anzusetzen.[50] Das **Existenzminimum** darf nach Auffassung des BGH, der ich folge, in Höhe des notwendigen Selbstbehalts eines nicht erwerbstätigen Unterhaltspflichtigen von derzeit 770 EUR pauschaliert werden.[51] Zur Ermäßigung dieses Einsatzbetrages bei Zusammenleben mit dem Unterhaltspflichtigen vgl. Rn. 96. Die Leitlinien der Oberlandesgerichte (21.4, 22.1) gehen dagegen meist von einem Mindestbedarf des geschiedenen Ehegatten von 1050 EUR und bei Zusammenleben von 840 EUR aus.[52] Das OLG Düsseldorf unterscheidet darüber hinaus zwischen einem Existenzminimum des erwerbstätigen unterhaltsberechtigten Ehegatten von 950 EUR und des nicht erwerbstätigen von 840 EUR, jeweils einschließlich des trennungsbedingten Mehrbedarfs (B V der Düsseldorfer Tabelle Stand: 1. 1. 2011).

Beispiel 1:
Der Schuldner M ist nach langer Ehe von F1 geschieden und lebt von F2 getrennt. Beide Frauen haben keine Einkünfte. M verfügt über ein Einkommen aus Renten und Zinsen von 4000 €.
Bedarf F1 und F2: je $1/2$ von 4000 = 2000 €
Eigenbedarf M: ebenfalls 2000 €
Reduzierung der Bedarfsbeträge im Rahmen der Leistungsfähigkeit auf einen Billigkeitsunterhalt jeweils 1333 € (Dreiteilung des Einkommens).
Beide Frauen erhalten jeweils 1333 €. M behält seinen eheangemessenen Selbstbehalt von gleichfalls 1333 € und damit deutlich mehr als den Mindestselbstbehalt eines Nichterwerbstätigen von 960 € (Rn. 89). Der Halbteilungsgrundsatz ist gegenüber jeder Unterhaltsberechtigten gewahrt. Dies entspricht der Billigkeit. Kein Mangelfall. Auf den Vorrang von F1 kommt es nicht an.

Beispiel 2:
Der Schuldner M verfügt über ein Erwerbseinkommen von 2500 €, die geschiedene Ehefrau F1 von 1000,– € und die getrenntlebende Ehefrau F2 von 800 €. Beide Frauen sind gleichrangig.
Bedarf F1: ½ [(2500 × 9/10) + (1000 × 9/10)] = 1575 €
Höhe F1: 1575 − (1000 × $9/10$) = 675 €
Bedarf F2: ½ [(2500 × 9/10) + (800 × 9/10)] = 1485 €
Höhe F2: 1485 − (800 × 9/10) = 765 €
Dreiteilung der Einkünfte im Rahmen der Leistungsfähigkeit:
$1/3$ [(2500 × 9/10) + (1000 × 9/10) + (800 × 9/10)] = 1290 €
Unterhaltsanspruch F1: 1290 − (1000 × 9/10) = 390 €
Unterhaltsanspruch F2: 1290 − (800 × 9/10) = 570 €
M behält (2500 × 9/10) − 390−570 = 1290 € zuzüglich seines Erwerbstätigenbonus von 250 €, insgesamt also 1540 €. Dies entspricht seinem eheangemessenem Selbstbehalt und der Billigkeit. Kein Mangelfall. Auf den Rang kommt es nicht an.

Bis zum 31. 12. 2007 war eine Mangelfallberechnung in aller Regel nur erforderlich, wenn der Schuldner nicht in der Lage war, die Ansprüche der erstrangigen Unterhaltsberechtigten zu befriedigen, zu denen neben den minderjährigen und den privilegiert

---

[47] So ausdrücklich Nr. 21.3.2 der Düsseldorfer Leitlinien
[48] FamRZ 2009, 307 = R 699 c
[49] So die Leitlinien der Oberlandesgerichte Braunschweig, Frankfurt und Hamm, jeweils Nr. 21.4. Frankfurt geht allerdings von einem Betrag von 975 EUR aus
[50] Nr. 24.2 SüdL; BGH FamRZ 2003, 363, 365 zu dem bis zum 31. 12. 2007 geltenden Recht
[51] BGH FamRZ 2010, 802 mit Anm. Viefhues
[52] Ebenso Gerhardt/Gutdeutsch FamRZ 2011, 597, 600; 2011, 772, 774

volljährigen Kindern auch die Ehegatten gehörten. Nach dem jetzt geltenden Recht wird der Schuldner vielfach in der Lage sein, die Ansprüche dieser Kinder zu erfüllen, nicht aber auch die Ansprüche mehrerer Ehegatten, die im Rang den Kindern nachgehen (§ 1609 BGB). Es kommt dann zu einem **Mangelfall im zweiten Rang**, u. U. auch im dritten Rang (§ 1609 Nr. 2, 3 BGB). In einem solchen Fall ist der Kindesunterhalt vielfach der ersten oder zweiten Gruppe der Düsseldorfer Tabelle zu entnehmen (Rn. 72). Nach Abzug des Kindesunterhalts ist der Ehegattenunterhalt nach den dargestellten Grundsätzen zu berechnen und ggf. nach der Dreiteilungsmethode im Rahmen der Leistungsfähigkeit zu kürzen (Rn. 82, 85 ff.). Kann der Pflichtige die errechneten Beträge nicht aufbringen, ohne dass sein eheangemessener Mindestselbstbehalt von 1050 EUR bzw. 960 EUR (Rn. 89) unterschritten wird, ist die Differenz zwischen dem anrechenbaren Einkommen und dem Selbstbehalt auf die berechtigten Ehegatten verhältnismäßig aufzuteilen. Ggf. ist das Existenzminimum als Einsatzbetrag zu wählen (Rn. 90). Minderjährige und privilegiert volljährige Kinder sind an dieser Mangelverteilung nicht beteiligt, da ihr Unterhalt bereits berücksichtigt ist.

Beispiel 1:
Sachverhalt wie Beispiel Rn. 73. Beide Ehefrauen sind gleichrangig und leben nicht mit M zusammen.
Restliches Einkommen des M nach Abzug des Kindesunterhalts: 1800 €.
Bedarf F1 und F2: $1/2$ von $(1800 \times 9/10)$ = je 810 €.
Dreiteilung der Einkünfte im Rahmen der Leistungsfähigkeit:
$1/3$ von $(1800 \times 9/10)$ = 540 €
M behält nur 1800 − 540 − 540 = 720 € und damit weniger als seinen eheangemessenen Selbstbehalt von 1050 €. Daher Mangelfall.
Einsatzbetrag für F1 und F2 ist das jeweilige Existenzminimum von 770 € (Rn. 90). Zu verteilen sind 1800 − 1050 = 750 €
Die gleichrangigen F1 und F2 erhalten jeweils $(770 \times 750) : 1540 = 375$ €

Beispiel 2:
M verfügt über ein Erwerbseinkommen von 1800 €. F1 ist nach langer Ehe geschieden. F2 ist erwerbsunfähig und lebt von M getrennt. Keine Kinder.
Rechenwerk wie Beispiel 1.
Zu verteilen sind 750 €. F1 ist vorrangig. Sie erhält die gesamte Verteilungsmasse von 750 €, da ihr Existenzminimum von 770 € nicht gedeckt ist. F2 geht leer aus.

Beispiel 3:
M verfügt nach Abzug des Kindesunterhalts über ein Erwerbseinkommen von 1800 €. F1 ist erwerbsunfähig und nach kurzer Ehe geschieden. F2 betreut ein 2-jähriges Kind.
Rechenwerk wie Beispiel 1.
Zu verteilen sind 750 €. F2 ist vorrangig. Sie erhält die gesamte Verteilungsmasse von 750 €, da ihr Existenzminimum von 770 € nicht gedeckt ist. F1 geht leer aus.

8. Konkurrenz des geschiedenen und des beim Verpflichteten lebenden jetzigen Ehegatten

92 Zusammenlebende Ehegatten können in eigener Verantwortung entscheiden, ob einer von ihnen nur den Haushalt führt, insbesondere etwaige Kinder versorgt und deshalb keiner Erwerbstätigkeit nachgeht (vgl. Rn. 1, 21). Ihn trifft dann in ihrem Verhältnis zueinander keine **Erwerbsobliegenheit**. Durch die frei gewählte Rollenverteilung dürfen die Ehegatten aber nicht den bestehenden Unterhaltsanspruch des geschiedenen Ehegatten über Gebühr schmälern. Im Verhältnis zu ihm kommt es vielmehr, wie sich aus § 1609 Nr. 2 BGB ergibt, darauf an, ob der den Haushalt führende jetzige Ehegatte im Falle einer Scheidung wegen Kinderbetreuung unterhaltsberechtigt wäre. Ist dies nicht der Fall, wird ihm ein fiktives Einkommen zugerechnet, das den erwerbstätigen Partner (teilweise) vom Familienunterhalt entlastet, seine Leistungsfähigkeit im Verhältnis zum geschiedenen Partner und damit dessen Unterhaltsanspruch erhöht.[53]

---

[53] BGH FamRZ 2010, 111, 115 = R 707 b

4. Abschnitt: Konkurrenz mit anderen Unterhaltsansprüchen § 3

Beim Familienunterhalt steht dem erwerbstätigen Ehegatten grundsätzlich kein **Erwerbstätigenbonus** zu (Rn. 4). Anders ist es dagegen, wenn es um die Konkurrenz mit dem Unterhaltsanspruch eines geschiedenen Ehegatten geht und der Familienunterhalt in Geld veranschlagt werden muss. Dann ist auch bei der Berechnung des Familienunterhalts ein Bonus zu berücksichtigen, da andernfalls der nacheheliche Unterhalt und der Familienunterhalt nicht miteinander vergleichbar wären.[54]

93

Führt der Schuldner mit seinem jetzigen Ehegatten einen gemeinsamen Haushalt, ist der **Ersparnis durch das Zusammenleben** Rechnung zu tragen. Dies geschieht am besten dadurch, dass der auf der Ebene der Leistungsfähigkeit – in der Regel im Wege der Dreiteilung – zunächst errechnete Billigkeitsunterhalt des derzeitigen Ehegatten um einen Abschlag vermindert und derjenige des früheren um einen Zuschlag von jeweils 10% erhöht wird. Beim Elternunterhalt hat der BGH[55] diese Ersparnis entsprechend § 20 III SGB II a. F.[56] mit 20% des Bedarfs angesetzt. Nach der Düsseldorfer Tabelle Stand: 1. 1. 2011 B VI 1 a und 2 a; D I wird beim Ehegattenunterhalt der notwendige Eigenbedarf des mit dem Schuldner zusammenlebenden Ehegatten mit 840 EUR, derjenige des getrenntlebenden mit 1050 EUR angesetzt; beim Elternunterhalt lauten die Beträge 1200 EUR bzw. 1500 EUR. Rechnerisch ergibt das ein Verhältnis von 80 : 100, das man erreicht, wenn man den vorläufigen Billigkeitsunterhalt des mit dem Schuldner zusammenlebenden Partners um rund 11% ermäßigt und beim geschiedenen Ehegatten um rund 11% erhöht.[57] Zur Vereinfachung sollte man allerdings statt von 11% von 10% ausgehen.[58] Eine Erhöhung dieses Satzes mag in Gegenden mit besonders hohen Wohnkosten in Betracht kommen.[59]

94

Die Erhöhung des Billigkeitsunterhalts für den ersten Ehegatten um einen Zuschlag verstößt nicht gegen den Grundsatz des BVerfG,[60] dass der Unterhalt des geschiedenen unabhängig von den Verhältnissen des nachfolgenden Ehegatten zu bemessen sei. Denn dieses Verdikt betrifft nur die Berechnung des Bedarfs, nicht dagegen die Ebene der Leistungsfähigkeit. Zudem sind Zuschlag wie Abschlag nur ein rechnerisches Hilfsmittel, um der Tatsache Rechnung zu tragen, dass sich der jetzige Ehegatte infolge des gemeinsamen Wirtschaftens mit dem Verpflichteten günstiger steht als der frühere. Durch eine Kontrollrechnung, in die nur die Einkünfte der geschiedenen Partner einzubeziehen sind, ist sicherzustellen, dass der erste Ehegatte durch den Zuschlag nicht mehr als seinen Bedarf nach den ehelichen Lebensverhältnissen erhält. In geeigneten Fällen kann die Ersparnis durch das Zusammenleben auch in der Weise berücksichtigt werden, dass der Ehegattenmindestselbstbehalt von 1050 EUR um etwa 10% auf 950 EUR ermäßigt wird.[61] Dann scheidet allerdings ein Ab- bzw. Zuschlag bei den Unterhaltsberechtigten aus.

95

Das **Existenzminimum** des berechtigten Ehegatten beträgt 770 EUR (Rn. 90). Lebt der jetzige Ehegatte mit dem Schuldner zusammen, kann dieser Betrag wegen der dadurch eintretenden Ersparnisse um 10% ermäßigt und beim geschiedenen Ehegatte um 10% erhöht werden. Vgl. Rn. 94.

96

Leben der Schuldner und sein jetziger Ehegatte zusammen, steht ihnen bei gemeinsamer Veranlagung zur Einkommensteuer der **Splittingvorteil** zu. Soweit dieser Vorteil auf den Unterhaltspflichtigen entfällt, was bei einer Alleinverdienerehe regelmäßig der Fall ist, gehört er zu seinem anrechenbaren Einkommen.[62] Bei der Bemessung des Bedarfs des ge-

97

---

[54] So – wenn auch ohne Begründung – im Rahmen einer Beispielsrechnung BGH FamRZ 2010, 111, 116 = R 707 b
[55] FamRZ 2010, 1535 = R 714 c
[56] Jetzt § 20 IV SGB II in der Fassung des Gesetzes vom 24. 3. 2011 – BGBl. I S. 453
[57] Der Mittelwert zwischen 1200 und 1500 ist 1350. 1350 – 148,50 = rund 1200; 1350 + 148,50 = rund 1500
[58] In der Vorauflage (Rn. 70) bin ich von einem Zu- oder Abschlag von 14,29% ausgegangen
[59] Vgl. dazu Gerhardt/Gutdeutsch FamRZ 2011, 597, 599 f.
[60] BVerfG FamRZ 2011, 437 mit Anm. Borth = R 722 e
[61] Vgl. dazu BGH FamRZ 2010, 802, 804 mit Anm. Viefhues
[62] BGH FamRZ 2008, 2189 = R 697 (zum Splittingvorteil beim Kindesunterhalt); BGH FamRZ 2008, 1911 = R 695 b (zum Splittingvorteil im Rahmen der vom BVerfG für verfassungswidrig erklärten Bedarfsbestimmung nach der Dreiteilungsmethode)

schiedenen Ehegatten darf der Splittingvorteil allerdings nicht berücksichtigt werden, weil dessen Bedarf unabhängig von dem Hinzutreten eines weiteren Unterhaltsberechtigten, hier des zweiten Ehegatten, zu bestimmen ist.[63] Vgl. dazu Rn. 79. Im Rahmen der Leistungsfähigkeit ist der Splittingvorteil dagegen als Einkommensbestandteil heranzuziehen. Denn auf dieser Ebene kommt es auf die gegenwärtigen Verhältnisse an.[64] Der Splittingvorteil wirkt sich daher bei der Dreiteilung auch zugunsten des früheren Ehegatten aus, der bei dieser Berechnung aber nicht mehr an Unterhalt erhalten darf, als seinem isoliert berechneten Bedarf entspricht. Dies wird allerdings – wenn überhaupt – nur in seltenen Ausnahmefällen vorkommen können.

Beispiel:
M ist nach langer Ehe von F 1 geschieden. Ihr Einkommen beträgt 1000 €. M verfügt nach Abzug des Kindesunterhalts über Einkünfte von 1800 € (Steuerklasse III). Er lebt mit seiner zweiten Frau F2 zusammen, die ein gemeinsames zweijähriges Kind betreut und halbtags 600 € verdient. Der auf M entfallende Splittingvorteil beträgt 100 €.
Bedarf F1 (nach fiktivem Einkommen des M ohne Splittingvorteil): $1/2 \, [(1700 \times {}^9/_{10}) + (1000 \times {}^9/_{10})]$ = 1215 €. Restbedarf F 1: 1215 – (1000 × $^9/_{10}$) = 315 €
Bedarf F2 (nach Einkommen des M mit Splittingvorteil): $1/2 \, [(1800 \times {}^9/_{10}) + (600 \times {}^9/_{10})]$ = 1080 €. Restbedarf F 2: 1080 – (600 × $^9/_{10}$) = 540 €
Dreiteilung der Einkünfte im Rahmen der Leistungsfähigkeit:
$1/3 \, [(1800 \times {}^9/_{10}) + (1000 \times {}^9/_{10}) + (600 \times {}^9/_{10})]$ = 1020 €.
Der Betrag von jeweils 1020 € ist wegen der Ersparnis durch gemeinsame Haushaltsführung bei F1 um 10% zu erhöhen und bei F2 entsprechend zu ermäßigen.
F1: 1020 + 10% = 1122 €
F2: 1020 – 10% = 918 €
Höhe:
F1: 1122 – (1000 × $^9/_{10}$) = 222 €
F2: 918 – (600 × $^9/_{10}$) = 378 €
M behält 1800 – 222 – 378 = 1200 €
F1 und F2 erhalten jeweils weniger als ihren isoliert berechneten (Rest-)Bedarf. Kein Mangelfall.
Auf den gleichen Rang von F1 und F2 kommt es nicht an.

9. Angemessenheitskontrolle

98 Jede Unterhaltsberechnung ist am Schluss darauf zu überprüfen, ob das Ergebnis angemessen ist und der Billigkeit entspricht. Dies gilt in besonderem Maße, wenn mehrere unterhaltsberechtigte Ehegatten zusammentreffen.

IV. Konkurrenz zwischen Volljährigen- und Familienunterhalt

99 Bei einem nicht privilegiert volljährigen Kind aus der jetzigen Ehe des Verpflichteten ist vom Barunterhalt auszugehen, der aus der Düsseldorfer Tabelle oder den Leitlinien des jeweiligen Oberlandesgerichts zu entnehmen ist (vgl. Rn. 2/508 ff., 520 ff.). Minderjährige sowie privilegiert volljährige Kinder, der frühere Ehegatte, der jetzige Ehepartner und der Elternteil, der Anspruch auf Betreuungsunterhalt nach § 1615l II 2 BGB hat, gehen einem volljährigen Kind im Rang vor (§ 1609 Nr. 1 bis 4 BGB). Reicht das Einkommen des Verpflichteten nicht für den Unterhalt aller Berechtigten aus, entfällt der Anspruch des volljährigen Kindes ganz oder teilweise. Vgl. dazu Rn. 2/251, 268, 556 ff., 5/119, 149.

100 Begehrt ein (nicht privilegiert) **volljähriges Kind aus der früheren Ehe** des Verpflichteten Unterhalt, muss dem Schuldner der angemessene Eigenbedarf verbleiben (§ 1603 I BGB), der nach der Düsseldorfer Tabelle Stand: 1. 1. 2011 (Anm. A 5 II) mindestens 1150 EUR beträgt (vgl. dazu Rn. 2/546 ff.). Der anteilige Familienunterhalt des jetzigen Ehegatten des Schuldners ist wie der nacheheliche und der Trennungsunterhalt grundsätz-

---

[63] BVerfG FamRZ 2011, 437 mit Anm. Borth = R 722 e, f
[64] BVerfG FamRZ 2011, 437 mit Anm. Borth = R 722 g

lich unter Vorwegabzug des Unterhalts des volljährigen Kindes zu berechnen, da die Unterhaltspflicht gegenüber diesem Kind die ehelichen Lebensverhältnisse einschränkt.[65] Jedoch muss der Vorrang des jetzigen Ehegatten gewahrt bleiben. Zwischen dem Unterhalt des Ehegatten und dem Unterhalt des volljährigen Kindes darf kein Missverhältnis entstehen. Dem Ehegatten muss daher ein der jeweiligen Lebenssituation angemessener Eigenbedarf bleiben.[66] Dieser darf nicht mit dem notwendigen Selbstbehalt von 950 EUR bzw. 770 EUR nach der Düsseldorfer Tabelle Stand: 1. 1. 2011 (Anm. A 5 I) bzw. den Leitlinien der Oberlandesgerichte (22.2) angesetzt werden; denn der Ehegatte hat einen Anspruch auf angemessenen, nicht nur auf notwendigen Unterhalt (§ 1360 S. 1 BGB). Auch der eheangemessene Eigenbedarf des Schuldners von 1050 EUR nach B IV der Düsseldorfer Tabelle und den Leitlinien der Oberlandesgerichte (21.4) ist m. E. kein Maßstab. Es empfiehlt sich vielmehr, den **angemessenen Bedarf des Ehegatten** von dem sich aus der Düsseldorfer Tabelle (Anm. A 5 II) ergebenden angemessenen Eigenbedarf des Schuldners gegenüber dem nicht privilegiert volljährigen Kind von 1150 EUR abzuleiten und wegen der Ersparnisse infolge gemeinsamer Haushaltsführung angemessen zu kürzen. Die Düsseldorfer Tabelle Stand: 1. 1. 2011 (B VI 2 b) und die Leitlinien der Oberlandesgerichte (22.2) gehen von einem Betrag von 920 EUR aus,[67] was einer Kürzung des Betrages von 1150 EUR um 20% entspricht. Dies bedeutet, dass das volljährige Kind keinen Unterhalt erhält, wenn der Verpflichtete für sich und seine jetzige Ehefrau nicht mehr als (1150 + 920 =) 2070 EUR zur Verfügung hat.

Beispiel:
Einkommen des Mannes (M): 2600 €. Er bezieht das Kindergeld von 184 €. Die von ihm geschiedene Mutter F1 hat nur ein Einkommen von 1000 € und ist daher nicht leistungsfähig. Der studierende Sohn S aus erster Ehe verlangt Unterhalt in Höhe von 670 € nach der Düsseldorfer Tabelle (Anm. A 7 II). M lebt mit seiner jetzigen erwerbsunfähigen Ehefrau F2 zusammen.
M hat das Kindergeld an S auszukehren (§ 1612 b I 1 Nr. 2 BGB; vgl. Rn. 2/717, 722 ff.). In Höhe des Restbetrages von (670 – 184 =) 486 € ist er leistungsfähig, da ihm für sich und seine bei ihm lebende Ehefrau F2 2114 € verbleiben und damit mehr als der angemessene Familienbedarf 2070 €.

Ein Elternteil, z. B. der Vater eines volljährigen Kindes, der mit seiner jetzigen Ehefrau **101** zusammenlebt, ist sowohl ihr als auch seinem Kind unterhaltspflichtig. Die Berechnung des jeweiligen Unterhaltsanspruchs stößt auf Schwierigkeiten, weil ein bestimmter Kindesunterhalt, der die Höhe des Familienunterhalts beeinflusst, noch nicht feststeht. Es muss daher mit einem Näherungsverfahren gearbeitet werden.[68] Zunächst ist ein vorläufiger Unterhalt des Kindes festzulegen. Lebt es noch im mütterlichen Haushalt, ist der Unterhalt allein nach dem Einkommen des Vaters der 4. Altersstufe der Düsseldorfer Tabelle zu entnehmen, um das volle Kindergeld zu kürzen und vom Einkommen des Vaters abzuziehen. Auf dieser Basis – unter Berücksichtigung von Ersparnissen durch das Zusammenleben – ist der Familienunterhalt zu bemessen. Führt das Kind z. B. als Student, bereits einen eigenen Haushalt, ist von einem festen Unterhaltsbedarf, z. B. von 670 EUR, der ebenfalls um das volle Kindergeld zu vermindern ist, auszugehen und die Berechnung des Familienunterhalts mit der Hälfte des verbleibenden Betrages oder einem anderen realistischen Näherungswert fortzusetzen. Dem Vater haben vorweg die Mittel zu verbleiben, die er zur Deckung des angemessenen Bedarfs seiner Frau benötigt. Sie sind von seinem Einkommen abzusetzen.[69] Das so ermittelte Einkommen des Vaters ist den Einkünften der Mutter gegenüberzustellen, der endgültige Bedarf des Kindes der Tabelle zu entnehmen und der von jedem Elternteil geschuldete anteilige Unterhalt entsprechend § 1606 III 1 BGB zu berechnen. Vgl. dazu 2/575.

Die Ehefrau des unterhaltspflichtigen Vaters trifft keine Erwerbsobliegenheit gegenüber **102** dessen volljährigem Kind aus einer anderen Verbindung, schon weil sie mit diesem nicht

---

[65] BGH FamRZ 2009, 762 = R 703; 2003, 860, 865 mit Anm. Klinkhammer = R 590 A g
[66] BGH FamRZ 2003, 860, 865 mit Anm. Klinkhammer = R 590 A g
[67] Anders OLG Frankfurt (Nr. 22.2.FL): 800,– EUR
[68] Dazu BGH FamRZ 2009, 762 = R 703
[69] BGH FamRZ 2009, 762 = R 703

verwandt ist. Den Ehegatten steht es vielmehr frei, Vereinbarungen über die innerfamiliäre Arbeitsteilung zu treffen und die Betreuung der Kinder sowie die Haushaltsführung einem von ihnen selbst dann zu übertragen, wenn es sich nicht um gemeinsame Kinder handelt. Dem Vater kann unterhaltsrechtlich nicht vorgeworfen werden, an einer solchen Gestaltung mitzuwirken. Dies mag nach Treu und Glauben anders sein, wenn es um den Unterhalt eines minderjährigen Kindes geht.[70]

V. Konkurrierende Ansprüche von Eltern

1. Bedürftigkeit eines Elternteils

103   Der **Unterhaltsbedarf** eines Elternteils entspricht seiner bisherigen Lebensstellung (§ 1610 I BGB). Er deckt sich bei Pflege in einem Heim mit den dadurch entstehenden Kosten zuzüglich eines Taschengeldes zur Deckung der Aufwendungen für Körper- und Kleiderpflege, Zeitschriften, Schreibmaterial und andere Kleinigkeiten des täglichen Lebens. Dieses Taschengeld kann in Höhe des angemessenen Barbetrages nach § 27 b II 1 SGB XII[71] pauschaliert werden.[72] Eigeneinkommen und Versicherungsleistungen mindern den Bedarf. Lebt der Elternteil noch in einer eigenen Wohnung, ist sein Bedarf im Allgemeinen nicht höher als das **Existenzminimum** eines Nichterwerbstätigen von 770 EUR (vgl. dazu Anm. A 5 I, B V 2 der Düsseldorfer Tabelle Stand: 1. 1. 2011), allerdings zuzüglich des Beitrags zur Kranken- und Pflegeversicherung und etwaigen Mehrbedarfs infolge Krankheit oder Behinderung.[73] Dieser Bedarf ist allerdings vielfach durch eigenes (Renten-)Einkommen und/oder durch Leistungen der Grundsicherung im Alter und bei Erwerbsminderung ganz oder teilweise gedeckt (§§ 41 ff. SGB XII; Rn. 8/135 ff.). Gleichwohl kann ein Kind Elternunterhalt schulden, wenn ein nicht gedeckter Restbedarf verbleibt. Zum Elternunterhalt vgl. im Einzelnen Rn. 2/639 ff.

2. Sicherstellung des Familienunterhalts durch das unterhaltspflichtige Kind

104   a) **Eigenbedarf des unterhaltspflichtigen Kindes.** Konkurriert der Unterhaltsanspruch eines Elternteils mit dem Familienunterhalt, den das unterhaltspflichtige Kind seinem Ehegatten und ggf. seinen eigenen Kindern zu gewähren hat, muss dieser Unterhalt in Geld veranschlagt werden (Rn. 3). Die Ansprüche der Mitglieder der jetzigen Familie, also der minderjährigen und volljährigen Kinder und des Ehegatten, gehen im Range dem Elternunterhalt vor (§ 1609 Nr. 1 bis 4 BGB). Der **angemessene Selbstbehalt,** der dem Pflichtigen gegenüber seinen Eltern zu verbleiben hat, muss über dem angemessenen Selbstbehalt liegen, den er gegenüber seinen volljährigen Kinder verteidigen kann;[74] er beträgt nach Abschnitt D I der Düsseldorfer Tabelle und den Leitlinien nach dem Stand: 1. 1. 2011 (21.3.3) 1500 EUR. Dieser Mindestselbstbehalt des unterhaltspflichtigen Kindes erhöht sich in der Regel um 50%, bei Vorteilen des Zusammenlebens (Rn. 107) um 45% des den Selbstbehalt übersteigenden Einkommens.[75]

105   b) **Konkurrenz zwischen dem Ehegatten des unterhaltspflichtigen Kindes und dem bedürftigen Elternteil.** Der Bedarf des mit dem Schuldner **zusammen lebenden Ehegatten** wird in D I der Düsseldorfer Tabelle und den Leitlinien nach dem Stand: 1. 1. 2011 (22.3) im Allgemeinen mit einem Mindestbetrag von 1200 EUR angegeben. Vgl. dazu Rn. 94. Vielfach werden der angemessene Selbstbehalt des Schuldners und der

---

[70] BGH FamRZ 2009, 762, 767
[71] In der Fassung des Gesetzes vom 24. 3. 2011 – BGBl. I S. 453 (früher: § 35 II 1 SGB XII)
[72] BGH FamRZ 2010, 1535 mit Anm Hauß = R 714 a
[73] BGH FamRZ 2003, 860, 861 mit Anm. Klinkhammer = R 590 A b
[74] BGH FamRZ 2002, 1698 mit Anm. Klinkhammer = R 580 c
[75] BGH FamRZ 2010, 1535 mit Anm. Hauß = R 714 b; FamRZ 2002, 1698 mit Anm. Klinkhammer = R 580 c

4. Abschnitt: Konkurrenz mit anderen Unterhaltsansprüchen § 3

Mindestbedarf des Ehegatten zu einem Familienselbstbehalt von 2700 EUR zusammengefasst.[76] Vgl. dazu Rn. 2/969. Bei höherem Familieneinkommen muss nicht nur der Selbstbehalt des Schuldners um 50%, bei Vorteilen des Zusammenlebens (Rn. 107) um 45% des Mehreinkommens angehoben, sondern auch der Mindestbedarf seines Ehegatten entsprechend den ehelichen Lebensverhältnissen mit einem höheren Betrag angesetzt werden.[77]

Nach der Rechtsprechung des **BGH**[78] ist der Bedarf des Ehegatten des Schuldners nach den individuell ermittelten Lebens-, Einkommens- und Vermögensverhältnissen, die den ehelichen Lebensstandard bestimmen, zu bemessen. Da der Ehegatte der Schwiegermutter bzw. dem Schwiegervater nicht unterhaltspflichtig ist, braucht er, so der BGH, im Hinblick auf deren nachrangige Unterhaltsansprüche keine Schmälerung seines angemessenen Bedarfs hinzunehmen. Dies gilt auch dann, wenn dem Unterhaltsverpflichteten möglicherweise weniger verbleibt, als seinem Ehegatten zur Verfügung steht, da er ihm den eheangemessenen Unterhalt schuldet, er gegenüber seinen Eltern aber nur die Mittel verteidigen kann, die er zur Deckung seines eigenen angemessenen Unterhalts im Sinne des § 1603 I BGB benötigt. Familienunterhalt steht dem Ehegatten daher grundsätzlich in Höhe der Hälfte der beiderseitigen Einkünfte zu, soweit diese die ehelichen Lebensverhältnisse beeinflusst haben. Diese sollen auch durch die latente Unterhaltslast gegenüber den bedürftigen Eltern eines Ehegatten geprägt sein, wenn sie sich bei Heirat bereits abzeichnet.[79] Auf die bereits bei Eheschließung des Kindes bestehenden Lebensverhältnisse, insbesondere auf eine latente Unterhaltslast gegenüber den Eltern oder einem Elternteil, kann es aber nicht ankommen, wie der BGH in seiner Entscheidung vom 26. 6. 2003[80] im Hinblick auf die Kritik von Klinkhammer[81] letztlich auch eingeräumt hat. Vielmehr kommt es nach diesem Urteil auf die sich wandelnden Einkommens- und Vermögensverhältnisse der Ehegatten und die Wahrscheinlichkeit an, auf Elternunterhalt in Anspruch genommen zu werden. Damit beeinflusst der Elternunterhalt trotz seines Nachrangs die Höhe des Familienunterhalts. Das bedeutet allerdings **nicht,** dass der Elternunterhalt in seiner jeweiligen Höhe vom Einkommen des unterhaltspflichtigen Kindes **vorweg abgezogen** werden darf und dass sich der Unterhalt der Familie des Kindes nur nach dem so geminderten Einkommen richtet.[82] Dies würde dazu führen, dass dem Kind angesichts der Höhe des Elternunterhalts in vielen Fällen nur der Mindestselbstbehalt von 1500 EUR und dem Ehegatten nur der Mindestbedarf von 1200 EUR belassen werden kann, was aber dem Nachrang des Elternunterhalts widersprechen würde. Der Vorwegabzug des Elternunterhalts kann auch nicht damit begründet werden, dass der Unterhaltsbedarf des gleichfalls nachrangigen nicht privilegiert volljährigen Kindes vom Einkommen des unterhaltspflichtigen Elternteils abgezogen wird, bevor der Familienunterhalt des Ehegatten errechnet wird (Rn. 100). Dieser Vorwegabzug, der auch beim volljährigen Kind nur stattfindet, wenn es zu keinem Missverhältnis zwischen Familienunterhalt und Kindesunterhalt kommt, ist im Gegensatz zum Elternunterhalt dadurch gerechtfertigt, dass die Eltern für ihre bedürftigen Kinder auch nach Volljährigkeit jedenfalls bis zum Ende der Berufsausbildung in ungleich stärkerem Maße Verantwortung tragen als umgekehrt die wirtschaftlich selbständigen Kinder für ihre Eltern. Dies kommt in der schwachen Ausgestaltung des Elternunterhalts, insbesondere in seinem schlechten Rang (§ 1609 Nr. 6 BGB) zum Ausdruck.

106

c) Ersparnis durch gemeinsame Haushaltsführung. Grundsätzlich hat jeder Ehegatte nach dem Halbteilungsgrundsatz rechnerisch Anspruch auf Familienunterhalt in Höhe der Hälfte des Familieneinkommens. Jedoch ist das Einkommen vor hälftiger Teilung um die mit wachsendem Lebensstandard regelmäßig ansteigende Ersparnis zu bereinigen, die

107

---

[76] BGH FamRZ 2010, 1535 mit Anm. Hauß = R 714 b
[77] BGH FamRZ 2010, 1535 mit Anm. Hauß = R 714 b; FamRZ 2003, 860, 865 = R 590 A f mit Anm. Klinkhammer
[78] BGH FamRZ 2002, 1698 = R 580 c mit Anm. Klinkhammer
[79] BGH FamRZ 2003, 860, 865 = R 590 A f mit Anm. Klinkhammer
[80] FamRZ 2004, 186, 188 = R 595 d mit Anm. Schürmann
[81] FamRZ 2003, 867; FUR 2004, 555
[82] BGH FamRZ 2010, 1535 mit Anm. Hauß = R 714 b

durch Führung eines gemeinsamen Haushalts entsteht.[83] Für den Ehegatten des Unterhaltspflichtigen wird wegen dieser Ersparnis ein geringerer Bedarf als für den Schuldner selbst festgesetzt. Die Ersparnis beträgt nach D I der Düsseldorfer Tabelle Stand: 1. 1. 2011 wenigstens 300 EUR, da der Selbstbehalt des unterhaltspflichtigen Kindes sich auf 1500 EUR, derjenige des Ehegatten sich dagegen auf 1200 EUR beläuft. Da es sich bei dem Betrag von 300 EUR um einen pauschalen Tabellenwert handelt, kommt es nicht darauf an, ob eine Ersparnis in dieser Höhe tatsächlich erzielt wird; entscheidend ist, dass sie in der Regel erzielt werden könnte. Dem Unterhaltspflichtigen bleibt es freilich unbenommen, im Einzelnen darzulegen, dass eine solche Ersparnis im konkreten Fall nicht erreichbar ist. Übersteigt das Familieneinkommen den Familienselbstbehalt von 2700 EUR, sind nicht nur die Bedarfssätze zu erhöhen; vielmehr steigt auch die Ersparnis durch das Zusammenleben.[84]

108 In der Vorauflage (Rn. 3/83) habe ich die Auffassung vertreten, dass die Ersparnis mit 14,29% = $^1/_7$ anzusetzen sei. Dies entsprach dem Verhältnis, in dem die Mindestersparnis von früher 350 EUR zu dem damaligen Familienselbstbehalt von 2450 EUR stand. Der BGH[85] hat nunmehr die Ersparnis durch gemeinsame Haushaltsführung, soweit sie nicht in dem niedrigeren Selbstbehalt des Ehegatten zum Ausdruck kommt, mit $^1/_{10}$ des den Familienselbstbehalt übersteigenden Einkommens angenommen. Er hat sich zur Begründung auf § 20 III SGB II a. F.[86] berufen, nach dem die Regelleistung zur Sicherung des Lebensunterhalts 90% der Regelleistung eines Alleinstehenden beträgt. Dem schließe ich mich an.

109 **d) Berechnung des anteiligen Familienunterhalts bei höherem Einkommen des Unterhaltspflichtigen.** In der Vorauflage (Rn. 84 ff.) hatte ich zur Ermittlung des Anspruchs des seinerseits unterhaltsberechtigten Ehegatten des Schuldners auf Beteiligung am Familienunterhalt folgenden Weg vorgeschlagen: Das Familieneinkommen ist unter Berücksichtigung einer pauschalen Ersparnis von 14,29% (jetzt 10%; vgl. Rn. 108) der Einkünfte beider Ehegatten zu berechnen. Es ist um diese Ersparnis zu kürzen; der Restbetrag ist hälftig auf die Ehegatten unter Berücksichtigung ihres jeweiligen Einkommens aufzuteilen. Der sich danach ergebende Anspruch des Ehegatten auf Familienunterhalt ist vom Einkommen des unterhaltspflichtigen Kindes abzuziehen. Der Rest der Einkünfte steht für den Elternunterhalt zur Verfügung. Das unterhaltspflichtige Kind muss allerdings nach der Rechtsprechung des BGH[87] seinen angemessenen Selbstbehalt von 1400 EUR (jetzt 1500 EUR) zuzüglich 50% der Differenz zum so errechneten Einkommen behalten.[88]

110 Der BGH[89] hat diese Methode kritisiert, weil sie die Haushaltsersparnis nicht ihrer Bedeutung entsprechend berücksichtige. Nach seiner Auffassung ist der geschuldete Familienunterhalt in den Fällen, in denen der Unterhaltspflichtige über höhere Einkünfte als sein Ehegatte verfügt, wie folgt zu ermitteln: Von dem zusammengerechneten Einkommen der Ehegatten (Familieneinkommen) wird der Familienselbstbehalt von 2700 EUR abgezogen. Zur Ermittlung des individuellen Familienbedarfs wird das verbleibende Einkommen um die Haushaltsersparnis von in der Regel 10% vermindert. Die Hälfte des sich ergebenden Betrages zuzüglich des Familienselbstbehalts ist der individuelle Familienbedarf, zu dem der Unterhaltspflichtige entsprechend dem Verhältnis der Einkünfte der Ehegatten beizutragen hat. Die Differenz zwischen seinem Einkommen und seinem Anteil am Familienunterhalt kann der Unterhaltspflichtige für den Elternunterhalt einsetzen. Vereinfachend kann der individuelle Familienbedarf durch Addition des Familienselbstbehalts und eines Betrages von 45% des um den Familienselbstbehalt bereinigten Gesamteinkommens der Ehegatten errechnet werden.[90]

---

[83] BGH FamRZ 2010, 1535 mit Anm. Hauß = R 714 b; FamRZ 2004, 792 mit Anm. Borth = R 605 b, c

[84] BGH FamRZ 2010, 1535 mit Anm. Hauß = R 714 b, c; FamRZ 2004, 792, 793 mit Anm. Borth

[85] BGH FamRZ 2010, 1535 mit Anm. Hauß = R 714 b, c

[86] Jetzt § 20 IV SGB II in der Fassung vom 24. 3. 2011 – BGBl. I S. 453

[87] BGH FamRZ 2003, 1179, 1182 mit Anm. Klinkhammer; 2004, 792, 794 mit Anm. Borth

[88] OLG Düsseldorf FamRZ 2008, 438; 2007, 1684; Scholz FamRZ 2004, 1829

[89] FamRZ 2010, 1535 mit Anm. Hauß = R 714 b

[90] BGH FamRZ 2010, 1535 mit Anm. Hauß = R 714 b

4. Abschnitt: Konkurrenz mit anderen Unterhaltsansprüchen § 3

Beispiel:[91]

	€
Einkommen des Unterhaltspflichtigen	3000,00
Einkommen der unterhaltsberechtigten Ehefrau	1000,00
Familieneinkommen	4000,00
Abzüglich Familienselbstbehalt	2700,00
	1300,00
Abzüglich 10% Haushaltsersparnis	130,00
	1170,00
Davon $^{1}/_{2}$	585,00
+ Familienselbstbehalt	2700,00
Individueller Familienbedarf	3285,00
Anteil des Unterhaltspflichtigen (75%)	2463,75
Einkommen des Unterhaltspflichtigen	3000,00
Abzüglich	2463,75
Für den Elternunterhalt einsetzbar	536,25

Der BGH beschränkt sich in seiner Entscheidung vom 28. 7. 2010[92] auf die Entscheidung 111 des konkreten Falles, in dem das Familieneinkommen zwischen 2600 bis 2900 EUR lag und der Unterhaltspflichtige über höhere Einkünfte als sein Ehegatte verfügte. Ob die vom BGH gewählte Methode der Unterhaltsbemessung bei allen Fallgestaltungen angewandt werden kann, wird die Zukunft erweisen. M. E. wird sie nur bei **mittlerem und gehobenem Familieneinkommen** herangezogen werden können. Bei solchen Einkommensverhältnissen kann man davon ausgehen, dass rund $^{1}/_{10}$ der gemeinsamen Nettoeinkünfte durch das Zusammenleben eingespart und demgemäß für den Familienunterhalt nicht verwendet werden oder jedenfalls nicht verwendet werden müssen. Bei Einkünften oberhalb von 5000 EUR, die etwa dem Bereich entsprechen (4700 bis 5100 EUR), bis zu dem die Düsseldorfer Tabelle Stand: 1. 1. 2008 den Kindesunterhalt pauschaliert, erscheint es fraglich, ob die Ersparnis kontinuierlich mit der Steigerung des Einkommens zunimmt. In einem solchen Fall ist es angezeigt, den Familienunterhalt nach den konkreten Umständen des Einzelfalls zu bemessen.[93]

e) Berechnung des anteiligen Familienbedarfs bei niedrigerem Einkommen des 112 **Unterhaltspflichtigen.** Besondere Schwierigkeiten bereitet die Bemessung des Elternunterhalts, wenn das unterhaltspflichtige Kind **Einkünfte** erzielt, die **unter dem angemessenen Selbstbehalt** nach D I der Düsseldorfer Tabelle Stand: 1. 1. 2011 liegen, es aber gleichwohl in auskömmlichen wirtschaftlichen Verhältnissen lebt, weil sein Bedarf durch den Familienunterhalt sichergestellt ist, den sein gut verdienender Ehegatte aufbringt. Nach der Rechtsprechung des BGH[94] kann der Unterhaltspflichtige in einem solchen Fall gehalten sein, jedenfalls einen Teil seines eigenen Einkommens für den Unterhalt eines bedürftigen Elternteils zu verwenden. Voraussetzung ist, dass der Bedarf des unterhaltspflichtigen Kindes, der konkret nach den ehelichen Lebensverhältnissen zu bemessen ist, durch das Einkommen des Ehegatten gedeckt ist und das Kind über freies Einkommen verfügt, das nicht für den Familienunterhalt benötigt wird. M. E. bietet es sich im Regelfall an, die Leistungsfähigkeit des Kindes pauschal nach der Methode zu bestimmen, die für den (umgekehrten) Fall, dass das unterhaltspflichtige Kind zunächst den Bedarf seines gleichfalls bedürftigen Ehegatten zu decken hat, in Rn. 110 dargestellt worden ist.

---

[91] Nach BGH FamRZ 2010, 1535 mit Anm. Hauß = R 714 b, allerdings mit den Richtsätzen der Düsseldorfer Tabelle Stand: 1. 1. 2011
[92] FamRZ 2010, 1535 mit Anm. Hauß = R 714 b
[93] Ähnlich Hauß FamRZ 2010, 1541; vgl. auch BGH FamRZ 2004, 370, 373 = R 603 b mit. Anm. Strohal; FamRZ 2004, 441
[94] BGH FamRZ 2004, 366 = R 599 b; 2004, 370 = R 603 b, beide mit Anm. Strohal; FamRZ 2004, 441

Beispiel:[95]

	€
Einkommen der ihrem Vater unterhaltspflichtigen Ehefrau	1000,00
Einkommen des Ehemannes mit höheren Einkünften	3000,00
Familieneinkommen	4000,00
Abzüglich Familienselbstbehalt	2700,00
	1300,00
Abzüglich 10% Haushaltsersparnis	130,00
	1170,00
Davon $1/2$	585,00
+ Familienselbstbehalt	2700,00
Individueller Familienbedarf	3285,00
Anteil des Unterhaltspflichtigen (25%)	821,25
Einkommen des Unterhaltspflichtigen	1000,00
Abzüglich	821,25
Für den Elternunterhalt einsetzbar	178,75

113 Auch bei der Unterhaltspflicht des Ehegatten mit den geringeren Einkünften gegenüber einem Elternteil ist zu beachten:
– Die Methode eignet sich für Einkünfte im mittleren und im gehobenen Bereich. Bei Einkünften der Familie ab etwa 5000 EUR empfiehlt sich eine konkrete Berechnung (vgl. Rn. 111).
– Bei einem Einkommen der Ehegatten unter dem Familienselbstbehalt von 2700 EUR scheidet eine Unterhaltspflicht gegenüber den Eltern aus.
– Der errechnete Elternunterhalt darf das vom Unterhaltspflichtigen selbst erzielte Einkommen (im obigen Beispiel von 1000 EUR) nicht übersteigen, da der Ehegatte seinem Schwiegervater oder seiner Schwiegermutter nicht zum Unterhalt verpflichtet ist.

VI. Konkurrierende Ansprüche bei Geburt eines nichtehelichen Kindes

114 Macht die Mutter eines nichtehelichen Kindes Unterhalt geltend, so haftet der Kindesvater dem Kind bis zum notwendigen Selbstbehalt (§ 1603 II 1 BGB; vgl. Rn. 2/385), der nach Anm. A 5 I der Düsseldorfer Tabelle Stand: 1. 1. 2011 950 EUR bzw. 770 EUR beträgt. Gegenüber der Mutter muss dem Vater dagegen der angemessene Selbstbehalt von 1050 EUR verbleiben (§§ 1615l III 1, 1603 I BGB; Abschnitt D II der Düsseldorfer Tabelle). Der Anspruch des nichtehelichen Kindes hat denselben Rang wie die Ansprüche der minderjährigen sowie der privilegiert volljährigen ehelichen Kinder des Vaters. Die Unterhaltsansprüche dieser Kinder gehen aber dem Anspruch der nichtehelichen Mutter im Rang vor (§ 1609 Nr. 1, 2 BGB). Sie steht als Berechtigte im zweiten Rang der jetzigen Ehefrau gleich, wenn diese ihrerseits im Falle der Scheidung Anspruch auf Betreuungsunterhalt hätte oder wenn die Ehe von langer Dauer ist. Sind diese Voraussetzungen nicht gegeben, geht die nichteheliche Mutter der jetzigen Ehefrau im Rang vor (§ 1609 Nr. 2, 3 BGB). Die Unterhaltslast für das nichteheliche Kind prägt die ehelichen Verhältnisse und ist daher bei der Berechnung des Anteils der Ehefrau am Familienunterhalt vorweg abzuziehen. Vgl. dazu Rn. 4/428. Zum Unterhaltsanspruch nach § 1615l BGB im Einzelnen vgl. Rn. 7/1 ff.

Die obigen Ausführungen gelten sinngemäß, wenn der Vater das nichteheliche Kind betreut und die Mutter auf Kindes- und Betreuungsunterhalt (§ 1615l IV BGB) in Anspruch nimmt.

---

[95] Nach BGH FamRZ 2010, 1535 mit Anm. Hauß = R 714 b, allerdings mit den Richtsätzen der Düsseldorfer Tabelle Stand: 1. 1. 2011 und mit niedrigeren Einkommen des Unterhaltspflichtigen; vgl. Beispiel Rn. 110

5. Abschnitt: Besonderheiten des Familienunterhalts

I. Keine Identität zwischen Familienunterhalt und Trennungsunterhalt

Der Anspruch auf Familienunterhalt ist mit dem Anspruch auf Trennungsunterhalt oder nachehelichen Unterhalt **nicht identisch**.[1] Vgl. auch Rn. 11, 4/6. Beim Familienunterhalt sind beide Ehegatten einander zum Unterhalt verpflichtet (§ 1360 S. 1 BGB). Er dient der gesamten Familie einschließlich der beiden Ehegatten und gemeinschaftlicher Kinder (vgl. dazu Rn. 12). Diese Familieneinheit zerfällt mit der Trennung. Danach bestehen nur noch ein Anspruch des bedürftigen Ehegatten gegen den anderen auf Trennungsunterhalt (§ 1361 I 1 BGB) und gesonderte Ansprüche der Kinder (§§ 1601 ff. BGB), die allerdings von dem Elternteil, in dessen Obhut sich die Kinder befinden, im eigenen Namen gegen den anderen geltend zu machen sind (§ 1629 II 2, III BGB). Verzug mit Familienunterhalt begründet daher keinen Verzug mit Trennungs- oder Kindesunterhalt.

115

Eine **gerichtliche Entscheidung** oder ein Vergleich über den Familienunterhalt kann für die Zeit nach der Trennung nicht mehr nach § 238 FamFG abgeändert werden. Vielmehr muss der Pflichtige nach § 767 ZPO einen Vollstreckungsgegenantrag anhängig machen.[2] Ebenso ist die Zwangsvollstreckung aus einem Titel über Trennungsunterhalt unzulässig, wenn die Partner sich versöhnt haben und die eheliche Lebensgemeinschaft wieder aufnehmen. Dies gilt auch bei erneuter Trennung.[3] Zu titulierten Ansprüchen der Kinder nach Versöhnung und erneuter Trennung der Eltern vgl. Rn. 13.

116

II. Ausgleichsanspruch nach § 1360 b BGB

Nach § 1360 b BGB kann ein Ehegatte, der für den Unterhalt freiwillig mehr geleistet hat, als es seiner Verpflichtung entsprach, die zu viel geleisteten Beträge im Zweifel nicht zurückverlangen, weil Eheleute nach der Lebenserfahrung gemeinsam wirtschaften und daher von einem **Verzicht auf Ersatzansprüche** auszugehen ist (vgl. Rn. 52). Die gesetzliche Vermutung des § 1360 b BGB gilt sowohl für einmalige und laufende Unterhaltsleistungen als auch für Leistungen aus dem Vermögensstamm, etwa zur Anschaffung eines Pkw.[4] Sie erfasst auch die Leistungen eines Ehegatten im Rahmen der Haushaltsführung oder Kindesbetreuung sowie die vielfältigen Dienste, die Ehegatten über den eigentlichen Unterhalt hinaus einander leisten.[5] Deshalb wird selbst für überobligationsmäßige Pflegeleistungen, die ein Ehegatte dem anderen erbringt, keine laufende Vergütung geschuldet, wenn eine entsprechende Vereinbarung fehlt.[6]

117

§ 1360 b BGB beinhaltet eine **widerlegbare Vermutung.** Der zurückfordernde Ehegatte muss darlegen und nachweisen, dass er einen höheren Beitrag geleistet hat, als ihm oblag, und dass er bereits bei der Zuvielleistung eine Rückforderungsabsicht hatte. Der Vorbehalt der Rückforderung muss entweder ausdrücklich erklärt worden sein oder sich für den anderen aus den Umständen ergeben. § 1360 b BGB schließt nicht nur einen familienrechtlichen Ausgleichsanspruch (vgl. Rn. 2/777), sondern auch Ansprüche aus Geschäftsführung ohne Auftrag oder ungerechtfertigter Bereicherung aus, wenn der Beweis der Absicht, Erstattung zu verlangen, nicht geführt ist.[7]

118

---

[1] OLG Düsseldorf FamRZ 1992, 943; OLG München FamRZ 1981, 450 und FamRZ 1982, 801; OLG Hamm FamRZ 1988, 947 und FamRZ 1980, 249
[2] OLG München FamRZ 1981, 451
[3] OLG Düsseldorf FamRZ 1992, 943
[4] BGH FamRZ 1983, 351
[5] BGH FamRZ 1992, 300
[6] BGH FamRZ 1995, 537 = R 493 b
[7] BGH NJW 1968, 1780

119 Überschüssige Unterhaltsleistungen, die nach § 1360 b BGB ausnahmsweise zurückgefordert werden können, sind nicht nach § 1380 I 1 BGB auf die Zugewinnausgleichsforderung des anderen Ehegatten anzurechnen. Dagegen sind derartige Leistungen, wenn sie nach § 1360 b BGB nicht zu erstatten sind, freiwillig und ohne Äquivalent gegeben und deshalb als Zuwendungen im Sinne des § 1380 BGB anzusehen.[8]

III. Unpfändbarkeit des Familienunterhalts

120 Als echter Unterhaltsanspruch ist der Familienunterhalt nicht abtretbar (§ 394 BGB) und grundsätzlich nicht pfändbar (§ 850 b I Nr. 2 BGB). Dies gilt jedenfalls für das **Wirtschaftsgeld,** da es nur treuhänderisch für den Unterhalt der gesamten Familie verwendet werden darf.[9] Hat ein Ehegatte einen Anspruch auf Deckung von Sonderbedarf, der durch eine ärztliche Behandlung entstanden ist, kann dieser Anspruch von dem behandelnden Arzt gepfändet werden.[10] Der Anspruch auf **Taschengeld** ist nicht gemäß § 851 ZPO unpfändbar; er kann vielmehr nach § 850 b I Nr. 2, II ZPO in Verbindung mit §§ 850 c ff. ZPO wie Arbeitseinkommen bedingt gepfändet werden, wenn die Vollstreckung in das sonstige Vermögen ganz oder teilweise fruchtlos geblieben ist oder voraussichtlich sein wird und wenn die Pfändung nach den Umständen des Falles, insbesondere nach der Art des beizutreibenden Anspruchs und der Höhe der Bezüge, der Billigkeit entspricht.[11] Der Drittschuldner kann sich nicht auf Pfändungsverbote oder -beschränkungen berufen.[12]

IV. Sonderfragen

121 Nach § 1360 a III BGB sind auf den Familienunterhalt die §§ 1613 bis 1615 BGB entsprechend anzuwenden.

122 Nach § 1613 I BGB kann Familienunterhalt für die **Vergangenheit** nur ab Auskunftsaufforderung, Verzug oder Rechtshängigkeit verlangt werden. Sonderbedarf (Rn. 6/1 ff.) kann dagegen innerhalb eines Jahres nach seinem Entstehen auch ohne diese Voraussetzungen geltend gemacht werden (§ 1613 II Nr. 1 BGB). Zum Unterhalt für die Vergangenheit vgl. Rn. 6/100 ff.

123 Nach § 1614 I BGB kann auf Familienunterhalt **für die Zukunft nicht verzichtet** werden. Vgl. dazu Rn. 6/610.

124 Nach § 1615 I BGB erlischt der Anspruch auf Familienunterhalt mit dem **Tod** eines Ehegatten. Der Verpflichtete muss für die Beerdigungskosten aufkommen, wenn sie nicht vom Erben getragen werden (§ 1615 II BGB).

125 Bei **Vorauszahlungen** handelt der Schuldner auf eigene Gefahr, wenn er für eine längere Zeit als drei Monate im Voraus Unterhalt zahlt (§§ 1614 II, 760 II BGB). Leistet er Vorauszahlungen für einen längeren Zeitraum und benötigt der berechtigte Ehegatte nach Ablauf von drei Monaten wieder Mittel für den Unterhalt der Familie, z. B. weil er die Vorauszahlungen nicht richtig eingeteilt hat oder ihm das Geld abhanden gekommen ist, muss der Verpflichtete erneut leisten.[13]

---

[8] BGH FamRZ 1983, 351
[9] Büttner FamRZ 1994, 1433, 1439
[10] LG Frankenthal FamRZ 2001, 842
[11] BGH FamRZ 2004, 1784
[12] BGH FamRZ 1998, 608
[13] BGH FamRZ 1993, 1186 = R 463

§ 4 Ehegattenunterhalt

A. Grundlagen

I. Entstehungsgeschichte

1. Entwicklung bis zum 30. 6. 1977

Das **BGB** aus dem Jahre 1896 ermöglichte eine Ehescheidung wegen eines schuldhaften **1** Zuwiderhandelns eines Ehegatten gegen die ehelichen Pflichten. Die aus der Ehe resultierenden Unterhaltspflichten waren verschuldensabhängig. Der schuldig geschiedene Ehegatte war verpflichtet, dem anderen Ehegatten als Nachwirkung der Ehe Unterhalt zu zahlen. Für die Bemessung des Unterhalts wurde der Fortbestand der geschiedenen Ehe fingiert. Dieser Gesichtspunkt beinhaltet die so genannte Lebensstandardgarantie,[1] die das Unterhaltsrecht bis zum Inkrafttreten des neuen Unterhaltsrechts am 1. 1. 2008 maßgebend geprägt hat.

Das **EheG** vom 6. 7. 1938,[2] das bis zum 30. 6. 1977 in Kraft war, führte in Deutschland und in Österreich die obligatorische Zivilehe sowie eine zivile Ehescheidung ein. Neben verschuldensbedingten Ehescheidungstatbeständen wurde auch ein Zerrüttungstatbestand geschaffen. Der Anspruch auf Unterhalt nach den §§ 58 ff. EheG hing von dem Anteil der Schuld an der Scheidung ab. Unterhalt war grundsätzlich von demjenigen Ehegatten zu zahlen, der das überwiegende Verschulden an der Scheidung trug. Der notwendige Nachweis erschwerte die Durchsetzung des Unterhaltsanspruchs für den Anspruchssteller, in der Regel der Ehefrau. Gleiches galt für den Unterhalt für die Zeit des Getrenntlebens. Auch hier prägte das Verschuldensprinzip des Scheidungsrechts den Anspruch auf Trennungsunterhalt. Soweit auf beiden Seiten gleichartige Schuldbeiträge vorlagen, musste gegebenenfalls ein Teilunterhalt gezahlt werden. Es gab auch eine Scheidung ohne Schuldausspruch, bei der ein Unterhaltsanspruch wegen Billigkeit bestehen konnte (§ 61 EheG). Bei einer Wiederverheiratung des Unterhaltspflichtigen genoss der Unterhaltsberechtigte im Verhältnis zu dem zweiten Ehegatten keinen Vorrang.

2. Rechtslage ab dem 1. 7. 1977

Durch das **1. EheRG**[3] führte der Gesetzgeber mit Wirkung vom **1. 7. 1977** anstelle des **2** Verschuldensprinzips das Zerrüttungsprinzip im Scheidungsrecht ein. Eine Ehe konnte nun unabhängig von einem Verschulden geschieden werden, wenn sie gescheitert war. Die Reform hatte zum Ziel, die unterhaltsrechtliche Stellung des geschiedenen Ehegatten zu verbessern. Daher war Anknüpfungspunkt für die bei Trennung und Scheidung entstehenden Unterhaltsansprüche der Grundsatz der nachehelichen Solidarität, d. h. der fortwirkenden wirtschaftlichen Verantwortung der Ehegatten füreinander. Daneben wurde der Grundsatz der wirtschaftlichen Selbstverantwortung für den Unterhalt in das Gesetz aufgenommen. Der Trennungs- und der nacheheliche Unterhalt wurden in den Tatbeständen der §§ 1361 BGB, 1569 ff. BGB geregelt. Die neuen Unterhaltstatbestände führten zu einer umfassenden Absicherung des Unterhaltsberechtigten für zahlreiche Bedürfnislagen.

Da das 1. EheRG keine Übergangsregelungen für Altehen, d. h. für Ehen, die vor Inkrafttreten dieses Gesetzes geschlossen worden waren (Art. 12 Nr. 1 1. EheRG), vorsah, richtet sich die Unterhaltspflicht bei bestehender Ehe nach den seit dem 1. 7. 1977 gel-

---

[1] Klinkhammer FamRZ 2007, 1205, 1207
[2] RGBl. I S. 807
[3] EheRG v. 14. 6. 1976

tenden Regelungen der §§ 1360 bis 1361 BGB. Für Ehen, die vor dem 1. 7. 1977 rechtskräftig geschieden oder für nichtig erklärt wurden, richten sich die Unterhaltsansprüche gemäß Art. 12 Nr. 3 II, Nr. 5 des 1. EheRG auch weiterhin nach dem bis dahin geltenden Recht.

Mit dem **UÄndG** aus dem Jahre **1986**[4] wollte der Gesetzgeber den Gesichtspunkt der Eigenverantwortlichkeit der Ehegatten stärker betonen. Da die zahlreichen Unterhaltspflichten oft zu einer lebenslangen und einschneidenden Belastung des Unterhaltspflichtigen[5] führten, wurden neue Begrenzungs- und Befristungsmöglichkeiten in § 1573 V, 1578 I S. 1 BGB geschaffen. Die gesetzliche Regelung blieb jedoch von der Rechtsprechung nahezu unbeachtet.[6]

Durch das seit dem **1. 7. 1998** geltende **KindRG**[7] erfolgte eine annähernde Gleichstellung des sich aus § 1615l BGB ergebenden Unterhaltsanspruchs eines Elternteils, der ein nichteheliches Kind betreute, an den Betreuungsunterhaltsanspruch eines geschiedenen Ehegatten.

Das geltende Unterhaltsrecht wurde durch den **Einigungsvertrag** vom **31. 8. 1990**[8] auf dem Gebiet der neuen Bundesländer (Beitrittsgebiet) eingeführt. Seither besteht in allen Bundesländern Rechtseinheit (Art. 234 EGBGB). Für Ehegatten, deren Ehen vor der Wiedervereinigung am 3. 10. 1990 rechtskräftig geschieden wurden, gilt nach Art. 234 § 5 EGBGB das Unterhaltsrecht der ehemaligen DDR (§§ 29 ff. FGB-DDR) fort.

Seit Inkrafttreten des **LPartG**[9] am **1. 8. 2001** und der nachfolgenden Überarbeitungen gibt es für gleichgeschlechtliche Lebensgemeinschaften Unterhaltsansprüche (§§ 5, 12, 16 LPartG), die den ehelichen Unterhaltsvorschriften weitgehend angeglichen sind.

3. Rechtslage ab dem 1. 1. 2008

3 Durch das **UÄndG vom 31. 12. 2007**[10] wurde die unterhaltrechtlich starke Stellung des berechtigten geschiedenen Ehegatten deutlich beschnitten.

Die wesentlichen Neuerungen betreffen folgende Bereiche:
- In § 1569 BGB wird der Gesichtspunkt der **Eigenverantwortung der Ehegatten** nach rechtskräftiger Scheidung stärker betont. Damit soll das Prinzip der nachehelichen Solidarität neu ausgestaltet werden. Ein Unterhaltsanspruch soll nunmehr die Ausnahme und nicht mehr die Rede sein und nur in Betracht kommen, wenn einer der Unterhaltstatbestände des §§ 1570 ff. BGB vorliegt.[11]
- Mit der Änderung von § 1570 BGB ist das in der Praxis verbreitete **Altersphasenmodell**, das bei der Beurteilung der Erwerbsobliegenheit des Unterhaltsberechtigten an das Alter der Kinder anknüpft, abgeschafft worden. Anstelle der bisherigen schematischen Betrachtungsweise ist stärker auf den konkreten Einzelfall und die tatsächlich bestehende, verlässliche Möglichkeit der Kinderbetreuung abzustellen.[12]
- Durch die Neufassung von § 1574 BGB sind die **Anforderungen an die (Wieder-) Aufnahme einer Erwerbstätigkeit** nach der Scheidung erhöht worden, denn der geschiedene Ehegatte ist nunmehr verpflichtet, nach der Scheidung eine angemessene Erwerbstätigkeit auszuüben. Aus § 1574 II BGB ist zu entnehmen, dass eine Erwerbstätigkeit in einem früher ausgeübten Beruf grundsätzlich immer angemessen ist. Die frühere Anknüpfung der Angemessenheit an die ehelichen Lebensverhältnisse findet nur noch ausnahmsweise im Rahmen einer Billigkeitsprüfung statt.[13]

---

[4] UÄndG v. 22. 2. 1986, BGBl. I S. 301
[5] BGH NJW-RR 2008, 1
[6] BGH NJW 2006, 2401, 2402
[7] KindRG v. 16. 12. 1997, BGBl. I S. 2941
[8] BGBl. II S. 889
[9] LPartG v. 16. 2. 2001, BGBl. I S. 266
[10] UÄndG v. 21. 12. 2007, BGBl. I S. 3189
[11] BT-Drucks. 16/1830 S. 16
[12] BT-Drucks. 16/1830 S. 17
[13] BT-Drucks. 16/1830 S. 17

A. Grundlagen § 4

- Die Neufassung des § 1578 b BGB hat eine für alle Unterhaltstatbestände geltende Billigkeitsregelung eingeführt, die nach Maßgabe der in der Regelung aufgeführten Billigkeitskriterien eine **Herabsetzung oder zeitliche Begrenzung von Unterhaltsansprüchen** ermöglicht. Anknüpfungspunkt für die Gewährung von Unterhalt sind insbesondere die ehebedingten Nachteile, die dadurch entstehen, dass der Unterhaltsberechtigte wegen der Aufgabenverteilung in der Ehe, insbesondere der Kinderbetreuung, nach der Scheidung nicht oder nicht ausreichend für seinen eigenen Unterhalt sorgen kann.[14]
- In der **Härteklausel** des § 1579 BGB ist in Nr. 2 ein neuer Härtegrund, nämlich das dauerhafte Zusammenleben des Unterhaltsberechtigten mit einem neuen Partner, als eigenständiger Ausschlusstatbestand normiert worden.[15]
- Die **Rangfolge der Unterhaltsberechtigten** ergibt sich nach der Verweisung in § 1582 BGB nunmehr abschließend aus der Vorschrift des § 1609 BGB, die für alle Unterhaltsverhältnisse gilt. Der Unterhalt für minderjährige und gleichgestellte Kinder steht allein an erster Stelle. Die Unterhaltsberechtigung ergibt sich aus dieser Rangfolge, unabhängig davon, ob es sich um Mitglieder der ersten oder der zweiten Familie oder um nicht verheiratete Partner handelt.[16]

II. Anwendbarkeit des deutschen Unterhaltsrechts, Unterhaltstatbestände

1. Deutsches Internationales Unterhaltsrecht

Bei der Rechtsanwendung in familienrechtlichen Rechtsverhältnissen mit Auslandsbezug ist vorrangig zu prüfen, ob sich die Unterhaltsfrage nach **deutschem oder nach ausländischem** Recht beurteilt. Hierzu sind die Grundsätze aus Art. 18 EGBGB[17] heranzuziehen, soweit sie nicht hinter vorrangigen völkervertraglichen Abkommen zurücktreten. Einzelheiten zur Prüfung der heranzuziehenden Rechtsquellen siehe unter **§ 9 Rn. 1 ff.** 4

Wenn feststeht, dass deutsches Recht anzuwenden ist, ist weiter zu prüfen, ob
- das Unterhaltsrecht für Ehegatten des BGB bis zum Inkrafttreten des Ehegesetzes,
- das Recht der bis zum 30. 6. 1977 rechtskräftig geschiedenen Ehen (§§ 58, 59 ff. EheG),
- die §§ 29 FGB-DDR über den nachehelichen Unterhalt für die bis zum 3. 10. 1990 auf dem Gebiet der ehemaligen DDR geschiedenen Ehen

anwendbar ist.

2. Unterhaltstatbestände des BGB

Wenn keine dieser Rechtsordnungen zur Anwendung kommen, ist zu unterscheiden, welcher Unterhaltstatbestand des BGB einschlägig ist. Das Gesetz unterscheidet drei sorgfältig zu trennende, selbstständige Bereiche für den Unterhaltsanspruch eines Ehegatten. Dies sind der 5

- **Familienunterhalt** gemäß §§ 1360, 1360 a BGB, d. h. der Unterhaltsanspruch des in häuslicher Gemeinschaft lebenden Ehegatten (siehe dazu oben die Ausführungen unter § 3),
- **Trennungsunterhalt** gemäß § 1361 BGB, d. h. der Unterhaltsanspruch des in Trennung lebenden Ehegatten, und der
- **nacheheliche Unterhalt** nach §§ 1569 ff. BGB, d. h. der Unterhaltsanspruch des geschiedenen Ehegatten.

---

[14] BT-Drucks. 16/1830 S. 18
[15] BT-Drucks. 16/1830 S. 18; vgl. hierzu Schnitzler FamRZ 2006, 239; Gerhardt FuR 2005, 529, 533
[16] BT-Drucks. 16/1830 S. 21
[17] OLG Nürnberg FuR 2010, 478; OLG Nürnberg FamRZ 2008, 1755

3. Keine Identität von Familienunterhalt, Trennungsunterhalt und nachehelichem Unterhalt

6 Eine Auflösung der ehelichen Lebensgemeinschaft führt zu einer Verringerung der ehelichen Solidarität der Ehegatten und damit auch zu einem Abnehmen der unterhaltsrechtlichen Verantwortung füreinander. Aus diesem Grund hat der Gesetzgeber den Anspruch des Unterhaltsberechtigten auf Familienunterhalt und auf Trennungsunterhalt stärker ausgestaltet als die nachehelichen Unterhaltsansprüche.[18] Bis zur Trennung der Ehegatten besteht für beide Partner eine gegenseitige Verpflichtung, angemessen zum Familienunterhalt beizutragen. Dies kann durch Haushaltsführung oder durch Leistung eines finanziellen Beitrags zur Deckung des Lebensbedarfs der Familie (Wirtschaftsgeld) geschehen. In dieser Konstellation ist jeder Ehegatte zugleich Unterhaltsberechtigter und Unterhaltsverpflichteter (Einzelheiten zum Familienunterhalt siehe § 3 Rn. 5 ff.).

Mit der Trennung der Eheleute endet der Anspruch auf Familienunterhalt. An die Stelle der gegenseitigen Unterhaltsverpflichtungen tritt bei Vorliegen der in § 1361 BGB aufgeführten Voraussetzungen eine nur noch einseitige Barunterhaltspflicht des leistungsfähigeren Ehegatten gegenüber dem wirtschaftlich schwächeren Ehegatten. Umfasst ist nicht mehr der Bedarf der Familie, sondern nur noch der eigene Bedarf des Ehegatten. Die Erfüllung der Unterhaltspflicht kann nur durch Zahlung einer Geldrente erbracht werden, § 1361 IV S. 1 BGB. Der Anspruch auf **Trennungsunterhalt** ist daher **nicht identisch mit** dem Anspruch auf **Familienunterhalt**[19] (siehe § 3 Rn. 1 ff.). Er ist wegen der unterschiedlichen Anspruchsvoraussetzungen auch nicht identisch mit dem **nachehelichen Unterhalt**.[20]

7 Daraus folgt:
- Für die einzelnen Zeiträume **(Zusammenleben, Getrenntleben, Zeit nach der Scheidung)** müssen die Unterhaltsansprüche jeweils neu geltend gemacht und tituliert werden.[21]
- Auch **Auskunftsansprüche** sind hinsichtlich der einzelnen Tatbestände zu unterscheiden. Wenn zum Trennungsunterhalt Auskunft erteilt wurde, besteht ohne Rücksicht auf die Zeitschranke des § 1605 II BGB ein Auskunftsanspruch für die Geltendmachung des nachehelichen Unterhalts.[22] Mangels Identität der Ansprüche greift der Einwand der Rechtshängigkeit nicht, wenn zunächst nur ein Trennungsunterhaltsanspruch geltend gemacht wird und erst später ein solcher auf nachehelichen Unterhalt.[23]
- Ein **Beschluss** (bis zum 31. 8. 2009: Urteil) über den **Familienunterhalt** erfasst nicht den Trennungsunterhalt. Die Vollstreckung aus einem Titel wegen Familienunterhalt wird ab dem Zeitpunkt der Trennung unzulässig. Der Verpflichtete kann sich hiergegen mit einem Vollstreckungsabwehrantrag wehren, solange sich der Unterhaltstitel in den Händen des Unterhaltsberechtigten befindet. Umgekehrt kann nach einem erneuten Zusammenleben nicht mehr aus einer Entscheidung über Trennungsunterhalt vollstreckt werden.[24]
- Ein **Verfahren über** den **Trennungsunterhalt,** das über den Zeitpunkt der Rechtskraft der Scheidung hinaus geführt wird, erstreckt sich nicht automatisch – ohne dessen förmliche Geltendmachung – auf den nachehelichen Unterhalt.[25]
- Ein **Beschluss** über den **Trennungsunterhalt** umfasst nicht den nachehelichen Unterhalt. Dieser muss bei Erlöschen des Trennungsunterhalts mit einem gesonderten Antrag

---

[18] MünchKommBGB/Wacke § 1362 Rn. 1
[19] OLG München FamRZ 1981, 450 und FamRZ 1982, 801 sowie OLG Hamm FamRZ 1988, 947 und FamRZ 1980, 249
[20] Ständige Rechtsprechung des BGH seit BGH FamRZ 1981, 242; FamRZ 1999, 1497; FamRZ 1984, 148
[21] OLG Hamm FamRZ 1998, 1512
[22] OLG Köln FPR 2003, 129
[23] OLG Köln FamRZ 2003, 544
[24] OLG Hamm FamRZ 1999, 30, 31
[25] OLG Hamm FamRZ 1998, 1512

A. Grundlagen   § 4

(bis zum 31. 8. 2009: Klage) geltend gemacht werden. Der Verpflichtete kann gegen einen erloschenen Titel über den Trennungsunterhalt nach § 113 I 2 FamFG, § 767 ZPO vorgehen. Dies kann im Einzelfall nach Treu und Glauben ausgeschlossen sein, wenn die Beteiligten (früher: Parteien) beiderseits von einer Identität des Trennungsunterhalts mit dem nachehelichen Unterhalt ausgegangen waren, so dass deswegen ein wegen des Nachscheidungsunterhalts vom Berechtigten eingereichter Antrag (früher: Klage) auf die entsprechende Einwendung des Pflichtigen nicht weiterverfolgt wurde.[26]

- Auch eine **während der Trennungszeit geschlossene Vereinbarung** gilt in der Regel wegen des Grundsatzes der Nichtidentität nicht für die Zeit nach der Scheidung. Die Eheleute können aber eine solche Weitergeltung ausdrücklich vereinbaren. Wer eine solche Ausnahme von der Regel behauptet, trägt dafür die Behauptungs- und Beweislast.[27]
- Eine **Weiterzahlung** des **Trennungsunterhalts** nach der Rechtskraft der Scheidung lässt nicht ohne weiteres den Schluss auf einen Rechtsbindungswillen zur Zahlung von nachehelichem Unterhalt zu.[28]
- Vor Rechtskraft der Scheidung kann der nacheheliche Unterhalt, nicht jedoch der Trennungsunterhalt, als Folgesache im **Verbund** anhängig gemacht werden.[29]
- Ein **Titel über** den **Trennungsunterhalt** kann nicht nach § 238 FamFG (früher § 323 ZPO) für die Zeit nach Rechtskraft der Scheidung **abgeändert** werden.[30] Entsprechendes gilt auch für das Verhältnis Familienunterhalt/Trennungsunterhalt (siehe § 3 Rn. 116).
- Im Scheidungsverbund kann per **einstweiliger Anordnung** auch der **Trennungsunterhalt** geregelt werden, § 246 FamFG (bis zum 31. 8. 2009: § 620 Nr. 6 ZPO). Eine solche einstweilige Anordnung über den Ehegattenunterhalt galt nach der bis zum 31. 8. 2009 geltenden Rechtslage auch für den nachehelichen Unterhalt so lange weiter, bis eine anderweitige Regelung wirksam wurde, § 620 f ZPO a. F.[31] Sie regelte in Abweichung vom Grundsatz der Nichtidentität auch den nachehelichen Unterhalt mit.[32] Anders war es nur, wenn die einstweilige Anordnung nach ihrer Formulierung – insoweit atypisch – ausdrücklich nur für die Dauer des Scheidungsverfahrens oder die Zeit des Getrenntlebens erlassen wurde. In diesem Fall fehlte ihr von vornherein die Wirksamkeit für die Zeit nach Rechtskraft der Scheidung. Ob dies für einstweilige Anordnungen nach § 246 FamFG entsprechend gilt, wird unterschiedlich beurteilt.[33] Da anders als nach dem früheren § 620 f ZPO eine im Scheidungsverbund ergangene einstweilige Anordnung nicht mehr bei einer Rücknahme, Abweisung oder Erledigung einer zwischen den Beteiligten geführten Ehesache außer Kraft tritt, sondern nach § 56 I 1 FamFG über den Zeitpunkt der Rechtskraft der Scheidung hinaus fortwirkt, wenn keine anderweitige Regelung wirksam wird, muss eine anderweitige Regelung erwirkt werden. Dies kann eine Entscheidung über den nachehelichen Unterhalt als Folgesache sein. In einem solchen Fall tritt die einstweilige Anordnung nach § 56 I 2 FamFG i. V. m. § 148 FamFG außer Kraft. Im Übrigen ist der Unterhaltspflichtige durch die Weitergeltung der einstweiligen Anordnung über die Rechtskraft der Scheidung hinaus nicht rechtsschutzlos, weil er gegen die einstweilige Anordnung mit einem negativen Feststellungsantrag vorgehen kann.[34]

---

[26] OLG Karlsruhe FamRZ 1997, 895
[27] BGH FamRZ 1985, 908
[28] OLG Hamm FamRZ 1998, 1520
[29] BGH FamRZ 1982, 465; FamRZ 1981, 242; FamRZ 1981, 441
[30] BGH FamRZ 1982, 465
[31] War die anderweitige Regelung ein Urteil, setzte es die einstweilige Anordnung erst mit Eintritt seiner Rechtskraft außer Kraft: BGH FamRZ 2000, 751, 752 = R 539 d
[32] BGH FamRZ 1983, 355; Keidel/Giers § 246 FamFG Rn. 9
[33] Dafür Prütting/Helms/Stößer § 56 FamFG Rn. 5; Musielak/Borth § 246 FamFG Rn. 16; Zöller/Lorenz ZPO § 246 FamFG Rn. 37; a. A. Keidel/Giers § 246 FamFG Rn. 9
[34] Streitig, wie hier vgl. Musielak/Borth § 246 FamFG Rn. 16

III. Allgemeines zur Struktur der Ansprüche auf Trennungsunterhalt und auf nachehelichen Unterhalt

8   Der Anspruch auf Trennungs- bzw. Nachscheidungsunterhalt ist ungeachtet fehlender rechtlicher Identität zwischen beiden Unterhaltsarten jeweils wie folgt strukturiert:

1. Vorliegen eines Unterhaltstatbestands

Erforderlich ist, dass die Tatbestandsmerkmale einer gesetzlich definierten Bedürfnislage erfüllt sind. Der Trennungsunterhalt ist anders als der nacheheliche Unterhaltsanspruch nicht in einzelne Unterhaltstatbestände aufgegliedert, sondern in § 1361 BGB geregelt. Die Vorschrift enthält einen Verweis auf bestimmte Normen, die den nachehelichen Unterhalt betreffen. Die Unterhaltstatbestände sind wie folgt unterteilt:
Bei **Getrenntleben** der Eheleute:
- § 1361 BGB – Bedürfnislage wegen der konkreten Gestaltung der ehelichen Lebensverhältnisse.

9   Nach der **Scheidung** der Ehe:
Die folgenden Anspruchsgrundlagen gewähren einem Ehegatten einen Unterhaltsanspruch für die Zeit nach der Scheidung, wenn von ihm gemäß
- § 1570 BGB wegen Pflege und Erziehung eines gemeinschaftlichen Kindes,
- § 1571 BGB wegen Alters,
- § 1572 BGB wegen Krankheit oder Gebrechens,
- § 1573 I, III BGB wegen fehlender angemessener Erwerbstätigkeit,
- § 1575 BGB wegen Ausbildung

eine Erwerbstätigkeit nicht erwartet werden kann.

10   Darüber hinaus gewährt
- § 1573 II BGB einen Anspruch auf Aufstockungsunterhalt wegen fehlender Möglichkeit, den vollen eheangemessenen Bedarf durch eine eigene Erwerbstätigkeit zu decken,
- § 1576 BGB im Sinne eines Auffangtatbestands einen Unterhaltsanspruch wegen Fehlens einer Erwerbsobliegenheit aus schwerwiegenden Gründen dann, wenn eine Versagung von Unterhalt bei Abwägung der Belange beider Ehegatten grob unbillig wäre.

2. Allgemeine Voraussetzungen beim Berechtigten

Unterhaltsberechtigt ist nur derjenige, der bedürftig ist und seinen Bedarf nicht selbst decken kann.
- **Bedürftigkeit**

11   – Der Berechtigte ist **nicht in der Lage**, aus seinen Einkünften bzw. aus seinem Vermögen **seinen Bedarf** zu decken, der sich nach den ehelichen Lebensverhältnissen bestimmt.
   – Bei **Verletzung** der vorliegenden **Erwerbsobliegenheit** oder der Obliegenheit zur sachgerechten Vermögensanlage kann die Bedürftigkeit wegen der **Anrechnung fiktiver Einkünfte** gemindert anzusetzen sein oder entfallen. Bei mutwilliger **Herbeiführung der Bedürftigkeit** (§§ 1361 III, 1579 Nr. 4 BGB), z. B. wegen unverständlichen Vermögensverbrauchs oder wegen zurechenbaren Arbeitsplatzverlusts, kann sich der Berechtigte ggf. ganz oder teilweise nicht auf sie berufen.
- **Bedarf**

12   – Der Bedarf bestimmt sich in erster Linie nach dem aktuellen **verfügbaren Einkommen** (bereinigtes, nach Abzug von Verbindlichkeiten und von berufsbedingtem Aufwand – dieser wird bei Einkünften aus nicht selbstständiger Arbeit vielfach mit 5% vom verbleibenden Nettoverdienst pauschaliert[35] – **verteilungsfähiges Einkommen**) der

---

[35] Vgl. aber BGH FamRZ 2006, 108, 110 = R 642 a; FamRZ 2003, 860, 861 f., falls der Anfall berufsbedingten Aufwands bestritten ist oder höherer Aufwand geltend gemacht wird

beiden Eheleute. Hierzu gehören auch **fiktive Einkünfte,** z. B. soweit sie beim Pflichtigen bei Verstoß gegen eine Erwerbsobliegenheit anstelle von weggefallenen Einkünften zugerechnet werden. So wird auch ein fiktiv einzusetzendes Einkommen des früher haushaltsführenden Ehegatten als Surrogat seiner bisherigen Tätigkeit angesehen.[36] Besonders behandelt werden überobligationsgemäß erzielte Einkünfte des Berechtigten. Sie werden in die Bedarfsermittlung und die Unterhaltsberechnung eingesetzt, soweit sie nach Maßgabe von § 1577 II BGB als anrechenbares Einkommen zu bewerten und damit unterhaltsrelevant sind.[37] Bei Berechtigten vermindern **Einkünfte** die Bedürftigkeit. Die **Unterhaltsleistungen für ein Kind** vermindern das betreffende verfügbare Einkommen in Höhe des Zahlbetrags[38] (d. h. des Tabellenunterhalts der Düsseldorfer Tabelle, Stand: 1. 1. 2011 = FamRZ 2010, 1960 abzüglich bedarfsmindernd anzurechnenden Kindergeldes).

– In seiner früheren Rechtsprechung hat der BGH[39] dem bedürftigen Ehegatten **beim Ehegattenunterhalt** keinen pauschalierten **Mindestbedarf** zuerkannt, weil die konkreten ehelichen Lebensverhältnisse bedarfsbestimmend waren. Davon wurde für eine Mangelfallberechnung abgewichen, wenn gleichrangige Ansprüche mit Hilfe von Einsatzbeträgen für den jeweiligen Mindestbedarf gekürzt werden mussten.[40] Nach Inkrafttreten des neuen Unterhaltsrechts zum 1. 1. 2008 wurde die Frage des Mindestbedarfs zunächst im Zusammenhang mit der Bestimmung einer Untergrenze für eine Reduzierung des nachehelichen Unterhalts nach § 1578 b BGB erörtert. In seinem Urteil vom 14. 10. 2009[41] hat der BGH aus dem Begriff des angemessenen Lebensbedarfs gefolgert, dass es sich grundsätzlich um einen Bedarf handeln muss, der das Existenzminimum wenigstens erreicht. Den am Existenzminimum orientierten Mindestbedarf hat er seit seiner Entscheidung vom 17. 2. 2010[42] mit dem Betrag bemessen, der einem nicht erwerbstätigen Unterhaltspflichtigen als notwendiger Selbstbehalt zur Verfügung steht (seinerzeit nach der Düsseldorfer Tabelle und die unterhaltsrechtlichen Leitlinien der OLGe 770 EUR). In seiner Entscheidung vom 16. 12. 2009[43] zur Frage des Unterhaltsbedarfs der betreuenden Mutter gemäß § 1615 l III Satz 2 BGB hat er ausgeführt, dass die Gründe, die beim Betreuungsunterhalt nach dieser Vorschrift für einen am Existenzminimum orientierten Mindestbedarf sprechen, auch in gleicher Weise für den gesamten Ehegattenunterhalt gültig seien. Diese Rechtsprechung hat er in nachfolgenden Entscheidungen ausdrücklich für den nachehelichen Ehegattenunterhalt bestätigt.[44]

13

– Bei bescheidenen bis zu schon gehobenen Einkommensverhältnissen wird der Bedarf in der Praxis nach einer **Quote** des Berechtigten am verfügbaren Einkommen bestimmt. Maßgebend ist grundsätzlich der **Halbteilungsgrundsatz,** nach dem jedem Ehegatten von den für den Unterhalt zur Verfügung stehenden Einkünften die Hälfte zusteht. Allerdings erhalten erwerbstätige Ehegatten bezüglich des verfügbaren, d. h. verteilungsfähigen Einkommens aus Erwerbstätigkeit einen Quotenvorteil wegen der berufsbedingten Aufwendungen und als Arbeitsanreiz. Dieser Bonus, der als **Erwerbstätigenbonus** bezeichnet wird, beträgt nach der Düsseldorfer Tabelle B. I.1. (Stand: 1. 1. 2011 = FamRZ 2010, 1960 ff. $^1/_7$, nach den Süddeutschen Leitlinien Nr. 15.2

14

---

[36] BGH FamRZ 2003, 434, 435 = R 589
[37] BGH FamRZ 2006, 846, 848 = R 648 e; FamRZ 2005, 1154, 1156 f. = R 630 e
[38] BGH FamRZ 2010, 869 = R 712; BGH FamRZ 2010, 802 Rn. 15; BGH FamRZ 2009, 1300 Rn. 46 ff = R 705.; BGH FamRZ 2009, 1477 Rn. 22 ff.; BGH FamRZ 2008, 963 Rn. 36; a. A. Schürmann FamRZ 2009, 1306, 1307; Graba FF 2009, 453; Spangenberg FamRZ 2010, 255
[39] BGH FamRZ 2007, 1303
[40] BGH FamRZ 2003, 363 ff. = R 581 a + b zum alten Recht
[41] BGH FamRZ 2009, 1990
[42] BGH FamRZ 2010, 629 = R 710; Bißmaier, Anm. zu BGH FamRZ 2010, 629 = R 710 in jurisPR-FamR 8/2010
[43] BGH FamRZ 2010, 357 Rn. 33 = R 709; a. A. Viefhues, Anm. zu BGH FamRZ 2010, 357 = R 709 in FF 2010, 200, 201
[44] BGH NJW 2011, 300 Rn. 25; BGH FamRZ 2010, 802 Rn. 18; BGH FamRZ 2010, 869, 874 = R 712 mit Anm. Maier in FamRB 2010, 200; BGH FamRZ 2010, 1057 Rn. 10

(Stand: 1. 1. 2011) $^1/_{10}$. Haben beide Ehegatten Erwerbseinkünfte, beträgt der unterhaltsrechtliche Bedarf mit Rücksicht auf den beiden Eheleuten zukommenden Quotenvorteil $^3/_7$ oder $^{4,5}/_{10}$ der Differenz zwischen den beiden verfügbaren Einkommen. Für die einzelnen Fälle gelten die entsprechenden **Berechnungsmethoden, namentlich** die Differenz- oder die Additionsmethode. Bei einer Unterhaltsermittlung ist **trennungsbedingter Mehrbedarf** regelmäßig nicht mehr zusätzlich anzusetzen, weil das gesamte Einkommen beider Ehegatten in die Bedarfsbemessung einbezogen wird und schon aufgrund der Halbteilung die Interessen beider Ehegatten angemessen berücksichtigt werden.[45]

– Sind die Verhältnisse so gestaltet, dass ein erheblicher Teil des Einkommens nicht zur Aufrechterhaltung des bisherigen Lebensstandards ausgegeben werden muss, sondern anderweitig verwendet werden kann, ist eine **Ermittlung des konkreten Bedarfs** auf Grund gegebener ehelicher Verhältnisse erforderlich.[46] Näheres siehe 3. Abschnitt III 3 = Rn. 763 ff.

15 – Wenn nicht laufender Bedarf, sondern **Sonderbedarf**, d. h. ein unregelmäßiger, nämlich nicht mit Wahrscheinlichkeit voraussehbarer, außergewöhnlich hoher Bedarf (näher hierzu siehe § 6 Rn. 1 ff.) verlangt wird, ist die Geltendmachung von Unterhalt für die Vergangenheit erleichtert. Für die Zeit nach Ablauf eines Jahres ab Entstehung des Anspruchs sind die Einschränkungen nach § 1613 II Nr. 1 BGB zu beachten. Beim nachehelichen Unterhalt ist sowohl für den laufenden Unterhalt als auch den Sonderbedarf, der mehr als ein Jahr vor seiner Rechtshängigkeit entstanden ist, nach § 1585 b III BGB zusätzlich zu prüfen, ob der Verpflichtete sich absichtlich der Leistung entzogen hat.

16 – Wird **Unterhalt für die Vergangenheit** gefordert, muss für den Unterhaltszeitraum alternativ Zahlungsverzug oder Verzug mit der Pflicht zur Auskunft über Einkommen und Vermögen zum Zwecke der Unterhaltsberechnung vorliegen. Nach der Neufassung des § 1585 b II BGB besteht insoweit kein Unterschied mehr zum nachehelichen Unterhalt. Eine Sonderregelung gilt beim Trennungsunterhalt für Zeiträume, in denen der Berechtigte aus rechtlichen oder tatsächlichen Gründen an der Geltendmachung gehindert war (§ 1613 II Nr. 2 BGB). Beim nachehelichen Unterhalt ist die Einschränkung des § 1585 b III BGB für Unterhaltszeiträume von mehr als einem Jahr vor Rechtshängigkeit zu beachten.

3. Allgemeine Voraussetzung beim Pflichtigen

17 Unterhalt schuldet nur derjenige, der leistungsfähig ist.
– Dem Pflichtigen müssen nach der Zahlung des Unterhalts ausreichende Mittel zur Bestreitung seines eigenen angemessenen Lebensbedarfs verbleiben. Dabei gilt § 1581 BGB auch beim Trennungsunterhalt.[47] Das Existenzminimum muss gesichert sein.[48]

18 – Liegt auf Seiten des Unterhaltspflichtigen eine Verletzung der Erwerbsobliegenheit oder der Obliegenheit zur sachgerechten Vermögensanlage vor, kann dessen Leistungsfähigkeit auf Grund der **Zurechnung fiktiver Einkünfte** ganz oder teilweise als vorhanden anzusetzen sein. Wenn der Pflichtige durch verantwortungsloses, zumindest leichtfertiges und unterhaltsbezogenes Verhalten seine **Leistungsunfähigkeit** herbeigeführt hat, z. B. durch unverständlichen Vermögensverbrauch oder wegen eines zurechenbaren Arbeitsplatzverlustes, kann ihm die Berufung hierauf ganz oder teilweise versagt sein.

19 – In der Praxis wird die Leistungsfähigkeit durch **pauschalierte Selbstbehaltssätze** begrenzt (nach der Düsseldorfer Tabelle – Stand: 1. 1. 2011 (FamRZ 2010, 1960 ff.) 1050,– EUR; darin enthalten 400 EUR Kosten für Unterkunft und Heizung). Ein pau-

---

[45] BGH FamRZ 2010, 111 Rn. 35 = R 707 a
[46] Vgl. z. B. OLG Köln FamRZ 2002, 326
[47] BVerfG FamRZ 2002, 1397, 1398
[48] BVerfG FamRZ 2001, 1685

schalierter Selbstbehalt ist dem Pflichtigen als Existenzminimum auf Grund seiner durch Art. 2 I GG geschützten Handlungsfreiheit zu belassen.[49] Der BGH hat einen Betrag zwischen dem notwendigen Selbstbehalt von Eltern gegenüber minderjährigen oder ihnen nach § 1603 II 2 BGB gleichgestellten Kindern und dem angemessenen Selbstbehalt von Eltern gegenüber volljährigen Kindern (§ 1603 I BGB) als angemessen bezeichnet.[50]
– Grundsätzlich darf dem Pflichtigen für seinen Bedarf **nicht weniger verbleiben** als dem Berechtigten.

4. Prüfung von Einwendungen und Einreden

Ein Unterhaltsanspruch ist gegeben, wenn er entstanden ist, weiter besteht und durchsetzbar ist. Dies ist in folgenden Fällen zu bejahen: 20
- **Kein Unterhaltsverzicht,** der auf Rückstände immer, beim Nachscheidungsunterhalt auch für die Zukunft möglich ist.
- **Keine** vollständige oder teilweise **Verwirkung des Unterhaltsanspruchs** auf Grund der negativen Härteklausel des § 1579 BGB als grob unbillig (§§ 1361 III, 1579 BGB).
- **Keine** zeitliche **Unterhaltsbegrenzung oder Unterhaltsherabsetzung** beim nachehelichen Unterhalt aus Billigkeitsgründen (§ 1578 b BGB).
- **Keine Verwirkung nach Treu und Glauben** von Unterhaltsfälligkeiten für die Vergangenheit wegen illoyal verspäteter Geltendmachung (§ 242 BGB).
- Bei Erhebung der Einrede **keine Verjährung** von Unterhaltsfälligkeiten für die Vergangenheit (maßgebend ist die dreijährige Verjährungsfrist gemäß §§ 195, 197 II, 199 I BGB; siehe aber wegen Verjährungshemmung für den Trennungsunterhalt § 207 I 1 BGB).

B. Einzelne Ansprüche und Unterhaltsverhältnis

1. Abschnitt: Der Trennungsunterhalt (§ 1361 BGB)

I. Grundlagen

1. Geltungsbereich

Nach § 1361 I 1 BGB kann bei Trennung ein Ehegatte von dem anderen den nach den 21 Lebensverhältnissen und den Erwerbs- und Vermögensverhältnissen der Ehegatten angemessenen Unterhalt verlangen. Bei diesem Trennungsunterhalt, der durch **Zahlung einer Geldrente** zu gewähren ist (§ 1361 IV 1 BGB), handelt es sich nicht mehr um Familienunterhalt, weil mit der Trennung die häusliche Gemeinschaft und die Familieneinheit aufgelöst wurden. Er ist sowohl **vom Familienunterhalt** als auch **vom nachehelichen Unterhalt rechtlich verschieden** (siehe oben Rn. 6).

2. Normzweck

Die Vorschrift des § 1361 I BGB basiert auf dem Grundgedanken, dass das Eheband nach 22 der Trennung weiter besteht. Unmittelbar nach der Trennung ist noch ungewiss, ob das Getrenntleben der Ehegatten zur Scheidung führt oder ob es zu einer Wiederaufnahme der ehelichen Lebensgemeinschaft kommt. Die Regelung ist daher anders als die Vorschriften über den nachehelichen Unterhalt (§§ 1569 ff. BGB) nicht auf dauerhafte Verhältnisse abgestellt, sondern soll der Möglichkeit einer Versöhnung der Ehegatten Rechnung tragen. Wegen der Geltung des Zerrüttungsprinzips für die Ehescheidung können die Trennungs-

---

[49] BVerfG a. a. O.
[50] BGH FamRZ 2006, 683, 684 = R 649 d

gründe nur ausnahmsweise nach § 1361 III i. V. m. § 1579 Nr. 2 bis 8 BGB zu einer Versagung bzw. Herabsetzung des Unterhalts führen.

Aus dem Übergangscharakter des Getrenntlebensunterhalts ergibt sich das Ziel des § 1361 BGB, den wirtschaftlich schwächeren Ehegatten nach der Trennung vor einer einschneidenden Verschlechterung der wirtschaftlichen Verhältnisse zu schützen. Je mehr sich die Trennung verfestigt, desto mehr entfällt die innere Rechtfertigung, eine während lebendiger Ehe gewählte Funktionseinteilung (ein Partner führt den Haushalt, der andere ist erwerbstätig) durch die Zahlung von Trennungsunterhalt aufrechtzuerhalten. Die in § 1361 II BGB normierte Erwerbsobliegenheit ist zwar deutlich schwächer als die Regelung in § 1574 BGB zum nachehelichen Unterhalt. Der Zweck des § 1361 BGB, nämlich Schutz der bestehenden Verhältnisse für die Dauer der Trennungszeit, relativiert sich jedoch mit zunehmender Dauer der Trennung. Während einem im Zeitpunkt der Trennung längere Zeit nicht erwerbstätig gewesenen Ehegatten im ersten Trennungsjahr in der Regel keine Erwerbsobliegenheit trifft, nähern sich die Voraussetzungen der Erwerbsobliegenheit mit zunehmender Verfestigung der Trennung, insbesondere wenn die Scheidung nur noch eine Frage der Zeit ist, immer mehr den Maßstäben des nachehelichen Unterhalts an.[1]

3. Bedeutung des Güterstandes

23 Der Anspruch auf Trennungsunterhalt nach § 1361 BGB besteht grundsätzlich unabhängig vom Güterstand der Eheleute. Der Anspruch auf Getrenntlebensunterhalt besteht daher grundsätzlich auch, wenn die Eheleute in Gütergemeinschaft leben. Hier sind aber Besonderheiten zu beachten. Nach der in § 1420 BGB normierten Rangfolge sind für den Unterhalt in erster Linie die Einkünfte, die in das Gesamtgut fallen, heranzuziehen. Bei gemeinschaftlicher Verwaltung des Gesamtguts besteht daher für den Berechtigten **in der Regel kein Zahlungsanspruch,** sondern ein Anspruch gegen den anderen Ehegatten auf Mitwirkung (§ 1451 BGB) an dem für die Auszahlung des Betrages erforderlichen Maßnahmen, i. d. R. auf Zustimmung zur Überweisung oder Auszahlung des monatlich zu leistenden Unterhaltsbetrags von einem Konto des Gesamtgutes (§§ 1416 II, 1421 S. 2 BGB).[2] Voraussetzung ist, dass der Unterhalt aus den Einkünften und dem Stamm des Gesamtgutes zu zahlen ist.[3] Ist der verpflichtete Ehegatte Alleinverwalter des Gesamtguts, hat er die Zahlungen aus dem Gesamtgut im Rahmen seiner Pflicht zur ordnungsgemäßen Verwaltung (§ 1435 S. 1 BGB) zu bewirken.

Ein unmittelbarer Zahlungsanspruch gegen den anderen Ehegatten besteht nach der Rechtsprechung des BGH erst, wenn die Einkünfte, die in das Gesamtgut fallen, für den angemessenen Unterhalt nicht ausreichen (§ 1420 BGB) und daher auf das Vorbehalts- und Sondergut des Unterhaltspflichtigen zurückgegriffen werden muss.[4]

In einfach gelagerten Fällen soll es generell zulässig sein, dass der Gesamthänder den anderen unmittelbar auf Zahlung in Anspruch nimmt.[5] Hinsichtlich weiterer Einzelheiten siehe § 6 Rn. 400 ff.

II. Voraussetzungen des Trennungsunterhalts

24 Ein Anspruch auf Trennungsunterhalt besteht grundsätzlich nur dann, wenn
- eine Ehe besteht (von der Heirat bis zur Rechtskraft der Scheidung),
- die Eheleute getrennt leben,

---

[1] BGH FamRZ 2008, 963 = R 692; BGH FamRZ 2001, 350; vgl. auch Dose FamRZ 2007, 1289, 1296
[2] BGH FamRZ 1990, 851 f. = R 420; kritisch hierzu Kleinle FamRZ 1997, 1194; OLG Oldenburg FamRZ 2010, 213
[3] BGH FamRZ 1990, 851; OLG Zweibrücken FamRZ 1998, 239
[4] BGH FamRZ 1990, 851, 853 = R 420; vgl. zu einem solchen Fall OLG Düsseldorf FamRZ 1999, 1348
[5] OLG Düsseldorf FamRZ 1999, 1348

1. Abschnitt: Der Trennungsunterhalt (§ 1361 BGB) § 4

- ein Ehegatte außer Stande ist, seinen Bedarf durch eine zumutbare Erwerbstätigkeit selbst zu decken,
- ein Ehegatte auch nicht in der Lage ist, sich mit sonstigen Einkünften und aus seinem Vermögen selbst zu unterhalten (Grundgedanke des § 1577 BGB)
- der andere Ehegatte wirtschaftlich leistungsfähig ist, d. h. über ausreichende Mittel verfügt, um Unterhalt zu leisten,
- eine Inanspruchnahme des anderen Ehegatten nicht gemäß § 1361 III, § 1579 Nr. 2–7 BGB grob unbillig ist.

III. Getrenntleben

Nach der Legaldefinition in § 1567 BGB, die auch für § 1361 BGB maßgebend ist, liegt 25 ein Getrenntleben vor, wenn zwischen den Ehegatten keine häusliche Gemeinschaft (mehr) besteht und ein Ehegatte sie erkennbar nicht herstellen will, weil er die eheliche Lebensgemeinschaft ablehnt. Das Getrenntleben enthält ein **objektives** und ein **subjektives Element**. Auf die Gründe, die zum Getrenntleben geführt haben, kommt es i. d. R. nicht an, weil auch für den Trennungszeitraum das Schuldprinzip aufgegeben worden ist.[6] Unerheblich ist auch, ob ein Ehegatte ein Recht zum Getrenntleben hat (§ 1353 II BGB) hat. Nur ausnahmsweise können die Trennungsgründe und ein Trennungsverschulden im Rahmen der Billigkeitsprüfung nach § 1361 Abs. 3 i. V. m. § 1579 Nr. 2 bis 8 BGB zur Herabsetzung oder zu einem Ausschluss des Anspruchs auf Trennungsunterhalt führen. Die mit der Trennung verbundenen wirtschaftlichen Nachteile sind von beiden Ehegatten grundsätzlich hinzunehmen.

1. Aufhebung der häuslichen Gemeinschaft

a) Getrennte Wohnungen nach vorherigem Zusammenleben. Objektiv liegt ein 26 Getrenntleben vor, wenn keine häusliche Gemeinschaft besteht und die Eheleute ihre Gemeinsamkeiten in allen Lebensbereichen aufgehoben haben. Am eindeutigsten ist eine solche Trennung verwirklicht, wenn die Eheleute, die bisher eine gemeinsame Ehewohnung bewohnt haben, nunmehr verschiedene Wohnungen bezogen haben. Subjektiv muss der Ehegatte, der mit dem anderen nicht mehr zusammenleben will, erkennbar keine häusliche Gemeinschaft herstellen wollen, d. h. einen Trennungswillen haben und diesen äußern.

Der Umstand, dass ein **Ehegatte in** einem **Pflegeheim** aufgenommen wird, führt noch nicht zu einer Trennung im Sinne des § 1567 BGB, so dass ein Unterhaltsanspruch nach § 1361 BGB ohne Hinzutreten eines Trennungswillens nicht in Betracht kommt und weiterhin ein Anspruch auf Familienunterhalt gemäß §§ 1360, 1360a BGB besteht.[7]

Für den Trennungsunterhalt ist es ohne Bedeutung, inwieweit es zu einer Verwirklichung 27 der Lebensgemeinschaft und zur **wirtschaftlichen Verflechtung** und Abhängigkeit der Lebenspositionen beider Ehegatten gekommen ist oder ob die Unterhaltsbedürftigkeit ihre Ursache in dem vorherigen Bestehen einer Lebensgemeinschaft hat.[8] In einem solchen Fall kommt jedoch eine Begrenzung oder ein Ausschluss des Unterhaltsanspruchs nach § 1579 Nr. 8 BGB in Betracht, weil keine Veranlassung besteht, einen Ehegatten nach der Kundgabe des Trennungswillens nunmehr wirtschaftlich besserzustellen.[9]

Der Anspruch auf Trennungsunterhalt ist grundsätzlich auch nicht davon abhängig, in welcher Weise sich die **Verwendung der beiderseitigen Einkünfte** für den Unterhalt des anderen und für die gemeinsame Lebensführung entwickelt hatte.[10] Dies gilt auch, wenn

---

[6] BT-Drucks. 7/650 S. 101
[7] OLG Köln NJW-RR 2010, 1301; OLG Nürnberg FamRZ 2008, 788
[8] BGH FamRZ 1994, 558 = R 476; FamRZ 1989, 838; FamRZ 1985, 376, 378
[9] BGH FamRZ 1994, 558
[10] BGH FamRZ 1989, 838; FamRZ 1985, 376, 378

die Eheleute zu keinem Zeitpunkt ihres Zusammenlebens eine wirtschaftliche Einheit gebildet, sondern stets mit getrennten Kassen gelebt haben, oder wenn ein Ehegatte während des Zusammenlebens seinen Unterhalt im Wesentlichen aus seinem eigenen Einkommen bestritten und keinen Beitrag zu den Kosten einer gemeinsamen Lebensführung geleistet hat.[11]

28 **b) Getrennte Wohnungen ohne Zusammenleben.** Ein Anspruch auf Trennungsunterhalt setzt nicht voraus, dass die Eheleute vor der Trennung in häuslicher Gemeinschaft zusammengelebt haben.[12] Eine objektive häusliche Trennung, auf die das Gesetz abstellt, liegt auch dann vor, wenn die Eheleute von Anfang an getrennt gelebt haben, z. B. bei Strafhaft eines Ehepartners, weit entfernten beruflichen Standorten, wenn es zu einem ursprünglich geplanten Umzug in eine gemeinschaftliche Wohnung oder zu einem längeren Zusammenleben nicht mehr gekommen ist[13] oder die Ehegatten sich später aus beruflichen oder sonstigen Gründen wohnungsmäßig getrennt haben.

In einem solchen Fall entsteht ein Anspruch auf Trennungsunterhalt jedoch erst dann, wenn der **Trennungswille** erkennbar nach außen in Erscheinung tritt. Das ist zu bejahen, wenn er zumindest von einem Ehepartner kundgetan wird, wobei es genügt, dass der Trennungswille nach außen deutlich wird und der andere Ehegatte Kenntnis von den Umständen erlangt.[14] Dies kann z. B. brieflich geschehen oder durch Erteilung einer Verfahrensvollmacht zur Einleitung des Scheidungsverfahrens.[15] Die Trennung aus sonstigen Gründen wird dann zu einer Trennung i. S. d. §§ 1361, 1567 BGB.[16] Ob hier im Einzelfall die Inanspruchnahme des Verpflichteten als grob unbillig angesehen werden kann, richtet sich nach §§ 1361 III, 1579 Nr. 8 BGB (vgl. Rn. 93).

29 **c) Getrenntleben innerhalb der ehelichen Wohnung.** Beim Wohnen in einer gemeinsamen Wohnung kann nach § 1567 I 2 BGB die häusliche Gemeinsamkeit aufgehoben sein, wenn die Eheleute innerhalb der Wohnung getrennt leben. Sie müssen dazu entsprechend den tatsächlichen Möglichkeiten des Einzelfalls ein Höchstmaß an **Trennung in allen Lebensbereichen** im Sinne einer tatsächlichen und konsequenten Absonderung aller Lebensbereiche[17] wie Essen, Schlafen, Versorgung des Haushalts, Gestaltung der Freizeit, praktizieren. Insbesondere müssen sie ihre Wohn- und Schlafbereiche[18] aufgeteilt haben und sich darüber hinaus so weit meiden, dass verbleibende Gemeinsamkeiten als gelegentliches Zusammentreffen auf Grund bloßen räumlichen Nebeneinanderseins zu beurteilen sind. Sofern eine Nutzung von Küche, Bad, WC durch beide Ehegatten wegen der räumlichen Gegebenheiten erforderlich ist, steht dies der Annahme eines Getrenntlebens nicht entgegen.[19] Auch bei Hilfsbedürftigkeit eines Ehegatten dürfen über die notwendigen Hilfsmaßnahmen hinaus keine wesentlichen Berührungen mehr aufrechterhalten werden.[20] Eine nur eingeschränkte gemeinsame Haushaltsführung reicht dazu nicht aus. Andererseits sprechen gemeinsame Tätigkeiten, die im Interesse des Wohls der Kinder vorgenommen werden (z. B. gemeinsame Betreuung und Erziehung von minderjährigen Kindern), nicht gegen die Annahme einer Trennung, wenn in allen anderen Bereichen eindeutige Trennungskonturen bestehen.[21] Geringe Gemeinsamkeiten, wie das dem trennungswilligen Teil aufgedrängte Putzen der Wohnung und Waschen der Wäsche, steht der Annahme des Getrenntlebens nicht entgegen, wenn sie sich in einer Gesamtwürdigung als unwesentlich darstellen.[22]

---

[11] BGH FamRZ 1989, 838
[12] BGH FamRZ 1994, 558 = R 476
[13] BGH FamRZ 1980, 876
[14] KG NJW 1982, 112
[15] KG NJW 1982, 112
[16] BGHZ 4, 279; BGHZ 38, 266; OLG Bamberg FamRZ 1981, 52
[17] OLG München FamRZ 2001, 1457 f.; OLG Bremen FamRZ 2000, 1417
[18] OLG Hamm FamRZ 1999, 723: bei gemeinsamer Benutzung des Schlafzimmers keine Trennung
[19] OLG München FamRZ 2001, 1457 f.
[20] BGH FamRZ 1979, 469
[21] OLG Köln FamRZ 1986, 388; FamRZ 1982, 807
[22] OLG Jena FamRZ 2002, 99; OLG Zweibrücken NJW-RR 2000, 1388; OLG München FamRZ 1998, 826

2. Versöhnungsversuch

Ein kurzer Versöhnungsversuch i. S. d. § 1567 II BGB unterbricht das Getrenntleben 30
i. S. d. § 1361 BGB nicht. Wenn ein Versöhnungsversuch, der **nicht länger als 3 Monate** gedauert hat, scheitert, wird die bisherige Trennungszeit weiter berücksichtigt.[23] Während des Versöhnungsversuchs besteht der Anspruch auf Trennungsunterhalt weiter. Ein Unterhaltstitel bleibt wirksam. Da der Lebensbedarf des unterhaltsberechtigten Ehegatten i. d. R. in dieser Zeit gedeckt wird, steht einer späteren Vollstreckung der Einwand der Erfüllung entgegen, gegebenenfalls auch der Einwand der Arglist nach § 242 BGB.[24]

Wenn zwischen den Eheleuten vor Ablauf von drei Monaten Einigkeit besteht, dass die eheliche Lebensgemeinschaft endgültig wieder aufgenommen werden soll, erlischt der Unterhaltsanspruch nach § 1361 BGB.[25] Ein **Titel** über den Trennungsunterhalt wird damit **wirkungslos**. Auch wenn es später erneut zu einer Trennung kommen sollte, darf aus dem ursprünglichen Titel nicht mehr vollstreckt werden, denn der Anspruch auf Familienunterhalt nach §§ 1360, 1360 a BGB ist mit dem Anspruch auf Trennungsunterhalt nicht identisch.[26] Sofern es dennoch zur Vollstreckung kommen sollte, kann der Unterhaltsschuldner hiergegen mit einem Vollstreckungsgegenantrag vorgehen.[27]

IV. Bedürftigkeit des Berechtigten

Trennungsunterhalt steht nur demjenigen zu, der sich aus einzusetzenden Eigenmitteln 31
bzw. aus zumutbarer Erwerbstätigkeit nicht nach dem Maßstab des § 1361 I 1 BGB angemessen zu unterhalten vermag, also seinen sich aus den ehelichen Lebensverhältnissen ergebenden Bedarf nicht decken kann. Die Bedürftigkeit des Ehegatten, der Trennungsunterhalt verlangt, ist im Gesetz zwar nicht ausdrücklich erwähnt, nach der Rechtsprechung jedoch ebenso wie beim nachehelichen Unterhalt gemäß § 1577 BGB und beim Kindesunterhalt gemäß § 1602 BGB eine selbstverständliche Unterhaltsvoraussetzung. Fehlt es an der Bedürftigkeit, kommt es auf die Leistungsfähigkeit des unterhaltspflichtigen anderen Ehegatten nicht mehr an.[28]

1. Erwerbsobliegenheit des bedürftigen Ehegatten nach der Trennung

a) Die Schutzvorschrift des § 1361 II BGB zugunsten des nicht erwerbstätigen 32
Ehegatten. Anders als beim nachehelichen Unterhalt gemäß § 1573 I BGB kann ein Ehegatte, der während der Ehe und zum Zeitpunkt der Trennung nicht berufstätig war, nicht ohne weiteres auf eine Erwerbstätigkeit verwiesen werden. Dies gilt auch dann, wenn er nicht durch eine Erkrankung oder durch die Erziehung von gemeinsamen minderjährigen Kindern an der Aufnahme einer Erwerbstätigkeit gehindert ist. Nach § 1361 II BGB, der eine Schutzfunktion zu Gunsten des nicht erwerbstätigen Ehegatten hat, kann dem bei Trennung nicht berufstätigen Ehegatten nur dann angesonnen werden, seinen Unterhalt durch eine Erwerbstätigkeit ganz oder teilweise selbst zu verdienen, wenn dies von ihm nach seinen persönlichen Verhältnissen, insbesondere wegen einer früheren Erwerbstätigkeit unter Berücksichtigung der Dauer der Ehe und nach den wirtschaftlichen Verhältnissen beider Ehegatten erwartet werden kann. Aus dem Normzweck des § 1361 II BGB (siehe oben Rn. 22) ergibt sich, dass der unterhaltsberechtigte Ehegatte unter Berücksichtigung **aller maßgeblichen persönlichen und wirtschaftlichen Umstände** des Einzelfalls im

---

[23] OLG Zweibrücken FamRZ 1997, 1212; OLG Hamm NJW-RR 1986, 554; OLG Köln FamRZ 1982, 1015
[24] Johannsen/Henrich/Büttner § 1361 BGB Rn. 10
[25] OLG Düsseldorf FamRZ 1992, 943
[26] OLG Hamm FamRZ 1999, 30
[27] AG Münster FamRZ 2002, 407
[28] BGH FamRZ 1981, 1159

Rahmen einer **Zumutbarkeitsabwägung** sukzessive zur wirtschaftlichen Selbstständigkeit hin geführt werden soll. Die Obliegenheit zur Aufnahme einer Erwerbstätigkeit ist im Interesse der Erhaltung der Ehe schwächer ausgeprägt als beim nachehelichen Unterhalt (vgl. § 1574 II BGB). Die Bestimmung, inwieweit von einem Ehegatten nach seinen persönlichen Verhältnissen eine Erwerbstätigkeit erwartet werden kann, und die Abwägung der verschiedenen Gesichtspunkte ist weitgehend Sache tatrichterlicher Beurteilung.[29] Dabei sind alle wesentlichen Umstände eingehend zu würdigen.[30]

33   Für die Auslegung und Konkretisierung der persönlichen Verhältnisse nach § 1361 II BGB sind die §§ 1569 ff. BGB ergänzend heranzuziehen, denn im Zweifel dürfen Ehegatten nach der Trennung nicht schlechter gestellt werden, als sie nach einer Scheidung stehen würden. Deshalb können die **Tatbestände des nachehelichen Unterhalts** Maßstäbe für die Anwendung des § 1361 II BGB liefern, insbesondere zur Konkretisierung des Begriffs „persönliche Verhältnisse" dienen.[31] Wenn und soweit die Voraussetzungen für einen Unterhaltsanspruch nach den §§ 1569 ff. BGB, insbesondere Betreuungsunterhalt gemäß § 1570 BGB und Unterhalt wegen Alters oder Krankheit nach §§ 1571, 1572 BGB in der Trennungszeit gegeben sind, besteht ein Unterhaltsanspruch nach § 1361 I BGB, weil die Umstände, die diesen Unterhaltstatbeständen zugrundeliegen, vor einer rechtskräftigen Scheidung noch stärker zur Geltung kommen als nach einer rechtskräftigen Scheidung. Die gesteigerte Verantwortung der Ehegatten während des Bestehens der Ehe hat zur Folge, dass der nicht erwerbstätige Ehegatte gemäß § 1361 II BGB nur unter wesentlich engeren Voraussetzungen darauf verwiesen werden kann, seinen Unterhalt durch eigene Erwerbstätigkeit (ganz oder teilweise) selbst zu verdienen, als dies gemäß § 1574 BGB nach der Scheidung der Fall ist.[32]

34   **b) Übergangszeit.** Wegen der Schutzfunktion des § 1361 II BGB zugunsten des bei Trennung nicht erwerbstätigen (haushaltführenden) Ehegatten soll sein bisheriger Status in der vereinbarten Haushaltsführungsehe auf Grund der Aufhebung der häuslichen Gemeinschaft infolge der Trennung zumindest für eine **Klärungszeit** nicht nachhaltig verändert werden. Die getrennt lebenden Ehegatten befinden sich zwar in einer schweren Ehekrise. Es ist aber noch offen, ob die Schwierigkeiten überwunden werden können oder ob sie zum endgültigen Scheitern der Ehe führen.[33] Deshalb sind einem Ehegatten solche Änderungen seiner Lebensstellung nicht zuzumuten, die sich im Fall einer möglichen Wiederherstellung der ehelichen Lebensgemeinschaft als nachteilig herausstellen würden. Es muss zumindest für eine geraume Zeit der bisherige Status des unterhaltsberechtigten Ehegatten beibehalten werden, schon um nicht das endgültige Scheitern der Ehe zu fördern, indem die Scheidungsfolgen vorweggenommen werden und damit die Trennung vertieft wird.[34] Daher wird man im Regelfall **vor Ablauf des Trennungsjahres** vom haushaltführenden Ehegatten noch **keine Aufnahme einer Erwerbstätigkeit** erwarten können.[35] Der zeitliche Beginn einer Erwerbsobliegenheit ist allerdings nach den **Umständen des Einzelfalls** festzulegen. Der BGH hat in einer Entscheidung zu dem bis zum 31. 12. 2007 geltenden Unterhaltsrecht eine Erwerbsobliegenheit nach Ablauf von 2 Jahren seit Trennung für berechtigt gehalten.[36] In einer anderen Entscheidung lag die Trennung 15 Monate zurück.[37] Je nach Umständen, z. B. bei kurzer Ehedauer und relativ jungem Alter des Ehegatten, kann die **Erwerbsobliegenheit** jedoch schon **vor Ablauf des Trennungsjahres** einsetzen,[38] insbesondere, wenn die Trennung nach den Umständen als endgültig anzusehen ist. Wäre der Ehegatte bei Fortbestand der ehelichen Lebensgemeinschaft auf Grund der konkreten

---

[29] BGH FamRZ 1981, 752, 754
[30] BGH FamRZ 1990, 283, 286
[31] BGH FamRZ 1985, 782
[32] BGH FamRZ 1991, 416, 418; FamRZ 1990, 283, 285; FamRZ 1989, 1160; FamRZ 1981, 242
[33] BGH FamRZ 1979, 569
[34] BGH FamRZ 1981, 439
[35] BGH FamRZ 1990, 283, 286; OLG Düsseldorf FamRZ 2010, 646
[36] BGH NJW 1986, 722, 724
[37] BGH FamRZ 1990, 283, 286
[38] BGH FamRZ 2001, 350, 351 = R 551 a; OLG Köln FamRZ 1996, 1215; OLG Hamm FamRZ 1997, 1536

1. Abschnitt: Der Trennungsunterhalt (§ 1361 BGB) § 4

Verhältnisse der Ehe (z. B. Übernahme der Betreuung des neugeborenen Kindes durch die bisher allein berufstätige und nunmehr beurlaubte Mutter) zur alsbaldigen Arbeitsaufnahme verpflichtet, gilt dies auch für den Fall der Trennung.[39]

Sofern auf Grund einer Abwägung der persönlichen und wirtschaftlichen Verhältnisse die Zumutbarkeit einer Erwerbstätigkeit bejaht wird, kann auch dem bisher nicht erwerbstätigen Ehegatten nach der Trennung eine **gesteigerte Eigenverantwortung** dafür auferlegt werden, seinen Unterhaltsbedarf durch Aufnahme einer Erwerbstätigkeit ganz oder teilweise selbst zu verdienen.[40] Darüber hinaus hat die durch die **Unterhaltsrechtsänderung 2008** herausgestellte stärkere Eigenverantwortung des geschiedenen Ehegatten (§§ 1569 S. 1, 1574 I u. II BGB) Ausstrahlungswirkung für den Trennungsunterhalt, der vielfach im Rahmen einer Übergangszeit bis zur geplanten Scheidung zu leisten ist. 35

Diese Verpflichtung findet nach Maßgabe des § 1361 II BGB ihre Rechtfertigung vor allem darin, dass mit der Trennung die bisherige Funktionsteilung im Rahmen des gemeinschaftlichen Haushalts gegenstandslos geworden ist. Der haushaltführende Ehegatte erbringt für den anderen Ehegatten keine haushaltführenden Leistungen mehr. Deshalb kann einem Ehegatten, insbesondere nach Wegfall der Mitarbeit im Haushalt, eine Erwerbstätigkeit angesonnen werden.[41]

2. Kriterien für die Zumutbarkeitsabwägung

a) Betreuung gemeinschaftlicher Kinder. Insoweit gelten in vollem Umfang die Ausführungen zu § 1570 BGB, vor allem auch zum Alter der Kinder und zu den im Rahmen des § 1570 BGB zu berücksichtigenden persönlichen Verhältnissen (vgl. Rn. 157 ff.). Die **nach der Unterhaltsreform verstärkte Erwerbsobliegenheit** des betreuenden Elternteils, die sich aus der Neufassung des § 1570 BGB ergibt, gilt zwar dem Wortlaut nach nicht für den Betreuungsunterhalt während der Trennungszeit, weil der Gesetzgeber von einer Änderung des § 1361 II BGB abgesehen und die Verschärfung der Erwerbsobliegenheit ausschließlich für den nachehelichen Unterhalt geregelt hat. Der BGH[42] hat jedoch bereits zu § 1570 BGB a. F. im Hinblick auf das seinerzeit angewendete Altersphasenmodell entschieden, dass sich mit der **Verfestigung der Trennung** und der Einreichung des Scheidungsantrags die Obliegenheiten zur Aufnahme einer Erwerbstätigkeit angleichen. Eine Verfestigung der Trennung kann in dem Abschluss einer notariellen Trennungs- und Scheidungsfolgenregelung gesehen werden.[43] Auch nach der Neufassung des § 1570 BGB wird jedoch bei Betreuung gemeinschaftlicher Kinder die erstmalige Aufnahme einer Erwerbstätigkeit oder die Ausweitung einer Tätigkeit auch in den Fällen, in denen die Betreuung der Kinder gesichert ist, noch innerhalb des ersten Jahres nach der Trennung (Schonzeit) i. d. R. nicht verlangt werden können. Nach Ablauf des ersten Trennungsjahres nähern sich die Voraussetzungen, unter denen eine Erwerbstätigkeit erwartet werden kann, immer mehr den für den nachehelichen Unterhalt geltenden Maßstäben an. 36

Einzelne **Beispiele** aus der Rechtsprechung: Für eine seit längerer Zeit getrennt lebende Kindesmutter, die ihre zehnjährige Tochter betreut, kann unter Berücksichtigung des mit der Neuregelung des Unterhaltsrechts zum 1. 1. 2008 in Kraft getretenen § 1570 I 2 BGB eine Obliegenheit zur Ausübung einer teilweisen Erwerbstätigkeit neben der Betreuung bereits ab Vollendung des dritten Lebensjahres des betreuten Kindes bestehen.[44] Angesichts der Erkrankung eines Kindes und seines Alters von 8 Jahren kann lediglich die Verpflichtung bestehen, einer Teilerwerbstätigkeit nachzugehen.[45] Soweit die Betreuungssituation für die Kinder nach Trennung der Eheleute nicht entgegensteht, wird die Fortführung der 37

---

[39] AG Weilburg FamRZ 1998, 1168
[40] BGH FamRZ 1984, 149; ferner FamRZ 1990, 283, 286
[41] BGH FamRZ 1981, 439
[42] BGH FamRZ 1990, 283, 286; FamRZ 2001, 350, 351; BGH FamRZ 2008, 963, 966; vgl. Dose FamRZ 2007, 1289, 1296
[43] OLG Düsseldorf ZFE 2006, 394
[44] OLG Zweibrücken OLGR 2008, 886
[45] OLG Köln NJW-RR 2009, 370

schon während des Zusammenlebens ausgeübten, eingeschränkten Berufstätigkeit der Ehefrau, die 2 Kinder betreut, zumutbar sein.[46]

38 b) Betreuung eigener, nicht gemeinschaftlicher Kinder oder Pflegekinder. Zu den persönlichen Verhältnissen im Sinn des § 1361 II zählt jeder allein in der Person des Ehegatten begründete Umstand, der eine Erwerbstätigkeit unzumutbar macht, also auch die Inanspruchnahme durch eigene, nicht gemeinschaftliche Kinder oder die Betreuung von Pflegekindern.[47]

39 c) Alter, Gesundheitszustand, Krankheit und Gebrechen. Insoweit gelten die Ausführungen zu §§ 1571 und 1572 BGB (Rn. 214 ff. und 237 ff.). Der bedürftige Ehegatte darf nicht durch Krankheit (oder Alter) an der Aufnahme einer – auch nur zeitweise auszuübenden – Erwerbstätigkeit gehindert sein.[48] Eine Erwerbsobliegenheit entfällt jedenfalls ab Erreichen der gesetzlichen Regelaltersgrenze für den Rentenbezug und die Beamtenversorgung.[49]

40 d) Dauer der Ehe. Diese ist ein in § 1361 II BGB ausdrücklich erwähntes Merkmal. Das Abstellen auf die Ehedauer hat nicht nur die Bedeutung, dass die erleichterte Wiedereingliederung in das Berufsleben nach einer durch die Ehe nur kurz unterbrochenen Berufstätigkeit berücksichtigt werden soll. Es bedeutet darüber hinaus allgemein, dass sich der bedürftige Ehegatte zur Begründung der Unzumutbarkeit einer Erwerbstätigkeit nicht auf einen erst durch die Eheschließung erlangten Status berufen darf, wenn die Ehe nur von kurzer Dauer war. Die Zumutbarkeit ist in einem solchen Fall nur nach den persönlichen Verhältnissen zu beurteilen, die ohne die durch die Eheschließung erlangte Verbesserung dieser Verhältnisse bestanden hätte.[50] Nicht übersehen werden darf, dass die **Dauer der Ehe nur eines der** in § 1361 II BGB **aufgeführten Merkmale** darstellt, das neben den anderen Merkmalen nur als gleichrangiger Gesichtspunkt zu berücksichtigen ist. Wie bei der Unterhaltsbegrenzung nach § 1578 b BGB gibt es keine lange Ehedauer, ab der nur noch ein Ergebnis möglich wäre. Die Unzumutbarkeit einer Erwerbstätigkeit steht damit nicht schon fest, weil eine bestimmte Ehedauer überschritten wurde. Mit zunehmender Dauer der Ehe steigen jedoch die persönlichen und wirtschaftlichen Verflechtungen der Eheleute, was sich auf das grundsätzliche Bestehen sowie auf Art und Umfang einer Erwerbsobliegenheit auswirken kann.

Ein Unterhaltsausschluss nach §§ 1361 III, 1579 Nr. 1 BGB ist auch bei nur „kurzer Ehedauer" nicht möglich, weil § 1579 Nr. 1 BGB in § 1361 III BGB nicht genannt worden ist.[51]

41 e) Dauer der Trennung. Während im ersten Trennungsjahr in der Regel für den im Zeitpunkt der Trennung längere Zeit nicht erwerbstätigen Ehegatten gemäß § 1361 II BGB keine Erwerbsobliegenheit besteht, sind mit zunehmender Verfestigung der Trennung die Voraussetzungen einer Erwerbsobliegenheit immer mehr den Maßstäben anzunähern, die nach den §§ 1569 ff. BGB für den nachehelichen Unterhalt gelten.[52]

Die Aufrechterhaltung der bei Trennung bestehenden Verhältnisse und des bisherigen Status des nicht erwerbstätigen Ehegatten ist nur dann sinnvoll, wenn die Eheleute noch nicht lange getrennt leben und noch die Hoffnung auf Wiederherstellung der ehelichen Lebensgemeinschaft besteht. Je länger die Trennung dauert, umso eher kann dem nicht erwerbstätigen Ehegatten die Aufnahme einer Erwerbstätigkeit zugemutet werden. Gleiches gilt, wenn beide Ehegatten die Scheidung wollen oder wenn vernünftigerweise eine Wiederherstellung der ehelichen Lebensgemeinschaft nicht mehr erwartet werden kann.[53] Während bei jungen Eheleuten und dem Fehlen gemeinsamer Kinder die Erwerbsobliegenheit ausnahmsweise auch schon vor Ablauf des Trennungsjahres einsetzen kann, ist dies bei

---

[46] OLG Köln NJW-RR 1998, 1300
[47] BGH FamRZ 1982, 463, 1461; FamRZ 1981, 752, 754
[48] BGH FamRZ 1981, 17
[49] BGH FamRZ 1999, 708, 709 f. = R 532 c
[50] BGH FamRZ 1979, 571
[51] BGH FamRZ 1994, 558 = R 476; FamRZ 1982, 573
[52] BGH FamRZ 2008, 963, 966; FamRZ 1990, 283, 286
[53] OLG Düsseldorf FamRZ 1980, 2453

1. Abschnitt: Der Trennungsunterhalt (§ 1361 BGB)   § 4

Unterhaltsberechtigten, die älter sind als 50 Jahre, meist erst später anzunehmen. Die vor Inkrafttreten des seit dem 1. 1. 2008 geltenden Unterhaltsrechts zu § 1361 BGB ergangene großzügige Rechtsprechung (Erwerbsobliegenheit bei einer über 50-Jährigen erst nach Ablauf von 2 Jahren,[54] Ausweitung einer Teilzeittätigkeit erst nach 2 Jahren bei einer 30-jährigen Ehe[55]) dürfte wegen der Ausstrahlungswirkung der verschärften nachehelichen Erwerbsobliegenheit auf den Trennungsunterhaltsanspruch nicht mehr aufrecht erhalten werden können. Der BGH hat schon unter der Geltung des alten Unterhaltsrechts bei einer mehr als 50-jährigen Ehefrau, die 15 Jahre lang nicht erwerbstätig war und fast erwachsene Kinder hat, eine Verpflichtung zur Aufnahme einer Erwerbstätigkeit in Vollzeit angenommen.[56]

f) Frühere Erwerbstätigkeit und vorhandene Berufsausbildung. Auch eine frühere 42 Erwerbstätigkeit ist nach § 1361 II BGB ein Zumutbarkeitskriterium. Trotz 15-jähriger Arbeitsunterbrechung besteht für eine junge Frau die Verpflichtung zur Aufnahme einer Erwerbstätigkeit, wenn bei einer ihrer früheren Tätigkeit als Spülerin vergleichbaren Beschäftigung oder einer Betätigung im Bereich der Raumpflege die typischen Probleme einer Wiedereingliederung in das Berufsleben nach längerer Arbeitspause nicht eintreten.[57] Zu einer solchen früheren Erwerbstätigkeit kann auch die Arbeit in der Praxis des Mannes zählen.[58] Bei einer früheren Erwerbstätigkeit ist auch zu berücksichtigen, wie lange sie zurückliegt, ob sie der inzwischen erreichten sozialen Stellung der Ehe noch entspricht und wie lange die Ehe gedauert hat. Mit der Neufassung des § 1574 II BGB soll erreicht werden, dass eine „frühere Erwerbstätigkeit" des geschiedenen Ehegatten grundsätzlich immer als angemessen beurteilt wird – vgl. Rn. 147. Damit wird eine voreheliche Berufstätigkeit in die Gesamtwürdigung einbezogen. Dies muss auch für die Erwerbsobliegenheit des getrennt lebenden Ehegatten gelten. Auch hier hat die nach der Unterhaltsreform verstärkt herausgestellte Eigenverantwortung des geschiedenen Ehegatten (§§ 1569 S. 1, 1574 I u. II BGB) Ausstrahlungswirkung für den Trennungsunterhalt.

Auch wenn der Umstand, dass der Unterhaltsberechtigte eine Berufsausbildung oder sonstige berufliche Qualifikationen hat, in § 1361 II BGB nicht ausdrücklich erwähnt ist, ist er bei der Beurteilung der Chancen für eine Wiedereingliederung in das Berufsleben im Rahmen der Abwägung zu berücksichtigen. Verfügt der Ehegatte nicht über eine Ausbildung, kann ein Anspruch auf Ausbildungsunterhalt bestehen (siehe unten Rn. 45).

g) Angemessene Erwerbstätigkeit. Wie beim nachehelichen Unterhalt (§ 1574 BGB) 43 darf der bedürftige Ehegatte nur auf eine Erwerbstätigkeit verwiesen werden, die den in § 1361 II BGB durch einzelne Merkmale definierten, ehelichen Verhältnissen entspricht. Hieraus wird gefolgert, dass es sich um eine eheangemessene Erwerbstätigkeit im Sinn von § 1574 II BGB a. F. handeln müsse.[59] § 1574 I BGB enthält die Obliegenheit zur Ausübung einer angemessenen Erwerbstätigkeit, die in § 1574 II S. 1 Hs. 1 BGB definiert wird. Eine danach angemessene Tätigkeit wird erst in einer nachfolgenden Prüfungsstufe (§ 1574 II 1 Hs. 2 BGB) daraufhin untersucht, ob ihre Ausübung im Hinblick auf die ehelichen Lebensverhältnisse (§ 1574 II 2 BGB) als unbillig zu beurteilen ist.

Da § 1361 II BGB den Begriff der „eheangemessenen Verhältnisse" nicht enthält, sondern lediglich beschreibt, unter welchen Umständen eine Verweisung auf Erwerbsobliegenheit in Betracht kommt, ist die Vorschrift nach den in § 1574 II BGB aufgestellten Maßstäben auszulegen und auch dem getrennt lebenden Ehegatten die Aufnahme einer **angemessenen Erwerbstätigkeit** zuzumuten, die – nachdem die Angemessenheit bejaht ist – zusätzlich anhand der ehelichen Verhältnisse darauf zu prüfen ist, ob ihre Ausübung im Hinblick auf die ehelichen Verhältnisse aus Billigkeitsgründen ausscheidet.

Allerdings werden die Umstände, die für eine Unbilligkeit der an sich erreichbaren 44 angemessenen Berufstätigkeit auf Grund der ehelichen Verhältnisse sprechen, anders als bei

---

[54] OLG München FamRZ 2001, 1618 (LS); ähnlich BGH FamRZ 2001, 350
[55] OLG Zweibrücken FamRZ 2007, 470
[56] BGH FamRZ 2008, 963, 966; a. A. Büttner FamRZ 2008, 967
[57] BGH FamRZ 1981, 17
[58] BGH FamRZ 1982, 892
[59] BGH FamRZ 1982, 892

§ 1574 II 1 Hs. 1 BGB ebenfalls **vom unterhaltspflichtigen Ehegatten darzulegen und zu beweisen sein.** § 1361 II BGB ist nämlich als Ausnahme zum Anspruch nach § 1361 I BGB konstruiert.

Die Ausführungen zu § 1574 BGB (siehe Rn. 139 ff.) sind entsprechend anwendbar. Wenn dem Berechtigten die Ausübung einer unqualifizierten, berufsfremden Tätigkeit angesonnen wird, ist weiter zu prüfen, ob dies nach dem sozialen Status der Ehegatten angemessen ist.[60] Hier ist die Intention der Neufassung des § 1574 II BGB seit dem 1. 1. 2008 zu beachten, der dem Zweck dient, den nicht erwerbstätig gewesenen Ehegatten nach der Scheidung zwar nicht vor jedem, aber vor einem **unangemessenen sozialen Abstieg** zu bewahren.[61] Auch der getrennt lebende Ehegatte braucht – jedenfalls nach einer gewissen Übergangszeit – nur Schutz vor einem unangemessenen sozialen Abstieg. Ob und inwieweit ein durch die Eheschließung erlangter Status sich bereits verfestigt hat, hängt wesentlich von der Dauer der Ehe ab. Grundsätzlich steht es dem Ehegatten frei, die Art der ihm zuzumutenden angemessenen Erwerbstätigkeit selbst zu bestimmen. War der Lebensstandard der Eheleute in 20-jähriger Ehe durch die Mitarbeit in einem großen Betrieb des Mannes geprägt, ist die Frau berechtigt, nach der Trennung eine selbstständige Erwerbstätigkeit anzustreben und sich entsprechend ausbilden zu lassen.[62]

45   h) **Gemeinsamer Lebensplan der Ehegatten, Fortsetzung einer vor der Trennung aufgenommenen Ausbildung.** Nach der Trennung oder Scheidung kann bei der erforderlichen Betreuung von Kindern eine ursprünglich gemeinsame Lebensplanung regelmäßig nicht mehr in der früher vorgesehenen Weise verwirklicht werden, weil die **Mehrbelastung des die Kinder betreuenden Elternteils** nicht wie in intakter Ehe durch den anderen Ehepartner aufgefangen werden kann. Es besteht u. U. keine Erwerbsobliegenheit, weil unter den gegebenen Verhältnissen eine Erwerbstätigkeit trotz des früheren gemeinsamen Lebensplanes nicht zumutbar ist.[63]

Haben die Eheleute ihre Lebensgemeinschaft **einvernehmlich** dahin gestaltet, dass einer von ihnen einem **Studium** nachgeht, so kann diesem nach der Trennung jedenfalls dann ein Studienabbruch nicht zugemutet werden, wenn das Studium zielstrebig betrieben wird und der Abschluss in absehbarer Zeit zu erwarten ist. Während dieser berechtigten Studienzeit besteht keine Erwerbsobliegenheit. Dabei ist es unerheblich, ob das Studium bereits vor der Ehe aufgenommen wurde und ob es sich um eine Zweitausbildung handelt.[64] Ein Ausbildungsunterhalt kann aber versagt werden, wenn die Beendigung eines während der Ehe begonnenen Studiums unklar ist.[65]

46   Falls die Aufnahme einer **Ausbildung ohne Zustimmung** des anderen Ehegatten erfolgt, besteht nur dann eine Unterhaltspflicht des anderen, wenn der Bedürftige in entsprechender Anwendung des § 1574 III BGB gehalten ist, eine Ausbildung oder Fortbildung zu absolvieren, um die Voraussetzungen für eine angemessene Erwerbstätigkeit zu schaffen. Hiervon zu unterscheiden ist ein Unterhaltsanspruch nach den Maßstäben des § 1575 BGB. Ein solcher scheidet während der Trennung der Eheleute an sich aus, weil er dem Ausgleich der Nachteile dient, die ein Ehegatte in seiner schulischen und/oder beruflichen Ausbildung mit Rücksicht auf die Ehe erlitten hat. Nur in besonders gelagerten Fällen kann auch ein solcher Anspruch in Frage kommen, etwa wenn ein Ehegatte während der Trennungszeit **im Vorgriff auf die Voraussetzungen des § 1575 BGB** eine Ausbildung aufnimmt, nachdem das endgültige Scheitern der Ehe feststeht. In einem solchen Fall kann sein Unterhaltsbedürfnis zu den persönlichen Verhältnissen i. S. d. § 1361 II BGB gezählt werden[66] (Näheres siehe unter Rn. 74 und Rn. 328 ff., Rn. 338 ff. zum Ausbildungsunterhalt). Vom Unterhaltsanspruch gemäß § 1361 BGB umfasst sind dann auch die in § 1578 II BGB genannten Kosten für die Schul- oder Berufsausbildung.

---

[60] BGH FamRZ 1990, 283, 286
[61] BT-Drucks. 16/1830 S. 17
[62] BGH FamRZ 1988, 1145
[63] BGH FamRZ 1988, 145, 148
[64] BGH FamRZ 1981, 43, 440
[65] OLG Düsseldorf FamRZ 1991, 76
[66] BGH FamRZ 2001, 350 Rn. 17

i) **Wirtschaftliche Verhältnisse beider Ehegatten und Erwerbsobliegenheit.** Wenn 47
die Ehegatten nach der Trennung in engen wirtschaftlichen Verhältnissen leben, besteht
eine verschärfte Erwerbsobliegenheit. So hat der BGH nach früherem Recht einer Frau mit
zwei schulpflichtigen Kindern eine stundenweise Erwerbstätigkeit zugemutet, weil sie trotz
der Kinder bereits während des Zusammenlebens als Kellnerin tätig war und weil die
wirtschaftlichen Verhältnisse vor allem wegen erheblicher ehebedingter Schulden beengt
waren. Bei einer derartigen Verschuldung hätte auch bei Fortdauer der ehelichen Lebensgemeinschaft eine stundenweise Erwerbstätigkeit der Frau nahegelegen.[67] Aufgrund der seit
dem 1. 1. 2008 verstärkten Erwerbsobliegenheit eines betreuenden Ehegatten nach § 1570
BGB würde nach neuem Recht auch bei Getrenntleben regelmäßig mindestens eine Halbtagstätigkeit zumutbar sein.

Insbesondere wenn es nach der Trennung wegen der beengten wirtschaftlichen Verhältnisse und der Anzahl der Unterhaltsberechtigten zu einem **Mangelfall** kommt, kann sich
auf Seiten des bedürftigen Ehegatten die Obliegenheit ergeben, nach der Trennung noch
innerhalb des ersten Jahres eine Erwerbstätigkeit auszuüben. Dies gilt auch dann, wenn
dieser Ehegatte keine berufliche Ausbildung erlernt hat und er deshalb nur unqualifizierte
Tätigkeiten in der Altenpflege oder der Gastronomie ausüben kann.[68]

Zu berücksichtigen sind ferner relativ **günstige Verhältnisse auf Seiten des Verpflich-** 48
teten. Dem Berechtigten kann bei solchen Verhältnissen nicht entgegengehalten werden,
dass er während einer Zeit beengter wirtschaftlicher Verhältnisse durch Erwerbstätigkeit einen entlastenden Beitrag zum Familieneinkommen geleistet hatte.[69]

Bei günstigen wirtschaftlichen Verhältnissen muss sich eine Frau ungeachtet ihrer qualifizierten Ausbildung nicht alsbald nach Ablauf des ersten Trennungsjahres auf eine sozialversicherungsfreie Beschäftigung verweisen lassen. Es ist vielmehr zu prüfen, ob sie sich nicht
etwas länger um qualifizierte Tätigkeiten bemühen darf bzw. bei Erfolglosigkeit dieser
Bemühungen das Recht auf Fortbildung oder Umschulung hat, um eine mit ihrer bisherigen Ausbildung vergleichbare berufliche Qualifikation zu erreichen.[70] Allerdings schließen
auch sehr gute wirtschaftliche Verhältnisse des Pflichtigen oder ein zu erwartender erheblicher Vermögenserwerb des Berechtigten durch den Zugewinnausgleich die Erwerbsobliegenheit nicht aus. Es ist vielmehr eine Gesamtwürdigung vorzunehmen.[71]

Eine jahrelange freiwillige Zahlung von Trennungsunterhalt kann beim Berechtig- 49
ten im Hinblick auf die Beurteilung seiner Erwerbsobliegenheit einen Vertrauenstatbestand
schaffen, so dass ihm eine nicht zu kurz bemessene Übergangsfrist für die Suche einer
angemessenen Arbeit zuzugestehen ist.[72] Darüber hinaus ist der Berechtigte, obwohl sich
die grundsätzliche Erwerbsobliegenheit unmittelbar aus dem Gesetz (§ 1361 II BGB) ergibt,
wegen des entstandenen Vertrauenstatbestandes erst nach einer entsprechenden Aufforderung durch den Unterhaltspflichtigen gehalten, eine Erwerbstätigkeit aufzunehmen.[73]

3. Zumutbarkeitsabwägung bei Fortsetzung, Ausweitung oder Einschränkung einer bei Trennung bereits ausgeübten Erwerbstätigkeit

Der Schutz des § 1361 II BGB gilt nach dessen Wortlaut nur für den bei Trennung nicht 50
erwerbstätigen Ehegatten, d. h. für den haushaltführenden Ehegatten in der Haushaltsführungsehe. Der **Schutz gilt nicht** für den bei Trennung erwerbstätigen Ehegatten einer
Doppelverdienerehe. Letzterer hat grundsätzlich nach der Trennung seine bisherige
Erwerbstätigkeit fortzusetzen.[74] Etwas anderes kann nur dann gelten, wenn ein besonderer
Anlass besteht, der es gerechtfertigt erscheinen lässt, die bisher ausgeübte Erwerbstätigkeit

---

[67] BGH FamRZ 1982, 23, 24 f.
[68] BGH FamRZ 2001, Rn. 18
[69] BGH FamRZ 1990, 283, 286
[70] BGH FamRZ 1990, 283, 286
[71] KG v. 24. 3. 1992 – 13 U F 6898/90 – nicht veröffentlicht
[72] OLG Köln FamRZ 1999, 853
[73] OLG Köln FamRZ 1999, 853; OLG Hamm FamRZ 1995, 1580
[74] BGH FamRZ 1985, 782; FamRZ 1981, 1159, 1161; OLG München FamRZ 1982, 270

aufzugeben. Das kann der Fall sein bei einer neu auftretenden Krankheit, einem erstmaligen Bedürfnis für die Betreuung eines gemeinschaftlichen Kindes nach dem Wechsel der elterlichen Sorge oder wenn der Ehegatte bisher in dem Betrieb des anderen mitgearbeitet hatte und ihm dies wegen der trennungsbedingten Spannungen nunmehr nicht mehr zuzumuten ist.

51 Trotz des einschränkenden Wortlautes gilt die Regelung des § 1361 II BGB auch für solche Fälle, in denen ein Ehegatte vor der Trennung im Einverständnis des anderen Ehepartners bereits einer eingeschränkten Erwerbstätigkeit (**Teilzeiterwerbstätigkeit**) nachgegangen war und bei Fortsetzung des Zusammenlebens in intakter Ehe diese Erwerbstätigkeit nicht ausgeweitet hätte.[75] Die Frage, ob nach Trennung eine Ausweitung dieser Erwerbstätigkeit zugemutet werden kann, ist unter Berücksichtigung und Abwägung der oben erörterten Umstände zu beantworten. Wird die Frage bejaht, besteht eine entsprechende erweiterte Erwerbsobliegenheit, und zwar regelmäßig auf Aufnahme einer Vollerwerbstätigkeit.[76] Im Einzelfall ergibt sich in der Praxis oft die Frage, ob und wann eine langjährig ausgeübte und sozial sichere Teilzeitstelle aufgegeben werden muss. Dem unterhaltsbedürftigen Ehegatten obliegt es zunächst, sich bei seinem aktuellen Arbeitgeber um eine Ausweitung der Beschäftigung zu bemühen. Falls dies nicht möglich ist, kann dem Ehegatten im Einzelfall eine Aufgabe dieser Tätigkeit zu Gunsten einer unsicheren, noch in der Probezeit kündbaren Ganztagsstelle nicht zuzumuten sein. Das bedeutet aber nicht, dass der Unterhaltsberechtigte mit dem Vortrag, eine Ausdehnung der Erwerbstätigkeit bei seinem jetzigen Arbeitgeber sei nicht möglich, seiner Erwerbsobliegenheit genügt hat. Er ist vielmehr gehalten, eine weitere angemessene Nebentätigkeit aufzunehmen und entsprechende Bemühungen nachweisen.[77] Fehlt es hieran, können ihm fiktive Einkünfte zugerechnet werden (siehe die Ausführungen zu Rn. 139 ff. und § 1 Rn. 527 ff.).

52 Unter Berücksichtigung der persönlichen und wirtschaftlichen Verhältnisse der Eheleute kann die **Fortsetzung einer bei Trennung ausgeübten Erwerbstätigkeit** trotz der grundsätzlich dazu bestehenden Verpflichtung im Einzelfall dennoch unzumutbar sein. Dies kann der Fall sein, wenn bei Vorhandensein gemeinschaftlicher, betreuungsbedürftiger Kinder während intakter Ehe beide Ehegatten Betreuungs- und Haushaltsführungsaufgaben übernommen hatten und diese notwendige Mithilfe eines Ehegatten infolge der Trennung weggefallen ist. In solchen Fällen ist auch die Obliegenheit zur Fortsetzung einer bei Trennung ausgeübten Erwerbstätigkeit auf Grund einer entsprechenden Zumutbarkeitsabwägung zu beurteilen[78] mit der Folge, dass die bisherige Erwerbstätigkeit eingeschränkt oder eine Erwerbsobliegenheit ganz verneint werden kann (vgl. wegen der erhöhten Erwerbsobliegenheit des betreuenden Ehegatten nach Maßgabe des neugefassten § 1570 BGB die Ausführungen zu § 1570 BGB). Anders ist es, falls die Mehrbelastung durch die Trennung durch den Betreuenden aufgefangen werden kann.[79]

Führt der Pflichtige **trotz Bezugs von Erwerbsunfähigkeitsrente** nach der Trennung eine vorher ausgeübte **selbstständige Tätigkeit** weiter, können ihm die Einkünfte aus dieser Tätigkeit bei der Bedarfsermittlung nicht mehr zugerechnet werden, weil er sie an sich nicht neben der Erwerbsunfähigkeitsrente beziehen darf und die genannte Tätigkeit aus unterhaltsrechtlicher Sicht jederzeit aufgeben kann.[80]

4. Fiktive Zurechnung erzielbarer Einkünfte

53 Wenn nach den obigen Ausführungen eine zumutbare Erwerbsobliegenheit bejaht wird, können dem Berechtigten erzielbare Nettoeinkünfte aus einer entsprechenden Erwerbstätigkeit fiktiv zugerechnet werden, wenn er sich nicht ernsthaft um eine entsprechende

---

[75] BGH FamRZ 1984, 149
[76] OLG Frankfurt FamRZ 2000, 25
[77] OLG Frankfurt FamRZ 2000, 25
[78] OLG München FamRZ 1982, 270
[79] OLG Naumburg FamRZ 1998, 552
[80] OLG Hamm FamRZ 1998, 1169

1. Abschnitt: Der Trennungsunterhalt (§ 1361 BGB) § 4

Arbeitsstelle bemüht und bei ernsthaften Bemühungen eine reale Beschäftigungschance bestanden hätte[81] (Näheres in § 1 Rn. 773 ff.).

Zur Bemessung und Dauer fiktiver Einkünfte siehe § 1 Rn. 793 ff.

Fiktive Einkünfte des Berechtigten sind nach der Differenz- oder Additionsmethode bei der Bedarfsbemessung und der Unterhaltsberechnung zu berücksichtigen.[82]

5. Anrechenbare Einkünfte des Unterhaltsberechtigten

a) Versorgungsleistungen für einen neuen Partner. Die Bedürftigkeit des Unter- 54
haltsberechtigten entfällt nicht ohne weiteres bei einem **Zusammenleben mit einem neuen Partner** in nichtehelicher Lebensgemeinschaft, weil durch eine eheähnliche Gemeinschaft Unterhaltsansprüche zwischen den neuen Partnern nicht begründet werden. Der Berechtigte muss sich aber u. U. den objektiven Wert von **Versorgungsleistungen** und Arbeitsleistungen sowie einer eventuellen Wohnungsgewährung, die er **für den neuen Partner** erbringt, soweit er Vergütungen von diesem erhält oder wegen dessen Leistungsfähigkeit erhalten könnte,[83] entgegenhalten lassen.[84] In die Unterhaltsberechnung nach der Differenz- oder Additionsmethode sind solche geldwerten Versorgungsleistungen als Surrogat der früheren Haushaltstätigkeit einzusetzen.[85] Wenn der Unterhaltsberechtigte einer ganztägigen Erwerbstätigkeit nachgeht, besteht i. d. R. kein Raum mehr für die Zurechnung eines fiktiven Einkommens aus einer Haushaltsführung.[86] Zu den Einzelheiten zur Bedürftigkeit und zur Höhe der bedürftigkeitsmindernden Anrechnung eigener Einkünfte des Berechtigten siehe § 4 Abschnitt 5 = Rn. 928 ff.

Von der Frage der Bedürftigkeit des Berechtigten ist die Problematik, ob bei Erbringung von Versorgungsleistungen für einen neuen Partner die Inanspruchnahme des Unterhaltspflichtigen ganz oder teilweise grob unbillig wäre (Verwirkung gemäß §§ 1361 III, 1579 Nr. 2, 7 u. 8 BGB), sorgfältig zu trennen.

b) Wohnvorteil. Die ehelichen Lebensverhältnisse werden nicht nur von dem Einkom- 55
men der Ehegatten, sondern auch von den Kosten für das Wohnen und von einem eventuellen Nutzungsvorteil für ein mietfreies Wohnen bestimmt.[87] Ein solcher wird aus der Differenz zwischen dem objektiven Mietwert und den tatsächlichen abzugsfähigen Kosten für ein Haus oder eine Wohnung ermittelt. Bei dem Unterhaltsberechtigten beeinflusst das mietfreie Wohnen im eigenen Haus oder in einer Eigentumswohnung seine Bedürftigkeit, beim Unterhaltspflichtigen erhöht sie seine Leistungsfähigkeit. Da nach einer Trennung die Möglichkeit einer Wiederherstellung der ehelichen Lebensgemeinschaft besteht und eine solche nicht erschwert werden soll,[88] wird im Interesse des Schutzes der ehelichen Lebensgemeinschaft einem Ehegatten zumindest während des ersten Trennungsjahres nicht zugemutet, die von ihm allein weiter bewohnte, den Eheleuten oder einem von ihnen gehörende frühere Ehewohnung zur Steigerung seiner Einkünfte anderweitig, etwa durch Vermietung (oder Teilvermietung) zu verwerten.

Deshalb kommt zunächst nur eine eingeschränkte Zurechnung von Einkünften wegen 56
des **Wohnwerts der allein genutzten Wohnung** in Betracht. Es ist nur der Wert anzusetzen, der dem örtlichen Mietzins für eine dem ehelichen Standard entsprechende kleinere Wohnung entspricht.[89] Wegen der einerseits bedarfsbestimmenden, andererseits bedürftigkeitsmindernden Anrechnung eines angemessenen, bei Weiternutzung einer nunmehr zu großen Wohnung nur eingeschränkten[90] Wohnwerts siehe § 1 Rn. 477 ff.

---

[81] OLG Brandenburg – 10 UF 51/09, BeckRS 2010, 00294
[82] BGH FamRZ 2005, 1979, 1981 = R 640 d
[83] BGH FamRZ 1987, 1011, 1014
[84] BGH FamRZ 2004, 1170, 1173; BGH FamRZ 2001, 1693, 1694 = R 567 b
[85] BGH FamRZ 2004, 1170, 1171 = R 612
[86] BGH FamRZ 2005, 1154; OLG München NJW-RR 2006, 290
[87] Hahne FF 1999, 99
[88] BGH FamRZ 1989, 1160
[89] BGH FamRZ 2007, 879, 880 f. = R 677 a + b
[90] BGH FamRZ 1998, 899, 901 = R 525 f

Mit zunehmender Dauer der Trennung nähern sich die Maßstäbe, die an die Berücksichtigung von Wohnvorteilen gestellt werden, der Bewertung im Rahmen des nachehelichen Unterhalts immer mehr an. Bei lange dauernder oder endgültiger Verfestigung der Trennung ist der volle Wohnwert für das allein genutzte Haus anzusetzen. Von einer endgültigen Trennung der Eheleute ist auszugehen, wenn diese anlässlich der Trennung einen notariellen Auseinandersetzungsvertrag über die Immobilie abgeschlossen haben oder wenn einer der Ehegatten durch die Rechtshängigkeit eines Scheidungsantrags zum Ausdruck gebracht hat, dass er die Ehe als endgültig gescheitert ansieht.[91] Zu den einzelnen Konstellationen und den zu berücksichtigenden Kosten siehe unter § 1 Rn. 450 ff.

57 **c) Einkommen aus Vermögen.** Für den Trennungsunterhalt fehlt eine dem § 1577 III BGB für den nachehelichen Unterhalt entsprechende Vorschrift hinsichtlich der Frage, ob der **Unterhaltsberechtigte** sein **Vermögen zur Deckung seines Bedarfs einzusetzen** hat.[92] Eine Verpflichtung zum Rückgriff auf den Vermögensstamm folgt nach der Rechtsprechung des BGH jedoch daraus, dass § 1361 I 1 BGB auch auf die Vermögensverhältnisse der Ehegatten Bezug nimmt und der grundlegende Ansatz der Vorschrift von der Eigenverantwortlichkeit der Ehegatten ausgeht. Jedoch darf der getrennt lebende Ehegatte nicht schlechter gestellt werden als ein geschiedener Ehegatte, so dass der Vermögensstamm nicht verwertet zu werden braucht, wenn und soweit die Verwertung unwirtschaftlich oder unter Berücksichtigung der beiderseitigen wirtschaftlichen Verhältnisse unbillig wäre. Da während der Trennungszeit die Möglichkeit einer Erhaltung der Ehe nicht geschmälert werden soll, sind beim Trennungsunterhalt strenge Maßstäbe anzulegen, so dass ein **Rückgriff auf den Vermögensstamm nur in Ausnahmefällen** verlangt werden kann.[93]

58 Für die Beurteilung der Frage, ob und inwieweit ein auf Trennungsunterhalt in Anspruch genommener **unterhaltspflichtiger Ehegatte**, der den Unterhalt aus seinen Einkünften nicht oder nicht voll aufbringen kann, sich wegen verwertbaren Vermögens als leistungsfähig behandeln lassen muss, ist nach der Rechtsprechung des BGH § 1581 Satz 2 BGB entsprechend heranzuziehen.[94] Nach dieser Vorschrift, die den nachehelichen Unterhalt regelt, braucht der Verpflichtete den Stamm seines Vermögens nicht zu verwerten, soweit die Verwertung unwirtschaftlich oder unter Berücksichtigung der beiderseitigen wirtschaftlichen Verhältnisse unbillig wäre. Bei der Heranziehung dieser Grundsätze für den Unterhaltsanspruch nach § 1361 BGB sind ebenso wie bei § 1577 III BGB die Besonderheiten zu berücksichtigen, die das Verhältnis der Ehegatten zueinander während des Getrenntlebens im Verhältnis zu demjenigen nach der Scheidung kennzeichnen. Einerseits tragen die Ehegatten während der Ehe füreinander mehr Verantwortung als nach der Scheidung, andererseits legt die besondere Verbundenheit, von der das Verhältnis der Ehegatten geprägt wird, auch dem Unterhaltsberechtigten während des Getrenntlebens ein höheres Maß an Rücksichtnahme auf die Interessen des Verpflichteten auf als nach der Scheidung. Diese Pflicht kann einem der Vermögensverwertung entgegenstehenden Interesse des Verpflichteten überwiegendes Gewicht verleihen und dazu führen, dass **dem Verpflichteten die Verwertung seines Vermögens nicht zugemutet werden kann**, während er es nach der Scheidung für den Unterhalt des anderen einsetzen müsste (vgl. zum Ganzen auch § 1 Rn. 607 ff.).

59 **d) Einkünfte des Berechtigten aus unzumutbarer Tätigkeit, 1577 II BGB.** Insoweit gelten die gleichen Grundsätze wie beim nachehelichen Unterhalt, weshalb auf die entsprechenden Ausführungen (§ 4 Abschnitt 5 = Rn. 928 ff.) verwiesen wird.

Wie beim nachehelichen Unterhalt ist nach der Rechtsprechung des BGH[95] das Einkommen aus überobligatorischer Tätigkeit (z. B. bei einer Arbeitsaufnahme nach der Trennung trotz der Betreuung von Kindern unter 3 Jahren), nicht zu berücksichtigen. Nur der unterhaltsrelevante Anteil ist in die Differenzberechnung aufzunehmen. Gleiches gilt für alle sonstigen auf nicht zumutbarer Weise erzielten Einkünfte, z. B. aus einer nicht zumutbaren

---

[91] BGH FamRZ 2008, 963 Rn. 15
[92] BGH FamRZ 1985, 360, 361
[93] BGH FamRZ 1985, 360, 361
[94] BGH FamRZ 2005, 97, 99; BGH FamRZ 1986, 556, 557
[95] BGH FamRZ 2005, 1154, 1156

1. Abschnitt: Der Trennungsunterhalt (§ 1361 BGB) § 4

Vermietung, denn § 1577 II BGB wird in einem umfassenden Sinne verstanden.[96] Zu den tatsächlichen Voraussetzungen, unter denen Einkommen anrechnungsfrei bleiben kann, vgl. die Ausführungen unter § 1 Abschnitt 11 = Rn. 800 ff.

V. Maß des Trennungsunterhalts

1. Eheliche Lebensverhältnisse und Bedarfsbemessung beim Trennungsunterhalt

Nach § 1361 I 1 BGB bestimmt sich das Maß des eheangemessenen Unterhalts nach den „ehelichen Lebensverhältnissen", insbesondere den Einkommens- und Vermögensverhältnissen der Eheleute. Ebenso wie mit dem Begriff „eheliche Lebensverhältnisse" in § 1578 I 1 BGB beim nachehelichen Unterhalt ist damit der volle Unterhalt gemeint[97] (siehe Rn. 322 ff.). Maßgebend sind nur die individuellen, ggf. sehr begrenzten ehelichen Lebensverhältnisse, nicht etwa ein höherer pauschalierter Mindestbedarf.[98] Einen solchen hat der BGH[99] bislang lediglich als Untergrenze bei der Herabsetzung des Unterhalts nach § 1578 b BGB anerkannt, sofern der sich rechnerisch ergebende Unterhalt nach den ehelichen Lebensverhältnissen höher als der Selbstbehalt für einen nicht Erwerbstätigen (im Streitfall waren es 770 EUR) liegt. 60

Die Lebensverhältnisse werden – wie beim nachehelichen Unterhalt – im Wesentlichen bestimmt durch das in der Ehe zur Deckung des Lebensbedarfs **verfügbare Einkommen** der Eheleute.[100] Verfügbar in diesem Sinn ist nur der Teil des Einkommens, der nach Abzug von Steuern und sonstiger gesetzlicher Abzüge, berufsbedingtem Aufwand, Vorsorgeaufwendungen, berücksichtigungswürdigen Verbindlichkeiten, Aufwendungen für Vermögensbildung und Barunterhaltsleistungen für den Kindesunterhalt zur Bestreitung des Lebensbedarfs der Eheleute verwendet werden kann[101] (Näheres dazu siehe Abschnitt 3 = Rn. 400 ff.).

2. Maßgeblicher Bemessungszeitpunkt, eheliche Lebensverhältnisse

Die Bedarfsbemessung nach den ehelichen Lebensverhältnissen ist nach der Rechtsprechung des BGH als Teilhabe an einer dynamischen Entwicklung zu verstehen, die Änderungen in positiver als auch in negativer Hinsicht erfahren kann.[102] Der Trennungsunterhalt wird daher grundsätzlich nach dem jeweiligen Stand **der wirtschaftlichen Verhältnisse** bemessen, an deren Entwicklung bis zur Scheidung die Ehegatten gemeinschaftlich teilhaben.[103] Die sich aus der Fortschreibung **der maßgebenden Verhältnisse**[104] ergebenden Folgen wirken sich in der Trennungszeit aus, denn bei Weiterführung der Ehe hätte der andere Ehegatte wirtschaftliche Änderungen ebenfalls mittragen müssen. Der Unterhalt bestimmt sich damit nach den für den Unterhaltszeitraum maßgebenden Verhältnissen. 61

Maßgeblich für die Bedarfsbemessung und die Berechnung des Trennungsunterhalts sind die **„gegenwärtigen" wirtschaftlichen Verhältnisse** der Ehegatten in dem Zeitraum, für den Trennungsunterhalt verlangt wird. Der Trennungsunterhalt darf also nicht nach dem vor der Trennung bezahlten Haushaltsgeld oder den **vor** der Trennung bestehenden 62

---

[96] Siehe unten unter Abschnitt 5 II = Rn. 944 ff.; Krenzler FamRZ 1983, 653
[97] BGH FamRZ 1984, 356
[98] BGH FamRZ 1998, 1501, 1503 = R 521; OLG Hamm FamRZ 1998, 1428
[99] BGH FamRZ 2010, 802 Rn. 18; BGH FamRZ 2010, 869, 874 = R 712 mit Anm. Maier in FamRB 2010, 200; BGH FamRZ 2010, 1057 Rn. 10
[100] Vgl. BGH FamRZ 2010, 111 Rn. 35 = R 707 zur Zusammenfassung von Bedarf und Leistungsfähigkeit bei der Quotenberechnung
[101] BGH FamRZ 1983, 676
[102] Viefhues ZFE 2010, 288, 289
[103] BGH FamRZ 1994, 87, 88 = R 468 c; FamRZ 1988, 256; vgl. auch BGH FamRZ 2000, 1492 = R 546 zum nachehelichen Unterhalt
[104] BGH FamRZ 2008, 968, 971 f. = R 689 g; FamRZ 2006, 683, 685 f. = R 649 f–h

wirtschaftlichen Verhältnissen bemessen werden. Maßgeblich sind die **aktuellen Einkommensverhältnisse**, an deren Entwicklung die Eheleute bis zur Scheidung gemeinschaftlich teilhaben.[105]

Bemessungsgrundlage sind die wirtschaftlichen Verhältnisse **ab Trennung bis zur Rechtskraft der Scheidung**. Soweit über den Trennungsunterhalt vor Rechtskraft der Scheidung entschieden wird, sind es die wirtschaftlichen Verhältnisse bis zum Zeitpunkt der Entscheidung über den Trennungsunterhalt.

Wie beim nachehelichen Unterhalt beeinflussen Veränderungen die Einkommensverhältnisse in der Zeit von Trennung bis Scheidung die für die Unterhaltsbemessung maßgeblichen ehelichen Lebensverhältnisse. Da das Eheband während der Trennung weiterbesteht, fließen grundsätzlich **alle in dieser Zeit** eintretenden **positiven und negativen** wirtschaftlichen und persönlichen **Entwicklungen** der Ehegatten in die ehelichen Lebensverhältnisse ein.[106]

So ist die **Erbschaft** des pflichtigen Ehegatten, die nach der Trennung, aber vor Scheidung anfällt, dann als positive Veränderung zu berücksichtigen, wenn der Erbfall absehbar und erwartet war.[107] Zu den positiven Veränderungen, die den Bedarf erhöhen, gehören auch normale **Gehaltssteigerungen**. Eine unvorhersehbare, ungewöhnliche Einkommensentwicklung, d. h. eine solche, die auf einer unerwarteten und vom Normalverlauf abweichenden Entwicklung beruht (sog. **Karrieresprung**[108]), ist nur unter besonderen Voraussetzungen zu berücksichtigen.[109]

63 Nach der neueren Rechtsprechung des BGH[110] sind für den **Anspruch auf nachehelichen Unterhalt** nicht mehr die auf den Zeitpunkt der Scheidung festgeschriebenen ehelichen Lebensverhältnisse maßgebend, sondern die für die Zeit nach der Scheidung fortgeschriebenen ehelichen Verhältnisse. Während früher streng zwischen dem Bedarf des Unterhaltsberechtigten und der Leistungsfähigkeit des unterhaltspflichtigen Ehegatten unterschieden und der Bedarf nach den ehelichen Lebensverhältnissen festgelegt wurde, ist nach dieser Rechtsprechung des BGH[111] für den Bedarf an die Lebensstellung des Unterhaltspflichtigen anzuknüpfen (abgeleitete Lebensstellung[112]).

Der BGH hat seine Rechtsprechung zur Fortschreibung (früher: Wandelbarkeit) der unterhaltsbestimmenden ehelichen Verhältnisse[113] beim nachehelichen Unterhalt seit dem Jahr 2003 immer mehr ausgeweitet.[114] Auch nach der Trennung bzw. Scheidung eingetretene negative Veränderungen des verfügbaren Einkommens sind grundsätzlich zu berücksichtigen. Anders ist dies nur bei **unterhaltsrechtlich leichtfertigem** Verhalten des Unterhaltspflichtigen. In einem solchen Fall ist von einem **fiktiven Einkommen** auszugehen, das den früheren Einkommensverhältnissen des Unterhaltspflichtigen entspricht. Ein vorwerfbares Verhalten liegt bei Verlust einer Arbeitsstelle dann vor, wenn der Unterhaltspflichtige diese unter Verstoß gegen seine Erwerbsobliegenheit selbst aufgegeben hat.[115]

Kein unterhaltsrechtlich leichtfertiges Verhalten liegt vor, wenn der Unterhaltsschuldner **Kinder**[116] aus einer neuen Beziehung bekommt und ggf. auch der nichtehelichen Mutter unterhaltsverpflichtet ist. Nach der Rechtsprechung ist daher auch die Unterhaltslast für das

---

[105] BGH FamRZ 1990, 283, 285; FamRZ 2000, 1492 = R 546
[106] BGH FamRZ 1999, 367, 368 f.; FamRZ 2000, 1492 = R 546
[107] OLG Hamm FamRZ 1999, 620
[108] BGH FamRZ 2007, 140 m. Anm. Graba FamRZ 2007, 793; BGH FamRZ 2006, 683; BGH FamRZ 1994, 87, 88 = R 468 c; FamRZ 1982, 892; Clausius FF 2007, 131; Braeuer FamRZ 2006, 1489
[109] BGH FamRZ 2009, 411 Rn. 25= R 702
[110] BGH FamRZ 2008, 1911 = R 695 m. Anm. Maurer FamRZ 2008, 1919; BGH FamRZ 2008, 968, 972; BGH FamRZ 2003, 590, 592; Born NJW 2008, 3089; Garba FF 2008, 437
[111] BGH FamRZ 2010, 111 Rn. 23 = R 707
[112] BGH FamRZ 2009, 411, 414 = R 702
[113] Klinkhammer FF 2009, 140; Kemper FuR 2009, 372; Soyka FuR 2010, 305
[114] BGH FamRZ 2006, 683, 685
[115] BGH FamRZ 2009, 411, 414 = R 702; BGH FamRZ 2008, 968, 972
[116] BGH FamRZ 2009, 23 Rn. 23; BGH FamRZ 2008, 1663; BGH FamRZ 2006, 683 Rn. 27; BGH FamRZ 1999, 367, 368

1. Abschnitt: Der Trennungsunterhalt (§ 1361 BGB) § 4

in der Trennungszeit geborene **nichteheliche Kind** eines Ehegatten zu berücksichtigen[117] mit der Folge, dass der Kindesunterhalt bei der Bedarfsbemessung vorweg abzuziehen ist. Da nach dieser Rechtsprechung des BGH sowohl eine schon bestehende als auch eine neu hinzu gekommene Unterhaltspflicht bei der Bemessung des Unterhaltsbedarfs nach den ehelichen Lebensverhältnissen i. S. d. § 1361 I BGB (und i. S. d. § 1578 I BGB) zu berücksichtigen ist, beeinflussen sich die verschiedenen Unterhaltsansprüche wechselseitig. Das Hinzutreten weiterer Unterhaltsberechtigter wirkt sich daher auf den Bedarf des getrennt lebenden oder geschiedenen Ehegatten aus, ohne dass es insoweit auf den Rang der Unterhaltsansprüche ankommt.[118]

Weitere Fälle von negativen Veränderungen sind eine höhere **Steuerbelastung** des Unterhaltspflichtigen,[119] die Bewilligung einer **Rente** mit der Folge eines verringerten Gesamteinkommens des Unterhaltspflichtigen,[120] nach der Trennung oder Scheidung aufgenommene **Schulden**, wenn sie unumgänglich gewesen sind,[121] nach freier Wahl der Anlageform[122] eine tatsächlich, nicht fiktiv,[123] betriebene zusätzliche **Altersvorsorge** bis zu 4% des Bruttoeinkommens,[124] auch wenn während der Ehezeit eine solche nicht betrieben wurde.[125]

64

Die Berücksichtigung aller Veränderungen im Ausgabenbereich hat das BVerfG in seiner Entscheidung vom 25. 1. 2011[126] zum **nachehelichen Unterhalt** jedoch nicht gebilligt. Soweit die Veränderungen mit dem Fortbestand der Ehe unvereinbar sind, liegt in deren Berücksichtigung nach Auffassung des BVerfG bei der Bedarfsbemessung ein Verstoß gegen den Grundsatz der Gewaltenteilung vor. Das BVerfG hat dem BGH vorgeworfen, mit der Drittelmethode (einheitliche Ermittlung des Bedarfs bei mehreren konkurrierenden Unterhaltsansprüchen) einen Systemwechsel vorgenommen und die Grenze zwischen Bedarf nach § 1578 BGB und Leistungsfähigkeit nach § 1581 BGB aufgehoben zu haben. Die Berücksichtigung auch der Unterhaltspflicht gegenüber dem neuen Ehegatten bei der Bestimmung des Bedarfs des ersten Ehegatten hat das BVerfG deshalb für verfassungswidrig bezeichnet. Dies ist jedoch unzutreffend. Dem Wortlaut des § 1578 BGB lässt sich zur Frage der Einbeziehung von Positionen nichts Näheres entnehmen. Die mit § 1578 BGB deckungsgleiche **Bestimmung zum Trennungsunterhalt** (§ 1361 BGB) erwähnt statt der ehelichen Lebensverhältnisse die Einkommens- und Vermögensverhältnisse. Dass der Gesetzgeber zwischen Einnahmen und Ausgaben unterscheidet, ergibt sich aus § 1581 BGB, wo ausdrücklich Einkommens- und Vermögensverhältnisse sowie Verbindlichkeiten aufgeführt sind. Dass im Rahmen der ehelichen Lebensverhältnisse vornehmlich das Einkommen erwähnt wird, bedeutet nicht, dass Ausgaben nicht zu berücksichtigen wären. Der Gesetzgeber hat – worauf Gerhardt[127] zu Recht hingewiesen hat – es nur im Gegensatz zum Einkommen der Rechtsprechung überlassen, in welchem Umfang sie in die Bedarfsermittlung einbezogen werden. Der Gesetzgeber hat keine Festlegung getroffen, an welcher Stelle neue nach der Scheidung entstandene Unterhaltslasten zu prüfen sind, d. h. beim Bedarf oder bei der Leistungsfähigkeit. Die Tatsache, dass die Rangfragen erst bei der Leistungsfähigkeit zu prüfen sind, steht dem nicht entgegen, weil diese erst eingreifen, wenn sich bei der Leistungsfähigkeit des Unterhaltspflichtigen ergibt, dass er den Unterhalt aller

---

[117] BGH FamRZ 2000, 1492, 1493 = R 546 b; FamRZ 1999, 367, 369 = R 530 c; FamRZ 1994, 87, 89 = R 468 c; OLG Koblenz FamRZ 1998, 1584
[118] BGH FamRZ 2010, 869 = R 712; BGH FamRZ 2010, 538; BGH FamRZ 2010, 111 = R 707; BGH FamRZ 2009, 411 = R 702; BGH FamRZ 2008, 968, 972; Born NJW 2008, 3089; Schlünder FamRZ 2009, 487; Klinkhammer FF 2009, 140; Kemper FuR 2009, 372; Soyka FuR 2010, 305
[119] BGH FamRZ 1990, 499, 502 = R 407 c; FamRZ 1990, 503 = R 413
[120] BGH FamRZ 2005, 1479
[121] BGH FamRZ 2010, 538; BGH FamRZ 2009, 411 = R 702; BGH FamRZ 2006, 387; BGH FamRZ 2007, 793; vgl. Soyka FuR 2008, 264, 265
[122] BGH FamRZ 2007, 117; BGH FamRZ 2006, 1511
[123] BGH FamRZ 2007, 193 und 200; Büttner FamRZ 2004, 1918, 1920
[124] BGH FamRZ 2007, 793, 795; BGH FamRZ 2005, 1817, 1821
[125] BGH FamRZ 2009, 1207; BGH FamRZ 2007, 200, 203; BGH FamRZ 2007, 193
[126] BVerfG FamRZ 2011, 437 = R 722
[127] Anm. zu BVerfG FamRZ 2011, 437 und FamRZ 2011, 8 und Rn. 427 ff.

vorhandenen Bedürftigen nicht bezahlen kann. Wegen des absoluten Vorrangs des Kindesunterhalts vor allen sonstigen Unterhaltspflichten ist seit der Unterhaltsreform 2008[128] aber beim **Kindesunterhalt als Abzugsposten bei der Bedarfsermittlung** nicht zu unterscheiden, ob es sich um ein gemeinsames oder nicht gemeinsames Kind handelt und ob es vor der Trennung/Scheidung geboren wurde oder danach.

Unterhaltsansprüche nach § 1615l BGB sind, unabhängig davon, ob sie vor oder nach der Trennung oder Scheidung entstanden sind, bereits bei der Bedarfsermittlung des getrennt lebenden/geschiedenen Unterhaltsberechtigten anzusetzen (vgl. auch Rn. 411, 448 und § 1 Rn. 1128). Denn der Unterhalt nach § 1615l BGB hat seine Berechtigung aus der Geburt eines Kindes und wäre auch ohne Trennung/Scheidung zu zahlen.[129] Die Entscheidung des BVerfG vom 25. 1. 2011[130] steht dem nicht entgegen, denn sie hat diese Konstellation nicht behandelt (vgl. auch Rn. 448). Näheres zur Berücksichtigung weiterer Unterhaltslasten siehe unter § 4 Rn. 447 ff.

3. Einzelne Bedarfspositionen

65 Da nach der Rechtsprechung des BGH der Unterhaltsbedarf beim **Trennungsunterhalt und nachehelichen Unterhalt** im Prinzip nach den gleichen Grundsätzen bemessen wird,[131] gelten die genaueren Ausführungen zur Bedarfsbemessung beim Nachscheidungsunterhalt (§ 4 Abschnitt 3 = Rn. 400 ff.) in vollem Umfang auch für den Trennungsunterhalt.

66 a) **Elementarunterhalt.** Der Trennungsunterhalt, der monatlich im Voraus in Form einer Geldrente zu bezahlen ist (§ 1361 IV 1 u. 2 BGB) umfasst – wie der nacheheliche Unterhalt – grundsätzlich den gesamten regelmäßigen Lebensbedarf des bedürftigen Ehegatten. Zu diesem Lebensbedarf zählen im Wesentlichen alle regelmäßigen Aufwendungen für Wohnen, Verpflegung, Kleidung, Freizeitgestaltung, Erholung, Gesundheitsfürsorge sowie für sonstige persönliche und gesellschaftliche Bedürfnisse. Die zur Deckung solcher regelmäßigen Aufwendungen erforderlichen Mittel beinhalten den Elementarunterhalt. Dieser wird im Regelfall pauschaliert als Quotenunterhalt geschuldet (siehe unten Rn. 78 und Abschnitt 3 Ziffer III, IV = Rn. 750 ff.).

67 b) **Vorsorge für Alter und Erwerbsunfähigkeit.** Ab Rechtshängigkeit des Scheidungsverfahrens kann beim Trennungsunterhalt zusätzlich ein **Vorsorgeunterhalt** für den Fall des Alters und der verminderten Erwerbsfähigkeit verlangt werden (§ 1361 I 2 BGB). Bis zu diesem Zeitpunkt nimmt ein Ehegatte über den Versorgungsausgleich eine Altersvorsorge des anderen Ehegatten teil. Da diese Teilhabe mit Rechtshängigkeit des Scheidungsantrags nach § 3 I VersAusglG endet, kann der ganz oder teilweise an einer Erwerbstätigkeit gehinderte Unterhaltsberechtigte durch den Vorsorgeunterhalt seine Versorgung im Wege der freiwilligen Weiterversicherung erhöhen, um damit die ansonsten entstehende Lücke in seiner „sozialen Biographie" zu verhindern.[132] Der Altersvorsorgeunterhalt kann ab Ende der Ehezeit, d. h. von Beginn des Monats der Zustellung des Scheidungsantrags,[133] verlangt werden. Voraussetzung ist aber, dass ein Anspruch auf Trennungsunterhalt besteht. Ebenso wie der Anspruch auf Elementarunterhalt endet der Anspruch auf Altersvorsorgeunterhalt mit der Rechtskraft der Scheidung. Der Vorsorgeunterhalt ist nicht Gegenstand eines eigenständigen Anspruch, sondern Teil des einheitlichen, den gesamten Lebensbedarf erfassenden Unterhaltsanspruchs.[134] Vorsorgeunterhalt kann auch verlangt werden, wenn die Unterhaltsbedürftigkeit durch die berechtigte Aufnahme oder Weiterführung einer Ausbildung bedingt ist.[135]

---

[128] BT-Drucks. 16/1830 S. 23)
[129] Gutdeutsch FamRZ 2011, 523, 524
[130] BVerfG FamRZ 2011, 437 = R 722 f
[131] BGH FamRZ 1984, 356
[132] BGH FamRZ 1999, 372 Rn. 43
[133] BGH FamRZ 1981, 442
[134] BGH FamRZ 2007, 193, 196 = R 664 e
[135] BGH FamRZ 1988, 1145, 1148

1. Abschnitt: Der Trennungsunterhalt (§ 1361 BGB) § 4

Die **Berechnung des Vorsorgeunterhalts** erfolgt wie beim nachehelichen Unterhalt 68 durch eine zweistufige Berechnungsweise (im Einzelnen siehe § 4 Abschnitt 4 = Rn. 874 ff.). Vor der Berechnung des endgültigen Quotenunterhalts ist der Vorsorgeunterhalt in der Regel vom Einkommen des Verpflichteten abzuziehen. In Fällen besonders günstiger wirtschaftlicher Verhältnisse ist eine zweistufige Berechnung des Elementarunterhalts allerdings nicht erforderlich, weil diese lediglich sicherstellen soll, dass nicht zu Lasten des Unterhaltsverpflichteten über den Grundsatz der gleichmäßigen Teilhabe der Ehegatten an den ehelichen Lebensverhältnissen hinausgegangen wird. Wenn die wirtschaftlichen Verhältnisse so günstig sind, dass der Vorsorgebedarf neben dem laufenden Unterhaltsbedarf befriedigt werden kann, besteht keine Notwendigkeit für die zweistufige Berechnungsweise. Der Vorsorgeunterhalt kann dem Unterhaltsberechtigten dann neben dem konkret ermittelten ungekürzten Elementarunterhalt zugesprochen werden.[136]

Die **Höhe des Altersvorsorgeunterhalts** beschränkt sich bei sehr guten Einkommens- 69 verhältnissen nicht auf den sich aus der Beitragsbemessungsgrenze der gesetzlichen Rentenversicherung ergebenden Betrag.[137] Bei mangelnder Leistungsfähigkeit des Unterhaltspflichtigen geht der Elementarunterhalt dem Vorsorgeunterhalt ebenso wie beim nachehelichen Unterhalt gemäß § 1578 III BGB vor, weil er lediglich einen zukünftigen Bedarf abdecken soll.

Bei Geltendmachung von **rückständigem Altersvorsorgeunterhalt** wird nicht vorausgesetzt, dass dieser gesondert angemahnt wurde. Es genügt, wenn nach Maßgabe des § 1613 I 1 BGB (§§ 1361 IV 4, 1360 a III BGB) allgemein Auskunft mit dem Ziel der Geltendmachung eines Unterhaltsanspruchs verlangt worden ist.[138]

c) **Krankenvorsorgeunterhalt.** Ab der Trennung kann, auch wenn dies in § 1361 70 BGB anders als in § 1578 II BGB nicht ausdrücklich erwähnt ist, Krankenvorsorgeunterhalt als unselbständiger Teil des Unterhalts neben dem Elementarunterhalt verlangt werden. Die Kosten der Krankenvorsorge und der Pflegevorsorge sind Bestandteil des Lebensbedarfs des Unterhaltsberechtigten.[139]

Bis zur Rechtskraft der Scheidung ist ein getrennt lebender Ehegatte in der Regel über eine sozialversicherungspflichtige Tätigkeit selbst krankenversichert oder in der Familienversicherung nach § 10 SGB V mitversichert, so dass sein Krankenversicherungsbedarf abgedeckt ist und keine Notwendigkeit für die Geltendmachung von Krankenvorsorgeunterhalt besteht. Ein solcher Anspruch auf Ersatz der angemessenen Kosten für eine **Krankenversicherung** (vgl. § 4 Abschnitt 4 Ziffer II = Rn. 900 ff.) entsteht erst dann, wenn eine Mitversicherung mit dem Verpflichteten nicht oder nicht mehr besteht, weil das Einkommen des Berechtigten die Freigrenzen überschreitet (§ 10 I Nr. 5 SGB V) oder weil er hauptberuflich selbstständig ist (§ 10 I Nr. 4 SGB V). Ein Bedarf für eine Krankenvorsorge besteht auch dann, wenn eine **private Krankenversicherung** des unterhaltsberechtigten Ehegatten besteht. Für eine solche hat der Unterhaltspflichtige die Beiträge weiter zu entrichten.

Die **Berechnung der Krankheitsvorsorgeaufwendungen** erfolgt wie beim nachehe- 71 lichen Unterhalt durch eine zweistufige Berechnungsweise (Einzelheiten siehe in § 4 Abschnitt 4 Ziffer II = Rn. 906 ff.). Vor der Berechnung des Quotenunterhalts ist der Krankheitsvorsorgeunterhalt in der Regel vom Nettoeinkommen des Verpflichteten abzuziehen.

Der Unterhaltsberechtigte ist verpflichtet, den von dem Unterhaltsverpflichteten an ihn gezahlten Krankenvorsorgeunterhalt zwecksentsprechend zu verwenden. Wenn dies nicht erfolgt, wird er so behandelt, als hätte er die Beiträge zur Krankenversicherung bestimmungsgemäß verwendet.[140]

Die gleichen Grundsätze gelten für die Aufwendungen für die **Pflegeversicherung** nach den Vorschriften des SGB XI.

---

[136] BGH FamRZ 2010, 1637 Rn. 37 = R 715 c; BGH FamRZ 2007, 117 Rn. 11 ff.
[137] BGH FamRZ 2007, 117, 119 = R 662 d + e
[138] BGH FamRZ 2007, 193 = R 664 e
[139] OLG Saarbrücken FamRZ 1999, 382; Büttner FamRZ 1995, 193, 197
[140] BGH FamRZ 1989, 483 Rn. 25

72 **d) Mehrbedarf.** Ein regelmäßiger Mehrbedarf des Ehegatten auf Grund besonderer Umstände kann z. B. bestehen als krankheitsbedingter Mehrbedarf infolge einer chronischen Erkrankung oder als ausbildungsbedingter Mehrbedarf für den kostenverursachenden Besuch einer Ausbildungsstätte. Solche Mehrkosten müssen vorhersehbar und regelmäßig anfallen, sachlich berechtigt und dem Verpflichteten unterhaltsrechtlich zumutbar sein. Sie sind konkret geltend zu machen und bei Bestreiten nachzuweisen. Ihre Höhe kann nach § 287 ZPO geschätzt werden (siehe Rn. 432 ff., 498 ff., 840 ff.).

Als unselbstständiger Unterhaltsteil ist der Mehrbedarf – wie der Vorsorgeunterhalt – vor Berechnung des Quotenunterhalts vom Nettoeinkommen des Verpflichteten abzuziehen.

Davon abweichend ist **trennungsbedingter Mehrbedarf** regelmäßig nicht anzuerkennen, weil die Ermittlung des Unterhaltsbedarfs mittels der Differenzmethode üblicherweise das gesamte verfügbare Einkommen beider Eheleute erfasst und schon auf Grund der Halbteilung die Interessen beider Ehegatten berücksichtigt werden.[141] (siehe § 4 Rn. 835).

73 **e) Ausbildungsunterhalt bei Trennung.** Haben die Ehegatten ihre Lebensgemeinschaft vor der Trennung dahin gestaltet, dass einer der Ehegatten einem Studium nachgeht, so ist diesem während der Trennung – bei im Übrigen unveränderten Lebensverhältnissen – Ausbildungsunterhalt zu gewähren, wenn die **Ausbildung** dem im Lauf der Ehe einvernehmlich entwickelten, **gemeinsamen Lebensplan** der Eheleute entspricht. Dabei ist es unerheblich, ob es sich um eine Erst- oder Zweitausbildung handelt.[142] Sagt ein Ehegatte im Zuge der Eheschließung zu, dem aus einem anderen Land und Kulturkreis stammenden anderen Ehegatten im Falle der ehebedingten Übersiedlung nach Deutschland das Erlernen der Sprache und eine (nicht näher bezeichnete) Ausbildung zu ermöglichen, so ist er auch im Falle der Trennung hieran festzuhalten. Er schuldet dann dem anderen Ehegatten, der nach dem Erwerb der Sprachkenntnisse keine Ausbildung, sondern ein Hochschulstudium anstrebt, Unterhalt für die Dauer einer (regelmäßig kürzeren als ein Studium) mit einer eigenen Vergütung verbundenen hypothetischen Berufsausbildung.[143]

Diese Grundsätze sind nicht anwendbar, wenn die nach Trennung begonnene Ausbildung nach dem gemeinsamen Lebensplan im Zeitraum der Trennungsphase noch gar nicht aufgenommen worden wäre.[144]

Ohne einen gemeinsamen Lebensplan kann ein Anspruch auf Ausbildungsunterhalt nach § 1361 BGB unter **Heranziehung der Grundsätze zum nachehelichen Unterhalt** bestehen, weil getrennt lebende Ehegatten im Zweifel unterhaltsrechtlich nicht schlechter gestellt werden dürfen als sie im Fall der Scheidung stehen würden. Während der Trennungszeit kommt ein Anspruch auf Ausbildungsunterhalt jedoch nur nach den Kriterien des § 1573 I i. V. § 1574 III BGB in Betracht. Diese setzen voraus, dass der Bedürftige nach **§ 1574 III BGB** verpflichtet ist, sich einer zur Erlangung einer angemessenen Erwerbstätigkeit erforderlichen Ausbildung zu unterziehen, damit bei Scheidung eine baldige (Wieder-)Eingliederung in das Erwerbsleben möglich wird. Dies liegt in aller Regel auch im Interesse des Verpflichteten.[145]

74 Auf eine entsprechende Anwendung von **§ 1575 BGB** kann während der Trennungszeit ein Ausbildungsunterhalt grundsätzlich nicht gestützt werden, weil ein Anspruch nach § 1575 BGB nicht der Erhaltung des ehelichen Lebensstandards dient, sondern auch ehebedingte Nachteile ausgleichen soll und gegenüber den ehelichen Lebensverhältnissen Niveausteigerungen ermöglicht. Es kann dem Verpflichteten im Hinblick auf den provisorischen Charakter des Getrenntlebens, d. h. solange die Wiederherstellung der ehelichen Lebensgemeinschaft noch möglich erscheint, in der Regel nicht zugemutet werden, für den Unterhalt des Berechtigten in größerem Maße aufzukommen, als es durch die Aufrechterhaltung des ehelichen Lebensstandards geboten ist. Ein **Anspruch entsprechend § 1575**

---

[141] BGH FamRZ 2010, 111 Rn. 35 = R 707 a; BGH FamRZ 2007, 1303, 1305, vgl. auch Klinkhammer FF 2009, 140, 143
[142] BGH FamRZ 1985, 782; FamRZ 1981, 439
[143] OLG Düsseldorf FamRZ 2008, 1856
[144] BGH FamRZ 1985, 782
[145] BGH FamRZ 2001, 350, 351 = R 551 b; FamRZ 1988, 1145; FamRZ 1985, 782

1. Abschnitt: Der Trennungsunterhalt (§ 1361 BGB) § 4

BGB kann, sofern dessen sonstige Voraussetzungen vorliegen,[146] während der Trennungszeit aber **im Vorgriff** auf dessen Voraussetzungen bejaht werden, wenn die Trennung nach den Umständen dergestalt auf eine Scheidung abzielt, dass sich der Berechtigte auf das endgültige Scheitern der Ehe, z. B. wegen der Endgültigkeit der von seinem Partner vollzogenen Trennung und auf dessen konkret zum Ausdruck gebrachte Scheidungsabsicht, einstellen muss. Dann hat der ausbildungswillige Partner ein berechtigtes Interesse daran, seinen Ausbildungsanspruch nach § 1575 BGB sobald als möglich zu verwirklichen. Dieses Interesse zählt dann zu seinen „persönlichen Verhältnissen" im Sinn von § 1361 II BGB und ist geeignet, die Unzumutbarkeit einer Erwerbstätigkeit zu begründen. Dem anderen Ehepartner ist es billigerweise verwehrt, die Zurückstellung des Ausbildungswunsches bis zur Scheidung zu verlangen. In derartigen Fällen ist die Ausbildung während des Getrenntlebens nur eine Vorwegnahme des nachehelichen Ausbildungsbeginns.[147] Einzelheiten zum Ausbildungsunterhalt nach § 1575 BGB siehe Rn. 338 ff.

f) Verfahrenskostenvorschuss und Sonderbedarf. Wegen des möglichen Anspruchs 75 auf Sonderbedarf (§§ 1361 IV 4, 1360a III, 1613 II Nr. 1 BGB) siehe § 6 Abschnitt 1 Ziffer I = Rn. 1 ff., wegen des Anspruchs auf Verfahrenskostenvorschuss[148] (§§ 1361 IV 4, 1360a IV BGB) siehe § 6 Abschnitt 1 Ziffer II. Rn 20.

VI. Leistungsfähigkeit des Unterhaltspflichtigen

Auch die **Leistungsfähigkeit** des Unterhaltsverpflichteten ist eine ungenannte Voraussetzung des Trennungsunterhalts gemäß § 1361 BGB. Ein Ehegatte ist nur dann unterhaltspflichtig, wenn ihm ausreichende Mittel zur Verfügung stehen, um seinen eigenen angemessenen Lebensbedarf zu decken und darüber hinaus Unterhalt leisten zu können.[149] Die unterste Grenze für die Leistungsfähigkeit des Unterhaltspflichtigen ergibt sich aus dem ihm zu belassenden Selbstbehalt. 76

Beim Trennungsunterhalt sind im Rahmen des § 1361 BGB die **Grundsätze des § 1581 BGB** zur Beurteilung der Leistungsfähigkeit des Verpflichteten unter Berücksichtigung der Besonderheiten, die das Verhältnis der Ehegatten zueinander während des Getrenntlebens zu demjenigen nach der Scheidung kennzeichnen,[150] mit heranzuziehen.[151] Näheres zur Leistungsfähigkeit, die sich nach allgemeinen Grundsätzen richtet, siehe § 4 Rn. 966 ff.

Den Unterhaltsschuldner trifft im Rahmen seiner Verpflichtung zu Leistung von Trennungsunterhalt grundsätzlich **keine Obliegenheit zur Einleitung der Verbraucherinsolvenz.** Der BGH hatte eine solche Obliegenheit im Hinblick auf die nach § 1603 II BGB gesteigerte Unterhaltspflicht zur Sicherstellung des laufenden Unterhalts von minderjährigen Kindern grundsätzlich bejaht.[152] Dies gilt wegen fehlender gesteigerter Unterhaltspflicht und im Hinblick auf die verfassungsrechtlich geschützte Handlungsfreiheit des Unterhaltsschuldners regelmäßig nicht für den Ehegattenunterhalt (Trennungsunterhalt oder nachehelicher Unterhalt).[153] 77

---

[146] OLG München FamRZ 1998, 553 bejaht einen Anspruch auf Trennungsunterhalt entsprechend § 1575 I BGB, wenn der berechtigte Ehegatte wegen der Geburt eines Kindes eine Ausbildung abgebrochen hatte
[147] BGH FamRZ 1985, 782; FamRZ 2001, 350, 351 = R 551 b
[148] OLG Karlsruhe FamRZ 2009, 361
[149] BGH FamRZ 1981, 1159; BGH FamRZ 2001, 619, 621 = R 548
[150] BGH FamRZ 1986, 556
[151] Vgl. hierzu BVerfG FamRZ 2002, 1397, 1398
[152] BGH FamRZ 2005, 608
[153] BGH FamRZ 2008, 497, 499 f. = R 687

VII. Unterhaltsberechnung

78 Die Methoden und Beispiele zur Unterhaltsberechnung für den nachehelichen Unterhalt gelten in gleicher Weise für den Trennungsunterhalt (siehe hierzu Abschnitt 3 Ziffer III bis V und Abschnitt 5 = Rn. 750 ff., 928 ff.).

VIII. Rangfolge, Konkurrenzen

1. Rangfolge des Unterhaltsanspruchs

79 Unterhaltsansprüche getrennt lebender Ehegatten stehen nach der für alle Unterhaltsansprüche geltenden Vorschrift des § 1609 BGB seit dem 1. 1. 2008 gemäß § 1609 Nr. 2 BGB im 2. Rang nach den Unterhaltsansprüchen der minderjährigen Kinder, wenn ein Unterhaltsanspruch wegen Kinderbetreuung besteht oder die Ehe von langer Dauer war, im Übrigen in dem 3. Rang.

2. Konkurrenzen

80 Die **getrennt lebende Ehefrau** hat wegen eines nichtehelichen Kindes nach rechtswirksamer Feststellung oder Anerkennung der Vaterschaft (vgl. § 7) auch dann einen Unterhaltsanspruch gegen den Kindesvater nach § 1615 l I bzw. II 2 BGB, wenn sie schon wegen der Betreuung ehelicher Kinder an einer Erwerbstätigkeit gehindert ist. Ihr hieraus resultierender Anspruch auf Trennungsunterhalt nach **§ 1361 BGB konkurriert mit** ihrem Anspruch nach **§ 1615 l BGB,** der entgegen der vielfach früher in der Rechtsprechung vertretenen Meinung[154] nicht gegenüber einem Anspruch auf Ehegattenunterhalt vorrangig ist. Der BGH[155] wendet zur Bestimmung der anteiligen Haftung der beiden Verpflichteten über § 1615 l II 1 BGB die Vorschrift des § 1606 III S. 1 BGB entsprechend an, wobei sich die **Haftungsquote** nicht allein nach den jeweiligen Erwerbs- und Vermögensverhältnissen bestimmt, sondern z. B. auch danach, inwiefern die Mutter auf Grund der unterschiedlichen Betreuungsbedürftigkeit der einzelnen Kinder von einer Erwerbstätigkeit abgehalten wird (vgl. zu den Rangproblemen im Einzelnen § 7 Rn. 152 ff.). Diese Grundsätze gelten auch, wenn eine Ehefrau wegen eines betreuten ehelichen Kindes und eines betreuten nichtehelichen Kindes von dessen Vater und vom Ehemann Betreuungsunterhalt verlangen kann.

IX. Beginn und Ende des Trennungsunterhalts, Unterhaltsverzicht, Unterhaltsbegrenzung

1. Beginn des Anspruchs

81 Der Anspruch auf Trennungsunterhalt **beginnt** mit der vollständigen Trennung der Eheleute (siehe oben Rn. 4). Bis zur Trennung besteht der wesensverschiedene Anspruch auf Familienunterhalt. Der Anspruch auf Trennungsvorsorgeunterhalt beginnt erst ab Rechtshängigkeit des Scheidungsverfahrens (§ 1361 I 2 BGB).

---

[154] KG FamRZ 1998, 556; OLG Hamm FamRZ 1997, 1538
[155] BGH FamRZ 1998, 541, 544 = R 520 c

1. Abschnitt: Der Trennungsunterhalt (§ 1361 BGB) § 4

2. Ende des Anspruchs

a) Rechtskraft der Scheidung. Der Trennungsunterhalt **endet** mit dem Tag **vor** 82
Eintritt der Rechtskraft der Scheidung. Ab dem Tag der Rechtskraft der Scheidung wird
der wesensverschiedene nacheheliche Unterhalt geschuldet.[156] Die Auffassung, dass der
Trennungsunterhalt nicht nur bis zum Tag der Scheidung, sondern bis zum Ende des
Monats geschuldet werde, in welchen die Scheidung fällt, der Nachscheidungsunterhalt also
erst mit dem Ersten des der Rechtskraft des Scheidungsurteils folgenden Monats beginne,[157]
hat der Bundesgerichtshof wegen Unvereinbarkeit mit der Gesetzeslage ausdrücklich abgelehnt.[158]

b) Versöhnung der Eheleute. Der Anspruch auf Trennungsunterhalt **erlischt,** wenn 83
die Ehegatten ihre häusliche Trennung nicht nur ganz kurzfristig wieder herstellen. Denn
bei Beendigung der häuslichen Trennung nach einer Versöhnung entsteht wieder ein
Anspruch auf Familienunterhalt, der eine andere Qualität als der Trennungsunterhalt hat.[159]
Auch soweit der Anspruch vor der Versöhnung tituliert worden war, lebt er bei erneutem
Getrenntleben nicht wieder auf, so dass sein Erlöschen mit einem Vollstreckungsgegenantrag geltend gemacht werden kann.[160]

c) Tod des Unterhaltsberechtigten oder des Unterhaltspflichtigen. Nach §§ 1361 84
IV 4, 1360a III, 1615 I BGB erlischt der Anspruch auf Trennungsunterhalt ferner mit dem
Tod eines Ehegatten, soweit der Unterhaltsanspruch nicht auf Erfüllung oder Schadensersatz wegen Nichterfüllung für die Vergangenheit oder auf solche im Voraus zu bewirkenden Leistungen gerichtet ist, die zur Zeit des Todes schon fällig waren. Nach § 1361 IV 2
BGB ist für den Monat des Todes des Unterhaltsberechtigten der volle monatliche Unterhalt zu zahlen, nicht nur der anteilige Unterhalt bis zu dem Todestag.

Wenn der unterhaltspflichtige Ehegatte stirbt, sind die bis dahin rückständigen Unterhaltsbeträge Nachlassverbindlichkeiten. Falls das gesetzliche Erbrecht des unterhaltsberechtigten Ehegatten wegen des bei Tod des Unterhaltspflichtigen rechtshängigen Scheidungs-
oder Aufhebungsverfahrens nach § 1933 S. 1 u. 2 BGB ausgeschlossen ist, tritt als Ersatz für
den Wegfall dieses Ehegattenerbrechts an die Stelle des Anspruchs auf Trennungsunterhalt
ein **quasi-nachehelicher Unterhaltsanspruch** nach §§ 1569 bis 1586b BGB, der die
Erben als Nachlassverbindlichkeit trifft (§ 1933 S. 3 BGB). Die neu entstehenden Unterhaltsansprüche sind auf die Höhe des fiktiven Pflichtteils des unterhaltsberechtigten Ehegatten beschränkt. Maßgebend ist hierbei der sog. kleine Pflichtteil. Die Vorschrift des § 1371
BGB ist nicht anwendbar. Umstritten ist, ob der quasi-nacheheliche Unterhaltsanspruch
entsteht, wenn der Ehegatte z. B. im Rahmen einer notariellen Trennungs- und Scheidungsvereinbarung auf Erb- und Pflichtteilsansprüche (§ 2346 BGB) verzichtet hatte.[161]

Der Unterhaltspflichtige hat die Beerdigungskosten für den Unterhaltsberechtigten zu
zahlen, wenn eine Zahlung von den Erben nicht zu erlangen ist (§ 1615 II BGB).

3. Unterhaltsverzicht

Aus § 1614 BGB ergibt sich das **Verbot, auf Trennungsunterhalt für die Zukunft** 85
ganz oder teilweise zu **verzichten.** Deshalb darf auch eine Unterhaltsvereinbarung nicht
auf einen Verzicht oder teilweisen Verzicht hinauslaufen. Es genügt allein eine objektive
Unterhaltsverkürzung.[162]

---

[156] BGH FamRZ 1981, 242; FamRZ 1984, 256, 257
[157] Luthin FamRZ 1985, 262
[158] BGH FamRZ 1988, 370, 372
[159] OLG Hamm FamRZ 1999, 30
[160] OLG Hamm a. a. O.; OLG Düsseldorf FamRZ 1992, 943
[161] Verneinend Grziwotz FamRZ 1991, 1258; Pentz FamRZ 1998, 1344 und 1999, 489; Johannsen/
Henrich/Büttner § 1586b BGB Rn. 9; Schmitz FamRZ 1999, 1569; a. A. Dieckmann FamRZ
1992, 633 und 1999, 1029
[162] BGH FamRZ 1984, 997, 999

Da auch für die Bemessung des Trennungsunterhalts ein gewisser Angemessenheitsrahmen besteht, der von den Eheleuten ausgeschöpft werden kann, ist eine solche Unterhaltsvereinbarung erst dann unwirksam, wenn sie diesen **Angemessenheitsrahmen** unterschreitet. Eine solche Unterschreitung wird im Regelfall zu bejahen sein, wenn weniger als ⁴/₅ des berechtigten Trennungsunterhalts vereinbart werden.¹⁶³ Verkürzungen um mehr als ¹/₃ sind jedenfalls nicht mehr hinnehmbar¹⁶⁴ (siehe hierzu näher die Ausführungen zu Unterhaltsvereinbarungen § 6 Abschnitt 6 = Rn. 611).

Unwirksam ist auch eine Vereinbarung, den Trennungsunterhalt nicht gerichtlich geltend zu machen.¹⁶⁵ Ein **Verzicht** auf Trennungsunterhalt **für die Vergangenheit** ist dagegen **zulässig**. In der Nichtgeltendmachung von Trennungsunterhalt für längere Zeit liegt allerdings noch kein solcher Verzicht. Es ist vielmehr zu prüfen, ob der Berechtigte einen triftigen Grund für einen solchen Verzicht hatte oder ob nicht eine andere Erklärung für die Unterlassung der Rechtsausübung naheliegt.¹⁶⁶ Allerdings kann bei illoyal verspäteter Geltendmachung nach Treu und Glauben eine **Verwirkung** des Unterhaltsanspruchs eintreten. Hierfür müssen sowohl das Zeit- als auch das Umstandsmoment vorliegen.¹⁶⁷

Verzichtet ein trennungsunterhaltsberechtigter Ehegatte zunächst auf die Vollstreckung aus seinem Unterhaltstitel, da er Einkünfte aus Berufstätigkeit hat, so kann er dennoch ab Eintritt erneuter Bedürftigkeit aus dem Unterhaltstitel vollstrecken. Er hat nicht auf künftige Trennungsunterhaltsansprüche verzichtet. Der Trennungsunterhaltsberechtigte muss den Unterhaltsanspruch auch nicht erneut gerichtlich geltend machen.¹⁶⁸

4. Unterhaltsbegrenzung

86   Der Anspruch auf Trennungsunterhalt kann nicht in analoger Anwendung des § 1578 b BGB befristet oder herabgesetzt werden, weil der Gesetzgeber nach der Begründung zum Regierungsentwurf des Unterhaltsrechtsänderungsgesetzes ausdrücklich von der Anwendung des § 1578 b BGB im Rahmen des Trennungsunterhalts abgesehen hat und daher eine Regelungslücke nicht vorliegt.¹⁶⁹

X. Verwirkung des Trennungsunterhalts (§§ 1361 III, 1579 BGB)

1. Voraussetzungen für die Anwendung der Härteklausel des § 1579 BGB

87   Nach § 1361 III BGB ist § 1579 Nr. 2 bis Nr. 8 BGB entsprechend anzuwenden, d. h., ein Anspruch auf Trennungsunterhalt kann versagt, herabgesetzt oder zeitlich begrenzt werden, soweit die Inanspruchnahme des Verpflichteten auch unter Wahrung der Belange eines dem Berechtigten zur Pflege oder Erziehung anvertrauten gemeinschaftlichen Kindes grob unbillig wäre, weil einer der in § 1579 Nr. 2 mit 8 BGB aufgeführten Gründe tatbestandsmäßig zu bejahen ist.

Erforderlich ist danach wie beim nachehelichen Unterhalt **das Vorliegen eines speziellen Härtegrundes** im Sinne der Nr. 2 bis 8 des § 1579 BGB. Insoweit gelten die Aus-

---

[163] BGH FamRZ 1984, 997, 999; OLG Köln FamRZ 1983, 750
[164] OLG Hamm FamRZ 2007, 732, 733
[165] OLG Karlsruhe FamRZ 1980, 1117
[166] BGH FamRZ 1981, 763
[167] Vgl. BGH FamRZ 2002, 1698, 1699 = R 577
[168] OLG Zweibrücken FamRZ 2009, 142
[169] BT-Drucks. 16/1830 S. 16; OLG Düsseldorf FamFR 2010, 390; OLG Hamburg MDR 2009, 334; OLG Brandenburg FamRZ 2009, 1837 m. Anm. Ehinger FPR 2009, 250; OLG Brandenburg OLGR Brandenburg 2009, 427; OLG Düsseldorf FamRZ 2008, 1539; OLG Bremen FamRZ 2009, 1415; Büttner/Niepmann NJW 2008, 2391, 2399; a.A. bei langer Trennungszeit vgl. Palandt/Brudermüller, BGB, Nachtrag zur 67. Aufl. § 1578 b Rn. 3; Graba FamRZ 2008, 1217, 1220; vgl. auch Triebs FPR 2008, 31, 35; Maurer FamRZ 2008, 975, Anm. zu BGH FamRZ 2008, 968

1. Abschnitt: Der Trennungsunterhalt (§ 1361 BGB) § 4

führungen zum nachehelichen Unterhalt (siehe § 4 Abschnitt 8 = Rn. 1200 ff.) entsprechend.

2. Einzelne, beim Trennungsunterhalt häufig geltend gemachte Härtegründe

a) **§ 1579 Nr. 1 BGB.** Nach § 1361 III BGB ist eine kurze Ehedauer allein **kein** 88 Ausschlussgrund für den Trennungsunterhalt, weil § 1579 Nr. 1 BGB in § 1361 III BGB ausdrücklich für nicht anwendbar erklärt wird.[170] Selbst die Tatsache, dass die Parteien nie zusammengelebt haben, reicht für einen Ausschluss nicht aus.[171] Gleiches gilt bei langjähriger Trennung.[172]

Eine **kurze Ehedauer** bzw. ein kurzes oder fehlendes Zusammenleben kann jedoch zusammen mit weiteren Umständen für die Beurteilung der Frage eine Rolle spielen, ob im Sinne von § 1361 II BGB eine Erwerbsobliegenheit des haushaltführenden Ehegatten besteht. Außerdem kann sie bei der **Billigkeitsabwägung** im Rahmen eines Härtegrundes nach § 1579 Nr. 2 bis 8 BGB mit berücksichtigt werden. So hat der BGH eine Versagung von Unterhalt für gerechtfertigt gehalten, wenn es nicht zur Aufnahme irgendeiner Gemeinschaft gekommen ist, weil die Ehegatten ihre standesamtliche Heirat wegen einer kirchlich nicht geschiedenen früheren Ehe des einen von ihnen nach ihrer gemeinsamen Glaubensüberzeugung als irrelevant angesehen haben.[173] Ebenso hat das AG Essen einen Unterhaltsanspruch bei einer Dauer des Zusammenlebens der Ehegatten von nur 14 Tagen im Hinblick auf die Erwerbsobliegenheit der Ehefrau versagt, die überdies zum Zeitpunkt der Trennung anderweitige geschlechtliche Beziehungen aufgenommen hatte (§ 1579 Nr. 7 BGB).[174]

b) **§ 1579 Nr. 2 BGB.** Der Auffangtatbestand des § 1579 Nr. 8 BGB (andere schwer- 89 wiegende Gründe; § 1579 Nr. 7 BGB a. F.) kam vor der Unterhaltsreform auch beim Trennungsunterhalt bei länger dauerndem (im Allgemeinen nicht unter zwei bis drei Jahren) Zusammenleben des Berechtigten mit einem anderen Partner in Betracht.[175] Insoweit hat der Gesetzgeber seit dem 1. 2. 2008 mit **§ 1579 Nr. 2 BGB** (n. F.) eine eigene Regelung geschaffen, die aber gegenüber der bisherigen Rechtsprechung zu keiner Änderung führen soll.[176] Die Partner müssen nicht in einer Wohnung zusammenleben. Es reicht aus, wenn nur ein Verhältnis besteht, das persönlich, wirtschaftlich und von seiner Intensität her einem eheähnlichen Verhältnis gleichkommt.[177] Ein solches kann unter besonderen Umständen (Kauf eines gemeinsamen Hausgrundstücks[178]) auch schon nach einem Jahr[179] beim Trennungsunterhalt angenommen werden. Auch das Vorliegen einer intimen Beziehung ist nicht Voraussetzung.[180]

c) **§ 1579 Nr. 3 BGB.** Eine Verwirkung des Unterhalts gemäß §§ 1361 Abs. 3, 1579 90 Nr. 3, 5 BGB kann wegen Verschweigens bzw. falscher Darstellung der eigenen Einkünfte durch den Unterhaltsberechtigten Klägerin eintreten.[181]

d) **§ 1579 Nr. 7 BGB.** Für den Trennungsunterhalt ist insbesondere § 1579 Nr. 7 BGB 91 (schwerwiegendes, eindeutig beim Berechtigten liegendes Fehlverhalten) bedeutsam, weil die Entscheidungen des BGH[182] zum einseitigen **Ausbruch aus einer** sogenannten **intak-**

---

[170] BGH FamRZ 1979, 569
[171] BGH FamRZ 1994, 558 = R 476
[172] BGH FamRZ 1981, 241
[173] BGH FamRZ 1994, 558 = R 476
[174] AG Essen FamRZ 2000, 23
[175] BGH FamRZ 2002, 810, 811 = R 574 a
[176] BT-Drucks. 16/1830 S. 21
[177] OLG Düsseldorf FamRZ 2011, 225
[178] OLG Saarbrücken NJW-RR 2009, 1449
[179] OLG Köln FamRZ 2000, 290; OLG Karlsruhe FamRZ 2006, 706; OLG Schleswig FamRZ 2006, 954
[180] BGH FamRZ 2002, 810, 811 f. = R 574 a u. b; BT-Drucks. 16/1830 S. 21
[181] BGH FamRZ 2007, 1532 Rn. 54; OLG Düsseldorf FF 2010, 376 (LS)
[182] Vgl. wegen der Fundstellen § 4 Abschnitt 8 Ziffer IX 2

ten Ehe[183] und dem daran anschließenden Zusammenleben mit einem neuen Partner überwiegend zum Trennungsunterhalt ergangen sind.

Durch eine einseitige Abkehr von der ehelichen Lebensgemeinschaft werden Ansprüche auf Trennungsunterhalt verwirkt.[184] Der entscheidende Gesichtspunkt für die Annahme eines Härtegrundes gemäß § 1579 Nr. 7 BGB ist nicht in der Trennung als solcher zu sehen, sondern in der Widersprüchlichkeit des Verhaltens des Unterhaltsberechtigten, der sich zum einen aus der ehelichen Bindung löst, zum anderen aber die eheliche Solidarität durch ein Unterhaltsbegehren einfordert, ohne seinerseits das Prinzip der Gegenseitigkeit zu wahren. Dieses Prinzip wird nach der Rechtsprechung des BGH[185] verletzt, wenn der Berechtigte sich gegen den Willen seines Ehegatten einem anderen Partner zuwendet und jenem die dem Ehegatten geschuldete Hilfe und Fürsorge zuteilwerden lässt. Eine in dieser Weise erfolgte Abkehr von der Ehe, die vor allem in der Begründung einer eheähnlichen Gemeinschaft oder der Aufnahme eines nachhaltigen, auf längere Dauer angelegten intimen Verhältnisses liegen kann, führt dazu, dass die Inanspruchnahme des anderen Ehegatten auf Unterhalt grob unbillig erscheint.

92 Ein einseitiger Ausbruch aus einer Ehe kann auch ohne sexuellen Bezug vorliegen.[186] Auch die Aufnahme einer gleichgeschlechtlichen Beziehung gegen den Willen des anderen Ehegatten kann unter § 1579 Nr. 7 BGB fallen.[187] Gleiches gilt, wenn ein Ehegatte während der bestehenden Lebensgemeinschaft auf einer einschlägigen Internetseite (www.poppen.de) seine sexuellen Vorlieben und Neigungen veröffentlicht.[188]

An einem schwerwiegenden und einseitigen Fehlverhalten fehlt es, wenn der Berechtigte eine vorübergehende Beziehung zu einem anderen Partner aus einer nicht mehr intakten Ehe heraus aufnimmt.[189] Hat der Pflichtige im gleichen Zeitraum seinerseits eine entsprechende außereheliche Beziehung aufgenommen, wird das Verhalten des Berechtigten relativiert, so dass es an den Voraussetzungen für die Anwendung von § 1579 Nr. 7 BGB fehlen kann.[190]

Weitere Fälle des § 1579 Nr. 7 BGB können das Unterschieben eines Kindes[191] oder fortwährende Verweigerung des Umgangsrechts mit der unrichtigen Behauptung sexuellen Missbrauchs sein.[192]

93 **e) § 1579 Nr. 8 BGB.** Ist ein getrennt lebender Ehegatte voll erwerbsfähig und hat er eine angemessene Stelle, kann er wegen objektiver Unzumutbarkeit von Unterhaltsleistungen (§ 1579 Nr. 8 BGB) nach Jahren, in denen er sich allein unterhalten hat, nicht wegen des niedrigen Einkommensniveaus in seinem Heimatland – auch wenn ihm die Rückkehr nach Deutschland verwehrt ist – Trennungs/Aufstockungsunterhalt verlangen, falls der Pflichtige für seine Rückkehr ins Ausland nicht verantwortlich ist.[193] Überhaupt können Unterhaltsleistungen bei langer Trennung wegen grober Unbilligkeit unzumutbar sein, z. B. wenn Ehegatten während neunzehnjährigen Getrenntlebens jeweils ihr Auskommen hatten und ein Ehegatte nunmehr trotz unveränderter Einkommensverhältnisse und verselbständigter Lebensverhältnisse plötzlich Trennungsunterhalt verlangt, weil der andere Ehegatte den Scheidungsantrag eingereicht hat.[194]

---

[183] Zur Problematik des Begriffs „intakte Ehe" vgl. Peschel-Gutzeit FamRZ 1996, 1446, 1450
[184] OLG Oldenburg FamRZ 2010, 904; OLG Zweibrücken FamRZ 2009, 699; OLG Karlsruhe FamRZ 2008, 2279; KG FamRZ 2006, 1542; OLG Hamm FamRZ 1999, 1134
[185] BGH FamRZ 2008, 1414 = R 693
[186] KG FamRZ 1989, 868 m. Anm. Finger FamRZ 1989, 1180; Anm. Diener FamRZ 1990, 407
[187] BGH FamRZ 2008, 1414 = R 693 m. Anm. Wellenhofer FamRZ 2008, 1417; Anm. Schnitzler FamRZ 2008, 1413; Anm. Zimmermann FamRB 2008, 231; Anm. Leipold NJW 2008, 2781; OLG Brandenburg FF 2010, 33
[188] OLG Oldenburg FamRZ 2010, 904
[189] KG FamRZ 1998, 1112
[190] AG München FamRZ 1998, 1112
[191] OLG Brandenburg FamRZ 2000, 1372
[192] OLG Karlsruhe FamRZ 1999. 92
[193] OLG Köln FamRZ 1999, 93
[194] OLG Frankfurt FamRZ 2004, 1574 f.

3. Zumutbarkeitsabwägung

Wenn die Tatbestandsvoraussetzungen für einen Härtegrund nach 1579 BGB vorliegen, ist festzustellen, ob die Inanspruchnahme des Verpflichteten auch unter Wahrung der Belange eines dem Berechtigten anvertrauten gemeinschaftlichen Kindes grob unbillig ist. Das Vorliegen der groben Unbilligkeit ist eine weitere Anspruchsvoraussetzung. Bei jedem Härtegrund ist daher zu prüfen, ob und inwieweit deswegen die **Zumutbarkeitsgrenze** eines schuldunabhängigen Unterhaltsanspruchs überschritten ist. Hierbei muss die veränderte Rechtslage bezüglich der Erwerbsobliegenheit des betreuenden Ehegatten beachtet werden, die sich aus der Änderung des § 1570 BGB ergibt. Anvertraut ist das Kind bei einer Sorgerechtsübertragung oder wenn sich die Parteien über die Betreuung einig sind. Die wichtigsten Beurteilungsmaßstäbe sind im Rahmen dieser Zumutbarkeitsabwägung die Erfordernisse des Kindeswohls, der Grundsatz der Verhältnismäßigkeit mit Vorrang des Kindeswohls sowie die sonstigen persönlichen und wirtschaftlichen Verhältnisse der Eheleute. Nach Beendigung der Kindesbetreuung kommt der jeweilige Härtegrund uneingeschränkt zum Tragen. Zur Zumutbarkeitsabwägung gelten ebenfalls die Ausführungen zum nachehelichen Unterhalt (Einzelheiten siehe § 4 Rn. 1218 ff.).

94

4. Rechtsfolgen

Wenn die Voraussetzungen des § 1579 BGB vorliegen, kann ein **Unterhaltsanspruch versagt, herabgesetzt** oder **zeitlich begrenzt** werden. Die verschiedenen Rechtsfolgen können auch miteinander kombiniert werden. Dadurch kann das Gericht im Rahmen seiner tatrichterlichen Ermessensentscheidung[195] unter Gewichtung der Härtegründe und unter Einbeziehung der bei der Billigkeitsabwägung berücksichtigten Umstände für jeden Einzelfall eine angemessene Wahl der geeigneten Rechtsfolge treffen. Zu beachten ist, dass der Unterhalt wegen Betreuung von Kindern trotz des Fehlverhaltens des betreuenden Elternteils bis zur Vollendung des 3. Lebensjahres des Kindes in der Regel nur zu einer Herabsetzung des Unterhalts auf den Mindestbedarf (vgl. hierzu Ziffer 21.2 der Unterhaltsleitlinien der OLGe) führt.[196]

95

5. Verfahrensrechtliches

Die negative Härteklausel des § 1579 BGB ist als Einwendung von Amts wegen zu beachten, wenn von den Beteiligten entsprechende Tatsachen vorgetragen werden. Sofern kein Antrag auf persönliche Vernehmung gestellt wird, können Zeugenaussagen im Strafprozess im Wege des Urkundsbeweises verwertet werden.[197] Die **Beweislast** für das Vorliegen der tatsächlichen Voraussetzungen des Härtegrundes und die Umstände, die seine Inanspruchnahme als grob unbillig erscheinen lassen, hat der Unterhaltspflichtige.[198]
Für die ihm i. R. d. Billigkeitsabwägung günstigen Umstände, wie z. B. Verzeihung, hat der Berechtigte die Darlegungs- und Beweislast (vgl. auch Rn. 1241).

96

XI. Unterhalt für die Vergangenheit, Rückforderung von Unterhalt

Gemäß §§ 1361 IV, 1360 a III sind beim Trennungsunterhalt die §§ 1613, 1614 und 1615 BGB entsprechend anzuwenden.

---

[195] BGH FamRZ 2002, 810
[196] BT-Drucks. 16/1830 S. 21; a. A. Gerhardt § 4 Rn. 1237
[197] BGH FamRZ 2004, 612
[198] BGH 1991, 670; OLG Köln FamRZ 2000, 290

§ 4 Ehegattenunterhalt

1. Unterhalt für Vergangenheit

97 Nach § 1613 I BGB kann rückständiger **Trennungsunterhalt für die Vergangenheit** nur ab Verzug mit der Unterhaltszahlung, ab Verzug mit der Pflicht zur Erteilung von Auskunft über Einkommen und Vermögen zum Zwecke der Unterhaltsberechnung oder ab Rechtshängigkeit verlangt werden. Wegen **Sonderbedarfs** (§ 1613 II Nr. 1 BGB) siehe § 6 Rn 1 ff.

2. Rückforderung von Zuvielleistungen

98 Der Unterhaltspflichtige, der freiwillig einen zu hohen monatlichen Trennungsunterhalt bezahlt hat, kann solche Zuvielleistungen im Zweifel nicht wegen ungerechtfertigter Bereicherung des Berechtigten zurückverlangen (§§ 1361 IV, 1360 b BGB). Nach der **Auslegungsregel des § 1360 b BGB** ist bei freiwilligen Mehrleistungen nach der Lebenserfahrung von einem Verzicht auf Ersatzansprüche auszugehen. Das gilt sowohl für laufende als auch für einmalige Unterhaltsleistungen oder für Leistungen aus dem Vermögensstamm.[199]

Die Vermutung des § 1360 b BGB kann jedoch widerlegt werden. Der zurückfordernde Ehegatte hat dann darzulegen und nachweisen, dass er zu viel an Trennungsunterhalt gezahlt hat und bereits bei Zahlung eine Rückforderungsabsicht hatte oder dass er nur unter Vorbehalt der Rückforderung geleistet hat. Ein solcher Vorbehalt kann sich auch aus den Umständen ergeben (siehe auch § 3 Rn. 118 f.). Zur Rückforderung überzahlten Unterhalts im Einzelnen, insbesondere auch zum Wegfall der Bereicherung (§ 818 III BGB), vgl. § 6 Rn. 200 ff.

XII. Geltendmachung des Trennungsunterhalts, Auskunftsanspruch

1. Auskunftsanspruch

99 Nach §§ 1361 IV, 1605 BGB besteht für getrennt lebende Ehegatten ein **Auskunftsanspruch** (Einzelheiten zum Auskunftsanspruch siehe § 1 Rn. 1150 ff.).

2. Verfahren

100 Der Trennungsunterhalt ist grundsätzlich in einem **isolierten Unterhaltsverfahren** geltend zu machen. Im Verbundverfahren (§ 137 FamFG, bis 31. August 2009 nach § 623 ZPO) darf keine Sachentscheidung über den Trennungsunterhalt ergehen. Ein verfahrenswidrig im Verbund anhängig gemachtes Verfahren ist abzutrennen und gesondert weiterzuführen.[200]

Nach dem bis zum 31. 8. 2009 geltenden § 620 Nr. 6 ZPO konnte auf Antrag bei Anhängigkeit eines Scheidungsverfahrens auch der Trennungsunterhalt für die Dauer des Scheidungsverfahrens durch **einstweilige Anordnung** geregelt werden. Eine solche Regelung schloss das Rechtsschutzbedürfnis für eine Klage auf Leistung von Trennungsunterhalt nicht aus, weil die einstweilige Anordnung nur auf Grund summarischer Prüfung erging.[201] Die unbefristete einstweilige Anordnung wirkte anders als ein Urteil über den Trennungsunterhalt nach § 620 f ZPO a. F. über die Rechtskraft der Scheidung hinaus bis zum Wirksamwerden einer neuen Regelung.

Seit dem 1. 9. 2009 können **einstweilige Anordnungen** nach § 246 FamFG erlassen werden. Diese Regelung hat die mit der Einführung des FamFG aufgehobenen §§ 620–

---

[199] BGH FamRZ 1983, 351
[200] BGH FamRZ 1982, 892, 894; FamRZ 1985, 578
[201] BGH FamRZ 1984, 356; OLG Karlsruhe FamRZ 2009, 1840

620 g, 644 ZPO ersetzt. Eine einstweilige Anordnung, die über den Unterhalt eines Ehegatten vor Rechtskraft der Scheidung befindet, regelt nur den Trennungsunterhalt. Ihre Grundlage entfällt mit der Rechtskraft der Scheidung. Ob die einstweilige Anordnung wie nach früherem Recht[202] nach der Scheidung trotz der Nichtidentität von Trennungs- und nachehelichem Unterhalt als Regelung des nachehelichen Unterhalts weiter gilt, ist unklar.[203] Wenn man dies bejaht, tritt die einstweilige Anordnung aber nicht automatisch mit der Rechtskraft der Scheidung außer Kraft, weil die Rechtskraft der Scheidung allein keine anderweitige Regelung im Sinne des § 56 I FamFG darstellt. Auf Antrag nach § 54 I FamFG ist eine solche einstweilige Anordnung aufzuheben (vgl. im Einzelnen die Ausführungen in § 10). Wenn zugleich mit der Scheidung über den nachehelichen Unterhalt als Folgesache entschieden wird, tritt eine einstweilige Anordnung gemäß §§ 56 I 2, 148 FamFG außer Kraft.

Ob der Unterhaltsverpflichtete weiterhin mit einem **negativen Feststellungsantrag** (früher: Feststellungsklage) feststellen lassen kann, dass die in der Anordnung geregelte Unterhaltsverpflichtung nicht oder nur in geringerem Umfang besteht,[204] oder ob das Aufhebungs- bzw. Abänderungsverfahren nach § 54 FamFG den negativen Feststellungsantrag verdrängt,[205] ist höchstrichterlich noch nicht entschieden.

3. Darlegungs- und Beweislast

Der Unterhalt begehrende Ehegatte hat die Darlegungs- und Beweislast für alle anspruchsbegründenden Tatsachen, auf die er seinen Anspruch stützt. Dies gilt auch für „doppelt relevante Tatsachen" wie z. B. die bedarfsbestimmende **Gestaltung der ehelichen Lebensverhältnisse**, welche zugleich zum Nachweis der Leistungsfähigkeit des pflichtigen Ehegatten dienen können, obwohl der Berechtigte hierfür weder darlegungs- noch beweispflichtig ist.[206]

Der Unterhaltspflichtige muss, wie sich aus der Formulierung „kann nur" bei § 1361 II BGB ergibt, beweisen, dass den **Berechtigten eine Erwerbsobliegenheit** trifft.[207] Beruft sich der bedürftige Ehegatte auf das Fehlen einer Erwerbsobliegenheit, muss er zwar im Rahmen der sekundären Darlegungslast die dafür erforderlichen Umstände vortragen. Dem Pflichtigen obliegt es aber dann im Gegenzug, darzulegen und zu beweisen, dass sie tatsächlich nicht gegeben sind. Steht eine Erwerbsverpflichtung fest, hat der Berechtigte die Beweislast für seine ausreichenden, erfolglosen Bemühungen und für das Fehlen einer realen Beschäftigungschance.[208]

Der Verpflichtete hat u. a. die Tatsachen für eine von ihm behauptete **Leistungsunfähigkeit** vorzutragen und nachzuweisen.[209] Allein die Einstufung als schwer vermittelbar durch die Agentur für Arbeit/Kooperation führt nicht zu der Überzeugung, dass ein zum Trennungsunterhalt Verpflichteter von vornherein keine reale Chance hat, eine Erwerbstätigkeit zu erlangen, so dass Erwerbsbemühungen nicht als von vornherein aussichtslos und deshalb entbehrlich angesehen werden können. Die Einstufung als nicht mehr vermittelbar hat zur Folge, dass dem Unterhaltsverpflichteten billigerweise kein fiktives Einkommen zugerechnet werden kann.[210]

Im Übrigen wird wegen der **Darlegungs- und Beweislast** auf das Sonderkapitel zur Darlegungs- und Beweislast (§ 6 Rn. 700 ff.) verwiesen.

---

[202] BGH FamRZ 1991, 180
[203] Dafür Prütting/Helms § 56 FamFG Rn. 5; Zöller/Lorenz, ZPO § 56 FamFG Rn. 37; dagegen Keidel/Giers § 246 FamFG Rn. 9
[204] So zum früheren Recht BGH FamRZ 1983, 355
[205] Zum Streitstand vgl. Musielak/Borth § 54 Rn. 14 ff.
[206] OLG Karlsruhe FamRZ 1997, 1011
[207] Baumgärtel/Aps Bd. 8 § 1361 Rn. 29
[208] OLG Braunschweig NJW-RR 1996, 454; Baumgärtel/Aps Bd. 8 § 1361 Rn. 29
[209] OLG Köln – 4 UF 134/08, BeckRS 2009, 09724
[210] OLG Köln – 14 UF 230/07 BeckRS 2008, 20496

2. Abschnitt: Anspruchstatbestände des nachehelichen Unterhalts

I. Allgemeine Grundsätze und Besonderheiten des nachehelichen Unterhalts

1. Allgemeine Grundsätze der Eigenverantwortlichkeit und der nachehelichen Verantwortung

102 Der Grund für die eheliche und die nacheheliche Unterhaltspflicht ist die **mit der Eheschließung von den Ehegatten** füreinander **übernommene Verantwortung**. Diese beiderseitig gesteigerte Verantwortung der Eheleute besteht während der Ehe und dauert bis zur Scheidung. Nach der Scheidung schwächt sie sich ab,[1] besteht aber weiter in Form einer sich aus Art. 6 I GG ergebenden fortwirkenden nachehelichen Solidarität und Verantwortung.[2] Bei einer Aufhebung der Ehe ist die Verantwortung der Ehegatten eingeschränkter, denn die §§ 1569 bis 1586 b BGB werden in diesem Fall nach § 1318 II BGB nur unter den dort festgelegten Voraussetzungen angewendet.

Für die Zeit nach der Scheidung ging das Gesetz zwar schon in der bis zum 31. 12. 2007 geltenden Fassung des § 1569 BGB von der grundsätzlichen **Eigenverantwortung** jedes Ehegatten für seinen Lebensunterhalt aus. Trotz dieser gesetzlichen Vorgabe führten die Unterhaltstatbestände (§§ 1570 bis 1576 BGB), vor allem der Aufstockungsunterhalt nach § 1573 II BGB, dazu, dass es in der Praxis häufig auf eine Umkehr des Regel-/Ausnahmeverhältnisses hinauslief. Der wirtschaftlich stärkere Ehegatte hatte sich bei Vorliegen der Tatbestände des nachehelichen Unterhalts bis zur Grenze der Unzumutbarkeit mit seiner Unterhaltsbelastung abzufinden.[3] Die geänderte Rechtsprechung des BGH zur Haushaltsführungsehe,[4] die wegen der Benachteiligung des haushaltsführenden Ehegatten verfassungsrechtlich begründet war,[5] hat die gesteigerte und verlängerte Belastung des unterhaltspflichtigen Ehegatten wegen der Anwendung der Differenz- anstatt der Anrechnungsmethode für die Unterhaltsberechnung unter Hinweis auf die Möglichkeit einer Beschränkung des Unterhaltsanspruchs nach den damals geltenden §§ 1573 V und 1578 I 2 BGB a. F. bewusst in Kauf genommen. In der Unterhaltspraxis erfolgte jedoch bis zur Veröffentlichung der Entscheidung des BGH vom 12. 4. 2006[6] regelmäßig weder eine zeitliche noch eine höhenmäßige Begrenzung des Unterhalts.

103 Mit der am **1. 1. 2008** in Kraft getretenen **Unterhaltsrechtsreform**[7] hat der Gesetzgeber einen Paradigmenwechsel vollzogen. Der Grundsatz der Eigenverantwortung ist nun in der amtlichen Überschrift des § 1569 BGB enthalten. Aus Satz 1 der Vorschrift ergibt sich für jeden Ehegatten die **Obliegenheit**, nach der Scheidung **selbst für seinen Unterhalt**, also sein wirtschaftliches Fortkommen **zu sorgen**.[8] Dadurch soll das Prinzip der nachehelichen Solidarität in einer nach heutigen Wertvorstellungen akzeptablen und interessengerechten Weise ausgestaltet werden.[9] § 1569 S. 2 BGB ist weiterhin Ausdruck der nachwirkenden Mitverantwortung des wirtschaftlich stärkeren Ehegatten, insbesondere zur Leistung des notwendigen Ausgleichs für ehebedingte Nachteile. Da Unterhaltsansprüche

---

[1] BGH FamRZ 1981, 242
[2] BT-Drucks. 16/1830 S. 19; BGH FamRZ 2010, 1414 Rn. 16; BGH FamRZ 2010, 1057 Rn. 17; BGH FamRZ 2010, 629 Rn. 25 = R 710; BGH FamRZ 2009, 1207 Rn. 37; BGH FamRZ 2009, 406 Rn. 37; BGH FamRZ 1999, 710, 711 = R 531 a; OLG Celle FamRZ 2008, 1449, 1451
[3] BGH a. a. O.
[4] BGH FamRZ 2001, 986, 991 = R 563 c
[5] BVerfG FamRZ 2002, 527, 530 = R 571 b
[6] BGH FamRZ 2006, 1006
[7] Gesetz zur Änderung des Unterhaltsrechts vom 21. 12. 2007, BGBl I S. 3189
[8] BT-Drucks. 16/1830 S. 16
[9] A. a. O.

aber nur in Betracht kommen, wenn der betreffende Ehegatte außerstande ist, seine Obliegenheit zu erfüllen, für seinen Unterhalt selbst zu sorgen, wird in Satz 2 das Unterhaltserfordernis der **Bedürftigkeit**, die tatsächlich oder wegen Obliegenheitsverstoßes rechtlich fehlen kann, zusätzlich betont. Der Grundsatz der Eigenverantwortung soll hierdurch eine neue Rechtsqualität erhalten und in weit stärkerem Maß als bisher als Auslegungsgrundsatz für die einzelnen Unterhaltstatbestände herangezogen werden.[10]

So ist insbesondere das nach dem Auftrag des Reformgesetzgebers von der Rechtsprechung nach altem Recht zur Auslegung des § 1570 BGB entwickelte Altersphasenmodell zur Erwerbsobliegenheit des betreuenden Elternteils zu korrigieren. Auch die übrigen Unterhaltstatbestände sind im Lichte der Neufassung des § 1569 BGB enger auszulegen.[11] Nach diesen Maßstäben gewährt das Gesetz einen Anspruch auf nachehelichen Unterhalt nur unter besonderen, enumerativ (§§ 1570 bis 1576 BGB) aufgezählten Voraussetzungen.[12]

Die nach der Trennung und Scheidung fortwirkende **personale Verantwortung** beider Ehegatten reduziert sich im Unterhaltsbereich auf eine einseitige Unterhaltsverpflichtung des wirtschaftlich stärkeren Ehegatten gegenüber dem bedürftigen Partner. Der Grundsatz der **wirtschaftlichen Eigenverantwortung** der Ehegatten wird aber durch den Grundsatz einer **nachwirkenden Mitverantwortung**[13] der Ehegatten füreinander eingeschränkt. Diese nachwirkende Mitverantwortung soll nach der gesetzlichen Regelung nicht allgemein durch jede schicksalsbedingte Bedürftigkeit stets und auf Lebensdauer ausgelöst werden; vielmehr soll der Grundsatz nur eingreifen, wenn eine Bedürfnislage in Verbindung mit der Ehe steht. Dabei muss aber **kein kausaler Zusammenhang zwischen Ehe und Bedürftigkeit** vorliegen.[14]

Die Grundlagen der nachehelichen Unterhaltspflicht, die in den Prinzipien der nachehelichen Solidarität und der in Verbindung mit der Ehe stehenden Bedürftigkeit zu sehen sind, verfestigen sich mit zunehmender Dauer der Ehe. Je länger eine Ehe dauert, umso stärker ist die wirtschaftliche Sicherung der Ehegatten mit dem Bestand der Ehe verbunden. Dem liegt die Erfahrung zugrunde, dass die Lebenssituation der Partner in der Ehe durch die gemeinsame Lebensplanung entscheidend geprägt wird. Mit **zunehmender Ehedauer** kommt es zu einer **wachsenden Verflechtung und Abhängigkeit** der beiderseitigen Lebensdispositionen sowie allgemein zu einer sich steigernden wirtschaftlichen Abhängigkeit des unterhaltsbedürftigen Ehegatten, gegenüber der sich dieser Ehegatte durch die unterhaltsrechtliche Solidarität des anderen Ehepartners abgesichert zu fühlen pflegt.[15]

Die Leistungen der Ehegatten, die sie auf Grund ihrer vereinbarten Arbeitsteilung in der Ehe durch Berufstätigkeit, Haushaltsarbeit oder Kindererziehung erbringen, sind gleichwertig, so dass die Ehegatten grundsätzlich Anspruch auf gleiche Teilhabe am gemeinsam Erwirtschafteten haben.[16] Aus dem durch die Unterhaltsreform zum 1. 1. 2008 neu eingeführten § 1578 b BGB ergibt sich jedoch, dass es **keine** von vornherein gewährte **Lebensstandardgarantie** (mehr) in Form einer Teilhabe gibt, die der Höhe nach nicht abänderbar oder zeitlich unbegrenzt wäre.[17]

Nach der Vorstellung des Gesetzgebers der Unterhaltsreform ist eine fortwirkende Verantwortung für den bedürftigen Ehegatten vor allem zum **Ausgleich von ehebedingten Nachteilen** erforderlich, die auf Grund der Aufgabenverteilung in der Ehe entstanden sind und zur Folge haben, dass der Berechtigte nicht selbst für seinen Unterhalt sorgen kann.[18] Je

---

[10] A. a. O.
[11] BT-Drucks. 16/1830 S. 16/17
[12] BGH FamRZ 1984, 353; FamRZ 1981, 242
[13] BVerfG FamRZ 1981, 745, 748; BGH FamRZ 1981, 1163
[14] Vgl. zum Krankheitsunterhalt BGH FamRZ 2010, 1414 Rn. 16; BGH FamRZ 2010, 1057 Rn. 17; BGH FamRZ 2010, 629 Rn. 25 = R 710; BGH FamRZ 2009, 1207 Rn. 37; BGH FamRZ 2009, 406 Rn. 37; zum alten Recht BGH FamRZ 1983, 800; FamRZ 1982, 28; FamRZ 1981, 1163
[15] BGH FamRZ 2010, 1637 Rn. 48 = R 717; BGH FamRZ 1999, 710, 711 = R 531 a; FamRZ 1981, 140, 142
[16] BT-Drucks. 16/1830 S. 18
[17] Vgl. a. a. O.
[18] BT-Drucks. 16/1830 S. 18

geringer solche Nachteile sind, desto eher kommt eine Beschränkung des Unterhaltsanspruchs nach § 1578 b BGB in Betracht.[19]

Die nacheheliche Solidarität führt auch nach der neueren Rechtsprechung des BGH dazu, dass bei der **Bemessung des nachehelichen Unterhalts** nach § 1578 I 1 BGB spätere Änderungen des verfügbaren Einkommens beim Pflichtigen oder beim Berechtigten grundsätzlich zu berücksichtigen sind, und zwar unabhängig davon, wann sie eingetreten sind und ob es sich um Verbesserungen (aber z. B. nicht bei einem Karrieresprung) oder um Verschlechterungen handelt.[20] Dabei muss allerdings immer beachtet werden, dass ein geschiedener Ehegatte nicht besser gestellt werden darf, als er ohne Scheidung stehen würde. Auch hieraus folgt, dass es keine Lebensstandardgarantie mehr gibt, welche die früheren ehelichen Lebensverhältnisse zurzeit der Rechtskraft der Scheidung fortschreiben würde. Fiktives Einkommen kann im Rahmen der **fortgeschriebenen (früher: wandelbaren) ehelichen Verhältnisse** nur bei unterhaltsrechtlich leichtfertigem Verhalten angesetzt werden, wenn die Einkommensminderung auf Verletzung einer Erwerbsobliegenheit oder auf freiwilligen Dispositionen ohne zumutbare Absicherung beruht.[21]

2. Allgemeine Voraussetzungen für einen Anspruch auf nachehelichen Unterhalt

105 Eine Unterhaltsverpflichtung auf Grund nachehelicher Solidarität besteht nach § 1569 S. 2 BGB nur, wenn die Voraussetzungen eines der **sechs abschließenden Unterhaltstatbestände** der §§ 1570 mit 1576 BGB vorliegen. Die §§ 1570 ff. BGB konkretisieren und begrenzen die Unterhaltsberechtigung durch die Benennung bestimmter Bedürfnislagen, die zu bestimmten Einsatzzeitpunkten vorliegen müssen.[22] Es handelt sich insoweit um enumerativ aufgezählte Ausnahmetatbestände zum Grundsatz der Eigenverantwortung. Ist keiner dieser Tatbestände gegeben, muss der Geschiedene für seinen Unterhalt selbst aufkommen.[23]

Danach hat derjenige (ehemalige) Ehegatte einen Anspruch auf nachehelichen Unterhalt, von dem
- wegen Betreuung gemeinschaftlicher Kinder (§ 1570 BGB),
- wegen Alters (§ 1571 BGB),
- wegen Krankheit oder Gebrechen (§ 1572 BGB),
- wegen der Unmöglichkeit, eine angemessene Erwerbstätigkeit zu finden (§ 1573 I, III BGB)
- wegen Ausbildungsbedarfs (§ 1575 BGB),
- aus sonstigen Billigkeitsgründen (§ 1576 BGB)

keine Erwerbstätigkeit zu erwarten ist.

Darüber hinaus gewährt
- § 1573 II BGB einen Anspruch auf Aufstockungsunterhalt wegen fehlender Möglichkeit, seinen vollen eheangemessenen Bedarf durch eine eigene Erwerbstätigkeit zu decken,
- § 1576 BGB im Sinne eines Auffangtatbestands einen Unterhaltsanspruch wegen Fehlens einer Erwerbsobliegenheit aus schwerwiegenden Gründen dann, wenn eine Versagung von Unterhalt bei Abwägung der Belange beider Ehegatten grob unbillig wäre.

Der Anspruch auf nachehelichen Unterhalt setzt ebenso wie der Trennungsunterhalt eine konkrete **Bedürftigkeit** (siehe § 4 Rn. 928 ff.) des berechtigten Ehegatten (§ 1577 BGB) und **Leistungsfähigkeit** (siehe § 4 Rn. 966 ff.) des verpflichteten Ehegatten (§ 1581 BGB) voraus.

---

[19] A. a. O.
[20] BGH FamRZ 2010, 538; BGH FamRZ 2010, 111 = R 707; BGH FamRZ 2009, 23; BGH FamRZ 2008, 1911 = R 695; BGH FamRZ 2008, 968, 971 f. = R 689 g; BGH FamRZ 2006, 683, 686 = R 649 f–h
[21] BGH FamRZ 2009, 411, 414 = R 702; BGH FamRZ 2008, 968, 971 f. = R 689 g
[22] BGH FamRZ 1984, 353
[23] BGH FamRZ 1984, 353; FamRZ 1981, 242

3. Einheitlicher Anspruch auf nachehelichen Unterhalt

a) Einheitlichkeit. Der Anspruch auf nachehelichen Unterhalt ist ungeachtet der Aufteilung in einzelne Tatbestände verfahrensrechtlich ein einheitlicher Anspruch. Von den **Einzeltatbeständen** der §§ 1570 bis 1576 BGB können zwei oder **mehrere gleichzeitig** oder auch im zeitlichen Anschluss aneinander verwirklicht sein, ohne dass deshalb von einer gleichen Anzahl von Unterhaltsansprüchen auszugehen wäre. Der Umfang des nachehelichen Unterhalts richtet sich inhaltlich nach den ehelichen Lebensverhältnissen (§ 1578 I BGB) und wird ausschließlich nach diesen einheitlich bemessen.[24]

106

Daraus folgt, dass der **nacheheliche Unterhaltsanspruch** durch einen **Beschluss** (früher: **Urteil**) in dem ausgesprochenen Umfang **insgesamt erfasst** wird, d. h. ohne Rücksicht darauf, welcher der Tatbestände der §§ 1570 ff. BGB in Betracht kommt und vom Gericht geprüft worden ist.[25] Auch ein antragsabweisender Beschluss betrifft alle Einzeltatbestände der §§ 1570 ff. BGB.[26] Ein unerörtert gebliebener Unterhaltstatbestand kann später nur unter den Voraussetzungen des § 238 FamFG (bis 31. 8. 2009 nach § 323 ZPO) geltend gemacht werden. Das bedeutet, dass der Unterhaltsberechtigte in einem Verfahren umfassend zu den Unterhaltstatbeständen vortragen muss. Eine Abänderung einer Entscheidung ist nicht möglich, wenn im Ursprungsverfahren die Tatbestandsmerkmale eines nicht in Betracht gezogenen Unterhaltsanspruchs bereits vorgelegen hatten, jedoch nicht vorgetragen wurden.

Anderes gilt nur, wenn das Unterhaltsverlangen wegen **fehlender Bedürftigkeit bzw. Leistungsfähigkeit** abgewiesen worden war. In einem solchen Fall muss mangels Rechtskraftwirkung des Beschlusses (Urteils) für die Zukunft nach Eintritt der seinerzeit fehlenden Bedürftigkeit bzw. Leistungsfähigkeit ein neuer Leistungsantrag (nicht ein Abänderungsantrag nach § 238 FamFG) gestellt werden.[27]

107

Wenn dagegen der Anspruch auf künftig fällig werdende Unterhaltsleistungen für eine bestimmte Zeit zuerkannt und erst ab einem in der Zukunft liegenden Zeitpunkt abgelehnt wurde, so kann mit einem Abänderungsantrag nach § 238 FamFG geltend gemacht werden, dass die dem Beschluss zugrunde gelegten zukünftigen Verhältnisse tatsächlich anders eingetreten sind als in der früheren **Prognose** angenommen worden war.[28]

b) Konkurrenzen, Rangfolge. Die abschließenden Unterhaltstatbestände wegen der Betreuung eines Kindes (§ 1570 BGB), wegen Alters (§ 1571 BGB), wegen Krankheit oder Gebrechen (§ 1572 BGB) sind gegenüber dem Unterhalt nach § 1573 I, II BGB vorrangig,[29] weil letzterer zur Voraussetzung hat, dass keiner dieser Tatbestände vorliegt.[30] § 1576 BGB ist ein subsidiärer Billigkeitstatbestand gegenüber den §§ 1570 ff. BGB. Der Unterhaltsanspruch nach § 1575 BGB betrifft einen Sondertatbestand.

108

Im Zusammenhang mit der Beurteilung der Wirksamkeit von Eheverträgen hat der BGH[31] die einzelnen nachehelichen Unterhaltsansprüche unterschiedlich gewichtet und hierbei Rangstufen entwickelt, die insbesondere bei der Begrenzung und Befristung eines Unterhaltsanspruchs bedeutsam sein können. Innerhalb der Unterhaltstatbestände gehört der Betreuungsunterhalt (§ 1570 BGB) zum geschützten **Kernbereich**.[32] Gleiches gilt für den Krankenvorsorge- und Altersvorsorgeunterhalt (§ 1578 II 1. Variante, Abs. 3 BGB), wenn diese Ansprüche ehebedingte Nachteile ausgleichen sollen. Auf der **zweiten Rangstufe** folgen der Krankheitsunterhalt (§ 1572 BGB) und der Unterhalt wegen Alters (§ 1571 BGB). Die Unterhaltspflicht wegen Erwerbslosigkeit (§ 1573 I BGB) steht im

---

[24] BGH FamRZ 1984, 353
[25] BGH a. a. O.; kritisch hierzu Schröder FamRZ 2005, 320, 322
[26] OLG Karlsruhe FamRZ 1980, 1125
[27] BGH FamRZ 2010, 1311, 1312; BGH FamRZ 2005, 101, 102 = R 620; BGH FamRZ 1984, 1001
[28] BGH FamRZ 1984, 353, 354
[29] BGH FamRZ 2003, 1734, 1735
[30] BGH FamRZ 1988, 265; FamRZ 1987, 1011; FamRZ 1987, 572
[31] Grundlegend BGH FamRZ 2005, 1444 Rn. 26; BGH FamRZ 2004, 601, 604; vgl. auch BGH FamRZ 2007, 1310 Rn. 14; BGH FamRZ 2006, 1359, 1361
[32] Zur Weiterentwicklung der sog. Kernbereichslehre vgl. Dauner-Lieb FF 2010, 343 ff.

dritten Rang, denn das Gesetz hat das Arbeitsplatzrisiko dem Verantwortungsbereich des Unterhaltsberechtigten zugeordnet, sobald dieser einen nachhaltig gesicherten Arbeitsplatz gefunden hat. Auf dem **vierten Rang** folgen Krankenvorsorge- und Altersvorsorgeunterhalt (§ 1578 II 1. Variante, III BGB), wenn sie nicht dem Ausgleich ehebedingter Nachteile dienen. Am ehesten verzichtbar erscheinen Ansprüche auf Aufstockungs- und Ausbildungsunterhalt (§§ 1573 Abs. 2, 1575 BGB), ebenso der Billigkeitsunterhalt nach § 1576 BGB.

109   c) **Notwendigkeit der Unterscheidung der Unterhaltstatbestände.** Ungeachtet der Einheitlichkeit des nachehelichen Unterhaltsanspruchs können mehrere Einzeltatbestände nebeneinander oder sich ergänzend vorliegen. Bei vollständiger Unterhaltsbedürftigkeit (z. B. keine Erwerbsverpflichtung wegen Kinderbetreuung) hat der Berechtigte gemäß § 1570 BGB einen Anspruch auf den vollen Unterhalt nach den ehelichen Lebensverhältnissen.[33] **Bei einer Teilerwerbstätigkeit** des Berechtigten gewähren die §§ 1570 bis 1572 BGB aber nur einen Anspruch auf Unterhalt bis zur Höhe des Einkommens, das er aus einer vollschichtigen Erwerbstätigkeit erzielen könnte. Erreicht dieser Unterhalt nicht den ihm nach den ehelichen Lebensverhältnissen zustehenden vollen Unterhalt, kann für den ungedeckten Bedarf ein Anspruch nach § 1573 II BGB (Aufstockungsunterhalt) in Betracht kommen. Nach dem bis zum 31. 12. 2007 geltenden Recht war eine exakte Differenzierung notwendig, weil mit § 1573 V BGB a. F. die **zeitliche Begrenzung** nur der Ansprüche aus § 1573 I bis IV BGB a. F. (nicht jedoch der anderen Unterhaltstatbestände) möglich war.[34] Damit in künftigen Abänderungsverfahren die unterschiedlichen Begrenzungsmöglichkeiten berücksichtigt werden konnten, mussten die entsprechenden Anspruchsgrundlagen genau bestimmt werden.

110   Die Unterhaltsreform hat mit der Einführung der für **alle Unterhaltstatbestände geltenden Begrenzungsnorm des § 1578 b BGB** das Ziel der Vereinfachung des Unterhaltsrechts verfolgt.[35] Daraus wird zum Teil geschlossen, dass die nach altem Recht gebotene Differenzierung nicht mehr erforderlich sei. Dies wird unter anderem mit dem Argument begründet, der Berechtigte könne seinen **vollen Restunterhalt** nun auch bei einer Teilerwerbstätigkeit schon auf Grund der Erfüllung der Tatbestände der §§ 1570 bis 1572 BGB geltend machen, ohne dass noch zusätzlich auf § 1573 II BGB zurückgegriffen werden müsse.[36]

Der BGH hat jedoch seine zu dem § 1573 V BGB a. F. ergangene Rechtsprechung zur Notwendigkeit der Unterscheidung der einzelnen Unterhaltstatbestände auch für die ab dem 1. 1. 2008 geltende Rechtslage erneut bestätigt. Er unterscheidet weiter in ständiger Rechtsprechung für die Abgrenzung der Anspruchsgrundlagen wegen eines Erwerbshindernisses aus §§ 1570 bis 1572 BGB und aus § 1573 II BGB (Aufstockungsunterhalt) danach, ob wegen des vorliegenden Hindernisses eine Erwerbstätigkeit vollständig oder nur zum Teil ausgeschlossen ist.[37] Wenn der Unterhaltsberechtigte **an einer Erwerbstätigkeit vollständig gehindert** ist, ergibt sich der Unterhaltsanspruch allein aus §§ 1570 bis 1572 BGB, und zwar auch für den Teil des Unterhaltsbedarfs, der nicht durch das Erwerbshindernis verursacht worden ist, sondern auf dem den angemessenen Lebensbedarf übersteigenden Bedarf nach den ehelichen Lebensverhältnissen (voller Unterhalt) gemäß § 1578 I 1 BGB beruht. Nur bei einer lediglich **teilweisen Erwerbshinderung** ist der Unterhalt nach der Rechtsprechung des BGH allein wegen des durch die Erwerbshinderung verursachten Einkommensausfalls auf §§ 1570 bis 1572 BGB zu stützen und im Übrigen auf § 1573 II BGB.[38]

---

[33] BGH FamRZ 2009, 406 Rn. 20; BGH FamRZ 2007, 1532
[34] BGH FamRZ 1999, 708, 709 = R 532 b; FamRZ 1994, 228 = R 471 a; FamRZ 1993, 789, 791; FamRZ 1990, 492
[35] BT-Drucks. 16/1830 S. 14
[36] OLG Celle FamRZ 2008, 1449, 1450; Menne FamRB 2008, 110, 118; Büte FuR 2008, 309; 312; a. A. Grandel FF 2008, 204
[37] BGH FamRZ 2010, 869 Rn. 15 = R 712; BGH FamRZ 2009, 406 Rn. 20; BGH FamRZ 1990, 492, 493 f. – zu § 1570 BGB; BGH FamRZ 1993, 789, 791 – zu § 1572 BGB; BGH FamRZ 1999, 708, 709 – zu § 1571 BGB)
[38] BGH FamRZ 2010, 869 Rn. 15 = R 712

Auch nach der heutigen Rechtslage ist daher, insbesondere auch im Hinblick auf die Anschlussunterhaltstatbestände, sowohl in den Verfahrensanträgen des Unterhalt begehrenden Beteiligten als auch in dem jeweiligen Beschluss bzw. in einem Vergleichstext eine Unterscheidung der einzelnen Ansprüche für den nachehelichen Unterhalt erforderlich.

4. Einsatzzeitpunkte und Anschlussunterhalt sowie Teilanschlussunterhalt

a) Einsatzzeitpunkt. In den Fällen der §§ 1571, 1572, 1573 und 1575 BGB besteht **111** ein Unterhaltsanspruch nur, wenn die übrigen Tatbestandsvoraussetzungen zu bestimmten Einsatzzeitpunkten, die ihrerseits Tatbestandsmerkmale sind, vorliegen. Ab rechtskräftiger Scheidung der Ehe muss ohne Unterbrechung ein Unterhaltstatbestand vorgelegen haben, weil nur damit der zeitliche, persönliche und wirtschaftliche Zusammenhang zwischen einem Unterhaltsanspruch und der Ehe sichergestellt ist. Dass der Unterhaltsberechtigte den Unterhaltsanspruch erst zu einem späteren Zeitpunkt geltend macht, obwohl die Voraussetzungen zur Zeit der Scheidung vorgelegen haben, ist ohne Bedeutung.[39]

Ausgenommen hiervon ist der Betreuungsunterhalt (§ 1570 BGB), für den es **keinen Einsatzzeitpunkt** gibt. Das hat zur Folge, dass die Anspruchsvoraussetzungen auch zu einem länger nach der Scheidung eintretenden Zeitpunkt entstehen können, z. B. wenn das Kind betreuungsbedürftig wird, weil es von einem Elternteil zum anderen wechselt oder durch einen Unfall pflegebedürftig wird etc. Auch bei Wegfall eines nicht nachhaltig gesicherten Einkommens aus Erwerbstätigkeit (§ 1573 IV 1 BGB), beim Billigkeitsunterhalt (§ 1576 BGB) sowie bei Wiederaufleben eines Unterhaltsanspruchs nach der Auflösung einer weiteren Ehe (§ 1586a I BGB) sind die Ansprüche nicht durch Einsatzzeitpunkte beschränkt.

Streitig war, ob zu den Tatbestandsvoraussetzungen, die zum Einsatzzeitpunkt gegeben **112** sein müssen, auch die **Bedürftigkeit des Berechtigten** gehört oder ob diese auch noch nachträglich eintreten kann. Wenn sie nicht wegen eines zurechenbaren Verstoßes gegen die Erwerbsobliegenheit bereits im Rahmen der Tatbestandsprüfung zu verneinen ist, reicht es aus, dass der Berechtigte erst später bedürftig wird.[40] Denn die Einsatzzeitpunkte der §§ 1571 bis 1573 BGB knüpfen nach ihrem Wortlaut allein an die Erwerbsobliegenheit des Unterhaltsgläubigers an, nicht aber an seine ggf. davon nicht berührte Bedürftigkeit, die nach § 1577 I BGB unabhängig von der Frage des Einsatzzeitpunkts entfällt, „solange" sich der Berechtigte selbst unterhalten kann. Hieraus und aus dem Umstand, dass ein Unterhaltsanspruch nur bei Eintritt der Bedürftigkeit nach dem Wegfall einer ursprünglichen nachhaltigen Unterhaltssicherung aus Vermögen, nicht aber aus anderweitigen Einkünften (§ 1577 IV 1 BGB), ausgeschlossen ist, ergibt sich, dass der spätere Eintritt der Bedürftigkeit (abgesehen von Sonderregelungen wie z. B. § 1573 IV BGB) nicht schadet.

Gleiches gilt für die Frage der **Leistungsfähigkeit des Pflichtigen.** Der Unterhaltsanspruch entfällt nicht, wenn der Unterhaltspflichtige zum Einsatzzeitpunkt leistungsunfähig ist, bei fortwirkendem Vorliegen der Unterhaltsvoraussetzungen auf Seiten des Berechtigten aber später leistungsfähig wird.[41]

b) Anschlussunterhalt. Wenn die Tatbestandsvoraussetzungen einer Anspruchsnorm **113** bereits zum Zeitpunkt der Scheidung erfüllt sind, entsteht ein originärer Unterhaltsanspruch, der den vollen ehemangemessenen Unterhalt (§ 1578 I BGB) umfasst.

Sind die Voraussetzungen der maßgeblichen Anspruchsnorm erst zu einem späteren Zeitpunkt erfüllt, so besteht ein Anspruch auf **Anschlussunterhalt.** Voraussetzung eines Anschlussunterhalts ist, dass die Einzelnen vorangegangenen Unterhaltsansprüche **ohne zeitliche Lücke** nahtlos aneinander anschließen (sog. Unterhaltskette).[42] Werden die Voraus-

---

[39] BGH FamRZ 2010, 1311, 1313; BGH FamRZ 2007, 983; BGH FamRZ 2005, 1817, 1819
[40] OLG München FamRZ 1993, 564, 565
[41] Einschränkend hierzu: Büttner FamRZ 2005, 1899 f., Anm. zu BGH FamRZ 2005, 1817
[42] BGH FamRZ 2001, 1291, 1294 = R 564 d; OLG Düsseldorf FamRZ 1998, 1519; OLG Celle FamRZ 1997, 1074, 1075; OLG Bamberg FamRZ 1997, 819, 820; OLG Stuttgart FamRZ 1982, 1015

114 **c) Teilanschlussunterhalt.** Bestand bei Beginn eines Anschlussunterhalts auf Grund des weggefallenen früheren Anspruchsgrundes nur ein Teilunterhaltsanspruch, dann bemisst sich auch der Anschlussunterhalt als **Teilanschlussunterhalt** umfangmäßig nur nach dem weggefallenen Teilanspruch. Eine andere Auslegung des Wortlauts der Einsatzzeitpunkte, vor allem des Wortes „soweit" stünde im Widerspruch zum Zweck der Einsatzzeitpunkte, die zu den wenigen Schutzvorschriften zugunsten des Verpflichteten gehören. Der Verpflichtete soll möglichst bald nach der Scheidung absehen können, mit welcher Unterhaltslast er zu rechnen hat. Deshalb ist der Anschlussunterhalt nach dem Sinn und Zweck des Gesetzes nur im Umfang des vorausgegangenen Teilanspruchs zu gewähren.[43] Die Verknüpfung mit den Vortatbeständen wahrt den Zusammenhang zwischen Unterhaltsbedürftigkeit und Ehe. Soweit es an dieser Verknüpfung fehlt, weil der Vortatbestand nur einen Teilunterhalt gewährte, hat der Berechtigte das Unterhaltsrisiko zu tragen.

Beispiel:
Die halbtags erwerbstätige Unterhaltsberechtigte hatte bisher einen Anspruch gemäß § 1570 BGB wegen der Betreuung eines gemeinschaftlichen Kindes, der sich nach der Differenz- oder Additionsmethode[44] auf monatlich 600 EUR belief.
Dieser Unterhaltsanspruch nach § 1570 BGB erlischt, wenn die Berechtigte durch die Betreuung des Kindes nicht mehr an einer vollen Erwerbstätigkeit gehindert wird.[45] Ist sie zu diesem Zeitpunkt entweder infolge Alters (§ 1571 BGB) oder Krankheit (§ 1572 BGB) oder aus Gründen der Arbeitsmarktlage (§ 1573 I BGB) gehindert, ihre bisherige Tätigkeit auszuweiten, entsteht ein Anspruch auf Teilanschlussunterhalt, der auf die Höhe beschränkt bleibt, in der der Anspruch aus § 1570 BGB zuletzt bestanden hatte, also grundsätzlich auf 600 EUR. Für die Bedarfsbestimmung ist dabei nur das bisherige Erwerbseinkommen des berechtigten Ehegatten maßgebend.

5. Beginn, Ende und Wiederaufleben des nachehelichen Unterhalts

115 **a) Beginn des Anspruchs auf nachehelichen Unterhalt.** Der nacheheliche **Unterhalt beginnt** mit dem Tag, an dem die Rechtskraft des Scheidungsurteils eintritt.[46] Die Auffassung, dass der Trennungsunterhalt nicht nur bis zum Tag der Scheidung, sondern bis zum Ende des Monats geschuldet werde, in welchen die Scheidung fällt, der Nachscheidungsunterhalt also erst mit dem Ersten des der Rechtskraft des Scheidungsurteils folgenden Monats beginne,[47] hat der Bundesgerichtshof wegen Unvereinbarkeit mit der Gesetzeslage ausdrücklich abgelehnt.[48]

116 **b) Erlöschen des Anspruchs.** Der Anspruch auf nachehelichen **Unterhalt erlischt** in folgenden Fällen ganz oder teilweise endgültig:

Beim Berechtigten entfallen die Voraussetzungen für einen Anspruchstatbestand und es fehlt an den Voraussetzungen für einen Anschlussunterhalt nach einer anderen Unterhaltsvorschrift.

Der Berechtigte **heiratet** wieder oder **stirbt** (§ 1586 I BGB). Nach § 1586 II BGB bleiben allerdings Ansprüche auf Erfüllung oder Schadensersatz für die Vergangenheit bestehen und können vom Berechtigten oder dessen Erben weiterverfolgt werden. Gleiches gilt für die bei Tod oder Wiederverheiratung fällige Monatsrate.

Es ist ein vertraglicher **Verzicht** auf den nachehelichen Unterhalt vereinbart worden. Dies ist nach § 1585 c BGB grundsätzlich – wenn auch mit Einschränkungen – möglich (siehe hierzu § 6 Rn. 612 ff., 615).

---

[43] BGH FamRZ 2001, 1291, 1294 = R 564 d; OLG Stuttgart FamRZ 1983, 501
[44] BGH FamRZ 2001, 986, 991 = R 563 c
[45] BGH FamRZ 1990, 260, 262
[46] BGH FamRZ 1988, 370, 372; BGH FamRZ 1981, 242; FamRZ 1981, 441; OLG Köln FamRZ 2002, 326
[47] Luthin FamRZ 1985, 262
[48] BGH FamRZ 1988, 370, 372

Der Unterhalt ist durch eine **Kapitalabfindung** abgegolten worden (§ 1585 II BGB). Der Berechtigte kann eine Kapitalabfindung verlangen, wenn ein wichtiger Grund vorliegt und der Verpflichtete dadurch nicht unbillig belastet wird (vgl. dazu § 6 Rn. 627 ff.).

Der **Unterhaltsanspruch** ist nach **§ 1578 b II BGB zeitlich begrenzt** worden und die Zeitgrenze ist erreicht.

Bei einer **Unterhaltsherabsetzung** durch Bedarfsbegrenzung nach § 1578 b I BGB erlischt mit Ablauf der festen Zeitgrenze ein den „angemessenen Lebensbedarf" übersteigender Anspruch auf den „eheangemessenen" Unterhalt nach § 1578 S. 1 BGB.

Unterhalt für die Vergangenheit kann nicht (mehr) verlangt werden, weil die Voraussetzungen des § 1585 b BGB ggf. i. V. m. den Voraussetzungen des § 1613 I oder II Nr. 1 BGB nicht vorliegen (vgl. § 6 Rn. 100 ff.).

Aufgelaufene Unterhaltsrückstände sind wegen illoyal verspäteter Geltendmachung und dem dadurch bedingten Vorliegen des erforderlichen Zeit- und Umstandsmoments nach Treu und Glauben **verwirkt**.

Die Versagung von Unterhalt wegen des Eingreifens eines **Verwirkungstatbestandes gemäß § 1579 Nr. 1, 3–7, 8 BGB** führt in der Regel (zu den Ausnahmen siehe § 4 Abschnitt 8 Ziffer XI) zum endgültigen Verlust des Unterhaltsanspruchs in dem vom Familiengericht angeordneten Umfang, vor allem dann, wenn nur Belange eines Kindes zur Aufrechterhaltung der an sich gänzlich ausgeschlossenen Unterhaltsberechtigung Anlass gegeben haben. Nach Wegfall der Kindesbetreuung entsteht kein Anspruch auf Anschlussunterhalt mit neuer Billigkeitsprüfung. **117**

Anders ist es, wenn ein Unterhaltsanspruch nach **§ 1579 Nr. 2 BGB** (§ 1579 Nr. 7 BGB a. F.) wegen des Zusammenlebens des Unterhaltsberechtigten in einer verfestigten nichtehelichen Lebensgemeinschaft versagt worden ist. Nach Beendigung der nichtehelichen Lebensgemeinschaft ist unter Berücksichtigung der zwischenzeitlichen Dispositionen des Verpflichteten eine neue Billigkeitsentscheidung gemäß § 1579 BGB zu treffen.[49] Die in der Vorauflage[50] unter Bezugnahme auf die amtliche Begründung des Gesetzgebers[51] vertretene gegenteilige Auffassung wird im Hinblick auf die Bedeutung der Kinderschutzklausel in § 1579 S. 1 BGB nicht mehr aufrecht erhalten.[52]

c) **Wiederaufleben des Unterhaltsanspruchs.** Wenn ein Unterhaltsanspruch versagt wird, weil der Verpflichtete nicht leistungsfähig ist, dann kann der zeitweise erloschene Unterhaltsanspruch wieder aktualisiert werden, wenn der **Verpflichtete** ganz oder teilweise **wieder leistungsfähig** wird. **118**

Ein Unterhaltsanspruch kann zeitweise entfallen, wenn der **Berechtigte** seinen eheangemessenen Unterhalt durch eigene Einkünfte decken kann. Wird er **erneut bedürftig**, lebt der Unterhaltsanspruch wieder auf, wenn die Voraussetzungen dieses Unterhaltstatbestandes zu diesem Zeitpunkt noch vorliegen und der Unterhalt durch die eigenen Einkünfte noch nicht nachhaltig gesichert war.

Ein nach § 1586 I BGB infolge **Wiederverheiratung** oder Begründung einer Lebenspartnerschaft erloschener Unterhaltsanspruch **lebt nach § 1586 a BGB** als Anspruch gemäß § 1570 BGB **wieder auf,** wenn die neue Ehe oder die Lebenspartnerschaft aufgelöst wird und der Berechtigte zu diesem Zeitpunkt oder danach ein Kind aus der alten Ehe zu pflegen und zu erziehen hat. Auflösungsgründe sind Scheidung oder Aufhebung der Ehe und Tod des neuen Ehegatten.[53] Anspruchsvoraussetzung ist, dass der Berechtigte infolge der Kindesbetreuung im Sinn von § 1570 BGB an einer angemessenen Erwerbstätigkeit gehindert ist. Da der Unterhaltsanspruch keinen Einsatzzeitpunkt voraussetzt, muss der Tatbestand der Kindesbetreuung nicht zum Zeitpunkt der Eheauflösung vorliegen.

Seit Inkrafttreten der Unterhaltsreform am 1. 1. 2008 kann sich an den Anspruch **kein Anschlussunterhalt** nach §§ 1571 bis 1573 oder 1575 BGB mehr anschließen, weil in der Neufassung des § 1586 a I BGB Satz 2 ersatzlos gestrichen worden ist. Nach § 1586 a II

---

[49] BGH FamRZ 1987, 689; FamRZ 1987, 1238
[50] Dort § 4 Rn. 54
[51] BT-Drucks. 16/1830 S. 21
[52] Vgl. auch BGH FamRZ 2011, 791
[53] OLG Saarbrücken FamRZ 1987, 1046

BGB haftet bei mehreren Ehen der Ehegatte der später aufgelösten Ehe vor dem Ehegatten der früher aufgelösten Ehe.

Anders als beim Familien- und Trennungsunterhalt erlischt der Anspruch beim nachehelichen Unterhalt mit dem **Tod des Verpflichteten** nicht nach § 1615 I BGB. Die Unterhaltspflicht geht auf die Erben des Pflichtigen als Nachlassverbindlichkeit über (§ 1586 b I BGB); siehe Rn. 125.

6. Sonstige materiell-rechtliche Besonderheiten des nachehelichen Unterhalts

119 a) **Auskunftsanspruch.** Nach den §§ 1580, 1605 BGB hat ein Ehegatte ab Rechtshängigkeit des Scheidungsantrags für die Bemessung des nachehelichen Unterhalts einen Auskunftsanspruch. Wenn dieser Anspruch im Scheidungsverbund mit einer Stufenklage geltend gemacht wird, kann über das Auskunftsbegehren vor der Entscheidung über den Scheidungsantrag verhandelt und durch Teilbeschluss erkannt werden;[54] (Einzelheiten zum Auskunftsanspruch siehe § 1 Rn. 1150 ff.).

120 b) **Haftung.** Nach § 1584 BGB haftet der leistungsfähige verpflichtete geschiedene **Ehegatte vor den Verwandten** des Berechtigten. Ist er nicht leistungsfähig, haften die Verwandten vorrangig. Eine Ersatzhaftung von Verwandten besteht auch bei erschwerter Durchsetzbarkeit des Unterhaltsanspruchs (§§ 1584 S. 3, 1607 II BGB). Genaueres zur vorrangigen Haftung und zur Ersatzhaftung siehe § 2 Rn. 905 ff.

121 c) **Sicherheitsleistung.** Nach § 1585 a BGB hat der Verpflichtete auf Verlangen bis zum Jahresbetrag der Unterhaltsrente Sicherheit zu leisten. Die Verpflichtung zur Sicherheitsleistung entfällt, wenn die Unterhaltsleistung nicht gefährdet ist oder wenn der Verpflichtete durch die Sicherheitsleistung unbillig belastet würde.

122 d) **Sonderbedarf und Unterhalt für die Vergangenheit.** Nach § 1585 b I BGB kann Sonderbedarf (§ 1613 II Nr. 1 BGB) für die Vergangenheit verlangt werden. Zum Sonderbedarf siehe 6 Rn. 1 ff.

Im Übrigen kann nach § 1585 b II BGB i. V. m. § 1613 I BGB **Unterhalt für die Vergangenheit** oder Schadenersatz erst ab Stellung eines Auskunftsersuchens über Einkünfte und Vermögen sowie ab Eintritt des Verzuges oder der Rechtshängigkeit gefordert werden.

Bei vertraglich geregeltem nachehelichen Unterhalt kann ein Rückstand in analoger Anwendung des § 1585 b II BGB[55] grundsätzlich auch ohne Verzug oder Rechtshängigkeit verlangt werden, weil dem Schuldner seit dem Abschluss des Vertrages seine Unterhaltspflicht bekannt ist.

Auch nach einer Aufforderung zur Erteilung von Auskunft, bei Verzug und Rechtshängigkeit kann nach § 1585 b III BGB für eine **mehr als ein Jahr vor Rechtshängigkeit** liegende Zeit Erfüllung oder Schadensersatz nur verlangt werden, wenn sich der Verpflichtete seiner **Leistung absichtlich entzogen** hat.

Der Schutz des Schuldners vor der Inanspruchnahme für eine Zeit, die ein Jahr vor Rechtshängigkeit liegt, gilt sowohl für den **laufenden Unterhalt**, auch wenn er auf einer Vereinbarung beruht oder auf den Sozialhilfeträger oder nachrangig haftende Verwandte übergegangen ist, als auch für den Sonderbedarf. Gleiches gilt für **Nebenforderungen** und **Verzugsschäden**. Keine Anwendung findet § 1585 b III BGB auf das Verlangen, Steuernachteile auszugleichen, die der unterhaltsberechtigte Ehegatte infolge seiner Zustimmung zum begrenzten Realsplitting erlitten hat, weil sich der andere Ehegatte von vornherein auf den betreffenden Ausgleich einstellen muss.[56]

123 **Rechtshängigkeit** tritt gemäß § 113 I 2 FamFG i. V. m. § 261 ZPO mit Antragszustellung ein. Die Zustellung allein eines Verfahrenskostenhilfeantrags (vgl. § 113 I 1 FamFG) genügt dem Erfordernis der Rechtshängigkeit nicht.[57] Für das absichtliche Entziehen ist

---

[54] BGH FamRZ 1982, 151; BGH FamRZ 1996, 1070, 1071
[55] BGH FamRZ 1989, 150
[56] BGH FamRZ 2005, 1162, 1163 = R 631 b + c
[57] OLG Naumburg FamRZ 2006, 490 Rn. 14; vgl. aber OLG Hamm FamRZ 2007, 1468, 1469 und OLG Düsseldorf FamRZ 2002, 327 zur Frage der Rechtshängigkeit bei gleichzeitigem Einreichen von Verfahrenskostenhilfeantrag und Sachantrag

kein aktives Hintertreiben der Unterhaltsverpflichtung erforderlich. Es genügt jedes zweckgerichtete Verhalten (auch Unterlassen) des Schuldners, das eine zeitnahe Realisierung des Anspruchs verhindert oder zumindest erschwert. Der Berechtigte hat dazu im Verfahren nur solche Umstände darlegen und beweisen, die nach der Lebenserfahrung den Schluss auf ein Sichentziehen rechtfertigen. Es ist dann Sache des Unterhaltspflichtigen, die gegen ihn sprechende Vermutung dadurch zu entkräften, dass er Tatsachen darlegt und beweist, die jene Schlussfolgerung zu erschüttern vermögen. Bei dem Tatbestandsmerkmal „absichtlich" handelt es sich um eine innere Tatsache, die sich regelmäßig nur indirekt aus dem zutage getretenen Verhalten der Beteiligten erschließen lässt.[58] Die bloße unangekündigte Einstellung der Zahlung reicht dazu nicht aus, weil es Sache des Berechtigten ist, sich zeitnah um die Durchsetzung seines Anspruchs zu bemühen.[59]

e) Unterhaltsvereinbarungen. Nach § 1585 c BGB können Ehegatten den nachehelichen Unterhalt vertraglich regeln, wobei Vereinbarungen, die vor Rechtskraft der Scheidung getroffen werden, nach § 1585 c S. 2 u. 3 BGB formbedürftig sind. Es besteht grundsätzlich Vertragsfreiheit, die aber, insbesondere bei Verzichtsvereinbarungen, Einschränkungen unterliegt. Solche vertragliche Regelungen sind in der Regel lediglich **konkretisierende und modifizierende** Unterhaltsvereinbarungen, die den Charakter des Anspruchs als gesetzlichen Unterhaltsanspruch unberührt lassen.

124

Der Unterhaltsanspruch kann aber auch unter Verzicht auf einen gesetzlichen Anspruch durch eine eigenständige vertragliche Unterhaltsvereinbarung geregelt werden. Auf solche rein **vertraglich begründete Unterhaltsansprüche** können die Normen des Unterhaltsrechts dann nur ergänzend zur Auslegung herangezogen werden. Streitigkeiten über solche echten Vertragsansprüche sind seit dem 1. 9. 2009 auch Familiensachen i. S. d. § 266 I Nr. 3 FamFG.[60]

Auf nachehelichen Unterhalt können die Ehegatten nach § 1585 c BGB auch verzichten. Solche **Verzichtsvereinbarungen** können allerdings nach § 138 BGB sittenwidrig sein. Zudem ist in diesen Fällen eine richterliche Wirksamkeitskontrolle (§ 138 BGB) und eine richterliche Ausübungskontrolle (§ 242 BGB) erforderlich (Einzelheiten zu Unterhaltsvereinbarungen siehe § 6 Rn. 615 ff.

f) Haftung der Erben des Unterhaltspflichtigen für Unterhaltsansprüche. Nach § 1586 b I 1 BGB geht mit dem **Tod des Verpflichteten** dessen Unterhaltspflicht als **Nachlassverbindlichkeit** auf dessen Erben, also ggf. auch auf den Erbeserben[61] über. Anstelle des Erblassers muss der Erbe nunmehr einen gesetzlichen Anspruch des überlebenden geschiedenen Ehegatten auf nachehelichen Unterhalt bedienen. Der in § 1586 b BGB geregelte Übergang der Unterhaltspflicht auf den Erben gleicht den Verlust der erbrechtlichen Ansprüche aus, den der Unterhaltsberechtigte mit der Scheidung erlitten hat.[62]

125

Hatte der geschiedene Ehegatte auf sein **Erbrecht** (§ 2346 I BGB) **oder** auf sein **Pflichtteilsrecht** § 2346 II BGB) **verzichtet**, setzt sich der Anspruch mit dem Tod des Verpflichteten nicht als Nachlassverbindlichkeit fort.[63] Andernfalls stünde der geschiedene Ehegatte bei einem Erbverzicht besser da als der nicht geschiedene, dem weder ein Erbteil noch ein Unterhaltsanspruch verbliebe (§ 1615 I BGB). Gleiches gilt für den Fall des Pflichtteilsverzichts. Er stellt i. d. R. keine einseitige Erklärung des Verzichtenden, sondern einen mit einer Gegenleistung verbundenen Vertrag mit dem Unterhaltspflichtigen dar. Würde man hier § 1586 b BGB anwenden, wäre der nicht geschiedene Ehegatte, weil er seine gesicherte Erberwartung aufgegeben hat, überwiegend schlechter gestellt als der

---

[58] BGH FamRZ 1989, 150, 153
[59] OLG Naumburg FamRZ 2006, 490 Rn. 13; OLG Köln FamRZ 1997, 426
[60] Musielak/Borth FamFG § 266 Rn. 11; Zur Einordnung solcher Vereinbarungen vgl. BGH FamRZ 2009, 219
[61] BGH FamRZ 1985, 164 für § 70 EheG
[62] BT-Drucks. 7/4361 S. 52; BT-Drucks. 7/650 S. 274 ff.
[63] Diekmann FamRZ 1992, 633 u. FamRZ 1999, 1029; Palandt/Brudermüller, BGB § 1586 b BGB Rn. 8; Palandt/Weidlich § 1933 Rn. 10; anderer Ansicht: Keim FPR 2006, 145; Bergschneider FamRZ 2003, 1049, 1057; Schmitz FamRZ 1999, 1569; Pentz FamRZ 1998, 1344; Grziwotz FamRZ 1991, 1258

geschiedene. Gegen eine Anwendung der Vorschrift im Falle eines Pflichtteilverzichts spricht auch der Umstand, dass § 1586 b BGB den geschiedenen Ehegatten so behandelt, als habe er sein Pflichtteilsrecht behalten. Wenn er aber auf dieses vor der Scheidung verzichtet hatte, erscheint es wenig nachvollziehbar, dass es über § 1586 b I BGB wieder „aufleben" soll.

126 **aa) Rückständiger Unterhalt.** Die für die Zeit vor dem Tode des Verpflichteten entstandenen und noch nicht erfüllten Unterhaltsansprüche sind normale Nachlassverbindlichkeiten im Sinne des § 1967 I BGB,[64] denn § 1586 b BGB erfasst nur den zukünftigen Unterhaltsanspruch des Berechtigten ab dem Tode des Verpflichteten.[65]

127 **bb) Laufender zukünftiger Unterhalt.** Ein gegen den Erblasser bestehender Unterhaltstitel kann auf den oder die haftenden Erben nach § 120 I FamFG i. V. m. § 727 ZPO umgeschrieben werden.[66] Soweit der Erbe Einwendungen gegen den Fortbestand des Titels erhebt, wird dadurch aber das Rechtsschutzbedürfnis für einen Leistungsantrag gegen ihn nicht ausgeschlossen.[67] Für Rechtsstreitigkeiten zwischen dem Erben und dem berechtigten Ehegatten über die übergegangene Unterhaltsverpflichtung sind die Familiengerichte zuständig (§§ 111 Nr. 8, 231 I Nr. 2 FamFG, bis zum 31. 8. 2009 nach § 621 I Nr. 5 ZPO).

Ist der **Unterhalt** durch eine **Vereinbarung** (notarieller Vertrag, Vergleich) geregelt, kommt es darauf an, ob es sich nur um eine Konkretisierung des gesetzlichen Unterhalts handelt, was regelmäßig und im Zweifel der Fall ist,[68] oder ob es um die Ausgestaltung eines rein vertraglichen, von der gesetzlichen Unterhaltspflicht gelösten Anspruchs geht (vgl. § 6 Rn. 601 ff.). Während es bei der lediglich konkretisierenden Vereinbarung bei der Anwendung des § 1586 b BGB verbleibt,[69] kommt es beim rein vertraglichen Anspruch darauf an, ob der Vertrag nach seinem Inhalt dahin auszulegen ist, dass das Leistungsversprechen nicht auch für die Erben des Versprechenden gelten sollte. Lässt sich die Frage durch Auslegung nicht klären, haftet der Erbe des Versprechenden im Zweifel aber, da es nicht um ein gesetzliches Unterhaltsverhältnis geht, nach den allgemeinen Vorschriften (§§ 1922, 1967 BGB).[70]

Handelt es sich um eine den gesetzlichen Unterhaltsanspruch lediglich konkretisierende Vereinbarung zwischen dem geschiedenen Ehegatten und dem Erblasser, bindet die Vereinbarung auch den Erben.[71] Ein Abänderungsverfahren ist zwischen dem unterhaltsberechtigten Ehegatten auf der einen Seite und dem oder – bei einer Mehrheit von Erben – den Erben auf der anderen Seite zu führen.

128 **cc) Art des Anspruchsübergangs, Einwendungen.** Die Unterhaltspflicht des Erblassers geht grundsätzlich unverändert, also auch mit Einwendungen, auf den Erben über. Sie besteht nur, wenn die Voraussetzungen eines nachehelichen Unterhaltstatbestandes (§§ 1570–1573, 1575, 1576 BGB) weiter vorliegen. Da der Anspruch nach § 1586 b BGB seine unterhaltsrechtliche Natur nicht verliert,[72] hängt er weiterhin von der **Bedürftigkeit des Berechtigten** ab und bestimmt sich hinsichtlich der Höhe seines **Bedarfs** weiter nach § 1578 BGB.[73] Der Unterhaltsanspruch umfasst nach § 1578 II u. III BGB auch Alters-, Kranken- und Pflegevorsorgeunterhalt.[74]

Hat der Erblasser trotz der vorliegenden Voraussetzungen für eine **Verwirkung** des Anspruchs nach **§ 1579 BGB** den Unterhalt weiter gezahlt, kann ein Vertrauensschutz des Berechtigten, z. B. unter dem Gesichtspunkt der Verzeihung, entfallen, wenn die Zahlung

---

[64] Bergschneider FamRZ 2003, 1049, 1050
[65] Bergschneider FamRZ 2003, 1050
[66] BGH FamRZ 2004, 1546, 1547; anders hinsichtlich eines Titels über Trennungsunterhalt vgl. OLG Köln v. 10. 12. 2009 – 21 UF 133/09 = BeckRS 2011, 18173
[67] KG FamRZ 2005, 1759
[68] BGH FamRZ 2009, 219
[69] BGH FamRZ 2004, 1546, 1547
[70] OLG Köln FamRZ 1983, 1036, 1038; nach Meinung von Hambitzer FamRZ 2001, 201, 202, ist aus dem Ausnahmecharakter des § 1586 b BGB zu entnehmen, dass ein nichtgesetzlicher, selbstständiger Unterhaltsanspruch nicht passiv vererblich sei; vgl. auch Hambitzer FPR 2003, 157
[71] OLG Koblenz NJW 2003, 439, 440
[72] Diekmann FamRZ 1992, 633
[73] BGH FamRZ 2003, 848, 854 = R 588 k
[74] Bergschneider FamRZ 2003, 1049, 1052

2. Abschnitt: Anspruchstatbestände des nachehelichen Unterhalts § 4

nur erfolgt ist, um eine über den Unterhaltsbetrag hinausgehende Rentenkürzung[75] zu vermeiden. Denn in einem solchen Fall ist nicht von einem Verzicht des Erblassers auf die Verwirkungsfolgen auszugehen.[76]

Auch die Voraussetzungen einer **Unterhaltsbeschränkung** nach § 1578 b BGB (im Einzelnen siehe § 4 Abschnitt 7 = Rn. 1200 ff.) können vom Erben geltend gemacht werden, falls ihre tatbestandlichen Voraussetzungen erst nach einem zwischen dem Erblasser und dem unterhaltsberechtigten Ehegatten ergangenen Beschluss oder nach einer entsprechenden Unterhaltsvereinbarung eingetreten sind.[77]

dd) Begrenzung der Erbenhaftung. Der Erbe kann gemäß § 1586 b I 2 BGB anders 129 als der Erblasser nicht mehr den Einwand der **fehlenden Leistungsfähigkeit** nach § 1581 BGB erheben, denn eine Gefährdung des eigenen angemessenen Unterhalts des Verpflichteten kann nach seinem Ableben nicht mehr eintreten. Der Erbe haftet mit dem Nachlass.

§ 1586 b I 3 BGB **begrenzt die Erbenhaftung** auf einen fiktiven Pflichtteil, den der Berechtigten ohne die Ehescheidung zugestanden hätte. Daneben gelten die allgemeinen Beschränkungen der Erbenhaftung nach §§ 1975 ff. BGB. Zur **Berechnung des fiktiven Pflichtteils** ist vom Gesamtnachlass im Zeitpunkt des Todes des Erblassers, nicht der Scheidung auszugehen.[78] Güterrechtliche Besonderheiten sind nicht zu berücksichtigen (§ 1586 b II BGB). Der gesetzliche Erbteil bestimmt sich daher nur nach § 1931 I und II BGB, die für überlebende Ehegatten günstigeren Regelungen nach §§ 1371 I, 1931 IV BGB scheiden aus.[79] (Fiktive) **Pflichtteilsergänzungsansprüche** des Unterhaltsberechtigten werden eingerechnet.[80] Dies gilt auch dann, wenn der oder die Erben selbst pflichtteilsberechtigt sind und sich auf § 2328 BGB berufen, weil sich der fiktiv pflichtteilsberechtigte Unterhaltsgläubiger anders als echte Pflichtteilsberechtigte nicht nach § 2329 BGB an dem Beschenkten schadlos halten kann.[81]

ee) Realsplitting. Der Erbe kann trotz der unterhaltsrechtlichen Natur des Anspruchs 130 wegen der ihm obliegenden Unterhaltsleistungen **nicht das Realsplitting** nach § 10 I Nr. 1 EStG durchführen, weil der Abzugstatbestand an persönliche Eigenschaften des Steuerpflichtigen anknüpft (Wegfall des Ehegattensplittings, Folgen der Eheauflösung), die bei dem Erben nicht vorliegen.[82]

g) Quasi-nachehelicher Unterhaltsanspruch nach §§ 1933 S. 3, 1569 ff. Einen 131 **Sonderfall** des nachehelichen Unterhalts (quasi-nachehelicher Unterhalt) stellt der Unterhaltsanspruch nach §§ 1933 S. 3, 1569 bis 1586 b BGB dar.

Dem getrennt lebenden Ehegatten steht das gesetzliche Erbrecht gemäß § 1931 BGB und/oder ein Pflichtteilsrecht gemäß § 2303 BGB zu, solange das Scheidungsverfahren nicht eingeleitet ist. Wenn zur Zeit des Todes des Erblassers die materiellen Voraussetzungen[83] für die Scheidung der Ehe gegeben waren und der Erblasser die Scheidung beantragt, ihr zugestimmt hatte oder seinerseits eine an sich begründete Aufhebungsklage erhoben hatte, und das Verfahren rechtshängig ist,[84] erlischt gemäß § 1933 Satz 1 BGB das Erbrecht des überlebenden Ehegatten. In solchen Fällen ist gemäß § 1933 Satz 3 BGB der Ehegatte nach Maßgabe der §§ 1569 bis 1586 b BGB unterhaltsberechtigt. Nach der Regelung des § 1933 Satz 3 BGB erhält der nicht geschiedene überlebende Ehegatte bei Verlust seines Erbrechts einen Unterhaltsanspruch nach Maßgabe des nachehelichen Unterhaltsrechts,[85]

---

[75] Zum sog. Rentnerprivileg vgl. § 101 III SGB VI i. d. F. bis zum 31. 8. 2009 § 268 a SGB VI
[76] BGH FamRZ 2003, 521 = R 581 a–c; FamRZ 2004, 614, 615 = R 607 a–c
[77] Bergschneider FamRZ 2003, 1049, 1051
[78] BT-Drucks 7/650 S. 153
[79] Palandt/Brudermüller § 1586 b Rn. 6
[80] BGH FamRZ 2001, 282, 283 = R 550 b; FamRZ 2003, 848, 854 = R 588 k; vgl. hierzu auch Dressler NJW 2003, 2430
[81] BGH FamRZ 2007, 1800, 1801
[82] BFH NJW 1998, 1584
[83] Vgl. dazu OLG Frankfurt FamRZ 1990, 210; BGH FamRZ 1995, 229 ff.; OLG Zweibrücken FamRZ 2001, 452
[84] BGH FamRZ 1990, 1109
[85] BT-Drucks. 7/650 S. 274 ff.; zur konkludenten Zustimmung des Erblassers zum Scheidungsantrag vgl. OLG Köln FamRZ 2003, 1223

der sich gegen die Erben des verstorbenen Ehegatten richtet (§ 1586 b BGB), als wäre er von dem verstorbenen Ehegatten geschieden gewesen.

Der Anspruch entsteht auch, wenn der Verfahrensbevollmächtigte des Erblassers nach dessen Tod den Scheidungsantrag zurückgenommen hat, weil die Rücknahme nicht mehr auf dem eigenen Willen des Erblassers beruht.[86]

Der **Anspruch auf Unterhalt** nach den §§ 1933 S. 3, 1569 bis 1586 b BGB **entsteht** mit dem Tod des Verpflichteten. Er tritt an die Stelle des Trennungsunterhaltsanspruchs. Es findet **kein Übergang der Trennungsunterhaltspflicht** vom Erblasser auf den Erben statt, weil – anders als bei § 1586 b BGB, § 1615 l III S. 4 BGB und § 1615 n BGB – nach dem Gesetzeswortlaut der §§ 1361 IV 4, 1360 a III, 1615 I BGB der Anspruch auf Trennungsunterhalt mit dem Tod des Unterhaltsverpflichteten erlischt.[87]

132 Für die Auffassung, dass es sich bei dem Anspruch nach § 1933 S. 3 BGB um einen neu entstehenden Sonderfall des nachehelichen Unterhalts und nicht nur um eine Rechtsfolgenverweisung betreffend den Trennungsunterhalt[88] handelt, sprechen insbesondere die Gesetzesmaterialien zur Entstehungsgeschichte des § 1933 BGB. Der Bundesrat hatte zu der Änderung des Eherechts zum 1. Juli 1977 ausgeführt: „Die Unzulänglichkeiten der Regelung des Regierungsentwurfs können in befriedigender Weise dadurch beseitigt werden, dass die bisherige Regelungsautomatik unter Anpassung an das Zerrüttungsprinzip beibehalten wird und der überlebende Ehegatte zum Ausgleich für das verlorene Erbrecht einen Unterhaltsanspruch nach Maßgabe der §§ 1570 bis 1576, 1581 bis 1586 b (nach dem Vorschlag des Bundesrates) erhält. Dadurch wird gleichzeitig erreicht, dass der überlebende Ehegatte in diesen Fällen nicht schlechter gestellt wird als er stehen würde, wenn die Ehe schon zu Lebzeiten des Erblassers durch Scheidung oder Aufhebung aufgelöst worden wäre. Der überlebende Ehegatte wird dann mindestens so viel erhalten, wie er erhalten würde, wenn der Erblasser ihn auf den Pflichtteil gesetzt hätte. Die Gewährung einer Stellung, die über die des Pflichtteilsberechtigten hinausgeht, sieht aber auch der Regierungsentwurf im Falle der Enterbung des überlebenden Ehegatten nicht vor."[89]

Der Rechtsausschuss des Bundestages hat die Verabschiedung des neuen Eherechts befürwortet und zu § 1933 BGB ausgeführt: „Die beschlossene Vorschrift stellt für den Verlust des Ehegattenerbrechts und des Voraus darauf ab, dass die Ehe gescheitert ist und der Erblasser durch die Antragstellung oder die Zustimmung zum Scheidungsantrag zu erkennen gegeben hat, dass er bereit ist, hieraus die Folgerungen zu ziehen. Der Verlust des Erbrechts und des Voraus findet seine innere Rechtfertigung also in dem mutmaßlichen Erblasserwillen. Zum Ausgleich für den Verlust des Erbrechts und des Voraus muss dem überlebenden Ehegatten in gleicher Weise wie nach der Scheidung ein Unterhaltsanspruch gewährt werden. Denn sonst stünde er in diesem Fall schlechter da, als er stehen würde, wenn die Ehe schon zu Lebzeiten des Erblassers durch Scheidung oder Aufhebung aufgelöst worden wäre."[90]

Aus den zitierten Ausführungen, insbesondere aus der Formulierung, der überlebende Ehegatte „erhalte" zum Ausgleich für das verlorene Erbrecht einen Unterhaltsanspruch nach den Vorschriften für den nachehelichen Unterhalt, ergibt sich eindeutig, dass der Anspruch auf Unterhalt mit dem Tod des Erblassers erstmals entsteht und der Tod des Erblassers an die Stelle des Einsatzzeitpunktes der Scheidung tritt.

133 Dass der **Unterhaltsanspruch nach § 1933 S. 3 BGB** mit dem Tode des Verpflichteten **neu entsteht**, ergibt sich mittelbar auch aus der Rechtsprechung des BGH[91] zum Verhältnis

---

[86] OLG Stuttgart FamRZ 2007, 502, 504
[87] Büte/Poppen/Menne, Unterhaltsrecht, 2. Aufl. 2009 § 1361 Rn. 106; Göppinger/Wax/Bäumel, Unterhaltsrecht, 8. Aufl., Rn. 932
[88] So Münch ZEV 2008, 571, 574; ähnlich Schnitzler/Grandel MAH Familienrecht § 8 Rn. 143; Frenz ZEV 1997, 450, 451; Jauernig/Stürner BGB, 13. Aufl. 2009 § 1933 Rn. 2
[89] BT-Drucks. 7/650 S. 274 ff., vgl. Ziff. 38 (zu Art. 1 Nr. 34 bis 36 [§§ 1848, 1933, 2077 Abs. 1, 2268 Abs. 2, 2279 Abs. 2])
[90] BT-Drucks. 7/4361 S. 52
[91] BGH NJW 1981, 978, 979; NJW 1980, 2811, zum bis 30. Juni 1977 geltenden § 1361 BGB und zu den §§ 58 ff. EheG

eines Anspruchs aus § 1361 BGB (Trennungsunterhalt) und aus den §§ 1569 ff. BGB (nachehelicher Unterhalt). Danach schließen es die Unterschiede in der Ausgestaltung des § 1361 BGB und der §§ 1569 ff. BGB aus, die Ansprüche auf Trennungsunterhalt und nachehelichen Unterhalt als einheitlichen und kontinuierlichen Anspruch aufzufassen. Denn die §§ 1569 ff. BGB enthalten der Sache nach nicht lediglich Vorschriften, die den bereits während der Ehe gegebenen Unterhaltsanspruch unter bestimmten Voraussetzungen einschränken oder zum Erlöschen bringen. Sie begründen vielmehr Ansprüche, die sich sowohl nach ihren Grundlagen wie auch nach ihren Bemessungskriterien vom Anspruch nach § 1361 BGB unterscheiden. Diese Rechtsprechung ist entsprechend für das Verhältnis zwischen § 1361 BGB und § 1933 Satz 3 BGB anwendbar. Wegen der Unterschiede umfasst ein Urteil über den Unterhaltsanspruch nach § 1361 BGB in verfahrensrechtlicher Hinsicht regelmäßig nicht auch den Unterhaltsanspruch nach der Scheidung der Ehe. Es ist auch nicht zulässig, sich aus verfahrensökonomischen Gründen über die Verschiedenheit der Ansprüche hinwegzusetzen und ein Fortwirken des Titels über den ehelichen Unterhaltsanspruch nach der Scheidung zu bejahen. Der unterhaltsbedürftige Ehegatte ist für den nachehelichen Unterhalt auf den Weg einer neuen Klage verwiesen.[92] Das hat zur Folge, dass nach dem Tod des Unterhaltspflichtigen eine **Umschreibung eines Unterhaltstitels über Trennungsunterhalt anders als bei einem Titel über den nachehelichen Unterhalt** gegen den nach § 1586 b BGB haftenden Erben des Unterhaltsschuldners **nicht erfolgen kann**.[93]

Da der Anspruch auf den Quasinachehelichenunterhalt mit dem Tod des Erblassers erstmals entsteht, tritt – soweit ein Unterhaltsanspruch davon abhängt – dieser Zeitpunkt an die Stelle des **Einsatzzeitpunktes** der Scheidung.[94]

h) Pfändbarkeit. Der Anspruch auf nachehelichen Unterhalt ist wie der Trennungsunterhalt und Familienunterhalt[95] als echter Unterhaltsanspruch grundsätzlich **nicht pfändbar** (§ 120 I FamFG i. V. m. § 850 b I Nr. 2 ZPO) und daher auch grundsätzlich **nicht abtretbar** (§ 400 BGB). Allerdings wird § 400 BGB auch bei Unterhaltsansprüchen nicht angewendet, wenn der Zedent vom Zessionar eine wirtschaftlich gleichwertige Leistung erhalten hat bzw. erhält.[96] Eine **Aufrechnung** ist ebenfalls grundsätzlich **ausgeschlossen** (§ 394 BGB). Das Vollstreckungsgericht kann eine Pfändung nach § 850 b II ZPO bei Vorliegen besonderer Umstände ausnahmsweise zulassen. **134**

i) Insolvenz des Unterhaltsschuldners. Familienrechtliche Unterhaltsansprüche, die bis zur Eröffnung des Insolvenzverfahrens fällig geworden waren **(Rückstände)**,[97] sind als normale Insolvenzforderungen (vgl. § 40 InsO) beim Insolvenzverwalter zur Eintragung in die Tabelle (§§ 174, 175 InsO) anzumelden. Nur bezüglich dieser Rückstände wird ein anhängiges Unterhaltsverfahren nach § 113 I FamFG i. V. m. § 240 ZPO unterbrochen.[98] **135**

Die **laufenden künftigen Unterhaltsforderungen,** die erst nach Eröffnung des Verfahrens fällig geworden sind, können im Insolvenzverfahren nur hinsichtlich des Vorrechtsbereichs (§§ 89 II 1 InsO, 850 d und FamFG ZPO), im Übrigen nicht geltend gemacht werden (§ 40 InsO). Sie lassen sich nur außerhalb des Insolvenzverfahrens geltend machen bzw. einklagen.[99] Ein bereits anhängiges Verfahren ist wegen dieser Unterhaltsforderungen mangels Unterbrechung fortzusetzen.[100] Für die laufenden Forderungen kann das nicht zur Insolvenzmasse gehörende Vermögen vollstreckt werden, wobei allerdings in der Regel nur ein eingeschränkter Zugriff auf das Arbeitseinkommen bleibt, auf welches der Unterhaltsgläubiger wegen § 850 d ZPO in weiterem Umfang als die Insolvenzgläubiger zugreifen

---

[92] BGH a. a. O.
[93] OLG Köln v. 10. 12. 2009 – 21 UF 133/09 = BeckRS 2011, 18733
[94] Dieckmann NJW 1980, 2777; 2778; ders. FamRZ 1992, 663, 664; Staudinger, Kommentar zum BGB, Neubearb. 2008 § 1933 Rn. 14
[95] Vgl. beim Familienunterhalt zur bedingten Pfändbarkeit eines Taschengeldanspruchs: BGH FamRZ 2004, 1784 f.
[96] BGH FamRZ 1995, 160, 161
[97] OLG Naumburg FamRZ 2005, 1975
[98] OLG Koblenz FamRZ 2003, 109 m. w. N.; OLG Hamm FamRZ 2005, 279, 280
[99] OLG Koblenz FamRZ 2002, 31, 32
[100] OLG Koblenz FamRZ 2003, 109

kann. Der Grund für die Schlechterstellung des Unterhaltsgläubigers ist die familienrechtliche Grundlage des Anspruchs, die den Berechtigten das wirtschaftliche Schicksal des Pflichtigen teilen lässt.[101]

Beruht die Unterhaltsverpflichtung des **Schuldners** auf seiner Stellung **als Erbe des Verpflichteten** (vgl. § 1586b BGB), sind auch die laufenden Unterhaltsforderungen als normale Insolvenzforderungen zu behandeln (§ 40 InsO), die für das Verfahren auch wegen der künftigen Fälligkeiten als fällig gelten (§ 41 I InsO). Einen Sonderfall stellt der **Unterhalt** dar, welcher dem Schuldner und seiner Familie von der Gläubigerversammlung **aus der Insolvenzmasse** bewilligt werden kann (§ 100 InsO). Dabei kommt die Gewährung notwendigen Unterhalts auch an den getrennt lebenden oder geschiedenen Ehegatten in Betracht (§ 100 II InsO).[102]

136   Im Hinblick auf die Möglichkeiten des **Verbraucherinsolvenzverfahrens** nach §§ 304 ff. InsO war zunehmend erwogen worden, ob ein überschuldeter Unterhaltsschuldner nicht verpflichtet sein kann, Insolvenzantrag zu stellen, um seine unterhaltsrechtliche Leistungsfähigkeit durch die dann mögliche und auf Grund der Restschuldbefreiung zumutbare Inanspruchnahme der Pfändungsfreigrenzen des § 850c ZPO zu erhöhen.[103] Der BGH hat eine solche Obliegenheit im Hinblick auf die nach § 1603 II BGB gesteigerte Unterhaltspflicht zur Sicherstellung des laufenden Unterhalts von minderjährigen Kindern bejaht, soweit dies dem Schuldner nicht ausnahmsweise im Einzelfall unzumutbar ist.[104] Dies gilt wegen fehlender gesteigerter Unterhaltspflicht und im Hinblick auf die verfassungsrechtlich geschützte Handlungsfreiheit des Unterhaltsschuldners **regelmäßig nicht im Fall des Ehegattenunterhalts** (Trennungsunterhalt oder Geschiedenenunterhalt).[105]

137   **j) Verfahrenskostenvorschuss.** Im Gegensatz zum Familienunterhalt und Trennungsunterhalt (§§ 1360a IV und 1361 IV BGB) besteht nach Rechtskraft der Scheidung **kein Anspruch** mehr auf einen Verfahrenskostenvorschuss.[106] Dagegen kann für das Scheidungsverfahren selbst und für die Folgesachen im Verbund noch Verfahrenskostenvorschuss nach §§ 1361 IV, 1360a IV BGB verlangt werden. Einzelheiten dazu siehe in § 6 Rn. 20 ff.

7. Sonstige verfahrensrechtliche Besonderheiten des nachehelichen Unterhalts

138   Vor der Rechtskraft der Scheidung kann der nacheheliche Unterhalt als **Folgesache im Verbund** anhängig gemacht werden (§§ 137 ff. FamFG).

Seit dem 1. 9. 2009 können über den Ehegattenunterhalt isoliert oder im Verbund **einstweilige Anordnungen** nach § 246 FamFG erlassen werden. Diese Regelung hat die mit der Einführung des FamFG aufgehobenen §§ 620–620g, 644 ZPO ersetzt. Eine einstweilige Anordnung, die über den Unterhalt eines Ehegatten vor Rechtskraft der Scheidung befindet, regelt nur den Trennungsunterhalt. Ihre Grundlage entfällt mit der Rechtskraft der Scheidung. Ob die einstweilige Anordnung wie nach früherem Recht[107] nach der Scheidung trotz der Nichtidentität von Trennungs- und nachehelichem Unterhalt als Regelung des nachehelichen Unterhalts weiter gilt, ist unklar.[108] Wenn man dies bejaht, tritt die einstweilige Anordnung aber nicht automatisch mit der Rechtskraft der Scheidung außer Kraft, weil die Rechtskraft der Scheidung allein keine anderweitige Regelung im Sinne des § 56 I FamFG darstellt. Auf Antrag nach § 54 I FamFG ist eine solche einstweilige Anordnung aufzuheben (im Einzelnen siehe § 10 Rn. 425 ff.). Wenn zugleich mit

---

[101] Jaeger KO, 9. Aufl., Rn. 109 zu § 3
[102] Vgl. hierzu BGH FamRZ 2008, 137, 138 = R 684b
[103] Vgl. Melchers FamRZ 2001, 1509 ff.; Hoppenz FF 2003, 158 ff.; Hauß FamRZ 2006, 306 u. 1496; OLG Hamm FamRZ 2001, 441 mit Anm. Born; OLG Dresden FamRZ 2003, 1028; OLG Karlsruhe FamRZ 2006, 953; ablehnend OLG Naumburg FamRZ 2003, 1215
[104] BGH FamRZ 2005, 608 = R 627a
[105] BGH FamRZ 2008, 497, 499f. = R 687
[106] BGH FamRZ 1984, 148
[107] BGH FamRZ 1991, 180
[108] Dafür Prütting/Helms § 56 FamFG Rn. 5; Zöller/Lorenz § 56 FamFG Rn. 37; dagegen Keidel/Giers § 246 FamFG Rn. 9

der Scheidung über den nachehelichen Unterhalt als Folgesache entschieden wird, tritt eine einstweilige Anordnung gemäß §§ 56 I 2, 148 FamFG außer Kraft.

Im Anwendungsbereich des **FamFG** ist der Erlass einer **einstweilige Verfügung** auf Leistung von Unterhalt nach den §§ 935–942 ZPO ausgeschlossen.[109]

II. Angemessene Erwerbstätigkeit im Sinne des § 1574 BGB

1. Normzweck und Anwendungsbereich des § 1574 BGB

Nach dem in § 1569 S. 1 BGB beschriebenen Prinzip der **Eigenverantwortlichkeit** soll jeder Ehegatte grundsätzlich nach der Scheidung für seinen Unterhalt durch eine eigene Erwerbstätigkeit selbst aufkommen. Ein Anspruch auf nachehelichen Unterhalt besteht nur, wenn der Bedürftige aus Gründen, die in den Anspruchstatbeständen der **§§ 1570, 1571, 1572, 1573, 1574 III, 1575 und 1576 BGB** normiert sind, nach der Scheidung nicht oder nicht ausreichend durch eigene Erwerbstätigkeit selbst für seinen Unterhaltsbedarf sorgen kann. Die generelle Erwerbsverpflichtung des Bedürftigen, die auch in § 1574 I BGB zum Ausdruck kommt, ist inhaltlich auf eine dem Berechtigten angemessene Erwerbstätigkeit beschränkt. An dieser **Angemessenheit** einer Erwerbstätigkeit ist die **Zumutbarkeit** der Aufnahme oder Ausweitung einer Erwerbstätigkeit **bei allen Unterhaltstatbeständen** zu beurteilen.[110]

Für die Frage, welche Erwerbstätigkeit angemessen ist, zählt § 1574 II BGB die wichtigsten Kriterien im Sinne einer **Legaldefinition**[111] der zu berücksichtigenden Umstände auf. § 1574 I und II BGB stellen demgemäß **keine eigene Anspruchsgrundlage** dar, sondern sind **Hilfsnormen zur Auslegung** des Begriffs „Erwerbstätigkeit" bei allen nachfolgend behandelten Anspruchstatbeständen der §§ 1570, 1571, 1572, 1573, 1575 und 1576 BGB.

§ 1574 I BGB und § 1574 II BGB sind durch das Unterhaltsrechtsänderungsgesetz im Licht der stärkeren Betonung des Grundsatzes der Eigenverantwortung neu gefasst worden. Dadurch sind ab dem 1. 1. 2008 die Anforderungen an die (Wieder-)Aufnahme einer Erwerbstätigkeit nach der Scheidung erhöht worden.[112] Die inhaltliche Beschränkung der Erwerbsobliegenheit auf eine angemessene berufliche Beschäftigung (§ 1574 I BGB) und die gesetzliche Umschreibung der Angemessenheit (§ 1574 II BGB) tragen zur Konkretisierung der Voraussetzungen der Unterhaltsansprüche nach den §§ 1571, 1572 und 1573 BGB bei.[113] Die Frage nach der Art und dem Umfang der zu fordernden angemessenen Tätigkeit spielt ferner eine wichtige Rolle bei der Zurechnung fiktiver Einkünfte nach einer Verletzung der Erwerbsobliegenheit.

Nach § 1574 III BGB obliegt es dem Bedürftigen, sich ausbilden, fortbilden oder umschulen zu lassen, wenn und soweit dies erforderlich ist, um eine angemessene Erwerbstätigkeit aufnehmen zu können, und ein erfolgreicher Abschluss der Ausbildung zu erwarten ist. Sind diese Voraussetzungen erfüllt, besteht anstelle einer Erwerbsobliegenheit eine **Ausbildungsobliegenheit**.[114] Unterzieht sich der Bedürftige einer solchen Ausbildung, hat er nach § 1574 III i. V. mit § 1573 I BGB für die Regeldauer einer solchen Ausbildung einen zeitlich begrenzten Anspruch auf **Ausbildungsunterhalt**.[115] Insofern beinhaltet § 1574 III BGB i. V. mit § 1573 I BGB neben § 1575 BGB eine weitere Anspruchsgrundlage für einen Ausbildungsunterhalt.

Beim **Trennungsunterhalt** (oben Rn. 21 ff.) kann der nicht erwerbstätige Ehegatte nur unter wesentlich engeren Voraussetzungen darauf verwiesen werden, seinen Unterhalt

---

[109] BT-Drucks. 16/6308 S. 226
[110] BGH FamRZ 1983, 144
[111] BGH FamRZ 1985, 371, 373
[112] BT-Drucks. 16/1830 S. 17
[113] BGH FamRZ 1983, 144
[114] BGH FamRZ 1986, 1085
[115] BGH FamRZ 1987, 795, 797; FamRZ 1986, 553; FamRZ 1984, 561, 563

durch eigene Erwerbstätigkeit zu verdienen, als dies gemäß § 1574 II BGB nach der Scheidung der Fall ist.[116]

Die **Angemessenheitskriterien** des § 1574 II BGB gelten in entsprechender Weise auch für eine Erwerbstätigkeit des Verpflichteten. § 1574 BGB steht zwar im Zusammenhang mit den Bestimmungen, die einem Bedürftigen Unterhaltsansprüche gewähren. Der Grundsatz der Gleichberechtigung und Gleichbehandlung gebietet es jedoch, bedürftige und verpflichtete Ehegatten zur Frage der Angemessenheit einer Erwerbstätigkeit gleich zu behandeln.

2. Angemessene Erwerbstätigkeit nach § 1574 II BGB, Systematik

141 Bei der Prüfung des Merkmals der angemessenen Erwerbstätigkeit sind folgende Fragen zu klären:
- Ist vom Bedürftigen **überhaupt noch** eine angemessene **Erwerbstätigkeit** zu erwarten?[117]
- Kann dem Berechtigten umfangmäßig als angemessen eine **Vollerwerbstätigkeit oder** nur eine **Teilerwerbstätigkeit** zugemutet werden?[118]
- **Welche Arten** von Erwerbstätigkeiten können dem Bedürftigen als angemessen zugemutet werden?[119]
- Besteht für den Bedürftigen eine **Ausbildungsobliegenheit,** weil für ihn nach den Umständen des Falles keine oder nur eine nicht angemessene Erwerbstätigkeit in Frage käme oder weil er dann eher eine Arbeitsstelle findet als in seinem früheren Beruf?[120]

Die Beantwortung dieser Fragen obliegt dem **Tatrichter.** Dieser hat dazu alle Angemessenheitskriterien und sonstigen besonderen Umstände des Einzelfalls festzustellen und umfassend abzuwägen.[121] Rechtsfehlerhaft ist es, wenn die Beurteilung der Angemessenheit z. B. nur auf eines von mehreren zu beachtenden Kriterien gestützt wird[122] oder wenn das Gericht erkennbar keine umfassende und abschließende Angemessenheitsprüfung vornehmen wollte.[123]

Die **Prüfung** hat in **zwei Stufen** zu erfolgen.

142 **a) Erste Prüfungsstufe.** Nach § 1574 II BGB ist eine Erwerbstätigkeit angemessen, die der Ausbildung, den Fähigkeiten, einer früheren Erwerbstätigkeit, dem Lebensalter und dem Gesundheitszustand des Bedürftigen entspricht. Die Aufzählung der **Kriterien** in **§ 1574 II BGB** ist **nicht erschöpfend.** Es können auch andere Gesichtspunkte berücksichtigt werden. Seit dem 1. 1. 2008 enthält der Katalog des § 1574 II 1 BGB erstmals auch das Merkmal der „früheren Erwerbstätigkeit". Eine Erwerbstätigkeit in einem früher ausgeübten Beruf soll grundsätzlich immer angemessen sein.[124] So ist es dem Ehegatten versagt, Unterhalt auf Grund einer höheren Berufsqualifikation zu verlangen, wenn er im Verlauf der Ehe über einen längeren, z. B. mehrjährigen Zeitraum hinweg, eine geringer qualifizierte Tätigkeit ausgeübt hat.[125] Bei den nach **§ 1574 II S. 1 Hs. 1 BGB** in einem **ersten Schritt** zu **prüfenden Merkmalen** ist in der Neufassung das Merkmal der „ehelichen Verhältnisse" entfallen.

Der Bedürftige kann die Art der ihm zuzumutenden angemessenen Erwerbstätigkeit grundsätzlich **selbst bestimmen.** Hat er während 20-jähriger Ehe im selbstständigen Betrieb seines Partners mitgearbeitet, ist rechtlich nichts dagegen einzuwenden, wenn er nach

---

[116] BGH FamRZ 1991, 416, 418; FamRZ 1989, 1160; FamRZ 1981, 242
[117] BGH FamRZ 1987, 691; FamRZ 1985, 371, 373; FamRZ 1983, 144
[118] BGH FamRZ 1985, 908
[119] BGH FamRZ 1987, 795, 797; FamRZ 1986, 1085; FamRZ 1986, 553
[120] BGH FamRZ 1987, 795, 797; FamRZ 1986, 1085
[121] BGH FamRZ 2005, 23; FamRZ 1984, 561, 562
[122] BGH FamRZ 1984, 561
[123] BGH FamRZ 1987, 795, 797
[124] BT-Drucks. 16/1830 S. 17
[125] A. a. O. unter Hinweis auf BGH FamRZ 2005, 23, 25 = R 619

der Trennung eine selbstständige Erwerbstätigkeit anstrebt und sich zu diesem Zweck in entsprechender Weise ausbilden lässt.[126]

Ob eine bestimmte Erwerbstätigkeit als angemessen anzusehen ist und dem Bedürftigen eine ausreichende berufliche Entwicklung ermöglicht, ist unter **Zumutbarkeitskriterien** zu beantworten. Eine optimale berufliche Erfüllung durch die Erwerbstätigkeit kann nicht verlangt werden.[127] Die für einen Ehegatten erreichbare Erwerbstätigkeit ist nicht erst dann angemessen, wenn das damit erzielte Einkommen den vollen Unterhalt erreicht.[128] Angemessen kann eine Tätigkeit auch deshalb sein, weil sie längere Zeit, z. B. mehrere Jahre, während der Ehe[129] oder auch vor der Ehe[130] ausgeübt worden ist.

In **Mangelfällen** besteht für Bedürftige und Verpflichtete eine **verstärkte Erwerbs-** 143 **obliegenheit** mit der Folge, dass sie bis zur Behebung der Mangelsituation auch eine nach § 1574 II BGB nicht angemessene Erwerbstätigkeit aufzunehmen oder auszuweiten haben. Dabei ist, wie auch sonst, auf eine gleichmäßige Belastung beider Ehegatten zu achten. Die in Mangelfällen mit den Unterhaltsleistungen verbundenen Belastungen und Einschränkungen des Verpflichteten scheinen nur zumutbar, wenn auch dem Bedürftigen entsprechende Einschränkungen und Opfer zugemutet werden.[131]

Die erforderliche **Würdigung** der aufgezählten Kriterien in ihrer **Gesamtheit**[132] kann daher dazu führen, dass eine erreichbare Erwerbstätigkeit, die **nicht** den ehelichen Lebensverhältnissen entspricht, grundsätzlich als zumutbar angesehen wird.[133]

b) Zweite Prüfungsstufe. Erst in einer zweiten Prüfungsstufe ist nach Absatz 2 S. 1 144 Hs. 2 im Rahmen einer als Korrektiv ausgebildeten **Billigkeitsabwägung** zusätzlich zu prüfen, ob die **ehelichen Lebensverhältnisse** die betreffende Erwerbstätigkeit ausschließen. § 1574 II S. 1 Hs. 2 BGB dient dem Zweck, den während der Ehe nicht erwerbstätig gewesenen Ehegatten nach der Scheidung zwar nicht vor jedem, aber vor einem **unangemessenen sozialen Abstieg** (Stichwort „Putzfrau, Arztgattin, Putzfrau?") zu bewahren.[134]

Dabei obliegt dem Berechtigten die Darlegungs- und Beweislast dafür, dass eine an sich erreichbare Erwerbstätigkeit für ihn auf Grund der ehelichen Lebensverhältnisse **unzumutbar** ist.[135] Im Streitfall hat der Tatrichter über diese Frage eine dem Einzelfall gerecht werdende Entscheidung zu treffen, die zum Ergebnis kommen kann, dass der geschiedene Ehegatte einen geminderten Lebensstandard **ohne** einen Aufstockungsunterhaltsanspruch hinnehmen muss.[136] Bei der erst auf zweiter Stufe erfolgenden Prüfung der ehelichen Lebensverhältnisse sind die Dauer der Ehe und die Dauer der Pflege und Erziehung eines gemeinschaftlichen Kindes zu berücksichtigen.

3. Die einzelnen Kriterien für die Prüfung einer angemessenen Erwerbstätigkeit nach § 1574 II S. 1 Hs. 1 BGB (1. Stufe)

a) Ausbildung. Ein Merkmal für die Angemessenheit ist eine Erwerbstätigkeit, für die 145 der Bedürftige vor oder während der Ehe eine berufliche Ausbildung abgeschlossen hat.

Ist eine **Ausbildung nicht abgeschlossen,** ist sie als Kriterium unbeachtlich. Gegebenenfalls ist ihr Abschluss nachzuholen. Es besteht dann für die Dauer der Ausbildung ein Anspruch auf Ausbildungsunterhalt nach § 1574 III i. V. mit § 1573 I BGB oder nach § 1575 BGB.

---

[126] BGH FamRZ 1988, 1145; FamRZ 1986, 1085; FamRZ 1984, 561
[127] BGH FamRZ 1985, 782; FamRZ 1984, 988
[128] BGH FamRZ 1985, 782
[129] Vgl. BT-Drucks. 16/1830 S. 17; BGH FamRZ 2010, 2059; BGH FamRZ 2005, 23, 25 = R 619
[130] Schwab FamRZ 2005, 1417, 1418
[131] BGH FamRZ 1985, 782
[132] BT-Drucks. 16/1830 S. 17
[133] A. a. O.
[134] BT-Drucks. 16/1830 S. 17
[135] BT-Drucks. 16/1830 S. 17
[136] BT-Drucks. 16/1830 S. 17

Ein Abstellen auf eine berufliche **Ausbildung** ist nicht möglich, wenn sie wegen der veränderten Bedingungen auf dem Arbeitsmarkt (neue Techniken) oder aus anderen Gründen (Aussterben des Berufs) praktisch keine konkrete Erwerbstätigkeit mehr ermöglicht oder wenn mit einer Tätigkeit in den in Betracht kommenden Berufsfeldern keine ausreichenden Einkünfte erzielt werden können. Das frühere Ausbildungsniveau ist ferner unbeachtlich, wenn die zur Berufsausübung notwendigen Fähigkeiten (PC-Kenntnisse) nicht mehr vorhanden sind oder wenn der Bedürftige entsprechende Berufe aus gesundheitlichen oder altersmäßigen Gründen nicht mehr ausüben kann. In einem solchen Fall kann gemäß § 1574 III BGB eine Verpflichtung des Unterhalt Begehrenden bestehen, sich **fortbilden oder umschulen** zu lassen. Einer Frau im Alter von 41 Jahren ist es möglich und zumutbar, sich die fehlende Berufserfahrung durch eine Fortbildungs- oder Umschulungsmaßnahme zu verschaffen.[137]

Auf eine **der beruflichen Vorbildung entsprechende Erwerbstätigkeit** darf sich der Bedürftige aber nur berufen, wenn eine solche unter Abwägung aller Kriterien aus objektiven und subjektiven Gründen sinnvoll ist, d. h., wenn der Bedürftige auch in der Lage ist, eine entsprechende Erwerbstätigkeit auszuüben. Eine approbierte Ärztin, die nie in ihrem Beruf tätig war, kann sich bei ihren Bemühungen um eine Erwerbstätigkeit nicht auf ärztliche Beschäftigungen beschränken, sondern muss sich auch um anderweitige Tätigkeiten bemühen, z. B. in der Aus- und Weiterbildung.[138] Eine angemessene Berufstätigkeit beschränkt sich nämlich nicht auf das durch Ausbildung erworbene Berufsbild, sondern umfasst auch solche Tätigkeiten, die dem Status der erworbenen Ausbildung entsprechen.[139]

146   b) **Fähigkeiten.** Fähigkeiten sind **persönliche Eigenschaften,** die zur Ausübung eines Berufs benötigt werden. Dazu zählen intellektuelle und praktische Fertigkeiten sowie sonstiges beruflich verwertbares Können. In erster Linie sind solche Fähigkeiten gemeint, die der Unterhalt Begehrende außerhalb einer geregelten Berufsausbildung durch eine bereits ausgeübte Erwerbstätigkeit oder eine sonstige Tätigkeit (z. B. karitative Tätigkeit, Ehrenamt) erworben hat und die zu einer beruflichen Qualifikation geführt haben.[140]

Entsprechende Fähigkeiten, die **im Zeitpunkt der Scheidung** bereits vorhanden und beruflich verwertbar sein müssen, werden häufig durch Mitarbeit im Betrieb oder Geschäft des Partners (Bürotätigkeit in Autohaus, Handwerksbetrieb) erworben. Auch in der Haushaltsführungsehe kann der nicht erwerbstätige Ehegatte durch Haushaltstätigkeit und Kindererziehung beruflich nutzbare Fähigkeiten erworben haben, die eventuell nach einer weiteren Ausbildung z. B. in sozialpflegerischen Berufen eingesetzt werden können.[141]

Der Bedürftige ist grundsätzlich verpflichtet, seine Fähigkeiten und sonstigen Kenntnisse (z. B. Fremdsprachenkenntnisse, musische Kenntnisse) bestmöglich zur Sicherung seines Unterhaltsbedarfs einzusetzen und dazu eine entsprechende Erwerbstätigkeit (Übersetzer, Touristikbranche, Hotelrezeption[142]) aufzunehmen. Angemessen ist in der Regel jede Arbeit, die den Fähigkeiten entspricht, sofern nicht die Angemessenheit einer solchen Erwerbstätigkeit nach anderen Kriterien zu verneinen ist. Eine 44-jährige geschiedene Ehefrau eines Zahnarztes kann auch dann auf den Arbeitsmarkt für un- und angelernte Kräfte verwiesen werden, wenn sie das Abitur erworben und ein Lehramtsstudium im Zusammenhang mit der Eheschließung abgebrochen hat; das gilt jedenfalls dann, wenn sie während der Ehezeit mehrere Jahre als ungelernte Empfangskraft in der Praxis des Ehemannes mitgearbeitet hat.[143]

147   c) **Frühere Erwerbstätigkeit.** Schon nach dem bis 31. 12. 2007 geltenden Recht hatte der BGH eine **während der Ehe** längere Zeit – im entschiedenen Fall drei Jahre lang – ausgeübte Tätigkeit unter Ausbildungsniveau als angemessen beurteilt.[144] Mit der Neufas-

---

[137] OLG Schleswig FamRZ 1994, 1404
[138] OLG Hamm FamRZ 1998, 243, 244
[139] OLG Hamm FamRZ 1992, 1184
[140] BT-Drucks. 7/650 S. 128
[141] BGH FamRZ 1987, 691, 693
[142] OLG Karlsruhe FamRZ 2002, 1566
[143] OLG Celle FamRZ 2010, 1673
[144] BGH FamRZ 2005, 23, 25 = R 619

sung des Gesetzes, die das Merkmal der früheren Erwerbstätigkeit in dem Katalog der in erster Linie zu prüfenden Angemessenheitskriterien enthält, ist ausdrücklich klargestellt, dass die Erwerbstätigkeit in einem früher ausgeübten Beruf grundsätzlich **immer angemessen** ist.[145] Die Herausstellung der „früheren Erwerbstätigkeit" als eigenes Angemessenheitskriterium unterstreicht ebenso wie die Aufnahme der Erwerbsobliegenheit in § 1569 S. 1 BGB die seit dem 1. 1. 2008 verstärkte Eigenverantwortung des geschiedenen Ehegatten. Mit diesem Merkmal wird auch eine **vor der Ehe** ausgeübte Berufstätigkeit in die vorzunehmende Gesamtwürdigung einbezogen.

Eine frühere Tätigkeit ist angemessen, wenn sie der beruflichen Vorbildung oder dem Ausbildungsniveau der Vorbildung oder der selbstgewählten bisherigen beruflichen Entwicklung entspricht. Eine Tätigkeit als Zimmermädchen oder Haushälterin entspricht der Tätigkeit eines ehemaligen Au-pair-Mädchens.[146]

Eine unterqualifizierte Tätigkeit kann angemessen sein, wenn sie ungeachtet des Ausbildungsniveaus längere Zeit ausgeübt wurde.[147]

Bei der Prüfung kann sich herausstellen, dass eine früher ausgeübte Berufstätigkeit nicht mehr dem Gesundheitszustand entspricht[148] oder dass die in zweiter Stufe vorzunehmende Billigkeitsprüfung anhand der ehelichen Lebensverhältnisse (siehe unten) die Aufnahme der früheren Berufstätigkeit unzumutbar macht.

d) Lebensalter. Das Lebensalter ist für die Aufnahme einer angemessenen Erwerbstätigkeit bedeutsam. Wenn wegen des Alters keine angemessene Erwerbstätigkeit mehr erwartet werden kann, besteht ein Unterhaltsanspruch nach § 1571 BGB. 148

Eine Erwerbstätigkeit, die objektiv grundsätzlich bis zum Erreichen der Regelaltersgrenze für die Rentenversicherung oder die Beamtenpension verlangt werden kann, ist nur dann **angemessen, wenn sie in dem konkreten Fall dem Lebensalter entspricht.** Für bestimmte Erwerbstätigkeiten entfallen die dafür bestehenden Voraussetzungen aus Altersgründen bereits früher (Profifußballer). Bei manchen Berufen scheitert die Wiederaufnahme einer früher ausgeübten Erwerbstätigkeit an der inzwischen nicht mehr vorhandenen Leistungsfähigkeit (z. B. bei Berufssportlern, Krankenpflegern oder Masseuren) oder an den in einer Berufsgruppe bestehenden oder praktizierten Altersbegrenzungen (z. B. Pilot, Mannequin oder Fotomodell). In den genannten Fällen ist zu prüfen, ob mit den früher erworbenen Fähigkeiten, gegebenenfalls nach Absolvierung einer Ausbildung, Fortbildung oder Umschulung i. S. des § 1574 III BGB alternative Tätigkeiten in der jeweiligen Branche (z. B. Trainer, Manager) ausgeübt werden können.

Gleiches gilt, wenn ein geschiedener Ehegatte eine Erwerbstätigkeit, die besondere körperliche, geistige oder psychische Kräfte erfordert, altersbedingt nicht mehr ausüben kann.

Eine allgemein gültige **Altersgrenze** lässt sich ebenso wenig wie bei § 1571 BGB festlegen. Sie dürfte sich jedoch auch nach dem Umfang und der Häufigkeit der bisherigen beruflichen Tätigkeit richten. Wenn ein Ehegatte während der Ehe keiner Erwerbstätigkeit nachgegangen ist, ist die Altersschwelle niedriger anzusetzen als bei einer durchgängig Erwerbstätigen. Findet eine 57-jährige Nur-Hausfrau ohne Ausbildung keine angemessene Erwerbstätigkeit, kann ein Anspruch auf Altersunterhalt (§ 1571 BGB) bestehen, wenn die Ausbildung wegen des Alters nicht mehr sinnvoll ist.[149] Für eine 53-jährige Ehefrau ohne Berufsausbildung kann nach 20-jähriger Ehe dasselbe gelten. Allerdings ist der Altersunterhalt nach § 1579 Nr. 4 BGB zu kürzen, wenn sie sich in der Vergangenheit einer als notwendig erkannten, Erfolg versprechenden Ausbildungsmaßnahme i. S. des § 1574 III BGB mutwillig verschlossen hat.[150] Dies ändert nichts am Grundsatz, dass auch im Alter von 53 Jahren regelmäßig die Aufnahme einer Erwerbstätigkeit zumutbar ist, selbst wenn die unterhaltsbegehrende Ehefrau seit ihrem 22. Lebensjahr nicht mehr erwerbstätig war.[151]

---

[145] BT-Drucks. 16/1830 S. 17
[146] OLG Karlsruhe FamRZ 2009, 120
[147] OLG Stuttgart FamRZ 2009, 785
[148] Schwab FamRZ 2005, 1417, 1418
[149] BGH FamRZ 1987, 691
[150] OLG Hamburg FamRZ 1991, 445
[151] OLG Koblenz 1992, 950

149 **e) Gesundheitszustand.** Wenn und soweit aus Krankheitsgründen eine angemessene Erwerbstätigkeit nicht oder nur teilweise erwartet werden kann, besteht ein Unterhaltsanspruch nach § 1572 BGB.

Ist im Hinblick auf den Gesundheitszustand eine Erwerbsobliegenheit grundsätzlich zu bejahen, so ist gleichwohl für die Angemessenheit einer konkreten Erwerbstätigkeit zu prüfen, ob sie gesundheitlich unbedenklich ist. So kann bei einem Bandscheibenschaden eine Beschäftigung, zu der das Heben und Tragen schwerer Gegenstände (Lagerarbeiter, Bauarbeiter) gehört, aus gesundheitlichen Gründen als unangemessen ausscheiden. Bei einem Venenleiden scheiden Tätigkeiten aus, die mit längerem Stehen (Verkäuferin an einer Theke) verbunden sind.

Eine Erwerbstätigkeit ist nicht zumutbar und damit nicht angemessen, wenn sie wegen des schlechten Gesundheitszustandes nicht vollschichtig ausgeübt werden kann. Ist aus gesundheitlichen Gründen nur eine Teilzeitbeschäftigung möglich, dann ist nur eine solche angemessen.

In der Regel wird die Frage, ob und gegebenenfalls welche Erwerbstätigkeit wegen des Gesundheitszustandes angemessen ist, sowohl im Rahmen eines geltend gemachten Krankenunterhalts nach § 1572 BGB als auch im Hinblick auf andere in Betracht kommende Unterhaltstatbestände durch Einholung eines oder mehrerer medizinischer **Sachverständigengutachten** zu klären sein. Dies gilt ebenso für die Behauptung eines Anspruchstellers, aus psychischen Gründen einen bestimmten Beruf nicht mehr ausüben zu können.[152] Gutachterlich zu klären ist insbesondere, welche Krankheiten vorliegen, welche Erwerbstätigkeiten in welchem Umfang trotz einer Erkrankung ausgeübt werden können, ob und in welchem Umfang therapeutische Heilungschancen bestehen und wie sich die krankheitsbedingte Erwerbsbeschränkung voraussichtlich weiterentwickeln wird.

4. Billigkeitsprüfung nach § 1574 II S. 2 Hs. 2 und S. 2 BGB (2. Stufe)

150 Die Ausübung einer nach § 1574 II S. 2 Hs. 1 BGB erreichbaren und angemessenen Erwerbstätigkeit kann unter Berücksichtigung der **ehelichen Lebensverhältnisse** im Rahmen einer Billigkeitsabwägung für den geschiedenen Ehegatten unbillig sein. Bei den ehelichen Lebensverhältnissen sind insbesondere die Dauer der sowie die **Dauer der Pflege oder Erziehung eines gemeinschaftlichen Kindes** zu berücksichtigen. Da die Aufzählung der Angemessenheitskriterien in § 1574 II BGB nicht abschließend ist, können auch **sonstige Umstände** im Zusammenhang mit der Gestaltung der ehelichen Verhältnisse und den Verhältnissen auf Seiten des Berechtigten im Rahmen der Gesamtabwägung berücksichtigt werden.

151 **a) Eheliche Lebensverhältnisse.** Nach dem bis zum 31. 12. 2007 geltenden Unterhaltsrecht waren die ehelichen Lebensverhältnisse ein Kriterium bei der Prüfung der Angemessenheit einer Erwerbstätigkeit. Seit der Neufassung des § 1574 BGB sind sie nur noch ein als Einwendung ausgestaltetes Korrektiv im Rahmen der Billigkeitsabwägung.

Grundsätzlich richtet sich die Beurteilung der Angemessenheit einer Erwerbstätigkeit nach den ehelichen Lebensverhältnissen zum Zeitpunkt der Scheidung. Nach der Trennung der Ehegatten eingetretene Veränderungen sind stets zu berücksichtigen.[153] Soweit die wirtschaftlichen Verhältnisse in der Ehe eine Rolle spielen, sind jedoch nicht nur diejenigen Umstände, die die ehelichen Lebensverhältnisse im Zeitpunkt der Scheidung nachhaltig geprägt haben, einzubeziehen, sondern entsprechend der Rechtsprechung des BGH zu § 1578 I BGB[154] auch die **Fortentwicklung der ehelichen Verhältnisse nach Scheidung**. Denn der bedürftige Ehegatte soll nach der Scheidung nicht wirtschaftlich besser stellen, als er sich auf Grund einer absehbaren Entwicklung ohne Scheidung stünde.[155]

---

[152] BGH FamRZ 1986, 1085
[153] BGH FamRZ 1984, 561; FamRZ 1983, 144
[154] Zur Entwicklung und Auslegung der ehelichen Lebensverhältnisse nach § 1578 I 1 BGB vgl. Klinkhammer FamRZ 2010, 1777 ff. m. w. N.
[155] BGH FamRZ 2008, 968, 971 f. = R 689 g

2. Abschnitt: Anspruchstatbestände des nachehelichen Unterhalts § 4

aa) Ehedauer, Kindererziehung. Nach § 1574 II 2 BGB sind bei den nachrangig zu 152 prüfenden ehelichen Lebensverhältnissen insbesondere die Dauer der Ehe sowie die Dauer der Pflege oder Erziehung eines gemeinschaftlichen Kindes zu berücksichtigen. Eine **lange Ehedauer mit Kindesbetreuung, eine Fortsetzung der Haushaltstätigkeit nach Beendigung der Betreuung** ohne Ausübung einer Erwerbstätigkeit bis zur Trennung oder Scheidung erhöhen das Gewicht der ehelichen Lebensverhältnisse im Rahmen der Billigkeitsprüfung gegenüber den vorrangig geprüften Angemessenheitskriterien. Mit zunehmender Ehedauer kommt es zu einer wachsenden Verflechtung und Abhängigkeit der beiderseitigen Lebenspositionen sowie allgemein zu einer sich steigernden wirtschaftlichen Abhängigkeit.[156] In einem solchen Fall kann sich bei langer Ehedauer in gehobenen wirtschaftlichen Verhältnissen unter Berücksichtigung des erreichten sozialen Status der Kreis der als angemessen in Betracht kommenden Erwerbstätigkeiten verengen.[157]

bb) Wirtschaftliche Verhältnisse, gesellschaftliche Stellung. Zu den Umständen, 153 die im Rahmen nachrangigen Billigkeitsprüfung nach § 1574 II S. 2 Hs. 2 BGB zu berücksichtigen sind, zählen auch die **Einkommens- und Vermögensverhältnisse** und – mit diesen zusammenhängend – die erreichte **berufliche und soziale Stellung** der Ehegatten sowie der Zuschnitt der ehelichen Lebensgemeinschaft durch die praktizierte Aufgabenverteilung in der Ehe. Eine Prägung durch wirtschaftliche Verhältnisse oder eine soziale Stellung kann nicht bei einer ganz **kurzen Ehedauer** erfolgen.[158]

Die ehelichen Lebensverhältnisse werden in erster Linie durch das in der Ehe zur Deckung des laufenden Lebensbedarfs **verfügbare Einkommen** eines oder beider Ehegatten bestimmt. Die Entwicklung der Einkommensverhältnisse nach Scheidung bleibt nur außer Betracht, wenn sie unüblich und nicht absehbar verlaufen ist. Einkommensminderungen, die nicht durch Verletzung einer Erwerbsobliegenheit oder durch zumutbar absicherbare freiwillige Dispositionen bedingt sind, sind nur dann unbeachtlich, wenn sie auf unterhaltsrechtlich leichtfertigem Verhalten beruhen, so dass fiktive Einkünfte an ihre Stelle treten. Ansonsten würde ihre Außerachtlassung den unterhaltsberechtigten Ehegatten auf Grund der Scheidung besser stellen als ohne Scheidung.[159] Für den die Ehe prägenden Lebenszuschnitt ist ein **objektiver Maßstab anzulegen**, d. h., eine nach den gegebenen Verhältnissen zu dürftige Lebensführung bleibt ebenso außer Betracht wie ein übertriebener Aufwand.[160]

Die **gesellschaftliche Stellung** des Bedürftigen leitet sich nicht zwangsläufig, aber häufig vom beruflichen und sozialen Status des Unterhaltspflichtigen im Zeitpunkt der Scheidung ab, sofern ein zwischenzeitlicher Aufstieg nicht unerwartet und außergewöhnlich (sog. Karrieresprung) war.[161] Die soziale Stellung des Unterhalt Begehrenden wird daneben auch durch sein eigenes Verhalten während der Ehe bestimmt. Trotz gehobener wirtschaftlicher ehelicher Lebensverhältnisse ist ihm die Arbeit in einem Pflegeberuf jedenfalls dann zumutbar, wenn er bereits bei bestehender Ehe in diesem Beruf gearbeitet hatte.[162]

Einzelne Fallgruppen: 154

Dass die Einkünfte eines selbständigen Tischlers, der in der Ehe entsprechend der gemeinsamen Lebensplanung überwiegend für den Familienunterhalt aufgekommen ist, teils erheblich schwanken, ist nicht unüblich und führt nicht dazu, seine berufliche Tätigkeit als unangemessen i. S. d. § 1574 II BGB anzusehen.[163]

Eine Putztätigkeit ist einer früheren kaufmännischen Angestellten, die 13 Jahre nicht in ihrem Beruf gearbeitet hat, nicht zumutbar. Die geschiedene, 45-jährige Ehefrau kann sich

---

[156] BGH FamRZ 1981, 140, 142
[157] BGH FamRZ 1991, 416, 419
[158] OLG Karlsruhe FamRZ 2009, 120: Zusammenleben für 3 Monate
[159] BGH FamRZ 2008, 968, 971 f. = R 689 g
[160] BGH FamRZ 2007, 1532; BGH FamRZ 1985, 371, 373; FamRZ 1982, 151
[161] BGH FamRZ 1986, 885; FamRZ 1983, 144
[162] OLG Hamm FamRZ 1997, 1075
[163] OLG Brandenburg – 10 UF 132/09, BeckRS 2010, 21333

im Rahmen der Erwerbsobliegenheit des § 1574 II BGB darauf beschränken, eine dem von ihr erlernten und früher ausgeübten Beruf entsprechende Stelle zu suchen.[164]

In gehobenen wirtschaftlichen Verhältnissen kann sich bei einer 50-jährigen Ehefrau mit einer inzwischen nicht mehr den Anforderungen entsprechenden Ausbildung der Kreis der in Betracht kommenden Erwerbstätigkeiten verengen. Dies bedeutet aber nicht, dass unter Beachtung des vorrangigen Gebots der wirtschaftlichen Eigenverantwortung (§ 1569 S. 1 BGB) keine angemessene Erwerbsmöglichkeit, z. B. als Verkäuferin in einem gehobenen Einrichtungshaus, nicht aber als einfache Verkaufshilfe, mehr möglich ist.[165]

Ob von einer 53-jährigen haushaltführenden Frau nach 30-jähriger Ehedauer bei einem Aufstieg des Mannes zum kaufmännischen und technischen Leiter eines Unternehmens noch die Rückkehr in den früheren Beruf als Bürokraft verlangt werden kann,[166] ist unter Abwägung aller sonstigen Kriterien zu entscheiden.

Die Ausübung untergeordneter Tätigkeiten als Haushaltshilfe oder als Pflegerin dürfte für eine 57-jährige Hausfrau nach 32-jähriger Ehedauer angesichts der Jahreseinkünfte des Mannes, die Anfang der achtziger Jahre 350 000 DM (vor Steuern) betrugen, bei Hochrechnung dieses Einkommens auf ein vergleichbares Einkommen in heutiger Zeit wegen Unbilligkeit nicht zumutbar sein.[167]

Für die 47-jährige Frau eines Oberstudiendirektors sind nach 20-jähriger Ehe Erwerbstätigkeiten bei der Presse oder Rundfunk, bei einer Fluggesellschaft, im Touristikgewerbe als Reiseleiterin oder auch als Fremdsprachenkorrespondentin oder Dolmetscherin angemessen, sofern sie eine entsprechende Vor- oder Ausbildung besitzt.[168]

Für die 48-jährige Frau eines Dipl.-Ing. ist nach 22-jähriger Ehe eine eigenständige Tätigkeit in einem Unternehmen als Sachbearbeiterin, Buchhalterin, Vorzimmerdame u. ä. selbst dann angemessen, wenn sie damit nur ein Drittel des Einkommens des Mannes verdient. Die Bürotätigkeit darf sich jedoch nicht in bloßen Hilfstätigkeiten erschöpfen.[169]

155 cc) **Getrenntleben.** Längeres Getrenntleben kann das Gewicht der nachrangig zu prüfenden ehelichen Lebensverhältnisse nach den Umständen des Falles mindern. Entwicklungen während der Trennungszeit und nach der Scheidung sind mit zu berücksichtigen – siehe Rn. 34 ff.

156 b) **Weitere berücksichtigungsfähige Umstände.** Die Aufzählung der Angemessenheitskriterien ist in § 1574 II BGB nicht abschließend. Auch wenn den gesetzlich genannten Merkmalen bei der Gesamtabwägung eine besondere Bedeutung zukommt, können auch andere Gründe berücksichtigt werden.

Zu den Gesamtumständen eine Ehe zählen auch besondere Leistungen und Opfer, die der unterhaltsbegehrende Ehegatte während der Ehe für den Partner oder die Familie erbracht hat und die ihn daran gehindert haben, eine Erwerbstätigkeit auszuüben.

Zu den sonstigen Gesichtspunkten gehören ferner objektive Merkmale eines Arbeitsplatzes, wie z. B. die Entfernung zwischen Wohnort und einer möglichen Arbeitsstelle, die Verkehrsverbindungen oder die ungünstige Arbeitsmarktlage für bestimmte Erwerbstätigkeiten.[170]

III. Unterhalt wegen Betreuung eines gemeinschaftlichen Kindes nach § 1570 BGB

1. Entwicklung des Unterhaltsanspruchs

157 Nach § 1570 BGB i. d. F. bis zum 31. 12. 2007 konnte ein Ehegatte Betreuungsunterhalt verlangen, solange und soweit von ihm wegen der Pflege und Erziehung eines gemein-

---

[164] OLG Brandenburg FamRZ 2008, 1947
[165] BGH NJW-RR 1992, 1282 = R 454
[166] BGH FamRZ 1985, 371, 373 verneinend zum alten Recht
[167] BGH FamRZ 1987, 691 zum alten Recht
[168] BGH FamRZ 1986, 553 zum alten Recht
[169] OLG Hamburg FamRZ 1985, 1260 zum alten Recht
[170] BGH FamRZ 1986, 553; FamRZ 1985, 908

2. Abschnitt: Anspruchstatbestände des nachehelichen Unterhalts § 4

schaftlichen Kindes eine Erwerbstätigkeit nicht erwartet werden konnte. Die Rechtsprechung hatte im Rahmen der Auslegung der alten Fassung des § 1570 BGB eine Erwerbstätigkeit des betreuenden Ehegatten nach Maßgabe eines **Altersphasenmodells** bis etwa zum 8. Lebensjahr des Kindes regelmäßig nicht für zumutbar gehalten, danach bis etwa zur Vollendung des 15. Lebensjahres des Kindes nur eine Teilzeitbeschäftigung und erst danach eine Vollzeitbeschäftigung. Dieses Modell hatte vielfach verhältnismäßig lange Unterhaltsverpflichtungen zur Folge, insbesondere, weil sich an den Tatbestand des § 1570 BGB häufig eine Unterhaltspflicht aus einem anderen Grunde, z. B. Alter, Krankheit (Anschlusstatbestand) anschloss. Die Furcht vor einer langjährigen Verpflichtung führte ungeachtet der Tatsache, dass der Betreuungsunterhalt in erster Linie ein Anspruch im Interesse des Kindeswohls ist, nicht selten zu erbitterten Streitigkeiten um das Aufenthaltsbestimmungsrecht für die Kinder.

Der Gesetzgeber der am 1. 1. 2008 in Kraft getretenen Unterhaltsreform[171] hat den Anspruch auf **Betreuungsunterhalt neu strukturiert.** Hierdurch wurde auch dem Urteil des Bundesverfassungsgerichts vom 28. 2. 2007[172] Rechnung getragen, das die Verfassungswidrigkeit der unterschiedlichen gesetzlichen Regelungen des Betreuungsunterhalts bei nichtehelichen Kindern bzw. bei ehelichen Kindern festgestellt hatte, weil § 1570 a. F. eine längere Unterhaltszeit als § 1615l II BGB a. F. ermöglichte, es gleichzeitig aber als zulässig angesehen hatte, einem geschiedenen Ehegatten wegen des Schutzes der ehelichen Bindung nach Art. 6 I GG unterhaltsrechtlich besser zu stellen als einen unverheirateten Elternteil. 158

Der nacheheliche Betreuungsunterhalt nach § 1570 I BGB i. d. F. seit dem 1. 1. 2008 ist nunmehr sachlich übereinstimmend mit dem Betreuungsunterhalt aus Anlass der Geburt nach § 1615l II 2 bis 5 BGB n. F. geregelt.

2. Übergangsregelung

Die **Übergangsregelung** für die ab 1. 1. 2008 geltende **Neufassung des § 1570 BGB** findet sich in **§ 36 EGZPO.** Danach bleiben Unterhaltsleistungen, die vor dem 1. 1. 2008 fällig geworden sind, **mangels Rückwirkung des neuen Rechts**[173] unberührt (§ 36 Nr. 7 EGZPO). Für die Zeit danach kommt eine Abänderung von rechtskräftigen Entscheidungen, Vollstreckungstiteln oder Unterhaltsvereinbarungen aus der Zeit vor Inkrafttreten des Gesetzes wegen Umständen, die schon davor entstanden waren, nur in Betracht, wenn eine wesentliche Änderung der Unterhaltsverpflichtung eintritt und die Änderung dem anderen Teil unter Berücksichtigung seines Vertrauens in die getroffene Regelung zumutbar ist (§ 36 Nr. 1 EGZPO). Entsprechende auf Grund der Gesetzesneufassung erheblich gewordene Umstände dürfen bei einer erstmaligen Änderung nach dem 1. 1. 2008 aber ohne die zeitlichen Beschränkungen des § 238 II FamFG (bis 31. 8. 2009 nach § 323 II ZPO a. F.) und § 120 I FamFG i. V. m. § 767 II ZPO geltend gemacht werden (§ 36 Nr. 2 EGZPO). Darüber hinaus ist es möglich, sie auch noch in der Revisionsinstanz eines anhängigen Verfahrens vorzubringen (§ 36 Nr. 5 EGZPO). 159

3. Struktur des Unterhaltsanspruchs nach § 1570 BGB

Gemäß § 1570 I BGB kann ein geschiedener Ehegatte von dem anderen wegen der Pflege oder Erziehung eines gemeinschaftlichen Kindes für mindestens 3 Jahre nach der Geburt Unterhalt verlangen. Die Dauer des Unterhaltsanspruchs verlängert sich, solange und soweit dies der Billigkeit entspricht. Dabei sind die Belange des Kindes und die bestehenden Möglichkeiten der Kinderbetreuung zu berücksichtigen. Nach § 1570 II BGB verlängert sich die Dauer des Unterhaltsanspruchs über die Dreijahresfrist hinaus, wenn dies unter Berücksichtigung der Gestaltung von Kinderbetreuung und Erwerbstätigkeit in der Ehe sowie der Dauer der Ehe der Billigkeit entspricht. 160

---

[171] Gesetz zur Änderung des Unterhaltsrechts vom 21. 12. 2007 – BGBl. I S. 3189
[172] FamRZ 2007, 965 = R 671 a + b
[173] BT-Drucks. 16/1830 S. 35

Die Neuregelung hat im Vergleich zur bisherigen Regelung zu einer Einschränkung des nachehelichen Betreuungsunterhalts geführt. Nach der Intention des Gesetzgebers soll das von der Rechtsprechung nach altem Recht zur Auslegung des § 1570 BGB entwickelte **Altersphasenmodell** zur Erwerbsobliegenheit des betreuenden Elternteils nach der vor dem Hintergrund des gesellschaftlichen Wandels notwendig gewordenen stärkeren Betonung der Eigenverantwortung der Ehegatten überdacht und **korrigiert** werden.[174] Aus dieser Formulierung wird überwiegend geschlossen, dass das Altersphasenmodell endgültig abgeschafft ist.[175]

161 Der nach der Scheidung geschuldete Unterhalt wegen der Betreuung eines oder mehrerer Kinder nach § 1570 BGB besteht nunmehr aus **3 zeitlichen Phasen**:

Die Neufassung des § 1570 BGB stellt in Absatz 1 S. 1 klar, dass es dem betreuenden Elternteil für **die ersten drei Lebensjahre** des Kindes (**1. Phase**) freigestellt ist, sich in vollem Umfang der Betreuung und Erziehung der Kinder zu widmen oder eine Fremdbetreuung zur Ausübung einer teilweisen oder vollen Erwerbstätigkeit in Anspruch zu nehmen.[176] Wie dem nichtehelichen betreuenden Elternteil nach § 1615l II 3 BGB wird dem ein eheliches Kind betreuenden Elternteil während dieses sog. **zeitlichen Basisunterhalts**[177] ausnahmslos keine Erwerbstätigkeit zugemutet,[178] und zwar grundsätzlich auch dann nicht, wenn er vor der Trennung der Eheleute berufstätig war. Nach Auffassung des Gesetzgebers ist die Drei-Jahres-Frist für den Basisunterhalt wegen der Anknüpfung an sozialstaatliche Leistungen und Regelungen, insbesondere wegen des Anspruchs auf einen Kindergartenplatz (§ 24 Abs. 1 SGB VIII), in der Regel mit dem Kindeswohl vereinbar.[179]

162 Der bis zum 3. Lebensjahr des Kindes gewährte Basisunterhalt kann sich in einer **2. Phase** gemäß § 1570 I 2 ,3 BGB aus kindbezogenen Billigkeitsgründen verlängern. Dies ergibt sich durch die Nennung der „Belange des Kindes" in Satz 3 sowie durch die Worte „solange und soweit" in Satz 2, aus denen sich die Abhängigkeit des Betreuungsunterhalts vom Umfang der Betreuung entsprechend dem Lebensalter und dem Entwicklungsstand der Kinder ergibt. Anders als nach früherem Recht besteht keine generalisierende Regelung mehr zur Dauer des Betreuungsunterhalts. Er ist vielmehr in jedem konkreten Einzelfall festzustellen, wie lange und in welchem Umfang eine Betreuung notwendig ist. Nach Erreichen des 3. Lebensjahres besteht jedoch nicht sogleich die Obliegenheit zu einer vollschichtigen Erwerbstätigkeit (siehe unten Rn. 170). Im Hinblick auf das Kindeswohl sind auch die Möglichkeiten der Kinderbetreuung zu berücksichtigen. Eine Fremdbetreuung kommt auch nur dann in Betracht, wenn dies mit den Belangen des Kindes vereinbar ist.[180]

163 Durch den neu eingefügten zweiten Absatz des § 1570 BGB verlängert sich der Betreuungsunterhaltsanspruch in einer **3. Phase** weiter, wenn dies unter Berücksichtigung der Gestaltung der Kinderbetreuung und Erwerbstätigkeit in der Ehe sowie der Dauer der Ehe der Billigkeit entspricht. Die mit § 1570 II BGB geschaffene Möglichkeit, die Dauer des Unterhaltsanspruchs weiter zu verlängern, berücksichtigt die bei geschiedenen Ehen im Einzelfall aus Gründen der nachehelichen Solidarität gerechtfertigte weitere Verlängerung des Unterhaltsanspruchs.[181] Bei dem Anspruch nach § 1570 II BGB handelt es sich nicht um einen selbstständigen Unterhaltstatbestand, sondern um eine ehespezifische Ausprägung des Betreuungsunterhaltsanspruchs und damit um einen **Annexanspruch** zum Anspruch nach § 1570 I BGB.[182] Wenn eine ehebedingte Billigkeit einer Verlängerung festgestellt ist,

---

[174] BT-Drucks. 16/1830 S. 16
[175] BGH BeckRS 2011, 16689; FamRZ 2011, 791; FamRZ 2010, 1880 = R 716; FamRZ 2010, 1050, 1052; FamRZ 2009, 1391, 1394 = R 706; FamRZ 2009, 1124, 1127; FamRZ 2009, 770, 773 = R 704 zu § 1570 BGB; insoweit aber zumindest missverständlich BGH FamRZ 2008, 1739 Rn. 104, wo eine gewisse Pauschalierung nach dem Alter des Kindes angesprochen wird
[176] BVerfG FamRZ 2007, 965
[177] Beschlussempfehlung d. Rechtsausschusses v. 7. 11. 2007 – BT-Drucks. 16/6980 S. 8
[178] A. a. O. S. 8 u. 10
[179] BT-Drucks. 16/6980 S. 8
[180] BT-Drucks. 16/6980 S. 9
[181] BT-Drucks. 16/6980 S. 9
[182] BT-Drucks. 16/6980 S. 9

verlängert sich der Unterhaltsanspruch ohne weiteres. Der Gesetzgeber hat damit eine Erwägung des Bundesverfassungsgerichts in seinem Beschluss vom 28. 2. 2007[183] aufgegriffen, das in einer solchen Ausweitung des Anspruchs nach § 1570 BGB im Verhältnis zu § 1615 l II 3 BGB keinen Verstoß gegen Art. 6 V GG sieht, weil die sich aus einer ehelichen Verbindung ergebende nacheheliche Verantwortung für den betreuenden Elternteil sich nur mittelbar auf die Lebenssituation des mit diesem Elternteil zusammenlebenden Kindes auswirkt. Nach der Begründung des Rechtsausschusses rechtfertigt sich die Verlängerung aus Gründen, die ihre Rechtfertigung allein in der Ehe finden. Maßgebend ist dabei das in Ehe gewachsene Vertrauen in die vereinbarte und praktizierte Rollenverteilung und die gemeinsame Ausgestaltung der Kindesbetreuung. So kann etwa einem geschiedenen Ehegatten, der im Interesse der Kindererziehung eine Erwerbstätigkeit dauerhaft aufgegeben oder zurückgestellt hat, ein längerer Anspruch auf Betreuungsunterhalt eingeräumt werden als einem Ehegatten, der von vornherein alsbald wieder in den Beruf zurückkehren wollte.[184]

4. Gemeinschaftliches Kind

Ein Unterhaltsanspruch nach § 1570 I BGB setzt voraus, dass der bedürftige geschiedene **164** Elternteil ein oder mehrere gemeinschaftliche betreuungsbedürftige Kinder pflegt und erzieht und von ihm aus diesem Grunde keine oder keine vollschichtige Erwerbstätigkeit verlangt werden kann.
Gemeinschaftlich im Sinne von § 1570 BGB ist
- ein in der Ehe geborenes Kind, §§ 1591, 1592 Nr. 1 BGB,
- ein vorehelich geborenes Kind, wenn die Eltern nach der Geburt einander heiraten, § 1626 a I Nr. 2 BGB,
- ein Kind, dessen Vaterschaft anerkannt worden ist, §§ 1591, 1592 Nr. 2 BGB,
- ein Kind, dessen Vaterschaft festgestellt worden ist, §§ 1591, 1592 Nr. 3 BGB,
- ein Kind, das während einer früheren, durch Tod des (ersten) Ehemannes aufgelösten Ehe gezeugt, aber in einer neu geschlossenen und später wieder geschiedenen Ehe geboren wurde, §§ 1591, 1593 S. 3 BGB,
- ein adoptiertes Kind, § 1754 I BGB,[185]
- ein scheineheliches Kind, solange die Vaterschaft nicht wirksam angefochten ist,[186]
- ein nach Anhängigkeit des Scheidungsantrags geborenes Kind, für das ein Dritter die Vaterschaft nicht rechtzeitig anerkannt hat, § 1599 II BGB,
- ein im Rahmen einer homologen In-Vitro-Fertilisation gezeugtes Kind, und zwar auch dann, wenn die künstliche Befruchtung gegen den erklärten Willen des Ehemannes durchgeführt wurde.[187]

Nicht gemeinschaftlich ist
- ein Pflegekind, auch wenn es von beiden Ehegatten gemeinschaftlich in die Familie aufgenommen worden ist,[188]
- ein Stiefkind,
- ein vor- und außereheliches Kind eines Ehegatten. Insoweit kann evtl. ein Unterhaltsanspruch nach § 1576 BGB bestehen,[189]
- ein nach der Scheidung geborenes gemeinschaftliches nichteheliches Kind der geschiedenen Ehegatten. Da § 1570 BGB die Pflege und Erziehung gemeinschaftlicher Kinder aus der geschiedenen Ehe sicherstellen will, gilt er für diese Fälle nicht, ebenso wenig § 1576

---

[183] BVerfG FamRZ 2007, 965
[184] BT-Drucks. 16/6980 S. 9
[185] BGH FamRZ 1984, 361
[186] BT-Drucks. 13/4899 S. 86; BGH FamRZ 1985, 51
[187] BGH FamRZ 2001, 541, 542; zur Frage einer Verwirkung des Unterhaltsanspruchs vgl. BGH FamRZ 1995, 861
[188] BGH FamRZ 1984, 361
[189] BGH FamRZ 1984, 361, 363; FamRZ 1984, 769

BGB. Der Anspruch des betreuenden Elternteils richtet sich in diesem Fall nur nach § 1615l II 2, IV 1 BGB.[190]

5. Berechtigte Pflege und Erziehung

165 a) **Begriff der Betreuung.** Während der Zeit des Basisunterhalts steht bereits von Gesetzes wegen fest, dass das betreute gemeinschaftliche Kind **betreuungsbedürftig** ist.[191] Ein Unterhaltsanspruch nach § 1570 BGB setzt voraus, dass der Unterhalt begehrende geschiedene Ehegatte ein oder mehrere Kinder **tatsächlich betreut**.[192] Eine vor Trennung und anschließender Scheidung der Eheleute von dem betreuenden Elternteil ausgeübte Erwerbstätigkeit kann dieser jederzeit wieder aufgeben und sich voll der Erziehung und Betreuung des Kindes widmen.[193] Das Erfordernis der Betreuung muss nicht im Zeitpunkt der Scheidung vorliegen; es kann auch zu einem späteren Zeitpunkt eintreten, z. B. nach einem dauernden Wechsel des Kindes von dem einen zu dem anderen Elternteil. Da auch die Betreuung eines volljährigen behinderten Kindes[194] einen Anspruch nach § 1570 BGB begründet, kann sich die Betreuungsbedürftigkeit auch nach Erreichen der Volljährigkeit ergeben.

Es ist nicht erforderlich, dass die Betreuung des Kindes **kausal für die fehlende Erwerbstätigkeit** ist. Ausreichend ist vielmehr, dass nach objektiven Gesichtspunkten von dem geschiedenen Ehegatten keine Erwerbstätigkeit verlangt werden kann. Daher hat auch ein Elternteil, der wegen einer Erkrankung nicht erwerbstätig sein kann, einen Unterhaltsanspruch nach § 1570 BGB, wenn er trotz der Krankheit die Kindesbetreuung erbringt.[195]

Die Begriffe der Pflege und Erziehung entsprechen hierbei der Regelung des § 1606 III 2 BGB und § 1626 II BGB. Sie sind auch dann zu bejahen, wenn die Betreuungsleistung nicht ausschließlich persönlich, sondern teilweise mit der freiwilligen **Hilfe von Dritten**, z. B. Verwandten, oder gegen Entgelt (Hort, Kinderfrau) erfolgt.[196] Gleiches gilt, wenn sich ein Kind vorübergehend in einem **Krankenhaus** aufhält.[197] Ein Anspruch nach § 1570 I 1 BGB kann aber bei einer dauerhaften **Heim- oder Internatsunterbringung** des Kindes entfallen, wenn der Sorgeberechtigte durch die noch zu erbringenden Betreuungsleistungen anlässlich von Urlaubszeiten oder während Wochenendaufenthalten des Kindes nicht mehr an einer Vollerwerbstätigkeit gehindert ist.

Bei einem regelmäßig (täglich, wöchentlich, monatlich) erfolgenden Wechsel der Betreuung durch die Eltern kommt es darauf an, in welchem Umfang jedem Elternteil neben der Betreuung des Kindes eine Erwerbstätigkeit zuzumuten ist. Bei wechselseitiger Betreuung zu gleichen Teilen (sog. **echtes Wechselmodell**) können grundsätzlich beide Elternteile aus § 1570 BGB berechtigt und verpflichtet sein. Ein Unterhaltsanspruch wird sich i. d. R. für denjenigen Elternteil ergeben, der unter Berücksichtigung der Kindesbetreuung mit seinen Einkünften nicht in der Lage ist, seinen vollen eheangemessenen Bedarf zu decken.[198] Daneben kann evtl. noch ein Anspruch des bedürftigeren Elternteils aus § 1573 II BGB bestehen.

166 b) **Berechtigte Betreuung.** Die Betreuung des Kindes muss **rechtmäßig** geschehen, d. h. entweder mit dem ausdrücklichen oder konkludenten Einverständnis des anderen Elternteils oder auf Grund einer Sorgerechtsentscheidung ausgeübt werden.[199]

---

[190] BGH FamRZ 1998, 426 = R 519a zum alten Recht
[191] BGH FamRZ 1980, 665, 667 zum Erfordernis der Betreuungsbedürftigkeit nach altem Recht
[192] BGH FamRZ 2010, 1050, 1053
[193] BGH FamRZ 2010, 1880, Rn. 19 = R 716; BGH FamRZ 2010, 357, 362 = R 709; BGH FamRZ 2009, 1391, 1393 = R 706; vgl. auch Schilling FPR 2008, 27, 28; Wever FamRZ 2008, 553, 554
[194] BGH FamRZ 2010, 802 Rn. 11
[195] BGH FamRZ 2005, 347, 348 zu § 1615l BGB
[196] BGH FamRZ 1981, 543
[197] Vgl. Borth FamRZ 2008, 2, 3
[198] BGH FamRZ 1983, 569, 570
[199] BGH FamRZ 1983, 142; FamRZ 1980, 665

2. Abschnitt: Anspruchstatbestände des nachehelichen Unterhalts § 4

Bei **gemeinsamem Sorgerecht** der Ehegatten ist die Betreuung stets berechtigt. Ein Anspruch nach § 1570 BGB besteht dann, wenn ein Ehegatte auf Grund der getroffenen Vereinbarungen das Kind überwiegend betreut und aus diesem Grunde an einer Erwerbstätigkeit gehindert ist.

Von rechtmäßiger Betreuung ist auch auszugehen, wenn der andere Elternteil nicht zugestimmt hat oder sogar widerspricht, solange die gemeinsame elterliche Sorge besteht. Dies ist aus der Vertretungsbefugnis des betreuenden Elternteils für den Kindesunterhalt (§ 1629 II 2 BGB) zu schließen. In einem solchen Fall ist aber unterhaltsrechtlich unverzüglich eine gerichtliche Entscheidung (vgl. §§ 1671, 1687 I 2 BGB) über das gesamte Sorgerecht oder einen Teil hiervon, nämlich das Aufenthaltsbestimmungsrecht gemäß §§ 1628, 1671 I, II Nr. 1 oder 2 BGB, herbeizuführen. Dies kann durch einen Antrag auf Erlass einer einstweiligen Anordnung gemäß §§ 49, 51, 151, 156 III FamFG oder einen Antrag auf Erlass einer Sorgerechtsentscheidung nach § 151 FamFG (gegebenenfalls nach § 137 III FamFG im Verbund) erfolgen. Eine solche gerichtliche Entscheidung ist vorgreiflich.[200]

Bei einer Trennung von Geschwistern und jeweils berechtigter Betreuung ist bei einem Ehegatten unter Anlegung gleicher Maßstäbe zu prüfen, ob und in welchem Umfang trotz Kindesbetreuung eine zumutbare bzw. unzumutbare Erwerbstätigkeit ausgeübt wird und inwieweit im Hinblick auf diese Erwerbstätigkeit oder wegen anderweitigen Einkommens oder Vermögens von Bedürftigkeit bzw. Leistungsfähigkeit auszugehen ist.

Die Berechtigung zur Betreuung eines Kindes kann durch eine spätere Sorgerechtsänderung entfallen mit der Folge, dass auch ein Anspruch nach § 1570 BGB in Wegfall kommt.

6. Der Betreuungsunterhaltsanspruch bis zum 3. Lebensjahr des Kindes, § 1570 I 1 BGB

Aus dem Wortlaut des § 1570 I 1 BGB ergibt sich, dass für den betreuenden Elternteil **vor der Vollendung des 3. Lebensjahrs** des (jüngsten) Kindes **keine Obliegenheit** zur Aufnahme einer Erwerbstätigkeit besteht, weil von ihm wegen der Pflege oder Erziehung des oder der Kinder keine Erwerbstätigkeit erwartet werden kann. Der Gesetzgeber hat sich für diesen begrenzten Zeitraum für einen eindeutigen Vorrang der elterlichen Betreuung entschieden.[201] Es steht dem betreuenden Elternteil während dieser Zeit frei, ob er sich ausschließlich der Kindesbetreuung widmen will oder ob daneben voll oder teilweise berufstätig sein will.[202] 167

Der Dreijahreszeitraum, der vom Gesetzgeber mit dem Kindeswohl als vereinbar angesehen wird,[203] korrespondiert mit den Anspruchsvoraussetzungen für verschiedene sozialstaatliche Leistungen. So besteht während der ersten 3 Lebensjahre des Kindes ein Anspruch auf Elternzeit (§ 15 BErzGG) sowie auf Gewährung von Kindererziehungszeiten als Pflichtbeitragszeiten in der Rentenversicherung (§§ 3, 55, 56 SGB VI). Einem betreuenden Elternteil, der ALG II bezieht, wird in dieser Zeit nicht zugemutet, erwerbstätig zu sein (§ 10 I Nr. 3 SGB II). Derzeit besteht ein Anspruch auf einen Kindergartenplatz erst ab dem 3. Lebensjahr (§ 24 I SGB VIII).

Wenn der betreuende Ehegatte **vor der Trennung** und der Scheidung der Eheleute voll oder teilweise **erwerbstätig** war, kann er diese **Tätigkeit jederzeit aufgeben** und sich ohne unterhaltsrechtliche Nachteile für die ersten drei Lebensjahre des Kindes ausschließlich dessen Betreuung widmen.[204] Die Auffassung,[205] nach der eine – teilweise – Aufgabe einer Erwerbstätigkeit dann keine Verletzung einer Erwerbsobliegenheit darstelle, wenn mit der Trennung oder Scheidung dem nunmehr allein erziehenden Elternteil zusätzliche Belastun- 168

---

[200] BGH FamRZ 2010, 1880 Rn 28; OLG Fankfurt FamRB 2009, 69; Schilling FPR 2011, 145, 146
[201] BT-Drucks. 16/1830 S. 17; BT-Drucks. 16/6980 S. 16 f.
[202] BGH FamRZ 2010, 1880, Rn. 19 = R 716
[203] BT-Drucks. 16/6980 S. 8; BVerfG FamRZ 2007, 965, 972; Puls FamRZ 1998, 865, 870
[204] BGH NJW 2011, 70; BGH FamRZ 2010, 1880, Rn. 19 = R 716; BGH FamRZ 2010, 357, 362 = R 709 zu § 1615 l BGB; BGH FamRZ 2009, 1391, 1393 = R 706
[205] Borth FamRZ 2008, 1, 5; Borth, Handbuch des Scheidungsrechts, Teil D IV 6

gen entstünden, ist abzulehnen. Aus dem Gesetz ergibt sich diese Einschränkung nicht. Unabhängig davon, ob sich die Lebenssituation des betreuenden Elternteils und des Kindes, insbesondere die Verteilung des Betreuungsaufwands zwischen den Eltern, durch die Trennung verändert hat, ergibt sich aus der eindeutigen Wertung des Gesetzgebers, dass alle betreuenden Elternteile, gleich ob nichtehelich, verheiratet, getrennt lebend oder geschieden, in den ersten drei Lebensjahren eines Kindes unterhaltsrechtlich in gleicher Weise berechtigt sind, sich ausschließlich für die persönliche Betreuung des Kindes zu entscheiden.[206]

169 Die Annahme einer Erwerbsobliegenheit des kinderbetreuenden Elternteils bereits **vor der Vollendung des 3. Lebensjahres** des gemeinschaftlichen Kindes kann nur unter ganz besonderen Gründen angenommen werden. Denkbar ist hier das Vorhandensein besonders hoher Verbindlichkeiten, die in einer Zeit eingegangen wurden, als die getrennt lebenden oder geschiedenen Eheleute noch beide erwerbstätig waren, und deren Verpflichtung zur Bedienung die Belange des nicht betreuenden Elternteils in besonderem Maße tangiert. Die Darlegungs- und Beweislast für das Vorliegen solcher Ausnahmetatbestände hat der Unterhaltspflichtige. Ob unterdurchschnittliche wirtschaftliche Verhältnisse der Eltern bzw. fehlende Leistungsfähigkeit des unterhaltspflichtigen Ehegatten eine Verschärfung der Anforderungen an die Aufnahme einer teilweisen[207] oder vollen Erwerbstätigkeit des betreuenden Elternteils trotz der Kindesbetreuung zur Folge hat, ist im Hinblick auf den Schutzzweck des § 1570 BGB fraglich. Setzt der betreuende Elternteil während der ersten 3 Lebensjahre des Kindes trotz fehlender Obliegenheit neben der Kinderbetreuung eine vor der Geburt ausgeübte Erwerbstätigkeit fort oder nimmt er innerhalb der Dreijahresfrist eine solche auf oder erweitert ihren Umfang, so handelt es sich um eine **überobligatorische Erwerbstätigkeit**.[208] Die aus dieser Erwerbstätigkeit erzielten Einkünfte sind bei der Unterhaltsbemessung nicht von vornherein unberücksichtigt zu lassen. Über ihre Anrechnung ist gemäß § 1577 II BGB nach Treu und Glauben unter Berücksichtigung der Umstände des Einzelfalles zu entscheiden. Sie sind nur hinsichtlich eines **nach Billigkeit** zu bestimmenden unterhaltsrelevanten Teils als **bedarfsprägende Einkünfte** zu berücksichtigen und in die Unterhaltsberechnung einzustellen.[209]

7. Die Verlängerung des Unterhaltsanspruchs über die Dreijahresfrist hinaus, § 1570 I 2 u. 3 BGB

170 **a) Allgemeine Grundsätze.** Der Betreuungsunterhaltsanspruch verlängert sich, solange und soweit dies der **Billigkeit** entspricht. Dabei sind nach § 1570 I 2 und 3 BGB die Belange des Kindes und die bestehenden Möglichkeiten der Kinderbetreuung zu berücksichtigen.

Maßstab für eine Verlängerung aus Billigkeit nach § 1570 I 2 u. 3 BGB sind in erster Linie kindbezogene Gründe,[210] wie der Hinweis in Satz 3 auf die **Belange des Kindes** und **die bestehenden Betreuungsmöglichkeiten** zeigt. Durch den bereits im ursprünglichen Regierungsentwurf der Unterhaltsreform zu § 1570 BGB enthaltenen Satz „Dabei sind auch die bestehenden Möglichkeiten der Kindesbetreuung zu berücksichtigen" ist klargestellt worden, dass zur Frage, ob neben der Kindesbetreuung eine Erwerbstätigkeit möglich ist, anstelle des schematisierenden **Altersphasenmodells** stärker auf den Einzelfall und tatsächlich bestehende verlässliche Möglichkeiten der Kindesbetreuung abzustellen ist.[211] Ob und in welchem Umfang einem Ehegatten neben der Kindesbetreuung eine Erwerbstätigkeit zugemutet oder aus Billigkeitsgründen nicht zugemutet werden kann, hängt damit

---

[206] BT-Drucks. 16/1830 S. 17; BT-Drucks. 16/6980 S. 16 f.
[207] Vgl. BGH FamRZ 1983, 569; OLG Hamm – 12 UF 222/96, BeckRS 1996, 31207973 zum früheren Recht
[208] BGH FamRZ 2011, 791 Rn. 19; BGH FamRZ 2010, 357, 362 = R 709 zu § 1615 l BGB
[209] BGH FamRZ 2011, 791 Rn. 19; BGH FamRZ 2010, 1880, Rn. 19 = R 716; BGH FamRZ 2009, 770 Rn. 21 = R 704; BGH FamRZ 2005, 1154, 1156
[210] BT-Drucks. 16/6980 S. 8
[211] BT-Drucks. 16/6980 S. 8

2. Abschnitt: Anspruchstatbestände des nachehelichen Unterhalts § 4

von den **Umständen des Einzelfalls,** insbesondere von dem Alter und der Zahl der zu betreuenden Kinder, von der Inanspruchnahme des Sorgeberechtigten durch die Betreuung und den Möglichkeiten für eine anderweitige Betreuung ab. Die Billigkeitsklausel des § 1570 I 2 BGB ist durch die Worte „solange und soweit" flexibel ausgestaltet. Sie ermöglicht einen **stufenweisen Übergang** von der elterlichen Betreuung zu einer vollen Erwerbstätigkeit.[212] Die bisherige Rechtsprechung zur Ausfüllung des Begriffes „kindbezogene Belange" als Voraussetzung für eine Verlängerung des Betreuungsunterhalts nach § 1615l II 2 BGB kann zur Orientierung herangezogen werden.[213]

Da auch der verlängerte Unterhalt nur „wegen der Pflege oder Erziehung" eines Kindes gewährt wird, muss die übernommene **Kindesbetreuung** grundsätzlich **dafür ursächlich** sein, **dass** der betreuende Ehegatte einer **Erwerbstätigkeit nicht oder nur teilweise** nachgehen kann. Wird die Billigkeit einer Verlängerung bejaht, steht damit zugleich fest, dass von dem betreuenden Elternteil insoweit keine Erwerbstätigkeit verlangt werden kann; mithin das in § 1569 BGB für den nachehelichen Unterhalt ausdrücklich verankerte Prinzip der Eigenverantwortung des Unterhaltsbedürftigen zurückzustehen hat. Dass dieser Prüfungsmaßstab in der neuen Fassung des § 1570 BGB nicht mehr enthalten ist, stellt keine materielle Änderung dar.[214]

Der Anspruch auf **Betreuungsunterhalt** kann auch als „verlängerter Unterhalt" **erstmals nach Vollendung des 3. Lebensjahres des Kindes** entstehen. Es kommt nicht darauf an, dass schon ein vorangehender Anspruch auf Basisunterhalt bestanden hatte. Es gibt keinen Anhaltspunkt dafür, dass der Gesetzgeber über die Neustrukturierung des Tatbstands einen Einsatzpunkt im Sinne des verlängerten Betreuungsunterhalts als Anschlussunterhalt schaffen wollte. Wie nach altem Recht muss die Notwendigkeit der Kindesbetreuung nicht im Zeitpunkt der Scheidung oder zu einem sonstigen **Einsatzzeitpunkt** bestehen. Sie kann später eintreten, wieder wegfallen und neu entstehen. Ein Betreuungsunterhalt kann selbst nach abgeschlossener Erziehung als Billigkeitsunterhalt nach § 1570 BGB neu entstehen, wenn ein Kind infolge Unfalls oder Krankheit pflege- und betreuungsbedürftig wird und eine adäquate Pflege in einer Einrichtung nicht möglich ist oder die Eltern übereinstimmend davon ausgehen, dass eine persönliche Betreuung des Kindes erforderlich ist.[215]

Die Verlängerung des Unterhalts über den Basisunterhalt hinaus stellt eine **Ausnahmeregelung** im Sinne einer positiven Härteklausel dar. Das bedeutet, dass nach Ablauf des Dreijahreszeitraums in der Regel zumindest eine teilweise Erwerbstätigkeit des betreuenden Elternteils erwartet werden kann.[216] Dies ergibt sich daraus, dass § 1570 BGB i. d. F. seit 1. 1. 2008 den nachehelichen Betreuungsunterhalt entsprechend dem Betreuungsunterhalt aus Anlass der Geburt (§ 1615l II 2 bis 5 BGB) strukturiert, dessen bis 31. 12. 2007 geltende Grundstruktur nach neuem Recht beibehalten wurde. Denn das Bundesverfassungsgericht hatte mit dem Beschluss vom 28. 2. 2007[217] nicht die zeitliche Befristung in § 1615 LPartG BGB als solche für verfassungswidrig erklärt, sondern nur die grundsätzlich unterschiedliche Dauer des Betreuungsunterhalts für nichteheliche bzw. für eheliche Kinder beanstandet. Für das Vorliegen der Voraussetzungen der jeweiligen Ausnahmeregelung ist der oder die Berechtigte darlegungs- und beweispflichtig.[218] Der Unterhaltspflichtige muss demgegenüber solche streitigen Umstände darlegen und beweisen, die gegen die Anwendung der Ausnahmeregelung sprechen.[219]

b) Billigkeitskriterien für die Verlängerung des Unterhaltsanspruchs nach 172 **§ 1570 I 2 u. 3 BGB.** Bei der Abwägung zur Frage der Billigkeit einer Verlängerung ist, wie dies bereits vor der Unterhaltsreform für die Verlängerung des Betreuungsunterhalts

---

[212] BT-Drucks. 16/698 S. 19
[213] A. a. O. S. 9
[214] A. a. O. S. 9
[215] BGH FamRZ 2010, 802 Rn. 12
[216] Vgl. auch Kemper, Das neue Unterhaltsrecht 2008, Rn. 157; a. A. MAH/Wever § 10 Rn. 35 c
[217] FamRZ 2007, 965 ff. = R 671 c
[218] BGH FamRZ 2011, 791 Rn. 21; BGH FamRZ 2009, 770 Rn. 23; BGH FamRZ 2008, 1739 Rn. 97; BGH FamRZ 2008, 968, 970 = R 689 a
[219] Vgl. hierzu BT-Drucks. 16/1830 S. 20 zur Darlegungs- und Beweissituation bei § 1578 b BGB

§ 4 Ehegattenunterhalt

nach § 1615l II 2 BGB erforderlich war, eine **umfassende Abwägung der Umstände des Einzelfalls** vorzunehmen. Dabei sind der Grundsatz der Eigenverantwortung des geschiedenen Ehegatten (§ 1569 S. 1 BGB) und die für beide Ehegatten geltende **generelle Erwerbsobliegenheit** (§ 1574 I BGB) zu berücksichtigen.

Eine Verlängerung des Unterhaltsanspruchs aus Billigkeitsgründen gemäß § 1570 I 2 u. 3 BGB und damit eine Abweichung von dem Prinzip der Eigenverantwortung kommt **in erster Linie aus kindbezogenen Gründen** in Betracht.[220] Denn Kinder sind auch nach der Vollendung des 3. Lebensjahres noch betreuungsbedürftig. Nach der Vorstellung des Gesetzgebers ist jedoch nach dem Ablauf der Dreijahresfrist eine Vollzeitbetreuung durch einen Elternteil unter dem Gesichtspunkt des Kindeswohls nicht mehr zwingend geboten. Die Belange des Kindes sind ab diesem Alter regelmäßig auch gewahrt, wenn seine Pflege und Erziehung ganz oder teilweise durch eine Fremdbetreuung sichergestellt wird.[221] Für die Frage der Verlängerung des Unterhaltsanspruchs und zur Abklärung der Zumutbarkeit einer Erwerbstätigkeit sind ferner die tatsächlich vorhandenen Betreuungsmöglichkeiten, ihre Vereinbarkeit mit dem Kindeswohl sowie den Anforderungen der in Betracht kommenden Erwerbstätigkeit des betreuenden Elternteils festzustellen.[222]

173 **Neben** den kindbezogenen Gründen können auch die **Belange des betreuenden Elternteils** bei der Billigkeitsabwägung im Rahmen der Unterhaltsverlängerung nach § 1570 I 2 u. 3 eine Rolle spielen und der Aufnahme einer vollen oder teilweisen Erwerbstätigkeit entgegenstehen, wenn sie sich **auf das Kindeswohl auswirken**. Dies kann z. B. der Fall sein bei einer Erkrankung oder Behinderung des betreuenden Elternteils oder bei der Erziehung mehrerer gemeinsamer Kinder. Diese Belange **(Stichwort: überobligationsmäßige Belastung)**[223] berücksichtigt der **BGH**[224] aber grundsätzlich als **elternbezogene Gründe** bei der Prüfung, ob eine Verlängerung des Unterhaltsanspruchs nach § 1570 II BGB aus Gründen der anhand der konkreten ehelichen Verhältnisse und der Ehedauer zu messenden nachehelichen Solidarität der Billigkeit entspricht. Die durch den BGH vorgenommene Zuordnung ist zu hinterfragen,[225] denn nach seiner Rechtsprechung[226] sind kindbezogene und elternbezogene Gründe nicht gleichwertig. Kindbezogene Gründe für eine Verlängerung des Betreuungsunterhalts entfalten im Rahmen der Billigkeitsentscheidung für eine Verlängerung des Unterhaltsanspruchs das stärkste Gewicht und sind deswegen stets vorrangig zu prüfen. Elternbezogene Gründe sind dagegen nach der Systematik des § 1570 BGB erst nachrangig zu prüfen, soweit nicht schon kindbezogene Gründe einer Erwerbstätigkeit entgegenstehen.[227]

174 **aa) Kindbezogene Gründe. Kindbezogene** Gründe, die einen vollen oder teilweisen Unterhaltsanspruch nach Ablauf der Dreijahresfrist rechtfertigen können, liegen in folgenden Konstellationen vor:

- Das Kind ist **behindert** und deshalb besonders betreuungsbedürftig.[228] Dies gilt selbst dann, wenn das Kind bereits volljährig ist.[229]

Das Kind ist **dauerhaft krank** (z. B. rheumatische Poliarthritis[230]), krankheitsgefährdet (Notwendigkeit von regelmäßigen pflegerisch prophylaktischen Maßnahmen zur Vor-

---

[220] BT-Drucks. 16/6980 S. 9; BGH FamRZ 2011, 791 Rn. 23; BGH FamRZ 2010, 1880 Rn. 23; BGH FamRZ 2009, 1124 Rn 28; BGH FamRZ 2009, 770 Rn. 24
[221] BT-Drucks. 16/1830 S. 31; BGH FamRZ 2011, 791 Rn. 24; BGH FamRZ 2010, 1880 Rn. 24; BGH FamRZ 2009, 1391 Rn. 22 f.; BGH FamRZ 2009, 770 Rn. 25
[222] BGH FamRZ 2010, 1050 Rn. 24
[223] BGH FamRZ 2011, 791 Rn. 25; BGH FamRZ 2009, 1739 Rn. 103; BGH FamRZ 2009, 1391 Rn. 32
[224] BGH FamRZ 2010, 1050 Rn. 33; BGH FamRZ 2009, 1391 Rn. 17 = R 706; BGH FamRZ 2009, 1124, 1127 Rn. 24; BGH FamRZ 2009, 770 Rn. 32 = R 704; BGH FamRZ 2008, 1739, 1749
[225] Vgl. auch Borth FamRZ 2009, 959
[226] BGH FamRZ 2010, 1050 Rn. 21 m. w. N.
[227] BGH FamRZ 2010, 1880, Rn. 23 = R 716; BGH FamRZ 2009, 1391 Rn. 31 = R 706
[228] BT-Drucks. 13/4899 S. 89 und BT-Drucks. 13/8511 S. 71
[229] BGH FamRZ 2010, 802 Rn. 12
[230] OLG Hamm OLGR Hamm 2005, 69 = NJW 2005, 297

2. Abschnitt: Anspruchstatbestände des nachehelichen Unterhalts   § 4

beugung eines Hautleidens[231]). Bei Behinderungen und Erkrankungen kann die Prüfung angezeigt sein, ob nicht gerade deswegen die Betreuung in einer spezialisierten Einrichtung angezeigt ist.[232] Erkrankungen leichterer Art, wie sie bei kleineren Kindern häufig vorkommen, z. B. Erkältungen, Grippe, Mittelohrentzündungen, sowie die üblichen Kinderkrankheiten, die lediglich eine vorübergehende häusliche Betreuung erfordern, rechtfertigen keine Verlängerung des Unterhaltsanspruchs.[233] Gleiches gilt, wenn ein zusätzlicher, auf Krankheit beruhender Betreuungsbedarf (z. B. ADS-Erkrankung eines 15 Jahre alten Kindes) durch eine auswärtige Betreuung erbracht werden kann.[234]

- Das Kind ist **schwer in seiner Entwicklung** gestört[235] und deshalb auf weitere Betreuung durch einen Elternteil angewiesen.[236] Entwicklungsstörungen liegen vor bei einer verzögerten Sprachentwicklung des Kindes und Eingewöhnungsschwierigkeiten im Kindergarten,[237] motorischen Defiziten,[238] Wahrnehmungsstörungen[239] und sonstigen Entwicklungsstörungen wie Verhaltensauffälligkeiten.[240] Nicht ausreichend ist die sog. „Mimosen-Einrede" mit dem Inhalt, das Kind sei allgemein anfällig, schwierig und brauche ständige Hausaufgabenhilfe.[241]
- Das Kind ist **psychisch labil**, z. B. besonders scheu, sensibel und ängstlich.[242]
- Das Kind ist **straffällig** geworden und bedarf einer persönlichen Betreuung nach dem Ende der täglichen Schulzeit.[243]
- Das Kind hat eine besondere **sportliche oder musische Begabung**, die bereits objektivierbar hervorgetreten ist, und bedarf deshalb besonderer Förderung.[244]
- Das Kind bedarf der persönlichen Betreuung durch einen Elternteil, weil es unter der **Trennung** der Eltern, die eheähnlich zusammengelebt hatten, besonders **leidet**[245] Hinsichtlich dieses Grundes ist allerdings besonders sorgfältig zu prüfen, ob nicht das trennungsbedingte Leiden der Kinder zur Stabilisierung des Unterhaltsanspruchs instrumentalisiert wird.[246] Unter Umständen ist hier die Einholung eines Sachverständigengutachtens unumgänglich.[247]

bb) Vorhandene Betreuungsmöglichkeiten. Wenn Gründe in der **Person des Kindes** nicht vorliegen, kommt es für die Frage, ob und in welchem Umfang eine Erwerbsobliegenheit neben der Kindesbetreuung besteht, entscheidend darauf an, welche **objektiven Möglichkeiten der Kindesbetreuung** bestehen, die dem betreuenden Elternteil eine Erwerbstätigkeit ermöglichen. Zur Abklärung der Zumutbarkeit einer Erwerbstätigkeit ist deshalb festzustellen, welche Betreuungsmöglichkeiten tatsächlich bestehen, und ob der betreuende Elternteil diese mit den Anforderungen einer Erwerbstätigkeit vereinbaren kann. Denn nach dem Willen des Gesetzgebers spielen neben den Kindesbelangen die **bestehenden** Möglichkeiten der Kindesbetreuung eine **besondere Rolle** (§ 1570 I 3 BGB). Daher sind grundsätzlich die Möglichkeiten einer **zumutbaren, verlässlichen** Betreuung des Kindes in Anspruch zu nehmen, die dem betreuenden Elternteil die Aufnahme einer

175

---

[231] OLGR Rostock 2007, 639 (Verlängerung des Unterhaltsanspruchs um 23 Monate bis zur Einschulung des Kindes)
[232] Von Kiedrowski FamRB 2009, 213, 216; MAH/Wever § 10 Rn. 29
[233] NK-BGB/Schilling § 1615 Rn. 12; MünchKommBGB
[234] BGH FamRZ 2009, 1124, 1127 mit Anm. Borth NJW 2009, 1956
[235] OLG Hamm FamRZ 2008, 1937
[236] BGH FamRZ 2006, 1362, 1367; Schilling FF 2008, 270, 279
[237] OLG Celle FamRZ 2002, 636 (Verlängerung des Unterhaltsanspruchs um 5 Monate)
[238] OLG Düsseldorf FamRZ 2003, 184 (keine Unterhaltsbefristung, halbschichtige Erwerbstätigkeit der Mutter ab dem 4. Lebensjahr des Kindes)
[239] OLG Düsseldorf FamRZ 2003, 184; OLG Celle FamRZ 2002, 636
[240] OLGR Rostock 2007, 639
[241] Vgl. Born NJW 2008, 1, 8; Viefhues FF 2011, 153, 157
[242] BGH FamRZ 1984, 769; Peschel-Gutzeit FPR 2008, 24, 25
[243] OLG Hamm FamRZ 2009, 976 (17-jähriges Kind)
[244] Eschenbruch/Klinkhammer/Eschenbruch, Kap. 1 Rn. 223; Borth FamRB 2008, 2, 6; abl. Hauß FamRB 2007, 367, 369
[245] Beschlussempfehlung d. Rechtsausschusses v. 7. 11. 2007 – BT-Druck. 16/6980 S. 9
[246] So Hauß FamRB 2007, 367, 368
[247] Borth FamRZ 2008, 2, 6; a. A. NK-BGB/Schilling § 1615 I Rn. 12

Erwerbstätigkeit ermöglichen. Aus den Worten „solange und soweit" im Gesetz ist erkennbar, dass sich in dem Umfang, in dem das Kind nach Vollendung des dritten Lebensjahres eine kindgerechte Betreuungseinrichtung, z. B. Kinderhort, Kindertagesstätte oder Kindergarten besucht oder unter Berücksichtigung der individuellen Verhältnisse besuchen könnte, der betreuende Elternteil sich also nicht mehr auf die Notwendigkeit einer persönlichen Betreuung des Kindes und somit **nicht mehr auf kindbezogene Verlängerungsgründe** berufen kann. Denn der Gesetzgeber hat mit der Neugestaltung des Betreuungsunterhalts für Kinder ab Vollendung des dritten Lebensjahres grundsätzlich den Vorrang der persönlichen Betreuung gegenüber anderen kindgerechten Betreuungsmöglichkeiten aufgegeben. Im Rahmen der Billigkeitsentscheidung über die Verlängerung des Betreuungsunterhalts ist deswegen stets zunächst der individuelle Umstand zu prüfen, ob und in welchem Umfang die begabungs- und entwicklungsgerechte Betreuung des Kindes auf andere Weise gesichert ist oder in kindgerechten Einrichtungen gesichert werden könnte.[248] Erst wenn die Kinder ein Alter erreicht haben, in dem sie unter Berücksichtigung aller Umstände des Einzelfalles zeitweise sich selbst überlassen werden können, kommt es aus kindbezogenen Gründen insoweit nicht mehr auf die vorrangig zu prüfende Betreuungsmöglichkeit in kindgerechten Einrichtungen an.[249] Die **Obliegenheit zur Inanspruchnahme einer kindgerechten Betreuungsmöglichkeit** besteht nur dann, wenn die Betreuung mit dem **Kindeswohl** vereinbar ist. was nach der Rechtsprechung des BGH jedenfalls bei öffentlichen Betreuungseinrichtungen wie Kindergärten, Kindertagesstätten oder Kinderhorten regelmäßig der Fall ist.[250]

176 Seit dem 1. 1. 2008 ist die fehlende Möglichkeit einer anderweitigen Betreuung, etwa weil kein Kindergartenplatz zur Verfügung steht, generell ausreichend, um eine Verlängerung zu bejahen. Im Übrigen muss sich der betreuende Elternteil nur dann auf eine mögliche Fremdbetreuung verweisen lassen, wenn dies mit den Kindesbelangen vereinbar ist.[251]

Eine **Verlängerung des Unterhaltsanspruchs** über den Dreijahreszeitraum hinaus **kommt** danach bei Vorliegen einer der folgenden Voraussetzungen **in Betracht**:

177 • Eine Fremdbetreuung ist **nicht** vorhanden. Das kann in abgelegenen Gegenden (z. B. Insel) der Fall sein.

Trotz zumutbarer Bemühungen finden sich vor Ort **keine professionellen Einrichtungen**[252] für eine **Fremdbetreuung**[253] wie Kindergärten, Kindertagesstätten, Hortplätze, Ganztagsschule.[254] Auch wenn die Angebote für eine Kinderbetreuung in den letzten Jahren insgesamt ausgeweitet wurden, sind die örtlichen Gegebenheiten noch sehr unterschiedlich.[255] Es fehlt immer noch an einem flächendeckenden Angebot an Ganztagsbetreuungsmöglichkeiten[256] auch über die Zeit des Besuches des Ganztagskindergartens oder der Ganztagsschule hinaus. Dieser Gesichtspunkt wird daher erst in der Zukunft an Bedeutung verlieren. Da viele Kindergärten neue Kinder nur zu einem bestimmten Stichtag im Sommer aufnehmen, müssen Kinder, die wenige Tage nach dem Stichtag geboren wurden, zudem oft bis zu einem ganzen Jahr warten, bis sie aufgenommen werden. Noch nicht abschließend geklärt ist auch die Frage, in welchem Umfang von dem kindesbetreuenden Elternteil eine Art **„Marktforschung"** über die Betreuungssituation in seiner Umgebung verlangt werden kann.[257] Hier wird man von dem anspruchstellen-

---

[248] BGH FamRZ 2011, 791 Rn. 24; BGH FamRZ 2010, 1880 Rn. 24; BGH FamRZ 2009, 1391, 1393 = R 706 zu § 1570 BGB; BGH FamRZ 2009, 1124, 1127 Rn. 32; BGH FamRZ 2009, 770, 773 Rn. 27 m. w. N. = R704 mit Anm. Borth FamRZ 2009, 959, 961
[249] BGH FamRZ 2010, 1880, Rn. 22 = R 716; BGH FamRZ 2009, 1391, 1393 = R 706 zu § 1570 BGB
[250] BGH FamRZ 2010, 1050 Rn. 21; BGH FamRZ 2009, 1124, 1126 Rn. 30; BGH FamRZ 2009, 770, 772 f. Rn. 25 f. m. w. N. = R 704
[251] BT-Drucks. 16/6980 S. 9
[252] BT-Drucks. 13/8511 S. 71
[253] BGH FamRZ 2009, 1124, 1126 Rn. 30; BT-Drucks. 16/1830 S. 17
[254] Empfehlungen des 13. Familiengerichtstags FamRZ 2000, 273 zu § 1615l II BGB a. F.
[255] Vgl. Schürmann FF 2007, 235, 237
[256] Eschenbruch/Klinkhammer/Mittendorf, Kap. 6 Rn. 361; Viefhues FamRZ 2010, 249, 250
[257] Wellenhofer FamRZ 2007, 1282, 1283

den Elternteil verlangen müssen, sich nicht nur bei den örtlichen Jugendämtern/Schulämtern, Sozialbehörden zu informieren, sondern darüber hinaus die Möglichkeiten der Tagespresse und des Internets zu nutzen. So können zum Beispiel die Angebote der Jugendämter und der lokalen Informationsangebote zur Kinderbetreuung über die Adresse *www.vorteil-kinderbetreuung.de* abgerufen werden. Das Statistische Bundesamt hat in einer Datenbank die Betreuungsangebote für Kinder in den ca. 500 Kreisen und kreisfreien Städten Deutschlands erfasst und nach Altersgruppen gegliedert. Sie sind über die Adressen *www.destatis.de* und *www.famrb.de* abrufbar.[258]

Das Bemühen um einen Platz für eine Fremdbetreuung muss in der Regel schon vor dem Zeitpunkt erfolgen, in dem die Erwerbsobliegenheit einsetzt.[259] Der betreuende Elternteil muss seine rechtzeitigen Bemühungen um eine tatsächlich erreichbare und zumutbare Fremdbetreuung dokumentieren.[260]

Für den betreuenden Ehegatten besteht grundsätzlich **keine Obliegenheit zu einem Umzug**, um eine nur an dem neuen Wohnort vorhandene Betreuungsmöglichkeit in Anspruch nehmen zu können.[261] Wenn er aber die unzureichende Betreuungssituation durch einen Umzug selbst verursacht hat, kann er sich auf diesen Umstand zu seinen Gunsten nicht mehr berufen.[262] Ein **Wechsel** des Kindes von einem **Kindergarten** mit Halbtagsbetreuung in einen Kindergarten mit Ganztagsbetreuung kann nicht verlangt werden, wenn während des früheren Zusammenlebens der Eltern der Besuch eines solchen Kindergartens bereits möglich gewesen wäre und die Eltern sich dagegen entschieden hatten.[263]

- Die mögliche **Fremdbetreuung ist nicht verlässlich**.[264]

Das ist der Fall, wenn die Betreuung nur von gelegentlich und nicht zu festen Zeiten oder nur mit dauernd wechselnden Bezugspersonen sichergestellt werden könnte.

Gleiches gilt, wenn die möglichen **Betreuungszeiten** mit den von dem betreuenden Elternteil nur eingeschränkt beeinflussbaren **Arbeitszeiten nicht** in ausreichendem Maße **korrespondieren**. Hierbei sind nicht nur die täglichen und wöchentlichen Arbeitszeiten des Elternteils zu berücksichtigen, sondern auch der Aufwand für das Bringen des Kindes zur auswärtigen Betreuung, die Fahrten zur Arbeit, die Rückfahrten von der Arbeit und das Abholen des Kindes. Der für die eigentliche Arbeitszeit und die Fahrtzeiten von und zu der Arbeitsstelle erforderliche Zeitrahmen muss mit den Öffnungszeiten der Kinderbetreuungseinrichtung zu vereinbaren sein. Darüber hinaus differieren die Arbeitszeiten in den verschiedenen Berufen sehr stark. Da von vielen Arbeitnehmern zunehmend Flexibilität erwartet wird, ergeben sich auch aus diesem Grunde verstärkt Kollisionen mit den Öffnungszeiten der Kinderbetreuungseinrichtungen.[265] Bei Schwierigkeiten in der Vereinbarkeit von Arbeitszeiten und Kinderbetreuungszeiten besteht gegebenenfalls lediglich ein Teilanspruch des betreuenden Elternteils, wenn z. B. eine Vormittagsbetreuung gesichert ist und deswegen eine Teilerwerbstätigkeit möglich ist.[266]

- Die **Fremdbetreuung ist nicht zumutbar**.[267]

Dies ist anzunehmen, wenn von dem unterhaltspflichtigen Ehegatten mit deren Einverständnis die Betreuung durch seine Eltern angeboten wird, obwohl das Verhältnis der **„Schwiegereltern"** zum betreuenden Ehegatten nach Trennung bzw. Scheidung gestört ist. Generell muss eine private Betreuung durch Familienangehörige oder Bekannte nicht

---

[258] Hauß FamRB 2010, 259
[259] OLG Köln FamRZ 2008, 2119, 2120
[260] Borth FamRZ 2008, 2, 7; OLG Celle FamRZ 2008, 997, 998; OLG Brandenburg FF 2008, 371
[261] Vgl. Schilling FF 2008, 169; MAH/Wever § 10 Rn. 30, Eschenbruch/Klinkhammer/Eschenbruch, Kap. 1 Rn. 223; Kemper FuR 2008, 169, 174
[262] OLG Nürnberg FamRZ 2003, 1320, 1321
[263] Von Kiedrowski FamRB 2009, 213, 215
[264] BT-Drucks. 16/1830 S. 17; BGH BeckRS 2011, 16689; FamRZ 2010, 1880 Rn. 28
[265] Meier FamRZ 2008, 101, 103
[266] Eschenbruch/Klinkhammer/Eschenbruch, Kap. 1 Rn. 223; vgl. OLG Nürnberg FamRZ 2003, 1320 zum alten Recht
[267] A. a. O.

in Anspruch genommen werden.[268] Anderes kann nur gelten, wenn eine Betreuung, z. B. durch die Großeltern des Kindes, der bisherigen Praxis der Eltern vor ihrer Trennung entspricht, wenn sie verlässlich ist und die Angehörigen sich darüber hinaus in dem Trennungskonflikt neutral verhalten.[269]

182 Ein Angebot des **anderen Elternteils**, das **Kind zu betreuen**, stellt zwar grundsätzlich eine „bestehende" Möglichkeit der Kinderbetreuung dar. Sie setzt aber ein zeitlich sehr ausgedehntes Umgangsrecht voraus. Sofern das Betreuungsangebot über die praktizierte Umgangsregelung hinausgeht, ist diese vorrangig.[270] Sie ist im Unterhaltsrechtsstreit zugrunde zu legen[271] mit der Folge, dass der betreuende Elternteil dieses Angebot unabhängig davon, ob es sich nur um ein Lippenbekenntnis oder um eine ernsthaft zu berücksichtigende Betreuungsalternative handelt, nicht annehmen muss.[272]

Entspricht es den früheren Abreden der Eltern, dass die Kinder eine teure Spezialeinrichtung besuchen, z.B. einen Montessori-Kindergarten oder einen Waldorfkindergarten, kann nicht auf die Inanspruchnahme einer – etwa auch früher zur Verfügung stehenden – billigeren Einrichtung verwiesen werden.

Soweit vereinzelt[273] die Forderung erhoben wird, der betreuende Elternteil müsse, sofern sonstige Betreuungsmöglichkeiten nicht vorhanden seien, eine Betreuungsperson einstellen und bezahlen, um die Betreuung von 9 und 13 Jahre alten Kindern sicherzustellen, ist dies abzulehnen. Diese Auffassung überspannt die Anforderungen, die an zumutbare Betreuungsmöglichkeiten zu stellen sind. Die Rechtsprechung des BGH hat sich bisher nur auf die Betreuung in staatlichen Einrichtungen bezogen und nicht darauf, dass auch private Betreuungspersonen angestellt werden müssen. Nähme man eine solche Forderung ernst, wäre ab dem 3. Lebensjahr eines Kindes stets eine vollschichtige Tätigkeit zumutbar. Es wäre dann lediglich über die Frage der Betreuungskosten zu streiten.

183 • Die mögliche **Fremdbetreuung steht mit dem Kindeswohl nicht in Einklang.**[274] Das ist der Fall, wenn das Kind auf die Betreuungspersonen oder Mitglieder der betreuten Kindergruppe mit nicht steuerbarer Ablehnung reagiert und den Besuch der Betreuungsstelle jeweils als Zeit der Qual empfindet oder wenn ihm auf Grund seines physischen oder psychischen Gesundheitszustands die Fremdbetreuungsfähigkeit fehlen würde.[275] Ebenso ist denkbar, dass wegen der Arbeitsgestaltung des betreuenden Elternteils unerträglich lange Wartezeiten bis zum Abholen entstehen, in denen das Kind weitgehend sich selbst überlassen ist.

184 Nach dem Willen des Gesetzgebers sind die **Kosten der Fremdbetreuung** bei der Unterhaltsberechnung für den Betreuungsunterhaltsanspruch angemessen zu berücksichtigen.[276] Der BGH[277] hat hierzu inzwischen entschieden, dass jedenfalls Kindergartenkosten bei der Unterhaltsberechnung nicht zum berufsbedingten Aufwand des betreuenden Elternteils, sondern zum Bedarf des Kindes gehören und im laufenden, das Existenzminimum des Kindes nicht unterschreitenden Kindesunterhalt enthalten sind. Hierbei ist wesentlich,

---

[268] KG FamRZ 2008, 1942, 1943; vgl. auch Ziffer 17.1 der Unterhaltsgrundsätze des OLG Frankfurt (Stand: 1. 1. 2010)

[269] Schilling FF 2008, 279, 280; von Kiedrowski FamRB 2009, 213, 215; Borth FamRZ 2008, 2, 7; Kemper FuR 2008, 169, 173 f.; vgl. aber BGH FamRZ 1391, 1395: Eine Unterstützung durch Verwandte ist eine freiwillige Leistung und nicht in die Billigkeitsabwägung einzubeziehen

[270] BGH BeckRS 2011, 16689; FamRZ 2010, 1880 Rn. 28 = R 716

[271] BGH FamRZ 2010, 1880 Rn. 28 = R 716; OLG Celle FamRZ 2009, 975; Schilling FF 2008, 279, 281

[272] OLG Hamm FamRZ 2009, 2093; OLG Hamm FamRZ 2010, 570; OLG Celle FamRZ 2009, 975; KG FamRZ 2009, 981; OLG Frankfurt FamRB 2009, 69; Amtsgericht Berlin-Tempelhof-Kreuzberg FamRZ 2008, 1862; Eschenbruch/Klinkhammer/Eschenbruch, Kap. 1 Rn. 224; MAH/Wever § 10 Rn. 30; a. A. OLG Saarbrücken ZSEG 2010, 113; zweifelnd Viefhues ZFE 2009, 212, 216 und ZFE 2010, 113

[273] OLG Oldenburg FuR 2009, 594

[274] BT-Drucks. 16/1830 S. 17

[275] Vgl. zu Letzterem Unterhaltsleitlinien des OLG Hamm Nr. 17.1.1

[276] BT-Drucks. 16/1830 S. 17

[277] BGH FamRZ 2009, 962 = R 700

dass der Kindergartenbesuch unabhängig davon, ob er halb- oder ganztags erfolgt, in erster Linie erzieherischen Zwecken dient.[278] Die **Kindergartenkosten** stellen **Mehrbedarf des Kindes** dar und sind von beiden Eltern anteilig nach ihren Einkommensverhältnissen zu tragen, wobei vorab ein Sockelbetrag in Höhe des angemessenen Selbstbehalts abzuziehen ist (vgl. Berechnungsbeispiel in § 2 Rn. 450). Durch einen solchen Abzug werden bei erheblichen Unterschieden der vergleichbaren Einkünfte zwar die sich daraus ergebenden ungleichen Belastungen zugunsten des weniger verdienenden Elternteils relativiert. Damit ist aber noch nicht entschieden, ob andere Kosten, z. B. die Kosten einer nachschulischen Tagesbetreuung, durch deren Besuch die Erwerbstätigkeit erst ermöglicht wird, nicht berufsbedingte Kosten des betreuenden Elternteils darstellen oder im Rahmen einer teilweisen Bewertung der Erwerbseinkünfte als überobligatorisch zu berücksichtigen sind.[279]

Wenn die **Fremdbetreuung kostenlos**, z. B. durch nahe Verwandte des betreuenden Elternteils, erbracht wird, kann dieser, soweit er dadurch von persönlicher Betreuung angemessen entlastet ist, seiner Erwerbsobliegenheit nachkommen. Auch hier stellt sich aber die Frage der unterhaltsrechtlichen Anrechnung des Aufwands der Fremdbetreuung. Die unentgeltlich leistenden Personen wollen den unterhaltspflichtigen anderen Elternteil regelmäßig nicht entlasten. Deswegen muss der freigiebige Aufwand dieser Personen für die Betreuung des Kindes ggf. im angemessenen Umfang in die Unterhaltsrechnung einfließen. Dies kann über die Berücksichtigung eines nach den Umständen des Einzelfalls zu bemessenden (fiktiven) berufsbedingten Aufwands des betreuenden Ehegatten geschehen,[280] oder – falls die auf kostenloser Betreuung beruhende Erwerbstätigkeit als überobligatorisch angesehen würde – über eine auf den Einzelfall zugeschnittene, beschränkte Anrechnung des überobligatorischen Einkommens.[281] Einzelheiten und Berechnungsbeispiele siehe unter § 2 Abschnitt 5 V = Rn. 366 ff.). 185

cc) **Umfang der Erwerbsobliegenheit des betreuenden Elternteils.** Mit den Worten **„solange und soweit"** in § 1570 I 2 BGB hat der Gesetzgeber zum Ausdruck gebracht, dass es auf die Verhältnisse des Einzelfalls ankommt, ob und in welchem Umfang vom betreuenden Elternteil eine Erwerbstätigkeit erwartet werden kann. Daraus ergibt sich, dass eine generalisierende Betrachtungsweise, wie sie in Form des **Altersphasenmodells** für einen Anspruch aus § 1570 BGB bis zum 31. 12. 2007 möglich war und dass wegen des Gebotes der Gleichbehandlung der Unterhaltsansprüche ehelicher und nichtehelicher betreuender Elternteile auch für § 1615 l BGB entscheidende Bedeutung hatte, **nicht mehr vertretbar** ist.[282] Der BGH[283] lehnt eine Fortschreibung des Altersphasenmodells eindeutig ab.[284] In seinen Entscheidungen hat er unter Berufung auf die Gesetzesbegründung betont, dass der Gesetzgeber mit der Neugestaltung des nachehelichen Betreuungsunterhalts in § 1570 BGB für Kinder ab Vollendung des dritten Lebensjahres grundsätzlich den **Vorrang der persönlichen Betreuung** gegenüber anderen kindgerechten Betreuungsmöglichkeiten **aufgegeben** hat und dass dies im Regelfall mit dem Grundrecht aus Art. 6 II GG und dem Kindeswohl vereinbar ist.[285] Es ist somit davon auszugehen, dass ab einem Alter des betreuten Kindes von 3 Jahren eine anderweitige Betreuungsmöglichkeit dem wohlverstandenen Interesse des Kindes, insbesondere der Förderung seines sozialen Verhaltens, dient 186

---

[278] BGH FamRZ 2008, 1152, 1153
[279] Vgl. BGH FamRZ 2005, 442, 444 = R 625 c; vgl. auch Viefhues FamRZ 2010, 249, 250 und ZFE 2008, 284
[280] Vgl. Ziffer 10.3 der Unterhaltsgrundsätze des OLG Frankfurt (Stand: 1. 1. 2011)
[281] Vgl. OLG Hamm FamRZ 2007, 1464 f.
[282] Vgl. aber Ziffer 17.1 der LL des OLG Hamm (Stand 1. 1. 2011)
[283] BGH FamRZ 2010, 1880 = R 716; BGH FamRZ 2010, 1050, 1052; BGH FamRZ 2009, 1391, 1394 = R 706; BGH FamRZ 2009, 1124, 1127; BGH FamRZ 2009, 770, 773 = R 704; BGH FamRZ 2008, 1739 Rn. 104
[284] Ebenso OLG Bremen NJW 2008, 1745; OLG Düsseldorf ZFE 2008, 273; OLG Celle NJW 2008, 1465; Willutzki ZRP 2008, 264; Hahne FF 2009, 5, 6; Schilling FPR 2008, 27, 29; Meier FamRZ 2008, 101, 104; Menne FamRB 2008, 110, 116; Niebling FF 2008, 193; Graba NJW 2008, 3105, 3107; Maurer FamRZ 2008, 975; Scholz/Stein/Kleffmann, Praxishandbuch Familienrecht (2008) Teil H Rn. 61; Budzikiewicz NJW 2008, 1747; Schilling FF 2008, 279, 282
[285] BVerfG FamRZ 2007, 965, 969 ff.

und mit dem Kindeswohl vereinbar ist. Soweit der BGH in seiner Entscheidung vom 16. 7. 2008[286] von Fallgruppen und einer pauschalierenden Beurteilung gesprochen hat, soll dies in dem Sinne verstanden werden, dass der Tatrichter – gemessen am Alter eines sich normal entwickelnden Kindes – von bestimmten **Erfahrungswerten** über den Umfang der Betreuungsbedürftigkeit des Kindes und daraus abgeleitet von der Belastung der Mutter und der Zumutbarkeit einer daneben auszuübenden Erwerbstätigkeit ausgehen kann.[287]

187   In dem Maße, in welchem eine kindgerechte Betreuungsmöglichkeit besteht, kann der betreuende Elternteil daher auf eine Erwerbstätigkeit verwiesen werden. Eine Verlängerung des Betreuungsunterhalts darf somit **nicht allein vom Kindesalter** abhängig gemacht werden. Die Betreuungsbedürftigkeit ist vielmehr nach den individuellen Verhältnissen des Kindes zu ermitteln.[288] Ist zunächst nur eine **Teilzeittätigkeit** möglich, muss daneben – soweit Bedürftigkeit besteht – weiterhin Betreuungsunterhalt gezahlt werden. Ein **abrupter, übergangsloser Wechsel** von der Betreuung zur Vollzeiterwerbstätigkeit wird damit nicht verlangt. Nach den Umständen des Einzelfalls ist daher ein gestufter Übergang bis hin zu einer Vollzeiterwerbstätigkeit möglich.[289]

Da es sich bei dem zeitlich befristeten Basisunterhalt und dem Unterhalt nach Vollendung des 3. Lebensjahres des Kindes um einen **einheitlichen Unterhaltstatbestand** handelt, ändert sich bei einer Verlängerung des Unterhaltsanspruch grundsätzlich nichts an der **Höhe** des Unterhaltsanspruchs.[290]

Soweit eine Erwerbstätigkeit für den betreuenden Elternteil ab dem 3. Lebensjahr des Kindes zumutbar ist, sind die **Einkünfte** hieraus nicht überobligatorisch und daher in die Unterhaltsberechnung einzustellen.[291] (Näheres siehe in § 4 Abschnitt 5 II = Rn. 944 ff.)

8. Die Verlängerung des Betreuungsunterhalts aus ehe-/elternbezogenen Gründen nach § 1570 II BGB

188   **a) Systematik.** Der Unterhaltsanspruch des betreuenden Elternteils aus § 1570 I BGB verlängert sich, wenn eine erstmalige oder eine weitere Verlängerung nach Abs. 1 Satz 2 und 3 mangels Vorliegen der dortigen Voraussetzungen ausscheidet, nach § 1570 II „darüber hinaus", wenn dies unter Berücksichtigung der Gestaltung von Kinderbetreuung und Erwerbstätigkeit in der Ehe sowie der Dauer der Ehe, also **aus ehebezogenen Gründen der Billigkeit entspricht.** Mit der Einführung des § 1570 II BGB wurde eine Erwägung des Bundesverfassungsgerichts in seinem Beschluss vom 28. 2. 2007[292] aufgegriffen, wonach es dem Gesetzgeber wegen des Schutzes der ehelichen Verbindung durch Art. 6 I GG freistehe, einen geschiedenen Elternteil unterhaltsrechtlich besser zu stellen als einen unverheirateten Elternteil.[293] Dabei geht es nicht um eine Verlängerung des Betreuungsunterhalts im Interesse des Kindeswohls, sondern um eine Verlängerung, die ihre **Rechtfertigung allein in der Ehe und der nachehelichen Solidarität** findet.[294] Denn wenn es auch hier um Gründe des Kindeswohls ginge, wäre die erforderliche verfassungsrechtliche Gleichbehandlung von ehelichen und nichtehelichen Kindern beim Betreuungsunterhalt nicht mehr gewährleistet. Über die Billigkeit einer Unterhaltsverlängerung ist auch im Rahmen des § 1570 II BGB in **umfassender Abwägung** der Umstände des Einzelfalls zu entscheiden.

Ist die ehebedingte Billigkeit einer Verlängerung festgestellt, verlängert sich der Unterhaltsanspruch ohne weiteres, weil § 1570 II BGB kein selbständiger Unterhaltsanspruch, sondern ein **„Annexanspruch"** zu § 1570 I BGB ist.[295]

---

[286] BGH FamRZ 2008, 1739 ff.
[287] Hahne FF 2009, 178, 186
[288] BGH FamRZ 2010, 1050, 1052
[289] BGH FamRZ 2010, 1050 Rn. 19; BGH FamRZ 2009, 1391, 1393 = R 706; BGH FamRZ 2009, 1124, 1126; BGH FamRZ 2009, 770, 772 = R 704; OLG Köln FamRZ 2009, 518
[290] BGH FamRZ 2006, 1362, 1368 mit Anm.Schilling FamRZ 2006, 1368, 1370
[291] BGH FamRZ 2009, 1391 Rn. 33 = R 706
[292] BVerfG FamRZ 2007, 965, 970 = R 671 b
[293] BT-Drucks. 16/6980 S. 8
[294] BT-Drucks. 16/6980 S. 9
[295] A. a. O.

Auch bei § 1570 II BGB handelt es sich um eine **Ausnahmeregelung,** für deren Voraussetzungen der Berechtigte **darlegungs- und beweispflichtig** ist,[296] während der Unterhaltspflichtige ggf. Umstände, die gegen eine Verlängerung sprechen, darlegen und beweisen muss.[297] Bei der Prüfung des Vorliegens von Vertrauenstatbeständen ist stets darauf zu achten, dass die gesetzliche Regel, nach der Betreuungsunterhalt lediglich für 3 Jahre geschuldet ist, nicht in ihr Gegenteil verkehrt wird.[298]

b) Ehebezogene Gründe. Bei den ehebezogenen Umständen, deren Vorliegen eine Verlängerung des Betreuungsunterhalts nach § 1570 II BGB rechtfertigen kann, handelt es sich zum Teil um Gründe, die in der früheren Rechtsprechung als **eltern**bezogene Belange bei der Prüfung der Billigkeit einer Verlängerung des Betreuungsunterhalts nach § 1615 l II BGB eingeflossen sind. **189**

Da der zusätzliche Anspruch auf Gründen beruht, die sich aus dem in der Ehe gewachsenen Vertrauen in die konkludent oder ausdrücklich vereinbarte und **praktizierte Rollenverteilung** und die **gemeinsame Ausgestaltung der Kindesbetreuung** rechtfertigen,[299] kann einem Ehegatten, der im Interesse der Kindererziehung seine Erwerbstätigkeit dauerhaft aufgegeben oder zurückgestellt hat, ein längerer Betreuungsunterhalt eingeräumt werden als einem Ehegatten, der von vornherein alsbald wieder in den Beruf zurückkehren wollte.[300] Das kann insbesondere bedeutsam werden bei der Erziehung mehrerer gemeinsamer Kinder, wenn die älteren Kinder in den Genuss der von den Ehegatten einvernehmlich beschlossenen Vollzeitbetreuung durch die Mutter oder den Vater gelangt sind, und das jüngste Kind zum Zeitpunkt der Scheidung der Ehe der Eltern zwar das 3. Lebensjahr vollendet hat und wegen der einsetzenden Erwerbsobliegenheit des betreuenden Elternteils nunmehr anders als die anderen Kinder fremd betreut werden müsste. Das Vertrauen in die praktizierte Rollenverteilung setzt voraus, dass eine Vereinbarung hinsichtlich der gemeinsamen Ausgestaltung der Kindesbetreuung ermittelt werden kann und es sich nicht nur um einseitige Erziehungsvorstellungen des Unterhalt begehrenden geschiedenen Ehegatten handelt. Nicht erfasst ist auch das bloße Vertrauen des betreuenden Elternteils auf eine dauerhafte Sicherstellung seines Unterhalts.

Ein unabhängig vom Wohl des Kindes bestehender Verlängerungsgrund kann auch das Vertrauen des betreuenden Elternteils in eine Lebensgemeinschaft sein, bei der die Partner vereinbart hatten, dass ein Elternteil die gemeinsamen Kinder betreut und daneben **studiert** und der andere hierfür die notwendigen Mittel für den Lebensunterhalt sicherstellt.[301]

Eine Verlängerung des Unterhaltsanspruchs kommt auch in Betracht, wenn der unterhaltsberechtigte kinderbetreuende Ehegatte noch eine gewisse Zeit benötigt, um eine bereits begonnene berufliche **Weiterbildung** abzuschließen. Nach Beendigung der Maßnahme ist ihm dann noch für eine angemessene Zeit Unterhalt zu gewähren, damit er sich bewerben kann.[302]

Ein besonderes Vertrauensverhältnis des betreuenden geschiedenen Ehegatten kann auch entstehen, wenn die Erziehung und Pflege des Kindes oder der Kinder bis zu einem bestimmten Alter durch den nicht erwerbstätigen Elternteil auch im Hinblick auf die vorhandenen **guten wirtschaftlichen Verhältnisse** der gemeinsamen Lebensplanung der früheren Ehegatten entsprach. [303]

Schließlich kann sich der Anspruch auf Betreuungsunterhalt auch aufgrund der **Dauer der Ehe** verlängern.[304] Geschützt wird damit das aufgrund einer langjährigen ehelichen Lebensgemeinschaft entstandener Vertrauen in das Fortbestehen der Ehe. Allerdings lässt

---

[296] BGH BeckRS 2011, 16689; FamRZ 2010, 1880 Rn. 21 = R 716; FamRZ 2009, 770 Rn. 23 = R 704; FamRZ 2008, 1739 Rn. 97
[297] Vgl. hierzu BT-Drucks. 16/1830 S. 20 zur Darlegungs- und Beweissituation bei § 1578 b BGB
[298] BGH FamRZ 2008, 1739, 1748
[299] BT-Drucks. 16/6980 S. 9
[300] A. a. O.
[301] OLG Frankfurt FamRZ 2000, 1522 zu § 1615 l II BGB a. F.
[302] OLG Köln FamRZ 2008, 2119
[303] Schwab Familienrecht, Rn. 773 zu § 1615 l II BGB a. F.
[304] BGH FamRZ 2010, 1880 Rn. 28 = R 716

sich aus der Gesetzesbegründung nicht entnehmen, wie dieser Umstand im Rahmen des Betreuungsunterhalts zu werten ist. Da der Anspruch aus § 1570 II BGB ein Annexanspruch zu § 1570 I BGB ist, muss auch im Falle einer längeren Ehedauer zum Zeitpunkt der Scheidung noch die Betreuung eines gemeinschaftlichen Kindes erfolgen. Der Anspruch kann dann für einen längeren Zeitraum zu gewähren sein als bei einer kürzeren Ehedauer, bei der das Vertrauen in den Bestand der Ehe sich noch nicht in gleicher Weise gebildet hat.

Eine **Verlängerung** des Unterhaltsanspruchs lässt sich nicht aus elternbezogenen Gründen rechtfertigen, wenn der betreuende Elternteil nach Ablauf der ersten 3 Lebensjahre des Kindes unabhängig von der Kindesbetreuung trotz der erforderlichen Bemühungen **keinen Arbeitsplatz findet** und der andere Elternteil ohne weiteres leistungsfähig ist, denn ebenso wie nach früherem Recht erfasst der Unterhaltsanspruch nicht das allgemeine Arbeitsplatzrisiko.[305]

190 c) **Elternbezogene Gründe, die das Kindeswohl berühren.** Nach der Rechtsprechung des BGH[306] zu dem seit dem 1. 1. 2008 geltenden Recht ist im Rahmen der elternbezogenen Gründe eine **überobligationsmäßige Doppelbelastung** des betreuenden Elternteils zu berücksichtigen. Eine solche kann sich ergeben, wenn ein betreuender Elternteil neben seiner vollschichtigen Erwerbstätigkeiten nach Beendigung der Fremdbetreuung in den Abendstunden die weitere Erziehung und Betreuung des Kindes übernehmen muss. Nach Ansicht des BGH ist der Umfang dieses weiteren Betreuungsbedarfs im Einzelfall unterschiedlich und hängt von der **Anzahl der Kinder**, deren **Gesundheitszustand, Entwicklungsstand** sowie den Neigungen und Begabungen ab.[307] Der BGH hat sich in seiner Ausgangsentscheidung auf die Ausführungen von Meier[308] berufen, der den Tagesablauf und die Arbeitsbelastung eines allein erziehenden Elternteils anschaulich dargestellt hat. Nach dessen Auffassung ist im Einzelfall zu prüfen, ob es einem Elternteil, der Kinder im Kindergarten- bzw. Grundschulalter betreut, auch bei bestehenden Betreuungsmöglichkeiten zumutbar ist, mehr als eine Teilzeittätigkeit auszuüben, weil Kinder in diesem Alter bis zur Zeit der beiden ersten Grundschuljahre noch so **viel Betreuung und Beaufsichtigung** bedürfen, dass die zusätzliche Belastung mit Vollerwerbstätigkeit wegen Überforderung unzumutbar sein kann.[309] Der BGH geht davon aus, dass der Gesichtspunkt der **überobligationsmäßigen Belastung** des betreuenden Elternteil allein regelmäßig angesichts einer eingeschränkten Erwerbspflicht nicht zu einem vollen Unterhaltsanspruch führen kann, sondern allenfalls zu einem Teilanspruch.

Die in dieser Art vom BGH vorgenommene Differenzierung zwischen den kindbezogenen und den elternbezogenen Gründen ist nicht zweifelsfrei. So hat der BGH in seiner Entscheidung vom 17. 6. 2009 bei einem 7 jährigen Kind, das an Werktagen bis 14.00 Uhr in einer kindgerechten Einrichtung betreut wurde, aus kindbezogenen Gründen grundsätzlich eine weitere Betreuung durch die Mutter in Form einer regelmäßigen Kontrolle in kürzeren Zeitabschnitten für erforderlich gehalten, die einer Erwerbstätigkeit aus kindbezogenen Gründen entgegenstehe. Den Umfang der elterlichen Kontrolle, der auch von der individuellen Entwicklung des Kindes abhänge, hat der BGH aber im Rahmen der elternbezogenen Verlängerungsgründe bei der Bemessung einer überobligationsmäßigen Belastung berücksichtigt.[310]

191 Zweifelhaft ist auch die Zuordnung der Belastung bei der Betreuung mehrerer Kinder. Der Unterhaltsanspruch bei der Betreuung **mehrerer gemeinschaftlicher Kinder**, wenn

---

[305] Wever FamRZ 2008, 555, 557
[306] BGH FamRZ 2011, 791 Rn. 25; BGH FamRZ 2010, 1880 Rn. 25 = R 716; BGH FamRZ 2009, 1391 Rn. 32 = R 706; BGH FamRZ 2009, 1124, 1127 Rn. 37; BGH FamRZ 2009, 770, 773 Rn. 32 = R 704; BGH WuM 2009, 298 Rn. 12 FamFG; BGH FamRZ 2008, 1739, 1748 mit Anm. Viefhues FF 2008, 376
[307] BGH FamRZ 2008, 1739, 1748 (zu § 16151 BGB); BGH FamRZ 2009, 770, 773 = R 704; BGH FamRZ 2009, 1124,1127; BGH FamRZ 2009, 1391, 1395 = R 706; OLG Köln FamRZ 2009, 518 (jew. zu § 1570 BGB)
[308] FamRZ 2008, 101, 103 f.
[309] Vgl. Meier FamRZ 2008, 101, 103 f.
[310] BGH FamRZ 2009, 1391 Rn. 30 = R 706

2. Abschnitt: Anspruchstatbestände des nachehelichen Unterhalts § 4

auch das jüngste Kind das 3. Lebensjahr vollendet hat, ist zwar in § 1570 I BGB nicht ausdrücklich geregelt. Die Bewältigung der Gesamtheit der bei mehreren Kindern bestehenden Betreuungs- und Haushaltsaufgaben außerhalb der Zeit, in der sich die Kinder in Kindergarten/Schule/Hort befinden, durch den betreuenden Elternteil betrifft jedoch die Belange der Kinder. Systematisch liegt daher eine Zuordnung dieses Billigkeitskriteriums zu den kindbezogenen Gründen i. S. d. § 1570 I 2, 3 BGB nahe. Der BGH ordnet die dargestellten betreuungsbedingten Belastungen jedoch den elternbezogenen Gründen nach § 1570 II BGB („Anzahl der Kinder, Umfang der Betreuung") zu.

Entsprechendes gilt, wenn der betreuende Ehegatte mehrere Kinder des anderen Ehegatten betreut und die dadurch bedingte Belastung eine Einschränkung seiner Erwerbsobliegenheit billig erscheinen lässt.[311]

Auch eine **Erkrankung** des betreuenden Ehegatten **wegen chronischer Überlastung** 192
bei kombinierter depressiver Persönlichkeitsstörung im Falle der Fortführung von Betreuung und Vollzeiterwerbstätigkeit ist vom BGH als elternbezogener Grund angesehen worden, auch wenn sich nach seiner Auffassung eine Erkrankung der Mutter mittelbar auf die Belange des Kindes auswirkt.[312]

9. Oberlandesgerichtliche Leitlinien zur Erwerbsobliegenheit

Die oberlandesgerichtlichen Unterhaltsleitlinien (Stand vom 1. 1. 2011) sehen folgende 193
Regelungen vor:

Leitlinien der Oberlandesgerichte (Stand 1. 1. 2011)	
OLG Brandenburg (1. 1. 2011)	**17. Erwerbsobliegenheit** **17.1 Bei Kinderbetreuung** Die Zumutbarkeit von Erwerbstätigkeit neben Kinderbetreuung richtet sich nach den Umständen des Einzelfalles. **17.2 Bei Trennungsunterhalt** Inwieweit in der Trennungszeit eine Erwerbsobliegenheit besteht, richtet sich nach den Umständen des Einzelfalles.
OLG Braunschweig (1. 1. 2011)	**17. Erwerbsobliegenheit** Beim nachehelichen Unterhalt besteht nur dann keine Verpflichtung zu einer eigenen Erwerbstätigkeit, wenn der geschiedene Ehegatte insbesondere durch Kindesbetreuung, Krankheit oder Alter an der Aufnahme einer Erwerbstätigkeit gehindert ist (§§ 1570 bis 1576 BGB). **17.1 Bei Kinderbetreuung** Bei Betreuung eines Kindes kann bis zur Vollendung des 3. Lebensjahres eine Erwerbstätigkeit nicht erwartet werden; in der Zeit danach richtet sich die Erwerbsobliegenheit des Ehegatten, der minderjährige Kinder betreut, nach den Umständen des Einzelfalles (Zahl und Alter der Kinder, Betreuungsbedürftigkeit, zumutbare Betreuungsmöglichkeit, Gestaltung der Ehe). **17.2 Bei Trennungsunterhalt** Im ersten Jahr nach der Trennung besteht für den Berechtigten in der Regel keine Obliegenheit zur Aufnahme oder Ausweitung einer Erwerbstätigkeit.
OLG Bremen (1. 1. 2011)	**17. Erwerbsobliegenheit** Bei nachehelichem Unterhalt besteht dann keine Verpflichtung zu einer Erwerbstätigkeit, wenn und soweit der geschiedene

---

[311] Empfehlungen des 13. Familiengerichtstags FamRZ 2000, 273 zu § 1615l II BGB a. F.
[312] BGH FamRZ 2006, 1367 Rn. 39 zu § 1615l II BGB a. F.; FA-Gerhardt (2008), Kap. 6 Rn. 209 c; a. A. Kemper ZFE 2008, 126, 128

§ 4 Ehegattenunterhalt

Leitlinien der Oberlandesgerichte (Stand 1. 1. 2011)	
	Ehegatte durch Kindesbetreuung, Krankheit oder Alter an der Aufnahme einer Erwerbstätigkeit gehindert ist. **17.1 Bei Kinderbetreuung** Hat das – ggf. jüngste – betreute Kind das 3. Lebensjahr noch nicht vollendet, besteht keine Erwerbsobliegenheit (zeitlich begrenzter Basisunterhalt). Ab Vollendung des 3. Lebensjahres des – ggf. jüngsten – betreuten Kindes besteht grundsätzlich eine Erwerbsobliegenheit. Ob und in welchem Umfang eine Erwerbstätigkeit erwartet werden kann, ist jedoch unter Berücksichtigung aller Umstände des Einzelfalls, insbesondere der bisher ausgeübten Tätigkeit und der Möglichkeiten der Kinderbetreuung, zu beurteilen. **17.2 Bei Trennungsunterhalt** Im ersten Jahr nach der Trennung besteht für den Berechtigten in der Regel keine Obliegenheit zur Aufnahme oder Ausweitung einer Tätigkeit.
OLG Celle (1. 1. 2011)	**17. Erwerbsobliegenheit** **17.1 Bei Kinderbetreuung** Bei Kindesbetreuung besteht bis zur Vollendung des dritten Lebensjahres eines gemeinschaftlichen Kindes keine Erwerbsobliegenheit. Gleichwohl erzieltes Erwerbseinkommen ist überobligatorisch und nach den Umständen des Einzelfalls zu berücksichtigen (BGH FamRZ 2009, 770 = R 704; 2009, 1124; 2009, 1391 = R 706). Nach Vollendung des dritten Lebensjahres des Kindes kommt es bei Beurteilung der Frage, ob und inwieweit der betreuende Ehegatte bei einer bestehenden Betreuungsmöglichkeit auf eine Erwerbstätigkeit verwiesen werden kann, auf die Verhältnisse des Einzelfalls an. Bei besonderer Betreuungsbedürftigkeit des Kindes und bei nicht oder nur unzureichender Fremdbetreuung (kindbezogene Gründe, § 1570 I 2 BGB) kommt ein Unterhaltsanspruch auch nach Vollendung des dritten Lebensjahres des Kindes in Betracht. Eine Erwerbstätigkeit des betreuenden Ehegatten kann auch aus Gründen der nachehelichen Solidarität ganz oder teilweise unbillig erscheinen. Hierbei sind das in der Ehe gewachsene Vertrauen in die vereinbarte und praktizierte Rollenverteilung und die gemeinsame Ausgestaltung der Kinderbetreuung sowie der Dauer der Ehe zu berücksichtigen (elternbezogene Gründe, § 1570 II BGB). Die Erwerbsobliegenheit beurteilt sich auch danach, ob eine Erwerbstätigkeit neben der Betreuung des Kindes zu einer überobligationsmäßigen Belastung führen würde. Die Darlegungs- und Beweislast für die Umstände, die einer vollen oder teilweisen Erwerbsobliegenheit ab Vollendung des dritten Lebensjahres des Kindes entgegenstehen, trifft den betreuenden Ehegatten. Dies gilt auch, wenn ein Titel über den Basisunterhalt nach § 1570 I 1 BGB abgeändert werden soll. **17.2 Bei Trennungsunterhalt** In der Regel besteht für den Berechtigten im ersten Jahr nach der Trennung keine Obliegenheit zur Aufnahme oder Ausweitung einer Erwerbstätigkeit.

2. Abschnitt: Anspruchstatbestände des nachehelichen Unterhalts § 4

Leitlinien der Oberlandesgerichte (Stand 1. 1. 2011)

OLG Dresden (1. 1. 2011)	**17. Erwerbsobliegenheit** **17.1 Bei Kinderbetreuung** Bei Betreuung eines Kindes kann bis zur Vollendung des 3. Lebensjahres eine Erwerbstätigkeit nicht erwartet werden. Danach besteht eine Erwerbsobliegenheit nach Maßgabe der Betreuungsbedürftigkeit und der zumutbaren Betreuungsmöglichkeit. Zu berücksichtigen ist dabei auch die Belastung durch die neben der Erwerbstätigkeit verbleibende Kinderbetreuung, für die das Alter und die Anzahl der Kinder von wesentlicher Bedeutung sind. **17.2 Bei Trennungsunterhalt** In der Regel besteht für den Berechtigten im ersten Jahr nach der Trennung keine Obliegenheit zur Aufnahme oder Ausweitung einer Erwerbstätigkeit.
OLG Düsseldorf (1. 9. 2010)	**17. Erwerbsobliegenheit** **17.1 Bei Kinderbetreuung** Bei Kindesbetreuung besteht bis zur Vollendung des dritten Lebensjahres eines gemeinschaftlichen Kindes keine Erwerbsobliegenheit. Gleichwohl erzieltes Erwerbseinkommen ist überobligatorisch und nach den Umständen des Einzelfalls zu berücksichtigen (BGH FamRZ 2009, 770 = R 704; FamRZ 2009, 1124; FamRZ 2009, 1391 = R 706). Nach Vollendung des dritten Lebensjahres des Kindes kommt es bei Beurteilung der Frage, ob und inwieweit der betreuende Ehegatte bei einer bestehenden Betreuungsmöglichkeit auf eine Erwerbstätigkeit verwiesen werden kann, auf die Verhältnisse des Einzelfalls an. Bei besonderer Betreuungsbedürftigkeit des Kindes und bei nicht oder nur unzureichender Fremdbetreuung (kindbezogene Gründe, § 1570 Abs. 1 S. 2 BGB) kommt ein Unterhaltsanspruch auch nach Vollendung des dritten Lebensjahres des Kindes in Betracht. Eine Erwerbstätigkeit des betreuenden Ehegatten kann auch aus Gründen der nachehelichen Solidarität ganz oder teilweise unbillig erscheinen. Hierbei sind das in der Ehe gewachsene Vertrauen in die vereinbarte und praktizierte Rollenverteilung und die gemeinsame Ausgestaltung der Kinderbetreuung sowie der Dauer der Ehe zu berücksichtigen (elternbezogene Gründe, § 1570 Abs. 2 BGB). Die Erwerbsobliegenheit beurteilt sich auch danach, ob eine Erwerbstätigkeit neben der Betreuung des Kindes zu einer überobligationsmäßigen Belastung führen würde. Die Darlegungs- und Beweislast für die Umstände, die einer vollen oder teilweisen Erwerbsobliegenheit ab Vollendung des dritten Lebensjahres des Kindes entgegenstehen, trifft den betreuenden Ehegatten. Dies gilt auch, wenn ein Titel über den Basisunterhalt nach § 1570 Abs. 1 S. 1 BGB abgeändert werden soll. Der Betreuungsunterhalt nach § 1570 BGB ist nicht nach § 1578 b BGB zu befristen. **17.2 Bei Trennungsunterhalt** In der Regel besteht für den Berechtigten im ersten Jahr nach der Trennung keine Obliegenheit zur Aufnahme oder Ausweitung einer Erwerbstätigkeit.

§ 4 Ehegattenunterhalt

Leitlinien der Oberlandesgerichte (Stand 1. 1. 2011)	
OLG Frankfurt (1. 1. 2011)	**17. Erwerbsobliegenheit** **17.1 Bei Kinderbetreuung** Die nach Vollendung des 3. Lebensjahres des Kindes grundsätzlich einsetzende Erwerbsobliegenheit des betreuenden Elternteils ist hinsichtlich Art und Umfang an den Belangen des Kindes auszurichten. Stehen solche Belange einer Fremdbetreuung generell entgegen oder besteht eine kindgerechte Betreuungsmöglichkeit nicht, hat das Prinzip der Eigenverantwortung des betreuenden Elternteils für seinen Unterhalt zurückzustehen. Dieser Maßstab bestimmt auch die Verpflichtung zur Aufnahme einer Teilzeit- oder Vollzeittätigkeit. Vgl. hierzu die Gesetzesbegründung, FamRZ 2007, 1947, 2. Spalte: „… Die Neuregelung verlangt (also) keineswegs einen abrupten, übergangslosen Wechsel von der elterlichen Betreuung zu Vollzeiterwerbstätigkeit. Im Interesse des Kindeswohls wird vielmehr auch künftig ein gestufter, an den Kriterien von § 1570 Abs. 1 BGB-Entwurf orientierter Übergang möglich sein." Folgende Kriterien sind insbesondere zu prüfen: <u>Kindbezogene Gründe:</u> 1. Generelle Betreuungsbedürftigkeit aufgrund des Alters 2. Fehlende kindgerechte Betreuungsmöglichkeiten, wobei die staatlichen Betreuungsmöglichkeiten nach der Rechtsprechung des BGH als kindgerecht anzusehen sind. 3. Krankheiten, die durch die Betreuung in einer Einrichtung nicht aufgefangen werden können und damit die Betreuung durch einen Elternteil erfordern. <u>Elternbezogene Gründe:</u> 1. Vertrauen in die vereinbarte oder praktizierte Rollenverteilung und Ausgestaltung der Kinderbetreuung. Zu berücksichtigen ist dabei auch die Aufgabe einer Erwerbstätigkeit wegen Kindererziehung und die Dauer der Ehe. 2. Umfang der Betreuungsbedürftigkeit des Kindes im Anschluss an die Betreuung in einer Betreuungseinrichtung, wobei der Betreuungsbedarf in der Regel bei jüngeren Kindern größer ist als bei älteren Kindern. Eine überobligationsmäßige Belastung des betreuenden Elternteils (Berufstätigkeit, Kinderbetreuung, Haushaltsführung) ist zu vermeiden. Private Betreuung, z. B. durch Bekannte und Angehörige muss grundsätzlich nicht in Anspruch genommen werden. Der Betreuungsunterhalt ist nicht zu befristen. Bei Berücksichtigung der vorstehenden Kriterien dürfte eine vollschichtige Erwerbsobliegenheit neben der Betreuung eines Kindes während der Grundschulzeit nur selten in Betracht kommen. **17.2 Bei Trennungsunterhalt** In der Regel besteht für den Berechtigten im ersten Jahr nach der Trennung keine Obliegenheit zur Aufnahme oder Ausweitung einer Erwerbstätigkeit.
OLG Hamburg (1. 1. 2011)	**17. Erwerbsobliegenheit** **17.1 Bei Kinderbetreuung** Bei Kindesbetreuung besteht bis zur Vollendung des dritten Lebensjahres eines gemeinschaftlichen Kindes keine Erwerbsob-

Leitlinien der Oberlandesgerichte (Stand 1. 1. 2011)

	liegenheit. Gleichwohl erzieltes Erwerbseinkommen ist überobligatorisch und nach den Umständen des Einzelfalls zu berücksichtigen. Nach Vollendung des dritten Lebensjahres des Kindes kommt es bei Beurteilung der Frage, ob und inwieweit der betreuende Ehegatte bei einer bestehenden Betreuungsmöglichkeit auf eine Erwerbstätigkeit verwiesen werden kann, auf die Verhältnisse des Einzelfalls an. Bei besonderer Betreuungsbedürftigkeit des Kindes und bei nicht vorhandener oder nur unzureichender Fremdbetreuung (kindbezogene Gründe, § 1570 Abs. 1 Satz 2 BGB) kommt ein Unterhaltsanspruch auch nach Vollendung des dritten Lebensjahres des Kindes in Betracht. Eine Erwerbstätigkeit kann aus Gründen der nachehelichen Solidarität ganz oder teilweise unbillig erscheinen. Hierbei sind das in der Ehe gewachsene Vertrauen in die vereinbarte und praktizierte Rollenverteilung und die gemeinsame Ausgestaltung der Kinderbetreuung sowie die Dauer der Ehe zu berücksichtigen (elternbezogene Gründe, § 1570 Abs. 2 BGB). Die Erwerbsobliegenheit beurteilt sich auch danach, ob eine Erwerbstätigkeit neben der Betreuung des Kindes zu einer unzumutbaren Belastung führen würde. Die Darlegungs- und Beweislast für die Umstände, die einer vollen oder teilweisen Erwerbsobliegenheit ab Vollendung des dritten Lebensjahres des Kindes entgegenstehen, trifft den betreuenden Ehegatten. Dies gilt auch, wenn ein Titel über den Basisunterhalt nach § 1570 Abs. 1 Satz 1 BGB abgeändert werden soll. Der Betreuungsunterhalt nach § 1570 BGB ist nicht nach § 1578 b BGB zu befristen. Der Anspruch auf Betreuungsunterhalt richtet sich beim nichtehelichen Kind nach denselben Grundsätzen wie beim ehelichen Kind. **17.2 Bei Trennungsunterhalt** In der Regel besteht für den Berechtigten im ersten Jahr nach der Trennung keine Obliegenheit zur Aufnahme oder Ausweitung einer Erwerbstätigkeit.
OLG Hamm (1. 1. 2011)	**17. Erwerbsobliegenheit/Betreuungsunterhalt/überobligatorisches Einkommen** **17.1.1 Bei Kinderbetreuung** Die **Erwerbsobliegenheit** des kinderbetreuenden Ehegatten korrespondiert mit dem **Betreuungsunterhalt** nach § 1570 BGB. Betreut ein Ehegatte ein gemeinschaftliches Kind, das noch nicht drei Jahre alt ist, so besteht keine Verpflichtung, einer Erwerbstätigkeit nachzugehen. Der Umfang der danach regelmäßig einsetzenden Erwerbsobliegenheit – eine sogleich vollschichtige Erwerbsobliegenheit wird vielfach nicht in Betracht kommen, da ein abrupter Wechsel vermieden und ein stufenweiser Übergang erfolgen soll – richtet sich nach Billigkeitsgesichtspunkten im Einzelfall, besonders nach den bestehenden Möglichkeiten der Kinderbetreuung, den Belangen des Kindes (etwa Fremdbetreuungsfähigkeit, physischer und psychischer Gesundheitszustand) und der erfolgten bzw. geplanten Rollenverteilung der Eltern in der Ehe sowie der Dauer ihrer Ehe. Zu

Leitlinien der Oberlandesgerichte (Stand 1. 1. 2011)

	berücksichtigen ist auch der Umfang der Belastung durch die neben der Erwerbstätigkeit verbleibende Kindesbetreuung, für die das Alter und die Anzahl der Kinder von wesentlicher Bedeutung sind. Wenn danach eine verlässliche Fremdbetreuung des Kindes (Kindergarten, Kita, Schule) einschließlich der Ferienzeiten und möglicher Krankheitszeiten objektiv möglich ist und soweit Kindesbelange oder Vertrauenstatbestände nicht entgegenstehen, kommt mit einem Alter des betreuten Kindes von mehr als drei Jahren eine teilschichtige Erwerbstätigkeit in Betracht, deren konkreter Umfang davon abhängt, wie sich die möglichen Arbeitszeiten einschließlich Fahrtzeiten mit den Fremdbetreuungszeiten vereinbaren lassen. Die Erwerbstätigkeit ist auszuweiten, soweit sich der neben der Fremdbetreuung verbleibende Betreuungsbedarf mindert bzw. das betreute Kind nicht mehr der lückenlosen Beaufsichtigung bedarf. Die Mehrheit der Senate geht davon aus, dass bei Berücksichtigung der vorstehenden Kriterien eine vollschichtige Erwerbsobliegenheit neben der Betreuung eines Kindes unter 10 Jahren nur selten in Betracht kommt und auch danach die Umstände des Einzelfalles entgegen stehen können. Derjenige Elternteil, der das Bestehen einer Erwerbsobliegenheit in Abrede stellt, hat die hierfür maßgebenden Umstände darzulegen und zu beweisen. Dies gilt auch, wenn ein – grundsätzlich nicht zu befristender – Titel über Betreuungsunterhalt nach § 1570 BGB abgeändert werden soll. **17.1.2** Zur Berücksichtigung von Kinderbetreuungskosten siehe Nr. 10.3. **17.2 Bei Trennungsunterhalt** Im ersten Jahr nach der Trennung besteht für den Berechtigten in der Regel keine Obliegenheit zur Aufnahme oder Ausweitung einer Erwerbstätigkeit. **17.3** Einkünfte des Berechtigten aus einer – auch erst nach Trennung/Scheidung aufgenommenen – **überobligatorischen Erwerbstätigkeit** sind nur mit ihrem unterhaltsrelevanten Anteil in die Differenz- bzw. Additionsberechnung einzustellen. Dieser nach den §§ 1577 Abs. 2, 242 BGB zu bemessende Anteil ergibt sich, indem das Einkommen zunächst um den mit der überobligatorischen Erwerbstätigkeit verbundenen Aufwand (z. B. konkrete Kinderbetreuungskosten, die nicht Mehrbedarf des Kindes sind, vgl. Nr. 10.3) vermindert und sodann ein individuell nach Billigkeitsgesichtspunkten festzusetzender Einkommensteil von den Gesamteinkünften des Berechtigten in Abzug gebracht wird. Der Abzugsbetrag – der nicht unterhaltsrelevante Anteil der Einkünfte des Berechtigten – bleibt bei der Unterhaltsberechnung unberücksichtigt (siehe auch Nr. 7).
Kammergericht Berlin (1. 1. 2011)	**17. Erwerbsobliegenheit** **17.1 Bei Kinderbetreuung** Betreut ein Ehegatte ein minderjähriges Kind, so kann von ihm bis zur Vollendung des dritten Lebensjahres des Kindes eine Erwerbstätigkeit nicht erwartet werden.

2. Abschnitt: Anspruchstatbestände des nachehelichen Unterhalts   § 4

Leitlinien der Oberlandesgerichte (Stand 1. 1. 2011)	
	Inwieweit den betreuenden Elternteil ab der Vollendung des dritten Lebensjahrs des Kindes eine Erwerbsobliegenheit trifft, bestimmt sich nach den Umständen des Einzelfalles. Hierbei können beispielsweise eine Rolle spielen: Kindbezogene Gründe: Anzahl und Alter des bzw. der zu betreuenden Kinder; individuelle Besonderheiten oder Veranlagungen des Kindes; konkrete örtliche Betreuungssituation: Kapazität, Verfügbarkeit, Qualität und Verlässlichkeit der Betreuungseinrichtung, Zumutbarkeit der Betreuungseinrichtung für das Kind; bislang praktiziertes Betreuungsmodell; Gewährung angemessener, mit dem Kindeswohl im Einklang stehender Übergangsfristen bzw. abgestufter Übergänge bei Veränderungen in der Betreuungssituation. Elternbezogene Gründe: bislang praktizierte Rollen- und Aufgabenverteilung in Bezug auf die Kinderbetreuung unter Berücksichtigung auch der Dauer der Ehe bzw. Partnerschaft der Eltern; einvernehmlich getroffene Absprachen und gemeinsame Vorstellungen hinsichtlich der Kinderbetreuung unter Berücksichtigung der infolge der Trennung notwendig gewordenen Veränderungen; Vermeidung überobligatorischer Belastungen durch eine Erwerbstätigkeit neben der Kinderbetreuung; finanzielle Zumutbarkeit der Betreuungseinrichtung; Gewährung angemessener Übergangsphasen bei einem Wechsel des Betreuungsmodells unter Berücksichtigung des Vertrauens in dessen Fortbestand. Die Darlegungs- und Beweislast für die Umstände, die einer vollen oder teilweisen Erwerbsobliegenheit ab Vollendung des dritten Lebensjahres des Kindes entgegenstehen, trifft den betreuenden Ehegatten. Dies gilt auch, wenn ein Titel über den Basisunterhalt nach § 1570 Abs. 1 S. 1 BGB abgeändert werden soll. Der Betreuungsunterhalt nach § 1570 BGB ist nicht nach § 1578 b BGB zu befristen. **17.2 Bei Trennungsunterhalt** Inwieweit in der Trennungszeit eine Erwerbsobliegenheit besteht, richtet sich nach allen Umständen des Einzelfalles.
OLG Koblenz (1. 1. 2011)	**17. Erwerbsobliegenheit** **17.1 Bei Kinderbetreuung** Bei Kindesbetreuung besteht bis zur Vollendung des dritten Lebensjahres eines gemeinschaftlichen Kindes keine Erwerbsobliegenheit. Gleichwohl erzieltes Erwerbseinkommen ist überobligatorisch und nach den Umständen des Einzelfalls zu berücksichtigen (BGH FamRZ 2009, 770 = R 704; FamRZ 2009, 1124; FamRZ 2009, 1391 = R 706). Nach Vollendung des dritten Lebensjahres des Kindes kommt es bei Beurteilung der Frage, ob und inwieweit der betreuende Ehegatte bei einer bestehenden Betreuungsmöglichkeit auf eine Erwerbstätigkeit verwiesen werden kann, auf die Verhältnisse des Einzelfalls an. Bei besonderer Betreuungsbedürftigkeit des Kindes und bei nicht oder nur unzureichender Fremdbetreuung (kindbezogene Gründe, § 1570 Abs. 1 S. 2 BGB) kommt ein

§ 4 Ehegattenunterhalt

Leitlinien der Oberlandesgerichte (Stand 1. 1. 2011)

	Unterhaltsanspruch auch nach Vollendung des dritten Lebensjahres des Kindes in Betracht. Eine Erwerbstätigkeit des betreuenden Ehegatten kann auch aus Gründen der nachehelichen Solidarität ganz oder teilweise unbillig erscheinen. Hierbei sind das in der Ehe gewachsene Vertrauen in die vereinbarte und praktizierte Rollenverteilung und die gemeinsame Ausgestaltung der Kinderbetreuung sowie der Dauer der Ehe zu berücksichtigen (elternbezogene Gründe, § 1570 Abs. 2 BGB). Die Erwerbsobliegenheit beurteilt sich auch danach, ob eine Erwerbstätigkeit neben der Betreuung des Kindes zu einer überobligationsmäßigen Belastung führen würde. Die Darlegungs- und Beweislast für die Umstände, die einer vollen oder teilweisen Erwerbsobliegenheit ab Vollendung des dritten Lebensjahres des Kindes entgegenstehen, trifft den betreuenden Ehegatten. Dies gilt auch, wenn ein Titel über den Basisunterhalt nach § 1570 Abs. 1 S. 1 BGB abgeändert werden soll. Der Betreuungsunterhalt nach § 1570 BGB ist nicht nach § 1578 b BGB zu befristen. **17.2 Bei Trennungsunterhalt** In der Regel besteht spätestens ein Jahr nach der Trennung eine Obliegenheit zur Aufnahme oder Ausweitung einer Erwerbstätigkeit. Dabei sind die unter 17.1 genannten Grundsätze anzuwenden.
OLG Köln (1. 1. 2011)	**17. Erwerbsobliegenheit** **17.1 Bei Kinderbetreuung** Es besteht bei der Betreuung von Kindern nach Vollendung des dritten Lebensjahres die Obliegenheit, für den eigenen Unterhalt zu sorgen, solange keine kind- oder elternbezogenen Gründe im Sinne des § 1570 BGB diese Erwerbsobliegenheit einschränken (BGH, Urt. v. 18. 3. 2009 – XII ZR 74/08 –, FamRZ 2009, 770 = R 704; BGH, Urt. v. 17. 6. 2009 – XII ZR 102/08 – ‚FamRZ 2009, 1391 = R 706 und BGH, Urt. v. 21. 4. 2010 – XII ZR 134/08 –, FamRZ 2010, 1050). Im Rahmen der Billigkeitsentscheidung über eine Verlängerung des Betreuungsunterhalts aus kindbezogenen Gründen(§ 1570 Abs. 1 S. 2 und 3 BGB) ist stets zunächst der individuelle Umstand zu prüfen, ob und in welchem Umfang die Kindesbetreuung auf andere Weise gesichert ist oder in kindgerechten Betreuungseinrichtungen gesichert werden könnte. Mit der Neugestaltung des nachehelichen Betreuungsunterhalts in § 1570 BGB hat der Gesetzgeber für Kinder ab Vollendung des dritten Lebensjahres des Kindes den Vorrang der persönlichen Betreuung aufgegeben (BGH, Urt. v. 18. 3. 2009 – XII ZR 74/08 –, FamRZ 2009, 770 = R 704; BGH, Urt. v. 17. 6. 2009 – XII ZR 102/08 –, FamRZ 2009, 1391 = R 706 und BGH, Urt. v. 21. 4. 2010 – XII ZR 134/08 –, FamRZ 2010, 1050). Eine Erwerbstätigkeit kann auch aus Gründen der nachehelichen Solidarität unbillig erscheinen. Das in der Ehe gewachsene Vertrauen in die vereinbarte und praktizierte Rollenverteilung und die gemeinsame Ausgestaltung der Kinderbetreuung gewinnen bei längerer Ehedauer oder Aufgabe der Erwerbstä-

2. Abschnitt: Anspruchstatbestände des nachehelichen Unterhalts § 4

Leitlinien der Oberlandesgerichte (Stand 1. 1. 2011)	
	tigkeit zur Erziehung gemeinsamer Kinder weiter an Bedeutung (ehebezogene Gründe, § 1570 Abs. 2 BGB, vgl. BGH, Urt. v. 15. 9. 2010 – XII ZR 20/09, FamRZ 2010, 1880 = R 716). Die Darlegungs- und Beweislast für die Umstände, die einer vollen oder teilweisen Erwerbsobliegenheit entgegenstehen, trifft den betreuenden Elternteil. Dies gilt auch, wenn ein Titel über den Basisunterhalt nach § 1570 Abs. 1 S. 1 BGB abgeändert werden soll. Der Titel über den zeitlichen Basisunterhalt nach § 1570 Abs. 1 S. 1 BGB ist grundsätzlich nicht zu befristen. Eine Befristung des Titels über Betreuungsunterhalt im Übrigen kommt nicht in Betracht, eine Begrenzung vom eheangemessenen auf den angemessenen Unterhalt nach der eigenen Lebensstellung kann unter Berücksichtigung des Kindeswohls aus Gründen der Billigkeit erfolgen (BGH, Urt. v. 6. 5. 2009 – XII ZR 114/08 –, FamRZ 2009, 1124). **17.2 Bei Trennungsunterhalt** In der Regel besteht für den Berechtigten im ersten Jahr nach der Trennung keine Obliegenheit zur Aufnahme oder Ausweitung einer Erwerbstätigkeit.
OLG Naumburg (1. 1. 2011)	**17. Erwerbsobliegenheit** **17.1 Bei Kinderbetreuung** Die Erwerbsobliegenheit des Ehegatten, der minderjährige Kinder betreut, richtet sich nach den Umständen des Einzelfalles. Dabei ist insbesondere auf die Zahl der Kinder und deren Alter, auf etwaige Schulprobleme und andere Betreuungsmöglichkeiten abzustellen (vgl. § 1570 BGB). Geht der unterhaltsberechtigte Ehegatte über das an sich zumutbare Maß hinaus einer Erwerbstätigkeit nach, so richtet sich die Anrechenbarkeit seines dadurch erzielten Einkommens auf den Unterhaltsanspruch nach § 1577 Abs. 2 BGB. **17.2 Bei Trennungsunterhalt** In der Regel besteht für den Berechtigten im ersten Jahr nach der Trennung keine Obliegenheit zur Aufnahme oder Ausweitung einer Erwerbstätigkeit.
OLG Oldenburg (1. 1. 2011)	**17. Erwerbsobliegenheit** Bei nachehelichem Unterhalt besteht nur dann keine Verpflichtung zu einer eigenen Erwerbstätigkeit, wenn der geschiedene Ehegatte wegen Kindesbetreuung, Krankheit oder Alter an der Aufnahme einer Erwerbstätigkeit gehindert ist. **17.1 Bei Kinderbetreuung** Vor Vollendung des 3. Lebensjahres eines Kindes besteht keine Obliegenheit, eine Erwerbstätigkeit aufzunehmen oder auszuweiten. Ob und in welchem Umfang anschließend die Aufnahme oder Ausweitung einer Erwerbstätigkeit neben der Betreuung minderjähriger Kinder zumutbar ist, ist unter Berücksichtigung aller Umstände des Einzelfalles, insbesondere der bisher ausgeübten Tätigkeit und den Möglichkeiten der Kinderbetreuung, zu beurteilen. **17.2 Bei Trennungsunterhalt** Bei Getrenntlebensunterhalt besteht in der Regel nach Ablauf des ersten Trennungsjahres die Obliegenheit, den eigenen Un-

§ 4 Ehegattenunterhalt

Leitlinien der Oberlandesgerichte (Stand 1. 1. 2011)

	terhalt durch Aufnahme oder Ausweitung einer Erwerbstätigkeit zu sichern. Ziff. 17.1 ist zu beachten.
OLG Rostock (1. 1. 2011)	**17. Erwerbsobliegenheit** **17.1 Bei Kinderbetreuung** Bei Betreuung eines gemeinschaftlichen Kindes kann bis zur Vollendung des 3. Lebensjahres eine Erwerbstätigkeit nicht erwartet werden. Danach besteht eine Erwerbsobliegenheit nach Maßgabe der Betreuungsbedürftigkeit und der zumutbaren Betreuungsmöglichkeit. Soweit mehrere Kinder zu betreuen sind, ist auf die Umstände des Einzelfalls abzustellen. Geht der unterhaltsberechtigte Ehegatte über das an sich zumutbare Maß hinaus einer Erwerbstätigkeit nach, so richtet sich die Anrechenbarkeit seines dadurch erzielten Einkommens auf den Unterhaltsanspruch nach § 1577 Abs. 2 BGB. **17.2 Bei Trennungsunterhalt** In der Regel besteht für den Berechtigten im ersten Jahr nach der Trennung keine Obliegenheit zur Aufnahme oder Ausweitung einer Erwerbstätigkeit.
OLG Schleswig-Holstein (1. 1. 2011)	**17. Erwerbsobliegenheit** **17.1 Bei Kinderbetreuung** Die nach Vollendung des dritten Lebensjahres des Kindes grundsätzlich einsetzende Erwerbsobliegenheit des betreuenden Elternteils ist hinsichtlich Art und Umfang an den Belangen des Kindes auszurichten. Die Billigkeitsprüfung nach § 1570 Abs. 1 Satz 2, Abs. 2 BGB ist zumindest anhand folgender Kriterien vorzunehmen: Kindbezogene Gründe: 1. Betreuungsbedürftigkeit aufgrund der individuellen Entwicklung des Kindes 2. Fehlende kindgerechte Betreuungsmöglichkeiten 3. Krankheiten, die durch die Betreuung in einer Einrichtung nicht aufgefangen werden können und damit die Betreuung durch einen Elternteil erfordern. Elternbezogene Gründe: 1. Vertrauen in die vereinbarte oder praktizierte Rollenverteilung und Ausgestaltung der Kinderbetreuung. Zu berücksichtigen ist dabei auch die Aufgabe einer Erwerbstätigkeit wegen Kindererziehung und die Dauer der Ehe. 2. Umfang der Betreuungsbedürftigkeit des Kindes im Anschluss an die Betreuung in einer Betreuungseinrichtung. Eine überobligationsmäßige Belastung des betreuenden Elternteils durch Berufstätigkeit, Kinderbetreuung und Haushaltsführung ist zu vermeiden. **17.2 Bei Trennungsunterhalt** In der Regel besteht für den Berechtigten im ersten Jahr nach der Trennung keine Obliegenheit zur Aufnahme oder Ausweitung einer Erwerbstätigkeit.
OLG Süddeutsche Leitlinien (1. 1. 2011)	**17. Erwerbsobliegenheit** **17.1 Bei Kinderbetreuung** Bei der Betreuung eines Kindes besteht keine Erwerbsobliegenheit vor Vollendung des 3. Lebensjahrs, danach nach den Umständen des Einzelfalls insbesondere unter Berücksichtigung zu-

Leitlinien der Oberlandesgerichte (Stand 1. 1. 2011)	
	mutbarer Betreuungsmöglichkeiten für das Kind und der Vereinbarkeit mit der Berufstätigkeit des betreuenden Elternteils, auch unter dem Aspekt des neben der Erwerbstätigkeit anfallenden Betreuungsaufwands. **17.2 Bei Trennungsunterhalt** In der Regel besteht für den Berechtigten im ersten Jahr nach der Trennung keine Obliegenheit zur Aufnahme oder Ausweitung einer Erwerbstätigkeit.
OLG Jena/Thüringen (1. 1. 2011)	**17. Erwerbsobliegenheit** (Keine Regelungen in den Leitlinien.)

10. Rechtsprechung zum Umfang der Erwerbsobliegenheit

Die Dauer der Verlängerung des Betreuungsunterhaltsanspruchs über die Zeit von 3 Jahren hinaus hängt – wie dargelegt – von den Umständen des Einzelfalles ab. Die nachfolgend aufgeführten Fallgruppen aus der Rechtsprechung können daher nur Anhaltspunkte für eine Einordnung eines konkreten Falles bieten: 194

Keine Obliegenheit zu einer Erwerbstätigkeit 195
- Keine Obliegenheit zu einer Erwerbstätigkeit bei einem volljährigen Kind, das schwer behindert ist und ständiger Pflege bedarf, wenn die Eltern übereinstimmend der Auffassung sind, dass eine persönliche Betreuung des gemeinsamen Kindes erforderlich ist.[313]
- Bei Zwillingen im Alter von $4^1/_2$ Jahren, die in der Zeit von 8:00 Uhr bis 14:30 Uhr den Kindergarten besuchen, besteht noch keine Erwerbsobliegenheit der betreuenden Mutter, wenn die Kinder regelmäßig morgen mehrfach wöchentlich Termine für eine Psychotherapie, Logopädie und Krankengymnastik absolvieren müssen, um ihre Entwicklungsdefizite in Sprache und Motorik und in ihrer sozial-emotionalen Entwicklung aufzuholen und die nach der Trennung der Eltern aufgetretenen extremen Verhaltensauffälligkeiten (Einkoten und Einnässen) zu beheben.[314]

Erwerbstätigkeit in geringem Umfang: 196
- Die Betreuung von Zwillingen muss nicht stets zu einer unbeschränkten Verlängerung des Anspruchs führen, wenn während einer Teilzeitbeschäftigung die Hortbetreuung der Kinder sichergestellt ist und die Mutter durch den Mehraufwand für Betreuung und Versorgung in der übrigen Zeit nicht so beansprucht ist, dass ihr eine Erwerbstätigkeit nicht zugemutet werden kann.[315]
- Eine Studentin, die ein 4 Jahre und 8 Monate altes Kind betreut, das wochentags von 8.30 bis 16:00 Uhr eine Kindertagesstätte besucht, muss neben dem Studium und der Kinderbetreuung nur einen Mini-Job (Geringverdienertätigkeit) ausüben.[316]
- Einer gelernten Bäckereiverkäuferin und Mutter eines 5-jährigen Kindes, das an einer Entwicklungsstörung verbunden mit Intelligenzminderung, Sprachentwicklungsverzögerung und leicht autistischen Zügen leidet und deswegen an mindestens 4 Tagen in der Woche regelmäßig von 8:15 bis 12:00 Uhr bzw. 14:45 Uhr einen heilpädagogischen Kindergarten besucht, ist eine Aushilfstätigkeit mit einer Vergütung von 300 EUR monatlich netto zuzumuten.[317]

Erwerbstätigkeit im Umfang einer $^1/_2$ (50%)-Stelle 197
- Eine halbschichtige Erwerbstätigkeit ist bei einem 6-jährigen Schulkind, das bis 13:00 Uhr in der Schule betreut werden kann, zumutbar.[318]

---

[313] BGH FamRZ 2010, 802
[314] OLG Köln v. 24. 9. 2009 – 21 UF 65/09 = BeckRS 2011, 18178
[315] OLG Düsseldorf FamRZ 2005, 234, 236 zum früheren Recht
[316] OLG Nürnberg FamRZ 2010, 577 (zu § 1615l BGB) mit krit. Anm. Wever FF 2010, 214
[317] OLG Hamm FPR 2008, 311
[318] OLG Düsseldorf ZFE 2008, 273

- Vor dem Hintergrund von beruflich bedingten Fahrzeiten einer Krankenschwester von 1 1/2 Stunden, von Schichtdienst und zumindest eingeschränkter Stabilität (Immunschwäche, die immer wieder zu Atemweginfekten führte und einen erhöhten Betreuungsbedarf bedingte) des 6-jährigen Kindes hat das OLG Düsseldorf eine mehr als halbschichtige Erwerbstätigkeit nicht erwartet.[319]
- Das OLG Düsseldorf[320] hat die Ausübung einer Teilzeitbeschäftigung mit 20 Wochenstunden für eine Fremdsprachenkorrespondentin, die ihren 10-jährigen Sohn betreut und die während der intakten Ehe nicht erwerbstätig gewesen war, für ausreichend erachtet.
- Bei Kindern im Alter von 3 bis 6 Jahren, die morgen bis mittags einen Kindergarten besuchen, wird in der Regel zumindest eine Halbtagstätigkeit erwartet.[321]
- Eine Halbtagsbeschäftigung ist von dem betreuenden Elternteil zu erwarten, wenn die Kinder 7 und 11 Jahre alt sind und noch die Grundschule besuchen.[322]
- Bei der Betreuung eines 11-jährigen Kindes nach einer Ehe, die über 16 Jahre gedauert hatte und einer krebsbedingten Erwerbsminderung von 60% des betreuenden Elternteils ist 1/2-schichtige Erwerbstätigkeit ausreichend.[323]
- Eine Mutter, die ihre 7 und 9 Jahre alten, schulpflichtigen Kinder betreut, genügt nach OLG Düsseldorf[324] ihrer Erwerbsobliegenheit mit einer Erwerbstätigkeit im Umfang von 25 Stunden pro Woche.
- Gleiches gilt bei Geschwistern im Alter von 11 und 13 Jahren.[325]
- Das OLG Hamm[326] hat eine Flugbegleiterin, die in Monatsteilzeit arbeitete (einen Monat vollschichtig, einem Monat überhaupt nicht) und die 11 und 14 Jahre alten Kinder betreute, für verpflichtet gehalten, nur eine halbschichtige Berufstätigkeit auszuüben.

198 Erwerbstätigkeit im Umfang einer 60%-Stelle
- Eine im Schichtdienst arbeitende Krankenschwester, die ein 3-jähriges Kind betreut, genügt ihrer Erwerbsobliegenheit mit einer 60%-Stelle.[327]
- Bei einem 10-jährigen Kind, das die 5. Klasse des Gymnasiums besucht und 10 Jahre alt ist, reicht nach Auffassung des OLG Düsseldorf[328] eine Erwerbstätigkeit mit 25 Wochenstunden (62,5%-Stelle).
- Eine weitergehende Erwerbstätigkeit als 5 Stunden täglich (d. h. 25 Stunden wöchentlich = 62,5%-Stelle) neben der Betreuung von zwei 7 und 9 Jahre alten Grundschulkindern verlangt das OLG Düsseldorf[329] nicht.
- Die Ausübung einer Erwerbstätigkeit im Umfang von 25 Stunden ist ausreichend, wenn der unterhaltsberechtigte Ehegatte 2 gemeinsame Kinder im Alter von 13 und 14 Jahren betreut und erzieht und ein Kind unter gesundheitlichen Beschwerden leidet und in der vorhandenen und in Anspruch genommenen Betreuungseinrichtung keine qualifizierte Schulaufgabenbetreuung erfolgt.[330]

199 Erwerbstätigkeit im Umfang einer 2/3 (66,6%)-Stelle
- Die Ausübung einer 2/3 Stelle als Schwimmmeisterhelferin im Schichtdienst reicht bei der Betreuung von 9 und 11 Jahre alten Kindern aus.[331]
- Bei der Betreuung eines 7-jährigen Kindes, das an Glutenunverträglichkeit leidet, reicht die Ausübung einer 2/3 Stelle aus.[332]

---

[319] OLG Düsseldorf FamRZ 2010, 301
[320] OLG Düsseldorf FamRZ 2010, 646
[321] OLG München FamRZ 2008, 1945; OLG Jena FamRZ 2008, 2203; OLG Düsseldorf FPR 2008, 525
[322] KG FamRZ 2009, 336
[323] OLG Celle FF 2009, 81
[324] FamRZ 2008, 1861
[325] OLG Bremen v. 3. 9. 2008 – 4 WF 98/08 = BeckRS 2011, 18176
[326] FamRZ 2009, 2093
[327] OLG Koblenz NJW 2009, 1974 (zu § 1615l BGB)
[328] FPR 2009, 58
[329] OLG Düsseldorf FamRZ 2008, 1861
[330] OLG Hamm FamRZ 2009, 2092
[331] OLG Köln (4. ZS – FamS) FamRZ 2009, 518
[332] BGH FamRZ 2009, 1391 = R 706

- Neben der Betreuung von zwei 11 Jahre und 14 Jahre alten Schulkindern ist der betreuende Elternteil aus elternbezogenen Gründen nach Auffassung des OLG Celle[333] auch dann noch nicht zur Ausübung einer vollschichtigen Erwerbstätigkeit, sondern nur zu einer Tätigkeit im Umfang von 2/3 verpflichtet, wenn die Kinder nach der Schule ganztägig in einer geeigneten Tagespflegestelle betreut werden könnten.

Erwerbstätigkeit im Umfang einer 70%-Stelle 200

- Die Ausübung einer 70%-Stelle durch eine Studienrätin, die ein 7-jähriges, an Asthma leidendes schulpflichtiges Kind betreut, das sich bis 16:00 Uhr in einem Hort befindet, ist nur dann ausreichend, wenn nachgewiesen wird, dass die Mutter bei vollschichtiger Erwerbstätigkeit über 16:00 Uhr hinaus berufstätig sein muss.[334]

Erwerbstätigkeit im Umfang einer 3/4 (75%) -Stelle 201

- Bei Betreuung eines 5-jährigen Kindes, das in einem Ganztagskindergarten im Nachbarort untergebracht werden kann und für das kein über die altersgemäß erforderliche Zuwendung und Fürsorge hinausgehender besonderer Betreuungsbedarf besteht, genügt der betreuende Elternteil seiner Erwerbspflicht mit der Ausübung einer Tätigkeit im Umfang von 30 Wochenstunden.[335]
- Ein Betreuungsunterhaltsanspruch kann neben der Ausübung einer 30-Wochenstundenstelle dann bestehen, wenn 2 Kinder im Alter von 11 und 15 Jahren zu betreuen sind und das 11-jährige Kind aufgrund einer Lese- und Rechtschreibschwäche sowie einer ausgeprägten Spielneigung einer zusätzlichen Unterstützung durch den betreuenden Elternteil bedarf.[336]
- Eine Erwerbstätigkeit einer Kindesmutter mit ausländischer Staatsangehörigkeit, unzureichenden Deutschkenntnissen und ohne Berufsausbildung im Umfang von 30 Wochenstunden neben der Betreuung eines Kindes, das die 5. Klasse der Hauptschule besucht, ist nach einer Entscheidung des OLG Karlsruhe ausreichend.[337]
- Das OLG Koblenz[338] hält bei der Betreuung einer Fünfjährigen die Ausübung einer 3/4-Stelle für zumutbar. Die Tatsache, dass die Mutter noch ein weiteres Kind aus einer nichtehelichen Beziehung betreut, kann sie dem geschiedenen Ehemann bei der Beurteilung ihrer Erwerbsobliegenheit nicht entgegenhalten. Insoweit ist sie auf einen Unterhaltsanspruch gegen den Vater des nichtehelichen Kindes nach § 1615 l BGB zu verweisen.

Vollzeitstelle (100%) 202

- Z. T. wird die Obliegenheit zur Aufnahme einer Vollzeitstelle angenommen bei der Betreuung von 2 Kindern im schulpflichtigen Alter von 8 und 11 Jahren.[339]
- Bei vorhandenen Betreuungsmöglichkeiten und dem Fehlen von elternbezogenen Gründen ist dem betreuenden Elternteil von 9 und 13 Jahre alten Kindern eine Vollzeittätigkeit zuzumuten. Die Tatsache, dass er neben der Betreuung der Kinder Pflegeleistungen für die eigene Mutter erbringt, spielt bei der Beurteilung der Unterhaltspflicht des anderen keine Rolle.[340]
- Die Ausübung einer Erwerbstätigkeit von 30 Wochenstunden bei der Betreuung eines 15-jährigen Kindes, das an ADS leidet, und eines 13-jährigen Kindes ist nicht ausreichend, wenn nicht feststeht, dass es im näheren Einzugsbereich keine kindgerechte Einrichtung gibt, die die Betreuung der beiden Söhne nach ihren Schulbesuch einschließlich der Hausaufgabenhilfe ganztags sicherstellen kann.[341]
- Nach Auffassung des OLG Bremen[342] muss die betreuende Mutter grundsätzlich vollschichtig erwerbstätig sein, wenn das Kind 12 1/2 Jahre alt ist.

---

[333] FamRZ 2010, 301
[334] BGH FamRZ 2009, 770 = R 704 mit Anm. Borth
[335] OLG Zweibrücken FamFR 2011, 81
[336] OLG Celle FamRZ 2010, 300
[337] OLG Karlsruhe BeckRS 2009, 12090
[338] MDR 2010, 698
[339] OLG Köln (4. ZS – FamS) FamRZ 2008, 2119
[340] OLG Oldenburg FuR 2009, 594
[341] BGH FamRZ 2009, 1391 = R 706
[342] FamRZ 2009, 1496

- Eine Obliegenheit zur vollschichtigen Erwerbstätigkeit besteht für eine geschiedene Mutter eines 14-jährigen Kindes.[343]
- Gleiches gilt für die Mutter eines 9-jährigen Kindes, wenn dieses in einem Schulhort bis 17.00 Uhr betreut werden kann und der Betreuung im Hort keine individuellen Umstände entgegenstehen.[344]

11. Einsatzzeitpunkt

203   Für den Unterhaltsanspruch aus § 1570 BGB wegen Kindesbetreuung gibt es grundsätzlich **keinen Einsatzzeitpunkt.** Der Anspruch entsteht originär, wenn wegen einer notwendigen Kindesbetreuung eine Erwerbstätigkeit nicht oder nur teilweise ausgeübt werden kann. Dabei muss die Notwendigkeit der Kindesbetreuung nicht im Zeitpunkt der Scheidung oder zu einem sonstigen Einsatzzeitpunkt bestehen. Sie kann später eintreten, wieder wegfallen und neu entstehen.

Der Wortlaut des § 1570 I 2 und 3 BGB, der eine **Verlängerung** der Dauer des Unterhaltsanspruchs wegen kindbezogener Gründe regelt, ist insoweit nicht maßgeblich, denn eine Verlängerung liegt tatbestandlich nicht vor, wenn sich erstmals nach Ablauf der Dreijahresfrist die Notwendigkeit des betreuenden geschiedenen Ehegatten ergibt, eine bis dahin ausgeübte Erwerbstätigkeit wegen eines Wegfalls einer Betreuungsmöglichkeit oder anderer kindbezogener Umstände einzuschränken oder einzustellen.

204   Hinsichtlich der bis zum 31. 12. 2007 geltenden Rechtslage war anerkannt, dass ein Unterhaltsanspruch nach § 1570 BGB erstmals entstehen und auch wieder aufleben kann, wenn nachträglich eine Betreuung des Kindes erforderlich wird.[345] Es gibt keinen Anhaltspunkt dafür, dass der Gesetzgeber über die Neustrukturierung des Tatbestands einen Einsatzpunkt im Sinne des verlängerten Betreuungsunterhalts als Anschlussunterhalt schaffen wollte. Der Anspruch auf Betreuungsunterhalt kann daher aus **kindbezogenen Gründen erstmals nach Vollendung des 3. Lebensjahres des Kindes entstehen**, z. B. wenn ein Kind infolge Unfalls oder Krankheit pflege- und betreuungsbedürftig wird und eine adäquate Pflege in einer Einrichtung nicht möglich ist. Gleiches gilt, wenn die Eltern übereinstimmend davon ausgehen, dass eine persönliche Betreuung des Kindes erforderlich ist.[346] Es liegt dann ein Fall des § 1570 I BGB vor.[347]

205   Hinsichtlich eines Anspruchs auf Betreuungsunterhalt wegen **nachwirkender ehelicher Solidarität** aus § 1570 II BGB ist zu differenzieren. Da es sich nicht um einen selbstständigen Unterhaltstatbestand, sondern eine ehespezifische Ausprägung des Betreuungsunterhaltsanspruchs als eine Art Annexanspruch zum Unterhaltsanspruch aus § 1570 I BGB handelt,[348] ist davon auszugehen, dass die aus dem Bereich der nachehelichen Solidarität stammenden **Billigkeitsvoraussetzungen** für eine Verlängerung nach § 1570 II BGB bereits **zum Zeitpunkt der Scheidung objektiv vorgelegen haben müssen.** Sie können dann gegebenenfalls noch später nach Wegfall der kindbezogenen Gründe geltend gemacht werden.

Ob sich in den Fällen, in denen ein unterhaltsberechtigter Ehegatte eine zumutbare und angemessene Erwerbstätigkeit aufnimmt, und diese Einkünfte jedoch trotz ausreichender Bemühungen wegfallen, weil es ihm nicht gelungen war, den Unterhalt nach der Scheidung nachhaltig zu sichern, ein Unterhaltsanspruch nur aus § 1573 IV BGB und nicht erstmals aus § 1570 II BGB ergeben kann,[349] ist höchstrichterlich noch nicht entschieden. Da es sich bei dem Anspruch aus § 1570 II BGB nach dem Willen des Gesetzgebers auch um einen Anspruch wegen Kindesbetreuung handelt, ist dieser grundsätzlich vorrangig. Versteht man den Anspruch aus § 1570 II BGB im Sinne eines Unterhaltsanspruchs für die

---

[343] OLG Karlsruhe FuR 2009, 49
[344] BGH FamRZ 2011, 791 Rn. 27
[345] BT-Drucks. 7/650 S. 122
[346] BGH FamRZ 2010, 802 Rn. 12
[347] Vgl. Schilling FF 2008, 279, 280
[348] BT-Drucks. 16/6980 S. 8
[349] Eschenbruch, Kap. 1 Rn. 249

Dauer der Wiederaufnahme einer früheren beruflichen Tätigkeit, mithin für die Zeit der Wiedereingliederung in den Erwerbsprozess,[350] ergibt sich eine Begrenzung der Billigkeit, sobald erstmals eine angemessene Erwerbstätigkeit ausgeübt wird.

12. Begrenzung des Anspruchs aus § 1570 BGB

Wenn über einen Anspruch auf Betreuungsunterhalt **vor** der **Vollendung des 3. Lebensjahres** zu befinden ist, scheidet eine **zeitliche Begrenzung** dieses Anspruchs bis zum Erreichen des 3. Lebensjahres regelmäßig aus, weil nicht sicher beurteilt werden kann, ob es dem betreuenden Elternteil gelingen wird, für die Zeit nach der Vollendung des 3. Lebensjahres des Kindes unmittelbar eine Betreuungseinrichtung sowie eine angemessene Erwerbstätigkeit zu finden. 206

Soweit ein Unterhaltsanspruch für die Zeit **nach** der **Vollendung des 3. Lebensjahres** des Kindes in Rede steht, scheidet eine zeitliche Befristung gemäß § 1578 b BGB nach der Rechtsprechung des BGH[351] schon deswegen aus, weil § 1570 BGB insoweit eine Sonderregelung für die Billigkeitsabwägung enthält. Nach der Vollendung des 3. Lebensjahres des Kindes steht dem betreuenden Elternteil gemäß § 1570 I 2 BGB nur noch Betreuungsunterhalt nach Billigkeit zu. Im Rahmen dieser Billigkeitsabwägung sind bereits alle kind- und elternbezogenen Umstände des Einzelfalles zu berücksichtigen. Wenn sie zu dem Ergebnis führt, dass der Betreuungsunterhalt über die Vollendung des dritten Lebensjahres hinaus wenigstens teilweise fortdauert, können dieselben Gründe nicht zu einer Befristung im Rahmen der Billigkeit nach § 1578 b BGB führen. 207

Eine **Begrenzung** eines Betreuungsunterhalts **der Höhe nach** vom eheangemessenen Unterhalt nach § 1578 I BGB auf einen angemessenen Unterhalt des Berechtigten nach seiner eigenen Lebensstellung ist grundsätzlich auch dann möglich, wenn wegen der noch fortdauernden Kindesbetreuung eine Befristung des Betreuungsunterhalts nicht in Frage kommt. Insbesondere in Fällen, in denen der **Unterhaltsbedarf** nach den ehelichen Lebensverhältnissen gemäß § 1578 Abs. 1 BGB erheblich über den angemessenen Unterhalt nach der eigenen Lebensstellung des Unterhaltsberechtigten hinausgeht, kommt eine Kürzung auf den eigenen angemessenen Unterhalt in Betracht.[352] Das setzt jedoch voraus, dass die notwendige Erziehung und Betreuung gemeinsamer Kinder trotz des abgesenkten Unterhaltsbedarfs sichergestellt und das **Kindeswohl** auch sonst **nicht beeinträchtigt** ist. Ferner muss eine fortdauernde Teilhabe des betreuenden Elternteils an den abgeleiteten Lebensverhältnissen während der Ehe als unbillig erscheinen.[353] Wenn der rechnerische Unterhaltsanspruch nach den ehelichen Lebensverhältnissen über 770 EUR (Düsseldorfer Tabelle, Stand 1. 1. 2011), der eigene angemessene Unterhalt des Berechtigten jedoch darunter liegt, kann eine Reduzierung nur bis zu einem Mindestbedarf von (derzeit) 770 EUR monatlich erfolgen.[354] 208

13. Privilegierung des Anspruch aus § 1570 BGB

Der Anspruch nach § 1570 BGB ist in mehrfacher Hinsicht gegenüber anderen Unterhaltsansprüchen privilegiert: 209
- Ehegatten, die einen Anspruch nach § 1570 BGB haben, stehen nach § 1609 Nr. 2 BGB in der **Rangfolge** der Unterhaltsberechtigten in der 2. Ranggruppe hinter minderjährigen unverheirateten Kindern und Kindern im Sinne des § 1603 II 2 BGB.[355]

---

[350] Vgl. BVerfG FamRZ 2007, 965 Rn. 58
[351] BGH FamRZ 2011, 791 Rn. 35; BGH FamRZ 2010, 1880 Rn. 33 = R 716; BGH FamRZ 2009, 1124 Rn. 55; BGH FamRZ 2009, 770 Rn. 42 = R 704
[352] BGH FamRZ 2011, 791 Rn. 36; BGH FamRZ 2010, 1880
[353] BGH FamRZ 2009, 1124 Rn. 57; BGH FamRZ 2009, 770 Rn. 44 m. w. N. = R 704
[354] BGH FamRZ 2010, 1880 Rn. 34; BGH FamRZ 2010, 1057 Rn. 10; BGH FamRZ 2010, 869, 874 = R 712; BGH FamRZ 2010, 629, 633 = R 710
[355] BGH FamRZ 2010, 111 Rn. 32 = R 707

- Bei späterem **Vermögensverfall des Berechtigten** entsteht über § 1577 IV 2 BGB ggf. ein Anspruch auf Betreuungsunterhalt.
- Ein **Verzicht** auf den Betreuungsunterhalt, der im Interesse des Kindes gewährt wird und zu dem Kernbereich des Scheidungsfolgenrechts zählt, unterliegt einer besonderen richterlichen Wirksamkeitskontrolle nach § 138 BGB. Eine richterliche Ausübungskontrolle kann zu einer Anpassung der Vereinbarung gemäß § 242 BGB führen (Näheres in § 6 Rn. 617).
- Die **Verwirkungstatbestände** des § 1579 Nr. 1 bis 8 BGB greifen beim Betreuungsunterhalt nur eingeschränkt. Denn der Unterhaltsanspruch des kinderbetreuenden Ehegatten ist nur zu versagen, herabzusetzen oder zeitlich zu begrenzen, soweit die Inanspruchnahme des Verpflichteten auch unter Wahrung der Belange der dem Berechtigten zur Pflege und Erziehung anvertrauten gemeinschaftlichen Kinder grob unbillig wäre. Der Betreuungsunterhalt nach § 1570 BGB ist danach selbst bei Vorliegen der Härtegründe des § 1579 BGB in dem Sinn privilegiert, dass er im Interesse des Wohles der betreuten Kinder trotz Fehlverhaltens des sorgeberechtigten Ehegatten diesem gleichwohl die Wahrnehmung seiner Elternverantwortung sichern und gewährleisten soll. Dem wird in der Regel dadurch Genüge getan, dass der Unterhaltsanspruch auf das zur Kindesbetreuung notwendige Mindestmaß herabgesetzt wird.[356]
- Ein Anspruch nach § 1570 BGB lebt gemäß § 1586a BGB nach **Auflösung einer neuen Ehe** oder Lebenspartnerschaft des betreuenden Elternteils wieder auf, vgl. oben Rn. 118.
- Im Fall des Todes des Unterhaltspflichtigen kann nur bei einem Anspruch nach § 1570 BGB die sog. **Erziehungsrente** an dessen Stelle treten (§ 47 SGB VI).

14. Konkurrenzen

210 a) **Verhältnis des Betreuungsunterhalts zum Aufstockungsunterhalt.** Wenn der Berechtigte durch eine Kindesbetreuung **vollständig** an einer Erwerbstätigkeit gehindert ist, besteht nur ein Anspruch nach § 1570 BGB, und zwar auch für den Teil des Unterhaltsbedarfs, der nicht auf dem Erwerbshindernis, sondern auf dem den angemessenen Lebensbedarf übersteigenden Bedarf nach den ehelichen Lebensverhältnissen gemäß § 1578 I 1 BGB beruht. Daneben besteht kein Anspruch auf Aufstockungsunterhalt nach § 1573 II BGB.[357]

Im Anschluss an den Betreuungsunterhalt kann gemäß § 1571 Nr. 2, § 1572 Nr. 2 oder § 1573 III BGB ein Anschlussunterhalt gegeben sein, wenn der Unterhalt aus § 1570 BGB bis zu den genannten Einsatzpunkten gewährt wurde. Auch der Anschlussunterhalt umfasst den vollen Unterhalt[358]

Ist der Unterhaltsberechtigte hingegen nur teilweise an einer Erwerbstätigkeit gehindert, ergibt sich der Unterhaltsanspruch wegen des allein durch die Erwerbshinderung verursachten Einkommensausfalls aus § 1570 BGB und im Übrigen als Aufstockungsunterhalt aus § 1573 II BGB.[359]

211 Fällt der Anspruch aus § 1570 BGB wegen gestiegenen Alters des betreuten Kindes weg, entsteht – falls eine Ausweitung der bisherigen teilweisen Erwerbstätigkeit ohne Obliegenheitsverstoß scheitert – ein Anspruch auf **Anschlussunterhalt** nach § 1573 I, II u. III BGB, in der Höhe, in der der Anspruch nach § 1570 BGB zuletzt bestanden hatte.

Fallen zu diesem Zeitpunkt auch die Einnahmen aus der Teilerwerbstätigkeit weg, z. B. weil aus gesundheitlichen Gründen die Arbeitsfähigkeit entfallen ist, bleibt es für die Berechnung des Teil-Anschlussunterhalts nach § 1572 BGB bei der bisherigen Differenzrechnung unter Ansatz des bisherigen Einkommens der Berechtigten, wenn die Erwerbsein-

---

[356] BGH FamRZ 1997, 873, 875 = R 513 c; FamRZ 1997, 671, 672 = R 511A b
[357] BGH FamRZ 2010, 869 Rn. 14 f. = R 712; BGH FamRZ 2009, 406 Rn. 20
[358] BGH FamRZ 1988, 265; FamRZ 1987, 1011; FamRZ 1987, 572
[359] BGH FamRZ 2010, 1050 Rn. 41; BGH FamRZ 2010, 869 Rn. 15; BGH FamRZ 2009, 406 Rn. 20

künfte nachhaltig gesichert waren.[360] Waren die Einkünfte nicht nachhaltig gesichert, kann auch insoweit ein neuer Anspruch nach § 1573 I in Verbindung mit § 1573 IV 1 BGB entstehen.

b) Verhältnis des § 1570 BGB zu §§ 1571, 1572, 1576 BGB. Ansprüche nach § 1570 BGB können überlagert sein durch gleichzeitig bestehende Ansprüche nach §§ 1571, 1572 und 1575 BGB.

Besteht auch ein Anspruch nach § 1576 BGB wegen Betreuung weiterer nicht gemeinschaftlicher Kinder, ist wegen der Subsidiarität des § 1576 BGB erst der Anspruch nach § 1570 BGB zu beziffern und zuzusprechen. Nur der darüber hinaus geltend gemachte Anspruchsteil, der gesondert zu beziffern ist, kann auch nach § 1576 BGB geprüft werden.[361]

c) Betreuungsunterhalt und Unterhalt nach § 1615 l BGB: Die Ehefrau hat wegen eines nichtehelichen Kindes – nach rechtswirksamer Feststellung oder Anerkennung der Vaterschaft (vgl. § 7 Rn. 195 f.) – auch dann einen Unterhaltsanspruch gegen den Kindesvater nach § 1615 l I bzw. II 2 BGB, wenn sie schon wegen der Betreuung ehelicher Kinder an einer Erwerbstätigkeit gehindert ist. Ihr hieraus resultierender Anspruch auf Unterhalt nach § 1570 BGB **konkurriert mit** ihrem **Anspruch nach § 1615 l BGB,** der entgegen der vielfach früher in der Rechtsprechung vertretenen Meinung[362] nicht gegenüber einem Anspruch auf Ehegattenunterhalt vorrangig ist. Der BGH[363] wendet zur Bestimmung der anteiligen Haftung der beiden Verpflichteten über § 1615 l II 1 BGB die Vorschrift des § 1606 III 1 BGB entsprechend an, wobei sich die Haftungsquote nicht allein nach den jeweiligen Erwerbs- und Vermögensverhältnissen bestimmt, sondern z. B. auch danach, inwiefern die Mutter auf Grund der unterschiedlichen Betreuungsbedürftigkeit der einzelnen Kinder von einer Erwerbstätigkeit abgehalten wird (Näheres zu den Rangproblemen siehe § 7 Rn. 169 ff.).

IV. Unterhalt wegen Alters nach § 1571 BGB

1. Normzweck und Anspruchsvoraussetzungen des § 1571 BGB

Ein geschiedener Ehegatte kann nach § 1571 BGB von dem anderen Ehegatten Unterhalt verlangen, soweit von ihm aus Altersgründen zu bestimmten Einsatzzeitpunkten eine Erwerbstätigkeit nicht mehr erwartet werden kann. Der Altersunterhalt knüpft nur an die Voraussetzung an, dass wegen des Alters eine Erwerbstätigkeit nicht mehr erwartet werden kann. Insoweit wirkt der Grundsatz der Mitverantwortung der Ehegatten füreinander über den Zeitpunkt der Scheidung hinaus fort.[364] Die Unterhaltsverpflichtung wird als eine der Nachwirkungen der Ehe und der aus der Ehe resultierenden nachehelichen Solidarität gesehen. Durch das zum 1. 1. 2008 in Kraft getretene Unterhaltsrechtsänderungsgesetz[365] ist die Vorschrift selbst nicht verändert worden. Der Anspruch kann aber nach § 1579 Nr. 1 BGB und nach § 1578 b BGB sowohl zeitlich als auch der Höhe nach begrenzt werden (siehe unten Rn. 234 und Rn. 235).

Für den Anspruch nach § 1571 BGB ist **keine Ehebedingtheit der Unterhaltsbedürftigkeit** erforderlich. Der Anspruch besteht auch dann, wenn der Berechtigte bereits im Zeitpunkt der Eheschließung wegen seines Alters keiner Erwerbstätigkeit mehr nachgehen konnte oder bereits Rentenempfänger war.[366]

Der Altersunterhalt wird nicht durch den Versorgungsausgleich ausgeschlossen. Wird jedoch ein bereits im Rentenalter befindlicher Ehegatte erst **auf Grund des durchgeführ-**

---

[360] BGH FamRZ 2001, 1291, 1294
[361] BGH FamRZ 1984, 361; FamRZ 1984, 769
[362] KG FamRZ 1998, 556; OLG Hamm FamRZ 1997, 1538
[363] BGH FamRZ 2008, 1739, 1744; BGH FamRZ 2007, 1303; BGH FamRZ 1998, 541, 544 = R 520 c
[364] BGH FamRZ 1982, 28
[365] BGBl. I S. 3198
[366] BGH FamRZ 1983, 150, 151; FamRZ 1982, 28, 29

ten **Versorgungsausgleichs** bedürftig, weil der andere Ehegatte deswegen ein höheres Einkommen bezieht, scheitert ein Unterhaltsanspruch des nunmehr bedürftigen Ehegatten daran, dass er die grobe Unbilligkeit des Versorgungsausgleichs im Verfahren über den Versorgungsausgleich nicht nach § 27 VersAusglG (früher nach § 1587 c Nr. 1 BGB) geltend gemacht hat, denn diese kann nunmehr nicht zur Begründung eines Unterhaltsanspruchs herangezogen werden.[367]

Es bestehen drei Voraussetzungen für den Anspruch aus § 1571 BGB:
– Der Berechtigte hat das im konkreten Einzelfall maßgebliche **Alter** erreicht.
– Wegen seines Alters ist von ihm **keine angemessene Erwerbstätigkeit** mehr zu erwarten.
– Einer der in Gesetz genannten **Einsatzzeitpunkte** liegt vor.

2. Das maßgebende Alter des Berechtigten

216 a) **Individuelle Bestimmung der Altersgrenze.** Vom Gesetzgeber wurde bewusst **keine feste Altersgrenze** festgelegt. Grundsätzlich besteht eine Erwerbsobliegenheit bis zum Erreichen der Regelaltersgrenze in der gesetzlichen Rentenversicherung. Ob wegen Alters keine Erwerbstätigkeit mehr erwartet werden kann, ist aber stets auf Grund der konkreten Umstände des Einzelfalls zu entscheiden. Zu diesen Umständen zählen vor allem die Ausbildung des Berechtigten, eine frühere Erwerbstätigkeit, die Dauer einer Arbeitsunterbrechung, die Arbeitsmarktlage, Probleme bei der Wiedereingliederung in den Arbeitsprozess, die ehelichen Verhältnisse, die Dauer der Ehe, der Gesundheitszustand und sonstige persönliche und wirtschaftliche Verhältnisse. Bei der Abwägung dieser Umstände ist insbesondere zu berücksichtigen, welche Art von Erwerbstätigkeit als angemessene Erwerbstätigkeit in Frage kommt, ob eine solche Erwerbstätigkeit auf Grund des konkreten Alters und der sonstigen Umstände noch erwartet werden kann, ob dazu eine Ausbildung erforderlich wäre und ob diese im Hinblick auf das Alter noch sinnvoll ist. Der Anspruch aus § 1571 BGB setzt voraus, dass in der jeweiligen Berufssparte typischerweise ab einem bestimmten Alter keine Arbeit mehr gefunden werden kann. Bei einem 60-jährigen Unterhaltsgläubiger ist daher zu prüfen, ob sich für eine konkrete Erwerbstätigkeit wegen des Alters ein Hinderungsgrund ergibt.[368]

217 b) **Allgemeine Regelaltersgrenzen.** Obwohl das maßgebliche Alter nur bezogen auf die Umstände des Einzelfalls bestimmt werden kann, wird mit dem **Erreichen des Rentenalters** eine **Altersgrenze** überschritten, ab der in der Regel eine Erwerbstätigkeit nicht mehr erwartet werden und ein Anspruch auf Altersunterhalt bejaht werden kann.

Maßgeblich für das Erreichen des Rentenalters ist die in der gesetzlichen Altersversorgung bestehende **Regelaltersgrenze** (§ 35 SGB VI) von 65 Jahren.[369] Das gilt entsprechend für Beamte (§ 41 Abs. 1 BBG a. F., § 51 I 2 BBG, § 48 I 2 DRiG). Die Anhebung der Regelaltersgrenze durch das Gesetz vom 20. 4. 2007 (BGBl I S. 554) wirkt sich erst für Rentenversicherte aus, die nach dem 31. 12. 1946 geboren worden sind, so dass es bis zum 31. 12. 2011 bei der bisherigen Altersgrenze bleibt. Erst für die Geburtsjahrgänge ab 1947 erfolgt pro Jahr eine schrittweise Anhebung der Grenze um jeweils einen zusätzlichen Monat, ab dem Geburtsjahrgang 1959 um zwei Monate (§ 235 II SGB VI). Für Bundesbeamte ergibt sich die Anhebung der Regelaltersgrenze aus dem Gesetz zur Neuordnung und Modernisierung des Bundesdienstrechts (DNeuG) vom 5. 2. 2009.[370]

Durch die genannten gesetzlichen Bestimmungen hat die Rechtsordnung den Rahmen für die Erwerbsbiografie des Einzelnen festgelegt. Solange diese Regelungen dabei nicht auf berufsbezogenen Besonderheiten (z. B. Strahlflugzeugführer)[371] beruhen oder von der wirklichen Erwerbsfähigkeit des Einzelnen abweichen (z. B. vorgezogene Altersrente für Frau-

---

[367] OLG Celle FamRZ 2006, 1544
[368] OLG Hamm FamRZ 1995, 1416
[369] BGH FamRZ 2006, 683, 684; FamRZ 1999, 708, 710 = R 532 c
[370] BGBl. I S. 160
[371] BGH FamRZ 2004, 254

en),[372] können sie als Maßstab für das Unterhaltsrecht herangezogen werden, wobei der Maßstab nicht nur für den Unterhaltsberechtigten, sondern auch für den Unterhaltspflichtigen gilt.[373]

Aus den Regelaltersgrenzen lassen sich Rückschlüsse darauf ziehen, ob der Unterhaltsberechtigte in der Berufssparte, in der er zuvor eine angemessene Tätigkeit ausgeübt hat, in seinem Alter typischerweise keine angemessene Arbeit mehr finden kann.

c) Vorgezogene Altersgrenzen. Es existieren zahlreiche Möglichkeiten für einen vorgezogenen Ruhestand vor der Vollendung des 65. Lebensjahres. Die Altersgrenzen für das vorgezogene Altersruhegeld oder für einen vorgezogenen Ruhestand sind grundsätzlich nicht maßgebend, weil solche Vergünstigungen unterhaltsrechtlich nicht freiwillig in Anspruch genommen werden dürfen, solange eine Unterhaltsverpflichtung oder eine Unterhaltsberechtigung besteht. 218

Eine arbeitsvertragliche Vorruhestandsregelung (die gesetzlichen Vorruhestandsregelungen nach dem Vorruhestandsgesetz – VRG – sind ab dem 1. 1. 1996 entfallen) ist unterhaltsrechtlich unschädlich, wenn sich durch sie das Einkommen nicht verändert. Wenn ein Ehegatte ein **Altersteilzeitmodell** seines Arbeitgebers nach den Vorschriften des ATG in Anspruch nimmt, kann dies eine **Obliegenheitsverletzung** im Sinne des § 1574 I, II BGB sein. Die Beurteilung richtet sich jedoch stets nach den Umständen des Einzelfalls. Eine Obliegenheitsverletzung ist zu bejahen, wenn sich ein Ehegatte erst nach der Trennung oder der Scheidung ohne besondere Gründe für ein solches Modell entscheidet; nicht aber, wenn es während bestehender ehelicher Lebensgemeinschaft im Einverständnis mit dem nunmehr Unterhaltsberechtigten oder aufgrund von Gesundheitsbeeinträchtigungen, die eine krankheitsbedingte Verminderung der Erwerbstätigkeit zur Folge haben, gewählt worden ist.[374] 219

Gleiches gilt, wenn auf Grund von **flexiblen Altersgrenzen** vor der Vollendung des 65. Lebensjahrs schon mit Vollendung des 63. Lebensjahrs (z. B. § 36 SGB VI) Rente bezogen wird. Im Falle eines solchen Rentenbezuges vor Erreichen des 65. Lebensjahres erfolgt gemäß § 77 SGB VI, § 14 III BeamtVG regelmäßig ein Abschlag in Höhe von 0,3% je Monat von der Versorgung. Die Frage der Erwerbsobliegenheit beurteilt sich auch hier allein nach unterhaltsrechtlichen Gesichtspunkten.[375] 220

Auch soweit die einschlägigen Versorgungsregelungen bei bestimmten Berufsgruppen (Piloten, Polizeibeamten, Bergleuten, Soldaten) **besondere Altersgrenzen** für eine vorzeitige Zurruhesetzung vorsehen (z. B. nach § 45 SoldG oder § 5 BPolBG), handelt es sich um Regelungen, die ausschließlich im öffentlichen Interesse erfolgt sind. Die Frage der Erwerbsobliegenheit ist hiervon losgelöst nur nach unterhaltsrechtlichen Gesichtspunkten zu beurteilen. Es ist zu prüfen, ob dem Unterhaltspflichtigen neben seinem Rentenbezug eine Erwerbstätigkeit zugemutet werden kann oder ob eine solche wegen des altersbedingten körperlichen und oder geistigen Verschleißes ausscheidet.[376] 221

Wird schon Vollrente wegen Alters von der gesetzlichen Rentenversicherung bezogen oder ist die Regelaltersgrenze der gesetzlichen Rentenversicherung erreicht, besteht regelmäßig keine Verpflichtung mehr zur Zahlung von **Altersvorsorgeunterhalt** (§ 1578 III BGB). Freiwillige Beiträge in die Rentenversicherung können danach nicht mehr entrichtet werden (vgl. § 7 SGB VI). Für die Zeit davor ist Altersvorsorgeunterhalt auch dann zu zahlen, wenn sich der Pflichtige selbst schon im Ruhestand befindet, der Berechtigte aber noch entsprechende Versorgungsanwartschaften aufbauen kann, ohne dass die dadurch erzielbare Versorgung die Altersversorgung des Pflichtigen erreicht.[377]

d) Freiberufler, Selbstständige. Für **freiberuflich Tätige** (Ärzte, Zahnärzte, Architekten, Rechtsanwälte, Steuerberater usw.) und sonstige Selbstständige (Unternehmer) gelten keine Altersgrenzen. Trotzdem wird man auch ihnen, soweit sie nicht freiwillig weiterhin einer Erwerbstätigkeit nachgehen, nicht generell über das allgemeine Rentenalter 222

---

[372] BGH FamRZ 1999, 708, 710
[373] BGH NJW 2011, 670 = R 721
[374] OLG Köln FamRZ 2003, 602
[375] BGH a. a. O.
[376] BGH FamRZ 2004, 254, 255
[377] OLG Koblenz FamRZ 1989, 59

hinaus eine Erwerbstätigkeit zumuten können. Auch bei Freiwilligkeit der Tätigkeit können die daraus erzielten Einkünfte überobligatorisch und nicht für die Unterhaltsberechnung anzusetzen sein.[378]

Umgekehrt können Einkünfte aus einer trotz Rentenalters freiwillig fortgesetzten Erwerbstätigkeit je nach den Umständen des Einzelfalls (z. B. bei insgesamt beengten wirtschaftlichen Verhältnissen des Unterhaltspflichtigen) als Einkünfte aus zumutbarer Erwerbstätigkeit bewertet werden. Dies ist vor allem dann anzunehmen, wenn bei einer bestehenden Ehe nach den ehelichen Lebensverhältnissen, z. B. wegen der geringen sonstigen Altersvorsorge, eine Erwerbstätigkeit über die üblichen Altersgrenzen hinaus geplant war,[379] oder wenn die Erwerbstätigkeit ohnehin fortgeführt worden wäre.[380]

3. Ursächlichkeit des Alters

223 Das **Alter** muss **kausal** dafür sein, dass eine angemessene Erwerbstätigkeit nicht mehr zu erwarten ist. Abgrenzungsschwierigkeiten entstehen dann, wenn ein Ehegatte, der während der Ehe nicht berufstätig war, wegen seiner **auch altersbedingten** Wiedereingliederungsschwierigkeiten in die Arbeitswelt trotz ausreichender Bemühungen keine angemessene Arbeitsstelle findet. Liegt der Schwerpunkt seiner Schwierigkeiten mehr in seinem Alter, besteht ein Anspruch auf Altersunterhalt, liegt er mehr darin, dass wegen der schlechten Arbeitsmarktlage keine reale Beschäftigungschance besteht, kann ein Erwerbslosigkeitsunterhalt nach § 1573 I BGB in Frage kommen. Maßgebend ist, ob **typischerweise** in diesem Alter und in der in Betracht kommenden Berufssparte **keine angemessene Arbeit mehr gefunden werden kann** – dann greift § 1571 BGB – oder ob die Arbeitsaufnahme nur auf Grund der konkreten Einzelfallumstände auf Grund des Alters scheitert – dann ist § 1573 I BGB einschlägig.[381]

224 Ob wegen des Alters noch eine Erwerbstätigkeit erwartet werden kann, ist nicht nur im Blick auf das Lebensalter des Unterhalt begehrenden Ehegatten von Bedeutung, sondern hängt vor allem davon ab, welche Art von entgeltlicher Beschäftigung als **angemessene Erwerbstätigkeit im Sinne von § 1574 II BGB** in Frage kommt, weil der geschiedene Ehegatte nach § 1574 II BGB nur eine ihm angemessene Erwerbstätigkeit ausüben muss.[382]

Angemessen ist nach der Legaldefinition des § 1574 II BGB eine Erwerbstätigkeit nur, wenn sie der Ausbildung, den Fähigkeiten, einer früheren Erwerbstätigkeit, dem Lebensalter und dem Gesundheitszustand des geschiedenen Ehegatten entspricht und nicht nach den ehelichen Verhältnissen unbillig wäre. Bei den ehelichen Lebensverhältnissen sind insbesondere die Dauer der Ehe sowie die Dauer der Pflege oder Erziehung eines gemeinschaftlichen Kindes zu berücksichtigen (vgl. oben Rn. 139 ff.). Allerdings ist die durch die Unterhaltsreform erfolgte Neufassung der §§ 1574 I u. II BGB, 1569 BGB mit der stärkeren Betonung der Eigenverantwortung zu beachten.

225 Die inhaltliche Beschränkung der Erwerbsobliegenheit auf eine **angemessene berufliche Beschäftigung** und die gesetzliche Umschreibung der Angemessenheit tragen damit zur Konkretisierung des Anspruchs auf Altersunterhalt bei. Diese Angemessenheit einer nachehelichen Erwerbstätigkeit lässt sich allgemein nur dann zutreffend beurteilen, wenn dazu die gesamte Entwicklung der ehelichen Lebensverhältnisse bis hin zur Scheidung im Rahmen einer dem Tatrichter obliegenden **Gesamtwürdigung aller Umstände** des Einzelfalls berücksichtigt wird. Zu berücksichtigen ist in der Regel der bei Scheidung, d. h. im Zeitpunkt der letzten mündlichen Verhandlung, erreichte berufliche und soziale Status des Verpflichteten, wobei sich aus den ehelichen Verhältnissen nach § 1574 II 1 BGB bezüglich der Zumutbarkeit einer Tätigkeit nur noch ein Korrektiv in Form einer Billigkeitsabwägung ergibt.

---

[378] BGH FamRZ 2011, 454 Rn. 17, 23 (Apotheker); OLG Düsseldorf FamRZ 2007, 1817
[379] OLG Frankfurt FamRZ 1985, 481; OLG Hamburg FamRZ 1985, 394
[380] OLG Düsseldorf FamRZ 2007, 1817
[381] BGH FamRZ 1999, 708, 709 = R 532 a
[382] BGH FamRZ 1985, 371, 373; FamRZ 1983, 144

2. Abschnitt: Anspruchstatbestände des nachehelichen Unterhalts § 4

Es ist Sache des Berechtigten ggf. darzulegen und nachzuweisen, dass für ihn die Ausübung einer an sich erreichbaren Erwerbstätigkeit im konkreten Fall auf Grund der ehelichen Lebensverhältnisse unzumutbar ist.[383] Die Erwerbstätigkeit in einem früher ausgeübten Beruf ist seit Inkrafttreten des Unterhaltsrechtsänderungsgesetzes am 1. 1. 2008 immer angemessen,[384] Dies gilt aber auch für eine Tätigkeit, die der Berechtigte während der Ehe über einen längeren Zeitraum ausgeübt hat, auch wenn sie nicht seiner Ausbildung entspricht.[385]

Wenn auf Grund der Umstände des Einzelfalls nur die Aufnahme solcher beruflicher Tätigkeiten in Betracht kommt, die für den Berechtigten nach § 1574 II BGB nicht als angemessen anzusehen sind, kann die nach § 1571 BGB erforderliche Voraussetzung, dass wegen Alters eine Erwerbstätigkeit nicht erwartet werden kann, bejaht werden.[386]

Zahlreiche der vor Inkrafttreten der Unterhaltsrechtsreform zu § 1571 BGB ergangenen Entscheidungen des BGH, in denen bei Frauen ab einem gewissen Alter und bei Vorliegen eines bestimmten sozialen Status keine Erwerbsobliegenheit mehr angenommen wurde (z. B. bei einer 50-jährigen Frau, deren Mann Professor an der Hochschule für Bildende Künste war[387]; bei einer 53-jährigen, die vor der Ehe als Bürokraft gearbeitet hatte, in der 20-jährigen Ehe nicht berufstätig gewesen war und deren Mann während der Ehe zum hochbezahlten Betriebsleiter aufgestiegen war[388]), sind auf Rechtsverhältnisse, die sich nach der seit dem 1. 1. 2008 geltenden Rechtslage richten, nicht mehr anwendbar. **226**

Ist wegen vorgerückten Alters im erlernten Beruf keine Erwerbstätigkeit mehr zu finden oder entspricht der erlernte Beruf nicht mehr den ehelichen Lebensverhältnissen, so besteht nach § 1574 III BGB eine Verpflichtung des geschiedenen Ehegatten, **sich ausbilden, fortbilden** oder **umschulen** zu lassen, wenn ein erfolgreicher Abschluss der Ausbildung zu erwarten ist.

4. Einsatzzeitpunkte

Ein Anspruch nach § 1571 BGB besteht nur, wenn eine Erwerbstätigkeit wegen Alters zu bestimmten Einsatzzeitpunkten nicht mehr erwartet werden kann. Die Aufzählung der Einsatzpunkte in § 1571 BGB ist abschließend. Liegen die Voraussetzungen des Anspruchs zum Zeitpunkt der Scheidung noch nicht vor, kann sich der Anspruch auf Altersunterhalt an einen Anspruch auf Betreuungsunterhalt, einen Anspruch auf Unterhalt wegen Arbeitslosigkeit oder einen auf Aufstockungsunterhalt anschließen. Es muss eine lückenlose sog. Unterhaltskette bestehen. Beim **Anschlussunterhalt** ist zu beachten, dass dieser nur in dem Umfang weiterbesteht, wie er im Zeitpunkt der weggefallenen früheren Tatbestandsvoraussetzungen bestanden hatte. **227**

a) **Scheidung. Zeitpunkt der Scheidung** ist der Eintritt der Rechtskraft der Scheidung. Beim Verbundurteil sind die im Zeitpunkt der letzten mündlichen Verhandlung bestehenden Verhältnisse maßgebend, wenn die bis zum Eintritt der Rechtskraft zu erwartende Entwicklung nicht vorhersehbar ist.[389] **228**

Ist im Zeitpunkt der Scheidung wegen Alters keine Erwerbstätigkeit mehr zu erwarten, handelt es sich um einen originären Anspruch auf Altersunterhalt.

b) **Beendigung der Pflege oder Erziehung eines gemeinschaftlichen Kindes, § 1570 BGB.** Bezüglich des Zeitpunkts „**Beendigung der Pflege oder Erziehung eines gemeinschaftlichen Kindes**" ist entgegen dem missverständlichen Wortlaut dieser Vorschrift nach deren Sinn und Zweck auf den Zeitpunkt abzustellen, in dem die Voraussetzungen für einen auf § 1570 BGB gestützten Anspruch entfallen.[390] Insoweit handelt es **229**

---

[383] BT-Drucks. 16/1830 S. 17
[384] BT-Drucks. 16/1830 S. 17
[385] BGH FamRZ 2005, 23, 24 = R 619
[386] BGH FamRZ 1983, 144
[387] BGH FamRZ 1983, 144
[388] BGH FamRZ 1985, 371, 373
[389] BGH FamRZ 1983, 144; FamRZ 1982, 892
[390] BGH FamRZ 1990, 260, 262 für die entsprechende Regelung des § 1572 BGB

sich um einen Anschlussunterhalt. Da das bis zum 31. 12. 2007 geltende Altersphasenmodell nicht mehr anwendbar ist,[391] ist konkret und individuell auf den Wegfall der Betreuungsbedürftigkeit der Kinder bzw. auf den Wegfall der Verlängerungsgründe für den Unterhalt gemäß § 1570 II BGB abzustellen. In der Praxis wird zwischen dem Betreuungsunterhalt und dem Altersunterhalt i. d. R. eine Phase liegen, in denen der Berechtigte einen Anspruch auf Krankenunterhalt nach § 1572 BGB und/oder Unterhalt gemäß § 1573 BGB hat.[392]

230 c) **Wegfall der Voraussetzungen eines Anspruchs nach § 1572 BGB.** Der Einsatzzeitpunkt des Wegfalls eines Anspruchs nach § 1572 BGB ist zu bejahen, wenn ein Unterhaltsanspruch wegen krankheitsbedingter Erwerbsunfähigkeit entfällt, weil der Berechtigte **gesund geworden** ist. Auch insoweit handelt es sich um einen Anschlussunterhalt.

231 d) **Wegfall der Voraussetzungen eines Anspruchs nach § 1573 BGB.** Der Einsatzzeitpunkt des Wegfalls eines Anspruchs nach § **1573 I BGB** liegt vor, wenn der Berechtigte einen Anspruch auf Erwerbslosigkeitsunterhalt hatte, weil er auf Grund der aktuellen Arbeitsmarktlage keine Beschäftigung finden konnte. Findet er später infolge seines Alters keine Beschäftigung, entsteht anstelle des Anspruchs nach § 1573 I BGB ein Anschlussunterhalt wegen Alters.

Gleiches gilt, wenn ein nach § 1573 I BGB ruhender Unterhalt nach § 1573 IV BGB wieder aufgelebt war, weil es trotz ausreichender Bemühungen nicht gelungen war, den Unterhalt durch eine Erwerbstätigkeit nach der Scheidung nachhaltig zu sichern, und wenn sich an diesen Anspruch nach § 1573 BGB ein Altersunterhalt anschließt. Voraussetzung des Anspruchs nach § 1571 BGB bleibt aber, dass der Berechtigte im Zeitpunkt des Anschlusses einen Anspruch nach § 1573 I, II oder IV BGB hatte. Dies ist nicht der Fall, wenn der Berechtigte eine im Sinne von § 1573 IV BGB seinen Anspruch nachhaltig sichernde Erwerbstätigkeit gefunden hatte, aber diese aus Gründen des allgemeinen Arbeitsplatzrisikos, z. B. durch Arbeitgeberkündigung, verloren hatte und nunmehr infolge seines Alters keine angemessene Erwerbstätigkeit mehr findet.

An einen Aufstockungsunterhalt nach § **1573 II BGB** schließt sich ein Altersunterhalt an, wenn der Berechtigte seine bisherigen Erwerbseinkünfte verliert und infolge Alters keine Arbeitsstelle mehr findet, bzw. infolge Erreichens des Rentenalters keine Arbeitsverpflichtung mehr hat. Während des Bestehens des Anspruchs auf Aufstockungsunterhalt kann der Unterhaltsberechtigte aber nicht verlangen, dass eine Befristung des Aufstockungsunterhalts nur deshalb nicht vorgenommen wird, weil damit der Einsatzzeitpunkt für einen späteren Anspruch auf Altersunterhalt entfällt.[393]

Bezieht der Unterhaltsberechtigte bereits **Altersrente**, richtet sich sein Unterhaltsanspruch ausschließlich nach § 1571 BGB. Ein Aufstockungsunterhalt nach § 1573 II BGB kommt nicht mehr in Betracht.[394]

232 e) **Bedürftigkeit des Unterhaltsberechtigten/Leistungsfähigkeit des Unterhaltspflichtigen zum Einsatzzeitpunkt.** Die Bedürftigkeit des Berechtigten ist Voraussetzung für einen Unterhaltstatbestand. Umstritten ist aber, ob ein Unterhaltsanspruch bei vorübergehender fehlender Bedürftigkeit zum Einsatzzeitpunkt nicht besteht oder ob er nur ruht und bei später eintretender Bedürftigkeit wieder auflebt, wenn die sonstigen Voraussetzungen noch gegeben sind (vgl. hierzu oben Rn. 111 und 112). Nach der hier vertretenen Auffassung steht eine frühere fehlende Bedürftigkeit in den Fällen, in denen bei Eintritt der Bedürftigkeit der Einsatzzeitpunkt gewahrt ist, nicht entgegen,[395] so dass es nicht zu einer Unterbrechung der Anspruchskette mit der Folge des Entfallens der Anschlussunterhaltsansprüche kommt.[396] Anderes gilt in den Fällen, in denen der Berechtigte, z. B. aufgrund

---

[391] BGH FamRZ 2009, 770, 773 = R 704
[392] Vgl. OLG Celle FamRZ 2010, 1673
[393] BGH FamRZ 2008, 1508
[394] OLG Naumburg FamRZ 2008, 2120; OLGR Naumburg 2008, 544
[395] So auch OLG Schleswig FuR 2006, 283; OLG München FamRZ 1993, 564
[396] OLG München FamRZ 1993, 564 offen gelassen in BGH FamRZ 2005, 1818; BGH FamRZ 2001, 1291, 1294, streitig, a. A. z. B. Eschenbruch in Eschenbruch/Klinkhammer, Kap. 1 Rn. 271, 306; Johannsen/Henrich/Büttner § 1577 BGB Rn. 2

eines hohen eigenen Vermögens, seinen Lebensunterhalt **nachhaltig sichern** konnte (§ 1577 IV BGB).[397]

Die Leistungsfähigkeit des Unterhaltspflichtigen muss zum Einsatzzeitpunkt (z. B. Rechtskraft der Ehescheidung) nicht vorliegen. Wenn der Unterhaltspflichtige zum Einsatzzeitpunkt wegen einer Erkrankung oder einer vorübergehenden Arbeitslosigkeit nicht oder nur eingeschränkt leistungsfähig war, schließt dies den Unterhaltsanspruch nicht auf Dauer ganz oder teilweise aus.

5. Konkurrenzen

Wenn der Berechtigte altersbedingt **vollständig** an einer Erwerbstätigkeit gehindert ist, besteht nur ein Anspruch nach § 1571 BGB, der auf den vollen Unterhalt (§ 1578 I 1 BGB) geht. Daneben besteht kein Anspruch nach § 1573 BGB.[398]

Bei einer **altersbedingten Teilerwerbstätigkeit** erfasst der Anspruch nach § 1571 BGB nach der Rechtsprechung des BGH nur den Unterhalt bis zur Höhe des Mehreinkommens, das der Berechtigte durch eine Vollerwerbstätigkeit erzielen könnte. Daneben besteht ein Anspruch nach § 1573 II BGB, wenn der Anspruch nach § 1571 BGB zusammen mit den Teilerwerbseinkünften zur Deckung des vollen Unterhalts (§ 1578 I 1 BGB) nicht ausreicht.[399] Diese zunächst nur für §§ 1570 und 1572 BGB entschiedene Auffassung gilt auch für den Anspruch nach § 1571 BGB.[400]

Bezieht ein Berechtigter vorgezogenes Altersruhegeld und ist er wegen Alters sowie wegen der Arbeitsmarktsituation gehindert, vollschichtig zu arbeiten, kommt entweder ein **Anspruch auf Altersunterhalt nach § 1571 oder nach § 1573 I BGB** wegen Erwerbslosigkeit in Betracht.[401] § 1571 BGB wäre erfüllt, falls typischerweise in diesem Alter und in der in Frage kommenden Berufssparte keine angemessene Arbeit mehr gefunden werden kann, § 1573 I BGB, wenn und soweit wegen der konkreten Umstände des Einzelfalls auf Grund des Alters die Aufnahme einer angemessenen Arbeit scheitert.[402]

Ansprüche nach § 1571 BGB können überlagert sein durch gleichzeitig bestehende Ansprüche nach §§ 1570 und 1572 BGB.

Wegen späterer Abänderungen eines Unterhaltstitels (§§ 238, 239 FamFG) und im Hinblick auf die Begrenzungsvorschrift des § 1578 b BGB sollte die jeweils einschlägige **Anspruchsgrundlage** möglichst genau festgelegt werden.[403]

6. Beschränkung des Anspruchs nach § 1579 BGB

Die negative Härteklausel des **§ 1579 BGB** findet Anwendung. Bei **kurzer Ehedauer** (bis ca. 2 Jahren) kann der Anspruch auf Altersunterhalt nach **§ 1579 Nr. 1 BGB** selbst dann herabgesetzt oder ausgeschlossen werden, wenn beide Ehegatten bei Eingehung der Ehe im Rentenalter waren und die ihnen bis dahin zufließenden Altersruhegelder und Pensionen weiterbezogen haben.[404] Ein Ausschluss nach § 1579 Nr. 1 BGB kann in Frage kommen, wenn eine im hohen Alter geschlossene Ehe nicht lange gedauert hat und die Ehegatten sich deshalb noch nicht nachhaltig in ihren beiderseitigen persönlichen und wirtschaftlichen Lebensverhältnissen auf eine gemeinsame Lebensführung eingestellt haben.[405]

---

[397] OLG München FamRZ 1993, 564
[398] BGH FamRZ 2010, 869 Rn. 15 = R 712; FamRZ 1990, 492; OLG Schleswig FamRZ 2011, 903, 904
[399] BGH 1990, 492
[400] BGH FamRZ 2010, 869 Rn. 15 = R 712; BGH FamRZ 1999, 708, 709 = R 532b; OLG Schleswig FamRZ 2011, 903, 904
[401] BGH a. a. O.
[402] BGH a. a. O.
[403] Vgl. BGH FamRZ 2009, 406 Rn. 22 ff.
[404] BGH FamRZ 1981, 140, 142
[405] BGH FamRZ 1982, 28

7. Begrenzung des Anspruchs nach § 1578 b BGB

235 Der Anspruch nach § 1571 BGB kann nach neuem Recht wie jeder andere Anspruch des nachehelichen Unterhalts gemäß § 1578 b BGB **zeitlich begrenzt und herabgesetzt** werden. Maßgebend ist auch hier vor allem, ob ehebedingte Nachteile vorliegen.[406] Ehebedingte Nachteile, die nach § 1578 b BGB bei der Prüfung der Herabsetzung/Begrenzung eines Anspruch auf Altersunterhalt zu berücksichtigen sind, können darin liegen, dass es dem unterhaltsberechtigten Ehegatten nach der Scheidung infolge teilweise ehebedingter Erkrankung und ehebedingter beruflicher Abstinenz nicht mehr gelungen ist, eine rentenversicherungspflichtige Tätigkeit zu finden und so seine Altersversorgung weiter aufzubauen.[407] Bei der Frage, ob ehebedingte Nachteile i. S. d. § 1578 b I BGB vorliegen, ist der Ausgleich unterschiedlicher Vorsorgebeiträge vornehmlich Aufgabe des Versorgungsausgleichs, durch den die Interessen des Unterhaltsberechtigten regelmäßig ausreichend gewahrt werden.[408] Das gilt aber dann nicht, wenn die vom Unterhaltsberechtigten aufgrund der ehelichen Rollenverteilung erlittene Einbuße bei seiner Altersvorsorge durch den Versorgungsausgleich nicht vollständig erfasst wird, weil der Unterhaltspflichtige nur für einen geringen Teil der Ehezeit Rentenanwartschaften erworben hat.[409]

Ein ehebedingter Nachteil, der die Befristung des nachehelichen Altersunterhalts im Regelfall ausschließt, kann dem Unterhaltsberechtigten aus dem Verlust seines Unterhaltsanspruchs aus einer früheren Ehe durch die Wiederheirat erwachsen.[410]

Eine **lange Ehedauer allein** steht einer Herabsetzung und Befristung des Altersunterhalts nicht entgegen, wenn der Bedürftige durch den Versorgungsausgleich eine so hohe Rente erhält, dass alle beruflichen Nachteile durch die Übernahme der Familienarbeit ausgeglichen werden.[411]

Auch wenn eine abschließende Beurteilung der Folgen des § 1578 b BGB zum Zeitpunkt der gerichtlichen Entscheidung noch nicht möglich ist, folgt daraus nicht, dass eine Entscheidung darüber vollständig zurückgestellt werden darf. Dass der auf Seiten des Unterhaltsberechtigten entstandene ehebedingte Erwerbsnachteil im späteren Verlauf wieder ausgeglichen oder verringert werden kann, ist kein Grund, von einer **Herabsetzung** des Unterhalts abzusehen.[412] Der Ausgleich von Nachteilen ist der Hauptanwendungsfall der Herabsetzung des Unterhalts nach § 1578 b Abs. 1 BGB bis auf den angemessenen Lebensbedarf des Unterhaltsberechtigten. Dieser Bedarf entspricht nach der Rechtsprechung des BGH dem Lebensstandard, den der Unterhaltsberechtigte ohne die Eheschließung und die mit der ehelichen Rollenverteilung verbundenen Erwerbsnachteile erreicht hätte.[413]

Näheres zur Befristung siehe Rn. 1000 ff.

8. Darlegungs- und Beweislast

236 Der Berechtigte hat die **Darlegungs- und Beweislast** für das Vorliegen der einzelfallbezogenen Umstände, aus denen sich ergibt, dass ihm wegen seines im konkreten Fall maßgeblichen Alters keine Erwerbstätigkeit mehr zugemutet werden kann[414] und dass diese Lage zu dem in Frage kommenden gesetzlichen Einsatzpunkt eingetreten ist.[415] Die Darlegungs- und Beweislast des Berechtigten erstreckt auch auf das Bestehen des Anspruchs zum maßgebenden Einsatzzeitpunkt.[416]

---

[406] BVerfG FamRZ 2010, 867
[407] OLG Karlsruhe FamRZ 2010, 411; AG Pankow/Weißensee FamRZ 2010, 1087
[408] BGH FamRZ 2010, 1633 Rn 24
[409] BGH FamRZ 2010, 1633 Rn. 23, 25
[410] OLG Düsseldorf MDR 2010, 814
[411] OLG Schleswig NJW 2009, 2223
[412] BGH NJW 2011, 670 = R 721
[413] BGH FamRZ 2010, 2059 Rn. 22 ff. m. w. N. = R 720 ; BGH NJW 2011, 303 Rn. 35 ff.
[414] Vgl. BGH FamRZ 2005, 1897. 1998 für § 1572 BGB
[415] BGH FamRZ, 2001, 1291, 1292 = R 564 a
[416] BGH FamRZ, 2001, 1291, 1292 = R 564 a

Die gestellten Anforderungen an die Darlegungs- und Beweislast dürfen aber nicht überspannt werden, sondern müssen den Umständen des Falles entsprechen,[417] z. B. zur Frage, ob ungeachtet des erreichten Alters noch eine Beschäftigungschance bestand.[418]

Macht der Unterhaltsschuldner geltend, der Berechtigte müsse über die Regelaltersgrenze hinaus einer Erwerbstätigkeit nachgehen, trägt er die Darlegungs- und Beweislast für die Umstände, die einen solchen Ausnahmefall begründen sollen.[419]

Die für eine **Begrenzung** des Unterhaltsanspruchs sprechenden Umstände hat der Unterhaltsverpflichtete darzulegen und zu beweisen.[420]

V. Unterhalt wegen Krankheit nach § 1572 BGB

1. Normzweck und Anspruchsvoraussetzungen nach § 1572 BGB

Nach § 1572 BGB besteht ein Unterhaltsanspruch wegen Krankheit, wenn und soweit wegen Krankheit oder anderen Gebrechen oder Schwäche der körperlichen oder geistigen Kräfte zu einem maßgeblichen Einsatzzeitpunkt eine Erwerbstätigkeit nicht erwartet werden kann. Einen Unterhaltsanspruch nach § 1572 BGB hat nur derjenige, der **seinen Lebensbedarf** zum maßgeblichen Einsatzzeitpunkt nicht oder nur teilweise infolge Krankheit durch eine angemessene eigene Erwerbstätigkeit **decken kann**. Der Grund für die Anspruchsberechtigung liegt in der **nachehelichen Solidarität**. Denn die nach der Ehe fortwirkende Verantwortung der Ehegatten füreinander erschöpft sich nicht nur im Ausgleich ehebedingter Nachteile. Ein Unterhaltsanspruch wegen Krankheit kann auch dann bestehen, wenn die Krankheit ganz unabhängig von der Ehe und ihrer Ausgestaltung durch die Ehegatten eingetreten ist.[421] Für den Anspruch nach § 1572 BGB ist daher **keine Ehebedingtheit der Unterhaltsbedürftigkeit** bzw. Ehebedingtheit der Erkrankung erforderlich.[422] Die von § 1572 BGB erfasste Bedürfnislage kann auch auf einer bereits vor der Ehe ausgebrochenen und im Zeitpunkt der Scheidung noch bestehenden Erkrankung beruhen. Der Anspruch besteht auch dann, wenn der Verpflichtete im Zeitpunkt der Eheschließung die bei den Berechtigten bereits bestehende Erkrankung nicht kannte (siehe unten Ziffer 6).

Es bestehen drei Anspruchsvoraussetzungen:
– Vorliegen einer **Krankheit**, eines anderen Gebrechens oder Schwäche der körperlichen oder geistigen Kräfte.
– Aus krankheitsbedingten Gründen ist eine **angemessene Erwerbstätigkeit nicht** oder nur teilweise **zu erwarten**.
– Einer der im Gesetz genannten **Einsatzzeitpunkte** liegt vor.

2. Krankheit, Gebrechen oder geistige Schwäche

a) **Begriff der Krankheit.** Der Begriff der Krankheit ist im Gesetz nicht definiert, ebenso wenig die in § 1572 BGB genannten Begriffe Gebrechen und Schwäche der körperlichen und geistigen Kräfte. Für die gebotene weite Auslegung der in der Vorschrift genannten Einschränkungen werden die im Sozialversicherungsrecht (§ 1247 II RVO) und im Beamtenrecht (§ 42 I 1 BBG) entwickelten Grundsätze herangezogen. Krankheit ist nach der Rechtsprechung des BSG ein objektiv fassbarer **regelwidriger Körper- oder Geisteszustand**,[423] der ärztlicher Behandlung bedarf und/oder Arbeitsunfähigkeit zur Fol-

---

[417] BGH FamRZ 2005, 1897, 1998 = R 638a
[418] Vgl. BGH FamRZ 1987, 144, 145
[419] Palandt/Brudermüller § 1571 Rn. 11
[420] BGH FamRZ 2010, 1971 Rn. 23 = R 719; OLG Celle FamRZ 2009, 121
[421] BT-Drucks. 16/1830 S. 18 f.; BGH FamRZ 2010, 1057 Rn. 17; BGH FamRZ 2009, 406 Rn. 38
[422] BGH FamRZ 2004, 779, 780; FamRZ 1996, 1272, 1273 = R 507a; FamRZ 1994, 566 = R 475
[423] BGH FamRZ 2010, 1414 (Paranoide Psychose)

ge hat.[424] Regelwidrig ist ein Körper- oder Geisteszustand, wenn er von dem des gesunden Menschen mit funktionellen Auswirkungen abweicht.[425] Nicht unter den Krankheitsbegriff fallen lediglich alterstypische Abnutzungserscheinungen, die regelmäßig auftreten und für die Ausübung einer Erwerbstätigkeit nicht hinderlich sind.[426]

Der Krankheit stehen andere Gebrechen oder Schwächen der körperlichen oder geistigen Kräfte gleich. **Gebrechen** sind alle von der Regel abweichenden körperlichen oder geistigen Zustände, mit deren Dauer für nicht absehbare Zeit zu rechnen ist,[427] wie z. B. Blindheit, Taubheit, Lähmungen, Körperbehinderungen u. ä. Auch hier reichen körperliche Abnutzungserscheinungen und Unpässlichkeiten nicht aus, selbst wenn sie die allgemeine Vitalität und die Belastbarkeit beeinträchtigen.[428] Gleiches gilt für „Migränoide Spannungskopfschmerzen, Zustand nach Schädelhirntrauma und posttraumatische Kopfschmerzen"; sie reichen nicht aus, um eine Erwerbsunfähigkeit i S des § 1572 BGB zu begründen.[429]

Zur **körperlichen oder geistigen Schwäche** zählen u. a. vorzeitiger Kräfteverbrauch, Altersabbau, Abnutzungserscheinungen, angeborene geringe Intelligenz, geistige Verkümmerung und Schwachsinn.

Als Gebrechen oder Schwäche in diesem Sinne kommt auch eine **massive, nicht kompensierbare** Persönlichkeitsstörung in Betracht, die durch geringe Vitalität, geringe Ausdauer und Belastbarkeit sowie rasche Erschöpfbarkeit, Konzentrationsschwäche und dergleichen gekennzeichnet ist.[430]

Es ist stets zu prüfen, ob der Kranke eine Verpflichtung hat, seine Krankheit behandeln zu lassen (Einzelheiten siehe unten unter ee).

239 **b) Einzelne Fallgruppen. aa) Suchterkrankungen.** Unter den Krankheitsbegriff des § 1572 BGB fallen auch Suchterkrankungen, namentlich eine **Alkohol-,**[431] **Drogen- oder Medikamentenabhängigkeit**,[432] die zur Folge hat, dass der Betroffene nicht in der Lage ist, eine Arbeitsstelle einfachster Art über einen nennenswerten Zeitraum hinaus beizubehalten, weil er infolge krankhafter Willensschwäche keine geregelte Erwerbstätigkeit durchhalten kann.[433] Entsprechendes gilt für andere im weiteren Sinne suchtbedingte Erkrankungen, z. B. für Magersucht, Bulimie, erhebliches Übergewicht.[434]

240 **bb) Depressionen.** Auch eine Depression ist eine Krankheit i. S. d. § 1572 BGB. Dabei kommt es nicht darauf an, ob die Depression im Zusammenhang oder als Folge der Trennung oder Scheidung entstanden ist oder schon während der Ehe bestand, sondern darauf, ob es sich um eine massive Depression oder lediglich um eine depressive Verstimmung handelt. Letztere ist in der Regel vorübergehender Natur, gut behandelbar und daher anders als eine schwere, ggf. rezidivierende Depression[435] nicht geeignet, einen Unterhaltsanspruch nach § 1572 BGB zu begründen.[436]

241 **cc) Unterhalts- oder Rentenneurosen.** Krank sind auch Personen, die infolge einer seelischen Störung (z. B. **Neurose**) erwerbsunfähig sind. Darunter fallen auch **Rentenneurosen** oder vergleichbare **Unterhaltsneurosen**. In diesen Fällen flüchten sich Unterhaltsberechtigte aus Angst, ihren Renten- oder Unterhaltsanspruch zu verlieren, in eine Krankheit. Eine solche Neurose ist als Krankheit anzusehen, wenn die seelische Störung aus eigener Kraft nicht überwindbar ist. Sofern – i. d. R. nach Einholung eines Sachverständi-

---

[424] Z. B. BSG NJW 1973, 582 u. a.
[425] Johannsen/Henrich/Büttner § 1572 Rn. 5
[426] BGH FamRZ 1984, 353, 356
[427] BSG NJW 1961, 987
[428] OLG Bamberg FamRZ 2000, 231, 232
[429] OLG Thüringen FamRZ 2007, 2079, 2081
[430] OLG Bamberg FamRZ 2000, 231, 232
[431] BGH FamRZ 1984, 353, 356
[432] BGH FamRZ 1988, 375, 377
[433] BGH FamRZ 1988, 375, 377
[434] OLG Köln FamRZ 1992, 65, 66
[435] BGH FamRZ 2010, 1057; OLG Düsseldorf JMBl NW 2009, 147; OLG Celle FamRZ 2009, 56; OLG Hamm – 13 UF 272/07 BeckRS 2009, 16933
[436] OLG Hamm FamRZ 1995, 996

gengutachtens – absehbar ist, dass eine Rentenablehnung die neurotischen Erscheinungen des Betroffenen abklingen lässt, ist die Rente zu versagen, weil es mit dem Sinn und Zweck der Rente nicht zu vereinbaren ist, dass gerade die Rente den Zustand aufrechterhält, dessen nachteilige Folgen sie ausgleichen soll.[437] Gleiches gilt für die Unterhaltsneurose. Hier ist ein vom Berechtigten nachzuweisender Krankheitswert im Sinn des § 1572 BGB nur anzuerkennen, wenn die seelische Störung so übermächtig ist, dass auch bei einer Unterhaltsversagung keine Erwerbstätigkeit aufgenommen oder ausgeweitet werden wird und auch keine Therapie eine Veränderung dieses Zustands verspricht. Die Flucht in die neurotische Erkrankung darf nicht rechtlich „honoriert" werden. Wegen der Simulationsnähe von Neurosen ist stets Wachsamkeit des Sachverständigen und des Tatrichters geboten.[438]

dd) Kurzfristige vorübergehende Erkrankungen. Auch eine nur vorübergehende heilbare Erkrankung fällt unter den Krankheitsbegriff. Ob ein Anspruch aus § 1572 BGB zeitlich begrenzt werden sollte, wenn die Genesung und die Möglichkeit des Beginns einer den Bedarf deckenden Erwerbstätigkeit hinreichend sicher bestimmbar ist,[439] ist fraglich. Da sich eine ärztliche Prognose nur auf einen bestimmten Zeitraum beziehen kann und der Zeitpunkt einer endgültigen Genesung von den individuellen Besonderheiten des Betroffenen abhängt, kann ein sicherer Endzeitpunkt für den Unterhaltsanspruch gerade nicht mit der erforderlichen Sicherheit bestimmt werden.[440] 242

Bei kurzfristigen Erkrankungen eines Erwerbstätigen besteht in der Regel ein Anspruch auf **Lohnersatzleistungen** wie Krankengeld u. ä. Soweit und solange diese Leistungen gewährt werden, besteht kein Anspruch nach § 1572 BGB. Auch Unfallrenten haben neben dem Entschädigungscharakter auch Lohnersatzfunktion, so dass sich ihre Zahlung bedarfsmindernd auswirkt.

ee) Obliegenheit zur Inanspruchnahme einer Behandlung. Generell hat ein Betroffener **bei allen Erscheinungsformen einer Krankheit** die Obliegenheit, alle zumutbaren Mitwirkungshandlungen zu unternehmen, um die Krankheit behandeln zu lassen. Der krankheitsbedingt Erwerbsunfähige ist gehalten, selbst das in seiner Person Erforderliche für seine Genesung zu unternehmen, d. h. aktiv an seiner Genesung mitzuarbeiten. Er hat die ärztlichen Verordnungen zu befolgen und muss unter Umständen eine Diät einhalten. Maßstab für die Obliegenheit sind die im Schadensersatzrecht entwickelten Grundsätze über die Zumutbarkeit einer Behandlung. Danach hat sich der Anspruchsteller sogar einer **Operation zu** unterziehen, sofern sie gefahrlos und nicht mit besonderen Schmerzen verbunden ist und eine sichere Aussicht auf Heilung oder wesentliche Besserung bietet.[441] 243

Unterlässt er die notwendigen und zumutbaren therapeutischen Maßnahmen zur Herstellung seiner Erwerbsfähigkeit, so kann darin ein Verhalten liegen, das die Härteregelung des **§ 1579 Nr. 4 BGB** erfüllt. Denn die Bedürftigkeit wird mutwillig herbeigeführt, wenn sich der Kranke in Kenntnis der Unterhaltsfolgen leichtfertig einer sachgemäßen Behandlung entzieht[442] (siehe dazu auch Rn. 260). Das kann der Fall sein bei einem **bewussten Vermeiden ärztlicher Therapie** bei einer neurotischen **Depression**.[443] Der Betroffene muss sich dann im Ergebnis so behandeln lassen, als sei eine Behandlung erfolgreich durchgeführt worden.[444] Von einem mutwilligen Verhalten kann jedoch nicht ausgegangen werden, wenn der Unterhaltsberechtigte eine Behandlung wegen **fehlender Krankheitseinsicht** verweigert und die hierin zum Ausdruck kommende Fehlhaltung ihrerseits krankheitsbedingt und daher nicht vorwerfbar ist.[445] 244

Auch bei Vorliegen einer **suchtbedingten Krankheit** muss sich der Betroffene einer zumutbaren ärztlichen Behandlung unterziehen. Unterlässt er dies, obwohl er in der Lage

---

[437] BGHZ 20, 137; BGH FamRZ 1984, 660, 661
[438] BGH FamRZ 1984, 660
[439] Johannsen/Henrich/Büttner § 1572 Rn. 8
[440] OLG Hamm FamRZ 1982, 70
[441] BGH NJW 1994, 1593 zu § 254 BGB
[442] BGH FamRZ 1988, 375, 377; FamRZ 1981, 1042, 1043 f.
[443] OLG Hamm FamRZ 1999, 237, 238
[444] Vgl. auch OLG Köln FamRZ 2009, 887 (fiktive Leistungsfähigkeit bei Kindesunterhalt)
[445] BGH FamRZ 2005, 1897

war, die Erkrankung und ihre Behandlungsbedürftigkeit zu erkennen, kann ein Unterhaltsanspruch nach § 1579 Nr. 4 oder Nr. 8 BGB beschränkt oder versagt werden (siehe auch Rn. 260).

3. Krankheitsbedingte Erwerbsunfähigkeit

245   Nicht jede Krankheit löst einen Unterhaltsanspruch aus. Die Krankheit muss vielmehr ursächlich dafür sein, dass keine Erwerbstätigkeit ausgeübt werden kann, d. h., es muss eine krankheitsbedingte Erwerbsunfähigkeit oder Erwerbsminderung vorliegen. Wegen des Zusatzes „soweit" reicht es zur Begründung eines Teilanspruchs aus § 1572 BGB aus, dass krankheitsbedingt nur eine Teilerwerbstätigkeit ausgeübt werden kann oder dass aus gesundheitlichen Gründen die Ausweitung einer Teilzeittätigkeit zu einer Vollerwerbstätigkeit nicht möglich ist.[446]

246   **Der ursächliche Zusammenhang** zwischen Krankheit und Nichterwerbstätigkeit ist sorgfältig zu prüfen, um zu verhindern, dass eine medizinisch in Wahrheit nicht gerechtfertigte Untätigkeit auf Kosten des ehemaligen Partners über einen Unterhaltsanspruch finanziert wird.[447] Allerdings sind hypothetisch alternative Kausalverläufe unerheblich. So steht einem Unterhaltsanspruch aus § 1572 BGB daher insbesondere nicht entgegen, dass der Berechtigte auch dann, wenn er gesund geblieben wäre, keine Erwerbstätigkeit ausgeübt, sondern ein Studium aufgenommen hätte.[448]

247   Die nicht mögliche Erwerbstätigkeit muss – wie bei den Ansprüchen aus §§ 1570 und 1571 BGB – angemessen im Sinne von § 1574 BGB sein. Die inhaltliche Beschränkung der Erwerbsobliegenheit auf eine **angemessene berufliche Beschäftigung** und die gesetzliche Umschreibung der Angemessenheit in § 1574 II BGB tragen zur Konkretisierung der Voraussetzungen des Anspruchs wegen Krankheit nach § 1572 BGB bei.[449]

248   Wenn und solange der Berechtigte infolge der bestehenden Leiden zwar nicht mehr den ursprünglichen Beruf, aber eine andere im Sinne des § 1574 II BGB angemessene Erwerbstätigkeit vollschichtig ausüben kann, hat er keinen Anspruch aus § 1572 BGB, denn der **Zumutbarkeitsmaßstab** ist die angemessene Erwerbstätigkeit.[450] Das Gleiche gilt, wenn krankheitsbedingt nicht die Erwerbsfähigkeit als solche gemindert ist, sondern lediglich eine eingeschränkte Verwendungsmöglichkeit für bestimmte berufliche Tätigkeiten (z. B. für das Heben von Lasten, für ständig wechselnde Arbeitshaltungen,[451] Büromaschinentätigkeit[452]) besteht. Solche Fälle liegen vor, wenn sich ein Unterhaltsberechtigter trotz der Einschränkungen um eine Vollzeittätigkeit bemüht hat oder hätte bemühen müssen.[453] Auch wenn ein Unterhaltsanspruch aus § 1572 BGB ausscheidet, kann evtl. ein Anspruch auf Aufstockungsunterhalt gemäß § 1573 II BGB bestehen. Ein solcher erfasst aber nur die Differenz zwischen den tatsächlichen oder fiktiven Einkünften aus einer vollschichtigen Tätigkeit und dem vollen Unterhalt nach § 1578 BGB.[454]

Auf andere als angemessene Tätigkeiten kann der Kranke nicht verwiesen werden. Wenn nach den Umständen des Einzelfalls krankheitsbedingt nur noch Tätigkeiten in Frage kommen, die nach § 1574 II BGB als nicht angemessen anzusehen sind, entfällt eine Erwerbsobliegenheit.[455]

---

[446] BGH FamRZ 1988, 265; FamRZ 1987, 684, 685; FamRZ 1985, 50
[447] BGH FamRZ 1984, 353, 356
[448] BGH FamRZ 1984, 353, 356
[449] BGH FamRZ 1983, 144
[450] BGH NJW-RR 1993, 898, 901; OLG Düsseldorf FamRZ 2003, 683–684
[451] OLG Dresden FamRZ 1999, 232, 233
[452] BGH FamRZ 2007, 200, 202
[453] OLG Düsseldorf FamRZ 2003, 789, 791; OLG Karlsruhe FamRZ 2001, 1615
[454] OLG Hamm FamRZ 2007, 1106
[455] BGH LM Nr. 2 zu § 1574 BGB

4. Einsatzzeitpunkte

Ein Anspruch nach § 1572 BGB besteht nur, wenn und soweit eine Erwerbstätigkeit **249** wegen einer Krankheit oder einer sonstigen Beeinträchtigung zu bestimmten Einsatzzeitpunkten, nämlich Scheidung, Beendigung der Pflege oder Erziehung eines gemeinschaftlichen Kindes, Beendigung der Ausbildung, Fortbildung oder Umschulung oder Wegfall der Voraussetzungen eines Anspruchs nach § 1573 BGB nicht erwartet werden kann. Die Unterhaltstatbestände müssen sich lückenlos aneinander anschließen.

Ist im Zeitpunkt der Scheidung wegen Krankheit eine Erwerbstätigkeit nicht zu erwarten, besteht ein **originärer Krankheitsunterhalt**. Bei einem **Anschlussunterhalt** ist zu beachten, dass dieser nur in dem Umfang weiterbesteht, wie er im Zeitpunkt der weggefallenen Tatbestandsvoraussetzungen bestanden hatte. Scheitert ein Krankheitsunterhalt nur am Einsatzzeitpunkt, ist auch § 1576 BGB zu prüfen.[456]

Der Einsatzzeitpunkt soll sich in Ausnahmefällen aus dem Gesichtspunkt des **Vertrauensschutzes** verschieben, wenn der Unterhaltspflichtige den Unterhaltsanspruch nach dem Entfallen seiner Voraussetzungen (z. B. Beendigung der Kinderbetreuung) weiter erfüllt hat, ohne den Nachweis von Erwerbsbemühungen zu verlangen.[457]

a) Scheidung. Für das Vorliegen einer Erkrankung im Zeitpunkt der Scheidung ist der **250** Eintritt der **Rechtskraft der Scheidung** maßgebend. Beim Verbundurteil bzw. Beschluss kommt es auf die im **Zeitpunkt der letzten mündlichen Verhandlung** bestehenden Verhältnisse an, wenn die bis zum Eintritt der Rechtskraft zu erwartende Entwicklung nicht voraussehbar ist.[458]

aa) Latente Krankheiten. Gesundheitliche Störungen, die erst **nach der Scheidung** **251** zur Erwerbsunfähigkeit führen, können einen Anspruch nach § 1572 BGB begründen, wenn die Beschwerden schon im Zeitpunkt der Scheidung **latent vorhanden waren** und erst danach ausbrechen. Voraussetzung ist aber nach der obergerichtlichen Rechtsprechung ein naher zeitlicher Zusammenhang zwischen der Scheidung und dem Ausbrechen der latent vorhandenen Erkrankung mit der Folge einer teilweisen oder vollständigen Erwerbsunfähigkeit.[459] Der nahe zeitliche Zusammenhang fehlt, wenn die Erkrankung erst 21 Monate nach der Scheidung ausgebrochen ist[460] oder die Erwerbsfähigkeit sich erstmals 23 Monate nach Scheidung gemindert hat.[461]

bb) Verschlimmerung von Leiden. Ein Anspruch nach § 1572 BGB kann entstehen, **252** wenn eine im Einsatzzeitpunkt vorhandene Erkrankung des Unterhaltsberechtigten sich in einem nahen zeitlichen Zusammenhang zu dem Einsatzzeitpunkt so verschlimmert, dass eine völlige Erwerbsunfähigkeit eintritt und der Unterhalt noch nicht durch Erwerbstätigkeit nachhaltig gesichert war.[462]

Diese Voraussetzung ist zu bejahen, wenn bereits zum Zeitpunkt der Scheidung oder doch in nahem zeitlichen Zusammenhang mit der Scheidung auf Grund eines Leidens eine **teilweise Erwerbsunfähigkeit** vorgelegen hatte,[463] auch wenn der Berechtigte davon unabhängig noch weitergehend erwerbstätig war. War im Zeitpunkt der Scheidung wegen Krankheit nur eine halbtägige Erwerbstätigkeit möglich und verschlimmert sich in der Folgezeit die Krankheit so sehr, dass nach zwei weiteren Jahren völlige Erwerbsunfähigkeit eintritt, dann ist der spätere völlige Wegfall der Erwerbsfähigkeit noch dem Einsatzzeitpunkt der Scheidung zuzurechnen. Es besteht nach Eintritt der völligen Erwerbsunfähigkeit ein originärer Anspruch auf den vollen eheangemessenen Unterhalt nach § 1572 BGB.[464]

---

[456] BGH FamRZ 1990, 496, 499
[457] BGH FamRZ 1990, 260, 261; FamRZ 1990, 496, 498 = R 414b; OLG Schleswig FuR 2004, 279
[458] BGH FamRZ 1983, 144; FamRZ 1982, 892
[459] BGH FamRZ 2001, 1291, 1293 = R 564a; OLG Koblenz NJW-RR 2006, 151; OLG Schleswig FuR 2006, 283; OLG Karlsruhe FamRZ 2000, 233
[460] OLG Koblenz NJW-RR 2006, 151
[461] BGH a. a. O. = insoweit bestätigendes Revisionsurteil zu OLG Karlsruhe FamRZ 2000, 233
[462] OLG Hamm FamRZ 1999, 230
[463] BGH FamRZ 1987, 684
[464] BGH FamRZ 1987, 684; OLG Stuttgart FamRZ 1983, 501

253 Die Auffassung des OLG Hamm,[465] es reiche aus, wenn die Erwerbsunfähigkeit auch zu einem späteren Zeitpunkt eintrete, wenn nur die gesundheitlichen Störungen schon rechtzeitig vorgelegen hätten, ist abzulehnen, denn der BGH verlangt einen nahen zeitlichen Zusammenhang **zwischen Scheidung und Eintritt der Erwerbsunfähigkeit**.[466] Es reicht daher für einen Anspruch nach § 1572 BGB nicht aus, wenn der Berechtigte schon längere Zeit vor Beginn des (vermeintlichen) Unterhaltszeitraumes an degenerativen Wirbelsäulenveränderungen und einem labilen Hypertonus leidet, jedoch bis zum genannten Zeitraum für leichte und mittelschwere berufliche Tätigkeit im Bereich der Büro- oder Verwaltungstätigkeit **vollschichtig** einsetzbar war.[467]

Es kann keine Erhöhung des titulierten Unterhalts verlangt werden, falls drei Jahre nach Rechtskraft der Scheidung eine **neue Erkrankung** (Verlust der Funktionsfähigkeit der rechten Hand wegen eines eingeklemmten Nervs) eingetreten ist, auch wenn es sich um die Spätfolge einer Nervenschädigung handelt, derentwegen die Berechtigte bereits vor der Scheidung in ärztlicher Behandlung war.[468]

254 **b) Beendigung der Pflege oder Erziehung eines gemeinschaftlichen Kindes, § 1570 BGB.** Bezüglich des Zeitpunkts „Beendigung der Pflege oder Erziehung eines gemeinschaftlichen Kindes" ist entgegen dem missverständlichen Wortlaut dieser Vorschrift nach deren Sinn und Zweck auf den Zeitpunkt abzustellen, in dem die Voraussetzungen für einen auf § 1570 BGB gestützten Anspruch entfallen.[469] Insoweit handelt es sich um einen Anschlussunterhalt. Da das bis zum 31. 12. 2007 geltende Altersphasenmodell nicht mehr anwendbar ist,[470] ist konkret und individuell auf den Wegfall der Betreuungsbedürftigkeit der Kinder bzw. auf den Wegfall der Verlängerungsgründe für den Unterhalt gemäß § 1570 II BGB abzustellen.

255 **c) Beendigung einer Ausbildung, Fortbildung oder Umschulung, § 1575 BGB.** Bei einer Erkrankung im Zeitpunkt der Beendigung einer Ausbildung, Fortbildung oder Umschulung nach § 1575 BGB müssen die Voraussetzungen eines Anspruchs nach § 1575 BGB bestanden haben. Die krankheitsbedingte Erwerbsunfähigkeit muss bei Ende der Ausbildung eingetreten sein. Es handelt sich um einen Anschlussunterhalt.

256 **d) Wegfall der Voraussetzungen eines Anspruchs nach § 1573 BGB.** Der Einsatzzeitpunkt des Wegfalls der Voraussetzungen eines Anspruchs nach § 1573 I BGB wegen Erwerbslosigkeit liegt vor, wenn der Berechtigte bei Ausbruch der Krankheit einen Anspruch auf Erwerbslosigkeitsunterhalt hatte.[471]

Bestand im Zeitpunkt der Erkrankung ein Anspruch auf **Aufstockungsunterhalt (§ 1573 II BGB)** und verliert der Berechtigte infolge der krankheitsbedingten Erwerbsunfähigkeit seine Stelle, entfällt der Anspruch auf Aufstockungsunterhalt, der die Ausübung einer angemessenen Erwerbstätigkeit voraussetzt.[472] Ein Anspruch auf Anschlussunterhalt ergibt sich in diesem Fall aus § 1572 Nr. 4 BGB. Dies gilt auch dann, wenn der seit Rechtskraft der Scheidung bestehende Anspruch auf Aufstockungsunterhalt nicht geltend gemacht worden ist und sich der Anspruch auf Krankenunterhalt unmittelbar an den Wegfall der Voraussetzungen für den Aufstockungsunterhalt anschließt. Der Anspruch auf den Teilanschlussunterhalt besteht nur in Höhe des weggefallenen Aufstockungsanspruchs.[473]

257 **e) Bedürftigkeit des Unterhaltsberechtigten/Leistungsfähigkeit des Unterhaltspflichtigen zum Einsatzzeitpunkt.** Die Bedürftigkeit des Berechtigten ist Voraussetzung für einen Unterhaltstatbestand. Umstritten ist aber, ob ein Unterhaltsanspruch bei vorübergehender fehlender Bedürftigkeit zum Einsatzzeitpunkt nicht besteht oder ob er nur ruht

---

[465] OLG Hamm FamRZ 2002, 1564
[466] BGH FamRZ 2001, 1291, 1293 = R 564a
[467] OLG Schleswig FuR 2004, 282
[468] OLG Karlsruhe FamRZ 1999, 917 (L) = BeckRS 2011, 05775
[469] BGH FamRZ 1990, 260, 262
[470] BGH FamRZ 2011, 791 Rn. 22; BGH FamRZ 2010, 1880 Rn. 22 = R 716; BGH FamRZ 2009, 770, 773 = R 704
[471] BGH FamRZ 1988, 927
[472] BGH FamRZ 1988, 701
[473] OLG Koblenz NJW-RR 2006, 151, 152

2. Abschnitt: Anspruchstatbestände des nachehelichen Unterhalts § 4

und bei später eintretender Bedürftigkeit wieder auflebt, wenn die sonstigen Voraussetzungen noch gegeben sind (vgl. hierzu oben Rn. 111 und 112). Nach der hier vertretenen Auffassung steht eine frühere fehlende Bedürftigkeit in den Fällen, in denen bei Eintritt der Bedürftigkeit der Einsatzzeitpunkt gewahrt ist, nicht entgegen,[474] so dass es nicht zu einer Unterbrechung der Anspruchskette mit der Folge des Entfallens der Anschlussunterhaltsansprüche kommt.[475] Anderes gilt in den Fällen, in denen der Berechtigte, z. B. aufgrund eines hohen eigenen Vermögens, seinen Lebensunterhalt **nachhaltig sichern** konnte (§ 1577 IV BGB).[476]

Die Leistungsfähigkeit des Unterhaltspflichtigen muss zum Einsatzzeitpunkt (z. B. Rechtskraft der Ehescheidung) nicht vorliegen. Wenn der Unterhaltspflichtige zum Einsatzzeitpunkt wegen einer Erkrankung oder einer vorübergehenden Arbeitslosigkeit nicht oder nur eingeschränkt leistungsfähig war, schließt dies den Unterhaltsanspruch nicht auf Dauer ganz oder teilweise aus.

5. Konkurrenzen

Wenn der Berechtigte krankheitsbedingt **vollständig** an einer Erwerbstätigkeit gehindert **258** ist, besteht nur ein Anspruch nach § 1572 BGB, der auf den vollen eheangemessenen Unterhalt (§ 1578 I 1 BGB) geht,[477] und zwar auch dann, falls der Berechtigte bereits eine Erwerbsunfähigkeitsrente bezieht und ihm daneben ein Wohnwert zuzurechnen ist.[478]

Bei einer krankheitsbedingten **Teilerwerbstätigkeit** erfasst der Anspruch nach § 1572 BGB nach Maßgabe der Rechtsprechung des BGH den Unterhalt nur bis zur Höhe des Mehreinkommens, das der Berechtigte durch eine Vollerwerbstätigkeit hätte erzielen können. Daneben kann ein Anspruch nach § 1573 II BGB bestehen, wenn der Anspruch nach § 1572 BGB zusammen mit den Teilerwerbseinkünften nicht zur Deckung des vollen Unterhalts (§ 1578 I 1 BGB) ausreicht.[479]

Hindert die krankheitsbedingte Einschränkung nicht die Arbeitsfähigkeit als **259** solche, sondern werden nur die Verwendungsmöglichkeiten an einem Arbeitsplatz eingeschränkt, so dass dennoch eine angemessene Tätigkeit im Sinne des § 1574 II BGB möglich wäre, kommt bei Verletzung der Erwerbsobliegenheit wegen der dann erforderlichen Zurechnung fiktiver Einkünfte nur ein Anspruch auf Aufstockungsunterhalt nach § 1573 II BGB, nicht ein Anspruch nach § 1572 BGB in Betracht.[480] Dasselbe gilt, wenn die vorliegende gesundheitliche Beeinträchtigung zwar eine angemessene Erwerbstätigkeit nicht hindert, aber bestimmte sonst mögliche Tätigkeiten mit höheren Einkommen ausschließt.[481]

Ansprüche nach § 1572 BGB können überlagert sein durch gleichzeitig bestehende Ansprüche nach den §§ 1570, 1571 und 1575 BGB.

6. Beschränkung des Anspruchs nach § 1579 BGB

Nach **§ 1579 Nr. 8 BGB** kann eine Unterhaltsbegrenzung in Frage kommen, wenn der **260** Berechtigte bereits vor Eingehung der Ehe über gesicherte Erkenntnisse hinsichtlich seiner Erkrankung verfügte und diese Umstände verschwiegen hat. Der BGH hat die Entschei-

---

[474] So auch OLG Schleswig FuR 2006, 283; OLG München FamRZ 1993, 564
[475] OLG München FamRZ 1993, 564 offen gelassen in BGH FamRZ 2005, 1818; BGH FamRZ 2001, 1291, 1294, streitig, a. A. z. B. Eschenbruch in Eschenbruch/Klinkhammer, Kap. 1 Rn. 271, 306; Johannsen/Henrich/Büttner § 1577 BGB Rn. 2
[476] OLG München FamRZ 1993, 564
[477] BGH FamRZ 2010, 1050 Rn. 41; BGH FamRZ 2010, 869 Rn. 15; BGH FamRZ 2009, 406 Rn. 20; BGH FamRZ 1990, 492
[478] BGH FamRZ 2010, 869 Rn. 15 = R 712; BGH FamRZ 2009, 406 Rn. 20; OLG München FamRZ 1997, 295
[479] BGH FamRZ 2010, 869 Rn. 15 = R 712; BGH FamRZ 2009, 406 Rn. 20
[480] OLG Dresden FamRZ 1999, 232
[481] BGH FamRZ 1991, 170

dung dieser Frage ausdrücklich offengelassen.[482] Keinen objektiven Härtegrund im Sinne des § 1579 Nr. 8 BGB stellt der Umstand dar, dass eine latent bereits vor Eheschließung **vorhandene Erkrankung** sich für die Parteien nicht voraussehbar nach der Trennung chronifiziert hat und zu einer lebenslangen Unterhaltslast führen kann. Wenn auch eine schon vorehelich vorhandene Erkrankung den Unterhaltsanspruch des § 1572 Nr. 1 BGB auslöst, kann sie grundsätzlich nicht gleichzeitig einen „anderen Härtegrund" gemäß § 1579 Nr. 8 BGB darstellen.[483] In einem Fall, in welchem dem Pflichtigen, der nur über bescheidene Einkünfte verfügte, bei Eheschließung Art und Schwere der bereits vorhandenen Erkrankung nicht bekannt war, hat das OLG Karlsruhe eine zeitliche Begrenzung für gerechtfertigt gehalten, obwohl die Berechtigte offenbar nichts verschwiegen hatte.[484]

7. Begrenzung des Anspruchs nach § 1578 b BGB

261 Der Anspruch nach § 1572 BGB kann seit dem 1. 1. 2008 wie jeder andere Anspruch des nachehelichen Unterhalts gemäß § 1578 b BGB **zeitlich begrenzt und herabgesetzt werden**. Während sich die zeitliche Begrenzung des Unterhaltsanspruchs nach § 1578 b II BGB und die Herabsetzung nach § 1578 b I BGB beim Aufstockungsunterhalt maßgeblich nach dem Kriterium des Vorliegens von ehebedingten Nachteilen richten, bereitet die Befristung eines Unterhaltsanspruchs wegen Krankheit nach § 1572 BGB in der Praxis Schwierigkeiten, wenn **keine ehebedingten Nachteile** ersichtlich sind. Hier ist für jeden Einzelfall anhand einer komplexen Abwägung der objektiven Umstände zu entscheiden, wie weit die **nacheheliche Solidarität** des Unterhaltspflichtigen reicht.[485]

262 Seit Inkrafttreten des Unterhaltsänderungsgesetzes sind zahlreiche unterschiedliche obergerichtliche Entscheidungen zur Befristung von Krankheitsunterhalt ergangen.[486] Der BGH hat erstmals in seinem Urteil vom 26. November 2008[487] auch beim Krankheitsunterhalt nach § 1572 BGB eine Befristung zugelassen. Nach dieser Entscheidung kommt es zunächst darauf an, inwieweit durch die Ehe Nachteile im Hinblick auf die Möglichkeit eingetreten sind, für den eigenen Unterhalt zu sorgen. Eine Erkrankung ist nicht schon deshalb als ehebedingter Nachteil zu betrachten, weil sie während der Ehe eingetreten ist. Beim Krankheitsunterhalt nach § 1572 BGB ist die Krankheit regelmäßig nicht ehebedingt.[488] Auch wenn in vielen Fällen ein Zusammenhang zwischen persönlicher Veranlagung und äußeren Lebensumständen, insbesondere bei ehelichen Konflikten, hergestellt werden kann, und dies Auswirkungen auf den Verlauf einer Erkrankung haben kann, lässt sich in der Regel nicht konkret feststellen, dass die aus der Krankheit resultierende Einkommenseinbuße auf den ehelichen Lebensumständen, insbesondere auf der Rollenverteilung in der Ehe (vgl. § 1356 BGB) beruht, mithin einen ehebedingten Nachteil darstellt.[489]

Ehebedingte Nachteile könnten nur dann eintreten, wenn der Unterhaltsberechtigte aufgrund der Rollenverteilung in der Ehe nicht ausreichend für den Fall der **krankheits-**

---

[482] BGH FamRZ 1994, 566 = R 475; FamRZ 1981, 1163
[483] BGH FamRZ 1995, 1405, 1407 = R 490A c; FamRZ 1994, 566 = R 475; OLG Hamm FamRZ 2006, 707
[484] OLG Karlsruhe FamRZ 1998, 751
[485] BGH FamRZ 2010, 629 = R 710
[486] Vgl. z. B. OLG Nürnberg FamRZ 2008, 1256; OLG Braunschweig FamRZ 2008, 999; OLG München FamRZ 2008, 1959; OLG Celle FamRZ 2008, 1449; OLG Stuttgart FamRZ 2008, 2208; OLG Frankfurt FamRZ 2009, 526; OLG Koblenz FamRZ 2009, 427; OLG Celle FamRZ 2009, 56; OLG Düsseldorf JMBl NW 2009, 147; OLG Köln FamRZ 2009, 429; KG FamRZ 2009, 1153; OLG Bremen NJW 2009, 1976; OLG Schleswig NJW 2009, 1216; OLG Koblenz FamRZ 2010, 379; OLG Düsseldorf ZFE 2009, 347; OLG Dresden FamRZ 2010, 565; OLG Celle FamRZ 2010, 566; OLG Zweibrücken FamRZ 2010, 813; OLG Oldenburg FamRZ 2010, 567 (Krankenvorsorgeunterhalt); OLG Hamm FamRZ 2010, 814; OLG Düsseldorf FamRB 2010, 168; OLG Saarbrücken, NJOZ 2011, 680; OLG Saarbrücken – 6 UF 23/10, BeckRS 2010, 23757; OLG Schleswig NJW-RR 2011, 363
[487] BGH FamRZ 2009, 406
[488] BGH FamRZ 2011, 188
[489] BGH FamRZ 2011, 188

2. Abschnitt: Anspruchstatbestände des nachehelichen Unterhalts § 4

bedingten Erwerbsminderung bzw. Erwerbsunfähigkeit vorgesorgt hatte.[490] Das ist der Fall, wenn wegen der Aufgabe der Erwerbstätigkeit wegen Kindererziehung und Haushaltstätigkeit während der Ehe die Voraussetzungen für eine Rente wegen voller Erwerbsminderung nicht erfüllt sind. Denn nach § 43 Abs. 2 Nr. 2 SGB VI haben Versicherte bis zum Erreichen der Regelaltersgrenze nur dann Anspruch auf Rente wegen voller Erwerbsminderung, wenn sie in den letzten fünf Jahren vor Eintritt der Erwerbsminderung drei Jahre Pflichtbeiträge für eine versicherte Beschäftigung oder Tätigkeit gezahlt haben.[491]

Insoweit entsprechen sich der Krankheitsunterhalt und der Altersunterhalt nach § 1571 BGB. Der BGH weist jedoch darauf hin, dass der Ausgleich unterschiedlicher Vorsorgebeiträge vornehmlich Aufgabe des Versorgungsausgleichs ist, durch den die Interessen des Unterhaltsberechtigten regelmäßig ausreichend gewahrt werden.[492] Da es sich bei einer Krankheit und der durch sie bedingten Erwerbsunfähigkeit in der Regel um eine schicksalhafte Entwicklung handelt, ist eine dauerhafte Unterhaltsverantwortung des geschiedenen Ehegatten für das allein in zeitlichem Zusammenhang mit der Ehe stehende Krankheitsrisiko nicht ohne weiteres zu rechtfertigen.

Für die Fälle **mangelnder Kausalität** hat der BGH entschieden, dass eine von ehebedingten Nachteilen getrennte Billigkeitsbetrachtung anzustellen ist.[493] Der BGH schließt dies aus der Tatsache, dass der Gesetzgeber mit der Schaffung des Unterhaltsanspruchs wegen Krankheit oder Gebrechen in § 1572 BGB ein besonderes Maß an nachehelicher Solidarität festgeschrieben hat. In den Fällen des Krankheitsunterhalts, in denen die **fortwirkende eheliche Solidarität** den wesentlichen Billigkeitsmaßstab bildet, kommt bei der Abwägung zwischen wirtschaftlicher Eigenverantwortung des Unterhaltsberechtigten und einer nachwirkenden ehelichen Verantwortung den in § 1578 b I Satz 3 BGB genannten Umständen besondere Bedeutung zu.[494] Daneben sind aber auch **andere Gesichtspunkte**, die das Verhältnis der Parteien betreffen, zu berücksichtigen.[495] Dies sind insbesondere die Dauer der Pflege oder Erziehung gemeinschaftlicher Kinder, die Gestaltung von Haushaltsführung und Erwerbstätigkeit während der Ehe,[496] das Alter des Unterhaltsberechtigten und sonstige Umstände wie z. B. Schwangerschaft bei der Eheschließung, Bildung, Ausbildung des Unterhaltsberechtigten, Aufgabe der Erwerbstätigkeit und/oder der Berufsausbildung durch den Unterhaltsberechtigten, Vorliegen von außergewöhnlich belastenden ehelichen Lebensumständen, die über das übliche Maß hinausgehen (z. B. Behinderungen des Partners oder der Kinder, Lebenskrisen), Dauer der Ehe von der Eheschließung bis zur Zustellung des Scheidungsantrags,[497] Grad der wirtschaftlichen Verflechtung der geschiedenen Ehegatten, beiderseitige Einkommens- und Vermögensverhältnisse, durch die Ehe erlangte Vorteile des Unterhaltsberechtigten (Zugewinnausgleich, Versorgungsausgleich) und schließlich die bisherige Dauer der Unterhaltszahlungen, auch bezüglich des Trennungsunterhalts[498] und der Umstand, dass der Unterhalt bereits vor dem 1. 1. 2008 nach der bis Dezember 2007 bestehenden Rechtslage tituliert war.[499]

Zu weiteren Einzelheiten hinsichtlich einer zeitliche Befristung und einer Herabsetzung des Unterhaltsanspruchs sowie auch zu § 36 EGZPO siehe Rn. 1000 ff.

---

[490] BGH FamRZ 2011, 188 Rn. 15; BGH FamRZ 2009, 406 Rn. 34; OLG Stuttgart FamRZ 2011, 906
[491] BGH NJW 2011, 1284
[492] BGH FamRZ 2008, 1508 Rn. 25, BGH FamRZ 2008, 1325 Rn. 42 = R 694
[493] BGH FamRZ 2010, 1414; BGH FamRZ 2010, 1057; BGH FamRZ 2009, 1207; BGH FamRZ 2009, 406
[494] BT-Drucks. 16/1830 S. 19
[495] OLG Düsseldorf ZFE 2009, 347
[496] BGH FamRZ 2010, 1057 Rn. 23
[497] BGH NJW 2011, 300 Rn. 24 und 29; BGH FamRZ 2010, 1057 Rn. 22
[498] Vgl. auch Bömelburg, Anm. zu BGH FamRZ 2009, 1207 in FF 2009, 419
[499] BGH FamRZ 2010, 1414 Rn. 32

8. Darlegungs- und Beweislast, Prozessuales

264 Der Berechtigte hat die Darlegungs- und Beweislast für seine krankheitsbedingte Erwerbsunfähigkeit.[500] Er muss im Einzelnen die **Krankheiten**, an denen er leidet, angeben und **vortragen,** inwiefern sich diese auf seine **Erwerbsfähigkeit auswirken** und hierzu Art und Umfang seiner gesundheitlichen Beeinträchtigungen oder Leiden darlegen.[501] Wenn der Anspruchsteller eine **Erwerbsunfähigkeitsrente** wegen voller Erwerbsminderung (§ 43 II SGB VI) bezieht oder dienstunfähig ist (§ 42 BeamtVG), wird dem i. d. R. eine **Indizwirkung** für das Vorliegen einer Krankheit i S. d. § 1572 BGB zugesprochen.[502] Eine Bestätigung einer Minderung der Erwerbsfähigkeit über lediglich 40% wegen degenerativer Veränderungen der Hals- und Lendenwirbelsäule mit Nervenwurzelreizerscheinungen und hierdurch bedingter Migräne sowie wegen psychosomatischer Störungen reicht hierfür jedoch nicht aus; es verbleibt bei der vollen Darlegungs- und Beweislast des Berechtigten für die krankheitsbedingten Erwerbsbeeinträchtigungen.[503]

265 Zu der Darlegungs- und Vortragslast des Berechtigten gehört auch, dass die entsprechende Lage zu dem in Frage kommenden maßgebenden **Einsatzpunkt** eingetreten ist.[504] Die gestellten Anforderungen an die Darlegungs- und Beweislast dürfen nicht überspannt werden, sondern müssen den Umständen des Falles entsprechen,[505] z. B. zur Frage, ob ungeachtet der vorliegenden krankheitsbedingten Einschränkungen noch eine **Beschäftigungschance** bestand.[506]

Der Unterhalt Begehrende hat die **Beweislast** dafür, dass bei ihm **keine Rentenneurose** vorliegt oder dass seine psychische Abartigkeit so übermächtig ist, dass sie auch bei Anspruchsversagung nicht überwunden werden kann.[507]

Behauptet der Unterhaltspflichtige die **Genesung** des Berechtigten, der krankheitsbedingt eine fehlende Krankheitseinsicht hat, von der schon langjährig bestehenden, schweren Erkrankung (hier Schizophrenie), muss er hierzu substantiiert vortragen, um den Fortbestand der Erkrankung in Zweifel zu ziehen. Der schlichte Verweis auf die Verweigerung der Begutachtung durch den Kranken erfüllt diese Anforderungen nicht.[508]

266 Das Gericht hat zur Krankheit und der krankheitsbedingten Erwerbsunfähigkeit Feststellungen zu treffen.[509] Verlässt sich ein Unterhaltsberechtigter auf ein **privatärztliches Attest** und unterlässt deshalb eine Erwerbstätigkeit, so tut er dies auf eigenes Risiko. Ist ein in erster Instanz eingeholtes **ärztliches Gutachten** nicht für den gesamten in Frage stehenden Zeitraum aussagekräftig und liegen auch die im Wege des **Urkundenbeweises** verwertbaren Bescheinigungen des behandelnden Arztes bereits längere Zeit zurück, so dass eine abschließende sichere Prognose nicht getroffen werden kann, dann muss auf Antrag ein neues **Sachverständigengutachten** darüber eingeholt werden, dass sich die Folgen einer Erkrankung nicht kurzfristig beheben oder nachhaltig bessern ließen.[510]

267 Der Unterhaltspflichtige kann gemäß § 242 BGB von dem Unterhaltsberechtigten über den Umfang und die Dauer der Krankheit **Auskunft** verlangen. Die Auskunft ist in regelmäßigen Abständen zu erteilen, insbesondere in den Fällen, in denen sich der Gesundheitszustand des Berechtigten so verbessert hat, dass er wieder einer teilweisen oder vollen Erwerbstätigkeit nachgehen kann.[511]

---

[500] BGH FamRZ 2005, 1897, 1898 = R 638 a
[501] BGH FamRZ 2001, 1291, 1292 = R 564 a
[502] Schwab/Borth IV Rn. 263; OLG Brandenburg FamRZ 1996, 866 (Rente wegen Querschnittslähmung); OLG Nürnberg FamRZ 1992, 682, 683
[503] BGH FamRZ 1998, 357
[504] BGH FamRZ 2007, 200, 202; BGH FamRZ, 2001, 1291, 1292 = R 564 a
[505] BGH FamRZ 2005, 1897, 1898 = R 638 a
[506] Vgl. BGH FamRZ 1987, 144, 145
[507] OLG Hamburg FamRZ 1982, 762
[508] BGH FamRZ 2005, 1897, 1898 = R 638 a
[509] BGH FamRZ 1988, 265
[510] BGH FamRZ 1985, 50; FamRZ 1982, 779, 781
[511] OLG Schleswig FamRZ 1982, 1018

VI. Unterhalt wegen Erwerbslosigkeit nach § 1573 I, III, IV BGB

1. Normzweck und Anspruchsvoraussetzungen nach § 1573 I, III, IV BGB

In § 1573 BGB sind zwei verschiedene Unterhaltstatbestände erfasst. Der Unterhalt wegen Arbeitslosigkeit nach § 1573 I, III, IV BGB greift ein, wenn ein Ehegatte nach der Scheidung kein Unterhaltsanspruch nach den §§ 1570, 1571 und 1572 BGB hat und trotz notwendiger Bemühungen keine angemessene Erwerbstätigkeit zu finden vermag. Gleiches gilt nach § 1573 III BGB, wenn die Voraussetzungen der §§ 1570, 1571 und 1572 BGB in der Vergangenheit vorlagen und dann entfallen sind; es handelt sich um einen Anschlussunterhalt. Ein solcher Anspruch besteht nach § 1573 IV BGB auch bei späterem Verlust eines Arbeitsplatzes, wenn trotz ausreichender Bemühungen eine nachhaltige Unterhaltssicherung durch eine angemessene Erwerbstätigkeit noch nicht erreicht worden ist. Der Aufstockungsunterhalt nach § 1573 II BGB stellt einen selbstständigen Anspruch zur Sicherung des in der Ehe erreichten Lebensstandards dar. Auch er kann gemäß § 1573 III BGB als Anschlussunterhalt entstehen (siehe Ziffer VI). Im Ergebnis trägt damit der Unterhaltspflichtige das **Arbeitsmarkt- und das Lebensstandardrisiko** des anderen Ehegatten.

268

Bereits nach der bis Dezember 2007 geltenden Rechtslage bestand nach § 1573 V BGB a. F. die Möglichkeit, die Ansprüche aus § 1573 I bis IV BGB zeitlich zu begrenzen. Tatsächlich war jedoch nach der Rechtsprechung des BGH ab einer gewissen Dauer der Ehe eine Befristung regelmäßig ausgeschlossen und allenfalls unter außergewöhnlichen Umständen zulässig.[512] Von dieser Rechtsprechung ist der BGH erst im Jahr 2006 abgerückt. Seit dem Urteil vom 12. 4. 2006[513] hat er für die Entscheidung über die Befristung nach § 1573 V BGB a. F. das hauptsächliche Gewicht auf die mit der Ehe verbundenen (Erwerbs-) Nachteile für den Unterhaltsberechtigten gelegt. Durch die Neugestaltung des Begriffs der angemessenen Erwerbstätigkeit des Berechtigten in § 1574 II BGB, auf die § 1573 I BGB verweist, sowie die Neuregelung des § 1578 b BGB, der eine amtliche Prüfung der Begrenzung/Befristung des Unterhaltsanspruchs vorsieht, sind die Fälle einer **dauerhaften Unterhaltsverpflichtung** zurückgegangen.

269

Der Anspruch nach § 1573 I BGB **muss nicht ehebedingt** sein. Es ist nicht erforderlich, dass der Anspruchsteller vor oder während der Ehe erwerbstätig war oder gerade wegen der Ehe keiner Erwerbstätigkeit nachging. Zur Begründung der unterhaltsrechtlichen Mitverantwortung des anderen Ehegatten genügt es, wenn die Bedürfnislage irgendwie mit der Ehe in Verbindung steht.[514]

2. Subsidiarität und Konkurrenzen

a) Fehlen eines Anspruchs nach §§ 1570, 1571, 1572, 1575, 1576 BGB. Ein Anspruch nach § 1573 I BGB setzt voraus, dass der Berechtigte keinen Anspruch wegen Kindesbetreuung (§ 1570 BGB), wegen Alters (§ 1571 BGB) oder wegen Krankheit (§ 1572 BGB) hat, d. h., das Bestehen eines solchen Anspruchs **schließt** einen Anspruch nach § 1573 I BGB aus.[515]

270

Diese **Subsidiarität** des § 1573 I BGB hat zur Folge, dass bei Vorliegen der Voraussetzungen einer vorrangigen Norm auch keine Teilansprüche nach § 1573 I BGB bestehen können.

Da § 1573 I BGB stets eine Erwerbsobliegenheit voraussetzt, die bei Ansprüchen nach §§ 1575 und 1576 BGB fehlt, sind auch Ansprüche nach §§ 1575 und 1576 BGB vorrangig gegenüber den Ansprüchen nach § 1573 BGB.

---

[512] BGH FamRZ 2004, 1357, 1360; BGH FamRZ 1991, 307, 310; BGH FamRZ 1990, 857, 859
[513] BGH FamRZ 2006, 1006, vgl. zur Rechtsentwicklung Dose FamRZ 2007, 1289, 1294
[514] BGH FamRZ 1980, 126
[515] BGH FamRZ 1999, 708, 709; BGH FamRZ 1988, 927

271 **b) Konkurrenzen.** Ein Anspruch auf Aufstockungsunterhalt nach § 1573 II BGB setzt voraus, dass der Unterhaltsberechtigte eine vollschichtige angemessene Erwerbstätigkeit ausübt oder ihn eine entsprechende Obliegenheit trifft. Vermag der Unterhaltsberechtigte eine solche Tätigkeit nicht zu erlangen, ergibt sich sein Unterhaltsanspruch zum Teil aus § 1573 I BGB – Erwerbslosigkeitsunterhalt.[516]

Der Anspruch nach § 1573 I BGB wandelt sich in einen Anspruch auf **Aufstockungsunterhalt** (§ 1573 II BGB), wenn der Berechtigte eine Arbeitsstelle findet, aber mit den Einkünften aus dieser angemessenen Erwerbstätigkeit seinen vollen eheangemessene Unterhalt (§ 1578 I 1 BGB) nicht decken kann.[517]

Statt eines Anspruchs nach § 1573 I BGB besteht ein Anspruch auf Aufstockungsunterhalt nach § 1573 II BGB, wenn der Berechtigte seiner Erwerbsobliegenheit durch die Ausübung einer ihm nach Art und Umfang angemessenen Erwerbstätigkeit nachgeht, was im Einzelfall auch eine Teilzeitbeschäftigung sein kann, mit den Einkünften aber seinen vollen Unterhalt nicht decken kann.[518]

Ein Anspruch auf Aufstockungsunterhalt (§ 1573 II BGB) besteht auch dann, wenn sich der Berechtigte nicht in ausreichendem Maß um eine angemessene Erwerbstätigkeit bemüht hat und ihm deshalb **erzielbare Einkünfte fiktiv** zugerechnet werden, die aber seinen vollen Unterhalt nicht decken.[519]

3. Der Unterhaltsberechtigte findet keine angemessene Erwerbstätigkeit

272 Ein Anspruch nach § 1573 I BGB setzt voraus, dass der Unterhalt Begehrende aus Gründen der Arbeitsmarktlage nach der Scheidung keine angemessene Erwerbstätigkeit findet.[520]

Ein Anspruch nach § 1573 I BGB besteht nicht, solange der Berechtigte eine angemessene Erwerbstätigkeit ausübt. Dies gilt auch, wenn zwar der künftige Verlust des bisherigen Arbeitsplatzes bereits feststeht, aber der genaue Zeitpunkt des Verlustes noch nicht bekannt ist. Außerdem steht fest, dass der Berechtigte keine angemessene neue Erwerbstätigkeit finden wird. In Fällen, in denen sich die künftige Entwicklung der maßgeblichen Verhältnisse nicht mit hinreichender Sicherheit voraussehen lässt, ist es angemessen, nur die im Zeitpunkt der letzten mündlichen Verhandlung bestehenden Verhältnisse zugrunde zu legen und es den Beteiligten zu überlassen, bei anderweitiger Entwicklung der Verhältnisse ein Abänderungsverfahren nach § 238, 239 FamFG durchzuführen.[521]

273 Bei der nach § 1573 I BGB zu suchenden Erwerbstätigkeit muss es sich um eine **angemessene** Erwerbstätigkeit im Sinn der Legaldefinition des § 1574 II BGB handeln. Diese inhaltliche Beschränkung der Erwerbsobliegenheit auf eine angemessene berufliche Beschäftigung und die gesetzliche Umschreibung tragen damit – wie beim Altersunterhalt – zur Konkretisierung der Voraussetzungen des Erwerbslosigkeitsunterhalts bei.[522]

Die Beurteilung, welche Art von Erwerbstätigkeit in diesem Sinn angemessen ist, obliegt dem Tatrichter, der dazu alle in Frage kommenden Umstände des konkreten Einzelfalls festzustellen und umfassend abzuwägen hat.[523]

Nach dem Maßstab des § 1574 II BGB ist auch zu beurteilen, ob umfangmäßig – wie in der Regel – eine **volle Erwerbstätigkeit** angemessen ist **oder** auf Grund einer Abwägung aller Umstände nur eine **Teilerwerbstätigkeit** in Frage kommt.[524]

---

[516] BGH NJW 2011, 303; BGH FamRZ 1988, 265
[517] BGH FamRZ 1988, 265; FamRZ 1985, 908
[518] BGH FamRZ 1985, 908
[519] BGH FamRZ 2001, 1291, 1294; BGH FamRZ 1990, 499; BGH FamRZ 1988, 927, 929; FamRZ 1985, 908; ferner FamRZ 1986, 553, 555
[520] BGH FamRZ 1988, 927; FamRZ 1988, 265
[521] BGH FamRZ 1984, 988
[522] BGH FamRZ 1983, 144
[523] BGH FamRZ 1987, 795, 797; FamRZ 1984, 561
[524] BGH FamRZ 1985, 908

Die ehelichen Lebensverhältnisse, die nach § 1574 II BGB die Angemessenheit einer zumutbaren Erwerbstätigkeit mitbestimmen, sind regelmäßig unter Einbeziehung der gesamten Entwicklung bis zur Rechtskraft der Scheidung zu beurteilen.[525] Dabei ist nach § 1574 II 1 BGB zu beachten, dass sich aus den ehelichen Verhältnissen bezüglich der Zumutbarkeit einer Tätigkeit nur noch ein **Korrektiv** in Form einer Billigkeitsabwägung ergibt. Es ist Sache des Berechtigten ggf. darzulegen und nachzuweisen, dass für ihn die Ausübung einer an sich erreichbaren Erwerbstätigkeit im konkreten Fall auf Grund der ehelichen Lebensverhältnisse unzumutbar ist.[526]

Zur Bestimmung der angemessenen Erwerbstätigkeit im Sinne des § 1574 II BGB siehe Rn. 139 ff.

4. Notwendige Bemühungen um eine angemessene Erwerbstätigkeit

a) Art und Umfang der Bemühungen. Der geschiedene Ehegatte ist wegen der bestehenden Erwerbsobliegenheit verpflichtet, genügend intensive, ernsthafte und nachhaltige Bemühungen zur Erlangung einer angemessenen Erwerbstätigkeit zu entfalten. An diese Bemühungen werden strenge Anforderungen gestellt. Eine schlichte Meldung bei der Agentur für Arbeit reicht nicht aus; ebenso wenig eine **Bewerbung** ohne konkreten Bezug zu einer Stellenausschreibung, mithin „**ins Blaue**" hinein.[527] Gleiches gilt für die schlichte Berufung auf die Tatsache, dass Hartz IV-Leistungen bezogen werden.[528] Die den §§ 35 ff. und § 121 SGB III enthaltenen Vorschriften über die Anforderungen an die Arbeitsvermittlung und die Zumutbarkeitsanforderungen für den Arbeitsuchenden umschreiben **Mindestanforderungen**, die auch für die unterhaltsrechtliche Beurteilung von Arbeitsbemühungen herangezogen werden können.[529] 274

Der Unterhaltsberechtigte muss zur Erfüllung seiner Obliegenheit auch **eigene Bemühungen** anstellen und selbst aktiv werden, z. B. durch eine Schaltung von **eigenen Inseraten** in Zeitungen oder Internetportalen, Anfrage bei Arbeitgebern, Vermittlungsagenturen oder in Job-Portalen. 275

Der Umkreis der Arbeitssuche richtet sich nach den Verhältnissen des Einzelfalls. Grundsätzlich muss die Bereitschaft zu einem Ortswechsel bestehen. Bei vorhandenen und unterhaltsrechtlich anzuerkennenden **örtlichen Bindungen** (z. B. bei eigener Kinderbetreuung oder einem Umgangsrecht) reicht es aus, wenn der Berechtigte sich auf Arbeitsplätze bewirbt, die von seinem Wohnort aus mit einem vertretbaren Aufwand erreichbar sind.[530]

Auf **Stellenanzeigen** hat er sich in geeigneter Form, in der Regel schriftlich, gegebenenfalls auch persönlich oder telefonisch zu bewerben. Die Art und die Form der Bewerbungen müssen den persönlichen Kenntnissen, Fertigkeiten und Fähigkeiten des Berechtigten entsprechen. Sie dürfen nicht fehlerhaft[531] oder so gestaltet sein, dass damit eine Absage provoziert wird.

Bei einer vollschichtigen Erwerbsobliegenheit hat der Berechtigte grundsätzlich die gesamte Arbeitskraft der Stellensuche zu widmen.[532] Zumutbar sind im Einzelfall bis zu **30 Bewerbungsschreiben** pro Monat.[533] Die Bewerbungsbemühungen sind sorgfältig und nachprüfbarer Form zu **dokumentieren**. Dazu gehören insbesondere die Stellenausschreibungen, die Bewerbungsschreiben und die Absagen.[534]

Die Erwerbsbemühungen müssen sich auf eine entsprechend entlohnte Arbeitsstelle im erlernten Beruf erstrecken. Übt der Berechtigte eine gering bezahlte, für ihn berufsfremde 276

---

[525] BGH FamRZ 1984, 561
[526] BT-Drucks. 16/1830 S. 17
[527] OLG Nürnberg FamRZ 2009, 345
[528] OLG Brandenburg FamRZ 2007, 2014
[529] Büttner FF 2003, 192 ff.
[530] BGH FamRZ 2009, 314 Rn. 25 = R 701; Johannsen/Henrich/Büttner § 1573 BGB Rn. 7
[531] OLG Brandenburg FamRZ 2006, 341
[532] BGH FamRZ 2006, 317
[533] BGH FamRZ 1987, 144, 145; OLG Koblenz FamRZ 2000, 313
[534] OLG Nürnberg FamRZ 2009, 345

Teilzeittätigkeit aus, lässt sich das für ihn bei Vollerwerbstätigkeit erzielbare Einkommen nicht ohne weiteres durch Hochrechnung dieses Verdienstes ermitteln.[535] Auch bei einer **sicheren Teilzeitarbeitsstelle** besteht grundsätzlich die Obliegenheit, sich um eine Vollzeitbeschäftigung zu bemühen. Übergangsweise kann es jedoch ausreichen, wenn neben einer krisenfesten Teilzeitbeschäftigung oder einer noch im Aufbau befindlichen selbstständigen Erwerbstätigkeit eine **zusätzliche Nebentätigkeit** (z. B ein Mini-Job) ausgeübt wird.[536] Das Risiko, das sich dadurch ergibt, dass ein Ehegatte aufgrund der bestehenden Obliegenheit eine sichere Teilzeittätigkeit zu Gunsten einer ungesicherten Vollzeittätigkeit aufgibt, die dann jedoch ohne Verschulden des Berechtigten arbeitgeberseitig gekündigt wird, trägt der Unterhaltspflichtige.

Ein Arbeitsloser, dessen Vermittlung in eine Vollzeitbeschäftigung ohne sein Verschulden erfolglos bleibt, kann verpflichtet sein, eine mögliche Neben- oder Teilzeitbeschäftigung aufzunehmen.[537]

277 **b) Bestehen einer realen Beschäftigungschance.** Objektiv muss nach den jeweiligen Arbeitsmarktverhältnissen eine reale Beschäftigungschance bestanden haben. Die **objektive Feststellung** einer realen Beschäftigungschance obliegt tatrichterlicher Würdigung.[538] Sie hängt ab von den jeweiligen Verhältnissen auf dem Arbeitsmarkt sowie von den persönlichen Eigenschaften und Verhältnissen des Arbeitsuchenden, wie z. B. Alter, Ausbildung, Berufserfahrung, Gesundheitszustand u. ä. Für die Frage der realen Beschäftigungschance ist nicht auf den Zeitpunkt der ersten tatsächlichen Bewerbungsbemühungen, sondern darauf abzustellen, ob eine solche bestanden hätte, wenn der Berechtigte von Anfang an, d. h. von Beginn seiner Erwerbsobliegenheit an, dieser genügt hätte.[539] Sofern der Unterhaltsberechtigte durch seine unzureichende Eigeninitiative die Chance einer stufenweisen beruflichen Eingliederung hat verstreichen lassen, darf sich dies nicht zu Lasten des Unterhaltspflichtigen auswirken.[540]

Zweifel an der Ernsthaftigkeit seiner Bewerbungsbemühungen gehen **zu Lasten des Berechtigten.** [541] Hat er keine ausreichenden Bewerbungsbemühungen dargelegt, kann im Regelfall nicht ausgeschlossen werden, dass er eine angemessene Stelle gefunden hätte. Auch wenn die Arbeitsplatzsuche im speziellen Fall erschwert ist, kann nur ausnahmsweise – obwohl es an hinreichenden Bemühungen des Berechtigten mangelt – vom Fehlen jeglicher Beschäftigungschance ausgegangen werden.[542]

Weitere Einzelheiten zu den notwendigen Bemühungen und zur realen Beschäftigungschance siehe § 1 Rn. 782 ff. Zur Darlegungs- und Beweislast siehe unter Rn. 302 ff.

278 **c) Beginn der Obliegenheit.** Aus dem Wortlaut des Gesetzes ergibt sich der Zeitpunkt, von dem an die Arbeitsplatzsuche beginnen muss, nicht. Mit dem Begriff „nach der Scheidung" ist lediglich der Einsatzzeitpunkt verdeutlicht, d. h., dass der Anspruch aus § 1573 I BGB erst nach der Scheidung beginnt. Die Frage des Einsetzens der Bewerbungsbemühungen hängt von den Umständen des Einzelfalles ab. Dabei ist eine **Interessenabwägung** unter Einbeziehung aller Umstände erforderlich.[543]

Ein Anspruch nach § 1573 BGB kann nicht in jedem Fall deshalb versagt werden, weil der Berechtigte sich **nicht sofort nach** der **Trennung** intensiv um die Erwerbstätigkeit im Rahmen seiner beruflichen Vorbildung **bemüht** hat, sondern erst $^{1}/_{2}$ Jahr später eine Ausbildung als Altenpfleger begonnen hat. Denn für eine Erwerbsobliegenheit während der Ehe bestehen nach § 1361 II BGB andere Voraussetzungen als für eine Erwerbsobliegenheit nach der Scheidung. Zudem steht es dem Berechtigten grundsätzlich frei, die Art seiner

---

[535] OLG Köln FamRZ 2005, 1097, 1098
[536] OLG Köln FamRZ 2002, 1627; OLG Frankfurt FamRZ 2000, 25
[537] Vgl. OLG Köln – 4 UF 230/03, BeckRS 2008, 26145 für den Pflichtigen
[538] Vgl. BGH FamRZ 2008, 2104 Rn. 20 ff. = R 696
[539] BGH FamRZ 2008, 2104 Rn. 23 = R 696
[540] BGH FamRZ 2008, 2104 Rn. 23 = R 696
[541] BGH FamRZ 2008, 2104 Rn. 24 = R 696; BGH FamRZ 1988, 604; FamRZ 1987, 912, 962; FamRZ 1987, 691; FamRZ 1987, 144; FamRZ 1986, 885
[542] Vgl. OLG Köln BeckRS 2005, 30349120
[543] OLG Brandenburg FamRZ 2008, 1952 Rn. 59

ihm zuzumutenden Erwerbstätigkeit selbst zu bestimmen. Liegt die **Trennung** der Ehegatten jedoch bereits **längere Zeit zurück** und steht die Scheidung der Ehe unmittelbar bevor, kann bereits während der Trennungszeit eine Erwerbsobliegenheit bestehen.[544] Angesichts der durch das Unterhaltsrechtsänderungsgesetz 2007 hervorgehobenen gesteigerten Eigenverantwortung kann im Einzelfall von dem Unterhaltsberechtigten sogar verlangt werden, bereits nach der **Verfestigung der Trennung** und spätestens mit **Rechtshängigkeit eines Scheidungsantrags** intensive Bewerbungsbemühungen zu entfalten.[545]

Wenn und soweit der Unterhaltspflichtige ohne Berufung auf eine bestehende Erwerbsobliegenheit des Berechtigten den Unterhalt über längere Zeit hinweg vorbehaltlos gezahlt hat, ist er gehalten, dem unterhaltsberechtigten Ehegatten wegen des von ihm geschaffenen **Vertrauenstatbestandes** einen angemessenen Zeitraum für die Bemühungen um eine i. S. d. § 1574 I, II BGB angemessene Erwerbstätigkeit zu gewähren.

5. Ausbildungsobliegenheit

Kommen nach den Umständen des Falles auf Grund der Vorbildung oder aus sonstigen Gründen, z. B. wegen der Unmöglichkeit, aus gesundheitlichen Gründen den erlernten oder in der Ehe ausgeübten Beruf weiter auszuüben, gegenwärtig nur Erwerbstätigkeiten in Betracht, die nicht angemessen sind, dann tritt nach § 1574 III BGB an die Stelle der Erwerbsobliegenheit i. S. d. § 1573 I BGB eine **Obliegenheit** des geschiedenen Ehegatten, **sich ausbilden, fortbilden oder umschulen** zu lassen.[546] Diese Obliegenheit ist von dem Ausbildungsunterhalt des § 1575 BGB zu unterscheiden. Anders als bei § 1575 BGB ist es bei § 1574 III BGB nicht erforderlich, dass mit der Ausbildung, Fortbildung oder Umschulung ehebedingte Ausbildungsnachteile ausgeglichen werden sollen. Voraussetzung für die Ausbildungsobliegenheit ist lediglich, dass dies zur Aufnahme einer angemessenen Erwerbstätigkeit erforderlich ist und ein erfolgreicher Abschluss der Ausbildung, Fortbildung oder Umschulung innerhalb einer angemessenen Zeit[547] zu erwarten ist.[548] Für die Regelzeit der Ausbildungsdauer besteht dann keine Erwerbsobliegenheit. Einzelheiten zur Ausbildungsobliegenheit und zum Ausbildungsunterhalt nach § 1574 III BGB siehe Rn. 328 ff.

6. Folgen einer Verletzung der Obliegenheit aus §§ 1573 I, 1574 III BGB

Kommt ein geschiedener Ehegatte seiner Obliegenheit zur Ausübung einer Erwerbstätigkeit nicht oder nicht in ausreichendem Umfang nach, weil er eine ihm nach §§ 1571 I, 1574 II BGB obliegende Tätigkeit nicht aufnimmt, ist er in Höhe der hieraus erzielbaren Einkünfte als nicht bedürftig anzusehen. Das hat zur Folge, dass sich der geschiedene Ehegatte das erzielbare Einkommen fiktiv **zurechnen lassen muss.** Können nur erzielbare Einkünfte fiktiv zugerechnet werden, die den **Bedarf nicht decken**, kann ein Anspruch auf Aufstockungsunterhalt nach § 1573 II BGB in Frage kommen.[549]

Gleiches gilt, wenn der Berechtigte eine Aus- bzw. Fortbildungsobliegenheit nach § 1574 III BGB verletzt. Der Berechtigte muss sich in letzterem Fall ggf. auf eine nicht angemessene Tätigkeit verweisen lassen.[550]

7. Maßgebliche Einsatzzeitpunkte

Scheitert ein **vorrangiger Anspruch** nach §§ 1570, 1571, 1572, 1575 und 1576 BGB nur daran, dass die Anspruchsvoraussetzungen nicht zum maßgeblichen Einsatzzeitpunkt

---

[544] BGH FamRZ 1990, 283, 286
[545] OLG Brandenburg FamRZ 2008, 1952
[546] BGH FamRZ 1994, 372; 1993, 789
[547] BGH FamRZ 1980, 126
[548] BGH FamRZ 1987, 795, 797; FamRZ 1986, 1085; FamRZ 1984, 561
[549] BGH FamRZ 1988, 927, 929
[550] BGH FamRZ 1986, 553

vorliegen, dann fehlt grundsätzlich auch ein Einsatzzeitpunkt für einen Anspruch nach § 1573 I BGB.

Ein Anspruch nach § 1573 I BGB besteht nur, wenn der Betroffene zu bestimmten Einsatzzeitpunkten keine eheangemessene Arbeit hat. Beim **Anschlussunterhalt** ist zu beachten, dass dieser nur in dem Umfang weiterbesteht, wie er im Zeitpunkt des wegfallenden Vortatbestandes bestanden hatte.

282 **a) Scheidung.** Nach dem Gesetzeswortlaut „nach der Scheidung" ist der Einsatzzeitpunkt des originären Erwerbslosigkeitsunterhalts nicht so eng an den Zeitpunkt der Scheidung gebunden wie bei den Unterhaltstatbeständen der §§ 1571 Nr. 1 und 1572 Nr. 1 BGB, deren Voraussetzungen „im Zeitpunkt der Scheidung" bzw. „vom Zeitpunkt der Scheidung an" gegeben sein müssen. Andererseits ist „nach der Scheidung" nicht als zeitlich unbegrenzt zu verstehen. Vielmehr muss zumindest noch ein zeitlicher Zusammenhang mit der Scheidung bestehen. Nach etwa eineinhalb Jahren nach der Scheidung besteht ein solcher zeitlicher Zusammenhang mit der Scheidung nicht mehr.[551]

283 Das OLG Oldenburg hält den **erforderlichen zeitlichen Zusammenhang** bereits ein Jahr nach der Scheidung für unterbrochen. Danach entfällt ein originärer Anspruch nach § 1573 I BGB, wenn sich der Betroffene im ersten Jahr nach der Scheidung nicht ausreichend um eine angemessene Erwerbstätigkeit bemüht hat und der Unterhaltsbedarf durch erzielbare Einkünfte aus einer zumutbaren Erwerbstätigkeit hätte gedeckt werden können. Der weggefallene Anspruch lebt auch nicht wieder auf, wenn sich der Berechtigte später in unterhaltsrechtlich gebotenem Maß um eine Arbeitsstelle bemüht. Solche verspäteten Anstrengungen sind nicht zum Einsatzzeitpunkt „nach der Scheidung" erfolgt und dienen deshalb nicht mehr der Behebung einer ehebedingten Bedürfnislage, sondern der Beseitigung einer durch langfristige Untätigkeit selbst verursachten Bedürfnissituation.[552]

284 Ein Sonderproblem stellt sich, wenn der **Unterhalt zum Zeitpunkt der Scheidung** durch eine angemessene Erwerbstätigkeit **nachhaltig gesichert** war, aber der Arbeitsplatz wenige Tage nach der Scheidung verloren geht. Zum Zeitpunkt der Scheidung bestand dann kein Anspruch nach § 1573 I BGB. Nach Meinung des OLG Bamberg entsteht ein solcher Anspruch auch trotz des wenige Tage nach Scheidung eingetretenen Arbeitsplatzverlustes nicht, weil Anspruchsvoraussetzung vorbehaltlich der besonderen Regelung in § 1573 IV BGB (fehlende nachhaltige Sicherung) sei, dass der geschiedene Ehegatte zum Zeitpunkt der Scheidung keine angemessene Erwerbstätigkeit ausgeübt habe.[553] Dies erscheint zweifelhaft, da der erforderliche zeitliche Zusammenhang für den Anspruch § 1573 I BGB jedenfalls wenige Tage nach Scheidung noch vorliegen dürfte. So hat der BGH[554] in einem Fall, bei dem die klagende Ehefrau zum Zeitpunkt der Scheidung bereits berufstätig war, den Anspruch nach § 1573 I BGB allein mit der Begründung verneint, dass die Erwerbslosigkeit erst über 2 Jahre nach der Scheidung eingetreten sei und damit der zeitliche Zusammenhang mit der Scheidung fehle, die Sache aber aufgehoben und zur Prüfung zurückverwiesen, ob wegen des eventuellen Anspruchs nach § 1573 IV BGB die kurze Zeit vor Scheidung aufgenommene Tätigkeit im Zeitpunkt ihrer Aufnahme bereits eine nachhaltige Unterhaltssicherung dargestellt habe. Allerdings trifft zu, dass der zeitliche Zusammenhang der anschließenden Erwerbslosigkeit mit der Scheidung im Fall nachhaltiger Sicherung des Unterhalts zum Scheidungszeitpunkt nur bei verhältnismäßig kurzen Zeiträumen bestehen kann, weil sonst der Zweck des § 1573 IV BGB verfehlt würde, dem Pflichtigen nicht das Erwerbsrisiko des Berechtigten aufzubürden.

285 **b) Wegfall der Voraussetzungen eines Anspruchs nach § 1570 BGB.** Der Einsatzzeitpunkt „Wegfall des Anspruchs nach § 1570 BGB" ist zu bejahen, wenn der Berechtigte wegen des Alters des Kindes durch dessen Betreuung nicht mehr an der Aufnahme einer Vollerwerbstätigkeit gehindert wird, aber wegen der Arbeitsmarktlage keine Erwerbstätigkeit findet. Hierbei handelt es sich um einen Anschlussunterhalt.

---

[551] BGH FamRZ 1987, 684, 687
[552] OLG Oldenburg FamRZ 1986, 64
[553] OLG Bamberg FamRZ 1997, 819; der Ansicht angeschlossen hat sich OLG Köln FamRZ 1998, 1434
[554] BGH FamRZ 1988, 701

c) **Wegfall der Voraussetzungen eines Anspruchs nach § 1571 BGB.** Der Einsatzzeitpunkt „Wegfall eines Anspruchs nach § 1571 BGB" spielt praktisch keine Rolle, denn es kann nicht angenommen werden, dass ein berechtigter Anspruch auf Altersunterhalt später nochmals wegfallen wird, wenn der Betreffende noch älter geworden ist. Ein Unterhalt wegen vorzeitigen Alterns, der bei einer späteren Genesung wieder entfallen könnte, ist kein Altersunterhalt, sondern ein Krankheitsunterhalt.

d) **Wegfall der Voraussetzungen eines Anspruchs nach § 1572 BGB.** Der Einsatzzeitpunkt „Wegfall eines Anspruchs nach § 1572 BGB" liegt vor, wenn der Berechtigte wieder gesund wird und deshalb erneut arbeiten kann, aber keine angemessene Arbeit findet. Es ist ein Anschlussunterhalt.

Der Einsatzzeitpunkt des „Wegfalls eines Ausbildungsunterhalts" liegt vor, wenn der Betreffende nach Beendigung einer berechtigten Ausbildung keine angemessene Erwerbstätigkeit findet. Es ist ein Anschlussunterhalt.

8. Umfang des Anspruchs

Der Anspruch nach § 1573 I BGB umfasst in der Regel **den vollen** eheangemessenen **Unterhalt** (§ 1578 I 1 BGB). Geht der Berechtigte zwar einer der Art nach angemessenen Teilzeitbeschäftigung nach, nicht aber einer ihm zumutbaren Vollzeitbeschäftigung, weil er aus Gründen der Arbeitsmarktlage noch keine vollschichtige Arbeit gefunden hat, so hat er nach § 1573 I BGB einen Unterhaltsanspruch in Höhe seines durch die Teilzeitbeschäftigung noch nicht gedeckten vollen Unterhaltsbedarfs.[555] Außerdem muss er sich weiterhin laufend um eine angemessene Vollzeitbeschäftigung bemühen.

Ein Anspruch nach § 1573 I BGB besteht auch, wenn der Berechtigte zwar einer Erwerbstätigkeit nachgeht, diese aber der Art nach nicht angemessen ist. Die Höhe dieses Anspruchs ist ebenfalls nach der Differenz zwischen dem vollen Bedarf (§ 1578 I 1 BGB) und den anrechenbaren Einkünften aus der nicht angemessenen Erwerbstätigkeit zu bemessen. Gleichzeitig muss der Berechtigte seine Bemühungen um eine angemessene Erwerbstätigkeit fortsetzen.

9. Dauer des Anspruchs, Erlöschen durch nachhaltige Unterhaltssicherung, Wiederaufleben

a) **Dauer des Anspruchs, Erlöschen.** Der Anspruch nach § 1573 I BGB besteht, solange und soweit keine angemessene Erwerbstätigkeit gefunden wird.

War der Unterhalt vollständig durch die Erwerbstätigkeit nachhaltig **gesichert,** dann entsteht kein Unterhaltsanspruch nach § 1573 I BGB und kein Anschlussunterhalt nach §§ 1571, 1572, 1575 BGB.

Ein entstandener Unterhaltsanspruch findet mit der Aufnahme einer (ersten) angemessenen, zur Deckung des vollen Unterhalts ausreichenden Erwerbstätigkeit nach der Scheidung **sein Ende.**[556] Reichen die Einkünfte nicht zur Deckung des vollen Unterhalts, kann ein Anspruch auf Aufstockungsunterhalt nach § 1573 II BGB bestehen.

b) **Wiederaufleben des Unterhaltsanspruchs nach § 1573 IV 1 BGB.** Der Anspruch nach § 1573 I BGB lebt wieder auf, wenn die Einkünfte aus der angemessenen Erwerbstätigkeit wegfallen, weil es dem Betroffenen trotz seiner Bemühungen nicht gelungen war, den Unterhalt durch die aufgenommene Erwerbstätigkeit nach der Scheidung im Sinn von § 1573 IV BGB **nachhaltig zu sichern.**[557]

Diese Bestimmung stellt auf die Unterhaltssicherung durch die Erwerbstätigkeit ab.[558] Danach kann ein wegen Erwerbstätigkeit des Berechtigten bereits weggefallener Anspruch nach § 1573 I BGB bei einem späteren Verlust der Arbeitsstelle wieder aufleben, wenn und

---

[555] BGH NJW 2011, 303; BGH FamRZ 1988, 265
[556] BGH FamRZ 1985, 791
[557] BGH FamRZ 1985, 791
[558] BGH FamRZ 1987, 689

soweit der Unterhalt durch die Erwerbstätigkeit **noch nicht nachhaltig gesichert** war. Damit eröffnet § 1573 IV BGB praktisch eine **neue Einsatzzeit,** an die sich auch ein Anschlussunterhalt anschließen kann. Diese Einsatzzeit beginnt mit dem Wegfall der ausgeübten Erwerbstätigkeit.

War dagegen der Berechtigte in nachhaltig gesicherter Weise bereits **in das Erwerbsleben eingegliedert**, so trägt er auch die Gefahr unvorhergesehener Ereignisse und Entwicklungen selbst, ohne sich unterhaltsmäßig noch an seinen früheren Ehepartner halten zu können.[559]

291   aa) **Ausübung einer angemessenen Erwerbstätigkeit nach der Scheidung.** Der Berechtigte muss nach der Scheidung eine angemessene Erwerbstätigkeit ausgeübt haben. War die ausgeübte Erwerbstätigkeit nicht angemessen im Sinn von § 1574 II BGB, dann war der Anspruch nach § 1573 I BGB noch nicht weggefallen. Unerheblich ist, ob die angemessene Erwerbstätigkeit bereits vor der Scheidung begonnen hatte oder erst danach.[560]

292   bb) **Unverschuldeter späterer Wegfall der Einkünfte aus dieser Erwerbstätigkeit.** Die Einkünfte aus der Erwerbstätigkeit müssen unverschuldet weggefallen sein. Diese Voraussetzung ergibt sich aus der Formulierung „trotz seiner Bemühungen".

Ein unverschuldeter Verlust liegt z. B. vor bei Verlust der Arbeitsstelle infolge eines Unfalls, einer Krankheit, infolge Alters, unverschuldeter Arbeitgeberkündigung, Insolvenz des Arbeitgebers, Aufnahme einer zeitlich befristeten Arbeitsbeschaffungsmaßnahme.

Verschuldet ist der Verlust bei einer eigenen Kündigung des Unterhaltsberechtigten, ohne eine gleichwertige Arbeit zu haben, bei schuldhaft herbeigeführter Arbeitgeberkündigung und wenn nur Gelegenheitsarbeiten übernommen werden, obwohl bei entsprechenden Bemühungen auch eine nachhaltige Tätigkeit hätte gefunden werden können. Entfällt eine Erwerbstätigkeit durch eigenes Verschulden, so lebt der Unterhaltsanspruch nicht wieder auf.

293   cc) **Nachhaltige Unterhaltssicherung durch die Erwerbstätigkeit.** Durch die weggefallene Tätigkeit darf der Unterhalt noch nicht nachhaltig gesichert gewesen sein.

Nach § 1573 IV BGB ist auf die nachhaltige Sicherung des Unterhalts abzustellen, nicht auf die nachhaltige Sicherung eines bestimmten Arbeitsplatzes.[561] Diese Sicherung kann u. U. auch angenommen werden, wenn nur **fiktive Einkünfte** zuzurechnen wären, weil auch solche Einkünfte – fiktiv – zu einer nachhaltigen Sicherung führen können.[562] Eine andere Auffassung würde zur Besserstellung eines Unterhaltsberechtigten führen, der seine Erwerbsobliegenheit verletzt. In beiden Fällen hat der Unterhalt begehrende Ehegatte **darzulegen und zu beweisen,** dass es zu keiner nachhaltigen Sicherung des Unterhalts kam.[563]

294   Für die Beurteilung, ob der Unterhalt nachhaltig gesichert erscheint, ist maßgebend, ob die Erwerbstätigkeit im Zeitpunkt ihrer Aufnahme nach objektiven Maßstäben und allgemeiner Lebenserfahrung mit einer gewissen Sicherheit im Sinne **objektiviert vorausschauender Betrachtung**[564] als dauerhaft angesehen werden kann oder ob befürchtet werden muss, dass der Bedürftige sie durch außerhalb seiner Entschließungsfreiheit liegende Umstände in absehbarer Zeit wieder verliert. Dabei sind vom Standpunkt eines optimalen Beobachters auch solche Umstände in die Beurteilung einzubeziehen, die zwar schon zu diesem Zeitpunkt bestehen, aber erst später zutage treten.[565] Die ex-ante-Betrachtung zum Zeitpunkt des Beginns der Erwerbstätigkeit hat nicht auf Grund einer subjektiven Vorausschau nach dem Erkenntnisstand der Unterhaltsparteien zu geschehen, sondern es sind bei der gebotenen objektiven Betrachtung **(objektiv vorausschauende Prognose)** Umstände zu berücksichtigen, die schon vorlagen, aber erst später zutage getreten sind. Bei einer

---

[559] BGH FamRZ 1988, 701; FamRZ 1985, 1234
[560] BGH FamRZ 1985, 53, 55
[561] BGH FamRZ 1985, 53, 55
[562] BGH FamRZ 2003, 1734, 1736 = R 597 b
[563] BGH a. a. O.
[564] BGH FamRZ 1988, 701; FamRZ 1985, 1234
[565] BGH FamRZ 1988, 701; FamRZ 1985, 1234; FamRZ 1985, 791

2. Abschnitt: Anspruchstatbestände des nachehelichen Unterhalts   § 4

Lehrerin betrifft die Prognose neben der fachlichen Qualifikation auch die gesundheitliche Eignung. Wird sie zwei Tage nach Dienstantritt wegen einer Nervenerkrankung dienstunfähig und tritt im Lauf von zwei Jahren keine Besserung ein, dann fehlt schon bei Aufnahme des Dienstes die gesundheitliche Eignung, auch wenn die Symptome der schon bestehenden Krankheit nicht sofort bei Dienstbeginn aufgetreten sind.[566]

Nach einer **Dauer der Erwerbstätigkeit** von 2 Jahren dürfte von einer nachhaltigen Unterhaltssicherung auszugehen sein.[567] Dasselbe gilt bei Verlust des Arbeitsplatzes 4 Jahre nach Scheidung.[568]

Auch bei einer **kurzen tatsächlichen Beschäftigungszeit** kann der Unterhalt nachhaltig gesichert sein. Dies ist z. B. der Fall, wenn der Bedürftige nach Abschluss eines langfristigen Arbeitsvertrages seine Stelle verliert, weil der Arbeitgeber unerwartet in Insolvenz gegangen ist. Andererseits kann im Fall der Vereinbarung einer Probezeit die nachhaltige Sicherung des Arbeitsplatzes bei Antritt der Stellung noch zu verneinen sein, aber zu einem späteren Zeitpunkt, der vor der tatsächlichen Beendigung des Beschäftigungsverhältnisses liegt, zu bejahen sein.[569]

dd) Fallgruppen für nicht nachhaltige Sicherung. (1) Einkünfte wegen Versorgung eines neuen Partners. Einkünfte, die dem Berechtigten wegen **Versorgung eines neuen Partners** in nichtehelicher Lebensgemeinschaft zugerechnet werden, sind keine nachhaltig gesicherten Einkünfte aus einer angemessenen Erwerbstätigkeit. Auf solche Einkünfte besteht kein Rechtsanspruch, weshalb sie jederzeit wieder wegfallen können.[570] In der Regel bleibt aber die Verpflichtung bestehen, sich auch während des Zusammenlebens in nichtehelicher Lebensgemeinschaft um eine angemessene Erwerbstätigkeit zu bemühen. Bei unterlassenen Bemühungen kann ein Unterhaltsanspruch entfallen.

Sind unterhaltsrechtliche Beziehungen der Beteiligten – vorbehaltlich des Eingreifens der Härteklausel des § 1579 BGB – auf Grund der vorübergehenden Deckung des Lebensbedarfs durch solche zuzurechnende Einkünfte nicht erloschen, kann nach erneutem Eintritt der Bedürftigkeit infolge des Scheiterns der nichtehelichen Lebensgemeinschaft wieder ein Anspruch nach § 1573 I entstehen, wenn der Berechtigte auch bei ausreichenden Bemühungen um eine Erwerbstätigkeit während der Zeit des Zusammenlebens in nichtehelicher Lebensgemeinschaft keine Arbeit gefunden hätte, die seinen Unterhalt nachhaltig gesichert hätte.[571]

(2) **Befristete Arbeitsverhältnisse.** Wenn eine Erwerbstätigkeit von vornherein zeitlich begrenzt ist, weil es sich z. B. um einen ABM-Arbeitsplatz handelt, liegt keine nachhaltige Sicherung des Unterhalts vor.[572]

(3) **Überschätzung der eigenen Kräfte.** Noch nicht nachhaltig gesichert ist ein Unterhalt, wenn sich der Berechtigte in Überschätzung seiner Leistungsfähigkeit trotz Alters oder Krankheit übernimmt und deshalb seine Tätigkeit nach einiger Zeit wieder aufgeben muss.[573]

(4) **Arbeitsplatzverlust** kurz vor oder nach der Scheidung. War eine Erwerbstätigkeit bereits vor der Scheidung aufgenommen worden, kann die Frage, ob eine nachhaltige Unterhaltssicherung vorliegt, frühestens zum Zeitpunkt der Scheidung beurteilt werden.[574] War der Berechtigte bereits während der Ehe einer Erwerbstätigkeit nachgegangen, die seinen Unterhalt nachhaltig zu sichern schien, und hat er diese dann noch vor der Scheidung verloren, besteht ein Anspruch nach § 1573 I BGB (siehe dazu auch oben Rn. 284).[575] Gleiches gilt über § 1573 IV BGB, wenn der Verlust der Erwerbstätigkeit zwar erst **nach**

---

[566] BGH FamRZ 1985, 791
[567] OLG Karlsruhe FamRZ 2000, 233; OLG Köln Beck RS 2005, 30349120
[568] OLG Dresden FamRZ 2001, 833 (L)
[569] BGH FamRZ 1985, 1234
[570] BGH FamRZ 1987, 689
[571] BGH FamRZ 1987, 689
[572] OLG Frankfurt FamRZ 1987, 1042
[573] OLG Hamm FamRZ 1997, 26
[574] Vgl. OLG Bamberg FamRZ 1997, 819; der Ansicht angeschlossen hat sich OLG Köln FamRZ 1998, 1434
[575] A. A. OLG Bamberg FamRZ 1997, 819, 820

der Scheidung eintritt, aber zum Scheidungszeitpunkt bereits wahrscheinlich oder voraussehbar war.[576]

War im Zeitpunkt der Scheidung die Aufnahme einer Erwerbstätigkeit noch nicht sicher abzusehen, verschiebt sich der Beurteilungszeitpunkt notwendigerweise auf den Zeitpunkt der Aufnahme der Tätigkeit.[577]

299 **ee) Umfang des wiederaufgelebten Anspruchs.** War der Unterhalt vor Verlust des Arbeitsplatzes wenigstens **teilweise gesichert,** so beschränkt sich der Unterhaltsanspruch nach § 1573 IV 2 BGB auf den Unterschiedsbetrag zwischen dem nachhaltig gesicherten Unterhalt und dem vollen Unterhalt. Bei dem Unterschiedsbetrag kann es sich dabei sachlich auch um einen Aufstockungsunterhalt handeln.[578] Betrug der volle Unterhalt 1500 EUR und waren davon 1000 EUR durch die bisherige Erwerbstätigkeit nachhaltig gesichert, dann besteht bei Verlust des Arbeitsplatzes nur ein Unterhaltsanspruch in Höhe von 500 EUR weiter. Auch bei einem Anschlussunterhalt bleibt der Anspruch auf 500 EUR begrenzt.

10. Begrenzung des Anspruchs nach § 1579 BGB

300 Während der Trennungszeit unterlassene Bemühungen um eine zumutbare Erwerbstätigkeit können zur Anwendung des § 1579 Nr. 4 BGB führen, wenn sich der Berechtigte dadurch selbst mutwillig bedürftig gemacht hat und der Unterhaltspflichtige die Folgen der leichtfertigen Herbeiführung der Bedürftigkeit unterhaltsrechtlich mittragen müsste.[579] Die Anwendung der Härteklausel ist jedoch nicht zweifelsfrei, denn Voraussetzung für einen Anspruch nach § 1573 I BGB ist das Vorliegen entsprechender Bemühungen zur Erlangung einer angemessenen Tätigkeit. Wenn der den Unterhalt Begehrende solche Bemühungen unterlässt, erfüllt er die Voraussetzungen für den Unterhaltsanspruch nicht; es besteht dann kein Unterhaltsanspruch.[580]

11. Zeitliche Begrenzung des Unterhalts nach § 1578 b BGB

301 Der Unterhalt nach § 1573 I BGB wird – wie oben dargelegt – nur so lange geschuldet, bis der Berechtigte mit den geschuldeten Bemühungen einen Arbeitsplatz gefunden hat. Eine zeitliche Begrenzung der Unterhaltsgewährung nach § 1573 I BGB kommt in der Regel lediglich in den Fällen, in denen bereits feststeht, ab wann der Berechtigte eine Stelle antritt, in Betracht. Im Übrigen werden sicherere Prognosen über eine voraussichtliche Dauer der Arbeitssuche und damit über die Dauer des Unterhalts nicht getroffen werden können. Der Unterhaltspflichtige muss den Wegfall des Unterhaltsanspruchs mit einem Abänderungsantrag nach § 238 FamFG oder § 239 FamFG geltend machen.[581]

Wie jeder nacheheliche Unterhaltsanspruch kann der auf § 1573 BGB beruhende Anspruch aber nach § 1578b BGB zeitlich begrenzt bzw. **auf den angemessenen Lebensbedarf herabgesetzt** werden. Einzelheiten zur Begrenzung – § 4 Rn. 1000 ff.

12. Darlegungs- und Beweislast, Prozessuales

302 Der Berechtigte trägt die Darlegungs- und Beweislast dafür, dass er zum maßgeblichen Einsatzpunkt trotz Aufwendung der nach den konkreten Umständen des Falles von ihm zu fordernden Bemühungen keine angemessene Erwerbstätigkeit erlangen konnte und weiter nicht erlangen kann. Er muss **für seine Bedürftigkeit** daher grundsätzlich in nach-

---

[576] BGH FamRZ 1985, 53, 55
[577] BGH FamRZ 1988, 701
[578] OLG Köln FamRZ 2004, 1725
[579] BGH FamRZ 1986, 1085, 1086
[580] Vgl. MünchKommBGB/Maurer § 1574 Rn. 33
[581] Zutreffend Johannsen/Henrich/Büttner § 1573 BGB Rn. 17; a. A. z. B. OLG Düsseldorf FamRZ 1991, 193, 194: 5 $^{1}/_{2}$ Monate

prüfbarer Weise vortragen, welche Schritte er im Einzelnen unternommen hat, um einen Arbeitsplatz zu finden und sich bietende Erwerbsmöglichkeiten zu nutzen. Der bloße Verweis auf eine Meldung bei der Arbeitsagentur genügt nicht.[582]

Um im Falle der Arbeitslosigkeit der Darlegungslast für seinen Bedarf bzw. die fehlende finanzielle Leistungsfähigkeit zu genügen, muss ein Unterhaltsberechtigter daher in **nachprüfbarer Weise** vortragen, welche Schritte er im Einzelnen zu dem Zweck unternommen hat, einen zumutbaren Arbeitsplatz zu finden und sich bietende Erwerbsmöglichkeiten zu nutzen.[583] Diesen Anforderungen genügt ein Vorlegen von zahllosen Absagen, einem Konvolut von Stellenausschreibungen und einigen Bewerbungsschreiben nicht. Erforderlich ist eine mit **Nachweisen** versehene **systematische Darstellung**, auf welche Stellenausschreibung sich der Berechtigte mit welchen Bewerbungsschreiben beworben hat, so dass sich die Ernsthaftigkeit und Nachhaltigkeit der Bewerbungen und insbesondere auch überprüfen lässt, ob sie überhaupt dem jeweiligen Anforderungsprofil entsprochen hat und die Bewerbung jeweils hierauf zugeschnitten war. Darzulegen ist auch ein überregionales Engagement und der Nachweis, dass der Berechtigte selbst Anzeigen geschaltet und von sich aus bei potenziellen Arbeitgebern nachgefragt hat.[584] Der ohne konkrete Nachweise erfolgende Vortrag, Bewerbungen seien lediglich in telefonischer Form erfolgt, reicht nicht aus.[585] 303

Fehlt ein ausreichender Tatsachenvortrag zu den Bemühungen um eine Erwerbstätigkeit oder bestehen bzw. bleiben Zweifel an ernsthaften Bemühungen und ist nicht auszuschließen, dass bei ausreichenden Bemühungen eine **reale Beschäftigungschance**[586] bestanden hätte, dann ist ein Unterhaltsanspruch wegen Erwerbslosigkeit zu versagen, wenn ihm fiktives Einkommen in dem Umfang zugerechnet wird, wie er es bei angemessener Erwerbstätigkeit erzielen könnte und diese erzielbaren Einkünfte den Unterhaltsbedarf gedeckt hätten. 304

Es gibt keine Beweiserleichterung nach § 287 II ZPO, soweit es nach § 1573 I BGB um die Anspruchsvoraussetzung „keine angemessene Erwerbstätigkeit zu finden vermag" geht. Denn es geht nicht um die Ausfüllung eines Unterhaltsanspruchs, sondern darum, ob **objektiv** ein Unterhaltstatbestand, nämlich der des § 1573 I BGB, erfüllt ist.[587] 305

Kann der Berechtigte in seinem **vorehelich erlernten** oder ausgeübten Beruf oder in vergleichbaren Bereichen tätig sein, obliegt es ihm, ggf. darzulegen und nachzuweisen, dass für ihn die Ausübung dieser erreichbaren Erwerbstätigkeit im konkreten Fall nach den ehelichen Lebensverhältnissen **unzumutbar** ist.[588] 306

Wer den anderen auf Unterhalt in Anspruch nimmt, hat auch die **Darlegungs- und Beweislast** dafür, dass eine nachhaltige Sicherung seines Unterhalts nicht zu erreichen war.[589] 307

VII. Aufstockungsunterhalt nach § 1573 II BGB

1. Normzweck und Anspruchsvoraussetzungen

Nach § 1573 II BGB kann der geschiedene Ehegatte, soweit er nicht bereits einen Unterhaltsanspruch nach den §§ 1570 bis 1572 BGB hat, den Unterschiedsbetrag zwischen seinen tatsächlichen oder fiktiven[590] Einkünften aus einer tatsächlich ausgeübten oder ihm 308

---

[582] BGH FamRZ 1990, 499 = R 407 a; FamRZ 1986, 1085; FamRZ 1986, 244, 246; FamRZ 1982, 255
[583] BGH FamRZ 1996, 345; OLG Nürnberg FamRZ 2009, 345; OLG Hamm FamRZ 2005, 279
[584] BGH FamRZ 1996, 345; OLG Nürnberg FamRZ 2009, 345; OLG Hamm FamRZ 2005, 279
[585] OLG Köln FamRZ 1997, 1104
[586] BGH FamRZ 2008, 2104 Rn. 24 = R 696; BVerfG FamRZ 2010, 183; OLG Hamm FamRZ 2010, 1914
[587] BGH FamRZ 2008, 2104 Rn. 24 = R 696; BGH FamRZ 2008, 1145, 1146; BGH FamRZ 1993, 789, 791; FamRZ 1986, 885; BVerfG FamRZ 2010, 183; OLG Hamm FamRZ 2010, 1914
[588] BT-Drucks. 16/1830 S. 17
[589] BGH FamRZ 2003, 1734, 1736 = R 597 b; FamRZ 1985, 1234
[590] BGH FamRZ 1990, 979

§ 4   Ehegattenunterhalt

möglichen angemessenen Erwerbstätigkeit und seinem vollen Unterhalt nach den ehelichen Lebensverhältnissen verlangen, wenn seine eigenen Einkünfte zur Deckung seines vollen Bedarfs nicht ausreichen. Nach dem bis zum 31. 12. 2007 geltenden Recht wurde aus diesem Anspruch eine i. d. R. lebenslange **Lebensstandardgarantie** für die Zeit nach der Scheidung auf Grund nachwirkender ehelicher Mitverantwortung hergeleitet. Die Regelung hat stets einen sozialen Abstieg des bedürftigen Ehegatten, i. d. R. der Ehefrau (Stichwort: „einmal Arztfrau, immer Arztfrau"), verhindert, weil sein Vertrauen auf die Teilhabe an dem durch die nachhaltige gemeinsame Lebensgestaltung in der Ehe erreichten wirtschaftlichen und sozialen Standard geschützt wurde.[591]

309 Der BGH hat in einer noch zum früheren Recht ergangenen Entscheidung bereits darauf hingewiesen, dass § 1573 II BGB **keine von ehebedingen Nachteilen unabhängige Lebensstandardgarantie** im Sinne einer fortwirkenden Mitverantwortung biete.[592] Diese Rechtsprechung stellt unter Berufung auf den vorrangigen Zweck des nachehelichen Unterhalts für die Begründung eines Anspruchs auf Aufstockungsunterhalt nicht mehr allein entscheidend auf die Ehedauer, sondern darauf ab, ob sich die nacheheliche Einkommensdifferenz als ehebedingter Nachteil darstellt, der einen dauerhaften unterhaltsrechtlichen Ausgleich zu Gunsten des bedürftigen Ehegatten rechtfertigen kann.[593]

Der Gesetzgeber der Unterhaltsreform hat diesen Ansatz aufgegriffen und in mehreren Vorschriften zum Ausdruck gebracht. So hat er die Erwerbstätigkeit der geschiedenen Ehegatten in § 1569 BGB als Obliegenheit ausgestaltet. Ferner hat er durch die Neufassung des § 1574 I u. II BGB (vgl. dazu Rn. 139 ff.) die Anforderungen an die Wiederaufnahme einer Erwerbstätigkeit erhöht. Danach kann dem geschiedenen Ehegatten grundsätzlich angesonnen werden, eine frühere, insbesondere vor der Ehe, praktizierte Tätigkeit nach der Scheidung wieder auszuüben. Eine solche Tätigkeit wird grundsätzlich als angemessen angesehen; sie kann seit dem 1. 1. 2008 nur noch als Korrektiv im Rahmen einer Billigkeitsprüfung unter Berücksichtigung der ehelichen Verhältnisse als unbillig zu beurteilen sein (§ 1574 II 1 BGB). Eine umfassende Würdigung der Einzelfallumstände kann daher dazu führen, dass der geschiedene Ehegatte u. U. sogleich nach der Scheidung einen **geminderten Lebensstandard ohne Aufstockungsanspruch** hinnehmen muss.[594]

310 Die zeitliche Begrenzung und die Herabsetzung eines nach § 1573 II BGB **gewährten Unterhaltsanspruchs** ist durch den ab dem 1. 1. 2008 neu eingeführten § 1578 b BGB geregelt. Aus dem Wortlaut der Vorschrift wird deutlich, dass es **keine dauernde Lebensstandardgarantie** (mehr) in Form einer Teilhabe gibt, die der Höhe nach nicht abänderbar oder zeitlich unbegrenzt wäre.[595]

311 Schließlich sind die **ehelichen Lebensverhältnisse** im Sinne des § 1578 I 1 BGB nach der nun gefestigten Rechtsprechung des BGH[596] nicht mehr nach einem Stichtag auf einen bestimmten Zeitpunkt bezogen. Die ehelichen Lebensverhältnisse wandeln sich nicht. Die Berücksichtigung späterer Änderungen nach der rechtskräftigen Scheidung ist ihnen immanent. Das bedeutet, dass die Ehegatten grundsätzlich an nachehelichen Einkommensminderungen oder Einkommenssteigerungen, gemeinsam teilhaben, so dass auch insoweit keine an die früheren ehelichen Verhältnisse geknüpfte Lebensstandardgarantie mehr begründet wird.[597] Denn der Ehegatte soll auf Grund der Scheidung nicht besser stehen, als er ohne Scheidung stünde.[598]

---

[591] BT-Drucks. 77650 S. 136; BGH FamRZ 1982, 892
[592] BGH FamRZ 2007, 2052, 2053 = R 683 b
[593] BGH FamRZ 2010, 2059 = R 720; NJW 2010, 3653; Zur Entwicklung der Rechtsprechung vgl. Dose FamRZ 2007, 1289, 1294 f.
[594] A. a. O.
[595] A. a. O. S. 18
[596] BGH FamRZ 2010, 111 m. w. N. = R 707
[597] BGH FamRZ 2010, 111 = R 707; BGH FamRZ 2008, 968, 971 f. = R 689 g; BGH FamRZ 2006, 683, 685 = R 649 g; vgl. zum Begriff der „ehelichen Lebensverhältnisse" nach § 1578 I 1 BGB Klinkhammer FamRZ 2010, 1777 ff.
[598] BGH FamRZ 2010, 869 Rn. 22 = R 712; BGH FamRZ 2009, 411 Rn. 25 = R 702; FamRZ 2008, 968 Rn. 46; BGH FamRZ 2007, 793 Rn. 20

2. Abschnitt: Anspruchstatbestände des nachehelichen Unterhalts § 4

Der ergänzende Anspruch auf den Unterschiedsbetrag zwischen den Erwerbseinkünften 312 und dem vollen Unterhalt muss **nicht zwingend ehebedingt** sein, denn der Aufstockungsunterhalt sichert ehebedingte Vorteile.[599] Wenn keine ehebedingten Nachteile vorliegen, kommt jedoch § 1578 b BGB größere Bedeutung zu.

Der Anspruch besteht grundsätzlich auch, wenn die Eheleute während der Ehe **keine Wirtschaftsgemeinschaft** gebildet haben und auch sonst ihre beiderseitigen, auch wirtschaftlichen Lebenspositionen nicht aufeinander abgestimmt haben.[600]

Der Aufstockungsunterhalt hat vier Anspruchsvoraussetzungen: 313
– Es besteht kein anderweitiger Anspruch auf den vollen Unterhalt nach den §§ 1570, 1571, 1572 oder 1573 I BGB bestehen.
– Der Bedürftige übt eine angemessene Erwerbstätigkeit aus oder müsste sie ausüben.
– Es besteht ein Einkommensgefälle zwischen den Ehegatten.
– Die Voraussetzungen müssen zu den maßgeblichen Einsatzzeitpunkten vorliegen.

2. Subsidiarität und Konkurrenzen

a) Fehlen eines Anspruchs nach den §§ 1570, 1571, 1572, 1573 I, 1575, 1576 314 **BGB.** Ein Anspruch nach § 1573 II BGB setzt voraus, dass der Unterhalt Begehrende keinen Anspruch nach § 1573 I oder IV BGB hat. Deshalb ist in allen Fällen, in denen ein zur Erwerbstätigkeit verpflichteter Berechtigter nicht oder nicht voll erwerbstätig ist, zunächst zu klären, ob nicht ein Anspruch nach § 1573 I oder IV BGB besteht.[601]

Wenn der Berechtigte aus einem der in §§ 1570, 1571 oder 1572 BGB aufgeführten Gründen **vollständig** an einer Erwerbstätigkeit gehindert ist, besteht **nur** nach dem jeweiligen Unterhaltstatbestand ein Unterhaltsanspruch auf den **vollen Unterhalt**, d. h. auch für den Teil des Unterhaltsbedarfs, der nicht auf dem Erwerbshindernis, sondern auf dem angemessenen Lebensbedarf übersteigenden Bedarf nach den ehelichen Lebensverhältnissen gemäß § 1578 I 1 BGB beruht. Es entsteht kein Anspruch nach § 1573 II BGB.[602]

Ist der Berechtigte wegen Kindesbetreuung, Alter oder Krankheit nur **teilweise** an einer Erwerbstätigkeit gehindert, erfassen die Ansprüche nach den §§ 1570, 1571 oder 1572 BGB nach der Rechtsprechung des BGH den Unterhalt jeweils nur bis zur Höhe des Mehreinkommens, das der Berechtigte bei einer Vollerwerbstätigkeit hätte erzielen können. Reicht dieser Unterhaltsanspruch zusammen mit dem Teilerwerbseinkommen nicht zur Deckung des vollen Bedarfs (§ 1578 I 1 BGB) aus, besteht **zusätzlich** ein **Anspruch auf Aufstockungsunterhalt** nach § 1573 II BGB.[603]

Ansprüche nach den **§§ 1575 und 1576 BGB** sind gegenüber Ansprüchen nach § 1573 II BGB vorrangig, weil § 1573 II BGB eine Erwerbsobliegenheit voraussetzt, die bei Ansprüchen nach den §§ 1575 und 1576 BGB auf Grund der besonderen Umstände (noch) fehlt.

b) Konkurrenzen. Im Hinblick auf eine spätere **Abänderung** eines Unterhaltstitels 315 (§§ 238, 239 FamFG) wegen Wegfalls der Voraussetzungen eines anderen Unterhaltsanspruchs und die Bestimmung des § 1578 b BGB, nach der die Kriterien für eine Begrenzung der Unterhaltsansprüche aus § 1570 bis § 1573 II BGB unterschiedlich gewichtet werden können,[604] empfiehlt es sich, die maßgebenden Unterhaltstatbestände nach ihrer Art und nach ihrem jeweiligen Umfang konkret zu bestimmen.[605]

---

[599] BGH FamRZ 2010, 1971 Rn. 29 ff. = R 719; BGH FamRZ 1980, 126
[600] BGH FamRZ 1989, 838, 839; OLG Düsseldorf FamRZ 1983, 1139
[601] BGH FamRZ 1988, 701
[602] BGH FamRZ 2010, 869 Rn. 15 = R 712; BGH FamRZ 2009, 406 Rn. 20; BGH FamRZ 1990, 492; FamRZ 1988, 265; FamRZ 1987, 1011, 1012
[603] BGH FamRZ 2010, 869 Rn. 15 = R 712; BGH FamRZ 2009, 406 Rn. 20; BGH FamRZ 1993, 789, 791; FamRZ 1990, 492
[604] Vgl. BT-Drucks. 116/1830 S. 18 f.
[605] Vgl. BGH FamRZ 2009, 406 Rn. 22 ff.

3. Einkommensgefälle, Ausübung einer angemessenen Erwerbstätigkeit

316 Der Berechtigte muss eine angemessene Erwerbstätigkeit ausüben, oder es müssen ihm wegen der Nichtausübung einer zumutbaren Erwerbstätigkeit **fiktiv erzielbare Einkünfte**[606] zugerechnet werden. Die ausgeübte oder zugemutete Erwerbstätigkeit muss nach Art und Umfang angemessen im Sinne des § 1574 II BGB sein. Einzelheiten zur angemessenen Erwerbstätigkeit siehe unter Rn. 139 ff.

317 Der den Unterhalt Begehrende hat in der Regel einer **Vollzeittätigkeit** nachzugehen.[607] Übt der Berechtigte, der umfangmäßig zu einer Vollerwerbstätigkeit verpflichtet ist, nur eine Teilzeitbeschäftigung aus, weil er wegen der Arbeitsmarktlage trotz ausreichender Bemühungen keine angemessene Vollerwerbstätigkeit findet, dann besteht mangels Ausübung einer angemessenen Erwerbstätigkeit kein Anspruch auf Aufstockungsunterhalt, sondern ein Anspruch nach § 1573 I BGB.[608]

Sofern im Einzelfall auf Grund einer Abwägung aller Umstände nach § 1574 II BGB **nur eine Teilzeitbeschäftigung angemessen und zumutbar** ist und der Berechtigte eine solche ausübt, hat er einen Anspruch auf Aufstockungsunterhalt, weil er seiner eheangemessenen Erwerbsobliegenheit voll nachkommt.[609]

Ein Anspruch nach § 1573 II BGB besteht auch, wenn dem Berechtigten wegen **Verletzung seiner Erwerbsobliegenheit** erzielbare Einkünfte aus einer angemessenen Vollerwerbstätigkeit[610] oder fiktive Kapitaleinkünfte/Erlöse aus der Verwertung des Vermögensstamms wegen Verletzung einer Obliegenheit aus § 1577 I, III BGB zugerechnet werden und diese nicht zur vollen Bedarfsdeckung ausreichen.

4. Maßgebliche Einsatzzeitpunkte

318 § 1573 II BGB enthält – anders als § 1573 I BGB – nach seinem Wortlaut keine ausdrücklich benannte Einsatzzeit. Die Gesetzessystematik erfordert aber auch hier einen zeitlichen Zusammenhang zwischen Bedürftigkeit und Scheidung bzw. Wegfall eines anderen Unterhaltstatbestandes. Scheitert ein vorrangiger Anspruch nur daran, dass die Anspruchsvoraussetzungen nicht zum maßgeblichen Einsatzzeitpunkt vorliegen, dann kommt auch ein **Anschlussunterhalt** nach § 1573 III und II BGB nicht in Betracht. Ein Aufstockungsunterhalt kommt danach **nicht** zur Entstehung, wenn zum Zeitpunkt der Scheidung oder dem Wegfall der Voraussetzungen der übrigen Unterhaltstatbestände tatsächliche oder fiktiv zurechenbare Einkünfte den vollen eheangemessenen Bedarf gedeckt haben.[611]

Bei einem Anspruch auf **Anschlussunterhalt** ist zu beachten, dass dieser nur in dem Umfang weiterbesteht, wie er im Zeitpunkt des wegfallenden Vortatbestandes bestanden hatte.

319 a) **Scheidung.** Die Voraussetzungen des **originären Aufstockungsunterhalts** müssen bereits im Zeitpunkt der Scheidung vorliegen. Der BGH verweist darauf, dass die in § 1573 III und IV BGB enthaltenen Regelungen nicht verständlich wären, wenn für den Anspruch nach § 1573 II BGB nicht die Zeit der Scheidung als Einsatzzeitpunkt gelten würde.[612] Richtig dürfte sein, dass jedenfalls ein enger zeitlicher Zusammenhang mit der Scheidung bestehen muss.[613] Liegen die Anspruchsvoraussetzungen zum Zeitpunkt der Scheidung vor, schadet es nicht, wenn der Anspruch erst zu einem späteren Zeitpunkt geltend gemacht wird.[614] Wenn lange Zeit nach der Scheidung erstmals Aufstockungs-

---

[606] FamRZ 2010, 869 Rn. 15 = R 712; BGH FamRZ 2009, 406 Rn. 20; BGH FamRZ 1990, 979
[607] BGH FamRZ 1988, 265
[608] BGH FamRZ 1988, 265
[609] BGH FamRZ 1985, 908
[610] BGH FamRZ 1990, 979; FamRZ 1988, 927, 929; FamRZ 1986, 553, 555; FamRZ 1985, 908
[611] OLG Zweibrücken FamRZ 2002, 1565
[612] BGH FamRZ 2005, 1817, 1819 = R 632a; FamRZ 1983, 886
[613] Vgl. OLG Hamm FamRZ 1994, 1392
[614] BGH FamRZ 2005, 1817, 1819 = R 632a

unterhalt verlangt wird, muss ggf. rückblickend festgestellt werden, dass die Voraussetzungen zum Zeitpunkt der Scheidung vorlagen.[615]

Als zu weitgehend abzulehnen ist aber die Auffassung des OLG Zweibrücken,[616] nach der auch lange Zeit nach Scheidung erstmals Aufstockungsunterhalt verlangt werden kann, wenn der geschiedene Ehegatte, der seit der Scheidung seinen eheangemessene Bedarf durch eigene Einkünfte gedeckt hat, auf Barunterhalt für ein Kind in Anspruch genommen wird und deshalb seinen Bedarf nicht mehr vollständig decken kann.

b) Wegfall der Voraussetzungen eines Anspruchs nach § 1573 I BGB. Der Aufstockungsunterhalt kann sich auch an einen Erwerbslosigkeitsunterhalt nach § 1573 I BGB anschließen, wenn der Berechtigte eine angemessene Erwerbstätigkeit aufnimmt, die seinen vollen Unterhalt nicht deckt. 320

c) Wegfall der Voraussetzungen eines Anspruchs nach § 1573 III i. V. m. §§ 1570 bis 1572, 1575 BGB. Weitere Einsatzzeitpunkte für den Aufstockungsunterhalt als Anschlussunterhalt sind nach § 1573 III BGB der Wegfall der Voraussetzungen eines Unterhaltsanspruchs nach den §§ 1570, 1571, 1572 und 1575. Zu diesen Zeitpunkten schließt sich ein Aufstockungsunterhalt an den jeweils wegfallenden und vorrangigen Unterhaltsanspruch an, wenn zu dieser Zeit die Einkünfte aus einer angemessenen Erwerbstätigkeit den vollen Unterhalt nicht decken. 321

5. Umfang des Anspruchs

Nach § 1573 II BGB kann der **Unterschiedsbetrag** zwischen dem vollem Unterhalt und den Einkünften aus angemessener Erwerbstätigkeit als Aufstockungsunterhalt verlangt werden. Dazu ist zunächst der nach den ehelichen Lebensverhältnissen angemessene volle Unterhalt (§ 1578 I 1 BGB) zu bestimmen.[617] Für die **Bedarfsbemessung und die Berechnung des Unterhaltsanspruchs** im Einzelnen wird auf die Ausführungen unter Rn. 400 ff. verwiesen. 322

Da der Aufstockungsunterhalt ehebedingte Vorteile (Erhaltung eines ehelichen Lebensstandards ohne unangemessenen sozialen Abstieg) sichern soll, sind nur **nicht ganz geringfügige Einkommensunterschiede auszugleichen.** Nach der Rechtsprechung des BGH darf ein Anspruch in Höhe von mehr als 82 EUR (160,– DM) nicht vernachlässigt werden.[618] OLG-Entscheidungen[619] halten einen Mindestbetrag des Aufstockungsunterhalts von ca. 50 EUR (100,– DM) für erforderlich. Das OLG München[620] ist der Auffassung, ein Aufstockungsbetrag von unter 10% des bereinigten Nettoeinkommens des Bedürftigen sei noch als unwesentliche Abweichung vom Halbteilungsgrundsatz zu bewerten.

Eine allgemeine Grenze lässt sich nicht festlegen. Es kommt auf die konkreten Einkommensverhältnisse im Einzelfall an. Bei beengten wirtschaftlichen Verhältnissen ist eine großzügige Beurteilung angezeigt. Ein Anspruch auf Aufstockungsunterhalt kann nach den Umständen des Einzelfalls auch dann bestehen, wenn die Einkommensdifferenz nur 63 EUR beträgt, der Unterhaltsberechtigte in sehr engen wirtschaftlichen Verhältnissen lebt und der rechnerische Unterhaltsbetrag so gering ist, weil er auf der Zurechnung fiktiven Einkommens beruht.[621]

6. Dauer des Anspruchs, Erlöschen, Wiederaufleben

a) Dauer des Anspruchs, Erlöschen. Der **Aufstockungsunterhalt erlischt,** wenn die Einkünfte aus der angemessenen Erwerbstätigkeit den vollen Unterhalt decken. Wenn 323

---

[615] Vgl. OLG Thüringen FamRZ 2004, 1207
[616] OLG Zweibrücken FamRZ 2002, 1565
[617] BGH FamRZ 1983, 886; FamRZ 1982, 575; FamRZ 1982, 892
[618] BGH FamRZ 1984, 988, 990; a. A. wohl KG FamRZ 1981, 156 und OLG Braunschweig FamRZ 1979, 1020
[619] OLG Düsseldorf FamRZ 1996, 947; OLG München FamRZ 1997, 425
[620] FamRZ 2004, 1208, 1209; so auch OLG Koblenz NJW-RR 2006, 151, 152
[621] OLG Karlsruhe FamRZ 2010, 1082

§ 4

sich später wieder Unterschiede zwischen dem vollen Unterhalt und den Erwerbseinkünften ergeben, sind diese nicht mehr auszugleichen, wenn der volle Unterhalt inzwischen durch die Erwerbstätigkeit nachhaltig gesichert war. Ein Anspruch auf Aufstockungsunterhalt kann allerdings als Anschlussunterhalt nach § 1573 III BGB neu entstehen.

324 **b) Wiederaufleben.** Ein erloschener **Anspruch** kann als Aufstockungsunterhalt oder Erwerbslosigkeitsunterhalt **wieder aufleben,** wenn die Einkünfte aus der angemessenen Erwerbstätigkeit zu einer Zeit wieder entfallen, zu der es dem Berechtigten trotz seiner Bemühungen nicht gelungen war, seinen Unterhalt durch die Erwerbstätigkeit ganz oder teilweise nachhaltig zu sichern. Damit eröffnet § 1573 IV BGB eine weitere Einsatzzeit, an die sich ein Anschlussunterhalt anschließen kann.

7. Begrenzung des Anspruchs nach § 1579 BGB

325 Der Anspruch nach § 1573 II BGB kann unter den Voraussetzungen des § 1579 BGB entfallen, zeitlich begrenzt oder herabgesetzt werden. Wegen der Einzelheiten wird auf § 4 Abschnitt 8 = Rn. 1200 ff. verwiesen.

8. Zeitliche Begrenzung des Aufstockungsunterhalts nach § 1578 b BGB

326 Auch der Anspruch nach § 1573 II BGB kann unter den Voraussetzungen des § 1578 b BGB zeitlich begrenzt und/oder herabgesetzt werden.[622] Für das Bestehen ehebedingter Nachteile kommt es vor allem darauf an, ob aus der tatsächlichen, nicht notwendig einvernehmlichen Gestaltung von Kinderbetreuung und Haushaltsführung Erwerbsnachteile entstanden sind. Einzelheiten hierzu siehe Rn. 1000 ff.

9. Darlegungs- und Beweislast, Prozessuales

327 Der Berechtigte hat die Darlegungs- und Beweislast für das Vorliegen der anspruchsbegründenden Tatbestandsvoraussetzungen zu den Einsatzzeitpunkten. Ihm obliegt die Darlegung der Höhe seines vollen Unterhalts und der Höhe seiner eigenen anrechenbaren Einkünfte, ferner der Nachweis, dass diese nicht zur Deckung des vollen Unterhalts ausreichen. Darüber hinaus hat der Anspruchsteller zur Leistungsfähigkeit des Pflichtigen vorzutragen. Letzterem obliegt die Darlegungs- und Beweislast hinsichtlich der für eine Begrenzung sprechenden Tatsachen.[623]

VIII. Ausbildungsunterhalt nach § 1574 III i. V. m. § 1573 I BGB

1. Normzweck und Anspruchsvoraussetzungen

328 Nach § 1574 III BGB obliegt es dem geschiedenen Ehegatten, sich ausbilden, fortbilden oder umschulen (zu den Begriffen Ausbildung, Fortbildung oder Umschulung siehe Rn. 342, 351) zu lassen, soweit dies zur Aufnahme einer angemessenen Erwerbstätigkeit erforderlich ist und wenn ein erfolgreicher Ausbildungsabschluss zu erwarten ist.
An die Stelle der Erwerbsobliegenheit nach § 1573 I BGB tritt eine **Ausbildungsobliegenheit.**[624] Hiervon zu unterscheiden ist § 1575 BGB, der keine Obliegenheit, sondern einen **Anspruch des geschiedenen Ehegatten auf Ausbildung** enthält. Mit der Ausbildungsobliegenheit in § 1574 III BGB korrespondiert ein Anspruch auf Unterhalt nach § 1573 I BGB für die Dauer der Ausbildung.

---

[622] BGH MDR 2011, 263; BGH FamRZ 2010, 2059; BGH FamRZ 1988, 265
[623] BGH FamRZ 2010, 2059 Rn. 24 = R 720; BGH FamRZ 2010, 875 Rn. 23 = R 711
[624] BGH FamRZ 2001, 350; BGH FamRZ 1986, 1085; FamRZ 1984, 561; OLG Saarbrücken FamRZ 2008, 411 Rn. 24

2. Abschnitt: Anspruchstatbestände des nachehelichen Unterhalts § 4

Die gesetzliche Einschränkung, dass die Ausbildung zu einer angemessenen Erwerbstätigkeit führen muss, stellt sicher, dass der Unterhaltspflichtige kein nur zum Vergnügen betriebenes Studium zu finanzieren braucht.[625]

Voraussetzungen der Ausbildungsobliegenheit sind:
– Die Ausbildung muss zur Aufnahme einer angemessenen Erwerbstätigkeit erforderlich sein.
– Ein erfolgreicher Ausbildungsabschluss muss zu erwarten sein.
– Es muss eine realistische Chance bestehen, dass nach Ausbildungsabschluss eine angemessene Erwerbstätigkeit erlangt wird.

2. Erforderlichkeit der Ausbildung

Die Ausbildung, Fortbildung oder Umschulung muss zur Erlangung einer angemessenen Erwerbstätigkeit erforderlich sein. **329**

Dies ist der Fall, wenn der Bedürftige derzeit eine nicht angemessene Erwerbstätigkeit ausübt oder wenn nach den Umständen des Falles gegenwärtig nur unangemessene Tätigkeiten in Frage kämen.[626]

An der Erforderlichkeit fehlt es aber, wenn nach den ehelichen Verhältnissen die Aufnahme einer unqualifizierten Tätigkeit angemessen und zumutbar ist.[627] Eine Ausbildungsobliegenheit besteht auch nicht, wenn der Bedürftige bereits eine angemessene Erwerbstätigkeit ausübt, aber diese seinen vollen Unterhalt nicht deckt. Er hat dann einen Anspruch auf Aufstockungsunterhalt.[628]

Hat ein Ehegatte die Ausbildung nach der Trennung bzw. Scheidung aufgenommen und ergibt die Prüfung, dass das Berufsziel wesentlich über dem in der Ehe erreichten Standard liegt, besteht kein Unterhaltsanspruch nach §§ 1573 I, 1574 III BGB.[629] Gleiches gilt für ein nur zur Erbauung aufgenommenes Studium.[630]

Der Bedürftige kann die erforderliche Ausbildung selbst wählen. Er kann dabei auf seine Neigungen Rücksicht nehmen. Kommen mehrere Ausbildungsgänge in Betracht, so darf er sich einer **besonders zeit- und kostenaufwändigen Ausbildung** nur dann unterziehen, wenn außergewöhnliche Gründe vorliegen, die geeignet sind, die hohe Belastung des während der Ausbildungszeit unterhaltspflichtigen Ehegatten zu rechtfertigen. Fehlen solche außergewöhnlichen Gründe, muss eine möglichst kurze und kostengünstige Ausbildung gewählt werden.[631]

Bei der gewählten Ausbildung muss es sich um ein nach einem bestimmten Ausbildungsplan ausgerichtetes Ausbildungsverhältnis zu einem anerkannten Ausbilder, der die Ausbildung leitet, handeln.[632]

3. Erwartung eines erfolgreichen Abschlusses

Ein erfolgreicher Abschluss der Ausbildung oder Weiterbildung muss prognostiziert werden können. Der Bedürftige ist zwar verpflichtet, seine Ausbildung zielstrebig, intensiv und mit Fleiß zu betreiben. Es ist aber objektiv zu prüfen, ob die angestrebte Tätigkeit gerade für den Anspruchsteller persönlich nach seiner Befähigung, Veranlagung und subjektiven Eignung, seiner Einsatzbereitschaft und seinen konkreten äußeren Lebensumständen, seinem Alter und Gesundheitszustand in Betracht kommt, und ob eine einigermaßen **330**

---

[625] OLG Karlsruhe FamRZ 2009, 120; BGH FamRZ 1987, 795
[626] BGH FamRZ 1984, 561
[627] BGH FamRZ 2001, 350, 352 = R 551 b
[628] BGH FamRZ 1982, 360
[629] OLG Karlsruhe FamRZ 2009, 120, 121
[630] BGH FamRZ 1987, 795
[631] BGH FamRZ 1984, 561, 563
[632] BGH FamRZ 1987, 795

sichere Aussicht besteht, dass er die für die genannte Tätigkeit notwendige Vor- bzw. Ausbildung erfolgreich wird **abschließen** können.[633]

4. Chancen auf dem Arbeitsmarkt

331 Wenn der geschiedene Ehegatte nicht nur für die voraussichtliche Dauer einer Ausbildung, sondern zeitlich unbegrenzt Unterhalt begehrt, ist hinsichtlich der gewählten Ausbildung darüber hinaus zu prüfen, ob und inwieweit unter Berücksichtigung der Lage auf dem Arbeitsmarkt eine **konkrete Aussicht** besteht, dass er in seinem Alter und bei seiner Vorbildung unter Einsatz aller zumutbarer Anstrengungen nach Abschluss der erforderlichen Vorbildung eine entsprechende Tätigkeit finden kann.[634] Das setzt die Feststellung voraus, ob objektiv ein Bedarf an Arbeitskräften in den in Betracht kommenden Bereichen besteht, der auch Personen im Alter des Bedürftigen eine Anstellung finden lässt. Für die insoweit anzustellende **Prognose** sind die Verhältnisse zugrunde zu legen, wie sie bei Erlass der Entscheidung bestehen.

Eine Ausbildungsobliegenheit besteht daher nicht, wenn eine Ausbildung wegen des Alters des Bedürftigen nicht mehr sinnvoll ist.[635]

5. Beginn, Dauer und Umfang der Ausbildungsobliegenheit, Einsatzzeitpunkte

332 Diese Ausbildungsobliegenheit **beginnt** spätestens mit der Scheidung oder einem nach § 1573 III BGB gleichstehenden Einsatzzeitpunkt. Über § 1361 BGB kann sie bereits während der Trennungszeit entstanden sein.[636]

Erfüllt der Bedürftige seine Ausbildungsobliegenheit, so besteht für die Dauer einer durchschnittlichen Ausbildung ein **zeitlich begrenzter Anspruch** auf Ausbildungsunterhalt.[637] Dieser Anspruch beruht auf §§ 1573 I i. V. mit 1574 III BGB, nicht auf § 1575 BGB.[638] Der Anspruch umfasst sowohl die **laufenden Lebenshaltungskosten** (§ 1578 I 1 BGB) als auch nach § 1578 II BGB zusätzliche besondere **Ausbildungskosten**.[639] – Auf den Unterhaltsanspruch sind staatliche Förderungsleistungen, z. B. nach dem BAföG, bedürftigkeitsmindernd anzurechnen.

Ein Ausbildungsanspruch nach §§ 1574 III, 1573 I BGB kann auch bestehen, wenn der Mann während der Ehe nach der internen Aufgabenverteilung in der Ehe einem Studium nachgegangen war, während die Frau (auch weiterhin) das Geld verdiente. Der Anspruch dauert bis zum **Abschluss des Studiums** (nach Scheidung) innerhalb zumutbarer Zeit.[640]

Findet der Bedürftige trotz ordnungsgemäßen Ausbildungsabschlusses keine angemessene Erwerbstätigkeit i. S. von § 1574 II BGB, dann besteht der Anspruch nach § 1573 I BGB unverändert weiter.

6. Verletzung der Obliegenheit

333 Kommt der Bedürftige nach der Scheidung seiner Ausbildungsobliegenheit schuldhaft nicht rechtzeitig nach, so darf er sich nach § 1579 Nr. 4 BGB nicht mehr auf seine Ausbildungsberechtigung berufen, wenn sein bisheriges Verhalten als **mutwillige Herbeiführung** der Bedürftigkeit im Sinne dieser Vorschrift gewertet werden kann. In einem solchen Fall **erlischt** nach der Rechtsprechung des BGH sowohl der Ausbildungsanspruch

---

[633] BGH FamRZ 1986, 553; FamRZ 1984, 683, 686
[634] BGH FamRZ 1986, 553; FamRZ 1984, 683, 686
[635] BGH FamRZ 1987, 691
[636] BGH FamRZ 1985, 782
[637] BGH FamRZ 1986, 553
[638] BGH FamRZ 1985, 782; FamRZ 1984, 561, 563
[639] BGH FamRZ 1985, 782
[640] BGH FamRZ 1980, 126

2. Abschnitt: Anspruchstatbestände des nachehelichen Unterhalts § 4

als auch ein Unterhaltsanspruch wegen Erwerbslosigkeit nach § 1573 I, III BGB.[641] Systematisch zutreffender dürfte die Auffassung sein, dass im Fall der Nichtaufnahme einer angemessenen Erwerbstätigkeit bzw. einer Ausbildung mangels Vorliegen der Voraussetzungen erst gar kein Unterhaltsanspruch entsteht.[642]

Die Rechtsprechung des BGH gilt auch, wenn bereits während der Trennungszeit eine Erwerbs- und Ausbildungsobliegenheit nach § 1361 I BGB bestanden hatte und eine rechtzeitig aufgenommene Ausbildung inzwischen ganz oder teilweise abgeschlossen wäre.[643]

Dasselbe gilt nach der zum Anspruch eines Kindes auf Ausbildungsunterhalt (§ 1610 II BGB) ergangenen und auf den nachehelichen Ausbildungsunterhalt übertragbaren Rechtsprechung des BGH [644] in den Fällen, in denen die Ausbildung nicht mit dem erforderlichen Einsatz intensiv und zielstrebig betrieben wird oder nicht innerhalb einer normalen Ausbildungszeit abgeschlossen wird. Eine Verletzung des dem Ausbildungsanspruch immanenten **Gegenseitigkeitsprinzips** lässt den **Anspruch entfallen.**

Wer **mutwillig,** d. h. in Kenntnis der Auswirkungen auf den Unterhaltsanspruch, eine ihm obliegende **Ausbildung unterlässt,** kann rechtlich so behandelt werden wie jemand, der sich nicht in ausreichender Weise um eine zumutbare angemessene Erwerbstätigkeit bemüht. Es sind ihm **fiktive Einkünfte zuzurechnen,** die er bei ordnungsgemäßer Ausbildung aus einer angemessenen Erwerbstätigkeit hätte erzielen können.[645] **334**

Im Fall der **Verletzung** einer **Fortbildungsobliegenheit** wird sogar die Ansicht vertreten, dass der Unterhalt begehrende Ehegatte bei der Beurteilung der Beschäftigungschancen für die Aufnahme einer Erwerbstätigkeit auch auf die Aufnahme einer nicht angemessenen Erwerbstätigkeit verwiesen werden darf, aus der gegebenenfalls fiktive Einkünfte zuzurechnen sind.[646]

Decken die zuzurechnenden fiktiven Einkünfte nicht den Unterhaltsbedarf nach § 1578 I 1 BGB, so besteht in Höhe der verbleibenden Differenz ein Anspruch auf Aufstockungsunterhalt nach § 1573 II BGB.[647]

Wenn es der geschiedene Ehegatte zunächst unterlässt, eine angemessene Erwerbstätigkeit auszuüben bzw. seiner Ausbildungsobliegenheit nachzukommen, dies jedoch zu einem späteren Zeitpunkt nachholt, hat das nach der oben angeführten Rechtsprechung des BGH den **Verlust** des Unterhaltsanspruchs zur Folge. Der Anspruch nach § 1573 I BGB lebt bei einer **verspätet aufgenommenen Ausbildung** nicht wieder auf. Dies ergibt sich aus dem zeitlichen Zusammenhang der Ausbildungsobliegenheit nach § 1574 III BGB und der Erwerbsobliegenheit nach § 1573 I BGB. Zur Frage der Verletzung der Erwerbsobliegenheit hat der BGH ausgeführt, dass sich die durch eine unzureichende Eigeninitiative verstrichene Chance einer stufenweisen beruflichen Eingliederung nicht zu Lasten des Unterhaltspflichtigen auswirken dürfe.[648] **335**

Vielmehr ist für die Frage der realen Beschäftigungschance darauf abzustellen, ob eine solche bestanden hätte, wenn die Beklagte von Anfang an ihrer Erwerbsobliegenheit genügt hätte.

7. Konkurrenzen

Während § 1573 I BGB i. V. m. § 1574 III BGB eine Obliegenheit des **geschiedenen Ehegatten** enthält, sich auszubilden, fortzubilden oder eine Umschulung zu absolvieren, ist der Anspruch auf Ausbildung, Fortbildung oder Umschulung aus § 1575 BGB auf den Ausgleich von ehebedingten Nachteilen gerichtet. Eine Differenzierung zwischen den Ansprüchen kann unterbleiben, wenn die Tatbestandsvoraussetzungen beider Vorschriften ge- **336**

---

[641] BGH FamRZ 1986, 553, 555
[642] Vgl. MünchKomm/BGB/Maurer § 1574 Rn. 31; Schwab/Borth, IV, Rn. 313
[643] BGH FamRZ 1986, 553, 555
[644] BGH FamRZ 1998, 671 = R 523
[645] BGH FamRZ 1986, 553, 555
[646] OLG Hamburg FamRZ 1991, 1298 für den Fall des Trennungsunterhalts
[647] BGH FamRZ 1988, 927, 929; FamRZ 1986, 553, 555
[648] BGH FamRZ 2008, 2104 Rn. 23 = R 696

§ 4   Ehegattenunterhalt

geben sind. Das ist der Fall, wenn die Ausbildung/Fortbildung/Umschulung zur Erlangung einer angemessenen Erwerbstätigkeit und zugleich zum Ausgleich des ehebedingten Nachteils erforderlich ist.[649]

In besonders gelagerten Fällen kann **während der Trennung** der Eheleute für den gemäß 1361 BGB Unterhalt begehrenden Ehegatten im Rahmen der Zumutbarkeit eine Obliegenheit bestehen, sich einer zur Erlangung einer angemessenen Erwerbstätigkeit erforderlichen Ausbildung zu unterziehen. Neben einem mit der Ausbildungsobliegenheit korrespondierenden Anspruch auf Ausbildungsunterhalt nach den Kriterien des § 1573 I i. V. m. § 1574 III BGB kann auch ein solcher nach den Maßstäben des § 1575 BGB in Frage kommen, etwa wenn ein Ehegatte während der Trennungszeit **im Vorgriff** auf die Voraussetzungen des § 1575 BGB eine Ausbildung aufnimmt, nachdem das endgültige Scheitern der Ehe feststeht.[650]

8. Darlegungs- und Beweislast

337 Dass eine Ausbildung, Fortbildung oder Umschulung zur Aufnahme einer angemessenen Erwerbstätigkeit **erforderlich** ist und ein erfolgreicher Abschluss der Ausbildung erwartet werden kann, hat der **unterhaltspflichtige** Ehegatte darzulegen und zu beweisen.[651] Sind die Voraussetzungen einer solchen Obliegenheit unstreitig oder bewiesen, trifft den Unterhalt begehrenden Ehegatten die Darlegungs- und Beweislast für ihre ordnungsgemäße Erfüllung.[652]

IX. Ausbildungsunterhalt nach § 1575 BGB

1. Normzweck

338 Nach § 1575 I 1 BGB hat ein geschiedener Ehegatte, der in Erwartung der Ehe oder während der Ehe eine Schul- oder Berufsausbildung nicht aufgenommen oder abgebrochen hat, einen Anspruch auf Ausbildungsunterhalt, wenn er diese oder eine entsprechende Ausbildung sobald wie möglich aufnimmt, um eine angemessene Erwerbstätigkeit, die den Unterhalt nachhaltig sichert, zu erlangen, und wenn der erfolgreiche Abschluss der Ausbildung zu erwarten ist.

Der Anspruch nach § 1575 I BGB **soll ehebedingte**[653] **Ausbildungsnachteile ausgleichen.** Er hat neben der Erlangung oder Festigung der wirtschaftlichen Selbstständigkeit vor allem den Ausgleich von Nachteilen zum Ziel, die ein Ehegatte in seinem beruflichen Fortkommen mit Rücksicht auf die Ehe auf sich genommen hat. Gleiches gilt nach § 1575 II BGB, wenn sich der Bedürftige fortbilden oder umschulen lässt, um Nachteile auszugleichen, die durch die Ehe eingetreten sind.

Die praktische Bedeutung der Vorschrift hat angesichts des seit 1977 erheblich angestiegenen Eheschließungsalters[654] abgenommen. Da die Partner in der heutigen Zeit ihre Aus-

---

[649] BGH FamRZ 1980, 126
[650] BGH FamRZ 2001, 350 Rn. 17
[651] Erman/Graba, Rn. 19; Johannsen/Henrich/Büttner, Rn. 20; Schwab/Borth, Teil IV Rn. 314
[652] Johannsen/Henrich/Büttner § 1574 BGB Rn 20; a. A. Baumgärtel/Laumen/Prütting, Hdb. der Beweislast, Bd. 8 § 1574 BGB Rn. 3: nur Substantiierungslast; ebenso Schwab/Borth, Teil IV Rn 314
[653] Zu ehebedingten Nachteilen vgl. insbes. die Rechtsprechung des BGH zu § 1578b BGB z. B. BGH NJW 2011, 1067; BGH NJW 2010, 3653 Rn. 21; BGH FamRZ 2010, 1971 Rn. 18 m. w. N. = R 719
[654] In Deutschland waren Männer im Jahr 2007 bei der ersten Eheschließung im Durchschnitt 32,7 Jahre und Frauen 29,8 Jahre alt. 1991 hatte das durchschnittliche Heiratsalter lediger Männer 28,5 Jahre und das lediger Frauen 26,1 Jahre betragen, im Jahr 1970 im früheren Bundesgebiet bei Männern 25,6 Jahre und bei Frauen 23 Jahre. Auf dem Gebiet der damaligen DDR hatte es für Männer bei 24 Jahren und für Frauen bei 21,9 Jahren gelegen. Quelle: Statistisches Bundesamt

bildung im Regelfall zum Zeitpunkt der Eheschließung weitgehend abgeschlossen haben, kommt der früher herrschenden Vorstellung, die Ehe stelle den Unterhalt auf Dauer sicher und sei ein Grund für den Abbruch einer Ausbildung, keine große Bedeutung mehr zu.[655]

Voraussetzung für § 1575 BGB ist – anders als bei § 1573 I, § 1574 III BGB – nicht, dass der geschiedene Ehegatte ohne die Ausbildung keine angemessene Erwerbstätigkeit i. S. von § 1574 II BGB finden würde,[656] denn der ausbildungswillige Ehegatte kann eine Verbesserung seines Status im Erwerbsleben anstreben, wenn er diesen ohne die Ehe schon früher erreicht hätte.[657] Der Anspruch ermöglicht daher auch Niveausteigerungen gegenüber den ehelichen Lebensverhältnissen.[658] Die gesetzliche Einschränkung, dass die Ausbildung zu einer angemessenen Erwerbstätigkeit führen muss, soll lediglich sicherstellen, dass der Unterhaltspflichtige kein Studium finanzieren muss, das nur zum Vergnügen betrieben wird.[659]

2. Subsidiarität, Konkurrenzen

a) Verhältnis zur öffentlich-rechtlichen Ausbildungsförderung. Parallel zu dem sich aus § 1575 BGB ergebenden Anspruch des geschiedenen Ehegatten auf Ausbildungsunterhalt können öffentlich-rechtliche Ansprüche auf Ausbildungsförderung nach dem BAföG und dem SGB III (AFG) bestehen. Ihre Anspruchsvoraussetzungen differieren jedoch erheblich von denen des § 1575 BGB. So werden Leistungen nach dem BAföG-Gesetz grundsätzlich nur bis zu einer bestimmten Altersgrenze (30. Lebensjahr) gewährt, während der Anspruch aus § 1575 BGB altersunabhängig ist. Die öffentlich-rechtliche Ausbildungsförderung ist gegenüber Unterhaltsansprüchen gegen **nicht dauernd getrennt lebende Ehegatten** subsidiär mit der Folge, dass der Leistungsträger einen Unterhaltsanspruch des Leistungsempfängers gegen den Unterhaltspflichtigen auf sich überleiten kann (§§ 1, 11 BAföG). BAföG-Leistungen an **geschiedene Ehegatten** können unabhängig von etwaigen Unterhaltsansprüchen erfolgen; letztere gehen nicht über (§§ 37, 38 BAföG). Öffentliche Leistungen sind jedoch bedürftigkeitsmindernd und daher gemäß § 1577 I BGB auf den Unterhaltsanspruch anzurechnen. Der ausbildungswillige Ehegatte ist verpflichtet, solche Leistungen in Anspruch zu nehmen. Ob dies auch gilt, wenn die staatliche Förderung nur darlehensweise gewährt wird, ist umstritten.[660] 339

b) Verhältnis zu §§ 1574 III, 1573 I BGB. Die Ansprüche nach § 1575 BGB und den §§ 1574 III, 1573 I BGB bestehen nach Voraussetzung und Dauer unabhängig voneinander. Solange jedoch ein Anspruch aus § 1575 BGB auf Ausgleich ehebedingter Nachteile besteht, ist dieser grundsätzlich vorrangig, denn für die Dauer der Ausbildung besteht keine Erwerbsobliegenheit. Erst diese kann aber zu einem Anspruch auf Ausbildungsunterhalt nach den §§ 1574 III, 1573 I BGB führen, wenn die Ausbildung notwendig ist, damit eine angemessene Erwerbstätigkeit i. S. von § 1574 II BGB ausgeübt werden kann.[661] 340

Ansprüche nach § 1575 BGB und § 1574 III, 1573 I BGB können ausnahmsweise gleichzeitig vorliegen, wenn z. B. die Ausbildung sowohl erforderlich ist, um ehebedingte Ausbildungsnachteile auszugleichen, als auch, um nach Ausbildungsabschluss eine angemessene Erwerbstätigkeit finden zu können.[662]

Findet der geschiedene Ehegatte nach dem Abschluss einer Ausbildung gemäß § 1575 BGB keine seinem neuen Ausbildungsniveau entsprechende Arbeitsstelle, dann entsteht

---

(Destatis); www.destatis.de/jetspeed/portal/cms/Sites/destatis/Internet/DE/Presse/pm/zdw/2009/PD09__003__p002.psml.
[655] Vgl. Johannsen/Henrich/Büttner § 1575 BGB Rn. 4
[656] BGH FamRZ 1987, 795
[657] BGH FamRZ 1987, 795; BGH FamRZ 1985, 782; OLG Saarbrücken FamRZ 2008, 411
[658] BGH FamRZ 1985, 782
[659] OLG Karlsruhe FamRZ 2009, 120; BGH FamRZ 1987, 795 Rn. 17
[660] Dagegen BGH FamRZ 1980, 126, 127; NK-BGB/Fränken § 1575 BGB Rn. 2; dafür z. B. MünchKommBGB/Maurer § 1575 BGB Rn. 22
[661] Vgl. auch NK-BGB/Fränken Rn. 15; Reinecke FPR 2008, 373, 377; Borth FPR 2008, 341, 344
[662] BGH FamRZ 1980, 126

nach § 1573 I und III BGB ein Anspruch auf Erwerbslosigkeitsunterhalt als Anschlussunterhalt. Insoweit kann sich nach §§ 1573 I, 1574 III BGB ein weiterer Anspruch auf Ausbildungsunterhalt ergeben, wenn er ohne zusätzliche Ausbildung keine angemessene Erwerbstätigkeit zu finden vermag.

3. Anwendungsvoraussetzungen des § 1575 I BGB

341 § 1575 I BGB hat folgende Anspruchsvoraussetzungen:
– Der Bedürftige hat in Erwartung der Ehe oder während der Ehe eine Schul- oder Berufsausbildung nicht aufgenommen oder abgebrochen.
– Die Ausbildung ist erforderlich, um eine angemessene Erwerbstätigkeit zu erlangen, die den Unterhalt nachhaltig sichert.
– Die Ausbildung wird sobald wie möglich nach der Scheidung aufgenommen.
– Der Abschluss ist innerhalb üblicher Ausbildungszeit zu erwarten, wobei ehebedingte Ausbildungsverzögerungen zu berücksichtigen sind.

342 **a) Ausbildung.** Der Begriff der Ausbildung ist im weitesten Sinn zu verstehen. Erforderlich ist ein anerkanntes festes Berufsausbildungsverhältnis zu einem Ausbilder, der die Ausbildung nach einem bestimmten Ausbildungsplan leitet. In Hinblick auf § 77 II SGB III muss es sich um eine vom Arbeitsamt anerkannte Maßnahme der Weiterbildungsförderung handeln. Als Ausbildung nicht anerkannt worden ist eine firmeninterne Qualifikationsmaßnahme zur Diätköchin.[663] Eine bereits **ausgeübte selbstständige berufliche Tätigkeit** (Mitunternehmerin in einem Buchhandel) ist selbst dann keine Ausbildung, wenn sie nach mehrjähriger Tätigkeit die Zulassung zu einer beruflichen Abschlussprüfung ermöglicht.[664]

Kommen bei der Wahl einer gleichwertigen Ausbildung mehrere Ausbildungsgänge in Betracht, darf der Bedürftige eine **besonders zeit- und kostenaufwändige Ausbildung** nur dann wählen, wenn außergewöhnliche Gründe vorliegen, die geeignet sind, die hohe Unterhaltsbelastung des Pflichtigen während der Ausbildungszeit zu rechtfertigen. Fehlen solche außergewöhnlichen Gründe, muss eine möglichst kurze und kostengünstige Ausbildung gewählt werden.[665]

Eine **Zweitausbildung** oder eine **Promotion** sind im Rahmen des § 1575 I BGB nicht zu finanzieren, selbst wenn sie die Chancen für eine spätere Erwerbstätigkeit verbessern könnten.[666]

343 **b) Nichtaufnahme einer Ausbildung oder Abbruch einer Ausbildung.** Da der Anspruch nach § 1575 I BGB ehebedingte Ausbildungsnachteile ausgleichen soll, muss die **Nichtaufnahme** einer Ausbildung durch einen Ehegatten vor der Ehe in Erwartung der Ehe erfolgt sein. Es müssen zumindest bereits feste Berufspläne bestanden haben[667] und konkrete Maßnahmen getroffen worden sein, wie z. B. die Anmeldung bei einer Ausbildungsstätte u. ä., um diese Pläne zu verwirklichen.[668] Voraussetzung ist auch, dass die Eingangsvoraussetzungen für die Ausbildung (z. B. Abitur, Bestehen einer Aufnahmeprüfung, NC für geplantes Studium) vorgelegen haben. Die schlichte Äußerung von Berufswünschen reicht nicht aus.[669] Unterhalt für ein Hochschulstudium ist nicht geschuldet, wenn es nicht den ehelichen Lebensverhältnissen und auch nicht dem Niveau der Ausbildung entspricht, die infolge der Eheschließung und der Kindererziehung nicht zu Ende geführt wurde.[670]

---

[663] OLG Koblenz OLGR 2000, 15
[664] BGH FamRZ 1987, 795
[665] BGH FamRZ 1984, 561, 563
[666] BGH FamRZ 1987, 795, 796
[667] BGH FamRZ 1984, 561, 563
[668] OLG Frankfurt FamRZ 1985, 712, 713; OLG Bamberg FamRZ 1981, 150; Borth FPR 2008, 341, 343; Reinecke FPR 2008, 373, 374; a. A. OLG Düsseldorf FamRZ 2008, 1856 zum Trennungsunterhalt: Mitursächlichkeit der Ehe reicht
[669] OLG Frankfurt FamRZ 1985, 712
[670] OLG Frankfurt FamRZ 1995, 879

Ist eine Ausbildung **vor** der Ehe **abgebrochen** worden, hat der Bedürftige nur bei Ehebedingtheit des Abbruchs (z. B. Umzug an den neuen Wohnort) einen Anspruch aus § 1575 BGB. Das ist nicht der Fall, wenn sich die Beteiligten zum Zeitpunkt des Abbruchs noch nicht kannten oder noch keine Heiratsabsicht hatten.

Wird die vor der Ehe begonnene Ausbildung dagegen erst **während** der Ehe **abgebrochen**, muss der Abbruch nicht wegen der Ehe erfolgt sein; er wird vermutet. Das Gesetz nimmt in Kauf, dass ein Anspruch auf Fortsetzung der abgebrochenen Ausbildung auch bei Nichtursächlichkeit besteht.[671] Ein geschiedener Ehegatte kann in solchen Fällen Unterhalt auch dann verlangen, wenn er die Ausbildung aus anderen Gründen, z. B. wegen Wegfall des Interesses an dem Berufsbild oder wegen einer länger andauernden Krankheit abgebrochen hat.[672]

c) Erforderlichkeit der Ausbildung. Die Ausbildung muss notwendig und geeignet sein, um eine angemessene Erwerbstätigkeit zu erlangen, die dem geschiedenen Ehegatten den Unterhalt in Zukunft nachhaltig sichert. Die anzustrebende angemessene Erwerbstätigkeit i. S. von § 1575 BGB kann ein **höheres Niveau haben** als die angemessene Erwerbstätigkeit nach § 1574 II BGB, wenn davon auszugehen ist, dass der Anspruchsteller ohne die Ehe eine höhere berufliche Stellung erreicht hätte. 344

Eine Ausbildung ist nicht erforderlich, wenn der Bedürftige bereits einer angemessenen Erwerbstätigkeit nachgeht[673] **und** durch eine Ausbildung keine ehebedingten Nachteile des beruflichen Fortkommens auszugleichen sind.[674] Wenn der geschiedene Ehegatte einer angemessenen Erwerbstätigkeit im Sinn des § 1574 II BGB nachgeht, aber mit dem Ziel der Niveausteigerung berechtigterweise durch den Besuch eines Abendgymnasiums eine aus ehebedingten Gründen abgebrochene Ausbildung nachholt, besteht trotz der Ausübung einer angemessenen Erwerbstätigkeit ein Anspruch nach § 1575 I BGB, der nach Abschluss der Ausbildung eine höherwertige Erwerbstätigkeit ermöglichen soll.

An der Notwendigkeit einer Ausbildung fehlt es, soweit nach den ehelichen Verhältnissen die Aufnahme einer unqualifizierten Tätigkeit angemessen und zumutbar ist,[675] und keine ehebedingten Nachteile hinsichtlich des beruflichen Werdeganges auszugleichen sind.[676] Die gesetzliche Einschränkung stellt sicher, dass vom Verpflichteten keine Ausbildung finanziert werden muss, die zum bloßen Vergnügen betrieben wird.[677]

Nach der Rechtsprechung des BGH besteht nach § 1575 I BGB kein Anspruch auf die Finanzierung einer niveausteigernden **Zweit- oder Drittausbildung,** wenn der Bedürftige bereits über eine abgeschlossene Berufsausbildung verfügt, die ihm die Ausübung einer einträglichen angemessenen Erwerbstätigkeit ermöglicht. Dies ginge über den Bereich der nachehelichen Solidarität hinaus. Dabei kommt es nicht darauf an, ob die Erstausbildung vor oder während der Ehe oder erst nach der Scheidung absolviert worden ist und ob der Ehepartner die mit der Ausbildung verbundenen Nachteile getragen hat oder nicht. 345

d) Zeitpunkt der Aufnahme, Einsatzzeitpunkt. Der geschiedene Ehegatte muss die unterlassene oder abgebrochene Ausbildung oder eine entsprechende Ausbildung **nach der Scheidung sobald wie möglich** aufnehmen. Ein fester Einsatzzeitpunkt ist gesetzlich nicht fixiert. Daher kann der Anspruch aus § 1575 BGB auch erst nach Beendigung der Pflege und Erziehung gemeinschaftlicher Kinder oder einer den Beginn der Ausbildung hindernden Erkrankung, mithin nach Auslaufen eines Anspruchs aus § 1570 BGB oder § 1572 BGB, entstehen. 346

Bei der Wahl der Ausbildung ist dem Ehegatten eine gewisse Überlegungszeit zuzubilligen. Bei zurechenbaren Verzögerungen entfällt ein Anspruch, nicht dagegen bei Hindernissen, die der Bedürftige nicht zu vertreten hat. Auch eine Zeitspanne von 14 Monaten

---

[671] BGH FamRZ 1980, 126, 127; BT-Drucks. 7/650 S. 131
[672] BGH FamRZ 1980, 126, 127
[673] BGH FamRZ 1987, 795, 797
[674] BGH FamRZ 1985, 782; FamRZ 1987, 795
[675] Vgl. BGH FamRZ 2001, 350, 352 = R 551 b zum Ausbildungsanspruch entsprechend § 1573 I i. V. m. § 1574 III BGB
[676] BGH FamRZ 1985, 782; FamRZ 1987, 795
[677] BGH FamRZ 1987, 795; FamRZ 1985, 782

nach Scheidung kann im Einzelfall noch rechtzeitig sein, wenn der Berechtigte zunächst vergeblich versucht hat, mit Hilfe seiner früheren beruflichen Erfahrungen aus einer abgebrochenen Ausbildung nachhaltig ins Berufsleben einzutreten.[678] Der Unterhaltsanspruch umfasst auch die Zeit bis zur Aufnahme einer Ausbildung.[679]

Ein Ausbildungsanspruch kann auch bereits **vor der Scheidung** nach § 1361 BGB entstehen. Der Anspruch nach § 1575 BGB erfasst dann die Fortsetzung der Ausbildung nach der Scheidung.[680]

347 **e) Art der Ausbildung.** Aufzunehmen ist die im Zusammenhang mit der Ehe konkret unterlassene oder abgebrochene Ausbildung oder eine entsprechende Ausbildung. Entsprechend ist eine im Niveau, im Ausbildungsumfang, in den Anforderungen und der sozialen Einordnung gleichwertige Ausbildung. Die Aufnahme einer nicht gleichwertigen Ausbildung rechtfertigt keinen Anspruch nach § 1575 BGB.[681]

Eine Ausbildung zur Krankenschwester ist mit der Ausbildung zur Rechtsanwaltsgehilfin als gleichwertig anzusehen,[682] nicht aber ein Studium der Medizin nach dem Abbruch einer Ausbildung zur Steuerfachgehilfin[683] denn ein Studium stellt eine deutlich höherwertige Ausbildung dar.[684] Ein gleiches Niveau mit einem vergleichbaren Status nach Abschluss der Ausbildung haben ein (abgebrochenes) Studium der Medizin und ein Betriebswirtschaftsstudium.[685]

Auch die Vorbereitung einer Promotion nach Abschluss eines Hochschulstudiums, die lediglich die Arbeitsmarktchancen verbessern soll, rechtfertigt keinen Ausbildungsunterhalt.[686]

War die abgebrochene Ausbildung bereits **weit fortgeschritten**, muss sie fortgesetzt werden. Es darf dann keine gleichwertige Ausbildung neu aufgenommen werden.

348 **f) Erwartung eines erfolgreichen Abschlusses der Ausbildung.** Der erfolgreiche Abschluss einer Ausbildung muss innerhalb der üblichen Ausbildungszeit zu erwarten sein. Abzustellen ist dabei auf eine durchschnittlich aufzuwendende Ausbildungszeit, nicht auf eine Mindeststudienzeit. Für diese Beurteilung kommt es vor allem auf die Befähigung, den Gesundheitszustand, das Alter und die Einsatzbereitschaft des Bedürftigen an, aber auch auf sonstige konkrete äußere Umstände.

Die Erfolgsaussicht muss sowohl bei Ausbildungsaufnahme als auch während des weiteren Verlaufs der Ausbildung bestehen. Der Tatrichter hat insoweit eine realistische Prognose zu treffen. Fällt sie negativ aus, besteht kein Anspruch nach § 1575 I BGB.

349 **g) Chancen auf dem Arbeitsmarkt.** Zur Wahl der Ausbildung ist unter Berücksichtigung der realen wirtschaftlichen und sozialen Verhältnisse vor Beginn der Ausbildung prognostisch zu beurteilen, ob und inwieweit unter Einschätzung der konkreten Lage auf dem Arbeitsmarkt für den geschiedenen Ehegatten eine berechtigte Aussicht besteht, dass er eine der Ausbildung entsprechende angemessene Erwerbstätigkeit finden wird.[687] Bei **negativer Prognose** entfällt ein Ausbildungsanspruch. Ein Ausbildungsanspruch kann z.B. ausscheiden, wenn die Ausbildung wegen des **Alters** des Anspruchsstellers **nicht mehr sinnvoll** ist.[688] Die lediglich abstrakte Möglichkeit, dass ein Unterhaltsberechtigter in einem akademischen Beruf noch eine Anstellung finden kann, auch wenn er zum Zeitpunkt der Beendigung der Ausbildung 50 Jahre alt sein wird, reicht für eine Erfolgsprognose nicht aus.[689]

---

[678] OLG Köln FamRZ 1996, 867, 868
[679] OLG Hamm FamRZ 1983, 181
[680] BGH FamRZ 1985, 782
[681] OLG Düsseldorf FamRZ 1980, 585
[682] OLG Köln FamRZ 1996, 867
[683] OLG Frankfurt FamRZ 1995, 879
[684] OLG Frankfurt FamRZ 1995, 879
[685] OLG Düsseldorf FamRZ 1980, 585, 586
[686] OLG Düsseldorf FamRZ 1987, 708
[687] BGH FamRZ 1986, 553
[688] BGH FamRZ 1987, 691
[689] OLG Düsseldorf FamRZ 1991, 76

4. Anwendungsvoraussetzungen des § 1575 II BGB

Die Voraussetzungen des § 1575 II BGB entsprechen weitgehend denen des § 1575 I BGB.   **350**

a) Fortbildung/Umschulung. Unter beruflicher Fortbildung war nach der Legaldefinition des früheren § 41 I AFG die Teilnahme an Maßnahmen zu verstehen, die das Ziel haben, berufliche Kenntnisse und Fertigkeiten festzustellen, zu erhalten und zu erweitern oder der technischen Entwicklung anzupassen oder einen beruflichen Aufstieg zu ermöglichen. Der Begriff berufliche Umschulung erfasste nach dem früheren § 47 I AFG die Teilnahme an Maßnahmen, die das Ziel haben, einem Arbeitsuchenden den Übergang in eine andere geeignete berufliche Tätigkeit zu ermöglichen, insbesondere um die berufliche Beweglichkeit zu sichern und zu verbessern. Die berufliche Fortbildung und die berufliche Umschulung setzen grundsätzlich eine **abgeschlossene Berufsausbildung** oder angemessene Berufserfahrung voraus.[690]   **351**

Die nunmehr einschlägige gesetzliche Regelung in § 77 SGB III benutzt nur noch den Oberbegriff **„Berufliche Weiterbildung"**, unter die sowohl berufliche Fortbildung als auch berufliche Umschulung fallen. Wegen der gesetzlichen Definition wird auf den Begriff der Weiterbildungsförderung im Sinne des § 85 II SGB III verwiesen. Unter den Begriff der „Weiterbildung" fällt nach § 85 III Nr. 2 SGB III auch die Weiterbildung zur Ermöglichung eines bislang fehlenden beruflichen Abschlusses. Bei Arbeitnehmern ohne Berufsabschluss ist im Gegensatz zum früher geltenden AFG nicht mehr erforderlich, dass sie eine berufliche Qualifikation im Sinne eines anerkannten Berufsabschlusses erwerben konnten. Nach § 77 I Nr. 1 SGB III genügt es, dass sie ihre bisherige berufliche Qualifikation zum Zwecke der Wiedereingliederung in den Arbeitsmarkt erweitern. Nach § 77 II SGB III ist entweder ein Berufsabschluss oder grundsätzlich eine dreijährige Berufserfahrung erforderlich, es sei denn, dass eine berufliche Erstausbildung oder eine berufsvorbereitende Bildungsmaßnahme aus persönlichen Gründen nicht möglich oder zumutbar ist.   **352**

Nach dem früheren § 34 IV AFG war ein Hochschul- oder Fachhochschulstudium aus dem Förderbereich ausgeschlossen. Durch die §§ 77 ff. SGB III sollte der Kreis der Fördermaßnahmen weder verengt noch erweitert werden, so dass die Rechtslage sich materiell nicht geändert hat, was sich bezüglich des Hochschulstudiums aus § 85 IV Nr. 1 SGB III i. V. m. §§ 1 bis 3 Berufsbildungsgesetz entnehmen lässt. Da die in § 1575 II BGB angesprochene Fortbildung oder Umschulung im Sinne des früheren Arbeitsförderungsgesetzes zu verstehen ist, das die Hoch- oder Fachhochschulausbildung aus seinem Förderungsbereich ausgeschlossen hatte,[691] kann nach § 1575 II BGB **kein Unterhalt für ein Studium** verlangt werden.[692] Will der geschiedene Ehegatte studieren, sind die Voraussetzungen des § 1575 I BGB zu prüfen.

b) Ausgleich ehebedingter Nachteile. Es muss ein **Ursachenzusammenhang** zwischen den ehebedingten Nachteilen und der **notwendigen Fortbildung** oder Umschulung bestehen. Die ehebedingten Nachteile i. S. von § 1575 II BGB können vielfältiger Art sein. Soweit es dabei um berufliche Nachteile geht, ergeben sich solche aus einem Vergleich der beruflichen Stellung, die der Ehegatte voraussichtlich ohne die Eheschließung haben würde, mit der derzeitigen Situation auf Grund der Ehe. Ein solcher Nachteil liegt nicht nur dann vor, wenn die jetzt mögliche berufliche Stellung einen geringeren Lebensstandard ermöglicht als die ohne Eheschließung erreichte berufliche Stellung, sondern auch dann, wenn die jetzt mögliche berufliche Stellung dem Bedürftigen keine angemessene Entfaltung seiner Fähigkeiten und Kenntnisse erlaubt,[693] wobei allerdings eine optimale berufliche Erfüllung nicht verlangt werden kann.[694]   **353**

---

[690] BGH FamRZ 1987, 795, 797
[691] BGH FamRZ 1985, 782
[692] BGH FamRZ 1985, 782, 783
[693] OLG Hamm BeckRS 2009, 13638: Fortbildung zur Bürokauffrau, weil ein Anknüpfen an die 13 Jahre zuvor absolvierte juristische Ausbildung mit Abschluss des ersten juristischen Staatsexamen nicht möglich war
[694] BGH FamRZ 1984, 988, 989

5. Umfang des Unterhalts

354 **a) Maß des Unterhalts.** Der Ausbildungsunterhalt bemisst sich nach § 1578 BGB. Der Anspruch geht auf den vollen Unterhalt nach den ehelichen Lebensverhältnissen i. S. d. § 1578 I 1 BGB. Er umfasst auch den Mehrbedarf hinsichtlich der Ausbildungs-, Umschulungs- bzw. Weiterbildungskosten, § 1578 II BGB.

Der Anspruch umfasst gemäß § 1578 II BGB auch **Krankheitsvorsorgeunterhalt. Nicht** geschuldet im Rahmen des Ausbildungsunterhalts sind beim nachehelichen Ausbildungsunterhalt die Kosten einer angemessenen Versicherung für den Fall des Alters sowie der verminderten Erwerbsfähigkeit **(Altersvorsorgeunterhalt)**, § 1578 III BGB.

355 **b) Zumutbarkeit.** Ob die Leistung von Ausbildungsunterhalt für den Unterhaltspflichtigen **generell zumutbar** sein muss, hat der BGH[695] offen gelassen. Für den Fall, dass bei Leistung des vollen Unterhalts in Form von Ausbildungsunterhalt zur Erlangung einer höheren beruflichen Qualifikation und nicht nur zur Erlangung einer angemessenen Erwerbstätigkeit der angemessene Lebensbedarf des Unterhaltspflichtigen gefährdet wäre und er deshalb nur Billigkeitsunterhalt i. S. d. § 1581 BGB zu leisten hätte, hat der BGH das Problem der Zumutbarkeit zwar angesprochen, aber nicht entschieden. Nach seiner Auffassung ist eine Verpflichtung zur Leistung von Ausbildungsunterhalt hier fraglich, weil die nach Billigkeitsgrundsätzen zu bemessende Leistungspflicht nach § 1581 BGB grundsätzlich voraussetzt, dass der Bedarf des Unterhalt begehrenden Ehegatten nicht auf andere Weise gedeckt werden kann, und die mit den Unterhaltsleistungen verbundenen Belastungen und Einschränkungen für den Schuldner nur zumutbar erscheinen, wenn auch dem anderen Ehegatten Einschränkungen und Opfer zugemutet werden.[696]

356 **c) Anrechnung von Einkünften.** Ob und inwieweit die aus der angemessenen Erwerbstätigkeit erzielten Einkünfte des geschiedenen Ehegatten zu berücksichtigen sind, richtet sich nach den Umständen des Einzelfalles. Dabei kommt es darauf an, ob das Einkommen aus zumutbarer oder überobligatorischer Tätigkeit stammt. In zumutbarer Weise erzielte Einkünfte sind im Wege der Differenzmethode in die Unterhaltsberechnung einzubeziehen; für die überobligatorischen gelten die Grundsätze des § 1577 II BGB. Erzielt der Unterhaltsberechtigte überobligationsmäßige Einkünfte, ist nur der unterhaltsrelevante Teil dieses Einkommens in die Differenzmethode einzubeziehen. Der übrige Teil bleibt bei der Unterhaltsberechnung vollständig unberücksichtigt.[697]

Nicht subsidiäre Förderleistungen aus öffentlich-rechtlichen Quellen (BAFöG, SGB III) sind bedarfsmindernd anzurechnen (vgl. oben Rn. 339).

6. Dauer des Unterhalts nach § 1575 I, II BGB

357 **a) Ausbildungsabschluss.** Der Unterhalt nach § 1575 I Satz 2 BGB ist zeitlich auf die Dauer der Ausbildung begrenzt. Maßgebend ist bei einem Studium die **übliche Studiendauer**, nicht die Mindeststudiendauer.

Für die konkrete Bemessung der Dauer des Fortbildungs- und Umschulungsunterhalts nach § 1575 II BGB kann auf das Ende der Ausbildung abgestellt werden. Bei Weiterbildungsmaßnahmen i. S. d. § 77 SGB III können die dort vorgesehenen Förderzeiten Anhaltspunkte für eine Begrenzung geben (z. B. Förderung für 18 Monate oder 1 Jahr bei Berufsausbildungsbeihilfe nach § 73 I SGB III; Begrenzung auf ²/₃ der Zeit für eine entsprechende Berufsausbildung hinsichtlich Weiterbildungskosten nach § 85 II SGB III).

358 **Ehebedingte Verzögerungen** der Ausbildung sind allerdings **zu berücksichtigen** (§ 1575 I 2 BGB), d. h., sie können eine Verlängerung der Ausbildungszeit rechtfertigen. Dazu zählen z. B. Betreuung eines gemeinschaftlichen Kindes oder Schwierigkeiten, die sich daraus ergeben, dass der Unterhaltsberechtigte bei einer Wiederaufnahme eines Studiums nach einer längeren Unterbrechung nicht ohne weiteres an den vor dem Abbruch

---

[695] BGH FamRZ 1985, 782
[696] BGH FamRZ 1985, 782
[697] BGH FamRZ 2005, 1154; FamRZ 2003, 518

erreichten Ausbildungsstand anknüpfen kann und sich zunächst die verloren gegangenen Kenntnisse wieder aneignen muss. **Krankheitsbedingte Verzögerungen** der Ausbildung sind, auch wenn die Krankheit nicht ehebedingt ist, jedenfalls dann entsprechend zu behandeln, wenn sie von dem einvernehmlich aufrecht erhaltenen Eheplan gedeckt sind und von den Eheleuten einverständlich in Kauf genommen worden sind.[698] Keine ehebedingten Verzögerungen sind solche, die aus rein persönlichen Gründen des Bedürftigen entstehen.[699]

b) Zeit für die Stellensuche. Nach dem Abschluss der Ausbildung ist dem geschiedenen Ehegatten eine angemessene Frist für die Suche nach einem Arbeitsplatz einzuräumen. In dieser Zeit ist der Ausbildungsunterhalt weiter zu zahlen. Die Länge der Frist richtet sich nach den Umständen des Einzelfalls. Als Richtschnur wird man eine Zeit von mindestens 3 Monaten annehmen können.[700] Während dieser Zeit ist dem Unterhaltsberechtigten nicht zuzumuten, einer Erwerbstätigkeit nachzugehen, wenn die Suche nach einem Arbeitsplatz seinen vollen zeitlichen Einsatz erfordert. 359

c) Scheitern der Ausbildung/Umschulung/Fortbildung. Ein **Ausbildungswechsel** muss nicht finanziert werden. 360

Scheitert die Ausbildung nach § 1575 I BGB unverschuldet, dann erlischt der Ausbildungsunterhalt und es entsteht ein Anschlussunterhalt wegen Arbeitslosigkeit auf dem bisher erreichten Niveau nach § 1573 I, II BGB.[701] Nach § 1575 III BGB bleibt in diesem Fall der durch die Ausbildung gemäß § 1575 I BGB erreichte **höhere Ausbildungsstand** bei der Bestimmung der angemessenen Erwerbstätigkeit nach § 1574 II BGB außer Betracht.

7. Obliegenheiten des geschiedenen Ehegatten

a) Betreiben der Ausbildung, Fortbildung oder Umschulung. Der Bedürftige ist verpflichtet, die Ausbildung, Fortbildung oder Umschulung zielstrebig und fleißig zu betreiben und innerhalb angemessener und üblicher Dauer beenden zu können. Die Anforderungen an den die Bildungsmaßnahme betreibenden Ehegatten sind angesichts seiner nachehelichen Eigenverantwortung strenger als die an ein volljähriges Kind. Der Ehegatte hat die Obliegenheit, sich im Allgemeinen an bestehende Ausbildungspläne zu halten, ohne dass etwa einem Studenten die selbständige Auswahl der angebotenen Lehrveranstaltungen und der eigenverantwortliche Aufbau des Studiums verwehrt wäre, solange dadurch der ordnungsgemäße Abschluss des Studiums innerhalb angemessener Frist nicht gefährdet wird.[702] Erbringt er schuldhaft nicht die erforderlichen Ausbildungsleistungen, wie z. B. Zwischenprüfungen, Vordiplom, Physikum, Scheine u. ä., verliert er seinen Ausbildungsanspruch für die Zukunft.[703] 361

b) Auskunfts- und Belegpflicht. Der Unterhaltspflichtige hat ein Bedürfnis, über den Verlauf der Ausbildung auf dem Laufenden gehalten zu werden, um den Fortbestand seiner Unterhaltspflicht überprüfen zu können. Deshalb ist der geschiedene Ehegatte nach § 242 BGB verpflichtet, dem Schuldner fortlaufend Auskunft über den Fortschritt seiner Ausbildung zu erteilen und seine Angaben ggf. nach § 259 I BGB durch Vorlage von Bescheinigungen des Ausbildungsbetriebs, der Schule, Fachhochschule, Universität etc. zu belegen.[704] Nach den allgemeinen Grundsätzen des Unterhaltsrechts hat der Anspruchssteller die Obliegenheit, den Unterhaltspflichtigen bei einer Nichtaufnahme, Verzögerungen oder einem Abbruch der Ausbildung ungefragt zu informieren. 362

c) Keine Erstattungspflicht. Da der Anspruch auf Ausbildungsunterhalt nicht erfolgsabhängig ist, kann der Unterhaltspflichtige den gezahlten Unterhalt nach einem nicht erfolg- 363

---

[698] BGH FamRZ 1980, 126
[699] BGH FamRZ 1980, 126
[700] OLG Düsseldorf FamRZ 1987, 708, 709
[701] OLG Hamm FamRZ 1983, 181
[702] BGH FamRZ 1984, 777, 778
[703] OLG Hamm FamRZ 1988, 1280, 1281
[704] Borth FPR 2008, 341, 344

reichen Abschluss der Ausbildung, Fortbildung oder Umschulung durch den Unterhaltsgläubiger (z. B. bei Nichtbestehen der Prüfung) von diesem unabhängig vom Einwand der Entreicherung nach § 818 III BGB nicht zurückfordern. Eine Verpflichtung zur Rückzahlung der empfangenen Beträge kann sich nur in Ausnahmefällen aus § 826 BGB ergeben.

8. Erwerbslosenunterhalt als Anschlussunterhalt nach § 1575 III BGB i. V. m. § 1573 BGB

364   Findet der Bedürftige **nach Abschluss einer Ausbildung** gemäß § 1575 BGB keine seinem neuen Ausbildungsniveau entsprechende Arbeitsstelle, dann entsteht nach § 1573 I und III BGB ein Anspruch auf Erwerbslosigkeitsunterhalt als Anschlussunterhalt.

Nach § 1575 III BGB bleibt in diesem Fall der durch die Ausbildung gemäß § 1575 I BGB erreichte höhere Ausbildungsstand bei der Bestimmung der angemessenen Erwerbstätigkeit nach § 1574 II BGB außer Betracht.

9. Begrenzung des Unterhaltsanspruchs

365   Eine **zeitliche Befristung** des Unterhalts auf die voraussichtliche Dauer der Ausbildung war nach der Rechtsprechung des BGH zum früheren Recht geboten.[705] Eine Befristung nach dem seit 1. 1. 2008 geltenden § 1578 b II BGB scheidet aus, wenn der Unterhaltsberechtigte nach einer ehebedingten Einschränkung seiner Erwerbstätigkeit nicht in der Lage ist, Einkünfte zu erzielen, die den eigenen angemessenen Unterhaltsbedarf nach § 1578 BGB nicht erreichen.[706] Dies ist während der Dauer der Ausbildung ohne weiteres zu bejahen. Ob zum Zeitpunkt der Schaffung des Titels sicher prognostiziert werden kann, dass sogleich nach Abschluss der Ausbildung die durch die Nichtaufnahme oder den Abbruch der Ausbildung entstandenen ehebedingten Nachteile ausgeglichen sind, ist zweifelhaft. Nach Ansicht des BGH kann ein ehebedingter Nachteil in Zusammenhang mit einer Berufsausbildung, die ehebedingt nicht aufgenommen oder abgebrochen worden ist, selbst dann angenommen werden, wenn der Bedürftige keinen Anspruch auf Ausbildungsunterhalt (§ 1575 BGB) hat oder nicht geltend gemacht hat. Denn auch ohne die Voraussetzungen dieser Vorschrift kann ein ehebedingter Nachteil durch die Rollenverteilung in der Ehe und die deswegen nicht abgeschlossene Berufsausbildung entstehen.[707] Der nach Abschluss der Ausbildung evtl. weiter bestehende (Anschluss-)Unterhaltsanspruch beruht dann zwar i. d. R. auf einer anderen Rechtsgrundlage. Die Einschränkungen für eine Befristung gelten aber für alle Anspruchsgrundlagen. auch in solchen Fällen.

366   Anders ist die **Herabsetzung des Unterhalts** für den geschiedenen studierenden Ehegatten gemäß § 1578 b I BGB bis auf den angemessenen Lebensbedarf nach der eigenen, ohne die Ehe hypothetisch erreichten Lebensstellung,[708] zu beurteilen. Die Untergrenze bildet nach der Rechtsprechung des BGH der Mindestbedarf, der das Existenzminimum darstellt. Heranzuziehen sind in solchen Fällen die Selbstbehaltsätze für einen nicht Erwerbstätigen, die sich aus Ziffer 21.2 der jeweiligen Unterhaltsleitlinien der Oberlandesgerichte ergeben. Das setzt voraus, dass der nach den ehelichen Lebensverhältnissen i. S. d. § 1578 BGB geschuldete rechnerische Unterhalt höher liegt. Beläuft er sich auf Beträge unterhalb des Existenzminimums, kommt eine Herabsetzung ohnehin nicht in Betracht. Zudem darf der hypothetische angemessene Lebensbedarf nicht höher als der Mindestbetrag sein.

10. Darlegungs- und Beweislast, Prozessuales

367   Der Unterhaltsberechtigte hat die Darlegungs- und Beweislast dafür, dass die Ausbildung notwendig ist, damit im Anschluss daran eine angemessene Erwerbstätigkeit ausgeübt wer-

---

[705] BGH FamRZ 1986, 553, 555
[706] BGH NJW 2010, 3653
[707] BGH FamRZ 2010, 875 Rn. 17 = R 711; vgl. Born NJW 2010, 1993 ff.
[708] BGH NJW 2010, 3653

den kann,[709] ferner, dass mit Erreichen der angestrebten Ausbildung eine realistische Chance auf Erhalt eines Arbeitsplatzes besteht.[710] Ggf. müssen konkrete Ermittlungen über die Berufsaussichten angestellt werden.[711]

Ist eine Ausbildung vor der Ehe abgebrochen worden, muss der Unterhaltsberechtigte die Ehebedingtheit des Abbruchs darlegen und beweisen. Anders, wenn der Abbruch der Ausbildung erst während der Ehe erfolgt ist; hier ist eine Ehebedingtheit nicht erforderlich.[712]

Der nacheheliche Unterhalt, mithin der Unterhalt, der ab Rechtskraft der Scheidung zu zahlen ist, sollte bereits im **Scheidungsverbund** gemäß § 137 II Nr. 2 FamFG geltend gemacht werden.

Wenn die Voraussetzungen für den Ausbildungsunterhalt noch während der Ausbildung entfallen, kann der der Unterhaltspflichtige dies bei Vorliegen eines vollstreckbaren Titels gegen ihn mit einem **Abänderungsantrag** nach §§ 238–240 FamFG geltend machen. In dem Abänderungsverfahren kann der Anspruchsteller seinen Unterhaltsanspruch auch auf eine andere Anspruchsgrundlage stützen. Wurde der Unterhalt aufgrund einer privaten Vereinbarung gezahlt, kann der Verpflichtete die Unterhaltszahlungen wegen der Änderung der Geschäftsgrundlage gemäß § 313 BGB einstellen.

X. Unterhalt aus Billigkeitsgründen nach § 1576 BGB

1. Normzweck und Anspruchsvoraussetzungen

Nach § 1576 BGB besteht ein Anspruch auf Billigkeitsunterhalt, soweit und solange vom Bedürftigen aus sonstigen schwerwiegenden Gründen eine Erwerbstätigkeit nicht erwartet werden kann und eine Versagung von Unterhalt unter Berücksichtigung der Belange beider Ehegatten grob unbillig wäre.

Bei § 1576 BGB handelt es sich um eine positive **Härteklausel für Ausnahmefälle.** Diese Härteklausel oder Billigkeitsklausel ist kein Ersatz für die vom Gesetzgeber abgelehnte unterhaltsrechtliche Generalklausel. Sie soll nach Art eines Auffangtatbestandes jenseits der grundsätzlichen Regelung Härtefälle erfassen, in denen eine Unterhaltsversagung wegen der Umstände des Einzelfalles grob unbillig ist. § 1576 BGB ist eine positive Entsprechung zu der negativen Ausschlussklausel des § 1579 BGB. Die §§ 1570 ff. BGB dienen zur Orientierung bei der Auslegung des § 1576 BGB. Dieser soll Lücken bei den §§ 1570 bis 1575 BGB füllen und eingreifen, wenn und soweit nach diesen genau umrissenen Tatbeständen Unterhaltsansprüche nicht bestehen.[713] Ferner soll er Härten vermeiden, die sich aus dem enumerativen Tatbestandskatalog der §§ 1570 bis 1575 BGB ergeben.[714] Wegen ihrer Ausgestaltung als allgemeine Härteklausel ist die Vorschrift weder im Verhältnis zum Regelungsbereich der §§ 1570 ff. BGB auf gegenständlich andere als die dort genannten Gründe begrenzt noch sonst Beschränkungen auf bestimmte Unterhaltstatbestände unterworfen.[715] In der **Praxis** hat die Vorschrift **keine große Bedeutung.**

Der Billigkeitsunterhalt hat folgende **Voraussetzungen**:
– Vorliegen eines sonstigen schwerwiegenden Grundes.
– Wegen des schwerwiegenden Grundes ist eine Erwerbstätigkeit nicht oder nur teilweise zu erwarten.
– Die Versagung des Unterhalts wäre unter Berücksichtigung der Belange beider Ehegatten grob unbillig

---

[709] BGH FamRZ 1986, 533
[710] BGH FamRZ 1987, 601
[711] BGH FamRZ 1986, 553
[712] BGH FamRZ 1980, 126
[713] BGH FamRZ 1984, 361; BGH FamRZ 1983, 800
[714] BGH FamRZ 2003, 1734, 1735 = R 597 a; BGH FamRZ 1984, 361; BGH FamRZ 1983, 800
[715] BGH FamRZ 2003, 1734, 1737 = R 597 c

2. Ehebedingtheit

369 § 1576 BGB erfasst nach seinem Zweck nicht nur eine ehebedingte Unterhaltsbedürftigkeit, sondern ebenso wie die in den §§ 1570 ff. BGB aufgeführten Tatbestände auch sonstige **nicht ehebedingte** Bedürfnislagen. Deshalb müssen weder die schwerwiegenden Gründe noch die Unterhaltsbedürftigkeit ehebedingt sein.[716] Gleichwohl ist die Ehebedingtheit ein wesentlicher Anhaltspunkt dafür, ob ein schwerwiegender Grund, der die Versagung des Unterhalts grob unbillig macht, vorliegt. Wird eine geschiedene Ehefrau unterhaltsbedürftig, weil sie mehr als 1 Jahr nach der Scheidung ihre Arbeitsstelle in Polen aufgibt, um sich zu ihren erwachsenen Kindern nach Deutschland zu begeben, fehlt es an einer ehebedingten Bedürftigkeit und damit an einem schwerwiegenden Grund, weswegen keine Erwerbstätigkeit erwartet werden kann.[717]

3. Einsatzzeitpunkt

370 Das Gesetz sieht keinen Einsatzzeitpunkt vor. Daher kann der Anspruch nach der Scheidung originär entstehen, d. h. nicht als Anschlussunterhalt.

Nach der Rechtsprechung des BGH ist § 1576 BGB auch zu prüfen, wenn ein **Krankheitsunterhalt nur am Einsatzzeitpunkt scheitert.**[718] Entsprechendes dürfte gelten, wenn ein anderer Unterhaltstatbestand nach §§ 1571 bis 1573 BGB nur am Einsatzpunkt scheitert.[719] Der Billigkeitsunterhalt scheidet in einem solchen Fall nicht schon deswegen aus, weil die nach § 1572 BGB oder den anderen Unterhaltstatbeständen vorausgesetzten Einsatzpunkte auch im Rahmen des § 1576 BGB zu beachten sind, um auch im Hinblick auf die Subsidiarität des Anspruchs eine uferlose Ausweitung des Tatbestands zu vermeiden. Eine uferlose Ausweitung wird durch eine sachgerechte Billigkeitsprüfung vermieden.[720] Mit zunehmender Entfernung von den Einsatzpunkten sind strengere Anforderungen an die Ausweitung der nachehelichen Solidarität, die dem Anspruch nach § 1576 BGB zugrunde liegt, zu stellen.[721] Weil mit **zunehmendem zeitlichen Abstand von der Scheidung** das Interesse des Verpflichteten und sein Vertrauen darauf, nicht mehr auf Unterhalt in Anspruch genommen zu werden, wachsen, ist nach Auffassung des BGH mit fortschreitender Dauer ein Unterhaltsanspruch im Rahmen der Billigkeitsprüfung nach § 1576 BGB eher zu versagen.[722] Der maßgebliche Grund i. S. des § 1576 BGB muss daher zumindest in einem zeitlichen oder sachlichen Zusammenhang mit den ehelichen Lebensverhältnissen stehen.[723]

4. Berücksichtigung des Verschuldens am Scheitern der Ehe

371 Nach § 1576 S. 2 BGB dürfen schwerwiegende Gründe **nicht allein** deshalb berücksichtigt werden, weil sie zum Scheitern der Ehe geführt haben. Mit dieser Bestimmung wollte der Gesetzgeber verhindern, dass aus einem Verhalten eines Ehegatten, das zum Scheitern der Ehe geführt hat, das Bestehen hinreichend schwerwiegender Gründe gefolgert und damit das im Scheidungsrecht aufgegebene Verschuldensprinzip wieder eingeführt wird.[724] Gründe, die zum Scheitern der Ehe geführt haben, können aber neben anderen Gesichtspunkten einen Unterhaltsanspruch rechtfertigen und bei der Billigkeitsabwägung bedeutsam werden.[725]

---

[716] BGH FamRZ 2003, 1734, 1737 = R 597 c; 1983, 800
[717] OLG Karlsruhe FamRZ 1991, 1449
[718] BGH FamRZ 2003, 1734, 1737 = R 597 c; OLG Zweibrücken FamRZ 2002, 821, 822
[719] OLG Hamm FamRZ 1999, 230, 232
[720] BGH FamRZ 2003, 1734, 1737 = R 597 c
[721] BGH a. a. O.; OLG Zweibrücken FamRZ 2002, 821, 822
[722] FamRZ 2003, 1734, 1737 = R 597 c
[723] OLG Hamm FamRZ 1997, 230; OLG Karlsruhe FamRZ 1996, 948
[724] BGH FamRZ 1984, 361, 364
[725] BGH FamRZ 1984, 361, 363

5. Vorliegen eines sonstigen schwerwiegenden Grundes

Zur Orientierung für die Auslegung des Begriffs „sonstiger schwerwiegender Grund" dienen vor allem die Gründe, die den Tatbeständen der §§ 1570 bis 1572 BGB zugrunde liegen. Diese sonstigen Gründe müssen in ihrer Bedeutung und ihrem Gewicht den Tatbeständen der §§ 1570 bis 1572 BGB vergleichbar sein.[726] In der Rechtsprechung haben sich insbesondere folgende Fallgruppen herausgebildet: 372

a) Betreuung nachehelicher gemeinschaftlicher Kinder. Betreut der geschiedene Ehegatte ein nach Rechtskraft der Scheidung geborenes gemeinsames nichteheliches Kind der Ehegatten, scheidet ein Unterhaltsanspruch nach § 1570 oder § 1576 BGB aus. Die betreuende Mutter hat in diesem Fall den Anspruch auf Betreuungsunterhalt nach § 1615l II 2 BGB.[727] Anders liegt der Fall, wenn es sich, belegt durch ein Abstammungsgutachten, zwar um ein biologisch, nicht aber rechtlich gemeinsames Kind (weil es rechtlich als eheliches Kind eines früheren Ehemannes der Frau gilt) handelt. Hier kommt ein Anspruch nach § 1576 BGB in Betracht.[728] 373

b) Betreuung nicht gemeinschaftlicher Kinder. Allein die Pflege und Betreuung nicht gemeinschaftlicher Kinder reicht nicht aus, um einen Anspruch aus § 1576 BGB zu begründen, denn der Betreuungsunterhaltsanspruch nach § 1570 BGB ist grundsätzlich auf gemeinschaftliche Kinder beschränkt. In solchen Fällen müssen besondere Umstände hinzutreten, durch die ein besonderer Vertrauenstatbestand für den bedürftigen Ehegatten geschaffen wurde.[729] 374

aa) Stiefkinder. Bei Betreuung eines leiblichen Kindes eines Elternteils aus einer früheren Beziehung (Stiefkind des Unterhaltspflichtigen), das während der Ehe mit Einwilligung des anderen Ehegatten in den häuslichen Haushalt aufgenommen worden war, kann ein Unterhaltsanspruch aus § 1576 BGB bestehen. Es reicht aber nicht aus, dass dieses Kind mit Zustimmung des anderen Ehegatten in den ehelichen Haushalt aufgenommen worden war.[730] Es müssen gewichtige besondere Umstände hinzutreten, um einen Anspruch nach § 1576 BGB zu rechtfertigen.[731] 375

Handelt es sich um ein Kind des Unterhaltspflichtigen (Stiefkind des Unterhaltsberechtigten), das mit dessen Willen auch nach der Ehescheidung von dem geschiedenen Stiefelternteil weiterhin betreut wird, ist ein Anspruch aus § 1576 BGB zu bejahen, weil es sich dann um eine besondere Leistung gerade für den verpflichteten Ehegatten handelt.[732]

Keine Anwendung findet § 1576 BGB bei Betreuung eines behinderten **erwachsenen Stiefkindes**, wenn sich dieses während der Ehe vereinbarungsgemäß in einem Heim aufgehalten hatte.[733]

bb) Ehebruchskindern. Bei Ehebruchskindern besteht kein Anspruch aus § 1576 BGB. Eine Ausnahme gilt dann, wenn der Verpflichtete einen Vertrauenstatbestand dadurch geschaffen hat, dass er der Aufgabe der Erwerbstätigkeit durch die Mutter wegen der Betreuung des scheinehelichen Kindes zugestimmt und sich mit der Aufnahme in seinen Haushalt längere Zeit abgefunden hat.[734] Gleiches gilt, wenn der auf Unterhalt in Anspruch genommene Ehegatte selbst Ehebruch begangen hatte und die Ehefrau, die nach einem Ehebruch schwanger geworden war, von einem Schwangerschaftsabbruch abgehalten und damit den Eindruck erweckt hatte, er wolle das von ihr ausgetragene nicht gemeinsame Kind akzeptieren und die Ehe mit ihr fortsetzen.[735] 376

---

[726] BGH FamRZ 1983, 800, 802
[727] BGH FamRZ 1998, 426 = R 519a
[728] OLG Düsseldorf FamRZ 1999, 1274
[729] BGH FamRZ 1983, 800, 802; OLG Koblenz FamRZ 2005, 1997
[730] OLG Koblenz NJW 2010, 1537
[731] BGH FamRZ 1983, 800, 802; so auch OLG Koblenz FamRZ 2005, 1997
[732] Johannsen/Henrich/Büttner § 1576 Rn. 7
[733] OLG Köln FamRZ 1980, 1006
[734] Johannsen/Henrich/Büttner § 1576 Rn. 7
[735] OLG Frankfurt FamRZ 1982, 299, 300

377 **cc) Pflegekinder.** Betreut der bedürftige geschiedene Ehegatte ein Pflegekind, das die Eheleute **gemeinsam** während der Ehe auf Dauer **aufgenommen** hatten, spricht für die Zubilligung eines Unterhaltsanspruchs in erster Linie der Gesichtspunkt der gemeinschaftlich übernommenen Verantwortung für das Pflegekind. Bei der Abwägung ist insbesondere zu berücksichtigen, in welchem Alter das Kind in der Familie aufgenommen wurde und wie lange es bereits in den neuen Lebenskreis eingegliedert ist.[736] Auch die gesetzgeberische Grundentscheidung in den §§ 1570, 1579 BGB für das Kindeswohl und gegen das Interesse des nicht betreuenden Ehegatten von einer wegen eines Fehlverhaltens des anderen Ehegatten an sich unzumutbaren Unterhaltslast befreit zu werden, ist bei der Abwägung mit zu berücksichtigen. Bei der Abwägung kommt dem Wohl des Kindes gegenüber einem etwaigen Fehlverhalten des Ehegatten ein besonderes Gewicht zu. Unabhängig davon, sind alle für und gegen die Zuerkennung des Anspruchs sprechenden Gründe zu prüfen.[737]

Haben die Eheleute ein Pflegekind erst kurz vor dem endgültigen Scheitern der Ehe aufgenommen, weil sie sich davon vergeblich eine Stabilisierung der Ehe versprachen, muss sich der pflichtige Ehegatte allerdings nicht an der Aufnahmeentscheidung festhalten lassen.[738] Dies scheint dann zutreffend, wenn sich das Pflegeverhältnis noch nicht so verfestigt hatte, dass die Beendigung der Pflege auch mit Rücksicht auf das betroffene Kind noch ohne weiteres möglich ist.

Wenn das Kind **nicht** von den Eheleuten **gemeinschaftlich,** sondern nur vom bedürftigen Ehegatten in Pflege genommen worden war und der andere Ehegatte der Aufnahme lediglich zugestimmt hatte, kann ebenfalls ein Anspruch nach § 1576 BGB in Betracht kommen. Da der auf Unterhalt in Anspruch genommene Ehegatte in einem solchen Fall die Verantwortung für das Kind nicht in gleicher Weise übernommen hat, müssen hier noch gewichtige weitere Gründe hinzukommen.[739]

378 **dd) Enkelkinder.** Die Pflege und Erziehung eines Enkelkindes der Ehegatten, dessen Eltern für die Betreuung ausscheiden, kann einen Anspruch aus § 1576 BGB rechtfertigen. Dies soll selbst dann gelten, wenn die Aufnahme in den Haushalt der Großeltern ohne Zustimmung des Unterhaltspflichtigen erfolgt ist, weil die Zustimmung treuwidrig (die gemeinsame Tochter der Parteien war krankheitsbedingt nicht in der Lage, das Enkelkinder zu versorgen) versagt worden ist.[740]

379 **c) Pflege von Angehörigen.** Betreut der unterhaltsbedürftige Ehegatte Angehörige des Unterhaltspflichtigen, wird dies als schwer wiegender Grund angesehen, weil es treuwidrig ist, einerseits die Leistung des Ehepartners in Anspruch zu nehmen und ihm andererseits die Unterstützung zu versagen, wenn er sich infolge der dem Unterhaltspflichtigen zugutekommenden Leistung nicht selbst unterhalten kann. Die Unterhaltsverpflichtung nach § 1576 BGB besteht jedoch nur so lange, wie die Pflege seines Angehörigen von dem Unterhaltspflichtigen gebilligt wird und er keine Abänderung fordert.[741]

Die Pflege von eigenen Angehörigen kann einen Unterhaltsanspruch begründen, wenn die Betreuung während der Ehe langjährig im Einvernehmen mit dem Unterhaltspflichtigen durchgeführt wurde. Auch in einem solchen Fall sind aber im Rahmen der Billigkeit die weiteren Belange der Ehegatten abzuwägen.[742]

380 **d) Besondere Leistungen/außergewöhnliche Opfer für den anderen Ehepartner.** Besondere Opfer des Bedürftigen für die Lebensgemeinschaft oder die Hilfe eines Ehegatten beim Aufbau oder der Sicherung der Existenz oder in Krankheitszeiten und in sonstigen Notlagen sollen ebenfalls einen Anspruch aus § 1576 BGB rechtfertigen.[743]

381 **e) Erkrankung.** Allein die Tatsache einer schicksalhaften Erkrankung genügt nicht, um grobe Unbilligkeit anzunehmen, sondern es müssen weitere besondere Umstände hinzu-

---

[736] BGH FamRZ 1984, 361, 363
[737] BGH FamRZ 1984, 361, 363
[738] Vgl. OLG Hamm FamRZ 1996, 1417
[739] BGH FamRZ 1984, 769
[740] AG Herne-Wanne FamRZ 1996, 1016
[741] Johannsen/Henrich/Büttner § 1576 Rn. 8
[742] OLG Düsseldorf FamRZ 1980, 56
[743] Johannsen/Henrich/Büttner § 1576 Rn. 8

kommen, die nicht unbedingt in der Ehe angelegt zu sein brauchen, die aber einen schutzwürdigen Vertrauenstatbestand schaffen.[744] Die Tatsache, dass eine **Krankheit kurze Zeit nach der Scheidung** aufgetreten ist, ist vereinzelt für die Annahme eines ebenso schwerwiegenden Grundes als ausreichend angesehen worden.[745] Die Versagung von Unterhalt ist als grob unbillig angesehen worden, wenn der Unterhaltsberechtigte längere Zeit (4 Jahre) nach der Scheidung infolge einer bereits in der Ehe angelegten Psychose seine Festanstellung verliert.[746]

6. Billigkeitsabwägung

Nach § 1576 BGB muss eine Unterhaltsversagung unter Berücksichtigung der Belange beider Ehegatten grob unbillig sein, d. h. dem Gerechtigkeitsempfinden in unerträglicher Weise widersprechen.[747] Dazu ist eine **Billigkeitsprüfung** unter Abwägung aller Umstände des konkreten Falles durchzuführen.[748]

Bei der Abwägung ist eine **lange Ehedauer** zu berücksichtigen, weil diese die nachwirkende Mitverantwortung erhöht. Auch das **Alter** der Beteiligten bei Eheschließung und die **gemeinsame Lebensplanung** (z. B. Führung einer typischen Hausfrauenehe) stellen Billigkeitsumstände dar, ferner die berufliche Entwicklung des Bedürftigen und die wirtschaftlichen Verhältnisse der Ehegatten.[749]

Zu berücksichtigen ist auch **eheliches Fehlverhalten** des Bedürftigen, allerdings unter Beachtung des besonders zu gewichtenden Kindeswohls.[750] Da § 1576 BGB nur Unterhalt auf Grund einer Billigkeitsabwägung gewährt, wird in solchen Fällen die negative Härteklausel § 1579 BGB auf einen Anspruch nach § 1576 BGB nicht zusätzlich angewendet. Aufgrund der Billigkeitsabwägung nach § 1576 BGB sind allerdings auch andere Ergebnisse möglich als nach § 1579 BGB.[751]

7. Dauer und Höhe des Unterhaltsanspruchs

Der Unterhaltsanspruch besteht nur, **solange und soweit** aus schwerwiegenden Gründen keine Erwerbstätigkeit erwartet werden kann. Bei der Prüfung der groben Unbilligkeit der Unterhaltsversagung können Billigkeitsgesichtspunkte auch bei der Entscheidung über die **Höhe und Dauer** des Anspruchs berücksichtigt werden.[752] Für eine Anwendung des § 1578 b BGB ist deswegen kein Raum.[753]

In den meisten Fällen wird der Anspruch **zeitlich zu befristen** sein, wenn die besonderen Umstände, die ihn ausgelöst haben, entfallen (z. B. Versterben des Angehörigen, Ende der Betreuungszeit für ein minderjähriges Kind). Bei der Betreuung des Pflegekindes kann der Unterhalt bis zum voraussichtlichen Ende des Betreuungsbedürfnisses befristet werden, wobei eine **gesteigerte Erwerbsobliegenheit** einzubeziehen ist.[754] Es kommt auch eine zeitliche Befristung für eine Übergangszeit in Betracht.[755]

Der volle Unterhalt nach den ehelichen Lebensverhältnissen i. S. d. § 1578 I 1 BGB wird nur ausnahmsweise zuzusprechen sein. Es kann auch nur ein Teilunterhalt zugesprochen werden, wenn dem Unterhaltsberechtigten bei der Betreuung eines Kindes oder eines An-

---

[744] OLG Karlsruhe FamRZ 1994, 104
[745] BGH FamRZ 2003, 1734
[746] OLG Karlsruhe FamRZ 1994, 104
[747] BGH FamRZ 1983, 800, 802
[748] BGH FamRZ 1984, 361, 363
[749] BGH FamRZ 2003, 1734, 1736 f.; FamRZ 1984, 361, 363; FamRZ 1983, 800, 802
[750] BGH FamRZ 1984, 361, 364
[751] BGH FamRZ 1984, 361, 363
[752] Diekmann FamRZ 1981, 98
[753] Büttner FamRZ 2007, 773, 774
[754] OLG Koblenz FamRZ 2005, 1997
[755] BGH FamRZ 1984, 769

8. Rangfolge und Konkurrenzen

384 Der Anspruch aus § 1576 BGB geht gemäß § 1600 Nr. 3, 4 BGB den Anspruch eines volljährigen Kindes vor, soweit dieses nicht gemäß § 1603 Abs. 2 BGB n. F. dem minderjährigen Kind gleichsteht.

Der Anspruch nach § 1576 BGB ist **gegenüber** einem Anspruch nach **§ 1570 BGB subsidiär**. Besteht ein Anspruch nach § 1570 BGB wegen Betreuung eines gemeinschaftlichen Kindes und gleichzeitig ein Anspruch nach § 1576 BGB wegen Betreuung eines nicht gemeinschaftlichen Kindes, so ist wegen der Subsidiarität der nach § 1570 BGB bestehende Anspruch zu beziffern. Nur der darüber hinaus geltend gemachte Anspruchsteil wegen der Betreuung des nicht gemeinschaftlichen Kindes kann auch nach § 1576 BGB unter Billigkeitsgesichtspunkten geprüft werden.[756] § 1576 BGB darf daher erst dann geprüft werden, wenn der vorrangige Anspruch ganz oder teilweise verneint wird.

Subsidiarität dürfte auch gegenüber den anderen Ansprüchen des nachehelichen Unterhalts nach den §§ 1571 bis 1573 und 1575 BGB bestehen, weil § 1576 BGB als Auffangtatbestand nur Regelungslücken und Härten vermeiden soll, die sich aus den enumerativen Tatbestandskatalog der §§ 1570 bis 1573 und 1575 BGB ergeben können.[757] Der BGH hat demgemäß die Subsidiarität gegenüber § 1572 BGB bejaht.[758]

Ausbildungsunterhalt kann nach § 1576 BGB **nicht** zugesprochen werden, weil die §§ 1575 und 1574 III, 1573 I BGB im Verhältnis zu § 1576 BGB eine abschließende Regelung beinhalten.[759]

An den Unterhalt und § 1576 BGB kann sich, wie sich aus dem Wortlaut der §§ 1571 ff. BGB ergibt, **kein Anschlussunterhalt** anschließen.

Anders als ein Unterhaltsanspruch nach § 1570 BGB kann der Billigkeitsanspruch wegen Betreuung eines nicht gemeinschaftlichen Kindes nach Auflösung einer neuen Ehe des bedürftigen Ehegatten **nicht** in entsprechender Anwendung von **§ 1586 a I BGB wiederaufleben,** weil die Vorschrift nur eine eingeschränkte Ausnahme von der Regel des § 1586 I BGB darstellt.

9. Beweislast

385 Nach den allgemeinen Regeln muss der Anspruchssteller seine Bedürftigkeit und das Vorliegen von sonstigen schwerwiegenden Gründen, die ihn an der Ausübung einer Erwerbstätigkeit hindern, darlegen und beweisen. Bei der Abwägung der groben Unbilligkeit muss jeder Ehegatte die zu seinen Gunsten sprechenden Umstände darstellen und nachweisen.[760]

386–399 — *in dieser Auflage nicht belegt* —

---

[756] BGH FamRZ 1984, 361; FamRZ 1984, 769
[757] Vgl. BGH FamRZ 2003, 1734, 1735 = R 597 a
[758] BGH a. a. O.
[759] OLG Düsseldorf FamRZ 1980, 585
[760] Baumgärtel/Laumen/Prütting § 1576 Rn. 2; Johannsen/Henrich/Büttner § 1576 Rn. 15

3. Abschnitt: Unterhaltsbedarf und Bedarfsbemessung beim Ehegattenunterhalt

I. Unterhaltsbedarf nach den ehelichen Lebensverhältnissen

1. Der Unterhaltsbedarf als gesamter Lebensbedarf

Der nacheheliche Unterhalt umfasst den gesamten Lebensbedarf (§ 1578 I 2 BGB). Zu diesem Lebensbedarf gehören auch die Kosten einer angemessenen Versicherung für den Fall der Krankheit sowie die Kosten einer Schul- oder Berufsausbildung, einer Fortbildung oder Umschulung nach den §§ 1574, 1575 BGB (§ 1578 II BGB). Bei einem Unterhaltsanspruch nach den §§ 1570 bis 1573 oder 1576 BGB gehören zum Lebensbedarf ferner die Kosten einer angemessenen Vorsorge für den Fall des Alters sowie der Erwerbsunfähigkeit (§ 1578 III BGB). 400

Der Unterhaltsbedarf beinhaltet somit als **unselbständige Bestandteile** den laufenden Elementarbedarf (s. Rn. 402) und bei Vorliegen besonderer Umstände einen regelmäßigen Mehrbedarf (s. Rn. 403). Wird der Unterhalt nur mit einem Betrag verlangt, umfasst er den **gesamten Bedarf**.[1] Hinzu kommen kann als eigener Anspruch ein unregelmäßiger Sonderbedarf (vgl. Rn. 404 und ausführlich Rn. 6/1 ff.). 401

Der regelmäßige Elementar- und Mehrbedarf wird unter Berücksichtigung von Bedürftigkeit und Leistungsfähigkeit als laufender Unterhalt nach § 1585 I BGB in Form einer monatlich im Voraus zu zahlenden Geldrente geschuldet. Da die Parteien beim nachehelichen Unterhalt gemäß § 1585 c BGB eine andere Art der Unterhaltsgewährung vereinbaren können, kann ein Teil auch durch Naturalleistung, z. B. Zurverfügungstellung des Miteigentumsanteils der gemeinsamen Wohnung, geleistet werden[2] (s. auch Rn. 1/531). Bewohnt ein Ehegatte nach der Trennung weiterhin das gemeinsame Eigenheim und wird bei der Unterhaltsberechnung das mietfreie Wohnen berücksichtigt (vgl. Rn. 1/473 ff.), liegt im Ergebnis bezüglich der Nutzung des Miteigentumsanteils des Ausziehenden immer eine Naturalleistung vor, die als Unterhaltsleistung bei getrennter steuerlicher Veranlagung im Rahmen des Realsplittings neben dem geleisteten Barunterhalt nach § 10 I Nr. 1 EStG angesetzt werden kann.[3] Ein Sonderbedarf kann nach § 1585 b I BGB zusätzlich zum regelmäßigen Bedarf verlangt werden, und zwar auch für die Vergangenheit.

Die Bedarfsbemessung ist nicht gleichbedeutend mit dem endgültigen Unterhalt, denn die Höhe des konkreten Unterhalts wird wesentlich mitbestimmt durch die Bedürftigkeit des Berechtigten, d. h. sein nach § 1577 I BGB auf den Bedarf anzurechnendes Einkommen (vgl. Rn. 928 ff.), sowie die Leistungsfähigkeit des Verpflichteten (vgl. näher Rn. 966 ff.).

- **Elementarbedarf:** 402
  Zum Elementarbedarf zählen alle regelmäßigen Aufwendungen für Wohnung, Ernährung, Kleidung, Bildung, Erholung, Freizeitgestaltung, Gesundheitsfürsorge, geistige und kulturelle Interessen und sonstige persönliche und gesellschaftliche Bedürfnisse.
- **Mehrbedarf:** 403
  Bei Vorliegen besonderer Umstände kann zusätzlich ein regelmäßiger Mehrbedarf bestehen, der durch den Elementarbedarf nicht abgedeckt ist. Zur Abgrenzung vom Sonderbedarf muss es sich hierbei um regelmäßig anfallende Mehraufwendungen über einen längeren Zeitraum auf Grund besonderer im Gesetz genau normierter Umstände handeln.[4]
- **Mehrbedarfsfälle:**
  – Mehrbedarf für einen angemessenen **Krankenversicherungsschutz** (§ 1578 II BGB) einschließlich Pflegeversicherung.

---

[1] BGH FamRZ 1985, 690
[2] BGH FamRZ 1997, 484, 486 = R 508
[3] BFH FamRZ 2000, 1360
[4] BGH FamRZ 2007, 882 = R 675 h

- Mehrbedarf für eine eheangemessene **Alters-** und **Invaliditätsversicherungsvorsorge** (§ 1578 III BGB).
- **Ausbildungsbedingter** Mehrbedarf, wenn für die Ausbildung als solche zusätzliche Kosten anfallen (§ 1578 II BGB).

Zur Bedarfsbemessung bei regelmäßigem Mehrbedarf s. Rn. 840 ff., zum Krankheitsvorsorgeunterhalt s. Rn. 900 ff. und zum Vorsorgeunterhalt für Alter und Invalidität s. Rn. 855 ff.

404 • **Sonderbedarf:**
Nach den §§ 1585b I, 1613 II Nr. 1 BGB kann auch ein Sonderbedarf als Unterhalt verlangt werden. Nach der Legaldefinition des § 1613 II Nr. 1 BGB ist Sonderbedarf ein nicht vorhersehbarer, unregelmäßiger außerordentlich hoher Bedarf. Er muss überraschend und der Höhe nach nicht abschätzbar sein. Er ist unregelmäßig, wenn er nicht mit Wahrscheinlichkeit vorausgesehen und deshalb bei der laufenden Unterhaltsrente nicht berücksichtigt werden kann. Er ist deshalb als selbstständiger Anspruch geltend zu machen. Genaueres zum Sonderbedarf Rn. 6/1 ff.

405 Diese Ausführungen gelten in gleicher Weise für den **Trennungsunterhalt** nach § 1361 BGB (s. Rn. 65 ff.) und für den Unterhalt **nach altem Recht**.

406 Wie der BGH inzwischen mehrfach entschieden hat, gehört ein trennungsbedingter Mehrbedarf nicht zum Gesamtbedarf nach den ehelichen Lebensverhältnissen.[5] Nach der früheren Rechtsprechung umfasste dagegen der volle Unterhalt die Quote aus den beiderseitigen Einkünften zuzüglich eines trennungsbedingten Mehrbedarfs;[6] soweit nur prägende Einkünfte vorhanden waren, wurde mit der Quote aber alles verteilt, so dass kein zusätzlicher trennungsbedingter Mehrbedarf zugesprochen werden konnte.[7] Im Gesetz selbst ist ein trennungsbedingter Mehrbedarf nicht normiert, sondern nur die bereits angeführten Mehrbedarfsfälle. Wie Graba überzeugend ausgeführt hat, war der trennungsbedingte Mehrbedarf kein Teil des Begriffs der ehelichen Lebensverhältnisse nach dem alten Recht (§ 58 EheG), obwohl die Bestimmung in § 1361 I BGB wörtlich und in § 1578 I BGB inhaltsgleich übernommen wurde.[8] Der trennungsbedingte Mehrbedarf wurde im Ergebnis von der Rechtsprechung nur entwickelt, um die Härten der früheren Anrechnungsmethode für die Hausfrauen zu mildern.[9] Durch die geänderte Rechtsprechung des BGH zu dieser Frage mit der Surrogatslösung bestehen diese Härten nicht mehr. Deshalb können trennungsbedingt entstehende Mehrkosten nach BGH nicht mehr bedarfserhöhend geltend gemacht werden (vgl. auch Rn. 835 ff.).[10] Es bestanden auch schon immer grundsätzliche Bedenken, unter den Begriff „eheliche Lebensverhältnisse" trennungsbedingte Mehrkosten zu subsumieren. Soweit der Gesetzgeber mit der Trennung anfallende Mehrkosten dem Bedarf zuordnen wollte, nämlich im Bereich der Kranken- und Altersvorsorge sowie durch eine notwendige Aus- oder Fortbildung entstehende Kosten, hat er dies ausdrücklich normiert (vgl. §§ 1361 I 2, 1578 II, III BGB). Sonstige trennungsbedingte Mehrkosten im Bereich der allgemeinen Lebensführung hat er dagegen in §§ 1361, 1578 BGB nicht erwähnt. Der Begriff der ehelichen Lebensverhältnisse kann damit nur den in der Ehe erreichten Status umfassen, nicht aber generelle Mehrkosten durch getrennte Haushalte. Diese haben nichts mit der Ehe zu tun, sondern sind allein Folgen der Trennung. Abgesehen von dem Umstand, dass sie beide Eheleute gleichermaßen treffen und damit vom Grundsatz her wertneutral sind, würde eine andere Auslegung entgegen Art. 6 I GG scheidungsfördernd und nicht eheerhaltend wirken. Denn nach der Abkehr vom Verschuldensprinzip kommt es bei der Scheidung nicht mehr darauf an, wer sie verursacht hat. Es kann auch nicht unterstellt werden, der Bedürftige sei immer das Trennungsopfer. In Unterhaltsstreitigkeiten sind zwar nach wie vor überwiegend Frauen die Bedürftigen, nach den statistischen Zahlen

---

[5] BGH FamRZ 2010, 111 = R 707a; FamRZ 2007, 1303 = R 669b
[6] Vgl. z. B. BGH FamRZ 1987, 913; FamRZ 1984, 358; FamRZ 1984, 149, 292; FamRZ 1982, 255
[7] BGH FamRZ 1994, 343; FamRZ 1984, 358
[8] Graba FamRZ 2002, 857 ff.
[9] Graba a. a. O.; Luthin FamRZ 1996, 328
[10] BGH FamRZ 2007, 1303 = R 669b; FamRZ 2004, 1357 = R 617a

3. Abschnitt: Unterhaltsbedarf und Bedarfsbemessung beim Ehegattenunterhalt § 4

beantragen aber mehr Frauen als Männer die Scheidung. Es entspricht deshalb auch keinem Gerechtigkeitsgebot, trennungsbedingten Mehrbedarf in die ehelichen Lebensverhältnisse einzubeziehen. Die Erhöhung der Lebenshaltungskosten durch getrennte Haushalte ist damit nicht als Teil der ehelichen Lebensverhältnisse und damit trennungsbedingter Mehrbedarf nicht als Bestandteil der Unterhaltszumessung anzuerkennen.[11] Dies würde auch dem Grundsatz der Eigenverantwortung widersprechen. Trotzdem halten die Düsseldorfer Tabelle (Anm. B V) und ein Teil der Oberlandesgerichte in seinen Leitlinien am trennungsbedingten Mehrbedarf fest, soweit nichtprägende Einkünfte vorhanden sind (vgl. DL Nr. 15.5; FL Nr. 15.6; HaL Nr. 15.6; HL Nr. 15.6).

Von der Frage, ob ein trennungsbedingter Mehrbedarf Teil des gesamten Unterhaltsbedarfs nach § 1578 I 2 BGB ist, ist zu trennen, ob ein Mehrbedarf eine **Ausgabenposition** darstellen kann und damit bei der Bereinigung des Nettoeinkommens zu berücksichtigen ist. Insoweit ist anerkannt, dass alters- und krankheitsbedingte Mehrkosten (vgl. Rn. 1/1064 ff.) ebenso wie nicht leichtfertig eingegangene trennungsbedingte Verbindlichkeiten berücksichtigungswürdig sind (näher Rn. 1/1067, 1084). **407**

Die Leistung von Unterhalt dient allein zur Finanzierung der Lebenshaltungskosten. Der Bedarf umfasst damit **nicht Mittel zur Vermögensbildung** (näher Rn. 453 ff.) oder zur **Abtragung von Schulden** (näher Rn. 439). Davon zu trennen ist die Frage, inwieweit Ausgaben zur gemeinsamen Vermögensbildung oder zur Begleichung von Schulden bei der Bereinigung des Nettoeinkommens berücksichtigungswürdig sind (vgl. näher Rn. 1/1083 ff., 1089 ff., 1134 ff.). **408**

2. Bedarfsbemessung nach den ehelichen Lebensverhältnissen und fehlende Lebensstandardgarantie

Nach § 1578 I 1 BGB bestimmt sich das Maß des Unterhalts nach den ehelichen Lebensverhältnissen. Nach § 1361 I 1 BGB kann ein Ehegatte von dem anderen den nach den Erwerbs- und Vermögensverhältnissen der Eheleute angemessenen Unterhalt verlangen. **409**

Der BGH sieht in diesen Bestimmungen eine inhaltsgleiche Regelung der „ehelichen Lebensverhältnisse", die für die Unterhaltsbemessung nach den §§ 1361, 1578 BGB maßgebend sind.[12]

Die ehelichen Lebensverhältnisse bilden damit den Maßstab für die Höhe jedes Anspruchs auf Ehegattenunterhalt. Deshalb kann die Höhe des Unterhaltsbedarfs sowohl beim nachehelichen Unterhalt als auch beim Trennungsunterhalt nach den gleichen Grundsätzen bemessen werden.

Der unbestimmte Rechtsbegriff der ehelichen Lebensverhältnisse wurde bei der Eherechtsreform 1977 aus § 58 EheG übernommen.[13] Er beinhaltete nach dem damaligen Leitbild der Hausfrauenehe eine Lebensstandardgarantie bei Priorität des ersten Ehegatten ohne Prüfung eines ehebedingten Nachteils, nachdem die Endfassung des Unterhaltsrechts damals sehr stark von Sebastian Hafners Artikel im Stern „Nicht unfair zu Muttchen" beeinflusst worden war.[14] Bei der Unterhaltsreform 2008 wurde der Begriff nicht geändert. Aus den Gesetzesmaterialien ergibt sich aber, dass für die **Auslegung** heute wegen der geänderten gesellschaftlichen Verhältnisse und dem eingetretenen Wertewandel ein **anderer Maßstab** heranzuziehen ist.[15] Die Eigenverantwortung nach § 1569 BGB wurde gestärkt, die Privilegierung des ersten Ehegatten wegen der gewandelten Familienstrukturen beseitigt und bei beengten Verhältnissen die Sicherung des Unterhalts minderjähriger Kinder in den Vordergrund gestellt.[16] Auch wenn die Teilhabe am gemeinsam Erwirtschafteten nach der Scheidung zunächst beibehalten bleibt, beinhaltet dies bei fehlenden ehebe-

---

[11] Büttner NJW 2001, 3244; Graba FamRZ 2002, 857; Gerhardt FamRZ 2003, 272
[12] BGH FamRZ 1990, 250; FamRZ 1984, 356
[13] BGH FamRZ 2006, 317
[14] Dieckmann FamRZ 1977, 81; vgl. auch Gerhardt FamRZ 2011, 8
[15] BT-Drs. 16/1830 S. 1
[16] BT-Drs. 16/1830 S. 12

dingten Nachteilen keine Lebensstandardgarantie für einen zeitlich unbegrenzten und der Höhe nach nicht abänderbaren Unterhalt.[17] Durch den Wegfall der Lebensstandardgarantie wurde auch die mit Urteilen vom 29. 1. 2003 und 15. 3. 2006 geänderte Rechtsprechung des BGH übernommen, dass die ehelichen Lebensverhältnisse nicht nur eine Teilhabe an nach der Scheidung eingetretenen normalen Einkommensentwicklungen nach oben umfassen, sondern auch nicht vorwerfbar entstandene Einkommensreduzierungen (eingehend Rn. 426 ff.).[18] Das BVerfG hat sich in seiner Entscheidung vom 25. 1. 2011 nur zum Teil mit den Vorstellungen des Gesetzgebers bei der Reform 2008 auseinander gesetzt und auf eine schonende Anpassung des nachehelichen Unterhalts an die veränderten Familienwelten hingewiesen.[19] Dabei hat es zu wenig beachtet, dass der Wegfall der Priorität des ersten Ehegatten bei einer neuen Eheschließung des Pflichtigen zumindest bei Gleichrang zwangsläufig zu einer Unterhaltsreduzierung führt (vgl. eingehend Rn. 427 ff.),[20] worauf der Gesetzgeber in den Materialien zur Unterhaltsreform 2008 ausdrücklich hingewiesen hat.[21]

410 Der BGH hatte seit seiner Surrogatslösung mit Urteil vom 13. 6. 2001 (hierzu näher Rn. 422 ff.) seine Rechtsprechung zu den ehelichen Lebensverhältnisse grundlegend geändert und den geänderten gesellschaftlichen Verhältnissen angepasst. Es gibt **keine sich unverändert fortschreibende Lebensstandardgarantie** mehr; die ehelichen Lebensverhältnisse sind vielmehr **wandelbar** und passen sich nach Trennung/Scheidung dauerhaft veränderten wirtschaftlichen Verhältnissen an, soweit es sich bei **Einkommenserhöhungen** um keine unerwartete, mit der Ehe nicht zusammenhängende Entwicklung handelt, bei **Einkommensminderungen** um kein unterhaltsbezogen leichtfertiges Verhalten (eingehend Rn. 426 ff.).[22] Dabei kommt es nicht darauf an, ob diese Veränderungen in der Trennungszeit, bei der Scheidung oder erst (lange) nach der Scheidung eintraten.[23] Wie der BGH in seiner Entscheidung vom 6. 2. 2008 zu Recht ausführte, sollen mit dem nachehelichen Unterhalt nur die Risiken der mit der Scheidung fehlgeschlagenen Lebensplanung der Ehegatten und der von ihnen in der Ehe praktizierten Arbeitsteilung angemessen ausgeglichen werden.[24]

411 Die geänderte Rechtsprechung des BGH entspricht, wie oben bereits ausgeführt wurde, in vollem Umfang der **neuen Rechtslage zum 1. 1. 2008** durch die Unterhaltsreform.[25] Mit der Stärkung der Eigenverantwortung in § 1569 BGB und der Begrenzung des nachehelichen Unterhalts aus Billigkeitsgründen gemäß § 1578 b BGB brachte der Gesetzgeber zum Ausdruck, dass trotz Anspruchs auf gleiche Teilhabe am gemeinsam Erwirtschafteten keine Lebensstandardgarantie besteht. Der nacheheliche Unterhalt beinhaltet vielmehr nur einen **Nachteilsausgleich,** solange und soweit der Bedürftige durch die Rollenverteilung in der Ehe nicht ausreichend für den eigenen Unterhalt sorgen kann.[26]

412 Die **Entscheidung des BVerfG vom 25. 1. 2011** steht in diesem zentralen Punkt mit der Rechtsprechung des BGH in Einklang. Auch das BVerfG geht davon aus, dass in die ehelichen Lebensverhältnisse die in der Ehe vorhandenen Einkommensverhältnisse und deren normale Fortentwicklung einfließen, ebenso **Veränderungen** nach der Scheidung, die **auch ohne Trennung/Scheidung eingetreten** wären,[27] d. h. eine übliche Einkommenserhöhung oder eine nicht vorwerfbare Einkommenssenkung.[28] Soweit nach Auffas-

---

[17] BT-Drs. 16/1830 S. 18
[18] Gerhardt FamRZ 2011, 8; Klinkhammer, FamRZ 2010, 1777
[19] BVerfG FamRZ 2011, 437 = R 722 e
[20] Gerhardt/Gutdeutsch FamRZ 2011, 597
[21] BT-Drs. 16/1838 S. 23, 24
[22] BGH FamRZ 2010, 111 = R 707 a; FamRZ 2009, 411 = R 702 a; FamRZ 2008, 1911 = R 695 a; FamRZ 2008, 968 = R 689 g; FamRZ 2007, 793 = R 674 a, b, f; FamRZ 2006, 683 = R 649 e, f, g
[23] BGH FamRZ 2008, 968 = R 689 g
[24] BGH FamRZ 2008, 968 = R 689 g
[25] Näher Gerhardt FamRZ 2011, 8
[26] BT-Drs. 16/1830 S. 18
[27] BVerfG FamRZ 2011, 437 = R 722 e
[28] BVerfG FamRZ 2011, 437 = R 722 f

sung des BVerfG die Rechtsprechung des BGH als verfassungswidrig zu beanstanden war, bezog sich dies allein auf die Einbeziehung des Unterhalts eines neuen Ehegatten in den Bedarf des Geschiedenen, weil diese neue Verbindlichkeit ohne Scheidung der ersten Ehe des Pflichtigen nicht entstehen konnte (hierzu eingehend Rn. 426 ff.).[29] Im Gegensatz zu dem Leitsatz und der Wortwahl in der Begründung ändert sich daher durch die Entscheidung des BVerfG an der grundlegend geänderten Rechtsprechung des BGH zu den ehelichen Lebensverhältnissen – mit Ausnahme der Berechnung des Unterhalts mehrerer Ehegatten – nichts (näher Rn. 429 ff., 808 ff., 1/1004); das BVerfG hat lediglich die Berücksichtigung neuer nach der Scheidung entstandener Verbindlichkeiten beim Bedarf des Geschiedenen begrenzt auf alle auch ohne Scheidung entstandenen Abzugsposten.

Der zentrale Begriff **„eheliche Lebensverhältnisse"** ist im Gesetz nicht näher definiert.[30] Nach Auffassung des BGH sind mit diesem Begriff diejenigen Verhältnisse gemeint, die für den Lebenszuschnitt in der Ehe und damit für den ehelichen Lebensstandard bestimmend, d. h. **prägend** waren,[31] auch wenn sie sich nach der Scheidung veränderten.[32] Der **Begriff der Prägung** ist dabei im Gesetz nicht normiert, sondern wurde aus der Rechtsprechung vor der Eherechtsreform 1977 übernommen. Diese beruhte auf dem damaligen Leitbild der Haushaltsführungsehe,[33] das heute nach den gewandelten gesellschaftlichen Verhältnissen überholt ist.[34] Da der Begriff aber im Wortsinne sehr einprägsam ist, wird er von einem Teil der Rechtsprechung weiter verwendet, obwohl er zumindest bei den Ausgaben nicht mehr passt und irreführend ist (näher Rn. 1/1005).[35] Auch das BVerfG hat in der Entscheidung vom 25. 1. 2011 in seiner Begründung, der Bedarf einer geschiedenen Ehefrau dürfe nicht vom Unterhalt des neuen Ehegatten des Pflichtigen beeinflusst werden, den Begriff der Prägung weiter verwendet, im Ergebnis aber nur zu Einkommensveränderungen nach der Scheidung.[36] Verständlicher ist heute bei **Ausgaben** der Begriff der **Berücksichtigungswürdigkeit,** da nach der Scheidung nicht leichtfertig entstandene neue Verbindlichkeiten den Bedarf ebenfalls beeinflussen, wenn sie auch ohne Scheidung entstanden wären (näher Rn. 432 ff. und § 1 Rn. 1003 ff.).[37] Auch im Einnahmenbereich ist der Begriff der Prägung zumindest bei Surrogaten problematisch (Familienarbeit, Verkauf des Familienheimes, Zugewinn usw.), wenn sie alleine auf der Scheidung beruhen, ebenso bei nicht voraussehbaren und nicht vorwerfbaren Einkommenssenkungen, z. B. durch unverschuldete Arbeitslosigkeit oder Kurzarbeit.

Zu den ehelichen Lebensverhältnissen gehören zum einen die den Lebensstandard bestimmenden wirtschaftlichen Verhältnisse, also Einkommen und Vermögen einschließlich Surrogate, soweit es in die Bedarfsdeckung eingeflossen ist, sowie unterhaltsbezogen nicht leichtfertig entstandene und damit berücksichtigungswürdige Belastungen.[38] Zum anderen fallen nach der geänderten Rechtsprechung des BGH hierunter auch alle sonstigen beruflichen, gesundheitlichen, familiären und ähnlichen Faktoren, die für den Lebenszuschnitt von Bedeutung waren, insbesondere die Haushaltsführung und Kinderbetreuung des in der Ehe nicht berufstätigen Ehegatten.[39] **Nicht in der Ehe angelegte** Einkünfte haben hingegen keinen Einfluss auf die ehelichen Lebensverhältnisse, soweit die Einkommenserhöhungen auf einer unerwarteten Entwicklung beruhen, da das Unterhaltsrecht den geschiedenen Ehegatten nicht besser stellen will als er während der Ehezeit stand oder auf Grund

---

[29] BVerfG FamRZ 2011, 437 = R 722 h
[30] BGH FamRZ 1999, 367
[31] BGH FamRZ 1984, 149; FamRZ 1982, 576
[32] BGH FamRZ 2010, 111 = R 707 a; FamRZ 2009, 411 = R 702 a; FamRZ 2008, 1911 = R 695 a; FamRZ 2008, 968 = R 689 g
[33] Gerhardt FamRZ 2011, 8
[34] BT-Drs. 16/1830 S. 12
[35] Gerhardt FamRZ 2011, 8; FamRZ 2007, 945
[36] BVerfG FamRZ 2011, 437 = R 722 e
[37] BGH FamRZ 2006, 683 = R 649 h; vgl. auch Gerhardt/Gutdeutsch FamRZ 2011, 597
[38] BGH FamRZ 2010, 111 = R 707 a; FamRZ 2009, 411 = R 702 a; FamRZ 2009, 23; FamRZ 2008, 1911 = R 695 a, b; FamRZ 2008, 963 = R 692 a, h; FamRZ 2008, 968 = R 689 g; FamRZ 2007, 793 = R 674 b; FamRZ 2006, 683 = 649 f, g; FamRZ 2001, 986 = R 563 a
[39] BGH FamRZ 2001, 986, 989 = R 563 a

einer schon absehbaren Entwicklung künftig gestanden hätte.[40] Die ehelichen Lebensverhältnisse können dabei nur aus einem in der Ehe vorhandenen Einkommen, nicht aus lediglich gedachten fiktiven Verhältnissen hergeleitet werden.[41]

414 Der nach den ehelichen Lebensverhältnissen zu bemessende eheangemessene Unterhalt ist identisch mit dem in den §§ 1573 II, 1577 II BGB genannten **vollen Unterhalt**.

415 **Darlegungs- und beweispflichtig** für die Gestaltung der ehelichen Lebensverhältnisse ist der Bedürftige.[42] Es genügt aber insoweit, dass er die gegenwärtigen beiderseitigen Einkommens- und Vermögensverhältnisse darlegt und nachweist. Behauptet der Pflichtige, dass für ein Einkommen seit der Trennung eine außergewöhnliche, vom Normalverlauf ablaufende Entwicklung vorliegt, ist er hierfür beweispflichtig,[43] ebenso bei Einkommensminderungen.

3. Nachhaltige Prägung der ehelichen Lebensverhältnisse durch Einkommen und andere Umstände

416 Die ehelichen Lebensverhältnisse wurden nach der früheren Rechtsprechung des BGH in erster Linie **geprägt** durch die wirtschaftlichen Grundlagen des Lebensstandards der Eheleute. Darunter fallen die **Einkünfte beider Ehegatten,** mit denen sie sich ihren Lebenszuschnitt geschaffen haben und weiterhin aufrechterhalten können. Deshalb gehörten nach ständiger Rechtsprechung des BGH zu den die ehelichen Lebensverhältnisse bestimmenden Umständen zunächst nur die Einkommensverhältnisse der Eheleute, die während der Ehe ihren Lebensstandard beeinflußt haben.[44] Mit seiner Grundsatzentscheidung vom 13. 6. 2001 hat der BGH diese Rechtsprechung **geändert** und auch die **gleichwertige Haushaltstätigkeit** in den ehelichen Lebenszuschnitt einbezogen.[45] In der Folgezeit hat er diese Rechtsprechung weiter entwickelt und entschieden, dass keine Lebensstandardgarantie besteht und deshalb die ehelichen Lebensverhältnisse entsprechend den tatsächlichen Gegebenheiten nicht nur nach oben, sondern auch nach unten **veränderbar** sind (näher Rn. 426 ff.).[46]

Ist auf das Einkommen abzustellen, sind die jeweils **aktuellen Einkommensverhältnisse** heranzuziehen, an deren Weiterentwicklung die Eheleute nicht nur bis zur Scheidung, sondern auch darüber hinaus teilhaben.[47] Dies gilt sowohl für Einkommensverbesserungen als auch für nicht vorwerfbare Einkommensminderungen.[48] Die Eheleute sollen im Ergebnis unterhaltsrechtlich nicht besser oder schlechter als ohne Scheidung gestellt werden.[49] Deshalb darf der Pflichtige bei **Einkommenssenkungen** nach Trennung/Scheidung, die **nicht auf einem unterhaltsbezogen leichtfertigen Verhalten beruhen** und nicht durch eine zumutbare Vorsorge aufgefangen werden können, nicht mehr fiktiv an seinem früheren Einkommen festgehalten werden.[50] Daran hat sich durch die Entscheidung des BVerfG vom 25. 1. 2011 nichts geändert, da das BVerfG ebenfalls Einkommensreduzie-

---

[40] BGH FamRZ 2010, 111 = R 707 a; FamRZ 2008, 968 = R 689 g
[41] BGH FamRZ 1997, 281 = R 509 f; FamRZ 1992, 1045, 1047
[42] BGH FamRZ 2010, 869 = R 712 b; FamRZ 1990, 1085; FamRZ 1984, 149
[43] BGH FamRZ 1986, 244
[44] BGH FamRZ 1984, 356; FamRZ 1982, 360; FamRZ 1982, 576
[45] BGH FamRZ 2001, 986, 989 = R 563 a, c
[46] BGH FamRZ 2010, 111 = R 707 a; FamRZ 2009, 411 = R 702 a; FamRZ 2008, 1911 = R 695 a; FamRZ 2008, 968 = R 689 g; FamRZ 2007, 793 = R 674 b; FamRZ 2006, 683 = R 649 f, g
[47] BGH FamRZ 2010, 111 = R 707 a; FamRZ 2009, 411 = R 702 a; FamRZ 2009, 1911 = R 695 a; FamRZ 2008, 968 = R 689 g
[48] BGH FamRZ 2008, 1911 = R 695 a; FamRZ 2008, 968 = R 689 g; FamRZ 2007, 793 = R 674 b; FamRZ 2006, 683 = R 649 f, g; FamRZ 2003, 590, 591 = R 586 a
[49] BGH FamRZ 2010, 111 = R 707 a; FamRZ 2008, 968 = R 689 g; FamRZ 2007, 793 = R 674 b; FamRZ 2006, 683 = R 649 f; FamRZ 2003, 590, 591 = R 586 c; FamRZ 2003, 848, 850 = R 588 a
[50] BGH FamRZ 2010, 111 = R 707 a

3. Abschnitt: Unterhaltsbedarf und Bedarfsbemessung beim Ehegattenunterhalt § 4

rungen nach der Scheidung, die auch ohne Scheidung eingetreten wären, in die Bedarfsermittlung einbezog.[51]
- In der **Doppelverdienerehe**, in der beide Ehegatten einer Erwerbstätigkeit nachgehen, bestimmen regelmäßig die **zusammengerechneten Einkünfte** beider Ehegatten die ehelichen Lebensverhältnisse.[52]
Gleiches gilt, wenn beide Ehegatten **sonstige in der Ehe angelegte Einkünfte** haben oder an Stelle dieser Einkünfte ein **Surrogat** getreten ist.[53]
Verschieden hohe Einkünfte aus beiderseitiger Erwerbstätigkeit der Ehegatten führen nicht zu einer unterschiedlichen Beurteilung der ehelichen Lebensverhältnisse. Beide Eheleute nehmen **in gleicher Weise** an dem durch ihre beiderseitigen Einkünfte geprägten Lebensstandard teil.[54]
Auch aus der Tatsache, dass in der Doppelverdienerehe der besser verdienende Ehegatte dem anderen bisher keinen Ergänzungsunterhalt bezahlt hat, so dass sich dadurch die konkrete Lebensstellung der beiden Eheleute während der Trennung unterschiedlich entwickelte, kann keine Beschränkung des Unterhaltsbedarfs des Ehegatten mit dem geringeren Einkommen hergeleitet werden.
- In der **Alleinverdienerehe** oder **Haushaltsführungsehe,** in der nur ein Ehegatte prägende Einkünfte hat, werden die ehelichen Lebensverhältnisse nach der **geänderten Rechtsprechung** des BGH gemäß seiner Grundsatzentscheidung vom 13. 6. 2001 nicht nur durch die Einkünfte des erwerbstätigen Ehegatten geprägt, sondern auch durch die **häusliche Mitarbeit** des anderen Ehegatten und den dadurch erreichten sozialen Status (vgl. eingehend Rn. 422 ff.).[55] Nur dies entspricht der nach Art. 6 I i. V. mit Art. 3 II GG gebotenen Gleichwertigkeit von geleisteter Familienarbeit und erzielten ehelichen Einkünften.[56] Das gewandelte Eheverständnis in den letzten 20 Jahren hat im Übrigen dazu geführt, dass heute bei Kinderbetreuung nur noch selten von einer reinen Haushaltsführungsehe ausgegangen werden kann, sondern von einer **Doppelverdienerehe mit zeitweiliger Aussetzung der Berufstätigkeit**[57] bzw. von einer **Aneinanderreihung von Ehetypen.**[58] Das vom bisher den Haushalt führenden Ehegatten nach Trennung/Scheidung erzielte Einkommen ist **Surrogat** der früheren Familienarbeit und fließt voll in die Bedarfsermittlung ein.[59] Übt der den Haushalt führende Ehegatte dagegen nach Trennung/Scheidung zunächst ohne Verstoß gegen seine Erwerbsobliegenheit noch keine Berufstätigkeit aus, weil er z.B. noch ein Kind unter drei Jahren betreut, kann die Unterhaltsberechnung nur aus den vorhandenen Barmitteln erfolgen.[60]

Als **Einkommen** sind alle Einkünfte der Eheleute zu berücksichtigen, gleich welcher Art sie sind und aus welchem Anlass sie zufließen. Ausschlaggebend ist allein, ob diese Einkünfte zur Deckung des Lebensbedarfs zur Verfügung stehen.[61]
Deshalb ist zur Bedarfsbemessung das Einkommen insgesamt zu ermitteln.[62]
In Frage kommen nicht nur **Erwerbseinkünfte**, sondern auch **Vermögenserträge** und sonstige **wirtschaftliche Vermögensnutzungen,** wie z.B. der Wohnvorteil beim Wohnen im eigenen Haus (näher § 1 Rn. 535 ff.)[63] oder die Zinsen aus dem Verkaufserlös des

---

[51] BVerfG FamRZ 2011, 437 = R 722 f
[52] BGH FamRZ 1989, 838; FamRZ 1983, 886 ; FamRZ 1982, 892
[53] BGH FamRZ 2008, 968 = R 689 g; FamRZ 2007, 1532 = R 681 a, k; FamRZ 2006, 387 = R 643 f; FamRZ 2005, 1159 = R 623 b, c; FamRZ 2002, 88 = R 569 b
[54] BT-Drs. 16/1830 S. 18; vgl. auch BGH FamRZ 2010, 111 = R 707 a; FamRZ 2009, 411 = R 702 b; FamRZ 2008, 1911 = R 695 a; FamRZ 2006, 683 = R 649 g; fernerBVerfG FamRZ 2011, 437 = R 722 f; FamRZ 2002, 527 = R 571 a
[55] BGH FamRZ 2001, 986, 989 = R 563 a, c
[56] BVerfG FamRZ 2002, 527, 530 = R 571 a
[57] Gerhardt FamRZ 2000, 134
[58] Büttner FamRZ 1999, 893
[59] BGH FamRZ 2001, 986, 991 = R 563 c
[60] BGH FamRZ 2001, 986, 991 = R 563 c
[61] BGH FamRZ 2005, 97 = R 616 a; FamRZ 1994, 21, 22 = R 466 a; FamRZ 1986, 780
[62] BGH FamRZ 1988, 259, 262
[63] BGH FamRZ 2009, 23; FamRZ 2008, 963 = R 692 a; FamRZ 2007, 879 = R 677 a

Familienheimes als Surrogat des früheren Wohnwertes (näher Rn. 1/557 ff.)[64] sowie sonstige geldwerte Vorteile (Privatnutzung des Firmenfahrzeugs, kostenloses Essen usw.).[65]

Praktisch sind es alle unterhaltsrechtlich relevanten Einkünfte beider Ehegatten im Sinn der Ausführungen zu Rn. 1/22 ff.

Zu berücksichtigen sind nach der geänderten Rechtsprechung des BGH bei der Bedarfsbemessung auch **fiktive Einkünfte,** die der in der Ehe den Haushalt führende **Berechtigte** erzielen könnte, aber tatsächlich nicht erzielt, weil auch diese ein Surrogat seiner früheren Familienarbeit darstellen.[66] Das Gleiche gilt für wegen unterhaltsbezogen leichtfertiger Aufgabe eines Arbeitsplatzes oder Verstoß gegen die Erwerbsobliegenheit beim Pflichtigen angesetzten fiktiven Einkünften.[67] **Nicht angesetzt** werden beim **Pflichtigen** für die Bedarfsermittlung dagegen fiktive Einkünfte, die er während des Zusammenlebens objektiv nie oder jedenfalls nicht nachhaltig hatte[68] (vgl. eingehend Rn. 605 ff.).

418 Die ehelichen **Lebensverhältnisse** beinhalten stets auch ein **Mehr als die aktuellen Einkommensverhältnisse.** Sie umfassen alle Umstände, die für die Unterhaltsbemessung im konkreten Fall bedeutsam sind oder bei späteren Veränderungen bedeutsam werden können bzw. geworden sind. Sie beinhalten die Gesamtheit aller wirtschaftlich relevanten beruflichen, gesundheitlichen, familiären und sonstigen Faktoren.[69]

Danach können neben dem Einkommen im Wesentlichen noch folgende Umstände prägend sein:
- Haushaltsführung und Kinderbetreuung in der Ehe (näher Rn. 422 ff.)
- Umstände zur **Erwerbsobliegenheit,** die bereits im Rahmen des § 1574 II BGB erörtert worden sind (s. näher Rn. 141 ff.). So können z.B. die ehelichen Lebensverhältnisse dadurch nachhaltig geprägt worden sein, dass der Verpflichtete seinen bisherigen Beruf als Fernfahrer aus gesundheitlichen Gründen aufgeben musste und dadurch die Möglichkeiten einer künftigen Erwerbstätigkeit sowie deren Ertrag unsicher geworden sind,[70] dass der Pflichtige oder der Bedürftige unverschuldet arbeitslos wird[71] oder nach unverschuldeter Arbeitslosigkeit aus Arbeitsmarktgründen nur einen schlechter bezahlten Arbeitsplatz finden kann[72] oder dass der Berechtigte seinem früher ausgeübten Beruf aus gesundheitlichen Gründen nicht mehr nachgehen kann.[73]
- **Vermögenslage** und sonstige wirtschaftliche Verhältnisse der Ehegatten.[74]
- Umstände, die den **Ausgabenbereich** von Einkünften betreffen und berücksichtigungswürdig sind.[75] Darunter fallen vor allem solche Umstände, auf Grund deren Teile des Einkommens nicht zur Deckung des laufenden Lebensbedarfs zur Verfügung stehen und die deshalb bei der Bildung des bereinigten Nettoeinkommens vorweg abgezogen werden (s. näher Rn. 1/1000 ff.).

Es sind dies:
– Steuern;
– Vorsorgeaufwendungen für Krankheit, Alter, Invalidität und Arbeitslosigkeit;
– Berufs- und ausbildungsbedingte Aufwendungen, Betriebsausgaben und sonstige Werbungskosten;
– ehebedingte Verbindlichkeiten;

---

[64] BGH FamRZ 2009, 23; FamRZ 2008, 963 = R 692 a; FamRZ 2006, 387 = R 643 f; FamRZ 2005, 1159 = R 623 b, c
[65] BGH FamRZ 2005, 97 = R 616 a
[66] BGH FamRZ 2005, 1979 = R 640 b, d; FamRZ 2004, 254; FamRZ 2003, 434 = R 589; FamRZ 2001, 1291 = R 564; FamRZ 2001, 1693 = R 567 a
[67] BGH FamRZ 1993, 1304 = R 464 a; FamRZ 1992, 1045
[68] BGH FamRZ 1997, 281 = R 509 f; FamRZ 1992, 1045, 1047
[69] BGH FamRZ 2001, 986, 989 = R 563 a
[70] BGH FamRZ 1984, 356
[71] BGH FamRZ 2006, 683 = R 649 f.; FamRZ 2003, 590 = R 586 c
[72] BGH FamRZ 2003, 590, 594 = R 586 c
[73] BGH FamRZ 1986, 1085
[74] BGH FamRZ 2000, 950, 952
[75] BGH FamRZ 2008, 968 = R 689 g; FamRZ 2007, 793 = R 674 b; FamRZ 2006, 683 = R 649 g

3. Abschnitt: Unterhaltsbedarf und Bedarfsbemessung beim Ehegattenunterhalt § 4

- Unterhaltsleistungen für Kinder oder Eltern;
- Aufwendungen zur gemeinsamen Vermögensbildung.
  Genaueres dazu nachfolgend Rn. 432 ff.
- Umstände, die **regelmäßige Mehraufwendungen** betreffen und zu entsprechenden Ausgaben führen, wie z. B. eine schwere Erkrankung und die auf dieser beruhende Hilfs- und Pflegebedürftigkeit eines Ehegatten.[76]
  Entsprechendes gilt auch bei altersbedingten und sonstigen regelmäßigen Mehrkosten (vgl. Rn. 1/1064 ff.).
- **Prägend** sind auch erst nach der Scheidung eintretende Änderungen, wie z. B. die **begründete Aussicht,** dass sich die Einkommensverhältnisse oder sonstige Lebensumstände in kalkulierbarer Weise günstiger gestalten werden[77] oder durch den Altersruhestand voraussehbar absinken[78] oder durch nicht leichtfertig eingegangene neue Ausgaben, die auch ohne Scheidung entstanden wären (näher Rn. 426 ff.).[79]
- Prägend sind ferner überobligatorische Einkünfte des Bedürftigen (näher Rn. 1/815 ff.)[80] und des Pflichtigen (näher Rn. 1/828 ff.)[81] nach Abzug eines anrechnungsfreien Teils, auch wenn die Tätigkeit jederzeit eingestellt werden kann.

Die Bedarfsbemessung kann nur an solchen Einkünften und sonstigen, die ehelichen Lebensverhältnisse bestimmenden Umständen ausgerichtet werden, die einen **dauernden Bestand** gewonnen haben oder wenigstens die **Gewähr einer gewissen Stetigkeit** in sich tragen. **419**

Soweit es hierbei auf die Einkommensverhältnisse der Eheleute ankommt, darf nur auf **regelmäßig** und **nachhaltig** erzielte dauerhafte Einkünfte abgestellt werden, die den ehelichen Lebensstandard tatsächlich geprägt haben. **Kurzfristige Einkommensänderungen** sind daher bei der Bedarfsbemessung nicht zu berücksichtigen.[82]

Nicht in der Ehe angelegte Einkünfte, d. h. Einkünfte, die den ehelichen Lebensstandard nicht nachhaltig und dauerhaft geprägt haben, sind als Unterhaltsmaßstab ungeeignet und dürfen daher im Rahmen der **Bedarfsbemessung nicht berücksichtigt** werden.[83] Durch die geänderte Rechtsprechung zu den ehelichen Lebensverhältnissen ist bei den Erwerbseinkünften im Ergebnis nur noch eine auf einer unerwarteten, vom Normalverlauf abweichenden Gehaltssteigerung beruhende Einkommenserhöhung (sog. Karrieresprung) als nichtprägend zu betrachten (näher Rn. 554, 570 ff.), bei Vermögenseinkünften nicht in der Ehe vorhandene neue Erträge (näher Rn. 554, 592 ff.). **420**

Solche **nicht in der Ehe angelegten Einkünfte des Berechtigten** sind aber auf der Bedürftigkeitsstufe nach § 1577 BGB mit der Anrechnungsmethode, bzw. bei der Ermittlung der Unterhaltshöhe durch Anrechnung des gesamten Eigeneinkommens auf den Bedarf nach der Additionsmethode bedürftigkeitsmindernd auf den vollen Unterhaltsbedarf **anzurechnen** (Genaueres s. Rn. 800, 933 ff.).

Nicht in der Ehe angelegte Einkünfte des Verpflichteten erhöhen dessen **Leistungsfähigkeit** (Genaueres Rn. 972).

Weil im Rahmen der **Bedarfsbemessung** nur **prägende Einkünfte** verwendet werden dürfen, ist es auch nach der geänderten Rechtsprechung des BGH von Bedeutung, alle Einkünfte danach zu differenzieren, ob sie **prägend** oder **nichtprägend** sind. Dies gilt auch bei vorrangigen und gleichrangigen Ehegatten. **421**

Die nach **objektiven Kriterien** vorzunehmende Beurteilung, ob Einkünfte und sonstige Umstände als prägend oder nichtprägend anzusehen sind, gilt in gleicher Weise für den Be-

---

[76] BGH NJW-RR 1989, 196, 793
[77] BGH FamRZ 2008, 968 = R 689 g, FamRZ 2007, 793; = R 674 b; FamRZ 2006, 683 = R 649 g FamRZ 2003, 848, 850 = R 588 a; FamRZ 2003, 590, 592 = R 586 a
[78] BGH FamRZ 2010, 111= R 707 a; 2008, 968 = R 689 g; FamRZ 2003, 848, 850 = R 588 a
[79] BGH FamRZ 2011, 111 = R 707 a; FamRZ 2009, 1207; FamRZ 2009, 411 = R 702 b; FamRZ 2009, 23; FamRZ 2008, 968 = R 689 g; FamRZ 2007, 793 = R 674 b; FamRZ 2006, 683 = R 649 g
[80] BGH FamRZ 2006, 683 = R 649 b; FamR 2005, 1154 = R 630 e; FamRZ 2005, 967 = R 629 c
[81] BGH FamRZ 2011, 454 = R 721 a; FamRZ 2003, 848 = R 588
[82] BGH FamRZ 1992, 1045, 1047
[83] BGH FamRZ 2008, 968 = R 689 g; FamRZ 2001, 986, 991 = R 563 c

rechtigten wie für den Verpflichteten, weil die ehelichen Lebensverhältnisse nur einheitlich beurteilt werden können. Die Differenzierung ist sowohl bei den Erwerbs- als auch bei den Vermögenseinkünften zu beachten. Nähere Einzelheiten und Rechtsprechungshinweise zu den prägenden und nichtprägenden Einkünften bei Einkommensänderungen nach Trennung und Scheidung s. ausführlich Rn. 550 ff., 557 ff., 591 ff., zu den berücksichtigungswürdigen Ausgaben Rn. 432 ff., 437 ff., 440 ff. 453 ff.

4. Haushaltsführung und Kinderbetreuung in der Ehe

422 Nach der früheren Rechtsprechung des BGH wurden die ehelichen Lebensverhältnisse nur durch die vorhandenen Barmittel, nicht aber durch den wirtschaftlichen Wert der von beiden Ehegatten erbrachten Leistungen bestimmt, Haushaltsführung und Kinderbetreuung in der Ehe daher bei der Ermittlung der ehelichen Lebensverhältnisse nicht berücksichtigt.[84] Diese Auffassung des BGH benachteiligte massiv den haushaltsführenden und/oder kinderbetreuenden Ehegatten, der bis zur Scheidung noch keine Erwerbstätigkeit aufgenommen hatte bzw. aufnehmen konnte. Sie wurde deshalb bereits in den 80er Jahren mit berechtigter Kritik überzogen;[85] Ende der 90er Jahre wurde diese Kritik erneuert und vehement eine Änderung dieser Rechtsprechung gefordert.[86]

Mit seiner Grundsatzentscheidung vom 13. 6. 2001 hat der BGH seine frühere Rechtsprechung zu den ehelichen Lebensverhältnissen bei Haushaltsführung in der Ehe grundlegend geändert und sich dieser Kritik angeschlossen.[87] Nach heutigem Eheverständnis regeln die Ehegatten im gegenseitigen Einvernehmen und unter Rücksichtnahme auf die jeweiligen Belange des anderen und der Familie, wer erwerbstätig sein und wer vollständig oder zum Teil die Haushaltsführung übernehmen soll (§ 1356 BGB). Auch der Gesetzgeber ging davon aus, dass die ehelichen Lebensverhältnisse nicht nur durch die Bareinkünfte des erwerbstätigen Ehegatten, sondern auch durch die Leistungen des anderen Ehegatten im Haushalt mitbestimmt werden. Dessen Tätigkeit ersetzen Dienst- und Fürsorgeleistungen, die sonst durch teure Fremdleistungen erkauft werden müssten. Die ehelichen Lebensverhältnisse werden nicht nur von dem in der Ehe verfügbaren Einkommen geprägt, sondern von allen wirtschaftlich relevanten beruflichen, gesundheitlichen, familiären und ähnlichen Faktoren mitbestimmt.[88] Das der früheren Rechtsprechung zugrunde liegende Ehebild (Haushaltsführung- oder Doppelverdienerehe) ist im Übrigen inzwischen weitgehend überholt. Bei Kinderbetreuung kann man heute in der Regel von einer Doppelverdienerehe mit zeitweiliger Aussetzung der Berufstätigkeit wegen Kinderbetreuung[89] bzw. einer Aneinanderreihung von Ehetypen[90] ausgehen. Zu berücksichtigen sind deshalb nicht nur die aus der Berufstätigkeit erzielten Einkünfte, sondern auch die der Erwerbstätigkeit gleichwertigen Familienarbeit (Haushaltsführung und Kinderbetreuung).[91]

Bei den Lösungsmöglichkeiten – Surrogats- oder Bewertungslösung[92] – hat sich der BGH vernünftigerweise für die Surrogatslösung entschieden,[93] die den praktikableren Weg darstellt. Soweit er sich in der Entscheidung die Möglichkeit offen hielt, in Einzelfällen auch die Bewertungslösung heranzuziehen,[94] ist dies seit der Entscheidung des BVerfG, in der die Surrogatslösung gebilligt wurde,[95] überholt. Nimmt der haushaltsführende Ehegatte nach

---

[84] BGH FamRZ 1986, 783, 785; FamRZ 1985, 161
[85] Vgl. z. B. eingehend Büttner FamRZ 1984, 534; Laier FamRZ 1993, 393
[86] Büttner FamRZ 1999, 893; Born FamRZ 1999, 541; Graba FamRZ 1999, 1115; Gerhardt FamRZ 2000, 134; Borth FamRZ 2001, 193; Gerhardt/Gutdeutsch FuR 1999, 241
[87] BGH FamRZ 2001, 986 = R 563 a, b, c
[88] BGH FamRZ 2001, 986, 989 = R 563 a
[89] Gerhardt FamRZ 2000, 134
[90] Büttner FamRZ 1999, 893
[91] BGH FamRZ 2001, 986, 989 = R 563 a
[92] Vgl. Gerhardt FamRZ 2000, 134
[93] BGH FamRZ 2001, 986, 990 = R 563 c
[94] BGH FamRZ 2001, 986, 991 = R 563 b, c
[95] BVerG, FamRZ 2002, 527, 530 = R 571 b

3. Abschnitt: Unterhaltsbedarf und Bedarfsbemessung beim Ehegattenunterhalt § 4

Trennung/Scheidung eine Erwerbstätigkeit auf oder erweitert er eine Teilzeittätigkeit, stellt das Einkommen hieraus das **Surrogat der bisherigen Familienarbeit** dar und erhöht entsprechend die ehelichen Lebensverhältnisse. Der Wert seiner Haushaltsleistung spiegelt sich dann in dem daraus erzielten oder erzielbaren Einkommen wider. Dies gewährleistet, dass wie früher die Familienarbeit nunmehr das beiderseits erzielte Einkommen beiden Eheleuten zugute kommt.[96]

Der BGH hat mit dieser Entscheidung seine frühere Rechtsprechung zur Prägung und Nichtprägung von Erwerbseinkünften vollständig geändert. Maßgebend ist für die Prägung nicht mehr, ob die Tätigkeit noch vor der Trennung aufgenommen wurde oder bei Aufnahme nach der Trennung hierfür ein Lebensplan bestand, sondern allein, dass es sich bei der Aufnahme bzw. Ausweitung der Tätigkeit nach Trennung/Scheidung um ein Surrogat der früheren Haushaltsführung handelt (vgl. auch Rn. 468 ff., 580 ff.). Besteht für den Bedürftigen nach der Trennung eine Erwerbsobliegenheit und hat er eine Arbeitsplatzchance für eine eheangemessene Tätigkeit, wird das Surrogat dabei spätestens bis zur Scheidung verwirklicht. Wurden in der Ehe kleine Kinder betreut, so dass noch keine Erwerbsobliegenheit gegeben ist (näher Rn. 167 ff.), kann das Surrogat auch erst nach der Scheidung verwirklicht werden und dann regelmäßig zunächst nur zum Teil und erst zu einem noch späteren Zeitpunkt in vollem Umfang, wenn eine Erwerbsobliegenheit zu einer Vollzeittätigkeit besteht.

Mit Beschluss vom 5. 2. 2002 hat das BVerfG die von der früheren Rechtsprechung bei Aufnahme der Berufstätigkeit einer Hausfrau nach und wegen der Trennung angewandte **Anrechnungsmethode** wegen Verstoß gegen Art. 6 I i. V. mit Art. 3 II GG für **verfassungswidrig** erklärt.[97] Da die Leistung des haushaltsführenden Ehegatten mit der Leistung des einer Erwerbstätigkeit nachgehenden anderen Ehegatten gleichwertig ist, würde die Nichtberücksichtigung des nach der Trennung vom Ersteren erzielten Einkommen die erbrachte Familienarbeit zu dessen Nachteil missachten. Wer in der Ehe die Familienarbeit verrichtet, verzichtet zugleich zugunsten des anderen Ehegatten auf ein eigenes Einkommen; er darf hierdurch nicht benachteiligt werden. Im Übrigen entspricht das der Anrechnungsmethode zugrunde liegende Ehebild einer endgültig erfolgten Arbeitsaufteilung nicht mehr der heutigen Ehewirklichkeit.[98] Das Bundesverfassungsgericht hat in seinem Beschluss zugleich die Surrogatslösung des BGH als verfassungsgemäß bezeichnet. Hierbei hat es ausgeführt, die Surrogatslösung trage der Gleichwertigkeit von Haushaltsführung eines Ehegatten in der Ehe und Erwerbstätigkeit des anderen Ehegatten Rechnung. Sie zeige einen möglichen verfassungsrechtlich nicht zu beanstandenden Weg auf, um den Wert, der in der Ehe aus der Familienarbeit erwächst, unterhaltsrechtlich zum Tragen zu bringen.[99]

423

Die Änderung der Rechtsprechung wurde **uneingeschränkt begrüßt.** Mit seiner Grundsatzentscheidung und vielen Folgeentscheidungen hat der BGH die Weichen für eine völlige Neubewertung der ehelichen Lebensverhältnisse im Bereich der Erwerbseinkünfte gestellt, die sich stärker an den tatsächlichen Gegebenheiten orientiert und dadurch realitätsnäher ist.

424

Die Erwerbseinkünfte bilden regelmäßig das Schwergewicht der ehelichen Lebensverhältnisse. Sie sind seit der geänderten Rechtsprechung mit Ausnahme des Karrieresprungs eheprägend,[100] so dass erfreulicherweise zugleich die viel zu kompliziert gewordene Unterhaltsrechtsprechung in diesem Bereich vereinfacht wurde. Positiv wirkt sich aus, dass der Arbeitsanreiz für den haushaltsführenden Ehegatten wesentlich gesteigert wurde, da seine Erwerbseinkünfte zu einer verbesserten Lebensstellung führten und nicht nur wie früher nach der Anrechnungsmethode zur Folge hatten, dass lediglich der Pflichtige in seiner Unterhaltszahlung entlastet wurde. Da die Surrogatslösung zu keiner einseitigen Belastung des Pflichtigen führen sollte, hat der BGH in der Folgezeit auch seine Rechtsprechung zu der Begrenzung des nachehelichen Unterhalts aus Billigkeitsgründen nach §§ 1573 V, 1578

---

[96] BGH FamRZ 2001, 986, 991 = R 563 c
[97] BVerfG FamRZ 2002, 527 = R 571 a
[98] BVerfG FamRZ 2002, 527 = R 571 a
[99] BVerfG FamRZ 2002, 527 = R 571 b
[100] BGH FamRZ 2008, 968 = R 689 g; FamRZ 2001, 986, 991 = R 563 c

I 2 BGB a. F. geändert und diese Vorschriften verstärkt angewandt (näher Rn. 1000 ff.).[101] Diese geänderte Rechtsprechung des BGH entspricht der **Neufassung des § 1578 b BGB** zum 1. 1. 2008 und der Intention des Gesetzgebers, mit dem nachehelichen Unterhalt nur einen Nachteilsausgleich zu gewähren, solange und soweit der Bedürftige durch die Übernahme der Familienarbeit in der Ehe nicht ausreichend für den eigenen Unterhalt sorgen kann.[102] Die Surrogatslösung hat aufgezeigt, dass der **Bedarf nach den ehelichen Lebensverhältnissen keine Konstante** ist, sondern sich laufend nach oben oder unten verändern kann. Werden keine Kinder betreut, ist bei Erwerbsobliegenheit einer Hausfrau bereits in der Trennungszeit der Bedarf durch ihr Einkommen zu erhöhen; betreut sie Kinder, kann das Surrogat u. U. erst nach der Scheidung in vollem Umfang erfüllt werden. Veränderungen gab es auch bereits bisher, z. B. durch übliche Einkommensänderungen, Verrentung, unverschuldete Arbeitslosigkeit, Änderung der Ausgaben, z. B. der Steuerklasse oder der Vorsorgeaufwendungen, Entstehen neuer nicht leichtfertig eingegangener Verbindlichkeiten oder Wegfall der Verbindlichkeiten oder des Kindesunterhalts.

425 **Beispiele zur Surrogatslösung:**
Fall 1
M und F heiraten im Dezember 1999. M hat ein Nettoeinkommen von 2300 €, fährt mit öffentlichen Verkehrsmitteln zum Arbeitsplatz und zahlt eine Eheschuld von 185 € ab. F führte den Haushalt. 2007 trennen sich die Eheleute, im Oktober 2009 wird das Scheidungsverfahren rechtshängig, im September 2011 wird die Ehe geschieden.
F verlangt nach der Scheidung nachehelichen Unterhalt; wobei
a) aus der Ehe keine Kinder hervorgingen und F wegen der Scheidung ganztags ohne berufliche Nachteile mit einem Nettokommen von 1053 € arbeitet und ebenfalls mit öffentlichen Verkehrsmitteln zum Arbeitsplatz fährt.
b) F keiner Tätigkeit nachgeht, obwohl sie bei ausreichenden Bemühungen eine Ganztagstätigkeit mit einem bereinigten Nettoeinkommen von 1053 € finden könnte.
c) M nach einen mit einem Ortswechsel verbundenen Stellenwechsel mit erweitertem Tätigkeitsbereich im Januar 2011 zwischenzeitlich 3500 € netto verdient. An seinem bisherigen Arbeitsplatz würde er weiterhin 2300 € verdienen.

Lösung
zu a:
Tatbestand: § 1573 II BGB
Das durch die Aufnahme einer Berufstätigkeit wegen der durch Trennung und Scheidung entstandenen Erwerbsobliegenheit bezogene Einkommen der F ist als Surrogat der früheren Haushaltsführung eheprägend. Der Bedarf errechnet sich damit aus dem beiderseitigen Erwerbseinkommen.
Bereinigtes Nettoeinkommen M: 2300 − 5% berufsbedingte Aufwendungen (= 115) − 185 (eheprägende Schuld) = 2000
Bereinigtes Nettoeinkommen F: 1053 − 5% berufsbedingte Aufwendungen (= 53) = 1000
Nach SüdL mit $1/10$:
Bedarf: $1/2$ ($9/10$ 2000 + $9/10$ 1000) = 1350
Höhe: 1350 ./. $9/10$ 1000 = 450
(BGH früher: $1/2$ aus $9/10$ 2000 = 900; 900 − $9/10$ 1000 = 0)
Nach DT mit $1/7$:
Bedarf: $1/2$ ($6/7$ 2000 + $6/7$ 1000) = 1286
Höhe: 1286 ./. $6/7$ 1000 = 429
Der Aufstockungsunterhalt ist bei einer kinderlosen Ehe mit einer Ehedauer von 10 Jahren (Eheschließung bis Rechtshängigkeit des Scheidungsverfahrens) und Berufstätigkeit der F ohne berufliche Nachteile nach § 1578 b II BGB zeitlich zu begrenzen, z. B. auf 3 Jahre (Einzelfallprüfung, vgl. Rn. 1004 ff.)
zu b:
F hat eine Erwerbsobliegenheit zu einer Ganztagstätigkeit, so dass ein fiktives Einkommen von 1053 EUR anzusetzen ist; auch dieses fiktive Einkommen ist als Surrogat der eheprägenden Haushaltsführung anzusehen; Lösung damit wie a.
zu c:
Bei M liegt ein Karrieresprung, d. h. eine unerwartete, vom Normalverlauf abweichende Entwicklung vor; der Mehrverdienst ist damit nichtprägend, prägend bleibt das frühere Gehalt von 2300 €. Lösung damit wie a.

---

[101] BGH FamRZ 2007, 793 = R. 674 j; FamRZ 2006, 1006
[102] BT-Drs. 16/1830 S. 18

3. Abschnitt: Unterhaltsbedarf und Bedarfsbemessung beim Ehegattenunterhalt § 4

Fall 2
M und F heiraten im Mai 2002. M hat nach Steuerklasse I nach Abzug des Kindesunterhalts ein bereinigtes Nettoeinkommen von 2000 €, F führt den Haushalt. Im Jahr 2009 trennen sich die Eheleute, im Juli 2010 wird das Scheidungsverfahren rechtshängig.
a) F arbeitet bei der Scheidung im Februar 2011 wegen der Betreuung des im Juni 2008 geborenen gemeinsamen Kindes nicht.
b) F nimmt im Oktober 2011, nachdem das Kind K. vormittags in den Kindergarten kommt, eine Teilzeittätigkeit mit einem bereinigten Nettoeinkommen von 500 € auf.
Welchen Unterhaltsanspruch hat F jeweils bei der Scheidung?
Lösung
a) § 1570 BGB
Da keine zusätzlichen Mittel zu verteilen sind, verbleibt es beim Quotenunterhalt.
Nach SüdL mit $^1/_{10}$:
$^1/_2$ aus $^9/_{10}$ 2000 = 900
Nach DT mit $^1/_7$:
$^3/_7$ 2000 = 857
b) § 1570 BGB
Das Einkommen der F ist prägend, da die Arbeitsaufnahme als Surrogat der früheren Haushaltstätigkeit und Kinderbetreuung anzusehen ist.
Nach SüdL mit $^1/_{10}$:
Bedarf: $^1/_2$ ($^9/_{10}$ 2000 + $^9/_{10}$ 500) = 1115
Höhe: 1115 ./. $^9/_{10}$ 500 = 675
Nach DT mit $^1/_7$:
$^3/_7$ (2000 ./. 500) = 643
Eine sichere Prognose, ob F durch die Ausübung der Familienarbeit berufliche Nachteile erlitten hat, die sie nicht mehr ausgleichen kann, kann derzeit nicht getroffen werden. Über die Frage der zeitlichen Begrenzung des Anspruchs aus Billigkeitsgründen nach § 1578 b II BGB kann nach der geänderten Rechtsprechung des BGH erst nach Aufnahme einer gesicherten Ganztagstätigkeit durch F im Abänderungsverfahren entschieden werden (vgl. Rn. 1009). Eine Begrenzung auf den angemessenen Bedarf nach § 1578 b I BGB kommt bei den gegebenen Einkommensverhältnissen nicht in Betracht.

5. Wandelbare Verhältnisse und Stichtagsprinzip

a) Rechtsprechung des BGH. Der BGH hat mit seiner Surrogatslösung zur Familienarbeit (vgl. oben Rn. 422 ff.) eine generelle Neubewertung der ehelichen Lebensverhältnisse vorgenommen und in der Folgezeit den Begriff der **wandelbaren ehelichen Lebensverhältnisse** in Abkehr von seiner früheren Lebensstandardgarantie eingeführt. 426

Mit **Urteil vom 29. 1. 2003** hat er erstmals das bis dato nicht grundsätzlich abgehandelte Problem entschieden, dass der Bedürftige nach der Trennung/Scheidung nicht nur an in der Ehe angelegten Einkommenssteigerungen partizipiert, sondern auch **Einkommenssenkungen des Pflichtigen** hinnehmen muss, die nicht unterhaltsbezogen leichtfertig entstanden sind, z. B. durch Verrentung, unverschuldete Arbeitslosigkeit, Einkommensreduzierung durch Kurzarbeitergeld usw.[103] Denn der Bedürftige hätte sich bei Fortbestand der Ehe ebenfalls auf diesen Einkommensrückgang einstellen müssen; es bestehe deshalb keine Lebensstandardgarantie, sondern in diesen Fällen muss der Bedürftige eine **Korrektur seines Bedarfs nach unten** hinnehmen, selbst wenn die Einkommensreduzierung bei der Scheidung nicht vorausehbar war.[104] Mit **Urteil vom 15. 3. 2006** entwickelte er diese Rechtsprechung weiter und dehnte sie folgerichtig auf Einkommensminderungen durch **neue, nicht leichtfertig entstandene Ausgaben**, z. B. vor- oder gleichrangige Unterhaltslasten, aus; der Bedürftige dürfe sich mit der Scheidung wirtschaftlich nicht besser stellen, als er sich ohne Scheidung stünde, nachdem es keine Lebensstandardgarantie gebe.[105] Der **Grundsatz der Halbteilung** gebiete es, dem Pflichtigen bereits bei der Bedarfsbe-

---

[103] BGH FamRZ 2003, 590 = R 586 c
[104] BGH FamRZ 2003, 590 = R 586 c
[105] BGH FamRZ 2006, 683 = R 649 g

messung und nicht erst über die Leistungsfähigkeit die Hälfte seines bereinigten Nettoeinkommens zu belassen.[106]

Dem ist in vollem Umfang zuzustimmen. Der Unterhalt kann immer nur aus den vorhandenen Mitteln bezahlt werden bzw. den Mitteln, die bei einem unterhaltsbezogen leichtfertigen Verhalten vorhanden sein müssten. **Nur bei Einkommenserhöhungen** kann eine Überprüfung erfolgen, ob sie **in der Ehe angelegt** sind. **Einkommenssenkungen** einschließlich höherer Ausgaben sind dagegen in der Regel nicht voraussehbar, so dass immer nur darauf abgestellt werden kann, ob sie **leichtfertig entstanden** sind. Auch bei Einkommensreduzierungen bleibt es bereits bei der **Bedarfsermittlung** und nicht erst bei der Leistungsfähigkeit beim **Grundsatz der Halbteilung**.

Die oben angeführten beiden Grundsatzentscheidungen waren dem Gesetzgeber bei der **Unterhaltsreform 2008 bekannt**. Sie waren für ihn kein Anlass, den unbestimmten Rechtsbegriff der ehelichen Lebensverhältnisse in § 1578 BGB zu ändern bzw. den Wortlaut in § 1361 BGB (Einkommens- und Vermögensverhältnisse) um Verbindlichkeiten zu ergänzen. Im Gegenteil, der Gesetzgeber übernahm in seinen Materialien die Rechtsprechung des BGH zur fehlenden Lebensstandardgarantie.[107] In seinen Ausführungen zu den geänderten gesellschaftlichen Verhältnissen wies der Gesetzgeber außerdem auf das gegenüber der Eherechtsreform 1977 gewandelte Ehebild hin mit der Folge eines anderen Verständnisses des unbestimmten Rechtsbegriffs der ehelichen Lebensverhältnisse, das nicht mehr auf dem Leitbild der Hausfrauenehe beruht.[108]

Der BGH sprach seither von den **„wandelbaren ehelichen Lebensverhältnissen"**.[109] Mit **Urteil vom 6. 2. 2008** gab er das sog. **Stichtagsprinzip** für Veränderungen auf, weil es vielfach nur von Zufälligkeiten abhängt, ob letztere vor oder nach der Scheidung eintreten.[110] Dies führte konsequenterweise dazu, nicht nur Einkommensveränderungen einschließlich des Surrogats aus der Familienarbeit und nicht leichtfertig entstandene Einkommenssenkungen durch neue Unterhaltslasten für nach der Scheidung geborene Kinder oder neue unvermeidbare Schulden in die Bedarfsermittlung aufzunehmen, sondern auch **mit Urteil vom 30. 7. 2008** den Unterhalt eines neuen Ehegatten. Dabei wies der BGH zu Recht darauf hin, dass es bei Hinzutreten zusätzlicher Unterhaltslasten bei der Bedarfsermittlung nicht auf den Rang ankommt, sondern die Teilhabe des Bedürftigen am früheren Lebensstandard des Pflichtigen nicht mehr gerechtfertigt ist, wenn dieser Lebensstandard durch unterhaltsbezogen nicht leichtfertige Einkommenssenkungen oder höhere Ausgaben nicht mehr besteht.[111] Bei neuen Unterhaltslasten handelt es sich immer um nicht leichtfertig entstandene Ausgaben, weil es sich um gesetzliche Ansprüche handelt. Außerdem hat der BGH in der Folgezeit auch entschieden, dass bei nach der Trennung entstandenen **neuen nichtprägenden Einkünften neue Verbindlichkeiten** erst aus diesen Mitteln zu tragen sind (s. unten Rn. 428, 435).[112]

427 **b) Entscheidung des BVerfG vom 25. 1. 2011.** Mit Beschluss vom 25. 1. 2011 hat das BVerfG die zur Auslegung des § 1578 I BGB entwickelte Rechtsprechung des BGH von den **wandelbaren ehelichen Lebensverhältnissen unter Anwendung der Berechnungsmethode der sog. Dreiteilung bei Wiederverheiratung des Pflichtigen** wegen Verstoßes gegen das Rechtsstaatsprinzip gemäß Art. 2 I GG i. V. mit Art. 20 III GG für **verfassungswidrig** erklärt.[113]

Das BVerfG hat seine Entscheidung insbesondere damit begründet, dass mit der Berücksichtigung des Unterhalts des neuen Ehegatten beim Bedarf des Geschiedenen **jeglicher**

---

[106] BGH FamRZ 2006, 683 = R 649h; ebenso BGH FamRZ 2007, 793 = R 674b (Berücksichtigung einer erst nach der Scheidung neu entstandenen Kirchensteuerpflicht beim Bedarf)
[107] BT-Drs. 16/1830 S. 18
[108] Eingehend Gerhardt FamRZ 2011, 8
[109] BGH FamRZ 2007, 793 = R 674b; FamRZ 2008, 968 = R 689g; vgl. auch BGH FamRZ 2010, 111 = R 707a; FamRZ 2009, 411 = R 702a; FamRZ 2009, 23; FamRZ 2008, 1911 = R 695a
[110] BGH FamRZ 2008, 968g; vgl. auch BGH FamRZ 2010, 111 = R 707a; FamRZ 2009, 579; FamRZ 2009, 411 = R 702a; FamRZ 2008, 1911 = R 695a
[111] BGH FamRZ 2010, 111 = R 707a; FamRZ 2008, 1911 = R 695a
[112] BGH FamRZ 2010, 111 = R 707a; FamRZ 2009, 579; FamRZ 2009, 411 = R 702b
[113] BVerfG FamRZ 2011, 437 = R 722e mit Anm. Borth

3. Abschnitt: Unterhaltsbedarf und Bedarfsbemessung beim Ehegattenunterhalt § 4

Bezug zu den ehelichen Lebensverhältnissen nach § 1578 I BGB verloren gehe und die vom Gesetzgeber normierte Unterscheidung zwischen Bedarf und Leistungsfähigkeit aufgehoben würde. Der Gesetzgeber habe bei der Eherechtsreform 1977 mit der Ausrichtung des Unterhalts am Maßstab der ehelichen Lebensverhältnisse für den nachehelichen Unterhalt auf die individuellen Einkommensverhältnisse der Ehegatten zum Zeitpunkt der Scheidung abgestellt, an denen der Unterhaltsberechtigte nach der Scheidung einen gleichwertigen Anteil erhalten solle, um den in der Ehe erreichten Lebensstandard zu sichern und einen sozialen Abstieg zu vermeiden.[114] Einkommensentwicklungen einschließlich des Surrogats aus der Familienarbeit in der Ehe dürfen nur einbezogen werden, wenn sie in der Ehe angelegt und eine spätere Veränderung mit hoher Wahrscheinlichkeit zu erwarten seien. Bei der Reform 2008 habe der Gesetzgeber den Wortlaut des § 1578 I 1 BGB nicht verändert und damit den bisherigen Maßstab beibehalten. Er habe lediglich mit dem neu gefassten § 1578 b BGB die Möglichkeit geschaffen, den nachehelichen Unterhalt aus Billigkeitsgründen herabzusetzen oder zeitlich zu begrenzen. Darüber hinaus habe der Gesetzgeber die Position des Geschiedenen nicht weiter verschlechtern wollen. Die Feststellung des Gesetzgebers, der Geschiedene habe keinen Vertrauensschutz, dass sich der Kreis der Unterhaltsberechtigten nach der Scheidung nicht ausweite,[115] beziehe sich nur auf einen Mangelfall und die dann vorzunehmende Kürzung.[116] Die vom BGH zur Unterhaltsberechnung im Rahmen der Bedarfsermittlung des Geschiedenen angewandte Drittelmethode benachteilige allein den Geschiedenen und bevorzuge den Pflichtigen und den neuen Ehegatten. In den Bedarf nach den ehelichen Lebensverhältnissen dürfen nur **Entwicklungen nach der Scheidung einbezogen werden**, die entweder **in der Ehe angelegt** sind oder bei Einkommensreduzierungen **nicht leichtfertig entstanden** und **ohne Scheidung auch eingetreten** wären.[117] Veränderungen, die eine **Scheidung der Ehe voraussetzen**, z. B. die Unterhaltsbelastung durch einen neuen Ehegatten, seien dagegen beim Bedarf des Geschiedenen **nicht zu berücksichtigen**.[118]

c) **Kritik:** Der Auffassung des BVerfG kann aus mehreren Gründen nicht zugestimmt werden. **428**

Beim Unterhalt eines neuen Ehegatten handelt es sich um eine Verbindlichkeit, nicht um Einkommen. Bei Veränderungen des Einkommens nach der Scheidung, auch bei unvorhersehbaren Reduzierungen, hat das BVerfG in vollem Umfang die geänderte Rechtsprechung des BGH übernommen (s. oben Rn. 426). Es ist aber mit keinem Wort darauf eingegangen, dass es sich beim Unterhalt für einen neuen Ehegatten um eine Ausgabe handelt und hat insoweit nicht geprüft, ob und in welchem Umfang der Begriff der ehelichen Lebensverhältnisse nach dem Willen des Gesetzgebers Verbindlichkeiten überhaupt umfasst. Einnahmen und Ausgaben sind etwas grundsätzlich Unterschiedliches. Nur die normale Entwicklung von Einnahmen mit den üblichen Steigerungen kann man an der Ehe festlegen und für die Zukunft als voraussehbar bewerten, Einkommensminderungen einschließlich gestiegener künftiger Ausgaben dagegen nicht, da sie überwiegend nicht vorhersehbar sind. Der Unterhalt kann aber immer nur aus den vorhandenen Mitteln bzw. vorwerfbar nicht mehr vorhandenen Mitteln geleistet werden. Für Einkommenssenkungen und insbesondere für geänderte Ausgaben spielt es deshalb nur eine Rolle, ob sie unterhaltsbezogen nicht leichtfertig entstanden und damit **berücksichtigungswürdig** sind. Dem Wortlaut des § 1578 BGB lässt sich zu dieser Frage nichts Näheres entnehmen. Die nach unstreitiger Auffassung deckungsgleiche Bestimmung zum Trennungsunterhalt spricht in § 1361 BGB statt von ehelichen Lebensverhältnissen von den Einkommens- und Vermögensverhältnissen.[119] Dass der Gesetzgeber zwischen Einnahmen und Ausgaben unterschei-

---

[114] BVerfG FamRZ 2011, 437 = R 722 e
[115] BT-Drs. 16/1830 S. 23, 24
[116] BVerfG FamRZ 2011, 437 = R 722 e
[117] BVerfG FamRZ 2011, 437 = R 722 f
[118] BVerfG FamRZ 2011, 437 = R 722 f
[119] Vgl. Hoffmann/Stephan EheG, 2. Aufl., § 58 Rn. 32, wonach nach dem Recht vor 1977 nur nachträgliche außergewöhnliche Einkommensentwicklungen des Pflichtigen für die Bedarfsbemessung nach § 58 EheG nicht heranzuziehen waren

det, ergibt sich aus § 1581 BGB, wo ausdrücklich Einkommens- und Vermögensverhältnisse sowie Verbindlichkeiten aufgeführt sind. Wenn im Rahmen der ehelichen Lebensverhältnisse nur von Einkommen gesprochen wird, bedeutet dies selbstverständlich nicht, dass vor der Unterhaltsberechnung keine Bereinigung des Nettoeinkommens vorzunehmen ist. Der Gesetzgeber hat es nur im Gegensatz zum Einkommen der Rechtsprechung überlassen, in welchem Umfang sie in die Bedarfsermittlung einbezogen werden. Dabei kann ihm 1977 nur die damalige Rechtsprechung zu den ehelichen Lebensverhältnissen bekannt gewesen sein. Der Begriff der ehelichen Lebensverhältnissse nach § 58 EheG, der für den Wortlaut des § 1578 I 1 BGB übernommen wurde,[120] umfasste bei den Ausgaben nach damals herrschender Auffassung auch die Unterhaltslasten gegenüber mehreren bedürftigen Ehegatten da §§ 58, 59 EheG insoweit einheitlich betrachtet wurden.[121] Die sog. Drittelmethode stammt aus dieser Zeit und wurde deshalb vom OLG Hamm für gleichrangige Ehegatten in den Leitlinien übernommen.[122] Der Gesetzgeber hat, wie auch bei der Reform 2008, keine gesetzliche Festlegung getroffen, ob und in welchem Umfang nach der Scheidung entstandene Unterhaltslasten beim Bedarf oder bei der Leistungsfähigkeit zu berücksichtigen sind. Zumindest beim Unterhalt für minderjährige Kinder hat er bei der Reform 2008 durch den absoluten Vorrang nach § 1609 Nr. 1 BGB zum Schutze des Kindeswohles allerdings zum Ausdruck gebracht, dass ihr Unterhalt generell vorgeht, unabhängig davon, wann die Unterhaltslast entstanden ist und damit auch beim Bedarf des Geschiedenen immer einen Abzugsposten beinhaltet, weil sie sich nicht selbst unterhalten können. Er hat außerdem im Zusammenhang mit dem Wegfall der Priorität des geschiedenen Ehegatten darauf hingewiesen, dass der Geschiedene bei Wiederverheiratung eine Kürzung seines Unterhalts hinnehmen muss.[123] Wenn der BGH in diesem Zusammenhang auch Ausgaben für einen neuen Ehegatten in die Bedarfsermittlung des Geschiedenen aufnahm, konnte diese geänderte Rechtsprechung keine unzulässige Rechtsfortbildung darstellen, nachdem sie auf einer Gesetzesänderung 2008 beruhte und er zur früheren Rechtsprechung bei gleichrangigen Ehegatten vor der Eherechtsreform 1977 zurückkehrte. Dass man die Rangfragen erst bei der Leistungsfähigkeit prüft, steht dem nicht entgegen, weil sie erst relevant werden, wenn sich bei der Leistungsfähigkeit des Pflichtigen ergibt, dass er nicht alle vorhandenen Unterhaltsansprüche decken kann.

Die generelle Berücksichtigung neuer, nicht leichtfertig entstandener Einkommensreduzierungen einschließlich neuer Ausgabenpositionen bei der Bedarfsermittlung nach der Rechtsprechung des BGH gesteht auch das BVerfG zu, wenn es darauf hinweist, dass nach der Scheidung entstandene Veränderungen in die ehelichen Lebensverhältnisse einzubeziehen sind, wenn sie auch ohne Scheidung entstanden wären.[124] Dies gilt für nicht leichtfertig eingegangene neue Schulden und vor allem für neu entstandene Unterhaltslasten, z. B. für Kinder aus einer neuen Partnerschaft oder einer neuen Ehe sowie für einen erst nach der Scheidung entstandenen Elternunterhalt. Bei Unterhaltslasten für Kinder folgt die Berücksichtigung bereits aus Art. 6 V GG,[125] der jegliche Ungleichbehandlung von Kindern auch im Rahmen der Bereinigung des Nettoeinkommens untersagt, da letzteres die Gefahr einer unterschiedlichen Festsetzung des Kindesunterhalts beinhaltet. Damit darf beim **Kindesunterhalt als Abzugsposten** nicht unterschieden werden, ob es sich um ein voreheliches Kind, ein gemeinsames Kind, ein vor der Scheidung geborenes nichteheliches Kind oder ein erst nach der Scheidung zur Welt gekommenes Kind handelt, da es nach dem Willen des Gesetzgebers alleine darauf ankommt, sie bevorzugt zu behandeln, weil sie sich nicht selbst unterhalten können. Dem entspricht auch der absolute Vorrang vor allen sonstigen

---

[120] Gerhardt FamRZ 2011, 8
[121] Hoffmann/Stephan EheG, 2. Aufl., § 59 Rn. 30; Hampel, FamRZ 1995, 1177 mit Hinweis auf die sog. Gleichranglehre; Palandt/Diederichsen, 34. Aufl. (1975), § 59 EheG Rn. 3 ff.; vgl. auch BGH FamRZ 1979, 509
[122] Ursprünglich an sich nur für sog. Altfälle, deren Unterhalt noch nach dem EheG zu bestimmen war
[123] BT-Drs. 16/1830 S. 23, 24
[124] BVerfG FamRZ 2011, 437 = R 722 f
[125] BVerfG FamRZ 2007, 968

3. Abschnitt: Unterhaltsbedarf und Bedarfsbemessung beim Ehegattenunterhalt § 4

Unterhaltspflichten seit der Unterhaltsreform 2008 zur Sicherung des Kindeswohles.[126] Dies bedeutet, dass der **Unterhalt für ein minderjähriges Kind generell für die Bedarfsermittlung eines Ehegatten**, auch des Geschiedenen, nicht zur Verfügung steht. Es kann bei Kindern aus einer neuen Ehe auch nicht argumentiert werden, dass nur durch die Scheidung eine neue Eheschließung des Pflichtigen möglich war, da sie ohne Scheidung nichtehelich geboren wären und damit ihre Unterhaltslast ebenfalls bestünden hätte. Die frühere Rechtsprechung, nur den Unterhalt aller bis zur Rechtskraft der Scheidung geborenen Kinder bei der Bedarfsermittlung zu berücksichtigen, auch wenn sie aus einer neuen Verbindung stammten,[127] den Unterhalt eines kurz nach der Scheidung geborenen Kindes dagegen nicht, war nicht nur lebensfremd, sondern wegen Art. 6 V GG immer falsch, da der Vorabzug trotz des bis 31. 12. 2007 geltenden Gleichrangs mit dem Ehegatten auf der für alle minderjährigen Kinder geltenden Begründung beruhte, dass sie sich nicht selbst unterhalten können. Entsprechendes gilt bei sonstigen Unterhaltslasten, z. B. einem erst nach der Scheidung entstandenen Elternunterhalt, den der BGH schon immer mit dem Hinweis auf sog. latente Unterhaltslasten in die Bedarfsermittlung einbezog (näher Rn. 1/1129). Wenn aber der Unterhalt aller Kinder und auch sonstige Unterhaltslasten bei der Bedarfsermittlung als neue das Einkommen mindernde Belastung zu berücksichtigen ist, ist es inkonsequent, den neuen Ehegatten erst bei der Leistungsfähigkeit anzusetzen. Denn der Grundsatz der Halbteilung gilt generell auch bei nicht vorwerfbaren Einkommenssenkungen, so dass eine Reduzierung des Einkommens bereits beim Bedarf und nicht erst über die Leistungsfähigkeit zu einer Kürzung des Unterhalts führt. Dies wurde fehlerhaft von der früheren Rechtsprechung des BGH bei neu entstandenen Ausgaben nicht beachtet, was in der Praxis häufig dazu führte, dass der geschiedene bedürftige Ehegatte über mehr Mittel verfügte wie der Pflichtige. Das BVerfG hat sich auf diese alte Rechtsprechung gestützt, die noch von der Lebensstandardgarantie ausging, ohne zu beachten, dass auch bei Fortbestehen der Ehe sich vorhandene Mittel verringern können und sich dies deshalb bereits beim Bedarf auswirken muss.

Das BVerfG hat sich ferner nicht damit auseinandergesetzt, dass die Berücksichtigung vor- und gleichrangiger Unterhaltslasten bei der Bedarfsermittlung des Geschiedenen auf einer bereits 2006 geänderten und damit dem **Gesetzgeber bei der Unterhaltsreform 2008 bekannten Rechtsprechung des BGH** beruht. Der Gesetzgeber hatte trotzdem keine Veranlassung gesehen, den Wortlaut des § 1578 BGB zu ändern, d. h. er hat diese geänderte Rechtsprechung des BGH aufgrund des seit der Eherechtsreform 1977 eingetretenen gesellschaftlichen Wandels übernommen. Konsequenterweise müssen deshalb auch nicht nur alle vor der Scheidung, sondern auch nach der Scheidung entstandene **Ansprüche nach § 1615l BGB** in die Bedarfsermittlung einbezogen werden (vgl. näher Rn. 448). Die Entscheidung des BVerfG führt dadurch zu einer Ungleichbehandlung mit Ansprüchen neuer Ehegatten.

Des weiteren hat das BVerfG trotz Hinweises auf die Materialien des Gesetzgebers bei der Unterhaltsreform 2008 übersehen, dass die Verlagerung der Berücksichtigung des Unterhalts des neuen Ehegatten im Rahmen der Leistungsfähigkeit wegen des auch für den Pflichtigen geltenden Grundsatzes der Halbteilung zumindest bei **gleichrangigen Ehegatten zum gleichen Ergebnis führt**. Eine Ausnahme besteht nur in den seltenen Fällen, in denen der Pflichtige durch nicht in der Ehe angelegtes neues Einkommen nach der Trennung, z. B. einen Karrieresprung oder eine Erbschaft, zusätzliche Mittel erworben hat, aus denen er die neuen Unterhaltslasten tragen kann. Insoweit hatte aber auch der BGH entgegen den fehlerhaften Hinweisen des BVerfG seit längerem entschieden, dass der Pflichtige diese Mittel zunächst verwenden muß, um neue Unterhaltslasten oder sonstige neu entstandene Verbindlichkeiten zu erfüllen, da auch bei Einsatz dieser zusätzlichen Mittel der Halbteilungsgrundsatz gewahrt bleibt.[128] Bei dem Normalfall mit gleichbleibenden Einkünften des Pflichtigen führt eine **getrennte Berechnung** des Unterhalts der beiden bedürftigen Ehegatten dagegen rechnerisch immer zum **Mangelfall** und wegen des **Halb-**

---

[126] BT-Drs. 16/1830 S. 23
[127] BGH FamRZ 1999, 367
[128] BGH FamRZ 2010, 11 = R 707; FamRZ 2009, 579; FamRZ 2009, 411 = R 702a

teilungsgrundsatzes im Rahmen der Leistungsfähigkeit immer zur **Dreiteilung**,[129] weil durch den Wegfall der Priorität des ersten Ehegatten nach den Vorstellungen des Gesetzgebers keine Ungleichbehandlung bei mehreren, im gleichen Rang stehenden Ehegatten erfolgen darf (vgl. eingehend Rn. 805 ff., 5/107 ff.).[130] Gegenteilige Ansichten berücksichtigen den auch vom BVerfG und dem Gesetzgeber fortgeführten Grundsatz der Halbteilung nicht.[131] Wie auch das BVerfG ausführte, muss der geschiedene Ehegatte bei gleichbleibendem Einkommen des Pflichtigen nach dem Vorstellungen des Gesetzgebers eine **„Schmälerung seines Unterhalts"** hinnehmen; er hat keinen „Vertrauensschutz, dass sich durch Wiederheirat und Gründung einer Zweitfamilie der Kreis der unterhaltsberechtigten Personen nicht vergrößert und seine Unterhaltsquote nicht gekürzt wird".[132] Das BVerfG widerspricht sich damit selbst, wenn es trotz dieses Hinweises ausführt, für die schonende Anpassung des nachehelichen Unterhaltsrechts an die veränderten Familienwelten sei bereits ausreichend Genüge geleistet, dass für den Geschiedenen eine erhöhte Eigenverantwortung nach § 1569 BGB und eine erweiterte Begrenzungsmöglichkeit des Unterhalts aus Billigkeitsgründen nach § 1578 b BGB mit der Reform 2008 eingeführt wurde. Das Hinzutreten eines gleichrangigen oder vorrangigen neuen Ehegatten führt bei gleichbleibenden Einkommensverhältnissen des Pflichtigen **immer zu einer Kürzung des Bedarfs des Geschiedenen**, wobei es entgegen den Ausführungen des BVerfG nur dem vom Gesetzgeber gewollten **Vereinfachungsgrundsatz** entspricht, diese Kürzung bereits beim Bedarf vorzunehmen.

Die vom BVerfG am **rechnerischen Ergebnis der Dreiteilung** geäußerte Kritik zeigt auf, dass das BVerfG diese Rechenmethode vom Grundsatz her nicht verstanden hat. Dass sich durch die Berücksichtigung eines gleichrangigen Ehegatten der dem Geschiedenen verbleibende Unterhalt senken muss, unabhängig davon, ob die Berücksichtigung beim Bedarf oder der Leistungsfähigkeit erfolgt, ist selbstverständlich, nachdem es sich um eine Ausgabe und keine Einnahme handelt. Der Gesetzgeber hat darauf auch ausdrücklich hingewiesen. Dem Pflichtigen bleibt nach der Drittelmethode nicht mehr – wie das BVerfG meint – sondern weniger, nämlich statt der Hälfte ein Drittel. Er ist lediglich im Gegensatz zum Bedürftigen durch seinen Mindestselbstbehalt geschützt. Der zweite bedürftige Ehegatte erhält bei gleichrangigen Ehegatten ebenfalls nicht mehr, sondern weniger. Soweit das BVerfG meint, bei der Dreiteilung werde der Bedarf des weniger verdienenden Bedürftigen durch einen besser verdienenden Bedürftigen erhöht, beruht dies auf einem mathematischen Irrtum. Ein Drittel ist immer weniger als die Hälfte, d. h. der Bedarf der beteiligten Ehegatten wird durch das Einkommen eines Bedürftigen nicht erhöht, sondern reduziert sich, wie bei einer Kontrollrechnung nach der Halbteilung einfach festzustellen ist. Rechnerisch ist es ebenfalls selbstverständlich, dass eine Korrektur vorzunehmen ist, wenn bei der Dreiteilung ein bedürftiger Ehegatte seinen Bedarf selbst deckt. Der Bedarf der verbleibenden Ehegatten ist dann durch die Halbteilung begrenzt, da ein Drittel nicht über der Hälfte liegen darf.[133] Zu anderen rechnerischen Ergebnissen könnte man deshalb nach Wegfall der Priorität des ersten Ehegatten nur kommen, wenn der Grundsatz der Halbteilung nicht mehr aufrecht erhalten würde. Dies ist aber zumindest bei gleichrangigen Ehegatten nach dem Willen des Gesetzgebers nicht statthaft.

Der Vorwurf, der BGH habe mit der beim Bedarf durchgeführten Drittelmethode die Abgrenzung zwischen Leistungsfähigkeit und Bedarf beseitigt, ist ebenfalls unbegründet. Denn der BGH hat ausdrücklich darauf hingewiesen, dass auch bei der Drittelmethode der Pflichtige durch seinen Selbstbehalt geschützt ist.[134] § 1581 BGB beinhaltet im Übrigen nur zwei Grundaussagen: Zum einen, der Pflichtige muss nur Unterhalt leisten, wenn sein ei-

---

[129] Gerhardt/Gutdeutsch FamRZ 2011, 597; ebenso Schwamb FamRB 2011, 120; so im Ergebnis auch Borth in Anm. zu BVerfG FamRZ 2011, 445 sowie FamRB 2011, 183; Wohlgemuth FuR 2011, 311
[130] BT-Drs. 16/1830 S. 23
[131] Götz/Brudermüller NJW 2011, 801; Maurer FamRZ 2011, 849
[132] BT-Drs. 16/1830 S. 24
[133] Gerhardt/Gutdeutsch FamRZ 2007, 708
[134] BGH FamRZ 2010, 111 = 707 a

3. Abschnitt: Unterhaltsbedarf und Bedarfsbemessung beim Ehegattenunterhalt § 4

gener Unterhalt, d. h. sein Selbstbehalt, gesichert ist, zum anderen, die Unterhaltsverpflichtung geht nicht allen anderen Verbindlichkeiten des Pflichtigen vor. Die Vorschrift beinhaltet aber außerhalb des Mangelfalls kein generelles Korrekturinstrument. Der Gesetzgeber hat in seinen Materialien ausdrücklich angeführt, dass mit der neuen Rangordnung die Unterhaltsberechnung vereinfacht und **fehleranfällige Mehrfachberechnungen reduziert** werden sollen.[135] Die vom BVerfG für verfassungswidrig erklärte Rechtsprechung zwingt aber jetzt im Regelfall zu einer Mehrfachberechnung, ohne zumindest bei gleichrangigen Ehegatten das Ergebnis zu verändern.[136] Hinzu kommt, dass die Entscheidung des BVerfG, den Unterhalt des Geschiedenen zunächst nach der Halbteilung zu ermitteln, in vielen Fällen eine fiktive Steuerberechnung erfordert.[137] Dies ist in der Praxis mit einem erheblichen Mehraufwand verbunden (vgl. Rn. 1/1022). Bei der notwendigen Korrektur des ermittelten Bedarfs im Rahmen der Leistungsfähigkeit ist dagegen die tatsächlich gezahlte Steuer heranzuziehen, weil bei der Leistungsfähigkeit das gesamte Einkommen anzusetzen ist.[138] Entsprechendes galt nach BGH auch für eine Dreiteilung im Rahmen der Bedarfsermittlung (näher Rn. 1/1014).

d) Wandelbarkeit und Stichtag. An die Entscheidung des BVerfG besteht nur im Rahmen des **§ 31 BVerfGG** eine **Bindungswirkung**. Sie erstreckt sich auf die im Leitsatz wiedergegebene Auffassung, dass beim Bedarf des Geschiedenen keine Berücksichtigung des Unterhalts eines neuen Ehegatten erfolgen darf. Sie **umfasst nicht** in der Entscheidung dargestellte Meinungsäußerungen, denen jegliche Begründung fehlt oder die keine Grundlage der Entscheidung bilden,[139] ferner nicht Rechtsfolgen, die vom BVerfG nicht behandelt wurden. 429

Der Begriff der **wandelbaren Lebensverhältnisse** hat weiterhin **Gültigkeit** und widerspricht auch nicht den allgemeinen Ausführungen des BVerfG in seiner Entscheidung vom 25. 1. 2011. Soweit der Begriff im Leitsatz der Entscheidung aufgeführt wurde, bezieht sich dies allein auf die Einbeziehung des Bedarfs eines neuen Ehegatten des Pflichtigen in den Bedarf des Geschiedenen.[140] Die Wandelbarkeit der ehelichen Lebensverhältnisse beruht nach BGH jedoch in erster Linie auf dem **Wegfall der Lebensstandardgarantie** und der Berücksichtigung von Einkommensreduzierungen nach der Scheidung bei der Bedarfsermittlung, selbst wenn sie nicht voraussehbar waren, z. B. bei einer Verrentung, unverschuldeter Arbeitslosigkeit, konjunkturbedingt angeordneter Kurzarbeit (s. eingehend oben Rn. 426, 427). Der Begriff wurde vom BGH bereits vor der Unterhaltsreform und vor allem vor der Entscheidung zur Dreiteilung mit Urteil vom 30. 7. 2008 verwendet (s. oben Rn. 426). Diese frühere Rechtsprechung hat das BVerfG ausdrücklich gebilligt.[141] Auch die Prägung des als Surrogat aus der Familienarbeit erzielten Einkommens lässt sich nur damit begründen. Entsprechendes gilt für neue, unterhaltsbezogen nicht leichtfertig entstandene Verbindlichkeiten, z. B. Schulden, Unterhalt für neue Kinder, Elternunterhalt, die auch ohne Scheidung entstanden wären. Ob man dies als „veränderliche" oder „wandelbare" Lebensverhältnisse bezeichnet, ist nur ein Spiel mit Worten. Maßgebend ist allein, dass der Begriff weiterhin seine Berechtigung behält und von der Wandelbarkeit lediglich nach BVerfG ein neuer Ehegattenunterhalt nicht erfasst wird, weil er die Scheidung voraussetzt. 430

Entsprechendes gilt für das **Stichtagsprinzip**. Das BVerfG hat zwar dem Stichtag Scheidung wieder einen großen Stellenwert eingeräumt (s. oben Rn. 427), aber selbst in seinen Ausführungen so viele Ausnahmen angeführt, dass sich bereits daraus ergibt, dass die Rechtsprechung des BGH zum Wegfall des Stichtagsprinzips zutreffend ist. Denn in die Bedarfsermittlung sind auch alle erst nach der Scheidung nicht leichtfertig entstandenen Einkom- 431

---

[135] BT-Drs. 16/1830 S. 24
[136] Eingehend Gerhardt/Gutdeutsch FamRZ 2011, 597
[137] BVerfG Fam-RZ 2011, 437 = R 722 i
[138] BGH FamRZ 2008, 1911 = R 695 b; vgl. auch Gerhardt/Gutdeutsch 2011, 597
[139] BVerfGE 44, 88, BVerfGE 72, 119; Maunz/Schmidt-Bleibtrei/Klein/Bethge, BVerfGG, § 31 Rn. 88; vgl. auch Gerhardt/Gutdeutsch FamRZ 2011, 772
[140] BVerfG FamRZ 2011, 437 = R 722 f
[141] BVerfG FamRZ 2011, 437 = R 722 f

menssenkungen einzubeziehen, die auch ohne Scheidung entstanden wären.[142] Nichts Anderes gilt für nicht leichtfertig entstandene neue Verbindlichkeiten (s. oben Rn. 426). Es kommt nicht darauf an, ob in diesen Fällen ein Bezug zur Ehe besteht, sondern allein, über welche Mittel der Pflichtige zur Finanzierung des Unterhalts verfügt bzw. verfügen müsste. Dies ergibt sich auch aus der fehlenden Lebensstandardgarantie. Im Ergebnis geht es nur darum, ob bei unterhaltsbezogen nicht leichtfertigen neuen Ausgaben des Pflichtigen oder einer nicht vorwerfbaren Einkommensreduzierung die Mittelverteilung auf der Ebene des Bedarfs oder der Leistungsfähigkeit vorzunehmen ist. Nachdem der Pflichtige den Unterhalt nur aus dem bestreiten kann, was zur Verfügung steht bzw. bei einem vorwerfbaren Verhalten zur Verfügung stehen müßte, spricht dies generell für eine Berücksichtigung dieser Umstände beim Bedarf. Der Gesetzgeber hat sich insoweit völlig zu Recht bei den ehelichen Lebensverhältnissen nicht festgelegt, in welchem Umfang Verbindlichkeiten und sonstige Einkommensreduzierungen beim Bedarf eine Rolle spielen. Damit sind sowohl nicht leichtfertig entstandene Einkommenssenkungen als auch nicht leichtfertig entstandene neue Verbindlichkeiten – wegen der Entscheidung des BVerfG mit Ausnahme eines Unterhalts für einen neuen Ehegatten, der ohne Scheidung nicht entstehen kann – bereits bei der Bedarfsermittlung zu berücksichtigen. Alles Andere würde der vom Gesetzgeber gewollten Vereinfachung des Unterhaltsrechts widersprechen. Der BGH hat völlig zu Recht angeführt, dass es häufig reiner Zufall ist, ob eine Veränderung noch vor oder nach der Scheidung eintritt.[143] Damit hat es aber auch entgegen den allgemeinen Ausführungen des BVerfG beim **Wegfall des Stichtagsprinzips** zu verbleiben (vgl. auch Rn. 669 ff.). Ausgenommen ist hiervon nur der Unterhalt eines neuen Ehegatten, der die Scheidung voraussetzt, da für diesen Punkt eine Bindungswirkung der Entscheidung des BVerfG vom 25. 1. 2011 besteht.

Entgegen dem Leitsatz und teilweise der Begründung hat die **Entscheidung des BVerfG vom 25. 1. 2011 die Rechtsprechung des BGH damit nur in einem Punkt geändert.** Der Unterhalt des neuen Ehegatten darf, weil nur diese Unterhaltsbelastung eine Scheidung voraussetzt, nicht bereits beim Bedarf des Geschiedenen berücksichtigt werden, sondern erst bei der Leistungsfähigkeit.

6. Bedarfsbemessung nach dem zur Deckung des Lebensbedarfs verfügbaren Einkommen

432 Die ehelichen Lebensverhältnisse werden nur durch solche Einkünfte geprägt, die zur Deckung des laufenden Lebensbedarfs **zur Verfügung stehen** und dafür eingesetzt werden können.[144] Der BGH spricht insoweit auch von dem in der Ehe verfügbaren Einkommen,[145] vorhandenem Einkommen[146] oder vom verteilungsfähigen Einkommen.[147]

Einkommensteile, die für andere Zwecke als den laufenden Lebensbedarf verwendet werden müssen, stehen nach ständiger Rechtsprechung des BGH zur Deckung des laufenden Lebensbedarfs nicht zur Verfügung und haben deshalb bei der Bemessung des angemessenen Bedarfs außer Ansatz zu bleiben.[148] Für die Unterhaltsberechnung ist deshalb das sog. **bereinigte Nettoeinkommen** heranzuziehen (näher Rn. 1/1000 ff.).

Bei den danach im Rahmen der Bedarfsbemessung **nicht zu berücksichtigenden Einkommensteilen** handelt es sich um folgende typische Abzugsposten vom Bruttoeinkommen:

---

[142] BVerfG FamRZ 2011, 437 = R 722 f
[143] BGH FamRZ 2008, 968 = R 689 g
[144] BGH FamRZ 2008, 968 = R 689 g; FamRZ 2007, 793 = R 674 b; FamRZ 2006, 683 = R 649 f, g, h; FamRZ 1997, 806 = R 512 b; FamRZ 1995, 869
[145] BGH FamRZ 2008, 1911 = R 695 a; FamRZ 1999, 367, 368; FamRZ 1990, 499, 502; FamRZ 1983, 678
[146] BGH FamRZ 2010, 111 = R 707 a
[147] BGH FamRZ 2006, 683 = R 649 h; FamRZ 1997, 806 = R 512 b; FamRZ 1988, 259, 262
[148] BGH FamRZ 2010, 11 = R 707 a; FamRZ 2009, 411 = R 702 a; FamRZ 2008, 1911 = 695 a; FamRZ 2008, 968 = R 689 g; FamRZ 2006, 683 = R 649 g; FamRZ 1983, 678; FamRZ 1984, 149, 151

3. Abschnitt: Unterhaltsbedarf und Bedarfsbemessung beim Ehegattenunterhalt § 4

- Zahlungen für **Lohn-, Einkommen- und Kirchensteuer**[149] einschließlich des Solidaritätszuschlages (näher Rn. 437 und 1/1009 ff.).
- **Vorsorgeaufwendungen** für Krankheit, Invalidität, Alter und Arbeitslosigkeit[150] (näher Rn. 437 und 1/1029 ff.).
  Aufwendungen, die **zur Erzielung des Einkommens** erforderlich sind. Dazu gehören berufs- oder ausbildungsbedingte Aufwendungen bei abhängiger Arbeit (s. Rn. 437 und 1/87 ff.; 1045 ff.), unterhaltsrechtlich relevante Betriebsausgaben bei Freiberuflern und Unternehmern (s. Rn. 1/1042) sowie Werbungskosten bei Miet-, Kapital- und sonstigen Einkünften (s. Rn. 1/455; 605; 652).
- **Kinderbetreuungskosten** (s. näher Rn. 438 und 1/1053 ff.)
- **Mehrbedarf für Krankheit und Alter** (s. näher Rn. 1/1064 ff.)
- **Zins- und Tilgungsleistungen** für berücksichtigungswürdige Schulden (s. Rn. 439, 1/1072 ff.)[151] und Ehewohnung[152] (s. Rn. 1/498 ff.).
- **Unterhaltsleistungen** (s. Rn. 440 ff. und 1/1121 ff.), wobei dies auch für **nachrangige** Unterhaltslasten gilt, weil die Rangfrage erst im Mangelfall eine Rolle spielt (vgl. Rn. 445, 447).
- **Aufwendungen zu gemeinsamen Vermögensbildung** (s. Rn. 453 ff. und 1/1134).

Die Abzüge Steuer und Vorsorgeaufwendungen vom Bruttoeinkommen ergeben bei Nichtselbstständigen das **Nettoeinkommen.** Die weiteren Abzüge ergeben das sogenannte **bereinigte Nettoeinkommen** (s. näher Rn. 1/1000 ff.).

Diese einkommensbereinigenden Abzüge haben zur Voraussetzung, dass die jeweiligen **433** **Abzugsposten** bei den ehelichen Lebensverhältnisse berücksichtigungswürdig sind (vgl. näher § 1 Rn. 1003 ff.), d. h. dass die entsprechenden Einkommensteile nachhaltig nicht oder nicht mehr zur Deckung des laufenden Lebensbedarfs verwendet werden konnten bzw. können. Der BGH hat die Frage der Berücksichtigungswürdigkeit früher sehr unterschiedlich gehandhabt, so dass es sich im Ergebnis um eine Fallrechtsprechung handelte. Während er bei der Steuer, den Vorsorgeaufwendungen, den berufsbedingten Aufwendungen und den Kinderbetreuungskosten auf die tatsächlichen Ausgaben abstellte (vgl. näher Rn. 1/1009 ff., 1029, 1049, 1062), kam es bei den Schulden darauf an, ob sie bis zur Trennung entstanden waren (näher Rn. 1/1073 ff., 1082 ff.), beim Abzug von Unterhaltslasten, ob sie vor Rechtskraft der Scheidung vorhanden waren (näher Rn. 1/1121 ff.), beim Abzug von einseitig vermögensbildenden Aufwendungen des Pflichtigen, ob sie in der Ehe anfielen und nach einem objektiven Maßstab angemessen waren (näher Rn. 1/1092, 1135).

Diese Rechtsprechung hat der BGH mit Entscheidung vom 15. 3. 2006 **grundlegend** **434** **geändert**[153] und zwischenzeitlich mehrfach bestätigt.[154] Die ehelichen Lebensverhältnisse sind wandelbar (s. oben Rn. 426, 430), es gibt keine Lebensstandardgarantie. Maßgebend sind daher stets die tatsächlichen Verhältnisse.[155] Der Bedürftige hat deshalb auch die Risiken einer Einkommensreduzierung nach Trennung und Scheidung durch erhöhte Ausgaben des Pflichtigen bereits bei der **Bedarfsbemessung** und nicht erst über **Korrekturen bei der Leistungsfähigkeit** mitzutragen.[156] Maßgebend ist lediglich, dass es sich um kein **unterhaltsbezogen leichtfertiges Verhalten** des Pflichtigen handelt.[157] Aus Gleichheits-

---

[149] BGH FamRZ 2007, 793 = R 674b; FamRZ 1991, 304 = R 425; FamRZ 1990, 499, 502; FamRZ 1990, 981; FamRZ 1988, 817
[150] BGH FamRZ 1991, 304 = R 425; FamRZ 1985, 471
[151] BGH NJW 1998, 2821 = R 525; FamRZ 1982, 678
[152] BGH FamRZ 2000, 950; FamRZ 1995, 291, 295 = R 487; FamRZ 1994, 1100, 1102; FamRZ 1990, 283, 287
[153] BGH FamRZ 2006, 683 = R 649 g, h
[154] BGH FamRZ 2010, 111 = R 707 a; FamRZ 2009, 411 = R 702 a; FamRZ 2008, 1911= R 695 a; FamRZ 2008, 968 = R 689 g; FamRZ 2007, 793 = R 674 b
[155] BGH FamRZ 2010, 111 = R 707 a; FamRZ 2009, 411 = R 702 a; FamRZ 2008, 1911= R 695 a; FamRZ 2008, 968 = R 689 g
[156] BGH FamRZ 2010, 111 = R 707 a; FamRZ 2009, 411 = R 702 a; FamRZ 2008, 1911= R 695 a; FamRZ 2008, 968 = R 689 g; FamRZ 2007, 793 = R 674 b; FamRZ 2006, 683 = R 649 g, h
[157] BGH FamRZ 2010, 111 = R 707 a; FamRZ 2009, 411 = R 702 a; FamRZ 2008, 1911= R 695 a; FamRZ 2008, 968 = R 689 g

gründen gilt dies auch für den Berechtigten.[158] Damit stellt der BGH bei Schulden und Unterhaltslasten wie schon immer bei Steuern, Vorsorgeaufwendungen, berufsbedingten Aufwendungen und Kinderbetreuungskosten zu Recht auf die **tatsächlichen Verhältnisse** ab, unabhängig davon, ob Veränderungen vor oder nach der Scheidung eintraten. Dies führt im Gegensatz zur früheren Rechtsprechung zu einer einheitlichen Beurteilung der Abzugsposten bei der Bereinigung des Nettoeinkommens im Rahmen der ehelichen Lebensverhältnisse und dadurch zu einer Vereinfachung entsprechend dem vom Gesetzgeber postulierten Vereinfachungsgebot. Die geänderte Rechtsprechung des BGH ist daher sehr zu begrüßen, zumal sie auch realitätsnäher ist. Der frühere Begriff der Prägung ist allerdings bei Ausgaben mißverständlich und sollte daher durch den Begriff „**Berücksichtigungswürdigkeit**" ersetzt werden (näher Rn. 1/1005).[159] Berücksichtigungswürdig sind auch alle nach der Scheidung entstandenen neuen Unterhaltslasten,[160] ebenso alle nach der Trennung entstandenen unumgänglichen bzw. nicht leichtfertig eingegangenen Schulden, die auch ohne Scheidung entstanden wären.[161]

Die **Entscheidung des BVerfG vom 25. 1. 2011** steht der geänderten Rechtsprechung des BGH nur entgegen, soweit unter die berücksichtigungswürdigen neuen Unterhaltslasten auch der Unterhalt für einen **neuen Ehegatten** fiel (s. oben Rn. 426 ff.).[162] Denn im Ergebnis hat das BVerfG nur diese auf den neuen Ehegatten bezogene Rechtsprechung des BGH für verfassungswidrig erklärt, weil letzteres die Scheidung voraussetzt und damit ohne Scheidung nicht entstanden wäre (s. oben Rn. 429 ff.).[163] An diese Auffassung ist die Rechtsprechung gebunden, d. h. eine Änderung i. S. der früheren Rechtsprechung des BGH würde eine Gesetzesänderung erfordern.[164]

435 **Nach BGH** sind für neue nach Trennung/Scheidung nicht leichtfertig entstandene Verbindlichkeiten allerdings zunächst **nach der Trennung entstandene nichtprägende Einkünfte** des Pflichtigen, z. B. aus einem Karrieresprung oder einer Erbschaft, heranzuziehen, weil dadurch der Halbteilungsgrundsatz nicht verletzt wird (vgl. Rn. 426, 440, 1/ 1076, 1122). Diese Rechtsprechung gilt sowohl für neue unumgängliche Schulden als auch für neue Unterhaltslasten. Sie steht auch nicht in Widerspruch zur Entscheidung des BVerfG vom 25. 1. 2011, weil sie zu Gunsten des Geschiedenen wirkt und einen Mangelfall vermeidet.

436 Das Abstellen auf die tatsächlichen Verhältnisse unabhängig vom Zeitpunkt des Eintritts der Einkommensveränderung hatte zur Folge, dass der BGH auch seine Rechtsprechung zum Abzug von der **einseitigen Vermögensbildung** dienenden Ausgaben änderte (näher Rn. 453 ff. sowie 1/507 ff., 1092 ff., 1135). Maßgebend ist nicht mehr, ob diese Ausgaben in der Ehe anfielen und nach einem objektiven Maßstab angemessen waren, sondern allein, dass die einseitige Vermögensbildung der Unterhaltsverpflichtung nicht vorgeht und damit nicht mehr berücksichtigt werden kann, wenn der Ehepartner nicht mehr daran partizipiert; dies liegt beim gesetzlichen Güterstand ab Rechtshängigkeit des Scheidungsverfahrens, bei der Gütertrennung ab der Trennung bzw. bei einer erst in der Trennungszeit vereinbarten Gütertrennung ab diesem Zeitpunkt vor (näher Rn. 455).[165] Eine **Ausnahme** besteht nur, wenn es sich um eine zulässige **Altersvorsorge** handelt (näher Rn. 1/1092, 1135).[166] Auch diese geänderte Rechtsprechung des BGH ist realitätsnäher, weil es nicht darauf ankommen kann, wie die Mittel in der Ehe verwendet wurden, sondern ob eine einseitige Vermögensmehrung des Pflichtigen durch einen reduzierten Unterhalt des Bedürftigen mitfinanziert werden muss, obwohl er an der Vermögensmehrung nicht partizipiert (näher Rn. 455 ff.).

---

[158] BGH FamRZ 2008, 968 = R 689 g
[159] Gerhardt FamRZ 2011, 8; FamRZ 2007, 945
[160] BGH FamRZ 2008, 968 = R 689 g; FamRZ 2007, 793 = R 674 b; FamRZ 2006, 683 = R 649 g
[161] BGH FamRZ 2008, 968 = R 689 g; FamRZ 2006, 683 = R 649 h; eingehend Gerhardt FamRZ 2007, 945
[162] BGH FamRZ 2010, 111 = R 707 a; FamRZ 2009, 411 = R 702 a; FamRZ 2008, 1911 = R 695 a
[163] BVerfG FamRZ 2011, 437 = R 722 e, i
[164] BVerfG FamRZ 2011, 437 = R 722 i; vgl. auch Gerhardt in Anm. zu BVerfG FamRZ 2011, 537
[165] BGH FamRZ 2008, 963 = R 692 d, e
[166] BGH FamRZ 2009, 23; FamRZ 2008, 963 = R 692 f; FamRZ 2007, 879 = R 677 d

3. Abschnitt: Unterhaltsbedarf und Bedarfsbemessung beim Ehegattenunterhalt § 4

7. Vorabzug von Steuern, Vorsorgeaufwendungen, berufsbedingten Aufwendungen, Werbungskosten, Kinderbetreuungskosten und Schulden

a) **Steuern, Vorsorgeaufwendungen, berufsbedingte Aufwendungen und Werbungskosten/Betriebsausgaben.** Nach der Rechtsprechung des BGH **sind** Veränderungen im Ausgabenbereich bei den einkommensabhängigen Steuern, den Vorsorgeaufwendungen, den berufsbedingten Aufwendungen Nichtselbstständiger sowie den Betriebsausgaben bei Selbstständigen und Gewerbetreibenden und den Werbungskosten bei Miet- und Kapitaleinkünften bei den ehelichen Lebensverhältnisse zu berücksichtigen, auch wenn sie erst nach der Trennung oder Scheidung eintraten, weil insoweit immer auf das **Nettoeinkommen,** d. h. auf das **tatsächlich verfügbare Einkommen** abzustellen ist. Dies galt bereits für die Unterhaltsberechnung vor der Eherechtsreform 1977 (vgl. z. B. DT 1973).

437

– **Steuern:** Wie der BGH in seiner Entscheidung vom 5. 2. 2008 nochmals ausgeführt hat, ist bei dem Abzug von Steuern immer von der realen Steuerlast auszugehen (eingehend Rn. 1/1009 ff.).[167] Deshalb ist auch eine erst nach der Scheidung neu entstehende Steuerlast, z. B. durch Wiedereintritt in die Kirche, zu berücksichtigen.[168] **Ausnahmen** bestehen nur, wenn eine fiktive Steuerberechnung durchzuführen ist, weil steuerliche Vergünstigungen in Form von zwar steuerlich, aber nicht unterhaltsrechtlich anerkannten Ausgabenpositionen dem Steuerpflichtigen zu verbleiben haben (näher Rn. 1/1018) oder erreichbare Steuervorteile entgegen einer insoweit bestehenden Obliegenheit nicht wahrgenommen wurden (näher Rn. 1/1012, 1020 sowie zum Realsplitting Rn. 1/1025)[169] oder bei der Prognoseentscheidung für die Zukunft zu berücksichtigen ist, dass sich die Steuerklasse geändert hat bzw. statt einer gemeinsamen eine getrennte Veranlagung durchzuführen ist (näher Rn. 1/1009, 1021). Der Steuervorteil bei Wiederverheiratung des Pflichtigen hat nach der Entscheidung des BVerfG vom 25. 1. 2011 für die Bedarfsermittlung des Geschiedenen der neuen Ehe zu verbleiben (näher Rn. 1/1014);[170] bei der Korrekturberechnung im Rahmen der Leistungsfähigkeit ist der Steuervorteil jedoch zu berücksichtigen (vgl. Rn. 1/1014).[171] Eine fiktive Steuerberechnung für die Bedarfsermittlung ist daher nur entbehrlich, wenn der neue Ehegatte des Pflichtigen erwerbstätig ist und die Eheleute deshalb jeweils die Steuerklasse IV haben, weil die Steuerklassen I und IV identisch sind (näher Rn. 1/1014). Zu den näheren Einzelheiten vgl. insgesamt Rn. 1/1009 ff.

– **Vorsorgeaufwendungen:** Bei einer Änderung der **Vorsorgeaufwendungen,** z. B. der Krankenversicherungskosten, der Rentenversicherungsbeiträge, der Kosten der Pflegeversicherung gelten die gleichen Grundsätze.[172] Soweit es sich um gesetzliche Abzüge handelt, ist unabhängig von Trennung und Scheidung der tatsächlich entfallende Betrag vom Bruttoeinkommen abzuziehen. Das Gleiche gilt für nach Trennung/Scheidung neu hinzugekommene Vorsorgeleistungen, die auf der sog. **zweiten Säule** von zusätzlichen 4% des Bruttoeinkommens beruhen (näher Rn. 1/1035) bzw. bei Selbständigen auf einer **Gesamtversorgung** von 24% des Gewinns (näher Rn. 1/1037), selbst wenn die Altersvorsorge erst nach Trennung/Scheidung aufgenommen wurde.[173] Maßgebend ist lediglich, dass sie tatsächlich erbracht wird. Denn eine angemessene Altersvorsorge ist immer berücksichtigungswürdig, da sie der Sicherung des eigenen Unterhalts dient. Zu den näheren Einzelheiten vgl. Rn. 1/1029 ff.

– **Berufsbedingten Aufwendungen:** Bei berufsbedingten Aufwendungen Nichtselbstständiger gelten die selben Maßstäbe, da sie steuerrechtlich den Werbungskosten entsprechen. Entscheidend ist jeweils der tatsächliche Anfall der Kosten. Davon zu unterscheiden ist die Frage, ob sie in voller Höhe berücksichtigungswürdig sind, weil gegen die unter-

---

[167] BGH FamRZ 2008, 968 = R 689 d
[168] BGH FamRZ 2007, 793 = R 674 b
[169] BGH FamRZ 2008, 968 = R 689 d
[170] BVerfG FamRZ 2011, 437 = R 722 i; FamRZ 2003, 1821 = R 598; BGH FamRZ 2008, 968 = R 689 f; FamRZ 2007, 983 = R 676 b; FamRZ 2005, 1817 = R 632 b
[171] Gerhardt/Gutdeutsch FamRZ 2011, 597; vgl. auch BGH FamRZ 2008, 1911 = R 695 b
[172] BGH FamRZ 2007, 793 = R 674 c; FamRZ 2006, 683 = R 649 g; FamRZ 1991, 304 = R 425
[173] BGH FamRZ 2008, 963 = R 692 f; FamRZ 2007, 1232 = R 678 f; FamRZ 2007, 793 = R 674 c

haltsrechtliche Obliegenheit verstoßen wurde, ein möglichst hohes reales Einkommen zu erzielen. Dies ist vor allem zu beachten, wenn bei Fahrten mit dem PKW zum Arbeitsplatz ein unverhältnismäßig hoher Aufwand entsteht, der etwa $1/3$ des Nettoeinkommens aufzehrt[174] oder einzelne steuerliche Ausgabenpositionen unterhaltsrechtlich nicht anzuerkennen sind (vgl. § 1 Rn. 1045).[175] Zu den näheren Einzelheiten vgl. Rn. 1/122 ff.; 1045 ff.

– **Werbungskosten/Betriebsausgaben:** Bei den Werbungskosten der sog. Überschusseinkünfte, bei denen sich das Nettoeinkommen aus dem Überschuss des Bruttoeinkommens über die Werbungskosten ergibt, gelten die gleichen Grundsätze (vgl. insoweit zu den Einkünften aus Vermietung und Verpachtung Rn. 1/455 ff., zur Ausnahme bei der AfA Rn. 1/457; zu den Kapitaleinkünften Rn. 1/605). Nichts Anderes gilt für die Betriebsausgaben der Gewinneinkünfte (Selbständige, Gewerbetreibende, Landwirtschaft/Forsten), soweit sie unterhaltsrechtlich zu berücksichtigen sind (vgl. näher Rn. 1/330 ff.).

438 **b) Kinderbetreuungskosten und Betreuungsbonus.** Geht der **Bedürftige** oder **Pflichtige** trotz Betreuung eines kleinen Kindes einer Erwerbstätigkeit nach und fallen hierfür konkrete Kinderbetreuungskosten an, sind diese in angemessenem Rahmen als Abzugsposten bei der Bereinigung des Nettoeinkommens zu berücksichtigen (näher Rn. 1/1053 ff.).[176] Hierauf hat der Gesetzgeber bei der Neufassung des § 1570 BGB zum 1. 1. 2008 ausdrücklich hingewiesen.[177] Wie Steuer, Vorsorgeaufwendungen und berufsbedingte Aufwendungen sind sie in der tatsächlich anfallenden Höhe **berücksichtigungswürdig,** auch wenn diese Kosten erst durch Trennung/Scheidung konkret angefallen sind. Denn soweit die entsprechenden Aufwendungen in der Ehe noch nicht erbracht werden mussten, weil z. B. ein Ehegatte diese Betreuungsleistung übernommen hatte oder erst nach der Trennung die Erwerbsobliegenheit begann, sind sie nach Trennung/Scheidung Teil des Surrogats der Familienarbeit in der Ehe.

Neben den konkreten Betreuungskosten ist wegen der **Doppelbelastung** durch Ausübung einer (teilweisen) Berufstätigkeit neben der Kinderbetreuung im Einzelfall auch ein Betreuungsbonus zuzubilligen (näher Rn. 1/809 ff., 1058 ff.).

Handelt es sich wegen der Kinderbetreuung um eine überobligatorische Erwerbstätigkeit, weil das Kind das dritte Lebensjahr noch nicht vollendet hat (näher Rn. 1/803 ff., 815 (Bedürftiger), 834 (Pflichtiger)), erfolgt die Berücksichtigung der Kinderbetreuungskosten und des Betreuungsbonus im Rahmen des nach § 1577 II BGB anrechnungsfreien Betrages (vgl. näher Rn. 1/812).

439 **c) Schulden.** Nach der geänderten Rechtsprechung des BGH sind nicht nur ehebedingte Schulden, also Schulden, die bis zur Trennung angefallen waren, sondern auch nach der Trennung/Scheidung entstandene neue einseitige Verbindlichkeiten berücksichtigungswürdig (eingehend Rn. 1/1083 ff.).[178] Maßgebend sind nach BGH stets die tatsächlichen Verhältnisse, auch bei Veränderungen nach der Trennung und Scheidung. Die Berücksichtigungswürdigkeit von allen bis zur Trennung entstandenen Schulden ergibt sich bereits aus dem Umstand, dass sie von den Ehegatten gemeinsam aufgenommen wurden bzw. ein Ehegatte von der Schuldenaufnahme durch den anderen Kenntnis hatte bzw. haben konnte. Bei nach der Trennung einseitig neu aufgenommenen Schulden ist eine Berücksichtigungswürdigkeit nur gegeben, wenn sie nicht unterhaltsbezogen leichtfertig entstanden sind,[179] da für den Pflichtigen die Obliegenheit besteht, sich möglichst leistungsfähig zu halten, für den Bedürftigen, seinen Bedarf soweit möglich selbst zu decken. Zu den näheren Einzelheiten vgl. Rn. 1/1073 ff., 1082 ff.

Zur Tilgung bei Verbindlichkeiten zur einseitigen Vermögensbildung vgl. Rn. 453 ff. und 1/505 ff (Wohnwert), 1089 ff., zum Wegfall von Verbindlichkeiten Rn. 1/1093, zu neuen Verbindlichkeiten bei nichtprägenden Einkünften des Pflichtigen Rn. 435, 1/1076.

---

[174] BGH FamRZ 1998, 1501, 1502 = R 521 b
[175] BGH FamRZ 2009, 762
[176] BGH FamRZ 2001, 350 = R 551 c; FamRZ 1991, 182
[177] BT-Drs. 16/1830 S. 17
[178] BGH FamRZ 2008, 968 = R 689 g; FamRZ 2006, 683 = R 649 h; eingehend Gerhardt FamRZ 2007, 945
[179] BGH FamRZ 2008, 968 = R 689 g

3. Abschnitt: Unterhaltsbedarf und Bedarfsbemessung beim Ehegattenunterhalt § 4

8. Vorabzug von Unterhaltslasten

a) Kindesunterhalt Minderjähriger und privilegierter Volljähriger. Unterhaltszahlungen für minderjährige Kinder und privilegierte Volljährige sind bei den ehelichen Lebensverhältnissen zu **berücksichtigen** wenn, wie in der Regel, das Einkommen in Höhe solcher Zahlungen zur Verwendung für den allgemeinen Lebensbedarf der Ehegatten nicht zur Verfügung steht, da sich minderjährige Kinder nicht selbst unterhalten können.[180] Dies gilt nach der **geänderten Rechtsprechung des BGH** nicht nur für gemeinsame, in die Ehe mitgebrachte oder vor Rechtskraft der Scheidung geborene Kinder,[181] sondern auch für erst **nach der Scheidung geborene Kinder** aus einer neuen Verbindung (vgl. auch Rn. 428 ff., 1/1122)[182] und für erst nach der Scheidung adoptierte Kinder.[183] Die frühere Nichtberücksichtigung von erst nach der Scheidung geborenen Kindern bei der Bedarfsermittlung verstieß schon immer gegen Art. 6 V GG und war daher fehlerhaft, da der Vorabzug trotz des früheren Gleichrangs mit Ehegatten nach § 1609 I BGB a. F. darauf beruhte, dass sich Kinder im Gegensatz zu Erwachsenen nicht selbst unterhalten können. Dieser Grundsatz galt aber für alle minderjährigen Kinder (vgl. auch Rn. 428). Durch die seit 1. 1. 2008 geltende neue Rangordnung mit einem Vorrang aller Minderjährigen und privilegierten Volljährigen wurde vom Gesetzgeber die vom BGH 2006 zu Recht geänderte Rechtsprechung bestätigt (vgl. oben Rn. 426), weil er den minderjährigen Kindern und privilegierten Volljährigen nach § 1609 Nr. 1 BGB den **absoluten Vorrang** einräumte, um das Kindeswohl zu fördern.[184] Absoluter Vorrang bedeutet, dass der Unterhalt der minderjährigen Kinder und privilegierten Volljährigen für den Ehegattenunterhalt nicht zur Verfügung steht, unabhängig davon, ob es sich um den Unterhalt des Geschiedenen und ein Kind aus der Ehe, aus einer neuen Verbindung oder eine in die Ehe mitgebrachte Kindesunterhaltslast handelt (näher Rn. 426, 428 und Rn. 1/1122). Die Entscheidung des BVerfG vom 25. 1. 2011 hat hieran nichts geändert, da sie zu dieser Frage außer dem allgemeinen Hinweis auf nach der Scheidung entstandene unterhaltsbezogen nicht leichtfertige Einkommensreduzierung nichts ausführte[185] und im übrigen das Stichtagsprinzip, außer beim Unterhalt für einen neuen Ehegatten, nicht mehr gilt (eingehend oben Rn. 429 ff.).

Maßgebend ist daher allein, dass die Berücksichtigung einer Einkommensreduzierung des Pflichtigen durch Entstehen neuer Unterhaltslasten für Kinder, die keine eigene Lebensstellung haben, vom Geschiedenen hinzunehmen ist, weil kein unterhaltsbezogen leichtfertiges Verhalten vorliegt und für sie auch ohne Scheidung aufzukommen wäre.[186] Aus Gründen der Gleichbehandlung gilt der Vorabzug nicht nur beim Pflichtigen, sondern auch, wenn der Berechtigte Barunterhaltsleistungen erbringt.[187]

Eine **Ausnahme** besteht, wenn der Pflichtige über **neue nichtprägende Einkünfte**, z. B. aus einem Karrieresprung oder einer Erbschaft nach der Trennung, verfügt (s. oben Rn. 435). Er muss dann zunächst diese Mittel heranziehen, um neue Verbindlichkeiten abzuzahlen, weil damit der Grundsatz der Halbteilung beim Ehegattenunterhalt nicht verletzt wird.[188]

Abzuziehen ist der nach der DT geschuldete Unterhalt. Eine **Ausnahme** gilt nach BGH, wenn für die Ermittlung des Kindesunterhalts ein **höheres Einkommen** angesetzt wurde als beim Ehegattenunterhalt, z. B. bei einem Karrieresprung oder einer Erbschaft des Pflich-

---

[180] BGH FamRZ 2010, 111 = R 707a; FamRZ 2009, 411 = R 702a; FamRZ 2008, 1911 = R 695a; FamRZ 2008, 968 = R 689g; FamRZ 2006, 683 = R 649g
[181] BGH FamRZ 2003, 363, 365 = R 584; FamRZ 1999, 367, 368; FamRZ 1997, 806; FamRZ 1986, 553, 555
[182] BGH FamRZ 2008, 968 = R 689g; FamRZ 2006, 683 = R 649f, g
[183] BGH FamRZ 2009, 23
[184] BT-Drs. 16/1830 S. 23
[185] BVerfG FamRZ 2011, 437 = R 722f
[186] BGH FamRZ 2010, 111 = R 707a; FamRZ 2009, 411 = R 702a; FamRZ 2008, 1911 = 695a; FamRZ 2008, 968 = R 689h
[187] BGH FamRZ 1999, 367, 370; FamRZ 1991, 1163 = R 437a
[188] BGH FamRZ 2010, 111 = R 707a; FamRZ 2009, 579; FamRZ 2009, 411 = R 702b

tigen nach der Trennung (jeweils nichtprägendes Einkommen). Um den Ehegatten in diesen Fällen nicht zu benachteiligen, ist der Kindesunterhalt als **Abzugsposten** für die Bereinigung des Nettoeinkommens des Ehegattenunterhalts entsprechend dem für den Ehegattenunterhalt heranzuziehenden Einkommen anzusetzen.[189] Dies gilt aber nur für den Abzugsposten beim Ehegattenunterhalt, nicht für den an das Kind zu leistenden Betrag. Wegen des Vereinfachungsgrundsatzes sollte eine derartige Korrektur allerdings nur vorgenommen werden, wenn sich beim Ehegattenunterhalt dadurch eine wesentliche Veränderung ergibt, d. h. sich der Kindesunterhalt nach der DT um mindestens zwei Gruppen verändert. Ist nach der Rechtsprechung des BVerfG für die Bedarfsermittlung des geschiedenen Ehegatten eine fiktive Steuerberechnung vorzunehmen, gelten diese Grundsätze nicht, weil bei der Korrekturberechnung im Rahmen der Leistungsfähigkeit der Splittingvorteil aus der neuen Ehe in die Berechnung einfließt (s. oben Rn. 437 und Rn. 1/1015).[190]

442 Konkurriert der Unterhaltsanspruch des minderjährigen Kindes oder privilegierten Volljährigen mit seit dem 1. 1. 2008 **nachrangigen Unterhaltslasten getrennt lebender oder geschiedener Ehegatten** oder **Ansprüchen nach § 1615l BGB,** ist nach dem Willen des Gesetzgebers trotz Vorrangs der Kinder nach § 1609 Nr. 1 BGB auf ein **ausgewogenes Verhältnis** in Bezug zum betreuenden Ehegatten zu achten.[191] Dies entspricht der bisherigen Rechtsprechung des BGH beim Zusammentreffen vorrangiger und nachrangiger Unterhaltsansprüche. Deshalb hat der BGH in seiner Entscheidung vom 5. 2. 2008 darauf hingewiesen, dass dieses ausgewogene Verhältnis durch Anwendung der **Bedarfskontrollbeträge** erreicht werden kann (vgl. näher Rn. 2/351 ff.),[192] ebenso durch eine Angemessenheitskontrolle.[193] Das ausgewogene Verhältnis ist aber nur in Frage gestellt, wenn im **zweiten Rang ein Mangelfall** eintritt. Bei Anwendung der Bedarfskontrollbeträge führt dies rechnerisch immer dazu, dass für das minderjährige Kind nur der Mindestunterhalt nach Gruppe 1 der DT anzusetzen ist (näher Rn. 2/354)[194] bzw. beim privilegierten Volljährigen der Unterhalt nach Gruppe 1, Stufe 4 der DT. Dies entspricht auch einer generellen Angemessenheitskontrolle, da es nach den Vorstellungen des Gesetzgebers bei einem Mangelfall im 2. Rang ausreichend ist, den Mindestbedarf des Kindes zu sichern. Nachdem die Anwendung der Bedarfskontrollbeträge zusätzliche Rechenschritte erfordert und damit die Berechnung erschwert, ist im Hinblick auf den vom Gesetzgeber bei der Unterhaltsreform zum 1. 1. 2008 postulierten Vereinfachungsgrundsatz deshalb der Lösung der Vorzug zu geben, die in den bis 31. 12. 2007 geltenden SüdL Nr. 23.1 verankert war und in Anm. A 1 der DT aufgeführt ist. Bei beengten Verhältnissen, d. h. bei einem Mangelfall im zweiten Rang, ist der Kindesunterhalt generell aus Gruppe 1 der DT zu entnehmen (vgl. auch Rn. 2/354).[195] Dies beinhaltet das gleiche Eregebnis ohne eine komplizierte Mehrfachberechnung. Bei **sonstigen nachrangigen Unterhaltslasten,** z. B. bei nachrangigen Ehegatten gemäß § 1609 Nr. 3 BGB oder sonstigen Volljährigen gemäß § 1609 Nr. 4 BGB, ist es dagegen im Rahmen des ausgewogenen Verhältnisses ausreichend, dass sie bei der Eingruppierung des Kindesunterhalts berücksichtigt werden.[196]

443 Beim Zusammentreffen von nach § 1609 Nr. 1 BGB gleichrangigen Unterhaltslasten Minderjährigen und nach § 1603 II 2 BGB privilegierter Volljähriger vgl. näher Rn. 1/1125, 2/598 ff.

444 Abzuziehen ist seit der geänderten Rechtslage zum 1. 1. 2008 mit einer neuen Konzeption der Behandlung des Kindesgeldes als bedarfsdeckend nach § 1612b I BGB nicht mehr wie nach der für minderjährige Kinder bis 31. 12. 2007 geltenden Rechtslage der

---

[189] BGH FamRZ 2008, 968; FamRZ 2007, 1232 = R 678 e
[190] Die Entscheidung BGH FamRZ 2007, 1232 = R 678 e betraf die Rechtslage vor dem 1. 1. 2008, wonach dem nachrangigen neuen Ehegatten nur der Splittingvorteil verblieb
[191] BT-Drs. 16/1830 S. 24
[192] BGH FamRZ 2008, 968 = R 689 h
[193] BGH FamRZ 2008, 2189 = R 697
[194] Vgl. auch Beispiel bei Klinkhammer FamRZ 2008, 193
[195] Gerhardt/Gutdeutsch FamRZ 2007, 776
[196] Vgl. DT Anm. A 1

Ehe angelegt sind, sind für die Ermittlung des bereinigten Nettoeinkommens beim Ehegattenunterhalt Abzugsposten, soweit durch den Vorwegabzug kein Missverhältnis zum verbleibenden Unterhalt des Ehegatten entsteht,[208] d. h. kein Mangelfall (vgl. oben Rn. 445). Denn die Rangfrage spielt, ebenso wie beim Volljährigen, erst im Mangelfall eine Rolle. Dies gilt insbesondere bei Zahlung von **Elternunterhalt**.[209] Das Gleiche gilt, wenn diese Unterhaltsbelastung erst nach der Scheidung entstanden ist, da sie auch ohne Scheidung das Einkommen des Pflichtigen reduziert hätte und es für die Berücksichtigung dieser Unterhaltslasten keinen Stichtag mehr gibt (s. oben Rn. 426, 431).[210] Maßgebend ist, dass dieser Unterhalt nicht nur vorübergehend, sondern regelmäßig zu erbringen ist.[211] Außerdem ist Voraussetzung, dass ein Unterhaltsanspruch rechtlich gegeben ist und es sich nicht nur um eine freiwillige Leistung handelt. Der BGH hat vor seiner geänderten Rechtsprechung, auch nach der Scheidung entstandene neue Unterhaltslasten bereits bei der Bedarfsermittlung des geschiedenen Ehegatten anzusetzen (s. oben Rn. 409 ff., 426, 429 ff.), beim Elternunterhalt von **latenten Unterhaltslasten** gesprochen, die die ehelichen Lebensverhältnisse bereits beeinflussen und deshalb berücksichtigungswürdig sind (vgl. Rn. 1/1129).[212] Ein Mangelfall, d. h. ein Missverhältnis zum verbleibenden Bedarf des vorrangigen Ehegatten liegt vor, wenn **als Eigenbedarf** der entsprechende Selbstbehalt des Pflichtigen von derzeit 1500 EUR, bei Zusammenleben des Ehegatten mit dem Pflichtigen von 1200 EUR, unterschritten wird (DT Anm. B VI Nr. 1 c, 2 c; Leitlinien Nr. 22.3, 23.3).

448 d) **Ansprüche nach § 1615l BGB.** Seit der Unterhaltsreform zum 1. 1. 2008 gibt es mit der neuen Rangordnung gemäß § 1609 BGB vermehrt gleichrangige Ansprüche eines Ehegatten und Ansprüche nach § 1615l BGB (vgl. § 1609 Nr. 2 BGB), ebenso auch gegenüber Ansprüchen nach § 1615l BGB nachrangige Ehegattenunterhaltsansprüche (§ 1609 Nr. 3 BGB). Die Unterhaltsansprüche nach § 1615l BGB wurden durch die Reform 2008 mit der neuen Rangordnung sehr aufgewertet. Unterhaltsansprüche nach § 1615l BGB können vor oder nach der Scheidung entstehen. Nach der geänderten Rechtsprechung des BGH sind diese Unterhaltslasten wegen des Wegfalls des Stichtagsprinzips bereits bei **der Bedarfsermittlung des geschiedenen Ehegatten anzusetzen**, auch wenn sie erst nach der Scheidung entstanden sind (vgl. Rn. 428, 431, 812 ff. und Rn. 1/1128). Die Entscheidung des BVerfG vom 25. 1. 2011 hat sich mit dieser Frage nicht beschäftigt.[213] Der Unterhalt nach § 1615l BGB leitet sich aus der Geburt des Kindes ab und kann insoweit nicht anders behandelt werden, es besteht keine Parallelität zum Ehegattenunterhalt. Damit muss er wie der Anspruch des minderjährigen Kindes bereits in die Bedarfsermittlung des Geschiedenen einfließen, da dieser Unterhalt auch ohne Scheidung zu zahlen gewesen wäre. Die Berücksichtigung beim Bedarf des Geschiedenen widerspricht deshalb nicht der Entscheidung vom BVerfG vom 25. 1. 2011, sondern steht im Einklang mit seinen Hinweisen auf die Berücksichtigung von Einkommensminderungen, die auch ohne Scheidung entstanden wären (näher Rn. 428, 431).[214] Nach dem Vereinfachungsgrundsatz ist diese Unterhaltsverbindlichkeit daher bei Gleichrang mit dem Geschiedenen in der Regel durch Dreiteilung wie bisher zu berücksichtigen (näher Rn. 813), bei Vorrang durch Vorabzug bei der Bereinigung des Nettoeinkommens des Pflichtigen (näher Rn. 5/ 138 ff.).

449 e) **Ehegatten.** Nach der neuen Rechtslage ab dem 1. 1. 2008 ist die Priorität des ersten Ehegatten entfallen, bei mehreren Ehegatten ist immer auf die jeweilige Bedürftigkeit abzustellen.[215] Wegen des Wegfalls des Stichtagsprinzips hat der BGH deshalb den Unterhalt von zwei bedürftigen Ehegatten im Wege der Dreiteilung bei der Bedarfsermittlung des Ge-

---

[208] BGH FamRZ 2004, 792 = R 605 d; FamRZ 2004, 186; FamRZ 2003, 860, 865 = R 590 A g
[209] BGH a. a. O.
[210] Gerhardt/Gutdeutsch FamRZ 2011, 597
[211] BGH FamRZ 2003, 860 = R 590 A g
[212] BGH FamRZ 2004, 792 = R 605 d; FamRZ 2004, 186; FamRZ 2003, 860, 865 = R 590 A h
[213] BVerfG FamRZ 2011, 437 = R 722 f
[214] BVerfG FamRZ 2011, 437 = R 722 f
[215] BT-Drs. 16/1839 S. 23

Tabellenunterhalt, sondern der **Zahlbetrag** (näher Rn. 1/679, 1124; 2/352),[197] wie der BGH zwischenzeitlich mehrfach entschieden hat.[198]

b) Kindesunterhalt nicht privilegierter Volljähriger. Der nicht privilegierte Volljährige ist nach § 1609 Nr. 4 BGB auch nach der zum 1. 1. 2008 geänderten Rangordnung wie nach § 1609 I BGB a. F. gegenüber dem Ehegatten weiterhin nachrangig. Die Rangfrage spielt aber nur bei der **Leistungsfähigkeit** im Mangelfall eine Rolle.[199] Maßgebend ist für die Bedarfsermittlung, inwieweit ausreichende Mittel vorhanden sind, da der Unterhalt des Volljährigen die ehelichen Lebensverhältnisse als Abzugsposten mit bestimmt hat.[200] Die ehelichen Lebensverhältnisse werden auch durch nachrangige Unterhaltslasten beeinflusst (vgl. Rn. 432 und Rn. 1/1126).[201] Denn die Aufwendungen für ein in Ausbildung befindliches oder studierendes Kind für die Dauer der Ausbildung oder des Studiums stehen zur Deckung des allgemeinen Lebensbedarfs nicht zur Verfügung und hätten auch bei Fortbestehen einer intakten Ehe nicht zur Verfügung gestanden. Regelmäßig beruht ein Studium auf dem gemeinsamen Entschluss der Eheleute und damit einer entsprechenden übereinstimmenden Disposition über die Einkommensverhältnisse für die voraussichtliche Studiendauer.[202]

Ein **Vorabzug des Unterhalts entfällt** nach ständiger Rechtsprechung wegen des Nachrangs nur, wenn die vorhandenen Mittel des Pflichtigen nicht ausreichen und damit ein **Missverhältnis zum verbleibenden Bedarf** des Ehegatten entsteht.[203] Ein Missverhältnis zum Bedarf des vorrangigen Ehegatten ist wegen des Nachrangs des Volljährigen zu bejahen, wenn beim **vorrangigen bedürftigen Ehegatten** ein **Mangelfall** gegeben wäre (vgl. auch Rn. 1/1126, 2/556, 5/137). Gegenüber volljährigen Kindern liegt er nach der Rechtsprechung vor, wenn dem Ehegatten durch Unterhalt und Eigeneinkommen der sog. **Eigenbedarf** (= Mindestbedarf des Vorrangigen in Konkurrenzfällen) nicht verbleibt.[204] Dieser Eigenbedarf entspricht aus Gleichbehandlungsgründen dem angemessenen Selbstbehalt des Pflichtigen gegenüber Volljährigen und beträgt damit derzeit nach DT Anm. B VI Nr. 1b, 2b, Leitlinien Nr. 22.2, 23.2 1150 EUR, bei Zusammenleben des bedürftigen Ehegatten mit dem Pflichtigen wegen der dadurch eintretenden Ersparnis 920 EUR.[205]

Abzuziehen ist nach der geänderten Rechtsprechung des BGH beim Volljährigen vom Bedarf zunächst das **volle Kindergeld,** da es bedarfsdeckend anzusetzen ist (vgl. näher Rn. 1/1126; 2/722 ff.).[206] Dies entspricht auch der seit 1. 1. 2008 geltenden Neuregelung gemäß § 1612b I Nr. 2 BGB. Hat der Volljährige eigenes Einkommen, kürzt auch dieses zunächst in voller Höhe seinen Bedarf.[207] Erst dieser Restbedarf ist für Haftungsverteilung nach § 1606 III 1 BGB heranzuziehen (eingehend Rn. 1/1126; 2/490 ff.) und bildet den zu berücksichtigenden Abzugsposten, wenn beim bedürftigen Ehegatten kein Mangelfall vorliegt. Nachdem beide Elternteile nach § 1606 III 1 BGB anteilig haften, entspricht es dem Vereinfachungsgrundsatz, zur Vermeidung von Mehrfachberechnungen die jeweiligen Haftungsanteile vor Berechnung des Ehegattenunterhalts zu ermitteln.

c) Berücksichtigungswürdiger sonstiger Verwandtenunterhalt. Auch weitere **nachrangige Unterhaltslasten,** für die in der Ehe aufgekommen wurde und die daher in der

---

[197] Vgl. SüdL, BL, BraL, BrauL, BrL, CL, DL, DrL, HaL, KL, NaL, OL, RL, SchL jeweils Nr. 15.2 sowie DT Anm. B III
[198] BGH FamRZ 2010, 1318; FamRZ 2010, 802; FamRZ 2009, 1477; FamRZ 2009, 1300 = R 705 c; FamRZ 2009, 307; FamRZ 2008, 963 = R 692 g
[199] BGH FamRZ 2008, 968 = R 689 h
[200] BGH FamRZ 2009, 762 = R 703; FamRZ 2003, 860 = R 590 A g
[201] BGH FamRZ 2009, 762 = R 703
[202] BGH FamRZ 1991, 1163 = R 437 a; FamRZ 1989, 842, 843; FamRZ 1986, 553, 555
[203] BGH FamRZ 2009, 762 = R 703; FamRZ 2003, 860 = R 590 A g; FamRZ 1991, 1163 = R 437 a
[204] BGH FamRZ 1991, 1163 = R 437 a; FamRZ 1986, 553, 555
[205] DT Anm. B VI Nr. 1b, 2b sowie Leitlinien Nr. 22.2, 23.2
[206] BGH FamRZ 2009, 762 = R 703; FamRZ 2008, 963 = R 692 g; FamRZ 2007, 542; FamRZ 2006, 1100 = R 654 h; FamRZ 2006, 774; FamRZ 2006, 99 = R 641 e; FamRZ 1988, 159
[207] BGH FamRZ 2006, 99 = R 641 e

schiedenen berücksichtigt (s. oben Rn. 426).[216] Diese Rechtsprechung wurde vom BVerfG für die Bedarfsermittlung des Geschiedenen als verfassungswidrig eingestuft, weil der Unterhalt des neuen Ehegatten die Scheidung voraussetzt und Bedarfs- sowie Leistungsfähigkeit nach der Gesetzessystematik nicht zusammengefasst werden dürfen (näher Rn. 427 ff.).[217] Dies gilt aber nur für den geschiedenen Ehegatten, nicht für den neuen Ehegatten (vgl. näher Rn. 807). Beim **Geschiedenen** führt die Entscheidung des BVerfG bei **gleichrangigen Ehegatten** wegen des Halbteilungsgrundsatzes zur **Korrektur des Bedarfs im Rahmen der Leistungsfähigkeit durch Dreiteilung** und damit zum gleichen Ergebnis (näher Rn. 805 ff., 5/107 ff.).[218] Bei Vorrang des geschiedenen Ehegatten wird es idR bei der Vorranglösung verbleiben (näher Rn. 5/111),[219] bei Vorrang des zweiten Ehegatten beim sog. absoluten Mangelfall bei der Vorranglösung, beim relativen Mangelfall bei der Dreiteilung ohne Berücksichtigung der Ersparnis aus dem Zusammenleben (näher Rn. 5/110).[220] Zu den näheren Einzelheiten vgl. Rn. 5/107 ff.

f) **Zusatzfragen.** Bei einer **Geschwistertrennung** kann für den Unterhalt nahezu 450 gleichaltriger Kinder aus Gründen der Gleichbehandlung bei beiden Eltern ein gleich hoher Betrag für Unterhaltsleistungen vom jeweiligen Einkommen abgezogen werden.[221] Beim Wechselmodell mit anteiliger Haftung jeden Elternteils für den Barunterhalt ist der Haftungsanteil abzüglich halbes Kindergeld Abzugsposten (vgl. näher Rn. 2/440, 447).[222]

Ob und in welcher Höhe der Kindesunterhalt **tituliert** ist, ist im Regelfall ohne Be- 451 deutung. Eine Titulierung ist zwar ein Indiz, dass der Kindesunterhalt in dieser Höhe geschuldet und bezahlt wird. Soweit die Titulierung aber mit dem geschuldeten Unterhalt nicht mehr übereinstimmt, kann davon ausgegangen werden, dass bei Abweichungen von der materiellen Rechtslage eine Abänderung des Titels möglich ist.[223] Etwas anderes gilt, wenn es um einen **Unterhaltsrückstand** geht und eine Änderung eines überhöht titulierten und bereits bezahlen Kindesunterhalts nicht mehr rückwirkend erfolgen kann. Für die Vergangenheit ist dann der titulierte Kindesunterhalt Abzugsposten (vgl. auch Rn. 1/1124).

Die Geltendmachung von **Vorsorgeunterhalt** beeinflusst den Kindesunterhalt und 452 damit auch den Vorabzug von Kindesunterhalt nicht, weil der Ehegattenunterhalt (Elementarunterhalt und Vorsorgeunterhalt) erst nach dem Vorabzug bemessen wird.[224]

9. Aufwendungen zur Vermögensbildung

a) **Bedarf.** Eine **gemeinsame** Vermögensbildung der Eheleute und die hierauf zu 453 leistenden Zahlungen sind grundsätzlich als berücksichtigungswürdiger Abzugsposten bei dem Ehegatten, der sie erbringt, zu berücksichtigen (näher Rn. 1/1091, 1134).

Der Verpflichtete ist dagegen nicht berechtigt, auf Kosten des Unterhaltsbedürftigen **einseitig** Vermögen zu bilden.[225] Das Gleiche gilt für den Bedürftigen.[226] Vermögensbildende Aufwendungen, die nur einem Ehegatten zugute kommen, sind daher bei der **Bedarfsermittlung** ab Rechtshängigkeit des Scheidungsverfahrens als Stichtag für den Zugewinn, bei Gütertrennung ab der Trennung bzw. bei einer erst in der Trennungszeit vereinbarten Gütertrennung ab diesem Zeitpunkt **keine berücksichtigungswürdigen Verbindlich-**

---

[216] BGH FamRZ 2010, 111 = R 707a; FamRZ 2009, 411 = R 702a; FamRZ 2008, 1911 = R 695a
[217] BVerfG FamRZ 2011, 437 = R 722e, g, i
[218] Gerhardt/Gutdeutsch FamRZ 2011, 597; Schwamb FamRB 2011, 120; Borth FamRB 2011, 183; a. A. Götz/Brudermüller NJW 2011, 801; Maurer FamRZ 2011, 849; Graba FamRB 2011, 183
[219] Gerhardt/Gutdeutsch FamRZ 2011, 772
[220] Gerhardt/Gutdeutsch FamRZ 2011, 772
[221] BGH FamRZ 1984, 151, 153
[222] BGH FamRZ 2007, 707 = R 672b; FamRZ 2006, 1015 = R 646b
[223] BGH FamRZ 2003, 363, 367 = R 584h; FamRZ 1992, 797, 798 = R 447b; FamRZ 1990, 1091, 1094
[224] BGH FamRZ 1982, 887
[225] BGH FamRZ 2009, 23; 2008, 963 = R 692d,e f; FamRZ 2007, 879 = R 677d; FamRZ 1987, 36; FamRZ 1987, 572, 575
[226] BGH FamRZ 1991, 1163, 1165 = R 437b

§ 4

keiten, da der Ehepartner dann nicht mehr an dieser Vermögensbildung partizipiert (näher Rn. 1/1092, 1135).[227]

454 Soweit bereits **in der Ehe** vermögensbildende Aufwendungen getätigt wurden, war nach der früheren Rechtsprechung zu beachten, dass dieser Teil des Einkommens für die Lebensführung nicht zur Verfügung stand.[228] Ob ein Abzug einseitig vermögensbildender Aufwendungen berechtigt war, richtete sich nach dem objektiven Maßstab eines vernünftigen Betrachters.[229] Maßgebend war insbesondere, ob es sich im Verhältnis zum Einkommen um einen angemessenen Betrag handelte.

455 Diese **Rechtsprechung** hat der BGH zu Recht **geändert.** Denn es entsprach nie einem objektiven Maßstab oder einem Gerechtigkeitsgebot, dass der Bedürftige durch einen niedrigeren Unterhalt die Vermögensbildung des Pflichtigen mitfinanzieren muss. Bei den ehelichen Lebensverhältnissen sind die realen Gegebenheiten zu beachten. Bei einer **einseitigen Vermögensbildung** kann nur darauf abgestellt werden, wie lange der Partner nach der Trennung daran partizipiert (näher Rn. 1/510, 569, 1092, 1135).[230] Denn die Unterhaltsverpflichtung geht der einseitigen Vermögensbildung immer vor, auch wenn letztere bereits in der Ehe betrieben wurde. Ab diesem Zeitpunkt ist die einseitig vermögensbildende Aufwendung für die Bedarfsermittlung nicht mehr berücksichtigungswürdig. Maßgebend ist insoweit nicht, dass diese Mittel in der Ehe für die Lebenshaltungskosten nicht zur Verfügung standen, sondern nur, dass es dem Bedürftigen nach der Scheidung nach einem objektiven Maßstab nicht mehr zugemutet werden kann, sich zur Mitfinanzierung einer einseitigen Vermögensbildung des Pflichtigen weiterhin einzuschränken. Zu den näheren Einzelheiten vgl. Rn. 1/1092, 1135.

456 Erfolgt die einseitige Vermögensbildung durch Verbindlichkeiten, z. B. durch Abzahlung von Immobilienschulden, betrifft dies nur die **Tilgung,** nicht die **Zinsen** als Geldbeschaffungskosten (näher Rn. 1/506, 1090). Etwas anderes gilt nur bei sog. **Negativeinkünften zur einseitigen Vermögensbildung,** die generell nicht berücksichtigungswürdig sind, weil sie allein auf Steuervorteilen beruhen; der Steuervorteil hat aber dem Pflichtigen zu verbleiben (näher Rn. 1/1018).[231]

457 Eine **Ausnahme** besteht, wenn es sich bei der einseitigen vermögensbildenden Ausgabe um eine **zulässige Altersvorsorge** im Rahmen einer Gesamtversorgung von 24% des Bruttoeinkommens bzw. Gewinns handelt (näher Rn. 1/458, 510, 1034, 1037, 1092).[232]

458 Eine weitere Ausnahme besteht bei **gehobenem Einkommen des Pflichtigen.** Es wird dann den ehelichen Lebensverhältnissen entsprechen, dass dieses Einkommen nicht gänzlich für den allgemeinen Lebensbedarf verbraucht, sondern teilweise auch der Vermögensbildung zugeführt wurde. Da solche der Vermögensbildung vorbehaltene Einkommensteile der Befriedigung laufender Lebensbedürfnisse entzogen sind, werden sie zur Unterhaltsbemessung nicht herangezogen.[233] Es hat dann eine **konkrete Bedarfsermittlung** zu erfolgen (vgl. eingehend Rn. 763 ff.).

459 **Nach der Trennung** neu entstehende Aufwendungen zur einseitigen Vermögensbildung haben auf die Bedarfsermittlung generell keinen Einfluss, es sei denn, es handelt sich um eine zulässige Altersvorsorge (s. oben Rn. 457).[234] Denn es handelt sich insoweit um eine unterhaltsbezogen leichtfertig herbeigeführte Einkommensminderung, nachdem der Unterhalt der Vermögensbildung vorgeht und deshalb auch eine bereits in der Ehe erfolgte einseitige Vermögensbildung ab Rechtshängigkeit des Scheidungsverfahrens bzw. bei der Gütertrennung ab Trennung nicht berücksichtigungsfähig ist (näher Rn. 1/1092, 1135).

---

[227] BGH FamRZ 2009,23; FamRZ 2008, 963 = R 692 d, e; Fam RZ 2007, 879 = R 677 d
[228] BGH FamRZ 1987, 36, 39; FamRZ 1984, 149
[229] FamRZ 1993, 789, 792; FamRZ 1989, 1160; FamRZ 1987, 36, 39
[230] BGH FamRZ 2008, 963 = R 692 d, e
[231] BGH FamRZ 2005, 1159 = R 623 a; FamRZ 2003, 741 = R 590 c; FamRZ 1987, 36; FamRZ 1987, 913
[232] BGH FamRZ 2010, 1637; FamRZ 2009, 23; FamRZ 2008, 963 = R 692 f; FamRZ 2007, 879 = R 677 d
[233] BGH FamRZ 2010, 1637= R 715 a; FamRZ 1987, 36, 39; FamRZ 1984, 149, 151
[234] BGH FamRZ 2008, 963 = R 692 f; FamRZ 2005, 1159 = R 623 c; FamRZ 2001, 1140; FamRZ 2000, 950

b) Vermögensbildende Aufwendungen sind vor allem Aufwendungen für Lebens- 460
versicherungen, Kapitalanlagen, Immobilien, Bau eines Eigenheimes und für sonstige Vermögenswerte.

Nicht der Vermögensbildung dienen sog. Konsumkredite, mit denen abnutzbare Bedarfsgüter und Gebrauchsgegenstände wie z. B. Hausrat, Pkw, Wohnwagen, Motorrad, Foto- oder Filmausrüstung u. ä. angeschafft wurden, auch wenn solche Gegenstände einen hohen Wert haben. Solche Bedarfsgüter dienen der allgemeinen Lebensführung. Ihr Wert nimmt mit zunehmendem Gebrauch laufend ab. Die entsprechenden Aufwendungen sind daher den laufenden **Lebenshaltungskosten** zuzurechnen.[235] Auch Sparleistungen dienen häufig der Ansparung solcher größerer Ausgaben und sind dann ebenfalls nicht der Vermögensbildung, sondern der Lebenshaltung zuzurechnen.[236]

c) Bedürftigkeit und Leistungsfähigkeit. Berücksichtigungsfähig sind wie beim Be- 461
darf nur Aufwendungen zur gemeinsamen Vermögensbildung oder zur einseitig vermögensbildende Aufwendungen im Rahmen einer zulässigen Altersvorsorge (s. oben Rn. 453, 457). Bei einer einseitigen Vermögensbildung gelten ansonsten die bereits beim Bedarf gemachten Ausführungen entsprechend (s. oben Rn. 455). Dies galt im Gegensatz zur geänderten Rechtsprechung des BGH zum Bedarf bei der Bedürftigkeit/Leistungsfähigkeit auch bereits nach der früheren Rechtsprechung, weil beim Bedürftigen zusätzlich zu beachten ist, dass der Unterhalt nur der Finanzierung der Lebenshaltungskosten dient, nicht der Vermögensbildung,[237] beim Pflichtigen, dass der Unterhalt der Vermögensbildung vorgeht.[238]

d) Ausnahmen aus Billigkeitsgründen. Eine Ausnahme aus Billigkeitsgründen kann 462
für eine Übergangszeit bei einer sog. **aufgedrängten Vermögensbildung** bestehen.[239] Von letzterer ist auszugehen, wenn der **Bedürftige** während der Ehe bei überdurchschnittlichen Einkünften der Eheleute mit Wissen und Wollen des Partners ein Abschreibungsmodell als Vermögensanlageform wählte, in dem nach der Lebenserfahrung die gemeinsame Verminderung der Steuerlast im Vordergrund stand und damit die ehelichen Lebensverhältnisse prägte. Bis zur Rechtshängigkeit des Scheidungsverfahrens kann er die Tilgung für vermögensbildende Ausgaben absetzen, weil dies dem Pflichtigen über den Zugewinn zugute kommt, ab Rechtshängigkeit bis zur Scheidung im Einzelfall aus Billigkeitsgründen ebenfalls,[240] wenn keine kurzfristige Verwertungsmöglichkeit besteht. Entsprechendes gilt beim **Pflichtigen,** wenn es sich um Steuersparmodelle mit einseitiger Vermögensbildung handelt, von denen beide Eheleute während des Zusammenlebens durch niedrigere Steuern profitierten, eine Veräußerung dieser Objekte wegen Überschuldung nicht möglich ist und die Barmittel des Pflichtigen trotz verbleibenden Steuervorteils zur Deckung der Lebenshaltungskosten nicht ausreichen.

10. Konsumverhalten und objektiver Maßstab für die Bedarfsbemessung

Sowohl bei der Bemessung des Trennungsunterhalts als auch des nachehelichen Unter- 463
halts ist nach ständiger Rechtsprechung des BGH ein **objektiver Maßstab** anzulegen.[241] Entscheidend ist derjenige Lebensstandard, der nach den von dem Einkommen geprägten ehelichen Lebensverhältnissen vom Standpunkt eines vernünftigen Betrachters aus als angemessen erscheint. Gemessen am verfügbaren Einkommen hat sowohl eine zu dürftige Lebensführung als auch ein übermäßiger Aufwand außer Betracht zu bleiben.[242] In diesem Rahmen ist auch das tatsächliche Konsumverhalten der Ehegatten während des Zusammen-

---

[235] BGH FamRZ 1984, 149, 151
[236] BGH FamRZ 1983, 678
[237] BGH FamRZ 1998, 87 = R 516 b; FamRZ 1992, 423 = R 442 b
[238] BGH FamRZ 1987, 36; FamRZ 1984, 353
[239] BGH FamRZ 1991, 1163, 1165 = R 437 b
[240] BGH a. a. O.
[241] BGH FamRZ 2007, 1532 = R 681 d
[242] BGH FamRZ 2007, 1532 = R 681 d; FamRZ 1989, 838; FamRZ 1987, 36, 39; FamRZ 1984, 358, 360; FamRZ 1983, 678

lebens zu berücksichtigen.²⁴³ Sind die Einkünfte so gut, dass zusätzliche **Vermögenseinkünfte** nach einem objektiven Maßstab für die Lebensführung **nicht** oder nur zum Teil **benötigt** werden, **prägen** sie die ehelichen Lebensverhältnisse **nicht** (näher Rn. 478, 554, 603).²⁴⁴ Es erfolgt dann regelmäßig eine konkrete Bedarfsbemessung (s. oben Rn. 458 und eingehend Rn. 763 ff.).²⁴⁵

464 Der Bedürftige braucht sich nach der Trennung an einer während des Zusammenlebens in der Ehe zugunsten einer Vermögensbildung **übertriebenen Einschränkung des Konsumverhaltens** nicht mehr festhalten lassen. Er kann den nach den Einkommensverhältnissen bei objektiver Beurteilung angemessenen Unterhalt verlangen. Wird Barvermögen z. B. in **thesaurierenden Fonds** angelegt, so dass es keine laufenden Gewinne abwirft und sich der Vermögensstamm entsprechend erhöht, kann darin eine zu dürftige Lebensführung liegen, falls die sonstigen Einkünfte niedrig sind. Es können dann entsprechende **fiktive Zinsen** angesetzt werden (s. auch Rn. 594).²⁴⁶

465 Umgekehrt kann sich der Bedürftige nicht auf einen **überhöhten Aufwand** berufen, wenn die Eheleute während ihres Zusammenlebens erheblich über ihren wirtschaftlichen Verhältnissen oder gar zu Lasten einer Überschuldung **verschwenderisch** gelebt haben (s. auch Rn. 1/1087, 1100 ff.). Auch in diesem Fall besteht kein Anspruch auf Fortsetzung des nicht realistischen bisherigen Lebensstandards. Unterhalt ist nur berechtigt in einem Umfang, der nach den Einkommensverhältnissen unter Berücksichtigung des Umfangs der bestehenden Verschuldung vom Standpunkt eines vernünftigen Betrachters aus als angemessen erscheint.

- Wurde während des Zusammenlebens ein nach objektiven Maßstäben **unvertretbar geringer Teil** des Einkommens zur **Rückführung von Verbindlichkeiten** aufgewendet, ist zu fragen, wie sich ein vernünftiger Betrachter bei Fortdauer der ehelichen Gemeinschaft verhalten hätte, und es ist dementsprechend auf einen **vernünftigen Tilgungsplan** abzustellen. Einkommensmindernd sind dann als Schuldenabzug Beträge in einer Höhe zu berücksichtigen, die im Fall der Fortdauer der ehelichen Gemeinschaft bei verantwortlicher Abwägung der Unterhaltsbelange und der Fremdgläubigerinteressen für die Schuldentilgung verwendet worden wären (näher Rn. 1/1101).²⁴⁷
- Haben sich die Eheleute während des Zusammenlebens **im Übermaß verschuldet,** muss das bisherige Konsumverhalten zugunsten einer Rückführung der bestehenden Verschuldung bei beiden Ehegatten eingeschränkt werden. Der Verpflichtete hat sich unter Ausnutzung aller zumutbaren Möglichkeiten um eine Rückgängigmachung der getroffenen Dispositionen und um die weitestmögliche Wiederherstellung seiner Leistungsfähigkeit – auch durch Verwertung von nicht dringend benötigten Vermögensobjekten – zu bemühen. Soweit dies nicht gelingt, muss sich der Bedürftige mit einer den notwendigen Unterhalt unterschreitenden Alimentierung zufriedengeben und sich fehlende Mittel unter äußerster Anstrengung seiner Kräfte durch einen über das allgemein Gebotene hinausgehenden Einsatz selbst verschaffen (näher Rn. 1/1102).²⁴⁸

466 Die Orientierung der Unterhaltsbemessung an einem objektiven Maßstab, d. h. am Durchschnittsverhalten vernünftiger Betrachter, ist Sache des **Tatrichters,** der zu diesem Zweck die konkreten Umstände des Einzelfalls zu beurteilen und abzuwägen hat.

11. Maßgeblicher Zeitpunkt für die Beurteilung des prägenden Charakters ehelicher Lebensverhältnisse

467 Nach der früheren Rechtsprechung des BGH waren für die Bemessung des nachehelichen Unterhalts die im **Zeitpunkt der Scheidung** prägenden ehelichen Lebensverhält-

---

²⁴³ BGH FamRZ 2007, 1532 = R 681 d; FamRZ 1995, 869; FamRZ 1989, 1160; FamRZ 1988, 259, 262
²⁴⁴ BGH FamRZ 2007, 1532 = R 681 d
²⁴⁵ BGH FamRZ 2010, 1637 = R 715 a
²⁴⁶ BGH FamRZ 2007, 1532 = R 681 e
²⁴⁷ BGH FamRZ 1982, 678
²⁴⁸ BGH FamRZ 1984, 657

3. Abschnitt: Unterhaltsbedarf und Bedarfsbemessung beim Ehegattenunterhalt § 4

nisse maßgeblich,[249] für die Bemessung des Trennungsunterhalt die Trennung bzw. der Zeitpunkt der Entscheidung.

Die Rechtskraft der Scheidung setzte den Schlusspunkt hinter die gemeinsame wirtschaftliche Entwicklung der Ehe.[250] Eine nicht in der Ehe angelegte Entwicklung konnte aber bereits ab der Trennung einsetzen, z. B. bei einem Karieresprung (vgl. Rn. 570 ff.).[251]

Der unterhaltsberechtigte Ehegatte nahm an einer **normalen Weiterentwicklung** der ehelichen Lebensverhältnisse von der **Trennung bis zur Scheidung** teil.[252] Änderungen nach der Scheidung waren nur zu berücksichtigen, wenn ein naher zeitlicher Zusammenhang oder ein entsprechender Lebensplan bestand. Bei der Prüfung der Frage, ob und in welcher Höhe ein Einkommen als in der Ehe angelegt in die Bedarfsermittlung einfloss, war sowohl auf die Trennung als auch auf die Scheidung abzustellen.[253]

Mit seiner **Surrogatslösung** hat der BGH diese **Rechtsprechung geändert**. Auch die **468** Aufnahme oder Ausweitung einer Berufstätigkeit nach Trennung/Scheidung als **Surrogat** der früheren Haushaltsführung entspricht einer Normalentwicklung.[254] Auf einen nahen zeitlichen Zusammenhang mit der Scheidung oder einen entsprechenden Lebensplan kommt es nicht mehr an.[255] Mit Urteil vom 29. 1. 2003 erweiterte er diese Rechtsprechung auf Einkommensreduzierungen (vgl. Rn. 426),[256] Auch **nicht vorwerfbare Änderungen** des Einkommens nach der Scheidung nach unten, z. B. durch Verrentung, Arbeitslosigkeit oder Gehaltsreduzierung, sind bei der Bedarfsermittlung zu berücksichtigen, selbst wenn diese Einkommensminderungen nicht voraussehbar waren. Es handelt sich insoweit nicht um die Teilhabe an dem durch gemeinsame Leistung in der Ehe Erworbenen, sondern um die sachgerechte Verteilung eines durch Einkommensrückgang geschmälerten Bedarfs.[257] Auch bei Fortdauer der Ehe hätte der Bedürftige diese negative Einkommensentwicklung mitzutragen, durch die Scheidung kann er insoweit nicht besser gestellt werden.[258] Diese Rechtsprechung erweiterte er mit Entscheidung vom 15. 3. 2006 auf nach der Scheidung nicht leichtfertig entstandene neue Verbindlichkeiten, insbesondere Unterhaltslasten für weitere Kinder (vgl. Rn. 426).[259]

Die Teilnahme an der Fortentwicklung des Einkommens nach oben oder unten entsprach der in der Literatur schon lange vertretenen Auffassung, dass die ehelichen Lebensverhältnisse keine Konstante, sondern eine Variable ist.[260]

Mit **Entscheidung vom 6. 2. 2008** hat der BGH seine seit der Surrogatslösung ge- **469** änderten Rechtsprechung vertieft und neu formuliert.[261] Die ehelichen Lebensverhältnisse sind **wandelbar**. Es gibt keine Lebensstandardgarantie mehr. Das Unterhaltsrecht will den bedürftigen Ehegatten nach der Scheidung nicht besser stellen, als er ohne Scheidung stünde.[262] Er nimmt deshalb nicht nur an Einkommenssteigerungen teil, die in der Ehe angelegt waren, sondern auch an Einkommensminderungen, soweit sie nicht auf einer Verletzung der Erwerbsobliegenheit beruhen oder durch freiwillige berufliche oder wirtschaftliche Dispositionen des Unterhaltspflichtigen veranlasst sind und von diesem nicht durch

---

[249] Vgl. z. B. BGH FamRZ 1999, 367, 368; FamRZ 1994, 228; FamRZ 1993, 1304 = R 464 a; FamRZ 1991, 307; FamRZ 1990, 499, 502
[250] BGH FamRZ 2003, 590, 592 = R 586 b
[251] BGH FamRZ 2003, 590 = R 586 b; FamRZ 1982, 576
[252] BGH FamRZ 1999, 367, 368; FamRZ 1994, 87 = R 468 c; FamRZ 1994, 228
[253] Vgl. eingehend 6. Auflage Rn. 217 ff.
[254] BGH FamRZ 2001, 986, 989 = R 563 c
[255] BGH FamRZ 2005, 1979 = R 640 c
[256] BGH FamRZ 2003, 590 = R 586 a, c
[257] BGH FamRZ 2009, 411 = R 702 a; FamRZ 2008, 1911 = R 695 a; FamRZ 2008, 968 = R 689 g; FamRZ 2007, 793 = R 674 b; FamRZ 2003, 590, 592 = R 586 a, c; FamRZ 2003, 848, 850 = R 588 a
[258] BGH a. a. O.
[259] BGH FamRZ 2006, 683 = R 649 f, h
[260] Vgl. 6. Auflage Rn. 222
[261] BGH FamRZ 2008, 968 = R 689 g
[262] BGH FamRZ 2008, 968 = R 689 g; FamRZ 2007, 793 = R 674 b; FamRZ 2006, 683 = R 649 f, g, h; FamRZ 2003, 590 = R 586 a

zumutbare Vorsorge aufgefangen werden konnten.[263] Entsprechendes gilt für neue Ausgaben, die nicht unterhaltsbezogen leichtfertig entstanden sind.[264] Derartige Korrekturen müssen entgegen der früheren Rechtsprechung nicht erst bei der Leistungsfähigkeit, sondern **bereits bei der Bedarfsermittlung** ansetzen.[265] Da der Zeitpunkt der Veränderungen oft nur von Zufälligkeiten abhängt, gibt es **kein Stichtagsprinzip** mehr; für Veränderungen kommt es nicht mehr darauf an, ob sie vor oder nach der Scheidung eintraten.[266] Maßgebend ist bei Einkommensverbesserungen allein, ob sie in der Ehe angelegt sind, bei Einkommensminderungen, ob sie auf einem unterhaltsbezogen leichtfertigen Verhalten beruhen.[267]

In der Folgezeit bestätigte der BGH diese Rechtsprechung und weitete sie auf die Berücksichtigung des Unterhalts eines neuen Ehegatten bei der Bedarfsermittlung des Geschiedenen aus.[268] Hiergegen wurde in der Literatur teilweise Kritik erhoben,[269] die aber zuletzt verstummt war. Die sog. Drittelmethode zur Berechnung des Bedarfs mehrerer Ehegatten wurde in den Leitlinien aller Oberlandesgerichte übernommen (vgl. Nr. 15.5). Offen geblieben war lediglich die Behandlung vor- und nachrangiger Ehegatten, die aber auf Vorschlag der Unterhaltskommission durch den Ansatz neuer sog. Eigenbedarfssätze in der DT und den Leitlinien zum 1. 1. 2011 geklärt wurde (vgl. DT Anm. B VI Nr. 1 a, 2 a, Leitlinien Nr. 22.1, 23.1).

470 Die geänderte Rechtsprechung des BGH war sehr zu begrüßen. Sie entsprach mit einem stärkeren Abstellen auf die realen Gegebenheiten und einer Abkehr vom früheren überholten Leitbild der Haushaltsführungsehe den gewandelten gesellschaftlichen Verhältnissen seit der Eherechtsreform 1977.[270] Aus dem Fehlen einer Lebensstandardgarantie und der Teilhabe an Einkommensreduzierungen nach der Scheidung, die auch ohne Scheidung eingetreten wären, ergibt sich die Wandelbarkeit der ehelichen Lebensverhältnisse und der Wegfall des Stichtagsprinzips (näher Rn. 429 ff., 669 ff.). Die neue Rechtsprechung entspricht auch den **Vorstellungen des Gesetzgebers bei der Unterhaltsreform zum 1. 1. 2008**,[271] wie die verstärkte Eigenverantwortung nach § 1569 BGB, die Neufassung des § 1578 b BGB und die neuen Rangordnung nach § 1609 BGB aufzeigt. In seinen Materialien wies er darauf hin, dass es keine Lebensstandardgarantie gibt, sondern der nacheheliche Unterhalt nur dem Nachteilsausgleich für in der Ehe durch Übernahme der Familienarbeit erlittene berufliche Nachteile dient.[272] Die neue Rechtsprechung des BGH setzte auch die vom Gesetzgeber gewollte **Verfahrensvereinfachung** um.[273]

471 **Mit Beschluss vom 25. 1. 2011 hat das BVerfG** die Anwendung der sog. Drittelmethode bei der Ermittlung des Bedarfs des Geschiedenen wegen Verstoßes gegen Art. 2 i. V. mit Art. 20.3 GG für **verfassungswidrig** erklärt (eingehend Rn. 427, zur Kritik Rn. 428).[274] In der Begründung stellt das BVerfG zwar einerseits wieder auf die Scheidung als Stichtag ab, räumt aber andererseits ein, dass Veränderungen nach der Scheidung nicht nur in den Bedarf einfließen, wenn es sich um in der Ehe angelegte Erhöhungen handelt, sondern auch, wenn es um Einkommensminderungen geht, die auch ohne Scheidung entstanden wären.[275] Eine **Bindungswirkung** an die Entscheidung des BVerfG besteht nur bezüglich der untersagten Einbeziehung des Unterhalts eines neuen Ehegatten in den Be-

---

[263] BGH FamRZ 2007, 793 = R 674 b; FamRZ 2003, 590 = R 586 a
[264] BGH FamRZ 2008, 968 = R 689 g; FamRZ 2007, 793 = R 674 b; FamRZ 2006, 683 = R 649 f, g
[265] BGH FamRZ 2008, 968 = R 689 g; FamRZ 2006, 683 = R 649 h; FamRZ 2003, 590 = R 586 a
[266] BGH FamRZ 2008, 968 = R 689 g
[267] BGH FamRZ 2008, 968 = R 689 g
[268] BGH FamRZ 2010, 111 = R 707 a; FamRZ 2009, 411 = R 702 a; FamRZ 2008, 1911 = R 695 a
[269] Vgl. z. B. Graba FamRZ 2010, 1131; Brudermüller FF 2010, 134; Maurer FamRZ 2008, 1985
[270] BT-Drs. 16/1830 S. 1, 12
[271] BGH FamRZ 2008, 968 = R 689 g
[272] BT-Drs. 16/1830 S. 18
[273] BT-Drs. 16/1830 S. 2, 14
[274] BVerfG FamRZ 2011, 437 = R 722 d, e, i
[275] BVerfG FamRZ 2011, 437 = R 722 f

3. Abschnitt: Unterhaltsbedarf und Bedarfsbemessung beim Ehegattenunterhalt § 4

darf des Geschiedenen, weil dies die Scheidung voraussetzt, nicht aber in die allgemeinen Ausführungen des BVerfG, die sich im Leitsatz nicht niedergeschlagen haben (eingehend Rn. 429 ff.). Es verbleibt daher ansonsten bei der Rechtsprechung des BGH, d. h. es besteht **kein Stichtagsprinzips** mehr; alle Einkommensänderungen nach der Trennung/Scheidung, die ihre Grundlagen in der Ehe hatten oder auch **ohne Scheidung** eingetreten wären und nicht leichtfertig entstanden sind, sind weiterhin zu berücksichtigen (näher Rn. 429 ff., 669 ff.). Dies gilt für in der Ehe angelegte Einkommenserhöhungen und für einen nicht voraussehbaren Einkommensrückgang, z. B. wegen unverschuldeter Arbeitslosigkeit oder durch neue Belastungen, die nicht leichtfertig entstanden sind, z. B. Unterhaltslasten für neue Kinder oder neue Schulden (eingehend Rn. 429 ff. und Rn. 1/1003 ff.). Eine **Ausnahme** besteht beim Bedarf des Geschiedenen wegen der Entscheidung des BVerfG nur für die Unterhaltslast eines neuen Ehegatten, da dies die Scheidung voraussetzt, d. h. sie ohne Scheidung nicht entstehen konnte.

Nach der **geänderten Rechtsprechung des BGH zu den ehelichen Lebensverhältnissen** seit der Surrogatslösung gelten damit unter Berücksichtigung der Entscheidung des BVerfG vom 25. 1. 2011 folgende Grundsätze:

- Vor der Trennung eingetretene Einkommensentwicklungen sind stets prägend.[276] Voraussetzung ist nur, dass es sich um **nachhaltig erzielte dauerhafte Einkünfte** handelte. Nur vorübergehende kurzfristige Veränderungen (Verbesserungen oder Verschlechterungen) sind unbeachtlich.[277]   472
- **Einkommenserhöhungen** nach der Trennung und nach der Scheidung sind in der Ehe angelegt, wenn sie ihre Grundlagen in der Ehe hatten. Wann bei diesen Einkünften in der Folgezeit Veränderungen eintraten, ist dagegen nicht entscheidend. Angelegt in der Ehe ist auch die Aufnahme bzw. Ausweitung der Erwerbstätigkeit als **Surrogat der Familienarbeit** des Bedürftigen. Die Voraussetzungen einer normalen Weiterentwicklung des Erwerbseinkommens müssen in den für die eheliche Lebensgestaltung vor der Trennung maßgeblichen Umständen begründet gewesen sein.[278]   473
- Eheprägend sind auch Einkommensveränderungen bei **Vermögenseinkünften** nach der Trennung, wenn die Einkunftsquelle bereits in der Ehe bestand (näher Rn. 591 ff.), z. B. bei Zinseinkünften aus Kapitalvermögen und Einkünften aus Vermietung/Verpachtung oder es sich um das Surrogat früherer Vermögenseinkünfte handelt, z. B. Zinseinkünfte aus Veräußerung des Familienheimes (näher Rn. 1/557 ff.)[279] oder aus dem Zugewinnausgleich (näher Rn. 596 und 1/570).[280]   474
- In der Ehe angelegt sind ferner unterhaltsbezogen nicht leichtfertig entstandene **Einkommensreduzierungen,**[281] die zu einem Einkommensrückgang führen. Dabei kommt es nicht darauf an, ob die Einkommensreduzierung voraussehbar war, sondern nur, ob sie auch **ohne Scheidung eingetreten** wäre.[282]   475
- Berücksichtigungswürdig sind auch alle **Änderungen bei den Ausgaben**, die nach der Trennung und Scheidung eingetreten sind, soweit sie auf keinen unterhaltsbezogen leichtfertigen Verhalten beruhen und auch **ohne Scheidung entstanden** wären. Dies galt schon immer für eine geänderte Steuerklasse oder das Hinzutreten einer neuen Steuer (näher Rn. 1/1009 ff.),[283] höhere Leistungen für Vorsorgeaufwendungen, z. B. durch die   476

---

[276] BGH FamRZ 1988, 259, 262
[277] BGH FamRZ 1992, 1045, 1047
[278] BGH FamRZ 2009, 411 = R 702 a; FamRZ 2008, 1911 = R 695 a; FamRZ 2008, 968 = R 689 g; FamRZ 2003, 590, 592 = R 586 b; vgl. auch BVerfG FamRZ 2011, 437 = R 722 e
[279] BGH FamRZ 2009, 23; FamRZ 2008, 963 = R 692 a; FamRZ 2006, 387 = 643 f; FamRZ 2005, 1159 = R 623 c; FamRZ 2002, 88 = R 569 b; FamRZ 2001, 1140; FamRZ 2001, 986, 991 = R 563 e
[280] BGH FamRZ 2008, 963 = R 692 h; FamRZ 2007, 1532 = R 681 k
[281] BGH FamRZ 2010, 111 = R 707 a; FamRZ 2009, 411 = R 702 a; FamRZ 2008, 1911 = R 695 a; FamRZ 2008, 968 = R 689 g; FamRZ 2007, 793 = R 674 b; FamRZ 2003, 590 = R 586 a
[282] BGH FamRZ 2010, 111 = R 707 a; FamRZ 2009, 411 = R 702 a; FamRZ 2008, 1911 = R 695 a; FamRZ 2008, 968 = R 689 g; FamRZ 2007, 793 = R 674 b; FamRZ 2006, 683 = R 649 e, f, g
[283] BGH FamRZ 2007, 793 = R 674 b; FamRZ 1991, 670; FamRZ 1991, 304; FamRZ 1990, 503

Aufstockung der Gesamtaltersversorgung auf 24% des Bruttoeinkommens (näher Rn. 1/ 1035, 1038),[284] höhere berufsbedingte Aufwendungen (vgl. Rn. 1/1049), neu entstandene Kinderbetreuungskosten (näher § 1 Rn. 1062) oder einen neuen alters- oder krankheitsbedingter Mehrbedarf (näher Rn. 1/1069). Seit der geänderten Rechtsprechung des BGH mit Urteil vom 15. 3. 2006 gilt dies auch für unvermeidbare neue Schulden (näher Rn. 1/1084)[285] und neue Unterhaltslasten für minderjährige Kinder (näher Rn. 1/1122),[286] Eltern oder Ansprüche nach § 1615 l BGB (näher Rn. 1/1128, 1129). **Nicht** erfasst werden beim Bedarf des geschiedenen Ehegatten entgegen der bisherigen Rechtsprechung des BGH nach der Entscheidung des BVerfG vom 25. 1. 2011 **Unterhaltslasten eines neuen Ehegatten** beim Bedarf des Geschiedenen, weil sie **ohne Scheidung nicht entstanden** wären.[287]

477 • Kommt es **nach der Trennung** zu einer **unerwarteten, außerhalb des Normalverlaufs** liegenden Einkommenserhöhung, die nicht in der Ehe angelegt war, kann nicht davon ausgegangen werden, dass die nach der Trennung oder nach der Scheidung erzielten Einkünfte Ausdruck der ehelichen Lebensverhältnisse sind, wie sie während des Zusammenlebens in intakter Ehe bis zur Trennung bestanden haben.[288] Dies hat der BGH bereits im sogenannten Pelzhändlerfall 1982 entschieden.[289] Auch nach seiner geänderten Rechtsprechung zu den ehelichen Lebensverhältnissen hat der BGH an diesen Grundsätzen festgehalten.[290] Eine unerwartete, vom Normalverlauf abweichende Einkommensentwicklung liegt bei einer sog. **Leistungsbeförderung** bzw. einem **nicht voraussehbaren Karrieresprung**[291] oder einer besonderen unternehmerischen Leistung[292] nach der Trennung vor (näher Rn. 570 ff.). Bei einer solchen, vom Normalverlauf abweichenden Entwicklung ist ein im Zeitpunkt der Trennung oder Scheidung erzieltes Einkommen **nur in dieser Höhe prägend.** Es ist lediglich ab dem nicht in der Ehe angelegten Anstieg entsprechend der allgemeinen Lohnentwicklung fortzuschreiben, notfalls nach den Indexdaten der statistischen Jahrbücher (näher Rn. 684).[293]

478 • Bei **Vermögenseinkünften** liegt eine **unerwartete Einkommensentwicklung** vor, wenn sie erstmals nach der Trennung entsteht, ohne Surrogat früherer Vermögenseinkünfte zu sein und damit der Ehepartner an diesen Einkünften während des Zusammenlebens niemals partizipiert hat, d. h. der Lebensstandard durch sie nie geprägt wurde. Dies gilt z. B. für Zinseinkünfte, die erst **nach der Trennung erstmals entstanden** sind, z. B. aus einer erst nach der Trennung angefallenen **Erbschaft** (näher Rn. 597)[294] oder erst nach der Trennung/Scheidung aufgenommenen Ersparnissen. Eine **Prägung entfällt** aber auch, wenn bei sehr guten Einkommensverhältnissen nach einem objektiven Maßstab **Vermögenseinkünfte nicht** oder nicht in voller Höhe **für die Lebensführung benötigt** werden (näher Rn. 458, 463, 603),[295] was stets für eine konkrete Bedarfsermittlung spricht (vgl. Rn. 763 ff.).

479   Zusammenfassend ist festzustellen, dass der BGH auch nach der geänderten Rechtsprechung trotz Wandelbarkeit der ehelichen Lebensverhältnisse, an der Differenzierung

---

[284] BGH FamRZ 2009, 1207; FamRZ 2007, 1232 = R 678 f; FamRZ 2007, 793 = R 674 c
[285] BGH FamRZ 2010, 538
[286] BGH FamRZ 2010, 111 = R 707; FamRZ 2009, 411 = R 702 b; FamRZ 2008, 968 = R 689 g; FamRZ 2006, 683 = R 649 h
[287] BVerfG FamRZ 2011, 437 = R 722 f
[288] BGH FamRZ 2008, 968 = R 689 g
[289] BGH FamRZ 1982, 576, 578
[290] BGH FamRZ 2009, 411 = R 702 a; FamRZ 2008, 968 = R 689 g; FamRZ 2007, 1232 = R 678 a; FamRZ 2007, 793 = R 674 a; FamRZ 2003, 848, 850 = R 588 c; FamRZ 2003, 590, 592 = R 586 b
[291] BGH FamRZ 2007, 793 = R 674 a; FamRZ 2003, 590 = R 586 b; FamRZ 2001, 986, 991 = R 563 c; FamRZ 1990, 1085; FamRZ 1987, 913, 915 = R 339 c
[292] BGH FamRZ 1982, 576, 578
[293] BGH FamRZ 1982, 576, 578
[294] BGH FamRZ 2006, 387 = R 643 d; FamRZ 1988, 1145; OLG Frankfurt FamRZ 1986, 165; OLG Hamm FamRZ 1992, 1184
[295] BGH FamRZ 2007, 1532 = R 681 d

3. Abschnitt: Unterhaltsbedarf und Bedarfsbemessung beim Ehegattenunterhalt § 4

prägender und nichtprägender Einkünfte (besser: in der Ehe angelegter und nicht in der Ehe angelegter) und berücksichtigungswürdiger Ausgaben festhält. Durch die Entscheidung des BVerfG vom 25. 1. 2011 kam es bei den Verbindlichkeiten nur zu einer Korrektur der Rechtsprechung des BGH hinsichtlich der Berücksichtigung des Unterhalts eines neuen Ehegatten beim Bedarf des Geschiedenen, weil diese Unterhaltslast ohne Scheidung nicht entstanden wäre.[296] Für die **Abgrenzung bei Einkommensveränderungen** kommt es entgegen den wiedersprüchlichen, nicht bindenden Feststellungen des BVerfG nicht mehr auf die Trennung und Scheidung an, sondern bei Erhöhungen, ob sie in der Ehe angelegt sind, bei Reduzierungen, ob sie nicht unterhaltsbezogen leichtfertig entstanden sind und auch ohne Scheidung eingetreten wären. Die **geänderte Rechtsprechung** des BGH zu den ehelichen Lebensverhältnissen führt dabei zu der dringend erforderlichen und vom Gesetzgeber angemahnten **Vereinfachung der Unterhaltsrechtsprechung.** Lediglich die vom BVerfG verworfene Berücksichtigung des Unterhalts eines neuen Ehegatten beim Bedarf des Geschiedenen erfordert noch eine umfangreichere Doppelberechnung bei Bedarf und Leistungsfähigkeit (näher Rn. 805 ff., 5/107 ff.) und mißachtet damit den Vereinfachungsgrundsatz. Bei **Einkommenssenkungen** wirft die Frage der Berücksichtigungswürdigkeit beim Bedarf keine Probleme auf, da nur – entsprechend der früheren Rechtsprechung zur Leistungsfähigkeit – darauf abzustellen ist, ob es sich um ein unterhaltsbezogen leichtfertiges Verhalten handelt und die Veränderung auch ohne Scheidung eingetreten wäre.Bei **Einkommenserhöhungen,** z. B. durch einen sog. Karrieresprung, bereitet die Abgrenzung dagegen weiterhin Schwierigkeiten. Denn es ist im Einzelfall oft schwer zu beurteilen, ob und inwieweit eine Einkommensentwicklung in der Ehe angelegt ist oder nicht, da sie bei Erwerbseinkünften regelmäßig auf eine zumeist voreheliche Berufsausbildung aufbaut. Auch bei neuen Vermögenseinkünften wie einer Erbschaft besteht die Erwartung hierauf vielfach schon in der Ehe.[297] Deshalb hat der Arbeitskreis 3 des 17. Deutschen Familiengerichtstages 2007 empfohlen, bei **Erwerbseinkünften** künftig nur noch auf das tatsächlich vorhandene Einkommen abzustellen und Korrekturen über die Begrenzung des nachehelichen Unterhalts aus Billigkeitsgründen nach § 1578 b BGB vorzunehmen. Nachdem der Gesetzgeber dem nicht gefolgt ist, ist bei Erhöhungen weiterhin im konkreten Einzelfall zu prüfen, ob ein sog. Karrieresprung nach der Trennung vorliegt (näher Rn. 570 ff.).

12. Verbot der Doppelverwertung

a) Grundsatz. Im Unterhaltsrecht galt schon immer, dass die gleiche Position für die Berechnung nicht zweimal angesetzt werden kann. Kinderbetreuungskosten und Betreuungsbonus können nicht als Abzugsposten gemäß Ziff. 10.3 der Leitlinien bei der Bereinigung des Nettoeinkommens und zugleich als anrechnungsfreier Betrag nach § 1577 II BGB berücksichtigt (vgl. Rn. 1/812, 1053), bei Zusammenleben des Bedürftigen mit einem neuen Partner nicht einerseits ein Einkommen aus einem Vergütungsanspruch eigener Art und andererseits zusätzlich aus ersparten Aufwendungen angesetzt (vgl. Rn. 588) oder bei einer beiden Eheleuten gehörenden Wohnung, die nur ein Ehepartner nutzt, neben dem Wohnwert eine Nutzungsentschädigung verlangt werden (vgl. Rn. 1/533).[298] Regelmäßig unberücksichtigt blieben früher aber **Doppelverwertungen im Unterhalt und Zugewinn,** wenn jeweils die gleiche Vermögensposition ausgeglichen wurde,[299] obwohl es dadurch zu erheblichen Benachteiligungen eines Ehegatten kommen konnte Dies war allerdings bei Aktiva immer nur der Fall, wenn für die Unterhaltsberechnung der Vermögensstamm einzusetzen war.[300] Die Benachteiligung traf bei einem doppelten Ansatz von Aktiva den Pflichtigen, bei einem doppelten Ansatz von Passiva den Bedürftigen.

480

---

[296] BVerfG FamRZ 2011, 437 = R. 722 f
[297] Vgl. z. B. BGH FamRZ 2006, 387 = R. 643 e
[298] BGH FamRZ 2003, 432 = R. 583
[299] BGH FamRZ 2011, 622
[300] BGH FamRZ 2011, 622

Mit seiner Entscheidung vom 11. 12. 2002 hat der BGH in Änderung seiner früheren Rechtsprechung darauf hingewiesen, dass bei Ehegatten nach der Trennung **keine zweifache Teilhabe** an der gleichen Rechtsposition erfolgen darf.[301] Im konkreten Fall ging es um eine **Unternehmensbeteiligung,** die bereits als unterhaltsrechtliches Einkommen angesetzt worden war und deshalb nicht zusätzlich als Vermögenswert beim Zugewinn berücksichtigt werden konnte. Als weiteres Beispiel des Verbots der Doppelverwertung wies der BGH auf vor dem Stichtag für den Zugewinn ausgezahlte **Abfindungen** hin, die für die Unterhaltsberechnung herangezogen wurden (vgl. näher Rn. 1/93 ff.) und deshalb nicht zusätzlich für den Zugewinn zur Verfügung stehen konnten.[302] Das Gleiche gilt, wenn eine Vermögensmasse über den Zugewinn ausgeglichen wurde, aus dem gleichen Vermögen können dann beim Ausgleichspflichtigen im Unterhalt keine fiktiven Zinsen angesetzt werden.[303] Die neue Rechtsprechung des BGH löste in der Literatur eine umfangreiche Diskussion aus.[304] Dem vom BGH herausgestellten Grundsatz „keine zweifache Teilhabe" wurde zwar zugestimmt, über die Ausgestaltung bei der Berechnung des Unterhalts und Zugewinns bestehen aber nach wie vor unterschiedliche Auffassungen. In der Praxis sind allerdings die Fälle, in denen eine Abfindung vor dem Stichtag für den Zugewinn ausbezahlt und bei Rechtshängigkeit des Scheidungsverfahrens noch nicht vorhanden ist, nicht so häufig. Eine größere Bedeutung hatte das Verbot der Doppelverwertung bei Passiva (näher Rn. 484 ff.), solange nach der früheren Rechtsprechung des BGH auch Tilgungen zur einseitigen Vermögensbildung ab Rechtshängigkeit des Scheidungsverfahrens beim Unterhalt für die Bedarfsermittlung berücksichtigt wurden, andererseits beim Zugewinnausgleich kraft Gesetzes das Endvermögen minderten (vgl. § 1375 BGB). Diese Rechtsprechung hat der BGH zwischenzeitlich geändert (näher Rn. 455 sowie 1/510, 569, 1092, 1135).[305]

Kein Verstoß gegen das Verbot der Doppelverwertung liegt vor, wenn es im Unterhalt um die Nutzung des Vermögens als Einkommen und im Zugewinnausgleich um den Vermögensstamm als anzusetzendes Endvermögen geht, z. B. beim Eigenheim der Wohnwert (Unterhalt) und der Wert der Immobilie als Vermögen (Zugewinn)[306] oder bei Ansatz von Zinseinkünften (Unterhalt) und dem Bankguthaben (Zugewinn).[307]

481 **b) Aktive Vermögenspositionen.** Das Verbot der Doppelverwertung betrifft beim Aktivvermögen vor allem die Behandlung einer **Abfindung.** Wird sie erst **nach Rechtshängigkeit** geleistet, ist sie nach ständiger Rechtsprechung des BGH unterhaltsrechtliches Einkommen, um bei einem Arbeitsplatzverlust einen Einkommensrückgang aufzufangen (vgl. näher Rn. 1/93).[308] Wird sie **vor der Rechtshängigkeit** des Scheidungsverfahrens als Stichtag für den Zugewinnausgleich ausbezahlt, gelten für die Berechnung des Unterhalts die gleichen Grundsätze. Beim Zugewinn stellt sich dann aber das Problem, ob und wenn ja in welcher Höhe die Abfindung weiterhin als unterhaltsrechtliches Einkommen anzusehen ist oder Endvermögen im Sinne des § 1375 I BGB beim Zugewinnausgleich bildet. Der BGH hatte früher vertreten, eine am Stichtag für den Zugewinnausgleich vorhandene Abfindung bilde eine Vermögensposition beim Endvermögen.[309] War wie üblich vorher bereits der Trennungsunterhalt berechnet und die Abfindung dort zur Aufstockung des Einkommens herangezogen worden, kam es deshalb zu Benachteiligungen des Unterhaltspflichtigen wegen einer Doppelverwertung. Denn wenn er z. B. auch Zugewinnausgleichspflichtiger war, wurde der Zugewinn zwar zum Stichtag berechnet, aber frühestens mit der Scheidung endgültig errechnet und zugesprochen. Erst mit der Scheidung stand damit fest,

---

[301] BGH FamRZ 2003, 432 = R 583
[302] BGH FamRZ 2003, 432 = R 583 mit Anm. Kogel FamRZ 2003, 1645; FamRZ 2003, 1544; FamRZ 2004, 1352 mit Anm. Bergschneider
[303] BGH FamRZ 2007, 1532 = R 681 h
[304] Vgl. z. B. Gerhardt/Schulz FamRZ 2005, 145; 2005, 317; 2005, 1523; Schulz FamRZ 2006, 1237; Kogel FamRZ 2003, 1645; 2004, 1614; Maurer FamRZ 2005, 757; 2005, 1526; Hoppenz FamRZ 2006, 1242; Balzer/Gutdeutsch FamRZ 2010, 341
[305] BGH FamRZ 2008, 963 = R 692 d
[306] BGH FamRZ 2011, 622; FamRZ 2008, 761; FamRZ 2007, 1532 = R 681 h
[307] BGH FamRZ 2011, 622
[308] BGH FamRZ 2007, 983 = R 676 d
[309] BGH FamRZ 1998, 362; FamRZ 1982, 148

inwieweit sich der Ansatz der Abfindung als Vermögen güterrechtlich auswirkte. Der Pflichtige musste aber den bereits errechneten Trennungsunterhalt auch nach der Rechtshängigkeit des Scheidungsverfahrens weiter leisten. Der BGH hat deshalb diese Rechtsprechung geändert und darauf hingewiesen, dass es zu keiner zweifachen Teilhabe am gleichen Einkommen/Vermögen kommen darf.[310] Während im Gesetz in § 1587 III BGB die Abgrenzung von Zugewinn und Versorgungsausgleich geregelt ist, fehlt eine entsprechende Bestimmung im Verhältnis Unterhalt und Zugewinn. § 1587 III BGB enthält aber über seinen unmittelbaren Geltungsbereich hinaus den **allgemeinen Rechtsgedanken,** dass der Gesetzgeber beim Scheidungsfolgenrecht nicht beabsichtigte, durch Ansatz der gleichen Vermögensposition im Unterhalt und Zugewinnausgleich einen Ehegatten doppelt zu bevorzugen bzw. zu benachteiligen.[311]

- **Abfindungen** werden beim Arbeitnehmer bei Abbau von Arbeitsplätzen bezahlt, insbesondere bei Vorruhestandsregelungen, ebenso bei unberechtigten Kündigungen. Bei dem Abbau von Arbeitsplätzen steht der Versorgungscharakter im Vordergrund, bei unberechtigten Kündigungen die Entschädigung für den Verlust des Arbeitsplatzes.[312] Die unterschiedlichen Gründe für die Leistung von Abfindungen bedeuten aber nicht, dass sie familienrechtlich unterschiedlich zu charakterisieren ist. **Die Abfindung ist in erster Linie unterhaltsrechtliches Einkommen,** auch wenn sie in einem Betrag ausbezahlt wird (näher Rn. 1/93).[313] Als Einkommen stellt sie aber kein Vermögen im Sinne des § 1375 I BGB dar. Dies bedeutet, die Abfindung kann – wenn überhaupt – im Gegensatz zur früheren Rechtsprechung des BGH nur als Vermögen eingesetzt werden, wenn sie für die Unterhaltsberechnung nicht benötigt wird. Dies ergibt sich auch aus der Rechtsprechung des BGH zur Inhaltskontrolle von Eheverträgen, bei der er zu Recht ausgeführt hat, dass der Unterhalt zur Sicherung des vorhandenen Lebensstandards dem Kernbereich des Scheidungsfolgenrechts zuzuordnen ist, nicht dagegen der Zugewinn als Teilhabe an dem in der Ehe erwirtschafteten Vermögen.[314] Außerdem ist nach Trennung der Eheleute zunächst immer der Trennungsunterhalt zu errechnen, bei dem die Abfindung als Einkommen eingesetzt wird, der Zugewinnausgleich wird im Ergebnis erst bei der Scheidung ermittelt. Ob es sich bei der Abfindung überhaupt um eine Vermögensposition handeln kann, die im Güterrecht zu berücksichtigen ist, wurde vom BGH in seinen Entscheidungen zum Verbot der Doppelverwertung bisher nicht in Frage gestellt[315] und von ihm in seiner früheren Rechtsprechung uneingeschränkt bejaht.[316] In der Literatur werden hiergegen zwischenzeitlich gewichtige Einwände erbracht, nachdem der Verlust des Arbeitsplatzes kein güterrechtliches Vermögen beinhaltet.[317] Da die Abfindung zunächst immer **unterhaltsrechtliches Einkommen** ist, besteht für den Bedürftigen entgegen in der Literatur zum Teil vertretenen Auffassungen **kein Wahlrecht,** ob die Abfindung unterhaltsrechtlich oder güterrechtlich angesetzt wird.[318] Vermögen kann sie, um eine Doppelverwertung zu vermeiden, nur bezüglich des für den Trennungs- und nachehelichen Unterhalt nicht benötigten Restes darstellen.

- Die Vorbehalte gegen diese Lösung beruhen zum einen darauf, dass die Ermittlung des künftigen Unterhalts eine Prognoseentscheidung darstellt, die sich nach dem Stichtag für die Errechnung des Zugewinnausgleichs ändern kann, zum anderen, dass Befürchtungen bestehen, der Pflichtige werde die Abfindung bei einer Umlage auf einen längeren Zeitraum vorzeitig verbrauchen.[319] Diese Gründe können jedoch nicht dazu führen, eine beim Stichtag noch vorhandene Abfindung ohne Berücksichtigung der Unterhaltsver-

---

[310] BGH FamRZ 2007, 1532 = R 681 h; FamRZ 2004, 1352; FamRZ 2003, 432 = R 583
[311] Gerhardt/Schulz FamRZ 2005, 145; Schulz FamRZ 2006, 1237
[312] Maurer FamRZ 2005, 757
[313] BGH FamRZ 2007, 983 = R 676 d; FamRZ 2004, 1352; FamRZ 1990, 269; FamRZ 1987, 359
[314] BGH FamR 2004, 601 = R 608 a
[315] BGH FamRZ 2003, 432 = R 583; FamRZ 2004, 1352
[316] BGH FamRZ 1982, 148; 1998, 362; 2001, 278
[317] Maurer FamRZ 2005, 758; Schulz FamRZ 2006, 1237
[318] So aber Kogel FamRZ 2004, 1614; Bergschneider in Anm. zu BGH FamRZ 2004, 1352; FamRZ 2004, 1532; Haußleiter NJW-Spezial, 2004, 247; Soyka FuR, 2005, 757
[319] Zur Sicherungsmöglichkeiten des Bedürftigen vgl. Gerhardt/Schulz, FamRZ 2005, 145

pflichtung generell als Vermögen anzusetzen, obwohl die Abfindung ansonsten immer unterhaltsrechtlichen Charakter hat. Ferner ist zu berücksichtigen, dass jeder Unterhalt für die Zukunft eine Prognose beinhaltet. Die sich aus dem Zusammentreffen einer Prognoseentscheidung (Unterhalt) und starren Stichtagsregelung (Zugewinn) ergebende Problematik, wie in diesen Fällen die Abfindung aufzuteilen ist, beruht allein auf dem Umstand, die Abfindung nicht generell wie z. B. eine Tantieme nur als unterhaltsrechtliches Einkommen anzusetzen.

- Die Abfindung dient nicht nur der Aufrechterhaltung des Unterhalts des Bedürftigen trotz gesunkenen Einkommens, sondern auch der **Finanzierung des eigenen Unterhalts des Pflichtigen**.[320] Die Sicherung des eigenen Unterhalts, auch für die Zukunft, geht der Leistung von Unterhalt an den Bedürftigen sogar vor. Dieser Umstand ist vor allem bei Vorruhestandsabfindungen zu beachten, weil in diesen Fällen vielfach der Bezug des Arbeitslosengeldes des Pflichtigen ausläuft, bevor er eine Altersrente beantragen kann und die Abfindung – nach Abzug eines Freibetrages (vgl § 12 SGB II) – einzusetzen ist, bevor subsidiäre Leistungen nach dem SGB II in Anspruch genommen werden können. Im Unterhaltsbeschluss oder Unterhaltsvergleich ist daher festzulegen, in welchem Umfang die Abfindung unterhaltsrechtlich benötigt wird.

483 - **Sonstige Vermögenspositionen.** Obige Ausführungen gelten entsprechend bei Steuererstattungen,[321] bei Unternehmensbeteiligungen,[322] Aktienoptionen[323] und beim Zugewinnausgleich für Zinsen aus einem inzwischen aufgeteilten Vermögen.[324] Beim sog. „good will" als Praxiswert ist zur Vermeidung einer Doppelverwertung nach BGH als Unternehmerlohn das unterhaltsrechtlich ermittelte Einkommen und nicht wie früher ein fiktiver kalkulatorischer Betrag anzusetzen.[325]

484 **c) Verbot der Doppelverwertung bei Schulden.** Bei Verbindlichkeiten betrifft das Verbot der Doppelverwertung nur die **Tilgung**, nicht die Zinsen, weil als Passiva beim Endvermögen im Zugewinn nach § 1375 I BGB nur die Tilgung angesetzt wird. Auswirkungen zeigt die zweifache Benachteiligung in der Praxis regelmäßig nur, wenn es sich um Tilgungsleistungen zur **einseitigen Vermögensbildung** handelt, die keine zulässige Altersvorsorge darstellen.[326] Nach der geänderten Rechtsprechung des BGH sind diese Tilgungsleistungen ab Rechtshängigkeit des Scheidungsverfahrens als Stichtag für den Zugewinnausgleich beim Unterhalt nicht mehr zu berücksichtigen (näher Rn. 455, 1/510, 1092, 1135).[327] Das Problem der Doppelverwertung stellt sich in diesen Fällen deshalb bei Schulden nicht mehr. Handelt es sich bei der einseitigen Vermögensbildung um eine zulässige Altersvorsorge, kommt es zu keiner zweifachen Benachteiligung, auch wenn dieselbe Tilgung beim Zugewinn als Alleinschuld angesetzt wurde, weil sie unterhaltsrechtlich keine Verbindlichkeit bildet, sondern eine Vorsorgeaufwendung.

485 Bei Konsumkrediten gibt es in der Praxis nur selten in der Ehe einseitig aufgenommene berücksichtigungswürdige Verbindlichkeiten.[328] Bei **Gesamtschulden** ist zu differenzieren. Kamen sie beiden Ehegatten zu Gute, z. B. beim Kauf eines gemeinsamen Eigenheims oder einer Immobilie zur **gemeinsamen Vermögensbildung,** sind sie beim Zugewinn als Passiva bei jedem Ehegatten zur Hälfte anzusetzen, beim Unterhalt als Abzugsposten beim Wohnwert (vgl. Rn. 1/508). Zu einer Doppelverwertung kann es in diesen Fällen daher nur kommen, wenn beim Zugewinn fehlerhaft die Gesamtschuld bei einem Ehegatten in voller Höhe angesetzt wird, weil er sie tilgt, da der hälftige Ausgleich bereits durch den Vorabzug der Schuld beim Unterhalt berücksichtigt wurde.[329] Handelt es sich im **Innen-**

---

[320] BGH FamRZ 2004, 1352; OLG München FamRZ 2005, 713
[321] Schulz FamRZ 2006, 1308
[322] BGH FamRZ 2003, 432 = R 583
[323] OLG Oldenburg FamRZ 2009, 1911
[324] BGH FamRZ 2007, 1532 = R 681 h
[325] BGH FamRZ 2011, 622; FamRZ 2008, 761
[326] Gerhardt FuR 2007, 393
[327] BGH FamRZ 2009, 23; FamRZ 2008, 963 = R 692 d
[328] Gerhardt/Schulz FamRZ 2005, 1523; nicht berücksichtigungswürdig sind z. B. einseitige Luxusausgaben (vgl Rn. 1/1087)
[329] BGH FamRZ 2008, 761

3. Abschnitt: Unterhaltsbedarf und Bedarfsbemessung beim Ehegattenunterhalt § 4

verhältnis um keine Gesamtschuld, weil sie ausschließlich im Interesse eines Ehegatten eingegangen wurde, z. B. für dessen Firma oder für eine im Alleineigentum eines Ehegatten stehende Immobilie, hat dieser im Innenverhältnis den Kredit alleine abzutragen.[330] Die Verbindlichkeit ist dann zur Vermeidung einer Doppelverwertung wie eine einseitige Schuld zu behandeln.

– in dieser Auflage nicht belegt – 486–549

II. Überblick zu den in der Ehe angelegten und nicht angelegten Einkünften, berücksichtigungswürdigen Ausgaben sowie Änderungen der Einkommensverhältnisse nach Trennung und Scheidung

1. Überblick zu den prägenden und nichtprägenden Einkünften

a) Einkünfte fließen in unterschiedlicher und sich ändernder Höhe aus verschiedenen 550 konkreten Einkunftsquellen.
Die wichtigsten Einkunftsquellen sind:
– **Erwerbseinkünfte** (z. B. aus abhängiger oder selbstständiger Erwerbstätigkeit).
– **Vermögenseinkünfte** (z. B. Mietzinsen, Kapitalzinsen, Unternehmensbeteiligungen, Nutzungsentschädigungen, Wohnvorteil u. ä.).
– **Sonstige** gesetzliche oder soziale Leistungen des Staates mit Einkommenscharakter, (z. B. Arbeitslosengeld, Krankengeld, Elterngeld, Pflegegeld, Renten (hierzu näher Rn. 1/ 664 ff.).
– **Vermögenswerte Vorteile** (z. B. private Nutzung eines Firmenwagens, Ersparnis durch das Zusammenleben, Haushaltsführung für einen neuen Partner).

b) Wie bereits ausgeführt, beurteilt sich der sog. **prägende Charakter** von Einkünften 551 danach, ob die aus einer konkreten Einkunftsquelle geflossenen Einkünfte als in der Ehe angelegt angesehen werden können.Dies ist zu bejahen, wenn die **konkrete Einkunftsquelle in der Ehe vorhanden** war und die Einkünfte aus dieser Einkunftsquelle auf Grund der Aufgabenverteilung in der Ehe und der sonstigen gemeinsamen Eheplanung erzielt wurden (s. Rn. 416 ff.) oder ein **Surrogat der gleichwertigen Familienarbeit** (s. Rn. 422 ff., 580 ff.) bzw. **vorhandener Vermögenseinkünfte** sind (s. Rn. 474, 591 ff.). Aus diesem Grunde sind ab der Trennung und Scheidung prägend:
• Einkünfte, die **bis zur Trennung** aus einer Einkunftsquelle geflossen sind, weil sich aus ihrem Bestehen ergibt, dass die Erzielung dieser Einkünfte aus den in der Ehe angelegten Einkunftsquellen stammen (s. näher Rn. 552). Dies gilt auch für ihre normale Fortentwicklung (vgl. Rn. 557).
• Einkünfte, die zwar erstmals nach der Trennung aus einer Einkunftsquelle fließen, aber Surrogat der gleichwertigen Familienarbeit sind oder Surrogat einer Vermögensumschichtung bilden (z. B. Zinsen statt Wohnwert bei Veräußerung des Familienheimes).

c) In der Ehe angelegte Einkünfte: 552
• Einkünfte, die im Zeitpunkt der Trennung als prägend beurteilt werden können, behalten ihren prägenden Charakter, wenn sie aus der gleichen Einkunftsquelle normal weiterfließen.
• Einkommensänderungen sind prägend, wenn die Einkommensentwicklung nach der Trennung und nach der Scheidung einem **Normalverlauf** entspricht (s. näher Rn. 473, 557 ff.). Dies gilt sowohl für übliche Gehaltssteigerungen oder Regelbeförderungen (s. Rn. 560, 565 ff.) als auch für unterhaltsbezogen nicht leichtfertige Einkommensreduzierungen z. B. durch unvermeidbare Gehaltssenkungen, Kurzarbeitergeld, unverschuldete Arbeitslosigkeit oder Verrentung/Pensionierung (s. Rn. 561 ff.).
• Bei einer unerwarteten, vom Normalverlauf erheblich abweichenden Einkommensentwicklung (z. B. einem Karrieresprung) bleiben die Einkünfte nur in der Höhe prägend,

---

[330] BGH FamRZ 1988, 596; 1997, 960; Gerhardt/Schulz FamRZ 2005, 317, 2005, 1523, eingehend Haußleiter/Schulz Kap 5 Rn. 179 ff.

die sie vor Beginn der vom Normalverlauf abweichenden Entwicklung hatten (s. näher Rn. 477, 572 ff.).
- Nach der Trennung erstmalig erzielte Erwerbseinkünfte, die als Surrogat der Haushaltsführung in der Ehe anzusehen sind (näher Rn. 422 ff.).
- **Fiktive Einkünfte des Bedürftigen** wegen Verstoß gegen die Erwerbsobliegenheit als Surrogat der Haushaltsführung in der Ehe (näher Rn. 606). Das Gleiche gilt bei fiktiven Einkünften **des Pflichtigen** in Höhe der bei Trennung bereits prägenden Einkünfte, wenn er sich nach Treu und Glauben nicht auf eine nach Trennung eingetretene Leistungsunfähigkeit oder Leistungsminderung berufen darf oder bei unverschuldetem Arbeitsplatzverlust ein Verstoß gegen die Erwerbsobliegenheit zu bejahen ist (vgl. Rn. 607). Es darf sich dabei aber immer nur um in der Ehe bereits vorhandene Einkünfte handeln, nicht um lediglich gedachte wirtschaftliche Verhältnisse, die keine Grundlage in der tatsächlichen Einkommenssituation des Unterhaltspflichtigen haben (näher Rn. 608).
- Nach der geänderten Rechtsprechung des BGH Einkommen des Bedürftigen oder Pflichtigen aus **überobligatorischer Tätigkeit** nach Abzug eines anrechnungsfreien Betrages (näher Rn. 583 ff. sowie 1/821 ff., 831 ff.).[331] Der Abzug des anrechnungsfreien Betrages erfolgt beim Bedürftigen nach § 1577 II BGB,[332] beim Pflichtigen nach Treu und Glauben gemäß § 242 BGB jeweils nach den konkreten Umständen des Einzelfalls.[333]
- Nach BGH **Einkommen des Bedürftigen aus Haushaltsführung für einen neuen Lebenspartner,**[334] soweit der Bedürftige keiner Ganztagstätigkeit nachgeht (näher Rn. 587).[335] Hiergegen bestehen nach wie vor Bedenken, wobei maßgebend ist, weshalb hierfür ein Einkommen angesetzt wird, als Vergütungsleistung oder wegen ersparter Aufwendungen (näher Rn. 588 ff. und 1/712 ff.).
- **Renteneinkommen,** soweit es auf prägenden Einkünften in der Ehe sowie nach der Trennung/Scheidung, auf vorehelichem Einkommen und dem Versorgungsausgleich beruht (vgl. eingehend Rn. 676 ff.).[336]
- **Vermögenseinkünfte,** die bereits in der Ehe vorhanden waren und weiter bestehen oder nach einer Vermögensumschichtung als **Surrogat** von in der Ehe vorhandenem Einkommen anzusehen sind, z. B. Zinsen aus dem Verkaufserlös des Familienheimes anstelle des früheren Wohnwertes, auch wenn sie sich durch die Umschichtung erhöhten (näher Rn. 591 ff., 1/557 ff.).

553 d) **Berücksichtigungswürdige Ausgaben:** Fortbestehende Ausgaben und Ausgabenänderungen nach der Trennung und Scheidung, die unterhaltsbezogen nicht leichtfertig erfolgten und damit berücksichtigungswürdig sind sowie nach der Scheidung unterhaltsbezogen nicht leichtfertig entstandene neue Ausgaben, die auch ohne Scheidung die ehelichen Lebensverhältnisse beeinflusst hätten (näher Rn. 437 ff., 440 ff., 453 ff., 1/1000 ff.).[337] Hierunter fallen auch Unterhaltslasten für Kinder aus einer neuen Verbindung (näher Rn. 440 und 1/1122), nach der Entscheidung des BVerfG vom 25. 1. 2011 dagegen nicht der Unterhalt eines neuen Ehegatten, da er die Scheidung voraussetzt (vgl. Rn. 449 und 1/1127).[338]

---

[331] BGH FamRZ 2011, 454 = R 721 b, c; FamRZ 2010, 1880 = R 716 a; FamRZ 2010, 357 = R 709 c; FamRZ 2009, 770 = R 704 a; FamRZ 2006, 683 = R 649 b; FamRZ 2005, 1154 = R 630 e; FamRZ 2005, 967 = R 629 c
[332] BGH FamRZ 2011, 454 = R 721 c
[333] BGH FamRZ 2011, 454 = R 721 c; FamRZ 2003, 848, 851 = R 588 d; FamRZ 2001, 350 = R 551 c
[334] BGH FamRZ 2004, 1170 = R 612; FamRZ 2004, 1173 = R 611
[335] BGH FamRZ 2005, 967 = R 629 d
[336] BGH FamRZ 2007, 1532 = R 681 a; FamRZ 2005, 1897; FamRZ 2005, 1479 = R 636 a; 2003, 848 = R 588 a, e
[337] BGH FamRZ 2010, 111 = R 707 a; FamRZ 2009, 579; FamRZ 2009, 411 = R 702 a; FamRZ 2008, 1911 = R 695 a; FamRZ 2008, 968 = R 689 g; FamRZ 2007, 793 = R 674 b; FamRZ 2006, 683 = R 649 e, f
[338] BVerfG FamRZ 2011, 437 = R 722 e, h

3. Abschnitt: Unterhaltsbedarf und Bedarfsbemessung beim Ehegattenunterhalt § 4

e) Nicht in der Ehe angelegte Einkünfte: 554
- **Erwerbseinkünfte** aus einer bei Trennung bereits bestehenden Erwerbsquelle, wenn und soweit diese Mehreinkünfte auf einer **unerwarteten, vom Normalverlauf erheblich abweichenden Entwicklung** beruhen (vgl. Rn. 477, 570 ff.).
- **Vermögenseinkünfte,** die erst nach der Trennung neu entstehen und kein Surrogat von in der Ehe vorhanden Vermögenseinkünften darstellen, z. B. Zinsen aus einer erst nach der Trennung erfolgten Erbschaft oder einem Lottogewinn (näher Rn. 478, 591 ff.).
- **Vermögenseinkünfte bei guten Einkommensverhältnissen,** die nach einem objektiven Maßstab nicht oder nicht in dieser Höhe für die Lebensführung benötigt werden (näher Rn. 463, 478, 603).
- Ersparte Aufwendungen durch Zusammenleben in einer neuen Ehe oder neuen Partnerschaft (näher Rn. 585).

f) Besondere Probleme entstehen, wenn aus einer Erwerbsquelle nach der Trennung 555 keine Einkünfte mehr erzielt werden, z. B. bei **Arbeitsplatzverlust** (s. dazu Rn. 654 ff.), oder wenn die **Erwerbsquelle ausgewechselt** wird, z. B. bei Arbeitsplatzwechsel, Berufswechsel oder beruflicher Verselbstständigung (s. dazu Rn. 650 ff.).
- Das bisherige Einkommen bleibt (fiktiv) **in der Ehe angelegt,** d. h. Änderungen sind unterhaltsrechtlich unbeachtlich, wenn die Änderungen durch ein **unterhaltsrechtlich vorwerfbares,** zumindest **leichtfertiges Verhalten** des betroffenen Ehegatten verursacht wurden und wenn sich die Änderungen nachteilig auf den anderen Ehegatten auswirken (vgl. Rn. 607, 652, 655).
- Das Einkommen aus der neuen Tätigkeit tritt **prägend** an die Stelle der ausgewechselten alten Tätigkeit (vgl. Rn. 650, 656), wenn der betroffene Ehegatte die Änderung **nicht leichtfertig verschuldet** hat oder wenn sich die Änderung ohnehin nicht zum Nachteil des anderen Ehegatten auswirkt (vgl. Rn. 651).
- Ein dabei entstehendes **Mehreinkommen** ist nur **nichtprägend,** wenn es sich bei der Änderung um eine **unerwartete,** vom Normalverlauf abweichende **Entwicklung** handelt (s. nachfolgend Rn. 570 ff.).

g) Besondere Probleme entstehen außerdem, wenn sich ein Ehegatte trotz einer beste- 556 henden Erwerbsobliegenheit **nicht ernsthaft** und in ausreichendem Maß um eine zumutbare Erwerbstätigkeit **bemüht,** so dass ihm erzielbare Einkünfte **fiktiv** zugerechnet werden (s. Rn. 1/735 ff., 773 ff.).

Durch ein nicht vorhandenes Einkommen kann der Lebensstandard weder aufgebaut noch aufrechterhalten werden. Die Zurechnung fiktiver Einkünfte ist nur zu verstehen als **unterhaltsrechtliche Sanktion** gegen ein unterhaltsrechtlich vorwerfbares pflichtwidriges Verhalten. Dagegen können **lediglich gedachte wirtschaftliche Verhältnisse,** die keine Grundlage in der tatsächlichen Einkommenssituation in der Ehe haben, die ehelichen Verhältnisse nicht prägen; geht der Pflichtige trotz eines höheren Ausbildungslevels in der Ehe nur einer untergeordneten Tätigkeit nach oder arbeitet er, um mehr Freizeit zu haben, in der Ehe nicht ganztags, sondern nur teilweise, kann für den Ehegattenunterhalt kein über dem in der Ehe erzielten Einkommen liegendes fiktives Einkommen angesetzt werden. Ansonsten ist nach der **geänderten Rechtsprechung des BGH** zu den ehelichen Lebensverhältnissen das wegen Verstoß gegen die Erwerbsobliegenheit fiktiv angesetzte Einkommen nicht nur wie bisher beim Pflichtigen, sondern auch beim Bedürftigen eheprägend (näher Rn. 605 ff.).
- Beim **Berechtigten,** der in der Ehe keiner oder nur einer Teilzeiterwerbstätigkeit nachgegangen ist, sind die wegen Verstoß gegen die Erwerbsobliegenheit angesetzten fiktiven Einkünfte **Surrogat** der früheren Familienarbeit und damit **in der Ehe angelegte Einkünfte.**[339] Die Sanktion liegt in dem Ansatz eines fiktiven Einkommens, über das der Bedürftige tatsächlich nicht verfügt (näher Rn. 606).
- Dem **Verpflichteten** sind fiktive Einkünfte wie **prägende Einkünfte** zuzurechnen, d. h. sie sind ebenfalls bei der Bedarfsbemessung zu berücksichtigen, weil sonst sein pflichtwidriges Verhalten ohne unterhaltsrechtliche Sanktionen bliebe. Er wird unterhaltsrecht-

---

[339] BGH FamRZ 2006, 683 = R 649a; FamRZ 2005, 1979 = R 640b, d; FamRZ 2004, 254; FamRZ 2003, 434 = R 589; FamRZ 2001, 1291 = R 564; FamRZ 2001, 1693 = R 567a

lich so gestellt, als ob er pflichtgemäß die fiktiven Einkünfte als prägende Einkünfte erzielen würde und einen entsprechenden Unterhalt an den anderen Ehegatten zahlen könnte. Deshalb sind auch beim Verpflichteten fiktiv zuzurechnende Einkünfte bereits bei der Bedarfsbemessung zu berücksichtigen und außerdem im Rahmen der Beurteilung seiner Leistungsfähigkeit. Diese Einkünfte müssen sich aber an den **Verhältnissen in der Ehe** orientieren, nicht an einem zwar möglicherweise erreichbaren, aber nie erzielten Einkommen (s. näher Rn. 607 ff.).

2. Normale Einkommensänderungen und vom Normalverlauf erheblich abweichende Einkommensänderungen

557 a) **In der Ehe angelegtes Erwerbseinkommen.** Einkünfte aus der **gleichen Einkunftsquelle,** die bereits bei der Trennung prägend waren, bleiben in der erzielten Höhe **in der Ehe angelegt,** wenn die Veränderungen nach der Trennung und Scheidung einer normalen Weiterentwicklung entsprechen.für die Beurteilung des prägenden Charakters von Einkünften ist der Lebenszuschnitt maßgeblich, den die Eheleute durch ihre Leistungen begründet haben, wobei eine normale Fortentwicklung der wirtschaftlichen Verhältnisse miteinbezogen wird.[340] Bei einer Steigerung des Einkommens nach der Scheidung kommt es darauf an, ob diese Entwicklung auf einer allgemeinen Lohnsteigerung beruht (näher unten Rn. 559)[341] oder bei einem beruflichen Aufstieg eine aus Sicht des Zusammenlebens bereits absehbare Entwicklung eintrat (näher unten Rn. 565).[342] Maßgebend ist jeweils, dass die in der Ehe gelebten Verhältnisse die Obergrenze eines insoweit entstandenen Vertrauens und damit des aus den ehelichen Lebensverhältnissen abgeleiteten Unterhalts bilden.[343] Für die normale Fortentwicklung kommt es nach der Rechtsprechung des BGH nicht mehr darauf an, ob sie noch vor der Scheidung eingetreten ist, maßgebend ist vielmehr nur, dass die Einkommensänderung auch ohne Trennung und Scheidung eingetreten wäre.[344] Dem hat auch das BVerfG in seiner Entscheidung vom 25. 1. 2011 zugestimmt.[345] Der Bedürftige soll mit einer in der Ehe angelegten Einkommenssteigerung weiterhin am Lebensstandard, der durch die gemeinsamen Leistungen in der Ehe erreicht wurde, teilhaben.[346]

Von einer normalen Weiterentwicklung ist auszugehen, wenn das Einkommen in der fraglichen Zeit nicht in einer von der allgemeinen Einkommensentwicklung und den gestiegenen Lebenshaltungskosten auffällig abweichenden Weise angewachsen ist.[347]

Die Beurteilung, dass eine vom Normalverlauf nicht abweichende Einkommensentwicklung das zuletzt bezogene Einkommen prägt, gilt in gleicher Weise **für Einkünfte des Verpflichteten** und **Einkünfte des Berechtigten.**[348]

558 Wann bei Einkommenserhöhungen nach der Trennung/Scheidung von einer Normalentwicklung auszugehen ist, hat der BGH **noch nicht grundlegend geklärt.** Seine Rechtsprechung beruht bisher auf Einzelfallentscheidungen, ohne dass daraus eine generelle Gesetzesmäßigkeit abgeleitet werden kann, wann ein sog. Karrieresprung vorliegt (s. unten Rn. 565, 570 ff.). Problematisch sind vor allem **überdurchschnittliche** Einkommenssteigerungen innerhalb derselben Berufstätigkeit, z. B. bei Selbständigen. Ist es noch in der Ehe angelegt, wenn z. B. ein Arzt oder Rechtsanwalt bei der Trennung/Scheidung Berufsanfänger mit einem Gewinn von 50 000 EUR war und aufgrund seiner nach der Scheidung erwor-

---

[340] BGH FamRZ 2010, 869; FamRZ 2009, 579; FamRZ 2009, 411 = R 702 a; FamRZ 2008, 968 = R 689 g; FamRZ 2007, 793 = R 674 a, b; FamRZ 2006, 683 = R 649 f, g, h; FamRZ 2003, 590 = R 590 a
[341] BGH FamRZ 2010, 869; FamRZ 2009, 411 = R 702 a; FamRZ 2008, 968 = R 689 g
[342] BGH FamRZ 2009, 579; FamRZ 2007, 793 = R 674 a
[343] BGH FamRZ 2009, 579
[344] BGH FamRZ 2010, 869; FamRZ 2009, 579; FamRZ 2009, 411 = R 702 a; FamRZ 2008, 968 = R 689 g
[345] BVerfG FamRZ 2011, 437 = R 722 e
[346] BGH FamRZ 2010, 869; FamRZ 2009, 579; FamRZ 2003, 590, 592 = R 586 a, c
[347] BGH FamRZ 1987, 257, 259
[348] BGH FamRZ 1982, 892

3. Abschnitt: Unterhaltsbedarf und Bedarfsbemessung beim Ehegattenunterhalt § 4

benen beruflichen Erfahrung nach weiteren fünf Jahren einen Gewinn von 200 000 EUR hat? Aufgrund der gewandelten gesellschaftlichen Verhältnisse sollte künftig von einem Karrieresprung ausgegangen werden, wenn sich das **Bruttoeinkommen** gegenüber der Trennung im Vergleich zu den üblichen Gehaltssteigerungen **außergewöhnlich erhöht**, z. B. um 25% gegenüber einer normalen Steigerung nach dem Lebenshaltungsindex.

- Eine normale Weiterentwicklung ist nach der bisherigen Rechtsprechung zu bejahen, wenn der für eine Einkommenssteigerung entscheidende **berufliche Aufstieg** (z. B. zum geschäftsführenden Sparkassendirektor) noch **vor der Trennung** lag. Die nach dem Aufstieg eingetretenen Einkommensverbesserungen sind dann nicht unerwartet und außergewöhnlich.[349]   **559**

- Prägend ist, wenn sich das Einkommen im Zuge **allgemeiner Einkommenssteigerung** nach der Trennung erhöht.[350]   **560**

- Entsprechendes gilt bei **Einkommensminderungen**, die auf **keinem unterhaltsbezogen leichtfertigen Verhalten** beruhen, d. h. auf keiner Verletzung der Erwerbsobliegenheit durch den Pflichtigen oder Bedürftigen und keiner freiwilligen beruflichen oder wirtschaftlichen Disposition des Pflichtigen, die durch zumutbare Vorsorge abgefangen werden konnte.[351] Es handelt sich insoweit nicht um die Teilhabe am durch gemeinsame Leistungen in der Ehe erreichten Lebensstandard, sondern um die **sachgerechte Verteilung** einer durch Einkommensrückgang erzwungenen Schmälerung des Bedarfs, der auch ohne Scheidung entstanden wäre. Da der Bedürftige durch die Trennung nicht besser gestellt werden soll, als er ohne Trennung stünde, hat er auch eine Reduzierung des Bedarfs hinzunehmen, soweit der Einkommensrückgang auf nicht vorwerfbaren Gründen beruht (eingehend Rn. 426 ff.).[352] Wird z. B. der Verpflichtete nach der Trennung/Scheidung pensioniert oder geht er in Rente, sind ab dem Zeitpunkt der Pensionierung/Verrentung die Altersbezüge als Ersatz für die Einkünfte aus der früheren Erwerbstätigkeit prägend[353] (vgl. näher Rn. 676 ff.); ebenso, wenn statt dem Gehalt Krankengeld,[354] aus konjunkturbedingten Gründen Kurzarbeitergeld oder wegen unverschuldeter Arbeitslosigkeit Arbeitslosengeld[355] bezogen wird (vgl. auch Rn. 656).   **561**

- Veräußert der Verpflichtete nach der Trennung unter Aufgabe seiner bisherigen Tätigkeit in einer Gesellschaft mit einem Jahreseinkommen zwischen 150 000 EUR und 200 000 EUR seine Gesellschaftsanteile auf **Leibrentenbasis**, um sich entsprechend seiner Lebensplanung gegen Ende seines Erwerbslebens aus dem aktiven Geschäftsleben zurückzuziehen, entspricht die dadurch eintretende **Absenkung des Lebensstandards** einer natürlichen Entwicklung am Ende eines Erwerbslebens und ist als Normalentwicklung hinzunehmen.[356] Das Gleiche gilt, wenn wegen sehr guter Einkommensentwicklung eine **konkrete Bedarfsermittlung** stattfand (näher Rn. 763 ff.) und der Pflichtige im Ruhestand **deutlich geringere Versorgungsbezüge** hat;[357] diese Versorgungsbezüge sind auch **nicht anzuheben mit Kapitaleinkünften**, die der Pflichtige erst nach der Scheidung erworben hat, da es sich insoweit nicht mehr um die Teilhabe an der gemeinsamen Lebensleistung handelt.[358]   **562**

- In der Ehe angelegt ist auch ein nicht vorwerfbarer **Einkommensrückgang nach einem Arbeitsplatzwechsel**, z. B. nach einer unverschuldeten Kündigung und Aufnahme   **563**

---

[349] BGH FamRZ 1988, 259, 262
[350] BGH FamRZ 1987, 459; FamRZ 1982, 576
[351] BVerfG FamRZ 2011, 437 = R 722 f; BGH FamRZ 2010, 869; FamRZ 2009, 411 = R 702 a; FamRZ 2008, 968; = R 689 g; FamRZ 2007, 793 = R 674 a; FamRZ 2006, 683 = R 649 f; FamRZ 2003, 590 = R 586 a
[352] BGH FamRZ 2010, 111 = R 707 a; FamRZ 2009, 411 = 702 a; FamRZ 2008, 1911 = R 695 a; FamRZ 2008, 968 = R 689 g; FamRZ 2007, 793 = R 674 a; FamRZ 2006, 683 = R 649 f, g, h; FamRZ 2003, 848, 849 = R 588 a; FamRZ 2006, 387 = R 643 a; FamRZ 2003, 590, 592 = R 586 a, c
[353] BGH FamRZ 2005, 1479 = R 636 a; FamRZ 2004, 254; FamRZ 2003, 848, 850 = R 588 a, e
[354] BGH FamRZ 1987, 913
[355] BGH FamRZ 2007, 983 = R 677 c
[356] BGH FamRZ 1994, 228
[357] BGH FamRZ 2003, 848, 850 = R 588 a
[358] BGH a. a. O.

eines neuen Arbeitsplatzes.[359] Das Gleiche gilt, wenn es bei gleich bleibendem Arbeitsplatz aus **betriebs- oder konjunkturell bedingten Gründen** zu einer Absenkung des Einkommens kommt. Ist dem Pflichtigen oder Bedürftigen ein unterhaltsbezogen leichtfertiges Verhalten beim Arbeitsplatzwechsel vorzuwerfen, bleibt hingegen das bisherige Einkommen (fiktiv) prägend (näher Rn. 607, 655). Wurde bei einer Kündigung vom Arbeitgeber eine **Abfindung** bezahlt, ist während der **Dauer des Bezugs von Arbeitslosengeld** die Abfindung zur Aufstockung auf das bisherige Einkommen heranzuziehen, wobei kein Erwerbsbonus anzusetzen ist (näher Rn. 480, 482, 773, 1/93 ff.).[360] Findet der Pflichtige dagegen ohne Verletzung seiner Erwerbsobliegenheit nur einen schlechter dotierten Arbeitsplatz, ist die Abfindung ab diesem Zeitpunkt nicht zur Aufstockung des Einkommens auf das frühere Niveau heranzuziehen; denn der Bedürftige hat wie in der Ehe auch nach der Trennung das Risiko der dem Pflichtigen nicht vorwerfbaren negativen Einkommensentwicklung mitzutragen.[361] Unberücksichtigt bleibt auch eine nach Scheidung bei einem **unverändert gebliebenen Einkommen** bezogene Abfindung, da diese Abfindung nicht zur Aufstockung eines in der Ehe vorhandenen höheren Einkommens wegen Arbeitslosigkeit benötigt wird und damit nicht in der Ehe angelegt ist (vgl. auch Rn. 597, 1/94).[362]

564 • Geht der Pflichtige nach der Trennung in **Altersteilzeit** und senkt sich dadurch sein Einkommen, ist eine umfassende Einzelfallprüfung vorzunehmen, ob ein unterhaltsbezogen leichtfertiges Verhalten vorliegt (gefährdeter Arbeitsplatz, gesundheitliche Beeinträchtigung, Lebensplanung in der Ehe, finanzielle Verhältnisse des Bedürftigen)[363] Die Vereinbarung der Altersteilzeit für sich allein kann nicht bereits als leichtfertiges Verhalten angesehen werden, nach dem der Gesetzgeber diese Möglichkeit aus arbeitsmarktpolitischen Gründen geschaffen hat. Sie kann insbesondere nicht beanstandet werden, so dass die Einkommensreduzierung **in der Ehe angelegt** ist, wenn sie auf gesundheitlichen Gründen beruht,[364] der Arbeitsplatz gefährdet war[365] oder sie im Verhältnis zum Bedürftigen als berechtigt anzusehen ist, weil auch dieser nur eingeschränkt arbeitet[366] (vgl. auch Rn. 1/749).

565 • Bei **Einkommenserhöhungen** nach der Trennung oder Scheidung durch einen **beruflichen Aufstieg** liegt eine prägende Normalentwicklung vor, wenn es sich um eine mit hoher Wahrscheinlichkeit zu erwartende Beförderung handelt. Bejaht wurde dies bei sog. **Regelbeförderungen** im öffentlichen Dienst, zu denen es nach den heutigen Laufbahnerwartungen üblicherweise kommt, z. B. bei der Beförderung vom Hauptmann zum Major und später zum Oberstleutnant in der Besoldungsgruppe A 14,[367] vom Polizeibeamten mit der Gehaltsstufe A 9 in die Gehaltsstufe A 10,[368] vom Werkstattleiter bei der Bundeswehr (Oberfeldwebel) zum Gewerbelehrer,[369] vom Angestellten mit Vergütungsgruppe BAT 11 in Gruppe 12 mit Zulage wegen Einsatzes in den neuen Bundesländern,[370] vom Beigeordneten einer Stadt zum ersten Beigeordneten (Besoldungsgruppe A 16),[371] oder vom Referatsleiter zum Ministerialrat[372] (vgl. aber Rn. 574). Das Gleiche gilt in der **freien Wirtschaft,** wenn es sich um eine **regelmäßige berufliche Entwicklung** handelt, z. B. vom Maschinensteiger zum Reviersteiger[373] oder vom Betriebsarzt zum

---

[359] BGH FamRZ 2003, 590, 592 = R 586 a, c
[360] BGH FamRZ 2007, 983 = R 677 d
[361] BGH FamRZ 2003, 590, 592 = R 586 d
[362] BGH FamRZ 2010, 1311
[363] OLG Koblenz FamRZ 2004, 1573; OLG Köln FamRZ 2003, 602; OLG Hamm NJW-RR 2001, 434; OLG Bamberg FamRZ 2010, 381; FamRZ 1999, 1079
[364] OLG Koblenz FamRZ 2004, 1573; OLG Köln FamRZ 2003, 602
[365] OLG Hamm NJW-RR 2001, 433
[366] OLG Bamberg FamRZ 2010, 381
[367] BGH FamRZ 1982, 684, 686
[368] BGH FamRZ 2010, 869
[369] OLG Hamm FamRZ 1990, 1361
[370] OLG Hamm FamRZ 1998, 291
[371] BGH FamRZ 2009, 411 = OLG Düsseldorf FamRZ 2007, 1815
[372] OLG Köln FamRZ 1993, 711
[373] BGH FamRZ 1990, 1090

3. Abschnitt: Unterhaltsbedarf und Bedarfsbemessung beim Ehegattenunterhalt § 4

Arbeitsmediziner.[374] Im Einzelfall kann die Abgrenzung zu einem Karrieresprung sehr schwierig sein (vgl. hierzu Rn. 558, 574 ff.).

- Eine Normalentwicklung liegt ferner vor, wenn vor der Trennung der **Grundstein für den späteren beruflichen Werdegang** gelegt wurde. Prägend ist deshalb das Einkommen als **Arzt**, wenn der Verpflichtete vor der Trennung und Scheidung einen wesentlichen Teil der Ausbildung abgeschlossen hat und kurz **nach der Scheidung als Assistenzarzt** zu arbeiten begann.[375] Zu den grundlegenden Bedenken s. oben Rn. 558. Prägend ist ferner das Einkommen eines **Gewerkschaftssekretärs,** der zur Zeit der Trennung einen einjährigen Lehrgang auf der Akademie für Arbeit absolvierte und deshalb seine Funktion als freigestellter **Betriebsratsvorsitzender** aufgegeben hatte, weil dieser Lehrgang nicht der Fortbildung als Betriebsrat nach §§ 37 VI, VII BetrVG, sondern der gewerkschaftlichen Funktionärsschulung und damit einer neuen beruflichen Entwicklung diente.[376] 566

- Prägend ist das Einkommen aus einer nach einer **Strafhaft** aufgenommenen Erwerbstätigkeit, wenn der Pflichtige in der Ehe vor der Inhaftierung berufstätig war.[377] 567

- Prägend ist nach BGH ferner das Einkommen des Verpflichteten aus einer bei Scheidung ausgeübten Tätigkeit als **Oberarzt** in einem Krankenhaus, obwohl er bei Trennung nur **Assistenzarzt** war und nach der gemeinsamen Eheplanung eine Tätigkeit als Frauenarzt in eigener Praxis beabsichtigt war, weil sich die Tätigkeit als Assistenzarzt und als Oberarzt in verschiedenen Krankenhäusern „im Rahmen einer normalen beruflichen Entwicklung" bewegt.[378] Sofern mit dem Aufstieg zum Oberarzt eine erhebliche Einkommenssteigerung verbunden war, erscheint dies problematisch (s. oben Rn. 558). Entsprechendes gilt für einen **Facharzt**, der nach einer weiteren Facharztausbildung nach der Scheidung Oberarzt wurde.[379] 568

Prägend ist das Einkommen eines im Zeitpunkt der Scheidung freiberuflich als **Röntgenologe** tätigen Arztes, der im Zeitpunkt der Trennung in der **Radiologieabteilung** eines Krankenhauses tätig war, wenn die zur beruflichen Veränderung führende Entwicklung und der Entschluss zur Niederlassung noch in die Zeit des Zusammenlebens fallen. Es handelt sich dabei auch um keine außergewöhnliche, während des Zusammenlebens nicht vorhersehbare berufliche Entwicklung.[380]

- In der Ehe angelegt ist bei einem **Berufswechsel** nach der Trennung das Einkommen aus dem Beruf bei Scheidung (Zechenarbeiter, vor der Trennung Bankangestellter), wenn sich die früheren und jetzigen Einkünfte in einer vergleichbaren Größenordnung bewegen und das frühere Einkommen jedenfalls nicht höher war.[381] Entscheidend ist, dass der Verpflichtete nach der ehelichen Lebensplanung durch seine Erwerbstätigkeit für den Unterhalt aufkommen sollte und dass der Berufswechsel als eine dem Normalverlauf entsprechende Entwicklung angesehen werden kann. 569

b) Nicht in der Ehe angelegtes Erwerbseinkommen. Kommt es **nach der Trennung** auf Grund außergewöhnlicher Umstände zu einer **unerwarteten, vom Normalverlauf erheblich abweichenden Entwicklung,** dann sind die neuen Einkommensverhältnisse **nicht mehr prägend.** Es kann nicht mehr davon ausgegangen werden, dass die neuen Verhältnisse Ausdruck der früheren ehelichen Lebensverhältnisse sind und dass sie diese maßgeblich bestimmt haben.[382] Denn wie sich insbesondere aus §§ 1569, 1574, 1578 b BGB ergibt, will das Unterhaltsrecht den geschiedenen Ehegatten nicht besser stellen, als er während der Ehezeit stand oder aufgrund einer bereits bei der Scheidung 570

---

[374] BGH FamRZ 1988, 156
[375] BGH FamRZ 1986, 148
[376] BGH FamRZ 1991, 307, 309
[377] OLG Hamm FamRZ 1999, 515
[378] BGH FamRZ 1988, 145
[379] BGH FamRZ 2009, 579
[380] BGH FamRZ 1988, 927, 929
[381] BGH FamRZ 1985, 911
[382] BGH FamRZ 2010, 871; FamRZ 2009, 579; FamRZ 2009, 411 = R 702 a; FamRZ 2003, 590, 592 = R 586 a, b; FamRZ 1991, 307, 309; FamRZ 1987, 913, 915 = R 339 c; FamRZ 1982, 576, 578

§ 4   Ehegattenunterhalt

absehbaren Entwicklung ohne Scheidung stehen würde.[383] Diesen Grundsatz hat der BGH schon sehr früh 1982 im sog. Pelzhändlerfall entschieden,[384] diese Rechtsprechung später beibehalten[385] und nunmehr auch nach seiner geänderten Rechtsprechung zu den ehelichen Lebensverhältnissen bestätigt.[386] Dabei kommt es nicht darauf an, ob der Karrieresprung **vor oder nach der Scheidung** eintrat.[387] **Prüfungszeitpunkt** für eine nicht in der Ehe angelegte Einkommensentwicklung ist vielmehr die **Trennung,**[388] da ab diesem Zeitpunkt kein gemeinsames Wirtschaften aus den vorhandenen Einkünften und keine gemeinsame Planung mehr vorliegt. Dies ergibt sich im Übrigen auch aus dem Wegfall des Stichtagsprinzips (eingehend Rn. 431, 669 ff.). Ein sog. Karrieresprung kann dabei, seit die Aufnahme oder Ausweitung einer Erwerbstätigkeit durch den haushaltsführenden Ehegatten als in der Ehe angelegt anzusehen ist, nicht mehr nur beim **Pflichtigen,** sondern auch beim **Bedürftigen** eintreten.

571   Nicht in der Ehe angelegt ist **der Mehrverdienst,** der wegen der vom Normalverlauf abweichenden Entwicklung erzielt wird. Das Einkommen bleibt in der bei Trennung bzw. bei Beginn der abweichenden Entwicklung erzielten Höhe prägend. Bei langjähriger Trennung kann in diesem Fall das bei Trennung erzielte Einkommen nach den Indexdaten der statistischen Jahrbücher auf ein fiktives Einkommen im Zeitpunkt der Scheidung (Entscheidung) hochgerechnet werden (vgl. näher Rn. 684).[389] Bei einem Arbeitsplatzwechsel kann man vielfach nur so vorgehen. Ist der Pflichtige noch beim gleichen Arbeitgeber tätig, kann er sich eine Bescheinigung über die für die frühere Tätigkeit angefallene Bruttolohnsteigerung vorlegen lassen.

572   Ein auf einer nicht vorhersehbaren außergewöhnlichen Einkommenssteigerung beruhendes Einkommen darf daher nicht in vollem Umfang als in der Ehe angelegt berücksichtigt werden,[390] sondern nur in Höhe des fiktiv hochgerechneten früheren Einkommens ohne Karrieresprung. Wann eine vom Normalverlauf abweichende Entwicklung vorliegt, ist eine Einzelfallentscheidung des Tatrichters. Wie bereits ausgeführt hat die Rechtsprechung hierfür noch keine einheitlichen Kriterien gefunden, obwohl dies dringend erforderlich wäre (s. oben Rn. 558). Indiz für eine außergewöhnliche, vom Normalverlauf abweichende Einkommensentwicklung ist eine erheblich über den normalen Gehaltserhöhungen liegende Einkommenssteigerung, vor allem bei Tätigkeiten in der freien Wirtschaft.[391]

573   Nach der Rechtsprechung des BGH ist allerdings ein nicht in der Ehe angelegtes Mehreinkommen des Pflichtigen durch einen Karrieresprung **ausnahmsweise in die Bedarfsermittlung einzubeziehen,** soweit nach der Trennung/Scheidung zusätzliche **neue Ausgabenpositionen** nicht leichtfertig entstanden sind, die auch ohne Scheidung entstanden wären; denn zum einen wird dadurch die Halbteilung nicht verletzt, zum anderen steht der Bedürftige damit nicht schlechter als er ohne Scheidung stehen würde.[392] Dies gilt aber nur in Höhe der neuen Ausgabenposition, nicht für ein darüber hinausgehendes nicht in der Ehe angelegtes Einkommen. Diese vom BVerfG bei seiner Entscheidung vom 25. 1. 2011 unberücksichtigt gebliebene Rechtsprechung des BGH[393] **gilt** für neue nach der Scheidung nicht leichtfertig entstandene Verbindlichkeiten, z. B. unumgängliche Schulden, Unterhalt für weitere Kinder, Eltern oder Ansprüch nach § 1615l BGB, **fort** (näher Rn. 428, 435, 439, 440). Wegen der Entscheidung des BVerfG ist sie nur **nicht anwendbar** für den Unterhalt eines neuen Ehegatten, weil dieser die Scheidung voraussetzt und damit nach

---

[383] BGH FamRZ 2010, 869; FamRZ 2009, 579
[384] BGH FamRZ 1982, 576, 578
[385] Vgl. z. B. BGH FamRZ 1991, 307, 309; FamRZ 1987, 913, 915 = R 339 c
[386] BGH FamRZ 2010, 871; AmRZ 2009, 579; FamRZ 2009, 411 = R 702 a; FamRZ 2008, 968 = R 689 g; FamRZ 2003, 590, 592 = R 586 b
[387] BGH FamRZ 2009, 411 = R 702 a; FamRZ 2008, 968 = R 689 g
[388] BGH FamRZ 2009, 579; FamRZ 2009, 411 = R 702 a; FamRZ 2003, 590 = R 586 b
[389] BGH FamRZ 1982, 576, 578
[390] BGH FamRZ 1987, 913, 915 = R 339 c
[391] OLG München FuR 2003, 328
[392] BGH FamRZ 2010, 111 = R 707 a; FamRZ 2009, 579; FamRZ 2009, 411 = R 702 b
[393] BVerfG FamRZ 2011, 437 = R 722 e, g

BVerfG beim Bedarf des Geschiedenen nicht berücksichtigt werden darf.[394] Der nicht in der Ehe angelegt Mehrverdienst ist dann aber bei der **Leistungsfähigkeit zu berücksichtigen,** da dort stets das gesamte Einkommen einzusetzen ist (vgl. näher Rn. 972), d. h. bei der insbesondere bei gleichrangigen Ehegatten vorzunehmenden Korrekturberechnung (näher Rn. 805 ff., 5/107 ff.).[395]

Einzelfälle der Leistungsbeförderung bzw. des Karrieresprungs: **574**
- Eine nach der Trennung eingetretene unerwartete, vom Normalverlauf abweichende Entwicklung liegt bei einer sog. **Leistungsbeförderung** bzw. einem **Karrieresprung** vor. Letzteres ist z. B. gegeben bei einem Aufstieg vom Oberarzt zum Chefarzt,[396] vom ersten Beigeordneten einer Stadt zum Kreisdirektor,[397] vom Vertriebsingenieur zum Geschäftsführer einer GmbH,[398] vom wissenschaftlichen Angestellten bei der Universität nach BAT IIa zum Systemprogrammierer in der freien Wirtschaft,[399] vom kaufmännischen Sachbearbeiter zum Abteilungsbereichsleiter,[400] vom Angestellten zum freien Handelsvertreter mit höherem Einkommen,[401] vom Angestellten in gehobener Position in die Geschäftsführung,[402] vom Geschäftsführer eines mittelständischen Unternehmens zum „Senior Manager" eines international operierenden Konzerns,[403] vom Verkaufsleiter einer Firma zum Geschäftsführer mit einer Steigerung des Einkommens von ca. 6000 EUR brutto monatlich auf ca. 8000 EUR brutto,[404] bei einer Gehaltssteigerung nach Wechsel des Arbeitgebers in der freien Wirtschaft mit erweitertem Tätigkeitsbereich von über 10 000 EUR brutto jährlich[405] sowie einer **Leistungsbeförderung** vom gehobenen in den höheren Dienst,[406] vom Oberstudienrat (A 14) zum Studiendirektor (A 15)[407] und einer Beförderung eines Richters von R 2 in R 3.[408] Ob man dagegen aus heutiger Sicht noch den Wechsel eines als Buchdrucker und Schichtarbeiter tätigen Verpflichteten nach der Trennung zum freigestellter Betriebsrat bei einer Steigerung des Jahresbruttoeinkommens von 75 500 DM im Jahr 1983 auf 84 000 DM im Jahr 1985 als Karrieresprung ansehen kann,[409] erscheint fraglich (vgl auch Rn. 566).
- Der BGH hat 1982 eine vom Normalverlauf erheblich abweichende Entwicklung bejaht bei einem Pelzhändler, der bis zur Trennung ein **kleines Pelzwarengeschäft** betrieben hat und dieses nach der Trennung mit Hilfe seiner neuen Lebensgefährtin zu einem gut gehenden, **gewinnbringenden Unternehmen** mit einem Jahresumsatz von ca. 500 000 EUR und monatlichen Nettoeinkünften von ca. 3600 EUR ausgeweitet hat. Der geschäftliche Aufschwung beruhte erkennbar nicht mehr auf den früheren gemeinsamen Arbeits- und Lebensverhältnissen der Parteien, sondern auf besonderen, während der 18-jährigen Trennungszeit erbrachten unternehmerischen Leistungen des Verpflichteten.[410] **575**

Wenn ein Ehegatte, dessen Einkommens- und Vermögensverhältnisse sich während der Trennungszeit in unerwarteter außergewöhnlicher Weise verbessert haben, den anderen Ehegatten an dieser Einkommensverbesserung durch erhöhte Unterhaltszahlungen oder andere laufende Zuwendungen dauerhaft beteiligt hat, dann wird dessen **Lebensstandard** **576**

---

[394] BVerfG FamRZ 2011, 437 = R 722 e, f, g
[395] Gerhardt/Gutdeutsch FamRZ 2011, 597
[396] BGH FamRZ 2007, 1232 = R 678 a
[397] BGH FamRZ 2009, 411 = OLG Düsseldorf FamRZ 2007, 1815
[398] BGH FamRZ 1990, 1085
[399] BGH FamRZ 1985, 791
[400] OLG Hamm FamRZ 1990, 65
[401] OLG Stuttgart FamRZ 1991, 952
[402] OLG Düsseldorf FamRZ 1992, 1439
[403] OLG Hamm FamRZ 1994, 515
[404] OLG München FamRZ 1997, 613
[405] OLG München FuR 2003, 328
[406] OLG Koblenz FamRZ 1997, 1079
[407] BGH FamRZ 2007, 793 = R 674 a
[408] OLG Celle FamRZ 1999, 858
[409] BGH FamRZ 1987, 913, 915 = R 339 c
[410] BGH FamRZ 1982, 576, 578

durch diese Leistungen angehoben, was bei der Bemessung des nachehelichen Unterhalts mitzubeachten ist.[411]

577 **c) Einkommensänderungen durch die Wiedervereinigung.** Auch wenn es für die Prägung des Einkommens auf die bei Trennung und Scheidung zu erwartende Normalentwicklung ankommt, sind die durch die Wiedervereinigung eingetretenen Einkommensverbesserungen, die auf dem Wechsel der unterschiedlichen gesellschaftlichen und wirtschaftlichen Verhältnisse in der BRD und DDR beruhen, als **in der Ehe angelegt** anzusehen.[412] Die Fortschreibung der früheren Einkünfte wäre nämlich nicht geeignet, dem Bedürftigen nach der Wiedervereinigung den Lebensstandard zu garantieren, der bei Anlegung eines objektiven Maßstabes dem in der DDR erreichten sozialen Status entspricht.[413] Abzustellen ist insoweit auf die Lebensverhältnisse, die sich ergeben, wenn man die persönlichen Verhältnisse der Parteien im Zeitpunkt der Trennung/Scheidung auf die entsprechenden Verhältnisse in der Bundesrepublik projiziert. Prägend sind ebenso die allgemeinen Einkommensverbesserungen in den neuen Bundesländern, die sich auf Grund der Wiedervereinigung ergeben und ihre Ursache in der Veränderung des gesamten Lohn-Preis-Gefüges haben.[414] **Nicht in der Ehe angelegt** sind dagegen Einkommensverbesserungen, die auf einer Flucht eines Ehepartners aus der früheren DDR, die zur Scheidung führte, beruhen, da es sich insoweit um eine rein trennungsbedingte, nicht in der Ehe angelegte Einkommensentwicklung handelt.[415]

578 **d) Darlegungs- und Beweislast.** Der **Bedürftige** ist für den Unterhaltsmaßstab darlegungs- und beweispflichtig.[416] Insoweit genügt es aber, die gegenwärtigen beiderseitigen Einkommens- und Vermögensverhältnisse darzulegen.[417]

Für den **Ausnahmefall einer** unerwarteten, vom Normalverlauf erheblich **abweichenden Entwicklung** des Einkommens seit der Trennung ist derjenige darlegungs- und beweispflichtig, der sich hierauf beruft, d. h. regelmäßig der **Pflichtige**.[418]

Dazu gehört u. a. der Vortrag, welche Position er bei Trennung erreicht hatte, was er zu diesem Zeitpunkt verdiente, worin die behauptete unerwartete Einkommensentwicklung besteht und warum die derzeitige berufliche Stellung nicht schon während des ehelichen Zusammenlebens angelegt gewesen ist.[419]

Zur Darlegungs- und Beweislast vgl. insgesamt Rn. 6/708 ff.

3. Gehaltsbestandteile und Familienzuschläge bei Wiederverheiratung

579 Bei Gehaltsbestandteilen, die alleine auf einer Wiederverheiratung beruhen, ist die Rechtsprechung des BGH, diese im Rahmen der Dreiteilung in die Bedarfsermittlung des Geschiedenen einzubeziehen,[420] durch die Entscheidung des BVerfG vom 25. 1. 2011 überholt.[421] Da der neue Ehegatte nicht mehr bei der **Bedarfsermittlung,** sondern erst bei der **Leistungsfähigkeit** berücksichtigt werden darf, gilt beim Bedarf des Geschiedenen unter Berücksichtigung der neuen Rangordnung wieder die frühere Rechtsprechung des BGH.[422] Handelt es sich danach um den Verheiratetenzuschlag, ist er bei der Bedarfsermittlung des ersten Ehegatten nur zur Hälfte anzusetzen, weil er **nach § 40 BBesG** sowohl wegen der Unterhaltspflicht gegenüber dem Ehegatten als auch wegen der Wiederverhei-

---

[411] BGH FamRZ 1984, 561
[412] BGH FamRZ 1995, 472, 474; OLG Karlsruhe FamRZ 1997, 370
[413] BGH a. a. O.
[414] BGH a. a. O.
[415] OLG Karlsruhe FamRZ 1997, 370
[416] BGH FamRZ 2010, 869 = R 712 b; FamRZ 1990, 1085; FamRZ 1984, 149; FamRZ 1983, 352 = R 154 a
[417] BGH FamRZ 1986, 244
[418] BGH FamRZ 1986, 244; FamRZ 1983, 352
[419] BGH FamRZ 1983, 352
[420] BGH FamRZ 2010, 869; FamRZ 2008, 1911
[421] BVerfG FamRZ 2011, 437 = R 722 e, g
[422] Borth in Anm. zu BVerfG FamRZ 2011, 437

3. Abschnitt: Unterhaltsbedarf und Bedarfsbemessung beim Ehegattenunterhalt § 4

ratung bezahlt wird (vgl. auch Rn. 1/73).[423] Etwas anderes gilt, wenn sich das **Arbeitslosengeld** des Pflichtigen wegen einer Wiederverheiratung erhöht, da dies die erste Ehe nicht prägte und damit dieser Zuschlag nur der zweiten Ehe zufällt.[424] Im Rahmen der **Korrekturberechnung bei der Leistungsfähigkeit** ist bei gleichrangigen Ehegatten der Gehaltsbestandteil wie der steuerliche Splittingvorteil durch die Wiederverheiratung (vgl. Rn. 1/1014) in voller Höhe einzubeziehen, da für die Leistungsfähigkeit immer das gesamte Einkommen des Pflichtigen zugrunde zu legen ist (näher Rn. 972).

Handelt es sich um einen **Familienzuschlag für leibliche Kinder** des Pflichtigen, unabhängig davon, ob sie aus der ersten oder zweiten Ehe stammen, prägen sie bei Vorrang die ehelichen Lebensverhältnisse der ersten Ehe und sind daher auch bei Wiederverheiratung des Pflichtigen bei der Unterhaltsberechnung des ersten Ehegatten anzusetzen.[425] Dies ist bereits dadurch gerechtfertigt, dass nach der geänderten Rechtsprechung des BGH der für ein Kind aus zweiter Ehe zu leistende Kindesunterhalt auch beim Bedarf des Geschiedenen zu berücksichtigen ist (näher Rn. 440, 1/1122).[426] Das Gleiche gilt, wenn sich das Arbeitslosengeld nach § 129 III SGB III wegen Kinderzulage von 60% auf 67% erhöht.[427] Etwas anderes gilt bei Nachrang des zweiten Ehegatten nur für die Zuschläge für **Stiefkinder,** die lediglich der zweiten Ehe zu Gute kommen.[428] Bei Gleichrang sind Kinderzuschläge bei der Bedarfsermittlung für den Geschiedenen anzusetzen, wenn sie dessen Ehe betreffen, bei der Leistungsfähigkeit, wenn sie lediglich durch die zweite Ehe entstanden sind.

4. Aufnahme oder Ausweitung einer zumutbaren Erwerbstätigkeit durch den Berechtigten nach der Trennung

Bei **erstmaliger Aufnahme einer Erwerbstätigkeit** durch den Bedürftigen nach der 580 Trennung handelt es sich seit der Grundsatzentscheidung des BGH vom 13. 6. 2001 um ein **Surrogat** der früheren Haushaltstätigkeit, die **eheprägend** ist (eingehend Rn. 422 ff.).[429] Das Gleiche gilt, wenn eine Teilzeittätigkeit auf eine Ganztagstätigkeit ausgeweitet wird. Ein Surrogat liegt auch vor, wenn die Eheleute nur sehr kurz zusammenlebten (eine Woche), aus der Ehe ein gemeinsames Kind hervorging, das die Bedürftige betreut.[430] Dabei kommt es nach der Surrogatslösung nicht darauf an, wie und in welchem Umfang in der Ehe der Haushalt geführt wurde.[431] Wann eine Erwerbstätigkeit aufgenommen wird – vor oder nach der Scheidung – hängt von der jeweiligen Erwerbsobliegenheit ab. Bei Kinderbetreuung kann dies auch nach der Scheidung sein. Verstößt der Bedürftige gegen seine Erwerbsobliegenheit, ist das dann anzusetzende **fiktive Einkommen Surrogat** der früheren Familienarbeit.[432]

Hat der Bedürftige nach der Trennung eine Erwerbstätigkeit als Surrogat seiner früheren 581 Familienarbeit aufgenommen und kommt es später bei ihm zu einem sog. **Karrieresprung,** d. h. einer vom Normalverlauf erheblich abweichenden Einkommensentwicklung, bleibt nur sein fortgeschriebener ursprünglicher Verdienst eheprägend, der Mehrverdienst ist dagegen nicht in der Ehe angelegt (näher Rn. 570 ff.).

---

[423] BGH FamRZ 2007, 793 = R 674 h
[424] BGH 2007, 983 = R 676 c
[425] BGH FamRZ 2007, 882 = R 675 e
[426] BGH FamRZ 2010, 111 = R 707 a; FamRZ 2009, 411 = R 702 a; FamRZ 2008, 1911 = R 695 a; FamRZ 2008, 968 = R 689 g; FamRZ 2006, 683 = R 649 f
[427] BGH FamRZ 2007, 983 = R 676 c
[428] BGH FamRZ 2007, 793 = R 674 i
[429] BGH, FamRZ 2001, 986, 991 = R 563 c; vgl. auch BVerfG FamRZ 2011, 437 = R 722 e; BGH FamRZ 2009, 411 = R 702 a; FamRZ 2008, 968 = R 689 g; FamRZ 2005, 1979 = R 640 b, d; FamRZ 2005, 1154 = R 630 e; FamRZ 2004, 1170 = R 612
[430] BGH FamRZ 2005, 1979 = R 640 b
[431] Gerhardt FamRZ 2003, 272
[432] BGH FamRZ 2005, 1979 = R 640 d; FamRZ 2003, 434 = R 589; FamRZ 2001, 1291 = R 564; FamRZ 2001, 1693 = R 567 a

§ 4   Ehegattenunterhalt

582   **Verdient der in der Ehe haushaltsführende Ehegatte nach Aufnahme einer Berufstätigkeit mehr** wie der in der Ehe das Haushaltsgeld verdienende Ehepartner, z. B. bei Aufnahme einer Erwerbstätigkeit durch eine Akademikerin nach kurzer Ehedauer, ist auch dieses Einkommen in voller Höhe Surrogat der Haushaltsführung in der Ehe. Dies ist die Konsequenz jeder Surrogatslösung, wie der BHG z. B. bereits bei der Veräußerung des Familienheimes und Zinsen als Surrogat des früheren Wohnwertes entschieden hat, wenn letztere den Wohnwert übersteigen.[433] Damit liegt ein eheprägendes Einkommen in dieser Höhe und nicht etwa nur in Höhe des niederigen Verdienstes des Ehegatten vor, so dass der in der Ehe den Haushalt führende Ehegatte zum Unterhaltspflichtigen werden kann. In der Praxis wird dies allerdings ein seltener Ausnahmefall sein.

5. Einkünfte aus unzumutbarer Erwerbstätigkeit

583   **a) Bedürftiger:** Einkünfte aus einer vom Bedürftigen in der Ehe ausgeübten und nach der Trennung fortgesetzten oder erst nach der Trennung/Scheidung aufgenommenen unzumutbaren (= überobligatorischen) Erwerbstätigkeit sind nach der geänderten Rechtsprechung des BGH nach Abzug eines anrechnungsfreien Betrages gemäß § 1577 II BGB **in der Ehe angelegt.**[434] Die Beurteilung einer Tätigkeit als unzumutbar bedeutet nach BGH, dass derjenige, der sie ausübt, unterhaltsrechtlich nicht gehindert ist, sie jederzeit zu beenden, gleichgültig ob er Unterhaltsschuldner oder Unterhaltsgläubiger ist[435] (s. näher Rn. 1/801 ff.). Beispiel für eine überobligatorische Tätigkeit des Bedürftigen sind seit der Unterhaltsreform zum 1. 1. 2008 mit der Neufassung des § 1570 BGB, wenn trotz Betreuung eines Kindes, das das 3. Lebensjahr noch nicht vollendet hat, gearbeitet wird (näher Rn. 1/804)[436] oder bei einem über drei Jahre alten Kind bei einer ganztägigen Fremdbetreuung noch eine erhebliche persönliche Restbetreuung verbleibt (näher Rn. 1/806).[437] Weitere Fälle sind eine Berufstätigkeit trotz Betreuung eines behinderten Kindes (näher Rn. 1/816) oder die Fortsetzung der Berufstätigkeit über den Regelaltersruhestand von derzeit 65 Jahren hinaus (näher Rn. 1/817).[438] Hierbei spielt es keine Rolle, ob der Bedürftige Nichtselbständiger oder Selbständiger ist[439] oder nur Nebentätigkeiten nachgeht (näher Rn. 1/817). Zur Höhe des anrechnungsfreien Betrages näher Rn. 1/821 ff., zur Abgrenzung zu einem zumutbaren Einkommen bei Kinderbetreuung mit Abzug der konkreten Betreuungskosten und/oder eines Betreuungsbonus wegen der bestehenden Doppelbelastung bei der Bereinigung des Nettoeinkommens näher Rn. 1/812, zu einem Rechenbeispiel Rn. 1/813.

584   **b) Pflichtiger.** Auch insoweit hat der BGH seine frühere Rechtsprechung geändert. Wie beim Bedürftigen ist auch beim Pflichtigen ein Einkommen aus überobligatorischen Tätigkeit **eheprägend,** soweit es nach § 242 BGB aus Billigkeitsgründen angesetzt wird, z. B. bei Nebentätigkeiten zu $^1/_3$ oder $^1/_2$ (näher Rn. 1/837). Dies gilt vor allem bei einer Erwerbstätigkeit über die Regelaltersgrenze von derzeit 65 Jahren hinaus, unabhängig davon, ob es sich um einen Nichtselbständigen oder Selbständigen handelt und ob es in der Branche üblich ist, über 65 Jahre hinaus berufstätig zu sein (vgl. Rn. 1/838).[440] Überobligatorisch bedeutet, dass die Tätigkeit ohne Verstoß gegen die Erwerbsobliegenheit jederzeit wieder aufgegeben werden kann, wodurch sich der Bedarf senkt (näher Rn. 1/835 ff.). Übt der Pflichtige bereits während des Zusammenlebens eine unzumutbare Tätigkeit aus oder

---

[433] BGH FamRZ 2002, 88 = R 569 b
[434] BGH FamRZ 2011, 454 = R 721 b; FamRZ 2006, 846 = R 648 e; FamRZ 2006, 683 = R 649 b; FamRZ 2005, 1154 = R 630 e; FamRZ 2005, 967 = R 629 c
[435] BGH FamRZ 2011, 454 = R 721 b; FamRZ 2006, 846 = R 648 d; FamRZ 1998, 1501 = R 521; FamRZ 1985, 360; FamRZ 1984, 364; FamRZ 1983, 146, 148
[436] BGH FamRZ 2010, 1880 = R 716 a; FamRZ 2010, 1050; FamRZ 2009, 770 = R 704 a
[437] BGH FamRZ 2010, 1880 = R 716 a; FamRZ 2009, 1739; FamRZ 2009, 1391; FamRZ 2009, 770 = R 704 a
[438] BGH FamRZ 2011, 454 = R 721 b
[439] BGH Fam_RZ 2011, 454 = R 721 b
[440] BGH FamRZ 2011, 454 = R 721 b

3. Abschnitt: Unterhaltsbedarf und Bedarfsbemessung beim Ehegattenunterhalt § 4

ist seine Tätigkeit nach der Trennung überobligatorisch, weil er z. B. das gemeinschaftliche noch nicht drei Jahre alte Kind trotz voller Erwerbstätigkeit betreut, gelten die oben beim Bedürftigen gemachten Ausführungen entsprechend (s. o. Rn. 583 sowie näher Rn. 1/831 ff.). Zu weiteren Beispielen für eine überobligatorische Tätigkeit des Pflichtigen vgl. Rn. 1/831 ff., zur Anrechnung dieses Einkommens Rn. 1/835 ff.

6. Ersparnis durch das Zusammenleben und Haushaltsführung für einen neuen Partner

a) Ersparnis durch das Zusammenleben. Nach ständiger Rechtsprechung des BGH haben **Eheleute** durch das Zusammenleben **Ersparnisse,**[441] da ein Doppelhaushalt kostengünstiger als ein Einzelhaushalt ist. Hiervon geht auch der Gesetzgeber in seinen Materialien zur Unterhaltsreform aus. Er spricht insoweit zu Recht davon, dass dies allgemein bekannt ist.[442] Eine Ersparnis tritt auch bei **Zusammenleben des Pflichtigen mit einem neuen Lebensgefährten** auf.[443] Es handelt sich insoweit um keine freiwillige Leistung Dritter, die unterhaltsrechtlich nicht zu bewerten ist, sondern durch die eintretenden Synergieeffekte mit einer Kostenersparnis um eine Folge des Zusammenlebens.[444] Die Ersparnis beruht in erster Linie auf günstigeren Wohnkosten, da größere Wohnungen preiswerter sind als kleinere und die Allgemeinräume (Küche, Bad/WC) nur einmal benötigt werden. In geringem Umfang entstehen auch niedrigere Haushaltskosten. Der BGH hat inzwischen entschieden, dass diese Ersparnis i. d. R. analog § 20 III SGB II für jeden der Zusammenlebenden 10% beträgt, d. h. für beide 20%. Da § 20 III SGB II nur die Ersparnis der Lebenshaltungskosten betrifft, kann der Betrag in Regionen mit hohen Wohnkosten auf 20% pro Person angehoben werden.[445] Die Ersparnis spielt ab der seit 1. 1. 2008 geltenden neuen Rechtslage vor allem eine Rolle bei gleichrangigen Ehegatten, wenn die zweite Ehe noch besteht und im Rahmen der Leistungsfähigkeit eine Korrekturberechnung nach der Dreiteilung vorzunehmen ist (näher Rn. 809, 5/107 ff. mit Beispielen).[446] Sie ist aber auch bei Vor- und Nachrangigen im Rahmen der Leistungsfähigkeit zu beachten.[447]

Die Ersparnis durch das Zusammenleben wird beim Ehegattenunterhalt nur bei der Leistungsfähigkeit angesetzt, nachdem das BVerfG mit seiner Entscheidung vom 25. 1. 2011 die sog. Dreiteilungsmethode zur Ermittlung des Bedarfs des Geschiedenen für verfassungswidrig erklärt hat.[448] Zu den näheren Einzelheiten hierzu vgl. Rn. 805 ff., 5/107 ff. Im Ergebnis wird die Ersparnis durch das Zusammenleben stets als **nicht in der Ehe angelegt** behandelt, da sie den Bedarf der neuen Ehe kürzt.

b) Haushaltsführung für einen neuen Partner. Nach der Rechtsprechung des BGH ist bei Zusammenleben des Bedürftigen mit einem neuen Partner für erbrachte Versorgungsleistungen ein Einkommen anzusetzen und der Wert der Versorgungsleistung **Surrogat der früheren Familienarbeit** und damit **eheprägend** (näher Rn. 1/712 ff.).[449] Es handelt sich um eine geldwerte Leistung, die nicht anders zu beurteilen ist, als wenn der Bedürftige eine bezahlte Tätigkeit bei einem Dritten annähme.[450] Auf die Frage, ob es sich dabei um Einkünfte aus einer Erwerbstätigkeit handelt, kommt es wegen des Surrogatsgedankens nicht an.[451] Der Einwand, die Haushaltsführung für einen neuen Partner können generell nicht prägen, trifft nicht zu, da es nach dem Surrogatsgedanken nur darauf an-

---
[441] BGH FamRZ 2010, 1535 = 714 c; FamRZ 2008, 594 = R 688 b; FamRZ 2006, 1010; FamRZ 2004, 792 = R 605 c; FamRZ 2004, 24 = R 600 a
[442] BT-Drs. 16/1830 S. 23
[443] BGH FamRZ 2009, 314; FamRZ 2008, 594 = R 688 b
[444] BGH FamRZ 2008, 594 = R 688 c
[445] Gerhardt/Gutdeutsch FamRZ 2011, 597
[446] Gerhardt/Gutdeutsch FamRZ 2011, 597
[447] Gerhardt/Gutdeutsch FamRZ 2011, 772
[448] BVerfG FamRZ 2011, 437 = R 722 e, h
[449] BGH FamRZ 1995, 343; FamRZ 1987, 1011
[450] BGH FamRZ 2004, 1170 = R 612; FamRZ 2004, 1173 = R 611
[451] BGH a. a. O.

kommt, dass die Familienarbeit die frühere Ehe prägt und die neue Haushaltsführung nur der Bemessung der ehelichen Lebensverhältnisse dient. Der Ansatz einer Vergütung **entfällt** allerdings, wenn der Bedürftige ganztags arbeitet und sich mit seinem neuen Partner die Haushaltstätigkeit teilt.[452]

588 Gegen die Rechtsprechung des BGH bestehen weiterhin **Bedenken**.[453] Für eine Haushaltstätigkeit wird weder in der Ehe noch in einer neuen Partnerschaft etwas bezahlt. Deshalb entspricht der Ansatz, der Bedürftige könnte statt dessen einer bezahlten Haushaltstätigkeit nachgehen, nicht der Realität. Der Ansatz eines Einkommens aus Vergütung beseitigt außerdem keine bestehende Erwerbsobliegenheit. Surrogat der Haushaltsführung in der Ehe kann nur ein Erwerbseinkommen bzw. bei Verstoß gegen die Erwerbsobliegenheit ein statt dessen angesetztes fiktives Einkommen sein, nicht eine Bedarfsdeckung durch einen neuen Partner. Ein Fall kann nicht anders beurteilt werden, wenn ein in der Ehe den Haushalt führender Bedürftiger ein Jahr nach der Trennung eine Vollzeittätigkeit aufnimmt und entweder 6 Monate vorher oder nachher mit einem neuen Partner zusammenzieht.[454] Soweit letzterem entgegengehalten wird, dass bei einer Ganztagstätigkeit dann in Abänderung der bisherigen Rechtsprechung kein Einkommen mehr aus Haushaltsführung anzusetzen sei, zeigt dies gerade den problematischen Ansatz der Vergütungslösung auf, weil weiterhin ersparte Aufwendungen bestehen. Die **Bewertung** durch das Zusammenleben mit einem neuen Partner kann nicht nach Vergütungsgesichtspunkten erfolgen, sondern wie bei einer Eheschließung oder dem Zusammenleben des Pflichtigen mit einem neuen Partner nur durch die **ersparten Aufwendungen**.[455] Wie oben bereits ausgeführt wurde (s. Rn. 585), ist es allgemein bekannt, dass der Doppelhaushalt billiger ist als der Einzelhaushalt. Diese ersparten Aufwendungen werden vom BGH sowohl bei Zusammenleben in der Ehe als auch bei Zusammenleben des Pflichtigen mit einem neuen Partner angesetzt. Sie bestehen aber genauso, wenn der Bedürftige mit einem neuen Partner zusammenlebt, und zwar nicht erst, wenn er ganztags arbeitet, sondern vom ersten Tag des Zusammenlebens an. Wegen des **Verbots der Doppelverwertung** dürfen aber für den gleichen Lebenssachverhalt nicht zweimal Einkünfte angesetzt werden, einmal ein Wert der Versorgungsleistung und einmal ersparte Aufwendungen. Der Bedürftige kann bei dieser Ersparnis nicht anders behandelt werden wie der Pflichtige. Dies gebietet auch der Surrogatsgedanke nicht, da die Ersparnis durch das Zusammenleben in einer Ehe oder einer neuen Partnerschaft nicht unterschiedlich ist. Ersparte Aufwendungen sind aber, wie oben ausgeführt (s. Rn. 586), **nicht in der Ehe angelegt**.[456]

589 Das Problem kann in der Praxis allerdings vielfach offen bleiben. Denn in der Rechtsprechung wurde bisher übersehen bzw. nicht näher behandelt, dass die Bewertung einer Vergütungsleistung unter anderen Kriterien zu erfolgen hat als die Bewertung ersparter Aufwendungen. Die Vergütungsleistung ist zweifellos höherwertiger, während sich die ersparten Aufwendungen im Wesentlichen an der Mietersparnis und in geringem Umfang an niedrigeren Haushaltskosten orientieren. Setzt man eine nach BGH in der Ehe angelegte Vergütung doppelt so hoch an wie nicht in der Ehe angelegte ersparte Aufwendungen, hebt sich dies bei der Unterhaltsberechnung durch die Halbteilung rechnerisch auf.

> **Fall**
> M verdient netto 2200 €, zahlt ein Ehedarlehen mit mtl. 90 € für den Kauf von Möbeln ab und fährt mit öffentlichen Verkehrsmitteln zum Arbeitsplatz. F arbeitet ganztags mit einem Nettoeinkommen von 1100 € und hat monatliche Fahrtkosten von 100 €: Zur Trennung kam es, weil M ein Verhältnis mit einer Arbeitskollegin begann. F lebt zwischenzeitlich seit drei Monaten bei ihrem neuen Lebensgefährten L und führt z. T. den Haushalt. L verfügt wegen Unterhaltslasten aus seiner gescheiterten Ehe nur über durchschnittliche Einkünfte. F beantragt Trennungsunterhalt nach den SüdL.

---

[452] BGH FamRZ 2005, 967 = R 629 d
[453] Vgl. auch OLG München FamRZ 2006, 1535; FamRZ 2005, 713; Gerhardt FamRZ 2004, 1544 in Anm. zu BGH FamRZ 2004, 1170 und 1173
[454] Gerhardt FamRZ 2003, 272
[455] Vgl Empfehlungen Arbeitskreis 3 des 17. Deutschen Familiengerichtstages 2007
[456] OLG München FamRZ 2006, 1535; FamRZ 2005, 713

3. Abschnitt: Unterhaltsbedarf und Bedarfsbemessung beim Ehegattenunterhalt § 4

Lösung
§ 1361 BGB.
Bereinigtes Nettoeinkommen M: 2200 ./. 110 (= 5% pauschale berufsbedingte Aufwendungen) ./. 90 (= eheprägende Schuld) = 2000
Bereinigtes Nettoeinkommen F: 1100 ./. 100 (= konkrete Fahrtkosten) = 1000
Wegen Haushaltsführung für einen neuen Lebensgefährten ist bei F ein weiteres Einkommen anzusetzen, z. B. 200 €, das nach BGH als prägend anzusetzen ist, nach a. A. dagegen als ersparte Aufwendung als nichtprägend.
Nach SüdL mit $^1/_{10}$:
Nach BGH
Bedarf: $^1/_2$ ($^9/_{10}$ 2000 + $^9/_{10}$ 1000 + 200) = 1450
Höhe: 1450 ./. ($^9/_{10}$ 1000 + 200) = 350
A. A. als ersparte Aufwendung
Bedarf: $^1/_2$ ($^9/_{10}$ 2000 + $^9/_{10}$ .1000) = 1350
Höhe: 1350 ./. ($^9/_{10}$ 1000 + 200) = 250
Da der Ansatz einer Vergütung oder ersparter Aufwendungen nicht gleichwertig sein kann, wäre es richtiger, als Vergütung einen höheren Betrag anzusetzen. Bei Ansatz von 400 € gegenüber 200 € ersparte Aufwendungen wäre das rechnerische Ergebnis identisch.
Nach BGH mit 400 € als Vergütung
Bedarf: $^1/_2$ ($^9/_{10}$ 2000 + $^9/_{10}$ 1000 + 400) = 1550
Höhe: 1550 ./. ($^9/_{10}$ 1000 + 400) = 250
A. A. mit 200 € als ersparte Aufwendung
Bedarf: $^1/_2$ ($^9/_{10}$ 2000 + $^9/_{10}$ 1000) = 1350
Höhe: 1350 ./. ($^9/_{10}$ 1000 + 200) = 250
Jeweils keine Verwirkung nach §§ 1361 III, 1579 Nr. 2, 7 BGB[457]

Der problematische Ansatz des BGH zeigt sich auch, wenn der **Pflichtige wieder** 590 **verheiratet** ist, der geschiedene **erste Ehegatte mit einem neuen Partner** zusammenlebt und zwischen beiden Ehegatten nach § 1609 Nr. 2 BGB Gleichrang besteht. Der Vorteil des Zusammenlebens durch ersparte Aufwendungen gleicht sich dann aus und ist generell nicht anzusetzen. Es kann nicht beim geschiedenen Ehegatten ein prägendes Einkommen wegen einer Vergütungsleistung durch die Haushaltsführung für den neuen Partner bedarfserhöhend als prägend und zugleich beim Pflichtigen und bedürftigen gleichrangigen zweiten Ehegatten eine Ersparnis wegen gemeinsamer Haushaltsführung bei der Leistungsfähigkeit für eine neue Ehe bedarfsmindernd als nichtprägend angesetzt werden, obwohl die gleichen Lebenssachverhalte zu Grunde liegen. Es handelt sich dann auch nicht um eine Ausgleichsfrage wie in den Fällen, in denen der gleichrangige geschiedene erste Ehegatte alleine lebt (s. oben Rn. 809 und eingehend Rn. 5/109).

7. In der Ehe angelegte und nicht in der Ehe angelegte Einkünfte aus Vermögen

a) Allgemeine Grundlagen. In der heutigen Zeit, in der viele Eheleute während des 591 Zusammenlebens Vermögen bilden, gehören Einkünfte aus dem Vermögen nach den Erwerbseinkünften zu den wichtigsten Einnahmequellen, die unterhaltsrechtlich aber oft nicht ausreichend beachtet werden. Zu den Vermögenseinkünften zählen insbesondere **Miet- und Kapitalzinsen** (näher Rn. 1/453 ff., 605 ff.), Unternehmensbeteiligungen sowie ein **Wohnwert**. Während eine Vermögensverwertung unterhaltsrechtlich nur verlangt werden kann, wenn sie im Einzelfall nicht unwirtschaftlich oder unter Berücksichtigung der beiderseitigen finanziellen Verhältnisse nicht unbillig ist (vgl. eingehend Rn. 1/607 ff.), sind die aus dem Vermögen gezogenen Nutzungen stets als Einkommen heranzuziehen. **In der Ehe angelegt** sind dabei für die Bedarfsermittlung die **vor der Trennung** bereits gezogenen tatsächlichen Nutzungen, die nach der Trennung und Scheidung weiterhin vorhanden sind, z. B. der Wohnwert im Eigenheim (vgl. Rn. 1/473 ff.) oder Miet- oder Zinseinkünfte. Prägend ist ferner das **Surrogat** aus bereits in der Ehe vorhandenen Vermögenseinkünften, z. B. Zinsen aus dem Verkauf des Familienheimes oder eine Nutzungsentschädigung anstelle des früheren Wohnwertes (siehe unten Rn. 596, 1/528, 558). Prägend sind nach der ge-

---

[457] Die Voraussetzungen der Verwirkung nach § 1579 Nr. 2 BGB sind (noch) nicht gegeben

änderten Rechtsprechung des BGH als Surrogat auch die Zinsen aus dem **Zugewinn** (s. unten Rn. 596 und Rn. 1/570).[458]

592 Alle erst **nach der Trennung** neu hinzugekommenen Vermögenseinkünfte sind nach der Rechtsprechung des BGH **nicht prägend,** z. B. Zinsen aus einer Erbschaft oder einem Lottogewinn, da sie während des Zusammenlebens noch nicht flossen und daher nicht in der Ehe angelegt waren. Nach der geänderten Rechtsprechung des BGH kommt es dabei nicht mehr darauf an, ob der Vermögenszufluss vor oder nach der Scheidung entstand, maßgebend ist allein, dass er während des Zusammenlebens **bis zur Trennung** nicht vorhanden war und damit kein Vertrauensschutz für den Bedürftigen in die Fortgeltung dieses Lebensstandards entstehen konnte.[459] Als nichtprägendes Einkommen reduzieren sie gem. § 1577 I BGB die Bedürftigkeit des Berechtigten, bzw. erhöhen nach § 1581 BGB die Leistungsfähigkeit des Pflichtigen, haben aber **keinen Einfluss auf den Bedarf** nach den ehelichen Lebensverhältnissen.

Nicht in der Ehe angelegt sind nach BGH ferner bei guten Einkommensverhältnissen Vermögenseinkünfte, die nach einem objektiven Maßstab für die Lebensführung nicht benötigt werden, auch wenn sie in der Ehe bereits vorhanden waren (vgl. Rn. 458, 463).[460] Dies führt regelmäßig zu einer **konkreten Bedarfsbemessung** (vgl. Rn. 763 ff.).

593 **Kapitalzinsen oder Mieteinkünfte,** die die Eheleute während des Zusammenlebens bis zur Trennung hatten, **prägen** ihren Bedarf unabhängig davon, ob es sich um Nutzungen aus dem gemeinsamen oder einem Ehegatten allein gehörenden Vermögen handelt (vgl. z. B. zum Wohnwert Rn. 1/535 ff.). Änderungen der Zins- oder Miethöhe entsprechen einer Normalentwicklung. Prägend sind dabei nur die tatsächlichen Mieteinkünfte, wenn vorhandene Wohnungen nicht vorwerfbar leer standen.[461] Soweit aus einem **Vermögen keine Nutzungen** gezogen werden, obwohl eine entsprechende Unterhaltsobliegenheit besteht, z. B. eine leer stehende Garage nicht vermietet oder eine Eigentumswohnung unentgeltlich einem volljährigen Kind mit eigenem Einkommen überlassen wird, hat dies **keinen Einfluss auf den Bedarf** nach den ehelichen Lebensverhältnissen. Denn insoweit sind keine (fiktiven) prägenden Einkünfte vorhanden, die den Lebensstandard erhöht hatten. Für die Bedarfsermittlung dürfen **keine fiktiven Vermögenseinkünfte** als prägend herangezogen werden, die **in der Ehe nicht oder nicht in dieser Höhe** vorhanden waren.[462] Insoweit handelt es sich auch um kein Surrogat. Im Rahmen des auf den Bedarf anzurechnenden Eigeneinkommens des **Berechtigten,** bzw. der Leistungsfähigkeit des **Pflichtigen,** sind dagegen entsprechende fiktive nichtprägende Einkünfte aus unterlassener Vermögensnutzung anzusetzen (vgl. eingehend mit weiteren Nachweisen Rn. 1/632 ff.).

594 Etwas anderes gilt, wenn Zinsen aus dem vorhandenen Vermögen nach einem **objektiven Maßstab für die Lebensführung benötigt** wurden, aber durch Anlage des Geldes in thesaurierenden Fonds auf Kosten einer zu dürftigen Lebensführung entzogen wurden. Da die Vermögensmehrung durch die Thesaurierung in diesem Fall ein **Surrogat der Vermögensnutzung** bildet, sind entsprechende fiktive Zinsen als **prägend** bedarfserhöhend anzusetzen (vgl. auch Rn. 464).[463] Es ist aber das Verbot zur Doppelverwertung zu beachten, wenn dieses Vermögen bereits über den Zugewinn ausgeglichen wurde (vgl. Rn. 481 ff.).

595 Ein bei der Trennung vorhandener **Wohnwert** eines Eigenheims, in dem die Eheleute gemeinsam lebten, gehört nach Abzug der Instandhaltungskosten sowie der auf der Immobilie lastenden berücksichtigungswürdigen Verbindlichkeiten zu den die ehelichen Lebensverhältnisse prägenden Einkünften (vgl. eingehend Rn. 1/535 ff.). Soweit ein Ehegatte nach der Trennung aus der Ehewohnung auszieht und diese damit nicht mehr nutzt, hat dies keinen Einfluss auf die Beurteilung der prägenden ehelichen Lebensverhältnisse, weil der bedürftige Ehegatte nach der Intention des Gesetzes vor einem sozialen Abstieg durch

---

[458] BGH FamRZ 2008, 963 = R 692 h; FamRZ 2007, 1532 = R 681 k
[459] BGH FamRZ 2009, 579; FamRZ 2008, 968 = R 689 g
[460] BGH FamRZ 2007, 1532 = R 681 d
[461] BGH FamRZ 2007, 1532 = R 681 b
[462] BGH FamRZ 1997, 281, 283 = R 509 f, i; FamRZ 1992, 1045, 1047
[463] BGH FamRZ 2007, 1532 = R 681 d

3. Abschnitt: Unterhaltsbedarf und Bedarfsbemessung beim Ehegattenunterhalt § 4

Trennung und Scheidung bewahrt werden soll.[464] Wird das Familienheim verkauft, prägen anstelle des früheren Wohnwertes die Zinsen aus dem Erlös oder ein mit dem Erlös geschaffener neuer Wohnwert als **Surrogat** des früheren mietfreien Wohnens die ehelichen Lebensverhältnisse (näher Rn. 1/557 ff.).[465] Dies gilt auch, wenn die Zinsen den früheren Wohnwert übersteigen.[466]

b) In der Ehe angelegte Vermögenseinkünfte sind damit
- in der Ehe bereits vorhandene und nach der Trennung fortlaufende Einkünfte, z. B. Wohnwert,[467] Mietzinsen, Kapitalzinsen usw., 596
- Surrogate aus Nutzungen eines in der Ehe bereits vorhandenen Vermögens, z. B. der Zinsen aus dem Erlös des Familienheimes oder ein mit dem Erlös angeschaffter neuer Wohnwert,[468] Zinsen aus der Veräußerung von sonstigen Vermögenswerten,
- die Zinsen aus dem Zugewinnausgleich;[469] der BGH hat seine Surrogatslösung darauf gestützt, dass aus dem Vermögen in der Ehe bereits Nutzungen flossen. Dies gilt für den gesamten Zugewinn als Surrogat, auch wenn er z. B. auf unterschiedlichem Anfangsvermögen beruht, da der Ausgleich aus dem beim Eheende vorhanden Vermögen erfolgt.
- fiktive Zinsen, wenn Vermögen in der Ehe in thesaurierender Weise angelegt wurde, obwohl die Nutzungen nach einem objektivem Maßstab zur Lebensführung benötigt wurden.[470]

c) Nicht in der Ehe angelegte Vermögenseinkünfte sind
- Zinseinkünfte aus einem **Kapitalvermögen,** das ein Ehegatte erst **nach der Trennung** auf Grund einer **Erbschaft**[471] oder eines Lotteriegewinns erworben hat. Bei einer Erbschaft hat der BGH ausdrücklich darauf abgestellt, ob die Erbschaft den Familienunterhalt, der nur bis zur Trennung besteht, beeinflusste, nur dann sei die Erbschaft prägend. 597
- Das Gleiche gilt, wenn eine Ehegatte mit nichtprägenden Mitteln, z. B. aus einer Erbschaft oder einem erst nach der Trennung angesparten Vermögen, einen neuen Wohnwert erlangt. 598
- **Mieteinkünfte,** die nach der Trennung erstmals erzielt werden bzw. erzielt werden müssen, weil z. B. eine Wohnung in der Ehe kostenlos einem Kind überlassen wurde, das die Ausbildung bereits abgeschlossen hat und ausreichend verdient.[472] Kein fiktives Einkommen aus erzielbaren Mieteinkünften ist anzusetzen, wenn sich das Kind noch in Ausbildung befindet und deshalb weiterhin kostenlos in der Wohnung lebt.[473] 599
- Zinseinkünfte aus einem Kapitalvermögen, das sich ein Ehegatte erst **nach der Trennung** ohne unterhaltsrechtliche Benachteiligung des anderen Ehegatten durch **Ansparungen** und sonstige unternehmerische Initiativen gebildet hat. 600
- Realisierbare Forderungen gegen Dritte, die man in zumutbarer Weise einziehen kann, z. B. ein Vermächtnis.[474] 601
- Der Wohnvorteil eines Familienheims, das von den Eheleuten zwar als Ehewohnung geplant war, aber **nicht gemeinsam bewohnt** worden ist, weil es bei der Trennung erst im **Rohbau** fertiggestellt war.[475] 602

---

[464] BGH FamRZ 1986, 437
[465] BGH FamRZ 2009, 23; FamRZ 2008, 963 = R 692 a; FamRZ 2001, 986, 991 = R 563 e; FamRZ 2001, 1140, 1143
[466] BGH FamRZ 2002, 88, 91 = R 569 b
[467] BGH FamRZ 2010, 1633; FamRZ 2010, 1300; FamRZ 2009, 23; FamRZ 2008, 963 = R 692 a; FamRZ 2007, 879 = R 677 a.
[468] BGH FamRZ 2009, 23; FamRZ 2008, 963 = R 692 a; FamRZ 2006, 387 = R 643 f; FamRZ 2005, 1159 = R 623 b, c
[469] BGH FamRZ 2008, 963 = R 692 h; FamRZ 2007, 1532 = R 681 k
[470] BGH FamRZ 2007, 1532 = R 681 e
[471] BGH FamRZ 2006, 387 = R 643 d; FamRZ 1988, 1145, 1146; OLG Frankfurt FamRZ 1986, 165; OLG Hamm FamRZ 1992, 1184; a. A. OLG Hamm FamRZ 1998, 620
[472] BGH FamRZ 1990, 269
[473] BGH FamRZ 2000, 351
[474] BGH FamRZ 1998, 367 = R 517 b
[475] BGH FamRZ 1988, 145

603 • Zinseinkünfte, die bei **guten Einkommensverhältnissen** nach einem objektiven Maßstab für den allgemeinen Lebensbedarf **nicht benötigt** werden; dabei hat, gemessen am verfügbaren Einkommen, sowohl eine zu dürftige Lebensweise als auch ein übermäßiger Aufwand außer Betracht zu bleiben. Sie dienen nur der Vermögensbildung und sind deshalb der Unterhaltsbemessung entzogen.[476] Der heranzuziehende objektive Maßstab kann auch dazu führen, dass nur ein Teil der Zinseinkünfte als prägend zu behandeln ist.[477] In der Regel erfolgt in diesen Fällen eine **konkrete Bedarfsbemessung** (näher Rn. 763 ff.).

604 • Nutzungen aus einer nach der Scheidung geflossenen **Abfindung** bei unverändert gebliebenen Einkünften des Pflichtigen.[478] Denn insoweit handelt es sich bei der Abfindung um kein unterhaltsrechtliches Einkommen, mit dem ein durch Arbeitslosigkeit entstandener Einkommensrückgang aufgefangen werden soll (vgl. Rn. 563, 1/94), sondern um Vermögen, das erst nach der Scheidung zugeflossen ist.

8. Fiktive Einkünfte beim Berechtigten und Verpflichteten nach der Trennung

605 **a) Erwerbseinkünfte.** Der Ansatz von fiktiven Einkünften ist stets eine Sanktion wegen Verstoß gegen die Erwerbsobliegenheit bzw. die Obliegenheit, sich leistungsfähig zu halten (näher Rn. 556). Wird als Sanktion gegen den Verstoß gegen die Erwerbsobliegenheit ein fiktives Erwerbseinkommen angesetzt, sind die Folgen für den Bedürftigen und Pflichtigen unterschiedlich. Beim Bedürftigen reduziert das fiktive Einkommen den Unterhalt, beim Pflichtigen wird das Problem in die Vollsteckung verlagert.

606 Erzielbare **Erwerbseinkünfte,** die dem in der Ehe den Haushalt führenden **Berechtigten** nach der Trennung wegen Verstoßes gegen seine Erwerbsobliegenheit fiktiv zugerechnet werden (näher Rn. 1/773 ff.), sind nach der geänderten Rechtsprechung des BGH **Surrogat** und damit **eheprägend**.[479] Das Gleiche gilt, wenn der Bedürftige seinen Arbeitsplatz verliert und sich nicht ausreichend um eine neue Stelle bemüht.

607 Auch die beim **Pflichtigen** angesetzten fiktiven Erwerbseinkünfte sind **eheprägend**.[480] Wenn dem Verpflichteten wegen einem unterhaltsbezogen verantwortungslosen oder leichtfertigen Verhalten oder wegen nicht ausreichender oder nicht ernsthafter Bemühungen um eine zumutbare Erwerbstätigkeit oder wegen eines anderen unterhaltsrechtlich vorwerfbaren Verhaltens erzielbare Einkünfte fiktiv zugerechnet werden (vgl. insoweit näher Rn. 1/735 ff.), genügt es nicht, ihm solche Einkünfte nur auf der Leistungsstufe leistungssteigernd zuzurechnen, weil der Unterhaltsanspruch nicht nach der Leistungsfähigkeit des Verpflichteten, sondern auf der Bedarfsstufe nach den prägenden Einkünften bemessen wird. Bleiben fiktive Einkünfte als nichtprägende Einkünfte auf der Bedarfsstufe unberücksichtigt, dann bestünde ohne die Zurechnung fiktiver Einkünfte kein oder nur ein verminderter Unterhaltsanspruch und eine durch die fiktive Zurechnung erhöhte Leistungsfähigkeit hätte zugunsten des benachteiligten Unterhaltsgläubigers keine Auswirkung. Das vorwerfbare Verhalten des Verpflichteten bliebe für diesen ohne wirtschaftlich nachteilige Konsequenzen. Die Nachteile würden ausschließlich und sanktionslos nur dem Berechtigten aufgebürdet. Deshalb ist der Verpflichtete auch hinsichtlich der Bedarfsbemessung so zu behandeln, als wenn er seine unterhaltsrechtliche Erwerbspflicht nicht verletzt hätte.[481] Sein fiktives Einkommen ist daher **bedarfserhöhend**.

608 Die Anrechnung fiktiver Einkünfte darf beim Pflichtigen aber nur an die ehelichen Lebensverhältnisse bis zur Trennung der Eheleute **anknüpfen**. Möglicherweise erzielbare, in der Ehe aber nie erzielte Einkünfte des Pflichtigen, die er bei größerem Einsatz hätte erreichen können, prägen dagegen die ehelichen Lebensverhältnisse nicht, da sich die Ehe-

---

[476] BGH FamRZ 2007, 1532 = R 681 d
[477] BGH FamRZ 2007, 1532 = R 681 f
[478] BGH FamRZ 2010, 1311
[479] BGH FamRZ 2006, 683 = R 649 a; FamRZ 2005, 1979 = R 640 b, d; FamRZ 2004, 254; FamRZ 2003, 434 = R 589; FamRZ 2001, 1291 = R 564; FamRZ 2001, 1693 = R 567 a
[480] BGH FamRZ 1993, 1304, 1306 = R 464 a; FamRZ 1992, 1045, 1047
[481] BGH FamRZ 1993, 1304, 1306 = R 464 a; FamRZ 1992, 1045, 1047

3. Abschnitt: Unterhaltsbedarf und Bedarfsbemessung beim Ehegattenunterhalt § 4

leute von vornherein mit einem niedrigeren Lebensstandard begnügt hatten.[482] Die **Bemessung des Bedarfs** kann sich nur an in der Ehe **tatsächlich vorhandenen,** nicht an nur gedachten wirtschaftlichen Verhältnissen, die die ehelichen Lebensverhältnisse nicht prägen, orientieren.[483]

Nach der Rechtsprechung des BGH ist Voraussetzung einer fiktiven Zurechnung von Einkünften auf den Bedarf, die Bedürftigkeit und die Leistungsfähigkeit, dass auf Grund einer umfassenden Zumutbarkeitsabwägung ein **unterhaltsrechtlich vorwerfbares Verhalten** in der Form eines zumindest leichtfertigen Verhaltens bejaht wird (s. eingehend Rn. 1/743 ff.). 609

Typische Fälle der Zurechnung fiktiver Einkünfte:
- Wenn im Rahmen einer bestehenden Erwerbsobliegenheit bei ausreichenden und ernsthaften Bemühungen um eine zumutbare Erwerbstätigkeit eine reale Beschäftigungschance bestanden hätte (s. Rn. 1/784).
- Wenn ein freiwilliger Arbeitsplatz- oder Berufswechsel oder eine freiwillige berufliche Verselbstständigung eine leichtfertig verschuldete Einkommensminderung zur Folge hat (s. Rn. 1/741).
- Wenn ein Arbeitsplatzverlust unterhaltsbezogen leichtfertig verschuldet ist (s. Rn. 1/736 ff.).
- Wenn der Umfang einer selbstständigen Erwerbstätigkeit ohne rechtfertigenden Grund **eingeschränkt** wird[484] (s. Rn. 1/743 ff.).
- Wenn bei einem einschneidenden Einkommensrückgang eines Selbstständigen der Unterhaltspflichtige seine Arbeitskraft oder sonstige zu Gebote stehenden Einkommensquellen nicht so gut wie möglich einsetzt.[485]

b) Vermögenseinkünfte. Prägende fiktive Zinsen sind anzusetzen, wenn aus einem Vermögen zu Gunsten einer Vermögensbildung durch **Thesaurierung** keine Zinsen gezogen werden, obwohl sie nach einem objektiven Maßstab für die Lebensführung benötigt wurden (s. auch Rn. 464).[486] Die Vermögensmehrung ist insoweit ein Surrogat der an sich erforderlichen Vermögensnutzung. Soweit aus diesem Vermögen Zugewinn geleistet wurde, dürfen wegen des Verbots der Doppelverwertung allerdings keine fiktiven Zinsen mehr angesetzt werden.[487] 610

Soweit der Bedürftige oder Verpflichtete ihm gehörendes **Vermögen nicht nutzt,** z. B. Garagen nicht vermietet, von seinem volljährigen, bereits im Berufsleben stehenden Kind für eine überlassene Wohnung keine Miete verlangt oder realisierbare Forderungen nicht einzieht (vgl. Rn. 593, 599, 601) und deshalb fiktive Einkünfte anzusetzen sind (vgl. näher Rn. 1/632 ff.), hat dies dagegen **keinen Einfluss** auf die ehelichen Lebensverhältnisse, da die entsprechenden Mittel während des Zusammenlebens nicht vorhanden waren. Es handelt sich damit um **nichtprägende** Einkünfte die lediglich bedarfsmindernd bzw. leistungserhöhend wirken. Das Gleiche gilt für fiktive Nutzungen aus einem erst nach der Trennung erworbenen Vermögen, das kein Surrogat von Nutzungen eines entsprechenden Vermögens in der Ehe ist. 611

Wird vorhandenes Vermögen verbraucht, ohne Nutzungen zu ziehen, kommt eine **fiktive Anrechnung** nur in Betracht, wenn eine mutwillige Herbeiführung der Bedürftigkeit bzw. Leistungsunfähigkeit vorliegt[488] (vgl. eingehend Rn. 1/567). 612

– in dieser Auflage nicht belegt – 613–649

---

[482] BGH a. a. O.
[483] BGH FamRZ 1997, 281, 283 = R 509 f, i
[484] BGH FamRZ 1992, 1045, 1047
[485] BGH FamRZ 1993, 1304, 1306 = R 464 a
[486] BGH FamRZ 2007, 1532 = R 681 e
[487] BGH FamRZ 2007, 1532 = R 681 e
[488] BGH FamRZ 2010, 629; FamRZ 2005, 1159 = R 623 e; FamRZ 1990, 989, 991 = R 418 d

9. Einkommensänderungen nach der Trennung durch freiwillige Disposition (z. B. Arbeitsplatzwechsel, Berufswechsel oder berufliche Verselbstständigung)

650 Wie bereits ausgeführt, sind Einkünfte den ehelichen Lebensverhältnissen zuzuordnen, wenn sie bereits bei der Trennung aus der gleichen Erwerbsquelle geflossen sind und im Rahmen einer normalen Weiterentwicklung nach der Trennung weiter fließen. Der tiefer liegende Grund besteht darin, dass dadurch eine bereits während des Zusammenlebens in der Ehe bestehende Erwerbsobliegenheit weiterhin durch die gleiche Erwerbsquelle realisiert wird.

Das gilt auch für Erwerbseinkünfte als Surrogat der Familienarbeit in der Ehe.

Bei einem freiwilligen Arbeitsplatzwechsel, Berufswechsel oder bei freiwilliger beruflicher Verselbstständigung wird eine bestehende Erwerbsquelle durch eine **andere konkrete Erwerbsquelle** ersetzt. Dadurch wird ebenfalls die schon vor der Trennung entstandene Erwerbsobliegenheit weiterhin realisiert, wenn auch mittels einer neuen Erwerbsquelle. Bei einer solchen Auswechslung der Erwerbsquellen tritt grundsätzlich die neue an die Stelle der alten Erwerbsquelle und dementsprechend die neuen an die Stelle der alten Einkünfte, wenn aus unterhaltsrechtlichen Gründen keine durchgreifenden Bedenken gegen eine solche Auswechslung bestehen und es sich um eine normale Weiterentwicklung handelt.

651 Unterhaltsrechtlich bestehen in der Regel keine Bedenken, wenn sich die Auswechslung nicht zum Nachteil des anderen Ehepartners auswirkt, d. h. wenn sich die früheren und neuen Einkünfte in einer vergleichbaren Größenordnung bewegen und **das frühere Einkommen** jedenfalls **nicht höher** war.[489]

Dabei kann eine voraussichtliche normale Weiterentwicklung als vergleichbar prognostiziert werden. Um eine unterhaltsrechtlich unbedenkliche Auswechslung und normale Weiterentwicklung handelt es sich z. B., wenn eine Frau während intakter Ehe in der **tierärztlichen Praxis** ihres Mannes in ähnlicher Weise wie in ihrem erlernten Beruf mitgearbeitet hatte und nach der Trennung in ihrem erlernten Beruf als **medizinisch-technische Assistentin** weitergearbeitet hat. Die Einkünfte aus der neuen Tätigkeit sind weiterhin als in der Ehe begründet zu berücksichtigen.[490]

Ist die Auswechslung unterhaltsrechtlich bedenkenfrei, gelten die sich normal weiterentwickelnden Einkünfte aus der neuen Tätigkeit auch im Zeitpunkt der Scheidung als durch die Ehe begründet.[491]

652 Werden aus der neuen Tätigkeit vorhersehbar und nachhaltig **geringere Einkünfte** als aus der alten Tätigkeit erzielt, ist genau zu prüfen, ob unterhaltsrechtliche Bedenken gegen eine Auswechslung bestehen. Die Einkommenssenkung darf nicht auf einem Verstoß gegen die Erwerbsobliegenheit beruhen, es darf ferner kein unterhaltsbezogen leichtfertiges Verhalten vorliegen.[492] Der Ehepartner ist, soweit er keine anzuerkennenden Gründe hat, zu einem beruflichen Wechsel mit Einkommenssenkung nur berechtigt, wenn er vor dem Wechsel durch Rücklagenbildung, Kreditaufnahme oder ähnliche Maßnahmen eine ausreichende Vorsorge dafür getroffen hat, dass dem anderen Ehepartner dadurch keine Nachteile entstehen, d. h. dass er den Unterhalt in bisheriger Höhe weiterzahlen kann (s. § 1 Rn. 743 ff.); sonst darf ein Ehegatte seine bisherige Tätigkeit nicht freiwillig aufgeben.[493]

- Wenn der **Unterhaltsverpflichtete leichtfertig** gegen diese Obliegenheit verstößt und seine frühere Erwerbstätigkeit trotz des zu erwartenden Einkommensrückgangs in vorwerfbarer Weise aufgibt, dann bleiben für die Bemessung des Unterhaltsbedarfs des Berechtigten die Einkommensverhältnisse vor der leichtfertigen beruflichen Veränderung maßgeblich.[494] Er wird deshalb unterhaltsrechtlich so behandelt, als ob er die Einkünfte aus der früheren Tätigkeit weiterhin erzielen würde.

---

[489] BGH FamRZ 1985, 911
[490] BGH FamRZ 1982, 892
[491] BGH FamRZ 1985, 911
[492] BGH FamRZ 2003, 590, 592 = R 586 c
[493] BGH FamRZ 1988, 145 FamRZ 1988, 256; FamRZ 1988, 705; FamRZ 1987, 930, 932
[494] BGH FamRZ 1988, 145; FamRZ 1988, 256; FamRZ 1987, 930, 932

3. Abschnitt: Unterhaltsbedarf und Bedarfsbemessung beim Ehegattenunterhalt § 4

- Kommt es bei Beibehaltung des Arbeitsplatzes zu einem **Einkommensrückgang**, ist ebenfalls zu prüfen, ob ein unterhaltsbezogen leichtfertiges Verhalten vorliegt. Dabei ist eine umfassende Interessenabwägung vorzunehmen, insbesondere ob betriebliche, gesundheitliche oder altersbedingte Umstände zur Reduzierung der Tätigkeit und damit des Einkommens vorlagen, ob beim Bedürftigen dadurch der angemessene Bedarf (= angemessener Selbstbehalt) nicht mehr gesichert ist und ob die Einkommenssenkung auch bei Fortdauer der Ehe erfolgt wäre. I. d. R. wird die Reduzierung einer in der Ehe über das normale Maß hinausgehenden Tätigkeit auf eine übliche Tätigkeit zu akzeptieren sein, z. B. der Abbau regelmäßig geleisteter Überstunden, der Wechsel von einer Nachtschicht in eine Normalschicht, der Übergang in die Altersteilzeit.
- Wird auf Grund einer umfassenden Zumutbarkeitsabwägung **kein zumindest unterhaltsbezogen leichtfertiges** Verhalten festgestellt, dann ist die Einkommensreduzierung unterhaltsrechtlich nicht vorwerfbar. Es handelt sich jeweils um eine durch Einkommensrückgang erzwungene Schmälerung des Bedarfs. Da die früheren ehelichen Lebensverhältnisse keine unverändert fortschreitende Lebensstandardgarantie beinhalten, muss der Bedürftige auch die **negative Einkommensentwicklung** des Partners wirtschaftlich mittragen, d. h. die Einkommenssenkung ist **vermindert den Bedarf**.[495] Das Unterhaltsrecht will den bedürftigen Ehegatten nach Trennung/Scheidung wirtschaftlich nicht besser stellen, als er sich ohne Trennung/Scheidung stünde.[496] Der Unterhaltsanspruch ist dann nach den verminderten tatsächlichen Einkünften aus der neuen Tätigkeit zu bemessen.[497] Die nicht vorwerfbare **Einkommensreduzierung** bei einem Arbeitsplatzwechsel soll nach einer nicht weiter begründeten Meinung des BGH auch nicht durch eine bei Verlust des ersten Arbeitsplatzes ausbezahlte Abfindung auszugleichen sein.[498] Hier scheinen Bedenken am Platz. Eine Abfindung hat Einkommensersatzfunktion. Vermögensbildung zu Lasten des Unterhalts ist nicht zulässig. Deshalb sollte eine Abfindung die Verminderung des Bedarfs solange hindern, bis sie verbraucht ist.

Erzielt der Ehegatte aus der neuen Erwerbstätigkeit **erheblich höhere Einkünfte** als aus der früheren Tätigkeit, so werden in vielen Fällen die neuen Einkünfte auf einer im Zeitpunkt der Trennung **unerwarteten, vom Normalverlauf erheblich abweichenden Entwicklung** beruhen. Es bleibt dann das aus der früheren Erwerbstätigkeit erzielte Einkommen bis zur Scheidung prägend, d. h. der Unterhaltsbedarf ist nach dem früheren Einkommen zu bemessen, während der Mehrverdienst, der auf der vom Normalverlauf abweichenden Entwicklung beruht, nicht mehr in den ehelichen Lebensverhältnissen ihren Grund hat (vgl. näher Rn. 570 ff.). 653

10. Einkommensänderungen bei Arbeitsplatzverlust und Arbeitslosigkeit

Bei Arbeitsplatzverlust ist stets im Rahmen einer umfassenden Zumutbarkeitsabwägung festzustellen, ob der Verlust durch ein unterhaltsrechtlich vorwerfbares Verhalten in der Form eines zumindest unterhaltsbezogen leichtfertigen Verhaltens verursacht worden ist[499] (s. Rn. 612 und ausführlich § 1 Rn. 743 ff.). Maßgebend ist insoweit nicht ein schuldhaftes, sondern allein ein **unterhaltsbezogen leichtfertiges Verhalten**. 654

Typische Fälle eines leichtfertigen Verlustes sind:
- Leichtfertige **Kündigung** des Arbeitsplatzes **durch den Verpflichteten**.[500]
- Vom Verpflichteten unterhaltsbezogen leichtfertig **verschuldete Kündigung des Arbeitgebers**.[501] Nicht ausreichend ist jedoch ein zwar selbst verschuldeter, aber ungewoll-

---

[495] BGH FamRZ 2003, 590, 592, = R 586 a
[496] BGH FamRZ 2003, 848, 850 = R 588 a
[497] BGH FamRZ 2003, 590, 592 = R 586 c; FamRZ 1988, 256; FamRZ 1983, 140
[498] BGH FamRZ 2003, 590, 592 = R 586 d
[499] BGH FamRZ 2002, 813 = R 573; FamRZ 2000, 815 = R 541; FamRZ 1994, 240; FamRZ 1993, 1055 = R 462 A b
[500] BGH FamRZ 1993, 1055 = R 462 A b; FamRZ 1985, 158
[501] BGH FamRZ 1993, 1055 = R 462 A b; FamRZ 1988, 597, 599

ter Arbeitsplatzverlust, z. B. bei einem Diebstahl oder Trunkenheit am Arbeitsplatz[502] oder bei Inhaftierung nach einer nicht gegen den Bedürftigen oder einen nahen Angehörigen gerichteten Straftat.[503]
- **Reduzierung** der bisherigen Tätigkeit, ohne hierzu unterhaltsrechtlich berechtigt zu sein.[504]
- Leichtfertige sonstige **Arbeitsplatzaufgabe**.[505]

Entsprechendes gilt auch bei Erwerbseinkünften des Berechtigten.

655   Bei **Bejahung** eines zumindest **unterhaltsbezogen leichtfertigen Verhaltens** wird dem **Verpflichteten** als Sanktion für sein unterhaltsrechtlich vorwerfbares Verhalten sein bisher erzieltes Einkommen **fiktiv** weiterhin als **bedarfsbestimmend** zugerechnet und danach der Unterhaltsbedarf bemessen (s. oben Rn. 605). In der Praxis wird dies selten zu bejahen sein da selbst bei Arbeitsplatzverlust durch Straftaten i. d. R. der unterhaltsrechtliche Bezug fehlt. Soweit es dabei um einen Verstoß gegen die Erwerbsobliegenheit geht, ist aber bei der Höhe des fiktiven Einkommens genau zu prüfen, ob der Pflichtige nach den Verhältnissen auf dem Arbeitsmarkt und seinen persönlichen Eigenschaften (Alter, Ausbildung, Berufserfahrung, Gesundheitszustand) dieses Einkommen auch tatsächlich noch erreichen kann.[506]

Trifft den **Berechtigten** ein entsprechendes Verschulden am Verlust einer bereits bei Trennung ausgeübten oder als Surrogat der Haushaltsführung nach Trennung aufgenommenen Erwerbstätigkeit, bleibt das bisherige Einkommen **fiktiv bedarfsbestimmend**.

656   Bei **Verneinung** eines zumindest leichtfertigen Verhaltens ist der Bedarf auf der Grundlage der tatsächlich bestehenden Verhältnisse **neu zu bemessen**. Der Einkommensrückgang ist beim Trennungsunterhalt von beiden Ehegatten wirtschaftlich mitzutragen. Beim nachehelichen Unterhalt ist bei einem unverschuldeten Einkommensrückgang des Bedürftigen durch einen Arbeitsplatzverlust vorab zusätzlich zu prüfen, inwieweit ein Anschlusstatbestand gegeben ist (näher Rn. 111 ff.).

Bei Bezug von Arbeitslosengeld für eine bei Trennung ausgeübte Tätigkeit ist dieses als **Einkommensersatzleistung** schon bei der **Bestimmung des Bedarfs** zu berücksichtigen, wenn die Arbeitslosigkeit länger andauert. Nach Meinung des BGH müsste es auf Unverständnis stoßen, wenn eine zwischen Trennung und Scheidung unerwartet eintretende Arbeitslosigkeit des Verpflichteten nicht schon die ehelichen Lebensverhältnisse, sondern erst dessen Leistungsfähigkeit beeinflusst.[507] Auch insoweit muss die negative Einkommensentwicklung von beiden Eheleuten mitgetragen werden.[508] Nichts anderes gilt bei unverschuldeter Arbeitslosigkeit des Bedürftigen. Doch kann es hier am Unterhaltstatbestand fehlen, wenn der Unterhalt nachhaltig gesichert war (§ 1573 IV BGB).

657   Während der **Zeit der Arbeitslosigkeit** besteht die unterhaltsrechtliche Erwerbsobliegenheit weiter. Deshalb ist der Erwerbslose auch unterhaltsrechtlich verpflichtet, sich ernsthaft und intensiv um eine neue zumutbare Erwerbstätigkeit zu bemühen.[509]

Unterlässt er solche zumutbare Bemühungen und hätte bei ernsthaften und ausreichenden Bemühungen eine reale Beschäftigungschance bestanden, dann ist dem **Berechtigten** oder dem **Verpflichteten** ein erzielbares Einkommen fiktiv als bedarfsbestimmend zuzurechnen.

658   Findet der Erwerbslose später einen **neuen Arbeitsplatz** und bewegen sich die früheren und neuen Einkünfte in einer vergleichbaren Größenordnung, dann treten die Einkünfte aus der neuen Erwerbsquelle an die Stelle der Einkünfte und Einkommensersatzleistungen aus der früheren Erwerbsquelle. Es handelt sich um eine zeitlich verschobene, unterhaltsrechtlich nicht zu beanstandende Auswechslung von Erwerbsquellen, die einem Normalverlauf entspricht (vgl. Rn. 555).

---

[502] BGH FamRZ 2000, 815 = R 541; FamRZ 1994, 240; FamRZ 1993, 1055 = R 462 A b
[503] BGH FamRZ 2002, 813 = R 573
[504] BGH FamRZ 1992, 1045, 1047
[505] BGH FamRZ 1993, 1055 = R 462 A b
[506] BGH FamRZ 1996, 345
[507] BGH FamRZ 1988, 256
[508] BGH FamRZ 2003, 590, 592 = R 586 c
[509] BGH FamRZ 1994, 372, 374

3. Abschnitt: Unterhaltsbedarf und Bedarfsbemessung beim Ehegattenunterhalt § 4

Erzielt der Ehegatte aus der neuen Erwerbstätigkeit **erheblich höhere Einkünfte,** kann 659
dies auf einer vom Normalverlauf erheblich abweichenden Entwicklung beruhen. Es gelten
dann die Ausführungen zu Rn. 570 f.

Kann der Unterhaltspflichtige aus arbeitsmarktpolitischen Gründen nach einem unver- 660
schuldeten Arbeitsplatzverlust keine neue Stelle finden und macht sich deshalb selbstständig,
ohne über ausreichende Rücklagen zu verfügen, ist die darauf zurückzuführende Einkommensreduzierung vor allem in der Anfangsphase zu billigen. Auch insoweit handelt es sich
um eine von beiden Ehegatten wirtschaftlich mitzutragende negative Einkommensentwicklung (vgl. Rn. 656).

Beruht eine Minderung des Einkommens auf einer **Verletzung der Erwerbsobliegen-** 661
heit, etwa weil der Verpflichtete seine selbstständige Erwerbstätigkeit eingeschränkt hat, um
das **Sorgerecht** zu erlangen oder weniger Unterhalt zahlen zu müssen, so kann das nicht
die ehelichen Lebensverhältnisse zum Nachteil des Unterhaltsberechtigten verändern, soweit über das Sorgerecht bereits entschieden wurde und sich der Unterhaltspflichtige nicht
bemüht, das frühere Einkommen wiederzuerreichen.[510] Der Verpflichtete wird vielmehr
fiktiv an seinem früheren Einkommen festgehalten (s. oben Rn. 605). Beruht die Einschränkung einer Erwerbstätigkeit dagegen allein auf den Bemühungen, das Sorgerecht für
das Kind zu erlangen, muss der Bedeutung und Tragweite des Elternrechts Rechnung
getragen werden.[511] Insoweit ist im Einzelfall genau zu prüfen, ob der Pflichtige mit dem
Arbeitgeber eine nur vorläufige Reduzierung seiner Tätigkeit, die er nach der Sorgerechtsentscheidung rückgängig machen kann, vereinbaren konnte.[512] Zur Betreuung eines Kindes
aus einer neuen Ehe und dadurch entstehender Erwerbslosigkeit **bei Wiederverheiratung**
vgl. § 2 Rn. 275 f.

11. Bedarfsrelevante Änderungen im Ausgabenbereich

Die ehelichen Lebensverhältnisse werden auch **durch Ausgaben beeinflusst,** weil Ein- 662
künfte in Höhe solcher abziehbarer typischer Ausgaben zur Verwendung für den laufenden
Lebensbedarf nicht zur Verfügung stehen (dazu und zu den typischen Ausgabenposten s.
Rn. 432 ff.).

Änderungen im Ausgabenbereich nach Trennung und Scheidung (und nach der Schei- 663
dung) **beeinflussen** deshalb die bedarfsbestimmenden Einkommensverhältnisse, sofern sie
sich auf entsprechende Einkünfte beziehen.

Sie erhöhen oder mindern das bedarfsbestimmende Einkommen. Auch bei laufenden
Änderungen beeinflussen sie den Bedarf (s. näher Rn. 553).
- Stets zu beachten sind einkommensabhängige Änderungen von **Steuern und Vorsor-** 664
  geaufwendungen mit Ausnahme des Steuervorteils des Pflichtigen durch Wiederverheiratung (näher Rn. 432 ff.) sowie von Betriebsausgaben bei Selbstständigen/Gewerbetrei-
  benden und Werbungskosten bei Kapital- und Miet-/Pachteinkünften (vgl. Rn. 437).
  Das Gleiche gilt für **berufsbedingte Aufwendungen** Nichtselbstständiger, die steuerrechtlich nichts anderes als Werbungskosten sind (vgl. Rn. 437, 1/1042 ff.). Ihre Höhe
  richtet sich stets nach den tatsächlich angefallenen Kosten, selbst wenn eine Erhöhung
  trennungsbedingt ist (vgl. Rn. 437). Solche sich ändernde Ausgaben werden – wie das
  Bezugseinkommen – in der Regel nach einem Ein- bzw. Dreijahresschnitt berechnet, bei
  üblichen Erhöhungen z. B. der Krankenkasse nach den aktuellen Kosten. Ihr Abzug vom
  Bruttoeinkommen ergibt das prägende Nettoeinkommen.
- Nach der früheren Rechtsprechung des BGH waren nur ehebedingte (bis zur Trennung 665
  begründete) **Verbindlichkeiten** prägend. Andere anerkennungsfähige Verbindlichkeiten
  hatten lediglich Einfluss auf die Leistungsfähigkeit. Mit seiner Entscheidung vom 15. 3.
  2006[513] hat der BGH jedoch den variablen Selbstbehalt aufgegeben und stattdessen die

---

[510] BGH FamRZ 1992, 1045, 1047
[511] BVerfG FamRZ 1996, 343 = R 498
[512] BVerfG a. a. O.
[513] BGH FamRZ 2006, 683 = R 649 d, f, g; FamRZ 2008, 968 = R 689 g

„wandelbaren ehelichen Lebensverhältnisse" anerkannt. Dementsprechend haben auch später einseitig begründete anerkennungsfähige Schulden (vgl. Rn. 439, 1/1073 ff., 1/1082 ff.) Einfluss auf die ehelichen Lebensverhältnisse. Da Einkommensminderungen beim Pflichtigen, soweit anerkennungsfähig, immer die ehelichen Lebensverhältnisse beeinflussen, führt die Verschuldung des Pflichtigen, soweit sie nicht auf einer Verletzung der Erwerbsobliegenheit beruhen und deshalb zu berücksichtigen ist (vgl. § 1 Rn. 1083), zu einer **Verminderung des bedarfsbestimmenden Einkommens.** Die vorhersehbare **Tilgung ehebedingter Schulden** hat schon bisher zu einer Erhöhung des Bedarfs geführt.[514] Allerdings hatte der BGH hier noch einen zeitlichen Zusammenhang mit der Trennung vorausgesetzt. Der zeitliche Zusammenhang hat für den BGH inzwischen seine maßgebende Bedeutung verloren.[515] Daher muss darauf angestellt werden ob die Tilgung der Schulden dem normalen Lauf der Dinge entsprach, was man normaler Weise annehmen kann. Auch die Tilgung später aufgenommener Schulden führt dann zu einem Wieder Ansteigen des Bedarfs beim Berechtigten.[516] Wenn die Tilgung vorzeitig erfolgt, dann liegt darin keine so erhebliche Abweichung vom normalen Verlauf, dass für die Zwischenzeit die Schulden fiktiv zu berücksichtigen wären. Dies gilt z. B. dann, wenn wegen der Trennung ein Schrebergarten veräußert und mit dem Erlös eine Eheschuld getilgt wurde.[517]

666 • **Aufwendungen zur einseitigen Vermögensbildung** durften, soweit sie bei gutem Einkommen des Pflichtigen angemessen waren, nach der früheren Rechtsprechung nach einem objektiven Maßstab einkommensmindernd berücksichtigt werden (vgl. Rn. 454). Die neue Rechtsprechung des BGH kennt diese Möglichkeit nicht mehr.[518] Vielmehr ist zu Lasten des Berechtigten Vermögensbildung nur im Rahmen der zusätzlichen Altersvorsorge (eingehend Rn. 457 ff., § 1 Rn. 1034, 1037) zulässig. Eine darüber hinausgehende Vermögensbildung kann nicht zu Lasten des Ehepartners gehen und setzt deshalb so gute wirtschaftliche Verhältnisse voraus, dass der Bedarf konkret zu bemessen ist (vgl. Rn. 458, 763 ff.).

667 • Änderungen in den Aufwendungen für bedarfsbestimmenden **Kindesunterhalt** (neue Unterhaltslasten, Erhöhungen und Wegfall) sind ebenfalls prägend und früher nur bis zur Scheidung, jetzt aber auch darüber hinaus stets in vollem Umfang zu beachten[519] (s. näher Rn. 440 ff.).

668 Änderungen im Ausgabenbereich wirken sich nicht aus, wenn und soweit sich die Ausgaben **nur auf Einkünfte beziehen, welche den Bedarf nicht beeinflussen,** z. B. bei einem Karrieresprung oder bei nichtprägenden Vermögenseinkünften. Solche Ausgaben dürfen nur von den zugehörigen Einkünften abgezogen werden, nicht aber von bedarfsbestimmenden Einkünften. Sie verändern deshalb den Bedarf nicht.

12. Exkurs: Rückkehr zum Stichtag Ehescheidung?

669 Der Berücksichtigung aller Veränderungen im Ausgabenbereich hat das BVerfG in seiner Entscheidung vom 25. 1. 2011[520] (dazu eingehend auch Rn 426–431), eine Grenze gesetzt: Soweit die Veränderungen mit dem Fortbestand der Ehe unvereinbar sind, lag in deren Berücksichtigung bei der Bedarfsbemessung ein Verstoß gegen den Grundsatz der Gewaltenteilung, weil damit die vom Gesetzgeber vorgeschriebene Trennung von Bedarfsbestimmung und Leistungsfähigkeit missachtet wird. Die Berücksichtigung auch der Unterhaltspflicht gegenüber dem neuen Ehegatten bei der Bestimmung des Bedarfs des ersten Ehegatten hat das BVerfG deshalb für verfassungswidrig erklärt. Nach § 31 Abs. 1 BVerfGG sind die Gerichte auch in anderen Fällen daran gebunden. Diese Auslegung wird gewisser-

---

[514] BGH NJW 1998, 2821, 2822; FamRZ 1988, 701, 703
[515] BGH FamRZ 2008, 968 = R 689 g
[516] BGH NJW 1998, 2821, 2822
[517] BGH NJW 1998, 2821
[518] BGH FamRZ 2008, 963 = R 692 d, e, f
[519] BGH FamRZ 1990, 1085
[520] BVerfG FamRZ 2011, 437 = R 722

3. Abschnitt: Unterhaltsbedarf und Bedarfsbemessung beim Ehegattenunterhalt § 4

maßen eliminiert.[521] Weiter reicht die Entscheidung aber nicht. Alle Veränderungen, welche auch bei Fortbestand der Ehe hätten eintreten können, dürfen weiterhin berücksichtigt werden,[522] soweit sie nicht auf einer Verletzung der Erwerbsobliegenheit oder einem Karrieresprung beruhen.[523] Dieser Umstand wird **durch den Leitsatz verschleiert**, welcher aussagt, der BGH habe **durch einen Systemwechsel** die Grenzen richterlicher Rechtsfortbildung überschritten und Art. 2 Abs. 1 GG i. V. m. dem Rechtsstaatsprinzip (Art. 20 Abs. 3 GG) verletzt. Das legt den Gedanken nahe, das BVerfG habe die **Rechtsprechung zu den wandelbaren ehelichen Lebensverhältnissen insgesamt verworfen**. Doch das wäre ein offenkundiges Missverständnis. Zwar findet sich dieser Satz auch in der Entscheidung selbst, jedoch nur als eine Einleitung. Darauf folgen jedoch Ausführungen welche mit einer Verwerfung der wandelbaren ehelichen Lebensverhältnisse insgesamt unvereinbar sind: Hiernach wird die Berücksichtigung von Umständen ohne jeden Bezug zur Ehe, insbesondere von unerwarteten unverschuldeten Einkommensrückgängen, durchaus gebilligt. Über die Rechtsprechung zur Berücksichtigung von später entstandenen Unterhaltspflichten gegenüber Kindern schweigt sich die Entscheidung gänzlich aus, obgleich gerade die Unmöglichkeit, hier eine überzeugende zeitliche Abgrenzung zu finden, zum Prinzip der variablen ehelichen Lebensverhältnisse geführt hat.[524] Ausführlich wird dann nur die Unvereinbarkeit einer neuen Ehe mit dem Fortbestand der alten erörtert. Deshalb bleibt die Rechtsprechung der BGH zu den „variablen ehelichen Lebensverhältnissen" insoweit bestehen, als sie Verpflichtungen betrifft, die mit dem Fortbestand der Ehe vereinbar sind. Das gilt insbesondere auch für den Anspruch auf Betreuungsunterhalt nach § 1615l BGB, weil dieser nicht von der Beendigung der Ehe abhängt. In diesem Bereich **bleibt es sogar bei der Bedarfsbestimmung nach der Drittelmethode**: Soweit der Bedarf der Mutter nach § 1615l BGB nämlich den Drittelbedarf übersteigt, bestimmt sich wegen des Halbteilungsgrundsatzes auch der Bedarf des geschiedenen Ehegatten nach der Drittelmethode. Das gilt unabhängig davon, ob der Anspruch nach § 1615l BGB nach der Scheidung, vor derselben oder sogar vor der Eheschließung entstanden ist (s. u. § 7 Rn. 119 f.).

670 Eine andere Frage ist die, ob es **empfehlenswert** wäre, wieder die Scheidung als Stichtag zugrunde zulegen. Das wird vor allem für die Unterhaltspflichten erwogen, zu denen das BVerfG, wie oben ausgeführt, geschwiegen hat. Der BGH hat auch nach der Scheidung dem Grunde nach entstandene und damit familienfremde Unterhaltsansprüche in die Bedarfsbemessung nach § 1578 BGB einbezogen, um das Unterhaltsrecht zu vereinfachen, was ja auch ein zentrales Anliegen des Gesetzgebers bei der Reform von 2008 gewesen ist.[525] Die **Trennung von Bedarf und Leistungsfähigkeit** im geltenden Unterhaltsrechts hat etwas **Künstliches**, weil in der Regel beides aus dem Einkommen abgeleitet wird, es letzlich also immer um eine Einkommensverteilung geht. Das BGB. hatte in § 1578 BGB noch den standesgemäßen Unterhalt zugebilligt. Seitdem auch nichtbesitzende Schichten wirksamen Rechtsschutz genießen, wurde das Unterhaltsrecht zu einem Massengeschäft, welches grundsätzlich die **angemessene Verteilung** der Ressourcen zwischen leistungsfähigen und bedürftigen Familienmitgliedern zum Ziel hat. So war auch das Unterhaltsrecht des EheG konzipiert, welches die wirtschaftliche Lage beider Eheleute zur Grundlage einer Einkommensverteilung machte, und ebenso die frühere Düsseldorfer Tabelle, die die Unterhaltshöhe vom Einkommen abhängig machte.

671 Die Abschaffung der Verschuldensscheidung führte jedoch zur Einführung der Lebensstandardgarantie und damit erneut zu einem nun nicht mehr standesbezogenen, sondern stichtagsbezogenen autonomen Bedarf, der außerdem noch durch den Vorrang gesichert wurde. Um dieses Privileg zu realisieren, musste auch im Bereich einer reinen Einkommensverteilung zwischen Bedarf und Leistungsfähigkeit unterschieden werden, was zu dem

---

[521] BVerfGE 42, 258, 260; Umbach/Clemens/Heusch, Heidelberger Kommentar, 2. Aufl. § 31 BVerfGG Rn 60
[522] BVerfGE 44, 88, 94; BVerfGE 72, 119, 121
[523] BGH FamRZ 2008, 968 = R 689 g
[524] BGH FamRZ 2006, 683 = R 649 f
[525] BT-Drucks. 16/1830 S. 1

weltweit kompliziertesten Unterhaltsrecht führte. Als nun aber durch den Wandel in der sozialen Wirklichkeit der Gedanke einer Privilegierung auf Grund zeitlicher Priorität an Überzeugungskraft verlor, begann der BGH das Unterhaltsrecht zu vereinfachen, indem es beim Geschiedenenunterhalt die Unterscheidung zwischen Bedarf und Leistungsfähigkeit in wachsendem Maße einebnete. Auch der Gesetzgeber hat sich die Vereinfachung zum Ziel gesetzt,[526] dementsprechend die Rangregeln geändert, die inzwischen vom BGB schon weitgehend eingeebnete Differenz zwischen Bedarf und Leistungsfähigkeit allerdings nicht beseitigt.

672 Damit bleibt die Vereinfachung des Unterhaltsrechts weiterhin ein wesentliches Anliegen, denn (anders als vielleicht das englische Recht) sucht das deutsche umfassend Rechtsschutz zu gewähren. Es bleibt nur bezahlbar, wenn es nicht zu kompliziert wird. Die Berücksichtigung der Leistungsfähigkeit schon beim Bedarf nicht nur beim Kindes-, sondern auch beim Ehegattenunterhalt ist dabei ein sinnvoller Weg.

673 Dabei hat der BGH von Anfang an das Ziel verfolgt, den Mangelfall als Ausnahme zu definieren und normale Verhältnisse nicht als Mangelfall zu behandeln. Nur deshalb hat er sich – gegen den Widerstand der OLGs – geweigert, den Erwerbstätigenbonus aus § 1581 BGB abzuleiten und ihn stattdessen dem Bedarf zugeordnet. Deshalb gewann auch die Vorstellung an Gewicht, dass alle nachteiligen Veränderungen der wirtschaftlichen Lage des Pflichtigen vom Berechtigten bereits auf der Bedarfsebene mit zu tragen seien, weil auch bei Fortdauer der Ehe diese Belastung hätte mitgetragen werden müssen. Dieser Gedanke hat allerdings – wie das BVerfG aufgewiesen hat – seine Grenze bei einer Verpflichtung zum Ehegattenunterhalt, weil diese bei Fortdauer der Ehe nicht entstehen kann. Alle Änderungen, die auch bei Fortdauer der Ehe hätten eintreten können, müssen aber bereits bei der Bedarfsbestimmung berücksichtigt werden, Nur damit lässt sich eine uferlose Kasuistik des Bezugs einer Veränderung zur Ehe vermeiden. Eine Rückkehr zur Scheidung als Stichtag ist deshalb abzulehnen. Sie wäre überdies inkonsequent, denn ein Karrieresprung wird nach einhelliger Meinung nicht erst ab Scheidung, sondern bereits ab Trennung relevant.[527]

13. Unterschiedliche Behandlung von Erhöhung und Minderung des Einkommens

674 Die Beschränkung der Anpassung des Bedarfs an veränderte Einkommensverhältnisse gilt also nur für Einkommenserhöhungen (und Wegfall von Belastungen). Bei diesen stellt sich Frage, wieweit der bedürftige Gatte am Lebensstandard des unterhaltspflichtigen teilhaben soll. Das ist nur insoweit gerechtfertigt, als dieser Lebensstandard durch die **gemeinsame Leistung der Ehegatten** erreicht worden ist.[528]

Wenn demgegenüber das **Einkommen nachhaltig sinkt** (oder Belastungen hinzukommen, die der Bedürftige gegen sich gelten lassen muss) und der Unterhaltpflichtige dieses Absinken seines Lebensstandards nicht abwenden kann, geht es dagegen um die sachgerechte Verteilung einer durch Einkommensrückgang erzwungenen Schmälerung des Bedarfs. Das bedeutet, dass nach der **Ehebedingtheit** einer Einkommensänderung nur dann gefragt wird, wenn es sich um eine **Erhöhung** handelt, während von dem unvermeidlichen Sinken des Einkommens des Verpflichteten der Berechtigte immer betroffen wird.

Eine Einkommenserhöhung des Pflichtigen ist nicht bereits deshalb prägend, weil sie eine frühere **Absenkung ausgleicht.** Wenn daher durch den Rentenfall und die Ersetzung des Erwerbseinkommens durch ein Renteneinkommen das Einkommen sinkt, sind die Zinsen aus dem zwischenzeitlich gebildeten Vermögen dann nicht prägend, wenn im Scheidungszeitpunkt völlig ungewiss war, ob der Pflichtige erneut heiraten und ob und in welchem Umfange er sparen und Vermögen bilden würde und wie lange er überhaupt berufstätig sein werde.[529]

---

[526] BT-Drucks. 16/1830 S. 1
[527] BGH FamRZ 1982, 576, 578
[528] BGH FamRZ 2006, 683 = R 649 e, f; FamRZ 2003, 848, 849 = R 588 a, c
[529] BGH FamRZ 2003, 848, 850 = R 588 a, c

3. Abschnitt: Unterhaltsbedarf und Bedarfsbemessung beim Ehegattenunterhalt § 4

Fraglich ist allerdings, ob umgekehrt eine auf eine nicht prägende Einkommenserhöhung folgende Absenkung des Einkommens als prägend berücksichtigt werden kann, denn die Absenkung prägt die ehelichen Lebensverhältnisse nur deshalb, weil die nacheheliche Solidarität, auf die sich der nacheheliche Unterhalt stützt, die Beteiligung an der geminderten Lebensstellung fordert. Wenn der Berechtigte an der vorangegangenen Erhöhung des Bedarfs aber nicht partizipiert hat, kann ihm nicht zugemutet werden, sich an der folgenden Senkung zu beteiligen. Es dürfte deshalb darauf ankommen, in welcher Reihe Einkommenssteigerungen und -minderungen aufeinander folgen.[530] Das gilt vor allem, wenn die Einkommensminderung auf einer freiwilligen Disposition beruht, so dass nicht auszuschließen ist, dass diese Disposition gerade wegen der Einkommenserhöhung getroffen wurde.

Richtig dürfte es sein, bei einem Zusammentreffen von Erhöhung und Minderung danach zu fragen, ob ein Zusammenhang besteht, welcher es rechtfertigt, eine einer (prägenden) Absenkung folgende Erhöhung mit der Absenkung zu kompensieren (z. B. wenn ein Arbeitslos-Werden eine neue Berufstätigkeit folgt) und eine einer nicht prägenden Erhöhung folgende Absenkung mit der der Erhöhung zu kompensieren (wenn z. B. es nach einem Karrieresprung zu einer neuen Eheschließung kommt). Das hat der BGH im Falle des Zusammentreffens von Einkommenssenkung durch eine neue Ehe und Erhöhung durch einen Karrieresprung auch so entschieden.[531] Diese Entscheidung ist hinsichtlich der Bestimmung des Bedarfs aus der früheren Ehe durch eine spätere im Wege der Dreiteilung durch die Entscheidung des BVerfG vom 25. 1. 2011[532] obsolet (Rn. 675). Die Erwägungen zum Zusammentreffen von neuer Belastung und Karrieresprung behalten aber ihre Bedeutung, soweit es um Belastungen geht, deren Entstehung mit dem Fortbestand der Ehe vereinbar sind, z. B. eine Unterhaltspflicht gegenüber einem weiteren Kind.

14. Keine Absenkung des Bedarfs durch Unterhaltspflicht gegenüber weiteren Ehegatten

Die Wende des BGH zu den variablen ehelichen Lebensverhältnissen[533] führte auch dazu, **675** dass auch später entstandene Unterhaltspflichten gegenüber einem neuen Ehegatten die ehelichen Lebensverhältnisse des früheren Ehegatten dann prägten und zur Absenkung seines Bedarfs führten. Das hat das BVerfG missbilligt, weil die Unterhaltspflicht aus einer neuen Ehe mit dem Fortbestand der alten unvereinbar ist und sie deshalb der früheren ehe nicht zugerechnet werden kann.[534] Vielmehr ist diese Unterhaltspflicht im Rahmen der Mangelfallregelung des § 1581 BGB zu berücksichtigen (§ 5 Rn 107 ff).[535] Umgekehrt ist jedoch die Unterhaltspflicht gegenüber dem früheren Ehegatten bedarfsbestimmend für die zweite Ehe (näheres Rn 805 f.).

15. Einkommensänderungen infolge erstmaligem Rentenbezug nach Trennung und Scheidung

Früher hatte der BGH in ständiger Rechtsprechung Renten der gesetzlichen Renten- **676** versicherung, die auf dem Versorgungsausgleich beruhten, als nicht eheprägend angesehen und im Wege der Anrechnungsmethode berücksichtigt,[536] allerdings die dabei entstehenden unbilligen Ergebnisse durch eine Billigkeitskorrektur vermieden.[537] Seit der Änderung der

---

[530] Allerdings hat der BGH FamRZ 2007, 793, 795 eine Einkommensminderung durch Kirchenbeitritt nach einer nicht prägenden Einkommenserhöhung durch eine unerwartete Beförderung als prägend berücksichtigt
[531] BGH FamRZ 2009, 411 = R 702 c
[532] BVerfG FamRZ 2011, 437 = R 722
[533] BGH FamRZ 2006, 683
[534] BVerfG FamRZ 2011, 437 = R 722
[535] BVerfG FamRZ 2011, 437 = R 722 g
[536] BGH FamRZ 1988, 1156; FamRZ 1989, 159
[537] BGH FamRZ 1989, 159

Rechtsprechung des BGH zur Anrechnungsmethode[538] sind die **Renteneinkommen** beider Parteien grundsätzlich als **prägendes Einkommen** zu behandeln, wobei es nicht mehr darauf ankommt, ob die Renten auf einer Berufstätigkeit vor, in oder nach der Ehe oder auf dem Versorgungsausgleich beruhen, nicht darauf, ob es sich um eine Alters- oder Erwerbsminderungsrente handelt und auch nicht darauf, ob der Rentenfall zurzeit der Scheidung bereits eingetreten war, oder nicht.[539] Soweit die Renten auf einer Berufstätigkeit vor, in oder nach der Ehe beruhen, sind sie Surrogat der Berufstätigkeit, welche in der Regel prägend ist. Soweit sie auf dem Versorgungsausgleich beruht, tritt sie an die Stelle der entsprechenden die ehelichen Lebensverhältnisse prägenden Einkommens des Ausgleichspflichtigen.

677   Nachehelich erworbene Renten können allerdings auch das **Surrogat für ein nicht prägendes Erwerbseinkommen** sein, wenn nämlich nach der Ehe auf Grund eines Karrieresprungs oder einer anderen nachehelichen Erhöhung des Einkommens, welche die ehelichen Lebensverhältnisse nicht mehr prägt, eine erhöhte Rente oder sonstige Altersversorgung bezieht. Ein solches Renteneinkommen bleibt bei der Bedarfsbemessung außer Betracht, gleich ob es vom Unterhaltsschuldner oder vom Unterhaltsgläubiger erworben wurde.

Eine weitere Ausnahme könnte gemacht werden für den Fall, dass das Renteneinkommen des Unterhaltsgläubigers zwar auf dem **Versorgungsausgleich** beruht, der Unterhaltspflichtige aber noch erwerbstätig ist und keine Rente bezieht, die gekürzt werden könnte.[540] Auch in diesem Fall ist zwar die Versorgungsausgleichsrente Surrogat der bisherigen Haushaltsführung. Es fehlt aber der unmittelbare Zusammenhang von Ausgleichsrente und Kürzung, so dass der Rentenfall eine Erhöhung des gemeinsamen Einkommens und damit des Bedarfs bringen kann, die ohne die Scheidung nicht eingetreten wäre. Unter der Geltung der Anrechnungsmethode für Versorgungsausgleichsrenten hatte der BGH aber entschieden, dass die von ihm empfohlene Billigkeitskorrektur der Anrechnungsmethode nicht dazu führen dürfe, dass im Rentenfall sich der Bedarf erhöhe. Es erscheint aber auch nicht als ausgesprochen ungerecht, dass diese Einkommenserhöhung zwischen den Ehegatten geteilt wird. Daher dürfte diese eher seltene und meist nur kurzfristig bedeutsame Konstellation letztlich keine Abweichung von dem nunmehr geltenden Grundsatz, dass **alle Renten prägendes Einkommen** sind, rechtfertigen.

678   Die Altersversorgung von Selbstständigen beruht vielfach auf der Verrentung von **Lebensversicherungen.** Diese treten an die Stelle des Erwerbseinkommens, wenn sich der Selbstständige zur Ruhe setzt. Soweit das Versicherungsvermögen bereits in der Ehe gebildet wurde, war die daraus fließende Altersversorgung bereits während bestehender Ehe zu erwarten und hat damit die ehelichen Lebensverhältnisse geprägt. Dasselbe gilt, wenn das Ansparen der Lebensversicherung in vergleichbarem Umfang nach der Scheidung fortgesetzt worden ist.

679   Die Lebensversicherung kann allerdings bereits dem **Ausgleich als Zugewinn** unterlegen haben. Das allein hindert jedoch nicht ihre Berücksichtigung als prägend, da auch die im Versorgungsausgleich berücksichtigten Renten weiterhin prägendes Einkommen darstellen. Wurde aber der Ausgleichsbetrag nicht aus anderen baren Mitteln aufgebracht, sondern finanziert oder abgezahlt, so wurde durch spätere Sparleistungen die Auflösung der Versicherung vermieden. Es handelt sich dann letztlich um eine nach der Ehe erworbene Versorgung, welche auf Leistungen beruht, welche **über die normalen Vorsorgeleistungen hinausgehen.** Es erscheint dann nicht gerecht, den Ehegatten an dieser Altersversorgung zu beteiligen.[541] Solche Renteneinkommen wird man deshalb nicht als prägend anerkennen dürfen. Auch sonst wird man Versorgungen aus Sparleistungen, welche **bei der Unterhaltsbemessung unberücksichtigt** geblieben sind, als nicht prägend aus der Be-

---

[538] BGH FamRZ 2001, 986 = R 563
[539] BGH FamRZ 2002, 88 = R 569
[540] Scholz FamRZ 2003, 265, 269
[541] Solche Schulden werden bei der Unterhaltsbemessung in der Regel nicht berücksichtigt, weil dem Berechtigten die Finanzierung seines Zugewinnausgleichs aus dem Unterhalt meist nicht zugemutet wird (vgl. Heiß/Heiß Kap. 3 Rn. 764)

3. Abschnitt: Unterhaltsbedarf und Bedarfsbemessung beim Ehegattenunterhalt § 4

darfsrechnung auszuscheiden haben[542] (zur Berücksichtigung von Vorsorgeaufwendungen vgl. § 1 Rn. 1029 ff.).

Die prägenden Renteneinkommen des Verpflichteten sind regelmäßig geringer als die 680 von ihnen ersetzten Erwerbseinkommen. Von großer Bedeutung ist dann die Frage, ob etwaiges **Renteneinkommen des Berechtigten** als eheprägend anzuerkennen, im Ergebnis also nur zur Hälfte anzurechnen ist. Die durch ein **eheprägendes Erwerbseinkommen** begründete Versorgung ist selbst ebenfalls eheprägend. Durch **nichtprägende Erwerbstätigkeit** begründete Versorgung ist nicht prägend.

Dem durch **zweckentsprechende Verwendung des Altersvorsorgeunterhalts** be- 681 gründeten Renteneinkommen liegt ein vom Verpflichteten bereits geleisteter Unterhalt zugrunde, was gegen eine Berücksichtigung bei der Bedarfsbemessung spräche. Andererseits vertritt der Altersvorsorgeunterhalt den Versorgungsausgleich, was dafür spricht, die aus beiden erfließenden Renten gleich und zwar als **eheprägend zu** behandeln. Das ist jedenfalls im Normalfall der **zweistufigen Berechnung** gerechtfertigt, weil hier der Vorsorgeunterhalt von beiden Eheleuten gemeinsam getragen wurde. Anders liegt der Fall dann, wenn bei Vorhandensein unverteilten Einkommens der Vorsorgeunterhalt **einstufig berechnet** und deshalb auch allein vom Pflichtigen getragen wurde. Für einen solchen Fall hat der BGH zu Recht entschieden, dass das resultierende Renteneinkommen nicht eheprägend sei und der **Anrechnungsmethode** unterliege, weil der Pflichtige sonst doppelt zahlen müsse.[543]

16. Nutzung des Vorsorgevermögens aus Vorsorgeaufwendungen im Rentenfall

Die neuere Rechtsprechung des BGH kennt auch Vermögen, welches der Altersvorsorge 682 gewidmet ist **(Vorsorgevermögen)**. Soweit z. B. mit dem Vermögen eine **Leibrente** erworben wurde, sind diese Rentenleistungen Einkommen, auch wenn damit ein Vermögensverzehr verbunden ist, eine Billigkeitsabwägung wegen Zugriff auf den Vermögensstamm nach § 1581 BGB findet dann nicht statt.[544] Solches Vorsorgevermögen entsteht auch dann, wenn in einem Unterhaltsverfahren Vorsorgeleistungen für eine **zusätzliche Altersvorsorge** in Höhe von 4% des Bruttoeinkommens geltend gemacht hat (vgl. Rn. 437 ff, § 1 Rn. 1029 ff.). Da das so gebildete Vermögen zu Lasten des Unterhalts des Berechtigten gebildet wurde und eine Vermögensbildung zu Lasten des Unterhaltsberechtigten an sich unzulässig ist,[545] muss dieses Vermögen im Rentenfall wieder dem beiderseitigen Unterhalt zugeführt werden. Auch Vermögen, welches in einem Unterhaltsfall als **Schonvermögen** für die Altersvorsorge berücksichtigt wurde (in Höhe der fiktiven Ersparnis von 4% des Bruttoeinkommens in der zurückliegenden Erwerbszeit),[546] gehört zum Vorsorgevermögen. **Lebensversicherungen,** die auf ein Alter ab 55 abgeschlossen sind, sind immer Vorsorgevermögen (wenn es sich nicht um ein Finanzierungsmodell handelt, bei welchem das Kapital der Kredittilgung dient). Wenn der Unterhaltsschuldner bei Fälligkeit einer solchen Versicherung ohne triftigen Grund nicht die Verrentung, sondern die Kapitalauszahlung wählt, um dann vom Vermögensstamm zu leben, muss er sich so behandeln lassen, als hätte er die Verrentung gewählt, weil er durch seine Dispositionen nicht seine Unterhaltspflicht vermindern kann (vgl. § 1 Rn. 607 ff.).

Wenn er aber von vornherein **nur Vermögen angespart** und keinen Versicherungsvertrag abgeschlossen hat, dient das Vermögen selbst der Aufrechterhaltung des Lebensstandards im Versorgungsfall. Der Verpflichtete kann dann auf den Verbrauch des Vermögensstamms verwiesen werden, welcher aber seinen lebenslangen Bedarf (unter Berücksichtigung seiner Lebenserwartung, vgl. § 1 Rn. 607 ff., 5/81) sichern muss. Ob er den Verbrauch des Vermögens auch unter Hinweis auf den möglichen Pflegefall verweigern

---

[542] Vgl. OLG Düsseldorf FamRZ 1998, 621; OLG Hamm FamRZ 1998, 1520
[543] BGH FamRZ 2003, 848 mit kritischer Anmerkung Hoppenz
[544] BGH FamRZ 1994, 228 = R 471 c
[545] BGH NJW 2008, 1946 = R 692
[546] BGH FamRZ 2006, 1516

kann, erscheint zweifelhaft, weil wegen des insoweit unkalkulierbaren Risikos eine Vermögensverwertung kaum jemals zugemutet werden könnte. Zur Absicherung des Pflegefalls kann eine Versicherung abgeschlossen, nicht aber Kapital zurückgehalten werden.

Zur Berechnung des verbrauchbaren Teils des Vermögensstamms kann nicht auf die Barwerte zurückgegriffen werden, weil eine lebenslange Absicherung bei unsicherer Lebensdauer sich nicht an einem Durchschnitt orientieren kann.[547] Es kann nur von der maximalen vernünftigerweise anzunehmenden Lebensdauer ausgegangen werden. Das sind derzeit ca. 95 bis 100 Jahre, weil nur wenige älter werden. Dabei sind die Verhältnisse des Einzelfalls, insbesondere die Lebensdauer der Eltern und Verwandten zu würdigen.

Beispiel:
Das Alter von M betrage 66 Jahre. Es wird ein Höchstalter von 100 Jahren angenommen. Das Kapital betrage 500 000. Ein Zinssatz von 3% sei nach Abzug von Steuern nachhaltig erzielbar. Ein Kapital von 500 000 € kann in 34 Jahren bei einem Zinssatz von 3% mit Raten von 1956 € getilgt werden. Umgekehrt kann aus einem Kapital von 500 000 € bei einer Nettoverzinsung von 3% für die Dauer von 34 Jahren monatlich 1945 € entnommen werden.[548]
Die Folge ist allerdings, dass in den meisten Fällen ein Vermögensrest an die Erben fallen wird. Diese haften nach § 1586 b Abs. 1 BGB für den Unterhalt nur in Höhe des fiktiven Pflichtteils, also je nach Verwandtschaftsgrad der Erben oder anderer Pflichtteilsberechtigter zwischen $1/8$ und $1/2$ des Nachlasswerts.

Der so ermittelte zulässige Vermögensverbrauch muss sich grundsätzlich auch daran messen lassen, welches lebenslange Einkommen sich durch eine Verrentung dieses Vermögens zu üblichen Bedingungen (vgl. Berechnung der Sofortrente in *www.allianz.de*) erzielen ließe. Weil die Standardbedingungen in der Regel eine Beitragsrückgewähr im Todesfall vorsehen, ist die garantierte Rente eher bescheiden. Diese Rente dürfte die Untergrenze dessen darstellen, was als Einkommen durch Vermögensverbrauch für Unterhaltszwecke herangezogen werden kann.

17. Berücksichtigung des Preisindexes der Lebenshaltungskosten

683 In seiner Entscheidung vom 21. 2. 1987[549] hat es der BGH ausdrücklich **abgelehnt,** bei Einkommensverbesserungen nach der Scheidung den für den Zeitpunkt der Scheidung errechneten Unterhalt lediglich entsprechend dem **Lebenshaltungskostenindex** an die Entwicklung der allgemeinen Lebenshaltungskosten anzupassen, da er mit der individuellen Einkommensentwicklung nicht übereinstimmt. Er hat demgegenüber daran festgehalten, dass stets die effektiven Einkommensverbesserungen als prägend zu berücksichtigen sind, wenn die unter Rn. 550 ff. erörterten Voraussetzungen für eine prägende Zurechnung bejaht werden. Der BGH hat damit für solche Fälle praktisch eine unbefristete Beteiligung des geschiedenen Ehegatten an solchen Einkommenssteigerungen des Verpflichteten bejaht (vgl. aber Rn. 570 ff.).

684 Mit der bei Rn. 683 erörterten Auffassung hat der BGH jedoch nicht generell eine Anpassung des nachehelichen Unterhalts an gesteigerte Lebenshaltungskosten abgelehnt, sondern nur eingeschränkt, wenn **Einkommensänderungen prägend** zu berücksichtigen sind.

Kommt es nach der Scheidung zu erheblichen **nichtprägenden Einkommenssteigerungen,** dann kann zugunsten des Berechtigten zum Ausgleich einer zwischenzeitlich eingetretenen Verteuerung der Lebenshaltungskosten der auf die Zeit der Scheidung fixierte prägende Unterhaltsbedarf unter Verwendung des Preisindexes des Statistischen Bundesamtes an die gestiegenen Lebenshaltungskosten angepasst werden. Eine solche **Hochrechnung** unter Verwendung der **statistischen Indexwerte** dient nur als Hilfsmittel, um für den bei

---

[547] Vgl. dazu Bienko FamRZ 1999, 517
[548] Die reine Verzinsung betrüge anfangs 1250 € monatlich, der reine Kapitalverbrauch ohne Zinsen 695 €, vgl. das Computerprogramm Gutdeutsch Familienrechtliche Berechnungen: Leistungsfähigkeit, Einkommen/Schuldentilgung
[549] BGH FamRZ 1987, 459

3. Abschnitt: Unterhaltsbedarf und Bedarfsbemessung beim Ehegattenunterhalt § 4

Scheidung bemessenen Unterhalt Annäherungswerte für die gegenwärtigen Verhältnisse zu gewinnen.[550]

Auch bei einem **fest vereinbarten Unterhaltsbetrag** kann nach § 242 BGB eine Betragsanpassung auf die verringerte Kaufkraft der Währung gestützt werden, wenn dies nicht durch ausdrückliche Parteierklärung ausgeschlossen sein soll, was im Zweifel nicht angenommen werden kann.[551]

Eine solche **Indexanpassung** darf jedoch nicht dazu führen, dass der Berechtigte auf diese Weise einen höheren Unterhaltsanspruch erhält, als dem Verpflichteten nach Abzug dieses Unterhalts für den eigenen Bedarf verbleibt.

– in dieser Auflage nicht belegt – 685–749

III. Halbteilungsgrundsatz, Mindestbedarf und konkrete Bedarfsbemessung

1. Halbteilungsgrundsatz

Es entspricht gefestigter ständiger Rechtsprechung des BGH, dass bei der Bedarfsbemessung jedem Ehegatten die Hälfte des verteilungsfähigen Einkommens zuzubilligen ist, weil die Ehegatten grundsätzlich in gleicher Weise am ehelichen Lebensstandard teilnehmen.[552] Der Halbteilungsgrundsatz ist für das Unterhaltsrecht nicht im Gesetz verankert (vgl. §§ 1361, 1578 BGB) und lässt sich lediglich aus einer Analogie zu §§ 1378 I, 1587 a I BGB ableiten. Nur eine Einkommensaufteilung, die den **Halbteilungsgrundsatz** beachtet, ist unterhaltsrechtlich aber angemessen und entspricht nach den Vorstellungen des BVerfG der grundsätzlichen Gleichwertigkeit der von beiden Ehegatten in der Ehe erbrachten Leistungen.[553] Das BVerfG hat daher in seiner Entscheidung vom 25. 1. 2011 erneut darauf hingewiesen, dass bei der Unterhaltsbemessung der Halbteilungsgrundsatz zu beachten ist.[554] Vom Halbteilungsgrundsatz ging auch der Gesetzgeber bei der Reform des Unterhaltsrechts 2008 aus (s. unten Rn 753).[555] 750

Wird beim Bedürftigen ein nach Trennung/Scheidung erzieltes Einkommen als **Surrogat** seiner Haushaltstätigkeit in der Ehe angesetzt, entspricht dies dem Grundsatz der Halbteilung. Denn diese der Erwerbstätigkeit des anderen Ehegatten gleichwertige Familienarbeit hat die Ehe in gleicher Weise geprägt und wirtschaftlich verbessert.[556] Dies entspricht der Gleichwertigkeit der Leistung, die der nichterwerbstätige Ehegatte für die Familienarbeit in der Ehe erbracht hat.[557] 751

Der Halbteilungsgrundsatz ist sowohl bei einer **konkreten Bedarfsbemessung** zu beachten (s. Rn. 763 ff.) als auch bei einer **Bedarfsbemessung nach Ehegattenquoten** (s. Rn. 772 ff.). Er gilt in gleicher Weise für den **Berechtigten** wie für den **Verpflichteten**,[558] dessen sog. eheangemessener Selbstbehalt der anderen Hälfte des Bedarfs entspricht (vgl. Rn. 970).[559] Soweit der BGH mit seiner Grundsatzentscheidung vom 15. 3. 2006 zu einem Festbetrag beim Selbstbehalt in Form eines Ehegattenmindestselbstbehalt kam (der- 752

---

[550] BGH NJW-RR 1987, 71
[551] BGH FamRZ 1986, 458
[552] BGH FamRZ 2010, 111 = R 707a; FamRZ 2009, 411 = R 702b; FamRZ 2008, 1911 = R 695a; FamRZ 2006, 683 = R 649h; FamRZ 2001, 986, 991 = R 563a; FamRZ 1999, 372, 374 = R 529b; FamRZ 1992, 539, 541 = R 444c; BGH FamRZ 1988, 265, 267
[553] BVerfG FamRZ 2002, 527 = R 571a
[554] BVerfG FamRZ 2011, 437 = R 722b
[555] BT-Drs. 16/1830 S. 18
[556] BGH FamRZ 2001, 986, 991 = R 563c
[557] BVerfG FamRZ 2002, 527 = R 571a
[558] BGH FamRZ 2010, 111 = R 707a; FamRZ 2009, 411 = R 702a, b; FamRZ 2009, 23; FamRZ 2008, 1911 = R 695a; FamRZ 2006, 683 = R 649h: FamRZ 1990, 260; FamRZ 1981, 442, 444
[559] BGH FamRZ 1989, 159

zeit 1050 EUR, vgl. DT Anm. B IV, Leitlinien Nr. 21.4),[560] widerspricht dies der grundsätzlichen Halbteilung bei der Leistungsfähigkeit nicht. Denn der Ehegattenmindestselbstbehalt beinhaltet nur die Untergrenze, weil alle **berücksichtigungswürdigen Verbindlichkeiten nach der Trennung und Scheidung** bereits bei der **Bedarfsermittlung** angesetzt werden (näher Rn. 432 ff. 1/1003 ff., 1/1084, 1/1122) und nicht entsprechend der früheren Rechtsprechung erst bei der Leistungsfähigkeit (vgl. näher Rn. 426 ff.; 1/1003 ff.). Dem Pflichtigen verbleibt aber generell weiterhin die Hälfte des gemeinsamen Einkommens (= eheangemessener Selbstbehalt),[561] er ist bei beengten Verhältnissen nach unten nur durch den Mindestehegattenselbstbehalt geschützt.[562] Die Entscheidung des BVerfG vom 25. 1. 2011 steht dem nicht entgegen, da sie im Ergebnis nur die Einbeziehung des Unterhalts eines neuen Ehegatten in die Bedarfsermittlung beanstandet, weil dies eine Scheidung der Ehe voraussetzt, nicht aber die Einbeziehung weiterer nach der Scheidung nicht leichtfertig entstandener neuer Verbindlichkeiten, die auch ohne Scheidung angefallen wären, wie Unterhalt von Kindern aus einer neuen Partnerschaft oder unumgängliche Schulden (näher Rn. 426 ff., 437 ff., 1/1003, 1/1084, 1/1122).[563]

Halbteilung bedeutet dabei **nicht**, dass dem **Pflichtigen generell die Hälfte** seines Einkommens verbleiben muss, sondern dass der **Bedürftige duch Unterhalt und Eigeneinkommen nicht mehr** haben darf als der Pflichtige.[564]

753 Der Grundsatz der Halbteilung wurde durch die **Unterhaltsrechtsänderung zum 1. 1. 2008**, wie sich aus den Gesetzesmaterialien ergibt,[565] beibehalten. Dies zeigt sich bereits aus dem unverändert gebliebenen Wortlaut der §§ 1361 I, 1578 I BGB, die nach ständiger Rechtsprechung auf dem Grundsatz der Halbteilung basieren. Durch die mit der neuen Rangordnung eröffneten Möglichkeit des Gleichrangs zweier Ehegatten nach § 1609 Nr. 2 BGB ergibt sich nichts anderes. Nach den Materialien des Gesetzgebers zählt seit 1. 1. 2008 nicht mehr die Priorität der Eheschließung, sondern nur noch die **individuelle Schutzbedürftigkeit**.[566] Dies hat bei gleichrangigen Ehegatten zur Folge, dass ihre Unterhaltsbelastung wechselseitig zu berücksichtigen und die jeweilige Halbteilung gegenüber dem Pflichtigen zu beachten ist. Der BGH folgte dem durch Ermittlung des Bedarfs des geschiedenen und des neuen Ehegatten mittels Dreiteilung.[567] Letzteres hat das BVerfG mit Beschluss vom 25. 1. 2011 – fehlerhaft – für **verfassungswidrig** erklärt, weil der allein auf der Scheidung beruhende Bedarf eines neuen Ehegatten nicht bereits bei der Bedarfsermittlung des Geschiedenen berücksichtigt werden darf, sondern erst bei der Leistungsfähigkeit (näher Rn. 426 ff., zur Kritik an der Entscheidung des BVerfG Rn. 428)[568] Bei gleichrangigen Ehegatten führt dies zur Dreiteilung im Rahmen der Leistungsfähigkeit und damit zum gleichen Ergebnis (näher Rn. 449, 805 ff., 5/107 ff.).[569]

754 Aus dem Halbteilungsgrundsatz ergibt sich, dass dem Berechtigten kein höherer Unterhalt als **die Hälfte des verteilungsfähigen Einkommens** zugesprochen werden darf.[570] Bei Geltendmachung von Vorsorgeunterhalt vgl. Rn. 779. Der Bedarf kann hierbei nicht aus lediglich **gedachten fiktiven Einkünften** des Pflichtigen, die keine Grundlage in der tatsächlichen Einkommenssituation der Ehegatten während der Ehe hatten, abgeleitet werden.[571] Derartige Einkünfte prägen die ehelichen Lebensverhältnisse nicht.[572] Möglicherweise durch größeren Einsatz erzielbare, in der Ehe aber nie erzielte Einkünfte sind daher nicht bedarfsbestimmend (näher Rn. 413).

---

[560] BGH FamRZ 2006, 683 = R 649 d
[561] BGH FamRZ 2008, 1911 = R 695 a; FamRZ 2006, 683 = R 649 d, h
[562] BGH FamRZ 2010, 111 = R 707 a
[563] BVerfG FamRZ 2011, 437 = R 722 f
[564] BGH FamRZ 2008, 1911 = R 695 a
[565] BT-Drs. 16/1830 S. 18
[566] BT-Drs. 16/1830 S. 14
[567] BGH FamRZ 2010, 111 = R 707 a; FamRZ 2008, 1911 = R 695 a
[568] BVerfG FamRZ 2011, 437 = R 722 e
[569] Gerhardt/Gutdeutsch FamRZ 2011, 597
[570] BGH FamRZ 2006, 683 = R 649 h; FamRZ 1995, 346
[571] BGH FamRZ 1997, 281, 283 = R 509 f
[572] BGH a. a. O.

3. Abschnitt: Unterhaltsbedarf und Bedarfsbemessung beim Ehegattenunterhalt § 4

Hälftig aufzuteilen ist aber nur das **„verteilungsfähige Einkommen"**, d. h. der Teil der in der Ehe angelegten Einkünfte, der zur Deckung des Lebensbedarfs zur Verfügung steht (s. dazu Rn. 432 ff.). Das sog. prägende Einkommen der Eheleute ist zur Ermittlung des Bedarfs daher vorher zu **bereinigen**,[573] d. h. um Steuern, Vorsorgeaufwendungen, berufsbedingte Aufwendungen, Kinderbetreuungskosten, Schulden und Kindesunterhalt, im Einzelfall ferner um alters- oder krankheitsbedingten Mehrbedarf und Ausgaben zur gemeinsamen Vermögensbildung zu kürzen (s. näher Rn. 1/1000 ff.). Maßgebend ist insoweit, welche Ausgaben bei der Bedarfsermittlung berücksichtigungswürdig sind (näher Rn. 432 ff., 1/1003 ff.). Bei Erwerbseinkünften ist ferner **vorab** vom bereinigten Nettoeinkommen bei der Quotierung des Unterhalts der **Erwerbstätigenbonus** abzuziehen[574] (s. näher Rn. 772 ff.). 755

2. Mindestbedarf

Mit Urteil vom 16. 12. 2009 hatte der BGH bereits entschieden, dass es bei Ansprüchen nach § 1615 l BGB einen Mindestbedarf in Höhe des Existenzminimums (derzeit 770 EUR vgl. DT Anm. D II, Leitlinien Nr. 18) gibt.[575] Am 17. 2. 2010 änderte er seine jahrzehntelange Rechtsprechung diesbezüglich auch beim Ehegattenunterhalt und führte einen **Mindestbedarf** ein.[576] Bis zu diesem Zeitpunkt hatte er vertreten, dass auch bei niedrigen Einkünften der eheangemessene Bedarf nicht nach generellen Mindestsätzen bemessen werden kann. Der eheliche Lebensstandard sei grundsätzlich individuell angelegt und könne wirtschaftlich über oder unter dem Niveau von Tabellenwerten liegen.[577] Eine Ausnahme galt nach der bis 31. 12. 2007 geltenden Rechtslage nur im verschärften Mangelfall,[578] den es seit der Unterhaltsreform zum 1. 1. 2008 mit dem absoluten Vorrang des Unterhalts minderjähriger Kinder nicht mehr gibt. 756

Die **Höhe des Mindestbedarfs** hat der BGH mit dem Existenzminimum eines Erwachsenen nach der Grundsicherung (§§ 8 ff. SGB XII) bemessen, weil in dieser Höhe für jeden eine Sozialleistung garantiert ist.[579] Einen Mindestbedarf in Höhe des jeweiligen Mindestselbstbehalt des Pflichtigen (derzeit 1050 EUR, vgl. DT Anm. B IV, Leitlinien Nr. 21.4) hat er dagegen abgelehnt,[580] weil der Bedarf des Berechtigten nicht mit dem jeweiligen Selbstbehalt des Pflichtigen gleichgesetzt werden darf. Der Mindestbedarf beläuft sich derzeit auf **770 EUR** (= notwendiger Selbstbehalt des Nichterwerbstätigen, vgl. DT Anm. B V 2; Leitlinien Nr. 15.1). Dabei kommt es nicht darauf an, ob der Bedürftige erwerbstätig ist oder nicht, da ein Arbeitsanreiz bei einem Mindestbedarf nicht anzusetzen und der Bedürftige ohnehin gehalten ist, im Rahmen seiner Möglichkeiten, seinen Bedarf sicherzustellen.[581] 757

Die Einführung eines Mindestbedars **vereinfacht bei beengten Verhältnissen** die Unterhaltsberechnung für den Bedürftigen erheblich, da der Mindestbedarf wie beim Kindesunterhalt ohne Nachweis verlangt werden kann (vgl. § 2 Rn. 224) und es dann Sache des Pflichtigen ist, darzulegen und zu beweisen, ob er in dieser Höhe leistungsfähig ist (vgl. auch Rn. 6/714). 758

Der Mindestbedarf darf nicht verwechselt werden mit den sog. **Eigenbedarfssätzen** (= Mindestehegattenbedarf in Konkurrenzfällen, vgl. DT Anm. B VI Nr. 1 a, 2 a; Leitlinien Nr. 22.1, 23.1). Während es beim Mindestbedarf um die Sicherung des Existenzminimums des Bedürftigen geht, beinhalten die Eigenbedarfssätze den Betrag, bis zu dem ein an sich 759

---

[573] BGH FamRZ 1999, 367, 370; FamRZ 1994, 87, 90 = R 468 b; FamRZ 1993, 1304, 1306 = R 464 c; FamRZ 1991, 304 = R 425; FamRZ 1990, 499, 502 = R 407 c
[574] BGH FamRZ 1999, 367, 370; 1997, 806 = R 512 b, c
[575] BGH FamRZ 2010, 357 = R 709 b
[576] BGH FamRZ 2010, 629 = R 710 c
[577] Vgl. z. B. BGH FamRZ 2007, 1303 = R 669 b; FamRZ 2006, 683 = R 649 c
[578] Vgl. Vorauflage Rn 161 a
[579] BGH FamRZ 2010, 629 = R 710 c; FamRZ 2010, 357 = R 709 b
[580] BGH FamRZ 2010, 629 = R 710 c; FamRZ 2010, 357 = R 709 b
[581] BGH FamRZ 2010, 357 = R 709 b

höherer Bedarf durch nachrangige Unterhaltslasten reduziert werden kann. Denn nach der Rechtsprechung sind auch nachrangige Unterhaltslasten beim Bedarf des Vorrangigen zu berücksichtigen, so lange beim Vorrangigen einschließlich Eigeneinkommens kein Missverhältnis zum verbleibenden Bedarf eintritt.[582] Der Eigenbedarf beläuft sich auf die Höhe des jeweiligen Selbstbehalts des Pflichtigen, bei Zusammenleben des Bedürftigen mit dem Pflichtigen unter Berücksichtigung einer Ersparnis von 20% (vgl. DT Anm. B VI, Leitlinien Nr. 22, 23).

3. Keine Sättigungsgrenze bei der Bedarfsbemessung

760 Der BGH geht in ständiger Rechtsprechung davon aus, dass es an sich für die Bedarfsbemessung des Ehegattenunterhalts (Trennungsunterhalt und nachehelicher Unterhalt) keine Obergrenze oder Sättigungsgrenze gibt.[583]

761 Eine solche Sättigungsgrenze kommt aber mittelbar bei **gehobenen Einkünften** in Betracht, weil der Unterhalts auf Mittel, die nach einem **objektiven Maßstab** eine Einzelperson auch bei Berücksichtigung hoher Ansprüche für einen billigenswerten Lebensbedarf sinnvoll ausgeben kann, zu beschränken ist (näher Rn. 463 ff.). Denn der Unterhalt dient nur zur Befriedigung des laufenden Lebensbedarfs, nicht der zusätzlichen Finanzierung einer Vermögensbildung.[584] Bei hohen Einkünften ist nach dem objektiven Maßstab eines vernünftigen Betrachters auch unter Berücksichtigung des tatsächlichen Konsumverhaltens der Ehegatten während des Zusammenlebens regelmäßig davon auszugehen, dass nicht alle Mittel für die Kosten der Lebensführung benötigt werden, sondern ein Teil in die Vermögensbildung fließt.[585] Ein solcher Ausnahmefall ist nicht anzunehmen, wenn und solange sich die Einkünfte im Normalbereich halten,[586] ebenso wenig bei eingeschränkten Einkommensverhältnissen.[587] Ab wann gehobene Einkommensverhältnisse beginnen, ist in der obergerichtlichen Rechtsprechung umstritten (vgl. Rn. 766). In der Regel wird man von gehobenen Einkünften auszugehen haben, wenn sie zu einem **Bedarf** über den Einkommensgruppen der Düsseldorfer Tabelle führen (z. Z. über 5100 EUR), d. h. bei einem bereinigten Nettoeinkommen des Pflichtigen über 10 000 EUR. Es ist jedoch insoweit stets auf den Einzelfall abzustellen.

762 Bei **gehobenen** wirtschaftlichen Verhältnissen der Eheleute bestehen normale Korrekturmöglichkeiten, indem der Unterhaltsbedarf losgelöst vom Einkommen konkret bemessen wird (s. unten Rn. 763 ff.). Es können aber im Einzelfall bei zusätzlichen Kapitaleinkünften auch Teile dieser Einkünfte als nichtprägend angesehen werden, weil sie nach einem objektiven Maßstab für die Lebensführung nicht benötigt wurden (vgl. Rn. 463, 554, 592).[588] Im Ergebnis führt dies jeweils zu einer Begrenzung des Unterhalts nach oben.

4. Konkrete Bedarfsbemessung

763 Der Tatrichter kann den eheangemessenen Unterhaltsbedarf konkret durch die Feststellung der Kosten ermitteln, die für die **Aufrechterhaltung des erreichten Lebensstandards** erforderlich sind.[589]

Eine solche konkrete Unterhaltsbemessung ist vor allem dann gerechtfertigt, wenn die Einkünfte des Verpflichteten **überdurchschnittlich hoch** sind, weil in solchen Fällen das

---

[582] Vgl. z. B. BGH FamRZ 2009, 762 = R 703
[583] BGH FamRZ 2010, 1637 R 715 a; FamRZ 1990, 280; FamRZ 1983, 150; FamRZ 1982, 151
[584] BGH FamRZ 2007, 1532 = R 681 d
[585] BGH FamRZ 2007, 1532 = R 681 d
[586] BGH FamRZ 1983, 150
[587] BGH FamRZ 2005, 97 = R 616 a
[588] BGH FamRZ 2007, 1532 = R 681 d
[589] BGH FamRZ 2010, 1637 = R 715 a; FamRZ 1990, 280; FamRZ 1987, 691, 693; FamRZ 1985, 582

3. Abschnitt: Unterhaltsbedarf und Bedarfsbemessung beim Ehegattenunterhalt § 4

Einkommen während des Zusammenlebens nicht ausschließlich für die Lebenshaltungskosten verwendet worden ist, sondern teilweise auch der Vermögensbildung oder anderen Zwecken gedient hat.[590] Daneben kommt sie ausnahmsweise bei schwer durchschaubaren Einkommensverhältnissen mit hohem Lebensstandard, z. B. durch ineinander verschachtelte unternehmerische Tätigkeiten oder hohen Negativeinkünften zur einseitigen Vermögensbildung, in Betracht.[591]

Die konkrete Bedarfsermittlung darf aber **nicht dazu führen,** einen Bedarf anzusetzen, der in den tatsächlichen Lebens-, Einkommens- und Vermögensverhältnissen **keinen Niederschlag** gefunden hat, z. B. weil die Einkommensverhältnisse nur eine dürftige Lebensführung gestatteten.[592]

764 Bei einer konkreten Unterhaltsbemessung sind alle zur Aufrechterhaltung des bisherigen Lebensstandards benötigten **Lebenshaltungskosten konkret zu ermitteln.** Dazu zählen u. a. die Aufwendungen für das Haushaltsgeld, Wohnen mit Nebenkosten, Kleidung, Geschenke, Putzhilfe, Reisen, Urlaub, sportliche Aktivitäten, kulturelle Bedürfnisse, Pkw-Nutzung, Vorsorgeaufwendungen, Versicherungen und sonstige notwendige Lebenshaltungskosten.[593] Es genügt, dass der Bedürftige die in den einzelnen Lebensbereichen anfallenden Kosten überschlägig darstellt, so dass sie nach § 287 ZPO geschätzt werden können, sie müssen nicht in allen Punkten konkret nachgewiesen werden.[594]

765 Auch im Rahmen einer konkreten Bedarfsbemessung ist ein **objektiver Maßstab** anzulegen. Entscheidend ist der Lebensstandard, der nach dem vorhandenen Einkommen vom Standpunkt eines vernünftigen Betrachters als angemessen erscheint. Dabei hat unter Berücksichtigung des tatsächlichen Konsumverhaltens in der Ehe sowohl ein zu dürftiger als auch ein übermäßiger Aufwand außer Betracht zu bleiben.[595]

Eine **Sättigungsgrenze** für die konkrete Bedarfsermittlung, d. h. eine obere Grenze für Unterhaltsansprüche, hat der BGH bisher bei seinen Entscheidungen **nicht angenommen.** Er hat vielmehr darauf hingewiesen, dass nach konkreter Darlegung auch ein höherer Unterhaltsbedarf nicht ausgeschlossen ist.[596] Eine Obergrenze wird bei besonders hohen Einkünften als Beschränkung des Unterhalts auf die Mittel, die eine Einzelperson auch bei Berücksichtigung hoher Ansprüche für billigenswerten Lebensbedarf sinnvoll ausgeben kann, in Betracht gezogen werden müssen. In welcher Höhe derartige Einkünfte liegen, hängt immer vom konkreten Einzelfall und dem individuellen Konsumverhalten in der Ehe ab.[597]

766 In den Leitlinien der meisten Oberlandesgerichte findet sich in Nr. 15.3 nur der pauschale Hinweis, dass bei sehr guten Einkommensverhältnissen des Pflichtigen eine konkrete Bedarfsbemessung in Betracht kommt.[598] Bei einem Teil der Oberlandesgerichte gilt aber die sog. **relative** Sättigungsgrenze. Nach OLG Hamm und OLG Oldenburg kommt eine konkrete Bedarfsbemessung bei einem gemeinsamen bereinigten Nettoeinkommen der Eheleute über der höchsten Einkommensgruppe der DT in Betracht (derzeit 5100 EUR).[599] Nach OLG Frankfurt und OLG Thüringen ist bei einem Elementarunterhalt von über

---

[590] BGH FamRZ 2010, 1637 = R 715 a; FamRZ 2003, 848, 850 = R 588 b; FamRZ 1982, 1187; OLG Hamm FamRZ 2006, 1603; FamRZ 2005, 719; FamRZ 2001, 21; OLG Brandenburg FamRZ 2007, 427; OLG München FamRZ 2005, 36; OLG Köln FamRZ 2002, 326; OLG Karlsruhe FamRZ 2000, 1366; OLG Düsseldorf FamRZ 1996, 1418; OLG Frankfurt FamRZ 1997, 353
[591] OLG Hamm FamRZ 1995, 1578
[592] BGH FamRZ 2005, 97 = R 616 a
[593] BGH FamRZ 2010, 1637 = R 715 a (Retpferd); FamRZ 1990, 280; FamRZ 1987, 691, 693
[594] OLG Hamm FamRZ 1999, 723
[595] BGH FamRZ 2007, 1532 = R 681 d
[596] BGH FamRZ 2010, 1637 = R 715 a
[597] Vgl. z. B. OLG München FamRZ 2005, 36: 4945 EUR Elementar- und 1752 EUR Vorsorgebedarf; OLG Hamm FamRZ 2006, 1603: 4456 EUR; OLG Hamm FamRZ 1999, 723: 15 000 DM bei Einkommen des Mannes von mindestens 70 000 DM; OLG Frankfurt FamRZ 1997, 353: 11 500 DM
[598] SüdL, BL, BraL, BrL, BrauL, CL, DL, DrL, HaL, KL, NaL, RL, jeweils Nr. 15.3
[599] HL, OL jeweils Nr. 15.3

2500 EUR eine konkrete Bedarfermittlung durchzuführen,[600] nach OLG Koblenz, wenn das gemeinsame Einkommen der Eheleute das Doppelte des Höchstbetrages der DT (derzeit 10 200 EUR) übersteigt.[601]

In der Regel wird eine konkrete Bedarfsbemessung **ab einem Bedarf von 5000 EUR** vorgenommen.[602] Dies bedeutet aber nicht, dass der Anspruch generell auf diesen Betrag begrenzt ist, sondern die 5000 EUR bilden regelmäßig die Obergrenze für eine Quotierung. Der konkrete Bedarf hängt dann von den individuellen Verhältnissen und dem tatsächlichen Konsumverhalten unter Zugrundelegung eines objektiven Maßstabes ab.[603] Ein konkreter Bedarf über 10 000 bis 12 000 EUR ist aber auch bei besonders guten Einkommensverhältnissen nach einem objektiven Maßstab kaum vorstellbar.

767 Eine konkrete Bedarfsbemessung verstößt nicht gegen den **Halbteilungsgrundsatz,** wenn dem Verpflichteten zur Deckung seines Unterhaltsbedarfs ein mindestens gleich hoher Betrag verbleibt.[604] Er muss allenfalls Aufwendungen für die Vermögensbildung oder für sonstige Zwecke einschränken.

Gegen den Halbteilungsgrundsatz wird verstoßen, wenn dem Verpflichteten zur Deckung seines eigenen Bedarfs von seinem bereinigten Nettoeinkommen weniger verbleiben würde, als es dem für den Berechtigten konkret bemessenen Unterhaltsbedarf entspricht. Hat der Bedürftige den konkreten Bedarf nach den ehelichen Lebensverhältnissen nachgewiesen, trifft den Pflichtigen die Darlegungs- und Beweislast, dass ihm nicht die Hälfte des Einkommens verbleibt und er daher nicht leistungsfähig ist. Dies ist in der Praxis vor allem bedeutsam, wenn zwar einerseits in der Ehe ein großzügiger Lebensstandard gepflegt wurde, die Einkommensverhältnisse aber andererseits z. B. durch Ausnützen aller steuerlichen Möglichkeiten sehr undurchsichtig sind.

768 Bei einer konkreten Bedarfsbemessung entfällt, soweit Krankenvorsorge- und Altersvorsorgeunterhalt geltend gemacht wird, **eine zweistufige Berechnung** des Elementarunterhalts, weil diese nur sicherstellen soll, dass nicht zu Lasten des Verpflichteten vom Grundsatz der gleichmäßigen Teilhabe der Ehegatten am ehelichen Lebensstandard abgewichen wird.[605] Auch bei einem hohen Bedarf besteht ein Anspruch auf eine entsprechend hohe Altersvorsorge, da der Vorsorgeunterhalt nicht begrenzt ist auf die sog. Beitragsbemessungsgrenze (vgl. Rn. 893, 1/1033).[606] Der Altersvorsorgeunterhalt ergibt sich aus dem konkreten Bedarf ohne Altersvorsorge, wobei dieser Nettobetrag nach der Bremer Tabelle in einen Bruttobetrag umzurechnen ist und sich hieraus gemäß dem aktuellen Rentensatz der Vorsorgeunterhalt errechnet (näher Rn. 874 ff.).[607]

769 **Eigeneinkünfte des Bedürftigen** sind anzurechnen und kürzen den angesetzten konkreten Bedarf. Bei Erwerbseinkünften ist **kein Erwerbsbonus abzuziehen**, weil auch im konkreten Bedarf kein Erwerbsbonus enthalten ist (vgl. näher Rn. 774).[608] Denn da beim konkreten Bedarf kein Erwerbstätigenbonus angesetzt wird, kann er zu Lasten des Pflichtigen auch bei der Anrechnung von Eigeneinkommen nicht angesetzt werden. Auf Eigeneinkommen ist besonders zu achten, wenn es zu wertneutralen Lösungen kommt, z. B. bei mietfreiem Wohnen des Bedürftigen. Der Wohnwert erhöht zunächst den konkreten Bedarf, kürzt ihn aber bei der Anrechnung des Eigeneinkommens des Bedürftigen in gleicher Höhe wieder.

770 Bei einer konkreten Bedarfsbemessung bleibt der Unterhalt auch für spätere Zeiten **auf den festgesetzten Bedarf fixiert.** Ein Abänderungsverfahren kann daher nicht darauf gestützt werden, dass sich das Einkommen des Pflichtigen erhöht hätte.[609] Eine Abänderung

---

[600] FL, TL Nr. 15.3
[601] KoL Nr. 15.3
[602] BGH FamRZ 2010, 1637 = R 715 a
[603] BGH FamRZ 2007, 1532 = R 681 d
[604] OLG München FamRZ 2005, 367
[605] BGH FamRZ 2010, 1637 = R 715 c; FamRZ 1999, 372, 374 = R 529 b
[606] BGH FamRZ 2010, 1637 = R 715 c; FamRZ 2007, 117 = R 662 d
[607] BGH FamRZ 2010, 1637 = R 715 c
[608] BGH FamRZ 2011, 192 unter Aufgabe seiner früheren Rechtsprechung, vgl. FamRZ 2010, 1637 = R 715 b
[609] BGH FamRZ 1990, 280

3. Abschnitt: Unterhaltsbedarf und Bedarfsbemessung beim Ehegattenunterhalt § 4

ist aber möglich zum Zweck der Anpassung des Unterhalts an allgemein gestiegene Lebenshaltungskosten (s. auch Rn. 684). Eine Abänderung nach unten kommt in Betracht, wenn der Unterhalt mit Rücksicht auf einen besonderen Bedarf des Berechtigten höher bemessen worden ist, als es sonst den ehelichen Lebensverhältnissen entsprochen hätte, und dieser besondere Bedarf später wegfällt. Dann wäre der Unterhaltsanspruch entsprechend zu ermäßigen.[610]

Verringern sich die sehr guten Einkommensverhältnisse des Pflichtigen, z. B. durch Eintritt in den Altersruhestand, kann von der konkreten Bedarfsermittlung in einem Abänderungsverfahren in die übliche **Quotenberechnung** entsprechend den jetzt vorhandenen Einkünften **übergegangen** werden, da auch die nicht vorwerfbare Reduzierung des Einkommens in der Ehe angelegt ist (vgl. Rn. 561).[611] 771

5. Bedarfsbemessung nach Ehegattenquoten

a) Quotenbedarf. In der richterlichen Praxis wird – von den wenigen Ausnahmen der konkreten Bedarfsermittlung abgesehen – der Bedarf nicht nach den Mitteln bemessen, die zur Aufrechterhaltung des ehelichen Lebensstandards benötigt werden, sondern pauschal nach einer Quote, der Ehegattenquote, des für Unterhaltszwecke verteilbaren prägenden Einkommens. 772

Diese Bedarfsbemessung nach dem verteilbaren Einkommen (und nicht nach dem tatsächlichen Bedarf) ist eine praktische Konsequenz aus der Tatsache, dass in der weitaus überwiegenden Zahl aller Fälle bei Eheleuten mit niedrigem oder durchschnittlichem Einkommen der bis zur Trennung erreichte Lebensstandard nach Trennung und Scheidung mit dem verteilbaren Einkommen nicht aufrechterhalten werden kann. Deshalb wird wenigstens das verteilbare Einkommen angemessen gequotelt, weil mehr ohnehin nicht geleistet werden kann. Im Hinblick auf den Grundsatz der Eigenverantwortung muss jeder Ehegatte auf seine Weise versuchen, mit diesem Anteil seinen Lebensbedarf zu decken, und dazu sein bisheriges Konsumverhalten ggf. entsprechend einschränken. Dem entspricht auch die geänderte Rechtsprechung des BGH, bei den ehelichen Lebensverhältnissen stärker auf die tatsächlichen **Verhältnisse** abzustellen. Dies gilt sowohl bei üblichen Einkommenssteigerungen nach Trennung und Scheidung als auch bei nicht leichtfertig erfolgten Einkommenssenkungen, sei es durch Einkommensreduzierungen (Verrentung, Arbeitslosigkeit usw.), sei es durch berücksichtigungswürdige neue Verbindlichkeiten wie neue Unterhaltslasten (Ausnahme: Ehegattenunterhalt) oder nicht leichtfertig entstandene neue Schulden (näher Rn. 432 ff., 553).[612] Dem ist auch das BVerfG in seiner Entscheidung vom 25. 1. 2011 gefolgt, nachdem es darauf hingewiesen hat, auch Veränderungen nach der Scheidung seien zu berücksichtigen, wenn sie auch ohne Scheidung entstanden wären (eingehend Rn. 426 ff., 1/1003 ff.).[613] Hierauf ist seit der geänderten Rechtslage durch die Unterhaltsreform 2008 vor allem zu achten, wenn durch zwei gleichrangige bedürftige Ehegatten die vorhandenen Mittel nicht auf zwei, sondern drei Personen aufzuteilen sind; denn nachdem die Priorität des ersten Ehegatten beseitigt wurde, ist bei gleichrangigen Ehegatten der neue Ehegatte in die Berechnung einzubeziehen, unabhängig davon, ob dies nach Auffassung des BGH bereits beim Bedarf oder nach Auffassung des BVerfG erst bei der Leistungsfähigkeit zu erfolgen hat (näher Rn. 805 ff.).[614]

Die Unterhaltsbemessung nach Quoten dient dem Zweck, die für den allgemeinen Lebensbedarf der Ehegatten **verfügbaren Einkünfte** entsprechend dem Grundsatz der gleichmäßigen Teilhabe an den ehelichen Lebensverhältnissen **angemessen zu verteilen.**[615]

---

[610] BGH FamRZ 1985, 582
[611] BGH FamRZ 2003, 848, 850 = R 588 b
[612] BGH FamRZ 2008, 968 = R 689 g; FamRZ 2007, 793 = R 674 a, b; FamRZ 2006, 683 = R 649 f, g
[613] BVerfG FamRZ 2011, 437 = R 437 f
[614] Vgl. Gerhardt/Gutdeutsch FamRZ 2011, 597
[615] BGH FamRZ 1982, 890

773 **b) Erwerbstätigenbonus.** Der BGH hält in ständiger Rechtsprechung daran fest, dass es dem **Halbteilungsgrundsatz** nicht widerspricht, zugunsten eines Erwerbstätigen von einer strikt hälftigen Aufteilung in maßvoller Weise abzuweichen, um den mit einer Berufsausübung verbundenen höheren Aufwand zu berücksichtigen und zugleich einen Anreiz zur Erwerbstätigkeit zu schaffen und aufrechtzuerhalten. Nachdem der erhöhte Aufwand bei Nichtselbständigen bereits durch Vorabzug der berufsbedingten Aufwendungen, bei Selbständigen/Gerwerbtreibenden durch Ansatz der Ausgaben bei der Gewinnermittlung berücksichtigt wird, bezweckt er allein einen Arbeitsanreiz (zur Kritik s. unten Rn. 781).[616] Nach BGH sind allerdings geringfügige Arbeitsaufwendungen, z. B. Kleider- und Hemdenreinigung oder Telefonkosten, im Erwerbsbonus enthalten, wenn keine pauschalen berufsbedingten Aufwendungen geltend gemacht werden (vgl. Rn. 1/1046).[617] Der Ansatz eines Erwerbsbonus gilt trotz grundsätzlicher Änderung seiner Rechtsprechung zu den ehelichen Lebensverhältnissen mit der Surrogatslösung auch weiterhin.[618] Demgemäß hat der BGH die in der Rechtsprechung der Oberlandesgerichte entwickelten Leitlinien gebilligt, bei deren Anwendung dem erwerbstätigen Ehegatten ein sog. **Erwerbstätigenbonus** aus dem verteilungsfähigen Einkommen **vorab** verbleibt,[619] der **Bedarf** sich also nur aus den **bereinigten** und bei **Erwerbstätigkeit vorab um den Bonus gekürzten Erwerbseinkünften** berechnet.[620] Der Vorabzug eines Erwerbstätigenbonus widerspricht nach BGH nicht der Gleichwertigkeit der in der Ehe geleisteten Familienarbeit eines Ehegatten mit der Erwerbstätigkeit des anderen, da nach der Surrogatslösung auch beim Bedürftigen nach Aufnahme einer Berufstätigkeit ein Erwerbstätigenbonus vorab abzuziehen ist.[621] Erwerbseinkünfte sind dabei das Einkommen Nichtselbstständiger, Selbstständiger, Gewerbetreibender und Land- oder Forstwirte.

Bei **sonstigen Einkünften,** die auf keiner Erwerbstätigkeit beruhen, gibt es nach BGH keinen solchen „Bonus", d. h., die Ehegattenquoten müssen **gleich hoch** sein. Kein Erwerbstätigenbonus ist deshalb bei Renten,[622] Pensionen, Arbeitslosengeld,[623] monatlich als Lohnersatz umgelegten Abfindungen,[624] Krankengeld, Zinsen,[625] Mieten,[626] Wohnwert anzusetzen.[627] Entsprechendes gilt, wenn ein Beamter unter Belassung der vollen Bezüge von jeglicher Arbeit freigestellt wurde.[628]

Liegen besondere Umstände des Einzelfalls vor, kann auch bei diesen Einkünften ausnahmsweise eine vom Grundsatz der hälftigen Aufteilung abweichende Bedarfsbemessung gerechtfertigt sein.[629] Der BGH verlangt dafür eine besondere Begründung.[630] Er hat z. B. die Zubilligung eines Bonus von $1/5$ für ein Renteneinkommen des Berechtigten (ebenso hoch wie der Bonus des erwerbstätigen Verpflichteten) gebilligt, weil das OLG dies mit krankheitsbedingten Nachteilen gerechtfertigt hat.[631] Dagegen hat er bei Einkünften aus Vermietung/Verpachtung es als nicht ausreichend angesehen, einen Bonus mit der pauschalen Begründung, der Umfang der Vermietung komme einer beruflichen Tätigkeit nahe, zuzubilligen.[632]

---

[616] Graba NJW 1993, 3033
[617] BGH FamRZ 2007, 193 = R 664 a
[618] BGH FamRZ 2004, 1867
[619] BGH FamRZ 2004, 1867; FamRZ 1999, 367, 370; FamRZ 1992, 539, 541 = R 444 c; FamRZ 1991, 304 = R 425; FamRZ 1990, 1085, 1087; FamRZ 1988, 265, 267; FamRZ 1987, 913, 915; FamRZ 1986, 437, 439; FamRZ 1985, 908; FamRZ 1981, 1165
[620] BGH FamRZ 1997, 806 = R 512 c
[621] BGH FamRZ 2004, 1867
[622] BGH FamRZ 2006, 387 = R 643 g; FamRZ 1999, 981 = R 416
[623] BGH FamRZ 2007, 983 = R 677 e
[624] BGH FamRZ 2007, 983 = R 677 e
[625] BGH FamRZ 2006, 387 = R 643 g
[626] BGH FamRZ 2004, 1867; FamRZ 2006, 387 = R 643 g
[627] BGH FamRZ 2006, 387 = R 643 g; FamRZ 1991, 1163, 1166 = R 437 c
[628] OLG Koblenz FamRZ 2008, 2281
[629] BGH FamRZ 2007, 983 = R 677 e; FamRZ 2006, 387 = R 643 g; FamRZ 1988, 265, 267
[630] BGH FamRZ 2004, 1867; FamRZ 2006, 387 = R 643 g
[631] BGH FamRZ 1990, 981 = R 416
[632] BGH FamRZ 2006, 387 = R 643 g

3. Abschnitt: Unterhaltsbedarf und Bedarfsbemessung beim Ehegattenunterhalt § 4

Die Rechtsprechung des BGH, bei Erwerbstätigkeit für die Berechnung des Ehegatten- 774
unterhalts einen Erwerbstätigenbonus anzusetzen, gilt **nicht uneingeschränkt**. Bei der
Ermittlung des **Familienunterhalts**, der nach ständiger Rechtsprechung in Konkurrenzfällen, z. B. mit Volljährigen, Eltern oder geschiedenen Ehegatten, als Rechenfaktor wie bei
Getrenntleben mit einem Zahlbetrag anzusetzen ist,[633] kürzt **kein Erwerbsbonus** das (fiktive) Einkommen der Beteiligten.[634] Ebenso wenig wird ein Erwerbsbonus bei der Reduzierung des Unterhalts auf den **angemessenen Bedarf** berücksichtigt,[635] weil auch im
angesetzten angemessenen Bedarf kein Erwerbsbonus enthalten ist und deshalb bereits aus
mathematischen Gründen auch das anzurechnende Einkommen nicht durch einen Erwerbsbonus privilegiert werden darf. Das Gleiche gilt bei der **konkreten Bedarfsbemessung**.[636]

Die Bemessung des angemessenen Unterhalts und damit die Feststellung der Quote ist 775
Aufgabe des **Tatrichters**.[637]

Der Tatrichter kann sich dabei an Richtsätzen und Leitlinien orientieren. Die durch die
Anwendung solcher Hilfsmittel erzielten Ergebnisse müssen im Einzelfall jedoch daran
gemessen werden, ob sie den anzuwendenden Rechtsgrundsätzen Rechnung tragen und
angemessen sind. Falls erforderlich, müssen sie nach den besonderen Umständen des Einzelfalls berichtigt werden.[638]

Während früher die Leitlinien der Oberlandesgerichte sehr unterschiedliche Höhen beim
Erwerbstätigenbonus von $1/5$, $1/7$, $1/10$ oder variabel nach Einkommen bis zu $1/20$ enthielten,
gibt es seit der gemeinsamen Leitlinienstruktur und der dadurch eingetretenen größeren
Vereinheitlichung der obergerichtlichen Rechtsprechung ab 1. 7. 2003 für die Unterhaltsberechnung nur noch einen Erwerbstätigenbonus von $1/10$ oder $1/7$ (s. näher Rn. 782).

Den **Erwerbstätigenbonus** gibt es bei allen **prägenden** Erwerbseinkünften des **Ver-** 776
pflichteten und des **Berechtigten**[639] als Ausgleich für den mit einer Erwerbstätigkeit
verbundenen besonderen Aufwand und als Arbeitsanreiz. Der „Bonus" entspricht nach der
Rechtsprechung dem Halbteilungsgrundsatz.[640]

Aus Gründen der Gleichbehandlung ist er auch bei **nicht in der Ehe angelegten**
Erwerbseinkünften des Berechtigten, z. B. bei einem Karrieresprung zu berücksichtigen, die
auf den Unterhaltsbedarf angerechnet werden;[641] ebenso, wenn Erwerbseinkünfte wegen
Verstoß gegen die Erwerbsobliegenheit nur **fiktiv** angesetzt wurden, weil der Berechtigte so
gestellt werden muss, wie wenn er diese Einkünfte erzielen würde.[642]

Der Bonus muss für Verpflichtete und Berechtigte **gleich hoch** sein.

Der „Bonus" muss bereits im Rahmen der Bedarfsbemessung berücksichtigt werden,[643] 777
nicht erst bei der Billigkeitsabwägung nach § 1581 BGB.[644] Es entspricht der ständigen
Rechtsprechung des BGH, dass für die Ermittlung der ehelichen Lebensverhältnisse nach
§ 1578 I BGB dem erwerbstätigen Verpflichteten ein die Hälfte des verteilungsfähigen
Einkommens maßvoll übersteigender Betrag verbleiben muss. Aus Gleichheitsgründen gilt
dies auch bei prägenden Erwerbseinkünften des Bedürftigen.[645] Dem entspricht z. B. bei
beiderseits prägenden Erwerbseinkünften die $3/7$-Quote der Differenzmethode nach der

---

[633] Vgl. z. B. BGH FamRZ 2010, 111 = R 707 b; FamRZ 2007, 1081
[634] BGH FamRZ 2007, 1081
[635] BGH FamRZ 2011, 192; FamRZ 2009, 406
[636] BGH FamRZ 2011, 192 unter Aufhebung seiner in FamRZ 2010, 1637 = R 715 b
[637] BGH FamRZ 2004, 1867 = R 643 g; FamRZ 2002, 1687, 1691 = R 566 c; NJW 1998, 2821 = R 525 c; FamRZ 1990, 1085, 1087; FamRZ 1987, 913, 915
[638] BGH FamRZ 1983, 678
[639] BGH FamRZ 1999, 367, 370
[640] BGH FamRZ 2004, 1867; FamRZ 1990, 1090; FamRZ 1989, 842
[641] BGH FamRZ 1988, 256, 259; FamRZ 1985, 908, 910
[642] BGH FamRZ 1995, 346; FamRZ 1991, 307, 310; FamRZ 1990, 979, 981
[643] BGH FamRZ 2006, 387; FamRZ 2004, 1867; FamRZ 1999, 367, 370; FamRZ 1997, 806 = R 512 c; FamRZ 1991, 304 = R 425; FamRZ 1991, 1414; FamRZ 1990, 499, 502; FamRZ 1990, 979; FamRZ 1990, 1085, 1087
[644] BGH FamRZ 2004, 1867; FamRZ 1989, 842; FamRZ 1988, 265, 267
[645] BGH FamRZ 1999, 367, 370

DT bzw. der Vorabzug des Erwerbstätigenbonus von $^{1}/_{10}$ oder $^{1}/_{7}$ nach der Additionsmethode (näher Rn. 800 ff.). Die z. T. vertretene Auffassung,[646] bei Erwerbseinkünften des Bedürftigen sei dessen Erwerbstätigenbonus bei der Bedarfsermittlung nicht zu berücksichtigen, d. h. nicht vorab abzuziehen, entspricht nicht dieser Gleichbehandlung.

778 Der **Erwerbstätigenbonus** wird vom **bereinigten Nettoeinkommen** abgezogen, nicht bereits vom Nettoeinkommen, d. h., zunächst ist das Erwerbseinkommen um unterhaltsrechtlich relevante Abzüge zu kürzen (s. Rn. 1/1000 ff.) und erst anschließend um den Erwerbstätigenbonus zu reduzieren.[647] Denn dem Erwerbstätigen soll bei Erwerbstätigkeit ein die Hälfte des verteilungsfähigen Einkommens maßvoll übersteigender Betrag verbleiben; verteilungsfähig ist aber nur das bereinigte Einkommen.[648] Diesen Grundsatz hat der BGH in seiner Entscheidung vom 16. 4. 1997 nochmals ausdrücklich bestätigt.[649] In den ab 1. 7. 2003 geltenden Leitlinien der einzelnen Oberlandesgerichte wurde dies in Nr. 15.2 entsprechend aufgenommen.[650] Der Erwerbstätigenbonus ist kein Teil der Bereinigung des Nettoeinkommens, sondern der **Quotierung** des Unterhaltsanspruchs.

Bei **Mischeinkünften** darf der Erwerbstätigenbonus nur von Erwerbseinkünften, nicht von den sonstigen Einkünften abgezogen werden.[651] Dies erreicht man am einfachsten durch Anwendung der Additionsmethode (s. näher unten Rn. 800 ff.). Zur Bereinigung des Nettoeinkommens bei Mischeinkünften vgl. Rn. 826 ff.

779 Da die Bedarfsbemessung nach Quoten auch bei einem „Bonus" bei Erwerbseinkünften stets dem Halbteilungsgrundsatz entspricht, wirkt sich jede über den Quotenanteil hinausgehende Zahlungsverpflichtung zum Nachteil des Verpflichteten aus und stört das unterhaltsrechtliche Gleichgewicht. Deshalb darf der **Kranken- und Altersvorsorgeunterhalt** nicht zusätzlich zum Quotenunterhalt zugesprochen werden, sondern ist zweistufig zu berechnen. Eine Ausnahme besteht nur, wenn zusätzliche Mittel durch nicht in der Ehe angelegte Einkünfte des Pflichtigen oder Bedürftigen, vorhanden sind, die sichern, dass dem Pflichtigen auch ohne Vorabzug der Vorsorgeaufwendungen des Bedürftigen die Hälfte des Bedarfs nach den ehelichen Lebensverhältnissen verbleibt.[652] Im Regelfall muss dagegen der errechnete Vorsorgeunterhalt vorab vom verteilungsfähigen Einkommen abgezogen werden, ehe der endgültige Elementarunterhalt nach einer Quote bemessen wird. Dies erfordert eine zweistufige Berechnung des Elementarunterhalts, wenn auch Vorsorgeunterhalt verlangt wird.[653] Das Gleiche gilt bei einem ausbildungsbedingten oder krankheitsbedingten Mehrbedarf. Zur zweistufigen Berechnung vgl. Rn. 874 ff., 906 ff., zur Ausnahme vgl. Rn. 889 ff.

780 Wie bereits ausgeführt, beinhaltet der Erwerbstätigenbonus nach BGH sowohl einen **Anreiz zur Steigerung der Berufstätigkeit** als auch eine **pauschale Abgeltung** des mit der Erwerbstätigkeit verbundenen erhöhten Aufwandes.[654] Letzteres erfasst nicht die konkret anfallenden berufsbedingten Aufwendungen Nichtselbstständiger. Denn insoweit hat der BGH zwischenzeitlich mehrfach anerkannt, dass sie mit pauschalen 5% berufsbedingten Aufwendungen abgegolten werden können (näher Rn. 1/1046). Zwischen **berufsbedingten Aufwendungen Nichtselbständiger** einerseits und dem **Erwerbstätigenbonus** andererseits ist deshalb strikt zu **trennen,** da ansonsten Nichtselbstständige und Selbstständige/Gewerbetreibende unterschiedlich behandelt würden. Während bei Selbstständigen/Gewerbetreibenden alle betrieblichen Ausgaben bereits bei der Gewinnermittlung berück-

---

[646] Sog. Quotenbedarfsmethode, vgl. DL Nr. 15.2; zur Quotenbedarfsmethode vgl. Rn. 822
[647] BGH FamRZ 1999, 367, 369; FamRZ 1997, 806 = R 512 b; OLG Düsseldorf FamRZ 1994, 1049; OLG München FamRZ 1993, 328; OLG Karlsruhe FamRZ 1992, 1438
[648] Vgl. z. B. BGH FamRZ 1991, 304 = R 425; FamRZ 1990, 1085
[649] BGH FamRZ 1997, 806 = R 512 b
[650] Vgl. SüdL, BL, BrL, BrauL, CL, DrL, FL, HaL, HL, KL, KoL, NaL, OL, RL, SchL, ThL jeweils Nr. 15.2; ebenso BraL 15.2 mit Ausnahme des 3. Senats, der entgegen BGH den Bonus vom Nettoeinkommen zur Bereinigung um den Kindesunterhalt und Schuldendienst abzieht
[651] BGH FamRZ 1991, 1163, 1166 = R 437 c
[652] BGH FamRZ 2003, 590, 593 = R 586 d; FamRZ 1999, 372, 374 = R 529 b
[653] BGH FamRZ 1981, 442
[654] BGH FamRZ 1992, 539, 541 = R 444 c; FamRZ 1991, 670; FamRZ 1990, 1085, 1087; FamRZ 1988, 265, 267

3. Abschnitt: Unterhaltsbedarf und Bedarfsbemessung beim Ehegattenunterhalt § 4

sichtigt werden und das Einkommen entsprechend kürzen (vgl. Rn. 1/330 ff.), sind berufsbedingte Aufwendungen Nichtselbstständiger (= Werbungskosten) erst bei der Bildung des bereinigten Nettoeinkommens abzuziehen, soweit sie im Einzelfall anfallen (vgl. Rn. 1/122 ff., 1045). Der vom BGH zur Begründung des Bonus angeführte, mit der Erwerbstätigkeit verbundene erhöhte Aufwand kann sich damit nur auf den mit einer Berufstätigkeit generell verbundenen, im Einzelfall aber kostenmäßig nicht messbaren erhöhten Aufwand beziehen, ferner auf sehr geringfügige Einzelkosten, wenn keine pauschalen berufsbedingten Aufwendungen geltend gemacht werden (näher Rn. 1/1045).[655]

Hier muss aber spätestens die **Kritik** am Ansatz eines Erwerbstätigenbonus bei der Berechnung des Ehegattenunterhalts einsetzen. Der Erwerbstätigenbonus ist für die Bedarfsermittlung beim Ehegattenunterhalt nicht im Gesetz verankert. Er wurde vom BGH aus der vor 1977 geltenden Rechtsprechung übernommen, die auf dem Leitbild der Hausfrauenehe fußte und die dadurch einen alleinverdienenden Pflichtigen bei Zahlung von Ehegattenunterhalt etwas entlasten wollte. Nur aus Gleichbehandlungsgründen musste er später bei Doppelverdienern auch dem Bedürftigen zugebilligt werden. Inzwischen hat sich das Ehebild völlig gewandelt.[656] Leitbild der Ehe ist heute die Doppelverdienerehe mit zeitweiliger Übernahme der Familienarbeit bei Geburt der Kinder.[657] Spätestens seit der Surrogatslösung des BGH bei Ausübung der Familienarbeit in der Ehe[658] und der sie bestätigenden Entscheidung des BVerfG, die die Gleichwertigkeit von Familienarbeit und Berufstätigkeit betonte,[659] ist der **Ansatz eines Erwerbstätigenbonus zur Quotierung des Ehegattenunterhalts überholt**. Er führt zu einer wegen der Gleichwertigkeit von Erwerbstätigkeit und Familienarbeit, von der auch der Gesetzgeber bei der Unterhaltsreform 2008 ausging,[660] ungerechtfertigten Bevorzugung der Erwerbstätigkeit und zu einer nicht berechtigten Abweichung von der Halbteilung. Rechnerisch bevorzugt er immer den Besserverdienenden, obwohl aus Gleichbehandlungsgrundsätzen der Arbeitsanreiz für den Pflichtigen und Bedürftigen nicht unterschiedlich hoch ausfallen dürfte. Schließlich verstößt er auch gegen den vom Gesetzgeber bei der Unterhaltsreform 2008 als eines der wesentlichen Ziele herausgestellten Vereinfachungsgrundsatz.[661] Die durch die Ausübung der Berufstätigkeit entstandenen Kosten werden bei Nichtselbständigen bereits als berufsbedingte Aufwendungen bei der Bereinigung des Nettoeinkommens in ausreichendem Umfang berücksichtigt (näher Rn. 1/1045 ff.), wobei durch den vom BGH zugebilligten Pauschalansatz von 5% des Nettoeinkommens eine günstige Regelung für den Arbeitnehmer getroffen wurde (näher Rn. 1/1046). Bei Selbständigen/Gewerbetreibenden erfolgt die Berücksichtigung durch Ansatz aller Ausgaben bei der Gewinnermittlung (vgl. Rn. 1/1042). Ein darüber hinausgehende Abzug des Erwerbstätigenbonus zum Arbeitsanreiz ist wegen der wechselseitigen Obliegenheiten, sich leistungsfähig zu halten bzw. den Bedarf im Rahmen der Eigenverantwortung selbst zu decken, nicht erforderlich. Der Gesetzgeber geht heute deshalb den gegenteiligen Weg und unterstützt die Übernahme der Familienarbeit (vgl. § 4 BEEG). Seine Berechtigung hat der Erwerbsbonus deshalb nur noch beim notwendigen Selbstbehalt des Erwerbslosen und des Erwerbstätigen in Höhe von derzeit pauschal 180 EUR (vgl. DT Anm. A V, Leitlinien Nr. 21.2: Differenz 770 EUR zu 950 EUR). Nur dort ist er auch im Gesetz verankert (vgl. § 11 SGB II), weil es insoweit um die Wiedereingliederung von Empfängern des Arbeitslosengeldes II in die Berufstätigkeit geht. Von der Höhe mit ca. 20% liegt er erheblich über den für die Unterhaltsberechnung herangezogenen Erwerbsboni von $^1/_{10}$ oder $^1/_7$. Ansonsten findet ein Erwerbsbonus im Gesetz zu Recht keine Stütze. Trotz der tatrichterlichen Ermessensfreiheit gibt es auch keinen Grund, den Erwerbsbonus in den einzelnen OLG-Bezirken pauschal in unterschiedlicher Höhe anzusetzen (s. unten Rn. 782). Eine einheitliche Lösung wird sich nur finden

781

---

[655] BGH FamRZ 2007, 193 = R 664 a
[656] BT-Drs. 16/1830 S. 12; vgl. auch Gerhardt FamRZ 2011, 8
[657] BVerfG FamRZ 2002, 527 = R 571 a
[658] BGH FamRZ 2001, 986 = R 563
[659] BVerfG FamRZ 2002, 527 = R 571 a
[660] BT-Drs. 16/1830 S. 18
[661] BT-Drs. 16/1830 S. 2

lassen, indem er generell abgeschafft wird. Er beruht auch auf keinem Gerechtigkeitsgebot. Es ist deshalb an der Zeit, dass die Rechtsprechung den **Erwerbstätigenbonus für die Berechnung des Ehegattenunterhalts** als Relikt eines längst überholten Ehebildes im Rahmen der **dringend notwendigen Vereinfachung des Unterhaltsrechts endlich abschafft.**

6. Überblick zu den Quoten bei Einkünften aus Erwerbstätigkeit und sonstigen Einkünften und zur Höhe des Erwerbstätigenbonus

782 a) **Quoten bei Erwerbseinkünften.** Gemäß der von den Oberlandesgerichten vereinbarten einheitlichen Leitlinienstruktur ab 1. 7. 2003 ist die Bonushöhe in Nr. 15.2 abgehandelt. Dabei wird seit 2003 nur mehr mit einem Bonus von $1/7$ oder $1/10$ gerechnet werden. Die Unterhaltsreform zum 1. 1. 2008 und das hierbei vom Gesetzgeber als wesentliches Ziel deklarierte Vereinfachungsgebot hätte an sich für die Oberlandesgerichte Anlass sein müssen, sich im Rahmen der Unterhaltskommission auf eine einheitliche Bonushöhe zu einigen. Es geht hierbei um eine tatrichterliche Ermessensfrage, nicht um richtig oder falsch. Der **Vereinfachungsgrundsatz** würde, wenn man den Erwerbsbonus nicht generell abschafft (s. oben Rn. 781), zweifellos für einen Erwerbstätigenbonus von $1/10$ sprechen (vgl. auch Rn. 1/131),[662] ebenso der Ansatz einer Pauschale von 5% berufsbedingten Aufwendungen neben dem Erwerbstätigenbonus.

- Die meisten Oberlandesgerichte bemessen nach Leitlinien oder in Anlehnung an die DT den **Erwerbstätigenbonus mit $1/7$,** d. h. dem Verpflichteten bleiben von seinem Erwerbseinkommen $4/7$, der Berechtigte erhält $3/7$ (vgl. DT Anm B I).
  So KG Berlin, OLG Braunschweig, OLG Brandenburg (außer 3. Senat), OLG Bremen, OLG Celle, OLG Dresden, OLG Düsseldorf, OLG Frankfurt, OLG Hamburg, OLG Hamm, OLG Jena; OLG Koblenz, OLG Köln, OLG Oldenburg, OLG Rostock, OLG Saarbrücken, OLG Schleswig.
- Die Süddeutschen Leitlinien (Oberlandesgerichte Bamberg, Karlsruhe, München, Nürnberg, Stuttgart und Zweibrücken) sowie das OLG Naumburg und der 3. Senat des OLG Brandenburg setzen den Erwerbstätigenbonus mit $1/10$ an.

783 Der **BGH** hat in bisher ständiger Rechtsprechung sowohl die $1/7$- als auch die $1/10$-Quotierung gebilligt, ebenso die früher geltende $1/5$-Quote. Dagegen hat er eine Quote von $1/4 : 3/4$ als nicht angemessen erachtet.[663] Er hat auch einen über $1/7$ hinausgehenden weiteren Bonus von 5% als Verdienerabzug (statt pauschaler berufsbedingter Aufwendungen) als nicht gerechtfertigt angesehen.[664]

784 Der BGH hat in den neunziger Jahren in einer Folge von Hinweisen die Meinung vertreten, wenn das Erwerbseinkommen bereits um pauschale 5% berufsbedingte Aufwendungen bereinigt sei, bedürfe die Zubilligung eines ungekürzten Erwerbstätigenbonus von $1/7$ einer besonderen Begründung.[665] Die vom BGH in diesen Entscheidungen geäußerte Ansicht war allerdings in keinem Fall Entscheidungsgrundlage, weil die Frage vom Tatrichter im Rahmen seiner Beurteilung der Angemessenheit des Unterhaltsanspruchs zu lösen ist.[666] Sie war im Übrigen nicht ohne weiteres verständlich, solange er einen Erwerbstätigenbonus von $1/5$ zugelassen hat. Denn 5% und $1/7$ ergeben erst 19,3% gegenüber 20% bei $1/5$. Andererseits ist es zutreffend, dass ein Abzug von $1/7$ neben pauschalen 5% berufsbedingten Aufwendungen im Einzelfall nicht mehr als maßvoller Zuschlag, der dem Berufstätigen als Erwerbstätigenbonus anrechnungsfrei verbleiben soll, angesehen werden kann. Die SüdL haben deshalb den Erwerbstätigenbonus auf $1/10$ gesenkt, was auch praktikabler ist (vgl. auch Rn. 1/131).

---

[662] Gerhardt/Gutdeutsch FamRZ 2007, 778
[663] BGH FamRZ 1979, 692
[664] BGH FamRZ 1995, 346
[665] BGH NJW 1998, 2821, 2822 = R 525 c; FamRZ 1993, 1304, 1306 = R 464 c; FamRZ 1991, 416, 420; FamRZ 1990, 979, 981; FamRZ 1990, 989, 991; FamRZ 1990, 1085, 1087; FamRZ 1990, 1090
[666] BGH NJW 1998, 2821, 2822 = R 525 c

3. Abschnitt: Unterhaltsbedarf und Bedarfsbemessung beim Ehegattenunterhalt § 4

In einem **Mangelfall** hat der BGH die Zubilligung eines Erwerbstätigenbonus neben pauschalen 5% berufsbedingten Aufwendungen wegen der besonders beengten wirtschaftlichen Verhältnisse abgelehnt,[667] in einem anderen Fall die Herabsetzung des Bonus von $1/7$ auf $1/9$ neben konkreten berufsbedingten Aufwendungen gebilligt.[668] Naheliegender ist es, im Mangelfall statt pauschaler 5% berufsbedingter Aufwendungen nur den Abzug der konkreten Kosten zuzulassen (vgl. z. B. SüdL Nr. 10.2.1) und es ansonsten beim üblichen Bonus zu belassen. Denn seit der neuen Rangordnung zum 1. 1. 2008 geht es in diesen Fällen nur noch darum, welcher Restbedarf dem nach § 1609 Nr. 2 BGB gegenüber dem minderjährigen Kind nachrangigen Ehegatten verbleibt bzw. wie die Verteilungsmasse auf mehrere gleichrangige Ehegatten aufzuteilen ist.

Die Bemessung der Quote obliegt dem Tatrichter. Diese kann nur insoweit revisionsrechtlich nachgeprüft werden, als der Grundgedanke der gleichmäßigen Teilhabe am ehelichen Lebensstandard unter maßvoller Berücksichtigung erhöhter Aufwendungen und Arbeitsanreiz gewahrt bleiben muss.[669] Der Tatrichter geht im Regelfall nach den in seinem Bezirk geltenden Tabellen bzw. Leitlinien vor. Dem Recht suchenden Bürger dürfte es aber kaum vermittelbar sein, dass die Bonushöhe in den einzelnen OLG-Bezirken nach wie vor differiert. 785

In **Unterhaltsabänderungsverfahren** besteht an Leitlinien und den dort aufgeführten Erwerbstätigenbonus **keine Bindungswirkung** (näher Rn. 10/226).[670] Damit kann für die Neuberechnung eine andere Bonushöhe herangezogen werden.[671] 786

b) Quote bei Nichterwerbseinkünften. Bei allen sonstigen Einkünften (z. B. aus Rente, Vermögen, Wohnwert u. ä.), die nicht auf einer Erwerbstätigkeit beruhen, gibt es für eine unterschiedliche Quotierung weder aus dem Gedanken der Erhaltung der Arbeitsfreude (Arbeitsanreiz) noch wegen einem erhöhten berufsbedingten Aufwand einen hinreichenden Grund (s. oben Rn. 773). Deshalb ist grundsätzlich jedem Ehegatten als **Quote die Hälfte** des verteilungsfähigen Einkommens zuzubilligen.[672] 787

Dem Grundsatz nach halten sich alle Oberlandesgerichte an diese Rechtsprechung. Im Einzelfall wird bei Mischeinkünften zuweilen übersehen, Nichterwerbseinkünfte (z. B. Kapitalzinsen) neben Erwerbseinkünften gesondert zu quotieren, wenn nicht nach der Additionsmethode gerechnet wird. 788

– *in dieser Auflage nicht belegt* – 789–799

IV. Berechnungsmethoden

1. Unterhaltsberechnung nach der Additionsmethode

Sowohl beim Trennungs- als auch beim nachehelichen Unterhalt bestimmt sich das Maß des Unterhalts gemäß §§ 1361 I, 1578 I BGB nach den prägenden ehelichen Lebensverhältnissen, an denen beide Eheleute gleichmäßig, d. h. je zur Hälfte, teilnehmen. Auf diesen Bedarf muss sich der Berechtigte nach § 1577 I BGB sein gesamtes in der Ehe angelegtes und nicht angelegtes (bisher prägendes und nichtprägendes) Einkommen anrechnen lassen. Für die Unterhaltsberechnung bietet sich daher die Additionsmethode an,[673] die inzwischen von fast allen Leitlinien in Nr. 15, 16 übernommen wurde.[674] Der BGH hat die Additions- 800

---

[667] BGH FamRZ 1992, 539, 541 = R 444 c
[668] BGH FamRZ 1997, 806 = R 512 b
[669] BGH FamRZ 1981, 442; FamRZ 1981, 1165
[670] BGH FamRZ 1990, 1085
[671] BGH FamRZ 2001, 1687, 1691 = R 566 c
[672] BGH FamRZ 2007, 983 = R 676 e; FamRZ 2006, 387 = R 643 g; FamRZ 1991, 1163, 1166 = R 437 c
[673] Vgl. hierzu näher Mayer FamRZ 1992, 138; Gerhardt FamRZ 1993, 261
[674] SüdL, BL, BraL, BrL, BrauL, CL, DrL, FL, HaL; KL, KoL, NaL, RL; die DL und HL führen alle Berechnungsmethoden auf, die HL mit dem Hinweis, dass bei Mischeinkünften nach der Additionsmethode gerechnet werden soll, die OL, TL und SchL lediglich die von der DT Anm. B I angewandte Differenz – und Anrechnungsmethode

methode als die verständlichere Methode gegenüber der verkürzenden Differenzmethode bezeichnet.[675] Die Additionsmethode gewinnt seit der Unterhaltsreform zum 1. 1. 2008 ein noch größeres Gewicht, weil sie jederzeit bei Gleichrang mehrerer Ehegatten nach § 1609 Nr. 2 BGB auf beliebig viele Bedürftige ausgeweitet werden kann (vgl. näher Rn. 803, 805 ff.).[676] Dies gilt unabhängig davon, ob Letzteres auf der Ebene des Bedarfs (z. B. bei der Ermittlung des Unterhalts des neuen Ehegatten) oder der Leistungsfähigkeit (z. B. beim Unterhalt des Geschiedenen) erfolgt (s. näher Rn. 806 ff.). Letzteres ist mit der nur den sog. Restbedarf quotierenden Differenzmethode nicht möglich.

801 Bei der Additionsmethode mit **einem Berechtigten** wird der Unterhalt in zwei Stufen errechnet. In einem ersten Schritt ermittelt man den **Bedarf nach den prägenden ehelichen Lebensverhältnissen,** im zweiten Schritt die **Unterhaltshöhe** (= Bedürftigkeit) unter Anrechnung der gesamten prägenden und nichtprägenden Einkünfte des Berechtigten. Dabei wird entsprechend den vielfachen Hinweisen des BGH konsequent zwischen Erwerbs- und sonstigen Einkünften getrennt und der Erwerbstätigenbonus nur von den Erwerbseinkünften abgezogen. Der **Vorteil** der Additionsmethode gegenüber der Differenz- und Anrechnungsmethode liegt in ihrer Verständlichkeit, in der Vermeidung von Fehlern bei Mischeinkünften und in der Festlegung des Bedarfs, wodurch der Blick für damit zusammenhängende Fragen, z. B. der Begrenzung des Anspruchs aus Billigkeitsgründen nach § 1578 b BGB geschärft wird. Die Additionsmethode führt auch bei schwierigsten Fallgestaltungen, in denen ohne Ermittlung des Bedarfs die Feststellung der Unterhaltshöhe nicht möglich ist, zu klaren und verständlichen Ergebnissen, z. B. bei Berechnungen mit einem Wohnwert, auf dem noch gemeinsame Verbindlichkeiten lasten, die der Pflichtige weiterhin abzahlt (vgl. Beispiele Rn. 1/518).

Für die Unterhaltsberechnung nach der Additionsmethode mit einem Bedürftigen empfiehlt sich folgende Formel:[677]

1. Stufe (= Ermittlung des Unterhaltsbedarfs nach §§ 1361, 1578 BGB):
Bedarf = die Hälfte des prägenden Einkommens des Pflichtigen (= prägende Erwerbseinkünfte zu $9/10$, bzw. $6/7$ + sonstiges prägendes Einkommen) zuzüglich des prägenden Einkommens des Berechtigten (= prägende Erwerbseinkünfte zu $9/10$, bzw. $6/7$ + sonstiges prägendes Einkommen)

2. Stufe (= Berechnung der Unterhaltshöhe nach Anrechnung aller Einkünfte des Bedürftigen gemäß § 1577 I BGB)
Höhe = Unterhaltsbedarf (aus Stufe 1) abzüglich Eigeneinkommen des Berechtigten (= prägende und nichtprägende Erwerbseinkünfte zu $9/10$, bzw. $6/7$ + sonstiges prägendes und nichtprägendes Einkommen).

802 Rechenbeispiele:
Fall:
M hat bereinigtes Nettoerwerbseinkommen von 3000 €, F hat bereinigtes Nettoeinkommen von 1000 €.
a) prägend aus Erwerbstätigkeit,
b) prägend aus Zinsen/Wohnwert,
c) nichtprägend aus Erwerbstätigkeit,[678]
d) nichtprägend aus Zinsen/Wohnwert.
Lösung
Zu a:
Nach SüdL mit $1/10$:
1. Stufe (Bedarf): $1/2$ ($9/10$ 3000 + $9/10$ 1000) = 1800
2. Stufe (Höhe): 1800 – $9/10$ 1000 = 900
Nach DT mit $1/7$:
1. Stufe (Bedarf): $1/2$ ($6/7$ 3000 + $6/7$ 1000) = 1715
2. Stufe (Höhe): 1715 – $6/7$ 1000 = 857

---

[675] BGH FamRZ 2001, 986, 991 = R 563 c
[676] Gerhardt/Gutdeutsch FamRz 2007, 778
[677] Gerhardt a. a. O.
[678] Nach der geänderten Rechtsprechung des BGH gibt es sog. nichtprägende Erwerbseinkünfte an sich nur noch für einen Teil des Einkommens bei einem Karrieresprung, vgl. Rn. 477, 554

3. Abschnitt: Unterhaltsbedarf und Bedarfsbemessung beim Ehegattenunterhalt § 4

Zu b):
Nach SüdL mit $^1/_{10}$:
1. Stufe (Bedarf): $^1/_2$ ($^9/_{10}$ 3000 + 1000) = 1850
2. Stufe (Höhe): 1850 − 1000 = 850

Nach DT mit $^1/_7$:
1. Stufe (Bedarf): $^1/_2$ ($^6/_7$ 3000 + 1000) = 1786
2. Stufe (Höhe): 1786 − 1000 = 786

Zu c):
Nach SüdL mit $^1/_{10}$:
1. Stufe (Bedarf): $^1/_2$ ($^9/_{10}$ 3000 + 0) = 1350
2. Stufe (Höhe): 1350 − $^9/_{10}$ 1000 = 450

Nach DT mit $^1/_7$:
1. Stufe (Bedarf): $^1/_2$ ($^6/_7$ 3000 + 0) = 1286
2. Stufe (Höhe): 1286 − $^6/_7$ 1000 = 428

Zu d):
Nach SüdL mit $^1/_{10}$:
1. Stufe (Bedarf): $^1/_2$ × $^9/_{10}$ 3000 = 1350
2. Stufe (Höhe): 1350 − 1000 = 350

Nach DT mit $^1/_7$:
1. Stufe (Bedarf): $^1/_2$ × $^6/_7$ 3000 = 1286
2. Stufe (Höhe): 1286 − 1000 = 286

Fall:
M hat ein prägendes bereinigtes Erwerbseinkommen von 2000 € und prägende Zinseinkünfte von 300 €, F hatte in der Ehe 1000 EUR Erwerbseinkünfte, nach der Trennung zusätzlich durch Erbschaft 150 € Zinseinkünfte.

Lösung
Nach SüdL mit $^1/_{10}$:
Bedarf: $^1/_2$ ($^9/_{10}$ 2000 + 300 + $^9/_{10}$ 1000) = 1500
Höhe: 1500 − ($^9/_{10}$ 1000 + 150) = 450

Nach DT mit $^1/_7$:
Bedarf: $^1/_2$ ($^6/_{17}$ 2000 + 300 + $^6/_7$ 1000) = 1436
Höhe: 1436 − ($^6/_7$ 1000 + 150) = 428

Bei **mehreren gleichrangigen Ehegatten** hat sich entgegen der Rechtsprechung des BGH wegen der Entscheidung des BVerfG vom 25. 1. 2011 die endgültige Berechnung des Unterhalts der beiden bedürftigen Ehegatten vom Bedarf in die Leistungsfähigkeit verschoben. Rechnerisch ändert sich dadurch am Ergebnis nichts, sondern es ist nunmehr im Rahmen der Leistungsfähigkeit der korrigierte Bedarf des Geschiedenen und der Bedarf des neuen Ehegatten durch Dreiteilung zu ermitteln (näher Rn. 805 ff., 5/108 ff.).[679] In die Leistungsfähigkeit fließt das Gesamteinkommen der Beteiligten – ohne fiktive Steuerberechnung – in die Berechnung ein, das Gesamteinkommen der Beteiligten ist aber nicht mehr durch zwei, sondern durch drei zu dividieren (s. Beispiel unten und näher Rn. 5/108 ff.). Die Rechenformel für die Korrekturberechnung bei der Leistungsfähigkeit lautet, wenn z. B. ein Pflichtiger und zwei gleichrangige Berechtigte beteiligt sind und als Erwerbsbonus $^1/_{10}$ angesetzt wird:[680] 803

Anteil Geschiedener und Bedarf neuer Ehegatte: $^1/_3$ ($^9/_{10}$ Erwerbseinkommen Pflichtiger + sonstiges Einkommen Pflichtiger + $^9/_{10}$ Erwerbseinkommen 1. Berechtigter + sonstiges Einkommen 1. Berechtigter + $^9/_{10}$ Erwerbseinkommen 2. Berechtigter + sonstiges Einkommen 2. Berechtigter)

Höhe 1. Berechtigter: Bedarf abzüglich ($^9/_{10}$ Erwerbseinkommen 1. Berechtigter + sonstiges Einkommen 1. Berechtigter)

Höhe 2. Berechtigter: Bedarf abzüglich ($^9/_{10}$ Erwerbseinkommen 2. Berechtigter + sonstiges Einkommen 2. Berechtigter)

Fall 804
a) M hat ein bereinigtes Nettoerwerbseinkommen von 2000 €, F1 von 1000 €, die von M getrennt lebende F2 von 400 €. Beide betreuen gemeinschaftliche Kinder des M (KU bei bereinigten Nettoeinkommen des M bereits abgezogen). Unterhaltsanspruch F1 und F2?
b) Wie wäre es, wenn M, F1 und F2 Rentner wären?

---
[679] Gerhardt/Gutdeutsch FamRZ 2011, 597
[680] Gerhardt/Gutdeutsch FamRZ 2007, 778

Lösung
Zu a:
Nach SüdL mit $^1/_{10}$:
Bedarf F1: $^1/_2$ ($^9/_{10}$ 2000 + $^9/_{10}$ 1000) = 1350
Höhe: 1350 – $^9/_{10}$ 1000 = 450
Mangelfallkorrektur durch Dreiteilung wegen Ansatz des Unterhals der gleichrangigen F2 unter Berücksichtigung der Halbteilung
KorrigierterAnteil F1 und Bedarf F2: $^1/_3$ ($^9/_{10}$ 2000 + $^9/_{10}$ 1000 + $^9/_{10}$ 400) = 1020
Höhe (= Bedürftigkeit) F1: 1020 – $^9/_{10}$ 1000 = 120
Höhe F2: 1020 – $^9/_{10}$ 400 = 660
Leistungsfähigkeit M gegeben: 2000 – 120 – 660 = 1220
M verbleiben damit 1220 €, F1 1120 € (1000 + 120), F2 1040 € (400 + 660)
Nach DT mit $^1/_7$:
Bedarf F1 und F2: $^1/_3$ ($^6/_7$ 2000 + $^6/_7$ 1000 + $^6/_7$ 400) = 972
Höhe (= Bedürftigkeit) F1: 972 – $^6/_7$ 1000 = 114
Höhe F2: 972 – $^6/_7$ 400 = 628
Leistungsfähigkeit M gegeben: 2000 – 114 – 628 = 1258
M verbleiben damit 1258 €, F1 1114 € (1000 + 114), F2 1028 € (400 + 628)
Zu b:
Bedarf F1: $^1/_2$ (2000 + 1000) = 1500
Höhe F1: 1500 – 1000 = 500
Mangelfallkorrektur durch Dreiteilung wegen Ansatz des Unterhals der gleichrangigen F2 unter Berücksichtigung der Halbteilung
KorrigierterAnteil F1 und Bedarf F2: $^1/_3$ (2000 + 1000 + 400) = 1133
Höhe F1: 11 133 – 1000 = 133
Höhe F2: 1133 – 400 = 733
Leistungsfähigkeit M gegeben: 2000 – 133 – 733 = 1134.
M verbleiben damit 1134 €, F1 1133 € (1000 + 133), F2 1133 € (400 + 733).

Weitere Rechenbeispiele sowie die notwendigen Korrekturfälle vgl. Rn. 5/107 ff.

2. Bedarfsbemessung bei konkurrierendem Gattenunterhalt

805 **a) Das Ende von Priorität und Lebensstandardgarantie.** Hat der Verpflichtete für den Unterhalt eines weiteren Gatten aufzukommen, so war nach dem vom 1. 7. 1977 bis 31. 12. 2007 geltenden Recht dessen Unterhaltsanspruch in der Regel nach § 1582 BGB **nachrangig.** Seinem Bedarf und den an ihn zu erbringenden Unterhaltsleistungen wurde kein Einfluss auf den Bedarf des vorrangigen Gatten zugebilligt.[681] Für den neuen Ehegatten hatte der BGH nur im Mangelfall nach den Regeln des § 1579 Nr. 7 BGB den Splittingvorteil für den neuen Ehegatten gerettet.[682] Dieser einseitigen Sicht war das BVerfG[683] entgegengetreten, indem es auch auf der Bedarfsebene den Splittingvorteil der neuen Ehe zuwies. Der Gedanke der Lebensstandardgarantie hatte vorher schon an Überzeugungskraft verloren. Dementsprechend formte der BGH immer stärker den Grundsatz aus, dass späteres Absinken der finanziellen Verhältnisse des Unterhaltspflichtigen immer auch den Bedarf des Berechtigten absenkt. Das bedeutet, dass der **Grundsatz der Halbteilung** den Unterhaltspflichtigen nach dem Modell der „wandelbaren ehelichen Lebensverhältnisse" auch bei sinkendem Einkommen schützt, solange dieses Absinken nicht auf einer Verletzung der Erwerbsobliegenheit beruht. Diese Rechtsprechung hat der BGH in seiner Entscheidung vom 15. 3. 2006[684] auch auf später entstandene Unterhaltspflichten (die der Sache nach kaum in der Ehe angelegt sein können) erweitert und damit das Modell der Lebensstandardgarantie endgültig verlassen. Die ehelichen Lebensverhältnisse stellten nur mehr eine Obergrenze für die Partizipation des Berechtigten an den sich dynamisch entwickelnden Lebensverhältnissen des Pflichtigen dar. Die späteren nachrangigen Unterhaltspflichten waren in der BGH-Entscheidung vom 15. 3. 2006 nicht erwähnt. Insoweit hat aber die

---

[681] BGH FamRZ 2005, 1154; FamRZ 1987, 916; FamRZ 1988, 705; FamRZ 1986, 790
[682] BGH FamRZ 1985, 91, FamRZ 1986, 798, FamRZ 1990, 981
[683] BVerfG FamRZ 2003, 1821 = R 598
[684] BGH FamRZ 2006, 683

3. Abschnitt: Unterhaltsbedarf und Bedarfsbemessung beim Ehegattenunterhalt § 4

Unterhaltsreform eine Veränderung gebracht: sie hat zwar die Möglichkeit nicht beseitigt, dass ein späterer Gatte nachrangig unterhaltsberechtigt ist. Ein solcher Nachrang hat aber nichts mehr mit der Zeitfolge zu tun. Das Argument „der neue Gatte wusste ja, wen er heiratete" konnte deshalb nicht mehr maßgebend sein. Damit hat der Gesetzgeber die letzten Reste der Priorität und der Lebensstandardgarantie beseitigt. Das bedeutet allerdings nicht, dass nicht ein Teil der Praxis noch vorerst weiter daran festhalten wird.

b) Bedarf des Ersten Ehegatten. Nach der neueren Rechtsprechung des BGH[685] **806** beeinflussen auch spätere vor- oder gleichrangige Unterhaltsverpflichtungen den Bedarf des früheren Ehegatten. Insoweit es sich dabei allerdings um Verpflichtungen handelt, welche ohne die Scheidung nicht entstehen können, also bei Unterhaltsverpflichten gegenüber einem neuen Ehegatten, hat das BVerfG[686] die Rechtsprechung beanstandet. Der Bedarf des früheren Ehegatten kann also nur unabhängig von der Unterhaltspflicht gegenüber einem späteren Ehegatten bestimmt werden, denn eine solche Unterhaltspflicht ist mit dem **Fortbestehen der früheren Ehe unvereinbar** und kann deshalb den ehelichen Lebensverhältnissen nach § 1578 Abs. 1 BGB nicht zugerechnet werden.

c) Bedarf des zweiten Ehegatten. Damit ist jedoch noch nicht gesagt, wie der Bedarf **807** des zweiten Ehegatten zu bestimmen ist. Hier kann kein Zweifel daran bestehen, dass die ehelichen Lebensverhältnisse in der zweiten Ehe oft massiv durch die Unterhaltspflicht gegenüber dem früheren Ehegatten beeinflusst werden. Diese Lebensverhältnisse hängen dann davon ab, wie viel an den früheren Ehegatten abgegeben werden muss, also nicht vom Bedarf des ersten Ehegatten, sondern von dem Unterhalt, welcher nach Mangelkürzung im Hinblick auf die weitere Unterhaltspflicht an den ersten Ehegatten wirklich zu bezahlen ist. Somit steht hier immer der volle Bedarf des zweiten Ehegatten dem Mangelunterhalt nach § 1581 BGB des ersten gegenüber. Nach Hampel[687] liegt hier ein „struktureller Mangelfall" vor, eine Mischung zwischen Mangelrechnung und Bedarfbestimmung. Da erst der **wirklich zu zahlende**, nicht ein nur fiktiv zu bestimmender **Geschiedenenunterhalt** die Verhältnisse der zweiten Ehe prägt, muss die **Mangelrechnung** bei der Bemessung des Geschiedenenunterhalts die Auswirkungen auf den der Halbteilung unterliegenden Unterhalt der zweiten Ehegatten berücksichtigen. Zur Bemessung der Kürzung im Einzelnen vgl. Kap. 5 Rn. 108 ff.).

allgemeines Beispiel
M verdient (nach Abzug von Kindesunterhalt) 3500 € und ist F1, welche wegen Kindesbetreuung nur 600 € verdient, zum Unterhalt verpflichtet. Er ist wiederverheiratet. Seine neue Frau F2 ist einkommenslos und betreut ebenfalls ein Kind von M. Der Bedarf von F1 nach den ehelichen Lebensverhältnissen beträgt nach der Additionsmethode (Rn. 800) (3500 * 90% + 600 * 90%)/2 = 1845 €. Daraus würde ein Unterhalt von 1845 − 600 * 90% = 1305 € resultieren. Wenn M diesen Betrag wirklich zahlen müsste, würden ihm für F2 nur (3500 − 1305) * 90%/2 = 988 € bleiben. Ihm selbst würden 3500 − 1305 − 988 = 1205 € bleiben, also um 640 € weniger als der Bedarf nach den ehelichen Lebensverhältnissen im Verhältnis zu F1 von 1845 €. Im Hinblick auf diese Mangellage und unter Berücksichtigung aller für die Billigkeitsentscheidung relevanten Umstände könnte der volle Unterhalt von 1305 € gem. § 1581 BGB z. B. auf einen Mangelunterhalt von 800 € herabgesetzt werden.[688] Dann erhält F2 (3500 * 90% − 800)/2 = 1175 EUR und M bleibt 3500 − 800 − 1175 = 1525 EUR, während F1 600 + 800 = 1400 EUR bleiben.

d) Alternative: Bedarfsbestimmung für den neuen Ehegatten ohne Rücksicht **808** **auf die Unterhaltspflicht des ersten.** Scholz (siehe § 3 Rn. 83) vertritt dagegen die Meinung, der volle Bedarf des zweiten Ehegatten müsse ohne Rücksicht auf die Unterhaltspflicht gegenüber dem ersten bestimmt werden.[689] Eine Rechtfertigung für dieses Verfahren ist nicht leicht zu finden. Die grundsätzliche Gleichwertigkeit der Ansprüche nach dem Maßstab der Verfassung würde nur dann diesen Weg rechtfertigen, wenn es keine

---

[685] BGH FamRZ 2006, 683
[686] BVerfG FamRZ 2011, 437 = R 721
[687] Hampel FamRZ 1995, 1177
[688] Weil die Additionsmethode die Halbteilung auch in Form der Drittelmethode sichert, kann die angemessene Kürzung nach der Drittelmethode ermittelt werden. Das Ergebnis ist dann: (3500 * 90% + 600 * 90%)/3 − 600 * 90% = 690 €
[689] So auch Brudermüller/Götz NJW 2011, 801

anderen Wege zu einer sachgerechten Lösung gäbe. Das ist aber, wie oben dargestellt nicht der Fall. Es gibt keinen Grund, ein Rechtsverhältnis, welches im Verhältnis zum einen Berechtigten eine Mangellage darstellt, im Verhältnis zum anderen aber eine volle Bedarfsdeckung, für unmöglich zu halten. Für das Endergebnis hat das aber nur dann Bedeutung, wenn auch die Kürzung nach § 1581 in anderer Weise erfolgt. Da jedoch auch Scholz für die Kürzung die Dreiteilungsmethode heranzieht, stimmen die Ergebnisse mit denen, die hier letztlich vorgeschlagen werden sollen, überein, anders jedoch die Lösung von Brudermüller/Götz,[690] die den eheangemessenen Selbstbehalt als absoluten Selbstbehalt behandelt und nur die Unterhaltsbeträge nach § 1581 BGB kürzt. Zu den Einzelheiten der Kürzung vgl. § 5 Rn. 106 ff). Bedenklich an dieser Lösung ist jedoch, dass bei der Bedarfsbemessung unter Hinwegdenken des ersten Ehegatten im Falle eines Karrieresprungs ein Mangelfall erscheint, obgleich für alle Beteiligten genug vorhanden ist.

> **Fehlerbeispiel** (ohne Bonus):
> M verdient 4000. Davon entfallen 1000 auf einen Karrieresprung. F1 verdient 1000, F2 verdient ebenfalls 1000.
> Der volle Unterhalt von F1 beträgt (3000 + 1000)/2 – 1000 = 1000 €.
> Der volle Unterhalt von F2 betrüge nach dieser Auffassung: (4000 + 1000)/2 – 1000 = 1500 €. Es entsteht ein Mangelfall, weil M nur 4000 – 1000 – 1500 = 1500 € bleiben, während F1 1000 + 1000 = 2000 € zustehen und F2 1000 + 1500 = 2500 €.
> Richtigerweise liegt hier ein Mangelfall nicht vor, denn der Unterhalt von F2 bemisst sich nach Vorabzug des Unterhalts von F1 auf
> F2: (4000 – 1000 + 1000)/2 – 1000 = 1000 €.
> Die Fiktion ist auch unnötig, weil bei Anerkennung eines aus Mangelfall und vollen Bedarf gemischtem Rechtsverhältnisses die gleichen Ergebnisse erzielt werden können.

809 **e) Vorteile des Zusammenlebens.** Lebt einer der Partner mit dem Pflichtigen zusammen, so treten Ersparnisse durch die gemeinsame Haushaltsführung ein (dazu eingehend Rn. 585). Diese Vorteile hatte Hampel[691] dadurch berücksichtigt, dass das Bedarfsdrittel des allein lebenden Ehegatten um 10% zulasten der Bedarfsanteile des Pflichtigen und des bei ihm lebenden Ehegatten erhöht wurde. Das BVerfG scheint zu meinen, obgleich die Bedarfsberechnung für den ersten Ehegatten den zweiten nicht berücksichtigen dürfe, könnte diese Ersparnis eine Erhöhung des Bedarfs des Geschiedenen um 10% des Halbteilungswertswerts rechtfertigen.[692] Diese Meinung nimmt aber nicht an der Bindung aller Gerichte an die Entscheidung des BVerfG nach § 31 Abs. 1 BVerfG teil.[693] Sie macht auch wenig Sinn. Wenn der Bedarf des früheren Ehegatten von der Unterhaltspflicht gegenüber dem späteren nicht beeinflusst wird, kann sie auch nicht dessen Bedarf erhöhen. Die Vorteile können nunmehr nicht mehr bei der Bedarfsbemessung, sondern nur noch bei der Billigkeitskürzung nach § 1581 BGB Berücksichtigung finden (vgl. § 5 Rn. 110).

810 **f) Prägendes und nicht prägendes Einkommen.** Der volle Bedarf der ersten Ehegatten errechnet sich nur aus dem Einkommen, das dessen Ehe geprägt hat, also z. B. unter Verwendung der fiktiven Lohnsteuerklasse 1.

811 Ist auch die **zweite Ehe geschieden,** dann berechnet sich auch der Unterhalt des zweiten Ehegatten nach dem für dessen Ehe prägenden Einkommen. Wenn – wie in der Regel – bei der Berechnung des Unterhalts des zweiten Ehegatten ein Mangelunterhalt des ersten zugrunde lag, dann führt eine **unerwartete Einkommenssteigerung** (Karrieresprung) nach der zweiten Scheidung nur zu einer Erhöhung des Unterhalts des ersten

---

[690] Brudermüller/Götz NJW 2011, 801
[691] Hampel FamRZ 1995, 1177
[692] BVerfG FamRZ 2011, 437 = R 722 i
[693] Dass das BVerfG eine solche Bindung nicht beabsichtigt, ergibt sich bereits daraus, dass es diese Meinung – anders als seine Ausführungen zur Verfassungswidrigkeit – nicht weiter begründet hat. Lediglich eine für verfassungswidrig bezeichnete Gesetzesauslegung wird durch die Entscheidung eliminiert, (BVerfGE 42, 258, 260, Umbach/Clemens/Heusch, Heidelberger Kommentar, 2. Aufl. § 31 BVerfGG Rn. 60), andere Fragen des materiellen Rechts nehmen an der Bindungswirkung nicht teil (BVerfGE 44, 88, 94, BVerfGE 72, 119, 121, Maunz/Schmidt-Bleibtreu BVerfGG § 31 Rn. 88)

3. Abschnitt: Unterhaltsbedarf und Bedarfsbemessung beim Ehegattenunterhalt § 4

Ehegatten, weil nur dieser einen Mangelunterhalt darstellt, während der zweite den vollen Unterhalt nach den für ihn maßgebenden ehelichen Lebensverhältnissen erhalten hat.

> **Beispiel 8:** M verdient unverändert 3000 €, F1 600 € und F2 500 €. M schuldet beiden Ehegatten nach Scheidung gleichrangigen Unterhalt nach den jeweiligen ehelichen Lebensverhältnissen.
> Der volle Bedarf von F1 beträgt (3000 * 90% + 600 * 90%)/2 – 600 * 90% = 1080 €. Er wird wegen Gleichrangs herabgesetzt auf den Drittelwert:
> F1: (3000 * 90% + 600 * 90% + 500 * 90%)/3 – 500 * 90% = 690 €.
> F2: (3000 * 90% – 690 + 500 * 90%)/2 – 500 * 90% (Berechnung mit Vorwegabzug) = (3000 * 90% + 600 * 90% + 500 * 90%)/3 – 500 * 90% (Drittelrechnung) = 780 €.
> Durch einen Karrieresprung erhöht sich das Einkommen von M auf 4000 €. Nur der Unterhalt von F1 ist ein Mangelunterhalt nach § 1581 BGB. Er unterschreitet den Bedarf um 1080 – 690 = 390 €. Durch das Zusatzeinkommen ist M in der Lage, an F2 den vollen Unterhalt von 1080 € zu bezahlen.

g) Ansprüche nichtehel. Elternteile nach § 1615 l BGB. Auch Unterhaltsansprüche **812** nichtehel. Elternteile nach § 1615 l BGB (vgl. § 7 Rn. 20 ff., 116 f.) sind durch den Grundsatz der Gleichteilung begrenzt.[694] Zwar bemisst sich der Anspruch nicht nach den ehelichen Lebensverhältnissen, sondern nach den eigenen, also i. d. R. nach dem Einkommen, dass der Elternteil hatte, bevor er sich der Betreuung des Kindes widmete. Wenn (bei mehr als einem unterhaltsberechtigten Partner des Pflichtigen) der Gleichteilungsbedarf geringer ist, als der individuell bestimmte Bedarf, führt der Halbteilungsgrundsatz auch gegenüber dem nichtehel. Partner zur Gleichteilung. Soweit allerdings der Bedarf geringer ist als der Gleichteilungsbedarf, ist der Unterhalt des nichtehel. Partners auf diesen Bedarf beschränkt und der Unterhalt des anderen Partners erhöht sich entsprechend. Anders als beim späteren Ehegatten ist die Unterhaltspflicht nach § 1615 l BGB mit dem Fortbestand der Ehe vereinbar. Deshalb wird die Berücksichtigung dieser Unterhaltspflicht nicht durch die Bindungswirkung der Verfassungsgerichtsentscheidung nach § 31 Abs. 1 BVerfG gehindert. Hier ist deshalb weiterhin die Drittelmethode anzuwenden, soweit sie zu einem geringeren Bedarf des nichtehelichen Elternteils führt, als es seinen persönlichen Verhältnissen, insbesondere seinem früheren Einkommen entspräche.

Für die Praxis sind mehrere Rechenwege denkbar, deren Nutzen davon abhängt, **813** welches Rechenergebnis man erwartet:
1. Vermutet man, dass der Bedarf des nichtehel. Partners geringer ist als der Drittelbedarf, dann geht man bei der Berechnung von diesem Bedarf aus und zieht den resultierenden Unterhalt bei der Berechnung des Unterhalts des/der anderen Partner(s) vorweg ab. Ergibt sich dann wider Erwarten, dass der Gleichteilungsbedarf geringer ist als der autonom berechnete Bedarf, dann ist eine weitere Berechnung nach Gleichteilung nötig.
2. Vermutet man, dass der Gleichteilungsbedarf geringer ist, als der autonom berechnete, so wird dieser berechnet. Nur wenn sich dabei ergibt, dass der Gleichteilungsbedarf doch höher ist, als der autonom ermittelte, beschränkt ich der Unterhalt auf diesen und der Unterhalt des/der anderen Partner(s) ist unter Vorabzug des (geringeren) Unterhalts neu zu berechnen.

> **Beispiel 15:**
> M verdient 3000 € und ist seiner nach langer Ehe geschiedenen Frau F und N, der Mutter seines 2-jährigen Kindes K zum Unterhalt verpflichtet, welche vorher nicht nichterwerbstätig waren.
> **Lösung:**
> Bedarf von K nach DT11 4/1: 365 – 92 = 273 €
> Da N nicht erwerbstätig war, wird ihr DT D. II. ein Bedarf von 770 € zugeordnet. Das liegt vermutlich unter dem Drittelbedarf. Deshalb wird der Gattenunterhalt unter Vorabzug des (geringeren) Unterhalts nach § 1615 l BGB errechnet:
> F: ((3000 – 273) * 90% – 770)/2 = 842 und damit erwartungsgemäß **höher als der Unterhalt von N** von 770 €.
> Wäre er geringer, so müsste Dreiteilung erfolgen.
> M bleibt 3000 – 273 – 770 – 842 = 1115 € und damit mehr als sein Selbstbehalt von 1050 €.
> **Beispiel 16:** M verdient 3000 und ist seiner nach langer Ehe geschiedenen Frau F und N, der Mutter seines 2-jährigen Kindes K zum Unterhalt verpflichtet, welche vorher 1000 € verdient hatte.

---

[694] BGH FamRZ 2005, 442 = R 625 b

Lösung:
Da N einen autonom berechneten Bedarf von 1000 hat, ist anzunehmen dass es zur Kürzung nach Maßgabe der Halbteilung/Dreiteilung kommt. Daher sollte mit der Drittelrechnung begonnen werden:
Bedarf nach Dreiteilung: ((3000 − 273) * 90%)/3 = 818 € und damit erwartungsgemäß weniger als der autonom ermittelte Bedarf von N von 1000 €.
Wäre er geringer, so müsste mit Vorabzug des Unterhalts nach § 1615 l BGB gerechnet werden.
F und N erhalten beide 818 €.
M bleibt 3000 − 273 − 818 − 818 = 1091 € und damit mehr als der Selbstbehalt von 1050 €.

3. Unterhaltsberechnung nach Differenz- und Anrechnungsmethode

814 **a) Quotenunterhalt.** Wie bereits ausgeführt, dürfen im Rahmen der Bedarfsbemessung nur **Einkünfte** berücksichtigt werden, für welche ein Ehebezug hergestellt werden kann, genauer: der Teil dieser Einkünfte, der zur Verwendung für den Lebensbedarf zur Verfügung steht (siehe dazu Rn. 416 f., 432 f., 463 f., 467 f.).
Die Bedarfsbemessung erfolgt nach der Formel:
Bedarf = eheprägendes verteilbares Einkommen × Quote

Beispiele:
– Erwerbseinkommen = 2800 × $3/7$ = 1200 €
bzw. bei Bonus 10%: 2800 × 45% = 1260 €
– Renteneinkommen = 2800 : 2 = 1400 €
– Bei Mischeinkünften ist das Erwerbseinkommen vorweg um den „Ehegattenbonus" zu bereinigen.
Dieser bereinigte Betrag wird mit den sonstigen Einkünften addiert. Die Unterhaltsquote beträgt die Hälfte dieser Summe.
Berechnung: 2800 (Erwerbseinkommen) × $6/7$ = 2400 €
200 (Zinseinkünfte)
Summe = 2400 + 200 = 2800 €
Unterhalt = 2800 : 2 = 1400 €
oder bei Bonus 10%:
2800 × 90% + 200 = 2720 : 2 = 1360 €

815 **b) Haushaltsführungsehe, Doppelverdienerehe, Zuverdienerehe und besondere Umstände.** Ob Einkünfte der Eheleute die ehelichen Lebensverhältnisse bestimmt haben, hing früher davon ab, ob es sich um eine sog. Haushaltsführungsehe, Doppelverdienerehe oder Zuverdienerehe handelte. Die Änderung der Rechtsprechung des BGH zur Anrechnungsmethode in seinem Urteil vom 13. 6. 2001[695] hat diese Unterschiede beseitigt, weil in all diesen Fällen die Erwerbstätigkeit des Ehegatten bedarfsbestimmend ist, entweder weil bereits in der Ehe die Erwerbstätigkeit aufgenommen wurde oder weil die Erwerbstätigkeit als Surrogat an die Stelle der ehelichen Haushaltstätigkeit getreten ist.
Nur in **Sonderfällen** kann jetzt das Erwerbseinkommen des Unterhaltsgläubigers als nicht bedarfsbestimmend behandelt werden.

816 **Nicht bedarfsbestimmend** sind die Erwerbseinkünfte vor allem dann, wenn sie an die Stelle der Bemühungen um eine **Ausbildung** treten. Auch in anderen Ausnahmefällen, etwa bei Strafhaft oder Drogenkonsum kann es an einer die ehelichen Lebensverhältnisse bestimmenden Entlastung des anderen Ehegatten durch Übernahme der Haushaltsführung fehlen.[696] Daneben können aber auch nur **Teile** des Einkommens die ehelichen Lebensverhältnisse beeinflussen, z. B. bei Einkommenserhöhungen durch einen Karrieresprung (vgl. Rn. 571, 581) oder soweit eine **Erhöhung** des Einkommens nicht eine Haushaltstätigkeit, sondern entsprechende Ausbildungsbemühungen ersetzt.
Bei Vermögenseinkünften oder Vorteilen aus kostenloser Wohnungsnutzung hängt die Entscheidung, ob sie bedarfsbestimmend zu berücksichtigen sind, davon ab, ob sie bereits vor der Scheidung geflossen sind oder Surrogat von Einkünften sind, die schon vor der Scheidung flossen (vgl. Rn. 591 f.).

---

[695] BGH FamRZ 2001, 986 = R 563
[696] Vgl. Scholz FamRZ 2003, 265, 269

3. Abschnitt: Unterhaltsbedarf und Bedarfsbemessung beim Ehegattenunterhalt § 4

Je nachdem, ob für die Unterhaltsberechnung nur bedarfsbestimmende, oder daneben auch nicht bedarfsbestimmende bzw. nur teilweise bedarfsbestimmende Einkünfte heranzuziehen sind, bestimmt sich nach der Rechtsprechung des BGH, der DT und ihnen folgend den meisten Unterhaltstabellen und Leitlinien die anzuwendende Berechnungsmethode.

Haben beide Ehegatten ein bedarfsbestimmendes Erwerbseinkommen, erfolgte die Unterhaltsberechnung früher überwiegend nach der **Differenzmethode,** welche vielfach Gegenstand der BGH-Rechtsprechung geworden ist. An ihr wurden die wesentlichen Strukturen des geltenden Unterhaltsrechts entwickelt. 817

Nach Auffassung des BGH berücksichtigte sie, dass in einer Doppelverdienerehe die ehelichen Lebensverhältnisse regelmäßig von dem beiderseitigen Einkommen geprägt werden, und trägt dem Umstand beiderseitiger Erwerbstätigkeit grundsätzlich in angemessener Weise Rechnung, weil sie jedem Ehegatten mehr als die Hälfte seines Einkommens belässt und damit sowohl einen pauschalen Ausgleich für den mit der Berufstätigkeit verbundenen erhöhten Aufwand schafft, als auch einen gewissen Anreiz zur Erwerbstätigkeit bietet.[697] Die Gleichstellung der Haushaltsführung mit der Erwerbstätigkeit nach der Surrogatstheorie des BGH[698] führt jetzt dazu, dass auch das Erwerbseinkommen des bisher den Haushalt führenden Ehegatten in diese Differenzberechnung aufgenommen wird.

Die Differenzmethode ist auch beim Trennungsunterhalt anzuwenden.[699]

Einkünfte ohne Ehebezug dürfen bei der Differenzmethode nicht berücksichtigt werden.

Sie geht davon aus, dass nur die verschiedene Höhe der beiderseits bedarfsbestimmenden Einkommen einen Ausgleich erforderlich macht,[700] so dass sich ohne Ermittlung des Bedarfs durch die Berücksichtigung des bedarfsbestimmenden Einkommens des Bedürftigen sofort die Unterhaltshöhe errechnet.

Berechnungsziel ist also der Ausgleichsbedarf (Differenzbedarf). Dieser errechnet sich aus der Differenz der jeweils eheprägenden Einkommen beider Gatten unter Anwendung der jeweils maßgebenden Quote ($^{3}/_{7}$ oder 45%[701] für Erwerbs-, $^{1}/_{2}$ für Nichterwerbseinkommen).

Der volle Bedarf des Gatten nach § 1578 I BGB, der nicht explizit berechnet wird, ergibt sich aus der Summe von Differenzbedarf und bedarfsbestimmendem Einkommen des Berechtigten.[702]

c) Anrechnungsmethode. Soweit die ehelichen Lebensverhältnisse nur durch das Einkommen des Pflichtigen geprägt wurden, bestimmen seine Einkünfte allein den Bedarf nach §§ 1361 I, 1578 I BGB, wobei dem Pflichtigen gegebenenfalls ein Quotenvorteil (Erwerbstätigenbonus) zusteht. Nicht eheprägendes Einkommen des Berechtigten hat auf die Höhe des Bedarfs keinen Einfluss und ist auf diesen nach § 1577 I BGB anzurechnen. Diese „Anrechnungsmethode" hat durch die Surrogatstheorie des BGH[703] den größten Teil ihrer praktischen Bedeutung verloren, weil viele bisher als nicht prägend behandelte Einkommen sich als Surrogat eines anderen prägenden Einkommens darstellen, vor allem als Surrogat der Haushaltsführung. Daher wird der Quotenbedarf regelmäßig nach dem gesamten verfügbaren Einkommen bestimmt.[704] 818

Handelt es sich bei dem Bedürftigen aber (ausnahmsweise) um ein nicht bedarfsbestimmendes **Erwerbseinkommen,** muss auch ihm in gleicher Weise wie dem Verpflichteten der **„Erwerbstätigenbonus"** in Höhe von 10%, $^{1}/_{7}$ oder $^{1}/_{5}$ zugute kommen. Denn auch ihm ist der mit der Ausübung der Erwerbstätigkeit verbundene höhere Aufwand abzugelten und ein Anreiz für die weitere Erwerbstätigkeit zuzubilligen.[705] 819

---

[697] BGH FamRZ 1981, 752, 754; FamRZ 1979, 692; ferner BGH FamRZ 1983, 146; FamRZ 1982, 896
[698] BGH FamRZ 2001, 986 = R 563; FamRZ 2001, 1592 = R 567; FamRZ 2002, 88
[699] BGH FamRZ 1983, 146
[700] Differenzrechnung wie beim Zugewinn
[701] (100% − 10%)/2 = 45%
[702] BGH FamRZ 1985, 161, 164
[703] BGH FamRZ 2001, 986 = R 563; FamRZ 2001, 1592 = R 567; FamRZ 2002, 88
[704] BGH FamRZ 2004, 1357 = R 617 a
[705] BGH FamRZ 1988, 265, 267; FamRZ 1988, 701, 704; FamRZ 1988, 256, 259; FamRZ 1986, 783, 786

Dies geschieht am einfachsten dadurch, dass das bereinigte Nettoeinkommen des Bedürftigen nur in Höhe von $^{6}/_{7}$ (bei einem Bonus von 10%: 90%) auf seinen Bedarf angerechnet wird.[706]

Der Bonus ist dabei auch **bei fiktiven nicht bedarfsbestimmenden Einkünften des Berechtigten** zu berücksichtigen.[707]

820 **d) Gemischte Differenz- und Anrechnungsmethode.** Haben beide Eheleute bedarfsbestimmendes Einkommen, der Berechtigte darüber hinaus aber auch noch Einkünfte, welche keinen Grund in der Ehe haben, dann kann für den Bedarf wiederum nur das ehebezogene Einkommen der Eheleute herangezogen und daraus nach der Differenzmethode die Quote gebildet werden. Das weitere Einkommen des Berechtigten ist nach § 1577 I BGB darauf anzurechnen.

4. Methodenwahl

821 Nach der Rechtsprechung des BGH obliegt die Wahl der Berechnungsmethode dem Tatrichter, der sie auf ihre Angemessenheit zu überprüfen hat.[708] Das bedeutet in erster Linie, dass der BGH unterschiedliche Quoten ($^{2}/_{5}$, $^{3}/_{7}$ und 45%) gebilligt hat, betrifft aber auch sonstige Bedarfsberechnungen, die sich im Rahmen der BGH-Rechtsprechung halten. Die vorher dargestellte Additionsmethode (s. o. Rn. 800) kommt zu denselben Ergebnissen wie die Bedarfsberechnung nach den älteren Rechenwegen, die unter den Namen Differenzmethode, Anrechnungsmethode und Mischmethode (s. o. Rn. 817, 818, 820) bekannt sind.

822 Zu den gleichen Ergebnissen führt auch die **Quotenbedarfsmethode**, welche Scholz[709] zuerst dargestellt hat und die in den Leitlinien des OLG Düsseldorf verwendet wurde.[710] Hiernach berechnete sich der Bedarf des Berechtigten aus $^{4}/_{7}$ des eigenen Erwerbseinkommens, $^{3}/_{7}$ des Erwerbseinkommens des Gatten und $^{1}/_{2}$ der sonstigen beiderseitigen Einkünfte. Auf diesen Bedarf sind nicht bedarfsbestimmende Erwerbseinkünfte nur zu $^{6}/_{7}$ oder 90% anzurechnen, bedarfsbestimmende dagegen in voller Höhe.

823 Die Übereinstimmung dieser Berechnungsmethoden im Ergebnis und der jeweilige Rechenweg sei an den folgenden Beispielen gezeigt:

Fall 1
ehebezogenes Erwerbseinkommen des M: 2800 €
ehebezogenes Erwerbseinkommen der F: 700 €
Berechnung mit Bonus 10%:
Lösung: Differenzmethode:
$(2800 - 700) \times 45\% = 945$ €
Lösung: Additionsmethode
$(90\% \times 2800 + 90\% \times 700) \times {}^{1}/_{2} - 90\% \times 700 = 945$ €
Lösung: Quotenbedarfsmethode:
$2800 \times 45\% = 1260$ €
$700 \times 55\% = 385$ €
Bedarf 1645 €
$1645 - 700 = 945$ €

Fall 2
Wie 1. mit zusätzlichem ehebezogene Wohnwert 500 € beim Berechtigten
Lösung: Differenzmethode, wobei jedoch zwischen Erwerbseinkommen und anderem Einkommen zu trennen ist.
Berechnung mit Bonus $^{1}/_{7}$:
$(2800 - 700) \times {}^{3}/_{7} = 900$ €
$(0 - 500) \times {}^{1}/_{2} = -250$ €
Unterhaltsanspruch 650 €[711]

---

[706] BGH FamRZ 1988, 256, 259
[707] BGH FamRZ 1995, 346; FamRZ 1991, 307, 310; FamRZ 1990, 979, 981
[708] BGH FamRZ 1984, 151
[709] Schol FamRZ 1990, 1088
[710] DL alte Fassung 15.2
[711] Vielfach wird die Differenzmethode in solchen Fällen nicht streng durchgeführt, sondern mit der Additions- (= Halbteilungs-)Methode gemischt

3. Abschnitt: Unterhaltsbedarf und Bedarfsbemessung beim Ehegattenunterhalt   § 4

Lösung: Additionsmethode
($6/7 \times 2800 + 6/7 \times 700 + 500$) $\times 1/2 - 6/7 \times 700 - 500 = 650$ €
Lösung: Quotenbedarfsmethode
$2800 \times 3/7 = 1200$ €
$700 \times 4/7 = 400$ €
$500 \times 1/2 = 250$ €
Bedarf 1850 €
$1850 - 700 - 500 = 650$ €
Fall 3
ehebezogenes Erwerbseinkommen des M: 3000 €
nicht ehebezogenes Erwerbseinkommen der F: 1000 €
Berechnung mit Bonus 10%
(Ausnahmefall – keine Haushaltsführung oder Kinderbetreuung)
Lösung: Anrechnungsmethode:
$3000 \times 45\% = 1350$ €
$1350 - 90\% \times 1000 = 450$ €
Lösung: Additionsmethode
$90\% \times 3000 \times 1/2 - 90\% \times 1000 = 450$ €
Lösung: Quotenbedarfsmethode
$3000 \times 45\% = 1350$ €
$1350 - 90\% \times 1000 = 450$ €
Fall 4
ehebezogenes Erwerbseinkommen des M: 2800 €
nicht ehebezogenes Zinseinkommen der F: 1000 €
Berechnung mit Bonus $1/7$
Lösung: Anrechnungsmethode
$2800 \times 3/7 = 1200$ €
$1200 - 1000 = 200$ €
Lösung: Additionsmethode
$6/7 \times 2800 \times 1/2 = 1200$ €
$1200 - 1000 = 200$ €
Lösung: Quotenbedarfsmethode
$2800 \times 3/7 = 1200$ €
$1200 - 1000 = 200$ €
Fall 5
ehebezogenes Erwerbseinkommen des M: 3000 €
ehebezogenes Erwerbseinkommen der F: 1000 €
nicht ehebezogenes Erwerbseinkommen der F: 500 €
Berechnung mit Bonus 10%
Lösung: gemischte Differenz- und Anrechnungsmethode
($3000 - 1000$) $\times 45\% = 900$ €
$900 - 90\% \times 500 = 450$ €
Lösung: Additionsmethode
($90\% \times 3000 + 90\% \times 1000$) $\times 1/2 - 90\% \times 500 = 450$ €
Lösung: Quotenbedarfsmethode
$3000 \times 45\% = 1350$ €
$1000 \times 55\% = 550$ €
Bedarf 1900 €
$1900 - 1000 - 90\% \times 500 = 450$ €
Fall 6
ehebezogenes Erwerbseinkommen des M: 2800 €
ehebezogener Wohnwert von M: 500 €
ehebezogenes Erwerbseinkommen der F: 700 €
nicht ehebezogenes Zinseinkommen der F: 500 €
Berechnung mit Bonus $1/7$
Lösung: gemischte Differenz- und Anrechnungsmethode, wobei zwischen Erwerbs- und Nichterwerbseinkünften zu unterscheiden ist.
($2800 - 700$) $\times 3/7 = 900$ €
($500 - 0$) $\times 1/2 = 250$ €
Differenzbedarf 1150 €
$1150 - 500 = 650$ €

Gutdeutsch

Lösung: Additionsmethode
($^6/_7 \times 2800 + {}^6/_7 \times 700 + 500) \times {}^1/_2 - {}^6/_7 \times 700 - 500 = 650$ €
Lösung: Quotenbedarfsmethode
$2800 \times {}^3/_7 = 900$ €
$700 \times {}^4/_7 = 400$ €
$500 \times {}^1/_2 = 250$ €
Bedarf 1550 €
$1550 - 400 - 500 = 650$ €

824 Die Wahl zwischen diesen Rechenwegen ist eine Frage der Zweckmäßigkeit.
Die **Differenzmethode** hat den Vorzug der in vielen Fällen einfacheren Berechnung.
Der Vorzug der **Additionsmethode** liegt in der Tatsache, dass der Bedarf im Hinblick auf eine spätere Abänderung des Titels explizit festgestellt wird und dass der rechtliche Zusammenhang besonders in komplizierten Fällen durchsichtiger, letztlich also auch besser verständlich ist als die verkürzende Differenzmethode.[712] Dasselbe gilt für die **Quotenbedarfsmethode**. Beide unterscheiden sich in dem von ihnen als voller Bedarf nach § 1578 I BGB angesetzten Betrag. Bei Quotenbedarfsmethode wird der vom prägenden Einkommen gewährte Erwerbsbonus zum Bedarf gerechnet, bei der Additionsmethode wird er nur durch Vorabzug berücksichtigt. Einfluss auf das Ergebnis kann der Unterschied nur dann haben, wenn in einem Mangelfall nach § 1581 BGB die Bedarfsbeträge des Pflichtigen und Berechtigten verhältnismäßig gekürzt wurden. Der entscheidende **Vorteil** der Additionsmethode besteht aber darin, dass sich mit ihr auch die Halbteilung zwischen mehreren Ehegatten oder Partnern berechnen lässt (vgl. § 5 Rn. 106 ff.).

825 Die Praxis wendet die Methoden oft nebeneinander an. Die Differenzmethode eignet sich für einfache Fälle und dann, wenn es nur auf das Ergebnis ankommt, während Additionsmethode oder die Quotenbedarfsmethode dann zu verwenden sind, wenn die rechtliche Begründung des Ergebnisses im Einzelnen erörtert wird oder wenn in komplizierteren Fällen der Rechenweg dadurch übersichtlicher wird. Die Additionsmethode wird von der Praxis häufiger verwendet und wurde vom BGB ausdrücklich gebilligt.[713]

5. Auswirkungen des Vorabzugs von Schulden und Kindesunterhalt auf den Erwerbstätigenbonus bei Mischeinkünften

826 Wie bereits ausgeführt (vgl. Rn. 432, 750 ff. und eingehend § 1 Rn. 1000 ff.), errechnet sich der Bedarf nach den ehelichen Lebensverhältnissen aus dem bereinigten Nettoeinkommen, d. h. aus dem durch unterhaltsrechtlich relevante Abzüge gekürzten Einkommen. Berücksichtigungswürdige Schulden und Kindesunterhalt sind somit vor der Bildung der Ehegattenquote vom Einkommen des Pflichtigen abzuziehen, weil sie für den Lebensbedarf nicht zur Verfügung stehen (s. o. Rn. 432). Damit ist der Bonus aus dem bereinigten Nettoeinkommen (verfügbares Einkommen) zu berechnen (vgl. Rn. 773, 778).[714]

Wenn der Verpflichtete in solchen Fällen prägendes Einkommen aus Erwerbstätigkeit und daneben noch anderes Einkommen bezieht, etwa aus Zinsen oder dem Wohnwert eines Hauses, so gilt für den einen Einkommensteil das Prinzip der Halbteilung, während für den anderen dem Verpflichteten ein Bonus zusteht. Je nachdem, ob nun die Schulden oder der Kindesunterhalt auf das Erwerbseinkommen, auf das Nichterwerbseinkommen oder auf beide verrechnet werden, fällt der Erwerbsbonus höher oder niedriger aus.[715]

827 Handelt es sich bei den Abzugsposten um eindeutig einem Einkommen zurechenbare Ausgaben, dürfen sie auch nur dort abgezogen werden, z. B. Lohnsteuer, gesetzliche Sozialabgaben und berufsbedingte Aufwendungen nur vom Erwerbseinkommen des Nichtselbstständigen (vgl. § 1 Rn. 1045), Depotkosten von Kapitaleinkünften (vgl. § 1 Rn. 605 f.), verbrauchunabhängige Nebenkosten vom Wohnwert (vgl. § 1 Rn. 498 ff.).

---

[712] So der BGH in FamRZ 2001, 986 = R 563 d
[713] BGH FamRZ 2001, 986 = R 563 d; FamRZ 2001, 1687 = R 566 b; FamRZ 2001, 1693 = R 567 a
[714] BGH FamRZ 1989, 842; FamRZ 1984, 662, 664
[715] Vgl. Gutdeutsch FamRZ 1994, 346 ff.; FamRZ 1994, 1161; Gerhardt, FamRZ 1994, 1158

3. Abschnitt: Unterhaltsbedarf und Bedarfsbemessung beim Ehegattenunterhalt § 4

Berücksichtigungswürdige Schulden für Konsumkredite oder Kindesunterhalt sind hingegen nicht ohne weiteres einer bestimmten Einkommensart zuzuordnen. Hier sind bisher vier Lösungswege eingeschlagen worden, welche in der Reihenfolge des durchschnittlich geringeren Bonus geordnet dargestellt werden: 828
- Berechnung des Erwerbsbonus aus dem Nettoerwerbseinkommen (ohne Kürzung um Schulden u. a.).[716]
- Vorrangiger Abzug vom Nichterwerbseinkommen (Prinzip der Bonusbegrenzung).[717]
- Anteiliger Abzug von Erwerbs- und Nichterwerbseinkommen.[718]
- Vorrangiger Abzug vom Haupteinkommen (in der Regel dem Erwerbseinkommen).[719]

Der BGH hat die Lösung 1 abgelehnt,[720] sonst aber zu diesem Problem bisher noch nicht abschließend Stellung genommen. Welche Lösung sich durchsetzen wird, ist bisher offen.

- Die Vertreter der **Lösung 1** (maximaler Bonus) sehen deren Vorteil darin, dass bei der Berechnung des Bonus der Erwerbstätige, welcher Kindesunterhalt zu zahlen hat, mit demjenigen gleichbehandelt wird, für den das nicht zutrifft.[721] 829
- Die Vertreter der **Lösung 2** sehen den Vorteil dieser Lösung darin, dass sie sich am engsten an die Unterhaltsbemessungspraxis vor dem Urteil des BGH vom 12. 7. 1989,[722] welche die OLGs zu einer unterschiedlichen Behandlung von Erwerbs- und Nichterwerbseinkommen veranlasste, anschließt. Sie sei rechnerisch leicht zu handhaben, weil sie sich letztlich auf die Prüfung beschränkt, ob das verfügbare oder das Erwerbseinkommen geringer sei.[723] 830

Aus den Gründen, auf welchen die Zubilligung des Bonus beruhte (als Anreiz und als Ausgleich für einen allgemein erhöhten Aufwand), folgt, dass er vom verfügbaren Einkommen, höchstens aber (nach der BGH-Rechtsprechung) dem Erwerbseinkommen

---

[716] OLG Hamburg FamRZ 1991, 953; zust. Kalthoener/Büttner NJW 1992, 2992, 3000; ebenso im Ergebnis OLG Hamm FamRZ 1993, 1237; abl. OLG Karlsruhe FamRZ 1992, 1438. Der BGH hat in der Leitentscheidung FamRZ 1989, 1160, 1162 den Bonus aus dem Nettoerwerbseinkommen von 2770 und nicht aus dem verfügbaren Einkommen von 2770 + 105 − 195 = 2680 DM berechnet, dabei aber die Abweichung von seiner bisherigen Rechtsprechung nicht erörtert

[717] Graba NJW 1993, 3033, 3037; Gutdeutsch FamRZ 1994, 346; FamRZ 1994, 1161

[718] Scholz FamRZ 1993, 127, 143

[719] OLG Hamburg FamRZ 1991, 445, 448; Gerhardt, FamRZ 1994, 1158; für geringes Nebeneinkommen auch Scholz FamRZ 1993, 127, 143

[720] BGH FamRZ 1997, 806

[721] Der Vorabzug vom ungekürzten Erwerbseinkommen hat große praktische Vorteile und ist deshalb verbreiteter, als die Veröffentlichungen erkennen lassen (etwa BGH FamRZ 1989, 1160, 1162), zumal die mit dieser Bonusrechnung verknüpfte Halbteilung der gemeinschaftlichen Schulden auch i. d. Regel als gerecht empfunden wird (OLG Hamburg FamRZ 1991, 953)

[722] BGH FamRZ 1989, 1160, 1162

[723] Die Lösung hat zwar den Nachteil, dass auch bei Vorabzug von Kindesunterhalt der Bonus relativ höher ausfällt, also die kinderbetreuende Frau benachteiligt wird. Das widerspricht der in diesem Fall von den Eheleuten zu erwartenden stärkeren Solidarität, welche wegen der gemeinsamen Verantwortung für die Kinder gerade einen geringeren Bonus nahelegen würde
Dieses Problem lässt sich jedoch dadurch lösen, dass im Falle eines Vorabzugs von Kindesunterhalt der Bonus um $1/7$ auf 10% herabgesetzt, in den anderen Fällen geringfügig auf 15% erhöht wird
Da ein 15%-Bonus sich mit 5% berufsbedingten Aufwendungen zu 20% Erwerbspauschale vereinigen lässt, ergeben sich bei dieser Lösung weitere Vereinfachungen in der Berechnung. Bei Berücksichtigung von Kindesunterhalt muss dagegen i. d. R. ohnehin zweistufig verfahren werden, indem zuerst die berufsbedingten Aufwendungen abgezogen werden, um das Bemessungseinkommen für den Kindesunterhalt zu erhalten. Danach wäre erst der Bonus von 10% des Ursprungsbetrags abzusetzen
Für die Lösung spricht auch, dass die gemeinsame Verantwortung für die Kinder durch die Halbteilung der Unterhaltslast unterstrichen wird
Vielleicht stand einer Einigung der OLGs über die Höhe des Bonus (bisher zwischen 10% und 20%) bisher im Wege, dass die einen die kinderbetreuende Frau, die anderen die kinderlose Frau zum Maßstab genommen haben. Träfe das zu, so könnte der Ausweg in einer Differenzierung des Bonus bestehen

abzuziehen ist.[724] Gegen eine über die Vorgaben des BGH hinausgehende Verminderung des Bonus spricht, dass sich der BGH[725] in der Leitentscheidung nicht gegen eine Erhöhung des Bonus, sondern **gegen eine Verkürzung** des dem Verpflichteten zustehenden **Bonus** von 396 DM auf 281 DM gewandt hatte.[726]

831 • Die Vertreter der **Lösung 3** vermitteln zwischen gegensätzlichen Standpunkten durch eine anteilige Verrechnung. welche in der Regel als gerechter Interessenausgleich angesehen wird, allerdings erhöhten Rechenaufwand verursacht. Da die Quotierung aber bei geringfügigem Nebeneinkommen kaum andere Ergebnisse als die Lösung 4 liefert, wird in solchen Fällen darauf verzichtet und die Lösung 4 angewandt.

832 • Die Vertreter der **Lösung 4** (durchschnittlich geringster Bonus) rechtfertigen ihre Lösung damit, dass berücksichtigungswürdige Schulden und Kindesunterhalt in der Regel aus dem Haupteinkommen bezahlt würden, das dann in einem Rechengang durch Abzug von Steuern, Vorsorgeaufwendungen, berufsbedingten Aufwendungen, berücksichtigungsfähigen Schulden und Kindesunterhalt bereinigt werden kann. Sie sehen ihre Methode als die praktikabelste an, weil in der Regel das Erwerbseinkommen das Haupteinkommen sei und die Berücksichtigung des Nichterwerbseinkommens mit einer einfachen Zusatzberechnung erfolgen könne. In den selteneren Fällen, in denen das Nichterwerbseinkommen Haupteinkommen ist, könnten Schulden oder Kindesunterhalt von diesem abgezogen und für Erwerbseinkommen dann der ohnehin niedrige volle Bonus bleiben. In den äußerst seltenen Ausnahmefällen, in denen bei gleicher Höhe der Einkommensarten ein Haupteinkommen nicht feststellbar sei, könne die Lösung 3 angewandt werden. Die Lösung stehe auch in Übereinstimmung mit einer Tendenz des BGH, die Kumulation von 5% berufsbedingten Aufwendungen und $1/7$ Erwerbsbonus für unzulässig anzusehen, den Bonus also im Ergebnis herabzusetzen (vgl. die Kritik am Erwerbstätigenbonus Rn. 781 m. w. N.).

833 Die stärkeren rechtlichen Gründe sprechen für die Lösung 2, weil der Bonus als Erwerbsanreiz diesen soll, und seine Kürzung sich nur dann gerechtfertigt ist, wenn das verfügbare Einkommen geringer ist, als das Erwerbseinkommen (s. a. Rn. 773).

834 Im Gegensatz zu den verschiedenen Methoden der Bedarfsbemessung führen die unterschiedlichen **Methoden der Bonusberechnung** zu **verschiedenen Ergebnissen:**

Beispiel 1:
Der Mann verdient 2000 € netto abzüglich 100 € berufsbedingte Aufwendungen und hat aus Hausnutzung und Kapital ein weiteres Einkommen von 1000 €. Er ist der einkommenslosen Frau und zwei Kindern im Alter von 3 und 7 Jahren unterhaltspflichtig.
Vor Berechnung des Bedarfs des Gatten sind vom Einkommen des Mannes sowohl der Kindesunterhalt als auch der Erwerbsbonus abzuziehen.
Nach der DT 5/1 und DT 5/2 beträgt der Kindesunterhalt 381 – 92 + 437 – 92 = 634 €.
Lösung 1: Gattenunterhalt mit Bonus aus dem vollen Erwerbseinkommen:
$(2000 - 100) \times 6/7 + 1000 - 634 = 1995 \times 1/2 = 998$ €
Lösung 2: Gattenunterhalt mit Bonus aus dem vollen Erwerbseinkommen, weil der Kindesunterhalt (634) aus dem Nichterwerbseinkommen (1000) gedeckt werden kann:
$(2000 - 100) + 1000 - 634 - 1900 \times 1/7 = 1995 \times 1/2 = 998$ €
Lösung 3: Gattenunterhalt mit Bonus aus dem anteiligen Erwerbseinkommen (Berechnung nach Scholz a. a. O.):
$(2000 - 100) : (2000 - 100 + 1000) = 66\%$ Erwerbseinkommen
$(2900 - 634) \times 66\% \times 3/7 = 641$ €
$(2900 - 634) \times 34\% \times 1/2 = 385$ €
insgesamt 1026
Lösung 4: Gattenunterhalt mit Abzug vom Erwerbseinkommen als Haupteinkommen:
$(2000 - 100 - 634) \times 3/7 + 1000 \times 1/2 = 1042$ €

---

[724] Gegen die Lösung wird eingewandt, dass das Nichterwerbseinkommen in der Praxis vielfach im Wohnwert bestehe und dass aus diesem kein Kindesunterhalt gezahlt werden könne. Das geschieht aber auch nicht. Vielmehr soll nur auf den Wohnwert der Kindesunterhalt verrechnet werden, ebenso wie bei der Bemessung des Gattenunterhalts der Wohnwert beim Pflichtigen herangezogen wird, obgleich er nicht als Unterhalt ausgezahlt werden kann

[725] BGH FamRZ 1989, 1163

[726] $2770 : 7 = 396$; $(2770 + 105 - 195 - (600 + 150 - 40)) : 7 = 281$

3. Abschnitt: Unterhaltsbedarf und Bedarfsbemessung beim Ehegattenunterhalt § 4

Zwischen den Gatten kann verteilt werden:
2000 + 1000 − 100 − 634 = 2266 €
Der Bonus, um welchen das Resteinkommen des Pflichtigen den Gattenunterhalt übersteigt, beträgt nach den
Lösungen 1 und 2: 2266 − 2 × 998 = 270 €,
nach der Lösung 3: 2266 − 2 × 1026 = 214 € und
nach der Lösung 4: 2266 − 2 × 1042 = 182 €
Beispiel 2: Der Mann verdient 2700 € netto abzüglich 100 € berufsbedingte Aufwendungen und bezieht daneben eine Rente von 250 €, insgesamt also 2850 €.
Nach der Düsseldorfer Tabelle beträgt der Kindesunterhalt wieder 381 − 92 + 437 − 92 = 634 €
Lösung 1: Bonus aus dem vollen Erwerbseinkommen:
(2700 − 100) × $^6/_7$ + 250 − 634 = 1845 × $^1/_2$ = 923 €
Lösung 2: Bonus aus dem verfügbaren Einkommen, weil der Kindesunterhalt (634) aus dem Nichterwerbseinkommen (250) nicht gedeckt werden kann:
(2700 − 100 + 250 − 634) × $^3/_7$ = 950 €
Lösung 3: Bonus aus dem anteiligen Erwerbseinkommen (Berechnung nach Scholz a. a. O.):
(2700 − 100) : (2700 − 100 + 250) = 91% Erwerbseinkommen
(2850 − 634) × 91% × $^3/_7$ = 864 €,
(2850 − 634) × 9% × $^1/_2$ = 100 €
insgesamt 964 €
Lösung 4: Abzug vom Erwerbseinkommen als Haupteinkommen:
(2700 − 100 − 634) × $^3/_7$ + 250 : 2 = 968 €
Zur Verteilung zwischen den Gatten steht zur Verfügung:
2700 + 250 − 100 − 634 = 2216 €
Der Bonus, um welchen das Resteinkommen des Pflichtigen den Gattenunterhalt übersteigt, beträgt
nach der Lösung 1 : 2216 − 2 × 923 = 370 €,
nach der Lösung 2 : 2216 − 2 × 950 = 316 €,
nach der Lösung 3 : 2216 − 2 × 964 = 288 € und
nach der Lösung 4 : 2216 − 2 × 968 = 280 €

6. Quotenunterhalt und die (überholte) Rechtsprechung zum vollen Unterhalt und trennungsbedingten Mehrbedarf

Durch die Bedarfsbemessung nach Quoten wird nur das für Unterhaltszwecke verwendbare Einkommen nach dem Halbteilungsgrundsatz angemessen verteilt. Der Quotenunterhalt bietet keine Gewähr dafür, dass mit ihm der während des Zusammenlebens in der Ehe erreichte Lebensstandard nach Trennung und Scheidung aufrechterhalten werden kann. Das führte zur Konzeption des **trennungsbedingten Mehrbedarfs** als der Differenz von vollem Unterhalt im Sinn von § 1578 I 1 BGB und Unterhaltsquote. Ein Zurückbleiben der Quote hinter dem Betrag dieses vollen Unterhalts ist insbesondere im Hinblick auf Mehrkosten möglich, die den Ehegatten infolge der Trennung erwarten und die dazu führen können, dass die Eheleute mit den Mitteln der Quote ihren ehelichen Lebensstandard nicht mehr aufrechterhalten können.[727] 835

Bereits durch die **Änderung der Rechtsprechung des BGH zur Anrechnungsmethode**[728] war der Anwendungsbereich wesentlich geringer geworden, weil nicht prägendes Erwerbseinkommen des Berechtigten seither kaum noch vorkommt. Er konnte aber noch 836
– bei nicht ehebezogenen Erwerbseinkünften oder
– bei Anerkennung einer Sparquote beim Verpflichteten oder
– bei nicht ehebezogenem Wohnwert oder
– bei entsprechenden Kapitaleinkünften beider Parteien erhebliche Bedeutung haben.
Doch sprachen triftige **Gründe für die gänzliche Abschaffung** dieses Rechtsinstituts: Es wurde deshalb entwickelt, weil auf andere Weise die durch die Anwendung der Anrechnungsmethode in Fällen der Hausfrauenehe geschaffene Gerechtigkeitslücke nicht

---

[727] BGH FamRZ 1983, 146, 148; FamRZ 1982, 255, 257
[728] BGH FamRZ 2001, 986 = R 563; FamRZ 2001, 1592 = R 567; FamRZ 2002, 88

geschlossen werden konnte,[729] war aber immer dogmatisch umstritten.[730] Durch die Anerkennung des Surrogatsprinzips[731] besteht diese Lücke aber nicht mehr. Rechtlich ist die Anerkennung des trennungsbedingten Mehrbedarfs als ehebezogen problematisch, denn dieser Bedarf entsteht typischerweise gerade durch die Trennung und kann als solcher daher kaum die Ehe geprägt haben. Er wird mit den ehelichen Lebensverhältnissen nur durch den Begriff des ehelichen Lebensstandards verknüpft. Eine „Lebensstandardgarantie" war aber zwar Motiv des Gesetzgebers (vgl. Rn. 408 f.),[732] ist aber als solche nicht Gesetz geworden. Vielmehr sind es nur die ehelichen Lebensverhältnisse, die der BGH normalerweise immer an konkrete Verhältnisse, vor allem aber an die Einkommensquellen, geknüpft hat. Neben diesen hat der Lebensstandard immer nur eine abgeleitete Bedeutung. Deshalb hat der Gesetzgeber auch besondere trennungsbedingte Mehrkosten, welche typischerweise einseitig nur den Unterhaltsberechtigten belasten, durch die Sonderregelungen der §§ 1361 I 2, 1578 II BGB zum Lebensbedarf hinzugerechnet. Die Kosten der Alters- und Krankheitsvorsorge entstehen nämlich trennungs- und scheidungsbedingt einseitig beim Unterhaltsgläubiger, weil durch die Scheidung Hinterbliebenenversorgung und die Familienversicherung wegfallen. Wenn Trennungs- und Scheidungsfolgen nach der Vorstellung des Gesetzgebers nicht zu den ehelichen Lebensverhältnissen gehören, mussten dafür Spezialregelungen geschaffen werden. Im Umkehrschluss kann daraus deshalb auch gefolgert werden, dass andere Auswirkungen von Trennung und Scheidung auf den Lebensstandard unberücksichtigt bleiben, weil sie eben nicht zu den ehelichen Lebensverhältnissen gehören und im Regelfall beide Parteien in grundsätzlich gleicher Weise treffen.

Erkennt man den allgemeinen trennungsbedingten Mehrbedarf, insbesondere höhere Wohnkosten, nicht mehr als eheprägend an, muss jede Partei diese Mehrkosten, die die ja weitgehend selbst verantwortet, auch selbst tragen. Das erscheint durchaus nicht als ungerecht und harmoniert gut mit dem weitgehend anerkannten Grundsatz, dass trennungsbedingter Mehrbedarf unberücksichtigt bleibt, wenn kein nichtprägendes Zusatzeinkommen vorhanden ist. Viele sonstige Probleme, zu deren Lösung der trennungsbedingte Mehrbedarf herangezogen wird, lassen sich auch auf andere Weise lösen. Das Rechtsinstitut hat sich in der Praxis auch nicht bewährt, weil der trennungsbedingte Mehrbedarf nur sehr selten geltend gemacht wurde, obgleich er meist vorhanden war. Seine Abschaffung hat daher der Rechtsgleichheit gedient, ohne das Maß an Gerechtigkeit erkennbar zu vermindern. Endlich hat die Abschaffung das Unterhaltsrecht wesentlich vereinfacht und damit dem rechtsuchenden Publikum genützt. Alle diese Gründe sprechen dafür, dem trennungsbedingten Mehrbedarf – der als solcher zweifelsfrei vorhanden ist – in Zukunft **keinen Einfluss auf den Bedarf zuzuerkennen.**[733]

Daher ist zu begrüßen, dass der BGH das Institut des trennungsbedingten Mehrbedarfs als im Hinblick auf die Änderung seiner Rechtsprechung nicht mehr verwendbar betrachtet.[734]

Damit ist auch die Rechtsprechung obsolet geworden, wonach die Gattenquote wegen trennungsbedingten Mehrbedarfs in der Regel einen Mangelunterhalt darstelle, welcher bei Besserung der wirtschaftlichen Lage zu einer Unterhaltserhöhung führe.[735]

---

[729] Hampel FamRZ 1981, 851; 1984, 621; Luthin FamRZ 1996, 328
[730] Dieckmann FamRZ 1984, 946, 951; ders. in Erman, 10. Aufl, (2000) § 1578 Rn. 32; Spangenberg FamRZ 1991, 269; Mayer FamRZ 1992, 138, 140; Graba FamRZ 2002, 857; Gerhardt FamRZ 2003, 272, 275; ders. in FA-FamR 8. Aufl. 6. Kapitel Rn. 450
[731] BGH FamRZ 2001, 986 = R 563
[732] Vgl. BGH FamRZ 1983, 678; BVerfG FamRZ 1981, 745, 748
[733] Ebenso Graba FamRZ 2002, 857; Gerhardt FamRZ 2003, 272, 275; ders. in FA-FamR 4. Aufl. 6. Kapitel Rn. 247
[734] BGH FamRZ 2004, 1357 = R 617 a
[735] BGH FamRZ 1986, 783, 786

3. Abschnitt: Unterhaltsbedarf und Bedarfsbemessung beim Ehegattenunterhalt § 4

7. Quotenunterhalt und Mindestbedarf

Der eheangemessene Unterhalt ist nach der Rechtsprechung des BGH stets nach den 837
ehebezogenen Einkünften der Eheleute unter Anwendung des Halbteilungsgrundsatzes zu
bemessen. Dem entspricht der Quotenunterhalt.

Aus diesem Grund ist der eheangemessene Unterhalt der Höhe nach stets vom jeweils
ehebezogenen **Einkommen** abhängig und darf **nicht nach festen Bedarfssätzen** bemessen werden, auch nicht nach Mindestbedarfssätzen. Nach der Rechtsprechung des BGH
besteht für die Annahme eines von den ehelichen Lebensverhältnissen unabhängigen generellen Mindestbedarfs des Berechtigten keine gesetzliche Grundlage.[736] Der Bedarf ist stets
individuell angelegt und kann daher wirtschaftlich über oder unter dem Niveau von Tabellenwerten liegen, die in der Regel auf querschnittlich ermittelten Kosten der allg. Lebensführung beruhen und daher Besonderheiten nicht berücksichtigen. Ein **Existenzminimum** zu sichern, ist notfalls Sache des **Sozialhilfeträgers**.[737]

Diese Rechtsprechung hat der BGH nun modifiziert: Nunmehr gilt für auch den Bedarf 838
eines Ehegatten eine **Mindestgrenze in Höhe des notwendigen Selbstbehalts** eines
Unterhaltspflichtigen,[738] also in der Regel 770 EUR. Diese Untergrenze bezieht sich nur
auf die Höhe des angemessenen Unterhalts nach § 1578 b BGB. Die
Aussage ist aber so allgemein formuliert, dass man daraus den Willen des BGH, auch in
anderen Fällen diesen Bedarf zugrunde zu legen, erschließen kann, etwa in dem Fall, dass
die Gattenquote den Mindestbedarf unterschreitet, wegen eines Zusatzeinkommens beim
Pflichtigen jedoch der Mindestbedarf gedeckt werden kann.

> **Beispiel:**
> Fall: M verdient 1800 € und ist der geschiedenen F, welche das gemeinsame Kind K (2 Jahre)
> betreut, unterhaltspflichtig. Nach der Scheidung mach M eine unerwartete Erbschaft und bezieht
> daraus Einkünfte von monatlich 500 €.
> Lösung:
> Kindesbedarf nach DT 3/1: 349 – 92 (Kindergeld) = 257 €.
> Quotenbedarf von F: (1800 – 257) * 90%/2 = 694 €. Da dieser geringer ist als der Mindestbedarf
> von 770 € ist letzterer als Bedarf und zugleich Unterhalt von F zugrunde zu legen.
> M bleibt 1800 + 500 – 770 – 257 = 1273 €
> Bevor M die Erbschaft machte, hätte M auch diesen Betrag aber nicht zahlen können. F wäre auf
> den nach Vorabzug des Mindestunterhalts des Kindes (317 – 92 = 225 €) verbleibenden Rest von
> 1800 – 225 – 1050 (Selbstbehalt) = 525 € angewiesen gewesen.

Mit diesem **Mindestbedarfssatz** dürfen die **vorrangigen Bedarfsbeträge** (§ 5 Rn. 10, 839
Rn. 138 ff.) nicht verwechselt werden, mit denen im Falle des Vorrangs ein vorrangiger
Ehegatte dem nachrangigen Ehegatten oder einem nachrangigen Kind vorgeht: Diese
spiegeln wegen der Halbteilung den entsprechenden Selbstbehalt des Unterhaltspflichtigen
wieder.[739]

V. Unterhaltsrechtliche Berücksichtigung eines regelmäßigen Mehrbedarfs

1. Mehrbedarfsfälle und konkrete Bemessung des Mehrbedarfs

Ein **Mehrbedarf** besteht, wenn bei einem Ehegatten auf Grund besonderer Umstände 840
des Einzelfalls zusätzliche Mittel für besondere Aufwendungen benötigt werden, die durch
den Elementarbedarf nicht abgedeckt werden und deshalb zusätzlich zum Elementarbedarf
als unselbstständige Unterhaltsbestandteile des einheitlichen Lebensbedarfs geleistet werden

---

[736] BGH FamRZ 2003, 363, 364; FamRZ 1996, 345, 346; FamRZ 1987, 689, 691; FamRZ 1987, 266, 267; FamRZ 1987, 152, 154; FamRZ 1984, 356
[737] BGH FamRZ 1995, 346
[738] BGH FamRZ 2010, 629 = R 710 c
[739] Vgl. SüdL 22., 23

§ 4 Ehegattenunterhalt

müssen und die folglich bei der Ermittlung des verteilungsfähigen Einkommens **vorweg abzuziehen** sind.

Zur Abgrenzung vom Elementarbedarf (IV) und Sonderbedarf (VI) muss es sich um regelmäßige zusätzliche Aufwendungen auf Grund besonderer Umstände handeln.

841 Ein Mehrbedarf in diesem Sinn und im Sinn der Ausführungen zu nachfolgend 2) sind:
- **Krankheits-** und **altersbedingter Mehrbedarf** (siehe dazu § 1 Rn. 1064 ff.).
- **Ausbildungsbedingter Mehrbedarf** des Berechtigten nach den §§ 1578 II, 1361 BGB, wenn die Ausbildung, Fortbildung oder Umschulung besondere Kosten verursacht.
- **Krankheitsvorsorgeunterhalt** des Berechtigten nach den §§ 1578 II, 1361 I BGB (s. Rn. 900 ff.).
- **Altersvorsorgeunterhalt** des Berechtigten nach den §§ 1578 III, 1361 I BGB (s. Rn. 855 ff.).
- **Trennungsbedingter Mehrbedarf** war ein Mehrbedarf besonderer Art, der nach der Rechtsprechung des BGH nicht vom prägenden Einkommen abgezogen werden durfte. Er wird vom BGH nicht mehr anerkannt, vgl. Rn. 835 f.

842 **Kein** zusätzlich zu berücksichtigender **Mehrbedarf** in diesem Sinn sind alle Aufwendungen, die bereits bei der Ermittlung des prägenden bereinigten Nettoeinkommens als Abzugsposten berücksichtigt werden (siehe Rn. 432 ff.). Dazu zählen vor allem:
- Zahlungen für **Einkommen-** und **Kirchensteuer.**
- **Vorsorgeaufwendungen** für Krankheit, Alter, Invalidität und Arbeitslosigkeit.
- **Berufs-** und **ausbildungsbedingte Aufwendungen,** Betriebsausgaben und sonstige Werbungskosten.
- Aufwendungen für ehebedingte **Schulden.**
- **Unterhaltszahlungen.**
- Aufwendungen für **Vermögensbildung,** soweit diese nach der Trennung in angemessenem Rahmen fortgesetzt werden darf.

843 **Ausbildungsbedingter** Mehrbedarf des Berechtigten sowie **Vorsorgebedarf** für Alter und Krankheit sind zwar oft zugleich trennungsbedingter Mehrbedarf. Doch sind sie als Teil des Lebensbedarfs des Berechtigten ausdrücklich gesetzlich normiert (§ 1578 II, III BGB) und damit unselbstständige Teile des einheitlichen Unterhaltsanspruchs.[740] Der BGH hält in diesen Fällen einen Abzug vom prägenden Einkommen, also ihre Befriedigung zu Lasten des Elementarbedarfs, für zulässig, zumal die entsprechenden Aufwendungen des Verpflichteten bei Berechnung des bereinigten Nettoeinkommens vorweg abgezogen werden (s. Rn. 437, § 1 Rn. 1000 ff.).

Vorsorgeunterhalt und Ausbildungsunterhalt sind nur zuzusprechen, wenn sie zusätzlich geltend gemacht werden.

844 Wird der **Elementarunterhalt** nach **Quoten** bemessen, besteht eine Abhängigkeit zwischen dem gekürzten Elementarunterhalt und dem Mehrbedarf, die eine Trennung des hierauf bezogenen Streitstoffs ausschließt. Wegen der Möglichkeit des Vorabzugs vom prägenden Einkommen hat die Zubilligung Einfluss auf die Höhe des Elementarunterhalts.[741]

845 Ein solcher Mehrbedarf ist grundsätzlich durch **Vortrag konkreter Tatsachen** geltend zu machen und tatrichterlich zu ermitteln. Behauptete Aufwendungen sind unter Berücksichtigung der beiderseitigen wirtschaftlichen und persönlichen Verhältnisse auf ihre Notwendigkeit und unterhaltsrechtliche Angemessenheit zu überprüfen. Die angemessene Höhe kann nach § 287 II ZPO geschätzt werden.[742]

Hierbei wird – je nach den Umständen des Einzelfalles – eine großzügigere Beurteilung geboten sein, wenn und soweit es einem Ehegatten nicht zumutbar ist, seine besonderen Aufwendungen in allen Einzelheiten spezifiziert darzulegen.[743] Beim **Altersvorsorgeunterhalt genügt** die **Geltendmachung** des Betrags, weil dieser ohne zusätzlichen Tatsachenvortrag berechnet werden kann (s. Rn. 865 f.).

---

[740] BGH FamRZ 1982, 255
[741] BGH FamRZ 1982, 255
[742] BGH FamRZ 1981, 338
[743] BGH FamRZ 1981, 338

3. Abschnitt: Unterhaltsbedarf und Bedarfsbemessung beim Ehegattenunterhalt § 4

2. Unterhaltsberechnung bei Mehrbedarf

a) Krankheitsbedingter oder altersbedingter Mehrbedarf. Nach der Rechtsprechung des BGH ist ein konkreter Mehrbedarf des Verpflichteten dadurch auszugleichen, dass ein **Vorabzug des Mehrbedarfs** vom prägenden Einkommen erfolgt und erst anschließend der Quotenunterhalt bemessen wird. Ein Mehrbedarf des Berechtigten ist zusätzlich zum Quotenunterhalt zu bezahlen.[744] 846

> **Beispiel:**
> Renteneinkommen = 3000 €
> Mehrbedarf = 300 €
> Elementarunterhalt = 3000 – 300 = 2700 : 2 = 1350 €.
> Hat der Verpflichtete den Mehrbedarf, erhält er 1650, der andere 1350.
> Hat der Berechtigte den Mehrbedarf, erhält er die € 300 zusätzlich zum Quotenunterhalt (1350 + 300 = 1650).

Diese Berechnung gilt auch bei sonstigem krankheits- und altersbedingten Mehrbedarf.
Zulagen oder **Zuschüsse,** die ein Schwerbeschädigter wegen seines schädigungsbedingten Mehrbedarfs erhält, sind als Einkommen anzurechnen und auf den Mehrbedarf zu **verrechnen.**[745] Allerdings besteht nach § 1610a BGB die widerlegliche Vermutung, dass die Zulage durch den Mehrbedarf aufgezehrt wird (s. näher § 1 Rn. 654).

Ein Vorabzug des Mehrbedarfs vom Einkommen des Pflichtigen **unterbleibt,** wenn die Zulagen und Zuschüsse höher sind als der Mehraufwand. Es ist dann die Differenz als Einkommen zuzurechnen.

b) Ausbildungsmehrbedarf. Besondere Kosten einer Ausbildung, Fortbildung oder 847 Umschulung werden nach den § 1578 II, 1361 I BGB ebenfalls neben dem Elementarbedarf als unselbstständiger Unterhaltsbestandteil geschuldet.[746]

Hierzu gehören – zusätzlich zum Elementarunterhalt – die Kosten für Lernmittel, Gebühren, Fahrtkosten und eventuell auch Unterkunftskosten am Ausbildungsort.

Ausbildungsmehrbedarf ist deshalb nach den gleichen Grundsätzen (wie Rn. 846) ebenfalls vom Nettoeinkommen abzuziehen, ehe der Quotenunterhalt berechnet wird, und zusätzlich zum Quotenunterhalt zu bezahlen.

c) Krankheitsvorsorgeunterhalt. Die Kosten für eine Krankenversicherung des Berechtigten gemäß § 1578 II BGB (Krankheitsvorsorgeunterhalt) gehören zwar auch zum Lebensbedarf des Berechtigten, sind aber im Allgemeinen nicht in der Ehegattenquote enthalten und deshalb gesondert geltend zu machen und auszugleichen. Wenn die Krankenversicherungskosten des Verpflichteten vor Anwendung des Verteilungsschlüssels vom Einkommen abgesetzt worden sind, müssen zur Vermeidung eines Ungleichgewichts auch die Krankenversicherungskosten des Berechtigten durch Vorabzug vom Einkommen des Verpflichteten berücksichtigt werden und zusätzlich zum Quotenunterhalt bezahlt werden,[747] vgl. Rn. 855 ff. 848

Hat der Berechtigte ein eigenes nicht **bedarfsbestimmendes Einkommen,** sind die Kosten der Krankenversicherung soweit möglich von diesem abzuziehen. Aus dem Resteinkommen ist dann der Unterhalt zu berechnen.[748]

Der Vorsorgeunterhalt ist dann nicht zusätzlich zum Quotenunterhalt zu bezahlen.

Hat der Berechtigte ein **nicht bedarfsbestimmendes Zusatzeinkommen,** kann der Vorsorgeunterhalt u. U. auch mit diesem verrechnet werden (siehe dazu nachfolgend Rn. 855).

Wegen des **Krankheitsvorsorgeunterhalts** siehe auch Rn. 900 ff.

d) Altersvorsorgeunterhalt nach §§ 1361 I 2 und 1578 III BGB. Auch ein Alters- 849 vorsorgeunterhalt ist zusätzlich zum Elementarunterhalt zu bezahlen und grundsätzlich

---

[744] BGH FamRZ 1982, 579, 580; FamRZ 1981, 338, FamRZ 2006, 1099, FamRZ 2007, 1158
[745] BGH FamRZ 1982, 252 zur Unfallrente; FamRZ 1981, 1165, FamRZ 1986, 885 sowie FamRZ 1982, 579 zur Grundrente nach BVersG
[746] BGH FamRZ 1982, 255
[747] BGH FamRZ 1983, 888; FamRZ 1982, 887
[748] BGH FamRZ 1983, 676

vorab vom prägenden Einkommen abzuziehen. Erst danach erfolgt aus dem verbleibenden Rest die Bemessung des Elementarunterhalts nach der Ehegattenquote. Dafür spricht, dass entsprechende Vorsorgeaufwendungen des Verpflichteten ebenfalls vor Berechnung des Quotenunterhalts von dem Einkommen abgezogen werden.[749]

Wegen der Berechnung des Altersvorsorgeunterhalts auf der Basis eines vorläufigen Elementarunterhalts und der dadurch notwendig werdenden zweistufigen Berechnung des Elementarunterhalts siehe Rn. 883 f.

850 **e) Vorabzug des Mehrbedarfs.** Durch den Vorabzug des Mehrbedarfs vom prägenden Einkommen (a mit d) gibt es einen geringeren Elementarunterhalt.

Diese Minderung ist gerechtfertigt, soweit sie bereits den Bedarf nach den ehelichen Lebensverhältnissen vor der Trennung geprägt hatte. Hat sich jedoch nach der Trennung eine Erhöhung des Mehrbedarfs ergeben oder ist dieser – wie immer beim Altersvorsorgeunterhalt und meist beim Krankheitsvorsorgeunterhalt – erst nach der Trennung entstanden, so kann es der Billigkeit entsprechen, für diesen Zusatzbedarf etwa vorhandene nicht eheprägende Einkommensteile heranzuziehen.[750]

Dies kann bei Vorliegen besonderer Umstände in dreierlei Hinsicht erreicht werden:

851 **f) Heranziehung nicht ehebezogener Einkünfte des Berechtigten.** Wenn der Berechtigte nicht ehebezogene Einkünfte hat, erscheint es gerechtfertigt, seinen Mehrbedarf mit diesen zu verrechnen.[751] Es unterbleibt dann ein Vorabzug des Mehrbedarfs vom ehebezogenen Einkommen des Verpflichteten. Auf den Quotenunterhalt wird bedarfsmindernd die Differenz zwischen nicht ehebezogenen Einkünften (z. B. aus späterer Erbschaft) und Mehrbedarf angerechnet. Ein Mehrbedarf ist dann nicht zusätzlich zum Quotenunterhalt zu zahlen.

Beispiel:
Ehebezogenes Erwerbseinkommen des V = 4200 €
Quote = 4200 × 3/7 = 1800 €
nicht ehebezogenes Kapitaleinkommen des B = 600 €
Mehrbedarf des B = 400 €
Dieser Mehrbedarf wird dadurch berücksichtigt, dass auf die Quote von 1800 € nur die Differenz von 600 € (Einkommen) und 400 € (Mehrbedarf) = 200 € angerechnet werden, so dass B insgesamt 1600 € als Unterhalt erhält (1800 – 200).

852 **g) Obsolet: Heranziehung der vermögensbildenden Aufwendungen.** Wenn bei wirtschaftlich guten Verhältnissen vermögensbildende Aufwendungen vom Einkommen abgezogen werden konnte (siehe 453), war beiderseitiger Mehrbedarf (soweit er durch die Trennung verursacht wurde) aus dieser Vermögensbildungsrate zu bezahlen, weil der Verpflichtete eine Vermögensbildung nicht fortsetzen darf, wenn und soweit ein Mehrbedarf besteht, der anderweitig nicht gedeckt werden kann.[752]

Seitdem der BGH die Vermögensbildung zu Lasten des Unterhalts nicht mehr anerkennt, ist diese Möglichkeit bedeutungslos geworden.[753]

853 **h) Heranziehung nicht bedarfsbestimmenden Mehreinkommens des Verpflichteten.** Die Frage, inwieweit dem Verpflichteten der Vorabzug eines Mehrbedarfs des Berechtigten vom bedarfsbestimmenden Einkommen versagt werden kann, weil ihm **nach der Trennung ein Einkommen zugewachsen** ist, welches in keinen Zusammenhang zu den ehelichen Lebensverhältnisse steht, wurde vom BGH soweit ersichtlich bisher nicht entschieden. Indessen wird die Frage nicht anders als im Fall Rn. 851 gelöst werden können. In beiden Fällen ist davon auszugehen, dass der Berechtigte wegen unzureichender Leistungsfähigkeit des Verpflichteten nicht den vollen Unterhalt erhalten hatte. Wenn die Leistungsunfähigkeit des Verpflichteten dadurch entfällt, dass er nichtprägendes Einkommen hinzuerwirbt, wird der Unterhalt erhöht werden müssen.

---

[749] BGH FamRZ 2007, 117 = R 662 a, FamRZ 1981, 864; FamRZ 1982, 890
[750] OLG München FamRZ 1992, 1310; 1994, 1459
[751] BGH FamRZ 1982, 255, 257
[752] BGH FamRZ 1987, 913, 916
[753] BGH FamRZ 2008, 963 = R 692 d

i) **Mehrbedarf des Verpflichteten, Vorabzug oder Bonus.** Mehrbedarf des Ver- 854
pflichteten kommt nur in Gestalt des **krankheits-** und **altersbedingten** Mehrbedarfs in
Betracht. Soweit dieser Mehrbedarf bereits bei der Ermittlung des Bedarfs zu berücksichtigen und deshalb vom bedarfsbestimmenden Einkommen vorweg abzuziehen ist, kommt die
Heranziehung zusätzlichen Einkommens nicht in Betracht.

Beispiel mit nichtprägendem Mehrbedarf:
Ehebezogenes Erwerbseinkommen des V = 4200 €
Nicht ehebezogenes Zinseinkommen des V = 300 €
Ehebzogenes Erwerbseinkommen des B = 700 €
Krankheitsbedingter Mehrbedarf des V = 300 €
ehelicher Bedarf: $(^6/_7 \times 4200 + ^6/_7 \times 700)\ ^1/_2 = 2100$ €
Unterhaltsbedarf: $2100 - ^6/_7 \times 700 = 1500$ €
Eigenbedarf von V: $2100 + 4200 \times ^1/_7 + 300 = 3000$ €
V bleibt: $4200 + 300 - 1500 = 3000$ €
oder **bei Bonus 10%**
ehelicher Bedarf: $(90\% \times 4200 + 90\% \times 700)\ ^1/_2 = 2205$ €
Unterhaltsbedarf: $2205 - 90\% \times 700 = 1575$ €
Eigenbedarf von V: $2205 + 4200 \times 10\% + 300 = 2925$ €
V bleibt: $4200 + 300 - 1575 = 2925$ €
V ist leistungsfähig, weil er seinen Mehrbedarf mit den nicht bedarfsbestimmenden Zinseinkünften
abdecken kann.

Der BGH hat aber auch gebilligt, dass der Mehrbedarf pauschal durch eine **Erhöhung
der Gattenquote** berücksichtigt wird.[754]

4. Abschnitt: Vorsorgeunterhalt

I. Vorsorgeunterhalt wegen Alters, Berufs- und Erwerbsunfähigkeit

Die Besonderheit des Vorsorgeunterhalts liegt nur im Bedarfsbereich (es ist kein eigener 855
Anspruch): während sonst der Berechtigte im Rahmen der Unterhaltsquote in seinen
Dispositionen frei ist, muss der Vorsorgebedarf gesondert geltend gemacht werden, weil er
nur dann berücksichtigt werden kann, wenn tatsächlich Vorsorge betrieben wird. Die
Rechtssprechung ist hier aber großzügig und lässt in der Regel genügen, dass der Anspruch
ohne weitere Konkretisierung geltend gemacht wird (vgl. Rn. 865), während ein entspre-
chender Eigenbedarf des Pflichtigen konkret realisiert werden muss, zumal bei ihm sind die
Mittel dazu bereits vorhanden sind.[1]

**1. Grundsätzliches, Voraussetzungen, Beginn und Dauer des Vorsorgeunterhalts
beim Trennungs- und nachehelichen Unterhalt sowie Verfassungsmäßigkeit**

Beim **Trennungsunterhalt** (§ 1361 I 2 BGB) hat der Anspruch auf Vorsorgeunterhalt 856
wegen Alters, Berufs- und Erwerbsunfähigkeit – allgemein und nachfolgend nur Vorsorgeunterhalt genannt – zur Voraussetzung, dass ein Anspruch auf Trennungsunterhalt besteht.
Der Anspruch **beginnt** mit Eintritt der **Rechtshängigkeit des Scheidungsverfahrens**
(§ 1361 I 2 BGB). Der Eintritt der Rechtshängigkeit ist im Sinne der unmittelbaren Anknüpfung der vom Versorgungsausgleich erfassten Ehezeit auszulegen, d. h., der Anspruch
kann ab Beginn des Monats zugebilligt werden, in dem das Scheidungsverfahren rechtshängig geworden ist.[2] Der Anspruch **endet** mit **Rechtskraft der Scheidung**.[3]

---

[754] BGH FamRZ 1990, 981
[1] Vgl. BGH FamRZ 2007, 193 = R 664 a, e
[2] BGH FamRZ 1982, 781; FamRZ 1981, 442, 45
[3] BGH FamRZ 1982, 465

§ 4   Ehegattenunterhalt

Nach dem Unterhalt bei Trennung darf wegen der **Nichtidentität** von Trennungs- und nachehelichem Unterhalt nicht der Vorsorgeunterhalt nach Scheidung bemessen werden. Vielmehr sind Elementarunterhalt und Vorsorgeunterhalt für den nachehelichen Unterhalt **ohne Bindung** an die Festsetzungen für die Zeit vor der Scheidung neu zu bemessen.[4]

Wie der Trennungsunterhalt kann auch der Vorsorgeunterhalt **für die Trennungszeit nicht im Verbund** geltend gemacht werden.[5]

857 Beim **nachehelichen Unterhalt** muss als Voraussetzung des Vorsorgeunterhalts nach § 1578 III BGB ein Unterhaltsanspruch nach den §§ 1570 mit 1573 und § 1576 BGB bestehen. Beim **Ausbildungsunterhalt** nach § 1575 BGB gibt es **keinen Vorsorgeunterhalt**, wohl aber, wenn der Ausbildungsunterhalt auch auf § 1574 III BGB gestützt werden kann.

Der Anspruch **beginnt mit Rechtskraft** des Scheidungsurteils und endet, wenn der Anspruch auf nachehelichen Unterhalt erlischt oder ein Vorsorgebedürfnis nicht mehr besteht. Das Vorsorgebedürfnis erlischt erst, wenn die Versorgung des Berechtigten diejenige der Verpflichteten erreicht.[6] Änderungen sind möglich, wenn sich der Elementarunterhalt ändert.

Der Anspruch auf Vorsorgeunterhalt für die Zeit nach der Scheidung kann **im Verbundverfahren** geltend gemacht werden. Der Vorsorgeunterhalt darf, wie der nacheheliche Unterhalt, **nicht nach dem Trennungsunterhalt** und dem Vorsorgeunterhalt nach Trennung bemessen werden.[7] Bei der Berechnung des Vorsorgeunterhalts ist beim nachehelichen Unterhalt auf die Verhältnisse zum **Zeitpunkt der Scheidung** abzustellen.[8]

858 Der Vorsorgeunterhalt beinhaltet die Kosten einer angemessenen Versicherung für den Fall des Alters sowie der Berufs- und Erwerbsunfähigkeit. Nach dem Zweck der Regelung sollen mit dem Vorsorgeunterhalt mit unterhaltsrechtlichen Mitteln Nachteile ausgeglichen werden, die dem Berechtigten aus einer ehebedingten Behinderung seiner Erwerbstätigkeit erwachsen.[9]

Diese Beurteilung rechtfertigt es, den Vorsorgeunterhalt stets auf der **Grundlage des Elementarunterhalts** zu berechnen, wie wenn der Berechtigte aus einer versicherungspflichtigen Erwerbstätigkeit ein Einkommen in Höhe des Elementarunterhalts hätte.[10]

Es wird ein Einkommen in Höhe des Elementarunterhalts aus einer versicherungspflichtigen Erwerbstätigkeit fingiert.

859 Vorsorgeunterhalt wird zusätzlich zum Elementarunterhalt geschuldet. Er ist ein **unselbstständiger Bestandteil** des einheitlichen Lebensbedarfs.[11] Ein Anspruch auf Vorsorgeunterhalt besteht, wenn und solange der Berechtigte keine **Altersversorgung** erwarten kann, die diejenige **des Verpflichteten erreicht**.[12]

Deshalb ist in der Regel zur Bemessung des Vorsorgeunterhalts keine Abwägung der Versorgungslage unter Berücksichtigung der aus dem Versorgungsausgleich zu erwartenden Leistungen erforderlich.[13]

Der BGH hat abgelehnt, den Vorsorgeunterhalt nach der Höhe einer später zu erwartenden, den Lebensbedarf des Berechtigten sodann in angemessener Weise deckenden Versorgungsleistung auszurichten und zu bemessen, zumal es in der Regel mit erheblichen Schwierigkeiten verbunden sein dürfte, den angemessenen Lebensbedarf für den Zeitpunkt des Versicherungsfalls zu beurteilen.[14]

---

[4] BGH FamRZ 1982, 465, 466
[5] BGH FamRZ 1981, 442, 445
[6] BGH FamRZ 2007, 117 = R 662 e; FamRZ 1981, 442, 445; FamRZ 2000, 351
[7] BGH FamRZ 1982, 465
[8] BGH FamRZ 1981, 864
[9] BGH FamRZ 2007, 117 = R 662 c, FamRZ 1988, 145, 150; FamRZ 1981, 864
[10] BGH FamRZ 2007, 117 = R 662 c, FamRZ 1981, 442, 444
[11] BGH FamRZ 2007, 117 = R 662 a, FamRZ 1982, 1187
[12] BGH FamRZ 2007, 117 = R 662 e; FamRZ 1982, 1187; FamRZ 1981, 442, 444; FamRZ 2000, 351
[13] BGH FamRZ 2007, 117, FamRZ 1982, 1187
[14] BGH FamRZ 2007, 117 = R 662 c, FamRZ 1988, 145, 150

4. Abschnitt: Vorsorgeunterhalt § 4

Ein Anspruch auf Vorsorgeunterhalt besteht **nicht** bei **krankheitsbedingter Arbeits-** 860
losigkeit, soweit diese eine Unterbrechung einer versicherungspflichtigen Beschäftigung
beinhaltet und sie einer versicherungspflichtigen Tätigkeit unmittelbar nachgefolgt ist. Sie
gilt dann bis zur Wiederaufnahme einer Erwerbstätigkeit als rentenrechtliche Ausfallzeit
nach AVG bzw. jetzt als Anrechnungszeit nach § 58 SGB VI.[15] Das Gleiche muss für sonstige Anrechnungszeiten gelten.

Soweit der Elementarbedarf durch **Kapitaleinkünfte** gedeckt ist, kann zusätzlich Vorsorgeunterhalt nicht verlangt werden, weil die Kapitaleinkünfte auch im Alter und bei
Erwerbsunfähigkeit unverändert fließen.[16] Dasselbe gilt für den Vorteil des Wohnens in der
eigenen Wohnung, welches ebenfalls auch im Alter möglich sein wird.[17]

Der Anspruch auf Vorsorgeunterhalt ist nicht verfassungswidrig.[18]

Der Altersvorsorgeunterhalt ist (anders als der Krankheitsvorsorgeunterhalt) gegenüber 861
dem Elementarunterhalt nachrangig (näheres unter Rn. 884).

2. Geltendmachung und Tenorierung des Vorsorgeunterhalts

Der Vorsorgeunterhalt muss im Hinblick auf seine Zweckbestimmung (vgl. Rn. 868 f.) 862
besonders und betragsmäßig geltend gemacht werden. Er wird nicht von Amts wegen
zugesprochen. Es steht im freien Ermessen des Berechtigten, ob er ihn geltend machen
will.[19]

Der Vorsorgeunterhalt kann erst **ab Geltendmachung** zugesprochen werden. Verlangt 863
der Berechtigte nur Quotenunterhalt, beinhaltet dies keinen Vorbehalt der Nachforderung
eines Vorsorgeunterhalts (vgl. aber Rn. 864). Dies gilt auch dann, wenn der Berechtigte
nicht wusste, dass er einen Vorsorgeunterhalt geltend machen kann.[20] Der Vorsorgeunterhalt
kann auch mit einer Teilklage geltend gemacht werden.[21] Die gegenständliche Aufteilung
in Elementarunterhalt und Vorsorgeunterhalt ist wegen der wechselseitigen Abhängigkeit
problematisch und für den Richter nicht bindend (Rn. 867).[22] Jedoch kann der Berechtigte
seinen Elementarunterhalt dadurch erhöhen, dass er einen geringeren Vorsorgeunterhalt
verlangt. Dieser Zusammenhang führt oft dazu, dass der Berechtigte keinen Vorsorgeunterhalt verlangt, obgleich er immer zu einer Erhöhung des Gesamtunterhalts führt.

Hat der Berechtigte nach § 1613 I 1 BGB den Pflichtigen zum Zwecke der Geltendma- 864
chung eines Unterhaltsanspruchs zur **Auskunfterteilung** aufgefordert, so kann er auch
dann von diesem Zeitpunkt an Vorsorgeunterhalt verlangen, wenn er nicht darauf hingewiesen hat, dass er auch Vorsorgeunterhalt verlangen wolle.[23]

Ist in einem vorausgegangenen Verfahren kein Vorsorgeunterhalt verlangt worden, kann
auch in einem **Änderungsverfahren** (§ 323 ZPO) erstmals Vorsorgeunterhalt verlangt
werden (vgl. Rn. 895).[24]

Wenn der Berechtigte erstmals Vorsorgeunterhalt geltend macht, muss er **keine** kon- 865
kreten **Angaben** über Art und Weise der von ihm **beabsichtigten Vorsorge** machen.[25]
Zur Substantiierung seines Anspruchs muss er nur darlegen, dass und in welcher Höhe er
Vorsorgeunterhalt verlangt. Er ist nicht verpflichtet, eine bestimmte Form der Vorsorgeversicherung und der konkret anfallenden Vorsorgeaufwendungen anzugeben. Er kann sich
darauf beschränken, den Vorsorgeunterhalt betragsmäßig geltend zu machen, um ihn so-

---

[15] BGH FamRZ 1987, 36
[16] BGH FamRZ 1992, 423, 425
[17] BGH FamRZ 2000, 351
[18] BGH FamRZ 1982, 887, 889; FamRZ 1981, 864
[19] BGH FamRZ 2007, 117 = R 662 a; FamRZ 1985, 690
[20] BGH FamRZ 1985, 690
[21] BGH FamRZ 1982, 1187
[22] BGH FamRZ 1982, 890; FamRZ 1982, 255
[23] BGH FamRZ 2007, 193 = R 664 e
[24] BGH FamRZ 1985, 690
[25] BGH FamRZ 2007, 117 = R 662 e; FamRZ 1987, 684, 688, anders noch BGH FamRZ 1982, 579

dann dem gesetzlichen Zweck entsprechend zur Begründung einer angemessenen Versicherung zu verwenden.[26]

866 Der Verpflichtete kann in der Regel **nicht** verlangen, dass der Vorsorgeunterhalt von ihm unmittelbar **an den Versicherungsträger** bezahlt wird.[27] Dies gilt jedenfalls so lange, als kein begründeter Anlass für die Annahme einer zweckwidrigen Verwendung des Vorsorgeunterhalts besteht[28] (vgl. Rn. 870 f., 896).

867 Hinsichtlich der Verteilung des Gesamtunterhalts auf den Elementarunterhalt und den Vorsorgeunterhalt ist die **Dispositionsbefugnis** des Berechtigten **eingeschränkt** (s. Rn. 886). Der Richter ist nicht gehalten, von den Beträgen auszugehen, die verlangt werden. Selbst ein Anerkenntnis des Verpflichteten ist für ihn nicht bindend.[29] Eine Bindung besteht nur insoweit, als insgesamt nicht mehr zugesprochen werden darf, als verlangt worden ist.[30]

Wegen der Zweckbindung des Vorsorgeunterhalts (s. u. Rn. 868) ist der darauf entfallende Betrag **im Tenor gesondert auszuweisen.**[31]

3. Zweckbestimmung und nicht zweckbestimmte Verwendung des Vorsorgeunterhalts

868 Nach dem Zweck des Vorsorgeunterhalts soll einem Ehegatten, der unterhaltsberechtigt ist, die Möglichkeit verschafft werden, seine Altersversorgung im Wege der freiwilligen Weiterversicherung in der GRV oder durch eine andere Vorsorgeform erhöhen zu können.[32]

Deshalb unterliegt der Vorsorgeunterhalt der besonderen **Zweckbindung,** die Alterssicherung des Berechtigten zu gewährleisten und zugleich den Verpflichteten nach Eintritt des Versicherungsfalls (des Berechtigten) unterhaltsrechtlich zu entlasten.

Wegen dieser Zweckbindung muss der Vorsorgeunterhalt für die Alterssicherung verwendet werden. Der Berechtigte darf ihn nicht für seinen laufenden Unterhalt verbrauchen.[33]

869 Wenn der Berechtigte den durch Urteil (oder Vergleich) zugesprochenen und bezahlten Vorsorgeunterhalt **nicht bestimmungsgemäß für seine Alterssicherung,** sondern für den laufenden Unterhalt verwendet, kann dies als Einwand unter dem Gesichtspunkt der fehlgeschlagenen Prognose des Gerichts mit einer **Abänderungsklage** geltend gemacht werden, die allerdings die Rechtskraftwirkung des abzuändernden Urteils bis zur Rechtshängigkeit der neuen Klage unberührt lässt (vgl. Rn. 896). Deshalb kann der bezahlte Vorsorgeunterhalt **nicht** nach § 812 BGB zurückverlangt werden.[34]

870 Eine nicht bestimmungsgemäße Verwendung des Vorsorgeunterhalts in der Vergangenheit kann bedeutsam sein für die Beurteilung, ob der Berechtigte **treuwidrig** handelt, wenn er im Rahmen einer Abänderungsklage weiterhin **Zahlung** des Vorsorgeunterhalts **an sich** verlangt. Wird eine solche Treuwidrigkeit, wie in der Regel, bejaht, kann der Berechtigte nur noch Zahlung des Vorsorgeunterhalts an den Versicherungsträger verlangen.

Eine solche Verurteilung setzt aber voraus, dass der Berechtigte in Ausübung seines Wahlrechts (vgl. Rn. 867) einen geeigneten Versicherungsträger benennt und darlegt, dass Zahlungen an diesen zu einem geeigneten Versicherungsschutz führen. Fehlt es an solchen Darlegungen, ist der Anspruch auf Vorsorgeunterhalt nicht schlüssig und deshalb abzuweisen.[35]

---

[26] BGH FamRZ 2007, 117 = R 662 e; FamRZ 1982, 887, 889
[27] BGH FamRZ 1983, 152; FamRZ 1982, 1187
[28] BGH FamRZ 1987, 684, 688
[29] BGH FamRZ 1985, 912, 915
[30] BGH FamRZ 1989, 483
[31] BGH FamRZ 1982, 1187
[32] BGH FamRZ 1981, 442, 444
[33] BGH FamRZ 1987, 684, 686; FamRZ 1982, 887, 889
[34] BGH FamRZ 1987, 684, 686
[35] BGH FamRZ 1987, 684, 686; FamRZ 1982, 1187

4. Abschnitt: Vorsorgeunterhalt § 4

Auch **§ 1579 Nr. 4 BGB** ist anwendbar, wenn der Vorsorgeunterhalt nicht bestim- 871
mungsgemäß verwendet worden ist. Dies setzt allerdings voraus, dass dem Berechtigten ein mutwilliges Verhalten vorgeworfen werden kann, was bei Bestehen einer Notlage oder bei Einkünften unterhalb des notwendigen Selbstbehalts fraglich sein kann.[36]

Bei Bejahung der Voraussetzungen des § 1579 Nr. 4 BGB wird der Berechtigte wegen der zweckwidrigen Verwendung des Vorsorgeunterhalts so gestellt, als hätte er eine entsprechende Versorgung erlangt. Wirksam wird dieser Schutz allerdings erst im Rentenfall.[37]

Bisher nicht geklärt ist die Obliegenheit, die zweckentsprechenden **Vorsorgeleistungen** 872
in einer steuerbegünstigten Form nach § 10 Abs. 1 Nr. 2 EStG zu erbringen und die entsprechenden **Steuervorteile in Anspruch zu nehmen**. Der Berechtigte ist zwar grundsätzlich frei in der Wahl der beabsichtigen Vorsorge (Rn. 865). Die Wahl der steuerbegünstigten Vorsorgeformen hat jedoch den grundsätzlichen Vorteil, dass die Steuer erst im Versorgungsfall anfällt, und dann das Existenzminimum freistellen muss. Die gegenwärtige Steuerentlastung führt zu einer Verringerung der gegenwärtigen Bedürftigkeit und damit zu einer Entlastung des Unterhaltspflichtigen. Die stärkeren Gründe sprechen deshalb dafür, eine **Obliegenheit zu einer steuerbegünstigten Vorsorge** anzunehmen. Erhöht sich die Bedürftigkeit deshalb, weil eine andere Vorsorgeform gewählt wurde, dann **vermindert** sich nach den Grundsätzen einer Verletzung der Erwerbsobliegenheit **die Bedürftigkeit** (§ 1 Rn. 519 ff.). Wenn die Bedürftigkeit deshalb fortbesteht, weil eine entsprechende Fehldisposition nicht oder nur mit unzumutbarem Aufwand rückgängig gemacht werden kann, dann ist die wirklich bestehende Bedürftigkeit dann nicht zu berücksichtigen, wenn sie **nach § 1579 Nr. 4 BGB mutwillig herbeigeführt wurde** (Rn. 1313 ff., § 1 Rn. 776 ff.).

Entsprechendes muss gelten, wenn nach der **Zustimmung zum steuerlichen Real-** 873
splitting nach § 10 Abs. 1 Nr. 1 EStG der Unterhaltsberechtigte **Ersatz der steuerlichen Nachteile** verlangt. Allerdings besteht hier die Besonderheit, dass in der Regel ein Steuerbescheid bereits vorliegt, wenn der Berechtigte Ersatz seiner steuerlichen Nachteile verlangt. Wenn er trotzdem noch in den Genuss der Steuervorteile kommen kann, dann hat er die entsprechenden Dispositionen zu treffen und muss so behandelt werden, als habe er sie getroffen. Kann er den Steuernachteil aber nicht mehr abwenden, dann gelten die Regeln des § 1579 Nr. 4 BGB: soweit der **nicht mehr abwendbare Nachteil mutwillig herbeigeführt** wurde, ist er **nicht zu ersetzen**.

4. Berechnung des Vorsorgeunterhalts aus dem Elementarunterhalt nach der Bremer Tabelle

a) Berechnung aus dem Elementarunterhalt. In welcher Weise der Vorsorgeunter- 874
halt zu berechnen ist, ist im Gesetz nicht geregelt. Der BGH knüpft in gefestigter ständiger Rechtsprechung entsprechend dem Zweck des Vorsorgeunterhalts für die Berechnung an den Elementarunterhalt an, wie er ohne Vorsorgeunterhalt zu leisten wäre (Ausnahme vgl. Rn. 881).[38]

Deshalb ist zunächst – als erster Rechenschritt – der Elementarunterhalt festzustellen, der ohne Vorsorgeunterhalt geschuldet wäre. Dann ist – in einem zweiten Rechenschritt – dieser vorläufige Elementarunterhalt entsprechend dem Verfahren nach § 14 II SGB IV (Umrechnung sogenannter Nettovereinbarungen) wie ein Nettoarbeitsentgelt **zum sozialversicherungsrechtlichen Bruttolohn** hochzurechnen. Dies geschieht in der Praxis **nach der Bremer Tabelle** (vgl. Rn. 898), die vom BGH in ständiger Rechtsprechung anerkannt ist.

In einem dritten Rechenschritt wird aus dieser Bruttobemessungsgrundlage mit dem jeweils geltenden Beitragssatz gemäß §§ 157 f. SGB VI der Vorsorgeunterhalt berechnet.[39]

Der Beitragssatz beträgt seit 1. 1. 2007 19,9%. Vorher betrug er seit 2003 19,5%.

---

[36] BGH FamRZ 1987, 684, 686; FamRZ 1982, 1187
[37] BGH FamRZ 1983, 676; FamRZ 1982, 1187
[38] BGH FamRZ 2007, 117 = R 662 c, FamRZ 1988, 145, 150
[39] BGH FamRZ 1981, 442

§ 4   Ehegattenunterhalt

875   **Rechenbeispiel nach der Bremer Tabelle** – Nettoeinkommen des V = 3500 €
      bei einem Bonus von ¹/₇:
      Vorläufiger Elementarunterhalt = 3500 × ³/₇ = 1500 €
      – Hochrechnung auf ein fiktives Bruttoeinkommen nach der Bremer Tabelle 2011
      Zuschlag zum Nettoeinkommen = 1500 × 29% = 435 €
      Fiktives Bruttoeinkommen = 1500 + 435 = 1935 €
      – Vorsorgeunterhalt = 1935 × 19,9% = 385 €
      bei einem Bonus von 10%:
      Vorläufiger Elementarunterhalt = 3500 × 45% = 1575 €
      – Hochrechnung auf ein fiktives Bruttoeinkommen nach der Bremer Tabelle 2011
      Zuschlag zum Nettoeinkommen = 1575 × 31% = 488 €
      Fiktives Bruttoeinkommen = 1575 + 488 = 2063 €
      – Vorsorgeunterhalt = 2063 × 19,9% = 411 €

876   **b) Hochrechnen mit Lohnsteuer, Renten- und Arbeitslosenversicherung.** Für die an der Regel des § 14 II SGB IV orientierte Hochrechnung auf ein fiktives Bruttoarbeitsentgelt reicht es nicht aus, nur die Sozialversicherungsbeiträge zu berücksichtigen. Die vom BGH gebilligte Berechnung nach der Bremer Tabelle geht davon aus, dass außer den Beiträgen zur gesetzlichen Rentenversicherung und zur Arbeitslosenversicherung auch die aus dem Bruttoeinkommen abzuführende Lohnsteuer in die Hochrechnung einbezogen wird.[40]

      Bei dieser Hochrechnung des vorläufigen Elementarunterhalts nach der Bremer Tabelle auf ein sozialversicherungsrechtliches Bruttoentgelt geht es weder um eine exakte Bemessung der Arbeitnehmerbeiträge zur Sozialversicherung noch um eine genaue Berechnung der Lohnsteuer. Durch diesen Berechnungsschritt soll vielmehr auf möglichst einfachem Weg ein **Hilfsmittel zur Bestimmung der Vorsorgekosten** gewonnen werden. Die Bremer Tabelle wird diesen Grundsätzen und den praktischen Erfordernissen in ausreichendem Maße gerecht.[41]

877   **c) Kranken- und Pflegeversicherung unberücksichtigt.** Die Bremer Tabelle berücksichtigt keinen Beitrag zur gesetzlichen Krankenversicherung, was an sich bei strikter Anwendung des § 14 II SGB IV ebenfalls erforderlich wäre. Trotzdem ist aus den bereits erwähnten Gründen keine Korrektur der Bremer Tabelle erforderlich, und zwar auch nicht für die Fälle, in denen auch Krankenversicherungskosten neben dem nach einer Quote bemessenen Elementarunterhalt zugebilligt werden. Dies würde zu der unerwünschten Folge führen, dass unterschiedliche Berechnungswege für den Vorsorgeunterhalt eingeschlagen werden müssten, je nachdem, ob bei dem Berechtigten ein Bedarf für Krankenversicherungskosten zu berücksichtigen ist oder nicht.

878   In den meisten Fällen besteht weder beim Trennungsunterhalt noch beim nachehelichen Unterhalt ein solcher zusätzlicher Bedarf. Die **Außerachtlassung der Krankenversicherungsbeiträge** führt gegenüber den Ergebnissen, die bei strikter Anwendung des § 14 II SGB IV entstehen, zu verhältnismäßig geringen Differenzen, die im Hinblick auf die Vorzüge eines einheitlichen Berechnungsweges hingenommen werden können. Es erscheint daher gerechtfertigt, bei der Hochrechnung die Beitragspflicht zur gesetzlichen Krankenversicherung in allen Fällen außer acht zu lassen. Das führt zu angemessenen Ergebnissen und vermeidet unnötige Differenzierungen. Die praktischen Vorteile dieser Berechnungsart überwiegen seine Nachteile.[42]

      In gleicher Weise bleiben auch die Beiträge zu der seit 1. 1. 1995 gesetzlich vorgeschriebenen **Pflegeversicherung** unberücksichtigt.[43]

879   **d) Trennungsbedingter Mehrbedarf.** Diese Berechnung des Vorsorgeunterhalts auf der Grundlage des „vorläufigen Elementarunterhalts" ist auch dann rechtlich unbedenklich, wenn der **Elementarunterhalt** wegen trennungsbedingtem Mehrbedarf **nicht den vollen Unterhalt** beinhaltet, oder wenn er teilweise durch eigene prägende Einkünfte des Berech-

---

[40] BGH FamRZ 1985, 471; FamRZ 1981, 442, 444
[41] BGH FamRZ 1985, 471; FamRZ 1983, 888
[42] BGH FamRZ 1983, 888; dazu auch Gutdeutsch FamRZ 1989, 451
[43] Vgl. Gutdeutsch FamRZ 1994, 878; kritisch: Büttner FamRZ 1995, 193, 197

tigten (Doppelverdienerehe und Aufstockungsunterhalt) oder durch nichtprägende Einkünfte des Berechtigten gedeckt ist.

Bleibt der Elementarunterhalt wegen **trennungsbedingtem Mehrbedarf** (vgl. aber die Kritik Rn. 835 f.) hinter dem vollen Unterhalt nach § 1578 I 1 BGB zurück (§ 1581 BGB), dann ist trotzdem nur an den Elementarunterhalt anzuknüpfen. Gerade das im Unterhaltsrecht bestehende Bedürfnis nach einer einfachen Abwicklung der alltäglichen Ausgleichsfälle lässt es gerechtfertigt erscheinen, die Vorsorgeleistungen, deren Einbeziehung unterhaltsrechtlich ohnehin erhebliche Schwierigkeiten bereitet, auch dann nach dem laufenden Unterhalt zu bemessen, wenn dieser zur Deckung des vollen Unterhalts nicht ausreicht. Deshalb ist der Unterhalt, den der Berechtigte **bei voller Bedürftigkeit erhielte**, stets die **Obergrenze** des Betrages, der auf ein Bruttoentgelt hochzurechnen ist (vgl. Rn. 881).[44] 880

e) Versorgungswert des Einkommens u. a. Wenn der Berechtigte eigenes anzurechnendes Einkommen bezieht, ist zu prüfen, ob dieses Einkommen auch im Rentenfall noch fließen wird (z. B. Kapitaleinkünfte[45] oder Wohnen im eigenen Haus[46]) oder ob das anzurechnende Einkommen mit dem Erwerb einer Versorgung verknüpft ist (z. B. Arbeitslosengeld).[47] In beiden Fällen ist das Einkommen vom Unterhaltsbedarf abzuziehen. Nur für einen etwa verbleibenden Unterhaltsanspruch kann Vorsorgebedarf geltend gemacht werden. 881

Bei anzurechnenden (realen oder fiktiven) Einkünften, welche **keinen Versorgungswert** haben (z. B. Betreuung eines Partners[48] oder geringfügige Erwerbstätigkeit ohne Versicherungspflicht),[49] ist der Unterhalt zugrunde zu legen, welcher ohne das anzurechnende Einkommen zu zahlen wäre.

Bei **zeitlichem Schwanken** der Vorsorgeunterhaltsbeträge kann der Berechtigte die Versicherungsprämien aus eigenen Mitteln aufstocken. Der Vorsorgeunterhalt darf nicht wegen Undurchführbarkeit der Vorsorge versagt werden.[50] 882

Bezieht der Berechtigte bereits sein **Altersruhegeld,** so widerspricht es Sinn und Zweck des Vorsorgeunterhalts, eine solche Leistung weiterhin erbringen zu müssen.[51] Wird nur eine Invalidenrente bezogen, kann Vorsorgeunterhalt verlangt werden – jedenfalls solange die Versorgung des Berechtigten nicht die des Pflichtigen übersteigt.[52]

5. Zweistufige und einstufige Berechnung des Elementarunterhalts und Vorrang des Elementarunterhalts gegenüber dem Vorsorgeunterhalt

a) Neuberechnung des Elementarunterhalts. Wurde der Vorsorgeunterhalt gemäß den Ausführungen zu 4) auf der Grundlage des Elementarunterhalts (Quotenunterhalt) berechnet, muss (wenn Zusatzeinkommen nicht vorhanden ist, s. u. Rn. 889 f.) der Elementarunterhalt nach Vorabzug des Vorsorgeunterhalts vom Einkommen **erneut endgültig berechnet** werden. 883

Der Elementarunterhalt als Quotenunterhalt entspricht der hälftigen Aufteilung des für Unterhaltszwecke verfügbaren Einkommens. Es verstieße gegen den Halbteilungsgrundsatz, wenn der Verpflichtete den Vorsorgeunterhalt zusätzlich aus der ihm zustehenden Quote bezahlen müsste.[53]

Für ein solches Verfahren spricht auch, dass bei der Feststellung des verfügbaren Einkommens Vorsorgeaufwendungen des Verpflichteten ebenfalls vorweg vom Einkommen abge-

---

[44] BGH FamRZ 1982, 679
[45] BGH FamRZ 2000, 351, FamRZ 1992, 423, 425
[46] BGH FamRZ 2000, 351
[47] BGH FamRZ 1987, 36
[48] BGH FamRZ 1987, 36
[49] BGH FamRZ 1999, 372, 373; FamRZ 1991, 307, 309
[50] BGH FamRZ 1988, 145, 150
[51] OLG Hamm FamRZ 1987, 829
[52] BGH FamRZ 2007, 117 = R 662 e; FamRZ 2000, 351
[53] BGH FamRZ 2007, 117 = R 662 a; FamRZ 1981, 864

zogen werden. Außerdem wird es dem Umstand gerecht, dass sich ein aus einer Erwerbstätigkeit ergebender Mehraufwand nur auf den normalen durch den Elementarunterhalt abzudeckenden Lebensbedarf erstreckt, so dass es auch nur hinsichtlich desjenigen Teils des verfügbaren Einkommens einer modifizierten Aufteilung bedarf, der der Befriedigung des Elementarbedarfs dient.[54]

884 **b) Vorrang des Elementarunterhalts.** Wenn in einem Mangelfall der nach Ermittlung des Vorsorgeunterhalts verbleibende endgültige Elementarunterhalt für den laufenden Unterhaltsbedarf nicht ausreicht, hat der **Elementarunterhalt Vorrang vor dem Vorsorgeunterhalt,** d. h. es bleibt bei dem ursprünglichen Elementarunterhalt. Ein Anspruch auf Vorsorgeunterhalt entfällt.[55] Ein Mangelfall kann angenommen werden, wenn der Elementarunterhalt den notwendigen Selbstbehalt (jetzt zugleich Mindestbedarf des Berechtigten, vgl. Rn. 837) unterschreitet.

Gegebenenfalls ist in tatrichterlicher Verantwortung eine den Interessen der Parteien gerecht werdende anderweitige Unterhaltsbemessung vorzunehmen.[56]

885 Die **Leistungsfähigkeit** des Verpflichteten ist für den Elementarunterhalt und den Vorsorgeunterhalt einheitlich nach den gleichen Maßstäben zu beurteilen. Deshalb muss in einem Mangelfall für beide Unterhaltsbestandteile ein einheitlicher Selbstbehaltssatz verwendet werden.[57]

886 **c) Beschränkte Parteiherrschaft.** Wenn Vorsorgeunterhalt geltend gemacht und anerkannt wird, findet die **Wirksamkeit** eines prozessualen **Anerkenntnisses** dort ihre Grenze, wo **keine Parteiherrschaft** über den Streitgegenstand besteht. Dies ist der Fall, wenn wegen der wechselseitigen Abhängigkeit von Vorsorgeunterhalt und Elementarunterhalt eine zweistufige Berechnung des Elementarunterhalts notwendig ist. Insoweit ist im Unterhaltsprozess hinsichtlich der Verteilung des Gesamtunterhalts auf den Elementar- und Vorsorgeunterhalt die Dispositionsbefugnis des Berechtigten eingeschränkt. Das Gericht ist nicht gehalten, bei der Bemessung des Elementarunterhalts und des Vorsorgeunterhalts von den Beträgen auszugehen, die der Berechtigte hierfür verlangt. Es hat bei der Bemessung des Elementarunterhalts im Verhältnis zum Vorsorgeunterhalt ohne Bindung an Anerkenntnisse die allgemeinen Regeln zu beachten.[58]

Eine Bindung des Gerichts besteht nur insoweit, als insgesamt kein höherer Gesamtunterhalt zugesprochen werden darf, als beantragt worden ist. Bezüglich der Verteilung des Gesamtunterhalts auf Elementarunterhalt und Vorsorgeunterhalt besteht keine Bindung.[59]

887 **Rechenbeispiele** zur zweistufigen Berechnung
Normaler Fall:
Nettoeinkommen des M = 2100 €
ehebezogenes Nettoeinkommen (mit Vorsorgewert) der F = 700 €
Bei Bonus 10%, Bremer Tabelle 2011:
Vorläufiger Elementarunterhalt = (2100 − 700) × 45% = 630 €
Vorsorgeunterhalt:
630 × 14% = 88; 630 + 88 = 718 × 19,9% = 143 €
Neuer Elementarunterhalt:
2100 − 143 − 700 = 1257 × 45% = 566 €
Bei Bonus $1/7$:
Vorläufiger Elementarunterhalt = (2100 − 700) × $3/7$ = 600 €
Vorsorgeunterhalt:
600 × 14% = 84; 600 + 84 = 684 × 19,9% = 136 €;
Neuer Elementarunterhalt:
2100 − 136 − 700 = 1264 × $3/7$ = 542 €
Kein Mangelfall, weil F 700 + 542 zuzüglich 136 hat und dem M 1422 (2100 − 542 − 136) verbleiben.

---

[54] BGH FamRZ 1981, 442, 444 = NJW 1981, 1556, 1558
[55] BGH FamRZ 1989, 483; FamRZ 1987, 684, 686; FamRZ 1981, 442, 445; FamRZ 1982, 887, 890
[56] BGH FamRZ 1982, 887, 889
[57] BGH FamRZ 1982, 890
[58] BGH FamRZ 1985, 912, 915
[59] BGH FamRZ 1989, 483

4. Abschnitt: Vorsorgeunterhalt §4

Mangelfall (Bonus $^1/_7$):
Nettoeinkommen des M = 1400 × $^3/_7$ = 600 €
Vorsorgeunterhalt wie oben 136 €
Endgültiger Quotenunterhalt = 1400 – 136 = 1264 × $^3/_7$ = 542 €
Nach dieser Berechnung erhält F 542 € als Elementarunterhalt und 136 € als Vorsorgeunterhalt. Dem M verbleiben 722 € (1400 – 542 – 136).
Es handelt sich um einen Mangelfall, bei welchem dem M der Selbstbehalt von 1050 € verbleiben muss, bei F wird der Nachrang des Vorsorgeunterhalts wirksam mit der Folge, dass dieser entfällt. Auch der Elementarunterhalt wird gekürzt auf
F: 1400 – 1050 = 350 €

Auf die Höhe des **Kindesunterhalts** hat der Vorsorgeunterhalt keinen Einfluss.[60] Die Neuberechnung des Elementarunterhalts führt deshalb nicht zur Neuberechnung des Kindesunterhalts unter Berücksichtigung des Bedarfskontrollbetrags (vgl. § 2 Rn. 351 f.). **888**

d) Einstufige Berechnung des Vorsorgeunterhalts. Eine zweistufige Berechnung des Elementarunterhalts unterbleibt: **889**

Wenn bei besonders **guten wirtschaftlichen Verhältnissen** des Verpflichteten der Elementarbedarf nicht nach einer Quote, sondern konkret (vgl. Rn. 763) bemessen wurde.[61]

Dann kann in der Regel der Vorsorgeunterhalt zusätzlich zum Elementarbedarf ohne Verstoß gegen den Halbteilungsgrundsatz bezahlt werden. Die zweistufige Berechnung soll nur sicherstellen, dass nicht zu Lasten des Verpflichteten vom Halbteilungsgrundsatz abgewichen wird.[62]

Entsprechendes gilt nach der Rechtsprechung des BGH,[63] wenn der Berechtigte **nicht bedarfsbestimmende Einkünfte** hat, die auf seinen Quotenbedarf anzurechnen sind. Dadurch kommt es nämlich zu einer Entlastung des Verpflichteten, die es ihm ermöglicht, im Umfange des Anrechnungsbetrags Vorsorgeunterhalt zu leisten, ohne dass der Halbteilungsgrundsatz zu seinen Lasten verletzt wird. **890**

Rechenbeispiel (mit Bonus 10%):
Nettoeinkommen des V = 3500 €
Nicht bedarfsbestimmende Vermögenseinkünfte des B (mit Vorsorgewert) = 1260 €
Elementarrestunterhalt = 3500 × 45% = 1575 – 1260 = 315 €
Vorsorgeunterhalt aus 315 + 14% = 359 × 19,9% = 71 €
Der Halbteilungsgrundsatz ist bereits dann gewahrt, wenn der Verpflichtete nicht mehr als 3500 × 45% = 1575 zu zahlen hat. Wenn er nur 300 € Elementarunterhalt bezahlt, so kann er daneben noch 71 Vorsorgeunterhalt zahlen, ohne dass der Halbteilungsgrundsatz zu Lasten des Verpflichteten verletzt würde.[64]

Ebenso liegt es, wenn der **Verpflichtete** z. B. nach der Scheidung aus einem Karrieresprung oder durch eine Erbschaft **nicht bedarfsbestimmende Einkünfte** in mindestens gleicher Höhe hat. Auch in diesen Fällen wird durch die Zahlung des ungekürzten Elementarunterhalts der Halbteilungsgrundsatz nicht zu Lasten des Unterhaltspflichtigen verletzt. Er hat dann den Vorsorgeunterhalt zusätzlich zum Elementarunterhalt zu bezahlen. **891**

Weitere Rechenbeispiele beim Krankheitsvorsorgeunterhalt, Rn. 918 f.

Auch in anderen Fällen kann der Verpflichtete den Altersvorsorgeunterhalt **neben dem ungekürzten Elementarunterhalt** leisten, ohne dass der Halbteilungsgrundsatz zu seinen Lasten verletzt wäre, nämlich in allen Fällen, in denen auf Grund nicht bedarfsbestimmender Einkünfte beider Seiten (unerwartete Einkommenserhöhung des Pflichtigen, Einkommen des Berechtigten aus nichtprägenden Vermögenserträgen oder nichtprägendem Wohnwert) hinreichende zusätzliche Mittel zur Verfügung stehen. **892**

Der Altersvorsorgeunterhalt ist als gesetzlich geregelte Form des trennungsbedingten Mehrbedarfs[65] zu qualifizieren, welcher grundsätzlich neben dem Elementarbedarf besteht

---

[60] BGH FamRZ 1982, 887
[61] BGH FamRZ 1988, 1145, 1148; FamRZ 2007, 117 = R 662 b
[62] BGH FamRZ 1982, 1187, 1188; FamRZ 2007, 117 = R 662 b
[63] BGH FamRZ 1999, 372, 374
[64] Ebenso OLG München FamRZ 1994, 1459; FamRZ 1992, 1310, 1311; vgl. auch Gutdeutsch FamRZ 1989, 451, 452
[65] Ebenso OLG München FamRZ 1992, 1310, 1311; FamRZ 1994, 1459, 1460; vgl. auch Gutdeutsch FamRZ 1989, 451, 452

und wegen seiner gesetzlichen Normierung auch dann anzuerkennen ist, wenn man mit Rn. 835 den trennungsbedingten Mehrbedarf sonst ablehnt.

893 **e) Vorsorgeunterhalt jenseits der Beitragsbemessungsgrenze.** Zur GRV können Beiträge nur bis zu Beitragsbemessungsgrenze entrichtet werden. Diese beträgt seit 1. 1. 2011 5500 EUR monatlich, sodass bei einem Betragssatz von 19,9% ab 1. 1. 2008 höchstens Beiträge in Höhe von 5500 ★ 19,9% = 1094 EUR in die GRV entrichtet werden können. Ein abhängig Beschäftigter kann deshalb keine höheren Anrechte in der GRV erwerben. Jedoch gilt heute in solchen Fällen eine zusätzliche Altersversorgung für erforderlich. Der BGH hat deshalb entschieden, dass die Berechnung des Vorsorgeunterhalts nach der Bremer Tabelle nicht durch die Beitragsbemessungsgrenze begrenzt wird.[66] Die Bremer Tabelle, die bisher mit Erreichen der Beitragsbemessungsgrenze geendet hatte, wurde deshalb seit 1. 1. 2007 bis zu einem Zuschlag von 75% fortgeschrieben. Bei dieser Stufe erhält der Berechtigte Vorsorgeunterhalt von ca. 175% ★ 20%, also etwa einen Zuschlag von $1/3$ zum Elementarunterhalt, was dann ca. 25% des Gesamtunterhalts entspricht. Der Unterhaltpflichtige kann ca. 24% von seinem Einkommen als Vorsorge abziehen, Vom verbleibenden Rest zahlt er allerdings auch den Ehegattenunterhalt, sodass die zulässige Vorsorge im Verhältnis zum eigenen Konsum in der Regel höher ist.

6. Vorsorgeunterhalt bei späteren Abänderungen

894 Wird im Wege einer Abänderungsklage der laufende Trennungsunterhalt an das gestiegene Einkommen des Verpflichteten durch eine Neubemessung des Elementarunterhalts angepasst, dann ist ein Vorsorgeunterhalt nach dem neuen (vorläufigen Elementarunterhalt) entsprechend den Grundsätzen Rn. 876 ff. zu berechnen und erst nach Vorabzug des Vorsorgeunterhalts gemäß den Ausführungen Rn. 883 die neue endgültige Anpassung des Elementarunterhalts vorzunehmen.[67]

Gleiches gilt bei einem Anspruch auf nachehelichen Unterhalt: Der **nacheheliche Unterhaltsanspruch** (Elementar- und Vorsorgeunterhalt) kann nicht im Wege der Abänderung eines Titels über den Trennungsunterhalt bemessen werden. Elementar- und Vorsorgeunterhalt sind nach den erörterten Grundsätzen für die Zeit nach der Scheidung neu zu bemessen.[68]

895 Bei einer Abänderungsklage kann auch **erstmals Vorsorgeunterhalt** für die Zukunft verlangt werden, sofern die sonstigen Voraussetzungen einer Abänderungsklage vorliegen. Der Abänderungsklage steht nicht entgegen, dass der Vorsorgeunterhalt noch nicht Gegenstand des Vorprozesses war und demgemäß keine Rechtskraftwirkung des ergangenen Urteils zu beseitigen ist. Die Abänderungsklage kann allerdings nicht allein darauf gestützt werden, dass nunmehr auch Vorsorgeunterhalt verlangt wird. Es entspricht dem Sinn des § 323 ZPO, dass der Berechtigte bei ansonsten gleich gebliebenen Verhältnissen an seiner im Vorprozess getroffenen Wahl, noch keine Altersvorsorge zu betreiben, so lange festgehalten wird, bis sich auch die sonstigen seinerzeit maßgebend gewesenen Verhältnisse wesentlich geändert haben.

Kommt es bei einer derartigen Nachforderung von Vorsorgeunterhalt in einem zulässigen Abänderungsverfahren zu einer zweistufigen Berechnung des Elementarunterhalts (Rn. 883 f.), kann das Abänderungsverfahren zwar zu einem höheren Gesamtunterhalt führen, aber zu einem gegenüber dem Urteil des Vorprozesses verringerten Elementarunterhalt.[69]

896 Eine nachträgliche Änderung der maßgeblichen Verhältnisse im Sinn des § 323 ZPO ist zu bejahen, wenn der Berechtigte den ihm zuerkannten Vorsorgeunterhalt **nicht bestimmungsgemäß**, sondern für den laufenden Bedarf **verwendet** hat.[70]

Der Verpflichtete kann in einem solchen Fall mit der Abänderungsklage erreichen, dass der Vorsorgeunterhalt direkt an eine Versicherung gezahlt wird oder dass die Klage als nicht

---

[66] BGH FamRZ 2007, 117 = R 662 d
[67] BGH FamRZ 1982, 465 = NJW 1982, 1875
[68] BGH FamRZ 1982, 465, 466
[69] BGH FamRZ 1985, 690
[70] BGH FamRZ 1987, 684

4. Abschnitt: Vorsorgeunterhalt § 4

schlüssig abgewiesen wird, wenn der Berechtigte keine Versicherung benennt und weitere Zahlung an sich verlangt.[71]

7. Rechenbeispiel des BGH zum Vorsorgeunterhalt (nach BGH, FamRZ 1983, 888, 889)

Beträge in DM und monatlich **897**
a) Unterhaltspflichtiges Einkommen des Ehemannes 6468
abzüglich Unterhalt für Kinder 1050
abzüglich Krankenversicherungsunterhalt Ehefrau 205
b) bereinigtes Nettoeinkommen 5213
c) Vorläufige Quote von $^3/_7$ (fiktives Nettoarbeitsentgelt) 2234
d) fiktives Bruttoarbeitsentgelt (vgl. Bremer Tabelle, Stand 1981, ohne Beitrag zur gesetzlichen Krankenversicherung): 3306
e) Vorsorgeunterhalt (= damals 18,5% aus d) 612
f) Verbleibendes bereinigtes Nettoeinkommen 4601
g) Elementarunterhalt ($^3/_7$ aus f) 1972
h) Krankenversicherungsvorsorge (10,42% aus g) 205
Aus den Positionen e, g und h ergibt sich ein Unterhaltsanspruch in Höhe von insgesamt DM 2789.
Bedenken bei dieser Rechnung bestehen insofern, als der BGH unter a) einen Krankenversicherungsunterhalt von 205 DM eingesetzt hat, den er unter h) erst aus g) errechnet. Das ist rechnerisch nur durch vielfache Versuche in einem Abtastverfahren möglich.
In solchen Fällen, in denen auch der Krankheitsvorsorgeunterhalt nach einem Prozentsatz des Elementarunterhalts (damals 10,42%) bemessen wird, kann die Berechnung dadurch vereinfacht werden, dass erst aus dem vorläufigen Unterhalt der Krankheitsvorsorgeunterhalt berechnet, sodann nach Vorabzug des Krankheitsvorsorgeunterhalts der Altersvorsorgeunterhalt und schließlich nach Vorabzug des Altersvorsorgeunterhalts und Krankheitsvorsorgeunterhalts vom einstufigen Elementarunterhalt der endgültige Elementarunterhalt errechnet wird. Eine solche dreistufige Berechnung des Elementarunterhalts ließe sich mit dem Vorrang des Krankheitsvorsorgeunterhalts vor dem Altersvorsorgeunterhalt rechtfertigen.
Rechenbeispiel dazu Rn. 920.

8. Bremer Tabelle zur Berechnung des Altersvorsorgeunterhalts

Die Bremer Tabelle, fortgeführt von *Gutdeutsch,* ist in ihrer neuesten Fassung regelmäßig **898** in der NJW, in der FamRZ und in anderen familienrechtlichen Zeitschriften abgedruckt.

Bremer Tabelle zur Berechnung des Altersvorsorgeunterhalts
(Stand: 1. 1. 2011)[72]

Nettobemessungsgrundlage in Euro	Zuschlag in Prozent zur Berechnung der Bruttobemessungsgrundlage
1–865	14%
866–910	15%
911–960	16%
961–1010	17%
1011–1055	18%
1056–1105	19%
1106–1145	20%
1146–1175	21%
1176–1205	22%
1206–1235	23%

---

[71] BGH FamRZ 1989, 483; FamRZ 1987, 684, 688; FamRZ 1982, 1187
[72] Fortgeführt von *Werner Gutdeutsch* München. Berechnet unter Berücksichtigung von Beitragssätzen von 19,9% für die Rentenversicherung und 3,3% für die Arbeitslosenversicherung, und Lohnsteuer der Klasse 1 ohne Kinderfreibeträge mit Solidaritätszuschlag; zur Anwendung vgl. BGH FamRZ 1981, 442, 444, 445, FamRZ 1983, 888, 889, 890, s. a. BGH FamRZ 1985, 471, 472, 473.

Nettobemessungsgrundlage in Euro	Zuschlag in Prozent zur Berechnung der Bruttobemessungsgrundlage
1236–1236	24%
1271–1310	25%
1311–1350	26%
1351–1395	27%
1396–1450	28%
1451–1505	29%
1506–1565	30%
1566–1625	31%
1626–1690	32%
1691–1755	33%
1756–1825	34%
1826–1895	35%
1896–1965	36%
1966–2035	37%
2036–2110	38%
2111–2185	39%
2186–2265	40%
2266–2340	41%
2341–2420	42%
2421–2500	43%
2501–2575	44%
2576–2635	45%
2636–2695	46%
2696–2755	47%
2756–2810	48%
2811–2870	49%
2871–2925	50%
2926–2985	51%
2986–3040	52%
3041–3095	53%
3096–3150	54%
3151–3205	55%
3206–3260	56%
3261–3315	57%
3316–3370	58%
3371–3430	59%
3431–3585	60%
3586–3785	61%
3786–4005	62%
4006–4255	63%
4256–4535	64%
4536–4860	65%
4861–5230	66%
5231–5665	67%
5666–6175	68%
6176–6790	69%
6791–7540	70%
7541–8475	71%
8476–9670	72%
9671–11265	73%
11266–12735	74%
Ab 12736	75%

4. Abschnitt: Vorsorgeunterhalt § 4

Ein Hilfsmittel zur vereinfachten Berechnung des Altersvorsorgeunterhalts für die meisten Fälle stellt die ebenfalls regelmäßig veröffentlichte „Tabellarische Übersicht auf der Grundlage der Bremer Tabelle" dar. Wenn man die Zwischenwerte in dem nach Einkommensdifferenzen zu 100 EUR gestuften Tabellenwerk interpoliert, ergibt sich ein hinreichend genauer Wert für Elementar- und Vorsorgeunterhalt, sonst eine überschlägige Orientierung. 899

II. Vorsorgeunterhalt wegen Krankheit

1. Voraussetzungen des Krankheitsvorsorgeunterhalts und Krankenversicherungsschutz bei Trennung oder Scheidung

a) Krankheitsvorsorge in der Trennungszeit. Solange Ehegatten noch **nicht geschieden** sind, entstehen in der Regel für den Berechtigten mit der Trennung noch keine zusätzlichen Krankenversicherungskosten, weil die Krankheitsvorsorge durch die Mitversicherung bei dem erwerbstätigen Ehegatten sichergestellt ist. Der Berechtigte hat insoweit noch keinen zusätzlichen Bedarf. Eine solche **Mitversicherung** besteht in der gesetzlichen Krankenversicherung nach § 10 SGB V, bei Ersatzkassen und Privatkassen nach Maßgabe der jeweiligen Satzung.[73] 900

Während der Trennungszeit kann dieser Versicherungsschutz entfallen, wenn nach § 1361 BGB kein Unterhaltsanspruch besteht. Dann besteht allerdings auch kein Anspruch auf einen Krankheitsvorsorgeunterhalt.

Besteht eine private Krankenversicherung, muss der Verpflichtete diese in bisheriger Höhe aus seinem Einkommen weiter bezahlen. Tut er dies nicht oder besteht aus sonstigen Gründen ausnahmsweise kein angemessener Krankenversicherungsschutz des Berechtigten, dann kann dieser nach § 1361 BGB einen Krankheitsvorsorgeunterhalt verlangen, auch wenn dies in § 1361 BGB (anders als in § 1378 II BGB) nicht extra erwähnt ist. Solche Leistungen gehören mit zum angemessenen Unterhalt im Sinn des § 1361 BGB, wenn ein Trennungsunterhalt geschuldet ist (siehe Rn. 8).

b) Weiterversicherung nach der Scheidung. Nach § 1578 II BGB gehören bei **nachehelichem Unterhalt** zum Lebensbedarf auch die Kosten einer angemessenen Versicherung für den Fall Krankheit. 901

Solche Kosten entstehen in der Regel durch die Scheidung, weil mit der Rechtskraft des Scheidungsurteils die Familienmitversicherung erlischt (§ 10 I SGB V). Diese setzt eine bestehende Ehe voraus. Der Berechtigte muss sich selbst versichern, wenn er keiner versicherungspflichtigen Erwerbstätigkeit nachgeht.[74]

Bestand im Zeitpunkt der Scheidung eine gesetzliche Mitversicherung, ist der vom Erlöschen betroffene Ehegatte nach § 9 I Nr. 2 SGB V berechtigt, der **gesetzlichen Krankenversicherung** beizutreten. Zwingende Voraussetzung ist, dass der Verpflichtete bei Rechtskraft der Scheidung der Krankenversicherung entweder auf Grund eines Pflichtversicherungsverhältnisses oder auf Grund freiwilliger Versicherung angehörte. Der Beitritt ist innerhalb einer Ausschlussfrist von drei Monaten ab Eintritt der Rechtskraft der Scheidung zu beantragen (§ 9 II 2 SGB V). Nach Fristablauf steht es im Ermessen der Krankenkasse, ob sie dem Aufnahmeantrag noch stattgeben will. 902

Der Berechtigte muss im Verhältnis zum Verpflichteten von dieser Möglichkeit Gebrauch machen, weil es sich hierbei um die kostengünstigste Art einer angemessenen Krankenversicherung handelt.[75]

Ehegatten eines Beamten haben keine Möglichkeit, in die gesetzliche Krankenversicherung aufgenommen zu werden, wenn und solange sie nicht selbst pflichtversichert sind. Da die Beihilfeberechtigung mit der Scheidung wegfällt, können sie für sich nach der 903

---

[73] BGH FamRZ 1983, 888; FamRZ 1982, 887
[74] BGH FamRZ 1983, 888, 889; FamRZ 1982, 887
[75] BGH FamRZ 1983, 888

Scheidung eine private Krankenversicherung abschließen, um auf diese Weise einen gleichwertigen Schutz aufrechtzuerhalten.[76]

904 **c) Verhältnis zum Elementarunterhalt.** Der Krankheitsvorsorgeunterhalt ist – wie der Vorsorgeunterhalt – als **unselbstständiger Unterhaltsbestandteil** des einheitlichen Lebensbedarfs in der Regel **zusätzlich** zum Elementarunterhalt zu bezahlen, wenn dieser nach einer Ehegattenquote bemessen wird.[77] Er ist in der Ehegattenquote nicht mit enthalten.[78]

Ist der Krankheitsvorsorgeunterhalt im Verhältnis zum Elementarunterhalt überproportional hoch, kann der Tatrichter gehalten sein, den Gesamtunterhalt in einer den Interessen beider Parteien gerecht werdenden Weise abweichend auf die unselbstständigen Unterhaltsbestandteile zu verteilen. Dabei ist allerdings zu beachten, dass – anders als bei Altersvorsorgeunterhalt – beim Krankheitsvorsorgeunterhalt kein grundsätzlicher Vorrang des Elementarunterhalts besteht, weil auch die Versicherung gegen Krankheit einen wichtigen Teil des gegenwärtigen Unterhaltsbedarfs beinhaltet, vor allem, wenn ein schlechter Gesundheitszustand besteht.[79]

905 Der Anspruch des Berechtigten auf Krankheitsvorsorgeunterhalt besteht nicht, wenn er durch eine **eigene versicherungspflichtige Erwerbstätigkeit** bereits ausreichend gesichert ist.

2. Berechnung des Krankheitsvorsorgeunterhalts

906 Der angemessene Krankenversicherungsschutz bestimmt sich nach den ehelichen Lebensverhältnissen. Deshalb steht dem Berechtigten auch nach der Scheidung grundsätzlich ein gleichwertiger Versicherungsschutz zu wie während der Ehe.[80] Der Berechtigte ist allerdings verpflichtet, die kostengünstigste Versicherung zu wählen.[81]

907 Ist der nach § 9 SGB V beitrittsberechtigte Ehegatte der gesetzlichen Krankenkasse beigetreten oder hat er **schuldhaft einen** solchen **Beitritt unterlassen,** bemisst sich der Krankenvorsorgeunterhalt nach dem Elementarunterhalt in Verbindung mit dem Beitragssatz von derzeit 15,5% (§ 241 SGB V).

Anders als beim Altersvorsorgeunterhalt (Rn. 876) erfolgt dazu keine Hochrechnung des Einkommens in Höhe des Elementarunterhalts auf einen versicherungsrechtlichen Bruttolohn.

Beispiel:
Nettoeinkommen des V = 3500 €
mit Bonus $1/7$, Beitragssatz 15,5%:
Elementarunterhalt = 3500 × $3/7$ = 1500 €
Krankheitsvorsorgeunterhalt = 1500 × 15,5% = 233 €
mit Bonus 10%, Beitragssatz 15,5%:
Elementarunterhalt = 3500 × 45% = 1575 €
Krankheitsvorsorgeunterhalt = 1575 × 15,5% = 244 €

Allerdings ist in jedem Fall maßgebend, in welcher Weise die Krankenkasse den Krankenkassenbeitrag tatsächlich berechnet. Gegebenenfalls ist in die Berechnung auch weiteres Einkommen des Berechtigten einzubeziehen, vielleicht sogar der Vorsorgeunterhalt, wodurch sich die Berechnung sehr kompliziert gestalten kann.

908 Bestand während der Ehe eine **private Krankenversicherung,** kann diese übernommen und weitergeführt werden. Die Krankenversicherungsbeiträge entsprechen den ehelichen Lebensverhältnissen und sind vom Verpflichteten als Krankheitsvorsorgeunterhalt in entsprechender konkreter Höhe zu bezahlen.

---

[76] BGH FamRZ 1989, 483; FamRZ 1983, 676
[77] BGH FamRZ 1982, 255
[78] BGH FamRZ 1983, 888
[79] BGH FamRZ 1989, 483
[80] BGH FamRZ 1983, 676
[81] BGH FamRZ 1983, 888

4. Abschnitt: Vorsorgeunterhalt § 4

Bestand während der Ehe neben einer Beihilfeberechtigung nur eine **ergänzende Privatversicherung,** kann diese übernommen und ausgeweitet werden, bis ein gleichwertiger Schutz gewährleistet ist. 909

In den Fällen Rn. 908, 909 ist der Vorsorgeunterhalt unabhängig vom Elementarunterhalt **konkret** zu **bemessen.** 910

3. Vorabzug der Krankenversicherungsbeiträge und des Krankheitsvorsorgeunterhalts vom Einkommen sowie mehrstufige Berechnung des Elementarunterhalts

Nach gefestigter Rechtsprechung des BGH sind Krankenversicherungskosten des Verpflichteten und des Berechtigten **vom Einkommen abzuziehen,** weil das Einkommen in Höhe derartiger Aufwendungen für den allgemeinen Lebensbedarf nicht zur Verfügung steht[82] (siehe Rn. 432). 911

Haben **beide Ehegatten** ein **prägendes Einkommen** (Doppelverdienerehe), sind beim Berechtigten und beim Verpflichteten vorab die Kosten einer angemessenen Krankenversicherung vom jeweiligen Einkommen abzuziehen und dann der Unterhalt nach der Differenzmethode zu berechnen.[83] 912

Hat der **Berechtigte** ein **nichtprägendes Einkommen,** gehört ein solcher Vorabzug in gleicher Weise zur Berechnung seines Nettoeinkommens, weil er insoweit mit dem Verpflichteten gleich behandelt werden muss und weil auch er die von ihm zu zahlenden Versicherungskosten nicht für seinen laufenden Lebensbedarf verwenden kann. 913

Hat **nur** der **Verpflichtete** ein **Einkommen,** sind zur Vermeidung eines Ungleichgewichts von diesem Einkommen sowohl die Krankenversicherungskosten des Verpflichteten als auch der Vorsorgeunterhalt des Berechtigten abzuziehen, ehe der Elementarunterhalt endgültig berechnet wird.[84] 914

Wird der Krankenvorsorgeunterhalt wegen Beitritts zur gesetzlichen Krankenversicherung aus dem Elementarunterhalt **mit dem Krankenversicherungsbeitragssatz errechnet,** dann ist – wie beim Vorsorgeunterhalt (Rn. 883 f.) – eine zweistufige Berechnung des Elementarunterhalts erforderlich. 915

Der Elementarunterhalt muss nach Vorabzug des Krankheitsvorsorgeunterhalts vom Einkommen erneut endgültig berechnet werden, weil sonst gegen den Halbteilungsgrundsatz verstoßen würde, wenn der Verpflichtete den Krankheitsvorsorgeunterhalt zusätzlich aus der ihm zustehenden Einkommensquote bezahlen müsste, während der Berechtigte ihn zusätzlich zu seiner ungekürzten Quote erhalten würde.

Beispiel:
Nettoeinkommen des Verpflichteten = 4200 €
mit Bonus $1/7$, **Beitragssatz 15,5%:**
Quote = 4200 × $3/7$ = 1800 €
Krankheitsvorsorgeunterhalt = 1800 × 15,5% = 279 €
Endgültiger Elementarunterhalt:
4200 − 279 = 3921 × $3/7$ = 1680 €
Der Berechtigte erhält 279 € Krankheitsvorsorgeunterhalt und 1680 € Elementarunterhalt.
mit Bonus 10%, Beitragssatz 15,5%:
Quote = 4200 × 45% = 1890 €
Krankheitsvorsorgeunterhalt = 1890 × 15,5% = 293 €
Endgültiger Elementarunterhalt:
4200 − 293 = 3907 × 45% = 1758 €
Der Berechtigte erhält 293 € Krankheitsvorsorgeunterhalt und 1758 € Elementarunterhalt.

Verlangt der Ehegatte eines Beamten Vorsorgeunterhalt in Höhe **fester Versicherungsprämien** für einen gleichwertigen Versicherungsschutz und gleichzeitig Altersvorsorgeun- 916

---

[82] BGH FamRZ 1985, 357; FamRZ 1983, 888, 889
[83] BGH FamRZ 1983, 676
[84] BGH FamRZ 1983, 888

terhalt, bereitet die Berechnung des Altersvorsorgeunterhalts und des Elementarunterhalts keine besonderen Probleme.

Aus dem nach Vorabzug des Krankheitsvorsorgeunterhalts berechneten Elementarunterhalt wird der Altersvorsorgeunterhalt ermittelt und anschließend der endgültige Elementarunterhalt gemäß den Ausführungen Rn. 876, 883 berechnet. In der Entscheidung vom 7. 12. 1988[85] befindet sich dazu ein vom BGH akzeptiertes Rechenbeispiel.

917 Problematisch ist die Berechnung, wenn der Berechtigte **Altersvorsorgeunterhalt und Krankheitsvorsorgeunterhalt** verlangt und auch der Krankheitsvorsorgeunterhalt nach dem Elementarunterhalt in Verbindung mit dem **Beitragssatz der Krankenkasse** zu berechnen ist (Rn. 907).

Dann empfiehlt sich wegen des Vorrangs des Krankheitsvorsorgeunterhalts vor dem Altersvorsorgeunterhalt eine **dreistufige Elementarunterhaltsberechnung**.[86]
– Im ersten Rechenschritt wird ein vorläufiger Elementarunterhalt berechnet und nach diesem der Krankheitsvorsorgeunterhalt.
– Im zweiten Rechenschritt wird nach Vorabzug des Krankheitsvorsorgeunterhalts aus dem neuen Elementarunterhalt der Altersvorsorgeunterhalt berechnet.
– Im dritten Rechenschritt wird aus dem vorläufigen Elementarunterhalt des ersten Rechenschrittes nach Vorabzug des Krankheitsvorsorgeunterhalts und des Altersvorsorgeunterhalts der endgültige Elementarunterhalt berechnet.

918 **Beispiel zu Rn. 917** mit Bonus $1/7$:
Nettoeinkommen des V = 3500 €
Vorläufiger erster Elementarunterhalt = 3500 × $3/7$ = 1500 €
Krankheitsvorsorgeunterhalt = 1500 × 15,5% (Beitragssatz) = 243 €
Neuer, zweiter Elementarunterhalt = 3500 – 243 = 3257 × $3/7$ = 1396 €
Altersvorsorgeunterhalt = 1396 + 28% = 1787 × 19,9% = 356 €
Endgültiger dritter Elementarunterhalt = 3500 – 243 – 356 = 2901 × $3/7$ = 1243 €
B erhält 1243 Elementarunterhalt, 243 € Krankheitsvorsorgeunterhalt und 356 € Altersvorsorgeunterhalt, insgesamt 1842 €.
Dem V verbleiben (nach Vorabzug seiner Vorsorgeaufwendungen) 3500 – 1842 = 1658. Dies entspricht nach dem Halbteilungsgrundsatz dem Elementarunterhalt von 1243 €.
(Zu beachten ist allerdings, dass die Krankenkassen auch den Altersvorsorgeunterhalt als zur Bemessung des Krankenvorsorgeunterhalts heranziehen können. Daher ist eine Kontrollrechnung zweckmäßig: (1243 + 356) * 15,5% = 248 €, also ist der Krankheitsvorsorgeunterhalt geringer als der tatsächliche Beitrag. Wird allerdings dieser Beitrag als Krankheitsvorsorgeunterhalt verlangt, verringert sich wieder der Elementarunterhalt und mit diesem im Zirkel der Krankheitsvorsorgeunterhalt. Nach wenigen Wiederholungen der Berechnung kommt man aber zum Ergebnis.)

919 Wie beim Vorsorgeunterhalt (Rn. 889 f.) **unterbleibt eine zweistufige Berechnung** des Elementarunterhalts, wenn:
(1) der Unterhalt konkret bemessen wird (siehe Rn. 763),
(2) der Krankheitsvorsorgeunterhalt einkommensunabhängig berechnet wird, wie z. B. bei einer Privatversicherung (hier entfällt die erste Berechnungsstufe),
(3) der Krankheitsvorsorgeunterhalt mit nicht bedarfsbestimmenden Einkünften des Berechtigten verrechnet werden kann (siehe Rn. 890),
(4) der Krankheitsvorsorgeunterhalt mit nicht bedarfsbestimmenden Einkünften des Verpflichteten zusätzlich zum Elementarunterhalt bezahlt werden kann (siehe Rn. 891).

920 **Rechenbeispiele** zu Rn. 919:
zu (3)
Erwerbseinkommen des M = 3500; Krankheitsvorsorgeunterhalt der F = 200; nicht bedarfsbestimmende Zinseinkünfte der F = 400 €
mit Bonus $1/7$:
Quotenbedarf der F = 3500 × $3/7$ = 1500 €
voller Bedarf der F = 1500 + 200 = 1700 €
mit Bonus 10%:
Quotenbedarf der F = 3500 × 45% = 1575 €
voller Bedarf der F = 1575 + 200 = 1775 €

---

[85] BGH FamRZ 1989, 483
[86] OLG Hamm FamRZ 1997, 1278

Das anzurechnende Zinseinkommen von F in Höhe von 400 € entlastet M so weit, dass er die Krankheitsvorsorge für F in Höhe von 200 € zusätzlich zum Elementarunterhalt zahlen kann.
zu (4)
Erwerbseinkommen des M = 3500; nicht bedarfsbestimmende Zinseinkünfte des M = 200 €
Krankheitsvorsorgeunterhalt der F = 200 €
bei Bonus $1/7$:
Quotenbedarf der F = $3500 \times 3/7$ = 1500 €
voller Bedarf der F = 1500 + 200 = 1700 €
bei Bonus 10%:
Quotenbedarf der F = $3500 \times 45\%$ = 1575 €
voller Bedarf der F = 1575 + 200 = 1775 €

Weitere Beispiele beim Altersvorsorgeunterhalt Rn. 891 f. **921**

Das jeweilige Endergebnis ist **auf** seine **Angemessenheit** zu **überprüfen**. Erscheinen die Vorsorgeunterhaltsbeträge im Verhältnis zum Elementarunterhalt zu hoch, kann der Tatrichter den Gesamtunterhalt in einer den Interessen beider Parteien gerecht werdenden Weise **abweichend** auf die verschiedenen Unterhaltsbestandteile **verteilen**. Dabei ist allerdings zu beachten, dass nur der Altersvorsorgeunterhalt **Nachrang** gegenüber Elementarunterhalt und Krankheitsvorsorgeunterhalt hat.[87]

Nichtprägendes Einkommen des Berechtigten ist in Mangelfällen wegen der Rang- **922** verhältnisse primär anteilig auf den Elementarunterhalt und Krankheitsvorsorgeunterhalt, die beide am dringendsten benötigt werden, zu verrechnen.[88]

4. Geltendmachung des Krankheitsvorsorgeunterhalts

Wie der Vorsorgeunterhalt (Rn. 862 f.) muss auch der Krankheitsvorsorgeunterhalt als **923** unselbstständiger Unterhaltsbestandteil **betragsmäßig zusätzlich geltend gemacht** werden. Es steht im freien Ermessen des Berechtigten, ob er ihn geltend machen will. Er darf nicht von Amts wegen zugesprochen werden. Wird er geltend gemacht, ist er wegen der Zweckbindung im Tenor gesondert auszuweisen.

Wegen der **Zweckbindung** ist der Berechtigte verpflichtet, den Krankheitsvorsorgeun- **924** terhalt tatsächlich für eine Krankenversicherung zu verwenden.[89]

Der Verpflichtete kann grundsätzlich **nicht** verlangen, die Zahlungen **unmittelbar an** **925** **den Versorgungsträger** zu leisten. Ausnahmen kommen nur in Betracht, wenn besondere Umstände vorliegen, die das Verlangen des Berechtigten auf Zahlung an sich selbst als einen Verstoß gegen Treu und Glauben (§ 242 BGB) erscheinen lassen. Dies kann bejaht werden, wenn bereits ein entsprechender Titel vorliegt und der Berechtigte die Weiterzahlung verlangt, obwohl er den Krankheitsvorsorgeunterhalt nicht bestimmungsgemäß verwendet.

Der Verpflichtete kann in einem solchen Fall mit einer Abänderungsklage erreichen, dass der Krankheitsvorsorgeunterhalt **direkt** an den **Versicherungsträger** gezahlt wird. Benennt der Berechtigte in diesem Verfahren keinen Versicherungsträger, ist der Anspruch auf Weiterzahlung an sich selbst als nicht mehr schlüssig abzuweisen.[90]

Bei **nicht bestimmungsgemäßer Verwendung** des Krankheitsvorsorgeunterhalts ist **926** der Verpflichtete dadurch geschützt, dass der Berechtigte im Krankheitsfall so zu behandeln ist, als hätten die Beträge zu einer entsprechenden Versicherung geführt.[91] § 1579 Nr. 3 BGB ist anwendbar.[92] Im Übrigen gelten die Ausführungen zum Altersvorsorgeunterhalt Rn. 865 f., 870 f., 894 f. entsprechend.

---

[87] BGH FamRZ 1989, 483
[88] BGH FamRZ 1989, 483
[89] BGH FamRZ 1989, 483
[90] BGH FamRZ 1989, 483; FamRZ 1987, 684, 686; FamRZ 1983, 676
[91] BGH FamRZ 1983, 676
[92] BGH FamRZ 1989, 483

III. Pflegevorsorgeunterhalt

927   Seit 1. 1. 1995 ist das Pflegeversicherungsgesetz vom 26. 5. 1994[93] in Kraft. Wenn der Unterhaltsberechtigte in der gesetzlichen Krankenversicherung freiwillig versichert ist, ist er nach § 20 III SGB XI zugleich in der ges. Pflegeversicherung pflichtversichert. Ist er privat krankenversichert, so muss er nach § 23 SGB XI auch eine Pflegeversicherung abschließen. Daraus ergibt sich, dass die Beiträge zur Pflegeversicherung ebenso wie die Krankheitsvorsorge zum allgemeinen Lebensbedarf gehören und vom Unterhaltspflichtigen im Bedürftigkeitsfall durch Leistung von Pflegevorsorgeunterhalt abzudecken sind.[94]

Der **Pflegevorsorgeunterhalt** folgt in jeder Hinsicht den Regeln des **Krankenvorsorgeunterhalts** und kann auch als Teil desselben abgerechnet werden. Es kann daher auf die Ausführungen zum Krankheitsvorsorgeunterhalt (Rn. 900 bis 922) Bezug genommen werden.

5. Abschnitt: Zur Bedürftigkeit des Berechtigten

I. Unterhaltsbedürftigkeit

1. Bedürftigkeit als Unterhaltsvoraussetzung

928   Der Berechtigte kann den vollen, nach den ehelichen Lebensverhältnissen bemessenen Bedarf (§§ 1361 I, 1578 I 1 BGB) nur verlangen, wenn und soweit er bedürftig ist. Er ist bedürftig, wenn er diesen seinen Bedarf nicht oder nicht ausreichend auf **andere Weise deckt** oder in zumutbarer Weise decken könnte.[1]

Das Vorliegen einer solchen Bedürftigkeit ist eine weitere Unterhaltsvoraussetzung, die im Anschluss an die Bedarfsbemessung (Abschnitt 3, Rn. 750 ff., 840 ff.) auf der sogenannten Bedürftigkeitsstufe zu prüfen ist, wenn dem Grunde nach ein Unterhaltsanspruch nach den §§ 1361, 1570 bis 1576 BGB besteht.

929   Für den **nachehelichen Unterhalt** ist die Bedürftigkeit in § 1577 BGB wie folgt geregelt:
- Nach **§ 1577 I BGB** hat der Berechtigte keinen Unterhaltsanspruch, solange und soweit er sich aus seinen Einkünften und Vermögen selbst unterhalten kann (Genaueres nachfolgend Rn. 933 bis Rn. 942).
- **§ 1577 II BGB** regelt die Anrechnung von Einkünften aus unzumutbarer Erwerbstätigkeit und sonstiger Einkünfte, die in unzumutbarer Weise erzielt werden (Genaueres Rn. 944 f.).
- **§ 1577 III und IV BGB** regelt die Vermögensverwertung und die Unterhaltssicherung aus Vermögen (Genaueres Rn. 959 ff.).

930   Obwohl beim **Trennungsunterhalt** eine entsprechende Bestimmung fehlt, dürfen die Grundsätze des § 1577 BGB bei der Beurteilung des Trennungsunterhalts nicht außer Acht gelassen werden. Es muss gewährleistet sein, dass bei an sich gleicher Sachlage der Anspruch auf Trennungsunterhalt nicht niedriger ausfällt als der nacheheliche Unterhalt. Deshalb sind die Grundsätze des § 1577 BGB in entsprechender Weise auch auf den Trennungsunterhalt anzuwenden.[2]

931   Die Anwendung des § 1577 BGB setzt einen **bestehenden Unterhaltsanspruch** voraus. Hatte der Berechtigte wegen ausreichender Einkünfte aus einer Erwerbstätigkeit zunächst keinen Unterhaltsanspruch und wird er zu einem späteren Zeitpunkt bedürftig, dann

---

[93] BGBl. I S. 1014
[94] Büttner FamRZ 1995, 193, 196; Gutdeutsch FamRZ 1994, 878
[1] BGH FamRZ 1989, 487
[2] BGH FamRZ 1983, 146, 148

5. Abschnitt: Zur Bedürftigkeit des Berechtigten § 4

müssen im Zeitpunkt des Eintritts der Bedürftigkeit die Voraussetzungen eines Unterhaltstatbestandes (§§ 1361, 1570 bis 1576 BGB) entweder originär oder als Anschlussunterhalt vorliegen. Ist dies nicht der Fall, entsteht durch den späteren Eintritt der Bedürftigkeit kein Unterhaltsanspruch mehr.

Im Gegensatz dazu bestand nach – bis 1. 1. 2008 für **Altfälle** fort geltendem – altem Recht bei einer Verschuldensscheidung ein Unterhaltsanspruch dem Grunde nach unverändert bis zum Tod fort. Er wurde aktualisiert, sobald der Berechtigte bedürftig wurde, wobei kein zeitlicher Zusammenhang zwischen dem Eintritt der Bedürftigkeit und der geschiedenen Ehe bestehen musste. Der Berechtigte hatte auch dann einen Unterhaltsanspruch, wenn sein Unterhalt nach der Scheidung durch Einkünfte aus einer Erwerbstätigkeit nachhaltig gesichert war und er erst viel später bedürftig geworden war.[3] Seit 1. 1. 2008 gilt indessen auch für altrechtliche Ansprüche das geltende Recht. Als Einsatzzeitpunkt für den Anspruch wird man den 1. 1. 2008 ansehen müssen. 932

Der Berechtigte hat die **Darlegungs- und Beweislast** für seine uneingeschränkte Bedürftigkeit[4] (vgl. auch § 6 Rn. 716 f.).

2. Bedürftigkeitsmindernde Anrechnung der Einkünfte des Berechtigten

Das Ausmaß der Bedürftigkeit richtet sich stets nach dem **vollen eheangemessenen Bedarf** (§ 1361 I 1), den der Berechtigte durch **eigene Einkünfte nicht decken** kann (§ 1577 BGB). Damit sind für die Beurteilung des Ausmaßes der Bedürftigkeit bzw. für die Ermittlung einer verbleibenden Restbedürftigkeit zwei unterschiedliche Kriterien maßgeblich, die jeweils mit unterschiedlichen Einkommensteilen ausgefüllt werden müssen. 933
– Der volle eheangemessene **Bedarf** des Berechtigten nach den §§ 1361 I, 1578 I 1 BGB als **Sollbetrag**.
– Und als **Istbetrag** die Summe der **Einkünfte** des Berechtigten.

Der Sollbetrag bildet die Obergrenze der Bedürftigkeit.

Gemäß den Ausführungen in Abschnitt 3) dürfen zur Bemessung dieses Bedarfs nur prägende Einkünfte beider Eheleute berücksichtigt werden. Wenn der Berechtigte prägendes Einkommen hat, hängt der Sollbedarf ab von der gewählten Methode der Bedarfsberechnung: der Differenz-, Additions- oder Quotenbedarfsmethode (siehe dazu auch die Ausführungen zu Rn. 800 bis Rn. 815 i. V. m. Rn. 416 f., 550 f.).

Entsprechend unterscheiden sich die nach § 1577 BGB **anzurechnenden Einkünfte** des Berechtigten. 934
- Bei der **Differenzmethode** sind dies nur alle nichtprägenden Einkünfte des Berechtigten, die dieser tatsächlich erzielt oder die ihm fiktiv zuzurechnen sind.

  Ausgenommen sind von der Anrechnung alle prägenden Einkünfte des Berechtigten, denn diese sind bereits im Rahmen der Bedarfsbemessung unter Anwendung der Differenzmethode (Rn. 817) berücksichtigt worden. Dadurch kam es zu einem geminderten Unterhaltsbedarf.
- Bei der **Additionsmethode** (Rn. 800) und der **Quotenbedarfsmethode** (Rn. 822) sind im Grundsatz alle Einkünfte anzurechnen. Hier hat bei der Bedarfsberechnung noch keine Einkommensanrechnung stattgefunden.
- Nichtprägende Erwerbseinkünfte sind vor der Anrechnung um den **Erwerbsbonus** zu bereinigen, in der Regel also mit 90% oder $^6/_7$ anzusetzen. Bei der Anrechnung prägenden Erwerbseinkommens ist zu unterscheiden: Der Bedarf nach der Additionsmethode umfasst **nicht** den Erwerbsbonus. Daher ist das prägende Erwerbseinkommen nur 90% bzw. $^6/_7$ anzurechnen. Dagegen ist bei der Quotenbedarfsmethode im Bedarf auch der Bonus enthalten. Hier ist daher prägendes Erwerbseinkommen ungekürzt anzurechnen.

Die Anrechnung der Einkünfte des Berechtigten erfolgt stets durch Abzug der Einkünfte vom festgestellten Unterhaltsbedarf. 935

---

[3] BGH FamRZ 1987, 152
[4] BGH FamRZ 1989, 487

In Höhe der **Differenz** zwischen dem Bedarf und den anzurechnenden Beträgen ist der Berechtigte bedürftig, d. h., das Ausmaß seiner **Bedürftigkeit** richtet sich nur nach diesem ungedeckten Bedarf. Gleichzeitig beinhaltet dieser ungedeckte Bedarf die Höhe des zu leistenden Unterhalts, wenn der Verpflichtete in dieser Höhe leistungsfähig ist (siehe Rn. 966).

936 Beispiele zu Einkommensanrechnung finden sich bei den Berechnungsmethoden Rn. 800 bis Rn. 823, 834.

3. Anrechnung auf den vollen Unterhalt unter Berücksichtigung von Mehrbedarf

937 Nicht bedarfsbestimmende Einkünfte sind grundsätzlich auf den vollen Unterhaltsbedarf (§§ 1361 I, 1578 I 1 BGB) anzurechnen.[5]

Der nach den ehelichen Lebensverhältnissen angemessene volle Unterhaltsbedarf (§§ 1361 I, 1578 I 1 BGB) ist nicht identisch mit dem **Quotenunterhalt, wenn ein ungedeckter Mehrbedarf** besteht (vgl. Rn. 840). Einen auf die Trennung gründenden Mehrbedarf (trennungsbedingten Mehrbedarf) erkennt der BGH nicht mehr an (vgl. Rn. 835 f.).

Besteht ein anerkennungsfähiger Mehrbedarf, dann besteht der volle Unterhalt aus Quotenunterhalt und ungedecktem Mehrbedarf.

938 Vereinfacht kann in solchen Fällen die Anrechnung der nicht bedarfsbestimmenden Einkünfte in der Weise erfolgen, dass diese **vorab um den Mehrbedarf bereinigt** werden und nur der Differenzbetrag unterhaltsmindernd auf den Quotenunterhalt angerechnet wird. Allerdings darf kein Mangelfall nach § 1581 BGB vorliegen (siehe Rn. 966 ff., § 5 Rn. 1 ff.).

939 **Beispiel:**
Quotenunterhalt = 1500 €
krankheitsbedingter Mehrbedarf = 500 €
Nicht bedarfsbestimmendes Renteneinkommen des B = 600 €
bedürftigkeitsmindernder Differenzbetrag = 600 − 500 = 100 €
Ungedeckter Unterhaltsbedarf = 1500 − 100 = 1400 (= Unterhaltsanspruch)

940 Mehrbedarf ist in der Regel nur zu berücksichtigen, **wenn er geltend gemacht wird** (Rn. 840, 846).

Unterbleibt eine solche Geltendmachung, dann ist das nichtprägende Einkommen auf den Quotenunterhalt zu verrechnen.

Im Beispiel Rn. 939 beträgt dann der Unterhaltsanspruch nur 900 EUR statt 1400 EUR (1500 − 600 = 900).

941 nicht belegt.

4. Nach § 1577 I BGB in vollem Umfang anzurechnende Einkünfte des Berechtigten

942 Wie bereits Rn. 934 ausgeführt, sind alle Einkünfte, die in zumutbarer Weise erzielt werden oder erzielt werden könnten (bei der Differenzmethode: nur die nichtprägenden Einkünfte), nach § 1577 I BGB in vollem Umfang bedürftigkeitsmindernd auf den Bedarf anzurechnen (Erwerbseinkünfte zu $^{6}/_{7}$). Als solche Einkünfte kommen praktisch alle nichtprägenden Einkünfte im Sinn der Ausführungen zu Teil I in Frage, die der Berechtigte erhielt oder zumutbarerweise erzielen könnte, ohne Rücksicht auf Herkunft und Verwendungszweck. Maßgeblich sind die bereinigten Nettoeinkünfte, wobei es bei dem Berechtigten keinen Abzug für vermögensbildende Aufwendungen gibt, wohl aber für Unterhaltsverpflichtungen und von ihm abzutragende ehebedingte Verbindlichkeiten.

Die wichtigsten dieser Einkünfte sind:
- **Erwerbseinkünfte** aus abhängiger Arbeit (§ 1 Rn. 65 ff.), aus selbstständiger Erwerbstätigkeit, Gewerbe oder aus Land- und Forstwirtschaft (§ 1 Rn. 160 ff.) und aus Erwerbs-

---

[5] BGH FamRZ 1989, 487; FamRZ 1988, 486; FamRZ 1987, 46

5. Abschnitt: Zur Bedürftigkeit des Berechtigten　　　　　　　　　　　　§ 4

ersatzleistungen wie Krankengeld, Arbeitslosengeld (§ 1 Rn. 105 ff.), Renten und Pensionen (§ 1 Rn. 646 ff.).
- **Vermögenseinkünfte** aus Vermietung und Verpachtung (§ 1 Rn. 450 ff.), aus Kapital- und sonstigem Vermögen (§ 1 Rn. 600 ff.) sowie aus Wohnvorteilen und sonstigen Gebrauchsvorteilen des Vermögens (§ 1 Rn. 483 ff.).
- Einkünfte aus **sozialstaatlichen Zuwendungen** und sonstigen Leistungen des Staates, wie Wohngeld (§ 1 Rn. 664 ff.), BAföG-Leistungen (§ 1 Rn. 670 ff.), Pflegegeld (§ 1 Rn. 689 ff.) und Steuererstattungen (§ 1 Rn. 971 ff.) sowie Kindergeld (§ 1 Rn. 677 ff, zum Pflegegeld § 1 Rn. 689 ff.). Leistungen aus der **Grundsicherung** nach § 43 II 1 SGB XII) sind ebenfalls auf den Bedarf anzurechnen, obgleich tatsächlich erbrachte Unterhaltsleistungen diesen Anspruch mindern.[6]
- Einkünfte aus **nichtehelicher Lebensgemeinschaft** mit einem neuen Partner[7] (vgl. § 1 Rn. 712 ff)
- **Fiktiv zuzurechnende erzielbare Einkünfte** aus unterlassener zumutbarer Erwerbstätigkeit (§ 1 Rn. 735 ff.), aus unterlassener zumutbarer Vermögensnutzung und Vermögensverwertung (§ 1 Rn. 632 ff.).
- **Nicht anzurechnen** sind freiwillige unentgeltliche Zuwendungen Dritter (§ 1 Rn. 708 ff.), Sozialhilfe (§ 1 Rn. 727, vgl. aber im Einzelnen § 8 Rn. 10 f.), wiederaufgelebte Witwenrente (§ 1 Rn. 729), Arbeitnehmersparzulage (§ 1 Rn. 730) und Hausgeld des Strafgefangenen (§ 1 Rn. 731).

5. Abänderungsklage bei späteren Änderungen der Bedürftigkeit

Eine erst nach der Unterhaltstitulierung eintretende Änderung bei den Einkünften des Berechtigten oder sonstigen Änderungen zur Bedürftigkeit beinhalten in der Regel eine Änderung der wirtschaftlichen Verhältnisse, die dem Anwendungsbereich des § 238 FamFG (früher § 323 ZPO) zuzuordnen ist. 943

So mindert ein späterer Rentenbezug, der auf dem Versorgungsausgleich beruht, die Bedürftigkeit des Berechtigten. Der Verpflichtete kann dies mit dem Abänderungsantrag geltend machen, wenn auch die sonstigen Voraussetzungen des § 238 FamFG gegeben sind.[8]

Der Berechtigte kann die Antrag nach § 238 FamFG stellen, wenn sich seine Bedürftigkeit erhöht, z. B. weil ohne sein Verschulden Erwerbseinkünfte entfallen sind und sein Unterhaltsbedarf durch die Erwerbstätigkeit noch nicht nachhaltig gesichert war.

II. Anrechnung von Einkünften aus unzumutbarer Erwerbstätigkeit des Berechtigten nach § 1577 II BGB

1. Zur Auslegung und zum Anwendungsbereich des § 1577 II BGB

§ 1577 II BGB ist eine rechtspolitisch missglückte, unklar gefasste und schwer verständliche Bestimmung, die verschiedene Auslegungsmöglichkeiten zulässt. 944

Der BGH hatte in seiner Grundsatzentscheidung vom 24. 11. 1982[9] eine **eingehende Interpretation** vorgenommen, welche die Auslegung bisher bestimmt hatte. Mit Urteil v. 13. 4. 2005 – XII ZR 273/02[10] hat er diese Linie jedoch verlassen und eine einfachere Berechnungsweise gewählt, die nachfolgend erörtert wird (Zusammenfassung vgl. Rn. 955).

Die Grundsätze zu § 1577 II BGB, der an sich nur für den nachehelichen Unterhalt gilt, sind **auch auf den Trennungsunterhalt** entsprechend anzuwenden.[11]

---

[6] BGH FamRZ 2007, 1158 = R 667 a
[7] BGH FamRZ 1995, 343; FamRZ 1989, 487 = NJW 1989, 1083
[8] BGH NJW-RR 1983, 322
[9] FamRZ 1983, 146 bis 150
[10] FamRZ 2005, 1154 = R 630 e
[11] BGH FamRZ 1983, 146, 148

§ 4   Ehegattenunterhalt

945   § 1577 II BGB betrifft nur Einkünfte aus **unzumutbarer Erwerbstätigkeit des Berechtigten,** d. h. Einkünfte, die der Berechtigte erzielt, obwohl für ihn nach den §§ 1361 II, 1570, 1573 I und 1574 II BGB keine Erwerbsobliegenheit besteht (zur **Erwerbsobliegenheit** im Einzelnen vgl.: Rn. 32 ff., 139 ff., sowie § 1 Rn. 800 ff.).

        Nicht erforderlich ist, dass die Aufnahme der unzumutbaren Erwerbstätigkeit durch Nichterfüllung oder durch unvollständige Erfüllung der Unterhaltspflicht veranlasst worden ist.[12] Das hat nur auf die Billigkeitsabwägung Einfluss (vgl. Rn. 955).

946   Ob § 1577 II BGB auch bei **sonstigen Einkünften** anzuwenden ist, deren Erzielung dem Berechtigten nicht zugemutet werden kann (z. B. erhöhte Zinseinkünfte aus einer sehr riskanten Vermögensanlage), wurde bisher **noch nicht entschieden,** könnte aber in Einzelfällen zu bejahen sein (so Lohmann, 6. A., Seite 103 und Krenzler, FamRZ 1983, 653).

947   Einkünfte aus unzumutbarer Erwerbstätigkeit sind – entgegen der früheren Rechtsprechung – meist **bedarfsbestimmende Einkünfte**[13] (vgl. auch Rn. 583 f.). Allerdings sind sie nach § 1577 II BGB nur gekürzt zu berücksichtigen (s. u.).

2. Ermittlung des anrechnungsfreien Betrags nach § 1577 II 1 BGB – Problem des anrechnungsfreien Defizits[14]

948   Nach § 1577 II 1 BGB sind Einkünfte aus unzumutbarer Erwerbstätigkeit **nicht anzurechnen,** wenn und soweit der Verpflichtete wegen beschränkter Leistungsfähigkeit nicht den vollen Unterhalt (§§ 1361 I, 1578 I 1 BGB), sondern nur einen Billigkeitsunterhalt (§ 1581 BGB) leistet[15].

949   Als **Unterhaltsleistung des Verpflichteten** ist das zu verstehen, was dieser als Quotenunterhalt ohne die unzumutbaren Einkünfte des Berechtigten zu leisten hätte.

        Dieser rechnerische Quotenunterhalt ist dann niedriger als der volle Unterhalt (§ 1578 I 1 BGB), wenn ein ungedeckter, sonstiger Mehrbedarf (Rn. 840) besteht oder wenn es sich aus sonstigen Gründen bei dem Quotenunterhalt um einen Billigkeitsunterhalt nach § 1581 BGB handelt (siehe Rn. 974 f., 5/52 ff.). Durch die Entscheidung des BVerfG vom 25. 1. 2011[16] ist ein solcher **Mangelfall** nun meist auch dann anzunehmen, wenn der **Pflichtige nach der Ehescheidung neu geheiratet** hat und in Ermangelung eines ausreichenden Zusatzeinkommens den Anspruchs des neuen Ehegatten auf Familienunterhalt und den vollen Unterhalt an den ersten Ehegatten nicht ohne Beeinträchtigung seines eheangemessenen Selbstbehalts zahlen kann.[17] Für den Umfang der Nichtanrechnung von Einkünften aus unzumutbarer Erwerbstätigkeit ist daher allein maßgeblich, inwieweit eine Unterhaltsleistung des Verpflichteten zusammen mit sonstigen Einkünften des Berechtigten hinter dem vollen Unterhalt zurückbleibt. In Höhe des verbleibenden Defizits sind die Einkünfte aus unzumutbarer Erwerbstätigkeit nach § 1577 II 1 BGB **anrechnungsfrei**[18] (sonst nach Billigkeit teilweise anrechnungspflichtig, Rn. 952). Durch den Wegfall des trennungsbedingten Mehrbedarfs (vgl. Rn. 836) hatte das **anrechnungsfreie Defizit in der Rechtspraxis an Bedeutung verloren.** Das könnte sich durch die Verfassungsgerichtsentscheidung zur Drittelmethode[19] jedoch ändern. Zwar ist nach dem Ende des Altersstufenmodells eine Erwerbstätigkeit nur noch selten wegen Kindesbetreuung unzumutbar. Solange ein **betreutes Kind noch nicht 3 Jahre alt** ist oder wenn der Berechtigte die **Altersgrenze überschritten** hat, muss die Erwerbstätigkeit jedoch als unzumutbar angesehen werden mit der Folge, dass mit diesem Einkommen das **anrechnungsfreie Defizit**

---

[12] BGH FamRZ 1983, 146, 148
[13] BGH FamRZ 2005, 1154 = R 630 e
[14] Die Bezeichnung stammt von Wendl 2. Aufl. S. 377
[15] BGH FamRZ 1983, 146, 149
[16] BVerfG FamRZ 2011, 437 = R 722
[17] Vgl. Gutdeutsch FamRZ 2011, 523
[18] BGH FamRZ 1983, 146, 148
[19] BVerfG FamRZ 2011, 437 = R 722

5. Abschnitt: Zur Bedürftigkeit des Berechtigten § 4

aufzufüllen ist. Zur Berechnung desselben muss das Einkommen aus unzumutbarer Erwerbstätigkeit hinweggedacht werden (Beispiele s. u.).

Für das Vorliegen eines solchen **anrechnungsfreien Defizits** ist der Berechtigte **darlegungs- und beweispflichtig.** Trägt er dazu nichts vor oder kann ein entsprechender Nachweis nicht geführt werden, richtet sich die Anrechnung ausschließlich nach § 1577 II 2 BGB (§ 6 Rn. 719). 950

Vorweg vom Einkommen aus unzumutbarer Erwerbstätigkeit **abzuziehen** sind auch die tatsächlichen **Aufwendungen für die Kindesbetreuung,** welche die die Erwerbstätigkeit erst ermöglichen (vgl. § 1 Rn. 1053 ff.). 951

3. Billigkeitsanrechnung nach § 1577 II 2 BGB

Nach § 1577 II 2 BGB sind Einkünfte, die den vollen Unterhalt übersteigen, insoweit anzurechnen, als dies unter Berücksichtigung der **beiderseitigen wirtschaftlichen Verhältnisse** der Billigkeit entspricht. Es sind dies die Beträge gemäß den Ausführungen zu Rn. 945 f. 952

Zur Billigkeitsabwägung nach § 1577 II 2 BGB:
Kriterien für eine individuelle Bemessung des Umfangs der Anrechnung im Rahmen der erforderlichen Billigkeitsabwägung können sein:
Einkommens- und Vermögensverhältnisse sowie sonstige wirtschaftliche Verhältnisse beider Ehegatten; persönliche Verhältnisse wie Alter, Gesundheitszustand, Erwerbsfähigkeit, Art und Ausmaß der Anstrengungen zur Erzielung unzumutbarer Einkünfte; unterschiedlicher Lebensstandard; weitere Unterhaltsverpflichtungen; Betreuungsmehrbedarf für ein pflegebedürftiges Kind; sonstige besondere Belastungen u. ä. Es kann aber auch das **Verhalten des Verpflichteten** Bedeutung haben, insbesondere, wenn dieser den geschuldeten Unterhalt nicht geleistet hat und der Berechtigte deshalb die unzumutbare Erwerbstätigkeit aufgenommen hat.[20]

Bei dieser Billigkeitsabwägung ist in der Regel auch zu berücksichtigen, dass der Verpflichtete nach **§ 1581 BGB** bei beschränkter Leistungsfähigkeit nur insoweit Unterhalt zu leisten hat, als es mit Rücksicht auf die Bedürfnisse und die Erwerbs- und Vermögensverhältnisse der Ehegatten der Billigkeit entspricht.[21]

Nach den Leitlinien der Oberlandesgerichte erfolgte teilweise eine **Anrechnung je zur Hälfte,** wenn keine besonderen Umstände vorliegen, die eine Abweichung von dieser Regel rechtfertigten (so HL02 31).

Aufgrund einer konkreten Billigkeitsabwägung kann im Rahmen des § 1577 II 2 BGB eine **Anrechnung auch ganz unterbleiben.**[22]

Wenn nach mehreren Vorschriften eine **Billigkeitsabwägung** zu erfolgen hat, so ist diese **einheitlich durchzuführen.** Insbesondere kann die Billigkeitsabwägung nach § 1579 BGB dazu führen, dass Einkommen aus unzumutbarer Tätigkeit gem. § 1577 II 2 BGB voll anzurechnen ist.[23] 953

Wenn das Erwerbseinkommen des Berechtigten – wie regelmäßig – eheprägend ist, wird der nach § 1577 II 2 BGB anzurechnende Einkommensteil im Weg der Differenzmethode bzw. Additionsmethode berücksichtigt. 954

4. Zusammenfassung

Es ergibt sich folgender Rechenweg: 955
a) Zuerst ist festzustellen, welcher Teil des Erwerbseinkommens auf unzumutbaren Erwerbsbemühungen beruht.

---

[20] BGH FamRZ 1995, 475 = R 491 c
[21] BGH FamRZ 1983, 146, 148
[22] BGH FamRZ 1988, 145, 148
[23] BGH FamRZ 1992, 1045, 1049; FamRZ 1990, 1091, 1095

b) Liegt ein Mangelfall nach § 1581 BGB, insbesondere ein Fall der Dreiteilung vor, so ist zur Ermittlung des anrechnungsfreien Defizits der volle Unterhalt und der wegen Mangels **gekürzte Unterhalt** und die Differenz als **anrechnungsfreies Defizit** zu berechnen,

c) Dann ist im Wege einer Billigkeitsabwägung festzulegen, wie viel von dem verbleibenden Einkommen bei der Unterhaltsberechnung berücksichtigt werden soll.

d) Der sich ergebende Betrag ist als normales eheprägendes Erwerbseinkommen in die Unterhaltsberechnung einzubeziehen.

5. Rechenbeispiele zu § 1577 II BGB

956 **Mangelfall mit Ehegatten und kleinem Kind**: M verdient 1725, F betreut das zweijährige gemeinsame Kind K und verdient 1000 € aus unzumutbarem Erwerb.
Bedarf von K: (Mindestunterhalt wegen Mangel) 317 – 92 = 225 €
M bleibt 1725 – 225 = 1500 €.
Bei der Feststellung des anrechnungsfreien Defizits bleibt das unzumutbare Einkommen von F außer Betracht.
a) Gattenquote: 1500 $\star$ $^3/_7$ = 643 €, also weniger als der Mindestbedarf von 770 €. Dieser ist also maßgebend.
M ist leistungsfähig nur in Höhe von 1500 – 1050 = 450 €, somit ist das Einkommen von F aus unzumutbarem Erwerb in Höhe von 770 – 450 = 320 € anrechnungsfrei,
b) Der Rest von 1000 – 320 = 680 € ist nach Billigkeit anzurechnen.
c) Wählt man die Halbanrechnung, dann sind 680/2 = 340 zu berücksichtigen. Unterhalt dann (1500 – 340) $\star$ $^3/_7$ = 497 €.
d) Da die Leistungsfähigkeit nur 450 € beträgt, bleibt das **Einkommen des Berechtigten im Ergebnis unberücksichtigt**: Unterhalt wird nur in Höhe der Leistungsfähigkeit von 450 € geschuldet. Am Ende hat M 1050 €, F 1450 €.
Abwandlung: F verdient nun 1500 aus unzumutbarem Erwerb.
a) Mindestbedarf: 770 €, M ist leistungsfähig in Höhe von 1500 – 1050 = 450 €. Anrechnungsfrei sind wieder 770 – 450 = 320 €,
b) der Rest von 1500 – 320 = 1180 € ist nach Billigkeit anzurechnen.
c) Wählt man die Halbanrechnung, dann sind 1180/2 = 590 € zu berücksichtigen. Der Unterhalt beträgt dann (1500 – 590) $\star$ $^3/_7$ = 390 €.
d) Da die Leistungsfähigkeit nur 450 € beträgt, wird das Einkommen des Berechtigten berücksichtigt: Unterhalt schöpft Leistungsfähigkeit nicht aus. Am Ende hat M 1725 – 225 – 390 = 1110 €, F 1500 + 390 = 1890 €.
e) Dies Ergebnis kann jedoch korrigiert werden, durch eine Erhöhung der Anrechnung bis zu 1180 €. Der **geringst mögliche Unterhalt** für F beträgt dann (1500 – 1180) $\star$ $^3/_7$ = 137 €. M hätte dann am Ende 1500 – 137 = 1363 €, während F aus dem in voller Höhe unzumutbaren Erwerb nur den geringen Vorteil von 1500 + 137 = 1637 € hätte.

957 **Mangelfall mit neuem ein Kind betreuendem Ehegatten:**
M verdient nach Abzug von Kindesunterhalt 3000 € und schuldet Unterhalt der geschiedenen F1, welche 1000 € verdient und das zweijährige Kind K1 betreut, sowie seiner neuen Frau F2, mit der er zusammenlebt und die das neugeborene gemeinsame Kind K2 betreut. Nach LStKl 1 würde er 2600 € verdienen.
a) F1: 2600 $\star$ 90%/2 = 1170 €. (Voller Unterhalt ohne unzumutbares Einkommen)
Kürzung dieses Unterhalts nach Drittelmethode gem. § 1581 BGB:
3000 $\star$ 90%/3 +10% = 990 €. (mit Vorteil wegen Zusammenleben)
Anrechnungsfreies Defizit deshalb:
1170 – 990 = 180 €.
b) Anzurechnen nach Billigkeit: 1000 – 180 = 820 €.
c) Es wird Halbanrechnung gewählt.
d) Das ergibt sich für F1: F1 Drittelanteil. (3000 $\star$ 90% + 820/2 $\star$ 90%)/3 = 1023 + 10% = 1125 – 820/2 $\star$ 90% = 756 €.
Dieser Betrag ist zwar höher als der fiktive volle Bedarf. Dieser berücksichtigt allerdings nicht, dass die Halbanrechnung nach der Rechtsprechung des BGH zugleich den Bedarf erhöht.[24]

---

[24] BGH FamRZ 2005, 1154 = R 630 e

5. Abschnitt: Zur Bedürftigkeit des Berechtigten § 4

Zur Kontrolle: Ohne Berücksichtigung des anrechnungsfreien Defizits ergäbe sich:
F1 = (3000 * 90% + 1000 * 90%/2)/3 = 1050 + 10% = 1155 − 1000 * 90%/2 = 705 €, also um 51 € geringer.
Wenn Einkommen aus unzumutbarer Erwerbstätigkeit hälftig angerechnet wird und insoweit zugleich den Bedarf erhöht, ist der Einfluss eines anrechnungsfreien Defizits auf das Ergebnis nicht erheblich.

Mangelfall mit neuem Ehegatten unter Rentnern: 958
M bezieht eine Rente von 2000 € und ist der geschiedenen F1 unterhaltspflichtig, deren Rente nur 400 € beträgt und die um der Not abzuhelfen 400 € hinzuverdient, sowie einer neuen – gleichrangigen – Ehefrau F2, welche eine Rente von 300 € bezieht. Nach Stkl 1 hätte M nur 1750 €.
a) F1 nach den ehelichen Lebensverhältnissen ohne Einkommen aus unzumutbarer Tätigkeit:
(1750 + 400)/2 − 400 = 675 €
Kürzung auf den Drittelanteil: (2000 + 400 + 300)/3 = 900 + 10% = 990 − 400 = 590 €
Anrechnungsfreies Defizit: 675 − 590 = 85 €,
b) der Rest von 400 − 85 = 315 ist nach Billigkeit anzurechnen.
c) Es wird Halbanrechnung gewählt: 315/2 = 158 €
d) F1 erhält: (2000 + 400 + 158 * 90% + 300)/3 = 947 +10% = 1042 − 400 − 158 * 90% = 500 €.
Zur Kontrolle: Ohne das anrechnungsfreie Defizit ergäbe sich:
(2000 + 400 + 400/2 * 90% + 300)/3 = 960 + 10% = 1056 − 400 − 400/2 * 90% = 476 €.
Wenn Einkommen aus unzumutbarer Erwerbstätigkeit mithin hälftig angerechnet und insoweit auch bei der Bestimmung des Bedarfs berücksichtigt wird, ist der **Einfluss eines anrechnungsfreien Defizits** auf das Ergebnis **nicht groß**.
Analoge Anwendung bei Kindesunterhalt:
M schuldet S Unterhalt in Höhe von 486 € (679 − 192). Er verdient nur 1400 €. S arbeitet überobligatorisch in den Ferien und verdient im Monatsdurchschnitt 350 €.
Ohne Berücksichtigung des Einkommens von S erhielte dieser 1400 − 1150 = 250 €, 386 − 250 = 136 € bleiben ungedeckt. Das Einkommen von S bleibt deshalb in Höhe von 136 € anrechnungsfrei. In Höhe von 300 − 136 = 164 ist es nach Billigkeit anzurechnen, in der Regel zur Hälfte. Damit bliebe ein Unterhaltsbedarf von 386 − 164/2 = 304 €, der die Leistungsfähigkeit von M (136 €) immer noch übersteigt. Das gilt selbst dann, wenn der anrechnungsfähige Teil voll angerechnet würde.

III. Vermögensverwertung nach § 1577 III BGB und nachhaltige Unterhaltssicherung durch Vermögen nach § 1577 IV BGB

1. Vermögensverwertung nach § 1577 III BGB

Wenn Vermögen vorhanden ist, dann kann der Berechtigte im Prinzip durch dessen 959
Verwertung solange seinen Bedarf decken, bis das Vermögen verbraucht ist. Solange wäre er also nicht bedürftig. Die Bedürftigkeit entstünde erst später.
Jedoch braucht nach § 1577 III BGB der Berechtigte den Stamm seines Vermögens nicht zu verwerten, soweit die Verwertung unwirtschaftlich oder unter Berücksichtigung der beiderseitigen wirtschaftlichen Verhältnisse unbillig wäre.
Unter Vermögen in diesem Sinn ist das **gesamte Aktivvermögen** des Berechtigten zu verstehen, und zwar Vermögen jeder Art. Zu berücksichtigen sind auch Vermögenswerte, die erst nach der Trennung oder Scheidung zugeflossen oder entstanden sind, wie z. B. durch eine Erbschaft oder Schenkung, durch den Veräußerungserlös eines früheren gemeinsamen Hauses oder durch eine Vermögensbildung nach der Scheidung.
Das Vermögen dient im Prinzip dazu, den Unterhalt des Berechtigten ergänzend zu dessen sonstigen Einkünften **auf Lebenszeit zu sichern**.[25]
Der Berechtigte muss Vermögen grundsätzlich verwerten und für Unterhaltszwecke ver- 960
wenden, wenn die Verwertung **weder unwirtschaftlich noch unbillig** ist. Ist eine dieser beiden Alternativen erfüllt, entfällt eine Verwertungsobliegenheit.
Wirtschaftlich ist die **Verwertung des Miteigentums an einem Haus** durch Auf- 961
hebung der Miteigentumsgemeinschaft statt einer Beleihung des Miteigentumsanteils.[26]

---

[25] BGH FamRZ 1985, 354
[26] BGH FamRZ 1984, 662

Das Vermögen soll nicht zu Lasten des Verpflichteten für Erben erhalten werden. Doch ist dem Berechtigten zuzumuten, eine **Leibrente** einzukaufen.

Eine Vermögensverwertung kann **unwirtschaftlich** sein, wenn der Berechtigte aus dem Vermögen Erträge erzielt, die seinen Unterhaltsanspruch mindern, es sei denn, die Erträge stehen in keinem angemessenen Verhältnis zum Wert des dafür eingesetzten Vermögens. In entsprechender Weise ist der Verkauf eines Eigenheims unwirtschaftlich, wenn eine entsprechende Mietwohnung auf Dauer teurer wäre als der Wert des Wohnvorteils.

Unwirtschaftlich kann die Veräußerung eines landwirtschaftlichen Grundstücks sein, wenn eine erhebliche **Wertsteigerung alsbald zu erwarten** ist, weil das Grundstück in die Baulandplanung einbezogen wird.

Die Verwertung eines **Barvermögens** ist in der Regel nicht unwirtschaftlich, kann aber unbillig sein.[27]

962   Zur **Unbilligkeit** der Verwertung:

Diese erfordert eine umfassende tatrichterliche Billigkeitsabwägung aller Umstände des Einzelfalls, vor allem der beiderseitigen wirtschaftlichen Verhältnisse. Siehe dazu die Ausführungen zu § 5 Rn. 82 ff. Jedoch dürfen dabei nicht aus Gründen der Gleichbehandlung ohne weiteres die gleichen Maßstäbe angelegt werden, welche für die Zumutbarkeit der Vermögensverwertung durch einen Unterhaltspflichtigen gelten.[28]

Auch das Geltendmachen des **Pflichtteils** kann zumutbar sein.[29]

963   Der Berechtigte hat die **Darlegungs- und Beweislast** für alle Umstände, aus denen sich die Unbilligkeit oder Unwirtschaftlichkeit einer Vermögensverwertung ergibt. Der Verpflichtete muss seinerseits im Rahmen seines qualifizierten Bestreitens solche Umstände vortragen, die für eine Vermögensverwertung sprechen, vgl. auch § 6 Rn. 719.

2. Nachhaltige Unterhaltssicherung durch Vermögen nach § 1577 IV BGB

964   War zum Zeitpunkt der Ehescheidung zu erwarten, dass der Unterhalt des Berechtigten aus seinem Vermögen nachhaltig gesichert sein wird, dann besteht **kein Unterhaltsanspruch** (§ 1577 IV 1 BGB).

Der Anspruch bleibt auch dann **erloschen, wenn das Vermögen** später, sei es verschuldet oder unverschuldet, **wegfällt.** Dies ist wie bei § 1573 IV 1 BGB eine Folge der nachhaltigen Unterhaltssicherung.

965   **Ausnahmsweise** entsteht nach § 1577 IV 2 BGB trotzdem ein neuer Unterhaltsanspruch nach § 1570 BGB, wenn im Zeitpunkt des Vermögenswegfalls vom Berechtigten wegen der Pflege oder Erziehung eines gemeinschaftlichen Kindes keine Erwerbstätigkeit erwartet werden kann.

6. Abschnitt: Zur Leistungsfähigkeit des Verpflichteten

I. Leistungsunfähigkeit als Einwendung

966   Für den Geschiedenenunterhalt beinhaltet § 1581, ähnlich wie § 1603 BGB und früher § 59 EheG, eine Regelung der Leistungsfähigkeit sowie der Folgen einer ganz oder teilweise fehlenden Leistungsfähigkeit. Das Gesetz verwendet zwar nicht ausdrücklich den Begriff der Leistungsfähigkeit, meint sie aber nach Sinn und Zweck der Regelung.

967   Obwohl die Leistungsfähigkeit an sich – wie die Bedürftigkeit – eine weitere Voraussetzung jedes Unterhaltsanspruchs gehören würde, ist sie in den §§ 1581, 1603 BGB aus Zweckmäßigkeitsgründen **als Einwendung ausgestaltet** mit der Folge, dass der Verpflichtete die Darlegungs- und Beweislast hat für eine von ihm

---

[27] BGH FamRZ 1985, 360
[28] BGH FamRZ 1993, 1065 = R 461 a
[29] BGH FamRZ 1993, 1065 = R 461 a, b

6. Abschnitt: Zur Leistungsfähigkeit des Verpflichteten § 4

behauptete beschränkte oder fehlende Leistungsfähigkeit (vgl. § 6 Rn. 721 f.). Diese Umkehr der Darlegungs- und Beweislast ist verfassungsrechtlich bedenkenfrei.[1]
Erhebt der Verpflichtete hinsichtlich seiner Leistungsfähigkeit keine Einwendungen, wird die Leistungsfähigkeit vermutet. Der Richter ist nicht verpflichtet, sich von Amts wegen nach Umständen zu erkundigen, die die Leistungsfähigkeit beeinträchtigen könnten, wie z. B., ob er gegenüber seiner Frau aus neuer Ehe unterhaltsverpflichtet ist.[2]
Beim **Trennungsunterhalt** fehlt eine dem § 1581 BGB entsprechende Regelung. 968
Trotzdem sind die Grundsätze des § 1581 BGB auch beim Trennungsunterhalt in entsprechender Weise mit heranzuziehen.[3]

II. Eigener eheangemessener Bedarf

Der Verpflichtete ist nach § 1581 BGB leistungsfähig, wenn er wirtschaftlich in der Lage 969
ist, den vollen eheangemessenen Unterhalt (§§ 1361, 1578 I 1 BGB) des Berechtigten ohne Beeinträchtigung seines **eigenen eheangemessenen Bedarfs** zu bezahlen. Er ist dann auch zu entsprechenden Unterhaltszahlungen verpflichtet. Er hat dazu alle eheprägenden und -nichtprägenden Einkünfte heranzuziehen (Rn. 550 ff.).
In seiner **grundsätzlichen Entscheidung** vom 18. 10. 1989 (IV b ZR 89/88[4]) hatte 970
der BGH die in diesem Buch vertretene Auffassung bestätigt, dass der eigene angemessene Unterhalt im Sinn von § 1581 BGB grundsätzlich mit dem **vollen eheangemessenen Unterhalt nach § 1578 I 1 BGB gleichzusetzen** sei und somit von der Höhe des Einkommens abhänge. Mit seiner Entscheidung vom 15. 3. 2006[5] hat der BGH diesen **Weg eines variablen Selbstbehalts dann verlassen** und ist zu einem festen Selbstbehalt zurückgekehrt. Es bedürfe nämlich dieses variablen Selbstbehalts nicht mehr, weil die erforderliche Anpassung an das Einkommen des Pflichtigen bereits durch die an das Einkommen des Pflichtigen geknüpfte Bestimmung des Bedarfs des Berechtigten (variable eheliche Lebenverhältnisse) erfolge. Der billige Selbstbehalt müsse zwischen dem (minderjährigen Kindern gegengegenüber zu wahrenden) notwendigen und dem (nicht privilegierten volljährigen Kindern gegenüber zu wahrenden) angemessenen Selbstbehalt liegen.[6] Nun hat das BVerfG diese Rechtsprechung als verfassungswidrig missbilligt, weil sie die vom Gesetzgeber gewünschte Trennung von Bedarf und Leistungsfähigkeit missachte.[7] Damit muss nach § 1581 BGB wieder der individuelle einkommensabhängige eheangemessene Selbstbehalt berücksichtigt werden.
Dieser **variable Selbstbehalt** gilt jedoch **nicht für den Rang**, denn die Regelung des 971
§ 1582 BGB, welche früher den Rang regelte und dies auch jetzt noch tut, allerdings nur noch in Form einer Verweisung auf § 1609 BGB, enthält – anders als die alte Fassung – keine Verweisung auf § 1581 BGB mehr. Redaktionelle Gründe können als Ursache des Wegfalls nicht gefunden werden: Die Verweisung hätte ebenso bestehen bleiben können. Zur Begründung des Rangs führt der Gesetzgeber jedoch aus, dass nicht mehr die zeitliche Priorität maßgebend sein solle, sondern allein die Schutzbedürftigkeit des Berechtigten.[8] Das liefert eine Begründung auch für den Fortfall der Verweisung: wenn die Verteilung nach § 1581 BGB vom Rang abhinge, dann würde sich die zeitliche Priorität im Rang durchsetzen. Der spätere Ehegatte bliebe nämlich bei Nachrang unberücksichtigt könnte sich jedoch bei Vorrang ihm gegenüber nicht vollständig durchsetzen, weil der Unterhalt des ersten jedenfalls Einfluss auf seinen Bedarf hätte. Deshalb muss es neben dem variablen eheangemessenen Selbstbehalt einen festen Ehegattenselbstbehalt als Mindestselbstbehalt

---

[1] BVerfG FamRZ 1985, 143, 146; BGH FamRZ 1988, 930
[2] BGH FamRZ 1988, 930
[3] BGH FamRZ 1986, 556
[4] BGH FamRZ 1990, 260
[5] BGH FamRZ 2006, 683 = R 649 d
[6] BGH FamRZ 1990, 260
[7] BVerfG FamRZ 2011, 437 = R 722 e ff.
[8] BT-Drucks. 16/1830 S. 23

geben, dessen Unterschreiten die Rangregeln auslöst. Diesen hatte der BGH anfangs noch nicht betragsmäßig festgelegt, sodass er von Fall zu Fall individuell bestimmt werden konnte. Dabei war aber zu beachten, dass er nicht über dem angemessenen und nicht unter dem notwendigen Selbstbehalt liegen darf. Inzwischen haben die OLGs sich jedoch auf einen **Ehegattenselbstbehalt von 1050 EUR** (vor dem 1. 1. 2011: 1000 EUR) festgelegt.

972 • Erhebt der Verpflichtete **keine Einwendungen zu seiner Leistungsfähigkeit** (Rn. 966), dann ist der volle Bedarf als Unterhalt zuzusprechen.

• **Behauptet der Verpflichtete,** ganz oder teilweise nicht leistungsfähig zu sein, muss er dies konkret darlegen und nachweisen, dass und warum er den vollen Unterhalt nicht ohne Beeinträchtigung seines eigenen vollen Bedarfs bezahlen kann (siehe § 6 Rn. 721 f.).

Im Rahmen der Überprüfung seiner Leistungsfähigkeit sind auf der Leistungsstufe **sämtliche Einkünfte des Verpflichteten zu berücksichtigen,**[9] gleich ob bedarfsbestimmend oder nicht (siehe § 1 Rn. 33 f.). Außerdem können dem Verpflichteten im Rahmen der Leistungsfähigkeit verstärkt in zumutbarer Weise erzielbare Einkünfte fiktiv zugerechnet werden (siehe § 1 Rn. 735 ff.).

973 • Andererseits sind im Rahmen der Leistungsfähigkeit nach § 1581 BGB **auch sonstige berücksichtigungswürdige Verbindlichkeiten** zu berücksichtigen, die bei der Bedarfsbemessung nicht berücksichtigt werden durften. Da aber solche, die auf einer Verletzung der Erwerbsobliegenheit beruhen, auch hier nicht berücksichtig werden dürfen, andere aber nach der Rechtsprechung zu den wandelbaren ehelichen Lebensverhältnissen[10] auch beim Bedarf zu berücksichtigen sind, hat dieser Gesichtspunkt keine Bedeutung mehr.[11] (Ferner § 1 Rn. 1072 ff.)

974 Bei beschränkter Leistungsfähigkeit besteht ein **Mangelfall** im Sinn von § 1581 BGB. Geschuldet wird dann nicht mehr der volle Unterhalt nach § 1578 I 1 BGB, sondern auf Grund einer Billigkeitsabwägung nach § 1581 BGB ein Billigkeitsunterhalt. Diese Feststellung ist wichtig, weil bei einer **späteren Abänderung** der volle Unterhalt verlangt werden kann, wenn nun mehr Mittel zur vollen Bedarfsdeckung vorhanden sind. Es besteht kein Grund, die Parteien in einem solchen Fall an der früheren Beschränkung auf einen Billigkeitsunterhalt festzuhalten[12] (§ 5 Rn. 47 f.). Eine Beschränkung kann dann nur § 1578b BGB bringen (Rn. 1000 ff.).

III. Bedarfsquote und Billigkeitsquote, konkreter Bedarf

975 Bisher wurde bei einem Mangelfall nach § 1581 BGB der Unterhalt nach der **Ehegattenquote** bemessen (Rn. 772). Diese Ehegattenquoten beinhalteten früher ihrerseits bereits deshalb einen Mangelfall, weil ein trennungsbedingter Mehrbedarf oder sonstiger Mehrbedarf nicht durch zusätzliche nichtprägende Einkünfte des Berechtigten oder des Verpflichteten oder durch Einschränkung einer Vermögensbildung gedeckt werden konnten.

Es war daher zu unterscheiden zwischen der auf § 1581 BGB gründenden **Billigkeitsquote** des Gattenunterhalts bei beschränkter Leistungsfähigkeit, die der ursprünglichen Düsseldorfer Tabelle zugrunde lag[13] und die durch die Ablehnung der Bedarfsbestimmung durch die Drittelmethode durch das BVerfG neue Bedeutung erlangt hat, einerseits und der **Bedarfsquote,** welche der BGH mit der Anrechnungsmethode[14] begründet und der Zuordnung des Bonus zum Bedarf weiterentwickelt hat, andererseits.[15]

---

[9] BGH FamRZ 1989, 159
[10] BGH FamRZ 2009, 411 = R 702b
[11] BGH FamRZ 1990, 283, 287
[12] BGH FamRZ 1989, 842; FamRZ 1989, 817; FamRZ 1987, 257
[13] Deutlich in DT98 B I 1 und HL98 27, 29, welche den Billigkeitunterhalt als Regelfall voranstellten und dann auf den Bedarf beschränkten, vgl. Hampel, Bemessung des Unterhalts, Rn. 530
[14] BGH FamRZ 1983, 146, 148; FamRZ 1982, 576
[15] BGH FamRZ 1989, 842

7. Abschnitt: Herabsetzung und zeitliche Begrenzung des Unterhalts § 4

Bei der Billigkeitsquote sind alle zumutbar erzielten oder erzielbaren prägenden und nichtprägenden Einkünfte zugrunde zu legen, bei der Bedarfsquote nur die prägenden. 976

Dieses Nebeneinander von Bedarfsquote und Billigkeitsquote hatte die Abkehr des BGH von dem eheangemessenen Selbstbehalt als Spiegelbild des Quotenbedarfs[16] beendet. Die **Ehegattenquote stellte immer eine Bedarfsquote** dar. Durch die Entscheidung des BVerfG vom 25. 1. 2011[17] ist in Fällen mit **mehren unterhaltsberechtigten Ehegatten** die **Billigkeitsquote** wieder relevant geworden (Rn. 407, § 5 Rn. 108).

Bei einer **konkreten Bedarfsbemessung** (siehe Rn. 763) allerdings gibt es wegen der besonders guten wirtschaftlichen Verhältnisse keinen Mangelfall. Ein Mangel kann aber dann eintreten, wenn der Verpflichtete, z. B. infolge eines Konkurses, einkommens- und vermögenslos wird. Es sind dann die allgemeinen Grundsätze einer Mangelfallrechnung anzuwenden. 977

IV. Schuldhaft herbeigeführte Leistungsunfähigkeit, Folgen des Mangelfalls

Eine (teilweise oder völlige) Leistungsunfähigkeit ist grundsätzlich zu beachten, und zwar auch dann, wenn der Verpflichtete sie selbst, sogar **schuldhaft herbeigeführt** hat.[18] Ausnahmsweise kann dem Verpflichteten nach **Treu und Glauben** (§ 242 BGB) die Berufung auf eine beschränkte oder fehlende Leistungsfähigkeit verwehrt sein, wenn ihm ein verantwortungsloses, zumindest leichtfertiges Verhalten von erheblichem Gewicht vorgeworfen werden kann, was eine wertende Betrachtung und Abwägung aller Umstände des Einzelfalles erfordert[19] (genauer Rn. 654 ff., § 1 Rn. 743 ff. und nachfolgend § 5 Rn. 44 f.). 978

Die Folgen des Mangelfalls sind im § 5 Mangelfälle unter Rn. 52, 103 f., 114 f., 166 f. dargestellt. 979

– in dieser Aufl. nicht belegt – 980–999

7. Abschnitt: Herabsetzung und zeitliche Begrenzung des Unterhalts nach § 1578 b BGB

I. Allgemeines

1. Neues und bisheriges Recht

Mit **§ 1578 b BGB gilt seit 1. 1. 2008** eine grundsätzlich für **alle** Unterhaltstatbestände des nachehelichen Unterhalts einheitliche Billigkeitsregelung, die eine Herabsetzung und/oder zeitliche Begrenzung (= Befristung) von Unterhaltsansprüchen ermöglicht. Die Regelung ist nicht wegen Unbestimmtheit verfassungswidrig. Ein Verstoß gegen das aus dem Rechtsstaatprinzip folgende Gebot der Normenklarheit liegt nicht vor. Auch Art. 6 Abs. 1 GG gebietet keine lebenslange Unterhaltspflicht.[1] Der Gesetzgeber beschränkt sich entsprechend seiner mit dem Unterhaltsrechtsänderungsgesetz vom 21. 12. 2007 verfolgten Absicht in weiten Teilen auf konkretisierungsbedürftige Grundaussagen und Generalklauseln. Damit soll den Gerichten ein breiter Spielraum eröffnet werden, dem konkreten Einzelfall 1000

---

[16] BGH FamRZ 2006, 683 = R 649 d
[17] BVerfG FamRZ 2011, 437 = R 722
[18] BGH FamRZ 1987, 372, 374; FamRZ 1985, 158
[19] BGH FamRZ 1989, 159, 161
[1] BGH FamRZ 2010, 1414 Rn. 14 und 26; FamRZ 2011, 188 Rn. 15 jeweils zum Krankheitsunterhalt

nach Billigkeits- und Zumutbarkeitsgesichtspunkten gerecht zu werden.[2] Wegen der fehlenden Rückwirkung des neuen Rechts und der gesetzlichen **Übergangsregelung** des § 36 EGZPO wird auf Rn. 1030 verwiesen.

Vor Inkrafttreten der Unterhaltsreform am 1. 1. 2008 erlaubte § 1573 V BGB a. F. Unterhaltsansprüche nach § 1573 I bis IV BGB, die nach dem 31. 3. 1986 fällig geworden waren, zeitlich dem Grunde nach zu begrenzen. Darüber hinaus konnte nach § 1578 I 2 BGB a. F. grundsätzlich bei allen Tatbeständen des nachehelichen Unterhalts die Unterhaltsbemessung nach den ehelichen Lebensverhältnissen (§ 1578 I 1 BGB) für nach dem 31. 3. 1986 fällig gewordene Ansprüche zeitlich der Höhe nach begrenzt und danach auf den angemessenen Lebensbedarf herabgesetzt werden.

2. Struktur des § 1578 b BGB

1001 Absatz 1 des § 1578 b BGB ermöglicht in Anlehnung an die frühere Regelung in § 1578 I 2 u. 3 BGB a. F. die **Herabsetzung** eines Unterhaltsanspruchs der Höhe nach von dem nach den ehelichen Lebensverhältnissen bestimmten Maß des § 1578 I S. 1 BGB auf einen nur angemessenen Lebensbedarf (siehe hierzu Rn. 1005). Absatz 2 erlaubt – grundsätzlich ebenfalls bei allen Unterhaltstatbeständen – über eine bloße Herabsetzung hinausgehend die **zeitliche Begrenzung,** also eine in der Zukunft liegende endgültige Beendigung eines Anspruchs (= Befristung).

§ 1578 b BGB ist als Billigkeitsvorschrift konzipiert, die eine **Billigkeitsabwägung auf Grund objektiver,** vom Gesetzgeber vorgegebener **Kriterien** erfordert, bei denen es – anders als vielfach bei § 1579 BGB (s. dazu Rn. 1200 ff.) – nicht um ein Unwerturteil oder um subjektive Vorwerfbarkeit, also nicht um eheliches Fehlverhalten geht.[3]

Da es sich um eine unterhaltsbegrenzende Norm mit Ausnahmecharakter[4] handelt, trägt der Unterhaltspflichtige die **Darlegungs- und Beweislast** für diejenigen Tatsachen, die für die Anwendung des § 1578 b BGB sprechen. Den Berechtigten trifft eine **sekundäre Darlegungslast** hinsichtlich der Umstände, die gegen eine Unterhaltsbegrenzung oder für eine längere Unterhaltszeit sprechen (siehe hierzu unter Rn. 1031).[5]

Die gesetzliche Neuregelung erlaubt bei allen Unterhaltstatbeständen die **Kombination der Herabsetzung** nach § 1578 b I BGB **mit der zeitlichen Begrenzung** nach § 1578 b II BGB in einer Entscheidung (§ 1578 b III BGB). Grundsätzlich ist in der ersten Entscheidung, in der die Umstände des Unterhaltsberechtigten abschließend beurteilt werden können, über Maßnahmen der Begrenzung nach § 1578 b BGB zu entscheiden. Je nach Entwicklung des Unterhaltsverhältnisses kann es auch dazu kommen, dass zunächst eine Herabsetzung angeordnet wird und eine weitere Entscheidung über eine zeitliche Begrenzung und damit eine endgültige Beendigung des Unterhaltsverhältnisses (siehe hierzu Rn. 1010) erst später fällt.

3. Gemeinsame Voraussetzungen von § 1578 b I und II BGB

1002 Nach § 1578 b I 1, II BGB ist der Unterhaltsanspruch des geschiedenen Ehegatten auf **den angemessenen Lebensbedarf herabzusetzen oder zeitlich zu begrenzen (= befristen)**, wenn eine an den ehelichen Verhältnissen orientierte Bemessung auch unter Wahrung der Belange eines dem Berechtigten zur Pflege oder Erziehung anvertrauten gemeinschaftlichen Kindes unbillig wäre. Erforderlich ist eine **umfassende Billigkeitsabwägung** aller Umstände des Einzelfalls,[6] insbesondere unter Berücksichtigung der in Absatz 1 Satz 2 und 3 aufgeführten Kriterien (Genaueres dazu Rn. 1011 ff.).

---

[2] BT-Drs. 16/1830 S. 13
[3] BT-Drs. 16/1830 S. 19 f.
[4] BGH FamRZ 2010, 1633 Rn. 28
[5] BT-Drs. 16/1830 S. 20; zum alten Recht: BGH FamRZ 2008, 134, 136 = R 685; zum neuen Recht: BGH FamRZ 2010, 875 = R 711; FamRZ 2010, 1637 Rn. 43 f.; FamRZ 2010, 1050 Rn 52 f.
[6] BGH FamRZ 2007, 200, 204 = R 661; FamRZ 1986, 886, 888; FamRZ 2010, 1414 Rn. 21

7. Abschnitt: Herabsetzung und zeitliche Begrenzung des Unterhalts § 4

Den bedeutsamsten Maßstab bilden dabei sowohl für eine Befristung als auch für eine Herabsetzung die in § 1578 b I 2 und 3 BGB konkretisierten **ehebedingten Nachteile**. Sie sind stets vorrangig zu prüfen.[7] Danach ist insbesondere zu berücksichtigen, inwieweit durch die Ehe Nachteile im Hinblick auf die Möglichkeit eingetreten sind, für den eigenen Unterhalt zu sorgen (Satz 2). Solche Nachteile können sich vor allem aus der Dauer der Pflege und Erziehung eines gemeinschaftlichen Kindes, aus der Gestaltung von Haushaltsführung und Erwerbstätigkeit während der Ehe sowie aus der Dauer der Ehe ergeben (Satz 3). Der Nachteil besteht in der Höhe, in der der Berechtigte nach Beendigung der Ehe bzw. im Zeitpunkt der gerichtlichen Entscheidung wegen der Zurückstellung der eigenen Erwerbstätigkeit während der Ehe weniger Einkommen hat als er bei durchgehender Erwerbstätigkeit hätte. Es handelt sich damit um die Differenz zwischen dem Lebensbedarf nach den ehelichen Verhältnissen und dem eigenen angemessenen Lebensbedarf (hierzu s. Rn. 1007). Die Einkommensdifferenz stellt nur dann einen ehebedingten Nachteil dar, wenn sie aufgrund der Ehe(gestaltung), d. h. der **Rollenverteilung in der Ehe** entstanden ist, nicht aber, wenn sie auf unterschiedlichem Ausbildungsniveau[8] beruht oder auf sonstigen persönlichen Umständen, die während der Ehe eingetreten sind[9] (siehe hierzu Rdn. 1017).

Neben den ehebedingten Nachteilen – aber nachrangig zu prüfen – kann die **nacheheliche Solidarität** den alleinigen Maßstab für eine Begrenzung des Unterhalts bilden. Sie ist vor allem in Fällen heranzuziehen, in denen es nicht um die Kompensation ehebedingter Nachteile geht, insbesondere bei einer unabhängig von der Ehe aufgetretenen Krankheit eines Ehegatten (§ 1572 BGB) oder bei starker wirtschaftlicher Verflechtung aufgrund langjähriger Ehe (siehe hierzu Rn. 1022). Für die Feststellung der Unbilligkeit gelten ebenfalls die Kriterien aus § 1578 b I 3 BGB.[10] Der Begriff der nachehelichen Solidarität wird zwar im Gesetz nicht ausdrücklich genannt. Seine Berücksichtigung entspricht aber dem ausdrücklichen Willen des Gesetzgebers[11] und ist auch vom Gesetzeswortlaut nicht ausgeschlossen. § 1578 b I 2 BGB weist nur „insbesondere" auf die ehelichen Nachteile hin und schließt damit andere Billigkeitsmaßstäbe nicht aus.[12]

Das Gesetz nennt nur die wichtigsten Billigkeitskriterien. Die Aufzählung ist nicht abschließend. Darüber hinaus können **weitere** nicht ausdrücklich im Gesetz genannte **Kriterien** zu berücksichtigen sein (siehe hierzu Rn. 1022).[13]

Die **Unbilligkeit** der weiteren Unterhaltsbemessung nach den ehelichen Lebensverhältnissen **muss festgestellt werden**. Es genügt nicht, das Fehlen von Billigkeitsgründen festzustellen, die für eine unverminderte Bemessung sprechen, insbesondere solcher nach § 1578 b I 3 BGB. Denn diese Kriterien sind nicht abschließend („vor allem"). Dies ergibt sich aus dem Charakter der Vorschrift, wonach die Begrenzung des Unterhalts die **Ausnahme**, nicht die Regel darstellt.[14]

Die Pflege oder Erziehung eines Kindes muss sich auf ein **anvertrautes gemeinschaftliches Kind** beziehen. Anvertraut ist das Kind bei einer Sorgerechtsübertragung oder wenn sich die Parteien über die Betreuung einig sind.

---

[7] BT-Drs. 16/1830 S. 19; BGH FamRZ 2010, 2059 Rn. 21 = R 720 a, st. Rspr. seit FamRZ 2008, 1325; FamRZ 2009, 1207 Rn. 35
[8] BGH FamRZ 2006, 1006
[9] BGH FamRZ 2010, 1414 Rn. 18; FamRZ 2011, 188 Rn. 20
[10] BT-Drs. 16/1830 S. 19
[11] BT-Drs. 16/1830 S. 19
[12] BGH FamRZ 2009, 1207 Rn. 37; st. Rspr., zuletzt FamRZ 2011, 713 Rn. 21 = R 724 d
[13] BGH FamRZ 2010, 1633 Rn. 29
[14] BGH FamRZ 2010, 1238 Rn. 32 f.; FamRZ 2010, 1414 Rn. 21; FamRZ 2010, 1633 Rn. 28 f.

II. Herabsetzung des eheangemessenen Unterhalts auf den angemessenen Lebensbedarf nach § 1578 b I BGB

1. Anwendungsbereich des § 1578 b I BGB

1003 Der nacheheliche Unterhalt ist gemäß § 1578 I 1 BGB nach den ehelichen Lebensverhältnissen zu bemessen (vgl. Rn. 400 ff.).[15] Aus dem Regelungszusammenhang des Unterhaltsrechts nach der Unterhaltsreform lässt sich aus § 1573 I und II BGB für den bedürftigen Ehegatten keine zeitlich unbeschränkte Lebensstandardgarantie mehr herleiten (vgl. Rn. 308 f.). Die einschneidenden wirtschaftlichen Folgen von Trennung und Scheidung erlauben – völlig losgelöst von Billigkeitsgesichtspunkten und der Einzelfallgerechtigkeit – häufig nicht die Aufrechterhaltung ungekürzter, ggf. lebenslanger Unterhaltspflichten.[16] Eines der Ziele der Gesetzesänderung ist deshalb auch, die Eigenverantwortung nach der Ehe zu fördern.[17]

Nach § 1578 b I 1 BGB ist der Unterhaltsanspruch des geschiedenen Ehegatten **auf den angemessenen Lebensbedarf herabzusetzen**, wenn eine an den ehelichen Verhältnissen orientierte Bemessung auch unter Wahrung der Belange eines dem Berechtigten zur Pflege oder Erziehung anvertrauten gemeinschaftlichen Kindes unbillig wäre.

§ 1578 b I BGB gilt grundsätzlich für **alle Tatbestände des nachehelichen Unterhalts** (§§ 1570 ff. BGB), soweit es nicht wegen immanenter Schranken des betreffenden Tatbestands, z. B. wegen der zeitlichen Befristung des Ausbildungsunterhalts nach § 1575 I 2 BGB oder bei dem auf eigener Billigkeitsprüfung beruhenden Billigkeitsunterhalt nach § 1576 BGB kaum zur Anwendung des § 1578 b BGB kommen kann.[18]

Eine **Herabsetzung des Betreuungsunterhalts nach § 1570 BGB** ist – anders als die Befristung (siehe dazu Rn. 1009) – zwar möglich und vom Tatrichter zu prüfen. Sie kommt aber nur eingeschränkt in Betracht (siehe hierzu Rdn. 1013). Die Möglichkeit der Herabsetzung des Unterhaltsanspruchs nach § 1570 BGB besteht zudem nur, wenn dieser die einzige Anspruchsgrundlage bildet, nicht bei Teilansprüchen nach § 1570 und § 1573 I oder II BGB. Sobald eine teilschichtige Erwerbspflicht des Berechtigten besteht, verleiht § 1570 BGB einen Anspruch nur bis zur Höhe des angemessenen Lebensbedarfs. Da dieser die Grenze der Herabsetzung nach § 1578 b BGB bildet, kann in solchen Fällen nur der Teilanspruch nach § 1573 BGB herabgesetzt werden (s. Rn. 109).

Eine **Herabsetzung** des Unterhaltsanspruchs nach § 1578 b I BGB ist sowohl **bei Fortdauer des Anspruchs wegen eines ehebedingtes Nachteils** als auch unter dem Gesichtspunkt der **nachehelichen Solidarität** möglich, wenn der Anspruch auf den vollen Unterhalt jeweils unbillig erscheint.[19] Sie darf nicht zurückgestellt werden, weil eine abschließende Entscheidung über eine Befristung nach § 1578 b II BGB noch nicht möglich ist, also z. B. die Endgültigkeit eines ehebedingten Nachteils noch nicht feststeht. Vielmehr muss eine Prüfung der Herabsetzung des Anspruchs aufgrund der im Zeitpunkt der Entscheidung gegebenen Sachlage und der sicher abzusehenden Umstände erfolgen.[20] Nicht relevant ist, ob ein im Zeitpunkt der Entscheidung bestehender ehebedingter Nachteil in der Zukunft Änderungen unterworfen sein kann.[21]

Nicht anwendbar ist § 1578 b I BGB auf altrechtliche Unterhaltsansprüche nach § 58 EheG.[22]

---

[15] BVerfG FamRZ 2011, 437 = R 722
[16] Vgl. BT-Drs. 16/1830 S. 18
[17] A. a. O. S. 13
[18] Vgl. Büttner FamRZ 2007, 773, 774
[19] BGH FamRZ 2010, 1971 Rn. 29 ff. = R 719 b (Herabsetzung bei nachehelicher Solidarität)
[20] BGH FamRZ 2011, 454 Rn. 43, 46 = R 721 f.; FamRZ 2010, 1637 Rn. 47 f. = R 715 d; anders wohl noch BGH FamRZ 2009, 1300 Rn. 62 und FamRZ 2009, 770 Rn. 44 = R 704 b
[21] A. a. O.
[22] OLG Zweibrücken FamRZ 1999, 1140; OLG München ZFE 2009, 77

2. Rechtsfolgen nach § 1578 b I BGB

Liegen die Voraussetzungen des § 1578 b I BGB vor, **muss der Tatrichter,** wie sich aus der gesetzlichen Formulierung „ist ... herabzusetzen" ergibt, den Unterhaltsanspruch **herabsetzen.** Wenn gleichzeitig die Voraussetzungen des § 1578 b II BGB erfüllt sind, muss er außerdem den Unterhaltsanspruch nach dieser Vorschrift zeitlich begrenzen.[23]

1004

Die Herabsetzung auf den angemessenen Lebensbedarf kann sofort nach der Scheidung erfolgen. Die Unterhaltsbemessung nach den ehelichen Lebensverhältnissen (§ 1578 I 1 BGB) kann – wie nach der Regelung des § 1578 I 2 BGB a. F. – aber auch weiterhin zeitlich begrenzt und nach einer Übergangsfrist auf den angemessenen Lebensbedarf herabgesetzt werden. Im Regelfall gibt es **keine sofortige Herabsetzung** mit Beginn des Unterhalts ab Rechtskraft der Scheidung, weil die Gewährung einer Übergangsfrist nur selten unbillig ist. Das widerspräche dem Regel-/Ausnahme-Verhältnis zwischen dem vollen Unterhaltsanspruch und dessen Begrenzung.[24] Raum für eine sofortige Herabsetzung besteht hauptsächlich dann, wenn die Ehe nur kurze Zeit gedauert hat oder der berechtigte Ehegatte wieder voll berufstätig und die Differenz zwischen seinem tatsächlichen Einkommen und demjenigen ohne ehebedingte Pause gering ist.

Nach dem Wortlaut des § 1578 b I BGB scheidet ein vollständiger Wegfall des Unterhaltsanspruchs aus.[25] Die Formulierung, dass der Unterhaltsanspruch (unter bestimmten Bedingungen) herabzusetzen ist, setzt voraus, dass auch nach Herabsetzung noch ein Unterhaltsanspruch verbleibt. Anders als bei § 1578 b II BGB endet der Unterhaltsanspruch nicht mit Ablauf einer zeitlichen Begrenzung für die Unterhaltsbemessung, sondern geht in einen **verminderten Unterhalt** über. Dieser ist dann in der festgesetzten Höhe solange zu bezahlen, wie dem Grunde nach ein Unterhaltstatbestand erfüllt ist und seine Weitergewährung nicht unbillig ist. Die Höhe dieses Anspruchs bestimmt sich nicht mehr nach den wirtschaftlichen Verhältnissen des Verpflichteten, sondern ist nur noch von seiner fortbestehenden Leistungsfähigkeit und der Bedürftigkeit des Berechtigten abhängig.

Führt die Herabsetzung des Unterhalts auf den angemessenen Lebensbedarf zugleich zu einem Wegfall des Unterhalts, z. B. weil der Berechtigte keine Einkommenseinbußen durch die Ehe erlitten hat, ist dies keine Herabsetzung nach § 1578 b I 1 BGB. Es handelt sich dann um eine Befristung nach § 1578 b II BGB.[26] Denkbar sind hier aber Fallgestaltungen, in denen die Rechtsfolge einer Befristung – endgültiger Wegfall des Unterhaltsanspruchs (s. Rn. 1010) – vermieden werden muss. Es handelt sich um die Fälle, in denen der Berechtigte z. B. nach langer Ehe mit langjähriger Unterhaltszahlung nach den ehelichen Lebensverhältnissen wegen eines ehebedingten Nachteils nur noch Anspruch auf den angemessenen Lebensstandard (s. Rn. 1005) hat, aber im Zeitpunkt der Entscheidung unvorhergesehen eine Arbeitsstelle bekleidet, die ein Gehalt in Höhe des angemessenen Lebensstandards erbringt. Ist diese Arbeitsstelle nicht nachhaltig gesichert, z. B. weil sich der Berechtigte noch in der Probezeit befindet, und verliert er die Arbeitsstelle (innerhalb der Probezeit) wieder, besteht ein Bedürfnis, ihm dann den Unterhaltsanspruch bis zum angemessenen Lebensbedarf wieder zu gewähren. Voraussetzung ist, dass die Umstände, die zum Verlust des Arbeitsplatzes geführt haben, zugleich Grundlage des ehebedingten Nachteils sind. Der Unterhaltsanspruch besteht entweder „latent" fort oder er lebt wieder auf. Ein Wiederaufleben von Unterhaltsansprüchen ist gesetzlich verankert in § 1586 a BGB nach Scheidung einer späteren Ehe, wenn Unterhalt nach § 1570 BGB wegen eines Kindes aus der früheren Ehe geltend gemacht wird (s. Rn. 118). Es ist zudem möglich, wenn Gründe, die zu einer Verwirkung nach § 1579 BGB (vornehmlich § 1579 Nr. 2 BGB Scheitern der nichtehelichen Lebensgemeinschaft) geführt haben, entfallen (s. Rn. 1382 ff.). Der Tatrichter wird in solchen Fällen eine Herabsetzung aussprechen, eine Befristung dagegen mangels hinreichend sicherer Prognose über die Entwicklung der finanziellen Verhältnisse des Be-

---

[23] BT-Drs. 16/1830 S. 19
[24] BGH FamRZ 2010, 1633 Rn. 30
[25] BGH FamRZ 1999, 710, 712 = R 531 b zu § 1578 I 2 BGB a. F.
[26] BGH FamRZ 2009, 1990 Rn. 15; vgl. aber BGH v. 29. 6. 2011 – XII ZR 157/09

rechtigten ablehnen. Eine Bindungswirkung entfaltet sich dann hinsichtlich des Einkommens des Berechtigten nicht (s. Rn. 1028).

Bei der **erstmaligen Unterhaltsherabsetzung** nach § 1578 b I BGB hat eine Doppelberechnung zu erfolgen. Es ist erst der Unterhalt nach den ehelichen Lebensverhältnissen nach § 1578 I 1 BGB zu ermitteln und sodann der angemessene Lebensbedarf nach § 1578 b I 2 BGB.

Die **Festlegung der Übergangsfrist** geschieht durch eine richterliche Ermessensentscheidung.

Für die Bemessung der Zeitspanne, in der der Berechtigte seinen eheangemessenen vollen Unterhalt erhält, spielen alle Gesichtspunkte des konkreten Einzelfalls eine Rolle, die bei der Billigkeitsabwägung (vgl. Rn. 1011 ff.) zu den Voraussetzungen einer Herabsetzung zu berücksichtigen sind. Wesentlich kommt es darauf an, welche Zeit der Berechtigte braucht, um sich auf die neuen Verhältnisse eines geminderten Unterhalts einzustellen. Der Dauer der Ehe kommt dabei keine allein entscheidende Bedeutung mehr zu. Eine schematische Anbindung im Sinne einer zeitlichen Entsprechung zwischen Dauer der Ehe und Dauer der Gewährung des vollen Unterhalts entfällt.[27] Die Ehedauer hat nach § 1578 b BGB ein geringeres Gewicht als in der entsprechenden Regelung nach altem Recht (s. dazu Rn. 1019 ff.).

1005 Für die Zeit nach Ablauf der Übergangsfrist ist der Unterhalt nach einem anderen Maßstab als nach § 1578 I 1 BGB zu bemessen. Als Ersatzmaßstab prägt das Gesetz den Begriff des **„angemessenen Lebensbedarfs"**.

Dieser angemessene Lebensbedarf im Sinne des § 1578 b I BGB ist nicht gleichbedeutend mit dem Billigkeitsunterhalt nach § 1581 BGB. Hiermit ist vielmehr eine dem Einzelfall gerecht werdende Bemessungsgrundlage gemeint, für die als Anknüpfungspunkt im Gesetzgebungsverfahren des Unterhaltsänderungsgesetzes (UÄndG) vom 20. 2. 1986[28] die Lebensstellung des Berechtigten vor der Ehe oder die Lebensstellung, die er ohne die Ehe gehabt hätte, genannt worden waren. Der BGH hat dies aufgegriffen und bemisst den angemessenen Lebensbedarf nach dem **Einkommen, das der Berechtigte ohne die Ehe und Kindererziehung aus eigenen Einkünften zur Verfügung hätte**.[29] Bei der Bemessung ist auf die **konkrete Lebenssituation** des Berechtigten abzustellen.[30] Ist der Berechtigte erwerbsfähig, ist die hypothetische berufliche Entwicklung maßgeblich. Es ist daher zu prüfen, welche berufliche Entwicklung er bei durchgehender, vollschichtiger Erwerbstätigkeit genommen hätte, wenn er nicht geheiratet und wegen der Rollenverteilung in der Ehe (z. B. Kinderbetreuung) seine Erwerbstätigkeit eingeschränkt oder aufgegeben hätte. Ist der Berechtigte dagegen erwerbsunfähig krank (§ 1572 BGB), bildet grundsätzlich die Erwerbsunfähigkeitsrente den angemessenen Lebensbedarf, die der Berechtigte zwar ohne Ehe und Kinder, aber mit der Krankheit erhalten würde, wenn die Krankheit – wie regelmäßig (Rn. 1018) – nicht ehebedingt ist. Da der Berechtigte in einem solchen Fall auch ohne die Ehe erkrankt wäre, darf nicht vom Einkommen eines (fiktiven) Gesunden ausgegangen werden.[31] Da zugleich die konkrete Lebenssituation zugrunde zu legen ist, ist von der tatsächlichen Rente nach Durchführung des Versorgungsausgleichs auszugehen.[32] Dieser bildet den Ausgleich für den während der Ehe nicht weitergeführten Aufbau der Alters- bzw. der Invaliditätsversorgung. Gleiches gilt beim Unterhalt wegen Alters (§ 1571 BGB). Es ist auf das (Renten-)Einkommen nach Beendigung des hypothetischen Erwerbslebens ohne Ehe/Kinder abzustellen, aber von der tatsächlichen Altersrente nach Durchführung des Versorgungsausgleichs auszugehen.[33] Führt der Versorgungsausgleich zu einem

---

[27] BGH FamRZ 2008, 1508 Rn. 27, 28
[28] BGBl. I S. 301
[29] BGH FamRZ 2009, 1990 Rn. 14; FamRZ 2010, 629 Rn. 28 = R 710 b; FamRZ 2010, 2059 Rn. 22 = R 720 b
[30] BGH FamRZ 2010, 629 Rn. 28 ff. = R 710 b; FamRZ 2010, 869 Rn. 46; FamRZ 2010, 1633 Rn. 32; FamRZ 2011, 713 Rn. 15 = R 724 b
[31] BGH FamRZ 2010, 629 Rn. 29 = R 710 b; FamRZ 2011, 713 = R 724 b Rn. 16
[32] A. a. O.
[33] BGH FamRZ 2010, 629 Rn. 29 = R 710 b

7. Abschnitt: Herabsetzung und zeitliche Begrenzung des Unterhalts § 4

vollständigen Ausgleich der während der Ehe erlittenen Versorgungsnachteile, bildet die tatsächliche Rente den angemessenen Lebensbedarf.[34] Dabei ist es grundsätzlich nicht erheblich, wenn die hypothetische Rente aufgrund eigener Erwerbstätigkeit höher wäre als die tatsächliche nach Durchführung des Versorgungsausgleichs. Ein in der Differenz liegender Nachteil gilt als ausgeglichen und ist nicht relevant für den angemessenen Lebensbedarf und bildet auch keinen ehebedingten Nachteil (s. dazu Rn. 1018), weil er von beiden Ehegatten gleichermaßen getragen wird.[35] Ein vollständiger Ausgleich der Versorgungsnachteile liegt vor, wenn der Pflichtige während der gesamten Ehedauer eine in den Versorgungsausgleich fallende Altersvorsorge betrieben hat. Anderes gilt nur, wenn der Versorgungsausgleich nur teilweise die entstandenen Versorgungsnachteile ausgleicht, weil etwa der Pflichtige selbstständig und der Zugewinnausgleich ausgeschlossen oder die Ehe „**phasenverschoben**" und der Ausgleichspflichtige während der (überwiegenden) Ehezeit bereits Rentner war, er daher während der Ehe keinen Zuwachs mehr in seiner Altersversorgung erlangt hatte. In einem solchen Fall ist auf das hypothetische Renteneinkommen des Berechtigten aufgrund eigener Erwerbstätigkeit (beim Anspruch nach § 1572 BGB bis zum tatsächlichen Eintritt der Erwerbsunfähigkeit) abzustellen.[36]

Durch die Formulierung „angemessen" bringt das Gesetz zum Ausdruck, dass der Bedarf **1006** oberhalb des Existenzminimums und des notwendigen Unterhalts liegen soll.[37] Nach der Rechtsprechung des BGH genügt als unterste Grenze allerdings ein Bedarf, der das Existenzminimum erreicht. Dieses entspricht dem **notwendigen Selbstbehalt des nicht erwerbstätigen Unterhaltspflichtigen** (derzeit 770 EUR).[38] Es gelten insoweit weder der angemessene Selbstbehalt nach § 1603 I BGB (derzeit 1150 EUR) noch der Ehegattenmindestselbstbehalt (derzeit 1050 EUR), weil der Bedarf des Berechtigten und der Selbstbehalt des Pflichtigen zu unterscheiden sind.[39] Auf dieses Existenzminimum kann der Unterhaltsanspruch nur herabgesetzt werden, wenn das angemessene Einkommen des Berechtigten noch darunter liegt.

Aus der Zielrichtung des Unterhaltsänderungsgesetzes und des geltenden § 1578 b BGB, den Ausgleich ehebedingter Nachteile zu gewährleisten, folgt an sich, dass ein Lebensbedarf, der den vorehelichen Bedarf unterschreitet, nicht angemessen ist. Anderes kann sich bei während der Ehe eingetretener voller Erwerbsunfähigkeit ergeben, die auf einer nicht ehebedingten Krankheit beruht, da das daraus resultierende Renteneinkommen regelmäßig niedriger ist als Erwerbseinkünfte. Das voreheliche Einkommen des Berechtigten ist in der Regel nicht mehr maßgeblich (s. oben Rn. 1005). Wurde vorehelich kein Einkommen erzielt, wird – jedenfalls ohne weitere Anhaltspunkte – das Existenzminimum regelmäßig den angemessenen Lebensbedarf bilden.

Der angemessene Lebensbedarf kann an sich nach der Definition des BGH höher sein als die ehelichen Lebensverhältnisse, z. B. wenn die vorehelich besser verdienende Ehefrau ihre Erwerbstätigkeit wegen der Kindererziehung aufgegeben hatte. Eine Deckelung auf die ehelichen Lebensverhältnisse ergibt sich dann erst aufgrund der Beachtung des Halbteilungsgrundsatzes im Rahmen der Leistungsfähigkeit des Pflichtigen. Da ein solcher Lebensstandard in der Ehe aber nicht gelebt wurde und nach dem Gesetzeswortlaut der angemessene Lebensbedarf „herabzusetzen" ist, wird auch die Auffassung vertreten, dass dieser schon **nicht höher** sein kann **als der den ehelichen Verhältnissen entsprechende Bedarf**.[40] Dies gilt auch bei engen Verhältnissen, die als ehelichen Bedarf nicht einmal das Existenzminimum bestimmen. Der individuell angelegte eheliche Lebensstandard ist nach oben wie nach unten von Tabellenwerten und von dem, was als Existenzminimum oder angemessener Bedarf angesehen wird, unabhängig.[41] Überschreitet

---

[34] BGH FamRZ 2010, 1633 Rn. 32 f.
[35] BGH FamRZ 2008, 1325; FamRZ 2008, 1508 Rn. 25
[36] BGH FamRZ 2010, 1633 Rn. 33; vgl. auch U. v. 8. 6. 2011 – XII ZR 17/09
[37] So auch FA-FamR/Maier, Kap. 6 Rn. 641
[38] BGH FamRZ 2009, 1990 Rn. 14; FamRZ 2010, 629 Rn. 32 f. = R 710 c
[39] BGH FamRZ 2010, 629 Rn. 32 = R 710 c; FamRZ 2010, 1633 Rn. 31
[40] siehe auch BGH FamRZ 2005, 442 zum Bedarf der Berechtigten nach § 1615 l BGB
[41] BGH FamRZ 1995, 346

schon der eheliche Bedarf nicht das Existenzminimum bzw. den notwendigen Eigenbedarf, scheidet eine Herabsetzung aus. Das gilt auch im Fall des oben genannten vorehelich besser verdienenden Ehegatten, der seine Erwerbstätigkeit wegen der Kindererziehung aufgegeben hatte.

Der angemessene Lebensbedarf bildet nur die **Untergrenze der Herabsetzung**. Auch wenn der Wortlaut von § 1578 b I BGB („... ist auf den angemessenen Lebensbedarf herabzusetzen") einen Spielraum beim Umfang der Herabsetzung nicht gibt, soll dem Tatrichter nach der Rechtsprechung des BGH ein solcher zustehen. Er ist deshalb nicht gezwungen, den Spielraum auszuschöpfen. Auch hier sind vielmehr die Umstände des Einzelfalls zu berücksichtigen.[42] Der Tatrichter muss sich aber des Spielraums und damit der Untergrenze (dem angemessenen Lebensbedarf) bewusst sein, um aus dem Spielraum verantwortlich zu schöpfen.[43]

1007 Auf den angemessenen Lebensbedarf ist **eigenes Einkommen** des Berechtigten **bedarfsmindernd anzurechnen**. Nur eine **verbleibende Differenz** zwischen dem angemessenen Bedarf und dem Eigeneinkommen ergibt den **ehebedingten Nachteil** und ist als Unterhalt zuzusprechen, soweit nicht der nach § 1577 II BGB nicht unterhaltsrelevante Teil eines überobligationsmäßigen Einkommens bei der Unterhaltsermittlung unberücksichtigt bleibt.[44] Sowohl das tatsächlich erzielte als auch das fiktive Einkommen des angemessenen Lebensbedarfs sind dabei um **berufsbedingte Aufwendungen** zu bereinigen. Der Abzug eines **Erwerbsbonus** ($1/10$ nach Nr. 15.2 SüdL, $1/7$ nach B I. Düsseldorfer Tabelle) darf dagegen nicht erfolgen.[45] Ein Erwerbsanreiz ist dem Berechtigten im Verhältnis zum Pflichtigen nicht zu bewilligen. Er ist vielmehr verpflichtet, sein gesamtes unterhaltsrelevantes Einkommen bedarfsdeckend einzusetzen.

1008 Neben Elementarunterhalt können auch bei Vorliegen der Voraussetzungen des § 1578 b I BGB **Krankheitsvorsorgeunterhalt und Altersvorsorgeunterhalt** verlangt werden. Es ist dann zu prüfen, ob sich der Berechtigte nach Ablauf der Übergangszeit mit einer seinem angemessenen Lebensbedarf entsprechenden und damit weniger aufwändigen Krankenversicherung zufrieden geben muss. Altersvorsorgeunterhalt ist aus dem Differenzbetrag, der den ehebedingten Nachteil darstellt, nach der Bremer Tabelle zu berechnen.

Der Tatrichter muss den **angemessenen Lebensbedarf feststellen**. Steht der ehebedingte Nachteil fest, darf er sich bei geeigneter Grundlage darauf beschränken, das hypothetische Einkommen gemäß **§ 287 ZPO** zu schätzen.[46] Die Grundlagen der Schätzung muss das Gericht – schon im Hinblick auf eine revisionsrechtliche Überprüfbarkeit – konkretisieren. Es genügt nicht, lediglich von einem hypothetischen Einkommen auszugehen, das in Höhe des titulierten Unterhaltsanspruchs über dem tatsächlichen Einkommen liege, ohne konkrete Beträge zu nennen.[47] Es muss erkennbar und nachvollziehbar sein, welches Einkommen das Gericht dem Berechtigten zugerechnet hat.

III. Zeitliche Begrenzung des Unterhalts nach § 1578 b II BGB

1. Anwendungsbereich des § 1578 b II BGB

1009 Nach § 1578 b II 1 u. 2 BGB können Unterhaltsansprüche nach Maßgabe derselben Billigkeitskriterien, wie sie Absatz 1 für die Herabsetzung eines Anspruchs aufstellt (vgl. Rn. 1002), zeitlich begrenzt, also endgültig beendet werden, wenn ein zeitlich unbegrenzter Unterhaltsanspruch auch unter Wahrung der Belange eines dem Berechtigten zur Pflege oder Erziehung anvertrauten gemeinschaftlichen Kindes unbillig wäre. Wegen der gesetzgeberischen Überlegungen für die Schaffung der Regelung wird auf Rn. 1003 verwiesen.

---

[42] BGH FamRZ 2010, 1633 Rn. 40
[43] BGH FamRZ 2010, 629 Rn. 39 = R 710 d; FamRZ 2011, 192 Rn. 36
[44] BGH FamRZ 2005, 1154, 1157 = R 630 e; vgl. auch BGH FamRZ 2009, 1391
[45] BGH FamRZ 2009, 406 Rn. 17
[46] BGH FamRZ 2010, 1633 Rn. 39; FamRZ 2010, 2059 Rn. 33 = R 720 c
[47] BGH FamRZ 2010, 2059 Rn. 34

7. Abschnitt: Herabsetzung und zeitliche Begrenzung des Unterhalts § 4

Entgegen § 1573 V BGB a. F. erlaubt § 1578 b II BGB nun die **zeitliche Begrenzung grundsätzlich jedes nachehelichen Unterhaltsanspruchs** (§§ 1570 ff. BGB). Das bedeutet, dass auch der Krankheits- (§ 1572 BGB) und der Altersunterhalt (§ 1571 BGB) befristet werden können.[48] Beim Altersunterhalt wird dies vor allem bei im Alter geschlossenen Ehen in Betracht kommen.[49] Eine wichtige **Ausnahme** bildet der Anspruch auf Betreuungsunterhalt nach **§ 1570 BGB**, einerseits wegen der ihm immanenten Begrenzung,[50] andererseits aufgrund der Sonderregelung für die Billigkeitsabwägung. Die Norm ist für Unterhaltsansprüche nach Vollendung des dritten Lebensjahrs des zu betreuenden Kindes selbst als Billigkeitsunterhalt ausgestaltet (§ 1570 I 2 BGB; s. dazu Rn. 170 ff.). Im Rahmen dieser Billigkeitsabwägung sind schon alle kind- und elternbezogenen Umstände des Einzelfalls zu berücksichtigen. Führt deren Abwägung zur Fortdauer des Unterhaltsanspruchs, können dieselben Gründe nicht über § 1578 b BGB eine zeitliche Begrenzung (= Befristung) begründen.[51] Im Übrigen können sich Einschränkungen in der Anwendbarkeit des § 1578 b II BGB wegen immanenter Schranken des betreffenden Tatbestands ergeben, z. B. wegen der zeitlichen Befristung des Ausbildungsunterhalts nach § 1575 I 2 BGB oder bei dem auf eigener Billigkeitsprüfung beruhenden Billigkeitsunterhalt nach § 1576 BGB.[52]

Erforderlich ist eine **umfassende Billigkeitsabwägung** aller Umstände des Einzelfalls,[53] insbesondere, wie sich aus der Verweisung in Absatz 2 S. 2 ergibt, unter Berücksichtigung der in Absatz 1 Satz 2 und 3 aufgeführten Kriterien (zur Billigkeitsabwägung im Einzelnen siehe Rn. 1011 ff.).

Die zeitliche Begrenzung (= Befristung) eines Unterhaltsanspruchs nach § 1578 b II BGB kommt im Hinblick auf das Kriterium des ehebedingten Nachteils grundsätzlich nur in Betracht, wenn aufgrund der Ehe ein ehebedingter Nachteil gar nicht entstanden oder ein solcher entfallen ist (und die weitere Unterhaltszahlung auch unter Beachtung der weiteren Kriterien unbillig wäre). **Solange ehebedingte Nachteile bestehen, scheidet eine Befristung regelmäßig aus.**[54] Sie scheidet ebenfalls aus, wenn über die dafür maßgeblichen Umstände eine hinreichend klare Prognose noch nicht gestellt werden kann, weil diese Umstände noch nicht zuverlässig vorhersehbar sind.[55] Eine Befristung soll zwar auch bei Vorliegen von ehebedingten Nachteilen nicht generell ausgeschlossen sein, wenn alle Umstände des Einzelfalls umfassend gewürdigt worden sind.[56] Der BGH bezeichnet diesen Fall aber selbst als Ausnahme.[57] Denkbar ist dies wohl nur bei einem (nur noch) geringen Nachteil nach einer darauf beruhenden ggf. langjährigen Unterhaltszahlung oder unter der Annahme, dass § 1573 II BGB nicht dazu gedacht ist, auch sehr geringe Einkommensunterschiede auszugleichen.[58] Das kann nur aufgrund der Umstände des Einzelfalls entschieden werden. Daneben kann eine Befristung des Unterhaltsanspruchs erfolgen, wenn auch unter dem Aspekt der **nachehelichen Solidarität** (s. dazu Rn. 1022) eine wei-

---

[48] BGH FamRZ 2009, 406; FamRZ 2010, 1057 und 1414; FamRZ 2011, 188 je zum Krankheitsunterhalt Befristung bejahend; FamRZ 2009, 1207; FamRZ 2010, 629 = R 710 d Befristung verneinend; BGH FamRZ 2010, 1633 zum Altersunterhalt
[49] OLG Koblenz OLGR 2009, 238
[50] BT-Drucks. 16/1830 S. 19
[51] BGH FamRZ 2010, 1880 Rn. 33 = R 716 b; FamRZ 2010, 1050 Rn. 50; FamRZ 2009, 1124 Rn. 55; FamRZ 2009, 770 Rn. 42 = R 704 b
[52] Vgl. Büttner FamRZ 2007, 773, 774
[53] BGH FamRZ 2007, 200 = R 661; FamRZ 1986, 886, 888 zu § 1578 I 2 BGB a. F.
[54] BGH FamRZ 2010, 629 Rn. 30 = R 710 b, FamRZ 2010, 1637; FamRZ 2010, 1971 Rn. 20 = R 719 a; FamRZ 2011, 192, Rn. 38
[55] BGH FamRZ 2011, 454 Rn. 45 = R 721 f; FamRZ 2010, 111 Rn. 59 zu § 323 ZPO; FamRZ 2010, 1238 Rn. 25; FamRZ 2009, 770 Rn. 41 = R 704 b
[56] BGH FamRZ 2010, 1633 Rn. 35; FamRZ 2011, 454 Rn. 45 = R 721 f
[57] BGH FamRZ 2011, 454 Rn. 45 = R 721 f
[58] KG FamRZ 2008, 415; OLG Karlsruhe FamRZ 2009, 2107 (zu einem Anspruch in Höhe von 60 EUR eines Berechtigten mit deutlich über dem angemessenen Selbstbehalt liegendem Einkommen und durch die Ehe erlangten Vermögenswerten); s. aber OLG Karlsruhe FamRZ 2010, 1082 (zum Anspruch von 63 EUR bei beengten wirtschaftlichen Verhältnissen)

tere Unterhaltszahlung unbillig erscheint. Ist also entweder ein ehebedingter Nachteil zu bejahen oder ist ein Anspruch wegen der nachehelichen Solidarität nicht unbillig, scheidet die Anwendung von § 1578 b II BGB aus.

2. Rechtsfolgen nach § 1578 b II BGB

1010 Wenn die Voraussetzungen des § 1578 b II BGB vorliegen, **ist** ein nachehelicher Unterhaltsanspruch zeitlich dem Grunde nach zu begrenzen (= **zu befristen**). Dies bedeutet einerseits, dass der Berechtigte zunächst eine Übergangsfrist erhält, die es ihm ermöglichen soll, sich wirtschaftlich und persönlich auf die vom Gericht festzusetzende zeitliche Grenze einzustellen. Andererseits **erlischt der Unterhaltsanspruch vollständig** nach Ablauf dieser Übergangsfrist. Da der Wegfall eines Anspruchs nach § 1573 BGB zugleich Einsatzzeitpunkt für einen Anspruch auf Anschlussunterhalt wegen Alters (§ 1571 Nr. 3 BGB) oder wegen Krankheit (§ 1572 Nr. 4 BGB) darstellt, hatte der BGH zum Recht vor der Unterhaltsrechtsreform den Standpunkt vertreten, dass bei einer solchen Fallgestaltung diese Vorschriften zu prüfen seien, weil sie anders als der Anspruch nach § 1573 BGB keiner zeitlichen Begrenzung nach § 1573 V BGB a. F. unterlägen.[59] Nach neuem Recht ist weder eine derartige Differenzierung angezeigt noch eine Befristung des Aufstockungsunterhalts ausgeschlossen, nur um den Einsatzzeitpunkt für einen Unterhaltsanspruch wegen Alters (§ 1571 BGB) zu wahren.[60] Die Fragen von Alter oder Gesundheit sind vielmehr im Rahmen der für eine zeitliche Begrenzung des Unterhaltsanspruchs erforderlichen umfassenden Billigkeitsabwägung zu berücksichtigen. Bei Befristung fällt der Unterhaltsanspruch nicht weg, weil seine tatbestandlichen Voraussetzungen entfallen sind, sondern weil die Unterhaltsleistung ungeachtet des weiter vorliegenden Tatbestands als unbillig beurteilt wird. Ein Wegfall der Voraussetzungen eines Unterhaltsanspruchs im Sinne des Einsatzpunktes für eine andere Unterhaltsnorm liegt damit nicht vor. Bei anderer Auffassung würde die geforderte umfassende Billigkeitsabwägung ggf. ins Leere laufen, weil sie das Unterhaltsverhältnis der Ehegatten trotz bejahter Unbilligkeit weiterer Unterhaltsleistungen nicht beenden, sondern nur auf andere Unterhaltstatbestände verlagern würde. Zudem würde dies auf eine Umkehrung der gesetzlichen Wertung hinauslaufen.[61] Eine Bedürftigkeit im Alter durch den Wegfall des Unterhaltsanspruchs steht der Befristung jedenfalls dann nicht entgegen, wenn die Bedürftigkeit nicht auf einem ehebedingten Nachteil beruht oder ein entstandener Nachteil aufgrund der Durchführung des Versorgungsausgleichs von beiden Ehegatten gemeinsam getragen wird.[62] In dem vom BGH entschiedenen Fall war die Berechtigte, die während der 13jährigen Ehe weit überwiegend gearbeitet und keine ehebedingten Nachteile erlitten hatte, im Zeitpunkt der Scheidung 59 Jahre alt. Aufgrund ihrer geringen Rentenanwartschaften war zwar absehbar, dass sie im Alter bedürftig werden würde. Der Versorgungsausgleich wurde aber aufgrund der phasenverschobenen Ehe – der Pflichtige war 15 Jahre älter und fast während der gesamten Ehezeit in Rente – zu ihren Gunsten nicht durchgeführt.

Die Bestimmung der **Übergangsfrist ist eine richterliche Ermessensentscheidung.**
Für die Bemessung der Zeitspanne, in der der Berechtigte Unterhalt erhält, spielt eine maßgebliche Rolle, welche Zeit er braucht, um sich auf die neue Lebenssituation einzustellen.[63] Auch hier gilt, dass die Ehedauer keine allein entscheidende Bedeutung mehr hat und eine schematische Anbindung der Ehedauer an die Dauer der Gewährung des vollen Unterhalts ausscheidet.[64] Die Ehedauer hat nach § 1578 b BGB ein geringeres Gewicht als in der entsprechenden Regelung nach altem Recht. – siehe auch Rn. 1020 f.

Im Übrigen können alle **Gesichtspunkte,** die bereits bei **der Billigkeitsabwägung** berücksichtigt worden sind, **auch für die Bemessung der Übergangszeit** eine Rolle

---

[59] BGH FamRZ 1995, 665, 667 = R 493 B c
[60] BGH FamRZ 2008, 1508 Rn. 22 ff.
[61] A. a. O.
[62] A. a. O. Rn. 25
[63] BGH FamRZ 2008, 1508 Rn. 27
[64] A. a. O.

spielen. Entscheidend wird dabei in den meisten Fällen sein, wie lange und wie intensiv die Eheleute ihre Lebenspositionen aufeinander eingestellt haben. Zu den Kriterien der Billigkeitsabwägung im Einzelnen siehe Rn. 1011 ff.

IV. Kriterien zu der nach § 1578 b I oder II BGB erforderlichen Billigkeitsabwägung

1. Billigkeitsabwägung zur Herabsetzung und zeitlichen Begrenzung des Unterhalts

Die geänderte Rechtsprechung des BGH zur Haushaltsführungsehe,[65] die wegen der Benachteiligung des haushaltsführenden Ehegatten verfassungsrechtlich begründet war,[66] nahm die gesteigerte und verlängerte Belastung des pflichtigen Ehegatten wegen Anwendung der Differenz- anstatt der Anrechnungsmethode bewusst in Kauf. Zu dessen Entlastung wies sie auf die Möglichkeit der Unterhaltsbeschränkungen nach §§ 1573 V und 1578 I 2 BGB a. F. hin. Insbesondere in solchen Fällen, in denen wegen Anwendung der Substraktions- oder Anrechnungsmethode ein Wegfall des Anspruchs absehbar gewesen war, erschien es erforderlich, mit mehr Akribie als vorher anhand des Gesetzes zu prüfen, ob die Voraussetzungen einer Begrenzung vorlagen. An diese Tendenz zu einer vermehrten Beschränkung von Unterhaltsansprüchen, der sich auch die Rechtsprechung des BGH angeschlossen hatte,[67] will die gesetzliche Neuregelung durch § 1578 b BGB anknüpfen.[68] Es geht darum, die Eigenverantwortung zu fördern und der Einzelfallgerechtigkeit mehr Raum zu geben. Zwar haben die Ehegatten grundsätzlich Anspruch „auf gleiche Teilhabe am gemeinsam Erwirtschafteten." Daraus lässt sich aber **keine Lebensstandardgarantie** im Sinne einer zeitlich unbegrenzten und in der Höhe nicht abänderbaren Teilhabe nach Scheidung herleiten. Die nachehelichen Unterhaltsansprüche erfordern aus der aus Art. 6 GG zu entnehmenden fortwirkenden Solidarität und fortwirkenden Verantwortung für den bedürftigen ehemaligen Ehepartner vor allem den Ausgleich der Nachteile, die dadurch entstanden sind oder entstehen, dass er infolge der Aufgabenverteilung in der Ehe, insbesondere wegen der Kinderbetreuung, aber auch wegen der mit Dauer der Ehe zunehmenden persönlichen und sozialen Verflechtung nicht ausreichend für seinen eigenen Unterhalt sorgen kann.[69] Die Beschränkung von Unterhaltsansprüchen soll **anhand objektiver Billigkeitsmaßstäbe,** insbesondere anhand des Maßstabs der ehebedingten Nachteile, die nach der gesetzlichen Konzeption vorrangiges Kriterium für die Abwägung sind, erleichtert werden.[70] Je weniger die Bedürftigkeit des Berechtigten auf ehebedingte Nachteile zurückzuführen ist oder je geringer solche ehebedingten Nachteile waren und sind, desto eher kommt nach dem Grundsatz der Eigenverantwortung eine zeitliche Begrenzung oder Herabsetzung in Betracht (s. dazu im Einzelnen Rn. 1003, 1009).[71] Neben den ehebedingten Nachteilen, aber nachrangig, können auch sonstige Umstände wie die nacheheliche Solidarität den maßgeblichen Billigkeitsmaßstab bilden, wie sich aus der Formulierung „insbesondere" in § 1578 I 2 BGB ergibt (Rn. 1022). Wenn man den vom Gesetz postulierten Grundsatz der Eigenverantwortung (§§ 1569 S. 1, 1574 I BGB) zusätzlich in die Abwägung einbezieht, wird man bei Anwendung des Gesetzes die Maßstäbe der Billigkeitsprüfung zu Lasten des Unterhaltspflichtigen zwar nicht überspannen dürfen. Es entspricht der Intention des Gesetzgebers, dass der Begrenzungsfrage im Rahmen des nachehelichen Unterhalts eine größere Rolle als vor der Gesetzesreform zugewiesen wird bzw. als es vor der Änderung der Rechtsprechung des BGH zur Befristung nach § 1573 V

1011

---

[65] BGH FamRZ 2001, 986, 991 = R 563 c
[66] BVerfG FamRZ 2002, 527, 530 = R 571 b
[67] BGH FamRZ 2007, 793, 799 = R 674 j; vgl. Dose FamRZ 2007, 1289, 1294 f.
[68] BT-Drs. 16/1830 S. 18
[69] BT-Drs. 16/1830 S. 18
[70] A. a. O.
[71] A. a. O.; Brudermüller FamRZ 1998, 649, 659

BGB a. F. in der Praxis üblich war.[72] Diese Praxis zeichnete sich maßgeblich dadurch aus, dass insbesondere Befristungen bei Ehen von mehr als 10jähriger Dauer oder mit Kinderbetreuung gar nicht ausgesprochen wurden. Es darf dennoch nicht verkannt werden, dass die Begrenzung des Unterhaltsanspruchs nach § 1578 b BGB als **Ausnahmetatbestand** konzipiert ist. Dieser greift erst bei vom Tatrichter festgestellter Unbilligkeit eines weitergehenden Unterhaltsanspruchs. Es genügt nicht, dass der Herabsetzung oder Befristung des Unterhaltsanspruchs Billigkeitsgründe nicht entgegenstehen.[73] Insbesondere ist trotz der gleich lautenden gesetzlichen Regelung auch eine Differenzierung zwischen zeitlicher Begrenzung nach § 1578 b II BGB und Herabsetzung nach § 1578 b I BGB geboten, da bei der Abwägung auch die unterschiedlichen Rechtsfolgen, nämlich entweder gänzlicher Wegfall des Anspruchs oder bloße Beschränkung des Anspruchs der Höhe nach, berücksichtigt werden müssen.

1012   Die Anwendung des § 1578 b I u. II BGB verlangt daher vom Tatrichter eine **umfassende Billigkeitsabwägung** der dort genannten Billigkeitskriterien und die Einbeziehung aller Umstände des konkreten Einzelfalls, also aller in Betracht kommenden Gesichtspunkte.[74] Grobe Unbilligkeit ist nicht erforderlich. Bei der Bewertung der ehebedingten Nachteile und der sie konkretisierenden Umstände (Dauer der Kinderbetreuung, Haushaltsführung und Erwerbstätigkeit während der Ehe, Dauer der Ehe) handelt es sich um die wertende **Würdigung objektiver Umstände,** denen kein Unwerturteil und keine subjektive Vorwerfbarkeit anhaftet. Es geht nicht um die Würdigung von Fehlverhalten oder Verschulden des Unterhaltsberechtigen.[75] Solches bleibt bei der Billigkeitsabwägung unberücksichtigt. Denn die Rechtsfolgen eines Fehlverhaltens sind abschließend in § 1579 BGB geregelt.[76] Der Unterhaltspflichtige kann daher nicht mit dem Einwand gehört werden, er habe den Unterhaltsberechtigten schon während der Ehe (erfolglos) dazu aufgefordert, berufstätig zu sein.[77] Revisionsrechtlich ist die Abwägung des Tatrichters nur darauf überprüfbar, ob die im Rahmen der Billigkeitsprüfung maßgebenden Rechtsbegriffe nicht verkannt und alle für die Einordnung unter diese Begriffe wesentlichen Umstände berücksichtigt wurden.[78] Darunter fällt insbesondere, ob sich der Tatrichter mit dem Prozessstoff und den Beweisergebnissen umfassend und widerspruchsfrei auseinandergesetzt und eine vollständige und rechtlich mögliche Würdigung vorgenommen hat. Die wesentlichen Gründe für die richterliche Überzeugung müssen in der Entscheidung mitgeteilt werden.[79] Es muss erkennbar sein, dass eine sachgerechte Beurteilung und Abwägung stattgefunden hat.[80]

2. Die Kinderschutzklausel

1013   Beide Arten der Unterhaltsbeschränkung setzen die Prüfung voraus, ob die unveränderte Unterhaltsleistung auch unter Wahrung der Belange eines dem Unterhaltsberechtigten zur Pflege oder Erziehung anvertrauten Kindes unbillig wäre. Diese Kinderschutzklausel als Ausprägung eines ehebedingten Nachteils hat zur Folge, dass eine über die gesetzesimmanente **Begrenzung des Betreuungsunterhalts** nach § 1570 BGB n. F. hinausgehende Beschränkung **nur in seltenen Fällen** möglich ist.[81] Das bedeutet für eine **Herabsetzung des Betreuungsunterhalts nach § 1570 BGB,** dass sie – anders als die Befristung (siehe dazu Rn. 1009) – zwar möglich und vom Tatrichter zu prüfen ist. Sie kommt aber nur in Betracht, wenn einerseits eine fortdauernde Teilhabe des betreuenden Elternteils an den abgeleiteten Lebensverhältnissen während der Ehe unbillig erscheint, andererseits die notwen-

---

[72] BGH FamRZ 2006, 1006; FamRZ 2007, 793 = R 674 j
[73] BGH FamRZ 2010, 1633; FamRZ 2010, 1414
[74] BGH FamRZ 2007, 200, 203 = R 661; FamRZ 2007, 793, 800 = R 674 k
[75] BT-Drs. 16/1830. S. 20;
[76] A. a. O S. 20; BGH FamRZ 1987, 572, 575; FamRZ 1986, 886, 888 zum alten Recht
[77] BGH FamRZ 2010, 2059 Rn. 27 = R 720 c
[78] BGH FamRZ 2007, 200, 203 = R 661; FamRZ 2007, 793, 800 = R 674 k; FamRZ 2011, 713 Rn. 14 = R 724 a
[79] BGH FamRZ 2010, 2059 Rn. 25 = R 720 c; FamRZ 2010, 1971 Rn. 30 = R 719 b
[80] BGH FamRZ 2010, 2059 Rn. 25 = R 720 c, FamRZ 2010, 1637 Rn. 42
[81] BT-Drs. 16/1830 S. 19

7. Abschnitt: Herabsetzung und zeitliche Begrenzung des Unterhalts § 4

dige Erziehung und Betreuung gemeinsamer Kinder trotz des abgesenkten Unterhaltsbedarfs sichergestellt und das Kindeswohl auch sonst nicht beeinträchtigt ist.[82] Das soll insbesondere der Fall sein können, wenn der Unterhaltsbedarf nach den ehelichen Lebensverhältnissen (§ 1578 I BGB) erheblich höher ist als der angemessene Bedarf nach der eigenen Lebensstellung.[83] Dabei muss vor allem bei sehr gehobenen ehelichen Lebensverhältnissen darauf geachtet werden, dass das Verhältnis zwischen dem Kindesunterhalt und den Einkünften des unterhaltsberechtigten betreuenden Ehegatten nach der Absenkung seines Unterhalts ihn noch befähigt, die den Kindern angemessene Lebensgestaltung (Urlaube, teure Hobbies, etc.), die sich grundsätzlich nach dem Lebensstandard des Unterhaltspflichtigen richtet, zu begleiten. Insoweit schützt die Kinderschutzklausel den betreuenden Ehegatten vor einem erheblichen Niveauunterschied zwischen seiner Lebensstellung und derjenigen der Kinder.[84] Andernfalls würden sich die Folgen der Unterhaltsbegrenzung auf die minderjährigen Kinder auswirken. Es ist aber gerade erklärtes Ziel der Unterhaltsrechtsreform, die unterhaltsrechtliche Stellung des minderjährigen Kindes abzusichern. **Abgelehnt** hat der BGH die Herabsetzung in einem Fall, in dem die **Einkünfte** der Berechtigten einschließlich des Unterhalts nur **unwesentlich höher** waren **als** nach der **eigenen angemessenen Lebensstellung** und den Ehegattenmindestselbstbehalt (derzeit 1050 EUR) nicht deutlich überschritten.[85] Ebenfalls abgelehnt hat der BGH eine Herabsetzung, wenn der angemessene Lebensbedarf in etwa dem Bedarf nach den ehelichen Lebensverhältnissen entspricht, weil beide Ehegatten bei vollschichtiger Erwerbstätigkeit annähernd gleich hohe Einkommen erzielen.[86] Das OLG Hamm hat (bei einem unbegrenzt leistungsfähigen Pflichtigen) die Herabsetzung abgelehnt, solange die Kinder unterhaltsrechtlich der Eltern bedürfen, weil die in der Ehe begründete Pflicht zur Betreuung und Versorgung der Kinder nach der Scheidung fortwirke.[87] **Nicht erforderlich** ist, dass das im Zeitpunkt der Entscheidung bestehende **Ausmaß** des ehebedingten Nachteils schon **endgültig** feststeht (s. dazu Rn. 1003).[88]

Eine **zeitliche Begrenzung** ist im Rahmen des Anwendungsbereichs des § 1570 BGB ausgeschlossen. Wird eine Verlängerung des Betreuungsunterhalts aus Billigkeitsgründen bejaht, kann dieser nicht aus denselben Gründen im Rahmen von § 1578 b II BGB unbillig sein (s. hierzu Rdn. 1009).[89]

3. Dauer der Pflege oder Erziehung eines gemeinschaftlichen Kindes

Die Dauer der Kinderbetreuung durch einen Ehegatten stellt den typischen Fall eines ehebedingten Nachteils dar, der dazu führt, dass der betreffende Ehegatte aufgrund der mit der Betreuung verbundenen Aufgabe oder Einschränkung seiner Erwerbstätigkeit nicht oder nicht ausreichend für seinen Unterhalt sorgen kann. Mit Dauer der Betreuung ist hier die voraussichtliche Gesamtdauer der Betreuung – mit deswegen fehlender oder eingeschränkter Erwerbsobliegenheit – gemeint. Eine Herabsetzung des Betreuungsunterhalts gemäß § 1578 I BGB wird auch unter diesem Aspekt nur ausnahmsweise in Frage kommen:[90]
– Wenn der Berechtigte ein gemeinschaftliches Kind unberechtigt entgegen einer Sorgerechtsregelung oder ohne Einverständnis des anderen Elternteils betreut.[91] Allerdings dürfte die Betreuung bei gemeinsamem Sorgerecht stets berechtigt sein – siehe Rn. 166.

1014

---

[82] BGH FamRZ 2009, 1124 Rn. 57; FamRZ 2009, 770 Rn. 44 = R 704 b; FamRZ 2010, 1880 Rn. 34 = R 716 b
[83] A. a. O.
[84] Vgl. BT-Drs. 16/1830 S. 19
[85] BGH FamRZ 2009, 1124, 1128
[86] BGH FamRZ 2010, 1880 Rn. 33 f. = R 716 b
[87] OLG Hamm FamRZ 2009, 2093
[88] BGH FamRZ 2011, 454 Rn. 43 = R 721 f
[89] BGH FamRZ 2010, 1880 Rn. 33 = R 716 b; FamRZ 2010, 1050 Rn. 50; FamRZ 2009, 1124 Rn. 55, FamRZ 2009, 770 Rn. 42 = R 704 b
[90] BT-Drs. 16/1830 S. 19
[91] Vgl. Hahne FamRZ 1986, 305, 307

– Wenn der Berechtigte seine Betreuungspflichten nachhaltig verletzt, z. B. das Kind verwahrlosen lässt. Dann wird es allerdings eher zu einer Herausnahme des Kindes aus dem Haushalt des betreuenden Ehegatten kommen und der Betreuungsunterhalt entfallen.
– Wenn der Berechtigte trotz Kindesbetreuung berufstätig war und keinerlei berufliche Nachteile oder nur kurzfristige Einkommenseinbußen erlitten hat.[92]

Davon abgesehen wird sich auch ein inzwischen abgeschlossener längerer Zeitraum der Kindesbetreuung wegen der beruflichen Pause in den für die Karriere wichtigen Jahren regelmäßig im Nachhinein auswirken.[93] Anderes kann sich dann ergeben, wenn der Berechtigte wieder im erlernten Beruf zum üblichen Gehalt beschäftigt ist.[94]

4. Gestaltung der Haushaltsführung und Erwerbstätigkeit während der Ehe

1015 Dieses Merkmal, das mit dem entsprechenden Merkmal der Begrenzungsregelungen des alten Rechts übereinstimmt, bezieht sich auf den häufigsten Fall einer ehebedingten Unterhaltsbedürftigkeit, die Hausfrauenehe. Soweit z. B. ein Ehegatte eigene Berufs- und Erwerbsmöglichkeiten zurückgestellt hat, um durch die Übernahme der Haushaltsführung dem anderen Ehegatten die volle berufliche Entfaltung zu ermöglichen, ist dies zu seinen Gunsten als ehebedingter Nachteil zu berücksichtigen. Das bedeutet, dass eine zeitliche Begrenzung des vollen Unterhalts in der Regel nicht in Betracht kommt, wenn und solange die Bedürftigkeit des Berechtigten auf **ehebedingte,** insbesondere **berufliche Nachteile** zurückzuführen ist.[95] Damit soll der Berechtigte vor einem unangemessenen sozialen Abstieg bewahrt werden.[96] Solche aus der Gestaltung von Haushaltsführung und Erwerbstätigkeit herrührenden ehebedingten Nachteile **müssen** noch **fortbestehen.** Sie entfallen erst, wenn der früher Haushalt führende Ehegatte durch seine eigene Erwerbstätigkeit den Status erreicht hat, den er ohne die Ehe bei Fortsetzung seiner Berufstätigkeit eingenommen hätte.[97] Kann der berechtigte Ehegatte den Nachteil nicht mehr aufholen, ist nach wie vor ein Unterhaltsanspruch jedenfalls bis Renteneintritt die Regel (s. Rn. 1009; zum ehebedingten Nachteil im Altersunterhalt Rn. 1018). Ist dagegen der ehebedingte Nachteil entfallen, steht jedenfalls dieser Aspekt einer Befristung des Unterhalts nicht mehr entgegen. Insofern kommt eine Befristung oder Herabsetzung bei der Haushaltsführungsehe in Betracht, auch wenn wegen der Anwendung der Differenz- oder Additionsmethode das erzielte oder erzielbare Einkommen nicht den ehelichen Bedarf abdecken kann, solange es den eigenen angemessenen Lebensbedarf deckt.

1016 Es ist Sache des Berechtigten, erst im Rahmen seiner – **sekundären** – **Darlegungslast** vorzutragen, dass ihm ehebedingte Nachteile entstanden sind. Dafür muss er konkret vortragen, welche vom tatsächlichen Verlauf abweichende berufliche Entwicklung er ohne Ehe/Kindererziehung genommen hätte (siehe dazu im Einzelnen Rn. 1031). Ausgangspunkt und **Maßstab** der Prüfung ist regelmäßig die berufliche Ausbildung bzw. die erlernten beruflichen Fähigkeiten im Zeitpunkt der Eheschließung. Mangels abweichenden Vortrags des Berechtigten ist ein **Normalverlauf des Berufslebens** ohne besondere berufliche Entwicklungen zugrunde zu legen. Eine fehlende Berufsausbildung steht einem ehebedingten Nachteil nicht zwingend entgegen. Hierbei kann es auch auf das Alter bei Eheschließung ankommen. Je jünger der Berechtigte bei Eheschließung war, desto eher hätte die Möglichkeit bestanden, dass er noch eine Ausbildung absolviert hätte. Hatte der Berechtigte bei Eheschließung bereits ein Alter erreicht, in dem die Berufsausbildung üblicherweise abgeschlossen ist, können sich aus seiner Persönlichkeit, die der Tatrichter in die Beurteilung einbeziehen muss, Anhaltspunkte für oder gegen eine berufliche Entwicklung ergeben, die von der tatsächlich verlaufenen abweicht. Ehebedingte Nachteile sind – bei substanziierter Darlegung – jedenfalls auch in einem solchen Fall möglich.[98] In diesen

---

[92] BGH FamRZ 1990, 492, 494
[93] Büttner FamRZ 2007, 773, 775
[94] BGH FamRZ 2010, 2059 Rn. 24 = R 720 c
[95] BGH FamRZ 2011, 192 Rn. 38; OLG Stuttgart FamRZ 2009, 785
[96] BT-Drs. 16/1830 S. 17
[97] BGH FamRZ 2010, 1971
[98] BGH FamRZ 2010, 1637 Rn. 13 und 45 (bejaht); FamRZ 2010, 875 Rn. 29 (verneint)

7. Abschnitt: Herabsetzung und zeitliche Begrenzung des Unterhalts § 4

Fällen kommt es für den Bestand der Entscheidung auf die Genauigkeit der richterlichen Erwägungen an: Ein ehebedingter Nachteil wurde bejaht bei einer bei Eheschließung 24-jährigen Frau ohne Berufsausbildung nach 30jähriger Ehe und der Erziehung von zwei Kindern, die vorehelich als angelernte Sekretärin gearbeitet hatte, weil ihr aufgrund des persönlichen Eindrucks in der mündlichen Verhandlung schnelle Auffassungsgabe, Einsatzbereitschaft und -fähigkeit zugeschrieben wurde, die sie auch ohne Ausbildung befähigt hätte, beruflich aufzusteigen.[99] Ein Nachteil wurde andererseits verneint bei einer ebenfalls ausbildungslosen Berechtigten, die während der 15jährigen Ehe zwei Kinder bekommen und betreut hatte. Dort genügte die bloße Feststellung nicht, sie hätte ohne die Ehe jedenfalls umfassende Berufserfahrung gesammelt, die ihr ein höheres Gehalt ermöglicht hätte.[100]

Ein typischer **ehebedingter Nachteil** liegt vor, wenn der Berechtigte bei Heirat seinen **1017** Beruf aufgegeben und ganz die Haushaltsführung übernommen hat. Eine **Einvernehmlichkeit** der Ehegatten dazu ist **nicht erforderlich**, weil § 1578 b BGB keine Sanktion für Fehlverhalten darstellt.[101] Der Zeitpunkt der Berufsaufgabe ist nicht relevant. So muss dies nicht bereits zu Beginn der Ehe oder mit der Geburt eines Kindes erfolgen.[102] Die Berufsaufgabe muss auch nicht durch sachliche Notwendigkeit gerechtfertigt sein. Es genügt, dass allein wegen der **tatsächlichen Ehegestaltung** die Berufstätigkeit aufgegeben wurde.[103] Anderes kann nur dann gelten, wenn die Arbeitsaufgabe oder der Arbeitsplatzverlust ausschließlich auf Gründen beruht, die außerhalb der Ehegestaltung liegen wie eine vom Berechtigten beschlossene berufliche Neuorientierung oder eine krankheits- oder betriebsbedingte Kündigung. Denn es fehlt an einem ehebedingten Nachteil, wenn der Erwerbsnachteil auch ohne die Ehe und ihre Gestaltung eingetreten wäre.[104] Ein ehebedingter Nachteil kann sich bei konjunktur- bzw. betriebsbedingter Kündigung daraus ergeben, dass der Berechtigte aufgrund der ehebedingten Berufspause und der dadurch kürzeren Firmenzugehörigkeit bei der Sozialauswahl einer betriebsbedingten Kündigung schlechter gestellt ist als bei durchgehender Beschäftigung.[105]

Generell spricht eine **lange Berufspause** für das Vorliegen eines ehebedingten Nachteils,[106] ebenso, wenn deshalb die früher erlangte berufliche Qualifikation aufgrund der technischen Fortentwicklung am Arbeitsmarkt nicht mehr gefragt ist, wenn die Aufstockung auf eine vollschichtige Stelle nicht möglich ist, wenn sich die tarifliche Entlohnung auch nach Berufsjahren richtet. Ein ehebedingter Nachteil kann trotz kinderloser Ehe und Berufstätigkeit der Berechtigten vorliegen, wenn sie die eigene Arbeitsstelle mehrmals wegen der beruflichen Versetzungen des Pflichtigen (hier: Berufssoldat) aufgeben musste und deshalb nach der Ehe nicht die Position erreicht, die sie ohne die Ehe bei kontinuierlicher Weiterbeschäftigung erreicht hätte.[107]

Regelmäßig bildet der durch die Ehegestaltung bedingte **geringere Rentenanspruch** unabhängig von der Höhe keinen ehebedingten Nachteil, wenn der Versorgungsausgleich vollständig durchgeführt worden ist. Das gilt nicht nur für den Krankheitsunterhalt (s. dazu Rn. 1018), sondern auch für den Altersunterhalt (s. dazu auch Rn. 1005).

Die Annahme eines ehebedingten Nachteils setzt nicht voraus, dass ein **Anspruch auf Ausbildungsunterhalt** gemäß § 1575 BGB besteht.[108]

Die **vollschichtige Erwerbstätigkeit** im erlernten Beruf **zur üblichen Vergütung** ist ein Indiz gegen einen ehebedingten Nachteil.[109] Die Bedürftigkeit beruht in der Regel

---

[99] BGH FamRZ 2010, 1637
[100] BGH FamRZ 2010, 875 Rn. 28
[101] BGH FamRZ 2011, 628 Rn. 20 = R 723
[102] A. a. O. Rn. 18 = R 723 (Alter des Kindes mindestens vier Jahre)
[103] BGH FamRZ 2010, 1633 Rn. 22; FamRZ 2011, 628 Rn. 20 = R 723
[104] BGH FamRZ 2011, 628 Rn. 22 = R 723
[105] BGH FamRZ 2010, 2059 Rn. 30 = R 720 c
[106] BGH FamRZ 2009, 414 Rn. 44 (10 Jahre); OLG Celle FamRZ 2010, 1911 (18 Jahre)
[107] OLG Hamm FamRZ 2010, 1085
[108] BGH FamRZ 2010, 875 Rn. 17 = R 711
[109] BGH FamRZ 2010, 2059 Rn. 24 = R 720 c; FamRZ 2010, 875; FamRZ 2009, 1990; FamRZ 2008, 1325 Rn. 41; FamRZ 2008, 134

§ 4 Ehegattenunterhalt

nicht auf ehebedingten Nachteilen, wenn der Berechtigte während kinderloser Ehe voll erwerbstätig war und eine spätere Erwerbslosigkeit auf Alkoholmissbrauch beruht[110] oder betriebsbedingt erfolgt. Bei einem Einkommensgefälle, das nur auf der unterschiedlichen beruflichen Entwicklung der Eheleute vor Eheschließung beruht, fehlt die Ehebedingtheit.[111]

Berufliche **Dispositionen vor der Ehe** können keinen ehebedingten Nachteil darstellen.[112] Dies kann sich im Einzelfall für den Berechtigten, der eine solche Disposition trifft, *um* ein voreheliches Zusammenleben, das in der Ehe mündet, zu ermöglichen, zum Nachteil auswirken. Im entschiedenen Fall hatte die spätere Ehefrau in einen geringer bezahlten Beruf umgeschult, weil sie am Wohnort ihres späteren Ehemannes keine Arbeitsstelle im erlernten Beruf gefunden hatte. Nach der Ehe konnte sie im umgeschulten Beruf zur üblichen – aber gegenüber dem ersten Ausbildungsberuf geringeren – Entlohnung arbeiten. Ein ehebedingter Nachteil wurde hier verneint.[113] Solche Dispositionen sind im Rahmen der nachehelichen Solidarität zu bewerten.[114]

1018 Eine während der Ehe oder im Zusammenhang mit der Ehe ausgebrochene **Krankheit**, die zum Anspruch nach § 1572 BGB führt, wird nur **in Ausnahmefällen ehebedingt** sein. Voraussetzung ist, dass sie auf der Rollenverteilung in der Ehe unter besonderer Beachtung der in § 1578 b I 2 BGB genannten Kriterien oder sonstigen mit der Ehe – nicht aber mit der Persönlichkeit – zusammenhängenden Umständen beruht.[115] Weder der bloße Ausbruch während der Ehe[116] noch in der Ehekrise[117] genügt, selbst wenn diese den Ausbruch erst verursacht. Das schließt die Berücksichtigung einer im Einzelfall unabhängig von der Ehe festgestellten Mitverantwortung des Pflichtigen nicht aus und ist als sonstiges Billigkeitskriterium zu beachten.[118] Bei Vorliegen einer nicht durch die Ehe bedingten Krankheit gilt im Hinblick auf einen ehebedingten Nachteil Folgendes:

Führt sie zur **vollständigen Erwerbsminderung** (§ 1572 BGB), kommt ein ehebedingter Nachteil regelmäßig dann nicht in Betracht, wenn der Versorgungsausgleich vollständig durchgeführt worden ist, weil dann beide Ehegatten die Nachteile gleichermaßen tragen, die sich daraus ergeben, dass der Berechtigte wegen der Gestaltung der Ehe seine (Invaliditäts-)Vorsorge nicht weiter aufgebaut hat. Die Interessen des unterhaltsberechtigten Ehegatten werden dann hinreichend gewahrt.[119] (siehe hierzu auch Rdn. 1005). Anderes gilt, wenn wegen der Aufgabe der Erwerbstätigkeit die Voraussetzungen für eine Rente wegen voller Erwerbsminderung nicht erfüllt sind, z. B. weil die nach § 43 II Nr. 2 SGB VI erforderlichen Pflichtbeiträge (drei Jahre innerhalb der letzten fünf Jahre vor Eintritt der Erwerbsminderung) nicht geleistet worden sind.[120] Scheidet in diesem Fall ein Anspruch auf Erwerbsminderungsrente aus, liegt ein ehebedingter Nachteil in dem Umfang vor, in dem ohne die Ehegestaltung eine solche Rente erworben worden wäre. Dieser Nachteil wird durch den Versorgungsausgleich nicht kompensiert.[121] Ein solcher Nachteil entfällt mit Beginn der Altersrente. Für diese ist eine Mindestanzahl an Pflichtbeiträgen nicht Voraussetzung (§§ 35 ff. SGB VI).[122]

---

[110] OLG Hamburg FamRZ 1987, 1250
[111] BGH FamRZ 2006, 1006; FamRZ 2008, 134, 135; FamRZ 2008, 1508 Rn. 17
[112] BGH FamRZ 2010, 1971 R. 25; s. a. OLG Frankfurt FamRZ 2009, 1162
[113] BGH a. a. O.
[114] Das hat der BGH nicht ausdrücklich erwogen, eine Befristung dennoch abgelehnt.
[115] BGH FamRZ 2009, 406 Rn. 33; FamRZ 2009, 1207 Rn. 37; FamRZ 2010, 1057 Rn. 15; 2010, 1414 Rn. 17
[116] BGH FamRZ 2010, 629 Rn. 33 = R 710 c
[117] BGH FamRZ 2010, 1414, Rn. 18
[118] BGH a. a. O. Rn. 20; OLG Saarbrücken – 6 UF 23/10, BeckRS 2010, 23757 dauerhafte Körperschäden nach Hantieren des Pflichtigen mit Spiritus; OLG Braunschweig FamRZ 2008, 999 (Erkrankung im Wochenbett)
[119] BGH FamRZ 2008, 1325 Rn. 42 f.; FamRZ 2009, 1207 Rn. 36; FamRZ 2010, 629 Rn. 34 = R 710 d FamRZ 2011, 713 Rn. 18 ff. = R 723 c
[120] BGH FamRZ 2011, 713 Rn. 20 = R 724 c
[121] A. a. O.
[122] A. a. O.

7. Abschnitt: Herabsetzung und zeitliche Begrenzung des Unterhalts § 4

Ist der Versorgungsausgleich nicht vollständig durchgeführt worden, d. h. hat er nicht zu einer gleichmäßigen Teilhabe an der während der Ehezeit aufgebauten Altersversorgung geführt und kann dies auch nicht durch einen Ausgleich des Zugewinns erfolgen (wegen phasenverschobener Ehe oder Selbstständigkeit des Pflichtigen verbunden mit Gütertrennung), kann ein ehebedingter Nachteil darin liegen, dass der Berechtigte ohne Ehe in seinem zuvor ausgeübten Beruf weitere Rentenanwartschaften erwirtschaftet hätte, die zu einer höheren Invaliditätsrente geführt hätten als er tatsächlich – nach Durchführung von Versorgungsausgleich und ggf. güterrechtlichem Ausgleich – hat.

Führt die Krankheit dagegen nur zur **teilweisen Erwerbsminderung**, beruht ein nachehelicher Unterhaltsanspruch auf den Unterhalt nach den ehelichen Lebensverhältnissen (§ 1578 BGB; vgl. Rn. 400 ff.) zum Teil auf § 1573 BGB. Dann kann ein ehebedingter Nachteil jedenfalls insoweit infolge Erwerbseinbußen wegen der Gestaltung der Ehe entstanden sein.[123]

Gleiches gilt für den **Altersunterhalt** nach § 1571 BGB. Ein ehebedingter Nachteil kann zwar grundsätzlich darin liegen, dass der Berechtigte aufgrund der Rollenverteilung in der Ehe geringere Rentenanwartschaften erwirtschaftet hat als ohne Ehe bei voller Erwerbstätigkeit. Dieser ist aber grundsätzlich ausgeglichen, wenn der Versorgungsausgleich vollständig durchgeführt worden ist (s. dazu Rn. 1005), weil dann beide Ehegatten den Nachteil gleichermaßen tragen. Ist der Versorgungsausgleich dagegen, wie oben beschrieben, nicht vollständig durchgeführt worden, kann ein ehebedingter Nachteil vorliegen, wenn der Berechtigte ohne Ehe höhere Rentenanwartschaften erlangt hätte. Der ehebedingte Nachteil kann aber entfallen, wenn der Berechtigte Altersvorsorgeunterhalt erhalten hat bzw. erhält, der so hoch ist, dass er sukzessive den Nachteil aufhebt.[124]

5. Dauer der Ehe

Für die Berechnung der Ehedauer wird wie in § 1579 Nr. 1 BGB (vgl. Rn. 1245) an die Zeit zwischen Eheschließung und Rechtshängigkeit (= Zustellung) des Scheidungsantrags angeknüpft.[125] Unerheblich ist die Dauer des tatsächlichen Zusammenlebens der Eheleute. Daher verlängert die Zeit des vorehelichen Zusammenlebens die Ehedauer ebenso wenig[126] wie die nacheheliche Betreuung eines gemeinsamen Kindes (wie nach § 1573 V BGB a. F.). Eine lange Trennungszeit verkürzt die Ehedauer grundsätzlich nicht. Unerheblich ist deshalb erst recht die Krise, der erst zur späteren Trennung führt. Auch der Umstand, dass ein Ehegatte mit Kenntnis des anderen ein außereheliches Verhältnis aufnimmt, ist für die Ehedauer nicht relevant.[127] Haben die geschiedenen Eheleute später wieder einander geheiratet, zählt die Dauer der ersten Ehe nicht mit.[128] **1019**

In § 1578b I 3 BGB wird die Dauer der Ehe als Merkmal, das im Rahmen der Billigkeitsabwägung zur Frage einer Unterhaltsbegrenzung zu prüfen ist, entgegen den früheren Regelungen in §§ 1573 V und 1578 I 2 BGB a. F. nicht mehr als besonderer Gesichtspunkt herausgestellt, sondern ist in erster Linie zusammen mit den anderen vom Gesetz aufgeführten Merkmalen für die Entscheidung darüber heranzuziehen, ob **ehebedingte Nachteile** des Unterhaltsberechtigten vorliegen. Denn die Dauer der Ehe führt für sich gesehen nicht zwangsläufig zu einem Nachteil, obgleich sich der berufliche Nachteil für den Ehegatten, der sich Kindererziehung oder Hausarbeit widmet, mit zunehmender Dauer der Ehe erhöht.[129] Auch lange Ehen führen deshalb ohne weitere Kriterien nicht zu einem unbegrenzten Unterhaltsanspruch. **1020**

---

[123] BGH FamRZ 2010, 629 Rn. 29 = R 710b
[124] BGH U. v. 8. 6. 2011 – XII ZR 17/09
[125] BGH FamRZ 2010, 1971 Rn. 32 = R 719b; FamRZ 2010, 629 Rn. 36 = R 710d; FamRZ 2009, 406 Rn. 35; FamRZ 1986, 886, 888
[126] BGH FamRZ 2010, 1971 Rn. 25/32 = R 719b nur zu Rn. 32
[127] BGH FamRZ 2010, 1971 Rn. 32 = R 719b
[128] OLG Düsseldorf FamRZ 1996, 1416; OLG Karlsruhe FamRZ 1989, 511
[129] BT-Drs. 16/1830 S. 19

Zunehmendes Gewicht spricht der BGH mittlerweile der Dauer der Ehe auch neben feststehenden oder anstelle von ehebedingten Nachteilen im Rahmen der Billigkeitsabwägung zu, und zwar unter dem Gesichtspunkt der **nachehelichen Solidarität,** also in Fällen, in denen keine ehebedingten Nachteile (z. B. aufgrund Erwerbstätigkeit im erlernten Beruf mit Deckung des angemessenen Lebensbedarfs) vorliegen. Hier kann die Ehedauer durch eine **Verflechtung der wirtschaftlichen Verhältnisse** maßgeblich gegen eine (vollständige) Herabsetzung oder zeitliche Begrenzung des nachehelichen Unterhalts (§ 1573 BGB) sprechen.[130] Im entschiedenen Fall hat der BGH die Befristung nach 23jähriger Ehe aufgehoben, in der die Ehefrau wegen Kindeserziehung über fünf Jahre gar nicht, danach bis zu Scheidung mit reduzierter Stundenzahl im erlernten Beruf gearbeitet, dort dann aber im Umfang ihres angemessenen Lebensbedarfs verdient hat. Die wirtschaftliche Verflechtung tritt insbesondere durch die Aufgabe einer eigenen Erwerbstätigkeit wegen der Betreuung gemeinsamer Kinder oder wegen der Haushaltsführung ein.[131] Die lange Ehedauer als solche kann aber nur ein Indiz für die Verflechtung der wirtschaftlichen Verhältnisse darstellen.[132]

Insbesondere beim **Krankheitsunterhalt** (§ 1572 BGB) gewinnt eine lange Ehedauer bei der Billigkeitsabwägung zunehmend an Gewicht (s. dazu Rn. 1023). Abgelehnt hat der BGH allerdings eine besondere Bedeutung der 11jährigen Ehedauer im Rahmen eines Krankheitsunterhalts, weil andere einen Vertrauensschutz begründende Kriterien nicht festgestellt wurden.[133] Auch wenn keine ehebedingten Nachteile als solche eingetreten sind und eine Erwerbstätigkeit des geschiedenen Ehegatten allein an der Arbeitsmarktlage scheitert, soll es nach dem Willen des Gesetzgebers wesentlich von der Dauer der Ehe abhängen, inwieweit ein Anspruch auf **Unterhalt wegen Erwerbslosigkeit** (§ 1573 I BGB) nach Höhe bzw. Dauer beschränkt werden kann.[134] Auch hier wird die Ehedauer unter dem Gesichtspunkt der nachehelichen Solidarität unter Beachtung der wirtschaftlichen Verflechtung abzuwägen sein.

Wegen der erforderlichen Gesamtwürdigung gibt es weiterhin **keine schematische Bindung zwischen Ehedauer und Übergangszeit** bis zum Beginn einer Herabsetzung oder zeitlichen Begrenzung.[135] Die Ehedauer kann sowohl durch die mehrjährige Vollerwerbstätigkeit des Berechtigten[136] als auch durch die Dauer des gezahlten Trennungsunterhalts relativiert werden.[137] Denn die Gesamtbelastung des Pflichtigen ist ein Billigkeitskriterium, auch wenn er damit nur eine gesetzliche Verpflichtung erfüllt hat. Arbeitet der Berechtigte schon wieder seit Jahren vollschichtig, ist es ihm deshalb regelmäßig auch bei sehr langer Ehedauer zumutbar, sich nach einer **mehrjährigen Übergangszeit** auf den Lebensstandard nach seinen eigenen Einkünften einzurichten.[138] Die Praxis der Instanzgerichte zeigt allerdings die Tendenz zu einer Pauschalierung der Übergangszeit, die sich häufig zwischen einem Viertel[139] und einem Drittel[140] der Ehezeit bewegt.[141]

1021 Schon **nach altem Recht** (§§ 1573 V, 1578 I 2 BGB a. F.) wurde angenommen, dass es keine „lange Ehedauer" im Sinne einer festen Zeitgrenze gibt, ab deren Vorliegen eine

---

[130] BGH FamRZ 2010, 1971 Rn. 21, 33, 35 = R 719 a, b zu Rn. 21, 33
[131] BGH FamRZ 2010, 1637 Rn. 48 = R 715 d (30 Jahre Ehedauer); FamRZ 2010, 1971 Rn. 33 = R 719 b (23 Jahre Ehedauer); FamRZ 2011, 713 = R 724 d
[132] BGH FamRZ 2010, 629 Rn. 36 = R 710 d (mehr als 20 Jahre Ehedauer)
[133] BGH FamRZ 2009, 406 Rn. 39
[134] BT-Drs. 16/1830 S. 19
[135] BGH FamRZ 2008, 1508 Rn. 27 – dort gut 13 Jahre Ehedauer, es ist nicht davon auszugehen, dass der BGH hier eine sehr lange Ehedauer annahm
[136] A. a. O.
[137] BGH FamRZ 2011, 188 Rn. 32; FamRZ 2011, 875 Rn. 22; FamRZ 2010, 1414 Rn. 31, 35
[138] BGH FamRZ 2008, 1508 Rn. 27; es wurde eine Übergangszeit von 4 Jahren bei einer Ehedauer von 13 Jahren gebilligt
[139] OLG Karlsruhe FamRZ 2009, 1160; OLG Zweibrücken FamRZ 2009, 49; OLG Celle FamRZ 2009, 56; OLG Brandenburg NJW-RR 2009, 1371; OLG Düsseldorf ZFE 2009, 472
[140] OLG Saarbrücken FamRZ 2009, 349; OLG München FamRZ 2009, 52; OLG Brandenburg NJW-RR 2009, 1127; OLG Oldenburg NJW-RR 2009, 1658
[141] S. a. 18. Deutscher Familiengerichtstag, Arbeitskreis 15 (www.dfgt.de unter 18. DFGT – Ergebnisse – 15. AK)

7. Abschnitt: Herabsetzung und zeitliche Begrenzung des Unterhalts § 4

Unterhaltsbegrenzung ausscheidet. Seine frühere Rechtsprechung hierzu hatte der BGH aufgegeben. Danach sollte sich eine Ehedauer von 10 Jahren wegen wachsender Verflechtung und Abhängigkeit dem Grenzbereich nähern, in dem der Dauer der Ehe – vorbehaltlich stets zu berücksichtigender besonderer Umstände des Einzelfalls – als Billigkeitskriterium durchschlagendes Gewicht für eine dauerhafte Unterhaltsgarantie zukomme.[142] Nach der neueren Rechtsprechung des BGH zum alten Recht war der Billigkeitsgesichtspunkt „Dauer der Ehe" nur als gleichrangiger Gesichtspunkt neben dem Merkmal „Gestaltung von Haushaltsführung und Erwerbstätigkeit" und weiteren Gesichtspunkten zu berücksichtigen, so dass sein Vorliegen nicht zwingend gegen oder für eine Begrenzung ins Feld geführt werden konnte.[143] Auch bei sehr langer Ehedauer konnte es dem Unterhaltsberechtigten, z.B. bei fehlenden ehebedingten Nachteilen wegen kinderloser Ehe und Vollzeittätigkeit im vorehelich ausgeübten Beruf, möglich sein, seine persönlichen und finanziellen Verhältnisse auf seine eigenen Einkünfte ohne zusätzliche Unterhaltsleistung einzurichten.[144] Es war ihm also nach einer Übergangszeit ggf. zumutbar, auf seinen Lebensstandard nach den ehelichen Verhältnissen (§ 1578 I 1 BGB) zu verzichten und sich mit dem Lebensstandard zu begnügen, den er auch ohne Ehe erreicht hätte, während dies bei wesentlich kürzeren Ehen aus anderen Gründen ausgeschlossen sein konnte.[145] In diesem Sinne haben auch die Instanzgerichte schon vor der Unterhaltsreform Befristungen trotz langer Ehedauer vorgenommen, wenn die Einkommensdifferenz nach 25-jähriger Ehe nicht auf ehebedingten Nachteilen, sondern auf unterschiedlicher Vorbildung beider Parteien beruhte[146] oder nach 21-jähriger Ehe (bis zur Trennung) die beiderseitigen Lebensverhältnisse entflochten waren und die berechtigte Ehefrau einer qualifikationsentsprechenden Vollzeittätigkeit nachging.[147] Andererseits wurde die Befristung abgelehnt, wenn der Berechtigte auch ohne ehebedingten Nachteil aufgrund des fortgeschrittenen Alters und der ungenügenden Altersversorgungsanwartschaften sein Unterhaltsminimum nicht sicherstellen konnte.[148]

6. Sonstige Umstände

Bei der Billigkeitsabwägung sind auch sonstige Umstände des konkreten Einzelfalls als Billigkeitsgesichtspunkte zu berücksichtigen. Eine kausale Verknüpfung mit ehebedingten Nachteilen ist insoweit nicht erforderlich. § 1578b BGB erfasst auch Fälle, in denen es nicht um die Kompensation solcher Nachteile geht, sondern allein um das Ausmaß der darüber hinausgehenden **nachehelichen Solidarität**.[149] Im Grundsatz beruht jeder nacheheliche Unterhaltsanspruch auf der nachehelichen Solidarität, soweit er nicht wegen ehebedingter Nachteile gewährt wird.[150] Billigkeitsmaßstab ist hier allein die fortwirkende Solidarität, deren Maß der Tatrichter im konkreten Einzelfall festzulegen hat,[151] und Verantwortung im Licht des Grundsatzes der Eigenverantwortung. Bei der vom Tatrichter vorzunehmenden Billigkeitsabwägung sind ebenfalls die in § 1578b I 3 BGB genannten Umstände (Dauer der Kinderbetreuung, Haushaltsführung und Erwerbstätigkeit während der Ehe, Dauer der Ehe) zur Konkretisierung besonders heranzuziehen.[152] Der Dauer der Ehe kommt im Rahmen der nachehelichen Solidarität nach dem Willen des Gesetzgebers

1022

---

[142] BGH FamRZ 1990, 857, 859
[143] BGH FamRZ 2007, 2049, 2050 = R 682a; FamRZ 2007, 2052, 2053 = R 683a
[144] A.a.O.
[145] BGH FamRZ 2006, 1006, 1008; FamRZ 2007, 2049, 2050f. = R 682a; FamRZ 2007, 2052, 2053 = R 683a;
[146] OLG Koblenz FamRZ 2007, 833
[147] OLG Düsseldorf FamRZ 2006, 1040f.
[148] OLG Düsseldorf FamRZ 2008, 418
[149] BT-Drs. 16/1890 S. 19; BGH FamRZ 2009, 406 Rn. 36; FamRZ 2010, 869 Rn. 44; FamRZ 2010, 629 Rn. 25 = R 710a; FamRZ 2011, 713 Rn. 21 ff. = R 724d
[150] BT-Drs. 16/1890 S. 18f.
[151] BGH FamRZ 2010, 1057 Rn. 17; FamRZ 2011, 713 Rn. 22 = R 724d
[152] BGH FamRZ 20101414 Rn. 21; FamRZ 2010, 1057 Rn. 17; FamRZ 2009, 1207 Rn. 39

§ 4   Ehegattenunterhalt

besondere Bedeutung zu (siehe dazu auch Rdn. 1020),[153] vornehmlich im Zusammenhang mit der **wirtschaftlichen Verflechtung** der Ehegatten, die wiederum im Rahmen der nachehelichen Solidarität[154] ein weiteres eigenständiges Abwägungskriterium darstellt.[155] Hierbei kommt es darauf an, inwieweit die finanziellen und beruflichen Dispositionen der Ehegatten voneinander abhängen und aufeinander bezogen sind. Aber auch alle weiteren Umstände des konkreten Einzelfalls sind zu berücksichtigen (s. Rn. 1024).

Die nacheheliche Solidarität ist maßgeblich vor allem in den Fällen des **Krankheitsunterhalts** wegen voller Erwerbsunfähigkeit gemäß § 1572 BGB, da die Krankheit regelmäßig nicht ehebedingt ist.[156] Sie stellt vielmehr eine schicksalhafte Entwicklung dar, die allein zeitlich im Zusammenhang mit der Ehe steht.[157] Ein ehebedingter Nachteil liegt dann nicht vor. Dennoch ist der Anspruch weder stets zu begrenzen noch stets unbefristet aufrechtzuerhalten.[158] Der Gesetzgeber hat mit der Schaffung dieses Unterhaltsanspruchs vielmehr ein besonderes Maß an nachehelicher Solidarität festgeschrieben, ihn andererseits der Begrenzung zugänglich gemacht (s. zu den einzelnen abzuwägenden Umständen Rn. 1023 ff.).

Der BGH hat unter dem Aspekt der nachehelichen Solidarität einen **unbegrenzten Unterhaltsanspruch** wegen **Krankheit** nach § 1572 BGB für eine Ehefrau gebilligt, die während der 26jährigen reinen Hausfrauenehe schwer erkrankt war, wegen der Geburten der insgesamt vier Kinder keine Berufsausbildung hatte absolvieren können und sich jahrelang auch nach Erkrankung für die Familie aufgeopfert hatte,[159] sowie für eine Ehefrau nach 20jähriger Ehe mit zwei Kindern und Pflege des im Alter von neun Jahren verstorbenen schwerbehinderten Sohnes.[160] Hier wurde das erhebliche Gewicht der nachehelichen Solidarität mit der Rollenverteilung und der Ehedauer begründet. Die **Befristung** hat der BGH dagegen **gebilligt** oder nach Aufhebung für möglich gehalten bei einer Ehedauer von ca. 9 Jahren und einer Berechtigten, die schon in den ersten Jahren der Ehe erkrankt war und der Pflichtige zusätzlich zum Barunterhalt auch die Betreuung des Kindes übernehmen musste,[161] bzw. einer Berechtigten, deren Krankheit schon vor der Ehe angelegt war,[162] bzw. bei einer Ehedauer von 11 Jahren mit einer Berechtigten, die therapierbare psychosomatische Beschwerden hatte.[163]

Auch bei einem Anspruch auf **Aufstockungsunterhalt** nach § 1573 II BGB kann allein die nacheheliche Solidarität zu einem unbefristeten Anspruch führen.[164] Im entschiedenen Fall konnte die Berechtigte nach 23jähriger Ehe zwar ohne ehebedingte Nachteile wieder im erlernten Beruf arbeiten. Erwogen wurde aber, dass sie trotz Durchführung des Versorgungs- und des Zugewinnausgleichs nur eine unzureichende Altersversorgung bis zum Rentenbeginn aufbauen könne. Zudem lag ihr Gehalt nur wenig über dem eheangemessenen Selbstbehalt, während das des Pflichtigen gut war.

1023   Zu prüfen ist auch, ob für den Berechtigten ein **besonderer Vertrauenstatbestand** entstanden ist. Dieser in § 36 Nr. 1 EGZPO gesondert geregelte Aspekt ist nach der Rechtsprechung des BGH bereits bei der Prüfung im Rahmen des § 1578 b BGB zu berücksichtigen.[165] Der Vertrauensschutz kann sich aus dem Verlauf der Ehe (Rollenverteilung, Lebensleistung des Berechtigten, wirtschaftliche Verhältnisse, Dauer des geleisteten Trennungsunterhalts) ergeben. Entscheidend ist aber, wie sehr sich der Berechtigte auf den

---

[153] BT-Drs. 16/1890 S. 19
[154] BGH FamRZ 2010, 1971 Rn. 29 ff. = R 719 b
[155] BGH FamRZ 2010, 2059 Rn. 35
[156] BGH FamRZ 2011, 713 Rn. 19 = R 724 c; FamRZ 2010, 629 Rn. 25 f. = R 710 a; FamRZ 2009, 406, 409
[157] BGH FamRZ 2010, 629 Rn. 26 = R 710 a
[158] BGH FamRZ 2010, 1414; FamRZ 2010, 629 Rn. 26 = R 710 a
[159] BGH FamRZ 2009, 1207
[160] BGH FamRZ 2010, 629 Rn. 42
[161] BGH FamRZ 2010, 1057
[162] BGH FamRZ 2010, 1414
[163] BGH FamRZ 2010, 875
[164] BGH FamRZ 2010, 1971 Rn. 29 ff. = R 719 a
[165] BGH FamRZ 2010, 1414 Rn. 32 m. Anm. Borth; FamRZ 2010, 2059 Rn. 35

7. Abschnitt: Herabsetzung und zeitliche Begrenzung des Unterhalts § 4

Bestand der Unterhaltsregelung verlassen konnte.[166] Ist der Unterhalt bereits **tituliert** oder **vertraglich festgelegt,** kommt diesem Umstand besonderes Gewicht zu. Das gilt erst recht für Titel, die vor dem 1. 1. 2008 entstanden sind und nach altem Recht noch nicht befristet werden konnten (§§ 1571, 1572 BGB). Hier ist eine Befristung im Wege der Abänderung von der Zumutbarkeit für den Berechtigten abhängig. Dieser Umstand allein kann aber nicht dazu führen, eine Befristung stets abzulehnen, was sich schon an der Einbeziehung dieser Anspruchsgrundlagen in die Regelung des § 1578 b II BGB zeigt. Geschützt ist nicht das Vertrauen in den Fortbestand des Titels als solches, sondern vielmehr das Vertrauen als Grundlage getroffener Entscheidungen, die nicht ohne weiteres rückgängig gemacht werden können (langfristige Investition, Abschluss eines langfristigen Mietvertrags).[167] Es muss immer bedacht werden, dass die Unabänderbarkeit eines Unterhaltstitels nach dem Willen des Gesetzgebers nicht der Regelfall ist.[168] Die Unzumutbarkeit der Begrenzung des Unterhalts kann sich ergeben, wenn der Berechtigte bereits in fortgeschrittenem Alter und seit Jahren in Rente ist, keine Möglichkeit mehr hat, seine finanziellen Verhältnisse zu verbessern und sein Unterhalt zuletzt vor der Gesetzesreform tituliert wurde.[169]

Zu den zu berücksichtigenden sonstigen Umständen zählen **auf Seiten des Berechtigten** vor allem dessen Alter, Gesundheitszustand, überobligationsmäßiger Einsatz zugunsten des Verpflichteten, ferner ein Nachteil infolge einer Vermögensverwertung während der Ehe, wie z. B. die Kündigung eines Kommanditanteils, aus dem der Berechtigte Einkünfte bezogen hatte,[170] die fehlende Möglichkeit zur Verbesserung der Einkommenssituation.[171] Zu berücksichtigen ist es auch, wenn sich der Berechtigte bei seiner Mithilfe zum Bau des Familienheimes ein schweres Rückenleiden zugezogen hat[172] oder wenn der Berechtigte einen gemeinsamen Sohn aus erster Ehe betreut und dadurch wirtschaftliche Nachteile erlitten hat.[173] Ähnliches gilt, wenn die Eheleute vor der Eheschließung in nichtehelicher Lebensgemeinschaft zusammengelebt haben und die Berechtigte während dieser Zeit bereits ein gemeinsames Kind aus dieser Verbindung betreut hat. Voreheliches Zusammenleben an sich begründet dagegen kein Billigkeitskriterium und zieht nicht ohne weiteres ein erhöhtes Maß an nachehelicher Solidarität nach sich.[174] Allerdings ist der Umstand, dass der Berechtigte trotz Durchführung des Versorgungsausgleichs und Zugewinns keine ausreichende Altersvorsorge aufbauen kann bei gleichzeitig deutlich besseren Einkünften des Pflichtigen, beachtlich.[175] Dem Pflichtigen muss aber hinreichendes Einkommen verbleiben, um eine eigene angemessene Altersversorgung aufzubauen. Zu Lasten des Berechtigten ist zu berücksichtigen, ob er sich einer möglichen und zumutbaren Therapie seiner Erkrankung entzogen hat.[176] Ebenfalls zu berücksichtigen sind Vorteile, die sich aus der Ehe ergeben haben, z. B. ein Vermögenszuwachs in dem Umfang, den der Berechtigte allein nicht hätte erwirtschaften können und dadurch zusätzlich abgesichert ist.[177]

Der **Verlust eines Unterhaltsanspruchs aus einer vorausgegangenen Ehe** infolge der Eheschließung kann einen ehebedingten Nachteil darstellen, wenn der Unterhaltsanspruch nicht befristbar gewesen wäre,[178] ebenso, wenn eine **Witwenrente,** die auf einer

---

[166] BGH FamRZ 2009, 1207 Rn. 42; FamRZ 2010, 2059 Rn. 38; FamRZ 2010, 1414 Rn. 32
[167] BGH U. v. 29. 6. 2011 – XII ZR 157/09
[168] BGH FamRZ 2010, 1414 Rn. 34; FamRZ 2010, 2059 Rn. 38
[169] KG FamRZ 2009, 528; vgl. aber BGH U. v. 29. 6. 2011 – XII ZR 157/09 ebenfalls zum Altersunterhalt
[170] BGH FamRZ 1986, 886, 888
[171] BGH FamRZ 2010, 1238 Rn. 38
[172] BGH FamRZ 1986, 886, 888
[173] OLG Karlsruhe FamRZ 1989, 511
[174] BGH FamRZ 2010, 1238 Rn. 39
[175] BGH FamRZ 2010, 1971 Rn. 34
[176] BGH FamRZ 2010, 869 Rn. 52
[177] BGH FamRZ 2007, 2052 Rn. 28; OLG Karlsruhe FamRZ 2009, 2107
[178] OLG Düsseldorf FamRZ 2010, 1912 (zu § 58 EheG) anders noch: OLG Düsseldorf FamRZ 1987, 1254; OLG Hamm FamRZ 1986, 908

früheren Ehe beruhte, wegen der Eheschließung endgültig erlischt.[179] Anderes gilt, wenn der frühere Unterhaltsanspruch wegen fehlender Leistungsfähigkeit des ersten Mannes jetzt praktisch wertlos wäre.[180]

Ein Berufswechsel vor der Ehe, der zu einer wirtschaftlichen Verschlechterung des Berechtigten führt, ist jedenfalls dann als sonstiges Kriterium in die Abwägung einzubeziehen, wenn er erfolgte, um das voreheliche Leben zu ermöglichen, das in die Ehe mündete.[181] Es handelt sich um eine Disposition um der (zukünftigen) Ehe willen.

1025 **Auf Seiten des Verpflichteten** sind alle Umstände zu berücksichtigen, die auch bei einer Zumutbarkeitsabwägung im Rahmen des § 1581 BGB zu beachten sind, vor allem seine persönlichen und wirtschaftlichen Verhältnisse, das Verhältnis des Unterhaltsbetrags zu den ihm verbleibenden Mitteln,[182] sein Alter, sein Gesundheitszustand wie nachgewiesene Minderungen seiner Erwerbsfähigkeit, ein besonderer Einsatz für den Berechtigten oder ein berechtigter Wunsch nach einem Orts- oder Berufswechsel, die Dauer des geleisteten Trennungsunterhalts[183] sowie des bereits geleisteten nachehelichen Unterhalts.[184] Ebenso zu berücksichtigen ist die Unterhaltsverpflichtung für gemeinsame Kinder, auch wenn diese gegenüber dem Berechtigten nachrangig sind (§ 1609 Nr. 4 BGB) oder auch Betreuungsleistungen, die der Verpflichtete neben der Barunterhaltspflicht gegenüber den Kindern erbringt.[185] Zu seinen Lasten ist seine von der Ehe unabhängige Mitverantwortung für eine Krankheit des Berechtigten ein Billigkeitskriterium (siehe Rn. 1018).

Wichtig ist ein Unterschied im Einkommen beider Ehegatten, wenn der Berechtigte nur unwesentlich über dem eheangemessenen Selbstbehalt (derzeit 1150 EUR) verdient, während der Pflichtige erheblich höhere Einkünfte hat.[186] Trennungsverschulden ist im Rahmen der Billigkeit nicht relevant.[187]

1026 Der Umstand, dass der Berechtigte durch eine Befristung sozialleistungsbedürftig wird, steht der Anwendung des § 1578 b BGB als solche nicht entgegen.[188] Der Gesetzgeber hat gerade Unterhaltsansprüche wegen Lebenssituationen, die häufig zur **Sozialleistungsbedürftigkeit** führen (Krankheit oder Alter), nicht mehr von der Befristbarkeit ausgenommen. Keine zulässige Erwägung zugunsten einer Befristung ist aber der Umstand, dass der Berechtigte auch ohne Befristung (also bei weiter bewilligtem Unterhalt) sozialleistungsbedürftig wäre. Dies widerspricht der gesetzlichen Grundentscheidung, dass Sozialhilfe nachrangig ist gegenüber dem Unterhaltsanspruch (§§ 2, 94 SGB XII).[189]

V. Verfahrensrechtliche Fragen bei Anwendung des § 1578 b I u. II BGB

1. Geltendmachung im Erstverfahren

1027 **Soweit die** im Rahmen der Billigkeitsabwägung zu bewertenden **Umstände bekannt sind, ist** über die Unterhaltsbegrenzung im Erstverfahren zu entscheiden und **nicht einer**

---

[179] OLG Düsseldorf FamRZ 2007, 835
[180] BGH FamRZ 1989, 483, 486
[181] A. A. wohl BGH FamRZ 2010, 1971 Rn. 25 ff, der dies nur unter dem Aspekt der Ehedauer ablehnend erörtert = R 719 a, b
[182] BGH FamRZ 2007, 200, 204 = R 661; FamRZ 2010, 1414 Rn. 24; FamRZ 2011, 713 Rn. 24 = R 724 d
[183] BGH FamRZ 2009, 406 Rn. 39; FamRZ 2010, 1414 Rn. 31; FamRZ 2011, 875 Rn. 22
[184] BGH FamRZ 2010, 869 Rn. 52
[185] BGH FamRZ 2011, 713 Rn. 24 = R 724 d
[186] BGH FamRZ 2010, 629 Rn. 41; FamRZ 2010, 1971 Rn. 34 = R 719 b; FamRZ 2009, 1207 Rn. 43
[187] BGH FamRZ 2010, 1414 Rn. 20
[188] BGH FamRZ 2011, 713 Rn. 26 = R 724 d; FamRZ 2010, 1414 Rn. 36; FamRZ 2010, 1057 Rn. 18
[189] BGH FamRZ 2010, 1057 Rn. 20; FamRZ 2011, 713 Rn. 26 = R 724 d

7. Abschnitt: Herabsetzung und zeitliche Begrenzung des Unterhalts § 4

späteren Abänderung nach § 238 FamFG zu überlassen.[190] Sämtliche für eine Begrenzung relevanten Umstände müssen bereits eingetreten oder zuverlässig vorhersehbar sein.[191] Das ist bei künftig eintretenden Umständen nur der Fall, wenn sie vom bloßen Zeitablauf abhängen.[192] Ob zuverlässige Vorhersehbarkeit besteht, kann im Übrigen nur unter Berücksichtigung aller Umstände des Einzelfalls beantwortet werden.[193] Zwar beziehen sich die gesetzlichen Prüfungsmerkmale „Gestaltung von Haushaltsführung und Erwerbstätigkeit während der Ehe" und „Dauer der Ehe" grundsätzlich auf bereits abgeschlossene Sachverhalte.[194] Die Dauer der künftigen Kinderbetreuungszeit (bis zum Eintritt der Vollerwerbspflicht – vgl. Rn. 1014) lässt sich in der Regel, jedenfalls soweit keine Entwicklungsverzögerungen oder (chronischen) Krankheiten beim Kind vorliegen, die eine verstärkte Betreuung erfordern, ab einem gewissen Alter des Kindes absehen. Kann aber der Wegfall eines ehebedingten Nachteils noch nicht zuverlässig prognostiziert werden, weil die berufliche Entwicklung des Ehegatten auch nach Abschluss der Kinderbetreuung noch ungewiss ist, kann über eine **Befristung** des Unterhaltsanspruchs (§ 1578b II BGB) noch nicht befunden werden.[195] Bei abgeschlossener Entflechtung der wirtschaftlichen Verhältnisse der Ehegatten muss dagegen über die Frage der Befristung entschieden werden.[196] Über eine **Herabsetzung** ist bereits dann zu entscheiden, wenn ein ehebedingter Nachteil festgestellt wird, lediglich noch nicht feststeht, ob er bestehen bleibt, sich verringert oder vollständig entfallen wird.[197] Gleiches gilt, wenn sich die festgestellten wirtschaftlichen Verhältnisse wegen des noch durchzuführenden Zugewinnausgleichs noch verändern können.[198] Später entstehende Veränderungen können im Wege des Abänderungsantrags geltend gemacht werden.[199] Lässt sich lediglich die Höhe des angemessenen Lebensbedarfs nach § 1578b I BGB für die als billig angesehene spätere Begrenzung noch nicht überblicken, kann der Zeitpunkt, von dem an die Beschränkung eintritt, auf einen hilfsweise gestellten Feststellungsantrag hin festgelegt werden.[200]

Der Berechtigte muss seinen Anspruch, um Kostennachteile zu vermeiden, gegebenenfalls **zeitlich und der Höhe nach gestaffelt** geltend machen, weil die Klage sonst teilweise abzuweisen wäre. Zweckmäßig kann es sein, zur beanspruchten Unterhaltsdauer einen Mindestzeitraum und eine geschätzte angemessene Zeitdauer anzugeben, so dass sich hieraus ggf. die Beschwer für ein Rechtsmittel ergibt.[201] Lehnt das Familiengericht eine erstrebte Unterhaltsbegrenzung ab, muss der Beschwerdeantrag die geltend gemachte Begrenzung zwar nicht exakt bezeichnen, das Bestimmtheitserfordernis zwingt jedoch zur Angabe, welche zeitliche Begrenzung bzw. welche Herabsetzung als angemessen angesehen wird, damit festgestellt werden kann, ob und in welchem Umfang der Rechtsmittelführer obsiegt bzw. unterliegt.[202]

Das Gericht hat die Frage der Befristung bei entsprechendem Sachvortrag **von Amts wegen** zu prüfen. Einer prozessualen Einrede des Verpflichteten bedarf es nicht.[203]

---

[190] BGH FamRZ 2000, 1499; FamRZ 2001, 905, 906; FamRZ 2007, 793, 799 = R 674j; FamRZ 2008, 1508 Rn. 14; FamRZ 2008, 1325 Rn. 37; FamRZ 2010, 1637 Rn. 50ff. = R 715d; FamRZ 2011, 454 Rn. 43 = R 721f.
[191] BGH FamRZ 2007, 793, 799 = R 674j; FamRZ 2008, 1325 Rn. 37; FamRZ 2009, 1990 Rn. 17; FamRZ 2011, 454 Rn. 43 = R 721f
[192] BGH a. a. O.
[193] BGH FamRZ 2007, 2049, 2051 = R 682b; FamRZ 2007, 2052, 2053; FamRZ 2008, 1325 Rn. 37; FamRZ 2008, 1508 Rn. 14
[194] Vgl. Christl FamRZ 1986, 627
[195] FamRZ 2011, 454 Rn. 42; FamRZ 2009, 1300 Rn. 62f.; FamRZ 2009, 770 Rn. 44 = R 704; OLG Hamm FamRZ 2009, 2093: Es bestanden noch Aufstiegschancen für die Berechtigte, die aber eine im Zeitpunkt der Entscheidung noch nicht ausgeübte Vollerwerbstätigkeit voraussetzten
[196] BGH FamRZ 2010, 869 Rn. 51f.; FamRZ 2010, 1884 Rn. 26 = R 718b
[197] BGH FamRZ 2011, 454 Rn. 43 = R 721f
[198] A. a. O. Rn. 47 = R 721f
[199] A. a. O. Rn. 43 und 47 = R 721f
[200] OLG Düsseldorf FamRZ 1992, 951
[201] Vgl. im Einzelnen Christl FamRZ 1986, 627ff.
[202] OLG Karlsruhe FamRZ 1989, 511
[203] BGH FamRZ 2010, 1238; Rn. 25; FamRZ 2010, 1884 Rn. 26 = R 718b

2. Geltendmachung in einem späteren Abänderungsverfahren

1028 Eine nachträgliche zeitliche Begrenzung oder Herabsetzung des Unterhalts kann **nicht mittels Vollstreckungsgegenklage,** sondern nur in einem Abänderungsverfahren geltend gemacht werden, weil sich der Gesetzgeber bei erstmaliger Einführung der Unterhaltsbeschränkung ausdrücklich für die Abänderungsklage entschieden hat.[204] Soweit die Übergangsregelung für § 1578 b BGB (siehe Rn. 1030) auch § 767 II ZPO erwähnt, dürfte damit keine Änderung bezweckt sein.

Die Unterhaltsbegrenzung, insbesondere die zeitliche Begrenzung dem Grunde nach (= Befristung), kann in einem späteren **Abänderungsverfahren** nicht ohne Prüfung der Präklusionsfrage vorgenommen werden. Ein solches kann wegen der sonst eintretenden Präklusionswirkung des § 238 II FamFG[205] **gegen einen Beschluss** nur Erfolg haben, falls zum Zeitpunkt der Erstentscheidung (Schluss der mündlichen Verhandlung) wegen mangelnder Überschaubarkeit der Billigkeitskriterien **keine sichere Prognose möglich gewesen** war[206] oder nachträglich **neue Umstände** für eine entsprechende Billigkeitsentscheidung **eingetreten** sind, z. B. weil ein ehebedingter beruflicher Nachteil oder die Betreuungsbedürftigkeit eines Kindes – etwa infolge Übernahme der Betreuung durch den Unterhaltspflichtigen – weggefallen sind[207] oder wenn die Entscheidung über die Begrenzung des Unterhaltsanspruchs ausdrücklich offen gelassen wurde.[208] Dies gilt auch dann, wenn eine Entscheidung aufgrund der Sachlage möglich gewesen wäre.[209] Eine Präklusion ist demnach ausgeschlossen, wenn im Zeitpunkt der Ausgangsentscheidung noch nicht abschließend beurteilt werden konnte, ob das Einkommen aus einer neu aufgenommenen Vollzeittätigkeit die ehebedingten Nachteile vollständig und nachhaltig ausgleicht.[210] Sie reicht aber auch nur soweit, wie die Erstentscheidung eine abschließende Beurteilung der Sachlage und der zuverlässig voraussehbaren Umstände aus damaliger Sicht enthält.[211] Eine Herabsetzung des Unterhalts ist deshalb grundsätzlich abänderbar, wenn sich der ehebedingte Nachteil wesentlich verändert.

Rechtskräftige Feststellungen zum Umfang der Erwerbspflicht des Berechtigten binden im Abänderungsverfahren. Sind dem Berechtigten im früheren Verfahren trotz minderwertiger ausbildungsfremder Tätigkeit keine zusätzlichen Einkünfte fiktiv zugerechnet worden, ist der Unterhaltspflichtige im Abänderungsverfahren mit dem Vortrag präkludiert, es bestehe kein ehebedingter Nachteil, weil der Berechtigte vollschichtig im erlernten Beruf arbeiten müsse.[212] Denn damit ist rechtskräftig festgestellt, dass der Berechtigte seine unterhaltsrechtlichen Obliegenheiten mit der tatsächlich ausgeübten, aber schlechter bezahlten Beschäftigung erfüllt. Anderes kann nur gelten, wenn geänderte Verhältnisse eine Obliegenheit zu einer besser bezahlten Tätigkeit begründen.

1029 Bei der **Abänderung von Unterhaltsvergleichen,** bei denen die Anpassung an veränderte Verhältnisse allein nach den Regeln des materiellen Rechts geschieht (vgl. Rn. 6/605), kommt es vorrangig darauf an, ob der von den Parteien bei der Einigung zugrunde gelegte Parteiwille eine Begrenzung des Unterhaltsanspruchs umfasst hat und der Vergleich eine dahingehende bindende Regelung enthält. Ist eine Regelung zur Frage der Begrenzung weder ausdrücklich geregelt noch als konkludent vereinbart feststellbar, ist im

---

[204] BGH FamRZ 2011, 454 Rn. 42; FamRZ 2000, 1499, 1502; FamRZ 2001, 905, 906 f. zur Übergangsvorschrift des Art. 6 Nr. 1 S. 2 UÄndG
[205] Zur Präklusionswirkung bei mehreren aufeinander folgenden Abänderungsprozessen vgl. BGH FamRZ 1998, 99
[206] BGH FamRZ 2011, 454 Rn. 43 = R 721 f; FamRZ 2000, 1499, 1501; OLG Düsseldorf FamRZ 1996, 1416 für den Fall, dass in der Erstentscheidung festgestellt wurde, dass zum gegenwärtigen Zeitpunkt eine Begrenzung ausscheide; Mörsch FamRZ 1986, 627, 629
[207] BGH FamRZ 2011, 454 Rn. 43 ff.; FamRZ 2000, 1499, 1501 = R 542 b; FamRZ 2001, 905, 906; Hahne FamRZ 1986, 305, 310
[208] BGH FamRZ 2010, 1884 Rn. 27 = R 718 b
[209] A. a. O.
[210] BGH FamRZ 2007, 793, 799 = R 674 j; FamRZ 2011, 454 Rn. 43 = R 721 f
[211] BGH FamRZ 2011, 454 Rn. 43 = R 721 f
[212] BGH FamRZ 2010, 538 Rn. 41 f.

7. Abschnitt: Herabsetzung und zeitliche Begrenzung des Unterhalts § 4

Zweifel davon auszugehen, dass die Parteien noch keine abschließende Regelung über eine spätere Begrenzung treffen wollten.[213] Aus dem Umstand, dass eine im Verfahren erörterte Befristung in der gerichtlich protokollierten Vereinbarung keinen Niederschlag fand, kann nicht ohne weiteres der Schluss gezogen werden, dass eine solche endgültig nicht gewollt war.[214] Das ist insbesondere bei erstmaliger Festlegung des nachehelichen Unterhalts in Betracht zu ziehen, weil dann die eine Begrenzung eröffnende Unbilligkeit einer weiteren Unterhaltsgewährung noch in der Zukunft liegt. Enthält der Vergleich keine Begrenzungsregelung, ist mangels Bindungswirkung eine Abänderung auch ohne Änderung der tatsächlichen Verhältnisse möglich, und zwar auch dann, wenn die für eine Regelung einer Begrenzung maßgeblichen Umstände bei Vergleichsabschluss schon zuverlässig absehbar waren. Es unterliegt der **Dispositionsfreiheit der Beteiligten**, eine Regelung im Erstverfahren zu treffen oder nicht.[215] Enthält der Vergleich eine Regelung zur Begrenzung, muss für eine Abänderung im Hinblick auf den der Einigung der Parteien zugrunde gelegten Parteiwillen eine Störung der Geschäftsgrundlage eingetreten sein. So muss der die Beweislast für einen Abänderungsgrund tragende Abänderungsantragsteller dartun, dass die Geschäftsgrundlage für einen unbefristeten oder ungekürzten Anspruch fortgefallen ist, bevor die gesetzlichen Voraussetzungen der Herabsetzung oder zeitlichen Begrenzung geprüft werden können.[216] Die gesetzliche Einführung von Unterhaltsbegrenzungen bzw. erweiterten Unterhaltsbegrenzungen für sich allein ist noch kein Abänderungsgrund.[217]

Die **Übergangsregelung** für den seit 1. 1. 2008 eingeführten § 1578 b BGB findet sich in § 36 EGZPO. Danach bleiben Unterhaltsleistungen, die vor dem 1. 1. 2008 fällig geworden sind, mangels Rückwirkung des neuen Rechts[218] unberührt (§ 36 Nr. 7 EGZPO). § 36 Nr. 1 EGZPO eröffnet **keine eigenständige Abänderungsmöglichkeit**.[219] Die Regelung stellt nur klar, dass die Gesetzesänderung ein Anwendungsfall von § 238 II FamFG (§ 323 II ZPO) ist.[220] Auf eine Änderung der Rechtsprechung – z.B. durch die Entscheidung des BGH vom 12. 4. 2006[221] – findet die Regelung des § 36 Nr. 1, 2 EGZPO keine Anwendung.[222] Für die Zeit nach Inkrafttreten des Gesetzes kommt eine Abänderung von rechtskräftigen Entscheidungen, Vollstreckungstiteln oder Unterhaltsvereinbarungen aus der Zeit davor wegen Umständen, die schon entstanden waren, nur unter folgenden Voraussetzungen (§ 36 Nr. 1 EGZPO) in Betracht: die Umstände erfahren *durch die gesetzliche Neuregelung* eine andere Bewertung dahin, dass sie *nun erheblich* geworden sind. Das kann aus der nun eröffneten Befristbarkeit von Unterhalt wegen Alters (§ 1571 BGB) oder Krankheit (§ 1572 BGB) oder aus der Rangänderung nach § 1609 Nr. 2 BGB folgen. Dadurch muss eine *wesentliche Änderung der Unterhaltsverpflichtung* nach Höhe oder Dauer eintreten. Die Änderung muss dem anderen Teil unter Berücksichtigung seines Vertrauens in die gesetzliche Regelung *zumutbar* sein. Waren die Umstände schon vor der Gesetzesänderung erheblich, kann auf diese eine Abänderung nicht gestützt werden. Das gilt insbesondere für den Aufstockungsunterhalt (§ 1573 II BGB a. F.).[223] Dieser war schon nach § 1573 Abs. 5 BGB a. F. befristbar. Die insoweit maßgebliche Zäsur für die Bewertung der Erheblichkeit der Umstände stellt vielmehr das Urteil des BGH zur Bedeutung der Ehedauer im Rahmen der Begrenzung nach § 1573 V BGB a. F. dar,[224] wobei auf die Veröffentlichung der Entscheidung Mitte Juli 2006 abzustellen ist.[225] Wurde der Anspruch

1030

---

213 BGH FamRZ 2010, 1238 Rn. 23
214 BGH a. a. O.; OLG Stuttgart FamRZ 2009, 785
215 BGH a. a. O. Rn. 25
216 BGH FamRZ 1995, 665, 666 f. = R 493B b
217 BGH FamRZ 1995, 665 = R 493B b zu § 1573 V BGB a. F.
218 BT-Drs. 16/1830 S. 35
219 BGH FamRZ 2010, 111 Rn. 62
220 BGH FamRZ 2010, 1884 Rn. 34 = R 718 d
221 BGH FamRZ 2006, 1006
222 BGH FamRZ 2010, 1238 Rn. 41
223 BGH FamRZ 2010, 1884 Rn. 17, 28 = R 718 a, c
224 A. a. O. Rn. 18 = R 718 b und Leitsatz 1
225 FamRZ 2006, 1006 Heft 14 vom 15. Juli 2006

zuletzt danach tituliert, ohne die Begrenzung vorzubringen, und haben sich seitdem die tatsächlichen Verhältnisse nicht wesentlich geändert, scheidet eine nachträgliche Begrenzung aus.[226] Dabei ist nicht zwischen Ehen mit und solchen ohne Kinder zu unterscheiden.[227] Das bedeutet, dass § 36 Nr. 1, 2 EGZPO bei der Begrenzung eines Alttitels wegen Aufstockungsunterhalts nach § 1573 II BGB weder eine Begrenzung eröffnet noch einschränkt.

Zumutbarkeitserwägungen sind bereits im Rahmen der Billigkeitsprüfung nach § 1578 b BGB anzustellen (siehe dazu Rn. 1023).

Entsprechende auf Grund der Gesetzesneufassung erheblich gewordene Umstände dürfen bei einer erstmaligen Änderung nach dem 1. 1. 2008 ohne die zeitlichen Beschränkungen des § 238 II FamFG bzw. der §§ 323 II, 767 II ZPO geltend gemacht werden (§ 36 Nr. 2 EGZPO). Darüber hinaus ist es möglich, sie auch noch in der Revisionsinstanz eines anhängigen Verfahrens vorzubringen (§ 36 Nr. 5 EGZPO).

3. Darlegungs- und Beweislast

1031 Der Einwand der Befristung oder Beschränkung des Unterhalts der Höhe nach ist eine prozessuale Einwendung. Denjenigen, der sich darauf beruft, trifft nach allgemeinen Regeln dafür die **Darlegungs- und Beweislast**. Das ist im Unterhaltsverhältnis der **Unterhaltspflichtige**. Er hat alle Umstände vorzutragen, die für eine Befristung/Beschränkung sprechen, also auch dafür, dass dem Unterhaltsberechtigten **kein ehebedingter Nachteil** entstanden ist (primäre Darlegungslast). Hier genügt es, wenn der Unterhaltspflichtige darauf hinweist, dass der Berechtigte wieder in seinem erlernten Beruf zu einer üblichen Vergütung beschäftigt ist oder – vor allem bei fehlender Ausbildung – in einem der zuletzt vor der Ehe ausgeübten Tätigkeit entsprechenden Arbeitsverhältnis mit üblicher Vergütung steht. Denn dies indiziert das Fehlen eines ehebedingten Nachteils.[228] Die bloße Behauptung, es sei kein ehebedingter Nachteil entstanden, weil der Berechtigte arbeite, ohne dies zu präzisieren (Umfang, Art der Tätigkeit, Vergütung), genügt dagegen dem Gebot der Substantiierung nicht. Da es sich bei dem Fehlen eines ehebedingten Nachteils für den Unterhaltsschuldner um eine negative Tatsache handelt, die in der persönlichen Sphäre des Berechtigten liegt, kann er sodann Erleichterungen in Anspruch nehmen.

Nach der ständigen Rechtsprechung des BGH trifft dann zunächst den **Berechtigten** die sogenannte **sekundäre Darlegungslast**.[229] Der Berechtigte muss substantiiert bestreiten und konkret darlegen, dass er doch einen ehebedingten Nachteil erlitten hat. Dazu gehört regelmäßig der Vortrag der hypothetischen beruflichen Entwicklung, wenn die Ehe mit der praktizierten Rollenverteilung nicht geschlossen worden wäre. Bei einer langen Berufspause sind keine überspannten Anforderungen an die Darlegung zu stellen.[230] Arbeitet der Berechtigte wieder in seinem erlernten Beruf zur üblichen Bezahlung, will er aber einen hypothetischen **beruflichen Aufstieg** geltend machen, hat er konkret die Umstände darzulegen, aus denen sich die verpassten Aufstiegsmöglichkeiten ergeben sollen. Dabei hat er insbesondere seine Fähigkeiten, besonderen Talente und Neigungen, auch seine Bereitschaft zum Erwerb von Zusatzqualifikationen bzw. Fortbildungsbereitschaft darzulegen, seine berufliche Entwicklung vor der Ehe, die Aufschluss über seine Leistungsbereitschaft und ggf. frühe Erfolge geben kann, die er ohne die Ehe bei durchgehender Beschäftigung erworben hätte.[231] Er muss darlegen, welche Karriereschritte dadurch wahrscheinlich gewesen wären[232] sowie die Umstände, derentwegen solche berufliche Weiterentwicklung in der Ehe nicht möglich war.[233] Ist der Berechtigte ungelernt, hat er darzulegen, welche

---

[226] BGH FamRZ 2010, 1884 Rn. 26 = R 718 b
[227] A. a. O. Rn. 21 ff. = R 718 b
[228] BGH FamRZ 2010, 2059 Rn. 24 = R 720 c und oben Rn. 1016
[229] BGH FamRZ 2010, 875 Rn. 20 = R 711; FamRZ 2010, 2059 Rn. 24 = R 720 c
[230] BGH FamRZ 2010, 2059 Rn. 24 = R 720 c
[231] BGH FamRZ 2010, 2059 Rn. 33 = R 720 c
[232] A. a. O.
[233] BGH FamRZ 2008, 1325 Rn. 42

7. Abschnitt: Herabsetzung und zeitliche Begrenzung des Unterhalts § 4

konkrete Berufsausbildung er aufgenommen und abgeschlossen hätte und welches höhere Einkommen er aufgrund dessen nun hätte.[234] Das gilt insbesondere, wenn die Ehe in einem Alter geschlossen wurde, in dem die Berufsausbildung normalerweise schon abschlossen ist.[235] Führt der Vortrag dazu, dass die behauptete Entwicklung nur als *möglich* anzusehen ist, hat der Berechtigte seine Darlegungslast nicht erfüllt.[236] Die Darlegung muss dem Tatrichter die konkrete Feststellung des ohne Ehe/Kindererziehung erreichten Gehalts ermöglichen. (Nur) im Einzelfall kann es genügen darzulegen, in dem erlernten Beruf seien Gehaltssteigerungen mit zunehmender Berufserfahrung und Betriebszugehörigkeit üblich.[237] Das gilt vor allem für Berufe, die nach Tarif bezahlt werden (im entschiedenen Fall: Erzieherin). Die Abhängigkeit zwischen Berufserfahrung und Gehaltsentwicklung muss daraus erkennbar sein. Steht fest, dass ehebedingte Nachteile entstanden sind, so kann bei geeigneter Grundlage (Tarifverträge etc.) eine Schätzung nach § 287 ZPO für die Höhe genügen.[238]

Hat der Berechtigte hinreichend konkret vorgetragen, trifft schließlich den **Unterhaltspflichtigen allein** die **Beweislast**. Von seiner zunächst vertretenen Auffassung, den Berechtigten treffe jedenfalls dann zusätzlich die Beweislast, wenn der Unterhaltspflichtige Umstände vorgetragen habe, die ein Fehlen ehebedingter Nachteile und damit eine Begrenzung des Unterhalts nahe legten, z. B. vollschichtige Erwerbstätigkeit im erlernten Beruf,[239] ist der BGH ausdrücklich abgerückt.[240] Da die Regelung des § 1578 b BGB eine Ausnahme darstellt, wäre eine Umkehrung der Beweislast auch nicht zu rechtfertigen.

Nach der Rechtsprechung des BGH soll mit dieser Verteilung der Darlegungslast dem Pflichtigen im Unterhaltsverhältnis eine unbillige Belastung genommen werden, einerseits weil die Umstände zur hypothetischen beruflichen Entwicklung im persönlichen Bereich des Berechtigten liegen, andererseits weil der Pflichtige andernfalls auch nur theoretisch denkbare Nachteile, die aufgrund der Rollenverteilung in der Ehe entstanden sein können, zu widerlegen hätte.[241] Diese Rechtsprechung ist dahin kritisiert worden, dass damit dem Unterhaltsberechtigten die Darlegung für Umstände überbürdet werde, die dem Pflichtigen aus der Zeit der Ehe ebenso bekannt seien.[242] Ihr ist dennoch zuzustimmen. Denn die hypothetische berufliche Entwicklung gründet sich auf Umstände vor der Eheschließung und schließt Vorstellungen und Wünsche ein, die dem Pflichtigen nicht hinreichend bekannt sein müssen.[243] In der Praxis zeigt sich immer wieder, wie wenig die Eheleute darüber voneinander wissen.

Das Problem der Darlegungs- und Beweislast hinsichtlich des aufgrund der aktuellen Situation erzielbaren Einkommens des Berechtigten stellt sich dagegen im Rahmen von § 1578 b BGB nicht. Das erzielbare Einkommen ist bereits bei der Bedürftigkeit zu prüfen. Diese ist vom Unterhaltsberechtigten darzulegen und zu beweisen (vgl. Rn. 6/ 703 ff.).[244]

1032

– *in dieser Auflage nicht belegt* –

1033–1199

---

[234] BGH FamRZ 2010, 875 Rn. 26 ff.
[235] A. a. O. Rn. 29
[236] A. a. O. Rn. 26
[237] BGH FamRZ 2010, 2059 Rn. 32 = R 720 c
[238] BGH FamRZ 2010, 2059 Rn. 33 = R 720 c
[239] BGH FamRZ 2008, 134 Rn. 22, 1325 Rn. 41, FamRZ 2009, 1990 Rn. 18
[240] BGH FamRZ 2010, 875 Rn. 22 = R 711; FamRZ 2010, 1050 Rn. 53; FamRZ 2010, 2059 Rn. 24 = R 720 c
[241] A. a. O.
[242] Graba FamFR 2010, 219; Born, NJW 2010, 1793
[243] Viefhues FamRZ 2010, 1055 = Anm. zu BGH FamRZ 2010, 1050
[244] BGH FamRZ 2010, 875 Rn. 25; FamRZ 2010, 538 Rn. 42; FamRZ 2009, 1300 Rn. 62

8. Abschnitt: Die Härteklausel des § 1579 BGB

I. Normzweck, gesetzliche Regelung und Anwendungsbereich des § 1579 BGB

1. Normzweck und entstehungsgeschichtliche Entwicklung

1200 Durch das 1. EheRG ist am 1. 7. 1977 mit der Abkehr vom Verschuldensprinzip im Scheidungsrecht auch ein verschuldensunabhängiges Unterhaltsrecht eingeführt worden. Diese verschuldensunabhängige Unterhaltsverpflichtung beruht auf der nach der Scheidung trotz des Grundsatzes der Eigenverantwortung bestehenden fortwirkenden Mitverantwortung des wirtschaftlich stärkeren Ehegatten (s. Rn. 102). Sie beinhaltet einen Eingriff in die durch Art. 2 GG geschützte Handlungsfreiheit des Verpflichteten und darf deshalb nicht gegen den Grundsatz der Verhältnismäßigkeit verstoßen.

§ 1579 BGB bestimmt als unterhaltsrechtliche Härteklausel die vom Grundsatz der Verhältnismäßigkeit gezogenen Grenzen der Unterhaltspflicht.[1]

1201 Nach § 1579 I BGB a. F. entfiel ein Unterhaltsanspruch, wenn die Inanspruchnahme des Verpflichteten bei Vorliegen eines der aufgezählten vier Härtegründe unbillig war. Nach § 1579 II BGB a. F. galt Abs. I nicht, solange und soweit von dem Berechtigten wegen der Pflege und Erziehung eines gemeinschaftlichen Kindes eine Erwerbstätigkeit nicht erwartet werden konnte.

Das BVerfG hat in seiner Entscheidung vom 14. 7. 1981[2] diese negative Härteregelung des Abs. I a. F. für unbedingt erforderlich gehalten, um die Verfassungsmäßigkeit des schuldunabhängigen Unterhaltsrechts zu gewährleisten. Es hat andererseits Abs. II a. F. für verfassungswidrig erklärt, soweit die Härteklausel des Abs. I auch in besonders gelagerten Härtefällen ausgeschlossen worden ist, weil die stringente Formulierung des Abs. II nicht in ausreichendem Maß dem Verfassungsgrundsatz der Verhältnismäßigkeit Rechnung getragen hat. Dadurch wurde eine Neufassung des § 1579 BGB notwendig, die mit dem UÄndG vom 20. 2. 1986 am 1. 4. 1986 in Kraft trat.

1202 Diese Neufassung des § 1579 BGB trug zunächst den Bedenken des BVerfG in der Weise Rechnung, dass sie keinen Abs. II mehr enthält und die vorrangige Berücksichtigung der Belange eines gemeinschaftlichen Kindes, das dem Berechtigten zur Pflege und Erziehung anvertraut ist, ausdrücklich im Einleitungssatz regelt. Die unverändert gebliebenen Härtegründe der Nummern 1) mit 3) wurden durch drei weitere neu formulierte Härtegründe ergänzt, und aus der bisherigen Nummer 4 wurde die neue Nummer 7. Sachlich entsprach die Neufassung des § 1579 BGB der damaligen Rechtsprechung des BVerfG und des BGH, weshalb diese Rechtsprechung auch für die Auslegung des neuen § 1579 BGB bedeutsam blieb. Das weggefallene frühere Kinderbetreuungsprivileg wurde als Kindesinteressenwahrungsvorbehalt ausdrücklich in den Billigkeitstatbestand der Härteklausel aufgenommen. Auch die Ausweitung der Härtegründe (von vier auf sieben) erfolgte unter Berücksichtigung der damaligen Rechtsprechung des BGH.

1203 Mit der Unterhaltsreform zum 1. 1. 2008 wurde § 1579 BGB nochmals geändert und erweitert. Durch die neue Überschrift „Beschränkung oder Versagung des Unterhalts wegen grober Unbilligkeit" wird die Zielrichtung der Bestimmung besser verdeutlicht.[3] Sie dient auch der klareren Abgrenzung zum neu gefassten § 1578b BGB, der Begrenzung des nachehelichen Unterhalts wegen Unbilligkeit.[4] Neben einer Änderung des Wortlauts des Tatbestandes der Nr. 1 gemäß einem Gebot des BVerfG[5] wurde als neuer Härtegrund in Nr. 2 das Zusammenleben des Bedürftigen in verfestigter Lebensgemeinschaft eingefügt.

---

[1] BVerfG FamRZ 1981, 745, 748
[2] BVerfG a. a. O.
[3] BT-Drs. 16/1830 S. 20
[4] BT-Drs. 16/1830 S. 20
[5] BVerfG FamRZ 1989, 941

8. Abschnitt: Die Härteklausel des § 1579 BGB § 4

Dieser Tatbestand war bisher in der Generalklausel des § 1579 Nr. 7 BGB a. F. enthalten, ist aber zwischenzeitlich der in der Praxis am häufigsten vorkommende Verwirkungsgrund. Er wurde deshalb zu Recht als eigener Tatbestand normiert, wobei inhaltlich die bisherige Rechtsprechung des BGH zu dieser Problematik fortgilt.[6] Um den systematischen Aufbau der Norm gerecht zu werden, wurden die Härtegründe, die auf einer objektiven Unzumutbarkeit beruhen (Nr. 1, 2), zusammengefasst, ebenso die Härtegründe, die sich aus einem vorwerfbaren Fehlverhalten des Bedürftigen ergeben (Nr. 3–7).[7] Dies hat eine Verschiebung der bisherigen in § 1579 Nr. 2–6 BGB a. F. aufgeführten Tatbestände um eine Nummer zur Folge. Die Generalklausel folgt nunmehr als Nr. 8 (bisher Nr. 7).

2. Voraussetzungen für die Anwendung der Härteklausel

Nach der Neufassung des § 1579 BGB zum 1. 1. 2008 ist ein Unterhaltsanspruch nach Höhe und/oder zeitlicher Dauer der Leistung zu beschränken oder zu versagen, soweit die Inanspruchnahme des Verpflichteten auch unter Wahrung der Belange eines dem Berechtigten zur Pflege oder Erziehung anvertrauten gemeinschaftlichen Kindes grob unbillig wäre (vgl. Rn. 1218 ff.), weil 1204

– Nr. 1, die Ehe von kurzer Dauer war; dabei ist die Zeit zu berücksichtigen, in welcher der Berechtigte wegen der Pflege oder Erziehung eines gemeinschaftlichen Kindes nach § 1570 BGB Unterhalt verlangen kann (vgl. Rn. 1244 ff.),
– Nr. 2, der Berechtigte in einer verfestigten Lebensgemeinschaft lebt (vgl. Rn. 1267 ff.),
– Nr. 3, der Berechtigte sich eines Verbrechens oder eines schweren vorsätzlichen Vergehens gegen den Verpflichteten oder einen nahen Angehörigen schuldig gemacht hat (vgl. Rn. 1278 ff.),
– Nr. 4, der Berechtigte seine Bedürftigkeit mutwillig herbeigeführt hat (vgl. Rn. 1289 ff.),
– Nr. 5, der Berechtigte sich über schwerwiegende Vermögensinteressen des Verpflichteten mutwillig hinweggesetzt hat (vgl. Rn. 1318 ff.),
– Nr. 6, der Berechtigte vor der Trennung längere Zeit hindurch seine Pflicht, zum Familienunterhalt beizutragen, gröblich verletzt hat (vgl. Rn. 1329 ff.),
– Nr. 7, dem Berechtigten ein offensichtlich schwerwiegendes, eindeutig bei ihm liegendes Fehlverhalten gegen den Verpflichteten zur Last fällt (vgl. Rn. 1337 ff.),
– Nr. 8, ein anderer Grund vorliegt, der ebenso schwer wiegt wie die in den Nrn. 1) mit 7) aufgeführten Gründe (vgl. Rn. 1371 ff.).

Als **Voraussetzungen** für die Anwendung der Härteklausel sind damit immer **zwei** 1205
Fragen zu prüfen:
• Es muss einer der acht alternativen Härtegründe (Nr. 1 mit 8) vorliegen (vgl. Rn. 1244 ff.).
• Der Unterhaltsanspruch muss bei Bejahung eines Härtegrundes auf Grund einer **umfassenden Billigkeitsabwägung** aller Umstände des Einzelfalls grob unbillig sein (vgl. Rn. 1218 ff.). Bei dieser Billigkeitsabwägung sind vorrangig Belange eines gemeinschaftlichen Kindes zu berücksichtigen (vgl. Rn. 1229 ff.).

3. Rechtsfolgen der Härteklausel

Als Rechtsfolge kann nach § 1579 BGB ein Unterhaltsanspruch **versagt, herabgesetzt** 1206 oder **zeitlich begrenzt** werden. Möglich ist auch eine **Kombination** dieser Reaktionsmöglichkeiten. So kann z. B. der Unterhaltsanspruch zunächst herabgesetzt und nach einer weiteren Übergangszeit gänzlich versagt werden. Dies ist aus dem Wort „soweit" zu entnehmen. Diese abgestuften Beschränkungsmöglichkeiten erlauben es, ganz individuell und differenziert im Einzelfall auf das Ausmaß einer Unbilligkeit zu reagieren.

Die **Wahl der Rechtsfolgen** ist eine tatrichterliche Ermessensentscheidung.[8] Bedeutsam 1207 für diese Wahl sind alle bei der Billigkeitsabwägung zu berücksichtigenden Gesichtspunkte

---
[6] BT-Drs. 16/1830 S. 21
[7] BT-Drs. 16/1830 S. 20, 39
[8] BGH FamRZ 2002, 810 = R 574 d

(vgl. Rn. 1218 ff.), vor allem das Ausmaß der Unbilligkeit, die Härte der Unterhaltslast für den Verpflichteten und die Auswirkungen auf ein vorrangig zu berücksichtigendes Kind. Ferner sind zu berücksichtigen die Schwere des jeweiligen Härtegrundes im konkreten Einzelfall und die unterschiedliche Gewichtung der Härtegründe in ihrem Verhältnis zueinander. So wiegt z. B. eine objektive Unbilligkeit im Sinn der Nr. 2 weniger schwer als ein schwerwiegendes, eindeutig beim Berechtigten liegendes Fehlverhalten im Sinn der Nr. 7. Deshalb sind auch zum Ausmaß der Herabsetzung oder zur Versagung eines Unterhaltsanspruchs die Umstände des Einzelfalles zur Schwere des Härtegrundes und zur Unbilligkeit in die Erwägungen einzubeziehen.[9]

1208 Eine Herabsetzung statt einer gänzlichen Versagung kommt in Frage, wenn der völlige Ausschluss nicht geboten erscheint, um einen groben Widerspruch zum Gerechtigkeitsempfinden zu vermeiden.[10] Der Betreuungsunterhalt nach § 1570 BGB ist selbst bei Vorliegen von Härtegründen in dem Sinne privilegiert, dass er im Interesse des Wohles der betreuten Kinder trotz Fehlverhaltens des sorgeberechtigten Elternteils regelmäßig bis zur Vollendung des 3. Lebensjahrs eines Kindes nur zu einer Herabsetzung des Unterhalts auf das zur Kinderbetreuung notwendige Mindestmaß führt[11] (näher Rn. 1229 ff.).

4. Anwendungsbereich des § 1579 BGB

1209 § 1579 BGB ist anzuwenden beim **nachehelichen Unterhalt** sowie beim **Trennungsunterhalt** über § 1361 III BGB mit Ausnahme bei kurzer Ehedauer[12] (§ 1579 Nr. 1 BGB, s. näher Rn. 88, 1249).

Beim nachehelichen Unterhalt gelten die Bestimmungen **neben den Begrenzungsbestimmungen** nach § 1578 b BGB, so dass Überschneidungen denkbar sind. Bei einer kurzen Ehedauer ist regelmäßig zunächst der Verwirkungsgrund nach § 1579 Nr. 1 BGB zu prüfen, da sich bei Bejahung einer groben Unbilligkeit der Entscheidungsspielraum des Gerichtes einengt.[13]

1210 Die Verwirkungseinwendung nach § 1579 BGB gilt auch für nach dem Tode des Verpflichteten gemäß § 1586 b BGB **auf den Erben** als Nachlassverbindlichkeit **übergegangene Unterhaltsansprüche**. Die Unterhaltspflicht geht auf den Erben unverändert, d. h. mit der Belastung eines Einwandes aus § 1579 BGB, über. Ausgenommen ist lediglich die Leistungsfähigkeit, da es sich jetzt um eine Nachlassverbindlichkeit handelt und die Haftung gemäß § 1586 b BGB auf den kleinen Pflichtteil begrenzt ist (näher Rn. 125, 129).[14] Für die Billigkeitsabwägung können dann auch Gesichtspunkte eine Rolle spielen, die das Verhältnis zwischen Bedürftigen und Erben betreffen (vgl. Rn. 1242).[15] Zur Verzeihung vgl. Rn. 1241.

1211 Bei einer Eheaufhebung gelten die Bestimmungen entsprechend, wenn nach § 1318 II BGB ein Unterhaltsanspruch besteht.

1212 Die in § 1579 BGB normierten Härtegründe sind eine Folge des schuldunabhängigen Unterhaltsrechts und können deshalb **nicht** auf Unterhaltsansprüche nach den §§ 58 ff. EheG auf vor dem 1. 7. 1977 geschiedene **Altehen** übertragen werden.[16]

§ 1579 BGB ist ferner **nicht** anwendbar bei einem Anspruch **nach § 1576 BGB** (s. Rn. 382).

---

[9] BGH FamRZ 2002, 810 = R 574 d; FamRZ 1987, 1238
[10] BGH FamRZ 1984, 364, 366
[11] BT-Drs. 16/1830 S. 21; vgl. auch BGH FamRZ 1997, 873, 875 = R 513 c
[12] BGH FamRZ 1979, 569
[13] BT-Drs. 16/1830 vom 15. 6. 2006 S. 20
[14] BGH FamRZ 2004, 614 = R 607 a; FamRZ 2003, 521 = R 581 a
[15] BGH a. a. O.
[16] BGH FamRZ 1991, 1040; NJW-RR 1986, 1386; NJW-RR 1986, 719

8. Abschnitt: Die Härteklausel des § 1579 BGB   § 4

5. Darlegungs- und Beweislast

Gesetzestechnisch ist § 1579 BGB als **rechtsvernichtende Einwendung** konstruiert, 1213
d. h., Härtefälle sind **von Amts wegen** zu berücksichtigen, wenn entsprechende Tatsachen
vorgetragen werden, auch wenn sich der Verpflichtete nicht auf die grobe Unbilligkeit
seiner Inanspruchnahme beruft.[17] Soweit nach entsprechendem Sachvortrag in einem Urteil
weder im Tatbestand noch in den Entscheidungsgründen auf die Verwirkung eingegangen
wird und die Frage weder aus formellen noch materiellen Gründen übergangen werden
durfte, liegt eine Verletzung des rechtlichen Gehörs vor, die zur Aufhebung des Urteils
führt.[18]

Wegen des Charakters als Einwendung hat der **Verpflichtete** die Darlegungs- und 1214
Beweislast für die **tatsächlichen Voraussetzungen** des jeweiligen Härtegrundes sowie für
alle Umstände, die die Inanspruchnahme des Verpflichteten als grob unbillig erscheinen
lassen.[19] Zeugenaussagen im Strafprozess können dabei im Wege des Urkundsbeweises verwertet werden, soweit kein Antrag auf persönliche Vernehmung des Zeugen gestellt wird.[20]

Wer das Nichtvorhandensein von Tatsachen (sogenannte **Negativtatsachen**) behauptet, 1215
ist nicht von der ihn hierzu treffenden Darlegungspflicht befreit. Er darf sich nicht mit
einfachem Bestreiten begnügen, sondern muss im Einzelnen darlegen, dass die bestrittenen
Behauptungen unrichtig sind, sofern er dazu in der Lage ist.[21] Maßgebend ist allerdings, dass
ein substantiierter Sachvortrag des Pflichtigen und keine vagen Vermutungen vorangehen
(sog. sekundäre Darlegungslast). Für Tatsachen aus dem eigenen Wahrnehmungsbereich
besteht eine Auskunftspflicht (s. näher Rn. 6/741 ff.).

Behauptet der Verpflichtete das Vorliegen eines eheähnlichen Verhältnisses beim Berech- 1216
tigten und trägt er dazu Umstände vor, die nach der allgemeinen Lebenserfahrung für ein
solches Verhältnis sprechen, kann entsprechend den Grundsätzen des **Anscheinsbeweises**
von einem solchen Verhältnis ausgegangen werden. Gleiches gilt bei einer nachgewiesenen
nichtehelichen Abstammung eines Kindes für den Schluss auf einen der Frau bekannten
empfängnisgeeigneten außerehelichen Geschlechtsverkehr. Nach den Grundsätzen des Anscheinsbeweises kann der einem feststehenden Sachverhalt nach der Lebenserfahrung zugrundeliegende Geschehensablauf als bewiesen angesehen werden, sofern er nicht dadurch
entkräftet wird, dass der Prozessgegner Tatsachen behauptet und beweist, aus denen sich die
ernsthafte Möglichkeit eines anderen Ablaufs ergibt.[22] Es obliegt dann dem Berechtigten,
entsprechende Umstände vorzutragen und gegebenenfalls zu beweisen und dadurch den
Anscheinsbeweis zu erschüttern.

Der **Berechtigte** hat die Darlegungs- und Beweislast für alle Umstände, die im Rahmen 1217
der Billigkeitsabwägung zu seinen Gunsten zu werten sind. Dies gilt auch für eine behauptete Verzeihung (vgl. Rn. 1241).

II. Grobe Unbilligkeit und Zumutbarkeitsabwägung nach § 1579 BGB

1. Grobe Unbilligkeit als eigene Anspruchsvoraussetzung bei jedem Härtegrund

Nach § 1579 BGB muss bei jedem Härtegrund (Nr. 1 mit Nr. 8) als eigene, zusätzliche 1218
Anspruchsvoraussetzung die Inanspruchnahme des Verpflichteten grob unbillig sein. Voraussetzung ist daher stets die Bejahung eines Härtegrundes (Nr. 1 mit Nr. 8) **und** eine

---

[17] BGH FamRZ 1991, 670; FamRZ 1984, 364, 366
[18] BVerfG FamRZ 1992, 782
[19] BGH FamRZ 1991, 670, 672; FamRZ 1989, 1054, FamRZ 1984, 364, 366; FamRZ 1982, 463
[20] BGH FamRZ 2004, 612
[21] BGH FamRZ 1987, 259; FamRZ 1984, 364; FamRZ 1982, 463
[22] BGH FamRZ 1985, 267

grobe Unbilligkeit.[23] Bei jedem Ausschlusstatbestand muss geprüft werden, ob die Grenze des Zumutbaren eines schuldunabhängigen Unterhaltsanspruchs erreicht wird.[24]

1219 Das Tatbestandsmerkmal der groben Unbilligkeit betont den **Ausnahmecharakter** des § 1579 BGB.[25] Grobe Unbilligkeit bedeutet mehr als einfache Unbilligkeit, d. h., es sind hierzu strengere Maßstäbe anzulegen als bei der Prüfung eines Verstoßes gegen Treu und Glauben.Eine grobe Unbilligkeit ist zu bejahen, wenn nach den Verhältnissen des konkreten Einzelfalls die Zuerkennung eines Unterhaltsanspruchs dem Gerechtigkeitsempfinden in unerträglicher Weise widersprechen würde.[26]

Dies erfordert eine **umfassende Interessenabwägung,** bei der vor allem der verfassungsrechtliche Grundsatz der Verhältnismäßigkeit unter Vorrang des Kindeswohls zu beachten ist.[27] Das Erfordernis einer umfassenden Interessenabwägung gilt nicht nur bei besonders schweren,[28] sondern bei jedem Härtefall.[29] Eine solche Interessenabwägung ist außerdem erforderlich für die Ermessensentscheidung des Tatrichters, ob er im Hinblick auf die Schwere des Härtefalles unter Berücksichtigung des vorrangigen Kindeswohls und der Interessen beider Ehegatten den Unterhaltsanspruch versagen, herabsetzen oder zeitlich begrenzen will.

1220 Die gebotene Interessenabwägung ist Sache des **Tatrichters,** der dazu einen ihm vorbehaltenen, nicht revisiblen Beurteilungsspielraum hat.[30]

Der Tatrichter hat zu diesem Zweck alle für die umfassende Interessenabwägung erforderlichen Tatsachen festzustellen und zu gewichten.[31]

Festzustellen und zu gewichten sind insbesondere
– die für die Interessenabwägung bedeutsamen Umstände (= Rn. 1221 ff.),
– bei Kindesbetreuung zusätzlich die für die vorrangige Berücksichtigung des Kindeswohls maßgeblichen Umstände (= Rn. 1229 ff.).

2. Umstände, die bei der Interessenabwägung zur Beurteilung einer groben Unbilligkeit zu berücksichtigen sind

1221 a) **Grundsatz.** Abzuwägen sind jeweils im Verhältnis zum verwirklichten Härtegrund
– die Interessen des Verpflichteten an einer unterhaltsrechtlichen Entlastung
– die Interessen des Berechtigten an Unterhaltsleistungen
– die vorrangigen Belange eines gemeinschaftlichen Kindes
– die sonstigen Umstände des konkreten Einzelfalles.

1222 Eine grobe Unbilligkeit ist in der Regel indiziert, wenn ein Härtegrund (Nr. 1 mit Nr. 8) im konkreten Fall übererfüllt ist. Dies ist z. B. der Fall, wenn eine Ehe nur sechs Wochen gedauert hat,[32] wenn der Berechtigte in besonders krasser Weise einen Härtegrund verwirklicht hat[33] oder wenn mehrere Härtegründe vorliegen.

Je schwerer ein Härtegrund wiegt, umso mehr ist dem Berechtigten zuzumuten, die unterhaltsrechtlichen Folgen eines solchen Härtegrundes weitgehend selbst zu tragen und entsprechende Einschränkungen auf sich zu nehmen, sofern nicht das Kindeswohl eine andere Beurteilung erfordert (vgl. Rn. 1229 ff.).

In weniger krassen Härtefällen ist eine umfassende Abwägung der beiderseitigen Interessen erforderlich. Je länger z. B. eine Ehe gedauert hat, umso mehr hängt die An-

---

[23] BGH FamRZ 1989, 483, 485
[24] BGH FamRZ 2011, 791; 1999, 710, 711 = R 531 a; FamRZ 1990, 492, 495
[25] BGH FamRZ 1980, 981
[26] BGH FamRZ 2004, 612 = R 601 b; FamRZ 1982, 582
[27] BGH FamRZ 1990, 492, 494
[28] BGH FamRZ 1984, 986, 988; FamRZ 1983, 676
[29] BGH FamRZ 1990, 492, 495; FamRZ 1987, 689 = R 337 c; FamRZ 1984, 154
[30] BGH FamRZ 1988, 930
[31] BGH FamRZ 2002, 810 = R 574 d
[32] BGH FamRZ 1981, 944
[33] BGH FamRZ 2004, 612 = R 601 b; FamRZ 1997, 873, 875 = R 513 c; FamRZ 1984, 154; FamRZ 1983, 676

8. Abschnitt: Die Härteklausel des § 1579 BGB   § 4

wendung der Härteklausel von der zusätzlichen Feststellung konkreter Umstände ab, die die Inanspruchnahme des Verpflichteten als unerträglichen Widerspruch zum Gerechtigkeitsempfinden erscheinen lassen.[34] Da bereits bei fehlenden beruflichen Nachteile die Begrenzungsmöglichkeiten des § 1578 b BGB eingreifen, die lediglich eine Unbilligkeit eines lebenslangen, am ehelichen Bedarf orientierten Unterhaltsanspruchs voraussetzen, dürfen an die Annahme einer groben Unbilligkeit bei einem verschuldeten Fehlverhalten des Bedürftigen keine zu hohen Ansprüche gestellt werden.

Bei einer Ehedauer bis zu zwei Jahren werden an die Darlegung von Unbilligkeitsgründen im Regelfall geringere Anforderungen gestellt. Denn schon wegen einer derart kurzen Ehedauer fehlt die innere Rechtfertigung für eine unbeschränkte Unterhaltsverpflichtung, nachdem keine Lebensstandardgarantie mehr besteht (vgl. Rn. 410).[35]

b) Beim Verpflichteten zu berücksichtigende Interessen: 1223

- **Bedeutsam** ist in erster Linie, wie sehr den Verpflichteten nach seinen konkreten wirtschaftlichen und persönlichen Verhältnissen eine ggf. lebenslange Unterhaltsverpflichtung nach dem Maßstab der Zumutbarkeit belastet.[36] Ihm ist **mehr zuzumuten,** wenn der Berechtigte ein gemeinsames Kind betreut, wenn es sich bei dem Härtefall um einen Grenzfall handelt, wenn eine sehr lange Ehedauer vorliegt oder wenn er sich in wirtschaftlich guten Verhältnissen befindet.
- Die Beurteilung der Frage, ob ein Härtefall oder ein besonders schwerer Härtefall vorliegt, ist in der Regel ohne Kenntnis der wirtschaftlichen Verhältnisse des Verpflichteten nicht möglich.[37] Es kommt bevorzugt darauf an, in welcher Weise die Unterhaltslast im konkreten Fall den Verpflichteten trifft. Dabei sind insbesondere dessen wirtschaftliche Verhältnisse mit deren konkretem Gewicht in die Würdigung einzubeziehen.[38] Den Einkommensverhältnissen des Verpflichteten kommt somit stets eine Bedeutung zu.[39]
- Im Rahmen des § 1579 BGB ist mit zu berücksichtigen, ob sich die Inanspruchnahme des Verpflichteten – wie regelmäßig bei beengten wirtschaftlichen Verhältnissen – drückend oder angesichts eines größeren finanziellen Bewegungsspielraums weniger drückend auswirkt.[40] Dabei ist auch zu beachten, ob der Berechtigte eigene Einkünfte hat oder ihm Einkünfte fiktiv zugerechnet werden, weil der Verpflichtete dadurch wirtschaftlich entlastet wird.[41]
- **Persönliche Verhältnisse** des Verpflichteten, wie Alter, Gesundheitszustand, Erwerbsbeschränkungen u. ä.;
- Bei Wiederverheiratung die Unterhaltsansprüche gegenüber einer neuen Frau; sonstige Unterhaltslasten sind dagegen bereits bei der Bereinigung des Nettoeinkommens abzuziehen (näher § 1 Rn. 440 ff.).
- Besondere wirtschaftliche Belastungen während der Ehe durch Unterhaltsleistungen für ein unterschobenes außereheliches Kind der Berechtigten[42] oder wenn der Verpflichtete von der Berechtigten von einer Ehelichkeitsanfechtung abgehalten worden ist[43] oder solange der Verpflichtete wegen eines nicht leiblichen Kindes auf Unterhalt in Anspruch genommen wird, weil dieses Kind noch als ehelich gilt.[44]
- **Fehlverhalten des Pflichtigen,** das das schuldhafte Verhalten des Bedürftigen abmildert, z. B. wenn auch der Pflichtige unwahre Angaben zu seinem Einkommen gemacht hat.[45] Im Einzelfall kann dies bereits zum Wegfall des Verwirkungstatbestandes führen, z. B. bei Vorliegen eines Falls der Wahrnehmung berechtigter Interessen (näher Rn. 1326 ff.).

---

[34] BGH FamRZ 1999, 710, 711 = R 531 a; FamRZ 1982, 582
[35] BGH FamRZ 1989, 483, 485; FamRZ 1982, 582
[36] BGH FamRZ 1988, 930; FamRZ 1988, 259
[37] BGH FamRZ 1983, 996, 998
[38] BGH FamRZ 1989, 483, 485
[39] BGH FamRZ 1984, 154
[40] BGH FamRZ 1983, 670 = R 149 a
[41] BGH FamRZ 1988, 259; FamRZ 1984, 154; FamRZ 1984, 662, 664
[42] BGH FamRZ 1985, 267
[43] BGH FamRZ 1985, 51
[44] BGH FamRZ 1984, 154
[45] BGH FamRZ 2007, 1532 = R 6811

1224 Nach dem **Tode des Pflichtigen** sind im Rahmen des § 1586 b BGB bei der Billigkeitsabwägung nicht nur Belange des verstorbenen Pflichtigen zu prüfen, sondern auch Umstände, die ausschließlich das Verhältnis Bedürftiger zu Erben betreffen.[46]

1225 **c) Beim Berechtigten zu berücksichtigende Umstände:**
- Bedeutsam ist vor allem, wie sehr der Berechtigte auf Unterhalt angewiesen ist und diesen nicht durch eigene zumutbare Anstrengung ganz oder teilweise selbst decken kann.
- **Verschärfte Anforderungen** an zumutbare eigene Bemühungen des Berechtigten bestehen, wenn der Verpflichtete beschränkt leistungsfähig ist (Mangelfall) oder wenn der Berechtigte einen Härtegrund in besonders krasser Weise verwirklicht hat. Dem Berechtigten kann dann, auch wenn ihn nach § 1361 II BGB an sich noch keine Erwerbsobliegenheit trifft, die Aufnahme oder Ausweitung einer Erwerbsobliegenheit zugemutet werden.[47] Es können von ihm auch überobligatorische Erwerbstätigkeiten (§ 1577 II BGB) verlangt werden. Er muss sich bei Vorliegen eines Verwirkungstatbestandes verstärkt um die Aufnahme einer Erwerbstätigkeit bemühen. Unterlässt er solche Bemühungen, können ihm fiktive Einkünfte zugerechnet werden. Einkünfte aus unzumutbarer Erwerbstätigkeit können ihm in erhöhtem Umfang als Einkommen angerechnet werden (§ 1577 II BGB). Auch freiwillige unentgeltliche Zuwendungen Dritter können bedarfsmindernd angesetzt werden. Es ist ihm zuzumuten, sich Mittel für seinen Unterhalt durch Verwertung seines Vermögens zu verschaffen, z. B. durch Verwertung des Miteigentumsanteils an einem gemeinsamen Haus.[48]
- Die wirtschaftlichen Verhältnisse des Berechtigten und die Auswirkungen einer Unterhaltsherabsetzung auf seine Lebensverhältnisse.[49]
- Schwere des Verwirkungsgrundes.[50]
- Persönliche Verhältnisse des Berechtigten wie Alter,[51] Gesundheitszustand, schicksalsbedingte Lebenssituation,[52] persönliche Leistungen für den Verpflichteten bzw. für die eheliche Lebensgemeinschaft, Verdienste um die Familie, insbesondere bei der Pflege und Erziehung von Kindern.[53]
- Im Rahmen der Billigkeitsabwägung ist auch zu berücksichtigen, wenn der Berechtigte schon vor der Eheschließung behindert und auf Dauer erwerbsunfähig war. Er ist dann nicht durch die Eheschließung an der Aufnahme einer geregelten Erwerbstätigkeit und damit an der Sicherstellung des Unterhalts gehindert worden.[54]

1226 **d) Zu berücksichtigende sonstige Umstände:**
- Ein stets wichtiger Umstand ist die **Ehedauer**.[55] Je länger eine Ehe dauert, umso mehr kann die wirtschaftliche Abhängigkeit des bedürftigen Ehegatten wachsen, wenn er die Familienarbeit übernommen hat. Dieser fühlt sich mit zunehmender Ehedauer durch die unterhaltsrechtliche Solidarität des Ehepartners abgesichert. Deshalb wiegt der Verlust oder die Beschränkung eines Unterhaltsanspruchs in diesen Fällen umso schwerer, je länger eine Ehe gedauert hat.[56]
- Zu berücksichtigen ist auch das Zustandekommen und der Verlauf der Ehe[57] sowie die Zahl der aus der Ehe hervorgegangenen Kinder[58] und die Dauer des Zusammenlebens.

---

[46] BGH FamRZ 2003, 521 = R 581 a
[47] BGH FamRZ 1997, 873, 875 = R 513 c; FamRZ 1983, 670 = R 149 a; vgl. auch BT-Drs. 16/1830 S. 21
[48] BGH FamRZ 1984, 154
[49] BGH FamRZ 2002, 810 = R 574 d
[50] BGH FamRZ 1986, 889
[51] BGH FamRZ 1986, 670 = R 149 a
[52] BGH FamRZ 1988, 930
[53] BGH FamRZ 2002, 810 = R 574 d; FamRZ 1986, 889; FamRZ 1986, 670, 671 = R 149 a
[54] BGH FamRZ 1988, 930
[55] BGH FamRZ 2002, 810 = R 574 d; FamRZ 1986, 443; FamRZ 1986, 889, 890; FamRZ 1983, 670 = R 149 a
[56] BGH FamRZ 1986, 443
[57] BGH FamRZ 1988, 930
[58] BGH FamRZ 2004, 614 = R 607 b; FamRZ 1983, 670 = R 149 a

8. Abschnitt: Die Härteklausel des § 1579 BGB § 4

- Zu berücksichtigen ist außerdem die Dauer eines nichtehelichen Zusammenlebens des Berechtigten mit einem neuen Partner[59] und die finanzielle Absicherung in einer neuen Partnerschaft.[60]
- Beim Zusammenleben mit einem neuen Partner (§ 1579 Nr. 2 BGB) können auch dessen wirtschaftliche Verhältnisse zu berücksichtigen sein.[61] Auch wenn beim Tatbestand einer sog. eheähnlichen verfestigten Lebensgemeinschaft die finanziellen Verhältnisse des Partners keine Rolle spielen (s. näher Rn. 1273), sind sie bei der Prüfung der groben Unbilligkeit zu beachten.

e) Nicht zu berücksichtigende Umstände. Ein **Trennungsverschulden** kann seit der Abkehr vom Verschuldensprinzip nur bedeutsam sein, wenn es eindeutig und klar bei einem Ehegatten liegt (vgl § 1579 Nr. 7 BGB), was vom Tatrichter festgestellt werden muss.[62] 1227

Bei Altersehen ist es kein besonderer Umstand, dass die Parteien bei Eheschließung bereits das Ergebnis ihrer Lebensarbeit erreicht haben.[63] Unerheblich ist auch die Behauptung, die Berechtigte habe nur geheiratet, um versorgt zu sein.[64] Auch eine wiederaufgelebte Witwenrente hat wegen Subsidiarität keine Unterhaltsersatzfunktion und ist deshalb im Regelfall im Rahmen des § 1579 BGB nicht zu berücksichtigen.[65] 1228

3. Vorrangige Berücksichtigung des Kindeswohls bei Betreuung eines gemeinschaftlichen Kindes durch den Berechtigten

a) Grundsatz. Wenn der Berechtigte ein gemeinsames Kind betreut, ist im Rahmen der Billigkeitsprüfung nach § 1579 BGB stets **vorrangig** zu klären, ob und inwieweit die Inanspruchnahme des Verpflichteten auch unter Wahrung der Belange des dem Berechtigten zur Pflege und Erziehung anvertrauten gemeinschaftlichen Kindes grob unbillig ist. In der Regel wird es sich in solchen Fällen beim nachehelichen Unterhalt um einen Anspruch nach § 1570 BGB handeln (Rn. 160 ff.). Der Betreuungsunterhalt ist selbst bei Vorliegen von Härtegründen nach § 1579 BGB privilegiert, weil im Interesse des Kindeswohls trotz Fehlverhalten des Sorgeberechtigten die Wahrnehmung der Elternverantwortung gesichert bleiben soll.[66] Nach der Gesetzesreform zum 1. 1. 2008 steht deshalb bei § 1570 BGB nicht die Eigenverantwortung, sondern die Wahrung der Belange des gemeinschaftlichen Kindes im Vordergrund.[67] Das Kindeswohl ist in solchen Fällen nach dem Wortlaut des Gesetzes stets vorrangig gegenüber den Interessen des Verpflichteten. 1229

Durch die vorrangige Berücksichtigung des Kindeswohls soll nach Möglichkeit verhindert werden, dass der betreuende Elternteil zu einer Tätigkeit gezwungen wird, die zum Nachteil des Kindes dessen **geordnete Betreuung und Erziehung erschwert**.[68] Der Lebensstandard des Kindes soll möglichst nicht wegen eines Fehlverhaltens des betreuenden Elternteils, das von ihm nicht zu verantworten ist, absinken. Aus diesem Grunde wurde im Gesetzgebungsverfahren zum UÄndG von 1986 die nach dem Regierungsentwurf zu § 1579 BGB vorgesehenen Worte „Berücksichtigung der Belange" durch die schärfere Formulierung „Wahrung der Belange" ersetzt.[69] Nach der bisherigen Rechtsprechung wurde dem aber bei einem schwerwiegenden Fehlverhalten in der Regel Genüge getan, wenn der Unterhalt auf das zur Kinderbetreuung notwendige Mindestmaß herabgesetzt wurde.[70] Es 1230

---

[59] BGH FamRZ 1987, 689 = R 337 c
[60] BGH FamRZ 2003, 521 = R 581 b; FamRZ 1986, 443
[61] BGH FamRZ 1989, 487
[62] BGH FamRZ 1989, 483, 485
[63] BGH a. a. O.
[64] BGH a. a. O.
[65] BGH FamRZ 1986, 889
[66] BGH FamRZ 1997, 873, 875 = R 513 c; FamRZ 1997, 671; FamRZ 1987, 1238
[67] BT-Drs. 16/6980 S. 18
[68] BGH FamRZ 1984, 986, 988
[69] BGH FamRZ 1987, 1238
[70] BGH FamRZ 1997, 873, 875 = R 513 c; FamRZ 1987, 1238

war nach BGH nicht zu erwarten, dass sich für das Kind besondere Nachteile ergeben, wenn sich der betreuende Elternteil einschränken musste.[71] Das Mindestmaß entspricht üblicherweise dem Mindestbedarf (derzeit 770 EUR), was bedenklich erscheint, da finanziell zu eingeschränkte Lebensverhältnisse des kinderbetreuenden Elternteils entgegen der Auffassung des BGH immer auch Auswirkungen auf die Entwicklungsmöglichkeiten des Kindes haben. Hierauf hat auch das BVerfG in seinem Beschluss vom 28. 2. 2007 zum Gleichbehandlungsgrundsatz bei der Betreuung ehelicher und nicht ehelicher Kinder zu Recht hingewiesen.[72] In besonders krassen Fällen einer groben Unbilligkeit konnte zur Vermeidung unbilliger Ergebnisse auch bei Kinderbetreuung eine Herabsetzung des Unterhalts über den Mindestbedarf (früher Notbedarf) hinaus bis zum völligen Wegfall in Betracht kommen.[73]

1231 Seit der **Neufassung des § 1570 BGB** zum 1. 1. 2008 mit einem früheren Einsetzen der Erwerbsobliegenheit bei der Betreuung eines gemeinschaftlichen Kindes stehen die Wahrung der Kindesbelange nur noch in **eingeschränktem Umfang** der Bejahung einer groben Unbilligkeit entgegen. Eine Erwerbsobliegenheit vor Vollendung des 3. Lebensjahres des Kindes wird wegen des eindeutigen Gesetzeswortlauts des § 1570 BGB auch im Verwirkungsfall nicht verlangt werden können. Nach den Materialien zur Unterhaltsreform ist aber ansonsten in jedem Einzelfall zu prüfen, inwieweit der Unterhalt auf das **für die Kinderbetreuung notwendige Maß reduziert** und inwieweit dem betreuenden Elternteil bereits nach Vollendung des 3. Lebensjahres des gemeinschaftlichen Kindes die Ausweitung einer ansonsten regelmäßig nur erforderlichen Teilzeiterwerbstätigkeit zugemutet werden kann.[74]

1232 Der Vorrang besteht nur bei Betreuung **gemeinschaftlicher Kinder**,[75] nicht bei Pflegekindern oder Stiefkindern. Gemeinschaftliche Kinder sind leibliche Kinder, Adoptivkinder und scheineheliche Kinder, solange die Vaterschaft nicht wirksam angefochten ist (Rn. 164).

1233 Die **Betreuung** des Kindes muss **rechtmäßig** sein, d. h., der Berechtigte muss ein minderjähriges Kind entweder mit Einverständnis des Verpflichteten oder auf Grund einer Sorgerechtsentscheidung des Gerichts betreuen.[76] Nach der seit 1. 7. 1998 geltenden Rechtslage genügt es dabei, dass sich die Eltern einig sind, bei wem sich das Kind aufhält.

Wenn der Berechtigte, der einen Härtegrund verwirklicht, bei der Trennung **eigenmächtig** ein Kind gegen den Widerspruch des anderen Elternteils mit sich nimmt, erhält er in der Regel einen Unterhaltsanspruch erst ab dem Zeitpunkt, in dem der Aufenthalt des Kindes durch eine wirksame gerichtliche Entscheidung zum Sorge- oder zumindest zum Aufenthaltsbestimmungsrecht (Beschluss oder einstweilige Anordnung) geregelt ist, er das Kind betreuen will und dazu ohne Gefährdung des Kindeswohls in der Lage ist. Sinn des Erfordernisses einer rechtmäßigen Betreuung ist es zu verhindern, dass ein Ehegatte aus einem rechtswidrigen Verhältnis wirtschaftliche Vorteile ziehen kann.[77]

1234 Der **Vorrang des Kindeswohls** beruht darauf, dass dem Kind eigene Menschenwürde und ein eigenes Recht auf volle Entfaltung seiner Persönlichkeit zukommt und dass deshalb der Gesetzgeber auch im Unterhaltsverfahren Regelungen zu vermeiden hatte, die sich für die Entwicklung des Kindes nachteilig auswirken könnten. Art. 6 II 1 GG begründet für die Eltern gleichermaßen das Recht und Pflicht zur Pflege und Erziehung ihrer Kinder. Die den Eltern zugewiesene Verantwortung dient dem Schutz des Kindes, ist also ein Grundrecht in dessen Interesse.[78] Mit der Trennung der Eltern ist für Kinder ohnehin in der Regel eine Verschlechterung ihrer Lebensverhältnisse verbunden. Einmal ist es die auf dem Verlust eines Elternteils beruhende seelische Belastung, die Kinder bewältigen müssen, zum

---

[71] BGH FamRZ 1987, 1238
[72] BVerfG FamRZ 2007, 965 = R 671 b
[73] BGH FamRZ 1998, 541
[74] BT-Drs. 16/1830 S. 21
[75] BGH FamRZ 2006, 1010
[76] BVerfG FamRZ 1981, 745, 749; BGH FamRZ 1983, 142
[77] BGH a. a. O.
[78] BVerfG FamRZ 2001, 343 = R 553 b

8. Abschnitt: Die Härteklausel des § 1579 BGB §4

anderen werden Kinder zwangsläufig auch von den meist ungünstigen wirtschaftlichen Folgen der Trennung und Scheidung betroffen. Kinder getrennt lebender oder geschiedener Eltern müssen darauf verzichten, mit ihren Eltern in Familiengemeinschaft zusammenleben zu können.[79] Diese abträglichen Folgen des gestörten familiären Zustandes werden erheblich verstärkt, wenn Kinder durch ein Fehlverhalten des betreuenden Elternteils über Gebühr in Mitleidenschaft gezogen werden.

b) Prüfungsmaßstab. Grundrechtswidrige Ergebnisse lassen sich weitgehend dadurch vermeiden, dass der eheangemessene Unterhalt auf das zur **Kindesbetreuung erforderliche Maß reduziert** wird.[80] Dabei ist in einem Härtefall zu prüfen, ob und in welchem Umfang die Auferlegung von Unterhaltsleistungen im Interesse des Kindes erforderlich ist.[81] Bleiben die Kindesbelange unter Berücksichtigung der Betreuungsmöglichkeiten gewahrt, kann aber im Einzelfall zumindest bei Betreuung nur eines Kindes seit der Neufassung des § 1570 BGB zum 1. 1. 2008 ab Vollendung des dritten Lebensjahres des Kindes bereits statt eines phasenweisen Übergangs ins Erwerbsleben eine Ganztagstätigkeit verlangt werden. Bei Betreuung mehrerer Kinder und dem dadurch gegebenen erhöhten Betreuungsaufwand wird die Aufnahme einer Ganztagstätigkeit dagegen auch im Verwirkungsfall in der Regel nicht vor Beginn der Schulzeit in Betracht kommen,[82] es sei denn, die Pflege und Erziehung der Kinder kann in anderer Weise als durch Betreuung durch die Eltern sichergestellt werden. 1235

Im Rahmen der Frage, inwieweit Unterhaltsleistungen an den Berechtigten durch die Kindesinteressen erforderlich sind, dürfen in der Person des Berechtigten liegende besondere Umstände, wie z. B., dass die Berechtigte ihre frühere Erwerbstätigkeit schon kurz nach der Ehe aufgegeben und auf Grund der hohen Einkünfte des Mannes in günstigen wirtschaftlichen Verhältnissen gelebt hat, dagegen nicht berücksichtigt werden.[83] 1236

Da die **Belange des Kindes** nach dem Wortlaut des § 1579 BGB zu „wahren" sind, kommt eine Herabsetzung oder Versagung des Unterhalts lediglich in Betracht, wenn die Pflege und Erziehung des Kindes trotzdem gesichert bleibt. 1237

- Dies ist entgegen der früheren Rechtsprechung des BGH vielfach nicht der Fall, wenn der Unterhalt auf das Existenzminimum (= Mindestbedarf) herabgesetzt wird. Zur Wahrung der Belange des Kindes wird zumindest der angemessene Bedarf verbleiben müssen. Eine Herabsetzung auf den Mindestbedarf wird nur in besonders schwerwiegenden Härtefällen in Betracht kommen.
- Etwas anderes gilt, wenn und soweit der Berechtigte die zur Deckung des erforderlichen Bedarfs notwendigen Mittel von anderer Seite erhalten kann und deshalb auf den Unterhalt nicht angewiesen ist.[84] Dies trifft z. B. zu, wenn die Berechtigte in Unterhaltsgemeinschaft mit einem neuen Partner lebt und in der Lage ist, geringe Eigenmittel selbst zu verdienen. Durch die Zurechnung eines fiktiven Einkommens für Versorgungsleistungen an den neuen Partner kann eine mit dem Verfassungsgrundsatz der Verhältnismäßigkeit unvereinbare Belastung des Verpflichteten vermieden werden.[85]
- Die Belange des Kindes können außerdem gewahrt sein, wenn seine Pflege und Erziehung in anderer Weise als durch elterliche Betreuung sichergestellt werden kann.[86] Dies ergibt sich seit der Reform des Unterhaltsrechts zum 1. 1. 2008 bereits aus der Neufassung des § 1570 BGB.

Die Belange des Kindes im Sinn der obigen Ausführungen sind **nicht gewahrt,** wenn der Berechtigte bei einer Unterhaltsversagung **Arbeitslosengeld II** beanspruchen muss. 1238

---

[79] BVerfG FamRZ 1981, 745, 749
[80] BVerfG FamRZ 1981, 745, 749
[81] BGH FamRZ 1987, 671; FamRZ 1984, 662, 664
[82] A. A. OLG Bremen NJW 2007, 1890 mit Anm. Bergschneider: Bei zwei Kindern bereits ab Vollendung des 3. Lebensjahres des jüngeren Kindes
[83] BGH FamRZ 1984, 662, 664
[84] BGH FamRZ 1997, 671 = R 511 A b; FamRZ 1989, 1279
[85] BGH FamRZ 1984, 154; FamRZ 1984, 356
[86] BGH FamRZ 1997, 671; FamRZ 1989, 1279

Eine Verweisung auf Arbeitslosengeld II bzw. Sozialhilfe ist mit dem Grundsatz der Subsidiarität dieser Sozialleistungen nicht zu vereinbaren.[87]

1239 Über die Wahrung der Belange der gemeinschaftlichen Kinder hinaus ist zusätzlich zu prüfen, inwieweit die Inanspruchnahme des Verpflichteten grob unbillig ist.[88]

1240 Nach Beendigung der erforderlichen Kindesbetreuung erlischt der Vorrang des Kindeswohls und es greift der jeweilige Härtegrund uneingeschränkt durch.

4. Sonderfragen

1241 **a) Verzeihung:** Wird ein Unterhaltsanspruch trotz Kenntnis des Verwirkungsgrundes außergerichtlich **anerkannt,** entfällt in der Regel eine grobe Unbilligkeit.[89] Das Gleiche gilt, wenn jahrelang Unterhalt bezahlt wird, ohne sich auf die Unbilligkeit zu berufen.[90] Die sog. **Verzeihung** kann ausdrücklich oder konkludent erfolgen.[91] Sie lässt nicht den einzelnen Verwirkungstatbestand entfallen, sondern ist im Rahmen der Billigkeitsabwägung zu prüfen und gilt deshalb für alle Tatbestände des § 1579 BGB. Die Darlegungs- und Beweislast für eine Verzeihung trifft den Bedürftigen. Maßgebend für die Annahme einer Verzeihung ist, ob der Pflichtige mit seiner Unterhaltszahlung zu erkennen gab, dass trotz Vorliegens eines Verwirkungstatbestandes die Unterhaltsleistung für ihn keine grobe Unbilligkeit darstellt und damit ein **Vertrauensschutz** beim Bedürftigen entstehen konnte. Letzteres ist **nicht gegeben,** wenn der Pflichtige aus anderen Gründen den Unterhalt ungekürzt bezahlt, z.B. wegen der Betreuung gemeinschaftlicher Kinder,[92] wegen eines Versöhnungsversuches oder weil durch die Unterhaltsleistung die Rente des Pflichtigen nach §§ 33, 34 VersAusglG (früher § 5 VAHRG) nicht gekürzt wurde.[93] Lebt der Bedürftige mit einem neuen Partner zusammen und zahlt der Pflichtige in Kenntnis dieses Umstandes weiter Unterhalt, damit ihm gemäß §§ 33, 34 VersAusglG seine Rente ungeschmälert zufließt, kann er bei Wegfall dieses Privilegs durch Eintritt des Rentenfalls beim Bedürftigen den Verwirkungsgrund des § 1579 Nr. 2 BGB geltend machen, ohne dass der Berechtigte aus der bisherigen Zahlung einen Vertrauensschutz herleiten kann.[94]

1242 **b) Übergang der Unterhaltsverpflichtung auf den Erben.** Ist der Pflichtige verstorben, kann sich der Erbe im Rahmen des § 1586b BGB auf Verwirkung des Anspruchs berufen (vgl. auch Rn. 1210).[95] Er kann insbesondere einwenden, dass Gründe, die den Pflichtigen davon abhielten, die Verwirkung geltend zu machen, nicht mehr vorliegen, z.B. die Betreuung eines gemeinsamen Kindes. Der Verwirkungseinwand ist in diesen Fällen auch nicht präkludiert, da der Wegfall der Kinderbetreuung eine neue Tatsache i.S. des § 323 I ZPO bzw. § 238 I FamFG darstellt.

1243 **c) Übergang des Unterhaltsanspruchs auf Dritte.** Obige Ausführungen gelten entsprechend, wenn der Unterhaltsanspruch wegen Leistung von Arbeitslosengeld II oder Sozialhilfe auf den Träger der Sozialleistung übergegangen ist. Durch einen gesetzlichen Forderungsübergang ändert sich an Natur, Inhalt und Umfang des Unterhaltsanspruchs nichts.[96]

---

[87] BGH FamRZ 1989, 1279
[88] BVerfG FamRZ 1992, 1283
[89] OLG Nürnberg FamRZ 1992, 673
[90] OLG Düsseldorf FamRZ 1997, 1159; OLG Hamm FamRZ 1997, 1485; FamRZ 1994, 702, 705
[91] BGH FamRZ 2004, 614 = R 607b; FamRZ 2003, 521 = R 581b
[92] BGH FamRZ 2004, 614 = R 607b; FamRZ 2003, 521 = R 581c
[93] BGH FamRZ 2004, 614 = R 607c; FamRZ 2003, 521 = R 581c
[94] BGH FamRZ 2004, 614 = R 607c, d; FamRZ 2003, 521 = R 581c
[95] BGH FamRZ 2004, 614 = R 607a; FamRZ 2003, 521 = R 581a, c
[96] BGH FamRZ 2002, 1698 = R 580a

III. Ehe von kurzer Dauer (§ 1579 Nr. 1 BGB)

1. Härtegrund der kurzen Ehedauer (Nr. 1)

Mit der Unterhaltsreform zum 1. 1. 2008 wurde der zweite Halbsatz des Tatbestandes **1244** zur Wahrung der Belange eines gemeinschaftlichen minderjährigen Kindes gemäß der Rechtsprechung des BVerfG neu gefasst (vgl. Rn. 1246). Die Härteklausel der Nr. 1 ist anzuwenden, wenn die Ehe von kurzer Dauer war. Die Dauer der Ehe im Sinne des ersten Halbsatzes der Nr. 1 bemisst sich nicht nach der Zeit des tatsächlichen Zusammenlebens der Eheleute, sondern nach der Dauer des rechtlichen Ehebandes.[97] Auch ein dem anhängigen Verfahren vorangegangener abgewiesener oder zurückgenommener Scheidungsantrag verkürzt die Ehezeit nicht.[98] Zu berücksichtigen sind aber nach dem zweiten Halbsatz der Nr. 1 die Kindesbelange und die Kinderbetreuung.[99]

Als **Ehedauer** nach dem ersten Halbsatz der Nr. 1 ist die Zeit von **Eheschließung bis** **1245** **zur Rechtshängigkeit** des Scheidungsantrags (nicht der Rechtskraft des Scheidungsverfahrens) zu verstehen.[100] In aller Regel vollzieht der Antragsteller den entscheidenden Schritt zur Beendigung einer Ehe mit der Rechtshängigmachung seines Antrags. Aus seiner Sicht dient das weitere Verfahren, vor allem, wenn es im Verbund mit den Folgesachen abläuft, im Allgemeinen nur noch der Abwicklung der ehelichen Beziehungen und der Regelung der Folgesachen. Auch für den Antragsgegner wird mit der Rechtshängigkeit des Antrags das Scheitern des gemeinsamen Lebensplanes und das Ende der gemeinschaftlichen Lebensgestaltung deutlich. Damit erscheint es auch im Hinblick auf die eheliche Situation, wie sie sich den Ehepartnern darstellt, als sachgerecht, die Zeit des Scheidungsrechtsstreits nicht in die Bemessung der Ehedauer miteinzubeziehen.[101] Der Zugang eines Antrags auf PKH reicht deshalb nicht aus. Auch bei einem **verfrühten Scheidungsantrag** ist die Ehedauer bis zur Rechtshängigkeit des Antrags zu berechnen,[102] die Frage, ob und warum der Antrag verfrüht gestellt wurde, ist im Rahmen der Billigkeitsprüfung zu berücksichtigen.

Nach der Neufassung des zweiten Halbsatzes des Tatbestandes ist bei der Ehedauer **1246** auch die Zeit zu berücksichtigen, in welcher der Berechtigte wegen **der Pflege und Erziehung eines gemeinschaftlichen Kindes** nach § 1570 BGB Unterhalt beanspruchen kann. Die Neuformulierung war auf Grund einer Entscheidung des BVerfG vom 7. 8. 1989 zur Vermeidung verfassungswidriger Ergebnisse notwendig.[103] Wegen des bis 31. 12. 2007 geltenden Gesetzeswortlauts hatte der BGH früher in Fällen berechtigter Kindesbetreuung eine kurze Ehedauer generell verneint.[104] Nach Auffassung des BVerfG,[105] die der BGH übernommen hat, ist **auch bei Kindesbetreuung zunächst nur auf die tatsächliche Dauer** der Ehe von Eheschließung bis Rechtshängigkeit des Scheidungsverfahrens abzustellen. Nach dem Grundsatz der Verhältnismäßigkeit müsse auch bei der Kinderbetreuung in besonderen Härtefällen ein Ausschluss oder eine Herabsetzung des Unterhaltsanspruchs möglich sein, da andernfalls die Beschränkung der Dispositionsfreiheit des Verpflichteten im finanziellen Bereich als Folge der Unterhaltsansprüche des Bedürftigen nicht mehr Bestandteil der verfassungsmäßigen Ordnung sei und vor

---

[97] BGH FamRZ 1995, 1405 = R 490 A b; FamRZ 1986, 886
[98] BGH FamRZ 1986, 886
[99] BT-Drs. 16/1830 S. 20
[100] BGH FamRZ 1995, 1405 = R 490 A b; FamRZ 1990, 492; FamRZ 1986, 886; vgl. auch BGH FamRZ 2010, 1414 = R 693; FamRZ 2010, 2059 zur gleichen Problematik bei § 1578 b BGB
[101] BGH FamRZ 1990, 492, 495; FamRZ 1982, 254
[102] OLG Schleswig FamRZ 2003, 763; OLG Frankfurt FamRZ 1991, 823
[103] BT-Drs. 16/1830 S. 20
[104] Vgl. z. B. BGH FamRZ 1987, 572
[105] BVerfG FamRZ 1989, 941

dem Grundrecht des Art. 2 II GG nicht bestehen könne. Erst wenn diese tatsächliche Ehedauer als kurz zu beurteilen ist, ist im Rahmen der Billigkeitsabwägung zu prüfen, inwieweit die Inanspruchnahme des Verpflichteten auf ungekürzten und unbefristeten Unterhalt auch unter Wahrung der Belange des zu betreuenden Kindes grob unbillig ist und dem Grundsatz der Verhältnismäßigkeit widerspricht.[106] Die Betreuungszeit ist daher nicht schematisch der Ehedauer zuzurechnen, sondern wird erst im Rahmen der Abwägung relevant.[107]

1247 Zum Verständnis des § 1579 Nr. 1 BGB ist es notwendig, auf die Grundlagen der nachehelichen Unterhaltspflicht zurückzugreifen. Diese Grundlagen sind in den Prinzipien der nachehelichen Solidarität und der in Verbindung mit der Ehe stehenden Bedürftigkeit zu erblicken. Auch wenn mit der Unterhaltsreform zum 1. 1. 2008 der Eigenverantwortung nach § 1569 BGB ein stärkeres Gewicht zukommt, hat die Ehedauer für die fortwirkende wirtschaftliche Mitverantwortung des Einkommensstärkeren ein wesentliches Gewicht. Dabei geht das Gesetz weiterhin davon aus, dass sich diese Grundlagen mit zunehmender Dauer der Ehe verfestigen. Je länger eine Ehe dauert, umso stärker ist die Frage der wirtschaftlichen Sicherung des Ehegatten mit dem Bestand dieser Ehe verbunden. Dem liegt die Erfahrung zugrunde, dass mit Zunahme der Ehedauer auch eine zunehmende Verflechtung der beiderseitigen Lebensdispositionen sowie häufig eine wachsende wirtschaftliche Abhängigkeit des unterhaltbedürftigen Ehegatten einhergeht, gegenüber der sich dieser Ehegatte durch die unterhaltsrechtliche Solidarität des Ehepartners abgesichert fühlt.[108] Bei einer kurzen Ehedauer besteht diese wechselseitige Abhängigkeit nicht und erfordert deshalb auch keine fortdauernde wirtschaftliche Mitverantwortung.

1248 Ob und inwieweit die Inanspruchnahme des Verpflichteten wegen einer kurzen Ehedauer grob unbillig ist, hat in erster Linie der Tatrichter zu beurteilen.[109] Auch bei der Neufassung des § 1579 Nr. 1 BGB zum 1. 1. 2008 hat der Gesetzgeber vermieden, eine genaue zeitliche Vorgabe zur kurzen Ehedauer zu treffen, da dieser Zeitraum nicht abstrakt für alle Ehe gleich festgelegt werden kann, sondern an der konkreten Lebenssituation der Ehegatten zu messen ist.[110] Er verwies vielmehr zu dieser Frage auf die bereits bestehende gefestigte Rechtsprechung. **Bei extrem kurzer Ehedauer** wird eine grobe Unbilligkeit in der Regel bejaht.[111] Es ist im Ergebnis aber immer eine Einzelfallentscheidung, bei der vor allem zu prüfen ist, inwieweit bereits eine wechselseitige Verflechtung und Abhängigkeit eintrat. Bei dieser Auslegung ist auch der seit 1. 1. 2008 gestärkte Grundsatz der Eigenverantwortung zu beachten.

1249 Auf den **Trennungsunterhalt** findet die Nr. 1 nach § 1361 III BGB keine Anwendung (vgl. Rn. 88). Dementsprechend kann eine kurze Ehedauer beim Trennungsunterhalt in der Regel auch nicht als selbstständiger Ausschlussgrund nach Nr. 8 berücksichtigt werden,[112] es sei denn, die Eheleute haben tatsächlich nur wenige Monate zusammengelebt[113] oder wollten von vornherein nie zusammenleben[114] (vgl. Rn. 1376).

2. Kurze Ehedauer bis zu zwei Jahren

1250 Für die Bemessung der Ehedauer als kurz können keine festen abstrakten Maßstäbe zugrunde gelegt werden. Es kommt vielmehr auf die Lebenssituation der Ehegatten im Einzelfall an. Das schließt es allerdings nicht aus, im Interesse der praktischen Handhabung

---

[106] BGH FamRZ 1990, 492, 495
[107] BT-Drs. 16/1830 S. 20
[108] BGH FamRZ 1999, 710, 711 = R 531 a
[109] BGH FamRZ 1982, 254
[110] BT-Drs. 16/1830 S. 20
[111] BGH FamRZ 1982, 582; FamRZ 1981, 944
[112] BGH FamRZ 1987, 572, 575
[113] BGH FamRZ 1988, 930
[114] BGH FamRZ 1994, 558 = R 476

8. Abschnitt: Die Härteklausel des § 1579 BGB § 4

der Vorschrift die zeitlichen Bereiche zu **konkretisieren,** innerhalb deren eine Ehe in aller Regel von kurzer oder nicht kurzer Dauer ist.

Hat die Ehe nicht länger als zwei Jahre bestanden, wird sie in aller Regel als kurz zu beurteilen sein.[115] Seit der geänderten Rechtslage zum 1. 1. 2008 ist dabei auch das stärkere Gewicht der Eigenverantwortung zu beachten. Nichts anderes kann gelten, wenn sich die Ehegatten bei der Eheschließung bereits in vorgerücktem Alter befunden haben.[116] Es besteht kein Grund, für solche Ehe andere Grenzen zu ziehen als bei Ehen, die in jüngeren Jahren geschlossen wurden.[117] Das Alter der Eheleute kann daher für sich allein weder einen Grund darstellen, die Ehe generell als kurz, noch als lang anzusetzen (s. auch unten Rn. 1255).

Ist aus der Ehe ein Kind hervorgegangen, ist auch bei einer sehr kurzen tatsächlichen 1251 Ehedauer von ca. $3^{1}/_{2}$ Monaten und einem sehr kurzen Zusammenleben von einer Woche zur **Wahrung der Kindesbelange** eine kurze Ehedauer zu verneinen, wenn die Betreuung des gemeinschaftlichen Kindes wegen beengter finanzieller Verhältnisse ein Andauern der ehelichen Solidarität erfordert.[118] Trotz der Neufassung des § 1579 Nr. 1 BGB wird bei tatsächlich kurzer Ehedauer mit Betreuung eines gemeinschaftlichen Kindes die Bejahung des Tatbestandes die Ausnahme sein.

Eine kurze Ehedauer kann allerdings trotz Kinderbetreuung vorliegen, wenn die tatsächliche Ehezeit zwar 18 Monate betrug, sich aber aus dem Verhalten des Bedürftigen ergibt, dass es sich noch um keine feste Bindung handelte, weil er sich von sich aus einem neuen Partner zuwandte.[119] Dies gilt trotz Kinderbetreuung auch bei einer Ehedauer von 26 Monaten, wenn beide Eheleute eine neue Partnerschaft aufnahmen,[120] ebenso von knapp 3 Jahren und Aufnahme einer neuen Beziehung in dieser Zeit[121] (s. näher Rn. 1265).

Fälle kurzer Ehedauer nach BGH: 6 Wochen,[122] 18 Monate,[123] 19 Monate[124] und 1252 knapp 2 Jahre.[125]

3. Nicht mehr kurze Ehedauer ab ca. 3 Jahren

Im Regelfall hält der BGH eine Ehedauer von mehr als drei Jahren nicht mehr für kurz, 1253 weil Eheleute innerhalb dieser Zeit ihre Lebenspositionen in der Ehe bereits so weit aufeinander abgestimmt und in wechselseitiger Abhängigkeit auf ein gemeinsames Lebensziel ausgerichtet haben, dass die unterhaltsrechtliche Verpflichtung für die Zeit nach der Scheidung nicht mehr dem Billigkeits- und Gerechtigkeitsempfinden in grober Weise widerspricht.[126] Bei Vorliegen besonderer Umstände kann im Einzelfall aber auch noch eine Ehedauer von knapp 5 Jahren als kurz angesehen werden, wenn sich die Ehegatten in ihrer Lebensführung nicht aufeinander eingestellt und in wechselseitiger Abhängigkeit auf ein gemeinsames Ziel ausgerichtet haben.[127] In diesen Fällen ist aber dann stets zu prüfen, inwieweit der Unterhalt nach der Neufassung des § 1578 b BGB wegen Unbilligkeit zu begrenzen ist.

---

[115] BGH FamRZ 2011, 791; 1999, 710, 712 = R 531 a; FamRZ 1995, 1405 = R 490 A b; FamRZ 1990, 492, 495
[116] BGH FamRZ 1982, 894; FamRZ 1981, 140
[117] BGH FamRZ 1982, 894
[118] BGH FamRZ 2005, 1979 = R 640 a
[119] BGH FamRZ 1990, 492, 495
[120] OLG Celle FamRZ 2006, 553
[121] OLG München FamRZ 1996, 1078
[122] BGH FamRZ 1981, 944
[123] BGH FamRZ 1990, 492, 495; FamRZ 1987, 572
[124] BGH FamRZ 1981, 140
[125] BGH FamRZ 1989, 483, 485
[126] BGH FamRZ 2011, 791; 1999, 710, 712 = R 531 a; FamRZ 1995, 1405 = R 490 A b; FamRZ 1986, 886
[127] BGH FamRZ 1999, 710, 712 = R 531 a

1254 **Fälle nicht mehr kurzer Ehedauer nach BGH:** 41 Monate,[128] 41¹/₂ Monate,[129] 43 Monate,[130] 60 Monate,[131] 5¹/₄ Jahre,[132] 4 Jahre.[132a]

4. Ehedauer zwischen zwei und drei Jahren und sonstige Sonderfälle

1255 In Fällen, die durch besondere, vom Regelfall abweichende Umstände in den Lebensverhältnissen der Ehegatten gekennzeichnet sind, sowie in den Fällen im Zwischenbereich von zwei und drei Jahren ist die Beurteilung in besonderer Weise davon abhängig zu machen, ob die Eheleute sich bereits in wechselseitiger Abhängigkeit auf ein gemeinschaftliches Lebensziel ausgerichtet haben.[133]

Der BGH hat solche Besonderheiten bei einer noch nicht länger als zwei Jahre bestandenen **Rentnerehe** verneint. Beide Ehegatten waren bei Eingehung der Ehe rentenberechtigt und bezogen die ihnen bis dahin zufließenden Altersruhegelder und Pensionen weiter. Besondere Umstände, die eine wechselseitige Abhängigkeit der Lebenspositionen begründet haben könnten, konnten nicht festgestellt werden.[134] Aus den gleichen Gründen hat er eine Ehedauer von **30 Monaten** bei Rentnern als kurz beurteilt, weil noch keine Abhängigkeit der Lebensposition erreicht war.[135]

1256 Je länger eine Ehe über zwei Jahre hinaus gedauert hat, umso mehr hängt die Anwendung der Härteklausel von der Feststellung konkreter Umstände ab, die die Inanspruchnahme des Verpflichteten als unerträglichen Widerspruch zum Gerechtigkeitsempfinden erscheinen lassen. Dabei kommt es bevorzugt darauf an, in welcher Weise die Unterhaltspflicht den Schuldner trifft.[136] Bei einer Ehedauer von **36 Monaten,** in der sich die Bedürftige voll auf die neue Ehe eingestellt hat und deshalb nicht nur in eine andere Stadt zog, sondern auch den Arbeitsplatz aufgab, hat der BGH eine kurze Ehe verneint.[137]

1257 Eine tatsächliche Besonderheit, die die Anwendung der für Regelfälle entwickelten Grundsätze ausschließt, liegt darin, dass die Parteien die – bereits zweite – Ehe erst in vorgerücktem Lebensalter geschlossen haben. Es besteht kein durchgreifender Grund, für Altehen andere Grenzen zu ziehen als bei Ehen, die in jüngerem Alter geschlossen werden. Entscheidungserheblich ist auch nicht, dass die Parteien nur 10 Monate lang zusammengelebt, danach aber bis zur Rechtshängigkeit des Scheidungsantrags bereits mehrere Jahre getrennt gelebt haben. Ein **langjähriges Getrenntleben** führt selbst in Fällen, in denen die Ehegatten nur kurz zusammengelebt haben, nicht zu einer Beschränkung des Unterhaltsanspruchs nach Nr. 1[138] (u. U. aber nach Nr. 8, vgl. Rn. 1372).

1258 Auch eine Ehe von **3 Jahren und 4 Monaten** kann noch als „kurz" beurteilt werden, wenn der durch die Krankheit unterhaltsbedürftig gewordene Ehegatte sich bei Ausbruch seiner Krankheit noch nicht darauf eingestellt hatte, in dauernder wirtschaftlicher Abhängigkeit von der damals noch jugendlichen Ehefrau zu leben;[139] ebenso, wenn der Pflichtige bereits nach 20 Monaten Ehedauer Scheidungsantrag stellen wollte, davon aber Abstand nahm, weil die Bedürftige befürchtete, vor Abschluss des Studiums als Ausländerin abgeschoben zu werden.[140]

---

[128] BGH FamRZ 1982, 254
[129] BGH FamRZ 1982, 894
[130] BGH FamRZ 1981, 140, 142
[131] BGH FamRZ 1995, 1405 = R 490 A b; FamRZ 1983, 150
[132] BGH FamRZ 1999, 710, 712 = R 531 a
[132a] BGH FamRZ 2011, 791
[133] BGH FamRZ 1981, 140, 142
[134] BGH FamRZ 1981, 140
[135] BGH FamRZ 1982, 582
[136] BGH FamRZ 1982, 582
[137] BGH FamRZ 1986, 886
[138] BGH FamRZ 1982, 894; FamRZ 1982, 582
[139] Unveröffentlichte Entscheidung des BGH vom 15. 6. 1983 – AZ IV b ZR 381/81
[140] BGH FamRZ 1987, 463

8. Abschnitt: Die Härteklausel des § 1579 BGB § 4

Der BGH hat bei einer Ehedauer von **ca. 39 Monaten** eine Unterhaltsminderung um die Hälfte gebilligt mit der Begründung, dies sei nach tatrichterlicher Würdigung der gesamten Umstände einschließlich des Alters und der Vermögenslage der Parteien bei Eingehen der Ehe gerechtfertigt. Die Entscheidung trage sowohl der ehelichen Lebensgestaltung der Parteien während der Dauer ihres Zusammenlebens als auch der altersbedingten Unterhaltsbedürftigkeit beider Eheleute in angemessener Weise Rechnung.[141] 1259

5. OLG-Entscheidungen mit Billigkeitsabwägungen

Das **OLG Düsseldorf** hat unter entsprechender Billigkeitsabwägung bei einer Ehedauer von 4 Jahren eine Unterhaltskürzung um die Hälfte bejaht und dabei insbesondere die wirtschaftliche Selbstständigkeit sowie die früh eingetretene Ehezerrüttung berücksichtigt.[142] Bei einer Ehedauer von 2 Jahren 6 Monaten hat es dagegen eine kurze Ehe verneint, weil durch die Heirat die Witwenrente entfiel.[143] 1260

Das **OLG Hamm** hat eine Ehe von kurzer Dauer bei einem Ehezeitraum von knapp 3 Jahren auch dann angenommen, wenn die Heirat zu einem Wegfall der Witwenrente der Ehefrau nach ihrem früheren Mann geführt hat.[144] Bei einer Ehedauer von über 3 Jahren hat es eine kurze Ehedauer bejaht, weil die Eheleute ihren Lebensplan noch nicht aufeinander abgestellt und in wechselseitiger Abhängigkeit auf ein gemeinsames Leben ausgerichtet hatten,[145] ebenso bei einer Ehedauer von 4 Jahren 2 Monaten bei Eheschließung im Rentenalter[146] und bei einer Ehedauer von 2 Jahren und einem verfrüht gestellten Scheidungsantrag.[147] 1261

Das **OLG Frankfurt** hat bei 4 Jahren und 5 Monaten noch eine „kurze Ehedauer" bejaht, weil die Ehegatten in dieser Zeit wegen einer Suchterkrankung der Frau und wiederholten, immer wieder abgebrochenen Krankenhausaufenthalten nur 9 Monate tatsächlich zusammengelebt und deshalb ihre Lebensdispositionen noch nicht entscheidend aufeinander eingestellt hatten.[148] Bei einer Ehedauer von 16 1/2 Monaten hat es generell eine kurze Ehe angenommen.[149] Bei einer Ehedauer von 3 Jahren und 2 Monaten und Betreuung eines gemeinschaftlichen Kindes hat es eine kurze Ehedauer bejaht, weil die Eheleute bei Eheschließung erst jeweils 22 Jahre alt waren und die bedürftige Ehefrau das Kind nur bis zum 6. Lebensjahr betreute, und deshalb den Unterhaltsanspruch herabgesetzt.[150] 1262

Das **OLG Karlsruhe** hat eine Ehedauer von 2 Jahren 11 Monaten als nicht kurz angesehen, weil die Ehefrau die Arbeitsstelle in Bulgarien aufgab, um in die BRD zu übersiedeln.[151] 1263

Des **OLG Köln** hat bei einer Ehedauer von knapp 4 Jahren noch eine kurze Ehe bejaht, weil die Parteien nur 2 1/2 Jahre zusammenlebten, die Ehefrau bereits bei Eingehung der Ehe wegen Asthma bronchiale 4 Jahre erwerbslos war und noch keine wechselseitigen Verflechtungen und Abhängigkeiten in Ausrichtung auf ein gemeinsames Lebensziel vorlagen.[152] 1264

Das **OLG München** hat bei einer Ehedauer von fast 3 Jahren und Betreuung eines gemeinschaftlichen Kindes eine kurze Ehedauer bejaht, weil die Bedürftige bereits ein Jahr nach Ehebeginn eine Beziehung zu einem neuen Partner aufnahm und aus diesem Ehebruch ein nichteheliches Kind stammte, ihr Verhalten also aufzeigte, dass sie die Ehe nicht 1265

---

[141] BGH FamRZ 1982, 28, 29
[142] OLG Düsseldorf FamRZ 1983, 1139
[143] OLG Düsseldorf FamRZ 1992, 1188, 1190
[144] OLG Hamm FamRZ 1984, 903
[145] OLG Hamm FamRZ 1988, 1285
[146] OLG Hamm FamRZ 1992, 326
[147] OLG Hamm NJW-Report 2006, 200
[148] OLG Frankfurt FamRZ 1989, 630
[149] OLG Frankfurt FamRZ 1993, 823
[150] OLG Frankfurt FamRZ 1999, 237
[151] OLG Karlsruhe FamRZ 1990, 67
[152] OLG Köln FamRZ 1992, 65

als feste Bindung ansah und deshalb die Zukunftsplanung nicht auf ein längeres Zusammenleben mit dem Ehepartner einrichtete. Um die Belange des gemeinschaftlichen Kindes zu wahren, wurde der Anspruch bis zu dessen 9. Lebensjahr zeitlich begrenzt.[153]

1266   Das **OLG Celle** hat bei einer 26-monatigen Ehe, aus der ein gemeinsames Kind hervorging, eine kurze Ehedauer bejaht, weil sich beide Ehepartner von der Ehe lossagten und einem neuen Lebensgefährten zuwandten.[154]

IV. Härtegrund der verfestigten Lebensgemeinschaft (§ 1579 Nr. 2 BGB)

1. Neufassung des Tatbestandes

1267   Der Tatbestand des Zusammenlebens in einer verfestigten Lebensgemeinschaft wurde vom Gesetzgeber mit der Unterhaltsreform zum 1. 1. 2008 neu eingefügt (vgl. Rn. 1203). Dieser Verwirkungsgrund wurde bisher von der Generalklausel des § 1579 Nr. 7 BGB a. F. umfasst. Er wurde zu Recht gesondert normiert, weil es sich zwischenzeitlich in der Praxis um den häufigsten Verwirkungsgrund handelt. Die Einfügung als Nr. 2 erfolgte aus systematischen Gründen, da mit diesem Härtegrund kein vorwerfbares Verhalten des Bedürftigen wie in Nr. 3–7 sanktioniert wird, sondern eine rein objektive Gegebenheit bzw. Veränderung in den Lebensverhältnissen. Durch die Aufnahme einer neuen Partnerschaft **löst sich der Bedürftige aus der ehelichen Solidarität** und gibt zu erkennen, dass er sie nicht mehr benötigt.[155] Die Materialien des Gesetzes nehmen dabei auf die bisherige Rechtsprechung Bezug, ohne die verfestigte Lebensgemeinschaft zu definieren. Der Gesetzgeber weist nur darauf hin, dass objektive, nach außen tretende Umstände wie das Führen eines gemeinsamen Haushalts über eine längere Dauer, das Erscheinungsbild in der Öffentlichkeit, größere gemeinsame Investitionen wie der Erwerb eines Familienheimes oder die Dauer der Verbindung eine Rolle spielen. Dagegen kommt es nicht auf die Leistungsfähigkeit des neuen Partners, die Aufnahme intimer Beziehungen oder die Möglichkeit der Eheschließung an.[156] Durch die Normierung als eigener Tatbestand wird klargestellt, dass bereits das Vorliegen einer verfestigten Partnerschaft zum Wegfall des Unterhaltsanspruchs führen kann, was sich aus der Generalklausel mit dieser Deutlichkeit nicht entnehmen ließ.

1268   Von dem Problem der Verwirkung zu trennen ist die Frage, ob dem Bedürftigen wegen **Haushaltsführung für einen neuen Partner** ein Einkommen anzurechnen ist (näher Rn. 587 ff. und 1/712 ff.).

Zum **Wiederaufleben des Unterhaltsanspruchs** bei Scheitern der neuen Partnerschaft vgl. Rn. 1384 .

1269   Wann eine verfestigte Lebensgemeinschaft vorliegt, wird vom Gesetzgeber nicht definiert. Er verweist insoweit wegen der Vielfalt der denkbaren Lebenssachverhalte auf die bisherige Rechtsprechung.[157] Kriterien sind **objektive, nach außen zu Tage tretende Umstände** wie ein über einen längeren Zeitraum geführter gemeinsamer Haushalt, das Erscheinungsbild in der Öffentlichkeit, größere gemeinsame Investitionen oder die Dauer der Verbindung.[158] Keine Rolle spielen dagegen Umstände wie die Aufnahme intimer Beziehungen, die Leistungsfähigkeit des Partners oder die fehlende Möglichkeit einer Eheschließung, da der neu geschaffene Härtegrund nicht zu einer Kontrolle der Lebensführung des Bedürftigen führen darf. Maßgebend ist allein, ob der Bedürftige eine so verfestigte neue Lebensgemeinschaft eingegangen ist, dass er sich endgültig aus der ehelichen Solidarität herausgelöst hat und zu erkennen gibt, dass er sie nicht mehr benötigt.[159]

---

[153] OLG München FamRZ 1996, 1078
[154] OLG Celle FamRZ 2006, 553
[155] BT-Drs. 16/1830 S. 21
[156] BT-Drs. 16/1830 S. 21; vgl. auch BGH FamRZ 2008, 1414 = R 693
[157] BT-Drs. 16/1830 S. 21
[158] A. a. O.
[159] A. a. O.

2. Verfestigte Lebensgemeinschaft

Die Rechtsprechung des BGH unterscheidet entsprechend den oben angeführten Kriterien zwei Fallvarianten, die sich aber in der Praxis vielfach überschneiden, wenn mehrere Gründe vorliegen, die für eine verfestigte Lebensgemeinschaft sprechen:[160]
(1) Zusammenleben in einer sog. Unterhaltsgemeinschaft
(2) Eheähnliche Gemeinschaft

Weitere Fallvarianten, die die Rechtsprechung bisher noch zusätzlich als Kriterien für das Vorliegen des Verwirkungsgrundes anführte, spielen dagegen **keine Rolle** mehr.[161] Dies gilt insbesondere für den zu § 66 EheG entwickelten Härtegrund, dass von einer Eheschließung nur abgesehen wird, um den Unterhaltsanspruch nicht zu verlieren,[162] weil nur noch auf das Vorliegen einer verfestigten Lebensgemeinschaft abzustellen ist, nicht aber auf die Motivation, warum von einer Eheschließung abgesehen wird.[163] Das Gleiche gilt, wenn das Zusammenleben mit einem neuen Partner in kränkender oder sonst anstößiger Weise erfolgt und deshalb geeignet ist, den Pflichtigen in der Öffentlichkeit bloßzustellen oder herabzusetzen.[164]

1270

1271

a) Unterhaltsgemeinschaft. Eine Unterhaltsgemeinschaft ist zu bejahen, wenn der Bedürftige dauerhaft in fester sozialer Verbindung mit einem neuen Partner zusammenlebt, sie gemeinsam wirtschaften und der haushaltsführende Ehegatte wie in einer Ehe von dem anderen unterhalten wird.[165] Eine Unterhaltsgemeinschaft erfordert, dass der Bedürftige in der neuen Gemeinschaft sein **wirtschaftlich volles Auskommen** findet, d. h. der neue Partner leistungsfähig ist. Hat der neue Partner hierfür nicht die dazu erforderlichen Mittel, entfällt eine Unterhaltsgemeinschaft. Es ist zwar Aufgabe des Tatrichters, Feststellungen zu treffen, aus denen er eine Unterhaltsgemeinschaft bejaht.[166] Der Pflichtige ist aber für das Vorliegen des Verwirkungsgrundes darlegungs- und beweispflichtig, so dass er sich mangels Kenntnis der finanziellen Verhältnisse des neuen Partners des Bedürftigen regelmäßig nur auf Indizien stützen kann, die für eine wirtschaftliche Verflechtung sprechen. **Anhaltspunkte** sind insbesondere der Kauf oder Bau eines gemeinsamen Eigenheimes,[167] ein aus der neuen Verbindung hervorgegangenes Kind, Zusammenleben mit den beiderseitigen Kindern bei ausreichendem Einkommen des neuen Partners für einen gemeinsamen Haushalt, Finanzierung des Haushalts oder eines Teils sowie der Wohnung durch den Lebensgefährten. Maßgebend sind aber immer die Umstände des Einzelfalls, wann von einer verfestigten Partnerschaft ausgegangen werden kann. Letztere ist **nicht gegeben,** selbst wenn die neue Partnerschaft bereits ca. 3 Jahre dauerte, aus dieser Verbindung ein Kind hervorging und die Partner in dieser Zeit zusammen lebten, falls es in dieser Zeit zu erheblichen Differenzen und dem Besuch einer Eheberatung kam und sich die Partner wieder trennten.[168]

1272

b) Eheähnliche Gemeinschaft. Eine eheähnliche Gemeinschaft ist gegeben, wenn der Berechtigte zu einem neuen Partner ein **auf Dauer angelegtes Verhältnis** aufnimmt und das nichteheliche Zusammenleben gleichsam an die Stelle einer Ehe getreten ist. Maßgebend ist das **Erscheinungsbild** dieser Verbindung **in der Öffentlichkeit.**[169] Die wirtschaftliche Lage des neuen Partners spielt hierbei – im Gegensatz zur Unterhaltsgemeinschaft – für das Vorliegen des Tatbestandes keine Rolle (vgl. aber Rn. 1226).[170] Da im

1273

---

[160] BGH FamRZ 1995, 540 = R 479 A; FamRZ 1989, 487
[161] Vgl. insoweit 6. Auflage § 4 Rn. 752 a, 753
[162] Vgl. insoweit noch BGH FamRZ 1995, 540 = R 479 A; FamRZ 1989, 487; FamRZ 1987, 1001
[163] BT-Drs. 16/1830 S. 21
[164] So noch BGH FamRZ 1995, 344; 1989, 487
[165] BGH FamRZ 1995, 540 = R 479 A; FamRZ 1989, 487; 1987, 1011
[166] BGH FamRZ 1995, 540 = R 479 A
[167] BT-Drs. 16/1830 S. 21; BGH FamRZ 2002, 810 = R 574 a; OLG Karlsruhe FamRZ 2006, 706; OLG Schleswig FamRZ 2006, 954; FamRZ 2005, 277
[168] BGH FamRZ 2007, 1303 = R 669 d
[169] BGH FamRZ 2011, 791; FamRZ 2004, 614 = R 607 d; FamRZ 2002, 810 = R 574 a; FamRZ 2002, 23 = R 568 c; FamRZ 1997, 671 = R 511 Aa; FamRZ 1995, 540 = R 479 A; FamRZ 1989, 487
[170] BGH FamRZ 1995, 540 = R 479 A; FamRZ 1989, 487; vgl. auch BT-Drs. 16/1830 S. 21

Gegensatz zur Unterhaltsgemeinschaft auf das Erscheinungsbild in der Öffentlichkeit abzustellen ist, verlangt die eheähnliche Gemeinschaft als Indiz eine längere Dauer des Zusammenlebens. Nach welchem Zeitablauf und unter welchen Umständen sie angenommen werden kann, lässt sich nicht allgemein verbindlich festlegen. Als **Mindestdauer** wurden von der Rechtsprechung zwei bis drei Jahre angesetzt.[171] Denn vor Ablauf einer solchen Mindestzeit wird sich im Allgemeinen nicht verlässlich beurteilen lassen, ob die Partner nur „probeweise" oder auf Dauer in einer verfestigten Gemeinschaft leben und nach dem Erscheinungsbild der Beziehung in der Öffentlichkeit diese Lebensform bewusst auch für ihre weitere Zukunft gewählt haben. Eine auf Dauer verfestigte Gemeinschaft entfällt nicht dadurch, dass sich die neue Beziehung, bei der der neue Lebensgefährte des Bedürftigen noch seine bisherige Wohnung beibehalten hat, nach Angaben von Zeugen in letzter Zeit nach außen hin etwas flüchtiger gestaltete.[172] Etwas anderes gilt nur, wenn es trotz dreijährigen Zusammenlebens wieder zur Trennung kommt, weil die neue Beziehung von Anfang an kriselte.[173] Ebenso entfällt eine dauerhafte verfestigte Partnerschaft bei Zusammenleben mit wechselnden Partnern über kürzere Zeiträume.[174] Von einer eheähnlichen Gemeinschaft kann auch nicht ausgegangen werden, wenn ein Partner nach kurzem Zusammenleben in einer gemeinsamen Wohnung ins Wachkoma fällt und damit zu einer willentlichen Entscheidung für eine dauerhafte Lebensgemeinschaft nicht mehr in der Lage ist.[175]

Eine feste soziale Verbindung setzt regelmäßig einen **gemeinsamen Haushalt** voraus. Dies ist allerdings nicht zwingend, aber ein wesentliches Indiz.[176] Im Einzelfall kann auch bei einer andersartig gestalteten **dauerhaften Verbindung** je nach Erscheinungsbild in der Öffentlichkeit auf ein eheähnliches Zusammenleben geschlossen werden,[177] z. B. bei einer sog. Wochenendehe[178] oder wenn der neue Partner noch seine eigene Wohnung behält.[179] Für das Erscheinungsbild in der Öffentlichkeit kommt es nur auf die Erkennbarkeit einer verfestigten Lebensgemeinschaft auf Grund nach außen dringender Gegebenheiten an. Auch hier obliegt die Würdigung, ob nach den getroffenen Feststellungen von einem eheähnlichen Zusammenleben auszugehen ist, allein dem Tatrichter.[180] Indizien sind vor allem, dass die Partner die überwiegende Zeit außerhalb der Berufstätigkeit miteinander verbringen, familiäre Kontakte zu den Angehörigen des Partners pflegen, sich gegenseitig Hilfe und Unterstützung gewähren und gemeinsam wirtschaften, so dass nicht mehr nur von einer **bloßen Freundschaft** ausgegangen werden kann (s. hierzu unten Rn. 1276). Auch aus einer späteren Eheschließung können Rückschlüsse gezogen werden, ebenso aus der Geburt eines gemeinsamen Kindes.

Nicht erforderlich ist nach dem Willen des Gesetzgebers entsprechend der bisherigen Rechtsprechung des BGH, dass auch eine **sexuelle Beziehung** besteht, da es zu keiner Kontrolle der Lebensführung des Bedürftigen kommen darf und die Unzumutbarkeit einer fortdauernden uneingeschränkten Unterhaltsbelastung für den Pflichtigen allein auf der verfestigten Beziehung mit einem neuen Partner beruht, die ähnlich einer Ehe ausgestaltet ist.[181] Deshalb hat der BGH auch eine Beziehung einer Frau zu einem Homosexuellen wie ein eheähnliches Verhältnis bewertet, weil eine ständige gegenseitige Hilfe und Unterstützung im Alltag, verbunden mit einer gemeinsamen Freizeitgestaltung und einer gemein-

---

[171] BGH FamRZ 2004, 614 = R 607 d; FamRZ 2002, 810 = R 574 a; FamRZ 1997, 671 = R 511 Aa; FamRZ 1989, 487
[172] BGH FamRZ 1997, 671 = R 511 Aa
[173] BGH FamRZ 2007, 1303 = R 669 d
[174] OLG Köln FamRZ 2005, 279
[175] OLG München FamRZ 2010, 126
[176] BGH FamRZ 2004, 614 = R 607 d; FamRZ 2002, 23 = R 568 c
[177] BGH FamRZ 2002, 810 = R 574 b; FamRZ 2002, 23 = R 568 c; FamRZ 1995, 540 = R 479 A
[178] OLG Koblenz FamRZ 1991, 1314
[179] BGH FamRZ 1997, 671 = R 511 Aa; vgl. z. B. OLG Karlsruhe FamRZ 2009, 351; OLG Zweibrücken FamRZ 2008, 1630; OLG Bamberg FamRZ 2008, 2037; OLG Düsseldorf FamRZ 2011, 225
[180] BGH FamRZ 2004, 614 = R 607 d; FamRZ 2002, 810 = R 574 a; FamRZ 2002, 23 = R 568 c
[181] BGH FamRZ 2002, 810 = R 574 b; BT-Drs. 16/1830 S. 21

samen Zukunftsplanung durch finanzielle Hilfe beim Kauf eines Grundstücks gegen Wohnungsüberlassung vorlag.[182] Der BGH hat insoweit zu Recht darauf hingewiesen, dass die Frage eines sexuellen Kontaktes nicht überprüfbar ist.[183] Das Gleiche gilt bei langjährigem Zusammenleben mit einem **gleichgeschlechtlichen Partner**.[184]

c) Mischfälle. Unterhaltsgemeinschaft und eheähnliche Gemeinschaft schließen sich nicht wechselseitig aus, sondern gehen teilweise ineinander über. Der Sachverhalt lässt sich oft unter beiden Kriterien subsumieren. Der Pflichtige wird vielfach zunächst nur nach dem äußeren Erscheinungsbild auf eine eheähnliche Gemeinschaft schließen können, die aber mindestens ein zwei- bis dreijähriges Zusammenleben erfordert. Ergibt sich dann innerhalb dieses Zeitraums durch Indizien, z. B. dem Kauf einer gemeinsamen Immobilie, eine enge wirtschaftliche Verflechtung, liegt nunmehr eine Unterhaltsgemeinschaft vor.[185] Der Ablauf der Frist von zwei bis drei Jahren muss dann nicht mehr abgewartet, sondern der Verwirkungsgrund nach Nr. 2 kann sofort geltend gemacht werden. Dies entspricht auch der Realität, da eine neue Partnerschaft regelmäßig nicht sofort zu einer vollen wirtschaftlichen und/oder persönlichen Verflechtung führt, sondern erst nach einer Übergangszeit. Fehlen die Indizien für eine Unterhaltsgemeinschaft, wird man dagegen immer nur nach Ablauf von zwei bis drei Jahren von einer eheähnlichen Partnerschaft ausgehen können.

d) Trennungsunterhalt. Ein Verwirkungsgrund nach Nr. 2 durch Zusammenleben mit einem neuen Partner im Rahmen einer Unterhaltsgemeinschaft oder eheähnlichen Gemeinschaft kann nicht nur beim nachehelichen Unterhalt, sondern auch beim Trennungsunterhalt vorliegen. Denn nach dem Willen des Gesetzgebers kommt es nicht darauf an, ob die neuen Partner eine Ehe eingehen können, weil sie ledig bzw. geschieden sind, sondern nur, dass eine verfestigte Partnerschaft vorliegt und deshalb dem Pflichtigen nicht mehr zugemutet werden kann, weiterhin Unterhalt zu leisten.[186] Dies entspricht auch der bisherigen Rechtsprechung des BGH.[187]

3. Auf Distanz angelegtes Verhältnis

Da der Verwirkungsgrund nach Nr. 2 auf eine verfestigte Lebensgemeinschaft abstellt, besteht vielfach das Problem der **Abgrenzung zur Freundschaft.** Dem Bedürftigen ist es nicht verwehrt, nach der Trennung neue Kontakte aufzunehmen und Freundschaften einzugehen. Nach dem Willen des Gesetzgebers scheidet eine Kontrolle der Lebensführung des Bedürftigen aus, so dass die Aufnahme sexueller Kontakte als eines der üblichen Abgrenzungsmerkmale einer Partnerschaft zur Freundschaft entfällt. Der BGH hat deshalb darauf abgestellt, ob eine bewusst auf Distanz gehaltene Beziehung vorliegt.[188] Die Entscheidung für ihre Lebensgestaltung treffen die Beteiligten in eigener Verantwortung. Wenn sie bewusst ihren eigenen Lebensbereich mit getrennten Wohnsitzen aufrecht erhalten, um sich z. B. auf Grund der in früheren Lebensgemeinschaften gemachten Erfahrungen einen eigenen Freiraum zu bewahren und ihre Unabhängigkeit zu behalten, ist dies zu respektieren. Maßgebend ist allerdings, dass das auf Distanz angelegte Verhalten auch nach **außen** in der tatsächlichen Lebensgestaltung **zum Ausdruck kommt** und nicht nur subjektiv vorhanden ist.[189] Entscheidend ist insoweit, ob die vom Tatrichter getroffenen Feststellungen ergeben, dass die Partnerschaft von ihrer Intensität keinem eheähnlichen Zusammenleben entspricht, weil z. B. trotz gemeinsamer Freizeitgestaltung, Urlaub und Besuch von Fami-

---

[182] BGH FamRZ 2002, 810 = 574 b
[183] BGH FamRZ 2002, 810 = 574 b
[184] Vgl. BGH FamRZ 2008, 1414 = R 693: Es spielt keine Rolle, ob eine neue Beziehung gleichgeschlechtlich oder heterosexuell ist
[185] Vgl. z. B. OLG Karlsruhe FamRZ 2006, 706; OLG Schleswig FamRZ 2006, 654; 2005, 277
[186] BT-Drs. 16/1830 S. 21
[187] BGH FamRZ 2002, 810 = R 574 d
[188] BGH FamRZ 2011, 791; FamRZ 2002, 23 = R 568 c
[189] BGH a. a. O.

lienfeiern getrennt gewirtschaftet wird sowie jeder seinen eigenen Haushalt beibehält und dort seine überwiegende Zeit verbringt.

Zu verneinen ist eine verfestigte Lebensgemeinschaft ferner, wenn weder ein Zusammenleben noch ein gemeinsames Wirtschaften oder sonstige finanzielle Unterstützung, sondern nur ein **intimes Verhältnis** vorliegt.[190]

4. Grobe Unbilligkeit

1277 Bei der Prüfung der groben Unbilligkeit ist bei Kinderbetreuung zu beachten, dass bei Bejahung des Tatbestandes auch ein früherer Beginn der Erwerbsobliegenheit verlangt werden kann, z. B. eine Halbtagstätigkeit ab Vollendung des 3. Lebensjahres eines Kindes, falls die Betreuung gesichert ist.[191] Zu weitgehend erscheint allerdings die Auffassung, dass auch bei Betreuung von zwei Kindern bereits ab Vollendung des 3. Lebensjahres des jüngeren Kindes eine Ganztagstätigkeit aufgenommen werden muss.[192] Zu beachten ist ferner, dass die finanzielle Leistungsfähigkeit des Partners bei der Feststellung des Tatbestandes einer eheähnlichen Gemeinschaft keine Rolle spielt,[193] aber bei der Prüfung der groben Unbilligkeit Berücksichtigung findet bei der Frage, inwieweit der Berechtigte auf Unterhalt angewiesen ist (vgl. Rn. 1225, 1226).[194] Zu berücksichtigen ist ferner die Ehedauer[195] und die vom Bedürftigen in der Ehe wahrgenommene Aufgabe der Kinderbetreuung.[196] Im Einzelfall wird deshalb nicht ein Wegfall, sondern nur eine Herabsetzung des Unterhaltsanspruchs oder eine zeitliche Begrenzung angemessen sein.

V. Härtegrund eines Verbrechens oder schweren vorsätzlichen Vergehens gegen den Verpflichteten oder einen nahen Angehörigen (§ 1579 Nr. 3 BGB)

1. Härtegrund der Nr. 3

1278 Die Härteklausel der Nr. 3 (bis 31. 12. 2007 Nr. 2) ist anzuwenden, wenn sich der Berechtigte eines Verbrechens oder eines schweren vorsätzlichen Vergehens gegen den Verpflichteten oder einen nahen Angehörigen des Verpflichteten schuldig gemacht hat. Aus dem Tatbestandsmerkmal „schweres Vergehen" ergibt sich, dass es sich um eine Straftat von erheblichem Gewicht handeln muss, die über die bei Trennung vielfach übliche Auseinandersetzung hinausgeht.

1279 **Beispiele** für solche Straftaten sind
– Mord, Totschlag, Eigentumsdelikte,[197] Unterhaltspflichtverletzungen, schwere Verletzungen der Fürsorge- und Erziehungspflichten gegenüber Kindern sowie körperliche Misshandlung von Kindern,[198] sexuelle Vergehen gegenüber Stieftochter;[199]
– fortgesetzte schwere Beleidigungen, Verleumdungen und schwerwiegende falsche Anschuldigungen über einen längeren Zeitraum, besonders wenn sie sich auf die persönliche

---

[190] BGH FamRZ 1995, 540 = R 479 A; OLG Karlsruhe FamRZ 1994, 174; 2009, 351; OLG München FamRZ 1990, 1243
[191] BT-Drs. 16/1830 S. 21
[192] So aber OLG Bremen FamRB 2007, 164
[193] BT-Drs. 16/1830 S. 21
[194] BGH FamRZ 1995, 540 = R 479 A
[195] BGH FamRZ 2002, 810 = R 574 d; FamRZ 1987, 689
[196] BGH FamRZ 2002, 810 = R 574 d
[197] OLG Hamm FamRZ 1994, 168
[198] OLG Hamm FamRZ 2002, 240
[199] OLG Hamm FamRZ 1990, 887

8. Abschnitt: Die Härteklausel des § 1579 BGB § 4

und berufliche Entfaltung des Verpflichteten sowie seine Stellung in der Öffentlichkeit nachteilig auswirken;[200]
- Überfall mit schwerer Körperverletzung;[201] nicht provozierte Körperverletzungen;[202] anlässlich des Umgangsrechts im Voraus geplante Körperverletzung des anderen Ehegatten;[203] Herbeiführung eines Verkehrsunfalls mit bedingtem Vorsatz;[204]
- Schusswaffengebrauch des Unterhaltsberechtigten gegenüber dem Verpflichteten;[205]
- Vermögensdelikte, vor allem **Betrugshandlungen** zum Nachteil des Verpflichteten einschließlich **Prozessbetrug**, z. B. durch **Verstoß gegen die prozessuale Wahrheitspflicht** wie falsche Angaben zum Einkommen,[206] Verschweigen des Abbruchs der Ausbildung[207] oder eigener Einkünfte[208] (s. näher Rn. 1286), Verschweigen eigener Einkünfte trotz Offenbarungspflicht,[209] vehementes Bestreiten des Zusammenlebens mit einem neuen Partner,[210] falsche Angaben im Rahmen einer Parteivernehmung zum Umfang der Beziehungen zu einem neuen Partner,[211] im Einzelfall auch wahrheitswidrige Angaben im Verbundverfahren Zugewinnausgleich.[212]
- Falschaussagen des Berechtigten im Ehelichkeitsanfechtungsverfahren.[213]

Da die Verwirklichung strafrechtlicher Tatbestände stets **schuldhaftes Verhalten** und damit Schuldfähigkeit voraussetzt, entfällt der Härtegrund bei **Schuldunfähigkeit.** Die Tötung eines gemeinsamen Kindes durch die Kindsmutter im Zustand der Schuldunfähigkeit auf Grund einer affektiven Psychose führt daher nicht zur Verwirkung des Unterhaltsanspruchs nach § 1579 Nr. 3 BGB.[214] Eine **verminderte Schuldfähigkeit** lässt den Tatbestand dagegen nicht entfallen, kann aber eine grobe Unbilligkeit beseitigen oder mindern. Maßgebend ist die Schwere der jeweiligen Verfehlung. Deshalb muss die Schuldfähigkeit oder verminderte Schuldfähigkeit für den jeweils in Betracht kommenden Zeitraum festgestellt werden.[215] Bei gravierenden Straftaten, z. B. Sexualdelikten gegenüber einem nahen Familienangehörigen über einen längeren Zeitraum oder gefährliche Körperverletzung eines Säuglings, wird auch eine verminderte Schuldfähigkeit regelmäßig zur Verwirkung führen.[216] Bei einer im Zustand der verminderten Schuldfähigkeit begangenen Verleumdung, z. B. des Vorwurfs des sexuellen Missbrauchs der gemeinschaftlichen Kinder, wird der Tatbestand dagegen regelmäßig zu verneinen sein.[217] Ein schweres Vergehen liegt ferner nicht vor, wenn der Pflichtige eine Straftat selbst zunächst nicht als gravierend ansah.[218] **1280**

Ob ein strafbares vorsätzliches Verhalten gegen den Unterhaltsverpflichteten schwer im Sinn dieser Vorschrift ist, hat im Wesentlichen der Tatrichter zu entscheiden. Das Revisionsgericht prüft nur, ob er dabei von richtigen Rechtsvorstellungen ausgegangen ist. Im Urteil/Beschluss bedarf es nicht des ausdrücklichen Eingehens auf alle Gesichtspunkte, die **1281**

---

[200] BGH NJW 1982, 100, 101
[201] BGH FamRZ 2004, 612 = R 601b
[202] OLG Koblenz FamRZ 1991, 1312; OLG Düsseldorf FamRZ 1983, 585
[203] OLG Zweibrücken FamRZ 2002, 242
[204] OLG Hamm FamRZ 2006, 1537
[205] OLG Düsseldorf FamRZ 1994, 896
[206] BGH FamRZ 2007, 1532 = R 681l; FamRZ 2000, 153 = R 534b, d; FamRZ 1997, 483 = R 510b
[207] BGH FamRZ 1990, 1095, 1096 = R 421b
[208] BGH FamRZ 2008, 1325 = R 694; FamRZ 2000, 153 = R 534b, d; FamRZ 1997, 483 = R 510b; OLG Celle FamRZ 1991, 1313; OLG Frankfurt FamRZ 1990, 1363; OLG Düsseldorf FamRZ 1981, 883
[209] BGH FamRZ 1997, 483 = R 510b
[210] OLG Hamm FamRZ 1996, 1079; 1993, 566, 567
[211] OLG Hamm FamRZ 1999, 1337
[212] OLG Köln FamRZ 2003, 678
[213] OLG Bremen FamRZ 1981, 953
[214] OLG Hamm FamRZ 1997, 1485
[215] BGH NJW 1982, 100, 101
[216] OLG Hamm FamRZ 2002, 240; FamRZ 1990, 887
[217] OLG Hamm FamRZ 1995, 808
[218] OLG Düsseldorf FamRZ 1994, 896

für und wider ein bestimmtes Ereignis sprechen. Es muss lediglich aus dem Gesamtinhalt der Gründe hinreichend deutlich sein, dass insgesamt eine sachentsprechende Beurteilung stattgefunden hat.[219]

1282 Die Verwirkung greift bei Bejahung des Härtegrundes in der Regel **nur für die Zukunft,** nicht für vor der Straftat liegende Rückstände ein, da ein in Verzug geratener Unterhaltsschuldner nicht allein deshalb zu begünstigen ist, weil ihn ein später eintretendes Ereignis von der Unterhaltspflicht befreit.[220] Eine **Ausnahme** besteht nur, wenn es sich um besonders gravierende Straftaten handelt, die jegliche weitere Unterhaltsverpflichtung unerträglich machen würde, z. B. eine brutale Gewalttat gegenüber dem Unterhaltspflichtigen in Gegenwart der Kinder.[221]

1283 **Dauert und wirkt** das strafbare Verhalten **fort,** z. B. bei einem Prozessbetrug, kann es auch noch in einem Abänderungsverfahren geltend gemacht werden, **ohne** nach § 238 II FamFG (früher § 323 II ZPO) **präkludiert** zu sein.[222]

1284 Zu den **nahen Angehörigen** des Verpflichteten zählen auch dessen neuer Ehegatte sowie Verwandte des Verpflichteten ersten Grades. Nach dem Zweck der Regelung bestimmt sich der Kreis der Angehörigen vor allem danach, wie stark sich der Verpflichtete familiär mit dem Angehörigen verbunden fühlt.

2. Beleidigungen, Verleumdungen und falsche Anschuldigungen

1285 Fortgesetzte schwere Beleidigungen, Verleumdungen und schwerwiegende falsche Anschuldigungen können zum völligen oder teilweisen Ausschluss des Unterhaltsanspruchs führen. Zwar sind Ehrverletzungen und Tätlichkeiten, die den Rahmen typischer Eheverfehlungen nicht übersteigen, in der Regel nicht als schwere vorsätzliche Ehevergehen im Sinn der Nr. 3 zu behandeln. Dies schließt jedoch eine andere Beurteilung in Fällen **wiederholter schwerwiegender Beleidigungen und Verleumdungen** insbesondere dann nicht aus, wenn derartige Verletzungen mit **nachteiligen Auswirkungen** auf die persönliche berufliche Entfaltung sowie die Stellung des Unterhaltsverpflichteten in der Öffentlichkeit verbunden sind.[223] Unter solchen Umständen können auch Beleidigungen und Verleumdungen – je nach Dauer und Intensität ihrer Begehung – die Voraussetzungen der Nr. 3 BGB erfüllen. Dasselbe gilt für die **vorsätzlich falsche Anzeige** wegen eines angeblich begangenen Mordversuchs, die zu einem strafrechtlichen Ermittlungsverfahren gegen den Verpflichteten oder einen seiner nahen Angehörigen führt. Dabei ist auch zu prüfen, ob die Verfehlungen ganz oder teilweise **verziehen** worden sind und welche Auswirkungen eine Verzeihung auf den Unterhaltsanspruch haben könnte (s. auch Rn. 1241).[224]

3. Betrug und versuchter Prozessbetrug

1286 Macht eine Partei einen Unterhaltsanspruch in einem Verfahren geltend, hat sie alle der Begründung des Anspruchs dienenden tatsächlichen Umstände **wahrheitsgemäß** anzugeben und darf **nichts verschweigen,** was ihre Unterhaltsbedürftigkeit in Frage stellen könnte (vgl. auch § 138 I ZPO).[225] Es obliegt nicht dem Ermessen des Bedürftigen, ob einzelne Tatsachen z. B. die Schenkung eines größeren Geldbetrages durch die Eltern und Verbrauch dieser Mittel unterhaltsrechtlich relevant sind oder nicht; diese Prüfung obliegt allein dem Tatrichter.[226] Macht der Berechtigte daher in einem Unterhaltsantrag, auch ei-

---

[219] BGH FamRZ 1997, 483 = R 510 b; FamRZ 1984, 34
[220] BGH FamRZ 2004, 612 = R 601 a; FamRZ 1984, 34
[221] BGH FamRZ 2004, 612 = R 601 b
[222] BGH FamRZ 1990, 1095
[223] BGH NJW 1982, 100
[224] BGH NJW 1982, 100
[225] BGH FamRZ 2000, 153 = R 534 b
[226] BGH FamRZ 2000, 153 = R 534 d

8. Abschnitt: Die Härteklausel des § 1579 BGB § 4

nem Abänderungsantrag, unvollständige, fehlerhafte oder bewusst falsche Angaben zu seinem Einkommen und/oder aus einem Vermögen erzielbaren Einkünften oder offenbart er während des laufenden Unterhaltsverfahrens Einkommensänderungen nicht, begeht er einen Prozessbetrug bzw. versuchten Prozessbetrug.[227] Der Versuch eines Prozessbetrugs beginnt bereits mit der Einreichung eines Schriftsatzes bei Gericht, der bewusst falsche Aussagen enthält oder für die Unterhaltsberechnung notwendige Angaben, z. B. eine Einkommenserhöhung, verschweigt.[228] Ein derartiges Verhalten reicht grundsätzlich aus, um die Rechtsfolgen der Nr. 3 auszulösen. Die besondere Schwere und Verwerflichkeit dieses Verhaltens besteht darin, dass der Berechtigte vom Verpflichteten nacheheliche Solidarität fordert, es selbst aber an einer solchen fehlen lässt und es darauf abstellt, durch Täuschung vom Verpflichteten eine ihm nicht zustehende Leistung zu erlangen.[229]

Das Gleiche gilt, wenn der Berechtigte Ausbildungsunterhalt begehrt, aber verschweigt, dass er die Ausbildung während des Verfahrens abgebrochen hat;[230] unerheblich sind dabei die Gründe, die zum Ausbildungsabbruch führten.[231] Wird ein Verfahrenskostenvorschuss beantragt und dabei für die Kosten ausreichend vorhandenes Vermögen verschwiegen, ist ein Betrugsversuch zu bejahen.[232] Ebenso wenn in einem Unterhaltsverfahren bewusst falsche Angaben zum Zusammenleben mit einem neuen Partner gemacht werden[233] oder ein Zusammenleben mit einem neuen Partner vehement bestritten wird.[234] Einen versuchten Prozessbetrug hat das OLG Hamm bereits angenommen bei Verschweigen eines Urlaubs mit einem neuen Partner im Rahmen einer Parteivernehmung.[235] Dem kann nur gefolgt werden, wenn sich aus dem gemeinsamen Urlaub eine dauerhafte feste Verbindung, die an die Stelle einer Ehe trat und deshalb den Tatbestand des § 1579 Nr. 2 BGB erfüllt (vgl. Rn. 1273), herleiten lässt.

Ein Betrug kann ferner vorliegen, wenn sich **nach Titulierung** eines Unterhaltsanspruchs wesentliche Veränderungen ergeben und eine **Verpflichtung zur ungefragten Information** besteht (näher Rn. 6/233, 237). Dies gilt insbesondere bei **Vergleichen** im Hinblick auf die sich aus einer Vereinbarung ergebende Treuepflicht, die die Rücksichtnahme auf die Belange des Pflichtigen erhöht; der Berechtigte ist deshalb gehalten, jederzeit und unaufgefordert dem Pflichtigen Umstände zu offenbaren, die ersichtlich dessen Leistungen aus dem Vergleich berühren.[236] Eine Ausnahme besteht nur, wenn der Pflichtige hiervon bereits Kenntnis erlangt hat, z. B. über die gemeinsamen Kinder.

Vereinbaren die Eheleute in einem Unterhaltsvergleich, dass ein bestimmter monatlicher Nettoverdienst des Berechtigten **anrechnungsfrei** bleiben soll, liegt ein betrügerisches Verhalten des Bedürftigen vor, das zur Anwendung der Nr. 3 führen kann, wenn er verschweigt, dass sein Einkommen diese Grenze inzwischen deutlich übersteigt. Der Berechtigte hat in diesem Fall aus dem Vergleich eine vertragliche Pflicht zur ungefragten Information seines über den anrechnungsfreien Betrag hinausgehenden Einkommens.[237] Das Gleiche gilt, wenn sich das Einkommen des Bedürftigen deutlich erhöht und dies erkennbar Einfluss auf die Unterhaltsberechnung hat,[238] ferner wenn er trotz Kinderbetreuung eine Erwerbstätigkeit aufnimmt bzw. ausweitet. Ist in diesen Fällen kein Schaden nachweisbar, kommt bei einem leichtfertigen Verhalten nach BGH zumindest der Tatbestand des § 1579 Nr. 5 BGB in Betracht (vgl. Rn. 1323).[239] Wurde der Unterhalt in einem **Ur-**

1287

---

[227] BGH FamRZ 2007, 1532 = R 681 l; FamRZ 2005, 97 = R 616 b; FamRZ 2000, 153 = R 534 d
[228] OLG Köln FamRZ 2003, 678
[229] OLG Hamm FamRZ 2002, 1038; OLG Karlsruhe FamRZ 2002, 1037; OLG Celle FamRZ 1991, 1313; OLG Frankfurt FamRZ 1990, 1363; OLG Düsseldorf FamRZ 1989, 61
[230] BGH FamRZ 1990, 1095
[231] BGH a. a. O.
[232] OLG Hamm FamRZ 2002, 242 (nur § 1579 Nr. 4 BGB)
[233] OLG Koblenz FamRZ 2000, 605
[234] OLG Hamm FamRZ 1996, 1079; FamRZ 1993, 566, 567
[235] OLG Hamm FamRZ 1999, 1337
[236] BGH FamRZ 2000, 153 = R 534 a; 1997, 483 = R 510 b
[237] BGH FamRZ 1997, 483 = R 510 b
[238] BGH FamRZ 2008, 1325 = R 694
[239] BGH FamRZ 2008, 1325 = R 694

teil/Beschluss tituliert, besteht dagegen nur in Ausnahmefällen eine Verpflichtung zur ungefragten Information über Einkommensverbesserungen (s. näher Rn. 1/1199 ff., 6/233).

1288   Bei Annahme eines Betruges oder eines Betrugsversuches ist im Rahmen der **Prüfung der groben Unbilligkeit** genau abzuwägen, ob der Anspruch insgesamt zu versagen, nur herabzusetzen oder zeitlich zu begrenzen ist. Dies gilt insbesondere, wenn das Einkommen des Bedürftigen unter dem Existenzminimum liegt und sein Auskommen nicht von dritter Seite gesichert ist. Es wird dann in der Regel nur eine Herabsetzung des Anspruchs in Betracht kommen. Das Gleiche gilt, wenn der Betrug im Versuchsstadium stecken blieb und deshalb beim Pflichtigen kein Schaden eintrat, ebenso wenn der Bedürftige lediglich verspätet eine Einkommenserhöhung mitteilte.[240] Im Einzelfall kann die grobe Unbilligkeit trotz Vorliegens des Tatbestandes auch **verneint** werden und deshalb eine Verwirkung entfallen, z. B. wenn es sich um eine sehr lange Ehe handelt und auch der Pflichtige falsche Einkommensangaben machte,[241] sich eine verspätete Mitteilung der Ausweitung der Erwerbstätigkeit auf die Unterhaltsberechnung nicht auswirkte[242] oder eine Arbeitsplatzaufnahme zwar kurz vor Schluss der mündlichen Verhandlung in der ersten Instanz nicht offenbart, aber in der Berufungsbegründung mitgeteilt wurde.[243]

VI. Mutwillige Herbeiführung der Bedürftigkeit (§ 1579 Nr. 4 BGB)

1. Der Härtegrund der Nr. 4

1289   Die Härteklausel der Nr. 4 (bis 31. 12. 2007 Nr. 3) ist anzuwenden, wenn der Berechtigte seine Bedürftigkeit mutwillig herbeigeführt hat.
Die Nr. 4 sieht eine Sanktion für den Fall vor, dass die **gegenwärtige Bedürftigkeit** des Berechtigten ganz oder teilweise durch ein eigenes Verhalten in der Vergangenheit herbeigeführt worden ist. Sie hat aber auch **Schutzwirkung** insoweit, als das frühere Verhalten des Berechtigten keine Auswirkung auf den Unterhaltsanspruch haben soll, wenn ihm **keine Mutwilligkeit** vorgeworfen werden kann.[244]

1290   Voraussetzungen der Nr. 4:
(1) Der Berechtigte muss bedürftig sein (s. unten Rn. 1291).
(2) Der Berechtigte muss die Bedürftigkeit mutwillig herbeigeführt haben (s. unten Rn. 1292).

1291   • Der Berechtigte ist **bedürftig,** wenn ihm die für seinen angemessenen Lebensbedarf erforderlichen Mittel nicht zur Verfügung stehen und wenn er sich diese auch nicht in zumutbarer Weise beschaffen kann. Wer keiner zumutbaren Erwerbstätigkeit nachgeht, obwohl er dies könnte, ist in Höhe des erzielbaren Einkommens nicht bedürftig. Solche erzielbaren Einkünfte werden ihm fiktiv zugerechnet (s. Rn. 1/734 ff.), wodurch sich bereits sein Unterhaltsanspruch nach § 1577 I BGB entsprechend kürzt.
• Die Nr. 4 betrifft stets ein **zurückliegendes Verhalten,** dessen Auswirkung den Bedürftigen in einem Unterhaltsstreit, also aktuell, hindern, seinen Lebensbedarf durch eigenen Einsatz selbst zu bestreiten. Da der Tatbestand des § 1572 BGB nicht auf eine unverschuldete Erwerbsunfähigkeit oder -minderung abstellt, kann bei schuldhaft herbeigeführter Erwerbsunfähigkeit/-minderung das Ergebnis nur über die Verwirkung nach § 1579 Nr. 4 BGB korrigiert werden (s. auch Rn. 239 ff.). Ein solcher Fall liegt z. B. vor, wenn der Betroffene sich in früherer Zeit durch Alkoholismus oder Drogenabhängigkeit außerstande gesetzt hat, einer Erwerbstätigkeit nachgehen zu können, wodurch er seine derzeitige Bedürftigkeit zumindest mindern könnte. Ist der durch sein Verhalten geschaf-

---
[240] BGH FamRZ 2008, 1325 = R 694
[241] BGH FamRZ 2007, 1532 = R 581
[242] BGH FamRZ 2005, 97 = R 616 b; OLG Schleswig FamRZ 2005, 291
[243] BGH FamRZ 2008, 968 = R 689 k
[244] BGH FamRZ 2003, 848, 853 = R 588 c; FamRZ 1987, 684, 686

8. Abschnitt: Die Härteklausel des § 1579 BGB — § 4

fene Zustand reparabel, dann besteht eine Bedürftigkeit nur, soweit er die zur Deckung seines Lebensbedarfs benötigten Mittel nicht durch eine zumutbare Änderung des bestehenden Zustands beschaffen kann.

- Hat der Berechtigte in diesem Sinn seine Bedürftigkeit selbst herbeigeführt, kommt es darauf an, ob dies **mutwillig** geschehen ist. Mit dem Merkmal der Mutwilligkeit ist der Gesetzgeber bewusst vom Begriff des „sittlichen Verschuldens" (§ 1611 I 1 BGB und § 65 I EheG) abgegangen. Die hierzu entwickelten Grundsätze sind deshalb für die Nr. 4 bedeutungslos.
- Dem Wortlaut und dem Regelungszusammenhang der Nr. 4 entspricht es, dass der Begriff „mutwillig" nicht nur im einschränkenden Sinn eines **vorsätzlichen zweckgerichteten Verhaltens** zu interpretieren ist, sondern auch ein **leichtfertiges Verhalten** des Berechtigten umfasst.[245]
- Erforderlich ist eine **unterhaltsbezogene** Mutwilligkeit. Deshalb müssen sich die Vorstellungen und Antriebe, die dem zu beurteilenden Verhalten zugrunde liegen, auch auf die Bedürftigkeit als Folge dieses Verhaltens erstrecken.[246] Mutwilligkeit ist zu bejahen, wenn sich der Bedürftige in Verantwortungs- und Rücksichtslosigkeit gegenüber dem Pflichtigen über die erkannte Möglichkeit nachteiliger finanzieller Folgen seines Handelns auf seinen Unterhaltsbedarf hinweggesetzt und dabei zumindest leichtfertig gehandelt hat.[247] Ein **einfaches Verschulden** reicht zur Bejahung der Mutwilligkeit **nicht** aus.[248]

1292

Der Verpflichtete muss **darlegen und beweisen,** dass der Unterhaltsgläubiger seine Bedürftigkeit mutwillig herbeigeführt hat. Dazu gehört grundsätzlich, dass er ein Vorbringen der Gegenseite, welches im Fall seiner Richtigkeit gegen die Annahme einer mutwilligen Herbeiführung der Bedürftigkeit sprechen würde, zu widerlegen hat.[249]

1293

Um darzutun, dass der Berechtigte seine Bedürftigkeit mutwillig herbeigeführt hatte, obliegt es daher dem Verpflichteten, nachzuweisen, dass die geltend gemachten Aufwendungen nicht notwendig waren, soweit er diese und deren Angemessenheit bestreitet. Gelingt ihm der Nachweis nicht, dass der Berechtigte Ausgaben vorgenommen hat, die den Rahmen des nach der individuellen Bedürfnislage unter Berücksichtigung auch der wirtschaftlichen Verhältnisse erforderlichen und angemessenen Aufwands deutlich überstiegen haben, so muss das zu seinen Lasten gehen. Er dringt dann mit der Einwendung aus Nr. 4 nicht durch.[250]

Die Nr. 4 schließt in ihrem Geltungsbereich den Rückgriff auf allgemeine Grundsätze aus. Wenn dem Bedürftigen daher **keine Mutwilligkeit** nach Nr. 4 vorgeworfen werden kann, hat sein Verhalten **keine Auswirkungen** auf den Unterhaltsanspruch.[251]

1294

Der Härtegrund des Nr. 4 kann sowohl vor als auch erst nach der Scheidung verwirklicht werden.

1295

2. Mutwillige Bedürftigkeit infolge Alkohol- oder Drogenabhängigkeit

Bei einer Erwerbsunfähigkeit durch Alkohol- oder Drogenabhängigkeit kommt es für die Anwendung der Nr. 4 vor allem darauf an, ob es der Bedürftige in mutwilliger Weise unterlassen hat, sich **rechtzeitig,** insbesondere, als sich die Trennung anbahnte, einer Erfolg versprechenden Behandlung zur Wiederherstellung seiner Arbeitsfähigkeit zu unterziehen. Dass der Berechtigte während des ehelichen Zusammenlebens nicht erwerbstätig war und kein eigenes Einkommen hatte, steht der Anwendung der Härteklausel nicht entgegen. Es kommt entscheidend darauf an, dass er nach der Trennung darauf verwiesen werden

1296

---

[245] BGH FamRZ 1989, 1054; FamRZ 1988, 375, 377; FamRZ 1982, 463
[246] BGH FamRZ 2001, 541 = R 555; FamRZ 1988, 1031; FamRZ 1988, 375, 377; FamRZ 1984, 364, 366
[247] BGH FamRZ 2003, 848, 853 = R 588 c
[248] BGH FamRZ 1988, 375, 377
[249] BGH FamRZ 1989, 1054; FamRZ 1984, 364, 366
[250] BGH FamRZ 1984, 364, 366
[251] BGH FamRZ 1987, 684, 686; FamRZ 1986, 560, 562

konnte, seinen Unterhalt selbst zu verdienen, und er sich durch eine Alkoholabhängigkeit außerstande gesetzt hat, eine solche Erwerbstätigkeit aufzunehmen.[252]

1297 Die Unterhaltsbedürftigkeit eines Alkoholikers ist zu verneinen, wenn Ärzte ihn auf seinen Alkoholismus und auf die **dringende Notwendigkeit einer Entziehungskur hingewiesen** hatten und er sich deshalb seines Krankheitszustands und der dadurch bedingten Erwerbsunfähigkeit sowie der Notwendigkeit einer Entziehungskur bewusst war. Er hat dann eine derartige Entziehungsbehandlung als einen Erfolg versprechenden und notwendigen Schritt zur Wiedererlangung der Erwerbsfähigkeit gekannt und damit als mögliche Folge der Verweigerung einer solchen Behandlung seine Unfähigkeit voraussehen können, nach der Trennung den Unterhalt selbst zu verdienen. Die Leichtfertigkeit steht außer Zweifel, wenn der Alkoholiker die ihm gebotenen Möglichkeiten einer Entziehungsbehandlung deshalb ungenutzt gelassen hat, weil er der Meinung war, er könne seinen Zustand auch ohne eine Entziehungskur bessern und seine Erwerbsfähigkeit wiedererlangen.[253]

Es kommt entscheidend darauf an, ob der Berechtigte zu einer Zeit, als die Aussicht und die Fähigkeit, danach zu handeln, es noch zuließen, eine ihm angeratene Entziehungskur unterlassen hatte und er sich der Möglichkeit bewusst war, er werde infolgedessen im Fall einer Trennung der Eheleute außerstande sein, eine Berufstätigkeit aufzunehmen und den Unterhalt selbst zu verdienen.[254]

Stellt das Gericht fest, der Berechtigte habe zwar im nicht intoxierten Zustand die Notwendigkeit einer Entziehungskur und Entwöhnungsbehandlung einsehen können, aber infolge der Persönlichkeitsstörung und der daraus resultierenden Einschränkung der Steuerungsfähigkeit sowie wegen Willensschwäche nicht nach dieser Einsicht zu handeln vermocht, dann wird dadurch eine mutwillige Herbeiführung der Bedürftigkeit rechtlich unangreifbar verneint.[255]

1298 Die Bedürftigkeit kann auch dadurch mutwillig herbeigeführt werden, dass es der Berechtigte in **vorwerfbarer Weise unterlassen hat,** durch geeignete und zumutbare Maßnahmen seine Erwerbsfähigkeit wiederherzustellen, und keine Maßnahmen gegen die erkannte Alkoholabhängigkeit ergriffen hat. Die Frage, von welchem Zeitpunkt an dem Berechtigten die Erkenntnis über die Art seiner Erkrankung **zugerechnet** werden kann und die Beurteilung des Zeitraums, innerhalb dessen er gehalten war, wirksame Maßnahmen zur Wiederherstellung seiner Gesundheit zu ergreifen, sind Gegenstand **tatrichterlicher** Beurteilung.[256]

1299 Die gleichen Grundsätze gelten bei **Drogenabhängigkeit und Medikamentenmissbrauch** sowie bei sonstigen Suchterkrankungen.

1300 Ob der Abhängige bereits so erkrankt ist, dass seine Einsichts- und Steuerungsfähigkeit nicht mehr besteht, wird **regelmäßig** nur durch einen **Sachverständigen** zuverlässig festgestellt werden können. Hierzu bedarf es einer sorgfältigen Prüfung, inwieweit die bei Suchtkranken meist festzustellende psychische Labilität Krankheitswert besitzt. Die Einholung eines Sachverständigengutachtens nach § 144 ZPO steht im pflichtgemäßen Ermessen des Gerichts. Sofern diesem die notwendige Sachkunde für die Beantwortung einer entscheidungserheblichen Frage fehlt, handelt es ermessensfehlerhaft, wenn es nicht von Amts wegen ein Sachverständigengutachten erholt.[257] Werden in solchen Fällen Erfolg versprechende therapeutische Maßnahmen zur Herstellung der Arbeitsfähigkeit wahrgenommen, besteht in der Regel ein Unterhaltsanspruch nach den §§ 1361, 1572 BGB.

---

[252] BGH FamRZ 2001, 541 = R 555; FamRZ 1981, 1042
[253] BGH a. a. O.
[254] BGH FamRZ 1988, 375, 377
[255] BGH a. a. O.; KG, FamRZ 2001, 1617; OLG Bamberg FamRZ 1998, 370; OLG Köln FamRZ 1999, 920
[256] BGH FamRZ 1987, 359, 361
[257] BGH FamRZ 1989, 1054

8. Abschnitt: Die Härteklausel des § 1579 BGB § 4

3. Mutwillige Bedürftigkeit wegen Aufgabe einer Erwerbstätigkeit oder wegen unterlassener Maßnahmen zur Herstellung der Erwerbsfähigkeit

Kann der Berechtigte nach der Trennung oder Scheidung darauf verwiesen werden, seinen Unterhalt durch eine Erwerbstätigkeit selbst zu verdienen (vgl. Rn. 245 ff.), so ist er, falls er die nötige Aufnahme einer zumutbaren Erwerbstätigkeit unterlässt, nicht als bedürftig anzusehen, weil er in der Lage wäre, sich selbst zu unterhalten. Es wird ihm dann ein erzielbares Einkommen **fiktiv** zugerechnet. 1301

Ein mutwilliges Verhalten liegt vor, wenn der Bedürftige durch eine vorsätzliche Straftat seinen Arbeitsplatz verloren hat oder notwendige berufliche Aus- oder Weiterbildungsmaßnahmen unterlässt.[258] 1302

Setzt sich der Ehegatte **mutwillig außerstande,** eine Erwerbstätigkeit aufzunehmen, so kann auch darin ein Verhalten liegen, das die Härteregelung der Nr. 4 erfüllt. Davon ist auszugehen, wenn der Ehegatte zwar zur Aufnahme der Erwerbstätigkeit außerstande ist, aber die notwendigen und zumutbaren Maßnahmen zur Herstellung seiner Erwerbsfähigkeit unterlässt und dadurch seine Bedürftigkeit herbeiführt.[259] Dies gilt insbesondere bei einer sog. **Unterhaltsneurose,** wenn ärztliche Hilfe vermieden und keine Therapie durchgeführt wird.[260] Bei allen Erscheinungsformen einer Krankheit trifft den Bedürftigen die **Obliegenheit zur Krankheitsbehandlung** und **aktiven Mitarbeit an seiner Genesung** (näher Rn. 243). Zumutbar sind dabei alle Behandlungen, die relativ gefahrlos, schmerzarm und aussichtsreich sind. Kein mutwilliges Verhalten liegt vor, wenn der Berechtigte bei einer depressiven Neurose ein mit starken Nebenwirkungen verbundenes Medikament nicht einnimmt und das abgelehnte Medikament nicht nachweisbar wirksamer als das bereits vom Berechtigten verwendete ist.[261] Fehlt die Krankheitseinsicht oder ist die fehlende Einsicht Folge der Erkrankung, z. B. bei einer Schizophrenie, liegen die Voraussetzungen des Tatbestandes nicht vor.[262] 1303

Die Nr. 4 kann erfüllt sein, wenn die Berechtigte freiwillig ihren **sicheren Arbeitsplatz aufgibt**[263] und an einen Ort zieht, wo sie nicht vermittelt werden kann.[264] Ebenso, wenn dem Berechtigten **selbstverschuldet gekündigt** wurde, ohne Arbeitslosengeld zu erhalten, oder wenn grundlos weder Arbeitslosengeld noch Krankengeld in Anspruch genommen wird, das den angemessenen Lebensbedarf gedeckt hätte. Voraussetzung ist aber jeweils die Bejahung eines unterhaltsbezogen zumindest leichtfertigen Verhaltens.[265] 1304

Mutwilligkeit kann auch bejaht werden, wenn die Berechtigte sich nach der Trennung einer von ihr als notwendig erkannten, Erfolg versprechenden Ausbildungsmaßnahme leichtfertig verschlossen hat, um den Unterhaltsanspruch nicht zu gefährden.[266] 1305

Mutwilligkeit kann ferner bejaht werden, wenn die Berechtigte während der Trennungszeit unterlassen hat, sich um einen Arbeitsplatz in einem früheren Beruf zu bemühen, statt dessen eine Ausbildung in einem neuen Beruf begonnen hat und dadurch bedürftig wurde. Eine Mutwilligkeit kann in einem solchen Fall jedoch verneint werden, wenn die Umschulung jedenfalls längerfristig gerade der Behebung einer Erwerbslosigkeit diente und die Berechtigte allenfalls noch für eine übersehbare kurze Zeit nach der Scheidung ihre Bedürftigkeit als Folge hinnahm.[267] 1306

Aus einem **früheren Verhalten des Berechtigten** können negative Auswirkungen auf seinen Unterhaltsanspruch nur dann hergeleitet werden, wenn ihm Mutwilligkeit bei der Herbeiführung seiner gegenwärtigen Bedürftigkeit vorgeworfen werden kann.[268] 1307

---

[258] BGH FamRZ 2001, 541 = R 555
[259] BGH FamRZ 1981, 1042
[260] OLG Hamm FamRZ 1999, 237
[261] OLG Hamm FamRZ 1996, 836
[262] BGH FamRZ 2005, 1897 = R 638 b
[263] BGH FamRZ 2007, 1532 = R 581
[264] BGH a. a. O.; OLG Bremen FamRZ 1978, 410; OLG Köln FamRZ 1985, 930
[265] BGH FamRZ 1981, 1042
[266] BGH FamRZ 1986, 553, 555
[267] BGH FamRZ 1986, 1085
[268] BGH FamRZ 1988, 701

4. Mutwillige Bedürftigkeit wegen Verschwendung oder unwirtschaftlicher Vermögensanlage

1308 Eine mutwillige Herbeiführung der Bedürftigkeit ist nicht schon dann anzunehmen, wenn ein Mann, der allein lebt, in erster Linie von der Substanz eines Vermögens zehrt und mehr ausgibt, als seinem angemessenen Eigenbedarf entspricht. Von grober Missachtung dessen, was jedem einleuchtet, oder von Verantwortungs- oder Rücksichtslosigkeit kann erst gesprochen werden, wenn wesentlich mehr ausgegeben wird, als es den im Einzelfall vorliegenden Verhältnissen unter Beachtung eines individuellen, insbesondere trennungs-, alters- und krankheitsbedingten Mehrbedarfs auch angesichts der wirtschaftlichen Verhältnisse des potentiell Unterhaltspflichtigen angemessen erscheinen lassen.[269]

1309 Wer sein **Vermögen verbraucht,** obwohl er notwendig voraussieht, dass er nach Erschöpfung dieses Vermögens unterhaltsbedürftig sein wird, kann die Nr. 4 erfüllen, wenn der Verbrauch der Mittel **unterhaltsbezogen leichtfertig** war. Dazu ist zu prüfen, ob und gegebenenfalls bis zu welchem Betrag das Vermögen angegriffen werden musste. Dabei können das Alter, der angegriffene Gesundheitszustand des Bedürftigen sowie die Vermögensverhältnisse des anderen Teils eine Rolle spielen. Stand bei dem anderen Teil kein Vermögen zur Verfügung, mit dem er etwa auf seiner Seite entstehenden Sonderbedarf decken konnte, so wird es unter Billigkeitsgesichtspunkten nicht gerechtfertigt sein, einen Teil des Vermögens auf Kosten des Unterhaltspflichtigen als „Notgroschen" unangegriffen zu lassen. Braucht er dagegen einen bestimmten Teil seines Vermögens nicht anzugreifen, so wird der Verbrauch dieses Teils nicht als mutwillige Herbeiführung der Bedürftigkeit gewertet werden können, weil dann die unterhaltsrechtlich relevante Bedürftigkeit schon vor dem Verbrauch dieser finanziellen Reserve erreicht war.[270]

Ebenso kann ein mutwilliges Verhalten nicht bejaht werden, wenn ein Nachlass zur **Tilgung von Hausschulden** verwendet wird; ein derartiges Vorgehen wird von einem erheblichen Teil der Bevölkerung ausgeübt und für sinnvoll angesehen.[271]

1310 Soweit der Bedürftige **Gelder,** die ihm im Rahmen der **Vermögensauseinandersetzung oder des Zugewinnausgleichs** zugeflossen sind, **verbraucht,** ohne einen unterhaltsrechtlich relevanten Gegenwert zu erzielen, z. B. durch Zinsen oder Wohnwert, liegt eine mutwillige Herbeiführung der Bedürftigkeit i. S. eines zumindest leichtfertigen Verhaltens nur vor, wenn er sich unter grober Mißachtung dessen, was jedem einleuchten muss, oder in Verantwortungs- und Rücksichtslosigkeit gegen den Unterhaltspflichtigen über die erkannte Möglichkeit nachteiliger Folgen seiner Bedürftigkeit hinweggesetzt hat.[272] Die Voraussetzungen der Nr. 4 sind insoweit **zu verneinen,** wenn der Bedürftige mit dem Geld die Verfahrenkosten, den Umzug, notwendiges neues Mobiliar[273] oder einen zur Berufsausübung oder Kinderbetreuung benötigten Pkw bezahlt, es zur Altersvorsorge in einer Lebensversicherung verwendet,[274] vorhandene Schulden tilgt[275] oder in der Ehe verbrauchtes Kindesvermögen zurückzahlt.[276] Wird bei Verbrauch von Vermögen eine **mutwillige Herbeiführung der Bedürftigkeit** verneint, können **keine fiktiven Zinseinkünfte** angesetzt werden, da das Verhalten des Bedürftigen in diesen Fällen nur sanktioniert werden kann, wenn die Voraussetzung des § 1579 Nr. 4 BGB vorliegen.[277]

1311 Nr. 4 ist hingegen zu **bejahen,** wenn ein Ehegatte seine Bedürftigkeit mutwillig herbeiführt, indem er den ihm vorzeitig ausbezahlten Zugewinnausgleichsbetrag bis zur Rechtskraft der Scheidung für **Luxusausgaben,** z. B. teure Hobbys, Reisen, Kleidung, verwendet und sich dadurch mittellos macht. Nicht erforderlich ist, dass der Handelnde die Bedürftig-

---

[269] BGH FamRZ 1984, 364, 366
[270] BGH a. a. O.
[271] BGH FamRZ 1986, 560, 562
[272] BGH FamRZ 1990, 989, 991 = R 418 d
[273] BGH a. a. O.
[274] BGH a. a. O.
[275] BGH FamRZ 1986, 560, 562
[276] BGH FamRZ 1990, 989, 991 = R 418 d
[277] BGH FamRZ 1990, 989, 991 = R 418 d

8. Abschnitt: Die Härteklausel des § 1579 BGB   § 4

keit herbeiführen wollte. Es genügt, dass er mit der Möglichkeit gerechnet hat.[278] Ein Ansatz fiktiver Zinsen wegen Verbrauchs des Vermögensstammes, z. B. des Zugewinnausgleichs, entfällt, wenn bei **Betreuung gemeinschaftlicher Kinder** der Mindestbedarf des Unterhaltsberechtigten nicht gesichert ist.[279]

Ein typischer Fall mutwillig herbeigeführter Bedürftigkeit liegt vor, wenn der Berechtigte sein Vermögen auf Grund einer **Spielleidenschaft** verliert[280] oder für Luxusausgaben verschleudert.[281]   1312

5. Mutwillige Bedürftigkeit wegen bestimmungswidriger Verwendung des Vorsorgeunterhalts

Hat der Berechtigte einen Vorsorgeunterhalt in der Vergangenheit nicht bestimmungsgemäß verwendet, so berührt das seinen Unterhaltsanspruch **ab Eintritt des Rentenfalls** nur unter den Voraussetzungen der Nr. 4. Er kann allerdings dann nur so behandelt werden, als hätte er eine mit dem Vorsorgeunterhalt erreichbare Altersversorgung erlangt, wenn ihm ein mutwilliges Verhalten vorgeworfen werden kann, indem er sich leichtfertig über erkannte nachteilige Folgen für seine spätere Bedürftigkeit hinweggesetzt hat.[282] Dies wird regelmäßig zu bejahen sein, wenn der Elementarunterhalt zur Finanzierung der Lebenshaltungskosten ausreiche und dem Bedürftigen bewusst ist, dass die abredewidrige Verwendung des Vorsorgeunterhalts zur Schmälerung seiner Altersversorgung führt.[283]   1313

Ein mutwilliges Verhalten kann ausnahmsweise fehlen, wenn sich der Berechtigte in einer Notlage befunden hat, weil er trotz hinreichender Bemühungen keinen geeigneten Arbeitsplatz finden konnte. Außerdem besteht bei Einkünften unterhalb des sogenannten notwendigen Selbstbehalts bzw. Mindestbedarfs keine Obliegenheit zu Vorsorgemaßnahmen nach § 1578 III BGB.[284] Der Berechtigte ist in diesen Fällen allerdings regelmäßig gehalten, den Pflichtigen zu informieren. Da der Vorsorgeunterhalt subsidiär zum Elementarunterhalt ist, darf er nicht zugesprochen werden, wenn ein Mangelfall vorliegt bzw. der Bedarf des Berechtigten unter dem Mindestbedarf von zur Zeit 770 EUR liegt.[285]

Ein Verwirkungsgrund entfällt ferner, wenn die Parteien in einem Vergleich die abredewidrige Verwendung des Vorsorgeunterhalts bereits geregelt haben.[286]

6. Sonstige Fälle, in denen der BGH eine Mutwilligkeit verneint hat

Nr. 4 wurde verneint, wenn der Berechtigte nach einem Unfall einen **Rechtsstreit wegen eines Verdienstausfallschadens** sowohl wegen des Kostenrisikos als auch angesichts der mit einem solchen Rechtsstreit notwendig verbundenen psychischen Belastung unterlassen hat, weil er wegen eines dabei erlittenen Schädel-Hirntraumas stark behindert war.[287]   1314

Die Nr. 4 ist nicht erfüllt durch den **Auszug aus der Ehewohnung** und den dadurch verursachten trennungsbedingten Mehrbedarf, weil nach der gesetzgeberischen Wertung die Trennung als solche keine unterhaltsrechtlichen Sanktionen zur Folge haben soll.[288]   1315

Keine mutwillige Herbeiführung der Bedürftigkeit besteht bei Arbeitsunfähigkeit infolge eines **fehlgeschlagenen Selbsttötungsversuchs**.[289]   1316

---

[278] OLG Karlsruhe FamRZ 1983, 506
[279] BGH FamRZ 1997, 873, 875 = R 513 c
[280] BGH FamRZ 1981, 1042
[281] BGH FamRZ 2001, 541, 544 = R 555
[282] BGH FamRZ 2003, 848, 853 = R 588 c; FamRZ 1988, 817, 820
[283] BGH FamRZ 2003, 848, 853 = R 588 c
[284] BGH FamRZ 1987, 684, 686
[285] BGH a. a. O.
[286] BGH FamRZ 2003, 848, 853 = R 588 c
[287] BGH FamRZ 1988, 1031
[288] BGH FamRZ 1989, 1160; FamRZ 1986, 434
[289] BGH FamRZ 1989, 1054

1317 Keine mutwillige Herbeiführung der Bedürftigkeit liegt ferner vor, wenn sich eine Ehefrau einer **homologen In-vitro-Fertilisation** unterzieht, obwohl der Ehemann sein Einverständnis zurückgezogen hat.[290] Die Ehegatten entscheiden in gemeinsamer freier Verantwortung, ob, zu welchem Zeitpunkt und ggf. auf welche Weise sie Nachkommen haben wollen. Aus dem Konsens ergibt sich aber keine Bindung auf Dauer, jeder Ehegatte kann sich nachträglich von dieser Vereinbarung wieder lossagen. Die trotzdem erfolgte Verwirklichung des Kinderwunsches durch die Ehefrau ist aber kein sinnloses leichtfertiges Verhalten, das den Tatbestand des § 1579 Nr. 4 BGB verwirklicht.[291]

VII. Mutwillige Verletzung von Vermögensinteressen des Verpflichteten (§ 1579 Nr. 5 BGB)

1. Zum Härtegrund der Nr. 5

1318 Die Härteklausel der Nr. 5 (bis 31. 12. 2007 Nr. 4) ist anzuwenden, wenn der Berechtigte sich über **schwerwiegende Vermögensinteressen** des Verpflichteten mutwillig hinweggesetzt hat.

Sinn dieser Regelung ist es, dass der Berechtigte trotz Trennung oder Scheidung alles zu unterlassen hat, was dem Verpflichteten die Erfüllung seiner Unterhaltspflicht erschwert oder unmöglich macht.

1319 **Objektiv** muss das Verhalten des Berechtigten eine besondere Intensität erreicht haben, was sich aus den Worten „schwerwiegend" und „hinwegsetzen" ergibt. Allerdings stellt der Tatbestand nicht auf die Intensität der Pflichtverletzung, sondern auf den Umfang der Vermögensgefährdung ab.

Nicht erforderlich ist, dass bei dem Verpflichteten ein Vermögensschaden tatsächlich eingetreten ist. Es genügt, dass die Vermögensinteressen, zu denen auch die Einkommensverhältnisse aus einer beruflichen Tätigkeit zählen, schwerwiegend gefährdet werden.

1320 **Subjektiv** muss der Berechtigte mutwillig handeln. Wie bei Nr. 4 kann ein leichtfertiges Verhalten des Berechtigten das Tatbestandsmerkmal der Mutwilligkeit erfüllen. Es gelten insoweit die Ausführungen zu Rn. 1292.

1321 Da die Nr. 5 keine zeitliche Begrenzung enthält, kann ein entsprechendes Fehlverhalten sowohl vor als auch nach der Scheidung entstehen und berücksichtigt werden.[292]

1322 Wie bei Nr. 3 (Rn. 1282) treten die Rechtsfolgen des Fehlverhaltens **für die Zeit ab dem Fehlverhalten** ein, während der Unterhaltsanspruch für die Zeit bis zum Fehlverhalten unverändert bleibt.

2. Fälle zu Nr. 5

1323 Ein **betrügerisches Verhalten** im Unterhaltsprozess erfüllt nicht nur den Tatbestand der Nr. 3, sondern auch von Nr. 5.[293] Wird nach einem Vergleich trotz Pflicht zur ungefragten Information eine erhebliche Einkommenserhöhung verschwiegen und handelte der Bedürftige zumindest leichtfertig, ist der Tatbestand des Nr. 5 gegeben, selbst wenn wegen ebenfalls geänderten Einkommens des Pflichtigen kein Vermögensschaden eintrat.[294]

Eine Betrugshandlung gegen Dritte, z. B. ein **Versicherungsbetrug,** in die der Ehepartner gegen dessen Willen einbezogen wird, wird nur mit weiteren Vermögensdelikten, wie einem versuchten Prozessbetrug durch Verschweigen eigenen höheren Vermögens bei Antrag auf Verfahrenskostenvorschuss als mutwilliges Hinwegsetzen über schwerwiegende Vermögensinteressen des Pflichtigen angesehen werden können.[295]

---

[290] BGH FamRZ 2001, 541 = R 555
[291] BGH a. a. O.
[292] OLG Hamburg FamRZ 1987, 1044
[293] BGH FamRZ 2007, 1532 = R 681 l; FamRZ 1990, 1095 = R 421 b
[294] BGH FamRZ 2008, 1325 = R 694
[295] OLG Hamm FamRZ 2002, 242

8. Abschnitt: Die Härteklausel des § 1579 BGB § 4

Nr. 5 liegt vor bei Verschwendung des dem Unterhaltspflichtigen zustehenden Zugewinnausgleichs von 50 000 EUR zwischen Rechtshängigkeit des Scheidungsverfahrens und Scheidung, so dass der Zugewinnantrag nach § 1378 II BGB abgewiesen werden muss.[296]

Der Tatbestand ist ferner gegeben bei **geschäftlicher Schädigung** durch Mitwirkung an der Kündigung von Geschäftsbeziehungen eines Dritten mit dem Verpflichteten[297] oder **Anschwärzen** des Verpflichteten bei dessen Arbeitgeber mit dem Ziel des Arbeitsplatzverlustes. Ausreichend ist die Gefährdung des Arbeitsplatzes durch Anschwärzen aus Rachsucht.[298] Der Bedürftige hat insoweit alles zu unterlassen, was zur Durchsetzung des eigenen Anspruches nicht erforderlich ist, so dass eine Mitteilung gegenüber dem Arbeitgeber des Pflichtigen über angeblich in der Firma verübte Diebstähle den Tatbestand erfüllt.[299] 1324

Belastende Aussage in einem Disziplinarverfahren gegen den Ehepartner, anstatt vom Aussageverweigerungsrecht Gebrauch zu machen.[300]

Strafanzeigen, die zu einem Ermittlungsverfahren führen, können geeignet sein, Vermögensinteressen des Berechtigten maßgeblich zu tangieren, sei es wegen einer Minderung des Ansehens in der Öffentlichkeit mit nicht auszuschließenden Auswirkungen auf die Kreditwürdigkeit, sei es wegen einer möglichen Bestrafung.[301]

Kein schwerwiegendes Hinwegsetzen über Vermögensinteressen liegt dagegen vor, wenn der Bedürftige ohne vorherige Rücksprache mit dem Pflichtigen für einen Zeitraum, in dem die Eheleute noch zusammenlebten, die getrennte Veranlagung wählt.[302] 1325

Der Tatbestand ist ebenfalls nicht gegeben, wenn der Bedürftige auf seine Rechte aus einem Pfändungs- und Überweisungsbeschluss nicht verzichtete, selbst wenn dadurch eine Beförderung des Pflichtigen verhindert wurde.[303]

3. Wahrnehmung berechtigter Interessen

Kein mutwilliges Verhalten liegt vor, wenn eine Strafanzeige zur Wahrnehmung berechtigter Interessen erfolgt ist.[304] Nr. 5 ist deshalb nicht gegeben bei Erstattung einer Strafanzeige wegen Unterhaltspflichtverletzung, es sei denn, es liegt ein Fall von falscher Anschuldigung vor.[305] Das Gleiche gilt bei Strafanzeigen wegen falscher Versicherung an Eides Statt, wenn die erhobenen Vorwürfe nach den zur Leistungsfähigkeit des Pflichtigen getroffenen Feststellungen zumindest teilweise sachlich berechtigt waren.[306] Nr. 5 ist ebenfalls nicht gegeben, wenn die Strafanzeige im öffentlichen Interesse liegt, z. B. bei einer Trunkenheitsfahrt.[307] Nr. 5 entfällt ferner, wenn trotz Strafanzeige der Trennungsunterhalt zunächst anerkannt wurde.[308] 1326

Entsprechendes gilt bei Mitteilungen gegenüber Behörden. Wenn die Bedürftige auf Nachfrage des Finanzamtes zum Realsplitting erklärt, sie habe keinen Unterhalt in Höhe des vom Pflichtigen in der Anlage U angegebenen Betrages erhalten und könne deshalb die Anlage U nicht unterzeichnen, handelt sie in Wahrnehmung berechtigter Interessen, da sie ihrerseits auf den vom Pflichtigen angegebenen Betrag Steuern entrichten muss.[309] 1327

---

[296] OLG Hamm FamRZ 2007, 232
[297] AG Darmstadt FamRZ 1979, 507
[298] OLG Zweibrücken FamRZ 1989, 63; FamRZ 1980, 1010; OLG München FamRZ 1982, 270; OLG Hamm FamRZ 1987, 946; OLG Koblenz FamRZ 1991, 1312
[299] OLG Karlsruhe FamRZ 1998, 747
[300] OLG Köln FamRZ 1995, 1580
[301] OLG Zweibrücken FamRZ 1989, 603; OLG München FamRZ 1982, 270; FamRZ 1981, 154; OLG Celle FamRZ 1987, 69; OLG Bamberg FamRZ 1987, 1264; OLG Koblenz FamRZ 1991, 1312
[302] OLG Hamm FamRZ 2004, 1786
[303] BGH FamRZ 2009, 1124
[304] BGH FamRZ 2002, 23, 25 = R 568 d
[305] OLG Stuttgart FamRZ 1979, 40
[306] BGH FamRZ 2002, 23, 25 = R 568 d
[307] OLG Bamberg FamRZ 1987, 1264
[308] OLG Nürnberg FamRZ 1992, 673
[309] BGH FamRZ 2007, 193 = R 664 d

1328 Eine leichtfertig erhobene Strafanzeige wegen **Steuerhinterziehung** kann im Einzelfall zu einer Verwirkung führen, wenn sie eine schwerwiegende Gefährdung der Einkommens- und Vermögenssituation des Pflichtigen zur Folge hat.[310] Sind die belastenden Angaben nicht geeignet, einen Tatverdacht zu begründen, so ist eine mutwillige Verletzung der Vermögensinteressen des Pflichtigen nicht gegeben.[311] Der Tatbestand entfällt, wenn die Angaben des Pflichtigen zur behaupteten Anzeige beim Finanzamt zu unsubstantiiert sind.[312] Ein mutwilliges Verhalten ist ferner nicht gegeben, wenn die Anzeige wegen Steuerhinterziehung zur Wahrnehmung berechtigter Interessen erfolgt.[313] Letzteres liegt insbesondere vor, wenn sich zunächst der Pflichtige über die eheliche Solidarität hinweggesetzt hat, indem er im Unterhalts- und/oder Zugewinnverfahren Einkünfte oder Vermögen verschwiegen hat (sog. Schwarzgeld).

VIII. Gröbliche Verletzung der Pflicht, zum Familienunterhalt beizutragen (§ 1579 Nr. 6 BGB)

1. Zum Härtegrund der Nr. 6

1329 Die Härteklausel der Nr. 6 (bis 31. 12. 2007 Nr. 5) ist anzuwenden, wenn der Berechtigte vor der Trennung längere Zeit hindurch seine Pflicht, zum Familienunterhalt beizutragen, gröblich verletzt hat.
Es handelt sich um eine Konkretisierung der allgemeinen Härteklausel, die den §§ 1587 c Nr. 3 und 1587 h Nr. 3 BGB nachgebildet ist.

1330 Nach dem eindeutigen Wortlaut dürfen **nur Gründe** berücksichtigt werden, die **vor der Trennung entstanden** sind (Verletzung des Familienunterhalts). Nach der Trennung entstandene Unterhaltspflichtverletzungen können unter die Nr. 4, subsumiert werden.

1331 Die Verletzung der Familienunterhaltspflicht (§ 1360 BGB) kann auch gegenüber gemeinsamen Kindern begangen werden. Entscheidend ist, ob der Berechtigte seinen Pflichten nachgekommen ist, die er auf Grund der Aufgabenverteilung in der Ehe übernommen hat, z. B. die Pflicht zur Haushaltsführung und Kindesbetreuung seitens des haushaltführenden Ehegatten.
War der Berechtigte erwerbstätig, kann eine Pflichtverletzung darin bestehen, dass er kein Wirtschaftsgeld für den Familienunterhalt geleistet hat. Hat er gegen den Willen des Verpflichteten nicht gearbeitet, kann eine Pflichtverletzung darin liegen, dass er sich nicht ernsthaft und ausreichend um eine Arbeit bemüht hat.

1332 Solche Pflichten müssen **gröblich verletzt** worden sein. Dies setzt subjektiv mindestens ein grob fahrlässiges (leichtfertiges) Verhalten voraus. Außerdem müssen weitere objektive Merkmale vorliegen, die dem pflichtwidrigen Verhalten ein besonderes Gewicht verleihen. Regelmäßig wird erforderlich sein, dass die Familie durch die Nichtgewährung des Familienunterhalts in ernstliche Schwierigkeiten geraten ist. Die Pflichtverletzung entfällt nicht dadurch, dass der andere Ehegatte durch seinen Einsatz die Familie vor einer Notlage bewahrt hat.

1333 Die Pflichtverletzung muss vor der Trennung längere Zeit gedauert haben. In der Regel ist dies erfüllt, wenn die Verletzungen etwa ein Jahr vor der Trennung andauernd und nicht nur gelegentlich erfolgt sind.

1334 Wie bei Nr. 3 und Nr. 4 muss die Pflichtverletzung schuldhaft sein, was Schuldfähigkeit im Zeitraum der Unterhaltspflichtverletzung voraussetzt. Eine verminderte Schuldfähigkeit kann eine grobe Unbilligkeit beseitigen (näher Rn. 1280).

1335 Bisher gibt es noch keine BGH-Entscheidung zur Nr. 6.

---

[310] OLG Köln NJW-FER 1999, 107
[311] OLG Köln a. a. O.
[312] BGH FamRZ 2002, 23, 25 = R 568 d
[313] BGH a. a. O.

2. Fälle einer Pflichtverletzung zu Nr. 6

Der erwerbstätige Berechtigte hat **kein Wirtschaftsgeld** zum Familienunterhalt zur Verfügung gestellt.

Der Berechtigte hat gegen den Willen des Verpflichteten **nicht gearbeitet** und sich auch nicht ausreichend um Arbeit bemüht.

Der Berechtigte hat wegen **übermäßigen Alkoholgenusses** den Haushalt vernachlässigt und dann seinen Unterhaltsanspruch auf suchtbedingte Arbeitsunfähigkeit gestützt.[314]

Der Berechtigte ist wegen Trunksucht (Drogensucht) arbeitslos geworden und geblieben und hat nichts zum Familienunterhalt beigetragen.

Der Berechtigte hat als haushaltführender Ehegatte den Haushalt und die Kinder über einen längeren Zeitraum vernachlässigt.

1336

IX. Offensichtlich schwerwiegendes, eindeutig beim Berechtigten liegendes Fehlverhalten (§ 1579 Nr. 7 BGB)

1. Zum Härtegrund der Nr. 7

Die Härteklausel der Nr. 7 (bis 31. 12. 2007 Nr. 6) ist anzuwenden, wenn dem Berechtigten ein **offensichtlich schwerwiegendes, eindeutig bei ihm liegendes Fehlverhalten** gegen den Verpflichteten zur Last fällt.

1337

Mit diesem 1986 neu normierten Tatbestand wurde im Wesentlichen die frühere Rechtsprechung des BGH zum ehelichen Fehlverhalten im Rahmen der bis 1986 geltenden Nr. 4 a. F. übernommen und neu formuliert. Nach dieser Rechtsprechung war ein schwerwiegendes, klar bei einem Ehegatten liegendes einseitiges Fehlverhalten geeignet, die Voraussetzungen einer Verwirkung des Unterhaltsanspruchs zu erfüllen.[315]

1338

Soweit die Fassung der Nr. 7 auf ein offensichtlich schwerwiegendes Fehlverhalten abstellt, beinhaltet dies keinen wesentlichen Unterschied zu der früher vom BGH geprägten Formulierung „schwerwiegendes, klar bei dem Berechtigten liegendes Fehlverhalten".[316]

Aus dem Fehlen einer zeitlichen Begrenzung in Nr. 7 ergibt sich, dass ein Fehlverhalten sowohl **bis zur Scheidung** als auch **nach der Scheidung** begangen werden kann.

1339

- Bei einem Fehlverhalten **bis zur Scheidung** muss es sich um einen Verstoß gegen **schwerwiegende eheliche Pflichten** handeln. Wichtige Pflichten sind in diesem Zusammenhang die ehelichen **Treuepflichten, eheliche Solidarität** und der **Grundsatz der Gegenseitigkeit.** Während der Ehe besteht eine gesteigerte Verantwortung der Eheleute füreinander.

1340

- Mit der Scheidung findet ein Teil dieser Pflichten ein Ende, vor allem die Verpflichtung zur ehelichen Treue.[317] Unterhaltsrechtlich geht das Gesetz **nach der Scheidung,** wie mit der Unterhaltsreform zum 1. 1. 2008 klargestellt wurde, grundsätzlich von der Eigenverantwortung jedes Ehegatten für seinen Unterhalt aus (§ 1569 BGB). Deshalb muss es sich bei einem Fehlverhalten nach der Scheidung um Verstöße gegen Pflichten handeln, die aus Gründen der nachehelichen Solidarität noch nachwirken, wie z. B. allgemeine Gebote eines fairen mitmenschlichen Umgangs und der Rücksichtnahme auf beiderseitige persönliche und wirtschaftliche Interessen.

1341

- **Voreheliche Täuschungshandlungen** können nur dann bedeutsam sein, wenn sie sich auf die ehelichen Lebensverhältnisse ausgewirkt haben.

1342

Das Fehlverhalten muss offensichtlich **schwerwiegend** sein, d. h., es muss nach allgemeinem, nicht nur einseitigem Eheverständnis missbilligt werden. Es muss sich um einen Fall grober Verantwortungslosigkeit und Pflichtwidrigkeit handeln. Deshalb reicht ein einfaches

1343

---

[314] OLG Düsseldorf FamRZ 1981, 1177
[315] BGH FamRZ 1983, 142; FamRZ 1982, 466
[316] So im Ergebnis auch BGH FamRZ 1989, 1279
[317] BGH FamRZ 1995, 344 = R 488 a; FamRZ 1989, 487, 489

Fehlverhalten oder die Feststellung durchschnittlicher Scheidungsschuld für die Bejahung der Nr. 7 nicht aus. Das dem Scheidungsrecht zugrundeliegende Zerrüttungsprinzip verbietet es, Eheverfehlungen von bloß durchschnittlicher Schwere gegeneinander aufzurechnen.[318]

1344 Das Fehlverhalten muss sich **gegen den Verpflichteten** richten. Ein Fehlverhalten gegen einen Angehörigen reicht nicht aus. Es kann im Rahmen der Nr. 7 allenfalls nur dann bedeutsam werden, wenn und soweit sich das Fehlverhalten auch gegen den Verpflichteten richtet.

Das Fehlverhalten muss **schuldhaft** sein und setzt deshalb Schuldfähigkeit voraus. Eine verminderte Schuldfähigkeit kann Einfluss darauf haben, ob das Fehlverhalten als schwerwiegend oder als grob unbillig zu beurteilen ist.

1345 Im Ergebnis ist der Tatbestand zu bejahen, wenn bei einer Gesamtabwägung des Verhaltens beider Parteien eine Unterhaltsverpflichtung wegen vom Unterhaltsberechtigten begangener **gravierender Ehewidrigkeiten unerträglich** erscheinen muss.

2. Verstöße gegen die eheliche Treuepflicht als offensichtlich schwerwiegendes Fehlverhalten

1346 a) Tatbestand. Als offensichtlich schwerwiegendes Fehlverhalten zählen in erster Linie Verstöße gegen die eheliche Treuepflicht. Praktisch spielt dies allerdings nur **für den Trennungsunterhalt** eine Rolle, weil die eheliche Treuepflicht spätestens mit der Scheidung endet.[319] Da die ehelichen Bindungen während des Getrenntlebens fortbestehen, kann auch ein erst **nach der Trennung erfolgter Treuebruch** zur groben Unbilligkeit führen,[320] außer die neue Beziehung wird erst aufgenommen, nachdem der Partner bereits Scheidungsabsichten geäußert hatte[321] oder sich von den ehelichen Bindungen lossagte.[322] Nach der Scheidung besteht keine Treuepflicht mehr.[323] Der Treuebruch verstößt gegen den Grundsatz der Gegenseitigkeit und lässt die Inanspruchnahme des anderen Ehegatten als grob unbillig erscheinen.[324] Dabei kommt es nicht darauf an, ob es sich um die Aufnahme einer gleichgeschlechtlichen oder heterosexuellen Beziehung handelt.[325] Man kann sich nicht einerseits **von der ehelichen Beziehung distanzieren** und andererseits **eheliche Mitverantwortung für das wirtschaftliche Auskommen in Anspruch nehmen**.[326] Die Zuwendung zu einem neuen Partner während Bestehen der Ehe begründet dagegen für sich allein noch kein offensichtlich schwerwiegendes, eindeutig beim Bedürftigen liegendes Fehlverhalten, sondern es müssen weitere Umstände wie ein Treuebruch hinzukommen.[327] Nicht ausreichend ist regelmäßig, wenn es sich beim Treuebruch um einen einmaligen Vorfall handelte.

1347 • Der BGH hat ein schwerwiegendes Verhalten bejaht, wenn sich der Unterhaltsberechtigte gegen den Willen seines Partners von diesem abgewendet hat und mit einem Dritten in **nichtehelicher Lebensgemeinschaft** zusammenlebt (vgl. auch Rn. 1267 ff.). Dies kann sowohl eine gleichgeschlechtliche als auch eine heterosexuelle Beziehung betreffen.[328] Dadurch distanziert er sich von seinen eigenen ehelichen Bindungen und wendet die dem anderen geschuldete Hilfe einem Dritten zu. Die Inanspruchnahme des Ehepartners aus dessen ehelicher Mitverantwortung für sein wirtschaftliches Auskommen widerspricht dem Grundsatz der Gegenseitigkeit, der dem ehelichen Unterhaltsrecht

---

[318] BGH FamRZ 1981, 752
[319] BGH FamRZ 1995, 344 = R 488 a; FamRZ 1989, 487, 489; FamRZ 1983, 569, 571
[320] BGH FamRZ 1989, 1279
[321] BGH FamRZ 1983, 150
[322] BGH FamRZ 2008, 1414 = R 693
[323] BGH FamRZ 1995, 344
[324] BGH FamRZ 1989, 1279
[325] BGH FamRZ 2008, 1414 = R 693
[326] BGH FamRZ 2011, 791; FamRZ 2008, 1414 = R 693; FamRZ 1989, 1279; FamRZ 1984, 356; FamRZ 1983, 569
[327] BGH FamRZ 2001, 1693 = R 567 c
[328] BGH FamRZ 2008, 1414 = R 693

8. Abschnitt: Die Härteklausel des § 1579 BGB § 4

zugrunde liegt.[329] Durch den Treuebruch müssen die Voraussetzungen, ob eine verfestigte Lebensgemeinschaft im Sinne der Nr. 2 besteht, nicht geprüft werden, da als Verwirkungsgrund Nr. 7 eingreift.

- Ein schwerwiegendes Fehlverhalten ist auch zu bejahen, wenn der Berechtigte während der Ehe ein **nachhaltiges, auf längere Dauer angelegtes intimes Verhältnis** zu einem Dritten aufnimmt und gegen den Willen des Verpflichteten fortführt, auch wenn es zu keiner eheähnlichen Gemeinschaft kommt.[330] Dies gilt auch, wenn die Beziehung erst **nach der Trennung** der Eheleute aufgenommen wurde, soweit sich der Partner vorher nicht seinerseits von der Ehe losgesagt hat.[331] Ein dem Trennungswunsch des Pflichtigen zeitlich vorausgehendes langjähriges intimes Verhältnis des Bedürftigen, das dem Pflichtigen bei Trennung nicht bekannt war, stellt ebenfalls ein schwerwiegendes Fehlverhalten dar.[332] 1348

- Ein schwerwiegendes eheliches Fehlverhalten ist ferner gegeben, wenn der Ehegatte während der Ehe **intime Beziehungen zu wechselnden Partnern** aufnimmt. Es besteht kein Grund, einen solchen Ehegatten unterhaltsrechtlich milder zu behandeln als denjenigen, der sich einem einzelnen anderen Partner zuwendet. Im entschiedenen Fall hatte die Klägerin nach 30-jährigem Bestand der Ehe in den letzten Jahren vor der Trennung der Parteien zu vier Männern ehebrecherische Beziehungen aufgenommen. Nach den Feststellungen des OLG hat der Beklagte erst kurz vor der Trennung von den Ehebrüchen erfahren. Danach kam es nach einer tätlichen Auseinandersetzung zur Trennung, nachdem der Beklagte in der Zwischenzeit von der Klägerin Abbitte für ihr Fehlverhalten verlangt und das Haushaltsgeld mit der Begründung gekürzt hatte, dass sie Geld mit anderen Männern durchgebracht habe. Das OLG hat diesem Hergang entnommen, dass die Ehebrüche der Klägerin der auslösende Grund für die Trennung der Parteien gewesen sei, und daraus geschlossen, dass danach nicht davon ausgegangen werden könnte, der Beklagte habe sich unabhängig von dem Verhalten der Klägerin seinerseits von der Ehe abgekehrt. Die innere Rechtfertigung für die Berücksichtigung ehelichen Fehlverhaltens liegt in dem Gedanken der Lösung aus der ehelichen Solidarität und der Abkehr von den ehelichen Bindungen. Äußert sich diese, wie im vorliegenden Fall, in der Bereitschaft zur Aufnahme intimer Kontakte zu wechselnden Partnern, so macht es für die Unterhaltsbemessung keinen greifbaren Unterschied, ob solche Kontakte zu vier oder wie der Pflichtige behauptet zu sieben anderen Partnern aufgenommen worden sind.[333] 1349

- Ein schwerwiegendes eheliches Fehlverhalten liegt ferner vor, wenn der Unterhaltsberechtigte knapp zwei Jahre ein intimes Verhältnis zu einem gemeinsamen Freund unterhält;[334] ebenso, wenn die Bedürftige zum Erzeuger ihres Kindes zieht, obwohl der Pflichtige nach langjähriger Ehe den Ehebruch zur Rettung der Ehe verziehen hatte.[335] 1350

Bei allen Verstößen gegen die Treuepflicht ist im Einzelfall aber genau zu prüfen, ob es sich um ein **einseitiges und schwerwiegendes Fehlverhalten** handelt (vgl. näher Rn. 1364 ff.). Ist dies zu bejahen, ist eine so gravierende Abkehr von den ehelichen Bindungen vor, dass die Inanspruchnahme des anderen Ehegatten auf Unterhalt grob unbillig erscheint. Ein Ehegatte, der sich auf diese Weise von seinen ehelichen Bindungen distanziert und seine Ehe faktisch als nicht mehr bestehend betrachtet, kann nicht seinerseits den Ehepartner aus dessen ehelicher Mitverantwortlichkeit für sein wirtschaftliches Auskommen in Anspruch nehmen und indirekt eine Mitfinanzierung seines Zusammenlebens mit einem Dritten verlangen.[336] 1351

---

[329] BGH FamRZ 2011, 791; FamRZ 2008, 1414 = R 693; FamRZ 1989, 487, 489; FamRZ 1989, 1279; NJW 1986, 722; FamRZ 1984, 356; FamRZ 1984, 154; FamRZ 1983, 142; FamRZ 1983, 150, 152; FamRZ 1983, 670 = R 149 a; FamRZ 1982, 466
[330] BGH FamRZ 2008, 1414 = R 693; FamRZ 1989, 1279; FamRZ 1983, 142; FamRZ 1982, 466
[331] BGH FamRZ 2008, 1414 = R 693; FamRZ 1989, 1279
[332] BGH NJW 1986, 722
[333] BGH FamRZ 1983, 670 = R 149 a
[334] OLG Koblenz FamRZ 2000, 290
[335] OLG Nürnberg MDR 2000, 1194
[336] BGH FamRZ 2008, 1414 = R 693; FamRZ 1989, 1279; FamRZ 1984, 154; FamRZ 1983, 569, 571

1352 **b) Grobe Unbilligkeit.** Im Rahmen der **Billigkeitsabwägung** ist im Einzelfall genau zu prüfen, insbesondere bei langen Ehen mit Kinderbetreuung sowie während der Dauer der Kinderbetreuung, inwieweit nur eine **Herabsetzung** oder **zeitliche Begrenzung** des Anspruchs in Betracht kommt.[337] Bei Kinderbetreuung kann die Bejahung des Tatbestandes auch zu einer früheren Erwerbsobliegenheit führen,[338] allerdings nicht, bevor das Kind das dritte Lebensjahr vollendet hat. Vielfach wird bei Kinderbetreuung nur eine Herabsetzung des Unterhaltsanspruchs oder eine zeitliche Begrenzung in Betracht kommen (vgl. auch Rn. 1229 ff.),[339] im Einzelfall auch eine Herabsetzung nach einer angemessenen Übergangszeit.[340] Die völlige Versagung des Unterhaltsanspruchs ist in diesen Fällen die härteste Sanktion, für deren Angemessenheit der Pflichtige vortragungspflichtig ist.[341]

3. Sonstige Fälle eines schwerwiegenden Fehlverhaltens

1353 Ein schwerwiegendes Fehlverhalten kann nicht nur durch Verletzung der ehelichen Treue verwirklicht werden, sondern auch in dem **Verstoß gegen andere eheliche Pflichten** liegen. So hat der BGH ein schwerwiegendes Fehlverhalten bei **Unterschieben eines Kindes** bejaht, z. B. wenn eine Frau ihrem Mann nach der Empfängnis eines Kindes wahrheitswidrig beteuert, das Kind stamme von ihm und ihn jahrelang in diesem Glauben belässt, obwohl sie mindestens damit rechnete, dass ein anderer Mann der Vater ist. Entscheidend ist, dass in einem solchen Fall die Auferlegung von Unterhaltszahlungen für den Verpflichteten die Grenzen des Zumutbaren übersteigt. Ein solches Fehlverhalten erfährt durch die Scheidung keine Veränderung.[342] Bei Feststellung der nichtehelichen Abstammung des Kindes besteht dabei der Anscheinsbeweis für eine außereheliche Beziehung.[343]

1354 Als schwerwiegende Eheverfehlung kann auch angesehen werden, wenn die geschiedene Ehefrau den Mann von der rechtzeitigen **Anfechtung der Ehelichkeit eines Kindes** abgehalten hat. Sie ist dadurch mitverantwortlich, dass dieser nun auf Dauer Kindesunterhalt zahlen muss, wie er durch rechtzeitige Ehelichkeitsanfechtung hätte vermeiden können. Eine solche Situation ist insofern noch belastender als das Unterschieben eines fremden Kindes, weil das wahre Abstammungsverhältnis nicht mehr korrigiert werden kann.[344]

1355 Ein leichtfertiger und ohne hinreichende Anhaltspunkte geäußerter Verdacht des **sexuellen Missbrauchs des gemeinsamen Kindes** kann den Tatbestand von Nr. 7 erfüllen,[345] ebenso bei gemeinsamer Sorge eine Kindsentführung ins Ausland.

Der Tatbestand kann ferner vorliegen bei **Vernichtung persönlicher Gegenstände** des Pflichtigen von erheblichem Wert[346] oder bei **gewerbsmäßiger Ausübung von Telefonsex** ohne Wissen des Ehemanns und unter Vorspiegelung falscher Tatsachen[347] oder bei Veröffentlichung sexueller Vorlieben und Neigungen bei Bestehen der ehelichen Lebensgemeinschaft auf einschlägigen Internetseiten zur Kontaktsuche (www.poppen.de).[348]

1356 Eine **fortgesetzte, massive Vereitelung des Umgangsrechts** mit den gemeinschaftlichen Kindern kann in gravierenden Fällen als schwerwiegendes Fehlverhalten angesehen werden.[349] Es muss sich dabei aber um eine nicht nur vorübergehende, sondern nachhaltige,

---

[337] BGH FamRZ 2001, 1693 = R 567 c; FamRZ 1989, 1279; NJW 1986, 722; FamRZ 1983, 670 = R 149 a
[338] BT-Drs. 16/18230 S. 21
[339] BGH FamRZ 2001, 1693 = R 567 c
[340] OLG Karlsruhe FamRZ 2008, 2279
[341] BGH FamRZ 2001, 1693 = R 567 c
[342] BGH FamRZ 1985, 267
[343] BGH a. a. O.
[344] BGH FamRZ 1985, 51
[345] OLG München FamRZ 2006, 1605; OLG Frankfurt FamRB 2006, 38
[346] OLG Oldenburg FamRZ 2002, 243
[347] OLG Karlsruhe FamRZ 1995, 1488
[348] OLG Oldenburg FamRZ 2010, 904
[349] BGH FamRZ 2007, 882 = R 675 i; FamRZ 1987, 356; OLG München FamRZ 2006, 1605; FamRZ 1998, 750; OLG Schleswig FamRZ 2004, 808; FamRZ 2003, 688; OLG Nürnberg FamRZ 1994, 1393

8. Abschnitt: Die Härteklausel des § 1579 BGB   § 4

lang dauernde Störung handeln. Ein pauschaler Vorwurf eines vom Bedürftigen verursachten Loyalitätskonfliktes des Kindes reicht nicht aus.[350] Bei Wiederaufnahme des Umgangsrechts lebt der Unterhaltsanspruch wieder auf (vgl. Rn. 1387).[351]

Voreheliche Täuschungshandlungen der in § 1314 II Nr. 3 BGB bezeichneten Art 1357
führen jedenfalls dann nicht zu einer Unterhaltsbeschränkung nach Nr. 7, wenn sie bereits erfolglos in einem Eheaufhebungsverfahren geltend gemacht worden sind. Eine andere Beurteilung würde dem Zweck des § 1317 BGB zuwiderlaufen, wonach die Verwirklichung von Rechten des vor der Eheschließung unlauter handelnden Ehegatten von einer binnen bestimmter Frist abzugebenden Erklärung des anderen Teils abhängt.[352]

Die **Weigerung** eines Ehegatten, einen **gemeinsamen Wohnsitz** an dem vom anderen 1358
Ehegatten gewünschten Ort **zu begründen,** kann nur dann ein Härtegrund im Sinn der Nr. 7 sein, wenn sich der Berechtigte einem objektiv vernünftigen und zumutbaren Vorschlag ohne sachliche Gründe von einigem Gewicht willkürlich verschlossen hat. Auch wenn ein Umzug möglicherweise zu einer ökonomisch günstigeren Lösung geführt hätte, können gewichtige sachliche Gründe für die Beibehaltung des bisherigen Arbeitsplatzes gesprochen haben.[353] Ein einseitiges schwerwiegendes Fehlverhalten ist zu verneinen, wenn sich der Berechtigte aus beachtlichen Gründen weigert, umzuziehen.[354]

4. Fälle, in denen der BGH ein schwerwiegendes Fehlverhalten verneint hat

Wandert der sorgeberechtigte Elternteil mit dem ihm anvertrauten Kind **aus** und 1359
erschwert er dadurch dem anderen Elternteil die Ausübung des Umgangsrechts, so liegt darin in der Regel kein schwerwiegendes Fehlverhalten im Sinn der Nr. 7. Das gilt jedenfalls dann, wenn die Auswanderung nicht in der Absicht erfolgt ist, das Umgangsrecht des anderen Elternteils zunichte zu machen, sondern auf anderen, verständlichen Motiven beruht. Das nur im Rahmen der bisherigen Wohnsitzverhältnisse praktisch ausübbare Umgangsrecht muss in einem solchen Fall dem stärkeren Sorgerecht weichen.[355]

Die Behauptung, die Berechtigte habe den Verpflichteten vor und während der Ehe über 1360
erhebliche **Umstände aus ihrem früheren Leben belogen,** ist kein schwerwiegendes Fehlverhalten im Sinn der Nr. 7.[356]

Die Nr. 7 ist auch nicht erfüllt, wenn die Berechtigte dem anderen Ehegatten einen mit 1361
Reis gefüllten Teller nachwirft, um **weitere Tätlichkeiten** abzuwehren, nachdem sie vorher von diesem geohrfeigt worden war.[357]

Unmutsäußerungen während ehelicher Auseinandersetzungen sind kein Ausschluss- 1362
grund nach Nr. 7.[358] Das Gleiche gilt für auf verständlicher Verärgerung beruhenden vorwurfsvollen Äußerungen gegenüber dem Ehepartner.[359]

Auch die **Trennung als solche** ist trotz der darin liegenden Verletzung der Pflicht zur 1363
ehelichen Lebensgemeinschaft kein Fehlverhalten im Sinn der Nr. 7, solange nicht andere schwerwiegende Umstände hinzukommen, wie z. B. das Verlassen des anderen in hilfloser Lage. Nach geltendem Recht soll der Bedürftige ohne Rücksicht auf die Gründe der Trennung einen angemessenen Unterhalt in Form einer Geldrente beanspruchen können.[360]

---

[350] BGH FamRZ 2007, 882 = R 675 i
[351] OLG München FamRZ 1998, 750; OLG Nürnberg FamRZ 1997, 614
[352] BGH FamRZ 1983, 456 zur entsprechenden Rechtslage nach §§ 33, 37 II EheG
[353] BGH FamRZ 1990, 492, 495; FamRZ 1987, 572, 574
[354] BGH a. a. O.
[355] BGH FamRZ 1987, 356
[356] BGH FamRZ 1986, 886, 888
[357] BGH FamRZ 1986, 434, 436
[358] BGH FamRZ 1987, 572, 575
[359] BGH FamRZ 1982, 573, 575
[360] BGH FamRZ 2008, 1414 = R 693

5. Eindeutig beim Berechtigten liegendes Fehlverhalten

1364 **a) Fehlverhalten des Berechtigten.** Das schwerwiegende Fehlverhalten muss eindeutig beim Berechtigten liegen, d. h. es muss sich um ein einseitiges Fehlverhalten handeln.[361]

1365 Bei der Beurteilung, ob ein Fehlverhalten als einseitiges Fehlverhalten in diesem Sinn gewertet werden kann, muss stets auch das Verhalten des Verpflichteten mitberücksichtigt werden.[362]

- An einer **einseitigen Abkehr** von den ehelichen Bindungen fehlt es, wenn sich die Parteien **einvernehmlich getrennt** haben und die Berechtigte erst vier Monate **nach dieser Trennung** eine neue Beziehung aufgenommen hat.[363] Ebenso, wenn beide Eheleute die Ehe für gescheitert ansahen und deshalb einen Notar mit dem Entwurf einer Scheidungsfolgenvereinbarung beauftragten und die neue Beziehung erst danach aufgenommen wird.[364]
- Gleiches gilt, wenn der **Verpflichtete** sich seinerseits **von seinen ehelichen Bindungen losgesagt** und vom Ehepartner abgewandt hatte, als erster **Scheidungsabsichten äußerte** und selbst die Trennung sowie den Auszug der Frau aus dem gemeinsam bewohnten Haus wünschte,[365] oder der Verpflichtete die Trennung gewünscht und von sich aus realisiert hat, eine Wiederaufnahme der ehelichen Lebensgemeinschaft beharrlich ablehnte und seinerseits die Scheidung betrieb.[366] Die spätere Eingehung einer neuen Bindung durch die Frau beinhaltet dann keine einseitige Abkehr von ihrem Mann.
- Nicht ausreichend ist jedoch, wenn die Eheleute nur allgemein über eine Scheidung gesprochen haben, ohne dass erkennbar war, dass ernsthafte Scheidungsabsichten bestehen.[367] Im Einzelfall ist es allerdings oft schwer zu beurteilen, ab wann von einer Abkehr des Pflichtigen von den ehelichen Bindungen gesprochen werden kann, z. B. wenn die Eheleute nicht mehr miteinander sprechen und keinerlei Gemeinsamkeiten mehr vorliegen.[368]
- An einem einseitigen „Ausbrechen aus intakter Ehe" fehlt es auch, wenn sich der **Verpflichtete** bereits vorher von der Ehe losgesagt hatte, indem er **ehewidrige Beziehungen zu einer anderen Frau aufgenommen** hat und zu dieser gezogen ist.[369]
- Ein Abkehren von den ehelichen Bindungen durch den Verpflichteten liegt auch vor, wenn er jahrelang keine sexuellen Kontakte mehr zuließ.[370] Etwas Anderes kann nur gelten, wenn sexuelle Kontakte wegen einer Erkrankung des Pflichtigen nicht mehr möglich sind.[371]
- Eine vorangehende Ehewidrigkeit des Pflichtigen lässt ebenfalls ein einseitiges Fehlverhalten des Bedürftigen entfallen, z. B. wenn der **Verpflichtete häufig betrunken** war und es in diesem Zusammenhang zu **wüsten Auseinandersetzungen** kam[372] oder wenn er die Ehefrau **geschlagen** hat.[373]

1366 **b) Einseitiges Fehlverhalten.** Ein einseitiges Fehlverhalten ist **zu bejahen,** wenn sich der Berechtigte einem Dritten zuwendet, ehe sich der Verpflichtete seinerseits von der Ehe abwendet, Scheidungsabsichten äußert oder sich ebenfalls einem Dritten zuwendet.

Ehewidrige Beziehungen des Verpflichteten oder sonstiges ehewidriges Verhalten (Trunksucht, Misshandlungen) nehmen nur dann dem Fehlverhalten des anderen Ehegatten den Charakter der Einseitigkeit, wenn sie diesem Fehlverhalten den Boden bereitet haben.

---

[361] BGH FamRZ 2008, 1414 = R 693; FamRZ 1989, 1279
[362] BGH FamRZ 1981, 1042
[363] BGH a. a. O.
[364] OLG Hamm FamRZ 1996, 1080
[365] BGH FamRZ 2008, 1414 = R 693; FamRZ 1981, 752
[366] BGH FamRZ 1983, 150, 152
[367] OLG Hamm FamRZ 1997, 1484
[368] Vgl. Wellenhofer/Klein FamRZ 1995, 905
[369] BGH FamRZ 1989, 487, 489; NJW 1987, 893, 895
[370] KG FamRZ 1992, 571
[371] OLG Zweibrücken FamRZ 2009, 699
[372] BGH FamRZ 1982, 463
[373] BGH FamRZ 1989, 487, 489

8. Abschnitt: Die Härteklausel des § 1579 BGB § 4

Werden sie dagegen erst aufgenommen, nachdem die intimen Beziehungen des Berechtigten bereits seit längerem bestanden haben, können sie auf dessen Abkehr von der Ehe nicht von Einfluss gewesen sein. Etwas anderes kann dann gelten, wenn auch auf Seiten des **Verpflichteten die ehelichen Gefühle** bereits im Zeitpunkt der Abkehr des Berechtigten **erkaltet** waren und er von dessen Fehlverhalten nicht mehr wesentlich betroffen wurde.[374]

Ist die Ehe an dem Fehlverhalten der Berechtigten zerbrochen und stellen sich die dem Verpflichteten vorgeworfenen späteren Ausfälligkeiten als Reaktionen auf das ihm zu dieser Zeit bekannt gewordene Fehlverhalten dar, dann kann ein späteres eigenes Fehlverhalten des Verpflichteten die Einseitigkeit des Fehlverhaltens des Bedürftigen nicht mehr beseitigen. Anders wäre es nur, wenn der Verpflichtete durch ein vorausgegangenes ehewidriges Verhalten Anlass zum Fehlverhalten des Berechtigten gegeben hätte.[375]

Nicht jedes Fehlverhalten des Verpflichteten kann dem Fehlverhalten des Berechtigten 1367 den Charakter der Einseitigkeit nehmen. Aus der grundsätzlichen Abkehr des Gesetzgebers vom Schuldprinzip ist zu folgern, dass im Rahmen der Prüfung der Einseitigkeit des Fehlverhaltens nicht allen Vorwürfen des Berechtigten nachzugehen ist, sondern dass nur konkret vorgebrachte Verfehlungen von einigem Gewicht Bedeutung erlangen können, die dem Berechtigten das Festhalten an der Ehe erheblich erschwert haben und sein eigenes Verhalten in einem milderen Licht erscheinen lassen.[376] Nicht ausreichend sind generelle Konflikte und Spannungen in der Ehe.[377]

Außerdem muss das Fehlverhalten des Verpflichteten einen Bezug zum Fehlverhalten des Berechtigten haben. Für eine hinreichende Substantiierung von Gegenvorwürfen reicht die allgemeine Behauptung nicht aus, der Verpflichtete habe seinerseits auch in erheblichem Maß gegen die Treuepflichten verstoßen und die Berechtigte ständig beschimpft und geprügelt. Erforderlich ist eine konkrete Schilderung einzelner Vorkommnisse.[378]

Streitigkeiten und Auseinandersetzungen der Ehegatten im üblichen Rahmen, in 1368 deren Verlauf der Verpflichtete beleidigende und herabsetzende Äußerungen gemacht hat, sind keine Umstände, die die Einseitigkeit eines schwerwiegenden Fehlverhaltens entfallen lassen.[379]

Keine Verfehlungen im Sinn der Nr. 7 sind ferner **krankheitsbedingte Verhaltensauffälligkeiten,** weil eine Verfehlung ein schuldhaftes Verhalten voraussetzt und erheblich sein muss.[380]

6. Darlegungs- und Beweislast

Die Beurteilung des beiderseitigen Verhaltens einschließlich seiner Abwägung ist wesent- 1369 lich Sache tatrichterlicher Würdigung.[381]

Der **Verpflichtete** hat die Darlegungs- und Beweislast dafür, dass ein offensichtlich schwerwiegendes, eindeutig beim Berechtigten liegendes Fehlverhalten vorliegt. Er hat daher etwaige Gegenvorwürfe auszuräumen, die von ihrem Gewicht her gesehen geeignet sind, dem Fehlverhalten des Berechtigten den Charakter eines einseitigen Fehlverhaltens zu nehmen.[382]

Soweit der Verpflichtete nur allgemein behauptete Gegenvorwürfe des Berechtigten lediglich bestreitet, sind an die Substantiierung seiner Darlegungen nach § 242 BGB keine allzu hohen Anforderungen zu stellen, da es sich im Wesentlichen um die Behauptung sogenannter negativer Tatsachen handelt. Er ist zwar nicht von der ihn treffenden Darlegungspflicht befreit. Der Berechtigte darf sich aber in einem solchen Fall nicht mit einem

---

[374] BGH NJW 1986, 722
[375] BGH FamRZ 1983, 670 = R 149 a
[376] BGH FamRZ 1983, 670 = R 149 a; FamRZ 1982, 463
[377] OLG Karlsruhe FamRZ 2008, 2279
[378] BGH FamRZ 1983, 670 = R 149 a
[379] BGH NJW 1986, 722
[380] BGH FamRZ 1989, 1279
[381] BGH FamRZ 1982, 463
[382] BGH FamRZ 1983, 670 = R 149 a; FamRZ 1982, 779

einfachen Bestreiten begnügen, sondern muss im Einzelnen darlegen, dass die von ihm bestrittene Behauptung unrichtig und sein eigener Vortrag richtig ist.[383]

1370   Darüber hinaus muss der Verpflichtete nicht auf alle Vorwürfe des Berechtigten reagieren, sondern nur **Vorwürfe von einigem Gewicht widerlegen.** Kein ausreichender Gegenvorwurf der Berechtigten ist nach BGH die Behauptung, der Verpflichtete habe mit ihr kaum noch gesprochen, sondern über Zettel mit ihr verkehrt, wobei berücksichtigt wurde, dass die Berechtigte zu dieser Zeit schon ehebrecherische Verhältnisse zu Männern hatte.[384] Nicht ausreichend ist ferner die Behauptung, die Eheleute hätten sich weitgehend auseinandergelebt.[385]

Der Pflichtige hat ferner die Darlegungslast, ob bei Bejahung des Tatbestandes im Rahmen der Prüfung der groben Unbilligkeit eine **völlige Unterhaltsversagung** als härtestes Sanktion und nicht nur eine Herabsetzung des Anspruchs angemessen ist.[386]

X. Anderer schwerwiegender Grund nach § 1579 Nr. 8 BGB

1. Zum Härtegrund der Nr. 8

1371   Die Härteklausel der Nr. 8 (bis 31. 12. 2007 Nr. 7) ist anzuwenden, wenn ein anderer Grund vorliegt, der ebenso schwer wiegt wie die in den Nrn. 1 bis 7 aufgeführten Gründe. Durch die Normierung des bisher in Nr. 8 abgehandelten Verwirkungsgrundes des Zusammenlebens in verfestigter Lebensgemeinschaft als Nr. 2 wird die Generalklausel erheblich entlastet und kann ihrer ursprünglichen Funktion gerechter werden, Auffangtatbestand für alle sonstigen, nicht benannten Fälle zu sein, in denen eine unbeschränkte Unterhaltsverpflichtung grob unbillig ist.[387] Durch die seit 1. 1. 2008 geltende Rechtslage und die im Einzelfall schwierige Abgrenzung zwischen einer groben Unbilligkeit und einer Unbilligkeit wird man in der Praxis vielfach Lösungen nach § 1578 b BGB den Vorzug geben, wenn auch dessen Voraussetzungen erfüllt sind.

Mit der Nr. 8 hat der Gesetzgeber seine frühere Konzeption beibehalten, Regelbeispiele mit einem Auffangtatbestand zu verbinden. Durch die Verknüpfung der Nr. 8 mit den Regelbeispielen (Nr. 1 mit Nr. 7) wird die Nr. 8 auf Sachlagen eingegrenzt, die mit den Fällen der Nrn. 1 mit 7 in ihrer Schwere, nicht in ihrer Art vergleichbar sind. Ein zentrales Merkmal der Nr. 8 ist der gleich schwerwiegende Grund, der in untrennbarem Zusammenhang mit der groben Unbilligkeit steht.

Die Auffangregelung der Nr. 8 will allgemein eine unverhältnismäßige Belastung des Verpflichteten vermeiden. Deshalb ist sie auch dann anzuwenden, wenn allein objektive Gründe vorliegen, die eine Inanspruchnahme des Verpflichteten als unzumutbar erscheinen lassen.[388] Sie kann aber auch Fälle des vorwerfbaren Fehlverhaltens erfassen, soweit sie in Nr. 3 bis 7 nicht aufgeführt wurden.

1372   In den Fällen, in denen nach den Nrn. 1 mit 7 ein Härtegrund nur unter besonderen Voraussetzungen anerkannt wird, kann, wenn es an einem der dort genannten gesetzlichen Tatbestandsmerkmale fehlt, in der Regel der gleiche Sachverhalt nicht nochmals als ein „anderer Grund" nach Nr. 8 berücksichtigt werden[389] **(Verbot der Doppelverwertung).** So hat z. B. die Weigerung der Frau, dem vom Ehemann gewünschten Wohnsitz zuzustimmen, objektiv zum Scheitern der Ehe beigetragen. Trotzdem wird dadurch nicht der Härtegrund der Nr. 8 verwirklicht, wenn der Frau ihre Weigerung nicht als offensichtlich schwerwiegendes Fehlverhalten nach Nr. 7 vorzuwerfen ist. In gleicher Weise kann der

---

[383] BGH FamRZ 1982, 463
[384] BGH FamRZ 1983, 670 = R 149 a
[385] BGH FamRZ 1981, 439
[386] BGH FamRZ 2001, 1693 = R 567 c
[387] BT-Drs. 16/1830 S. 21
[388] BGH FamRZ 1995, 1405 = R 490 A a; FamRZ 1994, 558 = R 476; FamRZ 1988, 930; FamRZ 1987, 572, 575
[389] BGH FamRZ 1987, 572, 575

8. Abschnitt: Die Härteklausel des § 1579 BGB § 4

Umstand, dass die Ehe der Parteien ohne Berücksichtigung der Kindererziehungszeiten nur etwas über 18 Monate gedauert hat und dass die Parteien nur während einer zweiwöchigen Reise und an einigen Wochenenden tatsächlich zusammengelebt haben, nicht nach Nr. 8 als Härtegrund gewertet werden.[390] War die Dauer der Ehe mit knapp 5 Jahren bei dreijährigem Zusammenleben keine kurze Ehe im Sinne von § 1579 Nr. 1 BGB, weil es an dem dort genannten gesetzlichen Tatbestandsmerkmal fehlt, kann die Dauer der Ehe auch nicht als ein anderer Grund nach Nr. 8 berücksichtigt werden.[391] Liegt bei einer Erkrankung des Bedürftigen kein Ausschlussgrund nach Nr. 3 vor, kann auch keine Verwirkung nach Nr. 8 bejaht werden (näher Rn. 1378).[392]

Eine **Ausnahme** von diesem Grundsatz besteht, wenn **andere Tatsachen** hinzukommen, die in ihrer Gesamtheit zu einer unzumutbaren Belastung des Pflichtigen führen und deshalb als grob unbillig anzusehen sind. So hat der BGH bei § 1579 Nr. 1 BGB Ausnahmen gemacht, soweit die Eheleute nie oder nur sehr kurz zusammenlebten **und** noch weitere Umstände hinzukamen. Bei einer Ehe von 4 Jahren und 8 Monaten hat er einerseits den Härtegrund der Nr. 1 abgelehnt, andererseits trotzdem den Härtegrund der Nr. 8 bejaht mit der Begründung, dass die Eheleute tatsächlich nur wenige Monate zusammengelebt hätten und die Bedürftige bereits vor der Eheschließung behindert und auf Dauer erwerbsunfähig war.[393] Aufgrund der seit 1. 1. 2008 geltenden Rechtslage erscheint es allerdings nahe liegender zu sein, in diesen Fällen den Unterhaltsanspruch künftig im Rahmen des § 1578 b BGB zu begrenzen. Bei einem Anspruch auf Trennungsunterhalt, bei dem § 1579 Nr. 1 BGB nach § 1361 III BGB nicht anwendbar ist, hat er eine grobe Unbilligkeit nach Nr. 8 bejaht, weil die Parteien nie zusammenlebten und die Aufnahme einer Ehegemeinschaft auch nie beabsichtigten.[394] Bei einem im Zustand der Schuldunfähigkeit begangenen versuchten Totschlag hat das OLG Schleswig den Unterhaltsanspruch nach § 1579 Nr. 8 BGB wegen der fortdauernden psychischen Folgen der Tat für den Pflichtigen herabgesetzt.[395]

Nach der vom BGH übernommenen Auffassung des BVerfG muss bei allen Ausschlusstatbeständen des § 1579 BGB geprüft werden, ob die Grenze des Zumutbaren eines schuldunabhängigen Unterhaltsanspruchs überschritten ist, weil sonst die Beschränkung der wirtschaftlichen Dispositionsfreiheit des Verpflichteten als Folge der Unterhaltsansprüche gegen Art. 2 II GG verstoße.[396] Für solche Fälle bleibt letztlich immer die Nr. 8 als **genereller Auffangtatbestand.** 1373

In jedem Fall ist eine **Abwägung erforderlich,** ob und inwieweit die Inanspruchnahme des Verpflichteten auf Unterhalt nach der gegebenen Situation für den Verpflichteten eine unzumutbare Belastung wäre. Dabei sind auch die Folgen, die sich für beide Ehegatten bei Gewährung, Versagung, Minderung oder zeitlicher Begrenzung ergeben würden, gegeneinander abzuwägen. Eine **grobe Unbilligkeit** kann umso eher bejaht werden, je besser die Chancen des Berechtigten sind, für seinen eigenen Unterhalt selbst aufkommen zu können, und je eher dies dem Berechtigten zugemutet werden kann.

Bei einer solchen **Abwägung** sind u. a. zu berücksichtigen die schicksalsbedingte allgemeine Lebenssituation des Berechtigten, Dauer und Verlauf der Ehe, die durch eine neue Ehe des Verpflichteten entstandene Interessenlage, die Zumutbarkeit einer lebenslangen Unterhaltsverpflichtung für den Verpflichteten[397] und die wirtschaftlichen Verhältnisse des neuen Partners des Bedürftigen.

Bei Anwendung der Nr. 8 und Würdigung der beiderseitigen Rechts- und Interessenlagen im Rahmen der hierzu gebotenen Zumutbarkeitsprüfung hat der Tatrichter einen ihm vorbehaltenen Beurteilungsspielraum, der nur einer rechtlichen Kontrolle durch das

---

[390] BGH FamRZ 1987, 572, 575; FamRZ 1980, 981
[391] BGH FamRZ 1995, 1405, 1407 = R 490 A b, c
[392] BGH FamRZ 1995, 1405, 1407 = R 490 A c
[393] BGH FamRZ 1988, 930
[394] BGH FamRZ 1994, 558 = R 476
[395] OLG Schleswig FamRZ 2000, 1375
[396] BGH FamRZ 1990, 492, 495
[397] BGH FamRZ 1988, 930

Revisionsgericht, nicht aber einer Angemessenheitskontrolle unterliegt. Dies gilt auch für die Bemessung der Höhe des Unterhaltsanspruchs nach Nr. 8.[398]

2. Härtegrund der Nr. 8, wenn nach der Scheidung ein ehewidriges Verhältnis gemäß Nr. 7 fortgeführt wird

1374   **Voraussetzung** ist in diesem Fall, dass der Berechtigte sich schon **während bestehender Ehe** einem neuen Partner in einer Weise zugewandt hat, die ein offensichtlich schwerwiegendes, eindeutig bei ihm liegendes Fehlverhalten im Sinn der Nr. 7 beinhaltet, und dass der Berechtigte dieses Verhältnis nach der Scheidung fortsetzt. Obwohl nach der Scheidung keine eheliche Treuepflicht mehr besteht und deshalb nicht mehr von einem Fehlverhalten gesprochen werden kann, kann dadurch die Nr. 8 verwirklicht werden.[399]

Dauert eine eheähnliche Gemeinschaft, durch die während der Trennungszeit die Nr. 7 verwirklicht wurde, nach der Scheidung an, so erfüllt dies **regelmäßig** auch für den nachehelichen Unterhalt die Voraussetzungen der Nr. 8,[400] auch wenn der Tatbestand der Nr. 2 nicht erfüllt ist.

Die rechtliche Selbstständigkeit des Trennungsunterhalts gegenüber dem nachehelichen Unterhalt (Nichtidentität) ist kein Kriterium, das bei fortgesetztem Fehlverhalten einer Fortwirkung der nach § 1361 III BGB i. V. § 1579 Nr. 7 BGB für den Trennungsunterhalt bestehenden Unbilligkeit nach der Scheidung entgegensteht. Wurde während der Trennungszeit die Nr. 7 verwirklicht, bezieht sich die Unzumutbarkeit der Inanspruchnahme auf Unterhalt nicht nur auf Fürsorge bis zur Scheidung, sondern auch auf den nachehelichen Unterhalt.[401] Das gilt umso mehr, als das Gesetz während der Ehe auch für die Zeit des Getrenntlebens eine gesteigerte Verantwortung der Eheleute füreinander vorsieht, während es nach der Scheidung grundsätzlich von der Eigenverantwortung jedes Ehegatten für seinen Unterhalt ausgeht (§ 1569 BGB).

3. Der Härtegrund der Nr. 8 in sonstigen Fällen

1375   Der Auffangtatbestand kann in Betracht kommen, wenn aus der Ehe keine Kinder hervorgegangen sind und die Nr. 1 nicht vorliegt bzw. beim Trennungsunterhalt nicht anwendbar ist, aber besondere Umstände in der Ehegestaltung vorliegen, die eine volle oder eingeschränkte Inanspruchnahme des Pflichtigen auf Unterhalt nicht zumutbar erscheinen lassen. Seit der Unterhaltsreform zum 1. 1. 2008 werden diese Fälle künftig meist über § 1578 b BGB zu lösen sein. Nach den Materialien des Gesetzgebers geht die grobe Unbilligkeit nach § 1579 BGB als weiterreichende Regelung der Unbilligkeit nach § 1578 b BGB zwar vor.[402] Im Rahmen des Auffangtatbestandes ist dies allerdings problematisch, da dann erst die Spezialnorm heranzuziehen ist. Im Einzelfall ist es auch schwierig, in Fällen einer objektiver Unzumutbarkeit zwischen Unbilligkeit und grober Unbilligkeit abzugrenzen.

1376   • Beim **Trennungsunterhalt** hat der BGH eine grobe Unbilligkeit nach Nr. 8 bejaht, wenn die Eheleute wegen einer kirchlich noch nicht geschiedenen Vorehe des Bedürftigen **nie beabsichtigen, zusammenzuleben.**[403]
• Eine Verwirkung nach Nr. 8 wurde vom BGH beim nachehelichen Unterhalt bejaht, wenn zwar keine kurze Ehe nach Nr. 1 vorlag, die Parteien aber bis zur Trennung nur

---

[398] BGH FamRZ 1994, 558 = R 476; FamRZ 1988, 930
[399] BGH FamRZ 1991, 670, 673; FamRZ 1989, 487, 489; FamRZ 1985, 267; FamRZ 1983, 569, 571
[400] BGH FamRZ 1984, 154; FamRZ 1984, 356; FamRZ 1984, 662, 664; FamRZ 1983, 676; FamRZ 1983, 569, 571; FamRZ 1983, 996
[401] BGH FamRZ 1991, 670, 673
[402] BT-Drs. 16/1830 S. 20
[403] BGH FamRZ 1994, 558 = R 476

8. Abschnitt: Die Härteklausel des § 1579 BGB § 4

wenige Monate zusammenlebten.[404] Seit der Unterhaltsreform zum 1. 1. 2008 wird wegen fehlender ehebedingter Nachteile zunächst § 1578 b BGB zu prüfen sein.
- Der BGH hat nach der bis 31. 12. 2007 geltenden Rechtslage bei einer Ehe von 4 Jahren und 8 Monaten den Härtegrund der kurzen Ehedauer (Nr. 1) abgelehnt, aber die Anwendung der Nr. 8 auf einen Anspruch nach § 1572 BGB bejaht mit der Begründung, eine unbefristete Inanspruchnahme auf nachehelichen Unterhalt sei objektiv unzumutbar, weil sie den Verpflichteten in grob unbilliger Weise belasten würde. Zur Begründung wird ausgeführt, die Parteien hätten in der nur **kurzen Zeit** ihres tatsächlichen ehelichen **Zusammenlebens** (ca. 9 Monate) ihre Lebensdispositionen nicht aufeinander einstellen können. Die erst 31-jährige Berechtigte sei bereits **bei Heirat auf Dauer erwerbsunfähig** gewesen und habe deshalb **keine ehebedingten Nachteile** erlitten (s. aber auch Rn. 1378). Deshalb sei eine unbegrenzte Unterhaltsbelastung auch unter Berücksichtigung der nachehelichen Solidarität nicht gerechtfertigt, zumal der Verpflichtete wieder verheiratet sei und bei neuen Kindern zusätzlich erheblich unterhaltsbelastet sein werde.[405] Nach der seit 1. 1. 2008 geltenden Rechtslage wird dies kein Verwirkungfall mehr nach Nr. 8 sein, sondern ein Begrenzungsfall nach § 1578 b BGB, weil beim Bedürftigen kein ehebedingter Nachteil eintrat.
- Weicht eine Ehe stark vom klassischen Ehebild ab, weil die Eheleute während einer Ehedauer von 24 Jahren ständig räumlich getrennt lebten und sich die persönlichen Kontakte auf drei bis vier Treffen im Jahr beschränkten, kann die unbegrenzte Inanspruchnahme auf nachehelichen Unterhalt für den Pflichtigen nach Nr. 8 unzumutbar sein und der Unterhalt herabgesetzt werden.[406]
- Der BGH hat eine OLG-Entscheidung bestätigt, in der der Berechtigte durch **Medikamentenmissbrauch** seine Erwerbsunfähigkeit herbeigeführt hat, aber eine mutwillige Herbeiführung der Bedürftigkeit im Sinn der Nr. 4 wegen der psychisch labilen Persönlichkeit des Berechtigten nicht nachgewiesen werden konnte. Es hat aber einen Härtegrund nach Nr. 8 bejaht, weil die Arbeitsunfähigkeit durch die Medikamentenabhängigkeit verursacht sei und das Verhalten der Berechtigten bei unterhaltsrechtlicher Wertung einen schwerwiegenden anderen Grund im Sinn der Nr. 8 beinhalte. Eine Unterhaltspflicht in voller Höhe sei bei der selbst herbeigeführten Bedürftigkeit selbst bei einem nicht feststellbaren Verschulden der Berechtigten für den Verpflichteten grob unbillig.[407]
- Die Nr. 8 kann auch in Frage kommen bei einem **grob rücksichtslosen Verhalten** gegenüber dem Verpflichteten, bei Verbrechen oder Vergehen gegenüber dessen neuem Lebensgefährten und bei einer sonstigen schwer verletzenden Distanzierung von ehelichen Bindungen und nachwirkenden ehelichen Pflichten.

4. Kein Härtegrund nach Nr. 8

Die Nr. 8 ist **nicht erfüllt** bei Unterhaltsbedürftigkeit des Berechtigten infolge eines fehlgeschlagenen **Selbsttötungsversuchs.** Der Verpflichtete muss das schwere Schicksal des in Not geratenen Partners nach der Scheidung auch dann mittragen, wenn ihn keine Mitschuld an der Notlage trifft.[408] 1377

Eine Verwirkung nach Nr. 8 kann ferner nicht darauf gestützt werden, dass der Bedürftige an einer **unerkannten vorehelichen Erkrankung** leidet, da dies der Zielsetzung des § 1572 BGB zuwiderläuft.[409] Die zur Zeit der Scheidung fortdauernde Erkrankung kann nicht einerseits den Unterhaltsanspruch nach § 1572 Nr. 1 BGB auslösen, andererseits durch eine Verwirkung nach § 1579 Nr. 8 BGB den Anspruch wieder ausschließen. Dies gilt auch, wenn die schon vor der Ehe zumindest latent vorhandene Erkrankung erst **nach** 1378

---
[404] BGH FamRZ 1988, 930
[405] BGH FamRZ 1988, 930
[406] OLG München FamRZ 2003, 875
[407] BGH FamRZ 1988, 927
[408] BGH FamRZ 1989, 1054
[409] BGH FamRZ 1995, 1405, 1407 = R 490 A c; FamRZ 1994, 566 = R 475

der Trennung voll ausbricht.[410] § 1579 Nr. 8 BGB greift ferner nicht ein, wenn die Eheleute glaubten, dass die Bedürftige nach Abschluss ihrer Ausbildung trotz ihrer Erkrankung erwerbstätig sein könne, der gewählte Beruf aber dann doch nicht ausgeübt werden konnte.[411] Es ist in diesen Fällen aber seit der geänderten Rechtslage seit 1. 1. 2008 stets zu prüfen, ob die Voraussetzungen des § 1578 b BGB vorliegen.

1379 Eine Herabsetzung des Unterhaltsanspruchs kommt nach § 1579 Nr. 8 BGB nicht in Betracht, wenn die **neue Familie** des Unterhaltsverpflichteten bei Erfüllung des Unterhaltsanspruchs des geschiedenen Ehegatten **unterhalb der Sozialhilfeschwelle** leben muss.[412] Soweit der geschiedene Ehegatte mit dem neuen Ehegatten gleichrangig ist, kommt bei fehlender Leistungsfähigkeit nur eine anteilige Kürzung aller Ansprüche nach Mangelfallgrundsätzen in Betracht, wobei den vorrangigen minderjährigen Kindern der Mindestunterhalt verbleibt, ansonsten würde die gesetzliche Rangregelung missachtet.[413]

1380 Keine Verwirkung kommt ferner beim Trennungsunterhalt in Betracht, wenn bei einer sehr langen Trennungsdauer die Eheleute nur kurz zusammengelebt hatten und nach der Trennung immer getrennt wirtschafteten. Denn beim Trennungsunterhalt gibt es keinen Verwirkungsgrund der kurzen Ehedauer (§ 1361 III BGB),[414] ebenso wenig wegen §§ 1361 IV 4, 1360 a III, 1614 BGB einen Verzicht auf künftigen Unterhalt. Das Problem kann daher erst bei der Scheidung über § 1578 b BGB gelöst werden.

1381 Die frühere Rechtsprechung des BGH zum Splittingvorteil aus der neuen Ehe bei Vorrang des ersten Ehegatten und beengten Verhältnissen in der neuen Ehe, in denen er über § 1579 Nr. 7 BGB der neuen Ehe den Splittingvorteil beließ,[415] ist durch durch die geänderte Rechtsprechung auf Grund Gebots des BVerfG überholt (vgl Rn. 1/1014).

XI. Wiederaufleben eines nach § 1579 BGB ausgeschlossenen Anspruchs und endgültiger Ausschluss nach § 1579 BGB

1. Grundsatz

1382 Die Beschränkung oder Versagung des Unterhaltsanspruchs wegen grober Unbilligkeit beinhaltet nach ständiger Rechtsprechung des BGH kein endgültiges Erlöschen des Anspruchs, sondern kann im Einzelfall zu einem Wiederaufleben führen, wenn sich die Umstände völlig geändert haben.[416] In Betracht kommen kann dies aber in erster Linie nur, wenn die Verwirkung auf einer **objektiven Unzumutbarkeit** beruht, d. h. bei Scheitern einer verfestigten Lebensgemeinschaft nach Nr. 2. Beruht die Verwirkung dagegen auf einem vorwerfbaren Fehlverhalten (Nr. 3 bis Nr. 7), kann dies nachträglich nicht mehr beseitigt werden. Ein Wiederaufleben des Anspruchs kommt dann nur in Betracht, wenn die grobe Unbilligkeit wegen der **Belange der gemeinsamen Kinder** nicht mehr gegeben ist. Bei der jeweils neu zu treffenden Abwägung ist vor allem zu prüfen, inwieweit es dem Pflichtigen zumutbar ist, sich in seiner Lebensführung nochmals umzustellen, nachdem diese zwischenzeitlich darauf ausgerichtet war, keinen Ehegattenunterhalt mehr leisten zu müssen. Dies hängt zum einen vom **Zeitfaktor** ab, wie lange die Ehe dauerte und seit wann der Pflichtige keinen Unterhalt mehr zahlte,[417] zum anderen, inwieweit die **Belange der Kinder** ein Wiederaufleben des Anspruchs erfordern.[418]

1383 Wenn besondere Umstände fehlen, lebt dagegen ein nach § 1579 Nr. 1 mit 8 BGB ausgeschlossener Unterhaltsanspruch in der Regel nicht wieder auf. Dies gilt vor allem bei

---

[410] BGH FamRZ 1995, 1405, 1407 = R 490 A c
[411] BGH FamRZ 1995, 1405 = R 490 A c
[412] BGH FamRZ 1996, 1272 = R 507 a, b
[413] BGH a. a. O.
[414] A. A. OLG Frankfurt FamRZ 2004, 1574
[415] Vgl. BGH FamRZ 1988, 927
[416] BGH FamRZ 1987, 1238; FamRZ 1987, 689 = R 337
[417] BGH FamRZ 1987, 689 = R 337; FamRZ 1986, 443
[418] BGH FamRZ 1987, 1238

8. Abschnitt: Die Härteklausel des § 1579 BGB   § 4

einem Ausschluss wegen kurzer Ehedauer (Nr. 1) sowie wegen der Zwecksetzung der jeweiligen Härtegründe bei besonders schweren Verstößen gegen Nr. 3,[419] Nr. 5 und Nr. 7.

2. Wiederaufleben eines nach Nr. 2 ausgeschlossenen Anspruchs

Ein aus objektiven Gründen nach Nr. 2 erfolgter Unterhaltsausschluss wegen einer **1384** verfestigten Lebensgemeinschaft des Berechtigten mit einem neuen Partner ist auf Antrag erneut zu überprüfen, wenn die verfestigte Partnerschaft gescheitert und damit die objektive Unzumutbarkeit entfallen ist.[420] Erforderlich ist eine neue umfassende tatrichterliche Prüfung der Frage, ob die aus einer wiederauflebenden Unterhaltspflicht erwachsende Belastung für den Verpflichteten weiterhin die Zumutbarkeitsgrenze überschreitet.[421] Nach der seit 1. 1. 2008 geltenden Rechtslage ist dabei die **Neufassung des § 1586a I BGB als Auslegungsregel** heranzuziehen, da es sich um vergleichbare Sachverhalte handelt.[422] Mit der Neufassung des § 1586a I BGB hat der Gesetzgeber zum Ausdruck gebracht, dass bei Scheitern der Zweitehe ein Wiederaufleben des Unterhaltsanspruchs nur in Betracht kommt, wenn noch gemeinschaftliche Kinder zu betreuen sind; entgegen der bis 31. 12. 2007 geltenden Rechtlage entfällt dagegen ein Wiederaufleben bei sog. Anschlusstatbeständen nach der Kinderbetreuung. Dies hat auch bei einer gescheiterten verfestigten Lebensgemeinschaft zu gelten, da nach der verstärkten Eigenveranwortung gemäß § 1569 BGB nur noch die Betreuung gemeinschaftlicher Kinder zur Folge haben kann, den Pflichtigen wieder in die Verantwortung zu nehmen. Dabei ist der wiederaufgelebte Anspruch auf die Dauer der Kinderbetreuung gemäß § 1570 BGB zu begrenzen.

3. Wiederaufleben eines Anspruchs aus Gründen des vorrangigen Kindeswohls

Auch ein aus sonstigen Gründen (Nr. 3 mit Nr. 7) ausgeschlossener Unterhaltsanspruch **1385** kann wiederaufleben, wenn dies aus Gründen des vorrangig zu berücksichtigenden Kindeswohls erforderlich ist. Dies kann z. B. der Fall sein, wenn der Berechtigte infolge einer Änderung der Sorgerechtsentscheidung nach § 1570 BGB auf Unterhalt angewiesen ist.

Soweit nach dem Eingangssatz des § 1579 die Belange eines gemeinschaftlichen Kindes **1386** zu wahren sind, kann dies nicht davon abhängig sein, ob der Unterhaltsberechtigte für einen vergangenen Zeitraum wegen eines Fehlverhaltens den Unterhaltsanspruch eingebüßt hatte. Nach der Rechtsprechung des BVerfG und des BGH kommt dem Kindeswohl gegenüber Belangen des Verpflichteten grundsätzlich der Vorrang zu. Dieser kann unter den Voraussetzungen der Härteregelung nur insoweit von Unterhaltszahlungen freigestellt werden, wie die Interessen des Kindes nicht entgegenstehen. Der Lebensstandard des Kindes soll nicht wegen eines Fehlverhaltens des Berechtigten absinken, das von ihm nicht zu vertreten ist. Eine Auslegung des § 1579 BGB, die die Belange des Kindes wegen eines Fehlverhaltens des Berechtigten vernachlässigen würde, wäre mit verfassungsrechtlichen Grundsätzen nicht vereinbar. Deshalb ist § 1579 BGB stets erneut umfassend zu überprüfen, wenn die Voraussetzungen des erörterten Eingangssatzes neu eintreten. Die hierin liegende Privilegierung des berechtigten Elternteils gilt, ähnlich wie nach § 1570 BGB, solange der Berechtigte das Kind tatsächlich betreut, und zwar entweder mit Einverständnis des anderen Elternteils oder auf Grund einer gerichtlichen Entscheidung.[423]

Gründe des Kindeswohls liegen auch vor, wenn ein nachehelicher Unterhaltsanspruch **1387** wegen nachhaltiger und massiver **Behinderung des Umgangsrechts** teilweise verwirkt ist, der Unterhaltsberechtigte aber zwischenzeitlich auf die Kinder so eingewirkt hat, dass ein dauerhafter und angemessener Umgang ausgeübt werden kann.[424]

---

[419] OLG Hamm FamRZ 1997, 373
[420] BGH FamRZ 1987, 689 = R 337; FamRZ 1987, 1238
[421] BGH a. a. O.; FamRZ 1986, 443
[422] Gerhardt FuR 2008, 9
[423] BGH FamRZ 1987, 1238
[424] OLG München FamRZ 1998, 750; OLG Nürnberg FamRZ 1997, 614

§ 5 Rangverhältnisse und Mangelfälle

I. Selbstbehalt und Mangelfall

1. Relativität von Eigenbedarf, Selbstbehalt und Mangelfall

Jeder Unterhalt ist in Höhe des bestehenden Bedarfs nur dann geschuldet, wenn die   1
entsprechende **Leistungsfähigkeit** des Verpflichteten gegeben ist. Ist das nicht der Fall, so besteht ein **Mangelfall**, welcher zu einer **Verminderung des Unterhalts** unter den **Unterhaltsbedarf** führt. Das bedeutet zugleich, dass dem Verpflichteten ein bestimmter Betrag bleiben muss, sein **Eigenbedarf** oder **Selbstbehalt**. Der Selbstbehalt ist der Betrag, der dem Verpflichteten gegenüber einem Berechtigten auf jeden Fall als unterste Opfergrenze verbleiben muss. Seine Unterhaltsverpflichtung setzt regelmäßig erst oberhalb solcher Selbstbehaltsgrenzen ein. Bis zur Höhe des Selbstbehalts benötigt der Verpflichtete Einkünfte zur Deckung seines eigenen Lebensbedarfs.[1]

Solche Selbstbehaltsgrenzen für den Verpflichteten hat die Rechtsprechung im Rahmen des § 1603 BGB entwickelt. Die Konzeption eines gleitenden (eheangemessenen) Selbstbehalts[2] hatte der BGH zuerst selbst entwickelt,[3] danach aber aufgegeben,[4] um das Unterhaltsrechtsrecht zu vereinfachen. Jedoch hat das BVerfG durch seine Entscheidung vom 25. 1. 2011[5] diesen Versuch des BGH, die Halbteilung im Wege der Bedarfsbestimmung zu sichern, vereitelt. Deshalb muss nun wieder zwischen einem **relativen Mangelfall**, bei welchem der Bedarf der Berechtigten und des Pflichtigen gekürzt wird und dem **absoluten Mangelfall**, bei dem nur noch der Unterhalt des Berechtigten gekürzt wird, unterschieden werden (Rn. 5).

Der **Selbstbehalt** des Verpflichteten ist für jedes Unterhaltsrechtsverhältnis selbstständig zu bestimmen, insofern ist er immer relativ. Besteht Unterhaltspflicht gegenüber mehreren Unterhaltsgläubigern, so können diesen gegenüber verschiedene Eigenbedarfsbeträge maßgebend sein. Absolut ist ein **Selbstbehalt**,[6] welcher als **unterste Grenze der Inanspruchnahme** durch jeden Unterhaltsgläubiger anerkannt ist. Er wird in der Praxis als **notwendiger Selbstbehalt** bezeichnet. **Bedingt** ist ein Selbstbehalt, wenn er nur gilt, solange andere leistungsfähige Verwandte vorhanden sind, welche an Stelle des vorrangig Pflichtigen den Unterhalt zahlen können.

2. Verschiedene Selbstbehalte nach den Leitlinien

Zur **Höhe** des jeweiligen Selbstbehalts haben die unterhaltsrechtlichen Leitlinien der   2
OLGs Bestimmungen getroffen (jeweils unter Nr. 21). Beschränkt man sich auf den absoluten Mangelfall,[7] dann besteht auch ein klarer Zusammenhang zwischen der Höhe des Selbstbehalts und der Rangordnung der Berechtigen gem. § 1609 BGB: Der Selbstbehalt gegenüber einem nachrangigen Unterhaltsberechtigten kann nur höher oder gleich demjenigen gegenüber dem vorrangigen Unterhaltsberechtigten sein.[8] Der Selbstbehalt spiegelt

---

[1] BGH FamRZ 1987, 472
[2] In diesem Buch bereits von Anfang an vertreten, vgl. Wendl/Staudigl 2. Aufl. S 383
[3] BGH FamRZ 1990, 260, 262
[4] BGH FamRZ 2006, 683 = R 649 d
[5] BVerfG FamRZ 2011, 437 = R 721
[6] Als absoluter Mangelfall soll entsprechend den neuen Bedürfnissen der Praxis aber ein Mangelfall gelten, bei dem nur der Bedarf des Berechtigten, nicht auch der des Verpflichteten gekürzt wird.
[7] BGH FamRZ 2006, 683 = R 649 d
[8] Der eheangemessene Eigenbedarf hing vom eheprägenden Einkommen ab und war gegenüber einem nachrangigen Ehegatten meist geringer als gegenüber dem Vorrangigen.

§ 5 Rangverhältnisse und Mangelfälle

deshalb das Rangverhältnis wieder. Das schließt nicht aus, dass für verschiedenrangige Unterhaltsansprüche der gleichen Selbstbehalte gelten (z. B. für Elternunterhalt und Enkelunterhalt, ebenso für vor- und nachrangigen Ehegattenunterhalt, nach OLG Schleswig 21.1 auch für Ehegatten gegenüber nachrangigen volljährigen Kindern). Bis zur Unterhaltsreform 2008 konnten auch bei gleichem Rang verschiedene Selbstbehalte gelten: bei Gleichrang zwischen Gatten und minderjährigen oder privilegiert volljährigen Kindern. Der generelle Nachrang des Ehegatten gegenüber minderjährigen und ihnen nach § 1603 II 2 BGB gleichgestellten Kindern hat diese Möglichkeit aber jetzt beseitigt. Im Einzelnen sind die folgenden Selbstbehalte anerkannt:

3 **a) Notwendiger Selbstbehalt** als unterste Grenze der Inanspruchnahme und in diesem Sinne absoluter Selbstbehalt der sog. **notwendige Selbstbehalt.** Der BGH billigt in ständiger Rechtsprechung diese fast gewohnheitsrechtliche Handhabung des § 1603 II 1 BGB durch die Praxis.[9] Diese unterste Opfergrenze wird weniger durch die individuellen Lebensumstände des Verpflichteten bestimmt als vielmehr durch das Erfordernis, die Grenzen seiner Inanspruchnahme generalisierend festzulegen (siehe auch § 2 Rn. 240, 380 f.).[10]

Sie beträgt seit 1. 1. 2011 950 EUR für erwerbstätige und 770 EUR für nicht erwerbstätige Unterhaltspflichtige und ist maßgebend für die Ansprüche von minderjährigen und die ihnen nach § 1603 II 2 BGB gleichgestellten volljährigen Kinder gegenüber ihren Eltern (es sei denn es gälte nach § 1603 II 3 BGB der angemessene Selbstbehalt, weil ein anderer leistungsfähiger Unterhaltspflichtiger vorhanden ist: Rn. 4).[11] Abweichende Beträge für den notwendigen Selbstbehalt verwendet das OLG Frankfurt (nur 800 EUR für nicht Erwerbstätige).

4 **b) angemessener Selbstbehalt.** Volljährigen Kindern, welche sich in der Ausbildung befinden gegenüber gilt als unterste Opfergrenze der **angemessene Selbstbehalt** (siehe § 2 Rn. 240, 536 f., 546 ff.).[12] Er beträgt seit 1. 1. 2011 i. d. R. 1150 EUR.[13] Als **bedingter Selbstbehalt** gilt er auch gegenüber minderjährigen und ihnen nach § 1603 II 3 BGB gleichgestellten Kindern, wenn ein nachrangig Haftender leistungsfähiger Unterhaltspflichtiger vorhanden ist (vgl. § 2 Rn. 394).

Der „angemessene Selbstbehalt" muss nach § 1603 I BGB allerdings höher sein als der „notwendige Selbstbehalt". Dagegen verstieß die Nürnberger Tabelle, wenn sie in den unteren Einkommensgruppen den notwendigen und den angemessenen Selbstbehalt einheitlich mit 890 DM bemaß.[14]

5 **c) Billiger, eheangemessener Selbstbehalt, Ehegattenselbstbehalt.** In seiner Grundsatzentscheidung vom 18. 10. 1989[15] hatte der BGH als Selbstbehalt gegenüber Ehegatten die auf den Pflichtigen entfallenden Unterhaltsquote betrachtet, welche als einkommensabhängiger **„eheangemessener Selbstbehalt"** bezeichnet wurde. Daneben wurde aber teilweise auch eine nicht einkommensabhängige Grenze anerkannt, welche in Anlehnung nach dem Wortlaut des § 1581 BGB als **„billiger Selbstbehalt"** bezeichnet wurde. Dieser sollte in der Regel den notwendigen Selbstbehalt (Rn. 3) übersteigen und wurde von den Gerichten, die ihn bestimmten, auf einen Wert zwischen dem angemessenen und dem notwendigen Selbstbehalt festgesetzt. In seiner Grundsatzentscheidung vom 15. 3. 2006[16] hatte der BGH den als eheangemessenen Selbstbehalt bezeichneten variablen Selbstbehalt aufgegeben, weil diese Begrenzung durch die neu entwickelte Rechtsprechung zum variablen eheangemessenen Bedarf nicht mehr nötig sei.

Gegenüber den Ansprüchen von Ehegatten galt nunmehr der **einheitliche Ehegattenselbstbehalt**, welcher zwischen dem notwendigen und dem angemessenen Selbstbehalt

---

[9] BGH NJW 1984, 1614
[10] BGH FamRZ 1982, 365
[11] Z. B. SüdL 21.2
[12] BGH FamRZ 1987, 472
[13] Z. B. SüdL 21.3.1
[14] BGH FamRZ 1989, 272
[15] BGH FamRZ 1990, 260, 262
[16] BGH FamRZ 2006, 683 = R 645

I. Selbstbehalt und Mangelfall § 5

liegt und seit 1. 1. 2011 meist mit **1050 EUR** bemessen wird (vgl. § 4 Rn. 969 ff.).[17] In derselben Höhe wird auch der Selbstbehalt gegenüber dem Unterhaltsanspruch der nichtehelichen Mutter (Vater) nach § 1615 l BGB anerkannt (vgl. § 7 Rn. 141). Viele Leitlinien verwenden dafür die alte Bezeichnung „eheangemessener Selbstbehalt" in neuer Bedeutung, der BGH spricht von „Ehegattenselbstbehalt". Die Leitlinien der OLGs unterscheiden hier nicht zwischen erwerbstätigen und nicht erwerbstätigen unterhaltspflichtigen Ehegatten. Der BGH jedoch hat vorgeschlagen, bei **Nichterwerbstätigen** die Mitte zwischen dem angemessenen Selbstbehalt und dem notwendigen Selbstbehalt eines Nichterwerbstätigen zu wählen,[18] was im Jahre 2008 dem Betrag von 935 EUR entsprach. Jetzt wären (770 + 1150)/2 = 960 EUR als Ehegattenselbstbehalt eines nichterwerbstätigen Ehegatten anzusetzen. Das OLG Frankfurt ist dem im Grundsatz gefolgt und setzt (800 + 1150)/ 2 = 975 EUR für den Nichterwerbstätigen an.

Nun hat das BVerfG die Berücksichtigung eines späteren Ehegatten bei der Bedarfsbestimmung missbilligt.[19] Damit ist die Begründung des BGH für die Abschaffung des variablen Selbstbehalts entfallen. Deshalb muss nun neben dem **Ehegattenmindestselbstbehalt** auch der individuelle eheangemessene Selbstbehalt, der sich als Spiegelbild des Ehegattenbedarfs aus der Halbteilung des verfügbaren Einkommens ergibt, berücksichtigt werden: Somit sind beim Ehegattenunterhalt **zwei Selbstbehalte** zu berücksichtigen: der auf den Grundsatz der Halbteilung gründende individuelle **eheangemessene Selbstbehalt** und als dessen Untergrenze der allgemeingültige Ehegattenmindestselbstbehalt. Nach der hier vertretenen Auffassung aktualisiert aber nur die Unterschreitung des Ehegattenmindestselbstbehalts **die Rangordnung** nach § 1609 Nr. 2, 3 BGB, während bei einer Unterhaltskürzung wegen Unterschreitung des eheangemessenen Selbstbehalts der Rang nur als einer der maßgebenden Umstände für den **Umfang der Billigkeitskürzung** nach § 1581 BGB Bedeutung hat. Das folgt daraus, dass die seit 1. 1. 2008 geltende Fassung des § 1582 BGB nicht mehr auf § 1581 BGB verweist. Nach den Motiven[20] soll die zeitliche Priorität bei der Rangfolge keine Bedeutung mehr haben, sondern lediglich die Schutzbedürftigkeit. Wenn jedoch die Kürzung nach § 1581 BGB von der Rangordnung abhinge, würde der Rang entgegen der Intention des Gesetzgebers die zeitliche Priorität schützen.

Eine **weitere Besonderheit** des Ehegattenselbstbehalts ergibt sich daraus, dass er nach den Motiven des Gesetzgebers[21] im Falle eines kinderbetreuenden früheren Ehegatten besonders auf seine Angemessenheit zu überprüfen ist, wenn diesem weniger als sein Existenzminimum verbleibt, die Familie des Unterhaltspflichtigen aber ein gutes Auskommen hat. Dann ist ggf. der Selbstbehalt nochmals herabzusetzen, um ein ausgewogenes Ergebnis zu erzielen.

d) Selbstbehalt gegenüber Eltern. Gegenüber dem Unterhaltsanspruch der Eltern gegen ihre Kinder ist nunmehr ein Selbstbehalt von 1500 EUR anerkannt, in welchem eine Warmmiete von 450 EUR enthalten ist (DT D.1.). Dieser Betrag erhöht sich noch um einen Anteil an dem darüber hinausgehenden Einkommen, in der Regel 50%.[22]

e) Selbstbehalt gegenüber Enkeln. Derselbe Selbstbehalt gilt auch für Ansprüche von Enkeln gegen ihre Großeltern.[23] Allerdings wird hier nur von einem Teil der OLGs die Erhöhung des Selbstbehalts um das halbe darüber hinaus gehende Einkommen anerkannt (Kammergericht, OLGs Bremen, Dresden, Frankfurt, Hamm, Köln, Naumburg, Oldenburg und Rostock). Die OLGs Celle und Koblenz und die SüdL 21.3.4 wiederum sehen bei Enkeln eine Erhöhung des Selbstbehalts um das halbe Mehreinkommen nicht vor. Das OLG Hamburg erhöht den Selbstbehalt nur dann, wenn der das Enkelkind volljährig ist.

---

[17] Z. B. SüdL 21.3.2 und BGH FamRZ 2006, 683 = R 649 d
[18] BGH FamRZ 2009, 307 = R 699 c
[19] BVerfG FamRZ 2011, 437
[20] BT-Drs. 16/1830, 23
[21] BT-Drs. 16/1830, 24
[22] BGH FamRZ 2002, 1698 = R 580 c
[23] BGH FamRZ 2007, 375 = R 668, FamRZ 2006, 26, FamRZ 2006, 1099 = R 692

10 **f) Bedarf des beim Pflichtigen lebenden vorrangigen Ehegatten.** Im Zusammenhang mit den Selbstbehalten haben die meisten OLGs auch den Bedarf geregelt, mit welchem der bei dem Pflichtigen lebende Ehegatte nachrangigen Berechtigten vorgeht (Nr. 22 der Leitlinienstruktur). Dabei wird stillschweigend vorausgesetzt, dass (zur Vereinfachung) die durch das Zusammenleben bewirkte Ersparnis nur beim Ehepartner berücksichtigt wird und die Ersparnis beider Teile erfasst. Genau genommen handelt es sich deshalb gar nicht um den Bedarf des Ehegatten, sondern um die Erhöhung des Selbstbehalts des Pflichtigen dadurch, dass er auch den Bedarf des vorrangigen Ehegatten abzudecken hat, wodurch auch auf diesen Bedarf dann die bei beiden Ehegatten durch das Zusammenleben eingetretene Ersparnis anrechnet wird. Daraus ergibt sich auch ein **Rechenweg** für diesen **vorrangigen Bedarf**, welcher sich aus dem Selbstbehalt des unterhaltspflichtigen herleitet, wenn man mit dem BGH[24] und dem Bundesverfassungsgericht[25] in Anlehnung an das Sozialrecht die Ersparnis durch Zusammenleben mit **durchgehend 10%** ansetzt: da die Ersparnis für beide Eheleute beim Ehegatten berücksichtigt wird, beträgt sein vorrangiger Bedarf 80% des korrespondierenden Selbstbehalts des Unterhaltspflichtigen.

11 Entsprechend dieser Berechnung erkennen die **meisten OLGs** (DT, das KG, die OLGs Bremen, Celle, Dresden, Hamburg, Oldenburg, Rostock, Schleswig und die OLGs der SüdL) gegenüber einem **nachrangigen Ehegattenunterhalt** den vorrangigen Bedarf des beim Pflichtigen lebenden Ehegatten in Höhe von **840 EUR** und gegenüber einem **nachrangigen Kind** in Höhe von **920 EUR** an. **Abweichend** davon: Braunschweig 800 EUR bzw. 920 EUR, OLG Frankfurt, Hamm und Naumburg wie bisher einheitlich 800 EUR und Koblenz jeweils 840 EUR. Das OLG Braunschweig empfiehlt den Bedarf von 800 EUR auch gegenüber Ansprüchen nach § 1615l BGB, obgleich hier Gleichrang besteht. Der BGH hat sich zu dieser Berechnung bisher nicht geäußert. Allerdings hat er gegen eine Gleichsetzung des Selbstbehalts mit dem Mindestbedarf des Ehegatten Bedenken angemeldet[26]. Das betraf jedoch nur den **Mindestbedarf als Untergrenze des angemessenen Unterhalts** nach § 1578b Abs. 1 BGB, welcher in keinen Zusammenhang mit der Halbteilung steht. In Fällen des Vorrangs muss sich jedoch der Halbteilungsgrundsatz auch auf die Höhe des vorrangigen Unterhalts auswirken. So scheint das auch der BGH zu sehen.[27] Deshalb sollte die Lösung der OLGs Bestand haben. Eigenes Einkommen des Ehegatten ist auf diesen Selbstbehalt **nach Abzug eines Erwerbstätigenbonus** abzuziehen, weil Bewertungssprünge an der Mangelgrenze soweit möglich vermieden werden sollten.[28]

Gegenüber **Eltern und Enkeln** erkennen die SüdL und die meisten OLGs entsprechend dem gleichen Kalkül einen vorrangigen Bedarf des beim Pflichtigen lebenden Ehegatten von 1200 EUR an. Nur die OLGs Brandenburg, Koblenz und Saarbrücken machten dazu bisher keine Angaben.

12 **g) Sozialgrenze.** Eine absolute Grenze der Inanspruchnahme allen Unterhaltsansprüchen gegenüber stellt (neben dem notwendigen Selbstbehalt) auch die **Sozialgrenze** dar, die sich daraus ergibt, dass nach der Rechtsprechung des BGH niemand durch Unterhaltszahlungen Sozialfall werden soll.[29]

Jede Unterhaltspflicht findet nämlich dort ihre Grenze, wo dem Betroffenen nicht die Mittel für den eigenen notwendigen Lebensbedarf bleiben. Diese Opfergrenze, der sog.

---

[24] BGH FamRZ 2010, 1535 = R 714b
[25] BVerfG NJW 2010, 505 = FamRZ 2010, 429, 435
[26] BGH FamRZ 2010, 629 = R 710c
[27] BGH FamRZ 2009, 782 = R 703
[28] Die Entscheidung des BGH FamRZ 2011, 192, 194, nach welcher auf den „konkreten Bedarf" Erwerbseinkommen voll anzurechnen ist, betrifft nicht einen generellen Selbstbehalt oder Mindestbedarf, sondern die konkrete Bedarfsbemessung, welche, wie der BGH bemerkt, in der Regel sehr großzügig vorgenommen wird
[29] Das kann aber seit dem 1. 8. 2006 geschehen: wenn titulierter gesetzlicher Unterhalt gezahlt wird, dann ist dieser nach § 11 Abs. 2 Nr. 7 SGB II auf das Einkommen anzurechnen. Wenn dann dem Unterhaltspflichtigen weniger als sein Sozialbedarf nach § 20 SGB II und der Erwerbsbonus nach § 30 SGB II bleibt, hat er einen entsprechenden Anspruch auf Arbeitslosengeld II

I. Selbstbehalt und Mangelfall § 5

notwendige Selbstbehalt, wird im Allgemeinen etwas über dem **Sozialhilfebedarf** des in Anspruch genommenen angesetzt. Wenn der Sozialhilfebedarf aber im Einzelfall höher liegt als diese generellen Sätze, erhöht sich der Selbstbehalt entsprechend. Daher liegt der Selbstbehalt eines Rentners, der wegen Pflegebedürftigkeit auf Dauer in ein Heim untergebracht ist, nicht unter den dafür erforderlichen Kosten.[30] Auch in anderen Fällen wird aber zu prüfen sein, ob der Selbstbehalt den Sozialhilfebedarf (für die Hilfe zum Lebensunterhalt) nicht unterschreitet.[31] Gegebenenfalls ist der Selbstbehalt entsprechend zu erhöhen.

In solchen Fällen wird auch auf Seiten des Unterhaltsberechtigten meist Sozialhilfeberechtigung bestehen. Ist der **Berechtigte** Harz IV-Empfänger, geht in Höhe der Leistung nach § 33 I SGB II die Unterhaltsforderung auf das Sozialamt über. Jedoch ist dieser Forderungsübergang nach § 33 II SGB II begrenzt auf den Betrag, welchen der Unterhaltspflichtige verfügbar hat, ohne selbst sozialhilfeberechtigt zu werden. Dadurch allein wird der Unterhaltpflichtige aber nicht definitiv entlastet, denn den im Hinblick auf die Sozialgrenze nach § 33 II SGB II nicht übergegangenen Teil des zivilrechtlichen Unterhaltsanspruchs kann der Unterhaltsberechtigte selbst in Anspruch nehmen, weil die Sozialhilfe grundsätzlich nachrangig ist.[32] Hier ist nun die Begrenzung des Anspruchs durch die Sozialgrenze zu beachten. Das gilt allerdings nicht für die Abtragung von Rückständen. Allerdings kann aus Billigkeitsgründen der Umstand, dass die Sozialhilfe den **Unterhaltsbedarf bereits abgedeckt** hat, zur Herabsetzung der bis zur Rechtshängigkeit aufgelaufenen Rückstandsforderung führen, wenn nämlich der Unterhaltspflichtige sonst nicht imstande wäre, seinen laufenden Unterhaltspflichten nachzukommen.[33] 13

In Mangelfällen wird in der Regel auch **Prozesskostenhilfe** beantragt. Seit 1. 1. 1995 wird die Bedürftigkeit nach § 115 ZPO nach dem gleichen Schema geprüft wie bei der Sozialhilfe. Es liegt daher nahe, die Untergrenze des notwendigen Selbstbehalts an dem Freibetrag nach § 115 ZPO zu orientieren. 14

Dabei dürfen jedoch die **Besonderheiten des Unterhaltsrechts** jedoch nicht außer Acht gelassen werden. 15

- So können insbesondere **Wohnkosten** im Prozesskostenhilferecht anzuerkennen sein, obgleich sie den verschärften Maßstäben der Inanspruchnahme für den Unterhalt eines minderjährigen Kindes gem. § 1603 I S. 1 BGB nicht standhalten. Auch das Sozialhilferecht anerkennt Wohnkosten vorläufig, wenn sie bei Eintritt der Bedürftigkeit geschuldet werden, während das Unterhaltsrecht im Hinblick auf die meist vorhersehbare Unterhaltspflicht überhöhte Wohnkosten nur bei Verbleiben in der Ehewohnung bei der Trennung zeitweise akzeptiert, in der Regel jedoch nicht anerkennt. Hinzu kommt die unterschiedliche prozessuale Lage: Im Zivilprozess hat der Unterhaltsverpflichtete seine Leistungsunfähigkeit und damit seine Unfähigkeit, eine billigere Wohnung zu finden, zu beweisen, während im Sozialgerichtsprozess die Amtsmaxime gilt, was letztlich zur Beweislast der Behörde führt.
- Für das Prozesskostenhilferecht entfällt nach § 115 I 2 ZPO die Leistungsfähigkeit, soweit **die bei dem Pflichtigen lebenden Kinder und sein Gatte** bedürftig werden würden. Würde das Unterhaltsrecht dem folgen, wären der zweite Gatte und die bei dem Pflichtigen lebenden Kinder mit ihrem Mindestbedarf vorrangig gegenüber dem ersten Gatten und den Kindern, die nicht bei dem Pflichtigen leben. Das widerspräche den **Rangregeln des Unterhaltsrechts** (vgl. Rn. 119 ff.). 16
- Das Unterhaltsrecht billigt dem Unterhaltspflichtigen im Mangelfall nur einen **Erwerbstätigenbonus** von 180 EUR (Unterschied zwischen dem notwendigen Selbstbehalt eines Erwerbstätigen von 950 EUR und eines Nichterwerbstätigen von 770 EUR).[34] Demgegenüber akzeptieren die Sozialämter i. d. R. einen Erwerbsbonus nach § 30 17

---

[30] BGH FamRZ 1990, 849
[31] BGH FamRZ 1984, 1000
[32] BGH FamRZ 2000, 1358 = R 543 a; FamRZ 1999, 843 = R 533 a, b
[33] BGH FamRZ 1999, 843 = R 533 c
[34] Der BGH hat in einem Mangelfall die Herabsetzung des Erwerbsbonus auf 5% für angemessen gehalten: FamRZ 1992, 539, 541

SGB II abhängig vom Einkommens von bis zu 210 EUR, der neben einem pauschalierten Aufwand von 100 EUR (§ 11 Abs. 2 S. 2 SGB II) vom Erwerbseinkommen abgezogen wird und dieses über das Maß des unterhaltsrechtlich Möglichen mindern kann. Die unterschiedliche Höhe des Bonus rechtfertigt sich im Prinzip aus der unterschiedlichen Interessenlage, insbesondere der geringere Bonus des Unterhaltsrechts aus der strengen Erwerbsobliegenheit gegenüber dem minderjährigen Kind. Es besteht deshalb kein Grund, denselben Bonus wie § 30 SGB II der Unterhaltsberechnung zugrunde zu legen (vgl. Scholz § 8 Rn. 14).

18   Zu beachten ist aber vor allem, dass das Sozialrecht keine fiktiven Einkünfte berücksichtigt, was regelmäßig zu Abweichungen führen kann. In diesen Fällen kann nur für Rückstände aus der Zeit vor Rechtshängigkeit nach § 242 BGB ein Ausgleich gefunden werden.[35]

19   **h) Bedarfskontrollbetrag.** Der Bedarfskontrollbetrag der DT (vgl. näher § 2 Rn. 351 f.) könnte als eingeschränkter Selbstbehalt erscheinen, weil Unterschreitung desselben zur Herabgruppierung in der DT und damit zur Senkung sowohl des Kindesunterhalts als auch wiederum des Bedarfskontrollbetrags führt. Da jedoch der Bedarf eines Kindes im Rahmen der Zumutbarkeit an jeder Minderung des Lebensstands des Verpflichteten teilnimmt, wird der Bedarfskontrollbetrag zutreffend nicht als Kennzeichnung eines (eingeschränkten) Mangelfalls, sondern als Rechenhilfe zur Bestimmung des angemessenen Bedarfs eines Kindes betrachtet (vgl. auch § 2 Rn. 317).[36]

20   **i) Erhöhung und Herabsetzung des Selbstbehalts. aa) Ersparnis durch gemeinsame Haushaltsführung.** Der Selbstbehalt eines Unterhaltsschuldners kann unter die Richtwerte herabgesetzt werden, wenn der Bedarf mit der Ersparnis durch gemeinsame Haushaltsführung mit einem ebenfalls berufstätigen Ehegatten teilweise abgedeckt ist.[37] Bisher hatten die Leitlinien der OLGs diese Ersparnis nur durch einen entsprechend geringeren Ansatz für den zusätzlichen Bedarf des beim Pflichtigen lebenden Ehegatten berücksichtigt. Die DT setzte für den Bedarf des Ehegatten beim Pflichtigen im Verhältnis zu den minderjährigen Kindern und privilegierten Volljährigen mit 650 EUR bei Erwerbstätigkeit, 560 EUR ohne Erwerbstätigkeit an, im Verhältnis zu nicht privilegierten Volljährigen mit 800 EUR[38] (vgl. Rn. 10, 11). Die einseitige Berücksichtigung beider Ersparnisse nur beim Ehegatten erhöht bei der Mangelfallberechnung den nicht der Mangelkürzung unterliegenden Selbstbehalt und vermindert den kürzungsfähigen Anteil des Ehegatten. Die Motive des neuen Unterhaltsrechts[39] empfehlen demgegenüber, diese Mangelfallberechnung zu ändern und im Fall des Zusammenlebens auch den Selbstbehalt des Pflichtigen herabzusetzen.[40] Die HL 24.2.2 legten es nahe, diese Ersparnis mit 12,5% zu bemessen.[41] Das bedeutet eine Herabsetzung des Ehegattenselbstbehalts von 1000 EUR auf 875 EUR, jetzt von 1050 EUR auf 919 EUR. Das setzt allerdings eine echte Ersparnis voraus, also auch ein Einkommen des Partners.[42] Vgl. auch § 3 Rn. 94 ff. (Scholz) mit teilweise abweichenden Ergebnissen. Nunmehr hat der BGH[43] sich im Anschluss an das BVerfG[44] und die Regelungen des Sozialrechts (§ 20 Abs. 2 S. 2 SGB II)

---

[35] BGH FamRZ 1999, 843 = R 533 c
[36] Vgl. Hampel, Bemessung des Unterhalts, Rn. 35
[37] BGH FamRZ 2002, 742 = R 576 b; FamRZ 2004, 24 = R 600
[38] DT Anm. B VI, VII. Das sind nur 650/900 = 72% bzw. 560/770 = 73% bzw. 800/1100 = 73% des Bedarfs eines Alleinstehenden. Da dabei bisher der Selbstbehalt des Pflichtigen nicht herabgesetzt wurde, erfasst die Herabsetzung um ca. 27% die Vorteile beider Partner
[39] BT-Drs. 16/1830
[40] BT-Drs. 16/1830 S. 24
[41] Vgl. Gerhardt/Gutdeutsch FamRZ 2007, 778, 780. Die etwas höheren Ansätze der Düsseldorfer Tabelle (ca. 27 : 2 = 13,5%) sind weniger repräsentativ, weil sie (anders als die Quoten der HL) gerade für den Mangelfall gelten, bei welchem die einseitige Berücksichtigung der Ersparnis beim Ehegatten den Pflichtigen begünstigt. Die Verwendung der etwas geringeren Ersparnisquote gleicht also den Fortfall dieser Begünstigung etwas aus
[42] BGH FamRZ 2008, 968 = R 689 i
[43] BGH FamRZ 2010, 1535 = R 714 b
[44] BVerfG NJW 2010, 505 = FamRZ 2010, 429, 435

I. Selbstbehalt und Mangelfall   § 5

einen Abzug von 10% empfohlen. Dem sind die meisten Leitlinien bei der Bemessung des vorrangigen Bedarfs des bei dem Pflichtigen lebenden Ehegatten gefolgt (s. o. Rn. 10, 11). Es wäre der Rechtssicherheit zuträglich, wenn sich diese Lösung allgemein durchsetzen würde. Für die Praxis bedeutet das, dass bei **Zusammenleben mit einem Partner** der Selbstbehalt grundsätzlich um **10% zu senken** ist (so KG 21.5). Allerdings muss der Partner um ein ausreichendes Eigeneinkommen verfügen, weil sich die Ersparnis sonst nicht vorteilhaft für den Unterhaltsschuldner auswirken kann.[45] Die Minderung des Selbstbehalt um ganze 10% setzt deshalb voraus, dass das Einkommen des Partners den Betrag des **um 10% verminderten notwendigen Selbstbehalts**, also 693 EUR erreicht.

bb) Anteil am Familienunterhalt. Zusätzlich ist ein Anteil am Familienunterhalt zu berücksichtigen, der analog dem Trennungsunterhalt als Ehegattenquote, allerdings ohne Erwerbstätigenbonus, berechnet wird.[46]   21

Verlangt ein minderjähriges Kind Unterhalt von seinem allein barunterhaltspflichtigen Elternteil und hat dieser in der neuen Ehe die Haushaltsführung übernommen, so ist sein Eigenbedarf durch die Haushaltsführung gedeckt und seine Leistungsfähigkeit richtet sich nur nach seinem möglichen Nebenerwerb.[47] Von dem hierdurch erzielbaren Einkommen ist **kein Selbstbehalt** abzuziehen. Früher vertrat der BGH auch die Auffassung, die Leistungsfähigkeit könne nicht größer sein, als sie wäre, wenn der Pflichtige erwerbstätig geblieben wäre.[48] Davon ist der BGH später abgerückt.[49]

cc) Geringere oder höhere Wohnkosten. Die Wohnkosten in **Ballungsgebieten** unterscheiden sich stark von denjenigen in ländlichen Gegenden. Weil die meisten OLG-Bezirke sehr unterschiedlich strukturierte Gebiete umfassen, war es schon lange Anlass zur Kritik, dass sich zwar die Selbstbehalte der verschiedener OLGs oft unterschieden, innerhalb desselben OLG-Bezirks jedoch einheitliche Selbstbehaltssätze gelten. Die Sozialhilfe ihrerseits verwendet nur für den allgemeinen Lebensbedarf pauschale Regelsätze und deckt die Wohnkosten im Grundsatz nach ihrer tatsächlichen Höhe, wobei bei mehreren Bewohnern die Kosten nach Köpfen verteilt werden. Der daraus resultierenden Abweichung tragen die OLGs (ausgenommen KG, Celle, Oldenburg und Rostock) nun dadurch Rechnung, dass sie **in ihren Selbstbehaltssätzen** einen **Wohnkostenanteil ausweisen.** Das OLG Köln 21.5.2 hat auch Vorschläge für die Aufteilung der Wohnkosten unter mehrere Mitbewohner derselben Wohnung. Hiernach sind unter Erwachsenen die Kosten nach Köpfen zu teilen. Kindern sind 20% ihres Barunterhalts zuzurechnen.   22

So führen unvermeidbare Mietkosten, wenn sie den im Selbstbehalt vorausgesetzten Betrag übersteigen, zu einer entsprechenden Erhöhung des Selbstbehalts.   23

Andererseits kann auch eine **Herabsetzung** des Selbstbehalts veranlasst sein, wenn ein Teil des allgemeinen Lebensbedarfs des Verpflichteten anderweitig gedeckt ist, z. B. durch ein wohnkostenfreies Wohnen oder durch die Leistungen des neuen Ehemannes zum Familienunterhalt in einer neuen Ehe.[50]

Da in den Selbstbehaltssätzen grundsätzlich auch ein **Anteil für Mietkosten des Verpflichteten** enthalten ist, verringert sich sein angemessener Bedarf im Verhältnis zum Berechtigten um den entsprechenden Anteil der Mietkosten, wenn der Verpflichtete mietfrei wohnt.[51] Allerdings muss beachtet werden, dass die niedrige Miete vielfach auf einer bewussten Entscheidung des Pflichtigen beruht, welcher auf den ihm zustehenden Wohnkomfort verzichtet, um das dadurch Ersparte in anderer Weise verwenden zu können. Diese Entscheidung darf **nicht durch Herabsetzung des Selbstbehalts unterlaufen werden.**[52] Deshalb kommt die Herabsetzung des Selbstbehalts nur dann in Betracht, wenn der

---

[45] Gutdeutsch FamRZ 2008, 2240
[46] BGH FamRZ 2002, 742 = R 576 a; FamRZ 2004, 24 = R 600, Gutdeutsch FamRZ 2008, 2240
[47] BGH FamRZ 2001, 1065 = R 549
[48] BGH FamRZ 1987, 472, 474
[49] BGH FamRZ 2006, 1827 = R 660 a
[50] BGH FamRZ 1998, 286 = R 518 a a. E., FamRZ 1987, 472
[51] BGH FamRZ 1984, 683
[52] BGH FamRZ 2006, 1664 = R 657 d, FamRZ 2004, 370 = R 604 d, FamRZ 2004, 186

Pflichtige in einer **Region mit niedrigen Mieten** lebt, ohne dass diese Wahl durch die Erwägung der Mietersparnis mitbestimmt worden wäre.

24   Die Düsseldorfer Tabelle gibt zu jedem Selbstbehaltssatz die darin enthaltene Warmmiete an: im notwendigen Selbstbehalt von 950 EUR bzw. 770 EUR sind 360 EUR, im angemessenen Selbstbehalt von 1150 EUR sind es 450 EUR, beim erhöhten angemessenen Selbstbehalt gegenüber sonstigen Verwandten von 1500 EUR (bzw. 1050 EUR für den Ehegatten) sind es 450 (bzw. 400) EUR. Entsprechende Angaben enthalten auch die Leitlinien der meisten OLGs (außer KG, Celle, Oldenburg und Rostock, welche keine Angaben machen und Schleswig, das unterschiedslos 400 EUR ansetzt, nur beim Elternunterhalt erhöht auf 450 EUR).

25   Die ausgewiesenen Wohnkosten betreffen grundsätzlich die Warmmiete, welche umlagefähige Nebenkosten und Heizkosten umfasst (DT A.5., 7.). Nur das OLG Jena regelt die im Selbstbehalt enthaltene Kalt- und Warmmiete (290 EUR bzw. 360 EUR beim notwendigen Selbstbehalt, 330 EUR bzw. 430 EUR beim Ehegattenselbstbehalt, 370 EUR bzw. 450 EUR beim angemessenen Selbstbehalt und 370 EUR bzw. 480 EUR beim Elternunterhalt), ebenso das OLG Frankfurt (290 EUR bzw. 380 EUR beim notwendigen Selbstbehalt, 330 EUR bzw. 430 EUR beim Ehegattenselbstbehalt, 370 EUR bzw. 480 EUR beim angemessenen Selbstbehalt und 370 EUR bzw. 480 EUR beim Elternunterhalt). Man wird davon ausgehen dürfen, dass mit „Warmmiete" dasselbe gemeint ist wie mit „(Kalt)Miete zuzüglich Mietnebenkosten" oder „Unterkunft und Heizung". Soweit auf diese Weise Kalt- und Warmmiete ausgewiesen sind, kann durch konkreten (durch Vorlage des Mietvertrags belegten) Vortrag des einen oder des anderen Betrags eine Herabsetzung des Selbstbehalts erreicht werden. Ist nur die Kaltmiete ausgewiesen, so muss bei einer weitere Kosten umfassenden Pauschalmiete der Anteil der Kaltmiete durch eine Schätzung ermittelt werden, für welche die Leitlinien, welche zugleich Warm- und Kaltmiete ausweisen, gewisse Anhaltspunkte bieten (Frankfurt 21).

Ist umgekehrt nur die Warmmiete ausgewiesen, kann der Verpflichtete normalerweise Miete und Nebenkostenvorauszahlungen geltend machen. Heizt er selbst, so muss er seine Heizkosten berechnen und ggf. belegen. Sonst kann nur die etwa belegte Kaltmiete, erhöht um einen mäßigen Nebenkostenzuschlag (30%), geltend gemacht werden.

Bewohner eines eigenen Hauses können die Finanzierungszinsen (als Korrelat der Miete) und die sonstigen verbrauchsunabhängigen und verbrauchsabhängigen Kosten einschließlich der Heizkosten ansetzen, auch soweit sie nicht umlagefähig sind.

Stromkosten werden in der Regel vom Mieter direkt bezahlt und sind von den Nebenkosten nicht erfasst. Soweit Kosten der Warmwasserbereitung gemeinsam mit den Heizkosten abgerechnet werden, sind sie (anders als im Sozialhilferecht) aus Gründen der Praktikabilität als Nebenkosten zu behandeln.

26   Einer übermäßigen Mietbelastung soll das **staatliche Wohngeld** (vgl. näher § 1 Rn. 664 f.) entgegenwirken. Unterhaltsrechtlich maßgebend ist bei der Leistungsfähigkeit nicht das tatsächlich bezogene Wohngeld, sondern der insoweit bestehende Anspruch, weil der Unterhaltspflichtige die Obliegenheit hat, sich zumutbares Einkommen zu verschaffen. Das gilt in erhöhtem Maße im Mangelfall. Deshalb schrieben BayL 20 f. die Anrechnung des Wohngelds auf die Mietbelastung vor.

27   Bei einer Familienwohnung müssen die **Wohnkosten nach auf die Bewohner verteilt** werden:[53] Den Kindern könnte hier ein Anteil von 20% ihres Unterhalts angerechnet werden, während der Rest auf die Erwachsenen nach Köpfen zu verteilen wäre.

> **Beispiel:**
> M ist der einkommenslosen nach langer Ehe (18 Jahren) geschiedenen Frau F 1 unterhaltspflichtig sowie den Kindern der neuen Ehe A und B im Alter von 3 und 7 Jahren.
> M verdient 1700, hat unvermeidlich eine Warmmiete von 880 zu zahlen und erhält 368 Kindergeld.
> Barunterhaltsanspruch der beiden Kinder, wegen Unterhaltspflicht gegenüber 2 Frauen und 2 Kindern,

---

[53] LL Köln 21.5 Abs. 2

I. Selbstbehalt und Mangelfall § 5

herabgesetzt um eine Einkommensgruppe: DT 08 $^1/_1$, $^1/_2$ = 317, 364,
Mietanteil 20% des Kindesunterhalts = (317 + 364) × 0,20 = 136
anteilige Wohnkosten von M (neben F 2) = (880 – 136) : 2 = 372,
sie übersteigen den ausgewiesenen Betrag von 360 (SüdL 21.2) um 12
notwendiger Selbstbehalt vom M = 950 + 12 = 962 €

dd) Auslandsfälle. Wohnt der Verpflichtete im Ausland, sind für die Ermittlung des 28
„angemessenen Selbstbehalts", den der Verpflichtete benötigt, um seinen Unterhaltsbedarf sicherzustellen, die Geldbeträge maßgeblich, die er an seinem Aufenthaltsort aufwenden muss, um nach den dortigen Verhältnissen den vergleichbaren „angemessenen Lebensstandard" aufrechterhalten zu können. Dabei ist der außenwirtschaftliche Kurs der fremden Währung nicht notwendig ein Spiegelbild ihres Binnenwertes und braucht sich mit der Kaufkraft der ausländischen Währung im Inland nicht zu decken[54] (vgl. § 9 Rn. 35, Rn. 42).

ee) Umgangskosten. Bei nicht unerheblichen Umgangskosten, die der Unterhalts- 29
schuldner aus den Mitteln, die ihm über den notwendigen Selbstbehalt hinaus verbleiben, nicht bestreiten kann, kommt eine maßvolle Erhöhung des Selbstbehalts in Betracht, üblicherweise in Höhe des Kindergeldanteils von 184/2 = 92 EUR.[55]

ff) Erwerbstätigenbonus. Bei dem notwendigen Selbstbehalt unterscheidet die DT 30
und ihr folgend die Leitlinien zwischen erwerbstätigen Unterhaltsschuldnern (950 EUR) und anderen (770 EUR). Damit soll dem Unterhaltsschuldner ein Anreiz gegeben werden, ihre Erwerbstätigkeit nicht aufzugeben. Die anderen Selbstbehalte unterscheiden nicht nach Erwerbstätigkeit und Nichterwerbstätigkeit. Der Erwerbstätigenbonus, welcher dem Unterhaltspflichtigen bei der **Bedarfsbemessung** zugebilligt wird, hat im Mangelfall keine Bedeutung. Der Betrag ist Teil des die Leistungsfähigkeit bestimmenden Einkommens.

3. Voraussetzungen eines Mangelfalls nach §§ 1581, 1603 BGB

Nach §§ 1581, 1603 BGB besteht ein Mangelfall, wenn der Verpflichtete nach seinen 31
Erwerbs- und Vermögensverhältnissen unter Berücksichtigung seiner sonstigen Verpflichtungen außerstande ist, ohne Gefährdung seines eigenen Unterhalts dem Berechtigten Unterhalt zu gewähren.
In der üblichen Unterhaltsberechnung ergibt sich ein Mangelfall dadurch,
1. das Einkommen des Pflichtigen errechnet wird,
2. davon alle Unterhaltspflichten abgezogen werden,
3. festgestellt wird, welcher Selbstbehalt für das Unterhaltsverhältnis maßgebend ist und
4. der verbleibende Betrag mit dem hiernach maßgebenden Selbstbehalt verglichen wird: ist er größer, dann liegt kein Mangelfall vor und die Unterhaltsanprüche können in vollem Umfang erfüllt werden. Ist er kleiner, dann liegt ein Mangelfall vor. Das Defizit (Unterschied zwischen Restbetrag und Selbstbehalt) muss entsprechend dem Rangverhältnissen auf die Unterhaltsansprüche verteilt werden.

Jedoch umfasst die Leistungsfähigkeit auch etwaiges **Vermögen**. Dessen Verwertung kann solange die **volle Leistungsfähigkeit** sichern, bis das Vermögen **verbraucht ist**. Der Einsatz des Vermögens ist jedoch nach § 1581 BGB nur insoweit geschuldet, als sie nicht unwirtschaftlich oder nach Maßgabe der beiderseitigen wirtschaftlichen Verhältnisse unbillig wäre (i. E. vgl. Rn. 81 f.). Ist hiernach ein Einsatz des Vermögens **in festen Raten** zumutbar, dann ist dieser Betrag als **Teil des Einkommens** in die Unterhaltsberechnung einzusetzen.

In entsprechender Weise sind Schulden zu berücksichtigen: werden sie in gleichen Raten zurückgezahlt und sind die Raten angemessen (stellen keine Verletzung der Erwerbsoblie-

---

[54] BGH FamRZ 1988, 705, 708 = R 364a; zu den Kaufkraftparitäten vgl. auch die Aufstellung FamRZ 1993, 1158 sowie Gutdeutsch/Zieroth, FamRZ 1993, 1152 m. w. N.
[55] BGH FamRZ 2005, 706, 708; BGH FamRZ 2008, 594 = R 688

genheit dar, vgl. Rn. 85 ff.), dann sind diese Raten als Belastungen vom Einkommen abzuziehen.

32 Damit sind für die Feststellung eines Mangelfalls folgende Umstände zu klären:
- Der eigene **Unterhalt des Verpflichteten (Selbstbehalt).** Soweit es um die Feststellung eines Mangelfalls gegenüber einem Gatten geht, ist der Ehegattenselbstbehalt einzusetzen, geht es um den Mangelfall gegenüber einem Kind oder anderen Verwandten, der jeweilige Selbstbehalt des Verpflichteten diesem gegenüber (vgl. Rn. 2 bis 9).
- Der errechnete **volle Unterhalt des Berechtigten** nach dem Maßstab seiner Bedürftigkeit.
- Die **Erwerbs- und Vermögensverhältnisse** (das unterhaltsrechtliche Einkommen) des Verpflichteten.
- Die **sonstigen Verpflichtungen** des Verpflichteten, zu denen auch andere Unterhaltsverpflichtungen gehören.

33 Für die Beurteilung, ob ein Mangelfall vorliegt, sind somit zwei verschiedene Bereiche miteinander zu vergleichen:
- Der **Sollbereich oder Bedarfsbereich.** Dieser Bereich umfasst alle Bedarfspositionen und bestimmt die erforderliche Leistungsfähigkeit auf der Leistungsstufe (Genaueres dazu Rn. 35 f.).
- Der **Haben-Bereich oder die Deckungsmasse.** Dieser Bereich beinhaltet alle zur Bedarfsdeckung verwendbaren Mittel des Verpflichteten und bestimmt seine tatsächliche Leistungsfähigkeit (Genaueres dazu nachfolgend Rn. 38 f.).
- Die **bedarfsbestimmenden** (z. B. die ehelichen Lebensverhältnisse **prägenden**) Unterhaltsverpflichtungen und anderen **Verpflichtungen** gehören zu den Erwerbs- und Vermögensverhältnissen. Bei der Gegenüberstellung können sie vom Einkommen vorweg abgezogen werden (Nettomethode) oder dem Soll- oder Bedarfsbereich zugerechnet werden (Bruttomethode).

34 Ist bei einem Vergleich der beiden Bereiche der Soll-Bereich größer als der Haben-Bereich, besteht eine beschränkte Leistungsfähigkeit und damit ein **Mangelfall.** Die Differenz beinhaltet den **Fehlbedarf** und damit das Ausmaß der beschränkten Leistungsfähigkeit (Vergleichsmethode, Bruttomethode).

In der Praxis wird oft nur dieser Fehlbedarf berechnet, indem erst die Posten des Habenbereichs addiert und dann davon alle Posten des Sollbereichs bis auf den Eigenbedarf des Verpflichteten abgezogen werden. Ist der Rest geringer als der Eigenbedarf, so besteht ein Mangelfall (Abzugsmethode, Nettomethode).

Sind beide Bereiche gleich groß oder ist der Soll-Bereich kleiner als der Haben-Bereich, dann ist der Verpflichtete **voll leistungsfähig.** Die Abzugsmethode ergibt dann einen Restbetrag in Höhe mindestens des Eigenbedarfs.

Das Gericht hat abzuwägen, ob der Verpflichtete nach diesem Maßstab zu Unterhaltsgewährung in der Lage ist.[56]

35 **a) Die Bedarfspositionen.** Wie bereits ausgeführt (Rn. 31 f.), zählen zum Soll-Bereich oder Bedarfsbereich der Bedarf des Verpflichteten und des Berechtigten, sowie sonstige Verpflichtungen.

Je nachdem, wem gegenüber der Mangelfall zu prüfen ist, muss der Bedarf des Verpflichteten unterschiedlich festgelegt werden. Er ist grundsätzlich identisch mit dem jeweiligen Eigenbedarf oder Selbstbehalt (s. o. Rn. 1 ff.).

Im Verhältnis zwischen Ehegatten ist jetzt wieder der beiderseitige Bedarf als eheangemessener Bedarf in Gestalt des **Quotenunterhalts** zu berechnen. Daneben ist als Mindestbetrag der Ehegattenmindestselbstbehalt von 1050 EUR zu beachten.

36 Beim **Verwandtenunterhalt** nach §§ 1601, 1603 BGB tritt neben den festen Selbstbehalt des Pflichtigen der **volle Bedarf des Verwandten,** welcher bei minderjährigen Kindern meist nach der DT und Mindestbedarf (§ 2 Rn. 310 ff.), bei volljährigen Kindern vielfach nach festen Beträgen (§ 2 Rn. 508 f.) oder der DT (§ 2 Rn. 518 f.) bestimmt wird und ebenfalls durch in diesen Unterhaltssätzen nicht berücksichtigten Mehrbedarf (§ 2 Rn. 451 f., 530) erhöht sein kann.

---

[56] BGH FamRZ 1990, 260; FamRZ 1985, 691.

I. Selbstbehalt und Mangelfall § 5

§ 1581 BGB schreibt ausdrücklich vor, dass im Rahmen der Leistungsfähigkeit auch **alle** 37
sonstigen Verpflichtungen zu berücksichtigen sind. Deshalb erhöhen auch solche Verpflichtungen zunächst den Bedarfsbereich. Es muss sich aber auch auf der Leistungsstufe um berücksichtigungswürdige Verbindlichkeiten handeln (siehe Rn. 85 f.).

Zu den „sonstigen Verpflichtungen", die den Bedarfsbereich erhöhen, zählen nur **die Verpflichtungen,** die nicht bereits vorher bei der Einkommens- und Bedarfsberechnung berücksichtigt sind. Dazu zählten früher alle sonstigen **Unterhaltsverpflichtungen,** wie z. B. für Kinder oder für den neuen Ehegatten. Nach der neuen Rechtsprechung zu den wandelbaren ehelichen Lebensverhältnissen bestimmen diese Verpflichtungen aber bereits den Bedarf.[57]

Es bleiben alle sonstigen tatsächlich bestehenden regelmäßigen Zahlungsverpflichtungen, auch solche, die erst nach Trennung oder Scheidung begründet werden.

b) Die Deckungsmasse. Im Rahmen der Leistungsfähigkeit sind alle tatsächlichen 38
Einkünfte des Verpflichteten zu berücksichtigen.[58] Das sind alle Einkünfte, gleich, ob sie auf den Bedarf Einfluss haben oder nicht, welcher Art sie sind und auf welcher Grundlage sie bezogen werden. Es sind praktisch alle in § 1 erörterten Einkünfte, die der Verpflichtete tatsächlich erzielt hat oder in zumutbarer Weise erzielen könnte, ohne Rücksicht auf Herkunft und Verwendungszweck. Maßgeblich sind die Nettoeinkünfte, wobei ein Abzug solcher Verpflichtungen unterbleibt, die bereits im Bedarfsbereich berücksichtigt werden (Rn. 35).

Die wichtigsten der zur Bedarfsdeckung verwendbaren Mittel sind:
Erwerbseinkünfte aus abhängiger Arbeit (§ 1 Rn. 65 ff.), aus selbstständiger Erwerbs- 39
tätigkeit, Gewerbetätigkeit oder aus Land- und Forstwirtschaft (§ 1 Rn. 160 ff.) sowie aus Erwerbsersatzeinkünften wie Krankengeld, Arbeitslosengeld (§ 1 Rn. 105 ff.), Renten und Pensionen (§ 1 Rn. 646 ff.).

Vermögenseinkünfte aus Vermietung und Verpachtung (§ 1 Rn. 450 ff.), aus Kapital- und sonstigem Vermögen (§ 1 Rn. 600 ff.) sowie aus Wohnvorteilen und sonstigen Gebrauchsvorteilen des Vermögens (§ 1 Rn. 483 ff.).

Einkünfte aus **unzumutbarer Erwerbstätigkeit** des Verpflichteten (§ 1 Rn. 800 ff.). 40
Diese sind auf Grund einer Billigkeitsabwägung nach Treu und Glauben (§ 242 BGB) und nicht nach § 1577 BGB anzurechnen.

Einkünfte aus **sozialstaatlichen Zuwendungen** und sonstige Leistungen des Staates, 41
wie z. B. aus Wohngeld (§ 1 Rn. 665 f.), aus BAföG-Leistungen (§ 1 Rn. 670), aus Pflegegeld (§ 1 Rn. 689 f.), aus Steuererstattungen (§ 1 Rn. 971, 1011). Zum Kindergeld vgl. § 1 Rn. 677 f.

Fiktive Zurechnung erzielbarer Einkünfte. 42

Auch im Rahmen seiner Leistungsfähigkeit muss der Verpflichtete seine **Arbeitskraft** und **Erwerbsfähigkeit** so gut wie möglich einsetzen und eine zumutbare Erwerbstätigkeit ausüben. Unterlässt er dies, wird er so behandelt, als würde er aus einer zumutbaren Erwerbstätigkeit tatsächlich ein Einkommen erzielen (vgl. § 1 Rn. 735 ff.).[59] Zu beachten ist, dass es sich hier zwar um ein **fingiertes Einkommen**, nicht aber um eine fingierte Leistungsfähigkeit handelt. Vorausgesetzt wird hier, dass die **Erwerbstätigkeit möglich** ist. Das Gegenteil müsste notfalls der Verpflichtete beweisen, weil es hier um die Leistungsfähigkeit geht (im Gegensatz zu Rn. 39 f., welche von Fällen der erwiesenen oder unstreitigen Leistungsunfähigkeit handelt).

Ähnliches gilt für **sonstige Einkünfte,** die zumutbarerweise erzielt werden könnten, wie z. B. angemessene Zinsen aus einem unrentabel angelegten Kapital. Allerdings steht dem Pflichtigen hier ein weiter Beurteilungsspielraum zu, weil er ja das Anlagerisiko tragen muss.

Fiktive Beträge aus einer **unterlassenen Vermögensverwertung,** sofern auch ohne 43
Mangelfall eine Obliegenheit zur Vermögensverwertung besteht (Rn. 81 f., § 1 Rn. 607 f.).

---

[57] BGH FamRZ 2006, 683 = R 649 g; FamRZ 2008, 968 = R 689 g
[58] BGH FamRZ 1989, 159, 161
[59] BGH FamRZ 1990, 283, 288; FamRZ 1985, 158 = NJW 1985, 732

44 **c) Beachtlichkeit selbstverschuldeter Leistungsunfähigkeit.** Nach der Rechtsprechung des BGH ist eine tatsächlich bestehende Leistungsunfähigkeit grundsätzlich selbst dann zu beachten, wenn der Verpflichtete sie selbst – sogar **schuldhaft** – herbeigeführt hat.[60]

45 Dem Verpflichteten kann jedoch ausnahmsweise die **Berufung** auf seine (volle oder teilweise) **Leistungsunfähigkeit nach Treu und Glauben (§ 242 BGB) verwehrt sein**, wenn er diese durch ein **verantwortungsloses,** zumindest leichtfertiges **Verhalten** von erheblichem Gewicht herbeigeführt hat.[61]

Ein solcher Vorwurf setzt voraus, dass dem Verpflichteten die Verantwortungslosigkeit seines Verhaltens einsichtig war, was sich aus dem Bezug zur Unterhaltsverpflichtung ergeben kann.[62]

Die Bejahung eines solchen Verhaltens erfordert eine wertende Betrachtung und Abwägung aller Umstände des Einzelfalls.[63]

Als Folge wird der Verpflichtete im Rahmen der Leistungsfähigkeit so behandelt, als hätte er sein Einkommen noch und würde den Unterhalt in bisheriger Höhe weiterzahlen können.[64]

46 Der BGH hat diese Grundsätze entwickelt bei Einkommensminderungen infolge **Arbeitsplatzaufgabe** oder Arbeitsplatzwechsel, Berufswechsel, beruflicher Verselbstständigung und sonstiger beruflicher Veränderung (Genaueres dazu § 1 Rn. 735 f.).

Diese Grundsätze gelten darüber hinaus auch, wenn die Begründung von Verbindlichkeiten auf einem verantwortungslosen, zumindest leichtfertigen Verhalten beruht.

4. Abänderungsklage bei späteren Änderungen der Leistungsfähigkeit

47 Eine erst **nach Unterhaltstitulierung** eintretende Änderung der Leistungsfähigkeit beruht in der Regel auf Änderungen der wirtschaftlichen Verhältnisse (ebenso wie die Änderungen der Bedürftigkeit). Deshalb sind Änderungen in der Leistungsfähigkeit dem Anwendungsbereich des § 238 FamFG (früher § 323 ZPO) zuzuordnen.[65]

Ein Antrag nach § 323 ZPO kann gestellt werden, wenn auch die sonstigen Voraussetzungen des § 238 FamFG zu bejahen sind (vgl. § 10 Rn. 133 ff.).

Der **Verpflichtete** kann den Antrag nach § 238 FamFG stellen, wenn er wegen geänderter Leistungsfähigkeit den Unterhalt in bisheriger Höhe nicht mehr weiterbezahlen kann.

Auch der **berechtigte Gatte** kann nach § 238 FamFG den vollen eheangemessenen Unterhalt verlangen, wenn ihm im Vorverfahren nur ein Billigkeitsunterhalt nach § 1581 BGB zugesprochen worden war und der Verpflichtete zwischenzeitlich voll leistungsfähig geworden ist.[66]

Dies gilt unabhängig davon, ob die Steigerung der Leistungsfähigkeit auf einer Erhöhung des laufenden Einkommens beruht oder auf einem einmaligen Vermögenszuwachs oder auf beidem.[67]

Bei solchen nachträglichen Änderungen der Leistungsfähigkeit entsteht für die zurückliegende Zeit keine Unterhaltspflicht und damit auch keine Nachzahlungsverpflichtung, auch nicht für einen sogenannten objektivierten Nachholbedarf.[68]

---

[60] BGH FamRZ 2000, 815 = R 541; FamRZ 1989, 159, 161; FamRZ 1985, 158; FamRZ 1987, 930
[61] BGH FamRZ 2000, 815 = R 541; FamRZ 1994, 240; FamRZ 1987, 930; FamRZ 1993, 1055 = R 462 A b
[62] BGH FamRZ 1985, 158
[63] BGH FamRZ 1993, 1055 = R 462 A b; FamRZ 1988, 597, 599; FamRZ 1987, 930, 932; FamRZ 1987, 372, 374; FamRZ 1985, 158
[64] BGH FamRZ 1981, 539
[65] BGH FamRZ 1989, 159, 161
[66] BGH FamRZ 1989, 817
[67] BGH FamRZ 1985, 155
[68] BGH FamRZ 1985, 155

II. Einkommens- und Bedarfskorrekturen im Mangelfall § 5

Die Abänderung eines **Billigkeitsunterhalts** (§ 1581 BGB) erfolgt in der Weise, dass 48 der Billigkeitsunterhalt unter **Wahrung der Grundlagen** des abzuändernden Titels an die veränderten Verhältnisse angepasst wird. Unveränderte Verhältnisse, die bereits dem Ersturteil zugrunde lagen und in diesem bewertet worden sind, können im Rahmen des Antrags nach § 238 FamFG nicht abweichend beurteilt werden.[69]

Sind in dem früheren Verfahren die für die Bedarfsbemessung maßgeblichen ehelichen 49 **Lebensverhältnisse nicht festgestellt** worden und ist dem Berechtigten erkennbar nur ein Billigkeitsunterhalt zugesprochen worden, besteht **keine Bindung** an die damals beschränkte Leistungsfähigkeit des Verpflichteten. Der Bedarf ist im Abänderungsverfahren nach den prägenden ehelichen Lebensverhältnissen neu zu bemessen, d. h. wie in einer Erstentscheidung nach der materiellen Rechtslage zu ermitteln.[70]

Gleiches gilt, wenn der **Berechtigte** später durch Aufnahme oder Ausweitung einer 50 Erwerbstätigkeit oder aus sonstigen Gründen (z. B. Zinsen aus Zugewinn oder Veräußerungserlös) **Einkünfte** erzielt, nicht zugleich den Bedarf erhöhen, die deshalb auf den vollen eheangemessenen Unterhalt verrechnet werden können, so dass kein Mangelfall mehr besteht.

Durch den **Einschränkung des eheangemessenen Selbstbehalts**[71] durch die Berück- 51 sichtigung der meisten späteren Änderungen schon beim Bedarf und den Wegfall des **trennungsbedingten Mehrbedarfs**[72] müssen jedoch vielfach Unterhaltsbeträge, welche früher als Mangelunterhalt galten, als voller Unterhalt gewertet werden. Hier dürfte keine Rechtskraftbindung einer abweichenden Wertung entgegenstehen, Wenn in der Erstentscheidung der Unterhalt nach der Ehegattenquote bemessen wurde, weil für einen etwaigen trennungsbedingten Mehrbedarf kein nicht „prägendes" Einkommen verfügbar war, dann war der Unterhalt letztlich zutreffend aus dem „prägenden" Einkommen ermittelt worden. Nach der neuen rechtlichen Beurteilung handelt es sich dann aber nicht um einen Mangelunterhalt, sondern um den eheangemessenen Bedarf, so dass hinzutretendes „nicht prägendes" Einkommen des Pflichtigen nicht zu einer Erhöhung des Unterhalts führen könnte. Nur wenn in der Erstentscheidung ein Mindestselbstbehalt oder der notwendige Selbstbehalt zugrunde gelegt worden war, käme eine Abänderung wegen einer „nicht prägenden" Einkommensänderung des Pflichtigen in Betracht. Im Übrigen hat der BGH diesen Nachteil dadurch ausgeglichen, dass er auch jede Einkommenserhöhung der früheren Ehe zuordnet, wenn sie sich nicht als „Karrieresprung" darstellt.[73] Entscheidungen nach der vom BVerfG verworfenen[74] **Bedarfsbestimmung nach der Drittelmethode** sollten umgekehrt so ausgelegt werden, dass ein Mangelfall zugrunde lag und der Unterhalt des ersten Ehegatten einen Mangelunterhalt nach § 1581 BGB darstellt, so dass auch eine nicht bedarfsbestimmende Einkommenserhöhung beim Pflichtigen eine Unterhaltserhöhung rechtfertigt.

II. Einkommens- und Bedarfskorrekturen im Mangelfall

Wird ein Mangelfall festgestellt, dann ist nach **§ 1581 BGB** der Unterhalt nach Billigkeit 52 herabzusetzen. § 1603 BGB lässt bei nicht ausreichender Leistungsfähigkeit den Unterhaltsanspruch insoweit entfallen. Für den Gattenunterhalt ergibt sich daraus, dass auch die Bemessungsgründe für Bedürftigkeit und Leistungsfähigkeit, nämlich die Einkommens- und Bedarfsposten im Mangelfall einer **Neubewertung** unterliegen. Die Rechtspraxis führt in vielen Fällen eine Neubewertung aber **auch** in den Mangelfällen des **§ 1603 BGB** durch.[75]

---

[69] BGH FamRZ 1989, 842; FamRZ 1988, 817; FamRZ 1987, 257
[70] BGH FamRZ 1989, 842; FamRZ 1988, 817; FamRZ 1987, 257
[71] BGH FamRZ 2006, 683 = R 649 d
[72] BGH FamRZ 2004, 1357 = R 617 a
[73] BGH FamRZ 2008, 968 = R 689 g
[74] BVerfG FamRZ 2011, 437 = R 722
[75] SüdL, KG, Brandenburg, Dresden, Naumburg, jeweils 10.2.1, erlauben den Ansatz pauschaler berufsbedingter Aufwendungen nur dann, wenn kein Mangelfall vorliegt

Deshalb sind die Ausführungen zum Mangelfall gem. § 1581 BGB analog auch für die Mangelfälle nach § 1603 BGB zu berücksichtigen. Die folgenden Ausführungen folgen weitgehend den ursprünglichen Gedanken von Wendl, welche vor allem deshalb bedenkenswert sind, weil sie eine Unterhaltsbestimmung auf Grund individueller richterlicher Wertung an die Stelle der üblichen schematischen Unterhaltsberechnungen setzen.

1. Überblick über die Rechtsfolgen eines Mangelfalls nach § 1581 BGB

53 **a) Voraussetzungen.** Nach § 1581 BGB muss der Verpflichtete in einem Mangelfall nur insoweit Unterhalt leisten, als dies mit Rücksicht auf die Bedürfnisse und die Erwerbs- und Vermögensverhältnisse der Ehegatten der Billigkeit entspricht (= **Billigkeitsunterhalt**). Den Stamm des Vermögens muss der Verpflichtete nicht verwerten, soweit die Verwertung unwirtschaftlich oder unter Berücksichtigung der beiderseitigen Verhältnisse unbillig wäre (vgl. § 1 Rn. 607 ff.).

54 Ein solcher Billigkeitsunterhalt hat **drei Voraussetzungen:**
- Gemäß den Ausführungen zu I (Rn. 34) muss ein Fehlbedarf und damit ein Mangelfall festgestellt werden.
- Auch nach Ausscheiden nachrangig Berechtigter (Rn. 144 ff.) darf die Deckungsmasse zur Befriedigung der vollen Unterhaltsansprüche aller vorrangig Berechtigten und des Verpflichteten nicht ausreichen.
- Es darf **keine** leistungsfähigen und -pflichtigen Verwandten des Berechtigten geben, die gemäß den Ausführungen zu Rn. 166 ff. bis zur Höhe des Fehlbedarfs in Anspruch genommen werden könnten.

55 **b) Zwei Bereiche, gleichwertige Opfer.** Nach § 1581 BGB ist der angemessene Unterhalt als Folge des Mangelfalls auf einen Billigkeitsunterhalt zu kürzen, wobei die Bedürfnisse beider Ehegatten (**Bedarfsbereich**) und die Erwerbs- und Vermögensverhältnisse beider Ehegatten (**Deckungsmasse**) zu berücksichtigen sind.[76]

Diese, nach Billigkeitsgesichtspunkten erfolgende Kürzung setzt voraus, dass beiden Ehegatten **gleichwertige Opfer** und Einschränkungen zugemutet werden, die sowohl die Unterhaltskürzung für den Berechtigten als auch die mit der Unterhaltszahlung verbundene Belastung des Verpflichteten zumutbar erscheinen lassen.[77]

Für die Obliegenheit beider Ehegatten zum Einsatz ihrer wirtschaftlichen Mittel sind grundsätzlich die gleichen Maßstäbe anzulegen.[78] Deshalb sind im Rahmen der erforderlichen Billigkeitsabwägung alle Umstände, die bei beiden Ehegatten für die Zumutbarkeit der Unterhaltskürzung eine Rolle spielen können, erneut einer bewertenden Überprüfung zu unterziehen und gegebenenfalls wertend angemessen zu verändern. Die Zumutung von gleichwertigen Opfern ist umso größer, je größer das leistungsmäßige Defizit (Fehlbedarf) ist, das durch eine Unterhaltskürzung ausgeglichen werden muss.

Ist zugleich nach anderen Vorschriften eine Billigkeitsabwägung angezeigt, so kann die Abwägung nur **einheitlich** erfolgen.[79] Zu diesen Billigkeitserwägungen gehört allerdings nicht die Frage, wen eine Schuld an der Scheidung trifft.

56 **c) Neubewertung und Kürzung.** Im Rahmen einer solchen Billigkeitsabwägung und der mit dieser verbundenen Neubewertung unterhaltsrechtlich relevanter Umstände kann es sowohl im Bereich der Deckungsmasse (Rn. 57) Änderungen geben als auch im Bedarfsbereich (Rn. 58). Ein trotz solcher Änderungen verbleibender Fehlbedarf kann als weitere Folge der Billigkeitsabwägung durch **pauschale Billigkeitsverteilung** des verfügbaren Einkommens ausgeglichen werden, wobei allerdings die in den Leitlinien vorgesehenen Selbstbehalte für den Regelfall zu beachten sind.

Das Ergebnis beinhaltet stets, also soweit nur eine Neubewertung innerhalb der Deckungsmasse oder des Bedarfsbereichs stattfand, einen Billigkeitsunterhalt nach § 1581 BGB, nicht einen vollen Unterhalt nach §§ 1578 I 1, 1361 I BGB.

---

[76] BGH FamRZ 1990, 260, 262
[77] BGH FamRZ 1985, 782
[78] BGH FamRZ 1992, 1045, 1049; FamRZ 1990, 1091, 1095
[79] BGH FamRZ 1992, 1045, 1049; FamRZ 1990, 1091, 1095

II. Einkommens- und Bedarfskorrekturen im Mangelfall § 5

d) Deckungsmasse. Wertende Änderungen im Bereich der Deckungsmasse: 57
- Erhielt der Verpflichtete **Kindergeld,** erhöhte nach früherer Rechtsprechung des BGH dieses im Mangelfall dessen verteilungsfähiges Einkommen (siehe Rn. 62 f.), soweit es nicht an den anderen Gatten anteilig weitergeleitet wurde (ML 96 1. 19, 4. 2). Seit der Unterhaltsrechtsänderung am 1. 1. 2008 dient das Kindergeld aber nur noch zur Sicherung des Kindesunterhalts (Rn. 62 f.).
- Im Mangelfall besteht eine **gesteigerte Erwerbsobliegenheit** beider Ehegatten. Deshalb können dem Verpflichteten fiktive Einkünfte zugerechnet werden, die die Verteilungsmasse erhöhen, wenn er eine zumutbare Erwerbstätigkeit unterlässt (siehe Rn. 67 f.).
- Einkünfte des Verpflichteten aus **unzumutbarer Erwerbstätigkeit** können diesem im Mangelfall in erhöhtem Umfang oder ganz zugerechnet werden (siehe Rn. 70 f.).
- Unentgeltliche **freiwillige Zuwendungen Dritter** an den Verpflichteten können diesem im Mangelfall als Einkünfte zugerechnet werden (siehe Rn. 73 f.).
- Im Mangelfall sind **Aufwendungen konkret nachzuweisen,** wobei die Anforderungen an die Notwendigkeit der Aufwendungen erschwert sind. Gleiches gilt für alle Betriebsausgaben und Ausgabenposten in Überschussrechnungen oder Gewinn- und Verlustrechnungen (siehe Rn. 76 f.).
- Die Verteilungsmasse kann auch durch eine erst im Mangelfall zumutbare **Vermögensverwertung** erhöht werden (§ 1581, 2 BGB; siehe Rn. 81 f.).

e) Bedarfsbereich. Änderungen im Bedarfsbereich: 58
- Erhält im Mangelfall der Berechtigte **Kindergeld,** konnte dieses nach früherer[80] Rechtsprechung des BGH als Einkommen seinen Bedarf mindern (siehe Rn. 62 f.), soweit es nicht durch Anrechnung auf den Kindesunterhalt dem anderen Gatten zufloss (früher ML 4.2).
- Auch dem Berechtigten kann im Mangelfall wegen **gesteigerter Erwerbsobliegenheit** bei unterlassener zumutbarer Erwerbstätigkeit ein fiktives Einkommen zugerechnet werden. Eine solche Zurechnung mindert seinen Bedarf (siehe Rn. 67 f.).
- Einkünfte des Berechtigten aus **unzumutbarer Erwerbstätigkeit** können im Mangelfall nach § 1577 II 2 BGB über das bisherige Maß hinaus oder voll bedarfsmindernd angerechnet werden (siehe Rn. 70 f.).
- Unentgeltliche **freiwillige Zuwendungen Dritter** an den Berechtigten können diesem im Mangelfall bedarfsmindernd als Einkünfte zugerechnet werden (siehe Rn. 73 f.).
- Im Mangelfall hat auch der Berechtigte bei Erwerbseinkünften berufsbedingte **Aufwendungen konkret nachzuweisen,** wobei die Anforderungen an die Notwendigkeit der Aufwendungen erschwert sind (siehe Rn. 76 f.).
- Berücksichtigungswürdige **Verbindlichkeiten des Verpflichteten** sind im Mangelfall daraufhin zu überprüfen, ob und in welcher Höhe sie auch noch unter den verschärften Anforderungen des Mangelfalls berücksichtigt werden können. Insbesondere ist zu prüfen, ob es dem Verpflichteten oder auch dem Berechtigten zuzumuten ist, sich auf Pfändungsfreibeträge zu berufen oder ein Insolvenzverfahren mit dem Ziel der Restschuldbefreiung anzustreben. Entfällt im Rahmen einer solchen Billigkeitsabwägung ganz oder teilweise die Berücksichtigung nichtprägender Verbindlichkeiten, so mindert sich dadurch der Bedarf des Verpflichteten (siehe Rn. 85 f.).

f) Bemessung des Billigkeitsunterhalts. Kommt es auf Grund der Billigkeitsabwä- 59
gung zu entsprechenden Änderungen im Bereich der Deckungsmasse (Rn. 57) und (oder) im Bedarfsbereich (Rn. 58), dann ist der für eine abschließende Bemessung des Billigkeitsunterhalts maßgebliche **Fehlbedarf neu zu berechnen** (siehe Rn. 102 f.).

Die **abschließende Bemessung** des Billigkeitsunterhalts auf der Basis des neu berech- 60
neten Fehlbedarfs kann auf verschiedene Weise erfolgen:
- Unterhaltsbedarf aller gleichrangig Berechtigten ist im Verhältnis zur Deckungsmasse **proportional** zu **kürzen** und das Ergebnis dann auf seine Angemessenheit zu überprüfen (siehe Rn. 103).
- Bei Vorliegen besonderer Umstände kann statt einer proportionalen Kürzung auch eine **individuelle Kürzung** erfolgen (siehe Rn. 104).

---

[80] Zur ausnahmsweisen Berücksichtigung als Einkommen nach jetziger Rechtslage vgl. Rn. 91

- Verlangt der Berechtigte auch Vorsorge für Alter und Invalidität, dann kann **der Nachrang gegenüber dem Elementarunterhalt** zu Kürzung oder Wegfall des Vorsorgeunterhalts führen. Doch gilt das nicht absolut. Insbesondere bewirkt nicht jeder Mangelfall nach § 1581 BGB den Wegfall des Altersvorsorgeunterhalts. Vielmehr tritt bei geringem Einkommen der Elementarbedarf in den Vordergrund, während bei höherem Einkommen entsprechend der zweistufigen Berechnungsmethode des BGH der Elementarunterhalt zugunsten des Altersvorsorgeunterhalts gekürzt wird (siehe § 4 Rn. 884).

Dies gilt nicht für den Krankheitsvorsorgeunterhalt (siehe § 4 Rn. 904).

61 **Beispiel: Mangelfall bei einem Ehegatten**
NettoE des M = 1400, Erwerbstätigenbonus 10% oder $1/7$.
Der billige Selbstbehalt gegenüber dem Ehegatten beträgt 1050
Damit ergibt sich der gekürzte Unterhalt zu:
1400 − 1050 = 350

2. Kindergeld und Zählkindvorteil im Mangelfall

62 Solange der Verpflichtete voll leistungsfähig ist, war **schon bisher** das kraft Gesetzes den Eltern zustehende **Kindergeld** (und kindergeldgleiche Zuschüsse) dem Elternteil, der es erhält, unterhaltsrechtlich **nicht als Einkommen zuzurechnen**, weil es aus praktischen Gründen bereits bei der Berechnung des Kindesunterhalts als familienrechtlicher Ausgleichsanspruch der Eltern untereinander mit dem Kindesunterhalt verrechnet wurde. Dadurch wurde das Kindergeld faktisch in Höhe des familienrechtlichen Ausgleichsanspruchs der Eltern wie ein Einkommen des Kindes behandelt (siehe § 1 Rn. 677 f., § 2 Rn. 714).

63 **Vor 1997** waren nach der Rechtsprechung des BGH in einem Mangelfall das Kindergeld und kindergeldgleiche Zuschüsse auf der Leistungsstufe dennoch als Einkommen zu berücksichtigen, wodurch der Fehlbedarf geringer wurde.[81]

In seinem Urteil vom 16. 4. 1997 war der BGH dann von seinem Ansatz, das Kindergeld sei Einkommen, nach genauerer Prüfung abgerückt, weil die damit verknüpfte Bedarfserhöhung mit der Zweckbestimmung des Kindergelds nicht vereinbar sei und weil damit auch gegen den gesetzlichen Aufteilungsmaßstab des § 1606 III BGB verstoßen werde.[82]

Erst bei der abschließenden Angemessenheitsprüfung in der 4. Stufe der Mangelfallrechnung sei die Frage des Kindergeldausgleichs zu erörtern. Wenn der betreuende Elternteil mit den Kindern in beengten wirtschaftlichen Verhältnissen lebe, in denen auch der angemessene Unterhalt der Kinder nicht gedeckt sei, könne es ihm nicht zugemutet werden, die eigentlich dem Pflichtigen zustehende Kindergeldhälfte an diesen abzuführen.[83]

64 Das KindUG hat in § 1612 b V BGB eine Regelung für die Anrechnung des Kindergelds im Mangelfall getroffen, welche von **1. 7. 1998 bis 30. 6. 2007 für die Unterhaltsberechnung maßgebend war.** Hiernach unterblieb im Mangelfall die Kindergeldanrechnung insoweit, als der Regelbetrag unterschritten wurde. Dieser Grenzwert wurde mit Wirkung zum 1. 1. 2001 auf 135% des Regelbetrags – entsprechend der Gruppe 6 der Düsseldorfer Tabelle – erhöht (im Einzelnen vgl. § 2 Rn. 716).

65 Seit 1. 1. 2008 ist die **Abrechnung vereinfacht** (vgl. § 2 Rn. 716 ff.). Die Zuordnung der Kindergelds zum Kind ist noch enger geworden, weil § 1612 b I BGB nun die Verwendung für des Kindergelds für den Barbedarf des Kindes und die Anrechnung auf denselben anordnet. Auf den Barbedarf eines **minderjährigen** Kindes ist nach Nr. 1 das Kindergeld **zur Hälfte** anzurechnen, auf den Barbedarf eines **volljährigen** Kindes nach Nr. 2 in **voller Höhe**. Für eine Korrektur im Mangelfall steht das Kindergeld deshalb nicht mehr zur Verfügung.

66 Einkommen des Empfängers ist jedoch der **Zählkindvorteil** (vgl. § 2 Rn. 732), also der Kindergeldanteil, welcher nach § 1612 b II BGB nicht anrechnungspflichtig ist, in dem

---

[81] BGH FamRZ 1992, 539, 541
[82] BGH FamRZ 1997, 806
[83] BGH FamRZ 1997, 806

II. Einkommens- und Bedarfskorrekturen im Mangelfall § 5

seltenen Fall, dass dem Zählkind kein Unterhalt geleistet wird.[84] Diese Rechtsprechung muss auch nach Inkrafttreten des KindUG am 1. 7. 1998 noch gelten, denn wer keinen Unterhalt leistet, braucht nicht steuerlich entlastet zu werden. Deshalb lässt sich daraus auch der weitere Satz ableiten, dass **Kindergeldzahlungen** an einen Elternteil, welcher keinen Barunterhalt leistet, als sein **Einkommen** zu berücksichtigen sind.[85] Da weder für diesen Zählkindvorteil noch für die Kindergeldhälfte des betreuenden Elternteils der Gesetzgeber die Verwendung für das Kind angeordnet hat, können diese Beträge im **Mangelfall nach § 1581 BGB** nach Billigkeit dem Empfänger als Einkommen zugerechnet werden, was den Fehlbetrag vermindert.

3. Zurechnung fiktiver Einkünfte wegen gesteigerter Erwerbsobliegenheit und erhöhte Zurechnung von Einkünften aus unzumutbarer Erwerbstätigkeit

Hat der Verpflichtete nach § 1581 BGB nur nach Billigkeitsgrundsätzen Unterhalt zu leisten, kann dies zu einer **Verschärfung der Anforderungen** führen, die an die Erwerbsobliegenheit des Berechtigten im Rahmen der §§ 1361 II, 1570 und 1574 II BGB zu stellen sind.[86] Diese verschärften Anforderungen sind umso größer, je größer der leistungsmäßige Fehlbedarf ist. **67**

Bei Überschuldung des Verpflichteten muss sich der Berechtigte fehlende Mittel unter äußerster Anspannung seiner Kräfte durch einen über das allgemein Gebotene hinausgehenden Einsatz selbst verschaffen.[87] Allerdings hat die neu eingeführte Möglichkeit des Insolvenzverfahrens mit Restschuldbefreiung zu veränderten Rahmenbedingungen geführt (vgl. Rn. 95).[88]

Diese verschärften Anforderungen an die Erwerbsobliegenheit des Berechtigten gelten in **gleicher Weise** auch **für** den **Verpflichteten,** weil auch dieser gleichwertige Opfer erbringen muss. Deshalb kann bei sehr beschränkter Leistungsfähigkeit von beiden Ehegatten auch die Aufnahme oder Ausweitung einer Erwerbstätigkeit verlangt werden, die bei bestehender Leistungsfähigkeit im Hinblick auf Ausbildung, Gesundheitszustand, Alter und ähnliche Kriterien als unzumutbare Erwerbstätigkeit beurteilt werden könnte. Aus dem gleichen Grund sind auch verstärkte Bemühungen um eine entsprechende Erwerbstätigkeit zuzumuten. Ähnliche Grundsätze gelten für die Zumutung von **Nebentätigkeiten** zur Erhöhung des Einkommens. **68**

Kommt einer der Ehegatten solchen verschärften Anforderungen nicht oder nicht ausreichend nach, können ihm Einkünfte, die er in zumutbarer Weise erzielen könnte, **fiktiv zugerechnet** werden (Rn. 42, § 1 Rn. 735 ff.).[89] Werden einem Ehegatten im Rahmen der Bedarfsbemessung oder der Bedürftigkeit bereits fiktive Einkünfte zugerechnet, kann bei beschränkter Leistungsfähigkeit auf der Leistungsstufe auch eine erhöhte Zurechnung erfolgen. Fiktiv können auch erhöhte Zinsen zugerechnet werden, wenn eine rentablere Kapitalanlage zugemutet werden kann. Beim Verpflichteten erhöht eine fiktive Zurechnung die Deckungsmasse, beim Berechtigten mindert sie dessen Bedarf. **69**

Unzumutbare Erwerbseinkünfte des Berechtigten, die diesem bisher nach § 1577 II 2 BGB nur teilweise oder nicht angerechnet worden sind, können, je nach Ausmaß der beschränkten Leistungsfähigkeit, in erhöhtem bis vollem Umfang angerechnet werden. Jedenfalls ist nach der Rechtsprechung des BGH in die nach § 1581 BGB zu treffende Entscheidung auch die Frage einzubeziehen, ob es die Billigkeit erfordert, die Einkünfte aus **70**

---

[84] BGH FamRZ 1997, 806; BT-Drs. 16/1830 S. 30
[85] Falls das Einkommen aber trotz Zurechnung dieses Kindergelds für Unterhaltszahlungen nicht ausreicht, entfällt ein Unterhaltsanspruch. Die Auskehrung des Kindergelds kann nicht verlangt werden
[86] BGH FamRZ 1987, 46; FamRZ 1983, 569
[87] BGH FamRZ 1984, 657
[88] Vgl. Melchers/Hauß, Unterhalt und Verbraucherinsolvenz, Köln 2003 und Melchers FuR 2003, 145 m. w. N., BGH FamRZ 2005, 608, 609 = R 627, FamRZ 2008, 137 = R 684, FamRZ 2008, 497 = R 687
[89] BGH FamRZ 1988, 604, 607

§ 5 Rangverhältnisse und Mangelfälle

unzumutbarer Erwerbstätigkeit über das in § 1577 II 1 BGB vorgesehene Maß hinaus anzurechnen.[90] Bei erhöhter Anrechnung mindert sich der Bedarf des Berechtigten.

71 Die gleichen Grundsätze (Rn. 70) gelten auch bei dem **Verpflichteten,** wenn dieser Einkünfte aus unzumutbarer Erwerbstätigkeit hat (z.B. überdurchschnittlich hohe, nicht berufstypische Überstunden), die nach § 242 BGB nicht oder nur teilweise angerechnet werden. Eine solche erhöhte Anrechnung erhöht die Deckungsmasse.

72 **Rechenbeispiel** zur fiktiven Zurechnung erzielbarer Einkünfte und zur Anrechnung unzumutbarer Erwerbseinkünfte.

Fall:
Nettoeinkommen des M 1500 (1200 + 300 aus Überstunden)
Überstunden von 600 wurden nach § 242 BGB als überdurchschnittlich und berufsuntypisch nur zur Hälfte (300) angerechnet. Unterhalt für Kinder im Alter von 7 (1. Grundschulklasse) und 10 Jahren, M erhält das Kindergeld von 184 + 184 = 368.
Die teilerwerbstätige F verdient 400 €. Sie könnte die Teilzeitbeschäftigung ausweiten dabei 600 € verdienen. Der Erwerbsbonus betrage $^1/_{10}$.
– Bedarfsfeststellung
Kinder Mindestunterhalt nach §§ 1612 a I, 1612 b I 1 BGB: je 364 – 92 = 272
Gattenunterhalt: 1500 – 272 – 272 = 956 €, also weniger als der billige Selbstbehalt gegenüber dem Ehegatten von 1050 €, sodass ein Gattenunterhalt (gegenüber den Kindern nachrangig) entfiele.
Korrektur im Rahmen der Billigkeit.
Bei M ist es im Mangelfall zumutbar, die Überstunden voll anzurechnen (+ 300).
Neue Deckungsmasse = 1500 + 300 = 1800.
Der F ist im absoluten Mangelfall zumutbar, die Teilerwerbstätigkeit bis zu 600 €auszuweiten.
– Neue Rechnung im Rahmen der Billigkeitskorrektur
Die einheitliche Billigkeitsabwägung nach § 1577 II 2, § 1581 BGB liefert dann:
M = 1800 – 272 – 272 = 1256
F erhält = 1256 – 1050 = 206 €. Sie erhält damit insgesamt 600 + 206 = 806 €.
Der Ehegattenunterhalt von 206 € beinhaltet jedoch einen Billigkeitsunterhalt, was Bedeutung gewinnen kann, wenn sich die wirtschaftliche Lage von F oder M bessert.

4. Zurechnung unentgeltlicher freiwilliger Zuwendungen Dritter

73 Freiwillige unentgeltliche Zuwendungen Dritter dürfen im Rahmen der Bedarfsbemessung und bei Leistungsfähigkeit des Verpflichteten **grundsätzlich bei keinem Ehegatten** als Einkommen zugerechnet werden, solange der Verpflichtete leistungsfähig ist, weil nach der Lebenserfahrung der Dritte damit den Berechtigten zusätzlich unterstützen will und nicht den Verpflichteten entlasten will (vgl. § 1 Rn. 708 ff.).[91]

Gleiches gilt für freiwillige Zuwendungen eines Dritten an den Verpflichteten, weil nach der Lebenserfahrung die Zuwendung nicht dazu bestimmt ist, dass sich durch diese der Unterhaltsanspruch des Berechtigten erhöhen soll.

74 Anders ist es in einem **Mangelfall.** Je nach Ausmaß der beschränkten Leistungsfähigkeit können freiwillige unentgeltliche Zuwendungen eines Dritten unter Billigkeitsgesichtspunkten dem, der die Zuwendung erhält, ganz oder teilweise als Einkommen zugerechnet werden.[92] Das gilt aber nur für eine **Billigkeitsabwägung auf der Leistungsstufe.** An dem auf der Bedarfsstufe bemessenen Bedarf ändert sich dadurch nichts.

75 Rechenbeispiel zur Berücksichtigung freiwilliger Zuwendungen im Rahmen der Leistungsfähigkeit.

Fall:
Nettoeinkommen des M = 1700
2 Kinder im Alter von drei und vier Jahren, die bei der erwerbslosen F leben.
F wohnt ohne Gegenleistung unentgeltlich bei ihren Eltern; Wohnwert 250.
M wohnt ohne Gegenleistung unentgeltlich bei seiner Freundin; Wohnwert auch 250.
Der Erwerbsbonus betrage 10%.

---

[90] BGH FamRZ 1983, 146, 148
[91] BGH FamRZ 2000, 153 = R 534 c; FamRZ 1995, 537, 539 = R 493 b; FamRZ 1985, 584; FamRZ 1980, 40, 42
[92] RG, JW 1917, 288

II. Einkommens- und Bedarfskorrekturen im Mangelfall § 5

– Bedarfsfeststellung
Kinder nach DT 1/1 (drei Berechtigte) = je 317 – 92 = 225
F = 1700 – 225 – 225 = 1250 * 90% = 1125/2 = 563 €, Mindestbedarf 770 € (§ 4 Rn. 838)
M bleibt 1700 – 225 – 225 – 770 = 480. Damit ist der Ehegattenmindestselbstbehalt von 1050 unterschritten.
Der nach § 169 Nr. 1, 2 BGB nachrangige Unterhalt vom F beträgt daher
F: 1500 – 225 – 225 – 1050 = 0 €.
– Änderungen im Rahmen der Leistungsfähigkeit
Wegen des verschärften Mangelfalls werden die unentgeltlichen Zuwendungen Dritter bei beiden Ehegatten als bedarfsdeckendes Einkommen zugerechnet. Möglich wäre auch eine Teilanrechnung. Rechnerisch bietet es sich an, den Selbstbehalt vom M um 250 € auf 1050 – 250 = 800 herabzusetzen. Bei F bleibt der Bedarf von 770 – 250 = 520 €.
– Neue Rechnung im Rahmen der Leistungsfähigkeit
Den Unterhalt von 520 kann M allerdings auch nicht ohne Beeinträchtigung seines Selbstbehalts von 1050 – 250 = 800 € bezahlen, denn: 1700 – 225 – 225 – 520 = 720 und damit weniger als 800 €. Es kommt deshalb zur Kürzung des Gattenunterhalts auf: 1700 – 225 – 225 – 800 = 450 €.
Der Ehegattenunterhalt von 450 € ist ein Billigkeitsunterhalt.

5. Verschärfte Anforderungen an Abzugsposten vom Bruttoeinkommen bei Berechnung des Nettoeinkommens

Das unterhaltsrechtlich relevante Nettoeinkommen wird berechnet durch Abzug von berufsbedingten Aufwendungen, Betriebsausgaben und sonstigen Werbungskosten sowie von Vorsorgeaufwendungen und Steuern vom Bruttoeinkommen. **76**

Bei beschränkter Leistungsfähigkeit bestehen auch bezüglich dieser Abzugsposten **verschärfte Anforderungen an die Notwendigkeit** solcher Abzüge. Deshalb können auch diese als unterhaltsrechtlich maßgebliche Umstände unter Billigkeitsgesichtspunkten wertend auf ihre Angemessenheit neu unter Anlegung verschärfter Anforderungen und Maßstäbe überprüft werden.

Nachfolgend werden einige solcher typischen Abzugsposten beispielhaft angesprochen. Darüber hinaus können in jedem konkreten Einzelfall auch alle sonstigen konkreten Abzugsposten in entsprechender Weise überprüft und wertend abgeändert werden. **77**

Bei **abhängiger Arbeit** bestehen erhöhte Anforderungen an die Notwendigkeit **berufsbedingter Aufwendungen.** Wenn es zweifelhaft ist, ob konkret überhaupt solche Aufwendungen bestehen, entfällt der Abzug einer **5%-Pauschale.** Nach BraL 10.2.1 S. 3, DrL 10.2.1 S. 2 und NaL 10.2.1 S. 2 kann im Mangelfall eine Pauschale nicht angesetzt werden, ähnlich SüdL 10.2.1 S. 2, KG 10.2.1 S. 2. Tatsächliche Aufwendungen sind konkret nachzuweisen. Anstelle eines Pkw kann die Benutzung **öffentlicher Verkehrsmittel** zugemutet werden, auch wenn dies umständlich ist. Bei sehr hohen Fahrtkosten kann auch ein **möglicher Umzug** zugemutet werden.[93]

Bei **Unternehmern** und **Freiberuflern** bestehen im Mangelfall verschärfte Anforderungen an die Notwendigkeit von **Betriebsausgaben,** betrieblichen Investitionen sowie an die Reaktivierung stiller Reserven. Ähnliches gilt für die Ausgabenposten in Überschussrechnungen und Gewinn- und Verlustrechnungen. **78**

Unternehmer und Freiberufler können durch **private Versicherungsleistungen** in angemessenem Umfang **Vorsorge für ihr Alter** treffen. Wenn in einem Mangelfall der Berechtigte wegen des Nachrangs des Vorsorgeunterhalts keinen Vorsorgeunterhalt zugesprochen erhält (siehe § 4 Rn. 884), dann kann auch dem Freiberufler oder Unternehmer zum Ausgleich für diesen Verzicht eine **Reduzierung seiner Vorsorgeaufwendungen** (vgl. § 1 Rn. 1036) zugemutet werden. Entsprechendes gilt für die zusätzlichen Vorsorgeaufwendungen eines abhängig Berufstätigen (vgl. § 1 Rn. 1029, 1034).

Steuern werden in jeweiliger Höhe vom Einkommen abgezogen. Im Mangelfall kann dem Verpflichteten verschärft zugemutet werden, seine laufende Steuerlast durch die Eintragung von **Freibeträgen** auf der Lohnsteuerkarte zu mindern. Unterlässt er dies, **79**

---

[93] OLG Brandenburg, FamRZ 1999, 1010

kann sein Einkommen um eine fiktive Steuerersparnis erhöht werden (siehe auch § 1 Rn. 1018 f.).

80 Kommt es auf Grund einer wertenden Überprüfung zu solchen veränderten Abzügen, dann wird dadurch die **Deckungsmasse** entsprechend **erhöht**.
Beispiel für einen veränderten Abzug bei berufsbedingten Aufwendungen.

Fall:
Nettoeinkommen des M 1600 € nach Abzug von 300 € berufsbedingten Aufwendungen für Pkw-Fahrten zur Arbeitsstätte.
Die Arbeitsstätte ist mit öffentlichen Verkehrsmitteln nur bei einer zeitlichen Mehrbelastung von 2 Stunden erreichbar. Kosten für öffentliche Verkehrsmittel 100 €.
Unterhalt nur gegenüber erwerbsloser F, Erwerbsbonus 10%.
– Bedarfsfeststellung
Unterhalt von F = 1600 × 45% = 720 €, Mindestbedarf 770 € (§ 4 Rn. 838).
M bleibt 1600 – 770 = 830, also weniger als der Selbstbehalt von 1050 €.
– Änderungen im Rahmen der Leistungsfähigkeit
Bei verschärftem Mangelfall ist trotz der zeitlichen Mehrbelastung von 2 Stunden die Benutzung öffentlicher Verkehrsmittel zumutbar.
– Neue Rechnung im Rahmen der Leistungsfähigkeit
M = 1600 + 300 (Pkw-Fahrtkosten) – 100 (Kosten der öffentlichen Verkehrsmittel) = 1800.
1800 – 770 = 930 €. Es bleibt ein Defizit von 950 = 930 = 20 €.
Der Unterhalt von F wird auf 770 – 20 = 750 € herabgesetzt.

6. Erhöhung der Deckungsmasse durch eine zumutbare Vermögensverwertung

81 Nach § 1581 S. 2 BGB muss der Verpflichtete bei beschränkter Leistungsfähigkeit den Vermögensstamm verwerten, soweit die Verwertung nicht unwirtschaftlich oder unter Berücksichtigung der beiderseitigen wirtschaftlichen Verhältnisse nicht unbillig ist. Grundsätzlich besteht daher für den Verpflichteten im Mangelfall eine Verwertungsobliegenheit wie für den Berechtigten nach § 1577 III BGB (siehe dazu § 4 Rn. 959 f.). Diese in den §§ 1581 S. 2, 1577 II BGB festgelegten **Maßstäbe der Unbilligkeit und Unwirtschaftlichkeit** setzen äußerste Grenzen, bis zu denen eine Vermögensverwertung im Mangelfall verlangt werden kann.[94] Zur Unwirtschaftlichkeit und Unbilligkeit siehe die Ausführungen § 1 Rn. 607 ff. und § 4 Rn. 959 f.

82 Beim **Trennungsunterhalt** fehlt eine den §§ 1581 S. 2, 1577 III BGB entsprechende Bestimmung. Der BGH stützt eine Verwertungspflicht auf § 1361 BGB, wobei die Grundsätze zu den §§ 1581 S. 2, 1577 III BGB ergänzend heranzuziehen sind mit der Maßgabe, dass während der Trennungszeit nach Möglichkeit die wirtschaftlichen Grundlagen der ehelichen Gemeinschaft nicht beeinträchtigt werden sollen und offen gehalten werden soll, dass die Ehegatten zur ehelichen Gemeinschaft wieder zurückfinden. Je länger eine Trennung dauert, desto eher kann auch beim Trennungsunterhalt eine Vermögensverwertungspflicht bejaht werden (Näheres § 1 Rn. 607 ff.).[95]

83 Zu verwerten ist grundsätzlich Vermögen jeder Art (§ 1 Rn. 626 f.). Eine Verwertung ist in der Regel zumutbar, wenn aus dem Erlös der Unterhaltsbedarf beider Ehegatten neben sonstigen Einkünften **auf Lebenszeit** erfüllt werden kann. Vermögen dient in erster Linie dazu, den Unterhaltsbedarf ergänzend zu sonstigen Einkünften auf Lebenszeit zu sichern. Es ist nicht für Erben zu erhalten (§ 1 Rn. 608, § 4 Rn. 682).[96]

Wer es unterlässt, Vermögen in zumutbarer Ertrag bringender Weise zu verwerten, kann im **Mangelfall fiktiv** so behandelt werden, wie wenn er das Vermögen in zumutbarer Weise verwertet hätte. Voraussetzung ist eine entsprechende Zumutbarkeitsprüfung, bei der die Belange beider Ehegatten unter Berücksichtigung der Umstände des Einzelfalls gegeneinander abgewogen werden müssen (§ 1 Rn. 607 f.).[97]

---

[94] BGH FamRZ 1986, 556, FamRZ 2004, 1184 (zum Aszendentenunterhalt)
[95] BGH FamRZ 1986, 556; FamRZ 1985, 360
[96] BGH a. a. O.
[97] BGH a. a. O.

II. Einkommens- und Bedarfskorrekturen im Mangelfall § 5

Beispiel zur Zurechnung des Erlöses aus einer Vermögensverwertung. 84

Fall:
Der 66-jährige M hat aus einem Renteneinkommen von 2500 € monatlich 1100 € an die gleichaltrige F als eheangemessenen Unterhalt bezahlt unter Berücksichtigung einer Versorgungsausgleichsrente der F von 300 €.
Er heiratet erneut und wird unterhaltspflichtig für ein neugeborenes Kind und die Frau F2, welche mit der geschiedenen Frau gleichrangig ist, weil deren Ehe von langer Dauer war (vgl. Rn. 126 f.).
Diese Belastungen haben auf den Bedarf von F nur dann Einfluss, wenn sich das verfügbare Einkommen dadurch vermindert.
M verlangt aber nach § 238 FamFG Abänderung der Unterhaltszahlungen wegen beschränkter Leistungsfähigkeit. Er hat ertraglose Immobilien (unbebaute Grundstücke) im Veräußerungswert von 400 000 €.
– Bedarfsfeststellung
Der eheangemessene bisherige Unterhalt von F beträgt 2500 – 300 = 2200 : 2 = 1100 €. Durch die neuen Unterhaltspflichten vermindert sich der Unterhalt von F nur dann, wenn ohne eine Verletzung der Erwerbsobliegenheit vom M dadurch sein Einkommen sinkt.
M schuldet zusätzlich Mindestkindesunterhalt von 317 – 92 = 225 €
sowie für F Familienunterhalt. Wenn M keine weiteren Einkommensquellen erschließen muss, würde sich nach Rn. 160 der Unterhalt von F wie folgt errechnen:
2500 – 225 + 300 = 2575/3 = 858 + 10% = 944 – 300 = 644 €, also um 1100 – 644 = 456 € weniger als bisher.
Anteile von M und F2 je 858 – 5% = 815 €, was zu einem Mangelfall führt, denn der Selbstbehalt von M in Höhe von 1050 – 10% = 920 € wäre nicht gewahrt, verfügbar für beide Ehegatten wäre nur 2500 – 225 – 920 = 1355.
Bei einer Mangelverteilung entfiele auf F davon 644 * 1355/(644 + 802) = 603 €
M mit F2 bliebe 2500 – 225 – 603 = 1672.
M kann jedoch das Absinken des gemeinsamen Bedarfs durch Teilverwertung des Grundvermögens vermeiden.
Wenn er dadurch sein Einkommen um 400 € erhöht, braucht der Unterhalt vom F nicht herabgesetzt zu werden, denn dann errechnet sich ihr Unterhalt zu:
2500 – 225 + 300 + 400 = 2975/3 = 992 + 10% = 1091 €.
Auf M entfielen 992 – 5% = 942 € und damit mehr als sein Selbstbehalt von 920 €.
Dieses Zusatzeinkommen ließe sich bereits durch Teilverkauf des Grundvermögens in Höhe von 120 000 € und 4%ige Anlage dieses Betrags erwirtschaften. Wird dieser Betrag mit 3% verrentet ergäbe sich sogar eine Monatsrente von ca. 840 €,[98] und wenn nach den Standardbedingungen der Versicherer im Todesfall der nicht verbrauchte Beitrag zurückgezahlt wird, immerhin ca. 610 EUR[99] monatlich.
Der Antrag nach § 238 FamFG ist zurückzuweisen, weil M durch eine entsprechende Vermögensverwertung als leistungsfähig zur Fortzahlung des eheangemessenen Unterhalts von 1100 € angesehen werden kann.

7. Berücksichtigung von Verbindlichkeiten des Verpflichteten

a) berücksichtigungsfähige Schulden. Bei der Bedarfsbemessung werden Verbindlichkeiten, welche nicht aus einer Verletzung der Erwerbsobliegenheit folgen, durch Vorabzug vom prägenden Einkommen berücksichtigt.[100] 85

Im Rahmen der Feststellung einer beschränkten Leistungsfähigkeit sind auch alle sonstigen regelmäßigen Zahlungsverpflichtungen zu berücksichtigen, sofern sie berücksichtigungswürdig sind (§ 1 Rn. 1072). Der Unterhaltsanspruch des Berechtigten genießt auf der Leistungsstufe keinen Vorrang vor anderen regelmäßigen Verbindlichkeiten des Verpflichteten.[101]

Wird ein Mangelfall bejaht, sind jedoch alle Verbindlichkeiten daraufhin wertend zu überprüfen, ob sie auch unter Berücksichtigung von Billigkeitsgesichtspunkten noch berücksichtigungswürdig sind (siehe § 1 Rn. 1072). 86

---

[98] Versicherungsmathematischer Barwert, berechnet mit dem Gutdeutsch-Programm (Familienrechtliche Berechnungen, Verlag C. H. Beck (Vorauflage)): Bei einem versicherungsmathematischen Alter des Mannes von 66 Jahren ergibt sich z. B. nach der abgekürzten Sterbetafel 1997/99 bei einem Rechnungszins von 3% und einer Monatsrente von 840 € ein Barwert von 120 022 €
[99] Zu errechnen mit den im Internet verfügbaren Rechenprogrammen (z. B. über www.Allianz.de).
[100] BGH FamRZ 2006, 683 = R 649 e
[101] BGH FamRZ 1984, 657

87 **b) Neue Interessenabwägung.** Im Rahmen der Leistungsfähigkeit ist zwischen berücksichtigungswürdigen und anderen Verbindlichkeiten zu differenzieren. Die Frage, ob vom Verpflichteten eingegangene sonstige Verbindlichkeiten auf der Leistungsstufe berücksichtigungswürdig sind, erfordert eine **umfassende Interessenabwägung**.[102] Da jede Rechtsposition unter dem Vorbehalt von Treu und Glauben steht, darf sich der Verpflichtete nicht auf Verbindlichkeiten berufen, die er leichtfertig für luxuriöse Zwecke oder ohne verständigen Grund eingegangen ist.[103] Der Verpflichtete darf sich nicht durch ein unverantwortliches oder eigensüchtiges Schuldenmachen seiner Unterhaltsverpflichtung entziehen.[104] Auch die Kenntnis von einer Unterhaltsverpflichtung verwehrt es dem Pflichtigen in der Regel, sich auf eine infolge von Schulden eingetretene Verminderung der Leistungsfähigkeit zu berufen, es sei denn, deren Eingehung ist notwendig und unausweichlich gewesen.[105]

Andererseits ist nach der Rechtsprechung des BGH eine tatsächlich bestehende Leistungsunfähigkeit grundsätzlich auch dann zu beachten, wenn der Verpflichtete sie selbst – sogar schuldhaft – herbeigeführt hat. Die Berufung auf seine Leistungsunfähigkeit ist ihm nur dann verwehrt, wenn er diese durch ein verantwortungsloses, zumindest **leichtfertiges Verhalten von erheblichem Gewicht** herbeigeführt hat (siehe auch Rn. 44).[106] Bei Verbindlichkeiten spielt diese Rechtsprechung eine Rolle, wenn die Begründung der Verbindlichkeiten auf einem verantwortungslosen, zumindest leichtfertigen Verhalten des Verpflichteten beruht.

88 Ob nach diesen Grundsätzen im Einzelfall eine **Verbindlichkeit ganz oder teilweise zu berücksichtigen** ist, kann nur im Rahmen einer tatrichterlichen Interessenabwägung aller konkreten Umstände nach billigem Ermessen beurteilt werden[107]

Nach dieser Rechtsprechung sind vor allem **folgende Umstände** in diese Abwägung einzubeziehen:
– Zweck der Verbindlichkeiten.
– Zeitpunkt und Art ihrer Begründung.
– Dringlichkeit der Bedürfnisse beider Ehegatten.
– Kenntnis des Verpflichteten von Grund und Höhe des Unterhaltsanspruchs bei Begründung der Verbindlichkeiten.
– Begründung der Verbindlichkeiten mit (oder ohne) Einvernehmen des Berechtigten.
– Interesse des Verpflichteten an der Tilgung der Verbindlichkeiten, deren weiteres Anwachsen diesem nicht zugemutet werden kann.
– Möglichkeiten des Verpflichteten, die Verbindlichkeiten zeitlich zu strecken und im Rahmen eines vernünftigen Tilgungsplanes abzutragen.
– Möglichkeiten des Verpflichteten, seine Leistungsfähigkeit in zumutbarer Weise teilweise oder ganz wiederherzustellen.
– Möglichkeiten des Berechtigten, sich fehlende Mittel durch eigenen Einsatz selbst zu verschaffen.
– Schutzwürdige Belange von Drittgläubigern.

89 Diese Grundsätze gelten auch beim **Trennungsunterhalt** (§ 1361 BGB), d. h., auch bei diesem sind im Rahmen der Leistungsfähigkeit grundsätzlich auch sonstige berücksichtigungswürdige Schulden zu berücksichtigen, weil den Unterhaltsansprüchen kein Vorrang vor anderen Verbindlichkeiten des Verpflichteten zukommt.

Ob und in welchem Umfang solche Verbindlichkeiten auch bei einer beschränkten Leistungsfähigkeit zu berücksichtigen sind, ist ebenfalls nur auf Grund einer umfassenden Interessenabwägung (wie Rn. 88) nach billigem Ermessen zu beurteilen.[108]

---

[102] BGH FamRZ 1992, 1045; FamRZ 1990, 283, 287
[103] BGH FamRZ 1984, 358; FamRZ 1982, 898
[104] BGH FamRZ 1982, 157
[105] BGH FamRZ 1990, 283, 287
[106] BGH FamRZ 1988, 597, 599; FamRZ 1987, 930, 932; FamRZ 1987, 372, 374; FamRZ 1985, 158
[107] BGH FamRZ 2003, 813 = R 573; FamRZ 1984, 657; FamRZ 1984, 358
[108] BGH FamRZ 1984, 657; FamRZ 1982, 678

II. Einkommens- und Bedarfskorrekturen im Mangelfall § 5

Nach diesen Entscheidungen bedarf es im Mangelfall eines **Ausgleichs der Belange** des Unterhaltsgläubigers, Unterhaltsschuldners und Drittgläubigers, der nur auf Grund einer Interessenabwägung gefunden werden kann, weil die vollstreckungsrechtlichen Regeln keine Gewähr für einen sachgerechten Ausgleich bieten.

Diese nach Billigkeitsgrundsätzen vorzunehmende Interessenabwägung kann bei Überschuldung des Verpflichteten ergeben, dass der Berechtigte als Unterhalt nicht die zur Deckung seines Mindestbedarfs erforderlichen Mittel erhält, vor allem dann, wenn die Verschuldung so groß ist, dass der Verpflichtete zur Begleichung der laufenden Zinsen nicht mehr in der Lage ist und Unterhaltsleistungen daher nur auf Kosten einer entsprechenden Erhöhung des Schuldenstandes möglich sind, dessen Amortisation den Verpflichteten ohnehin auf Jahrzehnte im vollstreckungsrechtlich höchstzulässigen Maß belasten wird.[109]

Diese Ausführungen des BGH betrafen einvernehmlich begründete prägende ehebedingte Verbindlichkeiten aus einer bereits bei Trennung bestehenden Überschuldung. Beruht die Überschuldung auf einseitig begründeten nichtprägenden Verbindlichkeiten des Verpflichteten, ist es diesem bei der Abwägung eher zuzumuten, die Hauptlast solcher Verbindlichkeiten selbst zu tragen, d. h., solche Verpflichtungen sind nur in eingeschränktem Maß als berücksichtigungswürdig zu beurteilen. Außerdem ist seit Inkrafttreten der **Insolvenzordnung** zu bedenken, ob es dem Pflichtigen zuzumuten ist, sich auf Pfändungsfreigrenzen zu berufen oder Insolvenzantrag zu stellen (Rn. 95). Die damit zusammenhängenden Einschränkungen der allgemeinen Handlungsfreiheit lassen sich jedoch mit der dem Ehegattenunterhalt zugrunde liegenden ehelichen oder nachehelichen Solidarität nicht rechtfertigen.[110] Sie kommt nur zur Sicherung des Unterhalts minderjähriger oder ihnen gleichgestellter volljähriger Kinder in Betracht.

Der Verpflichtete hat die **Darlegungs- und Beweislast** für Umstände, mit denen er die 90 Berücksichtigungswürdigkeit und unterhaltsrechtliche Erheblichkeit von ihm eingegangener Verbindlichkeiten begründet (vgl. auch § 6 Rn. 712).[111]

c) **Tilgungsplan.** Bei einer Überschuldung hat eine Tilgung der berücksichtigungs- 91 würdigen Schulden im Rahmen eines vernünftigen Tilgungsplanes zu erfolgen.[112]

Der Verpflichtete muss sich bei seinen Gläubigern um günstigere Zahlungsbedingungen bemühen. Er muss dazu im Einzelnen darlegen und beweisen, was er in dieser Hinsicht unternommen hat. Unterlässt er zumutbare Bemühungen, kann tatrichterlich fiktiv eine zumutbare Anpassung der Zins- und Tilgungsleistungen vorgenommen werden.

In der Praxis wird eine Umschuldung oder ein Zahlungsaufschub angesichts der bedrängten wirtschaftlichen Lage oft schwer zu realisieren sein. Im Einzelfall kann es bei erfolglosen Bemühungen zumutbar sein, es auf eine Vollstreckung durch die Gläubiger ankommen zu lassen.

Stammen die Schulden aus der Zeit vor der Trennung, sollte gefragt werden, wie sich der Verpflichtete ohne die Trennung vernünftigerweise verhalten hätte. Er kann sich auf seine Schulden nur im Rahmen eines vernünftigen Tilgungsplanes berufen. Dementsprechend sind nur Beträge zu berücksichtigen, wie sie im Fall der Fortdauer der ehelichen Lebensgemeinschaft bei verantwortlicher Abwägung der Unterhaltsbelange und der Fremdgläubigerinteressen für die Schuldentilgung verwendet worden wären. Ihre Höhe ist anhand des verfügbaren oder erzielbaren Einkommens zu schätzen.[113]

In der Regel sind dabei dem Verpflichteten wenigstens so viele Mittel zu belassen, dass er zumindest die Zinsen zahlen und ein weiteres Anwachsen der Schulden verhindern kann.[114]

d) **Schuldenmachen.** In der Regel sind Verbindlichkeiten nicht oder nur eingeschränkt 92 zu berücksichtigen, die der Verpflichtete **in Kenntnis der Unterhaltslast** einseitig leichtfertig eingegangen ist oder die er leichtfertig für luxuriöse Zwecke oder ohne verständigen

---

[109] BGH FamRZ 1984, 657; FamRZ 1982, 678
[110] BGH FamRZ 2008, 497 = R 687
[111] BGH FamRZ 1990, 283, 287
[112] BGH FamRZ 1982, 250, 252; FamRZ 1984, 657
[113] BGH FamRZ 1982, 23
[114] BGH FamRZ 1982, 678

Grund eingegangen ist,[115] weil er sich durch ein unverantwortliches, zumindest **leichtfertiges** oder eigensüchtiges Schuldenmachen seiner Unterhaltspflicht nicht entziehen darf.[116] Danach können Verbindlichkeiten unberücksichtigt bleiben, die der Verpflichtete im Zusammenhang mit dem Erwerb einer Eigentumswohnung durch seine neue Partnerin übernommen hat.[117]

In der Regel sind auch solche Schulden nicht zu berücksichtigen, die der Verpflichtete deshalb macht, weil er mit dem für seinen Lebensbedarf zur Verfügung stehenden Geld nicht auskommt und deshalb z. B. **laufend sein Girokonto überzieht.** Tilgungen und neuerliche Überziehungen gleichen sich zudem meist aus. Nur die Zinsen können berücksichtigungsfähig sein.

Auch Aufwendungen für die Vermögensbildung dürfen – auch soweit sie grundsätzlich als zusätzliche Altersvorsorge zulässig wäre (vgl. § 4 Rn. 437 ff., Rn. 453) – bei beschränkter Leistungsfähigkeit nicht fortgesetzt werden,[118] zumal der Verpflichtete auf Kosten des Berechtigten keine Vermögensbildung betreiben darf.[119] So darf z. B. auch eine Lebensversicherung im Mangelfall nicht fortgesetzt werden mit der Folge, dass die **Versicherungsprämien** im Rahmen der Leistungsfähigkeit nicht zu berücksichtigen sind.[120]

Dem Verpflichteten ist es zuzumuten, solche Verbindlichkeiten rückgängig zu machen.

93 Verbindlichkeiten für ein **Haus** wurden nicht berücksichtigt, soweit sie **mit einem Wohnwert verrechnet** wurden. Inzwischen wird die Tilgung von vermögenbildenden Schulden ohnehin nicht mehr anerkannt[121] (Näheres § 1 Rn. 520 f.).[122]

94 Wenn gemeinsam eingegangene Verbindlichkeiten nach der Trennung im Verhältnis zwischen den Eheleuten vom Verpflichteten **gegen den Willen des Berechtigten aufrechterhalten** werden (z. B. Bereitstellungszinsen für einen geplanten Hausbau, der vom anderen Ehegatten nicht mehr gewollt wird), sind diese unterhaltsrechtlich nicht zu berücksichtigen.[123]

Wegen der Berücksichtigung von Verbindlichkeiten siehe auch § 1 Rn. 1072 ff.

8. Obliegenheit, sich auf die Pfändungsfreigrenzen zu berufen und evtl. Insolvenzantrag zu stellen

95 Dem **in Abhängigkeit Erwerbstätigen** stand schon immer die Möglichkeit zur Seite, sich gegenüber Drittgläubigern auf die Pfändungsfreibeträge nach § 850 c ZPO zu berufen. Die Rechtsprechung der Untergerichte hatte auch eine entsprechende Obliegenheit im Interesse der Unterhaltsberechtigten angenommen. Der BGH hatte es indessen als für den Unterhaltsschuldner unzumutbar angesehen, durch die Unterhaltszahlungen immer tiefer in Schulden zu geraten.[124] Damit wurden die Unterhaltsgläubiger auf die Sozialhilfe verwiesen und die Drittgläubiger erlangten die Rückzahlung ihrer Forderungen letztlich zu Lasten der öffentlichen Hand, welche auf diese Weise das Risiko des Kreditgebers verminderte. Durch die Einführung der Verbraucherinsolvenz mit Restschuldbefreiung nach §§ 304 ff. InsO hat der Gesetzgeber die Rahmenbedingungen verändert und der bisherigen Rechtsprechung des BGH ihre Grundlage genommen und ihn zu veranlasst, diese **zu ändern.**[125] Dieses Verfahren kann es dem Unterhaltsschuldner nämlich ermöglichen, **Unterhalt zu leisten** und außerdem nach angemessener Zeit **Befreiung von seinen Schul-**

---

[115] BGH FamRZ 1984, 358
[116] BGH FamRZ 1982, 157
[117] BGH FamRZ 1982, 898
[118] BGH FamRZ 2003, 741
[119] BGH FamRZ 2008, 963 = R 692 d
[120] BGH FamRZ 1984, 149, 151
[121] BGH FamRZ 2006, 387 = R 643 b
[122] BGH FamRZ 1986, 437, 439
[123] BGH FamRZ 1983, 670, 673
[124] BGH FamRZ 1984, 477
[125] BGH FamRZ 2005, 608 = NJW 2005, 1279 = R 627 a–e

II. Einkommens- und Bedarfskorrekturen im Mangelfall § 5

den zu erlangen.[126] Die Verbraucherinsolvenz hat nämlich zur Folge, dass dem Schuldner von seinem Einkommen der pfändungsfreie Betrag einschließlich der auf Unterhaltspflichten entfallenden Anteile verbleibt. Aus der generellen Pflicht des Unterhaltsschuldners, seine Leistungsfähigkeit nach Möglichkeit zu verbessern, folgt daher auch seine Obliegenheit, sich anderen Gläubigern gegenüber auf die Pfändungsfreigrenzen zu berufen, wenn er durch einen Antrag auf Eröffnung des Verbraucherinsolvenzverfahrens mit Restschuldbefreiung die Beseitigung seiner Schulden erreichen kann. Andererseits zieht die Verbraucherinsolvenz jedoch eine schwerwiegende Einschränkung der Handlungsfreiheit nach Art, 2 GG des Unterhaltsschuldners mit sich, welche nur mit der verschärften Unterhaltspflicht gegenüber minderjährigen und ihnen gleichgestellten Kindern nach Art. 6 GG zu rechtfertigen ist. Demgegenüber besteht bei anderen Unterhaltsverhältnissen nicht die Obliegenheit, die Verbraucherinsolvenz zu beantragen.[127]

Bei einer Unterhaltspflicht gegenüber Minderjährigen oder gleichgestellten Volljährigen ist auch derjenige, der nicht durch eine abhängige Tätigkeit, sondern auf andere Weise durch **persönliche Arbeit** seinen Unterhalt verdient, gehalten, den entsprechenden **Pfändungsschutz** gem. § 850 i ZPO in Anspruch zu nehmen, weil auch er im Prinzip die Möglichkeit hat, das Anwachsen der Schulden durch eine Verbraucherinsolvenz mit Restschuldbefreiung zu vermeiden. **96**

Die Pfändungsfreibeträge nach § 850 c ZPO sind aber nur die **Untergrenze der Pfändungsfreiheit.** Soweit der **Sozialhilfebedarf** darüber liegt, kann der Pfändungsschuldner nach § 850 f ZPO einen darüber liegenden Freibetrag in Anspruch nehmen und hat unterhaltsrechtlich auch die entsprechende Obliegenheit. Im Prinzip darf die Sozialhilfe also nur mehr dann eingreifen, wenn der Unterhaltsschuldner auch bei Absehen von seinen privaten Schulden nicht in der Lage ist, den sozialhilferechtlichen Bedarf für sich und die, für die er unterhaltspflichtig ist, abzudecken.

Die **Verbraucherinsolvenz** vollzieht sich in 4 Schritten: **97**
- Im außergerichtlichen Schuldenbereinigungsverfahren muss sich der Schuldner um eine Einigung mit seinen Gläubigern bemühen. Das förmlich belegte Scheitern dieses Versuches ist Voraussetzung für
- den Antrag auf gerichtliche Schuldenbereinigungsplanverfahren, bei welchem der Schuldner das Scheitern es außergerichtlichen Einigungsversuchs belegen und Verzeichnisse der Gläubiger und ihrer Forderungen sowie des Vermögens einschließlich aller Einkünfte vorlegen und die Gründe der Scheiterns der Einigungsbemühungen darlegen muss (§ 305 InsO). Darauf folgt der gerichtliche Versuch, eine einvernehmliche Lösung zu erreichen, bei der die Zustimmung einzelner Gläubiger vom Gericht ersetzt werden kann (§ 309 InsO).
- Im Falle des Scheiterns wird das Insolvenzverfahren eröffnet, dass zur Bestellung eines Insolvenzverwalters und, wenn keine Versagungsgründe entgegenstehen, zur Ankündigung der Restschuldbefreiung im Falle des Wohlverhaltens nach § 291 InsO führt.
- Nach der Wohlverhaltensperiode von regelmäßig sechs Jahren ab Verfahrenseröffnung (Verkürzung auf fünf Jahre ist möglich), in welcher das den pfändbaren Betrag übersteigende Einkommen (soweit vorhanden) an die Gläubiger abgeführt wird, folgt die Restschuldbefreiung nach § 300 InsO, wenn keine Versagungsgründe nach § 290 InsO erfolgreich geltend gemacht worden sind.

Voraussetzung für die **Eröffnung des Insolvenzverfahrens** ist nach § 17 InsO allerdings die **Zahlungsunfähigkeit,** also die Unfähigkeit, den fälligen Zahlungspflichten zu erfüllen. Aus der bisherigen Rechtsprechung, wonach dem Schuldner nicht zuzumuten war, dass Anwachsen seiner Schulden hinzunehmen und ihm daher gestattet wurde, zu Lasten seiner Unterhaltsgläubiger seine anderen Gläubiger zu befriedigen, wird teilweise gefolgert, Zahlungsunfähigkeit liege nur vor, wenn ohne jede Unterhaltszahlung die Erfüllung der Verbindlichkeiten nicht möglich sei. Solange noch Unterhalt geleistet werde, liege **98**

---

[126] Ausführlich zu dem Thema: Melchers/Hauß, Unterhalt und Verbraucherinsolvenz, Köln 2003, Melchers FuR 2003, 145; Melchers FamRB 2002, 180; Melchers FamRZ 2001, 1509; kritisch Uhlenbruck FamRZ 1998, 1473
[127] BGH FamRZ 2008, 497 = R 687

§ 5　Rangverhältnisse und Mangelfälle

keine Insolvenz vor, weil mangels Leistungsfähigkeit zuerst die Unterhaltspflichten entfallen müssten.[128] Das dürfte aber dem Zweck des Verbraucherinsolvenzverfahrens widersprechen, welches ersichtlich darauf angelegt ist, die Unterhaltsgläubiger anderen Gläubigern gegenüber zu bevorzugen und dadurch die Sozialkassen zu entlasten. Vielmehr wird die Leistungsfähigkeit des Unterhaltsschuldners gerade durch die Möglichkeit eines Antrags auf Eröffnung des Verbraucherinsolvenzverfahrens erhöht. Zum selben Ergebnis kommt man letztlich bei der Frage, inwieweit die Obliegenheit, einen Insolvenzantrag zu stellen, Einfluss auf die einkommensabhängige Bedarfsbemessung haben kann. Hier muss man darauf abstellen, wie sich der Unterhaltsschuldner ohne die Trennung verhalten hätte. In der Regel wird man davon ausgehen können, dass er sich zum Schutz des Familienunterhalts auf die Pfändungsfreigrenzen berufen und Insolvenzantrag gestellt hätte. Demnach durfte sich auch das prägende Einkommen durch die Obliegenheit, einen Insolvenzantrag zu stellen, erhöhen.

99　Der Insolvenzantrag könnte **unzumutbar** sein, wenn er nicht zur Restschuldbefreiung führen kann, wenn also Versagungsgründe gem. § 290 InsO vorliegen. Das wäre z. B. dann der Fall, soweit die Forderungen aus einer vorsätzlichen unerlaubten Handlung resultieren, der Schuldner sich im letzten Jahr vor dem Antrag vorsätzlich oder grob fahrlässig leistungsunfähig gemacht hat oder innerhalb der Letzten 10 Jahre eine Restschuldbefreiung gewährt oder versagt wurde. Hier sind die Interessen von Unterhaltsschuldner und -gläubiger unter Berücksichtigung von Billigkeitsgründen gegeneinander abzuwägen, was durchaus dazu führen kann, dass sich der Unterhaltsschuldner auch dann auf die Pfändungsfreigrenzen berufen muss, wenn eine Restschuldbefreiung nicht möglich ist. Dies muss umso mehr gelten, als im Interesse der öffentlichen Kassen der Gesetzgeber den **Unterhaltsansprüchen einen Vorrang gegenüber anderen Ansprüchen** eingeräumt hat. Dieser muss sich auch dann durchsetzen, wenn aus Gründen, die in der Person des Unterhaltsschuldners liegen, eine Restschuldbefreiung ausscheidet. Schließlich betrifft aber die unterhaltsrechtliche Zumutbarkeitsprüfung meist nicht den Antrag auf Verbraucherinsolvenz, die Berufung auf die Pfändungsfreigrenzen nach §§ 850 c, 850 f und 850 i ZPO.

100　Die Verbraucherinsolvenz führt im Falle der Restschuldbefreiung auch zum **Erlöschen** der bis dahin nicht erfüllten **Unterhaltsrückstände** aus der Zeit vor der Verfahrenseröffnung (vgl. § 4 Rn. 135). Wenn die Nachteile auch des Unterhaltsgläubigers überwiegen, weil er ohne die Restschuldbefreiung Hoffnung hätte, auf Grund einer dem Unterhaltsschuldner zufallenden Erbschaft zur Erfüllung seiner Unterhaltsansprüche zu kommen, so können im Einzelfall die Gründe, die gegen eine Berufung auf die Pfändungsfreibeträge und einen Antrag auf Eröffnung des Verbraucherinsolvenzverfahrens sprechen, überwiegen.

101　**Beispiel für Berufung auf die Pfändungsfreibeträge:**
Einkommen von M (ohne Kindergeld) 2900,00 €, Schulden monatlich 1500,00 €
verbleibendes Einkommen 1400,00 €
Kind A Alter 14 Jahre, Kind B Alter 7 Jahre, Gatte F ohne Einkommen
Erwerbsbonus 10%
Unterhaltsberechnung:
aus Einkommen des Pflichtigen 1400,00 €
Kindesunterhalt nach DT 1/1 und DT 1/2, zugleich Mindestbedarf gem. § 1612a I, § 1612b I BGB:
Kind A 426 – 92 = 334,00 €, Kind B 364 – 92 = 272,00 €, insgesamt 606,00 €
F erhält: (1400 – 606) × 90%/2 = 357,00 €,
M behält nur 1500 – 606 – 357 = 537,00 €, daher **Mangelfall**. Selbst nach Wegfall des gegenüber dem Kindesunterhalt nachrangigen Gattenunterhalt bleibt nur 537 + 357 = 894 € und damit weniger als der notwendige Selbstbehalt von 950 €.
M ist aber ein Antrag auf Restschuldbefreiung möglich und zumutbar. Dadurch erhöht sich seine Leistungsfähigkeit:
Sein Einkommen vor Abzug der Schulden beträgt 2900,00 €, hiervon sind pfändungsfrei 2560,71 €, anerkennungsfähige Schulden deshalb 339,29 €, nicht anerkennungsfähige Schulden 1460,71 € sind hinzuzurechnen. Damit bleiben M nicht 537 €, sondern 2060,71 €. Davon abzuziehen sind Kosten

---

[128] Dieser Argumentation liegt letztlich der Beschluss des OLG Stuttgart, FamRZ 2002, 982 zu Grunde.

II. Einkommens- und Bedarfskorrekturen im Mangelfall § 5

der Restschuldbefreiung von monatlich geschätzt 50 €, sodass M 2060,71 − 50 = 2011 € bleiben und kein Mangelfall mehr besteht. Die Berufung auf den Pfändungsfreibetrag erhöht jedoch auch das prägende Einkommen. Dieses beträgt nun 2900 − 339 (Schulden) − 50 (Kosten) = 2511 €, daraus berechnet sich nun auch der Kindesunterhalt nach DT 3/3 und DT 3/2 (drei Berechtigte) von 469 − 92 + 401 − 92 = 686 Unterhalt von F: 2511 − 686 = 1825 × 90%/2 = 821,00 € und damit mehr als der Mindestbedarf von 770 € (§ 4 Rn. 838).

M bleibt 2511 − 686 − 821 = 1004 €, also weniger als der Selbstbehalt gegenüber einem Ehegatten von 1050 €.

Das Defizit von 1050 − 1004 = 46 € ist durch Kürzung des gegenüber dem Kindesunterhalt nachrangigen Gattenunterhalts zu decken. Vorher jedoch kommt es nach DT Anm. 1 II (vgl. Rn. 143) zur Abgruppierung beim Kindesunterhalt nach Gruppe 1 (wie oben) 334 + 272 = 606 €. Daraus ergibt sich die Ehegattenquote zu (2511 − 606) * 90%/2 = 857 €. M bleibt 2511 − 606 − 857 = 1048 €. Das Restdefizit von 1050 − 1048 = 2 € ist durch Kürzung des Gattenunterhalt auf 857 − 2 = 855 € zu decken, so dass M 2511 − 606 − 855 = 1050 € bleibt.

9. Individuelle oder schematische Kürzung eines verbleibenden Fehlbedarfs nach § 1581 BGB

Kommt es auf Grund der Billigkeitsabwägung gemäß den Ausführungen zu Rn. 67 bis 100 zu entsprechenden **Änderungen** im Bereich der **Deckungsmasse** oder im **Bedarfsbereich,** dann ist abschließend auch neu festzustellen, ob trotz solcher Änderungen noch ein ungedeckter Fehlbedarf verbleibt. Dies geschieht durch Abzug der berücksichtigungsfähigen Deckungsmasse vom verbleibenden berücksichtigungsfähigen Gesamtbedarf. **102**

Ergibt sich hierbei kein ungedeckter Restbedarf, verbleibt es bei dem auf diese Weise ermittelten Unterhalt. Dieser Unterhalt ist ein nach § 1581 BGB gekürzter Billigkeitsunterhalt, der auf den vollen Unterhalt zu erhöhen ist, sobald der Verpflichtete dazu leistungsfähig ist.

Ergibt sich als Differenz (Rn. 102) ein **ungedeckter Restbedarf,** so muss nach § 1581 BGB eine **weitere Unterhaltskürzung** erfolgen. **103**

Möglich ist diese Kürzung
− individuell auf Grund einer neuen Gesamtabwägung aller Billigkeitsgesichtspunkte oder
− durch eine proportionale Kürzung.

Die **proportionale Kürzung** ist unterschiedlich, je nach dem, ob ein absoluter Mangelfall vorliegt, bei dem **nur** der Unterhalt der Berechtigten zu kürzen ist, oder ob es sich um einen relativen Mangelfall, bei welchem der Bedarf des Pflichtigen und der des oder Berechtigten gleichermaßen zu kürzen sind. Beim relativen Mangelfall liegt aber regelmäßig zugleich ein **gemischter Mangelfall** vor, bei welchem die Mangellage nur im Verhältnis zu einem der Unterhaltsberechtigten vorliegt, zwischen vollem Bedarf des zweiten und Mangellage beim ersten Ehegatten aber eine wechselseitige Abhängigkeit besteht (s. u. Rn. 107).

Bei einer **individuellen Kürzung** sind alle Umstände des konkreten Einzelfalles individuell zu gewichten und gegeneinander abzuwägen. **104**

Wichtige Kriterien hierzu können z. B. sein:
− Die Einkommens- und Vermögensverhältnisse sowie sonstige wirtschaftliche Verhältnisse beider Ehegatten;
− persönliche Verhältnisse jedes Ehegatten, wie Alter, Gesundheitszustand sowie individuelle Bedürfnisse;
− eheliche Lebensverhältnisse vor und nach der Trennung;
− Erwerbsfähigkeit, zumutbare Tätigkeiten, besonderer Leistungseinsatz, ernsthafte Erwerbsbemühungen und besondere Anstrengungen zur Erzielung zumutbarer, evtl. auch unzumutbarer, überobligationsmäßiger Einkünfte;
− besondere Belastungen durch Kinder und sonstige besondere Belastungen;
− der Umfang, in welchem bei der Bedarfsbemessung bereits Vorabzüge und andere Posten der Mangelfallberechnung berücksichtigt wurden.

Nicht zu berücksichtigen ist ein Verschulden an der Trennung oder Scheidung.

§ 5 Rangverhältnisse und Mangelfälle

Die zur Kürzung nach § 1581 BGB führende Billigkeitsabwägung kann aber für beide Gatten nur einheitlich erfolgen.[129]

III. Mehrheit von Berechtigten: relativer Mangelfall

105 Nach der Rechtssprechung des BGH[130] hat ist bei der Bemessung des Bedarfs eines geschiedenen Ehegatten nach den ehelichen Lebensverhältnissen jede Veränderung des verfügbaren Einkommens des unterhaltspflichtigen Ehegatten zu berücksichtigen, welche nicht auf einer Verletzung der Erwerbsobliegenheit oder auf einem Karrieresprung beruht. Soweit er damit auch der Unterhaltspflicht gegenüber einem späteren Ehegatten Einfluss auf den Bedarf des früheren Ehegatten zugebilligt hat, hat das BVerfG diese Auslegung des § 1578 BGB in einer wenig überzeugenden Entscheidung[131] mit knapper Mehrheit als verfassungswidrig verworfen. Dass es damit zugleich den Grundsatz der „wandelbaren ehelichen Lebensverhältnisse" insgesamt verworfen hätte,[132] lässt sich der Entscheidung indessen nicht entnehmen. **Der entscheidende Satz lautet:** „Es überschreitet die Grenzen des Wortlauts von § 1578 Abs. 1 Satz 1 BGB, derartige nacheheliche Änderungen, die nicht ehe-, sondern scheidungsbedingt sind, also die Auflösung der Ehe voraussetzen, in die Bestimmung des Unterhaltsbedarfs eines geschiedenen Ehegatten einzubeziehen." Der Kontext zeigt, dass sich der Verfassungsverstoß auf diesen Widerspruch beschränkt, denn vorher hatte die Entscheidung durchaus zustimmend die Beeinflussung der ehelichen Lebensverhältnisse durch viele spätere Veränderungen, u. a. auch durch unverschuldete Einkommensverminderungen erörtert. Die eingehende Rechtsprechung des BGH zu Unterhaltsverpflichtungen gegenüber nach der Scheidung geborenen Kindern bleibt demgegenüber gänzlich unerwähnt. Die Entscheidung konzentriert sich vielmehr ausschließlich auf die Berücksichtigung der späteren Ehe. Die **Grundlagen der Rechtsprechung** zu den variablen ehelichen Lebensverhältnissen, nämlich die Unmöglichkeit, bei später entstandenen Ansprüchen auf Kindesunterhalt den hinreichenden Bezug zur Ehe überzeugend abzugrenzen, **werden vom BVerfG also nicht kritisiert.** Nachdem nur eine Beeinflussung der ehelichen Lebensverhältnisse durch Umstände, die erst durch die Scheidung ermöglicht werden, missbilligt wird, ist eine Gesetzesauslegung, welche alle späteren Umstände, die auch bei Fortbestand der Ehe hätten eintreten können, **verfassungskonform**.

106 Offenbar hat insoweit der **Leitsatz der Entscheidung** Verwirrung gestiftet. Dieser besagt, der BGH habe durch einen **Systemwechsel** die Grenzen der richterlichen Rechtsfortbildung überschritten und damit Art. 2 Abs. 1 GG und das Rechtsstaatsprinzip (Art. 20 Abs. 3 GG) verletzt. Diese Formulierung erweckt den Anschein, alles was mit dem neuen System der variablen ehelichen Lebensverhältnisse zu tun habe, sei verfassungswidrig. Das wäre aber ein offenkundiges Missverständnis, weil das BVerfG die Beeinflussung der ehelichen Lebensverhältnisse durch **Änderungen**, denen **jeder Bezug zur Ehe fehlt**, insbesondere durch einen unerwartetem unverschuldetem Einkommensrückgang, durchaus **gebilligt hat**.[133]

Folgt man der hier vertretenen Auffassung, dass das BVerfG die Rechtsprechung zu den variablen ehelichen Lebensverhältnissen lediglich eingegrenzt hat auf die Änderungen, die auch bei Fortdauer der Ehe hätten eintreten können, dann bleibt für den relativen Mangelfall nach § 1581 BGB nur die Unterhaltspflicht gegenüber einem späteren Ehegatten, welche aber einen Mischfall darstellt (s. u. IV.) weil in den anderen Fällen die Veränderung nach dem Grundsatz der variablen ehelichen Lebensverhältnisse[134] die Veränderung bereits den Bedarf beeinflusst.

---

[129] BGH FamRZ 1992, 1045, 1049; FamRZ 1990, 1091, 1095
[130] BGH FamRZ 2006, 683 = R 649 g
[131] Aus neutraler Sicht: Rieble NJW 2011, 819
[132] So Hauß FamRB 2011, 94
[133] BVerfG 2011, 437 = R 722 f
[134] BGH FamRZ 2008, 968 = R 689 g

IV. Mehrheit von Berechtigten: gemischter Mangelfall mit zwei Ehegatten § 5

Folgt man dem allerdings nicht und betrachtet alle Änderungen nach der Scheidung nicht als bedarfsbestimmend, dann können viele andere Änderungen **Unterhaltskürzung** nach § 1581 BGB bewirken, wobei zugleich der Unterhaltspflichtige Kürzungen hinnehmen muss. Der Grundsatz der **Halbteilung zwischen Ehegatten** lässt sich dabei nur wahren, wenn die Kürzung im Verhältnis des beiderseitigen **Bedarfs** erfolgt (der **Unterhalt** scheidet als Maßstab deshalb aus, weil der Pflichtige Unterhalt zahlt und nicht erhält).[135]

IV. Mehrheit von Berechtigten: gemischter Mangelfall mit zwei Ehegatten

1. Allgemeines

Ist der Unterhaltspflichtige zwei (oder mehr) Ehegatten gegenüber unterhaltspflichtig, **107** dann liegt meist ein Mangelfall im Verhältnis zum ersten Ehegatten vor, nicht aber notwendigerweise auch beim zweiten, denn dessen ehelichen Lebensverhältnisse sind durch die Unterhaltspflicht gegenüber dem ersten Ehegatten geprägt: Es liegt dann ein Mischfall vor, denn im Verhältnis zum ersten Ehegatten besteht ein Mangelfall, im Verhältnis zum zweiten besteht ein solcher aber nicht, weil der letztlich dem ersten Ehegatten geschuldete (Mangel-)Unterhalt beim zweiten Ehegatten bereits auf der Bedarfsebene zu berücksichtigen ist.[136] Die Billigkeitsabwägung nach § 1581 BGB zielt auf einen billigen Ausgleich zwischen den geschiedenen Ehegatten. Gerecht ist i. d. R. eine gleichmäßige Verteilung der vorhandenen Mittel i. S. d. vom Verfassungsgericht betonten hälftigen Beteiligung beider Eheleute, soweit keine besonderen Gründe vorhanden sind, dem ersten Ehegatten oder dem Pflichtigen mehr als die ihm zustehende Hälfte zu belassen. Die angemessene Verteilung muss auch den Erwerbstätigenbonus berücksichtigen sowie die Unterhaltspflicht des Pflichtigen gegenüber seinem neuen Ehegatten. Diese allerdings ist kein fester Betrag, sondern hängt davon ab, wie viel dem Unterhaltspflichtigen nach Erfüllung seiner Unterhaltspflicht gegenüber dem ersten Ehegatten verbleibt. Damit besteht zwischen dem Mangelunterhalt des ersten Ehegatten und dem volle Bedarf des zweiten eine **gegenseitige Abhängigkeit**. Man kann diese in einer Sukzessivberechnung erfassen:
Beispiel: M verdiene 3000 EUR, F1 verdiene 1000 EUR und F2 verdiene 700 EUR, beide können Unterhalt nach den ehelichen Lebensverhältnissen verlangen. Dann erhält
F1: (3000 * 90% + 1000 * 90%)/2 − 1000 * 90% = 900 EUR
F2: (3000 * 90% − 900 + 700 * 90%)/2 − 700 * 90% = 585 EUR
F1: (3000 * 90% − 585 + 1000 * 90%)/2 − 1000 * 90% = 608 EUR
F2: (3000 * 90% − 608 + 700 * 90%)/2 − 700 * 90% = 731 EUR

---

[135] Berechnungsbeispiel für „**Ende der variablen Lebensverhältnisse**": M verdient 3000 und ist der geschiedenen F1 zu Unterhalt verpflichtet, welche 1000 EUR verdient. Er lebt mit der einkommenslosen F2 nichtehelich zusammen, welche das nach der Scheidung geborene gemeinsame Kind K betreut und betreuungsbedingt nicht arbeiten kann. Der Kindesunterhalt betrage 200 EUR, der Bedarf von F2 übersteigt nicht den Mindestbedarf von 770 EUR, wegen Zusammenlebens herabgesetzt auf 700 EUR.
Da vorausgesetzt wird, dass der Bedarf von F1 von der Unterhaltsberechtigung von K und F2 nicht beeinflusst, beträgt der Bedarf von F1 (3000 * 90% + 1000 * 90%)/2 = 1800 EUR und der volle Unterhalt 1800 − 1000 * 90% = 900 EUR.
Der eheangemessene Selbstbehalt von M gegenüber F1 beträgt 1800 + 3000 * 10% = 2100 EUR. Nach Abzug der neuen Unterhaltsverpflichtungen bleiben ihm aber nur 2100 − 200 − 700 = 1200 EUR. Es liegt ein relativer Mangelfall vor. Die verfügbaren Mittel betragen 3000 + 1000 − 200 − 700 = 3100 EUR, der beiderseitige Bedarf 1800 + 2100 = 3900 EUR. Bei proportionaler Kürzung ist der beiderseitige Bedarf zugrunde zu legen. Das Defizit von 3900 − 3100 = 800 EUR verteilt sich deshalb:
M: 800 * 2100 / 3900 = 431 EUR
F1: 800 * 1800 / 3900 = 369 EUR.
M schuldet F1 daher 900 − 369 = 531 EUR, Ihm bleibt 3000 − 531 − 200 − 700 = 1589 EUR.
[136] Das ist allerdings streitig a. A. ua Scholz Kap 3 Rn. 83, s. dazu im Einzelnen § 5 Rn. 391 b

§ 5　　　　　　　　　　　　　　　　　　　Rangverhältnisse und Mangelfälle

F1: (3000 * 90% − 731 + 1000 * 90%)/2 − 1000 * 90% = 535 EUR
F2: (3000 * 90% − 535 + 700 * 90%)/2 − 700 * 90% = 768 EUR
F1: (3000 * 90% − 768 + 1000 * 90%)/2 − 1000 * 90% = 516 EUR
F2: (3000 * 90% − 516 + 700 * 90%)/2 − 700 * 90% = 777 EUR
F1: (3000 * 90% − 777 + 1000 * 90%)/2 − 1000 * 90% = 511 EUR
F2: (3000 * 90% − 511 + 700 * 90%)/2 − 700 * 90% = 780 EUR
F1: (3000 * 90% − 780 + 1000 * 90%)/2 − 1000 * 90% = 510 EUR
F2: (3000 * 90% − 510 + 700 * 90%)/2 − 700 * 90% = 780 EUR

Diese Berechnung verkürzt sich durch die Drittelmethode:
F1: (3000 * 90% + 1000 * 90% + 700 * 90%)/3 − 1000 * 90% = 510 EUR
F2: (3000 * 90% + 1000 * 90% + 700 * 90%)/3 − 700 * 90% = 780 EUR.

Wenn folglich der Unterhalt von F1 nach § 1581 BGB auf den sich nach der **Drittelmethode** errechneten Betrag gekürzt wird, ist für M im Verhältnis zu beiden Ehegatten die Halbteilung gewahrt. Die Billigkeitsabwägung hat allerdings auch alle Gründe zu berücksichtigen, eine Erhöhung des Anteils des einen oder des anderen rechtfertigen könnten. Dem kann dadurch Rechnung getragen werden, dass zuerst die Kürzung errechnet wird, welche sich bei Anwendung des Halbteilungsgrundsatzes ergibt (Drittelmethode), und anschließend Zu- und Abschläge gemacht werden, um die Gründe für die Bevorzugung der einen oder der anderen Seite zu berücksichtigen.

Die wichtigsten konsensfähigen Gründe für eine Abweichung von der Halbteilung sind:
– Die Ersparnis durch Zusammenleben,
– Der Vorrang des zweiten Ehegatten,
– Der Nachrang des zweiten Ehegatten.
– Besonderheit: Einkommen aus unzumutbarer Erwerbstätigkeit

2. Rechnerischer Grundfall: Kürzung nach § 1581 bei Gleichrang und Getrenntleben

108　Bei Getrenntleben der neuen Ehegatten und Gleichrang im Verhältnis zum ersten ist es in der Regel angemessen, dass der Pflichtige nicht nur im Verhältnis zum zweiten den Hälfteanteil wahren kann, sondern auch gegenüber dem ersten. Das führt zur Herabsetzung des Unterhalts des ersten Ehegatten auf den Drittelunterhalt. Wenn nämlich dieser vom Einkommen des Pflichtigen vorweg abgezogen wird, dann führt die folgende Bedarfsberechnung mit Halbteilung zu einem Ergebnis, das die Halbteilung in beiden Richtungen wahrt.

Beispiel 1:
M lässt sich nach langer Ehe von F1 scheiden und heiratet F2. Nach Geburt des gemeinsamen Kindes K trennen sich auch M und F2. M verdient 3000 €, F1 1000 €, F2 kann wegen der Betreuung von K nicht arbeiten und hat kein Einkommen. M schuldet auch F1 Unterhalt nach den ehelichen Lebensverhältnissen, sein Einkommen hat sich nach der Scheidung nicht wesentlich geändert und der Splittingvorteil ist bereits wieder weggefallen.
Lösung:
Bedarf von K nach DT11 4/1: 365 − 92 (Kindergeld) = 273 €. Nach dem Grundsatz der variablen ehelichen Lebensverhältnisse beeinflusst der Kindesunterhalt den Bedarf von F1, weil diese Verpflichtung auch bei Fortbestand der Ehe hätte entstehen können.
Bedarf von F1: ((3000 − 273) * 90% + 1000 * 90%)/2 = 1677 €
Voller Unterhalt von F1; 1677 − 1000 * 90% = 777 €.
Wenn der Drittelunterhalt geringer ist, besteht ein Mangelfall. Deshalb ist es zweckmäßig sogleich diesen zu berechnen.
Unterhalt gem. § 1581 BGB nach Drittelmethode gekürzt:
F1: ((3000 − 273) * 90% + 1000 * 90%)/3 − 1000 * 90% = 218 €.
M schuldet dann F2: ((3000 − 273) * 90% + 1000 * 90%)/3 = 1118 €.
M bleibt: 3000 − 273 − 218 − 1118 = 1391 €, also der Bedarf von 1118 € erhöht um den Bonus von (3000 − 273) * 10% = 273 €.
F1 bleibt: 1000 + 218 = 1218 €, und damit der Drittelanteil von 1118 € erhöht um den Bonus von 1000 * 10% = 100 €.
Die Halbteilung ist gegenüber F1 und F2 gewahrt.

IV. Mehrheit von Berechtigten: gemischter Mangelfall mit zwei Ehegatten   § 5

Beispiel 1 a:
Wie Beispiel 1, jedoch hat M während der Ehe mit F1 nur 2500 € verdient. Die weiteren 500 € beruhen auf einem Karrieresprung.
Bedarf von F1: ((2500 − 273) * 90% + 1000 * 90%)/2 = 1452 €
Voller Unterhalt von F1; 1452 − 1000 * 90% = 552 €.
Unterhalt gem. § 1581 BGB nach Drittelmethode gekürzt:
F1: ((3000 − 273) * 90% + 1000 * 90%)/3 − 1000 * 90% = 218 €, also geringer und deshalb nach § 1581 BGB maßgebend. Rest wie Beispiel 1.
Beispiel 1 b:
Wie Beispiel 1, jedoch beträgt der prägende Einkommensteil von M nur 2000 €, dazu Karrieresprung 1000 €, F2 ist im Hinblick auf das Alter des Kindes ein Verdienst von 500 € zuzurechnen.
Bedarf von F1 nun: ((2000 − 273) * 90% + 1000 * 90%)/2 = 1277 €
Voller Unterhalt von F1: 1227 − 1000 * 90% = 327 €
Drittelunterhalt von 1: ((3000 − 273) * 90% + 1000 * 90% + 500 * 90%)/3 − 1000 * 90% = 368 € und damit mehr als der volle Unterhalt. Es liegt kein Mangelfall vor. F1 erhält den vollen Unterhalt von 327 €.
F2 erhält die Gattenquote: ((3000 − 273) * 90% − 327 + 500 * 90%)/2 − 500 * 90% = 839 €.

3. Kürzung nach § 1581 BGB bei Gleichrang und Zusammenleben in der neuen Ehe

Solange der Unterhaltspflichtige nach Wiederheirat mit dem neuen Ehegatten zusammenlebt, ist bei der Mangelrechnung nach § 1581 BGB der Vorteil zu berücksichtigen, den die neuen Eheleute aus dem Zusammenleben ziehen. Dieser Vorteil wird im Sozialrecht auf 10% geschätzt. Dem ist der BGB gefolgt.[137] Diese Ersparnis wurde in den Eigenbedarfssätzen der DT (Anm. B VI Nr. 2 a) und der Leitlinien (Nr. 22.1) in dieser Höhe übernommen. Bei der sozialrechtlichen Bedarfsermittlung wurde allerdings nicht die Ersparnis bei den Wohnkosten berücksichtigt. Es ist nicht unwahrscheinlich, dass hier die Ersparnis größer als 10% ist. Anderseits kann die die Ersparnis nur durch eine Korrektur der Quote erfolgen. Diese aber besteht in einer Erhöhung des Anteils des alleinlebenden ersten Ehegatten und einer entsprechenden Herabsetzung des Anteils des zusammenlebenden Ehepaars. Wird der Anteil des ersten Ehegatten und 10% erhöht, dann muss das dem Anteil der Eheleute entnommen werden, welcher um jeweils 5% sinkt. Insgesamt haben dann die Eheleute pro Person $^{95}/_{110}$ = 86,4% dessen zur Verfügung, was dem geschiedenen Ehegatten zur Verfügung steht. Demnach kann als Ausgleich für die Vorteile des Zusammenlebens ein Zuschlag zum Anteil des geschiedenen Ehegatten von 10% empfohlen werden, wie er sich in der Praxis auch durchzusetzen scheint − auch die Grundentscheidung des AG Saarlouis, welche das OLG Saarbrücken bestätigt hatte und die damit der Entscheidung des BVerfG vom 25. 1. 2011 zugrunde lag, hat im Hinblick auf die Ersparnis durch Zusammenleben in der neuen Ehe einen Zuschlag auf den Drittelanteil von 10% gewährt, welchen das BVerfG − trotz gleichzeitiger Missbilligung der Dreiteilung und auch nicht nach § 31 BVerfG bindend − übernommen hat.[138]

Beispiel:
M lässt sich nach langer Ehe von F1 scheiden und heiratet F2. Nach Geburt des gemeinsamen Kindes K gibt F2 ihre Arbeit auf und betreut das Kind. M verdient 3000 €, F1 1000 €, M schuldet auch F1 Unterhalt nach den ehelichen Lebensverhältnissen, sein Einkommen hat sich nach der Scheidung nicht wesentlich geändert. Der Splittingvorteil beträgt 400 €.
Bedarf von K: 365 − 92 (Kindergeld) = 273 €.
Voller Bedarf von F1: ((2600 − 273) * 90% + 1000 * 90%)/2 = 1497 €
Voller Unterhalt von F1: 1497 − 1000 * 90% = 597 €
Drittelanteil von F1 nach § 1581 BGB nur ((3000 − 273) * 90% + 1000 * 90%)/3 = 1118 €
Erhöht wegen der Vorteile des Zusammenlebens: 1118 + 10% = 1230 €
Unterhalt nach § 1581 BGB: 1230 − 1000 * 90% = 330 €.
M und F2 und K bleiben zusammen 3000 − 330 + 184 (Kindergeld) = 2854 €

---

[137] BGH FamRZ 2010, 1535 = R 714 c
[138] BVerfG FamRZ 2011, 437 = R 722 i

4. Kürzung bei Nachrang der früheren Ehe

110 Ist die frühere Ehe nachrangig, dann ist die Voraussetzung der Drittelmethode, dass nämlich keine Gründe bestehen, eine der Ehen zu bevorzugen, nicht gegeben, denn der Gesetzgeber hat durch das Einräumen eines Vorrangs der zweiten Ehe diese als schutzwürdiger gekennzeichnet. Deshalb darf auch ohne Vorliegen weiterer Gründe zulasten des ersten Ehegatten von der Halbteilung abgewichen werden. Im Interesse der Vereinfachung bietet es sich an, die **Vorteile des Zusammenlebens** in der neuen Ehe **unberücksichtigt** zu lassen und den Anteil des früheren Ehegatten einfach nach der unmodifizierten Drittelmethode zu berechnen.

Konsequent wäre es dann, im Fall der Trennung der neuen Ehe den Nachrang der früheren durch einen 10%-igen Abschlag zu berücksichtigen.

> Beispiel mit Zusammenleben:
> M lässt sich nach nicht langer Ehe von F1 scheiden und heiratet F2. Nach Geburt des gemeinsamen Kindes K gibt F2 ihre Arbeit auf und betreut das Kind. M verdient 3000 €, F1 1000 €, M schuldet auch F1 Unterhalt nach den ehelichen Lebensverhältnissen, sein Einkommen hat sich nach der Scheidung nicht wesentlich geändert. Der Splittingvorteil beträgt 400 €.
> Bedarf von K: 365 – 92 (Kindergeld) = 273 €.
> Voller Bedarf von F1: ((2600 – 273) * 90% + 1000 * 90%)/2 = 1497 €
> Voller Unterhalt von F1: 1497 – 1000 * 90% = 597 €
> Drittelanteil von F1 nach § 1581 BGB nur ((3000 – 273) * 90% + 1000 * 90%)/3 = 1118 €
> Eine Erhöhung wegen der Vorteile des Zusammenlebens unterbleibt wegen des Nachrangs.
> Unterhalt nach § 1581 BGB: 1118 – 1000 * 90% = 218 €.
> M und F2 und K bleiben zusammen 3000 – 218 + 184 (Kindergeld) = 2966 €
> Beispiel ohne Zusammenleben:
> Wie oben, M trennt sich aber von F2. Diese verlangt Trennungsunterhalt.
> Dem Nachrang wird Rechnung getragen durch Verminderung des Drittelanteils gem. § 1581 BGB um 10%:
> 1118 – 10% = 1006 €, F1 erhält 1006 – 1000 × 90% = 106 €.

5. Kürzung bei Nachrang der späteren Ehe

111 Ist die spätere Ehe nachrangig, dann ist die Voraussetzung der Drittelmethode, dass nämlich keine Gründe bestehen, eine der Ehen zu bevorzugen, ebenfalls nicht gegeben. Zwar wirkt sich der Vorrang nach § 1609 BGB nicht mehr dahingehend aus, dass die spätere Unterhaltspflicht als sonstige Verpflichtung nach § 1581 BGB nicht berücksichtigt wird, denn die Verweisung des § 1582 BGB auf § 1581 BGB ist weggefallen (vgl. Rn. 6). Bei der Billigkeitsabwägung ist der Rangunterschied jedoch ein Grund, die vorrangige Ehe zu bevorzugen. Dieser Vorzug kann sich mit den Vorteilen des Zusammenlebens kumulieren. Auch hier wären einheitliche Maßstäbe für den Fall, dass keine weiteren überzeugenden Argumente vorliegen im Interesse der Rechtssicherheit wünschenswert. Das Ergebnis einer Bevorzugung des früheren Ehegatten wäre anders als im umgekehrten Fall nicht die Herabsetzung des Anteils, sondern dessen Erhöhung, die sich aber in diesem Fall am einfachsten durch eine Verminderung des durch die Gleichteilung verursachten Unterhaltsabschlags realisieren lässt. Dabei wäre der Vorteil aus Zusammenleben entsprechend der Bedarfslage weiterhin durch eine Erhöhung des Anteils zu realisieren, die Bevorzugung im Rang aber durch eine Halbierung des verbleibenden Abschlags.

> Beispiel mit Zusammenleben:
> M verdient 4000, davon 450 € Splittingvorteil aus neuer Ehe, und schuldet F1, die das gemeinsame Kind K, 5 Jahre alt, betreut und deshalb nur 400 € verdienen kann, Geschiedenenunterhalt. Er heiratet F2, welche alsbald erkrankt und nur eine Rente 400 € bezieht.
> Bedarf von K nach DT11 7/1: 432 – 92= 340 €.
> Voller Bedarf von F1: ((3550 – 340) * 90% + 400 * 90%)/2 = 1625 €
> Voller Unterhalt von F1: 1625 – 400 * 90% = 1265 €

V. Mehrheit von Berechtigten: Rangfragen § 5

Der Drittelanteil wäre ((4000 − 340) * 90% + 400 * 90% + 400)/3 = 1351 €, unter Berücksichtigung der Vorteile des Zusammenlebens erhöht auf 1351 + 10% = 1484 €. Es bliebe ein Unterhalt von 1484 − 400 * 90% = 1224 € und damit um 1265 − 1224 = 41 € weniger als der volle Unterhalt. Im Hinblick auf den Nachrang von F2 kann die Absenkung nach § 1581 BGB unterbleiben. F1 erhält 1224 €.
Fortsetzung: Beispiel ohne Zusammenleben:
M verlässt F2. Diese verlangt Trennungsunterhalt.
Wie oben, doch entfällt der Zuschlag von 10% wegen Zusammenlebens.
Drittelanteil von F1 also nur 1351 € und damit um 1625 − 1351 = 274 € weniger als der volle Bedarf. Um diesen Betrag müsste der Unterhalt abgesenkt um die Halbteilung zu gewährleisten. Wegen des Nachrangs von F2 erfolgt eine Absenkung nur um 274/2 = 137 €. F1 erhält 1265 − 137 = 1214 €.

6. Das anrechnungsfreie Defizit[139]

Bei Konkurrenz von zwei Ehegatten tritt meist auch ein Mangelfall nach § 1581 BGB **112** ein und damit auch die Möglichkeit eines anrechnungsfreien Defizits nach § 1577 Abs. 2 S. 1 BGB (§ 4 Rn. 948). Einkommen aus unzumutbarer Erwerbstätigkeit wird gem. § 1577 Abs. 2 S. 2 BGB grundsätzlich nach Billigkeit berücksichtigt, Soweit jedoch nur ein Billigkeitsunterhalt geschuldet wird, muss Einkommen aus unzumutbarer Erwerbstätigkeit des Berechtigten nach § 1577 Abs. 2 S. 1 BGB unberücksichtigt bleiben (s. o. § 4 Rn. 948 ff.). Um den wegen des Defizits anrechnungsfreien Teil des Einkommens aus unzumutbarer Erwerbstätigkeit zu ermitteln, muss der Unterhalt mit dem vollen − nach Billigkeit herabgesetzten − unzumutbaren Einkommen berechnet werden. Der Betrag, um den der daraus resultierende Unterhalt den vollen Unterhalt unterschreitet (das Defizit), muss dann vom unzumutbaren Einkommen abgezogen werden. Danach wird der Unterhalt neu berechnet.
Zu Rechenbeispielen vgl. § 4 Rn. 957.

V. Mehrheit von Berechtigten: Rangfragen

1. Aktualisierung von Rangverhältnissen im Mangelfall

Sind Mehrere demselben Unterhaltspflichtigen gegenüber unterhaltsberechtigt, dann **113** besteht zwischen Ihnen ein Rangverhältnis.
Solche Rangverhältnisse gelten nach dem Gesetzeswortlaut nur im Mangelfall, allerdings nach § 1582 BB **nur im absoluten Mangelfall,** während im relativen der Rang nur die Verteilung nach Billigkeit verändern kann (Rn. 1, 5, 105 ff.). Sie haben so lange keine Auswirkung, als der in Anspruch Genommene voll leistungsfähig und leistungswillig ist. Dann können alle Unterhaltsansprüche in der angemessenen Höhe befriedigt werden.
Darüber hinaus kann das Vorhandensein weiterer Unterhaltsberechtigter unabhängig **114** vom Rang Einfluss auf die Unterhaltshöhe haben. Bei Kindern, die noch keine eigene Lebensstellung besitzen, hängt bereits der **Bedarf von der Lebensstellung des Unterhaltspflichtigen** und damit auch von dessen weiteren Unterhaltspflichten ab. Auch geschiedene Ehegatten müssen bei später entstandenen Unterhaltspflichten des Verpflichteten eine Einschränkung des Bedarfs hinnehmen, (vgl. § 4 Rn. 440 ff., 669).[140] Bei mehreren unterhaltsberechtigten Ehegatten beeinflusst der Unterhalt des **früheren Ehegatten den Bedarf des späteren**, weil nur das verfügbare Einkommen nach dem Grundsatz der Halbteilung zwischen den Partnern geteilt werden kann. Die vom BGH früher vertretene Auffassung, die Unterhaltspflicht aus einer späteren Ehe könne auch den Bedarf eines frü-

---

[139] Die Bezeichnung stammt von Wendl 2. Aufl. S. 377
[140] BGH FamRZ 2006, 683 = R 649 g, FamRZ 2008, 968 = R 689 g

heren Ehegatten beeinflussen, hat das Bundesverfassungsgericht allerdings missbilligt[141].[142] Abweichend von der hier vertretenen Auffassung wird die Meinung vertreten, dass auch der Bedarf eines späteren Ehegatten nicht durch die Unterhaltspflicht gegenüber einem früheren beeinflusst werde (näheres siehe § 4 Rn. 808).

115   Wenn der Verpflichtete in einem Unterhaltsverfahren einwendet, er sei nicht oder nur beschränkt leistungsfähig, und wenn dann im Sinn der Ausführungen zu I ein Mangelfall festgestellt wird, kommt es zu einer **Aktualisierung der Rangverhältnisse**[143] mit der Folge, dass mit den verfügbaren Mitteln (Deckungsmasse) erst die angemessenen Ansprüche der vorrangig Berechtigten voll befriedigt werden. An die nachrangig Berechtigten darf nur ein etwa noch verbleibender Rest verteilt werden.[144]

116   Aus diesem Grund beinhalten Rangverhältnisse praktisch einen Sonderfall im Rahmen der Leistungsfähigkeit des Verpflichteten, nachdem ein Mangelfall festgestellt wurde. Der Nachrang eines Berechtigten wirkt sich nur dann aus, wenn die verbleibenden Einkünfte des Verpflichteten nicht ausreichen, um den angemessenen Unterhalt aller Berechtigten und den Eigenbedarf des Verpflichteten ihnen gegenüber zu gewährleisten.[145] Erst dann kommt es zu Kürzung oder Wegfall des nachrangigen Unterhalts.

117   Beim **Ehegattenunterhalt** besteht eine **Zweistufigkeit**: neben dem für die Aktualisierung des Rangs maßgebenden Ehegattenmindestselbstbehalt von 1050 EUR ist der variable eheangemessene Selbstbehalt als Spiegelbild des Bedarfs nach den ehelichen Lebensverhältnissen zu berücksichtigen (Rn. 5). Durch den Wegfall der Verweisung auf § 1581 BGB in § 1582 BGB besteht eine volle Rangwirkung nur beim Ehegattenmindestselbstbehalt und beim vorrangigen Bedarf eines Ehegatten von 1050 EUR,[146] im Falle des Zusammenleben 840 EUR.[147] Im Einzelnen vgl. Rn. 6.

2. Die gesetzliche Rangfolge bei mehreren Berechtigten

118   Das Gesetz zur Änderung des Unterhaltsrechts vom 9. 11. 2007 hat die Rangfolge unter Berechtigten wesentlich geändert.
Nach altem Recht teilten sich nach § 1582 BGB und § 1609 I BGB Ehegatten, minderjährige Kinder und ihnen nach § 1603 II 2 BGB gleichgestellte Kinder den ersten Rang. Andererseits waren nach § 1582 BGB jedoch spätere Ehegatten früheren gegenüber nachrangig, wenn er im Fall der Scheidung nicht[148] unterhaltsberechtigt wäre oder wenn der frühere Ehegatte Kinder betreute oder seine Ehe lang gewesen war. In der Praxis waren spätere Ehegatten deshalb meist nachrangig, Gleichrang war selten. Im Fall des Nachrangs verlor der Ehegatte auch seinen Gleichrang mit den minderjährigen (und privilegierten volljährigen) Kindern und wurde ihnen gegenüber nachrangig. In der Rangordnung folgten die nicht privilegierten volljährigen Kinder, nach ihnen die Enkel und (im Rang danach) die Urenkel usw. und schließlich im folgenden Rang die Verwandten der aufsteigenden Linie, also Eltern, Großeltern und Urgroßeltern, wobei Eltern den Großeltern vorgehen und Großeltern den Urgroßeltern.

119   **Nach neuem Recht** (seit 1. 1. 2008) sieht das Gesetz bei mehreren Berechtigten die folgenden **Rangstufen** vor. Innerhalb dieser Rangstufen besteht **Gleichrang**.
  Stufe 1:
  – Minderjährige unverheiratete Kinder (§ 1609 Nr. 1 BGB; siehe Rn. 120)

---

[141] BVerfG FamRZ 2011, 437 = R 722
[142] BGH FamRZ 1992, 539; FamRZ 1988, 705, 707; FamRZ 1986, 790, 792; BVerfG FamRZ 1984, 346 (die Entscheidung betrifft zwar nur den Mangelfall, setzt aber den Vorrang bei der Unterhaltsbemessung voraus)
[143] Es sei denn, es liege nur ein relativer Mangelfall vor
[144] BGH FamRZ 1988, 705, 707; FamRZ 1986, 790, 792; FamRZ 1986, 48; FamRZ 1980, 555
[145] BGH FamRZ 1985, 912, 916
[146] Z. B. SüdL 23.1
[147] Z. B. SüdL 22.1
[148] Oder nur nach § 1575 BGB, also wegen Berufsausbildung

V. Mehrheit von Berechtigten: Rangfragen   § 5

– Volljährige unter 21 Jahren, die noch bei einem Elternteil leben und eine allgemeine Schule besuchen (§ 1609 Nr. 1, § 1603 II S. 2 BGB)
Stufe 2:
Ehegatten, geschiedene Ehegatten oder nichtehel. Elternteile, welche wegen Betreuung von Kindern unterhaltsberechtigt sind oder Ehegatten oder geschiedene Ehegatten deren Ehe von langer Dauer ist oder war (§§ 1609 Nr. 2, 1582 BGB; siehe Rn. 124).
Stufe 3:
Ehegatten, die nicht in der Stufe 2 erwähnt sind (§§ 1609 Nr. 4, 1582 BGB), die also keine Kinder betreuen müssen und deren Ehe auch nicht von langer Dauer war.
Stufe 4:
Volljährige Kinder, soweit sie nicht nach § 1603 II 2 BGB privilegiert sind (§ 1609 Nr. 4 BGB) und minderjährige verheiratete Kinder.
Stufe 5:
Enkelkinder, Urenkel usw, die – anders als im alten Recht – untereinander gleichrangig sind (§ 1609 Nr. 5 BGB).
Stufe 6:
Eltern (§ 1609 Nr. 6 BGB).
Stufe 7:
Andere Verwandte in aufsteigender Linie, d. h. Großeltern und Voreltern (§ 1609 Nr. 7 BGB), wobei – wie im alten Recht – die näheren Verwandten den entfernteren vorgehen.

3. Zum Rangverhältnis unter mehreren berechtigten Kindern

Vorrang haben minderjährige unverheiratete Kinder und die ihnen durch § 1603 II S. 2 BGB gleichgestellten Volljährigen vor ihren anderen volljährigen Geschwistern und vor minderjährigen Geschwistern, die bereits verheiratet sind (§ 1609 I BGB). 120

Gleichrang haben auf der ersten Stufe alle minderjährigen und nach § 1603 II S. 2 BGB ihnen gleichgestellten Geschwister untereinander und auf der zweiten Stufe alle nachrangigen volljährigen Geschwister untereinander.[149]

Unterhaltsansprüche von **Adoptivkindern** sind gleichrangig mit den Unterhaltsansprüchen leiblicher Kinder des Annehmenden. Adoptivkinder sind leiblichen Kindern in vollem Umfang gleichgestellt. Es spielt keine Rolle, aus welchen Gründen das Kind adoptiert wurde. Der Gleichrang gilt sowohl nach vollzogener Adoption (§§ 1754 I, 1601 f. BGB) als auch bei Ansprüchen während der vorbereitenden Adoptionspflege nach § 1744 BGB, jedenfalls dann, wenn es zur Adoption kommt.[150] 121

Ein **behindertes volljähriges Kind,** das infolge einer körperlichen oder geistigen Behinderung nicht erwerbsfähig ist, darf unterhaltsrechtlich nicht wie ein minderjähriges Kind behandelt werden. Es steht rangmäßig einem volljährigen Kind gleich. Der Rang bestimmt sich ausschließlich nach dem tatsächlichen Alter des Kindes.[151] 122

Eltern **können sich darauf einigen,** dass minderjährige und volljährige Kinder rangmäßig gleich behandelt werden sollen.[152] Dann spielt der Nachrang keine Rolle. 123

4. Rangverhältnisse nach § 1582, § 1609 Nr. 2, 3 BGB zwischen mehreren unterhaltsberechtigten Ehegatten

a) Allgemeines. Der Vorrang des geschiedenen Ehegatten vor dem neuen Ehegatten des Verpflichteten ist durch das Unterhaltsreformgesetz vom 21. 12. 2007[153] beseitigt worden. 124

---

[149] BGH FamRZ 1987, 472, 474; FamRZ 1986, 48; FamRZ 1985, 357, 360; FamRZ 1984, 683, 685; FamRZ 1981, 541, 543; FamRZ 1980, 555
[150] BGH FamRZ 1984, 378
[151] BGH FamRZ 1987, 472, 474; FamRZ 1986, 48; FamRZ 1985, 357, 360; FamRZ 1984, 683, 685
[152] BGH FamRZ 1981, 341, 343
[153] BGBl. I S. 3189

Nunmehr besteht zwischen dem geschiedenen und dem neuen Ehegatten und unter mehreren geschiedenen Ehegatten grundsätzlich **Gleichrang**. Eine Billigkeitsabwägung im Mangelfall darf nicht dazu führen, dass aus dem Gleichrang ein Nachrang wird.[154]

125 Unter mehreren berechtigten Ehegatten besteht nur dann Vor- und Nachrang, wenn der Unterhaltsanspruch des einen durch Kinderbetreuung oder lange Ehe privilegiert ist (§ 1609 Nr. 2 BGB), derjenige des anderen aber nicht (§ 1609 Nr. 4 BGB). Die Priorität des Anspruchs hat keine Bedeutung mehr.

126 **b) Ehedauer.** Als Ehedauer im Sinn der §§ 1609 Nr. 2, 1582 BGB gilt, wie bei § 1579 Nr. 1 BGB, die Zeit von der Eheschließung bis zur Rechtshängigkeit des Scheidungsantrags. Kindererziehungszeiten sind – anders als nach dem alten Recht – nicht hinzuzurechnen, obgleich sie nach der Gesetzesbegründung bei der Wertung zu berücksichtigen sind.

Das Gesetz erläutert nun auch, wann von einer **langen Ehedauer** im Sinn des § 1609 Nr. 2 BGB gesprochen werden kann. Es verweist insoweit auf die in § 1578 b I 2, 3 BGB n. F. genannten ehebedingten Nachteile, insbesondere die Kindererziehung, die Haushaltsführung und Erwerbstätigkeit während der Ehe und die Dauer der Ehe. Das bedeutet, dass für die Bewertung einer Ehe als lang nicht nur die Zeitdauer, sondern auch die entstandenen Nachteile für die Selbsterhaltungsfähigkeit wichtig sind, so dass objektiv kurze Ehen als lang, objektiv lange als kurz gewertet werden können. Die tatsächliche Dauer kann aber bei besonders langen oder besonders kurzen Ehen dennoch bedeutsam sein. Allerdings hängt auch die Bedeutung objektiven Dauer vom Alter des bedürftigen Ehegatten ab. Eine Ehedauer von zwanzig Jahren etwa hat bei einer Trennung im Alter von 40 Jahren eine geringere Bedeutung für die zukünftige Erwerbsfähigkeit, wenn der Berechtigte noch in der ersten Hälfte seines Berufslebens steht.[155] Dagegen scheidet schon wegen des wertneutralen Begriffs der langen Dauer die Berücksichtigung der Belange des Unterhaltspflichtigen aus. Ein Unterschied folgt aber bereits aus dem unterschiedlichen Ziel der Vorschriften: Die **Rangfolge** dient – im Gegensatz zur zeitlichen Begrenzung – **nicht den Interessen des Unterhaltspflichtigen**, sondern denen der konkurrierenden Unterhaltsberechtigten. Eine inhaltliche Unterscheidung ist damit noch nicht zwingend verbunden.

127 Rangverhältnisse werden im Allgemeinen klar definiert und sind leicht feststellbar. Die „lange Ehezeit" ist dagegen ein unbestimmter Rechtsbegriff und nicht einfach zu subsumieren, hat aber für die Betroffenen erhebliche wirtschaftliche Bedeutung. Diesem Problem kann auf dreierlei Weise begegnet werden:

128 **aa) Lange Ehe nach individueller Billigkeit?** Es könnte eine fallbezogene individuelle Billigkeitsentscheidung erfolgen, welche notwendig auch die für im Mangelfall zu prüfende Billigkeit nach § 1581 BGB einschließen würde. Es besteht die Gefahr, dass die Praxis wenigstens in Grenzfällen die Bestimmung des Rangs für die Erzielung eines angemessenen Gesamtergebnisses heranzieht. Das aber widerspräche der gesetzlichen Regelung, weil die Feststellung, ob die Ehezeit lang ist, nach dem Gesetz keine Billigkeitsprüfung zulässt.

129 **bb) Lange Ehe abhängig von der zeitlichen Begrenzung?** Zuverlässigere Ergebnisse ließen sich erzielen, indem der Umstand nutzbar gemacht wird, dass der Richter bereits bei der Frage der **zeitlichen Begrenzung des Anspruchs** von Amts wegen die in § 1578 b BGB aufgeführten ehebedingten Nachteile prüfen muss, die wegen der einschlägigen Verweisung auch zum Tatbestand des § 1609 Nr. 2 BGB gehören. Es liegt nahe, dass eine lange Ehe vorliegt, wenn auf einen lebenslangen Unterhalt erkannt wird. Der umgekehrte Fall ist weniger klar: Zwar zeigt die Kombination von Herabsetzung auf den angemessenen Bedarf und spätere zeitliche Begrenzung, dass lediglich ein Übergangsunterhalt in Frage kommt und trotz Bedürftigkeit, die Unterhaltpflicht enden soll, dass mithin keine lange Ehe vorliegt. Ebenso liegt auch der Fall, wenn die Unterhaltpflicht zeitlich begrenzt wird, obgleich das eigene Einkommen offenkundig zur Deckung des Existenzminimums nicht ausreicht. Zweifelhaft muss jedoch immer der Fall bleiben, wenn der Unterhalt nur deshalb zeitlich begrenzt wird, weil die Herabsetzung auf den angemessenen Bedarf wegen des vorhandenen Eigeneinkommens zum Wegfall der Unterhaltspflicht führt. Schließlich aber

---

[154] BGH FamRZ 1983, 678
[155] BGH FamRZ 2007, 2049, 2051 = R 682 a

V. Mehrheit von Berechtigten: Rangfragen § 5

kann nicht übersehen werden, dass die Maßstäbe des § 1578 b BGB und des § 1609 Nr. 2 BGB nicht wirklich übereinstimmen, denn für § 1609 Nr. 2 BGB ist die Ehedauer der eigentliche Prüfungsmaßstab, während sie für § 1578 b BGB nur ein Maßstab unter mehreren ist, welche durch den Begriff der Billigkeit verknüpft werden und letztlich ein Maß für ein Legitimationsdefizit .des Unterhaltsanspruchs darstellt.[156]

cc) **Autonome Bestimmung der langen Ehe.** Es bestehen mithin Bedenken, die Billigkeitsentscheidung nach § 1578 b BGB oder gar § 1581 BGB mit der Frage des Rangs zu vermischen, zumal die richterliche Gestaltungsfreiheit durch eine zu enge Koppelung der Tatbestände möglicherweise zu sehr eingeschränkt wäre. Nach der gesetzlichen Regelung ist der Rang jedenfalls unabhängig von den Interessen des Pflichtigen oder denen anderer Berechtigter zu bestimmen. Dann stellt sich aber die Frage, ob auf andere Weise die für die Rangfrage nötige **klare Unterscheidung zwischen langen und nicht langen Ehen** möglich ist. Eine einfache Lösung i. S. eines Rahmens von 10 bis 15 Jahren, wie es der bisherigen Rechtsprechung entsprach, verbietet sich angesichts der stark differenzierenden gesetzlichen Regelung und auch der Ablehnung dieses Rahmens durch die neuere Rechtsprechung des BGH,[157] welche allerdings noch die **zeitliche Begrenzung** nach altem Recht betraf und deshalb nicht ohne weiteres auch für die **Rangregelung** des neuen Rechts herangezogen werden kann. Wenn darüber Einigkeit besteht, dass die Rangbestimmung von individuellen Billigkeitserwägungen freigehalten werden sollte, sollten für die Feststellung einer langen Ehe möglichst einheitliche und klare Maßstäbe vorliegen.

Dabei müssen die gesetzlichen Vorgaben erfüllt werden:
– Die ehebedingten Nachteile nach § 1578 b BGB sind nicht der ausschließliche Maßstab, sie sind nur „auch" zu berücksichtigen. Folglich muss es eine Ehedauer geben, die auch ohne Vorliegen solcher Nachteile als lang zu betrachten ist, also eine **Höchstdauer,** deren Erreichen **immer eine lange Ehe impliziert.**
– Als **Ehedauer** müssen aber wegen der Bezugnahme auf § 1578 b BGB **die Zeiten der Kindererziehung** und **Haushaltsführung** Berücksichtigung finden, falls – wie im Regelfall – aus der Dauer der Unterbrechung der Erwerbstätigkeit Nachteile für die Erwerbsfähigkeit entstanden sind.
– Auch andere Nachteile, nicht in § 1578 b BGB aufgeführte Nachteile, insbesondere das **Alter zurzeit der Trennung,** die **Entwurzelung** eines ausländischen Ehepartners sollten berücksichtigt werden können, weil sie jedenfalls mit dem Zeitaspekt der Ehe eng verknüpft sind: Die in höherem Alter dem Anderen gewidmete Lebenszeit gewinnt wegen der schrumpfenden Restzeit an Gewicht. Die Entwurzelung wird durch ihre Dauer verstärkt.
– Demgegenüber ist eine schicksalsbedingt, etwa durch einen Unfall, eintretenden **Erwerbsunfähigkeit keine Zeitwirkung** und begründet auch keinen ehebedingten Nachteil. Daher kann er nur bei der Billigkeitsabwägung nach § 1578 b BGB, nicht aber bei der Qualifikation einer Ehe als lang berücksichtigt werden.

Der Rechtssicherheit wäre gedient, wenn man sich hier auf einheitliche Maßstäbe einigen könnte.

dd) **Vorschlag: Bausteinlösung.** Weil sich zufällig aus sehr einfachen Prämissen ein Bausteinschema für die lange Ehe entwickeln lässt, soll ein solches hier **vorgeschlagen** werden:
– Eine Ehe, welche **eine Generation,** also 30 Jahre gedauert hat, wird man selbst dann, wenn wegen fortdauernder Erwerbstätigkeit keine ehebedingten Nachteile zu erkennen sind, als lang ansehen müssen, vorausgesetzt, dass sie nicht nur auf dem Papier stand, sondern einen Wirtschaftsverbund bildete, welcher wegen der lang dauernden (Familien-)Unterhaltsleistungen einen Vertrauensschutz genießt. Auch die längste Verjährungsfrist nach § 197 BGB beträgt 30 Jahre.
– Nur wenn die **tatsächliche Ehezeit** 30 Jahre erreicht, begründet sie allein die lange Ehe. Sonst bildet sie den **1. Baustein.** Die tatsächliche Ehezeit endet mit der Zustellung des Scheidungsantrags.

---

[156] Vgl. Gutdeutsch FamRZ 2011, 523, 524
[157] BGH FamRZ 2007, 2049, 2051 = R 682 a

– Da gesetzlicher Maßstab die Dauer der Ehe ist, liegt es nahe, die in § 1587 b BGB aufgeführten ehebedingten Nachteile in Jahre umzurechnen und von der Höchstzeit abzuziehen, zumal tatsächlich auch diese Nachteile regelmäßig durch ihre Dauer den Nachteil bewirken. Die einfachste Lösung besteht darin, Jahre der Erwerbslosigkeit wegen Haushaltsführung der realen Dauer der Ehe als weiteren Baustein hinzuzurechnen (**2. Baustein**). Diese Hinzurechnung endet spätestens mit der **Trennung**. Das führt dazu, dass die Ehe einer Nurhausfrau nach 15 Jahren lang wäre, denn 15 [1. Baustein) + 15 [2. Baustein] = 30 [lange Ehe].

– Wenn die Zeit einer Erwerbslosigkeit darüber hinaus der **Betreuung gemeinsamer Kinder** gedient hat, könnten auch diese Jahre hinzugerechnet werden (**3. Baustein**), so dass die Ehe einer Kinder erziehenden Nurhausfrau schon nach 10 Jahren als lang anzusehen wäre, denn 10 [1. Baustein] + 10 [2. Baustein] + 10 [3. Baustein] = 30 [lange Ehe]. Diese Hinzurechnung endet erst, wenn auch die Unterhaltsberechtigung wegen Kinderziehung endet und damit der damit verbundene 2. Rang verloren geht, also vielfach später als die tatsächliche Ehe.

– Haushaltsführung während **unfreiwilliger Arbeitslosigkeit** müsste dabei außer Betracht bleiben, weil insoweit kein ehebedingter Nachteil vorliegt und § 1609 Nr. 2 BGB keine Billigkeitsprüfung vorsieht (**kein Baustein**).

– Der Umstand, dass aus besonderen Gründen die Haushaltsführung oder Kinderbetreuung **keine ehebedingten Nachteile** verursacht hat, weil z. B. die ursprüngliche Erwerbstätigkeit wieder aufgenommen werden konnte und Aufstiegschancen nicht bestanden, könnte dazu führen, dass die entsprechenden Zeiten nicht anzurechnen sind (**Verkleinerung oder Wegfall des Bausteins**).

– Wenn eine **Teilerwerbstätigkeit** die ehebedingten Nachteile mindert, sind diese Zeiten nur teilweise hinzuzurechnen (**kleinerer Baustein**). Die Gefahr einer Manipulation der Ehedauer durch Ablehnung der Erwerbstätigkeit dürfte nicht schwer wiegen, weil nach der hier vertretenen Meinung die nach § 1578 b BGB mögliche Billigkeitsprüfung auch bei langer Ehe zur zeitlichen Begrenzung des Unterhalts führen kann.

– Wenn die **Trennung im Alter** von mehr als 50 Jahren erfolgt, sollte – obgleich in § 1578 b BGB nicht aufgeführt – zusätzlich berücksichtigt werden, dass die Möglichkeiten eines Neuanfangs deutlich eingeschränkt sind (Die Lebenserwartung von Frauen dieses Alters beträgt 33 Jahre, von Männern 29). Deshalb erscheint bei einer Trennung in höherem Alter der Rahmen von 30 Jahren nicht mehr angemessen. Dem kann durch eine eingeschränkte Berücksichtigung auch des Alters bei Trennung Rechnung getragen werden, etwa in der Weise, dass ein Altersbonus (unabhängig von der sonstigen Ehedauer) gewährt wird von einem Jahr für je zwei Jahre über 50 zurzeit der Trennung (**4. Baustein**). Bei einem Alter von 62 Jahren wäre das ein Bonus von 12:2 = 6 Jahren. Die Ehe einer Nurhausfrau diesen Alters wäre daher schon nach einer Dauer von 12 Jahren als lang anzusehen, denn 12 [1. Baustein] + 12 [2. Baustein] + 6 [4. Baustein] = 30 [lange Ehe]. Bei einem Alter von 80 Jahren zurzeit der Trennung wäre schon eine Haushaltsführungsehe von 8 Jahren bereits lang: 8 [1. Baustein] + 8 [2. Baustein] + 15 [4. Baustein] = 31 [lange Ehe]. Wenn man, wie hier vorgeschlagen, den Bonus bereit bei einem Alter von mehr als 50 Jahren zubilligt, werden auch die besonderen Schwierigkeiten, in diesem Alter noch eine Erwerbstätigkeit aufzubauen, erfasst.

– Die **Entwurzelung,** insbesondere von ausländischen Ehepartnern, könnte durch Zubilligung von Zusatzzeiten berücksichtigt werden (**5. Baustein**). Das Maß wird vom Einzelfall abhängen, weil einerseits Erfahrungen mit dem Schema fehlen, andererseits das Ausmaß der Entwurzelung und Wiederverwurzelung sehr unterschiedlich sein kann.

Überhaupt kann das Schema die Subsumption eines Falles unter den unbestimmten Rechtsbegriff der langen Ehe nur erleichtern und nicht ersetzen.

c) Bisherige Rechtsprechung zur langen Ehe. Nach der früheren Rechtsprechung des BGH zum alten Recht konnte nach Ablauf von 15 Jahren eine den Unterhaltsvorrang sichernde lange Ehedauer bejaht werden.[158]

---

[158] BGH FamRZ 1986, 790, 792; FamRZ 1985, 362; FamRZ 1983, 886

V. Mehrheit von Berechtigten: Rangfragen § 5

Gleiches war möglich, wenn Ehen diese Zeit zwar nicht ganz erreichen, aber dafür besondere Umstände des Einzelfalls vorliegen. Der Unterhaltsvorrang beruht auf dem Gedanken, dass das Vertrauen des Ehegatten auf Erhalt fortwährenden Unterhalts zu schützen ist, wenn er sich in der Ehe langjährig unter Verzicht auf eine eigene berufliche Entwicklung vorwiegend dem Haushalt und der Pflege und Erziehung der Kinder gewidmet hat. Eine Verfestigung der eigenen Lebensposition im Sinn einer über lange Zeit beiderseits ausgeübten Erwerbstätigkeit hingegen wird im Allgemeinen gegen die Annahme einer schon vor dem Ablauf von 15 Jahren erreichten, den Unterhaltsvorrang sichernden „Ehe von langer Dauer" sprechen.[159]

Dagegen war es nicht zu beanstanden, wenn unter Würdigung der tatsächlichen Verhältnisse eine kinderlos gebliebene und durch beiderseits volle Erwerbstätigkeit geprägte Ehe der Parteien bei einer Dauer von ca. acht Jahren zwischen Eheschließung und Zustellung des Scheidungsantrags nicht als Ehe von langer Dauer angesehen wurde.[160]

Die neuere Rechtsprechung des BGH hat stellt jedoch ebenso wie das neue Recht die ehebedingten Nachteile in den Vordergrund, so dass sich der Rechtsprechung feste Grenzen nicht anerkannt werden. So wurde mangels ehelicher Nachteile auch eine Ehe von mehr als 23 Jahren als nicht lang angesehen.[161] Doch wurde eine objektive Ehedauer von 20 Jahren als „relativ lang" in die Abwägung nach § 1578 b BGB einbezogen.[162]

Das OLG Oldenburg hat eine an sich lange Ehe in verfassungskonformer Auslegung des § 1582 BGB a. F. als nicht lang betrachtet, weil nur es so den verfassungswidrigen Nachrang der zweiten Ehe vermeiden konnte.[163]

d) Vorrang durch Kindesbetreuung. Die Kindesbetreuung verschafft dem Unterhaltsberechtigten immer dann den Vorrang, wenn der Tatbestand des § 1615 l II BGB oder der Tatbestand des § 1570 BGB erfüllt ist oder im Falle der Scheidung erfüllt wäre. Sind beim Ehegattenunterhalt auch andere Unterhaltstatbestände erfüllt (vgl. § 4 Rn. 106), kann das, anders als nach früherem Recht, nicht mehr zu einer Aufspaltung des Unterhaltsanspruchs und damit zu verschiedenem Rang der Teilansprüche mit unterschiedlichem Schicksal führen, denn abgesehen vom Rang stimmen die Ansprüche nun überein. Der unterschiedliche Rang der Teilansprüche aber kann nicht zu einer Aufspaltung führen, denn der Rang wirkt sich nur im Mangelfall aus. Im Mangelfall ist aber vom BGH für den Anspruch auf Betreuungsunterhalt einen Mindestbedarf in Höhe des Existenzminimums (also 770 EUR) anerkannt[164]. Das Vorliegen der Voraussetzungen für den Vorrang wegen Kindesbetreuung führt deshalb dazu, dass der ganze Unterhaltsanspruch an dem Vorrang nach § 1609 Nr. 2 BGB teilnimmt.[165] Das entspricht auch dem Gesetzeswortlaut, welcher den Vorrang Elternteilen gewährt, „die …" Unterhalt wegen Kindesbetreuung erhalten, nicht „soweit sie …" Unterhalt wegen Kindesbetreuung erhalten. 133

e) Frühere Rechtsprechung zum Vorrang. Nach der Rechtsprechung des BGH zum Rechtszustand von dem Jahr 2008 setzte die **Vorrangstellung** des nach § 1582 BGB a. F. privilegierten Ehegatten sich in Mangelfällen **uneingeschränkt** durch, selbst wenn der andere Ehegatte hierdurch im äußersten Fall darauf verwiesen wurde, für seinen Unterhalt Sozialhilfe in Anspruch nehmen zu müssen, und wenn der Verpflichtete auf diese Weise gehalten ist, den ihm an sich für seinen eigenen Bedarf zustehenden Selbstbehalt mit seinem neuen Ehegatten zu teilen.[166] Das gilt auch weiterhin, wenn „uneingeschränkt" nicht auf die Bedarfsbemessung bezogen wird. Bei der Bedarfsbemessung spielt der Vorrang nämlich keine maßgebende Rolle mehr. Soweit insbesondere nach neuem Recht der frühere Ehegatte (wenn er keine Kinder betreut) nachrangig ist, liegt der Fall bereits anders als beim 134

---

[159] BGH FamRZ 1986, 790, 792; FamRZ 1985, 362; FamRZ 1983, 886
[160] BGH FamRZ 1983, 678
[161] BGH FamRZ 2007, 2049, 2051 = R 682 a; Dose FamRZ 2007, 1289, 1295
[162] BGH FamRZ 2010, 629 = R 710 d
[163] OLG Oldenburg FamRZ 2006, 1842
[164] BGH NJW 2008, 3125
[165] Menne FamRB 2008, 110, 118
[166] BGH FamRZ 1992, 539; FamRZ 1988, 705, 707; FamRZ 1986, 790, 792; BVerfG FamRZ 1984, 346

§ 5 Rangverhältnisse und Mangelfälle

Nachrang im alten Recht. Dann werden nämlich unzweifelhaft die Lebensverhältnisse der späteren Ehe durch seine Unterhaltsberechtigung geprägt. Nach der Rechtsprechung des BVerG ist aber auch die **Bemessung des Bedarfs** ein Mittel, mit dem der Gesetzgeber dem Verfassungsgebot des Art. 6 GG, auch eine unterhaltsrechtlich nachrangige Ehe zu schützen, nachkommt.[167]

135 Gegen § 1582, § 1609 Nr. 2, 3 BGB wird allerdings **verstoßen,** wenn bei Gleichrang im Rahmen einer Billigkeitsentscheidung nach § 1581 BGB der Anspruch einer vorrangigen Ehefrau auf Ergänzungsunterhalt zugunsten der neuen Ehefrau **vollständig ausgeschlossen wird.** Wenn nach dem Gesetz kein Vorrang eines Ehegatten besteht, kann ihm auch im Wege einer Billigkeitsentscheidung (§ 1581 BGB) ein solcher allenfalls in einem seltenen Ausnahmefall zugebilligt werden.[168] Billigkeitsgesichtspunkte, welche die nachrangige Ehe betreffen, können den Rang eines Ehegatten nicht beeinflussen.[169]

Das **alte Eherecht** (§§ 58 ff. EheG), das für vor dem 1. 7. 1977 geschiedene Ehen fort gegolten hatte, ist ab 1. 1. 2008 obsolet. Die Altehen werden in das neue Recht überführt. Die Anpassung bestehender Titel ist übergangsrechtlich durch § 36 Nr. 1, 2 EGZPO geregelt, welche auch einen Vertrauensschutz vorsieht. Im Einzelnen vgl. § 10 Rn. 283 ff.

5. Rangverhältnis zwischen Ehegatten und Kindern

136 Nach § 1609 Nr. 2 BGB steht ein **Ehegatte** den nach § 1603 II 1, 2 BGB bevorrechtigten Kindern nicht mehr gleich. Er ist ihnen gegenüber immer nachrangig und nicht privilegierten volljährigen Kindern gegenüber immer vorrangig.

137 Jeder Ehegatte geht aber mit seinen Ansprüchen einem **volljährigen Kind** nach § 1609 Nr. 5 BGB im Rang vor. Dasselbe gilt auch für verheiratete minderjährige Kinder. Sie beeinflussen aber den Bedarf des Ehegatten. Dadurch entsteht eine **wechselseitige Abhängigkeit**: der Nachrang begrenzt den Volljährigenunterhalt, sein Einfluss auf die ehelichen Lebensverhältnisse begrenzt den Ehegattenunterhalt. Die Lösung folgt aus dem Grundsatz des BGH, dass der Vorabzug von Kindesunterhalt vom Einkommen nicht zu einem unangemessen geringen Bedarf des Ehegatten führen darf.[170] Hier wird folgendes Verfahren vorgeschlagen:[171]

a) Zuerst wird der Ehegattenunterhalt unter Vorabzug des nachrangigen Kindesunterhalts errechnet.

b) Wenn sich dabei ein Ehegattenunterhalt unterhalb des angemessenen Selbstbehalts von 1150 EUR ergibt, dann ist der volle Vorabzug ungerechtfertigt.

c) Zum Vergleich wird der Ehegattenunterhalt **ohne Vorabzug** berechnet. Ist dieser geringer als der angemessene Selbstbehalt von 1150 EUR, dann ist er der gegenüber dem Volljährigen vorrangig zu berücksichtigende Ehegattenunterhalt.

d) Ist der Ehegattenunterhalt ohne Vorabzug des Volljährigenunterhalts höher als der angemessene Selbstbehalt, dann wird er durch diesen begrenzt, d. h.: der Ehegattenunterhalt hat die Höhe des angemessenen Selbstbehalt von 1150 EUR (vgl. Rn. 142 und Beispiele Rn. 152).

6. Der vorrangiger Bedarf im Mangelfall

138 **a) Grundsatz.** Da nach neuem Recht sich die **Vorrangregeln** nicht mehr auf den gleitenden eheangemessenen Selbstbehalt des § 1581 BGB beziehen können, korrespondiert grundsätzlich dem **festen Selbstbehalt des Unterhaltspflichtigen** im Mangelfall ein ebenso bestimmter Betrag, mit dem sich ein vorrangiger Unterhaltsberechtigte gegenüber dem Nachrangigen durchsetzen kann, sein **Mindestbedarf.** Ebenso wie der Pflichtige

---

[167] BVerfG FamRZ 2003, 1821, 1823 a. E. = R 598
[168] BGH FamRZ 1983, 678
[169] BGH FamRZ 1985, 911
[170] BGH FamRZ 1986, 553, 555; FamRZ 1985, 912; FamRZ 1985, 912, 916
[171] Vgl. Gutdeutsch FamRZ 2008, 736

V. Mehrheit von Berechtigten: Rangfragen §5

gegenüber verschiedenen Unterhaltsberechtigten Selbstbehalte unterschiedlicher Höhe in Anspruch nehmen kann, muss im Grundsatz auch der Mindestbedarf eines vorrangigen Unterhaltsberechtigten sich unterscheiden je nach Rang des nachrangigen weiteren Unterhaltsberechtigten.

b) Absoluter Vorrang? Demgegenüber wird nun die Auffassung vertreten, der unterhaltsrechtliche Vorrang bedeute, auch bei der Bedarfsbemessung habe ein nachrangiger Unterhaltsanspruch außer Betracht zu bleiben,. Der Vorrang sei nämlich „absolut".[172] Das ist widersprüchlich, wenn – wie bei Kindesunterhalt und Gattenunterhalt und eingeschränkt auch beim Unterhalt nach § 1615l BGB – der Bedarf des Berechtigten vom Einkommen des Unterhaltspflichtigen abhängt: wenn im Mangelfall sich das verfügbare Einkommen durch nachrangige Unterhaltspflichten vermindert, dann vermindert sich auch die Bemessungsgrundlage für die Bedarfsbestimmung. Wenn durch nachrangige Unterhaltspflichten der Lebensstandard des Unterhaltspflichtigen sinkt, dann kann das nicht ohne Einfluss auf den Bedarf derjenigen sein, deren Bedarf gerade von diesem Lebensstandard abhängt. Demnach muss sogar die nach § 1609 Nr. 2, 6 BGB nachrangige Verpflichtung zur Zahlung von Elternunterhalt bei der Bemessung des Unterhalts der minderjährigen Kinder oder des geschiedenen Ehegatten berücksichtigt werden. Allerdings kann die Meinung hinsichtlich des Kindesunterhalts auch als vereinfachende Lösung aufgefasst werden. Meist bewirkt die Anpassung gerade des Kindesunterhalts an den Mangelfall keine allzu große Änderung, so dass die dadurch erreichte Arbeitersparnis u. U. diese Lösung rechtfertigen kann. Ist der Mangelfall auf der Ebene des Ehegattenunterhalts aber bereits absehbar, dann ist die Abstufung des **Kindesunterhalts** auf den **Mindestbedarf** immer die einfachere Lösung (Rn. 141) 139

c) 1. und 2. Rang: Vorrang nur mit dem Mindestbedarf. Die vom BVerfG im Steuerrecht und im Sozialrecht geforderte Anerkennung eines Existenzminimums als Mindestbedarf hat auch im Unterhaltsrecht zu einer Anerkennung eines Mindestbedarfs geführt: durch die gesetzliche Regel des § 1612a I 2 BGB beim Unterhalt minderjähriger Kinder, durch Entscheidungen des BGH in anderen Fällen, in denen die Regeln zur Bedarfsbestimmung auch zu geringeren Beträgen hätten führen können: beim Unterhalt des nichtehelichen Elternteils nach § 1615l BGB[173] (§ 7 Rn. 94), beim Ehegattenunterhalt[174] (§ 4 Rn. 430) sowie beim Elternunterhalt (§ 2 Rn. 946).[175] Den Mindestbedarf der Kinder hat der BGH für maßgebend auch für ihren Vorrang vor einem Ehegatten angesehen.[176] Er ist damit, ohne das zu erwähnen, von seiner vorangegangenen Entscheidung abgewichen, wonach für die Höhe des vorrangigen Minderjährigenunterhalts der Bedarfskontrollbetrag maßgebend sei,[177] was einen vorrangigen Bedarf nicht in Höhe des Mindestbedarfs (= Einkommensgruppe 1 der DT), sondern in Höhe der Einkommensgruppe 2 der DT entspräche, denn der Bedarfskontrollbetrag der Gruppe 2 hat dieselbe Höhe wie der Ehegattenselbstbehalt, nämlich 1000 EUR bis zum 31. 12. 2010 und danach 1050 EUR. In der Begründung wird auf die Einführung eines gesetzlichen Mindestbedarfs für minderjährige Kinder hingewiesen. Daraus könnte geschlossen werden, dass der Vorrang sich immer auf den Mindestbedarf beziehe. Doch könnte ein solcher Grundsatz keinesfalls allgemein gelten: beim Elternunterhalt weicht der BGH nämlich davon ab und bemisst den vorrangigen Bedarf des **beim Pflichtigen lebenden Ehegatten** nach denselben Maßstäben wie den Selbstbehalt des Pflichtigen.[178] Der vorrangige Bedarf eines berechtigten Ehegatten ist hier also das Spiegelbild des in dem Mangelfall maßgebenden Selbstbehalts. 140

Welche Grundsätze stehen hinter diesen verschiedenen Wertungen? Ein geringer vorrangiger Bedarf vermindert naturgemäß die Gefahr, dass ein Unterhaltsberechtigten der 141

---

[172] Schürmann FamRZ 2008, 313, 321: „Vorrang ist Vorrang"; ebenso Vossenkämper FamRZ 2008, 201
[173] BGH FamRZ 2010, 357 = R 709 b
[174] BGH FamRZ 2010, 629 = R 710 c
[175] BGH FamRZ 2003, 860
[176] BGH FamRZ 2008, 2189 = R 697
[177] BGH FamRZ 2008, 968 = R 689 h
[178] BGH FamRZ 2010, 1535 = R 714 b

Sozialhilfe zur Last fällt, denn der Mindestbedarf entspricht einem pauschalierten Existenzminimum. Die Orientierung des vorrangigen Bedarfs am Existenzminimum entspricht folglich der Maxime: „Alle sollen ihren Grundbedarf decken können, bevor einer von ihnen mehr erhalten kann." Dieser Grundsatz ist auch in der in den Motiven der Unterhaltsrechtsreform zu finden, wo betont wird, dass ein Ergebnis zu vermeiden sei, bei dem der einen Familie das Existenzminimum gefährdet ist, während die andere ein auskömmliches Einkommen hat.[179] Sowohl die Entscheidung des BGH aus auch die Erwägungen des Gesetzgebers betreffen Ehegatten, die nach § 1609 Nr. 2 BGB vorrangig berechtigt sind. Weder aus den Motiven noch aus der BGH-Entscheidung kann also geschlossen werden, dass gem. § 1609 Nr. 2 BGB nachrangig berechtigte Ehegatten ebenfalls mit ihrem Existenzminimum versorgt werden müssten, bevor einem Vorrangigen mehr als sein Existenzminimum zukommen könnte. Nur im Verhältnis zwischen **vorrangigen Kindern und vorrangig berechtigten Ehegatten**, also den Rängen 1 und 2 des § 1609 BGB ist das Existenzminimum vorrangig zu befriedigen.

142 d) **Vorrangiger Bedarf als Spiegelbild des Selbstbehalts (Ehegatten).** Bei allen anderen Unterhaltsrechtsverhältnissen hängt der vorrangige Unterhalt vom der Höhe des jeweils maßgebenden Selbstbehalts des Pflichtigen ab.
- Dementsprechend bemessen zu Recht die SüdL 23 den vorrangigen Bedarf eines Ehegatten nicht mit seinem Existenzminimum, sondern spiegelbildlich mit dem Selbstbehalt des Pflichtigen von 1050 EUR, im Falle des Zusammenlebens nach SüdL23 vermindert um die beiderseitigen Vorteile des Zusammenlebens von 10 + 10 = 20% auf 840 EUR.
- Den vorrangigen Bedarf eines Ehegatten gegenüber einem nach § 1609 Nr. 4 BGB nachrangigen volljährigen Kind bemessen die SüdL 23 spiegelbildlich mit dem Selbstbehalt des Pflichtigen mit 1150 EUR, im Falle des Zusammenlebens nach SüdL 23 vermindert um die beiderseitigen Vorteile des Zusammenlebens von 10 + 10 = 20% auf 920 EUR.
- Den vorrangigen Bedarf eines Ehegatten gegenüber einem nach § 1609 Nr. 6 BGB nachrangigen Elternteil bemisst der BGH im Falle des Zusammenlebens spiegelbildlich mit dem Mindestselbstbehalt des Pflichtigen von früher 1400 EUR, jetzt 1500 EUR abzüglich 20% Ersparnis wegen Zusammenlebens. Das haben die Leitlinien der OLGs übernommen.

143 e) **Vorrangiger Bedarf nach Selbstbehalt und Bedarfskontrollbetrag (Kindesunterhalt).** Wie der Bedarf eines Ehegatten hängt auch der Bedarf von Kindern nach der DT vom Einkommen des Unterhaltspflichtigen ab. Deshalb muss auch bei Ihnen der maßgebende Selbstbehalt Einfluss auf die Höhe des vorrangigen Bedarfs haben. Soweit nicht nach § 1609 Nr. 2 BGB vorrangiger Ehegattenunterhalt in Frage steht, gilt also weiterhin die Rechtsprechung des BGH, dass sich der vorrangige Bedarf des Kindes nach dem Bedarfskontrollbeträgen richtet.[180] Die für den Kindesbedarf maßgebenden Bedarfskontrollbeträge müssen mit dem maßgebenden Selbstbehalt übereinstimmen.
- Der Mindestselbstbehalt des Pflichtigen gegenüber einem nach § 1609 Nr. 3 BGB nachrangigen Ehegatten beträgt 1050 EUR, der Bedarfskontrollbetrag der Einkommensgruppe 2 der DT beträgt ebenfalls 1050 EUR. Deshalb kann ein Kind gegenüber einem nachrangigen Ehegatten einen vorrangigen Bedarf in Höhe des Bedarfs nach der Gruppe 2 der DT in Anspruch nehmen.
- Der Mindestselbstbehalt des Pflichtigen gegenüber einem nach § 1609 Nr. 4 BGB nachrangigen volljährigen Kind beträgt 1150 EUR, der Bedarfskontrollbetrag der Einkommensgruppe 3 der DT beträgt ebenfalls 1150 EUR. Deshalb kann ein Kind gegenüber einem nach § 1609 Nr. 4 BGB nachrangigen volljährigen Kind einen vorrangigen Bedarf in Höhe des Bedarfs nach der Gruppe 3 der DT in Anspruch nehmen.
- Der Mindestselbstbehalt des Pflichtigen gegenüber einem nach § 1609 Nr. 5 BGB nachrangigen Enkeln und nach § 1609 Nr. 6 BGB nachrangigen Eltern beträgt 1500 EUR, Weil der Bedarfskontrollbetrag der Einkommensgruppe 7 der DT 1550 EUR beträgt, kann im Hinblick auf einen nach § 1609 Nr. 5, 6 BGB nachrangigen Unterhalt wegen

---

[179] BT-Drs. 16/1830 S. 24
[180] BGH FamRZ 2008, 968 = R 689 h

V. Mehrheit von Berechtigten: Rangfragen § 5

Unterschreitung des Bedarfskontrollbetrags der Kindesunterhalt auf die Einkommensgruppe 6 herabgruppiert werden. Deshalb sollte gegenüber einem Unterhaltsberechtigten nach den Rangstufen 5 und 6 ein vorrangiger Kindesunterhalt nach der Einkommensgruppe 6 anerkannt werden.

Das Abstimmen des Kindesbedarfs auf den Bedarfskontrollbetrag verursacht allerdings einen Zusatzaufwand, wenn nicht sofort ersichtlich ist, dass ein Mangelfall vorliegt, und deshalb die Berechnung mit dem zum maßgebenden Bedarfskontrollbetrag passenden Kindesunterhalt wiederholt werden muss. Ebenso wie viele OLGs die Bedarfskontrollbeträge überhaupt nicht anwenden, wird man auch hinnehmen können, wenn die Praxis die Anpassung des Kindesunterhalts an die im jeweiligen Mangelfall maßgebenden Bedarfskontrollbeträge unterlässt, weil die Abweichung in der Gesamtschau meist nicht größer sind als die, welche entstehen, wenn die OLGs auf die Bedarfskontrollbeträge überhaupt verzichten.

7. Kürzung und Wegfall des Unterhalts nachrangig Berechtigter in Mangelfällen

In einem Mangelfall ist der Anspruch der **vorrangig Berechtigten** auf den angemessenen Unterhalt zuerst in **vollem Umfang** zu **erfüllen,** und zwar unabhängig davon, ob und wie viel dann für einen nachrangig Berechtigten von der Verteilungsmasse noch übrig bleibt. Allerdings kann in besonderen Fällen des 2. Rangs eine Herabsetzung des Selbstbehalts in Betracht kommen (Rn. 7). 144

Ein nachrangig Berechtigter kommt erst dann zum Zug, wenn nach Befriedigung aller vorrangigen Unterhaltsansprüche und nach Deckung des Eigenbedarfs des Verpflichteten noch ein freier Betrag verbleibt.[181] (Das bedeutet jedoch nicht, dass der nachrangige Unterhalt vor eben diesen Bedarf keinen Einfluss haben könnte vgl. dazu Rn. 137, 139 ff.).

Dies gilt auch, wenn ein nachrangig Berechtigter bereits einen **vollstreckbaren Unterhaltstitel** besitzt. Es ist in Rechtsprechung und Literatur anerkannt, dass es nicht zu Lasten des bevorrechtigten Unterhaltsgläubigers gehen darf, wenn ein nachrangig Berechtigter bereits einen vollstreckbaren Titel hat. Trotz eines solchen Titels sind die Ansprüche vorrangig Berechtigter so zu beurteilen, wie es im Fall gleichzeitiger Entscheidung über alle Ansprüche zu geschehen hätte. Der Verpflichtete ist gegenüber dem nachrangig Berechtigten darauf verwiesen, im Weg der Klage nach § 323 ZPO Abhilfe zu suchen.[182] 145

Deshalb mindert sich die Leistungsfähigkeit des Verpflichteten nicht um die Beträge, die er an volljährige Kinder zahlt, wenn dies zum Nachteil des angemessenen Unterhalts des vorrangig berechtigten Ehegatten geht.[183] Allerdings hat der Unterhalt eines nachrangigen Kindes Einfluss auf den Bedarf des vorrangigen Ehegatten (§ 4 Rn. 445), was zum Vorabzug seines Unterhalts vom Einkommen des Unterhaltspflichtigen führt, soweit dadurch der Ehegattenunterhalt nicht unangemessen geschmälert wird.

Da Rangverhältnisse erst in einem Mangelfall aktualisiert werden (Rn. 114), ist stets vorweg festzustellen, ob die Deckungsmasse (Rn. 33, 35 f.) ausreicht, um den vollen angemessenen Bedarf aller Berechtigten und des Verpflichteten (Rn. 33, 36 f.) zu befriedigen. Wird bei dem **Vergleich des Gesamtbedarfs und der Deckungsmasse** ein Fehlbedarf festgestellt, dann müssen die durch den Mangelfall aktualisierten Rangverhältnisse geklärt werden und nachrangig Berechtigte von der Verteilung der Deckungsmasse ausgeschieden werden. 146

Besteht ein **Nachrangverhältnis,** wird als weiterer Schritt die Deckungsmasse auf die vollen angemessenen Unterhaltsansprüche der vorrangig Berechtigten und den zugehörigen Eigenbedarf des Verpflichteten verteilt. 147

Können diese **vorrangigen Ansprüche** auf diese Weise voll befriedigt werden, besteht für die vorrangig Berechtigten kein Mangelfall, der für sie eine Kürzung des Unterhalts

---

[181] BGH FamRZ 1985, 357, 360; FamRZ 1984, 683, 685; FamRZ 1980, 555
[182] BGH FamRZ 1980, 555
[183] BGH FamRZ 1985, 471

rechtfertigen könnte. Sie erhalten im Rahmen der Leistungsfähigkeit ihren vollen angemessenen Unterhalt.

Verbleibt nach dieser Verteilung von der Deckungsmasse noch ein **Restbetrag**, dann ist dieser auf die nachrangig Berechtigten nach ihrem Rang zu verteilen, im Falle des Gleichrangs durch proportionale Verteilung (Rn. 155).

148 Große praktische Bedeutung hat die Frage, inwieweit ein Unterhaltspflichtiger, welcher seinem **Ehepartner Familienunterhalt** schuldet, für den gegenüber dem Ehegatten nachrangigen Unterhaltsanspruch seiner **bedürftigen Eltern** leistungsfähig ist (dazu im Einzelnen § 2 Rn. 962, auch zur Frage, inwieweit der vom anderen Ehegatten geleistete Familienunterhalt die Leistungsfähigkeit erhöht).

149 Auch der Nachrang des nicht privilegierten **volljährigen Kindes** gegenüber dem Ehegatten führt zu Problemen, weil der Unterhalt des volljährigen Kindes umgekehrt auch die ehelichen Lebensverhältnisse beeinflusst und damit den Bedarf des vorrangig berechtigten Ehegatten vermindert. Die Lösung für diese gegenseitige Abhängigkeit besteht darin, dass der **Vorabzug des Volljährigenunterhalts** den Bedarf nicht unter den angemessenen Selbstbehalt des Pflichtigen absenken darf. Dieser stellt also einen Mindestbedarf im Verhältnis zum Volljährigen dar. Ergibt aber bereits die Rechnung **ohne Vorabzug des Volljährigenunterhalts** einen geringeren Bedarf, ist dieser maßgebend, denn die Unterhaltspflicht gegenüber dem Volljährigen kann den Bedarf des Ehegatten nicht erhöhen[184] (vgl. Beispiele Rn. 152).

8. Rechenbeispiele zum Ausscheiden bzw. zur Berechnung des Unterhalts nachrangig Berechtigter

150 **Fall 1 (Fortfall nachrangigen Unterhalts)** Nettoeinkommen des M = 1300 €.
16-jähriger Schüler A, der bei der erwerbsunfähigen F lebt, die auch das Kindergeld von 184 € erhält.
Bedarf von A nach DT 1/3 = 426 − 92 = 334 €
M bleibt 1300 − 334 = 966 € und damit weniger als der billige Selbstbehalt von 1050 €.
Der Unterhalt der gegenüber A nachrangigen F entfällt.
Das Resteinkommen von 966 € übersteigt den notwenigen Selbstbehalt des M von 950 €. Der Kindesunterhalt ist deshalb ungekürzt zu zahlen.
Abwandlung: Fall 1 a (nur Kürzung):
M verdient 1800 €, Erwerbsbonus 10%. Bedarf von A nach DT 2/3: 446 − 92 = 354 €.
Rechnerischer Bedarf von F wäre dann = 1800 − 354 = 1446 * 45% = 651 €, Mindestbedarf (§ 4 Rn. 838) von F: 770 €
M bleibt nur 1800 − 545 − 770 = 485 € und damit weniger als der billige Selbstbehalt gegenüber einem Ehegatten von 1050 €.
F erhält keinen Betreuungsunterhalt nach § 1570 BGB, weil nicht die Kindesbetreuung die Erwerbstätigkeit hindert, sondern Krankheitsunterhalt nach § 1572 BGB (§ 1609 Nr. 3 BGB). Deshalb geht der vorrangige Unterhalt von A nicht mit Gruppe 1 vor, sondern mit Gruppe 2, aus welcher bereits der Unterhalt von 354 € errechnet wurde.,
F erhält den verfügbaren Rest von 1800 − 354 − 1050 = 396 €

151 **Fall 2: mit zwei Ehegatten, Nachrang des zweiten**
vorrangiger und nachrangiger Gatte, Erwerbsbonus 10%
Nettoeinkommen des M = 2250 €, davon 250 € aus steuerlichem Realsplitting
Erwerbsloser geschiedener Ehegatte F 1
Wegen Krankheit erwerbsloser nachrangiger neuer Ehegatte F 2 (Nachrang wegen Kindesbetreuung des ersten Gatten)
Ein Kind K aus früherer Ehe (2 Jahre).
K nach DT 2/1 (drei Berechtigte): 333 − 92 = 241 €
Voller Bedarf von F 1: (2000 − 241) * 90% /2 = 792 €, unterschreitet also nicht den Mindestbedarf von 770 €
Herabsetzung nach § 1581 BGB ist nicht möglich, weil der volle Bedarf des vorrangigen Gatten seinen vorrangigen Bedarf von 1050 € (Rn. 142) nicht überschreitet, ja, nicht einmal erreicht.
M bleibt: 2250 − 241 − 1050 = 959 €.
F2 scheidet aus.

---

[184] Diese Lösung hat Scholz vorgeschlagen.

V. Mehrheit von Berechtigten: Rangfragen § 5

K ist gegenüber F1 vorrangig. F1 steht aber in Rang 2, da sie ein Kind betreut. K geht ihr also nur mit seinem Existenzminimum vor:
K: nach DT 1/1 = 317 – 92 = 225 €.
F1: 2250 – 225 – 1050 = 975 €.
F2 erhält nichts. Zum Splittingvorteil s. u.
Variante Fall 2 a: Einkommen beträgt 3000 €, davon 400 € Splittingvorteil, bedarfsbestimmend für F1 also nur 2600 €.
K nach DT 4/1 (drei Berechtigte): 365 – 92 = 273 €
Bedarf von F1: (2600 – 273) * 90%/2 = 1047 €. Das ist ebenfalls weniger als der vorrangige Bedarf von F1 gegenüber F2 von 1050 € und darf daher nicht weiter gekürzt werden, soweit nicht bei M selbst ein Mangelfall vorliegt. Das aber ist nicht der Fall:
M: 3000 – 273 – 1047 – 1050 = 1680, also mehr als der Selbstbehalt von 1050 €.
Für F2 bleibt deshalb 1680 – 1050 = 630 €.
Variante Fall 2 b: Einkommen beträgt 3500 €, davon 500 € Splittingvorteil.
K nach DT 4/1: 365 – 92 = 273 €
F1 voller Bedarf: 3000 – 273 = 2727 * 90%/2 = 1227 €
Voller Unterhalt: 1227
F2: 3500 – 273 – 1227 = 2000 * 90% = 1800/2 = 900 €
M bleibt: 3500 – 273 – 1227 – 900 = 1100 €, also weniger als der eheangemessene Selbstbehalt gegenüber F1 von 1227 + 3000 * 10% (Bonus) = 1527 €., Mangelfall.
Eine Kürzung nach § 1581 BGB führt zur Halbteilung gegenüber beiden Ehegatten, wenn F1 den Drittelanteil erhält:
F1 Drittelanteil: (3500 – 273) * 90%/3 = 968 €. Wegen der Vorteile des Zusammenlebens bei M und F2 wäre der Betrag für F1 um 10% zu erhöhen auf 968 + 10% = 1065 €. Dieser Betrag übersteigt den vorrangigen Bedarf von 1050 € F1, sodass wegen des Nachrangs noch keine Kürzung erforderlich ist. Damit erübrigt sich auch eine Abgruppierung von K. Jedoch kann der Nachrang noch im Rahmen der Billigkeitsabwägung nach § 1581 BGB berücksichtigt werden, denn das bisherige Ergebnis geht von der strengen Halbteilung im Verhältnis zu beiden Ehegatten au. Die Kürzung nach § 1581 BGB betrug 1227 – 1065 = 162 €. Wegen des Nachrangs von F2 ist sie herabzusetzen auf 81 €.
F1 erhält 1227 – 81 = 1146 €.
Fall 3: mit zwei Ehegatten, Nachrang des ersten
M verdient 2350, davon 280 Splittingvorteil und ist der geschiedenen F1, welche 500 € verdient sowie seiner neuen Frau F2, welche das gemeinsame Kind K, 1 Jahr alt, betreut und nichts verdient, unterhaltspflichtig.
Bedarf von K nach DT11 3/1: 349 – 92 = 257 €
Bedarf von F1: ((2070 – 257) * 90% + 500 * 90%)/2 = 1040 €
Voller Unterhalt 1040 – 500 * 90% = 290 €.
Beiden Ehegatten gegenüber wäre die Halbteilung gewährleistet bei Dreiteilung:
Drittelanteil von F1: ((2350 – 257) * 90% + 500 * 90%)/3 = 778 €.
Unterhalt von F1: 778 – 500 * 90% = 328 €.
Da F1 nachrangig ist, unterbleibt eine Erhöhung um 10% wegen Zusammenlebens vom F2 und M.
Auf F2 entfällt ((2350 – 257) * 90% – 328)/2 = 778 €
M bleibt: 2350 – 328 – 257–778 = 987 und damit weniger als seine Selbstbehalt von 1050 €. Auch auf F2 entfällt nur 778 € und damit weniger als ihr vorrangiger Bedarf von 840 €. Absoluter Mangelfall.
Gegenüber F1 muss bleiben: M: 1050 €, K nach DT 2/1: 333 – 92 = 241, F2: 840 €.
Für F1 bleibt: 2350 – 1050 – 241–840 = 219 €.
Fall 4: Ehegatte und Student (gegenseitige Abhängigkeit)
M verdient 2200 € und ist der geschiedenen Frau F und dem auswärts studierenden Kind S unterhaltspflichtig (Bonus ¹/₇). Bedarf von S: 670 (vgl. § 2 Rn. 508 ff.) – 184 = 486 €
F: 2200 – 486 = 1714 * ³/₇ = 735 €
M bleibt 2200 – 486 – 735 = 979 €, also weniger als der angemessene Selbstbehalt von 1150 €, Mangelfall.
Der vorrangige Bedarf der F ist gem. Rn. 137, 142 zu korrigieren nach der Gattenquote, höchstens dem Selbstbehalt von M:
F: 2200 * ³/₇ = 942 €. Das ist weniger als 1150 € und folglich maßgebend.
S erhält den verfügbaren Rest: 2200 – 942 – 1150 = 108 €
M bleibt 2200 – 942 – 108 = 1150 €.
Variante Fall 4 a: M verdient 2700 €
F: 2700 – 486 = 2214 * ³/₇ = 949 €
M bleibt 2700 – 486 – 949 = 1265 €, also mehr als der angemessene Selbstbehalt von 1150 €, Jedoch erhält F weniger als den Selbstbehalt von 1150 €, obgleich S den vollen Unterhalt erhält.

§ 5 Rangverhältnisse und Mangelfälle

Deshalb ist ihr Bedarf zu korrigieren (Rn. 142) nach der Gattenquote, höchstens dem Selbstbehalt von M:
F: 2700 * 3/7 = 1157 €. Das ist mehr als 1150 €.
Unterhalt von F: 1150 €.
S erhält den verfügbaren Rest von 2700 – 1150 – 1150 = 400 €.
Variante Fall 4 b: M verdient 2800 €
F: 2800 – 486 = 2314 * 3/7 = 992 €
M bleibt 2800 – 486 – 992 = 1322 €, also mehr als der angemessene Selbstbehalt von 1150 €, Jedoch erhält F weniger als den Selbstbehalt von 1150 €, obgleich S den vollen Unterhalt erhält. Deshalb ist ihr Bedarf zu korrigieren (Rn. 142) nach der Gattenquote, höchstens dem Selbstbehalt von M:
F: 2800 * 3/7 = 1200 €. Das ist mehr als 1150 €.
Unterhalt von F: 1150 €.
M bleibt 2800 – 1150 – 486 = 1164 € und damit weiterhin mehr als sein Selbstbehalt. Kein Mangelfall und keine Kürzung des Kindesunterhalts (jedoch Erhöhung des Gattenbedarfs zu Lasten des Pflichtigen).
Variante Fall 4 c: M verdient 2700 €, jedoch sind wegen vermögensbildender Schulden 400 € im Verhältnis zu S abzuziehen, im Verhältnis zu F aber nicht[185]
F: 2700 – 486 = 2214 * 3/7 = 949 €
M bleibt 2700 – 486 – 949 = 1265 €, also mehr als der angemessene Selbstbehalt von 1150 €, Jedoch erhält F weniger als den Selbstbehalt von 1150 €, obgleich S den vollen Unterhalt erhält. Deshalb ist ihr Bedarf zu korrigieren (Rn. 142) nach der Gattenquote, höchstens dem Selbstbehalt von M:
F: 2700 * 3/7 = 1157 €. Das ist mehr als 1150 €.
Unterhalt von F: 1150 €.
Bei der Berechnung der Leistungsfähigkeit gegenüber S sind jedoch auch die vermögensbildenden Schulden von 400 € zu berücksichtigen.
S erhält den verfügbaren Rest von 2700 – 400 – 1150 – 1150 = 0 €, also nichts.

153 Fall 5: Kind und Student
M verdient 1700 € und ist dem Kind K (7 Jahre) und dem auswärts studierenden Kind S (22 Jahre) unterhaltspflichtig.
Bedarf von K nach DT 2/2: 383 – 92 = 291 €.
Bedarf von S: 670 (vgl. § 2 Rn. 508 ff.) – 184 = 486 €
M bleibt 1700 – 486 – 291 = 923 €, also weniger als der angemessene Selbstbehalt von 1150 €, Mangelfall.
Bedarfskorrektur für K (vgl. Rn. 143) ist unnötig, weil Gruppe 2 angewandt wurde eine weitere Herabgruppierung nicht in Betracht kommt.
S erhält den verfügbaren Rest: 1700 – 291 – 1150 = 259 €
M bleibt 1700 – 291 – 259 = 1150 €.

154 Fall 6: Ehegatte, Kind und Student
M verdient 2700 € und ist dem geschiedenen einkommenslosen Gatten F, dem Kind K (2 Jahre) und dem auswärts studierenden Kind S (22 Jahre) unterhaltspflichtig.
Bedarf von K nach DT 4/1: 365 – 92 = 273 €
Bedarf von S: 670 (vgl. § 2 Rn. 508 ff.) – 184 = 486 €
F: 2700 – 273 – 486 = 1941 * 3/7 = 832 €
M bleibt 2700 – 273 – 486 – 832 = 1109 €, also weniger als der angemessene Selbstbehalt von 1150 €, Mangelfall.
Der Bedarf der vorrangigen F ist gem. Rn. 142 zu korrigieren nach der Gattenquote, höchstens Selbstbehalt von M:
F: (2700 – 273) * 3/7 = 1040 €. Das ist weniger als 1150 € und daher maßgebend:
F: 1040 €
S bleibt der verfügbare Rest von 2700 – 273 – 1040 – 1150 = 237 €.
M bleibt 2700 – 273 – 1040 – 237 = 1150 €.
Nach Rn. 143 wäre allerdings auch der Bedarf von K auf Gruppe 3 zu korrigieren, weil deren Bedarfskontrollbetrag dem Selbstbehalt von 1150 € entspricht. Das ergibt folgende Berechnung:
Korrigierter Bedarf von K nach DT 3/1: 349 – 92 = 257 €
Korrigierter Bedarf von F: (2700 – 257) * 3/7 = 1047 €. Das ist weniger als 1150 € und daher maßgebend:
F: 1047 €
S bleibt der verfügbare Rest von 2700 – 257 – 1047 – 1150 = 246 €.
M bleibt 2700 – 257 – 1047 – 246 = 1150 €.

---

[185] Vgl. BGH FamRZ 2008, 963 = R 692 d

V. Mehrheit von Berechtigten: Rangfragen § 5

S erhält also nur 9 € mehr, weil die Herabsetzung des Minderjährigenunterhalts auch F zugute kommt. In vielen Fällen wird man wohl auf eine Korrektur des Kindesunterhalts verzichten können.

9. Verteilung bei Gleichrang (mit Beipielen)

Besteht zwischen den Unterhaltsberechtigten Gleichrang, wie bei mehreren minderjährigen Geschwistern oder mehreren Kinder betreuenden Ehegatten, dann ist das den Selbstbehalt übersteigende Einkommen unter den Unterhaltsberechtigten zu verteilen. 155

a) Proportionale Verteilung mit Beispiel. In der Regel wird in Übereinstimmung mit der Rechtsprechung des BGH und vielen Leitlinien das den jeweiligen Selbstbehalt übersteigende Einkommen nach dem Verhältnis der Bedarfsbeträge auf die gleichrangigen Unterhaltsberechtigten verteilt. Dabei werden teilweise beim Gatten/Partnerunterhalt nicht die individuell errechneten Bedarfsbeträge, sondern feste Mindestwerte zugrunde gelegt.[186] Für die individuell berechneten Werte des Unterhaltsbedarfs spricht, dass im Grenzbereich des Mangels Bewertungssprünge vermieden werden. Die Mindestbedarfssätze dagegen versprechen eine gerechtere Verteilung des Mangels. Außerdem ist die Berechnung einfacher, wenn ein Mangelfall offenkundig ist. Einer effizienzorientierten Praxis ist deshalb zu empfehlen, die festen Einsatzbeträge zu wählen, wenn ein Mangelfall ganz sicher vorliegt, sonst aber den Weg über die individuellen Unterhaltsbedarfsbeträge zu gehen.

Fall 1
M verdient 1800 € und ist gegenüber seinen Kindern A und B, welche beide auswärts studieren, allein unterhaltspflichtig.
Bedarf von A und B jeweils 670 – 184 = 486 €.
M bleibt 1800 – 486 – 486 = 828 €, also weniger als der angemessene Selbstbehalt gegenüber volljährigen Kindern von 1150 €. Verfügbar für beide: 1800 – 1150 = 650 €.
Dieser Betrag ist auf beide gleichmäßig zu verteilen: Das bedeutet, dass beide Ansprüche im gleichen Verhältnis zu kürzen sind.
Der Bedarf beträgt 486 + 486 = 972 €,
verfügbar sind nur 650 €,
daher Kürzung auf die Mangelquote von 650/972 = 66,87%,
nämlich 486 * 66,87% = 325 €.
M bleibt 1800 – 325 – 325 = 1150 €, also sein angemessener Selbstbehalt.

Fall 2 156
M verdient 1300 € und ist gegenüber seinen Kindern A (3 Jahre alt) und B (9 Jahre alt), die von der wieder verheirateten F betreut werden, unterhaltspflichtig.
Bedarf von A nach DT08 1/1: 317 – 92 = 225 €:
Bedarf von B nach DT08 1/2: 364 – 92 = 272 €:
M bleibt 1300 – 225 – 272 = 803 €, also weniger als der notwendige Selbstbehalt von 950 €.
Verfügbar sind nur 1300 – 950 = 350 €.
Der Bedarf beläuft sich aber auf 225 + 272 = 497 €.
Die Mangelquote beträgt: 350/497 = 70,42%.
A erhält 225 * 70,42% = 158 €,
B erhält 272 * 70,42% = 192 €,
M bleibt 1300 – 158 – 192 = 950 € und damit sein notwendiger Selbstbehalt.

Fall 3 Gattenunterhalt mit individuellen Bedarfsbeträgen 157
M hat eine Rente von 1500 € und ist gegenüber den erwerbsunfähigen geschiedenen Ehefrauen F1 und F2 unterhaltspflichtig, welche Renten von 700 € bzw. 800 € beziehen.
Es besteht Gleichrang.
Bedarf von F1 (1500 + 700)/2 = 1100
Voller Unterhalt von F1: 1100 – 700 = 400 €.
M bliebe 1500 – 400 = 1100 €.
Voller Unterhalt von F2 wäre (1100 + 800)/2 – 800 = 150 €. Damit wäre aber die Halbteilung gegenüber F1 verletzt, denn M bliebe 1500 – 400 – 150 = 950 € also weniger als F1.
Die beiderseitige Halbteilung ist gewahrt durch Dreiteilung:
Anteil von F1: (1500 + 700 + 800)/3 = 1000 €
Unterhalt von F1: 1000 – 700 = 300 €

---

[186] Vgl. Reinken FPR 2008, 9, 14

§ 5   Rangverhältnisse und Mangelfälle

Unterhalt von F2: 1000 − 800 = 200 €. €.
M würde nur 2000 − 900 = 1100 bleiben die er mit F2 teilen müsste, Mangelfall nach § 1581 BGB
Kürzung auf den Drittelanteil von F1: (2000 * 90% + 300)/3 = 700 €.
Für F2 bleibt ein Bedarf von (2000 * 90% − 700 + 300)/2 = 700 €.
Unterhalt von F2 = 1000 − 800 = 200 €.
M bleibt nur 1500 − 300 − 200 = 1000 €. Der Ehegattenselbstbehalt von 1050 € ist nicht gewahrt.
Defizit: 1050 − 1000 = 50 €.
Verfügbar sind 1500 − 1050 = 450 €, Unterhaltsbedarf 300 − 200 = 500 €.
F1 erhält anteilig 300 * 450/500 = 270 €
F2 erhält anteilig 200 * 450/500 = 180 €
M bleibt 1500 − 270 − 180 = 1050 €

158 **Fall 3 Alternativ: Berechnung mit Mindestbedarfsbeträgen**[187]
M verdient 2000 € und ist gegenüber den erwerbsunfähigen geschiedenen Ehefrauen F1 und F2, F2 bezieht eine Rente von 300 €,
Es besteht Gleichrang.
Bedarf von F1 und F2: 2000 * 90% + 300 = 2100/3 = 700 €.
F1: 700 €
F2: 700 − 300 = 400 €
M bleibt 2000 − 700 − 400 = 900 €, also weniger der Ehegattenselbstbehalt von 1050 €.
Bedarf F1: 770 €
Bedarf F2: 770 − 300 = 470 €
Bedarfssumme: 770 + 470 = 1240 €.
Verfügbar nur: 2000 − 1050 = 950 €.
Mangelquote: 950/1240 = 76,6%
F1: 770 * 76,6% = 590 €
F2: 470 * 76,6% = 360 €
M bleibt 2000 − 590 − 360 = 1050 €

159 **b) Individuelle Verteilung.** Nur bei Vorliegen besonderer Gründe lässt sich eine davon abweichende individuelle Verteilung rechtfertigen. So könnte bei Kindern eine abweichende Verteilung damit begründet werden, dass eines der Kinder in der Lage ist, durch das Geben von Nachhilfestunden hinzu zu verdienen. Derartige Abweichungen haben allerdings wenig Bedeutung für die Rechtspraxis, weil die Kinder meist zusammenleben und die Verteilung des Unterhalts zwischen Ihnen auf die Deckung des gemeinsamen Bedarfs keine Auswirkungen hat. Das berührt sich mit der wertenden Korrektur der Einkommens- und Bedarfsposten im Mangelfall (Rn. 59 ff.).

10. Beispiele für Mangelfallrechnungen mit mehreren Unterhaltsberechtigten teilweise verschiedenen Ranges

160 **Fall 1: Konkurrenz gleichrangiger Ehegatten mit Familienunterhalt**
Nettoeinkommen des M = 2000 €, Splittingvorteil 240 €.
Krankheitsunterhalt nach § 1572 I BGB für gering verdienende F 1 (Einkommen 400 €) aus erster Ehe, lange Ehedauer.
Familienunterhalt für F 2 aus neuer Ehe, welche das gemeinsame Kind A (1 Jahr) betreut;
Bedarf von A nach DT 2/1: 333 − 92 = 241 €
im ersten Rang nach § 35 Nr. 4 a EGZPO, §§ 1609 Nr. 1, 1612 b BGB
Für M und die nachrangigen Berechtigten bleibt 1760 − 241 = 1519 €.
Bedarf von F1 : (1519 * 90% + 400 * 90%)/2 = 864 €
Voller Unterhalt 864 − 400 * 90% = 504 €
Halbteilung gegenüber beiden Ehegatten ist gewahrt bei Aufteilung nach Drittelmethode:
Anteil von F1 nach § 1581: ((2000 − 241) * 90% + 400 * 90%)/3 = 648 + 10% (wegen Zusammenleben) = 713 €
Unterhalt von F1 demnach 713 − 400 * 90% = 353 €, insgesamt also 400 + 353 = 753 €.
Für F2 bleibt ((2000 − 241) * 90% − 353)/2 = 615 €.
M bleibt: 2000 − 241 − 353 − 615 = 791 € und damit weniger als der Ehegattenselbstbehalt von 1050 €.

---

[187] Vgl. Reinken FPR 2008, 9, 14

V. Mehrheit von Berechtigten: Rangfragen § 5

Wegen des Mangelfalls bei vorrangigen Ehegatten kann K nur den Unterhalt der Gruppe 1 erhalten (vgl. Rn. 141):
A: 317 − 92 = 225 €.
Verfügbar für gleichrangige Ehegatten: 2000 − 225 − 1050 = 725 €.
Unterhaltsbedarf insgesamt: 353 + 615 = 968 €
Kürzung auf 725/968 = 74,9%
F1 erhält: 353 * 74,9% = 264 €.
F2 erhält: 615 * 74,9% = 461 €.
Schlusskontrolle nach dem Existenzminimum (Rn. 7):
Existenzminimum von M + F2: (950 + 770) * 90% = 1548 + 225 (Kindesunterhalt) = 1773 €.
M bleibt hierfür: 2000 − 264 = 1736 €, also um 1773 − 1736 = 37 € weniger als das Existenzminimum.
F1 hat 400 + 264 = 664 € und damit um 950 − 664 = 286 € weniger als das Existenzminimum.
Keine Korrekturmöglichkeit.
Lösung mit festen Einsatzbeträgen
Gem. DT A.1. Abgruppierung nach Gruppe 1
Bedarf von A: 317 − 92 = 225 €.
Bleibt: 2000 − 225 = 1775 €
F1: 950 − 400 = 550 €
F2 wegen Zusammenlebens 770 − 20% = 616 €
Gesamtbedarf: 550 + 616 = 1166 €
Verfügbar: 2000 − 225 − 1050 = 725 €
Mangelquote: 725/1166 = 62,2%
F1: 550 * 62,2% = 342 €
F2: 616 * 62,2% = 383 €
M bleibt 2000 − 225 − 342 − 383 = 1050 €.
Schlusskontrolle am dem Existenzminimum (Rn. 7):
M, F2 und K bleiben: 2000 − 342 = 1658 € und damit um 950 + 616 + 225 − 1658 = 133 € weniger als das Existenzminimum.
F2 bleibt 400 + 342 = 742 € und damit um 950 − 742 = 208 € weniger als das Existenzminimum.
Keine Korrekturmöglichkeit.
Abwandlung des Falles: F2 hat sich von M getrennt. **161**
Lösung nach individuellem Bedarf
Bedarfkorrektur im Mangelfall:
Bedarf von A nach DT 1/1: 317 − 92 = 225 €
Korrigierter rechnerischer Bedarf: 2000 − 225 = 1775 * 90% + 400 * 90% = 1997/2 = 999 €
F1: 999 − 400 * 90% = 639 €
Korrektur nach § 1581 BGB:
Drittelanteil von F1: (1775 * 90% + 400 * 90%)/3 = 653 €.
Nach § 1581 BGB gekürzter Unterhalt: 653 − 400 * 90% = 293 €
Auf F2 entfällt hiernach (1775 * 90% − 293)/2 = 652 €
Verfügbar sind 1775 − 1050 = 725 €.
Kürzung auf 725/(293 + 652) = 76,7%
F1: 293 * 76,7% = 225 €, insgesamt also 225 + 400 = 625 €.
F2: 652 * 76,7% = 500 €.
M bleibt = 2000 − 225 − 225 − 500 = 1050 €.
Lösung mit festen Einsatzbeträgen
Gem. DT A.1. Abgruppierung nach Gruppe 1
Bedarf von A nach DT 1/1: 317 − 92 = 225 €
Bleibt: 2000 − 225 = 1775 €
F1: 950 − 400 = 550 €
F2: 770 €
Gesamtbedarf: 550 + 770 = 1320 €
Verfügbar: 2000 − 225 − 1050 = 725 €
Mangelquote: 725/(550 + 770) = 54,9%
F1: 550 * 54,9% = 302 €, insgesamt 400 + 302 = 702 €.
F2: 770 * 54,9% = 423 €
M bleibt 2000 − 225 − 302 − 423 = 1050 €
Fall 2 Konkurrenz der Ehegatten: erster Ehegatte nachrangig
Nettoeinkommen des M = 2400 €, davon 280 € Splittingvorteil. **162**
Krankheitsunterhalt nach § 1572 I BGB für gering verdienende F 1 (Einkommen 400) aus erster Ehe (keine lange Ehedauer).

§ 5 Rangverhältnisse und Mangelfälle

Familienunterhalt für F 2 aus neuer Ehe, welche das gemeinsame Kind A (1 Jahr) betreut;
Wegen Mangellage im 3. Rang Abgruppierung nach Gruppe 2 (vgl. Rn. 143)
Unterhalt vom A nach DT 2/1: 333 − 92 = 241 €
Für M und die nachrangigen Berechtigten bleibt 2120 − 241 = 1879 €.
Bedarf von F1: (1879 * 90% + 400 * 90%)/2 = 1026 €
Voller Unterhalt von F1: 1026 − 400 * 90% = 666 €
Vorrangiger Bedarf von F2: 840 €.
Verfügbar für F1: 2400 − 241 − 840 − 1050 = 269 €.
M bleibt 2400 − 241 − 840 − 269 = 1050 €

163 **Abwandlung des Falles:** F2 hat sich von M **getrennt.** Vorrangiger Bedarf von F2 nun 1050 €.
Für F1 bleibt: 2400 − 1050 − 241 − 1050 = 59 €.
Ein Unterhaltsanspruch von F2 besteht jedoch höchstens in Höhe von
((2400 − 241) * 90% − 59)/2 = 942 €
Deshalb bleibt M nach Abzug vorrangigen Unterhalts 2400 − 241 − 942 = 1217 €.
Er kann an F1 zahlen: 1217 − 1050 = 167 €.

11. Altfälle

164 Durch das Unterhaltsabänderungsgesetz 2008 wurde die Rangfolge wesentlich geändert. Minderjährige und privilegiert volljährige Kinder waren früher mit den Ehegatten gleichrangig. Bei verschiedenem Rang der beiden Ehegatten bestand der Gleichrang mit dem vorrangigen Ehegatten. Unter den Ehegatten bestand absoluter Vorrang des früheren Ehegatten, sofern er Kinder betreute oder seine Ehe lang war. Sonst bestand Gleichrang, wenn dem späteren Ehegatten im Falle der Scheidung ein Unterhaltsanspruch zustände. Vorrangig konnte der neue Ehegatte aber nie sein.

Anders als bei der vorhergehenden Reform nach Art. 12 Nr. 3 1. EheRG vom 14. 6. 1976 (BGBl I, S. 1421) **gelten die neuen Rangregeln jedoch auch für Altehen,** also auch für die vor dem 1. 7. 1977 geschiedenen Ehen. Damit ist das alte Recht in keinem Fall mehr anzuwenden. Dem Vertrauensschutz der Altehen dienen nur Verfahrensvorschriften: Nach § 36 Nr. 1 EGZPO führt das neue Rangverhältnis zwar grundsätzlich zu einer Änderung des Anspruchs. Jedoch wird für bestehende Titel und Vereinbarungen (zu denen nach dem Regierungsentwurf S. 56 auch tatsächliche Unterhaltszahlungen, die der Berechtigte akzeptiert − stillschweigende Vereinbarungen − gehören) die Abänderung doppelt eingeschränkt: Die Änderung muss
− wesentlich sein (also um mehr als 10% des Unterhalts betragen) und sie muss
− unter besonderer Berücksichtigung des Vertrauens in die getroffene Regelung zumutbar sein. Ein solcher Vertrauensschutz wird allerdings nur befristet gelten können, um eine Umstellung auf die neue Lage zu erleichtern. Im Einzelnen vgl. § 10 Rn. 283 ff.

165 **Bereits entstandene Unterhaltsansprüche** bleiben jedoch bestehen. Daher bleibt für Unterhaltsrückstände das alte Unterhaltrecht noch wenige Jahre bedeutsam. Für die Berechnung im Einzelnen wird auf die Vorauflage hingewiesen.

VI. Rangverhältnis zwischen mehreren Verpflichteten

166 Für einen unterhaltsrechtlich Bedürftigen können auch mehrere Personen unterhaltspflichtig sein. In diesem Fall besteht zwischen den Unterhaltspflichtigen ein Rangverhältnis, welches regelt, wer von ihnen den Unterhalt zahlt, wenn kein Mangelfall vorliegt und in welcher Reihenfolge sie bei nicht ausreichenden Mitteln zum Unterhalt heranzuziehen sind.

1. Rangordnung unter unterhaltspflichtigen Verwandten (§ 2 Rn. 905 f.)

167 Nach § 1606 I BGB haften die Verwandten nur in **gerader Linie.** Die Verwandten der absteigenden Linie haften vor denen der aufsteigenden Linie. Unter den Verwandten der

VI. Rangverhältnis zwischen mehreren Verpflichteten § 5

aufsteigenden und der absteigenden Linie haften nach § 1606 II BGB jeweils die Näheren vor den Entfernteren.

a) Minderjährige Kinder. Bedürftig sind in erster Linie die noch nicht erwerbsfähigen minderjährigen Kinder. Diese haben keine leistungsfähigen Verwandten der absteigenden Linie. Deshalb haften für sie die Eltern als nächste Verwandte der aufsteigenden Linie. Deren Haftung hat der Gesetzgeber nach § 1603 II BGB gegenüber derjenigen anderer Verwandter erheblich verschärft. Danach erst kommen die Großeltern und danach etwaige Urgroßeltern in Betracht. 168

b) Andere Verwandte. Andere Bedürftige können leistungsfähige Verwandte der absteigenden und der aufsteigenden Linie haben. Doch sind **volljährige Kinder während der Ausbildung** in der Regel weiter auf den Unterhalt ihrer Eltern angewiesen. Heiraten sie allerdings, so haftet nach § 1608 1 BGB vorrangig der Ehepartner (vgl. Rn. 176). 169

Durch den Rückgriff der Sozialämter in Fällen der Pflegebedürftigkeit in Alter hat der **Elternunterhalt** (Unterhaltsanspruch gegen die Kinder) erhebliche aktuelle Bedeutung erlangt. Dazu näheres vgl. § 2 Rn. 905.

2. Ersatzhaftung im Mangelfall

Ein nachrangiger Verwandter haftet ersatzweise bei eingeschränkter Leistungsfähigkeit (§ 1603 BGB) des vor ihm haftenden (§ 1607 I BGB). In diesem Fall besteht keine Unterhaltpflicht des eigentlich vorrangig haftenden. Anders wenn nur aus tatsächlichen Gründen der Berechtigte den Unterhalt von dem vorrangig Haftenden nicht erlangen kann (weil er sich etwa der Zahlung entzieht). In diesem Fall besteht der Anspruch gegen den erstrangig Unterhaltspflichtigen fort. 170

3. Mehrere unterhaltspflichtige Ehegatten

Zwar erlischt bei Wiederheirat der Anspruch auf Ehegattenunterhalt (§ 1586 BGB), Doch lebt er wieder auf, wenn die folgende Ehe geschieden wird und der Ehegatte ein Kind aus der früheren Ehe betreut (§ 1586 a I BGB). Dadurch kann es vorkommen, dass zwei geschiedene Ehegatten nebeneinander unterhaltspflichtig sind. Hier besteht Nachrang des jeweils früheren Ehegatten und entsprechend eine vorrangige Haftung des späteren Ehegatten (§ 1586 a II BGB). 171

4. Ehegatte neben nichtehelichem Elternteil

Wenn ein nach § 1615 l BGB unterhaltsberechtigter Elternteil einen Dritten heiratet, erlischt analog § 1586 BGB sein Anspruch nach § 1615 l BGB.[188] Dementsprechend muss er aber analog § 1586 a I BGB auch wiederaufleben, wenn die Ehe geschieden wird. Doch besteht dann analog § 1586 a II BGB **Nachrang** des Anspruchs nach § 1615 l BGB gegenüber einem etwa vorhandenen Anspruch auf Geschiedenenunterhalt. Besteht allerdings kein solcher Anspruch, dann wirkt sich dieser Nachrang auch nicht zu Lasten des Berechtigten aus. 172

Wenn nach der Eheschließung ein nichtehel. Kind geboren wird und dadurch ein Anspruch nach § 1615 l BGB entsteht, so besteht dieser **gleichrangig** neben einem etwaigen Anspruch auf Betreuungsunterhalt wegen eines ehel. Kindes nach § 1570 BGB.[189] 173

5. Nichteheliche Elternteile untereinander

Nicht entschieden ist das Verhältnis mehrerer Ansprüche nach § 1615 l BGB gegen verschiedene Väter. Hier dürfte wie im entsprechenden Fall Rn. 173 Gleichrang bestehen. 174

---

[188] BGH FamRZ 2005, 347 = R 622 b
[189] BGH FamRZ 2005, 347 = R 622 a

6. Ehegatten oder nichtehel. Elternteile neben Verwandten

175 **a) Rangordnung.** Die Rechtsfolgen des § 1581 BGB treten trotz festgestellter beschränkter Leistungsfähigkeit des Verpflichteten auch dann nicht ein, wenn es **leistungsfähige Verwandte des Berechtigten** gibt, die für dessen Unterhalt aufkommen können (§ 1584 S. 2 BGB). Grundsätzlich haftet der verpflichtete Ehegatte vor Verwandten des berechtigten Ehegatten für den Unterhalt. Dies gilt nach § 1584 S. 1 BGB für den nachehelichen Unterhalt, nach § 1608 S. 1 BGB für den Familien- und Trennungsunterhalt.[190] Mit der Eheschließung übernehmen die Eheleute eine primäre gegenseitige Unterhaltsverpflichtung füreinander, deren Ausgestaltung ihrem gemeinsamen Lebensplan entspricht. Darin liegt keine verfassungswidrige Erschwerung der Eheschließung.[191] Deshalb besteht bei Leistungsfähigkeit des Verpflichteten grundsätzlich kein Unterhaltsanspruch gegen nachrangig verpflichtete Verwandte.

176 **b) Umkehrung des Rangverhältnisses im Mangelfall.** Dieses Rangverhältnis (Rn. 175) kehrt sich um in einem Mangelfall, d. h. wenn der verpflichtete Ehegatte ohne Gefährdung seines eigenen angemessenen Unterhaltsbedarfs zur Unterhaltsleistung nicht in der Lage ist. Nach den §§ 1584 S. 2, 1608 S. 2 BGB haften im Mangelfall die leistungsfähigen Verwandten des Berechtigten vor dem verpflichteten Ehegatten. Die Verwandten sind dann vorrangig zum Unterhalt verpflichtet. Vom Ehegatten kann nur nachrangig ein Billigkeitsunterhalt nach § 1581 BGB verlangt werden, wenn es keine leistungsfähigen Verwandten des Berechtigten gibt.

Wegen der Klausel „soweit" in den §§ 1584 S. 2, 1608 S. 2 BGB gilt diese Rangumkehrung allerdings nur in Bezug auf den Teil des eigenen angemessenen Unterhaltsbedarfs des Verpflichteten, der gefährdet wäre, wenn der Verpflichtete den vollen Unterhalt des Berechtigten zahlen würde. Dies hat zur Folge, dass die Verwandten des Berechtigten nur in Höhe des leistungsmäßigen Fehlbedarfs vorrangig haften können.

Die **Abkehr des BGH vom variablen Ehegattenselbstbehalt**[192] beschränkte bereits die Rangumkehrung auf Fälle, in denen es wegen des Mangelfalls nach Rn. 52–101 zu wertenden Änderungen im Einnahmen- oder Ausgabenbereich kommt oder in denen eine neue Belastung ausnahmsweise keinen Einfluss auf die ehelichen Lebensverhältnisse hat wie etwa die Unterhaltspflichten aus einer neuen Ehe.[193] Kommt es nicht zu dieser Neubewertung und liegt auch kein Fall einer neuen Ehe vor, so berechnet sich die Ersatzhaftung wie in jedem anderen Fall **nach dem Ausfall** beim vorrangig Verpflichteten.

177 **c) Angemessener Unterhalt und eheliche Lebensverhältnisse.** Eine weitere Unterscheidung ergibt sich daraus, dass der Verwandtenunterhalt sich nach dem **angemessenen Unterhalt** bemisst und sich vom Unterhalt nach den ehelichen Lebensverhältnissen der Höhe nach unterscheiden kann.[194] Da der Verwandtenunterhalt sich nach § 1610 BGB bemisst und nicht wie der Gattenunterhalt gem. § 1578 BGB von an den gemeinsamen Lebensstandard anknüpft, wird er allenfalls in einem Rahmen zwischen dem Unterhalt eines Studenten und dem angemessenen Selbstbehalt, also im Rahmen zwischen 640 und 1100 EUR liegen können. Analog zum Bedarf eines Elternteils[195] (vgl. § 2 Rn. 946) und zum Mindestbedarf eines Ehegatten (vgl. § 4 Rn. 430)[196] wird man hier meist das Existenzminimum von 770 EUR heranziehen können.

178 Bei **mehreren** leistungsfähigen Verwandten des Berechtigten haften die Abkömmlinge vor Verwandten der aufsteigenden Linie und dabei jeweils die näheren Verwandten vor den entfernteren Verwandten (§ 1606 I 2 BGB).

---

[190] Bis zum 31. 12. 2007 war für Ehen, die vor dem 1. 7. 1977 geschieden wurden, § 63 I 1 EheG maßgebend
[191] BGH FamRZ 1985, 353
[192] BGH FamRZ 2006, 683 = R 649 d
[193] BVerfG FamRZ 2011, 437
[194] Nach § 1578 Abs. 1 S. 2 BGB kann der eheangemessene Unterhalt auf den angemessenen Unterhalt herabgesetzt werden
[195] BGH FamRZ 2003, 860, 861 = R 590A b
[196] BGH FamRZ 2010, 629 = R 710 c

VI. Rangverhältnis zwischen mehreren Verpflichteten   § 5

d) Folgen der Ersatzhaftung. Wenn und soweit ein Berechtigter im Sinn der bisherigen Ausführungen einen **vorrangigen Anspruch** gegenüber einem **leistungsfähigen Verwandten** hat, ist er in diesem Umfang gegenüber dem Verpflichteten nicht bedürftig. Er hat dann diesem gegenüber insoweit auch keinen Unterhaltsanspruch. Haftet demgegenüber der nachrangig Verpflichtete nur deshalb, weil die Rechtsverfolgung im Inland ausgeschlossen oder erheblich erschwert ist, bleibt nach § 1607 II BGB die Unterhaltsverpflichtung bestehen, und es geht der Anspruch auf den Zahlenden über (siehe auch Rn. 181).   **179**

Sonst sind leistungsfähige Verwandte in diesem Sinn **Unterhaltsschuldner auf Grund eigener Haftung.** Ein Rückgriff auf den erstverpflichteten Ehegatten scheidet aus. Ein Ersatzanspruch nach allgemeinen schuldrechtlichen Grundsätzen (§§ 677 f., 812 f. BGB) kann nur dann in Betracht kommen, wenn Dritte oder nicht zum Unterhalt verpflichtete Verwandte dem Berechtigten Unterhalt leisten.   **180**

Kommt ein Elternteil allein für den Unterhalt eines ehelichen Kindes auf, kann er in den Grenzen des § 1613 I BGB einen **familienrechtlichen Ausgleichsanspruch** gegen den anderen Elternteil haben (vgl. § 2 Rn. 767 ff.).

Beruft sich der **verpflichtete Ehegatte** auf den Verwandtenvorrang der §§ 1584, 1608 BGB wegen eigener beschränkter Leistungsfähigkeit, so muss er **darlegen und nachweisen,** dass und in welchem Umfang er ohne Gefährdung seines eigenen angemessenen Unterhaltsbedarfs nicht leistungsfähig ist.   **181**

e) Beweislast. Der **Berechtigte** hat dann seinerseits die Darlegungs- und Beweislast für alle Tatsachen, aus denen sich ergibt, dass er keinen Anspruch gegen Verwandte hat, d. h., er muss nachweisen, dass alle in Frage kommenden Verwandten ihrerseits in Höhe des Fehlbedarfs nicht leistungsfähig sind (zur Leistungsfähigkeit beim Verwandtenunterhalt vgl. Rn. 8, § 2 Rn. 396).   **182**

Nimmt der Berechtigte einen nachrangig haftenden Verwandten in Anspruch, muss er darlegen und nachweisen, dass der erstverpflichtete Ehegatte in Höhe des Fehlbedarfs nicht leistungsfähig ist oder dass die Rechtsverfolgung im Inland unmöglich oder erheblich erschwert ist (§§ 1584 S. 3, 1608 S. 3, 1607 II 2 BGB). Im letzteren Fall gibt es einen **gesetzlichen Forderungsübergang,** wenn der Verwandte Unterhalt leistet. Dies kann nicht zum Nachteil des Berechtigten geltend gemacht werden (§ 1607 II 3 BGB).

Wenn es einen leistungsfähigen Verwandten gibt, der den ungedeckten Fehlbedarf leisten kann und muss (Rn. 176), gibt es im Verhältnis der beiden Ehegatten keine weitere Billigkeitskürzung nach § 1581 BGB.   **183**

Kann der Unterhalt durch den Mangelfall unter den angemessenen Unterhalt sinken, ist deshalb vor Anwendung des § 1581 BGB auch zu klären, ob leistungsfähige Verwandte des Berechtigten vorhanden sind.

Wenn die ehelichen Einkommensverhältnisse die Deckung des angemessenen Bedarfs nicht gestatten, liegt der eheangemessene Bedarf niedriger als der angemessene. In diesen Fällen kann ein ergänzender Anspruch auf Verwandtenunterhalt auch dann bestehen, wenn der eheangemessene Unterhalt geleistet wird und deshalb ein Fall des § 1581 nicht vorliegt.   **184**

f) Rechenbeispiel bei vorrangiger Unterhaltsverpflichtung von Verwandten des berechtigten Ehegatten im Mangelfall.

Fall 1   **185**
Nettolohn des M = 1400, Erwerbsbonus $1/7$, Kapitaleinkünfte 200 €
F hat leistungsfähige Eltern mit einem Einkommen von 4000 €.
– Bedarfsfeststellung
F = 1400 × $3/7$ + 200/2 = 700 €
M bleibt 1600 – 700 = 900 und damit weniger als der Ehegattenselbstbehalt von 1050. An sich müsste er den Stamm des Kapitals angreifen. Da jedoch leistungsfähige Verwandte vorhanden sind, zahlt M nur den ohne Substanzverzehr möglichen Unterhalt von 1600 – 1050 = 550 €.
Die Verwandten müssen die Differenz zahlen. Hinzu kommt in diesem Fall, dass der Bedarf nach den ehelichen Lebensverhältnissen geringer als der Mindestunterhalt von 770 ist. Deshalb müssen die Eltern 770 – 550 = 220 zahlen.

Ihnen bleibt 4000 − 220 = 3780 und damit mehr als der erhöhte angemessene Selbstbehalt von 1500 + 1200 = 2700 € zuzüglich der Hälfte des Mehreinkommens von (4000 − 2700)/2 = 650 €, also Selbstbehalt insgesamt 2700 + 650 = 3350 €.

7. Haftungskonkurrenz bei Unterhalt minderjähriger Kinder

186 Bei der **Unterhaltsverpflichtung gegenüber Kindern** nach den §§ 1607 I, 1603 III 2 BGB (Verwandtenunterhalt) gilt
- Nach § 1603 I BGB ist ein **Elternteil** nicht unterhaltsverpflichtet, wenn er bei Berücksichtigung seiner sonstigen Verpflichtungen außerstande ist, ohne Gefährdung seines angemessenen Unterhaltsbedarfs (= angemessenen Selbstbehalts) den Unterhalt zu gewähren.
- Nach § 1603 II 2 BGB hat dann ein **anderer Verwandter** für den Unterhalt aufzukommen, sofern er leistungsfähig ist. Ein anderer Verwandter in diesem Sinn ist auch der andere Elternteil.
- Sind **beide Eltern nicht leistungsfähig,** haben nach § 1607 I BGB nachrangig haftende leistungsfähige Verwandte den Unterhalt zu gewähren in der Reihenfolge des § 1606 I 2 BGB (siehe Rn. 119).
- Nur wenn solche leistungsfähigen **sonstigen Verwandten fehlen,** kommt es zur gesteigerten Unterhaltsverpflichtung der beschränkt leistungsfähigen Eltern nach § 1603 II 1 BGB (dazu ausführlich mit Beispielen: § 2 Rn. 394 ff.).

8. Mangelfall bei Barunterhaltspflicht beider Elternteile

187 **a) Beiderseitige Barunterhaltspflicht für ein volljähriges Kind.** Auch bei der Berechnung der anteiligen Haftung für den Unterhalt eines volljährigen Kindes nach dem Resteinkommen, das den angemessenen Selbstbehalt und sonstige Unterhaltsbelastungen übersteigt (§ 2 Rn. 418 f., 560 f.), kann ein Mangelfall auftreten, wenn die Summe der beiderseits verfügbaren Restbeträge zur Deckung des Bedarfs desjenigen Kindes, für dessen Barunterhalt beide haften, nicht ausreicht. In diesen Fällen erhält das Kind von beiden Elternteilen entsprechend weniger. Sind mehrere volljährige (und damit gleichrangige) Kinder in dieser Lage, so ist die Verteilungsmasse auf sie im Verhältnis ihrer Bedarfsbeträge zu verteilen.

Das Gleiche muss auch dann gelten, wenn der eine Elternteil noch für ein weiteres volljähriges Kind aufzukommen hat, für **welches der andere nicht mithaftet.** Im Mangelfall ist der Vorabzug seines Unterhalts vor Berechnung des Haftungsanteils der Eltern nicht gerechtfertigt. Vielmehr muss unter Einbeziehung dieses Kindes die **Mangelkürzung für alle gegenüber dem jeweiligen Gatten gleichrangig berechtigten Kinder**[197] erfolgen. Bei der Berechnung der Haftungsquote ist vom Einkommen des für ihn allein unterhaltspflichtigen Elternteils **nur dieser gekürzte Betrag vorweg abzuziehen.**

188 Beispiel 1: (zwei – nichtprivilegierte – volljährige Kinder, nur für eines haften beide) M verdient 1700 €, F 1300 €. Beide haften für das Kind A mit einem Bedarf 670 − 184 (Kindergeld) = 486 €. M haftet allein für den Unterhalt von B mit einem Bedarf von ebenfalls 486 €. Zur Berechnung der anteiligen Haftung von M für A muss von seinem Einkommen vorher der Unterhalt von B als sonstige Belastung abgezogen werden. Dann bleibt aber nur 1700 − 486 = 1214, also nur 1214 − 1100 = 114 € mehr als der angemessene Selbstbehalt. Das ist weniger als der Bedarf von A. Um eine indirekte Unterhaltspflicht von F für B zu vermeiden, muss die Leistungsfähigkeit von M zwischen A und B aufgeteilt werden:
Verteilungsmasse: 1700 − 1150 = 550 €
Gesamtbedarf: 486 + 486 = 974 €
Mangelquote: 550 / 974 = 56,5%
Damit entfällt auf A 486 × 56,5% = 275 €. Dieser Betrag ist bei der Verteilungsrechnung als Anteil von M anzusetzen, derjenige von F beträgt 1400 − 1150 = 250, so dass an A 275 + 250 = 525 verteilt werden können.

---

[197] BGH FamRZ 2002, 815, 818 = R 570 c

VI. Rangverhältnis zwischen mehreren Verpflichteten   § 5

Demnach an A zu zahlen
M   275 × 486/525 = 255 €
F   250 × 486/525 = 231 €

M bleibt aber nur 1700 − 255 − 486 = 959 €, also weniger als der angemessene Selbstbehalt von 1150 €. Dementsprechend ist der von ihm zu zahlende Unterhalt von 255 + 486 = 741 € auf den bei ihm verfügbaren Betrag von 1700 − 1150 = 550 € zu kürzen.
Mangelquote: 550/741 = 74,2%
A erhält von M 255 * 74,2% = 189 €
B erhält von M 486 * 74,2% = 361 €
M bleibt 1700 − 189 − 361 = 1150 €. F bleibt 1400 − 231 = 1169 €
Für die Bedarfslücke bei A von 486 − 231 − 189 = 66 € haftet F (trotz ihrer Leistungsfähigkeit) nicht ersatzweise, weil die Mithaftung von F bereits durch die Unterhaltsverteilung berücksichtigt wurde und die Regeln der Ersatzhaftung deshalb nicht anwendbar sind.[198]

b) Beiderseitige Barunterhaltspflicht für ein minderjähriges oder diesem gleich-   189
gestelltes Kind (vgl. auch § 2 Rn. 418 ff.). Hier ist streitig, ob bei beiderseitiger Barunterhaltspflicht die Verteilungsrechnung auf den **notwendigen** oder den **angemessenen** Unterhalt abstellen muss. Nun hat der BGH sich darauf festgelegt, dass der angemessene Selbstbehalt maßgebend ist, solange das verfügbare Einkommen dafür ausreicht. Nur das OLG Schleswig hat in seinen Leitlinien an der Verteilung nach dem notwendigen Selbstbehalt festgehalten. Nun muss der Selbstbehalt nur dann bis zum notwendigen herabgesetzt werden, wenn das über dem angemessenen Selbstbehalt hinausgehende Einkommen für den Unterhalt nicht ausreicht. Das führt zu folgendem Berechnungsweg:
– 1. Prüfung, ob das den angemessenen Selbstbehalt übersteigende Einkommen für den Unterhalt ausreicht.
– Wenn ja: Verteilungsrechnung nach dem angemessenen Selbstbehalt,
– 2. wenn nein, Berechnung, welcher Selbstbehalt gewahrt werden kann.
– 3. Verteilungsrechnung nach dem ermäßigten Selbstbehalt
– 4. Falls der notwendige Selbstbehalt nicht gewahrt wird, folgt ein Mangelverteilung

Beispiel 2:
K ist 20 Jahre alt, Schüler und lebt bei F, M verdient 1500 €, F 1200 € und erhält 184 € Kindergeld. Bedarf von K nach dem zusammengerechneten Einkommen von 2700 € nach Gruppe 4/4: 562 − 184 = 378 €.
(1.) Das über den angemessenen Selbstbehalt (1150 €) hinausgehende Einkommen beträgt bei F 1200 − 1150 = 50 €, bei M 1500 − 1150 = 350 €, insgesamt also 50 + 350 = 400 € und damit mehr als der zu verteilende Unterhalt von 378 €.
(2.) Verteilungsrechnung: Auf F entfällt 378 * 50/400 = 47 €, auf M entfällt 378 * 350/400 = 331 €.

Beispiel 2 a:
M verdient nur 1400 €.
(1.) Das über den angemessenen Selbstbehalt (1150 €) hinausgehende Einkommen beträgt bei F 1200 − 1150 = 50 €, bei M 1400 − 1150 = 250 e, insgesamt also 50 + 250 = 300 € und damit weniger als der zu verteilende Unterhalt von 378 €.
(2.) Das Defizit beträgt 378 − 300 = 78 €. Wird dieser Betrag auf beide Eltern verteilt, dann vermindert sich ihr Selbstbehalt um 1150 − 78/2 = 1111 € und damit immer noch mehr als der notwendige Selbstbehalt von 950 €. Der Selbstbehalt ist also auf 1111 € abzusenken.
(3.) Verteilungsrechnung nach 1111 €: F zahlt 378 * (50 + 78/2)/378 = 89 €, M zahlt 378 * (250+ 78/2)/378 = 289 €. Da nur ein Berechtigter vorhanden ist, wäre die Verteilungsrechnung unnötig, denn F schuldet 50 + 78/2 und M schuldet 250 + 78/2.

Beispiel 2 b:
M verdient 1500 €, F verdient 1200 €, bei F lebt das 20-jährige Kind A, das noch zu Schule geht, und bei M lebt das 19-jährige Kind B, das ebenfalls noch zur Schule geht.
(1.) A und B haben je einen Anspruch auf 378 € wie oben, Verpflichtung insgesamt 378 + 378 = 754 €. Bei M sind 1500 − 1150 = 350 € über den angemessenen Selbstbehalt hinaus verfügbar, bei F nur 1200 − 1150 = 50 €, insgesamt als nur 400 €, es fehlen 754 − 400 = 354 €.
(2.) Wenn beider Selbstbehalt um 354/2 = 177 auf 1150 − 177 = 973 € abgesenkt würde, kann der Bedarf gedeckt werden, denn der Betrag von 973 € übersteigt den notwendigen Selbstbehalt von 950 €.

---

[198] BGH FamRZ 2008, 137 = R 684 h

§ 5 Rangverhältnisse und Mangelfälle

(3.) Verteilungsrechnung: M schuldet jedem Kind 378 ★ (1500 − 973)/(1500 + 1200 − 973 ★ 2) = 264 €, F schuldet jedem Kind 378 ★ (1200 − 973)/(1500 + 1200 − 973 ★ 2) = 114 €

Beispiel 2 c:
M verdient 1400 €, F verdient 1200 €, bei F lebt das 20-jährigeKind A, das noch zu Schule geht und bei M lebt das 19-jährige Kind B, das ebenfalls noch zur Schule geht. A und B haben je einen Anspruch auf 378 € wie oben, Verpflichtung insgesamt 378 + 378 = 754 €.
(1.) Bei M sind 1400 − 1150 = 250 € über den angemessenen Selbstbehalt hinaus verfügbar, bei F nur 1200 − 1150 = 50 €, insgesamt als nur 300 €, es fehlen 754 − 300 = 454 €.
(2.) Wenn beider Selbstbehalt um 454/2 = 227 auf 1150 − 227 = 923 € abgesenkt würde, könnte der Bedarf gedeckt werden, jedoch unterschreitet der Betrag von 923 € den notwendigen Selbstbehalt von 950 €. Die Verteilung kann sich daher nur am notwendigen Selbstbehalt von 950 € orientieren.
(3.) Verteilungsrechnung: M schuldet jedem Kind 378 ★ (1400 − 950)/(1400 + 1200 − 950 ★ 2) = 243 €, F schuldet jedem Kind 378 ★ (1200 − 950)/(1400 + 1200 − 950 ★ 2) = 135 €.
(4.) M bleibt 1400 − 243 − 243 = 914, Mangelfall, M fehlen 950 − 914 = 36 €. Auf jedes Kind entfallen 243 ★ (1400 − 950)/(243 + 243) = 225 €, M bleibt 1400 − 225 − 225 = 950 €.
(5.) F bleibt 1200 − 135 − 135 = 930, Mangelfall, F fehlen 950 − 930 = 20 €. Auf jedes Kind entfallen 135 ★ (1200 − 950)/(135 + 135) = 125 €, M bleibt 1200 − 125 − 125 = 950 €.

190 Entsprechend ist zu rechnen, wenn **zusätzlich** ein Kind, für welches **nur ein Elternteil unterhaltspflichtig** ist, berücksichtigt werden muss. Hier muss nach der Rechtsprechung des BGH[199] vermieden werden, dass der andere Elternteil auch mit dem Unterhalt des anderen Kindes belastet wird. Deshalb kann keine einheitliche Mangelfallrechnung durchgeführt werden, sondern diese muss in Stufen erfolgen. Das allerdings kann kompliziert werden: zuerst muss errechnet werden, welcher Teil der Leistungsfähigkeit des einen Elternteils auf das gemeinsame Kind entfällt. Dieser Betrag ist dann ohne weiteren Vorabzug in die Quotenrechnung einzusetzen.[200] Wenn es sich dabei um vorrangig berechtigte Kinder handelt, muss festgestellt werden, wie viel über den angemessenen und wie viel über den notwendigen Selbstbehalt hinaus dem Kind zugerechnet werden kann. Der Berechnungsweg muss dann lauten:
− 1. Berechnen, wie viel von dem über den **angemessenen** Selbstbehalt und über den **notwendigen** Selbstbehalt hinausgehendes Einkommen auf das Kind entfällt, dessen Bedarf verteilt werden soll.
− 2. Prüfung, ob das den **angemessenen** Selbstbehalt übersteigende Einkommen für den Unterhalt ausreicht.
− Wenn ja: Verteilungsrechnung nach dem angemessenen Selbstbehalt,
− 3. wenn nein, Berechnung, **welcher Selbstbehalt** gewahrt werden kann.
− 4. Verteilungsrechnung nach dem **ermäßigten Selbstbehalt**
− 5. Falls der **notwendige Selbstbehalt** nicht gewahrt wird, folgt ein Mangelverteilung

Beispiel 3:
(**zwei** bevorrechtigte Kinder, nur für **eines** haften **beide Gatten**)
A ist 20 Jahre alt, B 16, beide sind Schüler und leben bei F, M verdient 1500 €, F 1200 €.
Für das Kind A haften F und M, für das Kind B aber nur M.
Bedarf von B nach DT 1/3: 426 − 92 (Kindergeld) = 334 €
Bedarf von A wie oben nach DT 4/4: 562 − 184 (Kindergeld) = 378 €,
1. Berechnung des Anteils der Leistungsfähigkeit von M, welche auf A entfällt. Gesamtbedarf beider Kinder: 334 + 378 = 712 €. Die Leistungsfähigkeit von M bis zum angemessenen Selbstbehalt beträgt 1500 − 1150 = 350 €, davon entfällt 334/712 ★ 350 = 164 € auf B und 378/712 ★ 350 = 186 € auf A. Die Leistungsfähigkeit von M bis zum notwendigen Selbstbehalt beträgt 1500 − 950 = 550 €, davon entfällt 334/712 ★ 550 = 258 € auf B und 378/712 ★ 550 = 292 € auf A.
2.: Verfügbar bis zum angemessenen Selbstbehalt bei M und F: 1200 − 1150 + 186 = 236 €, es fehlt 378 − 236 = 142 €. Dieser Betrag ist im Verhältnis der bei beiden vorhandenen Leistungsfähigkeit bis zum notwendigen Selbstbehalt, soweit er die Leistungsfähigkeit nach dem angemessenen Selbstbehalt übersteigt, zu verteilen.

---

[199] BGH FamRZ 2002, 815, 1818 = R 570 c
[200] BGH FamRZ 2002, 815, 1818 = R 570 c

VI. Rangverhältnis zwischen mehreren Verpflichteten § 5

3. Bei Herabsetzung auf den notwendigen Selbstbehalt erhöht sich die Leistungsfähigkeit von M um 292 − 186 = 106 €, bei F um 1150 − 950 = 200 €. Im gleichen Verhältnis ist das Defizit von 142 € auf M und F zu verteilen.

4. M zahlt für A 186 + 142 * 106/(106 + 200) = 235 €, F zahlt 1200 − 1150 + 142 * 200/(106 + 200) = 143 €. A erhält 235 + 143 = 378 €, B erhält 334 €, M bleibt 1500 − 235 − 334 = 931 € und damit weniger als den notwendigen Selbstbehalt von 950 €, F bleibt 1200 − 143 = 1057 €.

5. Bei M liegt ein Mangelfall vor. Der von ihm geschuldete Unterhalt von 235 + 334 = 569 € ist auf die Leistungsfähigkeit von 1500 − 950 = 550 € zu kürzen. M zahlt für A 235 * 550/569 = 227 € und für B 334 * 550/569 = 323 €. Ihm bleibt 1500 − 227 − 323 = 950 €.

§ 6 Sonderfragen

1. Abschnitt: Selbstständige Bestandteile des Unterhaltsanspruchs

I. Sonderbedarf

1. Anspruchsvoraussetzungen

a) Definition. Das Gesetz regelt nicht, unter welchen Voraussetzungen Sonderbedarf neben dem laufenden Unterhalt verlangt werden kann. Es enthält lediglich in § 1613 II Nr. 1 BGB, der den Kindesunterhalt, aber auch den sonstigen Verwandtenunterhalt für die Vergangenheit betrifft, eine gesetzliche Definition. Danach ist Sonderbedarf ein unregelmäßiger außergewöhnlich hoher Bedarf. Auf § 1613 II BGB wird beim Familienunterhalt (§ 1360a III BGB), beim Trennungsunterhalt (§ 1361 IV 4 BGB), beim nachehelichen Unterhalt (§ 1585b I BGB, beim Unterhalt der nichtehelichen Mutter bzw. des nichtehelichen Vaters (§ 1615l III 1, 3, IV BGB), beim Unterhalt zwischen getrennt lebenden Lebenspartnern (§ 12 S. 2 LPartG, § 1361 IV 4, 1360a III BGB) und beim nachpartnerschaftlichen Unterhalt (§ 16 S. 2 LPartG, § 1585b I BGB) verwiesen. Sonderbedarf wird also neben dem laufenden Unterhalt bei allen Unterhaltsarten geschuldet. 1

b) Bedarf. Sonderbedarf ist ein Teil des Lebensbedarfs im Sinne des § 1610 II BGB. Er dient nicht der Finanzierung unnötiger Aufwendungen. So rechtfertigt er nicht den Ersatz von Fernsprechgebühren, die ein minderjähriges oder volljähriges Kind durch die Anwahl sog. Servicenummern, die Telefonsex anbieten, verursacht hat.[1] Dasselbe gilt von entsprechenden Angeboten im Internet. Im Übrigen können Kosten für Telefon, Internet und Handy in unserer hoch technisierten Zeit zum Bedarf gehören; sie sind aber als regelmäßige Ausgaben aus dem laufenden Unterhalt zu bestreiten. Sonderbedarf ist dagegen ein unregelmäßiger außerordentlich hoher Bedarf, der nicht auf Dauer besteht und daher zu einem einmaligen, jedenfalls aber zeitlich begrenzten Ausgleich neben dem regelmäßig geschuldeten Barunterhalt führen kann (vgl. Rn. 2/237). Er ist zu unterscheiden einerseits vom Regelbedarf (Rn. 2/216), andererseits vom Mehrbedarf (Rn. 2/232, 451 ff., 530 ff., 4/840 ff.). 2

c) Unregelmäßiger Bedarf. Unregelmäßig ist der Bedarf, der **nicht** mit Wahrscheinlichkeit **vorauszusehen** ist und deshalb bei der Bemessung des Regelbedarfs (einschließlich des regelmäßigen Mehrbedarfs) und damit des laufenden Unterhalts nicht berücksichtigt werden kann.[2] Selbst eine im Verhältnis zum laufenden Unterhalt ungewöhnlich hohe Einzelausgabe stellt keinen Sonderbedarf dar, wenn sie nach dem gewöhnlichen Lauf der Dinge voraussehbar war (vgl. aber Rn. 4). Ausgaben, auf die sich der Berechtigte hätte einstellen können, sind durch den laufenden Unterhalt auszugleichen. Dieser ist so zu bemessen, dass sämtliche voraussehbaren Ausgaben abgedeckt werden und genügend Spielraum für eine vernünftige Planung verbleibt.[3] Ggf. ist der sich aus den Tabellen und Leitlinien ergebende Regelbedarf um **Mehrbedarf** angemessen zu erhöhen.[4] Mehrbedarf ist im Gegensatz zum Sonderbedarf der Teil des Lebensbedarfs, der regelmäßig während eines längeren Zeitraums anfällt und das Übliche derart übersteigt, dass er mit Regelsätzen nicht erfasst werden kann, andererseits aber pauschalierbar ist und deshalb bei der Bemessung der laufenden Unterhaltsrente berücksichtigt werden kann (vgl. Rn. 2/232).[5] Dies bedeutet al- 3

---

[1] Scholz FamRZ 2003, 1900; a. A. AG Nordenham FamRZ 2003, 629 mit zust. Anm. Melchers
[2] BGH FamRZ 2006, 612 = R 647a mit Anm. Luthin; vgl. auch BGH FamRZ 2001, 1603, 1605
[3] BGH FamRZ 1982, 145
[4] OLG Hamm FamRZ 1994, 1281
[5] BGH FamRZ 2007, 882 = R 675h mit Anm. Born

lerdings, dass der zusätzliche Unterhalt – anders als Sonderbedarf (vgl. dazu Rn. 9) – nur unter den Voraussetzungen des § 1613 I BGB (vgl. dazu Rn. 100 ff.), also in der Regel bei Verzug, geschuldet wird.[6] Liegt über den laufenden Unterhalt bereits ein Titel vor, muss dessen Abänderung wegen des Mehrbedarfs beantragt werden (§ 238 FamFG).[7] Sonderbedarf ist dagegen in einem weiteren selbständigem Verfahren geltend zu machen.

4 Viele außerplanmäßige Ausgaben zeichnen sich jedenfalls eine gewisse Zeit vorher ab. Dies gilt – von akuten Krankheitsfällen abgesehen – selbst für Operationen und Kuren (vgl. Rn. 14). In solchen Fällen darf das Erfordernis der **Nichtvorhersehbarkeit** des Zusatzbedarfs nicht dazu führen, unabweisbare Ausgaben von der Unterhaltspflicht auszunehmen. Entscheidend ist, ob der Berechtigte sich noch auf die **Zusatzausgaben** einstellen und sie bei seinen Planungen berücksichtigen kann.[8] Derartige Kosten können danach als Sonderbedarf vom Unterhaltspflichtigen zu tragen sein,
– wenn sich die Notwendigkeit der zusätzlichen Kosten so kurzfristig abzeichnet, dass aus dem laufenden Unterhalt keine ausreichenden Rücklagen mehr gebildet werden können,
– wenn die laufende Unterhaltsrente so niedrig ist, dass sie die Bildung ausreichender Rücklagen von vornherein nicht erlaubt.[9] Nach Auffassung des **BGH**[10] kommt es dagegen nicht darauf an, ob der Berechtigte in der zur Verfügung stehenden Zeit ausreichende Rücklagen bilden kann. Entscheidend soll nur die langfristige Vorhersehbarkeit des Bedarfs sein. Ich halte diese Ansicht für bedenklich. Sie zwingt den Berechtigten dazu, den außergewöhnlich hohen Bedarf (dazu Rn. 5) rechtzeitig vor seinem Entstehen geltend zu machen (vgl. § 1613 I BGB) und ihn im Zweifel auf mehrere Monate zu verteilen. Dies kann zu praktischen Schwierigkeiten führen, da die Höhe des Zusatzbedarfs vor seinem Entstehen auch nach Ansicht des BGH[11] jedenfalls in der Regel nicht abschätzbar ist. Zudem muss bei Vorliegen eines Titels über den laufenden Unterhalt Abänderung unter Beachtung des § 238 III FamFG beantragt werden, während bei Annahme von Sonderbedarf ein auf Leistung gerichteter Antrag genügt (Rn. 3).

5 **d) Außergewöhnliche Höhe des Bedarfs.** Wann ein unregelmäßiger Bedarf außergewöhnlich hoch ist, lässt sich nur nach den Umständen des Einzelfalls beurteilen. Entscheidend sind die Höhe des laufenden Unterhalts, die sonstigen Einkünfte des Berechtigten, der Lebenszuschnitt der Beteiligten sowie Anlass und Umfang der besonderen Aufwendungen. Letztlich hängt die Antwort auf die Frage, ob ein Bedarf außergewöhnlich hoch ist, davon ab, inwieweit dem Berechtigten zugemutet werden kann, den Bedarf selbst zu bestreiten.[12] Unter beengten wirtschaftlichen Verhältnissen wird eine unvorhergesehene Ausgabe eher außergewöhnlich hoch erscheinen als bei gehobenem Lebenszuschnitt. Ausschlaggebend ist das Verhältnis der in Frage stehenden Aufwendung zu den Mitteln, die dem Berechtigten für seinen laufenden Unterhalt zur Verfügung stehen.[13]

6 In der Wortwahl des Gesetzes, das nur einen „außergewöhnlich" hohen Bedarf als Sonderbedarf gelten lässt, kommt zum Ausdruck, dass es im Zweifel bei der laufenden Unterhaltsrente, die den gesamten regelmäßigen Bedarf einschließlich etwaigen Mehrbedarfs abzudecken hat, sein Bewenden haben muss und nur **in Ausnahmefällen** die gesonderte Ausgleichung unvorhergesehener Ausgaben erfolgen soll. Die Pauschalierung des laufenden Unterhalts soll im Interesse einer Befriedung und Beruhigung des Verhältnisses von Unterhaltsgläubiger und Unterhaltsschuldner die Berücksichtigung bedarfserhöhender Umstände nach Möglichkeit entbehrlich machen.[14] Vgl. dazu Rn. 2/219, 324 ff.

---

[6] OLG Hamm FamRZ 1996, 1218
[7] OLG Hamm FamRZ 1994, 1281
[8] OLG Karlsruhe NJW-RR 1998, 1226
[9] Ähnlich OLG Karlsruhe FamRZ 1991, 1349; NJW-RR 1998, 1226
[10] FamRZ 2006, 612, 614 = R 647b mit krit. Anm. Luthin
[11] FamRZ 2006, 612 = R 647b mit krit. Anm. Luthin
[12] BGH FamRZ 2006, 612 = R 647a
[13] BGH FamRZ 1982, 145; OLG Karlsruhe NJW-RR 1998, 1226; vgl. auch BVerfG FamRZ 1999, 1342
[14] BGH FamRZ 1982, 145; 1984, 470, 472

1. Abschnitt: Selbstständige Bestandteile des Unterhaltsanspruchs § 6

e) Leistungsfähigkeit. Sonderbedarf wird nur geschuldet, wenn und soweit der Pflichtige leistungsfähig ist. Ihm muss beim Kindesunterhalt mindestens der notwendige Selbstbehalt nach den Tabellen und Leitlinien verbleiben (vgl. Rn. 2/385 ff.). Beim nachehelichen Unterhalt ist § 1581 BGB zu beachten; hier muss dem Schuldner jedenfalls der eheangemessene Selbstbehalt belassen werden, der nach B IV der Düsseldorfer Tabelle Stand: 1. 1. 2011 und den Leitlinien der Oberlandesgerichte (Nr. 21.4) mit 1050,– EUR, anzusetzen ist.[15] Vgl. dazu Rn. 4/971 ff. Entsprechendes gilt für den Trennungsunterhalt.[16] Die Leistungsfähigkeit muss **im Zeitpunkt der Fälligkeit** des Sonderbedarfs (Rn. 8) bestehen.[17] Wird der Schuldner erst zu einem späteren Zeitpunkt leistungsfähig, entsteht eine Nachzahlungspflicht nicht.[18] Dies gilt auch dann, wenn er innerhalb der Jahresfrist des § 1613 II Nr. 1 BGB zu höherem Einkommen gelangt, das ihm nunmehr die Befriedigung des Sonderbedarfs erlauben würde.[19] Andererseits wird man nicht verlangen können, dass er in der Lage sein muss, den Sonderbedarf gerade aus dem Einkommen des laufenden Monats aufzubringen. Der Berechtigte hat die Obliegenheit, den Schuldner rechtzeitig auf die Entstehung von Sonderbedarf **hinzuweisen,** damit dieser die erforderlichen Rücklagen bilden und den Anspruch bei Fälligkeit (Rn. 8) erfüllen kann.[20] Zudem ist ggf. der Berechtigte, beim Kindesunterhalt auch der andere Elternteil, an der Finanzierung des Sonderbedarfs zu beteiligen; vgl. dazu Rn. 13.

f) Fälligkeit. Der Anspruch auf Erstattung des Sonderbedarfs wird fällig, sobald der besondere Bedarf entsteht, in der Regel also, wenn die Kosten dem Berechtigten in Rechnung gestellt werden. Dies kann zu Schwierigkeiten führen, wenn der Berechtigte den Bedarf vorfinanzieren muss. Jedoch kann er bereits vor Entstehung des Sonderbedarfs ein Verfahren auf künftige Leistung anhängig machen (§ 113 I 2 FamFG, § 259 ZPO); hierfür ist nur notwendig, dass der Schuldner seine Leistungspflicht ernstlich, wenn auch gutgläubig bestreitet.[21] Im Übrigen darf das Problem nicht überbewertet werden. Werden für längere Zeit Aufwendungen erforderlich, die über den Regelbedarf hinausgehen, liegt im Zweifel kein Sonderbedarf, sondern Mehrbedarf vor, der durch Erhöhung des laufenden Unterhalts auszugleichen ist (vgl. Rn. 2/451 ff., 4/840 ff.).

Sonderbedarf kann für die **Vergangenheit** auch dann verlangt werden, wenn die Voraussetzungen des § 1613 I BGB nicht vorliegen, insbesondere der Schuldner nicht in Verzug gesetzt worden ist. Der Anspruch erlischt jedoch spätestens ein Jahr nach seiner Entstehung, wenn nicht vor Fristablauf Verzug oder Rechtshängigkeit eingetreten sind (§ 1613 II Nr. 1 BGB). Zur Obliegenheit, den Schuldner rechtzeitig auf bevorstehenden Sonderbedarf hinzuweisen, vgl. Rn. 7; zum Unterhalt für die Vergangenheit vgl. Rn. 100 ff.

2. Beteiligung des Unterhaltsgläubigers an der Finanzierung des Sonderbedarfs

a) Ehegattenunterhalt. Sonderbedarf wird nur in seltenen Fällen auszugleichen sein, wenn der **Unterhaltsbedarf** bei besonders guten wirtschaftlichen Verhältnissen nicht nach einer Quote, sondern **konkret bemessen** wird (vgl. Rn. 4/763 ff.). In derartigen Fällen ist der laufende Unterhalt meist so hoch, dass der Berechtigte auch höhere außergewöhnliche Ausgaben selbst tragen kann. Kommt gleichwohl der Ausgleich von Sonderbedarf, z. B. außergewöhnlich hoher Umzugskosten, in Betracht, muss der Verpflichtete diesen Bedarf vielfach zusätzlich zum laufenden Unterhalt zahlen. Dies setzt nach dem Halbteilungsgrundsatz allerdings voraus, dass ihm von seinem Einkommen wenigstens die Hälfte verbleibt (Rn. 4/750 ff.) oder dass er den Sonderbedarf aus seinem Vermögen aufbringen kann (vgl. Rn. 11).

Durch **Bemessung des laufenden Unterhalts nach Quoten** wird bereits eine angemessene Aufteilung der verfügbaren Mittel nach dem Halbteilungsgrundsatz durchgeführt.

---

[15] BGH FamRZ 2006, 683, 685 = R 649 d
[16] BGH a. a. O.
[17] OLG Karlsruhe NJW-RR 1998, 1226
[18] KG FamRZ 1993, 561; OLG Köln FamRZ 1986, 593
[19] Anders Göppinger/Wax/Kodal Rn. 190
[20] OLG Hamburg FamRZ 1991, 109 mit Anm. Henrich; vgl. auch OLG Hamm FamRZ 1994, 1281
[21] BGH NJW 1999, 954; NJW 1978, 1262

Dann ist es, jedenfalls wenn der Pflichtige nicht über zusätzliche (nichtprägende) Einkünfte verfügt (vgl. dazu Rn. 4/570 ff.), nicht gerecht, dass Sonderbedarf allein von ihm aufgebracht wird, weil der Schuldner ihn in der Regel aus der ihm verbleibenden Quote zahlen müsste, während der Berechtigte den Sonderbedarf zusätzlich zur ungeschmälerten Quote erhalten würde. Infolgedessen muss der Berechtigte in solchen Fällen den Sonderbedarf in der Regel selbst tragen.[22] Verfügt der Berechtigte über Vermögen, das die üblichen Rücklagen für Not- und Krankheitsfälle übersteigt, wird er im Allgemeinen den Stamm des Vermögens zur Finanzierung des Sonderbedarfs verwerten müssen, auch wenn er ihn zur Bestreitung des laufenden Unterhalts nicht einzusetzen hat (vgl. dazu Rn. 1/607 ff.).

12   Eine für den Berechtigten günstigere Aufteilung des Sonderbedarfs kann in Betracht kommen, wenn der Verpflichtete über nennenswertes Vermögen verfügt oder seine Belastung durch den Ehegattenunterhalt gering ist,
– weil er über **nichtprägende Einkünfte** verfügt, die das in der Ehe angelegte Einkommen deutlich übersteigen, er z. B. nach der Scheidung unerwartet befördert worden ist oder eine Erbschaft gemacht hat (vgl. Rn. 4/574 ff.);
– weil der Berechtigte nichtprägende Einkünfte hat, die auf seinen nur nach dem Einkommen des Pflichtigen berechneten Bedarf angerechnet werden, der Unterhalt also nach der **Anrechnungsmethode** bemessen wird (vgl. Rn. 4/818 f.), die allerdings nach der Entscheidung des BGH vom 13. 6. 2001[23] nur noch ausnahmsweise anzuwenden ist.

13   **b) Kindesunterhalt.** Auch beim Kindesunterhalt schuldet der Pflichtige nicht stets den vollen Ausgleich des Sonderbedarfs. Insbesondere wenn er über ein geringes Einkommen verfügt, kann von ihm vielfach nur eine **Beteiligung am Sonderbedarf** verlangt werden.[24] Den Rest muss der Berechtigte aus der laufenden Unterhaltsrente entnehmen. Auch der **betreuende Elternteil** kann verpflichtet sein, zum Sonderbedarf beizutragen, wenn er eine Erwerbstätigkeit ausübt oder über sonstige Einkünfte verfügt.[25] Maßstab für die Höhe des Beitrags sind die beiderseitigen Erwerbs- und Vermögensverhältnisse (§ 1606 III 1 BGB). Die Pflege und Betreuung eines minderjährigen Kindes schließen eine Beteiligung am Sonderbedarf ebenso wenig aus wie einen Beitrag zum Mehrbedarf (vgl. Rn. 2/418 ff., 462). Der Kindesbetreuung kann durch eine wertende Veränderung des Verteilungsschlüssels Rechnung getragen werden (vgl. Rn. 2/436). Bezieht der betreuende Elternteil selbst Ehegattenunterhalt, so ist der Kindesunterhalt einschließlich des ggf. auf mehrere Monate verteilten Sonderbedarfs vorweg vom Einkommen des Unterhaltspflichtigen abzuziehen. Dies verkürzt die Unterhaltsquote des betreuenden Elternteils. Damit beteiligt sich dieser in der Regel ausreichend am Sonderbedarf.

3. Einzelfälle

14   Als Sonderbedarf kommen zunächst Kosten in Betracht, die durch eine **Krankheit** oder eine Behinderung entstehen, insbesondere Aufwendungen für ambulante oder stationäre Behandlung, eine Kur, für Hilfsmittel, z. B. ein Behindertenfahrzeug, Prothesen, Brillen usw., auch für die Anschaffung geeigneter Matratzen und Bettwäsche bei einer Hausstauballergie.[26] Voraussetzung ist, dass die Kosten nicht von einer Krankenkasse getragen werden. Sie müssen im Übrigen angemessen sein. So ist ein aufwändiges Brillengestell für ein Kind, das nur einen geringen Tabellenunterhalt bezieht, in der Regel nicht angemessen. Andererseits muss sich der Pflichtige, sofern er leistungsfähig ist, auch an außergewöhnlich hohen, aber unvermeidbaren Behandlungskosten eines krebskranken Ehegatten unter dem Gesichtspunkt des Sonderbedarfs beteiligen.[27] Eine Behandlung durch den Chefarzt ist nur ausnahmsweise erforderlich.[28] Erfordert die Krankheit eine längere Behandlung, deren Dauer

---

[22] Schürmann NJW 2006, 2301
[23] FamRZ 2001, 986 = R 563 mit Anm. Scholz FamRZ 2001, 1061
[24] Vom BGH FamRZ 2006, 612, 614 = R 647 mit Anm. Luthin offen gelassen
[25] BGH FamRZ 1998, 286 = R 518 a; FamRZ 1983, 689
[26] OLG Karlsruhe FamRZ 1992, 850
[27] BGH FamRZ 1992, 291 = R 440
[28] AG Michelstadt FamRZ 2005, 1118

sich nicht absehen lässt, insbesondere einen Heimaufenthalt, eine kieferorthopädische Zahnregulierung[29] oder zahlreiche psychotherapeutische Behandlungen,[30] liegt kein Sonderbedarf, sondern Mehrbedarf (Rn. 3, 2/237, 4/840 ff.) vor. Dasselbe gilt für die Kosten der Pflege eines alten und/oder behinderten Unterhaltsberechtigten. Die sog. Praxisgebühr von 10,– EUR pro Quartal, die von Mitgliedern der gesetzlichen Krankenkassen beim ersten Arztbesuch im Quartal entrichtet werden muss, ist, da nicht außergewöhnlich hoch, kein Sonderbedarf; bei minderjährigen Kindern fällt sie ohnehin nicht an (§ 28 IV 1 SGB V). Vgl. auch Rn. 2/16. Zuzahlungen bei Medikamenten, stationären Maßnahmen und Heilmitteln (§ 61 SGB V) sind, wenn sie regelmäßig wiederkehren und aus dem laufenden Unterhalt nicht aufgebracht werden können, in der Regel Mehrbedarf. Sonderbedarf kommt nur ausnahmsweise in Betracht. Die Vergütung, die für die rechtliche Betreuung eines Behinderten an den Betreuer oder an die Staatskasse zu zahlen ist (§§ 1835 ff., 1836 d, 1836 e, 1908 i BGB in Verbindung mit dem Vormünder- und Betreuervergütungsgesetz), kann Sonderbedarf, bei längerer Betreuung auch Mehrbedarf sein.[31] Dasselbe gilt für die Vergütung eines Vormunds oder Pflegers für ein minderjähriges Kind. Vgl. Rn. 2/451, 534, 3/30.

Die **Erstausstattung eines Säuglings** ist in angemessenem Rahmen Sonderbedarf.[32] **15** Zwar sind die Geburt und die damit verbundene Notwendigkeit von Anschaffungen für die Mutter voraussehbar. Darauf kommt es jedoch nicht an. Das Kind hat erst mit der Geburt Anspruch auf Unterhalt. Erst seit diesem Zeitpunkt kann sein gesetzlicher Vertreter mit der Entstehung der Aufwendungen rechnen. Rücklagen für die erforderlich werdenden Anschaffungen kann er ohnehin nicht machen (vgl. Rn. 4). Dies schließt freilich eine Beteiligung der Mutter an den Kosten der Erstausstattung nicht aus, wenn sie über Einkünfte oder Vermögen verfügt (vgl. Rn. 13). Auf eheliche oder uneheliche Geburt des Kindes kommt es nicht an.[33]

Kosten aus Anlass der **Kommunion oder Konfirmation** wie auch der Jugendweihe[34] **16** können Sonderbedarf sein. Die aufwändige Bewirtung einer Vielzahl von Gästen in einer Gastwirtschaft gehört, jedenfalls wenn die Wohnung des Elternteils, bei dem das Kind lebt, ausreichend Platz für eine angemessene Zahl von Verwandten und Freunden bietet, nicht zum Bedarf des Kindes, sondern ist der Lebenshaltung des Elternteils zuzurechnen.[35] Die Kosten müssen sich in einem angemessenen Rahmen halten und sich an den Einkommens- und Vermögensverhältnissen der Eltern, insbesondere des barunterhaltspflichtigen Elternteils orientieren (vgl. Rn. 13). An der Voraussehbarkeit des Festes und damit der Aufwendungen sollte dagegen eine angemessene Beteiligung des barunterhaltspflichtigen Elternteils nicht scheitern (vgl. dazu Rn. 3 f.). Der **BGH**[36] hat sich der hier vertretenen Ansicht nicht angeschlossen. Nach ihm sind die Kosten der Konfirmation – dasselbe muss von den Kosten der Erstkommunion und der Jugendweihe[37] gelten – kein Sonderbedarf, weil die Entstehung der Aufwendungen seit längerem vorhersehbar ist.

Urlaub begründet keinen Sonderbedarf, ebenso wenig die Teilnahme an einer Jugend- **17** freizeit.[38] Die dadurch entstehenden Kosten sind aus dem laufenden Unterhalt zu bestreiten. Anders kann es dagegen bei einer **Klassenfahrt** liegen.[39] Vorübergehender **Nachhilfeunterricht,** der nicht aus dem laufenden Unterhalt finanziert werden kann, ist in der Regel Sonderbedarf. Ist das Kind dagegen ständig auf Nachhilfe angewiesen, besucht es eine **Pri-**

---

[29] Das OLG Karlsruhe FamRZ 1992, 1317 nimmt zu Unrecht Sonderbedarf an
[30] OLG Hamm FamRZ 1996, 1218; OLG Saarbrücken FamRZ 1989, 1224
[31] OLG Nürnberg MDR 1999, 616
[32] BVerfG FamRZ 1999, 1342; OLG Oldenburg FamRZ 1999, 1685; zur Höhe des Sonderbedarfs OLG Koblenz FamRZ 2009, 2098
[33] BVerfG FamRZ 1999, 1342
[34] Vgl. OLG Brandenburg FamRZ 2006, 644
[35] OLG Karlsruhe FamRZ 1991, 1349, 1350; FamRZ 1995, 1009
[36] FamRZ 2006, 612 = R 647 b mit krit. Anm. Luthin
[37] Vgl. OLG Brandenburg FamRZ 2006, 644
[38] OLG Frankfurt FamRZ 1990, 436
[39] OLG Köln NJW 1999, 295; OLG Hamm FamRZ 1992, 346; OLG Braunschweig FamRZ 1995, 1010; vgl. aber zur Vorhersehbarkeit der Aufwendungen BGH FamRZ 2006, 612 = R 647 b m. w. N. u. mit Anm. Luthin

vatschule, die Schulgeld erhebt, oder ein **Internat,** handelt es sich um regelmäßigen Mehrbedarf[40] (vgl. dazu Rn. 2/232, 451). **Kindergartenkosten** sind schon deshalb kein Sonderbedarf, weil sie regelmäßig anfallen. Sie sind in den Richtsätzen der Düsseldorfer Tabelle nicht enthalten. Daher handelt es sich um Mehrbedarf des Kindes, nicht um berufsbedingte Aufwendungen des betreuenden Elternteils. Dies gilt unabhängig davon, ob die Kindertagesstätte halb- oder ganztags besucht wird.[41] Zu Kinderbetreuungskosten vgl. Rn. 2/400 ff. Die Kosten eines längeren **Auslandsstudiums** sind Mehrbedarf, nicht Sonderbedarf;[42] anders kann es bei einem Schüleraustausch sein.[43] Vgl. dazu im Einzelnen Rn. 2/81. Angemessene Kosten eines **Computers,** auch eines gebrauchten Geräts, können bei einem Schulkind ausnahmsweise Sonderbedarf sein.[44] Zwar wird heute vielfach erwartet, dass ein Kind, das eine weiterführende Schule besucht, Zugang zu einem internetfähigen PC oder Laptop hat. Das bedeutet aber nicht, dass es ein eigenes Gerät benötigt. Es reicht vielmehr, wenn es regelmäßig ein in der Familie vorhandenes Gerät mitbenutzen darf oder wenn es Recherchen an einem Schulcomputer durchführen kann. Dies gilt auch für Grundschüler, wenn von ihnen Arbeiten an einem PC erwartet werden. Kommt danach ein Anspruch auf Sonderbedarf in Betracht, wird sich der betreuende Elternteil vielfach an den Anschaffungskosten beteiligen müssen (Rn. 13);[45] die Betriebskosten (Strom, Papier, Druckpatronen) sind aus dem laufenden Unterhalt zu bestreiten. Die Kosten der Anschaffung eines teuren **Musikinstrumentes** können für ein begabtes Kind oder einen Musikstudenten u. U. als Sonderbedarf anerkannt werden; jedoch ist das Kind ggf. darauf zu verweisen, ein besonders kostspieliges Instrument, wie ein Klavier oder einen Flügel, zu mieten oder außerhalb der elterlichen Wohnung in einer Musik(hoch)schule zu üben.[46] Der Berechtigte hat den Pflichtigen rechtzeitig auf eine zu erwartende besonders hohe Ausgabe hinzuweisen, damit dieser Rücklagen bilden kann.[47] Vgl. dazu Rn. 7.

Die Kosten der Haltung eines dem Kind geschenkten **Hundes** begründen allenfalls Mehrbedarf, nicht aber Sonderbedarf.[48]

18 **Umzugskosten** und die Kosten der Einrichtung einer neuen Wohnung können Sonderbedarf und u. U. neben laufendem Ehegattenunterhalt zu erstatten sein.[49] Vgl. zum Umfang des Anspruchs Rn. 10 f.

19 **Prozess- und Verfahrenskosten** sind letztlich Sonderbedarf.[50] Für sie besteht aber die Spezialregelung der §§ 1360 a IV, 1361 IV 4 BGB. Danach kann nur unter bestimmten Voraussetzungen ein **Prozess- oder Verfahrenskostenvorschuss** (vgl. Rn. 20 ff.) verlangt werden. Der Umstand, dass der Unterhaltsberechtigte infolge eines verlorenen Rechtsstreits oder infolge anwaltlicher Beratung Kosten zu tragen hat, begründet keinen unterhaltsrechtlichen Sonderbedarf. Denn die Unterhaltspflicht umfasst grundsätzlich nicht die Verpflichtung, Schulden des Berechtigten zu tilgen.[51] Dagegen hat der BGH[52] die Kosten des nichtehelichen Kindes für ein Verfahren auf Anfechtung der Vaterschaft als Sonderbedarf aner-

---

[40] OLG Düsseldorf NJW-RR 2005, 1529; OLG Hamm FamRZ 2007, 77; OLG Köln NJW 1999, 295; vgl. auch OLG Zweibrücken FamRZ 1994, 770, 771
[41] BGH FamRZ 2009, 962 = R 700 mit Anm. Born unter teilweiser Aufgabe der früheren Rechtsprechung (BGH FamRZ 2007, 882 = R 675 h; 2008, 1152 = R 691 b, d)
[42] OLG Hamm FamRZ 1994, 1281; vgl. auch BGH FamRZ 1992, 1064 = R 446
[43] OLG Naumburg FamRZ 2000, 444, das Sonderbedarf bei einem Austausch mit einem kanadischen Schüler verneint; ähnlich OLG Schleswig NJW 2006, 1601
[44] OLG Hamm FamRZ 2004, 830, das dies wohl nur bei Lernschwierigkeiten und dem dadurch bedingten Einsatz eines Lernprogramms bejaht.
[45] OLG Hamm FamRZ 2004, 830, das eine Obliegenheit des Kindes bejaht, die Kosten für den PC selbst aus dem laufenden Unterhalt anzusparen.
[46] BGH FamRZ 2001, 1603
[47] Vgl. OLG Frankfurt/Main FamRZ 1995, 631, dem ich nur teilweise folgen kann; OLG Karlsruhe FamRZ 1997, 967
[48] OLG Bremen FamRZ 2011, 43
[49] BGH FamRZ 1983, 29; OLG München FamRZ 1996, 1411
[50] BGH FamRZ 2004, 1633, 1635 mit Anm. Viefhues
[51] BGH NJW 1985, 2265; anders OLG München FamRZ 1990, 312, das offenbar unter engen Voraussetzungen einen Anspruch auf Sonderbedarf bejahen will
[52] FamRZ 1988, 387; OLG Dresden FamRZ 1999, 303; OLG München FamRZ 1997, 1286

kannt, für den der als Vater festgestellte Erzeuger aufzukommen hat. Zur Vorschusspflicht des Scheinvaters vgl. Rn. 36.

II. Prozess- und Verfahrenskostenvorschuss

1. Terminologie. Nach § 1360a IV BGB kann der bedürftige Ehegatte vom anderen verlangen, dass dieser ihm die Kosten eines Rechtsstreits vorschießt, der eine persönliche Angelegenheit betrifft. Man sprach bis zum Inkrafttreten des FamFG am 1. 9. 2009 von einer Prozesskostenvorschusspflicht, obwohl nicht nur die Kosten eines Prozesses oder eines Rechtsstreits vor den ordentlichen oder vor sonstigen Gerichten vorzuschießen waren, sondern auch die anderer gerichtlicher Verfahren, insbesondere der freiwilligen Gerichtsbarkeit. Diese Terminologie lässt sich nicht mehr aufrechterhalten, seitdem § 113 V Nr. 1 FamFG vorschreibt, dass bei Anwendung der ZPO auf Familiensachen die Bezeichnung Prozess oder Rechtsstreit durch die Bezeichnung Verfahren zu ersetzen ist. Daher wird nunmehr die Bezeichnung Verfahrensvorschuss verwendet, wenn die Kosten eines familiengerichtlichen Verfahrens vorzuschießen sind. Dagegen verbleibt es bei der Bezeichnung Prozesskostenvorschuss, wenn das Familiengericht dem Schuldner die Leistung eines Vorschusses für einen Rechtsstreit vor einem Zivilgericht oder einem allgemeinen oder besonderen Verwaltungsgericht aufgeben soll. Ich werde in den folgenden Ausführungen einheitlich den Begriff Kostenvorschuss verwenden, wenn sich der Text sowohl auf den Prozesskostenvorschuss als auch auf den Verfahrenskostenvorschuss bezieht.

2. Anspruchsberechtigte

Der Prozess- bzw. Verfahrenskostenvorschuss ist eine Art des Sonderbedarfs,[53] für die der Gesetzgeber eine besondere gesetzliche Regelung geschaffen hat (vgl. Rn. 19). Eine Kostenvorschusspflicht besteht zunächst zwischen nicht getrennt lebenden Ehegatten (§ 1360a IV BGB) bzw. Lebenspartnern (§ 12 S. 2 LPartG). Die Vorschriften regeln die Verpflichtung unter Ehegatten bzw. Lebenspartnern abschließend.[54] Der Anspruch ist unterhaltsrechtlicher Natur und Teil des **Familienunterhalts**.[55]

Auch **getrennt lebende Ehegatten** haben Anspruch auf Kostenvorschuss, da § 1361 IV 4 BGB auf die Vorschrift des § 1360a IV BGB verweist. Dasselbe gilt für getrennt lebende Lebenspartner (§ 12 S. 2 LPartG, § 1361 IV 4, 1360a IV BGB).

Geschiedene Ehegatten sind – ebenso wie Lebenspartner nach Aufhebung ihrer Partnerschaft – nicht verpflichtet, einander Prozess- bzw. Verfahrenskosten vorzuschießen. Eine entsprechende Anwendung des § 1360a IV BGB kommt nicht in Betracht. Derartige Kosten sind auch nicht Teil des gesamten Lebensbedarfs im Sinne des § 1578 I 2 BGB; die Vorschriften über den Sonderbedarf können nicht herangezogen werden (vgl. Rn. 19).[56] Die Kostenvorschusspflicht endet daher mit Rechtskraft der Scheidung.[57] Wird eine Verbundentscheidung durch Beschwerde oder Rechtsbeschwerde nur hinsichtlich einer oder mehrerer Folgesachen angegriffen und wird daher der Scheidungsausspruch während des Rechtsmittelverfahrens rechtskräftig (§ 145 I FamFG), kann ein Kostenvorschuss nicht mehr durch einstweilige Anordnung nach § 246 FamFG zugesprochen werden, da der Anspruch erloschen ist[58] und diese Vorschrift den Bestand eines materiell-rechtlichen Anspruchs auf einen Kostenvorschuss voraussetzt.[59] Jedoch wird man dem bedürftigen Ehegat-

---

[53] BGH FamRZ 2010, 452, 454 mit Anm. Baronin von König; FamRZ 2004, 1633, 1635 mit Anm. Viefhues.
[54] BGH FamRZ 1964, 197
[55] BGH FamRZ 2009, 1483; 1985, 802
[56] BGH FamRZ 2005, 883, 885 = R 628a mit Anm. Borth; BGH FamRZ 1984, 148
[57] BGH FamRZ 2010, 189
[58] OLG München FamRZ 1997, 1542; anders OLG Nürnberg FamRZ 1990, 421 (jeweils zu § 620 Nr. 10 ZPO a. F.)
[59] BGH FamRZ 1984, 148

ten einen Schadensersatzanspruch nach §§ 280 II, 286 BGB zubilligen müssen, wenn er den Verpflichteten vor Rechtskraft der Scheidung in Verzug gesetzt hat.[60] Dieser Schadensersatzanspruch kann aber nicht Gegenstand einer einstweiligen Anordnung sein, da die Voraussetzungen des § 246 I FamFG nicht vorliegen. Ist vor Rechtskraft der Scheidung der Kostenvorschuss im Hauptsacheverfahren oder durch einstweilige Anordnung zugesprochen worden, kann aus dem Titel auch in der nachfolgenden Zeit vollstreckt werden.[61] Zur Geltendmachung des Kostenvorschusses durch einstweilige Anordnung vgl. Rn. 39.

24 Der Elternteil, der ein **nichteheliches Kind betreut,** hat keinen Anspruch auf Kostenvorschuss gegen den anderen Elternteil,[62] da § 1615l III 1 BGB auf die Vorschriften über den Verwandtenunterhalt verweist, nicht dagegen auf § 1360a IV BGB. Zudem besteht zwischen nicht verheirateten Eltern über die Unterhaltspflicht nach § 1615l BGB hinaus kein rechtliches Band, das die Verpflichtung zu einem Kostenvorschuss rechtfertigen könnte; sie stehen insoweit geschiedenen Ehegatten gleich, die auch bei Betreuung eines gemeinsamen Kindes (vgl. § 1570 BGB) keinen Anspruch auf Kostenvorschuss gegeneinander haben.[63] Vgl. auch Rn. 7/243.

25 **Minderjährige, unverheiratete Kinder** haben nach allgemeiner Auffassung in entsprechender Anwendung des § 1360a IV BGB Anspruch auf Kostenvorschuss gegen ihre Eltern, weil sie wegen ihres Alters und ihres Ausbildungsbedarfs noch keine selbständige Lebensstellung erreicht haben und sich deswegen noch nicht selbst unterhalten können.[64]

26 Eltern sind unter den noch zu erörternden Voraussetzungen (vgl. Rn. 28 bis 36) verpflichtet, ihren **volljährigen Kindern** die Kosten eines Prozesses oder Verfahrens vorzuschießen, aber nur dann, wenn die Kinder noch keine selbständige Lebensstellung erreicht haben, also noch unterhaltsberechtigt sind.[65] Dies gilt nicht nur für privilegiert volljährige Kinder (Rn. 2/581 ff.), sondern für alle volljährigen Kinder bis zum Abschluss der Ausbildung.[66] Die Vorschusspflicht besteht bis zum Regelabschluss des Studiums, beim Bachelor-/Masterstudiengang (vgl. Rn. 2/82) grundsätzlich bis zur Masterprüfung.[67] Bei nachhaltiger Verzögerung der Ausbildung entfällt ein Unterhaltsanspruch und damit ein Anspruch auf Kostenvorschuss.[68] Nach Erreichen einer selbständigen Lebensstellung lebt der Anspruch auch dann nicht wieder auf, wenn das Kind, z. B. durch eine langwierige Krankheit, erneut bedürftig wird.[69] Der Vater einer verheirateten Tochter braucht keinen Vorschuss für die Kosten eines Scheidungsverfahrens zu leisten.[70] Dasselbe gilt für die Eltern eines Sohnes, der von einem nichtehelichen Kind auf Feststellung der Vaterschaft in Anspruch genommen wird.[71]

27 **Eltern** haben gegen ihre volljährigen, erst recht gegen ihre minderjährigen Kinder keinen Anspruch auf Kostenvorschuss.[72] Auch im Verhältnis zwischen Großeltern und Enkeln besteht keine Kostenvorschusspflicht. Vgl. dazu im Einzelnen Rn. 2/920.

---

[60] Vgl. zu der vergleichbaren Problematik, wenn der säumige Schuldner den Anspruch nicht vor Beendigung des Verfahrens, für das der Kostenvorschuss benötigt wird, erfüllt: OLG Köln FamRZ 1992, 842 mit abl. Anm. Knops, a. a. O.
[61] Vgl. OLG Frankfurt/Main FamRZ 1993, 1465, 1467
[62] Büttner/Niepmann/Schwamb, Rechtsprechung zur Höhe des Unterhalts, Rn. 438; a. A. OLG München FamRZ 2002, 1219 und die wohl h. M. (vgl. dazu Palandt/Brudermüller § 1615l Rn. 22 m. w. N.)
[63] BGH FamRZ 2005, 883, 885 = R 628a mit Anm. Borth; FamRZ 1984, 148
[64] BGH FamRZ 2005, 883, 885 = R 628a mit Anm. Borth; FamRZ 2004, 1633 mit Anm. Viefhues
[65] BGH FamRZ 2005, 883, 885 = R 628a mit Anm. Borth; vgl. auch OLG München FamRZ 2007, 911
[66] BGH FamRZ 2005, 883, 885 = R 628a mit Anm. Borth
[67] OVG Hamburg FamRZ 2006, 1615
[68] A. A. anscheinend OLG München NJW-RR 2007, 657
[69] BFH FamRZ 2004, 1893, der allerdings im konkreten Fall auf Unterhaltsverwirkung nach § 1611 I BGB abstellt
[70] OLG Hamburg FamRZ 1990, 1141
[71] OLG Düsseldorf FamRZ 1990, 420
[72] OLG München FamRZ 1993, 821

3. Anspruchsvoraussetzungen

a) Prozesskostenvorschuss und Unterhalt. Der Anspruch auf Kostenvorschuss ist **28** sowohl beim Ehegatten (Lebenspartner) als auch beim minderjährigen oder volljährigen Kind aus der **Unterhaltspflicht** des Ehegatten (Lebenspartners) bzw. der Eltern herzuleiten.[73] Da der **betreuende Elternteil** durch die Pflege und Erziehung des minderjährigen Kindes nach § 1606 III 2 BGB nur im Regelfall seine Unterhaltspflicht erfüllt (vgl. dazu Rn. 2/20 ff.), kann auch er auf Leistung eines Kostenvorschusses für das Kind in Anspruch genommen werden.[74] § 1606 III 2 BGB gilt bei Zusatzbedarf, zu dem auch der Kostenvorschuss zählt, nicht.[75] Vgl. zur vergleichbaren Problematik beim Sonderbedarf Rn. 13. Allerdings wird die Leistungsfähigkeit des betreuenden Elternteils (Rn. 30) näher geprüft werden müssen; neben den Einkommens- und Vermögensverhältnissen beider Eltern ist im Rahmen der Billigkeit (Rn. 36) die Doppelbelastung durch Kindesbetreuung und Erwerbstätigkeit zu berücksichtigen.

b) Bedürftigkeit. Der Berechtigte muss bedürftig, also außerstande sein, die Kosten **29** selbst zu tragen. Da der Kostenvorschuss der Billigkeit entsprechen muss (Rn. 36), ist die Bedürftigkeit des einen unter Berücksichtigung der Leistungsfähigkeit des anderen zu beurteilen. Je leistungsfähiger der verpflichtete Ehegatte ist, umso geringere Anforderungen sind an die Bedürftigkeit zu stellen.[76] Ggf. haben der Berechtigte oder der Verpflichtete auch den **Stamm des Vermögens** für die Finanzierung des Rechtsstreits bzw. des Verfahrens einzusetzen, zumal da auch bei intakter Ehe derartige Kosten vielfach nicht aus dem laufenden Einkommen bestritten, sondern den Ersparnissen entnommen werden.[77] Vermögenswerte, die lediglich eine Rücklage für Not- und Krankheitsfälle darstellen, brauchen nicht verwertet zu werden.[78] Ein Ehegatte, der aus der Veräußerung des Familienheims ausreichende Mittel erhalten hat, kann in der Regel keinen Vorschuss verlangen. Allein der Umstand, dass der andere Ehegatte über höheres Vermögen verfügt, rechtfertigt die Auferlegung eines Kostenvorschusses nicht. Nur in Ausnahmefällen, z.B. wenn die Vermögenslage des anderen Ehegatten wesentlich günstiger ist oder der Berechtigte den Stamm des Vermögens derzeit nur schwer verwerten kann, weil er Geld langfristig angelegt hat, kann ein Prozesskostenvorschuss der Billigkeit entsprechen. Zur Rückzahlungspflicht in solchen Fällen vgl. Rn. 41. Bei Kindern, insbesondere minderjährigen Kindern (vgl. § 1602 II BGB), wird man bei der Verweisung auf den Stamm des Vermögens zurückhaltend sein müssen. Macht ein Elternteil gemäß § 1629 III BGB Unterhalt im Wege der Verfahrensstandschaft geltend (vgl. Rn. 2/448, 10/47 ff.), kommt es auf seine Bedürftigkeit, nicht auf diejenige des Kindes an; er hat daher nur dann einen Vorschussanspruch, wenn er aus seinem Einkommen und seinem Vermögen die Kosten nicht aufbringen kann.[79]

c) Leistungsfähigkeit. Der Schuldner muss leistungsfähig sein.[80] Daran fehlt es in aller **30** Regel, wenn er den Kostenvorschuss nur mit Hilfe eines Kredits aufbringen kann. Anders mag es sein, wenn der Pflichtige über Vermögen verfügt, derzeit aber nicht liquide ist. Wer selbst ratenfreie **Prozesskostenhilfe** bzw. Verfahrenskostenhilfe erhalten könnte, braucht keinen Kostenvorschuss zu leisten.[81] Nach der Rechtsprechung des BGH[82] ist es jedoch möglich, dem Unterhaltspflichtigen aufzuerlegen, den **Kostenvorschuss in Raten** zu entrichten; zugleich kann dem Unterhaltsberechtigten Prozesskostenhilfe bzw. Verfahrenskostenhilfe gegen Raten in Höhe der Zahlungen auf den Kostenvorschuss bewilligt werden.

---

[73] BGH FamRZ 2009, 1483; 2005, 1164, 1166 f.
[74] OLG Karlsruhe FamRZ 1996, 1100; OLG Jena FamRZ 1998, 1302; a.A. OLG München FamRZ 1991, 347; OLG Schleswig FamRZ 1991, 855; vgl. auch BGH FamRZ 1998, 286 = R 518 a; FamRZ 1983, 689
[75] BGH FamRZ 1998, 286 = R 518 a
[76] OLG Hamm NJW-RR 2002, 1585
[77] Vgl. BGH FamRZ 1985, 360
[78] Palandt/Brudermüller § 1360 a BGB Rn. 11
[79] BGH FamRZ 2005, 1166 f.
[80] BGH FamRZ 2009, 1483
[81] MünchKommBGB/Weber-Monecke § 1360 a Rn. 24
[82] FamRZ 2004, 1633, 1635 f. m. w. N. und mit Anm. Viefhues; anders die Vorauflage Rn. 6/27

Richtet sich das Verfahren, das der Berechtigte zu führen beabsichtigt, gegen den Verpflichteten, kommt ein Kostenvorschuss ohnehin nur in Betracht, wenn der Schuldner seine eigenen Kosten aufbringen und zusätzlich diejenigen des Gegners tragen kann. Eine weitergehende Belastung, als sie § 113 I 2 FamFG, § 115 ZPO vorsehen, ist ausgeschlossen, da dies nicht der Billigkeit entsprechen würde.[83]

31 Geschuldeter Unterhalt, mag er auf Elementar-, Mehr- oder Sonderbedarf gerichtet sein, mindert das für den Vorschuss zur Verfügung stehende Einkommen. Ist allerdings durch einstweilige Anordnung ein Vorschuss zuerkannt und ist er auch gezahlt worden, bleibt nichts Anderes übrig, als das anrechenbare Einkommen um den Vorschuss zu kürzen und auf dieser Basis den Unterhalt zu berechnen.[84] **Schulden** sind mindestens in dem Rahmen zu berücksichtigen, in dem sie bei Bewilligung von Prozesskostenhilfe anzuerkennen wären (§ 113 I 2 FamFG, § 115 I 3 Nr. 4 ZPO). Ein genereller Vorrang des Kostenvorschusses vor der Tilgung von Schulden besteht nicht.[85]

Beim minderjährigen Kind gilt auch für den Kostenvorschuss der notwendige Selbstbehalt von 950,– EUR nach Anm. A 5 I der Düsseldorfer Tabelle Stand: 1. 1. 2011.[86] Der Barunterhaltspflichtige ist schon dann vorschusspflichtig, wenn ihm nach Abzug des vorrangigen Elementarunterhalts, des Mehr- und des Sonderbedarfs wenigstens dieser Betrag verbleibt. Allerdings muss sich ggf. der betreuende Elternteil an dem Kostenvorschuss beteiligen (Rn. 28). Gegenüber einem volljährigen Kind muss dem Pflichtigen mindestens sein **angemessener Bedarf** im Sinne des § 1603 I BGB, der nach A Anm. 5 II der Düsseldorfer Tabelle Stand: 1. 1. 2011 1150,– EUR beträgt, belassen werden.[87]

Beim Ehegattenunterhalt muss dem Verpflichteten mindestens sein eheangemessener Selbstbehalt verbleiben,[88] der nach der Rechtsprechung des BGH,[89] B IV der Düsseldorfer Tabelle Stand: 1. 1. 2011 und den Leitlinien der Oberlandesgerichte (Nr. 21.4) 1050,– EUR beträgt. Jedoch wird ein Kostenvorschuss vielfach ausscheiden, wenn der Unterhalt nach Quoten bemessen wird und zusätzliches nicht prägendes Einkommen nicht vorhanden ist (vgl. zur gleich gelagerten Problematik beim Sonderbedarf Rn. 11 f.). Dann muss der Ehegatte den Prozess aus dem Quotenunterhalt finanzieren oder ggf. Prozess- bzw. Verfahrenskostenhilfe in Anspruch nehmen.[90] Anders ist es dagegen, wenn der Verpflichtete den Kostenvorschuss ohne Gefährdung seines eigenen angemessenen Unterhalts aus zusätzlichen nicht prägenden Einkünften oder aus dem Stamm seines Vermögens aufbringen kann; dabei braucht allerdings nur ein verhältnismäßig geringer Teil des Vermögens eingesetzt zu werden.[91]

32 **d) Rechtsstreit.** Geschuldet wird ein Vorschuss für die Kosten eines Rechtsstreits (§ 1360a IV BGB). Soweit die Kostenvorschusspflicht reicht, kann Prozess- bzw. Verfahrenskostenhilfe nicht bewilligt werden (vgl. Rn. 40). Unter einem Rechtsstreit ist jedes Verfahren vor einem deutschen, unter Umständen auch vor einem ausländischen Gericht zu verstehen. Hierzu zählen vor allem Verfahren vor den Familiengerichten (§ 113 V Nr. 1 FamFG). Dazu gehören aber auch Prozesse vor den ordentlichen Gerichten einschließlich der Strafgerichte (vgl. § 1360a IV 2 BGB), den Arbeitsgerichten,[92] den Verwaltungsgerichten,[93] den Finanzgerichten und den Sozialgerichten[94] einschließlich der Verfassungsbeschwer-

---

[83] BGH FamRZ 2004, 1633, 1635 mit Anm. Viefhues; anders OLG Celle FamRZ 2010, 53 und die Vorauflage Rn. 6/27
[84] Vgl. Viefhues FamRZ 2004, 1636
[85] So mit Recht MünchKommBGB/Weber-Monecke § 1360a Rn. 24; anderer Ansicht OLG Hamm FamRZ 1986, 1013; OLG Karlsruhe FamRZ 1987, 1062
[86] BGH FamRZ 2004, 1633 m. Anm. Viefhues; anders die Vorauflage Rn. 6/27
[87] OLG Karlsruhe FamRZ 1997, 757
[88] BGH FamRZ 2004, 1633 m. Anm. Viefhues
[89] FamRZ 2006, 683 = R 649 d
[90] OLG München FamRZ 2006, 791
[91] OLG München FamRZ 2006, 791; OLG Hamm NJW-RR 2002, 1585; OLG Düsseldorf FamRZ 1999, 1673
[92] BAG FamRZ 2006, 1117
[93] OVG Hamburg FamRZ 1991, 960
[94] BSG NJW 1960, 502

den, über die das BVerfG und z. T. auch die Landesverfassungsgerichte zu befinden haben. Ein Kostenvorschuss kann auch für besondere Verfahren beansprucht werden, z. B. für einstweilige Verfügungen und Arreste, einstweilige Anordnungen und vereinfachte Verfahren nach §§ 249 ff. FamFG,[95] aber auch für eine Neben- oder Privatklage im Strafprozess.[96] Auf die Parteirolle kommt es nicht an. Die Kosten einer außergerichtlichen Rechtsberatung oder Rechtsverfolgung sind in entsprechender Anwendung des § 1360 a IV BGB zu erstatten, wenn die übrigen Voraussetzungen dieser Vorschrift vorliegen.[97]

e) Persönliche Angelegenheit. Der beabsichtigte Rechtsstreit (Rn. 32) muss eine **33** persönliche Angelegenheit betreffen, also eine genügend enge Verbindung zur Person des betreffenden Ehegatten oder des vorschussberechtigten Kindes aufweisen.[98] Es genügt nicht, dass das Verfahren lebenswichtig ist oder die Existenzgrundlage berührt. Eine allgemeingültige Definition des Begriffs der persönlichen Angelegenheit wird sich nur schwer finden lassen.[99] Dazu gehören vor allem Angelegenheiten, die die Familie, aber auch immaterielle Rechtsgüter wie körperliche Integrität, Gesundheit, Freiheit, Ehre, Abstammung, Name, Recht am eigenen Bild usw. betreffen.[100] Auch vermögensrechtliche Ansprüche eines Ehegatten können hierunter fallen, selbst wenn sie sich gegen einen Dritten richten; sie müssen aber ihre Wurzel in der ehelichen Lebensgemeinschaft oder in den aus der Ehe erwachsenen persönlichen oder wirtschaftlichen Beziehungen und damit eine personenbezogene Funktion haben.[101] Dies ist bei gesellschaftsrechtlichen oder erbrechtlichen Ansprüchen gegen einen Verwandten nicht der Fall.[102] Für den Stundungsantrag im Insolvenzverfahren entsteht eine Prozesskostenvorschusspflicht nicht, wenn die Insolvenz im Wesentlichen auf vorehelichen Schulden oder auf solchen Verbindlichkeiten beruht, die weder zum Aufbau oder zur Erhaltung einer wirtschaftlichen Existenz eingegangen wurden noch aus sonstigen Gründen mit der gemeinsamen Lebensführung in Zusammenhang stehen.[103] Verfahren mit einem **früheren Ehegatten** um vermögensrechtliche Ansprüche, z. B. rückständigen Unterhalt oder Zugewinnausgleich, sind vom jetzigen Ehegatten zu finanzieren. Es ist nach dem Gesetz nicht erforderlich, dass die persönliche Angelegenheit ihre Wurzel in der jetzigen Ehe hat.[104] Vielmehr reicht es aus, dass die streitigen Ansprüche, für die Vorschuss begehrt wird, auf die frühere Ehe zurückgehen. Die Vorschusspflicht des jetzigen Ehegatten ist in der Regel nicht unbillig, weil die Durchsetzung eines berechtigten oder die Abwehr eines unberechtigten Anspruchs die finanzielle Basis der neuen Ehe berührt und damit auch dem neuen Ehegatten zugute kommt.[105] Gerichtliche Auseinandersetzungen mit einem vor- oder erstehelichen Kind über Unterhalt[106] und Verfahren der freiwilligen Gerichtsbarkeit, die ein solches Kind betreffen, vor allem Verfahren um Sorge- und Umgangsrecht, sind persönliche Angelegenheiten des wiederverheirateten Elternteils, da das Vorhandensein des Kindes die Lebensverhältnisse auch der jetzigen Ehe prägt. Unterhalt für ein Kind des Ehegatten aus dessen früherer Ehe ist allein eine persönliche Angelegenheit des Kindes und nicht des Elternteils; eine Kostenvorschusspflicht des Ehegatten scheidet daher aus.[107]

Persönliche Angelegenheiten sind zunächst **alle Familiensachen** nach § 111 FamFG, **34** insbesondere Verbundverfahren einschließlich der Folgesachen, aber auch isolierte Fami-

---

[95] Palandt/Brudermüller § 1360 a Rn. 13
[96] BGH NStZ 1993, 351
[97] So mit Recht Kleinwegener FamRZ 1992, 755; nach OLG München FamRZ 1990, 312 und Büttner/Niepmann/Schwamb Rn. 444 soll eine Erstattung als Sonderbedarf in Betracht kommen
[98] BGH FamRZ 1964, 197, 199
[99] BGH FamRZ 2010, 189 mit Anm. Borth
[100] MünchKommBGB/Weber-Monecke § 1360 a Rn. 27
[101] BGH FamRZ 2010, 189 mit Anm. Borth; FamRZ 2003, 1651
[102] BGH FamRZ 1964, 197, 199; OLG Köln FamRZ 1979, 178
[103] BGH FamRZ 2003, 1651
[104] BGH FamRZ 2010, 189 mit eingehender Darstellung der Literatur und Rechtsprechung und Anm. Borth (Zugewinnausgleich); OLG Celle FamRZ 2008, 2199 (Abänderung eines Titels über nachehelichen Unterhalt); die gegenteilige Auffassung in der Vorauflage Rn. 6/28 gebe ich auf.
[105] BGH aaO.
[106] OLG Karlsruhe FamRZ 2005, 1744
[107] OLG Schleswig FamRZ 1991, 855

liensachen. Seit dem 1. 9. 2009 gehören zu den Familiensachen auch die Angelegenheiten, die nach § 266 FamFG von den Zivilgerichten in die Zuständigkeit der Familiengerichte übergegangen sind, insbesondere die aus der Ehe herrührenden Ansprüche und die Ansprüche zwischen verheirateten oder geschiedenen Personen oder zwischen solchen Personen oder einem Elternteil im Zusammenhang mit Trennung oder Scheidung der Ehe (§ 266 I Nr. 2 und 3 FamFG). Das sind u. a Streitigkeiten um unbenannte Zuwendungen zwischen Ehegatten, aber auch Verfahren zwischen einem Ehegatten und den (Schwieger-)Eltern.

Persönliche Angelegenheiten sind weiterhin:
- Ansprüche auf Schadensersatz wegen eines Körperschadens einschließlich Schmerzensgeld,[108] auch wegen fehlerhafter ärztlicher Behandlung,[109]
- Insolvenzverfahren mit dem Ziel der Restschuldbefreiung, wenn die Insolvenz nicht vorwiegend auf vorehelichen Schulden beruht,[110]
- Betreuungs- und Unterbringungssachen,[111]
- die Verteidigung in einem Strafverfahren (§ 1360a IV BGB), Erhebung der Privat- oder Nebenklage;[112] vgl. auch Rn. 32,
- Streitigkeiten um den Bestand eines Arbeitsverhältnisses, insbesondere Kündigungsschutzprozesse,[113]
- Ansprüche auf Ausbildungsförderung nach dem BAföG, nicht dagegen Ansprüche auf Rückforderung zu Unrecht bezogener Förderungsmittel,[114]
- Prozesse vor den Verwaltungsgerichten wegen Nichtbestehens einer ersten Staatsprüfung, z. B. für das Lehramt,[115]
- Streitigkeiten um die Erteilung oder den Entzug einer Aufenthaltsgenehmigung[116] und um Anfechtung von Ausweisungs- und Abschiebungsverfügungen der Ausländerbehörden,[117]
- Prozesse um Renten aus der Sozialversicherung oder um Schadensersatzrenten nach § 844 II BGB, § 10 II StVG,[118]
- Prozesse um Ansprüche auf Sozialhilfe nach dem SGB XII[119] einschließlich der Ansprüche für Grundsicherung im Alter und bei Erwerbsminderung (§§ 41 ff. SGB XII) sowie der Ansprüche auf Grundsicherung für Arbeitsuchende nach dem SGB II, nicht dagegen Anfechtungsklagen gegen Bescheide der Behörde auf Rückforderung derartiger Leistungen.[120]

35 **f) Erfolgsaussicht.** Die beabsichtigte Rechtsverfolgung muss hinreichende Aussicht auf Erfolg bieten; sie darf nicht mutwillig sein. Es müssen hier dieselben Anforderungen gestellt werden, wie sie für die Bewilligung von Prozess- bzw. Verfahrenskostenhilfe gelten (§ 113 I 2 FamFG, § 114 ZPO). Es besteht kein Anlass, die Kostenvorschusspflicht an geringere Voraussetzungen als die Prozesskostenhilfe zu knüpfen und sie schon dann eingreifen zu lassen, wenn die Rechtsverfolgung nicht offensichtlich aussichtslos erscheint.[121] Dies würde nicht der Billigkeit entsprechen. Daher muss die Rechtsverfolgung wenigstens bei vorausschauender Betrachtung Erfolg versprechend im Sinne des § 114 ZPO gewesen sein. Zur Rückforderung des Kostenvorschusses vgl. Rn. 41.

36 **g) Billigkeit.** Die Zubilligung des Kostenvorschusses muss der Billigkeit entsprechen. Auf die zu erwartende Kostenentscheidung kommt es nicht an. Deshalb kann für ein Schei-

---

[108] OLG Köln FamRZ 1994, 1109
[109] OLG München FamRZ 2007, 911
[110] BGH FamRZ 2003, 1651
[111] Palandt/Brudermüller § 1360a Rn. 14
[112] BGH NStZ 1993, 351
[113] BAG FamRZ 2006, 1117
[114] OVG Hamburg FamRZ 1991, 960
[115] OVG Münster FamRZ 2000, 21
[116] OVG Lüneburg NJW 2002, 2489
[117] Hess. VGH EzFamR § 1360a BGB Nr. 9
[118] BGH FamRZ 2010, 189 mit Anm. Borth; BSG NJW 1960, 502
[119] OVG Münster JurBüro 1992, 185 zum BSHG
[120] VG Sigmaringen FamRZ 2004, 1653
[121] BGH FamRZ 2001, 1363 = R 554 mit zahlreichen Nachweisen, auch zur früheren h. M.

dungsverfahren Kostenvorschuss gewährt werden, auch wenn die Kosten im Urteil wahrscheinlich gegeneinander aufgehoben werden (§ 150 FamFG).[122] Es kann ausnahmsweise unbillig sein, den zweiten Ehegatten mit den Kosten eines Verfahrens zu belasten, in dem es um Ansprüche zwischen seinem Partner und dessen früherem Ehegatten geht.[123] Vgl. dazu auch Rn. 33.

Macht ein Berechtigter einen Unterhaltsanspruch geltend, der auf den Sozialhilfeträger, den Träger der Grundsicherung für Arbeitsuchende oder die Unterhaltsvorschusskasse übergegangen und wieder rückabgetreten worden ist (§ 94 V 1 SGB XII, § 33 IV 1 SGB II, § 7 IV 2 UVG), kommt ein Prozesskostenvorschuss des Schuldners nicht in Betracht. Vielmehr hat der Sozialleistungsträger die Kosten zu übernehmen.[124] Vgl. Rn. 8/117.

Ein Kostenvorschuss für eine Ehesache kann nicht von vorneherein verneint werden, wenn der Anspruch auf Elementarunterhalt während der Trennungszeit nach §§ 1361 III, 1579 Nr. 2 bis 8 BGB verwirkt ist.[125]

Bei Anfechtung der Vaterschaft entspricht die Heranziehung des Ehemannes der Kindesmutter, der (noch) als Scheinvater gilt (§ 1592 Nr. 1 BGB), in der Regel nicht der Billigkeit, wenn bei vorausschauender Betrachtung davon auszugehen ist, dass die Anfechtung begründet ist. Zwar haftet der Scheinvater bis zur rechtskräftigen Feststellung der Nichtehelichkeit auf Unterhalt. Dies reicht allerdings allein für die Anwendung des § 1360a IV BGB nicht aus.[126] Erstattungsansprüche gegen den als Vater rechtskräftig festgestellten Mann, auf die vielfach verwiesen wird (vgl. Rn. 19), sind häufig nicht realisierbar.[127] Zur Frage, ob die Kosten des Statusverfahrens als Sonderbedarf angesehen werden können, vgl. Rn. 19.

Zur Haftung des Elternteils, der ein minderjähriges Kind betreut, vgl. Rn. 28.

4. Inhalt des Anspruchs

Ein **Vorschuss** kann nur für die zu erwartenden Kosten verlangt werden. Dies bedeutet, 37 dass nach Beendigung des Verfahrens oder der Instanz ein Anspruch auf die bereits entstandenen Kosten nicht mehr geltend gemacht werden kann.[128] Jedoch kann ein Schadensersatzanspruch entstehen, wenn der Schuldner vor Beendigung des Verfahrens oder der jeweiligen Instanz in Verzug gesetzt worden ist.[129] Zum Erlass einer einstweiligen Anordnung in solchen Fällen vgl. Rn. 39. Der Anspruch richtet sich auf einen bestimmten Geldbetrag, nicht dagegen auf die Mitwirkung an der Verwertung gemeinsamer Wertgegenstände, die in einem Banksafe verwahrt werden, zu dem der andere Ehegatte den Zugang verweigert.[130]

Die Höhe des Anspruchs richtet sich nach den Gebühren, die das Gericht und ggf. der 38 Anwalt bereits vor Aufnahme ihrer Tätigkeit verlangen können. In bürgerlichen Rechtsstreitigkeiten sind nach §§ 3 II, 6 I Nr. 1, 12 I 1 GKG, Nr. 1210 KV drei Gerichtsgebühren vor Klagezustellung zu zahlen. In Familiensachen werden Kosten nach Maßgabe des FamGKG erhoben. Rechtsanwälte haben Anspruch auf die voraussichtlich entstehenden Gebühren und Auslagen, und zwar in der Regel auf die Verfahrensgebühr in Höhe des 1,3fachen und die Terminsgebühr in Höhe des 1,2-fachen der Sätze des Vergütungsver-

---

[122] KG (18. ZS) FamRZ 2003, 773 gegen KG (16. ZS) FamRZ 1955, 680
[123] Vgl. BGH FamRZ 2010, 189 mit Anm. Borth
[124] BGH FamRZ 2008, 1159
[125] OLG Zweibrücken FamRZ 2001, 149
[126] So mit Recht OLG Karlsruhe FamRZ 2008, 2042; OLG Koblenz FamRZ 1999, 241; OLG Hamburg FamRZ 1996, 224; a. A. OLG Karlsruhe FamRZ 1996, 872 mit kritischer Anm. Gottwald FamRZ 1996, 873
[127] OLG Hamburg FamRZ 1996, 224; vgl. zu dieser Problematik auch BGH FamRZ 1988, 387; OLG München FamRZ 1996, 1426; OLG Nürnberg FamRZ 1995, 1593
[128] BGH FamRZ 1985, 902; OLG Köln FamRZ 1991, 842
[129] OLG Köln FamRZ 1991, 842
[130] OLG Zweibrücken FuR 2002, 272 (der Ehegatte ist auf Ansprüche aus §§ 741 ff. BGB zu verweisen)

zeichnisses (§ 2 II 1, § 9 RVG, Nr. 3100, 3104 VV). Hinzu kommen die Auslagenpauschale und die Mehrwertsteuer (Nr. 7002, 7008 VV).

5. Prozessuales, Rückforderung des Kostenvorschusses

39 Der Kostenvorschuss ist vor den Familiengerichten geltend zu machen. Dies gilt nicht nur dann, wenn das Verfahren, für das der Vorschuss begehrt wird, eine Familiensache ist, sondern auch dann, wenn ein Kostenvorschuss für einen Prozess vor einem Zivil- oder einem allgemeinen oder besonderen Verwaltungsgericht begehrt wird. Ein Hauptsacheverfahren über den Vorschuss wird wegen der Eilbedürftigkeit nur selten geführt werden. Vielmehr wird der Berechtigte in der Regel eine **einstweilige Anordnung über den Kostenvorschusses** erwirken (§ 246 FamFG).

Ob nach Abschluss der Instanz auf einen vorher gestellten Antrag noch ein Kostenvorschuss zuerkannt werden kann, ist streitig.[131] Zur Titulierung eines Kostenvorschusses für eine Folgesache nach Eintritt der Rechtskraft des Scheidungsausspruches durch einstweilige Anordnung vgl. Rn. 23.

40 Soweit dem Unterhaltsberechtigten ein Anspruch auf Kostenvorschuss zusteht, ist er nicht bedürftig im Sinne der § 113 I 2 FamFG, § 115 ZPO. Der Anspruch gehört zu seinem Vermögen, das er nach § 115 III ZPO zur Finanzierung des Verfahrens einzusetzen hat.[132] Der Berechtigte ist verpflichtet, den Anspruch durch einstweilige Anordnung (Rn. 39) titulieren zu lassen und ihn beizutreiben. Die Inanspruchnahme eines leistungsfähigen Schuldners auf einen Kostenvorschuss geht der Prozess- bzw. Verfahrenskostenhilfe jedenfalls dann vor, wenn der Anspruch alsbald realisiert werden kann.[133] Als Unterhaltsanspruch genießt der Kostenvorschuss das Vollstreckungsprivileg des § 850d I ZPO.[134] Bleibt die Vollstreckung ohne Erfolg oder kann sie nicht rechtzeitig durchgeführt werden, ist Prozess- bzw. Verfahrenskostenhilfe zu gewähren, andernfalls zu verweigern.

41 Der Kostenvorschuss kann – wie sonstiger Unterhalt – **grundsätzlich nicht zurückgefordert** werden. Allein die Tatsache, dass der Rechtsstreit gegen den anderen Ehegatten zuungunsten des Berechtigten ausgegangen ist und diesem demgemäß die Kosten auferlegt worden sind, führt nicht zu einer Rückzahlungsverpflichtung. Daher kann auch nach einer solchen Kostenentscheidung noch aus dem Titel vollstreckt werden, durch den der Kostenvorschuss zugesprochen wurde.[135] Ein Kostenvorschuss kann im Kostenfestsetzungsverfahren in der Regel nicht auf den festzusetzenden Erstattungsanspruch angerechnet werden, da in diesem Verfahren materiellrechtliche Einwendungen grundsätzlich nicht berücksichtigt werden dürfen. Die Kostenfestsetzung zugunsten des obsiegenden Vorschussempfängers ist jedoch ausnahmsweise abzulehnen, wenn und soweit nach dem unstreitigen Sachverhalt der Vorschuss und der Erstattungsanspruch über die dem Empfänger entstandenen Kosten hinausgehen.[136] Ein Rückforderungsanspruch ist begründet, wenn sich die wirtschaftlichen Verhältnisse des Ehegatten, der einen Kostenvorschuss erhalten hat, wesentlich gebessert haben oder die Rückzahlung aus sonstigen Gründen der Billigkeit entspricht.[137] Dies kann insbesondere der Fall sein, wenn der Ehegatte aus dem Zugewinnausgleich oder durch Verkauf eines den Ehegatten gemeinsam gehörenden Grundstücks beachtliche Geldmittel erhalten hat. Die Nachzahlung des geschuldeten Unterhalts reicht dagegen in aller Regel nicht aus. Die Rückzahlung des Kostenvorschusses kann der Billigkeit entsprechen, wenn sich nachträglich herausstellt, dass die Voraussetzungen für die Gewährung des Vorschusses nicht gegeben waren, insbesondere wenn das Einkommen des Verpflichteten die Zahlung eines Vorschusses nicht zuließ.[138] Wenn der Vorschuss teilweise durch die Gebühren für den

---

[131] OLG Karlsruhe FamRZ 2000, 431 m. w. N.
[132] BGH FamRZ 2004, 1633, 1635 mit Anm. Viefhues
[133] BGH FamRZ 2008, 1642
[134] BGH FamRZ 2009, 1483
[135] BGH NJW 1985, 2263
[136] BGH FamRZ 2010, 452, 454 mit Anm. Baronin von König
[137] BGH FamRZ 1990, 491; KG FamRZ 2008, 2201
[138] BGH FamRZ 1990, 491

2. Abschnitt: Unterhalt für die Vergangenheit § 6

Abschluss eines Vergleichs verbraucht ist, scheidet eine Rückzahlung aus, da sie zu einem unbilligen Ergebnis führen würde.[139]

Der Rückforderungsanspruch ist ein Anspruch eigener Art; er ist nicht aus §§ 812 ff. BGB herzuleiten; deshalb gelten §§ 814, 818 III BGB nicht.[140] **42**

– *in dieser Auflage nicht belegt* – **43–99**

2. Abschnitt: Unterhalt für die Vergangenheit

I. Anspruchsvoraussetzungen

1. Gesetzliche Grundlagen

Unterhalt für die Vergangenheit kann beim Verwandtenunterhalt nach § 1613 BGB, bei Ansprüchen nicht verheirateter Eltern aus Anlass der Geburt eines Kindes nach §§ 1615 l III 1, 1613 BGB, beim Familienunterhalt nach §§ 1360 a III, 1613 BGB, beim Trennungsunterhalt nach §§ 1361 IV 4, 1360 a III, 1613 BGB und beim nachehelichen Unterhalt nach § 1585 b II BGB verlangt werden. Mit Inkrafttreten des KindUG am 1. 7. 1998 waren die Voraussetzungen außer beim Sonderbedarf – unverständlicherweise – zunächst unterschiedlich geregelt, da lediglich § 1613 BGB, nicht aber auch § 1585 b BGB geändert wurde. Mit der Unterhaltsreform zum 1. 1. 2008 wurde dies durch die Änderung des § 1585 b II BGB mit einer Verweisung auf § 1613 I BGB nachgeholt, da kein Grund für eine unterschiedliche Ausgestaltung des Unterhalts für die Vergangenheit bestand.[1] Seit 1. 1. 2008 kann damit nicht nur wie bisher beim Verwandtenunterhalt, Unterhalt nach § 1615 l I, II BGB, Familien- und Trennungsunterhalt, sondern auch beim **nachehelichen Unterhalt** ein Rückstand ab **Rechtshängigkeit**, ab **Verzug** und ab **Auskunftsbegehren** zum Zweck der Geltendmachung eines Unterhaltsanspruches begehrt werden. Das Erfordernis, eine sog. Stufenmahnung erheben zu müssen, wenn zur Bezifferung des Unterhalts zunächst eine Auskunft erholt werden muss (näher Rn. 124), gehört damit der Vergangenheit an. **100**

Wegen der gesetzlichen Sonderregelung in §§ 1613, 1585 b BGB tritt Verzug nicht generell nach § 286 II Nr. 1 BGB mit Kalenderfälligkeit ein, weil der Unterhalt gemäß §§ 1361 IV 2, 1585 I 2, 1612 III 1 BGB monatlich im Voraus zu zahlen ist (s. unten Rn. 119). Eine Unterhaltsnachforderung ist vielmehr ausgeschlossen, wenn sich der Bedürftige untätig verhält. Der Unterhalt dient seinem Wesen nach zur Bestreitung der laufenden Lebensbedürfnisse, soweit der Bedürftige nichts verlangt, ist davon auszugehen, dass er sie selbst decken kann. Der Verpflichtete muss außerdem rechtzeitig in die Lage versetzt werden, sich auf die laufenden Unterhaltsleistungen einzustellen.[2]

Seit der Verweisung in § 1585 b II BGB durch die Unterhaltsreform zum 1. 1. 2008 auf § 1613 I 2 BGB kann auch der nacheheliche Unterhalt wie der Verwandtenunterhalt, Unterhalt nach § 1615 l I, II BGB, Familien- und Trennungsunterhalt **ab dem 1. des Monats** verlangt werden, indem Rechtshängigkeit oder Verzug eintrat, bzw. Auskunft begehrt wurde, wenn der Anspruch dem Grunde nach bestand (§ 1613 I 2 BGB). Die Regelung in § 1613 I 2 BGB führt zu einer erheblichen Verfahrensvereinfachung, da der Unterhalt nicht mehr tageweise auszurechnen ist. Entstand der Anspruch erst im Monat des Zugangs des Verzugs- oder Auskunftsbegehrens oder der Rechtshängigkeit des Antrags, kann der Unterhalt dagegen erst ab diesem Tag, nicht rückwirkend für den gesamten Monat, verlangt werden.[3] **101**

---

[139] A. A. OLG Köln FamRZ 2002, 1134
[140] BGH FamRZ 1990, 491
[1] BT-Drs. 16/1830 S. 21
[2] BGH FamRZ 2005, 1162 = R 631 c; FamRZ 1992, 920 = R 449 a; FamRZ 1989, 150, 152
[3] BGH FamRZ 1990, 283

102 Beim **Sonderbedarf** als selbstständigen Bestandteil des Unterhaltsanspruchs gelten die oben angeführten Einschränkungen nicht, §§ 1585 b I, 1613 II Nr. 1 BGB (vgl. Rn. 108).

103 Beim Verwandtenunterhalt, Ansprüchen nach § 1615l I, II BGB, Familien- und Trennungsunterhalt kann rückständiger Unterhalt auch **ohne Rechtshängigkeit, Verzug oder Auskunftsbegehren** verlangt werden, wenn er entweder aus rechtlichen Gründen (§ 1613 II Nr. 2 a BGB) oder aus tatsächlichen Gründen, die in den Verantwortungsbereich des Pflichtigen fallen (§ 1613 II Nr. 2 b BGB), nicht vorher verlangt werden konnte (näher Rn. 109). § 1613 II Nr. 2 BGB gilt beim nachehelichen Unterhalt wegen der Sonderregelung des § 1585 b III BGB nicht (vgl. Rn. 105, 114).

104 Bei **übergeleiteten und übergegangenen Ansprüchen** kann der Unterhalt auch ab der sog. Rechtswahrungsanzeige verlangt werden, vgl. § 33 III 1 SGB II, § 94 IV 1 SGB XII, § 37 IV BAföG, § 7 II UVG, § 96 III SGB VIII (vgl. Rn. 110).

105 Beim **nachehelichen Unterhalt** gilt ferner die **Einschränkung**, dass für eine mehr als ein Jahr vor der Rechtshängigkeit liegende Zeit rückständiger Unterhalt nur noch bei einem **absichtlichen Leistungsentzug** zugesprochen werden kann (vgl. Rn. 114 ff.).

2. Rechtshängigkeit

106 Rechtshängigkeit des Unterhaltsanspruchs tritt mit förmlicher Zustellung des Antrags ein (§ 113 I FamFG, §§ 253 I, 261 I ZPO). Wird ein Anspruch erst im Laufe des Verfahrens geltend gemacht, z. B. bei einer Unterhaltserhöhung, ab Zustellung des entsprechenden Schriftsatzes oder Antragstellung in der Hauptverhandlung, § 261 II ZPO. Dies gilt auch, wenn der Antrag zunächst unschlüssig war.[4]

Bei einem **Stufenantrag** tritt für den mit dem Auskunftsbegehren verbundenen unbezifferten Unterhaltsantrag bereits mit Zustellung des Antrags Rechtshängigkeit des gesamten Verfahrens ein.[5]

Die formlose Übersendung eines **Verfahrenskostenhilfegesuchs** bewirkt hingegen **keine Rechtshängigkeit**,[6] auch wenn dem Antrag zur Begründung ein Antragsentwurf beigefügt wurde. Die Zusendung des Antrags steht jedoch einer Mahnung gleich,[7] so dass Unterhaltsrückstand ab diesem Zeitpunkt wegen Verzugs verlangt werden kann (vgl. Rn. 125).

3. Auskunft

107 §§ 1585 b II, 1613 I 1 BGB erfordern für die Auskunft als Rückstandsvoraussetzung nur, dass sie zum Einkommen und/oder Vermögen zum Zweck der Geltendmachung von Unterhalt verlangt wurde. Sie erfordert konkrete Angaben zum Auskunftszeitraum und -umfang. Lediglich allgemeine Hinweise, z. B. auf notwendige Erwerbsbemühungen, reichen nicht aus.[8] Nach dem eindeutigen Gesetzeswortlaut muss in der Aufforderung auch angegeben werden, warum die Auskunft verlangt wird, z. B. zur Geltendmachung von Trennungs- oder Kindesunterhaltsansprüchen (vgl. § 1613 I 1 BGB, § 235 I 1 FamFG). Ein bloßes Auskunftsbegehren ohne Angabe des Auskunftszwecks ist daher ebenfalls nicht ausreichend für eine Rückstandsforderung, ebenso wenig ein Auskunftsbegehren ohne nähere Erläuterung im Rahmen eines anderen Verfahrens, z. B. beim Zugewinnausgleich. Wird das ein Unterhaltsverfahren einleitende Auskunftsbegehren wie üblich durch einen Rechtsanwalt übersandt, ist wegen § 174 BGB eine Vollmacht beizufügen.[9]

Beim Ehegattenunterhalt kann ab diesem Zeitpunkt auch nachträglich **Vorsorgeunterhalt** begehrt werden, wenn zunächst nur Elementarunterhalt geltend gemacht wurde.[10]

---

[4] BGH FamRZ 1996, 1271
[5] BGH FamRZ 1990, 283, 285
[6] BGH a. a. O.
[7] BGH a. a. O.
[8] OLG Hamm FamRZ 2010, 383
[9] Sauer FamRZ 2010, 617
[10] BGH FamRZ 2007, 193 = R 664 e

2. Abschnitt: Unterhalt für die Vergangenheit　　　　　　　　　　　　　　§ 6

Die Notwendigkeit, zunächst eine sog. Stufenmahnung erheben zu müssen (näher Rn. 124), um den Unterhalt bei Unkenntnis der Einkommensverhältnisse des Pflichtigen beziffern zu können, besteht damit nicht mehr. Die Neufassung des § 1613 I BGB ist zu begrüßen, da sie der Vereinfachung und Verfahrensbeschleunigung dient. In den meisten Fällen kommt es für die Prüfung, ob Unterhalt für die Vergangenheit verlangt werden kann, nicht mehr wie beim Verwandten- und Trennungsunterhalt für die Zeit vor dem 1. 7. 1998 bzw. beim nachehelichen Unterhalt vor dem 1. 1. 2008 auf einen Verzug oder die Rechtshängigkeit der Klage an, sondern nur noch auf die Übersendung der Aufforderung, Auskunft zum Einkommen zu erteilen. Das Auskunftsbegehren löst allerdings noch **keine Zinsfolge** nach § 288 I BGB als Verzugsschaden aus (näher Rn 124, 138).[11]

Zu beachten ist, dass nach der seit 1. 9. 2009 für neue Unterhaltsverfahren geltenden Kostenregelung in § 243 Nr. 2 FamFG (früher § 93d ZPO) bei nicht oder nicht vollständig erteilter Auskunft im außergerichtlichen Verfahren den Pflichtigen im anschließenden gerichtlichen Verfahren die Kostentragungspflicht trifft, wenn der Bedürftige deshalb den Unterhalt fehlerhaft beziffert. Ist der Pflichtige mit der Auskunft in Verzug, kann dies außerdem zu einer Schadensersatzpflicht führen und der Unterhaltsrückstand als Verzugsschaden geltend gemacht werden,[12] worunter auch entstandene Kosten fallen, wenn es zu keinem gerichtlichen Verfahren kam.[13]

4. Sonderbedarf

Verlangt der Bedürftige einen Sonderbedarf (vgl. hierzu näher Rn. 1 ff.), kann er diesen auch ohne Verzug oder Rechtshängigkeit **innerhalb eines Jahres rückwirkend** beanspruchen, §§ 1585b I, 1613 II Nr. 1 HS 2 BGB. Nachdem es sich beim Sonderbedarf um einen unregelmäßigen außergewöhnlich hohen Bedarf handelt, liegt es gerade in der Natur dieses Anspruchs, dass der Verpflichtete vorher meist nicht mehr rechtzeitig in Verzug gesetzt oder verklagt werden kann. Für mehr als ein Jahr zurückliegende Ansprüche bleibt es dagegen nach § 1613 II 1 BGB bei der generellen Regelung in §§ 1613 I, 1585 b III BGB. 　　　　　　　　　　　　　　　　　　　　　　　　　　　　　　　　**108**

5. Rückwirkender Unterhalt nach § 1613 II Nr. 2 BGB

Durch die Neufassung des § 1613 II Nr. 2 BGB zum 1. 7. 1998 wurde für den gesamten Verwandtenunterhalt, Ansprüche nach § 1615l I, II BGB sowie den Familien- und Trennungsunterhalt die früher nur beim Unterhalt nichtehelicher Kinder geltende Regelung des § 1615d BGB a. F. übernommen. Unterhalt für die Vergangenheit kann demnach auch ohne Rechtshängigkeit, Verzug oder Auskunftsverlangen begehrt werden, wenn er aus rechtlichen (§ 1613 II Nr. 2a BGB) oder tatsächlichen, vom Pflichtigen zu vertretenden Gründen (§ 1613 II Nr. 2b BGB) nicht früher geltend gemacht werden konnte. Dies gilt auch für Ersatzansprüche nach § 1607 BGB.[14] **Rechtliche Gründe** sind insbesondere eine zunächst notwendige Vaterschaftsfeststellung, **tatsächliche, vom Pflichtigen zu verantwortende Gründe** ein Auslandsaufenthalt oder unbekannter Aufenthalt. 　　　　**109**

In den Fällen des § 1613 II Nr. 2 BGB kann der Unterhaltsrückstand nach § 1613 III BGB, der § 1615i BGB a. F. entspricht, aus Billigkeitsgründen gestundet, zum Teil oder vollständig erlassen oder Ratenzahlung angeordnet werden. Eine grobe Unbilligkeit kann z. B. bei hohen Unterhaltsrückständen bejaht werden, die die Leistungsfähigkeit des Pflichtigen unter Berücksichtigung seiner Einkommens- und Vermögensverhältnisse überfordern, weil seine Vaterschaft aus von ihm nicht zu vertretenden Gründen erst nach vielen Jahren festgestellt wurde oder der Unterhaltsschuldner nicht mit Ansprüchen aus der Vergangenheit rechnen musste, weil die Kindsmutter von der Vaterschaft eines anderen Mannes aus-

---

[11] BGH FamRZ 2008, 1428
[12] BGH FamRZ 1985, 155; FamRZ 1984, 163
[13] BGH FamRZ 1995, 348
[14] BGH FamRZ 2004, 800 = R 609 a

gegangen war.[15] Die Darlegungs- und Beweislast für die Voraussetzungen des § 1613 III BGB trägt der Pflichtige. § 1613 III BGB gilt auch bei Ersatzansprüchen gegen die Großeltern nach § 1607 I, II BGB oder bei Ersatzansprüchen von Dritten, z. B. nach § 1607 III BGB, **nicht** dagegen bei sonstigen Unterhaltsrückständen außerhalb § 1613 II Nr. 2 BGB.

6. Übergeleitete und übergegangene Unterhaltsansprüche

110 Soweit Unterhaltsansprüche auf öffentliche Träger, die für den Bedürftigen Hilfe leisten, kraft Gesetzes **übergehen**, z. B. bei Leistungen von Arbeitslosengeld II (§ 33 I SGB II) oder Sozialhilfe (§ 94 I 1 SGB XII), Unterhaltsvorschuss für minderjährige Kinder (§ 7 I 1 UVG), Ausbildungsförderung (§ 37 I BAföG), oder **übergeleitet werden**, z. B. Leistungen der Jugendhilfe (§ 96 I SGB VIII), kann Unterhalt für die Vergangenheit nicht nur ab Verzug, Auskunft oder Rechtshängigkeit, sondern auch ab der sog. **Rechtswahrungsanzeige** verlangt werden (vgl. § 33 III 1 SGB II, § 94 IV 1 SGB XII, § 7 II UVG, § 37 IV BAföG, § 96 III SGB VIII). Die Rechtswahrungsanzeige eröffnet somit dem Träger der staatlichen Sozialleistung eine **weitere selbstständige Möglichkeit** zur rückwirkenden Inanspruchnahme des Verpflichteten, ohne dass es einer vorhergehenden Mahnung oder eines Auskunftsbegehrens bedarf.[16]

111 Die **Rechtswahrungsanzeige** stellt keinen Verwaltungsakt dar[17] (näher Rn. 8/81 ff.). Sie erfolgt nach den jeweiligen gesetzlichen Bestimmungen durch eine schriftliche Anzeige. Auch wenn sie dieselben Rechtsfolgen wie eine verzugsbegründende Mahnung auslöst und für den Verpflichteten vergleichbare Warnfunktion erfüllt, unterliegt sie nicht den gleichen Bestimmtheitsanforderungen.[18] Der Gesetzgeber verlangt bei Zahlung von Arbeitslosengeld II und bei Leistung von Sozialhilfe nur eine **schriftliche Mitteilung** der Hilfegewährung (§ 33 III 1 SBG II, § 94 IV 1 SGB XII), bei Leistungen der Jugendhilfe eine **unverzügliche schriftliche Mitteilung** (§ 96 III SGB VIII), bei Zahlung von Unterhaltsvorschuss und Vorauszahlungen zur Ausbildungsförderung **Kenntnis und Belehrung** über die Inanspruchnahme (§ 7 Nr. 2 UVG, § 37 IV Nr. 2 BAföG). Die Rechtswahrungsanzeige muss daher weder die Höhe der staatlichen Sozialleistung noch die Höhe der Inanspruchnahme des Pflichtigen enthalten, um wirksam zu sein; denn allein die Mitteilung staatlicher Unterstützung des Bedürftigen zerstört bereits das Vertrauen des Schuldners, dass die Dispositionen über seine Lebensführung nicht durch Unterhaltspflichten berührt werden.[19]

Eine **unverzügliche** schriftliche Mitteilung gemäß **§ 96 III SGB VIII** bedeutet, dass die Rechtswahrungsanzeige ohne schuldhaftes Verzögern mit der gebotenen Beschleunigung dem Pflichtigen übersandt wird.[20] Der Behörde ist aber eine angemessene Überlegungsfrist einzuräumen, ob sie ihre Rechte durch eine Anzeige wahren muss, z. B. bei einer Heimunterbringung, ob der Jugendliche auch das Heim besucht.[21]

112 Nach § 33 III 1 SGB II, § 94 IV 1 SGB XII genügt bei Zahlung von Arbeitslosengeld II sowie Sozialhilfe und Übergang des Unterhaltsanspruchs nach § 33 I SGB II, § 94 I SGB XII als Rechtswahrungsanzeige die schriftliche Mitteilung der Erbringung der Leistung. Die Mitteilung muss nicht mehr, wie es die alte Fassung des § 91 III 1 BSHG vor 1996 noch forderte, unverzüglich erfolgen. Die Rechtswahrungsanzeige wirkt nach dem eindeutigen Gesetzeswortlaut nicht mehr auf den Beginn der Hilfe zurück, auch nicht auf den Zeitpunkt des Erlasses des Hilfebescheides, sondern entfaltet erst mit ihrem Zugang Wirksamkeit (näher Rn. 8/82).[22] Die Zeit zwischen Antragstellung und Zugang der Rechtswahrungsanzeige ist bei Leistung von Arbeitslosengeld II und Sozialhilfe damit von

---

[15] OLG Oldenburg FamRZ 2006, 1561
[16] BGH FamRZ 2004, 366 = R 599 a; FamRZ 2003, 860, 861 = R 590 A a; FamRZ 1989, 1054
[17] BGH FamRZ 1985, 586
[18] BGH a. a. O.
[19] BGH a. a. O.
[20] BGH FamRZ 1990, 510; FamRZ 1989, 1054
[21] BGH FamRZ 1990, 510
[22] Künkel FamRZ 1996, 1509, 1513; die anderslautenden Ausführungen in BGH FamRZ 2003, 860, 861 = R 590 A a betrafen die Rechtslage vor dem 1. 8. 1996

2. Abschnitt: Unterhalt für die Vergangenheit § 6

der Erstattung ausgenommen, soweit der Unterhaltsgläubiger den Schuldner nicht vorher in Verzug setzte oder Auskunft verlangte, §§ 1613 I 1, 1585 b II BGB (näher Rn. 8/82).[23] Eine Rechtswahrungsanzeige für den Trennungsunterhalt begründet auch die Rückstandsvoraussetzungen für den nachehelichen Unterhalt.[24]

7. Sonstige Ansprüche

Die Regelungen des § 1613 BGB gelten auch bei familienrechtlichen **Ausgleichsansprüchen**,[25] wenn ein Elternteil allein für den Kindesunterhalt aufkommt (näher Rn. 2/767 ff.). Bei Schadensersatzansprüchen wegen nicht erteilter oder falscher Auskunft[26] sind die Bestimmungen der §§ 1613, 1585 b BGB dagegen nicht anwendbar (vgl. auch Rn. 233 ff.). Bei Unterhaltsvereinbarungen gilt § 286 II Nr. 1 BGB (näher Rn. 134). **113**

8. Absichtlicher Leistungsentzug beim nachehelichen Unterhalt

Beim nachehelichen Unterhalt kann nach § 1585 b III BGB auch bei Verzug rückständiger Unterhalt für eine mehr als ein Jahr vor Rechtshängigkeit liegende Zeit nur verlangt werden, wenn sich der Verpflichtete absichtlich seiner Leistung entzogen hat. Bei dieser Einschränkung handelt es sich dem Wesen nach um eine Ausformung des Rechtsinstituts der Verwirkung, die an eine illoyal verspätete Geltendmachung des Rechts nachteilige Folgen für den Rechtsinhaber knüpft.[27] Der Gläubiger soll dadurch veranlasst werden, seinen Unterhaltsanspruch zeitnah zu verwirklichen, um beim Schuldner das Anwachsen einer übergroßen Schuldenlast zu verhindern. Für die Jahresfrist gilt die Vorwirkung des § 167 ZPO, wenn der Antrag rechtzeitig anhängig wurde.[28] Nicht ausreichend ist hingegen die Übersendung eines Verfahrenskostenhilfeantrags.[29] Der Rechtsgedanke der Verwirkung gemäß § 1585 b III BGB gilt auch für Nebenforderungen wie der nachträglichen Geltendmachung von Zinsen (vgl. Rn. 138). **114**

Für einen **absichtlichen Leistungsentzug** genügt jedes **zweckgerichtete Verhalten** des Pflichtigen, die zeitnahe Realisierung der Unterhaltsschuld zu verhindern oder zumindest wesentlich zu erschweren.[30] Ein absichtlicher Leistungsentzug ist daher nicht nur bei einem aktiven Hintertreiben der rechtzeitigen Geltendmachung von Unterhaltsansprüchen, z. B. durch nicht gemeldeten Wohnsitzwechsel, zu bejahen. Es ist auch ausreichend, dass der Schuldner entgegen der in einer Vereinbarung übernommenen Verpflichtung Einkommensänderungen nicht unaufgefordert mitteilt.[31] Eine Zahlungseinstellung reicht hingegen nicht aus.[32] **115**

§ 1585 b III BGB ist abdingbar.[33] Hierfür müssen aber eindeutige Anhaltspunkte vorliegen, wenn ein entsprechender Verzichtswille des Unterhaltsgläubigers durch Auslegung ermittelt werden soll.[34] Davon kann z. B. ausgegangen werden, wenn die Parteien monatliche am bisherigen Einkommen orientierte Abschlagszahlungen vereinbaren mit einer nachträglichen Schlussabrechnung nach Vorlage des Einkommensteuerbescheides oder sonstiger Einkommensunterlagen durch den Schuldner oder bei Indexierungsanpassungen.

§ 1585 b III BGB gilt auch für auf den Träger der Sozialleistungen übergegangene Unterhaltsansprüche. § 33 III SGB II, § 94 IV SGB XII erweitern zwar die Zugriffsmöglich- **116**

---

[23] Künkel a. a. O.
[24] BGH FamRZ 1988, 375
[25] BGH FamRZ 1984, 775
[26] BGH FamRZ 1984, 163
[27] BGH FamRZ 2005, 1162 = R 631 b, c; FamRZ 1989, 150, 152
[28] OLG Düsseldorf FamRZ 2002, 327
[29] OLG Karlsruhe FamRZ 2002, 1039
[30] BGH FamRZ 1989, 150, 152
[31] BGH a. a. O.
[32] OLG Köln FamRZ 1997, 426
[33] BGH FamRZ 1989, 150
[34] BGH FamRZ 1989, 150

keit des Trägers der Sozialhilfe, die Regelung lässt aber § 1585 b III BGB unberührt, da durch den Forderungsübergang Natur, Inhalt und Umfang des Anspruchs nicht verändert wird.[35]

Die Zeitschranke des § 1585 b III BGB für rückständigen nachehelichen Unterhalt ist auch eingehalten, wenn der Gläubiger innerhalb der Jahresfrist mit seinen Unterhaltsansprüchen gegen Ausgleichsansprüche des Schuldners **aufrechnet**.[36] Die Aufrechnung mit Unterhaltsansprüchen ist – im Gegensatz zum Aufrechnungsverbot gegen Unterhaltsansprüche, vgl. §§ 850 b I ZPO, 394 BGB (s. näher Rn. 302 ff.) – zulässig und kann auch in einer Nichtfamiliensache vor einem allgemeinen Zivilgericht erklärt werden.[37]

117 § 1585 b III BGB gilt nicht bei **Ausgleichsansprüchen** des Unterhaltsberechtigten infolge der Teilnahme am begrenzten **Realsplitting**.[38] Insoweit geht es nicht um den Schutz des Unterhaltspflichtigen vor hohen Unterhaltsrückständen.

118 Die **Darlegungs- und Beweislast** für das Vorliegen eines absichtlichen Leistungsentzugs hat zwar der **Bedürftige**, er muss jedoch nur solche Umstände vortragen, die nach der Lebenserfahrung den Schluss auf ein Sichentziehen rechtfertigen. Der **Verpflichtete** muss dann die gegen ihn sprechende Vermutung entkräften, indem er Tatsachen vorträgt und beweist, die geeignet sind, die Schlussfolgerungen eines absichtlichen Verhaltens zu erschüttern.[39]

II. Verzug

1. Verzug nach § 286 I BGB

119 Verzug ist zu prüfen, wenn dem Unterhaltsbegehren kein Auskunftsverlangen vorausging (vgl. Rn. 107). § 286 I BGB erfordert eine wirksame **Mahnung nach Fälligkeit**. Zu beachten ist dabei, dass sich die Verpflichtung zur Unterhaltsleistung und dessen Fälligkeit unmittelbar aus dem Gesetz ergeben.[40]

Dies führt jedoch nicht zu einem generellen Verzug des Unterhaltsschuldners wegen Kalenderfälligkeit nach § 286 II Nr. 1 BGB, weil der Unterhalt nach §§ 1361 IV 2, 1585 I 2, 1612 III 1 BGB monatlich im Voraus, d. h. nach § 192 BGB zum Ersten des Monats zu leisten ist. Denn dann wären die Vorschriften der §§ 1585 b II, 1613 I BGB überflüssig. Sie schränken vielmehr die Verzugsbestimmungen dahingehend ein, dass Verzug erst in Betracht kommt, wenn der gesetzliche Unterhaltsanspruch **nach Höhe und Beginn** im Einzelfall **konkretisiert** wurde.

§§ 1585 b II, 1613 I BGB beruhen auf dem Gedanken, dass Unterhalt seinem Wesen nach zur Bestreitung des laufenden Lebensbedarfs dient und die Befriedigung der Bedürfnisse einer zurückliegenden Zeit an sich nicht möglich ist, so dass grundsätzlich keine Notwendigkeit besteht, darauf beruhende Ansprüche fortgelten zu lassen. Zugleich soll der Unterhaltspflichtige in die Lage versetzt werden, sich auf die auf ihn zukommenden Belastungen einzustellen.[41]

Bei familienrechtlichen Unterhaltsschulden tritt Verzug somit nur ein, wenn dem Pflichtigen seine Schuld nicht nur nach ihrer Existenz, sondern auch nach ihrem Umfang, also nach der **Höhe des geschuldeten Betrags** bekannt ist.[42] Außerdem muss der **Zeitpunkt**, ab wann Unterhalt verlangt wird, angegeben werden.[43]

120 Der Verzug des Schuldners setzt somit regelmäßig eine Mahnung nach Eintritt der Fälligkeit voraus (§ 286 I 1 BGB).

---

[35] BGH FamRZ 1987, 1014
[36] BGH FamRZ 1996, 1067 = R 505 b
[37] BGH FamRZ 1996, 1067 = R 505 a
[38] BGH FamRZ 2005, 1162 = R 631 c
[39] BGH FamRZ 1989, 150, 153
[40] OLG Bamberg FamRZ 1990, 1235
[41] BGH FamRZ 2005, 1162 = R 631 c; FamRZ 1992, 920 = R 449 a; FamRZ 1989, 150, 152
[42] BGH FamRZ 1982, 887, 890
[43] OLG Karlsruhe FamRZ 1998, 742

2. Abschnitt: Unterhalt für die Vergangenheit § 6

Die **generelle Fälligkeit** des Unterhalts als gesetzlichem Anspruch ergibt sich aus der Verpflichtung, den geschuldeten Unterhalt monatlich im Voraus leisten zu müssen, §§ 1361 IV 2, 1585 b I 2, 1612 III 1 BGB.

Durch das Gesetz zur Beschleunigung fälliger Zahlungen vom 30. 3. 2000 war ab 1. 5. 2000 mit der Einfügung von § 284 III BGB a. F. eine unklare Rechtslage für Unterhaltsrückstände entstanden, da nach dem gesetzlichen Wortlaut auch Unterhaltsforderungen Geldforderungen i. S. dieser Bestimmung waren, der Gesetzgeber aber offensichtlich die Sonderregelungen im Unterhaltsrecht nach §§ 1613, 1585 b BGB nicht bedacht hatte.[44] Mit der Schuldrechtsreform und der Neufassung des § 286 III BGB zum 1. 1. 2002 wurde klargestellt, dass diese Bestimmung auf Unterhaltsforderungen nicht anwendbar ist.[45] § 284 III BGB a. F. ist daher dahingehend auszulegen, dass diese Regelung auch für die Zeit vom 1. 5. 2000 bis 31. 12. 2001 für Unterhaltsforderungen nicht galt.

121

Die **Mahnung** erfordert für ihre Wirksamkeit eine der **Höhe nach bestimmte und eindeutige Leistungsaufforderung.**[46] Die Aufforderung an den Schuldner, ab einem bestimmten Zeitpunkt einen konkreten Unterhalt zu zahlen, z. B. ab 1. Juni monatlich 1000 EUR, ist damit im Ergebnis sowohl die Konkretisierung des gesetzlichen Anspruchs nach Beginn und Höhe als auch die Mahnung nach Fälligkeit.[47]

122

Eine bestimmte und eindeutige **Leistungsaufforderung** erfordert im Regelfall eine **ziffernmäßige Angabe** der Unterhaltshöhe.

- Ausnahmsweise kann auch ohne konkrete Angabe eines Betrags eine wirksame Mahnung vorliegen, wenn nach den gesamten Umständen des Falles für den Schuldner klar ist, welchen Unterhalt der Gläubiger von ihm fordert.[48] **Nicht ausreichend** ist ein bloßes Auskunftsbegehren,[49] ebenso wenig, dass ein Pflichtiger, dem Kindesalter und eigenes Nettoeinkommen bekannt sind, den Kindesunterhalt unter Inanspruchnahme fachkundiger Hilfe oder Beratung ziffernmäßig selbst ermitteln[50] oder über das Einkommensteuergesetz oder die Düsseldorfer Tabelle den Mindestunterhalt feststellen kann.[51] Zu unbestimmt und damit als Mahnung unwirksam ist auch eine **Zahlungsaufforderung** an **mehrere Personen** mit einem **einheitlichen Betrag**, z. B. für Mutter und Kind, ohne dass die Unterhaltshöhe für den einzelnen Unterhaltsgläubiger feststellbar ist.[52] Nicht ausreichend ist ferner, dass eine Unterhaltsforderung nur angekündigt wird, ohne dass sich aus dem Anschreiben entnehmen lässt, ab wann Unterhalt verlangt wird.[53]

123

- Eine sog. **Stufenmahnung,** d. h. ein Auskunftsbegehren verbunden mit einem unbezifferten Unterhaltsbegehren (entsprechend einem Stufenantrag) ist nach BGH zur Leistungsbestimmung ausreichend. Nach Treu und Glauben kann der Unterhaltsschuldner keine Vorteile daraus ziehen, dass der Bedürftige ohne Auskunft den Unterhaltsanspruch nicht beziffern kann.[54] Die sog. Stufenmahnung war seit dem 1. 7. 1998 nur noch beim **nachehelichen Unterhalt** erforderlich, weil bei allen sonstigen Unterhaltsansprüchen seit der Neufassung des § 1613 I BGB Unterhalt für die Vergangenheit auch ab Auskunftsbegehren verlangt werden konnte. Seit der Reform zum 1. 1. 2008 gilt § 1613 I BGB auch beim nachehelichen Unterhalt (§ 1585 b II BGB), so dass ab diesem Zeitpunkt die Stufenmahnung generell entbehrlich ist (vgl. Rn. 100, 107), außer es geht um die Geltendmachung von Verzugszinsen (vgl. Rn 138).

124

---

[44] Näher Büttner FamRZ 2000, 921; Löhnig NJW 2000, 3548
[45] Büttner FamRZ 2002, 361
[46] BGH FamRZ 1985, 155, 157; FamRZ 1984, 163; FamRZ 1982, 887, 890
[47] A. A. OLG Bamberg FamRZ 1990, 1235, 1236, das insoweit Verzug nach § 286 II Nr. 1 BGB annimmt
[48] BGH FamRZ 1984, 163
[49] BGH FamRZ 2008, 1428
[50] BGH a. a. O.
[51] BGH a. a. O.
[52] OLG Hamm FamRZ 1995, 106
[53] OLG Karlsruhe FamRZ 1998, 742
[54] BGH FamRZ 1990, 283, 285

§ 6 Sonderfragen

125 • Die Übersendung eines **Verfahrenskostenhilfegesuchs** steht einer Mahnung gleich.[55] Das Gleiche gilt bei Übersendung eines Antrags auf Erlass einer einstweiligen Anordnung.[56]

126 • Beim **Kindesunterhalt Minderjähriger** erfordert eine wirksame Mahnung, dass der Elternteil das Kind in Unterhaltsstreitigkeiten nach der Trennung gesetzlich vertritt, d. h. das Kind in Obhut hat (§ 1629 II BGB), bzw. nach Regelung der elterlichen Sorge Sorgerechtsinhaber ist, soweit er für das Kind Unterhaltsansprüche geltend macht.[57] Bei einem Sorgerechtswechsel ist eine vorher erklärte Mahnung unwirksam, auch wenn sich das Kind zu diesem Zeitpunkt bereits in Obhut dieses Elternteils befand, da es sich bei der Mahnung um eine Handlung mit rechtsgeschäftsähnlichem Charakter handelt, für die § 180 BGB gilt.[58] Die Ausnahmeregelung des § 180 S. 2 BGB kann im Ergebnis nur greifen, wenn der (Noch-)Sorgerechtsinhaber mit der Geltendmachung von Kindesunterhaltsansprüchen gegen sich einverstanden ist.[59] Ausreichend ist aber, wenn nach einem Obhutswechsel dem nunmehr betreuenden Elternteil mit einstweiliger Anordnung das Aufenthaltsbestimmungsrecht übertragen wird.[60] Soweit der Unterhalt noch nicht tituliert wurde, kann die Zahlungsaufforderung des Nichtsorgeberechtigten allerdings als Geltendmachung eines Ausgleichsanspruches ausgelegt werden (s. insoweit näher Rn. 2/ 767 ff.). Das Kind kann ferner, soweit es beschränkt geschäftsfähig ist (§ 106 BGB), selbst mahnen, da die Verzugsauslösung nur rechtliche Vorteile bringt (§ 107 BGB).[61]

127 • Eine **Zuvielforderung** im Mahnschreiben **schadet nicht**. Verzug tritt dann nur in der geschuldeten Höhe ein.[62] Auch wenn im Schuldrecht im Einzelfall eine unverhältnismäßig hohe Mehrforderung nach Treu und Glauben dazu führen kann, dass eine Mahnung als nicht rechtswirksam angesehen wird,[63] führt wegen der Schwierigkeit der Berechnung im Unterhaltsrecht auch eine beträchtlich zu hohe Mehrforderung zum Verzug. Sie ist als Aufforderung zur Bewirkung der tatsächlich geschuldeten Leistung zu werten, zumal kein Zweifel daran bestehen kann, dass ein Unterhaltsgläubiger auch zur Annahme von Minderleistungen bereit ist.[64] Dies gilt auch, wenn der Leistungsaufforderung keine Unterhaltsberechnung beilag, da Verzug nur die Leistungsbestimmung verlangt.

128 • Verlangt der Gläubiger dagegen mit der Mahnung **zu wenig**, begründet dies **keinen Verzug** auf einen **höheren** als den begehrten **Betrag**.[65] Soweit der Schuldner bei einer erneuten Mahnung seine Unterhaltsforderung ermäßigt oder einen bereits eingereichten Antrag zum Teil zurücknimmt, besteht ab diesem Zeitpunkt Verzug nurmehr für den reduzierten Unterhalt.[66]

129 • Die Mahnung ist **nicht formgebunden**, kann also auch mündlich, z. B. bei einem Telefonat, wirksam erklärt werden.[67]

130 • Beim Unterhalt handelt es sich um eine wiederkehrende Leistung, so dass die Mahnung wegen laufenden Unterhalts **nicht monatlich wiederholt** werden muss.[68]

131 Durch die Neufassung des § 1585 b II BGB tritt beim nachehelichen Unterhalt seit 1. 1. 2008 wie beim Verwandtenunterhalt, Ansprüchen nach § 1615 l I, II BGB, Familien- und Trennungsunterhalt Verzug ab dem **Monatsersten,** in dem des Aufforderungsschreiben zuging, ein, wenn der Anspruch bereits dem Grunde nach bestand. Entstand der Anspruch

---

[55] BGH FamRZ 2004, 1177 = R 615 a; FamRZ 1992, 920; FamRZ 1990, 283, 285
[56] BGH FamRZ 1995, 725 = R 493 A; FamRZ 1983, 352, 354
[57] OLG Düsseldorf FamRZ 2000, 442
[58] OLG Bremen FamRZ 1995, 1515
[59] OLG Bremen a. a. O.
[60] OLG Köln FamRZ 1998, 1194
[61] OLG Köln FamRZ 1998, 1194
[62] BGH FamRZ 1982, 887, 890
[63] BGH NJW 1991, 1286, 1288
[64] BGH FamRZ 1983, 352, 355
[65] BGH FamRZ 2004, 1177 = R 615 a; FamRZ 1990, 283, 285
[66] OLG Hamm FamRZ 1989, 1303
[67] BGH FamRZ 1993, 1055 = R 462 A a
[68] BGH FamRZ 1988, 370; FamRZ 1983, 352, 354

2. Abschnitt: Unterhalt für die Vergangenheit § 6

erst in diesem Monat, tritt Verzug erst mit Zugang des Mahnschreibens ein,[69] da nach § 286 I 1 BGB erst die Mahnung den Verzug auslöst.

Verzug für den **Trennungsunterhalt** begründet **keinen Verzug für den nachehelichen Unterhalt.** Trennungs- und nachehelicher Unterhalt sind verschiedene Streitgegenstände. Sind für den Bedürftigen die Voraussetzungen für einen Anspruch auf nachehelichen Unterhalt gegeben, entsteht für ihn ein neues Recht auf wiederkehrende Leistungen, so dass er den Pflichtigen neu anmahnen muss.[70]

132

Eine Mahnung wegen nachehelichen Unterhalts, die **vor dem Eintritt der Rechtskraft** des Scheidungsausspruchs **zugeht,** begründet **keinen Verzug.**[71] Nach dem klaren Wortlaut des § 286 I 1 BGB kommt der Schuldner nur durch eine Mahnung in Verzug, die nach Eintritt der Fälligkeit erfolgt. Vor Rechtskraft der Scheidung besteht aber noch kein fälliger Anspruch auf nachehelichen Unterhalt.[72] Eine vor Entstehung des Anspruchs ausgesprochene Mahnung ist wirkungslos und bleibt es auch nach dem Eintritt dieser Voraussetzung.[73] Soweit der Bedürftige dringend auf Unterhalt angewiesen ist, hat er nur die Möglichkeit, den nachehelichen Unterhalt im Scheidungsverbund geltend zu machen, um zu verhindern, dass durch die im Einzelfall für die Partei oft sehr schwierige Feststellung des Eintritts der Rechtskraft der Scheidung eine unwirksame, bzw. verspätete Mahnung übersandt und dadurch der benötigte Unterhalt nicht sofort ab Scheidung geschuldet wird.[74] Nach der Neufassung der Bestimmungen zur einstweiligen Anordnung durch das FamFG könnte er auch nach §§ 246, 49 ff. FamFG mit der Scheidung als neues selbständiges Verfahren eine einstweilige Anordnung nacheheliche Unterhalt, beginnend ab Rechtskraft der Scheidung, beantragen; dieser Weg ist aber nur gangbar, wenn absehbar ist, dass die Scheidung in Kürze rechtskräftig wird, ansonsten wäre die einstweilige Anordnung nicht statthaft.

133

2. Verzug nach § 286 II Nr. 1 BGB

Ein Verzug ohne Mahnung nach § 286 II Nr. 1 BGB **(Kalenderfälligkeit)** setzt bei familienrechtlichen Unterhaltspflichten voraus, dass dem Verpflichteten seine Schuld sowohl ihrer Existenz als auch ihrem Umfang nach **bekannt ist.** Dies ist insbesondere bei **vertraglich vereinbarten Unterhaltsleistungen** der Fall. Durch die Vereinbarung ist zwischen den Beteiligten klargestellt, dass Unterhalt geschuldet wird, der Berechtigte die Erfüllung seines Anspruchs verlangt und in welcher Höhe der Unterhalt zu leisten ist.[75]

134

Das Gleiche gilt, wenn der Schuldner **freiwillig leistet** (sog. Selbstmahnung) und seine Zahlung nach mehreren Leistungen einstellt.[76] Die Annahme der Leistung durch den Gläubiger bewirkt wie bei einer vertraglichen Regelung die Konkretisierung der Unterhaltshöhe, die Kalenderfälligkeit ergibt sich jeweils aus der gesetzlichen Regelung, den Unterhalt monatlich im Voraus zu zahlen (§§ 1361 IV 2, 1585 I 2, 1612 III 1 BGB). Nach BGH liegt bei Einstellung bisher regelmäßig erbrachter Zahlungen eine eindeutige und endgültige Leistungsverweigerung vor, was zum gleichen Ergebnis führt[77] (s. unten Rn. 135).

Eine Kalenderfälligkeit besteht ferner für titulierte Ansprüche (… fällig jeweils monatlich im Voraus).

3. Verzug nach § 286 II Nr. 3 BGB

Die Neufassung des § 286 II Nr. 3 BGB übernahm die bisher von der Rechtsprechung entwickelten Grundsätze. Eine Mahnung ist demnach entbehrlich, wenn der Verpflichtete

135

---

[69] BGH FamRZ 1990, 283
[70] BGH FamRZ 1988, 370
[71] BGH FamRZ 1992, 920 = R 449 a
[72] BGH a. a. O.
[73] BGH FamRZ 1988, 370
[74] BGH FamRZ 1992, 920 = R 449 a
[75] BGH FamRZ 1989, 150, 152; FamRZ 1983, 352, 354
[76] OLG Köln FamRZ 2000, 433
[77] BGH FamRZ 1983, 352, 354

die Unterhaltsleistung **eindeutig und endgültig verweigert**.[78] An die Annahme einer endgültigen Erfüllungsverweigerung sind strenge Anforderungen zu stellen. Das Verhalten des Schuldners muss zweifelsfrei ergeben, dass er sich über das Erfüllungsverlangen des Gläubigers hinwegsetzt.[79] Im Schweigen auf ein Unterhaltsbegehren oder in der bloßen Nichtleistung von Unterhalt kann daher keine die Mahnung entbehrlich machende Unterhaltsverweigerung gesehen werden.[80] Ebensowenig ist es ausreichend, dass der bisher die Kinder betreuende Elternteil aus der Ehewohnung unter Zurücklassung der Kinder auszieht und dadurch keine Betreuungsleistungen mehr erbringt.[81] Lehnt der Pflichtige dagegen bereits die Erteilung einer Einkommensauskunft mit dem Hinweis ab, keinen Unterhalt zu schulden, liegt eine eindeutige und endgültige Leistungsverweigerung vor. Das Gleiche gilt, wenn der Pflichtige bei einem Telefonat erklärt, er zahle den verlangten höheren Unterhalt nicht.[82] Dies führt aber erst von dem Zeitpunkt an, in dem die Weigerung erklärt wurde, zum Verzug, nicht rückwirkend zu einem früheren Zeitpunkt.[83]

4. Verzug nach § 286 II Nr. 4 BGB

136 Die sog. Selbstmahnung (vgl. Rn. 129) kann auch unter die Neufassung des § 286 II Nr. 4 BGB subsummiert werden. Besondere Gründe, die unter Abwägung der beiderseitigen Interessen den sofortigen Eintritt des Verzugs erfordern, können ferner angenommen werden, wenn sich der Unterhaltspflichtige der Mahnung entzieht.[84]

5. Verschulden des Pflichtigen

137 Nach § 286 IV BGB kommt der Schuldner nur in Verzug, soweit die Verzögerung der Leistung auf einem Umstand beruht, den er zu vertreten hat. Dabei hat er für eigenes Verschulden und das seiner Erfüllungsgehilfen und gesetzlichen Vertreter einzustehen, §§ 276, 278 BGB.

Ein Irrtum über die Rechtslage beseitigt ein Verschulden in der Regel nicht. An den Ausschluss des Schuldnerverzugs wegen unverschuldeten Rechtsirrtums werden vom BGH sehr strenge Voraussetzungen geknüpft.[85] Nimmt der Pflichtige fehlerhaft an, er müsse keinen Unterhalt leisten, weil der Bedürftige mit einem neuen Lebensgefährten zusammenwohnt, kann er das Risiko eines Irrtums über die Rechtslage nicht dem Gläubiger zuschieben. Er darf nicht einmal einer Rechtsauffassung vertrauen, die in gerichtlichen Urteilen zum Ausdruck gekommen ist, wenn mit einer abweichenden Beurteilung anderer Gerichte oder des BGH gerechnet werden muss.[86] Ebensowenig darf er bei Ablehnung eines Antrags auf Erlass einer einstweiligen Anordnung nach §§ 246, 49 ff. FamFG davon ausgehen, dass die Frage der Unterhaltspflicht damit endgültig und zutreffend beurteilt wurde.[87]

6. Verzugszinsen

138 Der Barunterhalt wird als Geldrente geschuldet, §§ 1361 IV 1, 1585 I 1, 1612 I 1 BGB. Bei Verzug und/oder Rechtshängigkeit ist der Unterhalt nach §§ 288, 291 BGB zu verzinsen.[88] Maßgebend ist insoweit lediglich, dass Verzug oder Rechtshängigkeit vorliegt,

---

[78] BGH FamRZ 1992, 920; FamRZ 1985, 155, 157; FamRZ 1983, 352, 354
[79] BGH NJW 1996, 1814
[80] BGH FamRZ 1992, 920
[81] OLG München FamRZ 1997, 313
[82] BGH FamRZ 1993, 1055 = R 462 A a
[83] BGH FamRZ 1985, 155, 157
[84] OLG Köln NJW-RR 1999, 4
[85] BGH FamRZ 1983, 352, 355
[86] BGH FamRZ 1985, 155, 158
[87] BGH FamRZ 1983, 352, 355
[88] BGH FamRZ, 2008, 1428; FamRZ 1987, 352

2. Abschnitt: Unterhalt für die Vergangenheit § 6

die Zinsen können dann auch noch nachträglich im Laufe eines Verfahrens rückwirkend verlangt werden. Im vereinfachten Verfahren gibt es keine Rechtshängigkeit, so dass insoweit auch keine Prozeßzinsen nach § 291 BGB verlangt werden können.[89] Beim nachehelichen Unterhalt ist bei rückwirkender Geltendmachung die zeitliche Begrenzung nach § 1585 b III BGB zu beachten (vgl. Rn. 114). Nicht ausreichend ist für eine Zinsforderung ein Auskunftsbegehren (vgl. Rn. 107),[90] es sei denn, es handelt sich um eine sog. Stufenmahnung.

Seit der Neuregelung des § 288 I BGB zum 1. 5. 2000 durch das Gesetz zur Beschleunigung fälliger Zahlungen betragen die Verzugszinsen für Geldforderungen 5-Prozentpunkte über dem Basiszinssatz der europäischen Zentralbank.[91] Unstreitig sind auch Unterhaltsforderungen Geldforderungen nach § 288 I BGB, so dass es auf einen Schadensnachweis nicht ankommt. Durch die Schuldrechtsreform wurde § 288 I BGB nicht verändert. Der Basiszinssatz, der sich zum 1. 1. und 1. 7. eines jeden Jahres verändern kann, wurde aber in der Neufassung von § 247 BGB näher definiert.[92] Für Prozesszinsen verweist § 291 BGB auf § 288 I BGB. Bis 30. 4. 2000 betrugen die Verzugs- und Prozesszinsen 4%. Ab 1. 5. 2000 erhöhten sie sich durch die Gesetzesänderung auf 8,42%. Ab 1. 9. 2000 betrugen sie 9,26%, ab 1. 9. 2001 8,62%, ab 1. 1. 2002 7,57%, ab 1. 7. 2002 7,47%, ab 1. 1. 2003 6,97%, ab 1. 7. 2003 6,22%, ab 1. 1. 2004 6,14%, ab 1. 7. 2004 6,13%, ab 1. 1. 2005 6,21%, ab 1. 7. 2005 6,17%, ab 1. 1. 2006 6,37%, ab 1. 7. 2006 6,95%, ab 1. 1. 2007 7,7%, ab 1. 7. 2007 8,19%, ab 1. 1. 2008 8,32%, ab 1. 7. 2008 8,19%, ab 1. 1. 2009 6,62%, ab 1. 7. 2009 5,12%, ab 1. 1. 2010 5,12%, ab 1. 7. 2010 5,12%, ab 1. 1. 2011 5,12%, ab 1. 7. 2011 5,37%.[93]

Die Zinsen sind seit der Änderung des § 288 I BGB variabel zu **tenorieren** (… nebst Zinsen von 5 Prozentpunkten über dem Basiszinssatz seit …). Auch die Zinsen unterliegen dem Aufrechnungsverbot nach §§ 394 BGB, 850 b ZPO.[94]

7. Beseitigung der Verzugsfolgen und Verwirkung

a) Erlassvertrag. Verzugsfolgen können durch Parteivereinbarung beseitigt werden, z. B. einen Erlassvertrag (§ 397 BGB).[95] Soweit Unterhaltsvereinbarungen geschlossen werden und dabei Rückstände in Betracht kommen, empfiehlt sich in der Praxis die Aufnahme einer entsprechenden Abgeltungsklausel.

Ein Verzicht (Erlass), der rückwirkend durch Vertrag die Verzugsfolgen beseitigt, kann auch durch schlüssiges Verhalten der Parteien zustande kommen.[96]

b) Keine einseitige Rücknahme einer Mahnung. Eine verzugsbegründende Mahnung kann dagegen vom Berechtigten für die Vergangenheit **nicht** einseitig zurückgenommen werden. Die Mahnung ist keine rechtsgeschäftliche Willenserklärung, sondern hat nur rechtsgeschäftsähnlichen Charakter. Auch wenn die allgemeinen Vorschriften über Willenserklärungen entsprechend anwendbar sind, ist dies nicht ausreichend, um die durch die Mahnung ausgelöste gesetzliche Rechtsfolge, den Verzug, durch einseitige Rücknahme entfallen zu lassen.[97]

Die Abweisung eines Antrags auf Erlass einer einstweiligen Anordnung beseitigt daher die Verzugsfolgen nicht, auch wenn der Gläubiger im Anschluss daran nicht binnen 6 Monaten Leistungsklage erhebt.[98] Bleibt der Berechtigte zu lange untätig, kann er sich aber unter Umständen nach Treu und Glauben nicht mehr auf die Verzugsfolgen wegen Ver-

---

[89] BGH FamRZ 2008, 1428
[90] BGH FamRZ 2008, 1428
[91] Näher Büttner FamRZ 2000, 921
[92] Büttner FamRZ 2002, 361
[93] Schöppe-Fredenburg FuR 2011, 218: www.bundesbank.de „Basiszinssatz nach § 247 BGB".
[94] OLG Hamm FamRZ 1988, 952
[95] BGH FamRZ 1995, 725 = R 493 A; FamRZ 1988, 478; FamRZ 1987, 40
[96] BGH FamRZ 1987, 40, 42
[97] BGH a. a. O.
[98] BGH FamRZ 1995, 725 = R 493 A

wirkung berufen. Vor Ablauf der sich aus dem Rechtsgedanken der §§ 204 II, 210 I 1, 211 BGB hergeleiteten Sechsmonatsfrist kommt dabei eine Verwirkung regelmäßig nicht in Betracht[99] (s. unten Rn. 143).

Lag die Mahnung gemäß § 286 I 2 BGB in der Erhebung eines Antrags, bewirkt die **Zurücknahme des Unterhaltsantrags** aber ab diesem Zeitpunkt die Zurücknahme der Mahnung, wodurch die Voraussetzungen des Verzugs für die Zukunft entfallen. Von einer zurückgenommenen Mahnung können keinerlei Rechtswirkungen für künftigen Unterhalt mehr ausgehen.[100]

142 c) **Verwirkung des Unterhaltsrückstandes.** Bei Vorliegen besonderer Umstände kann sich der Unterhaltsgläubiger nach Treu und Glauben unter dem Gesichtspunkt der Verwirkung des Unterhaltsrückstandes wegen illoyal verspäteter Geltendmachung nicht mehr auf die Verzugsfolgen berufen.[101] Eine Verwirkung erfordert nach ständiger Rechtsprechung ein **Zeit- und ein Umstandsmoment.** Sie beseitigt nicht die Verzugsfolgen, sondern nur den vor dem Zeitmoment liegenden Anspruch.[102] Die Verwirkung des Unterhaltsrückstandes ist eine **rechtsvernichtende Einwendung.**[103] Sie kann sich auch auf einen Teil des Unterhaltsanspruchs beziehen, wenn der Berechtigte eine ursprünglich erhobene Forderung ermäßigte.[104]

143 • Je kürzer die Verjährungsfrist ist, desto seltener ist an sich Raum für eine Verwirkung. Ansprüche auf Unterhalt verjähren seit der Neufassung der Verjährungsvorschriften durch die Schuldrechtsreform nach § 197 II BGB in 3 Jahren (s. unten Rn. 147), die Verjährung ist aber beim Trennungsunterhalt bis zur Scheidung, beim Kindesunterhalt seit 1. 1. 2010 bis zum 21. Lebensjahr (früher bis zur Volljährigkeit) gehemmt (§ 207 BGB), wodurch die kurze Verjährungsfrist nicht effektiv werden kann.[105] Beim Unterhalt können nach BGH an das **Zeitmoment** keine strengen Anforderungen gestellt werden. Von einem Unterhaltsgläubiger, der lebensnotwendig auf Unterhaltsleistungen angewiesen ist, ist eher als von einem Gläubiger anderer Forderungen zu erwarten, dass er sich zeitnah um die Durchsetzung seines Anspruchs bemüht. Unternimmt er nichts, erweckt sein Verhalten in der Regel den Eindruck, er sei nicht bedürftig. Ferner ist zu beachten, dass Unterhaltsrückstände zu einer erdrückenden Schuldenlast anwachsen können, die auch die Leistungsfähigkeit für den laufenden Unterhalt gefährden.[106] Außerdem sind nach einem längeren Zeitraum oft die der Unterhaltsberechnung zugrunde liegenden Einkommensverhältnisse nur noch schwer aufklärbar.[107] Das Zeitmoment ist daher in der Regel bereits für Zeitabschnitte, die **mehr als ein Jahr vor Rechtshängigkeit** des Antrags oder einem erneuten Tätigwerden zurückliegen, zu bejahen.[108] Das Gesetz schenkt bei Unterhaltsrückständen für eine mehr als ein Jahr zurückliegende Zeit dem Schuldnerschutz besondere Beachtung, wie die Jahresgrenze in § 1585 b III BGB beim nachehelichen Unterhalt und in § 1613 II Nr. 1 BGB beim Sonderbedarf zeigt. Diesem Rechtsgedanken ist auch bei der Bemessung des Zeitmoments für die Verwirkung Rechnung zu tragen.[109] Zu beachten ist in der Praxis, dass das Zeitmoment nicht alle Rückstände vor dem erneuten Tätigwerden erfasst, sondern nur die mehr als ein Jahr vor diesem Zeitpunkt zurückliegenden Unterhaltsforderungen.[110]

---

[99] BGH a. a. O.
[100] BGH FamRZ 1983, 352, 354
[101] BGH FamRZ 2010, 1888 = R 717a; FamRZ 2007, 453 = R 665a; FamRZ 2004, 531 = R 602a; FamRZ 2002, 1698 = R 580a; FamRZ 1988, 370, 372; FamRZ 1988, 478, 479
[102] BGH FamRZ 2007, 453 = R 665b
[103] BGH NJW 1966, 345
[104] OLG Celle FamRZ 2009, 1076
[105] BGH FamRZ 1988, 370, 372
[106] BGH FamRZ 2010, 1888 = R 717a; FamRZ 2007, 453 = R 665a; FamRZ 2002, 1698 = R 580a; FamRZ 1988, 370, 372
[107] BGH FamRZ 2010, 1888 = R 717a
[108] BGH FamRZ 2010, 1888 = R 717a; FamRZ 2007, 453 = R 665a; FamRZ 2004, 531 = R 602a; FamRZ 2002, 1698 = R 580a
[109] BGH a. a. O.
[110] BGH FamRZ 2007, 453 = R 665c

2. Abschnitt: Unterhalt für die Vergangenheit § 6

- Das **Umstandsmoment** erfordert besondere Umstände, auf Grund derer sich der Unterhaltsverpflichtete nach Treu und Glauben darauf einrichten kann, dass der Berechtigte sein Recht nicht mehr geltend macht.[111] Dabei kommt es nicht auf konkrete Vertrauensinvestitionen des Schuldners bzw. auf das Entstehen besonderer Nachteile durch die späte Inanspruchnahme an.[112] Vielmehr kann ausreichend sein, dass der Unterhaltsanspruch von Anfang an streitig war, der Bedürftige über ein eigenes Einkommen verfügte und den Trennungsunterhalt erst nach der Scheidung einklagt,[113] oder sich 2 Jahre nach der letzten Mahnung untätig verhält[114] oder nach Erteilung der geforderten Auskunft durch den Pflichtigen 15 Monate nichts unternimmt,[115] ferner wenn er sich widerspruchslos über einen längeren Zeitraum statt der geforderten z. B. 1000 EUR mit den gezahlten 500 EUR zufrieden gibt.[116] Das Umstandsmoment fehlt dagegen, wenn der Unterhalt in regelmäßigen Abständen moniert wird und der Gläubiger durch sein Verhalten deutlich zu erkennen gibt, dass er den Rückstand weiterhin geltend macht.[117] Es fehlt ebenfalls, wenn der Pflichtige gegen den Anspruch Einwendungen erhebt, z. B. eine Verwirkung, und der Gläubiger dem nachgeht.[118] Es ist auch nicht gegeben, wenn es nur um Nachzahlungen nicht angepasster Indexierungsleistung geht, soweit der Unterhaltsschuldner in so guten Verhältnissen lebt, dass er seine Lebensführung nicht auf eventuelle Nachzahlungen ausrichten muss.[119] **144**

Ist der Unterhaltsanspruch auf eine **Behörde übergegangen,** z. B. nach § 33 I SGB II, 94 I SGB XII, gelten für die Verwirkung die gleichen Voraussetzungen, denn durch den gesetzlichen Übergang von Unterhaltsansprüchen wird deren Natur, Inhalt und Umfang nicht verändert.[120] Auch wenn Behörden nicht lebensnotwendig auf den Unterhaltsanspruch angewiesen sind, müssen sie sich bei der Rechtsnatur des Anspruchs um eine zeitnahe Durchsetzung bemühen. **145**

Rückständige **titulierte Unterhaltsansprüche** können der Verwirkung unterliegen, wenn sich ihre Geltendmachung unter dem Gesichtspunkt illoyal verspäteter Rechtsausübung als unzulässig darstellt. Dies gilt auch beim Unterhalt minderjähriger Kinder.[121] Bei titulierten Ansprüchen ist generell bei der Prüfung, ob eine Verwirkung vorliegt, ein strengerer Maßstab anzulegen.[122] An das Zeitmoment sind die oben genannten Anforderungen zu stellen. Beim Umstandsmoment ist auf die Untätigkeit von Vollstreckungsmaßnahmen abzustellen; ist eine Vollstreckung ohne weiteres möglich, weil der Pflichtige in einem geregelten Arbeitsverhältnis steht, ist das Umstandsmoment zu bejahen, wenn nichts unternommen wird.[123] Ist eine Vollstreckung dagegen nicht erfolgsversprechend, weil der Pflichtige unbekannten Aufenthalts ist, laufend den Arbeitsplatz wechselt oder kein pfändbares Einkommen hat, wird das Umstandsmoment regelmäßig zu verneinen sein. Das Umstandsmoment ist ferner nicht gegeben, wenn der Pflichtige sich auf Grund guter finanzieller Verhältnisse wegen der titulierten Beträge nicht in seiner Lebensführung einschränken muss.[124] Bei Ansprüchen minderjähriger Kinder wird man außerdem berücksichtigen müssen, dass mit einem Verzicht i. d. R. nicht gerechnet werden kann, weil sie sich nicht selbst unterhalten können.[125] **146**

---

[111] BGH FamRZ 2010, 1888 = R 717 a; FamRZ 2007, 453 = R 665 c
[112] BGH FamRZ 2010, 1888 = R 717 a
[113] BGH FamRZ 1988, 370, 372
[114] BGH FamRZ 2007, 453 = R 665 a
[115] BGH FamRZ 2002, 1698 = R 580 a
[116] OLG Karlsruhe FamRZ 2002, 1039
[117] BGH FamRZ 1988, 478, 480
[118] BGH FamRZ 2010, 1888 = R 717 a
[119] BGH FamRZ 2004, 531 = R 602 b
[120] BGH FamRZ 2010, 1888 = R 717 a; FamRZ 2002, 1698 = R 580 a
[121] BGH FamRZ 2004, 531 = R 602 b; FamRZ 1999, 1422 = R 535
[122] OLG Stuttgart FamRZ 1999, 859
[123] OLG München FamRZ 2002, 68
[124] BGH FamRZ 2004, 531 = R 602 b
[125] So im Ergebnis OLG Celle FamRZ 2009, 2230

III. Verjährung

147 Unterhaltsansprüche verjähren nach der Neufassung der Verjährungsvorschriften durch das Schuldrechtsmodernisierungsgesetz seit 1. 1. 2002 gemäß §§ 197 II, 195 BGB **in drei Jahren.** Die Verjährungsfrist **beginnt** dabei nach § 199 I BGB am Schluss des Jahres, in dem der Anspruch entstanden ist und der Gläubiger von den den Anspruch begründenden Umständen und der Person des Schuldners Kenntnis erlangt oder ohne grobe Fahrlässigkeit erlangen müsste. Bis 31. 12. 2001 betrug die Verjährung nach § 197 BGB a. F. vier Jahre.

Die **Übergangsregelung** ergibt sich aus dem schwer verständlichen Artikel 229 § 6 EGBGB. Bei den am 1. 1. 2002 bereits verjährten Ansprüchen bleibt es bei der früheren Regelung. Für die am 1. 1. 2002 bestehenden noch nicht verjährten Unterhaltsansprüche gilt das neue Recht, wobei die 3-Jahresfrist erst ab 1. 1. 2002 zu laufen beginnt; eine Ausnahme besteht, wenn die frühere Regelung (4-Jahresfrist) für den Schuldner günstiger ist, weil bis 1. 1. 2002 bereits ein Teil der Frist verstrichen ist. Für die Hemmung gilt das Stichtagsprinzip, d. h. für die Zeit bis 31. 12. 2001 gilt altes Recht, ab 1. 1. 2002 neues Recht.[126]

148 Die Neuregelung gilt nach Aufhebung des § 1615l IV BGB a. F. auch für Ansprüche nicht verheirateter Eltern, für den Sonderbedarf[127] und familienrechtliche Ausgleichsansprüche beim Kindesunterhalt (vgl. Rn. 2/767 ff.).[128] Zinsansprüche verjähren mit der Hauptsache (§ 217 BGB).

149 Die **Vollstreckungsverjährung** beträgt nach § 197 I 3 BGB für bis zur Rechtskraft des Urteils aufgelaufenen Leistungen bzw. nach § 197 I 4 BGB bis zum Vergleichsabschluss oder der Errichtung einer vollstreckbaren Urkunde entstandenen Ansprüche 30 Jahre, für titulierten künftigen Unterhalt nach §§ 197 II, 195 BGB 3 Jahre statt wie früher 4 Jahre. Bei der regelmäßigen Verjährung gilt für den Verjährungsbeginn § 199 I BGB (s. oben Rn. 147).

150 Nach § 207 BGB ist die Verjährung beim Ehegattenunterhalt bis zur Scheidung, beim Kindesunterhalt seit 1. 1. 2010 bis zum 21. Lebensjahr (früher bis zur Volljährigkeit) **gehemmt,** ebenso bei Bestehen einer Lebenspartnerschaft. Durch die Schuldrechtsreform wurden die Gründe für eine Hemmung der Verjährung, während der die Verjährungsfrist nicht läuft (§ 209 BGB), durch §§ 203, 204 BGB erheblich ausgeweitet. Im Unterhaltsrecht sind insbesondere § 203 BGB (schwebende Verhandlungen), § 204 I Nr. 1 BGB (Antragserhebung, auch bei einem Stufenantrag, Antrag auf Erteilung der Vollstreckungsklausel), § 204 I Nr. 2 BGB (Zustellung des Antrags im vereinfachten Verfahren über den Unterhalt Minderjähriger), § 204 I Nr. 3 BGB (Zustellung des Mahnbescheides), § 204 I Nr. 9 BGB (Zustellung eines Antrags auf Arrest, einstweilige Verfügung oder einstweilige Anordnung), § 204 I Nr. 14 BGB (Verfahrenskostenhilfeantrag) und § 205 BGB (Stundung) zu beachten. Die Hemmung endet in den Fällen des § 204 BGB 6 Monate nach rechtskräftiger Entscheidung oder anderweitiger Beendigung des Verfahrens.

Bei einer Abschlagszahlung auf Unterhaltsrückstände beginnt die Verjährung neu zu laufen, ebenso bei Vollstreckungshandlungen (§ 212 I BGB).

151 Geht der Unterhaltsanspruch bei Gewährung eines **Unterhaltsvorschusses** nach § 7 UVG auf das Land über, gilt die **Hemmung** der Verjährung nach § 207 I 2 Nr. 2 BGB **nicht,** weil sie nur der Wahrung des Familienfriedens dient.[129] Entsprechendes gilt bei einem Forderungsübergang bei Leistung von Arbeitslosengeld II oder Sozialhilfe. Bei einer Rückabtretung lebt die Hemmung nicht wieder auf, da es dann um den Rückgriff des Trägers der Leistung geht, nachdem der Bedarf des Berechtigten in Höhe der Sozialleistung (Unterhaltsvorschuss, Arbeitslosengeld II, Sozialhilfe) gedeckt wurde (s. näher Rn. 8/274).

152–199 *– in dieser Auflage nicht belegt –*

---

[126] Büttner FamRZ 2002, 362
[127] Näher hierzu Büttner FamRZ 2002, 362
[128] A. A. nach altem Recht BGH FamRZ 1988, 387
[129] BGH FamRZ 2006, 1664 = R 657 d

3. Abschnitt:
Rückforderung von zu Unrecht gezahltem Unterhalt

I. Grundsätze

1. Ausgangslage

Bei der Rückforderung von überzahltem Unterhalt geht es regelmäßig um **unfreiwillige** **Leistungen,** weil der Anspruch überhöht tituliert war. **Freiwillige Mehrleistungen** können beim Familien- und Trennungsunterhalt nach §§ 1361 IV 4 BGB, 1360 b BGB, beim nachehelichen Unterhalt und Verwandtenunterhalt nach § 814 BGB nicht zurückverlangt werden (näher Rn. 226 ff.). 200

Ist ein Unterhaltsanspruch tituliert, entspricht der Titel aber materiell-rechtlich nicht oder nicht mehr der Rechtslage, stellt sich das Problem, ob das zu viel Gezahlte zurückverlangt werden kann. Die Umstände, die einer Unterhaltsberechnung zugrunde lagen, können sich schnell ändern. Ein sog. Hauptsachetitel, d. h. ein Urteil/Beschluss, ein Prozessvergleich oder eine vollstreckbare Urkunde kann dadurch rückwirkend geändert, ein Titel aus dem summarischen Verfahren der einstweiligen Anordnung ohne Rechtsgrund erlassen, ein Vollstreckungstitel durch falsche Angaben erschlichen oder durch treuwidriges Verschweigen von Einkommensänderungen zu Unrecht aufrechterhalten werden. Als monatlich jeweils im Voraus zu zahlende Dauerleistung, auf die einerseits der Unterhaltsgläubiger zur Bestreitung seiner Lebenshaltungskosten regelmäßig angewiesen ist, die dem Unterhaltspflichtigen andererseits aber oft hohe Einschränkungen der eigenen Bedürfnisse abverlangt, hat die Möglichkeit der Rückforderung von Überzahlungen für Gläubiger wie Schuldner in der Praxis in den angeführten Fällen erhebliche Bedeutung.

Trotz der speziellen Konstellation im Unterhaltsrecht hat der Gesetzgeber diese Fragen außer in § 1360 b BGB nicht gesondert geregelt, es gelten vielmehr nur die allgemeinen, der Unterhaltsproblematik nicht immer voll gerecht werdenden Rückforderungs- und Schadensersatzansprüche, die von der Rechtsprechung nur in wenigen Fällen weiterentwickelt bzw. angepasst wurden. Mit der Neufassung des § 241 FamFG wurden die Rückforderungsmöglichkeiten bei sog. Hauptsachetiteln entscheidend ausgeweitet (näher Rn. 215). 201

Werden in einem **laufenden Prozess** zum Teil Überzahlungen geleistet, zum Teil zu wenig gezahlt, handelt es sich um ein **Verrechnungsproblem.** Es ist im Zweifel immer davon auszugehen, dass die Parteien damit einverstanden sind.[1] Zur **Aufrechnung von Rückforderungsansprüchen** mit künftigem Unterhalt vgl. Rn. 311. 202

2. Anspruchsgrundlagen

Grundlagen für die Rückforderung von zu Unrecht gezahltem Unterhalt bilden in erster Linie Ansprüche aus ungerechtfertigter Bereicherung nach § 812 BGB, z. B. bei rückwirkender Abänderung eines Unterhaltstitels nach §§ 238–240 FamFG oder Feststellung, dass entgegen einer einstweiligen Anordnung kein oder nur ein geringerer Unterhalt geschuldet wird (vgl. Rn. 204 ff.). 203

Wegen der Verwendung des Unterhalts zur Begleichung der laufenden Lebenshaltungskosten und der dadurch entstehenden Entreicherung führt diese Anspruchsgrundlage im Regelfall nur bei Vorliegen einer verschärften Haftung zum Erfolg (s. näher Rn. 208 ff.).

Daneben kommen Schadensersatzansprüche aus dem Vollstreckungsrecht nach §§ 248 V, 120 FamFG, §§ 717, 945 ZPO (vgl. Rn. 228 ff.) und aus unerlaubter Handlung wegen Prozessbetrugs bzw. vorsätzlicher sittenwidriger Ausnützung eines unrichtig gewordenen Vollstreckungstitels in Betracht (vgl. Rn. 233 ff.), bei denen die Entreicherungsproblematik keine Rolle spielt.

---

[1] BGH FamRZ 1985, 908

§ 6 Sonderfragen

Sonderfälle mit Lösungen nach § 242 BGB können beim Eintritt des Rentenfalles (vgl. Rn. 239 ff.) und beim Verfahrenskostenvorschuss bestehen (vgl. Rn. 242 ff.).

II. Rückforderungsansprüche aus ungerechtfertigter Bereicherung

1. Anspruchsgrundlage

204 a) **Rechtslage bei einstweiligen Anordnungen nach der ZPO.** Bei allen vor dem 1. 9. 2009 bereits anhängigen Verfahren bleibt es bis zu deren rechtskräftigen Abschluss nach Art. 111 FFG-RG beim früheren Verfahrensrecht. Die auf Grund einer summarischen Prüfung erlassene **einstweilige Anordnung** nach §§ 620 Nr. 4, 6, 644 ZPO trifft nur eine vorläufige Regelung, die keine rechtskräftige Entscheidung über den Unterhaltsanspruch darstellt. Die einstweilige Anordnung ist rein prozessualer Natur und schafft lediglich eine einstweilige Vollstreckungsmöglichkeit eines vorläufig als bestehend angenommenen Anspruchs, die nach § 620 f ZPO bis zur anderweitigen Regelung, also bei einstweiligen Anordnungen im Scheidungsverfahren nach § 620 Nr. 4, 6 ZPO auch über die Scheidung hinaus gilt. Geht die einstweilige Anordnung über Bestand und Höhe des materiell-rechtlichen Unterhaltsanspruchs hinaus, leistet der Schuldner insoweit ohne Rechtsgrund nach § 812 I 1 BGB.[2] Eine anderweitige Regelung nach § 620 f ZPO bildet in diesen Fällen bei **einstweiligen Anordnungen nach § 620 Nr. 4, 6 ZPO** ein im ordentlichen Rechtsstreit ergehendes Urteil. In der Regel handelt es sich insoweit um eine vom Verpflichteten erhobene **negative Feststellungsklage,** dass kein bzw. kein so hoher Unterhaltsanspruch besteht. Aber auch eine sofort erhobene **Bereicherungsklage** ist zugleich eine anderweitige Regelung i. S. des § 620 f ZPO.[3] Die Wirkung des § 620 f ZPO tritt dabei erst mit der Rechtskraft des Urteils ein.[4]

Bei **einstweiligen Anordnungen nach § 644 ZPO** im Unterhaltsprozess steht durch das Leistungsurteil fest, ob und in welcher Höhe der Unterhaltsanspruch besteht. Ging die einstweilige Anordnung darüber hinaus, wurde insoweit ohne Rechtsgrund nach § 812 I 1 BGB geleistet. Das Leistungsurteil führt zugleich ab Rechtskraft die Wirkung nach § 620 f ZPO herbei.[5] Eine negative Feststellungsklage kann bei einer überhöhten einstweiligen Anordnung nicht erhoben werden, um vorzeitig die Wirkung des § 620 f ZPO herbeizuführen, da wegen der positiven Leistungsklage das Feststellungsinteresse fehlt.[6] Es kann lediglich sofort eine Bereicherungswiderklage anhängig gemacht werden, um die verschärfte Haftung nach § 818 IV BGB herbeizuführen (vgl. auch Rn. 214, 225).

205 b) **Rechtslage bei einstweiligen Anordnungen nach dem FamFG.** Für alle **ab 1. 9. 2009 neu anhängig gewordene Verfahren** gilt das FamFG. Einstweilige Anordnungen Unterhalt sind nach § 51 III FamFG eigenständige Verfahren, auch wenn ein Hauptsacheverfahren Unterhalt anhängig ist. Soweit noch kein Hauptsacheverfahren anhängig ist, muss es auf Antrag eines Beteiligten eingeleitet werden, § 52 II FamFG. Die einstweilige Anordnung Unterhalt ist nach § 57 FamFG nicht anfechtbar. Auch wenn es sich bei der einstweiligen Anordnung um ein eigenständiges Verfahren handelt, beinhaltet sie nach § 49 FamFG – wie früher nach der ZPO – nur eine vorläufige Regelung zur Schaffung einer vorläufigen Vollstreckungsmöglichkeit für den Unterhaltsgläubiger, die bis zur anderweitigen Regelung gilt (s. oben Rn. 204). Erst durch die Entscheidung im Leistungsantrag des Hauptsacheverfahrens steht fest, ob und in welcher Höhe Unterhalt geschuldet wird. Überstieg die erlassene einstweilige Anordnung den im Hauptsacheverfahren titulierten Betrag, wurde insoweit nach § 812 I 1 BGB ohne Rechtsgrund geleistet. Ohne Rechtsgrund wurde ferner geleistet, wenn der Bedürftige trotz Aufforderung des Gerichts auf Antrag des

---

[2] BGH FamRZ 1992, 1152 = R 452; FamRZ 1984, 767
[3] BGH FamRZ 1984, 767
[4] BGH FamRZ 1991, 180
[5] BGH FamRZ 2000, 751, 753 = R 539 d
[6] BGH NJW 1999, 2516 (generell); OLG Koblenz FamRZ 2004, 1732; OLG Naumburg, FamRZ 2001, 1082; OLG Köln FamRZ 2001, 106; OLG Brandenburg FamRZ 1999, 662

3. Abschnitt: Rückforderung von zu Unrecht gezahltem Unterhalt § 6

Pflichtigen nicht fristgerecht einen Hauptsacheantrag stellt und die einstweilige Anordnung deshalb nach § 52 II 3 FamFG aufgehoben wird.

Nachdem es im Gegensatz zur Rechtslage nach der ZPO keine einstweilige Anordnung Ehegatten- oder Kindesunterhalt als unselbständiges Verfahren im Scheidungsantrag mehr gibt, muss der Pflichtige bei einer überhöht titulierten einstweiligen Anordnung zur Herbeiführung einer anderweitigen Regelung gemäß § 56 FamFG stets die Einleitung eines Hauptsacheverfahrens durch den Bedürftigen nach § 52 II FamFG beantragen.

c) Hauptsachetitel. Wird ein sog. **Hauptsachetitel** über Unterhalt (Urteil/Beschluss, Vergleich, vollstreckbare Urkunde) rückwirkend nach §§ 238 bis 240 FamFGF (früher § 323 ZPO) abgeändert, entfällt nachträglich die Rechtsgrundlage aus dem alten Titel für den bisher geleisteten Unterhalt (§ 812 I 2 BGB).[7] Eine rückwirkende Herabsetzung kommt bei Urteilen/ Beschlüssen nach der Neufassung des § 238 III FamFG für die Zeit von 1 Jahr vor Rechtshängigkeit des Abänderungsverfahrens in Betracht. Für die davor liegende Zeit wurde dagegen wegen des vorhandenen Titels mit Rechtsgrund geleistet. Bei Vergleichen und vollstreckbaren Urkunden gilt das Rückwirkungsverbot nicht, § 239 FamFG.[8] Bei Titeln im vereinfachten Verfahren gilt das Rückwirkungsverbot nach § 240 II FamFG in eingeschränkten Umfang. 206

Kein Anspruch nach § 812 BGB ist dagegen gegeben, wenn der durch rechtskräftiges Urteil/Beschluss zugesprochene Unterhalt mit der Begründung zurückgefordert wird, der Rechtsstreit sei nicht richtig entschieden worden.[9] 207

2. Entreicherung

Nach § 818 I BGB kann der Schuldner bei ungerechtfertigter Bereicherung Herausgabe des Erlangten bzw. nach § 818 II BGB Wertersatz verlangen. Der Gläubiger kann jedoch einwenden, dass er **nicht** mehr **bereichert** ist (§ 818 III BGB). Die Vorschrift dient dem Schutz des „gutgläubig" Bereicherten, der das rechtsgrundlos Empfangene im Vertrauen auf das (Fort-)Bestehen des Rechtsgrundes verbraucht hat und daher nicht über den Betrag einer bestehengebliebenen Bereicherung hinaus zur Herausgabe oder zum Wertersatz verpflichtet werden soll.[10] 208

Für die **Entreicherung** ist maßgebend, ob der Unterhaltsgläubiger die Beträge restlos für seine laufenden Lebensbedürfnisse verbraucht hat oder ob sich in seinem Vermögen noch vorhandene Werte – auch in Form anderweitiger Ersparnisse, Anschaffungen oder Tilgung von Schulden – befinden.[11] Da der Unterhalt der Lebensführung dient, wird regelmäßig eine Entreicherung vorliegen, da nach der Lebenserfahrung bei unteren und mittleren Einkommen eine Vermutung dafür spricht, dass das Erhaltene zur Verbesserung des Lebensstandards ausgegeben wurde (s. unten Rn. 212).[12] 209

Keine Entreicherung liegt vor, wenn der Bedürftige Rücklagen bildete oder sich mit dem Geld noch in seinem Vermögen vorhandene Werte oder Vorteile verschafft hat, z.B. einen Pkw oder Haushaltsgegenstände gekauft bzw. Schulden getilgt hat.[13] 210

Vermögensvorteile, die einem Wegfall der Bereicherung entgegenstehen, liegen aber nur vor, wenn die rechtsgrundlose Zahlung **kausal** für den verbleibenden Vermögensvorteil ist.[14] Der Bereicherte kann sich damit erfolgreich auf eine Entreicherung berufen, wenn er 211

---

[7] BGH FamRZ 1992, 1152 = R 452 a
[8] Vgl. z.B. zur früheren entsprechenden Rechtslage bei § 323 IV ZPO BGH FamRZ 1991, 542 = R 433; FamRZ 1983, 22, 24
[9] BGH FamRZ 1984, 767
[10] BGH FamRZ 2008, 1911; FamRZ 2008, 968 = R 689 l; FamRZ 2000, 751 = R 539 a; FamRZ 1992, 1152 = R 452 b
[11] BGH FamRZ 2011, 1911; FamRZ 2008, 968 = R 689 l; FamRZ 2000, 751 = R 539 a; FamRZ 1998, 951 = R 526 a
[12] BGH FamRZ 2011, 1911; FamRZ 2000, 751 = R 539 a
[13] BGH FamRZ 2000, 751 = R 539 a; FamRZ 1992, 1152 = R 452 b
[14] BGH FamRZ 1992, 1152 = R 452 b

die Anschaffung oder Schuldentilgung mit von dritter Seite geschenktem Geld zahlte, den Unterhalt dagegen ersatzlos verbrauchte.[15]

Nach BGH besteht ferner keine Bereicherung, wenn der Bedürftige mit dem Geld zwar Anschaffungen tätigte oder Schulden tilgte, aber davon auszugehen ist, dass er sich dies auch ohne Überzahlung **unter Einschränkung seiner sonstigen Bedürfnisse** geleistet hätte. Die Zuvielzahlung bewirkte dann nur, dass sich der Bedürftige in seiner Lebensführung weniger einschränkte als bei einem niedrigeren Unterhalt bzw. Einkommen. Entscheidend ist insoweit der Nachweis, dass der Bereicherte den Vermögensvorteil in jedem Fall auch ohne Überzahlung des Unterhalts, notfalls unter Reduzierung seines Lebensstandards, erworben hätte, so dass die Überzahlung für den Vermögensvorteil nicht ursächlich war.[16] Dabei kommt es nicht darauf an, ob der Bedürftige den bestehengebliebenen Vermögensvorteil aus dem rechtsgrundlos gezahlten Unterhalt oder aus seinem Eigeneinkommen erworben hat. Dies lässt sich zumeist auch gar nicht mehr feststellen.[17]

212 Die Entreicherung stellt eine **rechtsvernichtende Einwendung** dar, für die der Bereicherte **vortragungs- und beweispflichtig** ist.[18] Nachdem der Unterhalt der Bezahlung der laufenden Lebenshaltungskosten dient und üblicherweise verbraucht ist, nach der Lebenserfahrung ferner Überzahlungen regelmäßig zur Verbesserung des Lebensstandards ausgegeben werden, besteht zugunsten des Empfängers die Vermutung, dass die Überzahlung verbraucht ist.[19] Dies gilt insbesondere bei niedrigen und mittleren Einkommensverhältnissen, so dass keine besonderen Verwendungsnachweise zu erbringen sind.[20]

3. Verschärfte Haftung

213 Der Bedürftige kann sich auf eine Entreicherung nach § 818 III BGB nicht berufen, wenn eine verschärfte Haftung nach §§ 818 IV, 819 I, 820 I BGB eingreift.

214 Gemäß **§ 818 IV BGB** kann sich der Empfänger einer rechtsgrundlosen Leistung vom Eintritt der Rechtshängigkeit an nicht mehr auf den Wegfall der Bereicherung stützen.[21] Die verschärfte Haftung knüpft nach BGH jedoch nicht an die Rechtshängigkeit eines Abänderungsverfahrens (Abänderungsantrag, negativer Feststellungsantrag) an, in dem über Grund und Höhe des Unterhaltsanspruchs gestritten wird. Als eng zu sehende Ausnahme vom Grundsatz, dass der Bereicherte auf Ersatz nur bis zur Grenze einer noch vorhandenen Bereicherung haftet, betrifft die verschärfte Haftung nach § 818 IV BGB vielmehr nur die **Rechtshängigkeit des Rückforderungsverfahrens**.[22] Der Unterhaltsschuldner ist durch die Möglichkeit der Einstellung der Zwangsvollstreckung oder einem mit einem Unterhaltsabänderungsverfahren erhobenen Rückforderungsantrag nicht schutzlos gestellt[23] (s. näher Rn. 221 ff.).

215 Für alle erst **nach dem 1. 9. 2009 eingeleitete Verfahren** besteht nach § 241 FamFG die verschärfte Haftung bereits ab **Rechtshängigkeit des Abänderungsverfahrens**. Dies führt zu Gunsten des Unterhaltspflichtigen in der Praxis zu einer erheblichen Ausweitung der verschärften Haftung, da das früher häufig übersehene zweigleisige Verfahren der Verbindung des Abänderungsverfahrens mit einem Rückforderungsverfahren zur Herbeiführung der verschärften Haftung nach § 818 IV BGB nicht mehr erforderlich ist. Die Neuregelung hat eine Verfahrensvereinfachung und Kostenersparnis zur Folge.[24] Nach dem eindeutigen Gesetzeswortlaut gilt sie aber nur bei **Erhebung eines Abänderungsantrags**

---

[15] BGH a. a. O.
[16] BGH a. a. O.
[17] BGH a. a. O.
[18] BGH FamRZ 2000, 751 = R 539 a; FamRZ 1992, 1152 = R 452 b
[19] BGH a. a. O.
[20] BGH FamRZ 2008, 1911; FamRZ 2000, 751 = R 539 a
[21] BGH FamRZ 2008, 968 = R 689 m
[22] BGH FamRZ 2010, 1637; FamRZ 2008, 1911; FamRZ 2000, 751 = R 539 b; FamRZ 1998, 951 = R 526 b; FamRZ 1992, 1152, 1154 = R 452; FamRZ 1986, 793
[23] BGH FamRZ 1998, 951, 952 = R 526 b; FamRZ 1992, 1152, 1154 = R 452
[24] BT-Drs. 16/16308 S. 579

3. Abschnitt: Rückforderung von zu Unrecht gezahltem Unterhalt § 6

nach §§ 238, 239, 240 FamFG, nicht bei Erhebung eines Leistungsantrags beim Hauptsacheverfahren oder eines negativen Feststellungsantrags bei einstweiligen Anordnungen, soweit man letztere wegen § 52 II FamFG noch für zulässig erachtet. Eine analoge Anwendung entfällt wegen des eindeutigen Gesetzeswortlauts und der Gesetzessystematik. Auch die bei einstweiligen Anordnungen Unterhalt ausdrücklich in § 112 I 2 FamFG nicht normierte Schadensersatzpflicht zeigt dies auf, da die Rückforderung im Ergebnis einen Schadensersatz unter Berücksichtigung der Besonderheiten des Bereicherungsrechts beinhaltet. Die §§ 49 ff. FamFG beinhalten wie früher §§ 620 ff. ZPO eine abschließende Regelung, bei der keine Rückforderung vorgesehen ist. Letzteres würde ansonsten in vielen Fällen den Bedürftigen davon abhalten, eine einstweilige Anordnung zu beantragen (vgl. auch Rn. 232). Diese Frage ist in der Praxis allerdings sehr umstritten und wurde vom BGH noch nicht entschieden.

Eine verschärfte Haftung nach **§ 819 I BGB** ab dem Zeitpunkt, ab dem der Bereicherungsempfänger den Mangel des rechtlichen Grundes kennt, erfordert eine **positive Kenntnis** von der Rechtsgrundlosigkeit des überzahlten Unterhalts. Ein fahrlässiges Verhalten (= Kennenmüssen) oder bloße Zweifel am Fortbestand des Rechtsgrundes reichen nicht aus. Die positive Kenntnis muss sich dabei nicht nur auf die Tatsachen, auf denen das Fehlen des Rechtsgrundes beruht, beziehen, sondern auch auf die sich daraus ergebenden Rechtsfolgen.[25] Für die Bösgläubigkeit reicht daher regelmäßig nicht bereits die Erhebung eines Unterhaltsabänderungsantrags aus,[26] sondern erst die Entscheidung des Gerichts im Abänderungsverfahren. 216

Eine verschärfte Haftung nach **§ 820 I BGB** ist auf Fälle zugeschnitten, in denen nach dem Inhalt eines Rechtsgeschäfts der Eintritt des bezweckten Erfolges als ungewiss oder der Wegfall des Rechtsgrundes als möglich angesehen wird. Diese Konstellationen liegen bei Unterhaltszahlungen regelmäßig nicht vor, auch nicht bei Vereinbarungen.[27] 217

- Soweit der Unterhalt auf Grund einer einstweiligen Anordnung geleistet wurde, entfällt eine unmittelbare Anwendung des § 820 I 1 BGB, weil die einstweilige Anordnung nur eine vorläufige Vollstreckungsmöglichkeit eines vorläufig als bestehend angenommenen Unterhaltsanspruchs darstellt (s. oben Rn. 204) und damit die Überzahlung von Unterhalt auf einem staatlichen Hoheitsakt und nicht auf einem Rechtsgeschäft beruht. Eine analoge Anwendung von § 820 I 1 BGB mit der Erwägung, die Unterhaltsregelung im Wege einer einstweiligen Anordnung sei nur vorläufig, so dass der Berechtigte damit rechnen müsse, die Zahlungen würden möglicherweise ohne rechtlichen Grund erfolgen, kommt nicht in Betracht. Die Vorschrift des § 820 I BGB ist auf Fälle zugeschnitten, in denen nach dem Inhalt des Rechtsgeschäfts beiderseits der Erfolg als ungewiss angesehen wird. Der Bedürftige als Empfänger der Leistung, der zur Bestreitung seiner Lebenshaltungskosten den Unterhalt benötigt, muss jedoch davon ausgehen können, dass die einstweilige Anordnung der Rechtslage entspricht.[28] 218

- Wird ein Hauptsachetitel rückwirkend abgeändert (s. oben Rn. 206), kommt als verschärfte Haftung die Anwendung von § 820 I 2 BGB in Frage. Sie greift aber bei Unterhaltszahlungen aus den bereits genannten Gründen ebenfalls nicht ein, auch nicht analog.[29] § 820 I 2 BGB verlangt, dass beide Parteien von vornherein davon ausgehen, dass die Möglichkeit des Wegfalls des Rechtsgrundes besteht und deshalb mit einer Rückgabeverpflichtung zu rechnen ist.[30] Davon kann bei Unterhaltsanpassungen nicht ausgegangen werden, auch nicht bei Vergleichen, da letztere den Unterhaltsanspruch nur modifizieren.[31] 219

- Auch die **Unterhaltsleistung unter Vorbehalt** führt nicht zu einer analogen Anwendung des § 820 I 1 BGB. Sie hat, soweit der Unterhalt auf Grund eines Titels geleistet 220

---

[25] BGH FamRZ 1998, 951, 952 = R 526 c; FamRZ 1992, 1152, 1154 = R 452
[26] BGH a. a. O.
[27] BGH FamRZ 2000, 751 = R 539 b; FamRZ 1998, 951 = R 526 d; FamRZ 1984, 767
[28] BGH a. a. O.
[29] BGH FamRZ 2000, 751 = R 539 b
[30] BGH FamRZ 1998, 951, 953 = R 526 d
[31] BGH a. a. O.

4. Möglichkeiten des Pflichtigen gegen den Entreicherungseinwand

221 **a) Allgemeine Grundsätze.** Aus den oben geschilderten Ausführungen ergibt sich, dass ein Rückforderungsanspruch für zu Unrecht geleisteten Unterhalt nach § 812 BGB häufig an einer Entreicherung des Bedürftigen und einer nicht bestehenden verschärften Haftung zu scheitern droht, z. B. bei einstweiligen Anordnungen. Der Verpflichtete ist aber insoweit nicht rechtlos gestellt, da er verschiedene Möglichkeiten hat, zumindest ab Rechtshängigkeit des Abänderungsverfahrens dieser Gefahr zu begegnen.[33]

222 Nach ständiger Rechtsprechung können sowohl bei Abänderungs- als auch bei negativen Feststellungsanträgen – soweit sie trotz § 52 II FamFG noch als zulässig angesehen werden – **Vollstreckungsschutzanträge** in analoger Anwendung des § 769 ZPO gestellt werden. Der Erlass einer einstweiligen Anordnung nach § 769 ZPO setzt voraus, dass die tatsächlichen Behauptungen, die den Antrag begründen, glaubhaft gemacht werden können (§ 769 I 2 ZPO). Das Gericht hat dann genau zu prüfen, ob die vorgetragenen und glaubhaft gemachten Gründe eine Einstellung rechtfertigen.[34] Soweit das Familiengericht dem Antrag nicht stattgibt, ist nach BGH eine sofortige Beschwerde nicht statthaft,[35] was die praktische Handhabung von § 769 ZPO einschränkt.

223 **b) Bei einstweiligen Anordnungen.** Die frühere Rechtslage gilt insoweit fort, da in diesen Fällen § 241 FamFG nicht anwendbar ist. Im Ergebnis besteht daher bei Unterhaltsleistungen aufgrund einer einstweiligen Anordnung die Gefahr, dass die Rückforderung eines zu Unrecht geleisteten Unterhalts, weil er im Rahmen der einstweiligen Anordnung zu hoch tituliert worden war (§ 812 I 1 BGB), wegen der Entreicherung nach § 818 II, III BGB scheitert. Soweit über einen Abänderungsantrag nach § 54 I FamFG die Weiterzahlung des zu viel geleisteten Unterhalts nicht verhindert werden kann, kann dieses Ergebnis nur vermieden werden, indem der Verpflichtete seinen Antrag, dass der Bedürftige nach § 52 II FamFG das Hauptsacheverfahren einleitet, sofort verbindet mit einem Rückforderungsantrag. Hat der Bedürftige bereits den Hauptsacheantrag gestellt, ist der Rückforderungsantrag im gleichen Verfahren als Widerantrag geltend zu machen. Durch die Rechtshängigkeit des Rückforderungsantrags tritt jeweils die verschärfte Haftung nach § 818 IV BGB ein. Über den Rückforderungsantrag wird das Gericht allerdings erst gemeinsam mit dem Leistungsantrag des Bedürftigen entscheiden. Der Bedürftige ist bei dieser Vorgehensweise aber gewarnt, dass er u. U. den ihm über die einstweilige Anordnung geleisteten Unterhalt ganz oder teilweise zurückerstatten muss. Der Rückforderungsantrag ist wegen § 253 II Nr. 2 ZPO genau zu beziffern (z. B. … den ab 1. 4. … mtl. über 300 EUR hinausgehenden Unterhalt von 500 EUR zurückzuzahlen).

224 Als **weitere und einfachere Möglichkeit** schlägt der BGH vor, die behauptete Überzahlung als **zins- und tilgungsfreies Darlehen** anzubieten, verbunden mit der Verpflichtung, im Falle der Abweisung des Abänderungsbegehrens auf Rückzahlung zu verzichten. Dem Unterhaltsberechtigten obliegt es dann nach Treu und Glauben, einen in solcher Weise angebotenen Kredit anzunehmen[36] (vgl. auch Rn. 239 ff.). Kommt er dem nicht nach, macht er sich schadensersatzpflichtig. Mit Urteil vom 11. 8. 2010 hat der BGH erneut auf diese Möglichkeit hingewiesen, weil es dadurch zu keiner ungleichen Risikoverteilung bei Überzahlungen zwischen Unterhaltsgläubiger und Unterhaltsschuldner kommt.[37] Diese

---

[32] BGH FamRZ 1984, 470 = NJW 1984, 2826
[33] BGH FamRZ 2000, 751 = R 539 e; FamRZ 1998, 951, 952 = R 526 b; FamRZ 1992, 1152, 1154 = R 452
[34] BGH FamRZ 2000, 751 = R 539 e; FamRZ 1998, 951, 952 = R 526 b; FamRZ 1992, 1152, 1154 = R 452
[35] BGH FamRZ 2004, 1191
[36] BGH FamRZ 1992, 1152, 1155 = R 452 d; FamRZ 1989, 718
[37] BGH FamRZ 2010, 1637

3. Abschnitt: Rückforderung von zu Unrecht gezahltem Unterhalt § 6

Lösung ist in der Praxis aber bisher kaum bekannt, weshalb entsprechende Darlehensangebote i. d. R. von Bedürftigen zu Unrecht nicht akzeptiert werden.

c) Bei Hauptsachetiteln. Bei einer rückwirkenden Abänderung von Hauptsachetiteln (Urteil bzw. Beschluss als Endentscheidung gemäß §§ 116 I, 38 I FamFG, Vergleich, vollstreckbare Urkunde, Titel im vereinfachten Verfahren) tritt ab Inkrafttreten des FamFG zum 1. 9. 2009 für alle nach diesem Zeitraum anhängig gewordenen Verfahren durch § 241 **FamFG** zu Gunsten des Pflichtigen eine wesentliche Ausweitung der verschärften Haftung gegenüber der früheren Rechtslage ein. Sie beginnt nicht erst nach § 818 IV BGB ab Rechtshängigkeit des Rückforderungsverfahrens, sondern bereits ab **Rechtshängigkeit des Abänderungsverfahrens.** Die in der Praxis in der Vergangenheit bei Abänderungsverfahren zur Reduzierung des Unterhalts vielfach vergessene Antragshäufung mit einem Rückforderungsantrag zur Herbeiführung der verschärften Haftung nach § 818 IV BGB ist damit entbehrlich. 225

§ 241 FamFG gilt nicht bei einer **rückwirkenden Herabsetzung** einer Endentscheidung durch Beschluss **vor Rechtshängigkeit des Abänderungsverfahrens** gemäß der Neufassung des § 238 III 3, 4 FamFG. Um für diesen Zeitraum zu Unrecht erfolgte Überzahlungen zurückfordern zu können, kann nur der oben bereits angeführte, vom BGH vorgeschlagene Weg begangen werden. Der umstrittene Unterhalt ist, auch wenn er tituliert wurde, als **zins- und tilgungsfreies Darlehen** anzubieten, verbunden mit der Verpflichtung, im Falle der vollen oder teilweisen Abweisung des Abänderungsantrags auf Rückzahlung zu verzichten. Der Unterhaltsberechtigte muss nach BGH nach Treu und Glauben ein derartiges Angebot annehmen.[38] Entsprechendes gilt bei der rückwirkenden Abänderung von Vergleichen und vollstreckbaren Urkunden.

5. Mehrleistung mit Erstattungsabsicht

Soweit beim Familien- und Trennungsunterhalt überhöhte Unterhaltsleistungen erbracht werden, ist nach §§ 1361 IV 4, 1360 b BGB im Zweifel anzunehmen, dass eine Rückforderung nicht beabsichtigt ist (vgl. näher Rn. 3/117 ff.). Es handelt sich um eine widerlegbare Vermutung, weshalb der Pflichtige darlegen und beweisen muss, dass er die Überzahlung nicht freiwillig, sondern mit Erstattungsabsicht erbrachte. Beim nachehelichen Unterhalt und Verwandtenunterhalt gilt § 1360 b BGB nicht. Soweit ein Rückforderungswillen fehlt, entfällt ein Anspruch aus ungerechtfertigter Bereicherung. 226

Kann der Pflichtige nachweisen, dass die Mehrleistung mit Erstattungsabsicht erfolgte, besteht dagegen ein Anspruch nach § 812 I 2 BGB, nicht aus eigenem Recht.[39] Es gelten dann die bereits zur ungerechtfertigten Bereicherung gemachten Ausführungen. Der Umstand der Trennung spricht bei überhöhten Unterhaltsleistungen, die nicht freiwillig, sondern auf Grund einer Titulierung erbracht wurden, regelmäßig für eine Erstattungsabsicht. 227

III. Ansprüche aus dem Vollstreckungsrecht

1. Ansprüche bei vorläufig vollstreckbaren Urteilen

Soweit ein vorläufig vollstreckbares Unterhaltsurteil des Familiengerichts im Berufungs-/ Beschwerdeverfahren zugunsten des Pflichtigen abgeändert wird, hat der Verpflichtete für die bereits vollstreckten Leistungen nach § 717 II ZPO einen Schadensersatzanspruch. § 717 II ZPO gilt auch nach Inkrafttreten des FamFG weiter (§ 120 I FamFG). Das Gleiche gilt bei Versäumnisurteilen des OLG (§ 717 III 1 ZPO). Maßgebend ist aber, dass der Pflichtige nachweist, dass der Bedürftige aus dem Urteil/Beschluss und nicht aus einer im Verfahren ebenfalls ergangenen einstweiligen Anordnung vollstreckt hat.[40] Letzteres wird in 228

---

[38] BGH FamRZ 2010, 1637; FamRZ 2000, 751 = R 539 e; FamRZ 1998, 951 = R 526 b; FamRZ 1992, 1152 = R 452
[39] BGH FamRZ 1984, 767
[40] BGH FamRZ 2000, 751 = R 539 c

der Praxis aber der Regelfall sein, wenn eine einstweilige Anordnung erlassen wurde, da die Wirkung der einstweiligen Anordnung erst mit Rechtskraft des Urteils/Beschlusses gemäß § 56 I 1 FamFG beendet ist (vgl. Rn. 204) und bei einem Urteil/Beschluss der Pflichtige die Vollstreckung abwenden kann. Die Abwendung erfolgt bei Altverfahren nach § 711 ZPO, bei Neuverfahren im Geltungsbereich des FamFG bei Anordnung der sofortigen Wirksamkeit gemäß § 116 III 2 FamFG nach § 120 II 2 FamFG.

229   Handelt es sich in vor dem 1. 9. 2009 anhängig gewordenen Altverfahren um ein vorläufig vollstreckbares Urteil des OLG, das in der Revision abgeändert wird, besteht gemäß § 717 III 1 ZPO kein Schadensersatzanspruch, sondern ein Anspruch aus ungerechtfertigter Bereicherung (§ 717 III 3 ZPO). Auf eine Entreicherung kann sich der Bedürftige in diesem Fall nicht berufen, da nach § 717 III 4 ZPO ab Leistung aus dem vorläufig vollstreckbaren Urteil eine verschärfte Haftung besteht. Für Neuverfahren gilt mangels Anwendbarkeit des § 708 ZPO (vgl. § 116 III 2 FamFG) nur noch § 717 II ZPO (s. oben Rn 228).

2. Ansprüche bei Notunterhalt

230   Im Geltungsbereich des FamFG entfällt beim Unterhalt generell die früher gegebene Möglichkeit der einstweiligen Verfügung auf Notunterhalt (§ 119 I FamFG). Sie spielte auch bei sog. Altverfahren seit der Einführung der einstweiligen Anordnung nach § 644 ZPO durch die Unterhaltsreform 1998 praktisch keine Rolle mehr. Ein Schadensersatzanspruch kommt nach § 119 II 2 FamFG, § 945 ZPO nur bei der Sicherung von Unterhaltsansprüchen durch Arrest in Betracht.

3. Ansprüche bei Vaterschaftsfeststellung

231   Wird in einem Vaterschaftsfeststellungsverfahren der Antrag zurückgenommen oder abgewiesen, besteht nach § 248 IV 2 FamFG (früher § 641 g ZPO) ein Schadensersatzanspruch für im Rahmen einer einstweiligen Anordnung nach § 248 I FamFG an das Kind und die Kindsmutter erbrachte Unterhaltsleistungen.

4. Keine Ansprüche bei einstweiligen Anordnungen

232   Nach der Rechtsprechung des BGH zum früheren Recht für vor dem 1. 9. 2009 anhängig gewordene Unterhaltsverfahren beinhalteten die §§ 620 ff. ZPO eine geschlossene Sonderregelung des einstweiligen Rechtsschutzes in Ehesachen. Eine den §§ 641 g, 717 II, 945 ZPO entsprechende Regelung fehlte, so dass Schadensersatzansprüche aus dem Vollstreckungsrecht nicht in Betracht kamen. Nachdem die §§ 620 ff. ZPO erst durch das 1. EheRG v. 14. 8. 1976 in das BGB eingefügt wurden und keine Schadensersatzansprüche enthielten sowie § 644 ZPO auf §§ 620 ff. ZPO verwies, kam mangels Gesetzeslücke auch keine analoge Anwendung der §§ 641 g, 717 II, 945 ZPO in Betracht. Der Gesetzgeber wollte bei der einstweiligen Anordnung das Risiko des Unterhaltsbedürftigen, der eine einstweilige Anordnung erwirkt und daraus vollstreckt, bewusst kleinhalten, um den einstweiligen Rechtsschutz in Ehesachen zu erleichtern.[41] Der Unterhaltsempfänger sollte nicht gezwungen werden, unter dem Druck etwaiger Rückforderungsansprüche den Unterhalt für eine Rückzahlung bereitzuhalten anstatt ihn für seine Lebensführung zu verbrauchen.

Diese Rechtsprechung wurde vom Gesetzgeber für das neue Verfahrensrecht übernommen. Für alle **ab dem 1. 9. 2009 anhängig gewordenen** Unterhaltsverfahren ist ausdrücklich im FamFG durch § 119 I 2 FamFG geregelt, dass in Unterhaltsverfahren als Familienstreitsache nach § 112 Nr. 1 FamFG die Bestimmung des § 945 ZPO zur Schadensersatzpflicht nicht gilt.[42] Aus den genannten Gründen kann deshalb auch nicht mittel-

---

[41] BGH FamRZ 2000, 751 = R 539 e; FamRZ 1985, 368; FamRZ 1984, 767, 769
[42] BT-Drs. 16/6308 S. 500

3. Abschnitt: Rückforderung von zu Unrecht gezahltem Unterhalt § 6

bar über eine analoge Anwendung des § 241 FamFG eine Schadensersatzpflicht über eine erweiterte Rückforderungsmöglichkeit eingeführt werden (Ausnahme: § 248 V 2 FamFG, s. oben Rn 231).

IV. Ansprüche aus unerlaubter Handlung

1. Anspruch bei Betrug

Begeht der Bedürftige im Unterhaltsverfahren einen **Prozessbetrug,** hat der Pflichtige 233 in Höhe des zu Unrecht gezahlten Unterhalts einen Schadensersatzanspruch nach § 823 II BGB i. V. mit § 263 StGB.[43] Dies gilt vor allem, wenn im Unterhaltsverfahren Einkünfte oder Einkommensveränderungen verschwiegen wurden oder ein entsprechender Sachvortrag des Gegners bestritten wird. Wer einen Unterhaltsanspruch geltend macht, hat die der Begründung dienenden tatsächlichen Umstände **wahrheitsgemäß** anzugeben und darf nichts verschweigen, was die Unterhaltsbedürftigkeit in Frage stellen könnte.[44] Dies gilt im Hinblick auf die prozessuale Wahrheitspflicht nach § 138 I ZPO erst recht während eines laufenden Rechtsstreits. Ändern sich im Prozess die maßgeblichen Verhältnisse, ist dies ungefragt anzuzeigen.[45] Es obliegt auch nicht der Partei, sondern allein dem Gericht, den Lebenssachverhalt rechtlich zu werten, z. B. ob bei einer höheren Zuwendung der Eltern eine freiwillige Leistung vorliegt, die den Pflichtigen nicht entlasten sollte, oder ob das erhaltene Geld in unterhaltsrechtlich vorwerfbarer Weise verbraucht wurde. Bei Verschweigen liegt damit regelmäßig durch Entstellen des zur Beurteilung der Unterhaltsbedürftigkeit maßgebenden Gesamtsachverhalts eine Täuschung durch positives Tun vor (vgl. näher Rn. 4/1286).[46]

Ein **Betrug** ist ferner gegeben, wenn ein titulierter **Unterhalt** entgegengenommen wird, obwohl eine Verpflichtung zur ungefragten **Information** über eine Einkommensänderung bestand, die zur Reduzierung des Unterhalts geführt hätte.

Bei **Vergleichen** erhöht sich die Rücksichtnahme der einen Partei auf die Belange der 234 anderen. Im Hinblick auf die vertragliche Treuepflicht ist der Unterhaltsberechtigte gehalten, jederzeit und unaufgefordert dem anderen Teil Umstände zu offenbaren, die ersichtlich dessen Verpflichtung aus dem Vertrag berühren.[47] Dies gilt insbesondere, wenn in einem Vergleich vereinbart wurde, dass der Bedürftige ein bestimmtes Einkommen anrechnungsfrei verdienen kann und er Mehreinkünfte nicht mitteilt[48] (s. unten Rn. 237). Aber auch die Aufnahme oder Ausweitung der Erwerbstätigkeit ist bei Vergleichen anzuzeigen, wenn sie dem Pflichtigen nicht bekannt ist bzw. sein konnte, ansonsten liegt Betrug vor.[49]

2. Vorsätzliche sittenwidrige Ausnützung eines unrichtig gewordenen Vollstreckungstitels

Erkennt ein Unterhaltsgläubiger, dass durch veränderte Einkommensverhältnisse ein 235 rechtskräftiger Titel unrichtig wurde, besteht ein Schadensersatzanspruch nach § 826 BGB, wenn eine vorsätzliche sittenwidrige Ausnützung des unrichtig gewordenen Urteils/Beschlusses zu bejahen ist.[50] Nachdem es sich bei diesem Anspruch um eine Rechtskraftdurchbrechung handelt, ist er auf **Ausnahmefälle beschränkt,** in denen die Annahme überhöh-

---

[43] BGH FamRZ 1984, 767, 769
[44] BGH FamRZ 2000, 153 = R 534 b
[45] BGH a. a. O.
[46] BGH a. a. O.
[47] BGH a. a. O.
[48] BGH FamRZ 1997, 483 = R 510 a
[49] BGH FamRZ 2008, 1325 = R 694
[50] BGH FamRZ 1988, 270; FamRZ 1986, 794; FamRZ 1986, 450 = R 291 a

ter Unterhaltszahlungen durch den Berechtigten im besonderen Maß unredlich und geradezu unerträglich ist.[51]

236 Der **Anspruch setzt voraus,** dass
(1) der Unterhaltsberechtigte weiß, dass ein Titel wegen veränderter Umstände inhaltlich unrichtig wurde,
(2) das Verhalten des Unterhaltsberechtigten als sittenwidrige, d. h. im besonderen Maße unredliche und unerträgliche Ausnützung des unrichtig gewordenen Vollstreckungstitels anzusehen ist.

237 Ein sittenwidriges Verhalten des Unterhaltsgläubigers kann nicht allein aus einem fehlenden Hinweis an den Schuldner auf veränderte Umstände, die Grund und Höhe des Unterhaltsanspruchs beeinflussen können, hergeleitet werden.[52] Nach der gesetzlichen Regelung in §§ 1605, 1580 BGB besteht eine Auskunftspflicht über Einkommensveränderungen nur auf Verlangen.[53] Eine generelle unaufgeforderte Auskunftsverpflichtung gibt es bei Urteilen/Beschlüssen im Unterhaltsrecht nicht. Eine **Pflicht zur ungefragten Information** neben der Auskunft auf Verlangen kommt nach Treu und Glauben daher nur in Ausnahmefällen in Betracht, in denen der Unterhaltspflichtige auf Grund vorangegangenen Tuns des Unterhaltsgläubigers sowie nach der Lebenserfahrung keine Veranlassung hatte, sich durch ein Auskunftsbegehren über veränderte Einkommensverhältnisse des Unterhaltsgläubigers zu vergewissern[54] (s. näher Rn. 1/1199 ff.). Bei **Vereinbarungen** erhöht sich dagegen die Pflicht zur Rücksichtnahme auf die Belange des anderen Teils, es sind unaufgefordert alle Umstände zu offenbaren, die erkennbar zu einer Änderung der Vereinbarung führen, insbesondere bei erheblichen Einkommensveränderungen (s. oben Rn. 234).[55]

- Der BGH hat bei einem **Urteil** eine derartige Pflicht zur ungefragten Information bejaht bei einer 54-jährigen, seit 10 Jahren nicht mehr berufstätigen Frau, die wegen schlechten Gesundheitszustandes mit Zustimmung des Mannes keiner Berufstätigkeit nachgehen musste und 2 Jahre nach dem Urteil zunächst eine Halbtags- und dann eine Ganztagstätigkeit aufnahm,[56] sowie bei einem Rentner, der neben der Rente voll und nicht nur geringfügig tätig war, obwohl er ein vorangehendes Unterhaltsabänderungsverfahren erfolgreich auf seine geringen Renteneinkünfte stützte.[57]
- Eine Verpflichtung zur ungefragten Information hat der BGH dagegen verneint bei einer Frau, der im Unterhaltsurteil ein fiktives Einkommen aus einer Halbtagstätigkeit von 260 EUR zugerechnet wurde, weil sie auf Grund des Alters der Kinder teilzeitarbeiten könne, und die daraufhin eine Halbtagstätigkeit mit einem Einkommen von ca. 535 EUR annahm.[58]
- Bei einem **Unterhaltsvergleich** hat der BGH eine Verpflichtung zur ungefragten Information bejaht, wenn in dem Vergleich eine Klausel aufgenommen wird, dass ein bestimmter monatlicher **Nettoverdienst** des Berechtigten **anrechnungsfrei bleiben** soll und der Berechtigte diese Einkommensgrenze deutlich übersteigt;[59] ebenso wenn eine Schenkung der Eltern an die Bedürftige von 125 000 EUR erfolgte und diese sich dahingehend einließ, die Zuwendung sollte nach dem Willen der Eltern den Pflichtigen nicht entlasten, im Übrigen sei das Geld bereits überwiegend verbraucht worden,[60] ferner bei Einkommenserhöhungen, die ersichtlich auf die Unterhaltshöhe Einfluss haben.[61] Das Verschweigen des höheren Einkommens hat der BGH zugleich als Betrug angesehen (s. oben Rn. 233).

---

[51] BGH FamRZ 1986, 794; FamRZ 1986, 450, 452 = R 291 a
[52] BGH FamRZ 1988, 270; FamRZ 1986, 794; FamRZ 1986, 450 = R 291 b
[53] BGH a. a. O.
[54] BGH a. a. O.
[55] BGH FamRZ 2000, 153 = R 534 a; FamRZ 1997, 483 = R 510 a
[56] BGH FamRZ 1986, 450, 452 = R 291 b
[57] BGH FamRZ 1988, 270
[58] BGH FamRZ 1986, 794
[59] BGH FamRZ 1997, 483 = R 510 a
[60] BGH FamRZ 2000, 153 = R 534 b, d
[61] BGH FamRZ 2008, 1325 = R 694

3. Abschnitt: Rückforderung von zu Unrecht gezahltem Unterhalt § 6

In **subjektiver Hinsicht** erfordert der Tatbestand des § 826 BGB nicht, dass dem Bedürftigen bewusst ist, sich sittenwidrig zu verhalten. Es genügt, dass er die Tatumstände kennt, die sein Verhalten objektiv als Verstoß gegen die guten Sitten erscheinen lassen.[62] Nach dem Wortlaut des § 826 BGB ist dagegen bezüglich der Schadenszufügung Vorsatz erforderlich.[63]

238

Bei Schadensersatzansprüchen nach §§ 823 II, 826 BGB ist eine mögliche Entreicherung nach § 818 III BGB nicht zu prüfen.[64]

V. Sonderfälle

1. Rückforderung bei Rentennachzahlung

Geht der Pflichtige oder Bedürftige in Rente, dauert es in der Praxis oft lange, bis nach Antragstellung der Rentenbescheid ergeht. Die Rente wird dann nachbezahlt, was zur erheblichen Einkommensveränderung führen kann (vgl. hierzu Rn. 1/448 ff.). Dies gilt insbesondere in Fällen, in denen der Versorgungsausgleich nicht mit der Scheidung, sondern erst im Rentenfall des Unterhaltsgläubigers durchgeführt wird, wodurch sich rückwirkend die Leistungsfähigkeit des Pflichtigen reduzieren und zugleich das Einkommen des Bedürftigen erhöhen kann, sowie bei Zahlung einer Erwerbsunfähigkeitsrente an einen einkommenslosen Bedürftigen. Unterhaltsrechtlich beeinflussen diese Einkommensveränderungen weder beim Pflichtigen noch beim Berechtigten den Umfang der Unterhaltspflicht für die zurückliegende Zeit, da sie erst ab Zugang der Nachzahlung zu berücksichtigen sind[65] (s. näher Rn. 1/661 ff.).

239

Dem Pflichtigen stehen in diesen Fällen somit zwar keine Unterhaltsrückforderungsansprüche zu, falls sich bei sofortiger Zahlung der Rente ein niedrigerer Unterhalt errechnet hätte.[66] Nach BGH hat er aber aus dem Grundsatz von Treu und Glauben einen Erstattungsanspruch eigener Art nach § 242 BGB auf einen Teil der Rentennachzahlungen.[67] Die Höhe bemisst sich nach der Unterhaltsermäßigung, wenn die Rente ab Antragstellung bezahlt worden wäre[68] (vgl. insoweit ausführlich Rn. 1/662).

240

Zu Möglichkeiten des Pflichtigen, bei Kenntnis des Rentenfalles das Ergebnis von vornherein durch eine Darlehenszahlung abzuwenden, vgl. Rn. 224 und ausführlich Rn. 1/661.

241

2. Rückforderungen eines Verfahrenskostenvorschusses

Leistet der Pflichtige an den Bedürftigen einen Verfahrenskostenvorschuss, besteht ein Rückforderungsanspruch, wenn sich die **wirtschaftlichen Verhältnisse** des Unterhaltsgläubigers nachträglich erheblich **verbessert haben** oder die Rückzahlung der Billigkeit entspricht[69] (s. auch Rn. 41). Der Rückforderungsanspruch ergibt sich nach BGH aus dem Vorschusscharakter der Leistung gemäß § 1360 a IV BGB als Anspruch eigener Art, nicht aus dem Bereicherungsrecht.[70]

242

Eine Veränderung der wirtschaftlichen Verhältnisse kann sich insbesondere durch einen Zugewinnausgleich bei der Scheidung oder eine im Zusammenhang mit der Trennung er-

243

---

[62] BGH FamRZ 1988, 270, 272; FamRZ 1986, 450, 454 = R 291 b
[63] BGH a. a. O.
[64] BGH FamRZ 1986, 450 = R 291 a
[65] BGH FamRZ 1990, 269, 272; FamRZ 1985, 155
[66] BGH FamRZ 1989, 718
[67] BGH FamRZ 2005, 1974 = R 636 b; FamRZ 1990, 269, 272 = R 405 f; FamRZ 1989, 718, 719
[68] BGH FamRZ 1990, 269, 272
[69] BGH FamRZ 2005, 1974; FamRZ 1990, 491
[70] BGH a. a. O.

§ 6 Sonderfragen

folgte Vermögensauseinandersetzung ergeben. Mit dem Rückforderungsanspruch kann gegen einen Zugewinnausgleichsanspruch aufgerechnet werden.[71]

244 Eine Rückzahlung aus Billigkeit kommt in Betracht, wenn sich nachträglich herausstellt, dass das Gericht bei Erlass einer einstweiligen Anordnung zum Verfahrenskostenvorschuss von falschen Einkommensverhältnissen ausging und bei Zugrundlegung des tatsächlichen Einkommens kein Anspruch auf Verfahrenskostenvorschuss bestanden hätte.[72]

245–299 – *in dieser Auflage nicht belegt* –

4. Abschnitt: Aufrechnung mit Gegenforderungen

I. Aufrechnungsverbot für unpfändbare Forderungen

300 Dem Unterhaltspflichtigen stehen nicht selten **Gegenansprüche** zu, mit denen er gegen die Unterhaltspflicht aufrechnen möchte. Sind die (geschiedenen) Ehegatten Miteigentümer der früheren Familienwohnung kann ein Anspruch auf Nutzungsentschädigung gegen den in der Wohnung verbliebenen Ehegatten gegeben sein. Gleiches gilt, wenn der ausgezogene Ehegatte ein dingliches Mitbenutzungsrecht in Form einer beschränkten persönlichen Dienstbarkeit an der vom anderen Ehegatten genutzten Wohnung hat.[1] Erstreckt sich das Mitbenutzungsrecht auf weitere im Alleineigentum des anderen Ehegatten stehende Wohnungen, hat der weichende Ehegatte gemäß § 743 I BGB einen Anspruch auf Teilhabe an der erzielten Miete.[2] Sind die Ehegatten Miteigentümer und Gesamtschuldner eines zur Finanzierung der Immobilie aufgenommenen Kredits, kann im Innenverhältnis der Ehegatten ein Anspruch auf Gesamtschuldnerausgleich für die nach der Trennung von einem Ehegatten allein geleisteten Zins- und Tilgungsleistungen gegeben sein, wenn nicht eine anderweitige Bestimmung i. S. von § 426 I BGB vorliegt.[3] Auf eine anderweitige Bestimmung kommt es ebenfalls an, wenn ein Ehegatte auch im Interesse des anderen ein Darlehen aufgenommen hat und ein Ausgleichs- oder Freistellungsanspruch des Darlehensnehmers gegen den anderen Ehegatten geltend gemacht wird.[4] Es können aber auch Ansprüche auf Aufteilung von nach der Ehetrennung fällig gewordenen Steuererstattungs- oder Steuernachzahlungsansprüchen,[5] auf Kostenerstattung aus einem Vorprozess, aus einem Treuhandverhältnis, Schadensersatz, Darlehen, Rückzahlung zu viel geleisteten Unterhalts (s. Rn. 200 ff.) und dergleichen mehr vorliegen.[6] In all diesen Fällen stellt sich die Frage, ob der Unterhaltspflichtige nach § 387 BGB gegen die Unterhaltsforderung aufrechnen darf.[7] Dies wird häufig unter Hinweis auf ein generelles „Aufrechnungsverbot" nach § 394 BGB verneint. Damit wird die bestehende Rechtslage jedoch nicht vollständig ausgeschöpft. Eine Aufrechnung gegen den Anspruch des Unterhaltsberechtigten ist trotz der Vorschrift des § 394 BGB schon dann möglich, wenn die Parteien dies vereinbart haben und es sich um schon fällige Unterhaltsansprüche handelt, die nicht auch dem künftigen Lebensunterhalt des Berechtigten dienen sollen.[8] Aber auch sonst ist die Aufrechnung nach § 394 BGB nur

---

[71] BGH FamRZ 2005, 1974
[72] BGH a. a. O.
[1] BGH FamRZ 2010, 1630 Rn. 15 ff.
[2] BGH FamRZ 2010, 1630 Rn. 15 ff.
[3] BGH FamRZ 2008, 602 Rn. 9 ff.; 2005, 1236; FuR 2003, 374; FamRZ 1997, 487; 1997, 484; 1996, 1067
[4] BGH FamRZ 2010, 1542 Rn. 13 ff.
[5] BGH FamRZ 2010, 717 Rn. 10 ff.; 2010, 269; 2006, 1178
[6] Zu den vermögensrechtlichen Ansprüchen von Ehegatten außerhalb des Güterrechts s. Haußleiter/Schulz, Vermögensauseinandersetzung bei Trennung und Scheidung, 5. Auflage Rn. 5/3 ff., 5/108 ff., 5/188 ff., 5/265 ff., 5/337 ff., 5/356 ff.
[7] Vgl. Wohlfahrt FamRZ 2001, 1185 ff.
[8] OLG Düsseldorf FamRZ 2006, 636; OLG Hamm FamRZ 2005, 995

gegen eine **unpfändbare Forderung** unzulässig. Welche Forderungen davon erfasst sind, ergibt sich aus den §§ 850 ff. ZPO, die zwischen absolut unpfändbaren (§ 850a ZPO) und bedingt pfändbaren (§ 850b) Forderungen unterscheiden. Gesetzliche[9] Unterhaltsansprüche gehören nach § 850b I Nr. 2 ZPO zu den bedingt pfändbaren Forderungen und sind damit im Grundsatz den unpfändbaren Forderungen gleichgestellt.[10] Nur ausnahmsweise können Unterhaltsansprüche nach § 850b II ZPO gepfändet werden, wenn die Vollstreckung in das sonstige Vermögen des Unterhaltsberechtigten nicht zu einer vollständigen Befriedigung des Gläubigers geführt hat und voraussichtlich auch nicht führen wird und die Pfändung im Einzelfall der **Billigkeit** entspricht.[11] Aber auch dann kommt nur eine Pfändung im Rahmen der Pfändungsfreigrenzen des § 850c ZPO in Betracht, weil § 850b II ZPO ausdrücklich auf die für Arbeitseinkommen geltenden Vorschriften verweist.[12] Dem stehen die §§ 850d, 850f ZPO nicht entgegen, weil diese Vorschriften die Pfändbarkeit des Arbeitseinkommens des Unterhaltsschuldners durch einen Unterhaltsgläubiger betreffen,[13] während es im Rahmen der Aufrechnung regelmäßig auf die Pfändbarkeit des Unterhaltsanspruchs des Unterhaltsberechtigten ankommt. Dem Unterhaltsberechtigten ist also stets ein **Existenzminimum** zu belassen. Dieses Existenzminimum entspricht bei der Aufrechnung regelmäßig den pfändungsfreien Beträgen des Arbeitseinkommens (Rn. 302 f.) und darf auch bei Berücksichtigung des Arglisteinwands (Rn. 307) den notwendigen Lebensunterhalt im Sinne des Sozialhilferechts (§§ 27 ff. SGB XII) nicht unterschreiten (s. Rn. 308).[14] Aufrechnungen wirken sich daher regelmäßig nur aus, soweit der Unterhaltsanspruch des Berechtigten das ihm zu belassende Existenzminimum übersteigt.

Bei der Entscheidung über die erklärte Aufrechnung kann sich das Familiengericht nicht auf eine fehlende funktionelle oder sachliche **Zuständigkeit** berufen.[15] Denn grundsätzlich ist eine Aufrechnung auch mit Ansprüchen zulässig, die nicht in die Zuständigkeit des Familiengerichts fallen. Richtet sich die Aufrechnung gegen einen bestehenden Titel, ist die **Vollstreckungsgegenklage** nach § 767 ZPO zulässig, nicht hingegen die Abänderungsklage nach § 323 ZPO.[16] **Mit** fälligen Unterhaltsansprüchen kann der Unterhaltsgläubiger jederzeit aufrechnen. Die Aufrechnung kann auch gegen nicht familienrechtliche Forderungen erklärt werden, die vor einem allgemeinen Zivilgericht anhängig sind.[17] Auch eine anderweitige Rechtshängigkeit schließt die Aufrechnung nicht aus.[18] Ist die Aufrechnung nicht schon aus grundsätzlichen Erwägungen ausgeschlossen (s. Rn. 302 ff.), kommt wegen der Rechtshängigkeit in dem anderen Verfahren und zur Vermeidung widerstreitender Entscheidungen nur eine Aussetzung des Rechtsstreits in Betracht.[19] In der Berufungsinstanz ist eine Aufrechnung nach § 533 ZPO nur zulässig, wenn der Gegner einwilligt oder das Gericht dies für sachdienlich hält und wenn die Erklärung auf Tatsachen gestützt werden kann, die das Berufungsgericht seiner Verhandlung und Entscheidung ohnehin nach § 529 ZPO zugrunde zu legen hat.[20]

301

II. Aufrechnungen gegen Unterhaltsforderungen

Nach § 394 BGB kann gegen unpfändbare Forderungen nicht aufgerechnet werden. Das gilt nach § 850b I Nr. 2 ZPO grundsätzlich auch für eine Aufrechung gegen alle **gesetzli-**

302

---

[9] Vgl. insoweit BGH FamRZ 2002, 1179
[10] BGH FamRZ 1970, 23; KG OLGZ 70, 19; OLG Düsseldorf FamRZ 1081, 970, 971
[11] BGH FamRZ 2004, 1784 (zum Taschengeld); OLG Hamm FamRZ 2004, 1668
[12] BGH FamRZ 2010, 2071 Rn. 7 ff.; OLG Hamm FamRZ 2005, 995, 996
[13] Vgl. insoweit BGH FamRZ 2008, 137 = R 684c, d; 2004, 620; 2003, 1466
[14] BGH FamRZ 2003, 1466
[15] OLG Jena FamRZ 2009, 1340 Rn. 75; OLG Köln FamRZ 1992, 450
[16] BGH FamRZ 2005, 1479 = R 636a (allgemein zur Abgrenzung); 1959, 288
[17] BGH FamRZ 1996, 1067 = R 505a; OLG Jena FamRZ 2010, 382 Rn. 7f. und 2009, 1340 unter Hinweis auf BT-Drucks. 11/7030 S. 37; KG FamRZ 2008, 2039
[18] BGH FamRZ 2000, 355, 357
[19] BGH FamRZ 2002, 1179, 1180f. = R 577
[20] BGH FamRZ 2010, 1637 Rn. 54

chen **Unterhaltsansprüche** (s. Rn. 300). Nach dem Zweck und der geschichtlichen Entwicklung[21] erstreckt sich die Unpfändbarkeit über den Wortlaut der Norm hinaus („Unterhaltsrenten") generell auf Unterhaltsforderungen, die im Rahmen und auf Grund einer gesetzlichen Unterhaltsverpflichtung geschuldet werden, und damit auch auf einen Taschengeldanspruch[22] und auf einmalig zu zahlende Unterhaltsbeträge.[23] Die Vorschrift erfasst auch Rückstände,[24] Zinsen,[25] Sonderbedarf,[26] Abfindungsbeträge[27] und Prozesskostenvorschüsse.[28] Der Anspruch auf Erstattung der steuerlichen Nachteile, die beim Realsplitting für die Unterhaltsberechtigten entstehen können (Rn. 1/956 ff.), gehört ebenfalls dazu.[29] Voraussetzung der Unpfändbarkeit ist allerdings, dass die Unterhaltsansprüche auf einer **gesetzlichen Vorschrift** beruhen. Ansprüche, die sich ausschließt auf eine Parteiabrede gründen, sind davon nicht erfasst.[30] Ein Unterhaltsanspruch verliert seinen Charakter als gesetzlicher Anspruch jedoch nicht schon deshalb, weil die Parteien ihn zum Gegenstand einer vertraglichen Regelung gemacht haben. Das gilt jedenfalls dann, wenn sie den Bestand des gesetzlichen Anspruchs unberührt lassen und ihn lediglich inhaltlich nach Höhe, Dauer und Modalitäten näher ausgestalten und präzisieren.[31] Nur wenn die Parteien die von ihnen geregelte Unterhaltspflicht hinsichtlich der Voraussetzungen, des Umfangs oder des Erlöschens des Anspruchs allein auf eine vertragliche Grundlage gestellt und den Zahlungsanspruch damit seines Wesens als gesetzlicher Anspruch entkleidet haben, bleibt für die Unpfändbarkeit und ein Aufrechnungsverbot nach § 394 BGB kein Raum.[32] Eine Umgehung des Aufrechnungsverbots durch Überweisung des geschuldeten Unterhalts auf ein zuvor selbst gepfändetes Konto ist nicht zulässig.[33] Gegen gesetzliche Unterhaltsansprüche kann also nur in sehr eingeschränktem Umfang aufgerechnet werden (s. Rn. 300), was nach ständiger Rechtsprechung zusätzlich eine vorherige Zulassung der Pfändung durch das Vollstreckungsgericht voraussetzt (s. Rn. 303 f.).[34] Ist der Unterhaltsanspruch infolge der Zahlung von Sozialhilfe auf den Sozialhilfeträger (§ 94 SGB XII) oder infolge der Zahlung von Arbeitslosengeld II auf den Träger dieser Sozialleistungen (§ 33 SGB II) übergegangen, kommt eine Aufrechnung mit Ansprüchen gegen den Unterhaltsberechtigten schon mangels Gegenseitigkeit nicht mehr in Betracht.[35]

303 Die konstitutive Entscheidung, ob die Voraussetzungen für eine Pfändbarkeit vorliegen und damit eine Aufrechnung nach § 394 BGB zulässig ist, hat nach überwiegender Auffassung nicht bereits der Familienrichter im Unterhaltsverfahren, sondern erst das Vollstreckungsgericht zu treffen. Die Rechtsprechung leitet dies aus der Verfahrensvorschrift des § 850 b III ZPO ab, die vorschreibt, dass das „Vollstreckungsgericht" vor seiner Entscheidung die Beteiligten hören soll.[36] Diese **Zuständigkeitsregelung** macht einen **großen Umweg** erforderlich: Der Unterhaltsschuldner muss sich für seine Gegenforderung zu-

---

[21] OLG Düsseldorf FamRZ 1992, 498, 499
[22] BGH FamRZ 2004, 1784; OLG Frankfurt FamRZ 2009, 703, Rn. 3 ff.
[23] BGH FamRZ 2002, 1179, 1181 = R 577; 1997, 544, 545
[24] BGH FamRZ 1960, 110; OLG München FamRB 2011, 38; OLG Hamm FamRZ 2005, 995; OLG Koblenz FamRZ 2000, 1219; OLG Düsseldorf FamRZ 1981, 970, 971
[25] OLG Hamm FamRZ 1988, 952, 953
[26] BGH FamRZ 2006, 612 = R 647 a, b (allgemein zum Sonderbedarf); OLG Düsseldorf FamRZ 1982, 498
[27] BGH FamRZ 2010, 1311 Rn. 27 ff.; 2002, 1179; OLG Bamberg FamRZ 1996, 1487
[28] BGH FamRZ 2010, 189 Rn. 4 ff.; 2008, 1159; 2005, 1164 (PKV bei Prozessstandschaft); 2005, 883 = R 628 a (PKV für volljährige Kinder); 2004, 1633 (PKV in Raten); vgl. aber KG FamRZ 2008, 2201 und OLGR Koblenz 2000, 333
[29] BGH FamRZ 2010, 717 Rn. 14; 2007, 793 = R 674 g; 2006, 1178 = R 655; 1997, 544, 545; OLG Nürnberg FamRZ 2000, 880; OLGR Schleswig 1997, 113
[30] BGH FamRZ 2009, 219 Rn. 13 (zur Abgrenzung von gesetzlichem und vertraglichem Unterhalt)
[31] BGH FamRZ 2009, 219 Rn. 13; 2002, 1179, 1181 = R 577; 1997, 544, 545
[32] BGH FamRZ 2002, 1179, 1181 = R 577; 1984, 874, 875
[33] LG Bonn FamRZ 1996, 1486
[34] Wohlfahrt FamRZ 2001, 1185, 1186
[35] OLG Düsseldorf FamRZ 2006, 1532, 1533
[36] BGH FamRZ 1970, 23; OLG Hamm FamRZ 2005, 995, 996; OLG Karlsruhe FamRZ 2002, 1500; KG FamRZ 1999, 405, 406; OLG Bamberg FamRZ 1988, 948, 949; OLG Celle 1986, 196;

4. Abschnitt: Aufrechnung mit Gegenforderungen § 6

nächst einen Titel beschaffen und mit diesem Titel den Unterhaltsanspruch des Berechtigten gegen sich selbst als „Drittschuldner" pfänden und sich überweisen lassen. Drittschuldner und Gläubiger können also identisch sein. Der Gläubiger muss den Pfändungsbeschluss unter diesen Umständen an sich selbst zustellen lassen.[37] Erst wenn dies geschehen ist, kann wirksam aufgerechnet werden. Eine schon früher erklärte Aufrechnung wäre unwirksam und müsste nachgeholt werden. Denn ohne Titel und Pfändungsantrag kann das Vollstreckungsgericht die Pfändbarkeit nicht feststellen.[38] Die gerichtliche Praxis sieht in dieser Vorgehensweise offensichtlich den Vorteil, dass der Unterhaltsprozess im Interesse des Unterhaltsgläubigers nicht mit dem Streit über Aufrechnungsforderungen belastet wird.

Die Praxis hält sich (vorbehaltlich der unter Rn. 307 f. beschriebenen Arglist-Fälle) seit Jahrzehnten streng an diese Regeln, geht dabei m. E. aber von einem **falschen Ansatz** aus. Es leuchtet schon nicht ein, warum der Familienrichter trotz des Sachzusammenhangs nicht im Rahmen des Unterhaltsverfahrens mit über die Vorfrage der „Pfändbarkeit" als Voraussetzung einer Aufrechnung befinden darf. Entscheidend ist aber, dass der aufrechnende Unterhaltspflichtige die Unterhaltsansprüche nicht „zum Zwecke der Aufrechnung nach den Regeln des Zugriffs auf Arbeitseinkommen pfänden" muss.[39] § 394 BGB zieht als materiell-rechtliche Norm lediglich eine Parallele zum Vollstreckungsrecht und schließt die Aufrechnung gegen eine Forderung im gleichen Umfang aus, als die Forderung der Pfändung nicht unterworfen ist. Daraus folgt aber nicht, dass die Voraussetzungen der Aufrechnung – wie sonst im Rahmen der Pfändung – durch das Vollstreckungsgericht ausgesprochen werden müssen. Zwar setzt eine Entscheidung des Vollstreckungsgerichts zur Unpfändbarkeit stets einen rechtskräftigen Titel voraus. Umgekehrt kann über die Wirksamkeit der Aufrechnung, die ja nicht zur Vollstreckung, sondern zum Erlöschen der wechselseitigen Ansprüche führt, schon abschließend im Erkenntnisverfahren entschieden werden. Auch wenn die Vorfrage der Pfändbarkeit dann nicht in Rechtskraft erwächst, ist die Entscheidung über die Aufrechnung der Rechtskraft fähig, wodurch auch die Gegenforderung erlischt. Das Zivilgericht muss dafür nicht nur den Bestand der Haupt- und Gegenforderung feststellen, sondern als Vorfrage entscheiden, ob der Aufrechnung das Aufrechnungsverbot des § 394 ZPO entgegensteht. Gegen diese Auffassung spricht auch nicht der Wortlaut des § 850b III ZPO. Es ist schon fraglich, ob die in dieser Bestimmung festgelegte Anhörungspflicht überhaupt als Zuständigkeitsbestimmung anzusehen ist. Unabhängig davon wird mit dem Hinweis auf das Vollstreckungsgericht nur sichergestellt, dass sich der Gläubiger, der eine Unterhaltsforderung pfänden will, im Rahmen der Vollstreckung nicht noch einmal an das Prozessgericht wenden muss. Er kann vielmehr zusammen mit dem Pfändungsgesuch den Antrag nach § 850b II ZPO stellen. Diese zugunsten des Gläubigers getroffene Zuständigkeitsregelung stellt auf das normale Vollstreckungsverfahren ab und kann nicht auf das Aufrechnungsverfahren übertragen werden.[40]

Besonders unangenehm ist das von der Rechtsprechung verlangte umständliche Verfahren, wenn der Unterhaltspflichtige nach der erklärten Aufrechnung eine Vollstreckungsgegenklage betreiben muss, weil der Unterhaltsberechtigte aus dem früheren Titel vollstreckt. Solange der Unterhaltsanspruch nicht gepfändet ist, soll diese Klage nicht erfolgreich sein, weil der Unterhaltsanspruch jedenfalls bis zu diesem Zeitpunkt einer Aufrechnung entzogen ist.[41] Diese Auffassung verkennt, dass eine Aufrechnung nach § 394 BGB nicht die Pfändung, sondern nur die Pfändbarkeit voraussetzt.

Trotz dieser Schwierigkeiten sollte sich der Unterhaltsschuldner nicht abschrecken lassen, in geeigneten Fällen Aufrechnungsforderungen auf dem in Rn. 303 beschriebenem Weg durchzusetzen, wenn sie anders nicht vollstreckt werden können. Bei zahlungsunwilligen Schuldnern ist ohnehin zunächst ein Titel erforderlich, so dass insofern keine zusätzlichen

---

OLG Düsseldorf FamRZ 1981, 970, 971; OLG München FamRZ 1981, 449, 450; OLG Zweibrücken FamRZ 1980, 455, 456; OLG Hamm FamRZ 1978, 602, 603
[37] Stein/Jonas/Brehm ZPO, 22. Aufl. § 829 Rn. 124
[38] Stein/Jonas/Brehm a. a. O. § 850b Rn. 34
[39] So aber OLG Hamm FamRZ 2005, 995, 996
[40] So auch Wohlfahrt FamRZ 2001, 1185, 1186
[41] MünchKommBGB/Schlüter § 394 BGB Rn. 4 m. w. N.

Kosten entstehen. Voraussetzung für einen erfolgreichen Pfändungsantrag ist aber stets, dass ein Unterhaltsanspruch gegeben ist, der erheblich über das pfändungsfreie Arbeitseinkommen hinausgeht (s. Rn. 300). Ist dies nicht der Fall, steht der Aufrechung schon materiellrechtlich das Aufrechnungsverbot des § 394 BGB entgegen. Eine Aufrechnung kann nicht mehr mit der Vollstreckungsgegenklage geltend gemacht werden, wenn die Aufrechnungsmöglichkeit schon im Vorprozess oder – soweit ein Unterhaltsvergleich vorliegt – bei Vergleichsabschluss hätte geltend gemacht werden können und dies nicht genutzt wurde.[42]

III. Der Arglisteinwand

307 Der Unterhaltspflichtige muss aber auch nach der in der Rechtsprechung vertretenen Auffassung (Rn. 303) nicht stets den Umweg über § 850 b II ZPO nehmen. Wenn dem Unterhaltspflichtigen eine Gegenforderung aus einer vorsätzlichen unerlaubten Handlung des Unterhaltsberechtigten nach §§ 823 II, 826 BGB zusteht, die dieser im Rahmen des Unterhaltsverhältnisses begangen hat, steht dem Aufrechnungsverbot schon der sog. **Arglisteinwand** entgegen. Denn nach Auffassung des BGH[43] darf „dem in § 394 BGB zum öffentlichen Wohl und im Staatsinteresse verfolgten Zweck der Sicherung des Lebensunterhalts und eines darüber hinaus gehenden Einkommensteils keine Durchführung und Erfüllung zugestanden werden, die auf dem Wege eines formalistischen Haftens am Gesetzeswortlaut der Arglist zum Sieg verhelfen würde". Deswegen kann auch der Einwand der Arglist eine sonst unzulässige Aufrechnung durch den Unterhaltsschuldner ermöglichen.[44] Nach dieser Rechtsprechung des BGH[45] ist eine Aufrechnung des Unterhaltsschuldners unter dem Gesichtspunkt der Arglist aber nicht schon dann zulässig, wenn die unerlaubte vorsätzliche Handlung außerhalb des Unterhaltsrechts erfolgte oder sich die Gegenforderung aus einer vorsätzlichen Vertragsverletzung ergibt. Vielmehr kommt eine Aufrechnung in erster Linie bei **betrügerischem Verhalten** im Zusammenhang mit der Durchsetzung von Unterhaltsansprüchen oder der Aufrechterhaltung von früheren Titeln in Betracht (s. Rn. 233 ff.).

308 Liegt ein solcher Ausnahmefall vor, kann der Familienrichter auch nach der zurückhaltenden Auffassung der Rechtsprechung (s. Rn. 303) ohne weiteres schon im Unterhaltsverfahren über die Aufrechnungsforderung entscheiden. Denn die Frage, ob der Unterhaltsberechtigte im Zusammenhang mit der Durchsetzung seiner Unterhaltsforderung arglistig gehandelt hat, lässt sich im Erkenntnisverfahren besser beurteilen als im Vollstreckungsverfahren. Jedenfalls dann ist der Umweg über das Vollstreckungsgericht unnötig. Allerdings muss dann der Familienrichter bei seiner Entscheidung zur Aufrechung beachten, dass dem Unterhaltsberechtigten zum Schutz der öffentlichen Kassen ein ihm zustehendes **Existenzminimum** belassen bleibt (Rn. 300), das der BGH[46] im Regelfall mit dem notwendigen Lebensunterhalt im Rahmen der Sozialhilfe (§§ 27 ff. SGB XII) bemisst. Nach dieser neueren Rechtsprechung des BGH kann der Freibetrag hingegen nicht nach dem geringfügig oberhalb der Sozialhilfesätze liegenden notwendigen Selbstbehalt des Unterhaltspflichtigen bemessen werden.[47]

---

[42] BGH FamRZ 1993, 1186 = R 463; NJW 1980, 2527, 2528
[43] BGH FamRZ 1993, 1186 = R 463; 1959, 288; vgl. auch OLG Hamm FamRZ 2005, 995
[44] OLG Karlsruhe FamRZ 2003, 33
[45] BGH FamRZ 1993, 1186 = R 463
[46] BGH FamRZ 2011, 208 Rn. 9 ff.; 2010, 1798; 2003, 1466
[47] So noch BGH FamRZ 1993, 1186, 1188 = R 463; vgl. zum Mindestbedarf BGH FamRZ 2010, 357 Rn. 28 ff.; 2010, 444 Rn. 17 ff. und zum Ehegattenselbstbehalt des Unterhaltspflichtigen BGH FamRZ 2006, 683 = R 649 c

IV. Die Aufrechnungserklärung

Nach § 387 BGB kann erst aufgerechnet werden, wenn der Aufrechnungswillige „die 309 ihm gebührende Leistung fordern und die ihm obliegende Leistung bewirken kann". Danach kann gegenüber rückständigem Unterhalt jederzeit mit einer fälligen Gegenforderung aufgerechnet werden. Bei erst **künftig fällig werdenden Unterhaltsraten** kommt es darauf an, in welchem Umfang der aufrechnungswillige Unterhaltsschuldner berechtigt ist, den Unterhaltsanspruch vorab zu befriedigen. Zum Schutz des Unterhaltsberechtigten vor unbedachten Geldausgaben ist dieses nicht grenzenlos möglich. **Beim Familien-, Trennungs- und Kindesunterhalt** wird der Unterhaltsschuldner nach §§ 1360 a III, 1361 IV 4, 1614 II i. V. m. § 760 II BGB durch Vorauszahlungen nur für höchstens drei Monate befreit. Im Rahmen des **nachehelichen Unterhalts** fehlt zwar ein entsprechender Verweis auf die Vorschrift des § 760 II BGB. Daraus folgt nach der Rechtsprechung des BGH aber noch nicht, dass ein Anspruch auf nachehelichen Unterhalt für eine beliebige Zeit im Voraus erfüllt werden kann. Denn insoweit sind die Grenzen der Erfüllungswirkung der allgemeinen Regel des § 271 II BGB zu entnehmen. Danach ist zwar im Zweifel anzunehmen, dass der Schuldner eine Leistung, für die – wie beim nachehelichen Unterhalt (§ 1585 I BGB) – eine Zeit bestimmt ist, schon zuvor bewirken kann. Dies gilt nach allgemeiner Ansicht aber nicht, wenn sich aus dem Gesetz, aus einer Vereinbarung der Parteien oder aus den Umständen ergibt, dass der Schuldner nicht berechtigt sein soll, die Leistung schon vor der Zeit zu erbringen. Nach den Umständen sind Vorausleistungen ausgeschlossen, wenn die Leistungszeit nicht nur im Interesse des Schuldners hinausgeschoben ist, sondern auch der Gläubiger ein rechtlich geschütztes Interesse daran hat, die Leistung nicht vorzeitig entgegennehmen zu müssen. Für den Anspruch auf nachehelichen Unterhalt sieht das Gesetz in § 1585 I BGB die monatlich im Voraus zahlbare Geldrente auch im Interesse des Unterhaltsberechtigten vor, ohne dass der Unterhaltspflichtige – von vertraglichen Gestaltungen abgesehen – die Möglichkeit hat, eine abweichende Form der Unterhaltsgewährung einseitig durchzusetzen. Denn Zweck dieser Regelung ist die Sicherung des laufenden Lebensbedarfs des Unterhaltsberechtigten. Dieser Zweck könnte gefährdet werden, wenn der Unterhaltsberechtigte verpflichtet wäre, auch größere Vorauszahlungen für einen beliebigen Zeitraum entgegenzunehmen.[48] Weil das Gesetz aber selbst für den Kindesunterhalt die ausdrückliche Regelung vorsieht, dass eine Vorausleistung für drei Monate nicht zurückgewiesen werden darf (§ 1614 II BGB), hält der BGH eine geringere Zeitspanne für den weitaus disponibleren nachehelichen Unterhalt (vgl. § 1585 c BGB gegenüber § 1614 I BGB) nicht für vertretbar. Unter Abwägung dieser Umstände hat der BGH eine Aufrechnung gegenüber dem nachehelichen Unterhalt für die künftigen sechs Monate für zulässig erachtet.[49] Die Aufrechnungserklärung kann sich also immer nur auf diese kurzen Zeiträume des künftigen Unterhalts beziehen und **muss daher regelmäßig wiederholt werden,** wenn sie auch den für spätere Zeitabschnitte bestimmten Unterhalt umfassen soll. Dabei reicht es jedoch aus, „wenn nach erfolgter Aufrechnung in angemessenen Abständen der Wille zum Ausdruck gebracht wird, an der Aufrechnung festzuhalten".[50] Weiter gehende Vereinbarungen sind nur unter den Voraussetzungen des § 1585 c BGB zulässig (Rn. 310).

V. Die Aufrechnungsvereinbarung

Die Beteiligten können eine Aufrechnung gegenüber Unterhaltsforderungen auch vertraglich vereinbaren. Wenn die materiellen Aufrechnungsvoraussetzungen vorliegen, ist dies 310 dem Unterhaltsberechtigten sogar zu empfehlen, weil er sich damit die Kosten der Titulie-

---

[48] OLG Düsseldorf FamRZ 2006, 636; OLG Bamberg FamRZ 1996, 1487 (jeweils für eine Abfindung)
[49] BGH FamRZ 1993, 1186, 1188 = R 463
[50] BGH FamRZ 1993, 1186, 1188 = R 463

rung und Pfändung der Gegenforderung ersparen kann. Auch in solchen Fällen ist die Aufrechnungserklärung aber alle drei bzw. sechs Monate zu wiederholen (s. Rn. 309). Fehlen hingegen die materiellen Aufrechnungsvoraussetzungen nach § 850 b II ZPO, kann auch eine Aufrechnungsvereinbarung nur die Rückstände erfassen, weil lediglich diese zur freien Verfügung des Berechtigten stehen. Für die erst künftig fällig werdenden Unterhaltsraten wäre eine Aufrechnungsvereinbarung dann gemäß § 134 BGB nichtig.[51]

VI. Die Aufrechnung mit Rückforderungsansprüchen aus Unterhaltsüberzahlungen

311   Bei Unterhaltsstreitigkeiten ergibt sich häufig, dass der Unterhaltspflichtige für unterschiedliche Zeiträume verschieden hohe Zahlungen zu leisten hat. Hat er teilweise zu wenig, zum Teil aber auch zu viel geleistet, stellt sich die Frage, ob von dem zusammengerechneten Gesamtrückstand alle in dieser Zeit geleisteten Zahlungen abgesetzt werden können. In der gerichtlichen Praxis werden Ansprüche auf Rückzahlung häufig pauschal mit Restforderungen auf Unterhalt verrechnet. Eine solche **Saldierung** ist dann unbedenklich, wenn die betroffenen Ansprüche in einem laufenden Prozess geltend gemacht sind und den gleichen Streitgegenstand betreffen. War ein Unterhaltsanspruch aber schon tituliert und entspricht der Titel nicht mehr der materiellen Rechtslage, stellt sich die Frage, ob der seit Zustellung des Abänderungsantrags (§ 238 FamFG) überzahlte Betrag zurück verlangt oder mit einem solchen Anspruch auf Rückzahlung auch gegen künftig eingeklagte Unterhaltsansprüche aufgerechnet werden kann. Häufig scheidet eine solche Aufrechnung wegen überzahlten Unterhalts schon deswegen aus, weil dieser nur unter sehr erschwerten Bedingungen zurückverlangt werden kann[52] (s. Rn. 200 ff.). Aber auch sonst ist der Anspruch auf Rückforderung überzahlten Unterhalts eine Gegenforderung, die – mit Ausnahme von Fällen der Arglist – unter das **Aufrechnungsverbot** des § 394 BGB fällt.[53] Eine vollständige Aufrechnung der gegenseitigen (Nach- und Rückzahlungs-)Forderungen ist in solchen Fällen deswegen regelmäßig nur mit Einverständnis der Parteien zulässig. Liegt diese vor, kann allerdings so verfahren werden.[54]

312   In der Rechtsprechung einiger Oberlandesgerichte[55] wird diese strenge Linie unter Hinweis auf § 242 BGB durchbrochen, wenn der Unterhaltsberechtigte aus einem später aufgehobenen vorläufig vollstreckbaren Titel **vollstreckt** hat und nach §§ 717 II, 945 ZPO ohne Rücksicht auf fehlendes Verschulden oder den Wegfall der Bereicherung die beigetriebenen Beträge zurückzahlen muss. Dem kann nicht gefolgt werden. Es trifft zwar zu, dass das Aufrechnungsverbot im Einzelfall zurücktreten muss, soweit Treu und Glauben dies erfordern.[56] Darauf beruht auch der in der Rechtsprechung anerkannte Arglisteinwand (s. Rn. 307). Der Unterhaltsberechtigte, der von einem vorläufig vollstreckbaren Titel Gebrauch macht, handelt aber in der Regel weder arglistig, noch betrügerisch. Die Ansprüche auf Schadensersatz nach den §§ 717 II, 945 ZPO setzen nicht einmal Fahrlässigkeit voraus und beruhen auf einer verschuldensunabhängigen Gefährdungshaftung.[57] Der Schaden kann neben der Beitreibung des Unterhalts außerhalb des Unterhaltsrechts darin liegen, dass der Schuldner dem Gerichtsvollzieher eine Sicherheitsleistung zur Abwendung der Vollstreckung übergeben hat. Eine Übertragung der Rechtsprechung zum Arglisteinwand auf diese

---

[51] MünchKommBGB/Schlüter § 394 BGB Rn. 12 m. w. N.
[52] OLG Koblenz FamRZ 1997, 368
[53] OLG München FamRB 2011, 38; OLG Karlsruhe FamRZ 2003, 33; OLG Stuttgart FamRZ 1988, 204
[54] BGH FamRZ 1985, 908, 910
[55] OLG Hamm FamRZ 1999, 436; OLGR Schleswig 1997, 113 (jeweils gegenüber Forderungen aus Steuernachzahlungen); OLG Naumburg, FamRZ 1999, 437; OLG Schleswig FamRZ 1986, 707 (Aufrechnung gegen rückständigen Unterhalt)
[56] BGH FamRZ 1993, 1186, 1188 = R 463
[57] BGH NJW 1982, 2813, 2815 (zu § 717 II ZPO); BGH NJW-RR 1992, 998 (zu § 945 ZPO)

Fälle wird deswegen zu Recht überwiegend abgelehnt.[58] Auch in diesen Fällen sind daher die Wirkung und die Grenzen des Aufrechnungsverbots zu beachten.

VII. Zusammenfassung

Zwar kann grundsätzlich auch gegen Unterhaltsforderungen mit Gegenforderungen 313 jeder Art aufgerechnet werden. Die Wirksamkeit der Aufrechung ist jedoch an weitere – enge – Voraussetzungen geknüpft:
– Dem Gegner ist in jedem Fall der notwendige Lebensunterhalt (Rn. 300, 308) oder – im Rahmen des § 850 b II ZPO – das pfändungsfreie Einkommen zu belassen.
– Außer in Fällen der Arglist (Rn. 307 f.) müssen auch die übrigen Voraussetzungen des § 850 b II ZPO erfüllt sein. Das sonstige bewegliche Vermögen darf keine Befriedigung versprechen und auch dann ist die Pfändung nur im Rahmen der Billigkeit zulässig. Bei der Billigkeitsprüfung ist das Interesse des Unterhaltspflichtigen an der Schuldtilgung gegen das Interesse des Unterhaltsberechtigten an der Aufrechterhaltung seines Lebensstandards abzuwägen. Dabei wird der Unterhaltsberechtigte in der Regel Einbußen am Lebensstandard hinnehmen müssen.
– Nach überwiegender Auffassung muss sich der Unterhaltsschuldner für seine Aufrechnungsforderung einen Titel verschaffen, mit dem er die gegen ihn selbst bestehende Unterhaltsforderung pfänden muss (Rn. 303 ff.). Erst wenn dies geschehen ist, kann er wirksam aufrechnen.
– Aufrechnungserklärungen gegenüber künftigem Unterhalt müssen im Abstand von drei bzw. sechs Monaten wiederholt werden (Rn. 309).
– Prozessual privilegiert sind nur Aufrechnungsforderungen aus vorsätzlicher unerlaubter 314 Handlung, die ihren Grund in betrügerischem Verhalten bei der Auseinandersetzung um den Unterhalt haben (Rn. 307 f.). Nur in diesen Fällen kann schon im Unterhaltsprozess ohne weiteres über die Wirksamkeit der Aufrechnung entschieden werden. Auch hier ist jedoch dem Aufrechnungsgegner der notwendige Lebensunterhalt zu belassen.[59]

– *in dieser Auflage nicht belegt* – 315–399

5. Abschnitt: Unterhalt bei Gütergemeinschaft

I. Überblick

Das Unterhaltsrecht geht von der Vorstellung aus, dass es einen bedürftigen Unterhalts- 400 berechtigten und einen leistungsfähigen Unterhaltspflichtigen gibt, der wegen seiner besseren Einkommens- und Vermögensverhältnisse zum Ausgleich verpflichtet ist. Während der Gütergemeinschaft kann es eine solche Konstellation im Verhältnis der Ehegatten untereinander jedoch grundsätzlich nicht geben, weil mit Ausnahme des selten vereinbarten Vorbehaltsguts (§ 1418 BGB) und des ohnehin für Rechnung des Gesamtguts zu verwaltenden Sonderguts (§ 1417 BGB) **keine Vermögenstrennung** besteht. Das Vermögen des Mannes und das Vermögen der Frau verschmelzen zu einer Einheit, dem Gesamtgut (§ 1416 BGB). Dazu gehören **auch die beiderseitigen Erwerbseinkünfte**.[1]

Mit Ausnahme des nach § 1418 III BGB für eigene Rechnung verwalteten Vorbehalts- 401 guts gibt es nur Einkünfte, die rechtlich beiden Eheleuten in ihrer gesamthänderischen Verbundenheit zustehen (§ 1419 BGB). Nach § 1420 BGB sind Einkünfte, die in das Ge-

---

[58] OLG München FamRB 2011, 38; OLG Karlsruhe FamRZ 2003, 33 und 2002, 893; Wohlfahrt FamRZ 2001, 1185, 1190 m. w. N.
[59] BGH FamRZ 2003, 1466
[1] OLG München FamRZ 1996, 557

samtgut fallen, vor den Einkünften, die in das Vorbehaltsgut fallen, sowie der Stamm des Gesamtguts vor dem Stamm des Vorbehaltsguts und dem Stamm des Sonderguts für den Unterhalt der Familie zu verwenden (s. Rn. 404). Beide Ehegatten sind daher regelmäßig in gleicher Weise bedürftig oder leistungsfähig. Gleichwohl kann es vorkommen, dass ein Ehegatte allein verfügungsberechtigt ist und dem anderen die zum Unterhalt benötigten Mittel vorenthält. Derartige Störungen können aber immer nur auf der **Verwaltungsebene** auftreten und sind daher grundsätzlich auch dort zu beheben. Die Lösung kann nicht wie beim gesetzlichen Güterstand oder bei Gütertrennung in einer „Umverteilung" durch Gewährung von Zahlungsansprüchen bestehen, sondern nur in der **Korrektur einer fehlerhaften Verwaltung des Gesamtguts.** Denn zu einer ordnungsgemäßen Verwaltung gehört auch die Leistung des nach § 1420 BGB in erster Linie aus dem Gesamtgut zu erbringenden Unterhalts.[2]

II. Ehegattenunterhalt

1. Trennungsunterhalt

402   Leben die Ehegatten getrennt, kann auch bei gemeinsamer Verwaltung des Gesamtguts im Innenverhältnis ein Unterhaltsbedarf eines Ehegatten bestehen. Die rechtliche Einordnung dieses Anspruchs ist in der Rechtsprechung des BGH[3] grundlegende geklärt. Danach hat ein getrennt lebender Ehegatte unter den Voraussetzungen des § 1361 BGB und in dem dort bestimmten Umfang auch dann Anspruch auf Trennungsunterhalt, wenn er mit dem anderen in Gütergemeinschaft lebt. Auch in solchen Fällen ist deswegen zunächst der **Unterhaltsbedarf** nach den Einkommens- und Vermögensverhältnissen der Ehegatten festzustellen.[4] In einem ersten Schritt sind somit alle Einkünfte des Gesamtguts zu ermitteln.[5] Nur bei überdurchschnittlich hohem Einkommen, das nicht in voller Höhe für den laufenden Lebensunterhalt benötigt wird, muss auch hier der Bedarf konkret anhand der bisherigen Lebensgewohnheiten ermittelt werden (Rn. 4/763 ff.).[6] Der Umstand, dass zwischen den Eheleuten Gütergemeinschaft besteht, bleibt also bei der Bedarfsbemessung zunächst unberücksichtigt.

403   Erst wenn die Höhe des Unterhaltsbedarfs feststeht, ist die Haftungsgrundlage zu klären. Wie das Einkommen und das Vermögen der Eheleute im Rahmen der Gütergemeinschaft für den Unterhalt heranzuziehen sind, ist in § 1420 BGB geregelt. Danach besteht folgende Reihenfolge:

404   – In erster Linie sind die Einkünfte heranzuziehen, die in das **Gesamtgut** fallen. Dazu gehören alle Einnahmen, soweit sie nicht ausnahmsweise dem Vorbehalts- oder Sondergut zuzurechnen sind (§§ 1417 II, 1418 II BGB). In das Gesamtgut fallen vor allem die **beiderseitigen Erwerbseinkünfte**,[7] aber auch die Erträge des Gesamtguts, also etwa **Mieteinnahmen** oder der **Veräußerungserlös** beim Verkauf der Erzeugnisse eines landwirtschaftlichen Betriebs. Die Erträge des Sonderguts fallen ebenfalls ins Gesamtgut (§ 1417 III 2 BGB). Einkünfte der Eheleute fallen auch dann ins Gesamtgut, wenn sie auf ein Einzelkonto eingezahlt wurden, das ein Ehegatte mit alleiniger Verfügungsbefugnis im Außenverhältnis eröffnet hat, um sie der gesamthänderischen Bindung zu entziehen.[8] In einem solchen Fall kann es sinnvoll sein, die Bank auf die gesamthänderische Bindung des Kontoguthabens nach § 1416 II BGB hinzuweisen.

---

[2] OLG Zweibrücken FamRZ 1998, 239
[3] BGH FamRZ 1990, 851 = R 420
[4] OLG Oldenburg FamRZ 2010, 213 Rn. 19 ff.
[5] BGH FamRZ 2007, 793, 795 = R 674 a; 2006, 683, 685 = R 649 h und 2003, 590, 591 = R 586 (zum Unterhaltsbedarf nach den ehelichen Lebensverhältnissen)
[6] BGH FamRZ 2011, 192 Rn. 21 ff.; 2010, 1637 = R 715 a
[7] OLG München FamRZ 1996, 166
[8] BGH FamRZ 1990, 851 = R 420 II 4. Absatz

5. Abschnitt: Unterhalt bei Gütergemeinschaft §6

– Reichen die Einkünfte des Gesamtgutes nicht aus, sind auch die Einkünfte des beiderseitigen **Vorbehaltsguts** heranzuziehen, wenn ein solches ausnahmsweise vereinbart wurde.
– Kann der verbliebene Bedarf auch durch die Einkünfte aus dem Vorbehaltsgut nicht gedeckt werden, ist der **Stamm des Gesamtguts** heranzuziehen. Dabei kommt vor allem der Verkauf von Immobilien, Wertpapieren oder sonstigen Vermögensgegenständen in Betracht (s. Rn. 1/607 ff.).
– Als letzte ist auf den Stamm, also auf die Verwertung des Vorbehaltsguts und schließlich des Sonderguts zurückzugreifen.

In der Regel haftet während der Ehe ausschließlich das **Gesamtgut** für den Unterhalt **405** und bestimmt damit das Maß der ehelichen Lebensverhältnisse nach § 1361 I 1 BGB. Nur wenn diese Einkünfte ausnahmsweise zur Befriedigung des beiderseitigen Unterhaltsbedarfs nicht ausreichen, ist zu klären, inwieweit die Einkünfte eines etwa vorhandenen Vorbehaltsguts oder der Stamm des Gesamtguts (z. B. Verkauf eines Grundstücks) herangezogen werden können. Gleiches gilt für den Anspruch des getrennt lebenden Ehegatten auf Verfahrenskostenvorschuss (§ 1361 IV 4 i. V. m. § 1360 a IV BGB).[9]

Reichen die Einkünfte des Gesamtguts aus, um neben dem eigenen Bedarf des Unter- **406** haltspflichtigen auch den angemessenen Unterhaltsbedarf des Unterhaltsberechtigten nach § 1361 IV 1 BGB zu decken, richtet sich der Unterhaltsanspruch grundsätzlich nur auf eine „**Mitwirkung zur ordnungsmäßigen Verwaltung**". Ein unmittelbarer Zahlungsanspruch ist neben diesem Anspruch auf Mitwirkung ausgeschlossen. Ein Zahlungsanspruch würde wegen seiner grundsätzlichen Unpfändbarkeit (s. Rn. 302) nach § 1417 II BGB i. V. m. §§ 400 BGB, 850 b I Nr. 2 ZPO ohnehin in das Sondergut fallen und damit gemäß § 1468 BGB in der Regel erst bei der Auflösung und endgültigen Abrechnung der Gütergemeinschaft fällig werden.

Der Unterhaltsberechtigte hat einen Anspruch auf Mitwirkung des unterhaltspflichtigen **407** Ehegatten an der Zahlung des Unterhalts aus dem von beiden Ehegatten verwalteten Gesamtgut aber nur insoweit, als der Bedarf nicht aus Einkünften gedeckt werden kann, über die er auch allein verfügen kann und darf. Nur wenn er nicht allein über das Gesamtgut verfügen kann[10] hat er bei **Einzelverwaltung** des anderen Ehegatten nach § 1435 BGB und bei **gemeinsamer Verwaltung** nach § 1451 BGB einen Anspruch darauf, dass der Unterhaltspflichtige an der ordnungsgemäßen Verwaltung des Gesamtguts einschließlich seiner Verwendung für den Unterhalt mitwirkt.[11] Welche Maßnahmen im Einzelnen dazu erforderlich sind, richtet sich stets nach den Umständen des Einzelfalls. Dies können die Herausgabe von Geld oder Naturalien, eine Wohnungsgewährung, die Bezahlung von zur Deckung des Lebensbedarfs eingegangenen Schulden u. a. sein. Der Sache nach richtet sich der Anspruch auf Vornahme unvertretbarer Handlungen. Ein hierauf gerichteter Titel ist daher nach **§ 888 ZPO zu vollstrecken.**[12]

Grundsätzlich kann daher in einem Verfahren vor dem Familiengericht die **Vornahme 408 derjenigen Handlungen** verlangt werden, die erforderlich sind, damit der Bedarf des Unterhaltsberechtigten gedeckt wird.[13] In der Praxis liegen die Fälle meist so, dass ein Ehepartner die Verwaltung des Gesamtguts vollständig an sich gerissen hat und über die eingehenden Gelder im Außenverhältnis zur Bank nur allein verfügen kann. Auch in dem vom BGH entschiedenen Fall hatte der Unterhaltspflichtige ausreichende Geldmittel auf einem nur für ihn eingerichteten Konto, für das der Unterhaltsberechtigte nicht bevollmächtigt war.

Ausnahmsweise kann in solchen Fällen aber auch unmittelbar **Zahlung des geschulde- 409 ten Unterhaltsbetrages aus dem Gesamtgut** beantragt werden. Auch ein, auf Zahlung des geschuldeten Betrags aus dem Gesamtgut lautender Beschluss ist allerdings nach § 888

---

[9] OLG Zweibrücken FamRZ 1996, 227; vgl. auch BGH FamRZ 2008, 1158; 2005, 883, 884 = R 628 a, b
[10] OLG Zweibrücken FamRZ 1998, 239
[11] BGH FamRZ 1990, 851 = R 420 II 6. Absatz, III 2. und 3. Absatz; kritisch dazu Kleinle FamRZ 1997, 1194
[12] BGH FamRZ 1990, 851 = R 420 II 5. Absatz, III 4. Absatz; BayObLG FamRZ 1997, 422
[13] OLG München FamRZ 1996, 557 und FamRZ 1996, 166

ZPO und nicht nach § 803 ZPO zu vollstrecken.[14] Denn der Unterhaltspflichtige schuldet an sich nicht die „Zahlung", sondern immer nur die Mitwirkung an einer ordnungsgemäßen Verwaltung des Gesamtguts. Die Mitwirkungspflicht ist auch deswegen nach § 888 ZPO zu **vollstrecken,** weil der Unterhaltsberechtigte nach den §§ 803 ff. ZPO nur in das Sondergut und das Vorbehaltsgut des Unterhaltspflichtigen vollstrecken könnte, aber gerade nicht in das nach § 1420 BGB vorrangig für den Unterhalt haftende Gesamtgut.[15] Da die geschuldete Mitwirkung wie bei einem allgemeinen Zahlungsantrag der Überlassung von Geldbeträgen dient, ist das Begehren in einem unbeschränkten Zahlungsantrag enthalten; einer entsprechenden Verurteilung und Vollstreckung steht deswegen das Verbot des § 308 I ZPO nicht entgegen.[16]

Beispiel:[17]
M und F leben in Gütergemeinschaft mit gemeinsamer Verwaltung. Nach den ehelichen Lebensverhältnissen steht F ein Unterhalt von monatlich 1400 € zu. Die Einkünfte des Gesamtguts werden auf ein Konto geleistet, zu dem F keinen Zugang hat. In dieser Situation ist M zunächst vom Familiengericht zu verurteilen „die Zahlung des geschuldeten Unterhalts i. H. v. monatlich 1400 € zu bewirken". Wenn M nicht zahlt, kann nach § 888 ZPO entweder mit Zwangsgeld oder Zwangshaft vollstreckt werden. F kann sich aber auch an die Schuldner des Gesamtguts wenden und von ihnen die Zahlung unmittelbar verlangen. Falls M dem nicht zustimmt, kann seine Zustimmung gemäß § 1452 I BGB ersetzt werden.

410   Diese Regeln gelten auch dann, wenn der Trennungsunterhalt erst nach rechtskräftiger Scheidung (§§ 1361 IV 4, 1360 a III, 1613 I BGB), aber noch vor der vollständigen Auseinandersetzung der Gütergemeinschaft verlangt wird.[18]

Ist zunächst ein **Rechtsgeschäft** erforderlich, etwa der Verkauf eines Grundstücks oder von Wertpapieren, ist bei Einzelverwaltung nach § 1430 BGB und bei gemeinsamer Verwaltung nach § 1452 BGB das **Familiengericht** befugt, eine ohne ausreichenden Grund verweigerte Zustimmung des anderen Ehegatten zu ersetzen.[19]

411   Zwar steht es dem Unterhaltsberechtigten im Falle einer Unterhaltsverletzung durch den Unterhaltspflichtigen nach § 1447 Nr. 2 BGB (bei Einzelverwaltung) und nach § 1469 Nr. 3 BGB (bei gemeinsamer Verwaltung) frei, unabhängig von einem Scheidungsverfahren die **Auflösung** der Gütergemeinschaft zu verlangen. Wegen des in § 1476 I BGB geregelten Halbteilungsgrundsatzes kann dies für denjenigen, der sehr viel eingebracht hat, aber von erheblichem Nachteil sein. Es ist daher wichtig, vor einem solchen Schritt alle vermögensrechtlichen Folgen genau zu klären.[20]

2. Familienunterhalt

412   Für die Durchsetzung des Familienunterhalts nach § 1360 BGB gelten die gleichen Grundsätze wie beim Trennungsunterhalt (s. dazu Rn. 402 ff.).[21]

3. Nachehelicher Unterhalt

413   Die gesetzlichen Vorschriften über den nachehelichen Unterhalt gelten unabhängig von einem früheren Güterstand.[22] Maßgeblich sind somit uneingeschränkt alle Vorschriften der §§ 1569 ff. BGB. Auf den Umstand, dass die Geschiedenen zuvor im Güterstand der Gü-

---

[14] OLG Düsseldorf FamRZ 1999, 1348
[15] BGH FamRZ 1990, 851 = R 420 II 7. Absatz; vgl. auch OLG Zweibrücken FamRZ 1997, 239
[16] BGH FamRZ 1990, 851 = R 420 III 1, 3. Absatz
[17] Vgl. OLG München FamRZ 1996, 166 und die dazu ergangene Entscheidung BayObLG FamRZ 1997, 422
[18] OLG Zweibrücken FamRZ 1998, 239
[19] Bis zum 31. 8. 2009 war das Vormundschaftsgericht für solche Anträge zuständig
[20] BGH FamRZ 2007, 625 (zum Recht auf Rücknahme eingebrachter Sachen gegen Wertersatz)
[21] BGH FamRZ 1990, 851 = R 420 II 3. Absatz
[22] OLG Oldenburg NJW-RR 2009, 1593; OLG München FamRZ 1988, 1276

5. Abschnitt: Unterhalt bei Gütergemeinschaft § 6

tergemeinschaft gelebt hatten, kann es an sich nicht weiter ankommen. Denn das **nach der Scheidung anfallende Erwerbseinkommen** fällt nicht mehr in das Gesamtgut[23] und unterliegt daher keinen gesamthändischen Bindungen. Es kann daher nunmehr entsprechend den allgemeinen Grundsätzen zugerechnet und verteilt werden. Nach der Scheidung erwirbt jeder frühere Ehegatte wieder für sich allein.

Schwierigkeiten entstehen allerdings für eine mehr oder weniger lange Übergangszeit wegen der **Nachwirkungen der Gütergemeinschaft**.[24] Denn das Gesamtgut bleibt über die Rechtskraft der Scheidung hinaus bis zum Ende der Auseinandersetzung eine **gemeinschaftliche** Vermögensmasse, über die nur gemeinschaftlich verfügt werden kann (§§ 1471 II, 1419 BGB). Auch wenn die Ehegatten zuvor Einzelverwaltung vereinbart hatten, ist das Gesamtgut nach Beendigung der Gütergemeinschaft durch die Scheidung bis zur endgültigen Auseinandersetzung von beiden Geschiedenen gemeinsam zu verwalten (§ 1472 I BGB). Wegen des angestrebten Ziels der Auseinandersetzung, die erst mit der Überschussteilung nach § 1476 I BGB beendet ist, wird von einer **Liquidationsgemeinschaft** gesprochen. Wegen der zunächst erforderlichen Schuldentilgung (§ 1475 BGB), der Ausübung von Übernahmerechten (§ 1477 II BGB),[25] Erstattung der eingebrachten Werte (§ 1478 BGB)[26] und der oft damit verbundenen Grundstücksverwertungen dauert die Liquidation häufig sehr lange. 414

In dieser Übergangszeit gibt es drei Vermögensmassen: 415
– Das neu erworbene Vermögen des Mannes zusammen mit seinem bisherigen Vorbehalts- und Sondergut,
– das neu erworbene Vermögen der Frau zusammen mit ihrem bisherigen Vorbehalts- und Sondergut und
– das frühere Gesamtgut.

Zur Unterhaltsbestimmung sind in dieser Zeit neben den **Einkünften des Mannes** die **Einkünfte der Frau** und die **Einkünfte des Gesamtguts** zu ermitteln. Denn alle Nutzungen, Früchte, Zinsen usw. des Gesamtguts fallen auch in dieser Zeit nach § 1473 BGB noch in das Gesamtgut.[27]

Stehen die gesamten Einkünfte fest, ist der Unterhalt nach den **allgemeinen Regeln** zu bestimmen. Gehört zum Gesamtgut z. B. ein landwirtschaftlicher Betrieb, sind für die Unterhaltsberechnung grundsätzlich nur die Einkünfte abzüglich eines Erwerbstätigenbonus heranzuziehen. Den Erwerbstätigenbonus darf der geschiedene Ehegatte auch dann zusätzlich für sich verbrauchen, wenn die Einkünfte mit seiner Arbeitskraft aus dem Gesamtgut als Vermögensmasse gezogen werden. Gleiches gilt auch dann wenn der Unterhaltspflichtige seine Einkünfte unter Nutzung des Goodwills einer Inhaberpraxis erzielt, die noch in das Gesamtgut fällt.[28] Wirtschaften die Geschiedenen noch gemeinsam, bleibt es bei der Halbteilung ohne vorherigen Abzug eines Erwerbstätigenbonus. Bemisst sich der Unterhaltsbedarf ausnahmsweise nur nach neu und unabhängig vom Gesamtgut erzielten Erwerbseinkünften, wird – wie auch sonst – eine Geldrente gemäß § 1585 I S. 1 BGB geschuldet, die als solche gegenüber dem Unterhaltspflichtigen geltend zu machen ist. 416

Schwieriger wird es hingegen, wenn für den Unterhalt auch das zum **Gesamtgut** gehörende Vermögen und die daraus resultierenden Einkünfte und Nutzungsmöglichkeiten heranzuziehen sind. Denn auch während der Liquidationszeit gehört es zur ordnungsgemäßen Verwaltung des Gesamtguts, dass dem Unterhaltsberechtigten der ihm zustehende Unterhalt zur Verfügung gestellt wird.[29] Allerdings muss sich daraus nicht stets eine monatlich bar zu zahlende Unterhaltsrente ergeben. Vielmehr können auch Naturalien oder die Gewährung von Wohnraum geschuldet sein. Eine Unterscheidung zwischen tatsächlichen 417

---

[23] OLG Oldenburg NJW-RR 2009, 1593 Rn. 30
[24] Zur Auflösung der Gütergemeinschaft im Einzelnen vgl. Haußleiter/Schulz, Vermögensauseinandersetzung bei Trennung und Scheidung, 5. Aufl. Rn. 2/51 ff.
[25] BGH FamRZ 2008, 1323 Rn. 9 ff.; 2007, 625
[26] BGH FamRZ 2008, 1323 Rn. 14 ff.
[27] Vgl. dazu OLG Karlsruhe FamRZ 1996, 1414
[28] Zum Goodwill einer Inhaberpraxis vgl. BGH FamRZ 2011, 622
[29] BGH FamRZ 1990, 851 = R 420

Handlungen und Rechtsgeschäften findet bei der Liquidationsgemeinschaft der geschiedenen Ehegatten nicht mehr statt. Der Unterhaltsanspruch wird dann wie beim Trennungsunterhalt (s. Rn. 406 f.) grundsätzlich durch einen **Antrag auf Vornahme einer unvertretbaren Handlung** und Vollstreckung des entsprechenden Beschlusses nach § 888 ZPO durchgesetzt. Eine Klage auf Mitwirkung an der gemeinschaftlichen Verwaltung des Gesamtguts gemäß § 1472 BGB kann nach der Beendigung der Gütergemeinschaft durch Ehescheidung auch darauf gerichtet werden, dass der frühere Ehepartner am Verkauf oder einer sonstigen Verwertung von Gegenständen mitwirkt, soweit dies zur Verfügbarkeit der Mittel für den Unterhalt erforderlich ist. Vielfach wird es aber auch hier sachgerecht sein, unmittelbar eine **Zahlungsklage** gegen den unterhaltspflichtigen geschiedenen Ehegatten (vgl. Rn. 409) zu erheben.[30]

418   Weil es sich in den zuletzt genannten Fällen noch um güterrechtliche Ansprüche handelt, ist das **Familiengericht** zuständig (§§ 23 a I Nr. 1, 23 b GVG; § 261 FamFG). Die hier behandelten Ansprüche können auch im Scheidungsverbund geltend gemacht werden (§ 137 FamFG).[31]

III. Kindesunterhalt

419   Beim Kindesunterhalt richten sich die Tatbestandsvoraussetzungen und die Höhe des geschuldeten Unterhalts ebenfalls nach den allgemeinen gesetzlichen Vorschriften. Bei minderjährigen Kindern hat die Gütergemeinschaft keine Auswirkungen auf das Vertretungsrecht nach § 1629 II 2, III 1 BGB. Problematisch ist jedoch die Durchsetzung der Unterhaltsansprüche. Denn auch für den Kindesunterhalt sind nach § 1420 BGB in erster Linie die Einkünfte aus dem Gesamtgut heranzuziehen. Wegen der gesamtschuldnerischen Haftung der Eheleute für alle beiderseitigen Verbindlichkeiten nach § 1437 BGB bei Einzelverwaltung und nach § 1459 bei gemeinsamer Verwaltung haftet das Gesamtgut im Außenverhältnis auch für die Kinder des anderen Ehegatten, die nicht gemeinschaftlich sind (vgl. § 1604 BGB).

1. Kindesunterhalt in der Trennungszeit

420   Bei **minderjährigen Kindern** kann der Elternteil, der die Kinder betreut (§ 1629 II 2 BGB) und ihre Unterhaltsansprüche durchsetzen will, nach §§ 1435, 1451 BGB vorgehen (dazu s. Rn. 407). Weil minderjährige Kinder ihre Lebensstellung und damit die Höhe ihres Unterhaltsbedarfs vom Einkommen ihrer Eltern, begrenzt auf das Einkommen des barunterhaltspflichtigen Elternteils, ableiten,[32] richtet sich ihr Unterhaltsbedarf nach den auf ihn entfallenden anteiligen Einkünften des Gesamtguts und ev. weiteren Einkünften aus seinem Sonder- und Vorbehaltsgut.

421   **Volljährige Kinder** haben keine Rechte auf Mitwirkung bei der Verwaltung des Gesamtguts. Sie benötigen einen auf Zahlung einer Unterhaltsrente gerichteten Titel, wenn sie in das Gesamtgut vollstrecken wollen. Verwalten beide Ehegatten das Gesamtgut gemeinschaftlich ist eine Zwangsvollstreckung in das Gesamtgut nach § 740 II ZPO nur möglich, wenn ein Titel gegen beide Eltern vorliegt. Bei Einzelverwaltung genügt nach § 740 I ZPO ein Titel gegen den Verwalter. Wegen der anteiligen Haftung beider Eltern für den Barunterhalt bemisst sich der Lebensbedarf eines noch im Haushalt eines Elternteils lebenden volljährigen Kindes auf der Grundlage der zusammengerechneten Einkünfte beider Eltern, also der gesamten Einkünfte des Gesamtguts und ev. weiterer Einkünfte aus den Sonder- und Vorbehaltsgütern beider Eltern nach der vierten Altersstufe der Düsseldorfer Tabelle.[33] Nur wenn das volljährige Kind, z. B. als auswärts wohnender Student, eine

---

[30] OLG Oldenburg NJW-RR 2009, 1593; OLG Nürnberg EzFamR aktuell 1993, 305
[31] OLG Frankfurt/Main FamRZ 1988, 1276
[32] BGH FamRZ 2001, 1603 = R 559
[33] BGH FamRZ 2006, 99, 100 = R 641; vgl. auch Ziff. 13.1.1 der Leitlinien der Oberlandesgerichte

5. Abschnitt: Unterhalt bei Gütergemeinschaft § 6

eigene Lebensstellung hat, geht die Rechtsprechung von festen Bedarfssätzen aus, für die dann aber ebenfalls – vorbehaltlich des auch hier zu wahrenden Selbstbehalts[34] – das volle Einkommen aus dem Gesamtgut haftet.[35]

2. Kindesunterhalt ab Rechtskraft der Scheidung

Auf die Nachwirkungen der Gütergemeinschaft von dessen Beendigung bis zur endgültigen Auseinandersetzung ist schon im Zusammenhang mit dem Ehegattenunterhalt hingewiesen (s. Rn. 414 f.). Bis zur abschließenden Auseinandersetzung ist daher auch beim Kindesunterhalt das Gesamtgut als eigenständige Vermögensmasse zu beachten. 422

– Stehen den Eltern nur **Erwerbseinkünfte** zu oder sind nur diese für den Unterhalt maßgeblich, kann das minderjährige Kind einen Zahlungsantrag gegen den barunterhaltspflichtigen Elternteil und das volljährige Kind einen Leistungsantrag gegen beide nach ihren Einkommens- und Vermögensverhältnissen anteilig haftende Eltern erheben. Der Titel wird dann nach §§ 803 f. ZPO in das Erwerbseinkommen oder ein neben dem Gesamtgut vorhandenes sonstiges Vermögen vollstreckt.
– Ist der Unterhalt ganz oder teilweise aus einem noch bestehenden **Gesamtgut** zu leisten, muss ein **volljähriges Kind** – wie beim Kindesunterhalt in der Trennungszeit – hinsichtlich des Anteils aus dem Gesamtgut beide Eltern verklagen, weil sonst keine Vollstreckung möglich ist (§ 743 ZPO). Bei **minderjährigen Kindern** genügt eine Mitwirkungsklage des betreuenden Elternteils nach § 1472 BGB, die nach § 888 ZPO zu vollstrecken ist (vgl. Rn. 407, 409).

IV. Keine fiktiven Einkünfte

Werden aus dem Gesamtgut bei gemeinsamer Verwaltung, also insbesondere in der Zeit zwischen Scheidung der Ehe und endgültiger Auseinandersetzung (§ 1471, 1472 I BGB), leichtfertig keine Einkünfte oder Nutzungen gezogen, können diese dem Unterhaltspflichtigen nicht als fiktive Einkünfte zugerechnet werden (s. Rn. 1/735 ff.).[36] Das gilt ebenso im Falle eines bis zur Ehescheidung möglichen Alleinverwaltungsrechts des unterhaltspflichtigen Ehegatten. Denn der unterhaltsberechtigte Ehegatte kann seine Vorstellungen über die Nutzung des Gesamtguts, z. B. die Vermietung eines Grundstücks, auch nach den §§ 1435, 1451 BGB durchsetzen und ist grundsätzlich auf diesen Weg verwiesen. Auf eine unterhaltsbezogene Leichtfertigkeit kann sich ein unterhaltsberechtigter Ehegatte auch deswegen nicht berufen, weil zusätzliche Einkünfte stets in das Gesamtgut fallen würden, an dem bei der anschließenden Auseinandersetzung nach §§ 1474 ff. BGB ohnehin beide Eheleute partizipieren. Derartige Einkünfte können daher bei der Unterhaltsbemessung nicht nochmals einseitig dem unterhaltspflichtigen Ehegatten zugerechnet werden.[37] Die Vorstellungen eines Ehegatten über die möglichst wirtschaftliche Verwaltung des Gesamtguts sind somit ausschließlich über die Möglichkeiten der §§ 1435, 1451, 1472 BGB zu realisieren. Notfalls schuldet der schlechte Verwalter Schadensersatz nach § 1435 BGB, der aber gemäß § 1468 BGB erst nach der Beendigung der Gütergemeinschaft fällig wird. 423

---

[34] BGH FamRZ 2006, 683, 684 = R 649; vgl. auch Ziff. 13.1.2 und 21.3.1 der Leitlinien der Oberlandesgerichte
[35] BGH FamRZ 2006, 1100, 1103 = R 654
[36] So auch OLG Oldenburg FamRZ 2010, 213 Rn. 35
[37] BGH FamRZ 1984, 559, 561 (für den nachehelichen Unterhalt, diese Grundsätze gelten aber erst recht für den Trennungsunterhalt); s. auch OLG Karlsruhe FamRZ 1996, 1414

V. Eilmaßnahmen

424 Auch bei Gütergemeinschaft kann es erforderlich werden, den Unterhalt durch Eilmaßnahmen sicherzustellen.[38] **Einstweilige Anordnungen** in einem selbständigen Unterhaltsverfahren oder zur Durchsetzung eines Prozesskostenvorschusses (§§ 49 ff. FamFG) kommen allerdings nur in Betracht, wenn ausnahmsweise auch in der Hauptsache eine Zahlungsklage möglich ist (Rn. 409, 417, 420 f.). Im Rahmen der übrigen Zuständigkeiten des Familiengerichts (Rn. 408 f.) kann ein Unterhaltsanspruch auch durch einen dinglichen oder persönlichen Arrest gesichert werden (s. Rn. 10/485 ff.).[39] Ein getrennt lebender Ehegatte kann einen Prozesskostenvorschuss nicht verlangen, solange nach § 1420 BGB vorrangig einzusetzende Einkünfte aus dem Gesamtgut vorhanden sind.[40]

425–498 – in dieser Auflage nicht belegt –

499–599 Siehe jetzt § 8

6. Abschnitt: Vereinbarungen zum Ehegattenunterhalt

I. Allgemeines

600 **Unterhaltsverträge** zwischen den Ehegatten über den Familienunterhalt (§§ 1360 bis 1360 a BGB) und über den Getrenntlebensunterhalt (§ 1361 BGB) sind nach geltendem Recht formlos möglich. Insofern gibt es allerdings als Einschränkung das Verbot des Verzichts auf künftige Unterhaltsansprüche (§ 1614 BGB). Beim Geschiedenenunterhalt (§§ 1569 bis 1586 b BGB) ist ein entsprechender Verzicht – ungeachtet der existentiellen Bedeutung, welche die Unterhaltsfrage für die Betroffenen vielfach hat – weiterhin möglich. Mit Wirkung seit 1. 1. 2008 stellt § 1585 c BGB n. F.[1] Vereinbarungen zum nachehelichen Unterhalt, die **vor Rechtskraft der Scheidung** getroffen werden, unter **Formzwang**. Satz 2 der Vorschrift verlangt notarielle Beurkundung, an deren Stelle die gerichtliche Protokollierung einer Vereinbarung durch das Prozessgericht der Ehesache treten kann (Satz 3). Dem steht die Protokollierung in einem Verfahren wegen Trennungsunterhalts gleich – siehe näher Rn. 612. **Nach Rechtskraft der Scheidung** getroffene Vereinbarungen zum Geschiedenenunterhalt sind als erstmalige Vereinbarung und als Abänderung einer vorherigen unter Formzwang getroffenen Vereinbarung weiterhin **formlos möglich**.[2] Ein Unterhaltsvertrag mit Abänderungsmöglichkeit (vgl. Rn. 605 f.) kann im Einzelfall auch dann vorliegen, wenn anstelle der an sich geschuldeten gesetzlichen Unterhaltsleistungen an Erfüllungs statt **andere Leistungen** vereinbart worden sind, beispielsweise die Übernahme von Zins- und Tilgungsverpflichtungen.[3] Während für den Familien- und Getrenntlebensunterhalt nach §§ 1360 a III, 1361 IV 4, 1614 I BGB ein **Verzicht** für die Zukunft, also auf künftige Unterhaltsfälligkeiten, ausgeschlossen war und ist (vgl. hierzu näher Rn. 610 und 611), galten für Vereinbarungen über den Nachscheidungsunterhalt (§ 1585 c BGB) nach früherer Rechtsprechung nur die allgemeinen gesetzlichen Schranken der §§ 134, 138 BGB. Im Übrigen bestand volle Vertragsfreiheit, ohne dass eine Inhaltskontrolle, ob die Regelung angemessen sei, stattfand.[4] Hier ist es – ausgelöst durch zwei Entscheidungen des Bundesverfassungsgerichts[5] – zu einem Paradigmenwechsel in der Rechtsprechung des Bundesgerichtshofs gekommen. Entsprechende Vereinbarungen müs-

---

[38] Vgl. Dose, Einstweiliger Rechtsschutz in Familiensachen 3. Aufl. Rn. 108 ff.
[39] Dose a. a. O. Rn. 142 ff.
[40] OLG Zweibrücken FamRZ 1996, 227
[1] Gesetz zur Änderung des Unterhaltsrechts v. 21. 12. 2007 – BGBl I S. 3189 ff.
[2] Bergschneider FamRZ 2008, 17 f.
[3] OLG Köln FamRZ 1998, 1236
[4] Vgl. BGH FamRZ 1997, 156, 157 zur früheren Rechtsauffassung
[5] BVerfG FamRZ 2001, 343 ff. = R 553 a, b; FamRZ 2001, 985 = R 558

6. Abschnitt: Vereinbarungen zum Ehegattenunterhalt § 6

sen nunmehr einer **richterlichen Wirksamkeits- und Ausübungskontrolle** unterzogen werden[6] – siehe hierzu näher Rn. 604 u. 617 ff.

Unterhaltsvereinbarungen unterliegen den allgemeinen Auslegungsregeln. Hierzu gehört auch der Grundsatz einer **nach beiden Seiten interessengerechten Auslegung**.[7] Die Auslegung der Vereinbarung – ob und mit welchem Inhalt die Beteiligten eine bindende Regelung getroffen haben – ist **vorrangig vor einer Anpassung** wegen Störung der Geschäftsgrundlage.[8] Soweit vergleichsweise eine Unterhaltszahlung „ohne Anerkennung einer Rechtspflicht" geschehen soll, bedeutet dies nur, dass der Vergleich selbst den Rechtsgrund darstellt. Soweit als Motiv der Vergleichsannahme die Ansicht geäußert wird, dass man eine Grundlage für die Fortsetzung der Ehe sehe, muss dieses Motiv von der begünstigten Unterhaltspartei nicht als auflösende Bedingung verstanden werden, weil eine Unterhaltsvereinbarung, die vom bloßen Willen oder der Enttäuschung einer Hoffnung des Pflichtigen abhängig wäre, ihren Zweck, eine Befriedung der Unterhaltsauseinandersetzung herbeizuführen, nicht erfüllen könnte.[9]

Im Zweifel stellen Verträge über die Leistung von Unterhalt an den anderen Ehegatten nur eine **Konkretisierung der gesetzlichen Unterhaltspflicht** dar[10] mit der Folge, dass die vertragliche Festlegung und Ausgestaltung des gesetzlichen Anspruchs dessen Rechtsnatur nicht ändert.[11] Rechtsgrund für die Zahlung von Unterhalt auf Grund einer derartigen konkretisierenden Vereinbarung bleibt die gesetzliche Unterhaltspflicht. Dieser Rechtsgrund wird durch die Vereinbarung nicht ausgewechselt, sondern es tritt die Vereinbarung, welche den gesetzlichen Unterhaltsanspruch modifiziert, nur als weitere schuldrechtliche Grundlage hinzu.[12] Aus diesem Grund ist bei rückwirkender Abänderung einer derartigen Vereinbarung auch **§ 820 I S. 2 BGB** (verschärfte Haftung für die Rückzahlung ungerechtfertigt erhaltener Zahlungen bei einem nach dem Inhalt des Rechtsgeschäfts vorauszusehenden Wegfall des Rechtsgrunds) weder unmittelbar noch entsprechend anzuwenden.[13] Handelt es sich um eine den gesetzlichen Unterhaltsanspruch lediglich konkretisierende Vereinbarung zwischen dem geschiedenen berechtigten Ehegatten und dem verstorbenen pflichtigen Ehegatten, bindet die Vereinbarung im Fall des Übergangs der Verpflichtung nach § 1586 b I 1 BGB auch den Erben.[14] Geht es dabei um einen Prozessvergleich, müssen Parteien des **Abänderungsverfahrens bei einer Mehrheit von Erben** – ungeachtet ihrer gesamtschuldnerischen Haftung – alle Miterben sein, weil die vorliegende Nachlassverbindlichkeit nur so mit Wirkung für und gegen alle Miterben abgeändert werden kann.

601

Die auch nach der neueren Rechtsprechung grundsätzlich weiter bestehende Vertragsfreiheit erlaubt den Eheleuten, dass sie – jedenfalls hinsichtlich des Nachscheidungsunterhalts, für den das auf die Zukunft gerichtete Verzichtsverbot des § 1614 I BGB nicht gilt – sich mit ihrer Vereinbarung völlig vom gesetzlichen Unterhaltsanspruch lösen und die Deckung eines von ihnen angesetzten Lebensbedarfs des berechtigten Ehegatten ausschließlich auf eine eigenständige vertragliche Grundlage stellen, also einen **rein vertraglichen Unterhaltsanspruch** begründen,[15] soweit die Vereinbarung einer richterlichen Wirksamkeits- und Ausübungskontrolle standhält. Ein solcher Fall kann nur bei besonderen Anhaltspunkten angenommen werden und wird selten vorliegen,[16] z. B. bei gesetzlich nicht vorgesehenen Ansprüchen wie Geschwisterunterhalt oder bei der Weitergewährung von Unterhalt nach Wiederverheiratung.[17] Für die Beurteilung kommt es nicht auf den

602

---

[6] Grundlegend BGH FamRZ 2004, 601 = R 608 a, b
[7] BGH FamRZ 2003, 741, 742 = R 590 a
[8] BGH FamRZ 2010, 1238 Rn. 13; FamRZ 2010, 192 Rn. 13 = R 708 a
[9] BGH FamRZ 2003, 741, 742 = R 590 a
[10] BGH FamRZ 2009, 219; FamRZ 1984, 874; FamRZ 1991, 673, 674
[11] BGH FamRZ 1987, 1021; FamRZ 1979, 910, 911
[12] BGH FamRZ 1998, 951, 953 = R 526 d
[13] BGH a. a. O.
[14] OLG Koblenz NJW 2003, 439, 440
[15] BGH FamRZ 1978, 873, 874; FamRZ 1995, 665, 667
[16] BGH FamRZ 2004, 1546, 1547
[17] Zu den besoldungsrechtlichen Konsequenzen bei § 40 I Nr. 3 BBesG s. BVerwG FamRZ 2008, 607

subjektiven Willen der Beteiligten, auch nicht auf die vertragliche Bezeichnung des Anspruchs als rein vertraglich an, sondern allein darauf, ob das Wesen des gesetzlichen Unterhaltsanspruchs unverändert bleibt und der Anspruch nur nach Höhe, Dauer und den Modalitäten geändert wird.[18] Entscheidend ist, ob die vertragliche Regelung die vorgegebenen gesetzlichen Grundsätze zu den Voraussetzungen, dem Umfang und dem Erlöschen eines Unterhaltsanspruchs aufnimmt und – wenn auch erheblich modifiziert – abbildet. Kriterien dafür können sein die Anknüpfung des Anspruchs dem Grunde nach an Trennung oder Scheidung, die Berücksichtigung typisierter Bedürftigkeitskriterien wie das Vorhandensein und die Betreuung von Kindern und die Dauer der Ehe hinsichtlich des Umfangs, die Aufnahme von Regelungen, die gesetzliche Vorbilder haben wie die Anrechnung eigener Einkünfte des Berechtigten, Regelungen zum Erlöschen bei Wiederverheiratung sowie zu Limitierung und Befristung.[19] Liegt eine rein vertragliche Regelung vor, konnten nach altem Recht die besonderen Vorschriften über die Zuständigkeit des Familiengerichts für gesetzliche Unterhaltsansprüche nicht mehr angewendet werden.[20] Seit 1. 9. 2009 handelt es sich dagegen um eine **sonstige Familiensache gemäß §§ 111 Nr. 10, 266 FamFG**. Soweit Inhalt des rein vertraglichen Anspruchs ein **Leibrentenversprechen** (§§ 759, 760 BGB) wäre, müsste für das Versprechen die Schriftform des § 761 BGB gewahrt werden.[21] Würde ausnahmsweise ein Schenkungsversprechen (§ 518 I 1 BGB) vorliegen, wäre für das Versprechen die notarielle Form einzuhalten. Allerdings sind solche Fälle selten denkbar. Auch wenn offensichtlich kein entsprechender Unterhaltsanspruch entstehen kann, wird man jedenfalls in einer vor der Scheidung geschlossenen (rein vertraglichen) Unterhaltsvereinbarung über den nachehelichen Unterhalt grundsätzlich keine unentgeltliche Zuwendung sehen können, weil Zuwendungsgrund in der Regel die angenommene Nachwirkung der ehelichen Mitverantwortung ist und es insoweit noch um die innere Gestaltung der Ehe geht.[22] Es dürfte bei einer derartigen von der gesetzlichen Unterhaltspflicht gelösten, vertraglich eigenständigen Vereinbarung auch möglich sein, einen Unterhaltsanspruch an das fehlende (überwiegende) Verschulden des Berechtigen an der Eheauflösung zu knüpfen.[23] Wegen ihres uneingeschränkten Wortlauts und wegen ihres auch hier vorliegenden Zwecks werden die Formvorschriften des § 1585 c 2 u. 3 BGB auch dann anzuwenden sein, wenn vor Rechtskraft der Scheidung eine Vereinbarung über einen rein vertraglichen Unterhaltsanspruch getroffen werden soll, zumal die Abgrenzung zu einer Vereinbarung über den gesetzlichen Unterhaltsanspruch vielfach entweder unmöglich oder schwierig sein wird.

603 Für die Bestimmung der **Rechtsfolgen,** welche sich an die rein vertragliche Begründung eines vom Gesetz gelösten Unterhaltsanspruchs knüpfen, können die gesetzlichen Vorschriften für den gesetzlichen Unterhalt nur mit Vorsicht entsprechend angewendet werden. In erster Linie wird es auf die (ggf. auch ergänzende) Auslegung des geschlossenen Vertrags ankommen. Dies gilt für die Frage, ob der Anspruch mit der Wiederheirat des Berechtigten **entsprechend § 1586 BGB**[24] erlischt und ggf. entsprechend **§ 1586 a I BGB** wieder auflebt (zu § 1586 a I BGB vgl. auch Rn. 614). Dagegen dürfte entsprechend § 1586 I BGB im Zweifel vom Erlöschen des Anspruchs mit dem Tod des Berechtigten auszugehen sein, weil Unterhalt seinem Begriff nach nur dem „Lebensbedarf" des Berechtigten dient. Ob der vereinbarte Anspruch als Verpflichtung auf die Erben des Unterhaltsschuldners entsprechend **§ 1586 b I BGB** übergeht, wird zunächst davon abhängen, ob eine Auslegung der Vereinbarung ergibt, dass ein solcher Übergang ausgeschlossen sein soll. Im Zweifel

---

[18] BGH FamRZ 2009, 219 Rn. 11
[19] BGH a. a. O. Rn. 13
[20] BGH FamRZ 1978, 674; FamRZ 1978, 873, 874
[21] Vgl. zu einem solchen Fall OLG Schleswig FamRZ 1991, 1203
[22] Vgl. BFH BStBl II 1968, 239, 242
[23] Vgl. Walter NJW 1981, 1409
[24] Vgl. hierzu OLG Bamberg FamRZ 1999, 1278; ist nach gegenseitigem Unterhaltsverzicht eine lebenslange Leibrente vereinbart worden, scheidet eine Anwendung des § 1586 I BGB im Zweifel aus – OLG Koblenz FamRZ 2002, 1040 f.

6. Abschnitt: Vereinbarungen zum Ehegattenunterhalt § 6

haften die Erben bei einem solchen Anspruch aber nach den allgemeinen Vorschriften der §§ 1922, 1967 BGB[25] – vgl. dazu näher Rn. 4/125 ff.

Unterhaltsvereinbarungen unterliegen den allgemeinen Vorschriften der §§ 134, 138, 242 BGB. **604**

Für die Frage der möglichen **Sittenwidrigkeit** (§ 138 BGB) der Vereinbarung muss zunächst danach unterschieden werden, wen der geschlossene Vertrag auf Grund einer einseitigen Lastenverteilung benachteiligt, den Unterhaltsschuldner oder den Unterhaltsberechtigten. Es kommt auf beiden Seiten immer auf die Umstände des Einzelfalls an, ob wegen bereits bei Vertragsschluss offenkundiger einseitig negativer Vertragswirkungen Nichtigkeit wegen Sittenwidrigkeit angenommen werden muss, oder ob erst durch eine Ausübungskontrolle, die die Entwicklung nach Abschluss des Vertrags berücksichtigen kann (vgl. Rn. 617 ff.), die notwendigen Korrekturen vorzunehmen sind.

Der BGH hat die Frage, ob die Grundsätze der Rechtsprechung zur Wirksamkeitskontrolle (§ 138 BGB) und zur Ausübungskontrolle (§ 242 BGB) auch auf nachteilige Verpflichtungen des Unterhaltsschuldners anzuwenden sind,[26] inzwischen im Grundsatz bejaht. Auch auf der Seite des Unterhaltspflichtigen könne eine erhebliche Unterlegenheitsposition vorliegen, die zu einer offensichtlich einseitigen Aufbürdung vertraglicher Lasten führe.[27] Wenn die eingegangene Verpflichtung das **Leistungsvermögen eines Schuldners überfordert**, ist die Vereinbarung aber nicht automatisch wegen Sittenwidrigkeit nichtig. Privatautonomie und Vertragsfreiheit, welche nicht nur Selbstbestimmung, sondern auch Selbstverantwortung bedeuten, überlassen es dem Schuldner, auch die Grenzen seiner Leistungsfähigkeit selbst zu bestimmen.[28] Die Verletzung des Halbteilungsgrundsatzes erlaubt deshalb als solche nicht den Schluss auf eine evident einseitige Lastenverteilung.[29]

Im Übrigen sind die allgemeinen Maßstäbe für die Annahme von Sittenwidrigkeit maßgebend. So kann ein Missverhältnis von Leistung und Gegenleistung vorliegen, wenn der Verpflichtete bei Eingehung der Verbindlichkeit außerstande war, zu deren Erfüllung aus eigenem Einkommen und Vermögen in nennenswerten Umfang beizutragen, ohne dass damit zu rechnen war, dass sich dies in absehbarer Zeit ändert.[30] War der Schuldner gegen seinen Willen unter Ausnutzung einer Zwangslage übervorteilt worden oder war sein eigener Mindestbedarf nach den Vorstellungen der Vertragsparteien nicht gesichert, können die Voraussetzungen des § 138 I BGB gegeben sein.[31] Verpflichtet sich der Unterhaltsschuldner ausdrücklich zur Weiterzahlung des Unterhalts auch für den Fall einer etwa eintretenden Arbeitslosigkeit oder Einkommensminderung, kann er auf Grund seiner Verpflichtungsfreiheit und Selbstverantwortung gehandelt haben, so dass dann in der Regel weder für § 138 I BGB noch für ein Abänderungsverfahren Raum ist.[32] Die Grenze der Dispositionsfreiheit ist aber erreicht, wenn mit der Belastung grob fahrlässig zu Lasten des Sozialleistungsträgers eine (auch nur ergänzende) **Sozialleistungsbedürftigkeit des Pflichtigen** herbeigeführt wird sowie wenn auf der Ehe ruhende Familienlasten objektiv zum Nachteil des Sozialhilfeträgers geregelt werden. Das gilt auch dann, wenn die Regelung einer Inhaltskontrolle im Verhältnis der Ehegatten zueinander standhält.[33] Im entschiedenen Fall hat der BGH die Vereinbarung einer von unterhaltsrechtlicher Leistungsfähigkeit unabhängigen, nicht abänderbaren Leibrente wegen grob fahrlässiger Herbeiführung der Sozialleistungsbedürftigkeit des Unterhaltspflichtigen aufgrund der Wirksamkeitskontrolle als sittenwidrig bewertet.[34] Nichtigkeit wegen Verstoßes gegen die Pfändungsschutzvorschriften des § 850 c ZPO tritt nicht automatisch ein, denn diese schützen nur vor Vollstre-

---

[25] OLG Köln FamRZ 1983, 1036, 1038
[26] OLG Celle FamRZ 2004, 1969; OLG Karlsruhe FamRZ 2007, 477
[27] BGH FamRZ 2009, 198 Rn. 19 = R 698
[28] BGH FamRZ 2009, 198 Rn. 22 = R 698; OLG Stuttgart FamRZ 1998, 1296, 1297; OLG Brandenburg NJW-RR 2002, 578, 579
[29] BGH a. a. O.
[30] OLG Stuttgart a. a. O.; s. a. BGH a. a. O. Rn. 36 ff. (insoweit nicht in R 698 abgedruckt)
[31] OLG Stuttgart a. a. O.
[32] OLG Karlsruhe FamRZ 1998, 1436, 1437
[33] BGH FamRZ 2009, 198 Rn. 36
[34] BGH a. a. O. Rn. 36 ff.

ckungszugriffen, schränken aber nicht die Verpflichtungsmöglichkeiten des Schuldners ein.[35] In allen Fällen fehlender Nichtigkeit kann die **Ausübungskontrolle** (§ 242 BGB) zu einer Vertragsanpassung führen. Dies gilt insbesondere, wenn die Erfüllung der übernommenen Zahlungspflicht dem Schuldner nachträglich auch seinen Mindestbedarf nimmt oder gar seine eigene Existenz und Lebensmöglichkeit gefährdet – siehe hierzu auch Rn. 605).

Verschweigt der Berechtigte vor Vertragsschluss einen Vermögenserwerb, der seine Bedürftigkeit beeinflussen kann, kommt eine **Anfechtung** der Vereinbarung gemäß § 123 I BGB wegen arglistiger Täuschung in Betracht.[36] Eine Anfechtung wegen Täuschung ist aber dann ausgeschlossen, wenn der Aufklärungspflichtige annehmen durfte, dass der andere Vertragsteil bereits informiert sei.[37]

Soweit es um die **Benachteiligung des Unterhaltsberechtigten** durch eine einseitige Lastenverteilung geht, haben zwei Entscheidungen des Bundesverfassungsgerichts[38] zu einer Änderung der Rechtssprechung des BGH[39] geführt. Wegen der seitdem vom BGH bei Vereinbarungen zum Nachscheidungsunterhalt, die den Berechtigten benachteiligen, geforderten doppelten richterlichen Kontrolle in Form der Prüfung der Sittenwidrigkeit durch eine **Wirksamkeitskontrolle** (§ 138 BGB) und – bei Bejahung der Wirksamkeit – einer anschließenden **Ausübungskontrolle** (§ 242 BGB) wird auf Rn. 617 ff. verwiesen. Die Grundsätze, die unmittelbar den Nachscheidungsunterhalt betreffen, können entsprechend auf den ehelichen Trennungsunterhalt übertragen werden,[40] wenn sie wegen des Verzichtsverbots für zukünftigen Unterhalt (§ 1614 BGB) dort auch selten praktisch werden dürften. In Einzelfällen wäre die Anwendung auf einen Verzicht auf Unterhaltsrückstände denkbar, der ungeachtet bestehender Vertragsfreiheit als einseitige Lastenverteilung nicht mehr hinnehmbar erschiene.

605 Bei Unterhaltsvereinbarungen – ausgenommen davon sind der Unterhaltsverzicht (vgl. Rn. 615) und die Unterhaltsabfindung (vgl. Rn. 627) – geschieht die **Anpassung an veränderte Umstände** allein **nach den Regeln des materiellen Rechts** (siehe § 239 II FamFG; § 313 BGB),[41] so dass es auch bei Vereinbarungen, die einen Vollstreckungstitel darstellen, nicht auf eine sich aus § 238 I 2 FamFG ergebende Wesentlichkeitsschwelle ankommt; vielmehr kann bei beengten wirtschaftlichen Verhältnissen eine Abänderung auch unterhalb einer Schwelle von 10% in Betracht kommen.[42] Ebenso wenig gelten die Tatsachenpräklusion des § 238 II FamFG[43] oder das Verbot rückwirkender Abänderung nach § 238 III FamFG.[44] Vor der am 1. 1. 2002 in Kraft getretenen Schuldrechtsreform waren die aus § 242 BGB hergeleiteten Grundsätze über die Veränderung oder den Fortfall der Geschäftsgrundlage maßgebend, die eine Anpassung rechtfertigen, wenn es einem Beteiligten aus Treu und Glauben nicht zugemutet werden konnte, an der bisherigen Regelung festgehalten zu werden.[45] Aufgrund der nunmehr in § 313 BGB getroffenen, ausdrücklichen gesetzlichen Regelung zur Störung der Geschäftsgrundlage hat sich die materielle Rechtslage nicht wesentlich geändert.[46] Der Tatrichter kann die Frage, ob bei einem Festhalten an der Vereinbarung die Opfergrenze überschritten würde, nur auf Grund einer an den Verhältnissen des Falles ausgerichteten, **umfassenden Würdigung aller Umständeumfassenden Würdigung aller Umstände**zutreffend beantworten.[47] Geltungsgrund für die Vereinbarung, auch wenn es sich um einen gerichtlichen Vergleich handelt, ist aus-

---

[35] OLG Karlsruhe a. a. O.
[36] BGH FamRZ 2000, 153, 154
[37] OLG Brandenburg FamRZ 2003, 764, 766
[38] BVerfG FamRZ 2001, 343 ff. = R 553 a, b; FamRZ 2001, 985 = R 558
[39] Grundlegend BGH FamRZ 2004, 601 = R 608 a, b
[40] Vgl. hierzu OLG Hamm FamRZ 2007, 732, 733
[41] BGH FamRZ 2010, 192 Rn. 13 = R 708 a; FamRZ 2010, 1238 Rn. 13; FamRZ 2009, 314 Rn. 14
[42] BGH FamRZ 1992, 539 = R 444 a; BGH FamRZ 1986, 790, 791 jeweils zu § 323 ZPO
[43] BGH FamRZ 2010, 1238 Rn. 12; FamRZ 1984, 997, 999 zu § 323 ZPO
[44] BGH FamRZ 1983, 22 zu § 323 ZPO
[45] BGH FamRZ 1992, 539 = R 444 a; FamRZ 1986, 790; FamRZ 1983, 22, 44
[46] BT-Drs. 14/6040 S. 175 f.
[47] BGH FamRZ 1986, 790, 791

schließlich der durch Auslegung zu ermittelnde Parteiwille.[48] Hierbei ist eine nach beiden Seiten interessengerechte Auslegung maßgebend.[49] Die Anpassung an geänderte Verhältnisse muss dabei nach Möglichkeit unter **Wahrung der dem Parteiwillen entsprechenden Grundlagen** geschehen.[50] Es gibt keine freie von der bisherigen Höhe unabhängige Neufestsetzung des Unterhalts, die Grundlagen der Vereinbarung sind vielmehr möglichst zu wahren.[51] Eine Korrektur dieser Grundlagen kommt nicht schon ohne weiteres deswegen in Betracht, weil ein Ehegatte im Zusammenhang mit der Vereinbarung ein inzwischen erzieltes höheres Einkommen verschwiegen hat. Dies kann nur angenommen werden, wenn ausnahmsweise eine Pflicht zur Selbstoffenbarung bestand[52] – vgl. hierzu Rn. 607 sowie 1/1199 ff. Soweit sich die Verhältnisse so tiefgreifend geändert haben, dass dem Parteiwillen für die vorzunehmende Änderung kein hinreichender Anhaltspunkt mehr zu entnehmen ist, kommt eine Unterhaltsregelung wie eine Erstfestsetzung nach den gesetzlichen Vorschriften in Betracht, wobei allerdings zu prüfen bleibt, ob nicht wenigstens einzelne Elemente der ursprünglichen Vereinbarung nach dem erkennbaren Parteiwillen weiterwirken sollen.[53] Dasselbe gilt, wenn sich der Regelung von vornherein kein hinreichender Ansatz für eine Anpassung an veränderte Umstände entnehmen lässt, weil Vergleichsgrundlagen fehlen oder später nicht mehr nachvollziehbar sind, es sei denn, es ist eine endgültige Regelung gewollt.[54] Ein solcher Vergleich kann nur dafür sprechen, dass eine Abänderung ausgeschlossen sein soll, soweit die tatsächlichen Verhältnisse im Zeitpunkt der Vereinbarung einen anderen Unterhaltsbetrag ergeben hätten als von den Parteien unabhängig davon festgelegt wurde.[55] Lässt sich einem Vertrag bei seiner Auslegung keine bestimmte Regelung für einen regelungsbedürftigen Sachverhalt entnehmen, kommt eine **ergänzende Vertragsauslegung** in Betracht.[56] Wenn eine Unterhaltsvereinbarung eine abschließende Regelung enthalten soll, scheidet die Annahme einer Regelungslücke im Allgemeinen aus. Die Vereinbarung ist keiner ergänzenden Vertragsauslegung zugänglich.[57] Eine **Anpassung** an veränderte Umstände ist dann gänzlich **ausgeschlossen.** Das kommt z. B. in Betracht, wenn die Beteiligten mit einem Abfindungsvergleich eine abschließende Regelung des Unterhaltsrechtsverhältnisses treffen wollten.[58] Es ist aber nicht schon dann anzunehmen, wenn die Vereinbarung eine Abänderung nur wegen eines Umstandes (z. B. Einkommensänderungen) ausdrücklich regelt, zu anderen möglichen Abänderungsumständen (z. B. spätere Begrenzung nach § 1578 b BGB) aber schweigt.[59] Auch dieser Parteiwille ist zu respektieren,[60] wenn er – wie es beim Familien- oder Getrenntlebensunterhalt möglich ist – keinen unzulässigen teilweisen Unterhaltsverzicht bedeutet (vgl. Rn. 610 und 611) und ggf. einer richterlichen Wirksamkeits- bzw. Ausübungskontrolle standhalten kann (vgl. Rn. 617 ff.). Ein solcher Wille, dass die Unterhaltsleistung unter allen Umständen konstant bleiben soll, ist aber nicht zu vermuten, sondern kann in der Regel nur einer ausdrücklichen Vereinbarung entnommen werden.[61] Soll der Ausschluss der Abänderung auch bei nicht vorhersehbaren Änderungen der maßgeblichen Verhältnisse wie Gesetzesänderungen

---

[48] BGH FamRZ 1986, 790; FamRZ 1983, 22, 24
[49] BGH FamRZ 2003, 741, 742 = R 590 a; FamRZ 2010, 192 Rn. 16 = R 708 b
[50] BGH FamRZ 2010, 192 Rn. 13 = R 708 a; FamRZ 1994, 696 = R 477 a
[51] Vgl. BGH FamRZ 2003, 848, 850 = R 588 b und zwar auch dann, wenn bei vereinbartem befristeten Unterhalt nach Fristablauf Leistungs- und nicht Abänderungsklage erhoben werden muss; BGH FamRZ 2007, 983, 985
[52] OLG Schleswig MDR 2000, 399
[53] BGH FamRZ 1994, 696, 698 = R 477 a
[54] BGH FamRZ 2010, 192 Rn. 14 ff.= R 708 a; kritisch zur Abänderung bei Fehlen von Vergleichsgrundlagen: Hoppenz FamRZ 2010, 276
[55] BGH FamRZ 2010, 192 Rn. 20 = R 708 b
[56] BGH FamRZ 1995, 726, 727
[57] BGH FamRZ 1985, 787; FamRZ 2010, 192 Rn. 15 = R 708 a
[58] BGH FamRZ 2010, 192 Rn. 15 = R 708 a; FamRZ 2005, 1662, 1663
[59] BGH FamRZ 2010, 1238 Rn. 14 ff.
[60] Für gerichtliche Vergleiche: BGH, FamRZ 1983, 22, 24; OLG Stuttgart FamRZ 1998, 1296, 1298; BGH FamRZ 2010, 192 Rn. 15 = R 708 a
[61] BGH NJW 1962, 2147; VersR 1966, 37; s. a. BGH FamRZ 2010, 192 Rn. 21 ff. = R 708 c

oder Änderungen der gefestigten höchstrichterlichen Rechtsprechung gelten, muss dies immer ausdrücklich vereinbart werden.[62] Ein solcher Ausschluss wäre Teil des Vergleichs, nicht bloß Geschäftsgrundlage.[63] Für die Verhältnisse im Zeitpunkt des Vergleichsschlusses und für die wesentliche Veränderung derselben trägt der Abänderungsantragsteller die Darlegungs- und Beweislast, für den Ausschluss einer Abänderungsmöglichkeit jedoch derjenige, der sich darauf beruft.

Vor der neuen Rechtsprechung, nach der Unterhaltsvereinbarungen einer richterlichen Wirksamkeits- und Ausübungskontrolle unterworfen sind, konnte der Leistungsverpflichtung aus einer entsprechenden Vereinbarung – bei allerdings strengen Anforderungen – der **Einwand unzulässiger Rechtsausübung** entgegenstehen, weil niemand sein Recht gegen Treu und Glauben (§ 242 BGB) geltend machen darf, so wenn die unveränderte Weitererfüllung der eingegangenen Verpflichtung die eigene wirtschaftliche Existenz und Lebensmöglichkeit des Schuldners gefährden würde.[64] Ein Rückgriff auf diese Ausnahmeregelung ist wegen der nunmehr – auch auf Seiten des Unterhaltsschuldners – durchzuführenden Wirksamkeits- und Ausübungskontrolle nicht mehr erforderlich.

606 Für die Frage, welche tatsächlichen Umstände **Geschäftsgrundlage** der Unterhaltsvereinbarung waren und welche Veränderungen deshalb zu einer Anpassung des Vertrages (§ 313 I BGB) führen, kommt es auf die **Vorstellungen** an, die für die Parteien bei der vertraglichen Bemessung des Unterhalts bestimmend waren.[65] Die Anpassung ist demnach möglich, wenn die zukünftigen Umstände, die eine Abänderung rechtfertigen, bei Vertragsschluss noch nicht ohne weiteres **erkennbar oder voraussehbar** waren und ihre Entwicklung nicht in naher Zukunft bevorstand und sie deshalb nicht immanent Inhalt des Vertrags geworden waren,[66] so dass die Parteien, wenn sie die **schwerwiegenden Änderungen** vorausgesehen hätten, den Vertrag nicht oder mit anderem Inhalt geschlossen hätten (§ 313 I BGB).[67] Das Gesetz sieht es als Unterfall einer Störung der Geschäftsgrundlage an, wenn sich wesentliche übereinstimmende Vorstellungen der Vertragsparteien (gemeinschaftlicher Motivirrtum)[68] oder einseitige wesentliche Vorstellungen einer Partei, welche die andere ohne eigene Vorstellungen hingenommen hat,[69] als falsch herausstellen (§ 313 II BGB). Immer ist erforderlich, dass einem Vertragsteil unter Berücksichtigung aller Umstände des Einzelfalls das Festhalten am unveränderten Vertrag nicht zugemutet werden kann (§ 313 I BGB).

Fraglich ist, ob allein eine wesentliche Veränderung des **Lebenshaltungskostenindex** zu Lasten des Berechtigten Anlass für eine Abänderung sein kann. Das OLG Bamberg[70] hat hierzu die Meinung vertreten, dass der Anstieg der Lebenshaltungskosten kein geeigneter Maßstab zur Abänderung eines gerichtlichen Unterhaltsvergleichs sei, weil die Inflationsrate bei der Bemessung des Ehegattenunterhalts keine Rolle spiele, insbesondere keinen selbstständigen Bemessungsfaktor darstelle. Der nacheheliche Unterhalt bestimme sich vielmehr nach den ehelichen Verhältnissen, damit letztlich nach dem verfügbaren Einkommen. Dies trifft jedenfalls für einen nach dem konkreten Lebensbedarf bemessenen Unterhalt nicht zu, der nicht unmittelbar an das an sich einen höheren Unterhalt erlaubende Einkommen des Pflichtigen anknüpft. Hier würde die Bemessung nach den ehelichen Verhältnissen bei sonst unveränderten Umständen auch bei einem wesentlichen Anstieg der Lebenshaltungskosten, der sich aus einem Vergleich der Indexwerte des Lebenshaltungskosten-Index ergäbe, eine Anpassung rechtfertigen, falls der Anstieg etwa in Höhe von wenigstens 10% stattgefunden hat.[71] Nach der Rechtsprechung des BGH[72] können im Wege der Abänderungsklage nicht

---

[62] BGH FamRZ 2010, 192 Rn. 15, 29 = R 708 a, c; siehe dazu bei einem sehr ausführlichen Ehevertrag AG Flensburg FamRZ 2010, 1809
[63] BGH FamRZ 2010, 192 Rn. 23 = R 708 c
[64] RGZ 166, 40, 49; OLG Karlsruhe FamRZ 1998, 1436, 1437
[65] BGH FamRZ 1979, 210; OLG Karlsruhe FamRZ 1997, 366
[66] OLG Karlsruhe FamRZ 1997, 366
[67] Vgl. BT-Drs. 14/6040 S. 175
[68] A. a. O. S. 176
[69] A. a. O.
[70] OLG Bamberg FamRZ 1999, 31
[71] Vgl. hierzu OLG Frankfurt FamRZ 1999, 97, 98 für die Abänderung eines Urteils
[72] BGH FamRZ 1995, 221, 222 = R 485 a

6. Abschnitt: Vereinbarungen zum Ehegattenunterhalt §6

nur individuelle Änderungen der Verhältnisse, sondern auch Änderungen allgemeiner Art, wie etwa die generelle Entwicklung der Einkommen und Lebenshaltungskosten, geltend gemacht werden. Eine Berücksichtigung von Indexänderungen wird daher immer dann in Betracht kommen, wenn der Unterhalt nicht nach dem zur Verfügung stehenden Einkommen bemessen ist, z.B. weil er sich nach einem konkret dargelegten Bedarf bestimmte[73] oder nach § 1578b I BGB auf einen nur noch angemessenen Bedarf herabgesetzt wurde.

Die Anpassung einer Unterhaltsvereinbarung im Wege der Abänderung kann auch deswegen notwendig sein, weil inzwischen die tatsächlichen Voraussetzungen einer **Unterhaltsverwirkung oder Unterhaltsbegrenzung** eingetreten sind, auf welche sich die Vereinbarung nicht erstreckte, weil deren Eintritt noch nicht ausreichend beurteilt werden konnte. Dies kann bei einer inzwischen eingetretenen mehrjährigen Verfestigung einer bei Vertragsschluss bereits aufgenommenen nichtehelichen Lebensgemeinschaft bezüglich der Anwendung des § 1579 Nr. 2 BGB der Fall sein.[74] Diese Abänderungsmöglichkeit muss sich derjenige, der sich auf die Abänderung beruft, auch nicht ausdrücklich vorbehalten.[75] War nicht genügend vorhersehbar, dass – wegen der unerwarteten Übernahme der Kindesbetreuung durch den Pflichtigen – auf Seiten des Berechtigten die Folgen kurzer Ehedauer zu beachten wären, kann eine Anpassung unter Anwendung des § 1579 Nr. 1 BGB in Betracht kommen (s. auch Rn. 609).[76]

Wenn sich die der Vereinbarung zugrunde gelegten Verhältnisse beim Unterhaltsschuldner oder beim Unterhaltsgläubiger gravierend ändern, kann sich aus der vertraglichen Treuepflicht eine **Pflicht zur unaufgeforderten Mitteilung** ergeben. Geht es um die Durchführung einer Unterhaltsvereinbarung, nach der dem Berechtigten z.B. ein bestimmter Verdienst anrechnungsfrei verbleibt, hat der Berechtigte auf Grund seiner **vertraglichen Treuepflicht** dem anderen Teil jederzeit und unaufgefordert die Umstände zu offenbaren, welche ersichtlich dessen Vertragspflichten berühren, also im konkreten Fall den Umstand einer deutlichen Überschreitung der Verdienstgrenze.[77] Es ist überhaupt bei Unterhaltsvereinbarungen eine grundsätzliche Verpflichtung einer Vertragspartei zu ungefragter Offenbarung von Umständen anzunehmen, die ersichtlich die Verpflichtungen des anderen Teils aus dem Vertrag berühren,[78] da Letzterer regelmäßig keine Kenntnis von den verändernden Umständen haben kann.[79] Im Abänderungsverfahren kann das Verschweigen durch den Berechtigten zur Unterhaltsversagung nach § 1579 Nr. 3 BGB,[80] nach § 1579 Nr. 5 BGB[81] oder nach § 1579 Nr. 8 BGB führen.[82] Die Ansicht des AG Dieburg,[83] es bestehe in einem solchen Fall ein Anspruch auf rückwirkende Abänderung eines Prozessvergleichs und Rückzahlung der überzahlten Unterhaltsraten als Schadensersatzanspruch gemäß § 286 II BGB a.F. (§§ 280 II, 286 BGB n.F.) wegen Verzugs mit der Erfüllung der Informationspflicht erscheint zweifelhaft. Die Folgen des pflichtwidrigen Verschweigens für die vorliegenden Unterhaltstatbestände dürften in den in Frage kommenden Fällen des § 1579 BGB, vgl. insbesondere Nr. 3, 5 u. 8, abschließend geregelt sein. Allerdings könnte – soweit die unter Anwendung des § 1579 BGB geschehene Abänderung auf der Erfüllung des strafrechtlichen Betrugstatbestands beruht – Rückforderung der dann überzahlten Unterhalts im Wege eines Schadensersatzanspruchs nach §§ 823 II BGB, 263 StGB in Betracht kommen (siehe dazu Rn. 233 und die dort zitierte BGH-Rechtsprechung). In diesem

607

---

[73] Vgl. BGH FamRZ 2003, 848, 850 f. = R 588 c
[74] BGH FamRZ 2010, 192 Rn. 25 = R 708 c; BGH FamRZ 2002, 23, 24 f. = R 568 c noch zu § 1579 Nr. 7 BGB a. F.
[75] BGH FamRZ 2010, 192 Rn. 25 = R 708 c
[76] Vgl. OLG Frankfurt FamRZ 1999, 237 zum Abänderungsbegehren der Berechtigten
[77] BGH FamRZ 2008, 1325 Rn. 28 = R 694; FamRZ 1997, 483; OLG Frankfurt FamRZ 2003, 1750
[78] Vgl. BGH FamRZ 2000, 153, 154 = R 534
[79] OLG Bamberg MDR 2001, 697
[80] BGH FamRZ 1997, 483 = R 510 b zu § 1579 Nr. 2 BGB a. F. bei Verschweigen des mehrfachen Einkommenszuwachses
[81] BGH FamRZ 2008, 1325 Rn. 24 ff. = R 694
[82] OLG Bamberg MDR 2001, 697 zu § 1579 Nr. 7 BGB a. F.
[83] AG Dieburg FamRZ 1999, 854

Zusammenhang kann aber wohl nicht, weil ein Verstoß gegen eine Vertragspflicht vorliege, auf einen Schadensersatzanspruch wegen positiver Vertragsverletzung ausgewichen werden, da die den gesetzlichen Unterhaltsanspruch konkretisierende Unterhaltsvereinbarung das gesetzliche Unterhaltsverhältnis als Schuldgrund nicht berührt (vgl. Rn. 601), so dass die Sonderregelungen des Unterhaltsrechts auch hier vorgehen dürften. Wird die Vereinbarung in solchen Fällen rückwirkend abgeändert, kommt Rückforderung aus ungerechtfertigter Bereicherung in Betracht (vgl. Rn. 204 ff.).

608 **Gesetzesänderungen** (z. B. Befristung und Begrenzung nach § 1578 b BGB; Änderung der Rangfolge nach § 1609 BGB) oder **Änderungen der gefestigten höchstrichterlichen Rechtsprechung** können immer wesentliche Änderungen darstellen, die auch bei ansonsten unveränderten tatsächlichen Umständen zu einer Störung der vertraglichen Vereinbarung und zu einer Anpassung der Vereinbarung wegen Wegfalls der Geschäftsgrundlage führen können.[84] Eine Störung kann sowohl aufgrund der beiderseitigen irrtümlichen Vorstellung von einer Rechtsänderung als auch wegen der beiderseitigen irrtümlichen Erwartung über den Fortbestand der bestehenden Rechtslage – dies ist in der Praxis die Regel – auftreten, wenn die Parteien in Kenntnis der wahren (zukünftigen) Rechtslage die Vereinbarung jedenfalls so nicht geschlossen hätten.[85] Eine Anpassung kommt aber auch in diesen Fällen nur in Betracht, wenn nicht nur dem einen Beteiligten ein Festhalten an der getroffenen Vereinbarung unzumutbar ist, sondern wenn die Änderung der Vereinbarung dem anderen Beteiligten zumutbar ist. Stellt die abzuändernde Vereinbarung dagegen weiterhin einen interessengerechten Ausgleich dar, scheidet eine Abänderung aus.[86] Die Vereinbarung muss auch nach der Anpassung insgesamt noch ausgewogen sein.[87] Ist eine Vereinbarung wegen Sittenwidrigkeit für unwirksam erklärt worden, so kann eine spätere Gesetzesänderung, die zu einer anderen Bewertung der Vereinbarung führt, das Verdikt der Unwirksamkeit nicht revidieren, weil es für die Frage der Nichtigkeit auf die Rechtslage, die Vorstellungen und Absichten der Beteiligten im Zeitpunkt des Vertragsabschlusses ankommt.[88] Die Beteiligten können aber das Rechtsgeschäft bestätigen (§ 141 BGB).[89]

609 Eine Anpassung kann **unabhängig von der Veränderung tatsächlicher Umstände** erfolgen, wenn eine Modalität einer späteren Klärung vorbehalten werden sollte. Die Vereinbarung entfaltet insoweit keine Bindungswirkung.[90] Entschieden hat dies der BGH für die Frage der **Begrenzung des Unterhalts nach § 1578 b BGB,** die bei der erstmaligen vergleichsweisen Festsetzung des nachehelichen Unterhalts anlässlich der Ehescheidung keine Erwähnung gefunden hatte, obwohl sie Gegenstand der Erörterungen der Beteiligten gewesen war.[91] Der BGH geht davon aus, dass die Beteiligten diese Frage im Zweifel, sofern die Vereinbarung keine ausdrückliche oder konkludente Regelung dazu enthält, noch nicht abschließend regeln wollten. Denn anders als bei den unmittelbar für die Bemessung des Unterhalts relevanten Umständen hänge die Befristung (§ 1578 b II BGB) von einer Unbilligkeit der Weitergewährung des Unterhalts ab. Diese trete aber regelmäßig erst in der Zukunft ein und nicht bereits bei der Scheidung.[92] Dabei komme es nicht darauf an, ob die Umstände für eine Begrenzung nach § 1578 b BGB bereits zuverlässig vorauszusehen gewesen seien (s. dazu Rn. 4/1028 f.), weil insoweit Dispositionsfreiheit der Beteiligten bestehe.[93] Der Umstand, dass im entschiedenen Fall die Vereinbarung bereits vor der Änderung der Rechtsprechung des BGH zur Begrenzung von nachehelichem Unterhalt[94] geschlossen worden war, ist nicht von Belang, zumal der nacheheliche Unterhalt auch damals

---

[84] BGH FamRZ 2010, 192 Rn. 27 ff. = R 708 c; FamRZ 2010, 538 Rn. 22; FamRZ 2007, 793 Rn. 36
[85] BGH a. a. O. Rn. 28 = R 708 c
[86] OLG Dresden FamRZ 2009, 1693
[87] BGH a. a. O.; FamRZ 2004, 1357, 1358
[88] OLG Hamm FamRZ 2009, 2094
[89] OLG Hamm a. a. O.
[90] BGH FamRZ 2010, 1238 Rn. 23
[91] BGH FamRZ 2010, 1238; ebenso OLG Stuttgart FamRZ 2009, 785
[92] BGH a. a. O. Rn. 15 ff.
[93] BGH, a. a. O. Rn. 25 f.
[94] BGH FamRZ 2006, 1006

nach § 1573 V BGB befristet werden konnte. Der Grundsatz der Dispositionsfreiheit gilt auch bei später geschlossenen Vereinbarungen. Einer Anpassung eines erst danach geschlossenen Vergleichs kann eine Präklusion wegen im Zeitpunkt des Vertragsschlusses bereits geänderter Rechtsprechung zur Befristung in diesem Fall nicht entgegengehalten werden.[95] Eine Anpassung unter diesen Umständen setzt aber den Ablauf einer an Treu und Glauben zu messenden gewissen Mindestdauer der getroffenen Regelung voraus, um dem beiderseitigen Interesse an einer rechtssicheren Regelung zu genügen. Für die Mindestdauer kommt es auf den Zeitpunkt der begehrten Befristung an.[96]

Führt die Auslegung der Vereinbarung dagegen dazu, dass eine Begrenzung des Unterhalts abschließend ausgeschlossen wurde, entfaltet diese Regelung Bindungswirkung. Wurde sie nach der Änderung der Rechtsprechung des BGH zur Begrenzung nachehelichen Unterhalts nach § 1573 V BGB a. F., aber vor dem Inkrafttreten des Unterhaltsrechtsreformgesetzes zum 1. 1. 2008 geschlossen, kann die spätere Gesetzesänderung eine Anpassungsmöglichkeit nicht mehr eröffnen. Denn insoweit ist bereits durch die im Zeitpunkt des Vergleichsabschlusses bekannte Rechtsprechungsänderung, nicht erst durch die spätere Gesetzesänderung die wesentliche Änderung eingetreten.[97] Diese kann die Bindungswirkung des Vergleichs nicht dann mehr durchbrechen (s. dazu Rn. 605 a. E., 608).

Von den einer späteren Klärung vorbehaltenen Fragen sind die von den Beteiligten **vergessenen Umstände** abzugrenzen, die nicht Grundlage und nicht Vertragsinhalt geworden sind. Solche können grundsätzlich nicht mehr in den Vergleich einbezogen werden.[98]

II. Vereinbarungen zum Familienunterhalt

Aus dem Regelungszusammenhang der §§ 1356, 1360, 1360 a BGB ergibt sich, dass die Ehegatten sowohl die Rollenverteilung in der Ehe als auch die Art und Weise der Beschaffung und Verteilung sowie das Maß des eheangemessenen Unterhalts weitgehend **frei gestalten** können. Dabei wird das Verbot, auf künftige Unterhaltsansprüche auch nicht teilweise zu **verzichten** (§§ 1360 a III, 1614 I BGB), dadurch relativiert, dass im Rahmen der genannten Gestaltungsfreiheit z. B. eine sparsamere Lebensführung mit verstärkter Vermögensbildung vereinbart oder Einigkeit darüber erzielt werden kann, dem einen Ehegatten, der seine Berufstätigkeit zunächst aufgibt, eine weitere Ausbildung wie etwa ein Studium zu ermöglichen. In funktionierender Ehe kommen derartige Einigungen regelmäßig auf Grund mündlicher, vielfach stillschweigender Abrede zustande. Die **Bindungswirkung und Durchsetzbarkeit** solcher Vereinbarungen ist schon aus tatsächlichen Gründen häufig gering. Einmal bestehen in der Sache liegende Beweisprobleme, zum anderen unterliegen Absprachen dieser Art in verstärktem Maße einer Anpassung an veränderte Verhältnisse. Auch ihre Rechtsqualität, insbesondere, ob ihnen im Einzelfall im rechtlichen Sinn überhaupt Vertragsqualität zukommt, kann zweifelhaft sein.[99] Sie spielen daher in der Praxis der Familiengerichte nur eine untergeordnete Rolle. Der Bundesgerichtshof musste sich in zwei Entscheidungen mit der Frage befassen, welche Auswirkungen das Einvernehmen der Eheleute darüber hatte, dass der Ehemann ein Studium fortführte, während die Ehefrau durch Teilzeittätigkeit im Wesentlichen den Familienunterhalt einschließlich Kindesunterhalt beschaffen sollte. Einmal ging es darum, dass der Sozialhilfeträger, der übergegangene Unterhaltsforderungen der Ehefrau und der Kinder geltend machte, die im konkreten Fall billigenswerte Einigung der Eheleute hinnehmen musste, weil deswegen keine Ansprüche gegen den Ehemann übergegangen waren.[100] Zum anderen wurde entschieden, dass der

610

---

[95] BGH FamRZ 2010, 1884 (= R 718) bezieht sich ausdrücklich nur auf die Festsetzung durch Urteil; auf eine mögliche Präklusion stellen die Entscheidungen des OLG Zweibrücken FamRZ 2009, 1161 und OLG Frankfurt FamRZ 2009, 1162 noch ab.
[96] BGH a. a. O. Rn. 27 = R 718
[97] BGH FamRZ 2010, 1884 Rn. 18 ff. = R 718 b
[98] Borth FamRZ 2010, 1316 mit Beispielen
[99] Vgl. im Einzelnen Langenfeld in Heiß/Born Kap. 15 Rn. 64 ff.
[100] BGH FamRZ 1983, 140, 141

durch das wiederum billigenswerte Einvernehmen der Eheleute geschaffene konkrete Unterhaltsanspruch des Ehemanns auf Familienunterhalt seinen Ausbildungsbedarf mit umfasste, so dass ein nach § 37 BAföG überzuleitender Unterhaltsanspruch des Ehemanns, der Ausbildungsförderung erhalten hatte, gegen seinen Vater entfiel.[101]

Selbstverständlich sind konkrete vertragliche und auch **einklagbare Unterhaltsvereinbarungen** möglich, z. B. über das vom verdienenden Ehegatten in angemessenen Zeiträumen (regelmäßig monatlich) im Voraus zu leistende (§ 1360a II 2 BGB) Wirtschafts- und/oder Taschengeld.

III. Vereinbarungen zum Getrenntlebensunterhalt

611   Der Getrenntlebensunterhalt ist auf die Zahlung einer **Geldrente** gerichtet (§ 1361 IV 1 BGB). Grundsätzlich kann keiner der Ehegatten eine andere Art der Unterhaltsgewährung verlangen.[102] Insofern bietet es sich an, durch Unterhaltsverträge zu regeln, wenn **Sachleistungen** – z. B. Wohnungsgewährung oder Vorhaltung eines Pkw – ganz oder teilweise anstelle einer Geldrente treten sollen.

Wegen des Verbots, auf künftigen, nicht rückständigen Unterhalt zu verzichten (§§ 1361 IV 4, 1360a III, 1614 I BGB), darf die Unterhaltsvereinbarung über den Getrenntlebensunterhalt – auch wenn es sich um einen Prozessvergleich handelt – keinen auch nur teilweisen **Verzicht** auf Unterhalt für die Zukunft beinhalten – etwa durch eine Erschwerung der Möglichkeit, bei veränderten Verhältnissen eine Erhöhung zu verlangen.[103] Ob den Vertragschließenden der Verzichtscharakter bewusst war, spielt keine Rolle, maßgebend ist allein, ob der gesetzlich zustehende Unterhalt objektiv verkürzt wird.[104] Für die Bemessung des Unterhalts in einer Vereinbarung besteht andererseits ein Angemessenheitsrahmen, den die Parteien nach unten ausschöpfen können.[105] Die Toleranzgrenze, bei der für die Zukunft kein nach § 1361 I BGB angemessener Unterhalt mehr zugesagt ist, dürfte überschritten werden, sobald der vereinbarungsgemäß geleistete Unterhalt um mehr als 20% hinter der üblichen Ehegattenquote zurückbleibt.[106] Verkürzungen um mehr als $^1/_3$ sind jedenfalls nicht mehr hinnehmbar.[107] Ob dazwischen liegende Verkürzungen tolerierbar sind, kann von einer Abwägung der Umstände des Einzelfalls abhängen.[108] Nach den Empfehlungen des 12. Deutschen Familiengerichtstags[109] soll sich die Grenze für zulässige Vereinbarungen überhaupt nicht nach festen prozentualen Abschlägen vom gesetzlichen Unterhalt bestimmen, sondern nur nach den Umständen des Einzelfalls.

IV. Vereinbarungen zum Nachscheidungsunterhalt

612   Für Vereinbarungen zum nachehelichen Unterhalt, die nach Inkrafttreten der Neufassung des § 1585c BGB am 1. 1. 2008 geschlossen werden, ist der nach Maßgabe von Satz 2 bzw. Satz 3 der Vorschrift neu eingeführte **Formzwang** zu beachten. Vereinbarungen, die davor formfrei zustande gekommen sind, bleiben wirksam.[110]

---

[101] BGH FamRZ 1985, 353, 354
[102] BGH FamRZ 1990, 851, 852 = R 420
[103] BGH FamRZ 1984, 997, 999
[104] BGH FamRZ 1984, 997, 999
[105] BGH FamRZ 1984, 997, 999
[106] OLG Düsseldorf MDR 2000, 1352; vgl. BGH FamRZ 1984, 997, 999 zum Kindesunterhalt: Überlegungen zur Überschreitung des Tabellensatzes für den Kindesunterhalt um 20% bzw. $^1/_3$
[107] OLG Hamm FamRZ 2007, 732, 733
[108] OLG Hamm a. a. O.
[109] FamRZ 1998, 473, 474
[110] BT-Drs. 16/6980 S. 20

6. Abschnitt: Vereinbarungen zum Ehegattenunterhalt § 6

Zu beachten ist, dass der Formzwang nur **Vereinbarungen** betrifft, die **vor Rechtskraft der Scheidung** getroffen werden (S. 2). Die Beteiligten sollen dadurch vor unbedachten Erklärungen bewahrt und ihnen die Tragweite der Vereinbarung vor Augen geführt werden.[111] Nach Sinn und Zweck der Regelung werden auch Vereinbarungen von Verlobten vor der Eheschließung erfasst, obwohl diese zu diesem Zeitpunkt noch nicht Ehegatten sind. Dies liegt daran, dass Vereinbarungen zum nachehelichen Unterhalt als vorsorgende Vereinbarungen im Zusammenhang mit der Eheschließung, also auch davor getroffen werden können.[112] Beurkundungspflichtig ist die gesamte Ausgestaltung des Unterhaltsanspruchs, damit alle Verpflichtungen unterhaltsrechtlicher Qualität wie die Vereinbarung des begrenzten Realsplittings oder Modifikationen wie die Einräumung eines Nutzungsrechts an der gemeinsamen Immobilie.[113]

§ 1585 c S. 2 BGB verlangt die **notarielle Beurkundung,** die nach § 128 BGB sukzessiv an verschiedenen Orten und bei verschiedenen Notaren stattfinden kann. Gemäß § 1585 c S. 3 BGB kann diese durch eine nach § 127 a BGB erfolgte Protokollierung einer Vereinbarung vor dem Prozessgericht in Ehesachen ersetzt werden. Eine Einschränkung allein auf Verfahren in Ehesachen liegt darin jedenfalls seit Geltung des neuen Verfahrensrechts (1. 9. 2009) nicht (mehr). Die hier in der Vorauflage vertretene Auffassung wird aufgegeben. Neben Verfahren in Ehesachen genügt auch die Protokollierung in einem anderen, zum nachehelichen Unterhalt in innerem Zusammenhang stehenden Verfahren wie dem Verfahren auf Trennungsunterhalt oder einem Verfahren in Güterrechtssachen. Dies ist in der Literatur umstritten. Die von Bergschneider[114] vertretene einschränkende Auslegung aus der Entstehungsgeschichte des Gesetzes, wonach nur die Protokollierung in einer Ehesache wirksam sein soll, ist nicht zwingend. Der Regierungsentwurf ging von der **Gleichwertigkeit eines nach § 127 a BGB gerichtlich protokollierten Vergleichs** aus. Aus der Begründung für die durch den Rechtsausschuss später erfolgte Ergänzung durch Satz 3 ergibt sich nur der Wille, Rechtssicherheit insoweit zu schaffen, dass auch in einer Ehesache, in der kein Verfahren wegen Unterhalt anhängig ist, eine verbindliche Protokollierung einer Einigung der Ehegatten möglich ist.[115] Hätte der Rechtsausschuss die bis dahin nicht in Frage gestellte Auffassung des Gesetzesentwurfs einschränken wollen, so hätte dies ausdrücklich begründet werden müssen. Für die einschränkende Auffassung mag bisher die Schutzfunktion für die Beteiligten gesprochen haben, weil nur in der Ehesache Anwaltszwang herrschte und eine gerichtlich protokollierte Vereinbarung zum nachehelichen Unterhalt nur möglich ist, wenn beide Beteiligten durch Anwälte vertreten sind.[116] Dieses Argument ist heute aber entfallen, weil mit Geltung des Gesetzes über das Verfahren in Familiensachen und den Angelegenheiten der freiwilligen Gerichtsbarkeit (FamFG) zum 1. 9. 2009 auch in Verfahren wegen Trennungsunterhalts Anwaltszwang herrscht (§§ 114 I, 112 Nr. 1, 231 I Nr. 2 FamFG). In anderen Verfahren, in denen kein Anwaltszwang herrscht (Kindschaftssachen), scheidet schon deshalb eine wirksame Protokollierung aus, weil dort kein Protokoll i. S. von § 127 a BGB erstellt wird. Wird die gesetzlich vorgeschriebene Form nicht eingehalten oder sind im Fall des § 1585 c S. 3 BGB nicht beide Parteien anwaltlich vertreten, ist die Vereinbarung nichtig (§ 125 S. 1 BGB).

Eine nach Rechtskraft der Scheidung vorgenommene Abänderung der davor formgerecht abgeschlossenen Vereinbarung ist formlos möglich.

1. Vorsorgende Vereinbarungen

§ 1585 c BGB erlaubt sowohl Verlobten vor der Eheschließung als auch Ehegatten bei Beginn oder zu jedem späteren Zeitpunkt der Ehe, den nachehelichen Unterhalt durch

---

[111] BT-Drs. 16/1830 S. 22
[112] BGH FamRZ 1985, 788
[113] Steiniger/Viefhues FPR 2009, 114
[114] FamRZ 2008, 17, 18 und FamRZ 2008, 748; ebenso Palandt/Brudermüller § 1585 c Rn. 5
[115] S. a. MünchKommBGB/Maurer § 1585 c Rn. 10; Borth, Unterhaltsrechtsänderungsgesetz, 2008 Rn. 235; Billhardt FamRZ 2008, 748; Menne/Grundmann, Das neue Unterhaltsrecht, S. 75
[116] Borth a. a. O.

eine sogenannte vorsorgende Vereinbarung[117] zu regeln. Dabei besteht grundsätzlich volle **Vertragsfreiheit.**[118] Auch ein Unterhaltsverzicht (siehe Rn. 615 ff.) ist wirksam, soweit er nicht nach Maßgabe der gebotenen richterlichen Wirksamkeitskontrolle gegen die guten Sitten verstößt bzw. ggf. der zusätzlich durchzuführenden richterlichen Ausübungskontrolle nicht standzuhalten vermag (vgl. zur richterlichen Kontrolle Rn. 617 ff.). Abgesehen vom vollständigen Verzicht, der einen in der Praxis häufigen Fall der vorsorgenden Vereinbarung darstellt, sind im Rahmen der Vertragsfreiheit die unterschiedlichsten Gestaltungen möglich,[119] z. B. könnte bestimmt werden, dass keine Kapitalabfindung (§ 1585 II BGB) verlangt werden kann, kein Aufstockungsunterhalt (§ 1573 II BGB) in Betracht kommt oder sich der Unterhalt nicht nach § 1578 S. 1 BGB bemessen soll, sondern nach der vorehelichen oder auch der beruflichen Stellung des Berechtigten. Zur Frage, inwieweit aus dem Katalog der Unterhaltsansprüche (§§ 1570–1573 I und IV, 1575, 1576 BGB) – abgesehen vom Anspruch auf Aufstockungsunterhalt (§ 1573 II BGB) – bestimmte Ansprüche ausgeschlossen werden können, wird auf Rn. 617 verwiesen. Anstelle der in § 1585 I 1 BGB grundsätzlich vorgesehenen Unterhaltsgewährung in Geld können die Parteien jederzeit eine **andere Art der Unterhaltsgewährung** vereinbaren, z. B., indem sie sich im Hinblick auf die vom Berechtigten genutzte Wohnung, die dem Pflichtigen (anteilig) gehört, auf Naturalunterhalt einigen.[120] Sie können auch die Widerruflichkeit der Unterhaltsverpflichtung vereinbaren[121] oder die Wiederverheiratungsklausel des § 1586 I BGB abbedingen.[122]

2. Vereinbarungen anlässlich oder nach der Scheidung

614 Anders als bei der vorsorgenden Vereinbarung (Rn. 613) ist die eheliche Entwicklung abgeschlossen und deswegen ein höheres Maß an Vorhersehbarkeit der künftigen Entwicklung gegeben. Dies erleichtert den Abschluss einer Vereinbarung, die vielfach wegen bestehender Meinungsverschiedenheiten über Grund und Umfang der Unterhaltspflicht zugleich als **Vergleich im Sinne des** § 779 BGB[123] zu qualifizieren sein wird. Scheidungsvereinbarungen über den nachehelichen Unterhalt werden ohnehin überwiegend als gerichtliche Vergleiche abgeschlossen. Anders als nach altem Recht[124] kann ein gerichtlicher Unterhaltsvergleich im Scheidungsverfahren, der formell als Prozessvergleich unwirksam ist, weil eine Partei nicht anwaltlich vertreten ist, nicht als außergerichtlicher materiell-rechtlicher Vergleich Bestand haben, weil er auch insoweit nach § 1585 c S. 2 u. 3 BGB **formnichtig** ist – siehe Rn. 612. Eine vergleichsweise Unterhaltsregelung über den Nachscheidungsunterhalt erfasst mangels Identität nicht den nach Auflösung einer weiteren Ehe gemäß § 1586 a I BGB möglicherweise neu entstehenden Unterhaltsanspruch.[125] Zu beachten ist, dass Vereinbarungen zum nachehelichen Unterhalt, die nach Rechtskraft der Scheidung geschlossen werden, **formfrei** möglich sind – siehe Rn. 612 – es sei denn, es besteht Formzwang aufgrund anderer Regelungen (§§ 761, 1410, 1408, 1378 III 2 BGB; § 7 VersAusglG).

---

[117] BGH FamRZ 1985, 788
[118] BGH FamRZ 1991, 306, 307
[119] Vgl. dazu näher Langenfeld NJW 1981, 2377
[120] BGH FamRZ 1997, 484 = R 508
[121] KG FamRZ 1999, 1277
[122] OLG Bamberg FamRZ 1999, 1278; OLG Koblenz FamRZ 2002, 1040 zum Unterhaltsverzicht und gleichzeitiger Vereinbarung einer Leibrentenzahlung bis zum Tode der Berechtigten; AG Flensburg FamRZ 2010, 1808 zur Wiederverheiratungsklausel
[123] Vgl. BGH FamRZ 1985, 787; FamRZ 1986, 1082, 1084
[124] BGH FamRZ 1985, 166 ff.
[125] BGH FamRZ 1988, 46, 47

6. Abschnitt: Vereinbarungen zum Ehegattenunterhalt § 6

V. Vereinbarung eines Unterhaltsverzichts

1. Die besondere Problematik des Verzichts auf nachehelichen Unterhalt 615

In der Praxis spielt die Frage der Wirksamkeit und der Tragweite von Unterhaltsverzichtsvereinbarungen eine verhältnismäßig große Rolle. Dabei geht es fast ausschließlich um den **Verzicht auf nachehelichen Unterhalt,** da bei den anderen ehelichen Unterhaltsansprüchen auf künftigen Unterhalt nicht verzichtet werden kann – siehe Rn. 610 u. 611. Der den nachehelichen Unterhalt betreffende **Verzichtsvertrag,** der vor Rechtskraft der Scheidung formbedürftig ist (siehe Rn. 612), kann nach der Scheidung auch durch schlüssiges Handeln zustande kommen. Es muss aber zur Feststellung des rechtsgeschäftlichen Aufgabewillens des Gläubigers ein unzweideutiges Verhalten vorliegen, das vom Erklärungsgegner als Aufgabe des Rechts verstanden werden kann. Allein darin, dass der Anspruch auf die Unterhaltsleistungen längere Zeit nicht geltend gemacht wurde, können derartige Umstände, die den Verzichtswillen des Gläubigers ausdrücken, noch nicht gesehen werden.[126] Insoweit kommt eher eine Verwirkung des Anspruchs nach allgemeinen Grundsätzen hinsichtlich der Rückstände in Betracht (s. dazu Rn. 142 ff.). Absichtserklärungen des Berechtigten gegenüber Dritten stellen kein Vertragsangebot gegenüber dem Pflichtigen dar, das dieser annehmen könnte.[127] Ein Verzichtswille ist im Zweifel nicht zu vermuten.

Der Verzicht auf Unterhaltsansprüche kann zeitlich befristet, aufschiebend oder auflösend bedingt sowie der Höhe nach oder insgesamt auf Teile der Unterhaltsberechtigung beschränkt werden.[128]

Der wirksame uneingeschränkte Verzicht auf nachehelichen Unterhalt – siehe aber Rn. 617 zur erforderlichen richterlichen Wirksamkeits- und Ausübungskontrolle – lässt nicht nur die einzelnen Unterhaltsansprüche, sondern das Unterhaltsstammrecht erlöschen;[129] die oft gebrauchte Formel, dass der Verzicht auch **für den Fall der Not** gelte, ist daher nur deklaratorisch.

Da der Verzicht damit im Zweifel auch ohne ausdrückliche Bestimmung den Fall der Not ergreift, gehört der Verzicht auch für diesen Fall zum Vertragsinhalt. Eine Anpassung nach Treu und Glauben wegen Veränderung oder Wegfalls der gemeinsamen Geschäftsgrundlage (siehe für gewährende Vereinbarungen Rn. 605 f.) im Hinblick auf eine unerwartete Notlage des verzichtenden Ehegatten scheidet daher grundsätzlich aus.[130] Ein Unterhaltsverzicht enthält in der Regel keine „clausula rebus sic stantibus". Es obläge danach dem Verzichtenden darzulegen und zu beweisen, dass ein im Wortlaut des Verzichts selbst nicht enthaltener Vorbehalt unter Einbeziehung der Gesamtumstände aus der maßgeblichen Sicht des Erklärungsempfängers bei objektiver Würdigung nicht als uneingeschränkter und zeitlich unbefristeter Verzicht verstanden werden durfte.[131]

Wird der **Notbedarf** vertraglich vom Verzicht ausgenommen, kann für Zeiträume, in denen eine Notlage besteht, das zur Abwendung Erforderliche verlangt werden, allerdings nicht etwa der angemessene oder nur der notdürftige, sondern der notwendige Unterhalt.[132]

2. Die allgemeine Sittenwidrigkeit des Verzichts auf nachehelichen Unterhalt

Wenn der Unterhaltsverzicht der richterlichen Wirksamkeitskontrolle nicht standhält 616 (siehe Rn. 617),[133] kann er nur nach § 138 I BGB wegen **Sittenwidrigkeit** nichtig sein,

---

[126] BGH FamRZ 1981, 763
[127] OLG Stuttgart FamRZ 1999, 1136, 1138
[128] BGH FamRZ 1997, 873, 874 = R 513a
[129] OLG München FamRZ 1985, 1264, 1265
[130] Vgl. Herb NJW 1987, 1525, 1527; Göppinger/Wax/Hoffmann, Unterhaltsrecht, Rn. 1365
[131] OLG Hamm FamRZ 1993, 973
[132] BGH FamRZ 1980, 1104, 1105
[133] BGH FamRZ 2007, 197, 199 = R 663

nicht dagegen gemäß § 138 II BGB, weil sich diese Vorschrift lediglich auf Austauschgeschäfte, nicht auf familienrechtliche Verträge bezieht.[134] Soweit die Voraussetzungen des § 138 II BGB teilweise erfüllt sind, ergibt sich die Sittenwidrigkeit möglicherweise aus § 138 I BGB.[135] Für die Beurteilung der Sittenwidrigkeit einer Verzichtsabrede kommt es auf den aus der Zusammenfassung von Inhalt, Beweggrund und Zweck zu entnehmenden **Gesamtcharakter der Vereinbarung** an.[136] Maßgeblicher Zeitpunkt für die Beurteilung ist der **Zeitpunkt des Vertragsschlusses**.[137]

Eine Scheidungsvereinbarung, in der ein erwerbsunfähiger und nicht vermögender Ehegatte auf nachehelichen Unterhalt verzichtet mit der Folge, dass er zwangsläufig der **Sozialhilfe anheim fällt**, kann sittenwidrig und nichtig sein, selbst wenn der Vertrag nicht auf einer Schädigungsabsicht der Ehegatten zu Lasten des Sozialhilfeträgers beruht.[138] Die Parteien müssen sich aber zurzeit des Abschlusses der Vereinbarung der möglichen späteren Sozialhilfebedürftigkeit der verzichtenden Partei bewusst gewesen sein[139] oder sich einer solchen Erkenntnis jedenfalls grob fahrlässig verschlossen haben.[140] Dabei ist zu beachten, dass es **keine Pflicht** von Eheschließenden **zur Begünstigung des Sozialhilfeträgers** gibt. Lebensrisiken, wie eine bereits vor Eheschließung zu Tage getretene Krankheit oder eine Ausbildung des betreffenden Ehegatten, die offenkundig keine Erwerbsgrundlage verspricht, können deshalb wie auch andere nicht ehebedingte Risiken aus der gemeinsamen Verantwortung der Ehegatten herausgenommen werden.[141] Sittenwidrigkeit kann vorliegen, wenn auf der Ehe beruhende Familienlasten objektiv zum Nachteil der Sozialhilfe geregelt werden. Dies kann sich z. B. aus ehebedingten Nachteilen ergeben, die aus der vereinbarten Gestaltung der ehelichen Lebensverhältnisse durch Verteilung von Erwerbs- und Familienarbeit resultieren und an sich durch die Regelungen über den nachehelichen Unterhalt ausgeglichen werden. Das gilt auch, wenn die Regelung zwischen den Ehegatten angemessen ist, weil ein anderweitiger Ausgleich geschaffen wurde, der aber die Sozialleistungsbedürftigkeit nicht entfallen lässt.[142] Sittenwidrigkeit kann ebenfalls anzunehmen sein, wenn aufgrund konkreter Umstände schon bei Eheschließung die Möglichkeit der nachehelichen Bedürftigkeit nicht fernlag.[143] Zusätzliche Voraussetzung der Nichtigkeit ist, dass der andere Ehegatte ohne den Verzicht unterhaltspflichtig wäre, also der vereinbarte Ausschluss seiner Pflicht zur Belastung des Sozialhilfeträgers führt. War er bereits bei Vertragsschluss nicht leistungsfähig und konnte er auch nicht damit rechnen, im Fall einer späteren Scheidung leistungsfähig zu sein, scheidet eine sittenwidrige Belastung des Sozialhilfeträgers aus.[144] Wird die Belastung des Sozialhilfeträgers durch einen mittellosen ausländischen Staatsangehörigen infolge der Eheschließung mit einer an sich leistungsfähigen deutschen Staatsangehörigen ermöglicht, kommt Sittenwidrigkeit in Betracht.[145]

Ein Teilverzicht auf nachehelichen Unterhalt, der nur dann eintritt, wenn die unterhaltsberechtigte Ehefrau die bisher beim Vater befindlichen gemeinsamen minderjährigen Kinder zu sich nehmen würde, macht in sittenwidriger Weise das **Wohl der Kinder** zum Gegenstand eines Handels.[146]

Wegen des Verzichts einer **schwangeren Verlobten** und der insoweit erforderlichen richterlichen Inhaltskontrolle des Vertrags siehe Rn. 617. Problematisch ist in diesem Fall bei kürzerer Ehedauer, dass die schwangere Verlobte mit ihrer durch den Verzicht ermög-

---

[134] BG FamRZ 1992, 1403, 1404; FamRZ 1985, 788, 789
[135] BGH FamRZ 1992, 1403, 1404
[136] BGH FamRZ 1983, 137, 139 = NJW 1983, 1851, 1852; FamRZ 1991, 306, 307; FamRZ 2004, 601, 604
[137] BGH FamRZ 1991, 306, 307
[138] BGH FamRZ 2007, 197, 199 = R 663; FamRZ 1983, 137, 139; OLG Köln MDR 2003, 511
[139] OLG Karlsruhe MDR 2001, 335, 336
[140] BGH FamRZ 1985, 788, 790; FamRZ 2007, 197 = R 663
[141] BGH FamRZ 2007, 197, 199 = R 663; FamRZ 2004, 601, 604 = R 608
[142] BGH a. a. O.
[143] BGH FamRZ 2007, 450, 451
[144] BGH FamRZ 2007, 197 = R 663
[145] Vgl. BGH a. a. O., dort offen gelassen; s. aber BGH FamRZ 2007, 450
[146] OLG Karlsruhe MDR 2000, 1016

6. Abschnitt: Vereinbarungen zum Ehegattenunterhalt § 6

lichten Heirat zugleich indirekt zu Lasten der Sozialhilfe auf ihre wegen der Geburt entstehenden und an sich unverzichtbaren Unterhaltsansprüche nach § 1615l BGB verzichtet hat.

Ob ein Unterhaltsverzicht, der in Kenntnis des Umstands vereinbart wird, dass der bedürftige Ehegatte nachrangig haftende **Verwandte** ersten Grades (vgl. Rn. 2/907) **in Anspruch nehmen muss,** als sittenwidrig zu beurteilen ist, wird davon abhängen, von welchen Vorstellungen sich die Eheleute leiten ließen, insbesondere, ob ihre Verzichtsabrede im Ergebnis einem unzulässigen Vertrag zu Lasten Dritter nahe käme.[147] Dies wäre nicht der Fall, soweit die in Frage kommenden Verwandten ihr Einverständnis zum Ausdruck gebracht hätten oder der verzichtende Ehegatte mit einigem Grund davon ausgegangen wäre, es werde zu keiner Inanspruchnahme von Verwandten kommen, weil er auf Grund eigenen Einkommens wenigstens seinen notwendigen Bedarf, auf den er sich beschränken wollte, werde abdecken können.

3. Richterliche Wirksamkeits- und Ausübungskontrolle

Soweit es bei einer Vereinbarung zum Nachscheidungsunterhalt um die Benachteiligung 617
des Unterhaltsberechtigten durch eine einseitige Lastenverteilung geht, haben zwei Entscheidungen des Bundesverfassungsgerichts[148] zu einer Änderung der Rechtsprechung des BGH[149] geführt. Das Bundesverfassungsgericht hat die Kritik[150] an der schrankenlosen Vertragsfreiheit, mit der Verzichtsvereinbarungen – abgesehen vom Fall der Sittenwidrigkeit – möglich waren, aufgegriffen. Es hat verlangt, dass im Rahmen einer richterlichen Inhaltskontrolle auch verfassungsrechtliche Schranken beachtet werden, welche der Privatautonomie bei einseitiger Dominanz eines Ehepartners aus Gründen gestörter Vertragsparität im Hinblick auf die Schutzbedürftigkeit des verzichtenden Ehegatten gesetzt sein können.[151] Insoweit setze die nach Art. 2 I GG gewährte Privatautonomie voraus, dass die Bedingungen zur Selbstbestimmung des Einzelnen auch tatsächlich gegeben seien. Enthalte ein Ehevertrag eine erkennbar einseitige Lastenverteilung und sei er z. B. im Zusammenhang mit einer Schwangerschaft geschlossen worden, gebiete es die Schutzwirkung des Art. 6 IV GG, den an sich möglichen Unterhaltsverzicht richterlich zu überprüfen. Bei der verlangten Überprüfung gehe es um die **Drittwirkung von Grundrechtspositionen** der Vertragsparteien, die über die Anwendung der zivilrechtlichen Generalklauseln durch richterliche Inhaltskontrolle zu verwirklichen seien.

Mit seiner Grundsatzentscheidung vom 11. 2. 2004[152] hat der BGH vor dem Hintergrund der erwähnten Rechtsprechung des Bundesverfassungsgerichts die **Abkehr von der** vorher von ihm bejahten grundsätzlich **vollen Vertragsfreiheit**[153] für Vereinbarungen zum nachehelichen Unterhalt und zu sonstigen versorgungs- und güterrechtlichen Scheidungsfolgen vollzogen. Zunächst hält der BGH als Ausgangspunkt richtigerweise daran fest, dass die gesetzlichen Regelungen über den nachehelichen Unterhalt, Zugewinn und Versorgungsausgleich im Rahmen ihrer Privatautonomie grundsätzlich der vertraglichen Disposition der Ehegatten unterliegen. Im Ergebnis hat er diese Ausgangsüberlegung allerdings dadurch in Frage gestellt, dass er konstatiert, der Schutzzweck der gesetzlichen Regelungen dürfe durch vertragliche Vereinbarungen nicht beliebig unterlaufen werden, indem eine durch die individuelle Gestaltung der Lebensverhältnisse nicht gerechtfertigte und dem benachteiligten Ehegatten unzumutbare Lastenverteilung herbeigeführt werde.[154] Es wird damit nicht in

---
[147] Vgl. BGH FamRZ 1983, 137, 139
[148] BVerfG FamRZ 2001, 343 ff. = R. 553 a u. b; FamRZ 2001, 985 = R 558
[149] Grundlegend BGH FamRZ 2004, 601 = R 608
[150] Vgl. z. B. Büttner FamRZ 1998, 1: gegen die Zulässigkeit eines Verzichts bei „struktureller Unterlegenheit" des Verzichtenden bei Ausnutzung von dessen Zwangslage und für ihn einseitig belastendem Vertragsinhalt
[151] BVerfG FamRZ 2001, 343 = R 553 a u. b; FamRZ 2001, 985 = R 558
[152] FamRZ 2004, 601 ff. = R 608
[153] Vgl. BGH FamRZ 1997, 156, 157 zur früheren Rechtsauffassung
[154] BGH FamRZ 2004, 601, 605 = R 608; FamRZ 2005, 1444, 1446; FamRZ 2008, 386 Rn. 17

erster Linie darauf abgestellt, wie es nach den Entscheidungen des Bundesverfassungsgerichts nahe gelegen hätte, ob der nachteilige Vertragsschluss auf mangelnder Vertragsparität zwischen den Vertragschließenden beruht, sondern auf den vorhandenen vertraglichen Nachteil. Im Gesetzgebungsverfahren für das Gesetz zur Änderung des Unterhaltsrechts vom 21. 12. 2007 wurde die Auffassung des BGH über die inhaltlichen Grenzen von Unterhaltsvereinbarungen aber – sozusagen vom Gesetzgeber – ausdrücklich gebilligt.[155]

Der BGH weist darauf hin, dass sich nicht allgemein und für alle denkbaren Fälle beantworten lasse, unter welchen Voraussetzungen eine Unterhaltsvereinbarung für den Scheidungsfall unwirksam (§ 138 BGB) oder – weil eine Berufung auf einzelne Regelungen nicht hingenommen werden könne – anzupassen sei (§ 242 BGB). Ausgehend von der Dispositionsfreiheit der Eheleute habe eine **Gesamtschau der getroffenen Vereinbarungen**, der Gründe und Umstände ihres Zustandekommens sowie der beabsichtigten und verwirklichten Gestaltung des ehelichen Lebens stattzufinden.[156] Hierzu stellt der BGH eine **Rangordnung der Scheidungsfolgen** auf, nach der die Dispositionsfreiheit der Ehegatten einer Überprüfung in unterschiedlicher Intensität unterliegt. Die nachteilige Belastung des anderen Ehegatten wiege umso schwerer, je unmittelbarer die vertragliche Abbedingung von gesetzlichen (Unterhalts-)Regelungen in den **Kernbereich des Scheidungsfolgenrechts** eingreife.[157] Allerdings gibt es keinen unverzichtbaren Mindeststandard an Scheidungsfolgen.[158]

– Zum Kernbereich gehört danach in erster Linie der Betreuungsunterhalt (§ 1570 BGB), der schon wegen seiner Ausrichtung am Kindesinteresse nicht der freien Disposition der Ehegatten unterliegt.
– Danach – auch zum Kernbereich zählend – kommen der Krankheitsunterhalt (§ 1572 BGB) und der Unterhalt wegen Alters (§ 1571 BGB).
– Die Unterhaltspflicht wegen Erwerbslosigkeit (§ 1573 I BGB) erscheint dagegen nachrangig, zumal das Gesetz das Arbeitsplatzrisiko bei nachhaltig gesichertem Arbeitsplatz ohnehin auf den Berechtigten verlagert.
– Ihr folgen grundsätzlich die Ansprüche auf Krankenvorsorge- und Altersvorsorgeunterhalt (§ 1578 II 1, III BGB), es sei denn, sie würden den Vorrang des zugrunde liegenden Unterhaltanspruchs, z. B. aus § 1570 BGB, teilen, weil sie zum Ausgleich von ehebedingten Nachteilen dienen.[159]
– Am ehesten verzichtbar erscheinen die Ansprüche auf Aufstockungs- und Ausbildungsunterhalt (§§ 1573 II, 1575 BGB)[160] sowie auf Billigkeitsunterhalt (§ 1576 BGB).[161]

618 Der BGH verpflichtet den Tatrichter zu prüfen, ob auf Grund einer vom gesetzlichen Scheidungsfolgenrecht abweichenden Vereinbarung eine **evident einseitige Lastenverteilung** entsteht, die hinzunehmen für den belasteten Ehegatten unzumutbar erscheint. Dies hat zunächst im Rahmen einer **Wirksamkeitskontrolle** zu geschehen, welche die **mögliche Sittenwidrigkeit der Vereinbarung (§ 138 BGB)** prüft. Erforderlich ist eine **Gesamtwürdigung**, die – losgelöst von der zukünftigen Entwicklung der Ehegatten und ihrer Lebensverhältnisse – auf die **individuellen Verhältnisse bei Vertragsschluss** abstellt, insbesondere auf die Einkommens- und Vermögensverhältnisse, auf den geplanten oder bereits verwirklichten Zuschnitt der Ehe sowie auf die (absehbaren) Auswirkungen auf die Ehegatten und die Kinder.[162] Neben den **objektiven Folgen** der Vereinbarung sind die von den Vertragschließenden verfolgten **subjektiven Zwecke und Beweggründe** zu berücksichtigen. Zur Prüfung gehört auch die Frage, ob die benachteiligte Vertragspartei wegen subjektiver Unterlegenheit eine **schwächere Verhandlungsposition,**[163] z. B. auf

---

[155] BT-Drucks. 16/1830 S. 22
[156] BGH FamRZ 2004, 601, 604 f. = R 608; FamRZ 2008, 386 Rn. 18
[157] BGH FamRZ 2004, 601, 605 = R 608
[158] BGH FamRZ 2005, 1444, 1447 = R 633 b
[159] BGH FamRZ 2005, 1444, 1446; FamRZ 2005, 1449, 1451 = R 634 b
[160] BGH FamRZ 2005, 1449, 1450 = R 634 a
[161] BGH a. a. O.
[162] BGH FamRZ 2004, 601, 604 = R 608; FamRZ 2007, 450, 451; FamRZ 2008, 386 Rn. 18
[163] BGH FamRZ 2006, 1097, 1098 = R 653 a

6. Abschnitt: Vereinbarungen zum Ehegattenunterhalt § 6

Grund einer Zwangslage hatte.[164] Eine **Schwangerschaft** reicht für sich genommen nicht aus, eine Nichtigkeit festzustellen, und zwar auch dann nicht, wenn der Pflichtige die Eheschließung vom Vertragsabschluss abhängig macht. Sie indiziert aber eine schwächere Verhandlungsposition und damit eine Disparität bei Vertragsschluss und führt zwingend zu einer verstärkten richterlichen Kontrolle.[165] Erforderlich ist eine Gesamtschau aller maßgeblichen Kriterien. Zum Verdikt der Sittenwidrigkeit wird es regelmäßig nur dann kommen, wenn Regelungen aus dem Kernbereich des Scheidungsfolgenrechts ganz oder zu erheblichen Teilen abbedungen sind, ohne dass diese Nachteile für den betreffenden Ehegatten durch andere Vorteile gemildert oder durch die besonderen Verhältnisse der Ehegatten, den von ihnen angestrebten oder gelebten Ehetyp oder auch durch sonstige wichtige Belange des begünstigten Ehegatten gerechtfertigt werden.[166] Denn einen unverzichtbaren Mindestgehalt der Scheidungsfolgen gibt es nicht.[167] Ergibt die Wirksamkeitskontrolle eine **Teilnichtigkeit der Vertragsklauseln,** ist nach § 139 BGB in der Regel der gesamte Vertrag nichtig, es sei denn, es wäre anzunehmen, dass er auch ohne die nichtigen Klauseln geschlossen worden wäre.[168] Ist ein Ehevertrag, der auch Unterhaltsregelungen enthält, für den Unterhaltsbedürftigen ausnahmslos nachteilig, ohne dass berechtigte Belange der anderen Vertragspartei dies rechtfertigen, erfasst die Nichtigkeitsfolge trotz Vorliegens einer salvatorischen Klausel notwendig den gesamten Vertrag.[169]

Vereinbarungen zum (teilweisen) Unterhaltsverzicht beim **Betreuungsunterhalt** sind anhand der nunmehr verschärften Erwerbsobliegenheiten des betreuenden Ehegatten im Rahmen des § 1570 BGB zu bemessen (s. dazu Rn. 4/157 ff., 170 ff.). Erwerbsobliegenheiten können damit dem betreuenden Ehegatten zeitlich eher als nach alter Rechtslage auferlegt werden. Ein Unterhaltsverzicht für die Zeit, bevor das Kind drei Jahre alt geworden ist, dürfte allerdings unwirksam sein, wenn er dazu führt, dass der betreuende Unterhaltsberechtigte deshalb gezwungen ist, erwerbstätig zu sein, obwohl er das Kind selbst betreuen möchte, oder der Sozialhilfe anheim fällt (s. dazu Rn. 616). Bei älteren Kindern kann unter dem Aspekt nachteiliger Auswirkungen auf das Kindeswohl der Unterhaltsverzicht einer Wirksamkeitskontrolle standhalten, wenn bei Vertragsschluss von einer adäquaten Fremdbetreuungsmöglichkeit ausgegangen wurde. Scheitert eine Erwerbstätigkeit des betreuenden Berechtigten später eben daran, ist dem bei der Ausübungskontrolle Rechnung zu tragen.

Hält ein Vertrag der Wirksamkeitskontrolle stand und ist er auch nicht aus sonstigen Gründen sittenwidrig, hat eine richterliche **Ausübungskontrolle nach § 242 BGB** zu folgen. Dabei ist zu prüfen, inwieweit der begünstigte Ehegatte **im Zeitpunkt des Scheiterns der Lebensgemeinschaft** seine ihm durch den Vertrag eingeräumte Rechtsmacht missbraucht, wenn er sich auf die Abbedingung von (unterhaltsrechtlichen) Scheidungsfolgen beruft, obwohl sich nunmehr in diesem Zeitpunkt eine evident einseitige Lastenverteilung ergibt, die hinzunehmen für den belasteten Ehegatten bei angemessener Würdigung der Ehe nicht zumutbar ist, auch wenn die Belange des begünstigten Ehegatten und dessen Vertrauen in die Gültigkeit der getroffenen Abrede angemessen berücksichtigt werden.[170] Das kommt insbesondere in Betracht, wenn die tatsächliche einvernehmliche Gestaltung der ehelichen Lebensverhältnisse von den ursprünglich geplanten und dem Vertrag zugrunde gelegten Lebensverhältnissen abweicht.[171] Der Richter hat im Rahmen der Ausübungskontrolle regelmäßig nicht – mit der Folge des Eintritts der gesetzlichen Scheidungsfolgen – die Unwirksamkeit der Vereinbarung festzustellen, sondern diejenigen Rechtsfolgen

619

---

[164] BGH FamRZ 2005, 1449, 1450 = R 634 a
[165] BGH FamRZ 2005, 1444, 1447 = R 633 c; FamRZ 2006, 1359, 1360; FamRZ 2007, 1310, 1311; FamRZ 2008, 386 Rn. 19
[166] BGH FamRZ 2004, 601, 605 = R 608 b; FamRZ 2006, 1359, 1361; FamRZ 2007, 1310, 1311; FamRZ 2008, 386 Rn. 19
[167] BGH FamRZ 2007, 974
[168] BGH FamRZ 2005, 1444, 1447 = R 633 a
[169] BGH FamRZ 2006, 1097 = R 653 b
[170] BGH FamRZ 2004, 601, 606 = R 608 b; FamRZ 2008, 382 Rn. 32; FamRZ 2008, 582 Rn. 33
[171] BGH FamRZ 2008, 582 Rn. 33

anzuordnen, die den berechtigten Belangen beider Vertragsparteien in der nunmehr eingetretenen Situation in ausgewogener Weise Rechnung tragen. Das bedeutet, er hat den Vertrag anzupassen.[172] Dabei wird er sich umso stärker an der vom Gesetz vorgesehenen Rechtsfolge orientieren, je mehr die abbedungene (unterhaltsrechtliche) Rechtsfolge dem Kernbereich des Scheidungsfolgenrechts zuzuordnen ist.[173] Die richterliche Anpassung dient dem **Ausgleich ehebedingter Nachteile.**[174] Der betroffene Ehegatte kann durch die Anpassung daher nicht besser gestellt werden, als er – bei kontinuierlicher Fortsetzung seines vorehelichen Berufswegs – ohne Übernahme ehelicher Risiken stünde, die sich wegen Abweichung der bei Vertragsschluss vorgestellten Lebenssituation von der später tatsächlich eingetretenen Lebenslage als Nachteile konkretisiert haben.[175]

620 Der Ausübungskontrolle unterfallen auch jene Fälle, in denen später neue **gleichrangige Unterhaltsgläubiger** auf Seiten des Unterhaltsverpflichteten hinzutreten wie die neue Ehefrau im Falle der Kinderbetreuung, wenn der Unterhaltspflichtige – wie häufig – ihren Unterhaltsanspruch neben dem der geschiedenen Ehefrau nicht mehr erfüllen kann. Hier kommt es darauf an, wie der Unterhalt nach der Entscheidung des BVerfG vom 25.1. 2011[176] berechnet wird. Folgt man der Auffassung, dass jedenfalls im Normalfall bei Gleichrang der Ehegatten sowie gleichbleibenden Einkünften des Pflichtigen der Unterhalt im Ergebnis im Wege der Dreiteilung wie nach der bisherigen Rechtsprechung des BGH[177] zu berechnen ist (siehe dazu Rn. 4/428 ff.), wird im Einzelfall geprüft werden müssen, wozu sich der Unterhaltsschuldner vertraglich verpflichtet hat. Enthält der Vertrag Regelungen zugunsten des geschiedenen Ehegatten (z. B. längerer Betreuungsunterhalt als gesetzlich geschuldet), so wird der Unterhaltsschuldner daran festzuhalten sein, solange er seinen Ehegattenmindestselbstbehalt (derzeit 1050 EUR) wahren kann. Der Schutz des geschiedenen Ehegatten, der sich auf diese vertragliche Regelung verlassen durfte, geht dann dem Interesse des Unterhaltsschuldners an gleicher Teilhabe vor. Legt der Vertrag dagegen mehr oder minder nichts anderes fest als das, was aufgrund der finanziellen Verhältnisse im Zeitpunkt des Vertragsabschlusses gesetzlich geschuldet wurde, könnte das Hinzutreten der gleichrangigen neuen Ehefrau zu einer Anpassung führen, die auch dem Unterhaltsschuldner den variablen eheangemessenen Selbstbehalt belässt.

§ 313 BGB ist im Rahmen der Ausübungskontrolle grundsätzlich auch auf Eheverträge anwendbar. Allerdings scheidet seine Anwendung aus, wenn z. B. das zugrunde gelegte Einkommen des Pflichtigen sich plötzlich stark verändert. Üblicherweise werden gerade im Hinblick auf solche (erwarteten) Unterschiede Eheverträge bzw. Unterhaltsvereinbarungen geschlossen. Eine Anwendbarkeit von § 313 BGB wird eher in Betracht kommen, wenn ein bestimmtes Verhältnis der Einkommen der Beteiligten zueinander als auch künftig gewiss festgelegt worden ist.[178]

621 a) **Einzelfälle zur Wirksamkeitskontrolle.**
• **wirksam:**
– Der Ausschluss des Anspruchs auf Unterhalt wegen Krankheit und Alters ist wirksam, wenn bei Vertragsschluss nicht absehbar war, ob, wann und unter welchen Gegebenheiten der betroffene Ehegatte unterhaltsbedürftig werden könnte, zumal falls die Ehegatten wegen ihres Alters im Zeitpunkt des Vertragsschlusses einen nicht unwesentlichen Teil ihrer Versorgungsanwartschaften schon erworben hatten.[179] Auch der Ausschluss weiterer nachrangiger Unterhaltsansprüche ist wirksam, wenn ehebedingte Nachteile fehlen.[180]

---

[172] BGH FamRZ 2008, 582 Rn. 36
[173] BGH FamRZ 2004, 601, 606 = R 608 b
[174] BGH FamRZ 2008, 582 Rn. 36 ff.
[175] BGH FamRZ 2007, 974, 977 = R 673 b; vgl. insoweit zur Bemessung von Altersvorsorgeunterhalt: BGH FamRZ 2005, 1449, 1451 = R 634 c; FamRZ 2008, 582 Rn. 36 ff (zum Krankheitsunterhalt)
[176] BVerfG FamRZ 2011, 437 = R 722
[177] FamRZ 2008, 1911 = R 695 a; FamRZ 2010, 111 = R 707 a
[178] BGH FamRZ 2008, 386 Rn. 36; FamRZ 2005, 1444, 1448
[179] BGH FamRZ 2005, 691, 692
[180] BGH FamRZ 2005, 691, 692; FamRZ 2008, 582

6. Abschnitt: Vereinbarungen zum Ehegattenunterhalt § 6

- Der stufenweise Ausschluss des auch der Höhe nach stufenweise (Alter des jüngsten Kindes 6 bzw. 14 Jahre) beschränkten Betreuungsunterhalts kann der Wirksamkeitskontrolle standhalten, wenn die Unterhaltshöhe wenigstens annähernd geeignet war, die ehebedingten Nachteile der Ehefrau auszugleichen. Dies gilt ums so mehr für die weiteren Unterhaltsansprüche.[181] Nach neuem Unterhaltsrecht, das die Erwerbsobliegenheiten des betreuenden Ehegatten nach dem 3. Geburtstag des Kindes verschärft, dürfte diese Beurteilung erst recht gelten.
- Weder der Ausschluss des Betreuungsunterhalts noch der Ausschluss des Unterhalts wegen Alters oder Krankheit und wegen der weiteren nachrangigen Unterhaltsansprüche scheitern an der Wirksamkeitskontrolle, wenn beide Ehegatten zum Zeitpunkt des Vertragsschlusses keine Kinder gewollt haben, sondern jeweils erwerbstätig bleiben wollten,[182] selbst bei gemeinsamem Kinderwunsch, wenn der betreuende Ehegatte vollzeitig weiterarbeiten wollte.[183]
- Lebte der benachteiligte Ehegatte schon vor Eheschließung von Sozialhilfe und war auch der andere Ehegatte einkommenslos, stellt der wechselseitige Unterhaltsverzicht keine einseitige Lastenverteilung dar, und zwar weder für einen Ehegatten noch für den Sozialleistungsträger. Das gilt auch bei vor der Ehe bestehender Krankheit eines Ehegatten.[184]
- Die Vereinbarung eines nachehelichen Unterhalts, der nach den Einkommensverhältnissen bei Vertragsschluss bemessen ist, ist nicht wegen Sittenwidrigkeit unwirksam, wenn eine Anpassung an künftige Einkommenssteigerungen des Unterhaltspflichtigen ausgeschlossen wurde und sich dessen Einkommen deutlich erhöht hat.[185]
- Der Ausschluss des Betreuungsunterhalts, wenn das jüngste Kind das 6. Lebensjahr vollendet hat, verbunden mit einer davon unabhängigen Unterhaltsabfindung für den Fall der Scheidung, ist nicht sittenwidrig, ebenso wenig der Ausschluss des Unterhalts wegen Krankheit, wenn dadurch voreheliche Unfallfolgen ausgeschlossen werden, und ebenfalls nicht der Ausschluss des Unterhalts wegen Alters, wenn zum Zeitpunkt des Vertragsschlusses nach der ehelichen Planung die Fortführung einer eingeschränkten Erwerbstätigkeit vorgesehen war.[186] Die Vereinbarung von Betreuungsunterhalt bis zu einem Alter Kinder von 12 und 14 Jahren, ist wirksam, weil damit die wesentliche Zeit der Kindesbetreuung abgedeckt ist.[187]

• **unwirksam:**
- Der vereinbarte vollständige Wegfall eines Anspruchs auf nachehelichen Unterhalt einschließlich Betreuungsunterhalts bei Aufnahme einer eheähnlichen Beziehung, verbunden mit dem Fehlen eines Ausgleichs für die durch die Kindesbetreuung bedingten ehelichen Nachteile, hält der Wirksamkeitskontrolle nicht stand.[188]
- Heiratet eine der deutschen Sprache nicht mächtige junge Ausländerin einen deutlich älteren wirtschaftlich abgesicherten Deutschen und war schon bei Vertragsschluss als möglich vorhersehbar, dass sie wegen der Geburt von Kindern – wie dann tatsächlich geschehen – nicht erwerbstätig sein würde, stellt der Ausschluss des nachehelichen Unterhalts schon auf Grund der Disparität, die sich aus der sehr viel schwächeren Verhandlungsposition der Ehefrau ergibt, eine evident einseitige Lastenverteilung mit Nichtigkeitsfolge dar.[189]
- Hatte die bei Abschluss des Vertrags schwangere Ehefrau mit indiziert schwächerer Verhandlungsposition wegen der Eheschließung und der bevorstehenden Niederkunft

---

[181] BGH FamRZ 2005, 1444, 1447 f. = R 633 d
[182] BGH FamRZ 2005, 1449, 1450 = R 634 a
[183] OLG Thüringen NJW-RR 2010, 649
[184] BGH FamRZ 2007, 197, 198
[185] BGH FamRZ 2007, 974, 976 = R 673 a
[186] BGH FamRZ 2007, 1310, 1312; hier ist der BGH aber wohl von einer (weiteren) Betreuung durch die Großeltern ausgegangen
[187] OLG Köln ZFE 2010, 111
[188] OLG München FamRZ 2006, 1449, 1450
[189] BGH FamRZ 2006, 1097, 1098 = R 653 a

ihre gut dotierte Erwerbstätigkeit aufgegeben, stellt die Vereinbarung eines im Verhältnis zum früheren Einkommen beschränkten, nur unerheblich über dem unterhaltsrechtlichen Mindestbetrag liegenden Unterhalts bis zur Vollendung des 16. Lebensjahres des jüngsten Kindes keine angemessene Kompensation dar, so dass die Unterhaltsregelung nichtig ist.[190] Denn die vereinbarte Unterhaltshöhe ist nicht annähernd geeignet, die ehebedingten Nachteile der Berechtigten auszugleichen.[191]
– Wer einen ausländischen Staatsangehörigen mit schwächerer Verhandlungsposition dazu bringt, zum Zwecke der Heirat seine Heimat zu verlassen, und sich vertraglich von nachehelichen Unterhaltsansprüchen freizeichnet, obwohl es nahe liegt, dass sich der andere Ehegatte in Deutschland bei Scheitern der Ehe u. a. aus Gesundheitsgründen, mangelnden Sprachkenntnissen oder nicht adäquater Ausbildung nicht werde unterhalten können, verletzt, wenn der Unterhaltsverzicht auch nicht durch Gegenleistungen kompensiert wird, in sittenwidriger Weise das Gebot nachehelicher Solidarität.[192]

621 b) Einzelfälle zur Ausübungskontrolle.
– Wollten Eheleute nach ihren Vorstellungen bei Vertragsschluss keine Kinder haben, sondern beide berufstätig sein und Karriere machen, und ändert sich der geplante Lebenszuschnitt mit der Geburt von Kindern, liegt im Zeitpunkt des Scheiterns der Ehe eine evident einseitige Lastenverteilung vor, die im Rahmen der Ausübungskontrolle trotz wirksamen Unterhaltsverzichts nicht nur zu Betreuungsunterhalt mit Krankenvorsorgeunterhalt, sondern als Teil des Betreuungsunterhalts auch zu **Altersvorsorgeunterhalt** führt, falls nicht ausnahmsweise besondere Gründe den Verzicht hierauf ungeachtet der durch die Geburt der Kinder veränderten Lebenssituation der Parteien rechtfertigen. Der als angemessener Ausgleich ehebedingter Nachteile zuzuerkennende Altersvorsorgeunterhalt bestimmt sich allerdings nicht nach den ehelichen Lebensverhältnissen, sondern danach, was der benachteiligte Ehegatte bei Weiterführung seiner beruflichen Tätigkeit für den Aus- und Aufbau seiner Altersversorgung aufgewendet hätte.[193]
– **Modifizierter Betreuungsunterhalt** müsste für die Zeit der Kindesbetreuung in Anwendung der Ausübungskontrolle zugestanden werden, wenn ein vereinbarter Unterhaltsausschluss für den Fall der Aufnahme einer eheähnlichen Beziehung wirksam wäre.[194]
– Haben Ehegatten den nachehelichen Unterhalt – abgekoppelt von späteren außergewöhnlichen Einkommenssteigerungen beim Pflichtigen – nach den Einkommensverhältnissen bei Vertragsschluss bemessen und sind sie davon ausgegangen, dass der unterhaltsberechtigte Teil in der Ehe Haushaltsführung und Kindesbetreuung mit einer teilweisen Erwerbstätigkeit verbinden würde, kommt eine richterliche Vertragsanpassung im Wege der Ausübungskontrolle nur in Betracht, wenn die tatsächlich nicht verwirklichte Teilerwerbstätigkeit erheblich sein sollte und wegen des Abweichens der tatsächlichen ehelichen Lebensgestaltung von der vorgestellten ein Festhalten an der Vereinbarung nicht zumutbar ist. Allerdings kann der berechtigte Ehegatte durch die Vertragsanpassung – hier Bemessung des **Unterhalts wegen Erwerbslosigkeit** – nicht besser gestellt werden, als er ohne Übernahme ehebedingter Nachteile, also bei kontinuierlicher Fortsetzung seines vorehelichen Berufswegs stünde.[195] Eine Anpassung des Ehevertrags kommt bei Ausschluss des Betreuungsunterhalts nicht in Betracht, wenn der betreuende Ehegatte während der Ehe immer vollzeitig gearbeitet und keine ehebedingten Nachteile erlitten hat.[196]

---

[190] BGH FamRZ 2006, 1359, 1361 f.
[191] BGH a. a. O.; FamRZ 2005, 1444, 1447
[192] BGH FamRZ 2007, 450, 451 f.; FamRZ 2007, 1157 (zur Anhörungsrüge zu FamRZ 2007, 450)
[193] BGH FamRZ 2005, 1449, 1451 f. = R 634 b, c
[194] OLG München FamRZ 2006, 1449, 1451
[195] BGH FamRZ 2007, 974, 976 f. = R 673 b
[196] OLG Thüringen NJW-RR 2010, 649; ebenso OLG Celle NJW-RR 2009, 1302 bei beamteter Lehrerin, die teilschichtig gearbeitet hat

- Werden im Ehevertrag Unterhaltsansprüche für eine Erkrankung wirksam ausgeschlossen, ist dennoch im Rahmen der Ausübungskontrolle zu prüfen, ob die aufgrund der Krankheit eingetretene Situation für den Berechtigten eine evident einseitige Lastenverteilung bedeutet, die er nach Treu und Glauben nicht hinnehmen muss. Entscheidend für die Frage der Anpassung ist, ob die wirtschaftliche Situation des Berechtigten aufgrund der Erkrankung ihrerseits, unter Beachtung der Rollenverteilung in der Ehe, einen ehebedingten Nachteil darstellt – der Berechtigte also ohne Ehe höhere Renteneinkünfte hätte.[197]
- Die Nichterfüllung einer vertraglich übernommenen Kompensationsleistung führt zur Unwirksamkeit und Anpassung nach § 242 BGB.[198]

VI. Vereinbarung einer Wertsicherungsklausel

Da nicht die Steigerung, sondern das Absinken des Geldwerts der allgemeinen Erfahrung und der Realität entspricht, liegt die Vereinbarung einer Wertsicherungsklausel im Interesse des Berechtigten. Für den Pflichtigen mag von Vorteil sein, dass er u. U. lästigen Abänderungsverfahren mit ungewissem Ausgang enthoben ist. Problematisch war bis zu dem am 14. 9. 2007 in Kraft getretenen **Preisklauselgesetz vom 7. 9. 2007** die Frage, inwieweit Wertsicherungsklauseln genehmigungsbedürftig und damit ggf. schwebend unwirksam[199] nach § 2 I 1 Preisangaben- und Preisklauselgesetz waren. Teilweise wurde die Ansicht vertreten, bei Unterhaltsforderungen handele es sich nicht um **Geldsummenschulden**, sondern um **Geldwertschulden**, deren Absicherung – was allerdings ebenfalls streitig war[200] – von vornherein nicht genehmigungsbedürftig sei.[201] Dies dürfte bei der regelmäßig vereinbarten Unterhaltsleistung in Form einer auf einen bestimmten Geldbetrag lautenden Unterhaltsrente nicht zugetroffen haben. Bei einer Geldwertschuld ist die Forderung noch nicht nach ihrem Betrag beziffert, sondern wird der Höhe nach durch den Wert einer anderen Sache bestimmt,[202] z. B. falls anstelle der für den Unterhalt zu liefernden Naturalien deren Erzeugerpreise verlangt werden können.[203]

623

Die ursprüngliche Regelung in § 3 des Währungsgesetzes wurde auf Grund von Art. 9 Euro-Einführungsgesetz vom 9. 6. 1998 (BGBl I S. 1242, 1253) – zur Wahrung der Preisstabilität[204] – durch eine Neuregelung in § 2 des Preisangaben- und Preisklauselgesetzes (PaPkG) in Verbindung mit der Preisklauselverordnung (PrKV) vom 23. 9. 1998 (BGBl I S. 3043) ersetzt. Die Neuregelung sollte dem Stand der Rechtsprechung zu § 3 S. 2 Währungsgesetz entsprechen.[205] Inzwischen hat der Gesetzgeber die Materie mit Wirkung vom 14. 9. 2007 erneut novelliert. Das Preisklauselgesetz (PrkG) vom 7. 9. 2007[206] hält zwar aus stabilitäts-, preis- und verbraucherpolitischen Gründen daran fest, dass auch künftig Grenzen für eine Indexierung von Geldschulden bestehen,[207] überlässt die Prüfung der Rechtmäßigkeit der vereinbarten Klausel aber den Betroffenen mit der Folge des **Wegfalls der Genehmigungspflicht** für Wertsicherungsklauseln. Die Betroffenen können auch **kein** behördliches **Negativattest** (Bestätigung der Gesetzeskonformität der Klausel) mehr

624

---

[197] BGH FamRZ 2008, 582 Rn. 36, 38
[198] BGH FamRZ 2005, 1444, 1448 (vertraglich übernommene Rentenbeitragszahlungen anstelle des ausgeschlossenen VA)
[199] BGHZ 53, 315, 318 noch zu § 3 S. 2 Währungsgesetz
[200] Dürkes, Wertsicherungsklauseln, 10. Aufl., Rn. D 198 f.
[201] So früher unter Geltung von § 3 Währungsgesetz Palandt/Heinrichs, 56. Aufl., § 245 BGB Rn. 10 u. 18
[202] Dürkes, Wertsicherungsklauseln, 10. Aufl., Rn. D 198
[203] Vgl. OLG Frankfurt/Main DNotZ 1969, 98
[204] Vgl. Vogler NJW 1999, 1236
[205] Vogler a. a. O. S. 1237
[206] BGBl I S. 2246 f.
[207] Regierungsentwurf v. 26. 1. 2007 eines zweiten Gesetzes zum Abbau bürokratischer Hemmnisse insbesondere in der mittelständischen Wirtschaft – BR-Drs. 68/07 S. 68

einholen.²⁰⁸ Die Unwirksamkeit einer Klausel, welche die in §§ 1 bis 7 PrkG bestimmten Grenzen nicht einhält, tritt nicht von Gesetzes wegen ein, sondern mit Wirkung für die Zukunft erst von dem Zeitpunkt an, zu dem der Verstoß gegen das Gesetz durch ein Gericht rechtskräftig festgestellt worden ist (§ 8 S. 1 PrkG).²⁰⁹ Das muss durch Feststellungsbeschluss erfolgen.²¹⁰ Die Unwirksamkeit betrifft im Zweifel nur die Klausel, nicht den gesamten Vertrag. Die Vertragsparteien haben gemäß §§ 313, 242 BGB die Verpflichtung, die unwirksame durch eine gesetzeskonforme Regelung ersetzen, § 242 BGB.²¹¹ Allerdings gehen Vereinbarungen der Parteien vor, die eine frühere Unwirksamkeit der Klausel vorsehen. Forderungen, Zahlungen oder andere Rechtswirkungen der Klausel, die bis zum Zeitpunkt der Feststellung der Unwirksamkeit fällig waren, geleistet wurden bzw. bestanden haben, bleiben unangetastet (§ 8 S. 2 PrkG).²¹² Wie § 8 der Preisklauselverordnung für Genehmigungen nach § 3 Währungsgesetz bestimmt auch § 9 I PrkG, dass nach altem Recht (§ 2 des bis 13. 9. 2007 geltenden Preisangaben- und Preisklauselgesetzes) erteilte Genehmigungen weitergelten. Für Klauseln, deren Genehmigung bis 13. 9. 2007 beim Bundesamt für Wirtschaft und Ausfuhrkontrolle beantragt worden ist, gilt weiter das alte Recht. Im Übrigen findet das neue Recht auch auf vor dem 14. 9. 2007 vereinbarte Klauseln Anwendung (§ 9 II PrkG).

§ 1 I PrkG hat das **Indexierungsverbot** des § 2 I S. 1 Preisangaben- und Preisklauselgesetzes übernommen: „Der Betrag von Geldschulden darf nicht unmittelbar und selbsttätig durch den Preis oder Wert von anderen Gütern oder Leistungen bestimmt werden, die mit den vereinbarten Gütern oder Leistungen nicht vergleichbar sind." § 1 II PrkG regelt Ausnahmen vom Verbot entsprechend dem bisherigen § 1 Nr. 1 bis 3 Preisklauselverordnung und führt unter Nr. 4 mit Hinweis auf die bisherige Rechtsauffassung eine weitere Ausnahme ein.²¹³ Danach gilt das Verbot nach Absatz 1 (u. a.) nicht für Klauseln,

1. die hinsichtlich des Ausmaßes der Änderung des geschuldeten Betrages einen Ermessensspielraum lassen, der es ermöglicht, die neue Höhe der Geldschuld nach Billigkeitsgrundsätzen zu bestimmen **(Leistungsvorbehaltsklauseln)**,
2. bei denen die in ein Verhältnis zueinander gesetzten Güter oder Leistungen im Wesentlichen gleichartig oder zumindest vergleichbar sind **(Spannungsklauseln)**,
3. ...
4. die lediglich zu einer Ermäßigung der Geldschuld führen können.

Damit wurde die seit jeher angenommene Verbotsfreiheit von Leistungsvorbehalten und Spannungsklauseln (siehe Rn. 625) bestätigt.

625 Die Rechtsprechung unterschied bislang zwischen **genehmigungsbedürftigen** Gleitklauseln, die bis zur endgültigen Versagung der Genehmigung schwebend unwirksam waren,²¹⁴ sowie **genehmigungsfreien** Leistungsvorbehalten und Spannungsklauseln (vgl. Rn. 624). Diese Unterscheidung gilt als Abgrenzung zwischen erlaubten und unerlaubten Klauseln fort.

Die **Gleitklausel** wird dadurch gekennzeichnet, dass die Anpassung bei Änderung der vereinbarten Vergleichsgröße automatisch geschieht, ohne dass der Gläubiger z. B. ein Erhöhungsverlangen mit folgender neuer Parteivereinbarung geltend machen müsste.²¹⁵ Demgegenüber tritt die Erhöhung beim genehmigungsfreien **Leistungsvorbehalt**²¹⁶ erst ein, wenn auf Grund der geänderten Bezugsgröße eine vertragliche Neufestsetzung durchgeführt wird. Allerdings muss für die Neufestsetzung noch ein gewisser Ermessensspielraum verbleiben.²¹⁷ Kann der Gläubiger den Schuldner durch einseitige Erklärung zur Bezahlung

---

[208] Hierzu kritisch Reul MittBayNot 2007, 445, 450 f.
[209] Regierungsentwurf a. a. O. S. 74 f.
[210] Neuhaus MDR 2010, 848; Palandt/Grüneberg § 8 PrkG Rn. 1 (Anhang zu § 245 BGB)
[211] BGH NJW 1973, 1498
[212] Regierungsentwurf a. a. O.
[213] A. a. O.
[214] BGHZ 53, 315, 318
[215] Vgl. Dürkes, Wertsicherungsklauseln, 10. Aufl., Rn. B 27 ff.; BGHZ 53, 132, 134
[216] Vgl. BGH NJW 1979, 1545
[217] BGH a. a. O.

6. Abschnitt: Vereinbarungen zum Ehegattenunterhalt § 6

des sich aus der Änderung der Vergleichsgröße rechnerisch ergebenden Betrags verpflichten, hätte der Gläubiger nicht nur das Recht zur billigen Bestimmung der Gegenleistung (§ 315 I BGB), sondern es läge die für das Verbot entscheidende automatische Kopplung vor.[218] Einen genehmigungsfreien Unterfall der Gleitklausel stellt die von der Rechtsprechung entwickelte und schon nach altem Recht von der Deutschen Bundesbank anerkannte[219] **Spannungsklausel** dar. Um eine solche genehmigungsfreie Klausel handelt es sich nach § 1 II Nr. 2 PrKG, wenn die in ein Verhältnis zueinander gesetzten Leistungen im Wesentlichen gleichartig oder zumindest vergleichbar sind.[220] Da Unterhalt nach dem jeweiligen Bedürfnis des Berechtigten zu leisten ist und damit vom künftigen Preis und Wert der zur Bestreitung des Bedarfs erforderlichen Güter und Leistungen abhängt, bedeutet die Anknüpfung der Unterhaltshöhe an den Lebenshaltungskosten-Index (Verbraucherpreisindex) eine Bezugnahme auf vergleichbare Leistungen, also grundsätzlich die Vereinbarung einer genehmigungsfreien Spannungsklausel.[221] Dies dürfte auch bei der Verknüpfung des geschuldeten Unterhaltsbetrags mit einer bestimmten Entwicklung von Erwerbsvergütungen oder Ruhegehältern, z. B. einer konkreten Beamten- oder Angestelltenkategorie, gelten, soweit es sich um eine Gehaltskategorie handelt, die lediglich der Abdeckung des angemessenen Lebensbedarfs des Empfängers dient. § 3 II PrKG erlaubt im Übrigen entsprechende Klauseln – Abhängigkeit des geschuldeten Betrags von der künftigen Einzel- oder Durchschnittsentwicklung von Löhnen, Gehältern, Ruhegehältern oder Renten – für wiederkehrende Zahlungen, die auf Lebenszeit, bis zum Erreichen der Erwerbsfähigkeit oder eines bestimmten Ausbildungsziels oder bis zum Beginn der Altersversorgung des Empfängers zu erbringen sind.

Zu beachten ist, dass ein Verbot nur für Erhöhungsklauseln bestehen kann, welche unter den **Regelungsbereich des § 1 I PrKG** (vgl. Rn. 624) fallen. Erlaubt ist damit z. B. die Vereinbarung einer prozentualen Erhöhung in bestimmten Abständen.

Wurde Wertsicherung mit Hilfe eines bestimmten Lebenshaltungskosten-Indexes vereinbart, können wegen der regelmäßigen **Umbasierung der Indexwerte** Auslegungsprobleme auftreten.[222] Die Preisindizes für die Lebenshaltung werden in der Regel alle fünf Jahre umgestellt.[223] Weitere Schwierigkeiten ergaben sich daraus, dass unterschiedliche Indizes für Gesamtdeutschland, die alten Bundesländer und die neuen Bundesländer verwendet wurden. **Für neue Verträge** ist nur noch auf den Verbraucherpreisindex für Deutschland des Statistischen Bundesamts abzustellen:[224] z. B. maßgebend soll der Indexstand vom Januar 2011 sein; wird der Indexstand um mehr als 5% über- oder unterschritten, ändert sich der geschuldete Unterhaltsbetrag im gleichen Verhältnis; die geänderte Rente ist dann ab dem nach dem Eintreten der Voraussetzungen folgenden Monatsersten zu bezahlen. Bei gerichtlicher Geltendmachung ist ein Abänderungsantrag auf den nach Maßgabe des Indexes zu berechnenden Betrag zu stellen. Einer vorgeschalteten Auskunftsstufe über die Einkommensverhältnisse des Schuldners bedarf es nicht. Dafür besteht auch kein Rechtsschutzbedürfnis.[225] Bei Altverträgen ist es zweckmäßig zu vereinbaren, dass von dem Monat an, ab dem letztmals angepasst wurde, für künftig zu leistende Unterhaltsbeträge auf den **Verbraucherindex für Deutschland** übergegangen wird. Denn eine durch Wegfall eines Indexes enstandene Regelungslücke ist im Wege der ergänzenden Vertragsauslegung zu schließen.[226] Das Statistische Bundesamt hat schon im Jahr 2003 mitgeteilt, dass für Wertsicherungsklauseln nur noch dieser Index verwendet werden solle. Er bildet die Verbrau-

626

---

[218] Dürkes, Wertsicherungsklauseln, 10. Aufl., Rn. B 32; vgl. hierzu auch Reul MittBayNot 2007, 445, 446 f.
[219] Dürkes, Wertsicherungsklauseln, 10. Aufl., Rn. D 5
[220] BGH NJW-RR 1986, 877, 879
[221] Vgl. OLG Frankfurt/Main DNotZ 1969, 98, 99
[222] Vgl. zur Umrechnung von Indices Gutdeutsch FamRZ 2003, 1061 ff. u. 1902 ff.
[223] Rasch NJW 1996, 34
[224] Vgl. die Hinweise des Statistischen Bundesamts FamRZ 2003, 506 ff.
[225] OLG Zweibrücken FamRZ 2009, 235
[226] BGH NJW-RR 2009, 880 zum weggefallenen Lebenshaltungsindex für einen 4-Personen-Haushalt

cherpreise umfassend ab. Es hat auch darauf hingewiesen, in welcher Weise alte Indexklauseln auf den neuen Index umgerechnet werden können.[227]

Wurde in einem vollstreckbaren Prozessvergleich oder in einer vollstreckbaren notariellen Urkunde vereinbart, dass sich die Unterhaltsrente in bestimmter Weise nach Maßgabe eines vom Statistischen Bundesamt erstellten Preisindexes für Lebenshaltungskosten, z. B. des Verbraucherpreisindexes für Deutschland, ändert, ist der **Vollstreckungstitel** regelmäßig als **hinreichend bestimmt** anzusehen, weil sich der geschuldete Geldbetrag aus für das Vollstreckungsorgan allgemein zugänglichen Quellen bestimmen lässt[228] und weil sich dieser Index nicht abrupt und unabsehbar, sondern stetig und nach aller Erfahrung in dieselbe Richtung verändert.[229]

VII. Vereinbarung einer Kapitalabfindung

627 Der Berechtigte kann gemäß § 1585 II BGB statt laufender Unterhaltsrente eine Kapitalabfindung über den nachehelichen Unterhalt verlangen, wenn ein wichtiger Grund vorliegt und der Verpflichtete dadurch nicht unbillig belastet wird. Das wird in der Praxis selten prozessiert. Eine Kapitalabfindung über den nachehelichen Unterhalt wird dagegen häufig im Rahmen der den Eheleuten in § 1585 c BGB eingeräumten Vertragsfreiheit vereinbart. Diese unterscheidet sich von der bloßen Unterhaltsvorauszahlung,[230] die lediglich den gesetzlichen Unterhaltsanspruch in Form einer Kapitalisierung konkretisiert.[231] Soll durch die Abfindungsvereinbarung – wie regelmäßig – die unterhaltsrechtliche Beziehung der Eheleute endgültig und vorbehaltlos beendet werden, **erlischt der Unterhaltsanspruch,**[232] und zwar mit dem Abschluss der Vereinbarung, so dass dann nur noch ein Zahlungsanspruch aus derselben besteht.[233] Eine Anpassung an veränderte Umstände, z. B. wegen einer nicht bedachten Notsituation des Berechtigten, wegen seiner Wiederverheiratung oder wegen nachträglichen Wegfalls seiner Bedürftigkeit, scheidet dann aus.[234] Die **Endgültigkeit** der Abfindung ist – falls die Auslegung nicht anderes ergibt – **Vertragsinhalt,**[235] nicht nur Geschäftsgrundlage der Regelung. Wer statt laufender Zahlungen die Kapitalabfindung wählt, nimmt das Risiko in Kauf, dass die für ihre Berechnung maßgebenden Faktoren auf Schätzungen und unsicheren Prognosen beruhen. Darin liegt zugleich der Verzicht darauf, dass künftige Entwicklungen der persönlichen und wirtschaftlichen Verhältnisse berücksichtigt werden.[236] Der Unterhaltspflichtige darf sich umgekehrt darauf verlassen, dass im Fall der wirksamen Vereinbarung einer Kapitalabfindung der Unterhaltsanspruch mit der Erfüllung der Vereinbarung ein für allemal erledigt ist.[237] Beide Beteiligte sind dann wieder frei in ihren Dispositionen und müssen einander nicht mehr Rechenschaft über ihre Einkommensverhältnisse erteilen.

Eine Besonderheit stellt der Fall dar, dass die **Abfindung** nicht in einer Summe zu bezahlen ist, sondern **in** einer festgelegten Anzahl von **Raten.** Verheiratet sich der Berechtigte wieder oder entfällt seine Bedürftigkeit nachträglich, erhebt sich die Frage, ob sich der Verpflichtete für die zu diesem Zeitpunkt noch nicht fälligen Raten auf den Wegfall der gemeinsamen Geschäftsgrundlage berufen kann. Dies dürfte nicht möglich sein, wenn eine endgültige Regelung gewollt war.[238] Das Einverständnis mit Ratenzahlung bedeutete dann

---

[227] FamRZ 2003, 506 ff.
[228] BGH FamRZ 2004, 531; FamRZ 2005, 437
[229] BGH NJW 2007, 294 (zur Änderung des Erbbauzinses aufgrund einer Wertsicherungsklausel)
[230] Vgl. BGHZ 2, 379, 386
[231] BGH FamRZ 2005, 1662, 1663 = R 639
[232] BGH a. a. O.; BVerwG NJW 1991, 2718, 2719; Göppinger/Wax/Hoffmann, Unterhaltsrecht, Rn. 1486
[233] Johannsen/Henrich/Büttner, Familienrecht, 5. Aufl. § 1585 Rn. 12 m. w. N.
[234] BGH a. a. O.; Göppinger/Wax/Hoffmann, a. a. O. Rn. 1486
[235] BGH FamRZ 2005, 1662, 1663 = R 639
[236] BGH, a. a. O.; BGHZ 79, 187, 193
[237] BGH, a. a. O.
[238] So auch OLG Frankfurt FamRZ 2005, 1253

lediglich ein Entgegenkommen des Berechtigten im Interesse des Unterhaltsschuldners, z. B. zur Ermöglichung eines mehrjährigen Realsplittings nach § 10 I Nr. 1 EStG,[239] nicht aber, dass der Berechtigte deswegen ein Veränderungsrisiko übernehmen wollte. Davon unabhängig kann eine Anfechtung wegen arglistiger Täuschung in Betracht kommen, falls der Berechtigte über seine Absicht, alsbald wieder zu heiraten, getäuscht hätte. Handelt es sich um eine endgültig gewollte Regelung, dürfte der offene Restanspruch beim **Tod des Berechtigten** entgegen der Ansicht des OLG Hamburg[240] nicht nach § 1615 I BGB (i. V. m. §§ 1361 IV 4, 1360a III BGB bei Trennungsunterhalt) bzw. nach § 1586 I BGB (bei Nachscheidungsunterhalt) untergehen, sondern auf die **Erben des Berechtigten** übergehen. Die Unterhaltsparteien hatten in diesem Fall nämlich die Unterhaltsfrage abschließend klären wollen, und zwar ungeachtet der bestehenden und bei der Bemessung der Abfindung grundsätzlich mit eingerechneten Risiken (vgl. Rn. 629), was die künftige Entwicklung des Unterhaltsanspruchs angeht.

Die **Pfändung** des Abfindungsanspruchs und die **Aufrechnung** gegen ihn ist nach §§ 850b I Nr. 2 ZPO, 394 BGB ausgeschlossen, wenn die Abfindung einen gesetzlichen Unterhaltsanspruch betrifft, nicht aber wenn es sich bei der abgefundenen Unterhaltspflicht um eine eigenständige rein vertragliche Verpflichtung (vgl. Rn. 602) handelte.[241]

Bei Vereinbarung einer Kapitalabfindung muss ein **unterhaltspflichtiger Beamter** **628** bedenken, dass wegen Untergangs seiner Unterhaltsverpflichtung auch sein Anspruch auf den Familienzuschlag der Stufe 1 entfällt.[242]

Geht der unterhaltspflichtige Ehegatte, dessen Rentenanwartschaften durch den Versorgungsausgleich gekürzt wurden, früher in Rente als der berechtigte Ehegatte, gilt **§ 33 I VersAusglG** grundsätzlich auch bei Abfindung des Unterhaltsanspruchs durch eine Kapitalzahlung. Der pflichtige Ehegatte erhält bis zur Verrentung des berechtigten die im Umfang des Unterhaltsanspruchs nicht gekürzte Rente, wenn die Unterhaltsabfindung auch den entsprechenden Rentenbezugszeitraum erfassen sollte und der Berechtigte für diesen Zeitraum ohne Vereinbarung einer Abfindung einen gesetzlichen Unterhaltsanspruch gemäß §§ 1569ff. BGB gehabt hätte.[243] Anderes gilt, wenn der Berechtigte vor Erreichen der Altersgrenze (d. h. innerhalb der für die Abfindung berechneten Zeitspanne) heiratet. Dann greift § 33 I VersAusglG nicht mehr.[244] Beruht die Abfindung auf der Berechnung eines kürzeren Zeitraums, z. B. aufgrund von § 1578b BGB, ist der Zeitraum der Aussetzung entsprechend anzupassen.[245]

Aufgrund der Kapitalabfindung können auch **steuerliche Nachteile** eintreten. So entfällt – soweit eine Einmalzahlung vereinbart wurde – das begrenzte Realsplitting (§ 10 I Nr. 1 EStG), das für das Jahr der Zahlung noch möglich ist, für die Zukunft. Der Abfindungsbetrag ist in der Regel steuerlich nicht als außergewöhnliche Belastung zu berücksichtigen. Es fehlt an der für die Anwendung des § 33 I EStG erforderlichen Zwangsläufigkeit der Abfindungszahlung, da die rechtliche Verpflichtung aus der Vereinbarung vom Steuerpflichtigen selbst gesetzt wurde.[246] § 33 EStG gilt zudem nur für atypischen Unterhaltsbedarf, was sich nach Anlass und Zweckbestimmung richtet. Eine Kapitalabfindung stellt – sofern sie den gesetzlichen Unterhaltsanspruch befriedigt – keine Erfüllung eines außergewöhnlichen oder atypischen Bedarfs dar, auch nicht aufgrund der Zahlungsweise.[247] Die Anwendung des § 33a I EStG (Abzugsfähigkeit begrenzter Unterhaltsleistungen) scheidet schon aus, wenn der Unterhaltsberechtigte ein nicht nur geringes Vermögen besitzt, und ist darüber hinaus auf einen eher geringen Höchstbetrag begrenzt, auf den auch noch eigene Einkünfte des Unterhaltsberechtigten angerechnet werden.

---

[239] BGH a. a. O.
[240] OLG Hamburg FamRZ 2002, 234, 235; wie hier: Schwab/Borth, IV Rn. 1361
[241] BGH FamRZ 2002, 1179, 1181 = R 576
[242] BVerwG NJW 2003, 1886; NJW 1991, 2718
[243] BVerwG NJW 2003, 1886; BSG NJW-RR 1996, 897
[244] BVerwG – 2 B 113/04, BeckRS 2005, 26905 – zu § 5 VAHRG
[245] Vgl. dazu Borth, Versorgungsausgleich, 5. Aufl., Rn. 877
[246] BFH NJWE-FER 1998, 211
[247] BFH FamRZ 2008, 2024

629 Die sachgemäße **Bemessung der Kapitalabfindung** bereitet Schwierigkeiten, weil an sich alle Gesichtspunkte zu beachten wären, die für spätere Änderungen oder den Wegfall des Unterhaltsanspruchs von Bedeutung sein können,[248] z. B. die voraussichtliche Zeitdauer der Unterhaltsrente, die Lebenserwartung der Parteien, die Aussicht auf eine Wiederverheiratung des Berechtigten, dessen Berufsaussichten und die Entwicklung seiner Bedürftigkeit, die künftige Leistungsfähigkeit des Pflichtigen.[249] Die **Lebenserwartung des Berechtigten,** welche mit Hilfe der Kapitalisierungstabellen zur Kapitalabfindung für Renten berücksichtigt werden kann, stellt nicht den einzigen oder den allein wesentlichen Maßstab dar.[250] Vielfach wird der Berechnung der Kapitalabfindung ein **eingeschränkter Unterhaltszeitraum** zugrunde liegen; z. B. die Zeit bis zum Eintritt der Vollerwerbsobliegenheit des berechtigten Ehegatten mit dem als sicher angesehenen Wegfall des Anspruchs auf Betreuungsunterhalt (§ 1570 BGB), die Zeit bis zum als sicher angesehenen Wegfall des ehebedingten Nachteils, bis zum Ende eines im Übrigen nach § 1578b II BGB befristeten Anspruchs oder die Zeit bis zur Verrentung des Berechtigten, weil die Ehegatten davon ausgehen, dass die dann bezahlte Versorgung im Hinblick auf ihre Erhöhung durch den Versorgungsausgleich bedarfsdeckend ist.

Es empfiehlt sich, zunächst den in Frage kommenden **Unterhaltszeitraum** zu **bestimmen,** z. B. auf Lebenszeit des Berechtigten oder des Verpflichteten, bis zum voraussichtlichen Wegfall des Anspruchs auf Betreuungsunterhalt, bis zum Wegfall des Aufstockungsunterhalts, bis zum Eintritt des Rentenfalls. Danach sollte man sich auf die **Höhe des derzeit geschuldeten monatlichen Unterhalts** einigen. Aus dessen Laufzeit ergibt sich ein abgezinster Kapitalbetrag. Von dem so mit Hilfe entsprechender **Kapitalisierungstabellen** errechneten Kapital sind wegen der weiteren Risiken je nach den Umständen des Falles **Abschläge** zu machen. Zu denken ist u. a. an das Wiederverheiratungsrisiko, das Vorversterbensrisiko oder das Bedürftigkeitsrisiko (z. B. die Chance auf den Anfall einer Erbschaft oder auf eine erfolgreiche spätere Berufstätigkeit) beim Berechtigten sowie an das Leistungsfähigkeitsrisiko oder das Vorversterbensrisiko beim Pflichtigen (nach Maßgabe des § 1586b BGB besteht u. U. kein oder nur ein eingeschränkt realisierbarer Anspruch gegen die Erben).

630 Soll eine **lebenslange Unterhaltsrente** abgefunden werden, ergibt sich die prognostizierte Laufzeit aus der aktuellen Sterbetafel des Statistischen Bundesamts,[251] die hier zur Vornahme einer Abschätzung ohne Abzinsung in abgekürzter Form und auszugsweise wiedergegeben wird:

Sterbetafel Deutschland (2007/2009)

Männer		**Frauen**	
Alter in vollendeten Jahren	Lebenserwartung in Jahren	Alter in vollendeten Jahren	Lebenserwartung in Jahren
15,00	62,78	15,00	67,91
20,00	57,90	20,00	62,97
25,00	53,06	25,00	57,03
30,00	48,21	30,00	53,11
35,00	43,38	35,00	48,19
40,00	38,59	40,00	43,32
45,00	33,89	45,00	38,51
50,00	29,39	50,00	33,81
55,00	25,10	55,00	29,25
60,00	21,04	60,00	24,81
65,00	17,22	65,00	20,52
70,00	13,63	70,00	16,36

---

[248] MünchKommBGB/Maurer § 1585 Rn. 11
[249] Vgl. Soergel/Häberle BGB, 12. Aufl. § 1585 Rn. 10
[250] Soergel/Häberle BGB, 12. Aufl. § 1585 Rn. 10
[251] Abrufbar im Internet unter www.destatis.de

6. Abschnitt: Vereinbarungen zum Ehegattenunterhalt § 6

Männer		Frauen	
Alter in vollendeten Jahren	Lebenserwartung in Jahren	Alter in vollendeten Jahren	Lebenserwartung in Jahren
75,00	10,40	75,00	12,47
80,00	07,67	80,00	09,04
85,00	05,47	85,00	06,26
90,00	03,89	90,00	04,30

Sind die Laufzeit ab Berechnungsstichtag (z. B. soweit es nur um laufenden Unterhalt geht, Tag oder Monat des Abschlusses der Abfindungsvereinbarung) und der Monatsbetrag der abzufindenden Unterhaltsrente bekannt, kann der abgezinste, kapitalisierte Rentenbetrag mit Hilfe von Kapitalisierungstabellen errechnet werden, bei welchen Folgendes zu beachten ist:[252]

- Es dürfen **nicht die Tabellenwerte für eine Zeitrente** verwendet werden, da bei einer solchen Rente nach dem Tode des Berechtigten an dessen Erben weiterzuzahlen ist, also ohne Berücksichtigung der Sterbenswahrscheinlichkeit kapitalisiert wird.
- Handelt es sich nicht um die Abfindung einer lebenslangen, sondern nur einer zeitlich begrenzten Unterhaltsberechtigung, ist vielmehr der Barwert der vorliegenden **„temporären Leibrente"** zu berechnen. Dies bedeutet, dass vom Barwert einer lebenslangen Rente ab Berechnungsstichtag der entsprechende Barwert einer lebenslangen Rente, deren Beginn bis zum Ende des abzufindenden Unterhaltszeitraums aufgeschoben ist, abgezogen werden muss.
- Maßgebend sind ggf. die Jahreswert-Tabellen für monatlich vorschüssige Zahlungen. Für den **Umfang der Abzinsung** kommt es auf den einzusetzenden Zinsfuß an, also auf die tatsächlich zu erwirtschaftende Verzinsung der Kapitalanlage.
- Der BGH hat allein einen Rechnungszins von 5,5% für entscheidend gehalten, weil dieser aus einer langfristigen Beobachtung der maßgeblichen volkswirtschaftlichen Orientierungsgrößen gewonnen sei.[253] Den Zinssatz von 5,5% verwendet auch das Bewertungsgesetz in den Anlagen 9 zu § 14 und 9a zu § 13.[254]
- Geht man von einer deutlichen **Dynamisierung** aus, muss ein niedrigerer Zinssatz zugrunde gelegt werden. Eine jährliche Rentenerhöhung um 2% würde im Verhältnis zu einer statischen Rente beispielsweise eine Verminderung des Zinssatzes um 2% bedeuten.

Zur Vornahme einer **Abschätzung für die Kapitalisierung einer lebenslangen Unterhaltsrente** wird Anlage 9 (zu § 14) des Bewertungsgesetzes (Fassung ab 1. 1. 2007, Inkrafttreten der letzten Änderung am 14. 12. 2010) auszugsweise wiedergegeben, die sich noch auf die Sterbetafel 1986/88, allerdings für den Gebietsstand ab 3. 10. 1990, bezieht. Dort sind die Kapitalwerte als Mittelwert zwischen jährlich vorschüssiger und jährlich nachschüssiger Zahlung aufgelistet.

Männer		Frauen	
Alter in vollendeten Jahren	Kapitalwert der Jahresrente von 1 EUR	Alter in vollendeten Jahren	Kapitalwert der Jahresrente von 1 EUR
15,00	17,453 EUR	15,00	17,842 EUR
20,00	17,151 EUR	20,00	17,616 EUR
25,00	16,785 EUR	25,00	17,328 EUR
30,00	16,306 EUR	30,00	16,956 EUR
35,00	15,700 EUR	35,00	16,486 EUR

---

[252] Vgl. Schneider/Schlund/Haas, Kapitalisierungs- und Verrentungstabellen, 2. Aufl. 1992 (S. 13 ff., 24, 51, 64, 65, 89 f., 98)
[253] BGH FamRZ 2004, 527
[254] Haußleiter/Schulz, Vermögensauseinandersetzung bei Trennung und Scheidung, 5. Aufl., Kap 5 Rn. 427 schlagen die Verwendung der Werte der am 1. 7. 2010 in Kraft getretenen Immobilienwertermittlungsverordnung, Anlage 1 zu § 20, (BGBl. 2010 I S 639) vor, die zu etwas geringeren Werten führt.

§ 6 Sonderfragen

Männer Alter in vollendeten Jahren	Kapitalwert der Jahresrente von 1 EUR	**Frauen** Alter in vollendeten Jahren	Kapitalwert der Jahresrente von 1 EUR
40,00	14,945 EUR	40,00	15,902 EUR
45,00	14,030 EUR	45,00	15,186 EUR
50,00	12,961 EUR	50,00	14,316 EUR
55,00	11,759 EUR	55,00	13,271 EUR
60,00	10,448 EUR	60,00	12,034 EUR
65,00	09,019 EUR	65,00	10,601 EUR
70,00	07,511 EUR	70,00	08,990 EUR
75,00	06,020 EUR	75,00	07,271 EUR
80,00	04,693 EUR	80,00	05,622 EUR
85,00	03,603 EUR	85,00	04,210 EUR
90,00	02,753 EUR	90,00	03,109 EUR

631 Zum Zwecke der **Abschätzung einer zeitlich begrenzten Rente** wird die Anlage 9 a (zu § 13) des Bewertungsgesetzes auszugsweise abgedruckt. Dabei ist zu beachten, dass der kapitalisierte Rentenbetrag ohne Berücksichtigung des Vorversterbensrisikos des Berechtigten berechnet ist:
- Kapitalwert einer zeitlich beschränkten Rente in Höhe eines Jahresbetrags von 1,00 EUR
- Rechnungszins einschließlich Zwischen- und Zinseszinsen = 5,5%
- Mittelwert zwischen jährlich vorschüssiger und jährlich nachschüssiger Zahlung

Laufzeit in Jahren	Kapitalwert der Jahresrente von 1 EUR	**Laufzeit in Jahren**	Kapitalwert der Jahresrente von 1 EUR
01	00,974 EUR	16	10,750 EUR
02	01,897 EUR	17	11,163 EUR
03	02,772 EUR	18	11,555 EUR
04	03,602 EUR	19	11,927 EUR
05	04,388 EUR	20	12,279 EUR
06	05,133 EUR	21	12,613 EUR
07	05,839 EUR	22	12,929 EUR
08	06,509 EUR	23	13,229 EUR
09	07,143 EUR	24	13,513 EUR
10	07,745 EUR	25	13,783 EUR
11	08,315 EUR	26	14,038 EUR
12	08,856 EUR	27	14,280 EUR
13	09,368 EUR	28	14,510 EUR
14	09,853 EUR	29	14,727 EUR
15	10,314 EUR	30	14,933 EUR

632 Wegen einer **genaueren Ermittlung des abgezinsten Kapitalwerts** der Unterhaltsrente wird verwiesen auf Schneider/Schlund/Haas, Kapitalisierungs- und Verrentungstabellen, 2. Aufl. 1992, auf Schneider/Stahl, Kapitalisierung und Verrentung, 3. Aufl. 2008, auf Vogels, Verrentung von Kaufpreisen – Kapitalisierung von Renten, 2. Aufl. 1992, sowie auf das familienrechtliche Berechnungsprogramm von Gutdeutsch (Familienrechtliche Berechnungen). Kapitalisierungstabellen befinden sich auch bei Küppersbusch, Ersatzansprüche bei Personenschaden, 10. Aufl. 2010, im Anhang.

633–699 *– in dieser Auflage nicht belegt –*

7. Abschnitt: Darlegungs- und Beweislast sowie tatrichterliche Ermittlung und Schätzung nach § 287 ZPO

I. Zur Darlegungs- und Beweislast

1. Allgemeiner Überblick

Grundsätzlich hat jede Partei die Voraussetzungen der für sie günstigen Normen darzulegen und zu beweisen, sofern nichts anderes bestimmt ist oder keine von der Regel abweichende Ausnahmesituation besteht. Nach dieser Grundregel richtet sich auch die Darlegungs- und Beweislast im Unterhaltsrecht. **700**

- Der **Unterhaltsberechtigte** ist beweispflichtig für seine Bedürftigkeit, für die maßgeblichen Lebensverhältnisse, nach denen sich sein Unterhaltsbedarf bemisst und für die Tatbestandsvoraussetzungen der Normen, auf die er seinen Unterhaltsanspruch stützt (s. Rn. 703 ff.). **701**
- Der **Unterhaltspflichtige** trägt die Beweislast für die Beschränkung seiner Leistungsfähigkeit und für Einwendungen gegen den Unterhaltsanspruch, z. B. nach § 1578 b oder § 1579 BGB (s. Rn. 721 ff.).
- Wenn und soweit **Regelvorschriften** oder **Erfahrungssätze** bestehen, hat derjenige die Behauptungs- und Beweislast, der eine von der Regel abweichende Ausnahmesituation behauptet. Zu solchen Regeln zählen neben dem **Mindestbedarf** minderjährige Kinder nach § 1612 a BGB und beim Betreuungs- und nachehelichen Unterhalt in Höhe des notwendigen Selbstbehalts eines Unterhaltspflichtigen auch die Werte der **Tabellen und Leitlinien der Oberlandesgerichte** (s. Rn. 732 ff.).
- Bei Negativtatsachen, die ein Beteiligter nicht beweisen kann, weil sie seinem Zugriff entzogen sind, kann den Gegner eine sekundäre Darlegungslast zum substantiierten Vortrag treffen, etwa zu einem ehebedingten Nachteil im Rahmen der Herabsetzung und Befristung des nachehelichen Unterhalts gemäß § 1578 b BGB. Erst dann muss der Darlegungspflichtige den gegnerischen Vortrag widerlegen und dies ggf. beweisen (s. Rn. 741 ff.). **702**
- Eine **Umkehr der Beweislast** tritt ein, wenn die Beweisführung durch den ursprünglich nicht beweisbelasteten Gegner schuldhaft vereitelt oder erschwert wird (s. Rn. 749 f.).
- Soweit in einer unterhaltsrelevanten Frage unter Abwägung sämtlicher Gesichtspunkte nach **billigem Ermessen** zu entscheiden ist (§ 1581 BGB), hat jeder diejenigen für die Abwägung erheblichen Tatsachen nachzuweisen, aus denen er eigene Vorteile herleiten kann.
- Ein Erwerbsloser trägt die Darlegungs- und Beweislast dafür, dass ihm trotz der dadurch bedingten Bedürftigkeit oder mangelnden Leistungsfähigkeit keine **fiktiven** Einkünften zugerechnet werden können (s. Rn. 1/786).[1]

2. Zur Darlegungs- und Beweislast des Unterhaltsberechtigten

Der Unterhaltsberechtigten trägt die Darlegungs- und Beweislast für die Höhe seines Unterhaltsbedarfs, für seine Bedürftigkeit und für die Tatbestandsvoraussetzungen der Normen, auf die er seinen Unterhaltsanspruch stützt (s. Rn. 716 ff.).[2] **703**

a) Bedarfsbemessung. Hierbei haben unterhaltsberechtigte Ehegatten oder Lebenspartner, Kinder, sonstige Verwandte in gerader Linie und betreuende Elternteile nichtehelich geborener Kinder die Darlegungs- und Beweislast für alle Tatsachen, nach denen der Unterhaltsanspruch der Höhe nach bemessen wird, was bei abgeleiteter Lebensstellung auch für **die Einkommens- und Vermögensverhältnisse des Unterhaltspflichtigen** einschließt.

---

[1] BGH FamRZ 2008, 2104 Rn. 18 ff.
[2] BGH FamRZ 2010, 869 = R 712 b

704 • Als Ausnahme von dem allgemeinen Grundsatz der Darlegungs- und Beweislast des Unterhaltsberechtigten für die Höhe seines Unterhaltsbedarfs muss ein **minderjähriges Kind** seinen Unterhalsbedarf in Höhe des **Mindestbedarfs** nicht näher darlegen.[3] Das ergibt sich aus der gesetzlichen Neuregelung in § 1612a BGB unter Berücksichtigung der früheren Gesetzeslage und der dazu ergangenen Rechtsprechung des BGH. Schon § 1615f I BGB in der bis zum 30. Juni 1998 geltenden Fassung sah für nicht ehelich geborene Kinder einen Regelunterhalt vor, der nach § 1610 III 1 BGB a. F. zugleich als Mindestbedarf eines minderjährigen ehelich geborenen Kindes galt. Nachdem das Kindesunterhaltsgesetz diese Vorschrift ersatzlos aufgehoben hatte, entschied der BGH zwar, dass sich forthin ein Mindestbedarf unterhaltsberechtigter minderjähriger Kinder weder in Anlehnung an die Regelbeträge der früheren Regelbetrag-Verordnung, noch in Höhe des von der Bundesregierung auf der Grundlage des Sozialhilfebedarfs ermittelten steuerfrei zu stellenden Existenzminimums,[4] noch entsprechend dem verfassungsrechtlichen Existenzminimum nach der Rechtsprechung des BVerfG[5] zur steuerlichen Freistellung des Existenzminimums und zum Familienlastenausgleich herleiten lasse.[6] Für die Darlegungs- und Beweislast[7] hatte sich dadurch aber nichts geändert. Denn schon die Begründung zu dem damaligen Regierungsentwurf hatte ausdrücklich darauf hingewiesen, dass ein minderjähriges Kind i. H. des Regelunterhalts von der Darlegungs- und Beweislast für seinen Bedarf befreit sein solle.[8] Daran hatte sich auch durch die späteren Änderungen im Gesetzgebungsverfahren nichts geändert.[9] Auch die zum 1. Januar 2001 in Kraft getretene Vorschrift des § 1612b V BGB wirkte sich darauf nicht aus.[10] Zwar hatte der BGH in dessen Folge entschieden, dass im absoluten Mangelfall für die seinerzeit mit unterhaltsberechtigten Ehegatten gleichrangigen Kinder (s. jetzt aber § 1609 BGB) ein Betrag in Höhe von 135% des Regelbetrags nach der Regelbetrag-Verordnung als Einsatzbetrag zugrunde zu legen war.[11] Darin hat er aber ausdrücklich keinen Mindestbedarf gesehen, weil der Einsatzbetrag noch anteilig gekürzt und das Ergebnis abschließend auf seine Angemessenheit überprüft werden musste. Nur hinsichtlich des Einsatzbetrages im Mangelfall war das Kind also zusätzlich seiner Darlegungs- und Beweislast für einen Bedarf in dieser Höhe enthoben, während es außerhalb eines Mangelfalls bei einer Erleichterung der Darlegungs- und Beweislast in Höhe des (einfachen) Regelbetrags blieb. Inzwischen ist die Rechtslage durch die Wiedereinführung eines „Mindestunterhalts minderjähriger Kinder" durch die zum 1. 1. 2008 in Kraft getretene Neuregelung des **§ 1612a BGB** bedeutend vereinfacht worden. Der Mindestbedarf, in dessen Höhe ein minderjähriges Kind von seiner Darlegungs- und Beweislast enthoben ist, richtet sich nach dem doppelten Freibetrag des sächlichen Existenzminimums eines Kindes (Kinderfreibetrag) gemäß § 32 Abs. 6 Satz 1 EStG und beträgt für die erste Altersstufe 87%, für die zweite Altersstufe 100% und für die dritte Altersstufe 117% davon. Nach der Übergangsvorschrift des § 35 Nr. 4 EGZPO beträgt der Mindestunterhalt aber mindestens 279 EUR für die erste Altersstufe, 322 EUR für die zweite Altersstufe und 365 EUR für die dritte Altersstufe der Düsseldorfer Tabelle. Diese Mindestbeträge aus der Übergangsregelung sind inzwischen überschritten, denn auf der Grundlage mehrerer Erhöhungen des doppelten Kinderfreibetrages ergibt sich der aus der folgenden Tabelle ersichtliche Mindestunterhalt, der zugleich den Unterhalt nach der ersten Stufe der Düsseldorfer Tabelle bildet:

---

[3] OLG Koblenz FamRZ 2009, 1075 Rn. 2; Borth FamRZ 2006, 813, 881 f., zum früheren Recht vgl. BGH FamRZ 2003, 1471, 1472; 2002, 536; zur Ersatzhaftung der Großeltern vgl. BGH FamRZ 2006, 26 = R 637 f
[4] S. den Sechsten Existenzminimumbericht der Bundesregierung BT-Drucks. 16/3265
[5] BVerfG FamRZ 2010, 429
[6] BGH FamRZ 2002, 536, 538
[7] BGH FamRZ 1998, 357, 359 = R 515a
[8] BT-Drucks. 13/7338, S. 19
[9] BGH FamRZ 2002, 536, 540
[10] BGH FamRZ 2002, 536, 540 f.
[11] BGH FamRZ 2003, 363, 365

7. Abschnitt: Darlegungs- und Beweislast sowie tatrichterliche Ermittlung § 6

Mindestunterhalt	1. Altersstufe	2. Altersstufe	3. Altersstufe
Übergangsregelung	279 EUR	322 EUR	365 EUR
1. 1. bis 31. 12. 2009	281 EUR	322 EUR	377 EUR
Seit 1. 1. 2010	317 EUR	364 EUR	426 EUR

Verlangt ein minderjähriger Kind allerdings Unterhalt, der **über diesen Mindestunter-** 705
halt (= 1. Einkommensgruppe der neuen Düsseldorfer Tabelle) hinausgeht, bleibt es für den über den Mindestunterhalt hinausgehenden Teil bei der sich aus den allgemeinen Grundsätzen ergebenden Darlegungs- und Beweislast für diesen höheren Unterhaltsbedarf.[12]

Wenn ein **besonders hoher Bedarf** geltend gemacht wird, weil das Einkommen des barunterhaltspflichtigen Elternteils die Höchstgrenze der DT von 5100 EUR übersteigt, muss der Unterhaltsberechtigte seinen Bedarf erst recht substantiiert darlegen und beweisen.[13] Auch dann dürfen an die Darlegungslast allerdings keine übertrieben hohen Anforderungen gestellt werden; denn auch bei höherem Elterneinkommen muss sichergestellt bleiben, dass Kinder in einer ihrem Lebensalter entsprechenden Weise an der Lebensführung teilhaben, die der besonders günstigen wirtschaftlichen Situation der Eltern Rechnung trägt.[14] Um eine Teilhabe an besonders günstigen Lebensbedingungen der Eltern zu sichern kann der von ihrer Lebensstellung abgeleitete Unterhaltsbedarf also auch über die Höchstgrenze der DT hinausgehen; für die Bemessung einer Höchstgrenze ist nach der Rechtsprechung allerdings zu beachten, dass der Kindesunterhalt keinen Anspruch auf Teilhabe am Luxus gewährt.[15]

Auch ein **Mehrbedarf**, z. B. in Höhe der Kindergartenbeiträge[16] oder zur Förderung des 706 künstlerischen Talents (s. Rn. 2/232 ff.), ist vom unterhaltsberechtigten Kind darzulegen und zu beweisen. Dazu muss es die Höhe fortlaufender Kosten oder bei unregelmäßigen Kosten die tatsächlichen Ausgaben für einen repräsentativen Zeitraum detailliert und nachprüfbar aufschlüsseln.[17] Ebenfalls darlegungs- und beweispflichtig ist das minderjährige Kind für einen ausnahmsweise vorliegenden Sonderbedarf in Form eines unregelmäßigen außergewöhnlich hohen Bedarfs.[18] Im **vereinfachten Verfahren** nach §§ 249 ff. FamFG kann ohne nähere Begründung zwar Unterhalt verlangt werden, der nach Abzug des hälftigen Kindergeldes (§ 1612b I Nr. 1 BGB) und anderer kinderbezogener Leistungen (§ 1612c BGB) das 1,2-fache des Mindestunterhalts nicht übersteigt. Das ist aber auf einen Unterhaltsanspruch im streitigen Verfahren nicht übertragbar.[19]

- Ein **volljähriges Kind** ist ebenfalls für die Höhe seines Unterhaltsbedarfs darlegungs- 707 und beweispflichtig. Dieser Unterhaltsbedarf ergibt sich für Kinder, die noch im Haushalt eines Elternteils leben und ihre Lebensstellung i. S. von § 1610 I BGB noch von den Eltern ableiten, auf der Grundlage des zusammengerechneten Einkommens beider barunterhaltspflichtigen Eltern nach der vierten Altersstufe der Düsseldorfer Tabelle (s. Rn. 2/518ff.) oder, bei Kindern mit eigenem Hausstand (z.B. Studenten), nach festen Bedarfssätzen (s. Rn. 2/508ff.). Wegen der Barunterhaltspflicht beider Eltern ist das volljährige Kind aber auch für die Haftungsverteilung unter ihnen darlegungs- und beweispflichtig (s. Rn. 2/578). Wenn es nur einen Elternteil auf Barunterhalt in Anspruch nimmt, muss es also auch substantiiert vortragen, ob und in welchem Umfang auch der

---

[12] OLG Koblenz FamRZ 2009, 1075 Rn. 2; OLG Karlsruhe FamRZ 2000, 1432 und OLG München FamRZ 1999, 884 (jeweils zum früheren Recht)
[13] BGH FamRZ 2001, 1603, 1604 = R 559; 2000, 358, 359 = R 537c
[14] BGH FamRZ 2001, 1603, 1604 = R 559; 2000, 358, 359 = R 537c; 1983, 473
[15] BGH FamRZ 2001, 1603 = R 559; OLG Hamm FamRZ 2010, 2080 Rn. 29f.; OLG Schleswig – GuF 210/00, BeckRS 2001, 30182251
[16] BGH FamRZ 2009, 962 = R 700
[17] BGH FamRZ 2001, 1603, 1605 = R 559
[18] BGH FamRZ 2006, 612 = R 647a, b
[19] OLG Karlsruhe FamRZ 2000, 1432; KG FamRZ 2000, 1174; OLG Köln FamRZ 2000, 310; OLG Dresden FamRZ 2000, 296; OLG München FamRZ 1999, 884 (jeweils zum alten Recht)

andere Elternteil ihm Unterhalt schuldet (zum Auskunftsanspruch s. Rn. 1/1160 f.). Daneben ist ein volljähriges Kind auch für die Voraussetzungen des Unterhaltsanspruchs darlegungs- und beweispflichtig, also dafür, dass es nach wie vor wegen der Ausbildung für einen Beruf oder aus sonstigen Gründen nicht in der Lage ist, seinen Unterhaltsbedarf selbst zu verdienen. Das kann insbesondere im Rahmen einer mehrstufigen Ausbildung zweifelhaft sein.[20]

708 • Ein unterhaltsberechtigter **Ehegatte** hat die Darlegungs- und Beweislast für die Gestaltung der ehelichen Lebensverhältnisse, nach denen sich sein Unterhaltsanspruch bemisst (§§ 1361 I 1, 1578 I 1 BGB).[21] Das gilt sowohl für die Höhe der Einkünfte des Ehegatten als auch für die eigenen Einkünfte, einschließlich des nachehelich als Surrogat an die Stelle einer früheren Haushaltstätigkeit und Kindererziehung getreten Einkommens.[22] Bei besonders günstigen Einkommensverhältnissen trägt der unterhaltsberechtigte Ehegatte auch die Darlegungs- und Beweislast dafür, in welchem Umfang das Einkommen den Ehegatten zur Finanzierung des allgemeinen Lebensbedarfs zur Verfügung stand und nicht der Vermögensbildung diente. Seinen Bedarf nach den ehelichen Lebensverhältnissen muss er dann konkret darlegen und beweisen.[23] Steht der unterhaltsberechtigten Ehefrau daneben auch ein Unterhaltsanspruch nach § 1615 l BGB gegen den Vater ihres außerhalb der Ehe gezeugten Kindes zu, haftet der unterhaltspflichtige Ehegatte für ihren Unterhaltsbedarf nur anteilig neben dem nach § 1615 l BGB unterhaltspflichtigen Elternteil.[24] Dann erstreckt sich die Darlegungs- und Beweislast der Unterhaltsberechtigten auch auf die Voraussetzungen dieses weiteren Anspruchs und die Leistungsfähigkeit des nichtehelichen Vaters.[25]

709 Für die Bemessung der **ehelichen Lebensverhältnisse** besteht eine Darlegungs- und Beweislast des Unterhaltsberechtigten u. a. zu folgenden Punkten:

710 – Beim **Trennungsunterhalt** ist die Höhe der gegenwärtigen Einkommensverhältnisse des Unterhaltspflichtigen und das eigene Einkommen jeweils nebst Vermögensgewinnen (Bruttoeinnahmen und Abzüge) darzulegen und ggf. zu beweisen.[26] Im Fall einer leichtfertig herbei geführten Einkommensminderung (s. Rn. 1/743 ff.) ist auch ein davor erzieltes Einkommen darzulegen und zu beweisen.

711 – Beim **nachehelichen Unterhalt** ist die Höhe des die ehelichen Lebensverhältnisse bestimmenden Einkommens (Bruttoeinnahmen und Abzüge) beider Ehegatten nachzuweisen.[27] Dabei ist die neuere Rechtsprechung des BGH zu den **ehelichen Lebensverhältnissen** zu beachten, wonach auch nacheheliche Einkommensänderungen die ehelichen Lebensverhältnisse beeinflussen, wenn sie nicht unterhaltsrechtlich leichtfertig eingetreten sind und nicht auf einem nachehelichen Karrieresprung beruhen (s. dazu Rn. 4/408 ff.).[28] Deswegen darf sich der Unterhaltsberechtigte nicht auf die Einkommensverhältnisse im Zeitpunkt der Scheidung beschränken, sondern er muss auch die unterhaltsrelevanten Entwicklungen seit dieser Zeit vortragen und ggf. beweisen.

712 – Hat der Unterhaltsberechtigte nach der Trennung oder Scheidung eine Erwerbstätigkeit aufgenommen, muss er auch die daraus erzielten Einkünfte darlegen. Denn auch sie beeinflussen nach der neueren Rechtsprechung des BGH als **Surrogat der früheren**

---

[20] BGH FamRZ 2006, 1100, 1101 = R 654 a–d; OLG Hamm FamRZ 2005, 60; OLG Koblenz FamRZ 2001, 852
[21] BGH FamRZ 2010, 869 = R 712 b; 1984, 149; FamRZ 1983, 352
[22] BGH FamRZ 2004, 1170 = R 612 und 1173 = R 611; 2001, 986; OLG Köln FamRZ 1998, 1427
[23] BGH FamRZ 2011, 192; 2010, 1637 = R 715 a; 1994, 1169 = R 481; OLG Hamm NJW-RR 2006, 871; OLG Köln – 6 U 227/04, BeckRS 2005, 09889; OLG Hamm – 2 UF 60/03, BeckRS 2008, 26131; OLG Koblenz FuR 2003, 1128
[24] BGH FamRZ 2007, 1303, 1305 = R 669 c; 1998, 541 = R 520 c (zur anteiligen Haftung); vgl. aber BGH FamRZ 2005, 347 = R 622 (zum Erlöschen eines Anspruchs nach § 1615 l BGB bei Heirat mit einem anderen Mann)
[25] OLG Zweibrücken FamRZ 2001, 29
[26] BGH FamRZ 1983, 352
[27] BGH FamRZ 1995, 291 = R 487 c; OLG München FamRZ 1984, 393
[28] BGH FamRZ 2007, 793, 795 = R 674 a; 2006, 683, 685 = R 649 f–h; 2003, 590, 591 = R 586

7. Abschnitt: Darlegungs- und Beweislast sowie tatrichterliche Ermittlung § 6

Haushaltsführung oder Kindererziehung die ehelichen Lebensverhältnisse und sind deswegen im Wege der Differenz- oder Additionsmethode in die Unterhaltsberechung mit einzubeziehen.[29] Darauf, ob der unterhaltsbedürftige Ehegatte die Erwerbstätigkeit auch ohne die Trennung aufgenommen oder ausgeweitet hätte, kommt es nach dieser neueren Rechtsprechung nicht mehr an.[30]

- Weil nach der neueren Rechtsprechung des BGH das Einkommen aus einer vom Unterhaltsberechtigten neu aufgenommenen Erwerbstätigkeit regelmäßig im Wege der Differenzmethode berücksichtigt und nicht mehr auf einen zuvor ermittelten, geringeren Unterhaltsbedarf angerechnet wird, bleibt für den früher zum Ausgleich ungerechter Ergebnisse herangezogenen **trennungsbedingten Mehrbedarf** (vgl. Rn. 4/835 ff.) kein Anwendungsbereich mehr. Denn wenn alle Einkünfte im Wege der Differenzmethode berücksichtigt werden, steht schon der Halbteilungsgrundsatz einem – nicht in der Ehe angelegten – höheren Unterhaltsbedarf eines Ehegatten entgegen. 713

- Auch für alle sonstigen Umstände, die für die Bedarfsbemessung im Rahmen des § 1578 BGB bedeutsam werden können, trägt der Unterhaltsberechtigte die Darlegungs- und Beweislast. 714

- Wie beim Kindesunterhalt entfällt auch beim Trennungs- oder nachehelichen Unterhalt die Darlegungs- und Beweislast, wenn von einem Ehegatten nur der Mindestunterhalt[31] verlangt wird.[32] Nur wenn der Unterhaltsberechtigte einen höheren Bedarf als den Mindestbedarf behauptet, muss er diesen substantiiert darlegen und ggf. beweisen.

Damit der Unterhaltsberechtigte dieser anspruchsvollen und umfangreichen Darlegungs- und Beweislast genügen kann, stehen ihm der **Auskunftsanspruch** (s. Rn. 1/1150 ff.) und der Anspruch auf Vorlage von Belegen (s. Rn. 1/1176 ff.) zur Seite. Ohne die Auskunftspflicht des Unterhaltspflichtigen könnte der Unterhaltsberechtigte seiner Darlegungslast, die sich im Rahmen des § 1578 I 1 BGB auch auf die konkreten Einkommensverhältnisse des Unterhaltspflichtigen bezieht, nicht nachkommen. Unabhängig davon kann ein Vortrag des Unterhaltsberechtigten ausnahmsweise als unstreitig zu Grund gelegt werden, soweit der Unterhaltspflichtige Tatsachen, die seinen eigenen Wahrnehmungsbereich betreffen und die der Unterhaltsberechtigte deswegen nicht genauer kennt, weder substantiiert bestreitet noch dazu konkrete Gegentatsachen vorträgt (s. dazu Rn. 741 ff.). 715

b) Bedürftigkeit. Der Unterhaltsberechtigte muss außerdem vortragen und beweisen, dass, warum und in welchem Umfang er bedürftig ist. Nach der Rechtsprechung des BGH hat der Berechtigte trotz des Wortlauts des § 1577 BGB, der zu Zweifeln Anlass geben könnte, wegen des Grundsatzes der wirtschaftlichen Eigenverantwortung die Darlegungs- und Beweislast für seine Bedürftigkeit.[33] Im Rahmen der Bedürftigkeitsprüfung hat der Unterhaltsberechtigte u. a. die Darlegungs- und Beweislast zu folgenden Umständen: 716

- Der Unterhaltsberechtigte muss darlegen und beweisen, dass er die vom Unterhaltspflichtigen **behaupteten bedarfsdeckenden Einkünfte** nicht hat und auch nicht erzielen kann.[34] 717

- Hat der Unterhaltsberechtigte eigene Einkünfte, muss er deren Höhe sowie die Berechtigung und den Umfang der von ihm geltend gemachten **Abzugsposten** darlegen und beweisen, weil die eigenen Einkünfte zunächst seinen Bedarf im Wege der Differenzmethode erhöhen und er nur in Höhe des nach Abzug der eigenen Einkünfte verbleibenden Bedarfs unterhaltsbedürftig ist.[35]

- Der Unterhaltsberechtigte muss den Einwand widerlegen, er erbringe einem anderen Partner **Versorgungsleistungen** und müsse sich dafür eine Vergütung anrechnen lassen (s.

---

[29] BGH FamRZ 2006, 317; 2005, 1979 = R 640 d; 2005, 1154 = R 630 e; 2004, 1173 = R 611; 2004, 1170 = R 612; 2003, 434 = R 589; 2001, 986 = R 563
[30] BGH FamRZ 2005, 1154 = R 630 e; 2004, 1170 = R 612
[31] BGH FamRZ 2010, 629 = R 710 c; 2010, 357 = R 709 b
[32] OLG Karlsruhe FamRZ 1997, 1011; anders noch BGH FamRZ 2003, 363
[33] BGH FamRZ 1995, 291 = R 487 c; 1986, 244, 246; 1984, 988; 1983, 150, 152; OLG Düsseldorf FamRZ 2006, 335 (zur Lebenspartnerschaft)
[34] BGH FamRZ 1995, 291 = R 487 c; FamRZ 1980, 126, 128
[35] BGH FamRZ 2009, 404 Rn. 12 f.

Rn. 1/712 ff.).[36] Bei Aufnahme eines neuen Partners in seine Wohnung hat er die Höhe des auf seinen Unterhaltsbedarf anrechenbaren Entgelts für die Wohnungsgewährung und für sonstige Aufwendungen zu beweisen (s. Rn. 1/719 ff.).[37] Gleiches gilt für Art und Umfang sowie den Wert der vom neuen Partner an ihn erbrachten Versorgungsleistungen.

- Wer behauptet, er könne **wegen seines Alters** keine zumutbare Tätigkeit finden, muss – solange er das allgemeine Rentenalter noch nicht erreicht hat[38] – dartun und beweisen, was er im Einzelnen unternommen hat, um eine Arbeitsstelle zu finden (s. Rn. 1/773 ff.). Unterlässt er dies, ist – vorbehaltlich einer realen Beschäftigungschance (s. Rn. 1/784 ff.) – von einer Erwerbsmöglichkeit auszugehen.[39]

718
- Beansprucht der Unterhaltsberechtigte für Zeiten der **Arbeitslosigkeit** oder sonstiger Erwerbslosigkeit Unterhalt, muss er in nachprüfbarer Weise vortragen, welche Schritte er im Einzelnen unternommen hat, um einen zumutbaren Arbeitsplatz zu finden und sich bietende Erwerbsmöglichkeiten zu nutzen (s. Rn. 1/773 ff.).[40] Er muss darlegen und beweisen, dass er keinen angemessenen Arbeitsplatz zu finden vermag.[41] Diese Anforderungen an die Darlegungslast dürfen zwar nicht überspannt werden.[42] Grundsätzlich muss der Unterhaltsberechtigte aber beweisen, dass ihn hinsichtlich einer fehlenden Erwerbstätigkeit keine Obliegenheitsverletzung trifft (s. Rn. 1/778 ff.) oder dass und warum im konkreten Fall keine Erwerbsobliegenheit besteht[43] (Rn. 1/784 ff.). Ein Unterhaltsantrag ist danach mangels Bedürftigkeit abzuweisen, wenn bei sachgerechten Bemühungen eine nicht ganz von der Hand zu weisende Beschäftigungschance für den Unterhaltsberechtigten bestanden hätte und hinreichende Bemühungen nicht nachgewiesen sind.[44]

719
- Wenn der Unterhaltsberechtigte seine Bedürftigkeit mit **Krankheit und Erwerbsunfähigkeit** rechtfertigt, muss er deren Grund und Umfang im Einzelnen vortragen und nachweisen.[45] Allerdings dürfen auch insoweit die Anforderungen nicht überspannt werden, sondern müssen den Umständen des Einzelfalles entsprechen.[46] Wer behauptet, wegen **Krankheit** nicht arbeiten zu können, muss beweisen, dass er wegen der Krankheit erwerbsunfähig oder nur gemindert erwerbsfähig ist und dass er seinerseits alles Notwendige getan hat bzw. tut, um wieder arbeitsfähig zu werden, wie z. B. die Aufnahme und Durchführung einer Therapie bei Krankheit, Alkoholismus oder Rentenneurose.[47] Diese Anforderungen treffen den Unterhaltspflichtigen im Rahmen seiner Leistungsfähigkeit in gleichem Umfang wie den Unterhaltsberechtigten im Rahmen seiner Bedürftigkeit (s. dazu Rn. 1/787 ff.).

- Hat der Unterhaltsberechtigte **Vermögen,** muss er nachweisen, dass der Einsatz des Vermögensstamms für ihn unzumutbar ist (s. Rn. 1/607 ff.). Besitzt oder erhält er ein anlagefähiges Kapital (z. B. aus Zugewinnausgleich), muss er auch darlegen, wie, für welche Zeit und zu welchem Zinssatz er das Kapital angelegt hat oder anlegen wird und dass bzw. warum ihm eine günstigere Anlage nicht zuzumuten ist (s. dazu auch Rn. 1/632 ff.).[48]

- Wenn der Unterhaltsberechtigte seine eigenen Einkünfte nach **§ 1577 II BGB** als überobligatorisch unberücksichtigt lassen will, muss er darlegen und nachweisen, dass und warum diese ausnahmsweise nicht oder nur teilweise anzurechnen sind.[49]

---

[36] BGH FamRZ 2004, 1170 = R 612 (Berücksichtigung im Wege der Differenzmethode); 1995, 291 = R 487 c; OLG Hamm FamRZ 2002, 1627
[37] BGH FamRZ 1983, 150
[38] Zum Erwerbseinkommen ab Renteneintritt vgl. BGH FamRZ 2011, 454 = R 721 b
[39] BGH FamRZ 1982, 255
[40] BGH FamRZ 2009, 1300 Rn. 42; 2008, 2104 Rn. 18; 1996, 345; 1986, 244
[41] BGH FamRZ 2009, 1300 Rn. 42; 1986, 885
[42] BGH FamRZ 1987, 144
[43] OLG Köln – 27 UF 176/00, BeckRS 2001, 05312; OLG Hamburg, FamRZ 1985, 290
[44] BGH FamRZ 1986, 885
[45] BGH FamRZ 2005, 1897, 1898 = R 638 a; 1993, 789, 791; 1990, 496, 497; 1986, 244
[46] BGH FamRZ 2005, 1897, 1898 = R 638 a; 1987, 144, 145
[47] OLG Düsseldorf FamRZ 1985, 310
[48] BGH FamRZ 1986, 441, 443
[49] BGH FamRZ 2010, 444 Rn. 31; 2010, 357 = R 709 c, d; 2005, 1154 = R 630 c, d; 2005, 442 = R 625 c

7. Abschnitt: Darlegungs- und Beweislast sowie tatrichterliche Ermittlung § 6

- Macht der Unterhaltsberechtigte einen Mehrbedarf, erhöhten Bedarf oder Sonderbedarf geltend (s. Rn. 704 f.), muss er diesen nachweisen, weil dieser seine Bedürftigkeit erhöht.[50] Dies gilt vor allem für einen **krankheitsbedingten Mehrbedarf**. Dieser muss nach Art und Höhe konkret vorgetragen werden; geschieht dies nicht, kann er allerdings auf der Grundlage des übrigen Vortrags des Unterhaltsberechtigten nach § 287 ZPO geschätzt werden (s. dazu Rn. 750).[51]

c) Tatbestandsvoraussetzungen. Der Unterhaltsberechtigte hat außerdem die Darlegungs- und Beweislast für alle sonstigen Tatbestandsvoraussetzungen der Norm, auf die er seinen Unterhaltsanspruch stützt (§§ 1361, 1570 ff., 1601 ff., 1615l BGB), so regelmäßig auch für eine durchgehende Bedürftigkeit seit Rechtskraft der Ehescheidung[52] und für eine ehebedingte Unterbrechung seiner Ausbildung im Sinne von § 1575 I BGB.[53]   720

- Beruft sich der Unterhaltsberechtigte mit einem unter Beweis gestellten substantiierten Tatsachenvortrag auf berufsbedingte Aufwendungen, kann dies der Entscheidung als unstreitig zugrunde gelegt werden, wenn sich der Unterhaltspflichtige mit **einfachem Bestreiten begnügt**.[54]

3. Zur Darlegungs- und Beweislast des Unterhaltspflichtigen

Der Unterhaltspflichtige hat die Darlegungs- und Beweislast für seine **Leistungsunfähigkeit** (§§ 1581, 1603 BGB). Macht er geltend, er könne den Unterhaltsbedarf des Unterhaltsberechtigten ohne Gefährdung des eigenen angemessenen Lebensbedarfs nicht bestreiten, hat er die Voraussetzungen einer unterhaltsrechtlich relevanten Einschränkung seiner Leistungsfähigkeit darzulegen und zu beweisen.[55] Beruft er sich dabei auf ein unzureichendes steuerpflichtiges **Einkommen**, braucht er zwar nicht sämtliche Belege vorzulegen, durch die gegenüber der Steuerbehörde die behaupteten steuerrelevanten Aufwendungen glaubhaft zu machen sind. Er muss jedoch seine Einnahmen und die behaupteten Aufwendungen im Einzelnen so darstellen, dass die allein steuerlich beachtlichen Aufwendungen von solchen, die unterhaltsrechtlich von Bedeutung sind, abgegrenzt werden können. Die allein ziffernmäßige Aneinanderreihung einzelner Kostenarten genügt diesen Anforderungen nicht.[56]   721

Obwohl die **Leistungsfähigkeit** an sich zur Begründung des Anspruchs gehören müsste, hat das Gesetz die Darlegungs- und Beweislast insoweit aus Zweckmäßigkeitsgründen umgekehrt, wie sich aus den §§ 1603 I und 1581 BGB ergibt. Das gilt auch dann, wenn der Unterhalt nicht vom Unterhaltsberechtigten, sondern aus übergegangenem Recht von öffentlichen Leistungsträgern (vgl. §§ 7 I UVG, 94 SGB XII) oder von in Vorlage getretenen Verwandten (§ 1607 III BGB) geltend gemacht wird.[57] Auch verfassungsrechtlich ist es bedenkenfrei, dass den Unterhaltspflichtigen die Darlegungs- und Beweislast für seine Leistungsunfähigkeit trifft, weil sie nach dem Gesetz als Einwendung ausgestaltet ist.[58] Danach muss der Unterhaltspflichtige die folgenden Tatsachen darlegen und beweisen: 722

– Beruft sich der Unterhaltspflichtige auf eine eingeschränkte oder fehlende Leistungsfähigkeit, muss er zunächst die seine **eigene Lebensstellung** bestimmenden Tatsachen wie Alter, Familienstand, Höhe seines Vermögens und Einkommens nebst Verbindlichkeiten, Werbungskosten, Aufwendungen, Betriebsausgaben und sonstige einkommensmindernde   723

---

[50] BGH FamRZ 2001, 1603, 1604 f. = R 559; 1983, 352
[51] OLG Hamm FamRZ 2006, 124; OLG Karlsruhe FamRZ 1998, 1435; OLGR Schleswig 1998, 105
[52] BGH FamRZ 2008, 2104 Rn. 18; OLG Hamm FamRZ 2004, 220
[53] BGH FamRZ 1984, 988
[54] BGH FamRZ 1990, 266 (zum umgekehrten Fall)
[55] BGH FamRZ 2010, 1418 Rn. 14; 2008, 1739 Rn. 57; OLG Schleswig FamRZ 2005, 1109 (gegenüber dem Mindestunterhalt)
[56] BGH FamRZ 1998, 357 = R 515 a; 1980, 770, 771; OLG Celle FamRZ 2003, 177
[57] BGH FamRZ 2003, 444 = R 582 (zu § 7 UVG)
[58] BGH FamRZ 1992, 797 = R 447 a; 1985, 143, 146

Abzugsposten vortragen und ggf. beweisen.[59] Beruft er sich unter Vorlage von Einkommensteuerbescheiden auf seine Leistungsunfähigkeit, muss er seine Einnahmen und die behaupteten Aufwendungen im Einzelnen so darstellen, dass die allein steuerlich beachtlichen Aufwendungen von solchen abgegrenzt werden können, die unterhaltsrechtlich von Bedeutung sind.[60] Für die unterhaltsrechtliche Berücksichtigung betrieblicher Abschreibungen hat er darzulegen, dass und weshalb der Zeitraum der steuerlichen Abschreibung und die tatsächliche Lebensdauer der betroffenen Güter deckungsgleich sind.[61]

– Im Falle einer **Erwerbsminderung** oder Erwerbsunfähigkeit ist er für deren Art und Gründe sowie für seine Bemühungen darlegungs- und beweispflichtig, die volle Erwerbsfähigkeit wieder herzustellen.

724 – Im Fall einer **Arbeitslosigkeit** ist auch der Unterhaltspflichtige für hinreichende Bemühungen um eine Arbeitsstelle und für Tatsachen zur nicht leichtfertigen Beendigung eines vorangegangenen Arbeitsverhältnisses darlegungs- und beweispflichtig[62] (s. Rn. 1/735 ff.). Außerdem muss der Unterhaltspflichtige die Erfolglosigkeit seiner Suche nach Arbeit darlegen und nachprüfbar dazu vortragen, was er im Einzelnen unternommen hat, um einen neuen Arbeitsplatz zu finden. Dazu gehören auch die Angaben, wann und bei welchem Arbeitgeber er sich beworben hat.[63] Da der Arbeitslose für die Suche nach Arbeit in der Regel die Zeit aufwenden kann, die ein Erwerbstätiger für seinen Beruf aufwendet, werden in der Rechtsprechung monatlich etwa 20 Bewerbungen erwartet.[64] Wichtiger als die Anzahl der Bewerbungen ist allerdings deren Qualität und Aussagekraft. Um die Ernsthaftigkeit seiner Arbeitssuche zu untermauern muss er deswegen auch die Bewerbungsschreiben und die Absagen der Arbeitgeber vorlegen. Hat der Unterhaltspflichtige keine hinreichenden Bemühungen um Aufnahme einer neuen Arbeit dargelegt, kann der Anspruch gleichwohl entfallen, wenn nach seinem weiteren Vortrag feststeht, dass für ihn ohnehin keine reale Beschäftigungschance besteht (s. Rn. 1/784 ff.).[65]

– Auch sonstige Tatsachen, die nach § 1581 BGB eine **Billigkeitsabwägung** zu seinen Gunsten ermöglichen, muss der Unterhaltsschuldner darlegen und beweisen.

725 – Darlegungs- und Beweispflichtig ist der Unterhaltsschuldner auch für die Voraussetzungen einer **Herabsetzung oder zeitlichen Begrenzung** des Unterhalts nach §§ 1578b, 1611 BGB.[66] Weil die Herabsetzung oder Befristung des nachehelichen Unterhalts auch nach der Neuregelung des § 1587b BGB eine Ausnahme von dem grundsätzlichen Unterhaltsanspruch nach den ehelichen Lebensverhältnissen (§ 1578 I 1 BGB) darstellt, liegt die Darlegungs- und Beweislast für die dafür relevanten Tatsachen grundsätzlich beim Unterhaltsschuldner. Ihn trifft deswegen grundsätzlich auch die Darlegungs- und Beweislast dafür, dass der unterhaltsberechtigte Ehegatte keine ehebedingten Nachteile i. S. von § 1578b I 2 BGB erlitten hat. Hat der Unterhaltspflichtige allerdings Tatsachen vorgetragen, die – wie die Aufnahme einer vollzeitigen Erwerbstätigkeit durch den Unterhaltsberechtigten in dem von ihm erlernten oder vor der Ehe ausgeübten Beruf – einen Wegfall ehebedingter Nachteile und damit eine Begrenzung des nachehelichen Unterhalts nahe legen, obliegt es dem Unterhaltsberechtigten im Rahmen seiner sekundären Darlegungslast, Umstände darzulegen, die für einen fortbestehenden ehebedingten Nachteil, gegen eine Unterhaltsbegrenzung oder für eine längere Schonfrist sprechen. Wenn der Vortrag des Unterhaltsberechtigten diesen Anforderungen genügt, muss der

---

[59] BGH FamRZ 1988, 930
[60] BGH FamRZ 1998, 357 = R 515 a; OLG Koblenz – 9 UF 140/01, BeckRS 2001, 30212022
[61] OLG Köln FamRZ 2002, 819
[62] BGH FamRZ 1986, 244, 246
[63] BGH FamRZ 1998, 357 = R 515 b; FamRZ 1996, 345; KG FamRZ 2001, 114
[64] OLG Hamm NJW-RR 2004, 149; OLG Hamm NJOZ 2004, 25 67; OLG Naumburg, FamRZ 1997, 311
[65] OLG Brandenburg JAmt 2004, 502; KG FamRZ 2003, 1208
[66] BGH FamRZ 2010, 1414 Rn. 24; 2010, 1057 Rn. 15 ff.; 2010, 1050 Rn. 52 f.; 2010, 875 = R 711 sowie 2007, 793, 798 = R 674j; 1990, 857 (jeweils zu den früheren Vorschriften der §§ 1573 V, 1578 I 2 BGB)

7. Abschnitt: Darlegungs- und Beweislast sowie tatrichterliche Ermittlung   § 6

Unterhaltspflichtige den vorgetragenen ehebedingten Nachteil widerlegen und dies ggf. beweisen.[67]
- Auch die Notwendigkeit und Höhe seiner **berufsbedingten Aufwendungen** ist vom Unterhaltsschuldner substantiiert darzulegen.[68] Wer den Aufwand für einen Pkw geltend macht, muss darlegen, dass die Benutzung von billigeren öffentlichen Verkehrsmitteln nicht möglich ist.[69] Zwar sehen die Leitlinien der Oberlandesgerichte inzwischen durchweg die Möglichkeit einer Pauschalierung berufsbedingter Aufwendungen vor (s. Rn. 1/ 124 ff.). Die Pauschalierung soll aber lediglich die Bemessung der Aufwendungen erleichtern und setzt deswegen weiterhin einen substantiierten Vortrag zur Notwendigkeit solcher Aufwendungen voraus.   726
- War nach der Behauptung des Unterhaltspflichtigen ein Teil der Einkünfte den ehelichen Lebensverhältnissen entzogen, weil er zur **Vermögensbildung** genutzt wurde, ist die Höhe der durchschnittlichen Aufwendungen zur Vermögensbildung in den letzten drei Jahren vor der Trennung darzulegen. Dabei ist aber zu beachten, dass die ehelichen Lebensverhältnisse nach einem objektiven Maßstab zu bemessen sind und der Unterhaltsberechtigte nicht an einer übertriebenen Einschränkung des Konsumverhaltens festgehalten werden kann (s. Rn. 4/463 ff.).[70]   727
- Der Unterhaltspflichtige hat auch die Gründe dafür vorzutragen, warum ein erzielbares Einkommen nicht erzielt worden ist.
- Auch für die Tatsache und die Gründe einer **rückläufigen Entwicklung** seiner Einkünfte ist der Unterhaltspflichtige darlegungs- und beweispflichtig.[71] Zwar beeinflusst nach der neueren Rechtsprechung des BGH[72] auch ein nachehelicher Einkommensrückgang die ehelichen Lebensverhältnisse i. S. von § 1578 I 1 BGB. Das gilt aber dann nicht, wenn der Unterhaltspflichtigen der Rückgang seiner Einkünfte unterhaltsrechtlich leichtfertig herbeigeführt hat, was auf der Grundlage seines Vortrags nachprüfbar sein muss.   728
- Auch die genauen Umstände zu einkommensmindernden **Verbindlichkeiten** muss der Unterhaltspflichtige vortragen,[73] soweit er die von ihm eingegangenen Verbindlichkeiten auch unterhaltsrechtlich absetzen will.[74]
- Darlegungs- und beweispflichtig ist der Unterhaltspflichtige im Rahmen seiner Leistungsfähigkeit auch für Tatsachen, die eine **vor- oder gleichrangige** Unterhaltsverpflichtung, z. B. gegenüber minderjährigen Kindern oder einer zweiten Ehefrau nach § 1609 Nr. 1 bis 3 BGB, begründen können.[75] Gleiches gilt für die Behauptung, dass trotz des Zusammenlebens mit einem neuen Ehegatten oder Lebenspartner kein bei der Unterhaltsbemessung zu berücksichtigender Synergieeffekt vorliegt, weil der Partner über keine eigenen Einkünfte verfügt.[76]   729
- Auch Tatsachen, die nach **§§ 1361 III, 1579 BGB**[77] oder **§ 1611 BGB**[78] als rechtsvernichtende Einwendung zu einer Beschränkung oder einem Wegfall der Unterhaltspflicht nach Billigkeit führen können, muss der Unterhaltspflichtige darlegen und ggf. beweisen.   730
- Die Darlegungs- und Beweislast eines Abgeordneten zu Art und Höhe konkreter mandatsbedingter Aufwendungen entspricht der allgemeinen Darlegungslast für die Höhe

---

[67] BGH FamRZ 2010, 2059 = R 720c; 2010, 1971 Rn. 23; 2010, 1637 Rn. 44; 20101057 Rn. 15 ff.; 2010, 1050 Rn. 52 f.; 2010, 875 = R 711; 2008, 1911 Rn. 66; 2008, 134, 136 = R 685
[68] BGH FamRZ 2009, 404 Rn. 12 f.; 1983, 352
[69] OLG Dresden FamRZ 2001, 47; OLG Hamm FamRZ 1996, 958
[70] BGH FamRZ 2007, 1532, 1534 = R 681 d–f
[71] BGH FamRZ 2008, 1739 Rn. 57; 1988, 145
[72] BGH FamRZ 2007, 793, 795 = R 674 a; 2006, 683, 685 = R 649 f–h; 2003, 590, 591 = R 586
[73] BGH FamRZ ; 1992, 797 = R 447 a; 1988, 930
[74] BGH FamRZ 1990, 283, 287
[75] BGH FamRZ 2010, 869 = R 712 b; 1988, 930
[76] Vgl. BGH FamRZ 2010, 802, Rn. 28; 2008, 594 Rn. 39
[77] BGH FamRZ 1991, 670; 1989, 1054; 1984, 364; 1982, 463; OLG Koblenz – 11 UF 29/04, BeckRS 2011, 06288
[78] OLGR Koblenz – 15 UF 605/99, BeckRS 2000, 30100966

Dose

seiner die Einkünfte mindernden berufsbedingten Aufwendungen, um seine eingeschränkte Leistungsfähigkeit zu begründen.[79]

731 – Beruft der Unterhaltspflichtige sich auf den Wegfall der verschärften Unterhaltspflicht für minderjährige und privilegiert volljährige Kinder wegen vorrangiger Haftung eines **anderen leistungsfähigen Verwandten** nach § 1603 II 3 BGB,[80] muss er die dafür maßgeblichen Tatsachen darlegen und beweisen.
– Beruft sich der Unterhaltspflichtige auf eine Erwerbsobliegenheit des ein gemeinsames Kind in den ersten drei Jahren betreuenden Elternteils im Rahmen eines Unterhaltsanspruches nach den §§ 1570, 1615 l II 3 BGB,[81] muss er die dafür sprechenden Tatsachen ebenfalls darlegen und beweisen.[82]
– Darlegungs- und beweispflichtig ist ein unterhaltspflichtiger Elternteil insbesondere für die Umstände, die ihn daran hindern, seinem minderjährigen Kind nicht einmal den Mindestunterhalt nach § 1612 a BGB zu leisten.[83]
– Die Darlegungs- und Beweislast des Unterhaltspflichtigen zu Tatsachen, die den Wahrnehmungsbereich des Unterhaltsberechtigten betreffen sowie zu Negativtatsachen kann zu dessen Lasten erleichtert sein (s. Rn. 741 f.).

4. Zur Regel-Ausnahme-Situation

732   Wenn und soweit gesetzliche Regeln oder **Erfahrungssätze** bestehen, hat derjenige die Darlegungs- und Beweislast, der eine von der Regel abweichende Ausnahmesituation geltend macht. Weist etwa der Unterhaltspflichtige seine Leistungsunfähigkeit durch Verlust seines Arbeitsplatzes nach, ist es Sache des Berechtigten, nachzuweisen, dass die Kündigung auf eine **„unterhaltsbezogene Leichtfertigkeit"** zurückzuführen ist, was zur Annahme von fiktiven Einkünften (dazu s. Rn. 1/743 f.) berechtigt.[84] Auch derjenige, der entgegen der gesetzlichen Vermutung in **§ 1610 a BGB** meint, die Sozialleistung für einen Körper- oder Gesundheitsschaden sei teilweise als Einkommen zu behandeln, weil die damit einhergehenden zusätzlichen Kosten geringer seien, als die Höhe dieser Sozialleistungen, trägt dafür die Darlegungs- und Beweislast (s. Rn. 1/648). Zur Darlegungs- und Beweislast bei einer Abweichung von Tabellen und Leitlinien der Oberlandesgerichte sind in der Rechtsprechung die folgenden Fallgruppen entschieden:

733   Die Darlegungs- und Beweislast für die **Erwerbsobliegenheit einer Mutter,** die ein noch nicht achtjähriges Kind betreute, trug in der Vergangenheit der Vater, weil er eine Ausnahme von einer erfahrungsgemäßen Regel in Anspruch nehme. Er musste Umstände vortragen, die trotz vermuteter Betreuungsbedürftigkeit des Kindes für eine Erwerbsobliegenheit der Mutter sprachen.[85] Die pauschale Behauptung, das Kind sei bereits in einem Alter, in dem es in den Kindergarten gehen könne, wurde von der Rechtsprechung früher nicht für ausreichend erachtet. Denn eine Regel in diesem Sinn sei die Erfahrung, dass auch ein schulpflichtiges Kind zunächst eine weiter verstärkten Beaufsichtigung und Fürsorge bedürfe, die nicht auf bestimmte Zeitabschnitte des Tages beschränkt werden könne. Die kindgerechte Entwicklung in dieser Altersstufe erfordere es in der Regel, dass ein Elternteil sich ihm noch jederzeit widmen könne, was einem Erwerbstätigen etwa bei ausfallenden Schulstunden oder im Falle einer Krankheit nicht möglich sei. Gleiches gelte in verstärktem Maß für ein Kindergartenkind (s. Rn. 4/72 ff. der 6. Auflage).[86]

---

[79] BGH FamRZ 1986, 780, 781
[80] BGH FamRZ 2011, 454 = R 721 d; 2008, 137 = R 684 g; OLG Karlsruhe FRP 2003, 28; OLG Hamm FamRZ 1998, 983
[81] BGH FamRZ 2006, 1362 = R 656 b; OLG Hamm FamRZ 1998, 1254
[82] BGH FamRZ 2010, 357 = R 709 c; 2009, 1391 Rn. 18; 2009, 1124 Rn. 25; 2009, 770 = R 704 a
[83] BGH FamRZ 2009, 314 = R 701; 1998, 357 = R 515 a
[84] OLG Düsseldorf FamRZ 1994, 926; a. A. OLG Hamm FamRZ 1994, 755
[85] BGH FamRZ 1983, 456, 458; bestätigt durch BGH FamRZ 1998, 1501
[86] Zum Betreuungsunterhalt bei nichtehelicher Elternschaft nach früherem Recht vgl. BGH FamRZ 2006, 1362 = R 656 a

7. Abschnitt: Darlegungs- und Beweislast sowie tatrichterliche Ermittlung   § 6

Diese Auffassung lässt sich seit der Neuregelung des Betreuungsunterhalts in den §§ 1570, 1615 l BGB nicht mehr aufrechterhalten. Nach der Rechtsprechung des BGH zum neuen Recht erfordern die kindbezogenen Gründe regelmäßig lediglich eine dreijährige persönliche Betreuung durch die Eltern und somit auch nur eine ebenso lange volle Unterhaltspflicht gegenüber dem betreuenden Elternteil, weil danach begleitende staatliche Hilfen zur Verfügung stehen, auf die ein Unterhaltsberechtigter zurückgreifen kann und – vorbehaltlich berücksichtigungswürdiger elternbezogener Gründe – auch muss. Sowohl beim nachehelichen wie beim nichtehelichen Betreuungsunterhalt sind bei der Beurteilung einer persönlichen Betreuungsbedürftigkeit *auch die bestehenden Möglichkeiten der Kinderbetreuung zu berücksichtigen*. Eine Regel für die Notwendigkeit einer persönlichen Betreuung durch einen Elternteil über die Vollendung des dritten Lebensjahres hinaus lässt sich dem Gesetz jetzt nicht mehr entnehmen. Jetzt muss der Unterhaltsberechtigte darlegen und nachweisen, dass mangels bestehender Möglichkeit der Kinderbetreuung, z. B. in einem verlässlichen Kindergarten oder im Rahmen einer Nachmittagsbetreuung für Schulkinder, auch nach Vollendung der dritten Lebensjahres lediglich eine Teilzeittätigkeit erwartet werden kann.[87]   **734**

Zur Darlegung, ob und in welchem Umfang der betreuende Elternteil auch nach Vollendung des dritten Lebensjahres noch keine Erwerbstätigkeit aufnehmen kann, gehört im Rahmen der Bedürftigkeit stets auch die Darlegung, in welchem Umfang er neben der Kinderbetreuung in zumutbarer Weise eigene Einkünfte erzielen kann. Weil sich selbst im Falle einer vollschichtigen Erwerbsobliegenheit des Unterhaltsberechtigten ein auf den vollen ehelichen Lebensbedarf gerichteter Aufstockungsunterhalt nach §§ 1573 II, 1578 I 1 BGB ergeben kann, bleibt es im Rahmen der Leistungsfähigkeit jedoch bei der Darlegungslast des Unterhaltspflichtigen zu seinen wirtschaftlichen Verhältnissen.[88]   **735**

Bei der Prüfung der Voraussetzungen der zum 1. Januar 2008 geänderten §§ 1570, 1615 l BGB ist nach dem eindeutigen Wortlaut der Vorschrift und der Gesetzesbegründung davon auszugehen, dass grundsätzlich mit Vollendung des dritten Lebensjahres des Kindes keine persönliche Betreuung durch einen Elternteil mehr erforderlich ist und der bislang betreuende Elternteil dann jedenfalls eine teilschichtige Erwerbstätigkeit aufnehmen kann. Begehrt der Elternteil Betreuungsunterhalt über diesen Zeitpunkt hinaus, trifft ihn die Darlegungs- und Beweislast für die dafür notwendigen kind- oder elternbezogenen Gründe.[89] Denn wer eine Ausnahme von dieser durch das Gesetz vorgegebenen Regel für sich in Anspruch nimmt, hat die hierfür erforderlichen Voraussetzungen darzulegen und notfalls zu beweisen (s. Rn. 4/167 ff.).[90]   **736**

Beim **Trennungsunterhalt** richtet sich die Höhe des Unterhaltsanspruchs im Regelfall nach den gegenwärtigen Einkommensverhältnissen. Deshalb hat der Unterhaltsberechtigte die Darlegungs- und Beweislast für die Einkommens- und Vermögensverhältnisse während des Unterhaltszeitraums. Für den Ausnahmefall einer **unerwarteten, vom Normalverlauf erheblich abweichenden Entwicklung** seit der Trennung ist der Unterhaltspflichtige darlegungs- und beweispflichtig, wenn er hieraus Rechte herleiten will.[91] Auch nach der neueren Rechtsprechung des BGH zu den ehelichen Lebensverhältnissen[92] muss er darlegen, dass und warum seine derzeitige berufliche Stellung auf einer im Zeitpunkt der Trennung nicht zu erwartenden Entwicklung beruht und nicht schon während des Zusammenlebens der Parteien angelegt gewesen ist und auf welchen Umständen sein beruflicher Aufstieg beruht.[93] Dabei ist aber zu beachten, dass nach gefestigter Rechtsprechung die Entwicklung bis zur rechtskräftigen Ehescheidung regelmäßig noch die ehelichen Lebens-   **737**

---

[87] BGH FamRZ 2010, 1880 Rn. 21; 2010, 1050 Rn. 19; 2010, 444 Rn. 27 ff.; 2010, 357 = R 709 d; 2009, 1391 Rn. 20 ff.; 2009, 1124 Rn. 27 ff.; 2009, 77 Rn. 23
[88] BGH FamRZ 2007, 793, 798 = R 674 j; 1983, 996
[89] BGH FamRZ 2010, 1880 Rn. 21; 2010, 1050 Rn. 19; 2010, 444 Rn. 27 ff.; 2010, 357 = R 709 d; 2009, 1391 Rn. 20 ff.; 2009, 1124 Rn. 27 ff.; 2009, 77 Rn. 23
[90] BGH FamRZ 1985, 50
[91] OLG Hamm FamRZ 2000, 1017
[92] BGH FamRZ 2007, 793, 795 = R 674 a, b; 2006, 683, 685 = R 649 f–h; 2003, 590, 591 = R 586
[93] BGH FamRZ 2007, 793, 795 = R 674 a, b; 1983, 352

verhältnisse beeinflusst und deswegen bei der Bemessung des Trennungsunterhalts zu berücksichtigen ist. Ist das Einkommen hingegen abgesunken, muss der Unterhaltsberechtigte diesen Rückgang grundsätzlich mittragen oder darlegen und beweisen, dass der Rückgang auf einem unterhaltsrechtlich leichtfertigen Verhalten des Unterhaltspflichtigen beruht, etwa auf eine Verletzung der Erwerbsobliegenheit des Unterhaltspflichtigen zurückzuführen oder durch freiwillige berufliche oder wirtschaftliche Dispositionen des Unterhaltspflichtigen veranlasst ist und von diesem durch zumutbare Vorsorge hätte aufgefangen werden können.[94] Beruft sich eine Partei darauf, dass sie eine konkrete **Steuerrückzahlung** künftig nicht oder nicht in dieser Höhe erhalten werde, trägt sie dafür die volle Darlegungs- und Beweislast. Sie hat substantiiert darzulegen, wie sich eine Veränderung der Einkommenssituation konkret auf die Steuerschuld auswirkt.[95]

738 Beruft sich der auf Barunterhalt in Anspruch genommene Elternteil abweichend von § 1606 III 2 BGB darauf, dass der andere, das Kind **betreuende Elternteil** im Hinblick auf seine günstigen wirtschaftlichen Verhältnisse **zum Barunterhalt beizutragen** habe, so trägt er die Beweislast dafür, dass die Einkommens- und Vermögensverhältnisse des anderen Elternteils dessen Heranziehung zum Barunterhalt rechtfertigen.[96] Im Hinblick auf § 1606 III 2 BGB, wonach der das Kind betreuende Elternteil durch seine persönliche Fürsorge seine Unterhaltspflicht vollständig erfüllt, entspricht die alleinige Inanspruchnahme des anderen Elternteils auf Barunterhalt regelmäßig dem Grundsatz anteiliger Haftung beider Elternteile.[97] Somit macht der barunterhaltspflichtige Elternteil weder eine Abweichung vom Grundsatz des § 1601 BGB geltend (= Inanspruchnahme des primär Unterhaltspflichtigen) noch von dem Grundsatz der Gleichwertigkeit von Barunterhalt und Betreuungsleistung nach § 1606 III 2 BGB. Vielmehr begehrt er mit seiner Behauptung eine Abweichung von der Regel des § 1606 III 2 BGB, weil er meint, der betreuende Elternteil sei trotz dieser Bestimmung zum Barunterhalt verpflichtet. Deshalb muss er die für eine Abweichung von dieser gesetzlichen Regel sprechenden Tatsachen substantiiert behaupten und ggf. beweisen. Dass die Darlegung der wirtschaftlichen Verhältnisse des betreuenden Elternteils dem unterhaltsberechtigten Kind häufig leichter möglich ist als dem Barunterhalt leistenden Elternteil, rechtfertigt keine abweichende Beurteilung. Dies entspricht auch der Beweislast zur vorrangigen Haftung nach § 1603 II S. 3 BGB (s. Rn. 731).[98] Nimmt ein Kind wegen Ausfalls beider Elternteile nach § 1607 I, II BGB die Großeltern in Anspruch, haften grundsätzlich alle vier Großelternteile anteilig nach § 1606 Abs. 3 BGB. Verlangt das Kind dann nur von einem Großvater Unterhalt, ist das Kind sowohl bezüglich der Leistungsunfähigkeit der erstrangig verpflichteten Eltern oder der erheblichen Erschwerung der Rechtsverfolgung gegen sie, als auch zum Haftungsanteil des allein in Anspruch genommenen Großelternteils darlegungs- und beweispflichtig. Das Kind kann dann von allen Großeltern nach § 1605 BGB Auskunft verlangen, um den jeweiligen Haftungsanteil zu bestimmen.[99] Daneben kann jeder Unterhaltspflichtige von den weiteren gleichrangigen Unterhaltspflichtigen Auskunft verlangen, um seinen Haftungsanteil selbst prüfen und sein Verhalten im gerichtlichen Verfahren darauf einstellen zu können (s. Rn. 1/1161).

739 Soweit sich der Unterhaltsbedarf an die nach Erfahrungswerten aufgestellte Düsseldorfer Tabelle und die Leitlinien der Oberlandesgerichte anlehnt, werden an die Darlegungslast im Unterhaltsprozess keine besonderen Anforderungen gestellt. Wenn der Unterhaltsberechtigte aber im Blick auf eine darüber hinaus gehende Leistungsfähigkeit des Unterhaltspflichtigen einen darüber hinaus gehenden **höheren Bedarf** geltend macht, muss er im Einzelnen darlegen und beweisen, worin dieser Bedarf besteht und welche Mittel zu seiner Deckung im Einzelnen erforderlich sind.[100]

---

[94] BGH FamRZ 2006, 683, 685 = R 649 f–h
[95] OLG Köln FamRZ 2002, 1729
[96] BGH FamRZ 2008, 137 = R 684 g; 1984, 1000; 1981, 347; OLG Hamm FamRZ 2006, 1479; OLGR Karlsruhe 2002, 105; OLG Nürnberg FamRZ 1988, 981, 982
[97] BGH FamRZ 2006, 1597, 1598 = R 659 a
[98] BGH FamRZ 2008, 137 = R 684 g; 1991, 182, 183; OLG Karlsruhe FRP 2003, 28
[99] OLG Hamm FamRZ 2005, 1926
[100] BGH FamRZ 1993, 473

7. Abschnitt: Darlegungs- und Beweislast sowie tatrichterliche Ermittlung § 6

Der Unterhaltsberechtigte hat die Beweislast für die **mangelnde Leistungsfähigkeit** 740
des vorrangig Unterhaltspflichtigen, wenn er einen nachrangig Unterhaltspflichtigen in
Anspruch nimmt. Dies liegt darin begründet, dass sich der Unterhaltsberechtigte mit dem
Wegfall der Unterhaltspflicht des primär Unterhaltspflichtigen auf eine Abweichung von
dem in § 1601 BGB aufgestellten Grundsatz beruft, für deren Voraussetzungen er die
Beweislast trägt.[101]

5. Negativtatsachen und substantiiertes Bestreiten von Tatsachen aus dem eigenen Wahrnehmungsbereich

Auch im Unterhaltsrecht können die allgemeinen Regeln zu einer Darlegungs- und 741
Beweislast für so genannte Negativtatsachen oder für Tatschen führen, die nur der Prozessgegner genauer kennen und aufklären kann. So muss z. B. der Unterhaltspflichtige im Rahmen des § 1579 Nr. 7 BGB darlegen, dass und warum dem anderen Ehegatten ein
offensichtlich schwerwiegendes, einseitig bei diesem liegendes Fehlverhalten zur Last fällt
oder im Rahmen des § 1579 Nr. 2 BGB dazu vortragen, dass der Unterhaltsberechtigte in
einer verfestigten Lebensgemeinschaft lebt. Im Rahmen der Herabsetzung oder Befristung
des nachehelichen Unterhalts gemäß § 1578 b BGB muss der Unterhaltspflichtige darlegen,
dass der Unterhaltsberechtigte durch die Gestaltung der Haushaltsführung und Erwerbstätigkeit während der Ehe oder die Kindererziehung keine ehebedingten Nachteile erlitten
hat. Der unterhaltsberechtigte Ehegatte muss hingegen darlegen, welche Einkünfte und
Vermögensverhältnisse des Unterhaltspflichtigen über die Trennungszeit hinaus die ehelichen Lebensverhältnisse beeinflussen, obwohl die genauen Verhältnisse nur dem Unterhaltspflichtigen bekannt sind.

Im Falle einer Darlegungslast zu Tatsachen, die zum **Wahrnehmungsbereich des An-** 742
deren gehören, genügt es nach der Rechtsprechung des BGH, wenn solche Tatsachen
behauptet werden und darauf hingewiesen wird, dass nur der Prozessgegner eine genauere
Kenntnis zu diesen Tatsachen hat und ihm deswegen entsprechende Angaben zuzumuten
sind. Dem Prozessgegner ist es dann nach § 242 BGB im Hinblick auf die ihm ohnehin
obliegende unterhaltsrechtliche Auskunftspflicht (s. Rn. 1/1150 ff.)[102] zuzumuten, sich zu
diesen Behauptungen im Rahmen seiner sekundären Darlegungslast näher zu äußern.[103]
Der Darlegungs- und Beweispflichtige muss diesen Vortrag seines Gegners dann substantiiert bestreiten, d. h. einen eigenen klärenden Tatsachenvortrag aus dem eigenen Wahrnehmungsbereich bringen. Ein einfaches Bestreiten genügt dann nicht.

Unterlässt er eine solche ihm nach den Umständen zumutbare Substantiierung, gelten 743
die Tatsachenbehauptungen seines Gegners nach § 138 III ZPO als zugestanden.[104] Wurde
etwa in dem Unterhaltsantrag gegen einen **Selbstständigen** nachvollziehbar dargelegt, dass
er über monatliche Einkünfte von 3000 EUR verfügt, kann diese Behauptung als unstreitig
behandelt werden, wenn der Beklagte nur bestreitet und nicht anhand seiner Gewinn- und
Verlustrechnungen darlegt, dass ihm das behauptete Einkommen nicht zur Verfügung steht.
Ein ausreichendes substantiiertes Bestreiten liegt daher nur vor, wenn z. B. ein bilanzierender Unternehmer für die maßgeblichen Jahre seine **Bilanzen sowie Gewinn- und Verlustrechnungen vorlegt**[105] (s. Rn. 1/1184). Dann ist es wieder Sache des Darlegungspflichtigen, konkrete Positionen (z. B. bestimmte Ausgaben) zu bestreiten und eine weitere
Klärung zu verlangen. Diesem Begehren nach weiterer Aufklärung muss dann entsprochen
werden, weil auch hierzu die näheren Umstände im Wahrnehmungsbereich des anderen
liegen.

Für die Darlegungslast zu so genannten **Negativtatsachen** gilt ähnliches. Der BGH 744
hat einen entsprechenden Fall zu § 1579 Nr. 7 BGB (§ 1579 Nr. 4 BGB a. F.) entschie-

---

[101] BGH FamRZ 1984, 1000; FamRZ 1981, 347
[102] BGH FamRZ 2011, 21 Rn. 19 ff.; 1988, 268, 269
[103] BGH FamRZ 2010, 2059 = R 720; 2010, 875 = R 711; 1987, 259; OLG Hamm – 11 WF 287/04, BeckRS 2005, 02443; OLG Koblenz 15 UF 605/99, BeckRS 2000, 30100966
[104] BGH FamRZ 1987, 259
[105] BGH FamRZ 1987, 259

den.[106] Danach hat der Unterhaltspflichtige die tatsächlichen Voraussetzungen der rechtsvernichtenden Einwendung darzulegen und zu beweisen und dabei das Vorbringen der Gegenseite, das im Fall der Richtigkeit gegen die Annahme einer groben Unbilligkeit sprechen würde, **zu widerlegen**. Soweit der Unterhaltspflichtige ein derartiges Vorbringen nur in Abrede stellen kann, sind an die Substantiierung seiner Darlegungen nach dem auch das Verfahrensrecht beherrschenden Grundsatz von Treu und Glauben keine zu hohen Anforderungen zu stellen, da es sich für ihn um die Behauptung so genannter negativer Tatsachen handelt.[107] Entsprechend muss der Unterhaltspflichtige im Rahmen seines Begehrens auf Herabsetzung oder Befristung des nachehelichen Unterhalts nach § 1578b BGB darlegen und beweisen, dass der Unterhaltsberechtigte durch die Gestaltung der Haushaltsführung und Erwerbstätigkeit während der Ehe oder die Kindererziehung keine ehebedingten Nachteile erlitten hat. Zu dieser Negativtatsache kann er zunächst lediglich vortragen, dass der Unterhaltsberechtigte, der inzwischen wieder eine vollschichtige Erwerbstätigkeit ausübt, im Hinblick darauf keine ehebedingten Erwerbsnachteile mehr hat. Wenn der Unterhaltsberechtigte gleichwohl ehebedingte Nachteile in Form geringerer Einkünfte nach längerfristiger Berufsunterbrechung geltend macht, muss er diese im Rahmen seiner sekundären Darlegungslast substantiiert darlegen. Erst dann muss der Unterhaltspflichtige diesen Vortrag widerlegen und dies ggf. beweisen.[108]

745   Ähnliches gilt, wenn der Unterhaltspflichtige behauptet, der Unterhaltsberechtigte habe **bedürftigkeitsmindernde Einkünfte** aus einer Erwerbstätigkeit. Wenn dies nicht stimmt, kann der Unterhaltsberechtigte diese Behauptung trotz seiner Darlegungslast zur Bedürftigkeit nur allgemein bestreiten. Dann muss der Unterhaltspflichtige im Einzelnen darlegen und nachweisen, warum seine Behauptung richtig ist und welche konkreten Einkünfte der Unterhaltsberechtigte nach seiner Auffassung erzielt. Der Berechtigte muss diesen neuen Vortrag widerlegen und das im Rahmen der bei ihm verbliebenen Beweislast ggf. auch beweisen.

6. Darlegungs- und Beweislast bei Abänderungsverfahren

746   Im Abänderungsverfahren nach §§ 238 f. FamFG (s. Rn. 10/133 ff., 242 ff.) hat der Antragsteller die Darlegungs- und Beweislast für eine wesentliche Veränderung der Umstände, die für die Unterhaltsfestsetzung im vorausgegangenen Verfahren maßgeblich waren (§§ 238 I 2, 239 I 2 FamFG).[109] Der Grund dafür liegt in der **Rechtskraft** der abzuändernden Entscheidung bzw. dem Inhalt des angeschlossenen Vergleichs.[110] Rechtskräftige gerichtliche Entscheidungen können grundsätzlich nicht mehr abgeändert werden und die Parteien müssen auch aus ihrer Sicht falsche Entscheidungen akzeptieren. Dies gilt jedenfalls für Beschlüsse, in denen nur über rückständigen Unterhalt entschieden wurde. Wurde hingegen auch über künftigen Unterhalt entschieden, beruht die Entscheidung regelmäßig auf einer **in die Zukunft gerichteten Prognose**. Wenn sich diese Prognose später als falsch herausstellt, ist auf der Grundlage der Rechtskraft der Entscheidung eine Anpassung an die veränderten Umstände möglich. Damit kann die Entscheidung sowohl an veränderte tatsächliche Umstände, als auch an eine neue Gesetzeslage oder an eine geänderte höchstrichterliche Rechtsprechung (des BGH oder des BVerfG) angepasst werden. Eine Korrektur früherer Fehler ist nach § 238 II FamFG hingegen nicht zulässig.[111] Weil deswegen allein die spätere Änderung der Grundlagen des früheren Beschlusses zur Abänderung berechtigt, trägt der Antragsteller dafür die Darlegungs- und Beweislast. Er muss also sowohl die Grundlagen des früheren Unterhaltstitels als auch die inzwischen eingetretenen Veränderungen darlegen und bewei-

---

[106] BGH FamRZ 1984, 364: 1982, 463
[107] BGH FamRZ 1984, 364; 1982, 463
[108] BGH FamRZ 2010, 2059 = R 720; 2010, 875 = R 711
[109] BGH FamRZ 2010, 192 Rn. 22; 2007, 793, 796 = R 674e; 2004, 1179, 1180 = R 613; 1987, 259; eingehend dazu Graba, Die Abänderung von Unterhaltstiteln, 4. Aufl., Rn. 329, 362, 366
[110] BGH FamRZ 2010, 192 = R 708
[111] BGH FamRZ 2010, 1318 Rn. 38 f.; 2010, 1150 = R 713; 2010, 538; 2008, 872 Rn. 19 f.

7. Abschnitt: Darlegungs- und Beweislast sowie tatrichterliche Ermittlung § 6

sen.[112] Weil es nur auf die Änderungen seit der früheren Entscheidung ankommt, gilt dies auch für Tatsachen, die im früheren Prozess der Gegner zu beweisen hatte,[113] sofern es sich in dem Abänderungsverfahren noch um denselben anspruchsbegründenden Sachverhalt handelt. Im Abänderungsverfahren gegen das volljährige Kind muss der die Abänderung begehrende Unterhaltsschuldner also auch den Haftungsanteil des andern Elternteils darlegen und beweisen, wenn schon der abzuändernde Titel den Unterhalt des volljährigen Kindes und damit auch die – jetzt abzuändernde – Haftungsquote geregelt hat.[114] Trotz der Identität der Unterhaltsansprüche des minderjährigen und des volljährigen Kindes[115] gilt dies aber nicht, wenn der frühere Titel den Unterhalt des minderjährigen Kindes geregelt hat und deswegen im Abänderungsverfahren erstmals und unabhängig von einer früheren Prognose die Haftungsquote der Eltern darzulegen und nachzuweisen ist (s. auch Rn. 2/578).[116] Auch für die Voraussetzungen des Unterhaltsanspruchs nach Erreichen der Volljährigkeit[117] ist das Kind darlegungs- und beweispflichtig, weil trotz des gleich bleibenden gesetzlichen Anspruchs mit Beendigung der Schulausbildung nunmehr erstmals der Nachweis einer Ausbildung zu einem Beruf als Tatbestandsvoraussetzung darzulegen ist.[118] Hat der Antragsgegner ein bestimmtes Einkommen in erster Instanz im Rahmen eines gerichtlichen Geständnisses eingeräumt, behält dies auch in der Berufungsinstanz seine Wirksamkeit (§§ 288, 535 ZPO). Dann ist von dem eingeräumten Einkommen im Zeitpunkt des Geständnisses auszugehen und der Antragsgegner für eine spätere Einkommensreduzierung beweispflichtig.[119] Soweit bestimmte Tatsachen in der Sphäre des Antragsgegners liegen und der Antragsteller hierzu keinen Zugang hat, genügt es, wenn er das ihm in zumutbarer Weise Erkennbare vorträgt. Der Beklagte hat dann diesen Vortrag konkret zu widerlegen (näher dazu s. Rn. 741 ff.).[120] Stützt der Unterhaltsberechtigte seinen Anspruch in dem Abänderungsverfahren hingegen auf eine andere Anspruchsgrundlage (z. B. auf § 1573 I BGB statt auf § 1570 BGB), muss er keine Änderung der entscheidungserheblichen Tatsachen vorragen. Ihm obliegt dann auch in dem Abänderungsverfahren nach den allgemeinen Grundsätzen die uneingeschränkte Darlegungs- und Beweislast für den neuen anspruchsbegründenden Lebenssachverhalt.[121] Gleiches gilt, wenn dem betreuenden Elternteil eines noch nicht drei Jahre alten Kindes nach den §§ 1570, 1615l BGB **Betreuungsunterhalt** zugesprochen wurde. Wenn der Unterhaltspflichtige nach Vollendung des dritten Lebensjahres Herabsetzung des Betreuungsunterhalts wegen eingeschränkter Erwerbspflicht des betreuenden Elternteils verlangt, bleibt es bei der Darlegungslast des Unterhaltsberechtigten für kind- oder elternbezogene Gründe, die weiterhin eine persönliche Betreuung des Kindes erfordern. Denn vor Vollendung des dritten Lebensjahres musste das Gericht eine solche Verlängerungsprognose noch nicht prüfen, weil der betreuende Elternteil damals noch die freie Wahl hatte, das Kind persönlich zu betreuen und zu erziehen.[122] Die neue Entscheidung beruht deswegen nicht auf einer Änderung der Verhältnisse, sondern darauf, dass es jetzt erstmals darauf ankommt. Wenn der Abänderungsgegner behauptet, dass in einem früheren Vergleich die **Abänderbarkeit ausgeschlossen** worden ist, trägt er auch dafür die Darlegungs- und Beweislast.[123]

---

[112] BGH FamRZ 2004, 1179 = R 613 (Abänderung eines Urteils); BGH FamRZ 2007, 715; OLG München FamRZ 2002, 1271; OLG Brandenburg FamRZ 2002, 1049 (jeweils zur Jugendamtsurkunde); OLG Stuttgart FamRZ 2005, 1996; OLG Zweibrücken FamRZ 2004, 1884; OLG Hamburg FamRZ 2002, 465 (jeweils zum Unterhaltsvergleich)
[113] OLG Zweibrücken FamRZ 1981, 1102
[114] OLG Zweibrücken FamRZ 2001, 249
[115] BGH FamRZ 1984, 682
[116] OLG Brandenburg MDR 2002, 844; OLG Hamm FamRZ 2000, 904; OLG Köln FamRZ 2000, 1043; KG FamRZ 1994, 765; a. A. OLG Zweibrücken FamRZ 2001, 249
[117] BGH FamRZ 2006, 1100, 1101 = R 654 a–d
[118] OLG Brandenburg FamRZ 2005, 815, ZfJ 2005, 125 und FamRZ 2004, 552; vgl. auch BGH FamRZ 1990, 496
[119] BGH FamRZ 2004, 1179; 1180 = R 613; NJW-RR 1999, 1113
[120] OLG Koblenz, FamRZ 1998, 565
[121] OLG Zweibrücken FamRZ 1986, 811
[122] BGH FamRZ 2010, 1880 Rn. 19; 2010, 1050 Rn. 18 f.; 2009, 770 Rn. 41 = R 704 a
[123] BGH FamRZ 2010, 193 = R 708 c

7. Darlegungs- und Beweislast bei negativen Feststellungsanträgen

747 Der Unterhaltsschuldner kann einen negativen Feststellungsantrag erheben, wenn sich der Unterhaltsberechtigte eines Unterhaltsanspruchs gegen ihn berühmt, auch wenn dieser bereits nach §§ 49 ff. FamFG eine einstweilige Anordnung gegen ihn erwirkt hat, zumal diese zwar der formellen nicht aber der materiellen Rechtskraft fähig ist (s. auch Rn. 10/315 ff.).[124] Nach § 322 I ZPO ist ein Urteil insoweit der materiellen Rechtskraft fähig, als darin über den durch Klage- und Widerklage erhobenen Anspruch entschieden ist. Nach der gefestigten Rechtsprechung des BGH bedeutet dies zum einen, dass ein erneutes Verfahren mit identischem Streitgegenstand unzulässig ist. Dabei ist eine Identität der Streitgegenstände nicht nur dann anzunehmen, wenn derselbe Streitgegenstand zwischen denselben Parteien rechtshängig gemacht wird. Vielmehr sind die Streitgegenstände auch identisch, wenn im Zweitverfahren der Ausspruch des „kontradiktorischen Gegenteils" begehrt wird. Infolgedessen hat ein Urteil, das einen negativen Feststellungsantrag aus sachlichen Gründen abweist, dieselbe Rechtskraftwirkung wie ein Urteil, das das Gegenteil dessen, was mit dem negativen Feststellungsantrag begehrt wird, positiv feststellt.[125] Daran ändert sich auch nichts, wenn das Gericht des Vorverfahrens in seinem Beschluss ersichtlich von einer falschen Darlegungs- und Beweislast für ein Antragsvorbringen ausgegangen ist.[126] War die jetzt relevante Rechtsfrage in einem früheren Verfahren nur Vorfrage, ist sie nicht in Rechtskraft erwachsen und steht dem neuen Antrag nicht entgegen. Ist die in einem früheren Verfahren als Hauptsache entschiedene Rechtsfolge hingegen im neuen Verfahren nur Vorfrage, steht die Rechtskraft zwar dem neuen Verfahren nicht entgegen. Sie entfaltet aber eine Bindungswirkung für die Vorfrage.

748 Bei dem negativen Feststellungsverfahren richtet sich die Darlegungs- und Beweislast deswegen nicht nach der Parteistellung, sondern nach den **allgemeinen materiell-rechtlichen Beweislastgrundsätzen**. Die zufällige Umkehrung der Parteirolle durch die negative Feststellungsklage bleibt somit regelmäßig ohne Einfluss auf die Darlegungs- und Beweislast.[127]

8. Zur Umkehr der Beweislast

749 Die nach allgemeinen Grundsätzen gegebene Beweislast kehrt sich um, wenn eine Partei die Beweisführung, insbesondere die Benutzung eines Beweismittels, durch den Gegner schuldhaft vereitelt oder erschwert.[128] Wenn z. B. ein Selbstständiger seine Einnahmen in Kenntnis seiner Unterhaltsschuld nur anhand von Tagesprotokollen erfasst, die alleinige Grundlage für die Eintragung der Monatseinnahmen im Kassenbuch sind und danach vernichtet werden, kehrt sich die Beweislast des Unterhaltsberechtigten dergestalt um, dass nunmehr der Unterhaltspflichtige darzulegen und zu beweisen hat, dass er die von dem Unterhaltsberechtigten substantiiert behaupteten Einnahmen nicht hatte.[129] Von einer solchen Behinderung der gegnerischen Beweisführung kann aber nicht schon dann ausgegangen werden, wenn einer Partei angelastet wird, sie habe sich eines Verstoßes gegen die prozessuale Wahrheitspflicht schuldig gemacht, indem sie sich in ihren Schriftsätzen teilweise unwahrhaftig oder unvollständig erklärt oder widersprüchlich vorgetragen habe. Ein derartiges Verhalten kann stattdessen im Rahmen der freien Beweiswürdigung und Überzeugungsbildung des Gerichts nach § 286 I 1 ZPO gebührend berücksichtigt werden.[130]

---

[124] Dose, Einstweiliger Rechtsschutz im Familienrecht, 3. Aufl. Rn. 63, 527; OLG Köln FamRZ 1998, 1427
[125] BGH NJW 1995, 1757
[126] BGH NJW 1986, 2508
[127] BGH NJW 1983, 2032, 2033; 1977, 1637, 1638; OLG Brandenburg FamRZ 2010, 302 Rn. 17; OLG Oldenburg FamRZ 1991, 1071; OLG Hamm FamRZ 1988, 1056; OLG Hamburg FamRZ 1982, 702; OLG Stuttgart NJW 1981, 2581; OLG Düsseldorf FamRZ 1981, 480
[128] BGH FamRZ 1981, 347, 349
[129] OLG Koblenz NJWE-FER 1999, 227
[130] BGH FamRZ 1981, 347, 349

7. Abschnitt: Darlegungs- und Beweislast sowie tatrichterliche Ermittlung § 6

II. Zur tatrichterlichen Ermittlung und Schätzung nach § 287 ZPO

1. Zur Anwendung des § 287 ZPO im Unterhaltsverfahren

Nach § 287 I ZPO entscheidet das Gericht unter Würdigung aller Umstände nach freier **750** Überzeugung, wenn unter den Beteiligten streitig ist, ob und in welchem Umfang ein Schaden entstanden ist. Dann liegt es im Ermessen des Gerichts, ob es ein Sachverständigengutachten einholt oder die Beteiligten persönlich vernimmt. Nach § 287 II ZPO gilt dies in vermögensrechtlichen Streitigkeiten entsprechend, wenn unter den Parteien die Höhe einer Forderung streitig ist und die vollständige Aufklärung aller hierfür maßgebenden Umstände mit Schwierigkeiten verbunden ist, die zu der Bedeutung des streitigen Teiles der Forderung in keinem Verhältnis stehen. § 287 II ZPO ist grundsätzlich auch im Unterhaltsprozess anzuwenden. Denn auch das Unterhaltsverfahren ist eine vermögensrechtliche Streitigkeit im Sinn dieser Bestimmung, bei der die vollständige Aufklärung aller für die Höhe der Unterhaltsforderung maßgeblichen Umstände mit unverhältnismäßigen Schwierigkeiten verbunden sein kann. Das kann Veranlassung zu einer richterlichen Schätzung geben.[131]

Dies gilt sowohl hinsichtlich des **gesamten Einkommens,** soweit die Angaben unvoll- **751** ständig oder zweifelhaft sind, als auch zu einzelnen Posten des anrechnungsfähigen Einkommens,[132] zu Abzugsposten,[133] Bedarfsposten, vor allem zu einem mit besonderen Einkünften verbundenen erhöhten Bedarf sowie zu behaupteten Mehraufwendungen.[134] Auch mandatsbedingte Aufwendungen eines Abgeordneten können nach § 287 II ZPO geschätzt und von der Kostenpauschale abgezogen werden, zumal auf diese Weise auch dem Geheimhaltungsinteresse des Abgeordneten Rechnung getragen werden kann.[135] Ferner kann die Höhe **fiktiver Einkünfte,** wie sie bei der Bemessung des Unterhalts sowohl auf Seiten des Unterhaltsberechtigten als auch des Unterhaltspflichtigen einzustellen sein können, im Allgemeinen nur im Weg einer Schätzung ermittelt werden (s. Rn. 1/793 f.).[136]

Auch **Bedarfspositionen** auf Seiten des Unterhaltsberechtigten, einschließlich eines ev. **752** Mehrbedarfs, sind einer Schätzung zugänglich.[137] Im Rahmen der Bedarfsbemessung kann der Tatrichter den nach §§ 1361, 1578 BGB für die Beurteilung der ehelichen Lebensverhältnisse festzulegenden Unterhaltsmaßstab oft nur im Weg der Schätzung gemäß § 287 II ZPO ermitteln.[138] Das gilt besonders, wenn der Unterhaltsberechtigte im Ausland lebt und dessen Bedarf den dortigen Verhältnissen anzupassen ist (s. Rn. 9/34 ff.).[139]

Auch im **Abänderungsverfahren** ist § 287 II ZPO anwendbar, wenn die wesentlichen **753** Grundlagen des abzuändernden Titels und die behaupteten veränderten neuen Verhältnisse sowie deren Auswirkungen auf den Unterhaltsanspruch festgestellt werden müssen.[140]

Im Rahmen der **Herabsetzung und Befristung** des nachehelichen Unterhalts nach **754** § 1578 b BGB kann das Gericht § 287 II ZPO entsprechend heranziehen und ein ohne die

---

[131] BGH FamRZ 2010, 2059 = R 720 c; 1986, 885; 1984, 149, 151; 1984, 151, 153; 1981, 1165; 1981, 338; u. a.
[132] BGH FamRZ 2006, 1362, 1368; 2001, 1603 = R 559 (zum Ausbildungsmehrbedarf); OLG München FamRZ 1999, 1350 (zum Gebrauchsvorteil privater PKW-Nutzung); OLGR Hamm 1999, 90 (zu Auslandszulagen); OLG Hamm NJWE-FER 1999, 77 (zu Abschreibungen); OLG Hamm FamRZ 1999, 233 (zum Wohnvorteil); OLG Hamm NJWE-FER 1998, 195 (zu geldwerten Versorgungsleistungen)
[133] BGH FamRZ 2006, 108 = R 642 a; OLG Hamm NJW-RR 2005, 515 (zu einem PKW-Kredit)
[134] OLG München – 24 U 443/08, BeckRS 2009, 19740 Rn. 11
[135] BGH FamRZ 1986, 780
[136] BGH FamRZ 1986, 885; 1984, 662
[137] BGH FamRZ 2001, 1603 = R 559 (zum Ausbildungsmehrbedarf); OLG Köln ZFE 2008, 393 Rn. 5; OLG Hamm FamRZ 2006, 124; OLGR Schleswig 1998, 81 und OLG Karlsruhe FamRZ 1998, 1435 (zu krankheitsbedingtem Mehrbedarf); OLG Hamm NJW 2005, 369 (zum Sonderbedarf einer Heimbewohnerin)
[138] BGH FamRZ 1988, 256
[139] OLG München FamRZ 1998, 857
[140] BGH FamRZ 1983, 260; 1979, 694, 696

Ehe und Kindererziehung erzielbares Einkommen schätzen, um feststellen zu können, ob der jetzt wieder voll erwerbstätige Unterhaltsberechtigte noch ehebedingte Nachteile hat.[141]

2. Zur Schätzung nach § 287 ZPO

755 Die Schätzung nach § 287 II BGB erfolgt unter Berücksichtigung aller maßgeblichen Umstände nach freier tatrichterlicher Würdigung, wobei auch allgemeine Erfahrungssätze herangezogen werden dürfen. Ergeben sich solche Erfahrungssätze nicht aus generellen Regeln, wie etwa den Leitlinien der Gerichte oder sonstigen Tabellen,[142] ist den Parteien zuvor Gelegenheit zur Stellungnahme zu gegeben.[143] Dabei ist je nach den Umständen des Falles eine großzügige Beurteilung geboten, wenn und soweit es dem Beteiligten nicht zumutbar ist, seine besonderen Mehraufwendungen spezifiziert darzulegen. Diese Voraussetzungen liegen vor allem dann vor, wenn die Art einer Behinderung eine genaue Trennung des allgemeinen Lebensbedarfs von dem schädigungsbedingten Mehrbedarf erschwert.[144]

756 Bei der Schätzung eines behinderungsbedingten Mehraufwands im Rahmen der Berücksichtigung einer Grundrente hat der Tatrichter auch zu erwägen, ob und inwieweit neben der Anerkennung eines konkreten Mehraufwands auch der ideelle Zweck einer gezahlten Rente besonders zu berücksichtigen ist und zu einer Verringerung des unterhaltsrechtlich zu berücksichtigenden Einkommens führt (s. Rn. 1/652 ff.).[145]

757 Mit der Möglichkeit der Schätzung nach § 287 II ZPO kann der Tatrichter insbesondere unübersichtlichen und zugleich wirtschaftlich wenig ergiebigen Unterhaltsstreitigkeiten begegnen und im Einzelfall die Darlegungs- und Beweisregeln in einer auch dem wirtschaftlichen Gewicht des jeweiligen Rechtsstreits angemessenen Weise handhaben.[146] Dabei sind jedoch die engen Grenzen des Beweisrechts zu beachten. Hat etwa eine Bedienung unter Beweis gestellt, dass sie nur 30–40 EUR im Monat als Trinkgeld erhält, darf das Gericht nicht ohne Erhebung des Gegenbeweises pro Arbeitstag 5 EUR, also 110 EUR im Monat nach § 287 II ZPO schätzen.[147] Voraussetzung für eine Einkommensschätzung nach § 287 II ZPO ist also stets, dass die weitere Aufklärung konkret aufgetretener Zweifel unverhältnismäßig schwierig ist, zu dem Umfang der Unterhaltsforderung in keinem Verhältnis steht und **kein Gegenbeweis übergangen** wird.[148]

3. Zu den Schätzungsvoraussetzungen

758 Voraussetzung für eine Schätzung nach § 287 II ZPO ist, dass bei Streit über die Unterhaltshöhe die vollständige Aufklärung im Vergleich zur Bedeutung der gesamten Forderung oder eines Teils der Unterhaltsforderung unverhältnismäßig schwierig ist. Verfahrensfehlerhaft ist eine Schätzung dann, wenn sie auf falschen oder offenbar unsachlichen Erwägungen beruht oder wenn sie wesentliches tatsächliches Vorbringen außer Acht lässt.[149] Der Richter entscheidet nach Anhörung der Parteien nach freier Überzeugung, darf dabei in zentralen Fragen allerdings nicht auf sachverständige Hilfe verzichten, soweit diese nach Sachlage unerlässlich ist. Unter den Voraussetzungen des § 287 II ZPO sind zwar die angebotenen Beweise für die geschätzten Tatsachen nicht zu erheben, wohl aber ein substantiierter Gegenbeweis, der zu einem grundlegend anderen als dem geschätzten Ergebnis kommen

---

[141] BGH FamRZ 2010, 2059 = R 720 c
[142] KGR 2008, 860 Rn. 31, 43
[143] BGH FamRZ 2006, 1362, 1368 (zur Sachkunde und zur Stellungnahmemöglichkeit); 1984, 662; 1984, 149, 151; 1984, 151, 153; 1983, 456, 458; 1983, 886; 1982, 255, 257; 1981, 338
[144] BGH FamRZ 1981, 1165
[145] BGH FamRZ 1981, 338
[146] BGH FamRZ 1984, 144
[147] BGH FamRZ 1991, 182, 184 = R 430 c
[148] BGH FamRZ 1993, 789, 792
[149] BGH FamRZ 2009, 404 Rn. 14; 2001, 1603 = R 559

7. Abschnitt: Darlegungs- und Beweislast sowie tatrichterliche Ermittlung § 6

würde.[150] Der Richter muss aber stets das Parteivorbringen würdigen und die Ablehnung von angebotenen aber im Wesentlichen unergiebigen Beweisen begründen. In der Entscheidung müssen die tatsächlichen Grundlagen der Schätzung und deren Auswertung in objektiv nachprüfbarer Weise angegeben werden.[151] Fehlt dem Gericht eine eigene Sachkunde, muss ein angebotenes Sachverständigengutachten eingeholt werden.[152]

---

[150] BGH FamRZ 1991, 182, 184 = R 430 c
[151] BGH FamRZ 2010, 2059 = R 720 c
[152] BGH FamRZ 2006, 1362, 1368; 1990, 283, 287

§ 7 Unterhalt zwischen nicht verheirateten Eltern und zwischen Lebenspartnern

1. Abschnitt: Ansprüche der Mutter oder des Vaters eines nichtehelichen Kindes gegen den anderen Elternteil und damit zusammenhängende Ansprüche

I. Allgemeines

1. Historische Entwicklung des § 1615l BGB

Das für nicht miteinander verheiratete Eltern geltende Unterhaltsrecht hat sich in der Vergangenheit in kleinen Schritten entwickelt. Erst mit der ab dem 1. 1. 2008 in Kraft getretenen Reform des Unterhaltsrechts ist die unterhaltsrechtliche Position des betreuenden Elternteils derjenigen des verheirateten oder geschiedenen Elternteils weitgehend angeglichen worden.

In der ursprünglichen Fassung des **Bürgerlichen Gesetzbuches** galten der Vater eines nichtehelichen Kindes und sein Kind als nicht verwandt. Die Mutter des Kindes hatte gegen den Vater keinen Unterhaltsanspruch, sondern einen von seiner Leistungsfähigkeit und ihrer eigenen Bedürftigkeit losgelösten Entschädigungsanspruch eigener Art.[1] Neben einem Anspruch auf Ersatz der Kosten der Entbindung und weiterer durch Schwangerschaft oder Entbindung verursachter Aufwendungen hatte die Mutter gegen den Vater lediglich Anspruch auf Erstattung der Kosten ihres Unterhalts für die ersten 6 Wochen nach der Entbindung.

Das **Nichtehelichengesetz** gewährte der Mutter vom 1. 7. 1970 an einen Basisunterhalt von 6 Wochen vor und 8 Wochen nach der Entbindung. Damit wurde eine Harmonisierung mit der arbeits- und sozialrechtlichen Zeit für den Mutterschutz (§§ 3, 6 MuSchG, § 200 RVO, § 13 MuSchG) hergestellt. Darüber hinaus gewährte der neu geschaffene § 1615l II BGB der Mutter erstmals einen Betreuungsunterhaltanspruch für einen Zeitraum von 4 Monaten bis zu einem Jahr nach der Entbindung. Voraussetzung war jedoch, dass die nicht verheiratete Mutter wegen einer schwangerschafts- oder entbindungsbedingten Erkrankung nicht erwerbstätig sein konnte oder dass der erwerbspflichtigen Mutter keine Fremdbetreuung für das Kind zur Verfügung stand.[2]

Die Ansprüche wurden danach ausgeweitet und die Anspruchsvoraussetzungen erleichtert. So wurde die in § 1615l II 3 a. F. BGB bestimmte Unterhaltsbefristung auf die Zeit von einem Jahr ab Entbindung durch das **Schwangeren- und Familienhilfeänderungsgesetz** vom 21. 8. 1995[3] mit Wirkung vom 1. 10. 1995 auf 3 Jahre ab Entbindung verlängert. Grund für die Verbesserung der Anspruchslage, die in dem Verzicht auf das Kausalitätserfordernis bestand, war die Absicht des Gesetzgebers, der nicht verheirateten Mutter die Entscheidung für eine Austragung des Kindes zu erleichtern. Die Ausdehnung des Anspruchszeitraumes auf 3 Jahre stand im Zusammenhang mit der Schaffung des sozialrechtlichen Anspruchs (§ 24 I SGB VIII) auf einen Kindergartenplatz für Kinder, die das 3. Lebensjahr vollendet hatten.

Das **Kindschaftsrechtsreformgesetz** vom 16. 12. 1997[4] hat § 1615l BGB mit Wirkung vom 1. 7. 1998 dahin abgeändert, dass sich die Unterhaltspflicht über die 3-Jahresfrist

---

[1] Vgl. § 1715 II und § 1589 BGB i. d. F. bis zum 30. 6. 1970; zur Rechtsentwicklung Klinkhammer FamRZ 2007, 1205, 1209; Menne FamRZ 2007, 173, 174
[2] Hahne FamRZ 1990, 928, 930
[3] BGBl. I S. 1050
[4] BGBl. I S. 2942

§ 7 Unterhalt zwischen nicht verheirateten Eltern und zwischen Lebenspartnern

hinaus verlängerte, „sofern es … grob unbillig wäre, einen Unterhaltsanspruch nach Ablauf dieser Frist zu versagen".[5] Darüber hinaus führte das Kindschaftsrechtsreformgesetz mit der Regelung in § 1615 l IV BGB auch einen Anspruch des nichtehelichen Vaters auf Betreuungsunterhalt gegen die Mutter (§ 1615 l II 2 BGB) ein, falls er das Kind betreut.

6   Aufgrund des **Kindesunterhaltsgesetzes** vom 6. 4. 1998[6] wird der Anspruch der Mutter auf Erstattung von Schwangerschafts- und Entbindungskosten (früher § 1615 k BGB) nicht mehr durch eine eigene Vorschrift geregelt, sondern bei gleichzeitigem Wegfall seiner Subsidiarität im Wege einer Ergänzung des § 1615 l I BGB durch einen Satz 2 als Unterfall des Unterhaltsanspruchs der Mutter behandelt, so dass er nach dem Willen des Gesetzgebers[7] nunmehr auch den Voraussetzungen der Bedürftigkeit und Leistungsfähigkeit unterliegt.

7   Durch seine Entscheidung vom 28. 2. 2007[8] hat das **Bundesverfassungsgericht** die Verfassungswidrigkeit der Ungleichbehandlung von nichtehelichen und ehelichen Müttern durch die bisherige Gesetzesfassung festgestellt und dem Gesetzgeber aufgegeben, bis zum 31. 12. 2008 eine verfassungskonforme Regelung zu schaffen. Die frühere Fassung des § 1615 l BGB verstieß gegen das in Art. 6 V GG enthaltene Verbot einer Schlechterstellung nichtehelicher Kinder gegenüber ehelichen Kindern, weil bei ehelichen Kindern entsprechend dem früheren Altersphasenmodell eine erheblich längere persönliche Betreuung für gerechtfertigt gehalten wurde als bei nichtehelichen Kindern. Denn sowohl die Unterhaltspflichten aus § 1570 BGB als auch aus § 1615 l BGB bestehen nur im Interesse des Kindes, damit dieses persönlich von einem Elternteil betreut werden kann.

8   Im Rahmen der Unterhaltsrechtsreform ist § 1615 l II 3 BGB zum 1. 1. 2008 deshalb geändert worden. Die Neufassung nach Maßgabe des **Gesetzes zur Änderung des Unterhaltsrechts** vom 21. 12. 2007[9] bezweckt die Gleichbehandlung der Betreuungsunterhaltsansprüche geschiedener bzw. getrennt lebender Eltern einerseits und nicht verheirateter Eltern andererseits im Hinblick auf den Unterhaltszeitraum. Wie der ehelichen Mutter nach § 1570 I 1 BGB wird auch der nichtehelichen Mutter nach § 1615 l II 3 BGB für die ersten drei Lebensjahre freigestellt, sich auf die Kindesbetreuung zu beschränken. Es wird ihr während dieser Zeit keine Erwerbstätigkeit zugemutet.[10] Die Fassung des § 1615 l II 4 u. 5 BGB erlaubt nunmehr auch die Ausdehnung der Unterhaltspflicht über die Mindestfrist von 3 Jahren ab Geburt (§ 1615 l III 3 BGB) hinaus, weil es nur noch darauf ankommt, ob dies – wie auch beim nachehelichen Betreuungsunterhalt (§ 1570 I 2 u. 3 BGB n. F.) – insbesondere nach den Belangen des Kindes und den Möglichkeiten der Kindesbetreuung der Billigkeit entspricht.

9   Eine weitere Verbesserung der unterhaltsrechtlichen Position der betreuenden Elternteile durch die Reform betrifft die Rangänderung. Während die Unterhaltsansprüche nach § 1615 l BGB bis zum 31. 12. 2007 den Unterhaltsansprüchen von Ehepartnern und minderjährigen Kindern nachgingen (§ 1615 l III 3 BGB), stehen nunmehr die Unterhaltsansprüche aller Elternteile, gleich, ob verheiratet oder nicht, die wegen der Betreuung eines Kindes unterhaltsberechtigt sind, im zweiten Rang nach den Ansprüchen der minderjährigen Kinder (§ 1609 Satz 2 BGB).

---

[5] Zur Entstehungsgeschichte des Gesetzes vgl. Büdenbender FamRZ 1998, 129; kritisch zur immer weiteren Ausdehnung der Ansprüche: Dieckmann FamRZ 1999, 1029, 1034; a. A. mit Plädoyer für eine Gleichstellung ehelicher und nicht ehelicher Eltern vgl. Anm. Bömelburg FF 2005, 104 zu BGH FamRZ 2005, 354 = R 624
[6] BGBl. I S. 666
[7] BT-Drucks. 13/7338 S. 32
[8] BVerfG FamRZ 2007, 965 mit Anm. Born; vgl. auch Hauß FamRB 2007, 211, 214; Viefhues ZFE 2007, 244.
[9] BGBl. I S. 3189
[10] BT-Drucks. 16/6980 S. 22

2. Bedeutung des § 1615 l BGB

Die Ansprüche der Mutter eines nichtehelichen Kindes gegen dessen Vater stellen einerseits einen Ausgleich dar für die besonderen physischen und psychischen Belastungen der Mutter durch die nichteheliche Schwangerschaft, insbesondere in der kritischen Phase vor und nach der Entbindung,[11] andererseits sollen sie helfen, die gedeihliche Entwicklung des Kindes zu fördern.[12] Obwohl die Betreuungsunterhaltsansprüche des § 1615 l II 2 BGB nach § 1615 l IV 1 BGB auch für den erziehenden nicht verheirateten Vater gelten, profitieren derzeit mehrheitlich die Mütter von der Stärkung der unterhaltsrechtlichen Position, weil sie (noch) überwiegend die Kindererziehung übernehmen. Insbesondere nach der weitgehenden Angleichung des § 1615 l II 2 BGB an § 1570 BGB seit dem 1. 1. 2008 und der aufgrund des gesellschaftlichen Wandels zunehmenden Anzahl der Kinder, die aus nichtehelichen Verbindungen stammen, hat der Anspruch auf Betreuungsunterhalt ein größeres Gewicht bekommen.

II. Die einzelnen Unterhaltstatbestände des § 1615 l BGB

1. Überblick

In seiner aktuellen Fassung enthält § 1615 l BGB vier verschiedene Unterhaltsansprüche. Von diesen können der für die Zeit von 6 Wochen vor bis 8 Wochen nach der Geburt des Kindes in § 1615 l I 1 BGB geregelte „Mutterschutzunterhalt",[13] der Anspruch auf Ersatz der Schwangerschafts- und Entbindungskosten nach § 1615 l I 2 BGB und der Anspruch auf erweiterten Unterhalt wegen Schwangerschaft oder Krankheit gemäß § 1615 l II 1 BGB nur der Mutter zustehen, weil sie an deren besondere biologisch bedingte Situation anknüpfen.[14] Die Ansprüche auf Mutterschutzunterhalt nach § 1615 l I 1 BGB und auf Erstattung von Schwangerschafts- und Entbindungskosten nach § 1615 l I 2 BGB spielen in der Praxis nur eine geringe Rolle, weil die Bedürftigkeit der Mutter vielfach wegen Lohnfortzahlung, Mutterschaftsgeld und Krankenversicherungsleistungen nach §§ 179, 195 ff. RVO entfällt.[15]

Anders ist dies hinsichtlich des Betreuungsunterhaltsanspruchs aus § 1615 l II 2 bis 5 BGB, der nach § 1615 l IV BGB auch einem nicht verheirateten Vater eines Kindes zustehen kann. Dieser Anspruch wird dem betreuenden Elternteil gewährt, weil ein Kind aus einer nichtehelichen Verbindung den gleichen Bedarf auf persönliche Betreuung durch die Mutter oder den Vater hat wie ein eheliches Kind.

Die auf Unterhaltsleistung gerichteten Ansprüche aus § 1615 l I und II 1, 2, IV BGB sind echte Unterhaltsansprüche, auf welche durch die Verweisung in § 1615 l I 3 BGB die Vorschriften des Verwandtenunterhalts entsprechend anzuwenden sind und die gemäß § 94 SGB XII auf den Träger der Sozialhilfe übergehen können. Bei den Kosten der Schwangerschaft und der Entbindung i. S. d. § 1615 l I 2 BGB handelt es sich unterhaltsrechtlich um Sonderbedarf. Die Ansprüche nach § 1615 l I 2 BGB sind nach dem Willen des Gesetzgebers wegen des systematischen Kontextes zum Anspruch auf den Unterhalt ebenfalls unterhaltsrechtlich zu qualifizieren.[16] Alle vier Ansprüche aus § 1615 l BGB setzen voraus, dass die Eltern des Kindes zum Zeitpunkt seiner Geburt nicht oder nicht mehr miteinander verheiratet sind.[17] Als zusätzliche Tatbestandsvoraussetzungen werden die Bedürftigkeit der Berechtigten (§ 1602 I BGB) und die Leistungsfähigkeit des Verpflichteten (§ 1603 I BGB) verlangt. Näheres hierzu vgl. unter Rn. 91 ff.

---

[11] BGH FamRZ 1998, 541, 542 = R 520
[12] Vgl. Brüggemann FamRZ 1971, 140 f.
[13] Zur Begrifflichkeit vgl. Büttner FamRZ 2000, 781, 782; NK-BGB/Schilling § 1615 l Rn. 6
[14] MAH/Wever § 10 Rn. 8; Eschenbruch/Klinkhammer/Menne, Kap. 4 Rn. 14
[15] Vgl. Göppinger/Wax/Maurer, Unterhaltsrecht, Rn. 1276
[16] BT-Drucks. 13/7338 S. 32
[17] BGH FamRZ 1998, 426

2. Der Mutterschutzunterhalt gemäß § 1615 l I 1 BGB

14 Der Anspruch der Mutter gegen den Vater auf Zahlung von Unterhalt gemäß § 1615 l I 1 BGB (Mutterschutzunterhalt) besteht für den Zeitraum von 6 Wochen vor und 8 Wochen nach der Entbindung. In dem gleichen Zeitraum unterliegt die Mutter nach §§ 3, 6 MuSchG einem Beschäftigungsverbot. Der Beginn der Sechswochenfrist vor der Geburt wird durch den ärztlich berechneten voraussichtlichen Entbindungstermin bestimmt. Dagegen ist die Achtwochenfrist nach der Geburt vom tatsächlichen Entbindungstermin an zu berechnen. Bei einer von dem errechneten Geburtstermin abweichenden früheren oder späteren Geburt verlängert oder verkürzt sich die Dauer des Unterhaltsanspruchs entsprechend.[18]

15 Voraussetzung für den Anspruch ist die Leistungsfähigkeit des Vaters und der Bedürftigkeit der Mutter. In den überwiegenden Fällen wird der Bedarf der Mutter während dieser Zeit jedoch meist durch Mutterschaftsgeld nach §§ 13 MuSchG, 200 RVO[19] oder Lohnfortzahlung (§§ 11 ff. MuSchG bzw. entsprechende besoldungsrechtliche Vorschriften) ganz oder teilweise gedeckt sein. Bedeutsam werden kann der Unterhaltsanspruch aus § 1615 l I BGB in den Fällen, in denen die Mutter nicht erwerbstätig war oder nicht der Sozialversicherungspflicht unterlag und sie ihren Bedarf, der sich nach ihrer Lebensstellung vor der Geburt des Kindes richtet[20] (§ 1610 I BGB), nicht aus ihrem eigenen Vermögen decken kann. Da die Mutter in der kritischen Phase vor und nach der Entbindung auch im Interesse des Kindes von jeder Erwerbstätigkeit freigestellt und wirtschaftlich abgesichert werden soll,[21] ist ein von ihr aus einer selbständigen Tätigkeit erzieltes Einkommen regelmäßig als überobligatorisch anzusehen.[22]

16 § 1615 l I 1 BGB verlangt weder vom Wortlaut noch nach seiner Zielsetzung eine kausale Verknüpfung zwischen der Schwangerschaft oder der Geburt des Kindes und der Bedürftigkeit der Mutter. Es ist unerheblich, ob die Mutter auch schon vorher nicht erwerbstätig sein konnte.[23] Der Anspruch besteht vielmehr auch dann, wenn die Mutter bereits aus anderen Gründen, etwa wegen Krankheit, der Betreuung eines anderen Kindes oder mangels einer Beschäftigungsmöglichkeit auf dem Arbeitsmarkt, ihren Bedarf nicht durch eigene Erwerbstätigkeit decken kann, wenn also die Bedürftigkeit nicht erst durch die Schwangerschaft, Entbindung und Versorgung des Neugeborenen eingetreten ist.[24] Der Anspruch steht der Mutter auch dann zu, wenn sie ihr Kind nicht persönlich betreut, sondern es gleich nach der Geburt in Adoptionspflege zu den künftigen Adoptiveltern gibt.[25]

3. Der Unterhalt wegen Schwangerschaft oder Krankheit gemäß § 1615 l II 1 BGB

17 Die Mutter kann über die Zeit des Mutterschutzes[26] hinaus von dem leistungsfähigen Vater gemäß § 1615 l II 1 BGB Unterhalt verlangen, wenn und soweit sie ihren Bedarf nicht selbst decken kann, weil sie infolge der **Schwangerschaft** oder einer durch die Schwangerschaft oder die Entbindung verursachten **Krankheit** zu einer Erwerbstätigkeit nicht in der Lage ist. Der Anspruch auf den sog. **erweiterten Unterhalt** umfasst die Zeit vom Beginn der Krankheit, frühestens von 4 Monaten vor der Entbindung bis zumindest 3 Jahren nach der Geburt (§ 1615 l II 3 BGB) bzw. einem früheren Ende der Krankheit. Wenn die schwangere Frau wegen einer Risikoschwangerschaft bereits mehr als 4 Monate vor dem errechneten Geburtstermin ihre berufliche Tätigkeit beenden musste, hat sie kei-

---

[18] MAH/Wever § 10 Rn. 13
[19] Vgl. BGH FamRZ 2005, 442, 445 = R 625 c
[20] Hierzu siehe unter III 1 = Rn. 91 ff.
[21] BGH FamRZ 1998, 541, 542 = R 520
[22] NK-BGB/Schilling § 1615 l Rn. 22
[23] OLG Hamm FamRZ 1991, 979
[24] BGH FamRZ 1998, 541, 542 = R 520
[25] OLG Hamm FamRZ 1991, 979
[26] Vgl. Büdenbender FamRZ 1998, 129, 133

nen Unterhaltsanspruch nach dieser Vorschrift. Ob auch der Zeitraum von 6 Wochen vor bis 8 Wochen nach der Geburt, für den bereits § 1615l I 1 BGB einen Unterhaltsanspruch gewährt, von dem Krankheitsunterhaltsanspruch erfasst ist, wird unter Berufung auf den Gesetzeswortlaut uneinheitlich beurteilt.[27] Die Entscheidung darüber, welcher Auffassung zu folgen ist, kann dahinstehen, weil dieser Unterhaltsanspruch ohnehin nur eine geringe praktische Bedeutung hat. In den weit überwiegenden Fällen entfällt die unterhaltsrechtlich notwendige Bedürftigkeit der erkrankten Mutter schon deshalb, weil letzterer ein Anspruch auf Leistungen aus einer Krankenversicherung oder auf staatliche Beihilfen zusteht.

Der Unterhaltsanspruch nach § 1615l II 1 BGB setzt voraus, dass die **Schwangerschaft** 18 oder eine durch die Schwangerschaft oder Entbindung bedingte **Krankheit** für die entfallende oder eingeschränkte Erwerbstätigkeit der Mutter zumindest **mitursächlich** ist. Kein Anspruch besteht nach dieser Bestimmung, wenn die Mutter aus anderen Gründen keiner Erwerbstätigkeit nachgeht, z. B. weil sie an einer Behinderung leidet oder wegen einer mit der Schwangerschaft oder Entbindung nicht in Zusammenhang stehenden Erkrankung leidet, die unverändert fortwirkt. Gleiches gilt, wenn sie schon vor Beginn der Schwangerschaft arbeitslos war oder wegen der Betreuung anderer Kinder bereits an einer Erwerbstätigkeit gehindert ist. Denn die Unterhaltsverpflichtung des Vaters geht nur so weit, wie die Bedürftigkeit der Mutter von ihm mit verursacht worden ist.[28] Ob ein Unterhaltsanspruch nach dieser Vorschrift besteht, wenn eine Schwangere wegen des Bestehens der Schwangerschaft eine Schul- bzw. Berufsausbildung abgebrochen hat und wegen des fehlenden Berufsabschlusses nach der Geburt des Kindes nicht erwerbstätig sein kann, ist umstritten.[29]

Eine Verlängerung des Anspruchs auf Unterhalt wegen Krankheit über die 3 Jahre hinaus 19 kommt nach § 1615l II 4 BGB in Betracht, wenn und soweit dies der Billigkeit entspricht, z. B. bei einer dauerhaften Erkrankung der Mutter aufgrund einer Komplikation bei der Geburt des Kindes.[30]

4. Der Unterhalt wegen Kindesbetreuung gemäß § 1615l II 2 bis 5 BGB

a) Betreuungsunterhalt bis zum 3. Lebensjahr des Kindes. Gemäß § 1615l II 2 20 BGB hat die Mutter eines nichtehelichen Kindes gegen den Vater einen Unterhaltsanspruch, soweit von ihr wegen der Pflege und Erziehung des Kindes eine Erwerbstätigkeit nicht erwartet werden kann. Dieser Anspruch betrifft die Fälle, in denen eine Mutter nicht aus gesundheitlichen Gründen, sondern wegen der Notwendigkeit der Betreuung des Kindes nicht erwerbstätig sein kann. Es handelt sich auch hier um einen sog. **erweiterten Unterhalt**, weil er auch den über die Mutterschutzfrist hinausgehenden Zeitraum erfasst. Die Unterhaltspflicht es anderen Elternteils beginnt nach § 1615l II 3 BGB frühestens 4 Monate vor der Geburt und besteht für mindestens 3 Jahre nach der Geburt.

Nach der **bis zum 31. 12. 2007** geltenden Gesetzesfassung konnte sich die ein nicht- 21 eheliches Kind betreuende Mutter ebenso wie eine geschiedene Mutter, die ein eheliches Kind betreute, in der Regel frei entscheiden, ob sie während der ersten 3 Lebensjahre des Kindes im Interesse einer persönlichen Betreuung auf eine Erwerbstätigkeit verzichtete.[31] Dabei kam es anders als nach dem bis zum 30. 9. 1995 geltenden Recht nicht mehr darauf an, ob der Mutter eine Betreuungsmöglichkeit für das Kind zur Verfügung stand oder nicht. Nur in seltenen Ausnahmefällen (z. B. wenn die Mutter selbst nicht in der Lage war, dem Säugling ein solches Maß an Zuwendung und Versorgung zukommen zu lassen, wie es einem Dritten möglich gewesen wäre[32]), für deren Vorliegen der Unterhaltspflichtige die

---

[27] Dafür MAH/Wever § 10 Rn. 15, 41 m. w. N.; a. A. Büdenbender FamRZ 1998, 129, 133
[28] BGH FamRZ 1998, 541, 543 = R 520; OLG Koblenz NJW-RR 2000, 1531
[29] Verneinend Büttner FamRZ 2000, 781, 782; bejahend Palandt/Brudermüller § 1615l Rn. 8; NK-BGB/Schilling § 1615l Rn. 8; Göppinger/Wax/Maurer, Rn. 1303
[30] Derleder DEuFamR 1999, 84, 87; Göppinger/Maurer, Rn. 1312; Schilling FPR 2008, 29, 30; a. A. Palandt/ Brudermüller § 1615l Rn. 8, der eine Geltung des 1615l II 2 bis 5 BGB für § 1615l II 1 BGB verneint
[31] BGH FamRZ 2005, 442, 443
[32] LG Karlsruhe FamRZ 1989, 316

§ 7   Unterhalt zwischen nicht verheirateten Eltern und zwischen Lebenspartnern

Darlegungs- und Beweislast trug, konnte der Mutter angesonnen werden, auf eine persönliche Betreuung des Kindes zu verzichten und ganz oder teilweise erwerbstätig zu sein.[33]

22   Nach der am **1. 1. 2008 in Kraft getretenen Neufassung des § 1615l BGB** ist nunmehr von Gesetzes wegen klargestellt, dass es der Mutter oder dem Vater, wenn er das Kind seit der Geburt betreut (vgl. Rn. 78) für die ersten drei Lebensjahre vollständig freigestellt ist, sich ohne Erwerbstätigkeit auf die Kindesbetreuung zu beschränken. Zwar unterscheidet sich der Wortlaut der § 1615l II 2 BGB („soweit von der Mutter wegen der Pflege oder Erziehung des Kindes eine Erwerbstätigkeit **nicht erwartet** werden kann.") von dem Wortlaut des § 1570 BGB („Ein geschiedener Ehegatte **kann** von dem anderen wegen der Pflege oder Erziehung eines gemeinschaftlichen Kindes für mindestens 3 Jahre nach der Geburt Unterhalt **verlangen**."). Aus der Begründung des Gesetzgebers[34] ergibt sich jedoch eindeutig, dass dem nicht verheirateten Elternteil nach § 1615l II 3 BGB ebenso wie dem geschiedenen Elternteil nach § 1570 I 1 BGB während der ersten 3 Lebensjahre des Kindes ausnahmslos keine Erwerbstätigkeit zugemutet wird.[35] Dieser Unterhalt wird auch als **zeitlich befristeter Basisunterhalt bezeichnet.**[36] Die betreuende Mutter oder der betreuende Vater können sich also auch dann, wenn eine Versorgung durch Dritte möglich wäre, frei dafür entscheiden, das Kind selbst zu betreuen. Mit der Dreijahresfrist, die mit dem Kindeswohl als vereinbar angesehen wird,[37] wird an zahlreiche sozialstaatliche Leistungen und Regelungen angeknüpft, insbesondere an den Anspruch des Kindes auf einen Kindergartenplatz (§ 24 I SGB VIII).

23   Auch nach der Neufassung des § 1615l BGB ist es ebenso wie nach früherem Recht (1. 10. 1995 bis 31. 12. 2007) **nicht erforderlich**, dass die **Betreuung** des Kindes **kausal** für die **fehlende Erwerbstätigkeit** ist.[38] Dem betreuenden Elternteil steht der Unterhaltsanspruch auch dann zu, wenn er aus anderen Gründen ohnehin nicht erwerbstätig sein kann, etwa weil er noch Kinder aus einer früheren Ehe oder ein danach geborenes Kind[39] betreut, weil er noch zur Schule geht oder studiert[40] oder weil er bereits vor der Geburt des Kindes keinen Arbeitsplatz hatte.[41]

24   Eine bisher von dem betreuenden Elternteil ausgeübte Erwerbstätigkeit kann dieser jederzeit wieder aufgeben und sich voll der Erziehung und Betreuung des Kindes widmen.[42] Dies gilt auch dann, wenn das Kind schon zuvor **durch Dritte (also z. B. in einer Kita) betreut worden ist** und diese Art der Betreuung sich faktisch fortsetzen ließe.[43] Entscheidet er sich für die Fortsetzung der Erwerbstätigkeit und lässt das Kind auf andere Weise betreuen, ist ein während der ersten 3 Lebensjahre des Kindes erzieltes Einkommen überobligatorisch. Die von dem betreuenden Elternteil erzielten eigenen Einkünfte sind nach den Umständen des Einzelfalles bei einer Unterhaltsberechnung anteilig zu berücksichtigen.[44] Bei wechselseitiger Betreuung zu gleichen Teilen (sog. **echtes Wechselmodell**) haben beide Elternteile einen Anspruch aus § 1615l BGB gegen den anderen. In solchen Fällen wird eine Verrechnung der gegenseitigen Unterhaltsansprüche in Betracht kommen.[45]

---

[33] KG NJW-RR 2000, 809, 810
[34] BT-Drucks. 16/6980 S. 8
[35] BT-Drucks. 16/6980 S. 22
[36] BGH FamRZ 2010, 444; BGH FamRZ 2009, 1391, 1393 = R 706
[37] BT-Drucks. 16/6980 S. 8; BVerfG FamRZ 2007, 965, 972; Puls FamRZ 1998, 865, 870
[38] BGH FamRZ 2005, 347, 348; BGH FamRZ 1998, 541, 543; KG NJW-RR 2000, 809, 810; OLG Zweibrücken FuR 2000, 286, 287; OLG Hamm FamRZ 1997, 632, 633
[39] OLG Zweibrücken FuR 2000, 286
[40] OLG Frankfurt FamRZ 2000, 1522; OLG Hamm FF 2000, 137
[41] KG NJW-RR 2000, 809, 810; Wever FamRZ 2002, 581, 582; NK-BGB/Schilling § 1615l Rn. 9
[42] BGH FamRZ 2011, 791 Rn. 19 zu § 1570 BGB; BGH FamRZ 2011, 97; BGH FamRZ 2010, 357, 362 = R 709; BGH FamRZ 2009, 1391, 1393 = R706 zu § 1570 BGB; Schilling FPR 2008, 27, 28; Wever FamRZ 2008, 553, 554; jurisPK/Viefhues § 1615l Rn. 18
[43] Klein, Das neue Unterhaltsrecht, 2008, S. 50; Klein in: FAKomm FamR 2008 § 1570 Rn. 20, ablehnend Menne/Grundmann, Das neue Unterhaltsrecht, 2008, S. 53
[44] BGH FamRZ 2009, 1391, 1393 = R 706; BGH FamRZ 2009, 1124, 1126 Rn. 25; BGH FamRZ 2009, 770, 772 Rn. 20 f. m. w. N. = R 704; BGH FamRZ 2005, 1154, 1156 f.
[45] Vgl. Schilling FPR 2006, 291, 294 f. mit Berechnungsbeispiel

b) Die Verlängerung des Unterhaltsanspruchs über die Dreijahresfrist hinaus. 25
aa) Allgemeine Grundsätze. Nach § 1615l II 4 BGB verlängert sich der Unterhaltsanspruch des betreuenden Elternteils, solange und soweit dies der Billigkeit entspricht (sog. **Billigkeitsbetreuungsunterhalt**[46]). Bei der zeitlichen Erweiterung des Unterhaltsanspruchs handelt es sich nach der Neuregelung ebenso wie nach dem bis zum 31. 12. 2007 geltenden Recht um eine **Ausnahmeregelung** im Sinne einer positiven Härteklausel, für deren Voraussetzungen die oder der Berechtigte **darlegungs- und beweispflichtig** ist.[47] Die Verlängerung des Unterhaltsanspruchs über 3 Jahre hinaus kam früher nur in Betracht, wenn es insbesondere unter Berücksichtigung der Belange des Kindes grob unbillig war, einen Unterhaltsanspruch nach Ablauf dieser Frist zu versagen. Die Rechtsprechung zum früheren § 1615l BGB hatte das Merkmal der groben Unbilligkeit durchweg weit ausgelegt, um den verfassungsrechtlichen Wertentscheidungen zur Sicherung des Kindeswohls Rechnung zu tragen und eine Schlechterstellung des nichtehelichen Kindes in Bezug auf seine Betreuungssituationen zu vermeiden.[48]

Mit der Neufassung von § 1570 I und des § 1615l II 3 u. 4 BGB hat der Gesetzgeber 26 die Vorgaben aus dem Beschluss des Bundesverfassungsgerichts[49] vom 28. 2. 2007 umgesetzt. Dieses hatte die unterschiedliche zeitliche Ausgestaltung des Betreuungsunterhalts in § 1615l BGB und § 1570 BGB in den bis zum 31. 12. 2007 geltenden Fassungen für nicht vereinbar mit dem Grundgesetz erklärt und eine Gleichstellung der Unterhaltstatbestände hinsichtlich der Dauer der Kinderbetreuung aus Gründen des Kindeswohls im Hinblick auf Art. 6 V GG für notwendig erachtet. Der Gesetzgeber hat nunmehr die Dauer und die Voraussetzungen des **Betreuungsunterhalts für eheliche und nichteheliche Kinder** grundsätzlich gleich geregelt, soweit sich der Unterhaltsanspruch aus dem Betreuungsinteresse des Kindes rechtfertigt. Durch die Unterhaltsrechtsreform ist die Billigkeitsschwelle durch die Streichung des Wortes „grob" abgesenkt worden. Es reicht nun eine einfache Unbilligkeit.[50] Dies betrifft nicht nur die Mindestunterhaltszeit für die ersten 3 Jahre nach Geburt des Kindes (siehe oben unter Rn. 20) sondern auch die darüber hinaus mögliche Verlängerung der Unterhaltszeit nach Billigkeit. Die Verlängerungsvoraussetzungen sind in § 1570 I 2 u. 3 bzw. § 1615l II 4 u. 5 BGB demgemäß übereinstimmend formuliert. Für die Frage, ob aus Billigkeitsgründen eine Verlängerung des Betreuungsunterhalts für eheliche Kinder (§ 1570 I 2 u. 3 BGB) bzw. eine Verlängerung des Betreuungsunterhalt für nichteheliche Kinder (§ 1615l II 4. u. 5 BGB) erfolgen kann, sind, soweit Unterhalt wegen der Betreuung des Kindes verlangt wird, damit dieselben Kriterien zugrunde zu legen.

Die Frage, welche **Kriterien für die Billigkeitsprüfung** heranzuziehen sind, lässt sich 27 anhand des Gesetzestextes beantworten. Grundsätzlich sind nach § 1615l II 5 BGB insbesondere die Belange des Kindes und die bestehenden Möglichkeiten der Kinderbetreuung zu berücksichtigen.

Schrifttum und Rechtsprechung hatten bei der nach früherem Recht im Rahmen des 28 § 1615l BGB anzustellenden Prüfung, ob grobe Unbilligkeit nach § 1615l II 3 a. F. vorlag, zwischen stärker zu gewichtenden **kindbezogenen Gründen** und schwächer zu gewichtenden **elternbezogenen Gründen** unterschieden.[51] Bei den Beratungen zu §§ 1570 I 2 u. 3 bzw. 1615l II 4 u. 5 BGB in der jetzigen Fassung hat sich der Gesetzgeber für den Verlängerungsmaßstab diese Unterscheidung zu eigen gemacht und bei § 1570 I 2 u. 3 BGB in erster Linie[52] bzw. bei § 1615l II 4 u. 5 BGB insbesondere[53] auf kindesbezogene Gründe abgestellt. Beim nichtehelichen Kind geht es hierbei im Wesentlichen darum, ihm

---

[46] Hauß FamRB 2007, 367, 368 zu § 1570 BGB
[47] Zur Darlegungs- und Beweislast im Einzelnen siehe unter Rn. 244 ff.; Büttner FamRZ 2000, 781, 783 zur Gesetzesfassung nach dem Kindschaftsrechtsreformgesetz 1997
[48] BGH FamRZ 2006, 1362, 1364; OLG Schleswig FamRZ 2004, 975, 976; OLG Celle FamRZ 2002, 636
[49] BVerfG FamRZ 2007, 965 ff. = R 671 c
[50] Kemper ZFE 2008, 126, 127
[51] Wever/Schilling FamRZ 2002, 581, 582; BGH FamRZ 2006, 1362, 1367 = R 656 a; vgl. auch BVerfG FamRZ 2007, 965, 966 = R 671 a
[52] BT-Drucks. 16/6980 S. 9
[53] A. a. O. S. 10

Lebensverhältnisse zu sichern, die seine Entwicklung fördern und dem Gleichstellungsauftrag aus Art. 6 V GG Rechnung tragen.[54] **Wie beim ehelichen Kind** sind die Belange des nichtehelichen Kindes immer berührt, wenn das Kind in besonderem Maße betreuungsbedürftig ist.[55] Darüber hinaus wird durch das Wort „insbesondere" in § 1615 l II 5 BGB klargestellt, dass im Einzelfall **auch andere namentlich elternbezogene** Gründe berücksichtigt werden können.[56] Die Differenzierung der Rechtspraxis nach kind- und elternbezogenen Umständen kann deswegen fortgeführt und unter Beachtung der Entscheidung des Bundesverfassungsgerichts vom 28. 2. 2007[57] weiter entwickelt werden.[58] Das bedeutet, dass die zum früheren Recht entwickelte Rechtsprechung bezogen auf die Verlängerung des Unterhaltsanspruchs weiterhin Geltung hat und ausgeweitet werden kann.[59] Soweit sich ein Unterhaltsanspruch aus dem Interesse an der Betreuung des Kindes rechtfertigt, kann für § 1615 l BGB auch die Rechtsprechung zu § 1570 I 2 BGB herangezogen werden, denn die gleichen Streitfragen ergeben sich auch im Rahmen des nachehelichen Unterhalts.[60]

29 **(1) Kindbezogene Gründe.** Aus dem Wortlaut des § 1615 II 2, 3, 4 BGB ergibt sich, dass ebenso wie bei § 1570 BGB ein Unterhaltsanspruch nach Vollendung des 3. Lebensjahres des Kindes die Ausnahme darstellt. Er besteht nur, wenn besondere Gründe, die konkret dargelegt werden müssen, für einen längeren Unterhaltsanspruch sprechen. Das bedeutet, dass nach Ablauf des Dreijahreszeitraums in der Regel zumindest eine teilweise Erwerbstätigkeit des betreuenden Elternteils erwartet werden kann.[61]

30 Zum früheren Recht[62] hatte der BGH entschieden, dass aus verfassungsrechtlichen Gründen eine Verlängerung des Unterhaltsanspruchs bei Vorliegen kindbezogener Gründe dann in Betracht komme, wenn der Aufschub einer Erwerbstätigkeit der Mutter aus objektiver Sicht wegen der besonderen Bedürfnisse des Kindes als vernünftig und dem Kindeswohl förderlich erscheine oder wenn das **Kind in besonderem Maße betreuungsbedürftig** sei.[63]

31 Kindbezogene Gründe, die einen vollen oder teilweisen Unterhaltsanspruch nach Ablauf der Dreijahresfrist rechtfertigen können, liegen in folgenden Konstellationen vor:
• Das Kind ist **behindert** und deshalb besonders betreuungsbedürftig.[64] Dies gilt selbst dann, wenn das Kind bereits volljährig ist.[65]

Das Kind ist **dauerhaft krank** (z. B. rheumatische Poliarthritis[66]) oder krankheitsgefährdet (Notwendigkeit von regelmäßigen pflegerisch prophylaktischen Maßnahmen zur Vorbeugung eines Hautleidens[67]). Bei Behinderungen und Erkrankungen kann die Prüfung angezeigt sein, ob nicht gerade deswegen die Betreuung in einer spezialisierten Einrichtung angezeigt ist.[68] Erkrankungen leichterer Art, wie sie bei kleineren Kindern häufig vorkommen, z. B. Erkältungen, Grippe, Mittelohrentzündungen, sowie die üblichen Kinderkrankheiten, die lediglich eine vorübergehende häusliche Betreuung erfordern, rechtfertigen keine Verlängerung des Unterhaltsanspruchs.[69] Gleiches gilt, wenn ein zusätzlicher, auf Krankheit beruhender Betreuungsbedarf (z. B. ADS-Erkrankung eines 15 Jahre alten Kindes) durch eine auswärtige Betreuung erbracht werden kann.[70]

---

[54] A. a. O. S. 10
[55] A. a. O. S. 9
[56] A. a. O. S. 10
[57] FamRZ 2007, 965 ff. = R 671 b + c
[58] BT-Drucks. 16/6980 S. 10
[59] NK-BGB/Schilling § 1615 Rn. 11; Eschenbruch/Klinkhammer/Menne, Kap. 4 Rn. 26
[60] Kemper ZFE 2008, 126, 128; Borth FamRZ 2008, 2
[61] Vgl. auch Kemper, Das neue Unterhaltsrecht 2008, Rn. 157; a. A. MAH/Wever § 10 Rn. 35 c
[62] Zur Fortgeltung der Rechtsprechung siehe oben unter Rn. 28
[63] BGH FamRZ 2006, 1362, 1367 = R 656 a
[64] BT-Drucks. 13/4899 S. 89 und BT-Drucks. 13/8511 S. 71
[65] BGH FamRZ 2010, 802 Rn. 12
[66] OLG Hamm OLGR Hamm 2005, 69 = NJW 2005, 297
[67] OLGR Rostock 2007, 639 (Verlängerung des Unterhaltsanspruchs um 23 Monate bis zur Einschulung des Kindes)
[68] Von Kiedrowski FamRB 2009, 213, 216; MAH/Wever § 10 Rn. 29
[69] NK-BGB/Schilling § 1615 Rn. 12
[70] BGH FamRZ 2009, 1124, 1127 mit Anm. Borth NJW 2009, 1956

1. Abschnitt: Ansprüche der Mutter oder des Vaters eines nichtehelichen Kindes § 7

- Das Kind ist **schwer in seiner Entwicklung** gestört[71] und deshalb auf weitere Betreuung durch einen Elternteil angewiesen.[72] Entwicklungsstörungen liegen vor bei einer verzögerten Sprachentwicklung des Kindes und Eingewöhnungsschwierigkeiten im Kindergarten,[73] motorischen Defiziten,[74] Wahrnehmungsstörungen[75] und sonstigen Entwicklungsstörungen wie Verhaltensauffälligkeiten.[76] Nicht ausreichend ist die sog. „Mimosen-Einrede" mit dem Inhalt, das Kind sei allgemein anfällig, schwierig und brauche ständige Hausaufgabenhilfe.[77]
- Das Kind ist **psychisch labil**, z. B. besonders scheu, sensibel und ängstlich.[78]
- Das Kind ist **straffällig** und bedarf einer persönlichen Betreuung nach dem Ende der täglichen Schulzeit.[79]
- Das Kind hat eine besondere **sportliche oder musische Begabung**, die bereits objektivierbar hervorgetreten ist, und bedarf deshalb besonderer Förderung.[80]
- Das Kind bedarf der persönlichen Betreuung durch einen Elternteil, weil es unter der **Trennung** der Eltern, die eheähnlich zusammengelebt hatten, besonders **leidet**.[81] Hinsichtlich dieses Grundes ist allerdings besonders sorgfältig zu prüfen, ob nicht das trennungsbedingte Leiden der Kinder zur Stabilisierung des Unterhaltsanspruchs instrumentalisiert wird.[82] Unter Umständen ist hier die Einholung eines Sachverständigengutachtens unumgänglich.[83]

Wenn Gründe in der **Person des Kindes** nicht vorliegen, kommt es entscheidend darauf **32** an, welche **objektiven Möglichkeiten der Kindesbetreuung bestehen,** die dem betreuenden Elternteil eine Erwerbstätigkeit ermöglichen. Hierbei ist zu beachten, dass nach dem Willen des Gesetzgebers neben den Kindesbelangen die **bestehenden** Möglichkeiten der Kindesbetreuung eine **besondere Rolle** spielen (§ 1615l V BGB). Daher sind grundsätzlich die Möglichkeiten einer **zumutbaren, verlässlichen** Betreuung des Kindes in Anspruch zu nehmen, die dem betreuenden Elternteil die Aufnahme einer Erwerbstätigkeit ermöglichen. In dem Umfang, in dem das Kind nach Vollendung des dritten Lebensjahres eine kindgerechte Betreuungseinrichtung, z. B. Kinderhort, Kindertagesstätte oder Kindergarten besucht oder unter Berücksichtigung der individuellen Verhältnisse besuchen könnte, kann sich der betreuende Elternteil also nicht mehr auf die Notwendigkeit einer persönlichen Betreuung des Kindes und somit **nicht mehr auf kindbezogene Verlängerungsgründe** berufen. Denn der Gesetzgeber hat mit der Neugestaltung des Betreuungsunterhalts für Kinder ab Vollendung des dritten Lebensjahres grundsätzlich den Vorrang der persönlichen Betreuung gegenüber anderen kindgerechten Betreuungsmöglichkeiten aufgegeben. Im Rahmen der Billigkeitsentscheidung über die Verlängerung des Betreuungsunterhalts ist deswegen stets zunächst der individuelle Umstand zu prüfen, ob und in welchem Umfang die begabungs- und entwicklungsgerechte Betreuung des Kindes auf andere Weise gesichert ist oder in kindgerechten Einrichtungen gesichert werden könnte.[84]

---

[71] OLG Hamm FamRZ 2008, 1937
[72] BGH FamRZ 2006, 1362, 1367; Schilling FF 2008, 270, 279
[73] OLG Celle FamRZ 2002, 636 (Verlängerung des Unterhaltsanspruchs um 5 Monate)
[74] OLG Düsseldorf FamRZ 2003, 184 (keine Unterhaltsbefristung, halbschichtige Erwerbstätigkeit der Mutter ab dem 4. Lebensjahr des Kindes)
[75] OLG Düsseldorf FamRZ 2003, 184; OLG Celle FamRZ 2002, 636
[76] OLGR Rostock 2007, 639
[77] Born NJW 2008, 1, 8
[78] BGH FamRZ 1984, 769; Peschel-Gutzeit FPR 2008, 24, 25
[79] OLG Hamm FamRZ 2009, 976 (17-jähriges Kind)
[80] Eschenbruch/Klinkhammer/Eschenbruch, Kap. 1 Rn. 223; Borth FamRZ 2008, 2, 6; abl. Hauß FamRB 2007, 367, 369
[81] jurisPK-BGB/Viefhues § 1615l Rn. 31; vgl. auch Beschlussempfehlung d. Rechtsausschusses v. 7. 11. 2007 – BT-Drucks. 16/6980 S. 9
[82] So Hauß FamRB 2007, 367, 368
[83] Borth FamRZ 2008, 2, 6; a. A. NK-BGB/Schilling § 1615l Rn. 12
[84] BGH BeckRS 2011, 16689; FamRZ 2011, 791 Rn. 24; FamRZ 2010, 1880 Rn. 24, jeweils zu § 1570; FamRZ 2009, 1391, 1393 = R 706 zu § 1570 BGB; FamRZ 2009, 1124, 1127 Rn. 32; FamRZ 2009, 770, 773 Rn. 27 m. w. N. = R 704 mit Anm. Borth FamRZ 2009, 959, 961

Erst wenn die Kinder ein Alter erreicht haben, in dem sie unter Berücksichtigung aller Umstände des Einzelfalles zeitweise sich selbst überlassen werden können, kommt es aus kindbezogenen Gründen insoweit nicht mehr auf die vorrangig zu prüfende Betreuungsmöglichkeit in kindgerechten Einrichtungen an.[85] Die Obliegenheit zur Inanspruchnahme einer kindgerechten Betreuungsmöglichkeit besteht nur dann, wenn die Betreuung mit dem Kindeswohl vereinbar ist, was nach der Rechtsprechung des BGH jedenfalls bei öffentlichen Betreuungseinrichtungen wie Kindergärten, Kindertagesstätten oder Kinderhorten regelmäßig der Fall ist.[86]

33 Seit dem 1. 1. 2008 wird generell – nicht nur ausnahmsweise, wie der BGH zum früheren Recht meinte – auch die fehlende Möglichkeit einer anderweitigen Betreuung ausreichend sein, etwa weil kein Kindergartenplatz zur Verfügung steht. Im Übrigen muss sich der betreuende Elternteil nur dann auf eine mögliche Fremdbetreuung verweisen lassen, wenn dies mit den **Kindesbelangen vereinbar** ist.[87]

Eine **Verlängerung des Unterhaltsanspruchs** über den Dreijahreszeitraum hinaus **kommt** danach bei Vorliegen einer der folgenden Voraussetzungen **in Betracht**:

34 • Eine Fremdbetreuung ist **nicht** vorhanden. Das kann in abgelegenen Gegenden (z. B. Insel) der Fall sein.

35 Trotz zumutbarer Bemühungen finden sich vor Ort **keine professionellen Einrichtungen**[88] für eine **Fremdbetreuung**[89] wie Kindergärten, Kindertagesstätten, Hortplätze, Ganztagsschule.[90] Auch wenn die Angebote für eine Kinderbetreuung in den letzten Jahren insgesamt ausgeweitet wurden, sind die örtlichen Gegebenheiten noch sehr unterschiedlich.[91] Es fehlt immer noch an einem flächendeckenden Angebot an Ganztagsbetreuungsmöglichkeiten[92] auch über die Zeit des Besuches des Ganztagskindergartens oder der Ganztagsschule hinaus. Dieser Gesichtspunkt wird daher erst in der Zukunft an Bedeutung verlieren. Da viele Kindergärten neue Kinder nur zu einem bestimmten Stichtag im Sommer aufnehmen, müssen Kinder, die wenige Tage nach dem Stichtag geboren wurden, zudem oft bis zu einem ganzen Jahr warten, bis sie aufgenommen werden. Noch nicht abschließend geklärt ist auch die Frage, in welchem Umfang von dem kindesbetreuenden Elternteil eine Art „**Marktforschung**" über die Betreuungssituation in seiner Umgebung verlangt werden kann.[93] Hier wird man von dem anspruchstellenden Elternteil verlangen müssen, sich nicht nur bei den örtlichen Jugendämtern/Schulämtern, Sozialbehörden zu informieren, sondern darüber hinaus die Möglichkeiten der Tagespresse und des Internets zu nutzen. So können zum Beispiel die Angebote der Jugendämter und der lokalen Informationsangebote zur Kinderbetreuung über die Adresse *www.vorteil-kinderbetreuung.de* abgerufen werden. Das Statistische Bundesamt hat in einer Datenbank die Betreuungsangebote für Kinder in den ca. 500 Kreisen und kreisfreien Städten Deutschlands erfasst und nach Altersgruppen gegliedert. Sie sind über die Adressen *www.destatis.de* und *www.famrb.de* abrufbar.[94] Das Bemühen um einen Platz für eine Fremdbetreuung muss in der Regel schon vor dem Zeitpunkt erfolgen, in dem die Erwerbsobliegenheit einsetzt.[95] Der betreuende Elternteil muss seine rechtzeitigen Bemühungen um eine tatsächlich erreichbare und zumutbare Fremdbetreuung dokumentieren.[96]

---

[85] BGH FamRZ 2010, 1880 Rn. 22 = R 716; BGH FamRZ 2009, 1391, 1393 = R 706 zu § 1570 BGB
[86] BGH FamRZ 2009, 1124, 1126 Rn. 30; BGH FamRZ 2009, 770, 772 f. Rn. 25 f. m. w. N. = R 704
[87] BT-Drucks. 16/6980 S. 9
[88] BT-Drucks. 13/8511 S. 71; OLG Hamm MDR 2009, 393, 394
[89] BGH FamRZ 2009, 1124, 1126 Rn. 30; vgl. auch BT-Drucks. 16/1830 S. 17 zur Fassung des § 1570 BGB nach dem ursprünglichen Regierungsentwurf
[90] Empfehlungen des 13. Familiengerichtstags FamRZ 2000, 273 zu § 1615 l II BGB a. F.
[91] Vgl. Schürmann FF 2007, 235, 237
[92] Eschenbruch/Klinkhammer/Mittendorf, Kap. 6 Rn. 361; Viefhues FamRZ 2010, 249, 250
[93] Wellenhofer FamRZ 2007, 1282, 1283
[94] Hauß FamRB 2010, 259
[95] OLG Köln FamRZ 2008, 2119, 2120
[96] Borth FamRZ 2008, 2, 7; OLG Celle FamRZ 2008, 997, 998; OLG Brandenburg FF 2008, 371

1. Abschnitt: Ansprüche der Mutter oder des Vaters eines nichtehelichen Kindes § 7

Für den betreuenden Ehegatten besteht grundsätzlich **keine Obliegenheit zu einem** **36** **Umzug**, um eine nur an dem neuen Wohnort vorhandene Betreuungsmöglichkeit in Anspruch nehmen zu können.[97] Wenn er aber die unzureichende Betreuungssituation durch einen Umzug selbst verursacht hat, kann er sich auf diesen Umstand zu seinen Gunsten nicht mehr berufen.[98] Ein **Wechsel** des Kindes von einem **Kindergarten** mit Halbtagsbetreuung in einen Kindergarten mit Ganztagsbetreuung kann nicht verlangt werden, wenn während des früheren Zusammenlebens der Eltern der Besuch eines solchen Kindergartens bereits möglich gewesen wäre und die Eltern sich dagegen entschieden hatten.[99]

- Die mögliche **Fremdbetreuung ist nicht verlässlich.**[100]   **37**
Das ist der Fall, wenn die Betreuung nur von gelegentlich und nicht zu festen Zeiten oder nur mit dauernd wechselnden Bezugspersonen sichergestellt werden könnte.
Gleiches gilt, wenn die möglichen **Betreuungszeiten** mit den von dem betreuenden El- **38** ternteil nur eingeschränkt beeinflussbaren **Arbeitszeiten nicht** in ausreichendem Maße **korrespondieren**. Hierbei sind nicht nur die täglichen und wöchentlichen Arbeitszeiten des Elternteils zu berücksichtigen, sondern auch der Aufwand für das Bringen des Kindes zur auswärtigen Betreuung, die Fahrten zur Arbeit, die Rückfahrten von der Arbeit und das Abholen des Kindes. Der für die eigentliche Arbeitszeit und die Fahrtzeiten von und zu der Arbeitsstelle erforderliche Zeitrahmen muss mit den Öffnungszeiten der Kinderbetreuungseinrichtung zu vereinbaren sein. Darüber hinaus differieren die Arbeitszeiten in den verschiedenen Berufen sehr stark. Da von vielen Arbeitnehmern zunehmend Flexibilität erwartet wird, ergeben sich auch aus diesem Grunde verstärkt Kollisionen mit den Öffnungszeiten der Kinderbetreuungseinrichtungen.[101] Bei Schwierigkeiten in der Vereinbarkeit von Arbeitszeiten und Kinderbetreuungszeiten besteht gegebenenfalls lediglich ein Teilanspruch des betreuenden Elternteils, wenn z. B. eine Vormittagsbetreuung gesichert ist und deswegen eine Teilerwerbstätigkeit möglich ist.[102]
- Die **Fremdbetreuung ist nicht zumutbar.**[103]   **39**
Dies ist anzunehmen, wenn von dem unterhaltspflichtigen Ehegatten mit deren Einverständnis die Betreuung durch seine Eltern angeboten wird, obwohl das Verhältnis der „**Schwiegereltern**" zum betreuenden Ehegatten nach Trennung bzw. Scheidung gestört ist. Generell muss eine private Betreuung durch Familienangehörige oder Bekannte nicht in Anspruch genommen werden.[104] Anderes kann nur gelten, wenn eine Betreuung, z. B. durch die Großeltern des Kindes, der bisherigen Praxis der Eltern vor ihrer Trennung entspricht, wenn sie verlässlich ist und die Angehörigen sich darüber hinaus in dem Trennungskonflikt neutral verhalten.[105]
Ein Angebot des **anderen Elternteils**, das **Kind zu betreuen**, stellt zwar grundsätzlich **40** eine „bestehende" Möglichkeit der Kinderbetreuung dar. Sie setzt aber ein zeitlich sehr ausgedehntes Umgangsrecht voraus. Sofern das Betreuungsangebot über die praktizierte Umgangsregelung hinausgeht, ist diese vorrangig. Sie ist im Unterhaltsrechtsstreit zugrunde zu legen[106] mit der Folge, dass der betreuende Elternteil dieses Angebot unabhän-

---

[97] Schilling FF 2008, 169; MAH/Wever § 10 Rn. 30, Eschenbruch/Klinkhammer/Eschenbruch, Kap. 1 Rn. 223; Kemper FuR 2008, 169, 174
[98] OLG Nürnberg FamRZ 2003, 1320, 1321
[99] Von Kiedrowski FamRB 2009, 213, 215
[100] BT-Drucks. 16/1830 S. 17 zur Fassung des § 1570 BGB nach dem ursprünglichen Regierungsentwurf
[101] Meier FamRZ 2008, 101, 103
[102] Eschenbruch/Klinkhammer/Eschenbruch, Kap. 1 Rn. 223; vgl. OLG Nürnberg FamRZ 2003, 1320 zum alten Recht
[103] A. a. O.
[104] KG FamRZ 2008, 1942, 1943
[105] Schilling FF 2008, 279, 280; von Kiedrowski FamRB 2009, 213, 215; Borth FamRZ 2008,2, 7; Kemper FuR 2008, 169, 173 f.; vgl. aber BGH FamRZ 1391, 1395 = R 706: Eine Unterstützung durch Verwandte ist eine freiwillige Leistung nicht in die Billigkeitsabwägung einzubeziehen
[106] OLG Celle FamRZ 2009, 975; Schilling FF 2008, 279, 281

gig davon, ob es sich nur um ein Lippenbekenntnis oder um eine ernsthaft zu berücksichtigende Betreuungsalternative handelt, nicht annehmen muss.[107]
Entspricht es den früheren Abreden der Eltern, dass die Kinder eine teure Spezialeinrichtung besuchen, z. B. einen Montessori-Kindergarten oder einen Waldorfkindergarten, kann nicht auf die Inanspruchnahme einer – etwa auch früher zur Verfügung stehenden – billigeren Einrichtung verwiesen werden.

41 Soweit vereinzelt[108] die Forderung erhoben wird, der betreuende Elternteil müsse, sofern sonstige Betreuungsmöglichkeiten nicht vorhanden seien, eine **Betreuungsperson einstellen und bezahlen**, um die Betreuung von 9 und 13 Jahre alten Kindern sicherzustellen, ist dies abzulehnen. Diese Auffassung überspannt die Anforderungen, die an zumutbare Betreuungsmöglichkeiten zu stellen sind. Die Rechtsprechung des BGH hat sich bisher nur auf die Betreuung in staatlichen Einrichtungen bezogen und nicht darauf, dass auch private Betreuungspersonen angestellt werden müssen. Nähme man eine solche Forderung ernst, wäre ab dem 3. Lebensjahr eines Kindes stets eine vollschichtige Tätigkeit zumutbar. Es wäre dann lediglich über die Frage der Betreuungskosten zu streiten.

42 • Die mögliche **Fremdbetreuung steht mit dem Kindeswohl nicht in Einklang.**[109] Das ist der Fall, wenn das Kind auf die Betreuungspersonen oder Mitglieder der betreuten Kindergruppe mit nicht steuerbarer Ablehnung reagiert und den Besuch der Betreuungsstelle jeweils als Zeit der Qual empfindet oder wenn ihm auf Grund seines physischen oder psychischen Gesundheitszustands die Fremdbetreuungsfähigkeit fehlen würde.[110] Ebenso ist denkbar, dass wegen der Arbeitsgestaltung des betreuenden Elternteils unerträglich lange Wartezeiten bis zum Abholen entstehen, in denen das Kind weitgehend sich selbst überlassen ist.

43 Nach dem Willen des Gesetzgebers sind die **Kosten der Fremdbetreuung** bei der Unterhaltsberechnung für den Betreuungsunterhaltsanspruch angemessen zu berücksichtigen.[111] Der BGH[112] hat hierzu inzwischen entschieden, dass jedenfalls Kindergartenkosten bei der Unterhaltsberechnung nicht zum berufsbedingten Aufwand des betreuenden Elternteils, sondern zum Bedarf des Kindes gehören und im laufenden, das Existenzminimum des Kindes nicht unterschreitenden Kindesunterhalt enthalten sind. Hierbei ist wesentlich, dass der Kindergartenbesuch unabhängig davon, ob er halb- oder ganztags erfolgt, in erster Linie erzieherischen Zwecken dient.[113] Die **Kindergartenkosten** stellten **Mehrbedarf des Kindes** dar und sind von beiden Eltern anteilig nach ihren Einkommensverhältnissen zu tragen, wobei vorab ein Sockelbetrag in Höhe des angemessenen Selbstbehalts abzuziehen ist (vgl. Berechnungsbeispiel in § 2 Rn. 450). Durch einen solchen Abzug werden bei erheblichen Unterschieden der vergleichbaren Einkünfte zwar die sich daraus ergebenden ungleichen Belastungen zugunsten des weniger verdienenden Elternteils relativiert. Damit ist aber noch nicht entschieden, ob andere Kosten, z. B. die **Kosten einer nachschulischen Tagesbetreuung**, durch deren Besuch die Erwerbstätigkeit erst ermöglicht wird, nicht berufsbedingte Kosten des betreuenden Elternteils darstellen oder im Rahmen einer teilweisen Bewertung der Erwerbseinkünfte als überobligatorisch zu berücksichtigen sind.[114]

44 Wenn die **Fremdbetreuung kostenlos**, z. B. durch nahe Verwandte des betreuenden Elternteils, erbracht wird, kann dieser, soweit er dadurch von persönlicher Betreuung angemessen entlastet ist, seiner Erwerbsobliegenheit nachkommen. Auch hier stellt sich aber

---

[107] OLG Hamm FamRZ 2009, 2093; OLG Hamm FamRZ 2010, 570; OLG Celle FamRZ 2009, 975; KG FamRZ 2009, 981; OLG Frankfurt FamRB 2009, 69; AG Berlin-Tempelhof-Kreuzberg FamRZ 2008, 1862; Eschenbruch/Klinkhammer/Eschenbruch, Kap. 1 Rn. 224; MAH/Wever § 10 Rn. 30; a. A. OLG Saarbrücken ZFE 2010, 113; zweifelnd Viefhues ZFE 2009, 212, 216 und ZFE 2010, 113; vgl. auch BGH BeckRS 2011, 16689
[108] OLG Oldenburg FuR 2009, 594
[109] BT-Drucks. 16/1830 S. 17
[110] Vgl. zu Letzterem Unterhaltsleitlinien des OLG Hamm Nr. 17.1.1
[111] BT-Drucks. 16/1830 S. 17
[112] BGH FamRZ 2009, 962 = R 700
[113] BGH FamRZ 2008, 1152, 1153
[114] Vgl. BGH FamRZ 2005, 442, 444 = R 625 c; vgl. auch Viefhues FamRZ 2010, 249, 250 und ZFE 2008, 284

die Frage der unterhaltsrechtlichen Anrechnung des Aufwands der Fremdbetreuung. Die unentgeltlich leistenden Personen wollen den unterhaltspflichtigen anderen Elternteil regelmäßig nicht entlasten. Deswegen muss der freigiebige Aufwand dieser Personen für die Betreuung des Kindes ggf. im angemessenen Umfang in die Unterhaltsrechnung einfließen. Dies kann über die Berücksichtigung eines nach den Umständen des Einzelfalls zu bemessenden (fiktiven) berufsbedingten Aufwands des betreuenden Ehegatten geschehen,[115] oder – falls die auf kostenloser Betreuung beruhende Erwerbstätigkeit als überobligatorisch angesehen würde – über eine auf den Einzelfall zugeschnittene, beschränkte Anrechnung des überobligatorischen Einkommens.[116]

Zu den Einzelheiten der Darlegungs- und Beweislast siehe unter Rn. 244 ff. **45**

(2) Umfang der Erwerbsobliegenheit des betreuenden Elternteils. Mit den Worten **46** **„solange und soweit"** in § 1615l II 4 BGB hat der Gesetzgeber zum Ausdruck gebracht, dass es auf die **Verhältnisse des Einzelfalls** ankommt, ob und in welchem Umfang vom betreuenden Elternteil eine Erwerbstätigkeit erwartet werden kann. Daraus ergibt sich, dass eine generalisierende Betrachtungsweise, wie sie in Form des **Altersphasenmodells** für einen Anspruch aus § 1570 BGB bis zum 31. 12. 2007 möglich war und dass wegen des Gebotes der Gleichbehandlung der Unterhaltsansprüche ehelicher und nichtehelicher betreuender Elternteile auch für § 1615l BGB entscheidende Bedeutung hatte, **nicht mehr vertretbar** ist. Soweit in der Literatur,[117] in den Leitlinien einzelner Oberlandesgerichte[118] und in der Rechtsprechung der Oberlandesgerichte[119] nach dem Inkrafttreten des neuen Unterhaltsrechts zunächst unter Berücksichtigung des Interesses der Praxis an einer verlässlichen und sicheren Rechtsanwendung und einer besseren Planbarkeit eine Orientierung der Erwerbsobliegenheiten am Alter des Kindes vorgenommen (sog. modifiziertes Altersphasenmodell) wurde,[120] und vereinzelt noch wird,[121] widersprach dies den Zielen des Gesetzes. Der Gesetzgeber hat eine allein auf das Alter des Kindes abstellende Schematisierung ausdrücklich abgelehnt und eine davon losgelöste Einzelfallentscheidung präferiert.[122] Praktikabilitätsgründe allein rechtfertigen kein Abweichen von der gesetzgeberischen Grundentscheidung,[123] wenngleich es nicht ausgeschlossen erscheint, in den Unterhaltsleitlinien für die Praxis **Orientierungshilfen** für die mitunter schwierige Einzelfallentscheidung zu entwickeln.[124]

Der **BGH**[125] ist der Gegenansicht[126] gefolgt und hat eine **Fortschreibung des Alters-** **47** **phasenmodells** eindeutig **abgelehnt**. In seinen Entscheidungen hat er unter Berufung auf die Gesetzesbegründung noch einmal betont, dass der Gesetzgeber mit der Neugestaltung

---

[115] Vgl. Ziffer 10.3 der Unterhaltsgrundsätze des OLG Frankfurt (Stand: 1. 1. 2011)
[116] Vgl. OLG Hamm FamRZ 2007, 1464 f.
[117] Meier FamRZ 2008, 578; Eschenbruch/Klinkhammer/Mittendorf, Kap. 6 Rn. 361; Büttner FPR 2009, 92; Gerhardt FuR 2008, 9, 11; Hoppenz/Hülsmann, Der reformierte Unterhalt (2008) § 1570 Rn. 6; Büttner FPR 2009, 92, 94
[118] Vgl. die Übersicht von Schnitzler FF 2008, 270
[119] OLG München FamRZ 2008, 1945; OLG Jena FamRZ 2008, 2203; OLG Zweibrücken FuR 2009, 298; OLG Düsseldorf FamRZ 2009, 522; OLG Nürnberg FuR 2008, 512; OLG Braunschweig FuR 2009, 213; OLG Zweibrücken OLGR Zweibrücken 2008, 886–889; OLG Celle FF 2009, 81
[120] Vgl. z. B. Menne/Grundmann, Das neue Unterhaltsrecht, 2008, S. 54
[121] Vgl. Ziffer 17.1.1 der LL des OLG Hamm (Stand 1. 1. 2011)
[122] Menne FamRB 2008, 110, 116
[123] Wever FamRZ 2008, 553, 556; Viefhues ZFE 2008, 44, 48; Schürmann FuR 2007, 445, 449
[124] Schilling FF 2008, 279, 282 f.; Menne FamRB 2008, 110, 116
[125] BGH BeckRS 2011, 16689; FamRZ 2011, 791 Rn. 22 zu § 1570 BGB; FamRZ 2010, 1880 Rn. 22 = R 716; FamRZ 2010, 1050, 1052; FamRZ 2009, 1391, 1394 = R 706; FamRZ 2009, 1124, 1127; FamRZ 2009, 770, 773 = R 704 zu § 1570 BGB; FamRZ 2008, 1739 Rn. 104
[126] OLG Bremen NJW 2008, 1745; OLG Düsseldorf ZFE 2008, 273 ; OLG Celle NJW 2008, 1465 – jeweils zu § 1570 Abs. 1 BGB. Willutzki ZRP 2008, 264; Hahne FF 2009, 5, 6; Schilling FPR 2008, 27, 29; Meier FamRZ 2008, 101, 104; Menne FamRB 2008, 110, 116; Niebling FF 2008, 193; Graba NJW 2008, 3105, 3107; Maurer FamRZ 2008, 975; NJW 2008, 1747; Schilling FF 2008, 279, 282

§ 7 Unterhalt zwischen nicht verheirateten Eltern und zwischen Lebenspartnern

des nachehelichen Betreuungsunterhalts in § 1570 BGB (und damit auch für den Unterhalt nach § 1615 l BGB) für Kinder ab Vollendung des dritten Lebensjahres grundsätzlich den **Vorrang der persönlichen Betreuung** gegenüber anderen kindgerechten Betreuungsmöglichkeiten **aufgegeben** hat und dass dies im Regelfall mit dem Grundrecht aus Art. 6 II GG und dem Kindeswohl vereinbar ist.[127] Es ist somit davon auszugehen, dass ab einem Alter des betreuten Kindes von 3 Jahren eine anderweitige Betreuungsmöglichkeit dem wohlverstandenen Interesse des Kindes, insbesondere der Förderung seines sozialen Verhaltens, dient und mit dem Kindeswohl vereinbar ist. Soweit der BGH in seiner Entscheidung vom 16. 7. 2008[128] von Fallgruppen und einer pauschalierenden Beurteilung gesprochen hat, soll dies in dem Sinne verstanden werden, dass der Tatrichter – gemessen am Alter eines sich normal entwickelnden Kindes – von bestimmten **Erfahrungswerten** über den Umfang der Betreuungsbedürftigkeit des Kindes und daraus abgeleitet von der Belastung der Mutter und der Zumutbarkeit einer daneben auszuübenden Erwerbstätigkeit **ausgehen kann**.[129]

48 In dem Maße, in welchem eine kindgerechte Betreuungsmöglichkeit besteht, kann der betreuende Elternteil daher auf eine Erwerbstätigkeit verwiesen werden. Eine Verlängerung des Betreuungsunterhalts darf somit **nicht allein vom Kindesalter** abhängig gemacht werden. Die Betreuungsbedürftigkeit ist vielmehr nach den individuellen Verhältnissen des Kindes zu ermitteln.[130] Ist zunächst nur eine **Teilzeittätigkeit** möglich, muss daneben – soweit Bedürftigkeit besteht – weiterhin Betreuungsunterhalt gezahlt werden. Ein **abrupter, übergangsloser Wechsel** von der Betreuung zur Vollzeiterwerbstätigkeit **wird damit nicht verlangt**. Nach den Umständen des Einzelfalls ist daher ein gestufter Übergang bis hin zu einer Vollzeiterwerbstätigkeit möglich.[131]

49 Da es sich bei dem zeitlich befristeten Basisunterhalt und dem Unterhalt nach Vollendung des 3. Lebensjahres des Kindes um einen **einheitlichen Unterhaltstatbestand** handelt, ändert sich bei einer Verlängerung des Unterhaltsanspruch grundsätzlich nichts an der **Höhe** des Unterhaltsanspruchs.[132]

50 (3) Einsatzzeitpunkte. Der Betreuungsunterhaltsanspruch aus § 1615 l BGB ist **nicht** an einen Einsatzzeitpunkt bei Vollendung des 3. Lebensjahres des Kindes geknüpft. Der **Anspruch** kann nach einem vorübergehenden **Wegfall** des besonderen Betreuungsbedarfs des Kindes **wieder aufleben**, wenn die kindbezogenen Gründe, z. B. eine schwere Erkrankung eines 6-jährigen Kindes, nach der Vollendung des 3. Lebensjahres erneut auftreten.[133] Zur Behandlung der Übergangsfälle vgl. unten Rn. 281 ff. Gleiches gilt, wenn der besondere Betreuungsbedarf **erstmals** nach Vollendung des 3. Lebensjahres des Kindes **entsteht**.[134]

51 (4) Elternbezogene Gründe. Für die Zeit ab Vollendung des dritten Lebensjahres steht dem betreuenden Elternteil nach der gesetzlichen Neuregelung seit dem 1. 1. 2008 nur noch dann ein fortdauernder Anspruch auf Betreuungsunterhalt zu, wenn dies der Billigkeit entspricht (§ 1615 l Abs. 2 Satz 4 BGB). Neben den oben dargelegten vorrangig zu berücksichtigenden kindbezogenen Gründen sieht § 1570 II BGB für den **nachehelichen Betreuungsunterhalt** eine weitere Verlängerungsmöglichkeit aus elternbezogenen Gründen vor. Danach verlängert sich der nacheheliche Betreuungsunterhalt über die Verlängerung aus kindbezogenen Gründen hinaus, wenn dies unter Berücksichtigung der Gestaltung von Kinderbetreuung und Erwerbstätigkeit in der Ehe sowie deren Dauer der Billigkeit ent-

---

[127] BVerfG FamRZ 2007, 965, 969 ff.
[128] BGH FamRZ 2008, 1739 ff.
[129] Hahne FF 2009, 178, 186
[130] BGH FamRZ 2011, 791 Rn. 22 zu § 1570 BGB; FamRZ 2010, 1050, 1052
[131] BGH FamRZ 2010, 1050 Rn. 19; FamRZ 2009, 1391, 1393 = R 706; FamRZ 2009, 1124, 1126; FamRZ 2009, 770, 772 = R 704 zu § 1570 BGB; OLG Köln FamRZ 2009, 518 zu § 1570 BGB
[132] BGH FamRZ 2006, 1362, 1368 mit Anm. Schilling FamRZ 2006, 1368, 1370
[133] NK-BGB/Schilling § 1615 l Rn. 11; Schilling FF 2008, 279, 283; Palandt/Brudermüller § 1615 l Rn. 16; Johannsen/Henrich/Graba § 1615 l Rn. 7; MAH/Wever § 10 Rn. 37; Wever FF 2000, 20, 22; Empfehlungen des 13. Familiengerichtstags FamRZ 2000, 273 zu § 1615 l II BGB a. F.
[134] Siehe vorherige Fußnote

1. Abschnitt: Ansprüche der Mutter oder des Vaters eines nichtehelichen Kindes § 7

spricht. Damit hat der Gesetzgeber dem betreuenden Elternteil einen Unterhaltsanspruch unabhängig vom Wohl des Kindes zugesprochen. Er rechtfertigt sich allein aus der nachehelichen Solidarität. Es handelt sich um einen **Annexanspruch**,[135] der zum Teil auch mit „Elternanspruch"[136] bezeichnet wird. In § 1570 II BGB ist insoweit also ausdrücklich auch ein Vertrauenstatbestand zu berücksichtigen, der sich aus den Nachwirkungen der Ehe ergeben kann.[137] Im Rahmen des Anspruchs wegen Betreuung eines nichtehelich geborenen Kindes ist diese Regelung vom Gesetzgeber zwar nicht ausdrücklich übernommen worden. Weil § 1615l Abs. 2 Satz 5 BGB jedoch eine Verlängerung des Unterhaltsanspruchs „insbesondere" aus kindbezogenen Gründen zulässt, kommen auch **elternbezogene** Umstände für eine Verlängerung des Betreuungsunterhalts in Betracht.[138] Der Gesetzgeber hat nämlich mit dieser Formulierung ausdrücklich die sich auf der Grundlage des früheren Rechts gebildete Rechtspraxis anerkannt, die eine Verlängerung des Anspruchs über die ersten 3 Lebensjahre des Kindes hinaus auch aus elternbezogenen Gründen gestattet.[139] Ob und in welchem Umfang der geschiedene Elternteil durch den § 1570 II BGB unterhaltsrechtlich besser gestellt ist als der nicht verheiratete Elternteil, lässt sich der Gesetzesbegründung nicht entnehmen.[140] Nach wohl überwiegender Meinung sind bei § 1570 BGB und bei § 1615l BGB weitgehend **identische Wertungen** anzustellen.[141] In beiden Fällen ist das jeweils zwischen den Eltern bestehende **schutzwürdige Vertrauen** maßgebend, d. h. die Dauerhaftigkeit der Verbindung der Ehe bzw. Lebenspartnerschaft sowie die Ausgestaltung von Kinderbetreuung und Erwerbstätigkeit. Je mehr die nichteheliche Partnerschaft der Beziehung der Eltern in einer Ehe vergleichbar ist, umso mehr nähern sich die **elternbezogenen** Verlängerungsvoraussetzungen an.[142] Im Rahmen des § 1570 II BGB ist dieser Aspekt unter dem Stichwort der nachehelichen Solidarität, bei § 1615l BGB als elternbezogener Grund nach Absatz II Satz 5 BGB zu subsumieren.[143]

Besonderheiten bei der Prüfung der Verlängerungsvoraussetzungen eines aus § 1615l **52** BGB abgeleiteten Anspruchs können sich nur (noch) aus den unterschiedlichen Umständen der Lebensführung und der Lebensplanung zwischen verheirateten bzw. unverheirateten Eltern ergeben. Während sich bei geschiedenen Eltern regelmäßig ein **Vertrauenstatbestand** aus den Nachwirkungen der Ehe ergeben wird, kann dieser bei nichtehelichen Eltern nur dann als Nachwirkung der gescheiterten Partnerschaft greifen, wenn die Eltern zuvor gemeinsam mit dem Kind zusammengelebt haben.[144] Bei einer entsprechenden tatsächlichen Grundlage kann in diesen Fällen der Unterhaltsanspruch aus dem Gesichtspunkt einer im Verhältnis der Eltern untereinander bestehenden **Einstandspflicht** abgeleitet werden.[145] Wenn lediglich auf diese elternbezogenen – oder **familienbezogenen**[146] – Gründe abgestellt wird, ist eine Differenzierung zwischen dem Unterhaltsanspruch der ehelichen und der nichtehelichen Elternteile zulässig. Beim nachehelichen Unterhalt nach § 1570 II BGB können im Einzelfall noch zusätzliche Gründe, die ihre Rechtfertigung allein in der Ehe finden,[147] für eine weitere Verlängerung des Unterhaltsanspruch des geschiedenen Ehegatten sprechen.

---

[135] BT-Druck. 16/6980 S. 8
[136] Schilling FF 2008, 279, 283
[137] BGH BeckRS 2011, 16689; FamRZ 2011, 791 Rn. 25
[138] BGH FamRZ 2010, 357 Rn. 48 = R 709
[139] BT-Drucks. 16/6980 S. 10
[140] BT-Drucks. 16/6980 S. 9
[141] Menne FamRB 2008, 110, 112 f.; Eschenbruch/Klinkhammer/Menne, Kap. 4 Rn. 30 f.; NK-BGB/Schilling § 1615l Rn. 13; Meier FamRZ 2008, 101; Borth FamRZ 2008, 2, 7
[142] Eschenbruch/Klinkhammer/Menne, Kap. 4 Rn. 33; jurisPK/Viefhues § 1615l Rn. 36
[143] BT-Drucks. 16/6980 S. 10; Zypries ZKJ 2008, 5; Granold FF 2008, 11, 13; Willutzki ZKJ 2008, 7, 8; Gerhardt FuR 2008, 62; NK-BGB/Schilling § 1615l Rn. 13
[144] BGH FamRZ 2008, 1739; BT-Drucks. 16/6980 S. 10; Schumann FF 2007, 227, 229 (Fn. 36); Wever FamRZ 2008, 553, 557
[145] Wever FamRZ 2008, 553, 557; Schilling FPR 2008, 27, 30
[146] So juris PK/Viefhues § 1615l Rn. 40
[147] BT-Drucks. 16/6980 S. 9

53 Bei einer Entscheidung über ein Unterhaltsanspruch aus § 1615l BGB ist darauf zu achten, dass dieser unter Beachtung von Art. 6 I GG nicht weiter reichen kann als ein Anspruch eines geschiedenen Ehegatten aus § 1570 II BGB. Es empfiehlt sich daher, die in § 1570 II BGB genannten Tatbestandsvoraussetzungen als **oberste Grenze** für einen Betreuungsunterhaltsanspruch eines nichtehelichen Elternteils, der auf elternbezogene Gründe gestützt ist, anzusehen.

54 Grundsätzlich ist allerdings bei beiden Ansprüchen zu beachten, dass die gesetzliche Regel, wonach der Betreuungsunterhalt grundsätzlich nur für drei Jahre geschuldet ist und eine Verlängerung über diesen Zeitraum hinaus ausdrücklich begründet werden muss, nicht in ihr Gegenteil verkehrt werden darf.[148]

55 Als **elternbezogene Gründe** kommen wie schon nach früherem Recht folgende Umstände in Betracht:

56 • Die nichtehelichen Eltern haben mit ihrem gemeinsamen Kind **zusammengelebt**. Deswegen ist ein Vertrauenstatbestand als Nachwirkung dieser „Familie" zu berücksichtigen.[149] Ein Zusammenleben vor der Geburt des Kindes hat keine Bedeutung, weil der Unterhaltsberechtigte mangels gesetzlicher Unterhaltsansprüche für nichteheliche Lebensgemeinschaften ohne gemeinsames Kind in dieser Zeit nicht auf eine unterhaltsrechtliche Absicherung durch den Lebensgefährten vertrauen konnte. Eine solche entsteht erst mit der Geburt des gemeinsamen Kindes.[150]

57 • Ein besonderer **Vertrauenstatbestand** ist entstanden, weil die Eltern das Kind in Erwartung eines dauernden Zusammenlebens gezeugt haben und darüber einig waren, dass ein Elternteil die Betreuung übernimmt, während der andere für den Unterhalt sorgt.[151] Denn anderenfalls würde sich der Unterhaltspflichtige mit seinem früheren Verhalten in Widerspruch setzen, wenn z. B. in der nichtehelichen Lebensgemeinschaft ein **gemeinsamer Kinderwunsch**[152] verwirklicht wurde und Einigkeit bestand, dass ein Elternteil das gemeinsame Kind betreut, während der andere den hierfür benötigten Unterhalt zur Verfügung stellt.[153] Ein Indiz für das Vorliegen eines Vertrauenstatbestands ist auch die Ausübung der gemeinsamen elterlichen Sorge, denn dadurch wird die Übernahme der beiderseitigen Verantwortung zum Ausdruck gebracht.[154] Hier ist davon auszugehen, dass aus den tatsächlichen Umständen auf einen **Einstandswillen** des anderen Elternteils geschlossen werden kann.[155]

58 • Von Bedeutung kann sein, dass ein Elternteil zum Zwecke der Kindesbetreuung einvernehmlich seine Erwerbstätigkeit aufgegeben hat oder **mehrere gemeinsame Kinder** betreut.[156]

59 • Auch die **Dauer der Lebensgemeinschaft** kann ein Gradmesser für gegenseitiges Vertrauen und Füreinander-Einstehen-Wollen sein.[157]

60 • Unter der Geltung des früheren Rechts ist ein elternbezogener Grund bejaht worden in einem Fall, in dem ein Vater für die Mutter einen Vertrauenstatbestand dadurch geschaffen hatte, dass die Eltern ursprünglich eine Lebensgemeinschaft mit dem Kind oder den Kindern mit Betreuung durch die Mutter und gleichzeitiger Fortsetzung des **Studiums der Mutter** geplant hatten.[158] Gleiches gilt, wenn der Unterhaltsberechtigte bereits vor der Trennung eine Schule besucht, konsequent den Abschluss angestrebt

---

[148] BGH FamRZ 2010, 357 Rn. 48 = R 709; BGH FamRZ 2008, 1739, 1748 m. w. N.
[149] BGH FamRZ 2010, 357 Rn. 48 = R 709; BGH FamRZ 2008, 1739, 1748 m. w. N.
[150] BGH FamRZ 2010, 357 Rn. 52 = R 709; BGH FamRZ 2010, 444
[151] BGH FamRZ 2006, 1362, 1367 = R 656a
[152] Empfehlungen des 15. DFGT, AK 3; Ziffer 2, FamRZ 2003, 1906, 1907
[153] OLG Frankfurt FamRZ 2000, 1522
[154] Empfehlungen der 15. DFGT, AK 3; Ziffer 2, FamRZ 2003, 1906, 1907; OLG Düsseldorf FamRZ 2005, 234, 236 lässt allein die Übernahme der gemeinsamen elterlichen Sorge nicht genügen, wenn es an einem einvernehmlichen Zusammenwirken der Eltern mit Wirkung nach außen fehlt.
[155] Wever FamRZ 2008, 553, 557; Schilling FPR 2008, 27, 30
[156] BT-Drucks. 16/6980 S. 10; OLG Düsseldorf FamRZ 2005, 1772, 1775
[157] A. a. O.
[158] OLG Frankfurt FamRZ 2000, 1522

1. Abschnitt: Ansprüche der Mutter oder des Vaters eines nichtehelichen Kindes § 7

hatte und nach der Trennung ein Abbruch der Ausbildung droht, wenn kein Unterhalt gezahlt wird.[159]
- Eine Einstandspflicht wird im Schrifttum und in der Rechtsprechung auch angenommen, wenn eine Mutter dem Vater des Kindes eine **Ausbildung finanziert** hat.[160] 61
- Der Umstand, dass das Kind aus einer Vergewaltigung der Mutter durch den Vater stammt, soll ebenfalls einen verlängerten Betreuungsunterhalt rechtfertigen.[161] 62
- Ob eine Erkrankung der Mutter wegen **chronischer Überlastung** bei kombinierter depressiver **Persönlichkeitsstörung** bei Vollzeiterwerbstätigkeit einen elternbezogenen Grund darstellt, ist umstritten.[162] Nach Auffassung des BGH wirkt sich eine Erkrankung der Mutter mittelbar auf die Belange des Kindes aus, weshalb dieser Gesichtspunkt unter Berücksichtigung der Erziehungspflicht aus Art. 6 II GG besondere Bedeutung gewinnt.[163] Anders sind die Fälle zu beurteilen, in denen nur eine Erkrankung der Mutter vorliegt. Weil der Unterhaltsanspruch wegen Betreuung eines nichtehelichen Kindes aus § 1615l II 2 BGB **keinen Krankheitsunterhalt** vorsieht, ist eine Erkrankung jedenfalls dann im Rahmen der elternbezogenen Umstände unerheblich, wenn sie nicht auf die Geburt des gemeinsamen Kindes zurückzuführen ist.[164] 63
- Auch besonders günstige **wirtschaftliche Verhältnisse des Vaters** sind ein Aspekt für eine Verlängerung des Unterhaltsanspruchs.[165] Allerdings kann die Tatsache, dass ein Kindesvater zunächst **freiwillig** über die Vollendung des 3. Lebensjahres des Kindes hinaus Betreuungsunterhalt gezahlt hatte, eine Verlängerung des Unterhaltsanspruch nicht rechtfertigen, wenn nicht festgestellt werden kann, dass zwischen den Eltern ausdrücklich oder konkludent eine **vertragliche Bindung** zustande gekommen ist.[166] Nicht berücksichtigt werden kann auch die Tatsache, dass ein Unterhaltspflichtiger während der ersten 3 Lebensjahre des Kindes keinen Unterhalt gezahlt hatte; denn dies allein spricht nicht für einen verlängerten Unterhaltsanspruch.[167] 64
- Eine Verlängerung des Unterhaltsanspruchs lässt sich **nicht** aus elternbezogenen Gründen rechtfertigen, wenn die Mutter nach Ablauf der ersten 3 Lebensjahre des Kindes unabhängig von der Kindesbetreuung trotz der erforderlichen Bemühungen **keinen Arbeitsplatz findet** und der Vater ohne weiteres leistungsfähig ist[168] denn ebenso wie nach früherem Recht erfasst der Unterhaltsanspruch aus § 1615l BGB nicht das allgemeine Arbeitsplatzrisiko.[169] 65
- Nach der Rechtsprechung des BGH[170] zu dem seit dem 1. 1. 2008 geltenden Unterhaltsrecht kann ein weiterer Gesichtspunkt für einen verlängerten Anspruch sprechen. Denn im Rahmen der elternbezogenen Gründe ist eine **überobligationsmäßige Doppelbelastung** des betreuenden Elternteils zu berücksichtigen. Eine solche kann sich ergeben, wenn ein betreuender Elternteil neben seiner vollschichtigen Erwerbstätigkeit nach Beendigung der Fremdbetreuung in den Abendstunden die weitere Erziehung und Betreuung des Kindes übernehmen muss. Nach Ansicht des BGH ist der Umfang dieses weiteren Betreuungsbedarfs im Einzelfall unterschiedlich und hängt von der Anzahl der 66

---

[159] OLG Karlsruhe FamRZ 2004, 974 Rn. 33
[160] Büttner FamRZ 2000, 781, 783; MAH/Wever § 10 Rn. 31; Wever/Schilling FamRZ 2002, 581, 583; AG Bonn v. 4. 12. 2003 – 40 F 476/02 n. v.
[161] Puls FamRZ 1998, 865, 872 f.; Büttner FamRZ 2000, 781, 783; Wever/Schilling FamRZ 2002, 581, 583; a. A. Derleder DEuFamR 1999, 84, 90
[162] BGH FamRZ 2006, 1367 Rn. 39; FA-Gerhardt (2008), Kap. 6 Rn. 209 c; a. A. Kemper ZFE 2008, 126, 128
[163] BGH FamRZ 2006, 1367 Rn. 39
[164] BGH FamRZ 2010, 357 Rn. 53 = R 709
[165] BGH FamRZ 2006, 1362, 1367; OLG Schleswig FamRZ 2004, 975; Puls FamRZ 1998, 865, 873; Büttner FamRZ 2000, 781, 783; Wever FamRZ 2008, 553, 557; a. A. wohl NK-BGB/Schilling § 1615l Rn. 15 (Fn. 168)
[166] Wever/Schilling FamRZ 2002, 581, 583; a. A. Büttner FamR 2000, 781, 703
[167] NK-BGB/Schilling § 1615l Rn. 14
[168] So Schwab a. a. O.
[169] OLG Nürnberg FamRZ 2003, 1320, 1321; Schilling FF 2008, 279, 284
[170] BGH FamRZ 2008, 1739, 1748 mit Anm. Viefhues FF 2008, 376

Kinder, deren Gesundheitszustand, Entwicklungsstand sowie den Neigungen und Begabungen ab.[171] Der BGH hat sich in seiner Ausgangsentscheidung auf die Ausführungen von Meier[172] berufen, der den Tagesablauf und die Arbeitsbelastung eines allein erziehenden Elternteils anschaulich dargestellt hat. Nach dessen Auffassung ist im Einzelfall zu prüfen, ob es einem Elternteil, der Kinder im Kindergarten- bzw. Grundschulalter betreut, auch bei bestehenden Betreuungsmöglichkeiten zumutbar ist, mehr als eine Teilzeittätigkeit auszuüben, weil Kinder in diesem Alter bis zur Zeit der beiden ersten Grundschuljahre noch so viel Betreuung und Beaufsichtigung bedürfen, dass die zusätzliche Belastung mit Vollerwerbstätigkeit wegen Überforderung unzumutbar sein kann.[173] Der **BGH** geht davon aus, dass der Gesichtspunkt der **überobligationsmäßigen Belastung** des betreuenden Elternteil **allein** regelmäßig angesichts einer eingeschränkten Erwerbspflicht **nicht** zu einem **vollen Unterhaltsanspruch** führen kann, sondern allenfalls zu einem **Teilanspruch**. Die den Aspekt der überobligationsmäßigen Belastung grundsätzlich ablehnende Auffassung[174] weist darauf hin, dass dieses Argument nicht stichhaltig sei, weil aus § 1606 III 2 BGB zu entnehmen sei, dass der arbeitsmäßigen Mehrbelastung des betreuenden Elternteils auf der einen Seite die finanzielle Mehrbelastung des Unterhaltspflichtigen durch die Zahlung des Barunterhalts gegenüberstehe.

67 bb) Billigkeitsabwägung. In jedem Einzelfall ist eine umfassende Billigkeitsprüfung vorzunehmen. Aus der Formulierung „insbesondere" in § 1615 l II 5 BGB ergibt sich, dass bei der zu treffenden Billigkeitsentscheidung nicht nur die oben dargelegten Belange des Kindes und die (engeren) elternbezogenen Gründe, sondern im Einzelfall auch **andere Umstände** berücksichtigt werden können.[175] Zum früheren Recht wurde vertreten, dass der verlängerte Anspruch insbesondere um des Kindeswohles willen bestehe mit der Folge, dass die Hürde für den Begriff der Unbilligkeit nicht allzu hoch angelegt werden solle.[176] Diese Grundsätze gelten mit der Maßgabe weiter fort, dass die Rechte eines nichtehelichen betreuenden Elternteils **nicht weiter gehen** dürfen als die Rechte eines geschiedenen Elternteils.[177] Denn die vom Gesetzgeber angestrebte Gleichstellung der ehelichen und nichtehelichen betreuenden Elternteile ist nach der Gesetzesbegründung auf die Fälle beschränkt, in denen eine Verlängerung des Unterhaltsanspruchs aus kindbezogenen Gründen erfolgt.[178] Soweit elternbezogene und andere Umstände in Rede stehen, wird man bei einem Anspruch aus § 1615 II 2 bis 5 BGB zumindest höhere Anforderungen an die Darlegungs- und Beweislast hinsichtlich des Füreinander-Einstehen-Wollens[179] des anderen Elternteils stellen müssen.[180]

68 Im Rahmen der umfassenden Billigkeitsabwägung können daher auch **persönliche Umstände**, die **allein** einen Anspruch auf Kranken- bzw. Betreuungsunterhalt **nicht** begründen könnten, wie z. B. das Alter des Berechtigten sowie sein allgemeiner Gesundheitszustand, wenn er sich auf die Betreuung des Kindes auswirkt, berücksichtigt werden.[181] Bei der vorzunehmenden umfassenden Abwägung zur Frage der Billigkeit einer Verlängerung

---

[171] BGH FamRZ 2008, 1739, 1748 (zu § 1615 l BGB); BGH FamRZ 2011, 791 Rn. 25; BGH FamRZ 2009, 1739 Rn. 103; BGH FamRZ 2009, 1391 Rn. 32 = R 706; BGH FamRZ 2009, 770, 773 = R 704; BGH FamRZ 2009, 1124, 1127; OLG Köln FamRZ 2009, 518 (jew. zu § 1570 BGB)
[172] FamRZ 2008, 101, 103 f.
[173] Vgl. Meier FamRZ 2008, 101, 103 f.
[174] Oberlandesgericht Köln Saarbrücken NJW-RR 2010, 1303, 1304; Viefhues, Anm. zu BGH FamRZ 2008, 101 in FF 2008, 376, 377; Graba NJW 2008, 3105; Maurer FamRZ 2008, 2157, 2158: ders., Anm. zu BGH FamRZ 2008, 101 in FamRZ 2008, 1830, 1832
[175] BGH FamRZ 2006, 1362, 1367
[176] Vgl. in diesem Sinn OLG Celle FamRZ 2002, 636 zur „groben" Unbilligkeit
[177] MAH/Wever § 10 Rn. 34
[178] BT-Drucks. 16/6980 S. 9
[179] BT-Drucks. 16/6980 S. 22
[180] Schilling FPR 2008, 27, 30
[181] BGH FamRZ 2006, 1362, 1367; BGH FamRZ 1984, 361, 363 (zu § 1576 BGB); MK-BGB/Schilling § 1615 l Rn. 11

kann eine Rolle spielen, in welchen Einkommensverhältnissen der Vater lebt, oder ob die Mutter dem Vater **vorgespiegelt** hat, sie habe wirksame Maßnahmen der **Empfängnisverhütung** getroffen.[182] Die Frage, ob ein Vater der Unterhalt begehrenden **Kindesmutter** entgegenhalten kann, dass ihn diese **über empfängnisverhütende Maßnahmen getäuscht** hat, wird allerdings **kontrovers** diskutiert. Wenn keine kindbezogenen Gründe für einen verlängerten Anspruch sprechen, wird man diesen Aspekt berücksichtigen können.[183]

cc) Fallgruppen aus der Rechtsprechung. Die Dauer der Verlängerung des Betreuungsunterhaltsanspruchs über die Zeit von 3 Jahren hinaus hängt – wie dargelegt – von den Umständen des Einzelfalles ab. Soweit kindbezogene Gründe vorliegen, sind die gleichen Grundsätze anzuwenden wie bei einem Unterhaltsanspruch wegen der Betreuung ehelicher Kinder nach § 1570 BGB. Bei einer Verlängerung aus elternbezogenen Gründen können sich Abweichungen zu § 1570 II BGB ergeben. Nachfolgend werden einige Fälle aus der jüngeren Rechtsprechung aufgeführt: **69**

Keine Obliegenheit zu einer Erwerbstätigkeit **70**
- Keine Obliegenheit zu einer Erwerbstätigkeit bei einem volljährigen Kind, das schwer behindert ist und ständiger Pflege bedarf, wenn die Eltern übereinstimmend der Auffassung sind, dass eine persönliche Betreuung des gemeinsamen Kindes erforderlich ist.[184]
- Bei Zwillingen im Alter von 4$^{1}/_{2}$ Jahren, die in der Zeit von 8:00 Uhr bis 14:30 Uhr den Kindergarten besuchen, besteht noch keine Erwerbsobliegenheit der betreuenden Mutter, wenn die Kinder regelmäßig morgen mehrfach wöchentlich Termine für eine Psychotherapie, Logopädie und Krankengymnastik absolvieren müssen, um ihre Entwicklungsdefizite in Sprache und Motorik und in ihrer sozial-emotionalen Entwicklung aufzuholen und die nach der Trennung der Eltern aufgetretenen extremen Verhaltensauffälligkeiten (Einkoten und Einnässen) zu beheben.[185]

Erwerbstätigkeit in geringem Umfang: **71**
- Die Betreuung von Zwillingen muss nicht stets zu einer unbeschränkten Verlängerung des Anspruchs führen, wenn während einer Teilzeitbeschäftigung die Hortbetreuung der Kinder sichergestellt ist und die Mutter durch den Mehraufwand für Betreuung und Versorgung in der übrigen Zeit nicht so beansprucht ist, dass ihr eine Erwerbstätigkeit nicht zugemutet werden kann.[186]
- Eine Studentin, die ein 4 Jahre und 8 Monate altes Kind betreut, das wochentags von 8.30 bis 16:00 Uhr eine Kindertagesstätte besucht, muss neben dem Studium und der Kinderbetreuung nur einen Mini-Job (Geringverdienertätigkeit) ausüben.[187]
- Einer gelernten Bäckereiverkäuferin und Mutter eines 5-jährigen Kindes, das an einer Entwicklungsstörung verbunden mit Intelligenzminderung, Sprachentwicklungsverzögerung und zeitweise autistischen Zügen leidet und deswegen an mindestens 4 Tagen in der Woche regelmäßig von 8:15 bis 12:00 Uhr bzw. 14:45 Uhr einen heilpädagogischen Kindergarten besucht, ist eine Aushilfstätigkeit mit einer Vergütung von 300 EUR monatlich netto zuzumuten.[188]

Erwerbstätigkeit im Umfang einer $^{1}/_{2}$ (50%)-Stelle **72**
- Eine halbschichtige Erwerbstätigkeit ist bei einem 6-jährigen Schulkind, das bis 13:00 Uhr in der Schule betreut werden kann, zumutbar.[189]
- Vor dem Hintergrund von beruflich bedingten Fahrzeiten einer Krankenschwester von 1$^{1}/_{2}$ Stunden, von Schichtdienst und zumindest eingeschränkter Stabilität (Immunschwäche, die immer wieder zu Atemweginfekten führte und einen erhöhten Betreuungsbedarf

---

[182] Puls FamRZ 1998, 865, 873
[183] Puls FamRZ 1998, 865, 873; Wever/Schilling FamRZ 2002, 581, 583; a. A. Derleder DEuFamR 1999, 84, 90; vgl. auch BGH FamRZ 1986, 773 (kein Schadenersatzanspruch) und BGH FamRZ 2001, 541, 543 (zu §§ 1570, 1579 BGB)
[184] BGH FamRZ 2010, 802
[185] OLG Köln 21 UF 65/09, BeckRS 2011, 18178 (zu § 1570 BGB)
[186] OLG Düsseldorf FamRZ 2005, 234, 236 zum früheren Recht
[187] OLG Nürnberg FamRZ 2010, 577 (zu § 1615l BGB) mit krit. Anm. Wever FF 2010, 214
[188] OLG Hamm FPR 2008, 311 (zu § 1570 BGB)
[189] OLG Düsseldorf ZFE 2008, 273 (zu § 1570 BGB)

bedingte) des 6-jährigen Kindes hat das OLG Düsseldorf eine mehr als halbschichtige Erwerbstätigkeit nicht erwartet.[190]
- Das OLG Düsseldorf[191] hat die Ausübung einer Teilzeitbeschäftigung mit 20 Wochenstunden für eine Fremdsprachenkorrespondentin, die ihren 10-jährigen Sohn betreut und die während der intakten Ehe nicht erwerbstätig gewesen war, für ausreichend erachtet.
- Bei Kindern im Alter von 3 bis 6 Jahren, die morgen bis mittags einen Kindergarten besuchen, wird in der Regel zumindest eine Halbtagstätigkeit erwartet.[192]
- Eine Halbtagsbeschäftigung ist von dem betreuenden Elternteil zu erwarten, wenn die Kinder 7 und 11 Jahre alt sind und noch die Grundschule besuchen.[193]
- Bei der Betreuung eines 11-jährigen Kindes nach einer Ehe, die über 16 Jahre gedauert hatte und einer krebsbedingten Erwerbsminderung von 60% des betreuenden Elternteils ist $^1/_2$-schichtige Erwerbstätigkeit ausreichend.[194]
- Eine Mutter, die ihre 7 und 9 Jahre alten, schulpflichtigen Kinder betreut, genügt nach OLG Düsseldorf[195] ihrer Erwerbsobliegenheit mit einer Erwerbstätigkeit im Umfang von 25 Stunden pro Woche.
- Gleiches gilt bei Geschwistern im Alter von 11 und 13 Jahren.[196]
- Das OLG Hamm[197] hat einer Flugbegleiterin, die in Monatsteilzeit arbeitete (einen Monat vollschichtig, einem Monat überhaupt nicht) und die 11 und 14 Jahre alten Kinder betreute, für verpflichtet gehalten hat, nur eine halbschichtige Berufstätigkeit auszuüben.

73 **Erwerbstätigkeit im Umfang einer 60%-Stelle**
- Eine im Schichtdienst arbeitende Krankenschwester, die ein 3-jähriges Kind betreut, genügt ihrer Erwerbsobliegenheit mit einer 60%-Stelle.[198]
- Bei einem 10-jährigen Kind, das die 5. Klasse des Gymnasiums besucht und 10 Jahre alt ist, reicht nach Auffassung des OLG Düsseldorf[199] eine Erwerbstätigkeit mit 25 Wochenstunden (62,5%-Stelle).
- Eine weitergehende Erwerbstätigkeit als 5 Stunden täglich (d. h. 25 Stunden wöchentlich = 62,5%-Stelle) neben der Betreuung von zwei 7 und 9 Jahre alten Grundschulkindern verlangt das OLG Düsseldorf[200] nicht.
- Die Ausübung einer Erwerbstätigkeit im Umfang von 25 Stunden ist ausreichend, wenn der unterhaltsberechtigte Ehegatte 2 gemeinsame Kinder im Alter von 13 und 14 Jahren betreut und erzieht und ein Kind unter gesundheitlichen Beschwerden leidet und in der vorhandenen und in Anspruch genommenen Betreuungseinrichtung keine qualifizierte Schulaufgabenbetreuung erfolgt.[201]

74 **Erwerbstätigkeit im Umfang einer $^2/_3$ (66,6%)-Stelle**
- Die Ausübung einer $^2/_3$ Stelle als Schwimmmeisterhelferin im Schichtdienst reicht bei der Betreuung von 9 und 11 Jahre alten Kindern aus.[202]
- Bei der Betreuung eines 7-jährigen Kindes, das an Glutenunverträglichkeit leidet, reicht die Ausübung einer $^2/_3$ Stelle aus.[203]
- Neben der Betreuung von zwei 11 Jahre und 14 Jahre alten Schulkindern ist der betreuende Elternteil aus elternbezogenen Gründen nach Auffassung des OLG Celle[204] auch

---

[190] OLG Düsseldorf FamRZ 2010, 301 (zu § 1570 BGB)
[191] OLG Düsseldorf FamRZ 2010, 646 (zu § 1361 II, 1570 I, II BGB)
[192] OLG München FamRZ 2008, 1945; OLG Jena FamRZ 2008, 2203; OLG Düsseldorf FPR 2008, 525 (jeweils zu § 1570 BGB)
[193] KG FamRZ 2009, 336 (zu § 1570 BGB)
[194] OLG Celle FF 2009, 81 (zu § 1570)
[195] FamRZ 2008, 1861 (zu § 1570 BGB)
[196] OLG Bremen v. 3. 9. 2008 – 4 WF 98/08 n. v. (zu § 1570 BGB)
[197] FamRZ 2009, 2093 (zu § 1570 BGB)
[198] OLG Koblenz NJW 2009, 1974 (zu § 1615 l BGB)
[199] FPR 2009, 58 (zu § 1570 BGB)
[200] OLG Düsseldorf FamRZ 2008, 1861 (zu § 1570 BGB)
[201] OLG Hamm FamRZ 2009, 2092 (zu § 1570 BGB)
[202] OLG Köln FamRZ 2009, 518 f. (zu § 1570 BGB)
[203] BGH FamRZ 2009, 1391 (zu § 1570 BGB) = R 706
[204] FamRZ 2010, 301 (zu § 1570 BGB)

1. Abschnitt: Ansprüche der Mutter oder des Vaters eines nichtehelichen Kindes § 7

dann noch nicht zur Ausübung einer vollschichtigen Erwerbstätigkeit, sondern nur zu einer Tätigkeit im Umfang von ²/₃ verpflichtet, wenn die Kinder nach der Schule ganztägig in einer geeigneten Tagespflegestelle betreut werden könnten.

Erwerbstätigkeit im Umfang einer 70%-Stelle 75
- Die Ausübung einer 70%-Stelle durch eine Studienrätin, die ein 7-jähriges, an Asthma leidendes schulpflichtiges Kind betreut, das sich bis 16:00 Uhr in einem Hort befindet, ist nur dann ausreichend, wenn nachgewiesen wird, dass die Mutter bei vollschichtige Erwerbstätigkeit über 16:00 Uhr hinaus berufstätig sein muss.[205]

Erwerbstätigkeit im Umfang einer ³/₄ (75%)-Stelle 76
- Bei Betreuung eines 5-jährigen Kindes, das in einem Ganztagskindergarten im Nachbarort untergebracht werden kann und für das kein über die altersgemäß erforderliche Zuwendung und Fürsorge hinausgehender besonderer Betreuungsbedarf besteht, genügt der betreuende Elternteil seiner Erwerbspflicht mit der Ausübung einer Tätigkeit im Umfang von 30 Wochenstunden.[206]
- Ein Betreuungsunterhaltsanspruch kann neben der Ausübung einer 30-Wochenstundenstelle dann bestehen, wenn 2 Kinder im Alter von 11 und 15 Jahren zu betreuen sind und das 11-jährige Kind aufgrund einer Lese- und Rechtschreibschwäche sowie einer ausgeprägten Spielneigung einer zusätzlichen Unterstützung durch den betreuenden Elternteil bedarf.[207]
- Eine Erwerbstätigkeit einer Kindesmutter mit ausländischer Staatsangehörigkeit, unzureichenden Deutschkenntnissen und ohne Berufsausbildung im Umfang von 30 Wochenstunden neben der Betreuung eines Kindes, das die 5. Klasse der Hauptschule besucht, ist nach einer Entscheidung des OLG Karlsruhe ausreichend.[208]
- Das OLG Koblenz[209] hält bei der Betreuung einer Fünfjährigen die Ausübung einer ³/₄-Stelle für zumutbar. Die Tatsache, dass die Mutter noch ein weiteres Kind aus einer nichtehelichen Beziehung betreut, kann sie dem geschiedenen Ehemann bei der Beurteilung ihrer Erwerbsobliegenheit nicht entgegenhalten. Insoweit ist sie auf einen Unterhaltsanspruch gegen den Vater des nichtehelichen Kindes nach § 1615 l BGB zu verweisen.

Vollzeitstelle (100%) 77
- Z. T. wird die Obliegenheit zur Aufnahme einer Vollzeitstelle angenommen bei der Betreuung von 2 Kindern im schulpflichtigen Alter von 8 und 11 Jahren.[210]
- Bei vorhandenen Betreuungsmöglichkeiten und dem Fehlen von elternbezogenen Gründen ist dem betreuenden Elternteil von 9 und 13 Jahre alten Kindern eine Vollzeittätigkeit zuzumuten. Die Tatsache, dass er neben der Betreuung der Kinder Pflegeleistungen für die eigene Mutter erbringt, spielt bei der Beurteilung der Unterhaltspflicht des anderen keine Rolle.[211]
- Die Ausübung einer Erwerbstätigkeit von 30 Wochenstunden bei der Betreuung eines 15-jährigen Kindes, das an ADS leidet, und eines 13-jährigen Kindes ist nicht ausreichend, wenn nicht feststeht, dass es im näheren Einzugsbereich keine kindgerechte Einrichtung gibt, die die Betreuung der beiden Söhne nach ihren Schulbesuch einschließlich der Hausaufgabenhilfe ganztags sicherstellen kann.[212]
- Nach Auffassung des OLG Bremen[213] muss die betreuende Mutter grundsätzlich vollschichtig erwerbstätig sein, wenn das Kind 12¹/₂ Jahre alt ist.
- Eine Obliegenheit zur vollschichtigen Erwerbstätigkeit besteht für eine geschiedene Mutter eines 14-jährigen Kindes.[214]

---

[205] BGH FamRZ 2009, 770 (zu § 1570 BGB) mit Anm. Borth = R704
[206] OLG Zweibrücken FamFR 2011, 81 (zu § 1570 BGB)
[207] OLG Celle FamRZ 2010, 300
[208] OLG Karlsruhe BeckRS 2009, 12090 (zu § 1570 BGB)
[209] MDR 2010, 698
[210] OLG Köln (4. ZS – FamS) FamRZ 2008, 2119 (zu § 1570 BGB)
[211] OLG Oldenburg FuR 2009, 594 (zu § 1570 BGB)
[212] BGH FamRZ 2009, 1391 (zu § 1570 BGB) = R 706
[213] FamRZ 2009, 1496 (zu § 1570 BGB)
[214] OLG Karlsruhe FuR 2009, 49

- Gleiches gilt für die Mutter eines 9-jährigen Kindes, wenn diese in einem Schulhort bis 17.00 Uhr betreut werden kann und der Betreuung im Hort keine individuellen Umstände entgegenstehen.[215]

5. Der Unterhaltsanspruch des nichtehelichen Vaters

78 Seit Inkrafttreten des KindRG hat auch der nicht mit der Mutter verheiratete Vater des Kindes einen Anspruch auf Betreuungsunterhalt nach § 1615 l IV, II 2 BGB in der Fassung vom 1. 1. 2002[216] gegen die Kindesmutter, wenn er das Kind betreut.[217] Durch die Einführung dieser Regelung ist dem verfassungsrechtlichen Gebot auf Gleichbehandlung aus Art. 3 I, II 1, III 1 GG Rechnung getragen worden.[218] Für diesen Anspruch gelten die Ausführungen zum Anspruch der Mutter entsprechend, soweit nachstehend keine Besonderheiten erwähnt sind.

Voraussetzung für den Anspruch ist die tatsächliche Betreuung des Vaters durch das Kind. Es ist nicht notwendig, dass dem Vater allein oder zusammen mit der Mutter die elterliche Sorge zusteht. Da der Mutter nach § 1626a II BGB – falls keine gemeinsame Sorgeerklärung abgegeben worden ist (§ 1626a I Nr. 1 BGB) – grundsätzlich die elterliche Sorge für das nichteheliche Kind allein zusteht, ist aber, soweit der Vater die Betreuung übernommen hat, ebenso wie bei § 1570 BGB zu prüfen, ob die **Betreuung rechtmäßig** geschieht. Das ist nicht der Fall, wenn die Mutter mit der Betreuung durch den Vater nicht einverstanden ist, z. B. wenn er das Kind der Mutter rechtswidrig, d. h. ohne ihre Zustimmung, entzogen hat. Ob der nicht sorgeberechtigte Vater im Interesse des Kindesschutzes einen Anspruch gegen die Mutter hat, wenn diese sich nicht um das Kind kümmert, z. B. weil sie Vater und Kind verlassen hat, ist höchstrichterlich noch nicht geklärt.[219] Umstritten ist auch, ob der Vater anspruchsberechtigt ist, wenn er die Kindesbetreuung wegen einer Erkrankung der Mutter zwar **in Absprache** mit dieser, jedoch ohne familiengerichtliche Übertragung der elterlichen Sorge nach § 1678 II BGB übernimmt.[220]

79 **Nicht rechtmäßig** ist die Betreuung auch dann, wenn sich bei **gemeinsamer elterlicher Sorge** die Eltern über die Kindesbetreuung nicht einigen können und das Familiengericht der Mutter nach § 1628 BGB oder § 1671 BGB das Recht zur Betreuung des Kindes übertragen hat. In dieser Konstellation kann von dem Vater eine Erwerbstätigkeit im Sinne des § 1615 l II 2 BGB erwartet werden.

80 Der dem nichtehelichen Vater zustehende Unterhaltsanspruch setzt mit Beginn der von ihm übernommenen Kindesbetreuung ein und umfasst nach der Bezugnahme in § 1615 l IV BGB den gleichen Zeitraum wie der der Mutter aus § 1615 l II 2 BGB. Obwohl die Bezugnahme wegen der Weiterverweisung in Absatz II 2 auf Absatz II 1 BGB und der dort geregelten speziellen Situation der Mutter missverständlich ist, besteht Einigkeit[221] darüber, dass der Vater auch innerhalb der ersten 8 Wochen nach der Entbindung von der Mutter Unterhalt beanspruchen kann, **wenn er das Kind betreut** und die Mutter ausreichend leistungsfähig ist. An der letzten Voraussetzung wird es i. d. R. insbesondere in den ersten 8 Wochen nach der Entbindung fehlen, weil die Mutter in dieser Zeit arbeitsrechtlich einem Beschäftigungsverbot unterliegt (§ 6 MuSchG).

81 Wenn nach Beendigung einer nichtehelichen Lebensgemeinschaft die Eltern jeweils ein gemeinschaftliches Kind betreuen, können wechselseitige Unterhaltsansprüche entstehen. In einem solchen Falle sind die gleichen Grundsätze anwendbar, die für geschiedene Eltern gelten, die jeweils ein gemeinsames Kind betreuen.[222] Gleiches gilt, wenn die nicht mitei-

---

[215] BGH FamRZ 2011, 791 Rn. 27 zu § 1570 BGB
[216] Der vorherige § 1615 l V BGB wurde durch Art. 1 I Nr. 70 a, b, Hs. 1 des Gesetzes zur Modernisierung des Schuldrechts vom 26. 11. 2001 BGBl. I S. 3138 zu § 1615 l IV BGB.
[217] Hierzu ausführlich Büdenbender FamRZ 1998, 129 ff.
[218] FamRefK/Maurer § 1615 l BGB Rn. 26
[219] Vgl. hierzu Büdenbender FamRZ 1998, 129, 134; MAH/Wever § 10 Rn. 40
[220] Bejahend Göppinger/Wax/Maurer, Rn. 1322; a. A. NK-BGB/Schilling § 1615 l Rn. 54
[221] Eschenburg/Klinkhammer/Menne, Kap. 4 Rn. 107; Schilling FPR 2005, 513, 516
[222] Vgl. die Ausführungen zu § 1570 BGB

nander verheirateten Eltern ein echtes Wechselmodell bei der Betreuung ihrer Kinder praktizieren.[223]

6. Der Anspruch auf Ersatz von Schwangerschafts- und Entbindungskosten nach § 1615 l I 2 BGB

a) Anspruchsinhaber, Dauer. Gemäß § 1615 l I 2 BGB hat der Vater der Mutter die 82 Kosten zu erstatten, die infolge der Schwangerschaft oder der Entbindung entstehen. Anders als bei § 1615 l I 1 BGB müssen Schwangerschaft oder Entbindung ursächlich für die Entstehung der Kosten sein. Die Regelung ist an die Stelle des aus dem früheren § 1615 k BGB folgenden Entschädigungsanspruchs getreten und setzt als unterhaltsrechtlicher Anspruch auf **Sonderbedarf** anders als nach der früheren Rechtslage Bedürftigkeit der berechtigten Mutter und Leistungsfähigkeit des Vaters voraus (Rn. 13). Er steht nach dem Gesetzeswortlaut und der fehlenden Verweisung in § 1615 l IV 1 BGB nur der Mutter zu. Ob die zu erstattenden Kosten innerhalb oder außerhalb des sich aus § 1615 l I 1 BGB ergebenden 14-Wochen-Zeitraum entstanden sind, ist unerheblich.[224] Die durch Entbindung oder Schwangerschaft in dem genannten Zeitraum entstandenen Kosten werden deshalb nicht im Rahmen des nach § 1615 l I 1 BGB zu gewährenden Unterhalts abgedeckt, sondern nach § 1615 l I 2 BGB erstattet.[225] Die Ersatzpflicht des Vaters für schwangerschafts- und entbindungsbedingte Aufwendungen ist zeitlich unbeschränkt.[226]

b) Art der Kosten. Erstattungsfähig sind z. B. folgende Aufwendungen: 83
Die eigentlichen **durch die Entbindung** verursachten Kosten, vor allem
- die Kosten für die ärztliche Behandlung der Mutter,
- die Hebammen,[227]
- den stationären Klinikaufenthalt,
- die Fahrt zum Krankenhaus,
- die Arzneimittel usw.

Weitere Kosten, die **wegen der Schwangerschaft oder als Folge der Entbindung** 84 entstanden sind, z. B.
- Kosten für die Schwangerschafts- und Rückbildungsgymnastik,[228]
- für ärztliche Vorsorge- und Nachbehandlungen,
- Umstands- und Stillkleidung,[229]
- Kosten einer Haushaltshilfe bei einer Problemschwangerschaft oder bei einer schwierigen Geburt.[230]

Zu ersetzen sind nur **tatsächlich angefallene Kosten**. Sie sind konkret darzulegen. Dies 85 gilt auch dann, wenn die Sozialhilfebehörde an die Kindesmutter eine Kostenpauschale ausgekehrt hat und dann den Anspruch nach § 1615 l I 2 BGB aus übergeleitetem Recht gegen den Vater geltend macht.[231]

Die Ersatzpflicht umfasst zumindest die **notwendigen Aufwendungen**. Darüber hinaus 86 kann ein Anspruch der Mutter auf Erstattung der angemessenen Kosten bestehen.[232] Insoweit ist die Lebensstellung der Mutter als maßgebliche Richtschnur für ihren Bedarf anzusehen. So bestimmt sich nach den Verhältnissen der Mutter (§§ 1615 l III 1, 1610 I BGB), welche Art der Unterbringung im Krankenhaus (Einzel- oder Mehrbettzimmer) und welche medizinischen Leistungen (z. B. Chefarztbehandlung) sie beanspruchen kann.

---

[223] BGH FamRZ 2007, 707
[224] OLG Naumburg FamRZ 2007, 580; MAH/Wever § 10 Rn. 43; jurisPK/Viefhues § 1615 l BGB Rn. 109; vgl. zum Streitstand bzgl. des Unterhaltsanspruchs Rn. 17
[225] Anders noch Vorauflage Rn. 10
[226] NK-BGB/Schilling § 1615 l Rn. 7
[227] OLG Naumburg FamRZ 2007, 580
[228] Diehl DAVorm 2000, 838
[229] KG FamRZ 2007, 77; LG Hamburg FamRZ 1983, 301, 302; AG Krefeld FamRZ 1985, 1181
[230] MünchKommBGB/Born § 1615 l Rn. 21
[231] KG FamRZ 2007, 77
[232] Christian, Zentralblatt für Jugendrecht und Jugendwohlfahrt 1975, 449, 453

87 Nicht von § 1615 l I 2 BGB umfasst sind Kosten, die dem Kind zuzurechnen sind sowie Aufwendungen, die zum allgemeinen Lebensbedarf der Mutter gehören. Zu den **dem Kind selbst** zustehenden Ansprüchen gehören die Kosten,
- z. B. auf Tragung der ihm entstandenen **Krankenhauskosten**,[233] auf Zahlung der Säuglingserstausstattung[234] usw.
- Aufwendungen für ein Fest zur **Taufe** des Kindes[235]
- Kosten für einen **Babysitter**[236]
- Prämien für eine **Krankenversicherung** während und nach der Schwangerschaft[237]
- Kosten für Beschaffung eines **Zeugnisses** eines Arztes oder einer Hebamme über den mutmaßlichen Tag der Entbindung (§ 5 MuSchG)[238]
- Aufwendungen der freiberuflich tätigen Mutter für eine **Hilfskraft** oder einen Praxis- oder **Berufsvertreter**. Solche Kosten waren bereits von dem früheren § 1615 k BGB (nunmehr § 1615 l I 2 BGB), der keine Bedürftigkeit der Berechtigten voraussetzte,[239] nicht erfasst.[240] Sie konnten nur im Rahmen eines möglichen Unterhaltsanspruchs gemäß § 1615 l I u. II BGB geltend gemacht werden. Solche Aufwendungen stehen im Zusammenhang mit der Deckung des allgemeinen Lebensbedarfs der Mutter durch die eigene Erwerbstätigkeit, die nicht mehr voll ausgeübt werden kann. Sie sind deshalb von ihrem laufenden Unterhalt zu decken.[241]

88 **c) Eintrittspflicht des nichtehelichen Vaters.** Soweit die Mutter einen Anspruch auf Erstattung der Entbindungskosten und der weiteren Aufwendungen gegenüber Dritten, z. B. gegenüber einem **Kranken-, Sozial- oder Privatversicherungsträger** oder als Beamtin im Rahmen der **Beihilfe** hat und diese Ansprüche ohne Schwierigkeiten realisieren kann,[242] entfällt ihre Bedürftigkeit. Da die genannten Ansprüche der Leistungsverpflichtung des Vaters vorgehen, entfällt seine Eintrittspflicht. Die Versicherungsträger, Dienstbehörden oder Arbeitgeber haben gegenüber dem Vater keinen Regressanspruch.[243]

89 **Leistungen des Sozialleistungsträgers** nach SGB II und SGB XII[244] sind i. d. R. wegen ihrer unterhaltsrechtlichen Qualifikation subsidiär (§ 9 SGB II, § 2 II 1 SGB XII) und hindern die Geltendmachung des Anspruchs gegen den Vater nicht. Allerdings dürfte – soweit wegen der einschränkenden Übergangsregelungen der § 33 SGB II, § 94 SGB XII kein Anspruchsübergang auf den Sozialleistungsträger stattfindet – einer doppelten Geltendmachung desselben Bedarfs der Einwand unzulässiger Rechtsausübung entgegenstehen. Wenn der Ehemann der Mutter oder ein sonstiger Dritter die Kosten getragen hat, geht der Anspruch der Mutter aus § 1615 l I 2 BGB gegen den nichtehelichen Vater unter den Voraussetzungen der §§ 1615 l III 1, 1607 III BGB auf diesen über.[245]

90 **d) Anwendbarkeit der sonstigen Regeln für Unterhaltsansprüche.** Gemäß § 1615 l III 1 BGB gelten die Vorschriften zum Verwandtenunterhalt (§§ 1601 ff. BGB) entsprechend.[246] Ein Verzicht auf die Erstattung der künftig anfallenden Kosten ist gemäß § 1614 I BGB unwirksam. Der Anspruch kann nach § 1615 l III 1, 1611 BGB verwirkt wer-

---

[233] LG Aachen FamRZ 1986, 1040
[234] BVerfG FamRZ 1999, 1342; OLG Koblenz FamRZ 2009, 2098; OLG Celle FamRZ 2009, 704; OLG Oldenburg FamRZ 1999, 1685; LG AmbergFamRZ 1997, 964; LG Düsseldorf FamRZ 1975, 279
[235] MAH/Wever § 10 Rn. 46
[236] AG Köln FamRZ 1991, 735
[237] Göppinger/Wax/Maurer, Rn. 1290
[238] Göppinger/Wax/Maurer, Rn. 1290, 1304
[239] LG Hamburg FamRZ 1983, 301 ff. mit Anm. Büdenbender
[240] Büdenbender FamRZ 1998, 129, 135
[241] Str.; a. A. z. B. jurisPK/Viefhues § 1615 l BGB Rn. 64, 112; Büttner FamRZ 2000, 781, 783
[242] Brüggemann FamRZ 1971, 140, 144
[243] LG Bremen FamRZ 1993, 107, 108
[244] BGH FamRZ 2009, 307 = R699; Klinkhammer FamRZ 2006, 1171; näheres siehe unter III 2 – Bedürftigkeit = Rn. 123 ff.
[245] Göppinger/Wax/Maurer, Rn. 1293
[246] Näheres vgl. unter V

1. Abschnitt: Ansprüche der Mutter oder des Vaters eines nichtehelichen Kindes § 7

den,[247] ob auch nach § 1579 Nr. 2 BGB, ist umstritten.[248] Er erlischt mit dem Tod der Berechtigten (§§ 1615 l III 1, 1615 I BGB), nicht aber mit dem Tod des Verpflichteten (§ 1615 l III 5 BGB).
Im Rang geht die Verpflichtung nach § 1615 l BGB den Ansprüchen wegen Verwandtschaft Unterhaltspflichtiger vor, § 1615 l III 2 BGB.

III. Die Bemessung des Unterhalts

1. Der Unterhaltsbedarf

a) **Eigene Lebensstellung.** Das **Maß** des nach 1615 l I 1, II BGB geschuldeten laufenden **Unterhalts** bestimmt sich aufgrund der Verweisung in § 1615 l III 1 gemäß § 1610 BGB. Danach kommt es auf die **Lebensstellung des betreuenden bedürftigen Elternteils**, d. h. der Mutter oder des Vaters, an.[249] Maßgebend sind allein die wirtschaftlichen Verhältnisse des Unterhaltsberechtigten, nicht die des Unterhaltspflichtigen. Es kommt also darauf an, in welchen Verhältnissen der Anspruchsteller bis zur Geburt des Kindes gelebt hatte.[250] Die Höhe des Unterhaltsanspruchs richtet sich nach seinen früheren Einkünften. Hier besteht ein grundlegender Unterschied zu der Unterhaltsbemessung beim nachehelichen Unterhalt gemäß § 1570 BGB. Denn der Bedarf eines geschiedenen Ehegatten wird durch die ehelichen Lebensverhältnisse (§ 1578 I BGB) und damit nach den beiderseitigen Einkommensverhältnissen der Ehegatten bestimmt. 91

Die Einkommensverhältnisse **nur** des unterhalts**berechtigten** Elternteils sind auch dann maßgebend, wenn der barunterhaltspflichtige Elternteil in sehr guten wirtschaftlichen Verhältnissen lebt. Sofern der betreuende Elternteil vor der Geburt eine deutlich niedrigere Lebensstellung als der barunterhaltspflichtige Elternteil hatte, kann dies in solchen Fällen zur Folge haben, dass das gemeinsame Kind aufgrund seines eigenen Unterhaltsanspruchs, der sich nach der Lebensstellung des barunterhaltspflichtigen Elternteils richtet, einen hohen Unterhalt beanspruchen kann, während der Unterhaltsanspruch des betreuenden Elternteil möglicherweise nur den Mindestbedarf abdeckt.[251] Erfahrungsgemäß wird dann ein Teil der für das Kind bestimmten Unterhaltsleistungen auch dem betreuenden Elternteil zugutekommen.[252] Nach der derzeitigen Gesetzeslage ist eine Gleichbehandlung von ehelichen und nichtehelichen betreuenden Elternteilen hinsichtlich ihres Bedarfs nicht möglich.[253] 92

Zu den in der Literatur vertretenen Vorschlägen, den Bedarf des unterhaltsberechtigten Elternteils ungeachtet der jeweiligen Einkommensverhältnisse anhand eines **pauschalen**, z. B. am steuerlichen Grundfreibetrag orientierten **Betrags** festzulegen,[254] oder auf einen von dem jeweiligen, aktuellen Einkommen des betreuenden Elternteils abgeleiteten **dynamischen Bedarf** abzustellen,[255] hat sich die Rechtsprechung noch nicht konkret geäußert. Gleiches gilt für den Ansatz, hypothetisch darauf abzustellen, welches Einkommen die Mutter ohne die Geburt ihres Kindes zur Verfügung hätte.[256]

---

[247] OLG Brandenburg 10 WF 113/10 BeckRS 2010, 15177
[248] Für eine entsprechende Anwendbarkeit von § 1579 BGB OLG Hamm FamRZ 2011, 107; vgl. auch Peschel-Gutzeit FPR 2005, 344, 348; Schilling FPR 2005, 513, 515; a. A. OLG Nürnberg NJW 2011, 939.
[249] BGH FamRZ 2005, 442 = R 625 a
[250] BGH FamRZ 2010, 357; BGH FamRZ 2008, 1739, 1741; BGH FamRZ 2006, 1362, 1367; OLG Nürnberg FamRZ 2010, 577; OLG Brandenburg FamRZ 2010, 1915 Rn. 38, 41
[251] NK-BGB/Schilling § 1615 l Rn. 20; krit. hierzu MAH/Wever § 10 Rn. 61 m. w. N.
[252] MAH/Wever § 10 Rn. 61 m. w. N.
[253] BGH FamRZ 2010, 357; Puls FamRZ 1998, 865, 873
[254] Löhnig/Preisner FamRZ 2010, 2029, 2032 f.
[255] Mehrle FamRZ 2010, 510; Schilling FPR 2011, 145, 148
[256] Vgl. BGH FamRZ 2006, 1362, 1367; Schilling FPR 2011, 145, 148

93 **b) Fallgruppen.** Bei der Ermittlung des Bedarfs ist danach zu differenzieren, ob der anspruchsberechtigte Elternteil ein eigenes Einkommen hatte, von den Eltern oder dem Ehepartner unterhalten wurde oder ob er Leistungen öffentlicher Träger – etwa in Form von Sozialhilfeleistungen – in Anspruch genommen hatte.[257]

94 **aa) Keine Einkünfte/Mindestbedarf.** Wenn der betreuende Elternteil vor der Geburt des Kindes kein eigenes Einkommen erzielt hat, ist es fraglich, wie sein Bedarf anzusetzen ist. Nach der Rechtsprechung des BGH,[258] der sich nun der h. M.[259] angeschlossen hat, ist ihm ein **Mindestbedarf** zuzusprechen. Seine frühere Rechtsprechung,[260] nach der der BGH die Festlegung eines Mindestbedarfs in Konstellationen, in denen sich der Unterhaltsbedarf nach der Lebensstellung im Zeitpunkt der Geburt aus einem Unterhaltsanspruch gegen einen früheren Ehegatten ableitete, abgelehnt hatte, hat er ausdrücklich aufgegeben. Der BGH begründet dies unter anderem damit, in § 1612a BGB sei inzwischen ein Mindestunterhalt für minderjährige Kinder eingeführt worden, und der Unterhaltsanspruch minderjähriger und privilegiert volljähriger Kinder gehe nach § 1609 Nr. 1 BGB allen anderen Unterhaltsansprüchen vor. Die Höhe des Bedarfs nachrangiger Berechtigter habe deshalb auf die Leistungsfähigkeit für den Unterhalt minderjähriger Kinder keine Auswirkungen mehr. Das gegen einen Mindestbedarf vorgebrachte Argument,[261] der betreuende Elternteil eines nichtehelich geborenen Kindes dürfe nicht besser gestellt werden als der betreuende Elternteil eines ehelich geborenen Kindes, spricht nach Auffassung des BGH lediglich gegen eine Ungleichbehandlung, nicht aber gegen einen Mindestbedarf als solchen. Für den Ehegattenunterhalt könne ebenfalls ein Mindestbedarf angesetzt werden.[262] Auch der Grundsatz der Halbteilung stehe einem Mindestbedarf beim Betreuungsunterhalt nicht entgegen, weil dem Unterhaltspflichtigen regelmäßig ein Selbstbehalt von seinen eigenen Einkünften (derzeit 1050 EUR[263]) verbleibe, der den nur geringfügig über dem Existenzminimum pauschalierten Mindestbedarf keinesfalls unterschreite.[264]

95 Bereits in seiner Entscheidung vom 14. Oktober 2009[265] hatte der BGH zu § 1578b BGB ausgeführt, dass aus dem Begriff der Angemessenheit zugleich folge, dass es sich grundsätzlich um einen Bedarf handeln müsse, der das Existenzminimum wenigstens erreiche. Da der Unterhaltsanspruch nach § 1615l II BGB dem Berechtigten ebenso wie auch der nacheheliche Betreuungsunterhalt nach 1570 BGB eine aus kind- und elternbezogenen Gründen notwendige persönliche Betreuung und Erziehung des gemeinsamen Kindes in den ersten Lebensjahren ermöglichen solle, könne ein Unterhaltsbedarf unterhalb des Existenzminimums die im Einzelfall notwendige persönliche Betreuung nicht sicherstellen. Der Mindestbedarf sei daher nach dem Zweck einer Sicherung des notwendigen Bedarfs am **Existenzminimum** ausgerichtet.

96 Hinsichtlich der **Höhe des Mindestbedarfs** ist nach Auffassung des BGH unterhaltsrechtlich eine Pauschalierung erforderlich.[266] Nach den Empfehlungen des 13. Deutschen Familiengerichtstags[267] sollte sich der Mindestbedarf des betreuenden Elternteils an den Mindestselbstbehaltssätzen der Düsseldorfer Tabelle orientieren.[268] Der BGH hat den notwendigen Selbstbehalt eines nicht erwerbstätigen Unterhaltspflichtigen für angemessen erachtet.

---

[257] BGH FamRZ 2008, 1739, 1741
[258] BGH FamRZ 2011, 97; BGH FamRZ 2010, 357 = R 709; krit. Wohlgemuth FamRZ 2010, 1302 ff.
[259] OLG Koblenz NJW-RR 2005, 1457, 1458; OLG München FamRZ 2005, 1859; OLG Karlsruhe NJW 2004, 523; OLG Koblenz NJW 2000, 669; OLG Hamm FF 2000,137; Büttner FamRZ 2000, 781, 784; Ehinger FÜR 2001, 25, 27; Fischer FamRZ 2002, 634; Wever/Schilling FamRZ 2002, 581, 585; a. A. OLG Köln FamRZ 2001, 1322; OLG Zweibrücken FuR 2000, 286, 288
[260] BGH FamRZ 2007, 1303, 1304; BGH FamRZ 1997, 806, 808
[261] OLG Köln NJW-RR 2001, 364
[262] BGH FamRZ 2010, 357 Rn. 33 = R 709; krit. Viefhues FF 2010, 200, 201
[263] DT, Stand 1. 1. 2011; vgl. auch BGH FamRZ 2006, 683, 684
[264] BGH FamRZ 2010, 357 Rn. 32 = R 709
[265] BGH FamRZ 2009, 1991
[266] BGH FamRZ 2010, 357 Rn. 34 = R 709
[267] FamRZ 2000, 273, 274
[268] So auch OLG Hamm FamRZ 2009, 2009 Rn. 62; OLG München – 12 WF 606/05, BeckRS 2008, 26248

1. Abschnitt: Ansprüche der Mutter oder des Vaters eines nichtehelichen Kindes § 7

Die **jeweilige Höhe** des Mindestbedarfs richtet sich nach den einschlägigen **Unterhaltsrichtlinien der OLGe.** Derzeit (Ziffer 21.2, Stand 1. 1. 2011) liegt der Satz bei 770 EUR.
Einen höheren Mindestbedarf des Unterhaltsberechtigten etwa in Höhe des angemessenen Bedarfs von zurzeit 1050 EUR monatlich hat er ausdrücklich abgelehnt. Gleiches gilt für den über dem notwendigen Selbstbehalt hinausgehenden Selbstbehalt des Erwerbstätigen (z. Z. 950 EUR), denn dieser schließt den Erwerbsanreiz ein. Ein Erwerbsanreiz hat jedoch nur auf Seiten des Unterhaltspflichtigen seine Berechtigung, nicht aber in gleicher Weise für den Unterhaltsberechtigten.[269]   97

bb) Bezieher von Sozialhilfe, Arbeitslosengeld II. Hatte der Anspruchssteller (Mutter oder Vater) zur Geburt des Kindes bzw. bis zur Übernahme der Kindesbetreuung Sozialhilfe oder Arbeitslosengeld II bezogen, so entspricht sein Bedarf nach der Systematik des Gesetzes hinsichtlich der Höhe diesen Leistungen.[270] Seine Lebensstellung ist nicht mit Null anzusetzen, weil sonst für solche Eltern ein Unterhaltsanspruch nach § 1615l II BGB von vornherein ausgeschlossen wäre.[271] Die Untergrenze für den Anspruch auf Unterhalt bildet auch hier der Mindestbedarfssatz, der in den jeweiligen Richtlinien der OLGe festgelegt ist.   98

cc) Schüler, Studenten. Wenn die Mutter oder der Vater Schülerin/Schüler oder Studentin/Student ist und zusammen mit dem Kind im Haushalt ihrer/seiner Eltern erlebt, leitet sie/er ihren/seine Lebensstellung noch von den Eltern ab. In solchen Fällen ist der Bedarf maßgebend, den sie/er gegenüber ihren/seinen Eltern hat, auch wenn dieser unter den Mindestbedarfssätzen der jeweiligen Leitlinien liegt.[272] Wenn der betreuende Elternteil seiner Ausbildung jedoch nicht fortsetzt, ist der Mindestbedarf eines nicht Erwerbstätigen anzusetzen, weil er mit der Betreuung des Kindes eine eigene, von den Eltern unabhängige Lebensstellung erlangt.[273]   99

dd) Erwerbstätigkeit vor der Geburt. Wenn der betreuende Elternteil vor der Geburt des Kindes erwerbstätig war, bemisst sich sein Bedarf nach dem bis dahin **nachhaltig, nicht nur vorübergehend** erzielten Einkommen.[274] Zu ersetzen ist der entstehende Einkommensausfall. Bei der Ermittlung des Bedarfs sind die **berufsbedingten Aufwendungen** zunächst in Abzug zu bringen, weil dem Berechtigten das Einkommen in Höhe dieser Beträge nicht zur Verfügung stand.[275] An der Nachhaltigkeit des erzielten Einkommens fehlt es, wenn die Erwerbsbiografie des betreuenden Elternteils geprägt ist durch kurze Zeiten der Erwerbstätigkeit, Zeiten der Arbeitslosigkeit und Zeiten der Inanspruchnahme staatlicher Förderungsmaßnahmen.[276]   100

Ein früheres Erwerbseinkommen kann aber dann maßgebend den Bedarf prägen, wenn die Kindesmutter zu Beginn der Schwangerschaft zwar arbeitslos war, aufgrund ihrer früheren langjährigen Erwerbstätigkeit und ihres auf dem Arbeitsmarkt gefragten Berufs aber Anhaltspunkte dafür vorliegen, dass sie ihr früheres Erwerbseinkommen ohne die Schwangerschaft zeitnah wieder hätte erzielen können.[277]   101

Nicht maßgebend ist ein Einkommen, das im Gegensatz zu dem **zuvor nachhaltig erzielten Einkommen** lediglich auf einer **vorübergehenden Weiterbildung** oder Fortbildung beruht.[278]   102

---

[269] BGH FamRZ 2010, 357 Rn. 38 = R 709
[270] BGH FamRZ 2008, 1739, 1743; NK-BGB/Schilling § 1615l BGB Rn. 24; Wever/Schilling FamRZ 2002, 581, 584; Fischer FamRZ 2002, 634
[271] BGH FamRZ 2010, 357 Rn. 28 = R709
[272] Büttner FamRZ 2000, 781, 784; NK-BGB/Schilling § 1615l BGB Rn. 24; MAH/Wever § 10 Rn. 60; a. A. OLG Nürnberg FamRZ 2010, 577 Rn. 40 f.: Mindestbedarf 770 EUR – ablehnend hierzu Wever FF 2010, 214; Scholz/Stein/Scholz, K Rn. 818 d
[273] Eschenbruch/Klinkhammer/Wohlgemuth (4. Aufl. 2006), Rn. 4018; Eschenbruch/Klinkhammer/Menne, Rn. 44
[274] BGH FamRZ 2007, 1303, 1304
[275] OLG Brandenburg NJW-RR 2010, 874 Rn. 41; KG FPR 2003, 671, 672; MAH/Wever § 10 Rn. 49
[276] OLG Koblenz NJW 2000, 669 Rn. 9
[277] OLG Koblenz NJW-RR 2000, 1531, 1532; Wever/Schilling FamRZ 2002, 581, 584; Ehinger/Griesche/Rasch/Ehinger, Rn. 308
[278] BGH FamRZ 2006, 1362 Rn. 43

103 War die Mutter, die vor Geburt ein geringeres Einkommen hatte, danach zunächst mit einem höheren Einkommen erwerbstätig, ist das **zuletzt bezogene Einkommen** maßgebend.[279]

104 Der Bedarf einer betreuenden Mutter richtet sich nach ihrem Einkommen aus einer Vollzeittätigkeit, wenn sie nach Abschluss ihrer Ausbildung zu Beginn der Schwangerschaft eine Ganztagstätigkeit angenommen und ihre Stundenzahl wegen der Geburt des Kindes reduziert hatte, denn die schwangerschaftsbedingte Einkommensverminderung bleibt unberücksichtigt.[280]

105 Wenn eine Kindesmutter ihre Ausbildung erst kurz vor der Geburt abgeschlossen hat und es wegen der bevorstehenden Geburt nicht mehr zur Aufnahme einer Berufstätigkeit gekommen ist, kann der Bedarf nur nach der bis zur Geburt ausgeübten Erwerbstätigkeit und dem hieraus erzielten Einkommen, hier der **Ausbildungsvergütung**, bemessen werden. Nicht maßgebend ist lediglich die Option, nach abgeschlossener Ausbildung ein höheres Einkommen erzielen zu können, denn diese hat die bisherige Lebensstellung[281] zu keinem Zeitpunkt geprägt.[282]

106 ee) **Zusammenleben der nichtehelichen Partner.** Der **Bedarf** des unterhaltsberechtigten kinderbetreuenden Elternteils ist **nicht** auch aus den **Einkommensverhältnissen des Barunterhaltspflichtigen abzuleiten**, wenn die Eltern des Kindes in einer eheähnlichen Gemeinschaft zusammen gelebt und von dem Einkommen des anderen Partners gelebt haben. Der BGH[283] ist der bisher herrschenden Meinung[284] in diesem Punkt nicht gefolgt.[285] Zur Begründung hat er ausgeführt, dass sich die Lebensstellung des Unterhaltsberechtigten im Sinne der §§ 1615l II 2, III 1, 1610 1 BGB nicht allein nach den tatsächlichen Umständen richte, sondern stets eine nachhaltig gesicherte Position voraussetze. Wenn die Eltern vor der Geburt ihres gemeinsamen Kindes in nichtehelicher Gemeinschaft zusammengelebt haben, beruhe ein gemeinsamer Lebensstandard regelmäßig noch auf freiwilligen Leistungen des besser verdienenden Lebenspartners. Denn ein Unterhaltsrechtsverhältnis entstehe nicht schon mit der Aufnahme einer nichtehelichen Lebensgemeinschaft, sondern gemäß § 1615l BGB erst aus Anlass der Geburt eines gemeinsamen Kindes. Weil der Lebenspartner seine Leistungen vor Beginn des Mutterschutzes für ein gemeinsames Kind deswegen jederzeit einstellen könne und das deutsche Recht keine Unterhaltsansprüche außerhalb von Verwandtschaft und Ehe vorsehe, sei der in einer nichtehelichen Gemeinschaft erreichte Lebensstandard nicht ausreichend gesichert, um damit eine Lebensstellung im Sinne der §§ 1615l II und III, 1610 I BGB begründen zu können.[286]

107 Diese Grundsätze gelten nach der Rechtsprechung des BGH auch dann, wenn aus der nichtehelichen Gemeinschaft **mehrere gemeinsame Kinder** hervorgegangen sind. Auch in diesen Fällen sind für einen späteren Unterhaltsanspruch nach § 1615l II 2 BGB die Verhältnisse bei Geburt des ersten Kindes maßgebend. Denn diese Verhältnisse bestimmen zunächst als Lebensstellung des Unterhaltsberechtigten die Höhe des Unterhaltsbedarfs während der Erziehung und Betreuung des ersten Kindes. Dieser Unterhaltsbedarf wiederum bestimmt als Lebensstellung des Unterhaltsberechtigten regelmäßig auch den Unterhaltsbedarf nach der Geburt eines weiteren Kindes. Denn einen Rechtsanspruch nach den gemeinsamen Lebensverhältnissen sieht der Unterhaltstatbestand des § 1615l II BGB aus gemeinsamer Elternschaft auch für die Zeit des Zusammenlebens nicht vor. Der Betreuungsunterhalt aus Anlass der Betreuung und Erziehung eines weiteren Kindes kann allenfalls dann auf einen höheren Unterhaltsbedarf gerichtet sein, den der betreuende Elternteil

---

[279] BGH FamRZ 2010, 357 Rn. 15, 18; BGH FamRZ 2008, 1739, 1742; OLG Celle FamRZ 2002, 1220 (LS); vgl. auch OLG Celle – 13 U 73/00, BeckRS 2000, 30145364
[280] OLG Koblenz NJW 2009, 1974 Rn. 17
[281] BGH FamRZ 2010, 357 Rn. 15, 18; BGH FamRZ 2008, 1739, 1741
[282] OLG Bremen FamRZ 2008, 1281; Born NJW 2008, 2289, 2293
[283] BGH FamRZ 2010, 357; BGH FamRZ 2008, 1739, 1742; Schilling FPR 2011, 145, 148
[284] Vgl. die Nachweise bei NK-BGB/Schilling § 1615l BGB Rn. 24 (Fn. 236)
[285] Krit. MAH/Wever § 10 Rn. 54; Maurer FamRZ 2008, 1830, 1831 (Anm.)
[286] BGH FamRZ 2010, 357 Rn. 21; BGH FamRZ 2008, 1739 Rn. 32 f.

zwischenzeitlich, z. B. durch eine nachhaltig gesicherten höheres Einkommen, eine höhere Lebensstellung erworben hatte.[287]

Ein **Taschengeldanspruch** steht dem betreuenden Elternteil mangels gesetzlicher Grundlage im Gegensatz zu dem ein eheliches Kind betreuenden Elternteil gegenüber dem Barunterhaltspflichtigen nicht zu.[288] **108**

ff) Verheirateter betreuender Elternteil. Wenn der betreuende Elternteil **verheiratet** ist, ergibt sich sein Bedarf gemäß § 1578 BGB aus den ehelichen Lebensverhältnissen. Dies gilt zwar grundsätzlich auch dann, wenn sich nach diesen Verhältnissen ein Betrag unterhalb der Bedarfssätze nach den Unterhaltsleitlinien ergibt. In einem solchen Fall ist dem betreuenden Elternteil jedoch ein Mindestbedarf[289] zuzusprechen,[290] dessen Höhe sich aus den jeweiligen Unterhaltsleitlinien der OLGe ergibt. Entsprechendes gilt, wenn der betreuende Elternteil geschieden ist und sich seine Lebensstellung weiterhin aus der Ehe ableitet, weil er Ehegattenunterhalt bezieht.[291] Wenn die geschiedenen Eheleute jedoch wirksam wechselseitig auf nacheheliche Unterhaltsansprüche verzichtet haben, entfällt die Anknüpfung an die ehelichen Lebensverhältnisse.[292] Trotz des Verzichts kann die Lebensstellung des betreuenden Elternteils immer noch durch die ehelichen Verhältnisse geprägt sein, wenn das Kind unmittelbar nach der Scheidung die Ehe geboren wird.[293] **109**

gg) Einzelne Positionen des Bedarfs. (1) Krankenvorsorgeunterhalt. Anders als beim Ehegattenunterhalt sind die Kosten der Kranken- und Pflegeversicherung (§ 1578 II BGB) im Gesetz nicht ausdrücklich erwähnt. Sie gehören jedoch zu dem nach §§ 1615l III, 1610 II BGB geschuldeten Lebensbedarf, weil sie aus den laufenden Einkünften bestritten werden müssen und deshalb allgemeinen Lebensbedarf darstellen.[294] Dem Unterhaltsberechtigten stehen aber lediglich die nach seiner Lebensstellung **angemessenen Kosten der Kranken- und Pflegeversicherung** zu.[295] **110**

(2) Altersvorsorgeunterhalt. Die Kosten einer Vorsorge für den Fall des Alters, der Berufs- oder Erwerbsunfähigkeit sind in §§ 1615l, 1610 BGB ebenfalls nicht erwähnt. Sie können nach h. M.[296] – wie allgemein im Verwandtenunterhalt – nicht verlangt werden, weil §§ 1361 I 2, 1578 III BGB eine Sonderregelung für den Ehegattenunterhalt darstellen, welche der Gesetzgeber offensichtlich nicht auf § 1615l BGB ausdehnen wollte.[297] Einem nicht verheirateten betreuenden Elternteil kann daher eine Lücke in der Altersversorgung entstehen. Die Auffassung von Büttner,[298] der Verdienstausfall der Mutter könne auch den Ausfall von Altersvorsorgebeträgen umfassen, ist abzulehnen. Denn der Gesetzgeber hat den Anspruch beim Ehegattenunterhalt auf die Zeit ab Rechtshängigkeit des Scheidungsverfahrens beschränkt. Auch einer verheirateten Mutter entsteht aber, wenn sie wegen Kindesbetreuung nicht mehr erwerbstätig ist, schon davor entsprechender Verdienstausfall, und zwar unabhängig davon, ob ihr Ehemann in dieser Zeit evtl. Altersvorsorgeanwartschaften erdient, an denen sie beteiligt werden kann. Das OLG München hat zu Recht auch darauf **111**

---

[287] BGH FamRZ 2010, 357 Rn. 22; BGH FamRZ 2008, 1739 Rn. 33
[288] NK-BGB/Schilling § 1615l BGB Rn 24; MAH/Wever § 10 Rn. 55; a. A. jurisPK/Viefhues § 1615l Rn. 50; LG Tübingen FamRZ 2002, 556
[289] Hierzu siehe oben Rn. 94
[290] BGH FamRZ 2010, 357 Rn. 28 unter Aufgabe der früheren Rspr. = R 709, vgl. BGH FamRZ 2007, 1303, 1304 und BGH FamRZ 2007, 806, 808
[291] OLG Hamm FamRZ 2008, 1937; OLG Bremen FamRZ 2006, 1207
[292] OLG Koblenz FamRZ 2001, 227; Wever/Schilling FamRZ 2002, 581, 584
[293] Wever/Schilling FamRZ 2002, 581, 584
[294] Vgl. Finger FuR 2005, 493, 498; Büttner FamRZ 1995, 193, 197; Puls FamRZ 1998, 865, 873; OLG München NJW-RR 2006, 586; OLG Karlsruhe NJW 2004, 523; OLG Bremen FamRZ 2000, 636 OLG Saarbrücken FamRZ 1999, 382; a. A. OLG Hamm NJW 2005, 297
[295] BGH FamRZ 2010, 357 Rn. 39 = R 709
[296] OLG München NJW-RR 2006, 586; OLG Hamm FamRZ 2005, 1276 (LS); OLG Düsseldorf EzFamR aktuell 2000, 359; Finger FuR 2005, 493, 498; Wever FF 2000, 20, 23; Puls FamRZ 1998, 865, 873; a. A. Göppinger/Wax/Maurer, Rn. 1332
[297] Vgl. Puls, a. a. O.; OLG Hamm NJW 2005, 297
[298] FamRZ 2004, 1918, 1923

hingewiesen, dass die betreuende Mutter für die ersten 3 Jahre der Kindererziehung regelmäßig in der gesetzlichen Rentenversicherung in Höhe des Durchschnittseinkommens Anwartschaften aufbaut[299] (vgl. §§ 56, 70 II SGB VI). Dadurch wird eine eventuell entstehende Versorgungslücke zumindest verringert.

112 **(3) Verfahrenskostenvorschuss.** Zum Anspruch auf einen **Verfahrenskostenvorschuss** des Unterhaltsberechtigten gegen den Unterhaltspflichtigen, um den Anspruch gegen ihn realisieren zu können, vgl. unter Rn. 243.

113 **(4) Ausbildungsunterhalt.** Obwohl § 1615 l III 1 BGB auch auf § 1610 II BGB verweist, muss der Unterhaltsverpflichtete dem unterhaltsberechtigten kinderbetreuenden Elternteil **keinen Ausbildungsunterhalt** zahlen. Dies gilt selbst dann, wenn die Eltern in einer nichtehelichen Lebensgemeinschaft zusammengelebt haben und der betreuende Elternteil wegen der Geburt des Kindes seine Ausbildung abgebrochen oder gar nicht erst begonnen hat.[300] Denn laufender Unterhalt nach dem Ende der Mutterschutzzeit ist nur für den Fall der schwangerschafts- oder geburtsbedingten Krankheit und der Kindesbetreuung geschuldet, § 1615 l II BGB.[301]

114 **(5) Krankheitsunterhalt.** Der Unterhaltsanspruch wegen Betreuung eines nichtehelichen Kindes aus § 1615 l II BGB sieht – wenn die Krankheit nicht schwangerschafts- oder entbindungsbedingt ist – **keinen Krankheitsunterhalt** vor.[302] Der Umstand, dass ein kinderbetreuender unterhaltsberechtigter Elternteil unabhängig von der Geburt des gemeinsamen Kindes erkrankt ist, kann daher nicht zu einer Verlängerung des Betreuungsunterhalts führen.[303]

115 **hh) Oberlandesgerichtliche Leitlinien zum Bedarf eines nichtehelichen kinderbetreuenden Elternteils** (Stand vom 1. 1. 2011):
– **Düsseldorfer Tabelle Anhang D II.:**
Bedarf der Mutter und des Vaters eines nichtehelichen Kindes (§ 1615 l BGB): nach der Lebensstellung des betreuenden Elternteils, in der Regel mindestens 770 EUR;
– **Süddeutsche Leitlinien (Oberlandesgerichte Bamberg, Karlsruhe, München, Nürnberg, Stuttgart und Zweibrücken Nr. 18:**
Der Bedarf nach § 1615 l BGB bemisst sich nach der Lebensstellung des betreuenden Elternteils. Er beträgt mindestens 770 EUR. Ist die Mutter verheiratet oder geschieden, ergibt sich ihr Bedarf aus den ehelichen Lebensverhältnissen.
– **Kammergericht Berlin Nr. 18:**
Der Bedarf nach § 1615 l BGB bemisst sich nach der Lebensstellung des betreuenden Elternteils. Er beträgt mindestens 770 EUR. Ist die Mutter verheiratet oder geschieden, ergibt sich ihr Bedarf aus den ehelichen Lebensverhältnissen. Bezüglich der Erwerbsobliegenheit und der Dauer des Anspruchs gilt Nr. 17.1. entsprechend.
– **OLG Brandenburg Nr. 18:**
Der Bedarf nach § 1615 l BGB bemisst sich nach der Lebensstellung des betreuenden Elternteils.
– **OLG Braunschweig Nr. 18:**
Der Bedarf nach § 1615 l BGB bemisst sich nach der Lebensstellung des betreuenden Elternteils und beträgt mindestens 770 EUR; er ist jedoch nicht höher als der fiktive Bedarf eines Ehegatten in gleicher Situation.
– **OLG Bremen Nr. 18:**
Der Bedarf nach § 1615 l BGB bemisst sich nach der Lebensstellung des betreuenden Elternteils. Er beträgt in der Regel mindestens 770 EUR. Die Inanspruchnahme des Unterhaltspflichtigen ist durch den Halbteilungsgrundsatz begrenzt. Zum Zusammentreffen des Anspruchs aus § 1615 l BGB mit dem Unterhaltsanspruch eines Ehegatten oder geschiedenen Ehegatten vgl. 15.5. Wegen des Selbstbehalts vgl. 21.3.2.

---

[299] OLG München NJW-RR 2006, 586
[300] Eschenbruch/Klinkhammer/Menne, Kap. 4 Rn. 48
[301] MAH/Wever § 10 Rn. 63
[302] OLG Bremen FamRZ 2010, 1917
[303] BGH FamRZ 2010, 357 Rn. 53 = R 709

1. Abschnitt: Ansprüche der Mutter oder des Vaters eines nichtehelichen Kindes § 7

- **OLG Dresden Nr. 18:**
  Der Bedarf nach § 1615 l BGB bemisst sich nach der Lebensstellung des betreuenden Elternteils. Er beträgt mindestens 770 EUR.
- **OLG Düsseldorf Nr. 18:**
  Der Bedarf nach § 1615 l BGB bemisst sich nach der Lebensstellung des betreuenden Elternteils. Er ist auch dann nicht nach dem Einkommen des Pflichtigen zu bemessen, wenn dieser mit dem betreuenden Elternteil zusammengelebt hat (BGH FamRZ 2008, 1739; FamRZ 2010, 357 = R 709). Der Bedarf, der sich auch aus einem Unterhaltsanspruch gegen einen früheren Ehegatten ergeben kann, darf das Existenzminimum für nicht Erwerbstätige (Anm. B V Nr. 2 der Düsseldorfer Tabelle) nicht unterschreiten (BGH FamRZ 2010, 357 = R 709, FamRZ 2010, 444).
  Zur Frage der Berücksichtigung eigener Einkünfte, zu Abzügen und zur Erwerbsobliegenheit gelten die Ausführungen für den Ehegatten entsprechend.
- **OLG Frankfurt Nr. 18:**
  Der Bedarf nach § 1615 l BGB bemisst sich nach der Lebensstellung des betreuenden Elternteils. Erleidet dieser einen konkreten Verdienstausfall, ist er auch für den Unterhalt zu Grunde zu legen.
  Der Mindestbedarf entspricht in der Regel dem notwendigen Selbstbehalt für nicht Erwerbstätige (800 EUR).
  Bezüglich der Erwerbsobliegenheit und Dauer des Anspruchs gilt Nr. 17.1 entsprechend.
- **OLG Hamburg Nr. 18:**
  Der Bedarf nach § 1615 l BGB bemisst sich nach der Lebensstellung des betreuenden Elternteils. Er beträgt mindestens 770 EUR, bei Erwerbstätigkeit mindestens 950 EUR.
- **OLG Hamm Nr. 18:**
  Der Bedarf der Mutter und des Vaters eines nichtehelichen Kindes (§ 1615 l BGB) richtet sich nach der Lebensstellung des betreuenden Elternteils; er beträgt aber in der Regel monatlich mindestens 770 EUR (ohne Krankenversicherungskosten, die zusätzlicher Bedarf sein können) bzw. bei Erwerbstätigkeit 950 EUR; bei teilweiser Erwerbstätigkeit können die Beträge modifiziert werden. Die Inanspruchnahme des Pflichtigen ist durch den Halbteilungsgrundsatz begrenzt. Die Erwerbsobliegenheit des betreuenden Elternteils richtet sich – sinngemäß – nach Nr. 17.1.1.
  Treffen Unterhaltsansprüche eines Berechtigten nach § 1615 l BGB und eines Ehegatten oder geschiedenen Ehegatten zusammen, wird der nach Satz 1 ermittelte Bedarf durch den Betrag begrenzt, der sich bei entsprechender Anwendung der Bestimmungen zur Bedarfsermittlung im Wege der Dreiteilung ergibt (Nr. 15.6).
- **OLG Jena Nr. 18:**
  Der Bedarf nach § 1615 l BGB bemisst sich nach der Lebensstellung des betreuenden Elternteils. Erleidet dieser einen konkreten Verdienstausfall, ist er auch für den Unterhalt zu Grunde zu legen. Der Mindestbedarf entspricht in der Regel dem notwendigen Selbstbehalt (Ziff. 21.2), vgl. BGH FamRZ 2010, S. 357 ff. = R 709.
- **OLG Koblenz Nr. 18:**
  Der Bedarf nach § 1615 l BGB bemisst sich nach der bisherigen Lebensstellung des betreuenden Elternteils. Er ist auch dann nicht nach dem Einkommen des Pflichtigen zu bemessen, wenn dieser mit dem betreuenden Elternteil zusammengelebt hat (BGH FamRZ 2008, 1739; FamRZ 2010, 357 = R 709). Der Bedarf, der sich auch aus einem Unterhaltsanspruch gegen einen früheren Ehegatten ergeben kann, darf das Existenzminimum für nicht Erwerbstätige (Anm. B V Nr. 2 der Düsseldorfer Tabelle) nicht unterschreiten (BGH FamRZ 2010, 357, FamRZ 2010, 444).
  Zur Frage der Berücksichtigung eigener Einkünfte, zu Abzügen hiervon und zur Erwerbsobliegenheit gelten die Ausführungen für den Ehegatten entsprechend.
  Der Bedarf des nach § 1615 l Abs. 2 S. 2, Abs. 4 BGB unterhaltsberechtigten Elternteils bemisst sich nach dem Lebensstandard, den er vor der Geburt des Kindes erreicht hatte. Der Bedarf kann nicht von dem ggfls. höheren Einkommen des Unterhaltspflichtigen abgeleitet werden, auch dann nicht, wenn die Kindeseltern längere Zeit zusammengelebt haben (BGH FamRZ 2008, 1739). Dem Berechtigten ist jedoch jedenfalls ein Bedarf zuzubilligen, der nicht unter dem Existenzminimum liegt und mit dem notwendigen

§ 7 Unterhalt zwischen nicht verheirateten Eltern und zwischen Lebenspartnern

Selbstbehalt des Unterhaltspflichtigen von gegenwärtig 770 EUR angesetzt werden kann (BGH FamRZ 2010, 357). Hinsichtlich der Erwerbsobliegenheit gelten die Grundsätze unter 17.1 entsprechend.

– **OLG Naumburg Nr. 18:**
Der Bedarf der Mutter oder des Vaters eines nichtehelichen Kindes richtet sich nach der Lebensstellung des betreuenden Elternteils (§§ 1615 l Abs. 3 Satz 1, 1610 BGB) und beträgt in der Regel 770 EUR.

– **OLG Oldenburg Nr. 18:**
Der Bedarf nach § 1615 l BGB bemisst sich nach der Lebensstellung des betreuenden Elternteils.

– **OLG Rostock Nr. 18:**
Der Bedarf der Mutter oder des Vaters eines nichtehelichen Kindes richtet sich nach der Lebensstellung des betreuenden Elternteils (§§ 1615 l Abs. 3 Satz 1, 1610 BGB).

– **OLG Schleswig Nr. 18:**
Der Bedarf nach § 1615 l BGB bemisst sich nach der Lebensstellung des betreuenden Elternteils. Er ist auch dann nicht nach dem Einkommen des Pflichtigen zu bemessen, wenn dieser mit dem betreuenden Elternteil zusammengelebt hat.

Der Bedarf, der sich aus einem Unterhaltsanspruch gegen einen früheren Ehegatten ergeben kann, darf das Existenzminimum für nicht Erwerbstätige nicht unterschreiten.

Die Inanspruchnahme ist durch den Halbteilungsgrundsatz begrenzt.

116   **c) Begrenzung des Bedarfs durch den Halbteilungs-/Dreiteilungsgrundsatz. aa) Halbteilungsgrundsatz.** Wenn der Unterhaltsberechtigte in sehr guten wirtschaftlichen Verhältnissen lebte, so ist sein Bedarf entsprechend hoch. Die Bemessung des Unterhaltsbedarfs allein an seinen Verhältnissen kann in den Fällen zu unvertretbaren Ergebnissen führen, in denen der Unterhaltspflichtige in wirtschaftlich deutlich bescheideneren Verhältnissen lebte. Hatte z. B. die betreuende Mutter vor der Geburt des Kindes als Ärztin ein Einkommen in Höhe von 6000 EUR netto nach Abzug von berufsbedingten Aufwendungen und der unterhaltspflichtige Vater als Krankenpfleger nach Abzug des Kindesunterhalts ein solches in Höhe von 3558 EUR, so beliefe sich der Bedarf der Mutter auf 6000 EUR. Da der Vater hinsichtlich dieses Betrages nicht ausreichend leistungsfähig ist, müsste er der Kindesmutter eigentlich 2000 EUR (3558 EUR : 7 × 6 = 3050 EUR – 1050 EUR) zahlen. Mit diesem Betrag wäre sein Selbstbehalt von 1050 EUR (siehe unten unter Rn. 144) gewahrt. Ihm selbst verblieben jedoch lediglich 1558 EUR, mithin ein Betrag, der unterhalb des zu zahlenden Unterhalts läge.

117   Sind oder waren die Eltern des Kindes verheiratet, wäre der vom Unterhaltspflichtigen geschuldete Zahlbetrag für den Trennungsunterhalt (§ 1361 I BGB) oder den nachehelichen Unterhalt (§ 1570 BGB) nach oben hin durch den Halbteilungsgrundsatz begrenzt. Der Bedarf der Mutter wäre dann allein an dem Einkommen des Kindesvaters zu orientieren und betrüge unter Berücksichtigung eines Erwerbstätigenbonus von $1/7$ lediglich 1500 EUR (3558 EUR – $1/7$: 2) Bei Eheleuten wäre der zu zahlende Unterhalt also nicht höher als das dem Unterhaltspflichtigen verbleibende Einkommen (3558 EUR – 1500 EUR = 2058 EUR). Da sich der nichteheliche kinderbetreuende Elternteil im Hinblick auf Art. 6 I GG nicht besser als ein Elternteil eines ehelichen Kindes stehen soll, hat der BGH[304] im Einklang mit der h. M.[305] in solchen Fällen den für den Ehegattenunterhalt[306] geltenden Halbteilungsgrundsatz **entsprechend angewendet.**

118   Die abweichende Auffassung,[307] die den Halbteilungsgrundsatz auf den Bedarf eines Anspruchs nach § 1615 l BGB nicht anwenden, sondern das mit ihm verfolgte Ziel erst auf der Ebene der Leistungsfähigkeit umsetzen will, hat der BGH abgelehnt. Die Berück-

---

[304] BGH FamRZ 2005, 442, 443 f.; BGH FamRZ 2007, 1303 Rn. 17
[305] OLG Schleswig OLGR 1999, 279; Diehl DAVorm 2000, 837, 840; Ehinger FPR 2001, 25, 26; Wever/Schilling FamRZ 2002, 581, 585 f.; MünchKommBGB/Born § 1615 l BGB Rn. 38; a. A. Büttner FamRZ 2000, 781, 783
[306] BGH FamRZ 2005, 442, 443 f.
[307] OLG München OLGR 2003, 340; KG FPR 2003, 671, 673; die Auffassung des BGH ablehnend auch OLG Düsseldorf FamRZ 2008, 87

sichtigung des Halbteilungsgrundsatzes führt zu einer Begrenzung des Unterhaltsbedarfs des nach § 1615l BGB berechtigten betreuenden Elternteils. Dieser beträgt nicht mehr als die Hälfte des für den Unterhalt zur Verfügung stehenden und nach den geläufigen unterhaltsrechtlichen Kriterien bereinigten Einkommens des Unterhaltspflichtigen. Handelt es sich um Erwerbseinkommen, so ist zuvor der Erwerbstätigenbonus abzuziehen. Eine Begrenzung des Unterhaltsbedarfs des nicht mit dem anderen Elternteil verheirateten betreuenden Elternteils durch den Halbteilungsgrundsatz in dem obigen Beispiel führt dazu, dass der Bedarf der Ärztin unter Berücksichtigung eines Erwerbstätigenbonus von $^{1}/_{7}$ auf 1500 EUR (3558 EUR × $^{3}/_{7}$: 2) zu korrigieren ist. Beiden Elternteilen steht somit die Hälfte von 3000 EUR, also 1500 EUR zur Verfügung.

bb) Dreiteilungsgrundsatz. Auswirkungen auf die Bemessung des Bedarfs des nach § 1615l BGB unterhaltsberechtigten Elternteils kann auch die Rechtsprechung des BGH zur Bedarfsbemessung bei mehreren unterhaltsberechtigten Ehegatten nach der sog. **Drittelmethode**[308] haben. Der Bedarf des nach § 1615 BGB Unterhaltsberechtigten richtet sich zwar gemäß § 1615 III 1, 1610 I BGB allein nach seiner Lebensstellung und wird streng genommen nicht durch das Vorhandensein weiterer Unterhaltsberechtigter berührt.[309] Nach Auffassung des BGH wirkt es sich aber auf den nach den ehelichen Lebensverhältnissen gemäß § 1578 BGB zu ermittelnden Unterhaltsbedarf eines geschiedenen Ehegatten aus, wenn weitere Unterhaltsberechtigte hinzukommen, und zwar unabhängig von dem Rang dieser Unterhaltsansprüche.[310] Wenn nun ein ehelicher Unterhaltsanspruch wegen Betreuung eines Kindes aus § 1570 BGB und ein Betreuungsunterhaltsanspruch aus § 1615l BGB miteinander konkurrierenden, können – worauf Schilling[311] zu Recht hingewiesen hat – wegen der unterschiedlichen Bedarfsbestimmungen Wertungswidersprüche auftreten. Denn ein Anspruch aus § 1615l BGB kann den Bedarf eines geschiedenen Ehegatten anders als früher[312] auch dann mindern, wenn er erst nach der Scheidung entstanden ist. Wegen der grundsätzlichen Gleichbehandlung der ehelichen und der nichtehelichen kinderbetreuenden Elternteile kann der Bedarf Letzterer nicht von anderen Unterhaltsansprüchen unbeeinflusst bleiben mit der Folge, dass ungeachtet der dogmatischen Bedenken auch der Anspruch aus § 1615l BGB in die Dreiteilung mit einbezogen werden muss.[313]

Der Anwendung der Dreiteilungsmethode bei konkurrierenden Ansprüchen auf Ehegattenunterhalt und aus § 1615l BGB steht auch nicht die Entscheidung des BVerfG vom 25. 1. 2011[314] entgegen. Zwar hat das Gericht die vom BGH vorgenommene Berücksichtigung von Veränderungen, die mit dem Fortbestand der Ehe unvereinbar sind, bei der Bedarfsbemessung als Verstoß gegen den Grundsatz der Gewaltenteilung angesehen, weil damit die vom Gesetzgeber vorgeschriebene **Trennung von Bedarfsbestimmung und Leistungsfähigkeit** nicht beachtet wird. Die Berücksichtigung auch der Unterhaltspflicht gegenüber dem neuen Ehegatten bei der **Bestimmung des Bedarfs** des ersten Ehegatten kann daher nicht mehr erfolgen. Nach § 31 Abs. 1 BVerfGG sind die Gerichte an die Beurteilung dieser Methode als verfassungswidrig durch das BVerfG gebunden. Da letzteres die sonstige Rechtsprechung des BGH in dem entschiedenen Fall nicht ausdrücklich als verfassungswidrig bezeichnet hat, entfaltet die Entscheidung des BVerfG, soweit sie nur das materielle Recht betrifft, keine weitere Bindungswirkung.[315] Aus diesem Grunde bleibt die Rechtsprechung der BGH zu den „variablen ehelichen Lebensverhältnissen"

---

[308] BGH FamRZ 2008, 1911 = R 695; BGH FamRZ 2009, 411, 414 = R 702; BGH FamRZ 2009, 579, 583; krit. Maurer FamRZ 2008, 1919 (Anm.); Born NJW 2008, 3089, 3091; Schilling FF 2008, 279, 285
[309] OLG Köln FamRZ 2008, 2119; vgl. auch Wever FamRZ 2008, 553, 560
[310] BGH FamRZ 2008, 1911 = R 695; BGH FamRZ 2009, 411, 414 = R 702; BGH FamRZ 2009, 579, 583
[311] FF 2008, 279, 290
[312] BGH FamRZ 2006, 683, 686
[313] OLG Celle FamRZ 2009, 348 Rn. 6; NK-BGB/Schilling, Rn. 23; Bömelburg FF 2008, 332, 334 (Anm.)
[314] BVerfG FamRZ 2011, 437 = R 722
[315] BVerfGE 44, 88, 94, BVerfGE 72, 119, 121, Maunz/Schmidt-Bleibtreu BVerfGG § 31 Rn 88

§ 7   Unterhalt zwischen nicht verheirateten Eltern und zwischen Lebenspartnern

bestehen, soweit sie keine Verpflichtungen betrifft, die mit dem Fortbestand der Ehe nicht vereinbar sind. Dies gilt auch für den Anspruch auf Betreuungsunterhalt nach § 1615 l BGB, weil er nicht von der Scheidung der Ehe abhängt. Hier bleibt es bei der Bedarfsbestimmung nach der Drittelmethode (vgl. Gutdeutsch, § 4 Rn. 699 ff. sowie Schwamb, FamRB 2011, 120).

120 Bei der Ermittlung des Unterhalts unter Anwendung der Drittelmethode[316] sind die jeweiligen Unterhaltsrechtsverhältnisse nicht getrennt, sondern gemeinsam zu berechnen mit der Folge, dass der Bedarf des gemäß §§ 1615 l, 1610 BGB Unterhaltsberechtigten nach dem Dreiteilungsgrundsatz zu begrenzen ist. Ein zutreffendes Ergebnis ergibt sich jedoch nur dann, wenn der Bedarf des nichtehelichen betreuenden Elternteils mindestens einem Drittel der bereinigten (nach Abzug des Erwerbstätigenbonus) Einkommen der Beteiligten entspricht.[317] Ist er geringer, ist eine Begrenzung des Bedarfs nicht erforderlich; es verbleibt bei dem nach §§ 1615 l, 1610 BGB festgestellten Bedarf.[318] Andererseits kann der Bedarf dieses Elternteils durch die Drittelmethode auch nicht erhöht werden.[319]

Beispiel:
121 M hat nach Abzug des Kindesunterhalts ein Einkommen von 3500 €. Er muss P 1, der Mutter seines 9 Monate alten nichtehelichen Kindes, und P 2, der von ihm getrennt lebenden Mutter seines ehelichen zweijährigen Kindes, Unterhalt zahlen. P 1 hat vor der Geburt des Kindes 1500 € netto bereinigt verdient. Sie bezieht 1005 € (67% von 1500 €, vgl. § 2 BEEG) Elterngeld. P 2 hat kein Einkommen.

Lösung:
Bedarf P 1 nach §§ 1615 l, 1610 BGB: **1500 €**
Bedarf P 1 nach der Dreiteilungsmethode: (3500 € – $^1/_7$ =)[320] 3 000 + (1005 € – Freibetrag 300 €,[321] § 11 BEEG =) 705 € + 0 € = 3705 : 3 = **1235 €**
Der Bedarf P 1 nach der eigenen Lebensstellung war höher, daher ist der Bedarf nach der Drittelmethode maßgebend.
Anspruch P 1:   1235 € – 705 € = **530 €**
Bedarf und Anspruch P 2:   1235 €
Der Selbstbehalt des M von 1 050 €[322] ist gewahrt: 3500 € – 530 € – 1235 € = 1735 €

Alternative:
P 1 hat früher 800 € verdient und bezieht jetzt 536 € (67%) Elterngeld.
Bedarf P 1 nach §§ 1615 l, 1610 BGB: **800 €**
Bedarf P 1 nach der Dreiteilungsmethode: (3500 € – $^1/_7$ =)[323] 3000 + (536 € – Freibetrag 300 €, § 11 BEEG =) 236 € + 0 € = 3236 : 3 = **1078 €**
Bedarf P 1 ist begrenzt nach oben durch eigene Lebensstellung auf 800 €
Anspruch P 1:   800 € – 536 € = **264 €**
Bedarf und Anspruch P 2:   3500 € – 264 € = 3236 × $^3/_7$ = 1387 €
Der Selbstbehalt des M von 1 050 €[324] ist gewahrt: 3500 € – 264 € – 1387 € = 1849 €

122 Die Begrenzung des Bedarfs nach dem Dreiteilungsgrundsatz bietet sich auch an, wenn **zwei unterhaltsberechtigte Elternteile** gegen demselben Unterhaltsverpflichteten jeweils Unterhalt nach § 1615 l BGB geltend machen.[325]

---

[316] OLG Brandenburg FamRZ 2010, 297
[317] Gerhardt FuR 2008, 194, 198
[318] OLG Celle FamRZ 2009, 348; Borth FamRZ 2009, 416, 418 (Anm.)
[319] Schilling FF 2008, 279, 290 ff.
[320] OLG Celle FamRZ 2009, 348, 349: Berechnung ohne Berücksichtigung eines Erwerbstätigenbonus
[321] BGH FamRZ 2011, 97
[322] Hierzu siehe Rn. 144
[323] OLG Celle FamRZ 2009, 348, 349: Berechnung ohne Berücksichtigung eines Erwerbstätigenbonus
[324] Hierzu siehe Rn. 144
[325] NK-BGB/Schilling § 1615 l BGB Rn. 23; MAH/Wever § 10 Rn. 58 b

2. Die Bedürftigkeit

Unterhaltsberechtigt ist gemäß § 1602 I BGB, auf den § 1615 l III 1 BGB verweist, nur **123** derjenige, der außer Stande ist, sich selbst zu unterhalten. Der betreuende Elternteil ist daher nur insoweit unterhaltsberechtigt, als er seinen Unterhaltsbedarf nicht durch eigene Einkünfte decken kann.

a) Sozial- und Versicherungsleistungen. Die Bedürftigkeit des unterhaltsberechtigten **124** Elternteils kann sich durch den Bezug von Sozial- und Versicherungsleistungen vermindern oder völlig entfallen. Soweit eine Kindesmutter gem. § 13 I i. V. m. §§ 3 II, VI 1 MuSchG für die Dauer von 6 Wochen vor der Geburt und 8 Wochen nach der Geburt **Mutterschaftsgeld** bezieht, ist diese Leistung auf ihren Unterhaltsanspruch anzurechnen.[326] Gleiches gilt hinsichtlich der **Lohnfortzahlung** durch den Arbeitgeber gemäß § 11 MuSchG und im Krankheitsfall für die von den Krankenkassen gemäß §§ 44, 46, 47 SGB V erbrachten **Krankengeldzahlungen** bzw. für die nach dem Beamtenversorgungsgesetzen (z. B. § 80 Nr. 1 BBG) gewährten **Beihilfeleistungen**.[327] Auch **Arbeitslosengeld I** (§§ 117 ff. SGB III), dem Lohnersatzfunktion zukommt,[328] und **BAföG-Leistungen**, selbst wenn sie als nicht rückzahlbare Zuschüsse oder als Darlehen gewährt werden, sind bedarfsmindernd.[329] Den unterhaltsberechtigten Elternteil trifft gegenüber dem anderen eine Obliegenheit, solche Leistungen zu beantragen, soweit ein Anspruch auf sie besteht. Wenn der betreuende Elternteil die ihm nach arbeits- sozial oder versicherungsrechtlichen Vorschriften zustehenden Ansprüche nicht geltend macht, kann er **fiktiv** so gestellt werden, als habe er die entsprechenden Leistungen bezogen.[330] Hat eine früher verheiratete Mutter keine Ansprüche auf Versicherungsleistungen, weil sie sich nach der Scheidung nicht um ihren Versicherungsschutz gekümmert hatte, kann ihr dies nur unter den Voraussetzungen des §§ 1611 BGB, die i. d. R. nicht vorliegen, entgegengehalten werden mit der Folge, dass sie weiterhin als bedürftig anzusehen ist.[331]

Nicht auf den Bedarf anzurechnen sind Leistungen, die die Bedürftigkeit nicht mindern. **125** Dazu gehören **Sozialhilfeleistungen** nach § 2 SGB XII und **Arbeitslosengeld II** (§§ 5, 9, 33 SGB II), denn sie sind subsidiär.[332] Entsprechend geht der Unterhaltsanspruch in Höhe der Leistung auf den Träger der staatlichen Sozialleistung über.[333]

Das noch für Geburten bis zum 31. 12. 2006 gewährte **Erziehungsgeld** hat die Unter- **126** haltspflicht gemäß § 9 Satz 1 BErzGG[334] grundsätzlich unberührt gelassen, mithin die Bedürftigkeit des Unterhaltsberechtigten nicht gemindert.[335] Nach § 9 Satz 2 BErzGG war das Erziehungsgeld ausnahmsweise dann zu berücksichtigen, wenn die Mutter den Verwirkungstatbestand des §§ 1611 I BGB erfüllt hatte. Denn das Erziehungsgeld, das bei Zahlung bis zur Vollendung des 24. Lebensmonats des Kindes in Höhe von 300 EUR monatlich gewährt wurde, sollte für die Eltern einen Anreiz schaffen, sich ganz der Kindesbetreuung zu widmen. Beim **Elterngeld,** das für die Betreuung der ab 1. 1. 2007 geborenen Kinder gewährt wird, bleiben nur die Sockelbeträge von 300 EUR bzw. 150 EUR je Kind anrechnungsfrei (§§ 2 V 1, 6 2, 11 1 bis 3 BEEG).[336] Darüber hinaus gewährtes Elterngeld

---

[326] BGH FamRZ 2005, 442, 445 = R 625 c; MünchKommBGB/Born § 1615 l BGB Rn. 43; Büttner FamRZ 2000, 781, 782; NK-BGB/Schilling § 1615 l BGB Rn. 27
[327] NK-BGB/Schilling § 1615 l BGB Rn. 27
[328] OLG Brandenburg NJW-RR 2010, 874 Rn. 48; Palandt/Brudermüller § 1602 BGB Rn. 3
[329] OLG Karlsruhe FamRZ 2004, 974 Rn. 27
[330] OLG Karlsruhe FamRZ 2004, 974 Rn. 27
[331] MünchKommBGB/Born § 1615 l Rn. 17
[332] BGH FamRZ 2011, 97; BGH FamRZ 2009, 307 = R 699; OLG Brandenburg FamRZ 2004, 560 Rn. 26; Klinkhammer FamRZ 2006, 1171
[333] BGH FamRZ 2011, 97
[334] Anders nach § 9 Satz 2 BErzGG
[335] H. M.; BVerfG FamRZ 2000, 1149 m. w. N.; OLG Frankfurt FPR 2009, 485 Rn. 50; OLG Koblenz FuR 2005, 463; OLG Karlsruhe FamRZ 2004, 974; OLG Düsseldorf FamRZ 1989, 1226; OLG München FamRZ 1999, 1166; vgl. auch BGH FamRZ 2006, 1182, 1183 zur Nichtanrechenbarkeit im Rahmen des Familienunterhalts
[336] BGH FamRZ 2011, 97; OLG Brandenburg – 10 UF 23/10, BeckRS 2010, 29949

§ 7 Unterhalt zwischen nicht verheirateten Eltern und zwischen Lebenspartnern

mindert die Bedürftigkeit des Unterhaltsberechtigten ohne Kürzung um einen fiktiven Erwerbstätigenbonus³³⁷ in voller Höhe. Wie das Erziehungsgeld (§ 9 Satz 2 BErzGG)³³⁸ ist das Elterngeld (§ 11 Satz 4 BEEG) allerdings in voller Höhe anrechenbar, soweit der Unterhaltsanspruch **nach § 1611 I BGB** ganz oder teilweise **verwirkt** wäre.³³⁹

127 Der dem betreuenden Elternteil zustehende **Kindergeldanteil** ist nicht auf seinen Bedarf anzurechnen.³⁴⁰

128 **b) Sonstige Einkünfte. aa) Einkünfte ohne Erwerbstätigkeit.** Einkünfte des Unterhaltsberechtigten aus Vermietung und Verpachtung oder aus seinem Vermögen, z. B. Zinseinkünfte, sowie ein etwaiger Wohnvorteil für mietfreies Wohnen in einer eigenen Eigentumswohnung oder einem eigenen Haus mindern seine Bedürftigkeit.³⁴¹

129 Freiwillige Zuwendungen Dritter, auf die kein Anspruch besteht, wirken dagegen nicht bedarfsmindernd.³⁴² Denn solche Leistungen sollen nicht den Unterhaltspflichtigen entlasten, sondern nur dem Empfänger zugutekommen.³⁴³ Dies gilt auch für die Gewährung einer kostenfreien Unterkunft durch die Eltern eines Unterhaltsberechtigten.³⁴⁴

130 **bb) Fiktive Einkünfte.** Erbringt der Berechtigte für einen (neuen) leistungsfähigen Lebensgefährten, mit dem sie in eheähnlichem Verhältnis zusammenlebt, Versorgungsleistungen, muss er sich eine angemessene fiktive Vergütung anrechnen lassen.³⁴⁵ Wenn der Berechtigte zur Leistungsfähigkeit des neuen Partners keine Angaben machen will, kann diese zu seinen Lasten unterstellt werden, weil er hierfür darlegungs- und beweispflichtig ist.³⁴⁶

131 **cc) Einkünfte aus Erwerbstätigkeit.** Wenn die Mutter nach Beendigung des Mutterschaftsurlaubs ihre Erwerbstätigkeit aufgibt und eine Abfindung erhält, wirkt diese in der Zeit nach Beendigung des Mutterschaftsurlaubs bedürftigkeitsmindernd.³⁴⁷

132 Einkünfte aus einer Erwerbstätigkeit, die dem betreuenden Elternteil neben der Kindesbetreuung **zumutbar** ist, sind bedarfsmindernd mit der Folge, dass er sich diese in vollem Umfang anrechnen lassen muss.³⁴⁸ Fraglich ist, ob der Berechtigte von seinen Einkünften die **Kosten der Kindesbetreuung** abziehen kann.³⁴⁹ Der BGH rechnet die Kosten für den **ganztägigen Kindergartenbesuch** wegen des dabei im Vordergrund stehenden erzieherischen Aspektes dem Bedarf des Kindes zu mit der Folge, dass sie grundsätzlich keine berufsbedingten Aufwendungen des betreuenden Elternteils darstellen.³⁵⁰

133 Wenn der Unterhaltsberechtigte **neben der Kindesbetreuung erwerbstätig** ist, weil das Kind z. B. von den Großeltern oder in einer Kinderkrippe betreut wird, ist zu prüfen, ob und inwieweit es sich hierbei um eine **überobligatorische Tätigkeit** handelt. Nach Auffassung des BGH ist ein während der ersten drei Lebensjahre des Kindes erzieltes Einkommen stets überobligatorisch, weil der betreuende Elternteil die bestehende Erwerbstätigkeit jederzeit wieder aufgeben und sich voll der Erziehung und Betreuung des Kindes widmen kann.³⁵¹ Wenn die Ausübung der Erwerbstätigkeit von dem Unterhaltsberechtigten neben der Kindesbetreuung nicht erwartet werden kann, bedeutet dies aber nicht, dass die

---

337 BGH FamRZ 2009, 289 und BGH FamRZ 2007, 983 zu Lohnersatzleistungen wie Arbeitslosen- und Krankengeld; Scholz FamRZ 2007, 7, 9
338 BGH FamRZ 2006, 1182, 1183
339 Scholz FamRZ 2007, 7, 9; Büttner FF 2007, 86, 88 f.; Klatt FPR 2007, 349
340 Siehe § 2 Rn. 717 ff.; BT-Drucks. 16/1830 S. 30
341 Wever/Schilling FamRZ 2002, 581 586; NK-BGB/Schilling § 1615l BGB Rn. 27
342 Siehe § 1 Rn. 708 ff.
343 OLG Hamburg FamRZ 2005, 927, 928
344 OLG Hamburg FamRZ 2005, 927, 928
345 BGH FamRZ 2008, 1739, 1744; OLG Koblenz NJW-RR 2005, 1457, 1458; OLGR Thüringen 2005, 498; Wever/Schilling FamRZ 2002, 581, 586; jurisPK/Viefhues § 1615l BGB Rn. 94; NK-BGB/Schilling § 1615l BGB Rn. 28
346 OLG Koblenz NJW-RR 2005, 1457, 1458; jurisPK/Viefhues § 1615l BGB Rn. 94
347 AG Euskirchen FamRZ 2002 ,191; MAH/Wever § 10 Rn. 67
348 Wever/Schilling FamRZ 2002, 581, 586
349 Vgl. dazu Schilling FF 2008, 279, 281
350 BGH FamRZ 2009, 962, 963 = R 700; BGH FamRZ 2008, 1152, 1154; Born FamRZ 2009, 962, 963 (Anm.)
351 BGH FamRZ 2009,1391 Rn. 25 = R 706

1. Abschnitt: Ansprüche der Mutter oder des Vaters eines nichtehelichen Kindes § 7

Einkünfte vollständig anrechnungsfrei bleiben. Nach der Rechtsprechung des BGH[352] lässt sich die Frage, ob und in welchem Umfang sich die Mutter Einkünfte aus einer Erwerbstätigkeit anrechnen lassen muss, nicht unmittelbar der gesetzlichen Regelung des § 1615 l BGB entnehmen. Wegen des besonderen Schutzes der Ehe und Familie in Art. 6 I GG, der eine Schlechterstellung der geschiedenen Mutter nicht zulässt und wegen Art. 6 IV und V GG, nach dem umgekehrt auch die nicht verheiratete Mutter jedenfalls insoweit gleichzustellen ist, und schließlich wegen der weitgehenden Angleichung des Unterhaltsanspruchs der nicht verheirateten Mutter an den nachehelichen Betreuungsunterhalt[353] ist auf den Unterhaltsanspruch des § 1615 l BGB die für den Ehegattenunterhalt geltende Vorschrift des § 1577 II BGB entsprechend anzuwenden.[354]

134 Danach ist nach Billigkeitsgesichtspunkten über den Umfang der Anrechnung ihres Einkommens auf den Bedarf zu entscheiden. Eigenes Einkommen des unterhaltsbedürftigen Elternteils, das dieser neben der Kindeserziehung erzielt, ist nach § 1577 II BGB bei der Unterhaltsberechnung **nicht pauschal** in Form der Gewährung eines **Betreuungsbonus**, sondern stets nach den besonderen Umständen des Einzelfalls zu berücksichtigen. Es ist zu prüfen, wie die Betreuung während der Zeit der Erwerbstätigkeit konkret geregelt ist, welche Hilfen dem Betreuenden dabei zur Verfügung stehen und ob ihm dafür gegebenenfalls zusätzliche **Betreuungskosten** entstehen. Die eigenen Einkünfte bleiben daher anrechnungsfrei, soweit sie zur Bestreitung der Kosten der Kindesbetreuung erforderlich sind. Dabei zählen die Kosten für einen ganztägigen Kindergartenbesuch zu dem Bedarf des Kindes (siehe oben). Dieser Mehrbedarf des Kindes ist von den Eltern anteilig zu tragen. Der auf den betreuenden Elternteil entfallende Anteil ist bei der Unterhaltsberechnung abzugsfähig. Noch nicht höchstrichterlich entschieden ist die Frage, ob die Kosten für eine Fremdbetreuung des Kindes in einer Kinderkrippe, durch Verwandte oder durch eine Tagesmutter während der ersten drei Lebensjahre zum Mehrbedarf des Kindes oder zu den berufsbedingten Aufwendungen zu rechnen sind. Gleiches gilt für die Kosten einer Betreuung nach dem Ende der Schulzeit, durch die eine Erwerbstätigkeit des betreuenden Elternteils erst ermöglicht wird. Die genannten Betreuungsformen dienen in erster Linie dazu, dem betreuenden Elternteil eine Erwerbstätigkeit zu ermöglichen. Der erzieherische Aspekt tritt in solchen Fällen gegenüber dem Erwerbsinteresse in den Hintergrund. Daher sollten sie wie bisher als berufsbedingte Aufwendungen qualifiziert werden.[355] Wenn die Kindesbetreuung durch Verwandte des unterhaltsberechtigten Elternteils erfolgt und diese die Betreuung kostenfrei erbringen, handelt es sich um **freiwillige Leistungen Dritter**, die den unterhaltspflichtigen Elternteil nicht entlasten sollen. Die ersparten Kosten für die Betreuung sind dann nach § 287 ZPO zu schätzen.[356]

135 Anrechnungsfrei bleiben auch eigene Einkünfte, soweit der Verpflichtete wegen beschränkter Leistungsfähigkeit unter Berücksichtigung seines Selbstbehalts nicht in der Lage ist, den unter Berücksichtigung des Halbteilungsgrundsatzes[357] ermittelten vollen Bedarf des Betreuenden zu decken.[358] In einem solchen Fall bleibt der Teil des überobligatorischen Einkommens der Mutter nach § 1577 II 1 BGB von vornherein anrechnungsfrei, der der Differenz zwischen der Unterhaltszahlung und dem durch den Halbteilungsgrundsatz auf den Selbstbehalt des Vaters beschränkten Bedarf der Mutter entspricht.

136 Wegen des darüber hinausgehenden Einkommens ist über die Anrechenbarkeit nach § 1577 II 2 BGB unter Berücksichtigung der Umstände des Einzelfalls und in Abwägung nach Treu und Glauben zu befinden.[359] Die Bemessung eines anrechnungsfrei zu belassen-

---

[352] BGH FamRZ 2005, 442 Rn. 23
[353] BGH FamRZ 2005, 347 Rn. 13
[354] OLG Hamm FamRZ 2011, 107; OLG Brandenburg FamRZ 2010, 1915; Wever/Schilling FamRZ 2002, 581, 586 f. m. w. N.; Büttner FamRZ 2000, 781, 783 m. w. N.
[355] Ebenso NK-BGB/Schilling § 1615 l BGB Rn. 29; MAH/Wever § 10 Rn. 70
[356] Vgl. BGH FamRZ 2001, 350, 352 = R 551 c
[357] Hierzu siehe Rn. 116
[358] Göppinger/Wax/Maurer, 8. Aufl. Rn. 1237; NK-BGB/Schilling § 1615 l BGB Rn. 30
[359] Schilling FamRZ 2006, 1, 2; anderer Ansicht – für Durchbrechung des Halbteilungsgrundsatzes in diesem Fall: OLG Hamburg FamRZ 2005, 927, 929

den Teils des Einkommens kann davon abhängen, wie die Kindesbetreuung mit den konkreten Arbeitszeiten unter Berücksichtigung erforderlicher Fahrzeiten zu vereinbaren ist und ob und gegebenenfalls zu welchen Zeiten das Kind anderweit beaufsichtigt wird und insofern zeitweise nicht der Betreuung durch den berechtigten Elternteil bedarf.[360] Von Bedeutung ist auch, ob die Arbeitsaufnahme seit der Geburt des Kindes aus freien Stücken oder aus wirtschaftlicher Not geschah.[361] Berücksichtigt werden kann bei der Abwägung auch, ob der Berechtigte das überobligatorische Einkommen benötigt, um seinen früheren Lebensstandard wieder herzustellen.[362]

137 Die obigen Ausführungen zur Anrechenbarkeit eines eigenen Einkommens nach § 1577 II BGB gelten entsprechend, wenn der Berechtigte eine bereits vor der Geburt des Kindes ausgeübte Erwerbstätigkeit fortführt[363] oder eine Teilzeittätigkeit[364] ausübt.

138 **dd) Vermögen.** Gemäß §§ 1615 l III 1, 1602 II BGB muss der nach § 1615 l BGB Unterhaltsberechtigte, bevor er Unterhalt fordern kann, zunächst den Stamm seines Vermögens verwerten. Wegen der Verweisung auf das Verwandtenunterhaltsrecht gelten die für minderjährige unverheiratete Kinder (§ 1602 II BGB) und bei unterhaltsberechtigten geschiedenen Ehegatten (§ 1577 III BGB) geltenden Einschränkungen, nach denen die Verwertung des Vermögensstamms nicht bzw. nur dann verlangt werden kann, soweit die Verwertung nicht unwirtschaftlich oder unter Berücksichtigung der beiderseitigen wirtschaftlichen Verhältnisse unbillig wäre, für nichteheliche Partner nicht entsprechend. Der betreuende Elternteil muss daher zur Bestreitung seines Lebensbedarfs zunächst den Stamm seines Vermögens angreifen. Es verbleibt ihm aber grundsätzlich ein sog. Notgroschen, d. h. eine Rücklage für Notzeiten.[365]

139 Unter Berücksichtigung der durch die Rechtsprechung des BGH[366] eingeleiteten und mit dem am 1. 1. 2008 in Kraft getretene UÄndG fortgeführten weitgehenden Angleichung der Unterhaltsansprüche aus § 1615 l II 2 BGB und § 1570 BGB besteht sowohl in der Rechtsprechung als auch in der Literatur Einigkeit darüber, dass die grundsätzliche Verpflichtung zur Verwertung des Vermögensstamms durch eine umfassende **Zumutbarkeits- und Billigkeitsprüfung** einzuschränken ist.[367]

140 Kriterien für eine solche Prüfung sind unter anderem die wirtschaftliche Situation des Bedürftigen und des Unterhaltsverpflichteten sowie die Relation ihrer Vermögen zueinander. Beachtlich ist insbesondere, dass der Unterhaltsberechtigte sein Vermögen vorrangig zum Ausgleich der Einbußen benötigt, die er durch die Kinderbetreuung und die damit verbundenen Defizite in seiner beruflichen Entwicklung und in der eigenen Altersversorgung erleidet.[368] Nach der Rechtsprechung des BGH kann sich nach einer Zumutbarkeitsprüfung ergeben, dass ein erhebliches Wertpapiervermögen (ca. 30 000 EUR) und das aus dem Verkauf eines Reihenhauses vorhandene Vermögen (190 000 EUR) des betreuenden Elternteils nicht zur Deckung der Kosten für den Lebensunterhalt eingesetzt werden muss, weil es für die **Alterssicherung** benötigt wird.[369] Wenn der Unterhaltspflichtige über ein größeres Vermögen verfügt und seine Altersversorgung gesichert ist, kann es unbillig erscheinen, dem Unterhaltsberechtigten die Verwertung eines erheblich geringeren Vermögens anzusinnen, auch dann, wenn dieses die Grenze einer Rücklage für die Notzeiten, mithin den Notgroschen, überschreitet. So hat das OLG Hamm[370] eine unterhaltsberech-

---

[360] BGH FamRZ 2001, 350, 352
[361] BGH FamRZ 2005, 442 Rn. 24
[362] NK-BGB/Schilling § 1615 l BGB Rn. 30
[363] Büttner FamRZ 2000, 781, 783; Wever/Schilling FamRZ 2002, 581, 587
[364] OLG Hamburg FamRZ 2005, 927, 928; Wever/Schilling FamRZ 2002, 581, 587
[365] NK-BGB/Schilling § 1615 l BGB Rn. 32; MAH/Wever § 10 Rn. 72; Eschenbruch/Klinkhammer/Menne, Kap. 4 Rn. 53
[366] BGH FamRZ 2005, 354; Hahne FF 2006, 24, 25
[367] Eschenbruch/Klinkhammer/Menne, Kap. 4 Rn. 54 m. w. N.; MAH/Wever § 10 Rn. 72; Göppinger/Wax/Maurer, Rn. 1337; vgl. BGH FamRZ 1998, 367, 369 = R 517 c
[368] KG FPR 2003, 671: Ein Vermögen von 75 000 DM blieb anrechnungsfrei; Wohlgemuth FuR 2007, 195, 201
[369] BGH FamRZ 2006, 1362, 1368 = R 656 b
[370] OLG Hamm FF 2000, 137, 139

1. Abschnitt: Ansprüche der Mutter oder des Vaters eines nichtehelichen Kindes § 7

tigte Mutter nicht für verpflichtet erachtet, zwei Mehrfamilienhäuser im Wert von über 500 000 DM (Wert nach Abzug der Belastungen etwa 200 000 DM) zu verwerten, weil der unterhaltsverpflichtete nichteheliche Vater über ein Vermögen von mehreren Millionen verfügte. Liegt kein Ungleichgewicht hinsichtlich der Vermögensverhältnisse von Vater und Mutter vor, kann auch die Verwertung eines vermieteten Einfamilienhauses zumutbar sein.[371]

3. Die Leistungsfähigkeit

Die Leistungsfähigkeit des Kindsvaters oder der Kindsmutter (beim Anspruch des Vaters auf Betreuungsunterhalt nach § 1615 l II 2 BGB) bestimmen sich durch die Verweisung auf die Vorschriften über die Unterhaltspflicht zwischen Verwandten nach §§ 1615 l III 1, 1603 I BGB. Nach diesen allgemeinen unterhaltsrechtlichen Grundsätzen ist nur derjenige unterhaltspflichtig, der in ausreichendem Maße leistungsfähig ist. **141**

Gegenüber dem Unterhaltsanspruch steht dem Pflichtigen der sog. **Selbstbehalt** zu. Literatur und Rechtsprechung gingen wegen der Verweisung auf den Verwandtenunterhalt (§ 1615 l III 1 BGB) ganz überwiegend davon aus, dass hier entsprechend § 1603 I BGB der angemessene oder große Selbstbehalt wie gegenüber volljährigen Kindern, nicht aber der notwendige Selbstbehalt maßgebend ist, der für verschärfte Unterhaltsverhältnisse wie zwischen minderjährigen Kindern und Eltern gilt. Nachdem bereits das Bundesverfassungsgericht[372] auf verfassungsrechtliche Bedenken wegen der unterschiedlichen Bemessung der Selbstbehalte bei den Ansprüchen aus § 1570 und § 1615 l BGB hingewiesen hatte, ist der BGH der überwiegenden Meinung nicht gefolgt. Wegen der vom Gesetzgeber vorgenommenen Annäherung an den Betreuungsunterhalt nach § 1570 BGB und wegen der Vorrangigkeit des Anspruchs gegenüber den Ansprüchen volljähriger Kinder kann nach Auffassung des BGH der Selbstbehalt nicht grundsätzlich abweichend vom Selbstbehalt gegenüber einem Unterhaltsanspruch nach § 1570 BGB bemessen werden. Einmal scheide deswegen die Annahme eines starren Betrags für den Selbstbehalt aus, andererseits müsse der Selbstbehalt regelmäßig hinter dem angemessenen Selbstbehalt zurückbleiben. Es bedürfe einer individuellen Billigkeitsabwägung anhand der besonderen Umstände des Falles. Der Tatrichter könne aber im Regelfall von einem hälftig zwischen dem angemessenen Selbstbehalt nach § 1603 I BGB und dem notwendigen Selbstbehalt nach § 1603 II BGB liegenden Betrag ausgehen.[373] Dieser lag nach 21.2/21.3 vieler Leitlinien[374] bei 935 EUR (Selbstbehalt für Nichterwerbstätige 770 EUR + angemessener Selbstbehalt 1100 EUR = 1870 EUR : 2). **142**

Inzwischen hat der BGH[375] die für § 1615 l BGB entwickelten Maßstäbe auch auf die Bemessung des Selbstbehalts beim Trennungsunterhalt und beim nachehelichen Ehegattenunterhalt übertragen, so dass gegenüber dem ein eheliches und ein nichteheliches Kind betreuenden Elternteil ein einheitlicher Selbstbehalt maßgebend ist, sofern nicht im Einzelfall eine Abweichung von dem gebildeten Mittelwert gerechtfertigt ist. Der Annäherung der Selbstbehaltssätze ist im Hinblick auf das Gebot des Art. 6 V GG, ehelichen und nichtehelichen Kindern die gleichen Entwicklungsbedingungen zu verschaffen, sowie angesichts der durch das Unterhaltsänderungsgesetz zum Ausdruck gekommenen Grundentscheidung des Gesetzgebers, kinderbetreuende Elternteile ohne Rücksicht darauf, ob sie verheiratet waren oder nicht, im Rang gleichzustellen (§ 1609 Nr. 2 BGB), zuzustimmen.[376] **143**

---

[371] OLG Koblenz NJW 2000, 669
[372] FamRZ 2004, 1013
[373] BGH FamRZ 2005, 354 = R 624; vgl. Anm. Bömelburg FF 2005, 104; BGH FamRZ 2005, 357
[374] Z. B. Süddeutsche Leitlinien, FamRZ 2005, 1376, 1379 und 2008, 231, 233
[375] BGH FamRZ 2009, 307 Rn. 26, 27 = R 699; BGH FamRZ 2009, 311 Rn. 20; BGH FamRZ 2006, 683; Büttner FamRZ 2006, 765 (Anm.)
[376] MAH/Weber § 10 Rn. 73 b; Eschenbruch/Klinkhammer/Menne, Kap. 4; Schilling Rn. 55; FamRZ 2006, 1, 3

§ 7 Unterhalt zwischen nicht verheirateten Eltern und zwischen Lebenspartnern

144 Nach der **Düsseldorfer Tabelle** und den **oberlandesgerichtlichen Leitlinien** gelten folgende (monatliche) Selbstbehaltssätze für den Unterhaltsverpflichteten (Stand vom 1. 1. 2011):

- **Düsseldorfer Tabelle D. II.:**
Angemessener Selbstbehalt gegenüber der Mutter und dem Vater eines nichtehelichen Kindes (§§ 1615l, 1603 Abs. 1 BGB): 1050 EUR, unabhängig davon, ob erwerbstätig oder nicht. Hierin sind bis 400 EUR für Unterkunft einschließlich umlagefähiger Nebenkosten und Heizung (Warmmiete) enthalten.
- **Süddeutsche Leitlinien (Oberlandesgerichte Bamberg, Karlsruhe, München, Nürnberg, Stuttgart und Zweibrücken) Nr. 21.3.2:**
Gegenüber Anspruchsberechtigten nach § 1615l BGB ist der Selbstbehalt in der Regel mit einem Betrag zu bemessen, der zwischen dem angemessenen Selbstbehalt des Volljährigen nach § 1603 I BGB und dem notwendigen Selbstbehalt nach § 1603 II BGB liegt, in der Regel mit 1050 EUR. Darin sind Kosten für Unterkunft und Heizung von 400 EUR enthalten.
- **Kammergericht Berlin Nr. 21.3.2:**
Gegenüber Anspruchsberechtigten nach § 1615l BGB ist der Selbstbehalt in der Regel mit einem Betrag zu bemessen, der zwischen dem angemessenen Selbstbehalt des Volljährigen nach § 1603 Abs. 1 BGB und dem notwendigen Selbstbehalt nach § 1603 Abs. 2 BGB liegt. Er beträgt in der Regel 1050 EUR.
- **OLG Brandenburg Nr. 21.4:**
Der Selbstbehalt gegenüber dem getrennt lebenden und geschiedenen Ehegatten (vgl. dazu BGH, FamRZ 2006, 683) beträgt in der Regel 1000 EUR (billiger Selbstbehalt). Dieser Betrag gilt auch in den Fällen des § 1615l BGB (BGH FamRZ 2005, 354).
- **OLG Braunschweig Nr. 21.3.2:**
Bei Ansprüchen aus § 1615l BGB ist der Selbstbehalt in der Regel mit einem Betrag zu bemessen, der zwischen dem angemessenen Selbstbehalt nach § 1603 Abs. 1 BGB und dem notwendigen Selbstbehalt nach § 1603 Abs. 2 BGB liegt.
- **OLG Bremen Nr. 21.3.2 i. V. m. 21.4:**
Gegenüber der Mutter/dem Vater nichtehelicher Kinder entspricht er dem Selbstbehalt nach Nr. 21.4.; er beträgt somit in der Regel 1050 EUR.
Der Selbstbehalt gegenüber getrennt lebenden und geschiedenen Ehegatten ist sowohl bei Erwerbstätigkeit als auch bei mangelnder Erwerbstätigkeit des Unterhaltspflichtigen mit einem Betrag zu bemessen, der zwischen dem notwendigen Selbstbehalt nach § 1603 II BGB (770/950 EUR) und dem angemessenen Selbstbehalt nach § 1603 I BGB (1150 EUR) liegt, in der Regel mit 1050 EUR. Darin enthalten sind Kosten des Wohnbedarfs von 400 EUR.
- **OLG Celle Nr. 21.3.2:**
Gegenüber Anspruchsberechtigten nach § 1615l BGB ist der Selbstbehalt in der Regel mit einem Betrag zu bemessen, der zwischen dem angemessenen Selbstbehalt des Volljährigen nach § 1603 I BGB und dem notwendigen Selbstbehalt nach § 1603 II BGB liegt (BGH FamRZ 2005, 354), in der Regel mit 1050 EUR.
- **OLG Dresden Nr. 21.3.1:**
Er beträgt gegenüber nicht privilegierten volljährigen Kindern 1150 EUR und gegenüber der Mutter/dem Vater eines nichtehelichen Kindes in der Regel 1050 EUR. Hierin sind Kosten für Unterkunft (einschließlich umlagefähiger Nebenkosten) und Heizung in Höhe von 450 EUR enthalten (vgl. auch 21.5.2.).
- **OLG Düsseldorf Nr. 21.3.2:**
Der angemessene Selbstbehalt gegenüber dem Ehegatten sowohl beim Trennungs- als auch beim nachehelichen Unterhalt und gegenüber Ansprüchen nach § 1615l BGB beträgt 1000 EUR, unabhängig davon, ob der Unterhaltspflichtige erwerbstätig ist oder nicht.
- **OLG Frankfurt Nr. 21.3.2:**
Gegenüber Anspruchsberechtigten nach § 1615l BGB entspricht der Selbstbehalt dem eheangemessenen Selbstbehalt (Nr. 21.4).

1. Abschnitt: Ansprüche der Mutter oder des Vaters eines nichtehelichen Kindes § 7

21.4 Mindestselbstbehalt gegenüber Ehegatten
Der eheangemessene Selbstbehalt gegenüber getrennt lebenden und geschiedenen Unterhaltsberechtigten sowie der Selbstbehalt gegenüber einem Anspruch nach § 1615l BGB (Nr. 21.3.2) ist bei Erwerbstätigen in der Regel mit 1050 EUR zu bemessen, bei nicht Erwerbstätigen mit regelmäßig 975 EUR (Mittelbetrag zwischen notwendigem und angemessenem Selbstbehalt), davon 430 EUR für den Wohnbedarf (330 EUR Kaltmiete, 100 EUR Nebenkosten und Heizung).
- **OLG Hamburg Nr. 21.3.2:**
Gegenüber Anspruchsberechtigten nach § 1615l BGB entspricht der Selbstbehalt dem eheangemessenen Selbstbehalt (vgl. Nr. 21.4)
21.4 Gegenüber Ehegatten und geschiedenen Ehegatten gilt grundsätzlich der eheangemessene Selbstbehalt (§§ 1361, 1578 BGB). Im Regelfall beträgt dieser für den Nichterwerbstätigen und Erwerbstätigen 1050 EUR. Er ist nach unten durch den notwendigen Selbstbehalt und nach oben durch den angemessenen Selbstbehalt begrenzt.
- **OLG Hamm Nr. 21.3.3:**
Der angemessene Selbstbehalt gegenüber der **Mutter/dem Vater eines nichtehelichen Kindes** (§ 1615l BGB) entspricht dem billigen Selbstbehalt gegenüber dem Ehegatten (Nr. 21.4.1).
21.4 Eheangemessener Selbstbehalt
21.4. Der Selbstbehalt des Pflichtigen gegenüber dem Anspruch des Ehegatten (**billiger Selbstbehalt**) beträgt in der Regel mindestens 960 EUR, bei Erwerbstätigkeit des Pflichtigen 1050 EUR, auch wenn bei dem berechtigten Ehegatten minderjährige oder privilegierte volljährige Kinder leben, die ebenfalls Unterhaltsansprüche gegen den Pflichtigen haben.
- **OLG Jena Nr. 21.4:**
Er beträgt gegenüber dem getrennt lebenden und geschiedenen Ehegatten (eheangemessener Selbstbehalt) sowie dem nach § 1615l BGB Unterhaltsberechtigten: 1050 EUR Darin enthalten sind 330 EUR Kaltmiete bzw. 430 EUR für Unterkunft einschließlich umlagefähiger Nebenkosten und Heizung (Warmmiete).
- **OLG Koblenz Nr. 21.3.2:**
Er beträgt gegenüber Ansprüchen nach 1615l BGB monatlich 1050 EUR.
- **OLG Köln Nr. 21.3.2:**
Der angemessene Selbstbehalt beträgt:
21.3.2 gegenüber Anspruchsberechtigten nach § 1615l BGB 1050 EUR. Hierin sind Kosten für Unterkunft und Heizung in Höhe von 400 EUR enthalten
- **OLG Naumburg Nr. 21.3.1:**
Der angemessene Selbstbehalt gegenüber volljährigen Kindern und der Mutter oder dem Vater eines nichtehelichen Kindes beträgt in der Regel 1100 EUR. Er kann nach den Umständen des Einzelfalles, insbesondere bei nichterwerbstätigen Unterhaltsschuldnern, herabgesetzt werden.
- **OLG Oldenburg Nr. 21.3.2:**
Im Übrigen ist der angemessene Selbstbehalt zu wahren. Dieser beträgt (...) 1050 EUR bei Ansprüchen aus §§ 1570, 1615l BGB.
- **OLG Rostock Nr. 21.5:**
Gegenüber der Mutter oder dem Vater nichtehelicher Kinder nach § 1615l Abs. 1 BGB beträgt der angemessene Selbstbehalt 1050 EUR.
- **OLG Saarbrücken Nr. 5:**
Der Selbstbehalt des Unterhaltsverpflichteten beträgt ... 3. gegenüber dem getrennt lebenden und dem geschiedenen Ehegatten oder der Mutter/dem Vater eines nichtehelichen Kindes unabhängig davon, ob erwerbstätig oder nicht erwerbstätig 1050 EUR, unabhängig davon, erwerbstätig oder nicht;
- **OLG Schleswig Nr. 21.3.1:**
21.3 Der angemessene Selbstbehalt beträgt 1050 EUR.
21.3.2 Gegenüber Ansprüchen aus § 1615l BGB gilt der angemessene Selbstbehalt.
Nach dem bis zum 31. 12. 2007 geltenden Unterhaltsrecht kamen, wenn der Unterhaltspflichtige verheiratet war und sich sein Einkommen durch ein **Ehegattensplitting** er-

höht hatte, die steuerlichen Vorteile allein der bestehenden Ehe zugute, nicht jedoch dem Unterhaltsanspruch der geschiedenen Ehefrau[377] oder dem nach § 1615l BGB Berechtigten.[378] Das Einkommen war in diesem Fall fiktiv nach Steuerklasse I zu berechnen.[379] Für die seit dem 1. 1. 2008 entstandenen Ansprüche auf Trennungs- und Geschiedenenunterhalt hat der BGH entschieden, dass die tatsächliche Steuerbelastung unter Berücksichtigung des Splittingvorteils bei der Berechnung maßgebend ist. Hinsichtlich der Unterhaltsansprüche aus § 1615l BGB hat der BGH entschieden, dass es in Fällen, in denen der nach § 1615l BGB Unterhaltsberechtigte dem Ehegatten des Unterhaltspflichtigen nach § 1609 BGB im Rang vorgeht, bei der früheren Rechtsprechung verbleibt mit der Folge, dass der Splittingvorteil allein der Ehe zu Gute kommt und eine fiktive Steuerberechnung vorzunehmen ist.[380] Noch nicht entschieden ist die Konstellation, dass der nach § 1615l BGB Unterhaltsberechtigte und die Ehegatte des Unterhaltspflichtigen im gleichen Rang stehen. Beim Verwandtenunterhaltsrecht kommt es immer auf das tatsächlich bezogene Einkommen an. Der Splittingvorteil aus einer neuen Ehe kommt deshalb allen Kindern des Unterhaltspflichtigen, egal ob ehelich oder nichtehelich, zu gute. Wegen des Verweises von § 1615l III 1 BGB auf das Verwandtenunterhaltsrecht und der Vergleichbarkeit mit der Situation beim nachehelichen Unterhalt ist es geboten, den Splittingvorteil in solchen Konstellationen zu berücksichtigen und für die Leistungsfähigkeit des Unterhaltspflichtigen wie beim Ehegattenunterhalt auf die tatsächliche Steuerlast abzustellen.[381] Dies ist auf jeden Fall berechtigt, soweit es infolge der Anwendung der Drittelmethode zu einer Kürzung des Bedarfs des nach § 1615l BGB unterhaltsberechtigten Elternteils kommt.[382]

146 Den Unterhaltsberechtigten trifft im Verhältnis zu dem betreuenden Elternteil eine Erwerbsobliegenheit. Erfüllt er diese nicht, ist er in Höhe eines **fiktiv erzielbaren Einkommens** als leistungsfähig zu betrachten.[383] Soweit eine reale Beschäftigungschance besteht, muss er seine Arbeitskraft entsprechend seiner Vorbildung, seinen Fähigkeiten und der Arbeitsmarktlage in zumutbarer Weise bestmöglich einsetzen.[384] Da § 1615l BGB jedoch keine gesteigerte Unterhaltspflicht beinhaltet, dürfen an den Unterhaltspflichtigen keine zu hohen Anforderungen gestellt werden.[385] Von einem **Studenten** ohne abgeschlossene Berufsausbildung, der sich im Regelstudium befindet, kann nicht die Aufgabe des Studiums verlangt werden.[386] Von einem Unterhaltspflichtigen, der bereits über eine abgeschlossene Berufsausbildung verfügt, kann jedoch erwartet werden, dass eine mit dem Verlust des gesicherten Arbeitsplatzes verbundene Weiterbildungsmaßnahme zurückgestellt wird.[387] Ein selbstständiger Landwirt muss nicht den gepachteten Hof aufgeben und sich eine abhängige Beschäftigung suchen.[388]

147 Vom Einkommen des Unterhaltspflichtigen sind die Aufwendungen für seine **Kranken- und Altersvorsorge** (bis zu **24%** des gesamten Bruttoeinkommens für die Altersvorsorge) abzugsfähig.[389]

148 Zu berücksichtigen sind ferner die vorrangigen Abzüge für den **Unterhalt der minderjährigen Kinder** (§ 1609 Nr. 1 BGB). Der Kindesunterhalt ist seit dem 1. 1. 2008 nicht mehr in Höhe des Tabellenbetrages, sondern nur noch mit dem **Zahlbetrag** abziehbar,

---

[377] BVerfG FamRZ 2003, 1821
[378] OLG Düsseldorf FamRZ 2005, 1772, 1773; OLG Koblenz FamRZ 2004, 973
[379] OLG Koblenz FamRZ 2004, 973
[380] BGH FamRZ 2008, 1739, 1746
[381] So auch Eschenbruch/Klinkhammer/Menne, Kap. 4 Rn. 56
[382] Schilling FF 2008, 279, 290; MAH/Wever § 10 Rn. 73 d; NK-BGB/Schilling § 1615l BGB Rn. 32
[383] KG FamRZ 1998, 556, 557; OLG Düsseldorf FamRZ 1989, 1226, 1228
[384] NK-BGB/Schilling § 1615l BGB Rn. 32
[385] OLG Oldenburg NJW-RR 2000, 1249
[386] OLG Frankfurt FamRZ 1982, 732
[387] LG Arnsberg FamRZ 1997, 1297
[388] OLG Oldenburg NJW-RR 2000, 1249
[389] BGH FamRZ 2008, 1739, 1745; OLG Koblenz OLGR 2009, 521

1. Abschnitt: Ansprüche der Mutter oder des Vaters eines nichtehelichen Kindes § 7

denn gemäß § 1612 b I 2 BGB ist das Kindergeld zur Deckung des Barbedarfs des Kindes zu verwenden.[390]

Da sich die Leistungsfähigkeit des Unterhaltspflichtigen gemäß § 1615 l III BGB i. V. m. § 1603 I BGB richtet, entfällt die Unterhaltspflicht, wenn der Unterhaltspflichtige bei Berücksichtigung seiner sonstigen Verpflichtungen außerstande ist, ohne Gefährdung seines angemessenen Unterhalts den Unterhalt zu gewähren. Die Berücksichtigungsfähigkeit von **Schulden** richtet sich danach grundsätzlich nach den für den Unterhalt Volljähriger geltenden Maßstäben.[391] Allerdings kann nach der Rechtsprechung des BGH der gegenüber dem Unterhaltsanspruch volljähriger Kinder stärker ausgestaltete Charakter des Anspruchs auf Unterhalt aus Anlass der Geburt auch zu einer stärkeren Haftung führen.[392] Das kann zur Folge haben, dass Schulden bei der Berechnung des Unterhaltsanspruchs eines nach § 1615 l BGB Berechtigten nur in eingeschränktem Maße abzugsfähig sind.[393] 149

Der Unterhaltsverpflichtete hat – anders als im Verhältnis zu seinen minderjährigen Kindern[394] – keine Obliegenheit zur Einleitung eines **Insolvenzverfahrens** mit anschließender Restschuldbefreiung, wenn er wegen seiner Schulden nicht oder nur eingeschränkt leistungsfähig ist.[395] Nach Auffassung des OLG Koblenz besteht auch keine Verpflichtung des Unterhaltspflichtigen, sich um einen geringeren Tilgungsbetrag zu bemühen oder sich auf den Pfändungsschutz zu berufen (§§ 850 II, 850 c, 850 i ZPO), wenn dies zur Folge hätte, dass die Schulden weiter stiegen.[396] 150

Wenn der unterhaltspflichtige Elternteil den Unterhalt aus seinem Einkommen nicht bestreiten kann, ist er wie ein nicht gesteigerter unterhaltspflichtiger Verwandter nach § 1603 I BGB verpflichtet, seinen **Vermögensstamm** einzusetzen.[397] Diese Obliegenheit besteht nicht, wenn die Verwertung des Vermögens mit einem wirtschaftlich nicht vertretbaren Nachteil verbunden wäre, z. B. weil der eigene lebenslange Unterhalt gefährdet wäre.[398] 151

IV. Rangverhältnisse und Unterhaltskonkurrenzen

1. Mehrere Unterhaltsberechtigte

a) Rangfolge. Wenn ein Unterhaltspflichtiger außer gegenüber dem betreuenden Elternteil noch weitere Unterhaltspflichten zu erfüllen hat und nicht über genügend Einkommen verfügt, um unter Beachtung des ihm zustehenden Selbstbehalts allen Berechtigten Unterhalt nach deren Bedarf zu gewähren, bestimmt sich die Rangfolge der Bedürftigen nach § 1609 BGB, der über § 1615 l III 1 BGB anwendbar ist. Je nach Höhe des verteilungsfähigen Einkommens entfallen ggf. die Unterhaltsansprüche der nachfolgenden Rangstufe. Dies kann der Fall sein, wenn jeweils der volle Unterhaltsbedarf eines vorrangig Unterhaltsberechtigten befriedigt wird, bevor der nachrangige Anspruch berücksichtigt wird.[399] Nach dem Willen des Gesetzgebers sollen jedoch im Verhältnis zwischen einem minderjährigen oder gleichgestellten Kind und dem betreuenden Elternteil auch **rangübergreifend ausgewogene Ergebnisse** erzielt werden.[400] Dies soll dadurch erreicht wer- 152

---

[390] BGH FamRZ 2009, 1477, 1478
[391] MAH/Wever § 10 Rn. 74 a
[392] BGH FamRZ 2005, 354, 356
[393] OLG Stuttgart FamRZ 2007, 1839
[394] BGH FamRZ 2005, 608
[395] OLG Koblenz NJW-RR 2005, 1457; jurisPK/Viefhues § 1615 l BGB Rn. 97; NK-BGB/Schilling § 1615 l BGB Rn. 32
[396] OLG Koblenz NJW-RR 2005, 1457; jurisPK/Viefhues § 1615 l BGB Rn. 98; NK-BGB/Schilling § 1615 l BGB Rn. 32; Schürmann FamRZ 2005, 887, 888
[397] Näheres siehe Rn. 2/623
[398] BGH FamRZ 1989, 170 (Kindesunterhalt)
[399] Born NJW 2008, 1, 2; Vossenkämper FamRZ 2008, 201, 210; Schürmann FamRZ 2008, 313, 320
[400] BT-Drucks. 16/1830, S. 24

den, dass in dem bei der Festsetzung des Unterhalts innerhalb der ersten Rangstufe auf eine mögliche Höhergruppierung des Kindesunterhalts wegen einer entsprechend geringeren Anzahl von Unterhaltsberechtigten verzichtet wird oder der **Kindesunterhalt** aus einer höheren Einkommensgruppe der Düsseldorfer Tabelle in eine niedrigere **herabgestuft** wird. Die Herabstufung kann bis hinunter in die erste Einkommensgruppe, die den Mindestunterhalt enthält, erfolgen.[401] Alternativ kann eine angemessene Aufteilung des verfügbaren Einkommens unter Beachtung der in der Düsseldorfer Tabelle aufgeführten Bedarfskontrollbeträge erfolgen.[402]

153 Gegenüber dem Unterhaltsanspruch aus § 1615l BGB sind die **Ansprüche** der zu betreuenden **Kinder** sowie sämtliche Unterhaltsansprüche anderer minderjähriger unverheirateter sowie gleichgestellter volljähriger, nach § 1603 II 2 BGB privilegierter Kinder des Unterhaltspflichtigen **vorrangig** (§ 1609 Nr. 1 BGB).

154 Mit dem Unterhaltsanspruch des nach § 1615l BGB Berechtigten **gleichrangig** sind die Unterhaltsansprüche aller sonstigen Elternteile, die wegen der Betreuung eines gemeinschaftlichen Kindes unterhaltsberechtigt sind oder es bei einer gedachten Trennung oder Scheidung wären. Zu diesen Ansprüchen gehören insbesondere die Ansprüche auf
- Familienunterhalt gemäß § 1360 BGB,
- Trennungsunterhalt gemäß § 1361 BGB,
- Betreuungsunterhalt für Geschiedene gemäß § 1570 BGB,
- Lebenspartnerschaftsunterhalt, soweit der unterhaltsberechtigte Elternteil (§§ 5, 12, 16 LPartG) das angenommene Kind des anderen Lebenspartner betreut (§ 9 VII LPartG)),
- Ehegattenunterhalt und nachehelicher Unterhalt bei einer Ehe von langer Dauer (§ 1609 Nr. 2 BGB).

155 Die Unterhaltsansprüche aller anderen Berechtigten sind gegenüber dem Unterhaltsanspruch aus § 1615l BGB **nachrangig**. Es sind dies die Ansprüche der
- volljährigen, nicht privilegierten Kinder (§ 1609 Nr. 4 BGB),
- Ehegatten, die keine Kinder betreuen und deren Ehe nicht von langer Dauer war (§ 1609 Nr. 3 BGB),
- Enkelkinder und weiteren Abkömmlinge des Unterhaltspflichtigen (§ 1609 Nr. 5 BGB),
- Eltern des Unterhaltspflichtigen (§ 1609 Nr. 6 BGB),
- sonstigen Verwandten des Unterhaltspflichtigen (§ 1609 Nr. 7 BGB).

156 **Innerhalb einer Rangstufe** ist der für den Unterhalt zur Verfügung stehende Betrag entsprechend der Höhe des Bedarfs der Unterhaltsberechtigten zu verteilen. Wenn ein getrennt lebender oder geschiedener Ehegatte und ein betreuender Elternteil eines nichtehelichen Kindes im gleichen Rang unterhaltsberechtigt sind und das Einkommen des Unterhaltspflichtigen nach Abzug des vorrangigen Kindesunterhalts nicht ausreicht, um beiden Elternteilen Unterhalt zu leisten, ist zu überlegen, mit welchen Einsatzbeträgen die Gläubiger in der Unterhaltsberechnung, die in einem solchen Fall eine **Mangelfallberechnung** darstellt, zu berücksichtigen sind. Die Einsatzbeträge richten sich nach der Höhe des jeweiligen Bedarfs des Unterhaltsberechtigten. Während sich das Maß des zu gewährenden Unterhalts für einen nach § 1615l BGB Berechtigten nach seiner Lebensstellung bestimmt (vgl. oben Rn. 91) und sein Bedarf durch den durch die Dreiteilung ermittelten Betrag nach oben hin begrenzt ist,[403] richtet sich der Bedarf des getrennt lebenden oder geschiedenen Ehegatten nach den ehelichen Lebensverhältnissen (§ 1578 BGB). Unter Beachtung der Drittelmethode (siehe oben Rn. 119) und der Mindestbedarfsätze kann eine ausgewogene Verteilung des zur Verfügung stehenden Einkommens erfolgen.

157 **Beispiel:**
Einkommen des Verpflichteten (V) nach Abzug des vorrangigen
Kindesunterhalts: 3300 €
Einkommen des nichtehelichen Elternteils (A): 0 €,

---

[401] OLG Köln FamRZ 2008, 2119, 2120; Gerhardt FamRZ 2007, 945, 948; Hauß FamRB 2008, 52, 56; Menne FamRB 2008, 145, 149; Klinkhammer FamRZ 2008, 193, 197; Reinken FPR 2008, 9, 11
[402] Dose JAmt 2009, 1, 5 f.
[403] Siehe oben Rn. 119; Bömelburg FF 2008, 332, 334 (Anm.)

1. Abschnitt: Ansprüche der Mutter oder des Vaters eines nichtehelichen Kindes § 7

Einkommen vor der Geburt, d. h. Bedarf nach § 1610 BGB:	2000 €
Einkommen des geschiedenen Elternteils (B):	0 €

Lösung:
Bedarf (Einsatzbetrag) für § 1615 l BGB: 2 000 €, aber begrenzt auf:	943 € (3300 € – 1/7 = 2829 € : 3)
Selbstbehalt des Unterhaltspflichtigen:	1050 €
Unterhaltsanspruch der betreuenden Elternteile:	je 943 € (2829 € : 3)
Selbstbehalt des Unterhaltspflichtigen ist gewahrt:	1414 € (3300 € – 943 € – 943 €)

Alternative:
Einkommen des Verpflichteten nach Abzug des vorrangigen Kindesunterhalts:	2555 €
Bedarf (Einsatzbetrag) für A nach § 1615 l BGB: 2 000 €, aber begrenzt auf:	730 € (2555 € – 1/7 : 3)
Unterhaltsanspruch der betreuenden Elternteile:	je 730 € (2190 € : 3)
Selbstbehalt des Unterhaltspflichtigen:	1050 €
Selbstbehalt des Unterhaltspflichtigen:	1095 € (2555 € – 730 € – 730 €)
Weitere Verteilungsmasse:	45 € (1095 € – 1050 €)

V könnte die restlichen 45 EUR an A zahlen, so dass sich ihr Unterhaltsanspruch auf 775 EUR beliefe. Da der Mindestbedarf jedoch bei 770 EUR liegt, wäre eine Schlechterstellung eines betreuenden Elternteils, hier der B, die Folge. Nach der am Ende einer jeden Unterhaltsberechnung vorzunehmenden **Angemessenheitskontrolle** ist allen betreuenden Elternteilen solange der gleiche Unterhaltsbetrag zu gewähren, bis bei beiden der Mindestbedarf (notwendiger Bedarf) in Höhe von derzeit 770 EUR gedeckt ist. Wenn darüber hinaus noch ein Restbetrag zur Verfügung steht, kann dieser dem Elternteil mit dem höheren Bedarf zugeteilt werden.[404]

b) Unterhaltstatbestände des § 1615 l BGB und zweite Rangstufe des § 1609 BGB. Nach der Begründung des Gesetzgebers[405] zum UÄndG umfasst der zweite Rang nach § 1609 Nr. 2 BGB nicht nur den Betreuungsunterhaltsanspruch nach § 1615 l II 2 bis 5, IV BGB, sondern alle von § 1615 l gewährten Unterhaltsansprüche nicht verheirateten betreuenden Elternteile. Erfasst sind damit auch der Mutterschutzunterhalt (§ 1615 l I 1 BGB), der Ersatz von Schwangerschafts- und Entbindungskosten (§ 1615 l 2 BGB) sowie der erweiterte Unterhalt wegen Schwangerschaft oder Krankheit (§ 1615 l II 1 BGB) und ebenfalls die Ansprüche der Mutter bei einer Fehl- oder Totgeburt (§ 1615 n BGB). **158**

Da es für die Einordnung eines Unterhaltsanspruchs in den zweiten Rang des § 1609 BGB in erster Linie auf die Kindesbetreuung ankommt, werden gegen die Einbeziehung der übrigen Ansprüche verfassungsrechtliche Bedenken geltend gemacht.[406] Denn ein Anspruch einer nichtehelichen Mutter, die wegen einer durch die Schwangerschaft verursachten Krankheit gemäß § 1615 l II 1 BGB unterhaltsberechtigt ist, ohne zugleich ein Kind zu betreuen, könnte gegenüber einem Unterhaltsanspruch einer Ehefrau wegen Krankheit aus § 1361 BGB oder § 1572 BGB vorrangig sein, was zu einem **Wertungswiderspruch**[407] führen könnte. Zudem erfasst § 1570 BGB solche Unterhaltstatbestände nicht. Daher könnte eine Kinder betreuende Mutter, die wegen einer durch die Schwangerschaft verursachten Krankheit nach § 1572 BGB unterhaltsberechtigt ist, gemäß § 1609 Nr. 3 BGB in den dritten Rang fallen. Andererseits könnte aber ein Ausklammern der oben genannten Ansprüche aus dem zweiten Rang dazu führen, dass diese Ansprüche der nichtehelichen Mutter mangels einer ausdrücklichen Benennung in § 1609 BGB hinter den Unterhaltsansprüchen der Eltern des Vaters zurücktreten müssten.[408] **159**

Im Ergebnis ist daher der Intention des Gesetzgebers mit der Maßgabe zu folgen, dass die entsprechenden ehelichen Unterhaltsansprüche, die mit der Geburt des Kindes zusammen- **160**

---

[404] Schilling FF 2008, 279, 291; Wever FamRZ 2008, 553, 560; MAH/Wever § 10 Rn. 97
[405] BT-Drucks. 16/1830 S. 32
[406] NK-BGB/Schilling § 1615 l BGB Rn. 43; Schilling FPR 2008, 27, 31; Eschenbruch/Klinkhammer/Menne, Kap. 4 Rn. 63 ff.
[407] A. A. Palandt/Brudermüller § 1615 l BGB Rn. 31
[408] NK-BGB/Schilling § 1615 l BGB Rn. 43

hängen, im Wege einer **verfassungskonformen Auslegung** ebenso wie die entsprechenden Ansprüche aus § 1615 l BGB als Ansprüche im Sinne des § 1609 Nr. 2 BGB behandelt werden.[409]

2. Mehrere Unterhaltspflichtige

161   Der Anspruch aus § 1615 l BGB kann mit Unterhaltsansprüchen des Berechtigten gegen andere Schuldner zusammentreffen. Denkbar ist eine Konstellation, bei der nicht nur der nach § 1615 l BGB Verpflichtete, sondern auch die Eltern des betreuenden anderen Elternteils ihrem Kind gegenüber noch unterhaltspflichtig sind. Solche Konstellationen werden durch § 1615 l III 2 BGB erfasst.

162   Nur unvollständig geregelt ist das Rangverhältnis der Unterhaltsansprüche gegenüber mehreren, nach § 1615 l BGB haftenden Unterhaltspflichtigen, z. B. weil der betreuende Elternteil mehrere Kinder verschiedener Väter/Mütter betreut. Denkbar sind auch Fallgestaltungen, in denen der nach § 1615 l BGB Unterhaltsberechtigte auch noch Unterhaltsansprüche gegenüber dem früheren Ehepartner hat, weil er Kinder aus dieser Ehe betreut oder weil er andere, aus der Ehe resultierende Unterhaltsansprüche geltend machen kann.

163   **a) Unterhaltsverpflichteter Vater und Verwandte der Mutter.** Das Rangverhältnis zwischen dem Vater des nichtehelichen Kindes und den unterhaltspflichtigen Verwandten der Mutter regelt § 1615 l III 2 BGB. Danach haftet der **Vater vor den Verwandten.** Die Mutter hat nur dann gemäß § 1607 I BGB einen Anspruch gegen ihre **Eltern** (nicht die Eltern des Vaters[410]), soweit sie keinen Unterhalt von dem leistungsunfähigen Erzeuger ihres Kindes erlangen kann.[411] Dies gilt auch dann, wenn der betreuende Elternteil noch minderjährig ist. In solchen Fällen können die Verwandten der Mutter keinen Rückgriff beim Vater nehmen, wenn dieser später wieder leistungsfähig wird.[412]

164   Die Verwandten müssen in entsprechender Anwendung des § 1607 II 1 BGB auch dann eintreten, wenn die Vaterschaft eines außerhalb einer Ehe geborenen Kindes noch nicht gerichtlich oder durch Anerkennung festgestellt ist, weil der Vater in einem solchen Fall noch nicht in Anspruch genommen werden kann.[413] Nachrangige Verwandte müssen ferner nach § 1607 II BGB die Unterhaltslast übernehmen, wenn die Rechtsverfolgung gegen den Vater im Inland erheblich erschwert oder ausgeschlossen ist.[414] Entsprechendes gilt, wenn der Verpflichtete nur wegen zurechenbarer fiktiver Einkünfte als leistungsfähig zu betrachten ist und eine Realisierung des Anspruchs durch eine Vollstreckung in das Vermögen des Vaters nicht möglich ist.[415] Die Darlegungs- und Beweislast dafür, dass der Anspruch gegen den primär Unterhaltspflichtigen nicht durchsetzbar ist oder dass dieser nicht leistungsfähig ist, trägt der Unterhaltsberechtigte.[416] Bei der Ersatzhaftung nach § 1607 II BGB ergibt sich für nachrangig Haftende eine **Rückgriffsmöglichkeit** nach § 1607 II 2 BGB.[417]

165   Nachrangig haftende Verwandte sind grundsätzlich nur nach den für sie im Verhältnis zum Unterhaltsberechtigten maßgeblichen Vorschriften unterhaltspflichtig. Eltern haften gegenüber ihren Kindern in der Regel nach § 1602 BGB. Möglich ist auch ein Anspruch gegen die Eltern aus § 1610 II BGB auf Ausbildungsunterhalt.[418] Nach einer Entscheidung

---

[409] Wever FamRZ 2008, 553, 561; Schilling FPR 2008, 27, 31; NK-BGB/Schilling § 1615 l BGB Rn. 43
[410] OLG Nürnberg FamRZ 2001, 1322
[411] OLG Koblenz FamRZ 2004, 1892; OLG Nürnberg FamRZ 2001, 1322; OLG Düsseldorf FamRZ 1989, 1226, 1228
[412] Palandt/Brudermüller § 1607 BGB Rn. 13
[413] OLG Brandenburg FamRZ 2004, 560
[414] OLG Brandenburg FamRZ 2004, 560
[415] OLG Frankfurt NJW 2009, 3105, 3108; OLG Düsseldorf FamRZ 1989, 1226, 1228
[416] KG FamRZ 1998, 556; Wever/Schilling FamRZ 2002, 581, 587; Eschenbruch/Klinkhammer/Menne, Kap. 4 Rn. 71
[417] BGH FamRZ 1998, 541, 544
[418] OLG Schleswig – 8 UF 77/00, BeckRS 2001, 301 67340; OLG Düsseldorf FamRZ 1989, 1226, 1228; OLG Koblenz FF 2004, 117

1. Abschnitt: Ansprüche der Mutter oder des Vaters eines nichtehelichen Kindes § 7

des BGH[419] aus dem Jahre 1984 haften die Eltern einer Kindesmutter im Rahmen der Ersatzhaftung **nicht strenger** als der Erzeuger des Kindes selbst.[420] Da nach der seinerzeitigen Gesetzeslage eine kinderbetreuende Mutter gemäß § 1615l II BGB einen Anspruch auf Betreuungsunterhalt nur für maximal ein Jahr hatte, wenn sie nicht oder nur beschränkt erwerbstätig war, weil das Kind sonst nicht hätte versorgt werden können, hat der BGH diese Maßstäbe auch für die Frage der Erwerbsobliegenheit eines erwachsenen Abkömmlings wegen der Betreuung eines Kindes im Rahmen der Ersatzhaftung der Eltern angewandt.[421] In der Folgezeit hat sich in der Rechtsprechung der OLGe eine Tendenz herausgebildet, nach der den betreuenden Elternteil im Verhältnis zu seinen Eltern je nach Entwicklungsstand des Kindes etwa nach **eineinhalb bis zwei Jahren** eine Erwerbsobliegenheit trifft, wenn und soweit eine Fremdbetreuung sichergestellt ist.[422] Der betreuende Elternteil kann sich dabei nicht – wie gegenüber dem anderen Elternteil – darauf berufen, dass Kind selbst betreuen zu wollen; er muss eine mögliche Betreuung des Kindes durch Dritte in Anspruch nehmen, sei es durch den anderen Elternteil oder durch Verwandte oder in einem Kindergarten.

Setzt man die Rechtsprechung des BGH aus dem Jahre 1984 konsequent fort, kann sich 166
die Dauer der Verpflichtung zur Zahlung von Unterhalt auch heute an den in § 1615l II BGB normierten Zeitspannen orientieren. Der Gesetzgeber geht seit dem 1. 1. 2008 von der Möglichkeit aus, dass die Betreuung von Kindern der Aufnahme einer Berufstätigkeit entgegenstehen kann, bis das Kind zumindest das dritte Lebensjahr vollendet hat. Diese zeitliche Schranke muss im Ergebnis auch für die Verwandten eines betreuenden Elternteils gelten mit der Folge, dass Letzterer im Verhältnis zu ihnen erst nach Ablauf dieser Zeit darauf verwiesen werden kann, sich um eine Stelle zu bemühen.[423] Eine Weiterentwicklung der höchstrichterlichen Rechtsprechung aus dem Jahre 1984 in diesem Sinne wäre wünschenswert.

Die Zeitspanne, in der Eltern im Wege der Ersatzhaftung nach § 1615l III, 1607 BGB 167
auf Unterhalt in Anspruch genommen werden können, sollte daher für die Zeit von bis zu drei Jahren unter Zugrundelegung der konkreten Betreuungsmöglichkeiten für das Kind und den damit verknüpften Verdienstmöglichkeiten des unterhaltsberechtigten Elternteils bemessen werden.[424] Leben die Eltern des Kindes zusammen und steht der andere Elternteil für die Betreuung des Kindes zur Verfügung (z. B. weil er arbeitslos ist), so stellt diese Betreuung keine Fremdbetreuung dar, auf die der unterhaltsberechtigte Elternteil nicht gemäß § 1615l BGB verwiesen werden könnte.[425]

Die Verdienstmöglichkeiten des Unterhaltsberechtigten sind unter Zugrundelegung sei- 168
nes Alters und der vorhandenen Berufsausbildung anhand der tatsächlichen Umstände zu bewerten.[426]

b) Anspruch aus § 1615l BGB und ehelicher Betreuungsunterhalt. Die Konstella- 169
tionen, dass der Unterhaltsberechtigte wegen der Betreuung mehrerer nichtehelicher Kinder aus verschiedenen Beziehungen mehrerer Unterhaltsansprüche nach § 1615l BGB hat oder dass er getrennt lebt oder geschieden ist und sowohl eheliche Kinder als auch ein nichteheliches Kind betreut und deshalb Unterhaltsansprüche hat, ist im Gesetz nicht geregelt.

Der BGH hat für den Fall der Konkurrenz zwischen dem Anspruch auf **Trennungs-** 170
unterhalt nach § 1361 BGB und den Ansprüchen nach § 1615l I und II 2 BGB entschieden, dass **Gleichrang** der Unterhaltspflichtigen (vor den Verwandten) **mit anteiliger**

---

[419] BGH FamRZ 1985, 273, 274
[420] Ebenso OLG Frankfurt NJW 2009, 3105, 3108
[421] BGH FamRZ 1985, 273, 274; OLG Düsseldorf FamRZ 1989, 1226, 1228
[422] OLG München FamRZ 1999, 1166; OLG Hamm FamRZ 1996, 1493, 1494; vgl. auch Wever/Schilling FamRZ 2002, 581, 587; NK-BGB/Schilling § 1615l BGB Rn. 33
[423] Vgl. auch Eschenbruch/Klinkhammer/Menne, Kap. 4 Rn. 73 Fn. 143: Die 3-Jahres-Schranke nach § 1615l II 3 BGB sei objektiv zu verstehen mit der Folge, dass sie gegenüber allen Unterhaltspflichtigen gelte
[424] OLG Frankfurt NJW 2009, 31005, 3108; OLG Hamm FamRZ 1996, 1104; OLG Oldenburg FamRZ 1991, 1090–1092; ebenso NK-BGB/Schilling § 1615l BGB Rn. 33; MAH/Wever § 10 Rn. 79
[425] OLG Frankfurt NJW 2009, 3105, 3107; OLG Hamm FamRZ 1996, 1104
[426] OLG Frankfurt NJW 2009, 3105, 3108

Haftung vorliege und der Haftungsgrad sich entsprechend § 1606 III 1 BGB bestimme.[427] § 1608 BGB scheide schon deswegen aus, weil die Sonderbestimmung des § 1615l III 2 BGB die Anwendung ausschließe. Umgekehrt könne der Ehemann der Mutter nicht mit den in § 1615l III 2 BGB genannten Verwandten der Mutter gleichgesetzt werden, weil sonst die auch vorliegende unterhaltsrechtliche Verantwortung des Ehemanns außer Acht gelassen und dieser gegenüber dem nichtehelichen Vater in ungerechtfertigter Weise privilegiert würde. Da sich die Annahme von Gleichrang unschwer mit der Gesetzeslage vereinbaren lässt und über die vom BGH dargelegte elastische, fallbezogene Handhabung der Anwendung des § 1606 III 1 BGB,[428] die nur „entsprechend" zu geschehen hat, sachgerechte Ergebnisse erzielt werden können, ist der Auffassung des BGH zu folgen.

171 Für die Konkurrenz der Ansprüche nach § 1615l I u. II BGB mit **Betreuungsunterhalt** nach der Scheidung gemäß § 1570 BGB gilt dasselbe.[429] Das bedeutet, dass es auch dann zu einer anteiligen Haftung kommt, wenn die konkurrierenden Ansprüche des Unterhaltsberechtigten darauf beruhen, dass er ein **eheliches Kind und ein nichteheliches Kind** gleichzeitig betreut.[430]

172 Grundsätzlich keine Rolle für den Eintritt der anteiligen Haftung spielt, ob der Aufwand für das Kind, weil es noch während bestehender Ehe geboren wurde, den ehelichen Verhältnissen zuzurechnen ist.[431]

173 Bei der **Bemessung der anteiligen Haftung** der verschiedenen Unterhaltspflichtigen in entsprechender Anwendung des § 1606 III 1 BGB führt der Maßstab der jeweiligen Einkommens- und Vermögensverhältnisse nach Auffassung des BGH in einer Vielzahl der Fälle zu angemessenen Lösungen. Die Anknüpfung an diesen eher schematischen Maßstab sei allerdings nicht in allen Fällen der Betreuung von Kindern aus verschiedenen Verbindungen zwingend. Weil § 1606 III 1 BGB nach § 1615l III 1 BGB nur entsprechend anwendbar ist, lässt dies nach der Rechtsprechung des BGH auch Raum für eine **Berücksichtigung anderer Umstände**, insbesondere der Anzahl, des Alters, der Entwicklung und der Betreuungsbedürftigkeit der jeweiligen Kinder. So kann im Einzelfall von Bedeutung sein, dass der betreuende Elternteil durch die vermehrte Betreuungsbedürftigkeit eines jüngeren Kindes von jeglicher Erwerbstätigkeit abgehalten wird, obwohl das fortgeschrittene Alter eines anderen Kindes an sich eine teilweise Erwerbstätigkeit erlauben würde. In solchen Fällen wäre eine schematische Aufteilung der Haftungsquote nach den jeweiligen Einkommens- und Vermögensverhältnissen des geschiedenen Ehepartner und des anderen Elternteils dann unbefriedigend. Der gegenüber dem das vermehrt betreuungsbedürftige Kind erziehenden Elternteil Unterhaltspflichtige muss in solchen Konstellationen in entsprechend höherem Umfang, ggf. auch allein, zum Unterhalt herangezogen werden.[432]

174 Zur Bestimmung des von den jeweiligen Unterhaltspflichtigen zu zahlenden Unterhalts empfiehlt sich die Durchführung einer **zweistufigen Berechnung**. In der ersten Stufe sind die Haftungsquoten nach den Einkommens- und Vermögensverhältnisse beider anteilig haftenden Pflichtigen zu berücksichtigen. Im Anschluss daran können die Haftungsanteile nach den Umständen des Einzelfalles unter Würdigung der oben dargelegten Umstände nach oben oder nach unten korrigiert werden.[433]

175 **Beispiel:**
Einkommen des Ehemannes (E) und Vaters von $2^{1}/_{2}$-jährigen Zwillingen nach Abzug des vorrangigen Kindesunterhalts: 3000 €
Einkommen des nichtehelichen Vaters (V) eines $^{3}/_{4}$-jährigen Kindes nach Abzug des Kindesunterhalts: 2000 €

---

[427] BGH FamRZ 2008, 1739, 1744; BGH FamRZ 2007, 1303; BGH FamRZ 1998, 541, 543 = R 520 c
[428] BGH FamRZ 1998, 541, 544 = R 520 c
[429] OLG Bremen FamRZ 2006, 1207, 1208
[430] BGH FamRZ 2007, 1303, 1304 = R 670
[431] KG FamRZ 2001, 29, 30; OLG Thüringen FamRZ 2006, 1205
[432] BGH FamRZ 1998, 541, 544; BGH FamRZ 2007, 1303, 1305; Wever/Schilling FamRZ 2002, 581, 589; OLG Bremen FamRZ 2006, 1207; OLG Bremen FamRZ 2005, 213
[433] BGH FamRZ 2007, 1303, 1305; OLG Hamm FamRZ 2008, 1937 Rn. 131; Wever/Schilling FamRZ 2002, 581, 588 mit Berechnungsbeispiel

1. Abschnitt: Ansprüche der Mutter oder des Vaters eines nichtehelichen Kindes § 7

Lösung:
Bedarf der alle Kinder betreuenden Mutter (M) gegen den getrennt lebenden Ehemann aus § 1361 BGB: 1286 € (3000 € × 3/7)
Bedarf der M im Verhältnis V aus § 1615l II 2 BGB: ebenfalls 1286 €, weil dies ihrer Lebensstellung vor der Geburt des letzten Kindes entspricht
Anteilige Haftung von E und V:
1. Stufe: Leistungsfähigkeit von E und V:
E: 1950 € (3000 € – 1050 € Selbstbehalt)
V: 950 € (2000 € – 1050 € Selbstbehalt)
Gesamt: 2900 €
Rechnerische Anteile:
Anteil des E: 865 € (1286 € × 1950 € : 2900 €)
Anteil des V: 421 € (1286 € × 950 € : 2900 €)
2. Stufe: Berücksichtigung weiterer Umstände
Anzahl der Kinder:
M betreut zwei eheliche Kinder und ein nichteheliches Kind.
Betreuungsbedürftigkeit der Kinder:
Obwohl die ehelichen Kinder älter sind, unterscheidet sich ihre Betreuungsbedürftigkeit kaum von der des jüngeren Kindes. Diese Kinder sind wie das Baby noch im Windelalter und zu jung für einen Kindergartenbesuch.
Ergebnis:
Eine Korrektur dahingehend, dass beide Väter für den Bedarf der Mutter hälftig eintreten sollten, rechtfertigt sich nicht. Es verbleibt bei den rechnerisch festgestellten Haftungsanteilen.
Abwandlung:
Eine andere Beurteilung könnte sich ergeben, wenn die ehelichen Kinder deutlich älter und dadurch weniger betreuungsbedürftig wären und die Mutter gleichwohl gegenüber ihrem Ehemann keine Verpflichtung zur Ausübung einer Erwerbstätigkeit träfe.

176 Bei der Bestimmung der Haftungsanteile mehrerer Verpflichteter ist zu beachten, dass sich der betreuende Elternteil im Verhältnis zu seinem Ehepartner das **Erwerbseinkommen – fiktiv** – anrechnen lassen muss, das er unter Berücksichtigung der Belange des Kindes und der bestehenden Möglichkeiten der Kinderbetreuung erzielen könnte. In solchen Fällen, d. h. bei einer Verpflichtung zur Ausübung einer Teilzeittätigkeit, besteht eine anteilige Mithaftung des ehemaligen Ehepartners nur insoweit, als er auch ohne die Geburt des nichtehelichen Kindes auf Unterhalt in Anspruch genommen werden könnte.

Beispiel:
Bereinigtes Einkommen des (ehemaligen) Ehemannes (E) nach Abzug des Kindesunterhalts: 2000 €
Fiktiv festzusetzendes Einkommen der ein eheliches und ein nichteheliches Kind betreuenden Mutter (M): 500 €
Einkommen des nichtehelichen Vaters (V): 1000 €
Lösung:
Bedarf der Mutter nach der Differenzmethode: 643 € (2000 € – 500 € = 1500 € × 3/7)
Unterhaltspflicht des nichtehelichen Vaters (V): 500 €
Restbedarf: 643 €, hierfür anteilige Unterhaltspflicht des Ehepartners (E) und des nichtehelichen Vaters (V), unter Berücksichtigung der oben dargelegten Kriterien[434]

177 Wenn und soweit der Unterhalt von einem Pflichtigen **mangels Leistungsfähigkeit** nicht erlangt werden kann, muss der gleichrangig haftende andere Schuldner nach § 1606 III 1 BGB allein – ggf. begrenzt auf seinen Haftungsteil (z. B. bei teilweiser Verwirkung) – eintreten,[435] ohne Rückgriff gegen den anderen nehmen zu können.

178 Eine Ersatzhaftung eines Unterhaltspflichtigen kommt in analoger Anwendung von § 1607 II 1 BGB in Betracht, wenn die **Rechtsverfolgung** im Inland gegen den anderen Unterhaltspflichtigen **ausgeschlossen** oder erheblich erschwert ist.[436] In diesem Fall hat der

---

[434] Vgl. OLG Bremen 1207, 1208; OLG Schleswig – 8 UF 220/99, BeckRS 2000, 30141598; OLG Hamm NJW 2005, 297
[435] MAH/Wever § 10 Rn. 86; OLG Thüringen FamRZ 2006, 1205
[436] BGH FamRZ 1998, 541, 544

allein Eintretende eine Rückgriffsmöglichkeit nach § 1607 II 2 BGB in dem Umfang, in dem er die Haftung für den anderen übernommen hat.[437]

179 Ein Ehepartner und Elternteil eines ehelichen Kindes ist gemäß zunächst § 1607 II 1 BGB allein eintrittspflichtig, wenn die Vaterschaft des nichtehelichen Unterhaltspflichtigen noch nicht förmlich feststeht. Die eigene anteilige Mithaftung des Ehepartners besteht nur insoweit, als er auch ohne die Geburt des neuen Kindes auf Unterhalt in Anspruch genommen werden könnte. D. h., er muss den Unterhalt nur in dem Umfang zahlen, wie er auch ohne die Geburt des nichtehelichen Kindes zu zahlen wäre.[438] Soweit er zunächst für den anteilig mithaftenden leiblichen Vater aufkommen muss, geht der Unterhaltsanspruch der Ehefrau gegen diesen auf ihn über und kann ab rechtskräftiger Vaterschaftsfeststellung rückwirkend geltend gemacht werden.[439]

180 Auch im Fall einer Konkurrenz von Unterhaltsansprüchen gegen den einen Ehepartner und den nach § 1615 l BGB Unterhaltspflichtigen ist zu berücksichtigen, ob eine Herabsetzung/zeitliche Begrenzung des Unterhalts wegen einer **Verwirkung** des Ehegattenunterhaltsanspruchs in Betracht kommt, weil der Berechtigte aus einer intakten Ehe ausgebrochen ist (§ 1579 Nr. 7 BGB) oder nunmehr in einer verfestigten eheähnlichen Lebensgemeinschaft lebt (§ 1579 Nr. 2 BGB).[440] Es ist dann zunächst der Haftungsanteil des jeweils Unterhaltspflichtigen zu bestimmen und sodann der auf den Ehegatten entfallende Haftungsanteil zu kürzen.[441] Eine **Ausfallhaftung**[442] des nichtehelichen Verpflichteten hinsichtlich des sich aus der Kürzung ergebenden Differenzbetrages ist abzulehnen, weil die jeweiligen Haftungsanteile getrennt voneinander zu werten sind.[443] Die Verringerung des Unterhaltsanspruchs erfolgt nur zulasten des Berechtigten. Bei der Bestimmung des Kürzungsbetrages hinsichtlich des nachehelichen Unterhalts sollte darauf geachtet werden, dass im Interesse der Betreuung des ehelichen Kindes nach einer Addition des Haftungsanteils des nicht ehelichen Elternteils und des gekürzten Anteils des Ehegatten zumindest der Mindestbedarf des erziehenden Elternteils gedeckt ist.[444]

181 Eine **Differenzhaftung** des nichtehelichen Elternteils und auch eine vorrangige, von dem konkreten Haftungsanteil losgelöste Inanspruchnahme **scheidet** auch dann **aus**, wenn der Unterhaltsanspruch des Berechtigten gegen den Ehegatten durch eine **Vereinbarung über den nachehelichen Unterhalt** nach § 1585 c BGB beschränkt oder wirksam abbedungen worden ist, z. B. durch einen **Verzicht**, obwohl er minderjährige Kinder zu betreuen hat.[445] Für den Anspruch auf Trennungsunterhalt stellt sich dieses Problem nicht, weil insoweit einen Verzicht gemäß § 1361 IV 4, 1360 a III, 1614 I BGB nur hinsichtlich rückständigen Unterhalts möglich ist. Die Gegenansicht,[446] die darauf abstellt, dass die Mutter ihren Bedarf nur auf diese Weise decken könne, verkennt, dass in diesen Fällen dem nichtehelichen Elternteil eine Billigkeitshaftung aufgebürdet wird, obwohl es hierfür keine rechtliche Grundlage gibt. Denn der nicht verheiratete Elternteil ist mit dem betreuenden Elternteil rechtlich weniger eng verbunden als der geschiedene Ehegatte. Es kommt hinzu, dass nicht miteinander verheiratete Eltern nach § 1615 l III 3 BGB i. V. m. § 1614 I BGB für die Zukunft wirkenden Unterhaltsverzicht nicht vereinbaren können.[447]

---

[437] BGH FamRZ 1998, 541, 544
[438] OLG Koblenz FamRZ 2005, 804 Rn. 38, wobei MAH/Wever § 10 Rn. 86 Fn. 339 zu Recht darauf hingewiesen hat, dass in diesem Fall das „nichteheliche Kind" mangels Scheidung der Ehe als eheliches Kind hätte behandelt werden müssen;
[439] OLG Köln NJW-RR 2006, 218; zum Regress des Scheinvaters vgl. Löhnig FamRZ 2003, 1354
[440] KG FamRZ 2001, 29; OLG Schleswig – 8 UF 220/99, BeckRS 2000, 30141598; OLG Zweibrücken DAVorm 2000, 897
[441] BGH FamRZ 1998, 541, 544
[442] Ehinger/Griesche/Rasch/Ehinger, Rn. 310
[443] NK-BGB/Schilling § 1615 l BGB Rn. 36
[444] Ähnlich MAH/Wever § 10 Rn. 88
[445] Eschenbruch/Klinkhammer/Menne, Kap. 4 Rn. 85; Wever/Schilling FamRZ 2002, 581, 588; a. A. OLG Koblenz FamRZ 2001, 227; jurisPK/Viefhues § 1615 l BGB Rn. 127
[446] OLG Koblenz FamRZ 2001, 227
[447] Wever/Schilling FamRZ 2002, 581, 588

1. Abschnitt: Ansprüche der Mutter oder des Vaters eines nichtehelichen Kindes § 7

Keine anteilige Haftung zwischen einem Ehemann, der nicht der Vater des Kindes ist, **182** und dem Vater des nichtehelichen Kindes entsteht, wenn die **Mutter** Ersteren erst **heiratet, nachdem das Kind geboren war**.[448] Denn der Anspruch gegen den nichtehelichen Unterhaltspflichtigen geht in diesem Fall durch die Heirat der Mutter in entsprechender Anwendung von § 1586 I BGB unter (vgl. unten Rn. 206).[449]

Wenn die **Eltern des nichtehelichen Kindes einander heiraten**, ergibt sich der Unter- **183** gang des Unterhaltsanspruchs gegen den geschiedenen Ehegatten direkt aus § 1586 I BGB.

Analog § 1586 I BGB erlischt auch ein Unterhaltsanspruch gegen einen weiteren nach **184** § 1615 l BGB Unterhaltspflichtigen, wenn der **Berechtigte einen** von mehreren nach dieser Vorschrift **Verpflichteten heiratet**.[450]

Die Unterhaltspflicht des nach § 1615 l BGB Verpflichteten gegenüber dem anderen **185** Elternteil endet auch dann, wenn der Unterhaltsberechtigte mit einem Dritten eine **eingetragene Lebenspartnerschaft** eingeht, denn dadurch erlangt er gegen den neuen Partner einen Anspruch auf Lebenspartnerschaftsunterhalt (§ 5 LPartG).[451]

In den Fällen anteiliger Haftung ist es in den Verfahren um Trennungs- oder nach- **186** ehelichen Unterhalt grundsätzlich Sache des Unterhaltspflichtigen, die Voraussetzungen ihres Unterhaltsanspruchs nach § 1615 l BGB gegen den anderen Elternteil und dessen **Haftungsanteil darzulegen und ggf. zu beweisen**,[452] also z. B. die fehlende Leistungsfähigkeit des Ehemanns bzw. im umgekehrten Prozess die fehlende Leistungsfähigkeit des Kindsvaters.[453] Anders als der in Anspruch genommene Elternteil oder Ehegatte hat der Berechtigte jeweils Auskunftsansprüche gegen den anderen anteilig haftenden Unterhaltspflichtigen.[454] Dasselbe gilt, wenn er Ansprüche gegen zwei verschiedene nichteheliche Elternteile hat und eines von ihnen in Anspruch nimmt.[455]

c) **Betreuung mehrerer nichtehelicher Kinder.** Richten sich die Ansprüche einer **187** Mutter von zwei Kindern gegen unterschiedliche Väter, werden die §§ 1615 l III 1, 1606 III emsp13;1 BGB ebenfalls analog angewendet, so dass **anteilige Haftung der beiden nichtehelichen Väter** eintritt.[456]

d) **Anspruch aus § 1615 l BGB und andere eheliche Unterhaltstatbestände.** **188**
aa) **Anspruch aus § 1615 l BGB und Familienunterhalt.** Noch nicht abschließend geklärt ist die Konkurrenz zwischen einem Unterhaltsanspruch aus § 1615 l BGB und einem Anspruch auf Familienunterhalt nach §§ 1360, 1360 a BGB. Eine Entscheidung hierüber kann notwendig werden, wenn eine verheiratete Kindesmutter von einem anderen Mann ein Kind bekommt, jedoch ungeachtet dessen mit ihrem Ehepartner wieder oder weiterhin zusammenlebt. Fraglich ist, ob auch in diesem Fall eine anteilige Haftung der Kindesväter anzunehmen ist. Der Fall ist von der Konstellation zu unterscheiden, nach der eine Mutter nach der Geburt des nichtehelichen Kindes einen Dritten heiratet. In einem solchen Fall erlischt der Anspruch auf Ehegattenunterhalt (siehe oben Rn. 182). Die Auffassung, nach der ein Anspruch auf Familienunterhalt den Anspruch aus § 1615 l BGB verdrängt, ist abzulehnen.[457] Für eine anteilige Haftung auch in diesen Fällen spricht die Vergleichbarkeit des Familienunterhalts mit den Unterhaltsansprüchen bei Trennung und Scheidung.[458]

bb) **Anspruch aus § 1615 l BGB und Ansprüche auf Trennungs- und nachehe- 189 lichen Unterhalt ohne Betreuung eines Kindes.** Seit der am 1. 1. 2008 in Kraft ge-

---

[448] OLG Schleswig FamRZ 2000, 637, 638
[449] BGH FamRZ 2005, 347; Graba FamRZ 2005, 353 (Anm.)
[450] Schilling FamRZ 2006, 1, 4
[451] Wohlgemuth FuR 2007, 195, 203
[452] BGH FamRZ 1998, 541, 544; OLG Zweibrücken FuR 2000, 438
[453] KG FamRZ 2001, 29, 30
[454] BGH FamRZ 1998, 541, 554
[455] OLG Koblenz NJW-RR 2005, 1457
[456] BGH FamRZ 2005, 357, 358; OLG Koblenz NJW-RR 2005, 1457
[457] So anscheinend BGH FamRZ 2005, 347, 350 mit Anm. Schilling FamRZ 2005, 351, 352; OLGR München 2002, 144 , 145; AG Vechta FamRZ 2007, 1840
[458] OLG Schleswig FamRZ 2000, 637; Wever/Schilling FamRZ 2002, 581, 589; MAH/Wever § 10 Rn. 89 b; Schilling FamRZ 2006, 1, 5

§ 7   Unterhalt zwischen nicht verheirateten Eltern und zwischen Lebenspartnern

tretenen Unterhaltsreform hat der auf Kindesbetreuung beruhende Unterhaltsanspruch Vorrang vor Ehegattenunterhaltsansprüchen, die nicht auf Kindesbetreuung beruhen. Eine Ausnahme gilt nur für die Fälle, in denen die Ehe von langer Dauer war (§ 1609 BGB). Die neue Rangfolgeregelung bezieht sich auf Unterhaltsschuldner, die die Ansprüche verschiedener Berechtigter erfüllen müssen. Ob sich aus der in der gesetzlichen Regelung zum Ausdruck kommenden neuen Bewertung der Unterhaltsverhältnisse die Folge ergibt, dass dem Anspruch aus § 1615 l BGB der Vorrang gegenüber einem Trennungs- oder nachehelichen Unterhaltsanspruch einzuräumen ist,[459] oder ob lediglich darauf abzustellen ist, dass dem Berechtigten zwei Unterhaltsschuldner gegenüberstehen, von denen nach der gesetzlichen Regelung keiner primär zu haften hat,[460] ist umstritten. Da der Gesichtspunkt der nachehelichen Solidarität auch in den nicht auf kinderbetreuenden Unterhaltstatbeständen zum Ausdruck kommt, ist ein Vorrang eines Unterhaltsanspruchs aus § 1615 l BGB nicht anzunehmen; die Unterhaltspflichtigen haften anteilig.[461]

190   Für die Haftungsanteile gilt folgendes: Soweit ein Unterhaltsanspruch gegen einen (ehemaligen) Ehegatten des nach § 1615 l BGB Unterhaltsberechtigten aus Tatbeständen hergeleitet wird, die nicht auf Kindesbetreuung beruhen (§ 1361 BGB, § 1571, § 1572 BGB), bleiben daher die Geburt und die Notwendigkeit der Betreuung des nicht ehelichen Kindes ohne Berücksichtigung. In solchen Fällen ist lediglich zu prüfen, ob der unterhaltsberechtigte Ehegatte auch unabhängig von der Geburt des Kindes aus ehebedingten Gründen noch Unterhaltsansprüche hat.[462]

V. Einzelne Fragen des materiellen Rechts

1. Abgrenzung der Ansprüche aus § 1615 l BGB und § 1570 BGB

191   Wenn die Eltern eines Kindes zu keinem Zeitpunkt miteinander verheiratet waren, kann die Mutter ihre Unterhaltsansprüche nur auf §§ 1615 l ff. BGB stützen. Eine analoge Anwendung der Vorschriften über den nachehelichen Unterhalt (insbesondere § 1570 BGB) scheidet auch dann aus, wenn die Kindeseltern eheähnlich zusammengelebt haben.[463]

192   Der geschiedene Ehegatte ist auch dann gemäß § 1615 l BGB und nicht gemäß § 1570 BGB zum Unterhalt verpflichtet, wenn das Kind erst nach der Scheidung gezeugt wurde.[464] Hat die Mutter das Kind noch während der Ehe empfangen und ist es innerhalb von 300 Tagen nach Rechtskraft der Scheidung[465] bzw. bei längerer Empfängniszeit auch später geboren worden (§§ 1615 a, 1593 S. 1 und 2 BGB),[466] richtet sich der Unterhaltsanspruch des betreuenden Elternteils nach § 1570 BGB. § 1570 BGB ist auch anwendbar, wenn die vorher nicht verheirateten oder vor der Geburt geschiedenen Eltern eines Kindes nach dessen Geburt (erneut) die Ehe miteinander geschlossen haben, § 1615 a BGB.

2. Anspruchsberechtigte, Anspruchsgegner, Durchsetzung des Anspruchs aus § 1615 l BGB

193   Die Ansprüche der Mutter richten sich gegen den Vater des nichtehelichen Kindes (oder dessen Erben – § 1615 n S. 1 BGB). Ausnahmsweise kann sich der Anspruch als Betreuungsunterhaltsanspruch des Vaters gegen die Mutter (§ 1615 l II 2, IV BGB) richten.

---

[459] MAH/Wever § 10 Rn. 89 a
[460] OLG Schleswig FamRZ 2000, 637, 638; NK-BGB/Schilling § 1615 l BGB Rn. 38; Wever/Schilling FamRZ 2002, 581, 589
[461] Ebenso NK-BGB/Schilling § 1615 l BGB Rn. 38; a. A. MAH/Wever § 10 Rn. 89 a; Wever/Schilling FamRZ 2002, 581, 589; OLG Thüringen FamRZ 2006, 1205, 1206
[462] OLG Bremen FamRZ 2005, 213; Wever/Schilling FamRZ 2002, 581, 589; Büttner FamRZ 2000, 781, 785; Wagner NJW 1998, 3097, 3098
[463] BGH FamRZ 2010, 357 Rn. 20 ff.
[464] NK-BGB/Schilling § 1615 l Rn. 4
[465] Die Unterscheidung zwischen Ehelichkeit und Nichtehelichkeit eines Kindes ist seit der Kindschaftsrechtsreform vom 1. 7. 1998 entfallen; vgl. Büttner FamRZ 2000, 781
[466] Graba FamRZ 1999, 751, 752

1. Abschnitt: Ansprüche der Mutter oder des Vaters eines nichtehelichen Kindes § 7

Mutter des Kindes ist nach § 1591 BGB[467] die Frau, die das Kind geboren hat. Maßgebend ist die biologische Mutterschaft, nicht die genetische Abstammung. Deshalb ist es unerheblich, ob die befruchtete Eizelle, die die Frau bis zur Geburt ausgetragen hat (Leihmutterschaft), von ihr oder von einer anderen Frau (Embryonenspende) stammt. Die genetische Mutter hat, auch wenn sie das Kind selbst betreut, keinen Unterhaltsanspruch aus § 1615l BGB.[468] Umgekehrt kann sie auch nicht von dem Vater, der das Kind betreut, auf Unterhalt in Anspruch genommen werden.[469] Die **Feststellung der Mutterschaft** einer bestimmten Frau bedarf, abgesehen von den Möglichkeiten nach § 1598a BGB, grundsätzlich keines besonderen Verfahrens. Der Umstand, dass eine Frau mit der Mutter des Kindes zur Zeit der Geburt eine eingetragene Lebenspartnerschaft führte, rechtfertigt nicht eine Eintragung dieser Frau als weitere Mutter und damit Elternteil im Geburtenregister.[470] 194

Vater des Kindes ist gemäß § 1592 Nr. 2, 3 i. V. m. § 1594 I, § 1600d IV BGB der Mann, dessen Vaterschaft förmlich anerkannt oder gerichtlich festgestellt wurde. Die Durchsetzung der Ansprüche setzt daher – außer beim Antrag auf Erlass einer einstweiligen Anordnung gemäß § 247 FamFG (bis zum 31. 8. 2009 einstweilige Verfügung gemäß § 1615o II BGB) und abgesehen vom Fall einer Fehl- bzw. Totgeburt (vgl. § 1615n S. 2 BGB) – die **rechtswirksame Feststellung der Vaterschaft** für und gegen alle durch gerichtliche Entscheidung oder Anerkennung voraus (§§ 1594 I, 1600d IV mit § 1592 Nr. 2 u. 3 BGB).[471] Die gegenteilige Auffassung, die zumindest dann eine Inzidentfeststellung im Unterhaltsverfahren genügen lassen will, wenn der in Anspruch genommene Mann die Vaterschaft nicht bestreitet,[472] widerspricht dem Wortlaut der §§ 1594 I, 1600d IV BGB, wonach – von gesetzlichen Ausnahmen abgesehen – die Rechtswirkungen der Vaterschaft erst vom Zeitpunkt der Feststellung an geltend gemacht werden können. Bei Fehl- oder Totgeburt wird – falls vorhanden – die schon vor der Geburt (§ 1594 IV BGB) mit der notwendigen Zustimmung der Mutter (§ 1595 I i. V. m. § 1594 IV BGB) erklärte Anerkennung insoweit als wirksam behandelt werden können, als es um die Geltendmachung der ungeachtet der fehlenden Lebendgeburt verbliebenen Ansprüche (vgl. § 1615n BGB) geht. Im Übrigen müsste die Vaterschaft für den Leistungsprozess inzident mit Hilfe der Vaterschaftsvermutung des § 1600d II u. III BGB festgestellt werden, wobei allerdings bei einer Fehlgeburt[473] und wohl auch bei einer Totgeburt[474] keine gesetzliche Empfängniszeit feststünde. 195

Der BGH hält **ausnahmsweise** eine inzidente Feststellung der Vaterschaft unter Durchbrechung der Rechtsausübungssperre des § 1600d IV BGB zur Beurteilung einer **unbilligen Härte** im Sinne des § 1587 Nr. 1 BGB (a. F.)[475] und in **Scheinvaterregressverfahren**[476] für gerechtfertigt, wenn die Nichtabstammung des Kindes vom rechtlichen Vater zwischen den Parteien unstreitig ist oder wenn der Scheinvater sonst der Willkür der Kindesmutter und dem wahren Erzeuger ausgesetzt ist.[477] Grundvoraussetzung für eine Inzidenzberücksichtigung der Vaterschaft ist nach der Rechtsprechung des BGH der Umstand, dass ein Anerkennungs- oder gerichtliches Feststellungsverfahren nicht erwartet werden kann und sich hieraus eine besondere Schutzbedürftigkeit des betroffenen Scheinvaters ergibt. Die nichteheliche Mutter ist jedoch durch die Möglichkeit, Unterhaltsansprüche bereits vor Anerkennung bzw. Feststellung der Vaterschaft durch eine einstweilige Anord- 196

---

[467] § 1591 BGB ist am 1. 7. 1998 in Kraft getreten. Die Vorschrift gilt auch für vor dem 1. 7. 1998 geborene Kinder (Umkehrschluss aus Art. 224 § 1 EGBGB)
[468] Göppinger/Wax/Maurer, Rn. 5
[469] NK-BGB/Schilling § 1615l Rn. 5
[470] AG Hamburg StAZ 2009, 275–276.
[471] OLG Celle FamRZ 2005, 747; Schilling FamRZ 2006, 1, 7; Huber FPR 2005, 189, 190; Eschenbruch/Klinkhammer/Menne, Kap. 4, Rn. 13; MAH/Wever § 10 Rn. 102
[472] OLG Schleswig FamRZ 2008, 2057; OLG Zweibrücken FamRZ 1998, 554; Huber FPR 2005, 189, 190; MünchKommBGB/Born § 1615l Rn. 3
[473] Brüggemann FamRZ 1971, 140, 142
[474] MünchKommBGB/Born § 1615n Rn. 5
[475] BGH FamRZ 2008, 1836
[476] BGH FamRZ 2008, 1424
[477] BGH FamRZ 2008, 1424; BGH FamRZ 2009, 32

nung (§§ 246 bis 248 FamFG) und danach im Rahmen der §§ 1613 II Nr. 2 a, 161 III 1 und 3 BGB durchzusetzen, ausreichend geschützt.

3. Fälligkeit, Unterhalt für die Vergangenheit

197 Gemäß § 1615 l III 1, 1612 III 1 BGB werden die Ansprüche aus §§ 1615 l, 1615 m BGB unabhängig von der Feststellung der Vaterschaft mit dem Entstehen des tatsächlichen Aufwandes bzw. hinsichtlich des Unterhalts mit dem Beginn des Monats fällig, für den er zu zahlen ist.[478]

198 **Vor der Feststellung der Vaterschaft** fällig gewordener Unterhalt kann nach § 1615 l III 3, 1613 II Nr. 2 a BGB ohne Rücksicht auf § 1613 I BGB verlangt werden, denn die fehlende Feststellung stellt einen **rechtlichen Hinderungsgrund** i. S. d. § 1613 II Nr. 2 a BGB dar. Der Unterhalt kann also noch nachträglich für Zeiträume, die vor der Anerkennung oder Feststellung liegen, verlangt werden. Die Anwendung des § 1613 II BGB rechtfertigt sich wegen der Schwierigkeiten der Mutter aber nur solange, bis der Anspruch – regelmäßig durch rechtswirksame Vaterschaftsfestlegung – erstmalig entstanden ist. Da je nach Dauer des Vaterschaftsfeststellungsverfahrens die Gefahr besteht, dass der Unterhaltspflichtige mit erheblichen Unterhaltsrückständen belastet wird, kann der Verpflichtete gemäß § 1613 III 1 BGB einen (teilweisen) Erlass, die **Stundung** oder die Bewilligung einer Ratenzahlung begehren.

199 Streitig ist insbesondere,[479] ob der Unterhalt im Übrigen, d. h. **nach der Vaterschaftsfeststellung**, nur unter den Voraussetzungen des § 1613 I BGB gefordert werden kann oder ob die in § 1613 II Nr. 1 BGB bestimmte Frist von einem Jahr seit (hier: erstmaliger) Entstehung des Anspruchs zur Geltendmachung rückständigen **Sonderbedarfs ohne vorherige Inverzugsetzung** oder Rechtshängigkeit des Anspruchs auch **für den Betreuungsunterhalt** der Mutter gilt.[480] Dies wird zum Teil mit der Begründung verneint, § 1615 l III 3 BGB sei überflüssig, weil bereits § 1615 l II 1 BGB pauschal auf das Verwandtenunterhaltsrecht und damit auch auf § 1613 I BGB verweise.[481] Die Begründung der Bundesregierung vom 7. 12. 1967[482] zur früheren Fassung des Gesetzes, die die Entbehrlichkeit einer Inverzugsetzung für die Fälle rechtfertigte, in denen die Mutter nicht in der Lage war, den Pflichtigen in Verzug zu setzen oder zu verklagen, dürfte unter Beachtung der Entstehungsgeschichte der Regelung, des mit ihr verfolgten Zwecks[483] und der späteren Änderungen des § 1615 l und § 1613 BGB durch das KindUG[484] überholt sein. Es ist davon auszugehen, dass die Verweisung in § 1615 l III 3 BGB die allgemeine Verweisung in § 1615 l III 1 BGB nicht einschränken will, sondern überflüssig ist. Damit gilt die Ausnahme für den Sonderbedarf nach § 1613 II Nr. 1 BGB **nicht** für den gesamten Unterhaltsanspruch der Mutter des Kindes entsprechend mit der Folge, dass Betreuungsunterhalt nach Anerkennung der Vaterschaft für die Vergangenheit generell nur verlangt werden kann, wenn die Mutter den Vater in Verzug gesetzt, Auskunft von ihm begehrt hat oder der Anspruch rechtshängig ist.[485] Die praktische Bedeutung der unterschiedlichen Auffassungen ist indes gering, weil hinsichtlich der Unterhaltsansprüche, die länger als ein Jahr nicht geltend gemacht wurden, häufig der Verwirkungseinwand nach § 242 BGB greift.

---

[478] Göppinger/Wax/Maurer, Rn. 1362
[479] Vgl. zum Diskussionsstand Schilling FamRZ 2006, 1, 9
[480] So Gesetzentwurf der Bundesregierung vom 7. 12. 1967, BT-Drucks. V/2370 S. 57; Brüggemann FamRZ 1971, 140, 147; AG Krefeld FamRZ 1985, 1181 mit Anm. Köhler; OLG Schleswig FamRZ 2004, 563; vgl. Göppinger/Wax/Maurer, Rn. 1362; a. A. z. B. MAH/Wever § 10 Rn. 107
[481] MAH/Wever § 10 Rn. 107
[482] BT-Drucks. V/2370 S. 57
[483] Hierzu vgl. Schilling FamRZ 2006, 1, 9; Brüggemann FamRZ 1971, 140
[484] Gesetz vom 6. 4. 1998, BGBl. I S. 666
[485] OLG Brandenburg FamRZ 2006, 1784; anders noch Vorauflage Wendl/Staudigl/Pauling § 7 Rn. 37

1. Abschnitt: Ansprüche der Mutter oder des Vaters eines nichtehelichen Kindes § 7

4. Auskunftsanspruch

Nach § 1615l III 1 BGB i. V. m. § 1605 BGB kann der unterhaltsberechtigte Elternteil 200 von dem anderen Elternteil Auskunft über dessen Einkünfte und Vermögen verlangen.[486] Zwar sind die Einkommens- und Vermögensverhältnisse des pflichtigen Elternteils für die Bemessung des Unterhaltsbedarfs des Berechtigten nicht maßgebend, weil sich der Bedarf des betreuenden Elternteils nach seiner eigenen Lebensstellung richtet (§ 1615l III 1 BGB i. V. m. § 1610 Abs. 1 BGB).[487] Der Berechtigte bedarf jedoch der Auskunft, um sich der Leistungsfähigkeit des Unterhaltsschuldners zu vergewissern und beurteilen zu können, ob und ggf. in welcher Höhe ihm ein Unterhaltsanspruch zusteht.[488] Der Auskunftsanspruch des betreuenden Elternteils gegen den anderen Elternteil setzt jedoch voraus, dass der Unterhaltsbedarf konkret dargelegt wird.[489]

Kenntnis über die Einkommens- und Vermögensverhältnisse der Unterhaltsschuldner 201 benötigt auch eine Mutter, die sowohl eheliche als auch nichteheliche Kinder betreut. Denn sie muss in einem Unterhaltsverfahren gegen den nichtehelichen Vater (§ 1615l BGB) oder den getrennt lebenden oder geschiedenen Ehemann (§ 1361 BGB, § 1570 BGB) die Einkommens- und Vermögensverhältnisse des jeweils anderen Schuldners darlegen, um die anteilige Haftung des Verfahrensgegners zu bestimmen.[490] Einen direkten Auskunftsanspruch zwischen dem auf Betreuungsunterhalt für die Mutter anteilig haftenden Ehemann und dem nichtehelichen Vater hat der BGH bisher mit dem Argument verneint, zwischen diesen Personen bestehe anders als in den üblichen Fällen des § 1606 III 1 BGB kein aus § 242 BGB abgeleitetes besonderes gegenseitiges Treue- und Pflichtenverhältnis.[491]

Neben dem Auskunftsanspruch hat der Unterhaltsberechtigte gemäß § 242 BGB i. V. m. 202 § 1605 I 2 BGB einen Anspruch auf **Vorlage von Belegen**. Ferner kann er gemäß § 242 BGB i. V. m. § 1605 I 3 BGB, §§ 260, 261 BGB die Abgabe einer **eidesstattlichen Versicherung** hinsichtlich der Richtigkeit und Vollständigkeit der gemachten Angaben verlangen.

5. Erlöschen des Anspruchs durch den Tod des Unterhaltsberechtigten

Der Unterhaltsanspruch des Berechtigten erlischt nach §§ 1615l III 1, 1615 I BGB mit 203 dessen Tod.

6. Erlöschen des Anspruchs des Berechtigten durch andere Gründe

a) **Tod des Kindes.** Der Anspruch des betreuenden Elternteils auf Unterhalt nach 204 § 1615l II 2 bis 5 BGB entfällt mit dem Tod des Kindes. Die sonstigen Unterhaltsansprüche des § 1615l BGB bleiben bestehen, soweit ihre Voraussetzungen weiterhin vorliegen.[492]

b) **Heirat des Unterhaltsberechtigten.** Das Schicksal des Unterhaltsanspruchs des 205 nach § 1615l BGB Berechtigten ist für den Fall seiner Heirat gesetzlich nicht vollständig geregelt. **Heiraten die Eltern des nichtehelichen Kindes** nach dessen Geburt einander, erlangt der Berechtigte durch die Heirat einen Anspruch auf Familienunterhalt nach den §§ 1360, 1360a BGB mit der Folge, dass die § 1615l ff. BGB nicht (mehr) anwendbar sind, § 1615a BGB.

---

[486] KG NJW-RR 2000, 809; zum Verfahrenswert bei einem „Stufenklageantrag" vgl. § 38 FamGKG (§ 44 GKG a. F.) und OLG Stuttgart FF 2008, 378 mit zust. Anm. Großhardt FF 2008, 379
[487] BGH FamRZ 2008, 1739, Rn. 24
[488] Vgl. BGH FamRZ 1998, 541, Rn. 30; OLG Nürnberg FF 2005, 69 = MDR 2003, 1055; Finger FuR 2005, 493, 498
[489] OLG Frankfurt FamRB 2005, 193; OLG Frankfurt – 6 UF 152/04, BeckRS 2005, 01258
[490] Vgl. BGH FamRZ 1998, 541, Rn. 30; Eschenbruch/Klinkhammer/Menne, Kap. 4 Rn. 88
[491] A. A. Eschenbruch/Klinkhammer/Klinkhammer, Kap. 4 Rn. 318; vgl. auch Hoppenz FamRZ 2008, 733, der in diesen Fällen für eine Auskunftspflicht aus §§ 1605, 1580 plädiert
[492] Staudinger/Engler § 1615n Rn. 10, 14; Eschenbruch/Klinkhammer/Menne, Kap. 4 Rn. 98

206 Wenn die **Mutter einen Dritten heiratet**, der nicht der Vater des Kindes ist, erlischt der Unterhaltsanspruch der Kindesmutter gegen den Vater nach der Rechtsprechung des BGH[493] in analoger Anwendung von § 1586 I BGB. Der BGH geht insoweit von einer unbeabsichtigten Regelungslücke des Gesetzes aus, die eine analoge Anwendung des § 1586 BGB wegen der gleichen Interessenlage der geschiedenen Ehefrau und der nichtehelichen Mutter gebiete.[494] Wenn bei Wiederheirat der Unterhaltsberechtigten sogar der auf § 1570 BGB beruhende und im Hinblick auf die fortgeltende nacheheliche Solidarität stärker ausgeprägte Unterhaltsanspruch des geschiedenen Ehegatten nach § 1586 Abs. 1 BGB entfalle, müsse das aus Sicht des Unterhaltspflichtigen erst recht für den Anspruch aus § 1615 l Abs. 2 BGB gelten. Um eine dem durch die Verfassung garantierten Schutz der Ehe und Familie widersprechende Schlechterstellung des unterhaltsberechtigten Ehegatten zu vermeiden, sei eine Gleichbehandlung der Ansprüche aus § 1570 BGB und § 1615 l BGB geboten. Schließlich seien dem neuen Ehegatten im Zeitpunkt der Heirat auch die zu dem früheren Unterhaltsanspruch nach § 1615 l Abs. 2 BGB führenden Umstände bekannt und würden von ihm bewusst in den Schutz ihrer neuen Ehe einbezogen.

207 Auch wenn die Mutter einen von mehreren nach § 1615 l BGB Unterhaltspflichtigen heiratet, erlischt analog § 1586 I BGB der Unterhaltsanspruch gegen den oder die weiteren nach § 1615 l BGB Pflichtigen.[495]

208 Entsprechendes gilt, wenn der Unterhaltsberechtigte mit einem Dritten eine eingetragene Lebenspartnerschaft eingeht, denn auch in diesem Fall erlangt er gemäß § 5 LPartG gegen den neuen Partner einen Anspruch auf Lebenspartnerschaftsunterhalt.[496]

209 Der Unterhaltsanspruch erlischt mit der Heirat der Unterhaltsberechtigten unabhängig von der Leistungsfähigkeit des neuen Partners.[497] Wenn dieser nicht leistungsfähig ist und beide Ehegatten deshalb einer Erwerbstätigkeit nachgehen müssen, ist die persönliche Betreuung des Kindes nicht mehr sichergestellt. Zumindest in den ersten 3 Lebensjahren des Kindes dürfte dies seinen Belangen widersprechen. Die gleiche Situation kann sich allerdings auch ergeben, wenn ein geschiedener kinderbetreuender Elternteil wieder heiratet. Eine analoge Anwendung des § 1586 BGB ist zwar zur Vermeidung einer Besserstellung des Elternteils[498] eines nichtehelichen Kindes gegenüber einem geschiedenen Elternteil nach der derzeitigen Gesetzeslage erforderlich. Die Regelung des § 1586 I BGB ist aber – unabhängig davon, ob es um einen Anspruch aus § 1570 BGB oder um einen solchen aus § 1615 l BGB geht – insgesamt reformbedürftig, weil sie den Belangen der Kinder nicht in jedem Fall gerecht wird.[499]

7. Der Anspruch auf Übernahme von Beerdigungskosten der Mutter

210 Wenn die Mutter infolge der Schwangerschaft oder der Entbindung verstorben ist, hat der Vater, dessen Vaterschaft festgestellt ist, gemäß § 1615 m BGB die Kosten der Beerdigung zu tragen, soweit ihre Bezahlung nicht von dem Erben der Mutter zu erlangen ist. Der Anspruch setzt Kausalität zwischen Schwangerschaft oder Entbindung und dem Versterben voraus. Er ist gegenüber der allgemeinen Haftung der Erben (§ 1968 BGB) **subsidiär**. Eine Eintrittspflicht des Vaters besteht jedoch bereits dann, wenn und soweit eine Zwangsvollstreckung gegen die Erben aller Voraussicht nach aussichtslos wäre.[500] Die Haftung des Vaters geht, weil es sich bei § 1615 m BGB um eine vorrangige Spezialregelung handelt, derjenigen anderer unterhaltspflichtiger Verwandter (§ 1615 II BGB), des Ehemannes oder des eingetragenen Lebenspartners der Mutter (§§ 1360 a III, 1361 IV 4, 1615 Abs. 2, 1608 BGB; §§ 5, 12 LPartG) vor. Letztere werden jedoch nur insoweit freigestellt,

---

[493] BGH FamRZ 2005, 347 mit Anm. Schilling S. 351 und Graba S. 353
[494] Hahne FF 2009, 178, 185
[495] Schilling FamRZ 2006, 1, 4; NK-BGB/Schilling § 1615 l Rn. 39
[496] Wohlgemuth FuR 2007, 195, 203; MAH/Wever § 10 Rn. 91
[497] BGH FamRZ 2005, 347, 349
[498] Hahne FF 2006, 24, 26
[499] NK-BGB/Schilling § 1615 l Rn. 39; Schilling FPR 2005, 513, 515
[500] Göppinger/Wax/Maurer, Rn. 1360

1. Abschnitt: Ansprüche der Mutter oder des Vaters eines nichtehelichen Kindes   § 7

als der Tod auf die Schwangerschaft oder die Entbindung zurückzuführen ist, nicht bei anderen Todesursachen.[501]

Anspruchsinhaber sind entweder die Totensorgeberechtigten, in der Regel die nächsten 211 Angehörigen, oder der nach öffentlichem Recht Bestattungspflichtige. Soweit dem Vater oder den anderen Verpflichteten die Übernahme der Kosten nicht zugemutet werden kann, hat der Sozialleistungsträger sie in Erfüllung seiner Pflicht zu übernehmen (§ 74 SGB XII). Ihm steht in diesem Fall kein Rückgriff zu. Wenn er jedoch für die Kosten der Bestattung aufkommt, weil andere leistungsfähige Pflichtige sich nicht kümmern, kann er den Anspruch nach § 93 SGB XII[502] auf sich überleiten.

Der Anspruch auf Übernahme von Beerdigungskosten gemäß § 1615 m BGB stellt, ob- 212 wohl er dem § 1615 II BGB aus dem Verwandtenunterhalt nachgebildet ist, keinen Unterhaltstatbestand dar, sondern eine rein **schuldrechtliche Erstattungsforderung**. Auf die Leistungsfähigkeit des Vaters kommt es daher nicht an.

Für die **Höhe** der angemessenen **Kosten** ist nach allgemeiner Ansicht in entsprechender 213 Anwendung von § 1610 BGB die **Lebensstellung der Mutter** maßgebend.[503] Umfasst sind die angemessenen Kosten eines Sarges, einer Verbrennung, einer Urne, der Grabstätte inklusive Grabstein und die Beerdigungskosten.[504] Die Kosten für eine Grabpflege sind nicht erstattungsfähig.[505]

Der Anspruch unterliegt der regelmäßigen **Verjährungsfrist von 3 Jahren** gemäß 214 § 195 BGB.[506] Die Verjährungsfrist beginnt nach § 199 I Nr. 1 u. 2 BGB mit dem Schluss des Jahres der Entstehung des Anspruchs auf Übernahme oder Erstattung bzw. der Kenntniserlangung durch den Gläubiger.

8. Tod des Unterhaltspflichtigen

Anders als im Verwandtenunterhalt (§ 1615 I BGB) erlöschen die Ansprüche, auch so- 215 weit sie Unterhaltsansprüche sind, bei Tod des pflichtigen Vaters oder der pflichtigen Mutter nicht (§ 1615 l III 4 BGB), sondern richten sich **gegen die Erben** als Nachlassverbindlichkeit (§ 1967 BGB). Gemäß § 1615 n S. 1 BGB gilt dies auch, wenn der Vater vor der Geburt des Kindes verstorben ist.

Unbefriedigend ist, dass der Unterhaltsanspruch nach § 1615 l II BGB formal der Höhe 216 nach unbegrenzt sowie in Ausnahmefällen auch langfristig gegen die Erben geltend gemacht werden kann. Der nichteheliche betreuende Elternteil ist insoweit besser gestellt als ein Unterhaltsberechtigter, der seinen Anspruch aus einer Ehe (§§ 1360 a III, 1586 b BGB) oder aus dem Verwandtschaftsrecht (§ 1615 I BGB) ableiten kann. Während der Anspruch des geschiedenen Ehegatten nach § 1586 b I 3 BGB der Höhe nach auf den Wert des fiktiven Pflichtteils beschränkt ist, **fehlt** eine solche Beschränkung des Gesetzes zugunsten des Erben in Richtung auf den mit dem verstorbenen Pflichtigen nicht verheiratet gewesenen Elternteil.[507] Der Grund für die unterschiedliche Behandlung der Ansprüche erklärt sich aus der Entstehungsgeschichte des Anspruchs der Mutter gegen den Erzeuger. Ursprünglich hatte die Mutter keinen Unterhaltsanspruch, sondern lediglich einen Entschädigungsanspruch eigener Art, für den die allgemeinen Vorschriften für die aktive und passive Vererblichkeit galten. Nach der Verankerung des Anspruchs im Verwandtenunterhalt erklärte sich die Besserstellung der nichtehelichen Mutter aus dem Umstand, dass diese im

---

[501] Zum Verhältnis der zivilrechtlichen Vorschriften und der öffentlich-rechtlichen Pflicht, für die Beerdigung eines Verstorbenen zu sorgen vgl. BVerwG ZEV 2011, 91 m. Anm. Löffler in jurisPR-FamR 1/2011 Anm. 5
[502] Ein gesetzlicher Übergang nach § 94 SGB XII findet nicht statt, weil es sich nicht um einen unterhaltsrechtlichen Anspruch handelt
[503] MünchKommBGB/Born, 4. Aufl. § 1615 n Rn. 9 zu; Göppinger/Wax/Maurer, Unterhaltsrecht, Rn. 1277
[504] Bamberger/Roth/Reinken § 1615 n Rn. 3
[505] RGZ 139, 393
[506] Palandt/Brudermüller BGB § 1615 m Rn. 1
[507] Vgl. hierzu Dieckmann FamRZ 1999, 1029, 1035; Puls FamRZ 1998, 865, 876

Gegensatz zu einer Ehefrau und dem gemeinsamen Kind am Nachlass des Vaters nicht partizipierte.[508] Der Gesetzgeber hat trotz entsprechender Anregungen[509] bei der Reform des Unterhaltsrechts zum 1. 1. 2008 keine systematische Angleichung der Ansprüche nach §§ 1615 a ff. BGB mit den nachehelichen Unterhaltsansprüchen vorgenommen. Daraus lässt sich aber nicht zwingend folgern, dass er die entsprechende Anwendung einzelner für den nachehelichen Unterhaltsanspruch geltenden Grundsätze ausschließen wollte. Daher lassen sich auch bei der seit dem 1. 1. 2008 leichter möglichen Überschreitung der 3-Jahres-Frist bei der Prüfung der Frage, ob die Verlängerung des Unterhaltsanspruchs der Billigkeit entspricht oder nicht, zunächst Vergleichserwägungen zu der Situation beim nachehelichen Unterhalt anstellen.[510] Als weitere Möglichkeit bietet sich an, einen auf den Erben als Schuldner übergegangenen Unterhaltsanspruch von der Leistungsfähigkeit des Erben abhängig zu machen. Eine entsprechende Vorschrift wie § 1586 b I 2 BGB für den nachehelichen Unterhalt gibt es für den Anspruch aus § 1615 l BGB zwar nicht. Erwägenswert erscheint daher, § 1586 b I 3 BGB entsprechend anzuwenden und die Haftung auf den fiktiven Pflichtteil zu begrenzen. Dass es nie eine das Erbrecht begründende Ehe gab, steht dem nur formal entgegen, denn der BGH hat § 1586 I BGB (Wegfall des Anspruchs bei Wiederheirat des Berechtigten) auf alle Unterhaltsansprüche nach § 1615 l I 1, II BGB für entsprechend anwendbar erklärt.[511] Dies sei schon von Verfassungs wegen geboten. Der auch auf nachehelicher Solidarität beruhende Anspruch nach § 1570 BGB sei gegenüber dem Anspruch der nichtehelichen Mutter teilweise privilegiert, er könne damit für den Wegfall seiner Voraussetzungen nicht stärker ausgestattet sein als der Letztere. Diese Erwägungen lassen sich auf die Reichweite des Anspruchs gegen die Erben des pflichtigen nichtehelichen Elternteils übertragen.

217 Wegen der entsprechenden Anwendung des § 1615 l III 4 BGB auf den **Anspruch des Vaters** auf Betreuungsunterhalt (§ 1615 l IV 2 BGB) gilt § 1615 n S. 1 BGB auch für den Fall, dass die Mutter bei oder nach der Geburt stirbt und der schon vor Geburt durch Anerkennung mit nachfolgender Zustimmung des Kindes (§ 1595 II BGB) festgestellte Vater die Betreuung des Kindes übernimmt. Zwar bezieht sich § 1615 n I S. 1 BGB dem Wortlaut nach nur auf den Anspruch der Mutter. Es handelt sich hier aber lediglich um einen gesetzestechnischen Mangel, weil die Intention des Gesetzgebers, wie die übrige Regelung zeigt, eindeutig auf eine Gleichstellung der Ansprüche des jeweiligen Elternteils hinausläuft.[512]

9. Tot- oder Fehlgeburt des Kindes, Schwangerschaftsabbruch

218 Sämtliche Ansprüche – bis auf den tatbestandlich **ausgeschlossenen Anspruch** auf Unterhalt wegen **Kindesbetreuung** gemäß § 1615 l II 2 BGB – gelten unmittelbar auch bei einer Totgeburt[513] des Kindes (§ 1615 n S. 1 BGB) und sinngemäß bei einer Fehlgeburt[514] (§ 1615 n S. 2 BGB). Wegen der erforderlichen Vaterschaftsfeststellung siehe Rn. 193 ff.

219 Teilweise wird in Abrede gestellt, dass der Mutter auch bei einer **Fehlgeburt** der Unterhaltsanspruch des § 1615 l I 1 BGB zustehe, insbesondere, wenn die Fehlgeburt in einem frühen Schwangerschaftsstadium eintrete, so dass sich der Zweck des Gesetzes, Pflege und Betreuung des Kindes nach Entbindung sicherzustellen, nicht verwirklichen könne.[515] Dem ist entgegenzuhalten, dass die gesetzliche Regelung eindeutig ist und nicht allein auf diesen

---

[508] Staudinger/Engler § 1615 n Rn. 6
[509] Puls, Schwab und Rakete-Dombek, Stellungnahmen zum Entwurf des Gesetzes zur Änderung des Unterhaltsrechts (BT-Drucks. 16/1830), http://webarchiv.bundestag.de/archive/2010/0304/bundestag/ausschuesse/a06/anhoerungen/index.html
[510] Dieckmann, a. a. O. zur vorherigen Gesetzeslage
[511] BGH FamRZ 2005, 347, 349 = R 622
[512] Büdenbender FamRZ 1998, 129, 132
[513] Maßgebend ist die personenstandsrechtliche Begriffsbestimmung, vgl. § 31 PersStdGAV i. d. F. v. 1. 1. 2009
[514] Siehe vorherige Fn.
[515] Vgl. Staudinger/Engler BGB § 1615 n Rn. 14

1. Abschnitt: Ansprüche der Mutter oder des Vaters eines nichtehelichen Kindes § 7

Zweck abzielt. Der Unterhaltsanspruch nach § 1615 l I 1 BGB dient auch der Kompensation der Belastungen der Mutter durch die Schwangerschaft, die insbesondere auch bei einer Fehlgeburt oder einer Totgeburt entstehen (vgl. Rn. 10).[516]

Je nach Zeitpunkt ihres Anfalls sind die mit der Fehl- oder Totgeburt zusammenhängenden **Behandlungs- und Klinikkosten** gemäß § 1615 l I S. 1 oder S. 2 BGB zu erstatten, nach allgemeiner Meinung bei einer Totgeburt auch die **Beerdigungskosten für die Leibesfrucht**.[517] Für die Fristen der Ansprüche nach § 1615 l I und II 1 BGB ist der Zeitpunkt der Fehl- oder Totgeburt maßgebend.[518] **220**

Ein besonderes Problem stellt die rechtliche Behandlung des **Schwangerschaftsabbruchs** dar. Dabei geht es um die Kosten des Abbruchs selbst, um die Rechtsfolgen einer späteren Fehlgeburt, welche durch einen vorangegangenen Abbruchsversuch ausgelöst wurde, und um die Frage, ob der Mutter in diesen Fällen die Unterhaltsansprüche des § 1615 l I und II 1 BGB zustehen, die sich auf die Abbruchskosten als Sonderbedarf erstrecken können. **221**

Auszugehen ist von der Überlegung, dass das Gesetz eine Beendigung der Schwangerschaft durch einen unterbrechenden Eingriff kaum als Unterfall einer Fehlgeburt ansieht.[519] Eine **differenzierende Betrachtung** erscheint angebracht. Nimmt die Mutter eine **gerechtfertigte Schwangerschaftsunterbrechung** (sozial-medizinische Indikation nach § 218a II StGB oder kriminologische Indikation nach § 218a III StGB) vor, sollte der Vater gemäß § 1615 l I 1 BGB auch die Unterbrechungskosten als Folgekosten der Schwangerschaft übernehmen.[520] **222**

Handelt es sich um einen zwar nicht gerechtfertigten, aber strafrechtlich nicht tatbestandsmäßigen (§ 218a I StGB) oder straffreien (§ 218a IV StGB) Abbruch bzw. um einen strafbaren Abbruch, wird man darauf abzustellen haben, ob der **Erzeuger** die Mutter zu dem Abbruch bestimmt hat oder **mit dem Abbruch einverstanden** war.[521] Für diesen Fall erscheint wegen der Abbruchkosten eine entsprechende Anwendung von § 1615 l I 1 BGB (Folgekosten der Schwangerschaft) geboten, weil auch die Gewissensfreiheit des Erzeugers (Art. 4 I GG)[522] einer Kostentragung nicht entgegenstehen kann. **223**

Beruht die Fehlgeburt auf einem Abbruchsversuch, dessen Kosten der Erzeuger demgemäß nicht übernehmen muss, gilt dies auch für die Kosten der Fehlgeburt. Fraglich erscheint, ob der Mutter auch dann, wenn sie einen nicht gesetzlich gerechtfertigten Schwangerschaftsabbruch auf Grund ihrer autonomen Entscheidung ohne Veranlassung oder Zustimmung des Erzeugers vornehmen ließ – in entsprechender Anwendung von § 1615 n BGB – die Unterhaltsansprüche des § 1615 l I und II 1 BGB zustehen, soweit sie auch ohne den Abbruch bestanden hätten. Dies ist jedenfalls für die bis zum Abbruch bereits entstandenen Ansprüche zu bejahen. Für die Zeit danach kommt es darauf an, ob die Schwängerung als ursprünglicher Haftungsgrund weiter gilt oder ob die Kausalkette durch den allein von der Mutter verantworteten Abbruch unterbrochen worden ist.[523] Von einer solchen Unterbrechung ist generell auszugehen, nicht nur für den Fall, dass die Krankheit, welche die maßgebliche Anspruchsvoraussetzung nach § 1615 l II 1 BGB wäre, auf dem Abbruch oder Abbruchsversuch beruht. Durch einen derartigen Abbruch wird nämlich der gesetzgeberische Zweck der in Frage kommenden Unterhaltsvorschriften verfehlt. **224**

Voraussetzung für den Anspruch ist auch hier die **Bedürftigkeit** der Mutter. Diese entfällt in vielen Fällen, weil sie Anspruch auf Leistungen der Sozialversicherung, Krankenversicherung und/oder arbeitsrechtliche Leistungen hat. **225**

---

[516] MünchKommBGB/Born § 1615 n Rn. 9
[517] Ermann/Hammermann § 1615 n Rn. 3
[518] MünchKommBGB/Born § 1615 n Rn. 8
[519] So Brüggemann FamRZ 1971, 140, 142; AG Brake FamRZ 1976, 288; dagegen: Soergel/Häberle BGB 12. Aufl., Rn. 6 zu § 1615 n
[520] MünchKommBGB/Born § 1615 n Rn. 8; Göppinger/Wax/Maurer, Unterhaltsrecht, 1287
[521] Vgl. dazu AG Bühl FamRZ 1985, 107; zustimmend: Göppinger/Wax/Maurer, Rn. 1287
[522] Vgl. AG Bühl FamRZ 1985, 107
[523] In diesem Sinn: Göppinger/Wax/Maurer, Rn. 12877

10. Verzicht, Unterhaltsvereinbarungen

226 Gemäß § 1615 l III 1 i. V. m. § 1614 BGB kann auf rückständigen Unterhalt, nicht aber auf Unterhalt für die Zukunft **verzichtet werden**.[524] Dies gilt auch, soweit für die Zukunft nur auf einen Teil des Unterhalts verzichtet wird. Beim Verwandten- und beim Trennungsunterhalt (§§ 1360 a III, 1361 IV 4 i. V. m. § 1614 BGB) besteht bei der **Bemessung des jeweiligen Unterhaltsanspruchs** im Einzelfall ein **Angemessenheitsrahmen**, den die Parteien nach unten ausschöpfen können.[525] Dabei wird eine Unterschreitung des üblicherweise geschuldeten Unterhalts (z. B. nach der Ehegattenquote) durch den in der Vereinbarung festgelegten Unterhalt bis zu etwa 20% von der Rechtsprechung toleriert.[526] Kürzungen um mehr als $^1/_3$ sind mit § 1614 BGB nicht mehr vereinbar.[527] Für den dazwischen liegenden Bereich kommt es entscheidend auf die Umstände des Einzelfalles an.[528]

227 Die Verweisung in § 1615 l III 1 BGB auf den für den Verwandtenunterhalt geltenden § 1614 BGB wird in der Literatur nicht nur kritisch[529] beurteilt, sondern z. T. auch für verfassungswidrig gehalten.[530] Denn Vereinbarungen, die einen Verzicht auf nachehelichen Unterhalt wegen Kindesbetreuung nach § 1570 BGB beinhalten, sind nach Maßgabe des § 1585 c BGB grundsätzlich zulässig, wenn sie im Einklang mit der Rechtsprechung des BGH zur Wirksamkeit von Eheverträgen stehen. Zwar bestehen unter Eheleuten anders als für nichteheliche Partner für den Fall der Scheidung in der Regel zusätzliche vermögensrechtliche Ansprüche, die im Zugewinnausgleich, im Versorgungsausgleich und bei der Haushaltsteilung verwirklicht werden können. Wegen der weitgehenden Angleichung der Voraussetzungen für den aus kindbezogenen Gründen gerechtfertigten Betreuungsunterhalt in den §§ 1570 BGB und 1615 l BGB erscheint das Verzichtsverbot für den Anspruch nach § 1615 l BGB nicht systemkonform und damit korrekturbedürftig.[531]

11. Verwirkung

228 Ansprüche nach § 1615 l BGB können aufgrund der Verweisungsnorm in § 1615 l III 1 BGB entsprechend § 1611 BGB, nach derzeitiger Gesetzeslage jedoch nicht nach der für den nachehelichen Unterhalt geltenden Vorschrift des § 1579 BGB, ganz oder teilweise verwirkt werden (vgl. dazu § 2 Rn. 936 ff.). Gemäß § 1611 I BGB kann ein Unterhaltsanspruch der Höhe nach beschränkt werden oder wegfallen, wenn sich der Unterhaltsberechtigte vorsätzlich einer schweren Verfehlung gegen den Verpflichteten schuldig gemacht hat. Das kann der Fall sein, wenn der Unterhaltsberechtigte sein eigenes Einkommen[532] oder/und Vermögen verschwiegen, den Unterhaltspflichtigen bei dessen Arbeitgeber oder bei Behörden in der Absicht, ihm Schaden zuzufügen, unberechtigt denunziert[533] oder das Umgangsrecht des Unterhaltspflichtigen mit dem Kind unberechtigt, fortgesetzt und massiv vereitelt hat.[534] Ein Zusammenleben der Kindesmutter mit einem neuen Partner führt nicht zur Annahme einer Verwirkung nach § 1611 I BGB.[535]

229 Bei der erforderlichen umfassenden Würdigung eines schuldhaften Fehlverhaltens der Berechtigten ist zu berücksichtigen, dass wegen der Angleichung des Anspruchs an § 1570

---

[524] BGH FamRZ 2009, 768; BGH FamRZ 1992, 1403, 1404
[525] BGH FamRZ 1984, 997, 999
[526] BGH FamRZ 1984, 997, 999, OLG Düsseldorf MDR 2000, 1353
[527] OLG Hamm FamRZ 2007, 732, 733; Bergschneider FamRZ 2008, 17
[528] OLG Hamm FamRZ 2007, 732, 733
[529] Wever FamRZ 2008, 553, 561; Peschel-Gutzeit FPR 2008, 24, 26; Schwab FamR 2007, 1053, 1056; Schumann FF 2007, 227, 229; Puls FamRZ 1998, 865, 876
[530] Freiherr v. Hoyenberg FPR 2007, 273 ff.
[531] Wever FamRZ 2008, 553, 561, MAH/Wever § 10 Rn. 121; a. A. Vorauflage = Rn. 7/4
[532] OLG Schleswig – 13 UF 207/99, BeckRS 2000, 30130490
[533] Peschel-Gutzeit FPR 2005, 344, 345
[534] OLG München FamRZ 2006, 1605, 1606 (zu §§ 1570, 1579 BGB); NK-BGB/Schilling § 1615 l Rn. 47
[535] Offen gelassen von BGH FamRZ 2008, 1739, 1744; MAH/Wever § 10 Rn. 111 a; Eschenbruch/Klinkhammer/Menne, Kap. 4 Rn. 90

1. Abschnitt: Ansprüche der Mutter oder des Vaters eines nichtehelichen Kindes § 7

BGB im Rahmen einer verfassungsgemäßen Anwendung von § 1611 I BGB stets das Betreuungsinteresse des Kindes mit abzuwägen ist.[536] Eine vollständige Versagung von Unterhalt sollte daher insbesondere hinsichtlich des Unterhalts während der ersten 3 Jahre nach der Geburt des Kindes (sog. **Basisunterhalt**) nur in Ausnahmefällen in Betracht kommen.[537] Wenn der sog. **erweiterte Unterhaltsanspruch**, d. h. der Unterhalt über die ersten 3 Lebensjahre des Kindes hinaus, in Streit steht, kann das Gericht die in Betracht kommenden Verwirkungsgründe bereits bei der Billigkeitsabwägung im Rahmen des § 1615 l II 3 BGB berücksichtigen.[538]

Ob der Verwirkungstatbestand auch dann eingreift, wenn die Mutter den Vater über die Anwendung empfängnisverhütender Mittel getäuscht hat, ist umstritten.[539] Grundsätzlich ist der Auffassung zuzustimmen, dass die Motive und Umstände der Zeugung zum Schutz des Kindes von jeder gerichtlichen Klärung ausgenommen werden sollten. Eine Anwendung des § 1611 I BGB sollte daher nur in Ausnahmefällen in Betracht kommen und im Interesse des betreuungsbedürftigen Kindes nicht einen völligen Wegfall des Unterhaltsanspruchs zur Folge haben, sondern lediglich eine maßvolle Reduzierung auf den notwendigen Selbstbehalt.[540] 230

Weil die Verwirkungsvorschrift des § 1611 BGB nach seinem Wortlaut die Belange des Kindes nicht berücksichtigt,[541] wird die Verweisung in § 1615 III 1 BGB im Schrifttum insgesamt als misslungen angesehen und eine **analoge Anwendung des für den Ehegattenunterhalt geltenden § 1579 BGB** für angemessen erachtet.[542] Auch der BGH hat wegen der weitgehenden Angleichung der Betreuungsunterhaltsansprüche nach § 1615 l BGB und § 1570 BGB eine entsprechende Anwendung des § 1579 BGB bereits angedacht.[543] Möglich wäre auch die Aufnahme einer gesetzlichen Verweisung in § 1615 l BGB auf § 1579 BGB, wobei die Nummern 1 (Ehe von kurzer Dauer), 2 (verfestigte Lebensgemeinschaft) und 6 (Verletzung der Pflicht, zum Familienunterhalt beizutragen) ausgenommen werden sollten.[544] 231

Unterhaltsansprüche aus § 1615 l BGB können nicht nur nach § 1611 BGB, sondern auch nach der allgemeinen Vorschrift des **§ 242 BGB verwirkt** werden. Dies gilt sowohl für **titulierte** als auch für **nicht titulierte** Ansprüche.[545] Eine Verwirkung kommt danach in Betracht, wenn der Berechtigte ein Recht längere Zeit nicht geltend macht, obwohl er dazu in der Lage wäre, und der Verpflichtete sich mit Rücksicht auf das gesamte Verhalten des Berechtigten darauf einrichten durfte und eingerichtet hat, dass dieser sein Recht auch in Zukunft nicht geltend machen werde. Diese Grundsätze gelten auch für Unterhaltsrückstände, wenngleich die kurze Verjährungsfrist von drei Jahren (§ 195 BGB) dem Anwendungsbereich der Verwirkung enge Grenzen setzt.[546] Bei Unterhaltsansprüchen sind an das **Zeitmoment** der Verwirkung keine strengen Anforderungen zu stellen, weil von einem Unterhaltsgläubiger, der auf laufende Unterhaltsleistungen angewiesen ist, erwartet wird, 232

---

[536] Peschel-Gutzeit FPR 2005, 344; Menne FamRZ 2007, 173, 177
[537] Vgl. zum Ganzen Peschel-Gutzeit FPR 2005, 344
[538] Hierzu siehe unter Rn. 68
[539] Dafür: NK-BGB/Schilling § 1615 l Rn. 47; MAH/Wever § 10 Rn. 111 a; Wever/Schilling FamRZ 2002, 581, 583; dagegen: Derleder DEuFamR 1999, 84, 90; zweifelnd: Eschenbruch/Klinkhammer/Menne, Kap. 4 Rn. 90
[540] NK-BGB/Schilling § 1615 l Rn. 47; MAH/Wever § 10 Rn. 111 a
[541] Puls FamRZ 1998, 865, 876
[542] Für eine entsprechende Anwendbarkeit von § 1579 Nr. 2 BGB OLG Hamm FamRZ 2011, 107; vgl. auch Peschel-Gutzeit FPR 2005, 344, 348; Schilling FPR 2005, 513, 515; a. A. OLG Nürnberg NJW 2011, 939; zu § 1579 BGB im Übrigen vgl. Wever FamRZ 2008, 553, 561; Kemper ZFE 2008, 126, 129; Schumann FF 2007, 227, 229; Wellenhofer FamRZ 2007, 1282, 1287; Schwab FamRZ 2007, 1053, 1056; Schilling FPR 2005, 513, 515; Puls FamRZ 1998, 865, 876
[543] BGH FamRZ 2008, 1739, 1744
[544] NK-BGB/Schilling § 1615 l Rn. 47; a. A. Eschenbruch/Klinkhammer/Menne, Kap. 4 Rn. 90, der eine grundsätzliche Überarbeitung der Rechtsmaterie anregt
[545] BGH FamRZ 2007, 453 Rn. 22 zum nachehelichen Unterhaltsanspruch; BGH FamRZ 1999, 1422 Rn. 2
[546] BGH FamRZ 2007, 453 Rn. 22 zum nachehelichen Unterhaltsanspruch; BGH FamRZ 2002, 1698 zum Elternunterhalt

§ 7   Unterhalt zwischen nicht verheirateten Eltern und zwischen Lebenspartnern

dass er sich zeitnah um die Durchsetzung des Anspruchs bemüht. Das Zeitmoment der Verwirkung kann deshalb schon dann erfüllt sein kann, sobald die Rückstände Zeitabschnitte betreffen, die **ein Jahr** oder länger zurückliegen.[547]

233   Neben dem Zeitmoment kommt es für die Verwirkung auf das **Umstandsmoment** an. Eine Verwirkung ist nur dann zu bejahen, wenn der Unterhaltsverpflichtete die Untätigkeit der Unterhaltsberechtigten so verstehen durfte, dass sie keinen Unterhalt nach § 1615 l BGB geltend machen werde. So kann eine Mutter, die in der vor dem Vaterschaftsanerkenntnis liegenden Zeiten keine Bemühungen unternommen hat, die Differenz zwischen dem vom Kindesvater tatsächlich gezahlten und dem nach ihrer Auffassung höheren Unterhalt durchzusetzen, ihren Unterhaltsanspruch nach § 242 BGB verwirkt haben.[548]

234   Da es sich bei der **Verwirkung** um eine **Einwendung** handelt, muss der Unterhaltspflichtige sämtliche Umstände, die einen Wegfall oder eine Beschränkung des Unterhaltsanspruchs begründen sollen, **darlegen und beweisen**.[549]

12. Verjährung

235   Die Ansprüche der Mutter bzw. des Vaters gemäß § 1615 l BGB einschließlich des sich aus § 1615 l I 2 BGB ergebenden Sonderbedarfs[550] verjähren seit Inkrafttreten der Schuldrechtsreform am 1. 1. 2002 **in 3 Jahren**[551] (§ 195 BGB). Wegen der Verjährung des Anspruchs auf Übernahme der Kosten für die Beerdigung der Mutter siehe Rn. 214. Die Verjährung beginnt nach § 199 BGB mit dem Schluss des Jahres der jeweiligen Entstehung des fälligen Anspruchs, also nicht vor dem Schluss des Jahres, in dem die Vaterschaft anerkannt oder gerichtlich festgestellt (§ 1594 I, § 1600 d IV BGB) worden ist.

13. Steuerliche Abzugsmöglichkeiten

236   Der Unterhaltspflichtige kann die gemäß § 1615 l BGB erbrachten Unterhaltszahlungen nur unter engen Voraussetzungen im Rahmen des § 33, 33 a EStG als **außergewöhnliche Belastung**[552] geltend machen. Dabei kommt es nicht darauf an, ob die Kindeseltern getrennt oder in eheähnlicher Gemeinschaft zusammenleben.

237   Die Aufwendungen können derzeit (§ 33 a I EStG i. d. F. v. 8. 12. 2010) ohne Berücksichtigung der sog. Opfergrenze bis zu **8004 EUR** im Kalenderjahr vom Gesamtbetrag der Einkünfte abgezogen werden. ²Der Höchstbetrag erhöht sich um den Betrag der im jeweiligen Veranlagungszeitraum für die unterhaltsberechtigte Person aufgewandten näher bestimmten Vorsorgebeträge. Der Gesamtabzugsbetrag vermindert sich um den Betrag, um den die Einkünfte und Bezüge des Unterhaltsberechtigten den Betrag von 624 Euro im Kalenderjahr übersteigen, ferner um die in § 33 a I 4 EStG genannten von der unterhaltenen Person bezogenen öffentlichen Leistungen.

238   Gehört der Haushaltsgemeinschaft ein bevorrechtigt unterhaltsberechtigtes Kind an, sind nach der Rechtsprechung des BFH[553] die für Unterhaltsleistungen zur Verfügung stehenden Mittel um den nach § 32 VI 2 EStG bemessenen Mindestunterhaltsbedarf des Kindes zu kürzen. Der Mindestunterhalt ist in entsprechender Anwendung des § 1612 a I 3 BGB in Höhe des doppelten Freibetrags für das sächliche Existenzminimum des Kindes anzusetzen.

239   Die für den **Ehegattenunterhalt** neben der Abzugsmöglichkeit nach § 33 a I EStG bestehende Option, die Unterhaltsleistungen nach der vereinbarten Durchführung des **sog. begrenzten Realsplittings** als **Sonderausgabe** nach §§ 10 I Nr. 1, 22 Nr. 1 a EStG bis zu einem Betrag von **13 805 EUR** abzusetzen, haben nichteheliche Elternteile

---

[547] BGH FamRZ 2007, 453 Rn. 22 zum nachehelichen Unterhaltsanspruch
[548] OLG Schleswig FamRZ 2008, 2057
[549] Griesche FPR 2005, 335, 338
[550] BT-Drucks. 14/6040 S. 107
[551] Für bis zum 31. 12. 2001 entstandene Ansprüche vgl. Art. 229 § 6 IV EGBGB
[552] BFH FamRZ 2010, 902; BFH FamRZ 2004, 1643
[553] BFH FamRZ 2010, 902

1. Abschnitt: Ansprüche der Mutter oder des Vaters eines nichtehelichen Kindes § 7

nicht.[554] Die Verfassungsgemäßheit dieser **Ungleichbehandlung von nicht miteinander verheirateten Eltern** gegenüber den Eltern eines aus einer Ehe hervorgegangenen Kindes wird zum Teil in Zweifel gezogen.[555]

VI. Verfahrensrechtliches

1. Zuständiges Gericht für Unterhaltsverfahren

Das Kindschaftsrechtsreformgesetz vom 16. 12. 1997[556] hat mit Wirkung vom 1. 7. 1998 durch Änderung des GVG (§ 23 b I 2 Nr. 13) und der ZPO (§ 621 I Nr. 11) für die gerichtliche Geltendmachung der Ansprüche nach §§ 1615 l und 1615 m BGB die **Zuständigkeit des Familiengerichts** mit Rechtsmittelzug zum Oberlandesgericht (§ 119 I Nr. 1 GVG) eingeführt. Die genannten Ansprüche sind nach der Aufhebung des § 621 ZPO durch Art. 29 Nr. 15 des Gesetzes zur Reform des Verfahrens in Familiensachen und in den Angelegenheiten der freiwilligen Gerichtsbarkeit (FGG-RG) vom 17. 12. 2008[557] nunmehr seit dem 1. 9. 2009 **Familienstreitsachen** i. S. d. §§ 111, 112 Nr. 1, 231 I Nr. 3 FamFG; für sie ist wie früher gemäß § 23 a I Nr. 1 GVG das **Familiengericht** zuständig. **240**

Für Verfahren, die nach dem 1. 9. 2009 eingeleitet worden sind, gilt das FamFG. Die **örtliche Zuständigkeit** der Gerichte ist seit dem 1. 9. 2009 nach § 232 FamFG zu bestimmen. § 232 I Nr. 1, 2 FamFG enthalten **ausschließliche Gerichtsstände**. Sofern eine Zuständigkeit nach § 232 I FamFG nicht besteht, bestimmt sich die Zuständigkeit nach den allgemeinen Vorschriften der §§ 12 ff. ZPO mit der Maßgabe, dass es nicht auf den Wohnsitz, sondern auf den gewöhnlichen Aufenthalt ankommt. Wahlweise kann ein Unterhaltsantrag nach § 1615 l BGB auch bei dem Gericht, bei dem ein Verfahren über den Unterhalt des Kindes im ersten Rechtszug anhängig ist, eingereicht werden, § 232 III 2 Nr. 1 FamFG. Auch die Anhängigkeit eines vereinfachten Verfahrens zur Festsetzung des Kindesunterhalts nach §§ 249 ff. FamFG begründet die **Wahlzuständigkeit** nach § 232 III 2 Nr. 1 FamFG. Dies gilt selbst dann, wenn das vereinfachte Verfahren bei einem nach § 260 FamFG bestimmten Familiengericht anhängig ist.[558] Entsprechendes gilt bei Anhängigkeit eines einstweiligen Anordnungsverfahrens nach § 247 FamFG wegen Kindesunterhalts.[559] **241**

2. Verfahren

In Familiensachen können Unterhaltsansprüche nach § 1615 l II BGB mit einem **Leistungsantrag** durchgesetzt werden, wenn die Vaterschaft des Mannes feststeht. Es besteht gemäß § 114 FamFG Anwaltszwang. **242**

3. Verfahrenskostenvorschuss

Ob der betreuende Elternteil einen Anspruch auf Verfahrenskostenvorschuss gegen den anderen Elternteil hat, um seinen Unterhaltsanspruch nach § 1615 l BGB gegen ihn realisieren zu können, ist umstritten.[560] Die Verpflichtung zur Zahlung eines Verfahrenskosten- **243**

---

[554] BFH FamRZ 2010, 902; OLG Naumburg – 8 UF 63/05, BeckRS 2005, 30360948
[555] Benkelberg FuR 1999, 301, 304; MAH/Wever § 10 Rn. 123
[556] BGBl. I S. 2942
[557] BGBl. I S. 2586
[558] Rühl/Greßmann § 643 III ZPO a. F. Rn. 196
[559] Zöller/Lorenz § 232 FamFG Rn. 10
[560] Bejahend: OLG München FamRZ 2002, 1219 f.; Caspary, NJW 2005, 2577, 2578; verneinend: Bissmaier FamRZ 2002, 863, 864; Büttner FamRZ 2000, 781, 786; Eschenbruch/Klinkhammer/Menne, Kap. 4 Rn. 47; MAH/Wever § 10 Rn. 127; vgl. auch NK-BGB/Schilling § 1615 l Rn. 50; Schilling FamRZ 2006, 1, 9; ders., FPR 2005, 513, 515

vorschusses ist im Gesetz ausdrücklich nur für verheiratete (§ 1360a IV BGB) und für getrennt lebende Ehegatten (§ 1361 IV 4 BGB) geregelt. Die Vorschrift des § 246 I FamFG regelt lediglich verfahrensrechtliche Möglichkeiten zur Durchsetzung des Anspruches auf einen Verfahrenskostenvorschuss und ist keine Anspruchsgrundlage für den Anspruch selbst. Der Anspruch auf Verfahrenskostenvorschuss ist nicht Teil des geschuldeten Lebensbedarfs.[561] Für den nachehelichen Unterhalt ist **§ 1360a Abs. 4 BGB** selbst dann, wenn Betreuungsunterhalt nach § 1570 BGB geschuldet wird, **nicht entsprechend anwendbar**, weil diese unterhaltsrechtliche Beziehung nicht in gleichem Umfang Ausdruck einer besonderen Verantwortung des Verpflichteten für den Berechtigten ist, die derjenigen von Ehegatten vergleichbar ist. Eine entsprechende Anwendung der gesetzlichen Vorschriften (§§ 1360a IV, 1361 IV 4 BGB) hat der BGH deshalb bisher nur im Verhältnis zwischen minderjährigen und volljährigen Kindern und ihren Eltern befürwortet.[562] Da die unterhaltsrechtliche Einstandspflicht nicht miteinander verheirateter Eltern nicht weiter reichen kann als die geschiedener Ehegatten, verbietet sich eine analoge Anwendung der genannten Regelungen.[563] Eine gesetzliche Verankerung eines Anspruchs auf Verfahrenskostenvorschuss für geschiedene kinderbetreuende Eltern im Rahmen des § 1570 BGB und für Unterhaltsberechtigte nach § 1615l BGB wäre wünschenswert.[564]

4. Darlegungs- und Beweislast

244   Alle **konkreten Voraussetzungen**[565] für einen Anspruch aus § 1615l I, II BGB hat der Elternteil, der Unterhalt geltend gemacht, darzulegen und zu beweisen.

245   **a) Voraussetzungen für eine Verlängerung des Basisunterhalts.** Der **Unterhaltsberechtigte** trägt die volle Darlegungs- und Beweislast für alle Tatsachen, die eine **Verlängerung aus kindbezogenen Gründen** rechtfertigen. Dazu gehören sowohl die Umstände bezüglich der **Person des Kindes** als auch die konkret bestehende oder mögliche Betreuungssituation.[566]

246   Sofern für die Verlängerung des Unterhaltsanspruch eine Behinderung, eine **Krankheit**, eine Entwicklungsstörung, Verhaltensauffälligkeiten des Kindes oder sonstige Gründe geltend gemacht werden, sind diese Umstände durch geeignete Unterlagen wie
• ärztliche Atteste, Krankenhausbriefe,
• psychologische Beurteilungen,
• Berichte von Betreuungseinrichtungen,
• Stellungnahmen des Jugendamtes,
• ggf. Strafakten zu belegen.

247   Soweit auf die **Betreuungssituation** abgestellt wird, ist ein eingehender, einzelfallbezogener und substantiierter Vortrag dazu notwendig, dass es wegen fehlender oder nur eingeschränkter Betreuungsmöglichkeiten nicht möglich ist, überhaupt oder weitergehend als bisher erwerbstätig zu sein.[567] Denn nach der Rechtsprechung des BGH[568] darf nur aufgrund konkreter Sachverhaltsfeststellungen von dem **gesetzlichen Regelfall (Betreuungsunterhalt für 3 Jahre)** abgewichen werden.[569] Der Tatrichter darf sich daher nur auf einen konkreten Sachvortrag zur Betreuungssituation und zur Betreuungsbedürftigkeit des Kindes stützen, es sei denn, entsprechende Umstände sind aufgrund des sonst festgestellten

---

[561] BGH FamRZ 2005, 883, 885 = R 628a
[562] BGH FamRZ 2005, 883, 885 = R 628a
[563] BGH FamRZ 2005, 883, 885 = R 628a; BGH FamRZ 1984, 148
[564] So auch NK-BGB/ Schilling § 1615l BGB Rn. 50; ders. FamRZ 2006, 1, 9 und FuR 2005, 513, 515; MAH/Wever § 10 Rn. 127
[565] Siehe oben unter Rn. 20 ff.
[566] BGH FamRZ 2010, 444 Rn. 27; BGH FamRZ 2009, 1391, 1393; BGH FamRZ 2008, 1739, 1748
[567] BGH FamRZ 2009, 770, 772 = R 704; BGH FamRZ 2008, 1739, 1748; OLG Celle FamRZ 2008, 997, 998; OLG Hamm FPR 2008, 311, 314
[568] BGH FamRZ 2010, 357 Rn. 53 = R 709; BGH FamRZ 2010, 444 Rn. 26, 27
[569] BGH FamRZ 2010, 357 Rn. 50 = R 709; BGH FamRZ 2010, 444 Rn. 26, 27

1. Abschnitt: Ansprüche der Mutter oder des Vaters eines nichtehelichen Kindes § 7

Sachverhalts offenkundig.[570] Der Unterhaltsberechtigte sollte sich nicht auf vermeintliche allgemeine Erfahrungswerte berufen, die den Kinderbetreuungsaufwand in Abhängigkeit zum Alter des Kindes begründen.[571] Wenn ein konkreter Vortrag auch nach einem gerichtlichen Hinweis nicht erfolgt, wird der Unterhaltsantrag mangels Schlüssigkeit abgewiesen.[572] Der betreuende Elternteil muss seine **Bemühungen** um eine tatsächlich erreichbare und zumutbare Fremdbetreuung rechtzeitig aufnehmen und **dokumentieren**.[573]

Der Unterhaltsberechtigte sollte hinsichtlich der **Betreuungssituation** eine genaue Aufstellung vorlegen über 248
- die Hort-, Kindergarten- und Schulzeiten,
- Elternabende,
- Hausaufgabenbetreuung,
- evtl. regelmäßige Arzttermine
- die Zeiten für Musikunterricht,
- die Termine für Sportunterricht (Turnen, Tennis, Schwimmen, Golf etc.),
- den Aufwand zur Organisation sonstiger Sozialkontakte (Kindergeburtstage etc.)

Es empfiehlt sich, zu den Rahmenbedingungen der Erwerbstätigkeit konkret durch Vorlage 249
- des Arbeitsvertrages (einschließlich der Pausen- und Überstundenregelung),
- von Dienstplänen (z. B. bei Schichtdienst[574]) sowie
- eine Aufstellung der regelmäßig anfallenden **Überstunden** vorzutragen.

Zum Nachweis der **Wegezeit** zur Betreuungseinrichtung, zur Schule und zum Arbeitsplatz sind 250
- die Fahrpläne der öffentlichen Verkehrsbetriebe und
- die Routenplaner aus dem Internet geeignet.[575]

Die Anforderungen an die **Substantiiertheit** des Vortrages des betreuenden Elternteils 251 erhöhen sich in dem Maße, in dem der Unterhaltspflichtige eine gesicherte Betreuungsmöglichkeit konkret vorträgt.[576]

Auch für die **elternbezogenen Verlängerungsgründe** des Unterhaltsanspruchs trägt 252 der Anspruchssteller die volle Darlegungs- und Beweislast.[577] Hier gilt für die Anforderungen an den Vortrag und die Nachweise das oben Gesagte entsprechend.

Obwohl der Basisunterhalt während der ersten drei Lebensjahre des Kindes und der sich daran anschließende Betreuungsunterhalt einen einheitlichen Unterhaltsanspruch bilden, gilt diese Verteilung der Darlegungs- und Beweislast auch im **Abänderungsverfahren,** wenn der Unterhaltspflichtige zur Zahlung eines unbefristeten Basisunterhalts verurteilt wurde.[578] Der im Rahmen eines Abänderungsverfahrens für eine wesentliche Veränderung der Verhältnisse bzw. den Fortfall der Geschäftsgrundlage darlegungs- und beweispflichtige Antragsteller hat nur anhand des Lebensalters des Kindes eine bestehende Erwerbsobliegenheit des unterhaltsberechtigten Elternteils vorzutragen. Der Unterhaltsberechtigte muss sodann die weiteren anspruchsbegründenden Voraussetzungen für einen anspruchsverlängernden Lebenssachverhalt nach § 1615l II 4 BGB darlegen und beweisen.[579]

---

[570] Viefhues FF 2010, 200, 203 (Anm.)
[571] So aber Metz NJW 2009, 1855; Norpoth FPR 2009, 485
[572] Vgl. OLG Celle FPR 2008, 318320
[573] Borth FamRZ 2008, 2, 7; OLG Celle FamRZ 2008, 997, 998; OLG Brandenburg FF 2008, 371
[574] OLG Koblenz NJW 2009, 1974 Rn. 9 ff.
[575] Vgl. von Kiedrowski FamRB 2009, 213, 215
[576] Eschenbruch/Klinkhammer/Eschenbruch, Kap. 1 Rn. 229
[577] BGH BeckRS 2011, 16689 Rn. 31; FamRZ 2010, 357, Rn. 49 = R 709; FamRZ 2009, 1391, 1393 = R 706; FamRZ 2008, 1739, 1748; FamRZ 2008, 968, 970
[578] Zur Befristung siehe unter Rn. 261; für die Befristung des Betreuungsunterhalts nach § 1615l II S. 2 BGB auf die ersten drei Lebensjahre plädieren Luthin/Koch/Wellenhofer, Rn. 3025; Wever FamRZ 2008, 553, 558; Peschel-Gutzeit FPR 2008, 24, 27; Schilling FPR 2008, 27, 30
[579] Baumgärtel/Laumen/Prütting, Bd. 8 § 1615l BGB Rn. 13; PWW/Soyka, Rn. 14 f.; Liceni-Kierstein FPR 2010, 140, 145

§ 7   Unterhalt zwischen nicht verheirateten Eltern und zwischen Lebenspartnern

Wenn der Unterhaltspflichtige eine Verkürzung der „Schonfrist" geltend macht, ist er gehalten, die Gründe darzulegen und zu beweisen, die eine negative Ausnahme von der zeitlichen Regelbegrenzung bis zum vollendeten 3. Lebensjahr rechtfertigen.[580]

253   Der Unterhaltspflichtige muss ferner sämtliche Umstände, die einen Wegfall oder eine Beschränkung des Unterhaltsanspruchs begründen sollen, darlegen und beweisen, weil es sich bei der **Verwirkung** um eine **Einwendung** handelt.[581]

254   **b) Bedarf und Bedürftigkeit, Leistungsfähigkeit.** Darüber hinaus gelten die allgemeinen Grundsätze für jeden Unterhaltsanspruch, nach denen der Berechtigte seinen Bedarf und seine Bedürftigkeit und der Unterhaltsverpflichtete seine Leistungsunfähigkeit darzulegen und zu beweisen hat.[582]

255   Soweit der **Mindestbedarf** geltend gemacht wird, erleichtert dies die Darlegung des Unterhaltsberechtigten, denn er muss seine wirtschaftlichen Verhältnisse nicht näher erläutern.[583] Nur wenn er einen höheren Bedarf geltend machen will, muss der Unterhaltsberechtigte besondere Ausführungen machen, um diesen darzulegen und gegebenenfalls zu beweisen.[584]

256   Sofern sich der Verpflichtete darauf berufen will, der Unterhaltsanspruch des Berechtigten werde durch weitere, vorrangig oder gleichrangige Unterhaltsberechtigte geschmälert oder entfalle in vollem Umfang, muss er konkret darlegen und gegebenenfalls beweisen, um welche Personen es sich handelt und in welchem Verhältnis sie zu ihm stehen.[585]

257   **c) Haftungsanteile.** Wenn die Kindesmutter ein weiteres Kind aus einer anderen Beziehung hat, ist ihr Antrag auf Zahlung von Unterhalt nach § 1615 l BGB nur dann schlüssig, wenn sie die Einkommens- und Vermögensverhältnisse des anteilig mit haftenden Vaters eines anderen Kindes darlegt.[586] Denn beide Väter haften nach den §§ 1615 I, III 1, 1606 III 1 BGB für den Unterhalt anteilig nach ihren Einkommens- und Vermögensverhältnissen. Die **Kindesmutter** ist als Anspruchstellerin **darlegungs- und beweispflichtig** hinsichtlich der für die Ermittlung der **Haftungsanteile** maßgeblichen Verhältnisse des anderen Unterhaltspflichtigen.[587] Von dieser verfahrensrechtlichen Verpflichtung ist sie auch nicht deshalb befreit, weil das Jugendamt aus Datenschutzgründen entsprechende Angaben verweigert.[588]

258   **d) Schwangerschafts- und entbindungsbedingte Kosten.** Für den Anspruch auf Erstattung schwangerschafts- und entbindungsbedingter Kosten (§ 1615 l I 2 BGB) muss die nichteheliche Mutter die Höhe der entstandenen Kosten, ihre Angemessenheit und ihre Verursachung durch die Schwangerschaft/Entbindung darlegen und beweisen.[589] Der Umstand, dass in Zusammenhang mit einer Schwangerschaft und der Geburt eines Kindes typischerweise bestimmte Dinge benötigt werden, entbindet den Anspruchsteller nicht von der Pflicht, die tatsächliche Anschaffung der Gegenstände und die tatsächlich entstandenen Kosten darzulegen und zu belegen. Dies gilt auch für einen Sozialhilfeträger, der eine Kostenpauschale an die Mutter ausgekehrt hat und diese aus übergegangenem Recht geltend macht, auch wenn die für die Säuglingserstausstattung und die Schwangerschaftsbekleidung zur Verfügung gestellten Beträge ausgesprochen niedrig und nach einfachsten Ansprüchen bemessen sind.[590]

Wer vor der Geburt erwerbslos war, muss bei einem Anspruch nach § 1615 l II 1 BGB darlegen und beweisen, dass er sich in angemessener und zumutbarer Weise um eine Ar-

---

[580] Göppinger/Wax/Maurer, Rn. 1368, 1370.
[581] Griesche FPR 2005, 335, 338
[582] NK-BGB/Schilling § 1615 l Rn. 56; Johannsen/Henrich/Graba § 1615 l BGB Rn. 22
[583] OLG Brandenburg – 10 UF 23/10, BeckRS 2010, 29949; Baumgärtel/Laumen/Prütting, Bd. 8 § 1615 l BGB Rn. 3
[584] BGH FamRZ 2010, 357 Rn. 39 = R 709; Viefhues FF 2010, 200, 201 (Anm.)
[585] Gerhardt FuR 2008, 194, 198; Schilling FF 2008, 279, 292; NK-BGB/Schilling § 1615 l Rn. 56
[586] OLG Zweibrücken FuR 2000, 438, 439; OLG Koblenz FamRZ 2006, 440
[587] OLG Zweibrücken FuR 2000, 438, 439; OLG Koblenz FamRZ 2006, 440
[588] OLG Koblenz FuR 2005, 463
[589] KG FamRZ 2007, 77 m. w. N.
[590] KG FamRZ 2007, 77

1. Abschnitt: Ansprüche der Mutter oder des Vaters eines nichtehelichen Kindes § 7

beitsstelle bemüht hat, dass es aber gerade die Schwangerschaft war, die einer Erwerbstätigkeit im Wege gestanden hat.[591]

5. Titel, Befristung des Betreuungsunterhalts

a) **Entscheidungsgründe.** Die Gerichte entscheiden durch Beschluss, § 38 FamFG, **259** gegen den das Rechtsmittel der Beschwerde gemäß § 58 FamFG gegeben ist. Sie sind gehalten, ihre Entscheidungen unter Zugrundelegung verfahrensrechtlich **belastbarer Feststellungen** zu treffen. Das bedeutet, dass z. B. die Ausführungen zu einer konkreten Betreuungsbedürftigkeit eines Kindes und den **bestehenden Betreuungsmöglichkeiten** nicht lediglich auf allgemeinen Erwägungen beruhen dürfen. Vielmehr sind zu dem Betreuungsbedarf des Kindes in der Entscheidung **konkrete** Feststellungen zu treffen.[592] Ein genereller Hinweis auf ein im Ort bestehendes Schulsystem reicht nicht aus.[593] Da im Unterhaltsverfahren gemäß § 113 FamFG der Beibringungsgrundsatz und nicht der Amtsermittlungsgrundsatz gilt, kann dies nur erfolgen, wenn die Beteiligten die Tatsachen sehr konkret darlegen und mit den geeigneten Unterlagen belegen.

Damit eine gerichtliche Entscheidung nachvollziehbar und überprüfbar ist und der vom **260** BVerfG[594] geforderten Gleichbehandlung des im Kindesinteresse geschuldeten Unterhalts für den betreuenden Elternteil Rechnung trägt, sollte in den Entscheidungsgründen der Gerichte eine stringente Trennung zwischen kind- und elternbezogenen Verlängerungsgründen erfolgen.[595]

b) **Befristung.** Gemäß § 1615 l II 3 BGB nach der bis zum 31. 12. 2007 geltenden **261** Fassung endete die Unterhaltspflicht für den betreuenden Elternteil 3 Jahre nach der Geburt des Kindes, soweit nicht der Ausnahmetatbestand der groben Unbilligkeit wegen Versagung weiteren Unterhalts vorlag. Ein Anspruch auf Betreuungsunterhalt nach § 1615 l BGB war im Tenor eines Urteils bis zur Vollendung des 3. Lebensjahres des Kindes zu befristen,[596] wenn nicht bereits zum Zeitpunkt der Entscheidung sicher war, dass dem Berechtigten auch über die 3 Jahre hinaus ein Anspruch zustand.[597] Seit Inkrafttreten des UÄndG zum 1. 1. 2008 endet der Unterhaltsanspruch nach der Neufassung des § 1615 l II 2 BGB nicht mehr automatisch nach 3 Jahren. Für diesen Zeitraum besteht auf jeden Fall ein Unterhaltsanspruch („mindestens"). Für die Zeit danach hängt der Unterhaltsanspruch von der Billigkeit ab. Der Zeitraum für die Zeit vor und nach dem Ablauf der Dreijahresfrist bildet einen einheitlichen Unterhaltsanspruch. Die Frage, ob bei einer gerichtlichen Entscheidung über den Unterhalt nach § 1615 l Abs. 2 BGB vor der Vollendung des 3. Lebensjahres des Kindes weiterhin eine Befristung vorzunehmen ist, war umstritten. Teilweise wurde eine zeitliche Begrenzung mit der Begründung abgelehnt, im Zeitpunkt der gerichtlichen Entscheidung seien die Umstände, die für eine Verlängerung der Unterhaltspflicht zu berücksichtigen seien, noch nicht hinreichend erkennbar.[598] Nach Ansicht von Dose war der Unterhalt dann unbefristet zuzusprechen, wenn ein teilweiser oder völliger Wegfall des Anspruchs noch nicht sicher prognostiziert werden konnte.[599] Wie im Rahmen der Rechtsprechung zum früheren Betreuungsunterhalt müsse die Ungewissheit über die genaue Höhe und Dauer des künftigen Betreuungsunterhalts hinter der schon im Zeitpunkt der ersten Entscheidung absehbaren Fortdauer des Unterhaltsanspruchs dem Grunde nach zurückstehen. Nach der dritten Auffassung war eine Befristung vorzunehmen, wenn nicht

---

[591] OLG Koblenz NJW-RR 2000, 1531
[592] BGH FamRZ 2011, 791 Rn. 27, 29 zu § 1570 BGB
[593] BGH FamRZ 2010, 1050, 1053
[594] BVerfG FamRZ 2007, 965, 971
[595] Schürmann FF 2007, 235, 236; NK-BGB/Schilling FF 2008, 279, 284
[596] OLG Oldenburg NJW-RR 2000, 1249; Johannsen/Henrich/Graba § 1615 l Rn. 7
[597] Büttner FamRZ 2000, 781, 785; MAH/Wever § 10 Rn. 125
[598] Borth UÄndG, Rn. 364, 83; ders. FamRZ 2008, 2, 10; Menne FamRB 2008, 110, 117; Peschel-Gutzeit Unterhaltsrecht aktuell § 8, Rn. 31; Schnitzler FF 2008, 270, 278; Gerhardt FuR 2008, 62; Büte, 2008, 309, 310; offen lassend OLG Koblenz NJW 2009, 1974
[599] Dose JA 2009, 1 ff., 5

§ 7 Unterhalt zwischen nicht verheirateten Eltern und zwischen Lebenspartnern

im Zeitpunkt der Entscheidung positiv festgestellt werden konnte, dass die Billigkeitsvoraussetzungen für einen verlängerten Anspruch nach § 1615 l Abs. 2 S. 4 BGB vorlagen, wobei eine hinreichend sichere Prognose ausreichen sollte.[600] Der Unterhalt begehrenden Mutter könnten dabei Erleichterungen bei der Darlegungs- und Beweisführung zuzubilligen sein.[601] Eine Entscheidung des BGH zu § 1615 l BGB liegt noch nicht vor.

262 Da die **Voraussetzungen** für den **Basisunterhalt** aus **§ 1615 l BGB** dem aus **§ 1570 BGB** weitgehend angenähert sind, kann die zu § 1570 BGB ergangene Rechtsprechung sinngemäß angewendet werden. Eine **Befristung** des nachehelichen Betreuungsunterhalts nach § 1578 Abs. 2 BGB scheidet nach der Rechtsprechung des BGH[602] schon deswegen aus, weil § 1570 BGB in der seit dem 1. 1. 2008 geltenden Fassung insoweit eine Sonderregelung für die Billigkeitsabwägung enthält.[603] Die Entscheidungen betrafen Fälle, in denen es um einen Anspruch nach Ablauf der Dreijahresfrist ging. Sie beziehen sich jedoch auch auf die ersten 3 Lebensjahre des Kindes. Danach bilden der Betreuungsunterhalt während der ersten drei Lebensjahre des Kindes und ein daran anschließender weiterer Betreuungsunterhalt einen einheitlichen Unterhaltsanspruch. Ein künftiger Betreuungsunterhalt ist nur dann abzuweisen, wenn im Zeitpunkt der Entscheidung für die Zeit nach Vollendung des dritten Lebensjahres absehbar keine kind- oder elternbezogenen Verlängerungsgründe mehr vorliegen.[604]

263 Die Frage, welcher Auffassung zu folgen ist, hat erhebliche praktische Auswirkungen. Wenn der sog. **Basisunterhalt**, d. h. der Unterhalt des Berechtigten für die ersten 3 Lebensjahre des Kindes, **nicht befristet** wird, muss der Unterhaltspflichtige nach Vollendung des 3. Lebensjahres des Kindes einen **Abänderungsantrag** erheben, wenn er den Wegfall der Voraussetzungen für den Billigkeitsunterhalt, d. h. den Unterhalt nach der Vollendung des 3. Lebensjahres des Kindes, geltend machen will. Wird der Titel über den Basisunterhalt befristet und ergibt sich später, dass Betreuungsunterhalt nach Billigkeit zu zahlen ist, muss der betreuende Elternteil ein **neues Unterhaltsverfahren** anstrengen.[605] Die Problematik entschärft sich, wenn man der Auffassung von Dose[606] folgt, nach der es im Rahmen eines Abänderungsverfahrens über einen unbefristeten Titel dem Unterhaltsberechtigten obliegen soll, kind- bzw. elternbezogene Gründe für eine Verlängerung des Unterhaltsanspruch vorzutragen, falls nicht in der abzuändernden Entscheidung bereits konkrete Umstände für eine Fortdauer des Betreuungsunterhalt aus den genannten Gründen festgestellt worden waren. Die Unterhaltsleitlinien der meisten Oberlandesgerichte sehen daher vor, dass ein Titel über den Basisunterhalt nicht zu befristen ist.[607]

264 Im Gegensatz hierzu kann ein **nach Ablauf des 3. Lebensjahres des Kindes** in Streit stehender **Billigkeitsunterhalt** befristet werden, wenn eine verlässliche Prognose für das Vorliegen seiner Voraussetzungen zum Zeitpunkt der Erstentscheidung möglich

---

[600] OLG Bremen FamRZ 2008, 1281; Peschel-Gutzeit FPR 2008, 24 ff., 27; Schilling FPR 2008, 27 ff., 30; Weil, FamRB 2009, 51 ff.; Luthin/Koch/Wellenhofer, Rn. 3025; Wever FamRZ 2008, 553, 558
[601] OLG Bremen FamRZ 2008, 1281
[602] BGH BeckRS 2011, 16689 Rn. 37; FamRZ 2011, 791 Rn. 35; FamRZ 2010, 1880 Rn. 33; FamRZ 2009, 1124 Rn. 55; FamRZ 2009, 770, 774 = R 704; OLG Koblenz NJW 2009, 1974
[603] Vgl. auch Borth FamRZ 2008, 1, 10; Büte FuR 2008, 309, 310; Eschenbruch/Klinkhammer/Menne, Kap. 4 Rn. 37; zu § 1615 l BGB OLG Brandenburg FamRZ 2010, 1915; OLG Bremen FamRZ 2008, 1281; MAH/Wever § 10 Rn. 125, 125 a; Wever FamRZ 2008, 553, 558; Schilling FPR 2008, 27, 30
[604] So auch Borth UÄndG Rn. 83
[605] Büttner FamRZ 2000, 781, 785; Hauß FamRB 2007, 367, 368 zu § 1570 BGB; NK-BGB/Schilling § 1615 l Rn. 60
[606] JAmt 2009, 1, 5; ebenso OLG Bremen NJW 2008, 1745; OLG Hamm FPR 2008, 311; OLG Celle FPR 2008, 318; OLG Düsseldorf FamRZ 2008, 1861; OLG Köln NJW 2008, 2659; OLG Düsseldorf NJW 2008, 3005 (zu § 1570 BGB); Schnitzler FF 2008, 270, 278; Schilling FF 2008, 279, 280, 283; Göppinger/Wax/Maurer § 1615 l Rn. 1367
[607] Vgl. z. B. Ziffer 18 i. V. m. Ziffer 17.1 der Unterhaltsleitlinien des Oberlandesgerichts Köln Stand 1. 1. 2011; ablehnend, d. h. eine Befristung befürwortend u. a. Maurer FamRZ 2008, 975; Hauß FamRB 2007, 367, 368; Peschel-Gutzeit FPR 2008, 24, 27; MAH/Wever § 10 Rn. 125, 125 a; Wever FamRZ 2008, 553, 558; Schilling FPR 2008, 27, 30

1. Abschnitt: Ansprüche der Mutter oder des Vaters eines nichtehelichen Kindes § 7

ist.[608] Wever[609] weist allerdings zu Recht daraufhin, dass dies in der Regel nur bei elternbezogenen Gründen in Betracht kommen dürfte. Wenn kindbezogene Gründe, z. B. schwere Erkrankung des Kindes, fehlende Fremdbetreuungsmöglichkeiten u. s. w. eine Verlängerung des Unterhalts rechtfertigen, lässt sich ebenso wie bei der Beurteilung eines Unterhaltsanspruchs im Rahmen des § 1570 BGB in der überwiegenden Anzahl der Fälle einer Änderung der Situation nicht prognostizieren.

6. Abänderungsantrag

Beschlüsse in Unterhaltssachen (§§ 38, 231 FamFG) können seit Inkrafttreten des FamFG am 1. 9. 2009 in einem Verfahren nach § 238 FamFG abgeändert werden, denn § 238 FamFG ist gegenüber § 323 ZPO eine Spezialregelung für die Abänderung gerichtlicher Entscheidungen in Unterhaltssachen.[610] § 238 FamFG gilt auch für Beschlüsse, die Unterhaltspflichten nach § 1615 l BGB regeln. **265**

7. Vorläufige Rechtsschutzmöglichkeiten

a) Arten. Als vorläufige Maßnahmen zur Sicherung des Unterhalts kommen die in den §§ 246 bis 248 FamFG aufgeführten einstweiligen Anordnungen in Unterhaltssachen in Betracht. Diese Sonderregelungen gehen als lex specialis den Allgemeinen Vorschriften über die einstweilige Anordnung in den §§ 49 ff. FamFG vor.[611] **266**

aa) Einstweilige Anordnung nach § 247 FamFG. Grundsätzlich können gemäß § 1600 d IV BGB Ansprüche gegen den Vater erst nach Anerkennung oder Feststellung der Vaterschaft geltend gemacht werden. § 247 I FamFG, der im Wesentlichen den verfahrensrechtlichen Regelungsgehalt des seit dem 1. 9. 2009[612] aufgehobenen § 1615 o II BGB enthält, ermöglicht **der Mutter, nicht aber dem Vater,**[613] wegen ihrer besonderen Schutzbedürftigkeit vor und nach der Geburt[614] den Antrag auf Erlass einer einstweiligen Anordnung für die nach § 1615 l I 1 BGB – nicht § 1615 l II BGB – voraussichtlich zu leistenden Beträge bereits vor der Geburt des Kindes und auch nach der Geburt, aber vor einer Anerkennung oder einer rechtskräftigen Feststellung der Vaterschaft, zu stellen. **267**

Es handelt sich wie nach früherem Recht um ein **selbständiges Verfahren,** § 51 III 1 FamFG.[615] Mit einer einstweiligen Anordnung nach § 247 FamFG können gemäß § 1615 l I 2 BGB Kosten der Schwangerschaft oder der Entbindung außerhalb des in § 1615 l I 1 BGB bestimmten Zeitraumes von 6 Wochen vor und 8 Wochen nach der Geburt verlangt werden, z. B. Kosten für ärztliche Behandlung, Hebamme, Klinik, Medikamente[616] und Schwangerschaftsbekleidung. Ferner kann die Mutter mit einer einstweiligen Anordnung nach § 247 FamFG, soweit sie mangels eigener Einkünfte bedürftig ist, den laufenden Unterhalt sicherstellen. Der Anspruch ist nicht auf den Notbedarf beschränkt.[617] Die Mutter kann nicht nur den Mindestunterhalt in Höhe von (derzeit) monatlich 770 EUR geltend machen,[618] sondern den voraussichtlich zu leistenden Unterhalt verlangen. **268**

Nicht mit der einstweiligen Anordnung durchgesetzt werden kann **rückständiger Unterhalt** aus der Zeit vor der Antragstellung.[619] Das hat zur Folge, dass eine einstweilige **269**

---

[608] A. A. Born FF 2009, 92, 103
[609] MAH/Wever § 10 Rn. 126
[610] Prütting/Helms/Bömelburg FamFG § 238 Rn. 2
[611] Schürmann FamRB 2008, 375, 376; Götsche/Viefhues ZFE 2009, 124
[612] Vgl. Art. 50 Nr. 25 FGG-Reformgesetz vom 17. 12. 2008, BGBl. I S. 2586; Gesetzesbegründung der Bundesregierung, BT-Drucks. 16/6308 S. 260, 345
[613] NK-BGB/Schilling § 1615 l Rn. 64; MAH/Wever § 10 Rn. 130; vgl. zum alten Recht Büdenbender FamRZ 1998, 129, 138
[614] BT-Drucks. V/2370 S. 58
[615] Keidel/Giers FamFG § 1615 l Rn. 7
[616] AG Krefeld FamRZ 1985, 1181
[617] Prütting/Helms/Bömelburg FamFG § 247 Rn. 5; NK-BGB/Schilling § 1615 l Rn. 63; Keidel/Giers FamFG § 247 Rn. 6
[618] BGH FamRZ 2010, 444, Rn. 14; BGH FamRZ 2010, 357, Rn. 39 = R 709
[619] NK-BGB/Schilling § 1615 l Rn. 63

§ 7   Unterhalt zwischen nicht verheirateten Eltern und zwischen Lebenspartnern

Anordnung nach dieser Vorschrift nach dem Ablauf von acht Wochen seit der Geburt des Kindes nicht mehr statthaft ist.[620]

270 **bb) Einstweilige Anordnung nach § 248 FamFG.** Wenn ein gerichtliches Verfahren auf Feststellung der Vaterschaft nach § 1600 d BGB anhängig ist, besteht kein Rechtsschutzbedürfnis der Mutter mehr für eine noch nicht beantragte einstweilige Anordnung nach § 247 FamFG, weil dann der Antrag auf Erlass einer einstweiligen Anordnung nach § 248 I FamFG (früher § 641 d ZPO) vorrangig ist. In einem solchen Fall können ausnahmsweise auch Ansprüche aus § 1615 l I BGB auf den Unterhalt für 14 Wochen sowie auf Ersatz der Schwangerschafts- und Entbindungskosten geltend gemacht werden.[621] Im Übrigen kann die Mutter nach § 248 FamFG ihren Betreuungsunterhalt nach § 1615 l II BGB regeln lassen.

271 Ebenso wie § 247 FamFG ist § 248 FamFG auf die Ansprüche der Mutter beschränkt; eine einstweilige Anordnung zu Gunsten des Vaters ist daher nicht zulässig.[622] Ob die Einreichung eines Verfahrenskostenhilfeantrags für das Vaterschaftsfeststellungsverfahren ausreicht, um eine einstweilige Anordnung nach § 248 FamFG beantragen zu können, ist umstritten.[623] Das Verfahren ist seit dem 1. 9. 2009 ein selbstständiges Verfahren, § 51 III 1 FamFG.

272 **cc) Einstweilige Anordnung nach § 246 FamFG.** Nach Anerkenntnis oder Feststellung der Vaterschaft kann die Zahlung von Unterhalt mit einer einstweiligen Anordnung gemäß § 246 FamFG (früher § 644 ZPO) erwirkt werden. Die einstweilige Anordnung setzt **nicht** mehr voraus, dass ein **Hauptsacheverfahren** oder ein entsprechender Verfahrenskostenhilfeantrag anhängig ist (§ 51 III 1 FamFG). Wenn seine Vaterschaft gerichtlich festgestellt oder wirksam anerkannt ist, kann auch der **Vater** eines Kindes eine einstweilige Anordnung gemäß § 246 FamFG herbeiführen.

273 **b) Verfahren bei den einstweiligen Anordnungen nach §§ 246 bis 248 FamFG.** Der **Anordnungsanspruch** für die einstweilige Anordnung nach § 247, § 248 FamFG und § 246 FamFG ist glaubhaft zu machen. Dazu gehört zunächst die Bedürftigkeit der Mutter. Daran fehlt es, wenn die Mutter oder mütterliche Verwandte den Unterhalt aufbringen können.[624] Sozialhilfeleistungen und Leistungen nach dem UVG lassen das Bedürfnis nicht entfallen.[625] Glaubhaft zu machen ist auch der Umstand, dass der Antragsgegner nach § 1600 d II u. III BGB als **Erzeuger** des erwarteten oder geborenen Kindes vermutet wird. Soweit Ansprüche vor der Geburt geltend gemacht werden sollen, muss auch der voraussichtliche Geburtstermin und das Bestehen der Schwangerschaft glaubhaft gemacht werden. Glaubhaft zu machen sind i. R. der §§ 247, 248 FamFG auch die Höhe der **Entbindungskosten** und sonstiger Aufwendungen, die infolge der Schwangerschaft oder der Entbindung entstanden sind (§ 1615 l I 2, III BGB), Grund und Höhe eines eventuellen **Sonderbedarfs** (§ 1615 l I 1, III BGB) und – soweit möglich – die Leistungsfähigkeit des Kindesvaters.[626]

274 Die **Glaubhaftmachung** richtet sich in Familienstreitsachen, also auch in den o. g. Verfahren, nach § 113 I FamFG i. V. m. § 294 ZPO.[627] Sie kann insbesondere durch eidesstattliche Versicherung erfolgen. Wenn die Glaubhaftmachung fehlt und auch nach gerichtlicher Aufforderung nicht beigebracht wird, ist der Antrag zurückzuweisen. Eine **Beweisaufnahme** ist gemäß § 113 I FamFG i. V. m. § 294 II ZPO auf präsente Beweismittel beschränkt.[628]

---

[620] Vgl. zur früheren Rechtslage AG Berlin-Charlottenburg FamRZ 1983, 305
[621] Gießler/Soyka, Vorläufiger Rechtsschutz in Familiensachen, 5. Aufl., Rn. 505
[622] NK-BGB/Schilling § 1615 l Rn. 64
[623] Dafür: Prütting/Helms/Bömelburg FamFG § 248 Rn. 5; Keidel/Giers FamFG § 248 Rn. 3; MAH/Wever § 10 Rn. 131; a. A. Zöller/Lorenz § 248 FamFG Rn. 2; Bork/Jacoby/Schwab/Hütter FamFG § 248 Rn. 1; offen lassend NK-BGB/Schilling § 1615 l Rn. 63
[624] Dies ist h. M., vgl. OLG Koblenz FamRZ 2006, 1137 m. w. N.
[625] Thomas/Putzo/Hüßtege § 641 d ZPO Rn. 7
[626] Gießler/Soyka, Vorläufiger Rechtsschutz in Familiensachen, 5. Aufl., Rn. 500
[627] BT-Drucks. 16/6308 S. 200
[628] Prütting/Helms/Bömelburg FamFG § 246 Rn. 50; Keidel/Giers FamFG § 51 Rn 7

1. Abschnitt: Ansprüche der Mutter oder des Vaters eines nichtehelichen Kindes § 7

Eine Gefährdung des Unterhaltsanspruchs und damit ein **dringendes Bedürfnis** für ein sofortiges Tätigwerden (Regelungsbedürfnis) **muss nicht glaubhaft** gemacht werden. Weil § 246 I FamFG auch für einstweilige Anordnungen nach § 247 und § 248 FamFG gilt, liegt das für den Erlass einer einstweiligen Anordnung nach § 246 FamFG vorausgesetzte besondere Rechtsschutzbedürfnis im Regelfall vor, wenn der Unterhalt innerhalb der von § 247 I und § 248 I FamFG umfassten Zeiträume geltend gemacht wird. Nach dem Ablauf dieser Zeiträume kann Unterhalt für die Vergangenheit nur ausnahmsweise geltend gemacht werden, wenn dieser notwendig ist, um Schulden zu begleichen, die mangels Unterhaltszahlung aufgenommen wurden.[629]

Sachlich zuständig für den Erlass von einstweiligen Anordnungen nach §§ 246 und 247 FamFG ist das Amtsgericht – Familiengericht, das für eine Hauptsache zuständig wäre (§ 50 FamFG, § 23a I Nr. 1 GVG). Für die Verfahren nach § 248 FamFG ergibt sich die sachliche Zuständigkeit des Gerichts aus § 248 Abs. 2 FamFG; danach ist das Gericht zuständig, bei dem das Verfahren auf Feststellung der Vaterschaft im ersten Rechtszug anhängig ist. Während der Anhängigkeit des Vaterschaftsfeststellungsverfahrens beim Beschwerdegericht ist dieses zuständig.[630]

Die **örtliche Zuständigkeit** für den Erlass einer einstweiligen Anordnung nach §§ 246, 247 FamFG[631] richtet sich nach § 232 FamFG. Für die einstweilige Anordnung nach § 248 FamFG ist wie bisher das Gericht zuständig, bei dem das Verfahren auf Feststellung der Vaterschaft anhängig zu machen ist, vgl. § 248 Abs. 2 FamFG.

Die Verfahren nach §§ 246 bis 248 FamFG sind **Antragsverfahren**. Eine mündliche Verhandlung ist nach Maßgabe des § 246 Abs. 2 FamFG erforderlich. Eine Versäumnisentscheidung ist ausgeschlossen, § 51 II 3 FamFG. Die Entscheidungen ergehen durch **Beschluss**, §§ 119 Abs. 1, 51 Abs. 2, 38 Abs. 1 FamFG, der grundsätzlich zu begründen und bekannt zu geben ist. Das Gericht setzt den zu zahlenden Unterhalt fest. Nach § 247 II 3 FamFG kann das Gericht anordnen, dass der geschuldete Betrag zu einem bestimmten Zeitpunkt vor der Geburt des Kindes zu **hinterlegen** ist. Diese Möglichkeit war bereits im bisherigen § 1615o Abs. 1, 2 BGB vorgesehen. Angesichts des Regelungszwecks der Norm, nämlich der kurzfristigen Sicherung des Unterhalts, sollte die Hinterlegung die Ausnahme und die Anordnung der Zahlung der Regelfall sein.[632] Bei einer einstweiligen Anordnung bei Feststellung der Vaterschaft kann nach § 248 II FamFG neben oder statt der Anordnung einer Unterhaltszahlung ab Eingang des Antrags eine Verpflichtung des potentiellen Kindesvaters zur Leistung einer **Sicherheit** in bestimmter Höhe beschlossen werden.

Die **Kostenentscheidung** beruht jeweils auf § 243 FamFG. Das **Außerkrafttreten** einer einstweiligen Anordnung richtet sich gemäß § 56 I und II FamFG, in Verfahren nach § 248 FamFG darüber hinaus auch gemäß § 248 V 1 FamFG. Eine **Abänderung** der einstweiligen Anordnungen nach §§ 246 bis 248 FamFG kann nicht durch ein Verfahren nach § 238 FamFG erfolgen, weil diese Vorschrift nur für Hauptsacheentscheidungen gilt. Zulässig ist lediglich eine Abänderung nach § 54 FamFG. Eine **Beschwerde** gegen die in den Verfahren nach §§ 246 bis 248 FamFG ergangenen Beschlüsse ist gemäß § 57 FamFG **ausgeschlossen**. Weil ein Hauptsacheverfahren entsprechend §§ 247, 248 FamFG nicht vorgesehen ist, kann in diesen Verfahren ein Antrag nach § 52 II FamFG nicht gestellt werden.

Anwaltszwang besteht in einstweiligen Anordnungsverfahren nach §§ 246 bis 248 FamFG – anders als in Hauptsacheverfahren auf Zahlung von Unterhalt – gemäß § 114 IV Nr. 1 FamFG **nicht**.

---

[629] Schürmann FamRB 2009, 375, 377
[630] Zöller/Lorenz ZPO § 248 FamFG Rn. 3
[631] Prütting/Helms/Bömelburg FamFG § 247 Rn. 12; str., vgl. Keidel/Giers FamFG § 247 Rn 7: Zuständigkeit nach § 232 FamFG
[632] Begr. RegE, BT-Drucks. 16/6308 S. 260

8. Übergangsrecht

281 **a) FamFG.** Gemäß Art. 111 des Gesetzes zur Reform der Verfahren in Familiensachen und in den Angelegenheiten der freiwilligen Gerichtsbarkeit (FGG-RG) sind auf Verfahren, die bis zum Inkrafttreten dieses Gesetzes eingeleitet worden sind oder deren Einleitung bis zum Inkrafttreten beantragt wurde, weiter die vor Inkrafttreten des FGG-RG geltenden Vorschriften anzuwenden. Gleiches gilt auch für Abänderungsverfahren.[633]

282 **b) UÄndG.** Schon das Kindschaftsrechtsreformgesetz vom 16. 12. 1997 hatte mit Wirkung vom 1. 7. 1998 durch Änderung des § 1615 l II BGB die starre **zeitliche Begrenzung** des Unterhaltsanspruchs **von 3 Jahren** ab Geburt (Entbindung) des Kindes aufgelöst. Für die Frage, ob die neue Regelung auf laufende Unterhaltsverhältnisse anzuwenden war, kam es auf den streitigen Unterhaltszeitraum an. Auf Unterhalt vor Inkrafttreten einer Neuregelung blieb das bisherige Recht anwendbar, falls – wie hier – keine Übergangsregelung getroffen worden war.[634]

283 Für die durch die Unterhaltsrechtsreform mit Wirkung zum 1. 1. 2008[635] geschaffene Neufassung des § 1615 l BGB (Verlängerung des Betreuungsunterhaltsanspruchs in § 1615 l II BGB) sowie die geänderte Rangfolgenregelung (§ 1609 BGB) gilt die **Übergangsvorschrift in § 36 EGZPO**. Nach § 36 Nr. 7 EGZPO ist auf alle Unterhaltsansprüche, die nach Inkrafttreten der Neuregelungen entstanden sind, das neue Recht anzuwenden. Unterhaltsleistungen, die vor dem 1. 1. 2008 fällig geworden sind, bleiben mangels Rückwirkung des neuen Rechts[636] unberührt. Ein bis Ende 2007 laufender Unterhaltszeitraum ist daher nach früherem Recht zu beurteilen.

284 Das neue Recht gilt auch dann, wenn das zu betreuende Kind vor dem 1. 1. 2008 geboren wurde.[637] Da das neue Recht aber erst für die Zeit ab dem 1. 1. 2008 anzuwenden ist, muss in derartigen Fällen bei einem bei Inkrafttreten des UÄndG **anhängigen Verfahren** für die Beurteilung eines Unterhaltsanspruchs des betreuenden Elternteils zwischen der Zeit vor und nach der Reform differenziert werden. Es ist dann ggf. eine nach Zeitabschnitten **gestaffelte Unterhaltsberechnung**[638] erforderlich, deren verfahrensrechtliche Behandlung sich aus § 36 Nr. 5, 6 EGZPO ergibt. Im Einzelnen kann sich wegen der geänderten Rangstellung des Unterhaltsanspruchs des betreuenden Elternteils bei eingeschränkter Leistungsfähigkeit des Verpflichteten **erstmalig** nach neuem Recht ein Anspruch ergeben.

285 Wenn ein nach altem Recht ergangener Unterhaltstitel auf 3 Jahre **befristet** war und das Verfahren am 1. 1. 2008 abgeschlossen war, kann der betreuende Elternteil, wenn sich nach neuem Recht ein über 3 Jahre hinausgehender Betreuungsunterhalt ergibt, für die Zeit nach Fristablauf weiteren Unterhalt mit einem **Erstantrag**, nicht mit einem Abänderungsantrag, geltend machen.[639]

286 War der Titel **nicht befristet**, ist eine **Abänderung** von rechtskräftigen Entscheidungen, Vollstreckungstiteln oder Unterhaltsvereinbarungen aus der Zeit vor Inkrafttreten des UÄndG unter Beachtung der Grundsätze des § 36 Nr. 1 EGZPO **möglich**.[640] Sie kommt für die Zeit ab dem 1. 1. 2008 nur in Betracht wegen Umständen, die schon davor entstanden waren, und auch nur, soweit eine wesentliche Änderung der Unterhaltsverpflichtung eintritt und die Änderung dem anderen Teil unter Berücksichtigung seines Vertrauens in die getroffene Regelung zumutbar ist (§ 36 Nr. 1 EGZPO).

287 Entsprechende aufgrund der Gesetzesneufassung erheblich gewordene Umstände dürfen bei einer erstmaligen Änderung nach dem 1. 1. 2008 aber ohne die zeitlichen Beschränkungen der §§ 323 II und § 767 II ZPO geltend gemacht werden (§ 36 Nr. 2 EGZPO).

---

[633] BT-Drucks. 16/9733 S. 305
[634] BGH FamRZ 1998, 426, 427 = R 519
[635] BGBl. I S. 2942, siehe oben Rn. 1 ff.
[636] BT-Drucks. 16/1830 S. 35
[637] Wever FamRZ 2008, 553, 561
[638] OLG Hamm – 1 UF 207/07, BeckRS 2010, 01980
[639] NK-BGB/Schilling § 1615 l Rn. 67
[640] Schilling FF 2008, 279, 293

Darüber hinaus ist es möglich, sie auch noch in der Revisionsinstanz eines anhängigen Verfahrens vorzubringen (§ 36 Nr. 5 EGZPO).

– *in dieser Auflage nicht belegt* – 288, 289

2. Abschnitt: Unterhaltsansprüche zwischen eingetragenen Lebenspartnern

I. Allgemeines

1. Die Entwicklung der eingetragenen Lebenspartnerschaft

Das vom Bundesverfassungsgericht[1] gebilligte Lebenspartnerschaftsgesetz (LPartG),[2] das am 1. 8. 2001 in Kraft getreten ist, hat für gleichgeschlechtliche Partnerschaften die eingetragene Lebenspartnerschaft als eheähnliches Rechtsinstitut geschaffen, um die Diskriminierung gleichgeschlechtlicher Paare abzubauen.[3] Die wechselseitig gegeneinander bestehenden Unterhaltsverpflichtungen der Lebenspartner einer eingetragenen Lebenspartnerschaft wurden in Anlehnung an die ehelichen Unterhaltstatbestände in §§ 5, 12 und 16 LPartG geregelt. 290

Die danach noch vorhandenen Unterschiede zum ehelichen Unterhalt beseitigte schon fast vollständig die Neufassung dieser Vorschriften durch das **Gesetz zur Überarbeitung des Lebenspartnerschaftsrechts,**[4] das am 1. 1. 2005 in Kraft getreten ist. Dieses Gesetz hatte zum Ziel, das Lebenspartnerschaftsrecht weitgehend an die Ehe anzugleichen.[5] Deshalb regelt das Gesetz die Übernahme des ehelichen Güterrechts, die weitergehende Angleichung des Unterhaltsrechts, die Anpassung der Aufhebungsvoraussetzungen an das Scheidungsrecht, die Einführung der Stiefkindadoption und des Versorgungsausgleichs sowie die Einbeziehung der Lebenspartner in die Hinterbliebenenversorgung der gesetzlichen Rentenversicherung. Im zivilen Erbrecht stehen Lebenspartner Ehegatten nunmehr vollständig gleich, § 10 LPartG.[6] Zur Schaffung eines geschlechtsneutralen Ehegesetzes, wie sie z.B. in Norwegen und Schweden existieren, fehlte die notwendige politische Akzeptanz. 291

Inzwischen hat das **Gesetz zur Änderung des Unterhaltsrechts vom 21. 12. 2007** die Gleichstellung zum Unterhaltsrecht zwischen Ehegatten gänzlich vollzogen, insbesondere hinsichtlich der nunmehr auch in § 1609 BGB geregelten Rangfolge im Verhältnis zu den Ansprüchen anderer Unterhaltsbedürftiger. Insofern wird in den drei Unterhaltstatbeständen des Lebenspartnerschaftsgesetzes nunmehr jeweils auf § 1609 BGB verwiesen (§§ 5 S. 2, 12 S. 2 und 16 S. 2 LPartG). Wie für den nachehelichen Unterhalt nach § 1569 1 BGB stellt jetzt auch der völlig neu gefasste und wortgleiche § 16 S. 1 LPartG den Grundsatz der Eigenverantwortung in den Vordergrund.[7] 292

Für **Unterhaltsverfahren i. S. d. § 269 I Nr. 9 FamFG** zwischen eingetragenen Lebenspartnern vor dem Familiengericht ist grundsätzlich unabhängig vom Zeitpunkt der Begründung der Lebenspartnerschaft das **derzeit gültige Unterhaltsrecht** anzuwenden. Eine Ausnahme gilt für vor dem 1. 1. 2005 begründete Lebenspartnerschaften dann, wenn zumindest ein Lebenspartner von der Option des § 21 LPartG Gebrauch gemacht hatte. Danach konnte ein Lebenspartner bis 31. 12. 2005 (§ 21 II u. III LPartG) gegenüber dem Amtsgericht des Wohnsitzes in notarieller Form erklären, dass für das Unterhaltsverhältnis 293

---

[1] BVerfG FamRZ 2002, 1169 ff.
[2] Art. 1 des Gesetzes zur Beendigung der Diskriminierung gleichgeschlechtlicher Gemeinschaften: Lebenspartnerschaften vom 16. 2. 2001 BGBl. I S. 266
[3] NK-BGB/Ring/Olsen-Ring, vor §§ 1 ff. LPartG
[4] Vom 15. 12. 2004, BGBl. I S. 3396
[5] BT-Drucks. 15/3445 S. 14 ff.
[6] BVerfG NJW 2010, 2783
[7] BT-Drucks. 16/1830 S. 32

§ 7   Unterhalt zwischen nicht verheirateten Eltern und zwischen Lebenspartnern

die alte Fassung der §§ 5, 12 und 16 LPartG weiter gelten solle. Eine solche Option war für einen verdienenden Lebenspartner vorteilhaft, weil das bis zum 31. 12. 2004 geltende Unterhaltsrecht wesentlich weniger weit reichende Unterhaltspflichten als das nunmehr geltende Unterhaltsrecht vorsah.[8] So konnte ein Aufstockungsunterhalt nicht verlangt werden; zudem war der Unterhaltsgläubiger gehalten, sein eigenes Vermögen für seinen Unterhalt einzusetzen.

294   Die **Übergangsregelung** in § 21 LPartG ist nach Art. 7 II des LPartÜG vom 15. 12. 2004 am 31. 12. 2010 außer Kraft getreten. Hieraus wird z. T. gefolgert, dass die Wirkungen der Ausübung des Wahlrechts zeitlich begrenzt seien, mithin ab dem 1. 1. 2011 in allen Fällen unabhängig von einer Option das neue Unterhaltsrecht Geltung haben soll.[9] Eine solche Auslegung erschließt sich aus den Materialien nicht zwingend, denn es sollte nach der Gesetzesbegründung mit Art. 7 II LPartÜG lediglich klargestellt werden, dass § 21 III LPartG nur für Altfälle galt.[10] Jeder Lebenspartner sollte erklären können, dass unterhaltsrechtlich das bis zum 31. 12. 2004 geltende Recht weiter angewendet werden solle.[11] Walter hat zutreffend darauf hingewiesen, dass es sich bei der Fristbestimmung in Art 7 II LPartÜG um ein Redaktionsversehen des Gesetzgebers handeln könnte. Denn die Annahme, nach dem Außerkrafttreten der Vorschrift mit Ablauf des 31. 12. 2010 gelte ab dem 1. 1. 2011 für alle Lebenspartnerschaften ein einheitlicher Rechtszustand, widerspräche in geradezu grotesker Weise der in der Übergangsvorschrift zum Ausdruck gebrachten Absicht des Gesetzgebers, bestehenden Lebenspartnerschaften die Möglichkeit zu geben, den bisherigen Rechtszustand auf Dauer beizubehalten.[12] Mit Dickhuth-Harrach ist davon auszugehen, dass nach der Ausübung der Option die vorher eingetretenen Rechtsfolgen mangels Rückwirkung nicht ipso iure entfallen. Es verbleibt dann bei der Wahl des bis zum 31. 12. 2004 geltenden Unterhaltsrechts.[13] Eine höchstrichterliche Klärung steht noch aus.

295   Für gerichtliche Verfahren, die vor dem 31. 12. 2004 anhängig geworden waren, blieb es bei der Geltung des alten Rechts (§ 21 V LPartG).[14] Die Übergangsfragen für das ab dem 1. 1. 2008 geltenden Recht sind in § 36 EGBGB geregelt.[15]

296   Trotz der weitgehenden Gleichstellung der eingetragenen Lebenspartnerschaft mit der Ehe und der von Verfassungs wegen möglichen[16] völligen Angleichung bestehen in einigen Bereichen noch Differenzen. Es gibt z. B. (noch) keine gemeinsame Sorge über Kinder in der Lebenspartnerschaft, sondern lediglich das sog. kleine Sorgerecht des § 9 I LPartG. Auch eine gemeinsame Adoption von fremden Kindern durch die Lebenspartner ist bisher noch nicht möglich; zulässig ist lediglich die Stiefkindadoption nach § 9 VII LPartG. In anderen Rechtsgebieten z. B. dem Sozial- Beamten- und Steuerrecht, finden Angleichungen sukzessive und je nach Bundesland oft erst nach entsprechenden Prozessen vor den zuständigen Gerichten (EuGH, EGMR, BVerfG, BVerwG, BFH, BAG) statt.[17]

297   Die Gesetzgebung[18] und die Rechtsprechung sind in Fortentwicklung. Beispiele: Die Bewilligung des Auslandszuschlags nur an verheiratete Beamte, Richter und Soldaten stellt nach Auffassung des VG Berlin[19] eine Diskriminierung der in einer Lebenspartnerschaft

---

[8] Grziwotz FPR 2010, 191, 193; ders. DNotZ 2005, 13, 20; v. Dickhuth-Harrach FPR 2005, 273, 279
[9] Eschenbruch/Klinkhammer/Wohlgemuth, Kap. 4 Rn. 161
[10] BT-Drucks. 15/4052 S. 29
[11] BT-Drucks. 15/3445 S. 16
[12] MittBayNot 2005, 193, 198
[13] Vgl. v. Dickhuth-Harrach FPR 2005, 273, 279
[14] Vgl. z. B. OLG Düsseldorf FamRZ 2005, 335
[15] Zum Übergangsrecht vgl. Viefhues ZFE 2006, 204
[16] BVerfGE 105, 313, 351 = FamRZ 2002, 1169
[17] Muscheler FPR 2010, 227, 233
[18] Zum Familienzuschlag in der Beamtenversorgung vgl. im Land Rheinland-Pfalz: Art. 26 und 27 des Gesetzes zur Einbeziehung der Lebenspartnerschaften in Rechtsvorschriften des Landes vom 15. 9. 2009 (GVBl. S. 333); zum Erbschaftssteuer- und Schenkungssteuerrecht vgl. Gesetzesentwurf der Bundesregierung zum Jahressteuergesetz 2010 v. 22. 6. 2010, BT-Drucks. 17/2249 S. 2, 44 f.
[19] Streit 2010, 32

lebenden Bezugsberechtigten dar, da hierdurch an die sexuelle Identität angeknüpft wird. Nach einer Entscheidung des BAG[20] sind eingetragene Lebenspartner in der betrieblichen Altersversorgung hinsichtlich der Hinterbliebenenversorgung Ehegatten gleichzustellen, soweit am 1. Januar 2005 zwischen dem Versorgungsberechtigten und dem Versorgungsschuldner noch ein Rechtsverhältnis bestand. Das BAG hat in weiteren Entscheidungen die Ausklammerung von ehegattenbezogenen Vergütungsbestandteilen (Auslandszuschlag) sowie die Nichtgewährung eines kinderbezogenen Entgeltbestandteils im Ortszuschlag als gleichheitswidrig angesehen.[21] Der Ausschluss des überlebenden Partners einer eingetragenen Lebenspartnerschaft von der Hinterbliebenenversorgung der Bayerischen Ärzteversorgung ist nach einer Entscheidung des VG München gleichheitswidrig.[22] Der BFH hat darüber zu entscheiden, ob die Vorschriften über die Veranlagung von Ehegatten (§§ 26, 26 b EStG) analog auf Partner einer eingetragenen Lebenspartnerschaft anzuwenden sind.[23]

2. Die eingetragene Lebenspartnerschaft als Unterhaltsvoraussetzung

Eingetragene Lebenspartner sind zur Fürsorge und Unterstützung sowie zur gemeinsamen Lebensgestaltung verpflichtet, § 1 S. 1 LPartG. Diese Verpflichtung löst eine wechselseitige Verantwortlichkeit füreinander aus, § 2 S. 2 LPartG. Hieraus folgt die Verpflichtung zur Gewährung von Unterhalt während der bestehenden Lebenspartnerschaft (§ 5 LPartG), während des Getrenntlebens (§ 12 LPartG) und auch nach Aufhebung der Lebenspartnerschaft (§ 16 LPartG). Voraussetzung für die Unterhaltsansprüche nach §§ 5, 12, 16 LPartG ist, dass zwischen den Lebenspartnern eine **wirksame eingetragene Lebenspartnerschaft** zustande gekommen war bzw. dass eine derartige Lebenspartnerschaft nach § 15 LPartG aufgehoben worden ist. Diese Vorfrage muss in Zweifelsfällen vor der Entscheidung über einen Unterhaltsanspruch geprüft werden. 298

a) **Begründung einer eingetragenen Lebenspartnerschaft.** Zwei Personen gleichen Geschlechts können seit dem 1. 8. 2001 eine Lebenspartnerschaft dadurch begründen, dass sie gegenüber dem Standesbeamten bzw. der für die Entgegennahme der Erklärung von den Ländern nach § 23 LPartG bestimmten zuständigen Behörde (z. B. Ämter, Regierungspräsidien, Landkreise, Notare)[24] bei gleichzeitiger Anwesenheit erklären, miteinander eine Partnerschaft auf Lebenszeit führen zu wollen, § 1 I LPartG.[25] Eine Erklärung über den Vermögensstand, wie sie nach § 1 I S. 4 i. V. m. § 6 I LPartG a. F. notwendig war, muss nicht mehr abgegeben werden, weil durch § 6 LPartG i. d. F. des Gesetzes vom 15. 12. 2004 die Zugewinngemeinschaft als gesetzlicher Güterstand eingeführt worden ist. 299

b) **Begründungsmängel einer eingetragenen Lebenspartnerschaft.** Das Gesetz zur Überarbeitung des Lebenspartnerschaftsrechts[26] hat die mit einer unwirksamen Begründung einer Lebenspartnerschaft zusammenhängenden Fragen nur teilweise geregelt. Durch den Wegfall der nach der alten Fassung des LPartG (§§ 1 I 4, 6 I a. F.) für die Wirksamkeit erforderlichen Erklärung zum Vermögensstand kommen nach dem 1. 1. 2005 Unwirksamkeitsfolgen wegen unzureichender oder mangelhafter Erklärung über den Vermögensstand allerdings nicht mehr infrage. Gleiches gilt für die vor dem 1. 1. 2005 begründeten eingetragenen Lebenspartnerschaften, wenn die Lebenspartner im Vermögensstand der Ausgleichsgemeinschaft gelebt und nichts anderes vereinbart hatten. Denn für diese trat automatisch nach § 6, 21 I LPartG ab dem 1. 1. 2005 der Güterstand der Zugewinngemeinschaft ein. 300

---

[20] MDR 2009, 698; vgl. aber BAG FamRZ 2010, 374 zum Witwenzuschuss in der betrieblichen Rentenversicherung
[21] BAG FamRZ 2010, 1333; BAG FamRZ 2010, 1335
[22] VG München – M 12 K 09 2624, BeckRS 2010, 53919
[23] Anhängige Verfahren z. B. BVerfG 1 BvL 16/11 (juris); OLG Hamburg BeckRS 2011, 02636
[24] Übersicht bei NK-BGB/Ring/Olsen-Ring § 1 LPartG Rn. 17
[25] Einzelheiten zu Form und Verfahren der Begründung einer eingetragenen Lebenspartnerschaft vgl. Stuber FPR 2010, 188
[26] Vom 15. 12. 2004, BGBl. I S. 3396

301 Die in § 1 I, III LPartG genannten Merkmale sind unabdingbare Voraussetzungen für eine wirksame Begründung einer Lebenspartnerschaft. Liegen sie nicht vor, führen die Mängel bei der Begründung der Lebenspartnerschaft anders als bei der Eheschließung (§ 1314 I BGB) nicht zur bloßen Aufhebbarkeit für die Zukunft, sondern zur fehlenden Wirksamkeit der Begründung[27] mit der Folge, dass die Lebenspartnerschaft als ex tunc unwirksam (nichtig) anzusehen ist.[28]

Eine Heilungsmöglichkeit durch Eintragung in das zuständige Register besteht nicht.[29] Die Nichtigkeit einer Lebenspartnerschaft kann nicht nur inzident, sondern auch ausdrücklich durch ein **Verfahren** nach § 269 I Nr. 2 FamFG (§ 661 I Nr. 2 ZPO a. F.) festgestellt werden.

302 **Anfängliche Willensmängel** entsprechend § 1314 II Nr. 1 bis 4 BGB (Bewusstlosigkeit, vorübergehende Störung der Geistestätigkeit, Irrtum, arglistige Täuschung, Drohung) bei der Eingehung der Lebenspartnerschaft sind nach der Sonderregelung in der Neufassung § 15 II 2 LPartG in einem **Aufhebungsverfahren** nach § 269 I Nr. 1 FamFG geltend zu machen. Das Gericht hebt die Lebenspartnerschaft dann durch richterliche Entscheidung auf. Die allgemeinen Regelungen der § 119 ff. BGB sind dadurch seit Inkrafttreten des § 15 II S. 2 LPartG in der Fassung seit dem 1. 1. 2005 ausgeschlossen.[30]

303 Die Aufhebung einer mit Willensmängeln i. S. d. § 1314 II Nr. 1–4 BGB behafteten Lebenspartnerschaft nach § 15 II 2 LPartG kommt jedoch nicht in Betracht, wenn die Lebenspartnerschaft **bestätigt** wird. Dies kann nach § 15 IV 1 LPartG in den Fällen der § 1315 I Nr. 3 BGB (Wegfall der Bewusstlosigkeit oder der Störung der Geistestätigkeit) und § 1315 I Nr. 4 BGB (Entdeckung des Irrtums oder der Täuschung bzw. Wegfall der Zwangslage) erfolgen.

304 **c) Auswirkungen der Begründungsmängel.** Bei Vorliegen von Willensmängeln im Sinne von § 15 II 2 LPartG i. V. m. § 1318 II Nr. 1–4 BGB treten nach der **Aufhebung** der Lebenspartnerschaft die allgemeinen Folgen einer Aufhebung ein. Da in § 15 LPartG eine Bezugnahme auf § 1318 BGB, der die Folgen der Aufhebung einer Ehe regelt, fehlt, gelten für die Zeit vor und nach der Aufhebung die §§ 12, 16 LPartG. Mit Rechtskraft des Aufhebungsurteils hat der bedürftige Lebenspartner einen Anspruch auf nachpartnerschaftlichen Unterhalt (§ 16 LPartG). Für die nach dem 1. 1. 2005 begründeten Lebenspartnerschaften findet nach § 20 LPartG ein Versorgungsausgleich statt. Streitigkeiten der ehemaligen Lebenspartner bezüglich der gemeinsamen Wohnung und der Haushaltsgegenstände sind nach § 17 LPartG zu lösen. Anders als nach § 1318 II Nr. 1 BGB, der die Aufhebungsfolgen für den getäuschten oder bedrohten Ehepartner und den Verursacher unterschiedlich regelt, kann bei Lebenspartnern nicht differenziert werden. Der unterhaltsberechtigte Kenner oder Verursacher des Mangels ist bei der Abwicklung der Lebensgemeinschaft über die allgemeinen Vorschriften des BGB und das Bereicherungsrecht gegenüber Ehegatten ohne ersichtlichen Grund begünstigt.[31] Für solche Fälle bietet sich eine entsprechende Anwendung des § 1318 BGB an.[32]

305 § 15 II 2 LPartG enthält aber keine Bezugnahme auf § 1314 II Nr. 5 BGB, der das Aufhebungserfordernis von Scheinehen regelt. Auch andere ausdrückliche Regelungen fehlen für den Fall einer **Scheinlebenspartnerschaft**.[33] Daher ist ein Begründungsmangel nach § 1 III Nr. 4 LPartG, d. h. wenn die Lebenspartner bei der Begründung der Lebenspartnerschaft einig waren, keine Verpflichtungen nach § 2 LPartG begründen zu wollen, nach den allgemeinen Regeln über Willenserklärungen (§§ 119 ff. BGB) zu behandeln und auseinanderzusetzen.[34] **Unterhaltsansprüche** sind in diesem Fall **nicht gegeben**, weil die

---

[27] RegE, BT-Drucks. 14/3751 S. 36; Kaiser FamRZ 2002, 866, 867
[28] Empfehlung des 14. Deutschen Familiengerichtstags FamRZ 2002, 296, 297
[29] RegE, BT-Drucks. 14/3751 S. 36
[30] RegE, BT-Drucks. 15/3445 S. 16
[31] Hierzu v. Dickhuth-Harrach FPR 2005, 273
[32] Vgl. dazu Wellenhofer NJW 2005, 705, 708, die das Problem in erster Linie über die Anwendung von § 1579 BGB lösen will
[33] Stüber FamRZ 2005, 574, 575
[34] Finger MDR 2005, 121; Kemper FF 2005, 88; Wellenhofer NJW 2005, 705

2. Abschnitt: Unterhaltsansprüche zwischen eingetragenen Lebenspartnern § 7

Lebenspartnerschaft keinerlei Rechtswirkungen entfaltet.[35] Dies gilt auch, wenn die Lebenspartnerschaft doch tatsächlich in Vollzug gesetzt worden ist. Denn eine unwirksame Lebenspartnerschaft kann gemäß § 141 BGB grundsätzlich nur durch eine neue wirksame Begründung dieser Partnerschaft nach § 1 LPartG für die Zukunft bestätigt werden, nicht aber entsprechend § 1315 I Nr. 5 BGB durch ein bloßes Zusammenleben wie Lebenspartner.[36]

Gleiches gilt für die Lebenspartnerschaftshindernisse nach § 1 I LPartG sowie nach § 1 III Nr. 1–3 LPartG. Mangels Verweisen auf die für die Ehe geltenden Vorschriften des BGB (§ 1314 I BGB i. V. m. §§ 1312, 1303, 1304, 1306, 1307 BGB) führen solche Mängel bei der Begründung einer Lebenspartnerschaft zu einer ex tunc Nichtigkeit der Lebenspartnerschaft mit der Folge, dass auch hier keine Unterhaltsansprüche bestehen. **306**

3. Grundsätze zur Unterhaltspflicht nach dem LPartG

Wegen der unterschiedlichen gesetzlichen Voraussetzungen (vgl. die Verweisungen auf die entsprechenden unterschiedlichen Normen des Ehegattenunterhaltsrechts) besteht keine Identität zwischen dem Lebenspartnerschaftsunterhalt (§ 5 LPartG), dem Unterhalt bei Getrenntleben (§ 12 LPartG) und dem nachpartnerschaftlichen Unterhalt (§ 16 LPartG). **307**

Grundsätzlich hängen die Unterhaltsansprüche von der **Bedürftigkeit** des einen Partners und der **Leistungsfähigkeit** des anderen Partners ab. Dies gilt jedenfalls für den Trennungsunterhalt nach § 12 LPartG und den nachpartnerschaftlichen Unterhalt nach § 16 LPartG. Beim Lebenspartnerschaftsunterhalt (§ 5 LPartG), der dem ehelichen Familienunterhalt nachgebildet ist, hat die Verpflichtung zum Unterhalt weder die Bedürftigkeit der Lebenspartner noch deren Leistungsfähigkeit zur Voraussetzung.[37] **308**

Das **Maß des** geschuldeten **Unterhalts** bzw. der **Bedarf** des Berechtigten wird jeweils mit dem Begriff des nach den Lebensverhältnissen der Lebenspartnerschaft angemessenen Unterhalts umschrieben. Für den Lebenspartnerschaftsunterhalt folgt dies aus § 5 LPartG in Verbindung mit der Verweisung auf § 1360a II 1 BGB. Für den Trennungsunterhalt befindet sich die Definition in § 12 S. 1 LPartG, für den nachpartnerschaftlichen Unterhalt ergibt sich dies aus der Verweisung auf § 1578 I 1 BGB in § 16 S. 2 LPartG. **309**

II. Die einzelnen Unterhaltsansprüche

1. Lebenspartnerschaftsunterhalt nach § 5 LPartG

a) Familienunterhalt. Der Lebenspartnerschaftsunterhalt nach § 5 LPartG ist eine Ausprägung der in § 2 LPartG statuierten Verpflichtung „zur gegenseitigen Fürsorge und Unterstützung".[38] Da § 5 S. 2 LPartG auf die Vorschriften der §§ 1360 S. 2, 1360a, 1360b und 1609 BGB zum Ehegattenunterhalt verweist, entspricht der Lebenspartnerschaftsunterhalt nach § 5 LPartG, den sich die Lebenspartner **bei Zusammenleben gegenseitig** schulden, seit der Neufassung des § 5 LPartG durch das Gesetz vom 15. 12. 2004 dem **ehelichen Familienunterhalt**. Wie beim Familienunterhalt muss eine räumliche Trennung, z. B. wegen arbeitsbedingten Auslandsaufenthalts eines Partners, wegen längeren Krankenhausaufenthalts oder weil sich ein Partner in Haft befindet, keine Aufhebung des Zusammenlebens bedeuten, solange der Wille zur gemeinsamen Partnerschaft noch vorhanden ist.[39] Umgekehrt kann das Zusammenleben durch ein Getrenntleben in der gemeinsamen Wohnung beendet werden (vgl. § 14 LPartG). Für die Abgrenzung können die **310**

---

[35] Vgl. v. Dickhuth-Harrach FPR 2005, 273, 277; Finger MDR 2005, 121; Schwab FamRZ 2001, 385, 388
[36] Kaiser FamRZ 2002, 866, 868
[37] Erman/Kaiser BGB § 5 LPartG Rn. 1; NK-BGB/Ring/Olsen-Ring § 5 LPartG Rn. 3
[38] Begründung des Koalitionsentwurfs des Gesetzes – BT-Drucks. 14/3751 S. 37
[39] Meyer/Mittelstädt, Das Lebenspartnergesetz 2001, Anm. vor § 12

Maßstäbe der Rechtsprechung zur Trennung von Eheleuten in der Ehewohnung entsprechend herangezogen werden. Hierbei ist zu beachten, dass die Lebenspartner nach § 2 S. 1 LPartG nur zur gemeinsamen Lebensgestaltung und nicht wie Eheleute zur ehelichen Lebensgemeinschaft verpflichtet sind.[40] Eine gemeinsame Lebensgestaltung der Partner kann daher bei getrennten Wohnungen eher vorliegen als unter Eheleuten mit getrennten Wohnungen eine eheliche Lebensgemeinschaft.

311 **b) Unterhaltsbestimmung, Vereinbarungen über die Haushaltsführung.** Die Neufassung des § 5 S. 2 LPartG enthält eine Verweisung auf § 1360 S. 2 BGB. Danach ist die Erfüllung der Unterhaltspflicht durch die übernommene **Haushaltsführung** möglich. Die Lebenspartner können ihre gemeinsame Lebensgestaltung wie eine Haushaltsführungsehe organisieren.[41] Dies zeigt auch die Formulierung in dem entsprechend anwendbaren § 1360a II 1 BGB, wonach der Unterhalt in der Weise zu leisten ist, die durch die (konkrete) partnerschaftliche Gemeinschaft geboten ist. Schon nach dem seinerzeitigen Koalitionsentwurf des Gesetzes[42] sollte den Lebenspartnern durch die Verweisung auf §§ 1360a, 1360b BGB die größtmögliche Wahlfreiheit eingeräumt werden. Im Übrigen bezieht sich die Bestimmung über die Schlüsselgewalt (§§ 8 II LPartG, 1357 BGB) in erster Linie auf derartig gestaltete Lebenspartnerschaften.

Die durch Haushaltsführung übernommene Arbeit kann der Erwerbstätigkeit des anderen Partners gleichstehen.[43] Hat ein Partner einen **übermäßigen Beitrag zur Haushaltsführung** geleistet, handelt es sich daher um eine Leistung zum Unterhalt der Partnerschaft im Sinne des entsprechend anwendbaren § 1360b BGB, so dass im Zweifel wegen dieser Mehrleistung entgegen Kemper[44] kein Ersatz verlangt werden kann.

312 **c) Umfang und Maß des Unterhalts.** Der nach § 5 LPartG, § 1360a I BGB angemessene Lebensunterhalt umfasst alles, was nach den Verhältnissen der Lebenspartner erforderlich ist, um die **Kosten des Haushalts** zu bestreiten und die **persönlichen Bedürfnisse** der Lebenspartner und den Lebensbedarf der gemeinsamen unterhaltsberechtigten **Kinder** zu befriedigen. Wegen der wechselseitigen Unterhaltspflicht hat jeder Lebenspartner gegen den anderen einen Anspruch auf Gewährung von Lebenspartnerschaftsunterhalt.

313 Seit dem 1. 1. 2005 sind auch Kinder unterhaltsberechtigt, die durch Stiefkindadoption oder Volljährigenadoption zu gemeinsamen Kindern geworden sind (§ 9 VII LPartG, § 1770 II BGB).[45] Die Unterhaltspflicht bezieht sich nicht auf Kinder nur eines Lebenspartners, die im gemeinsamen Haushalt leben.[46] Je nach Fallkonstellation kann jedoch bei einer Aufnahme eines Kindes in den gemeinsamen Haushalt auch ohne Adoption eine stillschweigenden Vereinbarung der Lebenspartner dergestalt angenommen werden, dass sie die hieraus entstehenden Kosten gemeinsam tragen.[47]

314 Der Unterhaltsanspruch des Lebenspartners ist dem Grundsatz nach regelmäßig nicht auf Bar-, sondern auf **Naturalunterhalt** gerichtet.[48] Ein durchsetzbarer **Geldanspruch** kann sich wie beim Familienunterhalt nur in 3 Fällen ergeben. Hat der nicht erwerbstätige Partner die Haushaltsführung übernommen, hat er nach §§ 5 S. 2 LPartG, 1360a II 2 BGB einen Anspruch auf **Wirtschaftsgeld** – vgl. wegen der verschiedenen Fallgestaltungen § 3 Rn. 46 für den Familienunterhalt.

315 Unabhängig von der Gestaltung der Lebenspartnerschaft bezüglich der Haushaltsversorgung, d. h. auch, wenn es sich bei der Lebenspartnerschaft nicht um eine Haushaltsführungsgemeinschaft handelt, kann der einkommenslose oder gering verdienende Partner

---

[40] Büttner FamRZ 2001, 1105, 1106
[41] Göppinger/Wax/Hoffmann, Unterhaltsrecht, Rn. 1154; Büttner a. a. O. – jeweils noch zum alten Recht
[42] Meyer/Mittelstädt, Das Lebenspartnergesetz 2001, zu § 5 LPartG
[43] Göppinger, a. a. O.
[44] Kemper FPR 2001, 449, 455 – zur früheren Gesetzesfassung
[45] Erman/Kaiser BGB § 5 LPartG Rn. 4; Grziwotz FPR 2010, 191, 193; a. A. Muscheler FPR 2010227, 230
[46] NK-BGB/Ring/Olsen-Ring § 5 LPartG Rn. 6
[47] So zum vergl. Fall bei Ehegatten BGH FamRZ 1995, 995; OLG Bremen FamRZ 1995, 1291, 1292
[48] Erman/Kaiser BGB § 5 LPartG Rn. 6

gegen den gut verdienenden Partner einen Anspruch auf **Taschengeld**[49] haben, der sich nach den im Einzelfall gegebenen Einkommens- und Vermögensverhältnissen, dem Lebensstil und der Zukunftsplanung der Lebenspartner richtet. Er kann sich der Höhe nach auf eine Quote von 5% bis 7% des zur Verfügung stehenden Nettoeinkommens belaufen.[50]

Schließlich folgt aus dem entsprechend anwendbaren § 1360a Abs. 4 BGB, dass ein leistungsfähiger Lebenspartner nach Billigkeit verpflichtet ist, dem bedürftigen anderen Lebenspartner die Kosten eines Rechtsstreits vorzuschießen, der eine persönliche Angelegenheit betrifft. Der Anspruch auf Zahlung eines **Prozesskostenvorschusses** oder **Verfahrenskostenvorschusses** besteht auch für die Kosten der Verteidigung in einem Strafverfahren, das gegen einen Lebenspartner gerichtet ist.[51]

Das **Maß des Unterhalts** bestimmt sich nach § 5 LPartG i. V. m. § 1360a II BGB. Danach ist Unterhalt in der Weise zu leisten, die durch die Lebenspartnerschaftsgemeinschaft geboten ist. Maßstab ist somit, was zur Deckung der gemeinsamen Haushaltskosten in der Lebenspartnerschaft und zur Befriedigung der persönlichen Bedürfnisse beider Lebenspartner notwendig ist.[52] Unter den Begriff persönliche Bedürfnisse fallen z. B. Aufwendungen für Kleidung, kulturelle Bedürfnisse, für eine berufliche Fortbildung sowie ein krankheitsbedingter Sonderbedarf.[53] Nicht erfasst sind anders als beim Trennungsunterhalt nach § 12 LPartG oder beim nachpartnerschaftlichen Unterhalt gemäß § 16 LPartG die Kosten einer angemessenen Erwerbsunfähigkeits- und Altersversicherung.[54] Hinsichtlich der Angemessenheit kommt es auf die gemeinsame Gestaltung der Lebensführung an.[55]

d) Unterhalt für die Vergangenheit, Sonderbedarf, Rückforderung. Unterhalt für die Vergangenheit kann nur nach Maßgabe des § 1613 I BGB verlangt werden. Danach kann der Berechtigte für die **Vergangenheit** Erfüllung oder Schadensersatz nur von dem Zeitpunkt an fordern, zu welchem der Verpflichtete zum Zweck der Geltendmachung des Unterhaltsanspruchs aufgefordert worden ist, über seine Einkünfte und Vermögen Auskunft zu erteilen, zu welcher der Verpflichtete in Verzug gekommen oder der Unterhaltsanspruch rechtshängig geworden ist. Der Unterhalt wird ab dem Ersten des Monats, in den die bezeichneten Ereignisse fallen, geschuldet, wenn der Unterhaltsanspruch dem Grunde nach zu diesem Zeitpunkt bestanden hat. Ohne die Einschränkung des § 1613 I BGB kann Unterhalt für die Vergangenheit auch bei Verhinderung an der rechtzeitigen Geltendmachung aus rechtlichen oder tatsächlichen Gründen (§ 1613 II Nr. 2 BGB) verlangt werden.

Die Geltendmachung von **Sonderbedarf** richtet sich nach § 1613 II BGB. Sonderbedarf kann für mehr als ein Jahr zurückliegende Zeiträume nur verlangt werden, wenn der Unterhaltspflichtige zuvor in Verzug gekommen ist oder der Anspruch rechtshängig geworden ist.

e) Verzicht auf Unterhalt, Erlöschen des Unterhaltsanspruchs. Durch die Verweisung in § 5 S. 2 LPartG auf § 1360a BGB und die Weiterverweisung auf §§ 1613 bis 1615 BGB ergibt sich, dass der Anspruch auf Lebenspartnerschaftsunterhalt für künftige Ansprüche **nicht verzichtbar** ist (§§ 5 S. 2 LPartG, 1360a III, 1614 BGB), jedenfalls nicht hinsichtlich eines Mindeststandards.[56] Soweit in der Begründung des Koalitionsentwurfs des Gesetzes[57] davon gesprochen wird, der Anspruch sei lediglich im Interesse Dritter nicht verzichtbar, lässt sich daraus nicht der Schluss ziehen, man habe in Abkehr von der bisherigen und in Bezug genommenen Gesetzeslage nach § 1614 I BGB einen Verzicht „inter partes" ermöglichen wollen.

---

[49] Büttner FamRZ 2001, 1105, 1106
[50] BGH FamRZ 2004, 366, 369 = R 599 d; FamRZ 1998, 608, 609 für den Familienunterhalt
[51] NK-BGB/Ring/Olsen-Ring § 5 LPartG Rn. 12
[52] jurisPK/Viefhues § 5 LPartG Rn. 4
[53] Erman/Kaiser BGB § 5 LPartG Rn. 3
[54] NK-BGB/Ring/Olsen-Ring § 5 LPartG Rn. 10
[55] Palandt/Brudermüller BGB § 5 LPartG Rn. 2
[56] Erman/Kaiser BGB § 5 LPartG Rn. 5
[57] BT-Drucks. 14/3741 S. 37

321 Der **Unterhaltsanspruch erlischt** grundsätzlich mit dem Tod des Berechtigten oder des Verpflichteten (§ 1615 I BGB). Beim Tod des Berechtigten hat vorrangig der Erbe die Beerdigungskosten (§ 1968 BGB) zu tragen (§ 1615 II BGB). Wenn und soweit dieser leistungsunfähig ist, trifft die Verpflichtung den Lebenspartner.

322 **f) Weitere Auswirkungen des § 5 LPartG in anderen Rechtsbereichen.** Die gegenseitige Unterhaltsverpflichtung der Lebenspartner wirkt sich im **Schadensersatzrecht** aus. Bei Tötung eines Lebenspartners gewähren § 844 II BGB und § 10 StVG dem anderen Partner einen Anspruch auf Ersatz des verletzungsbedingten Ausfalls von Unterhaltsleistungen (§§ 842, 843 I BGB).[58]

323 Hinsichtlich der **Pfändung** des Anspruchs auf Lebenspartnerschaftsunterhalt aus § 5 LPartG finden die §§ 850 c, 850 d, 850 i und 863 ZPO entsprechende Anwendung.[59]

324 **g) Rangfragen.** Wenn ein Lebenspartner mehreren Personen gegenüber unterhaltsverpflichtet ist, bestimmt sich der Rang der Unterhaltsansprüche der Bedürftigen seit dem 1. 1. 2008 nach den §§ 5 S. 2 LPartG i. V. m. § 1609 BGB. Vorrangig unterhaltsberechtigt sind minderjährige Kinder. Zwar erwähnt § 1609 BGB Lebenspartner nicht ausdrücklich. Aus der Gesetzesbegründung[60] ergibt sich jedoch, dass der Gesetzgeber eine Gleichstellung mit Ehegatten beabsichtigt hat. In Mangelfällen, d. h. wenn der Unterhaltspflichtige nicht in der Lage ist, die Unterhaltsansprüche sämtlicher Berechtigter in vollem Umfang zu erfüllen, sind Lebenspartner den Ehegatten gleichgestellt.[61]

325 Zur **Berechnung der Unterhaltsansprüche** ist der im Verhältnis der Lebenspartner zueinander im Grundsatz lediglich in Natur geschuldete Familienunterhalt in Geld zu veranschlagen. Nach der entsprechend anwendbaren Rechtsprechung des BGH[62] zum Elternunterhalt kann der Anspruch auf Familienunterhalt eines Ehegatten – und damit auch eines Lebenspartners – zwar nicht ohne Weiteres nach den bei Trennung und Scheidung entwickelten Grundsätzen bemessen werden, weil er nicht auf die Gewährung einer frei verfügbaren Geldrente, sondern darauf gerichtet ist, dass jeder Ehegatte seinen Beitrag zum Familienunterhalt entsprechend der in der Ehe übernommenen Funktion leistet. Der BGH hält es jedoch für rechtlich unbedenklich, den Anspruch **im Fall der Konkurrenz mit anderen Ansprüchen** auf die einzelnen Familienmitglieder aufzuteilen und in Geld zu veranschlagen. Denn das Maß des Familienunterhalts bestimmt sich nach den ehelichen Lebensverhältnissen, so dass § 1578 BGB als Orientierungshilfe herangezogen und der anzusetzende Betrag insoweit in gleicher Weise wie der Unterhaltsbedarf eines getrennt lebenden oder geschiedenen Ehegatten ermittelt werden kann.[63] Die Berechnung darf sich dabei nicht auf einen bestimmten Mindestbedarf beschränken, sondern hat von den individuell ermittelten Lebens-, Einkommens- und Vermögensverhältnissen auszugehen. Auf die – Veränderungen unterliegenden – Lebensverhältnisse können sich auch Unterhaltsansprüche nachrangig Berechtigter auswirken und zu einer Einschränkung des Bedarfs der Ehepartner bzw. Lebenspartner führen. Bei der Unterhaltsbemessung ist auch entsprechend der Rechtsprechung des BGH zum Elternunterhalt die durch die gemeinsame Haushaltsführung der Lebenspartner eintretende Ersparnis zu berücksichtigen, die mit wachsendem Lebensstandard in der Regel steigt.[64]

326 Das **Verhältnis mehrerer Pflichtiger** richtet sich nach § 1608 S. 4 i. V. m. S. 1 BGB. Danach haftet bei Vorhandensein mehrerer Unterhaltsschuldner der Lebenspartner des Bedürftigen in gleicher Weise wie ein Ehegatte. Er haftet – soweit er leistungsfähig ist (§ 1608 S. 2 BGB) – vor den Verwandten des Lebenspartners. Falls die Rechtsverfolgung gegen den Lebenspartner im Inland ausgeschlossen oder erschwert ist, tritt die Haftung der Verwandten ein. Der Unterhaltsanspruch gegen den Lebenspartner geht in diesem Fall im Wege des

---

[58] Wessel ZfSch 2010, 242
[59] Palandt/Brudermüller BGB § 5 LPartG Rn. 6
[60] BT-Drucks. 16/1830 S. 13
[61] Erman/Kaiser BGB § 5 LPartG Rn. 9
[62] BGH FamRZ 2010, 1535
[63] BGH FamRZ 2004, 186, 187; BGH FamRZ 2003, 860, 864; BGH FamRZ 2003, 363, 366 f.; BGH FamRZ 2002, 742; BGH FamRZ 2001, 1065, 1066
[64] BGH FamRZ 2004, 792, 793

gesetzlichen Forderungsübergangs auf den Leistenden über (§ 1608 S. 4 i. V. m. S. 3 BGB und § 1607 II, IV BGB).

2. Trennungsunterhalt nach § 12 LPartG

a) Allgemeines. Die gegenseitigen Verpflichtungen der Lebenspartner, durch ihre Arbeit und mit ihrem Vermögen die partnerschaftliche Lebensgemeinschaft angemessen zu unterhalten (§ 5 S. 1 LPartG), wandeln sich nach der Trennung der Lebenspartner gemäß § 12 S. 2 LPartG in Verbindung mit § 1361 IV 1, 2 BGB in einseitige Ansprüche des wirtschaftlich schwächeren Lebenspartners gegen den anderen, wirtschaftlich stärkeren Lebenspartner in einen Anspruch auf Zahlung einer **Unterhaltsrente** (Geldanspruch) um. Der Unterhaltsanspruch gemäß § 12 LPartG ist die Entsprechung zum Trennungsunterhalt unter Eheleuten (§ 1361 BGB). Nach § 12 S. 1 LPartG, der die Formulierung von § 1361 I 1 BGB aufgreift, kann bei Trennung ein Partner vom anderen den nach den Lebensverhältnissen und den Erwerbsverhältnissen während der Lebenspartnerschaft angemessenen Unterhalt verlangen. 327

Ein Anspruch auf Unterhalt bei Getrenntleben besteht für einen Lebenspartner jedoch nur dann, wenn es sich um eine eingetragene, wirksame Lebenspartnerschaft handelt, siehe Rn. 298 ff. Er setzt nicht voraus, dass die Lebenspartner in häuslicher Gemeinschaft gelebt, gemeinsam gewirtschaftet haben oder dass die Bedürftigkeit eines Lebenspartners ihren Grund in der seinerzeit bestehenden Lebenspartnerschaft hat. Auch ein fehlendes Trennungsverschulden des Berechtigten oder das Fehlen sonstiger in seiner Sphäre liegender Trennungsgründe sind nicht erforderlich. 328

b) Getrenntleben. Weitere Voraussetzung für einen Anspruch auf Trennungsunterhalt ist das Getrenntleben der Lebenspartner. Nach der Legaldefinition in § 15 V 1 LPartG leben die Lebenspartner dann getrennt, wenn zwischen ihnen keine häusliche Gemeinschaft besteht und ein Lebenspartner sie erkennbar nicht herstellen will, weil er die lebenspartnerschaftliche Gemeinschaft abgelehnt. Mit einer Trennung ist bei vorherigem häuslichen Zusammenleben im Regelfall eine räumliche Trennung wie beim Ehegattenunterhalt verbunden. Die Rechtsprechung zur Trennung von Eheleuten bzw. zur Auslegung des Trennungsbegriffs kann insoweit herangezogen werden[65] – siehe zur Rechtslage bei der Ehe § 4 Rn. 4, 5. 329

Eine räumliche Trennung, z. B. wegen arbeitsbedingten Auslandsaufenthalts eines Partners, wegen längeren Krankenhausaufenthalts oder weil sich ein Partner in Haft befindet, bedeutet keine Aufhebung des Zusammenlebens bzw. der gemeinsamen Lebensgestaltung, solange der Wille zur gemeinsamen Partnerschaft noch vorhanden ist.[66] Umgekehrt kann das Zusammenleben durch Getrenntleben in der gemeinsamen Wohnung beendet werden (vgl. § 14 LPartG). 330

Da die Lebenspartner nach § 2 LPartG nicht zu einer lebenspartnerschaftlichen Lebensgemeinschaft im Sinne einer häuslichen Gemeinschaft verpflichtet sind, kommt es in den Fällen, in denen die Partner von vornherein eine gemeinsame Lebensgestaltung mit **getrennten Wohnungen** gewählt hatten, darauf an, dass einer der Partner den **inneren Willen zur Aufhebung** der gemeinsamen Lebensgestaltung **nach außen erkennbar manifestiert**.[67] 331

Der Anspruch auf Unterhalt bei Getrenntleben entsteht ab Getrenntleben. Er erlischt mit Rechtskraft des Beschlusses, der die Lebenspartnerschaft aufhebt (§ 15 LPartG). Im Anschluss hieran kann ein Anspruch auf Aufhebungsunterhalt nach § 16 LPartG entstehen (dazu siehe unten). Der **Anspruch endet** auch dann, wenn die Lebenspartner ihr Getrenntleben nicht nur vorübergehend – zumindest etwa drei Monate lang[68] – wieder aufgeben, mithin, wenn sie wieder zusammen leben und die Lebensgemeinschaft wieder aufnehmen. 332

---

[65] Büttner FamRZ 2001, 1105, 1106
[66] Meyer/Mittelstädt, Das Lebenspartnergesetz 2001, Anm. vor § 12
[67] OLG Düsseldorf FamRZ 2006, 335 zu § 12 LPartG a. F.; Weber ZFE 2005, 187, 191
[68] Eschenbruch/Klinkhammer/Wohlgemuth, Kap. 4 Rn. 170

§ 7 Unterhalt zwischen nicht verheirateten Eltern und zwischen Lebenspartnern

333 Da die gemeinsame Lebensgestaltung ein räumliches Zusammenziehen nicht voraussetzt (§ 2 LPartG), reicht die schlichte Erklärung, sich wieder versöhnen zu wollen, für die Annahme der Beendigung einer Trennung nicht aus. Erforderlich ist vielmehr, dass sich der **Wille zur Fortsetzung** der Lebenspartnerschaft in der äußeren Lebensgestaltung oder in sonstiger Weise nach außen hin manifestiert.

334 **c) Bedürftigkeit des Berechtigten.** Der Unterhaltsanspruch setzt voraus, dass ein Lebenspartner bedürftig ist, weil er außer Stande ist, seinen den Lebensverhältnissen und den Erwerbs- und Vermögensverhältnissen der Partnerschaft entsprechenden angemessenen Unterhalt nicht aus einzusetzenden Eigenmitteln bzw. aus zumutbarer Erwerbstätigkeit zu sichern. Wegen der Gleichstellung mit dem ehelichen Trennungsunterhalt aufgrund der Neufassung des § 12 LPartG durch das Gesetz zur Überarbeitung des Lebenspartnergesetzes vom 14. 12. 2004[69] bzw. das Gesetz zur Änderung des Unterhaltsrechts vom 21. 12. 2007[70] gelten insoweit die gleichen Kriterien wie beim ehelichen Trennungsunterhalt nach § 1361 BGB (siehe § 4 Rn. 3). Es muss eine Abwägung nach Zumutbarkeitsgesichtspunkten unter Einbeziehung sämtlicher persönlicher und wirtschaftlicher Verhältnisse vorgenommen werden. Aus der Verweisung in § 12 LPartG auf § 1361 II BGB ergibt sich, dass hinsichtlich der Zumutbarkeit einer Erwerbstätigkeit anders als nach den bis zum 31. 12. 2004 Dezember geltenden Vorschriften nicht mehr nur auf die persönlichen Verhältnisse des Berechtigten, sondern entsprechend dem ehelichen Trennungsunterhalt auch auf die **partnerschaftlichen Verhältnisse** abzustellen ist. Auch hier gelten die Kriterien wie beim ehelichen Trennungsunterhalt (siehe § 4).

335 Aufgrund der Neufassung des § 1574 I u. II BGB durch das Gesetz zur Änderung des Unterhaltsrechts gibt es keine Begrenzung auf eine partnerschaftsangemessene Tätigkeit mehr. Für den bisher haushaltsführenden Lebenspartner ist wegen der entsprechenden Bezugnahme in § 1361 II BGB – falls die sonstigen Voraussetzungen vorliegen – immer die Wiederaufnahme einer **Erwerbstätigkeit** in einem früheren Beruf angemessen.[71] Durch die Angleichung des Getrenntlebensunterhalts an den Ehegattenunterhalt trifft ihn aber auch nicht mehr unmittelbar nach der Trennung eine Erwerbsobliegenheit.[72] Für die Länge der Übergangsfrist ist darauf abzustellen, inwieweit die Trennung der Lebenspartner sich verfestigt hat, z. B. durch Einreichung eines Antrags auf Aufhebung der Lebenspartnerschaft, Abschluss einer notariellen Vereinbarungen anlässlich der Aufhebung etc.

336 Zu den zu berücksichtigenden **persönlichen Verhältnissen** zählen auch sonstige Umstände. Im Einzelfall kann wie beim ehelichen Trennungsunterhalt zu berücksichtigen sein, dass der Berechtigte im Einvernehmen mit dem Partner seit Jahren ein eigenes[73] oder gemeinsames Kind (vgl. § 9 VII LPartG zur Adoption eines Kindes des Lebenspartners) in dem gemeinsamen Haushalt betreut hat, so dass ihm insoweit ein Vertrauenstatbestand zugutekommt.[74] Von Bedeutung ist auch, ob eine fehlende Erwerbsfähigkeit auch auf Alter oder Krankheit beruht.

337 Auch die **wirtschaftlichen Verhältnisse** beider Lebenspartner sind bei der Bestimmung des Trennungsunterhalts nach § 12 LPartG zu werten. Sind diese auf beiden Seiten beengt, wird die Erwerbsobliegenheit des wirtschaftlich schwächeren Partners relativ früh einsetzen. Lebten die Ehepartner in gehobenen wirtschaftlichen Verhältnissen, kann die Übergangszeit bis zur beruflichen Neuorientierung des bisher haushaltsführenden Partners länger bemessen werden.

338 Zum **Einsatz seines Vermögensstamms** ist der Berechtigte insoweit nicht verpflichtet, als ihm dies auch nach Aufhebung der Lebenspartnerschaft nicht zumutbar wäre.[75] Dies

---

[69] BGBl. I S. 3396
[70] BGBl. I S. 3189
[71] Vgl. dazu für § 1574 n. F. BGB – BT-Drucks. 16/1830 S. 17
[72] jurisPK/Viefhues § 12 LPartG Rn. 7; Weber ZFE 2005, 187, 191; NK-BGB/Ring/Olsen-Ring § 12 LPartG Rn. 10
[73] BGH FamRZ 1981, 752
[74] Kemper FPR 2001, 449, 456; Büttner FamRZ 2001, 1105, 1109, jeweils für den nachpartnerschaftlichen Unterhalt nach altem Recht
[75] RegE, BT-Drucks. 14/3751 S. 41

folgt aus § 1577 Abs. 3 BGB, auf den § 16 LPartG hinsichtlich des nachpartnerschaftlichen Unterhalts verweist. Nach einhelliger Auffassung kann es beim Trennungsunterhalt keine darüber hinausgehende Verwertungspflicht geben.[76] Diese scheidet daher aus, soweit sie unwirtschaftlich oder unter Berücksichtigung der beiderseitigen wirtschaftlichen Verhältnisse unbillig wäre.

d) Bedarf, Umfang und Maß des Unterhalts. Nach § 12 S. 1 LPartG kann ein **338** Lebenspartner von dem anderen den nach den Lebensverhältnissen und den Erwerbs- und Vermögensverhältnissen der Lebenspartner **angemessenen Unterhalt** verlangen. Damit ist der Bedarf des unterhaltsberechtigten Lebenspartners definiert. Die Vorschrift knüpft ungeachtet der in § 12 S. 2 LPartG enthaltenen Verweisung auf § 1361 BGB weiterhin an die Erwerbs- und Vermögensverhältnisse während der Lebenspartnerschaft an. Nicht nur während des Bestehens der eingetragenen Lebenspartnerschaft und damit für den Trennungsunterhalt, sondern auch für den nachpartnerschaftlichen Unterhalt sind nach der hier anwendbaren Rechtsprechung des BGH[77] zur Varietät der ehelichen Verhältnisse die maßgebenden Umstände nicht festgeschrieben. Es kommt – abgesehen von Ausnahmen wegen unvorhergesehener Entwicklungen wie einem Karrieresprung oder von Fällen unterhaltrechtlich leichtfertigen Verhaltens – grundsätzlich auf den jeweiligen Stand der wirtschaftlichen Verhältnisse an, an deren Entwicklung die Lebenspartner grundsätzlich auch nach Aufhebung der Partnerschaft im Positiven wie im Negativen teilhaben. Für die Unterhaltsberechnung ist daher wie bei § 1361 BGB der aktuelle Stand der unterhaltsrechtlich relevanten Verhältnisse, d. h. der fortgeschriebenen Einkommens- und Vermögensverhältnisse in dem jeweils maßgebenden Unterhaltszeitraum zu berücksichtigen.[78] Die generelle Berücksichtigung neuer nicht leichtfertig entstandener Ausgabenpositionen bei der Ermittlung des Unterhaltsbedarfs ist auch nach der Entscheidung des BVerfG vom 25. 1. 2011[79] zur sog. Dreiteilungsmethode bei der Berechnung des nachehelichen Unterhalts möglich. Das BVerfG hat in dieser Entscheidung ausdrücklich darauf hingewiesen,[80] das nach der Scheidung entstandenen Veränderungen in die ehelichen Lebensverhältnisse einzubeziehen sind, wenn sie auch ohne Scheidung entstanden wären. Dies gilt damit auch für nicht leichtfertig eingegangene neue Schulden und für alle neu entstandenen Unterhaltslasten mit Ausnahme des Ehegattenunterhalts. Insbesondere neue Unterhaltslasten für Kinder aus einer neuen Verbindung sind daher zu berücksichtigen. Diese Grundsätze gelten entsprechend für den Trennungsunterhalt.

Wenn der während der bestehenden Lebenspartnerschaft den Haushalt führende Ehegat- **339** te nach der Trennung wieder erwerbstätig ist, aber nicht das Einkommen erzielt, das für ihn zur Wahrung des bestehenden Status der Lebenspartnerschaft erforderlich wäre, kann ihm für die Trennungszeit nach § 12 S. 2 LPartG i. V. m. § 1361 BGB ein **Aufstockungsunterhalt** zustehen.[81]

Die Rechtsprechung des BGH zur Unterhaltsbemessung bei der **Haushaltsführungs-** **340** **ehe**[82] ist anwendbar, nachdem durch die jetzige Fassung des Gesetzes die Gleichstellung mit dem ehelichen Unterhalt erfolgt ist. Eine Unterscheidung deswegen, weil § 2 LPartG nur zur gemeinsamen Lebensgestaltung und nicht wie § 1353 I 2 BGB zur Lebensgemeinschaft verpflichtet, erscheint nicht geboten.

Wie beim Trennungsunterhalt unter Eheleuten kann von dem bedürftigen Lebenspartner wegen der Verweisung in § 12 LPartG auf § 1361 I 2 BGB neben dem Elementarunterhalt sowohl Vorsorgeunterhalt für eine **Kranken- und Pflegeversicherung** als auch **Vorsorgeunterhalt** für den Fall des **Alters** und der **verminderten Erwerbsfähigkeit** verlangt werden. Der Anspruch besteht ab dem Ende der in § 1587 II BGB definierten Lebenspart-

---

[76] Vgl. Palandt/Brudermüller § 12 LPartG Rn. 7; NK-BGB/Ring/Olsen-Ring § 12 LPartG Rn. 7
[77] BGH FamRZ 2008, 968 ff. = R 689 g
[78] jurisPK/Viefhues § 12 LPartG Rn. 9; Weber ZFE 2005, 187, 191
[79] BVerfG FamRZ 2011, 437 m. Anm. Borth FamRZ 2011, 445
[80] BVerfG FamRZ 2011, 437 Rn. 70
[81] Vgl. BT-Drucks. 14/3751 S. 41
[82] BGH FamRZ 2001, 986, 991 = R 563 c

§ 7   Unterhalt zwischen nicht verheirateten Eltern und zwischen Lebenspartnern

nerschaftszeit mit Beginn des Monats,[83] in dem die Rechtshängigkeit des Aufhebungsantrags eingetreten ist.

341   Für die Zeit des Getrenntlebens besteht ein Anspruch auf **Verfahrenskostenvorschuss** (§§ 12 S. 2 LPartG, 1361 IV 3, 1360 a IV BGB).

342   e) **Leistungsfähigkeit des Pflichtigen.** Entsprechend der Rechtsprechung zum ehelichen Trennungsunterhalt ist der für den nachpartnerschaftlichen Unterhalt über § 16 S. 2 LPartG ausdrücklich in Bezug genommene § 1581 BGB auch beim Trennungsunterhalt unter Lebenspartnern entsprechend anzuwenden.

343   f) **Die Härteklausel des § 1579 BGB.** In der ursprünglichen Fassung des Gesetzes hatte der Gesetzgeber mit § 12 II 1 LPartG a. F. eine über die Regelung beim ehelichen Trennungsunterhalt hinausgehende generelle Billigkeitsklausel für Versagung, Herabsetzung oder zeitliche Begrenzung des Unterhalts geschaffen, für deren Anwendung einfache Unbilligkeit genügte. Diesen Unterschied zum ehelichen Trennungsunterhalt hat das Gesetz zur Überarbeitung des Lebenspartnergesetzes vom 15. 12. 2004[84] beseitigt, indem es die uneingeschränkte Verweisung auf § 1361 BGB (§ 12 S. 2 LPartG) einführte. Damit wurde erreicht, dass beim Trennungsunterhalt nach § 12 LPartG die Unterhaltsversagung nur unter den gleichen Voraussetzungen (§§ 1361 III, 1579 Nr. 2 bis 8 BGB) wie beim ehelichen Trennungsunterhalt erfolgen kann. Es gilt dadurch jetzt auch derselbe Maßstab der groben Unbilligkeit wie beim nachpartnerschaftlichen Unterhalt (§ 1579 BGB i. V. m. § 16 S. 2 LPartG).

344   g) **Unterhalt für die Vergangenheit, Sonderbedarf.** Unterhalt für die Vergangenheit und Sonderbedarf kann nur nach Maßgabe des § 1613 BGB verlangt werden.

345   h) **Verzicht auf Unterhalt, Erlöschen des Unterhaltsanspruchs.** Durch die Verweisung in § 12 S. 2 LPartG auf § 1361 IV, 1360a III BGB und die Weiterverweisung auf §§ 1613 bis 1615 BGB ergibt sich, dass der Anspruch auf Lebenspartnerschaftsunterhalt für künftige Ansprüche **nicht verzichtbar** ist (§ 12 S. 2 LPartG, §§ 1361 IV, 1360 a III, 1614 BGB).

346   Der Anspruch beginnt mit vollständiger Trennung der Lebenspartner und endet mit Ablauf des Tages vor Eintritt der Rechtskraft des Aufhebungsurteils. Ab dem Tag der Rechtskraft wird ggf. der nicht identische nachpartnerschaftliche Unterhalt geschuldet. Der Anspruch geht auf Zahlung einer monatlich im Voraus zu erbringenden Geldrente (§§ 12 S. 2 LPartG, 1361 IV 1 u. 2 BGB).

347   Der **Unterhaltsanspruch erlischt** grundsätzlich mit dem Tod des Berechtigten oder des Verpflichteten (§ 12 S. 2 LPartG, §§ 1361 IV, 1360 a III, 1615 I BGB). Beim Tod des Berechtigten hat vorrangig der Erbe die Beerdigungskosten (§ 1968 BGB) zu tragen (§ 1615 II BGB). Wenn und soweit dieser leistungsunfähig ist, trifft die Verpflichtung den Lebenspartner.

348   i) **Rangfragen.** Bei mehreren Bedürftigen bestimmt sich der Rang des berechtigten Lebenspartners nach der in § 1609 BGB geregelten **Rangfolge der Bedürftigen** (§ 12 S. 2 LPartG). Der betreffende Lebenspartner steht einem entsprechenden Ehegatten gleich. Wie bei diesem kommt auch beim Lebenspartner der Rang nach § 1609 Nr. 2 BGB in Betracht. Denn auch ein Lebenspartner kann wegen Betreuung eines gemeinsamen Kindes unterhaltsberechtigt sein (vgl. § 9 VII LPartG)[85] oder es kann sich um eine Partnerschaft von langer Dauer handeln.[86]

349   Die **Rangfolge der Pflichtigen** ergibt sich aus § 1608 S. 4 BGB. Danach haftet bei Vorhandensein mehrerer Unterhaltsschuldner der Lebenspartner des Bedürftigen in gleicher Weise wie ein Ehegatte. Er haftet – soweit er leistungsfähig ist (§ 1608 S. 2 BGB) – vor den Verwandten des Lebenspartners. Falls die Rechtsverfolgung gegen den Lebenspartner im Inland ausgeschlossen oder erschwert ist, tritt die Haftung der Verwandten ein. Der Unterhaltsanspruch gegen den Lebenspartner geht in diesem Fall im Wege des gesetzlichen Forderungsübergangs auf den Leistenden über (§ 1608 S. 4 i. V. m. S. 3 BGB und § 1607 II, IV BGB).

---

[83] BGH FamRZ 1981, 442
[84] BGBl. I S. 3396
[85] Vgl. BT-Drucks. 16/1830 S. 24
[86] A. a. O. S. 32

2. Abschnitt: Unterhaltsansprüche zwischen eingetragenen Lebenspartnern   § 7

j) Darlegungs- und Beweislast. Einen Lebenspartner, der Unterhalt für das Getrennt- 350
leben nach § 12 LPartG verlangt, trifft die Darlegungs- und Beweislast für die anspruchsbegründenden Voraussetzungen.[87]

Entsprechend dem Schutzzweck des § 1361 II BGB, nach dem die Aufnahme einer Er- 351
werbstätigkeit durch den Berechtigten der Ausnahmefall sein soll, trägt der **Pflichtige** wie
beim ehelichen Trennungsunterhalt (vgl. § 4) die Darlegungs- und **Beweislast** dafür, **dass
den Berechtigten** nach seinen persönlichen und wirtschaftlichen Verhältnissen eine **Erwerbsobliegenheit trifft.** Für die Voraussetzungen eines Unterhaltsanspruchs wegen Kindesbetreuung über die Zeit des Basisunterhalts hinaus trägt der anspruchstellende Lebenspartner die Darlegungs- und Beweislast.[88] Erst wenn die Erwerbsobliegenheit feststeht, muss
der Berechtigte darlegen und ggf. beweisen, dass er bedürftig ist, weil er sich erfolglos und
in ausreichendem Maße um den Erhalt einer Arbeitstätigkeit bemüht hat oder krank ist,
mithin seinen Lebensunterhalt nicht durch eigene Erwerbstätigkeit sichern kann. Dies gilt
auch dann, wenn er während des partnerschaftlichen Zusammenlebens den Haushalt geführt hat und nicht erwerbstätig war.

Die Darlegungs- und Beweislast des unterhaltsberechtigten Lebenspartners bezieht sich 352
auch auf seine **Bedürftigkeit** und auf die Höhe des **Bedarfs**. Dazu gehören auch die
Einzelheiten der ehelichen Lebensverhältnisse und die **Leistungsfähigkeit** des Unterhaltsverpflichteten.[89] Durch die dem Berechtigten zustehenden **Auskunftsansprüche** (§§ 1361
IV, 1605 BGB) gegen den unterhaltsverpflichteten Lebenspartner ist sichergestellt, dass
dieser im Rahmen seiner Darlegungslast ausreichend zu den Einkommensverhältnissen des
Verpflichteten vortragen kann. Dieser wird dann in die Lage versetzt, diesen Vortrag
substantiiert zu bestreiten.[90] Sofern der Unterhaltspflichtige Umstände geltend gemacht, die
die Lebenspartnerschaftverhältnisse nicht geprägt haben, so z. B. ein Karrieresprung, Schenkungen, Erbschaften etc., ist er hierfür beweispflichtig. Gleiches gilt für den Einwand der
unverschuldeten Leistungsunfähigkeit.

Zu weiteren Einzelheiten der Darlegungs- und Beweislast des Berechtigten siehe § 6
Rn. 703 ff.

3. Der nachpartnerschaftliche Unterhalt nach § 16 LPartG

a) Allgemeines. Ein Anspruch auf nach partnerschaftlichen Unterhalt nach § 16 S. 2 353
LPartG kann nach der Aufhebung der Lebensgemeinschaft entstehen. Wenn der Unterhalt
nicht durch Vertrag (siehe unten Rn. 368) geregelt ist, kann der bedürftige Lebenspartner
ihn von dem leistungsfähigen Lebenspartner durch eine monatlich zu zahlende **Geldrente**
ab dem Tag der Rechtskraft des Aufhebungsurteils verlangen. Der Anspruch nach § 16 S. 2
LPartG ist **nicht identisch mit dem Unterhalt bei Getrenntleben** nach § 12 LPartG.
Ebenso wie nach der Rechtsprechung des BGH[91] zum Ehegattenunterhalt kann der Unterhaltsanspruch eines Lebenspartners – insbesondere wenn er nicht nach §§ 270 I 1, 269 I
Nr. 1 FamFG im Entscheidungsverbund entsprechend § 137 FamFG geltend gemacht wird
– erst nach dem Eintritt der Rechtskraft des Aufhebungsurteils verzugsbegründend angemahnt werden. Er geht auf Zahlung einer monatlich im Voraus zu entrichtenden **Geldrente** (§§ 16 S. 2 LPartG, 1585 I 1 u. 2 BGB).

Durch die Reform des Unterhaltsrechts zum 1. 1. 2008 ist § 16 LPartG in Angleichung 354
an die Neufassung der Vorschrift für den nachehelichen Unterhalt in § 1569 BGB novelliert
worden. Wie § 1569 1 BGB für Ehegatten nach Scheidung stellt auch § 16 S. 1 LPartG für
Lebenspartner nach Aufhebung der Lebenspartnerschaft den **Grundsatz der Eigenverantwortung** in den Vordergrund, aus dem sich zugleich die Verpflichtung ergibt, selbst für
sein wirtschaftliche Fortkommen zu sorgen.[92] Nur wenn einer der enumerativ aufgezählte

---

[87] OLG Düsseldorf FamRZ 2006, 335
[88] BGH FamRZ 2008,1739; Maurer FF 2008, 366 (Anm.)
[89] OLG Hamm FamRZ 2002, 1627 zu § 1361 BGB; jurisPK/Viethues § 12 LPartG Rn. 8
[90] NK-BGB/Kath-Zurhorst § 1361 BGB Rn. 84
[91] BGH FamRZ 1992, 920, 921
[92] BT-Drucks. 16/1830 S. 16 u. 32

Ausnahmetatbestände zum Grundsatz der Eigenverantwortung vorliegt, also die Voraussetzungen eines der entsprechend anzuwendenden Tatbestände des nachehelichen Unterhalts (§§ 16 S. 2 LPartG i. V. m. §§ 1570 bis 1573, 1575 u. 1576 BGB) erfüllt sind, kommt bei Vorliegen der sonstigen Voraussetzungen ein Unterhaltsanspruch in Betracht. Insoweit wird auf die Ausführungen zum nachehelichen Unterhalt (§ 4) verwiesen.

Bei einer ggf. erforderlichen **Auslegung des LPartG** ist zu berücksichtigen, dass es nicht zu einer Besserstellung der Lebenspartner gegenüber Ehegatten kommen darf.[93] Auch die gesetzliche Neufassung bezweckt nur eine Gleichstellung mit dem Ehegattenunterhalt.

355 **b) Aufhebung der Lebensgemeinschaft.** Ein Anspruch auf nachpartnerschaftlichen Unterhalt setzt nach § 16 S. 1 LPartG eine Aufhebung der Lebenspartnerschaft voraus. Damit sind die Fälle der Aufhebung der Lebenspartnerschaft wegen **Getrenntlebens** (§ 15 II S. 1, III, V LPartG) gemeint.

356 Das LPartG gewährt dem Lebenspartner einen Unterhaltsanspruch aber auch dann uneingeschränkt, wenn die **Aufhebung der Lebenspartnerschaft wegen Willensmängeln** im Sinn von § 1314 II Nr. 1 bis 4 BGB geschieht, die bei einem Lebenspartner bei der Begründung der Partnerschaft vorlagen (§ 15 II 2, Abs. 4 LPartG). Eine Unterhaltsbeschränkung wie § 1318 II BGB für den nachehelichen Unterhalt sieht das Gesetz nicht vor (vgl. oben Rn. 304). Da der Gesetzgeber keinen nachpartnerschaftlichen Unterhalt einräumen wollte, der über den nachehelichen Unterhalt hinausgeht, sollte § 1318 II BGB entsprechend angewendet werden.[94]

357 Sofern eine **Lebenspartnerschaft** wegen eines Lebenspartnerschaftshindernisses im Sinne von § 1 I, III LPartG nicht wirksam zu Stande gekommen, d. h. **nichtig** ist, entsteht kein Unterhaltsanspruch nach § 16 LPartG. Da es für solche Fälle an einer Anspruchsgrundlage für nach partnerschaftlichen Unterhalt fehlt[95] und es das Rechtsinstitut einer (nur) fehlerhaften Lebenspartnerschaft, die für die Zukunft beendet werden kann,[96] außerhalb der gesetzlichen Regelung des § 15 II 2 LPartG nicht gibt, entsteht **kein Unterhaltsanspruch.**

358 **c) Bedürftigkeit des Berechtigten (Erwerbsobliegenheit).** Ebenso wie für den geschiedenen Unterhalt nach § 1569 BGB gilt für den nachpartnerschaftlichen Unterhalt der Grundsatz der Eigenverantwortlichkeit. Jeder Partner ist gehalten, bei der Aufhebung der Partnerschaft selbst für seinen Unterhalt zu sorgen. Dieser Grundsatz erfährt durch den Verweis in § 16 S. 2 LPartG auf § 1574 und § 1577 BGB jedoch Einschränkungen.[97] Ebenso wie von Ehegatten kann von Lebenspartnern nach § 1574 I BGB nur eine „angemessene Erwerbstätigkeit" verlangt werden. Angemessen in diesem Sinne ist nach § 1574 II BGB eine **Erwerbstätigkeit**, die der Ausbildung, den Fähigkeiten einer früheren Erwerbstätigkeit, dem Lebensalter und dem Gesundheitszustand des geschiedenen Lebenspartners entspricht, soweit eine solche Tätigkeit nicht nach den partnerschaftlichen Lebensverhältnissen unbillig wäre. Zu den partnerschaftlichen Lebensverhältnissen gehören insbesondere die Dauer der Lebenspartnerschaft und die Dauer der Pflege und Erziehung eines gemeinschaftlichen Kindes. Anders als bei Ehegatten hat der Unterhalt wegen Betreuung eines gemeinschaftlichen Kindes (§ 16 S. 2 LPartG i. V. m. § 1570 BGB) allerdings keine große Bedeutung, denn die Betreuung von Kindern durch einen ehemaligen Lebenspartner hat außerhalb der sog. Stiefkindadoption (§ 9 LPartG) keinen Unterhaltsanspruch zur Folge.[98] In solchen Fällen kann Unterhalt nur aus Billigkeitsgründen nach § 16 S. 2 LPartG i. V. m. § 1576 BGB verlangt werden.[99]

---

[93] Empfehlung des 14. Deutschen Familiengerichtstags FamRZ 2002, 296, 297; Büttner FamRZ 2001, 1105, 1108 f. – jeweils zur Gesetzesfassung vom 16. 2. 2001
[94] Vgl. dazu Wellenhofer NJW 2005, 705, 708, die das Problem in erster Linie über die Anwendung von § 1579 BGB lösen will
[95] Erman/Kaiser BGB § 16 LPartG Rn. 16
[96] NK-BGB/Ring/Olsen-Ring § 1 LPartG Rn. 47
[97] Erman/Kaiser BGB § 16 LPartG Rn. 8
[98] Kaiser StAZ 2006, 65, 71; von Dickhuth-Harrach FPR 2005, 273, 275; Walter MittBayNotZ 2005, 193, 197; Wellenhofer NJW 2005, 705, 707; Palandt/Brudermüller BGB § 16 LPartG Rn. 3; a. A. Grziwotz DNotZ 2005, 13, 23, der eine Anwendung auf sozial gemeinschaftliche Kinder anregt
[99] von Dickhuth-Harrach FPR 2005, 273, 275

2. Abschnitt: Unterhaltsansprüche zwischen eingetragenen Lebenspartnern § 7

Ein bedürftiger Lebenspartner hat gemäß § 16 S. 2 LPartG Anspruch auf Unterhalt 359
wegen **Alters** (§ 1571 BGB), wegen **Krankheit** oder Gebrechens (§ 1572 BGB), wegen
Erwerbslosigkeit (§ 1573 BGB) und aus **Billigkeitsgründen** (§ 176 BGB). Es bestehen
zudem Ansprüche auf Aufstockungsunterhalt, wenn ein Lebenspartner aus eigener Erwerbstätigkeit den während des Bestehens der Lebenspartnerschaft gepflegten Lebensstandard
nicht halten kann (§ 1573 II BGB) sowie auf Unterhalt für eine partnerschaftsbedingt
unterbliebene oder unterbrochene Aus- und Fortbildung (§ 1575 BGB). Für die Einsatzzeitpunkte gelten die § 1570 ff. BGB entsprechend.

Ein Lebenspartner muss ebenso wie ein geschiedener Ehegatte gemäß § 1577 III BGB 360
seinen **Vermögensstamm** nicht verwerten, soweit die Verwertung unwirtschaftlich oder
unter Berücksichtigung der beiderseitigen wirtschaftlichen Verhältnisse unbillig wäre.

d) Bedarf, Umfang und Maß des Unterhalts, Befristung. Der Unterhalt umfasst 361
den gesamten Lebensbedarf (§§ 16 S. 2 LPartG, 1578 I 2 BGB). Er bemisst sich gemäß § 16
S. 2 LPartG i. V. m. § 1578 I 1 BGB zunächst nach den lebenspartnerschaftlichen Lebensverhältnissen. Hierzu gehören auch die **Kosten für eine Kranken- und Pflegeversicherung** entsprechend § 1578 II BGB sowie entsprechend § 1578 III BGB die Kosten einer
angemessenen Versicherung für den Fall des Alters sowie der verminderten Erwerbsfähigkeit, sog. **Altersvorsorgeunterhalt**. Nach Ablauf einer angemessenen Zeit kann der nachpartnerschaftliche Unterhalt auf das vorpartnerschaftliche Lebensniveau herabgestuft werden, denn der Unterhaltsanspruch des Lebenspartners kann ebenso wie ein Ehegattenunterhaltsanspruch gemäß § 16 S. 2 LPartG mit § 1578 b BGB befristet werden. Da das LPartG
erst am 1. 8. 2001 in Kraft getreten ist, kann sich bei der Feststellung des Rangs des
Unterhaltsanspruchs die Fragestellung ergeben, ob bei der Feststellung der langen Dauer
der Lebenspartnerschaft i. S. v. § 1609 Nr. 2 BGB die Zeit, in der die Lebenspartner **vor
dem Inkrafttreten des LPartG** bereits zusammengelebt haben, mit einzubeziehen ist.
Dies wird unter Hinweis darauf abgelehnt, dass eine solche Lebenspartnerschaft rechtlich
nicht existent war.[100] Dem ist zuzustimmen.

Die Grundsätze der Rechtsprechung des BGH zur Unterhaltsbemessung bei der **Haus-** 362
haltsführungsehe (§ 4) sind entsprechend anwendbar.

e) Leistungsfähigkeit des Verpflichteten. Hinsichtlich der Leistungsfähigkeit des 363
Pflichtigen ist § 1581 BGB entsprechend anzuwenden (§ 16 S. 2 LPartG).

Die ehemaligen Lebenspartner sind einander zur **Auskunft** über Einkünfte und Ver- 364
mögen verpflichtet (§§ 1580, 1605 BGB), weil § 16 S. 2 LPartG auf §§ 1580 bis 1586 b
BGB verweist.

f) Die Härteklauseln des nachpartnerschaftlichen Unterhalts. Das Gesetz verweist 365
in § 16 S. 2 LPartG auch auf §§ 1578 b und 1579 BGB. Für die Herabsetzung und die
zeitliche Begrenzung des Unterhalts wegen Unbilligkeit bzw. die Beschränkung oder Versagung des Unterhalts wegen grober Unbilligkeit gelten damit gleiche Regelungen wie
beim nachehelichen Unterhalt. Auf die Ausführungen zum nachehelichen Unterhalt in § 4
Rn. 115 ff. wird Bezug genommen.

g) Unterhalt für die Vergangenheit, Sonderbedarf. Unterhalt für die Vergangen- 366
heit kann nach Maßgabe des § 1585 b II u. III BGB verlangt werden. Der geänderte
§ 1585 b II BGB beschränkt sich auf die Verweisung auf § 1613 I BGB. Insoweit bestehen
keine Unterschiede mehr zu den sonstigen Unterhaltsansprüchen.

Für **Sonderbedarf** gilt § 1613 II BGB (§ 1585 I BGB). 367

h) Unterhaltsvereinbarungen, Verzicht auf Unterhalt. Der Anspruch auf nachpart- 368
nerschaftlichen Unterhalt unterliegt wie der nacheheliche Unterhalt auch für künftige
Ansprüche grundsätzlich der freien Vereinbarung der Unterhaltsparteien und ist auch
insoweit verzichtbar (§ 1585 c BGB). Seit der Neufassung des § 1585 c BGB zum 1. 1.
2008 bedarf eine Vereinbarung, die vor Rechtskraft der Aufhebung getroffen wird, der
notariellen Beurkundung. Diese Form kann nach §§ 1585 c S. 3, 127 a BGB durch eine
gerichtlich protokollierte Vereinbarung ersetzt werden. Zuständig ist das Gericht in Lebens-

---

[100] NK-BGB/Ring/Olsen-Ring § 16 LPartG Rn. 9; Palandt/Brudermüller § 16 LPartG Rn. 5;
Schwab/Büttner FamRZ 2001, 1105, 1110; a. A. Grziwotz FPR 2010, 191, 193; ders. DNotZ
2005, 13, 23

partnerschaftssachen, d. h. das Familiengericht (vgl. § 269 FamFG, früher § 661 Nr. 1 bis 3 ZPO).

369 Die Rechtsprechung des BGH[101] zur **Inhaltskontrolle von Verträgen** zwischen Ehegatten ist auf Verträge zwischen Lebenspartnern über den nachpartnerschaftlichen Unterhalt übertragbar. Ein vereinbarter **Verzicht** kann im Einzelfall nach Maßgabe der § 134, 138 BGB sittenwidrig sein (vgl. für den Verzicht unter Eheleuten § 6). Eine richterliche Inhaltskontrolle unter dem Gesichtspunkt mangelnder Vertragsparität wegen Fremdbestimmung durch einseitige Dominanz des anderen Partners und damit wegen Verstoßes gegen die verfassungsrechtlich geschützte Privatautonomie (Art. 2 I GG) oder wegen evident einseitiger Lastenverteilung wird ebenfalls in Einzelfällen in Betracht kommen, z. B. wenn ein Partner die Ausbildung des anderen finanziert hätte und trotz inzwischen eingetretener Bedürftigkeit auf Betreiben des anderen verzichtet, um diesen von der sonst angekündigten Trennung abzuhalten. Gleiches gilt, wenn ein Partner die Unterhaltslage mit verursacht hat, wie dies bei der Einreise eines spracheunkundigen Ausländers der Fall sein kann.[102] Allerdings dürfte sich die Zahl einschlägiger Fälle wegen der vor Aufhebung der Lebenspartnerschaft nun erforderlichen Formbedürftigkeit einer Vereinbarung weiter verringern, weil aufgrund des Formzwangs vielfach eine fachkundige Beratung der Unterhaltsparteien sichergestellt ist.[103] Da sich ein nachpartnerschaftlicher Unterhaltsverzicht nach den gleichen Maßstäben wie ein nachehelicher Unterhaltsverzicht beurteilt, unterliegt er auch einer richterlichen Ausübungskontrolle nach den §§ 113, 242 BGB.[104]

370 **i) Erlöschen des Unterhaltsanspruchs.** Der Anspruch erlischt mit dem **Tod**, mit Heirat oder mit Begründung einer Lebenspartnerschaft des **Berechtigten** (§ 1586 I BGB).

371 Ein **Wiederaufleben** des Anspruchs kommt nach Auflösung einer anschließenden Ehe oder neuen Partnerschaft in Betracht (§ 1586 a II 2 BGB), sofern der Unterhaltsberechtigte durch die Betreuung des Kindes bzw. der Kinder gehindert ist, einer Berufstätigkeit nachzugehen. Denn auch ein ehemaliger Lebenspartner kann ein Kind der früheren Partnerschaft betreuen, weil einer der Lebenspartner das Kinds des anderen adoptiert hat (§ 9 VII LPartG). § 1586 II 2 BGB verweist im Übrigen ausdrücklich darauf hin, dass unter mehreren ehemaligen Lebenspartnern wie unter mehreren geschiedenen Eheleuten jeweils derjenige aus der später aufgelösten Partnerschaft (Ehe) vor demjenigen aus der früher aufgelösten Partnerschaft (Ehe) haftet.

372 Bei **Tod des Pflichtigen** geht der Anspruch auf dessen Erben als Nachlassverbindlichkeit über (§ 1586 b I BGB).

373 **j) Rangfragen.** Bei mehreren Bedürftigen bestimmt sich der Rang des berechtigten Lebenspartners nach der in § 1609 BGB geregelten **Rangfolge der Bedürftigen** (§ 16 S. 2 LPartG i. V. m. § 1609 BGB und § 1582 BGB). Der betreffende Lebenspartner steht einem entsprechenden Ehegatten gleich. Wie bei diesem kommt auch beim Lebenspartner der Rang nach § 1609 Nr. 2 BGB in Betracht. Denn auch ein Lebenspartner kann wegen Betreuung eines gemeinsamen Kindes unterhaltsberechtigt sein (vgl. § 9 VII LPartG)[105] oder es kann sich um eine Partnerschaft von langer Dauer handeln.[106] § 1609 gilt auch für das Rangverhältnis zwischen einem bedürftigen früheren bzw. späteren Lebenspartner (§§ 16 S. 2 LPartG, 1582, 1609 BGB).

374 Die **Rangfolge der Unterhaltspflichtigen** ergibt sich aus § 1584 S. 1 BGB. Die Regelung entspricht § 1608 S. 4 BGB für den partnerschaftlichen Unterhalt nach § 5 LPartG sowie den Trennungsunterhalt nach § 12 LPartG. Danach haftet bei Vorhandensein mehrerer Unterhaltsschuldner des Bedürftigen in gleicher Weise wie ein Ehegatte. Er haftet – soweit er leistungsfähig ist (§ 1584 S. 2 BGB) – vor den Verwandten des Lebenspartners. Die Verwandten – in der Regel Eltern und Kinder – sind nach § 16

---

[101] Bergschneider, Richterliche Kontrolle von Eheverträgen und Scheidungsvereinbarungen, 2008, S. 44 ff.; krit. Grziwotz FPR 2010, 191, 194
[102] BGH FamRZ 2007, 450
[103] Vgl. BT-Drucks. 16/1830 S. 22
[104] Palandt/Brudermüller BGB § 16 LPartG Rn. 7
[105] Vgl. BT-Drucks. 16/1830 S. 24
[106] A. a. O. S. 32

S. 2 LPartG, § 1584 S. 2 BGB erst dann eintrittspflichtig, wenn ihr unterhaltsrechtlich bereinigtes Einkommen über dem Betrag liegt, der für den angemessenen Selbstbehalt (nach der Düsseldorfer Tabelle, Stand 1. 1. 2011 beträgt des Selbstbehaltssatz gegenüber Ehegatten und Lebenspartner 1050 EUR) eines vorrangig unterhaltspflichtigen Lebenspartners gegenüber dem Unterhaltsberechtigten gilt. Falls die Rechtsverfolgung gegen den Lebenspartner im Inland ausgeschlossen oder erschwert ist, tritt die Haftung der Verwandten ein. Der Unterhaltsanspruch gegen den Lebenspartner geht in diesem Fall im Wege des gesetzlichen Forderungsübergangs auf den Leistenden über (§ 1584 S. 3 i. V. m. § 1607 II, IV BGB).

k) Darlegungs- und Beweislast. Der Berechtigte trägt die **Darlegungs- und Beweislast** für alle anspruchsbegründenden Tatsachen der entsprechend anzuwendenden Normen des nachehelichen Unterhalts, auf die er seinen Anspruch stützt. Dies gilt auch für „doppelt relevante Tatsachen", z. B. für die bedarfsbestimmende Gestaltung der partnerschaftlichen Lebensverhältnisse, welche zugleich zum Nachweis der Leistungsfähigkeit des pflichtigen Ehegatten dienen können, obwohl der Berechtigte hierfür weder darlegungs- noch beweispflichtig ist.[107]

375

Zur Darlegungs- und Beweislast des Berechtigten siehe § 6 Rn. 703 ff.

4. Gerichtliche Geltendmachung

Nach §§ 23 b I GVG, 111 Nr. 11, 269 I Nr. 9 FamFG (bei bis zum 31. 8. 2009 eingeleiteten Verfahren nach §§ 661 I Nr. 4 u. II, 621 I Nr. 5 ZPO) sind für Streitigkeiten über Unterhaltsansprüche, die auf der Lebenspartnerschaft beruhen, die **Familiengerichte** zuständig.

376

Verfahren auf **Feststellung des Bestehens oder Nichtbestehens** einer Lebenspartnerschaft nach § 269 I Nr. 2 FamFG können nach § 126 I FamFG mit Verfahren auf Aufhebung der Lebenspartnerschaft nach § 269 I Nr. 1 FamFG verbunden werden, auch im Wege des Gegenantrags (früher Widerklage).[108]

377

In **Aufhebungsverfahren** nach § 15 I LPartG kann gemäß § 270 I 1 FamFG entsprechend § 137 II Nr. 2 FamFG (früher §§ 623 I, 629 ZPO) ein **Entscheidungsverbund** mit dem nachpartnerschaftlichen Unterhalt hergestellt werden.[109]

378

Für die Verfahren in Lebenspartnerschaftssachen nach § 269 I Nr. 9 FamFG, die Familienstreitsachen sind, sind nach Maßgabe von 113 I FamFG teilweise der Allgemeine Teil (Buch 1) des FamFG und teilweise die ZPO, die Allgemeinen Vorschriften über das Verfahren in Familiensachen (§§ 111–120) sowie die §§ 231–248 FamFG entsprechend anwendbar.[110] Für die Unterhaltspflicht gegenüber Kindern (§ 269 I Nr. 8 FamFG) sind die §§ 249–260 FamFG anwendbar.[111] Hinsichtlich der Einzelheiten zu den Verfahren siehe unter § 10.

379

Vor und während der Anhängigkeit des Aufhebungsverfahrens können **einstweilige Anordnungen** über den Unterhalt bei Getrenntleben (§ 12 LPartG) und den nachpartnerschaftlichen Unterhalt (§ 16 LPartG) nach § 269 I Nr. 8, 9, § 270 I 2 FamFG entsprechend § 246 FamFG (früher §§ 620 Nr. 6, 644 ZPO) ergehen.[112]

380

---

[107] OLG Karlsruhe FamRZ 1997, 1011
[108] Prütting/Helms/Heiter FamFG § 270 Rn. 12
[109] Keidel/Giers FamFG § 270 Rn. 2
[110] Keidel/Giers FamFG § 270 Rn. 3
[111] Bumiller/Harders FamFG § 270 Rn. 8
[112] Prütting/Helms/Bömelburg § 246 Rn. 4

§ 8 Unterhalt und Sozialleistungen

1. Abschnitt: Das Verhältnis von Sozial- und Unterhaltsrecht

I. Die verschiedenen Sozialleistungen

Nach § 1 I 2 SGB I soll das Sozialrecht u. a. dazu beitragen, die Familie zu schützen und zu fördern, den Erwerb des Lebensunterhalts durch eine frei gewählte Tätigkeit zu ermöglichen und besondere Belastungen des Lebens abzuwenden oder auszugleichen. Damit decken sich seine Ziele in vieler Hinsicht mit denjenigen des Unterhaltsrechts. Beide wollen den allgemeinen Lebensbedarf des Bedürftigen und seinen Bedarf in besonderen Lebenslagen sicherstellen, das Sozialrecht mit den Mitteln des öffentlichen Rechts, das Unterhaltsrecht mit den Mitteln des Privatrechts. Daher bestehen zwischen beiden Teilrechtsordnungen viele Berührungspunkte. 1

Das Sozialrecht verpflichtet den Bürger in weitem Umfang zur **Vorsorge**. Es erreicht dies durch ein System der Zwangsmitgliedschaft in der gesetzlichen Sozialversicherung, der grundsätzlich alle Arbeitnehmer, aber auch zahlreiche weitere Berufsgruppen angehören müssen (vgl. z. B. §§ 1 bis 3 SGB VI). Es handelt sich um die gesetzliche Rentenversicherung (SGB VI), die gesetzliche Krankenversicherung (SGB V), die soziale Pflegeversicherung (SGB XI), die Arbeitslosenversicherung (SGB III) und die gesetzliche Unfallversicherung (SGB VII). Aus diesen Versicherungen werden Leistungen erbracht, die unter bestimmten Voraussetzungen ganz oder teilweise den allgemeinen Lebensbedarf sichern, z. B. die Alters- und die Unfallrente, das Krankengeld und das Arbeitslosengeld. Andere Versicherungsleistungen decken Zusatzbedarf in besonderen Lebenslagen ab, so die Gewährung von Krankenbehandlung oder Pflegegeld. Im Umfang dieser Leistungen ist der Versicherte nicht bedürftig. Insoweit scheidet ein Unterhaltsanspruch aus. 2

In **sozialen Notlagen** werden Sozialleistungen als Sozialhilfe (Rn. 18 ff.) einschließlich der Grundsicherung im Alter und bei Erwerbsminderung (Rn. 135 ff.) nach dem SGB XII, als Grundsicherung für Arbeitsuchende nach dem SGB II (Rn. 171 ff.), als Rehabilitation behinderter Menschen nach dem SGB IX, teilweise auch als Unterhaltsvorschuss nach dem UVG (Rn. 262 ff.), als Kinder- und Jugendhilfe nach dem SGB VIII erbracht. Der **sozialen Förderung** Einzelner oder bestimmter Gruppen dienen die Ausbildungsförderung nach dem BAföG (Rn. 279 ff.), das Erziehungsgeld nach dem Bundeserziehungsgeldgesetz (für bis zum 31. 12. 2006 geborene Kinder; vgl. Rn. 1/85), das Elterngeld nach dem Bundeselterngeld- und Bundeselternzeitgesetz (BEEG; für seit dem 1. 1. 2007 geborene Kinder; vgl. Rn. 1/117),[1] das Bundeskindergeldgesetz (vgl. dazu Rn. 3), das Wohngeld nach dem Wohngeldgesetz, teilweise auch der Unterhaltsvorschuss und die Kinder- und Jugendhilfe nach dem SGB VIII. Zu erwähnen sind ferner **Entschädigungsleistungen** für besondere Opfer, insbesondere für Gesundheitsschäden, für deren Folgen die staatliche Gemeinschaft einzustehen hat (§ 5 SGB I), nach dem Bundesversorgungsgesetz und nach den Gesetzen, die auf dieses verweisen, insbesondere nach dem Opferentschädigungsgesetz, dem Bundesseuchengesetz und den Rehabilitierungsgesetzen für SED-Opfer. Eine scharfe Grenze zwischen sozialer Vorsorge, Hilfe in Notlagen, sozialer Förderung und Entschädigung lässt sich nicht ziehen. Die erwähnten Gesetze dienen deshalb häufig mehreren dieser Ziele. Sie sind teilweise Bücher des Sozialgesetzbuchs, teilweise gelten sie als dessen Teile (§ 68 SGB I). Dies bedeutet, dass auf sie die Vorschriften der allgemeinen Teile des SGB, insbesondere der Bücher I und X anwendbar sind. Für die Versicherungszweige der Sozialversicherung gelten ferner gemeinsame Vorschriften, die im SGB IV enthalten sind.

---

[1] Vgl. Scholz FamRZ 2007, 7

3 **Kindergeld** nach dem Bundeskindergeldgesetz (vgl. Rn. 2/701) wird nur ausnahmsweise gewährt. Es erhalten nur Personen, die nicht unbeschränkt einkommensteuerpflichtig sind und auch nicht so behandelt werden, aber z. B. als Entwicklungshelfer besondere Beziehungen zu Deutschland haben, ferner in Deutschland lebende Vollwaisen, die nicht bei einem anderen als Kind berücksichtigt werden, und bestimmte Gruppen von Ausländern (§ 1 BKGG). Das Kindergeld nach dem BKGG ist eine Sozialleistung. Im Übrigen sieht das BKGG in § 6 a einen Kinderzuschlag für Eltern vor, die ohne diesen Zuschlag selbst hilfebedürftig im Sinne des § 9 SGB II würden. Vgl. zum Kinderzuschlag Rn. 1/684. In allen übrigen Fällen ergibt sich die Anspruchsberechtigung für das **Kindergeld aus §§ 62 ff. EStG.** Es wird monatlich als vorweggenommene Steuervergütung gezahlt (§ 31 S. 3 EStG). Erst in der Steuerveranlagung wird geprüft, ob die Gewährung der Freibeträge nach § 32 VI EStG für die Eltern günstiger ist als das Kindergeld. Nur wenn und soweit dies nicht der Fall ist, verbleibt das Kindergeld den Eltern als Sozialleistung zur Förderung der Familie (§ 31 S. 2 EStG). Vgl. dazu Rn. 2/488. Das Kindergeld wird, gleichgültig ob es auf Grund der §§ 62 ff. EStG oder auf Grund des BKGG gezahlt wird, nach § 1612 b BGB n. F. bedarfsdeckend auf den Unterhalt des Kindes angerechnet. Zu den Einzelheiten Rn. 2/714 ff.

II. Die Reform des Sozialrechts zum 1. 1. 2005 und weitere Änderungen

4
Im Zuge der Reform des Sozialrechts hat der Gesetzgeber mit Wirkung ab 1. 1. 2005 die Arbeitslosenhilfe (§§ 190 ff. SGB III a. F.) mit Teilen der bisherigen Hilfe zum Lebensunterhalt nach §§ 11 ff. BSHG zu einer einheitlichen Grundsicherung für Arbeitsuchende zusammengeführt[2] und die Vorschriften über die Arbeitslosenhilfe aufgehoben. Die Grundsicherung für Arbeitsuchende ist nunmehr im SGB II geregelt. Sie wird nur erwerbsfähigen Hilfebedürftigen (Rn. 178, 188 f.) und den denjenigen Personen gewährt, die mit diesen in einer Bedarfsgemeinschaft (Rn. 179 ff.) zusammenleben. Die **Sozialhilfe** ist seit dem 1. 1. 2005 als **XII. Buch** Teil des Sozialgesetzbuchs. Das BSHG wurde gleichzeitig aufgehoben. Hilfe zum Lebensunterhalt erhalten nur noch Personen, die nicht nach dem SGB II anspruchsberechtigt sind (§ 21 SGB XII; vgl. Rn. 46). Die Gewährung sonstiger Hilfen, früher Hilfen in besonderen Lebenslagen genannt, wie z. B. die Eingliederungshilfe (§§ 53 ff. SGB XII) oder die Hilfe zur Pflege (§§ 61 ff. SGB XII), ist neben Leistungen nach dem SGB II möglich. Die Grundsicherung im Alter und bei Erwerbsminderung ist in das Sozialhilferecht eingegliedert worden. §§ 41 ff. SGB XII ersetzt das bisherige GSiG.[3] Vgl. dazu Rn. 135 ff.

Mit dieser Reform ist die Bedeutung der Sozialhilfe wesentlich zurückgegangen. Die Sicherung des Existenzminimums erfüllen jetzt in erster Linie die Grundsicherung für Arbeitsuchende und die Grundsicherung im Alter und bei Erwerbsminderung. Die Sozialhilfe konzentriert sich im Wesentlichen auf besondere Hilfearten; die Gewährung von Hilfe zum Lebensunterhalt wird die Ausnahme sein. Aufgrund des Urteils des BVerfG vom 9. 2. 2010[4], das zentrale Gesetzesvorschriften zur Bedarfsbemessung für verfassungswidrig erklärt hat, haben das SGB II und das SGB XII erhebliche Änderungen erfahren. Durch das Gesetz zur Ermittlung von Regelbedarfen und zur Änderung des Zweiten und Zwölften Buches Sozialgesetzbuch vom 24. 3. 2011[5] ist das Regelbedarfs-Ermittlungsgesetz – RBEG – erlassen worden, ferner sind zahlreiche Vorschriften geändert worden und zum großen Teil rückwirkend zum 1. 1. 2011 in Kraft getreten. Zudem sind – durch eine weitere Entschei-

---

[2] Vgl. Viertes Gesetz für moderne Dienstleistungen am Arbeitsmarkt vom 24. 12. 2003 – BGBl. I S. 2954 und Gesetz zur Einordnung des Sozialhilferechts in das Sozialgesetzbuch vom 27. 12. 2003 – BGBl. I S. 3022, jeweils mit zahlreichen Änderungen
[3] Gesetz über eine bedarfsorientierte Grundsicherung im Alter und bei Erwerbsminderung vom 26. 6. 2001 – BGBl. I S. 1355
[4] FamRZ 2010, 429; dazu Klinkhammer FamRZ 2010, 845
[5] BGBl. I S. 453

dung des BVerfG[6] bedingt – gesetzliche Änderungen im Organisationsrecht erforderlich geworden.[7]

III. Sozialleistungen als anrechenbares Einkommen im Unterhaltsrecht

1. Einkommensersetzende Sozialleistungen

Sozialleistungen sind grundsätzlich anrechenbares Einkommen im Sinne des Unterhaltsrechts (vgl. Rn. 1/105 ff.). Sie mindern die Bedürftigkeit des Unterhaltsberechtigten und erhöhen die Leistungsfähigkeit des Pflichtigen. Dies gilt insbesondere für Einkünfte aus der gesetzlichen Sozialversicherung, soweit sie an die Stelle früheren Einkommens treten, insbesondere für Renten, Krankengeld, Arbeitslosengeld und Insolvenzgeld. Auf den Zweck, den der Gesetzgeber mit der Sozialleistung verfolgt, kommt es grundsätzlich nicht an. Bei Sozialleistungen, die infolge eines Körper- oder Gesundheitsschadens in Anspruch genommen werden, wird jedoch nach § 1610 a BGB bei der Feststellung des Unterhaltsanspruchs vermutet, dass die Kosten der Aufwendungen nicht geringer sind als die Sozialleistungen. Dazu gehören insbesondere die Grundrente nach § 31 I BVG, das Pflegegeld nach § 37 SGB XI und das Blindengeld. Derartige Sozialleistungen bleiben bei der Berechnung des Unterhaltsanspruchs unberücksichtigt, es sei denn, dass der Gegner des Empfängers dieser Leistungen substantiiert darlegt und ggf. beweist, dass sie ganz oder teilweise zur Bedarfsdeckung nicht benötigt werden (vgl. Rn. 1/654). § 1610 a BGB gilt unmittelbar nur für den Verwandtenunterhalt, ist aber bei Ehegatten, Lebenspartnern und betreuenden Elternteilen entsprechend anwendbar (§§ 1361 I 1, 1578 a, 1615 l III 1 BGB, §§ 12 S. 2, 16 S. 2 LPartG), nicht dagegen beim Familienunterhalt nach § 1360 BGB. Für bestimmte Fälle sieht das Gesetz vor, dass Sozialleistungen bei der Berechnung des Unterhaltsanspruchs nicht zu berücksichtigen sind. So wird Pflegegeld nach § 37 SGB XI, das an eine Pflegeperson weitergeleitet wird, bei der Berechnung ihrer Unterhaltsansprüche oder Unterhaltsverpflichtungen grundsätzlich nicht angerechnet (§ 13 VI SGB XI). Vgl. dazu Rn. 1/689, 2/467. Auch werden Unterhaltsansprüche durch die Zahlung von Erziehungsgeld, das für bis zum 31. 12. 2006 geborene Kinder gewährt wird, nicht berührt, es sei denn, dass der Unterhalt nach §§ 1361, 1579, 1611 BGB verwirkt ist oder der Unterhaltsschuldner seinem minderjährigen oder privilegiert volljährigen Kind nach § 1603 II BGB verschärft haftet. Vgl. dazu Rn. 1/116. Dasselbe gilt, allerdings nur in Höhe des Sockelbetrages von 300,– EUR, für das Elterngeld, das für ab 1. 1. 2007 geborene Kinder gezahlt wird (§ 11 BEEG).[8] Vgl. auch Rn. 1/117.

Anders ist es dagegen im Sozialrecht. Ist dort die Bewilligung bestimmter Leistungen von der Bedürftigkeit des Antragstellers abhängig, sind (andere) Sozialleistungen, die zu einem bestimmten Zweck gewährt werden, nicht als Einkommen zu berücksichtigen (§ 11 a SGB II, § 83 I SGB XII). Vgl. dazu Rn. 39, 192.

2. Subsidiäre Sozialleistungen

Wer nicht in der Lage ist, aus eigenen Kräften seinen Lebensunterhalt zu bestreiten oder in besonderen Lebenslagen sich selbst zu helfen, und wer auch von anderer Seite keine ausreichende Hilfe erhält, hat ein Recht auf persönliche und wirtschaftliche Hilfe, die seinem besonderen Bedarf entspricht, ihn zur Selbsthilfe befähigt, die Teilnahme am Leben in der Gemeinschaft ermöglicht und die Führung eines menschenwürdigen Lebens sichert (§ 9 SGB I). Sozialhilfe erhält also nicht, wer sich selbst helfen kann oder wer die erforderliche Hilfe von anderen, besonders von Angehörigen oder von Trägern anderer Sozialleistungen,

---

[6] NJW 2008, 1212
[7] Gesetz zur Weiterentwicklung der Organisation der Grundsicherung für Arbeitsuchende vom 3. 8. 2010 BGBl. I S. 1112
[8] Vgl. dazu im Einzelnen Scholz FamRZ 2007, 7, 9

erhält (§ 2 I SGB XII).[9] Unter ähnlichen Voraussetzungen verneint § 9 I SGB II die Hilfebedürftigkeit. Sozialhilfe und Leistungen zur Sicherung des Lebensunterhalts nach dem SGB II sind daher **subsidiär** oder nachrangig. Der Nachrang dieser Leistungen besagt, dass eigenes Einkommen oder eigenes Vermögen bei der Gewährung der Sozialleistung zu berücksichtigen ist. Eigenes Einkommen sind auch Unterhaltsleistungen, die ein Dritter tatsächlich erbringt.[10] Dies gilt auch dann, wenn der Dritte nach bürgerlichem Recht nicht zum Unterhalt verpflichtet ist.[11] Forderungen, die dem Hilfeempfänger zustehen, gehören zum einsetzbaren Vermögen. Sie rechtfertigen die Versagung subsidiärer Sozialleistungen allerdings nur, wenn sie in absehbarer Zeit durchsetzbar sind, da es für die Gewährung von Sozialhilfe und von Leistungen zur Sicherung des Lebensunterhalts auf die „**bereiten Mittel**" ankommt, die zur Behebung der Notlage erforderlich sind.[12] Auch **Unterhaltsansprüche** können bereite Mittel in diesem Sinne sein. Deshalb kann der Sozialleistungsträger den Unterhaltsberechtigten zur Selbsthilfe anhalten und darauf verweisen, einen Unterhaltsanspruch gegen den Verpflichteten geltend zu machen, und nur vorläufig bis zur Realisierung des Anspruchs die Leistung gewähren.[13] Ein Unterhaltsanspruch, der nicht unmittelbar erfüllt wird, dessen Realisierung wegen Eilbedürftigkeit nicht sogleich möglich oder dessen Geltendmachung dem Hilfesuchenden nicht zuzumuten ist, beseitigt dagegen die Bedürftigkeit im Sinne des Sozialrechts nicht.[14] Die Subsidiarität der Sozialleistung wird in solchen Fällen dadurch hergestellt, dass der Unterhaltsanspruch auf den Sozialleistungsträger kraft Gesetzes übergeht (§ 94 SGB XII, § 33 SGB II) oder dass dieser eine sonstige Forderung auf sich überleitet (§ 93 SGB XII); bei der Grundsicherung für Arbeitsuchende erfasst der gesetzliche Anspruchsübergang auch sonstige Forderungen. Vgl. dazu Rn. 60, 228 f. Wenn sich der Hilfesuchende weigert, einen leistungsfähigen und leistungsbereiten Schuldner auf Unterhalt in Anspruch zu nehmen, verliert er den Anspruch auf die Sozialhilfe oder die Leistungen zur Sicherung des Lebensunterhalts.[15] Voraussetzung ist allerdings, dass der Sozialleistungsträger auf den Unterhaltsanspruch zurückgreifen darf, was nach § 94 I 3, 4 SGB XII in bestimmten Fällen, z. B. bei Verwandten zweiten oder eines entfernteren Grades, bei Schwangeren und bei Elternteilen, die ein Kind unter sechs Jahren betreuen, hinsichtlich des Anspruchs gegen ihre eigenen Eltern ausgeschlossen ist (vgl. Rn. 68)[16] oder im Hinblick auf die öffentlich-rechtliche Vergleichsberechnung (Rn. 92 ff.) ganz oder teilweise unzulässig sein kann. Ähnliches gilt nach § 33 II 1 SGB II im Recht der Grundsicherung für Arbeitsuchende (Rn. 232 ff.). Bei anderen Sozialleistungen, z. B. beim Unterhaltsvorschuss (Rn. 262 ff.) und bei der Ausbildungsförderung nach dem BAföG (Rn. 279 ff.), ist die Subsidiarität anders ausgestaltet. Leistungen nach dem SGB VIII sind gegenüber dem Unterhalt nicht nachrangig. Sie sind vielmehr bedarfsdeckend. Die Eltern können nur zu öffentlich-rechtlichen Kostenbeiträgen herangezogen werden (§§ 10 II, 92 II SGB VIII).[17]

8 Nach § 2 II 1 SGB XII werden Verpflichtungen anderer, besonders Unterhaltspflichtiger, durch dieses Gesetz nicht berührt. Das Gleiche folgt aus § 9 I SGB II. Danach ist zwar der Sozialleistungsträger häufig zur Vorleistung verpflichtet, wenn ein Unterhaltsschuldner seiner Leistungspflicht nicht nachkommt. Hierdurch wird jedoch die an sich vorrangige Verpflichtung des Dritten zur Leistung von Unterhalt nicht beeinflusst. Sie besteht weiter und ist zu erfüllen. Dieser Nachrang der Sozialhilfe und der Leistungen zur Sicherung des Lebensunterhalts wird durch den Anspruchsübergang nach § 94 I SGB XII, § 33 I SGB II verwirklicht. Diese Sozialleistungen bleiben auch dann nachrangig, wenn der Übergang des

---

[9] Vgl. dazu BVerfG FamRZ 2005, 1051, 1054 mit Anm. Klinkhammer
[10] Vgl. BSG FamRZ 2008, 51, 54
[11] BFH NJW 2003, 1415
[12] BVerwG NJW 1983, 2954; BGH NJW 1996, 2933; FamRZ 1999, 843, 845 = R 533a
[13] Armborst/Brühl in LPK/SGB XII § 2 Rn. 8, 30; Nr. 168 ff. Empfehlungen des Deutschen Vereins für die Heranziehung Unterhaltspflichtiger in der Sozialhilfe (Empfehlungen DV SGB XII), NDV 2009, 547; vgl. auch BSG FamRZ 2008, 51, 53
[14] BGH FamRZ 1999, 843, 845 = R 533a
[15] BVerwG NJW 1983, 2954
[16] Vgl. Schellhorn SGB XII § 94 Rn. 109; deshalb müsste die zitierte Entscheidung des BVerwG NJW 1983, 2954 heute im Ergebnis wohl anders ausfallen
[17] BGH FamRZ 2007, 377

1. Abschnitt: Das Verhältnis von Sozial- und Unterhaltsrecht § 8

Unterhaltsanspruchs ausnahmsweise nach § 94 III 1 SGB XII, § 33 II 3 SGB II ausgeschlossen ist, z. B. weil der Schuldner nicht über effektive Einkünfte verfügt, ihm vielmehr nach Unterhaltsrecht ein fiktives Einkommen zugerechnet wird.[18]

Sozialhilfe ist ausgeschlossen, wenn ein Bedürftiger mit seinem Ehegatten oder mit seinen Eltern (oder einem Elternteil) in einer **Bedarfs- oder** (genauer:) **Einsatzgemeinschaft**[19] (vgl. dazu Rn. 23 ff.) zusammenlebt und das Einkommen aller Mitglieder ausreicht, den sozialhilferechtlichen Bedarf zu decken (§ 27 II SGB XII[20]). Dasselbe gilt für die Leistungen zur Sicherung des Lebensunterhalts nach § 9 II SGB II[21] (Rn. 179 ff.). Jedoch kann Sozialhilfe auch dann, z. B. bis zur endgültigen Klärung der Verhältnisse, als sog. erweiterte Hilfe (§ 19 V SGB XII) gewährt werden, wenn den Mitgliedern der Bedarfsgemeinschaft die Aufbringung der Mittel aus ihrem Einkommen oder Vermögen letztlich doch möglich oder zuzumuten war. In einem solchen Fall kann der Sozialhilfeträger durch **Verwaltungsakt** Aufwendungsersatz verlangen.[22] Zum Einkommenseinsatz in derartigen Fällen vgl. §§ 87, 92 a SGB XII. Vgl. dazu auch Rn. 25. Das SGB II sieht eine erweiterte Hilfe nicht vor;[23] allenfalls kann nach §§ 9 IV, 24 V SGB II in bestimmten Fällen die Hilfe als Darlehen gewährt werden.

9

3. Bedürftigkeit beim Bezug subsidiärer Sozialleistungen

Wer Sozialleistungen erhält, ist deshalb **nicht ohne weiteres unterhaltsbedürftig**. Die Unterhaltsbedürftigkeit bestimmt sich allein nach den Vorschriften des BGB. Ein Kind ist unterhaltsberechtigt, wenn es sich nicht selbst unterhalten kann (§ 1602 I BGB), insbesondere wenn und solange es sich berechtigterweise einer Berufsausbildung unterzieht (§ 1610 II BGB). Beim Ehegatten, der nicht über andere bedarfsdeckende Einkünfte, z. B. aus Vermögen, verfügt, kommt es darauf an, ob von ihm eine Erwerbstätigkeit erwartet werden kann (§§ 1361, 1570 ff. BGB). Ähnliches gilt für den Lebenspartner (§§ 12, 16 LPartG). Verletzt der Unterhaltsberechtigte seine Erwerbsobliegenheit, bemüht er sich insbesondere nicht um zumutbare Arbeitsstellen, kann ihm ein fiktives Einkommen zugerechnet werden, das seine Bedürftigkeit ganz oder teilweise beseitigt. Vgl. Rn. 1/773 ff.

10

Sozialleistungen erhält dagegen, wer seinen Unterhalt und denjenigen der mit ihm in einer Bedarfsgemeinschaft (vgl. Rn. 23 ff., 179 ff.) lebenden Personen nicht oder nicht ausreichend aus eigenen Mittel und Kräften sicherstellen kann (§ 9 I SGB II; ähnlich § 2 I SGB XII). § 10 I SGB II hat die auch im Sozialrecht bestehende **Erwerbsobliegenheit** verschärft. Grundsätzlich ist nach dieser Vorschrift dem Hilfebedürftigen jede Arbeit zumutbar (Rn. 219). Die Anforderungen, die an den Hilfebedürftigen gestellt werden, sind teilweise strenger als im Unterhaltsrecht. So ist die geordnete Erziehung eines dreijährigen Kindes in der Regel schon dann nicht gefährdet, wenn dessen Betreuung in einem Kindergarten oder in sonstiger Weise sichergestellt ist (§ 10 I Nr. 3 SGB II). Seit dem 1. 1. 2008 hat sich das Unterhaltsrecht zwar dem Sozialrecht angenähert. Nach § 1570 I 1 BGB ist der betreuende Elternteil innerhalb der ersten drei Jahre nach der Geburt des Kindes zu einer Erwerbstätigkeit nicht verpflichtet; die Verlängerung des Betreuungsunterhalts über diesen Zeitraum hinaus ist jedoch möglich, wenn dies der Billigkeit entspricht (§ 1570 I 2 BGB). Die Verletzung der sozialrechtlichen Erwerbsobliegenheit kann nach § 31 SGB II mit fühlbaren Sanktionen belegt werden. Vgl. dazu Rn. 209. Die Zurechnung eines **fiktiven Einkommens** ist dagegen allenfalls unter engen Voraussetzungen möglich (vgl. Rn. 13). Im

---

[18] BGH FamRZ 1999, 843, 845 = R 533 a; FamRZ 2001, 619 = R 548
[19] Vgl. Fichtner/Wenzel SGB XII, 4. Aufl., § 19 Rn. 10; Scholz in Scholz/Stein/Kleffmann Teil L Rn. 26 m. w. N. Das SGB II verwendet hingegen anders als das SGB XII durchgehend den – missverständlichen – Begriff der Bedarfsgemeinschaft
[20] Zur – insoweit nur redaktionellen – Änderung von § 19 I SGB XII durch das Gesetz vom 24. 3. 2011 vgl. BR-Drucks. 661/10 S. 195
[21] Zur – insoweit nur redaktionellen – Änderung von § 9 SGB II durch das Gesetz vom 24. 3. 2011 vgl. BR-Drucks. 661/10 S. 149 f.
[22] Grube in Grube/Wahrendorf SGB XII § 19 Rn. 34
[23] Brühl in LPK/SGB II § 9 Rn. 57

Sozialhilferecht kommt seit dem 1. 1. 2005 eine Verletzung der Erwerbsobliegenheit nur ausnahmsweise in Betracht, da nach §§ 5 II 1, 8 SGB II, § 21 SGB XII nur nicht erwerbsfähige Personen, die höchstens für drei Stunden täglich erwerbsfähig sind, Hilfe zum Lebensunterhalt erhalten können (Rn. 21, 46). Demgemäß stellt § 11 III 4, IV SGB XII im Vergleich zu § 10 SGB II nur moderate Anforderungen an die Erwerbsobliegenheit des Leistungsberechtigten.

11 Auf die Unterschiede zwischen Sozial- und Unterhaltsrecht kommt es in dem hier interessierenden Zusammenhang in der Regel nicht an. Der Unterhaltsanspruch geht im Umfang der gewährten Sozialleistung, ggf. eingeschränkt durch den Schuldnerschutz nach § 94 III 1 SGB XII, § 33 II 3 SGB II, auf den Sozialleistungsträger über. Voraussetzung dürfte allerdings sein, dass die Leistung rechtmäßig gewährt worden ist. Vgl. dazu im Einzelnen Rn. 77, 244. Der Unterhaltspflichtige kann gegenüber dem Sozialleistungsträger Einwendungen aus dem Unterhaltsrecht erheben und insbesondere die Bedürftigkeit des Berechtigten nach Unterhaltsrecht bestreiten. Daneben kann er geltend machen, dass der Anspruch im Hinblick auf die Vorschriften des § 94 I 3 SGB XII und des § 33 II 3 SGB II nicht auf den klagenden Träger übergegangen sei; in Ausnahmefällen kann er sich darauf berufen, dass die gewährte Hilfe nach § 242 BGB der weiteren Verfolgung des Unterhaltsanspruchs ganz oder teilweise entgegensteht (vgl. dazu Rn. 133 f., 261).

12 Unterschiede zwischen dem Unterhaltsrecht einerseits und dem Sozialhilferecht bzw. dem Recht der Grundsicherung für Arbeitsuchende andererseits bestehen jedoch hinsichtlich der Verpflichtung, **Einkommen und Vermögen** für den eigenen Lebensunterhalt **einzusetzen**.[24] Insbesondere müssen Einkommen und Vermögen im Sozialhilferecht und im Recht der Grundsicherung für Arbeitsuchende nicht stets in vollem Umfang zur Deckung des Bedarfs verwendet werden (vgl. z.B. §§ 82 ff. SGB XII, §§ 11, 12 SGB II). Genaueres dazu Rn. 29 ff., 191 ff. Leistungen, die auf Grund öffentlich-rechtlicher Vorschriften zu einem ausdrücklich genannten Zweck gewährt werden, sind auch bei der Bewilligung der subsidiären Hilfen nach dem SGB XII und dem SGB II nur insoweit als Einkommen zu berücksichtigen, als die Sozialleistung im Einzelfall demselben Zweck dient (§ 83 I SGB XII, § 11 a III SGB II). Schmerzensgeld bleibt unberücksichtigt (§ 83 II SGB XII, § 11 a II SGB II). Im Unterhaltsrecht werden dagegen grundsätzlich alle Einkünfte ohne Rücksicht auf ihre Zweckbestimmung zur Bedarfsdeckung herangezogen (vgl. Rn. 50, Rn. 1/9); dies gilt auch für Kapitalerträge, die aus Schmerzensgeld erzielt werden (vgl. Rn. 1/726, 2/378).

4. Leistungsfähigkeit beim Bezug subsidiärer Sozialleistungen

13 Wer Sozialhilfe oder Leistungen zur Sicherung des Lebensunterhalts nach dem SGB II bezieht, ist nicht schon deshalb außerstande, Unterhalt zu leisten. Auch diese Diskrepanz beruht auf dem unterschiedlichen Einkommensbegriff des Sozial- und des Unterhaltsrechts (vgl. dazu Rn. 12). Die Leistungsfähigkeit eines Unterhaltsschuldners beurteilt sich wie die Bedürftigkeit des Gläubigers (vgl. Rn. 10) nach bürgerlichem Recht. Dem Verpflichteten, der sich nicht ausreichend um eine Arbeitsstelle bemüht, kann u. U. ein **fiktives Einkommen** zugerechnet werden. Dann gilt er in dessen Höhe als leistungsfähig. Genaueres dazu Rn. 1/735 ff., 2/243 ff. Dagegen ist der Ansatz fiktiver Einkünfte im Sozialrecht allenfalls unter ganz engen Voraussetzungen möglich.[25] Allerdings können gegen den Hilfebedürftigen nach §§ 31 ff. SGB II fühlbare Sanktionen verhängt werden und das Arbeitslosengeld II deutlich gemindert werden, bei Jugendlichen unter 25 Jahren sogar vollständig entfallen (§ 31 a II SGB II). Dazu genügt, dass er in der Eingliederungsvereinbarung festgelegte eigene Bemühungen nicht in ausreichendem Umfang nachweisen kann (§§ 15 I 2 Nr. 2, 31 I 1 Nr. 1 SGB II). Die Sanktionen im Sozialhilferecht sind dagegen deutlich milder (§ 39 a SGB XII). Es besteht nur eine eingeschränkte Obliegenheit, einer Erwerbstätigkeit nachzugehen (§ 11

---

[24] Vgl. dazu BGH FamRZ 1999, 843, 846 = R 533 a, b
[25] BGH FamRZ 1998, 818 = R 524; FamRZ 1999, 843, 844 = R 533 b; vgl. auch Künkel FamRZ 1996, 1509, 1512

III 4, IV SGB XII), da als Empfänger von Hilfe zum Lebensunterhalt nur Personen in Betracht kommen, die nicht erwerbsfähig sind und deshalb höchstens drei Stunden täglich erwerbstätig sein können (§ 8 I SGB II, § 21 S. 1 SGB XII). Sozialhilfe wird daher wegen Verletzung einer Erwerbsobliegenheit nur unter besonderen Umständen versagt werden können.[26] § 11 I bis III SGB XII verlangt vom Sozialhilfeträger die Beratung und, soweit erforderlich, die Unterstützung des Leistungsberechtigten. Der Sozialhilfeträger ist daher zu der Prüfung verpflichtet, ob der einzelne Hilfesuchende mit der selbstständigen Arbeitssuche überfordert ist und ob durch eine entsprechende Aufforderung dem Hilfezweck entgegengewirkt wird; Sozialhilfe ist bereits dann zu gewähren, wenn der Hilfesuchende es weder grundsätzlich abgelehnt hat, sich bei der Arbeitsagentur zu melden, noch eigene Bemühungen gänzlich unterlassen hat.[27] Es bedarf keiner näheren Darlegung, dass unter derartigen Voraussetzungen im Unterhaltsrecht ohne weiteres ein fiktives Einkommen angesetzt würde, wenn nur eine reale Arbeitsmöglichkeit besteht. Hinzu kommt, dass im Unterhaltsrecht stets derjenige, der sich darauf beruft, dass durch Arbeit kein Einkommen erzielt werden könne, die Beweislast dafür trägt. Im Sozialhilferecht ist dagegen die Verletzung der Erwerbsobliegenheit im Sinne des § 11 III 4 SGB XII von der Behörde festzustellen.[28]

Der **Pflichtige** darf durch die Leistung von Unterhalt **nicht selbst sozialhilfebedürftig** 14 werden vgl. Rn. 93.[29] Bei der Unterhaltsberechnung muss daher sichergestellt werden, dass dem Pflichtigen sein Existenzminimum verbleibt.[30] Dieses ergibt sich aus den Berichten über die Höhe des Existenzminimums von Erwachsenen und Kindern, die die Bundesregierung im Abstand von zwei Jahren dem Bundestag zu erstatten hat.[31] Die Berichte entnehmen das Existenzminimum entsprechend den Vorgaben des BVerfG[32] dem Sozialhilferecht als Referenzsystem, jetzt also dem SGB XII, nicht dagegen dem SGB II, obwohl auch das SGB II das Existenzminimum sicherstellt, insbesondere durch die Regelleistung und den Ersatz der Kosten der Unterkunft. Es gewährt jedoch darüber hinaus Leistungen aus vorwiegend arbeitspolitischen Gründen, insbesondere Freibeträge bei Erwerbstätigkeit nach § 11 b III SGB II und das Einstiegsgeld nach § 16 b SGB II (früher § 29 SGB II).[33]

Der **notwendige Selbstbehalt** der Tabellen und Leitlinien, der dem Pflichtigen auch bei gesteigerter Unterhaltspflicht gegenüber einem minderjährigen oder privilegiert volljährigen Kind nach § 1603 II 1, 2 BGB zu verbleiben hat, muss daher mit einem Betrag angesetzt werden, der die Sozialhilfe, die der Unterhaltsschuldner erhalten könnte, maßvoll übersteigt.[34] Dem trägt die Düsseldorfer Tabelle Stand: 1. 1. 2011 dadurch Rechnung, dass sie den notwendigen Selbstbehalt, der dem nichterwerbstätigen Schuldner zusteht, wie bisher mit 770,- EUR ansetzt. Zwar übersteigt dieser Betrag das Existenzminimum eines alleinstehenden Erwachsenen, das der 7. Existenzminimumbericht[35] mit 7656,- EUR pro Jahr oder 638,- EUR monatlich annimmt. Jedoch ist zu berücksichtigen, dass der Bericht von sehr geringen Wohnkosten ausgeht und die Betroffenen ausdrücklich auf die Inanspruchnahme von Wohngeld verweist.[36] Die Düsseldorfer Tabelle geht jedoch davon aus, dass mit dem notwendigen Selbstbehalt grundsätzlich alle Lebenshaltungskosten abgedeckt werden können. Reicht der in der Tabelle (Anm. A 5 I) als Teil des notwendigen Selbstbehalts ausgewiesene Betrag von 360,- EUR für die Kosten der Unterkunft einschließlich

---

[26] BGH FamRZ 1998, 818 = R 524
[27] BVerwG FamRZ 1996, 106 ff. (zu § 25 BSHG)
[28] Vgl. BVerwG FamRZ 1996, 106, 108 (zu § 25 BSHG)
[29] BVerwG FamRZ 1999, 780; BGH FamRZ 2006, 1010, 1012 = R 650a; FamRZ 2006, 683 = R 649c; 2005, 706, 708 = R 626; BGH FamRZ 2008, 594, 596 = R 688a
[30] BGH FamRZ 2006, 1010, 1012 = R 650; FamRZ 2006, 683 = R 649c; 2005, 706, 708 = R 650
[31] 5. Existenzminimumbericht für das Jahr 2005 BT-Drucks. 15/2462; 6. Existenzminimumbericht für das Jahr 2008 BT-Drucks. 16/3265; 7. Existenzminimumbericht für das Jahr 2010 BT-Drucks. 16/11065
[32] FamRZ 1993, 285; 1999, 285; 1999, 291
[33] Dazu eingehend Klinkhammer FamRZ 2007, 85
[34] BGH FamRZ 2006, 1010, 1012 = R 650a; FamRZ 2003, 1466; FamRZ 1993, 1186 = R 463
[35] BT-Drucks. 16/11065 S. 6
[36] BT-Drucks. 16/11065 S. 2 f.

Heizung nicht aus, kann der Selbstbehalt im Einzelfall angemessen erhöht werden. Vgl. dazu Rn. 2/261, 269. Entgegen der Auffassung von Schürmann[37] können die Leistungen, die das SGB II als Arbeitsanreiz über das Existenzminimum hinaus gewährt, kein Maßstab für die Festlegung des notwendigen Selbstbehalts im Unterhaltsrecht sein. Dies gilt auch dann, wenn der Unterhaltsschuldner erwerbstätig ist und ihm ein notwendiger Selbstbehalt von 950,– EUR zusteht. Das Unterhaltsrecht kann den höheren Selbstbehalt autonom festsetzen und dabei berücksichtigen, dass beim Erwerbstätigen ein Mehrbedarf entsteht, der sich – im Gegensatz zu den Werbungskosten – nicht eindeutig von den Kosten der privaten Lebenshaltung abgrenzen lässt.[38]

Ein nicht Erwerbstätiger hat regelmäßig mehr Zeit, um seine Ausgaben durch sparsame Lebensführung einzuschränken; zudem kann dem Erwerbstätigen durch einen höheren Selbstbehalt ein Arbeitsanreiz geboten werden.[39]

Der Grundsatz, dass Unterhaltspflichtige durch die Zahlung von Unterhalt nicht sozialhilfebedürftig werden darf, gilt nur für ihn selbst, nicht auch für weitere Unterhaltsberechtigte, die mit ihm in einer Bedarfsgemeinschaft leben.[40] Zur abweichenden Regelung des Sozialhilferechts und des Rechts der Grundsicherung für Arbeitsuchende und den sich daraus ergebenden Konsequenzen vgl. Rn. 98, 250.

Der Schutz des Unterhaltsschuldners vor Gefährdung seines Existenzminimums schließt nicht aus, dass ihm wegen Verletzung seiner Erwerbsobliegenheit **fiktive Einkünfte** zugerechnet werden und er insoweit als leistungsfähig behandelt wird (Rn. 13). Dagegen ist nach Sozialhilferecht der fiktiv zugerechnete Verdienst kein Einkommen im Sinne des § 82 I 1 SGB XII (Rn. 13). Daraus folgt, dass der Unterhaltsanspruch des Berechtigten, dem Sozialhilfe gewährt wird, nicht auf den Sozialhilfeträger übergehen kann (§ 94 III 1 Nr. 1 SGB XII; vgl. Rn. 95). Die gleiche Rechtsfolge ergibt sich aus § 33 II 3 SGB II (Rn. 248). Zudem sieht § 11 b I 1 Nr. 7 SGB II vor, dass titulierte Unterhaltspflichten im Rahmen des SGB II vom Einkommen abzusetzen sind (Rn. 197).

5. Verwirklichung des Nachrangs und Rechtsschutz

15 Der Nachrang der Sozialleistungen wird in der Regel dadurch verwirklicht, dass dem Sozialleistungsträger die Möglichkeit eröffnet wird, den Unterhaltsanspruch selbst geltend zu machen. § 90 BSHG sah in seiner ursprünglichen Fassung die Überleitung von Unterhaltsansprüchen durch Verwaltungsakt auf den Sozialhilfeträger vor. Diese sog. Überleitungsanzeige konnte allein vor den damals zuständigen Verwaltungsgerichten angefochten werden. Die Schutzvorschriften des § 91 BSHG a. F. unterlagen daher ausschließlich der verwaltungsgerichtlichen Kontrolle. Mit Wirkung vom **27. 6. 1993** hat der Gesetzgeber in Anlehnung an § 7 UVG die frühere Regelung durch einen **gesetzlichen Forderungsübergang** ersetzt.[41] § 90 BSHG (jetzt § 93 SGB XII) galt nicht mehr für (gesetzliche) Unterhaltsansprüche, sondern nur noch für sonstige Ansprüche, z. B. für die Rückforderung eines Geschenks wegen Verarmung des Schenkers (§ 528 BGB) und für Ansprüche aus landwirtschaftlichen Übergabeverträgen. Vgl. Rn. 61. Gesetzliche Unterhaltsansprüche wurden nur noch von der Spezialvorschrift des § 91 BSHG (jetzt § 94 SGB XII) erfasst.[42] Eines Verwaltungsakts bedarf es seitdem nicht mehr. Vielmehr geht der Unterhaltsanspruch kraft Gesetzes auf den Sozialhilfeträger über, allerdings nur in bestimmten Grenzen, die in § 94 I bis III SGB XII festgelegt sind.[43] Vgl. dazu im Einzelnen Rn. 62 ff.

---

[37] FPR 2005, 448; ähnlich Riegner FamRZ 2006, 324
[38] Vgl. BVerfG FamRZ 1993, 285, 286; Schnitzler/Günther MAH § 12 Rn. 35 ff.; Klinkhammer FamRZ 2007, 85, 88; auch Düsseldorfer Tabelle Stand: 1. 1. 2011 Anm. zu B I–III
[39] BGH FamRZ 2008, 594, 597 = R 688; vgl. auch BGH FamRZ 2010, 357 Rn. 38
[40] BGH FamRZ 1996, 1272 = R 507 b
[41] Art. 7 Nr. 22 des Gesetzes zur Umsetzung des Föderalen Konsolidierungsprogramms vom 23. 6. 1993 – BGBl. I S. 944, 952; vgl. dazu Scholz FamRZ 1994, 1
[42] BGH FamRZ 1995, 871; 1996, 1203, 1204
[43] BGH FamRZ 1995, 871; 1996, 1203, 1205

2. Abschnitt: Sozialhilfe und Unterhalt § 8

Bei Einführung der Grundsicherung für Arbeitsuchende wurde in § 33 SGB II zunächst **16** die Überleitung des Unterhaltsanspruchs durch Verwaltungsakt vorgesehen. Die damalige Fassung des § 33 SGB II entsprach weitgehend der Vorschrift des zum 1. 1. 2005 aufgehobenen § 203 SGB III, der das Verhältnis von Arbeitslosenhilfe und Unterhalt betraf. Diese Regelung führte zu beachtlichen Schwierigkeiten, da die Träger der Grundsicherung von der Möglichkeit der Überleitung des Unterhaltsanspruchs kaum Gebrauch machten. Die Familiengerichte waren wegen der Tatbestandswirkung des Verwaltungsakts an die Überleitungsanzeige und damit an die Entscheidung des Trägers gebunden, ob und in welchem Umfang er nach seinem Ermessen von den Schutzvorschriften zugunsten des Unterhaltsschuldners Gebrauch machen wollte. Sie hatten nur über den Bestand des Unterhaltsanspruchs zu befinden. Wenn der Unterhaltsanspruch nicht bis zum Urteil übergeleitet war, behandelten manche Gerichte das Arbeitslosengeld II, wenn auch in verklausulierter Form, als bedarfsdeckendes Einkommen.[44] Dies wollte der Gesetzgeber verhindern.[45] Deshalb, aber auch um der verbreiteten Kritik an der misslungenen Fassung des § 33 SGB II Rechnung zu tragen, wurde die Überleitung des Unterhaltsanspruchs durch einen gesetzlichen Forderungsübergang ersetzt. § 33 SGB II wurde im Wesentlichen dem § 94 SGB XII angeglichen. Gleichwohl verbleiben einige wichtige Unterschiede. Vgl. dazu Rn. 228 ff.

Seit dem 1. 1. 2005 sind für öffentlich-rechtliche Streitigkeiten auf dem Gebiet des **17** Sozialhilferechts und der Grundsicherung für Arbeitsuchende die **Sozialgerichte** zuständig (§ 51 I Nr. 4 a, 6 a SGG). Dies gilt insbesondere für die Anfechtung von Verwaltungsakten, die Träger der Grundsicherung und die Sozialhilfeträger erlassen. Die frühere Zuständigkeit der Verwaltungsgerichte für die Sozialhilfe ist entfallen. Bis zum 31. 7. 2006 konnten die Überleitungsanzeigen nach § 33 SGB II vom Schuldner nur vor den Sozialgerichten angefochten werden. Seit dem 1. 8. 2006 entscheiden nach § 33 IV 3 SGB II ebenso wie nach § 94 V 3 SGB XII die **Familiengerichte** nicht nur über den Bestand des Unterhaltsanspruchs sondern auch über öffentlich-rechtliche Vorfragen, insbesondere darüber, ob der Unterhaltsanspruch kraft Gesetzes auf den Sozialhilfeträger bzw. den Träger der Grundsicherung für Arbeitsuchende übergegangen ist. Der Schuldner kann also im Unterhaltsprozess, den grundsätzlich der Träger selbst zu führen hat, einwenden, dass der Übergang des Anspruchs nach § 94 SGB XII, § 33 SGB II ausgeschlossen ist. Vgl. dazu im Einzelnen Rn. 232 ff.

2. Abschnitt: Sozialhilfe und Unterhalt

I. Abgrenzung von Sozialhilfe und Leistungen zur Sicherung des Lebensunterhalts nach dem SGB II

Bis zum 31. 12. 2004 war die Sozialhilfe das Auffangbecken für alle, die sich nicht selbst **18** helfen und ihr Existenzminimum nicht aus eigenen Kräften sicherstellen konnten. Arbeitslosenhilfe konnte nur erhalten, wer als arbeitsloser Arbeitnehmer innerhalb einer bestimmten Vorfrist Arbeitslosengeld bezogen hatte und nach dessen Auslaufen bedürftig war (§ 190 III SGB III). Sie war von der Höhe des früheren Arbeitseinkommens abhängig und deckte daher bei geringen Einkünften das Existenzminimum nicht, sodass vielfach zusätzlich Hilfe zum Lebensunterhalt nach dem BSHG gewährt werden musste. Andererseits konnte die Arbeitslosenhilfe bei zuvor hohem Erwerbseinkommen das Existenzminimum durchaus übersteigen.

Seit dem 1. 1. 2005 stellen die Leistungen zur Sicherung des Lebensunterhalts nach **19** §§ 19 ff. SGB II – von noch zu erörternden Ausnahmen abgesehen – den sozialrechtlichen

---

[44] Vgl., BL Stand: 1. 7. 2005, FamRZ 2005, 1346; KoL Stand: 1. 7. 2005, FamRZ 2005, 1352, jeweils 2. 2; a. A. OLG Celle FamRZ 2006, 1203; OLG München FamRZ 2006, 1125
[45] Vgl. die Begründung des Gesetzes zur Fortentwicklung der Grundsicherung BT-Drucks. 16/1410 S. 26

Mindestbedarf für alle Hilfebedürftigen sicher, die erwerbsfähig sind, das 15. Lebensjahr vollendet, die Altersgrenze nach § 7 a SGB II (Rn. 178, 186) aber noch nicht erreicht und ihren gewöhnlichen Aufenthalt in der Bundesrepublik haben (§ 7 I SGB II). Anspruchsberechtigt nach dem **SGB II** sind auch die Personen, die mit dem erwerbstätigen Hilfebedürftigen in einer Bedarfsgemeinschaft leben, insbesondere Partner und Kinder (§ 7 II, III SGB II). Wer als Erwerbsfähiger oder als Angehöriger nach dem SGB II dem Grunde nach leistungsberechtigt ist, erhält keine Hilfe zum Lebensunterhalt nach dem 3. Kapitel des SGB XII (§ 5 II 1 SGB II, § 21 S. 1 SGB XII). Dies gilt auch dann, wenn Sanktionen nach § 31 ff. SGB II verhängt und Leistungen zur Sicherung des Lebensunterhalts gekürzt werden oder wegfallen. Dagegen können neben Leistungen zur Sicherung des Lebensunterhalts nach dem SGB II andere Hilfen, wie Eingliederungshilfe, Hilfe zur Pflege und Blindengeld gewährt werden. Die Grundsicherung im Alter und bei Erwerbsminderung ist seit dem 1. 1. 2005 eine besondere Form der Sozialhilfe (vgl. §§ 41 ff. SGB XII); sie geht der Hilfe zum Lebensunterhalt vor (§ 19 II 3 SGB XII) und ist gegenüber dem Sozialgeld vorrangig (§ 5 II 2 SGB II).

20 Ob Sozialhilfe oder Grundsicherung für Arbeitsuchende zu gewähren ist, ist danach im Wesentlichen vom **Alter** und der **Erwerbsfähigkeit** des Hilfebedürftigen abhängig. Nach § 8 I SGB II ist erwerbsfähig, wer nicht wegen Krankheit oder Behinderung auf absehbare Zeit außerstande ist, unter den üblichen Bedingungen des allgemeinen Arbeitsmarkts mindestens drei Stunden täglich erwerbstätig zu sein (ähnlich § 43 II 2 SGB VI). Im Zweifelsfall stellt die Agentur für Arbeit fest, ob der Arbeitsuchende erwerbsfähig und hilfebedürftig ist. Widerspricht der Sozialhilfeträger der Feststellung, entscheidet die Agentur für Arbeit nach Einholung einer gutachterlichen Stellungnahme des Rentenversicherungsträgers (§ 44 a SGB II). Vgl. dazu auch Rn. 138, 188.

21 Die Bedeutung der Sozialhilfe ist seit dem 1. 1. 2005 deutlich zurückgegangen. In der Praxis steht die Grundsicherung für Arbeitsuchende im Vordergrund. Sozialhilfeberechtigt kann nur sein, wer nicht – dem Grunde nach – leistungsberechtigt nach dem SGB II ist (§ 21 SGB XII, § 5 SGB II). Der Personenkreis, der Sozialhilfe bezieht, lässt sich daher nur im Umkehrschluss aus dem SGB II, insbesondere aus § 7 SGB II, erschließen. **Sozialhilfe** wird danach im Wesentlichen **nur noch gewährt:**
- **als Hilfe zum Lebensunterhalt** an alle Personen, die **nicht erwerbsfähig** sind und nicht mit einem Erwerbsfähigen in einer Bedarfsgemeinschaft leben. Das sind vor allem:
  – alleinstehende Personen, die nicht erwerbsfähig sind, aber nicht die Voraussetzungen des § 41 SGB XII erfüllen,
  – mehrere zusammenlebende erwerbsunfähige Personen,
  – minderjährige Kinder, die mit einem erwerbsfähigen Elternteil oder mit ihren nicht erwerbsfähigen Eltern zusammenleben, falls sie das 15. Lebensjahr noch nicht vollendet haben oder wenn sie zwar älter, aber ebenfalls erwerbsunfähig sind;
  – minderjährige Kinder, die bei Dritten (z. B. ihren Großeltern) leben und keine Leistungen nach dem SGB VIII, insbesondere nach §§ 32 f. SGB VIII, erhalten, falls sie das 15. Lebensjahr noch nicht vollendet haben oder wenn sie zwar älter, aber ebenfalls erwerbsunfähig sind;
  – volljährige nicht erwerbsfähige Kinder, die mit erwerbsunfähigen Eltern zusammenleben;
  – Personen, die die Altersgrenze des § 7 a SGB II (Rn. 186) noch nicht erreicht haben, jedoch eine befristete Rente wegen voller Erwerbsminderung oder bereits vorgezogene Altersrente nach §§ 36 ff. SGB VI, aber (noch) keine Grundsicherung im Alter und bei Erwerbsminderung beziehen (vgl. § 7 IV SGB II);
  – Personen, die in einer stationären Einrichtung untergebracht sind oder die sich auf Grund richterlich angeordneter Freiheitsentziehung in einer Einrichtung aufhalten (vgl. § 7 IV SGB II);
- **als Grundsicherung im Alter** und bei Erwerbsminderung an Personen, die die Altersgrenze des § 7 a SGB II (Rn. 186) erreicht haben, und an voll Erwerbsgeminderte über 18 Jahren (§ 41 SGB XII);
- **als sonstige Hilfen** an alle Hilfebedürftigen, insbesondere als Eingliederungshilfe (Rn. 53 ff.), Hilfe zur Pflege (Rn. 61 ff.) und zur Gesundheit (Rn. 47 ff.), auch wenn

2. Abschnitt: Sozialhilfe und Unterhalt § 8

Leistungen zur Sicherung des Lebensunterhalts (Sozialgeld) nach dem SGB II bezogen werden.

Erwerbsunfähige, die mit einem erwerbsfähigen Partner zusammenleben, gehören zu der durch ihn begründeten Bedarfsgemeinschaft und erhalten demgemäß Grundsicherung für Arbeitsuchende (§ 7 III Nr. 3 SGB II). Dasselbe gilt, wenn ein unverheiratetes Kind, das das 25. Lebensjahr noch nicht vollendet hat, mit seinen Eltern oder einem Elternteil in einem Haushalt lebt und mindestens einer der Beteiligten erwerbsfähig ist (§ 7 III Nr. 1, 4 SGB II).

Ausländern, die im Besitz einer Niederlassungserlaubnis oder eines befristeten Aufent- 22 haltstitels sind und sich voraussichtlich auf Dauer im Bundesgebiet aufhalten, wird Sozialhilfe unter denselben Voraussetzungen wie Inländern gewährt (§ 23 I 4 SGB XII). Im Übrigen ist die Sozialhilfe bei Ausländern, die sich im Inland tatsächlich aufhalten, auf die Hilfe zum Lebensunterhalt, die Hilfe bei Krankheit, Schwangerschaft und Mutterschaft und die Hilfe zur Pflege beschränkt (§ 23 I 1 SGB XII). Wegen weiterer Einschränkungen vgl. § 23 III, V SGB XII. Asylbewerber sind auf Leistungen nach dem Asylbewerberleistungsgesetz angewiesen (§ 23 II SGB XII). Zu Leistungen der Grundsicherung im Alter und bei Erwerbsminderung an Ausländer vgl. Rn. 139.

II. Hilfebedürftigkeit

1. Einsatzgemeinschaft („Bedarfsgemeinschaft")

a) Hilfe zum Lebensunterhalt. Diese Hilfe wird demjenigen gewährt, der seinen not- 23 wendigen Lebensunterhalt nicht oder nicht ausreichend aus eigenen Kräften oder Mitteln, vor allem seinem Einkommen oder Vermögen, beschaffen kann (§ 27 I SGB XII). Zur Bemessung der Hilfe zum Lebensunterhalt vgl. Rn. 47 ff. Zu berücksichtigen ist nicht nur das eigene Einkommen oder Vermögen (dazu Rn. 29 ff.), sondern auch dasjenige der **Einsatzgemeinschaft** (§ 27 II 2, 3 SGB XII; auch **Bedarfsgemeinschaft** genannt – etwa im SGB II –; zum Begriff s. Rn. 9). Der Begriff der Bedarfsgemeinschaft ist ungenau, weil er darüber hinwegtäuscht, dass im Sozialhilferecht **jeder Bedürftige einen eigenen Anspruch auf Hilfe zum Lebensunterhalt** hat.[1] Das SGB XII rechnet die gesamten Mittel der Einsatzgemeinschaft dem Hilfebedürftigen zu.[2] Sozialhilfe wird nur gewährt, wenn und soweit diese Mittel nicht den sozialhilferechtlichen Bedarf aller Mitglieder der Einsatzgemeinschaft decken. Zur Einsatzgemeinschaft zählen zunächst Eheleute (Lebenspartner), die nicht von ihrem Partner getrennt leben. Können minderjährige Kinder ihren notwendigen Lebensunterhalt nicht durch eigenes Einkommen – dazu gehört auch das Kindergeld (§ 82 I 2 SGB XII; vgl. Rn. 38) – und eigenes Vermögen decken, ist auch das Einkommen und das Vermögen der Eltern oder des Elternteils, bei denen bzw. bei dem das Kind lebt, zu berücksichtigen (§ 27 II 3 SGB XII). Ausreichendes Einkommen oder Vermögen der Eltern steht daher der Gewährung von Sozialhilfe an das Kind entgegen. Auf die Mittel des Ehegatten oder des Partners des Elternteils, bei dem das Kind lebt, kommt es nicht an. Hier ist jedoch zu beachten, dass bei Erwerbsfähigkeit des Elternteils oder des Partners das SGB II anzuwenden ist, das auch Einkommen und Vermögen des Stiefelternteils für den Unterhalt des Kindes heranzieht (§ 7 III Nr. 2 SGB II; vgl. dazu Rn. 181). Volljährige Kinder sind nach Sozialhilferecht nicht Angehörige der Einsatzgemeinschaft ihrer Eltern (anders § 7 III Nr. 2, 4 SGB II für Kinder bis zum 25. Lebensjahr; vgl. Rn. 181). Auch Stiefkinder gehören nicht der Einsatzgemeinschaft des Stiefelternteils an; sie können aber unter § 39 SGB XII (Rn. 27) fallen.[3] Eine Person, die im Haushalt ihrer Eltern lebt, schwanger ist oder ihr

---

[1] Scholz in Scholz/Kleffmann/Motzer Teil L Rn. 26
[2] Nr. 172 Empfehlungen DV SGB XII FamRZ 2005, 1387; Grube in Grube/Wahrendorf SGB XII § 19 Rn. 14
[3] Grube in Grube/Wahrendorf SGB XII § 19 Rn. 19

leibliches Kind betreut, das das sechste Lebensjahr noch nicht vollendet hat, ist nicht Teil der Einsatzgemeinschaft, sondern wird als alleinstehend behandelt (vgl. § 19 IV SGB XII).

24 Die Berücksichtigung des Einkommens und Vermögens der Einsatzgemeinschaft ändert nichts daran, dass allein der Hilfebedürftige, nicht die Einsatzgemeinschaft als solche **Inhaber des Anspruchs** auf Sozialhilfe ist.[4] Dies ist insbesondere beim Anspruchsübergang nach § 94 SGB XII von Bedeutung, weil nur der Unterhaltsanspruch des Sozialhilfeempfängers auf den Sozialhilfeträger übergeht (vgl. Rn. 100). § 27 II 2 SGB XII regelt nur, welches Einkommen und welches Vermögen dem Bedarf des Hilfesuchenden gegenüberzustellen sind.[5]

25 Das SGB XII berücksichtigt bei der Hilfe zum Lebensunterhalt Unterhaltspflichten zwischen Mitgliedern der Einsatzgemeinschaft bereits bei der Feststellung des einzusetzenden Einkommens oder Vermögens.[6] Sozialhilfe wird also grundsätzlich nicht gewährt, wenn das Einkommen der Mitglieder der Einsatzgemeinschaft ausreicht, ihren Bedarf zu decken. Nur in begründeten Fällen kann Hilfe zum Lebensunterhalt als sog. erweiterte Hilfe (§ 19 V SGB XII) in Betracht kommen, z. B. wenn ein Angehöriger der Einsatzgemeinschaft trotz entsprechender Mittel nicht oder nur unzureichend zum Lebensunterhalt beiträgt oder wenn er derzeit nicht liquide ist. Jedoch besteht dann ggf. ein **öffentlich-rechtlicher Anspruch auf Aufwendungsersatz** (§ 19 V SGB XII). Vgl. dazu Rn. 9.

Im Hinblick auf diese öffentlich-rechtliche Lösung schloss § 94 I 3 SGB XII den Übergang eines zivilrechtlichen Unterhaltsanspruchs auf den Sozialhilfeträger aus, indem er den „Personenkreis nach § 19" vom Anspruchsübergang ausgenommen hat. Daher ging der Anspruch auf Familienunterhalt (Rn. 3/1 ff.) nicht nach § 94 I SGB XII über. Der Sozialhilfeträger war vielmehr darauf angewiesen, durch **Verwaltungsakt** Aufwendungsersatz geltend zu machen; dieser Bescheid kann nur vor den Sozialgerichten (vgl. Rn. 17) angefochten werden. Zur Zumutbarkeit des Aufwendungsersatzes durch den Leistungsberechtigten oder seinen nicht getrennt lebenden Ehegatten bei Aufenthalt in einer stationären oder teilstationären Einrichtung vgl. § 92 a SGB XII.

Nach der ab **1. 4. 2011** geltenden gesetzlichen **Neufassung** geht die Verweisung in § 94 I 3 SGB XII auf § 19 SGB XII allerdings ins Leere, weil der Personenkreis der Einsatzgemeinschaft nunmehr in § 27 II SGB XII (und nur für die Hilfe zum Lebensunterhalt) geregelt ist und darauf nicht verwiesen ist. Hierbei dürfte es sich allerdings um ein Redaktionsversehen des Gesetzgebers handeln. Schon um einen Widerspruch zwischen Einkommensheranziehung und Unterhaltsregress zu vermeiden, ist die bisherige Regelung (kein Anspruchsübergang bei Unterhalt innerhalb der Einsatzgemeinschaft) bis zur einer fälligen Textänderung fortzuschreiben.

26 **b) Sonstige Hilfen.** Hier ist die Rechtslage ähnlich. Die Hilfe zur Gesundheit (§ 47 SGB XII), die Eingliederungshilfe für behinderte Menschen (§ 53 SGB XII), die Hilfe zur Pflege (§ 61 SGB XII) und weitere Hilfen werden gewährt, soweit dem Leistungsberechtigten, seinem nicht getrennt lebenden Ehegatten (Lebenspartner) und bei einem minderjährigen, unverheirateten Kind grundsätzlich auch den Eltern, die mit dem Kind zusammenleben müssen,[7] die Aufbringung der Mittel aus ihrem Einkommen oder Vermögen nach Maßgabe der §§ 82 ff. SGB XII nicht zuzumuten ist (§ 19 III SGB XII). Wird gleichwohl Hilfe bewilligt, z. B. weil die Heimkosten das zumutbare Maß übersteigen, kann der Sozialhilfeträger **durch Verwaltungsakt einen öffentlich-rechtlichen Kostenbeitrag** verlangen (§ 19 V SGB XII).[8] Auch hier schließt § 94 I 3 SGB XII analog einen Übergang des Anspruchs auf Familienunterhalt aus. Denn § 19 I 2 SGB XII galt bisher für sämtliche Hilfeformen und war daher vom Verweis in § 94 I 3 SGB XII erfasst, was nunmehr offensichtlich unbeabsichtigt entfallen ist. Vgl. dazu auch Rn. 25.

---

[4] BVerwG NJW 1993, 2885; Schellhorn SGB XII § 19 Rn. 5, 12; Grube in Grube/Wahrendorf SGB XII § 19 Rn. 15; vgl. auch BSG FamRZ 2007, 724 (zum SGB II)
[5] BVerwG FamRZ 1999, 781; NJW 1992, 1522; Schellhorn SGB XII § 19 Rn. 12; Münder NJW 2001, 2201, 2202
[6] Nr. 172 Empfehlungen DV SGB XII FamRZ 2005, 1387
[7] Nr. 179 Empfehlungen DV SGB XII FamRZ 2005, 1387; Wenzel in Fichtner/Wenzel, Grundsicherung, § 19 SGB XII Rn. 41; a. A. Grube in Grube/Wahrendorf SGB XII § 19 Rn. 29
[8] Nr. 178 Empfehlungen DV SGB XII FamRZ 2005, 1387

2. Abschnitt: Sozialhilfe und Unterhalt § 8

c) Haushaltsgemeinschaft;. eheähnliche Gemeinschaft. § 19 SGB XII wird durch 27 § 39 SGB XII ergänzt. Lebt eine Person, die Sozialhilfe beansprucht, mit anderen in einer Wohnung oder Unterkunft, so wird vermutet, dass sie in einer Haushaltsgemeinschaft gemeinsam wirtschaften und dass sie von ihnen Leistungen zum Lebensunterhalt erhält, soweit dies nach ihrem Einkommen und Vermögen erwartet werden kann. Entgegen dem missverständlichen Wortlaut genügt das Zusammenleben mit einer anderen Person.[9] Anders als § 16 BSHG und § 9 V SGB II setzt § 39 SGB XII nicht voraus, dass die Haushaltsgemeinschaft mit Verwandten oder Verschwägerten besteht.

§ 39 SGB XII begründet keinen über das BGB hinausgehenden Unterhaltsanspruch. Er enthält lediglich die widerlegbare Vermutung, dass der Bedarf durch Zuwendungen des Anderen gedeckt ist. Ihm müssen allerdings Mittel verbleiben, die deutlich über der Hilfe zum Lebensunterhalt liegen, die er selbst erhalten könnte. Bei einander unterhaltspflichtigen Personen wird in der Regel das Doppelte des Regelsatzes angesetzt werden müssen, bei nicht Unterhaltspflichtigen wohl noch mehr.[10] Von praktischer Bedeutung ist § 39 SGB XII vor allem, wenn ein minderjähriges oder volljähriges Kind bei seinen Großeltern lebt. Bei hinreichender Leistungsfähigkeit der Großeltern erhält es keine Sozialhilfe. Ihm verbleibt aber ggf. ein Anspruch auf Unterhalt gegen seine Eltern. Die Leistungen der nachrangig haftenden Großeltern sind in der Regel freiwillige Leistungen Dritter, die nur bei entsprechendem Willen des Leistenden die Eltern entlasten (vgl. Rn. 2/121 ff.).

Personen, die in **eheähnlicher oder lebenspartnerschaftsähnlicher Gemeinschaft** 28 leben, bilden nach Sozialhilferecht im Gegensatz zur Vorschrift des § 7 III Nr. 3 c SGB II keine Bedarfs- oder Einsatzgemeinschaft. Jedoch dürfen sie nach § 20 S. 1 SGB XII BSHG hinsichtlich der Voraussetzungen sowie des Umfangs der Sozialhilfe nicht besser gestellt werden als Ehegatten; § 39 SGB XII gilt entsprechend. Dies gilt nicht nur für die Hilfe zum Lebensunterhalt, sondern auch für Hilfen nach dem 5. bis 9. Kapitel des SGB XII, z. B. die Hilfe zur Pflege.[11] Seit dem 1. 8. 2006 kann eine solche Gemeinschaft nicht nur zwischen Mann und Frau, sondern auch zwischen gleichgeschlechtlichen Partnern bestehen.[12] Die verfassungsrechtlichen Bedenken gegen die unterschiedliche Behandlung von Ehegatten und Lebenspartnern nach der ursprünglichen Fassung des § 20 SGB XII[13] sind damit ausgeräumt. Das Zusammenleben muss auf Dauer angelegt sein, über eine reine Haushalts- und Wirtschaftsgemeinschaft hinausgehen und sich durch innere Bindungen auszeichnen, die ein gegenseitiges Einstehen der Partner füreinander begründen.[14] Liegen die Voraussetzungen einer eheähnlichen oder lebenspartnerschaftsähnlichen Gemeinschaft vor, sind die Partner einer solchen Gemeinschaft wie ein nicht getrennt lebender Ehegatte in die Einsatzgemeinschaft einzubeziehen.[15] In der Sache ergibt sich weitgehend dieselbe Rechtslage, die – ebenfalls ab 1. 8. 2006 – nach § 7 III Nr. 3 c SGB II bei der Grundsicherung für Arbeitsuchende besteht; allerdings fehlt im Sozialhilferecht eine Vermutung für das Bestehen einer ehe- oder lebenspartnerschaftsähnlichen Gemeinschaft, wie sie sich aus § 7 III a SGB II ergibt.

2. Einsatz des Einkommens und des Vermögens

a) Abgrenzung des Einkommens vom Vermögen. Die nachfragende Person, früher 29 der Hilfesuchende genannt, hat zur Deckung seines sozialhilferechtlichen Bedarfs (Rn. 47 ff.) ihr Einkommen einzusetzen, das ihr in der Zeit des Bedarfs zur Verfügung steht. Dasselbe gilt für ihr Vermögen. Einkommen ist alles, was jemandem in der **Bedarfszeit** wertmäßig

---

[9] Schellhorn SGB XII § 36 Rn. 6
[10] BVerwG NJW 1996, 2880 (zu § 16 BSHG); zum Zusammenleben des Kindes mit seinem Stiefvater vgl. BVerwG FamRZ 1999, 780
[11] BVerwG NJW 1985, 2284 (zum BSHG)
[12] Art. 8 Nr. 1 des Gesetzes zur Fortentwicklung der Grundsicherung für Arbeitsuchende vom 25. 7. 2006 – BGBl. I S. 1706
[13] SozG Düsseldorf NJW 2005, 845; a. A. LSG Düsseldorf NJW 2005, 2253
[14] BVerfG FamRZ 1993, 194, 198; BVerwG FamRZ 1995, 1352
[15] OLG Düsseldorf FamRZ 1999, 885

§ 8   Unterhalt und Sozialleistungen

zufließt, und Vermögen das, was er in der Bedarfszeit bereits besitzt. Mittel, die der Hilfesuchende früher als Einkommen erhalten und nicht verbraucht hat, werden, soweit sie in der aktuellen Bedarfszeit noch vorhanden sind, Vermögen. Dabei ist Bedarfszeit die Zeit, in der der Bedarf besteht und zu decken ist. Entscheidend ist der Zeitpunkt, zu dem die Mittel dem Hilfesuchenden tatsächlich zufließen, falls nicht das Gesetz ein anderes bestimmt (vgl. § 87 II, III SGB XII).[16]

30   **b) Einkommen.** Der Einkommensbegriff des Sozialhilferechts weicht aus sozialpolitischen Gründen in einzelnen Punkten von demjenigen des Unterhaltsrechts ab.[17] Er gilt sowohl für die Hilfe zum Lebensunterhalt (Rn. 46 ff.) als auch für die sonstigen Hilfen nach dem 5. bis 9. Kapitel des SGB XII (Rn. 57).

Die **Einkommensermittlung** richtet sich nach §§ 82 bis 89 SGB XII. Die wichtigste Vorschrift ist § 82 SGB XII. Danach gehören zum Einkommen im Sinne des SGB XII grundsätzlich alle Einkünfte in Geld oder Geldeswert, also alle Leistungen, die dem Berechtigten zufließen,[18] und zwar ohne Rücksicht auf ihre Art und die Tatsache, ob sie laufend oder einmalig anfallen. Es kommt nicht darauf an, ob sie einkommensteuerpflichtig sind oder nicht. Einkommen sind auch Unterhaltsansprüche, sogar Unterhaltsleistungen, die tatsächlich erbracht werden, ohne dass darauf ein Anspruch besteht (vgl. Rn. 7). Der Grundsatz, dass alle geldwerten Einkünfte sozialhilferechtliches Einkommen sind, ist jedoch durch zahlreiche Ausnahmen durchlöchert. Insbesondere sozialstaatliche Zuwendungen bleiben in weitem Umfang unberücksichtigt (Rn. 39). Bei der Hilfe nach dem 5. bis 9. Kapitel des SGB XII sind besondere Einkommensgrenzen zu beachten. Vgl. dazu Rn. 42.

31   Einkommen aus Erwerbstätigkeit wird, wenn die Gewährung von Sozialhilfe in Betracht kommt, im Allgemeinen gering sein, da nur Personen, die weniger als drei Stunden täglich erwerbstätig sein können, Hilfe zum Lebensunterhalt erhalten (vgl. §§ 5 II 1, 8 I SGB II, § 21 SGB XII). Hinweise für die Ermittlung des Einkommens, insbesondere des Einkommens aus unselbstständiger Tätigkeit, enthält die **Verordnung zur Durchführung des § 82 SGB XII** (DVO).[19] Auszugehen ist von den monatlichen Bruttoeinnahmen (§ 3 III 1 DVO). Einmalige Zahlungen (**Sonderzuwendungen,** Gratifikationen, Steuererstattungen usw.) sind wie im Unterhaltsrecht auf einen angemessenen Zeitraum zu verteilen und monatlich mit einem entsprechenden Teilbetrag anzusetzen (§ 3 III 2, 3 DVO).[20] Nach § 82 II SGB XII sind vom Bruttoeinkommen abzusetzen:
– auf das Einkommen entrichtete Steuern,
– Pflichtbeiträge zur Sozialversicherung einschließlich der Beiträge zur Arbeitsförderung,
– Versicherungsbeiträge, soweit sie gesetzlich vorgeschrieben oder nach Grund und Höhe angemessen sind,
– (Mindest-)Beiträge zur Altersversorgung nach §§ 82, 86 EStG (Riesterrente),
– die mit der Erzielung des Einkommens verbundenen notwendigen Ausgaben.

32   Als **Versicherungsbeiträge** erkennen die Sozialhilfeträger Beiträge zu einer privaten Familienhaftpflichtversicherung und zu einer Hausratsversicherung an,[21] allerdings nur in angemessener Höhe.[22]

Die mit der Erzielung des Einkommens verbundenen notwendigen Ausgaben, also die **Werbungskosten,** werden grundsätzlich nicht pauschaliert. Berücksichtigt werden vor allem Kosten für Fahrten zwischen Wohnung und Arbeitsstelle mit öffentlichen Verkehrsmitteln sowie Gewerkschaftsbeiträge (§ 3 IV Nr. 2 und 3 DVO). Nur in Ausnahmefällen wird die Benutzung eines Kfz als notwendig und angemessen anerkannt; ggf. sind monatlich 5,20 EUR für jeden vollen Kilometer abzuziehen, den die Wohnung von der Arbeits-

---

[16] BVerwG FamRZ 1999, 1654 = NJW 1999, 3649
[17] BGH FamRZ 1999, 843, 846 = R 533 b, c
[18] BSG FamRZ 2008, 51; BGH FamRZ 2007, 1156 = R 667 b
[19] Vom 28. 11. 1962 – BGBl. I S. 692 (früher genannt: VO zur Durchführung des § 76 BSHG), zuletzt geändert durch Gesetz vom 21. 3. 2005 – BGBl. I S. 818
[20] BVerwG FamRZ 1999, 1653 = NJW 1999, 3649
[21] BVerwG NJW 2004, 87
[22] Schellhorn SGB XII § 82 Rn. 41

stätte entfernt liegt, jedoch nicht mehr als für 40 km (§ 3 VI Nr. 2 DVO). Ob neben der Pauschale von 5,20 EUR die Kosten einer Haftpflichtversicherung für das Kfz abgezogen werden können,[23] halte ich für fraglich. Für Arbeitsmittel kann ein Pauschbetrag von 5,20 EUR pro Monat angesetzt werden (§ 3 V DVO).

Die Einkommensermittlung entspricht danach weitgehend dem Unterhaltsrecht. Jedoch werden dort berufsbedingte Aufwendungen häufig, wie z. B. in der Düsseldorfer Tabelle Stand: 1. 1. 2008 (Anm. A 3), mit einer Pauschale von 5% der Erwerbseinkünfte abgegolten (vgl. dazu Rn. 1/124). Beiträge zu Versicherungen außerhalb der üblichen Alters-, Kranken-, Pflege- und Arbeitslosenvorsorge müssen im Unterhaltsrecht in der Regel aus dem Einkommen, notfalls aus dem Selbstbehalt aufgebracht werden. **33**

Bei Personen, die Hilfe zum Lebensunterhalt oder Grundsicherung im Alter und bei Erwerbsminderung beziehen, ist ferner ein **Freibetrag** in Höhe **von 30% des Einkommens aus** selbständiger oder unselbständiger **Erwerbstätigkeit** abzusetzen (§ 82 III 1 SGB XII). Da dies zu beachtlichen, offensichtlich unangemessenen Freibeträgen führen konnte, änderte der Gesetzgeber § 82 III 1 SGB XII mit Wirkung ab 3. 12. 2006 dahin, dass höchstens 50% des Eckregelsatzes (nunmehr: Regelbedarfsstufe 1; Anlage zu § 28 SGB XII), derzeit 182,– EUR (vgl. Rn. 49 f.), abgesetzt werden dürfen.[24] Für Einkünfte, die durch Arbeit in einer Behindertenwerkstatt erzielt werden, gilt eine besondere Regelung (vgl. § 82 III 2 SGB XII). Außerdem gilt eine Sonderregelung für gewisse steuerfreie Einkünfte (§ 82 III 4 SGB XII). **34**

Schulden sind bei der sozialhilferechtlichen Einkommensermittlung grundsätzlich nicht abzuziehen. Anders als § 11 b I 1 Nr. 7 SGB II (Rn. 197) sieht § 82 SGB XII den Abzug titulierter Unterhaltsverpflichtungen vom Einkommen nicht vor. Jedoch ist seit langem anerkannt, dass vom Gläubiger gepfändete Einkünfte zur Bestreitung des notwendigen Lebensunterhalts nicht zur Verfügung stehen.[25] Dasselbe gilt, wenn gegen den Anspruch auf Arbeitslohn mit einer Gegenforderung aufgerechnet worden und die Aufrechnung trotz § 390 BGB zulässig ist.[26] Der Sozialhilfeträger kann Schulden als Beihilfe oder Darlehen übernehmen, wenn dies zur Sicherung der Unterkunft oder der Behebung einer vergleichbaren Notlage gerechtfertigt ist (§ 36 I SGB XII). Vgl. Rn. 56. **35**

Fiktives Einkommen kann im Sozialhilferecht grundsätzlich nicht berücksichtigt werden.[27] Dies beruht darauf, dass aus der Verletzung der Erwerbsobliegenheit im Sozialhilferecht andere Konsequenzen als im Unterhaltsrecht zu ziehen sind (vgl. Rn. 10; 1/ 735 ff., 2/243 ff.). Dem Unterhaltsschuldner wird bei Verletzung seiner Erwerbsobliegenheit ein fiktives Einkommen zugerechnet; im Sozialhilferecht ist dagegen von den niedrigeren tatsächlichen Einkünften auszugehen.[28] Zu den Schwierigkeiten für die sozialhilferechtliche Vergleichsberechnung vgl. Rn. 131 ff., 261. **36**

Der **Wohnwert** eines Hausgrundstücks oder einer Eigentumswohnung ist grundsätzlich kein sozialhilferechtliches Einkommen.[29] Entscheidend ist allein, welche Wohnkosten dem Leistungsberechtigten tatsächlich entstehen. Diese sind bei der Bemessung der Sozialhilfe grundsätzlich zu berücksichtigen (§ 35 I 1 SGB XII; zu den Einzelheiten vgl. Rn. 52). Zahlt der Leistungsberechtigte keine Miete und trägt er auch keine Belastungen für eine Eigentumswohnung oder ein Eigenheim, z. B. weil der getrennt lebende Ehegatte diese Kosten aufbringt, wird insoweit keine Sozialhilfe geleistet. Wohngeld wird seit dem 1. 1. 2005 neben der Sozialhilfe nicht mehr gewährt (§ 7 I 1 Nr. 6 WohngeldG). Vielmehr hat der Sozialhilfeträger den angemessenen Wohnbedarf durch eigene Zahlungen sicherzustellen. **37**

---

[23] Vgl. dazu BVerwGE 62, 261, 264; Schellhorn SGB XII § 82 Rn. 40
[24] § 82 III 1 SGB XII in der Fassung des Gesetzes vom 2. 12. 2006 – BGBl. I S. 2670
[25] BVerwGE 55, 148, 152
[26] Vgl. BVerwG NJW 1983, 2276
[27] BGH FamRZ 1998, 818 = R 524; FamRZ 1999, 843, 846 = R 533 b; FamRZ 2000, 1358 = R 543 a; FamRZ 2001, 619 = R 548; OLG Düsseldorf FamRZ 1999, 127 = NJW 1998, 1502; a. A. OLG Karlsruhe FamRZ 1995, 615
[28] OLG Düsseldorf FamRZ 1999, 127 = NJW 1998, 1501 (zur Arbeitslosenhilfe)
[29] LG Duisburg FamRZ 1992, 1086

38 **Kindergeld** (vgl. Rn. 3, 2/700 ff.) ist Einkommen im Sinne des Sozialhilferechts, und zwar desjenigen, an den es ausgezahlt wird.[30] Jedoch ist es dem minderjährigen Kind, dagegen nicht dem volljährigen Kind (anders nach § 11 I 3 in Verbindung mit § 7 III Nr. 2, 4 SGB II: auch volljährigen Kindern) als Einkommen zuzurechnen, soweit es bei diesem zur Deckung des notwendigen Lebensbedarfs mit Ausnahme der (rückwirkend zum 1. 1. 2011 eingeführten) Bedarfe für Bildung und Teilhabe (§ 34 SGB XII) benötigt wird (§ 82 I 3 SGB XII). Im Übrigen ist es Einkommen des Elternteils dem es nach §§ 62, 64 EStG zusteht.[31] Dessen Einkommen ist es auch dann, wenn das volljährige Kind noch in seinem Haushalt wohnt oder behindert ist. Eine entsprechende Anwendung des § 82 I 3 SGB XII kommt nicht in Betracht.[32] Wird das Kindergeld an das volljährige Kind selbst ausgezahlt, ist es als dessen Einkommen zu behandeln.[33] Ebenso ist zu verfahren, wenn ein Elternteil das Kindergeld bezieht, es aber als Geldbetrag an das Kind tatsächlich weiterleitet; die Gewährung von Naturalunterhalt reicht dagegen nicht aus.[34] Liegen die Voraussetzungen für eine Abzweigung des Kindergeldes nach § 74 EStG vor (Rn. 2/712), kann das Kind verpflichtet sein, bei der Familienkasse einen Abzweigungsantrag zu stellen. In einem solchen Fall ist dem Kind das Kindergeld als eigenes Einkommen zuzurechnen.[35] Bei der Eingliederungshilfe und der Hilfe zur Pflege für volljährige Kinder geht deren Unterhaltsanspruch nur in Höhe von höchstens 46,– EUR nach § 94 II 1 SGB XII auf den Sozialhilfeträger über. Diese Vorschrift geht § 82 I 3 SGB XII vor.[36] In Höhe des Restbetrages von 138,– EUR kann das Kindergeld daher für sonstige Bedürfnisse verwendet werden.

39 Im Gegensatz zum Unterhaltsrecht, nach dem – von wenigen Ausnahmen abgesehen (vgl. Rn. 5) – alle Einkünfte ohne Rücksicht auf ihre Zweckbestimmung angerechnet werden (vgl. Rn. 1/22, 54 ff., 664 ff.), sind im Sozialhilferecht bestimmte Einkünfte und Einkommensteile nicht zu berücksichtigen. Sie sind bei Prüfung der Bedürftigkeit als nicht existent zu behandeln. Dies gilt auch dann, wenn diese Einkünfte von Personen bezogen werden, die mit dem Leistungsberechtigten in einer Einsatzgemeinschaft, einer Haushaltsgemeinschaft oder einer eheähnlichen (lebenspartnerschaftsähnlichen) Gemeinschaft zusammenleben (vgl. dazu Rn. 23 ff.). Kein Einkommen nach Sozialhilferecht sind insbesondere:
– Leistungen nach dem SGB XII (§ 82 I 1 SGB XII) einschließlich der Leistungen der Grundsicherung im Alter und bei Erwerbsminderung nach §§ 41 ff. SGB XII (vgl. dazu Rn. 135 ff.); das im Rahmen der Hilfe zur Pflege gewährte Pflegegeld nach § 64 SGB XII, das der Leistungsberechtigte an eine Pflegeperson weiterleitet, die selbst der Sozialhilfe bedarf, ist nicht als deren Einkommen anzusehen;[37] ferner die **Grundrente** nach dem Bundesversorgungsgesetz (BVG), Renten nach den Gesetzen, die eine entsprechende Anwendung des BVG vorsehen, sowie bestimmte Renten und Beihilfen nach dem Bundesentschädigungsgesetz bis zur Höhe der vergleichbaren Grundrente nach dem BVG (§ 82 I 1 SGB XII); außerdem Einkünfte aus Rückerstattungen von aus dem Regelsatz erbrachten Vorauszahlungen (insoweit Korrektur der Rechtsprechung des BSG[38]);
– **Leistungen,** die auf Grund öffentlich-rechtlicher Vorschriften **zu einem ausdrücklich genannten Zweck** gewährt werden, es sei denn, dass die Sozialhilfe im Einzelfall demselben Zweck dient (§ 83 I SGB XII);
– Leistungen aus der gesetzlichen oder privaten Pflegeversicherung nach dem SGB XI (§ 13 V 1, 2 SGB XI), und zwar auch dann, wenn das Pflegegeld nicht voll für den Pflegebedürftigen benötigt, sondern an die Pflegeperson weitergeleitet wird, die selbst der

---

[30] BSG FamRZ 2008, 51
[31] BSG FamRZ 2008, 886 (zum SGB II); Schellhorn SGB XII § 82 Rn. 19; vgl. auch BVerwG NJW 2004, 2341
[32] BSG FamRZ 2008, 51
[33] BSG FamRZ 2008, 1068 (zu §§ 41 ff. SGB XII); 2008, 886 (zum SGB II)
[34] BSG FamRZ 2008, 51
[35] BSG FamRZ 2008, 51
[36] Schellhorn SGB XII § 82 Rn. 19
[37] BVerwGE 90, 217 = NwVZ 1993, 66 (zu § 69a BSHG)
[38] BR-Drucks. 661/10 S. 210 (anders BSG FEVS 61, 97)

2. Abschnitt: Sozialhilfe und Unterhalt   § 8

Sozialhilfe bedarf.[39] Zur unterhaltsrechtlichen Behandlung des weitergeleiteten Pflegegeldes vgl. § 13 VI SGB XI sowie Rn. 1/463 ff., 2/329;
- das **Schmerzensgeld** (§ 83 II SGB XII), das allerdings zu Vermögen wird, wenn es nicht ausgegeben wird (vgl. Rn. 29); der Einsatz des Schmerzensgeldes stellt aber in der Regel eine Härte im Sinne des § 90 III SGB XII dar und kann daher grundsätzlich nicht verlangt werden (Rn. 44).[40]
- das **Erziehungsgeld** für bis zum 31. 12. 2006 geborene Kinder (§ 8 I 1 BErzGG). Die Nichtanrechnung des **Elterngelds** (für Kinder, die ab 1. 1. 2007 geboren sind), in Höhe des Sockelbetrages von 300,– EUR bzw. 150,– EUR (§ 10 I, III BEEG) ist durch die zum 1. 1. 2011 in Kraft getretene gesetzliche Neuregelung weitgehend abgeschafft worden (§ 10 V BEEG).

Zuwendungen der freien Wohlfahrtspflege sind grundsätzlich kein Einkommen (§ 84 I **40** SGB XII). Freiwillige Leistungen, die ein Dritter ohne rechtliche oder sittliche Verpflichtung gewährt, sollen – abweichend vom Unterhaltsrecht (Rn. 2/121 ff.) – nur bei besonderer Härte für den Empfänger anrechnungsfrei bleiben (§ 84 II SGB XII).

Die Frage, ob Leistungen der **Grundsicherung für Arbeitsuchende** als Einkommen **41** im Sinne des SGB XII zu behandeln sind, stellt sich regelmäßig nicht, da § 5 II 1 SGB II, § 21 S. 1, 2 SGB XII die Grundsicherung und die Sozialhilfe voneinander abgrenzen und der Anspruch auf Leistungen zur Sicherung des Lebensunterhalts nach §§ 19 ff. SGB II Hilfe zum Lebensunterhalt nach §§ 27 ff. SGB XII ausschließt.

Bei **Leistungen nach dem 5. bis 9. Kapitel** (§§ 47 bis 74 SGB XII) ist nach § 85 I, II **42** SGB XII der nachfragenden Person, dem Ehegatten (Lebenspartner) bzw. den Eltern eines minderjährigen unverheirateten Kindes die Aufbringung der Mittel nicht zuzumuten, wenn ihr monatliches Einkommen während der Dauer des Bedarfs zusammen eine **Einkommensgrenze** nicht übersteigt, die sich ergibt aus
- einem Grundfreibetrag in Höhe des Zweifachen der Regelbedarfsstufe 1 nach der Anlage zu § 28 SGB XII (Regelbedarfsstufe 1),
- den angemessenen Kosten der Unterkunft ohne Heizung,[41]
- einem Familienzuschlag in Höhe von 70% der Regelbedarfsstufe 1 für den Ehegatten (Lebenspartner) und für jede von ihnen oder dem Leistungsberechtigten unterhaltene Person; bei minderjährigen unverheirateten Kindern wird für einen Elternteil der Grundfreibetrag, für den anderen, für das Kind und für jede von ihnen unterhaltene Person der Familienzuschlag gewährt (wegen der Einzelheiten vgl. § 85 I Nr. 3, II Nr. 3 SGB XII).

Die Einkommensgrenzen liegen teilweise über, bei erheblich Pflege- und bei Schwerstpflegebedürftigen teilweise deutlich unter den Einkommensgrenzen, die sich aus §§ 79, 81 BSHG ergaben. Vgl. dazu die 6. Auflage Rn. 6/538.

Erst bei Überschreitung der Einkommensgrenze ist der Einsatz des Einkommens in angemessenem Umfang zumutbar (§ 87 I 1 SGB XII). Zur Angemessenheit vgl. § 87 II 2 SGB XII. In Ausnahmefällen ist auch Einkommen unterhalb der Einkommensgrenze einzusetzen (§ 88 I SGB XII). Nach § 92 a I SGB XII kann bei stationärem oder teilstationärem Aufenthalt in einer Einrichtung vom Leistungsberechtigten und seinem nicht getrenntlebenden Ehegatten (Lebenspartner) die Aufbringung der Mittel für Hilfe zum Lebensunterhalt und für Grundsicherung im Alter und bei Erwerbsminderung aus dem gemeinsamen Einkommen verlangt werden, soweit Aufwendungen für den häuslichen Lebensunterhalt erspart werden, bei voraussichtlich längerem stationärem Aufenthalt in der Regel auch darüber hinaus (§ 92 a II SGB XII). Nach Unterhaltsrecht ist der Bewohner einer Einrichtung dagegen berechtigt, seine gesamten Einkünfte zunächst für seinen eigenen Bedarf, insbesondere die Kosten eines Pflegeheims, zu verwenden und den Unterhaltsberechtigten auf die Inanspruchnahme von Sozialhilfe zu verweisen. Dies gilt auch dann,

---

[39] BVerwGE 90, 217 = NwVZ 1993, 66 (zu § 69 a BSHG)
[40] BVerwG FamRZ 1995, 1348 (zu § 77 BSHG); anders für das Unterhaltsrecht BGH FamRZ 1989, 170 = R 379 b; dazu Rn. 1/482, 2/259
[41] Schellhorn SGB XII § 85 Rn. 20; Grube in Grube/Wahrendorf SGB XII § 85 Rn. 14; a. A. Conradis in LPK/SGB XII § 85 Rn. 5

wenn der Sozialhilfeträger die Einkünfte nach §§ 82 ff. SGB XII nur teilweise zur Deckung der Pflegekosten heranziehen darf.[42]

43 c) **Vermögen.** Neben dem Einkommen (Rn. 30 ff.) ist nach § 90 I SGB XII – dem Familienrechtler durch die Verweisung in § 115 III ZPO bekannt – das gesamte verwertbare Vermögen einzusetzen. Zur Abgrenzung von Einkommen und Vermögen vgl. Rn. 29. Der Sozialhilfeträger darf den Einsatz oder die Verwertung bestimmter Vermögensbestandteile nicht verlangen (§ 90 II SGB XII). Dies gilt nach § 90 II Nr. 8 SGB XII insbesondere für ein angemessenes **Hausgrundstück,** das von der nachfragenden Person oder einem Mitglied der Einsatzgemeinschaft im Sinne des „§ 19 I bis III SGB XII" (auch hier ist die Verweisung allerdings nicht an die Neufassung der § 19 SGB XII und § 27 SGB XII angepasst worden; vgl. Rn. 23, 25) allein oder zusammen mit Angehörigen ganz oder teilweise bewohnt wird. Die Angemessenheit bestimmt sich nach der Zahl der Bewohner, dem Wohnbedarf, der Größe, dem Zuschnitt, der Ausstattung und dem Wert des Hausgrundstücks oder der Eigentumswohnung.[43] Nach § 90 II Nr. 9 SGB XII bleiben kleinere Barbeträge und sonstige Geldwerte grundsätzlich anrechnungsfrei. Nach § 1 I 1 Nr. 1 der VO zur Durchführung des § 90 II Nr. 9 SGB XII beträgt dieses **Schonvermögen** bei der Hilfe zum Lebensunterhalt 1600,– EUR, bei über 60-Jährigen, bei voll Erwerbsgeminderten und Invalidenrentnern und bei Leistungen nach dem 5. bis 9. Kapitel des SGB XII 2600,– EUR. Für den Ehegatten (Lebenspartner) und die Eltern eines minderjährigen unverheirateten Kindes kommen weitere Beträge hinzu (§ 1 I 1 Nr. 2, 3 DVO), ebenso für Blinde und Schwerstpflegebedürftige (§ 1 I 3 DVO).[44] Ist der sofortige Verbrauch oder die sofortige Verwertung von Vermögensgegenständen nicht möglich oder nicht zumutbar, soll die Sozialhilfe als Darlehen gewährt werden (§ 91 S. 1 SGB XII).[45]

44 Sozialhilfe darf nicht vom Einsatz oder der Verwertung eines Vermögens abhängig gemacht werden, soweit dies für den Hilfeempfänger und seine unterhaltsberechtigten Angehörigen eine **Härte** bedeuten würde (§ 90 III SGB XII). Dies kann der Fall sein, wenn ein PKW, der – anders als nach § 12 III 1 Nr. 2 SGB II (Rn. 199) – grundsätzlich zum einzusetzenden Vermögen gehört, für die Betreuung von Kleinkindern benötigt wird und ein etwaiger Verkaufserlös außer Verhältnis zu den bei Veräußerung zu besorgenden Nachteilen steht.[46] Der Einsatz von Schmerzensgeld stellt eine Härte im Sinne des § 90 III SGB XII dar.[47] Eine Härte liegt bei Leistungen nach dem 5. bis 9. Kapitel vor, soweit eine angemessene Lebensführung oder die Aufrechterhaltung einer angemessenen Alterssicherung wesentlich erschwert würden (§ 90 III 2 SGB XII).[48] Über § 90 III SGB XII hinaus wird der Unterhaltsschuldner durch § 94 III 1 Nr. 2 SGB XII geschützt. Danach ist der Übergang des Unterhaltsanspruchs auf den Sozialhilfeträger ausgeschlossen, wenn er eine unbillige Härte bedeuten würde. Vgl. dazu Rn. 87 ff.

45 Die Sozialämter sehen bei der Berechnung des Unterhalts, insbesondere beim Verwandtenunterhalt, teilweise beachtliche Werte als **unterhaltsrechtliches Schonvermögen** an. Die Empfehlungen des Deutschen Vereins zum SGB XII 2008 an der Rechtsprechung des BGH[49] und sehen in der Fassung von 2008[50] im Gegensatz zu früheren Fassungen[51] konkrete Schonbeträge nicht mehr vor.

Besitzt der Unterhaltsberechtigte nach § 90 II, III SGB XII geschütztes Vermögen, dessen Stamm er nach bürgerlichem Recht für seinen Unterhalt einzusetzen hat, kann der Pflichtige vom Sozialhilfeträger nicht auf Unterhalt in Anspruch genommen werden, ob-

---

[42] BGH FamRZ 2004, 1370 = R 618 b; FamRZ 1990, 849
[43] Dazu im einzelnen Schellhorn SGB XII § 90 Rn. 56 ff.; vgl. auch BVerwG NJW 1993, 1024
[44] Wegen der Einzelheiten vgl. die Übersicht bei Wahrendorf in Grube/Wahrendorf SGB XII § 90 Rn. 40
[45] BVerwGE 45, 135
[46] OVG Bautzen FamRZ 1998, 1069
[47] BVerwG FamRZ 1995, 1348
[48] Vgl. dazu Schellhorn SGB XII § 90 Rn. 83 ff.; auch BSG FamRZ 1999, 1655 mit Anm. Büttner (zu §§ 133, 137 AFG)
[49] FamRZ 2006, 1511 m. Anm. Klinkhammer = R 658 c–e, g
[50] Nr. 101 ff.
[51] Zuletzt FamRZ 2005, 1387 Nr. 95.5

wohl der Berechtigte im sozialhilferechtlichen Sinne bedürftig ist.[52] Ein Unterhaltsanspruch kann daher nicht auf den Sozialhilfeträger übergehen. Dieser kann jedoch in vielen Fällen nach dem Tode des Leistungsberechtigten auf das Schonvermögen zurückgreifen, indem er den Erben nach § 102 SGB XII auf Ersatz der Kosten der Sozialhilfe in Anspruch nimmt.[53]

III. Hilfe zum Lebensunterhalt

1. Anspruchsberechtigung

Seit dem 1. 1. 2005 spielt die Hilfe zum Lebensunterhalt nach dem SGB XII nur noch eine untergeordnete Rolle, da jeder Erwerbsfähige und die Angehörigen, die mit ihm in einer Bedarfsgemeinschaft leben, auf Leistungen zur Sicherung des Lebensunterhalts nach §§ 19 ff. SGB II verwiesen sind (§ 5 II 1 SGB II, § 21 S. 1 SGB XII). Hilfe zum Lebensunterhalt erhalten daher nur noch die in Rn. 21 aufgeführten Personen. Abweichend hiervon kann der Sozialhilfeträger Schulden von Personen übernehmen, die unter das SGB II fallen, nur über geringes Einkommen verfügen, aber noch nicht hilfebedürftig im Sinne des § 9 SGB II sind (§§ 21 S. 2, 36 I 1, 2 SGB XII).[54] Vgl. dazu Rn. 35, 56. Hilfe zum Lebensunterhalt darf nicht gewährt werden, wenn die Leistungen zur Sicherung des Lebensunterhalts wegen Verletzung der Erwerbsobliegenheit oder sonstiger Pflichten nach § 31 SGB II oder Leistungen für Unterkunft und Heizung nach § 22 SGB II nicht oder nicht vollständig vom Träger der Grundsicherung übernommen werden. Hilfe zum Lebensunterhalt kommt ferner nicht in Betracht, wenn ein Anspruch auf Leistungen der Grundsicherung im Alter und bei Erwerbsminderung besteht (§ 19 II 2 SGB XII). Leistungen nach dem SGB VIII, insbesondere die Hilfen zur Erziehung nach §§ 33, 34 SGB VIII (Vollzeitpflege, Heimerziehung), gehen Leistungen nach dem SGB XII und damit der Hilfe zum Lebensunterhalt vor (§ 10 IV SGB VIII). **46**

2. Notwendiger Unterhalt

a) Bedarf nach Sozialhilferecht. Nach § 27 a I 1 SGB XII umfasst der notwendige Lebensunterhalt insbesondere Ernährung, Unterkunft, Kleidung, Körperpflege, Hausrat, Heizung und persönliche Bedürfnisse des täglichen Lebens. Dazu gehören in vertretbarem Umfang auch die Beziehungen zur Umwelt und die Teilnahme am kulturellen Leben (§ 27 a I 2 SGB XII). Für Schülerinnen und Schüler umfasst der notwendige Lebensunterhalt auch die erforderlichen Hilfen für den Schulbesuch (§ 27 a I 3 SGB XII). **47**

b) Regelbedarf und Regelsätze. Der gesamte Bedarf außerhalb von Einrichtungen (dazu Rn. 57) – mit Ausnahme der Kosten für Unterkunft und Heizung und für gewisse einmalige Bedarfe sowie Mehrbedarf – ergibt den monatlichen **Regelbedarf** (§ 27 a II SGB XII) Nach der seit dem 1. 4. 2011 (rückwirkend zum 1. 1. 2011) geltenden Rechtslage ist der Regelbedarf in **Regelbedarfsstufen** unterteilt, die bei Kindern und Jugendlichen altersbedingte Unterschiede und bei erwachsenen Personen deren Anzahl im Haushalt sowie die Führung eines Haushalts berücksichtigen (§ 27 a II 2 SGB XII). Zur Deckung der Regelbedarfe, die sich nach den Regelbedarfsstufen der **Anlage zu § 28 SGB XII** ergeben, sind **monatliche Regelsätze** zu gewähren. Der Regelsatz stellt einen monatlichen Pauschalbetrag zur Bestreitung des Regelbedarfs dar, über dessen Verwendung die Leistungsberechtigten eigenverantwortlich entscheiden (§ 27 a III SGB XII). **48**

---

[52] Vgl. BGH FamRZ 2004, 1370 = R 618 b; wie der Text jetzt auch Nr. 85 S. 6 Empfehlungen DV SGB XII FamRZ 2005, 1387 im Gegensatz zu Nr. 79 der Empfehlungen DV FamRZ 2002, 931. Vgl. dazu die Vorauflage Rn. 6/536 a
[53] So mit Recht Münder NJW 2001, 2201, 2206
[54] Zur wiederholten Änderung des § 21 SGB XII durch die Gesetze vom 24. 3. 2006 (BGBl. I S. 558) und vom 20. 7. 2006 (BGBl. I S. 1706) vgl. Scholz FamRZ 2006, 1417, 1420

Die Regelbedarfsbemessung beruht auf **§ 28 SGB XII** und dem **Regelbedarfs-Ermittlungsgesetz** vom 24. 3. 2011 (RBEG)[55] und ist erforderlich geworden, nachdem das BVerfG durch Urteil vom 9. 2. 2010[56] die bisherige Regelsatzbemessung in Bezug auf §§ 20, 28 SGB II für verfassungswidrig erklärt hat. Die bisherige Festsetzung durch Verordnung (Regelsatz-VO) ist nicht mehr zulässig.

Nach dem RBEG werden die Regelbedarfsstufen auf der Grundlage von Sonderauswertungen zur **Einkommens- und Verbrauchsstichprobe** (EVS) 2008 nach § 28 SGB XII nach den §§ 2 bis 8 RBEG ermittelt (§ 1 RBEG). Die EVS ist im Rhythmus von **fünf Jahren** zu erheben und demnach die Regelbedarfe neu festzulegen. Nach § 10 RBEG hat das Bundesministerium für Arbeit und Soziales dem Deutschen Bundestag bis zum 1. 7. 2013 einen unter Mitwirkung des Statistischen Bundesamtes sowie von Sachverständigen zu erstellenden Bericht über die Weiterentwicklung der für die Ermittlung von Regelbedarfen anzuwendenden **Methodik** vorzulegen.

In den Jahren, in denen keine Neuermittlung der Regelbedarfe nach § 28 SGB XII vorzunehmen ist, werden die **Regelbedarfssätze** der Regelbedarfsstufen nach §§ 28, 28 a SGB XII **jährlich zum 1. 1. fortgeschrieben**. Maßstab hierfür ist ein Mischindex aus der Preisentwicklung und der Entwicklung der Nettolöhne (§ 28 a II SGB XII). Das Bundesministerium für Arbeit und Soziales hat bis zum 31. 10. des jeweiligen Jahres durch Rechtsverordnung (§ 40 SGB XII) den für die Fortschreibung der Regelbedarfsstufen nach § 28 a SGB XII maßgeblichen Prozentsatz zu bestimmen und die Anlage zu § 28 SGB XII um die sich zum 1. 1. eines Jahres ergebenden Regelbedarfsstufen zu ergänzen.

Die **Länder** können – unverändert zu der früheren Rechtslage – abweichende Regelsätze festlegen (vgl. § 29 SGB XII). Machen die Länder davon keinen Gebrauch, gelten die Regelsätze nach §§ 28, 28 a SGB XII, §§ 2 bis 8 RBEG unmittelbar, ohne dass es einer landesgesetzlichen Umsetzung bedarf.[57]

49 Der bundeseinheitliche (Eck-)Regelsatz (nunmehr Regelbedarfsstufe 1) betrug seit 1. 7. 2009 359,– EUR (zur vorausgegangenen Entwicklung der Regelsätze vgl. die Vorauflage). Er ist durch das RBEG nunmehr auf **364,– EUR** festgesetzt worden. Bei zusammenlebenden Ehegatten etc. hat der Gesetzgeber übereinstimmend mit der bisherigen Rechtslage eine Haushaltsersparnis von rund 10% berücksichtigt, welche der BGH – allerdings unter Einbeziehung der Unterkunftskosten – auch im Unterhaltsrecht heranzieht.[58]

50 **Regelbedarfsstufen nach § 8 RBEG:**

1. **Regelbedarfsstufe 1:** 364 EUR für eine erwachsene Person, die als alleinstehende oder alleinerziehende Person einen eigenen Haushalt führt; dies gilt auch dann, wenn in diesem Haushalt eine oder mehrere weitere erwachsene Personen leben, die der Regelbedarfsstufe 3 zuzuordnen sind,

2. **Regelbedarfsstufe 2:** jeweils 328 EUR für zwei erwachsene Leistungsberechtigte, die als Ehegatten, Lebenspartner, in eheähnlicher oder lebenspartnerschaftsähnlicher Gemeinschaft einen gemeinsamen Haushalt führen,

3. **Regelbedarfsstufe 3:** 291 EUR für eine erwachsene Person, die weder einen eigenen Haushalt führt noch als Ehegatte, Lebenspartner oder in eheähnlicher oder lebenspartnerschaftsähnlicher Gemeinschaft einen gemeinsamen Haushalt führt,

4. **Regelbedarfsstufe 4:** 275 Euro für Jugendliche von 14 bis 17 Jahren; wegen **Bestandsschutz** korrigiert auf 287 EUR (§ 8 II RBEG)

5. **Regelbedarfsstufe 5:** 242 Euro für ein Kind von 6 bis 13 Jahren; korrigiert auf 251 EUR (Bestandsschutz)

6. **Regelbedarfsstufe 6:** 213 Euro für ein Kind bis 5 Jahre; korrigiert auf 215 EUR (Bestandsschutz).

---

[55] Vgl. BR-Drucks. 661/10 S. 197
[56] FamRZ 2010, 429; dazu Klinkhammer FamRZ 2010, 845
[57] Vgl. BR-Drucks. 661/10 S. 201
[58] BGH FamRZ 2010, 1535 Rn. 45 (Elternunterhalt)

Abstufung der Regelsätze ab 1. 1. 2011:					
Haushaltsvorstand und Alleinstehende	Zusammenlebende Ehegatten (Lebenspartner)	Sonstige erwachsene Personen	**Kinder:** 14–17 J.	6–13 J.	Bis 5 J.
1	2	3	4	5	6
364	328	291	*287*	*251*	*215*

Da es sich bei dem monatlichen Regelsatz um einen Pauschalbetrag handelt, haben die 51 Leistungsberechtigten das Eintreten unregelmäßig anfallender Bedarfe zu berücksichtigen (§ 27 a III 2 2. HS SGB XII). Im Einzelfall wird der **individuelle Bedarf** allerdings **abweichend vom Regelsatz** festgelegt, und zwar entweder höher oder niedriger. Eine Reduzierung erfolgt, wenn ein Bedarf ganz oder teilweise anderweitig gedeckt ist, eine Erhöhung, wenn er unabweisbar seiner Höhe nach erheblich von einem durchschnittlichen Bedarf abweicht (§ 27 a IV 1 SGB XII). Sind Leistungsberechtigte in einer anderen Familie, insbesondere in einer Pflegefamilie, oder bei anderen Personen als bei ihren Eltern oder einem Elternteil untergebracht, so wird in der Regel der individuelle Bedarf abweichend von den Regelsätzen in Höhe der tatsächlichen Kosten der Unterbringung bemessen, sofern die Kosten einen angemessenen Umfang nicht übersteigen (§ 27 IV 3 SGB XII). Vgl. Rn. 59, 218.

c) **Unterkunft und Heizung.** Laufende Kosten hierfür werden neben den Regelsätzen 52 in Höhe der tatsächlichen Aufwendungen gewährt (§ 35 I, III SGB XII). Kosten für Elektrizität und Gas fallen nur darunter, soweit sie der Beheizung und (seit 1. 1. 2011) der Warmwasserversorgung dienen; im Übrigen sind Energiekosten aus dem Regelsatz zu bestreiten.[59] **Wohngeld** wird seit dem 1. 1. 2005 neben der Hilfe zum Lebensunterhalt **nicht mehr gezahlt** (§ 7 I 1 Nr. 6 WohngeldG). Die gesamten Kosten der Unterkunft sind nunmehr, auch soweit sie bisher durch das Wohngeld gedeckt waren, Teil der Sozialhilfe. Sie können pauschaliert werden (§ 35 III SGB XII). Wenn die Aufwendungen für die Unterkunft den im Einzelfall angemessenen Umfang übersteigen, sind sie als Bedarf der Einsatzgemeinschaft (vgl. Rn. 23) anzuerkennen, jedoch nur so lange, als es nicht möglich oder zumutbar ist, durch einen Wohnungswechsel, durch Vermieten oder auf andere Weise die Aufwendungen zu senken, in der Regel jedoch höchstens für sechs Monate (§ 29 II 1, 2 SGB XII). Auf die Dauer können auch im Sozialhilferecht diese Kosten nicht höher liegen als die Kosten, die nach dem Wohngeldgesetz zu berücksichtigen sind.[60] Nach §§ 94 I 6, 105 II SGB XII gehen 56% der Wohnkosten (ohne Heizung und Warmwasser) nicht auf den Sozialhilfeträger über (Rn. 70).

Zur Höhe der Wohnkosten erklärt § 35 a SGB II die zum SGB II erlassenen **kommunale Satzung** (§§ 22 a, 22 b SGB II) für entsprechend anwendbar (vgl. Rn. 205). Nach § 22 b SGB II sind in der Satzung die nach den örtlichen Gegebenheiten angemessene Wohnfläche und die Höhe der angemessenen Aufwendungen festzulegen, auch die Höhe der Verbrauchskosten kann näher bestimmt werden. Nach § 22 b III 2 Nr. 2 SGB II soll für die **Ausübung des Umgangsrechts** eine Sonderregelung getroffen werden.

Zur Berücksichtigung der Wohnkosten einer Einsatzgemeinschaft im Rahmen des Anspruchsübergangs nach § 94 I SGB XII vgl. Rn. 100.

d) **Mehrbedarf.** Soweit nicht im Einzelfall ein abweichender Bedarf besteht, werden 53 folgende Mehrbedarfszuschläge gewährt:
– für Personen, die die Altersgrenze nach § 41 II SGB XII erreicht haben, die bis zum 31. 12. 2011 mit 65 Jahren angesetzt und dann pro Jahr um einen Monat, später um zwei Monate erhöht wird (Rn. 138), und für voll erwerbsgeminderte Personen bis zu dieser Altersgrenze in Höhe von 17% des maßgebenden Regelsatzes, wenn sie im Besitz eines Schwerbehindertenausweises mit dem Merkzeichen G sind oder dies durch einen Be-

---

[59] BGH FamRZ 2008, 781; OLG Düsseldorf FamRZ 1999, 127
[60] OVG Lüneburg NJW 2002, 841; KG FamRZ 1994, 1047

§ 8   Unterhalt und Sozialleistungen

scheid der zuständigen Behörde nachweisen (§ 30 I SGB XII). Bezugsgröße ist nicht der Eckregelsatz (Regelbedarfsstufe 1), sondern derjenige Prozentsatz der Regelbedarfsstufe, die für die Person, die die Voraussetzungen des Mehrbedarfszuschlages erfüllt, maßgebend ist, bei einem Leistungsberechtigten, der mit seinem Ehegatten zusammenlebt, also 90% des Regelsatzes (Rn. 50);[61]
– für werdende Mütter nach der 12. Schwangerschaftswoche (§ 30 II SGB XII), ebenfalls in Höhe von 17% des maßgebenden Regelsatzes;
– für Personen, die mit einem oder mehreren minderjährigen Kindern zusammenleben und allein für deren Pflege und Erziehung sorgen, in Höhe von 36% der Regelbedarfsstufe 1 für ein Kind unter 7 Jahren oder zwei oder drei Kinder unter 16 Jahren, dagegen in Höhe von 12% für jedes minderjährige Kind, wenn die Voraussetzungen für den Zuschlag von 36% nicht gegeben sind (§ 30 III SGB XII). Bei Betreuung eines einzigen Kindes unter sieben Jahren fällt daher ein Zuschlag von 36% an, der sich mit Vollendung des 7. Lebensjahres auf 12% ermäßigt. Vollendet das älteste von zwei Kindern, die beide älter als sieben Jahre sind, das 16. Lebensjahr, sinkt der Zuschlag von bisher 36% auf 24% der Regelbedarfsstufe 1. Wer mit seinem Ehegatten zusammenlebt, der nicht Vater oder Mutter der Kinder zu sein braucht, ist nicht allein erziehend im Sinne des § 30 III SGB XII;
– für Behinderte, die das 15. Lebensjahr vollendet haben und denen Eingliederungshilfe nach § 54 I 1 Nr. 1 bis 3 SGB XII gewährt wird (§ 30 IV SGB XII), in Höhe von 35% des maßgebenden Regelsatzes;
– krankheitsbedingter Mehrbedarf für eine kostenaufwändige Ernährung in angemessener Höhe (§ 30 V SGB XII).
Der nach den vorstehenden Tatbeständen insgesamt anzuerkennende Mehrbedarf darf die maßgebende Regelbedarfsstufe nicht überschreiten (§ 30 VI SGB XII).
– Seit dem 1. 1. 2011 fallen die Warmwasserkosten – anders als früher, als sie aus dem Regelsatz zu bestreiten waren – unter die Kosten der Unterkunft und Heizung und sind daher nach Aufwand zu gewähren. Wird dagegen Warmwasser nicht durch die Zentralheizung erzeugt, sondern durch dezentrale Warmwassererzeugung, wird insoweit nach § 30 VII SGB XII ein Mehrbedarf anerkannt, der gestaffelt nach Prozentsätzen von den Regelbedarfsstufen bemessen wird.

53a **e) Leistungen für Bildung und Teilhabe.** Eine der wesentlichen Neuerungen zum 1. 1. 2011 ist der Dritte Abschnitt Bildung und Teilhabe (§§ 34 ff. SGB XII). Zum **berechtigten Personenkreis** gehören
– Schülerinnen und Schüler, die eine allgemein- oder berufsbildende Schule besuchen (§ 34 I, II – V SGB XII)
– Kinder und Jugendliche für Teilhabe am sozialen und kulturellen Leben in der Gemeinschaft (§ 34 I, VI SGB XII)
Folgende **Bedarfe** werden anerkannt:
– Bedarfe für **Schulausflüge und mehrtägige Klassenfahrten** im Rahmen der schulrechtlichen Bestimmungen in Höhe der tatsächlichen Aufwendungen. Für Kinder, die eine Kindertageseinrichtung besuchen, gilt dies entsprechend (§ 34 II SGB XII).
– Bedarfe für **persönlichen Schulbedarf** von 70,– EUR für das 1. Schulhalbjahr und 30,– EUR für das 2. Schulhalbjahr (§ 34 III SGB XII; vgl. zuvor § 28 a SGB XII a. F.)
– Kosten der **Schülerbeförderung** (§ 34 IV SGB XII)
– **Nachhilfekosten** („ergänzende angemessene Lernförderung"; § 34 V SGB XII)
– Mehraufwendungen bei Teilnahme an einer **gemeinschaftlichen Mittagsverpflegung** (§ 34 VI SGB XII)
– Für Minderjährige wird ein Bedarf zur **Teilhabe am sozialen und kulturellen Leben** in der Gemeinschaft in Höhe von insgesamt 10,– EUR monatlich berücksichtigt für **Mitgliedsbeiträge** in den Bereichen Sport, Spiel, Kultur und Geselligkeit, Unterricht in künstlerischen Fächern (zum Beispiel Musikunterricht) und vergleichbare angeleitete Aktivitäten der kulturellen Bildung und die **Teilnahme an Freizeiten**.

---

[61] Schellhorn SGB XII § 30 Rn. 3

2. Abschnitt: Sozialhilfe und Unterhalt § 8

Nach § 34 a SGB XII werden die vorstehenden Leistungen – mit Ausnahme des persönlichen Schulbedarfs – **nur auf Antrag** erbracht. Die Leistungen werden auch gewährt, wenn der nachfragende Person keine Regelsätze erbracht werden (§ 34 a I SGB XII). Leistungen für Schulausflüge, Klassenfahrten, Nachhilfekosten, Mittagsverpflegung und Vereinsbeiträge etc. werden durch Sach- und Dienstleistungen erbracht, insbesondere durch **Gutscheine** oder Direktzahlungen an die Anbieter der Leistungen (§§ 34 a II–V SGB XII).

f) Leistungen für einmalige Bedarfe. Seit dem 1. 1. 2005 werden nach § 31 SGB XII Leistungen für einmalige Bedarfe neben den Regelsätzen nur noch ausnahmsweise gewährt, und zwar für 54

– Erstausstattungen für die Wohnung einschließlich Haushaltsgeräten,
– für Erstausstattung für Bekleidung und Erstausstattungen bei Schwangerschaft und Geburt
– Anschaffung und Reparaturen von orthopädischen Schuhen, Miete und Reparaturen von therapeutischen Geräten.

Die Kosten für mehrtägige Klassenfahrten sind nunmehr – neben Schulausflügen – in dem neuen Dritten Abschnitt Bildung und Teilhabe geregelt (§ 34 II 1 Nr. 2 SGB XI) (Rn. 53 a).

Die nachfragende Person wird also darauf verwiesen, andere nicht jeden Monat anfallende Ausgaben, die bis 2004 als einmalige Leistungen gesondert berücksichtigt wurden, aus dem zum 1. 1. 2005 erhöhten Regelsatz zu bestreiten und die erforderlichen Beträge ggf. anzusparen (vgl. § 27 a III SGB XII). Jedoch kann im Einzelfall der Regelsatz nach § 27 a IV SGB XII erhöht werden (Rn. 51). Nur bei unabweisbar höherem Bedarf kommen ergänzende Darlehen in Betracht (§ 37 SGB XII). Leistungen können auch dann gewährt werden, wenn die nachfragende Person zwar den Regelbedarf decken kann, ihre eigenen Kräfte und Mittel aber für die Befriedigung einmaliger Bedarfe nicht ausreichen (§ 31 II 1 SGB XII).

g) Vorsorgeaufwendungen. Sozialhilfeempfänger sind als solche nicht in der gesetzlichen Sozialversicherung pflichtversichert. Jedoch besteht seit dem 1. 4. 2007[62] eine Pflichtversicherung in der gesetzlichen Krankenversicherung für Personen, die allein wegen der Zahlung der Pflichtbeiträge bedürftig werden (§ 5 I Nr. 13, VIII 2 SGB V).[63] Für diesen Personenkreis übernehmen die Sozialhilfeträger die Beiträge zur Kranken- und Pflegeversicherung (§ 32 I 1, III SGB XII). Für den überwiegenden Kreis der Sozialhilfeempfänger, die laufende Leistungen nach dem 3. sowie nach dem 5. bis 9. Kapitel des SGB XII erhalten und nicht pflichtversichert sind, übernehmen die gesetzlichen Krankenkassen die Krankenbehandlung. Die Sozialhilfeträger haben die Kosten zu erstatten (§ 264 V SBG V). In bestimmten Fällen kann die Krankenversorgung auch durch Übernahme der Beiträge für eine (Weiter-)Versicherung in einer gesetzlichen Krankenkasse oder für eine freiwillige Krankenversicherung sichergestellt werden (§ 32 SGB XII). Dies gilt auch für die Empfänger von Grundsicherung im Alter und bei Erwerbsminderung (§ 42 S. 1 Nr. 4 SGB XII). Die Übernahme der Krankenversicherungsbeiträge schließt die Beiträge zur Pflegeversicherung ein (§ 32 III SGB XII). Beiträge für eine angemessene Altersversorgung und für ein Sterbegeld können nach § 33 SGB XII vom Sozialhilfeträger übernommen werden. 55

h) Schulden. Sozialhilfe dient grundsätzlich nicht der Begleichung von Schulden, da sie aus der Vergangenheit stammen und Sozialhilfe nur die Behebung einer gegenwärtigen Notlage bezweckt. Ausnahmsweise können Schulden übernommen werden, wenn dies zur Sicherung der Unterkunft oder zur Behebung einer vergleichbaren Notlage gerechtfertigt ist. Muss Wohnungslosigkeit vermieden werden, sollen die entsprechenden Schulden übernommen werden (§ 36 I SGB XII). Zur Berücksichtigung von Schulden bei der Ermittlung des einzusetzenden Einkommens vgl. Rn. 35. 56

---

[62] Vgl. Art. 46 I in Verbindung mit Art. 1 Nr. 2 a cc und 2 c des Gesetzes zur Stärkung des Wettbewerbs in der gesetzlichen Krankenversicherung vom 26. 3. 2007 – BGBl. I S. 378
[63] Vgl. hierzu im Einzelnen Harder/Birk in LPK/SGB XII § 32 Rn. 2. 9

IV. Sonstige Hilfearten

57 Das BSHG unterschied streng zwischen der Hilfe zum Lebensunterhalt und der Hilfe in besonderen Lebenslagen (§§ 11 ff. BSHG einerseits, §§ 27 ff. BSHG andererseits). Die letztere Hilfeart ist seit dem 1. 1. 2005 als Oberbegriff entfallen. Die einzelnen Hilfearten sind nunmehr – teilweise unter Verwendung anderer Terminologie – in den Abschnitten 5 bis 9 des SGB XII geregelt. Für das Unterhaltsrecht von Interesse sind vor allem die Eingliederungshilfe für behinderte Menschen, die Hilfe zur Pflege und die Blindenhilfe (§§ 53 ff., 61 ff., 72 SGB XII).

Bis zum 31. 12. 2004 umfasste die Hilfe in besonderen Lebenslagen auch den Lebensunterhalt, wenn Hilfe in einer Einrichtung erbracht wurde(§ 27 III BSHG). Seit dem 1. 1. 2005 deckt die **Hilfe zum Lebensunterhalt** nach § 35 I SGB XII in teilstationären Einrichtungen[64] den darin erbrachten Unterhalt. Bei Aufenthalt in einer **stationären Einrichtung** umfasst die Hilfe zum Lebensunterhalt auch den weiteren notwendigen Lebensunterhalt, und zwar im Umfang der Leistungen der Grundsicherung im Alter und bei Erwerbsminderung nach § 42 S. 1 Nr. 1 bis 3 SGB XII. Der Sozialhilfeträger trägt daher den für den Leistungsberechtigten maßgebenden Regelsatz, pauschalierte Aufwendungen für Unterkunft und Heizung, Mehrbedarf nach § 30 SGB XII und einmalige Bedarfe entsprechend § 31 SGB XII. Hinzu kommen in stationären Einrichtungen insbesondere Kleidung und ein angemessener Barbetrag zur besonderen persönlichen Verfügung (§ 27 b II SGB XII). Der Barbetrag beträgt bei Volljährigen mindestens 27% des der Regelbedarfsstufe 1, also nach dem Stand vom 1. 4. 2011 98,28 EUR (§ 27 b II 2 SGB XII). Dieser Betrag kann wie früher der entsprechende Mindestbetrag nach § 21 III 2 BSHG im Einzelfall erhöht werden.[65] Diese Leistungen, insbesondere auch der Barbetrag, sind also Teil der Hilfe zum Lebensunterhalt, nicht dagegen Teil der Hilfen nach dem 5. bis 9. Kapitel des SGB XII.[66] Dies folgt aus der Einstellung des § 27 b SGB XII in das 3. Kapitel des SGB XII (Hilfe zum Lebensunterhalt).

58 Der Bedarf, der bei der **Hilfe zur Pflege** sozialhilferechtlich gedeckt werden muss, entspricht weitgehend den Kosten, die dem Sozialhilfeträger durch die Hilfe entstehen, also z. B. den Pflegesätzen des Heims zuzüglich des Barbetrags, aber abzüglich des anzurechnenden Einkommens des Leistungsberechtigten. Zur Anrechnung etwaigen Erwerbseinkommens vgl. § 88 II SGB XII. Bei Pflegebedürftigen wird die Sozialhilfe vielfach durch die Pflegeversicherung (SGB XI) in erheblichem Umfang entlastet.

59 Nach § 73 SGB XII können sonstige Leistungen als Beihilfe oder Darlehen erbracht werden, wenn sie den Einsatz öffentlicher Mittel rechtfertigen. Erforderlich ist das Vorliegen einer besonderen Bedarfslage, die eine gewisse Nähe zu den gesetzlich geregelten Bedarfslagen aufweist. Das BSG[67] hat Kosten des Umgangs mit dem bei dem anderen Elternteil lebenden Kind als solchen atypischen Bedarf angesehen. Zu den Umgangskosten vgl. Rn. 52, 218.

V. Der Übergang des Unterhaltsanspruchs auf den Sozialhilfeträger

1. Abgrenzung des § 94 SGB XII vom Übergang anderer Ansprüche

60 94 SGB XII ist eine Spezialvorschrift, die nur anzuwenden ist, wenn der Sozialhilfeempfänger einen Unterhaltsanspruch gegen einen anderen hat. Haben der Leistungsberechtigte und bestimmte Angehörige sonstige Ansprüche, denen gegenüber die Sozialhilfe subsidiär ist (Rn. 7 ff.), kann der Sozialhilfeträger diese Forderungen nach § 93 SGB XII auf

---

[64] Zum Begriff der Einrichtung vgl. § 13 II SGB XII
[65] Dazu BVerwG NJW 2005, 167; Schellhorn SGB XII § 35 Rn. 18
[66] Schellhorn SGB XII § 35 Rn. 1, 7
[67] FamRZ 2007, 465

2. Abschnitt: Sozialhilfe und Unterhalt § 8

sich überleiten. Dies gilt jedoch nicht, wenn der Anspruch sich gegen einen anderen Leistungsträger richtet. In diesem Fall bestehen Erstattungsansprüche der Leistungsträger untereinander (§§ 102 ff. SGB X). So kann der Sozialhilfeträger z. B. nach diesen Vorschriften Ausgleich von der Unterhaltsvorschusskasse verlangen, wenn er vorläufig Sozialhilfe geleistet, das Kind aber einen Anspruch auf Unterhaltsvorschuss hat. Vgl. dazu Rn. 262 ff. Hat der Arbeitgeber geschuldetes Arbeitsentgelt nicht gezahlt und hat deshalb der Sozialhilfeträger Leistungen an den Arbeitnehmer erbracht, geht in deren Höhe der Anspruch auf Arbeitsentgelt auf den Sozialhilfeträger über (§ 115 SGB X); das Gleiche gilt für Schadensersatzansprüche des Leistungsberechtigten, wenn der Sozialhilfeträger infolge des Schadensereignisses Leistungen erbracht hat (§ 116 SGB X).[68] Diese Vorschriften gehen der Regelung des § 93 SGB XII vor (§ 93 IV SGB XII).

Nach § 93 I SGB XII findet – anders als nach § 94 SGB XII – kein gesetzlicher **61** Forderungsübergang statt. Vielmehr kann der Sozialhilfeträger nach seinem Ermessen einen Anspruch durch schriftliche Anzeige auf sich überleiten. Dieser **Verwaltungsakt** kann durch Widerspruch und ggf. Klage vor den Sozialgerichten angefochten werden (vgl. Rn. 17). Widerspruch und Klage haben keine aufschiebende Wirkung (§ 93 III SGB XII). Die Überleitung ist für die ordentlichen Gerichte bindend und erfasst den Anspruch so, wie er bei Überleitung bestanden hat.[69] Sie dient der Durchsetzung des Nachrangs der Sozialhilfe und soll die Haushaltslage herstellen, die bestehen würde, wenn der Schuldner den Anspruch des Leistungsberechtigten schon früher erfüllt hätte.[70] Voraussetzung für die Überleitung ist, dass der Leistungsberechtigte gegen einen anderen, der nicht Leistungsträger ist (Rn. 60), einen Anspruch hat. Bei Gewährung sonstiger Hilfen nach dem 5. bis 9. Kapitel des SGB XII kann auch auf die Ansprüche der Eltern sowie des nicht getrennt lebenden Ehegatten (Lebenspartners) gegen einen Dritten zurückgegriffen werden (§ 93 I 1 SGB XII). Der Anspruch muss während der Zeit bestehen, für die Sozialhilfeleistungen erbracht werden. Dazu genügt es, dass er vor dieser Zeit fällig geworden ist, aber im Zeitpunkt der Leistungserbringung noch besteht.[71] Die Überleitung darf nur insoweit bewirkt werden, als bei rechtzeitiger Leistung des Schuldners die Sozialhilfe nicht erbracht worden oder als in diesem Fall Aufwendungsersatz oder ein Kostenbeitrag nach §§ 19 V, 92 I SGB XII zu leisten wäre (§ 93 I 3 SGB XII). Sie ist daher nur bis zur Höhe der Aufwendungen des Trägers für die Sozialhilfe zulässig.[72]

Überleitungsfähig sind sowohl privatrechtliche als auch öffentlichrechtliche Ansprüche, insbesondere Ansprüche aus einem Vertrag, durch den ein Grundstück auf ein Kind übertragen wird und dieses im Gegenzug eine Leibrente oder ein Altenteil versprochen hat, ferner Ansprüche auf Rückgabe eines Geschenks wegen Verarmung oder wegen groben Undanks (§§ 528 ff. BGB),[73] Pflichtteilsansprüche,[74] Schadensersatzansprüche, soweit nicht § 115 SGB X (Rn. 60) eingreift,[75] Ansprüche auf Steuererstattung[76] sowie auf Darlehensrückzahlung usw.

2. Übergehende Unterhaltsansprüche; Ausschluss des Anspruchsübergangs

Nach § 94 I 1 SGB XII geht ein Unterhaltsanspruch des Leistungsberechtigten **kraft** **62** **Gesetzes** auf den Sozialhilfeträger über. Daher finden nach § 412 BGB die Vorschriften der §§ 399 bis 404, 406 bis 410 BGB über die Forderungsabtretung entsprechende Anwendung. Einer Mitteilung des Sozialhilfeträgers an den Hilfeempfänger und an den Unter-

---

[68] Schellhorn SGB XII § 93 Rn. 58 f.
[69] BGH FamRZ 2003, 1265
[70] BGH FamRZ 2003, 1265
[71] BVerwGE 110, 5
[72] BGH FamRZ 2005, 177
[73] BGH FamRZ 2005, 178; 2003, 1265
[74] BGH FamRZ 2006, 194
[75] BGH FamRZ 2004, 1569
[76] Schellhorn SGB XII § 93 Rn. 20; Wolf in Fichtner/Wenzel § 93 SGB XII Rn. 15; vgl. auch BVerwG FamRZ 1999, 1653

haltspflichtigen bedarf es für den Anspruchsübergang nicht, mag eine solche Mitteilung auch zweckmäßig und empfehlenswert sein. Zur Rechtswahrungsanzeige vgl. Rn. 82. Ein Verwaltungsakt ergeht nicht. Deshalb entfällt auch die Überprüfung des Anspruchsübergangs durch die Sozialgerichte. Vielmehr entscheiden über alle Fragen, die mit dem **Forderungsübergang** zusammenhängen, die **Familiengerichte** (§ 94 V 3 SGB XII, § 23 b I Nr. 5, 6, 13, 15 GVG).[77] Dies gilt auch für die Überprüfung der sozialhilferechtlichen Schutzvorschriften des § 94 I und III SGB XII.[78]

63 Lebt der Leistungsberechtigte mit Angehörigen in einer **Einsatzgemeinschaft** (Rn. 23) zusammen, wird die Hilfe zum Lebensunterhalt in der Regel in einem Bescheid bewilligt, in dem Bedarf und Einkommen aller Angehörigen der Einsatzgemeinschaft gegenübergestellt werden und saldiert werden. Gleichwohl hat jeder von ihnen einen eigenen Anspruch auf Sozialhilfe (Rn. 24).[79] Nur soweit jedes Mitglied der Einsatzgemeinschaft auch einen eigenen Unterhaltsanspruch hat, kann dieser in Höhe der gerade ihm gewährten Sozialhilfe auf den Sozialhilfeträger übergehen.

64 Vom Anspruchsübergang werden nach § 94 I 1 SGB XII zunächst (mit Ausnahme der in Rn. 68 genannten Fälle) die **gesetzlichen Unterhaltsansprüche** des Leistungsberechtigten und der Angehörigen der Einsatzgemeinschaft (Rn. 23, 63) erfasst. Es handelt sich um Ansprüche auf Kindesunterhalt, Elternunterhalt, Trennungsunterhalt (§ 1361 BGB), nachehelichen Unterhalt (§§ 1569 ff. BGB), auf Unterhalt der nicht verheirateten Mutter oder des nicht verheirateten Vaters wegen Betreuung eines nichtehelichen Kindes (§ 1615 l I, II, IV BGB), auf Trennungsunterhalt bei Lebenspartnern und auf nachpartnerschaftlichen Unterhalt (§§ 12, 16 LPartG).

65 **Vertragliche Unterhaltsansprüche** sind übergangsfähig, wenn die Vereinbarung den gesetzlichen Anspruch im Wesentlichen nur erweitert, ausgestaltet, konkretisiert oder modifiziert,[80] nicht dagegen, wenn die Unterhaltsansprüche auf einem Austauschvertrag beruhen[81] oder wenn im Gesetz nicht vorgesehene Unterhaltsansprüche, z.B. zwischen Geschwistern, begründet werden.[82] In solchen Fällen findet ein Anspruchsübergang nach § 94 SGB XII nicht statt; jedoch ist dann in der Regel eine Überleitung des Unterhaltsanspruchs nach § 93 SGB XII möglich (vgl. Rn. 60 f.).

66 Zusammen mit dem Unterhaltsanspruch geht auch der **privatrechtliche Auskunftsanspruch** nach §§ 1605, 1361 IV, 1580, 1615 l III 1 BGB, §§ 12 S. 2, 16 S. 2 LPartG auf den Sozialhilfeträger, in der Regel auf die zuständige Gemeinde oder den Landkreis, über (§ 94 I 1 SGB XII).[83] Erhält ein Kind neben der Sozialhilfe auch Unterhaltsvorschuss, kommt ein weiterer Übergang des Auskunftsanspruchs auf das Land als Unterhaltsvorschusskasse in Betracht (§ 7 I 1 UVG; vgl. Rn. 270 ff.). Auch dem Leistungsberechtigten wird man als Unterhaltsgläubiger die Geltendmachung des ihm zustehenden Auskunftsanspruchs nicht verwehren können, da er in der Lage sein muss, die Berechtigung etwa ihm verbliebener Anspruchsteile und künftig entstehender Ansprüche zu prüfen.[84] Die dogmatische Einordnung der gesetzlichen Regelung bleibt unklar. Man kann wohl davon ausgehen, dass der Hilfeempfänger Gläubiger des Stammrechts auf Unterhalt[85] und damit auch des Auskunftsanspruchs bleibt und dass der Sozialhilfeträger und die Unterhaltsvorschusskasse trotz des weitergehenden Gesetzeswortlauts nur die Befugnis erwerben, den Auskunftsanspruch im eigenen Namen geltend zu machen. Jedenfalls kann der Sozialhilfeträger den übergegangenen Unterhaltsanspruch auch im Wege der Stufenklage (§ 113 I 2 FamFG i.V.m. § 254 ZPO) verfolgen. Ihm bleibt es weiterhin unbenommen, den Schuldner durch **Ver-**

---

[77] BGH FamRZ 1996, 1203, 1205
[78] Dazu Münder NJW 2001, 2201, 2209
[79] BVerwG NJW 1993, 3153; 1992, 1522; vgl. BGH FamRZ 2004, 1370 m. Anm. Schürmann FamRZ 2004, 1577; Schellhorn SGB XII § 19 Rn. 5, 12, § 94 Rn. 52
[80] BGH FamRZ 1990, 867
[81] Vgl. BVerwG FamRZ 1994, 31 = NJW 1994, 64
[82] Nr. 51 Empfehlungen DV SGB XII FamRZ 2005, 1387
[83] Die gegenteilige Rechtsprechung des BGH FamRZ 1991, 1117 = NJW 1991, 1235 ist seit dem 1. 8. 1996 durch Änderung des § 91 BSHG überholt
[84] KG FamRZ 1997, 1405
[85] LSG Niedersachsen FamRZ 2000, 773

2. Abschnitt: Sozialhilfe und Unterhalt § 8

waltungsakt auf Auskunft in Anspruch zu nehmen (§ 117 I SGB XII).[86] Die öffentlich-rechtliche Auskunftspflicht geht über die nach bürgerlichem Recht bestehende Verpflichtung (§ 1605 BGB) weit hinaus. Auskunftspflichtig sind – unabhängig von der Zwei-Jahres-Frist des § 1605 II BGB – neben dem Unterhaltspflichtigen auch dessen nicht getrennt lebender Ehegatte (Lebenspartner), als Kostenersatzpflichtige die Angehörigen der Einsatzgemeinschaft (Rn. 23) und unter bestimmten Voraussetzungen Personen, die mit ihm in Haushaltsgemeinschaft (Rn. 27) leben (§ 117 I 3 SGB XII), die ihm Leistungen erbringen oder erbracht haben (§ 117 II SGB XII), die für ihn Guthaben führen oder Vermögensgegenstände verwahren (insbesondere Banken und Sparkassen; vgl. § 117 III SGB XII), der Arbeitgeber (§ 117 IV SGB XII) und das Finanzamt (§ 117 I, SGB XII, § 21 IV SGB X).

Ansprüche auf Verzinsung des Unterhaltsanspruchs gehen nicht mit diesem auf den 67 Sozialhilfeträger über,[87] da §§ 412, 401 BGB andere Ansprüche aus demselben Schuldverhältnis nicht erfassen.[88]

Der **Übergang** bestimmter Unterhaltsansprüche ist aus sozialpolitischen Gründen **aus-** 68 **geschlossen** (§ 94 I 3, 4 SGB XII). Dies ist der Fall,
- wenn der Unterhaltspflichtige zum „Personenkreis des § 19 SGB XII" gehört, also – nach der Rechtslage bis 2010 – mit dem Berechtigten in einer **Einsatzgemeinschaft** (Rn. 23) zusammenlebt. Die gesetzliche Verweisung berücksichtigt allerdings nicht, dass die Einsatzpflicht von nicht getrennt lebenden Ehegatten usw. nunmehr in § 27 II 2 SGB XII geregelt ist. Hierbei dürfte es sich allerdings um ein **Redaktionsversehen** handeln (vgl. Rn. 25). Demnach ist der Personenkreis des § 19 I 2 SGB XII a. F. nunmehr in § 27 II 2 SGB XII definiert. Ein Anspruchsübergang findet daher nicht statt, wenn sich der Anspruch auf (Familien-)Unterhalt gegen den nicht getrennt lebenden Ehegatten (Lebenspartner) richtet oder wenn ein bedürftiges minderjähriges Kind bei einem Elternteil oder bei beiden Eltern lebt. Insoweit kommt allerdings ein öffentlich-rechtlicher Anspruch auf Aufwendungsersatz in Betracht (§ 19 V SGB XII). Vgl. dazu Rn. 9, 25;
- wenn der Unterhaltspflichtige mit dem Leistungsberechtigten **vom zweiten Grad** an verwandt ist (§ 94 I 3 SGB XII). Dies betrifft vor allem Ansprüche der Enkel gegen die Großeltern oder der Großeltern gegen die Enkel. Zu der Frage, ob die Enkel dennoch selbst Ansprüche gegen die Großeltern geltend machen können, auch wenn sie Sozialhilfe in Anspruch nehmen könnten, vgl. Rn. 128;
- wenn eine **Schwangere** oder ein Kind, das sein eigenes leibliches Kind bis zur Vollendung seines 6. Lebensjahres betreut, Unterhalt gegen Verwandte ersten Grades geltend macht (§ 94 I 4 SGB XII). Diese Vorschrift geht zurück auf die Reform der Vorschriften über den Schwangerschaftsabbruch.[89] § 94 I 4 SGB XII betrifft den Unterhaltsanspruch des Kindes, in der Regel einer Tochter, gegen seine Eltern, theoretisch auch eines betreuenden Elternteils gegen ein eigenes bereits volljähriges und leistungsfähiges Kind. Zur auch hier sich stellenden Frage, ob die leistungsberechtigte Person aber selbst Unterhaltsansprüche geltend machen kann oder sich zur Bedarfsdeckung auf Sozialhilfe verweisen lassen muss,[90] vgl. Rn. 128.

Zum Ausschluss des Anspruchsübergangs bei laufender Zahlung des Unterhalts vgl. Rn. 84.

3. Umfang des Forderungsübergangs

a) Begrenzung durch die Höhe der Sozialhilfe. Der Unterhaltsanspruch geht nur bis 69 zur Höhe der vom Sozialhilfeträger geleisteten Aufwendungen auf diesen über (§ 94 I 1

---

[86] Zu den Voraussetzungen und dem Umfang des Auskunftsanspruchs (nach § 116 BSHG) vgl. BVerwG FamRZ 1994, 33 = NJW 1994, 66; LSG NRW FamRZ 2010, 599
[87] OLG Hamm FamRZ 2002, 983
[88] BGH NJW 1961, 1524; Palandt/Grüneberg BGB § 401 Rn. 6
[89] Vgl. Art. 8 des Schwangeren- und Familienhilfegesetzes vom 27. 7. 1992 – BGBl. I S. 1398, 1401
[90] Vgl. BGH FamRZ 1992, 41

SGB XII). Übersteigt die Sozialhilfe den geschuldeten Unterhalt, steht der Unterhaltsanspruch in voller Höhe dem Sozialhilfeträger zu. Ist die Sozialhilfe geringer als der Unterhaltsanspruch, geht dieser nur in Höhe der gezahlten Sozialhilfe auf den Sozialhilfeträger über; der darüber hinausgehende Unterhaltsanspruch verbleibt beim Leistungsberechtigten.

70 **b) Kosten der Unterkunft.** Nach §§ 94 I 6, 105 II SGB XII gehen seit dem 1. 1. 2005 56% der als Hilfe zum Lebensunterhalt und als Grundsicherung im Alter und bei Erwerbsminderung gewährten Wohnkosten (mit Ausnahme der Kosten für Heizung und Warmwasser) nicht auf den Sozialhilfeträger über. Dies beruht darauf, dass Wohngeld neben der Hilfe zum Lebensunterhalt und der Grundsicherung im Alter und bei Erwerbsminderung nicht mehr gewährt wird (§ 7 I 1 Nr. 5, 6 WohngeldG). Der Sozialhilfeträger hat daher die gesamten angemessenen Wohnkosten sicherzustellen (§ 35 I S. 1 bis 3 SGB XII; vgl. Rn. 52). Dies gilt auch dann, wenn der Leistungsberechtigte in einem Heim lebt (vgl. §§ 27 b I 2, 42 S. 1 Nr. 2, 76 II 1 SGB XII; Rn. 57). Der Bedürftige, der bis 31. 12. 2004 neben der Sozialhilfe Wohngeld bezog, soll nicht dadurch schlechter gestellt werden, dass er jetzt die Wohnkosten als Teil der Sozialhilfe erhält. Der Gesetzgeber ist anscheinend davon ausgegangen, dass etwa 56% der Wohnkosten (ohne Heizung und Warmwasser) früher als Wohngeld gewährt wurden. Insoweit fand kein Anspruchsübergang statt. Da der Gesetzgeber an diesem Zustand nichts ändern wollte, musste er die cessio legis nach § 94 SGB XII einschränken und 56% der Wohnkosten vom Anspruchsübergang ausnehmen. Daher verbleibt der Unterhaltsanspruch insoweit beim Berechtigten. Dies kann dazu führen, dass sein Bedarf insoweit doppelt gedeckt wird, einmal durch die Sozialhilfe, zum anderen durch den Unterhaltsanspruch, wenn er beigetrieben werden kann. Es spricht vieles dafür, die Sozialhilfe insoweit als nicht subsidiär zu betrachten und somit bedarfsdeckend anzurechnen; zur generellen Problematik Rn. 126 ff., 160.

§ 105 II SGB XII ist nicht anwendbar, der Übergang des Unterhaltsanspruchs ist also hinsichtlich der Wohnkosten nicht eingeschränkt, wenn der Sozialhilfebescheid nach § 45 II 3 SGB X wegen unlauteren Verhaltens der nachfragenden Person zurückgenommen werden kann oder wenn Wohngeld nach dem Wohngeldgesetz neben der Hilfe zum Lebensunterhalt oder der Grundsicherung im Alter und bei Erwerbsminderung gewährt worden ist.

> **Beispiel:**
> Die getrennt lebende Ehefrau F bezieht eine befristete Rente von 100,– € wegen voller Erwerbsminderung. Sie erhält Sozialhilfe in Höhe des Regelsatzes von 364,– € und der Wohnkosten von 320,– €, davon 60,– € Kosten für Heizung und Warmwasser. Nach Anrechnung ihrer Rente werden daher 584,– € vom Sozialamt gezahlt. Da der Anspruchsübergang in Höhe von 146,– € (56% von 260,– €) ausgeschlossen ist, kann der (höhere) Unterhaltsanspruch gegen ihren Ehemann höchstens in Höhe von (584 – 146 =) 438,– € auf den Sozialhilfeträger übergehen.

71 **c) Zeitliche Kongruenz von Unterhaltsanspruch und Sozialhilfe.** Der Unterhaltsanspruch muss für die Zeit bestehen, für die Hilfe gewährt wird (§ 94 I 1 SGB XII). Gerade in dieser Zeit muss der Gläubiger nach dem Prinzip der **Gleichzeitigkeit** unterhaltsbedürftig und der Unterhaltsschuldner leistungsfähig sein.[91] Mit der Einstellung der Sozialhilfe entfällt der Anspruchsübergang für die Zukunft. Wird die **Hilfegewährung unterbrochen,** gehen nur die Ansprüche über, die in der Zeit entstehen, in der Sozialhilfe gewährt wird. Auf die Dauer der Unterbrechung kommt es – anders als im Fall des § 93 II 2 SGB XII – nicht an. Zu den verfahrensrechtlichen Konsequenzen vgl. Rn. 107 ff.

Der Unterhaltsschuldner ist nicht zur Erstattung von Sozialhilfeaufwendungen verpflichtet, wenn er erst nach Zahlung der Sozialhilfe durch Aufnahme einer Erwerbstätigkeit oder durch Erwerb von Vermögen zur Leistung von Unterhalt instand gesetzt wird. Dabei kommt es auf die Leistungsfähigkeit nach Unterhaltsrecht an, nicht dagegen auf diejenige nach Sozialhilferecht. Zu § 94 III 1 Nr. 1 SGB XII vgl. Rn. 93 ff.

Einkommensschwankungen berühren die Leistungsfähigkeit vielfach nicht, da das unterhaltsrechtlich anzurechnende Einkommen in der Regel bei Arbeitnehmern auf Grund der

---

[91] BVerfG FamRZ 2005, 1051, 1053 mit Anm. Klinkhammer; Wahrendorf in Grube/Wahrendorf § 94 SGB XII Rn. 14

2. Abschnitt: Sozialhilfe und Unterhalt § 8

Einkünfte während eines Jahres, bei Selbständigen auf Grund eines Drei-Jahres-Zeitraums errechnet wird. Verfügt der Unterhaltsschuldner über ein Grundstück, das zum Schonvermögen (§ 90 II Nr. 9 SGB XII; vgl. Rn. 43) gehört und deshalb derzeit für den Unterhalt nicht eingesetzt werden muss, kann die Leistungsfähigkeit nicht dadurch hergestellt werden, dass der Sozialhilfeträger dem Unterhaltsschuldner analog § 91 SGB XII ein zinsloses Darlehen anbietet, das erst nach dessen Tod zurückgezahlt werden muss.[92]

Sozialhilfe wird nach dem **Monatsprinzip** grundsätzlich für den jeweiligen Kalendermonat bewilligt. Dies kann bei Leistungen für einmalige Bedarfe (§ 31 SGB XII; vgl. dazu Rn. 54) zu Problemen führen. Bei Bewilligung derartiger Leistungen ist bei den Leistungsberechtigten das Einkommen zu berücksichtigen, das sie innerhalb eines Zeitraums von bis zu sechs Monaten nach Ablauf des Monats erwerben, in dem über die Leistung entschieden worden ist (§ 31 II 2 SGB XII). Es liegt nahe, diesen Zeitraum von höchstens sieben Monaten auch bei Beurteilung der Leistungsfähigkeit des Schuldners heranzuziehen. Ein Unterhaltsanspruch, der auf den Sozialhilfeträger übergeht, kann danach begründet sein, wenn der Schuldner den einmaligen Bedarf (ggf. neben dem laufenden Unterhalt) innerhalb dieses Zeitraums ohne Gefährdung seines Selbstbehalts aufbringen kann.[93] Einkünfte des Unterhaltspflichtigen, die dieser in der Zeit vor Auszahlung der einmaligen Hilfe hatte, dürfen dagegen nicht berücksichtigt werden.[94] 72

Auch im Unterhaltsprozess führt die Bewilligung der Sozialhilfe für den jeweiligen Kalendermonat zu erheblichen Schwierigkeiten, weil die Höhe der Sozialhilfe, auch wenn keine einmaligen Leistungen gewährt werden, sich häufig ändert, z. B. weil sich Miete, Wohnnebenkosten, Krankenkassenbeiträge, Mehrbedarf oder ähnliche Positionen erhöhen oder ermäßigen, Überzahlungen auszugleichen sind oder Nachzahlungen erfolgen. Es bietet sich aus praktischen Gründen an, entsprechend der im Unterhaltsrecht üblichen Handhabung hinsichtlich des Einkommens bzgl. der in der Vergangenheit gewährten Sozialhilfe einen **Durchschnittsbetrag** zu errechnen und bei der Bemessung des übergegangenen Unterhaltsanspruchs zugrunde zu legen.[95] Dass eine Durchschnittsberechnung dem Sozialrecht nicht fremd ist, zeigt § 2 III der Alg II–V.[96] Der Ansatz eines Durchschnittsbetrages ist allerdings nur so lange möglich, als sich die Grundlagen der Sozialhilfegewährung und/oder der Unterhaltsberechnung nicht wesentlich verändern. Nimmt der Sozialhilfeempfänger eine (geringfügige) Erwerbstätigkeit (vgl. Rn. 31) auf und verringern sich dadurch sowohl die Sozialhilfe als auch der Unterhaltsanspruch, so muss selbstverständlich vom Beginn der Erwerbstätigkeit an eine Neuberechnung erfolgen.[97] 73

d) Sachliche Kongruenz von Unterhaltsanspruch und Sozialhilfe. Ein Unterhaltsanspruch kann nur dann übergehen, wenn mit der Sozialhilfe nicht nur der Bedarf im Sinne des Sozialhilferechts, sondern auch der Bedarf des Unterhaltsberechtigten nach bürgerlichem Recht sichergestellt wird. So befriedigen z. B. die Hilfe zur Weiterführung des Haushalts (§ 70 SGB XII) und die Altenhilfe (§ 71 SGB XII) zwar soziale Bedürfnisse. Diese sind jedoch allenfalls teilweise mit dem Unterhaltsbedarf des Leistungsberechtigten, also seiner Lebensstellung (§ 1610 I BGB) oder den ehelichen Lebensverhältnissen (§ 1578 I 1 BGB) identisch. Auch kann der sozialhilferechtliche Bedarf durchaus höher sein als der Bedarf nach Unterhaltsrecht. Dies ist der Fall, wenn der Leistungsberechtigte sein Einkommen oder Vermögen nach §§ 82 ff., 90 SGB XII ganz oder teilweise nicht einsetzen muss. Wegen der Unterschiede, die bei der Bedarfsberechnung zwischen Sozialhilfe- und Unterhaltsrecht bestehen, muss der Sozialhilfeträger den Unterhaltsbedarf des Leistungsempfängers konkret darlegen; der Verweis auf die geleistete Sozialhilfe reicht nicht aus.[98] 74

---

[92] BVerfG FamRZ 2005, 1051 mit Anm. Klinkhammer (zu § 89 BSHG)
[93] So Hußmann in Heiß/Born 16 Rn. 15
[94] Hußmann a. a. O.
[95] So wohl OLG Köln FamRZ 1995, 613; a. A. Hußmann in Heiß/Born 16 Rn. 14
[96] Arbeitslosengeld II/Sozialgeld-VO vom 17. 12. 2007 – BGBl. I S. 2942; vgl. Art. 7 Gesetzes zur Ermittlung von Regelbedarfen und zur Änderung des Zweiten und Zwölften Buches Sozialgesetzbuch vom 24. 3. 2011 BGBl. I S. 453
[97] Hußmann in Heiß/Born 16 Rn. 14
[98] KG FamRZ 2007, 77

Ob der Anspruch nunmehr auch wegen der **Leistungen für Bildung und Teilhabe** (Rn. 53 a) übergeht, war ausweislich der Gesetzesbegründung nicht Gegenstand der Überlegungen des Gesetzgebers. Dass jedenfalls in Bezug auf die Geldleistungen auch insoweit ein Anspruchsübergang stattfindet, entspricht durchaus der mit dem Anspruchsübergang verfolgten gesetzlichen Zielsetzung und steht daher einer Anwendung entsprechend dem weiten Gesetzeswortlaut nicht im Wege. Voraussetzung ist jedoch, dass ein die konkrete Leistung abdeckender Unterhaltsanspruch besteht.

75 Der Bedarf nach Sozialhilferecht kann auch dann höher sein als nach Unterhaltsrecht, wenn durch den Sozialhilfeträger **Schulden,** insbesondere Mietschulden zur Sicherung einer Unterkunft, übernommen werden (§ 36 SGB XII).[99] In solchen Fällen findet entweder kein Anspruchsübergang statt oder dieser beschränkt sich auf die Höhe des Unterhaltsanspruchs.

76 Ein Anspruchsübergang scheidet auch dann aus, wenn der Unterhaltsbedarf ganz oder zum Teil durch eigenes Einkommen des Leistungsberechtigten sichergestellt werden kann, dieses aber vom Sozialhilfeträger gar nicht oder nur teilweise angerechnet wird, weil nach Sozialhilferecht mit dem Einkommen auch der Bedarf des Ehegatten, der mit dem Berechtigten in einer Einsatzgemeinschaft lebt, gedeckt werden muss. Zu Recht hat deshalb der BGH[100] die Klage eines Sozialhilfeträgers abgewiesen, der nach § 94 I 1 SGB XII vom Sohn Unterhalt für den im Pflegeheim lebenden Vater verlangt hatte, obwohl dessen Einkommen die Pflegekosten deckte, während es für den Unterhalt Ehefrau nicht mehr ausreichte.

4. Wirkung des Anspruchsübergangs

77 Der Unterhaltsanspruch geht nach § 94 I 1 SGB XII mit der Leistung der Hilfe auf den Sozialhilfeträger über, und zwar für die **Zeit,** für die Hilfe gewährt wird. Der Anspruchsübergang verwirklicht sich daher mit der Auszahlung der Sozialhilfe an den Hilfeempfänger, selbst wenn der Sozialhilfeträger zunächst nur Vorausleistungen erbringt und der formelle Bewilligungsbescheid erst später ergeht. Für welche Zeit die Hilfe gewährt wird, ergibt sich aus dem Bewilligungsbescheid. Ergeht kein förmlicher Bescheid, liegt in der Aufnahme der Zahlungen zugleich deren Bewilligung.[101]

Die Gewährung der Sozialhilfe muss **rechtmäßig** sein.[102] Vgl. dazu auch Rn. 244. So dürfen bei Eingliederungsmaßnahmen für behinderte Kinder die Eltern nur zu den Kosten des Lebensunterhalts, nicht dagegen zu den Kosten der Maßnahme herangezogen werden.[103] Wird dies nicht beachtet, müssen sich die Eltern dagegen wehren können.

Trotz des Anspruchsübergangs verbleibt der Unterhaltsanspruch **für die Zukunft beim Berechtigten.** Dagegen steht der Unterhaltsanspruch **für die Vergangenheit** und für den Monat, für den die Hilfe bereits ausgezahlt worden ist, dem **Sozialhilfeträger** zu. Für diesen Zeitraum kann nur er über den Anspruch verfügen, ihn gerichtlich geltend machen (vgl. dazu Rn. 107), auf ihn verzichten oder Stundung gewähren. Für die Vergangenheit kann Zahlung nur an den Sozialhilfeträger geleistet werden, solange eine Rückabtretung (§ 94 V 1 SGB XII) nicht erfolgt ist. Vgl. dazu Rn. 111 ff. Zur Mahnung vgl. Rn. 81; zum Antragsrecht des Sozialhilfeträgers für die Zukunft vgl. Rn. 121. Die Verkehrsfähigkeit der übergegangenen Forderung ist nicht eingeschränkt; insbesondere gilt das Abtretungsverbot des § 400 BGB nach dem gesetzlichen Forderungsübergang nicht mehr.[104] Der Lauf der dreijährigen Verjährungsfrist ist nach dem Anspruchsübergang nicht mehr gemäß § 207 I

---

[99] Vgl. dazu Nr. 31 Empfehlungen DV SGB XII FamRZ 2005, 1387
[100] BGH FamRZ 2004, 1370 mit Anm. Schürmann FamRZ 2004, 1557
[101] Schellhorn SGB XII § 94 Rn. 53
[102] Vgl. Wolf in Fichtner/Wenzel § 94 SGB XII Rn. 31; Münder in LPK/SGB XII § 94 Rn. 9; Schellhorn SGB XII § 94 Rn. 56; anders BVerwG FamRZ 1993, 183 zu § 90 BSHG a. F.; vgl. BVerwG Beschluss vom 22. 6. 2006 – 5 B 42/06 (5 PKH 14/06) juris (zum Unterhaltsvorschuss) sowie OVG Berlin-Brandenburg JAmt 2010, 395
[103] Schellhorn SGB XII § 94 Rn. 55
[104] BGH FamRZ 1996, 1203, 1204 = NJW 1996, 3273, 3274

2. Abschnitt: Sozialhilfe und Unterhalt § 8

BGB gehemmt.[105] Zum Lauf der Frist nach Rückabtretung des Unterhaltsanspruchs an den Unterhaltsberechtigten vgl. Rn. 79, 119, 274. Auch der Pfändungsschutz des § 850 b I Nr. 2 ZPO entfällt nach Übergang des Unterhaltsanspruchs auf den Sozialhilfeträger.[106] Deshalb kann der Schuldner mit einer Forderung gegen den übergegangenen Anspruch **aufrechnen** (§ 394 BGB),[107] und zwar auch mit Ansprüchen gegen den Unterhaltsberechtigten, wenn die Voraussetzungen des § 406 BGB vorliegen.

Soweit der Unterhaltsanspruch übergegangen ist, hat der Schuldner an den Sozialhilfeträger zu zahlen. Ist der Anspruchsübergang ganz oder teilweise unwirksam, hat eine Zahlung an den Sozialhilfeträger befreiende Wirkung, wenn sie mit Zustimmung des Unterhaltsgläubigers erfolgt, z. B. wenn dieser im Verfahren gemäß §§ 113 I 2 FamFG, 265 II ZPO die Verpflichtung des Pflichtigen zur Zahlung an den Sozialhilfeträger beantragt (vgl. Rn. 109).[108] Leistungen des Schuldners an den (ursprünglichen) Unterhaltsgläubiger haben nur dann befreiende Wirkung, wenn dem Schuldner der Anspruchsübergang noch nicht bekannt war (§§ 412, 407 I BGB), insbesondere wenn ihm der Sozialhilfebedarf noch nicht durch Rechtswahrungsanzeige nach § 94 IV 1 BSHG (vgl. dazu Rn. 82) mitgeteilt worden war. Für den jeweiligen Monat kann der Pflichtige jedoch an den Unterhaltsberechtigten leisten und den Anspruch durch „laufende Zahlung" erfüllen (§ 94 I 2 SGB XII; vgl. Rn. 84).

Der Anspruchsübergang findet auch dann statt, wenn die Sozialhilfe nach §§ 36 I 2, 37, **78** 38, 91 SGB XII nur als **Darlehen** gewährt wird.[109] Dies kommt z. B. in Betracht, wenn der Leistungsberechtigte über Vermögen verfügt, das derzeit nicht realisiert werden kann, z. B. über schwer verkäuflichen Grundbesitz, der nicht Schonvermögen im Sinne des § 90 II Nr. 8 SGB XII ist, oder über einen noch nicht titulierten Zugewinnausgleichsanspruch. Der Sozialhilfeträger kann dann entweder aus dem übergegangenen Unterhaltsanspruch gegen den Pflichtigen vorgehen oder, wenn dies keinen Erfolg verspricht, vom Hilfeempfänger Rückzahlung des Darlehens bei Fälligkeit verlangen.[110] Zur Darlehensgewährung an den Unterhaltsschuldner vgl. Rn. 71.

Der Unterhaltsschuldner kann zunächst geltend machen, dass die in § 94 I bis III **79** SGB XII aufgeführten Voraussetzungen für den Anspruchsübergang nicht vorliegen. Daneben kann er sich darauf berufen, dass ein Unterhaltsanspruch, der auf den Sozialhilfeträger übergegangen sein könnte, nicht besteht. Nach §§ 412, 404 BGB kann er gegen den Sozialhilfeträger alle **Einwendungen** und Einreden geltend machen, die er gegenüber dem Unterhaltsgläubiger hat. Der Sozialhilfeträger kann sich demnach auf die Befristung des nachehelichen Unterhalts gemäß § 1578 b II BGB berufen, und zwar auch dann, wenn der Befristungszeitpunkt erst in der Zukunft liegt.[111] Dies gilt ferner für den Einwand der Verwirkung wegen illoyal verspäteter Geltendmachung des Anspruchs[112] und für die Verjährungseinrede. Übergegangene Unterhaltsansprüche können nach § 242 BGB verwirkt sein, wenn der Sozialhilfeträger sie nicht zeitnah geltend gemacht und dadurch bei dem Verpflichteten den Eindruck erweckt hat, er werde nicht mehr in Anspruch genommen.[113] Mit dem Argument, die öffentliche Hand verfüge nicht über die erforderlichen personellen Ressourcen, um den übergegangenen Anspruch rechtzeitig geltend machen zu können, kann der Sozialhilfeträger nicht gehört werden. Die Hemmung der Verjährung von Unterhaltsansprüchen zwischen Eltern und Kindern während deren Minderjährigkeit entfällt allerdings, wenn der Anspruch auf einen Dritten, z. B. auf den Sozialhilfeträger, übergeht.[114]

---

[105] BGH FamRZ 2006, 1664, 1666 = R 657 d
[106] BGH FamRZ 1982, 50 = NJW 1982, 515
[107] A. A. zu Unrecht OLG Düsseldorf FamRZ 2006, 1533
[108] BGH FamRZ 2000, 1358 (insoweit in R 543 nicht abgedruckt)
[109] Vgl. dazu OLG Stuttgart FamRZ 1995, 1165; OLG Saarbrücken FamRZ 1995, 1166
[110] OLG Hamm FamRZ 2001, 1237; Schellhorn SGB XII § 38 Rn. 15; Wolf in Fichtner/Wenzel § 94 SGB XII Rn. 31
[111] BGH FamRZ 2010, 1057 Rn. 12
[112] BGH FamRZ 2002, 1698 = R 580 a m. Anm. Klinkhammer
[113] BGH FamRZ 2002, 1698 = R 580 a m. Anm. Klinkhammer
[114] BGH FamRZ 2006, 1664, 1666 = R 657 d (zu § 7 UVG) m. Anm. Schürmann

Dasselbe dürfte für die Verjährung von übergegangenen Unterhaltsansprüchen gegen den Ehegatten während bestehender Ehe gelten (§ 207 I 1 BGB).Vgl. Rn. 77, 119, 274.

80 Da sich durch den gesetzlichen Übergang Natur, Inhalt und Umfang des Unterhaltsanspruchs nicht ändern,[115] hat der Sozialhilfeträger beim nachehelichen Unterhalt und beim nachpartnerschaftlichen Unterhalt (§ 16 S. 2 LPartG) auch § 1585 b III BGB zu beachten,[116] nach dem für eine mehr als ein Jahr vor Rechtshängigkeit liegende Zeit Erfüllung oder Schadensersatz wegen Nichterfüllung nur verlangt werden kann, wenn anzunehmen ist, dass der Verpflichtete sich der Leistung absichtlich entzogen hat.

5. Unterhalt für die Vergangenheit, Rechtswahrungsanzeige

81 Der Sozialhilfeträger kann den übergegangenen Unterhaltsanspruch von dem Zeitpunkt an geltend machen, zu dem die Voraussetzungen des § 1613 I, BGB vorliegen. Nach § 1613 I BGB, der für alle Unterhaltsansprüche gilt – seit dem 1. 1. 2008 auch für den nachehelichen und den nachpartnerschaftlichen Unterhalt (§ 1585 b II BGB, § 16 S. 2 LPartG in der Fassung des UÄndG) –, kann Unterhalt vom Ersten des Monats an gefordert werden, an dem der Schuldner in der Regel durch Mahnung in Verzug geraten (§ 286 BGB), der Unterhaltsanspruch rechtshängig geworden (§§ 113 I 2 FamFG, 261 ZPO) oder der Pflichtige zum Zweck der Geltendmachung des Unterhaltsanspruchs aufgefordert worden ist, über seine Einkünfte und sein Vermögen Auskunft zu erteilen. Nach § 1585 b II BGB a. F. reichten bis zum 31. 12. 2007 beim nachehelichen Unterhalt nur Verzug und Rechtshängigkeit aus, nicht dagegen die Aufforderung zur Auskunft; auch war eine Rückwirkung auf den Ersten des Monats nicht vorgesehen. Dasselbe galt für Lebenspartner nach Aufhebung der Partnerschaft (§ 16 I LPartG a. F.).

Vor Gewährung der Sozialhilfe und damit vor Übergang des Unterhaltsanspruchs kann nur der Unterhaltsberechtigte selbst Verzug herbeiführen, den Anspruch rechtshängig machen und den Schuldner zur Auskunft auffordern. Auch wenn der Sozialhilfeträger die Hilfegewährung aufnimmt, verbleibt diese Befugnis beim leistungsberechtigten Unterhaltsgläubiger, da der Anspruch für die Zukunft weiter ihm zusteht (Rn. 77). Für die Vergangenheit einschließlich des Monats, in dem die Hilfe bereits ausgezahlt ist, kann der Sozialhilfeträger dagegen Verzug und Rechtshängigkeit herbeiführen sowie zur Auskunft auffordern, da auch der Auskunftsanspruch auf ihn übergegangen ist (Rn. 66, 77). Der Sozialhilfeträger kann den Schuldner ferner durch Stufenmahnung[117] in Verzug setzen, also durch die Aufforderung zur Auskunft und zur Zahlung des Betrages, der sich nach Erteilung der Auskunft ergibt. In jedem Fall kann der Sozialhilfeträger nach dem Grundsatz der Gleichzeitigkeit (Rn. 71) nur auf den Teil des Unterhaltsanspruchs zurückgreifen, der von dem Tage an entsteht, ab dem Sozialhilfe gewährt wird. Gewährt er z. B. ab 15. des Monats Sozialhilfe, geht trotz § 1613 I 2 BGB der Unterhaltsanspruch für die Zeit vom 1. bis 14. des Monats nicht auf ihn über.

82 Die Wirkungen des Verzuges können auch durch eine **Rechtswahrungsanzeige** (§ 94 IV 1 SGB XII) herbeigeführt werden. Vgl. dazu Rn. 106 ff. Diese Anzeige ist kein Verwaltungsakt, sondern eine privatrechtliche Erklärung.[118] Es reicht aus, dass dem Unterhaltsschuldner die Gewährung der Hilfe schriftlich mitgeteilt wird.[119] Die Anzeige braucht nicht in derselben Weise bestimmt zu sein wie eine Mahnung, die Höhe der Aufwendungen muss nicht angegeben,[120] der Betrag, in dessen Höhe der Schuldner in Anspruch genommen werden soll, nicht beziffert werden.[121] Eine Rechtswahrungsanzeige während der Trennungszeit begründet die Wirkungen des Verzuges auch hinsichtlich des nachehelichen Unterhalts, soweit sich nicht aus dem Inhalt der Anzeige ergibt, dass allein der Anspruch auf

---

[115] BGH FamRZ 2002, 1698 f. = R 580 a mit Anm. Klinkhammer
[116] BGH FamRZ 1987, 1014
[117] BGH FamRZ 1990, 283, 285
[118] BGH FamRZ 1985, 586 = NJW 1985, 2589 (zu § 90 BSHG a. F.)
[119] BGH FamRZ 1985, 586 = NJW 1985, 2589
[120] BGH FamRZ 1985, 586 = NJW 1985, 2589
[121] BGH FamRZ 1983, 895

Trennungsunterhalt geltend gemacht werden soll.[122] Es ist nicht erforderlich, dass die Rechtswahrungsanzeige dem Schuldner, wie früher, unverzüglich zugeht. Eine Rückwirkung auf den Beginn der Hilfe oder auf den Bewilligungsbescheid kommt der Rechtswahrungsanzeige nicht mehr zu. Vielmehr kann der Sozialhilfeträger den Schuldner erst ab Zugang der Anzeige in Anspruch nehmen. Der Zugang begründet auch dann die Wirkungen des Verzuges, wenn der Sozialhilfeträger Vorausleistungen erbringt und die Sozialhilfe erst später endgültig bewilligt. Dem Schuldner wird durch die Rechtswahrungsanzeige hinreichend klargemacht, dass er mit der Geltendmachung des übergegangenen Unterhaltsanspruchs zu rechnen hat. Die Rechtsprechung des BGH,[123] der eine Rückwirkung der Anzeige nur bis zum Zeitpunkt des Erlasses des Bewilligungsbescheides, nicht dagegen bis zum (früheren) tatsächlichen Beginn der Hilfe annahm, ist m. E. überholt.[124]

6. Unterhaltsverzicht und Unterhaltsvereinbarungen

Auf Kindesunterhalt, Verwandtenunterhalt, Familienunterhalt, Trennungsunterhalt unter Eheleuten und Lebenspartnern, Unterhalt der nicht verheirateten Mutter oder des nicht verheirateten Vaters kann für die Zukunft nicht verzichtet werden (§§ 1614 I, 1360a III, 1361 IV 4, 1615l III 1 BGB, § 12 S. 2 LPartG). Ein derartiger Verzicht ist unwirksam (§ 134 BGB). Ein Verzicht des Hilfeempfängers auf den Unterhaltsanspruch für die Zeit, innerhalb der der Sozialhilfeträger Leistungen erbracht hat, ist bereits deshalb unwirksam, weil allein dieser über den übergegangenen Anspruch verfügen darf.

Eheverträge über nachehelichen Unterhalt sowie Verträge über nachpartnerschaftlichen Unterhalt sind zwar vor Rechtskraft der Scheidung bzw. vor rechtskräftiger Aufhebung der Partnerschaft zulässig, müssen aber seit dem 1. 1. 2008 notariell beurkundet werden (§ 1585c S. 2 BGB n. F., § 16 S. 2 LPartG). Ein vertraglicher Verzicht auf nachehelichen und nachpartnerschaftlichen Unterhalt kann wegen Verstoßes gegen die guten Sitten (§ 138 BGB) nichtig sein, wenn er zu einer durch die ehelichen Lebensverhältnisse nicht gerechtfertigten Lastenverteilung führt, die den **anderen Ehegatten** einseitig benachteiligt. Ist der Verzicht nicht von Anfang nichtig, kann sich gleichwohl die spätere Berufung auf den Vertrag als unzulässige Rechtsausübung darstellen, wenn sich wegen Änderung der Umstände, insbesondere der Geburt eines Kindes, nunmehr eine evident einseitige Lastenverteilung ergibt. Eine solche ist nicht bereits dann gegeben, wenn beide Partner mittellos sind.[125] Ein Verzicht kann auch dann sittenwidrig und damit nichtig sein, wenn die Vertragschließenden dadurch bewusst, wenn auch nicht notwendigerweise absichtlich, eine Unterstützungsbedürftigkeit des einen Partners herbeiführen, der Bedürftige infolge des Verzichts also zwangsläufig der **Sozialhilfe zur Last fällt**. Gleichwohl können die Ehegatten bestimmte Lebensrisiken, z. B. eine bei Eheschließung bereits bestehende Krankheit, aus der gemeinsamen Verantwortung herausnehmen. Es reicht daher nicht aus, dass der bedürftige Ehegatte im Scheidungsfall auf Sozialhilfe angewiesen bleibt, während er ohne den Unterhaltsverzicht von dem anderen Unterhalt verlangen könnte.[126] Ein nichtiger oder wegen Verstoßes gegen § 242 BGB unbeachtlicher Verzicht kann dem Sozialhilfeträger nicht entgegengehalten werden. Im umgekehrten Fall kann eine Unterhaltsvereinbarung auch dann nichtig sein, wenn der Unterhaltspflichtige sich über die Grenzen seiner Leistungsfähigkeit hinaus zur Unterhaltszahlung verpflichtet hat und dadurch seinerseits sozialleistungsbedürftig werden würde.[127]

---

[122] BGH FamRZ 1988, 375 = NJW 1988, 1147 (zur Überleitungsanzeige nach § 90 II BSHG a. F.)
[123] FamRZ 1985, 793
[124] So auch Hußmann in Heiß/Born, 16 Rn. 40; unentschieden Künkel FamRZ 1996, 1509, 1513
[125] BGH FamRZ 2007, 197 = R 663; 2004, 601 = R 608a, b; BVerfG FamRZ 2001, 343 = R 553; FamRZ 2001, 985 = R 558
[126] BGH FamRZ 2007, 197 = R 663
[127] BGH FamRZ 2009, 198

7. Laufende Zahlung des Unterhalts

84 Nach § 94 I 2 SGB XII ist der Übergang des Anspruchs ausgeschlossen, wenn der Unterhaltsanspruch durch laufende Zahlung erfüllt wird. Die Vorschrift betrifft weniger die Berechtigung des Sozialhilfeträgers, den Unterhaltsanspruch geltend zu machen, als die Frage, an wen der Schuldner leisten darf. Der Schuldner kann bereits nach §§ 412, 407 I BGB mit befreiender Wirkung an den Unterhaltsberechtigten zahlen, wenn ihm die Gewährung der Sozialhilfe und damit der Anspruchsübergang nicht bekannt sind. Zur rechtzeitigen Erfüllung genügt, dass er den Überweisungsauftrag spätestens am Ende des Vormonats erteilt hat; auf den Zeitpunkt der Gutschrift auf dem Konto des Gläubigers kommt es nicht an.[128] § 94 I 2 SGB XII soll darüber hinaus dem Schuldner die Möglichkeit geben, jederzeit wieder mit laufenden Zahlungen an den Berechtigten zu beginnen und damit die Gewährung von Sozialhilfe ganz oder teilweise entbehrlich zu machen.[129] Dies gilt auch dann, wenn der Unterhalt zugunsten des Sozialhilfeträgers nach § 94 IV 2 SGB XII tituliert ist.[130] Selbst wenn dem Schuldner die Gewährung von Sozialhilfe bekannt ist und er dennoch Unterhalt an den Gläubiger zahlt, wird der Unterhaltsanspruch erfüllt. Die Zahlung führt dazu, dass sie als Einkommen des Unterhaltsberechtigten berücksichtigt wird und die Gewährung von Hilfe zum Lebensunterhalt für den folgenden Monat ausschließt. Setzt der Schuldner seine Zahlungen in den Folgemonaten laufend, wenn auch zu wechselnden Terminen fort, liegen die Voraussetzungen des § 94 I 2 SGB XII vor.[131] Ein Anspruchsübergang ist dann ausgeschlossen. Die Ansicht, dass die laufende Zahlung vom Schuldner rechtzeitig, also spätestens am Ersten des laufenden Monats, angewiesen worden sein müsse,[132] nimmt § 94 I 2 SGB XII jeden eigenständigen Inhalt; sie überzeugt daher nicht.

8. Unterhalt volljähriger Kinder

85 Nach der bis zum 31. 12. 2004 geltenden außerordentlich komplizierten Regelung des § 91 II 3–5 BSHG wurde die Inanspruchnahme der Eltern bei Gewährung von Eingliederungshilfe und Hilfe zur Pflege an ihre volljährigen Kinder in der Regel als unbillige Härte angesehen; der Anspruchsübergang war deshalb ganz oder teilweise ausgeschlossen.[133] Bei Gewährung von Hilfe zum Lebensunterhalt war dagegen der Übergang des Unterhaltsanspruchs nicht eingeschränkt.[134]

86 Seit dem 1. 1. 2005 gilt Folgendes:
Ein volljähriges, nicht behindertes und nicht pflegebedürftiges Kind ist in der Regel erwerbsfähig. Dann gilt das SGB II, nicht dagegen das SGB XII. Nach § 33 II 1 Nr. 2 b SGB II geht der Unterhaltsanspruch eines Kindes, das die Erstausbildung abgeschlossen oder das 25. Lebensjahr vollendet hat, nur dann auf die Träger der Grundsicherung für Arbeitsuchende über, wenn es den Unterhaltsanspruch gegen seine Eltern selbst geltend macht. Vgl. dazu Rn. 232, 234. Wenn das Kind dagegen nicht erwerbsfähig ist, es also nicht oder nur weniger als drei Stunden pro Tag einer Erwerbstätigkeit nachgehen kann (§ 8 I SGB II), ist das SGB XII und damit § 94 SGB XII anwendbar. Vgl. Rn. 19 f. § 94 II SGB XII setzt voraus, dass das volljährige Kind behindert im Sinne des § 53 SGB XII oder pflegebedürftig im Sinne des § 61 SGB XII ist und Eingliederungshilfe bzw. Hilfe zur Pflege bezieht. Wegen dieser Leistungen, gleichgültig, ob sie ambulant, stationär oder teilstationär erbracht werden,[135] geht der Unterhaltsanspruch des Kindes in Höhe von bis zu 26,– EUR auf den Sozialhilfeträger über. Steht noch nicht fest, dass das Kind wahrschein-

---

[128] OLG Karlsruhe FamRZ 2003, 1763; a. A. Palandt/Diederichsen § 1612 Rn. 4
[129] Vgl. BGH FamRZ 1982, 23, 25 = NJW 1982, 232; Münder NJW 2001, 2202, 2203
[130] Hußmann in Heiß/Born 16 Rn. 18
[131] Vgl. dazu DH der Bundesagentur zum wortgleichen § 33 SGB II Nr. 33.31
[132] Hußmann in Heiß/Born, 16 Rn. 19
[133] Vgl. dazu die Vorauflage § 6 Rn. 547 ff.
[134] Dazu BGH FamRZ 2003, 1468 mit Anm. Klinkhammer FamRZ 2004, 266
[135] Schellhorn SGB XII § 94 Rn. 90

2. Abschnitt: Sozialhilfe und Unterhalt § 8

lich auf Dauer erwerbsunfähig sein wird, hat es daneben Anspruch auf Hilfe zum Lebensunterhalt nach §§ 27 ff. SGB XII. Wegen dieser Leistungen ist der Anspruchsübergang auf bis zu 20,– EUR beschränkt.[136]

Erhält das Kind lediglich Hilfe zum Lebensunterhalt, so geht der Anspruch nur eingeschränkt über, wenn das Kind die tatbestandlichen Voraussetzungen der §§ 53, 61 SGB XII erfüllt. Dass es keine Eingliederungshilfe oder Hilfe zur Pflege erhält, steht der Einschränkung des Anspruchsübergangs nicht entgegen.[137]

Werden dem Kind dagegen wegen dauerhafter Erwerbsminderung Leistungen der Grundsicherung im Alter und bei Erwerbsminderung gewährt, scheidet insoweit ein Anspruchsübergang aus (§ 94 I 3 Halbsatz 2 SGB XII). Nach § 94 II 1 SGB XII verbleibt es jedoch bei dem Anspruchsübergang in Höhe von bis zu 26,– EUR wegen der Eingliederungshilfe und der Hilfe zur Pflege. Dem steht § 94 I 3 Halbsatz 2 SGB XII nicht entgegen.[138] Ob das Kind in einer Anstalt, einem Heim oder in der eigenen Familie betreut wird, ist nicht entscheidend. Mehr als höchstens 46,– EUR kann der Sozialhilfeträger nicht fordern. Es handelt sich um eine **Pauschalabgeltung** des auf den Sozialhilfeträger übergehenden Unterhalts.[139] Sie führt bei besser gestellten Eltern behinderter oder pflegebedürftiger Kinder zu einer nachhaltigen Entlastung. Das gilt erst recht, wenn sie das Kindergeld beziehen und daraus den Unterhalt zahlen können. Der pauschalierte Anspruchsübergang nach § 94 Abs. 2 SGB XII ist jedoch nicht davon abhängig, dass die unterhaltspflichtigen Eltern für das behinderte oder pflegebedürftige Kind Kindergeld erhalten.[140] Nicht oder nur eingeschränkt leistungsfähige Eltern werden nicht stärker belastet als bisher. Denn § 94 II 2 SGB XII stellt nur die Vermutung auf, dass der Anspruch in dieser Höhe übergeht und dass die Eltern zu gleichen Teilen haften. Die Eltern können dies widerlegen und den Beweis führen, dass sie nach ihren Einkommens- und Vermögensverhältnissen auch die Beträge von höchstens 46,– EUR nicht aufbringen können oder dass der Haftungsanteil eines Elternteils die Hälfte dieses Betrages nicht erreicht. Sie können sich nach § 94 III 1 Nr. 2 SGB XII auch darauf berufen, dass ihre Inanspruchnahme eine unbillige Härte darstellt.[141]

Eine andere Frage ist es, wie sich ein tatsächlich gezahlter Unterhalt, der über 46.– EUR hinausgeht, sozialhilferechtlich auswirkt.[142]

Für andere Unterhaltsverhältnisse, insbesondere für den Eltern- und den Ehegattenunterhalt, gilt § 94 II SGB XII nicht.

9. Unbillige Härte

Die **allgemeine Härteregelung** des § 94 III 1 Nr. 2 SGB XII schließt den Anspruchsübergang aus, wenn er eine unbillige Härte bedeuten würde. Die Vorschrift betrifft alle Fälle, in denen Unterhaltsansprüche auf den Sozialhilfeträger übergehen. Sie gilt insbesondere beim Kindesunterhalt, beim Ehegatten- und Elternunterhalt, aber auch beim Unterhalt nach § 1615 l BGB und nach §§ 12, 16 LPartG. Für den Unterhalt volljähriger behinderter oder pflegebedürftiger Kinder trifft § 94 II SGB XII eine Sonderregelung (dazu Rn. 86). Die Anwendung der allgemeinen Härteregelung des § 94 III 1 Nr. 2 SGB XII wird dadurch allerdings nicht ausgeschlossen.[143] 87

Das Kriterium der unbilligen Härte ist ein unbestimmter Rechtsbegriff, über dessen Auslegung die zuständigen Familiengerichte zu befinden haben.[144] Der Sozialhilfeträger hat 88

---

[136] Zum Verhältnis der Hilfe zum Lebensunterhalt zur Grundsicherung bei Erwerbsminderung vgl. OLG Brandenburg FamRZ 2010, 302
[137] OLG Frankfurt FamRZ 2011, 226
[138] Schellhorn SGB XII § 94 Rn. 72
[139] Wahrendorf in Grube/Wahrendorf § 94 SGB XII Rn. 24
[140] BGH FamRZ 2010, 1418
[141] So bereits BGH FamRZ 2003, 1468 (zu § 91 II 2 BSHG)
[142] Vgl. BSG FEVS 62, 71 Rn. 15 m. w. N.; BSGE 99, 137 Rn. 23 (weitergeleitetes Kindergeld)
[143] BGH FamRZ 2003, 1468 mit Anm. Klinkhammer FamRZ 2004, 266
[144] BGH FamRZ 2004, 1097 = R 610 mit Anm. Klinkhammer FamRZ 2004, 1283; FamRZ 2003, 1468 mit. Anm. Klinkhammer FamRZ 2004, 266

daher keinen Ermessensspielraum. Das Verständnis der unbilligen Härte hängt von den sich wandelnden Anschauungen der Gesellschaft ab. Was früher im Rahmen des Familienverbandes als selbstverständlicher Einsatz der Familienmitglieder galt, wird heute vielfach als Härte empfunden. Die Härte kann in materieller oder in immaterieller Hinsicht bestehen und entweder in der Person des Unterhaltspflichtigen oder des Leistungsberechtigten vorliegen. Bei der Auslegung sind in erster Linie die Zielsetzung der Hilfe zu berücksichtigen, daneben aber auch die allgemeinen Grundsätze der Sozialhilfe, die Belange der Familie sowie die wirtschaftlichen und persönlichen Beziehungen und die soziale Lage der Beteiligten. Entscheidend ist stets, ob durch den Anspruchsübergang **soziale Belange** vernachlässigt werden.[145]

89 Eine unbillige Härte kann danach insbesondere gegeben sein,
- wenn der Grundsatz der familiengerechten Hilfe (§ 16 SGB XII) ein Absehen von der Heranziehung gebietet, z. B. weil durch die Inanspruchnahme des Schuldners das weitere Verbleiben des Leistungsberechtigten im Familienverband gefährdet erscheint,
- wenn die laufende Heranziehung des Unterhaltspflichtigen wegen seiner sozialen und wirtschaftlichen Lage, vor allem mit Rücksicht auf die Höhe und die Dauer des Bedarfs zu einer nachhaltigen und unzumutbaren Beeinträchtigung des Unterhaltsschuldners und der übrigen Familienmitglieder führen würde,
- oder wenn der Schuldner den Leistungsberechtigten in der Vergangenheit über das Maß seiner Unterhaltsverpflichtung hinaus betreut und gepflegt hat.[146]

Diese Fallgruppen schließen die Annahme einer unbilligen Härte bei anderer Fallgestaltung nicht aus. Entscheidend ist stets, ob im Rahmen einer umfassenden Prüfung der Gesamtsituation durch den Anspruchsübergang soziale Belange berührt werden.[147]

Dies hat der BGH[148] in einem Fall bejaht, in dem der Vater wegen einer auf seine Kriegserlebnisse zurückzuführenden psychischen Erkrankung Jahrzehnte in einer Anstalt betreut werden musste und demgemäß nicht in Lage war, für sein jetzt zum Elternunterhalt herangezogenes Kind in emotionaler und materieller Weise zu sorgen. Bei langjähriger Pflege eines volljährigen Kindes kann u. U. eine unbillige Härte bejaht werden, wenn der Elternteil das Rentenalter erreicht hat.[149] Zur Annahme einer unbilligen Härte, wenn dem Unterhaltspflichtigen nur sein Bedarf nach § 94 III 1 Nr. 1 SGB XII verbleibt, während dem Leistungsberechtigten höhere Beträge nach § 85 SGB XII bzw. Schonvermögen nach § 90 SGB XII belassen werden, vgl. Rn. 94, 104.

Eine unbillige Härte liegt (im Rahmen des Volljährigenunterhalts) noch nicht vor, wenn der unterhaltsbedürftige Sohn seinen Eltern die Schuld an seinem Aufenthalt in der Psychiatrie zuweist und mehrfach gewaltsam in deren Haus eingedrungen ist, wobei er sich Zugang zu deren Privatunterlagen verschafft hat.[150] Der BGH hat in diesem Fall im Rahmen einer Gesamtabwägung sämtlicher Umstände darauf abgehoben, dass das Verhalten des Unterhaltsberechtigten selbst unter Berücksichtigung des krankheitsbedingt aggressiven Potenzials einen Rückgriff des Sozialamtes nicht als unbillig erscheinen lasse. Dabei falle auch ins Gewicht, dass die in guten finanziellen Verhältnissen lebenden Beklagten wegen der für sie günstigen Pauschalregelung des § 94 II 1 SGB XII ohnehin nur in äußerst geringem Umfang in Anspruch genommen werden.

Der BGH hat zum Elternunterhalt eine unbillige Härte verneint, wenn die bedürftige Mutter den auf Unterhalt in Anspruch genommenen Sohn krankheitsbedingt schon frühzeitig nicht mehr betreuen konnte und auch später ein Verhältnis nicht mehr zustande kam.[151]

---

[145] BGH FamRZ 2010, 1418 Rn. 33 f.; FamRZ 2004, 1097 = R 610 mit Anm. Klinkhammer FamRZ 2004, 1283; FamRZ 2003, 1468 mit Anm. Klinkhammer FamRZ 2004, 266
[146] BGH FamRZ 2004, 1097 = R 610 mit Anm. Klinkhammer FamRZ 2004, 1283; FamRZ 2003, 1468 mit Anm. Klinkhammer FamRZ 2004, 266
[147] BGH FamRZ 2010, 1418 Rn. 33 f.
[148] BGH FamRZ 2004, 1097 = R 610 mit Anm. Klinkhammer FamRZ 2004, 1283 (zu § 91 II 2 BSHG)
[149] BGH FamRZ 2003, 1468 mit Anm. Klinkhammer FamRZ 2004, 266 (zu § 91 II 2 BSHG)
[150] BGH FamRZ 2010, 1418 Rn. 37
[151] BGH FamRZ 2010, 1888 Rn. 42 ff.

2. Abschnitt: Sozialhilfe und Unterhalt § 8

Im Unterschied zu dem oben angesprochenen Fall des Kriegsheimkehrers waren in diesem Fall auch keine besonderen sozialen Belange berührt. Vgl. Rn. 90.

Dagegen hat das OLG Oldenburg eine unbillige Härte angenommen, wenn das Kind erhebliche Leistungen zur häuslichen Pflege des Elternteils erbringt und der Leistungsträger durch die familiäre Pflege weitere Leistungen erspart, die das von ihm nach § 64 SGB XII zu zahlende Pflegegeld noch deutlich übersteigen.[152] Das OLG Celle hat eine unbillige Härte angenommen, soweit beim Elternunterhalt (unterhaltsrechtlich überobligatorisches) Einkommen der schwerbehinderten Ehefrau des Unterhaltspflichtigen berücksichtigt werden sollte.[153]

Der Sozialhilfeträger hat die Einschränkung des Anspruchsübergangs wegen unbilliger Härte nur zu berücksichtigen, wenn er hiervon durch vorgelegte Nachweise oder auf andere Weise Kenntnis erlangt (§ 94 III 2 SGB XII). Erst dann setzt die Pflicht der Behörde zur Amtsermittlung ein.

Vor Anwendung des § 94 III 1 Nr. 2 SGB XII ist stets zu prüfen, ob ein Unterhaltsanspruch nach §§ 1579, 1611 BGB verwirkt ist. Dies setzt allerdings in der Regel schuldhaftes Verhalten des volljährigen Unterhaltsberechtigten voraus.[154] Ist dieses zu verneinen, kann gleichwohl der Anspruchsübergang wegen unbilliger Härte ausgeschlossen sein.[155] Eine Störung familiärer Beziehungen im Sinne des § 1611 BGB genügt allerdings grundsätzlich nicht, um eine unbillige Härte im Sinne des § 94 Abs. 3 Satz 1 Nr. 2 SGB XII zu begründen und damit einen Anspruchsübergang auf den Träger der Sozialhilfe auszuschließen. Etwas anderes gilt nur dann, wenn der nach § 1611 BGB zu beurteilende Lebenssachverhalt aus Sicht des Sozialhilferechts **auch soziale Belange erfasst**, die einen Übergang des Anspruchs nach öffentlich-rechtlichen Kriterien ausschließen.[156]

90

VI. Sozialhilferechtliche Vergleichsberechnung

1. Rechtslage bis zum 31. 12. 2004

Nach § 91 II 1 BSHG ging der Unterhaltsanspruch nur auf den Sozialhilfeträger über, soweit ein Hilfeempfänger sein Einkommen und Vermögen nach den Bestimmungen des Abschnitts 4 (§§ 76–89 BSHG) mit Ausnahme der §§ 84 II, 85 I Nr. 3 S. 2 BSHG einzusetzen hatte. Durch diese Bestimmung sollte der Unterhaltspflichtige in gleicher Weise wie der Hilfeempfänger geschützt werden, da er im Hinblick auf die Menschenwürde und das Sozialstaatsprinzip durch den Rückgriff des Staates auf die Unterhaltsforderung des Leistungsberechtigten nicht selbst sozialhilfebedürftig werden darf.[157] Damit ging der Schuldnerschutz im Sozialhilferecht deutlich weiter als im Unterhaltsrecht. Der Unterhaltspflichtige genoss im Rahmen des Anspruchsübergangs sozialhilferechtlich den gleichen Schutz, den er hätte, wenn er selbst Empfänger der konkreten Hilfe wäre und ihm Sozialhilfe gewährt werden müsste.[158]

91

Daher war zunächst festzustellen, in welchem Umfang der Pflichtige nach bürgerlichem Recht zum Unterhalt verpflichtet ist. Danach war in einer sozialhilferechtlichen **Vergleichsberechnung** zu prüfen, ob der Unterhaltsschuldner vom Sozialhilfeträger nach § 91 II BSHG nur mit einem geringeren Betrag zum Unterhalt des Hilfeempfängers heran-

---

[152] FamRZ 2010, 992
[153] FamRZ 2010, 817
[154] BGH FamRZ 2010, 1888
[155] BGH FamRZ 2004, 1097 = R 610 mit Anm. Klinkhammer FamRZ 2004, 1283; vgl. auch BGH FamRZ 2004, 1559 = R 614 m. Anm. Born
[156] BGH FamRZ 2010, 1888 Rn. 44 f.
[157] BGH FamRZ 1990, 849; BVerwG FamRZ 1999, 780; BSG FamRZ 1985, 379 f.; OLG Düsseldorf FamRZ 1999, 127
[158] BGH FamRZ 1999, 843, 846 = R 533 b; vgl. auch BGH FamRZ 1998, 818 = R 524; Münder NJW 2001, 2201, 2207

gezogen werden konnte. Nach dem Grundsatz der **Meistbegünstigung** ging der Unterhaltsanspruch nur in Höhe des geringeren Betrages auf den Sozialhilfeträger über.[159]

2. Inhalt der gesetzlichen Neuregelung

92 a) **Zweck der Gesetzesänderung.** Die bis zum 31. 12. 2004 bestehende Rechtslage erforderte einen beachtlichen Verwaltungsaufwand. Der Gesetzgeber wollte zur Verwaltungsvereinfachung Doppelberechnungen überflüssig machen und hat deshalb den Schuldnerschutz eingeschränkt.[160] Nach § 94 III 1 Nr. 1 SGB XII kommt es nur darauf an, ob der Pflichtige selbst Hilfe zum Lebensunterhalt nach §§ 27 ff. SGB XII bezieht oder er sie beziehen würde, wenn er den Unterhaltsanspruch erfüllt. Soweit dies der Fall ist, geht der Unterhaltsanspruch nicht auf den Sozialhilfeträger über. Diese Neuregelung führt in der Tat zu einer Vereinfachung der Berechnung, wenn der Sozialhilfeträger beim Unterhaltsschuldner Rückgriff nehmen will. Mit der Verweisung auf die Hilfe zum Lebensunterhalt sind zudem die früher höheren Freibeträge bei der Hilfe in besonderen Lebenslagen auf den Unterhaltsschuldner nicht mehr anwendbar (Rn. 94). Jedoch werden sich auch durch die auf die Hilfe zum Lebensunterhalt beschränkten Vergleichsbetrachtung in Zukunft Doppelberechnungen nicht stets vermeiden lassen. Denn die Maßstäbe des Unterhaltsrechts und des Sozialhilferechts zum Einsatz von Einkommen und Vermögen sowie zur Heranziehung bestimmter Unterhaltspflichtiger decken sich nach wie vor nicht. Daher muss auch seit dem 1. 1. 2005 bei jedem Anspruchsübergang geprüft werden, ob der Schuldner **nach den Grundsätzen des Sozialhilferechts** bedürftig ist oder bedürftig würde, wenn er den Unterhaltsanspruch erfüllt. Bei dieser Kontrollberechnung wird sich allerdings in der Regel ergeben, dass der Schuldner beim Unterhalt minderjähriger oder privilegiert volljähriger Kinder durch den notwendigen Selbstbehalt des Unterhaltsrechts (§ 1603 II BGB) und bei anderen Unterhaltsverhältnissen durch den angemessenen oder billigen Selbstbehalt (§§ 1361, 1581 S. 2, 1615 l III 1 BGB; §§ 12 S. 2, 16 S. 2 LPartG) auch nach Sozialhilferecht ausreichend geschützt ist; denn bereits der notwendige Selbstbehalt liegt im Allgemeinen maßvoll über der Sozialhilfe, die der Schuldner erhalten könnte. Vgl. Rn. 14.

93 b) **Schutz des Unterhaltsschuldners vor Sozialhilfebedürftigkeit.** Nach § 94 III 1 Nr. 1 SGB XII hängt der Anspruchsübergang davon ab, dass der Unterhaltsschuldner nicht Bezieher von Hilfe zum Lebensunterhalt oder von Grundsicherung im Alter und bei Erwerbsminderung ist und dass er auch kein Anrecht auf derartige Hilfen hätte, wenn er den Unterhaltsanspruch erfüllen würde. Ihm muss also Einkommen in Höhe des maßgebenden Regelsatzes, der Wohnkosten, etwaigen Mehrbedarfs nach § 30 SGB XII und einmaliger Bedarfe nach § 31 SGB XII verbleiben. Erst wenn das nach Sozialhilferecht zu berücksichtigende Einkommen und Vermögen (Rn. 29 ff., 43 ff.) diese Beträge übersteigt, kommt ein Anspruchsübergang bis zur Höhe des überschießenden Betrages in Betracht.

94 Die sozialhilferechtliche **Vergleichsberechnung** und der Grundsatz der **Meistbegünstigung** sind nach dem neuen Recht allerdings stark **eingeschränkt**. Nach § 91 II 1 BSHG kamen dem Unterhaltspflichtigen die hohen Einkommensgrenzen der §§ 79, 81 BSHG zugute, wenn der Hilfebedürftige Hilfe in besonderen Lebenslagen, insbesondere Eingliederungshilfe oder Hilfe zur Pflege erhielt. Nach § 94 III 1 Nr. 1 SGB XII verbleibt dem Unterhaltsschuldner aber auch dann, wenn dem Leistungsberechtigten **Hilfen nach dem 5. bis 9. Kapitel** gewährt werden, die der früheren Hilfe in besonderen Lebenslagen entsprechen, nur Einkommen in Höhe der möglichen Hilfe zum Lebensunterhalt.[161] Denn § 94 SGB XII verweist anders als § 91 II 1 BSHG nicht auf die Einkommensgrenzen für Leistungen nach dem 5. bis 9. Kapitel (§§ 85 bis 89, 90 SGB XII). Dem Berechtigten werden dagegen auch nach dem jetzt geltenden Recht (§ 85 I SGB XII) deutlich höhere Be-

---

[159] BGH FamRZ 1998, 818 = R 524; OLG Düsseldorf FamRZ 1999, 843, 846; Nr. 2, 85, 147 der Empfehlungen des Deutschen Vereins, FamRZ 2002, 931
[160] BT-Drucks. 15/1514 S. 66
[161] So auch Schellhorn SGB XII § 94 Rn. 99; Nr. 188 Empfehlungen DV SGB XII FamRZ 2005, 1387; a. A. Fichtner/Wolf, Grundsicherung, § 94 SGB XII Rn. 59

2. Abschnitt: Sozialhilfe und Unterhalt § 8

träge als dem Unterhaltsschuldner belassen, nämlich Einkommen in Höhe des Zweifachen der Regelbedarfsstufe 1 und der Wohnkosten (ohne Heizung) ggf. zuzüglich eines Familienzuschlags;[162] das über diese Grenze hinausgehende Einkommen ist nur in angemessenem Umfang heranzuziehen (§ 87 I 1 SGB XII). Vgl. dazu Rn. 42. Ob diese Benachteiligung des Unterhaltsschuldners gegenüber dem Leistungsberechtigten mit Art. 3 GG vereinbar ist, erscheint überaus zweifelhaft. Es spricht viel dafür, in solchen Fällen im Wege verfassungskonformer Gesetzesauslegung eine unbillige Härte im Sinne des § 94 III 1 Nr. 2 SGB XII zu bejahen. Vgl. dazu Rn. 89.

§ 94 III 1 Nr. 1 SGB XII stellt sicher, dass der Unterhaltspflichtige nur im Rahmen seiner **95** sozialhilferechtlichen Leistungsfähigkeit zum Unterhalt herangezogen werden darf. Ebenso wie der Bedarf, also die Hilfe zum Lebensunterhalt oder die Grundsicherung im Alter und bei Erwerbsminderung, die er bezieht oder bei Erfüllung des Unterhalts beziehen würde, nach Sozialhilferecht zu bemessen ist (Rn. 47ff.), müssen auch **Einkommen und Vermögen** des Schuldners, die diesen Bedarf mindern, nach den Grundsätzen des Sozialhilferechts beurteilt werden. Dies bedeutet, dass insoweit §§ 82 bis 84 SGB XII sowie § 90 SGB XII heranzuziehen sind, auch wenn auf diese Vorschriften in § 94 SGB XII nicht verwiesen wird. Denn die Höhe der Hilfe zum Lebensunterhalt, auf die es nach § 94 III 1 Nr. 1 SGB XII ankommt, hängt von dem nach diesen Vorschriften zu ermittelnden Einkommen und Vermögen ab (§ 19 I SGB XII).[163] Vgl. dazu Rn. 29ff., 43ff. Dies bedeutet, dass **fiktive Einkünfte** im Sinne des Unterhaltsrechts bei der Vergleichsberechnung nach § 94 III 1 Nr. 1 SGB XII grundsätzlich nicht berücksichtigt werden dürfen, da sie kein Einkommen im Sinne des § 82 SGB XII sind (Rn. 36; vgl. aber auch Rn. 101).[164] Durch den notwendigen Selbstbehalt des Unterhaltsrechts wird der Schuldner in einem solchen Fall vor sozialhilferechtlicher Hilfebedürftigkeit nicht geschützt, da bei Zurechnung fiktiven Einkommens der Selbstbehalt als gewahrt gilt, obwohl der Pflichtige effektiv keine (ausreichenden) Mittel hat, um seinen Lebensunterhalt zu bestreiten. Bei der Vergleichsrechnung nach § 94 III 1 Nr. 1 SGB XII kommt es dagegen allein auf das tatsächlich vorhandene Einkommen an. Zur ausnahmsweisen Berücksichtigung fiktiven Einkommens vgl. Rn. 101.

Beispiel:
Die 63-jährige geschiedene Ehefrau F bezieht neben einer vorgezogenen Altersrente von 100,- € ergänzende Sozialhilfe in Höhe von 550,- € (Regelsatz nach Regelbedarfsstufe 1: 364 + Kaltmiete: 250 + Heizung und Warmwasser: 53./. Rente: 100). Da von den Wohnkosten ohne Heizung und Warmwasser von 250,- € nur 44% (= 110,- €) auf den Sozialhilfeträger übergehen können (§§ 94 I 6, 105 II SGB XII; vgl. Rn. 70), beschränkt sich der Anspruchsübergang von vornherein auf höchstens (347 + 110 + 53 – 100 =) 410,- €. Der 60-jährige frühere Ehemann M verfügt über eine Rente wegen voller Erwerbsminderung von 850,- €. Ihm wird unterhaltsrechtlich ein Aushilfseinkommen von 350,- € bereinigt zugerechnet, weil er täglich drei Stunden erwerbstätig sein kann. Seine Warmmiete beläuft sich auf 360,- €.
Der Unterhaltsbedarf der F liegt bei der Quotenberechnung unterhalb des Mindestbedarfs von 770,- €.[165] Also ist für sie der Mindestbedarf von 770,- € anzusetzen. M muss jedoch sein billiger Selbstbehalt verbleiben, der nach B IV der Düsseldorfer Tabelle (Stand: 1. 1. 2011) 1050,- € beträgt. Der Unterhaltsanspruch ist daher mit nur (850 + 350 – 1050 =) 150,- € anzusetzen. Die Hilfe zum Lebensunterhalt, die M erhalten könnte und auf die im Rahmen der Vergleichsberechnung abzustellen ist, beläuft sich auf 364,- € (Regelsatz) und 360,- € (Kosten der Unterkunft) = 724,- €. Der Unterhaltsanspruch von 150,- € geht daher nur in Höhe des effektiven Einkommens von 850,- € abzüglich der möglichen Hilfe zum Lebensunterhalt von 724,- €, also in Höhe von 126,- € auf den Sozialhilfeträger über.

c) Einzelheiten der Vergleichsberechnung. Nach dem Wortlaut des § 94 III 1 Nr. 1 **96** SGB XII kommt es nur darauf an, ob der Pflichtige Leistungsberechtigter nach dem 3. und 4. Kapitel des SGB XII ist oder bei Erfüllung des Unterhaltsanspruchs würde. Allein diese Prüfung würde die Vergleichsberechnung aber weitgehend gegenstandslos machen, da nur

---
[162] Wahrendorf in Grube/Wahrendorf § 85 SGB XII Rn. 12 ff.
[163] Wolf in Fichtner/Wenzel § 94 SGB XII Rn. 56; Schellhorn SGB XII § 94 Rn. 55
[164] Vgl. BGH FamRZ 1998, 818; 1999, 843, 846 (zu § 91 BSHG); Fichtner/Wol, § 94 SGB XII Rn. 56; unklar Schellhorn SGB XII § 94 Rn. 97
[165] BGH FamRZ 2010, 357

wenige Unterhaltsschuldner Anrecht auf Hilfe zum Lebensunterhalt oder Grundsicherung im Alter und bei Erwerbsminderung haben oder erwerben können. Vielmehr ist der Unterhaltspflichtige in den Fällen, die früher unter § 91 II 1 BSHG fielen, in der Regel erwerbsfähig, aber nach Sozialrecht möglicherweise nicht oder nur eingeschränkt leistungsfähig. Wenn der Unterhaltspflichtige erwerbsfähig ist, kann er jedoch keine Hilfe zum Lebensunterhalt nach dem SGB XII erhalten (§ 5 II 1 SGB II, § 21 S. 1 SGB XII). Er ist vielmehr auf die Grundsicherung für Arbeitsuchende angewiesen und hat bei Bedürftigkeit nur Anspruch auf Leistungen zur Sicherung des Lebensunterhalts nach §§ 19 ff. SGB II. Vgl. Rn. 19 ff.

Nach Sinn und Zweck des § 94 III 1 Nr. 1 SGB XII muss aber davon ausgegangen werden, dass die Vorschrift den Übergang des Anspruchs auf den Sozialhilfeträger auch in diesem Fall einschränkt oder ausschließt. Dafür spricht zunächst, dass Hilfe zum Lebensunterhalt nach dem SGB XII und Leistungen zur Sicherung des Lebensunterhalts das Existenzminimum sichern sollen und sich daher weitgehend entsprechen. Der Zweck des § 94 III 1 Nr. 1 SGB XII, dem Unterhaltsschuldner das Existenzminimum zu belassen, kann nur erreicht werden, wenn das Arbeitslosengeld II vom Rückgriff des Sozialhilfeträgers verschont wird und wenn Einkommen unangetastet bleibt, das nicht über das Arbeitslosengeld II hinausgeht, das er erhalten könnte. Man muss im Übrigen davon ausgehen, dass ein Ausschluss des Anspruchsübergangs in diesem Fall dem Willen des Gesetzgebers entspricht, da es gerade Ziel der zum 1. 1. 2005 durchgeführten Reform war, die Empfänger von Sozialhilfe und ALG II weitgehend gleich zu behandeln (Rn. 18 ff.). Die Materialien zum SGB XII[166] und zum SGB II[167] enthalten keinen Hinweis darauf, dass der Gesetzgeber sich der Tatsache bewusst war, dass der Wortlaut des § 94 III 1 Nr. 1 SGB XII angesichts der Überführung der überwiegenden Zahl aller bisherigen Sozialhilfeempfänger in das SGB II zu eng gefasst ist. Es liegt also eine Gesetzeslücke vor, die durch analoge Anwendung des § 94 III 1 Nr. 1 SGB XII auszufüllen ist.[168]

97 Damit stellt sich allerdings die Frage, ob dem Erwerbsfähigen nur der Betrag verbleibt, den er als Sozialhilfe nach §§ 27 ff. SGB XII erhält oder erhalten könnte oder ob auf die Leistungen zur Sicherung des Lebensunterhalts nach §§ 19 ff. SGB II abzustellen ist. Auf den ersten Blick scheint dies kaum von Bedeutung zu sein, da sich die Hilfe zum Lebensunterhalt nach dem SGB XII und die Leistungen zur Sicherung des Lebensunterhalts nach dem SGB II weitgehend entsprechen. Jedoch sind die Vorschriften der §§ 11 ff., 12, 30 SGB II über die Anrechnung von Einkommen und Vermögen (vgl. Rn. 192 ff., 199) deutlich günstiger als die Bestimmungen des Sozialhilferechts (§§ 82 ff., 90 SGB XII; vgl. Rn. 29 ff., 43 ff.). Ich neige daher dazu, im Rahmen der Vergleichsberechnung nach § 94 III 1 Nr. 1 SGB XII auf die Leistungen abzustellen, die der Schuldner nach §§ 19 ff. SGB II erhält oder erhalten könnte.[169] Allerdings blieb der befristete Zuschlag zum Arbeitslosengeld II nach § 24 SGB II (Rn. 214, inzwischen aus dem Leistungskatalog gestrichen) unberücksichtigt, da er spätestens seit der Neufassung des § 19 I SGB II zum 1. 8. 2006[170] nicht zu den existenzsichernden Leistungen zur Sicherung des Lebensunterhalts gehörte.[171] Ähnliches gilt für das Einstiegsgeld nach § 16 b SGB II (früher § 29 SGB II; Rn. 215).[172] Dagegen dürften die Freibeträge, die nach §§ 11 b I 1 Nr. 6, III SGB II vom Einkommen abzusetzen sind (Rn. 194), dem Schuldner zugute kommen.[173]

98 **d) Vergleichsberechnung und Einsatzgemeinschaft (Bedarfsgemeinschaft).** Im Unterhaltsrecht bleiben nachrangige Berechtigte unberücksichtigt, wenn das Einkommen des Schuldners nicht zur Befriedigung aller Unterhaltsansprüche ausreicht. Dies gilt selbst

---

[166] BT-Drucks. 15/1514
[167] BT-Drucks. 15/1516
[168] Schellhorn SGB XII § 94 Rn. 95
[169] Ebenso Schnitzler/Günther MAH § 12 Rn. 85 m. w. N.
[170] Vgl. Gesetz vom 20. 7. 2006 – BGBl. I S. 1706
[171] Scholz FamRZ 2006, 1417, 1421; Klinkhammer FamRZ 2006, 1171; OLG München FamRZ 2006, 1125
[172] Schellhorn SGB XII § 94 Rn. 95
[173] A. A. Schellhorn SGB XII § 94 Rn. 95

2. Abschnitt: Sozialhilfe und Unterhalt § 8

dann, wenn der nachrangige Gläubiger infolgedessen Sozialhilfe in Anspruch nehmen müsste.[174] Haben mehrere Berechtigte den gleichen Rang, kommt es nicht darauf an, ob sie mit dem Schuldner zusammenleben oder nicht. Anders ist es dagegen im Sozialhilferecht. Hilfe zum Lebensunterhalt erhält bereits derjenige, der nicht in der Lage ist, durch Einsatz von Einkommen oder Vermögen seinen Bedarf zu decken. Zur Bedarfsdeckung werden auch Einkommen und Vermögen derjenigen Personen herangezogen, die mit ihm in einer Einsatzgemeinschaft zusammenleben (§ 27 II SGB XII; vgl. Rn. 23). Es ist daher folgerichtig, in die sozialhilferechtliche Vergleichsberechnung auch den Bedarf der Mitglieder der **Einsatzgemeinschaft** einzubeziehen. Dies war nach der bis zum 31. 12. 2004 geltenden Vorschrift des § 91 BSHG durchaus herrschende Meinung.[175] Es besteht kein Anlass, von diesem Grundsatz nach der Neuregelung des Sozialhilferechts abzuweichen.[176] Zwar stellt § 94 III 1 Nr. 1 SGB XII nach seinem Wortlaut nur auf die Sozialhilfebedürftigkeit des Unterhaltspflichtigen ab. Diese hängt jedoch nicht allein von seinem Einkommen und Vermögen ab, sondern auch davon, ob er vom Einkommen und Vermögen der anderen Mitglieder der Einsatzgemeinschaft unterhalten werden kann (§ 27 II 2 SGB XII). Dies kommt in §§ 9 II 3, 33 II 3 SGB II noch deutlicher als im SGB XII zum Ausdruck. Vgl. Rn. 184, 250. Es wäre aber widersinnig, beim Schuldnerschutz im Rahmen des SGB XII allein auf die Sozialhilfebedürftigkeit des Unterhaltsschuldners abzustellen, im Rahmen des SGB II aber zu prüfen, ob der sozialrechtliche Bedarf des Pflichtigen durch das gesamte Einkommen und Vermögen seiner Einsatz- oder Bedarfsgemeinschaft sichergestellt werden kann. Zudem könnten die Mitglieder der Einsatzgemeinschaft selbst sozialhilfebedürftig werden, wenn man sie im Rahmen der Vergleichsberechnung nicht berücksichtigt und der Schuldner an Berechtigte außerhalb der Bedarfsgemeinschaft Unterhalt zahlt. Denn Unterhaltsansprüche, die Berechtigte außerhalb der Einsatzgemeinschaft geltend machen, werden anders als im Recht der Grundsicherung für Arbeitsuchende (§ 11 b I Nr. 7 SGB II) nicht berücksichtigt. Vgl. dazu Rn. 35, 197. Diese Gläubiger könnten daher bei Nichteinbeziehung in die Einsatzgemeinschaft ggf. Sozialhilfe beantragen und würden damit einen unnötigen Verwaltungsaufwand verursachen.[177]

Dem Unterhaltsschuldner muss also nach § 94 III 1 Nr. 1 SGB XII von seinem Einkommen derjenige Betrag verbleiben, der für ihn, seinen nicht getrennt lebenden Ehegatten (Lebenspartner) und seine mit ihm in einem Haushalt lebenden minderjährigen, unverheirateten Kinder als Hilfe zum Lebensunterhalt gezahlt würde. Damit genießen, soweit es um die Frage des Anspruchsübergangs auf den Sozialhilfeträger geht, die Ansprüche der Mitglieder der Bedarfsgemeinschaft des Schuldners **sozialhilferechtlich Vorrang** vor den Ansprüchen Unterhaltsberechtigter, die nicht mit dem Pflichtigen in einem Haushalt zusammenleben. Deren Unterhaltsansprüche gehen nur auf den Sozialhilfeträger über, wenn und soweit der Pflichtige für sich und die mit ihm in einer Bedarfsgemeinschaft lebenden Angehörigen keine Hilfe zum Lebensunterhalt (auch keine Leistungen zur Sicherung des Lebensunterhalts nach §§ 27 ff. SGB II und keine Grundsicherung im Alter und bei Erwerbsminderung nach §§ 41 ff. SGB XII; dazu Rn. 94) bezieht und auch nicht beziehen würde, wenn er die Unterhaltsansprüche der Drittgläubiger erfüllt. Nach bürgerlichem Recht haben dagegen die Ansprüche aller minderjährigen und privilegiert volljährigen Kinder seit dem 1. 1. 2008 den ersten Rang (§ 1609 Nr. 1 BGB n. F.); erst dann folgen betreuende Elternteile und Ehegatten (§ 1609 Nr. 2, 3 BGB n. F.). Auf die Zugehörigkeit zum Haushalt des Schuldners kommt es nicht an. Zu den sich daraus ergebenden Schwierigkeiten vgl. Rn. 134.

99

---

[174] BGH FamRZ 1996, 1272
[175] So die 6. Auflage Rn. 6/543; Schellhorn, BSHG, § 91 Rn. 73; Luthin/Margraf Rn. 6151; Günther MAH § 13 Rn. 72; Brudermüller FamRZ 1995, 1033, 1036; Münder NJW 1994, 494; Nr. 152 Empfehlungen DV, FamRZ 2002, 931; Hampel FamRZ 1996, 513, 518
[176] So auch Schellhorn SGB XII § 94 Rn. 98; Fichtner/Wolf SGB XII § 94 Rn. 54; im Ergebnis auch Nr. 188 Empfehlungen DV SGB XII FamRZ 2005, 1387; Nr. 213 Empfehlungen DV 2008; a. A. Hußmann in Heiß/Born 16 Rn. 30
[177] So mit Recht Schnitzler/Günther MAH § 12 Rn. 89; Nr. 188 Empfehlungen DV SGB XII FamRZ 2005, 1387 und Nr. 213 Empfehlungen DV 2008

100 Die Sozialämter berechnen die Sozialhilfe, die den Mitgliedern einer Bedarfsgemeinschaft gewährt wird, in der Regel in einem einheitlichen Bescheid. Dies bedeutet nicht, dass nur die Bedarfsgemeinschaft als solche einen Anspruch auf Sozialhilfe hat. **Sozialhilfeberechtigt** ist vielmehr **das einzelne Mitglied der Einsatzgemeinschaft.**[178] Vgl. Rn. 24. Im Rahmen der Vergleichsberechnung müssen der vom Schuldner zu erfüllende Unterhaltsanspruch und die gerade vom Unterhaltsberechtigten bezogene Sozialhilfe einander gegenübergestellt werden. Die Sozialhilfe muss daher auf die einzelnen Mitglieder der Bedarfsgemeinschaft aufgeteilt werden. Dabei weisen die Sozialhilfeträger die **Wohnkosten** mit Billigung der Verwaltungsgerichte und der jetzt zuständigen Sozialgerichte üblicherweise den einzelnen Mitgliedern der Bedarfsgemeinschaft nach Kopfteilen zu, und zwar ohne Rücksicht darauf, ob es sich um Erwachsene oder Kinder handelt.[179] Das BVerfG hat dagegen in seiner Entscheidung zum steuerlichen Existenzminimum den Wohnbedarf des Kindes anders berechnet, und zwar nach dem Mehrbedarf, im Wesentlichen also nach den Mehrkosten eines Kinderzimmers.[180] So werden die Wohnkosten jetzt auch beim Kinderzuschlag nach § 6 a IV 2 BKGG verteilt (Rn. 1/462 b). Dies deckt sich mit der Betrachtungsweise des Unterhaltsrechts. Dort entfallen die Wohnkosten in erster Linie auf den jeweiligen Elternteil, ggf. seinen Ehegatten und nur in geringem Umfang auf die Kinder.[181] Trotz der geschilderten Bedenken gehe ich in den Beispielen von der Praxis der Verwaltungs- und Sozialgerichte (Aufteilung der Wohnkosten nach Kopfteilen) aus.

101 In Ausnahmefällen kann die sozialhilferechtliche Vergleichsberechnung auch dann zur Leistungsfähigkeit nach Sozialhilferecht führen, wenn dem Unterhaltsschuldner nur **fiktive Einkünfte** (Rn. 36, 95, 125) zugerechnet werden können, sein Bedarf aber durch andere sozialhilferechtlich bedeutsame Einkünfte sichergestellt wird. Dies ist z. B. der Fall, wenn der Schuldner mit einem Ehegatten (Lebenspartner) in Einsatzgemeinschaft (Rn. 23), mit einem Partner in ehe- oder lebenspartnerschaftsähnlicher Gemeinschaft (Rn. 28) oder mit einem anderen in Haushaltsgemeinschaft (Rn. 27) lebt und deren Einkommen für den sozialhilferechtlichen Bedarf aller Mitglieder der Gemeinschaft ausreicht. Unter dieser Voraussetzung kann der Schuldner auf Grund seines fiktiven Einkommens zur Unterhaltszahlung an den Sozialhilfeträger verurteilt werden, ohne dadurch selbst sozialhilfebedürftig zu werden.[182]

Beispiel:
Die selbst nicht unterhaltsberechtigte Mutter M ist erwerbsunfähig und bezieht für ihr 14-jähriges Kind K Sozialhilfe in Höhe von 287,– € (Regelbedarfsstufe 4) + 100,– (anteilige Wohnkosten) ./. 184,– € (Kindergeld; vgl. Rn. 38) = 203,– €. Ihre Rente deckt gerade ihren eigenen sozialhilferechtlichen Bedarf. Der Vater V ist erwerbsfähig, aber arbeitslos und wird von seiner Ehefrau F unterhalten, die monatlich 2200,– € netto verdient. Er erhält mangels Bedürftigkeit kein Arbeitslosengeld II (Rn. 190). Ihm wird unterhaltsrechtlich ein fiktives Einkommen von 1200,– € zugerechnet. Er schuldet dem Kind nach der Düsseldorfer Tabelle $1/3$ (Stand: 1. 1. 2011; keine Höherstufung) 448 ./. 92,– € Kindergeld = 356,– €. Da der Übergang des Anspruchs in Höhe von 56,– € (56% der anteiligen Wohnkosten; Rn. 70, 100) ausgeschlossen ist (§§ 94 I 6, 105 II SGB XII), geht er nur in Höhe von (203 – 56 =) 147,– € auf den Sozialhilfeträger über. Der sozialhilferechtliche Bedarf der Ehegatten V und F von 328,– € + 328,– (§ 20 IV SGB II) + 500,– € (Kosten der Unterkunft nach § 22 SGB II), also von 1156,– €, ist durch das Einkommen der F gedeckt (§ 9 I, II 1 SGB II). § 94 III 1 Nr. 1 SGB XII hindert den Forderungsübergang nicht. Denn V würde wegen des ausreichenden Einkommens seiner Frau auch bei Erfüllung des Unterhaltsanspruchs des Kindes keine Grundsicherung für Arbeitsuchende (vgl. dazu Rn. 96 f.) erhalten. Dies gilt auch dann, wenn zugunsten der F noch Freibeträge nach §§ 11 b III SGB II berücksichtigt würden (vgl. dazu Rn. 194). Der Unterhaltsanspruch von 356,– € steht also in Höhe von 147,– € dem Sozialhilfeträger, in Höhe von 209,– € K zu.

---

[178] Vgl. BVerwG NJW 1993, 2885 (zum BSHG); Schellhorn SGB XII § 19 Rn. 12; Grube in Grube/Wahrendorf § 19 SGB XII Rn. 11
[179] BVerwG NJW 1989, 313; BSG FamRZ 2008, 688
[180] BVerfG FamRZ 1999, 291, 293
[181] Nach SüdL 21.5.2 entfallen 20% des Tabellenunterhalts auf ein Kind
[182] Vgl. OLG Düsseldorf OLGReport 1998, 417 (zu § 91 BSHG)

e) **Elternunterhalt.** Bei diesem wird § 94 III 1 Nr. 1 SGB XII kaum jemals praktisch **102** werden, weil der angemessene Selbstbehalt von 1500,– EUR zuzüglich 50% des Mehreinkommens (D I der Düsseldorfer Tabelle Stand: 1. 1. 2011) fast immer die Hilfe zum Lebensunterhalt bzw. die Grundsicherung im Alter und bei Erwerbsminderung übersteigen dürfte, die der Pflichtige für sich und die Angehörigen seiner Einsatzgemeinschaft erhalten könnte. Damit weicht das neue Recht deutlich zu Lasten des Unterhaltspflichtigen vom BSHG ab, das bei der Hilfe in besonderen Lebenslagen hohe Einkommensgrenzen kannte, die auch dem Unterhaltspflichtigen zugute kamen. Vgl. dazu Rn. 91.

Beispiel:
Die 80-jährige schwerstpflegebedürftige Mutter verfügt nur über Renteneinkünfte, die ihren notwendigen Unterhalt decken. Sie erhält vom Sozialamt Hilfe zur Pflege von monatlich 600,– €. Ihr einziger Sohn ist ledig und verdient nach Abzug berufsbedingter Aufwendungen und angemessener Altersvorsorge bereinigt 2200,– €. Ihm verbleiben der angemessene Selbstbehalt von 1500,– € (D I der Düsseldorfer Tabelle Stand: 1. 1. 2011) und die Hälfte des Mehreinkommens, insgesamt also 1850,– €. Er schuldet also Unterhalt von 350,– €. In dieser Höhe geht der Unterhaltsanspruch auf den Sozialhilfeträger über, wenn nicht eine unbillige Härte im Sinne des § 94 III 1 Nr. 2 SGB XII (Rn. 87, 103) vorliegt. Die Vergleichsberechnung nach § 94 III 1 Nr. 1 SGB XII begrenzt den Anspruchsübergang nicht.

Das unterhaltspflichtige Kind muss daher vor einer übermäßigen Inanspruchnahme durch **103** einen Elternteil bzw. nach Übergang des Anspruchs durch den Sozialhilfeträger in erster Linie durch das Unterhaltsrecht geschützt werden. Die Deckung seines eigenen angemessenen Bedarfs hat Vorrang (§ 1603 I BGB). Insbesondere ist dem Schuldner die Bildung angemessener Rücklagen für sein Alter zu gestatten. Als Alterssicherung können nicht nur Rentenanwartschaften oder eine selbst genutzte Immobilie im Sinne des § 90 II Nr. 9 SGB XII dienen. Vielmehr steht es dem Kind frei, in welcher Weise es für sein Alter vorsorgt.[183] Zur Verwertung eines Grundstücks im Wege der Kreditaufnahme vgl. Rn. 71.

Lässt sich der Schutz des Schuldners durch das Unterhaltsrecht nicht oder nicht in ausreichender **104** Weise verwirklichen, kann in geeigneten Fällen eine **unbillige Härte** im Sinne des § 94 III 1 Nr. 2 SGB XII bejaht und auf diesem Wege ein (teilweiser) Ausschluss des Anspruchsübergangs erreicht werden. Dabei wird man zur Vermeidung verfassungswidriger Ergebnisse der besonderen Belastung Rechnung tragen müssen, die volljährigen Kindern durch die gesetzliche Unterhaltspflicht gegenüber ihren eigenen Kindern und gegenüber ihren Eltern, aber auch durch die Finanzierung der Altersrenten im Umlageverfahren auferlegt werden. Eine Härte dürfte vor allem dann zu bejahen sein, wenn dem Schuldner die Verwertung von Einkommen oder Vermögen angesonnen wird, das der Unterhaltsberechtigte nach Sozialhilferecht zur Deckung seines Bedarfs nicht einsetzen müsste. Vgl. dazu Rn. 39 ff., 43, 89.

Unterhaltsansprüche der **Enkel** gegen die **Großeltern** und umgekehrt gehen nicht auf **105** den Sozialhilfeträger über (§ 94 I 3 SGB XII). Vgl. Rn. 68. Eine Anwendung des § 94 III 1 Nr. 1 SGB XII scheidet daher von vornherein aus.

f) **Nachweis der Hilfebedürftigkeit des Schuldners.** Das Sozialamt hat die Einschränkung **106** des Anspruchsübergangs durch die Vergleichsberechnung nur zu berücksichtigen, wenn es von ihren Voraussetzungen durch Nachweise oder auf andere Weise Kenntnis erlangt (§ 94 III 2 SGB XII). Den Unterhaltsschuldner trifft also die Obliegenheit, in geeigneter Weise, z. B. durch Vorlage von Bescheiden oder Gehaltsabrechnungen, zu belegen, dass er Hilfe zum Lebensunterhalt, Grundsicherung im Alter und bei Erwerbsminderung oder Leistungen zur Sicherung des Lebensunterhalts (Rn. 96) bezieht oder beziehen könnte, wenn er den fraglichen Unterhaltsanspruch erfüllen müsste. Erst wenn der Schuldner dieser Obliegenheit nachgekommen ist, setzt die Pflicht des Sozialhilfeträgers zur Amtsermittlung (§ 20 I SGB X) ein.

---

[183] BGH FamRZ 2006, 1511 = R 658 d mit Anm. Klinkhammer

VII. Geltendmachung des Unterhaltsanspruchs im Prozess

1. Konsequenzen des Anspruchsübergangs

107 Nach § 94 I 1 SGB XII erwirbt der Sozialhilfeträger den Unterhaltsanspruch des Leistungsberechtigten, soweit er diesem Sozialhilfe gewährt hat. Natur, Inhalt und Umfang des Anspruchs werden nicht verändert.[184] Der Sozialhilfeträger hat also im Verfahren vor dem Familiengericht die anspruchsbegründenden Tatsachen vorzutragen. Vgl. Rn. 122. Er muss insbesondere Bedarf und Bedürftigkeit des Leistungsberechtigten nach Unterhaltsrecht darlegen. Die Verweisung auf die geleistete Sozialhilfe reicht nicht aus.[185] Andererseits kann sich der Unterhaltsschuldner auf alle zivilrechtlichen Einwendungen gegen die übergegangene Forderung berufen (vgl. Rn. 77, 79); er kann z. B. geltend machen, dass er nicht leistungsfähig sei, er eine Unterhaltsbestimmung nach § 1612 II 1 BGB getroffen habe und deshalb nicht zum Barunterhalt verpflichtet sei oder dass der Unterhaltsanspruch nach § 1578 b BGB zu befristen, nach § 1585 b III BGB erloschen oder nach § 242 BGB wegen verspäteter Geltendmachung verwirkt sei (Rn. 80).[186] Der Unterhaltspflichtige kann ferner die Voraussetzungen des Anspruchsübergangs bestreiten. Beruft er sich darauf, dass er nach Sozialhilferecht nicht leistungsfähig sei, muss er nach § 94 III 2 SGB XII vortragen und ggf. belegen, dass er Hilfe zum Lebensunterhalt bezieht oder bei Erfüllung des Unterhaltsanspruchs beziehen würde (§ 94 III 1 Nr. 1 SGB XII) oder dass der Anspruchsübergang eine unbillige Härte bedeuten würde (§ 94 III 1 Nr. 2 SGB XII). Vgl. dazu Rn. 106.

108 Der Leistungsberechtigte darf für die **Zukunft** den Unterhaltsanspruch gegen den Schuldner geltend machen. Das Recht des Sozialhilfeträgers, nach § 94 IV 2 SGB XII bis zur Höhe der bisherigen monatlichen Aufwendungen auf künftige Leistung zu „klagen" (vgl. Rn. 121, 275), steht dem nicht entgegen. Vielmehr muss es dem Berechtigten unbenommen bleiben, durch Erwirkung und Vollstreckung eines obsiegenden Urteils den Schuldner zur Leistung zu zwingen und damit die Sozialhilfe entbehrlich zu machen. Dieses Recht kann ihm auch nicht durch Verweigerung von **Verfahrenskostenhilfe** wegen Mutwillens entzogen werden.[187] Zur Verfahrenskostenhilfe bezüglich des Unterhalts für die Vergangenheit s. Rn. 117.

Hat der Sozialhilfeträger den Unterhalt bereits rechtshängig gemacht, steht einem weiteren Unterhaltsantrag des Hilfeempfängers die Einrede der Rechtshängigkeit entgegen, soweit sich die Ansprüche decken. Hat dagegen der Gläubiger den Unterhaltsanspruch gerichtlich geltend gemacht, ist eine weitere Klage des Sozialhilfeträgers aus demselben Grund unzulässig.[188]

109 Erhält der Unterhaltsberechtigte **nach Rechtshängigkeit** des Unterhaltsanspruchs Sozialhilfe und geht demgemäß der rechtshängige Anspruch im Umfang der gewährten Hilfe auf den Sozialhilfeträger über, wird das Verfahren fortgeführt (§§ 113 I 2 FamFG; 265 II 1 ZPO); der Antragsteller ist allerdings gehalten, dem gesetzlichen Forderungsübergang durch **Umstellung des Antrags** Rechnung zu tragen und die Verpflichtung des Antragsgegners zur Zahlung an den Sozialhilfeträger im Umfang des Anspruchsübergangs zu begehren,[189] und zwar bis zum Ende des Monats, in dem die letzte mündliche Verhandlung stattfindet.[190] Für die Zeit danach bleibt es bei dem auf Zahlung an den Leistungsberechtigten gerichteten An-

---

[184] BGH FamRZ 2002, 1698 = R 580 a mit Anm. Klinkhammer
[185] BGH FamRZ 2003, 1468
[186] BGH FamRZ 2010, 1057; FamRZ 2002, 1698 = R 580 a mit Anm. Klinkhammer
[187] So mit Recht OLG Nürnberg MDR 1999, 748; OLG Koblenz FamRZ 1997, 308; OLG München FamRZ 1995, 625; anderer Ansicht: OLG Koblenz FamRZ 2004, 1116; OLG Köln FamRZ 1994, 970; OLG Saarbrücken FamRZ 1995, 1166
[188] Vgl. dazu BGH FamRZ 1992, 797, 799 = R 447 c
[189] BGH FamRZ 1996, 1203, 1207 = NJW 1996, 3273, 3276; FamRZ 2000, 1358 (zu § 7 UVG; insoweit in R 543 nicht abgedruckt)
[190] BGH FamRZ 2001, 619; OLG Karlsruhe FamRZ 1995, 615, 617; Brudermüller FamRZ 1995, 17, 19

trag. Dies gilt auch dann, wenn ein Elternteil nach § 1629 III 1 BGB im Wege der Verfahrensstandschaft Kindesunterhalt geltend macht.[191] Eine Änderung des Antrags ist allerdings nicht erforderlich, wenn der Sozialhilfeträger die Unterhaltsforderung im Einvernehmen mit dem Hilfeempfänger auf diesen zurückübertragen hat (§ 94 V 1 SGB XII). Vgl. dazu Rn. 111 ff. Die Vorschriften des § 94 I 2 bis 6, III SGB XII sind sowohl im Falle des § 265 II ZPO als auch bei Rückabtretung des Unterhaltsanspruchs zu beachten.[192] Vgl. dazu Rn. 118.

Für die **Vergangenheit,** also für die Zeit vor Rechtshängigkeit, ist zunächst allein der **110** Sozialhilfeträger als Anspruchsinhaber befugt, den Unterhaltsanspruch, soweit er auf ihn übergegangen ist, gerichtlich und außergerichtlich geltend zu machen. Vollzieht sich der Anspruchsübergang nach Erwirken eines Vollstreckungstitels, ist die Vollstreckungsklausel nach §§ 120 I FamFG, 727 ZPO dem Sozialhilfeträger als Rechtsnachfolger zu erteilen. Dieser hat darzulegen und durch öffentliche oder öffentlich beglaubigte Urkunden nachzuweisen, dass der Anspruch auf ihn übergegangen ist.[193] Dazu genügt eine Aufstellung des Sozialhilfeträgers über die in den jeweiligen Monaten geleistete Sozialhilfe nicht.[194] Der Unterhaltsschuldner hat jedenfalls seit dem 1. 1. 2005 die eigene Sozialhilfebedürftigkeit (§ 94 III 1 Nr. 1 SGB XII) mit der Klauselgegenklage (§§ 120 I FamFG, 768 ZPO) geltend zu machen.[195] Vgl. auch Rn. 122.

2. Rückübertragung des übergegangenen Unterhaltsanspruchs

a) Rückabtretung, Einziehungsermächtigung, Verfahrensstandschaft. Seit dem **111**
1. 8. 1996 kann der Sozialhilfeträger den auf ihn übergegangenen Unterhaltsanspruch auf den Leistungsberechtigten zur gerichtlichen Geltendmachung rückübertragen (§ 94 V 1 SGB XII; früher § 91 I 1 BSHG).

Nach dem bis zum 31. 7. 1996 geltenden Recht war die Rückabtretung dagegen nach Auffassung des **BGH**[196] wegen Verstoßes gegen § 32 SGB I unzulässig. Nach dieser Vorschrift sind privatrechtliche Vereinbarungen nichtig, die zum Nachteil des Sozialleistungsberechtigten von den Vorschriften des Sozialgesetzbuchs abweichen, zu denen auch das BSHG gehörte. Der BGH[197] hat insbesondere auf das Prozess- und das Kostenrisiko verwiesen, das der Hilfeempfänger nach der gesetzlichen Regelung nicht zu tragen hat, das ihn aber bei einer Rückabtretung treffen kann. Es kommt daher nicht darauf an, ob sich aus der Rückabtretung für den Hilfeempfänger Vorteile ergeben, die deren Nachteile überwiegen; § 32 SGB I verbietet vielmehr jede Abwägung von Vorteilen und Nachteilen.[198] Diese Entscheidungen des BGH haben **seit dem 1. 8. 1996** für die seitdem **gesetzlich ausdrücklich zugelassene Rückabtretung** keine Bedeutung mehr. Sie gelten jedoch weiter für die Einziehungsermächtigung und die Prozessstandschaft. Dem Sozialhilfeträger ist es daher verwehrt, statt der Rückabtretung dem Hilfeempfänger eine Einziehungsermächtigung zu erteilen und ihn zu beauftragen, den übergegangenen Unterhaltsanspruch für ihn im Wege der gewillkürten Prozessstandschaft geltend zu machen.[199] Der BGH hat dies in den Entscheidungen zu der bis zum 31. 7. 1996 geltenden Fassung des § 91 BSHG nicht nur wegen Verstoßes gegen § 32 SGB I, sondern auch deshalb für unzulässig gehalten, weil dem Hilfeempfänger ein eigenes schutzwürdiges Interesse fehlt, die auf den Sozialhilfeträger übergegangenen Ansprüche im eigenen Namen geltend zu machen.[200] Das eigene schutz-

---

[191] BGH FamRZ 2001, 619
[192] Vgl. dazu BGH FamRZ 2001, 619
[193] OLG Stuttgart FamRZ 2001, 838 m. w. N.; vgl. auch OLG Hamburg FamRZ 1997, 1489
[194] OLG Hamburg FamRZ 1997, 1489; a. A. OLG Karlsruhe FamRZ 2004, 556; OLG Zweibrücken FamRZ 2007, 2779
[195] OLG Karlsruhe FamRZ 2004, 125
[196] FamRZ 1996, 1203 = NJW 1996, 3273
[197] FamRZ 1996, 1203, 1205 = NJW 1996, 3273, 3275
[198] BGH FamRZ 1997, 608
[199] OLG Celle FamRZ 1998, 1444
[200] BGH FamRZ 1997, 608; FamRZ 1996, 1203, 1206 = NJW 1996, 3273, 3275; die Entscheidung des BGH FamRZ 1998, 357 betrifft § 7 UVG und ist zudem durch die Einfügung des § 7 IV UVG in das Gesetz hinsichtlich der hier interessierenden Problematik überholt

würdige Interesse wird nicht allein dadurch begründet, dass eine Abtretung zulässig ist. Bei der Einziehungsermächtigung, die lediglich die materiell-rechtliche Grundlage der gewillkürten Prozessstandschaft ist, muss der Ermächtigte (der Leistungsberechtigte) vielmehr ein eigenes Interesse daran haben, dass er den beim Gläubiger (dem Sozialhilfeträger) verbliebenen Anspruch geltend macht. Daran fehlt es jedoch; denn durch die Einziehungsermächtigung und die Prozessstandschaft erlangt der Leistungsberechtigte keine eigenen Vorteile. Im Gegenteil wird seine Rechtsstellung im Prozess erschwert, da er auf die Belange des Sozialhilfeträgers Rücksicht zu nehmen hat.[201]

Rückabtretungen, die vor dem 1. 8. 1996 erfolgt und damit nichtig sind, werden durch die spätere Rechtsänderung nicht geheilt; notwendig ist vielmehr eine **Neuvornahme** nach § 141 BGB.[202]

112 Die Rückabtretung erfasst nur den bereits übergegangenen Unterhaltsanspruch. Für die Zukunft bedarf es daher einer Rückabtretung nicht. Der Unterhaltsgläubiger bleibt trotz des Anspruchsübergangs aktivlegitimiert (Rn. 108). Erhält er während des Prozesses weiter Sozialhilfe, kann er dem Anspruchsübergang durch Umstellung des Unterhaltsantrags Rechnung tragen (Rn. 109). Man wird aber auch die (Rück-)Abtretung der künftig in der Person des Sozialhilfeträgers entstehenden Unterhaltsansprüche für zulässig erachten können.

113 b) **Einvernehmen.** Die Rückabtretung setzt das Einvernehmen des Leistungsberechtigten voraus. Sie ist kein mitwirkungsbedürftiger Verwaltungsakt, sondern eine privatrechtliche Vereinbarung zwischen Sozialhilfeträger und Hilfeempfänger.[203] Die Beteiligten müssen also einen Vertrag schließen, der tunlichst die Einzelheiten der Prozessführung regelt, z. B. Hinzuziehung eines Anwalts, Weisungsrecht des Sozialhilfeträgers (Rn. 114), Kosten und Verfahrenskostenhilfe (Rn. 116 f.).[204] Allein die Abtretungserklärung des Sozialhilfeträgers reicht nicht aus. Vielmehr muss der Leistungsberechtigte das darin liegende Angebot angenommen haben. Hiervon kann im Unterhaltsprozess allerdings regelmäßig ausgegangen werden, wenn der klagende Leistungsberechtigte die Abtretungserklärung des Sozialhilfeträgers vorlegt. Dieser wird im Allgemeinen auf den Zugang der Annahmeerklärung verzichtet haben, so dass der Vertrag nach § 151 BGB zustande gekommen ist.[205]

Da die Rückabtretung das Einvernehmen des Leistungsberechtigten voraussetzt, ist dieser nicht gezwungen, das entsprechende Angebot des Sozialhilfeträgers anzunehmen. Die weitere Gewährung der Sozialhilfe darf gemäß § 2 I SGB XII nicht davon abhängig gemacht werden, dass die leistungsberechtigte Person die Rückabtretung annimmt und den Unterhaltsanspruch für die zurückliegende Zeit gegen den Schuldner gerichtlich geltend macht. Denn für die Vergangenheit – und nur darum geht es hier – kann sich der Leistungsberechtigte nicht mehr selbst helfen. Vielmehr ist ihm durch Gewährung von Sozialhilfe bereits geholfen. Zum Grundsatz der Selbsthilfe bzgl. künftigen Unterhalts vgl. Rn. 7.

114 Die Rückabtretung hat, auch wenn dies im Abtretungsvertrag nicht ausdrücklich erwähnt wird, treuhänderischen Charakter.[206] Ihr liegt ein **Auftrag** oder jedenfalls ein auftragsähnliches Geschäft zugrunde. Daher sind **im Innenverhältnis** §§ 662 ff. BGB anzuwenden.[207] Der Leistungsberechtigte übernimmt mit Abschluss der Vereinbarung die Pflicht zur unentgeltlichen Ausführung des Auftrags, also zur gerichtlichen Geltendmachung des rückabgetretenen Unterhaltsanspruchs (§ 662 BGB); er kann sich wegen einer Vertragsverletzung schadensersatzpflichtig machen.[208] Er ist grundsätzlich an die Weisungen des Sozialhilfeträgers gebunden (§ 665 BGB), hat Auskunft über den Stand der Sache zu erteilen, Rechenschaft zu legen (§ 666 BGB) und das Erlangte herauszugeben, insbesondere Zahlungen des Schuldners auf den rückabgetretenen Unterhaltsanspruch an den Sozial-

---

[201] BGH FamRZ 1996, 1203, 1206 = NJW 1996, 3273, 3275
[202] BGH FamRZ 1997, 608; OLG Düsseldorf FamRZ 1997, 501
[203] BGH FamRZ 1996, 1203, 1205 = NJW 1996, 3273, 3275; FamRZ 1997, 608
[204] Vgl. Nr. 194 Empfehlungen DV SGB XII FamRZ 2005, 1387; Münder NJW 2001, 2201, 2209
[205] Offen gelassen von BGH FamRZ 1997, 608
[206] Vgl. dazu OLG Köln FamRZ 1998, 175
[207] BGH FamRZ 1996 1203, 1205 = NJW 1996, 3273, 3274
[208] BGH a. a. O.

hilfeträger weiterzuleiten (§ 667 BGB). Der Sozialhilfeträger kann den Auftrag jederzeit widerrufen, der Leistungsberechtigte kann ihn jederzeit kündigen; eine Kündigung zur Unzeit ist jedoch nicht zulässig und verpflichtet zum Schadensersatz (§ 671 I, II BGB). Der Sozialhilfeträger muss die Aufwendungen des Leistungsberechtigten ersetzen, die dieser nach den Umständen für erforderlich halten darf (§ 670 BGB). Dies gilt insbesondere für den Ersatz der Prozesskosten, worauf § 94 V 2 SGB XII ausdrücklich hinweist. Vgl. dazu Rn. 116.

c) Gerichtliche Geltendmachung. Der übergegangene Unterhaltsanspruch darf nach § 94 V 1 SGB XII zur gerichtlichen Geltendmachung (rück-)abgetreten werden. Das spricht dafür, dass ein Prozess des Hilfeempfängers gegen den Unterhaltspflichtigen bereits anhängig sein oder jedenfalls unmittelbar bevorstehen muss, bedeutet allerdings nicht, dass der Leistungsberechtigte nur zur gerichtlichen Geltendmachung des Unterhaltsanspruchs befugt ist. Er ist vielmehr in vollem Umfang Gläubiger des Unterhaltsanspruchs, kann deshalb den Pflichtigen in Verzug setzen und mit ihm einen außergerichtlichen, aber auch einen gerichtlichen Vergleich schließen. Derartige Vergleiche sind für den Sozialhilfeträger bindend. Die Einschränkung der Rückabtretung in der Weise, dass der Leistungsberechtigte einen Vergleich nur mit Zustimmung des Sozialamts abschließen darf, ist lediglich eine Weisung, die allein für das Innenverhältnis maßgebend ist (vgl. dazu Rn. 114), aber die Stellung des Leistungsberechtigten als verfügungsberechtigten Gläubigers des rückabgetretenen Anspruchs nicht berührt (§ 137 S. 2 BGB). 115

Ergibt sich, dass die Rechtsverfolgung nicht aussichtsreich oder z. B. mangels Vollstreckungsmöglichkeit untunlich ist, kann der Sozialhilfeträger den mit der Rückabtretung verbundenen Auftrag widerrufen, der Leistungsberechtigte kann kündigen (vgl. Rn. 114). Besondere Voraussetzungen brauchen nicht erfüllt zu sein.

d) Kosten. Nach § 94 V 2 SGB XII hat der Sozialhilfeträger Kosten, mit denen der Leistungsberechtigte durch die Rückabtretung selbst belastet wird, zu übernehmen. Dies ist eine gesetzliche Folge der Rückabtretung und braucht daher nicht Bestandteil des Abtretungsvertrages selbst zu sein.[209] Lehnt es dagegen der Sozialhilfeträger ausdrücklich ab, Kosten zu übernehmen, so ist eine derartige Erklärung nichtig (§ 134 BGB, § 32 SGB I); dies führt im Zweifel nach § 139 BGB auch zur Nichtigkeit der Rückabtretung selbst.[210] Eine unzulässige Einschränkung der Rückabtretung liegt auch vor, wenn der Sozialhilfeträger Kosten nur in dem Umfang übernehmen will, der auch durch Prozesskosten- oder Beratungshilfe abgedeckt wäre. Der Sinn des § 94 V 2 SGB XII liegt gerade darin, den Schuldner vor solchen Kosten zu bewahren, die trotz Gewährung von Prozesskostenhilfe auf ihn zukommen können,[211] z. B. vor den Wahlanwaltsgebühren seines Rechtsanwalts (vgl. § 50 RVG)[212] oder vor dem Kostenerstattungsanspruch des obsiegenden Gegners (§ 123 ZPO).[213] 116

Ob dem Leistungsberechtigten für den rückabgetretenen Teil des Unterhaltsanspruchs, dessen zusätzliche Geltendmachung vielfach den Streitwert erhöht (§ 42 V 1 GKG), **Verfahrenskostenhilfe** bewilligt werden kann, war zweifelhaft, ist aber inzwischen vom BGH grundsätzlich verneint worden.[214] 117

Für die gerichtliche Geltendmachung der von einem Sozialhilfeträger rückübertragenen Unterhaltsansprüche (für die **Vergangenheit**) ist der Leistungsberechtigte allerdings nach dem BGH[215] grundsätzlich nicht bedürftig im Sinne von § 114 ZPO, da ihm ein Anspruch auf **Prozesskostenvorschuss** (Verfahrenskostenvorschuss) gegen den Sozialhilfeträger zusteht. Der BGH hat hiervon zwei Ausnahmen zugelassen:[216]

---

[209] BGH FamRZ 2000, 221, 222; OLG Köln FamRZ 1997, 297; a. A. OLG Hamm FamRZ 1998, 174
[210] OLG Hamm FamRZ 2000, 1222
[211] So die Begründung zum Regierungsentwurf des KindUG, BT-Drucks. 13/7338 S. 46
[212] Zöller/Philippi ZPO § 120 Rn. 17
[213] Schellhorn SGB XII § 94 Rn. 145
[214] BGH FamRZ 2008, 1159; teilweise a. A. noch Scholz in der Vorauflage; vgl. diese auch zum vorherigen Streitstand
[215] FamRZ 2008, 1159
[216] BGH FamRZ 2008, 1159 Rn. 19; zur praktischen Umsetzung vgl. DH der Bundesagentur zu § 33 SGB II Nr. 33.52

- Wenn der Leistungsberechtigte durch den Verweis auf den Vorschussanspruch eigene Nachteile erleiden würde oder
- wenn sich die Geltendmachung rückübertragener Ansprüche neben den beim Unterhaltsgläubiger verbliebenen Unterhaltsansprüchen kostenrechtlich nicht auswirkt.

118 **e) Wirkungen der Rückabtretung.** Nach der Rückabtretung steht der Unterhaltsanspruch wieder dem unterhaltsberechtigten Sozialhilfeempfänger zu. Zahlungen des Schuldners sind an ihn zu leisten. Dies kann für den Sozialhilfeträger gefährlich werden, wenn der Gläubiger eingegangene Zahlungen nicht an ihn weiterleitet. Deshalb sieht § 94 V 1 SGB XII eine erneute Abtretung des Anspruchs an den Sozialhilfeträger vor (vgl. Rn. 119). Die Rückabtretung macht den gesetzlichen Übergang des Unterhaltsanspruchs nicht ungeschehen. Vor allem bleibt es dabei, dass der Unterhaltsanspruch weiterhin der Verjährung unterliegt. Die durch den Forderungsübergang entfallende Hemmung der Verjährung (vgl. § 207 I BGB)[217] tritt nicht wieder in Kraft. Vgl. Rn. 77, 274.

Die Rückabtretung lässt die Prüfung, ob die sozialhilferechtlichen Schutzvorschriften zugunsten des Unterhaltspflichtigen (§ 94 I 3, 4 und III 1 Nr. 1, 2 SGB XII) eingreifen, nicht entbehrlich werden.[218] Nach diesen Vorschriften ist der Anspruchsübergang auf den Sozialhilfeträger in bestimmten Fällen ausgeschlossen. Dann geht die Rückabtretung ins Leere. Der Unterhaltsanspruch steht damit scheinbar nach wie vor dem Unterhaltsberechtigten zu. Es ergibt sich dann jedoch die Problematik, die in Rn. 126 ff. eingehend erörtert wird.

3. Erneute Abtretung an den Sozialhilfeträger

119 Nach § 94 V 1 SGB XII kann der Träger der Sozialhilfe den auf ihn übergegangenen Unterhaltsanspruch zunächst im Einvernehmen mit dem Hilfeempfänger auf diesen zur gerichtlichen Geltendmachung rückübertragen und sich dann den geltend gemachten Unterhaltsanspruch erneut abtreten lassen. Sinnvoll ist die Abtretung des „geltend gemachten Unterhaltsanspruchs" vor allem dann, wenn sie erst nach Erlass einer rechtskräftigen Entscheidung erfolgt, da eine frühere Abtretung des rückübertragenen Unterhaltsanspruchs an den Sozialhilfeträger die Aktivlegitimation des Unterhaltsberechtigten im Verfahren gegen den Pflichtigen beseitigen würde. Nach Rechtskraft der Entscheidung Urteils erlaubt die Abtretung des zugunsten des Leistungsberechtigten titulierten Anspruchs dagegen dem Sozialhilfeträger, die Vollstreckungsklausel gemäß §§ 113 I 2 FamFG, 727 I ZPO auf sich umschreiben zu lassen und die Zwangsvollstreckung gegen den Unterhaltsschuldner zu betreiben. Vgl. dazu Rn. 110. Dieser komplizierte Weg kann dadurch etwas vereinfacht werden, dass die Beteiligten schon bei der Rückabtretung des Unterhaltsanspruchs an den Hilfeempfänger vereinbaren, dass dieser den Anspruch unter der aufschiebenden Bedingung, dass ein Vollstreckungstitel erwirkt wird, erneut an den Sozialhilfeträger abtritt.

4. Konkurrenz zwischen Unterhaltsberechtigtem und Sozialhilfeträger

120 Der gesetzliche Anspruchsübergang des § 94 SGB XII kann dazu führen, dass der Sozialhilfeträger den auf ihn übergegangenen Anspruch und der Unterhaltsberechtigte den darüber hinausgehenden Anspruchsteil einklagen. Hier hilft, wenn der Leistungsberechtigte einverstanden ist (Rn. 113), die Rückabtretung des auf den Sozialhilfeträger übergegangenen Anspruchs oder Anspruchsteils nach § 94 V 1 SGB XII. Nach der Rechtsprechung des BGH (Rn. 117) ist allerdings zu beachten, dass Verfahrenskostenhilfe regelmäßig nur für den laufenden Unterhalt zu bewilligen ist. Dann ist zwar allein der Leistungsberechtigte aktivlegitimiert, das Verfahren muss aber zum Teil vom Sozialhilfeträger finanziert werden, was jedenfalls mit erheblichen praktischen Schwierigkeiten verbunden ist. Anderenfalls ließe sich die Anspruchskonkurrenz – allerdings ebenfalls wenig praktikabel – durch ein Zusam-

---

[217] BGH FamRZ 2006, 1664, 1666 = R 657 d
[218] Vgl. dazu Münder NJW 2001, 2201, 2210

2. Abschnitt: Sozialhilfe und Unterhalt § 8

menwirken des Sozialhilfeträgers und des Leistungsberechtigten entschärfen, indem sie z. B. im selben Verfahren als Streitgenossen auftreten.

Für die Zukunft kann der **Sozialhilfeträger** bis zur Höhe der bisherigen monatlichen **121** Aufwendungen **die künftige Leistung gerichtlich geltend machen,** wenn die Hilfe voraussichtlich auf längere Zeit, das sind mindestens sechs Monate,[219] gezahlt werden muss (§ 94 IV 2 SGB XII). In die Unterhaltsentscheidung braucht nicht die Bedingung aufgenommen zu werden, dass auch künftig Sozialhilfe in Höhe der zugesprochenen Beträge gewährt wird.[220] Vgl. aber Rn. 275. Vielmehr entfällt der Anspruchsübergang ohne weiteres mit Einstellung der Sozialhilfe.[221] Dies kann der Schuldner ggf. mit der Vollstreckungsgegenklage (§§ 120 FamFG, 767 ZPO) geltend machen. Zur Rechtslage, wenn sowohl Berechtigter als auch Sozialhilfeträger denselben Anspruch gerichtlich geltend machen, vgl. Rn. 108, 120.

Obwohl die ordentlichen Gerichte im Rahmen des § 94 SGB XII über öffentlich-recht- **122** liche Fragen zu entscheiden haben und insoweit Aufgaben erfüllen, die eher den Sozialgerichten zuzuordnen sind (Rn. 17), gilt nicht das Prinzip der Amtsermittlung. Vielmehr haben die Parteien die **Darlegungs- und Beweislast;** sie haben daher die erheblichen Tatsachen vorzutragen und zu beweisen. Klagt der Unterhaltsgläubiger trotz Sozialhilfebezugs, muss er bei „Bestreiten der Aktivlegitimation" dartun, dass der Anspruch nicht auf den Sozialhilfeträger übergegangen ist.[222] Der Sozialhilfeträger hat entgegen dem bis zum 31. 12. 2004 geltenden Recht[223] nicht mehr die Darlegungs- und Beweislast dafür, dass der Schuldner nach der öffentlich-rechtlichen Vergleichsberechnung (vgl. Rn. 91 ff.) leistungsfähig ist. Vielmehr hat der Schuldner nach § 94 III 2 SGB XII darzutun und in geeigneter Weise zu belegen, dass er nach Sozialhilferecht nicht leistungsfähig ist oder dass der Anspruchsübergang eine unbillige Härte bedeuten würde. Vgl. dazu Rn. 87, 106. Der Schuldner muss ferner wie in jedem Unterhaltsprozess seine Leistungsunfähigkeit nach Unterhaltsrecht dartun und beweisen.[224] Zum Nachweis des Anspruchsübergangs im Rahmen des §§ 120, 727 ZPO vgl. Rn. 110.

5. Abänderungsverfahren

Beteiligte des Verfahrens, in dem es um die Abänderung eines Unterhaltstitels geht, sind **123** die Beteiligten (Parteien) des Vorprozesses bzw. -verfahrens und deren Rechtsnachfolger, soweit sich die Rechtskraft des Urteils bzw. des Beschlusses auf sie erstreckt oder soweit sie durch einen Vergleich oder eine andere vollstreckbare Urkunde gebunden sind.[225] Der Anspruchsübergang nach § 94 SGB XII wirft insoweit eine Reihe von Fragen auf:[226]
- Hat der Sozialhilfeträger ein Urteil über künftigen Unterhalt erwirkt (Rn. 121), kann er selbst Abänderungantrag stellen; der Abänderungsantrag des Unterhaltspflichtigen ist gegen ihn zu richten.[227]
- Der Sozialhilfeträger kann einen Abänderungsantrag stellen, wenn der Berechtigte einen Unterhaltstitel in den Händen hat und er nunmehr Sozialhilfe bezieht, die den titulierten Anspruch übersteigt.[228] Soweit der Vollstreckungstitel reicht, kommt eine Umschreibung der Vollstreckungsklausel auf den Sozialhilfeträger in Betracht. Vgl. dazu Rn. 110.
- Wenn der Pflichtige die Abänderung eines Urteils erstrebt, ist die Klage gegen den Unterhaltsberechtigten zu erheben, soweit die Abänderung des Titels zugunsten des Schuldners für die Zeit ab Rechtshängigkeit geltend gemacht wird (vgl. § 236 III FamFG) und

---

[219] Schellhorn SGB XII § 94 Rn. 139
[220] So mit Recht OLG Koblenz FamRZ 1996, 756
[221] Schellhorn SGB XII § 94 Rn. 139
[222] Brudermüller FuR 1995, 17, 22
[223] Dazu die Vorauflage Rn. 6/563
[224] Vgl. BGH FamRZ 1992, 797 = R 447 a
[225] OLG Brandenburg FamRZ 2004, 552; vgl. auch BGH FamRZ 1992, 797 = R 447 a
[226] Zusammenstellung der Problematik im Rechtsgutachten DIJuF, JAmt 2001, 32
[227] BGH FamRZ 1992, 797, 800; OLG Brandenburg FamRZ 1999, 1512
[228] BGH FamRZ 1986, 153

der Anspruchsübergang nach Rechtshängigkeit unerheblich ist (§§ 113 I 2 FamFG, 265 II 1 ZPO).²²⁹ Vgl. dazu auch Rn. 109. Kann der Titel, z. B. ein gerichtlicher Vergleich oder eine Jugendamtsurkunde, für die Zeit vor Rechtshängigkeit abgeändert werden, muss der Abänderungsantrag hinsichtlich des künftigen Unterhalts gegen den leistungsberechtigten Unterhaltsgläubiger, hinsichtlich des rückständigen und auf den Sozialhilfeträger übergegangenen Unterhalts gegen diesen gerichtet werden.²³⁰ Dasselbe gilt, wenn die Herabsetzung eines Urteils oder Beschlusses nach einer sog. negativen Mahnung (vgl. § 238 III 3 FamFG) teilweise für die Zeit vor Rechtshängigkeit verlangt wird.

VIII. Rechtslage bei Ausschluss des Anspruchsübergangs

1. Geltendmachung des Unterhaltsanspruchs durch den Sozialhilfeträger

124 Dem Sozialhilfeträger ist nach § 94 SGB XII der Rückgriff gegen den Unterhaltsschuldner in zahlreichen Fällen verwehrt. Der **Übergang** des Unterhaltsanspruchs auf ihn ist insbesondere **ausgeschlossen**
- bei Unterhaltsansprüchen gegen Verwandte zweiten oder eines entfernteren Grades (Rn. 68),
- bei Unterhaltsansprüchen einer Schwangeren oder eines erwachsenen Kindes, das ein eigenes leibliches Kind bis zum 6. Lebensjahr betreut, gegen Verwandte ersten Grades, insbesondere gegen die Eltern (Rn. 68),
- bei Unterhaltsansprüchen behinderter oder pflegebedürftiger Volljähriger wegen Hilfe zur Eingliederung oder Hilfe zur Pflege, soweit über (insgesamt) 46,– EUR hinausgehend (Rn. 86),
- bei Leistungen der Grundsicherung im Alter und bei Erwerbsminderung (§ 94 I 3 Halbsatz 2 SGB XII; s. Rn. 136, 152)
- wenn und soweit die öffentlich-rechtliche Vergleichsberechnung nach Sozialhilferecht eine geringere Leistungsfähigkeit als nach Unterhaltsrecht ergibt (Rn. 92 ff.),
- wenn und soweit eine unbillige Härte vorliegt (Rn. 87).

Soweit der **Anspruchsübergang teilweise ausgeschlossen** ist, kann der Sozialhilfeträger nur auf den restlichen (übergegangenen) Teil des Anspruchs gegen den Unterhaltsverpflichteten zurückgreifen. Diese Konstellation kommt insbesondere bei der sozialhilferechtlichen Vergleichsberechnung (Rn. 92 ff.) vor.

Die weiteren Fälle des Ausschlusses des Anspruchsübergangs sind in diesem Zusammenhang nicht von Interesse. Die Haftung eines Mitglieds der Einsatzgemeinschaft gegenüber dem Sozialhilfeträger ist öffentlich-rechtlich geregelt (vgl. Rn. 25, 68). Bei Erfüllung des Unterhaltsanspruchs durch laufende Zahlung geht es nicht um die Berechtigung des Sozialhilfeträgers, sondern darum, inwieweit der Schuldner mit befreiender Wirkung an den Unterhaltsberechtigten zahlen kann (vgl. Rn. 84).

125 Der Sozialhilfeträger hat Umstände, die den Unterhaltsanspruch des Leistungsberechtigten begründen, insbesondere Bedarf und Bedürftigkeit nach Unterhaltsrecht, **darzulegen und ggf. zu beweisen.** Der Unterhaltsschuldner hat dagegen die Darlegungs- und Beweislast für seine Leistungsunfähigkeit und für sonstige Einwendungen oder Einreden gegen den Unterhaltsanspruch. Ferner hat er nach § 94 III 2 SGB XII vorzutragen und zu belegen, dass er selbst Hilfe zum Lebensunterhalt bezieht oder bei Erfüllung des Unterhaltsanspruchs beziehen würde, ferner dass der Anspruchsübergang eine unbillige Härte bedeuten würde. Es gehört daher nicht mehr zur Schlüssigkeit der Klage des Sozialhilfeträgers, dass er eine **sozialhilferechtliche Vergleichsberechnung** vorlegt. Dazu besteht erst An-

---

[229] Vgl. OLG Düsseldorf FamRZ 1994, 764, das jedoch zu Unrecht eine Ausnahme von diesem Grundsatz zulässt, wenn die Unterhaltsberechtigte hilflos ist und unter Betreuung steht
[230] OLG Brandenburg FamRZ 2004, 552; OLG Karlsruhe FamRZ 2005, 1756, das allerdings auch eine Klage gegen den Sozialhilfeträger allein zulässt

2. Abschnitt: Sozialhilfe und Unterhalt § 8

lass, wenn der Unterhaltsschuldner die Voraussetzungen des § 94 III 1 Nr. 1 SGB XII dargetan hat.

Fiktives Einkommen, das dem Schuldner wegen Verletzung der unterhaltsrechtlichen Erwerbsobliegenheit zugerechnet wird, darf in diesem Rahmen grundsätzlich nicht berücksichtigt werden (vgl. Rn. 36, 95). Entscheidend sind in aller Regel allein die effektiven Einkünfte des Schuldners.[231] Zu Ausnahmen vgl. Rn. 101. Daher muss der Unterhaltsantrag des Sozialhilfeträgers zurückgewiesen werden, wenn dem Schuldner fiktives Einkommen zugerechnet wird und er über anderes Einkommen nicht verfügt. Dies gilt auch dann, wenn der Sozialhilfeträger von seiner Befugnis Gebrauch macht, nach § 94 IV 2 SGB XII bis zur Höhe der bisherigen monatlichen Aufwendungen die Leistung geltend zu machen (vgl. Rn. 121, 275).[232] Zum Antrag des leistungsberechtigten Unterhaltsgläubigers bei fiktivem Einkommen vgl. Rn. 131 ff.

2. Geltendmachung des Unterhaltsanspruchs durch den Leistungsberechtigten

Ist der Übergang des Anspruchs in den in Rn. 124 erwähnten Fällen ausgeschlossen, verbleibt der Unterhaltsanspruch beim Berechtigten. Eine gleichwohl vorgenommene Rückabtretung geht ins Leere. Der Leistungsberechtigte kann also – jedenfalls auf den ersten Blick – den Unterhaltsanspruch gegen den Verpflichteten geltend machen, ohne dass die erhaltene Sozialhilfe angerechnet wird, da diese subsidiär ist (§§ 2 I, 19 I SGB XII). Vgl. dazu Rn. 7 f. Eine Verpflichtung zur Rückzahlung der Sozialhilfe besteht nicht.[233] Wenn und soweit es dem Hilfeempfänger gelingt, aus einer obsiegenden Entscheidung zu vollstrecken, wäre sein **Bedarf doppelt gedeckt.** Dieses Ergebnis kann nicht befriedigen. Es wird daher die Auffassung vertreten, dass jedenfalls dann, wenn der Unterhaltsanspruch nicht auf den Sozialhilfeträger übergeht, die erhaltene Sozialhilfe als bedarfsdeckend anzusehen ist.[234] Der BGH ist dieser Ansicht entgegen getreten, hält es aber für möglich, dass dem Gläubiger in einem solchen Fall für die Vergangenheit unter bestimmten Voraussetzungen der Einwand der unzulässigen Rechtsausübung entgegen gehalten wird.[235] Dies kann dazu führen, dass der Gläubiger den Anspruch in Höhe der erhaltenen Sozialhilfe nicht mehr geltend machen kann. De facto würde die Sozialhilfe dann als bedarfsdeckend behandelt. **126**

Betrachtet man die Problematik nur aus der Sicht des Unterhaltsrechts, dürfte man die Sozialhilfe nicht als bedarfsdeckend anerkennen, da sie subsidiär und damit kein anrechnungsfähiges Einkommen ist und sich die Leistungsfähigkeit des Schuldners nur nach bürgerlichem Recht bestimmt. Sieht man das Problem dagegen allein aus der Sicht des Sozialhilferechts, müsste die Sozialhilfe auch den Unterhaltsbedarf decken, da es widersinnig wäre, den Schuldner für Unterhalt in weiterem Umfang haften zu lassen, als es den sozialhilferechtlichen Schutzvorschriften des § 94 SGB XII entspricht. Der Schuldner, der über das Maß des Sozialhilferechts hinaus zum Unterhalt verpflichtet wäre, hätte möglicherweise selbst Anspruch auf ergänzende Sozialhilfe. Die Lösung dieses Problems kann nicht darin bestehen, dem Unterhaltsrecht oder dem Sozialhilferecht den Vorrang einzuräumen. Der Gesetzgeber hat die Unterschiede zwischen Sozialhilfe- und Unterhaltsrecht sehr wohl gesehen, gleichwohl aber von einer Angleichung bislang abgesehen. So hat er nicht etwa die Unterhaltsansprüche der Enkel gegen ihre Großeltern (und umgekehrt) abgeschafft, sondern sich darauf beschränkt, die Rückgriffsansprüche des Sozialhilfeträgers auszuschließen.[236] Dies spricht dafür, nicht schlechthin in den Fällen, in denen ein Rückgriffsanspruch des Sozialhilfeträgers nicht besteht, der Sozialhilfe eine bedarfsdeckende Wirkung zuzuerkennen, sondern entsprechend der Auffassung des BGH[237] nach **§ 242 BGB** von Fall zu Fall eine angemessene und interessengerechte **Lösung** zu suchen und dem Schuldner ggf. den **Einwand unzulässiger Rechtsausübung** zuzubilligen (vgl. Rn. 133). Weitergehend **127**

---

[231] BGH FamRZ 1999, 843, 846 = R 533 b; FamRZ 1998, 818 = R 524
[232] BGH FamRZ 1998, 818 = R 524
[233] BGH FamRZ 1996, 1203, 1205 = NJW 1996, 3273, 3275
[234] OLG Köln FamRZ 1997, 1101; OLG Hamburg FamRZ 1992, 713
[235] BGH FamRZ 1999, 843, 846 = R 533 c
[236] BGH FamRZ 1999, 843, 846 = R 533 a; FamRZ 1992, 41 = NJW 1992, 115
[237] BGH FamRZ 1999, 843, 846 = R 533 c; FamRZ 2000, 1348 = R 543 a

hat der BGH allerdings für das Jugendhilferecht entschieden, dass je nach der Systematik des Rückgriffs die daraus sich ergebenden Erleichterungen – je nach dem **Zweck des Gesetzes** – auch den Unterhaltspflichtigen zugute kommen.[238]

Beachtet man beide Aspekte **(Zweckrichtung der jeweiligen Vorschrift und Treuwidrigkeit)**, muss dies zu einer **differenzierenden Betrachtung** Anlass geben.

128 Ist der Übergang von Unterhaltsansprüchen gegen bestimmte Verwandte (der Enkel gegen die **Großeltern,** der Großeltern gegen die Enkel, der Schwangeren oder des ein Kleinkind betreuenden Elternteils gegen die eigenen Eltern) nach § 94 I 3 SGB XII ausgeschlossen (vgl. Rn. 68, 124), folgt daraus zunächst noch nicht, dass der Unterhaltsberechtigte zur Beseitigung seiner Bedürftigkeit Sozialhilfe beantragen müsse, anstatt seinen Anspruch nach § 1601 BGB geltend zu machen. Zumal nach der gesetzlichen Konzeption – nur – der Anspruchsübergang ausgeschlossen ist, setzt diese vielmehr voraus, dass ein Unterhaltsanspruch besteht. Der BGH hat dementsprechend beim Enkelunterhalt und der Haftung der Großeltern nach § 1607 BGB nicht die Frage aufgeworfen, ob der Enkel etwa vorrangig zum Unterhalt Sozialhilfe beantragen müsste.[239]

Dem unterhaltspflichtigen Verwandten steht es frei, durch Zahlung von Unterhalt für die **Zukunft,** also für die Zeit ab Rechtshängigkeit der Unterhaltsklage (vgl. Rn. 132), die doppelte Befriedigung des Bedarfs durch Sozialhilfe und Unterhalt zu verhindern. Für die **Vergangenheit,** in der der Berechtigte die nicht rückzahlbare Sozialhilfe bereits entgegengenommen hat, dürfte es dagegen Treu und Glauben entsprechen, den Unterhaltsanspruch in Höhe der erhaltenen Sozialhilfe auszuschließen.

Auch durch den **beschränkten Übergang** des Unterhaltsanspruchs bei behinderten oder pflegebedürftigen Volljährigen gemäß § 94 I 3 Halbsatz 2 SGB XII wird der Unterhaltsanspruch noch nicht generell ausgeschlossen. Das FG Baden-Württemberg hat demnach zu Recht eine vollständige Abzweigung des Kindergelds gebilligt, auch wenn diese über den höchstmöglichen Betrag des Anspruchsübergangs hinausgeht.[240] Hier ist allerdings zu beachten, dass das Kindergeld gerade zur Entlastung von der Unterhaltspflicht geleistet wird. Soweit die Eltern vom Kind darüber hinaus in Anspruch genommen werden, stellt sich die Frage, ob der dem beschränkten Anspruchsübergang zugrunde liegende Gedanke nicht auch auf das Unterhaltsrecht durchschlägt, indem die Sozialhilfe insoweit dem Unterhalt gegenüber vorrangig ist. Dafür spricht der Zweck der Vorschrift, die gerade der Entlastung der Eltern dienen soll. Die Lage ist insoweit vergleichbar mit der Grundsicherung im Alter und bei Erwerbsminderung (dazu Rn. 161, 166, 169). Weiteres Beispiel bei Rn. 160 (Kein Anspruchsübergang für 56% der Kaltmiete; vgl. Rn. 70).

129 Bei der **öffentlich-rechtlichen Vergleichsberechnung** sind im Wesentlichen drei Fallgruppen zu unterscheiden. Die sozialhilferechtliche Leistungsunfähigkeit des Schuldners kann beruhen
– auf erhöhtem Eigenbedarf, z. B. pauschaliertem Mehrbedarf nach § 30 SGB XII (Rn. 53), aber auch auf hohen vom Sozialhilfeträger jedenfalls vorläufig anerkannten Wohnkosten (Rn. 52), während dem Schuldner nach Unterhaltsrecht nur der notwendige Selbstbehalt nach den Tabellen und Leitlinien verbleibt,
– auf Anerkennung der Mittellosigkeit des Unterhaltsschuldners durch das Sozialhilferecht, während ihm nach Unterhaltsrecht ein fiktives Einkommen zugerechnet wird (Rn. 95, 131),
– auf der Einbeziehung der Mitglieder der Einsatzgemeinschaft in die Vergleichsberechnung (Rn. 98 ff.), während diese nach Unterhaltsrecht anderen Berechtigten entweder im Rang gleichstehen oder nachgehen.

Hier gewinnt der sowohl im Unterhaltsrecht als auch im Sozialhilferecht geltende Grundsatz Bedeutung, dass niemand durch Erfüllung einer Unterhaltspflicht selbst sozialhilfebedürftig werden darf.[241] Vgl. dazu Rn. 2/381 einerseits, Rn. 14, 92 f. andererseits.

---

[238] BGH FamRZ 2007, 377 mit Anm. Doering-Striening
[239] BGH FamRZ 2007, 375; FamRZ 2006, 26 und FamRZ 2006, 1099; ebenso – ausdrücklich – OLG Dresden 2010, 736 juris Rn. 16 m. N.
[240] FG Baden-Württemberg EFG 2009, 492
[241] BGH FamRZ 2008, 968, 973 = R 689 i; FamRZ 2008, 594, 596 = R 688 a

2. Abschnitt: Sozialhilfe und Unterhalt § 8

Der sozialhilferechtliche Eigenbedarf (§ 94 III 1 Nr. 1 SGB XII) wird nur in seltenen **130** Fällen den **notwendigen Selbstbehalt** gegenüber dem minderjährigen und dem privilegiert volljährigen Kind übersteigen, der dem erwerbstätigen Schuldner nach der Düsseldorfer Tabelle Stand: 1. 1. 2011 in Höhe von 950,– EUR und dem nichterwerbstätigen in Höhe von 770,– EUR zusteht (Rn. 2/385). Die anderen (höheren) Selbstbehaltssätze des Ehegatten, des Lebenspartners und des Pflichtigen, der dem betreuenden Elternteil nach § 1615l BGB Unterhalt schuldet, von 1050,– EUR, der Eltern eines volljährigen Kindes von 1150,– EUR (Rn. 2/547) und des erwachsenen Kindes unterhaltsbedürftiger Eltern von 1500,– EUR bzw. 1200,– EUR[242] dürften wohl stets deutlich über dem sozialhilferechtlichen Eigenbedarf liegen. Sollte letzterer gleichwohl ausnahmsweise den maßgebenden unterhaltsrechtlichen Selbstbehalt überschreiten, kann die Diskrepanz in vielen Fällen dadurch abgemildert werden, dass bei der Unterhaltsberechnung nicht sklavisch an dem in den Tabellen und Leitlinien festgelegten Selbstbehalt festgehalten wird, sondern in größerem Umfang als bisher Kosten anerkannt werden, die den Eigenbedarf des Schuldners **erhöhen**. Dies gilt vor allem für die **Wohnkosten**. Die Anerkennung überhöhter Wohnkosten ist rechnerisch ohne weiteres möglich, da die Düsseldorfer Tabelle und verschiedene andere Leitlinien derartige Kosten im Selbstbehalt offen ausweisen. So sind nach Anm. A 5 I der Tabelle im notwendigen Selbstbehalt bis 360,– EUR für Unterkunft einschließlich umlagefähiger Nebenkosten und Heizung (Warmmiete) enthalten (vgl. Rn. 2/391 ff.). Der Selbstbehalt kann angemessen angehoben werden, wenn die Beträge für die Warmmiete im Einzelfall erheblich überschritten werden und dies nicht vermeidbar ist. Als Anhalt für unvermeidbare Wohnkosten können die Sätze des Wohngeldgesetzes dienen.[243] Auch **Schulden** können grundsätzlich die Leistungsfähigkeit des Schuldners mindern. Dies ist auch im Unterhaltsrecht unbestritten. Die Berücksichtigung von Schulden wird in der Praxis allerdings teilweise sehr restriktiv gehandhabt. Um unnötige Diskrepanzen zwischen Unterhalts- und Sozialrecht zu vermeiden, sollte jeweils im Einzelfall geprüft werden, ob Schulden nicht jedenfalls dann bei der Unterhaltsbemessung berücksichtigt werden können, wenn sie vom Sozialhilfeträger anerkannt werden. Vgl. dazu Rn. 35.

Die Erhöhung des Selbstbehalts kann nicht in allen Fällen die Unterschiede zwischen Sozialhilfe- und Unterhaltsrecht ausräumen. Ggf. muss daher auch in den hier interessierenden Fällen eine interessengerechte Lösung mit Hilfe des Verbots der unzulässigen Rechtsausübung (§ 242 BGB) gesucht werden (vgl. Rn. 127).

Beruht die Leistungsfähigkeit des Schuldners unterhaltsrechtlich auf **fiktivem Einkommen,** **131** scheidet grundsätzlich ein Anspruchsübergang auf den Sozialhilfeträger aus. Anders kann es sein, wenn der Schuldner über niedrigere effektive Einkünfte verfügt, die auch sozialhilferechtlich als Einkommen gelten, z. B. wenn der Pflichtige mutwillig seine bisherige, gut bezahlte Stelle als leitender Angestellter aufgegeben hat und sich nunmehr mit einer wesentlich schlechter dotierten Arbeit begnügen muss. Dann kommt ein (teilweiser) Anspruchsübergang auf der Basis der niedrigeren Einkünfte in Betracht, wenn und soweit diese den sozialhilferechtlichen Bedarf des Schuldners decken.[244] Vgl. Rn. 10, 36. Ein Übergang des Unterhaltsanspruchs auf Grund fiktiven Einkommens des Schuldners ist auch möglich, wenn sein Sozialhilfebedarf durch Einkommen eines Mitglieds der Einsatzgemeinschaft sichergestellt ist (vgl. Rn. 101).

Ist der Pflichtige zwar nach Unterhaltsrecht, nicht aber nach Sozialhilferecht leistungs- **132** fähig, weil er z. B. selbst Sozialhilfe bezieht, behält der Leistungsberechtigte den Unterhaltsanspruch; ein Anspruchsübergang ist ausgeschlossen. Die Leistungsfähigkeit des Unterhaltsschuldners bestimmt sich jedenfalls für die **Zukunft** ausschließlich nach Unterhaltsrecht.[245] Unter Zukunft ist die Zeit **ab Rechtshängigkeit** des Unterhaltsantras zu verstehen. Der Schuldner wird von diesem Zeitpunkt an auf Grund eines fiktiven Einkommens als leistungsfähig behandelt. Er wird durch die Zustellung der Klageschrift eindringlich darauf hingewiesen, dass er ungeachtet seiner bisherigen Einkommenslosigkeit auf Unterhalt in

---

[242] Anm. D.I der Düsseldorfer Tabelle (Stand: 1. 1. 2011)
[243] Vgl. KG FamRZ 1994, 1047
[244] OLG Düsseldorf FamRZ 1999, 127 = NJW 1998, 1502
[245] BGH FamRZ 1999, 843, 847 = R 533 c; FamRZ 2000, 1358 = R 543 a; FamRZ 2001, 619

Anspruch genommen wird und dass es deshalb nicht gerechtfertigt ist, ihm entgegen der unterhaltsrechtlichen Gesetzeslage nach § 242 BGB den Einwand zuzubilligen, dass der Unterhaltsberechtigte Sozialhilfe beziehe und deshalb auf Unterhalt nicht angewiesen sei.[246] Ob dem Schuldner in besonders gelagerten Fällen ausnahmsweise auch in der Zeit nach Rechtshängigkeit der Einwand aus § 242 BGB zugebilligt werden kann, muss allerdings offen bleiben.

133 Für die **Vergangenheit,** also für die Zeit vor Rechtshängigkeit, kann der Schuldner sich nicht generell darauf berufen, dass die Geltendmachung des Unterhaltsanspruchs durch den Hilfeempfänger gegen Treu und Glauben verstoße, weil dies dazu führen würde, dass die gesetzlich gewollte Subsidiarität der Sozialhilfe (§ 2 I SGB XII; vgl. Rn. 7) mit Hilfe des § 242 BGB außer Kraft gesetzt wird. Jedoch hält es der BGH[247] insbesondere in Mangelfällen für möglich, eine (Teil-)Anrechnung der dem Unterhaltsberechtigten gewährten Sozialhilfe auf den Unterhaltsanspruch vorzunehmen, wenn andernfalls für den Schuldner die Gefahr bestünde, mit derartig hohen Forderungen aus der Vergangenheit belastet zu werden, dass es ihm voraussichtlich auf Dauer unmöglich gemacht würde, diese Schulden zu tilgen und daneben noch seinen laufenden Unterhaltspflichten nachzukommen. Dies hat der BGH[248] bei Unterhaltsrückständen von wenigen hundert DM verneint. Jedoch wird die vom BGH in den Vordergrund gestellte Gefahr einer lebenslangen Verschuldung nicht stets gefordert werden dürfen. Zu beachten ist, dass der Berechtigte Sozialhilfe typischerweise dann erhält, wenn auch die Einkommens- und Vermögensverhältnisse des Schuldners angespannt sind, dieser den vollen Bedarf der Unterhaltsgläubiger und seinen eigenen Unterhalt nur teilweise decken kann und deshalb ein Mangelfall vorliegt. Jedenfalls dann, wenn dem Pflichtigen bei der Bemessung des laufenden Unterhalts nur der notwendige Selbstbehalt von 950,– EUR bzw. 770,– EUR (vgl. Rn. 2/385) oder nur ein wenig darüber liegender Betrag belassen wird und Unterhalt für mehrere Monate rückständig ist, fällt ihm in der Regel die Befriedigung des laufenden Unterhalts neben der Tilgung der Rückstände so schwer, dass die Anwendung des § 242 BGB in Betracht zu ziehen ist. Eine Rückabtretung des Unterhaltsanspruchs durch den Sozialhilfeträger an den Hilfeempfänger geht bei Heranziehung des § 242 BGB ins Leere, weil der Sozialhilfeträger den Anspruch nicht erworben hat (siehe oben Rn. 111, 126).

134 Wie dargelegt (Rn. 98 f.), werden die **Angehörigen** der Einsatzgemeinschaft des Schuldners in die öffentlich-rechtliche Vergleichsberechnung einbezogen. Sie genießen im Sozialrecht den Vorrang vor den Unterhaltsberechtigten, die mit dem Schuldner nicht zusammenleben. Bei einer Unterhaltsklage kommt es aber nicht auf die sozialrechtlichen Rangverhältnisse an. Vielmehr müssen sich im Unterhaltsprozess die Rangvorschriften des Unterhaltsrechts, also § 1609 BGB durchsetzen. Zu Recht hat es der BGH abgelehnt, den Grundsatz, dass durch die Unterhaltsleistung keine Sozialhilfebedürftigkeit eintreten darf, auch zugunsten der Unterhaltsberechtigten anzuwenden, die mit dem Schuldner zusammenleben.[249] Vgl. auch Rn. 99 sowie 2/381. Die sozialhilferechtliche Leistungsunfähigkeit des Schuldners bleibt bei der öffentlich-rechtlichen Vergleichsberechnung daher unberücksichtigt, soweit sie auf dem Bedarf der Mitglieder der **Einsatzgemeinschaft** beruht. Dies schließt freilich nicht aus, erhöhte Wohnkosten, soweit sie auf den Pflichtigen selbst entfallen, bei der Bemessung des Selbstbehalts zu berücksichtigen (vgl. Rn. 130). Dagegen kann der Sozialhilfeträger anders als der Unterhaltsberechtigte den Schuldner nicht auf Unterhalt in Anspruch nehmen, wenn dieser seinen eigenen sozialhilferechtlichen Bedarf und denjenigen der Angehörigen, mit denen er in einer Einsatzgemeinschaft zusammenlebt, nicht decken kann. Ihm bleibt ggf. nur ein öffentlich-rechtlicher Anspruch auf Aufwendungsersatz gegen den Schuldner oder die Angehörigen der Einsatzgemeinschaft (vgl. Rn. 25).

---

[246] FamRZ 1999, 843, 847 = R 533 c; FamRZ 2000, 1358 = R 543 a
[247] FamRZ 1999, 843, 847 = R 533 c
[248] FamRZ 2001, 619
[249] BGH FamRZ 1996, 1272 = R 507 b

3. Abschnitt: Grundsicherung im Alter und bei Erwerbsminderung und Unterhalt

I. Anspruch auf Grundsicherung im Alter und bei Erwerbsminderung

1. Verhältnis zur Sozialhilfe und zur Grundsicherung für Arbeitsuchende

Zum 1. 1. 2003 hat der Gesetzgeber für alle Personen über 65 Jahre und alle Volljährigen, die auf Dauer voll erwerbsgemindert sind, eine Grundsicherung eingeführt, die etwa der Hilfe zum Lebensunterhalt nach dem Sozialhilferecht entspricht. Die Anspruchsvoraussetzungen waren bis zum 31. 12. 2004 im Gesetz über eine bedarfsorientierte Grundsicherung im Alter und bei Erwerbsminderung – GSiG –[1] geregelt, das als eigenständiges Leistungsgesetz dem BSHG vorging. Damit wollte der Gesetzgeber den Bedürftigen den von vielen als diskriminierend empfundenen Gang zum Sozialamt ersparen.[2] Die Städte und Kreise als Träger der Grundsicherung waren daher gezwungen, eine besondere Verwaltung zu errichten. Die Hilfebedürftigen mussten in vielen Fällen sowohl Grundsicherung als auch Sozialhilfe beantragen, weil die Grundsicherung im Gegensatz zur Sozialhilfe nur bedarfsorientiert, aber nicht bedarfsdeckend war.[3] Im Rahmen der Einordnung des Sozialhilferechts in das SGB setzte sich im Gesetzgebungsverfahren die Überzeugung durch, dass die bisherige Grundsicherung mit einem nicht vertretbaren Aufwand an Bürokratie verbunden war. Deshalb entschied sich der Gesetzgeber, wenn auch erst im Vermittlungsausschuss, dafür, die Grundsicherung im Alter und bei Erwerbsminderung in das neue SGB XII zu überführen. Sie ist seit dem 1. 1. 2005 im 4. Kapitel des Gesetzes (§§ 41 ff. SGB XII) geregelt.

135

Die Grundsicherung im Alter und bei Erwerbsminderung ist seit dem 1. 1. 2005 keine eigenständige Sozialleistung mehr, sondern eine **besondere Form der Sozialhilfe,** die weitgehend der Hilfe zum Lebensunterhalt entspricht (vgl. dazu Rn. 46 ff.). Jedoch geht die Grundsicherung im Alter und bei Erwerbsminderung der Hilfe zum Lebensunterhalt vor (§ 19 II 2 SGB XII). Näheres zum Vorrang der Grundsicherung vgl. Rn. 145. Andere Hilfen, insbesondere Eingliederungshilfe (§§ 52 ff. SGB XII), Hilfe zur Pflege (§§ 61 ff. SGB XII) und Blindenhilfe (§ 73 SGB XII) können neben der Grundsicherung gewährt werden.

136

Die Integration der Grundsicherung in das SGB XII bedeutet, dass grundsätzlich alle Vorschriften des SGB XII gelten, soweit sich nicht aus §§ 41 ff. oder aus dem Gesetzeszweck etwas Anderes ergibt.[4] Dies gilt vor allem für die Bestimmungen der §§ 1 bis 7 SGB XII (Allgemeine Vorschriften) und der §§ 8 bis 26 SGB XII (Leistungen der Sozialhilfe). Mithin ist auch der **Subsidiaritätsgrundsatz** (§ 2 SGB XII) heranzuziehen. Dieser ist allerdings beim Verwandtenunterhalt erheblich eingeschränkt (vgl. Rn. 161, 167).

Daneben gelten für die Grundsicherung im Alter und bei Erwerbsminderung die Bestimmungen des SGB XII, auf die §§ 41 bis 43 SGB XII ausdrücklich verweisen, insbesondere die in § 41 I SGB XII genannten Vorschriften über den Einsatz von Einkommen und Vermögen (§§ 82 bis 84, 90, 91 SGB XII) und die in § 42 SGB XII aufgeführten Bestimmungen aus dem 3. Kapitel des Gesetzes (Hilfe zum Lebensunterhalt). Ferner enthält das SGB XII an verschiedenen Stellen Regelungen, die sich auf die Grundsicherung im Alter und bei Erwerbsminderung beziehen, insbesondere §§ 19 II, 92 a, 93 SGB XII. Besonders wichtig für das Familienrecht ist, dass auch die Vorschrift des § 94 SGB XII über den Übergang von Unterhaltsansprüchen auf den Sozialhilfeträger bei der Grundsicherung im

---

[1] Vom 26. 6. 2001 – BGBl. I S. 1355
[2] BT-Drucks. 14/5150 S. 48; vgl. auch BGH FamRZ 2007, 1158, 1160 = R 667 b mit Anm. Scholz FamRZ 2006, 1511, 1515
[3] Fichtner/Wenzel vor §§ 41 ff. SGB XII Rn. 6
[4] Friedrichsen NDV 2004, 347

Alter und bei Erwerbsminderung anzuwenden ist, allerdings nicht, soweit sie den Verwandtenunterhalt betrifft (§ 94 I 3 Halbsatz 2 SGB XII; vgl. dazu Rn. 152). Der Unterhaltsanspruch geht dagegen über, soweit er etwa den Ehegattenunterhalt betrifft.

Nach Überführung der Grundsicherung im Alter und bei Erwerbsminderung in das Sozialhilferecht können Rechtsprechung und Literatur zum GSiG nur mit Vorsicht herangezogen werden, da dieses Gesetz die Grundsicherungsleistungen gerade von der Sozialhilfe abgrenzen wollte und deshalb grundsätzlich nicht auf das BSHG zurückgegriffen werden durfte.

137 Der erwerbsfähige Hilfebedürftige, der **Arbeitslosengeld II** nach §§ 19 ff. SGB II bezieht, erhält daneben keine Grundsicherung im Alter und bei Erwerbsminderung, weil sich die Voraussetzungen des § 7 SGB II einerseits und des § 41 SGB XII andererseits gegenseitig ausschließen. Jedoch sind die Leistungen nach §§ 41 ff. SGB XII gegenüber dem **Sozialgeld** vorrangig (§§ 5 II 2, 19, 23 SGB II). Daher wird dem nicht erwerbsfähigen Angehörigen, der mit einem Bezieher von Arbeitslosengeld II in einer Bedarfsgemeinschaft zusammenlebt, grundsätzlich kein Sozialgeld nach §§ 19, 23 SGB II, sondern Grundsicherung im Alter und bei Erwerbsminderung gewährt, wenn er selbst die Altersgrenze des § 41 I SGB XII (vgl. Rn. 138) erreicht hat oder auf Dauer voll erwerbsunfähig ist. Dies kann zu Unzuträglichkeiten führen, weil sich die Vorschriften des SGB II und des SGB XII über die Anrechnung von Einkommen und Vermögen in einigen Punkten unterscheiden. Vgl. dazu Rn. 29 ff. einerseits und Rn. 192 ff. andererseits. Reichen die Leistungen der Grundsicherung im Alter und bei Erwerbsminderung nach §§ 41 ff. SGB XII zur Sicherung des Lebensunterhalts nicht aus, kann ergänzendes Sozialgeld bewilligt werden.[5]

2. Voraussetzungen und Art der Leistungen

138 a) **Anspruchsberechtigte.** Nach §§ 19 II, 41 I SGB XII wird Grundsicherung im Alter und bei Erwerbsminderung auf Antrag Personen gewährt,
– die die Altersgrenze des § 41 II SGB XII erreicht haben,
– die das 18. Lebensjahr vollendet haben und unabhängig von der jeweiligen Arbeitsmarktlage voll erwerbsgemindert im Sinne des § 43 II SGB VI sind und bei denen unwahrscheinlich ist, dass die volle Erwerbsminderung behoben werden kann.

Die **Altersgrenze** ist bis zum 31. 12. 2011 das 65. Lebensjahr. Sie erhöht sich ab 2012 pro Jahr um einen Monat, später um zwei Monate, um im Jahr 2031 das 67. Lebensjahr zu erreichen (§ 41 II SGB XII). Zur Erwerbsfähigkeit vgl. oben Rn. 20. Bezieht ein Antragsteller eine **befristete Rente** wegen Erwerbsminderung, scheiden Leistungen der Grundsicherung im Alter und bei Erwerbsminderung regelmäßig aus, da nicht davon ausgegangen werden kann, dass die Erwerbsminderung auf Dauer bestehen wird.[6] Vielmehr erhält der Betroffene neben der Rente ggf. Hilfe zum Lebensunterhalt nach §§ 27 ff. SGB XII. Ob der Antragsteller auf Dauer voll erwerbsgemindert ist, wird – ggf. auf Ersuchen des Sozialhilfeträgers – vom zuständigen Rentenversicherungsträger festgestellt (§ 45 SGB XII). Vgl. dazu Rn. 20, 188.

139 Der Antragsteller muss seinen gewöhnlichen Aufenthalt im **Inland** haben (§ 41 I SGB XII).[7] Unter dieser Voraussetzung wird Grundsicherung im Alter und bei Erwerbsminderung auch an Ausländer gewährt (§ 23 I 2 SGB XII). Dagegen erhalten Ausländer ohne gesicherten Aufenthaltsstatus, die unter § 1 Asylbewerberleistungsgesetz fallen, keine Grundsicherung im Alter und bei Erwerbsminderung; sie sind auf Leistungen nach diesem Gesetz angewiesen (§ 23 II SGB XII). Vgl. Rn. 22.

140 b) **Hilfebedürftigkeit.** Leistungen der Grundsicherung im Alter und bei Erwerbsminderung setzen Hilfedürftigkeit voraus. Sie werden nur gewährt, wenn die nachfragende Person ihren notwendigen Lebensunterhalt nicht aus eigenen Kräften und Mitteln, insbeson-

---

[5] Brühl in LPK/SGB II § 5 Rn. 49
[6] Wahrendorf in Grube/Wahrendorf SGB XII § 41 Rn. 13
[7] Zum Begriff des gewöhnlichen Aufenthalts Wahrendorf in Grube/Wahrendorf SGB XII § 41 Rn. 5

3. Abschnitt: Grundsicherung im Alter und bei Erwerbsminderung und Unterhalt § 8

dere nicht aus ihrem **Einkommen und Vermögen,** bestreiten kann (§§ 19 II 1, 41 I SGB XII). § 41 I SGB XII verweist insoweit auf §§ 82 bis 84 und auf §§ 90, 91 SGB XII. Es kann daher zunächst auf die Grundsätze verwiesen werden, die für den Einsatz von Einkommen und Vermögen bei der Hilfe zum Lebensunterhalt maßgebend sind (vgl. Rn. 29 ff., 43 ff.). Der Erbe des Leistungsberechtigten, der Schonvermögen geerbt hat, kann anders als bei der sonstigen Sozialhilfe (Rn. 45) nicht zum Kostenersatz herangezogen werden (§ 102 V SGB XII). Die höheren Einkommensgrenzen nach §§ 85 ff. SGB XII sind im Rahmen der Grundsicherung im Alter und bei Erwerbsminderung nicht anzuwenden, wohl aber, wenn neben der Grundsicherung Sozialhilfe, insbesondere Eingliederungshilfe und Hilfe zur Pflege, gewährt wird. Vgl. dazu Rn. 42 ff. Hinsichtlich dieser Hilfearten greift § 102 V SGB XII nicht ein.

Einkommen und Vermögen eines Angehörigen der **Einsatzgemeinschaft** sind zu berücksichtigen, wenn sie dessen notwendigen Lebensunterhalt, also den Bedarf nach dem SGB XII übersteigen (§§ 19 II 2, 20, 43 I SGB XII). Zur Einsatzgemeinschaft gehören der nicht getrennt lebende Ehegatte bzw. Lebenspartner (§§ 43 I, 19 II 2 SGB XII) sowie der Partner einer ehe- oder lebenspartnerschaftsähnlichen Gemeinschaft (§§ 43 I, 20 SGB XII). Kinder sind anders als im Rahmen des § 27 II SGB XII nicht Teil der Einsatzgemeinschaft. Dies gilt sowohl für minderjährige als auch für volljährige erwerbsunfähige Kinder, die selbst Grundsicherung im Alter und bei Erwerbsminderung beziehen und von ihren Eltern versorgt werden. Deshalb erhalten volljährige erwerbsunfähige Kinder als Alleinstehende den vollen Regelsatz (Regelbedarfsstufe 1). Vgl. dazu Rn. 144. Bei einem leistungsberechtigten volljährigen Kind, das im Haushalt der Eltern lebt, ist das **Kindergeld** nicht Einkommen des Kindes, sondern des Elternteils, an den es nach § 64 II EStG ausgezahlt wird; dem Kind ist es nur als Einkommen zuzurechnen, wenn der Elternteil das Kindergeld als effektiven Geldbetrag an das Kind weiterleitet[8] oder es durch förmlichen Bescheid an das volljährige Kind nach § 74 EStG abgezweigt wird.[9] Da Unterhaltsansprüche des Kindes nach § 43 II 1 SGB XII grundsätzlich unberücksichtigt bleiben (Rn. 167), kommt es nicht darauf an, ob der Elternteil unterhaltsrechtlich nach § 1612 b I 1 BGB zur Auskehr des Kindergeldes verpflichtet ist. **141**

Die Vermutung des § 39 S. 1 SGB XII, dass Angehörige einer **Haushaltsgemeinschaft** gemeinsam wirtschaften und einander Leistungen zum Lebensunterhalt gewähren, gilt nicht (§ 43 I Halbsatz 2 SGB XII). Damit sollen insbesondere Wohngemeinschaften älterer Menschen begünstigt werden.[10] Dies schließt allerdings nicht aus, dass tatsächlich gewährter Unterhalt den Bedarf deckt (§§ 82 I 1, 84 II SGB XII); in einem solchen Fall werden Leistungen der Grundsicherung im Alter und bei Erwerbsminderung ganz oder teilweise nicht gewährt.[11] Zur Anwendung des § 39 SGB XII im Rahmen der Hilfe zum Lebensunterhalt vgl. Rn. 27. **142**

Grundsicherung wird nicht gewährt, wenn der Antragsteller innerhalb der Letzten zehn Jahre seine **Bedürftigkeit** vorsätzlich oder grob fahrlässig **herbeigeführt** hat (§ 41 IV SGB XII). Dies kommt vor allem in Betracht, wenn er Vermögensgegenstände verschenkt hat. In einem solchen Fall hat der Betroffene ggf. Anspruch auf Hilfe zum Lebensunterhalt. Dann kann ggf. die Sozialhilfe nach § 26 SGB XII eingeschränkt werden; auch kommen Kostenersatzansprüche des Sozialhilfeträgers nach § 103 SGB XII in Betracht. **143**

c) Umfang der Leistungen. Die Grundsicherung im Alter und bei Erwerbsminderung deckt den notwendigen Lebensbedarf, der außerhalb von Einrichtungen, also bei Aufenthalt in einer eigenen Wohnung oder in einer Wohnung von Verwandten entsteht oder entstehen würde. Daneben können sonstige **Hilfen nach dem 5. bis 9. Kapitel** des SGB XII gewährt werden, wie z. B. Eingliederungshilfe oder Hilfe zur Pflege, die ambulante Pflegeleistungen oder die Kosten des Aufenthalts in einer stationären Einrichtung abdecken. Für diese Leistungen gelten die Sondervorschriften für die Grundsicherung im Alter und bei Erwerbsminderung nicht. **144**

---

[8] BSG FamRZ 2008, 51; BVerwG NJW 2005, 2873
[9] BSG FamRZ 2008, 886 (zum SGB II); zur Berücksichtigung des Kindergeldes für ein nicht bei dem Antragsteller lebenden volljährigen Kind vgl. BSG FamRZ 2008, 1068
[10] Mrozynski ZFSH/SGB 2004, 198, 207
[11] BGH FamRZ 2007, 1158, 1160 = R 667 mit Anm. Scholz

§ 8 Unterhalt und Sozialleistungen

Die Leistungen der Grundsicherung im Alter und bei Erwerbsminderung entsprechen weitgehend der Hilfe zum Lebensunterhalt. Nach § 42 S. 1 Nr. 1 SGB XII erhält der Antragsteller die sich aus der Anlage zu § 28 SGB XII ergebende **Regelbedarfsstufe** (vgl. Rn. 50). Dies gilt auch dann, wenn der Haushaltsvorstand Arbeitslosengeld II bezieht, der Angehörige dagegen Leistungen der Grundsicherung im Alter und bei Erwerbsminderung (vgl. dazu Rn. 137). Zusammenlebende Ehegatten (Lebenspartner) erhalten die Regelbedarfsstufe 2 (jeweils 90% der Regelbedarfsstufe 1) Der maßgebende Regelsatz für das volljährige leistungsberechtigte Kind, das bei seinen Eltern lebt, beträgt 100%, da es mit ihnen keine Einsatzgemeinschaft bildet und daher als alleinstehend behandelt wird (Rn. 141).

Bei Aufenthalt in einer stationären Einrichtung wurde in der Praxis der maßgebende Regelsatz auf 80% festgesetzt, da bei einem Heimaufenthalt kein eigener Haushalt geführt wird. Zur Höhe des Regelsatzes vgl. Rn. 49 f. Neben dem maßgebenden Regelsatz werden nach § 42 Nr. 4 SGB XII Kosten der Unterkunft und Heizung gemäß § 35 SGB XII gewährt. Auch ist in besonderen Fällen entsprechend § 36 SGB XII die Übernahme von (Miet-)Schulden möglich. Bei Leistungen in einer stationären Einrichtung sind nach § 42 Nr. 4 SGB XII als Kosten für Unterkunft und Heizung Beträge in Höhe der durchschnittlichen angemessenen tatsächlichen Aufwendungen für die Warmmiete eines Einpersonenhaushaltes im Bereich des örtlich zuständigen Trägers der Sozialhilfe zugrunde zu legen.

Der Leistungsberechtigte hat ggf. Anspruch auf die Leistung wegen Mehrbedarfs nach § 30 SGB XII und Leistungen für einmalige Bedarfe im Umfang des § 31 SGB XII; ferner hat der Sozialhilfeträger ggf. Kranken- und Pflegeversicherungsbeiträge nach § 32 SGB XII zu tragen (§ 42 Nr. 2 SGB XII). Schließlich hat er nach der neuen Gesetzeslage auch Anspruch auf die (meisten) Bedarfe für Bildung und Teilhabe nach §§ 34, 34 a SGB XII (§ 42 Nr. 3 SGB XII). Kann im Einzelfall ein von den Regelsätzen umfasster und nach den Umständen unabweisbar gebotener Bedarf auf keine andere Weise gedeckt werden, sollen auf Antrag hierfür notwendige Leistungen als Darlehen nach § 37 I SGB XII erbracht werden (§ 42 Nr. 5 SGB XII). Wegen der Einzelheiten der Hilfe zum Lebensunterhalt vgl. Rn. 46 ff.

145 Neben diesen Leistungen scheidet in aller Regel eine ergänzende Hilfe zum Lebensunterhalt aus (§ 19 II 2 SGB XII), wenn der Berechtigte nicht in einer Einrichtung lebt, da dann die Hilfe zum Lebensunterhalt nicht über die Leistungen der Grundsicherung nach § 42 SGB XII hinausgehen wird. Allenfalls kommen in Ausnahmefällen ergänzende Leistungen nach § 33 SGB XII für die Alterssicherung oder ein angemessenes Sterbegeld in Betracht.

Hält sich der Leistungsberechtigte in einer **stationären Einrichtung** auf, sind als Kosten für Unterkunft und Heizung die durchschnittlichen angemessenen Aufwendungen für die Warmmiete eines Einpersonenhaushalts zu Grunde zu legen (§ 42 Nr. 4 SGB XII). Dem Leistungsberechtigten steht auch ein **Barbetrag** in Höhe von mindestens 27% der Regelbedarfsstufe 1 (§ 27 b II SGB XII, vgl. dazu Rn. 57). Der Barbetrag ist Teil der Grundsicherung im Alter und bei Erwerbsminderung, nicht dagegen Teil der Eingliederungshilfe oder der Hilfe zur Pflege. Der Anwendung des § 27 b II SGB XII steht § 19 II 2 SGB XII nicht entgegen.[12] Denn diese Vorschrift schließt anders als z. B. § 5 II 1 SGB II Leistungen der Hilfe zum Lebensunterhalt nicht aus, sondern begründet nur einen **Vorrang der Grundsicherung** im Alter und bei Erwerbsminderung. Dieser greift jedoch nicht ein, wenn die §§ 41 ff. SGB XII eine bestimmte Leistung nicht vorsehen, die Teil der Hilfe zum Lebensunterhalt ist, diese Leistung aber auch nicht ausdrücklich aus dem Katalog der Grundsicherung ausnehmen.[13]

3. Bewilligungszeitraum

146 Die Grundsicherung im Alter und bei Erwerbsminderung wird auf Antrag in der Regel für zwölf Monate bewilligt (§ 44 I 1 SGB XII). Ist der Bescheid zu Unrecht erlassen wor-

---

[12] So offenbar auch Mrozynski ZSFH/SGB 2004, 198, 209
[13] Vgl. Fichtner/Wenzel § 35 SGB XII Rn. 7; anders wohl Grube in Grube/Wahrendorf § 19 Rn. 27, der von einer scharfen Abgrenzung von Hilfe zum Lebensunterhalt und Grundsicherung im Alter und bei Erwerbsminderung ausgeht; ähnlich auch Schellhorn SGB XII § 42 Rn. 18

den, kann er als begünstigender Verwaltungsakt nur unter Beachtung des Vertrauensschutzes, den der Leistungsempfänger genießt, zurückgenommen werden (§ 45 SGB X). Für die Vergangenheit ist die Rücknahme nur bei unlauterem Verhalten des Empfängers zulässig (§ 45 IV SGB X).

II. Das Verhältnis von Unterhaltsansprüchen zur Grundsicherung im Alter und bei Erwerbsminderung

1. Überblick

Nach § 2 I GSiG waren Unterhaltsansprüche des Antragstellers gegen seine Eltern bzw. Kinder nicht als Einkommen zu berücksichtigen. Demgemäß sah das Gesetz keinen Übergang dieser Unterhaltsansprüche vor. Dagegen waren Einkommen und Vermögen des nicht getrennt lebenden Ehegatten und des Partners einer eheähnlichen Gemeinschaft anzurechnen, soweit sie dessen eigenen (fiktiven) Grundsicherungsbedarf und die maßgeblichen Einkommensgrenzen der §§ 76 bis 88 BSHG überstiegen. Zu getrennt lebenden oder geschiedenen Ehegatten sagte das GSiG nichts. Da der Unterhaltsanspruch gegen den Ehegatten Bestandteil des einzusetzenden Vermögens war, schloss bereits das Bestehen eines solchen Anspruchs die Gewährung von Grundsicherung aus. Es musste daher zunächst geklärt werden, ob der Ehegatte Unterhalt schuldete. Bis zum Abschluss dieser Prüfung wurde Sozialhilfe in der Form der Hilfe zum Lebensunterhalt gewährt.[14] Dies führte nach § 91 BSHG zum Anspruchsübergang, wenn und soweit ein Unterhaltsanspruch bestand. Wurde gleichwohl zu Unrecht Grundsicherung im Alter und bei Erwerbsminderung gewährt, ging der Unterhaltsanspruch schon deshalb nicht auf den Träger der Grundsicherung über, weil § 91 BSHG im Rahmen des GSiG nicht anwendbar war.

147

Nach Aufhebung des GSiG und Überführung der Grundsicherung im Alter und bei Erwerbsminderung in das Sozialhilferecht sind die Vorschriften des SGB XII grundsätzlich auch auf die Grundsicherung anzuwenden (vgl. Rn. 136). Daher gilt auch hier der Grundsatz, dass Einkommen und Vermögen der Mitglieder der Bedarfsgemeinschaft zu berücksichtigen sind. Vgl. dazu Rn. 149. Ferner ist **§ 94 SGB XII** heranzuziehen. Jedoch bestimmt § 94 I 3 Halbsatz 2 SGB XII, dass der Übergang eines Unterhaltsanspruchs des Leistungsberechtigten gegenüber Eltern und Kindern ausgeschlossen ist. Deshalb gehen weder Unterhaltsansprüche des betagten Elternteils gegen seine wirtschaftlich selbständigen Kinder noch Ansprüche des volljährigen leistungsberechtigten Kindes gegen seine Eltern auf den Sozialhilfeträger über. Anders ist es jedoch beim Unterhaltsanspruch des Leistungsberechtigten gegen seinen getrennt lebenden oder geschiedenen Ehegatten (Lebenspartner) sowie beim Unterhalt des betreuenden Elternteils nach § 1615 l BGB. Insoweit findet nach § 94 I 1 SGB XII ein Anspruchsübergang statt. Dies ergibt sich einmal im Umkehrschluss aus § 94 I 3 Halbsatz 2 SGB XII, zum anderen mittelbar aus § 94 I 6 SGB XII. Im Rahmen der Grundsicherung im Alter und bei Erwerbsminderung ist daher scharf zwischen dem **Ehegattenunterhalt,** dem Unterhalt zwischen Lebenspartnern und nach § 1615 l BGB **einerseits** (Rn. 152 ff.) und dem **Verwandtenunterhalt andererseits** (Rn. 154 ff., 167 ff.) zu unterscheiden.

148

2. Einsatzgemeinschaft

Zur Einsatzgemeinschaft des Leistungsberechtigten gehören der nicht getrennt lebende Ehegatte (Lebenspartner) und der Partner einer ehe- oder lebenspartnerschaftsähnlichen Gemeinschaft (§ 43 I SGB XII). Die nach der vorausgegangenen Gesetzesfassung zweifelhafte Frage, ob die lebenspartnerschaftsähnliche Gemeinschaft darunter fällt (vgl. die Vor-

149

---

[14] Klinkhammer FamRZ 2002, 997, 1000

auflage), ist durch die Neufassung im sinne der hier von Scholz bvertretenen Auffassung geklärt.

Einkommen und Vermögen des Personenkreises der Einsatzgemeinschaft werden bereits bei der Prüfung der Bedürftigkeit berücksichtigt. Sie werden, soweit sie den eigenen fiktiven Bedarf des Partners nach dem SGB XII übersteigen, auf die Grundsicherungsleistungen angerechnet. Vgl. Rn. 141.

Beispiel:
Der 66-jährige A ist mittellos. Er lebt mit X, die über eine Rente von 1700,– € verfügt, in einer eheähnlichen Gemeinschaft. Keine Grundsicherung, da der sozialrechtliche Bedarf beider gedeckt ist.

150 Der Umfang des Einsatzes von Einkommen und Vermögen ergibt sich aus §§ 82 bis 84, 90, 91 SGB XII. Vgl. dazu Rn. 29 ff. Auf die Leistungsfähigkeit des Partners nach Unterhaltsrecht kommt es nicht an,[15] dies schon deshalb nicht, weil zwischen den Partnern einer ehe- oder lebenspartnerschaftsähnlichen Gemeinschaft Unterhaltsansprüche nicht bestehen. Muss der Sozialhilfeträger Leistungen der Grundsicherung erbringen, weil der andere Teil der Einsatzgemeinschaft das einzusetzende Einkommen oder Vermögen nicht zur Verfügung stellt oder weil er derzeit nicht liquide ist, kann er diesen durch Verwaltungsakt auf Ersatz der Aufwendungen in Anspruch nehmen. Der Übergang des zivilrechtlichen Unterhaltsanspruchs, z. B. auf Familienunterhalt, wird durch § 94 I 3 Halbsatz 1 erste Alternative SGB XII ausgeschlossen, wobei die Verweisung auf § 19 aufgrund eines Redaktionsversehens auf die Einsatzgemeinschaft nach § 27 II SGB XII zu beziehen ist. Vgl. Rn. 68.

151 Das Einkommen und Vermögen der **Eltern** oder wirtschaftlich selbständiger **Kinder** des Leistungsberechtigten wird nicht angerechnet, da sie auch bei tatsächlichem Zusammenleben keine Einsatzgemeinschaft im Sinne der §§ 27 II, 43 I SGB XII bilden.

3. Unterhalt zwischen getrennt lebenden oder geschiedenen Ehegatten (Lebenspartnern); Betreuungsunterhalt nach § 1615 l BGB

152 Bei diesen Unterhaltsansprüchen gelten die allgemeinen Grundsätze des Sozialhilferechts. Geleisteter Unterhalt ist Einkommen; dasselbe gilt, wenn die Zahlung noch nicht erfolgt ist, mit der Erfüllung des Unterhaltsanspruchs aber alsbald zu rechnen ist, da dann bereite Mittel zur Deckung des Bedarfs zur Verfügung stehen (Rn. 7).[16] Wird Unterhalt nicht geleistet, kann anders als nach dem GSiG seit dem 1. 1. 2005 Grundsicherung im Alter und bei Erwerbsminderung bewilligt werden. Dann **geht der Unterhaltsanspruch** des Leistungsberechtigten gegen den Schuldner, sei es gegen den unterhaltspflichtigen Ehegatten, sei es gegen den Lebenspartner oder den nicht betreuenden Elternteil (§ 1615 l BGB), nach § 94 I 1 SGB XII auf den Sozialhilfeträger **über,** da die Grundsicherung eine besondere Form der Sozialhilfe geworden ist und der Ausschluss des Anspruchsübergangs nach § 94 I 3 Halbsatz 2 SGB XII sich nur auf den Kindes- und den Elternunterhalt bezieht.[17] Vgl. Rn. 136, 148. Wegen der Einzelheiten des Anspruchsübergangs kann auf Rn. 62 bis 134 verwiesen werden.

153 Ansprüche auf Grundsicherung im Alter und bei Erwerbsminderung stellen **beim Ehegattenunterhalt** – anders als beim Verwandtenunterhalt (Rn. 154 ff., 167) – **kein Einkommen** im Sinne des Unterhaltsrechts dar, da die Grundsicherung subsidiär ist (§§ 2 I, 19 II 1, 41 I SGB XII) und Unterhaltsansprüche auf den Sozialhilfeträger übergehen. Der unterhaltspflichtige Ehegatte kann daher seinen Partner nicht auf die Inanspruchnahme von Grundsicherung verweisen. Dasselbe gilt für den Lebenspartner und den nicht betreuenden Elternteil. Jedoch kann ergänzende Grundsicherung gewährt werden, wenn der Unterhalt nicht ausreicht, um den Bedarf des Ehegatten nach § 42 SGB XII zu decken.[18] Vgl. dazu auch 1/706.

---

[15] Schellhorn SGB XII § 43 Rn. 5
[16] Günther FPR 2005, 461, 462
[17] OLG Hamm FamRZ 2006, 125; Mrozynski ZFSH/SGB 2004, 198, 211
[18] Günther FPR 2005, 461, 462

3. Abschnitt: Grundsicherung im Alter und bei Erwerbsminderung und Unterhalt   § 8

Beispiel:
Bei einem bereinigten Erwerbseinkommen von 1250,– € zahlt der Ehemann M seiner getrennt lebenden, dauernd erwerbsunfähigen Ehefrau F unter Berücksichtigung seines billigen Selbstbehalts von 1050,– € nach B IV der Düsseldorfer Tabelle Stand: 1. 1. 2011 Unterhalt in Höhe von 200,– €. F hat einen Grundsicherungsbedarf von 724,– €. Hierauf wird der Unterhalt angerechnet, so dass sie vom Sozialhilfeträger 524,– € erhält. Kein Anspruchsübergang, da über den bereits berücksichtigten Betrag von 200,– € hinaus kein Unterhaltsanspruch besteht.

4. Elternunterhalt

a) Privilegierung der Kinder. Der Gesetzgeber wollte durch die Einführung der Grundsicherung im Alter und bei Erwerbsminderung den Eltern eine eigenständige Grundversorgung verschaffen, die ihr Existenzminimum auch ohne Inanspruchnahme ihrer unterhaltspflichtigen Kinder sichert. Daher sollen die Kinder von einem Rückgriff des Sozialamts weitgehend verschont werden. Schon § 2 I 3 GSiG sah deshalb vor, dass Unterhaltsansprüche eines Elternteils gegen seine Kinder unberücksichtigt bleiben, wenn deren Einkommen im Sinne des § 16 SGB IV **unter 100 000,– EUR** liegt. Diese Vorschrift ist ohne sachliche Änderung als § 43 II 1 in das SGB XII übernommen worden. **154**

Einkommen im Sinne des § 16 SGB IV ist die Summe der Einkünfte im Sinne des Einkommensteuerrechts (§ 2 I EStG). Dies ist bei Einkünften aus Land- und Forstwirtschaft, Gewerbebetrieb, selbständiger Arbeit der Gewinn, bei anderen Einkunftsarten, insbesondere bei Einkünften aus nicht selbständiger Arbeit der Überschuss der Einnahmen über die Werbungskosten (§ 2 II EStG). Sonderausgaben und außergewöhnliche Belastungen mindern das hier interessierende Einkommen ebenso wenig wie Einkommen-, Lohn-, Kirchensteuer sowie der Solidaritätszuschlag (vgl. § 2 IV EStG). Das nach § 43 II 1 SGB XII maßgebende Einkommen deckt sich also weder mit dem steuerpflichtigen Einkommen (§ 2 IV EStG), dem Einkommen nach Unterhaltsrecht (Rn. 1/1 ff.) noch mit dem Einkommen im Sinne des Sozialrechts (§§ 82 ff. SGB XII, § 11 ff. SGB II; dazu Rn. 30 ff., 192 ff.). Dies trägt nicht gerade zur Rechtsklarheit bei.

Auf **Vermögen** des Kindes kommt es nach § 43 II SGB XII nicht an. Jedoch sind die Erträge, die das Vermögen abwirft, als Einkommen zu berücksichtigen.[19] **155**

§ 43 II 1 SGB XII stellt allein auf die Einkommensgrenze von 100 000,– EUR ab. Es kommt nicht darauf an, ob das Kind dem bedürftigen Elternteil unterhaltspflichtig, insbesondere nicht darauf, ob es leistungsfähig ist. So kürzen weder vorrangige Unterhaltspflichten gegenüber dem Ehegatten oder gegenüber volljährigen und minderjährigen Kindern noch anzuerkennende Schulden das hier maßgebende Einkommen. Dies stellt eine Benachteiligung des Unterhaltsschuldners gegenüber dem Pflichtigen dar, der nicht in dieser Weise belastet ist, was insbesondere bei Geschwistern deutlich wird. Zu den sich daraus ergebenden Bedenken Rn. 160. **156**

Nach § 43 II 2 SGB XII wird **vermutet,** dass das Einkommen des Kindes unter 100 000,– EUR liegt. Der Sozialhilfeträger kann vom Elternteil Angaben verlangen, die Rückschlüsse auf das Einkommen des Kindes zulassen (§ 43 II 3 SGB XII). Dem wird der Elternteil in der Regel schon dadurch genügen, dass er den Beruf des Kindes angibt.[20] Erst wenn hinreichende Anhaltspunkte für ein Überschreiten der Einkommensgrenze vorliegen, ist das Kind zur Auskunft verpflichtet (§ 42 II 4 SGB XII). Damit wird die allgemeine Auskunftspflicht des § 117 SGB XII (dazu Rn. 66) erheblich eingeschränkt. **157**

Liegt das Einkommen des Kindes unter 100 000,– EUR, bleibt es bei der Bemessung der Grundsicherung außer Betracht (§ 43 II 1 SGB XII). Der bedürftige Elternteil erhält Grundsicherung, wenn die sonstigen gesetzlichen Voraussetzungen vorliegen. In Höhe der gewährten Grundsicherung besteht kein Unterhaltsanspruch gegen das Kind. Im Gegenteil ist sie auf den Unterhaltsbedarf anzurechnen (vgl. dazu Rn. 161).[21] Zudem stellt § 94 I 3 **158**

---

[19] BGH FamRZ 2006, 1511, 1515 = R 658 f
[20] Wahrendorf in Grube/Wahrendorf SGB XII § 43 Rn. 18
[21] BGH FamRZ 2007, 1158, = R 667 a mit Anm. Scholz; BSG FamRZ 2008, 51, 54

§ 8   Unterhalt und Sozialleistungen

Halbsatz 2 SGB XII ausdrücklich klar, dass der Unterhaltsanspruch des Elternteils gegen das Kind **nicht** auf den Sozialhilfeträger **übergeht**.

159 Ist die Vermutung des § 43 II 2 SGB XII widerlegt und beträgt das Einkommen des Kindes **mindestens 100 000,– EUR,** besteht kein Anspruch auf Grundsicherung (§ 43 II 6 SGB XII). Der Gesetzgeber ist offenbar davon ausgegangen, dass dann der Bedarf des hilfebedürftigen Elternteils in aller Regel durch den Unterhalt, den das volljährige Kind zu leisten hat, gedeckt wird. Dies wird vom Sozialamt aber nicht geprüft. Jedoch kann das Kind auch bei einem Einkommen von 100 000,– EUR und mehr mangels Leistungsfähigkeit ganz oder teilweise nicht zum Unterhalt verpflichtet sein, da Steuern, Sozialversicherungsbeiträge, zusätzliche Altersvorsorge und vorrangige Unterhaltsansprüche seines Ehegatten und seiner Kinder von seinem Einkommen abzuziehen sind. Dem bedürftigen Elternteil kann dann Sozialhilfe, insbesondere Hilfe zum Lebensunterhalt, nach den allgemeinen Vorschriften gewährt werden.[22] Soweit ein Unterhaltsanspruch besteht, geht dieser nach § 94 I 1 SGB XII auf den Sozialhilfeträger über. § 94 I 3 SGB XII greift nicht ein, weil keine Grundsicherung im Alter und bei Erwerbsminderung, sondern Sozialhilfe gewährt wird. Vor einer übermäßigen Inanspruchnahme wird das Kind in der Regel nur durch das Unterhaltsrecht geschützt, insbesondere durch die Rechtsprechung des BGH zur Leistungsfähigkeit beim Elternunterhalt.[23] Vgl. dazu Rn. 102 ff. Zur Problematik vgl. Rn. 160.

160 Bei **mehreren Kindern** kommt jedem die Einkommensgrenze von 100 000,– EUR zugute. Die Einkünfte der Kinder werden nicht zusammengerechnet. Beträgt das Einkommen eines Kindes mindestens 100 000,– EUR, erreicht dasjenige der weiteren Kinder jeweils diesen Betrag dagegen nicht, ist Grundsicherung ausgeschlossen.[24] Zahlen die Kinder gleichwohl keinen Unterhalt, ist Hilfe zum Lebensunterhalt zu gewähren. In deren Höhe gehen nach dem Wortlaut des § 94 I SGB XII die Unterhaltsansprüche des bedürftigen Elternteils gegen seine Kinder auf den Sozialhilfeträger über.[25] § 94 I 3 Halbsatz 2 SGB XII ist nicht anwendbar. Dies führt dazu, dass auch das privilegierte Kind, dessen Einkommen 100 000,– EUR nicht erreicht, entgegen § 43 II 1 SGB XII zum Unterhalt herangezogen wird. Die jeweiligen Haftungsanteile der Kinder ergeben sich dann aus § 1606 III 1 BGB. Es kommt darauf an, über welches unterhaltsrechtliche Einkommen das jeweilige Kind unter Berücksichtigung seiner vorrangigen Unterhaltspflichten und anzuerkennender Schulden verfügt. Dabei kann es zu dem Ergebnis kommen, dass ein Kind, das über ein Bruttoeinkommen von mindestens 100 000,– EUR verfügt, unterhaltsrechtlich ein bereinigtes Einkommen hat, das deutlich unter demjenigen eines anderen Kindes liegt, dessen Einkommen im Sinne des § 43 II 1 SGB XII und des § 16 SGB IV die Grenze von 100 000,– EUR nicht erreicht.

Beispiel:
Die mittellose 80-jährige Mutter M lebt in ihrer eigenen Wohnung. Die nicht verheiratete Tochter T verdient brutto 6000,– € im Monat, der Sohn S 8500,– € pro Monat (= 102 000,– € im Jahr). Er ist mit einer nicht erwerbsfähigen Frau verheiratet. Seine beiden volljährigen Kinder studieren.
Das Sozialamt versagt M die beantragte Grundsicherung im Alter und bei Erwerbsminderung, da S auch nach Abzug des Arbeitnehmerpauschbetrages von 1000,– € über ein Einkommen im Sinne des § 16 SGB IV von über 100 000,– € verfügt. Da S und T die Zahlung von Unterhalt ablehnen, erhält M Hilfe zum Lebensunterhalt von insgesamt 849,– € (364,– € Regelsatz, 300,– € Kosten der Unterkunft, 60,– € Aufwendungen für Heizung und Warmwasser und 125,– € Beitrag zur Kranken- und Pflegeversicherung). Das Sozialamt macht gegen S und T Unterhaltsansprüche geltend.
Unterhaltsbedarf der M: 770 € (Mindestbedarf) + 130 € (Krankenversicherung) = 895,– €. Da M lediglich Hilfe zum Lebensunterhalt von 849,– € erhält, geht ihr Unterhaltsanspruch gegen die Kinder nur in dieser Höhe auf den Sozialhilfeträger über. Diese müssen den Differenzbetrag von

---

[22] Schellhorn SGB XII § 43 Rn. 15; nach Günther FPR 2005, 461, 463 ist dann Grundsicherung im Alter und bei Erwerbsminderung zu gewähren
[23] FamRZ 2002, 1698, 1701; 2003, 1179, 1182, jeweils mit Anm. Klinkhammer
[24] Wahrendorf in Grube/Wahrendorf SGB XII § 43 Rn. 13; Schellhorn SGB XII § 43 Rn. 15; Klinkhammer FamRZ 2003, 1793, 1796; Münder NJW 2002, 3661, 3663; Günther FPR 2005, 461, 463
[25] So Günther FPR 2005, 461, 464

3. Abschnitt: Grundsicherung im Alter und bei Erwerbsminderung und Unterhalt § 8

46,– € nach Maßgabe ihrer Einkommens- und Vermögensverhältnisse unmittelbar an M zahlen. Der Sozialhilfeträger kann nicht in Höhe von 849,– €, sondern allenfalls in Höhe von 681,– € bei S und T Rückgriff nehmen, da der Anspruchsübergang in Höhe von 56% der Kaltmiete, also von 168,– €, ausgeschlossen ist (§§ 94 I 6, 105 II SGB XII; vgl. Rn. 70). Ob auch dieser Betrag von S und T durch den Unterhalt zu tragen ist (vgl. Scholz in der Vorauflage, auch zu Rn. 70), ist allerdings fraglich. Denn die Sozialhilfe ist insoweit anstelle des früher gewährten Wohngelds getreten, das keine subsidiäre Leistung ist (vgl. 1/665). Dass der Anspruch vom Übergang auf den Sozialhilfeträger ausgenommen ist, deutet darauf hin, dass sich hieran nichts ändern sollte (vgl. Rn. 70, 127 f.) und der Sozialhilfeanteil insoweit bedarfsdeckend anzurechnen ist.

Bereinigtes Nettoeinkommen des S: 5300,– €. Kindesunterhalt jeweils 670,– € (Düsseldorfer Tabelle Stand: 1. 1. 2011 Anm. A 7 II). Verbleibendes Einkommen: 3960,– €.
Leistungsfähigkeit des S unter Berücksichtigung der einkommenslosen Ehefrau (nach BGH[26]): 3960,– € ./. 3267,– € (= [3960 ./. Mindest-Familienselbstbehalt von 2700 (DT 2011) ./. 10% Haushaltsersparnis] : 2) = 693,– € einsetzbar für den Elternunterhalt.

Bereinigtes Nettoeinkommen der T: 3200,– EUR. Selbstbehalt: 1500 + 850 = 2350,– EUR. Leistungsfähigkeit der T nach Unterhaltsrecht: 3200 – 2350 = 850,– EUR.

S würde danach mit 693: (693 + 850) = 45%, T mit 55% für den Unterhalt haften. An M hat S 21,– €, T 25,– € zu zahlen; der Sozialhilfeträger könnte den übergegangenen Anspruch von 681,– € in Höhe von 306,– € gegen S und in Höhe von 375,– € gegen T geltend machen. Weitere 168,– € Sozialhilfe wären bedarfsdeckend anzurechnen.

Das Ergebnis erscheint allerdings in zweifacher Hinsicht widersprüchlich.[27] Zum einen wird T nur deshalb zum Unterhalt herangezogen, weil ihr Bruder S über der Einkommensgrenze von 100 000 EUR liegt. Als Einzelkind könnte sie vom Sozialhilfeträger nicht auf Unterhalt in Anspruch genommen werden. Zum anderen nimmt die Einkommensgrenze von 100 000,– EUR auf vorrangige Unterhaltspflichten keine Rücksicht, obwohl diese die Leistungsfähigkeit so weit mindern, dass S wesentlich schlechter steht als seine privilegierte unverheiratete Schwester, deren Einkommen deutlich unter der Grenze von brutto 100 000,– EUR liegt. Das erstgenannte Problem ist dadurch zu lösen, dass ein Rückgriff gegen die T nicht zulässig ist. Weil allein der S die Einkommensgrenze von 100 000,– EUR überschreitet, darf nicht schlechter stehen, als wenn sie alleine zum Unterhalt verpflichtet wäre. Dann aber hätte die Mutter einen Anspruch auf Grundsicherung im Alter, durch die ihr Unterhaltsbedarf gedeckt wäre. Dass die T einen – nach dem steuerrechtlichen Bruttobetrag – besser verdienenden Bruder hat, darf ihr nicht zum Nachteil gereichen. Auf der anderen Seite darf S nicht schlechter stehen, als wenn seine – unterhaltsrechtlich leistungsfähigere – Schwester. Dem lässt sich – entsprechend den Grundsätzen zum gestörten Gesamtschuldnerausgleich[28] – Rechnung tragen, indem S nur soweit haftet, als er im Verhältnis zu T nanch § 1606 III 1 BGB leistungsfähig ist (teilweise a. A. Dose Rn. 1/706). Im Übrigen ist die der Mutter gewährte Sozialhilfe bedarfsdeckend anzurechnen.

Das weitere Problem liegt in dem – zu – grob gewählten gesetzlichen Maßstab. Dieser verweist den Leistungsberechtigten zwar auf einen Unterhaltsanspruch, ohne dessen Wertungen zu beachten. Er setzt zudem voraus, dass der Bedarf des Leistungsberechtigten bei einem gewissen Bruttoeinkommen des Unterhaltspflichtigen durch den Unterhalt gedeckt ist. Da es sich indessen insoweit um eine bewusste gesetzliche Entscheidung handelt, die gegenüber dem GSiG durch § 43 II 6 SGB XII sogar noch unterstrichen worden ist, scheint eine Korrektur im Wege der (verfassungskonformen) Auslegung nicht möglich. Denn das Überschreiten der Einkommensgrenze schließt den Sozialleistungsanspruch selbst dann aus, wenn das unterhaltspflichtige Kind unterhaltsrechtlich nicht oder nur eingeschränkt leistungsfähig ist, wenn es etwa trotz hohen Einkommens überschuldet ist. Ob aus einer potenziell ungerechten Regelung bereits die Verfassungswidrigkeit wegen des Verstoßes gegen den Gleichheitssatz des Art. 3 I GG folgt,[29] soll hier offen bleiben.

---

[26] BGH FamRZ 2010, 1535 Rn. 41
[27] Scholz hat daher in der Vorauflage verfassungsrechtliche Bedenken angemeldet; vgl. auch Klinkhammer FamRZ 2003, 1793, 1796, 1799
[28] Vgl. Klinkhammer in Eschenbruch/Klinkhammer Unterhaltsprozess Kap 2 Rn. 45
[29] So Scholz in der Vorauflage

161 **b) Verhältnis der Grundsicherung zum Elternunterhalt.** Die Grundsicherung ist subsidiär (§ 2 I SGB XII). Dies bedeutet, dass sie nur gewährt wird, wenn der leistungsberechtigte Elternteil sich nicht selbst helfen kann, insbesondere seinen Lebensunterhalt nicht durch Einkommen oder Vermögen decken kann (§§ 19 II, 41 II SGB XII). Der **Subsidiaritätsgrundsatz** ist aber bei der Grundsicherung im Alter und bei Erwerbsminderung dahin **eingeschränkt,** dass Unterhaltsansprüche der Eltern gegen die Kinder (und umgekehrt; vgl. dazu Rn. 167) unberücksichtigt bleiben, wenn deren Einkommen im Sinne des § 16 SGB IV unter 100 000,– EUR liegt (§ 43 II 1 SGB XII; vgl. Rn. 154). Ein Übergang des Unterhaltsanspruchs auf den Sozialhilfeträger wird durch § 94 I 3 Halbsatz 2 SGB XII ausdrücklich ausgeschlossen. Der Sozialhilfeträger darf den hilfebedürftigen Elternteil nicht auf die Geltendmachung von Unterhaltsansprüchen gegen sein Kind verweisen. Die Grundsicherung muss vielmehr unabhängig von dem Unterhaltsanspruch des Elternteils bewilligt werden. Zu Recht weist der BGH[30] darauf hin, dass die Grundsicherung eine eigenständige soziale Sicherung ist, die den grundlegenden Bedarf sicherstellt. Sie ist **beim Elternunterhalt bedarfsdeckendes Einkommen** (im Sinne des Unterhaltsrechts), und zwar ohne Rücksicht darauf, ob sie zu Recht oder zu Unrecht gewährt wird.[31] Dies war nach Inkrafttreten des GSiG herrschende Meinung, da durch das Gesetz für Eltern eine Grundsicherung geschaffen werden sollte, die die Geltendmachung von Unterhaltsansprüchen weitgehend erübrigte.[32] Daran hat sich durch die Überführung des GSiG in das SGB XII nichts geändert. § 43 II 1 SGB XII stellt wie § 2 I 3 GSiG weiterhin klar, dass Unterhaltsansprüche gegen Kinder bei der Grundsicherung grundsätzlich nicht berücksichtigt werden. Deshalb schließt Grundsicherung in ihrer bewilligten Höhe die Geltendmachung von Elternunterhalt aus. Könnte der Elternteil auch Unterhalt in Höhe der gewährten Grundsicherung verlangen, wäre sein Bedarf doppelt gedeckt. Dies kann nicht im Sinne des Gesetzgebers liegen. Der bedürftige Elternteil ist daher gehalten, Grundsicherung in Anspruch zu nehmen. Weigert er sich, einen entsprechenden Antrag zu stellen, ist die ihm zustehende Grundsicherung als **fiktives Einkommen** auf den Unterhaltsanspruch anzurechnen,[33] allerdings nur dann, wenn dem Bedürftigen ein Obliegenheitsverstoß zur Last fällt, nicht aber, wenn trotz rechtzeitiger Antragstellung Grundsicherung nicht gewährt wird und Rechtsmittel bislang ohne Erfolg geblieben sind.[34] Erst wenn das Einkommen des unterhaltspflichtigen Kindes mindestens 100 000,– EUR beträgt, ist Grundsicherung zu versagen. Dann ist der bedürftige Elternteil allein auf den Unterhaltsanspruch gegen dieses Kind angewiesen.

162 Probleme entstehen, wenn ein Kind einen Elternteil durch **freiwillige Unterhaltszahlungen** unterstützt und dieser daraufhin Grundsicherung beantragt. Die Unterhaltszahlungen sind dann sog. bereite Mittel (Rn. 7), die nach dem Bedarfsdeckungsprinzip die Gewährung von Grundsicherung ausschließen, weil es der Hilfe der öffentlichen Hand nicht bedarf.[35] Dies gilt zunächst für bereits geleisteten Unterhalt. Auch für die Zukunft kann das Sozialamt zunächst davon ausgehen, dass das Kind seine Unterstützung fortsetzt. Jedoch steht es dem Kind frei, seine Zahlungen jederzeit einzustellen und den Elternteil aufzufordern, die Grundsicherung im Alter und bei Erwerbsminderung in Anspruch zu nehmen.[36] Vgl. dazu Rn. 161. Das Kind sollte klarstellen, dass es weitere Unterhaltsleistungen nur unter Vorbehalt anstelle des Sozialhilfeträgers erbringt.[37] Der Elternteil macht sich nicht im Sinne des § 41 III SGB XII vorsätzlich oder grob fahrlässig bedürftig (vgl. Rn. 143), wenn

---

[30] FamRZ 2006, 1511, 1515 = R 658 f mit Anm. Klinkhammer
[31] BGH FamRZ 2007, 1158 = R 667 a mit Anm. Scholz; BSG FamRZ 2008, 51, 54; Leitlinien der Oberlandesgerichte 2.9
[32] OLG Oldenburg FamRZ 2004, 295
[33] Scholz FamRZ 2007, 1160; vgl. auch zum GSiG Münder NJW 2002, 3661, 3663; OLG Hamm FamRZ 2004, 1807; OLG Nürnberg FamRZ 2004, 1988
[34] Insoweit zu Recht OLG Nürnberg FamRZ 2004, 1988 (zum GSiG; in anderen Punkten vom BGH FamRZ 2007, 1158 = R 667 mit Anm. Scholz aufgehoben); vgl. auch OLG Hamm NJW 2004, 1604
[35] BGH FamRZ 2007, 1158, 1160 = R 667 b mit Anm. Scholz
[36] OLG Brandenburg FPR 2004, 474 (LS)
[37] Vgl. BVerwGE 96, 152; BVerwG NJW 2005, 2874; LSG NRW 2006, 1566

er sein Kind auf die Möglichkeit der Grundsicherung und die sich daraus ergebende Entbehrlichkeit der Unterhaltszahlungen hinweist, da er im Verhältnis zu seinem Kind zur Beantragung der Grundsicherung verpflichtet ist (Rn. 161) und er nur von einem ihm zustehenden Recht gegen den Sozialhilfeträger Gebrauch macht.

Ist das Kind zur Zahlung von Elternunterhalt rechtskräftig verurteilt (verpflichtet) **163** worden, kann es einen **Abänderungsantrag** stellen, wenn der berechtigte Elternteil nach der Letzten mündlichen Verhandlung einen Anspruch auf Grundsicherung im Alter und bei Erwerbsminderung erworben hat, z. B. durch Vollendung des 65. Lebensjahres.[38] Das Kind sollte die Einstellung der Zwangsvollstreckung beantragen, um zu verhindern, dass weitere Zahlungen vom Sozialamt als bedarfsdeckendes Einkommen vereinnahmt werden.

Übersteigt der Unterhaltsbedarf die bewilligte Grundsicherung, schuldet das Kind bei **164** entsprechender Leistungsfähigkeit die Differenz als Unterhalt. Dieser ist kein Einkommen, das auf die Grundsicherung angerechnet werden könnte, da andernfalls der bedürftige Elternteil nicht über einen Geldbetrag verfügen würde, der dem geschuldeten Unterhalt entspricht.[39]

Beispiel:
Die Mutter M erhält Grundsicherung von 364,– € (Regelsatz) und 320,– € (Unterkunft und Heizung), insgesamt also 684,– €. Ihr Unterhaltsbedarf beträgt 770,– €.[40] S zahlt demgemäß 770 – 684 = 86,– EUR an M (vgl. Rn. 161). Dieser Betrag ist nicht auf die Grundsicherung anzurechnen, da bei Kürzung der Grundsicherung auf 598,– EUR S dann einen Unterhalt von (770 – 598 =) 172,– EUR zahlen müsste.

Dieses Ergebnis folgt m. E. aus § 43 II 1 SGB XII. Nach dieser Bestimmung bleibt der Unterhaltsanspruch gegen das Kind grundsätzlich unberücksichtigt; er wird also nicht auf die Grundsicherung angerechnet. Dies muss erst recht für den Anspruch auf Unterhalt gelten, der den Grundsicherungsbedarf übersteigt. Er beeinflusst deshalb die Höhe der Grundsicherung nicht. Dabei verbleibt es auch, wenn der die Grundsicherung übersteigende Unterhalt tatsächlich gezahlt wird.[41] Das **BSG** hat daher entschieden, dass es insoweit an der Zweckidentität von Grundsicherung und Unterhalt fehlt, was eine Anrechnung der Unterhaltszahlungen ausschließt.[42]

Das unterhaltspflichtige Kind wird durch die Grundsicherung im Alter und bei Erwerbs- **165** minderung vor allem dann entlastet, wenn der bedürftige Elternteil noch in seiner eigenen Wohnung lebt.

Beispiel:
Sachverhalt wie Beispiel Rn. 164. Bestünde kein Anspruch auf Grundsicherung, müsste S – allerdings im Rahmen seiner Leistungsfähigkeit – den gesamten Bedarf der Mutter von 770,– € decken, nicht nur den Spitzenbetrag von 86,– €.

c) Sonstige Hilfen neben der Grundsicherung im Alter und bei Erwerbsmin- **166** **derung.** Bei entsprechendem Bedarf des Leistungsberechtigten, z. B. bei Aufenthalt in einem Pflegeheim, können sonstige Hilfen nach dem 5. bis 9. Kapitel des SGB XII, vor allem Eingliederungshilfe und Hilfe zur Pflege, gewährt werden (Rn. 145). In einem solchen Fall greift der Ausschluss des Anspruchsübergangs nach § 94 I 3 Halbsatz 2 SGB XII nur ein, soweit Leistungen der Grundsicherung erbracht werden. Im Übrigen geht der Unterhaltsanspruch des Elternteils gegen das Kind bis zur Höhe der sonstigen Hilfen nach § 94 I 1 SGB XII auf den Sozialhilfeträger über. Der sonstige Hilfebedarf ist vielfach so hoch, dass sich der Ausschluss des Anspruchsübergangs in Höhe der Grundsicherung nach § 94 I 3 Halbsatz 2 SGB XII finanziell nicht zugunsten des unterhaltspflichtigen Kindes auswirkt. Vielmehr wird es vor einer übermäßigen Inanspruchnahme

---

[38] Günther FF 2003, 10, 14
[39] OLG Brandenburg FPR 2004, 474 (LS); Mrozynski ZFSH/SGB 2004, 198, 211; anders noch mein Problemaufriss FamRZ 2003, 1793, 1799
[40] Analog B V 2 der Düsseldorfer Tabelle; BGH FamRZ 2003, 860 mit Anm. Klinkhammer
[41] Vgl. Fichtner/Wenzel § 43 SGB XII Rn. 17 m. w. N.
[42] BSG FamRZ 2008, 51, 54

§ 8   Unterhalt und Sozialleistungen

nur durch die Vorschriften des Unterhaltsrechts über die Leistungsfähigkeit beim Elternunterhalt geschützt.[43] Vgl. D I der Düsseldorfer Tabelle Stand: 1. 1. 2011.

Beispiel:
Die mittellose, dauernd erwerbsunfähige 64-jährige Mutter lebt in einem Pflegeheim. Neben dem Elementarbedarf, der durch die Grundsicherung gedeckt ist, entstehen Kosten, die auch nach Abzug des Pflegegelds in Höhe von 1000,– € ungedeckt sind. Insoweit gewährt das Sozialamt ergänzende Sozialhilfe.
Die unverheiratete Tochter T verfügt über ein Einkommen von 6000,– € brutto = 3200,– € netto. Sie ist nur in Höhe von 850,– € leistungsfähig (vgl. Beispiel Rn. 160). Diesen Betrag hat sie dem Sozialhilfeträger trotz der gewährten Grundsicherung auch dann zu erstatten, wenn die Mutter keine Grundsicherung beziehen würde. Sie würde diesen Betrag ebenfalls schulden, wenn M noch nicht dauernd erwerbsunfähig wäre und Hilfe zum Lebensunterhalt beziehen würde.

5. Unterhalt volljähriger Kinder

167 Bei der Grundsicherung, die auf Dauer erwerbsunfähige volljährige Kinder erhalten können, bleiben Unterhaltsansprüche gegen ihre Eltern unberücksichtigt, wenn deren Einkommen unter 100 000,– EUR brutto liegt (§ 43 II 1 SGB XII). Während die Sozialhilfeträger anscheinend davon ausgehen, dass darunter das Gesamteinkommen beider Eltern zu verstehen sei, ist das Schrifttum der Meinung, dass jedem Elternteil die Einkommensgrenze von 100 000,– EUR zugute kommt.[44] Dem ist zuzustimmen. Es lässt sich nicht vertreten, bei den Kindern auf das Einkommen jedes einzelnen abzustellen (Rn. 160), bei den Eltern aber ihr Einkommen zusammenzurechnen, zumal da diese weder verheiratet sein noch in einem Haushalt zusammenleben müssen. Ist die Einkommensgrenze von 100 000,– EUR nicht überschritten, wird der Unterhaltsbedarf eines voll erwerbsgeminderten volljährigen Kindes vorrangig durch die Grundsicherung im Alter und bei Erwerbsminderung gedeckt, die als Einkommen im Sinne des Unterhaltsrechts gilt und in ihrem Umfang die Unterhaltspflicht der Eltern zum Erlöschen bringt.[45] Dies beruht auf der rechtspolitischen Wertung, dass für den Lebensunterhalt eines solchen Kindes in erster Linie die staatliche Gemeinschaft aufzukommen hat.
Auf das Vermögen der Eltern kommt es wie beim unterhaltspflichtigen Kind nicht an (Rn. 155).

168 Beim Unterhalt volljähriger Kinder stellen sich im Wesentlichen die Probleme, die bereits beim Elternunterhalt behandelt worden sind. Darauf kann verwiesen werden (Rn. 154 ff.). Zum Kindergeld als Einkommen des leistungsberechtigten Kindes vgl. Rn. 141.

169 Bezieht ein volljähriges Kind Grundsicherung im Alter und bei Erwerbsminderung, scheidet insoweit ein Anspruchsübergang nach § 94 I 3 Halbsatz 2 SGB XII aus. Jedoch kommt ein Anspruchsübergang in Betracht, wenn dem Kind Eingliederungshilfe oder Hilfe zur Pflege gewährt wird. Der Anspruchsübergang ist aber auf monatlich 26,– EUR beschränkt (§ 94 II 1 SGB XII; vgl. Rn. 86). Wird die Einkommensgrenze von 100 000,– EUR bei einem Elternteil überschritten, gleichwohl aber kein Unterhalt gezahlt, erhält das volljährige Kind Hilfe zum Lebensunterhalt; der Anspruchsübergang ist dann nach § 94 II 1 SGB XII auf 20,– EUR monatlich beschränkt; wegen etwa gewährter Eingliederungshilfe oder Hilfe zur Pflege verbleibt es beim Übergang des Unterhaltsanspruchs in Höhe von (weiteren) 26,– EUR.

6. Unterhalt zwischen Verwandten zweiten Grades

170 Vor dem 1. 1. 2005 wurde überwiegend die Auffassung vertreten, dass § 2 I 3 GSiG analog auf die Unterhaltsansprüche zwischen Verwandten zweiten Grades anzuwenden

---

[43] BGH FamRZ 2002, 1698 = R 580 c mit Anm. Klinkhammer
[44] Wahrendorf in Grube/Wahrendorf SGB XII³, § 43 Rn. 17; Mrozynski ZFSH/SGB 2004, 198, 210
[45] BSG FamRZ 2008, 51, 54

4. Abschnitt: Die Grundsicherung für Arbeitsuchende und Unterhalt   § 8

sei.[46] Es ist nicht ersichtlich, dass sich durch die Überführung der Grundsicherung im Alter und bei Erwerbsminderung in das SGB XII daran etwas geändert hat. Die Nichterwähnung der Verwandten zweiten Grades in § 2 I 3 GSiG bzw. in § 43 II 1 SGB XII ist ein offenbares Versehen des Gesetzgebers, das korrigiert werden muss. Die Auffassung von Wahrendorf,[47] dass der Gesetzgeber durch § 94 I 3 Halbsatz 2 SGB XII klargestellt habe, dass Großeltern oder Enkel nicht privilegiert sein sollen, trifft nicht zu. Nachdem die Grundsicherung im Alter und bei Erwerbsminderung eine besondere Form der Sozialhilfe geworden ist, schließt § 94 I 3 Halbsatz 1 SGB XII den Übergang des Unterhaltsanspruchs zwischen Verwandten zweiten Grades aus. Der 2. Halbsatz dieser Vorschrift besagt nur, dass der Anspruchsübergang auch dann ausgeschlossen ist, wenn Grundsicherung gewährt worden ist und Unterhaltsansprüche gegen Eltern oder Kinder in Betracht kommen. Er dient im Wesentlichen der Klarstellung, dass ein derartiger Unterhaltsanspruch nicht übergeht und die Grundsicherung auf den Unterhaltsanspruch gegen Eltern bzw. Kinder anzurechnen ist. Vgl. dazu Rn. 161.

4. Abschnitt: Die Grundsicherung für Arbeitsuchende und Unterhalt

I. Grundsicherung und Sozialhilfe

1. Die Reform des Sozialrechts zum 1. 1. 2005

Bis zum 31. 12. 2004 erhielt ein Arbeitsloser, der bei der Bundesanstalt für Arbeit versichert war, nach Erschöpfung des Anspruchs auf Arbeitslosengeld bei Bedürftigkeit und bei Erfüllung weiterer Voraussetzungen Arbeitslosenhilfe (§ 190 SGB III a. F.). Sie war der Höhe nach vom früheren Einkommen abhängig (§ 195 SGB III a. F.) und reichte daher in vielen Fällen zur Deckung des Lebensbedarfs nicht aus. Dann konnte der Sozialhilfeträger ergänzende Sozialhilfe erbringen. Andererseits konnte die Arbeitslosenhilfe bei früherem hohen Erwerbseinkommen durchaus das Existenzminimum übersteigen. Erwerbsfähige, insbesondere Selbständige, die keinen Anspruch auf Arbeitslosenhilfe hatten, waren allein auf Sozialhilfe angewiesen. **171**

Zum 1. 1. 2005 führte der Gesetzgeber durch das Vierte Gesetz für moderne Dienstleistungen am Arbeitsmarkt[1] mit der Grundsicherung für Arbeitsuchende ein neues Hilfesystem ein, das vielfach angefeindet wurde. Gleichwohl verstößt die Reform als solche nicht gegen die Verfassung.[2] Die Kritik an dieser Reform, aber auch handwerkliche Fehler, veranlassten den Gesetzgeber bereits zu zahlreichen Korrekturen. Zu nennen sind hier insbesondere **172**
– das Gesetz zur Neufassung der Freibetragsregelungen vom 14. 8. 2005 – BGBl. I 2407, im Wesentlichen in Kraft seit dem 1. 10. 2005,
– das Gesetz zur Änderung des Zweiten Buches Sozialgesetzbuch und anderer Gesetze vom 24. 3. 2006 – BGBl. I 558, teilweise in Kraft seit dem 1. 4. 2006, teilweise erst seit dem 1. 7. 2006,
– das Gesetz zur Fortentwicklung der Grundsicherung für Arbeitsuchende vom 20. 7. 2006 – BGBl. I 1706, im Wesentlichen in Kraft seit dem 1. 8. 2006,
– das Zweite Gesetz zur Änderung des zweiten Buches Sozialgesetzbuch vom 10. 10. 2007 – BGBl. I S. 2326, (rückwirkend) in Kraft seit 1. 6. 2007,
– das Gesetz zur Neuausrichtung der arbeitsmarktpolitischen Instrumente vom 21. 12. 2008 – BGBl. I S. 2917, in Kraft seit 1. 1. 2009,

---

[46] Münder NJW 2002, 3661, 3663; Klinkhammer FamRZ 2002, 997, 999
[47] Wahrendorf in Grube/Wahrendorf SGB XII § 43 Rn. 11
[1] Vom 27. 12. 2003 – BGBl. I S. 2954
[2] Vgl. zuletzt BVerfG – BvR 591/08, 1 BvR 593/08, BeckRS 2011, 49743; BVerfG, FamRZ 2010, 1412; BSG – B 11 b AS 1/06 R, BeckRS 2007, 41157; vgl. auch BSG FamRZ 2007, 724

– das (aufgrund der Entscheidung des BVerfG vom 20. 12. 2007[3] erlassene) Gesetz zur Weiterentwicklung der Organisation der Grundsicherung für Arbeitsuchende vom 3. 8. 2010, BGBl. I S. 1112, im wesentlichen in Kraft seit 1. 1. 2011,
– das (aufgrund der Entscheidung des BVerfG vom 9. 2. 2010[4] erlassene) Gesetz zur Ermittlung von Regelbedarfen und zur Änderung des Zweiten und Zwölften Buches Sozialgesetzbuch vom 24. 3. 2011, BGBl. I S. 453, im wesentlichen (rückwirkend) in Kraft seit 1. 1. 2011.

173 Die Grundsicherung für Arbeitsuchende erfasst alle hilfebedürftigen **erwerbsfähigen** Personen, deren Partner und Angehörige, die mit ihnen in einer **Bedarfsgemeinschaft**[5] zusammenleben. Es kommt allein darauf an, ob der Hilfebedürftige erwerbsfähig ist. Grundsicherung für Arbeitsuchende wird auch dann gewährt, wenn ein Arbeitsplatz nicht zur Verfügung steht oder wenn der Hilfebedürftige zur Ausübung einer Erwerbstätigkeit derzeit, z. B. wegen der Erziehung eines Kleinkindes oder der Pflege eines Angehörigen, nicht verpflichtet ist (§ 10 I Nr. 3, 4 SGB II). Die Berechtigten erhalten Leistungen zur Sicherung des Lebensunterhalts in der Form des Arbeitslosengeldes II bzw. des Sozialgeldes (§§ 19 ff. SGB II). Die Leistungen entsprechen weitgehend dem **Niveau der Sozialhilfe,** sind allerdings teilweise günstiger, teilweise ungünstiger als die Leistungen nach dem SGB XII. Vgl. dazu Rn. 147 ff., 201 ff. Ergänzende Hilfe zum Lebensunterhalt nach §§ 27 ff. SGB XII wird neben Leistungen zur Sicherung des Lebensunterhalts nicht gewährt. Sonstige Hilfen nach dem 5. bis 9. Kapitel des SGB XII, insbesondere Eingliederungshilfe und Hilfe zur Pflege, sind möglich. Vgl. dazu Rn. 4, 57. Zum Verhältnis der Grundsicherung für Arbeitsuchende zur Grundsicherung im Alter und bei Erwerbsminderung vgl. Rn. 137, 175.

174 Die Grundsicherung für Arbeitsuchende kann trotz ihrer Nähe zum Sozialhilferecht ihre Herkunft aus der **Arbeitsförderung** nicht verleugnen. Ziel des SGB II ist zunächst die Stärkung der **Eigenverantwortung** des erwerbsfähigen Hilfebedürftigen und der Personen, die mit ihm in einer Bedarfsgemeinschaft leben; die Grundsicherung für Arbeitsuchende soll den Hilfebedürftigen bei der Aufnahme oder Beibehaltung einer Erwerbstätigkeit unterstützen und den Lebensunterhalt sichern, soweit er nicht auf andere Weise bestritten werden kann (§ 1 II SGB II). Daher werden Dienstleistungen, Geldleistungen und Sachleistungen gewährt (§ 4 I SGB II). Das Gesetz geht vom **Grundsatz des Förderns und Forderns** aus. Der erwerbsfähige Hilfebedürftige hat umfangreiche Mitwirkungspflichten (§§ 2, 15 SGB II). Grundsätzlich ist **jede Arbeit zumutbar,** zu der der Hilfebedürftige körperlich, geistig und seelisch in der Lage ist (§ 10 I Nr. 1 SGB II). Bei Verletzung der Mitwirkungspflichten drohen Sanktionen (§§ 31 ff. SGB II). Dazu Rn. 209.

2. Abgrenzung von der Sozialhilfe und der Jugendhilfe

175 Wenn ein Anspruch auf Leistungen zur Sicherung des Lebensunterhalts nach dem SGB II besteht, ist **Hilfe zum Lebensunterhalt** nach dem 3. Kapitel des SGB XII (§§ 27 ff. SGB XII; vgl. Rn. 46 ff.) **ausgeschlossen,** wie sich aus § 5 II 1 SGB II und § 21 S. 1 SGB XII ergibt. Zulässig sind lediglich Leistungen nach § 36 SGB XII, also die Übernahme von Schulden zur Sicherung der Unterkunft oder zur Behebung einer vergleichbaren Notlage, wenn eine erwerbsfähige Person nicht hilfebedürftig im Sinne des § 9 SGB II ist, weil ihr Bedarf durch Einkommen oder Vermögen eines Angehörigen der Bedarfsgemeinschaft gedeckt wird (§ 21 S. 2 SGB XII).[6] Jedoch sind Leistungen der Grundsicherung im Alter und bei Erwerbsminderung gegenüber dem Sozialgeld vorrangig (§§ 5 II 2, SGB II). Angehörige der Bedarfsgemeinschaft eines Erwerbsfähigen, die die Voraussetzungen des § 41 SGB XII erfüllen, erhalten daher Grundsicherung im Alter und bei Erwerbsminderung.

---

[3] NZS 2008, 198
[4] FamRZ 2010, 429
[5] Zu der vom SGB XII abweichenden Begrifflichkeit s Rn. 179
[6] Dazu und zur wiederholten Änderung des § 21 SGB XII Scholz FamRZ 2006, 1417, 1420

4. Abschnitt: Die Grundsicherung für Arbeitsuchende und Unterhalt   § 8

Das Existenzminimum wird bei Bedürftigkeit in der Regel durch Leistungen nach §§ 19 ff. SGB II gewährleistet. Hilfe zum Lebensunterhalt nach dem SGB XII kommt im Wesentlichen nur noch für erwerbsunfähige Personen und die Angehörigen ihrer Bedarfsgemeinschaft in Betracht. Zu den Einzelheiten vgl. die Aufstellung Rn. 21. Das SGB XII hat daher Bedeutung vor allem für Personen, die Grundsicherung im Alter und bei Erwerbsminderung nach §§ 41 ff. SGB XII beziehen (Rn. 135 ff.), und für die Hilfearten nach dem 5. bis 9. Kapitel des SGB XII, insbesondere die Eingliederungshilfe und die Hilfe zur Pflege (Rn. 57 ff.). Diese Hilfen können nur nach dem SGB XII gewährt werden. Sie sind im SGB II nicht vorgesehen. Deshalb kann die Gewährung von Arbeitslosengeld II Hilfe nach dem 5. bis 9. Kapitel des SGB XII nicht ausschließen.

Leistungen der **Jugendhilfe** gehen – mit Ausnahme bestimmter Arbeitsförderungsmaßnahmen – den Leistungen nach dem SGB II vor (§ 10 III SGB VIII).

3. Zuständigkeiten

Träger der Leistungen nach dem SGB II ist grundsätzlich die **Bundesagentur für Arbeit** (§ 6 I 1 Nr. 1 SGB II). Dagegen sind für Unterkunft und Heizung nach § 22 SGB II, für einmalige Bedarfe nach § 24 SGB II und für bestimmte Eingliederungsleistungen nach § 16 a SGB II, bestimmte Leistungen für Auszubildende nach § 27 III SGB II sowie für Leistungen für Bildung und Teilhabe nach § 28 SGB II **kommunale Träger**, in der Regel die Kreise und kreisfreien Städte zuständig (§ 6 I 1 Nr. 2 SGB II). In der Praxis sieht dies freilich anders aus. Denn die Bundesagentur und die kommunalen Träger bilden zur einheitlichen Durchführung der Grundsicherung für Arbeitsuchende eine **gemeinsame Einrichtung** (§ 44 b SGB II). Die gemeinsame Einrichtung ist an die Stelle der früheren **Arbeitsgemeinschaft (ARGE)** getreten, nachdem das BVerfG das bisherige Organisationsrecht für verfassungswidrig erklärt hatte.[7]

176

Die gemeinsame Einrichtung nimmt die Aufgaben der Träger wahr; die Trägerschaft nach § 6 sowie nach den §§ 6 a und 6 b SGB II (sog. Optionskommunen) bleibt unberührt (§ 6 I 2 SGB II). Den Trägern obliegt die Verantwortung für die rechtmäßige und zweckmäßige Erbringung ihrer Leistungen. Sie haben in ihrem jeweiligen Aufgabenbereich gegenüber der gemeinsamen Einrichtung grundsätzlich ein Weisungsrecht (§ 6 III 1 SGB II).

Nach § 6 IV SGB II kann die gemeinsame Einrichtung einzelne Aufgaben auch durch die Träger wahrnehmen lassen. Damit will der Gesetzgeber insbesondere die Durchsetzung von Unterhaltsansprüchen einer Delegation zugänglich machen.[8, 9]

Nach der Experimentierklausel des § 6 a I, III SGB II konnten insgesamt 69 kommunale Träger, die sog. Optionskommunen, die Aufgaben der Bundesagentur nach § 6 I 1 Nr. 1 SGB II erfüllen.[10] In diesem Fall ist der kommunale Träger an Stelle der Bundesagentur allein zuständig (§ 6 b I SGB II).[11] Die Bildung einer gemeinsamen Einrichtung kommt dann nicht in Betracht. Aufgrund der gesetzlichen Neuorganisation wurden die Zulassungen für die Optionskommunen vom Bundesministerium für Arbeit und Soziales durch Rechtsverordnung über den 31. 12. 2010 hinaus unbefristet verlängert, wenn die zugelassenen kommunalen Träger die Verpflichtungen nach § 6 a II 1 Nr. 4 und 5 bis zum 30. 9. 2010 anerkennen.

Die **gemeinsame Einrichtung** kann Verwaltungsakte und Widerspruchsbescheide erlassen (§ 44 b I 3 SGB II). Dies ändert allerdings nichts daran, dass sie **„in organisatorischer Wahrnehmungszuständigkeit"** für die beiden Träger tätig wird und rechtlich zwei eigenständige Verfügungen trifft, eine für die Agentur für Arbeit, eine weitere für den

177

---

[7] BVerfG NZS 2008, 198
[8] BR-Drucks. 226/10 S. 38
[9] Berlit in LPK/SGB II § 44 b Rn. 42
[10] Verordnung über die Zulassung kommunaler Träger als Träger der Grundsicherung im Alter und bei Erwerbsminderung vom 24. 9. 2004 – BGBl. I S. 2349
[11] Münder in LPK/SGB II § 6 b Rn. 2

kommunalen Träger. Die Rechtsträgerschaft der beiden Träger bleibt unberührt (§ 6 I 2 SGB II).[12]

Der Rechtsweg in Angelegenheiten des SGB II führt zu den **Sozialgerichten** (§ 51 I Nr. 4a SGG).

Die gemeinsame Einrichtung, die eine Behörde (Mischbehörde aus Bundes- und Landesbehörde), aber nicht notwendigerweise eine juristische Person ist,[13] kann im sozialgerichtlichen Verfahren als Beteiligte auftreten.[14] Demgemäß ist die Klage gegen einen Bescheid der gemeinsamen Einrichtung gegen diese, nicht gegen die Agentur oder den kommunalen Träger zu richten. Im **Zivilverfahren,** insbesondere in einem Verfahren über einen übergegangenen Unterhaltsanspruch vor dem Familiengericht (§ 33 IV 3 SGB II), kann die gemeinsame Einrichtung nach § 113 I 2 FamFG, § 50 I ZPO nur als Partei auftreten, wenn sie rechtsfähig ist. Die gesetzliche Neuregelung definiert zwar die Organe (Trägerversammlung, § 44c SGB II; Geschäftsführung, § 44d SGB II), lässt aber die Rechtsform der gemeinsamen Einrichtung offen. Diese ist vielmehr der nach § 44b II 1 SGB II zu treffenden **Vereinbarung** durch die Träger überlassen, welche Regelungen zum Standort sowie zur näheren Ausgestaltung und Organisation enthalten soll. Die Träger können zudem die Zusammenlegung „mehrerer gemeinsamen Einrichtungen zu einer gemeinsamen Einrichtung" vereinbaren (§ 44b II 3 SGB II). Im Wesentlichen entspricht die gemeinsame Einrichtung trotz neuer Begrifflichkeit und stärkerer Betonung der Eigenständigkeit der Träger der bisherigen Arbeitsgemeinschaft, sodass die **zu den Arbeitsgemeinschaften ergangene Rechtsprechung** herangezogen werden kann.

Das gilt zunächst für die Parteifähigkeit (Beteiligtenfähigkeit) im **Familienstreitverfahren.** Ist die gemeinsame Einrichtung als juristische Person organisiert, versteht sich von selbst. Aber auch wenn sie keine juristische Person ist, wird sie vom BGH im Zivilprozess analog der Gesellschaft bürgerlichen Rechts für rechts- und parteifähig gehalten worden.[15] Des weiteren kann die gemeinsame Einrichtung im Rahmen ihres Aufgabenbereichs auch rechtsgeschäftlich handeln, insbesondere Unterhaltsvereinbarungen abschließen, Ansprüche abtreten usw.

Die gemeinsamen Einrichtungen nach § 44b und die zugelassenen kommunalen Träger nach § 6a führen nach § 6d SGB II die Bezeichnung **Jobcenter.** Dies ist jedenfalls im Zivilverfahren nicht unproblematisch, weil dadurch die Rechtsform des Beteiligten nicht ersichtlich ist. Denn es macht einen Unterschied, ob etwa eine von zwei Trägern gebildete gemeinsame Einrichtung Verfahrensbeteiligte ist oder eine Optionskommune. Auch ist trotz Anerkennung der Arbeitsgemeinschaft als entsprechend der Gesellschaft bürgerlichen Rechts parteifähig (beteiligtenfähig) nicht gesichert, dass jedwede Organisationsform zu einer Partei-/ Beteiligtenfähigkeit der gemeinsamen Einrichtung führt.

II. Anspruchsvoraussetzungen

1. Berechtigter Personenkreis

178 a) **Grundsatz.** Nach § 7 I SGB II erhält Leistungen nach dem SGB II nur,
– wer das 15. Lebensjahr vollendet, die Altersgrenze des § 7a SGB II, derzeit noch das 65. Lebensjahr (vgl. Rn. 186), aber noch nicht erreicht hat,
– wer erwerbsfähig ist,
– wer hilfebedürftig ist und
– wer seinen gewöhnlichen Aufenthalt in Deutschland hat (mit Ausnahmen).

---

[12] BR-Drucks. 226/10 S. 36; zur früheren Gesetzeslage bereits BSG FamRZ 2007, 724, 726
[13] Vgl. dazu die Ausführungsgesetze der Länder, ggf. die Verträge über die Errichtung der jeweiligen Arbeitsgemeinschaft. Nach § 3 des Gesetzes zur Ausführung des SGB II für das Land Nordrhein-Westfalen vom 16. 12. 2004 – GV.NRW S. 821 ist die durch öffentlich-rechtlichen Vertrag errichtete Arbeitsgemeinschaft eine Anstalt des öffentlichen Rechts
[14] BSG FamRZ 2007, 724, 728
[15] BGH MDR 2010, 167 Rn. 10; FamRZ 2011, 197 Rn. 10; so bereits Scholz in der Vorauflage

4. Abschnitt: Die Grundsicherung für Arbeitsuchende und Unterhalt § 8

b) Bedarfsgemeinschaft. Anspruch auf Leistungen der Grundsicherung für Arbeitsuchende hat ferner, wer mit dem erwerbsfähigen Hilfebedürftigen in einer Bedarfsgemeinschaft lebt (§ 7 II 1 SGB II). Im Gegensatz zum Sozialgesetzbuch XII verwendet das Sozialgesetzbuch II die Bedarfsgemeinschaft als (zentralen) **Gesetzesbegriff**, der demnach trotz seiner inhaltlichen Missverständlichkeit (vgl. Rn. 23) zu verwenden ist.

179

Dabei kommt es grundsätzlich nicht darauf an, ob der Angehörige der Bedarfsgemeinschaft selbst erwerbsfähig ist oder nicht. Ist er erwerbsgemindert, wird für ihn statt des Arbeitslosengeldes II Sozialgeld gezahlt; lediglich bei dauerhafter Erwerbsminderung wird Grundsicherung im Alter und bei Erwerbsminderung nach §§ 41 ff. SGB XII gewährt (§§ 5 II 2 SGB II).

Zur Bedarfsgemeinschaft gehören (§ 7 III SGB II):
1. die erwerbsfähigen Leistungsberechtigten,
2. die im Haushalt lebenden Eltern oder der im Haushalt lebende Elternteil eines unverheirateten erwerbsfähigen Kindes, welches das 25. Lebensjahr noch nicht vollendet hat, und die im Haushalt lebende Partnerin oder der im Haushalt lebende Partner dieses Elternteils,
3. als Partnerin oder Partner der erwerbsfähigen Leistungsberechtigten
   a) die nicht dauernd getrennt lebende Ehegattin oder der nicht dauernd getrennt lebende Ehegatte,
   b) die nicht dauernd getrennt lebende Lebenspartnerin oder der nicht dauernd getrennt lebende Lebenspartner,
   c) eine Person, die mit der erwerbsfähigen leistungsberechtigten Person in einem gemeinsamen Haushalt so zusammenlebt, dass nach verständiger Würdigung der wechselseitige Wille anzunehmen ist, Verantwortung füreinander zu tragen und füreinander einzustehen (Verantwortungsgemeinschaft).

180

Nach § 7 III a SGB II wird eine **Verantwortungsgemeinschaft** vermutet,
– wenn die Partner länger als ein Jahr zusammenleben,
– wenn sie mit einem gemeinsamen Kind zusammenleben,
– wenn sie Kinder oder Angehörige im Haushalt versorgen oder
– wenn sie befugt sind, über Einkommen oder Vermögen des anderen zu verfügen.

Damit geht der Gesetzgeber deutlich über den Begriff der eheähnlichen Lebensgemeinschaft hinaus, wie ihn das BVerfG[16] definiert hat. Ob demnach etwa das Zusammenleben von Geschwistern erfasst ist oder eine Einschränkung auf heterosexuelle oder homosexuelle Lebensgemeinschaften geboten ist[17], erscheint fraglich.

Liegen die Voraussetzungen der Vermutung vor, hat der Hilfebedürftige im Einzelnen darzulegen, dass gleichwohl das Zusammenleben keine Verantwortungsgemeinschaft begründet hat. Dies wird bei Zusammenleben mit einem gemeinsamen Kind nur selten möglich sein. Auch spricht die Befugnis, über Einkommen und Vermögen des anderen zu verfügen, wozu bereits ein gemeinsames Konto oder eine Kontovollmacht ausreichen, in aller Regel für das Bestehen einer Verantwortungsgemeinschaft. Unklar ist dagegen, wessen Kinder oder Angehörige im Haushalt versorgt werden müssen, damit eine solche Gemeinschaft vorliegt. Hier dürfte es nicht ausreichen, dass ein eigenes Kind oder ein eigener Angehöriger betreut wird; vielmehr ist es erst dann angezeigt, von einer Partnerschaft auszugehen, wenn ein Kind oder ein Angehöriger des anderen versorgt wird.

§ 7 IIIa SGB II geht damit mindestens teilweise über die Anforderungen hinaus, die der BGH[18] für die Verwirkung des Anspruchs auf nachehelichen Unterhalt (§ 1579 Nr. 7 BGB a. F., jetzt § 1579 Nr. 2 BGB n. F.) aufgestellt hat. Während der BGH bei der Verwirkung in der Regel erst einen Zeitraum von zwei bis drei Jahren für eine verfestigte Lebensgemeinschaft genügen lässt, reicht hier bereits ein einjähriges Zusammenleben als Grundlage der Vermutung für das Bestehen einer Verantwortungsgemeinschaft aus. Auch ist die Beweislast bei § 1579 BGB anders geregelt als nach § 7 III a SGB II.

---

[16] FamRZ 1993, 194, 198
[17] So Scholz in der Vorauflage; vgl. dazu Spellbrink NZS 2007, 121, 126
[18] FamRZ 2002, 810

§ 8 Unterhalt und Sozialleistungen

181   Auch **Kinder und Stiefkinder** können Teil der Bedarfsgemeinschaft sein. Dies galt zunächst nur für die dem Haushalt angehörenden minderjährigen Kinder des erwerbsfähigen Hilfebedürftigen und des Partners.[19] Volljährige Kinder konnten zunächst nur Teil der Haushaltsgemeinschaft im Sinne des § 9 V SGB II sein. Sie erhielten als Alleinstehende 100% der Regelleistung. Seit dem 1. 7. 2006 ist die Bedarfsgemeinschaft auf alle im Haushalt lebenden, also auch **volljährigen Kinder** des Hilfebedürftigen oder seines Partners **bis zur Vollendung des 25. Lebensjahres** (auch Stiefkinder) erweitert worden, soweit sie aus eigenem Einkommen oder Vermögen die Leistungen zur Sicherung ihres Lebensunterhalts nicht beschaffen können (§ 7 III Nr. 4 SGB II).[20] Sie erhalten mit (derzeit) 291,– EUR (§ 20 II 2 Nr. 2 SGB II) nur 80% der Regelleistung von (derzeit) 364,– EUR (§ 20 II 1 SGB II).

Eine Bedarfsgemeinschaft kann auch bestehen, wenn ein minderjähriges erwerbsfähiges Kind, das älter als 15 Jahre ist, oder ein volljähriges erwerbsfähiges Kind bis zur Vollendung des 25. Lebensjahres mit seinen dauernd erwerbsunfähigen Eltern oder mit einem dauernd erwerbsunfähigen Elternteil und ggf. dessen erwerbsunfähigen Partner zusammenlebt (§ 7 III Nr. 2 SGB II). Die Bedarfsgemeinschaft wird in diesem Fall durch das Kind vermittelt. Dieses wird in der Regel noch eine Schule bzw. Hochschule besuchen oder sich für einen Beruf ausbilden lassen. Dann ist allerdings für den Auszubildenden der Leistungsausschluss nach § 7 V, VI SGB II zu beachten (vgl. Rn. 185).

Leben Kinder abwechselnd bei dem einen oder dem anderen Elternteil, können sie nach der Rechtsprechung des BSG sowohl mit dem Vater als auch mit der Mutter eine Bedarfsgemeinschaft bilden. Dies gilt auch, wenn das Kind im Rahmen des **Umgangsrechts** mit einer gewissen Regelmäßigkeit länger als einen Tag beim umgangsberechtigten Elternteil wohnt. In solchen Fällen kommt es zu einer **zeitweisen Bedarfsgemeinschaft**.[21] Zur Tragung von Umgangskosten durch den Träger der Grundsicherung und den Sozialhilfeträger vgl. Rn. 218.

182   Ein **volljähriges Kind über 25 Jahren,** das mit seinen Eltern oder einem Elternteil zusammenlebt, bildet mit ihnen keine Bedarfsgemeinschaft, sondern nur eine **Haushaltsgemeinschaft** (§ 9 V SGB II). Es wird als alleinstehend behandelt und hat daher grundsätzlich Anspruch auf den vollen Regelbedarf von 364,– EUR (§ 20 II 1 SGB II).[22] Vgl. Rn. 204. Jedoch wird nach § 9 V SGB II vermutet, dass das volljährige Kind von seinen Eltern oder dem mit ihm zusammenlebenden Elternteil Leistungen erhält, soweit dies nach ihrem bzw. seinem Einkommen oder Vermögen erwartet werden kann. Diese Vermutung der Bedarfsdeckung gilt auch, wenn sonstige Verwandte oder Verschwägerte in einer Haushaltsgemeinschaft zusammenleben. Die Erwartung, dass der Hilfebedürftige von einem Verwandten oder Verschwägerten unterstützt wird, ist nur gerechtfertigt, wenn dessen Einkommen oder Vermögen deutlich über dem eigenen Bedarf nach dem SGB II liegen; dies ist der Fall, wenn der Verwandte oder Verschwägerte mindestens über Einkommen in Höhe des doppelten Regelbedarfs zuzüglich anteiliger Wohnkosten verfügt; 50% des Mehreinkommens werden nicht berücksichtigt (§ 1 II Alg II–V).[23] Bei Personen, die weder verwandt oder verschwägert sind, wohl aber in einer gemeinsamen Wohnung leben, scheidet eine Anwendung des § 9 V SGB II aus. Insoweit ist § 9 V SGB II enger als § 39 SGB XII. Vgl. dazu Rn. 27.

183   Die Bedarfsgemeinschaft nach dem SGB II deckt sich nicht völlig mit der Einsatzgemeinschaft nach § 27 II SGB XII. Letztere umfasst nicht die volljährigen Kinder des Hilfebedürftigen und nicht die Kinder seines Partners. Vgl. Rn. 23.

184   Das Gesetz kennt keinen Anspruch der Bedarfsgemeinschaft als solcher. Vielmehr hat jedes Mitglied der Bedarfsgemeinschaft einen **eigenen Anspruch** auf Leistungen nach dem SGB II. Eine Gesamtgläubigerschaft im Sinne des § 428 BGB besteht nicht.[24] Kann der

---

[19] BSG FamRZ 2008, 688
[20] BSG a. a. O.
[21] BSG FamRZ 2007, 465
[22] BSG NZS 2007, 550
[23] Arbeitslosengeld II/Sozialgeld-Verordnung vom 17. 12. 2007 – BGBl. I S. 2942; vgl. auch BSG NZS 2007, 550
[24] BSG FamRZ 2007, 724

4. Abschnitt: Die Grundsicherung für Arbeitsuchende und Unterhalt § 8

gesamte Bedarf der Gemeinschaft nicht aus eigenen Kräften und Mitteln ihrer Mitglieder gedeckt werden, gilt nach § 9 II 3 SGB II jede Person der Bedarfsgemeinschaft im Verhältnis des eigenen Bedarfs zum Gesamtbedarf als hilfebedürftig. Diese Vorschrift ist nur schwer nachzuvollziehen. Nach der Gesetzesbegründung[25] wird jede Person der Bedarfsgemeinschaft „im Verhältnis des eigenen Bedarfs zum Gesamtbedarf **an der Hilfebedürftigkeit beteiligt.**" Dies bedeutet nach Auffassung des BSG,[26] dass ein Angehöriger der Bedarfsgemeinschaft, der über ein für seinen Bedarf ausreichendes Einkommen verfügt, während der Partner ganz oder zum Teil mittellos ist, selbst teilweise hilfebedürftig wird und einen eigenen Anspruch auf Leistungen zur Sicherung des Lebensunterhalts hat. Der Bewilligungsbescheid darf sich nicht an die Bedarfsgemeinschaft richten; Adressaten sind vielmehr ihre einzelnen Mitglieder. **Jeder** von ihnen muss **Widerspruch** einlegen oder Klage erheben.[27] Bei der Beantragung von Leistungen und deren Entgegennahme wird allerdings vermutet, dass der (d.h. jeder) erwerbsfähige Hilfebedürftige von den anderen Mitgliedern der Bedarfsgemeinschaft bevollmächtigt ist (§ 38 I SGB II). Das gilt auch für die temporäre Bedarfsgemeinschaft während der Ausübung des Umgangsrechts (§ 38 II SGB II). Diese Vollmacht gilt allenfalls noch im Widerspruchsverfahren, nicht aber im Verfahren vor den Sozialgerichten.[28] Am gerichtlichen Verfahren muss sich jedes Mitglied der Bedarfsgemeinschaft beteiligen. Das BSG[29] hat allerdings während einer Übergangszeit bis zum 30. 6. 2007 den Problemen, die sich aus der von ihm als wenig praktikabel bezeichneten Konstruktion der Bedarfsgemeinschaft ergeben, durch eine großzügige Auslegung der Anträge, Bescheide und Urteile Rechnung getragen. Hat die Behörde der Bedarfsgemeinschaft zu Unrecht Leistungen zur Sicherung des Lebensunterhalts gewährt, muss sie jedes Mitglied durch Verwaltungsakt auf Rückzahlung des auf ihn entfallenden Teils der Erstattungsforderung in Anspruch nehmen. Für jeden müssen die Voraussetzungen des § 45 SGB X vorliegen.[30]

Zur Berechnung der anteiligen Ansprüche der Mitglieder der Bedarfsgemeinschaft vgl. Rn. 223, zu den Auswirkungen des § 9 II 3 SGB II auf den Anspruchsübergang nach § 33 SGB II vgl. Rn. 250.

c) Leistungsausschlüsse. Keine Leistungen nach dem SGB II erhalten Personen, die **185** für länger als sechs Monate in einer (voll-)stationären Einrichtung untergebracht sind (§ 7 IV 1 SGB II). Dem steht der Aufenthalt in einer Einrichtung, z.B. einer Justizvollzugsanstalt oder einem psychiatrischen Krankenhaus, zum Vollzug richterlich angeordneter Freiheitsentziehung gleich (§ 7 IV 2 SGB II). Von Leistungen nach dem SGB II sind auch Bezieher von Renten wegen Alters oder ähnlicher Leistungen öffentlich-rechtlicher Art ausgeschlossen (§ 7 IV 1 SGB II). Da Personen, die die Altersgrenze des § 7a SGB II (Rn. 186), bis einschließlich 2011 noch das 65. Lebensjahr, noch nicht erreicht haben, bereits nach § 7 I 1 Nr. 1 SGB II keine Grundsicherung für Arbeitsuchende erhalten, kann es sich bei den hier erwähnten Altersrentnern nur um solche handeln, die bereits vor Vollendung des 65. Lebensjahres Altersrente beziehen, z.B. nach § 37 SGB VI.

Bedürftige Auszubildende werden in der Regel nach dem BAföG gefördert. Sie sind daher von Leistungen zur Sicherung des Lebensunterhalts grundsätzlich ausgeschlossen, erhalten aber u. U. sonstige Leistungen nach dem SGB II, insbesondere für nicht ausbildungsgeprägten Bedarf (§ 7 V, VI SGB II).[31]

2. Alter

Kinder bis zur Vollendung des 25. Lebensjahres, die bei den erwerbsfähigen Eltern oder **186** einem erwerbsfähigen Elternteil leben, gehören deren (bzw. dessen) Bedarfsgemeinschaft

---

[25] BT-Drucks. 15/1516 S. 53
[26] FamRZ 2007, 724, 725; ebenso Spellbrink NZS 2007, 121
[27] BSG FamRZ 2007, 724, 725
[28] BSG FamRZ 2007, 724, 727; vgl. zu den daraus sich ergebenden Konsequenzen Spellbrink NZS 2007, 121, 123 ff.
[29] BSG FamRZ 2007, 724
[30] LSG Berlin-Brandenburg info also 2006, 268; Spellbrink NZS 2007, 121, 124
[31] Dazu im Einzelnen Brühl in LPK/SGB II § 7 Rn. 66 ff.

an. Auf diesem Wege erhalten sie bei Hilfebedürftigkeit Leistungen der Grundsicherung für Arbeitsuchende, und zwar ab Vollendung des 15. Lebensjahres bei Erwerbsfähigkeit Arbeitslosengeld II, sonst Sozialgeld (§§ 19 I 1, 23 SGB II). Ist das mindestens 15-jährige Kind erwerbsfähig, die Eltern aber nicht, kann es selbst Arbeitslosengeld II erhalten (wenn nicht der Leistungsausschluss nach § 7 V SGB II eingreift; vgl. dazu Rn. 181, 185). Die Eltern haben dann entweder Anspruch auf Sozialgeld oder auf Leistungen der Grundsicherung im Alter und bei Erwerbsminderung (§§ 5 II 2, 19, 23 SGB II, § 41 SGB XII).

Personen, die die Altersgrenze des § 7a SGB II erreicht haben oder als Volljährige auf Dauer erwerbsunfähig sind, erhalten keine Leistungen der Grundsicherung für Arbeitsuchende, sondern müssen bei Bedürftigkeit Leistungen der Grundsicherung im Alter und bei Erwerbsminderung in Anspruch nehmen. Daneben stehen ihnen ggf. Leistungen nach dem 5. bis 9. Kapitel des SGB XII zu. Vgl. Rn. 136. Personen, die bis zum 31. 12. 1946 geboren sind, erreichen die Altersgrenze mit Vollendung des 65. Lebensjahres. Bei Jüngeren wird die Altersgrenze für jedes Jahr um einen Monat, später um zwei Monate, hinausgeschoben. Das bedeutet, dass die Grenze bis zum 31. 12. 2011 beim 65. Lebensjahr bleibt und dann schrittweise bis zum Jahr 2031 auf das 67. Lebensjahr angehoben wird.

3. Gewöhnlicher Aufenthalt

187 Leistungen nach dem SGB II werden bei gewöhnlichem Aufenthalt in Deutschland gewährt (§ 7 I 1 Nr. 4 SGB II). Ausgenommen sind u. a. Ausländer, deren Aufenthaltsrecht sich allein aus dem Zweck der Arbeitsuche ergibt, ihre Familienangehörigen und Leistungsberechtigte nach § 1 des Asylbewerberleistungsgesetzes (§ 7 I 2 SGB II). Zu beachten ist auch § 8 II SGB II, nach dem Ausländer nur dann erwerbstätig sein können, wenn ihnen die Aufnahme einer Beschäftigung erlaubt ist oder erlaubt werden könnte. Aufenthaltsrechtliche Bestimmungen bleiben unberührt (§ 7 I 4 SGB II).

4. Erwerbsfähigkeit

188 Erwerbsfähig ist, wer nicht wegen Krankheit oder Behinderung auf absehbare Zeit außerstande ist, unter den Bedingungen des allgemeinen Arbeitsmarkts mindestens drei Stunden am Tag erwerbstätig zu sein (§ 8 I SGB II; ähnlich § 43 II 2 SGB VI). Nicht absehbar ist ein Zeitraum von mehr als sechs Monaten.[32] Die Feststellung, ob ein Arbeitsuchender erwerbsfähig und hilfebedürftig ist, trifft die Agentur für Arbeit (§ 44a I 1 SGB II). Der Entscheidung können nach § 44a I 2 SGB II der kommunale Träger, ein anderer Träger, der bei voller Erwerbsminderung zuständig wäre, oder die Krankenkasse, die bei Erwerbsfähigkeit Leistungen der Krankenversicherung zu erbringen hätte, widersprechen. Im Widerspruchsfall entscheidet (anstelle der nach früherer Rechtslage berufenen gemeinsamen Einigungsstelle) die Agentur für Arbeit, nachdem sie eine gutachterliche Stellungnahme des zuständigen Rentenversicherungsträgers eingeholt hat § 44a I 4, 5 SGB II.

Elternteile, die Kinder betreuen, sind grundsätzlich erwerbsfähig, wie sich aus § 10 I Nr. 3 SGB II ergibt. Sie fallen daher unter das SGB II, wenn sie nicht ausnahmsweise wegen Krankheit oder Behinderung auf mindestens sechs Monate keiner Erwerbstätigkeit nachgehen können. Jedoch kann eine Erwerbstätigkeit nicht zumutbar sein, wenn sie sich mit der Erziehung eines eigenen Kindes oder eines Kindes des Partners nicht vereinbaren lässt; die Erziehung eines Kindes ist aber nach Vollendung des dritten Lebensjahres in der Regel nicht gefährdet, soweit seine Betreuung in einer Tageseinrichtung oder in Tagespflege oder auf sonstige Weise sichergestellt ist (§ 10 I Nr. 3 SGB II). Betreuende Elternteile erhalten daher bei Hilfebedürftigkeit in aller Regel Leistungen zur Sicherung des Lebensunterhalts nach dem SGB II, nicht dagegen Hilfe zum Lebensunterhalt nach §§ 27 ff. SGB XII.[33]

---

[32] Brühl in LPK/SGB II § 8 Rn. 21
[33] Klinkhammer FamRZ 2004, 1909, 1914

5. Hilfebedürftigkeit; Einsatz von Einkommen und Vermögen

a) Grundsatz der Eigenverantwortlichkeit. Hilfebedürftig ist, wer seinen eigenen Lebensunterhalt und denjenigen der mit ihm in einer Bedarfsgemeinschaft zusammenlebenden Personen nicht oder nicht ausreichend durch Aufnahme einer zumutbaren Arbeit oder durch Einsatz des zu berücksichtigenden Einkommens oder Vermögens decken kann (§ 9 I SGB II). Zu berücksichtigendes Einkommen (Rn. 192), insbesondere der Ertrag einer selbständigen oder nichtselbständigen Arbeit, auch einer Teilzeitbeschäftigung, ist auf die Leistungen zur Sicherung des Lebensunterhalts im Sinne der §§ 19 ff. SGB II (Rn. 200 ff.) anzurechnen. Diese Leistungen werden dann entweder gar nicht oder nur zum Teil gewährt. Vorhandenes Vermögen, mit Ausnahme des Schonvermögens (Rn. 199), ist grundsätzlich zu verbrauchen oder zu verwerten. Solange dies möglich ist, scheiden Leistungen der Grundsicherung aus. Das Einkommen und das Vermögen sind nach § 19 III 2 SGB II zuerst auf die Geldleistungen der Agentur für Arbeit (Regelbedarf, Sozialgeld, einschließlich Mehrbedarf und nach §§ 20, 21, 23 SGB II anzurechnen, erst danach auf diejenigen des kommunalen Trägers (Kosten von Unterkunft und Heizung, § 22 SGB II). Erst anschließend wird Einkommen und Vermögen auf die Leistungen für Bildung und Teilhabe angerechnet (§ 19 III 3 SGB II).

189

Hilfebedürftig ist auch derjenige, dem der sofortige Verbrauch oder die sofortige Verwendung des zu berücksichtigenden Vermögens nicht möglich ist oder für den dies eine besondere Härte bedeuten würde (§ 9 IV SGB II). In diesem Fall sind die Leistungen als Darlehen zu erbringen (§ 24 V SGB II).

b) Hilfebedürftiger und Bedarfsgemeinschaft. Bei Personen, die in einer Bedarfsgemeinschaft (Rn. 179 ff.) leben, ist nach § 9 II 1 SGB II nicht nur das Einkommen und Vermögen des Hilfebedürftigen, sondern auch dasjenige des **Partners,** also des nicht getrennt lebenden Ehegatten (Lebenspartners) bzw. des anderen Teils einer Verantwortungsgemeinschaft (§ 7 III Nr. 3 c, III a SGB II; vgl. Rn. 180) zu berücksichtigen. Zu § 9 II 3 SGB II vgl. Rn. 184.

190

Bei unverheirateten **Kindern** bis zur Vollendung des 25. Lebensjahres, die mit ihren Eltern oder einem Elternteil in einer Bedarfsgemeinschaft leben, kommt es nicht nur auf das eigene Einkommen und Vermögen des Kindes, sondern auch auf dasjenige ihrer Eltern, des Elternteils oder dessen in der Bedarfsgemeinschaft lebenden Partners an (§ 9 II 2 SGB II). Daher wird ggf. auch das Einkommen des Stiefvaters oder der Stiefmutter und des nicht mit dem Elternteil verheirateten Partners zur Deckung des Bedarfs des Kindes herangezogen.[34] Jedoch darf von den Eltern nicht verlangt werden, das Einkommen und Vermögen des Kindes für ihren notwendigen Lebensunterhalt zu verwenden.

c) Abgrenzung von Einkommen und Vermögen. Einkommen ist – wie im Sozialhilferecht – alles, was jemand in der Bedarfszeit erhält, Vermögen dagegen dasjenige, was er während dieses Zeitraums bereits hat. Nicht ausgegebenes Einkommen wird zu Vermögen.[35] Vgl. Rn. 29. Für den Einsatz von Einkommen und Vermögen gelten im Wesentlichen die bei der Sozialhilfe dargestellten Grundsätze (Rn. 29 ff.). Ich stelle hier vor allem die Abweichungen vom Sozialhilferecht dar.

191

d) Einkommen. Im Hinblick auf die Einkommensermittlung sind die Vorschriften im SGB II wie auch die zugehörige Verordnung (Alg II-V) durch das Gesetz zur Ermittlung von Regelbedarfen und zur Änderung des Zweiten und Zwölften Buches Sozialgesetzbuch vom 24. 3. 2011 (Rn. 172) geändert worden.

192

Wie im Sozialhilferecht sind grundsätzlich **alle Einnahmen** in Geld oder Geldeswert zu berücksichtigen (§ 11 I 1 SGB II). Dies gilt auch für Leistungen nach dem BAföG (vgl. aber Rn. 198).[36] Fiktive Einkünfte bleiben auch hier außer Betracht. Vgl. dazu Rn. 36. Bei laufenden Einnahmen unterschiedlicher Höhe kann ein monatliches Durchschnittseinkommen gebildet werden (§ 2 III 1 Alg II–V).

---

[34] Gesetzesbegründung BT-Drucks. 16/1410 S. 20; Steck/Kossens FPR 2006, 356 f.
[35] BVerwG FamRZ 1999, 1654 (zu § 76 BSHG)
[36] BSG FamRZ 2008, 688, 690

§ 8   Unterhalt und Sozialleistungen

Nach § 11 a SGB II sind allerdings nicht als Einkommen zu berücksichtigen insbesondere Leistungen nach dem SGB II, die Grundrente nach dem Bundesversorgungsgesetz und nach den auf dieses verweisenden Gesetzen § 11 a I SGB II), ferner Schmerzensgeld (§ 11 a II SGB II) sowie unter bestimmten Voraussetzungen zweckbestimmte Einnahmen und Zuwendungen der freien Wohlfahrtspflege sowie Zuwendungen Dritter (§ 11 a III Nr. 1 SGB II). Zum Elterngeld und zum Erziehungsgeld vgl. Rn. 39. Das Pflegegeld nach dem SGB VIII (Kindertagespflege) nach § 23 SGB VIII wird (im Unterschied zu § 11 IV SGB II a. F.) in vollem Umfang nicht angerechnet. Wegen weiterer Einnahmen, die nicht als Einkommen im Sinne des § 11 SGB II zu berücksichtigen sind, wird auf § 1 Alg II–V verwiesen.

193 Vom Einkommen sind nach § 11 b I 1 Nr. 1 bis 5 s2S 1 **abzusetzen:** vom Einkommen entrichtete Steuern, Sozialversicherungsbeiträge, unter bestimmten Voraussetzungen auch Beiträge zu öffentlichen oder privaten Versicherungen, geförderte Aufwendungen für eine Zusatzversorgung im Alter (Riesterrente), ferner die mit der Erzielung des Einkommens verbundenen notwendigen Aufwendungen. Einer konkreten Berechnung der danach vorzunehmenden Abzüge bedarf es in der Regel nicht, weil nach § 11 b II 1 SGB II angemessene Beiträge zu öffentlichen und privaten Versicherungen, zur Altersversorgung (Riesterrente) und Werbungskosten **pauschal mit 100,– EUR** angesetzt werden. Steuern und Sozialversicherungsbeiträge werden von der Pauschale nicht erfasst. Bei Einkommen über 400,– EUR monatlich kann der Hilfebedürftige nachweisen, dass die Pauschale nicht ausreicht (§ 11 b II 2 SGB II).

194 Das bereinigte Erwerbseinkommen ist nach § 11 b I 1 Nr. 6 SGB II um einen (weiteren) **Freibetrag nach § 11 b III SGB II** zu kürzen, der jedem erwerbsfähigen Mitglied der Bedarfsgemeinschaft als Arbeitsanreiz zusteht. Nach § 11 b III SGB II bleiben von dem Einkommen, das den Grundfreibetrag von 100,– EUR nach § 11 b II 1 SGB II übersteigt, bis zu einem Bruttobetrag von 1000 EUR 20% anrechnungsfrei; von dem darüber hinausgehenden Einkommen werden 10% bis zu einem Bruttobetrag von 1200,– EUR und – bei Vorhandensein eines minderjährigen Kindes – bis zu einem Bruttobetrag von 1500,– EUR nicht angerechnet.

Freibeträge nach §§ 11 b II, III SGB II

Bruttolohn	Grundfreibetrag nach § 11 b II 1	Freibetrag nach § 11 b III	Gesamtfreibetrag
100	100	0	100
200	100	20	120
400	100	60	160
600	100	100	200
800	100	140	240
1000	100	180	280
1200	100	200	300
1500	100	230*	330

* nur bei erwerbsfähigen Hilfebedürftigen, die mit mindestens einem minderjährigen Kind in einer Bedarfsgemeinschaft leben oder die mindestens ein minderjähriges Kind haben.

Beispiel:
M (mit einem Kind) verdient brutto 1270,– €, was im Jahr 2011 nach Abzug der gesetzlichen Steuern und der Sozialversicherungsbeiträge einem Nettoeinkommen von etwa 950,– € entspricht. Nach Berücksichtigung des Grundfreibetrages von 100,– € (Rn. 193) und des Freibetrages von 207,– € gemäß § 11 b III SGB II verbleiben 643,– €. Bei einer Regelleistung von 364,– € und Wohnkosten von 360,– € beträgt sein Grundsicherungsbedarf 724,– €. Er erhält also Arbeitslosengeld II von 724 – 643 =81,– €.

Das Beispiel zeigt, dass selbst bei einem Nettoeinkommen von 950,– EUR, das ohne Berücksichtigung berufsbedingter Auslagen dem notwendigen Selbstbehalt eines Erwerbstätigen nach Abschnitt A Anm. 5 der Düsseldorfer Tabelle (Stand: 1. 1. 2011) entspricht, aufstockendes Arbeitslosengeld II gewährt werden kann.

4. Abschnitt: Die Grundsicherung für Arbeitsuchende und Unterhalt § 8

Nach der ursprünglichen Fassung des § 11 I 3 SGB II (a. F.; nunmehr § 11 I 4 SGB II) **195** war nur das **Kindergeld** für ein minderjähriges Kind diesem als Einkommen zuzurechnen, soweit es zur Sicherung seines Lebensunterhalts benötigt wurde. Seit dem 1. 7. 2006 gilt dies für jedes zur Bedarfsgemeinschaft gehörende Kind, also auch für den Volljährigen bis zur Vollendung des 25. Lebensjahres, der bei seinen Eltern oder einem Elternteil lebt (vgl. § 7 III Nr. 2, 4 SGB II; Rn. 181).[37] Wohnt das volljährige Kind nicht im Elternhaus, ist das Kindergeld nur dann Einkommen des Kindes, wenn es nachweislich an dieses weitergeleitet wird (§ 1 I Nr. 8 Alg II–V) oder nach § 74 EStG durch förmlichen Bescheid zugunsten des Kindes abgezweigt wird.[38] Im Übrigen steht es dem Elternteil zu, der nach §§ 62, 64 EStG kindergeldberechtigt ist.[39]

Auch der **Kinderzuschlag** nach § 6a BKGG (vgl. dazu Rn. 1/462b ff.) ist bis zur Vollendung des 25. Lebensjahres als Einkommen des Kindes zu behandeln (§ 11 I 3 SGB II, § 6a I 1 BKGG).

Eine Ausnahme gilt für Bedarfe nach § 28 SGB II (Leistungen für Bildung und Teilhabe), hierfür wird Kindergeld nicht angerechnet (§ 11 I 4 SGB II).

Schulden kürzen wie im Sozialhilferecht (Rn. 35) das Einkommen im Sinne des SGB II **196** grundsätzlich nicht. Mietschulden können ggf. als Darlehen übernommen werden (§ 22 VIII SGB II).

Nach § 11b I 1 Nr. 7 SGB II werden Aufwendungen zur Erfüllung gesetzlicher **Unter- 197 haltspflichten** bis zu dem in einem Unterhaltstitel oder in einer notariell beurkundeten Unterhaltsvereinbarung festgelegten Betrag vom Einkommen abgesetzt. Ein gerichtlicher Vergleich steht der notariellen Beurkundung gleich (§ 126a BGB). Dies dürfte auch für einen Anwaltsvergleich (§§ 120 I FamFG, 796a ZPO) gelten, da er jedenfalls ein Unterhaltstitel ist. Der titulierte und geleistete Unterhalt steht, auch wenn die Einkünfte des Hilfebedürftigen nicht gepfändet sind (oder schon nicht pfändbar ist[40]), nicht als Einkommen für seinen Lebensunterhalt zur Verfügung.[41] Das gilt auch, wenn der Unterhalt vom Familiengericht lediglich aufgrund fiktiven Einkommens tituliert ist.[42]

Zahlt der Schuldner freiwillig den Unterhalt, ohne ihn titulieren zu lassen, wird der Unterhalt nach dem Wortlaut des § 11b I 1 Nr. 7 SGB II nicht als Abzugsposten berücksichtigt.[43] Der Unterhaltspflichtige ist also vielfach gut beraten, wenn er sich, z. B. durch eine Jugendamtsurkunde, der sofortigen Zwangsvollstreckung unterwirft und so einen Vollstreckungstitel schafft (§§ 120 I FamFG, 794 I Nr. 5 ZPO, § 60 I SGB VIII). Zu den Auswirkungen des Abzugs titulierten Unterhalts bei der Berechnung des Unterhalts anderer Berechtigter vgl. Rn. 224, 259 f.

Regelmäßig sind vom Träger der Grundsicherung für Arbeitsuchende oder vom Sozialgericht **keine eigenen Feststellungen zur Höhe des Unterhaltsanspruchs** zu treffen.[44] Dagegen bestimmt und begrenzt ein rechtskräftiger Unterhaltstitel gleichzeitig die gesetzliche Unterhaltspflicht. Etwas anderes gilt dann, wenn keine gerichtliche Entscheidung oder verbindliche Vereinbarung über den zu leistenden Unterhalt vorliegt.[45] Das BSG nimmt aber auch in diesem Fall an, dass die Titulierung durch Jugendamtsurkunde regelmäßig der gesetzlichen Verpflichtung entspricht.[46]

Die verbreitete Praxis, dass ein nach Unterhaltsrecht nicht leistungsfähiger Unterhaltspflichtiger einen Unterhaltsbetrag titulieren lässt, um über den Freibetrag ergänzende Leistungen nach dem SGB II beanspruchen zu können, ist allerdings nicht zulässig, schon weil der Unterhaltspflichtige sich in diesem Fall schuldhaft bedürftig machen würde. Daher kann

---

[37] Vgl. BSG FamRZ 2008, 688
[38] BSG FamRZ 2008, 886
[39] BSG FamRZ 2008, 886; BSG – B 9a SB 2/06 B, BeckRS 2007, 40102; vgl. auch BGH FamRZ 2008, 51 (zu § 41 SGB XII)
[40] BSG – B 4 AS 78/10 R, BeckRS 2011, 69454 Rn. 20
[41] Begründung des Gesetzentwurfs BT-Drucks. 16/1410 S. 20
[42] BSG – B 4 AS 78/10 R, BeckRS 2011, 69454 Rn. 24
[43] BSG – B 4 AS 78/10 R, BeckRS 2011, 69454 Rn. 15 m. w. N.
[44] BSG – B 4 AS 78/10 R, BeckRS 2011, 69454 Rn. 16
[45] BSG – B 4 AS 78/10 R, BeckRS 2011, 69454 Rn. 17 m. w. N.
[46] BSG – B 4 AS 78/10 R, BeckRS 2011, 69454 Rn. 18 m. w. N.

§ 8 Unterhalt und Sozialleistungen

vom Unterhaltspflichtigen, der unterhaltsrechtlich nicht leistungsfähig ist, nicht verlangt werden, dass er auf Kosten der Grundsicherung für Arbeitsuchende einen Titel errichten lässt.[47] Entsprechend hat das BSG für den Fall der offenbar dem Grunde oder in der titulierten Höhe nicht bestehenden gesetzlichen Unterhaltspflicht eine Ausnahme von der sozialrechtlichen Berücksichtigungsfähigkeit einer titulierten Unterhaltsschuld gemacht.[48] Vgl. auch Rn. 224.

Davon zu unterscheiden ist eine unter Umständen bestehende Leistungsberechtigung des Unterhaltspflichtigen nach dem SGB II, welche sich aus unterschiedlichen Wertungen des Unterhalts- und Sozialrechts ergibt (Beispiel: Fiktives Einkommen).

198 Eine weitere Anrechnungsvorschrift findet sich in § 11 b I 1 Nr. 8 SGB II. Bezieht ein Kind Ausbildungsförderung nach dem **BAföG** (vgl. dazu Rn. 192, 279 ff.) oder nach §§ 71, 108 SGB III, wird darauf Einkommen der Eltern oberhalb bestimmter Beträge angerechnet. Dieser angerechnete Betrag kürzt das Einkommen des Hilfebedürftigen.

199 **Vermögen.** Wie im Sozialhilferecht (Rn. 43) sind grundsätzlich alle verwertbaren Vermögensgegenstände zur Deckung des Lebensunterhalts heranzuziehen (§ 12 I SGB II). Jedoch wird Vermögen in weiterem Umfang, als in § 90 SGB XII vorgesehen, vom Zugriff des Trägers der Grundsicherung verschont. Bei Geldvermögen werden verhältnismäßig hohe Freibeträge gewährt. § 12 SGB II unterscheidet zwischen dem Grundfreibetrag, einem Freibetrag für die Altersvorsorge in Höhe des nach Bundesrecht geförderten Vermögens (sog. Riesterrente), Freibeträgen für geldwerte Ansprüche, die der Altersvorsorge dienen, und einem Freibetrag für notwendige Anschaffung. Der Grundfreibetrag des § 12 II 1 Nr. 1 SGB II beträgt 150,– EUR je vollendetes Lebensjahr des volljährigen Hilfebedürftigen und seines Partners, mindestens jeweils 3100,– EUR. Für minderjährige Kinder gilt ein Grundfreibetrag von 3100,– EUR (§ 12 II Nr. 1 a SGB II). Die Freibeträge für geldwerte Ansprüche zur Sicherung der Altersvorsorge belaufen sich auf 250,– EUR je vollendetes Lebensjahr. Voraussetzung ist, dass der Inhaber die Ansprüche vor Eintritt in den Ruhestand nicht verwerten kann. Bei den an das Alter geknüpften Freibeträgen dürfen bestimmte Höchstbeträge nicht überschritten werden (§ 12 II 2 SGB II). Daneben bleibt nach § 12 II 1 Nr. 2 SGB II Vermögen in Höhe der angesparten Riesterrente anrechnungsfrei. Ferner steht jedem in der Bedarfsgemeinschaft lebenden Hilfebedürftigen ein Freibetrag von 750,– EUR für notwendige Anschaffungen zu (§ 12 II Nr. 4 SGB II). Neben dem Hausrat wird ein angemessenes Kraftfahrzeug (für jeden in der Bedarfsgemeinschaft lebenden erwerbsfähigen Hilfebedürftigen) verschont (§ 12 III 1 Nr. 1, 2 SGB II). Bei einem nicht erwerbsfähigen Mitglied der Bedarfsgemeinschaft bleibt ein Kraftfahrzeug nicht anrechnungsfrei.[49] Auch eine selbst genutzte Immobilie von angemessener Größe gehört zum Schonvermögen (§ 12 III 1 Nr. 4 SGB II). Angemessen ist in der Regel für einen Ein- oder Zweipersonenhaushalt eine Wohnung von 80 qm, für eine dreiköpfige Familie von 100 qm und für einen Vierpersonenhaushalt von 120 qm. Auf weitere Kriterien, wie sie in § 90 II Nr. 8 SGB XII aufgeführt sind (Rn. 43), insbesondere auf den Wert des Grundstücks, kommt es nicht an.[50]

Vermögen bleibt unberücksichtigt, wenn seine Verwertung offensichtlich unwirtschaftlich ist oder wenn sie eine besondere Härte bedeuten würde (§ 12 III 1 Nr. 6 SGB II).[51] Eine besondere Härte liegt in der Regel nicht vor, wenn dem Hilfebedürftigen die Verwertung von Vermögen oberhalb der Freibeträge angesonnen wird; dies gilt auch dann, wenn er nur für kurze Leistungen nach dem SGB II bezieht.[52] In einem solchen Fall kann ein Darlehen gewährt werden (§ 23 V SGB II; vgl. auch Rn. 189).

---

[47] Zutreffend OLG Düsseldorf FamRZ 2010, 1740; OLG Hamm FamRZ 2010, 570 jeweils m. w. N. auch zur a. A.

[48] BSG – B 4 AS 78/10 R, BeckRS 2011, 69454 Rn. 19 (im entschiedenen Fall verneint); vgl. auch LSG Sachsen-Anhalt, FamRZ 2011, 682

[49] BSG – B 14/7 b AS 66/06 R, B 14–7 b AS 66/06 R, BeckRS 2008, 50694

[50] Vgl. dazu BSG – B 7 b AS 10/06 R, BeckRS 2007, 40873

[51] Zur Unwirtschaftlichkeit und zur besonderen Härte der Verwertung einer Lebens- und einer Rentenversicherung: BSG Beck RS 200850694

[52] BSG – B 14/7 b AS 66/06 R, B 14–7 b AS 66/06 R, Beck RS 2008, 50694

4. Abschnitt: Die Grundsicherung für Arbeitsuchende und Unterhalt § 8

III. Leistungen zur Sicherung des Lebensunterhalts

Ein erwerbsfähiger Hilfebedürftiger erhält Leistungen zur Sicherung des Lebensunterhalts 200
in Form des Arbeitslosengeldes II (§§ 19 ff. SGB II). Nicht erwerbsfähigen Angehörigen, die mit ihm in einer Bedarfsgemeinschaft leben, wird Sozialgeld gewährt (§§ 19, 23 SGB II; vgl. Rn. 210). Die Höhe des Anspruchs gegen die Träger der Grundsicherung ergibt sich erst aus einem Vergleich zwischen dem Bedarf nach diesen Vorschriften und dem Umfang der Hilfebedürftigkeit (Rn. 212 ff.).[53] Arbeitslosengeld II und Sozialgeld sind steuerfrei (§ 3 Nr. 2 b EStG), unterliegen aber grundsätzlich der Versicherungspflicht in der gesetzlichen Sozialversicherung (dazu im Einzelnen Rn. 208).

1. Arbeitslosengeld II

a) Regelleistung zur Sicherung des Lebensunterhalts. Der Bedarf an Ernährung, 201
Kleidung, Körperpflege, Hausrat, an Haushaltsenergie (ohne die auf die Heizung entfallenden Anteile), die Bedarfe des täglichen Lebens und in vertretbarem Umfang auch Kosten der Beziehungen zur Umwelt und der Teilhabe am kulturellen Leben werden pauschaliert und durch die Regelleistung sichergestellt. (§ 20 I 1 SGB II). Sie deckt – abgesehen von den Kosten der Unterkunft und Heizung (Rn. 205), von Mehrbedarf (Rn. 206) und von den eng begrenzten einmaligen Bedarfen (Rn. 207) – den **gesamten Bedarf** ab. Wie sich eindeutig aus § 3 III 2 SGB II ergibt, ist eine anderweitige Festlegung, insbesondere eine Erhöhung der Regelleistung im Gegensatz zu § 28 I 2 SGB XII (Rn. 218) nicht vorgesehen.[54] Jedoch kann ein atypischer Bedarf unter Umständen nach § 73 SGB XII durch den Sozialhilfeträger gedeckt werden (vgl. Rn. 218).

Die Regelleistung deckt sich weitgehend mit den Regelsätzen der Sozialhilfe. Vgl. dazu 202
Rn. 49. Nach der bis 2010 geltenden Rechtslage wurde sie bei Veränderung des aktuellen Rentenwerts in der gesetzlichen Rentenversicherung jeweils zum 1. Juli eines Jahres angepasst (§ 20 IV SGB II a. F.). Vom 1. 1. 2005 bis zum 30. 6. 2006 wurde bei der Regelleistung noch zwischen den alten Bundesländern einschließlich Berlin-Ost (345,– EUR) und den neuen Ländern – ohne Berlin-Ost – (331,– EUR) unterschieden. Vom 1. 7. 2006 bis 30. 6. 2007 betrug die Regelleistung in Gesamtdeutschland 345,– EUR (§ 20 II 2 SGB II) und wurde zum 1. 7. 2007 auf 347,– EUR, zum 1. 7. 2008 auf 352,– EUR und zum 1. 7. 2009 auf 359,– EUR erhöht.Vgl. dazu Rn. 49.

Aufgrund der Neuregelung durch das Gesetz zur Ermittlung von Regelbedarfen und zur Änderung des Zweiten und Zwölften Buches Sozialgesetzbuch vom 24. 3. 2011,[55] das im wesentlichen (rückwirkend) zum 1. 1. 2011 in Kraft getreten ist (s. Rn. 4, 172), ist mit den Regelbedarfssätzen der Sozialhilfe das Referenzsystem für die Leistungen zur Sicherung des Lebensunterhalts nach dem SGB II geändert worden. Wegen der einzelnen Änderungen wird auf die Ausführungen zum Sozialhilferecht (Rn. 48 ff.) verwiesen.

Der Regelbedarf beträgt nach § 20 II 1 SGB II (rückwirkend zum 1. 1. 2011) **364,– EUR**.

Der Regelbedarf wird in voller Höhe nur **Alleinstehenden oder Alleinerziehenden** 203
sowie Hilfebedürftigen mit einem minderjährigen Partner gewährt (§ 20 II 1 SGB II). Haben zwei **Partner** der Bedarfsgemeinschaft das 18. Lebensjahr vollendet, erhalten sie nach § 20 IV SGB II **328,– EUR** (= jeweils 90% des Regelbedarfs), **sonstige erwerbsfähige Mitglieder** der Bedarfsgemeinschaft, insbesondere erwerbsfähige minderjährige Kinder ab Vollendung des 15. Lebensjahres sowie erwerbsfähige volljährige Kinder bis zur Vollendung des 25. Lebensjahres dagegen nach § 20 II 2, III SGB II nur **291,– EUR** (80% des Regelbedarfs).

---

[53] Steck/Kossens, Neuordnung von Arbeitslosen- und Sozialhilfe durch Hartz IV Rn. 137
[54] BSG FamRZ 2007, 465
[55] BGBl. I S. 453

Für **minderjährige Kinder** bis zur Vollendung des 14. Lebensjahres betrug das Sozialgeld (Rn. 210) bis 2010 60% der Regelleistung; im 15. Lebensjahr erhielten Kinder ein Sozialgeld von 80% (§ 28 I 3 Nr. 1 SGB II a. F.), woraus sich zuletzt Beträge von
215,– EUR (0 bis 5 Jahre),
251,– EUR (6 bis 13 Jahre) und
287,– EUR (ab 14 Jahre; Arbeitslosengeld II bzw. Sozialgeld) ergaben.

Die nach den Maßgaben des BVerfG neu vorgenommene Regelbedarfsermittlung hat hingegen zu niedrigeren Beträgen geführt:
213,– EUR (bis 5 Jahre; § 23 Nr. 1 SGB II)
242,– EUR (6 bis 13 Jahre; § 23 Nr. 1 SGB II) und
275,– EUR (14 bis 17 Jahre; §§ 20 II 2 Nr. 1, 23 Nr. 1 SGB II) geführt.

Das Gesetz gewährt insoweit – wie im Sozialhilferecht – **Bestandsschutz**. Nach § 77 IV SGB II gelten die bisherigen Beträge fort, solange sie über den (fortgeschriebenen) Beträgen nach dem Sozialhilferecht liegen.[56]

Erwerbsunfähigen Mitgliedern der Bedarfsgemeinschaft wird ebenfalls Sozialgeld gewährt, und zwar in Höhe der entsprechenden Regelbedarfe (§§ 19, 20 23 SGB II).

Arbeitslosengeld II/Sozialgeld ab 1. 1. 2011

Hbd,[57] wenn alleinstehend, allein erziehend oder wenn Partner minderjährig	Hbd und volljährige Partner	Kind von 14 bis 24 Jahre als sonstiges Mitglied der Bdg[58]	Kind bis 14 Jahre	Kind bis 6 Jahre
100%	90%	(80%)		
364 EUR	328 EUR	287 EUR	251 EUR	215 EUR

Die Regelbedarfe werden nach § 20 V SGB II jeweils zum 1. Januar eines Jahres entsprechend § 28 a SGB XII i. V. m. der Verordnung nach § 40 S. 1 Nr. 1 SGB XII angepasst. Für die Neuermittlung der Regelbedarfe findet § 28 SGB XII i. V. m. dem Regelbedarfs-Ermittlungsgesetz entsprechende Anwendung. Das Bundesministerium für Arbeit und Soziales gibt jeweils spätestens zum 1. November die Höhe der Regelbedarfe für das Folgejahr im Bundesgesetzblatt bekannt.

204 Ein **volljähriges Kind,** das bei seinen Eltern oder einem Elternteil lebt, gehört seit dem 1. 7. 2006 bis zur Vollendung des 25. Lebensjahres zu deren Bedarfsgemeinschaft (§§ 7 III Nr. 2, 4, 9 II 2 SGB II). Es erhält daher als Regelbedarf nur 291,– EUR (80% des Regelbedarfs für Alleinstehende; § 20 II 2 Nr. 2 SGB II). Vollendet das Kind das 25. Lebensjahr, endet die Bedarfsgemeinschaft, auch wenn es weiter im Elternhaus bleibt. Das volljährige Kind wird dann als alleinstehend behandelt und bezieht daher bei Erwerbsfähigkeit 364,– EUR (100% des Regelbedarfs; § 20 II 1 SGB II).[59] Vgl. Rn. 203. Zur Anwendung des § 9 V SGB II in einem solchen Fall vgl. Rn. 182; zum nicht erwerbsfähigen volljährigen Kind vgl. Rn. 210.

205 b) **Unterkunft und Heizung.**[60]. Die Kosten hierfür werden, soweit angemessen, nach §§ 6 I 1 Nr. 2, 22 I 1 SGB II in Höhe der tatsächlichen Aufwendungen durch den kommunalen Träger ersetzt. Die Gewährung von Wohngeld ist wie im Sozialhilferecht (Rn. 52) ausgeschlossen (§ 7 I 1 Nr. 1 WohngeldG). Hinsichtlich der Heizkosten sind die Kosten der zentralen Warmwasserversorgung mit aufgenommen worden, Kosten einer dezentralen Warmwasserversorgung können als Mehrbedarf geltend gemacht werden (§ 21 VII SGB II). Das entspricht der Neuregelung im sozialhilferecht, vgl. Rn. 52.

Angemessen sind die Aufwendungen für eine Wohnung, die nach Größe, Ausstattung, Lage und Bausubstanz einfachen und grundlegenden Bedürfnissen genügt. Es kommt darauf an, ob Wohnungen mit einfachem Ausstattungsniveau konkret zur Verfügung stehen.

---

[56] Vgl. Groth/Siebel-Huffmann NJW 2011, 1105, 1106
[57] Hilfebedürftiger
[58] Bedarfsgemeinschaft
[59] Vgl. BSG = NZS 2007, 550
[60] Vgl. dazu im Einzelnen Steck/Kossens, Neuordnung Rn. 195 ff.

4. Abschnitt: Die Grundsicherung für Arbeitsuchende und Unterhalt § 8

Für die Größe der Wohnung gelten die Maßstäbe des WoFG vom 13. 9. 2001 – BGBl. I 2376.[61] Zur Bestimmung der Angemessenheit der Unterkunftskosten (§ 22 I 1 SGB II) eröffnet die gesetzliche Neuregelung kommunale Beurteilungsspielräume bei der Ausfüllung des Angemessenheitsbegriffs durch kommunale Satzung (§§ 22 a bis 22 c SGB II, „Satzungslösung"[62]). Nach § 22 a I 1 SGB II können die Länder die Kreise und kreisfreien Städte durch Gesetz ermächtigen oder verpflichten, die Angemessenheit der Unterkunfts- und/oder Heizkosten i. S. des § 22 I 1 SGB II durch Satzung zu regeln. Anders als nach der früheren Rechtslage sind im Rahmen einer Satzungsregelung auch Pauschalierungen zulässig, wenngleich unter engen Voraussetzungen (§ 22 a II SGB II). Die Satzung ist durch ein neu eingeführtes Normenkontrollverfahren vor dem Landessozialgericht überprüfbar (§ 55 a SGG). Solange es an einer kommunalen Satzung fehlt, haben die Leistungsträger bzw. gemeinsame Einrichtung über die Angemessenheit der Kosten in eigener Verantwortung zu entscheiden.

Unangemessene Wohnkosten sind, soweit möglich und zumutbar, zu reduzieren, insbesondere durch Umzug (§ 22 I 3 SGB II). Vor Umzug in eine teurere Wohnung soll der kommunale Träger über dessen Erforderlichkeit entscheiden (§ 22 IV SGB II). Ist der Umzug nicht erforderlich, werden die Leistungen nur in bisheriger Höhe erbracht (§ 22 I 2 SGB II). Besondere Anforderungen an die Erforderlichkeit werden bei noch nicht 25-jährigen Hilfebedürftigen angelegt (§ 22 V SGB II). Damit soll verhindert werden, dass junge Volljährige aus dem Elternhaus ausziehen und zu Lasten des Trägers der Grundsicherung einen eigenen Haushalt gründen. Ziehen sie ohne Zustimmung des kommunalen Trägers aus, erhalten sie bis zum 25. Lebensjahr weiter nur den reduzierten Regelbedarf (80% des Regelbedarfs Alleinstehender, § 20 III SGB II). Zur Aufteilung der Wohnkosten auf mehrere Bewohner vgl. Rn. 213.

c) Mehrbedarf. Die Vorschrift des § 21 SGB II über den Mehrbedarf entspricht weitgehend § 30 SGB XII (vgl. Rn. 53). Jedoch kommt nach dem SGB II ein Mehrbedarf für über 65-jährige und voll erwerbsgeminderte Personen nicht in Betracht, da dieser Personenkreis keine Leistungen nach dem SGB II erhalten kann (§ 7 I SGB II; vgl. Rn. 186). **206**

d) Einmalige Bedarfe. Leistungen für einmalige Bedarfe werden nach § 24 III 1 SGB II im selben Umfang wie im Sozialhilferecht erbracht. Sie sind auch dann zulässig, wenn keine laufende Hilfe gewährt wird (§ 23 III 2 SGB II).[63] Wegen der Einzelheiten wird auf Rn. 54 verwiesen. **207**

e) Sozialversicherung. Bezieher von Arbeitslosengeld II sind im Gegensatz zur früheren Rechtslage (§ 3 S. 1 Nr. 3 a SGB VI a. F.) seit 1. 1. 2011 nicht mehr in der gesetzlichen Rentenversicherung pflichtversichert.[64] Auch die nach § 26 SGB II gewährten Zuschüsse zu freiwilligen Versicherungsbeiträgen sind gestrichen worden. **208**

In der gesetzlichen Krankenversicherung und in der Pflegeversicherung besteht hingegen eine Pflichtversicherung, soweit der Hilfebedürftige nicht familienversichert ist (§ 5 I Nr. 2 a SGB V, § 20 I 2 Nr. 2 a SGB XI). Zum Versicherungsschutz von Angehörigen vgl. Rn. 211.

f) Sanktionen. Das Arbeitslosengeld II kann nach §§ 31 ff. SGB II in mehreren Stufen abgesenkt, u. U. auch ganz versagt werden, wenn der Hilfebedürftige seine Mitwirkungspflichten oder seine Erwerbsobliegenheit verletzt. Der Fehlbetrag kann nicht durch Hilfe zum Lebensunterhalt nach § 27 SGB XII aufgefüllt werden (§ 5 II 1 SGB II, § 21 SGB XII; vgl. dazu Rn. 218). **209**

2. Sozialgeld

Anspruchsberechtigt sind nicht erwerbsfähige Personen, die mit erwerbsfähigen Hilfebedürftigen in einer Bedarfsgemeinschaft zusammenleben (§§ 19 I 2, 23 SGB II). Es handelt sich im Wesentlichen um **210**
– Kinder des erwerbsfähigen Hilfebedürftigen und seines Partners bis zum vollendeten 15. Lebensjahr, soweit sie die Leistungen zur Sicherung des Lebensunterhalts nicht aus

---

[61] BSG = NZS 2007, 428
[62] Vgl. – auch zum Folgenden – Groth/Siebel-Huffmann NJW 2011, 1105, 1108
[63] Vgl. Steck/Kossens, Neuordnung, Rn. 246 ff.
[64] Geändert durch Haushaltsbegleitgesetz 2011 vom 8. 12. 2010, BGBl. I S. 1885; zur Begründung und zu den Auswirkungen s. BR-Drucks. 532/10 S. 66

§ 8 Unterhalt und Sozialleistungen

eigenem Vermögen oder Einkommen, z. B. gezahlten Unterhalt und Kindergeld, beschaffen können (§ 7 III Nr. 4 SGB II),
– voll erwerbsunfähige unverheiratete Kinder des erwerbsfähigen Hilfebedürftigen und seines Partners im Alter von 15 bis 25 Jahren; soweit sie die Leistungen zur Sicherung des Lebensunterhalts nicht aus eigenem Vermögen oder Einkommen beschaffen können (§ 7 III Nr. 4 SGB II),
– Partner des erwerbsfähigen Hilfebedürftigen, wenn sie zwar voll erwerbsgemindert sind, die dauernde Erwerbsunfähigkeit aber (noch) nicht feststeht (vgl. § 7 III Nr. 3 SGB II),
– Personen, die zwar voll erwerbsgemindert sind, deren dauernde Erwerbsunfähigkeit aber (noch) nicht feststeht, wenn sie als Eltern oder Elternteil mit einem erwerbsfähigen Kind zwischen 15 bis 25 Jahren in einem Haushalt leben, sowie der nicht auf Dauer voll erwerbsunfähige Partner eines solchen Elternteils (vgl. § 7 III Nr. 2 SGB II).

Personen, die Anspruch auf Leistungen der Grundsicherung im Alter und bei Erwerbsminderung nach § 41 SGB XII haben (Rn. 135 ff.), die also die Altersgrenze des § 7 a SGB II, gegenwärtig noch das das 65. Lebensjahr (Rn. 186), erreicht haben oder die als Volljährige auf Dauer voll erwerbsgemindert sind, erhalten kein Sozialgeld (§ 19 I 2 SGB II).

Nicht erwerbsfähige **volljährige Kinder über 25 Jahren** eines erwerbsfähigen Hilfebedürftigen gehören nicht zur Bedarfsgemeinschaft. Sie haben keinen Anspruch auf Sozialgeld, vielmehr auf Sozialhilfe in der Form der Hilfe zum Lebensunterhalt. Sind sie allerdings auf Dauer erwerbsunfähig, erhalten sie Grundsicherung im Alter und bei Erwerbsminderung (Rn. 135 ff.). Zu volljährigen erwerbsfähigen Kindern vgl. Rn. 182.

211 Das Sozialgeld richtet sich wie das Arbeitslosengeld II nach §§ 20 ff. SGB II. Der Bezieher erhält also die Regelleistung (zu deren Höhe vgl. Rn. 202 f.), Ersatz der Wohnkosten (Rn. 205), Mehrbedarf (Rn. 206) und Leistungen für einmalige Bedarfe (Rn. 207). Eine Versicherungspflicht in der gesetzlichen Rentenversicherung besteht nicht. **Krankenversicherungsschutz** wird im Rahmen der Familienversicherung gewährt. Diese setzt allerdings das Bestehen einer Ehe, einer eingetragenen Partnerschaft oder eines Kindschaftsverhältnisses voraus (§ 10 I SGB V). Sollte dies, wie bei einer eheähnlichen Gemeinschaft, nicht der Fall sein, kann Hilfe bei Krankheit nach § 48 SGB XII gewährt werden.[65]

3. Berechnung des Arbeitslosengeldes II und des Sozialgeldes

212 Der letztlich vom Träger der Grundsicherung bzw. der gemeinsamen Einrichtung oder Jobcenter (Rn. 176) zu zahlende Betrag ergibt sich aus der Summe der Regelleistung, der Kosten der Unterkunft und Heizung, des Mehrbedarfs und der sonstigen Leistungen, gemindert um das zu berücksichtigende Einkommen und Vermögen. Hilfebedürftigkeit liegt schon dann vor, wenn der Gesamtbedarf der in einer **Bedarfsgemeinschaft** lebenden Personen nicht gedeckt werden kann (§ 9 II SGB II). Einkommen und Vermögen der Mitglieder der Bedarfsgemeinschaft mindern – wenn auch in differenzierter Weise – den Bedarf. Anzurechnen ist zunächst das Einkommen und Vermögen des Partners (§ 9 II 2 SGB II). Bei unverheirateten **Kindern** bis zur Vollendung des 25. Lebensjahres, die der Bedarfsgemeinschaft ihrer Eltern oder eines Elternteils angehören, ist das Einkommen der Eltern und des Elternteils, ja sogar das Einkommen und Vermögen des Partners dieses Elternteils, also z. B. des Stiefvaters oder der Stiefmutter, zu berücksichtigen (§ 9 II 2 SGB II). Dagegen ist Einkommen und Vermögen eines zur Bedarfsgemeinschaft gehörenden unverheirateten Kindes nicht auf den Bedarf der Eltern anzurechnen.[66] Soweit Kinder bis zur Vollendung des 25. Lebensjahres ihren Lebensunterhalt durch eigenes Einkommen oder Vermögen sicherstellen können, z. B. durch Unterhaltszahlungen des anderen Elternteils oder Kindergeld, gehören sie nicht der Bedarfsgemeinschaft an (§ 7 III Nr. 4 SGB II). Unterhalt und Kindergeld sind daher allein dem Kind als Einkommen zuzurechnen. Der nicht für den Lebensunterhalt des Kindes benötigte Teil des Kindergeldes ist Einkommen des Elternteils, an den es nach § 64 II EStG ausgezahlt wird.[67]

---

[65] Birk in LPK/SGB II § 28 Rn. 20
[66] DH der Bundesagentur zu § 9 SGB II Nr. 9.44
[67] BSG – B 7 b AS 18/06 R, BeckRS 2007, 41020; vgl. auch BSG FamRZ 2008, 51 (zu § 41 SGB XII)

4. Abschnitt: Die Grundsicherung für Arbeitsuchende und Unterhalt § 8

Diese komplizierten Regeln über die Zurechnung von Einkommen und Vermögen ändern nichts daran, dass jeder Angehörige der Bedarfsgemeinschaft einen **eigenen Anspruch** auf Leistungen zur Sicherung des Lebensunterhalts, also auf Arbeitslosengeld II bzw. Sozialgeld hat.[68] Dies ist für das **Unterhaltsverfahren** wichtig, weil der Unterhaltsanspruch des Leistungsberechtigten nach § 33 SGB II nur in Höhe des gerade ihm gewährten Arbeitslosengeldes II bzw. Sozialgeldes auf die Träger der Grundsicherung übergehen kann. Vgl. dazu Rn. 184. Die Höhe des jeweiligen Anspruchs auf Leistungen zur Sicherung des Lebensunterhalts ergibt sich aus § 9 II 3 SGB II. Danach gilt jede Person der Bedarfsgemeinschaft im Verhältnis des eigenen Bedarfs zum Gesamtbedarf als hilfebedürftig, wenn der Gesamtbedarf der Bedarfsgemeinschaft nicht (voll) aus deren eigenen Kräften gedeckt werden kann. In einer Bedarfsgemeinschaft wird danach selbst derjenige, dessen individueller Bedarf durch sein Einkommen gedeckt ist, als hilfebedürftig behandelt, sodass ihm, ohne dass individuelle Hilfebedürftigkeit vorliegt, ein eigener anteiliger Anspruch gegen den Träger der Grundsicherung zusteht.[69] Dementsprechend berechnet das Jobcenter den Anteil jedes Angehörigen der Bedarfsgemeinschaft an der Hilfebedürftigkeit nach der **„Bedarfsanteilsmethode".**[70] Zunächst ist für jedes Mitglied der Bedarfsgemeinschaft der individuelle Bedarf zu ermitteln. Dabei werden die anteiligen Kosten der Unterkunft und Heizung nach der **Kopfzahl** der Bewohner berücksichtigt, auch wenn nicht alle der Bedarfsgemeinschaft angehören.[71] Der Bedarf der Kinder ist um deren Einkommen zu mindern. Ist dessen Bedarf dadurch gedeckt, scheidet es mangels Hilfebedürftigkeit aus der weiteren Berechnung aus. Danach ist für jede Person der prozentuale Anteil am Gesamtbedarf festzustellen. Entsprechend diesem Prozentsatz ist das zu berücksichtigende Gesamteinkommen auf die einzelnen Mitglieder der Bedarfsgemeinschaft zu verteilen.

Beispiel:[72]
Der erwerbsfähige M lebt mit seiner Partnerin F zusammen, die ihr zwölfjähriges Kind K aus einer anderen Verbindung versorgt. Unterhalt und Unterhaltsvorschuss werden für K nicht gezahlt. Jedoch bezieht F das Kindergeld von 184,– €, das nach § 11 I 4 SGB II als Einkommen von K behandelt wird. Sie hat einen Mehrbedarf von 50,– € (§ 21 IV SGB II). M verfügt über ein bereits nach §§ 11, 11 b SGB II bereinigtes Einkommen von 400,– €. Es ergibt sich folgende Berechnung:

	Bedarf Bdg[73]	Anteil M	Anteil F	Anteil K
Regelleistung	907	328	328	251
Mehrbedarf	50		50	
Unterkunft	498	166	166	166
Gesamtbedarf	1455	494	544	417
./. Einkommen Kind	184			184
Restl. Gesamtbedarf	1271	494	544	233
Bedarfsanteile	100%	38,87%	42,8%	18,33%
Einkommensverteilung	400	155 (400 × 38,87%)	171 (400 × 42,8%)	73 (400 × 18,33%)
Restbedarf nach Einkommensanrechnung (gerundet)	872	339	373	160

---

[68] BSG FamRZ 2007, 724
[69] BSG FamRZ 2007, 724, 725
[70] DH der Bundesagentur zu § 9 SGB II Nr. 9.49
[71] BSG FamRZ 2008, 688; ebenso zur Sozialhilfe BVerwG NJW 1989, 313. Zu den Bedenken gegen diese Praxis vgl. Rn. 100
[72] Entsprechend den bisherigen DH der Bundesagentur zu § 9 SGB II Nr. 9.49 und 9.54
[73] Bedarfsgemeinschaft

§ 8　　　　　　　　　　　　　　　　　　　　　　　　　　Unterhalt und Sozialleistungen

Von den Leistungen zur Sicherung des Lebensunterhalts entfallen also auf M 339,– €, auf F 373,– € und auf K 160,– €. Zum Übergang des Unterhaltsanspruchs des Kindes in einem ähnlichen Fall vgl. Rn. 240.

Diese Art der Aufteilung befremdet. Es ist nur schwer nachzuvollziehen, dass F und K das Einkommen des M teilweise zugerechnet wird. Diese Art der Berechnung entspricht jedoch trotz ihrer merkwürdigen Ergebnisse dem Willen des Gesetzgebers, der nicht übergangen werden darf.[74]

4. Sonstige Geldleistungen

214　**a) Befristeter Zuschlag.** Bis 2010 wurde erwerbsfähigen Hilfebedürftigen während einer Übergangszeit von zwei Jahren nach dem Ende des Bezugs von Arbeitslosengeld I gemäß §§ 117 ff. SGB III neben dem Arbeitslosengeld II ein monatlicher Zuschlag gewährt (§ 24 I SGB II a. F.). Zum 1. 1. 2011 ist die Leistung abgeschafft worden.[75] Zum Inhalt des Anspruchs s. die Vorauflage.

215　**b) Einstiegsgeld.** Nach §§ 16 b, 16 c SGB II (zuvor § 29 I, II SGB II a. F.) kann einem erwerbsfähigen Hilfebedürftigen bei Aufnahme einer sozialversicherungspflichtigen oder selbständigen Erwerbstätigkeit Einstiegsgeld als Zuschuss zum Arbeitslosengeld II gewährt werden, wenn dies zur Überwindung der Hilfebedürftigkeit und zur Eingliederung in den allgemeinen Arbeitsmarkt erforderlich ist; die Höchstdauer beträgt 24 Monate. Das Einstiegsgeld ist keine Leistung zur Sicherung des Lebensunterhalts,[76] was nach der gesetzlichen Neuregelung durch die Einordnung unter die Leistungen zur Eingliederung (§§ 16 ff. SGB II) auch im Gesetzesaufbau hinreichend deutlich wird.

216　**c) Mehraufwandsentschädigung (sog. Ein-Euro-Jobs).** Nach § 16 d SGB II sollen Gelegenheiten für im öffentlichen Interesse liegende Arbeiten geschaffen werden. Der erwerbsfähige Hilfebedürftige ist verpflichtet, diese Gelegenheiten wahrzunehmen (§ 31 I 1 Nr. 2 SGB II). Ein Arbeitsverhältnis wird hierdurch nicht begründet. Jedoch wird dem Hilfebedürftigen neben dem Arbeitslosengeld II eine angemessene Entschädigung für Mehraufwand gezahlt; auch gelten arbeitsrechtliche Vorschriften über Arbeitsschutz und Urlaub (§ 16 d S. 2 SGB II). Die Arbeitsgelegenheiten werden vorzugsweise von den Kommunen und freien Wohlfahrtsverbänden angeboten. Die Entschädigung liegt zwischen ein bis zwei Euro.[77]

217　**d) Darlehen** können zur Sicherung eines von den Regelsätzen umfassten, aber unabweisbaren Bedarfs (§ 24 I SGB II; vgl. Rn. 201), zur (kurzfristigen) Zwischenfinanzierung bis zum voraussichtlichen Eingang von Einnahmen (§ 24 IV SGB II), zur Vermeidung einer derzeit nicht möglichen oder unzumutbaren Verwertung von Vermögen (§§ 9 IV, 24 V SGB II; vgl. dazu Rn. 199) sowie für die Übernahme von Mietschulden zur Verhütung von Wohnungsnot (§§ 21 S. 2, 34 SGB XII; vgl. auch Rn. 56) gewährt werden.

217a　**e) Leistungen für Bildung und Teilhabe.** Eine der wesentlichen Neuerungen zum 1. 1. 2011 ist der Unterabschnitt Leistungen für Bildung und Teilhabe nach §§ 28, 29 SGB II (Vgl. zur Sozialhilfe Rn. 53 a).

Zum **berechtigten Personenkreis** gehören nach § 28 I SGB II
– Schülerinnen und Schüler, die eine allgemein- oder berufsbildende Schule besuchen
– Kinder, Jugendliche und junge Erwachsene bis zur Vollendung des 25. Lebensjahres.
Folgende **Bedarfe** werden anerkannt (§ 28 II bis VII SGB II):
– Bedarfe für **Schulausflüge und mehrtägige Klassenfahrten** im Rahmen der schulrechtlichen Bestimmungen in Höhe der tatsächlichen Aufwendungen. Für Kinder, die eine Kindertageseinrichtung besuchen, gilt dies entsprechend.
– Bedarfe für **persönlichen Schulbedarf** von 70,– EUR für das 1. Schulhalbjahr und 30,– EUR für das 2. Schulhalbjahr (vgl. § 24 a SGB II a. F.)

---

[74] BSG FamRZ 2007, 724, 725
[75] Durch Haushaltsbegleitgesetz 2011 vom 8. 12. 2010, BGBl. I S. 1885
[76] Klinkhammer FamRZ 2004, 1909, 1911
[77] Klinkhammer FamRZ 2004, 1909, 1911

4. Abschnitt: Die Grundsicherung für Arbeitsuchende und Unterhalt   § 8

- Kosten der **Schülerbeförderung**
- **Nachhilfekosten** („ergänzende angemessene Lernförderung")
- Mehraufwendungen bei Teilnahme an einer **gemeinschaftlichen Mittagsverpflegung**
- Für Minderjährige wird ein Bedarf zur Teilhabe **am sozialen und kulturellen Leben in der Gemeinschaft** in Höhe von insgesamt 10,– EUR monatlich berücksichtigt für **Mitgliedsbeiträge** in den Bereichen Sport, Spiel, Kultur und Geselligkeit, Unterricht in künstlerischen Fächern (zum Beispiel Musikunterricht) und vergleichbare angeleitete Aktivitäten der kulturellen Bildung und die **Teilnahme an Freizeiten**.

Die vorstehenden Leistungen – mit Ausnahme des persönlichen Schulbedarfs – werden **nur auf Antrag** erbracht (§ 37 II SGB II). Leistungen für Schulausflüge, Klassenfahrten, Nachhilfekosten, Mittagsverpflegung und Vereinsbeiträge etc. werden durch Sach- und Dienstleistungen erbracht, insbesondere durch **Gutscheine** oder Direktzahlungen an die Anbieter der Leistungen (§ 29 SGB II).

5. Ausschließlichkeit der Leistungen nach dem SGB II

Das Verbot, über die im SGB II vorgesehenen Leistungen hinaus weitere Bedarfe anzuerkennen (§ 3 III SGB II; vgl. Rn. 201), bereitet in der Praxis Schwierigkeiten. Es ist nach Auffassung des BSG einer verfassungskonformen Auslegung nicht zugänglich und gilt sogar, wenn das Arbeitslosengeld II abgesenkt wird oder entfällt (vgl. § 31 SGB II; Rn. 209).[78] Daher ist es fraglich, ob in allen Fällen das Existenzminimum und damit ein menschenwürdiges Dasein gesichert werden kann (Art. 1 GG, § 1 I 1 SGB I). Die Problematik wird allerdings teilweise dadurch entschärft, dass zur Sicherstellung des unabweisbaren Bedarfs ein Darlehen gewährt werden kann (§ 23 I 1 SGB II), dessen Rückzahlung bei Unbilligkeit erlassen werden könnte (§ 44 SGB II); dies darf jedoch insbesondere bei wiederkehrenden Bedarfen nicht zur Umgehung des § 3 III SGB II führen.[79]

218

Danach war eine Erhöhung der Bedarfssätze auch dann nicht möglich, wenn dem Hilfebedürftigen die notwendigen Mittel zur Ausübung seines **Umgangsrechts** mit seinen bei dem anderen Elternteil lebenden Kindern fehlen.[80] Jedoch konnte und kann dem hilfebedürftigen Elternteil ein Anspruch auf Deckung dieses atypischen Bedarfs nach § 73 SGB XII zustehen, der sich allerdings gegen den Sozialhilfeträger richtet und der nicht durch § 5 II 1 SGB II ausgeschlossen ist. Vgl. auch Rn. 51. Dieser Anspruch erfasst insbesondere Kosten zur Abholung der Kinder, soweit dies erforderlich ist. Daneben sind Ansprüche der Kinder auf Übernahme ihrer eigenen Fahrtkosten möglich. Die Lebenshaltungskosten der Kinder während des Aufenthalts beim umgangsberechtigten Elternteil können bei Bedürftigkeit ggf. nach §§ 20 bis 22 SGB II ersetzt werden, weil die Kinder sowohl mit dem sorgeberechtigten als auch mit dem umgangsberechtigten Elternteil eine (zeitweise) Bedarfsgemeinschaft bilden können.[81] Der Gesetzgeber hat die vom BSG entwickelte Figur anerkannt und durch mehrere Regelungen (§§ 36, 38 II SGB II) „verfahrensrechtlich abgesichert".[82] Für Leistungen an Kinder „im Rahmen der Ausübung des Umgangsrechts ist der Umgangselternteil berechtigt, Sozialgeld zu beantragen (§ 38 II SGB II).[83] Dieser Antrag richtet sich auf die Lebenshaltungskosten und damit auf anteiliges Sozialgeld für die Kinder (Anspruch des Kindes). Die gesetzliche Neuregelung sieht schließlich vor, dass ein mit der Ausübung des Umgangsrechts verbundener besonderer Bedarf für Unterkunft und Heizung berücksichtigt werden muss (§ 22b III 2 Nr. 2 SGB II; insoweit – vergleichbar § 73 SGB XII – Anspruch des Elternteils). Vgl. dazu Rn. 181.

---

[78] BSG FamRZ 2007, 465
[79] BSG FamRZ 2007, 465
[80] BSG FamRZ 2007, 465
[81] BSG FamRZ 2007, 465
[82] Groth/Siebel-Huffmann NJW 2011, 1105, 1110; vgl BR-Drucks. 661/10 S. 184
[83] Zur Antragsbefugnis nach der bis 2010 bestehenden Rechtslage vgl OLG Hamm NJW-RR 2011, 581 (zur Übertragung der Antragsbefugnis nach § 1628 BGB)

IV. Leistungsfähigkeit des Unterhaltspflichtigen bei Bezug von Grundsicherung für Arbeitsuchende

1. Erwerbsobliegenheit

219   Bezieht der Unterhaltspflichtige Leistungen der Grundsicherung, kann nicht ohne weiteres davon ausgegangen werden, dass lediglich sie sein unterhaltsrechtliches Einkommen sind. Dies ist nur der Fall, wenn der Pflichtige seine Erwerbsobliegenheit erfüllt hat. Andernfalls werden ihm bei der Bemessung des Unterhalts **fiktive Einkünfte** in der Höhe zugerechnet, wie er sie bei zumutbaren und ihm möglichen Bemühungen auf dem Arbeitsmarkt erzielen kann. Vgl. dazu Rn. 1/734 ff. Ob die Agentur für Arbeit diese Bemühungen für ausreichend hält und deshalb von einer Absenkung des Arbeitslosengeldes II nach §§ 31 ff. SGB II absieht, ist nicht entscheidend. Allerdings kann die Einschätzung dieser Bemühungen durch den Träger der Grundsicherung ein wichtiges Indiz dafür sein, ob der Pflichtige auch seine Erwerbsobliegenheit gegenüber dem Unterhaltsberechtigten erfüllt hat. Denn der Hilfebedürftige hat sich nach der Eingliederungsvereinbarung selbst um Arbeit zu bemühen und diese Bemühungen nachzuweisen (§ 15 I 2 Nr. 2 SGB II). Auch ist ihm grundsätzlich jede Erwerbstätigkeit zuzumuten (§ 10 I SGB II). Jedoch hat das Familiengericht selbst zu prüfen, ob der Träger der Grundsicherung die Maßstäbe, die sich aus §§ 10, 15 SGB II ergeben, tatsächlich angewandt hat und ob diese im Einzelfall den Anforderungen des Unterhaltsrechts, insbesondere der verschärften Haftung nach § 1603 II 1, 2 BGB genügen.[84]

2. Leistungen der Grundsicherung für Arbeitsuchende als unterhaltsrechtliches Einkommen des Pflichtigen

220   Leistungen zur Sicherung des Lebensunterhalts nach §§ 19 ff. SGB II werden in der Regel den **Selbstbehalt** des Unterhaltsschuldners nach den Tabellen und Leitlinien der Oberlandesgerichte nicht überschreiten. Dieser Selbstbehalt ist für einen Nichterwerbstätigen nach Anm. A 5 der Düsseldorfer Tabelle Stand: 1. 1. 2011 mit 770,– EUR anzusetzen; er kann aber auch 950,– EUR betragen, wenn der Pflichtige einer Erwerbstätigkeit nachgeht. Bei einer Aushilfstätigkeit wird vielfach ein Zwischenbetrag von 860,– EUR als Selbstbehalt anerkannt. Vgl. dazu Rn. 2/389. Erreicht das Arbeitslosengeld II einschließlich etwaigen Erwerbseinkommens diese Selbstbehaltssätze nicht, wird Unterhalt nicht geschuldet.

221   Auch Empfänger von Leistungen der Grundsicherung können über **Einkünfte** verfügen, die den (notwendigen) **Selbstbehalt übersteigen.** Dies kommt allerdings in der Regel nur in Betracht, wenn Eigeneinkommen vorhanden ist und/oder neben der Regelleistung und den Kosten der Unterkunft einschließlich Heizung weitere Leistungen gewährt werden, insbesondere
– Leistungen für Mehrbedarf, z. B. wegen Schwangerschaft, Kindererziehung, Behinderung oder kostenaufwändiger Ernährung (Rn. 206),
– Einstiegsgeld nach § 16 b SGB II (Rn. 215),
– Entschädigung für Mehraufwendungen nach § 16 d III S 2 (Ein-Euro-Jobs; Rn. 216).
Auch die Kürzung anzurechnenden Einkommens um die Freibeträge nach §§ 11 b I, III SGB II (Rn. 194) führen zu einer Erhöhung des Arbeitslosengeldes II.
In solchen Fällen ist für die Unterhaltsbemessung die Summe der Grundsicherungsleistungen und des etwaigen Eigeneinkommens maßgebend. Dies entspricht dem Grundsatz, dass im Unterhaltsrecht grundsätzlich alle Einkünfte ohne Rücksicht auf ihre Herkunft und den mit ihnen verfolgten Zweck als Einkommen zum Unterhalt herangezogen werden. Die Sicherung des Existenzminimums durch das SGB II wird damit nicht in Frage gestellt.

---

[84] Klinkhammer FamRZ 2004, 1909, 1913

4. Abschnitt: Die Grundsicherung für Arbeitsuchende und Unterhalt § 8

Denn Einstiegsgeld, Entschädigung für Ein-Euro-Jobs und die Freibeträge nach §§ 11, 30 SGB II werden gerade dann gewährt, wenn das sozialrechtliche Existenzminimum insbesondere durch die Regelleistung und die Leistungen für Unterkunft und Heizung bereits sichergestellt ist (ebenso der befristete Zuschlag nach § 24 SGB II a. F. s. Rn. 214). Sie sollen einen Anreiz für die Wiedereingliederung in den allgemeinen Arbeitsmarkt bieten und ähneln eher dem in der politischen Diskussion vielfach geforderten Kombilohn.[85] Sie sind daher unterhaltsrechtliches Einkommen.[86] Bei Mehrbedarf ist zu prüfen, ob er auch unterhaltsrechtlich, z. B. als krankheitsbedingter Mehrbedarf (Rn. 2/463), anerkannt werden kann; bei Mehrbedarf wegen Kindererziehung kann ggf. ein Betreuungsbonus gewährt werden (Rn. 2/401). Dem Anliegen, das der Gesetzgeber mit den Freibeträgen nach §§ 11 b I, III SGB II verfolgt, wird im Unterhaltsrecht teilweise dadurch Rechnung getragen, dass Erwerbseinkommen um berufsbedingte Aufwendungen zu kürzen ist und dass der notwendige Selbstbehalt nach den Tabellen und Leitlinien bei Erwerbstätigkeit höher ist als bei einem Nichterwerbstätigen.

Unterhalt wird danach geschuldet, wenn das so berechnete Einkommen die Selbstbehaltssätze übersteigt. Da dem Pflichtigen in jedem Fall der Selbstbehalt verbleibt, wird sowohl sein unterhaltsrechtliches als auch sein sozialrechtliches Existenzminimum geschützt. Die Geldleistungen der Grundsicherung für Arbeitsuchende sind danach grundsätzlich im Unterhaltsrecht **auf Seiten des Verpflichteten** als **Einkommen** zu behandeln. Sie sind aber in der Regel kein Einkommen, wenn sie dem **Berechtigten** gewährt werden, weil sie gegenüber dem Unterhalt subsidiär sind (vgl. Rn. 7) und demgemäß der Unterhaltsanspruch auf den Träger der Grundsicherung (Rn. 230) in Höhe der gewährten Leistungen zur Sicherung des Lebensunterhalts nach § 33 SGB II übergehen kann.[87] Vgl. dazu Rn. 227. 222

Besondere Schwierigkeiten bereitet die unterhalts- und sozialrechtliche Zuordnung des Einkommens, wenn der Unterhaltspflichtige mit Angehörigen in einer **Bedarfsgemeinschaft** lebt und deren Einkommen den sozialrechtlichen Gesamtbedarf nicht deckt. Nach § 9 II 3 SGB II kann ein Mitglied der Bedarfsgemeinschaft auch dann hilfebedürftig sein, wenn sein Einkommen für sich allein zur Deckung seines sozialrechtlichen Bedarfs ausreichen würde. Denn sein Einkommen wird teilweise auch den anderen Angehörigen der Bedarfsgemeinschaft zugerechnet, obwohl es dabei bleibt, dass jeder von ihnen einen eigenen Anspruch auf Leistungen der Grundsicherung hat.[88] Vgl. Rn. 213. Im Unterhaltsrecht setzt sich demgegenüber die Rangordnung der Unterhaltsansprüche durch.[89] Deshalb ist dort darauf abzustellen, wem das jeweilige Einkommen zufließt, insbesondere wer Erwerbseinkommen erzielt. Auf die sozialrechtliche Umverteilung des Einkommens innerhalb der Bedarfsgemeinschaft gemäß § 9 II 3 SGB II kommt es deshalb nicht an.[90] 223

Beispiel:
Das 13-jährige Kind K1, das bei seiner selbst nicht unterhaltsbedürftigen Mutter M lebt, verlangt den Mindestunterhalt von 426 − 92 = 334,− €. Der Vater V verdient 1600,− € brutto = 1270,− € netto. Er lebt mit seiner erwerbsunfähigen Ehefrau F und deren 12-jährigen Kind K2 aus einer früheren Partnerschaft zusammen. Die Unterkunftskosten betragen 600,− €. Unterhalt für K2 wird nicht gezahlt. V bezieht für sich, F und K2 ergänzendes Arbeitslosengeld II von insgesamt 388,− € gemäß folgender Berechnung:

---

[85] Klinkhammer FamRZ 2006, 1171 (zum Einstiegsgeld)
[86] OLG München FamRZ 2006, 1125 (zum befristeten Zuschlag); OLG Celle FamRZ 2006, 1203 (zum Einstiegsgeld)
[87] So die Leitlinien der meisten Oberlandesgerichte: BraL, BrL, CL, DrL, HL, HaL, KoL, NaL, RL, SchL, jeweils zu 2.2; a. A. anscheinend: FL, OL, SüdL, jeweils zu 2.2; Klinkhammer FamRZ 2004, 1909, 1917
[88] BSG FamRZ 2007, 724; OLG Bremen FamRZ 2007, 1036
[89] BGH FamRZ 1996, 1272 = R 507 b
[90] OLG Bremen FamRZ 2007, 1036

	Bedarf Bdg[91]	Anteil M	Anteil F	Anteil K2
Regelleistung	907	328	328	251
Unterkunft	600	200	200	200
Gesamtbedarf	1507	528	528	451
./. Einkommen Kind	184			184
Restl. Gesamtbedarf	1323	528	528	267
Bedarfsanteile	100%	39,91%	39,91%	20,18%
Einkommensverteilung 1270 − 330[92] = 940	940	375 (940 × 39,91%)	375 (940 × 39,91%)	190 (940 × 20,18%)
Restbedarf nach Einkommensanrechnung	383	153	153	77

K1 verlangt von V den Mindestunterhalt von 426 − 92 = 334,− €.
Die Bedarfsgemeinschaft verfügt effektiv über ein Gesamteinkommen von 1270 + 383 = 1653,− €. Nach Unterhaltsrecht darf V aber nur ein Einkommen von 1270 − 64 (5% berufsbedingte Aufwendungen) = 1206,− € zugerechnet werden. Dieser Betrag darf nicht um das auf V entfallende Arbeitslosengeld II von 153,− € erhöht werden, da V es nur deshalb erhält, weil er mit F und K2 zusammenlebt. V schuldet also K unter Berücksichtigung seines notwendigen Selbstbehalts von 950,− € Kindesunterhalt in Höhe von 256,− €. F erhält, weil nachrangig, rechnerisch keinen Unterhalt. Gegenüber K2 besteht keine Unterhaltspflicht.

224 Das unterhaltsrechtliche Einkommen des Schuldners erhöht sich nicht deshalb, weil nach § 11 b I 1 Nr. 7 SGB II **titulierter Unterhalt** vom (sozialrechtlich) zu berücksichtigenden Einkommen abzusetzen ist (Rn. 197). Die Berücksichtigung dieser Vorschrift bei der Unterhaltsbemessung würde dazu führen, dass der Unterhaltsanspruch eines außerhalb der Bedarfsgemeinschaft lebenden Berechtigten in voller Höhe ohne Rücksicht auf die sich nach dem Einkommen richtende Leistungsfähigkeit des Schuldners zugesprochen werden könnte; denn dieser könnte durch Vorlage des Urteils oder einer von ihm zu errichtende vollstreckbaren Urkunde eine Erhöhung des Arbeitslosengeldes II erreichen.[93] § 11 b I 1 Nr. 7 SGB II verfolgt jedoch nur den Zweck, den nach zivilrechtlichen Grundsätzen zuerkannten Unterhalt als sozialrechtlich relevante Einkommensminderung anzuerkennen, wenn der Schuldner zwar nach bürgerlichem Recht, z. B. auf Grund fiktiven Einkommens, leistungsfähig, gleichwohl aber hilfebedürftig im Sinne des § 9 I SGB II ist. Die unterhaltsrechtliche Leistungsfähigkeit des Schuldners wird durch § 11 b I 1 Nr. 7 SGB II nicht berührt.[94] Vgl. auch Rn. 197.

V. Bezug von Grundsicherung für Arbeitsuchende durch den Unterhaltsberechtigten; Anspruchsübergang

1. Subsidiarität der Grundsicherung

225 Die Leistungen der Grundsicherung für Arbeitsuchende sind subsidiär und treten hinter Unterhaltsleistungen zurück (§ 2 I SGB II). Daher ist der Berechtigte nicht hilfebedürftig im Sinne des § 9 I SGB II, soweit er tatsächlich Unterhalt erhält, weil dann die erforderli-

---

[91] Bedarfsgemeinschaft
[92] Freibetrag nach §§ 11 b I, III SGB II bei einem Bruttoeinkommen von 1500,− EUR; vgl. Rn. 194.
[93] Zu der m. E. zu verneinenden Obliegenheit, eine solche Urkunde zu errichten, und zur rückwirkenden Zurechnung höheren Einkommens vgl. OLG Brandenburg FamRZ 2007, 1905
[94] OLG Bremen FamRZ 2007, 1036; vgl. auch Reinken FPR 2007, 352

che Hilfe durch Angehörige sichergestellt ist. **Geleisteter Unterhalt ist Einkommen** im Sinne des SGB II und wird daher auf den Grundsicherungsbedarf angerechnet.[95] Das Gleiche gilt, wenn mit der alsbaldigen Realisierung des Unterhaltsanspruchs zu rechnen ist, da dann sog. bereite Mittel zur Verfügung stehen. Vgl. Rn. 7. Entscheidend ist allein, ob und in welcher Höhe derzeit oder in Kürze Unterhalt gewährt wird, nicht dagegen, ob und in welchem Umfang ein Unterhaltsanspruch besteht.

Der Leistungsberechtigte darf nicht darauf verwiesen werden, gegen den säumigen 226 Unterhaltsschuldner einen zeitraubenden Prozess zu führen, wenn Unterhalt nicht geleistet wird und mit der alsbaldigen Zahlung des Unterhalts nicht zu rechnen ist. Vielmehr hat der Leistungsträger dann Grundsicherung für Arbeitsuchende ohne Rücksicht auf den Unterhaltsanspruch zu gewähren. Die Subsidiarität wird dadurch hergestellt, dass der Unterhaltsanspruch des Leistungsberechtigten kraft Gesetzes auf die Träger der Grundsicherung nach § 33 I 1 SGB II übergeht. Der **Unterhaltsanspruch** des leistungsberechtigten Gläubigers ist also grundsätzlich **kein Einkommen oder Vermögen** im Sinne des SGB II.[96]

Aus §§ 5 I 1, 9 I, 33 SGB II folgt, dass Leistungen zur Sicherung des Lebensunterhalts 227 im Sinne der §§ 19 ff. SGB II **nicht als Einkommen des leistungsberechtigten Unterhaltsgläubigers** im Sinne des Unterhaltsrechts angesehen werden dürfen, da andernfalls die Subsidiarität der Grundsicherung für Arbeitsuchende nicht verwirklicht werden könnte.[97] Vielmehr wird die Unterhaltsverpflichtung durch das SGB II nicht berührt (§ 5 I 1 SGB II). Daher ist der Unterhalt ohne Rücksicht auf die Leistungen nach §§ 19 ff. SGB II zu berechnen. Zu Ausnahmen vgl. Rn. 261.

2. Anspruchsübergang

a) Nicht auf Unterhalt gerichtete Ansprüche. § 33 I SGB II erfasst anders als § 94 228 SGB XII nicht nur Unterhaltsansprüche, sondern alle Ansprüche gegen einen anderen, der nicht Leistungsträger (Rn. 61) ist. Dazu gehören auch die Ansprüche, die im Sozialhilferecht nach § 93 SGB XII auf den Sozialhilfeträger übergeleitet werden können. Vgl. dazu Rn. 60 f. Deren Kreis ist insbesondere für den Gläubiger und den Schuldner nur schwer überschaubar.[98] Die Beteiligten können nicht ohne weiteres damit rechnen, dass ein zivilrechtlicher Anspruch, der nicht auf Unterhalt gerichtet ist, auf den oder die Träger der Grundsicherung (Rn. 230) kraft Gesetzes übergeht. Ob sich ein gesetzlicher Anspruchsübergang bei diesen Ansprüchen bewähren wird, bleibt abzuwarten.

§ 33 I, III bis V SGB II gelten sowohl für sonstige Forderungen als auch für Unterhaltsansprüche. Im Folgenden wird nur der Übergang von Unterhaltsansprüchen behandelt.

b) Gesetzlicher Forderungsübergang. § 33 SGB II sah in seiner ursprünglichen 229 Fassung im Gegensatz zu § 94 SGB XII, § 91 BSHG keinen Übergang des Unterhaltsanspruchs kraft Gesetzes vor. Vielmehr konnten die Träger der Grundsicherung den Unterhaltsanspruch durch **Verwaltungsakt** auf sich überleiten. Diese Lösung entsprach weitgehend dem früheren § 203 SGB III, der die Anspruchsüberleitung bei der Arbeitslosenhilfe vorsah. Der Gesetzgeber hatte damit einen Rechtszustand wiederhergestellt, wie er vor dem Jahre 1993 bei der Sozialhilfe bestand (§§ 90 f. BSHG a. F.) und der schon damals von den Sozialhilfeträgern, den Gerichten, aber auch den Betroffenen als unbefriedigend empfunden worden war. Es ist zu begrüßen, dass der Gesetzgeber den vielfach kritisierten § 33 SGB II durch das Fortentwicklungsgesetz (Rn. 172) geändert und zum 1. 8. 2006 an die Stelle der Überleitung des Unterhaltsanspruchs durch Verwaltungsakt einen gesetzlichen Anspruchsübergang gesetzt hat. Damit ist die Doppelgleisigkeit des Rechtsweges zu den Sozialgerichten einerseits und den ordentlichen Gerichten, insbesondere den **Familien-**

---

[95] BGH FamRZ 2007, 1158 = R 667 a mit Anm Scholz (zu § 41 SGB XII); Klinkhammer FamRZ 2004, 1909, 1918
[96] So ausdrücklich die Begründung des Entwurfs zum Fortentwicklungsgesetz (Rn. 172) BT-Drucks. 16/1410 S. 26 f.; OLG Celle FamRZ 2006, 1203; OLG München FamRZ 2006, 1125; Klinkhammer FamRZ 2006, 1171
[97] So die Leitlinien der Oberlandesgerichte zu 2.2
[98] Dazu eingehend Hußmann FPR 2007, 354

§ 8 Unterhalt und Sozialleistungen

gerichten andererseits beseitigt. Letztere entscheiden nunmehr über alle Rechtsfragen, die mit dem Anspruchsübergang zusammenhängen, insbesondere auch über öffentlich-rechtliche Vorfragen (vgl. § 33 IV 3 SGB II).

230 **c) Die Träger der Grundsicherung als neue Gläubiger des Unterhaltsanspruchs.** Der Unterhaltsanspruch des Empfängers von Leistungen geht nach § 33 I 1 SGB II auf die Träger der Grundsicherung über, also auf die Bundesagentur für Arbeit einerseits, den kommunalen Träger andererseits (vgl. § 6 I 1 SGB II). Haben sich diese Träger zu einer **gemeinsamen Einrichtung** zusammengeschlossen (§ 44 b SGB II), wird diese nach dem eindeutigen Wortlaut der §§ 33 I 1, 44 b I 2 SGB II **nicht** neue Gläubigerin des übergegangenen Unterhaltsanspruchs,[99] sondern erfüllt die Aufgaben der beiden Träger in organisatorischer Wahrnehmungszuständigkeit und handelt dabei in eigenem Namen.[100] Vgl. dazu Rn. 176. Sie ist berechtigt, den Anspruch geltend zu machen und Zahlungen entgegen zu nehmen. Zur Parteifähigkeit/Beteiligtenfähigkeit der gemeinsamen Einrichtung im Zivilprozess und im Familienstreitverfahren vgl. Rn. 177. Die Verteilung der vom Schuldner gezahlten Gelder auf die Bundesagentur für Arbeit einerseits, die Kommune andererseits ist eine interne Angelegenheit zwischen der gemeinsamen Einrichtung und den Trägern. Hierbei ist § 19 III 2 SGB II entsprechend anzuwenden, sodass Einkommen und Vermögen des Hilfebedürftigen zunächst auf die Geldleistungen der Agentur, erst danach auf die Geldleistungen der kommunalen Träger anzurechnen sind.[101] Sind die Aufgaben der Träger der Grundsicherung bei einer sog. Optionskommune (§ 6 a SGB II; Rn. 176) konzentriert, kann der Unterhaltsanspruch selbstverständlich nur auf diese Körperschaft übergehen.

231 Die Subsidiarität der Leistungen zur Sicherung des Lebensunterhalts wird ausschließlich durch den gesetzlichen Anspruchsübergang hergestellt. Eine **rechtsgeschäftliche Abtretung** des Unterhaltsanspruchs an die Träger der Grundsicherung, eine Verpflichtung zur Abführung des gezahlten Unterhalts oder die Begründung einer sonstigen bürgerlich-rechtlichen Zahlungspflicht für den Hilfebedürftigen sind nach §§ 31, 32 SGB I **unzulässig** und damit nichtig.[102]

3. Kraft Gesetzes übergehende Unterhaltsansprüche

232 § 33 II SGB II schließt eine Reihe von Unterhaltsansprüchen vom Übergang auf die Träger der Grundsicherung aus. Versucht man den Inhalt der Vorschrift positiv zu formulieren, so gehen folgende Unterhaltsansprüche auf den Träger der Grundsicherung (Rn. 230) über:
– Ansprüche auf Trennungs- und nachehelichen Unterhalt gegen den Ehegatten,
– Ansprüche auf Trennungs- und nachpartnerschaftlichen Unterhalt gegen den Lebenspartner,
– Ansprüche nach § 1615 l BGB, sofern die Eltern getrennt leben,
– Ansprüche minderjähriger und volljähriger Kinder, die das 25. Lebensjahr noch nicht vollendet und die Erstausbildung noch nicht abgeschlossen haben,
– sonstige Ansprüche auf Verwandtenunterhalt nur dann, wenn der Unterhaltsanspruch vom Berechtigten geltend gemacht wird. Vgl. dazu Rn. 234.

233 Der Anspruchsübergang erfasst seit dem 1. 8. 2006 auch den privatrechtlichen **Auskunftsanspruch** (§ 33 I 4 SGB II). Der Träger der Grundsicherung, in der Regel die Arbeitsgemeinschaft (Rn. 230), kann daher auch mit der Stufenklage gegen den Schuldner vorgehen (§§ 113 I 2 FamFG, 254 ZPO). Dem Träger steht es jedoch weiterhin frei, durch Verwaltungsakt nach § 60 SGB II von Dritten, insbesondere vom Unterhaltsschuldner, oder nach § 57 SGB II vom Arbeitgeber Auskunft zu verlangen. Vgl. auch Rn. 67.

---

[99] A. A. OLG Zweibrücken NJW 2007, 2779 und Scholz in der Vorauflage
[100] BSG FamRZ 2007, 724, 726
[101] Klinkhammer FamRZ 2004, 1909, 1917; 2006, 1171, 1173; Münder in LPK/SGB II § 33 Rn. 26
[102] So mit Recht OLG Celle FamRZ 2006, 1203; Klinkhammer FamRZ 2006, 1171 f.; vgl. auch BGH FamRZ 1996, 1203; 1996, 1205 (jeweils zu § 91 BSHG)

4. Abschnitt: Die Grundsicherung für Arbeitsuchende und Unterhalt   § 8

Beim **Verwandtenunterhalt** – mit Ausnahme des Unterhalts minderjähriger und voll- 234
jähriger Kinder, die das 25. Lebensjahr noch nicht vollendet und die Erstausbildung noch
nicht abgeschlossen haben – hängt der Anspruchsübergang davon ab, ob der leistungsberechtigte Unterhaltsgläubiger den Unterhaltsanspruch bereits **geltend gemacht** hat. Dies
ist dann der Fall, wenn der Berechtigte den Pflichtigen gemahnt oder ihn nach §§ 1605,
1613 I 1 BGB aufgefordert hat, über sein Einkommen und Vermögen Auskunft zu erteilen,
oder wenn er den Unterhaltsanspruch gerichtlich geltend (anhängig) gemacht hat.[103] Die
Geltendmachung bewirkt, dass später ein entstehender Unterhaltsanspruch auf den zuständigen Träger der Grundsicherung (Rn. 230) übergeht und dieser ihn gegen den Pflichtigen
verfolgen kann. Diese Folgen der Geltendmachung kann der Berechtigte nicht dadurch zu
Lasten des Trägers beseitigen, dass er später einseitig auf den Anspruch verzichtet oder eine
Unterhaltsklage zurücknimmt. Denn hierdurch würde er in die Rechte eines Dritten,
nämlich des Trägers der Grundsicherung, eingreifen. Die praktische Bedeutung dieser Frage
ist freilich gering, da. ein Erwerbsfähiger, der seine Berufsausbildung abgeschlossen hat, nur
in seltenen Fällen einen Unterhaltsanspruch gegen seine Verwandten, insbesondere seine
Eltern, hat, da er zur Sicherung seines Lebensunterhalts jede Arbeit annehmen muss. Vgl.
Rn. 2/57.

Andererseits darf der Träger der Grundsicherung einen volljährigen Hilfebedürftigen, der
seine Berufsausbildung abgeschlossen oder das 25. Lebensjahr vollendet hat, nicht auf einen
bisher nicht geltend gemachten Unterhaltsanspruch gegen einen Verwandten verweisen, da
es allein im Belieben des Hilfebedürftigen steht, ob er den Verwandten in Anspruch nehmen will.[104] Entschließt sich der Leistungsberechtigte gleichwohl zur Geltendmachung des
Unterhaltsanspruchs, geht dieser in Höhe der seitdem gewährten Leistungen zur Sicherung
des Lebensunterhalts auf den Träger der Grundsicherung (Rn. 230) über.

Diese Grundsätze gelten auch bei der Inanspruchnahme von **Verwandten zweiten** 235
Grades. Daher kann der geltend gemachte Unterhaltsanspruch eines Enkels gegen seinen
Großvater auf den Träger der Grundsicherung übergehen. Den generellen Ausschluss des
Anspruchsübergangs zwischen Verwandten zweiten Grades, wie ihn § 94 I 3 SGB XII
vorsieht, hat der Gesetzgeber nicht in das SGB II übernommen.

Der Unterhaltsanspruch geht außer den bei Rn. 234 genannten Fällen nicht auf den 236
Träger der Grundsicherung über,
– wenn der Unterhaltsberechtigte mit dem Pflichtigen in einer Bedarfsgemeinschaft zusammenlebt (§ 33 II 1 Nr. 1 SGB II; vgl. Rn. 68, 179)
– wenn beim Kindesunterhalt die Tochter schwanger ist oder wenn sie oder der Vater ein
  leibliches Kind bis zur Vollendung seines sechsten Lebensjahres betreuen (§ 33 II 1 Nr. 3
  SGB II; vgl. Rn. 68).

Der Übergang des Unterhaltsanspruchs wird nicht dadurch ausgeschlossen, dass er nicht 237
übertragen, verpfändet oder gepfändet werden darf (§ 33 I 3 SGB II).

4. Umfang des Anspruchsübergangs

a) Leistungen zur Sicherung des Lebensunterhalts. Ein Anspruchsübergang findet 238
nach § 33 I 1 SGB II nur statt, wenn dem Unterhaltsberechtigten **Leistungen zur Sicherung des Lebensunterhalts** erbracht werden. Dies sind Arbeitslosengeld II, Sozialgeld,
Mehrbedarf, Kosten der Unterkunft und Heizung, einmalige Bedarfe, auch wenn die
Leistungen als Darlehen (Rn. 217) gewährt werden.[105] Die zum früheren Gesetzesaufbau
vertretene Auffassung, dass alle Leistungen nach §§ 19 bis 28 SGB II unter § 33 SGB II
fallen, traf nicht zu.[106] Dass bei der Entschädigung für Mehraufwendungen (Ein-Euro-Jobs
nach § 16 d SGB II; Rn. 216)[107] und beim Einstiegsgeld (§ 16 b SGB II, zuvor § 29 SGB II

---

[103] Vgl. Gagel/Hänlein SGB III § 33 SGB II Rn. 32
[104] Hußmann FPR 2007, 354, 356
[105] OLG Saarbrücken FamRZ 1995, 1166; OLG Stuttgart FamRZ 1995 1165; a. A. DH der Bundes-
     agentur zu § 33 SGB II Nr. 33.9
[106] OLG München FamRZ 2006, 1125; Klinkhammer FamRZ 2006, 1171
[107] DH der Bundesagentur zu § 33 SGB II Nr. 33.5; vgl. dazu Hußmann FPR 2007, 354, 358

a. F.; Rn. 215)[108] kein Anspruchsübergang stattfindet, ist jedenfalls nach dem geänderten Gesetzesaufbau nicht mehr zweifelhaft.

Allerdings fallen nunmehr auch die **Leistungen für Bildung und Teilhabe** (Rn. 217 a) in den Abschnitt 2 (Leistungen zur Sicherung des Lebensunterhalts). Dass jedenfalls in Bezug auf die Geldleistungen auch insoweit ein Anspruchsübergang stattfindet, entspricht durchaus der mit dem Anspruchsübergang verfolgten gesetzlichen Zielsetzung.

Beispiel:
Für die Teilnahme an einer mehrtägigen Klassenfahrt des siebzehnjährigen K entstehen Kosten von 250,– EUR, deren Übernahme der hierfür leistungsfähige Vater V verweigert. Die K betreuende Mutter M ist nicht leistungsfähig. Die Kosten werden auf ihren Antrag vom Jobcenter übernommen. Damit hat das Jobcenter dem K Leistungen zur Sicherung des Lebensunterhalts erbracht (§ 28 II S 1 Nr. 2 SGB II). Der Unterhaltsanspruch (zu den Voraussetzungen vgl. Rn. 6/17, 2/237) ist – bei möglicher rückwirkender Geltendmachung – nach § 33 I 1 SGB II auf „die Träger" übergegangen. Zur Geltendmachung durch die gemeinsame Einrichtung und zur internen Verteilung entsprechend § 19 III 2 SGB II s. Rn. 230.

239 b) **Begrenzung durch die Höhe des Arbeitslosengeldes II und persönliche Kongruenz.** Der Unterhaltsanspruch geht nur bis zur Höhe der Leistungen nach §§ 19 ff. SGB II auf den oder die Träger der Grundsicherung (Rn. 230) über. Die Leistungen müssen bereits erbracht oder jedenfalls bewilligt sein.[109] Zur Rechtmäßigkeit der Leistungsgewährung vgl. Rn. 244.

Entscheidend sind die **Aufwendungen** des Trägers, die er gerade **für den Unterhaltsberechtigten** erbracht hat. Lebt dieser mit Angehörigen in einer **Bedarfsgemeinschaft** (Rn. 179 ff.), muss der Anteil an den Leistungen zur Sicherung des Lebensunterhalts errechnet werden, der auf ihn entfällt. Dies geschieht nach der sog. Bedarfsanteilmethode (Rn. 213). Dabei ist zu beachten, dass nach § 7 III Nr. 4 SGB II seit dem 1. 7. 2006 im elterlichen Haushalt lebende Kinder bis zur Vollendung des 25. Lebensjahres der Bedarfsgemeinschaft ihrer Eltern angehören, soweit sie die Leistungen zur Sicherung des Lebensunterhalts nicht aus eigenem Einkommen oder Vermögen beschaffen können (Rn. 181). Kindergeld ist in diesem Fall Einkommen des Kindes, soweit es zur Deckung von dessen Lebensunterhalt benötigt wird (§ 11 I 4 SGB II).

Bei der Berechnung des auf den Träger der Grundsicherung übergehenden Unterhaltsanspruchs des jeweiligen Mitglieds der Bedarfsgemeinschaft kommt es darauf an, wie die Zahlungen auf die Mitglieder verteilt würden, wenn der Schuldner den Unterhaltsanspruch rechtzeitig erfüllt hätte. Zur Berechnung der wegen Nichtzahlung des Unterhalts geleisteten Aufwendungen des Trägers ist die Bedarfsgemeinschaft so zu stellen, als ob die Zahlungen geleistet worden wären.[110]

240 Da der Träger der Grundsicherung (Rn. 230) die Höhe des auf ihn übergegangenen Unterhaltsanspruchs darzulegen hat, ist es seine Aufgabe, den Anteil der Leistungen zur Sicherung des Lebensunterhalts zu errechnen, der auf das unterhaltsberechtigte Mitglied der Bedarfsgemeinschaft entfällt. Diese Aufteilung gehört zur **Schlüssigkeit** des vom Leistungsträger verfolgten Unterhaltsantrags. Wenn der Bewilligungsbescheid eine solche Aufteilung bereits enthält, genügt eine Verweisung auf den Bescheid. Die Angabe der insgesamt auf die Bedarfsgemeinschaft entfallenden Leistungen zur Sicherung des Lebensunterhalts genügt jedenfalls nicht.

Eine Besonderheit stellt die Regelung in § 33 I 2 SGB II dar, die seit Anfang 2009 gilt. Danach findet der Anspruchsübergang auch statt, soweit Kinder unter Berücksichtigung von **Kindergeld** nach § 11 I 4 SGB II keine Leistungen empfangen haben und bei rechtzeitiger Leistung des Anderen keine oder geringere Leistungen an die Mitglieder der Haushaltsgemeinschaft erbracht worden wären. Demnach kann der Unterhaltsanspruch auch übergehen, wenn das unterhaltsberechtigte Kind selbst keine Leistungen der Grundsiche-

---

[108] OLG Celle FamRZ 2006, 1203; DH der Bundesagentur zu § 33 SGB II Nr. 33.6; Klinkhammer FamRZ 2006, 1171
[109] Löns/Herold-Tews SGB II § 33 Rn. 2
[110] DH der Bundesagentur zu § 33 SGB II Nr. 33.20

4. Abschnitt: Die Grundsicherung für Arbeitsuchende und Unterhalt   § 8

rung für Arbeitsuchende erhalten hat.[111] Der BGH hat hierzu entschieden, dass die Regelung nicht für Leistungen nach dem SGB II gilt, die vor Inkrafttreten der Neuregelung erbracht worden sind.[112]

c) Wohnkosten. § 33 SGB II sieht eine Kürzung des übergegangenen Anspruchs um 56% der Wohnkosten nicht vor. Nach §§ 94 I 6, 105 II SGB XII wird dagegen der gesetzliche Forderungsübergang in Höhe von 56% der Kosten für Unterkunft mit Ausnahme der Heizungs- und Warmwasserversorgung ausgeschlossen, weil der Leistungsempfänger neben der Sozialhilfe kein Wohngeld erhält. Vgl. Rn. 70. Auch neben dem Arbeitslosengeld II wird Wohngeld nicht gezahlt (§ 7 I 1 Nr. 1 WohngeldG). Außerdem enthält § 40 IV SGB II eine vergleichbare Ausnahme von der Erstattungspflicht wie § 105 II SGB XII. Gleichwohl enthält § 33 SGB II weder in seiner ursprünglichen noch in der seit dem 1. 1. 2006 geltenden Fassung eine dem Sozialhilferecht entsprechende Regelung zu den Wohnkosten. Es fragt sich, ob darin ein Redaktionsversehen liegt und deshalb eine analoge Anwendung des § 94 I 6 SGB XII angezeigt ist.[113] Da der Gesetzgeber bei Novellierung des § 33 SGB II durch das Fortentwicklungsgesetz (Rn. 172) Gelegenheit hatte, ein solches Versehen zu korrigieren, mag eine unbewusste Regelungslücke bezweifelt werden.[114] Allerdings ist bloßes Schweigen des Gesetzgebers für sich genommen noch nicht aussagekräftig, weil damit noch nicht gesagt ist, dass der Gesetzgeber sich des Problems bewusst war. In der Sache sprechen mehr Gründe für einen um **56% der Wohnkosten eingeschränkten Anspruchsübergang**, weil der Unterhaltspflichtige letztlich nicht schlechter gestellt werden darf als der Leistungsempfänger, der wegen anderer vorrangiger Leistungsverpflichteter die erbrachten Leistungen zu erstatten hat.[115]

d) Zeitliche Kongruenz von Unterhaltsanspruch und Arbeitslosengeld II. Nach dem Prinzip der Gleichzeitigkeit muss der Unterhaltsanspruch für die Zeit bestehen, in der Leistungen nach §§ 19 ff. SGB II erbracht werden. Insoweit kann auf die Ausführungen zum SGB XII (Rn. 71 ff.) verwiesen werden. Jedoch werden Leistungen zur Sicherung des Lebensunterhalts anders als Sozialhilfeleistungen nicht monatlich, sondern für die Dauer von sechs Monaten bewilligt, aber in gleich bleibenden monatlichen Raten ausgezahlt (§ 41 I 4 SGB II).[116]

e) Sachliche Kongruenz von Unterhaltsanspruch und Arbeitslosengeld II. Hier gelten die Ausführungen zur Sozialhilfe entsprechend; vgl. Rn. 74 ff. Zum Sonderfall der Kindergeldanrechnung s. Rn. 240.

f) Rechtmäßigkeit der Leistungsgewährung. Ob die Gewährung der Leistungen zur Sicherung des Lebensunterhalts dem geltenden Recht entsprechen muss, erscheint fraglich. Diese Frage dürfte wie bei der Sozialhilfe (Rn. 77) zu bejahen sein.[117] Zwar wird der Schuldner in der Regel ausreichend dadurch geschützt, dass er alle bürgerlich-rechtlichen Einwendungen gegen den übergegangenen Unterhaltsanspruch vorbringen und sich darauf berufen kann, dass die in § 33 SGB II normierten Voraussetzungen für den Anspruchsübergang nicht vorliegen. Da die Träger der Grundsicherung aber in die Prüfung der Hilfebedürftigkeit auch die Angehörigen der Bedarfsgemeinschaft einbeziehen müssen (§ 9 II SGB II; vgl. Rn. 213) und deren Bedarf sich auf die Hilfebedürftigkeit des Unterhaltsgläubigers auswirkt, lässt es sich m. E. nicht ausschließen, dass Rechtsfehler bei der Berechnung der Leistungen zur Sicherung des Lebensunterhalts zum Übergang eines Unterhaltsanspruchs führen, der bei Gewährung der Leistungen entsprechend den gesetzlichen Vor-

241

242

243

244

---

[111] Zum Hintergrund s. BGH FamRZ 2011, 197 Rn. 27
[112] BGH FamRZ 2011, 197 Rn. 28 ff.; vgl. DH der Bundesagentur zu § 33 SGB II Nr. 33.8 („Verschiebung von Kindergeld")
[113] Schnitzler/Günther MAH, 3. Aufl., § 12 Rn. 135 m.w.N.; Hußmann FPR 2007, 354, 358; dagegen i.E. OLG Celle FamRZ 2006, 1203; Münder in LPK/SGB II § 33 Rn. 17 (zur ursprünglichen Fassung des Gesetzes)
[114] So Scholz in der Vorauflage; vgl. auch Klinkhammer FamRZ 2006, 1171, 1172 f.
[115] Hußmann, FPR 2007, 354, 358 m.w.N.
[116] Conradis in LPK/SGB II § 41 Rn. 5, 7
[117] Ebenso DH der Bundesagentur zu § 33 SGB II Nr. 33.8; Münder in LPK/SGB II § 33 Rn. 17 (zur ursprünglichen Fassung des Gesetzes); vgl. BVerwG – 5 B 42/06, BeckRS 2006, 24493 (zum Unterhaltsvorschuss) sowie OVG Berlin-Brandenburg JAmt 2010, 395

schriften nicht auf die Träger der Grundsicherung übergehen würde. Dies kann sich auf die Rechtsstellung des Unterhaltsschuldners auswirken. Es ist Sache der Träger bzw. der gemeinsamen Einrichtung, etwaige Berechnungsfehler im Verwaltungsverfahren zu korrigieren und überzahlte Beträge, soweit zulässig, vom Hilfebedürftigen zurückzufordern.[118]

5. Unterhalt für die Vergangenheit

245   Der zuständige Träger der Grundsicherung kann sich auch für vergangene Zeiträume auf den Anspruchsübergang berufen. Voraussetzung ist, dass Unterhalt geschuldet war und gleichzeitig Leistungen zur Sicherung des Lebensunterhalts erbracht wurden. Notwendig ist allerdings, dass der Unterhalt für den in der Vergangenheit liegenden Zeitraum nach Unterhaltsrecht geltend gemacht werden kann. § 33 II 3 SGB II verwies in seiner ursprünglichen Fassung hinsichtlich des Unterhalts für die Vergangenheit nur auf § 1613 BGB. Eine Rechtswahrungsanzeige war nicht vorgesehen. Am 1. 8. 2006 hat der Gesetzgeber durch das Fortentwicklungsgesetz (Rn. 172) die Rechtswahrungsanzeige auch in das SGB II übernommen. § 33 III 1 SGB II entspricht nahezu wörtlich § 94 IV 1 SGB XII. Daher kann auf die Ausführungen Rn. 81 f. verwiesen werden.

246   § 33 SGB II n. F. erfasst nicht nur für Unterhaltsansprüche, die ab Inkrafttreten der geänderten Fassung, also ab 1. 8. 2006, entstehen, sondern auch Ansprüche, die vor diesem Tag entstanden sind. Dies hat der BGH[119] für die Einführung des gesetzlichen Anspruchsübergangs im Sozialhilferecht durch die Neufassung des § 91 BSHG im Jahre 1993[120] entschieden. Für den Wechsel von der Überleitung des Unterhaltsanspruchs durch Verwaltungsakt zur cessio legis im Rahmen des § 33 SGB II kann nichts anderes gelten.[121] Ein Anspruchsübergang für vergangene Zeiträume findet allerdings nur statt, wenn Unterhalt geschuldet war und gleichzeitig Leistungen zur Sicherung des Lebensunterhalts erbracht wurden. Eine Rückwirkung des Anspruchsübergangs kommt allenfalls **bis zum 1. 1. 2005** in Betracht, da die Grundsicherung für Arbeitsuchende erst an diesem Tage eingeführt worden ist. Zu beachten ist auch, dass in der Zeit bis zum 31. 7. 2006 dem Gesetz eine Rechtswahrungsanzeige unbekannt war und die Träger der Grundsicherung (Rn. 230) den Schuldner nur dann in Verzug setzen konnten, wenn sie zuvor den Unterhaltsanspruch auf sich übergeleitet hatten.

Etwas anderes gilt, wenn sich die frühere Rechtslage nicht nur durch die andere Regelungstechnik, sondern auch durch auf anderen Wertungen beruhende materielle Regelungen unterscheidet. Daher hat der BGH entschieden, dass § 33 I 2 SGB II in der seit Anfang 2009 geltenden Fassung, wonach ein Anspruch auch übergeht, soweit Kinder unter Berücksichtigung von Kindergeld keine Leistungen empfangen haben und bei rechtzeitiger Leistung des anderen keine oder geringere Leistungen an die Mitglieder der Haushaltsgemeinschaft erbracht worden wären, nicht auf Leistungen nach dem SGB II anwendbar ist, die vor Inkrafttreten der Neuregelung erbracht worden sind.[122]

247   Unterhalt für die Vergangenheit kann verjähren oder nach § 242 BGB wegen illoyal verspäteter Geltendmachung verwirkt sein; die Geltendmachung nachehelichen oder nachpartnerschaftlichen Unterhalts kann nach § 1585 b III BGB, § 16 S. 2 LPartG ausgeschlossen sein. Diese Vorschriften gelten nach dem Anspruchsübergang auch für die Träger der Grundsicherung (Rn. 230); sie müssen sich eigene Versäumnisse, aber auch solche des Unterhaltsgläubigers zurechnen lassen.[123] Auf die Hemmung der Verjährung während bestehender Ehe oder Lebenspartnerschaft oder während der Minderjährigkeit des Kindes

---

[118] Vgl. dazu DH der Bundesagentur zu § 33 SGB II Nr. 33.8
[119] FamRZ 1995, 871
[120] Gesetz zur Umsetzung des Föderalen Konsolidierungsprogramms vom 23. 6. 1993 (BGBl. I S. 944, 952), in Kraft seit dem 27. 6. 1993
[121] OLG Brandenburg FamRZ 2007, 2014; Klinkhammer FamRZ 2006, 1171, 1173; zu Schwierigkeiten in der Praxis: Hußmann FPR 2007, 354; offen lassend insoweit BGH FamRZ 2011, 197 Rn. 29 ff.
[122] BGH FamRZ 2011, 197 Rn. 28 ff.
[123] Vgl. BGH FamRZ 2002, 1698 = R 580 a mit Anm. Klinkhammer

4. Abschnitt: Die Grundsicherung für Arbeitsuchende und Unterhalt § 8

können sich die Träger der Grundsicherung gegenüber dem Unterhaltsschuldner nicht berufen (§ 207 BGB).[124] Vgl. dazu auch Rn. 274.

6. Vergleichsberechnung

Nach § 33 II 3 SGB II geht der Unterhaltsanspruch nur auf die Träger der Grundsicherung (Rn. 230) über, soweit das Einkommen und Vermögen der unterhaltsverpflichteten Person das nach §§ 11 bis 12 SGB II zu berücksichtigende Einkommen und Vermögen übersteigt. Dadurch soll erreicht werden, dass der Unterhaltspflichtige nicht schlechter steht als der Leistungsempfänger. Er darf **nicht selbst hilfebedürftig** sein und auch durch Unterhaltszahlungen nicht zum Empfänger von Leistungen zur Sicherung des Lebensunterhalts werden.[125] § 33 II 3 SGB II hat also denselben Inhalt wie § 94 III 1 Nr. 1 SGB XII (vgl. dazu Rn. 92ff.). Die Vorschrift ist jedoch unglücklich gefasst. Denn aus §§ 11 bis 12 SGB II ergibt sich nicht, welcher sozialrechtliche Selbstbehalt dem Unterhaltsschuldner verbleiben soll. Der Zweck der Vorschrift legt es aber nahe, dem Schuldner jedenfalls so viel zu belassen, wie er als Leistungen zur Sicherung des Lebensunterhalts nach §§ 19ff. SGB II erhalten könnte.[126] Verfügt der Schuldner (nur) über ein diesen Leistungen entsprechendes Einkommen oder Vermögen, ist sein sozialrechtlicher Bedarf gedeckt. Ein Übergang des Unterhaltsanspruchs kommt erst dann in Betracht, wenn der Pflichtige Einkommen oder Vermögen hat, das diesen Bedarf übersteigt. In diese Vergleichsberechnung darf nur Einkommen oder Vermögen eingestellt werden, das nach §§ 11 bis 12 SGB II berücksichtigt werden darf. Vgl. dazu Rn. 192ff., 199. Fiktive Einkünfte des Schuldners sind daher wie im Sozialhilferecht (Rn. 36) kein Einkommen in diesem Sinne.

248

Der zuständige Träger der Grundsicherung (Rn. 230) muss also zunächst feststellen, ob und ggf. in welcher Höhe der Unterhaltsschuldner Arbeitslosengeld II erhält oder erhalten könnte. Dem ist das zu berücksichtigende Einkommen und Vermögen gegenüberzustellen. Müsste der Unterhaltsschuldner das Einkommen oder das Vermögen nach §§ 11 bis 12 SGB II ganz oder teilweise nicht einsetzen, wenn er selbst hilfebedürftig wäre, muss es (insoweit) unberücksichtigt bleiben. Vom Einkommen des Schuldners sind in diesem Rahmen die in § 11b SGB II genannten Beträge, insbesondere die Freibeträge nach §§ 11b II 1, III SGB II (Rn. 194) abzusetzen. Erst wenn Einkommen und Vermögen, soweit zu berücksichtigen, die (möglichen) Leistungen zur Sicherung des Lebensunterhalts übersteigen, kommt ein Übergang des Unterhaltsanspruchs in Betracht.[127]

249

Beispiel 1:
Das bei seiner arbeitslosen, selbst nicht unterhaltsberechtigten Mutter M lebende 13-jährige Kind K erhält Sozialgeld. M bezieht das Kindergeld. Dem unterhaltspflichtigen Vater V wird Arbeitslosengeld II in Höhe von 800,– € gewährt. Er wird vom Familiengericht zu Kindesunterhalt von 426 – 92 = 334,– € nach der Düsseldorfer Tabelle ¹/₃ (Stand: 1. 1. 2011) verurteilt, weil ihm wegen Nichterfüllung seiner Erwerbsobliegenheit ein fiktives Einkommen von 1300,– € zugerechnet wird.

Der Unterhaltsanspruch geht nicht auf den Träger der Grundsicherung (vgl. Rn. 230) über, weil weder das fiktive Einkommen noch das Arbeitslosengeld II Einkommen im Sinne des SGB II sind.

Beispiel 2: Das bei seiner arbeitslosen, selbst nicht unterhaltsberechtigten Mutter M lebende 13 jährige Kind K erhält Sozialgeld. M bezieht das Kindergeld. Der 63-jährige unterhaltspflichtige Vater V verdient 1270,– € brutto = 950,– € netto und verfügt über Rücklagen von 10 000,– €. Seine Warmmiete beträgt 300,– €. V wird zu Kindesunterhalt von 426 – 92 = 334,– € verurteilt, weil er sein Vermögen zur Finanzierung des Kindesunterhalts einsetzen muss.

---

[124] BGH FamRZ 2006, 1665 = R 657 d
[125] Münder in LPK/SGB II § 33 Rn. 43; Klinkhammer FamRZ 2004, 1909, 1915; DH der Bundesagentur zu § 33 SGB II Nr. 33.32; DIJuF-Rechtsgutachten JAmt 2006, 506 mit Berechnungsbeispiel
[126] So die DH der Bundesagentur zu § 33 SGB II Nr. 33.32: vgl. dazu Klinkhammer FamRZ 2004, 1909, 1915
[127] Klinkhammer FamRZ 2004, 1909, 1915

§ 8   Unterhalt und Sozialleistungen

Ein Anspruchsübergang findet nicht statt, weil V unter Berücksichtigung der Freibeträge von insgesamt 307,– € (§§ 11 b II 1, III SGB II; Rn. 194) nur über ein einzusetzendes Einkommen von 643,– € verfügt und damit selbst ergänzendes Arbeitslosengeld II von 364 + 300 – 643 = 21,– € beziehen könnte. Das Vermögen übersteigt die Freibeträge von (63 × 150 =) 9450,– € und 750,– € nach § 12 II Nr. 1, 4 SGB II nicht. Der Höchstbetrag nach § 12 II 2 SGB II ist nicht erreicht.

250   Lebt der Unterhaltsschuldner mit anderen in einer **Bedarfsgemeinschaft,** muss er sein zu berücksichtigendes Einkommen und Vermögen nicht nur zur Deckung seines eigenen sozialrechtlichen Bedarfs einsetzen, sondern auch für den Bedarf der Mitglieder der Bedarfsgemeinschaft verwenden (§ 9 I, II 1 SGB II). Reichen Einkommen und Vermögen dafür nicht aus, gilt jede Person der Bedarfsgemeinschaft als hilfebedürftig, und zwar im Verhältnis des eigenen Bedarfs zum Gesamtbedarf (§ 9 II 3 SGB II; Rn. 213). Dies bedeutet, dass Einkommen und Vermögen der Mitglieder der Bedarfsgemeinschaft in die Vergleichsberechnung nach § 33 II 3 SGB II einzubeziehen sind.[128] Erst wenn der Gesamtbedarf gedeckt ist und noch weiteres nach §§ 11, 12 SGB II zu berücksichtigendes Einkommen und Vermögen verbleibt, kann der Unterhaltsanspruch des Gläubigers auf die Träger der Grundsicherung (Rn. 230) übergehen.

Beispiel:
Die geschiedene Ehefrau F1 verlangt von M Unterhalt. Sie ist wegen Krankheit nur eingeschränkt erwerbsfähig und verdient 400,– € netto. Sie erhält ergänzendes Arbeitslosengeld II von 420,– €. M lebt mit seiner erwerbsunfähigen Lebensgefährtin F2 und deren Kind K aus einer anderen Verbindung zusammen. Er verdient netto 1270,– € (vgl. Beispiel Rn. 223).
Nach Unterhaltsrecht beträgt das um berufsbedingte Aufwendungen bereinigte Einkommen des M 1206,– € (Anm. A 3 zur Düsseldorfer Tabelle Stand: 1. 1. 2011). Er schuldet F1 unter Berücksichtigung seines billigen Selbstbehalts von 1050,– € (Düsseldorfer Tabelle B IV) nur 156,– €. Der Unterhaltsanspruch der M geht nicht auf die Träger der Grundsicherung (Rn. 230) über. M ist (ohne Abzug des Unterhalts) selbst in Höhe von 153,– € hilfebedürftig, obwohl sein eigenes Einkommen seinen individuellen Bedarf decken würde.[129] Vgl. dazu die Berechnung im Beispiel 223. Unterhaltsansprüche von F2 und K bestehen nicht. Zur Gefahr der doppelten Befriedigung von M durch den Unterhalt von 156,– EUR einerseits und das gezahlte Arbeitslosengeld II andererseits vgl. Rn. 261.

7. Keine Härteregelung

251   Anders als § 94 III 1 Nr. 2 SGB XII sieht § 33 SGB II nicht vor, dass ein Anspruchsübergang bei unbilliger Härte nicht stattfindet.[130] Der Schuldner wird daher sozialrechtlich nur durch die Vergleichsberechnung (Rn. 248 ff.) geschützt.[131] Im Übrigen ergibt sich seine Haftungsgrenze aus den Selbstbehaltssätzen des Unterhaltsrechts, bei unverheirateten minderjährigen und privilegiert volljährigen Kindern aus dem notwendigen Selbstbehalt, bei den anderen Unterhaltsgläubigern aus dem jeweiligen angemessenen Selbstbehalt (§§ 1603 I, 1361, 1581, 1615l III 1 BGB, §§ 12, 16 LPartG). Zu Härtefällen wird es insbesondere kommen, wenn Eltern ihre eigenen volljährigen Kinder auf Unterhalt in Anspruch nehmen. Hier hat der BGH aber durch seine Rechtsprechung zum erhöhten angemessenen Selbstbehalt des volljährigen Kindes[132] und zur Anwendung des § 1611 III BGB[133] Vorsorge

---

[128] Schnitzler/Günther MAH § 12 Rn. 89 f., 139; vgl. Hußmann FPR 2007, 354, 356; Scholz FamRZ 2006, 1417, 1423; so auch früher DH der Bundesagentur zu § 33 SGB II Nr. 33.32, die allerdings inzwischen (Neufassung vom 17. 4. 2008) ihre Auffassung geändert hat und nunmehr auf den individuellen Bedarf des Unterhaltspflichtigen abstellt
[129] Bei einer individuellen Betrachtung nach DH der Bundesagentur zu § 33 SGB II Nr. 33.32 (n. F.) würde der Anspruch in vollem Umfang auf die Leistungsträger übergehen
[130] Vgl. Schnitzler/Günther MAH § 12 Rn. 140
[131] A. A. Hußmann FPR 2007, 354, 357, der sich für eine analoge Anwendung des § 94 III 1 SGB XII ausspricht; dafür spricht freilich die Parallele zum wegen Wohnkosten eingeschränkten Anspruchsübergangs Rn. 241; vgl. auch Klinkhammer FamRZ 2004, 1909, 1915
[132] BGH FamRZ 2002, 1698 = R 580 c; 2003, 1179 = R 592 e jeweils mit Anm. Klinkhammer FamRZ 2004, 366 = R 599 b, c; 2004, 370 = R 603 b jeweils mit Anm. Strohal FamRZ 2004, 441
[133] BGH FamRZ 2004, 1097 = R 610; 2004, 1559 = R 614

4. Abschnitt: Die Grundsicherung für Arbeitsuchende und Unterhalt § 8

getroffen, so dass unbillige Härten weitgehend vermieden werden. Eine alternativ erwogene Analogie zu § 94 III 1 Nr. 2 SGB XII wird zudem vielfach an der auf öffentliche Belange beschränkten Anwendung der Härteklausel scheitern, vgl. Rn. 90.

8. Laufende Zahlung des Unterhalts

Nach § 33 II 2 SGB II ist der Anspruchsübergang ausgeschlossen, soweit der Unterhaltsanspruch durch laufende Zahlung erfüllt wird.[134] Die Vorschrift deckt sich mit § 94 I 2 SGBXII, die vielfach für überflüssig gehalten wird.[135] M. E. soll diese Bestimmung dem Schuldner entsprechend der Rechtsprechung des BGH[136] die Möglichkeit geben, jederzeit wieder mit laufenden Unterhaltszahlungen zu beginnen und damit die Grundsicherung entbehrlich zu machen.[137] Vgl. dazu im Einzelnen Rn. 84. 252

9. Geltendmachung des übergegangenen Anspruchs

Nach Übergang des Unterhaltsanspruchs stehen die gemeinsame Einrichtung, handelnd in Wahrnehmungszuständigkeit für die Träger der Grundsicherung, oder ausnahmsweise die Optionskommune (Rn. 230), jeweils vereinfachend auch Jobcenter genannt (§ 6 d SGB II), dem Schuldner als Gläubiger gegenüber. Daher ist es grundsätzlich ihre Aufgabe, den Anspruch für die zurückliegende Zeit geltend zu machen. Daneben können sie bis zur Höhe der bisherigen monatlichen Aufwendungen **Unterhaltsantrag auf künftige Leistung** stellen, wenn die Leistungen zur Sicherung des Lebensunterhalts voraussichtlich für längere Zeit erbracht werden müssen (§ 33 III 2 SGB II). Zur Titulierung in diesem Fall Rn. 275. Zur Rechtsstellung, insbesondere zur Parteifähigkeit der gemeinsamen Einrichtung vgl. Rn. 176, 230. 253

Geht der Unterhaltsanspruch während eines laufenden Unterhaltsverfahrens auf die Träger der Grundsicherung (Rn. 230) über, weil nunmehr Arbeitslosengeld II gewährt wird, bleibt der Anspruchsübergang grundsätzlich unberücksichtigt. Jedoch muss der Antrag umgestellt und entsprechend §§ 113 I 2 FamFG, 265 II ZPO beantragt werden, dass der Unterhalt, der bis zur letzten mündlichen Verhandlung des Unterhaltsverfahrens fällig geworden ist, an die Träger der Grundsicherung, in der Regel an die für diese handelnde gemeinsame Einrichtung, zu zahlen ist. Dies gilt natürlich nur, soweit Leistungen zur Sicherung des Lebensunterhalts erbracht worden sind. Eine Umstellung des Antrags ist in der Regel entbehrlich, wenn die Träger der Grundsicherung den Unterhaltsanspruch an den Unterhaltsgläubiger zurückübertragen haben (Rn. 255). Insoweit ergibt sich – auch zum Kostenvorschuss – dieselbe Problematik wie im Sozialhilferecht. Darauf kann verwiesen werden. Vgl. Rn. 107 ff. 254

10. Rückübertragung und erneute Abtretung des Unterhaltsanspruchs

Nach § 33 IV 1 SGB II besteht seit dem 1. 8. 2006 für die Träger der Grundsicherung (Rn. 230) die Möglichkeit, den auf sie übergegangenen Unterhaltsanspruch im Einvernehmen mit dem Empfänger der Leistungen, der zugleich Unterhaltsgläubiger ist, auf diesen zur gerichtlichen Geltendmachung zurückzuübertragen; ferner können sie sich den vom Leistungsempfänger geltend gemachten Anspruch wieder abtreten lassen. Die Formulierung des § 33 IV 1 SGB II entspricht fast wörtlich derjenigen des § 94 V SGB XII. Daher kann – auch zur Kostenvorschusspflicht des Sozialleistungsträgers – auf die Erläuterungen zu dieser Vorschrift Bezug genommen werden. Vgl. Rn. 111 bis 119. 255

---

[134] Vgl. dazu das Beispiel in den DH der Bundesagentur zu § 33 SGB II Nr. 33.31
[135] Schellhorn § 94 SGB XII Rn. 59; Wolf in Fichtner/Wenzel § 94 SGBXII Rn. 34
[136] FamRZ 1982, 23, 25
[137] Ebenso Hußmann FPR 2007, 354, 356

VI. Rechtslage bei Ausschluss des Anspruchsübergangs

1. Geltendmachung des Unterhaltsanspruchs durch die Träger der Grundsicherung

256 Der Anspruchsübergang ist nach § 33 II SGB II in verschiedenen Fällen **ausgeschlossen,** insbesondere
– bei Unterhaltsansprüchen eines volljährigen Kindes, das die Berufsausbildung abgeschlossen oder das 25. Lebensjahr vollendet, den Unterhaltsanspruch aber nicht geltend gemacht hat (Rn. 234),
– bei Unterhaltsansprüchen einer Schwangeren oder eines erwachsenen Kindes, das ein leibliches Kind bis zur Vollendung des 6. Lebensjahres betreut, gegen die Eltern (Rn. 236),
– wenn der Unterhaltsberechtigte mit dem Verpflichteten in einer Bedarfsgemeinschaft zusammenlebt (Rn. 179, 236),
– wenn und soweit die Vergleichsberechnung (Rn. 248) eine geringere Leistungsfähigkeit als nach Unterhaltsrecht ergibt.

Ist der Anspruchsübergang ausgeschlossen, verbleibt der Unterhaltsanspruch beim Gläubiger. Bei teilweisem Anspruchsübergang (Rn. 257) können die Träger der Grundsicherung (Rn. 230) nur den restlichen (übergegangenen) Teil des Unterhaltsanspruchs gegen den Schuldner geltend machen. Für den Bedarf von Mitgliedern der Bedarfsgemeinschaft kann der Pflichtige von den Sozialleistungsträgern nicht nach Zivilrecht herangezogen werden, da Einkommen und Vermögen der gesamten Bedarfsgemeinschaft bereits bei Ermittlung der Hilfebedürftigkeit berücksichtigt werden (§ 9 II SGB II; Rn. 179 ff.). Bei Erfüllung des Unterhaltsanspruchs durch laufende Zahlung geht es weniger um den Anspruchsübergang als um die Frage, inwieweit der Schuldner mit befreiender Wirkung an den Unterhaltsgläubiger zahlen kann (Rn. 252).

257 Ein teilweiser Anspruchsübergang kommt vor allem in Betracht, wenn die Leistungen zur Sicherung des Lebensunterhalts nicht die Höhe des Unterhaltsanspruchs erreichen oder wenn die Vergleichsberechnung dazu führt, dass der Schuldner nach sozialrechtlichen Grundsätzen nur zum Teil leistungsfähig ist. Dies kann z. B. der Fall sein, wenn die Träger der Grundsicherung Einkommen nur nach Abzug der hohen Freibeträge der §§ 11 II 1, III SGB II (Rn. 194) berücksichtigen, während im Unterhaltsrecht von höheren Einkünften ausgegangen wird. Dann kann es sich ergeben, dass der Unterhaltsgläubiger Leistungen zur Sicherung des Lebensunterhalts bezieht und daneben den Unterhaltsanspruch ganz oder teilweise behält. Zu den sich daraus ergebenden Problemen vgl. Rn. 261.

258 Besondere Schwierigkeiten ergeben sich, wenn der Unterhaltsgläubiger oder der Unterhaltsschuldner in einer Bedarfsgemeinschaft leben. Dann ist nach § 9 II SGB II das Einkommen und Vermögen aller Mitglieder dem Gesamtbedarf gegenüberzustellen. Ist der Gesamtbedarf nicht gedeckt, sind alle Mitglieder anteilig hilfebedürftig (§ 9 II 3 SGB II; Rn. 213, 223, 239 f.). Dies führt dazu, dass der Unterhaltsanspruch des Leistungsempfängers nicht oder nicht in voller Höhe auf die Träger der Grundsicherung (Rn. 230) übergeht. Dasselbe gilt, wenn der Pflichtige durch Erfüllung des Unterhaltsanspruchs selbst hilfebedürftig würde. Vgl. dazu § 11 b I 1 Nr. 7 SGB II und Rn. 259.

Soweit der Unterhaltsanspruch nicht auf den Träger übergeht, bleibt er beim Unterhaltsberechtigten. Daraus kann sich die Gefahr einer doppelten Befriedigung des Berechtigten ergeben. Vgl. Rn. 261[138]

259 Wird der Unterhaltsverpflichtete rechtskräftig zur Zahlung von Unterhalt verurteilt oder verpflichtet er sich dazu in einer vollstreckbaren Urkunde, mindert sich sein sozialrechtlich zu berücksichtigendes Einkommen um den titulierten Betrag (§ 11 b 1 Nr. 7 SGB II S 1; Rn. 197, 224). Ist dadurch der Gesamtbedarf der Bedarfsgemeinschaft nicht mehr gedeckt, muss der Fehlbetrag durch zusätzliche Leistungen zur Sicherung des Lebensunterhalts aufgefangen werden. Damit stehen Sozialrecht und Unterhaltsrecht aber nicht im Wider-

---

[138] Vgl. auch das ausführliche Berechnungsbeispiel in der Vorauflage.

spruch, weil die Wertungen beider Rechtsgebiete (individuelle und abgestufte zivilrechtliche Unterhaltsverantwortung und zusammenfassende Betrachtungsweise des Sozialrechts) zur Geltung kommen.[139] Das die Wertungen mitunter unterschiedlich sind, ist hinzunehmen, eine Angleichung ist dem Gesetzgeber vorbehalten.

Die Träger der Grundsicherung (Rn. 230) müssen **darlegen und beweisen,** dass der Unterhaltsanspruch (ganz oder teilweise) auf sie übergegangen ist. Auch hinsichtlich der sozialrechtlichen Leistungsfähigkeit des Unterhaltspflichtigen trifft die Darlegungs- und Beweislast den Träger. Denn nach § 33 II 3 SGB II geht der Anspruch nur über, soweit das Einkommen und Vermögen des Schuldners das nach §§ 11 bis 12 SGB II zu berücksichtigende Vermögen übersteigt (zum Verständnis dieser Gesetzesformulierung vgl. Rn. 248). Dies ist eine Voraussetzung des Anspruchsübergangs, die nach allgemeinen Grundsätzen der Gläubiger zu beweisen hat. Eine Regelung, wie sie sich bei der Sozialhilfe in § 94 III 2 SGB XII findet (vgl. dazu Rn. 125), ist dem Recht der Grundsicherung für Arbeitsuchende fremd. 260

2. Geltendmachung des Unterhaltsanspruchs durch den Leistungsempfänger

Wenn der Übergang des Unterhaltsanspruchs auf die Träger der Grundsicherung ausgeschlossen ist, bleibt der Gläubiger Anspruchsinhaber. Eine Rückabtretung geht ins Leere. Der Gläubiger behält die gewährten Leistungen zur Sicherung des Lebensunterhalts und kann gleichwohl, soweit die Voraussetzungen des § 1613 I BGB vorliegen, rückständigen Unterhalt gegen den Pflichtigen geltend machen. Da die Leistungen der Grundsicherung in aller Regel nicht erstattet werden müssen, besteht die Gefahr, dass der **Bedarf** des Gläubigers **doppelt gedeckt** wird, einmal durch die Leistungen zur Sicherung des Lebensunterhalts, zum anderen durch den realisierten Unterhalt. Für die Zukunft gilt dasselbe, wenn weiter Grundsicherung gewährt wird und der Schuldner den Unterhalt nicht zahlt. Der BGH[140] hat im Sozialhilferecht (vgl. Rn. 126 ff.) für solche Fälle an der Subsidiarität der Sozialhilfe festgehalten und die Hilfe zum Lebensunterhalt als bedarfsdeckendes Einkommen angesehen. Er hält es allerdings für möglich, in Ausnahmefällen dem Unterhaltsanspruch mit dem Einwand der unzulässigen Rechtsausübung zu begegnen. Dies gilt allerdings nur für die **Vergangenheit,** also die Zeit vor Rechtshängigkeit der Unterhaltsklage, und nur dann, wenn andernfalls für den Schuldner die Gefahr bestünde, mit derartig hohen Forderungen aus der Vergangenheit belastet zu werden, dass es ihm voraussichtlich auf Dauer unmöglich gemacht würde, die Unterhaltsrückstände zu tilgen und daneben seinen laufenden Verpflichtungen nachzukommen.[141] Meines Erachtens können diese zu § 91 BSHG entwickelten Grundsätze auf das SGB II übertragen werden. Dies führt dazu, dass der Unterhaltspflichtige ab Rechtshängigkeit des Unterhaltsanspruchs mit dem Einwand der unzulässigen Rechtsausübung nicht gehört wird. Lediglich wenn aus der davor liegenden Zeit beachtliche Rückstände offen stehen und wenn deren Zahlung neben dem laufenden Unterhalt sein Existenzminimum nachhaltig gefährden würde, kann erwogen werden, die Leistungen zur Sicherung des Lebensunterhalts gemäß § 242 BGB quasi als bedarfsdeckend zu behandeln. Dass dem Ausschluss des Anspruchsübergangs ein bestimmter Förderungszweck zugrunde liegt, der auch dem Unterhaltspflichtigen zugute kommt, dürfte im Rahmen von § 33 SGB II im Gegensatz zum Sozialhilferecht (vgl. Rn. 127 f.) weniger relevant sein. Vielmehr zeigt etwa der Anspruchsausschluss nach § 33 II 1 Nr. 2 SGB II, dass die Sozialleistung nicht ohne weiteres dem Unterhaltspflichtigen zugute kommen soll, weil es im Belieben des Unterhaltsberechtigten steht, ob er den Anspruch geltend macht oder nicht. 261

---

[139] Vgl. dazu auch BSG – B 4 AS 78/10 R, BeckRS 2011, 69454
[140] FamRZ 1999, 843 = R 533
[141] BGH FamRZ 1999, 843, 847 = R 533 c (zu § 91 BSHG)

5. Abschnitt: Unterhaltsvorschuss und Unterhalt

I. Die Voraussetzungen des Unterhaltsvorschusses

262 Der Unterhaltsvorschuss ist eine Sozialleistung[1] zur Unterstützung von Familien, in denen ein alleinstehender Elternteil mit einem oder mehreren Kindern zusammenlebt. Er steht dem **Kind,** nicht dem betreuenden Elternteil zu. Die Leistung erhält ein Kind bis zum Alter von 12 Jahren,
– wenn es im Inland bei einem allein erziehenden Elternteil lebt, der ledig, verwitwet, geschieden ist oder von seinem Ehegatten oder Lebenspartner dauernd getrennt lebt,
– wenn der andere Elternteil seine Unterhaltspflicht nicht oder nicht regelmäßig durch Vorausleistung erfüllt oder wenn er oder ein Stiefelternteil verstorben ist und das Kind nicht Waisengeld mindestens in Höhe des Unterhaltsvorschusses bezieht (§ 1 I, IV 1 UVG).

263 Beim **Getrenntleben** verweist § 1 II 1 UVG zunächst auf die Voraussetzungen des § 1567 BGB; Getrenntleben im Sinne des UVG liegt auch vor, wenn der Ehegatte oder Lebenspartner des betreuenden Elternteils wenigstens sechs Monate in einer Anstalt untergebracht ist. Nach Auffassung des OVG Münster[2] sollen Eltern getrennt leben, wenn sie zwar die eheliche Lebensgemeinschaft aufnehmen wollen, ein Elternteil aber wegen eines Einreiseverbots nicht nach Deutschland kommen kann. Anspruch auf Unterhaltsvorschuss besteht auch dann, wenn der betreuende Elternteil von seinem Lebenspartner getrennt lebt, wie seit dem 1. 1. 2008 in § 1 I Nr. 2 UVG[3] ausdrücklich bestimmt wird.

264 Unterhaltsvorschuss wird nach § 1 I Nr. 2 UVG nicht gewährt, wenn der betreuende Elternteil **wiederverheiratet** ist und mit dem neuen Ehegatten zusammenlebt, da sich der Ehegatte in aller Regel wenigstens an der Betreuung und Erziehung des Kindes beteiligt. Diese Regelung entspricht der Verfassung.[4] Das Zusammenleben eines Elternteils mit einem Lebenspartner schließt gleichfalls einen Anspruch des Kindes auf Unterhaltsvorschuss aus.[5] Ein Anspruch besteht ebenfalls nicht, wenn der betreuende Elternteil mit dem anderen Elternteil in nichtehelicher Gemeinschaft zusammenlebt, wenn er sich weigert, die zur Durchführung des Gesetzes erforderlichen Auskünfte nach § 6 UVG zu erteilen, oder wenn er es ablehnt, bei der Feststellung der Vaterschaft oder des Aufenthalts des anderen Elternteils mitzuwirken (§ 1 III UVG). Das VG Frankfurt hat einen Anspruch überdies bei anonymer Samenspende versagt, dies allerdings nicht aus § 1 III UVG, sondern aus § 2 UVG begründet, weil es an einem planwidrigen Ausbleiben der väterlichen Unterhaltsleistung fehle.[6]

265 Das Kind muss mit dem betreuenden Elternteil in der Bundesrepublik leben (§ 1 I Nr. 2 UVG). Bei Ausländern genügt ein gesicherter Aufenthaltsstatus (§ 1 II a 1 UVG). Auf die Staatsangehörigkeit kommt es grundsätzlich nicht an. Jedoch besteht ein Anspruch auf Unterhaltsvorschuss bei nicht freizügigkeitsberechtigten Ausländern nur unter bestimmten Bedingungen (§ 1 II a UVG). Unterhaltsvorschuss ist eine Familienleistung im Sinne des Art. 4 I h der VO (EWG) Nr. 1408/71.[7]

266 Unterhaltsvorschuss wird vom letzten Monat vor der Antragstellung an für längstens 72 Monate gezahlt (§ 3 UVG). Bis zum 31. 12. 2007 wurde Unterhaltsvorschuss gemäß § 2 I, II UVG in Höhe der für Kinder der Ersten und zweiten Altersstufe jeweils geltenden Regelbeträge abzüglich der Hälfte des Erstkindergeldes von 154,– EUR gewährt (vgl. die 6. Auflage Rn. 6/575). Der Unterhaltsvorschuss belief sich daher im alten Bundesgebiet bei

---

[1] BGH FamRZ 2001, 619, 621
[2] NJW 2002, 3564
[3] I. d. F. des Ersten Gesetzes zur Änderung des UVG vom 21. 12. 2007 – BGBl. I S. 3194
[4] BVerwG FamRZ 2001, 1452 mit krit. Anm. Muscheler FamRZ 2006, 121
[5] BVerwG FamRZ 2005, 1742 mit krit. Anm. Muscheler FamRZ 2006, 121
[6] VG Frankfurt – 3 K 4145/10.F, BeckRS 2011, 49782
[7] EuGH FamRZ 2002, 449

einem Kind bis zum vollendeten 6. Lebensjahr auf (202–77 =) 125,– EUR bei einem Kind bis zum vollendeten 12. Lebensjahr auf (245–77 =) 168,– EUR. Im Beitrittsgebiet wurden 109,– EUR bzw. 149,– EUR gezahlt. Da die Ersetzung der Regelbeträge durch den Mindestunterhalt (§ 1612 a I BGB i. d. F. des UÄndG; dazu Rn. 2/223) nicht zu niedrigeren Leistungen führen sollte, betrug der Unterhaltsvorschuss ab 1. 1. 2008 im gesamten Bundesgebiet für ein Kind bis zum vollendeten 6. Lebensjahr 279,– EUR und bis zum vollendeten 12. Lebensjahr 322,– EUR. Diese Beträge finden sich auch noch in der aktuellen Gesetzesfassung wieder, sind inzwischen aber bedeutungslos geworden.

Denn inzwischen sind die Mindestbeträge, insbesondere durch die Erhöhung des Kinderfreibetrags zum 1. 1. 2010, von der Gesetzesentwicklung überholt. Aktuell beträgt der Mindestunterhalt (Mindestbedarf) für bis fünfjährige Kinder 317,– EUR und für 6 bis 11jährige Kinder 364,– EUR. Anzurechnen ist das volle Kindergeld von 184,– EUR, sodass sich **Zahlbeträge von 133,– EUR bzw. 180,– EUR** ergeben (vgl. § 2 I, II UVG).[8]

Auf das höhere Kindergeld bei vier und mehr Kindern kommt es nicht an.

Auf die Vorschussleistungen werden **nur bestimmte** im selben Monat erzielte **Einkünfte** angerechnet, und zwar Unterhaltszahlungen des nicht betreuenden Elternteils, Waisenbezüge und Schadensersatzansprüche wegen des Todes dieses Elternteils (§ 2 III UVG). Auf sonstige Einkünfte des Kindes kommt es nicht an, mögen sie auch unterhaltsrechtlich Einkommen darstellen, wie z. B. ein Wohnvorteil. Die Tilgung von Schulden für ein Eigenheim, in dem das Kind mietfrei wohnt, ist keine Unterhaltszahlung im Sinne des § 2 III Nr. 1 UVG.[9] Vermögen des Kindes wird nicht angerechnet; das Gleiche gilt für Zinsen. Einkommen und Vermögen des betreuenden Elternteils und sonstiger unterhaltspflichtiger Verwandter, insbesondere der Großeltern, bleiben außer Betracht.[10] Im Gegenteil muss sich das Enkelkind den Unterhaltsvorschuss als Einkommen anrechnen lassen, wenn es seine Großeltern auf Unterhalt in Anspruch nehmen will.[11] Unterhaltsvorschuss wird daher auch gezahlt, wenn der betreuende Elternteil über ein gutes Einkommen verfügt und trotz Leistungsunfähigkeit des Barunterhaltspflichtigen den Kindesunterhalt ohne weiteres aufbringen kann. 267

Der Unterhaltsvorschuss wird zu einem Drittel vom Bund, im Übrigen von den Ländern getragen (§ 8 I 1 UVG). Die Länder können die Gemeinden in angemessenem Umfang an den Kosten beteiligen (§ 8 I 2 UVG). Sie bedienen sich mit Ausnahme der Stadtstaaten zur Ausführung des Gesetzes vielfach der Kreise und größeren Städte. 268

Für öffentlich-rechtliche Streitigkeiten nach dem UVG ist der **Verwaltungsrechtsweg** gegeben, während entsprechende Prozesse nach dem SGB II und dem SGB XII vor den Sozialgerichten zu führen sind (§ 51 Nr. 4a, 6a SGG). Der nach § 7 I 1 UVG übergegangene Unterhaltsanspruch ist dagegen vor den **Familiengerichten** geltend zu machen. 269

II. Anspruchsübergang

Nach § 7 I 1 UVG **geht der Unterhaltsanspruch** des Kindes gegen den pflichtigen Elternteil, bei dem es nicht lebt, zusammen mit dem unterhaltsrechtlichen Auskunftsanspruch auf das Land über. Der Übergang von Unterhaltsansprüchen gegen sonstige Verwandte, insbesondere die Großeltern (vgl. auch Rn. 267), ist nicht vorgesehen. Für die Vergangenheit kann der pflichtige Elternteil von dem Zeitpunkt an in Anspruch genommen werden, in dem die Voraussetzungen des § 1613 BGB vorgelegen haben oder der pflichtige Elternteil von dem Antrag auf Unterhaltsleistung Kenntnis erhalten hat und über die Möglichkeit der Inanspruchnahme belehrt worden ist (§ 7 II UVG). 270

---

[8] In der Fassung des Gesetzes vom 21. 12. 2007 – BGBl. I S. 3194
[9] BVerwG NJW 2005, 2027
[10] R. Scholz, UVG, § 2 Rn. 11
[11] OLG Dresden FamRZ 2006, 569

§ 8   Unterhalt und Sozialleistungen

271   Besondere **Schuldnerschutzvorschriften** wie § 94 III 1 Nr. 1 SGB XII, § 33 II 3 SGB II enthält das UVG **nicht**. Da keine Regelungslücke vorliege, findet nach Auffassung des BGH[12] eine öffentlich-rechtliche Vergleichsberechnung nicht statt. Vgl. dazu Rn. 92 ff., 248 ff. Demgemäß geht auch ein Unterhaltsanspruch, der auf fiktivem Einkommen des Schuldners beruht, auf das Land (Unterhaltsvorschusskasse) über. Scholz hat diese Auffassung in der Vorauflage im Ergebnis aus verfassungsrechtlichen Gründen in Frage gestellt. Sie lässt sich allerdings damit rechtfertigen, dass das UVG mangels besonderer Schutzvorschriften insoweit der unterhaltsrechtlichen Sichtweise folgt, nach welcher es nicht auf die erzielten Einkünfte ankommt, sondern auf das, was der Unterhaltspflichtige zu erzielen verpflichtet und imstande ist. Da auf die tatsächlich bestehende Leistungsfähigkeit (= Erwerbsfähigkeit und Erwerbsmöglichkeit) abgestellt wird, liegt auch kein Eingriff in das verfassungsrechtlich garantierte Existenzminimum vor.[13] Dass dem Unterhaltspflichtigen nicht im Wege der Vollstreckung das Lebensnotwendige genommen werden darf, wird durch die Schutzvorschriften des Vollstreckungsrechts gewährleistet.

272   Der übergegangene Unterhaltsanspruch unterliegt der dreijährigen **Verjährungsfrist** (§§ 195, 197 II BGB). Die Frist ist während der Minderjährigkeit des Kindes nicht nach § 207 I 2 Nr. 2 BGB gehemmt. Diese Vorschrift greift nicht ein, wenn der Unterhaltsanspruch auf einen Dritten übergegangen ist.[14] Zur Hemmung der Verjährung nach Rückabtretung des Unterhaltsanspruchs an das Kind vgl. Rn. 274.

273   Endet die Zahlung des Unterhaltsvorschusses und kann der Schuldner neben dem laufenden Unterhalt Zahlungen auf den rückständigen und auf das Land übergegangen Unterhaltsanspruch nicht leisten, hat der Anspruch des Unterhaltsberechtigten auf den **laufenden Unterhalt** Vorrang (§ 7 III 2 UVG). Dieser Vorrang hindert allerdings eine Verurteilung zu rückständigem Unterhalt nicht. Jedoch ist das Urteil – tunlichst im Tenor – mit dem Vorbehalt zu versehen, dass aus ihm nur vollstreckt werden darf, wenn und soweit der Unterhaltsgläubiger bei der Durchsetzung seiner Unterhaltsforderung nicht benachteiligt werden darf. § 7 III 2 UVG ist nicht erst in der Zwangsvollstreckung zu beachten.[15]

274   Seit dem 1. 7. 1998 sieht § 7 IV 2 UVG wie § 94 V 1 SGB XII und § 33 IV 1 SGB II eine **Rückabtretung** des kraft Gesetzes auf das Land übergegangenen Unterhaltsanspruchs an das Kind vor. Die Vorschrift gilt bei einer vor dem 1. 7. 1998 vorgenommenen Rückabtretung entsprechend.[16] Ebenso kann sich das Land den geltend gemachten Unterhaltsanspruch wieder abtreten lassen (§ 7 IV 2 UVG). Auf die Ausführungen zu § 94 SGB XII kann verwiesen werden (Rn. 111 ff.). Einziehungsermächtigung und Prozessstandschaft sind auch hier wegen Verstoßes gegen § 32 SGB I nichtig.[17] Die Vertretungsmacht des Elternteils, in dessen Obhut sich das Kind befindet (§ 1629 II 2 BGB), deckt auch den Abschluss einer Rückabtretungsvereinbarung zwischen dem Kind und dem Land, da § 7 IV 2 UVG andernfalls weitgehend gegenstandslos würde.[18]

Die Rückabtretung bewirkt zwar, dass das Kind wieder Gläubiger des Unterhaltsanspruchs ist, macht aber den einmal eingetretenen gesetzlichen Forderungsübergang nicht ungeschehen. Dies ist insbesondere bei der Verjährung von Bedeutung. Infolge des Anspruchsübergangs entfällt die Hemmung der Verjährung nach § 207 I 2 Nr. 2 BGB,[19] sodass nunmehr die Verjährungsfrist beginnt. Wird der Unterhaltsanspruch erst nach Vollendung der Verjährung an das Kind rückabgetreten, bleibt es bei der einmal eingetretenen Verjährung. Erfolgt die Rückabtretung vor Eintritt der Verjährung, wird die Frist für das Kind nicht wieder gehemmt. Denn der Unterhaltsanspruch dient dazu, dass das Land beim Schuldner wegen des geleisteten Vorschusses Regress nehmen kann. Daran ändert die

---

[12] FamRZ 2001, 619, 621 = R 548
[13] BVerfGE 68, 256 = FamRZ 1985, 43; BVerfG, FamRZ 2010, 793; FamRZ 2010, 183; FamRZ 2008, 1145
[14] BGH FamRZ 2006, 1665 = R 657 d
[15] BGH FamRZ 2006, 1665 = R 657 a, b
[16] BGH FamRZ 2000, 221
[17] BGH FamRZ 1996, 1203, 1205; FamRZ 1996, 1207
[18] A. A. zu Unrecht AG Lüdenscheid FamRZ 2002, 1207; Palandt/Diederichsen § 1629 Rn. 30
[19] BGH FamRZ 2006, 1664, 1666 = R 657 d

5. Abschnitt: Unterhaltsvorschuss und Unterhalt § 8

Rückabtretung nichts. Vielmehr hat das Kind Beträge, die der Schuldner auf den (rückständigen) Unterhalt gezahlt hat, an die Unterhaltsvorschusskasse abzuführen (§ 667 BGB; vgl. Rn. 114), soweit diese Vorschusszahlungen erbracht hat. Das Kind benötigt deshalb den Schutz durch die Hemmung der Verjährung während seiner Minderjährigkeit nicht mehr. Für die Zukunft, also für die Zeit nach Einstellung der Vorschusszahlungen, z.B. wegen Ablaufs der Förderungsdauer von 72 Monaten oder wegen Vollendung des 12. Lebensjahres (Rn. 262, 266), kann nur das Kind den Unterhaltsanspruch geltend machen. Insoweit bleibt es bei der Hemmung der Verjährung während der Minderjährigkeit des Kindes (§ 207 I 2 Nr. 2 BGB).

Wenn voraussichtlich auf längere Zeit Unterhaltsvorschuss gewährt werden muss **275** (§ 7 IV 1 UVG), kann das Land auch die **künftige Leistung** geltend machen. Der Titel muss und soll nicht die Einschränkung erhalten, dass die Zahlung von künftigen Unterhaltsvorschusszahlungen abhängig ist (vgl. Rn. 121).[20] Denn in diesem Fall müsste im Vollstreckungsverfahren für die Klauselerteilung stets der Eintritt der Bedingung nach §§ 120 FamFG, 726 ZPO nachgewiesen werden.[21] Die Verpflichtung ist vielmehr – entsprechend der regelmäßigen Unterhaltsverpflichtung, die ebenfalls nicht unter der Bedingung künftiger Bedürftigkeit, Leistungsfähigkeit, Nichterfüllung etc. tituliert wird – allgemein, d.h. als unbedingter Zahlungstitel, auszusprechen. Dass der Sozialleistungsträger in diesen Fällen als Legalzessionar auf künftige Leistung klagen kann, beruht auf der ausdrücklichen gesetzlichen Bestimmung. Anderenfalls müsste der Sozialleistungsträger Monat für Monat eine erneute Klauselerteilung beantragen.

Auch das vereinfachte Verfahren ist zulässig (§ 250 I Nr. 11, 12 FamFG). Der künftige Unterhalt kann als Prozentsatz des jeweiligen Mindestunterhalts geltend gemacht werden[22] (§ 1612a BGB; vgl. Rn. 2/358 ff.). Im vereinfachten Verfahren können Zinsen nach § 288 BGB für bereits fällige Ansprüche geltend gemacht werden, nicht aber Prozesszinsen nach § 291 BGB.[23] Wird die Zahlung des Unterhaltsvorschusses eingestellt, kann dem unterhaltsberechtigten Kind für den vom Land erwirkten Vollstreckungstitel eine Rechtsnachfolgeklausel erteilt werden.[24] Dem Land kann als Rechtsnachfolger des Kindes gemäß §§ 120 I FamFG, 727 I ZPO (hinsichtlich künftiger Zahlungen analog) die Vollstreckungsklausel erteilt werden, wenn das Kind vor Aufnahme der Vorschusszahlungen einen Vollstreckungstitel über Unterhalt erwirkt hat. Dies gilt in analoger Anwendung dieser Vorschrift auch dann, wenn in dem Verfahren der Elternteil, in dessen Obhut sich das Kind befindet, als Prozess- bzw. Verfahrensstandschafter (§ 1629 III 1 BGB) aufgetreten ist und wenn es sich bei dem Titel um eine einstweilige Anordnung handelt.[25]

III. Verhältnis von Sozialhilfe und Grundsicherung für Arbeitsuchende zum Unterhaltsvorschuss

Sozialhilfe wird nicht gewährt, soweit Unterhaltsvorschuss gezahlt wird (§ 2 II 1 **276** SGB XII). Jedoch übersteigt der Anspruch des Kindes auf Sozialhilfe in aller Regel den Unterhaltsvorschuss von 133,– bzw. 180,– EUR (Rn. 266). Daher geht der Unterhaltsanspruch in Höhe des Unterhaltsvorschusses auf das Land, in Höhe der Sozialhilfe auf den Sozialhilfeträger über. Ein etwaiger Restanspruch verbleibt dem unterhaltsberechtigten Kind. Ist der Schuldner nur teilweise leistungsfähig, geht der auf das Land übergegangene

---

[20] Anders BGH FamRZ 2008, 1428 und OLG Schleswig MDR 2010, 752 juris Rn. 15 f.; anders noch OLG Schleswig – 15 WF 136/07, BeckRS 2008, 07383
[21] Vgl. OLG Schleswig MDR 2010, 752; vgl. auch BGH FamRZ 2008, 1433 (Unzulässigkeit der Beschwerde des Antragstellers gegen die Bedingung im vereinfachten Verfahren)
[22] OLG Celle JAmt 2009, 210; OLG Hamm FamRZ 2011, 409 m.w.N. auch zur a.A.; auch der BGH FamRZ 2008, 1428, geht von der Möglichkeit der Dynamisierung aus.
[23] BGH FamRZ 2008, 1428
[24] OLG Karlsruhe FamRZ 2004, 1796; OLG Koblenz FamRZ 2006, 1689; vgl. auch OLG Schleswig FamRZ 2010, 1592; a.A. OLG Schleswig FamRZ 2008, 1092
[25] OLG Zweibrücken FamRZ 2000, 964 m.w.N.

§ 8 Unterhalt und Sozialleistungen

Anspruchsteil vor.²⁶ Auch wenn dieselbe Stadt oder derselbe Kreis Sozialhilfe und – im Auftrag des Landes – Unterhaltsvorschuss gewähren, kann im Unterhaltsprozess nicht offen bleiben, in welcher Höhe der Anspruch auf das Land und in welcher Höhe er auf die Stadt oder den Kreis als örtlichen Sozialhilfeträger übergegangen ist.²⁷ Dasselbe gilt, wenn das Kind Sozialgeld nach § 19, 23 SGB II bezieht.

277 Die **Konkurrenz zwischen Unterhaltsvorschuss und Sozialhilfe** wird durch § 7 I 2 UVG geregelt. Wird ein Kind sozialhilfebedürftig, gewährt in der Regel der Sozialhilfeträger sofort Hilfe, und zwar auch soweit Anspruch auf Unterhaltsvorschuss besteht. Die Zahlung des Unterhaltsvorschusses wird in der Praxis oft erst nach einiger Zeit aufgenommen. In diesem Fall geht der Unterhaltsanspruch nicht nach § 7 I 1 UVG auf das Land über, solange Sozialhilfe gezahlt wird. Es verbleibt für die Zeit der Gewährung von Sozialhilfe beim Anspruchsübergang auf den Sozialhilfeträger nach § 94 SGB XII. Diesem obliegt es, die Erstattung seiner Aufwendungen vom Land nach § 104 SGB X oder vom Unterhaltsschuldner nach § 94 SGB XII zu verlangen. Der Sozialhilfeträger kann den nach § 94 I 1 SGB XII übergegangenen Unterhaltsanspruch an das Land abtreten, soweit dieses Erstattung geleistet hat.²⁸ Auch kann er bei der zuständigen Unterhaltsvorschusskasse nach § 95 SGB XII die Feststellung des Unterhaltsvorschusses und damit mittelbar seines Erstattungsanspruchs nach § 104 SGB X gegen das Land beantragen (§ 7 I 2 UVG). Erst ab Gewährung des Unterhaltsvorschusses und entsprechender Kürzung der Sozialhilfe geht der Anspruch in Höhe der vom Land erbrachten Leistungen auf dieses über.

278 Die Ausführungen zu Rn. 277 gelten entsprechend für das Verhältnis von Unterhaltsvorschuss und Grundsicherung für Arbeitsuchende. Soweit der Bedarf des Kindes durch Leistungen nach dem SGB VIII, z. B. durch Erziehung in einem Heim, sichergestellt ist, besteht kein Anspruch auf Unterhaltsvorschuss (§ 1 IV 2 UVG).

6. Abschnitt: Ausbildungsförderung und Unterhalt

I. Voraussetzungen und Dauer der Förderung

279 Grundlage der Ausbildungsförderung ist das Bundesgesetz über die individuelle Förderung der Ausbildung (BAföG).¹ Danach wird die Ausbildung durch eine **subsidiäre Sozialleistung** gefördert. Die Subsidiarität wird in der Regel nicht – wie bei der Sozialhilfe (§ 94 SGB XII) und bei der Grundsicherung für Arbeitsuchende (§ 33 SGB II) – dadurch verwirklicht, dass zunächst Förderung gewährt und dann Rückgriff beim Unterhaltsschuldner genommen wird. Dies ist die Ausnahme (vgl. § 37 BAföG; Rn. 288). Vielmehr besteht von vornherein nur ein Anspruch auf Förderung einer der Neigung, Eignung und Leistung entsprechenden Ausbildung, wenn dem Auszubildenden die für seinen Lebensunterhalt und seine Ausbildung erforderlichen Mittel anderweitig nicht zur Verfügung stehen (§ 1 BAföG). Zur Bestreitung des Lebensunterhalts und der Ausbildungskosten sind zunächst **Einkommen** und Vermögen des Auszubildenden anzurechnen. Ferner ist das Einkommen seines nicht getrennt lebenden Ehegatten und seiner Eltern, und zwar in dieser Reihenfolge, heranzuziehen, nicht dagegen deren Vermögen (§ 11 II BAföG). Auf Einkommen der Großeltern kommt es nicht an. Die einzusetzenden Mittel werden grundsätzlich auf den Bedarf des Auszubildenden (Rn. 281) angerechnet. Wenn ein Auszubildender von seinen Eltern Unterhalt erhält, der seinen Bedarf im Sinne der §§ 12 ff. BAföG deckt, verfügt er über die für seinen Lebensunterhalt und seine Ausbildung erforderlichen Mittel, so dass Ausbildungsförderung nicht gewährt werden kann (§ 1 BAföG). Unter bestimmten Voraussetzungen, insbesondere wenn der Auszubildende ein Abendgymnasium oder ein Kolleg

---

[26] OLG Düsseldorf FamRZ 1996, 167, 169
[27] Davon geht BGH FamRZ 1996, 1207 als selbstverständlich aus; a. A. zu Unrecht Seetzen NJW 1994, 2505
[28] Rechtsgutachten DIJuF, JAmt 2001, 473
[1] Neugefasst durch Bekanntmachung vom 7. 12. 2010, BGBl. I S. 1952

6. Abschnitt: Ausbildungsförderung und Unterhalt § 8

besucht oder wenn ausnahmsweise eine (erneute) Ausbildung nach vorhergehender Erwerbstätigkeit oder nach Vollendung des 30. Lebensjahres gefördert wird (vgl. Rn. 282), bleibt das Einkommen der Eltern außer Betracht (§ 11 III BAföG). Das Einkommen der Eltern wird auch dann nicht berücksichtigt, wenn ihr Aufenthalt nicht bekannt ist oder sie rechtlich oder tatsächlich gehindert sind, im Inland Unterhalt zu leisten (§ 11 II a BAföG). Einkommen (und natürlich auch das Vermögen) des dauernd getrennt lebenden oder geschiedenen Ehegatten werden nicht angerechnet (§ 11 II 2 BAföG). Jedoch mindern tatsächliche Unterhaltsleistungen des geschiedenen oder getrennt lebenden Ehegatten des Auszubildenden dessen Bedarf (§ 21 III Nr. 4 BAföG)

Das anzurechnende **Einkommen** wird in pauschaler Weise auf der Basis der positiven **280** Einkünfte im Sinne des § 2 I, II EStG ermittelt (§ 21 BAföG). Beim Einkommen des Auszubildenden kommt es auf die Verhältnisse im Bewilligungszeitraum an (§ 22 I 1 BAföG). Bei der Anrechnung des Einkommens der Eltern und des Ehegatten wird auf die Verhältnisse des vorletzten Kalenderjahres vor Beginn des Bewilligungszeitraums abgestellt (§ 24 I BAföG). Ist das Einkommen im Bewilligungszeitraum voraussichtlich wesentlich niedriger, wird auf besonderen Antrag von den Einkommensverhältnissen in diesem Zeitraum ausgegangen (§ 24 III BAföG). Erhöht sich dagegen das anzurechnende Einkommen der Eltern, bleibt es dabei, dass die Verhältnisse des vorletzten Kalenderjahres maßgebend sind. Dies kann dazu führen, dass Anspruch auf Ausbildungsförderung besteht, obwohl die früher nicht leistungsfähigen Eltern jetzt ohne weiteres ihrem Kind die Kosten der Lebenshaltung und der Ausbildung zur Verfügung stellen könnten. Dem Auszubildenden (§ 23 BAföG), den Eltern und dem Ehegatten (§ 25 BAföG) stehen beim Einkommen bestimmte Freibeträge zu.[2] Ab 1. 8. 2008 bleiben vom Einkommen des Auszubildenden 255,– EUR anrechnungsfrei (§ 23 I 1 Nr. 1 BAföG). Beim Auszubildenden kann auf Antrag ein weiterer Freibetrag bis zu 205,– EUR monatlich anrechnungsfrei belassen werden, wenn dies zur Deckung besonderer Kosten der Ausbildung erforderlich ist (§ 23 V BAföG). Beim Ehegatten und bei den Eltern werden 50% des die Freibeträge übersteigenden Einkommens und 5% für jedes Kind nicht angerechnet (§ 25 IV BAföG). **Vermögen** des Auszubildenden ist nach Maßgabe der §§ 26 ff. BAföG zu berücksichtigen. Auch hier werden Freibeträge gewährt; beim Auszubildenden bleibt ein Betrag von 5200,– EUR anrechnungsfrei (§ 29 I Nr. 1 BAföG).

Beim **Bedarf** des Auszubildenden unterscheidet das Gesetz zwischen Schülern (§ 12 **281** BAföG), Studierenden (§ 13 BAföG), und Praktikanten (§ 14 BAföG). Er setzt sich aus einem Grundbetrag, verschiedenen Zuschlägen, Wohnkosten, evtl. Beiträgen zur Kranken- und Pflegeversicherung zusammen. Die Höchstförderung beträgt seit dem 1. 10. 2010 **670,– EUR** (§§ 13, 13 a BAföG), zuvor betrug er 648,– EUR.[3] Im Einzelnen ist die Berechnung des Bedarfs sowie des anzurechnenden Einkommens und Vermögens höchst kompliziert.

Ausbildungsförderung wird unter bestimmten Voraussetzungen insbesondere für den **282** Besuch von weiterführenden **Schulen** (ab Klasse 10), von Fach- und Fachoberschulen, Abendschulen und von **Hochschulen** gewährt (§ 2 I, I a BAföG), und zwar grundsätzlich nur bis zum ersten berufsqualifizierenden Abschluss (§ 7 I 1 BAföG). Ein Master- oder Magisterstudiengang wird unter bestimmten Bedingungen gefördert, insbesondere wenn er auf einem Bachelor- oder Bakkalaureusstudiengang aufbaut (§ 7 I a 1 BAföG). Für eine einzige weitere Ausbildung kann nur unter bestimmten Voraussetzungen Ausbildungsförderung gewährt werden (§ 7 II BAföG). Ein Abbruch der Ausbildung oder ein Wechsel der Fachrichtung sind nur ausnahmsweise zulässig (§ 7 III BAföG). Die Ausbildung muss grundsätzlich im Inland durchgeführt werden; unter Umständen kann auch eine Ausbildung im Ausland gefördert werden (§§ 5 ff. BAföG). Die **Förderungshöchstdauer** entspricht der Regelstudienzeit nach § 10 II des Hochschulrahmengesetzes oder einer vergleichbaren Festsetzung. Sie richtet sich nach der besuchten Schule. Sie beträgt beim Besuch von Universitäten grundsätzlich 9 Semester; beim Besuch von Fachhochschulen werden 7 Semester

---

[2] Zur Anrechnung von Unterhalt auf die Freibeträge vgl. BGH FamRZ 2000, 640
[3] Zu früheren Höchstsätzen s. die Vorauflage

(mit Praxiszeiten 8 Semester), bei Lehramtsstudiengängen für die Primarstufe und die Sekundarstufe I 7 Semester gefördert (§ 15 a BAföG).

283   Die Ausbildungsförderung wird grundsätzlich **als Zuschuss,** bei Besuch von Hochschulen und vergleichbaren Einrichtungen jedoch nur **zur Hälfte** als Zuschuss, zur anderen Hälfte **als Darlehen** gewährt (§ 17 I, II BAföG). Das Darlehen ist unverzinslich, solange der Schuldner mit der Rückzahlung nicht in Verzug gerät (§ 18 II BAföG). Es ist in monatlichen Raten von mindestens 105,– EUR, beginnend mit dem fünften Jahr nach Ende der Förderung, zu tilgen (§ 18 III BAföG). Auf Antrag kann der Schuldner auf Grund seiner Einkommensverhältnisse von der Rückzahlung ganz oder teilweise freigestellt werden; auch besteht bei guten Leistungen in der Abschlussprüfung die Möglichkeit eines Teilerlasses (§§ 18 a, b BAföG). Bei einer weiteren Ausbildung und bei Überschreitung der Förderungshöchstdauer kann ein **Bankdarlehen** gewährt werden (§ 17 III BAföG). Das Bankdarlehen ist zu verzinsen (§ 18 c II 1 BAföG). Zur unterhaltsrechtlichen Obliegenheit, ein Bankdarlehen in Anspruch zu nehmen, vgl. Rn. 286.

284   **Zuständig** sind die Ämter für Ausbildungsförderung, die bei den Kreisen und kreisfreien Städten, für Studenten bei den Hochschulen oder den Studentenwerken errichtet sind (§ 40 BAföG). Das Verfahren richtet sich nach §§ 45 ff. BAföG. Das Gesetz wird im Auftrag des Bundes von den Ländern ausgeführt; die Verwaltung der bewilligten Darlehen obliegt dem Bundesverwaltungsamt (§ 39 I, II BAföG). Die Kosten tragen der Bund zu 65% und die Länder zu 35% (§ 56 I BAföG).

285   Für öffentlich-rechtliche Streitigkeiten nach dem BAföG ist der Verwaltungsrechtsweg gegeben (§ 54 BAföG). Der Unterhaltsanspruch, der nach § 37 BAföG auf das Land übergeht (Rn. 288), ist vor dem zuständigen Familiengericht geltend zu machen.

II. Das Verhältnis von Ausbildungsförderung und Unterhalt

1. Ausbildungsförderung und Vorausleistung

286   Endgültig festgesetzte BAföG-Leistungen sind unterhaltsrechtliches Einkommen und mindern den Bedarf des unterhaltsberechtigten Kindes. Das Kind ist daher gehalten, zur Minderung seiner Bedürftigkeit Ausbildungsförderung in Anspruch zu nehmen, auch wenn und soweit diese nur als unverzinsliches Darlehen gewährt wird.[4] Vgl. dazu im Einzelnen Rn. 1/734 ff. Ein verzinsliches Bankdarlehen nach § 17 III BAföG entspricht dagegen im Wesentlichen einem Kredit, der auf dem freien Markt aufgenommen werden kann. Es dürfte daher kein Einkommen im Sinne des Unterhaltsrechts und auch dann nicht auf den Unterhaltsanspruch anzurechnen sein, wenn in den Fällen des 17 III BAföG die Eltern ausnahmsweise noch zum Unterhalt verpflichtet sind. Vgl. Rn. 282; vgl. aber auch Rn. 2/73 (zur Finanzierung von Studiengebühren durch Darlehen).

287   Kein Einkommen ist dagegen die **Vorausleistung** von Ausbildungsförderung, die nach § 36 BAföG auf Antrag gewährt wird, wenn die Eltern den nach dem BAföG angerechneten Unterhaltsbetrag nicht zahlen (§ 36 I 1 BAföG) oder sie ihre Mitwirkung bei der Bewilligung der Ausbildungsvergütung verweigern, insbesondere entgegen § 47 IV BAföG, § 60 I SGB I die für die Anrechnung ihres Einkommens erforderlichen Auskünfte nicht erteilen (§ 36 II BAföG). Bei der Vorausleistung kann Einkommen der Eltern naturgemäß nicht angerechnet werden, da sonst das unterhaltsberechtigte Kind auf einen zeitraubenden Unterhaltsprozess verwiesen würde. Das soll ihm gerade nicht zugemutet werden. Voraussetzung einer Vorausleistung ist, dass die **Ausbildung** wegen des Verzuges der Eltern **gefährdet** ist (§ 36 I BAföG). Eigenes Einkommen des Auszubildenden schließt eine Vorausleistung ganz oder teilweise aus; auch Einkommen des nicht getrennt lebenden Ehegatten im Bewilligungszeitraum ist zu berücksichtigen (§ 36 I BAföG). Der **Leistungsumfang** der Vorausleistung der Ausbildungsförderung entspricht der regelmäßigen Leistung. Die einzige Besonderheit ist, dass der von den Eltern nach dem BAföG zu leistende Un-

---

[4] BGH FamRZ 1989, 499

2. Anspruchsübergang

Ist die Ausbildungsförderung endgültig festgesetzt worden, besteht keine Möglichkeit des Landes zum Rückgriff gegen den Unterhaltspflichtigen, da die Subsidiarität der Förderung bereits durch die Anrechnung des Einkommens des Auszubildenden, des Ehegatten oder seiner Eltern verwirklicht worden ist. Vgl. Rn. 279. Dagegen geht der Unterhaltsanspruch bei Gewährung einer **Vorausleistung** auf das Land über, soweit auf den Bedarf des Auszubildenden das Einkommen der Eltern anzurechnen ist (§ 37 I 1 BAföG). Wird eine Ausbildung unabhängig vom Einkommen der Eltern gefördert (§ 11 II a, III BAföG), scheidet daher ein Anspruchsübergang von vorneherein aus (vgl. Rn. 279). Bei Gewährung eines Bankdarlehens gemäß § 18 c BAföG ist der Anspruchsübergang nach § 37 I 3 BAföG ausgeschlossen. **288**

Der Forderungsübergang ist der Höhe nach in dreifacher Weise eingeschränkt
– durch die Höhe der Vorausleistung des Amtes für Ausbildungsförderung,
– durch die Höhe des Unterhaltsanspruchs des Auszubildenden gegen seine Eltern
– und durch die Höhe des nach dem BAföG anzurechnenden Einkommens der Eltern.[6]

Auf den Unterhaltsantrag des Landes gegen den unterhaltspflichtigen Elternteil hat das Familiengericht diese Voraussetzungen des Anspruchsübergangs festzustellen.[7] Damit wird die bei Festsetzung der Vorausleistung unterlassene Anrechnung nachgeholt und auf diese Weise die Subsidiarität der Ausbildungsförderung hergestellt.

Fraglich ist der Übergang, wenn und soweit die Vorausleistung als **Darlehen** gewährt wird. Hier dürfte zunächst zu differenzieren sein. Hätte dem Kind auch **bei voller Anrechnung des Unterhaltsbeitrags der Eltern** ein Förderungsanspruch zugestanden, so ist der in diesem Fall monatlich als (Staats-)Darlehen gewährte Betrag nach der im Unterhaltsrecht h. M. auf den Bedarf anzurechnen und kann insoweit ein Unterhaltsanspruch nicht auf das Land übergehen (vgl. § 37 I 1 BAföG). Hätte das Kind hingegen bei Anrechnung des Unterhaltsbeitrags der Eltern keinen Anspruch auf Ausbildungsförderung, so geht der gesamte Unterhaltsanspruch auf das Land über.[8]

> **Beispiel:**
> Der Elementarbedarf des studierenden Kindes K nach § 13 BAföG beträgt 597,– EUR (373 + 224 für Unterkunft, Stand 2011[9]). Dieser wird im Wege der Vorausleistung erbracht, weil der allein unterhaltspflichtige Vater V nicht zu Unterhaltszahlungen bereit ist. Die Vorausleistung wird zu 298,50 EUR als Zuschuss und zu 298,50 EUR als (Staats-)Darlehen gewährt.
> V kann aufgrund seines Einkommens nach BAföG einen Unterhaltsbeitrag von 449,– EUR leisten. Entsprechend ist der Anspruchsübergang nach § 37 I 1 BAföG der Höhe nach begrenzt.

Unzweifelhaft geht der Zuschussanteil von 298,50 EUR auf das Land über. Ob und inwiefern auch der Darlehensanteil übergeht, hängt davon ab, ob die Leistung insoweit bedarfsdeckend angerechnet wird. Bei bedarfsdeckender Anrechnung hätte K nur einen Anspruch in Höhe von 371,50 EUR (670 – 298,50). Würde V hingegen seinen Unterhaltsbeitrag leisten, betrüge der Anspruch auf Ausbildungsförderung nur 148,– EUR (597 – 449), davon je 74,– EUR Zuschuss und Darlehen. Der Unterhaltsanspruch beliefe sich auf 596,– (670 – 74 Darlehensanteil ohne Vorausleistung).

Im obigen Beispiel würde der V bei bedarfsdeckender Anrechnung des Darlehensanteils also besser stehen. Er müsste weniger zahlen, als wenn er seine Verpflichtung rechtzeitig erfüllt hätte. Das spricht dafür, dass der Darlehensanteil bei der Vorausleistung nicht bedarfs-

---

[5] Ramsauer/Stallbaum/Sternal BAföG, 4. Aufl., § 36 Rn. 26
[6] BGH FamRZ 2000, 640
[7] BGH a. a. O.
[8] Vgl. BVerwG FamRZ 1991, 996; OVG NRW, FamRZ 1997, 1183
[9] Keine Leistungen nach § 13 a BAföG

§ 8 Unterhalt und Sozialleistungen

deckend anzurechnen und der Anspruchsübergang allein den Beschränkungen des § 37 I BAföG unterworfen ist. Davon geht auch das BVerwG aus.[10] Demnach besteht der Anspruch in Höhe von 596,– EUR und ist nach § 37 I BAföG in Höhe von 449,– EUR auf das Land übergegangen. Soweit das Land (auch) den Darlehensanteil bei den Eltern realisiert, wird der Auszubildende von dem Darlehen frei, das Gleiche gilt, wenn die Landesbehörden eine mögliche Realisierung unterlassen.[11]

289 Der Übergang des Unterhaltsanspruchs vollzieht sich **kraft Gesetzes** ohne Erlass eines Verwaltungsakts. Er erfasst nur den gesetzlichen Unterhaltsanspruch gegen die **Eltern,** nicht dagegen Ansprüche gegen den Ehegatten, auch nicht nach Trennung oder Scheidung. Die Großeltern können vom Land ebenfalls nicht in Anspruch genommen werden. Ein vertraglicher Unterhaltsanspruch des Auszubildenden gegen die Eltern geht nach § 37 I 1 BAföG nur auf das Land über, wenn er den gesetzlichen Anspruch lediglich modifiziert.[12] Ein vertraglicher Anspruch des einen Elternteils gegen den anderen auf Freistellung vom Kindesunterhalt fällt nicht unter § 37 BAföG, selbst wenn er an das bereits volljährige Kind abgetreten worden ist.[13] Zusammen mit dem Unterhaltsanspruch geht der unterhaltsrechtliche **Auskunftsanspruch** nach § 1605 BGB auf das Land über (§ 37 I 1 BAföG). Daneben besteht eine öffentlich-rechtliche Auskunftspflicht der Eltern und des Ehegatten, auch des dauernd getrennt lebenden, gegenüber dem Amt für Ausbildungsförderung (§ 47 IV BAföG, § 60 SGB I).

290 Ob ein **Unterhaltsanspruch** besteht, ist allein **nach bürgerlichen Recht** zu beurteilen. Haben die Eltern wirksam bestimmt, dass das Kind den Unterhalt in ihrem Haushalt in Natur entgegenzunehmen hat, besteht ein Barunterhaltsanspruch, der allein übergehen könnte, nicht.[14] Näheres dazu Rn. 2/32 ff., 45 ff. Zudem scheidet dann auch die Gewährung einer Vorausleistung aus (§ 36 III BAföG). Vgl. dazu oben Rn. 287. Ist die Unterhaltsbestimmung dagegen unwirksam, kann das Land den übergegangenen Anspruch gegen die Eltern geltend machen.[15] Vgl. dazu Rn. 2/48.

Auch Bedarf und Bedürftigkeit des Kindes sowie die Leistungsfähigkeit des Verpflichteten richten sich nur nach Unterhaltsrecht. Es kommt nicht darauf an, ob nach dem BAföG eine Zweitausbildung gefördert wird. Entscheidend ist allein, ob sie von den Eltern nach §§ 1610 II BGB geschuldet wird. Vgl. dazu Rn. 2/91 ff. Das antragstellende Land muss darlegen, dass diese Voraussetzungen gegeben sind. Zur (nicht angezeigten) Anrechnung des Darlehensanteils der Vorausleistung auf den Unterhaltsbedarf s. Rn. 288.

291 Der Unterhaltsanspruch muss während der Zeit bestehen, für die dem Auszubildenden die Förderung gezahlt wird, also während des Bewilligungszeitraums. Es gilt also der Grundsatz der **Gleichzeitigkeit.** Hier ergeben sich unter Umständen Schwierigkeiten, da das Einkommen, das den Eltern angerechnet wird, sich nach den Verhältnissen des vorletzten Kalenderjahres vor dem Bewilligungszeitraum richtet (§ 24 BAföG) und daher von den nach BGB maßgeblichen Einkünften im Unterhaltszeitraum vielfach abweichen wird.[16] Vgl. Rn. 280.

292 Unterhalt für die **Vergangenheit** kann von dem Zeitpunkt an verlangt werden, in dem die Voraussetzungen des bürgerlichen Rechts, insbesondere des § 1613 BGB, vorliegen (§ 37 IV Nr. 1 BAföG). Darüber hinaus kann Unterhalt von dem Zeitpunkt an gefordert werden, in dem die Eltern bei dem Antrag auf Förderung mitgewirkt oder sie von ihm Kenntnis erlangt haben und darüber belehrt worden sind, unter welchen Voraussetzungen das BAföG ihre Inanspruchnahme ermöglicht (§ 37 IV Nr. 2 BAföG). Es handelt sich auch hier um eine besonders ausgestaltete Rechtswahrungsanzeige. Liegt bereits ein Unterhalts-

---

[10] BVerwG FamRZ 1991, 996; vgl. auch OVG NRW, FamRZ 1997, 1183 (auch zu den Folgen für die Darlehensrückforderung durch das Bundesverwaltungsamt)
[11] BVerwG FamRZ 1991, 996; OVG NRW, FamRZ 1997, 1183 (auch zur Anrechnung von Zahlungen)
[12] Vgl. BGH FamRZ 1989, 499
[13] BGH FamRZ 1989, 499
[14] BGH FamRZ 1996, 798 = R 501 b
[15] BGH FamRZ 1996, 798 = R 501 b
[16] Vgl. dazu Rothe/Blanke BAföG § 36 Anm. 4.2

6. Abschnitt: Ausbildungsförderung und Unterhalt § 8

titel vor, kann das Land ihn auf sich umschreiben lassen (§§ 120 FamFG, 727 ZPO). Ist der titulierte Unterhalt zu gering, muss es Abänderungsklage erheben.

Ob die Eltern im Rahmen des Unterhaltsverfahrens, das das Land gegen sie führt, einwenden können, dass ihrem Kind die Förderung nicht hätte gewährt werden dürfen, erscheint fraglich.[17] Die Eltern können jedoch geltend machen, dass ihr Einkommen ganz oder teilweise nicht hätte angerechnet werden dürfen. Dies ergibt sich aus dem Wortlaut des § 37 I 1 a. E. BAföG.[18] Die Einkommensanrechnung ist daher von den Familiengerichten zu überprüfen (vgl. Rn. 288). Daneben stehen den Eltern sämtliche Einwendungen aus dem Unterhaltsrecht zu. **293**

Der übergegangene Anspruch ist nach § 37 VI BAföG mit 6% zu verzinsen. **294**

§ 37 BAföG sieht eine **Rückabtretung** nicht vor. Sie ist daher unzulässig (§ 32 SGB X). Dies gilt ebenfalls für Einziehungsermächtigung und Prozessstandschaft.[19] Vgl. dazu auch Rn. 111. Das Land ist auch ohne ausdrückliche gesetzliche Bestimmung berechtigt, den Unterhalt für die Zukunft einzuklagen, wenn künftig mit der Gewährung von Ausbildungsförderung zu rechnen ist (vgl. § 94 IV 2 BSHG, § 33 III 2 SGB II, § 7 IV 1 UVG).[20] **295**

---

[17] Dafür: Rothe/Blanke § 37 Anm. 6.1
[18] Rothe/Blanke § 37 Anm. 8.2
[19] BGH FamRZ 1996, 1203, 1205; FamRZ 1996, 1207
[20] Vgl. BGH FamRZ 1992, 797 = R 447 c

§ 9 Auslandsberührung

1. Abschnitt: Materielles Recht

I. Rechtsquellen

Im materiellen Unterhaltsrecht hat die Bedeutung des internationalen Kollisionsrechts erheblich zugenommen. Im Jahre 2006 lebten in der Bundesrepublik Deutschland bereits 13% binationale Paare. Weil ein internationales materielles Unterhaltsrecht gegenwärtig noch nicht existiert und wohl auch nur schwer durchzusetzen ist,[1] beschränken sich die europäischen Rechtsquellen, die internationalen Übereinkommen und das nationale Kollisionsrecht u. a. auf Vorschriften, die für Fällen mit Auslandsberührung anordnen, **welches nationale materielle Recht anwendbar** ist. Dabei ist vorrangig[2] auf die unmittelbar geltenden europäischen Verordnungen und internationalen Übereinkommen und nur ergänzend auf das nationale Recht abzustellen. Art. 18 EGBGB setzten das vorrangig anwendbare europäische Recht und die internationalen Vereinbarungen in nationales Recht um und erfassen darüber hinaus Fälle, auf die die vorrangigen Regelungswerke, etwa hinsichtlich der erfassten Staaten oder der zeitlichen Geltung, nicht anwendbar sind.[3]

Für die Länder der Europäischen Union enthält die **Verordnung (EG) Nr. 4/2009 des Rates über die Zuständigkeit, das anwendbare Recht, die Anerkennung und Vollstreckung von Entscheidungen und die Zusammenarbeit in Unterhaltssachen (EuUnthVO)**[4] erstmals eine Regelung zum anwendbaren materiellen Recht. Die Verordnung ist am 10. Januar 2009 veröffentlicht worden und nach ihrem Art. 76 I am zwanzigsten Tag nach der Verkündung, also am 31. Januar 2009 in Kraft getreten. Nach Art. 76 III EuUnthVO findet die Verordnung ab dem **18. Juni 2011** Anwendung, sofern das Haager Protokoll über das auf Unterhaltspflichten anzuwendende Recht vom 23. November 2007 (s. Rn. 3)[5] zu diesem Zeitpunkt in der Europäischen Union anwendbar ist. Sonst findet sie mit der Anwendbarkeit des Haager Protokolls Anwendung. Dieses Protokolls tritt nach dessen Art. 25 am ersten Tag des Monats in Kraft, der auf einen Zeitabschnitt von drei Monaten nach Hinterlegung der zweiten Ratifikations-, Annahme, Genehmigungs- oder Beitrittsurkunde eines Mitgliedsstaats folgt. Gemäß Artikel 15 der Unterhaltsverordnung richtet sich das in Unterhaltssachen anwendbare Recht nach dem Haager Protokoll vom 23. 11. 2007 über das auf Unterhaltspflichten anzuwendende Recht. Durch diese Verweisung macht sich die Unterhaltsverordnung die Kollisionsregeln des Haager Protokolls zu Eigen. Durch diese Regelungstechnik hat die Europäische Union von ihrer internen Regelungskompetenz nach Artikel 65 Buchstabe b des Vertrages zur Gründung der Europäischen Gemeinschaft[6] Gebrauch gemacht. Nach der Rechtsprechung des EuGH ist damit die Außenvertretungskompetenz zum Abschluss des Haager Protokolls auf die Europäische Union übergegangen.[7] Am 30. 11. 2009 hatte der Rat der Europäischen Union beschlossen, dem Protokoll beizutreten und das Haager Protokoll innerhalb der Union vorläufig

---

[1] Vgl. Dethloff FPR 2010, 489 und Pirrung FPR 2010, 516
[2] Vgl. Erklärung (Nr. 17) zum Vorrang; Amtsblatt der EU C 83/344 vom 30. 3. 2010
[3] Zum früheren Recht vgl. BGH FamRZ 1991, 925; 1987, 682 und 2005, 1987
[4] Vom 18. Dezember 2008, ABl. EU 2009 Nr. L 7, S. 8; vgl. auch Ratsdokument 5199/06 JUSTCIV 2, BR-Drucks. 30/06 vom 17. 1. 2006; Looschelders/Boos FamRZ 2006, 374, 383; Heger/Selg FamRZ 2011, 1101; zu den Entwürfen vgl. Wagner FamRZ 2006, 979, Kohler/Pintens FamRZ 2007, 1481, 1482 f. und zu noch weiter gehenden Bemühungen um eine europäische Rechtsangleichung vgl. Pintens FamRZ 2005, 1597, 1601 ff.
[5] Im Internet veröffentlicht unter www.hcch.net/index_en.php?act=conventions.text&cid=133
[6] EGV, jetzt Artikel 81 Absatz 2 Buchstabe c AEUV
[7] BT-Drucks. 17/4887 S. 52

§ 9 Auslandsberührung

anzuwenden, sollte es am 18. Juni 2011 völkerrechtlich noch nicht in Kraft sein (Art. 4).[8] Am 8. 4. 2010 hat die Europäische Union als Mitglied der Haager Konferenz das Protokoll gezeichnet und ratifiziert. Damit wird die Verordnung und das in Art. 15 in Bezug genommene Haager Protokoll über das anwendbare materieller Recht in den Mitgliedstaaten der Europäischen Union, mit Ausnahme Dänemarks,[9] ab dem 1. Juni 2011 gelten, auch wenn das Haager Protokoll im Übrigen noch nicht in Kraft getreten sei sollte. Nach Art. 5 des Ratsbeschlusses vom 30. 11. 2009 richtet sich das anzuwendende Recht für Unterhaltsansprüche, die vor dem Inkrafttreten des Protokolls oder vor seiner vorläufigen Anwendung in der Europäischen Union entstanden sind, schon nach den neuen Kollisionsvorschriften, sofern Unterhalt für die Zeit nach dem 18. Juni 2011 geltend gemacht wird. Damit können die Gerichte der Mitgliedstaaten der Europäischen Union nach Art. 267 der europäischen Verfassung[10] dem EuGH Vorabentscheidungsersuchen zur Beantwortung grundsätzlicher Rechtsfragen des Haager Protokolls vorlegen.[11] Für das übrige Inkrafttreten muss dem Haager Protokoll nur noch ein weiters Land beitreten, womit aber zu rechnen ist.[12] Während auch Irland[13] an die Ratifizierung des Haager Protokolls durch die Europäische Union gebunden ist und das sich daraus ergebende, ggf. auch ausländische, Recht anzuwenden hat, geht England ausdrücklich einen anderen Weg.[14] Es hat zwar für die EuUnthVO optiert, wird aber an einem gemeinsamen Kollisionsrecht zum anwendbaren materiellen Recht nach dem Haager Protokoll nicht teilnehmen.[15] Englische Gerichte wenden somit nicht nur – wie auch alle übrigen Staaten – das eigene Prozessrecht, sondern stets auch das eigene materielle Recht (lex fori) an, was erhebliche Auswirkungen auf die Anerkennung und Vollstreckbarkeit in der anderen Staaten der EU hat (s. Rn. 675 ff.).[16]

3 Der Grund für die Anknüpfung der EuUnthVO an die Geltung des Haager Protokolls über das auf Unterhaltspflichten anzuwendende Recht liegt in dem Regelungsumfang der Verordnung.[17] Die EuUnthVO enthält erstmals eine Gesamtregelung für unterhaltsrechtliche Verfahren, indem sie die Vorschriften über die internationale Zuständigkeit, das anwendbare materielle Recht und die Anerkennung und Vollstreckung ausländischer Entscheidungen in einem Regelungswerk zusammenfasst. Hinsichtlich des anwendbaren materiellen Rechts nimmt die EuUnthVO auf das Haager Protokoll Bezug, indem sie in Art. 15 anordnet, dass sich für die Mitgliedstaaten, die durch das Haager Protokoll gebunden sind, das auf Unterhaltspflichten anwendbare Recht aus jenem Protokoll ergibt.[18] Nach Art. 1 EuUnthVO findet die Verordnung Anwendung auf Unterhaltspflichten, die auf einem Familien-,[19] Verwandtschafts- oder eheähnlichen Verhältnis oder auf Schwägerschaft beruhen. Nach Art. 69 II EuUnthVO hat die Verordnung grundsätzlich[20] im Verhältnis der Mitgliedstaaten untereinander Vorrang vor sonstigen Abkommen, auch wenn es bereits bestehende Abkommen nach Art. 69 I EuUnthVO im Übrigen unberührt lässt. Inhaltlich

---

[8] ABl. L 331 vom 16. 12. 2009, S. 17
[9] Vgl. Protokoll (Nr. 22) über die Position Dänemarks; Amtsblatt der EU C 83/299 vom 30. 3. 2010 und Erklärung (Nr. 48) zu dem Protokoll über die Position Dänemarks; Amtsblatt der EU C 83/353 vom 30. 3. 2010
[10] Die korrekte Bezeichnung lautet: Vertrag über die Arbeitsweise der Europäischen Union (AEUV) vom 13. 12. 2007
[11] Andrae FPR 2010, 505, 508; Zum Eilverfahren vor dem EuGH vgl. Kohler/Pintens FamRZ 2008, 1669, 1670 f.
[12] Zum aktuellen Status vgl. http://www.hcch.net/index_de.php?act=conventions.status&cid=133
[13] Vgl. Protokoll (Nr. 21) über die Position des Vereinigten Königreichs und Irlands hinsichtlich des Raums der Freiheit der Sicherheit und des Rechts; Amtsblatt der EU C 83/295 vom 30. 3. 2010
[14] Boele-Woelki/Mom FPR 2010, 485; vgl. auch die Erwägungsgründe 46 bis 48 der EuUnthVO
[15] Botur FPR 2010, 519, 522
[16] Vgl. Erwägungsgrund 20 der EuUnthVO
[17] Dose, Europäisches Unterhaltsrecht, 8. Göttinger Workshop zum Familienrecht 2009, S. 81, 87
[18] Hirsch, Europäisches Unterhaltsrecht, 8. Göttinger Workshop zum Familienrecht 2009, S. 17, 32 ff.
[19] Zum anwendbaren Recht nach dem HUÜ 73 für Ansprüchen nach § 1615l BGB vgl. BGH FamRZ 2011, 97 Rn. 22 ff.
[20] Zur eingeschränkten Anwendbarkeit der Übereinkommen der skandinavischen Staaten vgl. Art. 69 III EuUnthVO

1. Abschnitt: Materielles Recht § 9

richtet sich das anwendbare materielle Recht nach dem in Bezug genommenen Haager Protokoll (s. Rn. 4).

Das **Haager Protokoll über das auf Unterhaltspflichten anzuwendende Recht** **4** **vom 23. 11. 2007 (HUP 2007)**[21] wurde gemeinsam mit dem HUVÜ 2007 (s. Rn. 604 f.) verabschiedet aber kurz zuvor davon abgetrennt.[22] Wie ausgeführt (s. Rn. 2) wird es drei Monate nach dem Beitritt eines zweiten Mitgliedstaats in Kraft treten, womit aber noch im Jahre 2011 zu rechnen ist. Unabhängig davon ist es innerhalb der europäischen Union bereits mit der Ratifizierung anwendbar (s. Rn. 2). Es bestimmt das auf solche Unterhaltspflichten **anwendbare Recht**, die sich aus Beziehungen der Familie,[23] Verwandtschaft, Ehe oder Schwägerschaft ergeben. Neben der allgemeinen und den besonderen Regeln für die Ermittlung des anwendbaren materiellen Rechts enthält das Protokoll in Art. 14 auch eine Vorschrift für die **Bemessung** des Unterhalts. Danach sind bei der Bemessung des Unterhalts die Bedürfnisse der berechtigten Person (= Bedarf und Bedürftigkeit) und die wirtschaftlichen Verhältnisse der verpflichteten Person (= Leistungsfähigkeit), sowie etwaige an die berechtigte Person anstelle des Unterhalts geleistete Entschädigungen zu berücksichtigen, selbst wenn das anzuwendende nationale Recht etwas anderes bestimmt. Vorbehalte zu dem Protokoll sind nach Art. 27 HUP 2007 nicht zulässig. Von der Anwendung des nach dem Protokoll bestimmten Rechts darf nach Art. 13 HUP 2007 nur abgesehen werden, soweit seine Wirkungen der öffentlichen Ordnung (ordre public) des zuständigen Gerichts widersprechen. Nach Art. 22 HUP 2007 findet das Protokoll keine Anwendung auf Unterhalt, der in einem Vertragsstaat für einen Zeitraum vor Inkrafttreten des Protokolls in diesem Staat verlangt wird. Dann ist auf frühere Abkommen oder das nationale Kollisionsrecht zurückzugreifen (s. Rn. 5 ff.). Im Zuständigkeitsbereich ersetzt das Protokoll nach Art. 18 HUP 2007 allerdings seinen Vorgänger, das HUÜ 73 (s. Rn. 5).

Seit dem 1. 4. 1987 ist das **Haager Übereinkommen über das auf Unterhaltspflich-** **5** **ten anzuwendende Recht vom 2. 10. 1973 (HUÜ 73)** in der Bundesrepublik mit dem Vorbehalt gemäß Art. 15 (deutsches Recht, wenn sowohl der Unterhaltspflichtige als auch der Unterhaltsberechtigte deutsche Staatsangehörige sind) in Kraft.[24] Für die fünf neuen Bundesländer gilt es gemäß Art. 11 des Einigungsvertrages seit dem 3. 10. 1990. Weil das HUÜ 73 schon früher vorrangig vor dem nationalen Recht galt (vgl. Art. 6 HUÜ 73) und das nationale Recht jetzt in § 97 FamFG nur noch eine Verweisung enthält, ist es erforderlich, stets die einschlägigen Vorschriften des HUÜ 73 anzuführen.[25] Das HUÜ 73 ist am 1. 4. 1987 für die Bundesrepublik Deutschland im Verhältnis zu Frankreich, Italien, Japan, Luxemburg, Niederlande, Portugal, Schweiz, Spanien und der Türkei[26] (zum Teil mit dem Vorbehalt gemäß Art. 15) in Kraft getreten.[27] In der Folgezeit ist es auch von Polen,[28] Litauen,[29] Estland[30] und Griechenland[31] ratifiziert worden.[32] Unabhängig davon ist es gemäß Art. 3 von Vertragsstaaten auch im Verhältnis zu Nichtvertragsstaaten anzuwenden, was stets zur Anwendung des dort geltenden materiellen Rechts durch die Vertragsstaaten führt (sog. weltweite Anerkennung).[33]

---

[21] ABl. EU 2009 Nr. L 331, S. 19; im Internet veröffentlicht unter: www.hcch.net/upload/text39d.pdf
[22] Hirsch Europäisches Unterhaltsrecht 8. Göttinger Workshop zum Familienrecht 2009 S. 17, 32
[23] Zum anwendbaren Recht nach dem HUÜ 73 für Ansprüchen nach § 1615l BGB vgl. BGH FamRZ 2011, 97 Rn. 22 ff.
[24] BGBl 1986 II 825, 837 ff. und 1987 II 225, zum Vorbehalt nach Art. 15 vgl. Rn. 12; Veröffentlichung des Übereinkommen im Internet unter http://www.hcch.net/upload/text23d_ch.pdf
[25] BGB FamRZ 2001, 412
[26] Vgl. BGH FamRZ 2010, 966 Rn. 22
[27] Bekanntmachung vom 26. 3. 1987, BGBl 1987 II, S. 225
[28] Zum 1. 5. 1996, BGBl 1996 II, S. 664
[29] Zum 1. 9. 2001, BGBl 2001 II, S. 791
[30] Zum 1. 1. 2002, BGBl 2002 II, S. 957
[31] Zum 1. 9. 2003, BGBl 2003 II, S. 2169
[32] Vgl. die Übersicht im Internet unter „www.hcch.net/index_en.php?act=conventions.status&cid=86"
[33] BGH FamRZ 2011, 97 Rn. 21

6 Das HUÜ 73 verdrängt nach dessen Art. 18 das **Haager Abkommen über das auf Unterhaltspflichten gegenüber Kindern anwendbare Recht vom 24. 10. 1956 (HUÜ 56)**,[34] jedoch nur für die Zeit ab seinem Inkrafttreten am 1. 4. 1987 (Art. 12 HUÜ 73) und nur im Verhältnis zu den Vertragsstaaten des HUÜ 73, also nicht im Verhältnis zu Belgien, Liechtenstein, Macau und Österreich. Das HUÜ 56 ist deswegen nur noch für Ansprüche auf Kindesunterhalt im Verhältnis zu diesen Ländern und allgemein für die Zeit vor dem 1. 4. 1987 anwendbar.[35] Nach Art. 18 HUP 2007 hat auch das Haager Protokoll (s. Rn. 4) ab dessen Inkrafttreten und im Verhältnis zwischen dessen Vertragsstaaten das HUÜ 56 ersetzt.

7 Das nationale Recht enthält für die sonst nicht geregelten Fälle in **Art. 17 EGBGB** weitere Kollisionsregelungen. Für den Unterhaltsanspruch eines Ehegatten, dessen Ehe vor dem Beitritt der neuen Bundesländer geschlossen wurde, bleibt das bisherige Recht maßgebend (Art. 234 § 5 EGBGB).[36] In welchen Fällen das Recht der ehemaligen DDR „bisheriges Recht" war, ist nach innerdeutschem Kollisionsrecht zu beantworten, und zwar in Anlehnung an das internationale Privatrecht, lediglich mit dem Unterschied, dass in deutsch-deutschen Fällen nicht auf das Heimatrecht, sondern auf den gewöhnlichen Aufenthalt abgestellt wird.[37]

8 Im Verhältnis zu Iran ist noch das Niederlassungsabkommen vom 17. 2. 1929 in Kraft, das auch für den Unterhalt gilt.[38] Voraussetzung ist, dass beide Beteiligte iranische Staatsangehörige sind.

II. Definition der Unterhaltspflicht

9 Das HUÜ 73 regelt das Kollisionsrecht nach dessen Art. 2 I „auf dem Gebiete der Unterhaltspflicht", definiert aber nicht näher, was unter dem Begriff der Unterhaltspflicht zu verstehen ist. Auch das nationale Kollisionsrecht enthält in den Art. 17, 18 EGBGB keine Definition. Unabhängig davon kann sich die Auslegung des HUÜ 73 ohnehin nicht allein nach dem Recht des Gerichtsstaats (lex fori) richten, sondern erfolgt autonom für das gesamte Übereinkommen nach dessen Zweck und der Entstehungsgeschichte unter Berücksichtigung der Rechtspraxis in den Vertragsstaaten.[39]

Schon nach dem HUÜ 73 war der Begriff der Unterhaltspflicht dahingehend eingeschränkt, dass sie sich aus den Beziehungen der Familie, der Verwandtschaft, der Ehe oder Schwägerschaft ergeben musste, einschließlich der Unterhaltspflichten gegenüber einem nichtehelichen Kind. Das Übereinkommen erfasste damit also nur **gesetzliche** Unterhaltspflichten. Daran hat das Haager Protokoll festgehalten, indem es in § 1 I HUP 2007 seinen Anwendungsbereich mit Unterhaltspflichten, die sich aus Beziehungen der Familie, Verwandtschaft, Ehe oder Schwägerschaft ergeben, einschließlich der Unterhaltspflichten gegenüber einem Kind, ungeachtet des Familienstands seiner Eltern definiert.

Inhaltlich zählt zum Unterhalt nach der gebotenen weiten Auslegung grundsätzlich alles, was zur Befriedigung der natürlichen Lebensbedürfnisse eines Menschen nötig ist, also die Kosten für Nahrung, Kleidung, Wohnung, Ausbildung, Kultur u. a. Die „Verpflichtung" in Art. 1 I HUP 2007, Art. 1 HUÜ 73 und Art. 18 erfasst zugleich die Frage, wer für den Unterhalt ganz oder teilweise aufkommen muss und in welcher Form dies zu geschehen hat.

10 Im Einzelnen gehören zu den von Art. 1 I HUP 2007, Art. 1, 2 I HUÜ 73 und Art. 18 EGBGB geregelten Pflichten

---

[34] BGBl 1961 II S. 1013; veröffentlicht im Internet unter http://www.hcch.net/upload/conventions/txt08de.pdf
[35] BGB FamRZ 2005, 1987
[36] BGB FamRZ 1995, 544; 1994, 160
[37] BGB FamRZ 1995, 473; 1994, 304; 1991, 421; 1982, 1189; BSG IPRspr 2003, 214
[38] Vgl. BGB FamRZ 1990, 32; 1986, 345; OLG Stuttgart FamRZ 2004, 25; Jones DRiZ 1996, 322
[39] Vgl. Kropholler, Internationales Privatrecht 6. Aufl. 2006, § 47 II 4; Hausmann IPRax 1990, 382, 387

1. Abschnitt: Materielles Recht § 9

– die Barleistungen gegenüber dem gegenwärtigen oder früheren Ehegatten. Die Zahlung eines Pauschalbetrages nach englischem Recht (lump sum) ist im Zweifel eher güterrechtlicher Natur und deswegen nicht von den Übereinkommen erfasst.[40]
– die Barleistungen, Betreuungs- oder Naturalleistungen seitens der Eltern gegenüber ihren Kindern,[41]
– der Unterhaltsanspruch des ein gemeinsames, nichtehelich geborenes Kind betreuenden Elternteils,[42]
– der Prozesskostenvorschuss als Teilaspekt des Unterhalts.[43] Umstritten war die Rechtslage, wenn das anzuwendende ausländische Recht einen **Prozesskostenvorschuss** nicht kennt: Ein Teil der Rechtsprechung wandte dann gemäß Art. 6 HUÜ 73 deutsches Recht an,[44] andere lehnten den Rückgriff auf deutsches Recht ab.[45] Auf der Grundlage des HUP 2007 dürfte nun ein Rückgriff auf das innerstaatliche deutsche Recht ausscheiden, weil nach dessen Art 13 von der Anwendung des danach anwendbaren nationalen Rechts nur abgesehen werden darf, wenn seine Wirkungen dem ordere public des Staates des angerufenen Gerichts offensichtlich widersprechen. Das dürfte bei Fehlen eines Prozesskostenvorschusses nicht der Fall sein,
– der Anspruch des Unterhaltsberechtigten gegen den dauernd getrennt lebenden oder geschiedenen Ehegatten auf Erstattung der ihm durch das begrenzte Realsplitting erwachsenen Steuerlast,[46]
– die **Auskunft** zur Beurteilung der Unterhaltspflicht. Kennt ein anwendbares ausländisches Unterhaltsstatut einen Auskunftsanspruch nicht, etwa weil die Umstände von Amts wegen zu ermitteln sind, ist zu prüfen, ob das anwendbare deutsche Verfahrensrecht über die verfahrensrechtlichen Auskunftsansprüche der §§ 235 f. FamFG hinreichende Feststellungen zu den Grundlagen des Unterhaltsanspruchs ermöglicht. Ist dies nicht der Fall, muss dem Unterhaltsberechtigten im Hinblick auf seine Darlegungs- und Beweislast auch nach Art. 13 HUP 2007 ein materieller Auskunftsanspruch nach deutschem Recht (s. Rn. 1/1150 ff.) zur Verfügung stehen, um seinen Unterhalt realisieren zu können.[47]
– die Zuweisung der Wohnung und des Hausrats während des Getrenntlebens (vgl. §§ 1361 a f. BGB) ist noch umstritten. Für die entsprechenden Ansprüche nach der Scheidung (vgl. §§ 1568 a f. BGB) gilt allerdings entweder unmittelbar nach Art. 17 EGBGB oder über Art. 5 HUP 2007, Art. 8 HUÜ 73 oder Art 18 EGBGB das Scheidungsstatut,
– der familienrechtliche Ausgleichsanspruch, wie ihn z. B. das deutsche Recht kennt,
– die „prestations compensatoires" des französischen Rechts,[48]
– der Unterhaltsanspruch des schweizerischen ZGB (Art. 125),[49] nicht jedoch der frühere immaterielle Genugtuungsanspruch gemäß Art. 151 II, sowie die Bedürftigkeitsrente gemäß Art. 152 schweizerisches ZGB (s. Rn. 376 ff.),
– der dem schweizerischen ZGB nachgebildete Entschädigungsanspruch des türkischen Rechts gemäß Art. 174 I ZGB und die Bedürftigkeitsrente des Art. 175 ZGB, nicht hingegen der immaterielle Genugtuungsanspruch nach Art. 174 II ZGB (s. Rn. 465 ff.),

---

[40] BGH FamRZ 2009, 1659 Rn. 13 ff.; vgl. auch OLG Celle FamRZ 2009, 359 Rn. 12
[41] Vgl. jedoch BGB FamRZ 1994, 1102; Unterhalt ist gem. § 1612 I 1 BGB auf Geldleistung gerichtet. Kinderbetreuung beruht nicht auf einem Unterhaltsanspruch, auch wenn ein Elternteil durch Betreuung seine Unterhaltspflicht in der Regel erfüllt; OLG München NJW-RR 2004, 1442 (zum Krankenversicherungsbeitrag für ein Kind)
[42] BGH FamRZ 2011, 97 Rn. 22 ff.
[43] BGB FamRZ 2005, 1164; 2005, 883; 2004, 1633; zum Realsplitting vgl. BGB FamRZ 2008, 40
[44] OLG Köln IPRspr 1994, 192
[45] KG FamRZ 1988, 167
[46] BGH FamRZ 2008, 40
[47] Z. B. OLG Stuttgart IPRax 1990, 113; a. A. OLG Bamberg FamRZ 2005, 1682
[48] Vgl. unten „Frankreich" Rn. 168 ff.; die Qualifikation ist streitig; vgl. Hausmann IPRax 1990, 382 m. w. N.; Staudinger/Mankowski, BGB (2003) Anh. I zu Art. 18 EGBGB Rn. 278; zum britischen Recht vgl. BGH FamRZ 2009, 1659 Rn. 13 ff.; vgl. auch OLG Celle FamRZ 2009, 359 Rn. 12
[49] Vgl. Rn. 390 ff.

– die Morgengabe des islamischen Rechts, soweit sie im Zusammenhang mit der Scheidung zu zahlen ist, ist hingegen weder unterhaltsrechtlicher noch güterrechtlicher Natur, sondern unterfällt den allgemeinen Wirkungen der Ehe. Auf sie ist deswegen weder das HUÜ 73 noch das HUP 2007 anwendbar.[50]

III. Anwendbares materielles Recht – Unterhaltsstatut

1. Gesetzliche Grundlagen

11   Für Sachverhalte mit Bezug zum Recht eines ausländischen Staates richtet sich die Frage, welches materielle Recht anwendbar ist, unmittelbar nach der Europäischen Verordnung und den internationalen Übereinkommen (s. Rn. 2 ff.). Soweit diese Bestimmungen nach Art. 3 Nr. 1 und 2 EGBGB unmittelbar anwendbares innerstaatliches Recht geworden sind, gehen sie dem sonstigen nationalen Recht vor.[51] Auch aus Sicht des Europäischen Rechts[52] und der Haager Übereinkommen[53] ergibt sich ein solcher Vorrang vor dem nationalen Recht. Unabhängig von der Ratifizierung des Abkommens durch den weiteren beteiligten Staat gilt das nach den Übereinkommen anzuwendende materielle Recht gemäß Art. 15 EuUnthVO, Art. 2 HUP 2007, Art. 3 HUÜ 73 für die Gerichte der Vertragsstatten auch dann, wenn es das Recht eines Nichtvertragsstaats ist. Danach richtet sich das anzuwendende Recht nach folgenden Grundsätzen:

2. Vorbehalt nach Art 15 HUÜ

12   Bei der Ratifizierung des HUÜ 73 hatte die Bundesrepublik Deutschland den Vorbehalt nach **Art. 15 HUÜ 73** erklärt. Danach gilt im Rahmen der zeitlichen Geltung dieses Übereinkommens immer deutsches Recht, wenn sowohl der Unterhaltsberechtigte als auch der Unterhaltspflichtige Deutscher ist und der Unterhaltspflichtige seinen gewöhnlichen Aufenthalt in der Bundesrepublik Deutschland hat. Demgegenüber schließt Art. 27 HUP 2007 Vorbehalte ausdrücklich aus.

3. Gewöhnlicher Aufenthalt

13   Wie schon Art. 4 I, II HUÜ 73 und Art. 18 EGBGB sieht auch Art. 3 HUP 2007 als **Regelanknüpfungspunkt** für das anzuwendende Recht den gewöhnliche Aufenthalt des Unterhaltsberechtigten vor, wobei ein späterer Wechsel ausdrücklich zu beachten ist (sog. Wandelbarkeit des Unterhaltsstatuts, Art. 4 II HUP 2007, Art. 4 II HUÜ 73).[54] Diese Grundregel beruht auf dem Gedanken, dass das Recht am gewöhnlichen Aufenthalt das Recht mit den engsten Verbindungen zu den tatsächlichen Lebensumständen des Unterhaltsberechtigten ist.[55] Nur für den **nachehelichen Ehegattenunterhalt** gelten eine Sonderregelungen (s. Rn. 26 ff.).

---

[50] BGH FamRZ 2010, 533 Rn. 1 ff.; zuvor war die Qualifikation umstritten, vgl. z. B. BGB FamRZ 1999, 217, 218 (Auslegung der getroffenen Vereinbarung); 1987, 13; OLG Düsseldorf FamRZ 2009, 1626; OLG Hamburg FamRZ 2004, 459; OLG Nürnberg FamRZ 2001, 1613; OLG Düsseldorf FamRZ 1998, 623 m. Anm. Öztan; gegen die Einordnung als unterhaltsrechtlicher Anspruch auch OLG Zweibrücken FamRZ 1997, 1404

[51] BGH FamRZ 2001, 412 = R 552; 1993, 1051

[52] Vgl. Erklärung (Nr. 17) zum Vorrang; Amtsblatt der EU C 83/344 vom 30. 3. 2010 und Art. 69 II EuUnthVO

[53] Vgl. Art. 13, 27 HUP 2007 und Art. 6, 11 HUÜ 73

[54] BGH FamRZ 2009, 1402 Rn. 10; 2004, 1639; OLG Jena FamRZ 2919, 1364; OLG Köln FamRZ 2005, 534 und OLGR Koblenz 2003, 339 (zur Wandelbarkeit); OLG Zweibrücken FamRZ 2004, 729 (zum Kindesunterhalt nach russischem Recht)

[55] Hirsch Europäisches Unterhaltsrecht 8. Göttinger Workshop zum Familienrecht 2009 S. 17, 32 f.

Der gewöhnliche Aufenthalt einer Person ist dort, wo sie sozial integriert ist und ihren 14
Lebensmittelpunkt sowie den Schwerpunkt ihrer Bindungen in familiärer und beruflicher
Hinsicht hat.[56] Maßgebend sind die **faktischen Verhältnisse,** wobei auch die Verweilabsichten der betreffenden Person von Bedeutung sind, wenn sich der Beteiligte erst seit
kurzer Zeit in einem neuen Land aufhält.[57] Nicht notwendig ist der Wille, den Aufenthaltsort zum Lebensmittelpunkt zu machen, denn sonst wäre es nicht nur der Aufenthalt,
sondern der Wohnsitz. Durch vorübergehende Abwesenheit auch von längerer Dauer wird
der gewöhnliche Aufenthalt in der Regel nicht aufgehoben, sofern eine Rückkehrabsicht
besteht.[58] Lebt und arbeitet ein unterhaltsberechtigter Ausländer aber auf Grund seiner
dortigen familiären Bindungen länger als 3 $1/2$ Jahre in seinem Heimatstaat, ist auf seinen
Unterhaltsanspruch das ausländische Recht anwendbar.[59] Für minderjährige Kinder, die
ihren – selbstständigen – gewöhnlichen Aufenthalt in aller Regel bei den Eltern oder dem
sorgeberechtigten Elternteil haben, ist eine Änderung des gewöhnlichen Aufenthalts ohne
den Willen des gesetzlichen Vertreters bedeutungslos.

Gewöhnlichen Aufenthalt hat 15
– der ausländische Gastarbeiter, der im Aufenthaltsstaat Wohnung und Arbeit gefunden hat,
 nachgezogene Familienangehörige jedoch nur bei längerem Aufenthalt[60] und Familienintegration,[61]
– der Student, der länger als nur ein Semester im Gastland studieren will,
– der Facharbeiter, der länger als nur einige Monate im Ausland für seinen Arbeitgeber tätig
 ist. Insoweit hat sich in der Praxis eine Faustregel von sechs Monaten gebildet,
– der gehobene Mitarbeiter eines ausländischen Arbeitgebers, sofern er nicht nur für
 wenige Monate im Gastland eingesetzt werden soll,
– der Asylbewerber, grundsätzlich auch der noch nicht anerkannte, der sich längere Zeit im
 Gastland aufhält, vor allem dann, wenn er Wohnung und Arbeit gefunden hat. Bei einem
 nicht anerkannten Asylbewerber kann es trotz längeren Aufenthalts an der sozialen
 Integration fehlen. Es kommt jeweils auf die tatsächlichen Verhältnisse an.[62]

4. Subsidiarität

Nach Art. 6 HUÜ 73, Art. 18 II EGBGB ist das innerstaatliche materielle Recht der 16
angerufenen Gerichts anzuwenden, wenn der Unterhaltsberechtigte nach den in den Art. 4
und 5 HUÜ 73 bzw. Art. 18 I EGBGB vorgesehenen Rechten vom Unterhaltspflichtigen
keinen Unterhalt erhalten konnte. Im Gegenzug sah das HUÜ 73 nach dessen Art. 24 die
Möglichkeit von Vorbehalten vor, um das anwendbare Recht auf einen engeren Kreis von
Unterhaltsansprüchen zu beschränken. Nach Art. 13, 24 HUÜ 73 konnte sich jeder Vertragsstaat vorbehalten, das Übereinkommen nur zwischen Ehegatten und früheren Ehegatten sowie gegenüber einer unverheirateten Person bis zur Vollendung des 21. Lebensjahres anzuwenden. Diesen Vorbehalt hat allerdings kein Vertragsstaat erklärt. Nach Art. 14,
24 HUÜ 73 konnte jeder Vertragsstaat die Anwendbarkeit des Übereinkommens ausschließen hinsichtlich des Verwandtenunterhalts in der Seitenlinie (Nr. 1), des Unterhalts zwischen Verschwägerten (Nr. 2) und des Unterhalts zwischen geschiedenen und getrennt
lebenden Ehegatte, wenn die Entscheidung über die Trennung, Scheidung oder Ehenichtigkeit durch Versäumnisurteil in einem Staat ergangen ist, in dem die säumige Partei ihren
gewöhnlichen Aufenthalt hatte. Von diesem Vorbehalt haben Griechenland (Nr. 1–3),
Luxemburg (Nr. 3), Polen (Nr. 2 und 3), Portugal (Nr. 2 und 3), die Schweiz (Nr. 1 und 2)
und die Türkei (Nr. 1 und 2) Gebrauch gemacht.[63] Schließlich konnten sich die Vertrags-

---

[56] BGB FamRZ 2001, 412 = R 552; 1993, 798; 1981, 135
[57] BGH FamRZ 2011, 542 Rn. 35
[58] BGB FamRZ 1993, 798
[59] BGB FamRZ 2001, 412 = R 552
[60] OLG Karlsruhe FamRZ 1992, 316: bei zweieinhalb Jahren
[61] OLG Karlsruhe FamRZ 1990, 1351
[62] Vgl. OLG Hamm IPRax 1990, 247: mehr als vier Jahre; OLG Koblenz IPRax 1990, 249: mehr als
 neun Jahre; OLG Nürnberg IPRax 1990, 249: 23 Monate
[63] Jayme/Hausmann Internationales Privat- und Verfahrensrecht 15. Aufl. S. 103 Fn. 6

staaten nach Art. 15, 24 HUÜ 73 vorbehalten, das lex fori als gemeinsames Heimatrecht der Beteiligten anzuwenden, wenn der Unterhaltsberechtigte und der Unterhaltspflichtige Staatsangehörige dieses Staates sind und der Unterhaltspflichtige dort seinen gewöhnlichen Aufenthalt hat. Von diesem Vorbehalt haben neben der Bundesrepublik Deutschland auch Italien, Litauen, Luxemburg, die Niederlande, Polen, Portugal, die Schweiz, Spanien und die Türkei Gebrauch gemacht.[64]

17 Demgegenüber sieht das HUP 2007 kein grundsätzlich subsidiär anwendbares Recht für den Fall vor, dass der Unterhaltsberechtigte nach dem sonst anwendbaren Recht keinen Unterhalt erlangen kann. Eine solche Regelung enthält das neue Übereinkommen nur noch für privilegierte Unterhaltsberechtigte.[65] Kann der Unterhaltsberechtigte nach dem Recht an seinem gewöhnlichen Aufenthaltsort (Art. 3 HUP 2007) keinen Unterhalt erhalten, ist das lex fori des angerufenen Gerichts anzuwenden, wenn es sich um Unterhalt der Eltern gegenüber ihren Kindern, anderer Personen als der Eltern gegenüber Personen, die das 21. Lebensjahr noch nicht vollendet haben oder der Kinder gegenüber ihren Eltern handelt (Art. 4 I, II HUP 2007). Auch für Unterhaltspflichten zwischen Ehegatten und geschiedenen Ehegatten sowie für deren gemeinsame Kinder kann sich der Unterhaltspflichtige darauf berufen, dass das Recht eines anderen Staates, insbesondere des Staates ihres letzten gemeinsamen gewöhnlichen Aufenthalts, eine engere Bindung aufweist. Dann ist das Recht dieses anderen Staates anzuwenden (Art. 5, 6 HUP 2007). Im Gegenzug erklärt Art. 27 HUP 2007 Vorbehalte zu dem Protokoll ausdrücklich für unzulässig. Die auf den gewöhnlichen Aufenthalt des Unterhaltsberechtigte abstellende Vorschrift des Art. 3 HUP 2007 wird durch eine sehr komplizierte und mehrstufige Regelung in Art. 5 HUP 2007 modifiziert.

5. Gemeinsame Staatsangehörigkeit

18 Nach Art. 5 HUÜ 73, Art. 4 IV HUP 2007 und Art. 18 I 2 EGBGB ist **ersatzweise** anstelle des gewöhnlichen Aufenthalts das **gemeinsame Staatsangehörigkeitsrecht** maßgebend, wenn der Unterhaltsberechtigte vom Unterhaltspflichtigen nach dem innerstaatlichen Recht des Aufenthaltsorts „keinen Unterhalt erhalten" kann. Unter innerstaatlichem Recht sind nur die Sachnormen gemeint, nicht das Kollisionsrecht. Gibt es keine gemeinsame Staatsangehörigkeit, scheidet diese Möglichkeit aus. Bei gewöhnlichem Aufenthalt in der Bundesrepublik Deutschland ist aufgrund des Vorbehalts nach Art. 15 HUÜ 73 nach diesem Übereinkommen stets das deutsche Recht anwendbar (s. Rn. 16). Ein Staat der das „Domicile" als Anknüpfungspunkt in Familiensache kennt, kann nach Art. 9 HUP 2007 das Ständige Büro der Haager Konferenz davon unterrichten, dass die Gerichte seines Landes im Rahmen dieses Übereinkommens statt auf die gemeinsame Staatsangehörigkeit auf das „Domicile" als Anknüpfungspunkt abstellen.

19 Umstritten ist, ob bei sog. **Mehrstaatlern** dasjenige Recht Vorrang hat, mit dem die maßgebliche Person am engsten verbunden ist, etwa durch ihre Lebensgeschichte (s. Art. 5 I EGBGB), oder ob das gemeinsame Heimatrecht immer zum Zuge kommt, auch wenn es „ineffektiv" ist und keinen Unterhaltsanspruch gibt. Wenn die „Effektivität" der gemeinsamen Staatsangehörigkeit dazu führen würde, dass die Regelung des Art. 5 HUÜ 73 sonst nicht zum Zuge kommen kann, widerspricht dies dem Zweck dieser hilfsweisen Anknüpfung, die dem Berechtigten die Erlangung von Unterhalt erleichtern soll (Günstigkeitsprinzip). Hat ein sog. Mehrstaatler auch die deutsche Staatsangehörigkeit, hat diese immer Vorrang.

20 Wann und unter welchen Umständen der Unterhaltsberechtigte **„keinen Unterhalt erhalten"** kann, ist noch nicht abschließend geklärt. Die Regelung in Art. 4 IV HUP 2007, Art. 5 HUÜ 73 und Art. 18 I 2 EGBGB ist zwar, wie erwähnt, als Begünstigung des Berechtigten zu verstehen, jedoch nicht als Meistbegünstigungsklausel, ebenso wenig wie die in Art. 6 HUÜ 73.[66]

---

[64] Jayme/Hausmann, Internationales Privat- und Verfahrensrecht, 15. Aufl., S. 103 Fn. 7
[65] Hirsch, Europäisches Unterhaltsrecht, 8. Göttinger Workshop zum Familienrecht 2009, S. 17, 33
[66] Henrich IPRax 2001, 437; vgl. auch BGB FamRZ 2007, 113 (zur Scheidung) und KG FamRZ 1988, 167

1. Abschnitt: Materielles Recht § 9

a) Besteht nach der primär anwendbaren Rechtsordnung von vornherein überhaupt kein 21 gesetzlicher Unterhaltsanspruch im Verhältnis zwischen Unterhaltsberechtigtem und Unterhaltspflichtigem, ist die genannte Voraussetzung eindeutig zu bejahen.[67]

b) Scheidet ein Unterhaltsanspruch jedoch aus persönlichen, wirtschaftlichen oder sons- 22 tigen individuellen Gründen aus, liegt regelmäßig der in Art. 4 IV HUP 2007, Art. 5 HUÜ 73 und Art. 18 I 2 EGBGB angesprochene Fall nicht vor. Auf das deutsche Recht als lex fori kann dann nicht zurückgegriffen werden. Dies ist zum Teil streitig, gilt aber jedenfalls
– bei mangelnder Bedürftigkeit des Berechtigten,[68]
– bei fehlender oder eingeschränkter Leistungsfähigkeit des Verpflichteten,[69]
– bei einem vom deutschen Recht abweichenden Rangverhältnis (Nachrang des Unterhaltsberechtigten),
– beim Nachrang des Unterhaltspflichtigen in der Haftung,
– bei Verwirkung des Unterhaltsanspruchs,[70]
– bei Verjährung des Unterhaltsanspruchs,
– beim Erlöschen des Unterhaltsanspruchs, etwa mangels Verzugs[71] oder durch eine gezahlte Abfindung,
– bei Verzicht auf den Unterhalt,[72]
– bei Befristung des Unterhaltsanspruchs,
– bei generellen Beschränkungen, wenn z. B. das Unterhaltsstatut nur Elementarunterhalt gewährt, aber keinen Vorsorgeunterhalt oder keinen Prozesskostenvorschuss.[73]

6. Recht des Gerichtsstaats

Wiederum **ersatzweise** ist gemäß Art. 4 II HUP 2007, Art. 6 HUÜ 73, Art. 18 II 23 EGBGB das materielle Recht des Gerichtsstaats **(lex fori)**, bei Anrufung deutscher Gerichte also deutsches materielles Recht, maßgebend, wenn die Hauptanknüpfung (gewöhnlicher Aufenthalt des Berechtigten) und – im Falle des HUÜ 73 und des Art. 18 I 2 EGBGB – die vorrangige Ersatzanknüpfung an die gemeinsame Staatsangehörigkeit nicht zum Unterhalt führen. Für die Voraussetzung, „keinen Unterhalt erhalten" zu können, gilt dasselbe wie zu Art. 4 IV HUP 2007, Art. 5 HUÜ 73 und Art. 18 I 2 EGBGB (s. Rn. 20 ff.).

7. Verstoß gegen den Ordre Public

Eine ausländische Rechtsnorm ist nicht anzuwenden, wenn ihre Anwendung zu einem 24 Ergebnis führt, das mit **wesentlichen Grundsätzen des deutschen Rechts** (ordre public[74]) offensichtlich unvereinbar ist (Art. 13 HUP 2007, Art. 11 I HUÜ 73 und Art. 6 EGBGB).[75] Dafür reicht es aber nicht aus, wenn das Scheidungsstatut (s. Rn. 26 ff.) nachehelichen Unterhalt grundsätzlich nicht, nur in geringerem Umfang oder nur unter engeren Voraussetzungen kennt als das deutsche Recht, dafür aber andere Möglichkeiten zur Verfügung stellt, wie z. B. das französische Recht mit den „prestations compensatoires" (s.

---

[67] BGH 2001, 412, 413; OLG Nürnberg FamRZ 2010, 2077 Rn. 33 ff.; OLG Hamm FamRZ 2009, 2009 Rn. 60
[68] BGB FamRZ 2001, 412, 413 = R 552
[69] BGH a. a. O.; vgl. auch OLG Oldenburg FamRZ 1996, 1240 m. Anm. Henrich IPRax 1997, 46 f.
[70] Zur Versagung nachehelichen Unterhalts wegen Ehebruchs nach österreichischem Recht vgl. OLG Bremen IPRax 1998, 366
[71] BGB FamRZ 2005, 1987
[72] Vgl. aber BGH FamRZ 1983, 137; OLG Hamm FamRZ 2000, 31; OLG Karlsruhe FamRZ 1992, 316
[73] Vgl. dazu KG FamRZ 1988, 167
[74] S. Rn. 685 ff.
[75] OLG Düsseldorf FamRZ 1995, 885; vgl. insoweit aber OLG Zweibrücken FamRZ 1997, 1404 und OLG Zweibrücken EZFamR aktuell 1999, 126

§ 9 Auslandsberührung

unten „Frankreich"). Ein Verstoß gegen den ordre public kommt aber dann in Betracht, wenn auch für besondere Härtefälle kein Unterhalt vorgesehen ist.[76] Ist z. B. nach dem Heimatrecht der Parteien kein Anspruch auf nachehelichen Ehegattenunterhalt gegeben, liegt darin ein Verstoß gegen den deutschen ordre public, wenn der unterhaltsbedürftige Ehegatte Kinder zu versorgen hat und ohne erhebliche Vernachlässigung seiner Elternpflicht nicht in der Lage wäre, seinen eigenen Lebensunterhalt sicherzustellen.[77] Gleiches kann der Fall sein, wenn eine Partei trotz offensichtlicher Bedürftigkeit nach ausländischem Recht wirksam auf Unterhaltsansprüche verzichtet hat.[78] Dann steht dem Berechtigten wegen des vorliegenden Härtefalls ein Anspruch auf nachehelichen Unterhalt zu. Das gilt allerdings nur für die Zeit ihres Aufenthaltes in Deutschland, denn die Anwendung des deutschen ordre public ist naturgemäß auf das Gebiet der Bundesrepublik beschränkt.[79]

25 Ist eine Vorschrift des ausländischen Rechts wegen Verstoßes gegen den deutschen ordre public nicht anzuwenden, tritt an seine Stelle das **deutsche Recht**. Dabei kommt allerdings kein höherer Unterhaltsanspruch in Betracht, als zur Vermeidung einer Notlage erforderlich ist. Ggf. sind deshalb auch Einkünfte aus überobligatorischer Tätigkeit anzurechnen, wenn die (teilweise) Erwerbstätigkeit keine Vernachlässigung des Kindes zur Folge hat.[80]

8. Folgen einer Scheidung

26 Wurde die Ehe geschieden, für nichtig erklärt oder aufgehoben oder die Trennung von Tisch und Bett förmlich durch ein Gericht ausgesprochen, wie z. B. nach italienischem Recht (nicht bei faktischer Trennung allein!), so ist für den **nachehelichen Unterhalt** nach Art. 8 HUÜ 73 und Art. 18 IV EGBGB ausschließlich das auf die Scheidung/Trennung von Tisch und Bett angewendete Recht maßgebend, und zwar unwandelbar und unabhängig davon, ob der betreffende Staat Vertragsstaat des Übereinkommens ist (Art. 3 HUÜ 73).[81] Vorrangig ist dann lediglich die sich aus dem deutschen Vorbehalt nach Art. 15 HUÜ 73 ergebende Sonderregelung für ein gemeinsames Heimatrecht (s. Rn. 16).[82] Das gleiche Ergebnis ergibt sich über Art. 18 IV, 17 I, 14 I 1 EGBGB. Hat der Scheidungsrichter ein unzutreffendes Scheidungsstatut angewendet, bleibt es trotzdem für den Unterhalt maßgebend.[83]

27 Verweigert das **Scheidungsstatut** nach Art. 5 HUP 2007, Art. 8 HUÜ 73 und Art. 18 IV EGBGB einen Unterhaltsanspruch des geschiedenen Ehegatten, kann allenfalls eine Verletzung des deutschen „ordre public" nach Art. 13 HUP 2007, Art. 11 I HUÜ 73 und Art. 6 EGBGB vorliegen. Ein Verstoß gegen den ordre public kommt aber nur dann in Betracht, wenn auch für besondere Härtefälle kein Unterhalt vorgesehen ist.[84]

28 Handelt es sich um ein **ausländisches Scheidungsurteil** zwischen einem Deutschen und einem Ausländer oder werden zwei Ausländer in einem Drittstaat geschieden, muss die Entscheidung zunächst gemäß § 107 FamFG (früher Art. 7 § 1 FamRÄndG) von der zuständigen Landesjustizverwaltung anerkannt werden.[85] Wird die Anerkennung rechtswirksam abgelehnt, ist die Scheidung nicht existent und folglich auch nicht maßgebend für das

---

[76] Vgl. BGB FamRZ 1991, 925; auch OLG Düsseldorf FamRZ 1995, 885
[77] OLG Hamm FamRZ 1999, 1142; OLG Düsseldorf FamRZ 1995, 885; zum deutschen Recht vgl. BVerfG FamRZ 2001, 343 = R 553
[78] BGB FamRZ 1983, 137; OLG Hamm FamRZ 2000, 31
[79] OLG Hamm FamRZ 2000, 29, 31; OLG Zweibrücken FamRZ 1997, 1404
[80] OLG Zweibrücken FamRZ 2000, 32; vgl. auch BGB NJW 1966, 296
[81] BGB FamRZ 1991, 925; OLG Hamm FamRZ 1995, 886; kritisch Schwarz/Scherpe FamRZ 2004, 665 (zum deutsch-schwedischen Rechtsverkehr)
[82] Vgl. BGB FamRZ 1991, 925 (Ehe nach polnischem Recht geschieden, beide Ehegatten inzwischen sog. Spätaussiedler in Deutschland mit deutschem Pass); OLG Hamm FamRZ 2001, 918 (für russische Spätaussiedler, die Deutsche i. S. v. Art. 116 GG waren) mit Anm. Steinbach FamRZ 2001, 1525
[83] Vgl. BGB FamRZ 1987, 682
[84] Vgl. BGB FamRZ 1991, 925; OLG Düsseldorf FamRZ 1995, 885
[85] BGH FamRZ 2011, 788; vgl. auch die Verordnung (EG) Nr. 2201/2003 des Rats über die Zuständigkeit und die Anerkennung und Vollstreckung von Entscheidungen in Ehesachen und in

anzuwendende Unterhaltsrecht. Dann gelten die normalen (oben dargestellten) Regeln für den Trennungsunterhalt unter Ehegatten.[86] Ist eine solche Anerkennung nicht nötig, wie bei gemeinsamer Staatsangehörigkeit des Entscheidungsstaats, müssen der Unterhaltsberechtigte selbst und das Familiengericht die Anerkennungsfähigkeit des Scheidungsurteils inzident prüfen, und zwar nach § 109 FamFG.[87] Ist allerdings als Bestandteil eines Scheidungsurteils auch eine Entscheidung zum Kindesunterhalt ergangen, setzt dessen Vollstreckbarkeit die vorherige Anerkennung der Scheidung nicht voraus.[88] Denn Kindesunterhalt schuldet der Elternteil auch unabhängig von einer rechtskräftigen Scheidung. Allerdings setzt der Titel auf Kindesunterhalt die Abstammung, regelmäßig also die Vaterschaft, voraus. Wenn diese nicht unstreitig ist, muss sie zunächst durch ein anerkennungsfähiges Statusurteil geklärt werden. Verstößt das ausländische Statusurteil gegen den inländischen ordre public des Vollstreckungsstaates, kann es nicht anerkannt werden. Dann ist auch eine zugleich ausgesprochene Unterhaltspflicht nicht für vollstreckbar zu erklären.[89] Handelt es sich hingegen um einen isolierten Unterhaltstitel, kann lediglich die Vollstreckbarkeit aus besonderen Gründen, insbesondere im Falle eines Verstoßes gegen den inländischen ordre public (s. Rn. 688), abgelehnt werden.

Privatscheidungen, auch solche im Ausland an denen ein Deutscher beteiligt ist, können nicht anerkannt werden, weil bei ihnen als privates Rechtsgeschäft das Heimatrecht der Ehegatten maßgeblich ist, das deutsche Scheidungsrecht aber eine Privatscheidung nicht zulässt (§ 1564 S. 1 BGB).[90] 29

In der Alltagspraxis wird nicht selten übersehen, dass auf Grund des **Statutenwechsels durch die Scheidung** für den nachehelichen Unterhalt eine andere Rechtsordnung maßgebend ist als für den Trennungsunterhalt. Das gilt etwa, wenn der unterhaltsberechtigte Ausländer seinen gewöhnlichen Aufenthalt in Deutschland hat und sich der Trennungsunterhalt deswegen nach deutschem materiellen Recht richtet, während er wegen einer gemeinsamen ausländischen Staatsbürgerschaft nach seinem ausländischen Heimatrecht geschieden worden ist, wonach sich dann auch der nacheheliche Unterhalt richtet. 30

9. Wahl des anzuwendenden Rechts

In Art. 15 EuUnthVO i. V. mit den Art. 7, 8 HUP 2007 ist nun erstmals auch eine Wahl des anzuwendenden materiellen Rechts vorgesehen. Diese Möglichkeiten, die in den Vorgängerübereinkommen, dem HUÜ 56 und dem HUÜ 73, noch nicht vorgesehen waren und die auch Art. 18 EGBGB nicht kennt, sollen auch im internationalen Kollisionsrecht die Privatautonomie stärken. 31

Nach **Art. 7 I HUP 2007** können die Beteiligten ungeachtet der weiteren Vorschriften zur Anwendbarkeit des materiellen Rechts für ein bestimmtes Verfahren in einem bestimmten Staat das lex fori dieses Staates als auf die Unterhaltspflicht anzuwendendes Recht bestimmen. Nach Einleitung des Verfahrens ist dies formlos möglich. Erfolgt die Rechtswahl vor der Einleitung des Unterhaltsverfahrens, muss dies durch eine von beiden Parteien unterzeichnete Vereinbarung in Schriftform oder auf einem Datenträger, dessen Inhalt für eine spätere Einsichtnahme zugänglich ist (Art. 7 II HUP 2007), erfolgen. 32

Art. 8 HUP 2007 geht sogar noch weiter. Danach können die Beteiligten jederzeit auch allgemein ein auf ihre Unterhaltspflichten anzuwendendes Recht bestimmen. Die Möglichkeit ist allerdings mehrfach begrenzt. Einerseits ist diese allgemeine Rechtswahl nur hinsichtlich der in Art. 8 I a–d HUP 2007 angegebenen Rechte möglich. Das sind das Recht der gemeinsamen Staatsangehörigkeit (a), das Recht, in dem einer der Beteiligten im Zeitpunkt der Rechtswahl seinen gewöhnlichen Aufenthalt hat (b), das Recht, das die Betei- 33

Verfahren betreffend die elterliche Verantwortung und zur Aufhebung der Verordnung (EG) Nr. 1347/2000 vom 27. November 2003, Schönfelder Ergänzungsband Nr. 103 b
[86] Vgl. OLG Koblenz FamRZ 1991, 459 und OLG Düsseldorf FamRZ 1995, 885
[87] Vgl. OLG Hamm FamRZ 1995, 886
[88] BGB FamRZ 2007, 717, 718
[89] BGH FamRZ 2009, 1816 Rn. 30 ff., 44
[90] BGB FamRZ 1990, 607; 1994, 434 f.; für das Inland vgl. auch Art. 17 II EGBGB

ligten als das auf ihren Güterstand anzuwendende Recht gewählt haben, oder das tatsächlich darauf angewandt wird (c) oder das Recht, das die Beteiligten als das auf ihre Ehescheidung oder Trennung anzuwendende Recht gewählt haben, oder das tatsächlich darauf angewandt wird (d). Eine solche Rechtswahl ist stets schriftlich zu erstellen oder auf einem Datenträger zu erfassen, dessen Inhalt für eine spätere Einsichtnahme zugänglich ist; sie ist von beiden Parteien zu unterschreiben (Art. 8 II HUP 2007). Eine weitere Einschränkung ergibt sich hinsichtlich der geschuldeten Unterhaltspflicht. Nach Art. 8 III 1 HUP 2007 ist die allgemeine Rechtswahl nicht zulässig für den Unterhalt einer Person die das 18. Lebensjahr noch nicht vollendet hat, also nicht für den Unterhaltsanspruch minderjähriger Kinder. Gleiches gilt für den Unterhaltsanspruch eines Volljährigen, der aufgrund einer Beeinträchtigung seiner persönlichen Fähigkeiten nicht in der Lage ist, seine Interessen zu schützen (Art. 8 III 2 HUP 2007). Ein Verzicht des Unterhaltsberechtigten auf seinen Unterhaltsanspruch ist nach Art. 8 IV HUP 2007 hingegen unbeschadet des im Übrigen anwendbaren Rechts stets nach dem Recht zu beurteilen, in dem der Unterhaltsberechtigte im Zeitpunkt seiner Rechtswahl seinen gewöhnlichen Aufenthalt hat. Schließlich ist das von den Beteiligten bestimmte Recht nach Art. 8 V HUP 2007 auch dann nicht anzuwenden, wenn die Anwendung für einen Beteiligten offensichtlich unbillige oder unangemessene Folgen hätte, es sei denn, die Beteiligte waren im Zeitpunkt der Rechtswahl umfassend unterrichtet und sich der Folgen ihrer Rechtswahl vollständig bewusst.

10. Auf öffentliche Träger übergegangene Unterhaltsansprüche

34   Wenn der unterhaltsberechtigten Person **öffentliche Hilfen** geleistet wurden, richtet sich der Anspruchsübergang auf den Träger der öffentlichen Leistungen und die Durchsetzung des Unterhaltsanspruchs sowie die sonstige Erstattung der öffentlichen Leistungen durch diesen gemäß Art. 15 EuUnthVO, Art. 10 HUP 2007 nach dem Recht, dem die Einrichtung untersteht.[91]

IV. Bemessung des Unterhalts

1. Bedarfsermittlung

35   Das internationale Unterhaltsstatut bestimmt gemäß Art. 15 EuUnthVO, Art. 1 HUP 2007 das auf „Unterhaltspflichten anzuwendende Recht". Nach Art. 10 Nr. 1 HUÜ 73, Art. 18 VI Nr. 1 EGBGB bestimmt es dabei insbesondere, ob, in welchem Ausmaß und von wem der Berechtigte Unterhalt verlangen kann, wer zur Einleitung des Unterhaltsverfahrens berechtigt ist und welche Fristen für die Einleitung gelten sowie das Ausmaß der Erstattungspflicht, wenn öffentliche Träger Leistungen an den Unterhaltsberechtigte erbracht haben. Stets sind bei der Bemessung des Unterhalts die **Bedürfnisse des Berechtigten und die wirtschaftlichen Verhältnisse des Verpflichteten** zu berücksichtigen, selbst wenn das anzuwendende materielle Recht etwas anderes bestimmt (Art. 15 EuUnthVO, Art. 14 HUP 2007, Art. 11 II HUÜ 73, Art. 18 VII EGBGB). Unabhängig von der Anwendbarkeit des deutschen oder eines ausländischen Unterhaltsrechts bereitet die Unterhaltsbemessung zusätzliche Schwierigkeiten, wenn der **Unterhaltsberechtigte und der Unterhaltspflichtige nicht in dem selben Staat** leben.[92] Denn wenn die Währungsumstellung und die damit verbundene unterschiedliche Kaufkraft nicht dem deutschen Verhältnis entsprechen, könnte der Unterhaltsberechtigte real im Vergleich zu dem Unterhaltspflichtigen zu viel oder zu wenig erhalten. Weil geringe Abweichungen aber auch innerhalb Deutschlands nicht unüblich sind,[93] kann der Unterhalt innerhalb der **Eurozone**

---

[91] Vgl. BGH FamRZ 2011, 802
[92] Vgl. FamRZ 1990, 992
[93] Hinsichtlich der Wohnkosten und der Kosten der allgemeinen Lebenshaltung besteht noch immer ein Ost-West-Gefälle und seit langem auch ein Nord-Süd-Gefälle. Die Wohnkosten sind in größeren Städten deutlich höher als in ländlichen Bezirken

1. Abschnitt: Materielles Recht § 9

wie im Inland berechnet werden, wenn sich die Kaufkraft des Euro in den beteiligten Staaten nur gering unterscheidet (s. Rn. 42 ff.).[94]

Auch bei größeren Abweichungen oder unterschiedlichen Währungen ist zunächst der Bedarf wie im Inland zu ermitteln, z. B. nach den ehelichen Lebensverhältnissen (§§ 1361 I S. 1, 1578 I S. 1 BGB bei Ehegatten) oder der eigenen Lebensstellung (§ 1610 I BGB bei Kindern, sonstigen Verwandten und Ansprüchen nach § 1615 l BGB). Sodann ist festzustellen, welchen Betrag der Berechtigte benötigt, um in dem Land, in dem er lebt, dieselbe Kaufkraft zur Verfügung zu haben.[95] Überwiegend bedient sich die Rechtsprechung dabei der sog. Verbrauchergeldparitäten, die für die Zeit bis Ende 2009 in regelmäßigen Abständen vom deutschen Statistischen Bundesamt bekannt gegeben wurden (s. Rn. 42 ff.). Zusätzlich ist die reale Kaufkraft vom Verhältnis des Devisenkurses zum Euro abhängig (s. Rn. 38 ff.).[96] Teilweise – insbesondere beim Kindesunterhalt – wird ein nach der Düsseldorfer Tabelle errechneter Bedarf aber auch lediglich pauschal um einen Bruchteil (meist $^1/_4$ bis $^3/_4$) gekürzt, wobei auf eine Ländergruppeneinteilung des Bundesfinanzministeriums zurückgegriffen wird (s. Rn. 37).[97] Gegen diese Berechnung bestehen trotz größerer Praktikabilität nicht unerhebliche Bedenken, weil sich die der Einteilung zugrunde liegenden steuerliche Erwägungen und die unterhaltsrechtliche Bedarfsbemessung nicht decken und weil der Bedarf nicht ohne Berücksichtigung der konkreten Einzelumstände, auch des verschiedenen und wechselnden Ausmaßes der Inflation in dem betreffenden Staat, pauschal gekürzt werden kann. In jedem Falle ist darauf zu achten, dass der Berechtigte nicht mehr erhält, als er zur Deckung seines Bedarfs in seinem Aufenthaltsland benötigt.[98] Dem in Deutschland lebenden Unterhaltspflichtigen muss in jedem Fall der hier maßgebliche Selbstbehalt verbleiben.[99]

Ländergruppeneinteilung ab 2010 37
BStBl. 2003 I 637, 2005 I 369, 2008 I 936 und 2009 I 1323

Unter Bezugnahme auf die Abstimmung mit den obersten Finanzbehörden der Länder sind die Beträge des § 1 III S. 2, des § 32 VI S. 4 und des § 33 a I S. 5 und II S. 3 EStG mit Wirkung ab 1. Januar 2010 wie folgt anzusetzen:[100]

in voller Höhe	mit $^3/_4$	mit $^1/_2$		mit $^1/_4$
Wohnsitzstaat des Steuerpflichtigen bzw. der unterhaltenen Person				
1	2	3		4
Andorra Australien Belgien Brunei Darussalam Dänemark Finnland Frankreich Griechenland Hongkong Irland Island	Äquatorialguinea Bahamas Bahrain Barbados Estland Israel Korea, Republik Malta Oman Palästinensische Gebiete Portugal	Antigua und Barbuda Argentinien Botsuana Brasilien Bulgarien Chile Cookinseln Costa Rica Dominica Gabun Grenada	Afghanistan Ägypten Albanien Algerien Angola Armenien Aserbaidschan Äthiopien Bangladesch Belize Benin Bhutan	Lesotho Liberia Madagaskar Malawi Malediven Mali Marokko Marshallinseln Mauretanien Mazedonien (ehem. jugoslawische Rep.)

[94] Vgl. zur Prozesskostenhilfe BGH FamRZ 2009, 497
[95] BGH FamRZ 1987, 682, 683 f.
[96] Im Internet veröffentlicht unter „www.bundesbank.de/statistik/statistik_devisen.php"
[97] OLG Hamm 2008, 552 Rn. 54; OLG München FamRZ 2002, 55 (Herabsetzung um $^1/_3$ für die Türkei); OLG Koblenz FamRZ 2002, 56 (Herabsetzung auf $^1/_3$ für Russland); OLG Hamm FamRZ 1989, 1332; OLG Düsseldorf FamRZ 1989, 1335; OLG Celle FamRZ 1990, 1390; OLG Celle OLGR 1998, 149; OLG Karlsruhe FamRZ 1991, 600; zu den Ländergruppeneinteilungen siehe FamRZ 1996, 471, FamRZ 2005, 1385, FamRZ 2007, 1433 und Rn. 37
[98] Vgl. BGH FamRZ 1992, 1060; KG FamRZ 1994, 759
[99] Vgl. OLG Karlsruhe FamRZ 1990, 313
[100] FamRZ 2005, 1385; 2007, 1433 und aktuell im Internet veröffentlicht bei: www.bundesfinanzminiderium.de unter Aktuelles und Sucheingabe „Ländergruppeneinteilung"

in voller Höhe	mit ³/₄	mit ½	mit ¼	
\multicolumn{5}{	c	}{Wohnsitzstaat des Steuerpflichtigen bzw. der unterhaltenen Person}
1	2	3	4	
Italien	Saudi Arabien	Kasachstan	Bolivien	Mikronesien, Föderierte Staaten von
Japan	Slowakische Republik	Kroatien	Bosnien und Herzegowina	
Kaiman-Inseln		Lettland	Burkina Faso	Moldau, Republik/Moldawien
Kanada	Slowenien	Libanon	Burundi	
Katar	Taiwan	Libysch-Arabische Dschamahirija/ Libyen	China (VR)	
Kuwait	Trinidad und Tobago		Cote d'Ivoire/ Elfenbeinküste	Mongolei
Lichtenstein				Mosambik
Luxemburg	Tschechische Republik	Litauen	Dominik. Republik	Myanmar
Macau		Malaysia		Namibia
Monaco	Turks- und Caicos-Inseln	Mauritius	Dschibuti	Nepal
Neuseeland		Mexiko	Ecuador	Nicaragua
Niederlande		Montenegro	El Salvador	Niger
Norwegen		Nauru	Eritrea	Nigeria
Österreich		Niue	Fidschi	Pakistan
San Marino		Palau	Gambia	Papua Neuguinea
Schweden		Panama	Georgien	
Schweiz		Polen	Ghana	Paraguay
Singapur		Rumänien	Guatemala	Peru
Spanien		Russische Föderation	Guinea	Philippinen
Vereinigte Arab. Emirate		Serbien	Guinea-Bissau	Ruanda
Vereinigte Staaten		Seychellen	Guyana	Salomonen
Vereinigtes Königreich		St. Kitts und Nevis	Haiti	Sambia
Zypern		St. Lucia	Honduras	Samoa
		St. Vincent und die Grenadinen	Indien	Sao Tomé und Principe
			Indonesien	
		Südafrika	Irak	Senegal
		Suriname	Iran, Islam. Republik	Sierra Leone
		Türkei		Simbabwe
		Ungarn	Jamaika	Somalia
		Uruguay	Jemen	Sri Lanka
		Venezuela	Jordanien	Sudan
		Weißrussland/Belarus	Kambodscha	Swasiland
			Kamerun	Syrien, Arab. Rep.
			Kap Verde	
			Kenia	Tadschikistan
			Kirgisistan	
			Kiribati	Tansania, Ver. Rep.
			Kolumbien	
			Komoren	Thailand
			Kongo, Republik	Timor-Leste
				Togo
			Kongo, Demokratische Republik	Tonga
				Tschad
				Tunesien
			Korea, Dem. VR	Turkmenistan
			Kosovo	Tuvalu
			Kuba	Uganda
			Laos, Dem. VR	Ukraine

1. Abschnitt: Materielles Recht § 9

in voller Höhe	mit ³/₄	mit ¹/₂	mit ¹/₄
Wohnsitzstaat des Steuerpflichtigen bzw. der unterhaltenen Person			
1	2	3	4
			Usbekistan Vanuatu Vietnam Zentralafrikanische Republik

2. Bedarfskorrektur mit Hilfe der Verbrauchergeldparität

Ein genauerer Weg, um die unterschiedliche Kaufkraft im Empfängerstaat in die Unterhaltsbemessung einfließen zu lassen, ist hingegen die Berücksichtigung von Wechselkurs und Verbrauchergeldparität. Denn wenn sich der Unterhaltsberechtigte oder der Unterhaltspflichtige im Ausland befindet, muss der Zahlbetrag des Unterhalts in der Regel in eine andere Währung umgetauscht werden. Die Verbrauchergeldparität gibt an, wie viele ausländische Geldeinheiten erforderlich sind, um die gleiche Gütermenge bestimmter Qualität im Ausland zu erwerben, die man in der Bundesrepublik Deutschland für einen Euro erhält. Aus der Verbrauchergeldparität allein lässt sich aber nur dann erkennen, ob ein Land teurer oder billiger ist als ein anderes, wenn beide Länder die gleiche Währung und damit den gleichen Devisenkurs haben, wie z. B. in der **Eurozone**. Sonst kann die Kaufkraft nur durch einen **Vergleich der Verbrauchergeldparität mit dem Wechselkurs** festgestellt werden, zu dem man Euro in ausländische Währung tauscht. Wenn die Verbrauchergeldparität von der Devisenparität abweicht, ergibt sich dabei ein **Kaufkraftgewinn** oder ein **Kaufkraftverlust**. Ist die Verbrauchergeldparität größer als der Wechselkurs, dann ist das Ausland teurer als das Inland. Umgekehrt ist das Leben im Ausland billiger, wenn der Devisenkurs größer ist als die Verbrauchergeldparität. Die Rechtsprechung versucht diesem Umstand dadurch Rechnung zu tragen, dass sie den Bedarf in Anknüpfung an die Abweichung der Kaufkraftparität vom Devisenkurs[101] korrigiert.[102] 38

Auf die **Bedarfsbemessung** hat die Verbrauchergeldparität dann Einfluss, wenn der Bedarf des Unterhaltsberechtigten vom Einkommen des Unterhaltspflichtigen abhängt, wie beim Unterhalt nach den ehelichen Lebensverhältnissen gemäß § 1578 I 1 BGB oder dem abgeleiteten Unterhaltsbedarf eines noch im Haushalt eines Elternteils lebenden Kindes gemäß § 1610 I BGB. Der sich auf der Grundlage des Einkommens des Unterhaltspflichtigen aufgrund einer Quote oder aus der Düsseldorfer Tabelle ergebende Bedarf verändert sich dann durch die von der Devisenparität abweichende Verbrauchergeldparität. Kann z. B. der unterhaltsberechtigte geschiedene Gatte nach Übersiedlung in ein billigeres Land seinen Bedarf nach den ehelichen Lebensverhältnissen mit geringerem Aufwand decken, rechtfertigt das die Herabsetzung seines Unterhalts im Verhältnis des Kaufkraftgewinns.[103] Ebenso kann der Bedarf eines Kindes im Ausland geringer sein, als der Betrag, der sich aus der Düsseldorfer Tabelle für Kinder innerhalb der Bundesrepublik Deutschland ergibt, wenn auch die Lebenshaltungskosten an seinem Aufenthaltsort geringer sind.[104] Wegen der ge- 39

---

[101] Vgl. Gutdeutsch/Zieroth FamRZ 1993, 1152 ff.
[102] OGH Wien ZfRV 2004, 104; OLG Brandenburg FamRZ 2008, 1279; OLG Hamm FamRZ 2005, 369; OLG Zweibrücken FamRZ 2004, 729; OLG Düsseldorf FamRZ 1990, 556; OLG Hamburg FamRZ 1990, 794, AG Hamburg-Altona FamRZ 1992, 82
[103] BGH FamRZ 1987, 682; OLG München FamRZ 1998, 857 (Bedarfskorrektur auf 40% für Tschechien)
[104] OLG Celle OLGR 1998, 149 (Bedarfskorrektur um ¹/₃ für Polen); OLG Karlsruhe FamRZ 1998, 1531 (Bedarfskorrektur um ¹/₄ für Tschechien); OLG Düsseldorf FamRZ 1990, 556 (Polen); OLG Hamburg FamRZ 1990, 794 (Polen); LG Hannover FamRZ 1998, 858 (Abschlag von 20% für

§ 9 Auslandsberührung

naueren Ergebnisse ist einer solchen Anpassung des geschuldeten Unterhalts mittels Verbrauchergeldparität und Devisenkurs[105] der Vorzug gegenüber einer pauschalen Herabsetzung nach der Ländergruppeneinteilung einzuräumen.

40 Dabei ist zunächst in einem **ersten Schritt** wie in den folgenden Tabellen das **Verhältnis der Verbrauchergeldparität zum Devisenkurs** zu ermitteln. Die Verbrauchergeldparität bildet das Ergebnis eines Preisvergleichs für Waren und Dienstleistungen des privaten Verbrauchs zwischen ausländischen Staaten und der Bundesrepublik Deutschland. Sie wurde bis Ende 2009 regelmäßig, ggf. als Schätzung (s) oder als Prognose (p), vom Statistischen Bundesamt veröffentlicht.[106] Die damit zu vergleichenden Devisenkurse werden von der Deutschen Bundesbank errechnet und veröffentlicht.[107] Seit dem 1. 1. 1999 galten im europäischen Bereich gemäß Art. 109 I Abs. 4 des Vertrages über die Gründung der Europäischen Gemeinschaft (jetzt Europäische Union) für die an der Währungsunion teilnehmenden Länder unwiderruflich festgelegten Umrechnungskurse gegenüber dem Euro (EUR) und somit auch untereinander. Seit dem 1. Januar 2002 ist der Euro in Belgien, der Bundesrepublik Deutschland, Finnland, Frankreich, Griechenland, Irland, Italien, Luxemburg, Monaco, den Niederlanden, Österreich, Portugal, San Marino, Spanien und dem Vatikan gesetzliches Zahlungsmittel. Hinzu gekommen sind zum 1. Januar 2007 Slowenien, zum 1. Januar 2008 Malta und Zypern, zum 1. Januar 2009 die Slowakei und zum 1. Januar 2011 Estland. Da die Devisenparität neben der Verbrauchergeldparität nur ein Faktor der unterschiedlichen Kaufkraft in verschiedenen Ländern ist, muss grundsätzlich auch für die Länder der Eurozone geprüft werden, ob der nach deutschen Grundsätzen errechnete Bedarf oder die Leistungsfähigkeit anzupassen sind.[108] Das ist allerdings nur dann der Fall, wenn (bei gleicher Währung) die Verbrauchergeldparität nicht unerheblich auseinander fällt.

41 Das in die Korrekturtabellen (s. Rn. 83) zu übernehmende **Verhältnis (x) zwischen Devisenkurs (D) und Verbrauchergeldparität (V)** ist für die nunmehr auf der Grundlage des Euro ermittelten Werte nach folgender **Formel** zu berechnen: x = ((100 D − 100 V)/V) oder x = 100 D/V − 100. Für die am häufigsten vorkommenden Länder sind die entsprechenden Werte in den folgenden Tabellen aufgelistet:

42 **Belgien** (Euro − EUR)

Jahr	Devisenkurs (D)	Verbrauchergeldparität (V)	Verhältnis zueinander (x)
			x = 100 D/V − 100
1974 bis 1993			+ 0,6 Durchschnitt
1994	40,3015	40,3264	− 0,1
1995	40,2401	40,1608	+ 0,2
1996	40,2500	40,9169	− 1,6
1997	40,3563	40,9169	− 1,4
1998	40,3464	41,0889	− 1,8
1999	40,3399	41,3495	− 2,4
2000	40,3399	41,6134	− 3,1
2001	40,3399	41,2622	− 2,2
2002 (EUR)	1,0000	1,0262	− 2,6
2003	1,0000	1,0102	− 1,0
2004	1,0000	1,0100	− 1,0

Slowenien); OLG Koblenz FamRZ 1998, 1532 (Bedarfskorrektur auf $1/3$ für Bulgarien); vgl. insoweit Buseva FamRZ 1997, 264; OLG Stuttgart FamRZ 1999, 887 (Herabsetzung auf $1/3$ für Serbien)

[105] BGH FamRZ 1987, 682, 683 f; OLG Hamm FamRZ 2000, 908; OLG Zweibrücken FuR 2000, 425

[106] Statistisches Bundesamt, Preise, Fachserie 17, Reihe 10, im Internet veröffentlicht unter www.destatis.de; s. auch Internationaler Vergleich der Verbraucherpreise ausgewählter Länder, FamRZ 2010, 98; 2009, 98; 2008, 15; 2007, 1436

[107] Im Internet veröffentlicht unter „www.bundesbank.de/statistik/statistik_devisen_tabellen.php"

[108] So auch Krause FamRZ 2002, 145

1. Abschnitt: Materielles Recht § 9

Jahr	Devisenkurs (D)	Verbrauchergeldparität (V)	Verhältnis zueinander (x)
			$x = 100\,D/V - 100$
2005	1,0000	1,0129	− 1,3
2006	1,0000	1,0173	− 1,7
2007	1,0000	1,0161	− 1,6
2008	1,0000	1,0301	− 2,9
2009	1,0000	1,0291	− 2,8

Bulgarien (Lew – BGN) 43

Jahr	Devisenkurs (D)	Verbrauchergeldparität (V)	Verhältnis zueinander (x)
			$x = 100\,D/V - 100$
1998	1,9558	1,4520	+ 34,7
1999	1,9558	1,4477	+ 35,1
2000	1,9558	1,5461	+ 26,5
2001	1,9482	1,6171	+ 20,5
2002	1,9492	1,6825	+ 15,9
2003	1,9490	1,7045	+ 14,3
2004	1,9533	1,7743	+ 10,0
2005	1,9559	1,6152	+ 21,1
2006	1,9558	1,6472	+ 18,7
2007	1,9558	1,6909	+ 15,7
2008	1,9558	1,7638	+ 10,9
2009	1,9558	1,7874	+ 9,4

Dänemark (Dänische Krone – DKK) 44

Jahr	Devisenkurs (D)	Verbrauchergeldparität (V)	Verhältnis zueinander (x)
			$x = 100\,D/V - 100$
1974 bis 1993			− 20,4 Durchschnitt
1994	7,6660	9,6919	− 20,9
1995	7,6489	9,7353	− 21,4
1996	7,5384	9,6489	− 21,9
1997	7,4511	9,7064	− 23,2
1998	7,4485	9,8037	− 24,0
1999	7,4355	10,0042	− 25,7
2000	7,4539	10,0920	− 26,1
2001	7,4521	9,9786	− 25,3
2002	7,4305	10,0894	− 26,4
2003	7,4307	9,4749	− 21,6
2004	7,4399	9,3854	− 20,7
2005	7,4518	9,3348	− 20,2
2006	7,4591	9,3298	− 20,1
2007	7,4506	9,3846	− 20,6
2008	7,4560	9,4335	− 21,0
2009	7,4462	9,5258	− 21,8

Estland (Estnische Krone – EEK); ab 1. 1. 2011 (Euro – EUR) 45

Jahr	Devisenkurs (D)	Verbrauchergeldparität (V)	Verhältnis zueinander (x)
			$x = 100\,D/V - 100$
1996	15,6466	10,2668	+ 52,4
1997	15,6466	11,1954	+ 39,8
1998	15,6466	11,9550	+ 30,9
1999	15,6466	12,1329	+ 29,0

§ 9 Auslandsberührung

Jahr	Devisenkurs (D)	Verbrauchergeldparität (V)	Verhältnis zueinander (x)
			$x = 100 \, D/V - 100$
2000	15,6466	12,4101	+ 26,1
2001	15,6466	12,6656	+ 23,5
2002	15,6466	12,9619	+ 20,7
2003	15,6466	12,9559	+ 20,8
2004	15,6466	13,0674	+ 19,7
2005	15,6466	13,2070	+ 18,5
2006	15,6466	12,9583	+ 20,7
2007	15,6466	13,1491	+ 19,0
2008	15,6466	13,5040	+ 19,0
2009	15,6466	13,5103	+ 15,8

46 Finnland (Euro – EUR)

Jahr	Devisenkurs (D)	Verbrauchergeldparität (V)	Verhältnis zueinander (x)
			$x = 100 \, D/V - 100$
1994	6,2872	6,9037	– 8,9
1995	5,9571	6,8481	– 13,0
1996	5,9691	6,8362	– 12,79
1997	5,8533	6,9751	– 16,1
1998	5,9412	7,0076	– 15,2
1999	5,94573	7,0633	– 15,8
2000	5,9457	7,1095	– 16,4
2001	5,9457	7,0761	– 16,0
2002 (EUR)	1,0000	1,1958	– 16,4
2003	1,0000	1,1792	– 15,2
2004	1,0000	1,1592	– 13,7
2005	1,0000	1,1424	– 12,5
2006	1,0000	1,1360	– 12,0
2007	1,0000	1,1316	– 11,6
2008	1,0000	1,1485	– 12,7
2009	1,0000	1,1663	– 14,3

47 Frankreich (Euro – EUR)

Jahr	Devisenkurs (D)	Verbrauchergeldparität (V)	Verhältnis zueinander (x)
			$x = 100 \, D/V - 100$
1974 bis 1993			– 0,1 Durchschnitt
1994	6,6893	6,6075	+ 1,2
1995	6,8105	6,6142	+ 3,0
1996	6,6511	6,6866	– 0,5
1997	6,5842	6,6706	– 1,3
1998	6,5568	6,6615	– 1,6
1999	6,55957	6,6729	– 1,7
2000	6,55957	7,3777	– 11,1
2001	6,55957	7,2952	– 10,1
2002 (EUR)	1,0000	1,1400	– 12,3
2003	1,0000	1,1449	– 12,7
2004	1,0000	1,1502	– 13,1
2005	1,0000	1,1462	– 12,8
2006	1,0000	1,1464	– 12,8
2007	1,0000	1,1438	– 12,6
2008	1,0000	1,1447	– 12,6
2009	1,0000	1,1449	– 12,7

1. Abschnitt: Materielles Recht § 9

Griechenland (Euro – EUR) 48

Jahr	Devisenkurs (D)	Verbrauchergeldparität (V)	Verhältnis zueinander (x)
			x = 100 D/V – 100
1994	229,4824	161,8246	+ 41,8
1995	316,2215	281,4144	+ 12,4
1996	312,9328	302,2921	+ 3,5
1997	308,0532	314,9485	– 2,2
1998	328,2696	311,9346	+ 5,2
1999	340,750	318,5391	+ 7,0
2000	340,750	321,6826	+ 5,9
2001	340,750	322,2125	+ 5,8
2002 (EUR)	1,0000	0,9678	+ 3,3
2003	1,0000	0,9858	+ 1,4
2004	1,0000	0,9970	+ 0,3
2005	1,0000	1,0090	– 0,9
2006	1,0000	1,0124	– 1,2
2007	1,0000	1,0196	– 1,9
2008	1,0000	1,0056	– 0,6
2009	1,0000	1,0191	– 1,9

Irland (Euro – EUR) 49

Jahr	Devisenkurs (D)	Verbrauchergeldparität (V)	Verhältnis zueinander (x)
			x = 100 D/V – 100
1994	0,8064	0,7886	+ 2,3
1995	0,8511	0,7983	+ 6,6
1996	0,8126	0,8049	+ 1,0
1997	0,7437	0,8049	– 7,6
1998	0,7808	0,8082	– 3,4
1999	0,787564	0,8287	– 5,0
2000	0,787564	0,8541	– 7,8
2001	0,787564	0,8616	– 8,6
2002 (EUR)	1,0000	1,1359	– 12,0
2003	1,0000	1,1532	– 13,3
2004	1,0000	1,1581	– 13,7
2005	1,0000	1,1573	– 13,6
2006	1,0000	1,1643	– 14,1
2007	1,0000	1,1722	– 14,7
2008	1,0000	1,1725	– 14,7
2009	1,0000	1,1583	– 13,7

Italien (Euro – EUR) 50

Jahr	Devisenkurs (D)	Verbrauchergeldparität (V)	Verhältnis zueinander (x)
			x = 100 D/V – 100
1974 bis 1993			+ 15,3 Durchschnitt
1994	1944,9383	1674,5120	+ 16,1
1995	2219,0039	1732,3561	+ 28,1 (s)
1996	2005,7738	1786,1461	+ 12,3
1997	1920,4929	1792,6948	+ 7,1
1998	1939,3494	2018,4004	– 4,0
1999	1936,27	2043,7095	– 5,3
2000	1936,27	2052,2875	– 5,7
2001	1936,27	2047,9895	– 5,5
2002 (EUR)	1,0000	1,0712	– 6,6

§ 9   Auslandsberührung

Jahr	Devisenkurs (D)	Verbrauchergeldparität (V)	Verhältnis zueinander (x)
			x = 100 D/V − 100
2003	1,0000	1,0932	− 8,5
2004	1,0000	1,0973	− 8,9
2005	1,0000	1,0968	− 8,8
2006	1,0000	1,1000	− 9,1
2007	1,0000	1,1011	− 8,7
2008	1,0000	1,1057	− 9,2
2009	1,0000	1,1132	− 10,2

51 Kanada (Kanadischer Dollar − CAD)

Jahr	Devisenkurs (D)	Verbrauchergeldparität (V)	Verhältnis zueinander (x)
			x = 100 D/V − 100
1996	1,7737	1,7171	+ 3,3
1997	1,5605	1,7370	− 10,2
1998	1,6458	1,7478	− 5,8
1999	1,5824	1,6519	− 4,2
2000	1,3692	1,6617	− 17,6
2001	1,3864	1,6521	− 16,1
2002	1,4838	1,6874	− 12,1
2003	1,5817	1,7098	− 7,5
2004	1,6167	1,5641	+ 3,4
2005	1,5087	1,5570	− 3,1
2006	1,4237	1,5456	− 7,9
2007	1,4678	1,5426	− 4,8
2008	1,7114		
2009	1,5090		

52 Kroatien (Kuna − HRK)

Jahr	Devisenkurs (D)	Verbrauchergeldparität (V)	Verhältnis zueinander (x)
			x = 100 D/V − 100
1998	7,1080	6,5281	+ 8,9
1999	7,6153	6,7326	+ 13,1
2000	7,6588	6,9430	+ 10,3
2001	7,4867	7,3355	+ 2,1
2002	7,4165	7,3813	+ 0,5
2003	7,5752	7,3720	+ 2,8
2004	7,5109	7,3853	+ 1,7
2005	7,4008	6,5905	+ 12,3
2006	7,3247	6,5213	+ 12,3
2007	7,3376	6,5297	+ 12,4
2008	7,2239	6,5370	+ 10,5
2009	7,3400	6,6598	+ 10,2

53 Lettland (Lats − LVL)

Jahr	Devisenkurs (D)	Verbrauchergeldparität (V)	Verhältnis zueinander (x)
			x = 100 D/V − 100
2001	0,5601	0,4918	+ 13,9
2002	0,5810	0,4952	+ 17,3
2003	0,6407	0,5073	+ 26,3
2004	0,6652	0,5292	+ 25,7
2005	0,6962	0,5694	+ 22,3

1. Abschnitt: Materielles Recht § 9

Jahr	Devisenkurs (D)	Verbrauchergeldparität (V)	Verhältnis zueinander (x)
			x = 100 D/V − 100
2006	0,6962	0,5794	+ 20,2
2007	0,7001	0,5966	+ 17,3
2008	0,7027	0,6245	+ 12,5
2009	0,7057	0,6341	+ 11,3

Litauen (Litas − LTL) 54

Jahr	Devisenkurs (D)	Verbrauchergeldparität (V)	Verhältnis zueinander (x)
			x = 100 D/V − 100
1996	5,1937	3,4739	+ 49,5
1997	4,5010	3,7297	+ 20,7
1998	4,4474	3,1233	+ 42,4
1999	4,2305	3,1338	+ 35,0
2000	3,6686	3,1001	+ 18,3
2001	3,5823	3,0527	+ 17,3
2002	3,4594	2,8076	+ 23,2
2003	3,4527	2,7463	+ 25,7
2004	3,4529	2,7297	+ 26,5
2005	3,4528	2,8183	+ 22,5
2006	3,4528	2,7709	+ 24,6
2007	3,4528	2,8008	+ 23,3
2008	3,4528	2,8794	+ 19,9
2009	3,4528	2,9238	+ 18,1

Luxemburg (Euro − EUR) 55

Jahr	Devisenkurs (D)	Verbrauchergeldparität (V)	Verhältnis zueinander (x)
			x = 100 D/V − 100
1994	40,3015	37,0422	+ 8,8
1995	40,2401	37,1125	+ 8,4
1996	40,2500	37,2539	+ 8,0
1997	40,3563	37,2539	+ 8,3
1998	40,3464	38,2746	+ 5,4
1999	40,3399	38,4250	+ 5,0
2000	40,3399	38,8833	+ 3,7
2001	40,3399	38,7293	+ 4,2
2002 (EUR)	1,0000	0,9670	+ 3,4
2003	1,0000	0,9746	+ 2,6
2004	1,0000	0,9875	+ 1,3
2005	1,0000	1,0020	− 0,2
2006	1,0000	1,0127	− 1,3
2007	1,0000	1,0198	− 1,9
2008	1,0000	1,0299	− 2,9
2009	1,0000	1,0291	− 2,8

Malta (Maltesische Lira − MTL, ab 2008 Euro = EUR) 56

Jahr	Devisenkurs (D)	Verbrauchergeldparität (V)	Verhältnis zueinander (x)
			x = 100 D/V − 100
1999	0,4248	0,4069	+ 4,4
2000	0,4035	0,4075	− 1,0
2001	0,4030	0,4082	− 1,3
2002	0,4089	0,4058	+ 0,8

Dose

§ 9 Auslandsberührung

Jahr	Devisenkurs (D)	Verbrauchergeldparität (V)	Verhältnis zueinander (x)
			x = 100 D/V − 100
2003	0,4261	0,4027	+ 5,8
2004	0,4280	0,4063	+ 5,3
2005	0,4299	0,4047	+ 6,2
2006	0,4293	0,4098	+ 4,8
2007	0,4293	0,4072	+ 5,4
2008 (EUR)	1,0000	0,9537	+ 4,9
2009	1,0000	0,9597	+ 4,2

57 Mazedonien (Denar – MKD)

Jahr	Devisenkurs (D)	Verbrauchergeldparität (V)	Verhältnis zueinander (x)
			x = 100 D/V − 100
1998	60,5333	44,0502	+ 37,4
1999	60,6083	43,3665	+ 39,8
2000	60,7212	44,2495	+ 37,2
2001	60,9161	45,3868	+ 34,2
2002	60,9802	51,2002	+ 19,1
2003	61,2637	51,2685	+ 19,5
2004	61,3383	50,0996	+ 22,4
2005	61,2998	50,2548	+ 22,0
2006	61,1884	50,6376	+ 20,8
2007	61,1885	50,8130	+ 20,4
2008	61,2745	50,8305	+ 20,5
2009	61,2731	50,6932	+ 20,9

58 Montenegro (Neuer Dinar – RSD, ab 2006 Euro – EUR)

Jahr	Devisenkurs (D)	Verbrauchergeldparität (V)	Verhältnis zueinander (x)
			x = 100 D/V − 100
2002	60,7084	51,5713	+ 17,7
2003	65,1623	55,8881	+ 16,6
2004	72,8039	59,8378	+ 21,7
2005	82,9860	69,2276	+ 19,9
2006 (EUR)	1,0000	0,8115	+ 23,2
2007	10000	0,8115	+ 23,2
2008	1,0000	0,8204	+ 21,9
2009	1,0000	0,8299	+ 20,5

59 Niederlande (Euro – EUR)

Jahr	Devisenkurs (D)	Verbrauchergeldparität (V)	Verhältnis zueinander (x)
			x = 100 D/V − 100
1974 bis 1993			+ 3,1 Durchschnitt
1994	2,1933	2,0493	+ 7,0
1995	2,1909	2,0401	+ 7,4
1996	2,1916	2,0523	+ 6,8
1997	2,2011	2,0583	+ 6,9
1998	2,2046	2,1746	+ 1,4
1999	2,2037	2,2092	− 0,3
2000	2,2037	2,2162	− 0,6
2001	2,2037	2,2616	− 2,6
2002 (EUR)	1,0000	1,0469	− 4,5
2003	1,0000	1,0505	− 4,8

1. Abschnitt: Materielles Recht § 9

Jahr	Devisenkurs (D)	Verbrauchergeldparität (V)	Verhältnis zueinander (x)
			x = 100 D/V − 100
2004	1,0000	1,0456	− 4,4
2005	1,0000	1,0378	− 3,6
2006	1,0000	1,0353	− 3,4
2007	1,0000	1,0318	− 3,1
2008	1,0000	1,0231	− 2,3
2009	1,0000	1,0322	− 3,1

Norwegen (Norwegische Krone − NOK) 60

Jahr	Devisenkurs (D)	Verbrauchergeldparität (V)	Verhältnis zueinander (x)
			x = 100 D/V − 100
1974 bis 1993			− 26,4 Durchschnitt
1994	8,5103	10,6237	− 19,9
1995	8,6488	10,7228	− 19,3
1996	8,3970	10,7522	− 21,9
1997	7,9804	10,8718	− 26,6
1998	8,3952	11,0374	− 23,9
1999	8,3107	11,4846	− 27,6
2000	8,1131	11,5593	− 29,8
2001	8,0484	11,5738	− 30,5
2002	7,5086	11,4309	− 34,3
2003	8,0033	11,5560	− 30,7
2004	8,3697	11,3550	− 26,3
2005	8,0092	11,2617	− 28,9
2006	8,0472	11,2690	− 28,6
2007	8,0165	11,0496	− 27,4
2008	8,2237	10,9707	− 25,0
2009	8,7278	11,2147	− 22,2

Österreich (Euro − EUR) 61

Jahr	Devisenkurs (D)	Verbrauchergeldparität (V)	Verhältnis zueinander (x)
			x = 100 D/V − 100
1974 bis 1993			− 3,8 Durchschnitt
1994	13,7599	15,4245	− 10,8
1995	13,7599	15,4733	− 11,1
1996	13,7599	15,5843	− 11,7
1997	13,7638	15,5348	− 11,4
1998	13,7609	15,5348	− 12,9
1999	13,7603	14,8281	− 7,2
2000	13,7603	14,8619	− 7,4
2001	13,7603	14,8394	− 7,3
2002 (EUR)	1,0000	1,0835	− 7,7
2003	1,0000	1,0561	− 5,3
2004	1,0000	1,0569	− 5,4
2005	1,0000	1,0554	− 5,2
2006	1,0000	1,0533	− 5,1
2007	1,0000	1,0568	− 5,4
2008	1,0000	1,0584	− 5,5
2009	1,0000	1,0617	− 5,8

§ 9 Auslandsberührung

62 Polen (Zloty – PLN)

Jahr	Devisenkurs (D)	Verbrauchergeldparität (V)	Verhältnis zueinander (x)
			x = 100 D/V – 100
1979 bis 1993			+ 55,7 Durchschnitt
1994	71,608	93,84	+ 31,0
1995	59,139	74,23	+ 25,5
1996	3,5017	3,1323	+ 11,8
1997	3,6935	3,5586	+ 3,8
1998	3,8811	3,1828	+ 21,9
1999	4,2238	3,4032	+ 24,1
2000	4,0056	3,6709	+ 9,1
2001	3,6721	3,4042	+ 7,9
2002	3,8574	3,4303	+ 12,5
2003	4,3996	3,4103	+ 29,0
2004	4,5268	3,4668	+ 30,6
2005	4,0230	3,1303	+ 28,5
2006	3,8959	3,1001	+ 25,7
2007	3,7837	3,0426	+ 24,7
2008	3,5121	2,9240	+ 20,1
2009	4,3276	3,3703	+ 28,4

63 Portugal (Euro – EUR)

Jahr	Devisenkurs (D)	Verbrauchergeldparität (V)	Verhältnis zueinander (x)
			x = 100 D/V – 100
1974 bis 1993			+ 19,1 Durchschnitt
1994	200,1054	187,8799	+ 6,5
1995	204,6918	192,6926	+ 6,2
1996	200,5157	196,7636	+ 1,9
1997	197,6784	198,3600	– 0,3
1998	200,3308	182,6172	+ 9,7
1999	200,482	185,9154	+ 7,8
2000	200,482	187,1608	+ 7,1
2001	200,482	189,3349	+ 5,9
2002 (EUR)	1,0000	0,9631	+ 3,8
2003	1,0000	0,9913	+ 0,9
2004	1,0000	0,9974	+ 0,3
2005	1,0000	0,9962	+ 0,4
2006	1,0000	1,0075	– 0,7
2007	1,0000	1,0125	– 1,2
2008	1,0000	1,0084	– 0,8
2009	1,0000	0,9984	+ 0,2

64 Rumänien (Leu – ROL)

Jahr	Devisenkurs (D)	Verbrauchergeldparität (V)	Verhältnis zueinander (x)
			x = 100 D/V – 100
1998	9788,9389	8061,9538	+ 21,4
1999	16 137,2112	11 607,2997	+ 39,0
2000	19 862,1915	16 687,9693	+ 19,0
2001	26 004,0000	21 972,8740	+ 18,3
2002	31 270,0000	24 731,4945	+ 26,4
2003	37 551,0000	29 047,4090	+ 29,3
2004	40 510,0000	31 564,4518	+ 28,3
2005	3,6209	2,9676	+ 22,0

1. Abschnitt: Materielles Recht § 9

Jahr	Devisenkurs (D)	Verbrauchergeldparität (V)	Verhältnis zueinander (x)
			x = 100 D/V − 100
2006	3,5258	2,9735	+ 18,6
2007	3,3353	2,9026	+ 14,9
2008	3,6826	2,9864	+ 23,3
2009	4,2399	3,3193	+ 27,7

Russische Föderation (Rubel – RUB)   65

Jahr	Devisenkurs (D)	Verbrauchergeldparität (V)	Verhältnis zueinander (x)
			x = 100 D/V − 100
1999	26,2176	23,9685	+ 9,4
2000	25,9360	28,3865	− 8,6
2001	26,1400	21,6867	+ 20,5
2002	29,7004	35,0873	− 15,4
2003	34,6842	32,4924	− 8,7
2004	35,8173	33,8432	+ 6,7
2005	35,1884	34,3415	+ 2,5
2006	34,1117	34,3517	− 0,7
2007	35,0183	33,9112	− 3,3
2008	36,4207	36,0944	+ 0,9
2009	44,1376	42,9249	+ 2,8

Schweden (Schwedische Krone – SEK)   66

Jahr	Devisenkurs (D)	Verbrauchergeldparität (V)	Verhältnis zueinander (x)
			x = 100 D/V − 100
1974 bis 1993			− 10,4 Durchschnitt
1994	9,3077	9,1266	+ 2,0
1995	9,7728	9,1996	+ 5,6
1996	8,7182	9,1011	− 4,2
1997	8,6092	10,5039	− 18,0
1998	8,8387	10,5492	− 16,2
1999	8,8077	10,7169	− 17,8
2000	8,4438	10,6237	− 20,5
2001	9,2551	10,5941	− 12,6
2002	9,1611	11,0356	− 17,0
2003	9,1242	10,9917	− 17,2
2004	9,1243	10,8419	− 17,0
2005	9,2822	11,0196	− 15,8
2006	9,2544	10,9775	− 15,7
2007	9,2501	10,8666	− 14,9
2008	9,6152	10,8953	− 11,7
2009	10,6191	11,0970	− 4,3

Schweiz (Schweizer Franken – CHF)   67

Jahr	Devisenkurs (D)	Verbrauchergeldparität (V)	Verhältnis zueinander (x)
			x = 100 D/V − 100
1974 bis 1993			− 22,4 Durchschnitt
1994	1,6475	2,1514	− 23,4
1995	1,6132	2,1599	− 25,3
1996	1,6046	1,9874	− 19,3
1997	1,6366	1,9694	− 16,9

§ 9 Auslandsberührung

Jahr	Devisenkurs (D)	Verbrauchergeldparität (V)	Verhältnis zueinander (x)
			x = 100 D/V − 100
1998	1,6109	1,9558	− 17,6
1999	1,6004	1,9653	− 18,6
2000	1,5570	1,9576	− 20,5
2001	1,5105	1,9046	− 20,7
2002	1,4670	1,8908	− 22,4
2003	1,5212	1,9041	− 20,1
2004	1,5438	1,8821	− 18,0
2005	1,5483	1,8609	− 16,8
2006	1,5729	1,8433	− 14,7
2007	1,6427	1,8139	− 9,4
2008	1,5874	1,8208	− 12,8
2009	1,5100	1,8063	− 16,4

68 Serbien (Neuer Dinar − RSD)

Jahr	Devisenkurs (D)	Verbrauchergeldparität (V)	Verhältnis zueinander (x)
			x = 100 D/V − 100
2002	60,7084	51,5713	+ 17,7
2003	65,1623	55,8881	+ 16,6
2004	72,8039	59,8378	+ 21,7
2005	82,9860	69,2276	+ 19,9
2006	84,1349	72,3531	+ 16,3
2007	80,0111	71,6446	+ 11,7
2008	81,7127	69,7455	+ 17,2
2009	94,0526	78,6138	+ 19,6

69 Slowakische Republik (Slowakische Krone − SKK)

Jahr	Devisenkurs (D)	Verbrauchergeldparität (V)	Verhältnis zueinander (x)
			x = 100 D/V − 100
1999	44,0701	30,9467	+ 42,4
2000	42,5828	33,9554	+ 25,4
2001	43,3000	37,7233	+ 14,8
2002	42,6940	38,4424	+ 11,1
2003	41,4890	32,9444	+ 25,0
2004	40,0220	33,4686	+ 19,6
2005	38,5990	32,4828	+ 18,8
2006	37,2340	31,8554	+ 16,9
2007	33,7750	29,8752	+ 13,1
2008	30,1450		
2009 (EUR)	1,0000		

70 Slowenien (Tolar − SIT, ab 2007 Euro − EUR)

Jahr	Devisenkurs (D)	Verbrauchergeldparität (V)	Verhältnis zueinander (x)
			x = 100 D/V − 100
1996	176,1850	154,9786	+ 13,7
1997	180,3938	165,4679	+ 9,0
1998	184,6516	160,0516	+ 15,4
1999	194,3779	168,4608	+ 15,4
2000	206,5509	179,4339	+ 15,1
2001	217,9797	190,4351	+ 14,5

1. Abschnitt: Materielles Recht §9

Jahr	Devisenkurs (D)	Verbrauchergeldparität (V)	Verhältnis zueinander (x)
			x = 100 D/V − 100
2002	225,9772	202,1582	+ 11,8
2003	233,8493	207,8261	+ 12,5
2004	239,0874	211,2784	+ 13,2
2005	239,5681	211,9649	+ 13,0
2006	239,5961	215,3326	+ 11,3
2007 (EUR)	1,0000	0,9021	+ 10,9
2008	1,0000	0,9103	+ 9,9
2009	1,0000	0,9131	+ 9,5

Spanien (Euro − EUR)   71

Jahr	Devisenkurs (D)	Verbrauchergeldparität (V)	Verhältnis zueinander (x)
			x = 100 D/V − 100
1974 bis 1993			+ 7,4 Durchschnitt
1994	161,4787	140,7072	+ 14,8
1995	170,0870	145,1990	+ 17,1
1996	164,6322	148,9589	+ 10,5
1997	165,1465	149,6427	+ 10,3
1998	166,0438	156,3413	+ 6,2
1999	166,386	159,3993	+ 4,4
2000	166,386	161,3721	+ 3,1
2001	166,386	162,4444	+ 2,4
2002 (EUR)	1,0000	0,9923	+ 0,8
2003	1,0000	0,9846	+ 1,6
2004	1,0000	0,9959	+ 0,4
2005	1,0000	1,0070	− 0,7
2006	1,0000	1,0236	− 2,3
2007	1,0000	1,0329	− 3,2
2008	1,0000	1,0435	− 4,2
2009	1,0000	1,0400	− 3,8

Tschechische Republik (Tschechische Krone − CZK)   72

Jahr	Devisenkurs (D)	Verbrauchergeldparität (V)	Verhältnis zueinander (x)
			x = 100 D/V − 100
1996	35,2974	25,9394	+ 36,1
1997	35,6643	27,6638	+ 28,9
1998	35,8276	30,3229	+ 18,1
1999	36,8677	26,9770	+ 36,7
2000	35,5929	27,3926	+ 29,9
2001	34,0680	27,7840	+ 22,6
2002	30,8040	27,8719	+ 10,5
2003	31,8460	23,7782	+ 33,9
2004	31,8910	23,9638	+ 33,1
2005	29,7820	24,6148	+ 21,0
2006	28,3420	23,7916	+ 19,1
2007	27,7660	23,5334	+ 18,0
2008	24,9460	22,3841	+ 11,4
2009	26,4350	23,1999	+ 13,9

§ 9   Auslandsberührung

73 Türkei (Türkische Lira – TRL)

Jahr	Devisenkurs (D)	Verbrauchergeldparität (V)	Verhältnis zueinander (x)
			x = 100 D/V − 100
1996	103 106,6477	78 547,3896	+ 31,2
1997	166 581,2111	140 909,9424	+ 18,2
1998	285 355,9965	279 005,7061	+ 2,3
1999	438 625,2523	452 00,720	− 3,6
2000	575 074,9779	598 113,1498	− 3,9
2001	1 102 425,0000	1 314 283,4028	− 16,1
2002	1 439 680,0000	1 273 250,0000	+ 13,1
2003	1 694 851,0000	1 581 500,3397	+ 7,2
2004	1 777 052,0000	1 722 552,6704	+ 3,2
2005	1,6771	1,7252	− 2,8
2006	1,8090	1,8605	− 2,8
2007	1,7865	1,8882	− 5,4
2008	1,9064	1,9765	− 3,5
2009	2,1631	2,1760	− 0,6

74 Ukraine (Griwna – UAH)

Jahr	Devisenkurs (D)	Verbrauchergeldparität (V)	Verhältnis zueinander (x)
			x = 100 D/V − 100
1999	4,3804	4,0326	+ 8,6
2000	4,9996	5,0538	− 1,1
2001	4,8012	5,5306	− 13,2
2002	5,0449	4,4765	+ 12,7
2003	6,0377	4,6648	+ 29,4
2004	6,6070	4,9877	+ 32,5
2005	6,3708	4,8957	+ 30,1
2006	6,3382	5,0218	+ 26,2
2007	6,9369	5,4920	+ 26,3
2008	7,7770	5,8935	+ 32,0
2009	10,8670	7,5984	+ 43,0

75 Ungarn (Forint – HUF)

Jahr	Devisenkurs (D)	Verbrauchergeldparität (V)	Verhältnis zueinander (x)
			x = 100 D/V − 100
1982 bis 1993			+ 86,5 Durchschnitt
1994	126,4436	105,7205	+ 19,6
1995	170,5616	133,0497	+ 28,0
1996	198,2294	163,3943	+ 21,3
1997	210,4559	190,6267	+ 10,4
1998	238,1499	216,3529	+ 10,1
1999	252,7141	177,8027	+ 42,1
2000	260,0250	191,1857	+ 36,0
2001	256,5900	203,0982	+ 26,3
2002	242,9600	211,1409	+ 15,1
2003	253,6200	213,8239	+ 18,6
2004	251,6600	218,7564	+ 15,0
2005	248,0500	209,4277	+ 18,4
2006	264,2600	219,9486	+ 20,1
2007	251,3500	218,1246	+ 15,2
2008	251,5100	216,9065	+ 16,0
2009	280,3300	234,5345	+ 19,5

1. Abschnitt: Materielles Recht § 9

Vereinigtes Königreich (Pfund Sterling GBP) 76

Jahr	Devisenkurs (D)	Verbrauchergeldparität (V)	Verhältnis zueinander (x) $x = 100\,D/V - 100$
1994	0,7881	0,7855	+ 0,3
1995	0,8646	0,7983	+ 8,3
1996	0,8330	0,8049	+ 3,5
1997	0,6884	0,8541	− 19,4
1998	0,6711	0,8654	− 22,5
1999	0,6586	0,8771	− 24,9
2000	0,6093	0,8731	− 30,3
2001	0,6219	0,8593	− 27,6
2002	0,6288	0,8583	− 26,7
2003	0,6920	0,8642	− 19,9
2004	0,6787	0,8585	− 20,9
2005	0,6838	0,8265	− 17,3
2006	0,6817	0,8301	− 17,9
2007	0,6843	0,8269	− 17,2
2008	0,7963	0,8312	− 4,2
2009	0,8909	0,8483	+ 5,0

Vereinigte Staaten von Amerika (US-Dollar – USD) 77

Jahr	Devisenkurs (D)	Verbrauchergeldparität (V)	Verhältnis zueinander (x) $x = 100\,D/V - 100$
1974 bis 1993			− 2,4 Durchschnitt
1994	1,2060	1,1782	+ 2,4
1995	1,3641	1,1854	+ 15,1
1996	1,3007	1,2148	+ 7,1
1997	1,1274	1,2224	− 7,8
1998	1,1118	1,2224	− 9,0
1999	1,0654	1,2700	− 16,1
2000	0,9215	1,2867	− 28,4
2001	0,8956	1,2686	− 29,4
2002	0,9456	1,2648	− 25,2
2003	1,1312	1,2947	− 12,6
2004	1,2439	1,3046	− 4,7
2005	1,2441	1,3267	− 6,2
2006	1,2556	1,3412	6,4
2007	1,3705	1,3562	+ 1,1
2008	1,4708	1,3840	+ 6,3
2009	1,3948	1,3693	+ 1,9

Weißrussland (Belarus-Rubel – BYR) 78

Jahr	Devisenkurs (D)	Verbrauchergeldparität (V)	Verhältnis zueinander (x) $x = 100\,D/V - 100$
2001	1241,5500	1095,7117	+ 13,3
2002	1688,5000	1516,0460	+ 11,4
2003	2324,1100	1900,8716	+ 22,3
2004	2685,9100	2180,5989	+ 23,2
2005	2680,9600	2216,3287	+ 21,0
2006	2692,6800	2263,6921	+ 19,0
2007	2947,8100	2286,9710	+ 28,9
2008	3149,1700	2475,4416	+ 27,2
2009	3898,2400	2971,8944	+ 31,2

§ 9   Auslandsberührung

79 **Zypern** (Euro – EUR)

Jahr	Devisenkurs (D)	Verbrauchergeldparität (V)	Verhältnis zueinander (x)
			x = 100 D/V – 100
2007	0,5826	0,5938	– 1,9
2008 (EUR)	1,0000	1,0291	– 2,8
2009	1,0000	1,0295	– 2,9

80   In einem **zweiten Schritt** ist sodann der Unterhaltsbedarf, ausgehend von dem festgestellten Verhältnis zwischen Verbrauchergeldparität und Devisenkurs x, anhand der folgenden Tabellen von Gutdeutsch/Zieroth zu errechnen. Dabei ist zwischen den Tabellen für den Unterhaltsberechtigten und den Unterhaltspflichtigen zu unterscheiden.

81   Die **Abweichung der Verbrauchergeldparität** ist dabei nicht immer gleich der **Bedarfskorrektur** und auch nicht deren Kehrwert, wenn sich nicht der Unterhaltspflichtige, sondern der Unterhaltsberechtigte im Ausland befindet. Solange die Ehe besteht, sind nach dem Prinzip der Halbteilung die verfügbaren Mittel so zu verteilen, dass beide Gatten in gleichem Umfang ihren Bedarf decken können. Dasselbe gilt für den nachehelichen Unterhalt, wenn die währungsraumübergreifende Bedarfslage die ehelichen Lebensverhältnisse bestimmt, weil beide Eheleute ihren Bedarf in verschiedenen Währungsgebieten decken. Entsprechendes gilt auch für den Kindesunterhalt nach den Einkommensstufen der Düsseldorfer Tabelle.

82   Denn in all diesen Fällen steht der Bedarfskorrektur auf Seiten der Unterhaltsberechtigten eine **gegenläufige Bedarfskorrektur** auf Seiten des Unterhaltspflichtigen gegenüber, die das Ausmaß der nötigen Korrektur vermindert.[109] Das Ausmaß der Korrektur hängt in solchen Fällen also davon ab, in welchem Umfang der Gesamtbedarf des Unterhaltspflichtigen und des Unterhaltsberechtigten auf Inland und Ausland verteilt wird.

83   Die folgenden Tabellen von *Gutdeutsch/Zieroth*[110] ermöglichen es, für bestimmte prozentuale Verteilungen von Auslands- und Inlandsbedarf und bestimmte Abweichungen der Verbrauchergeldparität[111] einen Prozentsatz für die Bedarfskorrektur abzulesen:

Tabelle I

Abw. der VGP	iso- liert	\multicolumn{15}{c}{Bedarfskorrektur bei Auslandsberührung (**Unterhaltsberechtigter im Ausland**) im Verbund bei prozentualem Auslandsanteil des Bedarfs von:}														
		5	10	15	20	25	30	35	40	45	50	55	60	65	70	75
– 50	100	90	82	74	67	60	54	48	43	38	33	29	25	21	18	14
– 45	82	75	68	62	56	51	46	41	37	33	29	25	22	19	16	13
– 40	67	61	56	52	47	43	39	35	32	28	25	22	19	16	14	11
– 35	54	50	46	42	39	36	32	29	27	24	21	19	16	14	12	10
– 30	43	40	37	34	32	29	27	24	22	20	18	16	14	12	10	8
– 25	33	31	29	27	25	23	21	19	18	16	14	13	11	10	8	7
– 20	25	23	22	20	19	18	16	15	14	12	11	10	9	8	6	5

---

[109] Lebt der Berechtigte in einem billigeren Land, braucht er weniger. Die resultierende Entlastung des Pflichtigen muss (soweit prägend) auf Grund des Halbteilungsgrundsatzes auch dem Berechtigten zugute kommen und vermindert daher die Herabsetzung seines Bedarfs. Soweit sich auf Grund der abweichenden Verbrauchergeldparität der Bedarf des Berechtigten erhöht, muss dieser die daraus resultierende Mehrbelastung des Pflichtigen mittragen, was auch die Erhöhung seines Bedarfs reduziert

[110] Gutdeutsch/Zieroth, Verbrauchergeldparität und Unterhalt, FamRZ 1993, 1152

[111] S. Rn. 41 ff.; vgl. auch Internationaler Vergleich der Verbraucherpreise ausgewählter Länder in: FamRZ 2010, 98; 2009, 98; 2008, 15; 2007, 1436; 2005, 1409

§ 9

Bedarfskorrektur bei Auslandsberührung (Unterhaltsberechtigter im Ausland)

Abw. der VGP	isoliert	im Verbund bei prozentualem Auslandsanteil des Bedarfs von:													
		5	10	15	20	25	30	35	40	45	50	55	60	65	70	75
−15	18	17	16	15	14	13	12	11	10	9	8	7	6	6	5	4
−10	11	10	10	9	9	8	8	7	6	6	5	5	4	4	3	3
−5	5	5	5	4	4	4	4	3	3	3	3	2	2	2	2	1
0	0	0	0	0	0	0	0	0	0	0	0	0	0	0	0	0
5	−5	−5	−4	−4	−4	−4	−3	−3	−3	−3	−2	−2	−2	−2	−1	−1
10	−9	−9	−8	−8	−7	−7	−7	−6	−6	−5	−5	−4	−4	−3	−3	−2
15	−13	−12	−12	−11	−11	−10	−10	−9	−8	−8	−7	−6	−6	−5	−4	−4
20	−17	−16	−15	−15	−14	−13	−12	−12	−11	−10	−9	−8	−7	−7	−6	−5
25	−20	−19	−18	−18	−17	−16	−15	−14	−13	−12	−11	−10	−9	−8	−7	−6
30	−23	−22	−21	−20	−19	−18	−17	−16	−15	−14	−13	−12	−11	−10	−8	−7
35	−26	−25	−24	−23	−22	−21	−20	−19	−17	−16	−15	−14	−12	−11	−10	−8
40	−29	−28	−26	−25	−24	−23	−22	−21	−19	−18	−17	−15	−14	−12	−11	−9
45	−31	−30	−29	−28	−26	−25	−24	−23	−21	−20	−18	−17	−15	−14	−12	−10
50	−33	−32	−31	−30	−29	−27	−26	−25	−23	−22	−20	−18	−17	−15	−13	−11
55	−35	−34	−33	−32	−31	−29	−28	−26	−25	−23	−22	−20	−18	−16	−14	−12
60	−38	−36	−35	−34	−32	−31	−30	−28	−26	−25	−23	−21	−19	−17	−15	−13
65	−39	−38	−37	−36	−34	−33	−31	−30	−28	−26	−25	−23	−21	−19	−16	−14
70	−41	−40	−39	−37	−36	−34	−33	−31	−30	−28	−26	−24	−22	−20	−17	−15
75	−43	−42	−40	−39	−37	−36	−34	−33	−31	−29	−27	−25	−23	−21	−18	−16
80	−44	−43	−42	−40	−39	−37	−36	−34	−32	−31	−29	−26	−24	−22	−19	−17
85	−46	−45	−43	−42	−40	−39	−37	−36	−34	−32	−30	−28	−25	−23	−20	−18
90	−47	−46	−45	−43	−42	−40	−39	−37	−35	−33	−31	−29	−26	−24	−21	−18
95	−49	−47	−46	−45	−43	−42	−40	−38	−36	−34	−32	−30	−28	−25	−22	−19
100	−50	−49	−47	−46	−44	−43	−41	−39	−37	−35	−33	−31	−29	−26	−23	−20

Tabelle II

Bedarfskorrektur bei Auslandsberührung (Unterhaltspflichtiger im Ausland):

Abw. der VGP	isoliert	im Verbund bei prozentualem Inlandsanteil des Bedarfs von:													
		5	10	15	20	25	30	35	40	45	50	55	60	65	70	75
−50	−50	−49	−47	−46	−44	−43	−41	−39	−37	−35	−33	−31	−29	−26	−23	−20
−45	−45	−44	−42	−41	−40	−38	−36	−35	−33	−31	−29	−27	−25	−22	−20	−17
−40	−40	−39	−37	−36	−35	−33	−32	−30	−29	−27	−25	−23	−21	−19	−17	−14
−35	−35	−34	−33	−31	−30	−29	−27	−26	−24	−23	−21	−20	−18	−16	−14	−12
−30	−30	−29	−28	−27	−26	−24	−23	−22	−20	−19	−18	−16	−15	−13	−11	−10
−25	−25	−24	−23	−22	−21	−20	−19	−18	−17	−15	−14	−13	−12	−10	−9	−8
−20	−20	−19	−18	−18	−17	−16	−15	−14	−13	−12	−11	−10	−9	−8	−7	−6
−15	−15	−14	−14	−13	−12	−12	−11	−10	−10	−9	−8	−7	−7	−6	−5	−4
−10	−10	−10	−9	−9	−8	−8	−7	−7	−6	−6	−5	−5	−4	−4	−3	−3
−5	−5	−5	−5	−4	−4	−4	−4	−3	−3	−3	−3	−2	−2	−2	−2	−1
0	0	0	0	0	0	0	0	0	0	0	0	0	0	0	0	0
5	5	5	4	4	4	4	3	3	3	3	2	2	2	2	1	1
10	10	9	9	8	8	7	7	6	6	5	5	4	4	3	3	2
15	15	14	13	12	12	11	10	9	8	8	7	6	6	5	4	3
20	20	19	18	17	15	14	13	12	11	10	9	8	7	6	5	4

§ 9 Auslandsberührung

Abw. der VGP	iso- liert	Bedarfskorrektur bei Auslandsberührung **(Unterhaltspflichtiger im Ausland):** im Verbund bei prozentualem Inlandsanteil des Bedarfs von:													
		5	10	15	20	25	30	35	40	45	50	55	60	65	70	75
25	25	23	22	20	19	18	16	15	14	12	11	10	9	8	6	5
30	30	28	26	24	23	21	19	18	16	15	13	12	10	9	7	6
35	35	33	30	28	26	24	22	20	18	17	15	13	12	10	8	7
40	40	37	35	32	30	27	25	23	21	19	17	15	13	11	9	8
45	45	42	39	36	33	30	28	25	23	21	18	16	14	12	10	8
50	50	46	43	40	36	33	30	28	25	22	20	18	15	13	11	9
55	55	51	47	43	40	36	33	30	27	24	22	19	17	14	12	10
60	60	55	51	47	43	39	36	32	29	26	23	20	18	15	13	10
65	65	60	55	50	46	42	38	34	31	28	25	22	19	16	13	11
70	70	64	59	54	49	45	40	37	33	29	26	23	20	17	14	11
75	75	69	63	57	52	47	43	39	35	31	27	24	21	18	15	12
80	80	73	67	61	55	50	45	41	36	32	29	25	22	18	15	13
85	85	77	71	64	58	53	47	43	38	34	30	26	23	19	16	13
90	90	82	74	67	61	55	50	44	40	35	31	27	23	20	17	13
95	95	86	78	71	64	58	52	46	41	37	32	28	24	21	17	14
100	100	90	82	74	67	60	54	48	43	38	33	29	25	21	18	14

Anwendungshinweise[112]

84 Die **Tabellen enthalten** folgende Werte:
– in der ersten Spalte (Vorspalte):
die Abweichung der Verbrauchergeldparität von der Devisenparität in Prozent, wie sie den veröffentlichten Tabellen (s. Rn. 40 f.) oder den Aufstellungen in Rn. 42 ff. entnommen werden kann. Fehlen entsprechende Veröffentlichungen, kann der Richter die Abweichung des von der Bundesbank veröffentlichten Devisenkurses zu der vom Statistischen Bundesamt veröffentlichten Verbrauchergeldparität auf der Grundlage des entsprechenden Formel (s. Rn. 41) auch selbst errechnen oder notfalls nach § 287 ZPO schätzen.
– in der zweiten Spalte:
die Bedarfskorrektur (in Prozent) für einen Unterhaltsberechtigten, der in einem anderen Land lebt als der Unterhaltspflichtige, soweit der Bedarf sich aus dem Einkommen ableitet und die Korrektur auf den Bedarf des Berechtigten beschränkt wird.
– in den folgenden Spalten:
die entsprechende Bedarfskorrektur, wenn von einem Bedarfsverbund ausgegangen wird, die Auswirkung der Paritätsabweichung auf die Bedarfsverteilung also ausgeglichen werden soll. Dabei gibt die Kopfzeile an, welcher Prozentsatz des Bedarfs auf den Unterhaltsberechtigten im Ausland (Tabelle I) oder im Inland (Tabelle II) entfällt.

85 Die Tabellen geben den Korrekturwert **nur für bestimmte Kombinationen** von Bedarfsverteilung und Abweichung der Verbrauchergeldparität an. Liegen die maßgebenden Werte dazwischen, kann interpoliert oder die Berechungsformel unmittelbar angewandt werden. Andererseits unterliegen die Abweichungen der Verbrauchergeldparität oft starken Schwankungen, so dass eine präzise Bedarfsberechnung nach den vorliegenden Werten nur zu einer Scheingenauigkeit führt. Deshalb kann es bei der Bedarfskorrektur nur um eine grobe Annäherung gehen. Um das auch erkennbar zu machen, sollten für die Bedarfskorrektur **nur durch 5 teilbare Prozentwerte**, z. B. + 10% oder – 25% verwendet werden. Der Tabelle sollte dann nur entnommen werden, welcher so gerundete Prozentwert der gesuchten Kombination am nächsten ist. Im Zweifelsfall ist einer Rundung auf ganze 10% der Vorzug zu geben. Es ließe sich auch vertreten, grundsätzlich die kleinere

---

[112] Ergänzt auf der Grundlage von Gutdeutsch/Zieroth a. a. O.

1. Abschnitt: Materielles Recht § 9

Korrektur zu wählen, weil sich die Abweichung als Regelwidrigkeit verstehen lässt, die durch wirtschaftspolitische Maßnahmen abgebaut werden sollte.

Beispiele zur Anwendung:[113]

Beispiel 1: 86
Der Mann mit prägendem Einkommen von 3500 EUR ist seiner geschiedenen Frau unterhaltspflichtig, die **nach Polen verzogen** ist (isolierter Bedarf) und dort 1500 Zloty (PLN) verdient, welche die ehelichen Lebensverhältnisse nicht geprägt haben.
• erster Schritt: Bedarfsberechnung
$6/7 \times 3500 \times 1/2 = 1500$ EUR
• zweiter Schritt: Korrektur des Bedarfs
Der Devisenkurs übersteigt die Verbrauchergeldparität um ca. 30% (s. Rn. 62). Damit weicht der Bedarf um − 23% ab (s. Rn. 83, Tabelle I Spalte 2, weil isoliert): 1500 EUR − 23% = 1155 EUR
• dritter Schritt: Berechnung des Anspruchs
Einkommen der Frau:
1500 PLN/4,3276 = 347 EUR
1155 EUR − 347 EUR = 808 EUR
Der Bedarf ist teilweise gedeckt. Es besteht noch ein Anspruch in Höhe von 808 EUR.

Beispiel 2: 87
Deutsche **Eheleute leben in Dänemark.** Die Frau kehrt ins billigere Deutschland zurück (isolierter Bedarf). Der Mann verdient 20 000 Dänische Kronen (DKK), also bei einem Devisenkurs von 7,4462 (s. Rn. 44) rd. 2686 EUR. Er ist seiner getrennt lebenden Ehefrau unterhaltspflichtig, die keine Einkünfte erzielt.
• erster Schritt: Bedarfsberechnung
$6/7 \times 2686$ EUR $\times 1/2 =$ rd. 1151 EUR
• zweiter Schritt: Bedarfskorrektur
Die Abweichung der Verbrauchergeldparität von 9,5258 und der Devisenparität von 7,4462 (s. jeweils Rn. 44) beträgt rd. − 20%. Derselbe Wert ergibt sich für die Bedarfsminderung der Frau, die aus der Übersiedlung nach Deutschland resultiert (s. Rn. 83, Tabelle II Spalte 2, weil isoliert):
1151 EUR − 20% = rd. 921 EUR

Beispiel 3: 88
Frau und das sechsjährige Kind **leben in Spanien,** was schon die ehelichen Lebensverhältnisse bestimmt hat (Bedarf im Verbund). Nach der Tabelle der Verbrauchergeldparitäten und Devisenkurse liegt das Verhältnis von Verbrauchergeldparität und Devisenparität im Mittel des letzten Jahre etwa bei − 5% (s. Rn. 71). Bei einem bereinigten Inlandseinkommen des Pflichtigen von 2650 EUR ergibt sich zunächst ein Unterhaltsbedarf für
das Kind:
327 (419−92) EUR
die Ehefrau:
996 (2650 − 327 = 2356 $\times 3/7$) EUR
Summe:
1323 (327 + 996) EUR
Die Unterhaltssumme beläuft sich somit auf 49,9% des Einkommens. Tabelle I liefert für einen Auslandsanteil des Bedarfs von 50% und eine Abweichung der Verbrauchergeldparität von − 5% eine Bedarfskorrektur von + 3%.
Kind:
327 + 3% = rd. 337 EUR
Ehefrau:
996 + 3% = rd. 1026 EUR
Summe:
1323 + 3% = rd. 1363 EUR
Dem Pflichtigen bleiben
2650 − 1363 = 1287 EUR

Beispiel 4: 89
Der Mann verdient 3550 EUR, welche die ehelichen Lebensverhältnisse geprägt haben. Zwei minderjährige Kinder sind unterhaltsbedürftig, von denen eines (15 Jahre alt) beim Vater in Deutschland, ein anderes (2 Jahre alt) bei der einkommenslosen **Ehefrau in Litauen** lebt, welche ebenso wie die Kinder unterhaltsberechtigt ist. Die Kaufkraftdifferenz hat Einfluss auf den beiderseitigen Bedarf (Bedarf im Verbund).

---

[113] Auf der Grundlage von Gutdeutsch/Zieroth a. a. O.

§ 9   Auslandsberührung

- erster Schritt: Bedarfsberechnung
Gruppe 7 der DT:
1. Kind:
488 (580 − 92) EUR
2. Kind:
340 (432 − 92) EUR
Summe Kindesunterhalt:
828 EUR
Vorabzug prägenden Kindesunterhalts:
3550 − 828 = 2722 EUR
Ehegattenunterhalt aus prägendem Einkommen des Pflichtigen:
Voller Bedarf abzüglich Erwerbstätigenbonus für Pflichtigen:
$2722 \times {}^3/_7 = 1167$ EUR
- zweiter Schritt: Bedarfskorrektur
Auslandsanteil:
$(340 + 1167)/3550 = 42\%$
Die Abweichung der Verbraucherparität (s. Rn. 54) beträgt rund + 20%
Bedarfskorrektur nach der Tabelle I: − 11%
Bedarf 2. Kind (Ausland):
340 − 11% = rd. 303 EUR
Bedarf Ehefrau:
1167 − 11% = rd. 1039 EUR
Bedarf des 1. Kindes (beim Vater):
488 EUR
Dem Unterhaltspflichtigen bleiben:
1720 (3550 − 303 − 1039 − 488) EUR

90   **Beispiel 5:**
Der unterhaltspflichtige Mann **lebt in Schweden** und verdient 40 000 SEK pro Monat, die unterhaltsberechtigte einkommenslose Frau lebt in Deutschland. Vom Erwerbseinkommen stehen $^1/_7$ dem Mann als Bonus zu. Die Devisenparität SEK und EUR beträgt gegenwärtig rd. 10,6 zugunsten des EUR (s. Rn. 66). Die Kaufkraftdifferenz hat Einfluss auf den beiderseitigen Bedarf (Bedarf im Verbund).
- erster Schritt: Bedarfsberechnung
Einkommen des Mannes:
40000/10,6 = rd. 3774 EUR
Bedarf: $^6/_7 \times 3774 \times {}^1/_2 = 1617$ EUR
- zweiter Schritt: Korrekturrechnung
Inlandsanteil des Bedarfs:
1617/3774 = 43%
Bedarfskorrektur nach der Tabelle II:
Verhältnis von Verbrauchergeldparität zu Devisenparität ca. − 5%; Inlandsanteil ca. 43%, also − 3%:
1617 − 3% = 1568 EUR

3. Bedarfskorrektur nach Teuerungsziffern für den Kaufkraftausgleich der Auslandsbesoldung

91   Eine Bedarfskorrektur auf der Grundlage des Verhältnisses der Devisenkurse und der Verbrauchergeldparitäten (s. Rn. 38 ff.) wird nur noch für eine Übergangszeit möglich sein, weil das Statistische Bundesamt die Verbrauchergeldparitäten nur bis einschließlich 2009 ermittelt hat. Das Verhältnis auf der Grundlage der erhobenen Zahlen wird sich zwar regelmäßig nicht von heute auf morgen grundlegend ändern. Die Genauigkeit der Berechnungsmethode lässt mit den fehlenden Erhebungen aber nach. Sie wird deswegen nur noch für eine Übergangszeit Verwendung finden können und muss sodann durch andere Berechnungen ersetzt werden.

92   Dafür bietet sich eine Berechnung auf der Grundlage der internationalen Teuerungsziffern an, zu deren Berechnung das Statistische Bundesamt nach § 7 Abs. 2 BBesG verpflichtet ist. Im Ausland tätige Beamte und Soldaten erhalten einen Kaufkraftausgleich, der dafür sorgt, dass sie sich mit den Dienstbezügen die gleiche Menge an Waren und Dienstleistungen der Lebenshaltung kaufen können wie im Inland. An Dienstorten mit hohem Preisniveau erhalten sie einen Zuschlag zum Gehalt und bei sehr niedrigen Preisen einen

1. Abschnitt: Materielles Recht § 9

Abschlag. Der Kaufkraftausgleich ist eine durch 5 teilbare Prozentzahl und wird auf der Basis von so genannten Teuerungsziffern festgesetzt. Die Teuerungsziffern können beim Statistischen Bundesamt abgefragt werden.[114] An diese Werte ist der zweite Schritt der Bedarfsanpassung anzuschließen (s. Rn. 80 ff.).

93

Land	2010	1/2011	2/2011	3/2011
Afghanistan	–	–	–	–
Ägypten	– 7,5	– 7	– 9	– 8
Albanien	– 8			
Algerien	– 7,3			
Angola	+ 28,1	+ 29	+ 28	+ 28
Argentinien	– 7,7	– 8	– 8	– 8
Armenien	– 2,7			
Aserbaidschan	+ 0,8			
Äthiopien	– 9,7			
Australien	+ 7,5			
Bahrain	– 8,1			
Bangladesch	– 6			
Belgien	– 1			
Benin	+ 3,8	+ 3	+ 4	+ 4
Bolivien	– 8,2			
Bosnien Herzegowina	– 7			
Botsuana	– 7,1			
Brasilien/Rio de Janeiro	+ 13,5	+ 16	+ 15	+ 15
Brunei	– 8,8			
Bulgarien	– 3,4			
Burkina Faso	+ 6,7	+ 6	+ 5	+ 5
Burundi	+ 8	+ 7	+ 7	+ 7
Chile	+ 1,4	+ 3	+ 2	+ 2
China/Hongkong	+ 1,8	+ 2	+ 1	+ 1
China/Peking	– 7,2			
Costa Rica	– 3,3			
Elfenbeinküste	+ 8,3	+ 9	+ 10	+ 10
Dänemark	+ 15,3	+ 15	+ 15	+ 15
Dominikanische Republik	– 0,7			
Ecuador	– 9,2	– 9	– 10	– 10
El Salvador	– 4,9	– 5	– 6	– 6
Eritrea	–			

---

[114] Vgl. die entsprechende Mitteilung des Statistischen Bundesamtes, das die Teuerungsziffern im Internet bereitstellt über: www.destatis.de und die Bekanntmachung des BMF vom 11. 4. 2011 – VI C 5 – S 2341/10/10003 – zu den Kaufkraftzuschlägen

Land	2010	1/2011	2/2011	3/2011
Estland	− 9,9			
Finnland	+ 5,5			
Frankreich	+ 6,9	+ 6	+ 6	+ 6
Gabun	+ 15,6	+ 15	+ 15	+ 15
Georgien	− 4,8	− 4	− 4	− 4
Ghana	+ 1,7	+ 2	+ 1	0
Griechenland	+ 0,7	+ 1	0	0
Guatemala	− 1,9	− 2	− 2	− 2
Guinea	+ 2,3	+ 2	+ 1	+ 1
Haiti	+ 5,8	+ 5	+ 6	+ 5
Honduras	− 1,6	− 3	− 3	− 3
Indien/Neu Delhi	− 2,8			
Indonesien	− 1,6			
Irak	−			
Iran	− 13,6	− 13	− 13	− 13
Irland	+ 4,3	+ 4	+ 4	+ 4
Island	+ 2,5	+ 5	+ 4	+ 3
Israel	+ 6,5	+ 9	+ 7	+ 6
Italien	+ 4,5	+ 3	+ 3	+ 3
Jamaika	+ 8,7	+ 10	+ 9	+ 9
Japan	+ 30,3	+ 33	+ 30	+ 30
Jemen	− 11,1			
Jordanien	− 4,3			
Kambodscha	− 5,3			
Kamerun	+ 6	+ 6	+ 6	+ 6
Kanada/Montreal	− 4,8	+ 6	+ 4	+ 5
Kasachstan	− 3	− 3	− 3	− 3
Katar	− 8,6			
Kenia	+ 0,1	0	− 1	− 1
Kirgisistan	− 3			
Kolumbien	− 2,9			
Kongo/Dem. Rep.	+ 9,8	+ 10	+ 10	+ 9
Korea/Dem. VR	+ 5,6	+ 5	+ 4	+ 4
Korea/Rep.	+ 5,2	+ 6	+ 5	+ 5
Kosovo	− 12,5			
Kroatien	− 8,1			
Kuba	+ 6,2	+ 6	+ 5	+ 5

1. Abschnitt: Materielles Recht § 9

Land	2010	1/2011	2/2011	3/2011
Kuwait	− 8,1			
Laos	− 6,5			
Lettland	− 8			
Libanon	− 1,5	− 2	− 2	− 2
Libyen	− 8,9			
Litauen	− 11			
Luxemburg	− 0,6			
Madagaskar	+ 3,7	+ 4	+ 5	+ 5
Malawi	+ 0,1	+ 3	+ 3	+ 2
Malaysia	− 7			
Mali	+ 16,8	+ 9	+ 8	+ 8
Malta	− 4,4			
Marokko	− 7			
Mauretanien	+ 7,5	+ 1	+ 1	+ 1
Mazedonien	− 9,9			
Mexiko	− 8,6			
Moldau	− 12			
Mongolei	+ 0,2	+ 2	+ 2	+ 1
Montenegro	− 12			
Mosambik	− 2,1	+ 1	− 1	0
Myanmar	+ 8,3	+ 2	+ 2	+ 1
Namibia	− 5,3			
Nepal	− 3,5			
Neuseeland	+ 3,1			
Nicaragua	− 3,4			
Niederlande	− 1,8			
Niger	+ 7,7			
Nigeria	+ 17,9	+ 17	+ 18	+ 17
Norwegen	+ 19,6	+ 21	+ 20	
Oman	− 5,8	− 6	− 7	− 7
Österreich	+ 2,7	+ 2	+ 2	+ 2
Pakistan	− 3,3			
Panama	− 2,9			
Paraguay	− 4,1	− 2	− 3	− 2
Peru	− 1,4	− 2	− 3	− 3
Philippinen	− 6,7			
Polen	− 12,9	− 12	− 12	− 12

Dose

§ 9 Auslandsberührung

Land	2010	1/2011	2/2011	3/2011
Portugal	− 4			
Ruanda	+ 6	+ 6	+ 7	+ 6
Rumänien	− 11			
Russland/Moskau	− 1,7			
Sambia	− 4,3	− 4	− 5	− 5
Saudi Arabien	− 8,4			
Schweden	+ 9,5	+ 13	+ 14	+ 15
Schweiz	+ 22,1	+ 29	+ 26	+ 25
Senegal	+ 5,1	+ 5	+ 5	+ 5
Serbien	− 10,9			
Sierra Leone	+ 4,6	+ 4	+ 4	+ 4
Simbabwe	+ 4,4	+ 4	+ 3	+ 3
Singapur	+ 0,8	+ 3	+ 2	+ 2
Slowakei	− 6,4			
Slowenien	− 6,4			
Spanien	+ 1	+ 1	+ 1	0
Sri Lanka	− 7,3			
Südafrika	− 10	− 8	− 11	− 10
Sudan	+ 7,6	+ 6	+ 4	+ 3
Syrien	− 2,1			
Tadschikistan	− 4,6			
Taiwan	− 2,5	− 1	− 2	− 2
Tansania	− 1,7	− 1	− 2	− 2
Thailand	− 4			
Togo	+ 1,2	+ 1	+ 1	+ 1
Trinidad & Tobago	+ 0,7	− 1	− 2	− 2
Tschad	+ 19,9	+ 18	+ 19	+ 17
Tschechische Republik	− 7,3			
Tunesien	− 11			
Türkei	+ 0,5	0	− 1	− 2
Turkmenistan	−			
Uganda	+ 1,5	0	− 1	− 1
Ukraine	− 9,8	− 10	− 11	− 11
Ungarn	− 10,4			
Uruguay	+ 5,3	+ 6	+ 4	+ 5
Usbekistan	−			
Venezuela	− 6,1	− 2	− 3	− 3

Land	2010	1/2011	2/2011	3/2011
Vereinigte Arab. Emirate	− 10,2			
Vereinigtes Königreich	+ 2	+ 2	+ 3	+ 3
USA/Washington	+ 7,3	+ 6	+ 5	+ 4
Vietnam	− 11,9	− 11	− 12	− 12
Weißrussland	− 11,5			
Zypern	− 0,8			

V. Währung

Grundsätzlich kann der Berechtigte Unterhalt in der Währung seines Landes oder des Landes des Unterhaltspflichtigen verlangen, muss dabei aber auf die Verhältnisse und Interessen des Unterhaltspflichtigen Rücksicht nehmen.[115] Auch devisenrechtliche Beschränkungen müssen beachtet werden.

Ist der Antrag auf Zahlung in ausländischer Währung gerichtet, darf der Richter nicht auf Zahlung in inländischer Währung verurteilen (§ 308 I ZPO). Denn Auslandswährung und Eurowährung sind nicht gleichartig (§ 244 I BGB).[116]

94

– *in dieser Auflage nicht belegt* –

95–99

VI. Ausgewählte Länder

Auslandsrecht[117] wird dann benötigt, wenn sich dessen Anwendbarkeit aus Verordnungen der Europäischen Union, aus internationalen Übereinkommen oder aus dem nationalen Kollisionsrecht ergibt (s. Rn. 1 ff.).

100

Während sich die Vorschriften zum Kindesunterhalt in weitem Umfang schon jetzt entsprechen, ist im Scheidungsrecht als Voraussetzung des nachehelichen Ehegattenunterhalts eine allgemeine Entwicklung zu verzeichnen. Sie verläuft ausgehend von der Verschuldensscheidung über die in vielfältigen Varianten fast überall etablierte Zerrüttungsscheidung hin zur einvernehmlichen Scheidung. Dabei sind die Übergänge fließend, denn in einigen Ländern ist die Verschuldensscheidung neben der Möglichkeit einer Scheidung wegen unheilbarer Zerrüttung beibehalten worden. Die Zerrüttungsscheidung wiederum nähert sich durch Vermutungtatbestände nach Ablauf bestimmter Fristen dem Prinzip der einvernehmlichen Scheidung an und erfasst diese teilweise sogar als Unterfall. Die schwedische Scheidung auf Wunsch eines Ehegatten hat sich als „Modell künftiger Generationen" noch nicht allgemein durchgesetzt.[118] Das Scheidungsrecht steht wiederum in engem Zusammenhang mit dem nachehelichen Unterhaltsrecht.[119] Auch sonst unterscheidet sich das materielle Recht verschiedener Staaten nicht unerheblich voneinander. Teilweise gehen die Unterhaltspflichten über den deutschen Verwandtenunterhalt in gerader Linie hinaus, indem sich auch Geschwister oder Schwiegereltern und Schwiegerkinder Unterhalt schul-

---

[115] Vgl. BGH FamRZ 1992, 1060, 1063; 1990, 992; OLG Karlsruhe FamRZ 1991, 600
[116] Vgl. BGH IPRax 1994, 366 mit Anm. Grothe IPRax 1994, 346
[117] Vgl. Rn. 11 ff.; einen Überblick über Internet-Adressen zum internationalen, europäischen und ausländischen Recht gibt Otto IPRax 1998, 231; eine große Anzahl internationaler und nationaler Vorschriften zum Unterhaltsrecht ist über die Homepage der Bundesnotarkammer „www.bnotk. de" unter Links/International abrufbar
[118] Zum Ergebnis des 6. Symposiums für Europäisches Familienrecht „Ehescheidung und Unterhalt im europäischen Vergleich", 2002 vgl. Walter FamRZ 2003, 218
[119] Zur familiären Solidarität im internationalen Vergleich s. Frank FamRZ 2009, 649

den.[120] Teilweise ist die familiäre Verantwortung auch zu Lasten staatlicher Sozialleistungen weiter zurückgedrängt, wenn, wie in Schweden und Norwegen, Kindesunterhalt grundsätzlich nur bis zur Vollendung des 18. Lebensjahres und bei längerem Schulbesuch bis zur Vollendung des 21. Lebensjahres geschuldet ist und die Unterhaltspflicht gegenüber den Kindern, wie in Finnland, generell mit Vollendung des 18. Lebensjahres endet (s. auch Rn. 624 f.).

Belgien

1. Kinderunterhalt

101 Gemäß Art. 203 § 1 des belgischen Code Civil (ZGB)[121] haben die Eltern die Pflicht, ihre Kinder zu unterhalten, und zwar bis zur Beendigung der Ausbildung, auch über den Eintritt der Volljährigkeit mit Vollendung des 18. Lebensjahres (Art. 388 ZGB) hinaus. Unbeschadet der Rechte des Kindes besteht insoweit eine gegenseitige Beitragspflicht der Eltern (Art. 203 bis ZGB). Innerhalb der Grenzen, die er aus dem Nachlass des verstorbenen Elternteils oder an Vorteilen durch Ehevertrag, Schenkung oder Testament von diesem erhalten hat, ist auch der Stiefelternteil zum Unterhalt verpflichtet (Art. 203 § 2 ZGB). Durch Scheidung oder Trennung der Eltern bleibt der Unterhaltsanspruch des Kindes im Wesentlichen unberührt (Art. 303, Art. 304, Art. 311 bis II ZGB). Die Höhe richtet sich nach der Bedürftigkeit des Berechtigten und der Leistungsfähigkeit des Verpflichteten (Art. 208 ZGB). Abänderung (Fortfall oder Ermäßigung) ist möglich (Art. 209 ZGB), wenn der Unterhaltspflichtige den Unterhalt nicht mehr gewähren kann oder der Unterhaltsberechtigte des Unterhalts nicht mehr bedarf. Der Richter kann auch von der Zahlungspflicht befreien, wenn Vater oder Mutter ihre Leistungsunfähigkeit nachweisen oder sich zur Aufnahme des Kindes in die Wohnung und zu dessen Verpflegung bereit erklären (Art. 210, 211 ZGB).

2. Ehegattenunterhalt

102 **Trennung.** Gemäß Art. 213 ZGB schulden die Ehegatten einander Hilfe und Beistand. Dazu zählt auch die Unterhaltspflicht. Der Richter kann für die Zeit der Trennung die Zahlung einer Unterhaltsrente anordnen (Art. 223 ZGB), auch vorläufig. Nach der „Verkündung" der Trennung von Tisch und Bett besteht die Unterstützungspflicht nur noch zugunsten desjenigen Ehegatten, der die Trennung erwirkt hat (Art. 308 ZGB). Mit dem Tode des vorverstorbenen Ehegatten geht eine Unterhaltspflicht gegenüber dem hinterbliebenen Ehegatten als Nachlassverbindlichkeit auf die Erben über, wenn die Bedürftigkeit schon im Zeitpunkt des Todes bestand (Art. 205 bis § 1 ZGB). Das gilt auch bei Trennung von Tisch und Bett. Der Unterhalt geht dann zu Lasten des Nachlasses und wird von allen Erben und Vermächtnisnehmern im Verhältnis ihrer Erbteile geschuldet. Hat der Verstorbene ein Vermächtnis als vorrangig bezeichnet, haftet dieses nur nachrangig (Art. 205 bis § 3 ZGB). Der Unterhaltsanspruch muss aber innerhalb eines Jahres nach dem Tode geltend gemacht werden (Art. 205 bis § 5, Art. 310 § 6 ZGB).

103 **Scheidung.** Das belgische Ehescheidungsrecht ist mit Gesetz vom 27. April 2007 mit Wirkung zum 1. September 2007 grundlegend geändert worden.[122] An die Stelle der Scheidung aus bestimmten Gründen oder auf Grund faktischer Trennung ist die Scheidung auf Grund unheilbarer Ehezerrüttung getreten (Art. 229 §§ 1 bis 3 ZGB).[123] Diese neue gesetzliche Regelung lässt eine Ehescheidung schon nach dreimonatiger Trennung zu, ohne dass sich die Ehegatten über die Scheidungsfolgen einigen müssen. Diese Scheidungsform

---

[120] Frank FamRZ 2009, 648, 651 ff.
[121] Belgischer Code Civil in der Fassung vom 30. Juni 2005
[122] Belgisches Staatsblatt vom 7. 6. 2007
[123] Vgl. Pintens FamRZ 2007, 1491, 1493 f.

wird deswegen voraussichtlich stark an Bedeutung gewinnen.[124] Die schon nach früherem Recht mögliche einverständliche Scheidung, von der 75 bis 80% der Scheidungswilligen Gebrauch machen, wurde daneben beibehalten und weiter vereinfacht.[125]

Mit der Änderung des Scheidungsrechts ist auch das Recht des **nachehelichen Unter-** **104** **halts** reformiert worden. Haben die Ehegatten den Unterhalt nicht, wie bei der einverständlichen Scheidung erforderlich, vertraglich geregelt, kann auf Antrag eines Ehegatten eine Unterhaltspflicht gerichtlich ausgesprochen werden (Art. 301 § 1 und 2 ZGB). Unterhaltsberechtigt ist künftig aber nicht nur der unschuldige, sondern ein bedürftiger Ehegatte (Art. 301 § 2 I ZGB). Gleichwohl verzichtet auch das neue Recht nicht vollständig auf den Aspekt des Scheidungsverschuldens. Der Antrag auf nachehelichen Unterhalt kann abgewiesen werden, wenn der Antragsteller ein schweres Vergehen gegen den Antragsgegner begangen hat, dass diesem eine Fortsetzung des ehelichen Lebens unmöglich macht (Art. 301 § 2 II ZGB) oder wenn der Antragsteller gegenüber dem Antragsgegner gewalttätig geworden ist (Art. 301 § 2 III ZGB). Die Dauer des Unterhalts darf die Dauer der Ehe grundsätzlich nicht übersteigen (sog. Spiegelunterhalt); nur bei außergewöhnlichen Umständen darf der Richter davon abweichen (Art. 301 § 4 ZGB).[126] Dazu hat der Unterhaltsberechtigte nachzuweisen, dass er nach Ablauf der ursprünglichen Frist aus von seinem Willen unabhängigen Gründen noch immer bedürftig ist. Auch dann bleibt der Unterhalt aber auf den Betrag beschränkt, der erforderlich ist, um die Bedürftigkeit des Unterhaltsberechtigten zu decken.[127] Die Vorschrift ist auch auf Unterhaltsansprüche anwendbar, die vor Inkrafttreten der gesetzlichen Neuregelung zugesprochen wurden (Art. 42 § 5 des Reformgesetzes).[128] Allerdings verstieß auch die Vollstreckung eines früheren belgischen Urteils über nachehelichen Unterhalt nicht gegen den deutschen ordre public, wenn das Urteil darauf beruhte, dass dem unterhaltspflichtigen Ehegatten die Schuld am Scheitern der Ehe zugesprochen worden war.[129]

Die **Höhe des Unterhalts** richtet sich nicht mehr nach dem ehelichen Lebensstandard, **105** sonder in erster Linie nach der aktuellen Bedürftigkeit des Antragstellers. Allerdings kann der Unterhaltsanspruch auch über die persönliche Bedürftigkeit hinausgehen, wenn besondere Kriterien, wie die Dauer der Ehe oder das Alter des Unterhaltsberechtigten, dafür sprechen (Art. 301 § 3 I ZGB). Wie schon nach früherem Recht darf der Unterhaltsanspruch aber ein Drittel des Gesamteinkommens des Unterhaltspflichtigen nicht übersteigen (Art. 301 § 3 III ZGB). Bei der Unterhaltsbemessung wenden belgische Gerichte keine Leitlinien an; nur ausnahmsweise orientieren sie sich an den deutschen Leitlinien, wenn die Parteien zwar ihren Wohnsitz in Belgien, ihren Aufenthalt aber in Deutschland haben.[130]

Eine **einverständliche Scheidung** ist nur möglich, wenn die Parteien eine Unterhalts- **106** vereinbarung mit positiver oder negativer Abänderungsklausel treffen. Trotz der – eingeschränkten – richterlichen Kontrollmöglichkeit hat die für diese Scheidungsform notwendige Unterhaltsvereinbarung Vertragscharakter. Nach der Rechtsprechung entfallen die Rechtsfolgen auch nicht im Falle des Ehebruches, es sei denn, solches ergibt sich aus der vertraglichen Vereinbarung. Da hierfür die causa der Unterhaltspflicht bekannt sein muss, sind entsprechende Bedingungen in die vertraglich vereinbarte Unterhaltspflicht aufzunehmen. Entsprechend hat der belgische Kassationshof im Jahre 2000 unter Aufgabe seiner

---

124 Pintens FamRZ 2007, 1491, 1494
125 Dass die Ehegatten mindestens 20 Jahre alt sein müssen und die Ehe bei Antragstellung mindestens 2 Jahre Bestand hatte, ist nicht mehr erforderlich. Die vermögensrechtlichen wie familienrechtlichen Scheidungsfolgen müssen allerdings vertraglich geregelt sein (Art. 1287 bis 1288 ZGB). Auf die Antragsschrift erhalten die Parteien eine 3-monatige Überlegungsfrist. Danach ist die richterliche Kontrolle (anders als in Frankreich) sehr eingeschränkt und im Wesentlichen auf Sittenwidrigkeit, den ordre public und die Wahrung außergewöhnlicher Kindesinteressen beschränkt
126 Pintens FamRZ 2007, 1491, 1494
127 Pintens FamRZ 2009, 1535, 1536
128 Zur Übergangsregelung vgl. Urteil des Belgischen Staatsgerichtshofs vom 3. 12. 2008, Belgisches Staatsblatt vom 24. 12. 2008 und Pintens FamRZ 2009, 1535, 1536
129 OLG Frankfurt NJW-RR 2005, 1375
130 Zur Höhe vgl. auch Rn. 101

früheren Rechtsprechung entschieden, dass auch ein Ehevertrag auflösbar ist, was z. B. bei Betrug oder Arglist in Betracht kommt.

107 Jeder Unterhalt kann an veränderte Verhältnisse angepasst werden, ist also **abänderbar**. Das gilt auch für den im Rahmen einer einverständlichen Scheidung vereinbarten Unterhalt, wenn die Ehegatten dies nicht ausdrücklich ausgeschlossen haben (Art. 301 § 7 I ZGB).

Auch eine Kapitalisierung des Unterhalts ist möglich (Art. 301 § 5 ZGB).

3. Familienunterhalt

108 Die Kinder schulden ihren Eltern und ihren anderen Aszendenten (Verwandte in aufsteigender Linie) bei Bedürftigkeit Unterhalt (Art. 205 ZGB). Schwiegersöhne und Schwiegertöchter schulden ihren Schwiegereltern unter den gleichen Voraussetzungen Unterhalt. Diese Verpflichtung entfällt, wenn der Berechtigte eine neue Ehe eingeht oder wenn der Ehegatte, der die Schwägerschaft vermittelt, und evtl. gemeinsame Kinder verstorben sind (Art. 206 ZGB). Diese Verpflichtungen sind gegenseitig (Art. 207 ZGB).

Mit dem Tode eines vorverstorbenen Ehegatten geht die Unterhaltspflicht gegenüber seinen im Zeitpunkt des Todes bedürftigen Verwandten in aufsteigender Linie in Höhe der Erbrechte, die diesen Verwandten durch unentgeltliche Zuwendungen zugunsten des hinterbliebenen Ehegatten entzogen worden sind, als Nachlassverbindlichkeit auf die Erben über (Art. 205 bis § 2 ZGB). Das gilt auch bei Trennung von Tisch und Bett. Der Unterhalt muss jedoch innerhalb eines Jahres ab dem Tode geltend gemacht werden (Art. 205 bis § 5 ZGB).

Bosnien-Herzegowina

1. Allgemeines

109 Nach Art. 229 I des Gesetzes über die Familie vom 29. 5. 1979 in der Fassung vom 20. 12. 1989 (Familiengesetzbuch – FGB)[131] ist der gegenseitige Unterhalt der Familienangehörigen und anderen Verwandten ihre Pflicht und ihr Recht. Kann der Unterhalt nicht oder nur teilweise verwirklicht werden, leistet die „Gesellschaftsgemeinschaft" unter den gesetzlich bestimmten Voraussetzungen die notwendigen Mittel zum Unterhalt für unversorgte Familienangehörige (Art. 229 II FGB).

110 Ein **Verzicht** auf das Unterhaltsrecht hat keine Rechtswirkung (Art. 229 III FGB). Wie in anderen Rechtsordnungen kann allenfalls auf einzelne Unterhaltsbeträge für abgelaufene Zeitabschnitte, nicht hingegen auf das Stammrecht verzichtet werden. Nach Art. 230 I FGB tragen die Familienangehörigen und anderen Verwandten entsprechend ihren Möglichkeiten und Fähigkeiten im Einklang mit den Bedürfnissen des Unterhaltsberechtigten zum gegenseitigen Unterhalt bei. Das Maß des Unterhalts richtet sich also auch hier nach dem Bedarf des Unterhaltsberechtigten und der Leistungsfähigkeit des Unterhaltspflichtigen.

2. Kinderunterhalt

111 Nach Art. 230 II FGB sind die Eltern vor allem verpflichtet, ihre **minderjährigen** Kinder zu unterhalten. Zur Erfüllung dieser Verbindlichkeit müssen sie „alle ihre Möglichkeiten ausschöpfen". Hat das minderjährige Kind Vermögen oder Einkommen aus Vermögen, ist es verpflichtet, damit zu seinem Unterhalt beizutragen, wenn die Eltern arbeitsunfähig sind und selbst nicht ausreichende Mittel zum Leben haben oder diese aus ihrem

---

[131] Bergmann/Ferid/Henrich, Internationales Ehe- und Kindschaftsrecht, Bosnien-Herzegowina, S. 51 ff.

Vermögen nicht realisieren können (Art. 232 II, 234 FGB). Befindet sich ein Kind in ordentlicher Schulausbildung, sind die Eltern verpflichtet, ihm nach ihren Möglichkeiten auch für die Zeit ab **Volljährigkeit** Unterhalt zu leisten. Der Anspruch ist bis zum 26. Lebensjahr begrenzt, es sei denn, die ordentliche Schulausbildung konnte aus gerechtfertigten Gründen bis zu diesem Zeitpunkt nicht abgeschlossen werden (Art 231 I FGB). Einem volljährigen Kind, das wegen Krankheit, physischer oder psychischer Gebrechen arbeitsunfähig ist und das weder ausreichenden Mittel zum Leben hat, noch diese aus seinem Vermögen realisieren kann, sind die Eltern so lange zum Unterhalt verpflichtet, wie diese Unfähigkeit andauert (Art. 231 II FGB). Ein Elternteil, dem das Elternrecht entzogen ist, wird dadurch von der Unterhaltspflicht gegenüber seinen minderjährigen Kindern nicht befreit (Art. 233 FGB). Nach Art. 235 I FGB sind auch **Stiefeltern** dem minderjährigen Kind zum Unterhalt verpflichtet, wenn die Kinder keine anderen unterhaltspflichtigen Verwandten haben. Die Verpflichtung der Stiefeltern zum Unterhalt für ihre minderjährigen Stiefkinder bleibt auch nach dem Tod des Elternteils des Kindes bestehen, wenn sie im Zeitpunkt des Todes mit dem Elternteil und dem Kind in Familiengemeinschaft zusammengelebt haben (Art. 235 II FGB). Eine Unterhaltspflicht der Stiefeltern gegenüber den Stiefkindern ist aber beendet, wenn ihre Ehe mit dem Elternteil des Kindes geschieden oder für ungültig erklärt worden ist oder wenn das Nichtbestehen der Ehe festgestellt worden ist (Art 235 III FGB). Haben die Stiefeltern auch eigene Kinder, ist die Unterhaltspflicht für die Kinder und die Stiefkinder „gemeinschaftlich" (§ 236 II FGB) also gleichrangig.

Streiten die Eltern um den Kindesunterhalt, berücksichtigt das Gericht bei dem Elternteil, **112** dem das Kind in Obhut und zur Erziehung anvertraut ist, insbesondere seine Arbeit und Sorge die er für die Erziehung und Aufziehung des Kindes erbringt, als Beitrag zum Unterhalt (Art. 252 FGB). Stellt das Gericht fest, dass die Eltern sogar gemeinschaftlich nicht in der Lage sind, die Bedürfnisse für den Unterhalt zu befriedigen, benachrichtigt es hiervon die Vormundschaftsbehörde zwecks Gewährleistung der Mittel zum Unterhalt des Kindes (Art. 253 FGB). Die Vormundschaftsbehörde bemüht sich darum, dass sich die Eltern über den Unterhalt des Kindes oder, wenn dies die erhöhen Bedürfnisse des Kindes erfordern oder die materiellen Umstände der Eltern ermöglichen, über die Erhöhung des Beitrags zum Unterhalt einigen. Dabei orientiert sie sich an der Weisung, die der Präsident des Republikkomitees für Gesundheitswesen, Arbeitswesen und Sozialschutz erlässt (Art. 255 I, III FGB). Die Einigung hat die Wirkung einer vollstreckbaren Urkunde (Art. 255 II FGB). Die Vormundschaftsbehörde kann im Namen des minderjährigen Kindes auch einen Rechtsstreit wegen Unterhalt oder Erhöhung des Unterhalts einleiten, wenn der sorgeberechtigte Elternteil dieses Recht nicht wahrnimmt. Sogar die Vollstreckung eines gerichtlich zugesprochenen Unterhalts kann sie betreiben, wenn der sorgeberechtigte Elternteil diese nicht beantragt (Art. 254 I, II FGB).

Überträgt das Gericht die Obhut und Erziehung (Sorgerecht) einem Elternteil, einem **113** Dritten oder einer Organisation, so entscheidet es **von Amts wegen** über den Unterhalt des Kindes (259 I FGB). Gleiches gilt, wenn das Gericht in einem Rechtsstreit die Vaterschaft des Antragsgegners feststellt (Art. 259 II FGB).

An einem Rechtsstreit über den Unterhalt für minderjährige Kinder oder für volljährige **114** Kinder in ordentlicher Schulausbildung (Art. 231 FGB) nimmt die Vormundschaftsbehörde zum Schutz der Kinder mit den Befugnissen nach Art. 76 FGB teil (Art. 261 FGB). Sie ist verpflichtet, auf Anordnung des Gerichts alle für die Unterhaltsentscheidung erheblichen Angaben zu beschaffen (Art. 262 FGB).

3. Ehegattenunterhalt

Ein Ehegatte, der keine ausreichenden Mittel zum Leben hat und sie auch aus seinem **115** Vermögen nicht realisieren kann und arbeitsunfähig ist oder keine Beschäftigung aufnehmen kann, hat Anspruch auf Unterhalt gegenüber seinem Ehegatten nach dessen Möglichkeiten (Art. 239 FGB).[132] Das Recht auf Unterhalt **erlischt,** wenn der aus einer geschiede-

---

[132] Vgl. OLG Hamm FamRZ 1995, 886

§ 9 Auslandsberührung

nen oder für nichtig erklärten Ehe berechtigte Ehegatte eine neue Ehe schließt oder wenn das Gericht feststellt, dass er dieses Rechts unwürdig geworden ist (Art. 245 FGB).

116 Der berechtigte Ehegatte muss den Unterhaltsantrag bis zum Abschluss der Hauptverhandlung im Streitverfahren über die Scheidung oder Nichtigerklärung der Ehe **einreichen** (Art. 240 I FGB). Nur ausnahmsweise kann der frühere Ehegatte auch innerhalb von 3 Jahren nach Beendigung der Ehe Unterhalt in einem gesonderten Verfahren beantragen, wenn die Unterhaltsvoraussetzungen bei Abschluss der Hauptverhandlung im Streitverfahren über die Scheidung oder Nichtigerklärung der Ehe bestanden und ununterbrochen bis zum Abschluss der Hauptverhandlung im Unterhaltsstreitverfahren angedauert haben (§ 240 II FamG). Spätester Einsatzzeitpunkt für das Bestehen eines Unterhaltsanspruches ist also die Auflösung der Ehe. Liegen die Voraussetzungen des Unterhaltsanspruches in diesem Zeitpunkt nicht vor, kann auch später kein Anspruch mehr entstehen. Das Gericht kann den Antrag auf Unterhalt abweisen, wenn sich der unterhaltsberechtigte Ehegatte ohne ernstlichen Anlass von Seiten des anderen Ehegatten in der Ehegemeinschaft gröblich und ungehörig verhalten hat oder wenn sein Antrag eine **offensichtliche Unbilligkeit** für den unterhaltspflichtigen Ehegatten darstellen würde (Art. 241 FamG). Auch in oder nach einem Rechtsstreit über die Nichtigkeit der Ehe kann das Gericht den Antrag auf Unterhalt abweisen, wenn er eine offensichtliche Unbilligkeit gegenüber dem anderen Ehegatten darstellen würde (Art. 242 FGB). Haben die Ehegatten während einer längeren Trennungszeit die Mittel für ihren Unterhalt selbstständig besorgt oder wird der berechtigte Ehegatte bei kurzer Ehezeit nicht in eine schwerere materielle Situation versetzt als bei Beginn der Ehezeit, kann das Gericht den Antrag auf Unterhalt ebenfalls abweisen (Art. 243 FGB). Konnte der Unterhaltsberechtigte seinen Unterhaltsbedarf durch die Einkünfte aus einer Teilzeittätigkeit aber nur teilweise decken, entfällt der Unterhaltsanspruch nicht hinsichtlich der weggefallenen sonstigen Unterstützungsleistungen.[133] Insbesondere wenn die Ehe von kurzer Dauer war oder wenn der unterhaltsberechtigte Ehegatte imstande ist, die Mittel zum Lebensunterhalt in absehbarer Zeit auf andere Weise zu gewährleisten, kann das Gericht die Unterhaltspflicht auf eine bestimmte Zeitspanne **befristen** (Art. 244 I FGB). In berechtigten Fällen kann das Gericht die Unterhaltspflicht später verlängern; ein Antrag auf Verlängerung des Unterhalts kann aber nur bis zum Ablauf der Zeit, für die der Unterhalt bestimmt wurde, eingereicht werde (Art. 244 II, III FGB).

4. Unterhalt des außerehelichen Partners

117 Ist eine außereheliche Gemeinschaft, die längere Zeit gedauert hat, aufgelöst, so hat eine Person aus dieser Gemeinschaft, die keine ausreichenden Mittel zum Leben hat oder diese aus seinem Vermögen nicht realisieren kann, arbeitsunfähig ist oder keine Beschäftigung aufnehmen kann (vgl. Art. 239 für Ehegatten) ein Recht auf Unterhalt von der anderen Person (Art. 246 I FGB). Der Antrag auf Unterhalt kann nur innerhalb einer **Frist** von drei Jahren von der Beendigung der außerehelichen Gemeinschaft an erhoben werden (Art. 246 II FGB). Das Gericht kann den Antrag auf Unterhalt abweisen, wenn der Antragsteller sich ohne ernsthaften Anlass von Seiten der anderen Person in der außerehelichen Gemeinschaft grob und ungehörig verhalten hat oder wenn der Unterhaltsanspruch eine offensichtliche Unbilligkeit für die andere Person darstellen würde (Art. 247 FGB). Insbesondere wenn der Antragsteller imstande ist, die Mittel zum Lebensunterhalt in absehbarer Zeit auf andere Weise zu gewährleisten, kann das Gericht die Unterhaltspflicht auf eine bestimmte Zeitspanne **befristen** (Art. 248 I FGB). In gerechtfertigten Fällen kann das Gericht die Unterhaltspflicht verlängern; der Antrag auf Verlängerung des Unterhalts kann aber nur bis zum Ablauf der Zeit, für die der Unterhalt bestimmt wurde, eingereicht werde (Art. 248 II, III FGB). Das Recht auf Unterhalt **erlischt,** wenn die unterhaltsberechtigte Person eine Ehe eingeht oder wenn sie dieses Rechts unwürdig geworden ist (Art. 249 FGB). Der **Vater** eines außerehelichen Kindes ist auch unabhängig von einer früheren Lebensgemeinschaft verpflichtet, die Mutters seines außerehelichen Kindes entsprechend

---

[133] OLG Hamm FamRZ 1995, 886; OLG München 4 UF 34/05, veröffentlicht bei Juris

seinen Möglichkeiten während der Zeit von drei Monaten vor der Niederkunft bis ein Jahr nach der Niederkunft zu unterhalten, wenn sie keine ausreichenden Mittel zum Leben hat (Art. 250 FGB).

5. Sonstiger Verwandtenunterhalt

Hat ein Kind das 15. Lebensjahr vollendet und erzielt es durch Arbeit eigenes Einkommen, ist es verpflichtet, zum Unterhalt der Angehörigen der Familie, in der es lebt, beizutragen (Art. 232 I FGB). Allgemein sind Kinder verpflichtet, ihren **Eltern,** die arbeitsunfähig sind und nicht ausreichende Mittel zum Leben haben, oder diese aus ihrem Vermögen nicht realisieren können, zu unterhalten (Art. 234 FGB). Unter diesen Voraussetzungen sind auch minderjährige Kinder, die Vermögen oder Einkommen aus Vermögen haben, verpflichtet, zum Unterhalt der **Mitglieder der Familie,** in der sie leben, beizutragen (Art. 232 II FGB). Unter den gleichen Voraussetzungen schulden auch Stiefkinder ihren Stiefeltern Unterhalt, wenn sie von ihnen längere Zeit unterhalten wurden oder wenn die Stiefeltern für sie gesorgt haben (§ 236 I FGB). 118

Eine Unterhaltspflicht besteht auch zwischen den übrigen Verwandten in gerader Linie sowie zwischen vollbürtigen **Brüdern und Schwestern.** Halbbrüder und Halbschwestern sind einander unterhaltspflichtig, wenn der Unterhaltsberechtigte minderjährig ist oder wenn er nach Erreichen der Volljährigkeit wegen Krankheit, physischer oder psychischer Gebrechen arbeitsunfähig ist und weder ausreichende Mittel zum Leben hat, noch diese aus seinem Vermögen realisieren kann (Art. 237 FGB).

Für unterhaltsberechtigte alte oder allein stehende Personen ist die Vormundschaftsbehörde auf Grund vorheriger Zustimmung befugt, als Bevollmächtigte in ihrem Namen einen Unterhaltsrechtsstreit gegen die Unterhaltspflichtigen zu führen (Art. 256 FGB).

6. Allgemeine Vorschriften zur Bestimmung des Unterhalts

Das Recht auf Unterhalt wird in der **Rangfolge** in Anspruch genommen, in der die Unterhaltspflichtigen zur Erbfolge berufen sind (Art. 238 I FGB). Sind mehrere Personen gemeinschaftlich unterhaltspflichtig, wird die Verpflichtung „gemäß ihren Möglichkeiten" zwischen ihnen geteilt (Art. 238 II FGB). 119

Bei der Festsetzung des **Bedarfs** der unterhaltsberechtigten Person berücksichtigt das Gericht ihren Vermögensstand, ihre Arbeitsfähigkeit, ihre Möglichkeit zur Aufnahme einer Beschäftigung, ihren Gesundheitszustand und andere Umstände, von denen die Würdigung ihrer Bedürfnisse abhängt (Art. 251 I FGB). Der nacheheliche Unterhalt ist nach der Bedürftigkeit des Unterhaltsberechtigten und der Leistungsfähigkeit des Unterhaltspflichtigen zu bemessen.[134] Wird Unterhalt für ein Kind verlangt, berücksichtigt das Gericht das Alter des Kindes sowie die Bedürfnisse für seine Schulausbildung (Art. 251 II FGB). Bei der Feststellung der **Leistungsfähigkeit** des Unterhaltspflichtigen berücksichtigt das Gericht alle Einkünfte und die tatsächlichen Möglichkeiten zur Erhöhung des Arbeitsverdienstes sowie seine eigenen Bedürfnisse und seine gesetzlichen Unterhaltsverpflichtungen (Art. 251 III FGB). 120

Unterhaltspflichtigen Personen, die sich in einem Beschäftigungsverhältnis befinden, die Nutznießer einer Pension sind oder die eine regelmäßige Geldrente in monatlichen Beträgen beziehen, verpflichtet das Gericht zur Zahlung einer künftigen monatlichen Unterhaltsleistung, die sich nach einem **Prozentsatz der Einkünfte** des Unterhaltspflichtigen bestimmt. Dieses Verfahren setzt das Gericht von Amts wegen in Gang (Art. 256 a I, II FGB). Befindet sich der Unterhaltspflichtige nicht in einem Beschäftigungsverhältnis und bezieht er weder eine Pension noch eine monatliche Geldrente, verurteilt ihn das Gericht zwecks Zahlung der künftigen monatlichen Unterhaltsleistungen zu Geldbeträgen, die sich prozentual vom gewährleisteten persönlichen Einkommen in der Republik bestimmen. Nur wenn dieser Unterhalt das gewährleistete persönliche Einkommen übersteigt, setzt das 121

---

[134] OLG München 4 UF 34/05, veröffentlicht bei Juris

Gericht den Unterhalt in **Geldbeträgen** fest (Art. 256 b I, II FGB). Der Prozentsatz des Unterhalts nach Art. 256 a, 256 b FGB darf für jede unterhaltsberechtigte Person nicht geringer als 15% sein; insgesamt darf er allerdings 50% nicht übersteigen (Art. 256 c FGB). Ist dies – z. B. wegen der großen Anzahl der Unterhaltsberechtigten – nicht möglich, muss der Unterhalt in Geldbeträgen ausgeurteilt werden.

122 Der Unterhaltsberechtigte und der Unterhaltspflichtige können beantragen, dass ein früher rechtskräftig zugesprochener Unterhalt **erhöht, ermäßigt oder aufgehoben** wird, wenn sich die Umstände, auf deren Grundlage das frühere Urteil ergangen ist, geändert haben (Art. 257 I FGB). Die Änderung kann nur für die Zeit ab der Antragstellung, also nicht rückwirkend, geltend gemacht werden (Art. 257 II FGB). Ein Organ, eine Organisation, eine Gemeinschaft oder eine dritte Person kann die Aufwendungen zum Unterhalt des Unterhaltsberechtigten vom Unterhaltspflichtigen **erstattet verlangen,** wenn sie gerechtfertigt waren (Art. 258 FGB). Der Unterhaltsanspruch geht also mit der Zahlung auf den Leistenden über.

123 In einem Rechtsstreit über den Unterhalt für minderjährige oder ihnen gleichgestellte (Verlängerung des Elternrechts) Kinder kann das Gericht von von Amts wegen **einstweilige Maßnahmen** zur Leistung des Unterhalts anordnen (Art. 260 I FGB). Sonst erlässt das Gericht einstweilige Maßnahmen nur auf Antrag des Berechtigten (Art. 260 II FGB). Einstweilige Maßnahmen setzen voraus, dass die Tatbestandsvoraussetzungen glaubhaft gemacht sind; für einen im Verfahren der Vaterschaftsfeststellung begehrten Kindesunterhalt genügt es, die Vaterschaft glaubhaft zu machen Art. 260 III FGB).

Dänemark

1. Kinderunterhalt

124 Nach § 13 I des Kinderversorgungsgesetzes[135] (KiVG) sind Eltern „jeder für sich verpflichtet, das Kind zu versorgen". Kommt ein Elternteil seiner Versorgungspflicht gegenüber dem Kind nicht nach, so kann das **Staatsamt** ihm auferlegen, einen Beitrag zum Unterhalt des Kindes zu leisten (§ 13 II KiVG). Verträge über Unterhaltsbeiträge schließen eine abweichende Entscheidung des Staatsamts nicht aus, wenn der Vertrag offenbar unbillig erscheint, die Verhältnisse sich wesentlich geändert haben oder der Vertrag dem Besten des Kindes zuwiderläuft (§ 17 KiVG). Alle Entscheidungen über den Kindesunterhalt werden somit in Dänemark von den Staatsämtern bzw. (auf Beschwerde) vom Justizministerium getroffen.[136] Unterhaltsbeiträge stehen dem Kind zu und sind, sofern ein Gesamtbetrag gezahlt wird, mündelsicher anzulegen (§ 18 KiVG). Daraus folgt, dass ein wirksamer Verzicht auf Kindesunterhalt ausgeschlossen ist.[137] Antragsberechtigt ist derjenige, der die Personensorge ausübt und die Kosten der Versorgung des Kindes bestreitet. Soweit die Versorgung aus öffentlichen Mitteln bestritten wird, steht das Recht der Behörde zu (§ 18 II KiVG).

125 Der Unterhaltsbeitrag „wird mit Rücksicht auf das Beste des Kindes und die wirtschaftlichen Verhältnisse der Eltern einschließlich ihrer Erwerbsfähigkeit festgesetzt" (§ 14 I KiVG). Sind beide Eltern unbemittelt, wird der Beitrag im Allgemeinen auf den geltenden **Normalbetrag** festgesetzt.[138] Von dieser Vorschrift wird, auf Grund extensiver Auslegung des Begriffs „unbemittelt", sehr häufig Gebrauch gemacht. In fast allen übrigen Fällen orientiert sich die Praxis an den Sätzen der öffentlichen Unterhaltsvorschüsse und legt fest, dass der Normalbetrag mit einem schematisierten Zuschlag (von 25, 50 oder 100%) zu

---

[135] In der Fassung der Gesetzesbekanntmachung vom 15. 5. 2003 (Nr. 352); bis Juli 2002 wurde das Kinderversorgungsgesetz als Kindergesetz zitiert
[136] Bergmann/Ferid/Henrich a. a. O., Dänemark, S. 27
[137] Bergmann/Ferid/Henrich a. a. O., Fn. 115
[138] § 14 des Gesetzes v. 4. 6. 1986 (Nr. 350) über Kindeszuschuss und vorschussweise Auszahlung von Unterhaltsbeiträgen; Bergmann/Ferid/Henrich a. a. O., S. 66 ff.

zahlen ist.[139] Für außergewöhnlichen Bedarf, z. B. für Taufe, Konfirmation, Krankheit oder Kosten eines anderen besonderen Anlasses kann ein besonderer Beitrag festgesetzt werden, wenn der Antrag binnen 3 Monaten beim Staatsamt gestellt wird (§ 15 I, II KiVG).

Der Unterhaltsbeitrag ist **halbjährig im Voraus** zu zahlen, wenn nichts anderes bestimmt ist (§ 14 IV KiVG). Für einen Zeitraum, der mehr als 1 Jahr vor der Antragstellung liegt, kann ein Unterhaltsbeitrag nur dann auferlegt werden, wenn besondere Gründe dafür sprechen (§ 16 II KiVG). Die Beitragspflicht endet grundsätzlich mit Vollendung des 18. Lebensjahres oder (bei einer Tochter) mit ihrer Eheschließung (§ 14 II KiVG). Ein Beitrag zum Unterhalt oder zur Ausbildung kann jedoch auch für die Folgezeit auferlegt werden, bis das Kind das 24. Lebensjahr vollendet hat (§ 14 III KiVG). Antragsberechtigt ist auch insoweit nur derjenige, der die Kosten der Versorgung des Kindes trägt.[140] Das Staatsamt kann einen Unterhaltsbeitrag (für die Vergangenheit nur bei ganz besonderen Umständen) auf begründeten Antrag jederzeit **ändern** (§ 16 I KiVG).

2. Ehegattenunterhalt

Trennung. Nach § 2 des Gesetzes über die Rechtswirkungen der Ehe[141] (Ehewirkungsgesetz – EheG II) obliegt es den Ehegatten, durch Geldleistungen, Haushaltstätigkeit oder auf andere Weise nach ihren Fähigkeiten zu einem **Familienunterhalt** beizutragen, der nach den Lebensverhältnissen der Ehegatten als angemessen anzusehen ist. Zum Unterhalt wird gerechnet, was für den Haushalt, für die Erziehung der Kinder sowie für die Befriedigung der besonderen Bedürfnisse eines jeden Ehegatten erforderlich ist (§ 2 S. 2 EheG II). Können die Bedürfnisse eines Ehegatten aus seinem Beitrag zum Familienunterhalt nicht gedeckt werden, ist der andere Ehegatte verpflichtet, ihm die erforderlichen Geldmittel in angemessenem Umfang zur Verfügung zu stellen (§ 3 EheG II). Erfüllt der Ehegatte diese Unterhaltpflicht nicht, ist ihm auf Antrag aufzuerlegen, einen nach den Umständen als billig anzusehenden Geldbeitrag zu leisten (§ 5 EheG II).

Für die **Trennungszeit** gelten die Vorschriften zum Familienunterhalt entsprechend (§ 6 EheG II). Auf Antrag ist der Geldbeitrag für den unterhaltsbedürftigen Ehegatten und die bei ihm lebenden Kinder festzusetzen. Nach § 6 S. 3 EheG II steht dem Ehegatten, der im Wesentlichen die Schuld an der Aufhebung des Zusammenlebens trägt, kein Unterhaltsanspruch zu, „es sei denn, dass ganz besondere Gründe dafür sprechen". In der heutigen Unterhaltspraxis wird die Schuldfrage allerdings regelmäßig nicht mehr aufgeworfen.[142]

Streitigkeiten über Unterhaltsbeiträge nach §§ 5, 6 EheG II werden von der höheren Verwaltungsbehörde **(Staatsamt)** entschieden (§ 8 I EheG II). Sie kann dabei auch von einer Vereinbarung der Parteien abweichen, wenn diese unbillig erscheint oder die Verhältnisse sich wesentlich geändert haben (§ 9 EheG II). Unterhaltsbeiträge werden nur aus besonderen Gründen für einen Zeitraum geschuldet, der mehr als ein Jahr vor der Antragstellung liegt (§ 8 II EheG II). Die Verwaltungsbehörde kann ihre Entscheidung auf Antrag jederzeit ändern, wenn sich die Verhältnisse wesentlich geändert haben (§ 8 I S. 2 EheG II). Die Ehegatten sind verpflichtet, einander die Auskünfte über ihre wirtschaftlichen Verhältnisse zu geben, die zur Beurteilung ihrer Unterhaltspflicht erforderlich sind (§ 10 EheG II).

Scheidung. Im Rahmen einer unstreitigen Ehetrennung nach § 29 des Gesetzes über die Eingehung und Auflösung der Ehe[143] (Ehegesetz – EheG I) und der darauf beruhenden Ehescheidung (§ 32 EheG I) haben die Ehegatten eine **einvernehmliche Regelung** u. a. darüber zu treffen, ob ein Ehegatte verpflichtet sein soll, einen Beitrag zum Unterhalt des anderen zu leisten (§§ 42 II S. 1, 49 EheG I). Die Frage der Höhe des Unterhaltsbeitrags können die Ehegatten der Entscheidung der höheren Verwaltungsbehörde überlassen

---

[139] Bergmann/Ferid/Henrich a. a. O., Fn. 113
[140] Bergmann/Ferid/Henrich a. a. O., Fn. 114
[141] Bekanntmachung vom 5. 1. 1995 (Nr. 37), zuletzt geändert durch Gesetz vom 24. 6. 2005 (Nr. 542)
[142] Bergmann/Ferid/Henrich a. a. O., S. 57 Fn. 5
[143] Bekanntmachung vom 9. 3. 1999 (Nr. 147), zuletzt geändert durch Gesetz vom 24. 6. 2005 (Nr. 542)

(§ 42 II EheG I). In sonstigen Fällen der Ehetrennung oder -scheidung sowie bei Aufhebung der Ehe entscheidet das mit der Hauptsache befasste Gericht auch darüber, ob und für welche Zeit ein Ehegatte einen Beitrag zum künftigen Unterhalt des anderen zu leisten hat (§§ 49, 50, 25 I EheG I). Der in einem Urteil zur Ehetrennung festgesetzte Unterhaltsbeitrag gilt auch für die Zeit nach Ehescheidung, wenn das Gericht im Trennungsurteil nicht eine andere Bestimmung getroffen hat (§ 45 EheG I). Die Bemessung der **Höhe von Unterhaltsbeiträgen** obliegt jedoch stets den Staatsämtern, wenn keine Vereinbarung über diese Frage zustande kommt (§ 50 I EheG I). Ist die Ehetrennung oder -scheidung von einem Staatsamt bewilligt worden (§ 42 I EheG I), bleibt dieses Amt drei Monate für die Beitragsbemessung zuständig (§ 25 Eheauflösungsbekanntmachung). In allen anderen Fällen richtet sich die örtliche Zuständigkeit nach Wohnsitz oder Aufenthalt primär des Zahlungspflichtigen und sekundär des Berechtigten.[144]

131 Bei der Entscheidung über die Pflicht zur Zahlung eines Unterhaltsbeitrags ist die Bedürftigkeit und Erwerbsfähigkeit des Unterhaltsberechtigten, die Leistungsfähigkeit des Unterhaltspflichtigen und die Dauer der Ehe zu berücksichtigen (§ 50 II EheG I). Weiterhin kann berücksichtigt werden, ob der Unterhaltsberechtigte eine Ausbildungsbeihilfe oder ähnliches benötigt. In der Praxis ist die Beitragsbemessung jedoch stark schematisiert und zunehmend restriktiv.[145] Die Beitragspflicht entfällt, wenn der Unterhaltsberechtigte eine **neue Ehe** eingeht (§ 51 EheG I). Ein eheliches Zusammenleben steht einer neuen Ehe nicht gleich, führt aber oft dazu, dass ein Unterhaltsbeitrag „bis auf weiteres" mangels Bedürftigkeit versagt oder aberkannt wird.[146]

132 Eine Unterhaltsvereinbarung oder eine gerichtliche Entscheidung über die Beitragspflicht kann durch Urteil **abgeändert** werden, wenn sich die Verhältnisse wesentlich geändert haben und die Fortdauer dieser Unterhaltspflicht unbillig wäre (§§ 52, 53 I EheG I). Eine von der höheren Verwaltungsbehörde getroffene Entscheidung über die Höhe des Beitrags kann von dieser abgeändert werden, wenn die Umstände dafür sprechen (§ 53 II EheG I).

England und Wales

1. Kinderunterhalt

133 Nach § 1 I, III des Anhangs 1 zum Children Act 1989[147] (ChAct Anh.1) kann ein Elternteil, der Vormund oder eine sonst ermächtigte Person (residence order) jederzeit Unterhalt für ein **minderjähriges Kind** verlangen. Auf diesen Antrag kann das Gericht einen oder beide Elternteile verpflichten, an den Antragsteller oder an das Kind periodische Zahlungen (ggf. mit Sicherheitsleistung; § 1 II a, b ChAct Anh. 1) oder eine einmalige Abfindung (§ 1 II c ChAct Anh. 1) zu zahlen. Für die Pauschalsumme kann auch eine Zahlung in Raten, die später abgeändert werden können, vorgesehen werden (§ 5 V, VI ChAct Anh. 1). Es kann auch anordnen, dass ein Vermögen des unterhaltspflichtigen Elternteils zugunsten des Kindes festgelegt oder auf dieses übertragen wird (§ 1 II d, e ChAct Anh. 1). Eine Anordnung zur Zahlung laufenden Unterhalts oder zur Leistung einer Sicherheit dafür kann durch spätere Anordnung geändert oder aufgehoben werden (§ 1 IV ChAct Anh. 1). Diese Befugnis schließt die Befugnis ein, den entsprechenden Elternteil auch dann noch zur Zahlung einer Pauschalsumme zu verpflichten (§ 5 III ChAct Anh. 1). Solange das Kind noch nicht volljährig ist, kann das schon mit der Sache befasste Gericht von Amts wegen eine weitere laufende Unterhaltspflicht, eine Sicherheitsleistung oder eine weitere Abfindung festlegen (§ 1 Va ChAct Anh. 1). Anordnungen auf Festlegung oder

---

[144] Bergmann/Ferid/Henrich a. a. O., S. 23
[145] Bergmann/Ferid/Henrich a. a. O., S. 46 Fn. 26
[146] Bergmann/Ferid/Henrich a. a. O., S. 46 Fn. 27 m. w. N.
[147] In Kraft seit dem 14. 10. 1991; die Vorschriften sind jetzt in das Child Maintenance and Enforcement Agency (CMEC) übergegangen; Bergmann/Ferid/Henrich, Großbritannien, Stand 30. 10. 1994, S. 91

Übertragung von Vermögen kann das Gericht in demselben Unterhaltsrechtsverhältnis aber nur einmal treffen (§ 1 V b ChAct Anh. 1). Ist das Kind ein Gerichtsmündel, kann das Gericht von den Befugnissen auch von Amts wegen Gebrauch machen (§ 1 VII ChAct Anh. 1). Sonst kann es solche Anordnungen auch im Zusammenhang mit besonderen Sorgerechtsentscheidungen (residence order oder spezial guardianship order) treffen (§ 1 VI ChAct Anh. 1). Unterhalt kann auch dann in einer Pauschalsumme zugewiesen werden, wenn er die Kosten im Zusammenhang mit der Geburt erfasst oder wenn er die vernünftigerweise vor Erlass der Anordnung eingegangenen Verbindlichkeiten betrifft (§ 5 I ChAct Anh. 1). Ein Familiengericht (magistrates court) soll als Pauschale höchstens 1000 Pfund oder den durch Verordnung erhöhten Betrag zusprechen (§ 5 II ChAct Anh. 1).

134 Eine Verpflichtung zur Zahlung laufenden Unterhalts für minderjährige Kinder oder zu einer entsprechenden Sicherheitsleistung kann für die Zeit ab Antragstellung oder ab einem späteren Zeitpunkt beginnen, darf sich aber nicht über die Vollendung des 17. Lebensjahrs erstrecken, es sei denn, das Gericht hält nach den Umständen des Falles einen späteren Zeitraum für richtig. Grundsätzlich darf sich die Anordnung jedenfalls nicht über den 18. Geburtstag des Kindes hinaus erstrecken (§ 3 I ChAct Anh. 1). Diese zeitliche Begrenzung besteht aber nicht, wenn sich das Kind in einer Ausbildung befindet oder eine Ausbildung aufnehmen will, gleichgültig, ob es daneben noch in einem entgeltlichen Beschäftigungsverhältnis steht. Gleiches gilt, wenn besondere Umstände vorliegen, die eine abweichende Anordnung rechtfertigen (§ 3 II ChAct Anh. 1). Besteht bereits eine Unterhaltsanordnung, kann der Unterhalt in einer neuen Anordnung allenfalls zum frühest möglichen Zeitpunkt, 6 Monate vor Antragstellung, festgesetzt werden (§ 3 I, V, VI ChAct Anh. 1). Eine Anordnung auf periodische Unterhaltszahlungen verliert ihre Wirksamkeit, wenn der Unterhaltspflichtige stirbt (§ 3 III ChAct Anh. 1). Eine Anordnung auf periodische Unterhaltszahlungen oder Sicherheitsleistung dafür verliert ihre Wirksamkeit auch, wenn der Elternteil, an den die Leistungen erbracht werden sollen und der unterhaltspflichtige Elternteil für einen Zeitraum von mehr als sechs Monaten zusammenleben (§ 3 IV ChAct Anh. 1).

135 In den meisten Fällen wird der Kindesunterhalt vom Kindesunterhaltsamt bestimmt. Die **Höhe** beträgt für ein Kind 15%, für zwei Kinder 20% und für drei und mehr Kinder 25% des Nettoeinkommens des baruntentrhaltspflichtigen Elternteils. Lebt bei diesem ein weiteres Kind, ist zunächst ein entsprechender Prozentsatz von seinem Nettoeinkommen abzuziehen.[148]

136 Ein **volljähriges Kind** kann jederzeit die Anordnung einer finanziellen Unterstützung verlangen, wenn es eine Ausbildung (Schule oder Berufsausbildung) begonnen hat, beginnen wird oder beginnen möchte, unabhängig davon, ob das Kind schon einen Arbeitsverdienst erzielt hat oder noch nicht oder wenn sonst besondere Umstände vorliegen, die eine Anordnung rechtfertigen (§ 2 I, VII ChAct Anh. 1). Die Anordnung kann auf eine zur Höhe und Dauer festgelegte periodische Zahlung oder auf eine einmalige Zahlung in bestimmter Höhe lauten (§ 2 II ChAct Anh. 1). Für die Pauschalsumme kann auch eine Zahlung in Raten, die später abgeändert werden können, vorgesehen werden (§ 5 V, VI ChAct Anh. 1). Ein Antrag ist nicht möglich, wenn zugunsten des Kindes unmittelbar vor Vollendung seines 16. Lebensjahres bereits eine periodische Unterhaltszahlung in Kraft war (§ 2 III ChAct Anh. 1). Die Anordnung soll nicht ergehen, solange die Eltern des Antragsteller in einem gemeinsamen Haushalt leben (§ 2 IV ChAct Anh. 1). Die Anordnung kann später auf Antrag jeder Partei abgeändert oder aufgehoben werden (§ 2 V ChAct Anh. 1). Diese Befugnis schließt die Befugnis ein, den entsprechenden Elternteil zur Zahlung einer Pauschalsumme zu verpflichten (§ 5 III ChAct Anh. 1). Das Gericht kann während der Dauer einer zuvor angeordneten Zahlung von Zeit zu Zeit eine weitere Anordnung treffen (§ 2 VIII ChAct Anh. 1).

137 Eine Anordnung auf periodische Unterhaltszahlungen verliert ihre Wirksamkeit, wenn der Unterhaltspflichtige stirbt (§ 3 III ChAct Anh. 1).

138 Bei seiner Entscheidung über den Unterhaltsanspruch minderjähriger oder volljähriger Kinder berücksichtigt das Gericht alle Umstände, einschließlich des Einkommens, der

---

[148] Rieck/Woelke, Ausländisches Familienrecht, Stand: November 2006, England und Wales, Rn. 33

Verdienstmöglichkeiten, des Vermögens, die finanziellen Bedürfnisse, Verpflichtungen und Haftungen des Unterhaltspflichtigen, der finanziellen Bedürfnisse, des Einkommens, der Verdienstmöglichkeiten und des Vermögens des unterhaltsberechtigten Kindes, einer ev. körperlichen oder geistigen Behinderung des Kindes und der Art und Weise, wie das Kind bisher ausgebildet wurde oder nach den Erwartungen ausgebildet werden sollte (§ 3 I ChAct Anh. 1). Bei dem Ausspruch über die Unterhaltspflicht einer Person, die nicht Elternteil des Kindes ist, hat das Gericht außerdem zu berücksichtigen, ob, in welchem Umfang und auf welcher Grundlage sie die Unterhaltspflicht übernommen hat, ob dies im Bewusstsein geschehen ist, nicht Elternteil des Kindes zu sein und ob noch eine weitere Person dem Kind unterhaltspflichtig ist (§ 4 II ChAct Anh. 1). Wenn das Gericht einer Person aufgibt, Unterhalt für ein minderjähriges Kind zu zahlen, dessen Elternteil er nicht ist, soll dies in der Entscheidung vermerkt werden (§ 4 III ChAct Anh. 1).

139 Im Verfahren auf Kindesunterhalt kann das Gericht jederzeit eine **vorläufige Anordnung** erlassen, soweit das sachdienlich erscheint. Darin kann es einen Elternteil oder beide Eltern zur Zahlung wiederkehrender Leistungen, frühestens für die Zeit ab Eingang des Unterhaltsantrags, verpflichten. Die vorläufige Anordnung verliert ihre Geltung mit der abschließenden Entscheidung des Gerichts in der Hauptsache, wenn nicht ein früherer Zeitpunkt bestimmt war, der später aber auch geändert werden kann (§ 9 I–IV ChAct Anh. 1). Unterhaltsvereinbarungen können vom Gericht auf Antrag einer Partei abgeändert werden, wenn sich die Verhältnisse seit der Vereinbarung geändert haben oder die getroffene Vereinbarung bezüglich des Kindes keine angemessenen finanziellen Arrangements enthält (§ 10 I–VII ChAct Anh. 1).

2. Ehegattenunterhalt

140 Wie in anderen Staaten des common law existiert auch in England und Wales kein materielles Recht, das die Ansprüche der getrennt lebenden oder geschiedenen Ehegatten regelt. Stattdessen sind richterliche Eingriffsbefugnisse kodifiziert, die es ihm erlauben, die Scheidungsfolgen mit einem sehr weiten Ermessensspielraum zu regeln. Die im Matrimonial Causes Act 1973[149] (MCA 1973) geregelten Eingriffsbefugnisse sind nach deutschem Verständnis in Unterhalt, Güterrecht, Versorgungsausgleich sowie Hausrats- und Wohnungszuweisung zu unterscheiden. Nach der Art des Eingriffs ist nach dem englischen Recht zwischen Anordnungen zur finanziellen Versorgung (financial provision orders) und Anordnungen zur Vermögenszuweisung (property adjustment orders) zu unterscheiden, die aber auch miteinander kombiniert werden können und stets auf einer einheitlichen Gesamtwürdigung durch das Gericht beruhen.

141 Zur finanziellen Versorgung kann das Gericht eine Verpflichtung zu Zahlung wiederkehrender Leistungen (periodical payment orders; sec. 23 (1) (a) MCA) und deren Sicherung sowie die Zahlung einer, ggf. in Raten zu zahlenden, Pauschalsumme (lump sum; sec. 23 (1) (c) MCA) anordnen. Die Ermächtigung zur Vermögenszuordnung erstreckt sich auch darauf, einen Ehegatten zu verpflichten, dem anderen Vermögensgegenstände zu übertragen oder ihm Nutzungsrechte daran einzuräumen (sec. 24 MCA) oder Vermögensgegenstände zu veräußern und den Erlös zu teilen (sec. 24A MCA). Bei der Ermessensausübung soll das Gericht prüfen, ob eine endgültige Regelung der finanziellen Angelegenheiten möglich ist (clean break approach), z. B. durch eine Einmalzahlung bei großem Vermögen (big money cases).[150]

142 Bei der Ausübung dieser Eingriffsmöglichkeiten hat das Gericht im Rahmen seines sehr weiten Ermessens Billigkeitskriterien sowie die gesetzlichen Ermessensfaktoren und die obergerichtlichen Vorgaben zu beachten. Danach ist an erster Stelle das Wohl minderjähriger Kinder in der Familie zu beachten. Erst danach kommen als weitere Kriterien das Einkommen und die Vermögensverhältnisse der Ehegatten, ihre finanziellen Bedürfnisse, ihr Alter und ihre Gesundheit, die Dauer der Ehe und das Verhalten der Ehegatten während

---

[149] In Kraft seit dem 1. 1. 1974; Bergmann/Ferid/Henrich a. a. O. S. 243
[150] Vgl. z. B. EuGH IPRax 1999, 35; zur Vollstreckung im Ausland vgl. BGH FamRZ 2009, 1659

Länderdarstellungen – England und Wales § 9

der Ehe (sec. 25 MCA). Als wegweisende obergerichtliche Entscheidung gilt die Entscheidung des House of Lords in der Sache White v. White aus dem Jahre 2000.[151] Danach ist bei der Verteilung des ehelichen Vermögens grundsätzlich der Maßstab der gleichen Teilhabe beider Ehegatten (yardstick of equal division) zu beachten. Auch bei einer Kapitalisierung des voraussichtlich zukünftigen Unterhaltsbedarfs muss der Pauschalbetrag den Grundsatz der Halbteilung des Vermögens beachten; dann bedarf es allerdings keiner zusätzlichen wiederkehrenden Leistungen zur Deckung des laufenden Unterhaltsbedarfs. Der Maßstab der gleichen Teilhabe soll selbst für solche Fälle gelten, in denen das Vermögen nicht für einen „clean break" durch Einmalzahlung ausreicht und deswegen die Unterhaltssicherung durch Zahlung wiederkehrender Leistungen auf der Grundlage der Einkünfte im Vordergrund steht.[152] Abweichungen von diesem Halbteilungsgrundsatz lassen sich mit dem besonderen Wohnbedarf des Ehegatten begründen, bei dem minderjährige Kinder leben.[153]

Während der Ehe sind die Ehegatten verpflichtet, zum **Familienunterhalt** beizutragen. **143** Bei der Festsetzung der Unterhaltshöhe und der Art und Weise des Unterhalts hat das Gericht nach Sec 27 MCA 73 alle Umstände des Einzelfalls, insbesondere aber das Wohl der Kinder zu berücksichtigen. Daneben sind die Umstände zu berücksichtigen, die nach Sec 25 II MCA 1973 auch für den nachehelichen Unterhalt gelten. Die Anspruchsgrundlage für einen Unterhaltsanspruch ergibt sich (für die Magistrates Courts) aus Sec 3 II des Domestic Proceedings and Magistrates Courts Act 1978 oder (für den High Court) aus Sec 27 MCA 1973.

Statt auf Ehescheidung kann der Ehegatte aus den gleichen Gründen auch auf **gericht-** **144** **liche Trennung** antragen. Die Entscheidung hebt die Verpflichtung zur ehelichen Lebensgemeinschaft auf, lässt das Eheband und die sich sonst daraus ergebenden Pflichten jedoch unberührt (Sec 18 I MCA 1973). Insbesondere schulden sich die Ehegatten weiterhin Unterhalt bis zum Abschluss der Prozesse, die auf gerichtliche Trennung, Ehescheidung oder Nichtigkeit der Ehe gerichtet sind (Sec 22 MCA 1973).

Der Unterhaltsanspruch **geschiedener Ehegatten** ergibt sich aus Sec 23 ff. MCA 1973. **145** Nach Sec 23 MCA 1973 kann das Gericht zugunsten eines Ehegatten für die Zeit nach der gerichtlichen Trennung, Ehescheidung oder Nichtigkeit der Ehe eine Unterhaltsregelung treffen. Dabei kann es dem unterhaltsberechtigten Ehegatten entweder einen laufenden Unterhaltsanspruch oder eine pauschale Abfindung zusprechen (Sec 23 MCA 1973). Es kann aber auch anordnen, dass ein Vermögen des unterhaltspflichtigen Elternteils zugunsten des Unterhaltsberechtigten festgelegt, auf diesen übertragen und zu Unterhaltszwecken verkauft wird (Sec 24, 24 a MCA 1973). Bei der Entscheidung hat das Gericht zu förderst das Wohl der familienangehörigen und noch nicht volljährigen Kinder zu berücksichtigen. Zu berücksichtigen sind ferner das Einkommen und die sonstigen Vermögensverhältnisse der Ehegatten, ihr ehelicher Lebensstandard und ihre finanziellen Bedürfnisse, ihr Alter, die Ehedauer, die jeweilige Beiträge zum Familienunterhalt, das Verhalten der Ehegatten, ev. körperliche oder geistige Behinderungen sowie zu erwartende Nachteile durch die Scheidung, z. B. entfallende Pensionsansprüche (Sec 25, 25B, 25C MCA 1973).[154] Die frühere gesetzliche Regelung, wonach die Ehegatten durch den Unterhaltsanspruch in die Lage versetzt werden sollten, ihren früheren Lebensstandard aufrechtzuerhalten, wurde 1984 aufgehoben.[155]

Macht das Gericht von seiner Befugnis zur Anordnung nachehelichen Unterhalts Ge- **146** brauch, hat es zu prüfen, ob die Unterhaltspflicht zeitlich zu begrenzen ist (Sec 25A I MCA 1973). Wenn periodische Zahlungen angeordnet werden, muss das Gericht insbesondere prüfen, ob der Unterhalt auf einen Zeitraum begrenzt werden kann, der es dem bedürftigen Ehegatten ohne unangemessene Härte ermöglicht, sich aus der finanziellen Abhängigkeit

---

[151] 2 FLR 981, veröffentlicht im Internet unter: www.publications.parliament.uk
[152] BGH FamRZ 2009, 1659 Rn. 14; Süß/Ring/Odersky, Eherecht in Europa, England und Wales Rn. 53 f.
[153] BGH FamRZ 2009, 1659 Rn. 14; Rieck/Woelke a. a. O. Rn. 41
[154] Zu den bei der Güteraufteilung nach Ehescheidung zu beachtenden Grundsätzen vgl. Scherpe FamRZ 2006, 1314
[155] Bergmann/Ferid/Henrich a. a. O. S. 265

§ 9 Auslandsberührung

von dem anderen Ehegatten zu lösen (Sec 25A II MCA 1973). Ist das Gericht der Auffassung, dass dem Anspruchsteller die begehrten wiederkehrenden Unterhaltsleistungen nicht zustehen, kann es mit der Abweisung des Antrags zugleich bestimmen, dass der Antragsteller auch künftig nicht das Recht hat, einen Antrag auf Erlass einer solchen Anordnung zu stellen (Sec 25A III MCA 1973). Der Unterhaltsanspruch entfällt, wenn einer der Ehegatten verstirbt. Gleiches gilt, wenn der unterhaltsberechtigte Ehegatte heiratet oder eine zivile Partnerschaft eingeht (Sec 28 MCA 1973). Auf Antrag eines Ehegatten kann das Gericht eine Unterhaltsanordnung ändern, wenn es dies für angemessen hält (Sec 31 MCA 1973).

147 Bei der Beurteilung der Wirksamkeit von **Eheverträgen** ist strikt danach zu unterscheiden, ob der Vertrag vor der Ehe (pre-nuptial agreements) oder nach der Heirat (post-nuptial agreements) geschlossen wurde.[156] Vor der Ehe geschlossene Eheverträge sind grundsätzlich nichtig, weil sie in die den Gerichten gesetzlich zugewiesene Kompetenz zur Ermessensentscheidung über Vermögensaufteilung und Unterhalt eingreifen.[157] Allerdings sind solche Eheverträge nicht bedeutungslos, sondern können dem Gericht als Entscheidungsgrundlage dienen. Denn der Richter hat bei der Festlegung der finanziellen Folgen der Scheidung nach Sec 25 MCA 1973 stets die gesamten Umstände einschließlich des Verhaltens der Beteiligten zu berücksichtigen. Dazu zählen nach der Rechtsprechung auch Abschluss und Inhalt eines vorehelichen Ehevertrages. Eine Vereinbarung der Ehegatten vor der Ehe kann der Entscheidung danach zugrunde gelegt werden, wenn sie das Unterhaltsrecht des berechtigten Ehegatten nicht unangemessen beschränkt oder ausschließt (Sec 34 MCA 1973), also „fair" ist. Solche Eheverträge haben auf die gerichtliche Entscheidung oft sehr große Auswirkung; teilweise werden sie in vollem Umfang übernommen.[158] Die Rechtsprechung zu den Eheverträgen nach der Heirat hat sich kürzlich geändert. Solche Eheverträge werden jetzt für grundsätzlich wirksam und vollziehbar angesehen. Das schließt es aber nicht aus, dass einer der Beteiligten zur Klärung der Vermögens- und Unterhaltsfragen gleichwohl das Gericht anruft. Und dieses ist auch dann nicht an den Ehevertrag gebunden, sondern nimmt eine eigene Würdigung vor. Der Unterschied zur Behandlung des vorehelichen Ehevertrages wird damit begründet, dass nach der Heirat nicht mehr ein so hoher Druck auf den Ehegatten lastet wie zuvor.[159] Vermutlich wird die Rechtsprechung deswegen den Eheverträgen nach der Heirat größeres Gewicht einräumen und sie, wenn das Gericht überhaupt angerufen wird, eher übernehmen. Noch größere Bedeutung kommt Eheverträgen zu, die mit Blick auf eine bevorstehende Scheidung geschlossen werden (separation agreements). Solche Eheverträge haben nach ständiger Rechtsprechung regelmäßig ein maßgebliches Gewicht für die Ermessensentscheidung des Richters. Abweichungen sind in der Rechtspraxis eher selten und besonders zu begründen.[160]

148 Das Recht der nichtehelichen Lebensgemeinschaften wird in der englischen Wissenschaft und Praxis als reformbedürftig empfunden. Die Reformvorschläge der Law Commission sind in einer Stellungnahme der Regierung gelobt worden. Eine Umsetzung ist gegenwärtig aber noch nicht vorgesehen, weil wegen der unabsehbaren finanziellen Folgen zunächst die Auswirkungen der 2006 eingeführten schottischen Regelungen abgewartet werden sollen.[161]

3. Allgemeine Grundsätze

149 Macht das Gericht von seiner Möglichkeit Gebrauch, **periodischen Kindesunterhalt** oder die dafür angeordneten Sicherungen später **abzuändern** oder aufzuheben, hat es ebenfalls alle Umstände des Falles zu berücksichtigen, einschließlich der Änderungen seit

---

[156] Grundlegend Scherpe FamRZ 2009, 1536 ff.
[157] Mac Leod v. Mac Leod Privy Council 2008, zitiert bei Scherpe FamRZ 2009, 1536, 1537
[158] Vgl. Scherpe FamRZ 2009, 1536, 1537; zu Akzeptanz ausländischer Eheverträge vgl. Radmacher v. Granation Court of Appeal, zitiert bei Scherpe FamRZ 2009, 1536, 1538
[159] Mac Leod v. Mac Leod Privy Council 2008, zitiert bei Scherpe FamRZ 2009, 1536, 1537
[160] Edgar v. Edgar Court of Appeal, zitiert bei Scherpe FamRZ 2009, 1536, 1538
[161] Scherpe FamRZ 2008, 1690 ff.

Erlass der abzuändernden Anordnung (§ 6 I ChAct Anh. 1). Die Abänderungsbefugnis schließt auch die Befugnis ein, frühere Anordnungen auszusetzen oder wieder in Kraft zu setzen. Bei Änderung der Zahlungsverpflichtung kann es auch den Zeitpunkt der Änderung festsetzen (§ 6 II, III ChAct Anh. 1). Der Antrag auf Abänderung kann auch von dem minderjährigen Kind gestellt werden, sobald es das 16. Lebensjahr vollendet hat (§ 6 IV ChAct Anh. 1). Entfällt die Wirksamkeit des monatlichen Unterhalts zwischen dem 16. und 18. Lebensjahr, kann das unterhaltsberechtigte Kind deren Wiederaufleben beantragen (§ 6 V ChAct Anh. 1). Nach dem Tod des unterhaltspflichtigen Elternteils kann der Vormund des Kindes oder der Testamentsvollstrecker Aufhebung der Verpflichtung zur Zahlung monatlichen Unterhalts oder zur Sicherung wiederkehrender Leistungen beantragen (§ 6 VIII, 7 ChAct Anh. 1).

Finnland

1. Kinderunterhalt

Nach § 1 des Gesetzes über den Kindesunterhalt vom 5. 9. 1975[162] (KUG) hat ein Kind Anspruch auf angemessenen Unterhalt. Der Unterhalt umfasst die Sicherstellung der materiellen und geistigen Bedürfnisse, die dem Entwicklungsstand des Kindes entsprechen, die Fürsorge und Ausbildung, die das Kind benötigt und die daraus entstehenden Kosten (§ 1 S. 2 KUG). Die Eltern kommen nach **ihren Fähigkeiten** für den Unterhalt des Kindes auf. Bei der Beurteilung ihrer Fähigkeiten zur Unterhaltsleistung sind ihr Alter, ihre Arbeitsfähigkeit, ihre Möglichkeiten, einer Erwerbstätigkeit nachzugehen, die Menge ihrer verfügbaren Mittel und ihre sonstigen gesetzlichen Unterhaltspflichten zu berücksichtigen (§ 2 I KUG). Bei der Beurteilung des Umfangs der Unterhaltspflicht sind auch die Fähigkeiten und Möglichkeiten des Kindes zu berücksichtigen, selbst für seinen Unterhalt zu sorgen, sowie alle Umstände, die es ermöglichen, dass durch den Kindesunterhalt den Eltern keine Aufwendungen entstehen, oder dass diese gering bleiben (§ 2 II KUG). 150

Das Recht des Kindes auf Unterhalt von seinen Eltern endet grundsätzlich, sobald das Kind das **18. Lebensjahr** vollendet hat (§ 3 I KUG). Für die Kosten der Ausbildung eines volljährigen Kindes haben die Eltern aufzukommen, wenn es angemessen erscheint. Dabei sind die Veranlagungen des Kindes, die Dauer und Kosten der Ausbildung und die Möglichkeiten des Kindes, nach Ende der Ausbildung selbst Ausbildungskosten zu tragen, besonders zu berücksichtigen (§ 3 II KUG). 151

Wenn ein Ehegatte nicht auf andere Weise für den Unterhalt des Kindes aufkommt und das Kind nicht ständig bei ihm wohnt, kann er zur Zahlung eines Unterhaltsbeitrags an das Kind verpflichtet werden (§ 4 I KUG). Die **Höhe** des Unterhaltsbeitrags sowie die Art und Weise seiner Zahlung werden entweder durch eine Vereinbarung oder durch eine gerichtliche Entscheidung festgelegt (§ 4 II KUG). Dabei wird das minderjährige Kind durch den sorgeberechtigten Elternteil oder einen Betreuer vertreten. Der sorgeberechtigte Elternteil kann das Kind insoweit auch nach Vollendung des 18. Lebensjahres vertreten. Gleiches gilt für die Prozessführungsbefugnis des Sozialausschusses[163] (§ 5 KUG). 152

Der Unterhaltsbeitrag ist monatlich im Voraus zu zahlen, wenn nicht etwas anderes vereinbart oder bestimmt ist. Der Beitrag kann auch in unterschiedlicher Höhe für verschiedene Zeiträume festgesetzt werden (§ 6 I KUG). Der Unterhaltsbeitrag kann aber auch mit einem einmal zu leistenden Betrag festgesetzt werden, wenn dies zur Sicherstellung des künftigen Unterhalts des Kindes erforderlich ist und im Hinblick auf die Leistungsfähigkeit des Unterhaltspflichtigen als angemessen angesehen werden kann (§ 6 II KUG). 153

Eine **Unterhaltsvereinbarung** bedarf der Schriftform. Aus ihr müssen sich die Angaben zur Person des unterhaltsberechtigten Kindes und des Unterhaltspflichtigen, die Höhe des Unterhaltsbeitrags, der Zeitpunkt, von dem an der Unterhaltsbeitrag zu zahlen ist, der Zeit- 154

---

[162] In der Fassung vom 1. 4. 1999/450; vgl. Bergmann/Ferid/Henrich, Finnland, 167. Auflage S. 86 b ff.
[163] Vgl. insoweit das Gesetz zur Sicherung des Kindesunterhalts 122/1977

punkt, an dem die Zahlung des Unterhaltsbeitrags endet, wann die einzelnen Unterhaltsbeiträge zur Zahlung fällig sind und an wen der Unterhaltsbeitrag zu leisten ist ergeben (§ 7 I KUG). Die Unterhaltsvereinbarung ist von dem unterhaltspflichtigen Elternteil und dem Vertreter des Kindes zu unterzeichnen. Ein volljähriges Kind muss die Vereinbarung selbst unterzeichnen (§ 7 II KUG). Die Unterhaltsvereinbarung ist dem Sozialausschuss der Gemeinde am Wohnsitz des Kindes zur Genehmigung vorzulegen. Der Sozialausschuss hat die Vereinbarung zu genehmigen, wenn ihr Inhalt dem Gesetz entspricht und sie in der vorgeschriebenen Form zustande gekommen ist. Dabei prüft er insbesondere, ob das Recht des Kindes auf einen ausreichenden Unterhalt und die Leistungsfähigkeit der Eltern beachtet sind (§ 8 I, II KUG). Eine vom Sozialausschuss genehmigte Unterhaltsvereinbarung kann wie eine rechtskräftige Entscheidung vollstreckt werden (§ 8 III KUG).

155 Durch **gerichtliche Entscheidung** kann die Höhe des Unterhaltsbeitrags und die Art und Weise seiner Zahlung unter Berücksichtigung der gesetzlichen Vorschriften festgesetzt werden (§ 9 I KUG). Dabei hat das Gericht zu bestimmen, dass der Unterhaltsbeitrag vom Eintritt der Rechtshängigkeit an oder ab einem festgesetzten späteren Zeitpunkt zu zahlen ist (§ 10 I KUG). Aus besonders schwerwiegenden Gründen kann das Gericht auch einen Unterhaltsbeitrag für die Zeit vor Rechtshängigkeit, längstens aber für das unmittelbar vorausgegangene Jahr, festsetzen (§ 10 II KUG). Wenn der Unterhaltsantrag binnen eines Jahres ab Feststellung der Vaterschaft erhoben wurde, kann der Vater verpflichtet werden Unterhalt vom Zeitpunkt der Geburt an, längstens allerdings für die zurückliegende Zeit von fünf Jahren vor der Rechtshängigkeit, Unterhalt zu zahlen (§ 10 III KUG).

156 Die Höhe des Unterhaltsbeitrags und die Art und Weise seiner Zahlung könne durch Vereinbarung oder gerichtliche Entscheidung **abgeändert** werden, wenn sich die Verhältnisse, die bei der Festsetzung zu berücksichtigen sind, so wesentlich geändert haben, dass eine Abänderung unter Berücksichtigung der Verhältnisse des Kindes und des unterhaltspflichtigen Elternteils angemessen ist. Bei Prüfung der Abänderung ist die Höhe des Unterhaltsbeitrags entsprechend dem Gesetz über die Anbindung von Unterhaltszahlungen an die Lebenshaltungskosten[164] zu berücksichtigen (§ 11 I KUG). Gleiches gilt, wenn die Unterhaltsvereinbarung offensichtlich unbillig ist (§ 11 III KUG). Bei der Entscheidung über eine Abänderung könne auch die Verhältnisse während des letzten Jahres vor Einreichung des Antrags berücksichtigt werden, wenn besondere Gründe dafür sprechen (§ 11 II KUG).

157 Wenn das Gericht entscheidet, dass ein Unterhaltsbeitrag vorzeitig endet oder herabgesetzt wird, hat es zugleich zu prüfen, ob die seit Anhängigkeit des Verfahrens geleisteten Beträge zurückzuerstatten sind (§ 12 I KUG). Wenn die Vaterschaft rechtskräftig aufgehoben ist, kann das Gericht den gesetzlichen Vertreter des Kindes zur (teilweisen) Rückzahlung des Kindesunterhalts verpflichten, wenn der Vertreter bei Festsetzung des Unterhaltsbeitrags oder bei Erhalt der Beträge wusste, dass der Mann nicht der Vater des Kindes ist und die Rückzahlung unter Berücksichtigung der Verhältnisse des Kindes, seines gesetzlichen Vertreters und des Mannes billig erscheint (§ 12 II KUG).

2. Ehegattenunterhalt

158 Nach § 46 I des Ehegesetzes vom 13. 6. 1929[165] (EheG) sind beide Ehegatten verpflichtet, nach ihren Fähigkeiten zum gemeinsamen Haushalt der Familie und zum **Unterhalt der Ehegatten** beizutragen. Der Unterhalt der Ehegatten schließt die Befriedigung der gemeinsamen und persönlichen Bedürfnisse der Ehegatten ein. Die Höhe des einem Ehegatten zu leistenden Unterhaltsbeitrags und dessen Zahlungsweise können durch einen Vertrag oder eine gerichtliche Entscheidung festgesetzt werden (§ 46 II EheG). Kommt ein Ehegatte seiner Unterhaltspflicht nicht nach oder leben die Ehegatten getrennt, kann das Gericht einen Ehegatten verpflichten, an den anderen Unterhalt zu zahlen (§ 47 EheG).

159 Hält das Gericht einen Ehegatten für unterhaltsbedürftig, kann es den anderen Ehegatten bei der **Ehescheidung** verpflichten, unter Berücksichtigung seiner Leistungsfähigkeit und

---

[164] Gesetz Nr. 660/1966
[165] Ehegesetz vom 13. 6. 1929/234 in der Fassung vom 4. 2. 2005/58

Länderdarstellungen – Frankreich § 9

anderer Gesichtspunkte angemessenen Unterhalt zu zahlen (§ 48 I EheG). Die Unterhaltszahlung kann entweder vorläufig oder befristet festgelegt werden. Die Abgeltung in einer einmaligen Zahlung kommt in Betracht, wenn die Vermögensverhältnisse des Unterhaltspflichtigen und die anderen Gesichtspunkte dazu Anlass geben (§ 48 II EheG). Die Verpflichtung zur Zahlung eines laufenden Unterhalts endet, wenn der Unterhaltsberechtigte eine neue Ehe eingeht. Die Verpflichtung zur Zahlung von Ehegattenunterhalt kann rückwirkend für den Zeitraum von längstens zwei Jahren vor Einleitung des Verfahrens festgelegt werden (§ 49 I EheG). Die gerichtliche Entscheidung über die Unterhaltspflicht kann für vorläufig vollstreckbar erklärt werden, wenn darin nichts anderes entschieden ist (§ 49 II EheG).

Die Ehegatten können einen **Vertrag** über den Ehegattenunterhalt schließen. Der Vertrag ist schriftlich abzuschließen und dem Sozialausschuss der Gemeinde am Wohnort eines Ehegatten zur Genehmigung vorzulegen (§ 50 I EheG). Der Sozialausschuss hat vor der Genehmigung des Vertrags abzuwägen, ob der Vertrag im Hinblick auf den Unterhaltsbedarf des einen Ehegatten, die Leistungsfähigkeit des anderen Ehegatten und sonstige relevante Gesichtspunkte angemessen ist (§ 50 II EheG). Ein vom Sozialausschuss genehmigter Vertrag kann wie eine rechtskräftige Entscheidung vollstreckt werden (§ 50 III KUG). 160

Eine gerichtliche Entscheidung oder eine zwischen den Ehegatten getroffene Vereinbarung über Unterhaltszahlungen kann **abgeändert** werden, wenn dies auf Grund veränderter Verhältnisse begründet erscheint. Eine Entscheidung oder ein Vertrag die eine Abgeltung des Unterhalts durch eine einmalige Zahlung zum Inhalt haben, könne jedoch nicht mehr abgeändert werden, sobald die Unterhaltszahlung geleistet ist (§ 51 I KUG). Bei der Abänderung des Unterhalts können auch die Verhältnisse während der letzten sechs Monate vor Einleitung des Verfahrens berücksichtigt werden (§ 51 II KUG). Ein zwischen den Ehegatten geschlossener Unterhaltsvertrag kann abgeändert werden, wenn sein Inhalt unangemessen ist (§ 51 III KUG). Wird eine Entscheidung oder Vereinbarung über den Ehegattenunterhalt abgeändert oder aufgehoben oder wird die Vereinbarung für nichtig erklärt, hat das Gericht abzuwägen, ob der Ehegatte das, was er geleistet hat, ganz oder teilweise zurückerhalten soll (§ 51 IV KUG). 161

3. Unterhaltsanspruch eines Lebenspartners

Nach § 8 I, II des Gesetzes über die eingetragene Lebenspartnerschaft[166] (LebenspartnerG) hat die Eingehung oder Auflösung einer eingetragenen Lebenspartnerschaft die gleichen rechtlichen Wirkungen wie die Eingehung oder Auflösung einer Ehe (s. Rn. 158 ff.). 162

Frankreich

1. Kinderunterhalt

Gemäß Art. 391–2 I des Zivilgesetzbuches (Code civil von 1804 – Cc)[167] haben beide Eltern die Verpflichtung, ihre Kinder zu ernähren und zu unterhalten, und zwar im Rahmen der Bedürfnisse des Unterhaltsberechtigten[168] und der eigenen finanziellen Möglichkeiten sowie derjenigen des anderen Elternteils. Zu zahlen ist eine Unterhaltsrente, gegebenenfalls mit Gleitklausel (Art. 208 II Cc), jedoch kann bei Leistungsunfähigkeit oder entsprechendem Erbieten des unterhaltspflichtigen Elternteils vom Gericht auch Unterhalt 163

---

[166] Gesetz über die eingetragene Lebenspartnerschaft vom 9. 11. 2001/950 in der Fassung des Gesetzes vom 4. 2. 2005/59
[167] Zuletzt geändert durch die Gesetze Nr. 2007/308 vom 5. 3. 2007 und Ord Nr. 2007/465 vom 29. 3. 2007
[168] Dazu gehört auch die Ausbildung über den Eintritt der Volljährigkeit hinaus, vgl. Bericht über das 3. Regensburger Symposion für Europäisches Familienrecht, FamRZ 1996, 1529

durch Aufnahme in die Wohnung und Gewährung von Naturalunterhalt angeordnet werden (Art. 210, 211 Cc). Die Scheidung der Eltern lässt deren Unterhaltspflicht gegenüber ihren Kindern grundsätzlich unberührt (Art. 286 Cc). Jedoch hat der nicht zur elterlichen Gewalt berechtigte Elternteil oder bei gemeinsamer Ausübung der elterlichen Gewalt derjenige, bei dem sich das Kind nicht gewöhnlich aufhält, dem anderen Elternteil einen Unterhaltsbeitrag zu leisten (Art. 371–2 I Cc). Anpassung an die veränderten Verhältnisse ist möglich (Art. 209 Cc). Die Verpflichtung endet nicht allein deswegen, weil das Kind volljährig geworden ist (Art. 371–2 II Cc). Die Vorschriften über die Vaterschaft und die Vaterschaftsvermutungen sind durch das Reformgesetz 2005,[169] das am 16. 1. 2009 ratifiziert wurde,[170] grundlegend umgestaltet worden.[171]

2. Ehegattenunterhalt

164 **Trennung.** Die Trennung lässt die eheliche Hilfeleistungspflicht gemäß Art. 212 Cc unberührt (Art. 303 Cc). Nach Art. 212 Cc schulden die Ehegatten einander Hilfe und Beistand. Diese Pflicht umfasst auch den Unterhalt.[172] Gemäß Art. 303 II Cc wird Trennungsunterhalt ohne Rücksicht auf ein Verschulden an der Trennung gewährt. Der Unterhaltsschuldner kann sich im Fall eines eigenen Verstoßes des Unterhaltsberechtigten gegen seine Unterhaltspflicht aber auf die Verwirkungsvorschrift des Art. 207 II Cc berufen.

165 Hat nach Beginn des Scheidungsverfahrens (in Frankreich) ein französisches Gericht in einer „ordonnance de non conciliation contradictoire" eine Regelung des Trennungsunterhalts getroffen, bleibt diese grundsätzlich bis zur Rechtskraft der Scheidung wirksam. Sie ist mehr als eine einstweilige Anordnung oder einstweilige Verfügung nach deutschem Recht (§§ 620 ff., § 644, § 935, § 940 ZPO), entspricht im Wesentlichen einem deutschen Urteil zum Trennungsunterhalt und ist die einzige Möglichkeit, während des Scheidungsverfahrens eine gerichtliche Regelung über den Trennungsunterhalt zu erlangen.[173]

166 **Scheidung.** Das französische Recht kennt mehrere Möglichkeiten einer Scheidung,[174] nämlich
- im Einvernehmen beider Ehegatten, die gemeinsam die Scheidungsfolgen im Voraus regeln, um vom Familienrichter die Scheidung ausgesprochen zu bekommen (Art. 230–232 Cc); dieses Verfahren setzt einen gemeinsamen Scheidungsantrag der Ehegatten voraus,
- den Scheidungsantrag eines Ehegatten, der sich auf Fakten bezieht, die von beiden Ehegatten akzeptiert werden müssen und die ein weiteres Zusammenleben unerträglich machen (Art. 233–234 Cc); dieser Scheidungsgrund setzt voraus, dass der Ehegatte, der die Scheidungsinitiative nicht ergriffen hat, positiv antwortet, die vorgetragenen Tatsachen zugibt und die Scheidung akzeptiert,
- wegen endgültiger Zerrüttung der ehelichen Gemeinschaft, die auf ein Auseinanderleben der Ehegatten abstellt; ein Ehegatte kann die Scheidung beantragen, wenn die Ehegatten in Zeitpunkt der Zustellung des Scheidungsantrags seit mindestens zwei Jahren getrennt leben (Art. 237 Cc) oder wenn der Geisteszustand des anderen Ehegatten sich seit zwei Jahren so verschlimmert hat, dass keine Lebensgemeinschaft mehr zwischen den Ehegatten besteht (Art. 238 Cc),
- aus Verschulden, wenn für einen Ehegatten wegen schwerer Verfehlungen oder wiederholter Pflichtverletzungen des anderen Ehegatten die Aufrechterhaltung der Ehegemeinschaft unerträglich ist (Art. 242 ff. Cc). In diesen Fällen kann ein Ehegatte bei alleinigem Verschulden des anderen Ehegatten Schadensersatz verlangen, wenn er durch die Scheidung einen besonders gravierenden Nachteil erleidet. Die Höhe der Entschädigung ist aber unabhängig von der Eheverfehlung (Art. 266 Cc).

---

[169] Verordnung Nr. 2005–759 vom 6. 7. 2005 JO vom 6. 7. 2005
[170] Gesetz Nr. 2009–61 vom 16. 1. 2009 JO vom 18. 1. 2009
[171] Vgl. insoweit Ferrand/Francoz-Terminal FamRZ 2009, 1539, 1541 f.
[172] Vgl. OLG Karlsruhe FamRZ 1992, 58
[173] Vgl. OLG Karlsruhe NJW-RR 1994, 1286
[174] Furkel/Gergen FamRZ 2005, 1615; vgl. auch Rieck/Eber, Ausländisches Familienrecht, Frankreich, Stand Januar 2006, Rn. 21 ff.

Hinzu kommt die Umwandlung eines Trennungsurteils in ein Scheidungsurteil nach dreijähriger Trennung von Tisch und Bett gemäß Art. 306 ff. Cc.

Nachehelicher Unterhalt (pension alimentaire) wird seit der zum 1. Januar 2005 in Kraft getretenen Reform nicht mehr von Gesetzes wegen geschuldet. Die Scheidung beendet vielmehr die Unterhaltspflicht zwischen den Ehegatten (Art. 270 I Cc). Die Art. 281–285 Cc, die einen solchen Anspruch bislang für den Fall einer Scheidung wegen endgültiger Zerrüttung vorsahen, sind gestrichen worden. Nach wie vor kann aber ein Unterhalt vereinbart werden, der dann aber als vertraglicher Anspruch nach den allgemeinen Regeln geltend gemacht werden muss.[175] Im Regelfall endet mit der Scheidung deswegen die laufende gegenseitige Unterstützungspflicht der Ehegatten.

An Stelle des Unterhalts kann jedoch bei allen Scheidungsarten eine Pflicht zu **Ausgleichsleistungen**, den sog. prestations compensatoires, angeordnet oder vereinbart werden, um die Ungleichheit auszugleichen, welche die Auflösung der Ehe in den jeweiligen Lebensbedingungen schafft (Art. 270 II Cc).[176] Damit soll möglichst eine endgültige Regelung der finanziellen Verhältnisse der früheren Ehegatten erreicht werden. Die Ausgleichsleistung wird nach den Bedürfnissen des Empfängers und der Leistungsfähigkeit des anderen Ehegatten festgesetzt. Dabei ist die Lage im Zeitpunkt der Ehescheidung und ihre Entwicklung in absehbarer Zukunft zu berücksichtigen (Art. 271 I Cc). Die Ausgleichsabfindung kann durch Kapitalabfindung in einem einzigen Betrag erfolgen. Bei der Bemessung der Bedürftigkeit und der Leistungsfähigkeit berücksichtigt der Richter insbesondere die Dauer der Ehe, Alter und Gesundheit der Eheleute, die Einschränkungen durch die Erziehung vorhandener Kinder, die beruflichen Fähigkeiten der Eheleute, die Beschäftigungsmöglichkeiten, bestehende und zu erwartende Versorgungsanwartschaften und die Vermögenslage nach der güterrechtlichen Auseinandersetzung (Art. 271 II Cc).[177] Bei der Festsetzung einer Ausgleichsleistung durch den Richter oder durch die Parteien oder anlässlich eines Änderungsantrags geben die Parteien gegenüber dem Richter eine eidesstattliche Erklärung über die Richtigkeit ihrer Einkommen, Gehälter, Vermögen und Lebensbedingungen ab (Art. 272 Cc). Wenn die Vermögenssituation des Schuldners es gestattet, nimmt die Ausgleichszahlung die Form einer Kapitalzuwendung an (Art. 274 Cc).

Der Richter entscheidet über die Art und Weise der Übertragung, z. B. durch Zahlung einer Geldsumme, Überlassung beweglicher oder unbeweglicher Vermögenswerte zu Nießbrauch oder Hinterlegung von Vermögenswerten, aus denen ein Einkommen fließt (Art. 274 Cc). Unabhängig von einer gesetzlichen oder gerichtlichen Hypothek kann der Richter dem Schuldner die Leistung einer Realsicherheit, die Stellung einer Bürgschaft oder die Unterzeichnung eines Vertrages auferlegen, um die Zahlung der Rente oder der Kapitalzuwendung zu sichern (Art. 277 Cc). Hat der Schuldner der Ausgleichszahlung keine flüssigen Mittel, kann ihm nach Leistung dieser Bürgschaft als Sicherheit gestattet werden, das Kapital in bis zu acht Jahresraten aufzubringen (Art. 275 1 Cc). Nur wenn kein genügendes Kapital vorhanden ist, kann die Ausgleichszahlung ausnahmsweise die Form einer Leibrente oder einer Rente auf Zeit annehmen (Art. 276 I Cc). Die Rente wird mit einer Gleitklausel versehen und kann entweder für die gesamte Dauer einheitlich oder für verschiedene Zeiträume gestaffelt festgesetzt werden (Art. 276–1 I, II Cc). Die Rentenzahlungspflicht geht beim Tode des Schuldners auf dessen Erben über (Art. 280 I Cc). Im Fall einer bedeutenden Änderung seiner Lage kann der Schuldner eine Abänderung der Zahlungsmodalitäten beantragen (Art. 275 II Cc). Beide Parteien können den Richter jederzeit anrufen, um eine Ausgleichsleistung in Form einer Rente ganz oder teilweise gegen ein Kapital auszutauschen (Art. 276–4 I, II Cc). Die Ausgleichszahlungen sind der Unterhaltspflicht einigermaßen vergleichbar (Art. 270 ff. Cc), zumindest dann, wenn mangels Masse eine Ausgleichsleistung in Form einer großen Geldsumme oder Überlassung von Vermögenswerten in Natur u. a. (Art. 274 Cc) nicht möglich ist und eine Ausgleichsrente mit Gleitklausel festgesetzt wird (Art. 275 I Cc). International-privatrechtlich ist umstritten, ob

---

[175] Rieck/Eber a. a. O. Rn. 32
[176] Furkel/Gergen FamRZ 2005, 1615, 1621
[177] Rieck/Eber a. a. O. Rn. 31

sie güterrechtlich zu qualifizieren ist (Art. 15 EGBGB)[178] oder unterhaltsrechtlich nach Art. 18 EGBGB.[179] Letzteres dürfte zutreffen wegen des stark auf Versorgung ausgerichteten und danach bemessenen (vgl. Art. 271, 272, 276 ff. Cc) Charakters der Ausgleichsleistung.

170 Der Richter kann es ablehnen, dem an der Scheidung ausschließlich schuldigen Ehegatten eine Ausgleichsleistungen zuzusprechen, wenn die Billigkeit es verlangt (Art. 270 III Cc). Bei einem gemeinsamen Scheidungsantrag setzten die Ehegatten den Betrag und die Art und Weise der Ausgleichsleistung in einem Vertrag fest, den sie der richterlichen **Genehmigung** unterstellen. Der Richter darf die Genehmigung versagen, wenn die Rechte und Pflichten der Ehegatten unbillig festgesetzt sind (Art. 278 Cc). Die genehmigte Vereinbarung ist vollstreckbar und kann nur durch eine neue Vereinbarung der Eheleute abgeändert werden (Art. 279 I, II Cc), wenn sie nicht ursprünglich eine gerichtliche Abänderbarkeit vereinbart hatten (Art. 279 III Cc). Ein Verzicht auf Unterhalt oder eine Ausgleichsleistung ist vor der Ehe nicht zulässig.

171 Bei der Umwandlung eines Trennungsurteils in ein Scheidungsurteil (Art. 306 ff. Cc) richtet sich die Unterhaltspflicht und die Pflicht zu Ausgleichsleistungen nach den Regeln der Scheidung (Art. 308 Cc).

172 Gemäß Art. 259–3 Cc besteht eine gegenseitige **Auskunftspflicht** der Ehegatten, auch gegenüber dem Gericht.

3. Familienunterhalt

173 Gemäß Art. 205 Cc sind Kinder gegenüber ihren Eltern und anderen Verwandten der aufsteigenden Linie unterhaltspflichtig, wenn diese bedürftig sind. Solche Unterhaltsleistungen schulden nach Art. 206 Cc auch Schwiegerkinder und Schwiegereltern. Diese Verpflichtung entfällt, wenn der Ehegatte, der die Schwägerschaft vermittelt, und evtl. gemeinsame Kinder verstorben sind. In der Rechtsprechung ist anerkannt, dass diese Unterhaltspflicht auch mit der Scheidung von dem die Schwägerschaft vermittelnden Kind endet.[180] Die Verpflichtungen sind gegenseitig (Art. 207 Cc). Hat der Unterhaltsberechtigte jedoch selbst schwer gegen seine Verpflichtung gegenüber dem Unterhaltsschuldner verstoßen, kann das Gericht diesen ganz oder teilweise von seiner Unterhaltspflicht befreien (Art. 207 II Cc).

Griechenland

1. Kinderunterhalt

174 Nach Art. 1390 des Zivilgesetzbuchs vom 15. März 1940[181] (ZGB) sind die Ehegatten während der Ehe nach ihren Kräften verpflichtet, ihren Kindern Unterhalt zu leisten. Das Maß bestimmt sich nach den Umständen des Familienlebens, die Erfüllung erfolgt, wie es das eheliche Zusammenleben erfordert. Auch sonst sind Eltern und Kinder einander u. a. zur Hilfe verpflichtet (Art. 1507 ZGB). Eine Vermögenszuwendung eines Elternteils an das Kind zur Begründung oder Erhaltung der Selbstständigkeit oder zum Beginn oder zur Fortsetzung des Berufs ist nur dann als Schenkung zu qualifizieren, wenn sie das nach den Umständen erforderliche Maß übersteigt (Art. 1509 ZGB).

175 Allgemein bestimmt sich die Unterhaltspflicht gegenüber den Kindern nach den Vorschriften über die Unterhaltspflicht zwischen Verwandten (Art. 1485 ff. ZGB). Ein minderjähriges Kind ist, auch wenn es **Vermögen** hat, seinen Eltern gegenüber zum Unterhalt berechtigt, soweit die Einkünfte aus seinem Vermögen oder der Ertrag seiner Arbeit zu

---

[178] Vgl. OLG Karlsruhe FamRZ 1989, 748; Rieck/Eber a. a. O. Rn. 31 am Ende
[179] So Hausmann IPRax 1990, 382, 387; EuGH IPRax 1981, 19; für den Regelfall auch Staudinger/Mankowski, BGB (2003) Anh. I zu Art. 18 EGBGB Rn. 278
[180] Rieck/Eber a. a. O. Rn. 54
[181] In der Fassung des Gesetzes 2915/2001

seinem Unterhalt nicht ausreichen (Art. 1486 II ZGB). Die Eltern sind, jeder nach seinen Möglichkeiten, zum Unterhalt ihres Kindes gemeinsam verpflichtet (Art. 1489 II ZGB). Ihren minderjährigen Kindern sind die Eltern auch dann unterhaltspflichtig, wenn dadurch ihr eigener angemessener Unterhalt gefährdet würde (Art. 1487 S. 2 ZGB). Sowohl hinsichtlich des Bedarfs als auch zur Leistungsfähigkeit ist also von einer gegenüber den sonstigen Verpflichtungen **gesteigerten Unterhaltspflicht** gegenüber minderjährigen Kindern auszugehen. Der Ehegatte, dem die elterliche Sorge nicht zusteht, ist berechtigt, vom anderen Ehegatten **Auskunft** über die Person und das Vermögen des Kindes zu verlangen (Art. 1513 III ZGB). Die Eltern verwenden die Einkünfte aus dem Vermögen des Kindes für dessen Pflege, Bildung und Ausbildung. In Fällen außerordentlicher Not können Sie auch das Kapital des Kindesvermögens verwenden (Art. 1529 I, II ZGB).

Eltern dürfen ihren minderjährigen Kindern gegenüber bestimmen, in welcher Art und für welche Zeit im Voraus der Unterhalt gewährt werden soll. Wenn besondere Gründe vorliegen kann das Gericht auf Antrag des Kindes abweichend entscheiden (Art. 1497 ZGB). Ist die Mutter mittellos und die Vaterschaft wahrscheinlich, kann das Gericht schon vorab als Sicherheit monatliche Vorauszahlungen festsetzen (Art. 1502 ZGB).

2. Ehegattenunterhalt

Die Ehegatten sind nach Art. 1389 ZGB verpflichtet, die Bedürfnisse der Familie nach ihren Kräften zu befriedigen. Ihr Beitrag erfolgt durch ihre persönliche Arbeit, ihre Einkünfte und ihr Vermögen. Diese Pflicht beinhaltet insbesondere die gegenseitige Unterhaltspflicht (Art. 1390 I ZGB). Der Anspruch auf Trennungsunterhalt entfällt nicht schon wegen kurzer Ehedauer, zumal die Vorschrift des § 1392 ZGB nicht auf die entsprechend einschlägige Vorschrift für den nachehelichen Unterhalt (Art. 1444 I ZGB) verweist.[182]

Soweit und solange ein **geschiedener** Ehegatte[183] seinen Unterhalt nicht durch seine Einkünfte oder sein Vermögen sicherstellen kann, kann er nach Art. 1442 ZGB vom früheren Ehegatten Unterhalt verlangen,[184] wenn
- er im Zeitpunkt der Verkündung des Scheidungsurteils oder am Ende des in den nachfolgenden Fällen vorgesehenen Zeitraums wegen seines **Alters oder Gesundheitszustands** nicht gezwungen werden kann, einen eigenen Beruf aufzunehmen oder fortzusetzen, der seinen Unterhalt sichert,
- er die Sorge für ein **minderjähriges Kind** hat und aus diesem Grund an der Ausübung eines geeigneten Berufs gehindert ist,
- er keine geeignete dauerhafte Beschäftigung findet oder wenn er eine gewisse berufliche Ausbildung benötigt, wobei der Unterhalt auf drei Jahre seit der Verkündung des Scheidungsurteil begrenzt ist oder
- sonst ein nachehelicher Unterhalt aus Billigkeitsgründen geboten ist.

Bei der Bemessung der Bedürftigkeit ist ein ev. erhaltener Zugewinn zu berücksichtigen. Unterhalt schuldet nicht, wer dazu auch angesichts seiner übrigen Verpflichtungen nicht **leistungsfähig** ist, ohne seinen eigenen Unterhalt zu gefährden (Art. 1443, 1487 ZGB). Das **Maß** des angemessenen Unterhalts und die Abänderungsmöglichkeit richten sich nach den allgemeinen Bestimmungen (Art. 1443, 1493, 1494 ZGB). Die Höhe richtet sich im Einzelfall nach der Bedürftigkeit und der Leistungsfähigkeit;[185] Tabellen oder Richtlinien existieren nicht. Für die Vergangenheit wird Unterhalt nur bei Verzug geschuldet (Art. 1443, 1498 ZGB). Der Unterhalt ist monatlich im Voraus in Geld zu zahlen. In besonderen Fällen kann eine einmalige Leistung vereinbart oder vom Gericht angeordnet werden (Art. 1443 S. 2, 3 ZGB). Der nacheheliche Unterhalt ist weitgehend **dispositiv**; selbst ein Verzicht auf künftigen Unterhalt ist nach überwiegender Auffassung zulässig, weil Art 1443 ZGB nicht auf die entspr. Vorschrift des Art. 1499 ZGB verweist.

---

[182] LG Piräus 7497/2004 NoB 2005, 118 f.; vgl. auch Koutsouradis FamRZ 2005, 1624, 1626
[183] Zur Herabsetzung der Trennungszeit auf zwei Jahre als Scheidungsvoraussetzung vgl. Koutsouradis FamRZ 2009, 1544, 1545
[184] OLGR Zweibrücken 2007, 241
[185] OLG Zweibrücken FamRZ 2007, 1559

180 Der nacheheliche Unterhalt kann **ausgeschlossen oder eingeschränkt** werden, wenn dies aus wichtigem Grund geboten ist (Art. 1444 I ZGB), insbesondere wenn
– die Ehe nur eine kurze Zeit gedauert hat,
– der Berechtigte an der Ehescheidung schuldig ist oder
– der Berechtigte seine Bedürftigkeit mutwillig verursacht hat.
Das Unterhaltsrecht **erlischt,** wenn der Berechtigte wieder heiratet oder dauerhaft in einer nichtehelichen Lebensgemeinschaft zusammenlebt. Mit dem Tod des Berechtigten erlischt es für künftig fällig werdende Raten; der Tod des Unterhaltspflichtigen lässt das Unterhaltsrecht nicht entfallen (Art. 1444 II ZGB).

181 Der unterhaltspflichtige frühere Ehegatte schuldet dem anderen **Auskunft** über sein Vermögen und seine Einkünfte; auf Antrag des Unterhaltsberechtigten sind auch der Arbeitgeber und das Finanzamt zur Auskunft verpflichtet (Art. 1445 ZGB).

182 Auf Antrag der Kindesmutter kann das Gericht den **nichtehelichen** Vater zur Zahlung der Entbindungskosten und eines für die Zeit von zwei Monaten vor bis vier Monate nach der Entbindung befristeten Unterhalts an die bedürftige Mutter verurteilen. Liegen besondere Umstände vor, kann die Unterhaltspflicht auf insgesamt ein Jahr verlängert werden. Der Anspruch erlischt nicht mit dem Tod des Vaters und verjährt in drei Jahren seit der Entbindung. Ein Anspruch auf Schadensersatz ist daneben nicht ausgeschlossen (Art. 1503 I, II ZGB).

3. Verwandtenunterhalt

183 Aszendenten **(Vorfahren) und Abkömmlinge** sind sich gegenseitig nach den Vorschriften der Art. 1486 bis 1502 ZGB zum Unterhalt verpflichtet (Art. 1485 ZGB). Unterhaltspflichtig sind zunächst die Abkömmlinge in der Reihenfolge, in der sie als gesetzliche Erben berufen sind (Art. 1813 ZGB) nach dem Verhältnis ihres Erbteils (Art. 1488 ZGB). Sind keine Abkömmlinge vorhanden, so sind die nächsten Vorfahren zum Unterhalt verpflichtet und zwar zu gleichen Teilen, wenn mehrere des gleichen Grades vorhanden sind (Art. 1489 I ZGB). Wenn ein Vorfahre oder ein Abkömmling zur Unterhaltsleistung nicht in der Lage ist oder ein gerichtliches Vorgehen gegen ihn unmöglich oder besonders schwierig ist, trifft die Unterhaltspflicht den nächst Verpflichteten (Art. 1490 I ZGB). In diesem Falle, wenn ein öffentlicher Träger Unterhalt gezahlt hat oder wenn die sorgeberechtigte Person oder der Ehegatte des Unterhaltspflichtigen Unterhalt an ein minderjähriges Kind gezahlt hat, geht der Unterhaltsanspruch per Gesetz auf ihn über (Art. 1490 II ZGB).

184 Abkömmlinge und Vorfahren sind nur zum **Notunterhalt** berechtigt, der das unbedingt zur Erhaltung Notwendige umfasst, wenn sie sich gegenüber dem Unterhaltspflichtigen einer Verfehlung schuldig gemacht haben, die eine Enterbung rechtfertigt (Art. 1495 ZGB).

185 Geschwister schulden sich wechselseitig Unterhalt, wenn der Berechtigte aus besonderen Gründen, insbesondere wegen Alters, schwerer Krankheit oder Gebrechlichkeit außerstande ist, sich selbst zu unterhalten und die Verpflichtung unter Berücksichtigung aller Umstände angemessen ist. Der Unterhalt umfasst das unbedingt Notwendige zum Leben und die Erziehungskosten sowie die Kosten für die allgemeine und berufliche Ausbildung (Art. 1504 ZGB).

4. Allgemeine Grundsätze

186 Unterhaltsberechtigt ist nur, wer außerstande ist, sich selbst durch sein Vermögen oder durch eine seinem Alter, seinem Gesundheitszustand und seinen übrigen Lebensumständen unter Berücksichtigung seiner etwaigen Ausbildungsbedürfnisse angemessene Arbeit zu unterhalten.[186] Nicht zum Unterhalt verpflichtet ist, wer angesichts seiner übrigen Verpflichtungen nicht zur Leistung in der Lage ist, ohne seinen eigenen Unterhalt zu gefährden

---

[186] OLGR Zweibrücken 2007, 241 (zum nachehelichen Unterhalt)

(Art. 1487 S. 1 ZGB). Damit setzt die Unterhaltspflicht stets Bedürftigkeit des Berechtigten und Leistungsfähigkeit des Unterhaltspflichtigen voraus.

Der Unterhaltsanspruch gegenüber dem (geschiedenen) Ehegatten geht dem Anspruch **187** gegenüber den Abkömmlingen und Vorfahren vor. Letztere haften nur, wenn der Ehegatte auch angesichts seiner übrigen Verpflichtungen nicht zur Zahlung des geschuldeten Unterhalts in der Lage oder wenn die Durchsetzung gegen ihn unmöglich oder besonders schwierig ist (Art. 1491 ZGB). Minderjährige Kinder und (frühere) Ehegatten sind als Unterhaltsberechtigte gleichrangig und gehen anderen Unterhaltsberechtigten vor. Danach haben Abkömmlinge in der Reihe der gesetzlichen Erbfolge (Art. 1813 ZGB) Vorrang vor den Aszendenten. Bei den Vorfahren gehen schließlich die näheren den entfernteren vor (Art. 1492 ZGB).

Das **Maß** des Unterhalts bestimmt sich nach den Bedürfnissen des Unterhaltsberechtigten **188** unter Berücksichtigung der Umstände seines Lebens (angemessener Unterhalt). Er umfasst alles, was zum Lebensunterhalt notwendig ist sowie die Kosten der Erziehung und die Kosten seiner allgemeinen und beruflichen Ausbildung (Art. 1473 ZGB). Der Unterhalt ist in Geld monatlich in voraus zu zahlen. Aus besonderem Anlass kann das Gericht dem Unterhaltspflichtigen gestatten, den Unterhalt in anderer Art (z. B. durch Wohnungsgewährung) zu erbringen (Art. 1496 ZGB). Haben sich die Verhältnisse seit Erlass eines Urteils geändert, kann das Gericht die Unterhaltspflicht **abändern** oder beenden (Art. 1494 ZGB). Für die **Vergangenheit** wird Unterhalt nur geschuldet, soweit sich der Unterhaltspflichtige im Verzug befand (Art. 1498 ZGB). Ein **Verzicht** auf künftigen Unterhalt ist nicht zulässig; Vorauszahlungen befreien den Unterhaltspflichtigen nur, wenn sie im Rahmen einer nach Art. 1496, 1497 ZGB zulässigen Unterhaltsbestimmung erfolgt sind (Art. 1499 ZGB). Der Unterhaltsanspruch der Verwandten **erlischt** mit dem Tod des Berechtigten oder des Verpflichteten, es sei denn, dass er die Vergangenheit oder schon fällige Raten betrifft (Art. 1500 ZGB).

Irland

1. Kinderunterhalt

Nach den Sec 5 ff. des Family Law Act 1995[187] (FLA 1995) kann das Gericht, bevor es **189** über die Hauptsache der gerichtlichen Trennung entscheidet, Anordnungen zu einzelnen Folgesachen erlassen. Hat ein Ehegatte einen Antrag auf gerichtliche Trennung gestellt, kann das Gericht für die Dauer des Verfahrens auch eine Anordnung über den Kindesunterhalt erlassen. Es kann einen Ehegatten zu regelmäßigen Zahlungen oder Pauschalzahlungen für den Unterhalt gemeinsamer Kinder verpflichten. Die Unterhaltspflicht darf nicht vor der Antragstellung beginnen und endet mit dem vom Gericht bestimmten Zeitpunkt, spätestens mit Beendigung des Verfahrens über die gerichtliche Trennung (Sec 7 I FLA 1995). Das Gericht kann die Zahlung von bestimmten Bedingungen und Auflagen abhängig machen, die es für angemessen hält und in der Anordnung genau bezeichnet (Sec 7 II FLA 1995). Mit Erlass des Urteils auf gerichtliche Trennung oder jederzeit danach kann das Gericht einem Kind auf Antrag wiederkehrende Unterhaltsleistungen (Sec 8 I a FLA 1995), eine Sicherheitsleistung für wiederkehrende Zahlungen (Sec 8 I b, VI FLA 1995) oder eine oder mehrere Pauschalzahlungen (Sec 8 I c FLA 1995) zusprechen. Hinsichtlich der Pauschalzahlungen kann das Gericht Ratenzahlung und deren Sicherung anordnen (Sec 8 III FLA 1995). Auch diese Unterhaltszahlungen können frühestens für die Zeit ab Antragstellung und längstens bis zum Tod des unterhaltspflichtigen Ehegatten angeordnet werden (Sec 8 IV FLA 1995).

Bei der Bemessung der **Art und Höhe** einer Unterhaltsanordnung zugunsten eines **190** abhängigen Familienmitglieds soll das Gericht insbesondere die finanziellen Bedürfnisse des Familienmitglieds und des unterhaltspflichtigen Elternteils (Sec 16 IVa FLA 1995), Einkommen, Verdienstmöglichkeiten, Eigentum und andere Finanzquellen des Kindes und des

---

[187] Bergmann/Ferid/Henrich, Irland Stand 30. 11. 1999 S. 109

unterhaltspflichtigen Elternteils (Sec 16 IV b FLA 1995), körperliche oder geistige Behinderungen (Sec 16 II c FLA 1995), das gesetzliche Einkommen oder sonstige Zuflüsse (Sec 16 IV d FLA 1995), die Art der bisher genossenen und von den Ehegatten vorgesehenen Erziehung (Sec 16 IV e FLA 1995) und die Bedürfnisse der Unterbringung (Sec 16 IV g FLA 1995) berücksichtigen. Das Gericht soll keine Unterhaltsanordnung zugunsten des Kindes treffen, wenn dies nicht im öffentlichen Interesse liegt (Sec 16 V FLA 1995).

191 Bei der Anordnung von wiederkehrenden Unterhaltszahlungen kann das Gericht bestimmen, dass die Zahlung nicht mit Beginn des Verfahrens sondern erst am Tag der Anordnung beginnt (Sec 17 I a FLA 1995). Die Zahlung rückständigen Unterhalts kann es in einer Summe und zur Zahlung innerhalb einer bestimmten Frist zusprechen. Für die schon vom anderen Elternteil geleisteten Zahlungen kann es einen Abschlag von der Gesamtsumme vornehmen (Sec 17 I b, c FLA 1995). Bei veränderten Umständen kann das Gericht die Unterhaltsanordnung auf Antrag eines Ehegatten **abändern** oder aufheben, die Anordnung (zeitlich) außer Kraft setzen oder sie wiederaufleben lassen. Dabei kann es schon zugesprochene Vermögensgegenstände wieder einziehen (Sec 18 II FLA 1995). Anordnungen auf Kindesunterhalt sollen aufgehoben werden, wenn das Kind wegen Vollendung des 18. bzw. 23. Lebensjahres aus dem Abhängigkeitsverhältnis tritt oder wenn das Gericht überzeugt ist, dass das Abhängigkeitsverhältnis aus sonstigen Gründen beendet ist (Sec 18 III FLA 1995). Die Abänderungsbefugnis kann in der Anordnung jedoch ausgeschlossen oder eingeschränkt werden (Sec 18 IV FLA 1995).

2. Ehegattenunterhalt

192 Wenn die Ehegatten sich dauerhaft trennen, könne sie statt der Ehescheidung zunächst auch einen Antrag auf **gerichtliche Trennung** stellen. Nach den Sec 5 ff. des Family Law Act 1995[188] (FLA 1995) kann das Gericht, bevor es über die Hauptsache entscheidet, Anordnungen zu einzelnen Folgesachen erlassen. Hat ein Ehegatte einen Antrag auf gerichtliche Trennung gestellt, kann das Gericht auch eine Anordnung über den Trennungsunterhalt für die Dauer des Verfahrens erlassen. Es kann einen Ehegatten zu regelmäßigen Zahlungen oder Pauschalzahlungen für den Unterhalt des anderen Ehegatten verpflichten. Die Unterhaltspflicht darf nicht vor der Antragstellung beginnen und endet mit dem vom Gericht bestimmten Zeitpunkt, spätestens mit Beendigung des Verfahrens über die gerichtliche Trennung (Sec 7 I FLA 1995). Das Gericht kann die Zahlung von bestimmten Bedingungen und Auflagen abhängig machen, die es für angemessen hält und in der Anordnung genau bezeichnet (Sec 7 II FLA 1995).

193 Mit Erlass des **Urteils auf gerichtliche Trennung** oder jederzeit danach kann das Gericht einem Ehegatten auf seinen Antrag wiederkehrenden Unterhaltsleistungen (Sec 8 I a FLA 1995), eine Sicherheitsleistung für wiederkehrende Zahlungen an den anderen Ehegatten (Sec 8 I b, VI FLA 1995) oder eine oder mehrere Pauschalzahlungen (Sec 8 I c FLA 1995) zusprechen. Außerdem kann das Gericht eine weitere Zahlung an den unterhaltsberechtigten Ehegatten zur Begleichung aller zurückliegenden Unterhaltsansprüche anordnen (Sec 8 II FLA 1995). Hinsichtlich der Pauschalzahlungen kann das Gericht Ratenzahlung und deren Sicherung anordnen (Sec 8 III FLA 1995). Auch diese Unterhaltszahlungen können frühestens für die Zeit ab Antragstellung und längstens bis zum Tod eines der Ehegatten angeordnet werden (Sec 8 IV FLA 1995). Nach Wiederheirat eines Ehegatten soll eine solche Anordnung nicht mehr erlassen werden. Bei Wiederheirat des unterhaltsberechtigten Ehegatten entfällt der Unterhaltsanspruch für die Zukunft (Sec 8 V FLA 1995).

194 Erlässt das Gericht eine gesicherte Zahlungsanordnung für wiederkehrende Leistungen, eine Pauschalzahlungsanordnung oder eine Vermögensübertragungsanordnung, kann es dabei oder jederzeit danach den **Verkauf von Eigentum** anordnen, das dem unterhaltspflichtigen oder beiden Ehegatten gehört oder zusteht (Sec 15 I FLA 1995). Dadurch darf aber nicht das gesetzliche Recht eines Ehegatten zum Bewohnen des Familienheims beein-

---

[188] Bergmann/Ferid/Henrich a. a. O. S. 109

trächtigt werden (Sec 15 II FLA 1995). Die Anordnung kann mit Nebenbestimmungen versehen werden, insbesondere zu Einzelheiten des Verkaufs und eines potentiellen Käufers, mit aufschiebenden und auflösenden Bedingungen sowie Anordnungen über die Auszahlung des Verkaufserlöses und die Erlösaufteilung (Sec 15 III FLA 1995). Die Verkaufsanordnung verliert bei Tod oder Wiederheirat der unterhaltsberechtigten Ehegatten ihre Wirkung für die Zukunft (Sec 15 IV FLA 1995).

Bei der Bemessung der **Art und Höhe** des Unterhalts soll das Gericht die Interessen aller Ehegatten und der abhängigen Familienmitglieder berücksichtigen (Sec 16 I FLA 1995). Dabei soll es insbesondere zukünftiges Einkommen, Verdienstmöglichkeiten, Eigentum und andere Finanzquellen beider Ehegatten (Sec 16 II a FLA 1995), die zukünftigen finanziellen Bedürfnisse, Verbindlichkeiten und Verantwortungen beider Ehegatten (Sec 16 II b FLA 1995), den Lebensstandard der Ehegatten vor dem Verfahren oder vor der Trennung (Sec 16 II c FLA 1995), das Alter beider Ehegatten und die Zeit des Zusammenlebens (Sec 16 II d FLA 1995), körperliche oder geistige Behinderungen (Sec 16 II e FLA 1995), die zukünftigen Zuwendungen beider Ehegatten an die Familie (Sec 16 II f FLA 1995), die Auswirkungen der ehelichen Pflichten während des Zusammenlebens auf die Verdienstmöglichkeiten beider Ehegatten (Sec 16 II g FLA 1995), das gesetzliche Einkommen ohne Zuschüsse (Sec 16 II h FLA 1995), das Verhalten beider Ehegatten, wenn die Nichtberücksichtigung nach Auffassung des Gerichts ungerecht wäre (Sec 16 II i FLA 1995), die Bedürfnisse bezüglich der Unterkunft der Ehegatten (Sec 16 II j FLA 1995), den Wert von Zuflüssen, die ein Ehegatte auf Grund des Trennungsurteils verliert (Sec 16 II k FLA 1995) und die Rechte anderer Personen, insbesondere eines neuen Ehepartners des unterhaltspflichtigen Ehegatten (Sec 16 II l FLA 1995), berücksichtigen. 195

Das Gericht soll keine Anordnung zur Unterstützung eines Ehegatten erlassen, der den anderen Ehegatten bis zum Beginn des Verfahrens verlassen hat, es sei denn, dies erscheint in Anbetracht aller Umstände ungerecht. Das gilt auch dann nicht, wenn der Ehegatte einen berechtigten Grund hatte, den anderen zu verlassen (Sec 16 III a FLA 1995). Verlassen im Sinne des Gesetzes beinhaltet auch ein Verhalten, das dem anderen Ehegatten einen berechtigten Grund gibt, ersteren zu verlassen (Sec 16 VI FLA 1995). 196

Bei der Anordnung von wiederkehrenden Unterhaltszahlungen kann das Gericht bestimmen, dass die Zahlung nicht mit Beginn des Verfahrens sondern erst am Tag der Anordnung beginnt (Sec 17 I a FLA 1995). Die Zahlung rückständigen Unterhalts kann es in einer Summe und zur Zahlung innerhalb einer bestimmten Frist zusprechen (Sec 17 I b FLA 1995). Bei veränderten Umständen kann das Gericht die Unterhaltsanordnung auf Antrag eines Ehegatten **abändern** oder aufheben, die Anordnung (zeitlich) außer Kraft setzen oder sie wiederaufleben lassen. Dabei kann es schon zugesprochene Vermögensgegenstände wieder einziehen (Sec 18 II FLA 1995). Die Abänderungsbefugnis kann in der Anordnung jedoch ausgeschlossen oder eingeschränkt werden (Sec 18 IV FLA 1995). 197

Italien

1. Kinderunterhalt

Gemäß Art. 147, Art. 148 des Zivilgesetzbuches[189] (cc) haben die Eltern die Verpflichtung, den gesamten Lebensbedarf ihrer Kinder zu tragen („mantenere"), sie auszubilden und zu erziehen. Dabei ist auf die Fähigkeiten, Neigungen und Lebenspläne der Kinder Rücksicht zu nehmen. Daraus folgt, dass die Unterhaltspflicht über den Eintritt der **Volljährigkeit** oder der vorzeitigen Mündigkeit hinaus fortdauert, solange sie nicht in der Lage sein können, sich selbst zu unterhalten, z. B. im Falle eines Studiums. Maßgebend ist dabei eine abstrakte Betrachtung.[190] Eine feste Altersgrenze gibt es jedoch nicht.[191] Diese Ver- 198

---

[189] Codice Civile Italiano vom 16. 3. 1942, zuletzt geändert durch Gesetz Nr. 218 vom 31. 5. 1995
[190] Vgl. Gabrielli in: Entwicklungen des europäischen Kindschaftsrechts, 2. Auflage, S. 71
[191] Bericht über das 3. Regensburger Symposion für Europäisches Familienrecht, FamRZ 1996, 1529

pflichtung hängt ab von ihren Vermögensverhältnissen und ihrer Erwerbs- und Haushaltsführungsfähigkeit (Art. 148 I cc). Gläubiger des Kindesunterhalts ist bei minderjährigen Kindern der andere Ehegatte, dem das Kind zugewiesen ist, nicht das Kind selbst.[192] Volljährigen aber finanziell noch nicht unabhängigen Kindern steht der Unterhalt nach der neu geschaffenen Vorschrift des Art. 155 V cc allerdings unmittelbar zu. Nur ausnahmsweise kann das Gericht in einer nach den Umständen des Einzelfalles zu begründenden Entscheidung etwas anderes anordnen.[193] Feste Regeln für die Bemessung der Unterhaltshöhe gibt es nicht,[194] jedoch ist eine automatische Gleitklausel vorgeschrieben, jedenfalls für den Kindesunterhalt nach Scheidung der Ehe ihrer Eltern (Art. 6 Nr. 11 SchG).[195] Eine spätere Abänderung ist möglich (Art. 155 VIII cc). Das Gericht kann die Auszahlung eines Bruchteils der Einkünfte unmittelbar an den Träger der Unterhaltslast (z. B. den anderen Ehegatten) anordnen. Über den Kindesunterhalt wird zusammen mit der Trennung oder Scheidung von Amts wegen entschieden (Art. 155 I, II cc, Art. 6 Nr. 3 SchG).[196] Die Eltern haben ein Wahlrecht, in welcher Form sie Unterhalt leisten; bei Streit entscheidet das Gericht.[197] Ist diese Unterhaltspflicht beendet, kommt eine Alimentationspflicht gem. Art. 433 ff. cc in Betracht, jedoch in geringerem Umfang wie diejenige nach Art. 147 f. cc. Sie richtet sich nach der wirtschaftlichen Lage des Pflichtigen und dem notwendigen Bedarf des Kindes unter Beachtung seiner sozialen Stellung und kann in Ausnahmefällen bis nahe an den standesgemäßen Unterhalt heranreichen; regelmäßig liegt sie jedoch weit darunter.[198] Für schwer behinderte Kinder sind nach der gesetzlichen Neuregelung die für minderjährige Kinder geltenden Vorschriften anwendbar. Für sie wird unabhängig von ihrem Alter deswegen der gesamte Unterhalt geschuldet und nicht nur ein pauschalierter Anteil.

199 Der Unterhaltsanspruch minderjähriger Kinder ist mit demjenigen geschiedener Ehegatten gleichrangig. Das Gericht kann im Mangelfall bei unterschiedlichem Bedarf entscheiden, wer den Unterhalt vorrangig erhält.

2. Ehegattenunterhalt

200 **Trennung.** Gemäß Art. 143 cc begründet die Ehe u. a. die Pflicht zu gegenseitiger materieller Unterstützung.[199] Diese Verpflichtung ruht bei Trennung gegenüber dem anderen Ehegatten, der unberechtigt getrennt lebt (Art. 146 I cc). Ein berechtigter Grund für die Trennung liegt vor, wenn ein Antrag auf Trennung von Tisch und Bett oder auf Nichtigkeit, Auflösung oder Wirkungslosigkeit der Ehe erhoben ist (Art. 146 II cc). In Italien gibt es die einverständliche und die gerichtliche Trennung (Art. 150 II cc). Die einverständliche muss aber gerichtlich bestätigt werden (Art. 158 cc). Gemäß Art. 156 I, II cc regelt der Richter bei der gerichtlichen Trennung von Amts wegen den angemessenen Unterhalt zugunsten des nicht für die Trennung verantwortlichen bedürftigen Ehegatten.[200] Voraussetzung ist, dass ein Ausspruch über die Verantwortlichkeit des anderen Ehegatten ergangen ist (Art. 151 II cc).[201] Der für die Trennung nicht verantwortliche Ehegatte kann grundsätzlich

---

[192] Vgl. OLG Hamm FamRZ 1993, 213
[193] Vgl. Gabrielli FamRZ 2007, 1505, 1507
[194] Vgl. Grunsky, Italienisches Familienrecht, 2. Aufl. 1978, S. 119
[195] Gesetz Nr. 898 vom 1. 12. 1970 über die Regelung der Fälle der Eheauflösung in der Fassung des Gesetzes Nr. 72 vom 6. 3. 1987
[196] Vgl. auch Rn. 10/93 ff.
[197] Bericht über das 3. Regensburger Symposion für Europäisches Familienrecht, FamRZ 1996, 1529
[198] Grunsky a. a. O., S. 159
[199] Rieck/Pesce Ausländisches Familienrecht Italien Stand Januar 2006 Rn. 14
[200] Der Streitwert eines Verfahrens auf Trennung von Tisch und Bett ist grundsätzlich niedriger anzusetzen als der Streitwert eines Scheidungsverfahrens (OLG Karlsruhe FamRZ 1999, 605). Für Folgesachen gilt verfahrensrechtlich der Entscheidungsverbund mit entsprechenden Streitwerten (OLG Karlsruhe EZFamR aktuell 1999, 147)
[201] Diesen Ausspruch trifft der Richter – auf Antrag – bereits im Trennungsurteil. Er kann aber auch im späteren isolierten Unterhaltsverfahren nachgeholt werden (OLG Karlsruhe FamRZ 1991, 439; OLG Düsseldorf FamRZ 1997, 559)

den ehelichen Lebensstandard beibehalten (Art. 156 I cc **„mantenimento"**). Hat er selbst ausreichendes Einkommen, entfällt der Anspruch. Eine zumutbare Erwerbstätigkeit muss er ausüben. Auf Seiten des Unterhaltsschuldners ist sein Einkommen von wesentlicher Bedeutung, weniger seine sonstigen Vermögensverhältnisse (Art. 156 II cc), während beim Unterhaltsgläubiger auch seine Vermögensverhältnisse zu berücksichtigen sein sollen.[202] Auf Trennungsunterhalt können die Ehegatten nicht verzichten.

Der für die Trennung verantwortliche und bedürftige Ehegatte (Art. 156 III, 438 I cc) **201** hat zwar auch einen Unterhaltsanspruch gegen den anderen,[203] aber nur in wesentlich geringerem Umfang, nämlich nur auf das Notwendige unter Berücksichtigung seiner sozialen Stellung (**„alimenti"**, Art. 156 III i. V. m. Art. 433 ff., Art. 438 II Satz 2 cc).[204] Sind beide Ehegatten schuldig an der Trennung, haben beide nur den Anspruch auf „alimenti" gemäß Art. 156 III, Art. 433 ff. cc.

Die beiden Formen des Unterhaltsanspruchs sind, wenn nachträgliche Umstände dies **202** rechtfertigen, **Abänderungen** nach Maßgabe des Art. 156 VIII cc zugänglich.

Der Anspruch kann auch nach Erlass eines Trennungsurteils geltend gemacht werden.[205]

Scheidung. Maßgebend ist das Gesetz Nr. 898/70 zur Regelung der Fälle der Eheauf- **203** lösung in der Fassung vom 6. 3. 1987 (sog. Scheidungsgesetz – SchG –). Gemäß dessen Art. 5 Abs. 6 ff. ordnet das Gericht auf Antrag[206] die Pflicht des einen Ehegatten an, dem anderen eine Unterhaltsrente zu zahlen. Danach ist die Verpflichtung zur Zahlung nachehelichen Ehegattenunterhalts zwar grundsätzlich im Scheidungsurteil auszusprechen. Diese verfahrensrechtliche Norm allein steht einem späteren Unterhaltsbegehren allerdings nicht entgegen. Nach der Rechtsprechung des italienischen Kassationshofs sind deswegen Unterhaltsansprüche eines Ehegatten nicht ausgeschlossen, auch wenn er sie in dem Trennungsprozess nicht geltend gemacht hatte. Für Unterhaltsansprüche nach der Scheidung gilt dasselbe.[207] **Voraussetzung** ist, dass der andere keine hinreichenden Mittel hat und sich solche aus „objektiven" Gründen auch nicht beschaffen kann. Das italienische Recht kennt auch einen dem deutschen § 1573 BGB vergleichbaren Ergänzungsunterhalt, wenn der bedürftige Ehegatte zwar erwerbstätig ist, aber mit den Einkünften nicht den ehelichen Lebensstandard erreicht.[208] Im Wesentlichen gelten für die Unterhaltsbemessung dieselben Maßstäbe wie für den deutschen nachehelichen Unterhalt.[209] Die persönlichen und wirtschaftlichen Verhältnisse der Ehegatten, wie Alter, Gesundheit, persönliche Stellung, Erwerbsfähigkeit, Vermögen und andere Unterhaltspflichten sind zu berücksichtigen. Auch die Gründe der Ehescheidung sind von Bedeutung, was bei fehlendem Verschulden zu einer Erhöhung des Unterhalts führen kann.[210] Zeiten der Kindererziehung sind ebenso zu berücksichtigen, wie die Ehedauer. Tabellen o. ä. gibt es nicht.[211] Auch ein fester Selbstbehalt für den Unterhaltspflichtigen besteht nicht; wegen des Halbteilungsgrundsatzes darf dem unterhaltsberechtigten Ehegatten aber allenfalls die Hälfte des beim Unterhaltspflichtigen vorhandenen Einkommens zugesprochen werden.

Unterhalt wird grundsätzlich in monatlichen Raten ohne zeitliche Grenze zugesprochen, **204** kann aber auch befristet werden, wenn das Ende der Unterhaltspflicht bereits absehbar ist. Entscheidungen zur Unterhaltspflicht sind nach den Grundsätzen des Wegfalls der Geschäftsgrundlage abänderbar; teilweise ist dieses auch ausdrücklich gesetzlich geregelt (Art. 9 I SchG). Eine neue Ehe des Unterhaltspflichtigen kann eine Abänderung nicht begründen, die Unterstützung durch eine verfestigte nichteheliche Lebensgemeinschaft des Unterhaltsberechtigten kann hingegen zu einer Abänderung führen. Das italienische Recht

---

[202] Grunsky a. a. O., S. 104; bei seit langem in Deutschland lebenden Ehegatten stellt das OLG Düsseldorf (FamRZ 1997, 559) auf die hiesigen Lebensverhältnisse ab
[203] OLG Stuttgart FamRZ 2004, 1496
[204] Vgl. Grunsky a. a. O., S. 105
[205] OLGR Düsseldorf 1996, 273
[206] BGH NJW 2002, 145
[207] BGH NJW 2002, 145; OLG Düsseldorf NJW-RR 1997, 387; OLG Frankfurt FamRZ 1994, 584
[208] Battes/Korenke FuR 1996, 199
[209] Vgl. auch Battes/Korenke FuR 1996, 199
[210] Vgl. OLG Frankfurt FamRZ 1994, 584; Patti FamRZ 1990, 703, 706
[211] Jayme in einer Rezension FamRZ 1995, 205

kennt im Abänderungsverfahren nach Art. 9 Abs. 1 SchG allerdings keinen Auskunftsanspruch des Unterhaltsberechtigten.²¹² Einmalige Abfindungen in Geld oder Immobilien sind möglich, wenn die Ehegatten damit einverstanden sind (Art. 5 VIII SchG)²¹³

205 Eine Besonderheit ist die automatische Gleitklausel, die wenigstens den Geldentwertungsindex erreichen muss (Art. 5 VII 1 SchG). Der Richter muss ausdrücklich begründen, wenn er von der im Gesetz vorgesehenen automatischen Anpassung abweichen will (Art. 5 VII 2 SCHG).

206 Die Unterhaltspflicht endet, wenn der berechtigte Ehegatte eine neue Ehe eingeht (Art. 5 X SchG) oder mit dem Tod des Unterhaltspflichtigen. Im letzten Fall kann aber nach billigem Ermessen ein neuer Anspruch auf nachehelichen Unterhalt als Nachlassverbindlichkeit entstehen. Eine vor Rechtshängigkeit geschlossene Vereinbarung z. B. über einen Verzicht auf den nachehelichen Unterhalt steht bei Beendigung der Ehe unter dem „Verdacht der Nichtigkeit".²¹⁴

207 Der Unterhalt kann auch noch nach Abschluss des Scheidungsverfahrens erstmalig und isoliert zugesprochen werden, und zwar auf Antrag.²¹⁵

3. Verwandtenunterhalt

208 Nach Art. 433 Nr. 2, 4 und 6 cc sind Kinder und Schwiegerkinder sowie voll- und halbbürtige Geschwister zum Unterhalt verpflichtet. Dabei gehen die unterhaltspflichtigen Kinder dem Ehegatten nach und den Eltern vor. Die Schwiegerkinder gehen auch den Eltern nach und den Schwiegereltern vor. Bei den weiter nachrangigen Geschwistern gehen vollbürtige den halbbürtigen vor. Bei mehreren gleichrangigen Unterhaltspflichtigen haben alle im Verhältnis ihrer eigenen wirtschaftlichen Umstände zur Unterhaltsleistung beizutragen (Art. 441 I cc). Unterhalt setzt stets Bedürftigkeit voraus (Art. 438 I cc). Die Höhe bestimmt sich nach dem Bedarf des Berechtigten und der Leistungsfähigkeit des Unterhaltspflichtigen (Art. 438 II cc). Zwischen Brüdern ist der Unterhalt strikt auf den notwendigen Bedarf beschränkt (Art. 439 I cc). Bei Minderjährigen kann er auch die Kosten für Erziehung und Unterricht umfassen (Art. 439 II cc). Bei Änderung der wirtschaftlichen Verhältnisse kann der Unterhalt abgeändert werden (Art. 440 cc). Geschuldet wird der Unterhalt ab Einreichung des Antrags oder ab Verzug, wenn innerhalb von 6 Monaten nach Inverzugsetzung ein Antrag erhoben wird (Art. 445 cc).

Kroatien

Nach Art. 206 des Familiengesetzes vom 14. 7. 2003 (FamG)²¹⁶ ist Unterhalt die Pflicht und das Recht der Eltern und der Kinder, der Ehegatten, der nichtehelichen Partner und der Verwandten in gerader Linie, wenn es durch dieses Gesetz vorgesehen ist.

1. Kinderunterhalt

209 Nach Art. 209 FamG sind die Eltern verpflichtet, für ihre **minderjährigen** Kinder Unterhalt zu leisten. Nachdem im Jahre 2008 festgestellt worden war, dass 48,7% der Eltern ihre Unterhaltspflicht nicht erfüllen und 43 000 Kinder im Alter bis 18 Jahren ohne Unterhalt blieben, wurde das Familiengesetz von 2003 geändert.²¹⁷ Besucht ein Kind regelmä-

---

²¹² OLG Bamberg FamRZ 2005, 1682
²¹³ Eine einmalige Abfindung schließt auch im Falle einer späteren Bedürftigkeit einen weiteren Antrag auf Unterhalt aus
²¹⁴ OLG Frankfurt FamRZ 1994, 584
²¹⁵ Vgl. OLG Frankfurt FamRZ 1994, 584; nach Grunsky a. a. O., S. 105 nur bei Veränderung der Umstände seit Erlass des Scheidungsurteils
²¹⁶ Familiengesetz vom 14. 7. 2003 (Nr. 116/03, 117/04, 136/04); zur Geltendmachung von Unterhalt vgl. auch DIJuF Länderbericht JAmt 2006, 288
²¹⁷ NN Nr. 107 vom 19. 10. 2007; vgl. Hlaca FamRZ 2008, 1701, 1703

ßig die Schule, schulden die Eltern ihm auch nach der **Volljährigkeit** weiterhin Unterhalt (Art 210 I FamG). Hat das volljährige Kind die Schule beendet aber noch keine Beschäftigung gefunden, schulden die Eltern ihm für die Dauer eines Jahres nach der Schulausbildung weiterhin Unterhalt (Art. 210 II FamG). Das Gleiche gilt, wenn das volljährige Kind wegen Krankheit, geistiger oder körperlicher Gebrechen arbeitsunfähig ist, für die Zeit der Arbeitsunfähigkeit (Art 210 III FamG). Ein Elternteil, dem die elterliche Fürsorge eingeschränkt oder entzogen wurde oder der die elterliche Fürsorge nicht ausübt, wird dadurch nicht von der Unterhaltspflicht für das Kind befreit (Art. 212 FamG). Nach Art. 214 I FamG sind auch **Stiefeltern** dem minderjährigen Kind zum Unterhalt verpflichtet, wenn es von den Eltern keinen Unterhalt erlangen kann. Stiefeltern, die im Zeitpunkt des Todes zusammen mit dem Kind zusammenlebten, schulden dem minderjährigen Kind auch nach dem Tode des Elternteils Unterhalt (Art. 214 II FamG). Eine Unterhaltspflicht der Stiefeltern entfällt aber, wenn ihre Ehe mit dem Elternteil des Kindes geschieden oder für ungültig erklärt worden ist (Art 214 III FamG). Leistet ein Elternteil keinen Unterhalt für das Kind, sind die **Großeltern** nach den für die Eltern geltenden Bestimmungen zum Kindesunterhalt verpflichtet (Art. 216 FamG).

Bei der Bemessung des **Unterhaltsbedarfs** ist der gesamte Vermögensstand des Unterhaltspflichtigen zu berücksichtigen, nicht nur sein Einkommen und seine Verdienstmöglichkeiten. Neben den allgemeinen Grundsätzen (s. Rn. 220) sind auch das Alter des Kindes sowie die Bedürfnisse seiner Ausbildung in Betracht zu ziehen (Art. 232 I FamG). Durch das Gesetz ist jetzt ein vom Alter des Kindes abhängiger Mindestbedarf vorgeschrieben, den Eltern, die nicht mit dem Kind zusammenleben, monatlich für dessen Unterhalt zahlen müssen. Der Betrag hängt von dem jährlich bis zum 1. April vom Ministerium für öffentliche Fürsorge zu veröffentlichen Durchschnittseinkommen ab. Ungeachtet der allgemeinen Grundsätze über die Bedürftigkeit und die Leistungsfähigkeit kann ein arbeitsfähiger Elternteil nicht von der Unterhaltspflicht für ein minderjähriges Kind befreit werden (Art. 232 II FamG). Der Unterhaltsbedarf eines Kindes kann mit einem erhöhten Betrag festgestellt werden, wenn dies den vergrößerten Möglichkeiten des einzelnen Elternteils entspricht (Art. 232 III FamG). Hat das Kind **eigene Einkünfte,** ist es verpflichtet, mit diesen zu seinem Unterhalt beizutragen (Art. 211 FamG). Im Unterhaltsstreitverfahren für ein Kind zieht des Gericht bei dem Elternteil, bei dem das Kind lebt, besonders die Arbeit und die Sorge, die er in das Heranwachsen des Kindes investiert, in Betracht und verringert demgemäß seinen Geldbetrag zum Kindesunterhalt (Art. 233 FamG). Rückständigen Unterhalt kann das Kind jetzt bereits ab dem Tag der Entstehung der Unterhaltspflicht und nicht erst ab Einleitung des Verfahrens oder ab Verzug verlangen.[218] Die Eltern und das Kind können über den Unterhalt eine gerichtliche Vereinbarung treffen.

Bei der Durchsetzung der Unterhaltsansprüche sind das Finanzministerium, das Steueramt, das Ministerium für innere Angelegenheiten, die Rentenversicherungsanstalt und Finanzagenturen dem Gericht zu Hilfeleistungen verpflichtet. Das **Zentrum für Sozialfürsorge** bemüht sich darum, dass Eltern sich mit ihren minderjährigen Kindern oder mit ihren volljährigen Kindern, die regelmäßig die Schule besuchen, außergerichtlich über die Höhe oder die Vergrößerung des Unterhaltsbeitrags für das Kind einigen. Diese Einigung soll dem Wohlergehen des Kindes Rechnung tragen (Art. 230 I FamG). Der im Zentrum für Sozialfürsorge geschlossene Vergleich ist eine vollstreckbare Urkunde (Art. 230 II FamG). Das Zentrum für Sozialfürsorge kann im Namen des Kindes ein Verfahren auf Erhöhung des Unterhalts einleiten und führen, wenn eine andere Person oder Einrichtung für das Kind sorgt oder wenn der Elternteil, mit dem das Kind lebt, den Anspruch aus unberechtigten Gründen nicht geltend macht (Art. 234 I FamG). Es kann auch die Vollstreckung der Unterhaltsentscheidung für das Kind beantragen (Art. 234 II FamG). Dabei ist die Pfändung des gesamten Einkommens des Unterhaltspflichtigen bis zur einem Viertel des Durchschnittseinkommens zulässig. Über Unterhaltsentscheidungen für Kinder, die ihm das Gericht nach Art. 299 II FamG zustellt und über bei ihm geschlossene Unterhaltsvergleiche führt es nach ministeriell vorgegebener Art und Weise Protokoll (Art. 235 FamG).

---

[218] Hlaca FamRZ 2008, 1701, 1703; zur früheren Rechtslage vgl. BGB, FamRZ 2005, 1987

2. Ehegattenunterhalt

212   Ein Ehegatte, der nicht genügend Mittel zum Leben hat oder sie aus seinem Vermögen nicht beschaffen kann und arbeitsunfähig ist oder keine Beschäftigung findet, hat das Recht auf Unterhalt von seinem Ehegatten (Art. 217 FamG). Der Anspruch auf Unterhalt **endet,** wenn die Voraussetzungen des Art. 217 FamG nicht mehr gegeben sind, wenn der berechtigte Ehegatte aus einer geschiedenen oder für ungültig erklärten Ehe eine neue Ehe schließt oder wenn das Gericht feststellt, dass er in einer außerehelichen Gemeinschaft lebt oder dass er dieses Rechts unwürdig geworden ist (Art. 221 FamG).

213   Der berechtigte Ehegatte muss den Unterhaltsantrag bis zum Abschluss der Hauptverhandlung im Streitverfahren über die Scheidung oder Ungültigerklärung der Ehe **einreichen,** worauf ihn das Gericht hinzuweisen hat (Art. 218 I FamG). Nur ausnahmsweise kann der frühere Ehegatte auch innerhalb von sechs Monaten nach Beendigung der Ehe Unterhalt beantragen, wenn die Unterhaltsvoraussetzungen bei Abschluss der Hauptverhandlung im Streitverfahren über die Scheidung oder Ungültigerklärung der Ehe bestanden und ununterbrochen bis zum Abschluss der Hauptverhandlung im Unterhaltsstreitverfahren angedauert haben (§ 218 II FamG). Auch dann ist der späteste Einsatzzeitpunkt für das Bestehen eines Unterhaltsanspruchs die Auflösung der Ehe. Liegen die Voraussetzungen des Unterhaltsanspruchs in diesem Zeitpunkt nicht vor, kann auch später kein Anspruch mehr entstehen.

214   Das Gericht kann den Unterhaltsanspruch des Ehegatten ablehnen, wenn der Unterhalt eine **offensichtliche Ungerechtigkeit** für den unterhaltspflichtigen Ehegatten darstellen würde (Art. 219 FamG). Insbesondere wenn die Ehe nur kurz dauerte oder wenn der unterhaltsberechtigte Ehegatte die Möglichkeit hat, die Mittel zum Lebensunterhalt in absehbarer Zeit auf andere Weise zu sichern, kann das Gericht die Unterhaltspflicht bis zu einem Jahr **befristen** (Art. 220 I FamG). In berechtigten Fällen kann das Gericht die Unterhaltspflicht verlängern; der Antrag auf Verlängerung des Unterhalts kann aber nur bis zum Ablauf der Zeit eingereicht werden, für die der Unterhalt bestimmt wurde (Art. 220 II, III FamG).

3. Unterhalt des außerehelichen Partners

215   Endet die außereheliche Gemeinschaft einer Frau und eines Mannes, die mindestens drei Jahre dauerte oder in der ein gemeinsames Kind geboren wurde, hat der außereheliche Partner, der dann die Voraussetzungen des Art. 3 FamG erfüllt, unter den gleichen Voraussetzungen wie ein Ehegatte (wenn er nicht genügend Mittel zum Leben hat oder sie aus seinem Vermögen nicht beschaffen kann und arbeitsunfähig ist oder keine Beschäftigung findet; Art. 217 FamG) das Recht auf Unterhalt von dem anderen außerehelichen Partner (Art. 222 I FamG). Der Anspruch auf Unterhalt **endet,** wenn die Voraussetzungen des Art. 217 FamG nicht mehr gegeben sind, wenn der berechtigte außereheliche Partner eine Ehe schließt oder wenn das Gericht feststellt, dass er in einer außerehelichen Gemeinschaft lebt oder dass er dieses Rechts unwürdig geworden ist (Art. 225 FamG). Der **Vater** eines außerehelichen Kindes ist auch unabhängig von einer früheren Lebensgemeinschaft verpflichtet, vom Tag der Kindsgeburt an ein Jahr Unterhalt für die Kindsmutter zu leisten, wenn sie für das Kind sorgt und nicht genügend Mittel zum Leben hat (Art. 226 FamG).

216   Der Unterhaltsantrag kann nur innerhalb einer Frist von sechs Monaten von der Beendigung der außerehelichen Gemeinschaft an eingereicht werden (Art. 222 II FamG).

217   Das Gericht kann den Unterhaltsanspruch des außerehelichen Partners ablehnen, wenn der Unterhalt eine **offensichtliche Ungerechtigkeit** für den anderen außerehelichen Partner darstellen würde (Art. 223 FamG). Insbesondere wenn der unterhaltsberechtigte außereheliche Partner die Möglichkeit hat, die Mittel zum Lebensunterhalt in absehbarer Zeit auf andere Weise zu sichern, kann das Gericht die Unterhaltspflicht bis zu einem Jahr **befristen** (Art. 224 I FamG). In berechtigten Fällen kann das Gericht die Unterhaltspflicht verlängern; der Antrag auf Verlängerung des Unterhalts kann aber nur bis zum Ablauf der Zeit, für die der Unterhalt bestimmt wurde, eingereicht werde (Art. 224 II, III FamG).

4. Verwandtenunterhalt

Ein volljähriges Kind ist verpflichtet, für einen Elternteil, der arbeitsunfähig ist und nicht 218
genügend Mittel zum Leben hat oder sie aus seinem Vermögen nicht beschaffen kann,
Unterhalt zu leisten (Art. 213 I FamG). Hat der unterhaltsberechtigte Elternteil in einer
Zeit, als dies seiner gesetzlichen Pflicht entsprach, aus unberechtigten Gründen keinen
Unterhalt für das Kind geleistet, kann das Kind von seiner Unterhaltspflicht gegenüber dem
Elternteil befreit werden (Art. 213 II FamG). Auch ein volljähriges Stiefkind ist unter den
Voraussetzungen wie ein volljähriges leibliches Kind zum Unterhalt für ein Stiefelternteil
verpflichtet, wenn das Stiefelternteil längere Zeit für es Unterhalt gezahlt oder für es gesorgt
hatte (Art. 215 FamG).

5. Allgemeine Vorschriften zur Bestimmung des Unterhalts

Der Unterhaltsanspruch des Ehegatten oder des außerehelichen Partners geht im **Rang** 219
dem Verwandtenunterhalt vor (Art. 227 I FamG). Kinder und Stiefkinder haften ihren
Eltern (bzw. Stiefeltern) gemeinschaftlich (Art. 227 II FamG). Haften nach dem Gesetz
mehrere Personen gleichrangig für den Unterhalt, ist diese Verpflichtung nach ihren
Möglichkeiten zu teilen (Art. 228 FamG). Ist ein vorrangiger Unterhaltspflichtiger nicht in
der Lage, den vollständigen Unterhalt zu befriedigen, kann der Unterhaltsberechtigte auch
von den nachrangigen Schuldnern Unterhalt verlangen (Art. 229 FamG).

Im Unterhaltsstreitverfahren stellt das Gericht den Gesamtbetrag der für den Unterhalt 220
notwendigen Mittel fest (Art. 231 I FamG). Bei der Bemessung des **Unterhaltsbedarfs**
berücksichtigt das Gericht die eigenen Einkünfte, den Vermögensstand, die Arbeitsfähigkeit, die Beschäftigungsmöglichkeit und andere Umstände, von denen die Unterhaltsentscheidung abhängt (Art. 231 II FamG). Bei der Bemessung der **Leistungsfähigkeit** des
Unterhaltspflichtigen sind alle Einkünfte und sachlichen Möglichkeiten des Erwerbs eines
vergrößerten Verdienstes, die eigenen Bedürfnisse und gesetzlichen Unterhaltsverpflichtungen zu berücksichtigen (Art. 231 III FamG).

Der Unterhalt ist **in Geld** zu bestimmen, wenn nicht berechtigte Gründe bestehen, dass 221
er auf andere Art und Weise gesichert wird (Art. 238 FamG). Einem Unterhaltspflichtigen,
der sich in einem Arbeitsverhältnis befindet, erlegt das Gericht monatliche Raten im
Prozentsatz des Lohns oder des Lohnersatzes auf. Der Unterhaltspflichtige muss dem Unterhaltsberechtigten die im Prozentsatz bestimmten Beträge bei jeder Lohn- und Lohnersatzleistung zahlen (Art. 239 I, II FamG). Gleiches gilt, wenn der Unterhaltspflichtige Rentenempfänger ist (Art. 240 FamG). Auf Antrag des Unterhaltsberechtigten setzt das Gericht
den Unterhalt aber in einem bestimmten Geldbetrag fest, wenn dafür berechtigte Interessen
bestehen (Art. 241 FamG). Auch die Unterhaltszahlungen eines Selbstständigen oder sonst
nicht in abhängiger Arbeit stehenden arbeitsfähigen Elternteils ordnet das Gericht in einem
bestimmten Betrag an (Art. 242 FamG).

Das Gericht weist den Unterhaltspflichtigen an, dass die **Auszahlungen** der monatlichen 222
Unterhaltsraten aus seinem Lohn, Lohnersatz oder seiner Rente nach seiner Zustimmung
(administratives Verbot) ohne die Durchführung eines Vollstreckungsverfahrens ausgeführt
werden können (Art. 236 FamG). Stimmt die einem Kind unterhaltspflichtige Person dem
administrativen Verbot nicht zu, überprüft das Zentrum für Sozialfürsorge nach Ablauf von
sechs Monaten ab Empfang der Gerichtsentscheidung oder ab Vergleichsschluss, ob der
Unterhaltspflichtige seine Pflicht ordentlich und vollständig erfüllt und unternimmt die
notwendigen Maßnahmen zum Schutz der Kindesinteressen (Art. 237 FamG). Der Unterhaltspflichtige hat einem neuen Arbeitgeber die Daten über eine vollstreckbare Urkunde
zum Unterhalt und die Personalien des Unterhaltsberechtigten mitzuteilen (Art. 245
FamG). Der neue Arbeitgeber ist verpflichtet, den Unterhaltsberechtigten über das neue
Arbeitsverhältnis zu benachrichtigen (Art. 246 FamG).

Der Unterhaltsberechtigte und der Unterhaltspflichtige können eine gerichtliche **Erhö-** 223
hung oder Herabsetzung des durch rechtskräftige Entscheidung oder durch einen vor
dem Zentrum für Sozialfürsorge geschlossenen Vergleich festgesetzten Unterhalts verlangen,

wenn sich die Umstände, die der früheren Entscheidung zugrunde lagen, geändert haben (Art. 243 FamG). Eine natürliche oder juristische Person kann geleistete Unterhaltszahlungen von dem gesetzlich Verpflichteten **erstattet verlangen,** wenn die ausgelegten Kosten berechtigt waren (Art. 244 FamG). Der Unterhaltsanspruch geht also mit der Zahlung auf den Leistenden über.

Montenegro

Montenegro hat am 3. Juni 2006 seine Unabhängigkeit erklärt und ist aus der Staatengemeinschaft mit Serbien (früheres Jugoslawien) ausgeschieden. Nach Art. 246 des weiter geltenden Familiengesetzes vom 23. 3. 1989 (FamG)[219] ist der gegenseitige Unterhalt der Familienmitglieder und der anderen Verwandten ihre Pflicht und ihr Recht. Kann der Unterhalt ganz oder teilweise nicht verwirklicht werden, bietet die Gesellschaftsgemeinschaft den unversorgten Familienmitgliedern unter den gesetzlich bestimmten Bedingungen die zum Unterhalt unumgänglichen Mittel.

1. Kinderunterhalt

224   Eltern und Kinder sind einander zu gegenseitigem Unterhalt verpflichtet. Die Altersgrenze für den Kindesunterhalt beträgt 26 Jahre, wenn das Elternrecht nicht verlängert wird. Die Unterhaltspflicht der Eltern ist allerdings nicht vom Bestehen des Elternrechts abhängig. Stiefeltern schulden bei Fehlen anderer Unterhaltspflichtiger subsidiär Unterhalt. Der Tod des Elternteils hat auf die Unterhaltspflicht des mit ihm zusammenlebenden Stiefelternteils keinen Einfluss, wohl aber deren Ehescheidung.

225   Die Eltern sind verpflichtet, ihre **minderjährigen Kinder** zu unterhalten (Art. 247 I FamG). Im Streit der Eltern um den Kindesunterhalt wertet das Gericht die Arbeit und Fürsorge des Elternteils, dem das Kind zur Obhut und Erziehung anvertraut ist, als seinen Beitrag zum Unterhalt des Kindes (Art. 267 FamG). Ist einem Elternteil sein Elternrecht entzogen, befreit ihn das nicht von der Unterhaltspflicht für seine Kinder (Art. 249 FamG). Hat das Kind die Schulausbildung bis zur **Volljährigkeit** nicht abgeschlossen, schulden die Eltern bis zum Abschluss der Schulausbildung an der entsprechenden Schule oder Universität Unterhalt nach ihren Möglichkeiten. Auch wenn die Schulausbildung aus berechtigten Gründen verlängert wird, besteht diese Unterhaltspflicht aber längstens bis zum vollendeten 26. Lebensjahr (Art. 247 II FamG). Ist ein volljähriges Kind wegen Krankheit, körperlicher oder geistiger Gebrechen arbeitsunfähig, hat es nicht genügend Mittel für den Unterhalt oder kann es sie aus dem bestehenden Vermögen nicht aufbringen, sind die Eltern verpflichtet, Unterhalt zu leisten, solange dieser Zustand andauert (Art. 248 FamG). Nach Art. 251 I FamG sind auch **Stiefeltern** verpflichtet, ihre Stiefkinder zu unterhalten, wenn diese keine unterhaltspflichtigen Verwandten haben oder wenn die Verwandten nicht zu Unterhaltsleistungen in der Lage sind. Die Unterhaltspflicht besteht auch nach dem Tod des Elternteils fort, wenn sie bis zu diesem Zeitpunkt mit dem Elternteil und dem minderjährigen Stiefkind in einer Familiengemeinschaft gelebt haben (Art. 251 II FamG). Sie endet aber, wenn die Ehe des Stiefelternteil mit dem Elternteil des Kindes für ungültig erklärt oder geschieden wird (Art. 251 III FamG).

226   Die **Vormundschaftsbehörde** ist verpflichtet, über die unterhaltenen Kinder und die unterhaltspflichtigen Eltern Nachweis zu führen und Maßnahmen zu ergreifen, dass die Eltern sich außergerichtlich über den Kindesunterhalt einigen und die Höhe den veränderten Bedürfnissen des Kindes oder veränderten Möglichkeiten der Eltern angepasst wird (Art. 270 FamG). Sie kann im Namen des minderjährigen Kindes den Streit um Unterhalt bzw. um Erhöhung des Unterhalts einleiten und führen, wenn der sorgeberechtigte Elternteil das Recht aus unberechtigten Gründen nicht ausübt. Wenn der Elternteil die Vollstreckung einer Unterhaltsentscheidung nicht beantragt, kann die Vormundschaftsbehörde im

---

[219] Bergmann/Ferid/Henrich a. a. O. Montenegro S. 112 ff.

Namen des minderjährigen Kindes bei Gericht auch den Vorschlag zur Vollstreckung der Entscheidung einreichen (Art. 268 I, II FamG).

Kommt der Elternteil seiner Unterhaltspflicht nicht ordnungsgemäß nach, ergreift die Vormundschaftsbehörde auf Vorschlag des anderen Elternteils oder von Amts wegen die Maßnahmen, um dem Kind gemäß den Vorschriften über den Sozial- und Kinderschutz einen vorübergehenden Unterhalt zu gewährleisten, solange der Elternteil nicht beginnt, seine Verpflichtung zu erfüllen (Art. 277 FamG). Der Unterhaltsanspruch des Kindes geht dann auf die Behörde über.

2. Ehegattenunterhalt

Der Unterhalt eines Ehegatten ist durch seine Mittellosigkeit, seine Arbeitsunfähigkeit oder unverschuldete Arbeitslosigkeit bedingt, kann aber durch das Gericht versagt werden, wenn der andere Ehegatte böswillig oder unberechtigt verlassen wurde oder wenn der Scheidung eine längere Trennung vorausging und beide Ehegatten ihren Unterhalt selbst bestritten haben. Gleiches gilt, wenn die Ehe zu kurz dauerte, um daraus ein Unterhaltsrecht zu erwerben und dadurch minderjährige Kinder nicht gefährdet werden. Der Antrag auf Unterhalt muss im Ehescheidungsverfahren oder spätestens innerhalb eines Jahres danach gestellt werden, wenn dann die Voraussetzungen des Anspruchs noch vorliegen. Abhängig von den Erwerbsmöglichkeiten des Unterhaltsberechtigten kann der Unterhalt zeitlich beschränkt oder auch verlängert werden. Das Unterhaltsrecht endet mit dem Wegfall der Voraussetzungen, mit dem Eingehen einer neuen Ehe des Unterhaltsberechtigten oder einer entsprechenden außerehelichen Gemeinschaft. Bei einer nichtigen Ehe ist nur der Ehegatte, der bei Eheschließung nicht vom Nichtigkeitsgrund wusste, unterhaltsberechtigt: 227

Nach Art. 255 FamG hat ein Ehegatte, der nicht genügend Mittel zum Unterhalt hat, arbeitsunfähig ist oder keine Arbeit findet, einen Unterhaltsanspruch gegen seinen Ehegatten im Verhältnis zu dessen Möglichkeiten. Wird eine Ehe für ungültig erklärt, steht dem Ehegatten, der den Nichtigkeitsgrund im Zeitpunkt der Eheschließung nicht kannte, unter den gleichen Voraussetzungen ein Anspruch auf Unterhalt zu (Art. 260 FamG). Der Unterhaltsberechtigte kann verlangen, dass ihm dieser Unterhaltsanspruch gegen den anderen Ehegatten **im Verfahren der Ehescheidung** zugesprochen wird (§ 256 I FamG). Hatte der Ehegatte im Scheidungsverfahren keinen Unterhalt beantragt, kann er ausnahmsweise innerhalb eines Jahres nach der Ehescheidung aus berechtigten Gründen einen isolierten Unterhaltsantrag erheben. Das setzt aber voraus, dass die Unterhaltsvoraussetzungen schon im Zeitpunkt der Ehescheidung vorlagen und ununterbrochen bis zum Abschluss der Hauptverhandlung in dem isolierten Unterhaltsverfahren angedauert haben oder dass innerhalb dieser Frist eine Arbeitsfähigkeit als Folge einer körperlichen Verletzung oder einer geschwächten Gesundheit aus der Zeit vor der Ehescheidung eingetreten ist (Art. 256 II FamG). Hat der unterhaltspflichtige Ehegatte seit der Ehescheidung auf Grund einer Vereinbarung oder ohne ausdrückliches Übereinkommen zum Unterhalt des anderen Ehegatten durch Zahlung bestimmter Beträge, Überlassung der Nutzung seines Eigentums oder auf andere Weise beigetragen, beginnt die einjährige Antragsfrist mit dem Tag der letzten Leistung bzw. dem Tag der Rückgabe des Vermögensgegenstandes (Art. 256 III FamG). 228

Das Gericht kann den Antrag auf Unterhalt unter Berücksichtigung aller Umstände des Falles **abweisen,** wenn der Ehegatte den Unterhalt begehrt, der sich ohne ernsthaften Grund seitens des anderen Ehegatten grob verhalten hat oder seinen Ehegatten ohne berechtigten Grund verlassen hat, oder wenn sein Antrag für den anderen Ehegatten eine offensichtliche Ungerechtigkeit darstellen würde (Art. 255 II FamG). Ist die Lebensgemeinschaft der Ehegatten dauerhaft beendet, war der Berechtigte mehrere Jahre darauf angewiesen, die Mittel für den Unterhalt vollkommen selbstständig zu gewährleisten und hat dieser Zustand bis zur Ehescheidung angedauert, kann das Gericht den Unterhaltsantrag unter Berücksichtigung aller Umstände des Falles ebenfalls abweisen (Art. 257 FamG). 229

Wenn der Unterhaltsberechtigte die Möglichkeit hat, seinen Unterhalt in absehbarer Zeit auf andere Art und Weise zu gewährleisten, kann das Gericht den Unterhaltsanspruch auf eine bestimmte Zeit **befristen** (Art. 258 I FamG). Bei kurzer Ehedauer kann das Gericht 230

§ 9　　　　　　　　　　　　　　　　　　　　　　　　　　Auslandsberührung

den Antrag auf Unterhalt unter Berücksichtigung aller Umstände des Einzelfalles abweisen oder ebenfalls befristen, wenn der Unterhaltsberechtigte kein gemeinsames minderjähriges Kind erzieht. Dabei ist besonders zu berücksichtigen, ob sich die Vermögenssituation des Ehegatten seit der Heirat geändert hat (Art. 258 II FamG). In berechtigten Fällen kann das Gericht die Unterhaltspflicht verlängern; der Antrag auf Verlängerung des Unterhalts kann aber nur bis zum Ablauf der Zeit, für die der Unterhalt bestimmt wurde, eingereicht werde (Art. 258 III, IV FamG).

231　Das Recht auf Unterhalt **endet,** wenn die Voraussetzungen des Unterhalts nach Art. 255 I FamG entfallen, wenn die Zeit, für die er zugesprochen wurde abläuft, wenn der unterhaltsberechtigte geschiedene Ehegatte eine neue Ehe eingeht oder eine außereheliche Gemeinschaft begründet oder wenn das Gericht unter Berücksichtigung aller Umstände des Einzelfalles befindet, dass der geschiedene Ehegatte dieses Rechts unwürdig wurde (Art. 259 FamG).

3. Unterhalt des außerehelichen Partners

232　Die außereheliche Lebensgemeinschaft endet faktisch und zwar durch die Trennung der Lebenspartner. Der mittellose frühere Lebenspartner kann unter den gleichen Voraussetzungen wie ein geschiedener Ehegatte Unterhalt verlangen. Ist ein nichteheliches Kind vorhanden, bedarf es keiner Lebensgemeinschaft zwischen den Eltern, damit ein Unterhaltsanspruch der Kindesmutter für die Zeit von drei Monaten vor der Geburt bis zu einem Jahr nach der Geburt entsteht.

233　Endet die außereheliche Gemeinschaft einer Frau und eines Mannes, die längere Zeit dauerte, hat der außereheliche Partner unter den gleichen Voraussetzungen wie ein Ehegatte (wenn er nicht genügend Mittel zum Leben hat, arbeitsunfähig ist oder keine Arbeit findet; Art. 255 I FamG) das Recht auf Unterhalt von dem anderen außerehelichen Partner (Art. 261 I FamG). Der Antrag auf Unterhalt kann nur **innerhalb eines Jahres** seit Beendigung der Lebensgemeinschaft und nur unter der Bedingung eingereicht werden, dass die Unterhaltsvoraussetzungen schon bei Beendigung der Gemeinschaft vorlagen und ununterbrochen bis zum Abschluss der Hauptverhandlung in dem Unterhaltsverfahren angedauert haben (Art. 261 II FamG).

234　Das Gericht kann den Antrag auf Unterhalt unter Berücksichtigung aller Umstände des Falles **abweisen,** wenn sich der unterhaltsberechtigte außereheliche Partner in der außerehelichen Gemeinschaft ohne ernsthaften Grund durch den anderen außerehelichen Partner grob oder ungehörig verhalten hat, wenn er die Lebensgemeinschaft böswillig oder ohne berechtigten Grund verlassen hat oder wenn sein Antrag eine offensichtliche Ungerechtigkeit für den anderen außerehelichen Partner bedeuten würde (Art. 261 III FamG).

235　Wenn der Unterhaltsberechtigte die Möglichkeit hat, seinen Unterhalt in absehbarer Zeit auf andere Art und Weise zu gewährleisten, kann das Gericht den Unterhaltsanspruch auf eine bestimmte Zeit **befristen** (Art. 262 I FamG). In berechtigten Fällen kann das Gericht die Unterhaltspflicht verlängern; der Antrag auf Verlängerung des Unterhalts kann aber nur bis zum Ablauf der Zeit, für die der Unterhalt bestimmt wurde, eingereicht werde (Art. 262 II, III FamG).

236　Das Recht auf Unterhalt **endet,** wenn die Voraussetzungen des Unterhalts nach Art. 255 I FamG entfallen, wenn die Zeit, für die er zugesprochen wurde abläuft, wenn der unterhaltsberechtigte außereheliche Partner eine Ehe oder eine neue außereheliche Gemeinschaft eingeht oder wenn das Gericht unter Berücksichtigung aller Umstände des Einzelfalles befindet, dass der außereheliche Partner dieses Rechts unwürdig geworden ist (Art. 263 FamG).

237　Unabhängig davon, ob zwischen den Eltern eines außerehelich geborenen Kindes eine Lebensgemeinschaft bestand, ist der **Kindesvater** verpflichtet, im Verhältnis zu seinen Möglichkeiten am Unterhalt der Kindesmutter, die nicht genügend Mittel zur Verfügung hat, arbeitsunfähig ist oder keine Arbeit findet, teilzunehmen. Das gilt aber nur für die Zeit von drei Monaten vor der Geburt bis ein Jahr nach der Geburt des Kindes (Art. 264 I FamG). Das gilt auch dann, wenn das Kind tot geboren wurde oder nach der Geburt stirbt, für die Zeit der durch die Geburt hervorgerufenen Arbeitsunfähigkeit, längstens bis zu einem Jahr nach der Geburt (Art. 264 II FamG).

4. Verwandtenunterhalt

Eltern und **Kinder** sind zu gegenseitigem Unterhalt verpflichtet. Schon ein berufstätiger 15-jähriger schuldet Familienunterhalt. Die Unterhaltspflicht von Stiefkindern ist dadurch bedingt, dass die Stiefeltern ihnen Unterhalt geleistet haben müssen. Geschwister sind subsidiär für ihre minderjährigen Brüder und Schwestern unterhaltspflichtig. Alle anderen Verwandten sind in gerader Linie unbeschränkt verpflichtet, Unterhalt für ihre mittellosen Vorfahren bzw. Nachkommen zu leisten. Die Reihenfolge der Unterhaltspflicht entspricht der Erbfolge. **238**

Die Kinder sind verpflichtet, Unterhalt für ihre Eltern zu leisten, wenn diese arbeitsunfähig sind und keine ausreichenden Mittel zum Unterhalt haben oder sie aus dem bestehenden Vermögen nicht beschaffen können (Art. 250 I FamG). Ausnahmsweise kann das Gericht den Antrag auf Unterhalt abweisen, wenn dem Elternteil das Elternrecht entzogen war und er keinen Kindesunterhalt geleistet hat, obwohl er dazu in der Lage war oder wenn das Gericht unter Berücksichtigung aller Umstände des Einzelfalles befindet, dass dieses eine offensichtliche Ungerechtigkeit für das Kind bedeuten würde (Art. 250 II FamG). Auch **Stiefkinder** sind verpflichtet, ihre Stiefeltern zu unterhalten, wenn diese Unterhalt für sie geleistet und für sie gesorgt haben. Sie haften gemeinschaftlich mit sonstigen Kindern der Stiefeltern (Art. 252 FamG). **239**

Geschwister sind verpflichtet, ihre minderjährigen Geschwistern, die sich selbst nicht unterhalten können und deren Eltern nicht mehr leben oder nicht leistungsfähig sind, zu unterhalten (Art. 253 FamG). Die Unterhaltspflicht besteht auch zwischen den **übrigen Blutsverwandten** in gerader Linie (Art. 254 I FamG). Das Recht auf Unterhalt von diesen Verwandten wird in der Reihenfolge verwirklicht, in der sie zu Erben berufen sind. Sind mehrere Personen gemeinsam zum Unterhalt verpflichtet, ist die Unterhaltspflicht zwischen ihnen nach ihren Möglichkeiten geteilt (Art. 254 II, III FamG). **240**

Die **Vormundschaftsbehörde** kann im Namen einer alten und sich allein versorgenden Person, auf ihren Vorschlag oder aus eigene Initiative, ein Unterhaltsverfahren gegen gesetzlich verpflichtete Verwandte einleiten und führen. Widersetzt sich die unterhaltsberechtigte Person dem, ist die Behörde nicht befugt, das Verfahren im eigenen Namen einzuleiten (Art. 271 FamG). **241**

5. Allgemeine Vorschriften zur Bestimmung des Unterhalts

Im Unterhaltsrechtsstreit stellt das Gericht den Gesamtbetrag der für den Unterhalt notwendigen Mittel fest. Diesen bestimmt das Gericht nach den Möglichkeiten der unterhaltspflichtigen Familienmitglieder und den Bedürfnissen der Unterhaltsberechtigten (Art. 265 I, II FamG). Der Gesamtbedarf des Unterhalts kann nicht geringer sein als der Betrag der ständigen Geldhilfe, die gemäß den Vorschriften über den Sozialschutz einer Person ohne jegliches Einkommen in der Gemeinde, in der die unterhaltsberechtigte Person ihren Wohnsitz hat, gegeben wird (Art. 265 III FamG) Bei der Bemessung des **Unterhaltsbedarfs** berücksichtigt das Gericht den Vermögensstand, den Grad der Arbeitsfähigkeit, die Beschäftigungsmöglichkeiten, den Gesundheitszustand und andere Umstände, von denen die Entscheidung über den Unterhalt abhängt. Wird Unterhalt für ein Kind beantragt, zieht das Gericht auch das Alter des Kindes und die Bedürfnisse seiner fachlichen Bildung in Betracht (Art. 266 I, II FamG). Bei der Bewertung der **Leistungsfähigkeit** des Unterhaltspflichtigen sind alle Einkünfte und materiellen Verdienstmöglichkeiten wie auch die eigenen Bedürfnisse und sonstige gesetzliche Unterhaltsverpflichtungen zu berücksichtigen (Art. 266 III FamG). **242**

Wird Unterhalt in Geld bestimmt, erlegt das Gericht dem Unterhaltspflichtigen die Zahlung der fälligen Unterhaltsbeträge in **monatlichen Geldbeträgen** auf (Art. 274 FamG). Erzielt der Unterhaltspflichtige bei einer Behörde, Organisation oder Gemeinschaft **243** ein persönliches Einkommen, bestimmt das Gericht die künftigen Unterhaltsraten im **Prozentsatz** des gesamten persönlichen Einkommens für einen einzelnen Monat. Der Prozentsatz wird in der Regel aus dem Verhältnis der monatlichen Unterhaltsbeträge und dem gesamten monatlichen Einkommen der Unterhaltspflichtigen in dieser Zeit gebildet. In das persönliche Einkommen gehen alle Einkünfte aus Arbeit und Rente ein (Art. 275 I, II, III FamG). Erzielt der Unterhaltspflichtige keine monatlichen Geldeinkünfte, bestimmt das Gericht die künftigen Unterhaltsraten als Prozentsatz im Verhältnis zum Betrag des garantierten persönlichen Einkommens in der Republik. Der Prozentsatz wird in der Regel aus dem Verhältnis des durchschnittlichen Unterhaltsbetrags der letzten drei Monate mit dem garantierten persönlichen Einkommen in der Republik im Zeitpunkt der Hauptverhandlung gebildet. Die Unterhaltspflicht ändert sich dann mit jeder Änderung des garantierten persönlichen Einkommens in der Republik für dessen Geltungszeit (Art. 276 I, II, III FamG).

244 Der Unterhaltspflichtige kann **nach eigener Wahl** bestimmte Beträge auf den Unterhalt zahlen, den Berechtigten bei sich zum Unterhalt aufnehmen oder den Unterhalt auf andere Art und Weise gewährleisten. Das gilt jedoch nicht für die Barunterhaltspflicht des nicht sorgeberechtigten Elternteils für seine minderjährigen Kinder (Art. 272 I FamG). Der Unterhaltsberechtigte kann aus berechtigten Gründen beantragen, dass ihm der Unterhalt in Geld gezahlt wird. Eine solche Entscheidung kann das Gericht auch ohne Antrag und Zustimmung des Unterhaltsberechtigten treffen, wenn es das Verfahren von Amts wegen durchführt (Art. 272 II FamG).

232 Auf Vorschlag des Unterhaltsberechtigten oder des Unterhaltspflichtigen kann das Gericht den in einer früheren Gerichtsentscheidung zugesprochenen Unterhalt **abändern** (erhöhen, herabsetzen oder aufheben) oder seine Art und Weise ändern, wenn sich die Umstände, die der Entscheidung zugrunde lagen, später geändert haben (Art. 273 FamG). Hat eine natürliche oder juristische Person die Kosten des Unterhalts für einen Berechtigten getragen, kann sie **Ersatz der Kosten** von demjenigen verlangen, der gesetzlich zum Unterhalt verpflichtet war, sofern die Leistungen notwendig waren. Sind mehrere Personen gemeinsam zum Unterhalt verpflichtet, haften sie der dritten Person für den geleisteten Unterhalt solidarisch bis zur Höhe ihrer materiellen Möglichkeiten (Art. 278 I, II FamG). Beim Tode einer Person, die Geldleistungen nach den Vorschriften über den Sozialschutz erhalten hat, können die Kosten dieser Hilfe aus ihrem Nachlass eingezogen werden und zwar ungeachtet dessen, ob die Erben ihr gesetzlich zum Unterhalt verpflichtet waren (Art. 278 III FamG).

245 Das Gericht ist verpflichtet, Unterhaltssachen **eilig** zu regeln. Jede Entscheidung über den Unterhalt muss es auch der zuständigen Vormundschaftsbehörde zustellen (Art. 269 FamG).

Niederlande

1. Kinderunterhalt

246 Gemäß Art. 404 I des Bürgerlichen Gesetzbuches[220] (Burgerlijk Wetboek – BW) sind Eltern verpflichtet, ihre minderjährigen Kinder zu ernähren, zu erziehen und für die Kosten dafür aufzukommen. Diese Pflicht besteht gemäß Art. 82 BW auch im Verhältnis der Eltern zueinander. Gegenüber volljährigen Kindern (minderjährig ist das noch nicht 18 Jahre alte unverheiratete Kind, Art. 233 BW) bis zum 21. Lebensjahr gilt die Verpflichtung hinsichtlich der Kosten des Lebensunterhalts und der Ausbildung weiter (Art. 395 a I BW). Die Unterhaltspflicht des Stiefelternteils besteht nur während der bestehenden Ehe mit dem Elternteil des im Hausstand lebenden minderjährigen Kindes (Art. 395 BW). Eltern kön-

---

[220] Neufassung durch die beiden Gesetze vom 11. 12. 1958 und 3. 4. 1969. Die Artikel der neuen Bücher, wie hier des 1. Buches „Personen- und Familienrecht" sind jeweils für sich gezählt, so dass grundsätzlich das Buch mit zitiert werden muss; z. B. Art. 1:2 BW für Artikel 2 des 1. Buches. Ohne Buch angegebene Artikel sind solche des 1. Buches

nen sich vom Gericht zur Leistung von Naturalunterhalt an volljährige Kinder berechtigen lassen (Art. 398 II BW). Bei der Bemessung werden die Bedürftigkeit des Berechtigten und die Leistungsfähigkeit des Unterhaltspflichtigen berücksichtigt (Art. 397 I BW).[221] Ein neues Reformkonzept sieht vor, die Versorgungskosten und Unterhaltskosten abhängig vom Einkommen des Unterhaltspflichtigen und vom Alter des unterhaltsberechtigten Kindes zu ermitteln. Dafür sollen durch das Justizministerium feste Beträge festgesetzt werden.[222] Mehrere Unterhaltspflichtige haften anteilig nach ihrer Leistungsfähigkeit und der Beziehung zum Berechtigten (Art. 397 II BW). Auf die Unterhaltsschuld eines in den Niederlanden lebenden barunterhaltspflichtigen Elternteils wird das dem anderen Elternteil nach deutschem Recht gewährte Kindergeld zur Hälfte angerechnet, wenn der barunterhaltspflichtige Elternteil in den Niederlanden kindergeldberechtigt wäre, sein dort begründeter Kindergeldanspruch aber wegen der sich aus dem deutschen Recht ergebenden Kindergeldberechtigung des anderen Elternteils ruht.[223]

Eine **Abänderung** des Unterhaltstitels ist wegen nachträglicher Veränderung der Verhältnisse oder auch wegen ursprünglicher Unrichtigkeit möglich (Art. 401 I–IV BW). Der festgesetzte Unterhalt wird jedoch ohnehin alljährlich kraft Gesetzes an den Lohnindex angepasst (Art. 402a BW).[224] Ein **Verzicht** auf den gesetzlich geschuldeten Unterhalt ist nichtig (Art. 400 II BW).

247

Unterhalt für mehr als fünf Jahre vor der Einleitung des Verfahrens erlischt (Art. 403 BW). Der vertretungsberechtigte Elternteil kann ohne Umschreibung Zahlung von Kindesunterhalt aus einem Titel verlangen, in dem der Unterhaltspflichtige zur Unterhaltszahlung an den früheren, inzwischen aufgelösten niederländischen „Kinderschutzbund" verurteilt wurde.[225]

248

2. Ehegattenunterhalt

Trennung. Während der Trennung hat der dafür verantwortliche Ehegatte dem anderen einen Betrag für dessen Lebensunterhalt auszukehren (Art. 84 II, VI BW). Konkrete Angaben zur Höhe ergeben sich aus dem Gesetz nicht. Die deutsche Rechtsprechung dazu geht von einem weiten Ermessensspielraum aus und orientiert sich weitgehend an den Leitlinien der Oberlandesgerichte.[226]

249

Bei einem auf Trennung von Tisch und Bett lautenden Urteil gilt analog dasselbe wie bei der Ehescheidung (Art. 169 II BW).

250

Scheidung. In den Niederlanden sind zur Auflösung einer Ehe drei Verfahren möglich:
- Die Trennung von Tisch und Bett (Art. 169 ff. BW) kann im Anschluss zur Auflösung der Ehe aus diesem Grunde führen.
- Die (am häufigsten beantragte) Ehescheidung sieht als einzigen Grund die dauerhafte Zerrüttung der Ehe vor (Art. 151 BW). Die Ehescheidung wird erst durch Eintragung des Beschlusses in das zuständige Personenstandsregister auf Antrag einer Partei wirksam. Wenn ein solcher Antrag nicht innerhalb von 6 Monaten nach Rechtskraft des Beschlusses gestellt worden ist, verliert die Entscheidung seine Rechtskraft (Art. 163 BW).
- Mit dem In-Kraft-Treten des Gesetzes zur Öffnung der Ehe für Gleichgeschlechtliche Paare zum 1. April 2001 galt die Ehe auch als aufgelöst, wenn sie in eine – sodann aufgelöste – eingetragene Partnerschaft umgewandelt worden war (sog. Blitzscheidung; Art. 149e BW). Die Umwandlung in eine eingetragene Partnerschaft und die Auflösung der Partnerschaft durch Vertrag wurde vom Standesbeamten registriert und konnte theoretisch innerhalb von 24 Stunden stattfinden.[227] Diese Regelung ist wegen der fehlenden

251

---

[221] OLG Hamm FamRZ 1994, 1132
[222] Boele-Woelki FamRZ 2005, 1632, 1633
[223] BGB FamRZ 2004, 1639
[224] OLG Hamm FamRZ 2004, 1889; OLG Düsseldorf FamRZ 2001, 1019, 1020
[225] OLG Hamm FamRZ 2004, 1889
[226] OLG Hamm FamRZ 1989, 1095
[227] Zum Entwurf einer Registerscheidung vgl. Mom FamRZ 2006, 1325

Anerkennung im Ausland mit der Folge „hinkender" Statusverhältnisse durch die am 1. 3. 2009 in Kraft getretene Scheidungsreform wieder aufgehoben worden.[228]

252 Mit der Abschaffung der Verschuldensscheidung im Jahre 1971 wurde der nacheheliche Unterhaltsanspruch von der prozessualen Stellung der Parteien im Scheidungsverfahren losgelöst. Ein geschiedener Ehegatten hat nur dann Anspruch auf Unterhalt, wenn er selbst weder ausreichende Einkünfte für seinen Unterhalt hat noch solche vernünftigerweise erwerben kann (Art. 157 I BW). Bei der **Bemessung** des nachehelichen Unterhaltsanspruchs werden die Lebensverhältnisse und Bedürfnisse des Unterhaltsberechtigten einerseits und die Leistungsfähigkeit des Unterhaltspflichtigen andererseits berücksichtigt. Bei der Bemessung ist das Gericht grundsätzlich frei. Ob eine Belastung die Leistungsfähigkeit vermindert, ist durch eine Kontrolle der Angemessenheit zu ermitteln. Die bloße Arbeitsaufgabe genügt dem ebenso wenig, wie die Arbeitslosigkeit eines neuen Ehegatten. Die Bedürftigkeit meint nicht denselben Unterhalt wie zur Ehezeit sondern den angemessenen Unterhalt; eine Erwerbstätigkeit ist dem Unterhaltsberechtigten deswegen oft zumutbar. Bei der Unterhaltsbemessung sind die Richtlinien des Vereins für Rechtspflege (die der Düsseldorfer Tabelle entsprechen) behilflich. Das niederländische Recht sieht seit dem 1. Juli 1994 eine **zeitliche Begrenzung** des nachehelichen Unterhalts vor (Art. 157 III–VI BW). Die Unterhaltspflicht kann regelmäßig (im Hinblick auf das Alter eines jüngsten Kindes) auf höchstens 12 Jahre festgesetzt werden. Ist keine Frist bestimmt, endet die Verpflichtung zum Lebensunterhalt nach 12 Jahren (Art. 157 IV BW). Für Altfälle beträgt die Frist statt 12 insgesamt 15 Jahre. Die Frist kann verlängert werden, wenn das Ende der Zahlungen dem Unterhaltsberechtigten nach „Gerechtigkeit und Billigkeit" nicht zugemutet werden kann. Der Antrag muss innerhalb von drei Monaten nach Fristablauf eingereicht werden (Art. 157 V BW). Bei einer Ehedauer bis zu 5 Jahren endet die Verpflichtung zum Lebensunterhalt, wenn keine Kinder aus der Ehe hervorgegangen sind, nach einer Frist, die der Ehedauer entspricht; sog. Spiegelunterhalt (Art. 157 VI BW).

253 Seit dem 1. Januar 1973 werden die durch richterliche Entscheidung oder Vertrag festgesetzten Unterhaltsbeiträge jährlich automatisch an den vom Justizminister festgesetzten **Lohnindex** angepasst (Art. 402 a BW).

254 Die Umstände, die zur dauerhaften Zerrüttung der Ehe geführt haben (Schuldfrage), spielen bei der Bemessung des Unterhaltsanspruchs keine Rolle. Nur äußerst schwerwiegende, für den Unterhaltspflichtigen unzumutbare Umstände können den Unterhaltsanspruch beseitigen.

255 Die Unterhaltspflicht **endet** nicht nur im Falle einer Wiederheirat oder Eingehung einer eingetragenen Partnerschaft des Unterhaltsberechtigten, sondern auch durch formloses Zusammenleben mit einem neuen Partner (Art. 160 BW). Ob das Zusammenleben eine hetero- oder homosexuelle Beziehung betrifft, ist unerheblich. Die Rechtsprechung stellt allerdings hinsichtlich der Dauer hohe Anforderungen und verlangt auch eine über bloßes Zusammenleben hinausgehende persönliche Beziehung.
Einen Prozesskostenvorschuss sieht das Gesetz nicht vor.[229]

256 Eine vor der Eheschließung getroffene Unterhaltsvereinbarung ist unwirksam. Später können die Ehegatten aber vor oder nach der Ehescheidung vereinbaren, ob und mit welchem Betrag ein Ehegatte dem andere zur Zahlung zu dessen Lebensunterhalt verpflichtet sein soll (Art. 158 BW).

3. Verwandtenunterhalt

257 Allgemein sind sich Eltern, Kinder, Schwiegerkinder, Schwiegereltern und Stiefeltern auf Grund von Verwandtschaft oder Schwägerschaft zur Gewährung des Lebensunterhalts verpflichtet (Art. 392 I BW). Die Verpflichtung besteht, ausgenommen im Verhältnis der Eltern zu minderjährigen Kindern, nur bei Bedürftigkeit des Unterhaltsberechtigten und geht der Unterhaltspflicht des (geschiedenen) Ehegatten nach (Art. 392 II, III BW). Die

---

[228] Mom FamRZ 2009, 1551, 1552 f.
[229] OLG Düsseldorf FamRZ 1978, 908

Unterhaltspflicht von Schwiegerkindern und Schwiegereltern endet, wenn die Ehe des angeheirateten Kindes aufgelöst ist (Art. 396 I BW). Die Verpflichtung besteht nicht gegenüber einem Schwiegerkind, das von Tisch und Bett getrennt lebt und einem Schwiegerelternteil, der wieder geheiratet hat (Art. 396 II BW).

Bei der Bemessung des Verwandtenunterhalts werden die Bedürfnisse des Unterhaltsberechtigten einerseits und die Leistungsfähigkeit des Unterhaltspflichtigen andererseits berücksichtigt (Art. 397 I BW). Bei mehreren Unterhaltspflichtigen haften sie nach Leistungsfähigkeit und Beziehung anteilig (Art. 397 II BW). **258**

4. Allgemeine Vorschriften zur Bestimmung des Unterhalts

Das Rangverhältnis zwischen (früheren) Ehegatten, (früheren) eingetragenen Partnern, Eltern und (Stief-)Kindern ist durch die zum 1. 3. 2009 in Kraft getretene Neuregelung nun gesetzlich geregelt. Im Mangelfall haben jetzt nach Art. 400 I BW Kinder und Stiefkinder bis zur Vollendung des 21. Lebensjahres Vorrang vor allen anderen Unterhaltsberechtigten.[230] Damit wurde die bisherige Rechtsprechung, nach der auf die Umstände des Einzelfalles abzustellen war, wobei minderjährige Kinder und Ehegatten regelmäßig erstrangig waren, zu Gunsten der Kinder modifiziert. Schwiegereltern und Schwiegerkinder sind nachrangig (Art. 400 I BW). **259**

Norwegen

1. Kinderunterhalt

Maßgebend ist – neben dem Gesetz über die Vermögensverhältnisse der Ehegatten, 1. Kap. – das Gesetz vom 8. April 1981 über Kinder und Eltern (Kindergesetz – KG).[231] Nach § 66 KG haben die Eltern ihren Kindern Unterhalt (Kosten für Versorgung und Ausbildung) „nach den Fähigkeiten und der Begabung sowie nach den wirtschaftlichen Verhältnissen" zu leisten, wenn das Kind selbst keine Mittel dafür hat. Leben die Eltern nicht mit dem Kind zusammen, hat der getrennt lebende Elternteil einen festen Geldbetrag für die Versorgung und Ausbildung des Kindes zu zahlen, bei Zusammenleben des Kindes mit dem anderen Elternteil zu dessen Händen (§ 67 I KG). Der Anspruch steht dem Kind zu und ist, wenn nichts anderes bestimmt ist, monatlich im Voraus zu zahlen. Er wird auch für den Monat, in dem der Anspruch entsteht, und bis zum Ende des Monats, in dem die Voraussetzungen entfallen sind, geschuldet (§ 67 III KG). Für besondere Auslagen eines Minderjährigen gibt es einen Sonderbeitrag, der innerhalb eines Jahres ab Entstehung geltend zu machen ist (§ 67 II KG). Wenn ein Elternteil, der mit dem Kind zusammenlebt, seine Unterhaltspflicht vernachlässigt, kann auch ihm nach § 67 KG die Zahlung eines entsprechenden Geldbetrages auferlegt werden.[232] Grundsätzlich dauert die Unterhaltspflicht bis zur **Vollendung des 18. Lebensjahres** des Kindes (§ 68 I KG). Bei Fortsetzung des üblichen Schulbesuchs hat das Kind einen Anspruch auf einen „Geldbeitrag", sofern dies nicht unbillig ist (§ 68 II KG). Bei einer anderen Ausbildung kann den Eltern die Zahlung eines Beitrags an das volljährige Kind auferlegt werden (§ 68 III KG). Für die Ansprüche eines volljährigen Kindes ist eine zeitliche Begrenzung festzusetzen (§ 68 II, III KG). **260**

Für Fälle, in denen der Unterhaltsbedarf des minderjährigen Kindes nicht gedeckt ist, sieht auch das norwegische Recht einen **Unterhaltsvorschuss** vor. Die Sätze des Unterhaltsvorschusses werden jährlich zum 1. Juli festgelegt und zwar seit 2009 für vier verschiedene Altersgruppen (0 bis 5 Jahre, 6 bis 10 Jahre, 11 bis 14 Jahre und 15 bis 17 Jahre). Die jeweilige Höhe des Unterhaltsvorschusses und weitere Einzelheiten sind über die Home- **261**

---

[230] Mom FamRZ 2009, 1551, 1553
[231] Zuletzt geändert durch Gesetze vom 20. 6. 2003 und vom 19. 12. 2003
[232] Rieck/Fritze, Ausländisches Familienrecht, Norwegen S. 5 (Stand: April 2009)

page des norwegischen Arbeitsamtes[233] zu erfahren.[234] Die Höhe des von den Eltern geschuldeten Unterhalts richtet sich – wenn die Eltern keine Vereinbarung getroffen haben – mindestens nach den Sätzen des Vorschussgesetzes[235] (§ 70 I, VII KG i. V. m. der Verordnung über die Festsetzung des Unterhaltsbeitrages[236]). Die Sätze unterliegen grundsätzlich einer **Indexierung**, sofern nicht durch die Entscheidung oder die Vereinbarung etwas anderes bestimmt ist (§ 73 KG).[237] Maßgebend sind die vom statistischen Zentralamt festgelegten Änderungen des Verbraucherpreisindexes (§ 73 III, IV KG). Die Beiträge werden jedes Jahr neu festgesetzt; die Anpassung richtet sich nach dem Verbraucherpreisindex für den Monat Januar im Verhältnis zu dem Index der letzten Änderung und ist auf die nächsten vollen zehn Kronen abzurunden; die Neufestsetzung gilt dann ab Juni (§ 73 III IV KG). Kann der mehreren Kindern Unterhaltspflichtige nicht an alle Kinder den gesamten Beitrag zahlen, ist seine Beitragspflicht anteilig zu kürzen (§ 75 II KG).

262   Nach § 70 I KG könne die Eltern eine Vereinbarung über den Kindesunterhalt schließen. Sie dürfen allerdings keinen geringeren Kindesunterhalt als den vom Ministerium festgelegten Mindestbeitrag vereinbaren. Wenn sie sich nicht einigen, kann jeder von ihnen nach § 70 II KG verlangen, dass der Beitragsvogt nach § 71 KG über den Unterhaltsbeitrag entscheidet. Daneben ist bei besonderen Umständen eine **Änderung** des Unterhalts möglich (§ 74 KG und § 56 VII EheG). Geändert werden kann der Unterhaltstitel auch von Amts wegen und ohne Bindung an den Antrag (§ 75 I KG).

263   Für die **Vergangenheit** kann für bis zu drei Jahre vom Eingang des Antrags an Unterhalt verlangt und festgesetzt werden. Die über ein Jahr rückwirkende Festsetzung eines Unterhaltsbeitrags setzt voraus, dass die Partei einen besonderen Grund für die Verspätung des Verlangens hat (§ 72 KG). Auf den Unterhaltsbeitrag nach § 67 I KG kann nicht verzichtet werden (§ 67 I S. 3 KG). Ist Eile geboten, kann auf Antrag eine vorläufige Entscheidung über die Heranziehung zu einem Unterhaltsbeitrag ergehen, die von dem Monat der Antragstellung bis zu einer Entscheidung in der Hauptsache gilt (§ 76 KG).

2. Ehegattenunterhalt

264   Während des Zusammenlebens schulden sich die Ehegatten nach ihren Möglichkeiten einen Beitrag zu einer angemessenen Lebensführung der Familie. Kommt ein Ehegatte seiner Unterhaltspflicht nicht nach, kann der andere nach den §§ 38, 39 EheG einen Beitrag in Geld verlangen. Die Ausgestaltung entspricht dass derjenigen getrennt lebender Ehegatten.[238] Die Ehegatten sind sich gegenseitig auskunftspflichtig und können vom anderen Steuer-, Bankunterlagen und weitere Nachweise über die finanziellen Verhältnisse verlangen.

265   **Trennung.** In Norwegen gibt es die formalisierte Aufhebung der ehelichen Gemeinschaft durch Urteil oder Bewilligung (§§ 41 ff. des Ehegesetzes[239] – EheG) und die bloß tatsächliche Trennung. Für die formalisierte Trennung sind die §§ 79 ff. EheG, für die rein tatsächliche Trennung auf Grund der Verweisung in § 38 II EheG dieselben Vorschriften maßgebend. Mit der Aufhebung der ehelichen Gemeinschaft hören die gegenseitigen Verpflichtungen auf Familienunterhalt nach § 38 EheG auf. Ist die Fähigkeit und die Möglichkeit eines Ehegatten, selbst für einen angemessenen Unterhalt zu sorgen, durch die Sorge für gemeinsame Kinder oder die Aufgabenverteilung in der Ehe verringert worden, kann dem anderen Ehegatten auferlegt werden, einen **Unterhaltsbeitrag** zu zahlen (§ 79 III EheG). In anderen Fällen kann eine Beitragspflicht nur auferlegt werden, wenn besondere Gründe dafür sprechen (§ 79 IV EheG).

---

[233] NAV.no unter dem Stichwort bidrages-forskudd
[234] Vgl. Rieck/Fritze, Ausländisches Familienrecht, Norwegen, S. 5 (Stand: April 2009)
[235] Gesetz vom 17. 2. 1989, Nr. 2 über den Unterhaltsvorschuss
[236] Verordnung vom 15. 1. 2003, Nr. 123
[237] Vgl. OLG Hamm JAmt 2001, 549
[238] Rieck/Fritze, Ausländisches Familienrecht, Norwegen, S. 6 (Stand: April 2009)
[239] Gesetz Nr. 47 vom 4. 7. 1991 über die Ehe (Ehegesetz) in der Fassung des Änderungsgesetzes vom 19. 12. 2003

Der Beitrag ist nach der Bedürftigkeit des Berechtigten und der Leistungsfähigkeit des 266
Verpflichteten zu bemessen. Zur Höhe schuldet der Unterhaltspflichtige keinen Unterhalt
auf der Grundlage einer Halbteilung der gemeinsamen Einkünfte. Die Bemessung erfolgt
vielmehr nach Billigkeit, wobei die grundsätzliche Selbständigkeit der getrennt lebenden
Ehegatten einzubeziehen ist.[240] Wenn besondere Gründe dafür sprechen, kann er entweder
ausschließlich mit einem einmaligen Betrag oder daneben mit laufenden Beträgen festgesetzt werden (Art. 80 I, II EheG). Die Parteien können eine Vereinbarung über den Beitrag treffen. Wenn sie sich nicht einigen, kann jeder Ehegatte eine gerichtliche Entscheidung verlangen. Falls sie es wünschen, kann der Beitrag auch von der Verwaltungsbehörde
(Beitragsvogt) festgesetzt werden (§ 83 EheG). Grundsätzlich kann der Beitrag nur für eine
begrenzte Zeit von bis zu drei Jahren festgesetzt werden. Nur wenn besondere Gründe
vorliegen, etwa bei langer Ehezeit, ist der Beitrag für längere Zeit oder ohne zeitliche
Begrenzung festzusetzen (§ 81 I EheG).

Der Unterhaltsbeitrag kann für eine zurückliegende Zeit von bis zu drei Jahren vor 268
Geltendmachung verlangt werden (§ 81 II EheG).

Spätere **Änderungen** sind bei geänderten Verhältnissen oder bei neuen Erkenntnissen 269
möglich. Jede Partei kann verlangen, dass ein durch die Verwaltungsbehörde oder ein Gericht festgesetzter Beitrag geändert wird. Wenn wichtige Gründe dafür sprechen, kann die
Entscheidung auch Beiträge umfassen, die schon vor dem Änderungsverlangen fällig waren
(§ 84 EheG).

Scheidung. Mit der Aufhebung der ehelichen Gemeinschaft und der Scheidung endet 270
nach § 79 I EheG die gegenseitige Beistandspflicht nach § 38 EheG. Gleichwohl kann ein
Ehegatte nach den §§ 79 ff. EheG auch nachehelich einen Unterhaltsbeitrag verlangen,
wenn er nicht selbst für seinen Unterhalt sorgen kann oder sich seine Lebensstellung durch
die Ehe oder die Kindererziehung verschlechtert hat. Sonst gelten im Wesentlichen dieselben Regelungen wie beim Trennungsunterhalt (siehe dort). In der Praxis wird der nacheheliche Unterhalt regelmäßig bis auf die gesetzliche Grenze von drei Jahren befristet und
nur ausnahmsweise bei langer Ehedauer unbefristet zugesprochen.[241] In jedem Fall endet
eine Unterhaltspflicht mit der Wiederverheiratung (§ 82 EheG).

Österreich

1. Kinderunterhalt

Gemäß § 140 I des Allgemeinen Bürgerlichen Gesetzbuchs[242] (ABGB) müssen die Eltern 271
für den standesgemäßen (ihren Verhältnissen angemessenen) Unterhalt ihrer Kinder anteilig
nach ihren Kräften beitragen. Dabei muss sich der unterhaltspflichtige Elternteil unter
Umständen sogar eine Kürzung unter den Selbstbehalt gefallen lassen. Nach der Rechtsprechung reicht es aus, dass verbleibt, was zur Erhaltung der körperlichen und geistigen
Kräfte notwendig ist. Das Kind hat insgesamt Anspruch auf volle Befriedigung seines Bedarfs. Dabei sind seine Anlagen, Fähigkeiten, Neigungen und Entwicklungsmöglichkeiten
zu berücksichtigen. Die Höhe des Bedarfs richtet sich nach dem Lebensstandard seiner
Eltern; bei stark unterschiedlichem Standard ist von einem Mittelwert auszugehen. In der
Praxis gehen die Gerichte von den durchschnittlichen Lebenshaltungskosten aus, ermittelt
vom Statistischen Zentralamt Österreichs, und passen diese Werte den Umständen des
Einzelfalls an.[243] Es gibt auch Ansätze von Tabellen, etwa die vom österreichischen Bundes-
justizministerium herausgegebene über die durchschnittlichen monatlichen Verbraucher-
ausgaben für Kinder oder die Tabelle des Landesgerichts Wien über die Durchschnitts-

---

[240] Rieck/Fritze, Ausländisches Familienrecht, Norwegen, S. 6 (Stand: April 2009)
[241] Rieck/Fritze, Ausländisches Familienrecht, Norwegen, S. 10 (Stand: April 2009)
[242] Vom 1. Juni 1811, JGS Nr. 946, mit zahlreichen Änderungen des Personen- und Familienrechts seit 1960
[243] Bergmann/Ferid/Henrich a. a. O., Österreich, Seite 61

bedarfssätze von Kindern.²⁴⁴ Auch nach Prozentpunkten des Nettoeinkommens des Unterhaltspflichtigen wird der Unterhalt berechnet: Pro Kind werden je nach Alter zwischen 16 und 22% angesetzt, bei weiteren Unterhaltspflichtigen ein bis drei Prozentpunkte weniger.²⁴⁵ Bei ordnungsgemäßem Studiengang haben die Eltern auch für die Lebenshaltungs- und Ausbildungskosten während des Hochschulstudiums aufzukommen.²⁴⁶ Zum Unterhalt gehört auch die Deckung des Wohnbedarfs.²⁴⁷

272 Der den Haushalt führende Elternteil erfüllt seine Unterhaltspflicht grundsätzlich durch persönliche Betreuung des Kindes (§ 140 II S. 1 ABGB). Das gilt nach der österreichischen Rechtsprechung auch für den Unterhalt eines volljährigen Kindes, das noch im Haushalt eines Elternteils lebt.²⁴⁸ Wird die Betreuung teilweise Dritten übertragen, hat der den Haushalt führende Elternteil den Mehrbedarf selbst zu tragen, es sei denn, die Drittpflege war durch Umstände in der Person des Kindes, z. B. Krankheit, veranlasst. Zum Barunterhalt muss der betreuende Elternteil auch dann beitragen, wenn seine wirtschaftlichen Verhältnisse wesentlich besser sind als diejenigen des anderen Ehegatten und dieser zur Deckung der durchschnittlichen Kindesbedürfnisse ohne Gefährdung seines eigenen angemessenen Lebensstandards trotz Anspannung seiner Kräfte nicht in der Lage ist (§ 140 II ABGB). Zur Befriedigung des Unterhaltsbedarfs haben alle Unterhaltspflichtigen bis zur Höhe ihrer Leistungsfähigkeit beizutragen. Primär haften beide Eltern gleichrangig im Verhältnis ihrer Leistungsfähigkeit („nach ihren Kräften"), sekundär der Stamm des Kindesvermögens und zuletzt gleichrangig die Großeltern (§ 141 ABGB). Großeltern müssen aber nur dann Unterhalt zahlen, wenn sie unter Berücksichtigung sonstiger Sorgepflichten ihren eigenen angemessenen Unterhalt nicht gefährden. Dabei müssen sie u. U. aber sogar den Stamm ihres Vermögens heranziehen.²⁴⁹ Die Unterhaltsschuld eines verstorbenen Elternteils geht bis zum Wert der Nachlassaktiva abzüglich der Nachlassschulden und Nachlassverbindlichkeiten, ausgenommen Pflichtteile und letztwillige Verfügungen, („Wert der Verlassenschaft") auf seine Erben über.²⁵⁰ Anzurechnen ist aber alles, was das Kind als Erbteil, vertragliche oder letztwillige Verfügung sowie öffentlich-rechtliche (zum UVG vgl. Rn. 8/ 262 ff.) oder privatrechtliche Leistung erhalten hat (§ 142 I, II ABGB).

273 Der Unterhaltsanspruch endet ohne Rücksicht auf das Alter mit Eintritt der Selbsterhaltungsfähigkeit, gegebenenfalls nach einem Studium. Bei nachträglichem Verlust der Selbsterhaltungsfähigkeit lebt er allerdings wieder auf. Eigene Einkünfte des Kindes werden angerechnet (Art. 140 III ABGB), sein Vermögen erst, wenn beide Eltern leistungsunfähig sind. Der Unterhalt kann auch für die vergangenen drei Jahre geltend gemacht werden.²⁵¹ Die Anerkennung und Vollstreckung eines vor dem Beitritt Österreichs zum EuGVÜ geschlossenen Unterhaltsvergleichs (vgl. Rn. 602 ff., 614) richtet sich nach dem deutsch-österreichischen Vertrag über die gegenseitige Anerkennung und Vollstreckung von gerichtlichen Entscheidungen, Vergleichen und öffentlichen Urkunden in Zivil- und Handelssachen vom 6. Juni 1959 (BGBl 1960 II S. 1246 – deutsch-österreichischer Vertrag) und dem dazu ergangenen Ausführungsgesetz vom 8. März 1960 (BGBl 1960 I S. 169 – Ausführungsgesetz).²⁵²

274 Wer für einen Anderen Unterhalt leistet, der nach dem Gesetz Unterhalt schuldet, kann nach § 1042 ABGB Ersatz verlangen. Der Unterhaltsregress des Scheinvaters oder der Mutter gegen den biologischen Vater kann somit sowohl wegen irrtümlicher Zahlung einer Nichtschuld auf § 1431 ABGB als auch auf § 1042 ABGB gestützt werden.²⁵³ Nach stän-

---

²⁴⁴ Vgl. Gschnitzer/Faistenberger, Österreichisches Familienrecht, 2. Aufl., Anhang II S. 158
²⁴⁵ Bergmann/Ferid/Henrich a. a. O., S. 104, Fn. 45
²⁴⁶ OGH 11. 3. 1992, ÖA 1992, 87; 14. 6. 1978, SZ 51/90
²⁴⁷ OGH 19. 2. 1992, EvBl. 1992/108
²⁴⁸ Österreichischer OGH 9 Ob 121/06; BGH FamRZ 2009, 1402 Rn. 12
²⁴⁹ OGH 8. 4. 1981, SZ 54/52
²⁵⁰ OGH 14. 7. 1981, SZ 54/107
²⁵¹ OGH 23. 10. 1990, SZ 63/181; 12. 7. 1990, ÖA 1991, 139; 3. 4. 1990, JBl. 1991, 40; 9. 6. 1988, SZ 61/143; Bergmann/Ferid/Henrich a. a. O., S. 104, Fn. 44; Ferrari in: Entwicklungen des europäischen Kindschaftsrechts, 2. Auflage, S. 83
²⁵² OLGR Düsseldorf 2007, 79
²⁵³ OGH – 4 Ob 201/07 y – EF-Z 2008, 58, zitiert bei Ferrari FamRZ 2008, 1708, 1709

diger Rechtsprechung verjährt der Regressanspruch gemäß § 1480 ABGB in drei Jahren.[254] Weil der Regress des Scheinvaters gegen den biologischen Vater die Beseitigung der rechtlichen Vaterschaft voraussetzt, beginnt die dreijährige Verjährung nicht vor der Entscheidung über die Vaterschaftsanfechtung.[255] Fraglich ist, ob der Scheinvater dann den gesamten rückständigen Unterhalt verlangen kann oder ob auch eine Schutzwürdigkeit des biologischen Vaters berücksichtigt werden muss, etwa wenn er von seiner Vaterschaft nichts wusste.[256] M. E. ist in solchen Fällen oder bei langjährig angewachsenen, besonders hohen Rückständen zu prüfen, ob der Regressanspruch teilweise verwirkt ist.

2. Ehegattenunterhalt

Zum 1. Januar 2000 ist in Österreich das Eherechts-Änderungsgesetz (EheRÄG 1999) in 275
Kraft getreten. Es gleicht das österreichische Eherecht den gesellschaftlichen Entwicklungen an. Zwar fehlt noch ein gesellschaftlicher Konsens für die vollständige Ersetzung des Verschuldensprinzips; in einzelnen Regelungen kommt aber eine Verstärkung des Zerrüttungsprinzips zum Ausdruck.[257]

Während der Ehezeit sollen die Ehegatten ihre Lebensgemeinschaft nach der neu 276
gefassten Vorschrift des § 91 I AGBG so gestalten, dass ihre Beiträge, insbesondere die Haushaltsführung, die Erwerbstätigkeit, die Leistung des Beistands und der Obsorge, unter Rücksichtnahme aufeinander und auf das Wohl der Kinder bei gesamthafter Betrachtung voll ausgewogen sind. Bislang bestand der Unterhaltsanspruch eines Ehegatten bei bestehender Haushaltsgemeinschaft grundsätzlich in natura; nur einen geringen Teil von 5% des Nettoeinkommens des Partners konnte er als Taschengeld verlangen. Um diese Abhängigkeit zu verhindern, sieht § 94 III ABGB nun vor, dass der unterhaltsberechtigte Ehegatte seinen Unterhalt ganz oder teilweise in Geld verlangen kann, soweit nicht ein solches Verlangen, insbesondere im Hinblick auf die verfügbaren Mittel, unbillig wäre. Unbilligkeit kommt dann in Betracht, wenn das Einkommen des erwerbstätigen Ehegatten gerade die dringendsten Lebensbedürfnisse abdeckt oder wenn der Unterhaltspflichtige ohnedies Aufwendungen deckt, die allen Familienmitgliedern zugute kommen (Wohnungsmiete, Gas, Strom pp.). Gleiches gilt, wenn der Ehegatte eines Landwirts Unterhalt in Geld verlangt, um Lebensmittel zu kaufen, die am Hof ausreichend und wesentlich preiswerter zur Verfügung stehen.[258]

Trennung. Der Anspruch auf Trennungsunterhalt ist in § 94 II S. 2 ABGB geregelt. 277
Dort wird an den Zustand vor der Trennung angeknüpft, d. h., derjenige Ehegatte, der den Haushalt geführt hat oder z. B. gemeinsame minderjährige Kinder betreut, hat gegen den anderen Ehegatten grundsätzlich weiterhin Anspruch auf angemessenen Unterhalt, in der Regel in Höhe von ca. einem Drittel von dessen Nettoeinkommen abzüglich eines Betrages für etwaigen Kindesunterhalt, den der Unterhaltspflichtige leistet.[259] Der Anspruch kann bei „Missbrauch" oder „Verwirkung" (z. B. schwere Treueverstöße, grundloses Verlassen oder Aufnahme einer nichtehelichen Lebensgemeinschaft) entfallen. Die Ehefrau handelt aber nicht missbräuchlich, wenn sie die eheliche Gemeinschaft wegen Drohungen des Ehemannes aufhebt.[260]

Maßstab für den Trennungsunterhalt ist der **gemeinsam erreichte Lebensstandard.**[261] 278
Zu berücksichtigen sind regelmäßig nur die tatsächlich erzielten Nettoeinkünfte des Unterhaltsberechtigten.[262] Einer Erwerbstätigkeit braucht die Hausfrau noch nicht nachzuge-

---

[254] OGH – 8 Ob 68/06 t – EF-Z 2006, 50, zitiert bei Ferrari FamRZ 2008, 1708, 1709
[255] OGH – 4 Ob 201/07 y – EF-Z 2008, 58 und – 2 Ob 175/07 k – EF-Z 2008, 59, jeweils zitiert bei Ferrari FamRZ 2008, 1708, 1709
[256] Ferrari FamRZ 2008, 1708, 1710
[257] Ferrari FamRZ 2001, 896
[258] Ferrari FamRZ 2001, 896, 897
[259] Bergmann/Ferid/Henrich a. a. O., S. 101, Fn. 25. Zum Ziel des § 94 II S. 1 u. 2 vgl. österreichischer OGH FamRZ 1997, 421 (LS) und ÖJZ 1996, 618
[260] OGH 12. 5. 1976, JBl. 1976, 481; Bergmann/Ferid/Henrich a. a. O., S. 101, Fn. 28, 30
[261] Vgl. OLGR Stuttgart 2001, 380
[262] Bergmann/Ferid/Henrich a. a. O., S. 101, Fn. 26

hen.²⁶³ Der Unterhaltsanspruch steht dem Ehegatten zu, soweit er einen eigenen Beitrag zur Deckung der Lebensverhältnisse nicht zu leisten vermag (§ 94 II S. 3 ABGB); er ist aber auch als Aufstockungsunterhalt geschuldet.²⁶⁴ Dies ist ein wesentlicher Unterschied zum nachehelichen Unterhalt bei der Verschuldensscheidung, bei der eine Erwerbstätigkeit auszuüben ist, soweit sie „erwartet" werden kann.

Auf den Unterhaltsanspruch kann dem Grunde nach (Stammrecht) nicht verzichtet werden, wohl aber auf einzelne Unterhaltsleistungen (§ 94 III ABGB).²⁶⁵

279 **Scheidung.** Der Scheidungsunterhalt richtet sich danach, ob im Scheidungsurteil ein Schuldausspruch enthalten ist oder nicht (§ 66, § 69 EheG).²⁶⁶ Durch das EheRÄG 1999 wurden die „absoluten Scheidungsgründe" Ehebruch und Verweigerung der Fortpflanzung (§§ 47, 48 EheG alt) in den Tatbestand der schweren Eheverfehlungen nach § 49 EheG aufgenommen, die nur dann als Scheidungsgrund in Betracht kommen, wenn sie auch zu einer schweren Zerrüttung der Ehe geführt haben. Damit wurde diesen Gründen der absolute Charakter genommen. Außerdem wurde durch die Reform ein neuer, verschuldensunabhängiger Unterhaltsanspruch eingeführt.

280 Bei Scheidung mit **Schuldausspruch** wegen Ehebruchs u. a. (§§ 49, 60 EheG) oder der sog. Scheidung aus anderen Gründen (alleiniges Verschulden gemäß §§ 50–52 EheG) hat der schuldlose oder minderschuldige Ehegatte einen Anspruch auf angemessenen Unterhalt nach den ehelichen Lebensverhältnissen, soweit er sich nicht selbst unterhalten kann. Einkünfte aus Vermögen und Erträge einer zumutbaren Erwerbstätigkeit (insofern besteht ein Unterschied zum Trennungsunterhalt) sind zu berücksichtigen (§ 66 EheG). Beim Unterhaltspflichtigen sind Einschränkungen seiner Leistungsfähigkeit, etwa durch Zahlung von Kindesunterhalt, billigerweise zu beachten. Dieser Anspruch ist gleichrangig mit dem eines neuen Ehegatten.

281 Der Anspruch beträgt in der Regel ein Drittel des Nettoeinkommens des Unterhaltspflichtigen. Eigene Einkünfte des Berechtigten sind anzurechnen. Bei Doppelverdienern mit erheblichem Einkommensunterschied erhält der Unterhaltsberechtigte ca. 40% des Gesamtnettoeinkommens beider Ehegatten abzüglich des eigenen.²⁶⁷

Sind beide Ehegatten **gleich schuld** an der Scheidung, kann der bedürftige Ehegatte vom anderen einen Unterhaltsbeitrag nach Billigkeit verlangen (§ 68 EheG). Dieser Anspruch steht grundsätzlich beiden Ehegatten zu. Der Anspruch kann befristet werden und ist gleichrangig mit dem Anspruch eines neuen Ehegatten. Vorrangig sind hier aber das Vermögen des berechtigten Ehegatten und ein Unterhaltsanspruch gegen Verwandte heranzuziehen.

282 Ist die Ehe nach § 55 EheG (sog. **Heimtrennung**) mit Ausspruch des Zerrüttungsverschuldens zu Lasten des Antragstellers (allein oder überwiegend, § 61 III EheG) geschieden, setzt sich der Trennungsunterhaltsanspruch des anderen schuldlosen Ehegatten (Antragsgegner im Scheidungsverfahren) gemäß § 94 ABGB über die Scheidung hinaus fort (§ 69 II EheG; siehe oben).²⁶⁸ Der Unterhaltsanspruch ist unbefristet und hat Vorrang gegenüber einem neuen Ehegatten des Unterhaltspflichtigen (§ 69 II EheG). Der geschiedene Ehegatte haftet vor den Verwandten des Berechtigten.

283 Fehlt bei einer Scheidung aus sonstigen Gründen ein Schuldausspruch, ist der Antragsteller dem Antragsgegner zu **Billigkeitsunterhalt** nach Maßgabe des § 69 III EheG verpflichtet. Dabei kommt es auf die Bedürfnisse und die Vermögens- und Erwerbsverhält-

---

²⁶³ OGH 17. 12. 1979, EF-Slg. 32 789; Bergmann/Ferid/Henrich a. a. O., S. 101, Fn. 26; Ausnahme Rechtsmissbrauch, vgl. Gschnitzer/Faistenberger a. a. O., S. 49
²⁶⁴ Bergmann/Ferid/Henrich a. a. O., S. 101, Fn. 29
²⁶⁵ Bergmann/Ferid/Henrich a. a. O., S. 101, Fn. 30
²⁶⁶ Zur Versagung nachehelichen Unterhalts wegen Ehebruchs nach österreichischem Recht und zur evtl. Ergebniskorrektur wegen Verstoßes gegen den ordre public vgl. OLG Bremen IPRax 1998, 366 und Schulze IPRax 1998, 350
²⁶⁷ Bergmann/Ferid/Henrich a. a. O., S. 153, Fn. 82; OLG Stuttgart – 16 UF 580/99, BeckRS 2000, 30128354
²⁶⁸ Im Einzelnen Aicher FamRZ 1980, 637; Bergmann/Ferid/Henrich a. a. O., S. 154, Fn. 84; OLG Karlsruhe zitiert nach BGB FamRZ 1992, 298

nisse der geschiedenen Ehegatten an.[269] Bei Wideranträgen gilt dasselbe entsprechend. Bei Antrag und Widerantrag kommen deshalb grundsätzlich beide Beteiligte als Unterhaltsanspruchsteller (Billigkeit) in Frage.[270]

Bei **einvernehmlicher Scheidung** – § 55 a EheG – gibt es keinen Schuldausspruch. Die Scheidung setzt eine Vereinbarung der Ehegatten über den Unterhalt voraus (§ 55 a II EheG) oder eine weiterwirkende rechtskräftige gerichtliche Entscheidung (§ 55 a III EheG). Nur soweit der vereinbarte Unterhalt den Lebensverhältnissen der Ehegatten angemessen ist, gilt er als der gesetzliche (§ 69 a EheG). Ist die Unterhaltsvereinbarung unwirksam, gilt § 69 b EheG (s. u.). **284**

Durch das EheRÄG 1999 wurde mit § 68 a EheG zum 1. 1. 2000 ein neuer, **verschuldensunabhängiger Unterhaltsanspruch** geschaffen. Danach gebührt dem bedürftigen Ehegatten unabhängig vom Verschulden an der Scheidung Unterhalt nach seinem Lebensbedarf, **285**

- soweit und solange ihm auf Grund der Pflege und Erziehung eines gemeinsamen Kindes unter Berücksichtigung dessen Wohl nicht zugemutet werden kann, sich selbst zu unterhalten. Die Unzumutbarkeit wird vermutet, solange das Kind das fünfte Lebensjahr noch nicht vollendet hat. Bei der gerichtlichen Festsetzung ist der Unterhalt über das fünfte Lebensjahr des jüngsten Kindes hinaus jeweils auf längstens drei Jahre zu befristen. Nur in besonderen Fällen, etwa bei besonderer Betreuungsbedürftigkeit des Kindes, kann von der Befristung abgesehen werden (§ 68 a I EheG).
- wenn sich der unterhaltsbedürftige Ehegatte während der Ehe auf Grund der einvernehmlichen Gestaltung der ehelichen Lebensgemeinschaft der Haushaltsführung sowie ggf. der Pflege und Erziehung eines gemeinsamen Kindes oder der Betreuung eines Angehörigen der Ehegatten gewidmet hat und es ihm nun, nach der Scheidung, unzumutbar ist, sich selbst zu unterhalten (§ 68 a II EheG). Eine Unzumutbarkeit kann sich aus folgenden Gründen ergeben:
  – durch die Übernahme familiärer Aufgaben, wenn z. B. durch fehlende Aus- und Fortbildung jetzt keine Erwerbsmöglichkeit mehr besteht,
  – wegen der Dauer der ehelichen Lebensgemeinschaft,
  – wegen des Alters,
  – wegen Krankheit.

Auch der Unterhalt nach § 68 a II EheG ist grundsätzlich auf längstens drei Jahr zu befristen. Das gilt aber nur dann wenn erwartet werden kann, dass der Unterhaltsberechtigte danach in der Lage sein wird, seinen Unterhalt selbst zu sichern.

Der Unterhalt nach § 68 a I und II EheG vermindert sich oder entfällt ganz, wenn die Gewährung **unbillig** wäre (§ 68 a III EheG). Das kann der Fall sein, wenn der Bedürftige einseitig besonders schwere Eheverfehlungen begangen hat, er seine Bedürftigkeit grob schuldhaft herbeigeführt hat oder ein gleich schwerwiegender Grund vorliegt. Für den Anspruch nach § 68 a II EheG gilt dies auch bei kurzer Ehedauer. Dann muss der Bedürftige seinen Unterhalt notfalls auch durch sozial nicht adäquate Erwerbstätigkeit oder aus dem Stamm seines Vermögens decken (§ 68 a III S. 3 EheG). **286**

Die Höhe des Unterhalts nach § 68 a I und II EheG richtet sich (entsprechend § 1578 BGB) nach dem Lebensbedarf des Bedürftigen. Ob sie den angemessenen Unterhalt erreichen kann, ist streitig.[271] Regelmäßig wird der Lebensbedarf zwischen dem notwendigen und dem angemessenen Bedarf liegen. **287**

Nach dem ebenfalls durch das EheRÄG 1999 eingeführten § 69 b EheG ist § 69 a EheG entsprechend anwendbar, wenn die Ehe nicht aus Verschulden, sondern aus den Gründen der §§ 50–52 EheG (s. Rn. 280) oder des § 55 EheG (s. Rn. 282) geschieden worden ist. Bei der einvernehmlichen Scheidung gilt dies aber nur, wenn die Ehegatten keine wirksame Vereinbarung nach § 55 a II EheG getroffen haben. **288**

Der **allein oder überwiegend Schuldige** hat sonst keinen Anspruch gegen den anderen Ehegatten. **289**

---

[269] OLG Karlsruhe FamRZ 1995, 738
[270] Bergmann/Ferid/Henrich a. a. O., S. 154, Fn. 86
[271] Ferrari FamRZ 2001, 896, 898

290 Zu zahlen ist in der Regel eine monatlich im Voraus fällige Geldrente (Art. 70 I EheG). Nur ausnahmsweise ist eine Abfindung angemessen. Die Höhe des Unterhalts kann im Falle einer **Änderung** der maßgeblichen Verhältnisse angepasst werden.

291 Der Unterhaltsanspruch erlischt bei Wiederheirat des berechtigten Ehegatten endgültig. Lebt er in einer neuen Lebensgemeinschaft, ruht die Unterhaltspflicht des geschiedenen Ehegatten und zwar unabhängig davon, ob und in welchem Umfang der neue Lebenspartner Leistungen erbringt. Eine Verwirkung des Unterhaltsanspruchs kommt bei nachehelichem schwerem Verschulden gegen den unterhaltspflichtigen Ehegatten, z. B. bei Vereitelung des Umgangsrechts mit einem gemeinsamen Kind, in Betracht.

Unterhaltsvereinbarungen sind formlos auch vor oder während der Ehe zulässig. Eine Grenze bilden die guten Sitten, die z. B. bei grobem Missverhältnis zwischen den Leistungen beider Ehegatten oder im Falle eines Unterhaltsverzichts für den Fall der Not (str.) verletzt sind.

292 Einen **Auskunftsanspruch** wie in § 1580 BGB gibt es im österreichischen Recht nicht. Die Höhe eines Unterhaltsanspruchs wird in Österreich von Amts wegen festgestellt.[272] Da im deutschen Unterhaltsprozessrecht der Amtsermittlungsgrundsatz nicht gilt, muss der deutsche Richter notfalls doch auf § 643 ZPO und § 1580 BGB analog zurückgreifen, wenn er die Verhältnisse in Anwendung österreichischen Sachrechts feststellt (Anpassung, im Einzelnen umstritten).[273]

293 Das österreichische Zivilrecht sieht in § 168 AGBG auch Ansprüche aus **gemeinsamer Elternschaft** vor. Danach hat der Vater eines gemeinsamen Kindes der Mutter Kosten und Auslagen der Entbindung sowie Unterhalt für sechs Wochen nach der Entbindung zu zahlen. Diese Ansprüche sind, wie der deutsche Betreuungsunterhalt nach § 1615l BGB, auf die durch die gemeinsame Elternschaft entstandene Familie zurückzuführen. Allein der deutlich weitere Umfang der Unterhaltspflicht nach deutschem Recht bis zur Vollendung des dritten Lebensjahres des Kindes mit Verlängerungsmöglichkeit aus kind- und elternbezogenen Gründen kann einen Verstoß des deutschen Rechts gegen den österreichischen ordre public nicht begründen. Denn das deutsche Recht regelt insoweit Ansprüche, die auch dem österreichischen Recht nicht fremd sind und lediglich im Umfang über den dort geregelten Maßstab hinausgehen.[274]

Polen

1. Kinderunterhalt

294 Nach Art. 133 § 1 des Familien- und Vormundschaftsgesetzbuchs vom 25. 2. 1964[275] (FVGB) sind Eltern grundsätzlich zum Unterhalt gegenüber einem unvermögenden Kind verpflichtet, das sich nicht selbst unterhalten kann (Art. 133 § 1 FVGB, sog. privilegierter Unterhalt). Daneben gibt es bei Bedürftigkeit den einfachen Unterhalt gemäß Art. 133 § 2 FVGB.[276]

295 Der **privilegierte Unterhaltsanspruch** besteht, solange das Kind noch nicht in der Lage ist, sich selbst zu unterhalten, weil es mangels Berufsausbildung noch keine angemessene Erwerbstätigkeit ausüben kann. Die Bedürftigkeit spielt beim privilegierten Unterhaltsanspruch nur insoweit eine Rolle, als dieser ausgeschlossen oder beschränkt ist, wenn das Kind seine Unterhalts- und Erziehungskosten aus Einkünften seines Vermögens oder durch sonstige Einkünfte (z. B. Hinterbliebenenrente, Stipendium) decken kann.[277] Das Alter, insbesondere die Volljährigkeit, hat auf die Unterhaltspflicht keinen Einfluss.[278] Eine

---

[272] OLG Karlsruhe FamRZ 1995, 738
[273] Vgl. OLG Karlsruhe FamRZ 1995, 738 m. w. N.
[274] BGH FamRZ 2011, 97 Rn. 17; vgl. auch BGH FamRZ 2009, 1402 Rn. 11 f.
[275] In Kraft seit dem 1. 1. 1965, zuletzt geändert durch DzU 2004 Nr. 162, Pos. 1691
[276] Vgl. Passauer FamRZ 1990, 14, 18 f.
[277] Vgl. Gralla/Leonhardt, Das Unterhaltsrecht in Osteuropa, 1989 Abschnitt Polen, S. 141
[278] Richtlinien des OG, Dz. U. 1988, Nr. 45, Pos. 241

Ausnahme gilt nur dann, wenn das volljährige Kind seine Berufsausbildung vernachlässigt, sei es, weil es die Lehrzeit unangemessen überschreitet, beim Studium keine Fortschritte macht oder keine Prüfungen ablegt.[279] Ist das Kind zugleich im Stande, eine Arbeit aufzunehmen, erlischt die Unterhaltspflicht der Eltern. Die Aufnahme einer Arbeit vor Beginn des Studiums zur Verbesserung der Berufsqualifikation schließt die Unterhaltspflicht während des folgenden Studiums nicht aus, wenn die Arbeit nicht länger als ein Jahr andauerte. Die Unterhaltspflicht kann auch lebenslang andauern, wenn das Kind z. B. wegen eines Gebrechens außerstande ist, sich selbst zu versorgen.

Der Umfang des privilegierten Unterhaltsanspruchs richtet sich nach den „gerechtfertigten" Bedürfnissen des Berechtigten und der Leistungsfähigkeit des Unterhaltspflichtigen (dessen Erwerbs- und Vermögensmöglichkeiten, Art. 135 § 1 FVGB). Verkürzungen der Leistungsfähigkeit ohne wichtigen Grund während der letzten drei Jahre vor der Geltendmachung des Unterhaltsanspruchs bleiben unberücksichtigt (Art. 136 FVGB). **296**

Der privilegierte Unterhalt setzt nicht erst bei Bedürftigkeit ein, sondern berechtigt zum gleichen Lebensstandard, wie er beim Unterhaltspflichtigen besteht.[280] Unterschieden wird zwischen den Unterhaltskosten (die begrifflich im Wesentlichen unserem Barunterhalt entsprechen) und den Erziehungskosten oder sonstigen Unterhaltskosten (vergleichbar unserem Betreuungsunterhalt), die nicht in Geld ausgedrückt werden.[281] Der Unterhalt wird festgesetzt in bestimmten Sätzen oder in Prozentsätzen des Einkommens des Verpflichteten.[282] Polnische Gerichte neigen dazu, einem Kind bis zu 25% des Einkommens des Verpflichteten zuzuerkennen. Wenn deutsche Gerichte entscheiden, sollte der Unterhalt nach den Bedarfssätzen der Düsseldorfer Tabelle ermittelt und dann mit Hilfe der Verbrauchergeldparität den wirtschaftlichen Verhältnissen in Polen angeglichen werden.[283] Teilweise sind aber auch pauschal Anteile von $^2/_3$ dieser Sätze,[284] mindestens die Hälfte[285] oder nur $^1/_3$[286] zugesprochen worden. Statt eines festen Unterhaltsbetrags kann das Gericht die Höhe der Unterhaltsleistung auch prozentual bestimmen, wenn der Verpflichtete über ein für diese Bemessungsart geeignetes, nämlich stabiles Einkommen verfügt[287] Das Kammergericht[288] setzt einen altersbedingten Mehrbedarf gemäß Art. 135 § 1, Art. 138 FVGB von 20% bei Überschreitung des sechsten Lebensjahres an. Bei der Bemessung ist nicht nur das tatsächliche Einkommen des Unterhaltspflichtigen, sondern sein erzielbares Einkommen maßgebend.[289] **297**

Den **einfachen Kindesunterhalt** gemäß Art. 133 § 2 FVGB erhält dasjenige Kind, das **nachträglich bedürftig** wird, nachdem es die Fähigkeit, sich selbst angemessen zu unterhalten, bereits erlangt hatte.[290] Der Umfang richtet sich nur auf die Befriedigung der gewöhnlichen „gerechtfertigten" Bedürfnisse (elementarer oder notwendiger Lebensbedarf). **298**

Die in einem Scheidungsurteil auch ohne besonderen Antrag von Amts wegen enthaltene Titulierung des Kindesunterhaltsanspruchs wirkt für und gegen das Kind (Art. 58 § 1 S. 1 FVGB) und kann gem. Art. 138 FVGB abgeändert werden.[291] Das Gericht entscheidet über den Unterhalt auch dann, wenn die Eltern freiwillig zahlen.[292] An Vereinbarungen der **299**

---

[279] Richtlinien des OG a. a. O. S. 380 f.
[280] Vgl. OLG Celle FamRZ 1993, 103; OLGR Celle 1998, 149; OLG Nürnberg FamRZ 1994, 1133
[281] Vgl. Art. 58 § 1 FVGB und dazu KG FamRZ 1994, 759
[282] Bergmann/Ferid/Henrich a. a. O., Polen, Art. 135 FVGB, Fn. 20; Passauer FamRZ 1990, 14, 19
[283] S. Rn. 38 ff.; OLGR Hamm 2000, 59
[284] OLG Nürnberg FamRZ 19971355; OLG Koblenz FamRZ 1995, 1439; OLG Celle FamRZ 1993, 103; OLG Schleswig FamRZ 1993, 1483 (L)
[285] OLG Düsseldorf FamRZ 1991, 1095
[286] OLG Düsseldorf FamRZ 1989, 1335; OLG Karlsruhe FamRZ 1991, 600; vgl. auch Kleffmann, FuR 1998, 74, 75
[287] OG OSN 1980 Pos 129
[288] KG FamRZ 1994, 759
[289] Vgl. Gralla/Leonhardt a. a. O., S. 121
[290] Gralla/Leonhardt a. a. O., S. 143
[291] KG NJW-RR 1995, 202 LS
[292] OG NO 1953, Nr. 7, S. 76

Prozessparteien ist es dabei nicht gebunden. Die Entscheidung schließt neben der Festsetzung des Barunterhalts eines Ehegatten auch einen Ausspruch über den Betreuungsunterhalt durch den anderen Ehegatten ein, indem es ausspricht, dass der andere Elternteil das Kind betreuen und die restlichen Kosten der Erziehung tragen soll.[293]

300 Die **Vaterschaft** ist in den §§ 62–86 FVGB geregelt. Danach wird der Ehemann der Mutter als Vater vermutet, wenn das Kind während bestehender Ehe oder innerhalb von 300 Tagen nach Trennung von Tisch und Bett oder nach Scheidung oder Auflösung der Ehe geboren wird. Zur Anfechtung der Vaterschaft, die vom Gericht auszusprechen ist, sind der Ehemann der Mutter und die Mutter binnen 6 Monaten ab Kenntnis von der Geburt und das Kind binnen einer Frist von 3 Jahren nach Eintritt der Volljährigkeit berechtigt. Außerhalb der vermuten Vaterschaft kann die Vaterschaft durch Erklärung des Mannes oder durch Gerichtsentscheidung festgestellt werden. Die Erklärung kann nur gegenüber bestimmten Organen, u. a. dem Standesbeamten oder dem Vormundschaftsgericht, abgegeben werden. Sie ist nur wirksam, wenn die Kindesmutter sich zugleich oder binnen drei Monaten anschließt. Die Vaterschaftsanerkennung ist auch für bereits gezeugte aber noch ungeborene Kinder[294] und sogar noch nach dem Tod des Kindes zulässig. Der anerkennende Mann muss mindestens 16 Jahre alt sein. Bei späterer Kenntnis davon, dass das Kind nicht von ihm abstammt, kann er binnen 6 Monaten eine Klage auf Feststellung der Unwirksamkeit der Anerkennung erheben. Die Vaterschaft kann auf Antrag des Kindes, der Mutter oder des mutmaßlichen Vaters auch gerichtliche festgestellt werden. Wenn das Kind volljährig geworden und verstorben ist, können die Mutter oder der mutmaßliche Vater die gerichtliche Feststellung der Vaterschaft nicht mehr verlangen.[295]

301 Auf den Unterhaltsanspruch eines Kindes, dessen Abstammung von einem im Inland lebenden deutschen Vater festgestellt werden soll, ist nach Auffassung des OLG München[296] in diesem Verfahren auch dann deutsches Recht anzuwenden, wenn die Mutter Ausländerin ist und mit dem Kind im Ausland lebt (Art. 18 V EGBGB). Das Kind kann deswegen zugleich mit der Vaterschaftsfeststellung Leistung des Regelunterhalts verlangen.[297]

302 Hat die polnische **Sozialversicherungsanstalt** ZUS Unterhaltsleistungen an das Kind erbracht, hat das nach dem polnischen Recht keinen Anspruchsübergang zu Folge. Die Leistungen stehen deswegen einer Zahlungsaufforderung und einem Antrag auf Kindesunterhalt durch das Kind nicht entgegen.[298]

2. Ehegattenunterhalt

303 **Trennung.** Nach Art. 23, Art. 27, Art. 28 FVGB sind beide Ehegatten verpflichtet, zur Befriedigung der Bedürfnisse der Familie beizutragen, jeder nach seinen Kräften und Erwerbsmöglichkeiten sowie seinem Vermögen. Diese Regelung für den Familienunterhalt schließt auch den Trennungsunterhalt ein.[299] Eine während des Zusammenlebens getroffene Anordnung zum Familienunterhalt bleibt auch dann wirksam, wenn nach ihrem Erlass die eheliche Gemeinschaft beendet wird (Art. 28 § 2 FVGB). Dabei handelt es sich um einen sog. privilegierten Unterhaltsanspruch; die Unterhaltspflicht hängt davon ab, ob ein Ehegatte seine Bedürfnisse in dem Umfang befriedigen kann wie der andere Ehegatte (Lebensstandardprinzip).[300] Trennungsunterhalt wird deswegen jedenfalls in Höhe des unterhaltsrechtlichen Existenzminimums geschuldet.[301] Darüber hinaus besteht eine Unterhaltspflicht dann, wenn der Berechtigte seine am Lebensstandard des anderen Ehegatten gemessenen

---

[293] OG OSN 1952, Pos. 69
[294] Zur Vaterschaftsanerkennung und zur Sorgeerklärung nach deutschem Recht vgl. BGH FamRZ 2004, 802
[295] Zur Vaterschaft vgl. Maczynski FamRZ 2009,1555, 1556 f.
[296] OLG München FamRZ 1998, 503
[297] Zur Vollstreckung vgl. OLG Hamm FamRZ 2006, 967
[298] OLG Hamm FamRZ 2006, 969
[299] Vgl. OLG Koblenz FamRZ 1992, 1428 und Gralla/Leonhardt a. a. O., S. 146
[300] Vgl. Gralla/Leonhardt a. a. O., S. 147
[301] OLG Hamm FamRZ 2005, 369

gerechtfertigten Bedürfnisse nicht selbst befriedigen kann, etwa wegen Betreuung der gemeinsamen Kinder, wegen Erwerbsunfähigkeit oder Nichtfinden einer Arbeitsstelle.[302] Auf Verschulden an der Trennung kommt es in der Regel nicht an, jedoch wird dem Alleinschuldigen analog Art. 60 FVGB Unterhalt nicht zuerkannt.[303]

Scheidung. Die unterhaltsrechtlichen Folgen der Scheidung (Art. 60 §§ 1–3 FVGB) **304** richten sich nach dem **Schuldausspruch** im Scheidungsurteil, der deswegen unbedingt im Tenor auszusprechen ist (Art. 57 § 1 FVGB). Ein im Scheidungsurteil unterbliebener Schuldausspruch kann nicht mit einem isolierten Feststellungsantrag nachgeholt werden.[304] Ist der Schuldausspruch versehentlich unterblieben, kann dieser innerhalb der Frist nach § 321 ZPO (insoweit vergleichbar mit Art. 351 der polnischen ZPO) oder im Berufungsverfahren ergänzt werden. Ist das Scheidungsurteil rechtskräftig, kommt im – späteren – Unterhaltsprozess allenfalls eine inzidente Schuldfeststellung in Betracht, wenn die Schuldfrage nach dem maßgeblichen Unterhaltsstatut von Bedeutung ist.[305] Auf dieser Grundlage des Schuldausspruchs kommen die folgenden **verschiedenen Unterhaltsansprüche** in Betracht:
– Bei Alleinverschulden hat der alleinschuldige Ehegatte keinen Anspruch, der andere den privilegierten Unterhaltsanspruch gemäß Art. 60 § 2 FVGB.[306]
– Bei beiderseitigem Verschulden hat jeder den einfachen Unterhaltsanspruch gemäß Art. 60 § 1 FVGB.
– Bei fehlendem Schuldausspruch oder der Feststellung, dass keinen Ehegatten die Schuld trifft, haben beide den einfachen Unterhaltsanspruch gemäß Art. 60 § 1 FVGB (Art. 57 § 2 FVGB).
– Soweit ersichtlich, wird überwiegendes Verschulden nicht festgestellt und steht jedenfalls dem alleinigen Verschulden nicht gleich. Auch dann sind beide Ehegatten als schuldig anzusehen, was auch für den minder schuldigen Ehegatten nur den einfachen Unterhaltsanspruch nach Art. 60 § 1 FVGB begründen kann.

Der Umfang des **privilegierten Unterhaltsanspruchs** hängt nicht von der Bedürftig- **305** keit des Berechtigten ab (Art. 60 § 2 FVGB), sondern soll verhindern, dass durch die Scheidung eine wesentliche Verschlechterung der materiellen Situation des nichtschuldigen Ehegatten eintritt. Der Anspruch zielt nicht auf den gleichen Lebensstandard, den der Unterhaltspflichtige hat, aber auf einen besseren Lebensstandard als nur die Befriedigung der gerechtfertigten (notwendigen) Bedürfnisse wie beim einfachen Unterhaltsanspruch.[307] Zu vergleichen ist der Lebensstandard vor und nach der Scheidung.[308] Im Ergebnis ist wie im deutschen Recht (§ 1578 BGB) auf die ehelichen Lebensverhältnisse abzustellen. Der privilegierte Unterhaltsanspruch ist grundsätzlich zeitlich unbegrenzt gegeben.

Der **einfache Unterhaltsanspruch** gemäß Art. 60 § 1 FVGB setzt hingegen mit der **306** Bedürftigkeit des Berechtigten eine Notlage sowie die Leistungsfähigkeit des Unterhaltspflichtigen voraus. Er zielt auf die Befriedigung nur der elementaren Bedürfnisse des Berechtigten, also auf den Notunterhalt ab[309] und entspricht damit dem Unterhalt von Verwandten (Art. 61 FVGB). Er erlischt regelmäßig in fünf Jahren seit Rechtskraft des Scheidungsurteils (Art. 60 § 3 FVGB), wenn der Unterhaltspflichtige nicht für (teil-)schuldig an der Zerrüttung der Ehe erklärt wurde. Liegen außerordentliche Umstände vor, kann der Anspruch über die Fünfjahresfrist hinaus verlängert werden (Art. 60 § 3 S. 2 Hs. 2 FVGB). Als außerordentlicher Umstand kann auch eine krankheitsbedingte Bedürftigkeit des Berechtigten in Betracht kommen, wenn die Ehe nicht von kurzer Dauer war.[310] Ein

---

302 Vgl. OLG Koblenz a. a. O.; Richtlinien des Pol.OG FamRZ 1989, 471
303 Gralla/Leonhardt a. a. O., S. 147; im Anschluss daran OLG Hamm FamRZ 1994, 774
304 BGB MDR 1977, 126; OLG Hamm FamRZ 2000, 29
305 Roth IPRax 2000, 292, 293 f.; zum gleichen Problem beim türkischen nachehelichen Unterhalt vgl. Rn. 490
306 Bergmann/Ferid/Henrich a. a. O. S. 22 f.
307 Vgl. Gralla/Leonhardt a. a. O., S. 149
308 Vgl. OLG Koblenz FamRZ 1992, 1442
309 Vgl. Gralla/Leonhardt a. a. O., S. 118, 121, 150; OLG Koblenz a. a. O.
310 OLG Hamm FamRZ 2000, 29

nicht im Scheidungstenor ausgesprochenes Verschulden kann hingegen nicht mehr berücksichtigt werden (vgl. aber Rn. 304). Aus einem Umkehrschluss folgt, dass die Unterhaltspflicht eines an der Zerrüttung der ehelichen Gemeinschaft mitschuldigen Ehegatten auch über die Fünfjahresfrist hinaus fortbesteht.[311]

307 Eine Abänderung der Unterhaltspflicht ist bei veränderten Umständen möglich (Art. 138 FVGB, materiell-rechtliche Regelung).[312] Eine rückwirkende Abänderung gibt es im polnischen Recht hingegen nicht.[313] Der Hinweis auf den früher inflationären Verfall der polnischen Währung und die dortige Erhöhung der Lebenshaltungskosten reichte als Abänderungsgrund nicht aus.[314]

308 Unterhaltsleistungen sind entsprechend dem Unterhaltstitel auch in Zloty und durch Dritte möglich.[315] Auf Verlangen des Unterhaltsberechtigten ist allerdings in Euro zu verurteilen (s. Rn. 94).[316] Ist der Antrag hingegen auf Zahlung in ausländischer Währung gerichtet, darf nicht in Euro verurteilt werden.[317]

309 Eine Mahnung ist nach polnischem Recht entbehrlich, wenn ein Unterhaltsanspruch auf Grund „nicht befriedigter Bedürfnisse" besteht.[318]
Eine vertragliche Regelung der Unterhaltspflicht muss mit dem Gesetz vereinbar sein. Die Unterhaltspflicht des Ehegatten geht derjenigen der Verwandten vor. Sie erlischt stets, wenn der unterhaltsberechtigte Ehegatte eine neue Ehe eingeht.

3. Verwandtenunterhalt

310 Nach Art. 128 FVGB obliegt **gradlinigen Verwandte und Geschwistern** die Verpflichtung zur Leistung von Mitteln für den Unterhalt und nach Bedarf auch für die Erziehung (Unterhaltspflicht). Die Unterhaltspflicht obliegt den Eltern und Großeltern vor den Abkömmlingen und diesen vor den Geschwistern; innerhalb dieser Gruppen gehen die gradnäheren den entfernteren Unterhaltspflichtigen vor (Art. 129 § 1 FVGB). Gleichrangige Unterhaltspflichtige haften anteilig nach ihren Einkommens- und Vermögensverhältnissen (Art. 129 § 2 FVGB). Die Unterhaltspflicht des früheren oder des „von Tisch und Bett getrennten" Ehegatten geht der Unterhaltspflicht der Verwandten vor (Art. 130 FVGB). Die Unterhaltspflicht eines entfernteren Verwandten entsteht erst dann, wenn vorrangige Unterhaltspflichtige nicht vorhanden oder zu Unterhaltsleistungen nicht in der Lage sind. Gleiches gilt, wenn von ihnen Unterhaltsleistungen nicht oder nur mit schwer zu überwindenden Hindernissen erwirkt werden können (Art. 132 FVGB). Gegenüber den Geschwistern entfällt die Unterhaltspflicht dann, wenn sie für den Pflichtigen oder seine nächste Familie mit übermäßigen Einbußen verbunden wäre (Art. 134 FVGB).

311 **Stiefeltern und Stiefkinder** schulden einander Unterhalt, wenn dies den Grundsätzen des gesellschaftlichen Zusammenlebens entspricht (Art. 144 §§ 1–3 FVGB).

4. Unterhalt aus gemeinsamer Elternschaft

312 Ein **nicht mit der Mutter verheirateter Vater** schuldet ihr für die Dauer von drei Monaten vor der Niederkunft, für die mit Schwangerschaft und Entbindung verbundenen angemessenen Ausgaben und für die Zeit von drei Monaten nach der Geburt des gemeinsamen Kindes Unterhalt. Aus wichtigen Gründen kann die Unterhaltspflicht auch über diesen Zeitraum hinaus verlängert werden (Art. 141, 142 FVGB). Ist die Vaterschaft nicht

---

[311] VerfGH vom 11. 4. 2006 OTK-A 2006, Nr. 4, Pos. 43, zitiert bei Bugajski FamRZ 2008, 1710, 1711
[312] Vgl. OLG Celle FamRZ 1993, 103
[313] Vgl. OLG Karlsruhe FamRZ 1991, 600
[314] OLG Hamm FamRZ 1999, 677
[315] Bytomsky FamRZ 1991, 783; Bergmann/Ferid/Henrich a. a. O. S. 22 f.
[316] Vgl. zur Verurteilung in DM: BGB FamRZ 1990, 992; vgl. auch BGB FamRZ 1992, 1060
[317] BGB IPRax 1994, 366 mit Anm. Grothe IPRax 1994, 346
[318] OLG Koblenz FamRZ 1992, 1428

festgestellt, können die Ansprüchen, falls nicht das Kind verstorben ist, nur gleichzeitig mit dem Antrag auf Feststellung der Vaterschaft geltend gemacht werden.

5. Allgemeine Vorschriften

Die **Höhe** des geschuldeten Unterhalts hängt von den gerechtfertigten Bedürfnissen des 313 Berechtigten (Bedarf) und den Erwerbs- und Vermögensmöglichkeiten des Verpflichteten (Leistungsfähigkeit) ab (Art. 135 § 1 FVGB). Hat der Unterhaltspflichtige innerhalb der letzten drei Jahre ohne wichtigen Grund auf Vermögensansprüche verzichtet, einen Verlust in anderer Weise ermöglicht oder eine Beschäftigung niedergelegt bzw. gegen eine weniger ergiebige eingetauscht, bleibt die Veränderung bei der Unterhaltsbemessung unberücksichtigt (Art. 136 FVGB). Bei veränderten Umständen kann eine Anpassung des gerichtlich festgesetzten oder des vertraglich vereinbarten Unterhalts beantragt werden (Art. 138 FVGB).

Unterhaltsansprüche **verjähren** mit Ablauf von drei Jahren (Art. 137 FVGB). Die Unter- 314 haltspflicht geht nicht auf die Erben über (Art. 139 FVGB). Wer (ggf. als nachrangig Unterhaltspflichtiger) Unterhaltsleistungen erbringt, kann von den (vorrangig) Verpflichteten Erstattung dieser Leistungen verlangen; auch dieser Anspruch verjährt mit Ablauf von drei Jahren (Art. 140 §§ 1, 2 FVGB).

Unterhalt kann, außer gegenüber minderjährigen Kindern, verweigert werden, wenn die 315 Unterhaltspflicht mit den Grundsätzen des gesellschaftlichen Zusammenlebens unvereinbar ist. Danach kann die Unterhaltspflicht auch wegfallen, wenn sie den eigenen Unterhalt des Unterhaltspflichtigen gefährdet oder wenn ein volljähriges Kind nichts tut, um für seinen eigenen Unterhalt zu sorgen.[319]

Portugal

1. Kinderunterhalt

Gemäß Art. 1874 I des Zivilgesetzbuches[320] (CC) schulden Eltern[321] und Kinder einan- 316 der Hilfe und Beistand. Die Beistandspflicht umfasst auch die Verpflichtung, Unterhalt zu leisten und während des Zusammenlebens entsprechend den eigenen wirtschaftlichen Mitteln zu den Lasten des familiären Lebens beizutragen (Art. 1874 II CC). Nach Art. 1878 CC obliegt es den Eltern auch für den Lebensunterhalt ihrer minderjährigen Kinder zu sorgen. Der Unterhalt umfasst den Lebensbedarf, die Wohnung, die Kleidung, die Ausbildung und die Erziehung, soweit sie notwendig ist (Art. 2003 I, II CC).

Die Unterhaltspflicht dauert grundsätzlich bis zur Vollendung des 18. Lebensjahres des 317 Kindes (Art. 1877 f, 2003 II, 122 CC) oder dessen Eheschließung (Emanzipation entspricht der Volljährigkeit bis auf die Einschränkung der Verfügungsfreiheit über das Vermögen, Art. 133, 1649 CC). Hat das Kind seine in normaler Zeit zu durchlaufende Berufsausbildung bei Eintritt der Volljährigkeit oder der Emanzipation noch nicht abgeschlossen, sind die Eltern weiterhin unterhaltspflichtig, soweit ein „vernünftiger Grund" dafür vorhanden ist (Art. 1880 CC). Hat das Kind jedoch genügend Vermögen oder ausnahmsweise genügend eigene Einkünfte, entfällt die Unterhaltspflicht, jedenfalls ab Volljährigkeit des Kindes (Art. 2011 I CC); das gilt auch dann, wenn das Vermögen verschenkt wurde. Die Unterhaltspflicht obliegt dann ganz oder teilweise den Schenkungsempfängern (Art. 2011 II CC).

Die **Höhe** des Kindesunterhalts hängt grundsätzlich von der Leistungsfähigkeit der Eltern 318 und der Bedürftigkeit des Kindes ab (Art. 2004 I CC). Dabei muss dem Unterhaltspflichti-

---

[319] Maczynski FamRZ 2009, 1555, 1558
[320] In der nach Inkrafttreten der GV Nr. 496/77 geltenden Fassung, zuletzt geändert durch Gesetz Nr. 31/03 vom 22. 8. 2003
[321] Zur Elternschaft vgl. De Oliveira FamRZ 2009, 1559

gen ein Selbstbehalt für seinen eigenen Lebensunterhalt verbleiben (Art. 2004 II CC). Soweit das Kind seinen Unterhalt durch Arbeit oder sonstige Einkünfte selbst sicherstellen kann, mindert sich die Unterhaltspflicht der Eltern (Art. 1879 CC). Allerdings muss ein minderjähriges Kinder nur den Erlös seiner Arbeit oder andere Einkünfte, nicht also den Stamm seines Vermögens, einsetzen (Art. 1879 CC). Die Erträge eines vorhandenen Vermögens sind hingegen auch bei minderjährigen Kindern bedarfsdeckend zu berücksichtigen (vgl. Art. 1896 I–III CC).

319   Der Unterhalt ist grundsätzlich als monatliche Rente zu zahlen (Art. 2005 I CC); eine Ausnahme ist nur bei einer abweichenden Vereinbarung oder sonst aus besonderen Gründen gerechtfertigt. Ersatzweise kann die Unterhaltsleistung kraft richterlicher Anordnung auch durch Aufnahme in den Haushalt erfolgen, wenn der Unterhaltspflichtige eine Rente nicht leisten kann (Art. 2005 II CC). Geschuldet wird Unterhalt, wenn er festgesetzt oder vereinbart ist, ab Verzug, sonst ab Einleitung des Verfahrens (Art. 2006 CC).

320   Eltern haften untereinander im Verhältnis ihrer Anteile als gesetzliche Erben des Kindes (Art. 2010 I CC). Kann ein Elternteil keinen Unterhalt zahlen, ist grundsätzlich auch insoweit der andere zur Leistung verpflichtet (Art. 2010 II CC).

Auf den Unterhalt kann für die Zukunft nicht verzichtet werden, jedoch auf bereits fällige Leistungen; der Unterhalt ist nicht pfändbar und nicht aufrechenbar, auch nicht für die Vergangenheit (Art. 2008 I, II CC).

321   **Abänderung.** Die Unterhaltspflicht kann abgeändert werden, wenn sich die für die Festsetzung maßgebenden Umstände geändert haben (Art. 2012 CC).

Eheliche und nichteheliche Kinder sind unterhaltsrechtlich gleichgestellt.

322   Bei gerichtlicher Trennung oder Scheidung müssen die Eltern dem Gericht eine Vereinbarung über den Kindesunterhalt (Höhe, Art der Leistung, Quote) vorlegen und vom Gericht bestätigen lassen (Art. 1905 I CC). Fehlt eine (gerichtlich bestätigte) Vereinbarung, entscheidet das Gericht selbst nach den Interessen des minderjährigen Kindes (Art. 1906 II CC).

323   Solange der Unterhalt nicht endgültig festgesetzt ist, kann das Gericht auf Antrag oder – bei minderjährigen Kindern – von Amts wegen nach Ermessen einen vorläufigen Unterhalt zusprechen. Der empfangene vorläufige Unterhalt ist in keinem Fall zurückzuerstatten (Art. 2007 I, II CC).

2. Ehegattenunterhalt

324   **Trennung.** In Portugal wird unterschieden zwischen der tatsächlichen Trennung (Art. 1782 CC) und der gerichtlichen Trennung der Ehegatten sowie ihres Vermögens (Art. 1794 ff. CC). Gemäß Art. 1672 CC sind die Ehegatten einander zu Beistand verpflichtet. Diese Beistandspflicht umfasst den Unterhalt (Art. 1675 I, Art. 2015 CC) und die Pflicht, zu den Lasten des familiären Lebens beizusteuern. Die Unterhaltspflicht besteht während der tatsächlichen Trennung grundsätzlich fort, jedoch wird danach unterschieden, wer die Trennung zu verantworten hat (Art. 1675 II CC). Trifft die **Verantwortung für die Trennung** nur den einen Ehegatten, bleibt er dem anderen grundsätzlich unterhaltspflichtig. Trifft die Verantwortung beide, ist der Hauptschuldige dem Anderen unterhaltspflichtig. Nur ausnahmsweise kann der Richter in beiden Fällen dem schuldlosen oder minderschuldigen Ehegatten eine Unterhaltspflicht gegenüber dem anderen Ehegatten aufbürden (nach Billigkeit unter Berücksichtigung der Dauer der Ehe und des Umfangs des Einsatzes des allein oder überwiegend Schuldigen für die wirtschaftlichen Verhältnisse der Ehe, Art. 1675 III CC). Sind beide Ehegatten gleich schuld an der Zerrüttung, verbleibt es beim Grundsatz der gegenseitigen Unterhaltspflicht (Art. 1675 II CC).

325   Die **Höhe** des Unterhalts richtet sich nach der Leistungsfähigkeit des Unterhaltspflichtigen und der Bedürftigkeit des unterhaltsberechtigten Ehegatten (Art. 2004 I, II CC), wobei der Wegfall der Leistungsfähigkeit oder der Bedürftigkeit ein Beendigungsgrund ist (Art. 2013 I b CC).

326   Im Prinzip gilt dasselbe im Falle der **gerichtlichen Trennung** (der Personen und der Güter, Art. 1794 ff. CC). Danach besteht eine Unterhaltspflicht für den allein oder über-

wiegend schuldigen Ehegatten, wenn das Urteil mit schuldhafter Verletzung der ehelichen Pflichten (Art. 1779 CC), mit Ablauf bestimmter Trennungszeit, mit längerer Abwesenheit/Verschollenheit oder mit längerer Geistesstörung oder Geisteskrankheit des beklagten Ehegatten begründet ist, wodurch das eheliche Zusammenleben beeinträchtigt war. Für beide Ehegatten besteht eine gegenseitige Unterhaltspflicht, wenn sie als gleichschuldig getrennt sind oder die Trennung auf beiderseitigem Einverständnis beruht (Art. 2016 I, IV CC). Ausnahmsweise kann in diesen Fällen dem anderen – normalerweise anspruchslosen – Ehegatten Unterhalt zuerkannt werden, wenn es die Billigkeit erfordert, insbesondere auf Grund der Ehedauer oder der für die Ehe geleisteten Arbeit (Art. 2016 II, IV CC).

Auch bei der Bemessung dieses Unterhalts hat das Gericht die Leistungsfähigkeit des einen und die Bedürftigkeit des anderen Ehegatten zu berücksichtigen, insbesondere die beiderseitigen Einkünfte, das Alter, die gesundheitlichen Verhältnisse, die Erwerbsmöglichkeiten, sowie den zeitlichen Aufwand für die Erziehung der gemeinsamen Kinder u. a. (Art. 2016 III CC). Die Unterhaltspflicht kann aus moralischen Gründen enden (Art. 2019 CC). 327

Die allgemeinen Bestimmungen über den Beginn der Unterhaltsschuld (Einleitung des Verfahrens oder Eintritt des Verzugs, Art. 2006 CC), den Verzicht und die Abtretbarkeit (Art. 2008 I CC), die Unpfändbarkeit, die Nichtaufrechenbarkeit (Art. 2008 II CC) sowie die Abänderbarkeit (Art. 2012 CC) gelten entsprechend (Art. 2014 II CC). 328

Ist die Ehe für nichtig erklärt oder angefochten worden, behält der gutgläubige Ehegatte das Unterhaltsrecht nach Rechtskraft der entsprechenden Entscheidung.

Scheidung.[322] In Portugal gibt es die einvernehmliche und die streitige Scheidung (Art. 1773 ff. CC). Daneben ist die Umwandlung der gerichtlichen Trennung (Rn. 324) in eine Scheidung möglich (Art. 1795-D CC). 329

Bei einverständlicher Scheidung muss eine Vereinbarung u. a. über den Unterhalt des bedürftigen Ehegatten sowohl für die Dauer des Rechtsstreits (also vorläufig) als auch für die Zeit nach der Scheidung getroffen werden (Art. 1775 II und III CC), die vom Richter in der ersten Verhandlung (Art. 1776 II CC) und im Urteil über die Scheidung im gegenseitigen Einvernehmen (Art. 1778 CC) bestätigt werden muss.

Grundvoraussetzung für einen Unterhaltsanspruch bei streitiger Scheidung ist – wie bei der gerichtlichen Trennung (siehe dort) – eine entsprechende Begründung des Scheidungsurteils (Art. 2016 I a–c CC) oder Billigkeit (Art. 2016 II CC). Für die Höhe gilt dasselbe wie bei gerichtlicher Trennung (siehe Rn. 327). 330

Bei Wiederverheiratung erlischt der Unterhaltsanspruch gegen den früheren Ehegatten (Art. 2019 CC). 331

3. Verwandtenunterhalt

Nach den Ehegatten und früheren Ehegatten und vor den Vorfahren sind auch die Abkömmlinge zum Unterhalt verpflichtet. Nach den Vorfahren haften die Geschwister, Onkel und Tanten während der Minderjährigkeit des Unterhaltsberechtigten sowie Stiefeltern für die Kinder, die bis zum Tod des Ehegatten und leiblichen Elternteils von diesem unterhalten wurden (Art. 2009 I CC). Ist ein Unterhaltspflichtiger nicht oder nicht vollständig zur Unterhaltsleistung in der Lage, obliegt die Unterhaltspflicht in entsprechendem Umfang den nachfolgend Verpflichteten (Art. 2009 III CC). Mehrere Unterhaltspflichtige haften im Verhältnis ihres gesetzlichen Erbrechts. Ist eine Person leistungsunfähig, obliegt die Unterhaltspflicht den übrigen (Art. 2010 I, II CC). Hat der Unterhaltsberechtigte unentgeltlich über sein Vermögen verfügt und ist er deswegen (teilweise) leistungsunfähig, haften in diesem Umfang der Schenkungsempfänger und dessen Erben vorrangig (Art. 2011 CC). 332

Die Unterhaltspflicht endet mit Wegfall der Voraussetzungen, mit dem Tod des Unterhaltspflichtigen oder des Unterhaltsberechtigten und wenn der Unterhaltsberechtigte seine Pflich- 333

---

[322] Vgl. OLG Karlsruhe FamRZ 1990, 168

ten gegenüber dem Unterhaltspflichtigen in schwerwiegender Weise verletzt (Art. 2013 I CC).

4. Unterhaltsanspruch der Kindesmutter

334 Der nicht mit der Kindesmutter verheiratete Kindesvater schuldet ihr, unbeschadet weiter gehenden Schadensersatzes, für die Zeit der Schwangerschaft und das erste Lebensjahr des Kindes Unterhalt. Die Mutter kann den Unterhaltsanspruch mit dem Antrag auf Vaterschaftsermittlung verbinden und vorläufigen Unterhalt verlangen (Art. 1884 I, II CC).

Rumänien

1. Kinderunterhalt

335 Die Unterhaltspflicht zwischen Eltern und Kindern ist in Art. 86 I des Familiengesetzbuchs[323] (FGB) geregelt, in Art. 107 I FGB ergänzend die Unterhaltspflicht der Eltern gegenüber ihren minderjährigen Kindern. Voraussetzung ist grundsätzlich Bedürftigkeit des Unterhaltsberechtigten (in der Regel auf Grund Arbeitsunfähigkeit, einem zentralen Begriff des rumänischen Unterhaltsrechts, Art. 86 II FGB) und Leistungsfähigkeit des Unterhaltspflichtigen (Art. 94 I FGB). Stiefeltern sind dem minderjährigen Kind unterhaltspflichtig, wenn die leiblichen Eltern verstorben, vermisst oder leistungsunfähig sind (Art. 87 I FGB).

336 **Bedürftigkeit.** Minderjährige Kinder (bis zur Vollendung des 18. Lebensjahres) haben Anspruch auf Unterhalt gegenüber ihren Eltern ohne Rücksicht auf den Grund der Bedürftigkeit (Art. 86 III FGB). Bei Minderjährigen muss die Bedürftigkeit ausnahmsweise nicht auf Arbeitsunfähigkeit beruhen. Entsprechendes gilt für Kinder im Studium oder in der sonstigen Berufsausbildung, jedoch nur bis zum 25. Lebensjahr.[324] Gemäß Art. 107 II FGB setzt die Leistungspflicht eines Elternteils aber erst dann ein, wenn der Minderjährige kein eigenes ausreichendes Einkommen hat; erst dann müssen die Eltern die erforderlichen Mittel für den Unterhalt, Erziehung und Berufsausbildung zur Verfügung stellen. Bei zwei unterhaltsberechtigten Kindern darf ihr gemeinsamer Bedarf 33% des Einkommens des Unterhaltspflichtigen nicht übersteigen. Ist nur ein Kind unterhaltsberechtigt, kann sein Bedarf mehr als die Hälfte davon, bei Krankheit etwa 18% betragen.

337 **Leistungsfähigkeit.** Die Unterhaltspflicht von Eltern beläuft sich auf etwa ein Viertel des Nettoeinkommens bei einem Kind, auf ein Drittel bei zwei Kindern und auf die Hälfte bei drei oder mehr Kindern (Art. 94 III FGB).[325] Kommt noch Ehegattenunterhalt hinzu, bleibt es bei höchstens der Hälfte des Arbeitseinkommens (Art. 41 III FGB). Unter Nettoeinkommen ist das Arbeitseinkommen gemeint.[326] Sonstiges Einkommen (z. B. aus Kapital) wird von dieser Begrenzung nicht erfasst.[327] Leitlinien oder Tabellen gibt es im Rahmen der Bemessung des Kindesunterhalts nicht.[328] Als gleichrangig Verpflichtete (Art. 97 I FGB) müssen Eltern im Verhältnis ihrer Mittel zu den Unterhaltskosten der Kinder beitragen (Art. 90 FGB). Art. 92 FGB enthält eine – aus der Sicht des deutschen ordre public bedenkliche – Besonderheit: Kann der Unterhaltspflichtige nicht gleichzeitig alle Unterhaltsberechtigten befriedigen, kann das Gericht unter Berücksichtigung der Bedürftigkeit eines jeden bestimmen, dass der Unterhalt nur an einen zu zahlen ist oder an einige oder

---

[323] Vom 29. 12. 1953, zuletzt geändert durch das Gesetz Nr. 272 vom 21. 6. 2004
[324] Gralla/Leonhardt, Das Unterhaltsrecht in Osteuropa, 198 Abschnitt Rumänien, S. 191
[325] In der deutschen Rechtspraxis führt diese Pauschalierung zu erheblichen Mehrforderungen über den Sätzen der Düsseldorfer Tabelle, vgl. den Bericht des Bundesverwaltungsamts für 1995 in DAVorm 1996, 581
[326] Gralla/Leonhardt a. a. O., S. 192
[327] Gralla/Leonhardt a. a. O., S. 179, 193
[328] Gralla/Leonhardt a. a. O., S. 178

alle aufgeteilt wird. Im Übrigen müssen sich die Unterhaltsberechtigten an die nachrangig Verpflichteten halten.

Der Unterhalt ist in Natur oder durch eine Geldrente zu leisten (Art. 93 I FGB). Die Art 338 der Leistung wird durch das Gericht unter Berücksichtigung aller Umstände bestimmt (Art. 93 II FGB).

Unzulässig ist der **Verzicht** auf künftige Unterhaltsleistungen.[329] Geltend gemacht wer- 339 den kann der Unterhalt grundsätzlich nur für die Zukunft ab Einleitung des Verfahrens, für die Vergangenheit nur in zwei Ausnahmefällen: Zum einen, wenn vorher Unterhalt verlangt, die Leistung jedoch vom Unterhaltspflichtigen schuldhaft verzögert wurde (also bei Verzug), und zum anderen, wenn der Unterhaltsberechtigte für seinen Unterhalt Schulden machen musste.[330]

Abänderung. Ändert sich die Leistungsfähigkeit oder die Bedürftigkeit, kann das Ge- 340 richt den Unterhalt erhöhen oder ermäßigen (Art. 94 II FGB); eine Ermäßigung ist ausnahmsweise auch rückwirkend ab dem Zeitpunkt des Eintritts der Änderung zulässig, wenn der Unterhaltsberechtigte seither den Unterhalt nicht mehr verlangt hat.[331]

Bei der Scheidung der Eltern setzt das Gericht von Amts wegen den von jedem Elternteil 341 zu leistenden Kindesunterhalt fest (Art. 42 III FGB).

Die Unterhaltspflicht erlischt mit dem Tode des Berechtigten und grundsätzlich auch mit 342 dem Tode des Unterhaltsschuldners (Art. 95 FGB). Die Erben eines gegenüber Minderjährigen unterhaltspflichtigen Schuldners haften bis zum Wert der Erbschaft weiter auf Unterhalt, wenn die Eltern verstorben sind, vermisst werden oder leistungsunfähig sind (Art. 96 FGB).

Ein **Rangverhältnis** zwischen den Unterhaltsansprüchen minderjähriger Kinder und 343 geschiedener Ehegatten sieht das Gesetz nicht vor. Ist der Unterhaltspflichtige nur eingeschränkt leistungsfähig, kann das Gericht nach den individuellen Bedürfnissen nur einem oder einigen Berechtigten Unterhalt zusprechen (s. Rn. 337). Zum Rangverhältnis mehrerer Unterhaltspflichtiger vgl. die Ausführungen zum Verwandtenunterhalt (Rn. 351).

2. Ehegattenunterhalt

Trennung. Gemäß Art. 86 I FGB sind Ehegatten sich gegenseitig zum Unterhalt ver- 344 pflichtet. Eine spezielle Norm für den Trennungsunterhalt findet sich in Art. 41 I FGB. Danach schulden die Ehegatten einander bis zur Auflösung der Ehe (Art. 39 FGB) Unterhalt. Wie beim Kindesunterhalt hat nur der infolge von Arbeitsunfähigkeit Bedürftige einen Anspruch. Die zwingende Betreuung eines Kindes durch die Mutter oder die Pflege eines kranken Angehörigen werden je nach den Umständen des Einzelfalls der Arbeitsunfähigkeit gleichgestellt.[332] Wer unberechtigt die Ehewohnung verlassen hat, kann keinen Trennungsunterhalt verlangen (z. B. bei Zusammenleben mit einem neuen Partner).[333]

Zur Höhe des Trennungsunterhalts gibt es keine gesetzliche Regelung. Jedoch bietet die 345 Vorschrift für den Scheidungsunterhalt (Art. 41 III FGB) Anhaltspunkte, wonach der Unterhalt bis zu einem Drittel beträgt und gemeinsam mit Kindesunterhalt die Hälfte des Nettoarbeitseinkommens des Pflichtigen nicht übersteigen darf.

Scheidung. Mit der Auflösung der Ehe endet grundsätzlich die gegenseitige Unterhalts- 346 pflicht der Ehegatten (Art. 86 I, Art. 41 I FGB). Dem schuldlos oder nur mitschuldig geschiedenen Ehegatten entsteht aber gemäß Art. 41 II FGB ein neuer, grundsätzlich unbegrenzter Unterhaltsanspruch, wenn er sich infolge einer vor oder während der Ehe eingetretenen Arbeitsunfähigkeit in Not befindet, und zwar bis zu einem Drittel der Nettoarbeitseinkünfte des unterhaltspflichtigen Ehegatten, wobei diesem auch bei einer zusätzlichen Unterhaltspflicht für Kinder mindestens die Hälfte seines Nettoeinkommens ver-

---

[329] Gralla/Leonhardt a. a. O., S. 182
[330] Gralla/Leonhardt a. a. O., S. 180
[331] OLG Nürnberg FamRZ 1996, 353; Gralla/Leonhardt a. a. O., S. 179
[332] Gralla/Leonhardt a. a. O., S. 197
[333] Gralla/Leonhardt a. a. O., S. 197

bleiben muss (Art. 41 III FGB). Tritt die Arbeitsunfähigkeit nachehelich aber innerhalb eines Jahres nach Auflösung der Ehe ein, muss die Arbeitsunfähigkeit auf Umstände zurückzuführen sein, die mit der Ehe zusammenhängen (z. B. Betreuung von Kleinkindern). Der Unterhalt ist regelmäßig als monatliche Geldrente zu leisten; ausnahmsweise kann auch ein Pauschalbetrag bestimmt werden, dessen sukzessive Auszahlung durch das Gericht bestimmt werden kann (Art. 93 FGB).

347 Die Leistungsfähigkeit des Unterhaltsschuldners hängt von den ihm „zur Verfügung stehenden Mitteln" (Art. 41 III FGB) ab. Unter dem Begriff, der nicht näher definiert ist, sind sowohl regelmäßige Einkünfte aus Arbeitseinkommen und Renten als auch andere Mittel wie Ersparnisse oder Zusatzgüter zu verstehen, die für den Unterhalt verwertet werden können. Nach der Rechtsprechung dürfen Zuschläge für besondere Arbeitsbedingungen, Reisespesen, Studienstipendien, Beihilfen für den Todesfall, Schwangerschaft und Pflege eines kranken Kindes sowie zufälliges Einkommen für die Unterhaltspflicht nicht herangezogen werden. Da der unterhaltspflichtige Ehegatte nur dann Unterhalt schuldet, wenn er über ausreichende materielle Mittel verfügt, kann in der gerichtlichen Praxis nur selten Unterhalt zugesprochen werden.

Ein Unterhaltsanspruch erlischt mit der Wiederheirat des berechtigten Ehegatten (Art. 41 V FGB). Das formlose Zusammenleben mit einem neuen Partner lässt den Anspruch hingegen unberührt, weil das rumänische Gesetz keine entsprechende Verwirkungsvorschrift enthält. Die Wiederheirat des Unterhaltsschuldners lässt seine Unterhaltspflicht unberührt.

348 Gleichzeitig mit dem Scheidungsurteil wird von Amts wegen über den Scheidungs- und Kinderunterhalt entschieden (Art. 42 III FGB).[334] Ein **Scheidungsverschulden,** über das im Scheidungsbeschluss oder in einem nachfolgenden richterlichen Beschluss entschieden werden kann, ist für die Verpflichtung zum Unterhalt nicht von Bedeutung, weil die Unterhaltspflicht nicht auf einer deliktischen Haftung basiert. Unterhaltsberechtigt kann also auch der schuldig geschiedene Ehegatte sein. Allerdings beeinflusst der Verschuldensausspruch die Dauer der Unterhaltspflicht. Der schuldig geschiedene Ehegatte hat höchstens für ein Jahr Anspruch auf nachehelichen Unterhalt, während der Unterhaltsanspruch des anderen Ehegatten oder der Anspruch bei Verschulden beider Ehegatten grundsätzlich unbegrenzt ist.

349 Die Unterhaltsentscheidung kann bei Änderung der maßgeblichen Umstände abgeändert werden (Art. 44, Art. 94 II FGB), was bis zum Wegfall des Unterhaltsanspruchs führen kann.

350 Vereinbarungen, durch die ein Unterhaltsberechtigter auf künftigen Unterhalt verzichtet, sind nach rumänischem Recht nicht zulässig.

3. Verwandtenunterhalt

351 Neben Ehegatten und Eltern sind auch Kinder, Adoptierende und Adoptierte, Großeltern und Enkel, Urgroßeltern und Urenkel, Brüder und Schwertern sowie weitere im Gesetz genannte Personengruppen unterhaltspflichtig (Art. 86 I FGB). Ein Kind kann verpflichtet werden, demjenigen Unterhalt zu zahlen, von dem es für die Dauer von 10 Jahren gesetzlichen Unterhalt bekommen hat (Art. 87 II FGB). Pflegeeltern sind dem minderjährigen Kind unterhaltspflichtig, wenn die leiblichen Eltern verstorben, vermisst oder leistungsunfähig sind (Art. 88 FGB). Die Unterhaltspflichtigen haften in folgender Reihenfolge: Ehegatten, Abkömmlinge, Vorfahren (jeweils die näheren Verwandten vor den entfernteren), Adoptierende, leibliche Eltern, Geschwister und Großeltern (Art. 89 FGB). Mehrere gleichrangige Unterhaltspflichtige haften im Verhältnis ihrer Leistungsfähigkeit. Hat ein Kind allein Elternunterhalt geleistet, kann es diesen anteilig von seinen leistungsfähigen Geschwistern zurückfordern (Art. 90 I, II FGB). Reicht das Einkommen nicht zur Befriedigung aller Unterhaltsberechtigten aus, kann das Gericht unter Berück-

---

[334] Gralla/Leonhardt a. a. O., S. 187

Länderdarstellungen – Schottland § 9

sichtigung der Bedürfnisse der Unterhaltsberechtigten bestimmen, an wen Unterhalt zu zahlen und in welcher Weise dieser aufzuteilen ist (Art. 92 FGB).

Schottland

1. Kinderunterhalt

Nach Sec 1 I c, d des Family Law (Scottland) Act 1985[335] (FLAct) schulden die Eltern und die Personen Kindesunterhalt, die ein Kind als zu ihrer Familie gehörig bei sich aufgenommen haben. Der Umstand, dass die Eltern nicht verheiratet sind oder waren, bleibt bei den Rechtsbeziehungen des Kindes zu allen anderen Personen außer Betracht.[336] Spezielle Vorschriften, nach denen der Unterhaltsberechtigte nach dem Tod des Unterhaltsschuldners von dem Testamentsverwalter oder von jedem Unterhalt verlangen kann, der durch die Rechtsnachfolge in den Nachlass bereichert worden ist, bleiben nach Sec. 1 IV FLAct unberührt. Die weiteren Einzelheiten des Unterhaltsanspruchs minderjähriger und volljähriger Kinder richten sich nach den allgemeinen Grundsätzen (s. Rn. 356 ff.). 352

Sprich das Gericht einem noch nicht 16 Jahre alten Kind Unterhalt zu, kann es in die Unterhaltsverpflichtung die Kosten der Kindesbetreuung aufnehmen, wenn es dies für vernünftig hält (Sec 4 IV FLAct). 353

2. Ehegattenunterhalt

Ehegatten schulden einander Unterhalt (aliment; Sec 1 I a, b FLAct). Ein Antrag auf **Familienunterhalt** ist auch zulässig, wenn der unterhaltsberechtigte Ehegatte und der Unterhaltspflichtige noch im gleichen Haushalt leben (Sec 2 VI FLAct). Die Einzelheiten des Unterhaltsanspruchs des Ehegatten richten sich nach den allgemeinen Grundsätzen (s. Rn. 356 ff.). Einen Prozesskostenvorschuss schulden sich die Ehegatten nicht (Sec 22 FLAct). Gegen diesen Antrag kann der unterhaltspflichtige Ehegatte einwenden, dass er seiner Unterhaltspflicht nachkomme und beabsichtige, dies auch weiterhin zu tun (Sec 2 VII FLAct). Die Abweisung eines Scheidungsantrags hindert das Gericht nicht am Erlass einer Unterhaltsanordnung, wenn die Voraussetzungen dafür weiterhin vorliegen (Sec 21 FLAct). 354

Neben dem Unterhalt schulden sich die Ehegatten auch einen vermögensrechtlichen Ausgleich (financial provision), der ebenfalls dafür vorgesehen ist, die Lebensverhältnisse des anspruchsberechtigten Ehegatten sicherzustellen (Sec 8 ff. FLAct). 355

3. Allgemeine Grundsätze

Die Unterhaltsverpflichtung umfasst diejenige Unterstützung, die den Umständen nach vernünftig ist unter Berücksichtigung derjenigen Tatsachen, die das Gericht bei seiner Unterhaltsbemessung nach dem Gesetz (Sec 4 FLAct) zu berücksichtigen hat oder berücksichtigen kann (Sec 1 II FLAct). Gegen einen Unterhaltsantrag durch oder zugunsten einer anderen Person als eines Kindes unter 16 Jahren kann eingewendet werden, dass der Antragsgegner ein **Angebot** gemacht habe, den Unterhaltsberechtigte in seinen Haushalt aufzunehmen und seiner Unterhaltsverpflichtung nachzukommen, das vernünftigerweise angenommen werden könne (Sec 2 VIII FLAct). Das Gericht prüft unter Berücksichtigung aller Umstände, insbesondere des Verhaltens der Beteiligten und einer bestehenden Unterhaltsanordnung, ob es vernünftig ist, von dem Unterhaltsberechtigten die Annahme dieses Angebots zu erwarten. Allein der Umstand, dass sich die Ehegatten getrennt haben, soll 356

---

[335] Bergmann/Ferid/Henrich, Großbritannien-Schottland, Stand 30. 10. 1994, S. 36 ff.
[336] Sec 1 I Law Reform (Parent and Child) (Scotland) Act 1986; Bergmann/Ferid/Henrich, Großbritannien-Schottland, Stand 30. 10. 1994, S. 56 ff.

nicht als Indiz dafür angesehen werden, dass es unvernünftig sei, die Annahme des Angebots zu erwarten (Sec 2 IX FLAct). Die Person, an die der Unterhalt gezahlt wird, soll für die Zahlungen auf eine Unterhaltsanordnung eine Quittung ausstellen (Sec 2 X FLAct).

357   Bei der Bemessung der **Unterhaltshöhe** hat das Gericht die Bedürfnisse und Vermögensverhältnisse der Parteien, die Fähigkeiten der Parteien, Einkünfte zu erzielen, und alle Umstände des Falles zu berücksichtigen (Sec 4 I FLAct). Bei der Bemessung aller Umstände des Falles kann das Gericht auch die Kosten in Rechnung stellen, die der Unterhaltsschuldner einer in seinem Haushalt lebenden und von ihm abhängigen Person gewährt und zwar unabhängig davon, ob er dieser Person unterhaltspflichtig ist oder nicht (Sec 4 III a FLAct). Das Verhalten einer Partei soll bei der Unterhaltsbemessung unberücksichtigt bleiben, wenn dies nicht offensichtlich unbillig ist (Sec 4 III b FLAct). Schulden mehrere Personen einer anderen Person Unterhalt, gibt es keine gesetzliche Rangfolge. Das Gericht kann jedoch bei der Bemessung der Höhe eines geschuldeten Unterhalts berücksichtigen, dass noch eine andere Person unterhaltspflichtig ist (Sec 4 II FLAct).

358   Das Gericht kann, wenn es dem Antrag stattgibt, **periodische Unterhaltszahlungen** anordnen, sei es auf bestimmte oder unbestimmte Zeit oder bis zum Eintritt eines bestimmten Ereignisses. Für einen Sonderbedarf kann es ebenfalls Unterhaltszahlungen anordnen (Sec 3 I a, b FLAct). Es ist in keinem Fall berechtigt, statt periodischer Zahlungen die Zahlung einer Pauschalsumme anzuordnen (Sec 3 II FLAct). Rückwirkenden Unterhalt kann es für die Zeit ab Einleitung des Verfahrens, ab einem späteren Zeitpunkt oder unter besonderen Unständen auch ab einem früheren Zeitpunkt anordnen (Sec 3 I c FLAct). Auch wenn der Unterhaltsanspruch nicht bestritten ist, kann das Gericht den zu zahlenden Unterhalt niedriger festsetzen, als beantragt (Sec 3 I d FLAct).

359   Eine Unterhaltsentscheidung kann auf Antrag einer der Parteien **abgeändert** werden, wenn sich die Verhältnisse seit dem Erlass der Entscheidung wesentlich geändert haben (Sec 5 I FLAct). Ändert das Gericht die Unterhaltsentscheidung rückwirkend ab, kann es auch die Rückzahlung eines bereits für diese Zeit gezahlten Unterhalts anordnen (Sec 5 IV FLAct). Eine **Vereinbarung,** die den Unterhalt ausschließt oder begrenzt ist unwirksam, wenn sie nicht bei Abschluss in jeder Hinsicht fair und vernünftig war (Sec 7 I FLAct). Hat sich der Unterhaltsschuldner in der Vereinbarung zu Unterhaltsleistungen verpflichtet, kann jede Partei im Fall einer wesentlichen Veränderung der Verhältnisse auf Abänderung oder Aufhebung der eingegangenen Verpflichtung antragen (Sec 7 II FLAct).

4. Prozessrecht

360   Für isolierte Unterhaltssachen ist der Court of Session oder der sheriff court zuständig (Sec 2 I FLAct). Ein **Anspruch auf Zahlung von Unterhalt** kann aber auch im Verbund mit anderen Entscheidungen geltend gemacht werden und zwar mit folgenden Verfahren (Sec 2 II FLAct):
- mit einem Verfahren auf Scheidung oder Trennung oder einem Verfahren auf Bestehen oder Nichtigkeit der Ehe,
- in Bezug auf Anordnungen finanzieller Vorsorge,
- in einem Verfahren betreffend Rechte und Verpflichtungen in Bezug auf Kinder,
- in einem Verfahren betreffend die Feststellung der Abstammung oder der Ehelichkeit oder
- in einem Verfahren anderer Art, wenn das Gericht es für zweckmäßig erachtet, einen Unterhaltsanspruch mitzubehandeln.

361   Ein **Unterhaltsantrag** kann durch den Unterhaltsberechtigten (auch durch ein minderjähriges Kind), den Vermögenspfleger eines Unmündigen oder für ein minderjähriges Kind durch einen Elternteil oder Vormund oder eine Person, die zur Personensorge berechtigt ist oder diese anstrebt oder ausübt erhoben werden (Sec 2 IV FLAct). Eine Frau kann auch auf Unterhalt für ihr noch ungeborenes Kind antragen; die Verhandlung soll aber erst nach der Geburt des Kindes stattfinden (Sec 2 V FLAct). In dem Unterhaltsverfahren kann das Gericht eine einstweilige Unterhaltsanordnung erlassen (Sec 6 FLAct). Eine einstweilige

Anordnung kann das Gericht auch in einem späteren Abänderungsverfahren treffen (Sec 5 III FLAct).

Innerhalb eines Jahres ab Erlass einer Unterhaltsanordnung kann der Unterhaltsberechtigte eine **Sicherungsanordnung** zur Aufhebung oder Abänderung von Vermögensübertragungen der letzten fünf Jahre sowie die Untersagung künftiger Übertragungen oder Transaktionen beantragen (Sec 18 I FLAct). Wenn das Gericht zu der Überzeugung gelangt, dass der Unterhaltsanspruch durch die Übertragung oder Transaktion ganz oder teilweise gefährdet wird, kann es die beantragte oder eine andere von ihm für richtig gehaltene Anordnung treffen (Sec 18 II FLAct). Dabei darf es aber nicht in die Rechte eines Dritten eingreifen, wenn dieser das Vermögen gutgläubig oder gegen angemessenes Entgelt erworben hat oder sein Recht von einer Person herleitet, die das Vermögen ihrerseits entsprechend erworben hatte (Sec 18 III FLAct). 362

Schweden

1. Kinderunterhalt

Gemäß Kap. 7 § 1 I Föräldrabalk = Elterngesetz[337] (EG, nachfolgend ohne Kapitel zitiert) haben die Eltern für den Kindesunterhalt nach ihren wirtschaftlichen Verhältnissen und den Bedürfnissen des Kindes zu sorgen, untereinander jeder nach seinen Möglichkeiten (§ 1 III EG), und zwar grundsätzlich nur bis zur Vollendung des 18. Lebensjahres.[338] Bei Schulbesuch kann der Unterhaltsanspruch ausnahmsweise bis zur Vollendung des 21. Lebensjahres fortdauern (§ 1 II EG);[339] der Schulbesuch muss aber bei Vollendung des 18. Lebensjahres bestanden haben oder vor Vollendung des 19. Lebensjahres wieder aufgenommen worden sein.[340] Als Schulbesuch gilt der Besuch der Grundschule oder des Gymnasiums und einer vergleichbaren „Grundausbildung"[341] (§ 1 II S. 3 EG). 363

Ein Elternteil hat seine Unterhaltspflicht durch Zahlung eines Unterhaltsbeitrags zu erfüllen, wenn er nicht allein Inhaber des Personensorgerechts ist und das Kind dauernd mit dem anderen Elternteil zusammenlebt (§ 2 I EG). Der Unterhaltsbeitrag wird durch Urteil oder Vertrag[342] festgesetzt (§ 2 II EG). Die Berechnung des Kindesunterhalts erfolgt auf der Grundlage von Leitlinien, die von der staatlichen Sozialbehörde (socialstyrelsen) herausgegeben werden. Daraus ergibt sich ein Kindesbedarf, der nach verschiedenen Altersgruppen pauschal bemessen ist.[343] 364

Dem Unterhaltspflichtigen verbleibt ein sog. **Vorbehaltsbetrag** (vergleichbar im Prinzip unserem Selbstbehalt; § 3 I EG). Dazu zählen die angemessenen Wohnkosten und die Kosten des sonstigen Lebensbedarfs. Dieser beträgt normalerweise 120% jährlich vom geltenden Grundbetrag nach dem Gesetz über die öffentliche Versicherung[344] (§ 3 II EG). In besonderen Fällen kommt ein weiterer Vorbehaltsbetrag in Höhe von regelmäßig 60% des erwähnten Grundbetrages hinzu, wenn der Pflichtige einen Ehegatten unterhält, mit dem er dauernd zusammenlebt, oder wenn er in einer nichtehelichen Lebensgemeinschaft mit einem Partner und einem gemeinsamen Kind zusammenlebt (§ 3 III EG). Für den Unterhalt eines bei ihm wohnenden Kindes darf der Unterhaltspflichtige einen weiteren 365

---

[337] Vom 10. 6. 1949, neu im GBl veröffentlicht durch Gesetz 1995:974, zuletzt geändert zum 1. 7. 2006 durch Gesetz 2006:5574
[338] Das Kind ist bis zum 18. Lebensjahr minderjährig (Kap. 9 § 1 Elterngesetz: „jünger als 18 Jahre")
[339] Rieck/Firsching Ausländisches Familienrecht Schweden Stand: Januar 2006 Rn. 30
[340] Nach einem Bericht über das 3. Regensburger Symposion für Europäisches Familienrecht in FamRZ 1996, 1529 sollen Eltern gegenüber ihren volljährigen, aber noch in der Ausbildung befindlichen Kindern „nie" unterhaltspflichtig sein, vgl. jedoch Rn. 369
[341] Zur allgemeinen Schulausbildung nach § 1603 II 2 BGB vgl. BGH FamRZ 2002, 815
[342] Vgl. OLG Düsseldorf FamRZ 2002, 1422
[343] Rieck/Firsching a. a. O. Rn. 31
[344] Der Grundbetrag nach dem Gesetz über die öffentliche Versicherung vom 25. 5. 1962 (Nr. 381) betrug für das Jahr 2001 37 700 SEK

Betrag vorbehalten in Höhe von 40% jährlich des erwähnten Grundbetrages einschließlich des vom anderen Elternteil geleisteten Unterhalts. Das Gericht kann jedoch einen anderen Vorbehaltsbetrag festsetzen, wenn dies durch die besonderen Umstände gerechtfertigt ist (§ 3 IV EG).

366   Nimmt der Unterhaltspflichtige ein unterhaltsberechtigtes Kind, für das er nicht sorgeberechtigt ist, mindestens 5 Tage zu je 24 Stunden zu sich, darf er von dessen (an den anderen Elternteil zu zahlenden) Unterhalt grundsätzlich $^1/_{40}$ pro vollem Tag vom dem entsprechenden Monatsbetrag des Unterhalts abziehen (§ 4 I, II EG). Der Betrag ist auf volle Kronen abzurunden und darf nur von dem Unterhalt der nächsten sechs Monate nach dem Ende des Aufenthalts abgezogen werden. Das Gericht darf den Abzug (für die Zeit vor Einleitung des Verfahrens nicht gegen den Widerspruch einer Partei) bei Vorliegen besonderer Gründe auch anders regeln (§ 4 III EG). Ein Abzug entfällt, wenn der Unterhaltsbeitrag schon auf dieser Grundlage festgesetzt worden ist (§ 4 IV EG).

367   Der Unterhalt ist **monatlich im Voraus** zu leisten (§ 7 I EG). Für einen längeren Zeitraum als 3 Jahren vor Einleitung des Verfahrens darf dem Antrag nur stattgegeben werden, wenn der Unterhaltspflichtige einverstanden ist (§ 8 EG). Eine Vereinbarung über einen einmaligen Betrag oder für einen längeren Zeitraum als drei Monate ist nur in beglaubigter Form zulässig. Bei minderjährigen Kindern muss der Sozialausschuss der Gemeinde zustimmen; ein Einmalbetrag ist an ihn zu zahlen (§ 7 II, IV EG). Auch ein festgestellter Unterhaltsanspruch erlischt grundsätzlich 5 Jahre nach dem ursprünglich gültigen Fälligkeitstag (§ 9 I EG), anders bei Pfändung, Konkurs und Vergleich (§ 9 II, III). Eine dem widersprechende Vereinbarung ist ungültig (§ 9 IV EG).

368   Die **Abänderung** eines Urteils oder einer Unterhaltsvereinbarung ist bei Änderung der Verhältnisse ab Einleitung des Verfahrens ohne weiteres möglich. Für die Zeit davor kann der Unterhaltstitel abgeändert werden, wenn die Gegenpartei nicht widerspricht. Widerspricht sie einer Herabsetzung oder einem Wegfall, ist eine Änderung nur für die noch nicht gezahlten Beträge zulässig (§ 10 I EG). Eine Vereinbarung kann vom Gericht auch dann geändert werden, wenn sie von Anfang an unbillig war (§ 10 II EG). Sogar eine Rückzahlung kann angeordnet werden, allerdings nur, wenn besondere Gründe vorliegen. In § 1 des Gesetzes vom 16. Dezember 1966 (Nr. 680) ist die Abänderung bestimmter Unterhaltsbeiträge geregelt. Ist ein laufend gezahlter Unterhaltsbeitrag in den letzten 6 Jahren nur nach diesen Vorschriften geändert worden, kann das Gericht die Unterhaltsbestimmung für die Zeit nach Einleitung des Verfahrens auch ohne Änderungsgrund überprüfen (§ 10 III EG).

369   Wurde der Unterhaltsbeitrag ursprünglich nur für eine bestimmte Dauer bewilligt, steht das einer späteren Bewilligung eines Beitrags für die darauf folgende Zeit nicht im Wege (10 IV EG). Der Unterhaltsbeitrag kann für unterschiedliche Unterhaltszeiträume auf Beträge in verschiedener Höhe festgesetzt werden (§ 14 I EG). Eine Unterhaltsfestsetzung über die Vollendung des 18. Lebensjahres hinaus darf nicht gegen den Widerspruch des Unterhaltspflichtigen erfolgen, ehe zuverlässig beurteilt werden kann, ob für die Zeit danach überhaupt noch eine Unterhaltspflicht vorliegt (§ 14 II EG).

370   Eheliche und nichteheliche Kinder sind hinsichtlich des Unterhalts materiell völlig gleichgestellt. Das adoptierte Kind gilt als Kind des Annehmenden, nicht als Kind seiner biologischen Eltern (Kap. 4, § 8). Stiefeltern schulden Unterhalt, wenn sie dauernd mit dem Kind zusammen leben, auch wenn sie nicht mit dem leiblichen Elternteil verheiratet sind, aber mit diesem auch ein gemeinsames Kind haben.

Für den Unterhaltsantrag ist das Wohnsitzgericht des Antragsgegners örtlich zuständig (§ 12 I).

2. Ehegattenunterhalt

371   **Trennung.** Die Ehegatten haben, jeder nach seinen Möglichkeiten, zur Sicherung des gemeinsamen Unterhalts beizutragen (Kap. 6 § 1 I Äktenskapsbalk = Ehegesetz[345] – EheG,

---

[345] Vom 14. 5. 1987, zuletzt geändert zum 1. 7. 2007 durch Gesetze 2007:184

im Folgenden ohne Kap. zitiert). Kann ein Ehegatte sich nicht selbst versorgen, ist der andere Ehegatte verpflichtet, zu seinem persönlichen Bedarf beizutragen. Diese Verpflichtung gilt auch dann fort, wenn die Ehegatten getrennt leben.[346] Verletzt ein Ehegatte seine Unterhaltspflicht, kann das Gericht diesen auf Antrag verpflichten, dem anderen Ehegatten einen Unterhaltsbeitrag zu zahlen (§ 5 EheG). Leben die Ehegatten getrennt, hat ein Ehegatte seine Unterhaltspflicht stets durch Zahlung eines Unterhaltsbeitrages zu erfüllen (§ 6 EheG).

Die **Höhe** des Beitrags hängt ab von den finanziellen Möglichkeiten beider Ehegatten wie schon während des Zusammenlebens (§ 1 und 2 EheG). Jedoch darf jetzt ein Ehegatte nicht mehr die Einkünfte des kranken oder abwesenden Ehegatten und die Erträgnisse seines Vermögens für den Unterhalt verwenden (§ 4 I EheG). Verletzt ein Ehegatte seine Unterhaltspflicht, kann das Gericht ihn verpflichten, dem anderen Ehegatten einen Unterhaltsbeitrag zu zahlen (§ 5 EheG). 372

Scheidung. Nach der Scheidung ist die gegenseitige Unterhaltspflicht grundsätzlich beendet; jeder Ehegatte ist für seine Versorgung selbst verantwortlich (§ 7 I EheG).[347] Lediglich im Notfall kann ein Ehegatte vom anderen nach dessen Möglichkeiten und nach den sonstigen Umständen für eine Übergangszeit Unterhalt verlangen (§ 7 II EheG), nach langjähriger Ehe oder bei außerordentlichen Schwierigkeiten, sich selbst zu versorgen, auch für einen längeren Zeitraum.[348] Dabei ist auch zu berücksichtigen, ob der unterhaltsbedürftige Ehegatte den Beitrag benötigt, um sich eine Altersversorgung zu schaffen (§ 7 III EheG). 373

Der Unterhalt ist fortlaufend als Rente und nur in besonderen Fällen, z. B. wenn der Betrag benötigt wird um sich eine Altersversorgung zu schaffen, als Abfindung zu zahlen (§ 8 EheG). Er kann rückwirkend ohne Zustimmung des Unterhaltspflichtigen nur bis zu 3 Jahre vor Einleitung des Verfahrens verlangt werden (§ 9 EheG). Ein festgestellter Unterhaltsbeitrag erlischt grundsätzlich 3 Jahre nach seiner Fälligkeit; bei Zwangsvollstreckung, Konkurs oder Vergleich gelten jedoch Besonderheiten (§ 10 EheG). 374

Zur **Abänderung** gilt im Wesentlichen dasselbe wie beim Kindesunterhalt (§ 11 EheG). Für die Zeit nach der Scheidung darf der Unterhalt nur erhöht werden, wenn außerordentliche Gründe vorliegen. Ein Einmalbetrag darf überhaupt nicht abgeändert werden, wenn die andere Partei widerspricht. 375

Schweiz[349]

1. Kinderunterhalt

Gemäß Art. 276 I, 285, 328 II des Schweizerischen Zivilgesetzbuches[350] (ZGB) müssen die Eltern bis zur Mündigkeit (18. Lebensjahr, Art. 14, Art. 277 I ZGB) Unterhalt leisten, in der Regel durch Pflege und Erziehung und außerhalb der Obhut, z. B. bei Trennung der Eltern, durch Geldzahlungen (Art. 276 II ZGB). Unterhalt umfasst alles, was nach den Verhältnissen der Eltern angemessen (nicht nur nötig) ist zum Leben, zur körperlichen und geistig/seelischen Entwicklung des Kindes (Art. 276 I, Art. 302 I ZGB). Voraussetzung ist die Bedürftigkeit des Kindes (keine zumutbare Arbeit, keine anderen Mittel, Art. 276 III 376

---

[346] Rieck/Firsching a. a. O. Rn. 15
[347] Bergmann/Ferid/Henrich a. a. O., Schweden, S. 31
[348] Rieck/Firsching a. a. O. Rn. 32 f.
[349] Zu der zum 1. 1. 2000 in Kraft getretenen Neuregelung des nachehelichen Unterhaltsrechts vgl. Reusser FamRZ 2001, 595, 597 f.; s. auch Hausheer/Spycher, Unterhalt nach neuem Scheidungsrecht, Bern 2001; Hausheer/Geiser/Aebi-Müller, Das Familienrecht des Schweizerischen Zivilgesetzbuches 3. Aufl. Rn. 10 100; Hausheer, Vom alten zum neuen Scheidungsrecht, Bern 1999 und Hausheer/Spycher, Handbuch des Unterhaltsrechts, Bern 1997 mit Buchbesprechung Schneyder FamRZ 1999, 763; zur Rechtsprechung des Schweizerischen Bundesgerichts suche im Internet unter der Homepage „www.servat.unibe.ch/dfr/dfr_bge1.html"
[350] Vom 10. 12. 1907, in der Fassung der Änderung vom 23. Juni 2006, in Kraft seit dem 1. Juli 2007

ZGB). Nach Eintritt der **Volljährigkeit** besteht die Unterhaltspflicht für das in Ausbildung befindliche Kind fort, bis die Ausbildung „ordentlicherweise" abgeschlossen werden kann (nicht unbedingt abgeschlossen ist).[351] Die Unterhaltsleistung muss den Eltern nach den gesamten Umständen zumutbar sein (Art. 277 II ZGB). Gegenüber minderjährigen Kindern ist eine Einschränkung des Unterhaltspflichtigen bis zum Notbedarf[352] zumutbar, gegenüber dem volljährigen Kind wird ein erweiterter Notbedarf, zuzüglich etwa 20%, anerkannt.[353] Wenn ein Elternteil nichts verdient, obwohl er es könnte, wird er nach einem fiktiven Einkommen taxiert.[354] Grundsätzlich ist auch die betreuende Mutter baruntehaltspflichtig, jedoch wird die persönliche Betreuung als wesentlicher Unterhaltsbeitrag angesehen.[355] Der Unterhaltsanspruch steht dem Kind zu und ist, solange das Kind unmündig ist, an den gesetzlichen Vertreter oder – bei gemeinsamer elterlicher Sorge – an den Inhaber der Obhut zu leisten (Art. 289 I ZGB). Der Begriff der Obhut beschreibt die tatsächlichen Verhältnisse und ist nicht im Rechtssinne zu verstehen.

377   Die Festsetzung von Unterhaltsbeiträgen ist ein Ermessensentscheid, bei dem alle bedeutsamen Umstände berücksichtigt werden müssen (vgl. auch Art. 4 ZGB). Neben der Lebensstellung, den Bedürfnissen des Kindes (bei denen eigenes Einkommen und Vermögen zu berücksichtigen ist) und der Leistungsfähigkeit der Eltern verdeutlicht der neue Art. 285 I ZGB, dass auch der Beitrag des nicht obhutsberechtigten Elternteils an der Betreuung des Kindes ein wesentliches Kriterium für die Festsetzung der Höhe der Unterhaltsbeiträge ist. Allerdings werden die Grundkosten für den Unterhalt des Kindes wie Wohnungsanteil, Versicherungs- und Krankenkassenprämien, Bekleidungskosten usw. nicht durch den Umfang der Mitbetreuung beeinflusst. Wenn es die wirtschaftlichen Verhältnisse erlauben, soll der Unterhaltsbeitrag für das Kind aber so bemessen werden, dass sich der sorgeberechtigte Elternteil ein angemessenes Maß an Freizeit verschaffen kann, z.B. durch stundenweise Anstellung eines bezahlten Babysitters. Die gleiche Funktion kann die Mitbetreuung des Kindes durch den anderen Elternteil erfüllen, sei es, dass beide Eltern gemeinsam die elterliche Sorge ausüben, sei es, dass die Betreuung im Rahmen eines großzügig bemessenen Umgangsrechts wahrgenommen wird. Kinderzulagen u. a., die der Unterhaltspflichtige bezieht, müssen grundsätzlich zum Unterhalt hinzu gezahlt werden (Art. 285 II ZGB); stehen sie dem Kind selbst zu, gehören sie zu dessen Einkünften (Art. 285 I ZGB). Einen verordneten Mindestunterhalt gibt es nicht, auch keinen sog. Regelunterhalt, jedoch Empfehlungen der Jugendämter als Orientierungshilfe.[356] Verbreitet ist eine abstrakte Quotenaufteilung nach einem bestimmten **Prozentsatz** des Nettoeinkommens des Unterhaltspflichtigen, z.B. für ein Kind 15 bis 17%, für zwei Kinder 25 bis 27%, für drei Kinder 30 bis 33% usw. des Nettoeinkommens, alles jedoch unverbindlich und nach Art einer Faustregel.[357] Das Gericht kann bei der Festsetzung eine Indizierung anordnen (Art. 286 I ZGB); der Unterhaltsbeitrag wird in der Regel auf den Monatsbeginn festgesetzt (Art. 285 III ZGB). In diesem Zeitpunkt entsteht die Einzelforderung und wird gleichzeitig fällig.[358]

378   Unterhaltsbeiträge sind nach den Verhältnissen festzusetzen, wie sie sich voraussichtlich über längere Zeit hin gestalten. Gleiches gilt für die Abänderung von Unterhaltsbeiträgen. Nach der neuen Vorschrift des § 286 III ZGB kann das Gericht den unterhaltspflichtigen

---

[351] Zur fehlenden Bestimmtheit eines von ordnungsgemäßem Studium abhängigen Unterhaltsanspruchs vgl. BGB FamRZ 2004, 1023; vgl. auch: OLG Karlsruhe FamRZ 2002, 1420

[352] Hinderling/Steck, Das schweizerische Ehescheidungsrecht, 4. Auflage, S. 298. Der Notbedarf orientiert sich am vollstreckungsrechtlichen Existenzminimum (bei uns etwa Pfändungsfreigrenze), dessen Berechnung jedoch individuell und dem Vollstreckungsbeamten überlassen ist. Zur Berechnung werden Richtlinien verwendet, die jedoch unverbindlich sind

[353] Hinderling/Steck a.a.O., S. 461; Hegnauer, Entwicklungen des europäischen Kindschaftsrechts, 2. Auflage, S. 130

[354] Hinderling/Steck a.a.O., S. 467

[355] Hinderling/Steck a.a.O., S. 468

[356] Bergmann/Ferid/Henrich a.a.O., Schweiz, S. 74, Fn. 131; Hinderling/Steck a.a.O., S. 465; Hegnauer a.a.O., S. 131

[357] Hausheer/Geiser/Aebi-Müller a.a.O. Rn. 10 100; Hinderling/Steck a.a.O., S. 465; zur Vollstreckung eines schweizer Unterhaltstitels auf Kindesunterhalt BGH FamRZ 2011, 802

[358] Hinderling/Steck a.a.O., S. 471

Elternteil bei nicht vorausgesehenen außerordentlichen Bedürfnissen zur Leistung eines besonderen Beitrags verpflichten. Zu denken ist dabei an außergewöhnliche Kosten z. B. für Zahnkorrektur oder für besondere schulische Förderung.

Auf das Unterhaltsstammrecht kann grundsätzlich nicht **verzichtet** werden, aber auf die einzelne Unterhaltsrate. Diese (nicht das Stammrecht) ist grundsätzlich vererblich, kann verjähren (5 Jahre, Art. 128 Nr. 1 OR), ist verrechenbar, abtretbar und pfändbar.[359] Der Unterhalt kann für die Zukunft und für die Dauer eines Jahres vor Einleitung des Verfahrens verlangt werden (Art. 279 I ZGB). 379

Grundsätzlich hat das Kind denjenigen Elternteil, dem es entzogen worden ist, auf Unterhalt in Anspruch zu nehmen (Art. 279 I ZGB). Vor der Scheidung und im Scheidungsverbund macht der obhutsberechtigte Elternteil, dem das Kind zugeteilt werden soll, den Kindesunterhalt allerdings im eigenen Namen, also in gesetzlicher Prozessstandschaft geltend (Art. 279 III ZGB; vgl. auch § 1629 III BGB).[360] Ebenso wie im deutschen Recht entfällt diese Prozessführungsbefugnis aber mit Eintritt der Mündigkeit (Volljährigkeit) des Kindes.[361]

Abänderung. Bei erheblichen Veränderungen der Einkommens- und sonstigen einschlägigen Verhältnisse (z. B. der Bedürftigkeit) ist eine Erhöhung, Ermäßigung oder Aufhebung der Unterhaltsrente möglich (Art. 286 II ZGB i. V. m. Art. 179 ZGB). Für den Beginn der Änderung ist auf den der Einleitung des Verfahrens folgenden Monatsanfang abzustellen. Liegen besonders schwerwiegende Gründe vor, ist ausnahmsweise eine weitergehende Rückwirkung zulässig.[362] Eine Abänderung kommt auch in Betracht, wenn der nicht sorgeberechtigte Elternteil seinem bei der Unterhaltsbemessung berücksichtigten großzügigen Umgangsrecht nicht nachkommt und dadurch erhebliche finanzielle Mehrbelastungen des sorgeberechtigten Elternteils entstehen. Die zugrunde liegende Neuregelung des § 285 I ZGB soll allerdings nicht zu einer kleinlichen Aufrechnerei führen. 380

Bei Säumnis des Unterhaltsschuldners sieht das ZGB – neben der allgemeinen Zwangsvollstreckung – eine Reihe von unterstützenden Maßnahmen vor: Inkassohilfe (Art. 290 ZGB), richterliche Anweisung an Schuldner des Unterhaltspflichtigen, Zahlungen an den gesetzlichen Vertreter des Kindes zu leisten (Art. 291 ZGB), Anordnung von Sicherheitsleistung gegenüber dem Unterhaltspflichtigen für die künftigen Beiträge (Art. 292 ZGB), Übernahme der Unterhaltskosten durch den Staat/Kanton (Art. 293 I ZGB), Vorschusszahlungen des Staates/Kanton mit Übergang des Unterhaltsanspruchs (Art. 293 II, Art. 289 II ZGB).[363] Wie der Unterhaltsvorschuss nach dem österreichischen Bundesgesetz für die Gewährung von Vorschüssen auf den Unterhalt von Kindern (UVG) ist auch der Vorschuss nach Art. 289 II ZGB eine Familienleistung im Sinne von Art. 4 I h EWGVO 1408/71 vom 14. 6. 1971; er steht deswegen unter denselben Voraussetzungen auch den im Inland wohnenden ausländischen EU-Bürgern zu.[364] 381

Das Gericht erforscht den Sachverhalt von Amts wegen (Art. 280 II ZGB). Wegen dieser Offizialmaxime besteht Streit darüber, ob der Richter mehr zusprechen darf als beantragt.[365] 382

2. Ehegattenunterhalt

Familienunterhalt. Der den Verhältnissen angepasste gesamte Lebensbedarf der Ehegatten und der im gemeinsamen Haushalt lebenden Kinder wird vom ZGB als ehelicher Unterhalt bezeichnet und in Art. 163 ff. ZGB geregelt. Der Unterhalt umfasst neben den Grundbedürfnissen der Nahrung, Kleidung, Wohnung, Körper- und Gesundheitspflege auch die Befriedigung kultureller Bedürfnisse sowie die Absicherung gegen Risiken verschiedener Art, wie Krankheit, Unfall, Alter pp. 383

---

[359] Hinderling/Steck a. a. O., S. 472
[360] Vgl. BGH FamRZ 2008, 390 = R 686 d
[361] BGE 109 II 371, 373
[362] Hinderling/Steck a. a. O., S. 480
[363] Hegnauer a. a. O., S. 132
[364] EuGH FamRZ 2001, 683
[365] Bergmann/Ferid/Henrich a. a. O., S. 74, Fn. 133

§ 9 Auslandsberührung

Der eheliche Unterhalt wird durch regelmäßige Geldbeiträge aus Einkommen und/oder Vermögen sowie durch Natural- und Sachleistungen sichergestellt. In Betracht kommen Zahlungen in die Haushaltskasse, Haushalts- und Betreuungsleistungen, die Mitarbeit im Gewerbebetrieb des anderen Ehegatten sowie die Überlassung von Hausrat oder Liegenschaften zu Nutzung (Art. 163 II ZGB). Regelmäßig leistet jeder Ehegatte seinen Beitrag in allen Formen aber in unterschiedlichem Ausmaß. Über die Beiträge im Einzelnen haben sich die Ehegatten nach Art. 163 I ZGB zu verständigen.[366]

384 **Trennung.** In der Schweiz gibt es die einfache Trennung (tatsächliche Aufhebung der ehelichen Lebensgemeinschaft) gemäß Art. 175 ZGB und die **gerichtliche Trennung** auf Grund sanktionierter Aufhebung der ehelichen Lebensgemeinschaft gemäß Art. 117 f. ZGB. Die gerichtliche Trennung können beide Ehegatten unter den gleichen Voraussetzungen wie bei der Scheidung verlangen (Art. 117 I ZGB). Mit der gerichtlichen Trennung tritt von Gesetzes wegen Gütertrennung ein (Art. 118 I ZGB). Die Trennung ist für Paare gedacht, die sich aus religiösen Gründen, wegen ihres Alters oder wegen der erb- oder sozialversicherungsrechtlichen Folgen nicht scheiden lassen wollen.[367]

385 Da auch die gerichtliche Trennung das Eheband nicht auflöst, gelten bei beiden Trennungsformen die Vorschriften über die Unterhaltsansprüche zwischen Ehegatten weiter. Bei der Festsetzung des Unterhalts (Art. 173 I, II; 176 I Nr. 1 ZGB) kommen deswegen im Wesentlichen dieselben Grundsätze wie bei Maßnahmen zum Schutz der ehelichen Gemeinschaft zur Anwendung (Art. 118 II ZGB).[368] Mit zunehmender Dauer der Trennungszeit, z. B. bei der zweijährigen „Ersitzung" des Scheidungsgrundes nach Art. 114 ZGB, wird die Verpflichtung des Unterhaltsberechtigten zur Selbstversorgung allerdings immer stärker.

386 Jeder Ehegatte kann von dem anderen Auskunft über dessen Einkommen, Vermögen oder Schulden verlangen (Art. 170 ZGB).

387 **Abänderung.** Bei wesentlicher Änderung der maßgebenden Verhältnisse kann ein Ehegatte eine Erhöhung, Herabsetzung oder Aufhebung des festgesetzten Unterhalts verlangen (Art. 179 I ZGB).[369] Nehmen die Ehegatten die eheliche Lebensgemeinschaft wieder auf, entfallen damit die für die Trennungszeit angeordneten Maßnahmen (Art. 179 II ZGB).

388 Gemäß Art. 177 ZGB kann der Richter die Schuldner des Unterhaltspflichtigen anweisen, unmittelbar an den unterhaltsberechtigten Ehegatten zu zahlen.

389 **Scheidung.** Seit der zum 1. 1. 2000 in Kraft getretenen Änderung des ZGB[370] ist zwischen **drei Arten der Ehescheidung** zu unterscheiden:[371]
– der Scheidung auf gemeinsames Begehren, die eine weitgehende Einigung über die Scheidungsfolgen voraussetzt (Art. 111–113, 116 ZGB),
– dem einseitigen Scheidungsantrag nach zweijähriger Trennungszeit (Art. 114 ZGB) und
– dem einseitigen Scheidungsantrag, wenn dem Antragsteller die Fortsetzung der Ehe aus schwerwiegenden, ihm nicht zurechenbaren Gründen nicht zumutbar ist (Art. 115 ZGB),
Inzwischen erfolgt der weit überwiegende Anteil aller Ehescheidungen (98%) auf gemeinsames Begehren.

390 Dem neu in Art. 125 ZGB geregelten **nachehelichen Unterhalt** liegen zwei Prinzipien zugrunde:
- Nach der Ehescheidung muss sich jeder Ehegatte im Grundsatz selbst versorgen. Nur wenn dies einem Ehegatten nicht zumutbar ist, kann ihm nachehelicher Unterhalt zugesprochen werden.
- Die Ehe wird so geschieden, wie sie gelebt worden ist. Entscheidend kommt es dabei auf die **Lebensprägung** an.[372] Ist die wirtschaftliche Selbstständigkeit durch die Ehe nicht

---

[366] Hausheer/Geiser/Aebi-Müller a. a. O. Rn. 08.01 ff.
[367] Rieck/Trachsel Ausländisches Familienrecht Schweiz Stand: August 2007 Rn. 15
[368] Hinderling/Steck a. a. O., S. 268
[369] Hinderling/Steck a. a. O., S. 270
[370] Vgl. Reusser FamRZ 2001, 595 ff.
[371] Hausheer/Geiser/Aebi-Müller a. a. O. Rn. 10.04 ff.
[372] Reusser FamRZ 2001, 595, 597; der Begriff ist nicht identisch mit den ehelichen Lebensverhältnissen nach deutschem Recht

beeinträchtigt, kann ein Unterhaltsanspruch nur aus Arbeitsmarktgründen oder bei unterbliebener Ausbildung begründet sein. Ist die Ehe hingegen lebensprägend geworden, soll der nacheheliche Ehegattenunterhalt den zuletzt erreichten ehelichen Standard aufrechterhalten. Das ist z. B. bei sehr langer Ehedauer, tatsächlicher Kindererziehung oder Umstellung auf einen anderen Kulturkreis der Fall. Selbst bei sehr großen Einkommensunterschieden ist Zurückhaltung geboten; regelmäßig muss ein anderer Unterhaltsgrund hinzutreten.[373]

Mit der Scheidung entfällt die Pflicht zur gemeinsamen Sorge für den Unterhalt (Art. 163 ZGB); ehebedingte Nachteile sind indes auszugleichen. Seine Rechtfertigung hat der nacheheliche Unterhalt somit im Schutz des Vertrauens darauf, dass sich ein Scheitern der Ehe nicht zum Nachteil nur eines Ehegatten auswirkt.[374] Ein angemessener Beitrag ist dem anderen Ehegatten nach Art. 125 I ZGB nur dann zu leisten, wenn ihm nicht zuzumuten ist, für den gebührenden Unterhalt einschließlich der Altersversorgung selbst aufzukommen.[375] Die Unterhaltspflicht wird in der Regel zeitlich begrenzt; lebenslange Unterhaltsleistungen kommen nur sehr selten vor. Bei kinderloser Ehe oder kurzer Ehedauer (weniger als fünf bis zehn Jahre) kommt, wenn überhaupt, nur eine Unterhaltspflicht von kurzer Dauer in Betracht.[376] **391**

Die Beteiligung an der Bewältigung ehebedingter Nachteile setzt voraus, dass nach den konkreten Umständen (Art. 4 ZGB) einem Ehegatten nicht zumutbar ist, für den ihm gebührenden Unterhalt allein aufzukommen (Art. 125 I ZGB). Für die Zumutbarkeit ist allein die Fähigkeit maßgebend, sich selbst zu versorgen; auf ein Verschulden am Scheitern der Ehe kommt es nicht an. Solches ist nur zu berücksichtigen, wenn nach Art. 125 III ZGB ein Unterhaltsanspruch als offensichtlich unbillig versagt oder gekürzt werden soll.[377] **392**

Bei der Entscheidung, ob, in welcher Höhe und wie lange ein Beitrag zu leisten ist, sind nach Art. 125 II ZGB insbesondere zu berücksichtigen:[378] **393**
– die **Aufgabenteilung** während der Ehe, wobei es auf die tatsächlich gelebten Verhältnisse ankommt,
– die **Dauer** der Ehe. Auch dabei ist maßgeblich, inwieweit die Ehe den Lebensplan und die Fähigkeit des Unterhaltsberechtigten zur Selbstversorgung beeinflusst hat. Regelmäßig gelten kinderlose Ehen bis zu fünf Jahren als kurz, solche von über zehn Jahren als lang, was zum Alter des unterhaltsbedürftigen Ehegatten in Bezug zu setzen ist. Sind aus der Ehe Kinder hervorgegangen, kann auch eine nur kurze Ehe für den überwiegend mit Kindererziehung befassten Elternteil prägend geworden sein. Entsprechendes gilt mit Blick auf den Arbeits- und Wohnungsmarkt für einen Ehegatten aus einem fremden Kulturkreis.[379] Umgekehrt kann eine zwar langjährige aber schon lange getrennte Ehe trotz langer Dauer keine prägende Wirkung erreichen oder diese wegen früheren Eintritts der Fähigkeit zur Eigenversorgung wieder verloren haben.
– die einvernehmlich gelebte **Lebensstellung** während der Ehe. Maßgeblich ist dabei, was die Ehegatten sich als angemessen hätten leisten können. Ein Anspruch auf uneingeschränkte Fortführung des bisherigen Lebensstandards besteht allerdings nicht. Selbst bei günstigen Verhältnissen bildet der angemessene bisherige Standard die Obergrenze des Unterhaltsbeitrags.
– **Alter und Gesundheit** der Ehegatten.
– **Einkommen und Vermögen** der Ehegatten. Dabei sind realistische Anwartschaften auch aus Erbrecht,[380] günstige Einkommensperspektiven aber auch künftige Belastungen

---

[373] Hausheer/Geiser/Aebi-Müller a. a. O. Rn. 10.72 ff.; Reusser FamRZ 2001, 595, 598
[374] Hausheer/Spycher a. a. O. Rn. 05.43 ff.; Hegnauer/Breitschmid, Grundriss des Eherechts, 4. Aufl., Rn. 11.36
[375] Rieck/Trachsel a. a. O. Rn. 15; Hegnauer/Breitschmid a. a. O. Rn. 11.37
[376] Rieck/Trachsel a. a. O. Rn. 19
[377] Hausheer/Spycher a. a. O. Rn. 05.43 ff.; Hausheer/Geiser/Aebi-Müller a. a. O. Rn. 10.70; Hegnauer/Breitschmid a. a. O. Rn. 11.41
[378] Hausheer/Spycher a. a. O. Rn. 05107 ff.
[379] Hegnauer/Breitschmid a. a. O. Rn. 11.42 b
[380] BGE 116 II 103, 105 E.2.b/c

wie Unterstützungspflichten oder unverschuldeter Verlust des Arbeitsplatzes zu berücksichtigen, wenn die Entwicklung mit einer gewissen Wahrscheinlichkeit absehbar ist.[381] Bei normalen Einkommensverhältnissen (zwischen 5000 und 9000 Franken/mtl.) kann der Lebensstandard regelmäßig nicht voll gehalten werden, was zur Herabsetzung aller Ansprüche führt. Bei gehobenen Einkommensverhältnissen ist als Obergrenze vom Verbrauch (ohne Vermögensbildung) zum Ende der Ehezeit auszugehen. Nach Art. 143 I ZGB ist im Urteil anzugeben, von welchem Einkommen oder Vermögen jedes Ehegatten ausgegangen wird. Bei Aufnahme einer nichtehelichen Lebensgemeinschaft ist zu prüfen, ob dies Einfluss hat auf die Möglichkeit sich selbst zu versorgen und ob die Ehe bis zur Aufnahme der neuen Gemeinschaft prägend war.[382]

– Umfang und Dauer der von den Ehegatten noch zu leistenden **Betreuung der Kinder**.[383] Nach bisheriger Rechtsprechung sind Betreuungsleistungen bis zur Vollendung des 16. Lebensjahres des jüngsten Kindes zu berücksichtigen.[384] Bei nur einem Kind ist ab dem 10. Lebensjahr, nach wirtschaftlichen Verhältnissen und Betreuungsmöglichkeiten ggf. auch schon früher, eine Teilzeitbeschäftigung zumutbar.[385] Bei mehreren Kindern ist regelmäßig keine Berufstätigkeit zumutbar.

– die berufliche **Ausbildung und die Erwerbsaussichten** der Ehegatten sowie der mutmaßliche Aufwand für die berufliche Eingliederung des bedürftigen Ehegatten. Bei günstigen Verhältnissen hat der ökonomisch schwächere Ehegatte Anspruch auf Beibehaltung der ehelichen Lebensstellung. Ein Wiedereinstieg in das Berufsleben ist für eine geschiedene Ehefrau oft schon ab dem 45. Lebensjahr,[386] jedenfalls aber mit Vollendung des 50. Lebensjahres kaum noch möglich. Verfügt der Unterhaltspflichtige aber im Mangelfall nicht über ausreichende Mittel, kann zwangsläufig kein oder nur ein geringerer Unterhalt festgesetzt werden, was eigene Erwerbstätigkeit oder den Bezug von Sozialhilfe unumgänglich macht.[387]

– Ansprüche aus der ersten oder zweiten Säule der eidgenössischen **Alters- und Hinterbliebenenversorgung** und aus der beruflichen oder sonstigen privaten oder staatlichen Vorsorge nach Teilung der Austrittsleistungen.

394 Art. 125 II ZGB nennt damit nur Beispiele, die nach ihrer Bedeutung im konkreten Einzelfall zu gewichten sind. Allgemein sind **Höhe und Dauer** des Unterhalts nach der Selbsterhaltungsfähigkeit des Berechtigten und der Leistungsfähigkeit des Unterhaltspflichtigen[388] festzusetzen. Die Höhe des Ehegattenunterhalts wird heute vorwiegend nicht rein pauschal im Sinne einer Quote, sondern konkret ermittelt. Auch dabei werden allerdings Pauschalierungen mit individuellem Einzelbedarf, z. B. für Wohnkosten, Krankenvorsorge usw., kombiniert.[389] In der Rechtsprechung hat sich die „Methode der familienrechtlichen Existenzminimum- und Grundbedarfsberechnung mit allfälliger Überschussverteilung" durchgesetzt.[390] Nach dieser Methode wird für alle Unterhaltsberechtigten vorerst der Bedarf als familienrechtliches Existenzminimum konkret berechnet. Dabei wird in einem ersten Schritt das „betreibungsrechtliche" Existenzminimum[391] ermittelt, das in einem zweiten Schritt zum familienrechtlichen Grundbedarf erweitert wird.[392] Der Summe aller familienrechtlichen Existenzminima wird sodann, unter Anrechnung (auch hypothetischer) Einkommen, das maßgebliche Einkommen des Unterhaltspflichtigen gegenüber gestellt. Auch wenn sich daraus ein Überschuss ergibt, ist dieser anteilig auf die Unterhaltsberechtigten zu

---

[381] BEG 114 II 117
[382] Hegnauer/Breitschmid a. a. O. Rn. 11.42 e
[383] Vgl. Reusser FamRZ 2001, 595, 598
[384] BEG 109 II 286; 110 II 225; 115 II 10; 115 II 431 Erw. 5; Hinderling/Steck a. a. O., S. 285; Plate FuR 1996, 50
[385] BGE 114 II 303 Erw. d; 115 II 10 Erw. 3 c; Hegnauer/Breitschmid a. a. O. Rn. 11.42 f
[386] BGE 114 II 9
[387] Hegnauer/Breitschmid a. a. O. Rn. 11.42 g
[388] Hausheer/Spycher a. a. O. Rn. 05.88 ff.
[389] Hausheer/Geiser/Aebi-Müller a. a. O. Rn. 10 101
[390] BGE 128 III 65 ff.; BGer 5C.232/2004 E. 3
[391] Vgl. dazu www.berechnungsblaetter.ch
[392] BGer 5C.282/2002

verteilen.[393] Mit Ausnahme der Fälle einer alters-, gesundheits- oder bildungsbedingt dauerhaft reduzierten Eigenversorgung wird die Unterhaltsrente nur befristet (für eine bestimmte Dauer oder bis zum Eintritt einer Bedingung) oder allenfalls degressiv geschuldet.[394]

Nach Art. 125 III ZGB kann ein Unterhaltsbeitrag **versagt oder gekürzt** werden, 395 wenn die Verpflichtung offensichtlich unbillig wäre, insbesondere wenn der Unterhaltsberechtigte seine eigene Pflicht, zum Unterhalt der Familie beizutragen, grob verletzt hat, seine Bedürftigkeit mutwillig herbeigeführt hat oder gegen den Unterhaltspflichtigen oder nahe Angehörige eine schwere Straftat begangen hat.[395] Der Ausschluss darf sich nicht zu Lasten notwendiger Kinderbetreuung auswirken. Der Unterhaltsanspruch entfällt beim Tod des Berechtigten und des Unterhaltspflichtigen. Vorbehaltlich einer abweichenden Vereinbarung entfällt er auch bei Wiederheirat des Unterhaltsberechtigten (Art. 130 I, II ZGB).

Beantragen die Ehegatten die Scheidung auf gemeinsames Begehren, müssen sie nach 396 Art. 111 I ZGB eine vollständige Vereinbarung über die Scheidungsfolgen einreichen, die vom Gericht zu genehmigen ist (Art. 140 ZGB). Sie können aber auch verlangen, dass das Gericht die Scheidungsfolgen beurteilen soll, über die sie sich nicht einig sind. Insoweit stellen die Ehegatten dann wechselseitig Anträge, über die im Scheidungsurteil mit entschieden wird (Art. 112 I, III ZGB).

Das Gericht setzt als Unterhaltsbeitrag eine Rente fest und bestimmt den Beginn der 397 Beitragspflicht. Rechtfertigen es besondere Umstände, kann anstelle der Rente eine Abfindung festgesetzt werden. Das Gericht kann den Unterhaltsbeitrag auch von Bedingungen abhängig machen (Art. 126 I–III ZGB). Damit kann es wichtigen Unwägbarkeiten in der Entwicklung schon im Voraus Rechnung tragen.

Abänderung/Anpassung. Nach Art. 127 ZGB können die Ehegatten (nicht das Ge- 398 richt) in der Vereinbarung die Abänderung der festgesetzten Rente ganz oder teilweise **ausschließen**.[396] Das Gericht kann anordnen, dass der Unterhaltsbeitrag sich bei bestimmten Veränderungen der Lebenshaltungskosten ohne weiteres erhöht oder vermindert (Art. 128 ZGB). Die **Indexierung** ist auch ohne Antrag zu prüfen und festzusetzen, sofern die Rente nicht ohnehin auf wenige Jahre befristet ist (Art. 140 II, 143 Nr. 4 ZGB). Der Unterhaltspflichtige muss eine seine Leistungsfähigkeit übersteigende Wirkung der Indexierung durch Abänderungsantrag geltend machen.[397] Ist ein nicht indexierter Unterhaltsbeitrag festgesetzt worden, kann dessen Anpassung an die Teuerung auch später verlangt werden, wenn das Einkommen des Unterhaltspflichtigen nach der Scheidung unvorhersehbar gestiegen ist (Art. 129 II ZGB). Dann kann eine Erhöhung und/oder eine Indexierung der Rente angeordnet werden.[398]

Bei erheblicher und dauerhafter Veränderung der Verhältnisse kann der Unterhaltspflichti- 399 ge die Herabsetzung, Aufhebung oder befristete Einstellung der Rente verlangen (Art. 129 I ZGB). In Betracht kommt dies besonders bei einer Verminderung seiner Leistungsfähigkeit. Verbesserte Verhältnisse des Unterhaltsberechtigten können eine Herabsetzung nur begründen, wenn zuvor eine den gebührenden Unterhalt deckende Rente festgesetzt war (Art. 129 I S. 2 ZGB). Auch dann ist aber Zurückhaltung geboten, weil die erhöhte Eigenleistung des Berechtigten in erster Linie dessen Startchancen verbessern und nicht den Unterhaltspflichtigen entlasten soll.[399] Als Aufhebungsgrund kommt auch eine neue nichteheliche Lebensgemeinschaft in Betracht. Dies wird bei fünfjähriger Dauer vermutet, kann aber auch schon früher, z. B. bei gemeinsamen Erwerb von Wohneigentum, vorliegen.[400]

Nunmehr kann auch nachträglich binnen fünf Jahren seit der Scheidung die Festsetzung 400 einer Rente oder deren Erhöhung verlangt werden, wenn im Urteil festgehalten ist, dass kein zur Deckung des gebührenden Unterhalts ausreichender Betrag festgesetzt werden

---

[393] Hausheer/Geiser/Aebi-Müller a. a. O. Rn. 10 102 m. w. N.
[394] Hegnauer/Breitschmid a. a. O. Rn. 11.43
[395] Hausheer/Spycher a. a. O. Rn. 05.96 ff.
[396] Zu den Risiken BGE 122 II 97
[397] Hegnauer/Breitschmid a. a. O. Rn. 11.54
[398] Hausheer/Geiser/Aebi-Müller a. a. O. Rn. 10118 ff.; Hegnauer/Breitschmid a. a. O. Rn. 11.54
[399] BGE 108 II 83; Hegnauer/Breitschmid a. a. O. Rn. 11.55
[400] BGE 116 II 394; 124 III 54

konnte, die wirtschaftlichen Verhältnisse des Unterhaltspflichtigen sich aber entsprechend verbessert haben (Art. 129 III ZGB).

3. Verwandtenunterhalt

401 Wer in günstigen Verhältnissen lebt, ist nach Art. 328 I ZGB verpflichtet, Verwandte in auf- und absteigender Linie zu unterstützen, die ohne diesen Beistand in Not geraten würden. Die Unterhaltspflicht der Eltern und des Ehegatten bleibt vorbehalten (Art. 328 II ZGB) und geht dem Verwandtenunterhalt vor. Schon nach dem Wortlaut setzt der Unterhaltsanspruch Leistungsfähigkeit des Unterhaltspflichtigen („Wer in günstigen Verhältnissen lebt") und Bedürftigkeit des Unterhaltsberechtigten („die ohne diesen Beistand in Not geraten würden") voraus.[401]

4. Allgemeine Vorschriften

402 Durch die Zahlungen von **Kinder- und Frauenalimenten** geht der Unterhaltsanspruch des Berechtigten in Höhe der gezahlten Sozialleistung nach Art. 289 Abs. 2 ZGB auf den Träger der Sozialleistungen über. Ein solcher **Forderungsübergang** ist für die Vergangenheit bereits im Ausgangsverfahren zu berücksichtigen. Den rückständigen Unterhalt können deswegen nur entweder der Träger der Sozialleistungen oder, gemeinsam mit dem laufenden künftigen Unterhalt, der Unterhaltsberechtigte in Prozessstandschaft zur Zahlung an den Träger der Sozialleistung geltend machen. In einem späteren Verfahren zur Anordnung der Vollstreckbarkeit eines schweizer Unterhaltstitels in der Bundesrepublik Deutschland kann ein gesetzlicher Forderungsübergang geltend gemacht werden, soweit dem Übergang unstreitige Zahlungen des Sozialhilfeträgers nach Erlass der zu vollstreckenden Entscheidung zugrunde liegen.[402]

Serbien

Der Unterhalt richtet sich nach den Bestimmungen des Familiengesetzes der Republik Serbien vom 24. 2. 2005 (FamG).[403]

1. Kinderunterhalt

403 **Minderjährige Kinder** haben nach § 154 I FamG das Recht auf Unterhalt von den Eltern. Die Pflicht der minderjährigen Kinder, ihren Unterhaltsbedarf (teilweise) von eigenen Einkünften oder eigenem Vermögen zu decken, ist gegenüber der Unterhaltspflicht der Eltern subsidiär (Art. 154 III FamG).

404 Ein **volljähriges Kind** hat ein Recht auf Unterhalt von den Eltern, wenn es arbeitsunfähig ist und nicht genug Mittel für den Unterhalt hat. Der Anspruch besteht, solange dieser Zustand andauert (Art. 155 I FamG). Besucht das volljährige Kind noch regelmäßig die Schule, längstens aber bis zur Vollendung des 26. Lebensjahres, bemisst sich der Anspruch im Verhältnis zu deren Möglichkeiten (Art. 155 II FamG). Der Unterhaltsanspruch gegen die Eltern entfällt allerdings, wenn die Unterhaltspflicht eine offensichtliche Ungerechtigkeit für die Eltern darstellen würde (Art. 155 IV FamG).

405 **Minderjährige Stiefkinder** haben auch gegen ihren Stiefelternteil Anspruch auf Unterhalt. Der Anspruch entfällt, wenn die Ehe zwischen dem Elternteil und dem Stiefelternteil für ungültig erklärt oder geschieden worden ist (§ 159 I, II FamG). Für den Unterhalt „als

---

[401] Bergmann/Ferid/Henrich a. a. O., S. 21 f.
[402] BGH FamRZ 2011, 802 Rn. 17 ff.; zur Zustellung in der Schweiz vgl. BGH FamRZ 2008, 390 Rn. 14 ff.
[403] Nr. 18/2005; vgl. Bergmann/Ferid/Henrich a. a. O., Serbien S. 51, 68 ff.

Kind angenommener Verwandter" gelten die gleichen Grundsätze wie für leibliche Kinder (Art. 158 FamG). Die Dauer und die Höhe des Unterhalts sind nach allgemeinen Kriterien zu bemessen (s. Rn. 414 ff.). Subsidiäre Unterhaltsansprüche der Kinder gegen andere Blutsverwandte in gerader aufsteigender Linie sind im Rahmen des Verwandtenunterhalts erörtert (s. Rn. 411 ff.).

2. Ehegattenunterhalt

Nach Art. 25 FamG sind die **Ehegatten** verpflichtet, ein gemeinsames Leben zu führen, sich gegenseitig zu achten und zu unterstützen. Sie sind auch verpflichtet, sich unter den durch das Gesetz bestimmten Voraussetzungen gegenseitig Unterhalt zu leisten (Art. 28 FamG). Der Ehegatte, der nicht genug Mittel für seinen Unterhalt hat und arbeitsunfähig oder arbeitslos ist, hat ein Recht auf Unterhalt vom anderen Ehegatten nach dessen Möglichkeiten (Art. 151 I FamG). Kein Unterhaltsrecht hat der Ehegatte, der bei Eingehung einer nichtigen oder anfechtbaren Ehe von dem Grund der Nichtigkeit oder Anfechtbarkeit gewusst hat (Art. 151 II FamG). Der Ehegatte hat auch dann keinen Anspruch auf Unterhalt, wenn die Anerkennung des Anspruchs eine offensichtliche Ungerechtigkeit für den unterhaltspflichtigen Ehegatten darstellen würde (Art. 151 III FamG). **406**

Wird eine Ehe für ungültig erklärt, steht dem Ehegatten, der den Nichtigkeitsgrund im Zeitpunkt der Eheschließung nicht kannte, unter den gleichen Voraussetzungen ein Anspruch auf Unterhalt zu. Der Unterhaltsberechtigte kann verlangen, dass ihm dieser Unterhaltsanspruch gegen den anderen Ehegatten **im Verfahren der Ehescheidung**[404] zugesprochen wird. Hatte der Ehegatte im Scheidungsverfahren keinen Unterhalt beantragt, kann er ausnahmsweise innerhalb einer Frist von zwei Jahren nach der Ehescheidung aus berechtigten Gründen einen isolierten Unterhaltsantrag erheben. Das setzt aber voraus, dass die Unterhaltsvoraussetzungen schon im Zeitpunkt der Ehescheidung vorlagen und ununterbrochen bis zum Abschluss der Hauptverhandlung in dem isolierten Unterhaltsverfahren angedauert haben oder dass innerhalb dieser Frist eine Arbeitsfähigkeit als Folge einer körperlichen Verletzung oder einer angegriffenen Gesundheit aus der Zeit vor der Ehescheidung eingetreten ist.[405] Hat der unterhaltspflichtige Ehegatte seit der Ehescheidung auf Grund einer Vereinbarung oder ohne ausdrückliches Übereinkommen zum Unterhalt des anderen Ehegatten durch Zahlung bestimmter Beträge, Überlassung der Nutzung seines Eigentums oder auf andere Weise beigetragen, beginnt die zweijährige Antragsfrist mit dem Tag der letzten Leistung bzw. dem Tag der Rückgabe des Vermögensgegenstandes. **407**

Das Gericht kann den Antrag auf Unterhalt unter Berücksichtigung aller Umstände des Falles **abweisen,** wenn der berechtigte Ehegatte den anderen ohne berechtigten Grund verlassen hat. Außerdem kann der Antrag auf Unterhalt abgewiesen werden, wenn sich der Unterhaltsberechtigte ohne besonderen Anlass durch den anderen Ehegatten in der ehelichen Gemeinschaft grob oder ungebührlich verhalten hat oder wenn sein Antrag eine offensichtliche Ungerechtigkeit für den anderen Ehegatten darstellen würde. Lebten die Ehegatten schon längere Zeit getrennt und waren beide Ehegatten bis zum Zeitpunkt der Ehescheidung „eine lange Reihe von Jahren" darauf angewiesen, ihren Unterhalt selbst sicherzustellen, kann das Gericht den Unterhaltsantrag unter Berücksichtigung aller Umstände des Falles ebenfalls abweisen. **408**

3. Unterhalt der Mutter eines Kindes und des außerehelichen Partners

Die **Mutter eines Kindes,** die nicht genügend Mittel für den Unterhalt hat, hat ein Recht auf Unterhalt vom Vater des Kindes für die Zeit vom dritten Monat vor der Geburt bis zum ersten Jahr nach der Geburt (Art. 153 I FamG). Der Unterhaltsanspruch besteht **409**

---
[404] Zu den Scheidungsvoraussetzungen vgl. Cvejic Jancic FamRZ 2009, 1561 ff.
[405] Diese Regelung verstößt gegen den deutschen ordere publik, wenn der Ehegatte danach wegen Fristablaufs trotz Erziehung eines minderjährigen Kindes keinen Betreuungsunterhalt verlangen kann; vgl. OLG Koblenz FamRZ 2004, 1877 zum früheren Art 288 EheFamG

nicht, wenn die Anerkennung des Anspruchs eine offensichtliche Ungerechtigkeit für den Vater darstellen würde (Art. 153 II FamG).

410 Der **nichteheliche Partner,** der nicht genügend Mittel für den Unterhalt hat und arbeitsunfähig oder arbeitslos ist, hat ein Recht auf Unterhalt vom anderen nichtehelichen Partner nach dessen Möglichkeiten (Art. 152 I FamG). Auf diesen Unterhaltsanspruch sind die Bestimmungen des Familiengesetzes über den Unterhaltsanspruch eines Ehegatten sinngemäß anzuwenden (Art. 152 II FamG).

4. Verwandtenunterhalt

411 **Minderjährige Kinder** haben neben dem Anspruch gegen ihre Eltern ein Recht auf Unterhalt von anderen Blutsverwandten in gerade aufsteigender Linie, wenn die Eltern nicht leben oder nicht genug Mittel für den Unterhalt haben (§ 154 II FamG). Auch insoweit ist die Pflicht der minderjährigen Kinder, ihren Unterhaltsbedarf (teilweise) von eigenen Einkünften oder eigenem Vermögen zu decken, gegenüber der Unterhaltspflicht der Blutsverwandten subsidiär (Art. 154 III FamG). **Volljährige Kinder,** die arbeitsunfähig sind und nicht genug Mittel für den Unterhalt haben oder noch regelmäßig die Schule besuchen, haben ein Recht auf Unterhalt von anderen Blutsverwandten in gerade aufsteigender Linie im Verhältnis zu deren Möglichkeiten. Der Anspruch besteht nur, wenn die Eltern nicht mehr leben oder nicht genug Mittel für den Unterhalt haben (§ 155 III FamG). Der Unterhaltsanspruch des volljährigen Kindes gegen die Blutsverwandten entfällt allerdings, wenn die Unterhaltspflicht für sie eine offensichtliche Ungerechtigkeit darstellen würde (Art. 155 IV FamG).

412 Ein **Elternteil,** der arbeitsunfähig ist und nicht genug Mittel für den Unterhalt hat, kann von seinem volljährigen Kind oder einem anderen Blutsverwandten in gerader absteigender Linie Unterhalt im Verhältnis zu deren Möglichkeiten verlangen. Gleiches gilt gegenüber einem minderjährigen Kind, wenn es Einkommen oder Vermögenseinkünfte hat (Art. 156 I EheG). Der Unterhaltsanspruch gegen die Kinder oder sonstigen Nachkommen entfällt allerdings, wenn die Unterhaltspflicht für sie eine offensichtliche Ungerechtigkeit darstellen würde (Art. 156 II FamG). Ein **Stiefelternteil,** der arbeitsunfähig ist und nicht genug Mittel für den Unterhalt besitzt, hat einen Unterhaltsanspruch gegen ein volljähriges Stiefkind im Verhältnis zu dessen Möglichkeiten. Der Unterhaltsanspruch entfällt, wenn die Unterhaltspflicht für das Stiefkind eine offensichtliche Ungerechtigkeit darstellen würde (Art. 159 III, IV FamG).

413 Minderjährige **Geschwister** können von ihren volljährigen Geschwistern oder von ihren minderjährigen Geschwistern mit Einkommen oder Vermögenseinkünften Unterhalt verlangen, wenn die Eltern nicht leben oder nicht genug Mittel für den Unterhalt haben (§ 157 FamG).

5. Allgemeine Vorschriften zur Bestimmung des Unterhalts

414 Sind mehrere Personen unterhaltsberechtigt, hat das Unterhaltsrecht des Kindes **Vorrang** (§ 166 IV EheG). Die Unterhaltspflicht des Ehegatten geht allen übrigen Unterhaltspflichten im Rang vor (§ 166 I EheG). Blutsverwandte haften für den Unterhalt in der Reihenfolge ihres gesetzlichen Erbrechts (§ 166 II EheG). Verschwägerte Verwandte gehen den Blutsverwandten im Rang nach (§ 166 III EheG). Sind mehrere Personen gleichzeitig unterhaltspflichtig, wird ihre Verpflichtung geteilt (§ 166 VI FamG) und zwar nach ihren jeweiligen Möglichkeiten.

415 Der Unterhalt wird nach den Bedürfnisse des Unterhaltsberechtigten und den Möglichkeiten des Unterhaltsschuldners festgelegt (Art. 160 I FamG). Dabei ist allerdings dem **Mindestunterhalt** Rechnung zu tragen, der von dem für den Familienschutz zuständigen Ministerium als gesetzliche Entschädigung für ein Pflegekind bzw. eine sonstige Person in familiärer Unterbringung regelmäßig festgesetzt wird (Art. 160 I, IV FamG). Die **Bedürfnisse des Unterhaltsberechtigten** (also sein Unterhaltsbedarf) sind von seinem Alter, seiner Gesundheit, seiner Ausbildung, seinem Vermögen, seinem Einkommen und anderen

für die Festlegung des Unterhalts bedeutenden Umständen abhängig (Art. 160 II FamG).[406] Die **Möglichkeiten des Unterhaltsschuldners** (also seine Leistungsfähigkeit) sind von seinen Einkünften, den Beschäftigungs- und Verdienstmöglichkeiten, seinem Vermögen, seinen persönlichen Bedürfnissen, den Unterhaltspflichten gegenüber anderen Personen und anderen für die Festlegung des Unterhalts bedeutenden Umständen abhängig (Art. 160 III FamG).[407]

Der zu leistende Unterhalt wird in der Regel in Geld festgelegt. Wenn der Unterhalts- **416** berechtigte und der Unterhaltspflichtige sich darüber einigen, kann der Unterhalt auch in anderer Weise festgelegt werden (Art. 161 I, II FamG). Die **Höhe** des Unterhalts wird nach Wahl des Unterhaltsberechtigten in einem festen Geldbetrag oder als Prozentsatz der regelmäßigen Geldeinkünfte (Verdienst, Verdienstersatz, Rente, Honorare usw.) des Unterhaltsschuldners festgelegt (§ 162 I FamG). Wird der Unterhalt als Prozentsatz festgelegt, darf die Höhe in der Regel weder geringer als 15% noch höher als 50% des Nettoeinkommens des Unterhaltspflichtigen sein (Art. 162 II FamG). Unterhaltsberechtigten Kindern muss der Unterhalt mindestens einen Lebensstandard ermöglichen, wie ihn der Unterhaltsschuldner genießt (Art. 162 III EheG). Die Höhe des Unterhalts kann später **abgeändert** (erhöht oder vermindert) werden, wenn sich die Umstände, die der vorherigen Entscheidung zugrunde lagen, geändert haben (§ 164 FamG).

Der Unterhalt kann für eine bestimmte **Dauer** oder auf unbestimmte Zeit zugesprochen **417** werden (§ 163 I FamG). Nachehelicher Unterhalt darf grundsätzlich nicht für längere Zeit als fünf Jahre ab Beendigung der Ehe zugesprochen werden. Nur ausnahmsweise darf der nacheheliche Unterhalt über die Frist von fünf Jahren hinaus verlängert werden, wenn „besondere berechtigte Gründe" den unterhaltsberechtigten Ehegatten an einer Arbeit hindern (Art. 163 II, III EheG). Der nacheheliche Unterhalt endet, wenn der Unterhaltsberechtigte eine neue Ehe oder eine nichteheliche Gemeinschaft eingeht (Art. 167 III EheG). Wenn der Ehegattenunterhalt aus diesem Grunde oder aus anderen Gründen endet, lebt das Unterhaltsrecht gegen diesen Ehegatten auch später nicht wieder auf (§ 167 IV EheG). Allgemein endet ein Unterhaltsanspruch mit dem Tod des Unterhaltsberechtigten oder des Unterhaltsschuldners oder wenn die Dauer des Unterhalts beendet wird (§ 167 I EheG). Der Unterhalt kann beendet werden, wenn der Unterhaltsberechtigte, mit Ausnahme minderjähriger Kinder, genügend Mittel für den Unterhalt erwirbt oder wenn der Unterhaltsschuldner nicht mehr leistungsfähig ist oder wenn die Unterhaltsleistung für ihn offensichtlich ungerecht ist. Letztes gilt aber nicht für den Unterhaltsanspruch minderjähriger Kinder (§ 167 II EheG).

Eine Person, die tatsächlich Unterhalt geleistet hat, ohne dazu rechtlich verpflichtet **418** gewesen zu sein, kann von dem Unterhaltspflichtigen **Erstattung** seiner Unterhaltsleistungen verlangen. Waren nach dem Gesetz mehrere Personen unterhaltsverpflichtet, haften sie „solidarisch", also als Gesamtschuldner, für den Regressanspruch (§ 165 I, II EheG).

Slowenien

Die familienrechtlichen Unterhaltsvorschriften sind in dem Gesetz über die Ehe- und familiäre Beziehungen vom 26. 5. 1976[408] (EheFamG) geregelt.

1. Kinderunterhalt

Nach Art. 123 I EheFamG sind die Eltern[409] verpflichtet, ihre Kinder in der Regel bis zu **419** deren Volljährigkeit zu unterhalten. Befinden sich die Kinder noch in ordentlicher Schul-

---

[406] OLG Stuttgart FamRZ 1999, 887 zum früheren Art. 309 I, II EheFamG
[407] OLG Stuttgart FamRZ 1999, 887, 888 zum früheren Art. 310 III EheFamG
[408] In der Fassung des Gesetzes Nr. 16/2004 vom 1. 5. 2004; zum neuen Unterhaltsrecht vgl. Novak FamRZ 2005, 1637 ff.
[409] Zur Frist für die Einreichung einer Vaterschaftsfeststellungsklage und zum Recht auf Kenntnis der eigenen Abstammung vgl. Novak FamRZ 2009, 1564

ausbildung, dauert die Unterhaltspflicht über die **Volljährigkeit** hinaus an, jedoch nur bis zur Vollendung des 26. Lebensjahres (Art. 123 EheFamG). Nach der zum 1. 5. 2004 in Kraft getretenen Unterhaltsnovelle schulden die Eltern auch Kindern mit einer schweren körperlichen oder geistigen Behinderung nur noch bis zur Volljährigkeit oder bis zum Abschluss der darüber hinaus gehenden ordentlichen Schulausbildung Unterhalt. Die Neuregelung sollte die Benachteiligung gegenüber Eltern gesunder Kinder beseitigen. In der Folgezeit sind die Kinder auf staatliche Unterstützung angewiesen.[410] Eine Entziehung des Elternrechts wirkt sich auf die Unterhaltspflicht nicht aus (Art. 125 EheFamG). Stiefeltern haften dem minderjährigen Kind wenn kein leistungsfähiger leiblicher Elternteil vorhanden ist (Art. 127 I EheFamG). Durch die Unterhaltsnovelle ist diese Unterhaltspflicht zum 1. 5. 2004 auf die Kinder beschränkt worden, die mit dem leiblichen Elternteil und dem Stiefelternteil in einem Haushalt leben. Andererseits ist sie auf den Partner einer nichtehelichen Lebensgemeinschaft erweitert worden.[411] In beiden Fällen besteht die Unterhaltspflicht aber nur gegenüber minderjährigen und nicht gegenüber volljährigen Kindern. Die Unterhaltspflicht des Stiefelternteils oder des Lebenspartners eines leiblichen Elternteils besteht aber nur, wenn keiner der leiblichen Eltern das Kind unterhalten kann. Der Anspruch erlischt, wenn die Ehe oder Lebensgemeinschaft mit dem leiblichen Elternteil aufgelöst wird. Verstirbt der leibliche Elternteil, gilt der Anspruch fort, wenn das Kind im Zeitpunkt des Todes mit dessen ehelichem oder nichtehelichem Partner zusammengelebt hat (Art. 127 EheFamG). Hat ein minderjähriges oder volljähriges Kind eine Ehe geschlossen, schulden die Eltern dem bedürftigen Kind nur dann Unterhalt, wenn der Ehegatte oder Lebenspartner nicht in der Lage ist, den Lebensunterhalt zu decken. Die Unterhaltspflicht der Eltern ist also gegenüber der Unterhaltspflicht des Ehegatten subsidiär (Art. 123 II EheFamG).

420 Nach dem seit dem 1. 5. 2004 geltenden Recht haben sich die Eltern vor einer Anrufung des Gerichts allein oder mit Hilfe der Fürsorgebehörde um eine Vereinbarung zu bemühen. Mit einer solchen Vereinbarung können sie sich an das Gericht wenden, das diese – solange noch kein Scheidungsverfahren rechtshängig ist – im Verfahren der freiwilligen Gerichtsbarkeit als Beschluss erlässt. Das Gericht kann den Antrag aber zurückweisen, wenn die Vereinbarung nicht dem Wohl des Kindes dient. Streben die Eltern eine einvernehmliche Ehescheidung an, haben sie mit dem Antrag auf Ehescheidung eine vollstreckbare notarielle Vereinbarung u. a. über den Kindes- und Ehegattenunterhalt vorzulegen (Art. 64 I EheFamG). Das Gericht hat vor der Scheidung festzustellen, ob durch die Vereinbarung der Unterhalt hinreichend sichergestellt ist und holt dazu eine Stellungnahme des Zentrums für Sozialarbeit ein (Art. 64 II EheFamG). Entsprich die Vereinbarung danach dem Wohl des Kindes, wird die Ehescheidung mit einem Urteil ausgesprochen, in das alle Vereinbarungen über die gemeinsamen Kinder Eingang finden (Art. 421 II EheFamG). Entspricht die Vereinbarung über den Kindesunterhalt dem Kindeswohl hingegen nicht, kann das Gericht sie im Verfahren der einvernehmlichen Ehescheidung nicht ersetzen, sondern muss den Antrag auf Ehescheidung zurückweisen. Scheidet das Gericht die Ehe allerdings auf Antrag eines Ehegatten, weil sie unhaltbar geworden ist (Art. 65 EheFamG), entscheidet es zugleich u. a. auch über den Unterhalt für die gemeinsamen Kinder (Art. 78 I EheFamG). Durch die Entscheidung gewinnt das Kind einen eigenen Unterhaltsanspruch, wie sich aus den Art. 103 I, 123 EheFamG und insbesondere aus Art. 79 II EheFamG ergibt, wonach das Kind selbst Anpassung des im Scheidungsurteil festgelegten Unterhalts verlangen kann.[412]

421 Die **Höhe** des Beitrags zum Unterhalt bestimmt das Gericht nach den materiellen Möglichkeiten als auch nach den Erwerbsmöglichkeiten eines jeden Ehegatten und den Bedürfnissen des Kindes (Art. 129 EheFamG). Der Unterhalt sichert nicht nur die fundamentalsten Mittel, sondern garantiert im Interesse des Kindeswohls sowohl die körperliche als auch die geistige Entwicklung des Kindes. Somit muss er alle körperlichen und geistigen Bedürfnisse decken, insbesondere die Wohnkosten, die Ernährung, Kleidung, Kosten für Tagesstätten, Bildung, Erziehung, Erholung, Unterhaltung und andere kindliche

---

[410] Novak FamRZ 2005, 1637, 1639
[411] Zur Kritik an der Ausweitung vgl. Novak FamRZ 2005, 1637, 1639
[412] BGH FamRZ 2007, 717 = R 670

Bedürfnisse (Art. 129 a EheFamG). Feste Unterhaltssätze oder Tabellen nach verschiedenen Altersstufen existieren nicht, weil der Unterhalt zum Wohl des Kindes individuell festgelegt werden soll.[413] Bei veränderten Umständen kann jeder Elternteil oder das Kind Anpassung der Unterhaltshöhe verlangen (Art. 79 EheFamG). Ein **Verzicht** auf den Kindesunterhalt hat keine Rechtswirkung (Art. 128 EheFamG).

2. Ehegattenunterhalt

Nach Art. 49 EheFamG tragen die Ehegatten nach ihren Möglichkeiten zum **Familien-** 422 **unterhalt** bei. Ein Ehegatte, der keine Mittel zum Leben hat, aber ohne sein Verschulden arbeitslos oder arbeitsunfähig ist, hat Anspruch auf Unterhalt gegenüber seinem Ehegatten, soweit dieser dazu in der Lage ist. Die Vorschriften über den nachehelichen Unterhalt sind auf den Familienunterhalt und den Trennungsunterhalt entsprechend anwendbar (Art. 50 a EheFamG). Weil der Anspruch aus dem Wesen der Ehe als Lebens- und Solidargemeinschaft folgt, können die Ehegatten darauf nicht verzichten. Durch Vereinbarung dürfen die Ehegatten den Trennungsunterhalt deswegen auch nicht ausschließen sondern allenfalls modifizieren.[414] Leben die Ehegatten getrennt, entfällt der Unterhaltsanspruch, wenn sie wirtschaftlich einander nicht mehr verbunden sind.[415]

Das Gericht kann einen Antrag auf **nachehelichen Unterhalt** zurückweisen, wenn die 423 Unterhaltszahlung angesichts der Handlungen, die zur Scheidung geführt haben (Unhaltbarkeit der Ehe für einen oder beide Ehegatten), für den Unterhaltspflichtigen ungerecht wäre oder wenn der unterhaltsberechtigte Ehegatte zu irgendeinem Zeitpunkt vor oder nach der Ehescheidung gegen den Unterhaltspflichtigen oder seine Angehörigen strafbar gehandelt hat (Art. 81 a EheFamG). Erfolgte die Straftat nachdem die Unterhaltspflicht ausgesprochen war, kann der Unterhaltspflichtige einen Abänderungsantrag wegen veränderter Verhältnisse erheben (Art. 82 c EheFamG).

Mit dem Antrag auf einvernehmliche **Scheidung** haben die Ehegatten eine Vereinbarung 424 auch über den Unterhalt eines unversorgten Ehegatten vorzulegen (Art. 64 I EheFamG). Ihre Vereinbarung für den Fall der Ehescheidung, insbesondere ein ev. Unterhaltsverzicht, darf dem Kindeswohl nicht entgegenstehen (Art. 81 b EheFamG). Seit der zum 1. 5. 2004 in Kraft getretenen Neuregelung sind für diese Vereinbarungen nicht mehr die Fürsorgebehörden sondern die Notare zuständig, die schon bei der Niederschrift die Verfassung und andere zwingende Vorschriften beachten müssen, um verfassungswidrige, sittenwidrige oder dem Kindeswohl widersprechende Vereinbarungen zu verhindern. Ein den gesetzlichen Unterhalt unterschreitender Anspruch oder ein vollständiger Unterhaltsverzicht ist nur zulässig, wenn in Zeitpunkt der Vereinbarung ein nachehelicher Unterhaltsanspruch nicht zu erwarten ist. Die Vereinbarung ist hingegen sittenwidrig, wenn anzunehmen war, dass der Unterhaltsberechtigte auf einen gesetzlich gegebenen nachehelichen Unterhaltsanspruch verzichtet und dadurch sozialhilfebedürftig wird.[416] Die Vereinbarung wird in Form einer vollstreckbaren notariellen Urkunde geschlossen. Sonst spricht das Gericht dem unversorgten Ehegatten, der keine Mittel zum Leben hat, arbeitsunfähig oder arbeitslos ist und keine Beschäftigung aufnehmen kann, auf Antrag einen Unterhaltsbeitrag zu Lasten des anderen Ehegatten zu. Dabei kann es die Ursache, derentwegen die Ehe unhaltbar geworden ist, berücksichtigen (Art. 81 EheFamG). Der Unterhalt kann unbefristet oder für eine bestimmte Zeit zuerkannt werden, bis sich der Berechtigte in die neue Lage eingelebt und in den neuen Verhältnissen eingerichtet hat (Art. 82 EheFamG). Der Unterhalt wird unter Berücksichtigung des Unterhaltsbedarfs des Berechtigten und der Möglichkeiten des Unterhaltspflichtigen regelmäßig in einer monatlich im Voraus zu zahlenden Summe festgelegt. Wenn besondere Gründe dafür sprechen und die Art der Unterhaltsleistung für keinen Ehegatten

---

[413] Novak FamRZ 2005, 1637, 1639
[414] Novak FamRZ 2005, 1637, 1638
[415] Bergmann/Ferid/Henrich a. a. O., Slowenien 143. Lieferung S. 27 unter Hinweis auf E OG Jug 27. 6. 1963
[416] Novak FamRZ 2005, 1637, 1638

eine besondere Härte darstellt, kann der Unterhalt ausnahmsweise auch als einmalige Summe oder in anderer Weise festgelegt werden (Art. 82 b EheFamG).

425 Ein Ehegatte ist **bedürftig,** wenn er die Kosten für seine Lebenshaltung nicht aus seinen Einkünften oder seinem Vermögen bestreiten kann. Ist dies nur teilweise möglich, kann er einen ergänzenden (Aufstockungs-)Unterhalt verlangen.[417] Geringe Ersparnisse, die den Unterhalt nicht dauerhaft sichern, Liegenschaften, die keine Erträge abwerfen, und Hilfen der Eltern lassen die Bedürftigkeit nicht entfallen. Der unterhaltsberechtigte Ehegatte muss für seine Erwerbsunfähigkeit darlegen, dass er ohne Verschulden keine Arbeit finden kann, die wenigstens ungefähr seiner Ausbildung, seinen Qualifikationen oder Fähigkeiten entspricht[418] oder er nur eine solche Arbeit bekommen könnte, die zu einer erheblichen Verschlechterung seiner oder seiner Kinder Lebensumstände führen würde.[419] Das ist auch dann der Fall, wenn durch die Erwerbstätigkeit die Sorge für die Kinder unmöglich oder wesentlich erschwert würde. Grundsätzlich ist zwar eine Erwerbstätigkeit auch neben der Kinderbetreuung zumutbar; das richtet sich aber stets nach den konkreten Umständen.[420] Ein arbeitsfähiger Ehegatte hat alles zu tun, um Arbeit zu bekommen. Lehnt er eine angemessene Arbeit ab oder löst er ein bestehendes Arbeitsverhältnis auf, entfällt die Bedürftigkeit.

426 Bei der Beurteilung der **Leistungsfähigkeit** des Unterhaltspflichtigen sind seine regelmäßigen Einkünfte (Arbeitseinkommen, Urheberhonorar, Einkommen aus einem Gewerbebetrieb pp.) zu berücksichtigen. Bestimmte besondere Einkünfte, etwa die Invaliditätsrente,[421] Schadensersatz[422] oder Einkommen aus dem Verkauf des Vermögens[423] bleiben hingegen unberücksichtigt. Die Leistungsfähigkeit des Unterhaltspflichtigen hat nach slowenischem Recht der Berechtigte zu **beweisen.** Ein Auskunftsanspruch gegen den Unterhaltspflichtigen steht ihm dabei nicht zur Verfügung. Ein Ehegatte ist von der Unterhaltspflicht frei, solange er zu Unterhaltszahlungen außerstande ist, ohne seinen eigenen Unterhalt oder denjenigen vorrangiger Unterhaltsberechtigter (s. Rn. 434) zu gefährden. Allerdings hat der Ehegatte Vorrang vor den Eltern des Unterhaltspflichtigen.

427 Die **Höhe** des Unterhaltsbeitrags richtet sich nach den für einen angemessenen Unterhalt notwendigen Kosten.[424] Angemessen ist der durchschnittliche Lebensbedarf von Personen vergleichbarer sozialer Stellung, Ausbildung pp. unter Berücksichtigung der Vermögens- und Lebensverhältnisse des Unterhaltspflichtigen.[425] Leben die Ehegatten getrennt, sind im Wege der Billigkeit auch die Gründe zu berücksichtigen, die zur Aufhebung der Lebensgemeinschaft geführt haben (Art. 81 S. 2 EheFamG).

428 Die gesetzlichen Unterhaltsvorschriften sind nach überwiegender Auffassung zwingendes Recht. Danach dürfen die Ehegatten von ihnen auch durch Vereinbarung (vgl. Art. 130 EheFamG) nicht entscheidend abweichen sondern müssen sich auf die Modalitäten, z.B. die Art der Pflichterfüllung, beschränken. Nach neuerer Rechtsprechung ist unter Umständen aber sogar ein **Verzicht** auf den Ehegattenunterhalt möglich.[426] Außerdem können sich die Ehegatten über eine Unterhaltspflicht einigen, die über die gesetzliche Regelung hinausgeht.

429 Ein auf Unterhalt gerichteter Antrag kann bei bestehender Ehe (Familien- oder Trennungsunterhalt) oder mit der Ehescheidung (nachehelicher Unterhalt) eingereicht werden. Wird der nacheheliche Unterhalt nicht im Scheidungsverfahren begehrt, kann er mit einem

---

[417] Bergmann/Ferid/Henrich a. a. O. S. 26 unter Hinweis auf E OG Kroat 28. 6. 1978
[418] Bergmann/Ferid/Henrich a. a. O. S. 26 unter Hinweis auf E OG Slow 23. 11. 1966
[419] Zur Beschäftigung an einem entfernten Ort Bergmann/Ferid/Henrich a. a. O. S. 26 unter Hinweis auf E OG Slow 8. 11. 1973
[420] Einer sonst arbeitsfähigen Ehefrau, die ein pflegebedürftiges geistig behindertes Kind betreut, steht voller Unterhalt zu; Bergmann/Ferid/Henrich a. a. O. S. 26 unter Hinweis auf E OG Slow 25. 4. 1973
[421] Bergmann/Ferid/Henrich a. a. O. S. 27 unter Hinweis auf E OG Jug 28. 9. 1962
[422] Bergmann/Ferid/Henrich a. a. O. S. 27 unter Hinweis auf E OG BH 30. 10. 1980
[423] Bergmann/Ferid/Henrich a. a. O. S. 27 unter Hinweis auf E OG Slow 8. 11. 1970
[424] Bergmann/Ferid/Henrich a. a. O. S. 27 unter Hinweis auf E OG Slow 25. 7. 1968
[425] OLG Hamm v. 23. 6. 1983 – 1 UF 47/83 – Leitsatz veröffentlicht bei Juris
[426] Bergmann/Ferid/Henrich a. a. O. S. 27 unter Hinweis auf E OG Slow 29. 2. 1980

isolierten Antrag nur noch **binnen eines Jahres** ab Rechtskraft der Ehescheidung geltend gemacht werden, sofern die Voraussetzungen schon bei der Scheidung vorlagen und auch weiterhin vorliegen (Art. 81a I EheFamG). Weil die Bestimmungen für nacheheliche Unterhaltsansprüche sinngemäß auf den Unterhalt während bestehender Ehe anwendbar sind, wird diese zeitliche Grenze auch auf den Anspruch auf Trennungsunterhalt übertragen. Danach kann der Ehegatte Trennungsunterhalt grundsätzlich nur binnen eines Jahres ab dem Zerfall der Lebensgemeinschaft geltend machen. Auch nach der slowenischen Rechtsprechung steht den schon längere Zeit nicht mehr zusammen lebenden und materiell nicht mehr voneinander abhängigen Ehegatten kein Unterhaltsanspruch mehr zu.

Das Gericht kann den Unterhalt auf Antrag eines Ehegatten veränderten Umständen **anpassen**. Auch sonst wird der Unterhalt von Amts wegen der Wandlung der Lebenshaltungskosten angepasst (s. Rn. 433). Der Anspruch **entfällt**, wenn der unterhaltsberechtigte Ehegatte nicht mehr bedürftig ist, eine neue Ehe eingeht oder in nichtehelicher Gemeinschaft lebt (Art. 83 EheFamG). 430

3. Unterhalt des außerehelichen Partners

Eine für längere Zeit geschlossene **nichteheliche Lebensgemeinschaft** eines Mannes und einer Frau hat zwischen Ihnen dieselben familienrechtlichen Folgen, als wenn sie eine Ehe geschlossen hätten (Art. 12 I EheFamG). Die gesetzlichen Bestimmungen für den ehelichen Unterhalt gelten deswegen auch für den Unterhalt zwischen Partnern einer nichtehelichen Lebensgemeinschaft. 431

4. Verwandtenunterhalt

Volljährige Kinder sind verpflichtet, ihre Eltern zu unterhalten, wenn diese arbeitsunfähig sind und keine ausreichenden Mittel zum Leben haben (Art. 124 I EheFamG). Diese Unterhaltspflicht besteht aber nicht gegenüber einem Elternteil, der seine Unterhaltspflicht ihm gegenüber aus ungerechtfertigten Gründen nicht erfüllt hat (Art. 124 II EheFamG). Seit der zum 1. 5. 2004 in Kraft getretenen Unterhaltsreform schulden Stiefkinder ihren Stiefeltern keinen Unterhalt mehr, auch wenn sie von diesen längere Zeit unterhalten oder umsorgt wurden.[427] Die Eltern und ihre leiblichen Kinder können über die Unterhaltspflicht eine vollstreckbare notarielle Vereinbarung schließen (Art. 130a EheFamG). Auch die Eltern können auf diesen Unterhaltsanspruch nicht verzichten, weil das Gesetz einen Unterhaltsverzicht im Verhältnis zwischen Eltern und Kinder generell ausschließt (Art. 128 EheFamG). 432

5. Allgemeine Vorschriften

Die **Höhe** des Unterhalts wird nach den Bedürfnissen des Unterhaltsberechtigten und den Möglichkeiten des Unterhaltspflichtigen festgesetzt (Art. 129 EheFamG). Die Parteien können über die Höhe und die Anpassung der Unterhaltspflicht eine notarielle Vereinbarung schließen, die einen Vollstreckungstitel bildet (Art. 130 I, II EheFamG). Ein gerichtlich festgesetzter Unterhalt wird den veränderten Lebenshaltungskosten **angepasst.** Die Anpassung findet jährlich im März auf Grund eines staatlich durch Beschluss der Gemeinschaft für Sozialfürsorge Sloweniens festgelegten und veröffentlichten Faktors statt. Ehegatten dürfen allerdings auch einen anderen Anpassungsmodus vereinbaren oder auf die Anpassung verzichten (vgl. Art. 81b II EheFamG). Dazu übersendet das Gericht den Unterhaltstitel an das Zentrum für Sozialarbeit, das den Berechtigten und den Unterhaltspflichtigen schriftlich über die Anpassung und den neuen Unterhaltsbetrag informiert (Art. 132 III, IV EheFamG). Haben sich nachträglich die Umstände, auf deren Grundlage der Unterhalt vereinbart oder festgesetzt war, geändert, kann das Gericht den vereinbarten 433

---

[427] Novak FamRZ 2005, 1637, 1640

oder festgesetzten Unterhalt auf Antrag erhöhen, herabsetzen oder einstellen (Art. 132 V EheFamG).[428]

434 Ein Unterhaltspflichtiger kann, außer bei der Pflicht zum Unterhalt gegenüber minderjährigen Kindern, allein wählen, ob er dem Berechtigten bestimmte Unterhaltsbeträge leistet, ihn bei sich zum Unterhalt aufnimmt oder für dessen Unterhalt in anderer Weise sorgt (Art. 131 I EheFamG). Aus besonderen Gründen kann der Unterhaltsberechtigte aber auf Unterhalt durch Geldzahlungen antragen (Art. 131 II EheFamG).

435 Der Unterhaltsanspruch minderjähriger Kinder geht im **Rang** dem Unterhalt der Ehegatten und der volljährigen Kinder vor. Diese wiederum haben Vorrang vor dem Unterhaltsanspruch der Eltern des Unterhaltspflichtigen (Art. 131 b EheFamG).

Sind mehrere Personen **gleichrangig** unterhaltspflichtig, haften sie nach Maßgabe ihrer Möglichkeiten unter Berücksichtigung der ihnen zuteil gewordenen Obsorge und Hilfe (Art. 126 EheFamG).

436 Wer Aufwendungen für den Unterhalt einer Person hatte, kann diese von dem Unterhaltspflichtigen erstattet verlangen, soweit sie notwendig gewesen sind (Art. 133 EheFamG).

Spanien

437 In Spanien sind die unterhaltsrechtlichen Beziehungen hauptsächlich im Codigo civil[429] (Zivilgesetzbuch) geregelt. Der Codigo civil (C. c.) gilt zwar in ganz Spanien, in den sog. autonomen Gemeinschaften Aragonien, Balearen, Baskenland, Galizien, Katalonien und Navarra jedoch nur subsidiär. Soweit ersichtlich bestehen jedoch auf dem Gebiet des einschlägigen Unterhaltsrechts keine wesentlichen Unterschiede, soweit überhaupt Sonderregelungen über den Unterhalt existieren.

1. Kinderunterhalt

438 Gemäß Art. 110 C. c. und Art. 154 II Nr. 1 C. c. sind die Eltern verpflichtet, den minderjährigen Kindern Unterhalt zu leisten. Eheliche und nichteheliche Kinder sind gleichgestellt (Art. 108 II C. c.). Die Unterhaltspflicht setzt sich nach Eintritt der Volljährigkeit (Vollendung des 18. Lebensjahrs, Art. 315 C. c.) fort bis zur (nicht schuldhaft verzögerten) Beendigung der Ausbildung (Art. 142 II C. c.). Zum Unterhalt gehört der Lebensbedarf, Wohnung, Bekleidung, ärztliche Betreuung, Erziehung, Ausbildung u. a. (Art. 142 I, II C. c.). Die Höhe richtet sich nach der Leistungsfähigkeit des Unterhaltspflichtigen und der Bedürftigkeit des Unterhaltsberechtigten (Art. 146 C. c.). Bei der Leistungsfähigkeit ist der eigene Bedarf des Unterhaltspflichtigen und derjenige seiner Familie zu berücksichtigen (Art. 152 Nr. 2 C. c.), bei der Bedürftigkeit die Möglichkeit des Unterhaltsberechtigten, einen Beruf oder ein Gewerbe auszuüben oder sein eigenes Vermögen einzusetzen (Art. 152 Nr. 3 C. c.). Beruht die Bedürftigkeit eines Abkömmlings auf „schlechter Führung" oder Arbeitsunlust, entfällt der Unterhalt für die Dauer dieses Zustands (Art. 152 Nr. 5 C. c.), ebenso bei Erbunwürdigkeit (Art. 152 Nr. 4 C. c.).

439 Der Unterhaltsanspruch kann zwar mit dem Eintritt der Bedürftigkeit verlangt werden. Bei gerichtlichen Verfahren ist er aber erst ab Einleitung des Verfahrens zu leisten (Art. 148 I C. c.), und zwar monatlich im Voraus (Art. 148 II C. c.). Der Unterhaltspflichtige kann nach seiner Wahl den Unterhalt in Form einer Rente leisten oder dadurch, dass er den Unterhaltsberechtigten in sein Haus aufnimmt und dort unterhält (Art. 149 C. c.). Diese Wahlmöglichkeit entfällt, soweit sie einer gerichtlich festgelegten häuslichen Gemeinschaft widerspricht (Art. 149 II C. c.).

440 Der Anspruch auf künftigen Unterhalt ist unverzichtbar, nicht übertragbar und nicht aufrechenbar, anders jedoch der Anspruch auf Unterhaltsrückstände (Art. 151 I, II C. c.).

---

[428] Vgl. BGH FamRZ 2007, 717
[429] Zivilgesetzbuch vom 24. 7. 1889, zuletzt geändert durch Gesetz vom 8. 7. 2005

Abänderung (Erhöhung, Ermäßigung, Wegfall) ist möglich, je nach Änderung der 441
Bedürftigkeit oder der Leistungsfähigkeit (Art. 147 C. c.).

Eltern sind gleichrangig verpflichtet. Der Umfang ihrer Leistungspflicht richtet sich nach 442
ihrer jeweiligen Leistungsfähigkeit (Art. 145 I i. V. m. Art. 91 und Art. 93 C. c.). Die Unterhaltspflicht entfällt mit dem Tod des Unterhaltspflichtigen (Art. 150 C. c.) oder des Unterhaltsberechtigten (Art. 152 Nr. 1 C. c.).

In einem Trennungs- oder Scheidungsurteil, legt der Richter von Amts wegen den 443
Kindesunterhalt fest (Art. 93 C. c.). Im Mangelfall geht der Kindesunterhalt auch dem Ehegattenunterhalt vor (Art. 145 III C. c.).

2. Ehegattenunterhalt

Trennung. In Spanien ist die Trennung (Art. 81 C. c.) stark institutionalisiert, ähnlich 444
wie die Scheidung selbst (Art. 85 C. c.): Die Trennung wird gerichtlich durch Trennungsurteil ausgesprochen. Neben der vereinbarten Trennung (beide Ehegatten beantragen sie oder einer beantragt sie, der andere stimmt zu) gibt es diejenige auf einseitigen Antrag eines Ehegatten. Die tatsächliche Trennung ist insofern bedeutsam, als sie nach bestimmten Fristen (z. B. bei einvernehmlichem Scheidungsantrag oder zuvor gerichtlich ausgesprochener Trennung nach zwei Jahren, Art. 86 Nr. 3 C. c.) einen gesetzlichen Grund für die Scheidung schafft. Erst das Trennungsurteil bewirkt die rechtlich endgültige Aufhebung der ehelichen Lebensgemeinschaft (Art. 83 C. c.). Ist der Trennungsantrag zugelassen, so können die Ehegatten – jetzt in jedem Falle rechtmäßig – getrennt leben (Art. 102 Nr. 1 C. c.).

In Spanien wird unterschieden zwischen Beitrag zu den Lasten der Ehe, dem eigentlichen Unterhalt und der „Rente" (Pension).[430]

Der **Trennungsunterhalt** richtet sich nach den Regeln über den Verwandtenunterhalt 445
(Art. 153; Art. 142 ff.; Art. 143 I Nr. 1 C. c.). Bei vereinbarter Trennung muss mit dem Trennungsantrag ein Vorschlag u. a. zum Unterhalt eingereicht werden (Art. 81 Nr. 1, Art. 90 I c, e C. c.). Der Vorschlag muss vom Richter gebilligt werden. Lehnt er ihn durch begründete Entscheidung ab, müssen die Ehegatten einen neuen Vorschlag unterbreiten. Die Vereinbarung ist ab richterlicher Billigung ein Vollstreckungstitel (Art. 90 II C. c.) und bei wesentlicher Änderung der Verhältnisse abänderbar (Art. 90 III C. c.).

Kommt es zu keiner Vereinbarung nach Art. 81 Nr. 1, 86 II, 90 C. c. (z. B. bei ein- 446
seitigem Trennungsantrag) oder billigt der Richter sie nicht, legt er von Amts wegen den Beitrag zu den Ehelasten und die Rente fest (Art. 91, 97, 103 Nr. 3 C. c.). Voraussetzung für die Rente ist, dass einem Ehegatten durch die Trennung eine wirtschaftliche Verschlechterung seiner früheren Lage in der Ehe widerfährt.[431] Dabei sind u. a. zu berücksichtigen das Alter und der Gesundheitszustand, die berufliche Qualifikation und die Erwerbsmöglichkeiten, der Zeitaufwand für die Familie in Vergangenheit und Zukunft, die Tätigkeit in einem Gewerbebetrieb des anderen Ehegatten, die Dauer der Ehe und des ehelichen Zusammenlebens, der Verlust eines Rentenanspruchs und das Vermögen und Einkommen sowie die Bedürfnisse beider Ehegatten (Art. 97 C. c.).

Die Parteien könne vereinbaren, dass die Rente durch Abfindung mit einem Kapital- 447
betrag, Einräumung eines Nießbrauchs an bestimmten Vermögensgegenständen oder durch eine lebenslange Rente ersetzt wird (Art. 99 C. c.). Bei wesentlichen Veränderungen im Vermögen eines Ehegatten kann die Rente abgeändert werden, wenn sich die Grundlagen für die Aktualisierung aus dem Trennungs- oder Scheidungsurteil ergeben (Art. 100 C. c.).

Bei Abweisung des Trennungsantrags bleibt es bei der rein faktischen Trennung, für die 448
es keine besondere gesetzliche Regelung gibt (Verwandtenunterhalt).

Scheidung. Die unterhaltsrechtlichen Wirkungen des Scheidungsantrags und der Schei- 449
dung entsprechen derjenigen der gerichtlichen Trennung (Art. 90 ff. C. c., siehe oben).[432] Maßstab für die Begrenzung und Befristung des Unterhaltsanspruchs ist die Position, die

---

[430] Vgl. Kneip FamRZ 1982, 445, 449
[431] OLG München FamRZ 2009, 1593
[432] Brenninger, Scheidung und Scheidungsunterhalt im spanischen Recht, Jur. Diss. 2005

der Unterhaltsberechtigte ohne die Ehescheidung hätte.[433] Bei der Bedarfsbemessung ist allerdings darauf abzustellen, ob er mit seinem eigenen Gehalt einen den ehelichen Lebensverhältnissen entsprechenden Standard erzielen kann, oder ob es zur Aufrechterhaltung dieses Standards der ehelichen Lebensverhältnisse einer dauernden Differenzzahlung in Form eines Aufstockungsunterhalts bedarf.[434]

3. Verwandtenunterhalt

450 Nach Art. 143 C. c. sind Ehegatten, Verwandte in aufsteigender Linie sowie Abkömmlinge und Geschwister einander unterhaltspflichtig. Zum Unterhalt gehört alles, was zum Lebensbedarf, für Wohnkosten, Kleidung und ärztliche Betreuung notwendig ist (Art. 142 I C. c.). Er umfasst auch die Kosten einer Ausbildung, solange sie aus nicht zu vertretenden Gründen noch nicht abgeschlossen werden konnte. Auch die Kosten der Schwangerschaft und der Geburt zählen hinzu, soweit sie nicht anderweitig gedeckt sind (Art. 142 II, III C. c.). Von mehreren Unterhaltsschuldnern haften zunächst die Ehegatten, dann die gradnächsten Abkömmlinge, die gradnächsten Verwandten in aufsteigender Linie und schließlich die Geschwister vor den Halbgeschwistern. Abkömmlinge und Verwandte in aufsteigender Linie haften entsprechend ihrer Berufung zur gesetzlichen Erbfolge (Art. 144 I, II C. c.). Mehrere gleichrangige Unterhaltspflichtige haften nach ihren Einkommens- und Vermögensverhältnissen. Das Gericht kann aber bei dringendem Bedarf unbeschadet seiner Rückgriffsmöglichkeit zunächst einen der Unterhaltspflichtigen zur Zahlung vorläufigen Unterhalts verpflichten (Art. 145 II C. c.). Bei mehreren Unterhaltsberechtigten besteht eine gleiche Rangfolge; allerdings geht der Unterhaltsanspruch minderjähriger Kinder dem eines Ehegatten vor (Art. 145 III C. c.).

Tschechische Republik

1. Kinderunterhalt

451 Nach § 85 I des Familiengesetzes[435] (FamG) sind die Eltern ihren Kindern so lange unterhaltspflichtig, wie diese selbst nicht fähig sind, sich zu unterhalten. Das Kind hat ein Recht auf den gleichen **Lebensstandard** wie die Eltern. Beide Eltern haben nach ihren Fähigkeiten, Möglichkeiten und Vermögensverhältnissen zum Unterhalt des Kindes beizutragen (§ 85 II FamG). Bei der Festsetzung der Barunterhaltspflicht ist zu berücksichtigen, welcher Elternteil in welchem Ausmaß für das Kind persönlich sorgt (§ 85 III FamG).

452 Allgemein hat das Gericht bei der Festsetzung des Unterhalts die begründeten Bedürfnisse des Berechtigten und die Fähigkeiten, Möglichkeiten und Vermögensverhältnisse des Unterhaltspflichtigen zu berücksichtigen (§ 96 I S. 1 FamG). Die **Höhe** richtet sich also auch hier nach der Bedürftigkeit des Unterhaltsberechtigten und der Leistungsfähigkeit des Unterhaltspflichtigen.[436] Dabei ist auch zu prüfen, ob der Unterhaltspflichtige eine bessere Beschäftigung, Verdienstmöglichkeit oder einen Vermögensvorteil ohne wichtigen Grund aufgegeben hat oder ob er Vermögensrisiken eingegangen ist (§ 96 I S. 2 FamG). Ein selbständiger Elternteil ist verpflichtet, dem Gericht seine Einkommensverhältnisse nachzuweisen, Unterlagen für die Feststellung seiner Vermögensverhältnisse vorzulegen und auch Einblick in andere relevante Tatsachen zu ermöglichen, die sonst geschützt sind (§ 85 a I FamG). Erfüllt er diese Pflicht nicht, wird angenommen, dass seine Einkünfte das 12,7-fache des Existenzminimums[437] betragen. Lassen die Vermögensverhältnisse des unterhalts-

---

[433] Zur Aufrechnung, Verwirkung und Verjährung vgl. BGH FamRZ 2009, 858 Rn. 14 ff.
[434] OLG München FamRZ 2009, 1593
[435] Familiengesetz vom 4. 12. 1968, zuletzt geändert durch Gesetz Nr. 112/2006 in Kraft seit 1. 1. 2007
[436] Rieck/Rombach Ausländisches Familienrecht Tschechien Stand: Januar 2006 Rn. 21
[437] § 2 des Gesetzes Nr. 110/2006 Sb über das Lebens- und Existenzminimum; vgl. Bergmann/Ferid/Henrich a. a. O., Tschechische Republik, S. 43 f., 74

pflichtigen Elternteils dies zu, erstreckt sich der Unterhaltsbedarf auch auf die Bildung einer für die Ausbildung des Kindes zweckgebundenen Ersparnis (§ 85 a II FamG).

Hat das Kind eigenes Vermögen, sind die Erträge zunächst für den eigenen Unterhalt (§ 37 a II FamG) und erst dann in angemessener Weise für die Bedürfnisse der Familie zu verwenden (§§ 37 a II, 31 IV FamG). **453**

Unterhaltsleistungen sind regelmäßig monatlich im Voraus fällig (§ 97 I FamG). In besonderen Fällen kann das Gericht entscheiden, dass der Unterhaltspflichtige den für die Zukunft anfallenden Betrag in einer Summe zu hinterlegen hat; dann muss es zugleich die für die Auszahlung der festgesetzten monatlichen Raten erforderlichen Maßnahmen treffen (§ 97 II FamG). Leben die Eltern nicht zusammen, regelt das Gericht **von Amts wegen** (§ 50 FamG) den Umfang ihrer Unterhaltspflichten oder genehmigt ihre Vereinbarung über die Höhe der Unterhaltsleistungen (§ 86 I FamG). Gleiches gilt, wenn die Eltern zusammenleben, aber einer von ihnen seine Unterhaltspflicht nicht freiwillig erfüllt (§ 86 II FamG). Entscheidet das Gericht über die Unterbringung eines Kindes, regelt es zugleich den Umfang der Unterhaltspflicht der Eltern, sofern der Bedarf nicht durch Pflegesätze[438] abgedeckt ist (§ 103 FamG). Vor einer Ehescheidung regelt das Gericht ebenfalls, in welcher Weise jeder Elternteil künftig zum Kindesunterhalt beizutragen hat (§ 26 I FamG). Unterhaltsleistungen für volljährige Kinder regelt das Gericht nur auf Antrag (§ 86 III FamG). **454**

Leisten Dritte oder der Sozialhilfeträger[439] an Stelle des Unterhaltspflichtigen, können sie den gezahlten Betrag von dem vorrangig Unterhaltspflichtigen erstattet verlangen (§ 101 FamG). Eine **Aufrechnung** ist gegenüber Unterhaltsforderungen minderjähriger Kinder ausgeschlossen und gegenüber solchen volljähriger Kinder nur im Wege einer Vereinbarung zulässig (§ 97 III FamG). Der Unterhaltsanspruch selbst verjährt nicht, wohl aber Ansprüche auf einzelne wiederkehrende Unterhaltsleistungen (§ 98 I, II FamG). **Rückständigen** Unterhalt können minderjährige Kinder für einen Zeitraum von längstens 3 Jahren vor Einleitung des Verfahrens verlangen; sonstigen Unterhaltsberechtigten kann Unterhalt erst ab Anhängigkeit des gerichtlichen Verfahrens zuerkannt werden (§ 98 I FamG). Bei veränderten Verhältnissen kann das Gericht (bei minderjährigen Kindern auch ohne Antrag) eine Vereinbarung oder gerichtliche Entscheidung über den Unterhalt ändern. Wird der Unterhalt für eine abgelaufene Zeit herabgesetzt, sind verbrauchte Unterhaltsleistungen nicht zurückzuerstatten (§ 99 I, II FamG). **455**

2. Ehegattenunterhalt

Trennung. Ehegatten sind während bestehender Ehe einander verpflichtet, zu der Befriedigung der familiären Bedürfnisse je nach ihren Fähigkeiten, Möglichkeiten und materiellen Verhältnissen beizutragen (§ 19 I FamG). Die Erwerbspflicht kann ganz oder teilweise durch Haushaltstätigkeit oder Kindererziehung aufgewogen werden (§ 19 II FamG). Erfüllt ein Ehegatte seine Pflicht zur Deckung der Haushaltskosten nicht, entscheidet darüber auf Antrag des anderen Ehegatten das Gericht. **456**

Nach § 91 I FamG schulden die Ehegatten einander Unterhalt. Erfüllt einer der Ehegatten diese Verpflichtung nicht, setzt das Gericht auf Antrag den Umfang fest, wobei es auch die Sorge für den gemeinsamen Haushalt berücksichtigt. Der Umfang der Unterhaltspflicht „wird so festgesetzt, dass das materielle und kulturelle Niveau beider Ehegatten gleich ist" (§ 91 II FamG), entspricht also dem Halbteilungsgrundsatz nach den ehelichen Lebensverhältnissen. Die Unterhaltspflicht des Ehegatten geht einer Unterhaltspflicht vermögender oder leistungsfähiger Kinder vor (§ 91 III FamG). **457**

Bei der Festsetzung des Unterhalts hat das Gericht die begründeten Bedürfnisse des Berechtigten und die Fähigkeiten, Möglichkeiten und Vermögensverhältnisse des Unter- **458**

---

[438] Z. B. VO Nr. 82/1993 Sb über den Kostenersatz für Aufenthalte in Sozialeinrichtungen; RegAO Nr. 176/1996 über die Festlegung des Pflegesatzes für Jugendliche in Schuleinrichtungen der Anstalts- oder Präventivpflege
[439] § 5 des Sozialhilfegesetzes Nr. 482/1991 Sb

haltspflichtigen zu berücksichtigen. Dabei ist auch zu prüfen, ob der Verpflichtete eine bessere Beschäftigung, Verdienstmöglichkeit oder einen Vermögensvorteil ohne Grund aufgegeben hat oder ob er Vermögensrisiken eingegangen ist (§ 96 I FamG). Unterhalt kann nicht zuerkannt werden, wenn dies den guten Sitten widersprechen würde (§ 96 II FamG). Unterhaltsleistungen sind in wiederkehrenden Beträgen monatlich im Voraus fällig (§ 97 I FamG).

459 Leisten Dritte oder der Sozialhilfeträger für den unterhaltspflichtigen Ehegatten, könne sie den gezahlten Betrag von ihm erstattet verlangen (§ 101 FamG). Hat der Sozialhilfeträger Leistungen auf einen schon gerichtlich festgesetzten Unterhaltsanspruch erbracht, geht der Anspruch bis zur Höhe des gezahlten Betrags auf ihn über; er ist dann berechtigt, aus der zuvor ergangenen gerichtlichen Entscheidung vorzugehen (§ 102 FamG). Gegenüber der Unterhaltsforderung ist eine Aufrechnung nur im Wege einer Vereinbarung zulässig (§ 97 III FamG). Der Unterhaltsanspruch selbst verjährt nicht, wohl aber Ansprüche auf einzelne wiederkehrende Unterhaltsleistungen (§ 98 I, II FamG). Für die Vergangenheit kann Unterhalt nur ab dem Eingang der Antragsschrift zuerkannt werden (§ 98 I S. 2 FamG). Bei veränderten Verhältnissen kann das Gericht auf Antrag eine Vereinbarung oder gerichtliche Entscheidung über den Trennungsunterhalt ändern. Wird der Unterhalt für eine abgelaufene Zeit herabgesetzt, sind verbrauchte Unterhaltsleistungen nicht zurückzuerstatten (§ 99 I, II FamG).

460 Scheidung.[440] Ein geschiedener Ehegatte, der nicht fähig ist, sich selbst zu unterhalten, kann von dem ehemaligen Ehegatten verlangen, dass dieser nach seinen Fähigkeiten, Möglichkeiten und Vermögensverhältnissen zu seinem angemessenen Unterhalt beiträgt. Einigen sie sich nicht, entscheidet auf Antrag das Gericht über den Unterhaltsanspruch (§ 92 I FamG). Der geschiedene Ehegatte hat aber keinen Anspruch auf Beibehaltung der ehelichen Lebensverhältnisse. Was unter angemessenem Unterhalt zu verstehen ist, hängt von den Umständen des Einzelfalles ab.[441] Nur wenn ein Ehegatte an der Zerrüttung der Ehe überwiegend nicht beteiligt war und ihm durch die Scheidung ein erheblicher Schaden entstanden ist, kann ihm das Gericht einen Unterhaltsanspruch in der zwischen Ehegatten üblichen Höhe (§ 91 II FamG = Halbteilungsgrundsatz) zuerkennen (§ 93 I FamG; Sanktionsunterhalt). Dieser – höhere – Unterhaltsanspruch besteht allerdings maximal für die Dauer von 3 Jahren ab Rechtskraft der Ehescheidung (§ 93 II FamG).

461 Sonst besteht ein Anspruch auf nachehelichen Unterhalt nur, wenn der geschiedene Ehegatte nicht in der Lage ist, sich selbst zu unterhalten, z. B. wegen Kindererziehung oder Erwerbsunfähigkeit. Diese Voraussetzung des Unterhaltsanspruchs muss im Zeitpunkt der Scheidung vorliegen oder, wie z. B. die Erkrankung eines betreuungsbedürftigen Kindes, in der Ehe wurzeln.[442] Nach § 96 II FamG darf Unterhalt nicht zuerkannt werden, wenn dies den guten Sitten widersprechen würde. Das ist z. B. der Fall, wenn der unterhaltsbedürftige Ehegatte die Zerrüttung der Ehe überwiegend verursacht hat, indem er die Familie verlassen hat und eine neue Partnerschaft eingegangen ist, wenn er aus eigenem Verschulden seinen Arbeitsplatz verloren hat oder wenn er einer ihm zumutbaren Beschäftigung nicht nachgeht.[443] Für den Unterhalt sind alle verfügbaren Einkünfte einzusetzen. Auf Anfrage des Gerichts erteilt das Finanzamt Auskunft über die Steuerbemessungsgrundlagen. Die Einkommensfiktion des § 85 a I 2 FamG gilt beim nachehelichen Unterhalt, anders als beim Kindesunterhalt, aber nicht. Den Vermögensstamm müssen die geschiedenen Ehegatten nur ausnahmsweise einsetzen.

462 Die Unterhaltspflicht kann zeitlich unbegrenzt fortbestehen. Der Unterhaltsanspruch erlischt aber, wenn der Berechtigte eine neue Ehe eingeht oder der Pflichtige stirbt (§ 94 I FamG). Er erlischt ebenfalls, wenn eine z. B. im Rahmen der einvernehmlichen Scheidung schriftlich vereinbarte einmalige Zahlung ausgezahlt wird (§ 94 II FamG). Im Übrigen gelten für die Festsetzung des Unterhalts die gleichen Vorschriften wie für den Trennungsunterhalt (§§ 96 bis 102 FamG).

---

[440] Zur Ehe und Scheidung nach den Reformen von 2005 vgl. Casals/Ribot FamRZ 2006, 1331 ff.
[441] Rieck/Rombach a. a. O. Rn. 23 ff.
[442] Rieck/Rombach a. a. O. Rn. 23
[443] Rieck/Rombach a. a. O. Rn. 24

Der nicht mit der Kindesmutter verheiratete **Kindesvater** schuldet ihr für die Dauer von 2 Jahren einen angemessenen Beitrag zur Bestreitung des Unterhalts und hat die mit der Schwangerschaft und der Entbindung verbundenen Kosten zu ersetzen (§ 95 I FamG). Auf Antrag der schwangeren Frau kann das Gericht „demjenigen, dessen Vaterschaft wahrscheinlich ist", auferlegen, den zur Sicherung der Ansprüche der Kindesmutter und des Kindesunterhalts für die Zeit des Mutterschaftsurlaubs[444] erforderlichen Betrag im Vorhinein zu leisten (§ 95 II FamG). Der Anspruch auf Erstattung der durch die Schwangerschaft und Entbindung entstandenen Auslagen verjährt in 3 Jahren ab der Entbindung (§ 95 III FamG).

3. Verwandtenunterhalt

Kinder, die in der Lage sind, sich selbst zu unterhalten, schulden ihren Eltern bei Bedürftigkeit angemessenen Unterhalt und zwar anteilig nach den Fähigkeiten, Möglichkeiten und Vermögensverhältnissen weiterer unterhaltspflichtiger Kinder (§ 87 I, II FamG).

Verwandte in aufsteigender Linie und Abkömmlinge (Aszendenten und Deszendenten) schulden sich gegenseitig Unterhalt (§ 88 I FamG). Soweit die Abkömmlinge ihrer Unterhaltspflicht nicht nachkommen können, geht die Verpflichtung auf die Vorfahren über; nähere Verwandte haften vor entfernteren (§ 88 II FamG). Mehrere gleichrangige Unterhaltspflichtige haften anteilig nach ihren Fähigkeiten, Möglichkeiten und Vermögensverhältnissen (§ 89 FamG). Für den Unterhaltsanspruch minderjähriger Kinder gilt auch im Verhältnis zu sonstigen Verwandten die Vorschrift des § 85 FamG (s. Rn. 451) entsprechend (§ 88 III FamG). Die Unterhaltspflicht geschiedener Ehegatten geht der Verpflichtung der Kinder gegenüber ihren Eltern vor (§ 92 II FamG).

Ein Unterhaltsanspruch steht dem Bedürftigen gegen seine Verwandten aber nur zu, wenn er die Unterhaltsleistungen „notwendig braucht" (§ 90 FamG).

Türkei

Das materielle türkische Zivilrecht ist im Zivilgesetzbuch vom 22. November 2001[445] (im Folgenden nur ZGB) geregelt. Es ist weitgehend vom schweizerischen Recht (ZGB) übernommen und vom islamischen Recht losgelöst.[446] Beide Rechtsordnungen sind jedoch auf Grund eigener Rechtsentwicklung, insbesondere der zum 1. 1. 2000 in Kraft getretenen schweizerischen Reform des Scheidungs- und Unterhaltsrechts und der Neufassung des türkischen Zivilgesetzbuchs nicht mehr identisch. Bei der „Lückenfüllung" des türkischen Rechts durch Anwendung des schweizerischen Rechts ist deshalb Vorsicht geboten.[447]

1. Kinderunterhalt

Gemäß Art. 327 I, 332 II ZGB tragen die Eltern die Kosten für den Unterhalt, die Erziehung und den Schutz ihrer Kinder. Die Unterhaltspflicht dauert nach Art. 328 I ZGB bis zur **Volljährigkeit** des Kindes (mit Vollendung des 18. Lebensjahres oder vorheriger Heirat, Art. 11 ZGB), wenn das Kind bis dahin nicht wirtschaftlich selbstständig ist. Dauert

---

[444] §§ 157 I, 158 des Arbeitsgesetzbuchs
[445] Übersetzt von Rumpf StAZ 2002, 100, Im Internet in aktuelle Fassung bei „www.dnoti.de" unter Links, International, Europa abrufbar; in Kraft seit dem 1. 1. 2002; die Neufassung hat die Struktur des 1988 grundlegend geänderten ZGB beibehalten und nur geringe weitere Änderungen eingeführt
[446] Mit der Neufassung ist auch die Vorschrift des Art. 152 I ZGB a. F. gestrichen worden, wonach der Mann „das Oberhaupt der ehelichen Verbindung" war
[447] Vgl. Saltas-Özcan, Die Scheidungsfolgen nach türkischem materiellen Recht mit Besprechung Odendahl FamRZ 2002, 1691; Rumpf IPRax 1983, 114; Bergmann/Ferid/Henrich a.a.O., Türkei, S. 19, Fn. 2

die Ausbildung nach Volljährigkeit fort, sind die Eltern bis zum Ende der Ausbildung in dem Maße zum Unterhalt verpflichtet, wie es angesichts der Umstände von ihnen erwartet werden kann (Art. 328 II ZGB). Dabei ist die Rechtsprechung zur früheren Rechtslage von einer Altersgrenze bis zu 25 Jahren ausgegangen.[448] Unabhängig davon steht dem volljährigen Kind auch ein Anspruch auf Familienunterhalt als Notunterhalt zu (s. Rn. 494). Wenn die Eltern mittellos sind, bei außergewöhnlichen Ausgaben oder bei sonstigen besonderen Ursachen kann das Gericht den Eltern gestatten, den zur Bestreitung der Unterhalts- und Erziehungskosten festgesetzten Betrag aus dem Vermögen des minderjährigen Kindes zu entnehmen (Art. 327 II ZGB).

467 Im Falle der Scheidung der Eltern oder ihrer Trennung von Tisch und Bett ist der nicht sorgeberechtigte Elternteil nach seinen Fähigkeiten zur Zahlung von Kindesunterhalt verpflichtet (Art. 182 II ZGB).[449] Die Scheidungsvereinbarung im Rahmen einer einverständlichen Scheidung muss auch die Belange der Kinder berücksichtigen. Ein Verzicht oder eine fehlende Regelung schließen (anders als beim Ehegattenunterhalt) nach der Rechtsprechung des Kassationshofs allerdings einen späteren Antrag auf Kindesunterhalt nicht aus.[450] Auf Antrag kann das Gericht die Höhe dieser als Unterhaltsrente zu leistenden Zahlungen auf Grund der sozialen und wirtschaftlichen Verhältnisse der Parteien festlegen (Art. 182 III ZGB). Der sorgeberechtigte Elternteil ist selbst und nicht nur in Prozessstandschaft zum Empfang des Unterhaltsbeitrags berechtigt.[451]

468 Der Unterhaltsbeitrag wird unter Berücksichtigung der Bedürfnisse des Kindes sowie der Lebensbedingungen und Leistungsfähigkeit der Eltern bestimmt (Art. 330 I S. 1 ZGB). Damit richtet sich die **Höhe** des Unterhalts einerseits nach der **Leistungsfähigkeit** des Unterhaltspflichtigen, diese wiederum nach seinen Einkünften und seinem Vermögen, etwaigen weiteren Unterhaltspflichten, z. B. gegenüber Ehegatten und weiteren Kindern. Von Bedeutung sind aber auch die **Bedürftigkeit** des Kindes unter Berücksichtigung seiner Einkünfte (Art. 330 I S. 2 ZGB) und der Verhältnisse an seinem Aufenthaltsort. Der Unterhalt muss sich auch an der Lebensstellung der Eltern orientieren. In der Türkei gibt es keine sog. Tabellen, der Unterhalt wird nach freiem Ermessen festgesetzt.[452] Lebt das Kind in der Türkei, lässt sich der Unterhaltsbedarf nicht ohne Berücksichtigung der dortigen Lebensverhältnisse beurteilen. Die Rechtsprechung geht von dem sich aus der Düsseldorfer Tabelle ergebenden Bedarf aus und vermindert diesen entsprechend den Vergleichswerten zur Feststellung der Verbrauchergeldparität (s. Rn. 38 ff., 73).[453] Teilweise wird auch eine pauschale Quote des sich aus der Düsseldorfer Tabelle ergebenden Bedarfs ermittelt, wobei entspr. der steuerlichen Behandlung von Unterhaltsleistungen an Angehörige im Ausland derzeit ein hälftiger Abschlag vorgenommen wird (s. Rn. 37).[454] Besser ist es allerdings, die Höhe des nach der Düsseldorfer Tabelle ermittelten Unterhalts im Verhältnis des Devisenkurses zur Verbrauchergeldparität an die türkischen Verhältnisse anzupassen[455] (s. oben Rn. 38 ff.).

469 Den Eltern steht ein **Wahlrecht** zu, in welcher Form sie Unterhalt leisten;[456] dem unterhaltsbedürftigen Kind kann ein solches Wahlrecht nur ausnahmsweise in besonders gelagerten Einzelfällen, z. B. bei einer Gefährdung des Kindeswohls, zustehen. In der Regel wird einem getrennt vom Unterhaltspflichtigen lebenden Kind eine monatliche Unterhaltsrente (Art. 330 II ZGB) gezahlt. Im Streitfall entscheidet der Richter sowohl über die Höhe wie über die Art und Weise der Erfüllung nach Ermessen.

---

[448] Bericht über das 3. Regensburger Symposium für Europäisches Familienrecht, FamRZ 1996, 1529
[449] Vgl. OLG Celle FamRZ 1991, 598
[450] Vgl. Öztan FamRZ 2007, 1517, 1521
[451] OLG Stuttgart FamRZ 1999, 312 mit ablehnender Anmerkung Andrae IPRax 2001, 98 (Fortdauer der Prozessstandschaft des sorgeberechtigten Elternteils auch nach der Scheidung bis zur Volljährigkeit des Kindes)
[452] Vgl. OLG Celle FamRZ 1991, 598, 599 f.
[453] OLG Hamm FamRZ 1989, 1084; vgl. Gutdeutsch/Zieroth FamRZ 1993, 1152
[454] OLG Celle FamRZ 1993, 103; OLG Zweibrücken FamRZ 1999, 33
[455] Vgl. z. B. OLG Düsseldorf FamRZ 1990, 556; OLG Hamburg FamRZ 1990, 794, AG Hamburg-Altona FamRZ 1992, 82
[456] OLG Zweibrücken FamRZ 1999, 33

Länderdarstellungen – Türkei   § 9

Verändern sich die Verhältnisse der Eltern z. B. durch Wiederheirat, Umzug oder Tod 470
eines Ehegatten erheblich, so trifft das Gericht auf Antrag eines Elternteils oder von Amts
wegen die erforderlichen Maßnahmen (Art. 183 ZGB). Ändern sich sonst die Verhältnisse,
setzt das Gericht auf Antrag den Unterhaltsbeitrag neu fest oder hebt den Unterhalt auf
(Art. 331 ZGB). Entsprechendes hatte zuvor schon die deutsche Rechtsprechung zum
türkischen Unterhaltsrecht angenommen.[457]

2. Ehegattenunterhalt

Trennung. Das materielle Unterhaltsrecht während bestehender Ehe ist im Wesentli- 471
chen in Art. 185 III, Art. 186 III und Art. 196 I ZGB, bei Gütertrennung i. V. mit
Art. 190 ZGB, geregelt.[458] Nach Art. 186 III ZGB tragen die Ehegatten gemeinsam, ein
jeder nach seinen Kräften, unter Einsatz von Arbeit und Vermögen zu den Ausgaben der
Gemeinschaft bei. Zu dieser Unterhaltspflicht gehört die Gewährung von Wohnung,
Nahrung, Kleidung, Bezahlung der Arztkosten, eines Taschengeldes u. a. Auf Begehren
eines Ehegatten setzt das Gericht die Geldbeträge jedes Ehegatten zum Unterhalt der
Familie fest (Art. 196 I ZGB).

Dies alles gilt auch im Falle des Getrenntlebens.[459] Voraussetzung ist aber, dass die 472
Eheleute **berechtigt getrennt leben.**[460] Gemäß Art. 197 II ZGB regelt der Richter bei
„begründeter" Aufhebung der ehelichen Lebensgemeinschaft auf Antrag eines Ehegatten
den Unterhaltsbeitrag. Nach der Neufassung des ZGB ist ein Ehegatte berechtigt, so lange
getrennt zu leben, als seine Persönlichkeit, seine wirtschaftliche Sicherheit oder der Friede
der Familie durch das Zusammenleben erheblich gefährdet wäre (Art. 197 I ZGB). Damit
ist der von der früheren Formulierung ausgehende Streit, ob dafür stets eine richterliche
Genehmigung erforderlich ist, negativ entschieden. Entsprechend hatte die Literatur schon
zum früheren Recht eine richterliche Erlaubnis nicht für nötig gehalten.[461] Die weitgehend
an Tekinalp orientierte abweichende Rechtsprechung[462] ist nicht mehr haltbar. Berechtigtes
Getrenntleben ist deswegen jedenfalls bei ernstlichen Bedrohungen der Gesundheit, des
Rufs oder des beruflichen Fortkommens des trennungswilligen Ehegatten durch das Zusammenleben, im Falle eines verlassenen Ehegatten (vgl. Art. 164 II ZGB) oder bei Einreichung des Antrags auf Trennung oder Scheidung (Art. 170 ZGB) anzunehmen.[463]

Nach Art. 169, 197 II, III ZGB trifft der Richter schon im Falle des **faktischen** 473
Getrenntlebens die notwendigen Maßnahmen, wenn die Aufforderung an den Ehemann
zur Erfüllung seiner Pflichten erfolglos bleibt oder von vornherein aussichtslos ist. Zu diesen
Maßnahmen gehört auch die Zuerkennung von Unterhalt.[464]

Einstweilige Maßnahmen zum Trennungsunterhalt nach Art. 169 ZGB kann das Gericht 474
auch bei einverständlichem Getrenntleben treffen, wenn die Ehegatten sich darüber nicht
schon entsprechend Art. 166 III ZGB geeinigt haben.[465] Die Höhe des Bedarfs auf Trennungsunterhalt einer in die Türkei zurückgekehrten Ehefrau schätzt das OLG Düsseldorf[466]
auf jedenfalls die Hälfte des Existenzminimums nach der Düsseldorfer Tabelle,[467] falls kein
höherer Bedarf nach den ehelichen Lebensverhältnissen ersichtlich ist (vgl. insoweit
Rn. 37 ff.).

---

[457] Vgl. KG FamRZ 1993, 976
[458] Vgl. Rumpf IPRax 1983, 114; OLG Karlsruhe FamRZ 1990, 1351; Bergmann/Ferid/Henrich a. a. O., S. 30, Fn. 24
[459] Vgl. Rumpf a. a. O.
[460] Tekinalp IPRax 1985, 333
[461] Vgl. Tekinalp a. a. O.; a. A. türkischer Kassationshof, zitiert bei Tekinalp a. a. O.
[462] Vgl. OLG Karlsruhe FamRZ 1990, 1351; OLG Hamm FamRZ 1993, 69
[463] Vgl. OLG Frankfurt FamRZ 1990, 747
[464] OLG Stuttgart FamRZ 2008, 1754; Tekinalp a. a. O.
[465] Zur früheren Rechtslage vgl. Rumpf, Türkei, Beck sche Reihe, S. 56
[466] FamRZ 1995, 37
[467] Vgl. insoweit BGB FamRZ 2003, 363 mit Anmerkung Scholz FamRZ 2003, 514

475 Ein Anspruch auf Trennungsunterhalt kann auch dem Ehemann gegenüber der Ehefrau zustehen.[468] Auf Antrag eines Ehegatten kann der Unterhalt bei Veränderung der Verhältnisse abgeändert oder aufgehoben werden (Art. 200 ZGB).

476 Ein türkischer Titel zum **Trennungsunterhalt** wirkt nicht als Titel zum den nachehelichen Unterhalt über die Rechtskraft der Ehescheidung fort. Denn das türkische Unterhaltsrecht unterscheidet, ebenso wie das deutsche Recht,[469] zwischen Trennungsunterhalt und nachehelichem Unterhalt. Nach Art. 186 Abs. 3 ZGB tragen die Ehegatten gemeinsam, ein jeder nach seinen Kräften, unter Einsatz von Arbeit und Vermögen zu den Ausgaben der Lebensgemeinschaft bei. Das gilt auch für die Trennungszeit der Parteien.[470] Bei begründeter Aufhebung der ehelichen Lebensgemeinschaft regelt der Richter nach Art. 197 Abs. 2 ZGB auf Antrag eines Ehegatten den Unterhaltsbeitrag eines Ehegatten an den anderen. Hat das türkische Familiengericht mit der Abweisung des Scheidungsantrags wegen der Trennung der Ehegatten einen „Vorsorgeunterhalt" zugesprochen, handelt es sich dabei nicht um nachehelichen Unterhalt, der sich im weitesten Sinne aus materiellem Schadensersatz (Art. 174 Abs. 1 ZGB), immateriellem Schadensersatz zur Genugtuung (Art. 174 Abs. 2 ZGB) und – falls der Schadensersatz nicht ausreicht – aus Bedürftigkeitsunterhalt (Art. 175 ZGB) zusammensetzt.[471]

477 **Scheidung.** Für den Fall der Scheidung[472] sind nach dem mit Wirkung zum 1. 1. 2002 neu verkündeten ZGB folgende Ansprüche auf Schadensersatz und auf Unterhalt vorgesehen:
• **Materieller Schadensersatz** nach Art. 174 I ZGB (früher Art. 143 I ZGB). Danach kann der Ehegatte, der an der Scheidung nicht oder weniger schuldig ist, einen angemessenen materiellen Schadensersatz verlangen, wenn durch die Scheidung für ihn bestehende oder erwartete Vorteile beeinträchtigt werden.
• **Immaterieller Schadensersatz (Genugtuung)** nach Art. 174 II ZGB (früher Art. 143 II ZGB). Danach kann der Ehegatte, der durch die Ereignisse, die Grund der Scheidung waren, eine Verletzung seiner Persönlichkeit erleidet, von der schuldigen Gegenseite einen angemessenen Betrag als Schmerzensgeld verlangen.
• **Bedürftigkeitsunterhalt** nach Art. 175 ZGB (früher Art. 144 ZGB). „Der Ehegatte, der durch die Scheidung bedürftig wird, und den kein höheres Verschulden trifft, kann vom anderen Ehegatten nach dessen wirtschaftlicher Leistungsfähigkeit für seine Lebensführung unbefristet Unterhalt verlangen. Auf ein Verschulden des Unterhaltspflichtigen kommt es nicht an."

478 Neben dem Bedürftigkeitsunterhaltsanspruch gemäß Art. 175 ZGB ist im türkischen Recht also ein Anspruch auf angemessenen Ersatz des materiellen Schadens gemäß Art. 174 I ZGB (Entschädigungsanspruch) und ein weiterer Anspruch auf Ersatz des immateriellen Schadens gemäß Art. 174 II ZGB (Genugtuungsanspruch) vorgesehen. Der Entschädigungsanspruch kann als Pauschalsumme oder Rente, der Genugtuungsanspruch nur als Pauschalsumme zuerkannt werden (Art. 176 I, II ZGB).

479 Voraussetzungen für den **Entschädigungsanspruch** nach Art. 174 I ZGB ist, dass der Antragsteller schuldlos oder weniger schuldig an der Scheidung war. Ein Mitverschulden, auch ein geringes, führt allerdings zu einer Kürzung des Ersatzanspruchs. Weitere Voraussetzung ist ein Verschulden des anderen Ehegatten und der Eintritt eines ersetzbaren **Vermögensschadens** als finanzielle Einbuße durch die Scheidung. Der Schaden kann z. B. im Verlust des ehelichen Unterhaltsanspruchs[473] und des Erbrechts sowie in einem sonstigen Vermögensverlusts, den Kosten für Umzug und neue Einrichtungsgegenstände, ärztlichen Behandlungskosten, entgangenen Gebrauchsmöglichkeiten oder den Prozesskosten der Scheidung liegen. Die Höhe der Entschädigung steht im Ermessen (Art. 4 ZGB) des Gerichts, erreicht aber nicht die volle Schadensumme. Als weitere Kriterien sind bei der Be-

---

[468] Vgl. OLG Karlsruhe FamRZ 1990, 1351
[469] BGH FamRZ 1999, 1497; 1981, 242, 243 f.
[470] Rumpf IPRax 1983, 114, 115
[471] BGH FamRZ 2010, 966 Rn. 16
[472] Vgl. insoweit Öztan FamRZ 2007, 1517, 1523
[473] OLG Hamm FamRZ 2006, 1387

Länderdarstellungen – Türkei § 9

messung der Umfang des Verschuldens oder des Mitverschuldens, die wirtschaftlichen und persönlichen Verhältnisse, Alter, Gesundheit und Arbeitsfähigkeit sowie der Umfang der Kindererziehung zu berücksichtigen. Obwohl es sich um einen Schadensersatzanspruch handelt, sind auch hier ein Mangelfall und die dadurch bedingte Begrenzung möglich. Damit handelt es sich um eine besondere Form des nachehelichen Unterhalts und nicht um eine güterrechtliche Regelung.[474]

Die Höhe des **Genugtuungsanspruchs** nach Art. 174 II ZGB (kein eigentlicher Unterhaltsanspruch) richtet sich ebenfalls nach billigem Ermessen. Einzubeziehen sind sämtliche Umstände, die zur Scheidung geführt haben, Art und Ausmaß der Verletzung der persönlichen Interessen des anderen Ehegatten, der Grad des Verschuldens, die Dauer der Ehe, das Alter und die sozialen und wirtschaftlichen Verhältnisse der Ehegatten.[475] Auch der Genugtuungsanspruch kann nach der Scheidung selbstständig geltend gemacht werden.[476] 480

Für die Abänderung des Entschädigungsanspruchs gilt dasselbe wie zum Unterhaltsanspruch (s. Rn. 476), wenn es sich um eine Rentenzahlung und nicht um einen Abfindungsbetrag handelt. 481

Das OLG Stuttgart[477] ordnet (wohl) den Genugtuungsanspruch aus Art. 174 II ZGB international-privatrechtlich nach Art. 14, 17 EGBGB, den Entschädigungsanspruch aus Art. 174 I ZGB aber wegen des vor allem unterhaltsrechtlichen Charakters zutreffend nach Art. 18 EGBGB ein.[478] Das OLG Frankfurt[479] wendet auf den Genugtuungsanspruch ebenfalls Art. 17 I, Art. 14 I Nr. 1 EGBGB an (zutreffend, weil der immaterielle Genugtuungsanspruch mit Unterhalt nichts zu tun hat). 482

Im Falle der Scheidung kann der schuldlose oder nicht überwiegend schuldige bedürftige Ehegatte auch auf unbegrenzte Dauer vom anderen Ehegatten **Unterhalt** verlangen (Art. 175 I ZGB).[480] Auf das Verschulden des Unterhaltspflichtigen kommt es nicht an (Art. 175 II ZGB). Dabei handelt es sich zwar nicht um einen Anspruch auf Notunterhalt,[481] er kommt jedoch erst in Betracht, wenn der materielle Schadensersatz (Art. 174 I ZGB) nicht ausreicht und der geschiedene Ehepartner bedürftig geworden ist. Dafür ist Kausalität zwischen der Scheidung und der Bedürftigkeit erforderlich.[482] Ein Ehegatte wird durch die Scheidung aber bereits deswegen bedürftig, weil er dadurch seinen Anspruch auf Trennungsunterhalt verliert.[483] Dem bedürftigen Unterhaltsberechtigten darf es nicht zumutbar sein, seinen Unterhalt durch eigene Arbeit abzudecken. Seit der Neuregelung dürfen an diese Voraussetzung keine zu hohen Anforderungen gestellt werden. In Betracht kommen insbesondere Fälle der Kindererziehung und der Krankheit oder der Erwerbslosigkeit. 483

Die **Höhe** des Unterhalts orientiert sich zwar nicht an den „ehelichen Lebensverhältnissen" wie im deutschen Recht, jedoch richtet sie sich nach der Leistungsfähigkeit des Verpflichteten (Art. 175 I ZGB)[484] und den Bedürfnissen des Berechtigten. Dabei spielen die Dauer der Ehe, das Alter und die Gesundheit, die berufliche Ausbildung, die soziale Stellung, die Chancen auf dem Arbeitsmarkt, Kinderbetreuung, Vermögen, die Verhältnisse am Lebensmittelpunkt[485] u. a. eine Rolle (Billigkeit, soziale Gesichts- 484

---

[474] OLG Karlsruhe FamRZ 2006, 948
[475] Vgl. OLG Frankfurt FamRZ 1992, 1182
[476] Vgl. OLG Hamm FamRZ 1994, 580; Öztan FamRZ 1994, 1574; s. auch Rn 9/203
[477] OLG Stuttgart FamRZ 1993, 974 und 1993, 975
[478] So auch OLG Karlsruhe FamRZ 2006, 948
[479] OLG Frankfurt FamRZ 1992, 1182
[480] Vgl. Ansay/Krüger StAZ 1988, 252; zum neuen türkischen ZGB vgl. Das Standesamt 2002, 97 ff.
[481] Vgl. OLG Stuttgart FamRZ 1993, 975; OLG Köln FamRZ 1992, 948; Staudinger/v. Bar, BGB 13. Auflage, Anh. I zu Art. 18 EGBGB Rn. 260; a. A. OLG Saarbrücken FamRZ 1994, 579 und KG FamRZ 1993, 976; Jayme IPRax 1989, 330; OLG Hamm FamRZ 1995, 881; zum Streitstand vgl. OLG Köln FamRZ 1997, 1087; FamRZ 1999, 860, 861
[482] Öztan FamRZ 1994, 1574
[483] OLG Hamm FamRZ 2006, 1387
[484] Nach OLG Köln NJW-RR 1998, 1540 muss sich der unterhaltspflichtige Ehegatte auch fiktive Einkünfte anrechnen lassen, wenn er seine Arbeitskraft nicht ausschöpft
[485] OLG Stuttgart FamRZ 2008, 1754 f.; NJW-RR 2004, 582; OLG Düsseldorf FamRZ 2001, 919

punkte).[486] Der Unterhaltspflichtige darf durch die Unterhaltsleistung nicht selbst in Not geraten; sein angemessener Unterhalt muss gesichert sein. Eine Unterhaltspflicht der Ehefrau hängt seit der Neufassung des ZGB nicht mehr davon ab, dass sie wohlhabend ist. Das OLG Hamm[487] geht bei der Unterhaltsbemessung von den ehelichen Lebensverhältnissen aus und errechnet nach deutschen Regeln ($^3/_7$) den Bedarf. Ähnlich geht das OLG Köln im Rahmen des nach Art. 4 ZGB[488] gebundenen Ermessens vor[489] und meint, türkische Gerichte pflegten der Ehefrau ca. $^1/_5$ bis $^1/_6$ des Einkommens des Ehegatten als Unterhalt zuzusprechen.[490] Zu Unrecht meint der 12. Zivilsenat des OLG Hamm hingegen, der Unterhaltspflichtige habe nur das Existenzminimum („Mindestbedarf") des Berechtigten abzudecken; dies ergebe sich nach türkischem Rechtsverständnis aus der Fassung in Art. 144 a. F. ZGB „seinen Vermögensverhältnissen entsprechenden Beitrag".[491] Das OLG Hamm[492] zieht bei Anwendung des Art. 144 a. F. ZGB auch den Gesichtspunkt des Art. 18 VII EGBGB heran und berücksichtigt deswegen die Verhältnisse in Deutschland mit (Lebensmittelpunkt des Unterhaltsberechtigten).

485 Nach türkischem Recht sind die Unterhaltsansprüche der geschiedenen und der zweiten Ehefrau gleichrangig.[493]

486 Der Bedürftigkeitsunterhalt kann in einer Pauschalsumme oder, falls nach den Umständen erforderlich, als Rente zugesprochen werden (Art. 176 I ZGB). Ändern sich die wirtschaftlichen Verhältnisse der Parteien oder erfordert es die Billigkeit, ist eine Erhöhung, Ermäßigung oder ein Wegfall der Rente möglich (Art. 176 IV ZGB). Auf Antrag kann das Gericht die Höhe des Unterhalts auf Grund der sozialen und wirtschaftlichen Verhältnisse der Parteien in den kommenden Jahren festlegen (Art. 176 V ZGB).[494]

487 Die Parteien können auf den Schadensersatz und die Bedürftigkeitsrente **verzichten** und diesen Verzicht ausdrücklich in das Protokoll aufnehmen. Der Richter muss die Vereinbarung allerdings wegen des Gebots der Angemessenheit prüfen und sie ggf. abändern oder vorhandene Lücken schließen. Hält der Richter den Verzicht allerdings wegen des Grundsatzes der Vertragsfreiheit für angemessen, wird er wirksam und schließt einen späteren Antrag auf Schadensersatz oder Bedürftigkeitsrente aus. Haben die Parteien hingegen eine Vereinbarung über Schadensersatz oder Unterhalt getroffen und hat der Richter diese, obwohl er keine Änderungen vorgeschlagen hatte, versehentlich im Urteilstenor nicht berücksichtigt, kann die Vereinbarung später durch Leistungsantrag durchgesetzt werden.[495] Das OLG Karlsruhe[496] hält einen nach türkischem Recht wirksamen Unterhaltsverzicht für unwirksam, solange der Berechtigte in Deutschland seinen gewöhnlichen Aufenthalt hat (s. Rn. 13 ff., 24).

488 Eine **Prozesskostenvorschusspflicht** gibt es nach türkischem Gesetzesrecht nicht ausdrücklich, sie wird aber von der Rechtsprechung und der Literatur aus der Sorge- und Beistandspflicht hergeleitet (Art. 151 III ZGB).[497]

489 Einen **Auskunftsanspruch** kennt das türkische Recht nicht, weil dort die Untersuchungsmaxime herrscht. Durchweg wird jedoch von der deutschen Rechtsprechung bei

---

[486] Öztan FamRZ 1994, 1574; nach OLG Stuttgart NJW-RR 1994, 135 soll die Verpflichtung des Ehemannes zur Zahlung von nachehelichem Unterhalt bei der Entscheidung über den Entschädigungsanspruch der Ehefrau (Art. 143 I ZGB) zu berücksichtigen sein
[487] FamRZ 1994, 582; gegen eine Lebensstandardgarantie aber OLG Stuttgart NJW-RR 2004, 582
[488] Das Gericht hat sein Ermessen nach Recht und Billigkeit zu treffen
[489] FamRZ 1992, 948, „freies Ermessen"
[490] IPRax 1989, 53
[491] FamRZ 1995, 881; eine nähere Begründung fehlt allerdings; zur Problematik des „Sprachrisikos" bei der Anerkennung und Vollstreckung deutscher Unterhaltsentscheidungen in der Türkei vgl. Kiliç IPRax 1994, 477
[492] FamRZ 1993, 75; so auch OLG Düsseldorf FamRZ 2001, 919, 920
[493] OLG Düsseldorf FamRZ 2001, 919, 920; OLG Hamm FamRZ 1994, 582
[494] Das berücksichtigt die entsprechende Entwicklung und ersetzt eine Abänderung
[495] Öztan FamRZ 2007, 1517, 1520 f. m. w. N.
[496] FamRZ 1992, 316
[497] Vgl. Rumpf IPRax 1983, 114

Unterhaltsstreitigkeiten in Deutschland im Rahmen des anwendbaren deutschen Prozessrechts ein Auskunftsanspruch angenommen.[498]

Lange Zeit war umstritten, ob der Unterhaltsanspruch gemäß Art. 144 ZGB a. F., auf **490** den nicht ausdrücklich verzichtet wurde, spätestens im Scheidungsverfahren geltend gemacht werden muss oder nicht. Inzwischen hat sich der türkische Kassationsgerichtshof in einer Plenarentscheidung vom 22. Januar 1988 der Auffassung angeschlossen, dass auch **nach rechtskräftigem Abschluss des Scheidungsverfahrens** noch ein Antrag eines Ehegatten auf immateriellen Schadensersatz nach Art. 143 II (jetzt 174 II) ZGB zulässig ist. Der für die Scheidungsangelegenheiten zuständige 2. Senat des Kassationsgerichtshofs hat diese Rechtsprechung nunmehr auch auf materiellen Schadensersatz (§ 174 I ZGB) und den Bedürftigkeitsunterhalt (§ 175 ZGB) erstreckt.[499] Damit ist die Streitfrage im Sinne der Zulässigkeit eines nachträglichen Unterhaltsbegehrens abschließend geklärt.[500] Voraussetzung ist jedoch, dass die Bedürftigkeit bereits im Zeitpunkt der Scheidung gegeben war.[501] Die gesetzliche Neuregelung hat sich dem ausdrücklich angeschlossen (Art. 178 ZGB).

Nach der Rechtsprechung des Kassationsgerichtshofs zum früheren Recht **verjährte** das **491** Unterhaltsstammrecht nicht, weil das Gesetz keine Frist zur Erhebung des Antrags auf nachehelichen Unterhalt vorsieht. Der Verjährung unterlagen allerdings schon die Einzelforderungen als periodisch wiederkehrende Leistungen (muayyen zamanlarda tediye). Nach der neu geschaffenen Vorschrift des Art. 178 ZGB verjähren nunmehr die Ansprüche, die anlässlich der Beendigung durch Scheidung entstehen, ein Jahr nach Rechtskraft des Scheidungsurteils.[502]

Abänderung. Für den Ehegattenunterhalt nach Scheidung ergibt sich eine Abän- **492** derungsmöglichkeit wegen veränderter Umstände aus Art. 176 IV ZGB.[503] Fällt der Grund für die Unterhaltsrente weg, vermindert sich sein Gewicht oder nimmt die finanzielle Leistungsfähigkeit des Unterhaltspflichtigen erheblich ab, kann die Rente herabgesetzt oder aufgehoben, bei gegenläufiger Entwicklung nach Billigkeit auch erhöht werden. Legen die Ehegatten im Rahmen einer Vereinbarung allerdings eine bestimmte Summe für den Schadensersatz oder einen bestimmten Betrag für die Bedürftigkeitsrente fest und ist die Summe vom Richter für angemessen befunden worden, können sie nach Rechtskraft des Urteils keine Abänderung mehr verlangen.[504]

Durch Wiederverheiratung entfällt ein Unterhaltsanspruch gegen den geschiedenen **493** Ehepartner. Dasselbe gilt bei Aufnahme einer neuen Lebensgemeinschaft,[505] Wegfall der Bedürftigkeit, unehrenhaftem Lebenswandel oder Tod eines Ehegatten, es sei denn, die Parteien hatten anderes vereinbart.

3. Verwandtenunterhalt

Nach Art. 364 ZGB ist jeder seinen Verwandten auf- und absteigender Linie sowie **494** seinen Geschwistern unterhaltspflichtig, wenn sie ohne diese Unterstützung in Bedürftigkeit geraten würden.[506] Der Unterhaltsanspruch besteht allerdings nur für den Fall der Not (sog. Notunterhalt) und umfasst eine Leistung, die zum Lebensunterhalt des Bedürftigen erforderlich und den wirtschaftlichen Verhältnissen des Verpflichteten angemessen ist (Art. 365 II ZGB). Der Anspruch ist gegen die Unterhaltspflichtigen in der Reihenfolge

---

[498] Z. B. OLG Hamm FamRZ 1993, 69
[499] Zitat bei Öztan FamRZ 1994, 1574; OLG Köln FamRZ 1999, 869
[500] OLG Köln FamRZ 1999, 860; OLG Hamm FamRZ 1994, 582 mit Anmerkung Henrich NJW-RR 1994, 136; OLG Saarbrücken FamRZ 1994, 579; zweifelnd noch OLG Hamm FamRZ 1994, 580; OLG Köln FamRZ 1999, 1540
[501] Vgl. Henrich a. a. O.
[502] OLG Stuttgart FamRZ 2007, 290; das OLG Düsseldorf FamRZ 2001, 919, 920 und Krüger FamRZ 2000, 1135, 1136 gehen insoweit noch von der früheren Rechtslage aus
[503] Zu früheren Rechtslage vgl. OLG Hamm FamRZ 1995, 882
[504] Öztan FamRZ 2007, 1517, 1520
[505] Vgl. OLG Hamm FamRZ 1995, 882
[506] Zum früheren Recht vgl. AG Fritzlar IPRax 1984, 278

ihres Erbrechts geltend zu machen (Art. 365 I ZGB). Geschwister können nur herangezogen werden, wenn sie in eigenem Wohlstand leben (Art. 364 II ZGB). Gegenüber dem Unterhaltsanspruch der Kinder und der Ehegatten ist dieser Anspruch nachrangig (Art. 364 III ZGB). Wurde der Unterhalt von öffentlichen oder gemeinnützigen Einrichtungen gezahlt, geht der Unterhaltsanspruch auf diese über, sodass der Antrag auch von ihnen erhoben werden kann (Art. 365 IV ZGB). Auf Antrag kann das Gericht die Höhe der Unterhaltsrente auf Grund der sozialen und wirtschaftlichen Verhältnisse der Parteien in den kommenden Jahren festlegen (Art. 365 V ZGB).

Ungarn

1. Kinderunterhalt

495 Er richtet sich für die **minderjährigen Kinder** nach §§ 69 A ff. des Familiengesetzes[507] (FamG) und wird ergänzt durch die Regelungen über den Verwandtenunterhalt (§§ 60 ff. FamG).[508] Zum Unterhalt gehört alles, was der Bedürftige zu seinem Lebensunterhalt benötigt, auch die Kosten für Erziehung und Ausbildung (§ 65 FamG). Minderjährig ist ein Kind bis zur Vollendung des 18. Lebensjahres (§ 12 II ZGB). Jedoch wird bereits von einem 16-jährigen Kind in der Regel erwartet, dass es einer Beschäftigung nachgeht, falls es nicht in Ausbildung steht.[509] Die Eltern sind verpflichtet, auch zu Lasten des eigenen notwendigen Unterhalts alles mit ihren minderjährigen Kindern zu teilen, was ihnen zum gemeinsamen Unterhalt zur Verfügung steht (§ 69 A I S. 1 FamG). Diese gesteigerte Unterhaltspflicht ist nicht maßgebend, wenn der Kindesunterhalt aus eigenen Vermögenserträgen gedeckt ist oder ein anderer gradliniger Verwandter (s. Rn. 504) verpflichtet werden kann (§ 69 A I S. 2 FamG). Leben die Eltern getrennt, leistet der betreuende Elternteil Unterhalt in Natur, der andere zahlt eine monatliche Geldrente (§ 69 A II FamG). Auch wenn das Kind im Haushalt des unterhaltspflichtigen Elternteils lebt, dieser aber nicht für das Kind sorgt, muss er Leistungen in Geld erbringen (§ 69 D I FamG). Der Kindesunterhalt geht dem Ehegatten- und dem Verwandtenunterhalt im Rang vor (§ 64 I, II FamG). Nach den Grundsätzen des Verwandtenunterhalts ist ein Stiefkind unterhaltsberechtigt, dass mit Einverständnis im gemeinsamen Haushalt lebt (§ 62 I FamG).

496 Die **Höhe** des Unterhalts richtet sich nach den Einkommens- und Vermögensverhältnissen beider Eltern unter Berücksichtigung weiterer unterhaltsberechtigter Kinder und den tatsächlichen Bedürfnissen des Kindes unter Berücksichtigung seines eigenen Einkommens (§ 69 C I S. 2 FamG). Im Regelfall werden pro Kind etwa 15–25% des monatlichen Durchschnittsverdienstes des Unterhaltspflichtigen angesetzt, insgesamt jedoch nicht mehr als die Hälfte seines Einkommens (§ 69 C I S. 1, II FamG). Lebt der Unterhaltspflichtige aus dienstlichen Gründen im Ausland, ist sein letztes ausländisches Einkommen maßgebend.[510] Dann kommt eine Anpassung im Verhältnis von Verbrauchergeldparität und Devisenkurs in Betracht (s. o. Rn. 38 ff., 75). Bei mehreren unterhaltsberechtigten Kindern ist eine gleichmäßige Behandlung sicherzustellen, insbesondere wenn sie nicht in einem Haushalt erzogen werden (§ 69 C II S. 2 FamG). Der Unterhalt kann in einem bestimmten Betrag, prozentual von einem bestimmten Verdienst oder als Summe dieser beiden Möglichkeiten festgesetzt werden (§ 69 C III FamG). Wird der Unterhalt prozentual festgesetzt, muss zugleich der Grundbetrag angegeben werden, um eine spätere Anpassung zu ermöglichen (§ 69 C IV FamG). Der eigene notwendige Unterhalt, der allgemein als **Selbstbehalt** verbleiben muss (§ 66 I FamG), kann durch die gesteigerte Unterhaltspflicht gegenüber minderjährigen Kindern auch unterschritten werden (§ 69 A I FamG).

---

[507] Gesetzes Nr. IV/1986 über die Änderung des Gesetzes Nr. IV/1952 über die Ehe, die Familie und die Vormundschaft in der Fassung des Gesetzes XXXI/1996, zuletzt geändert durch Gesetz XLIV/2002 vom 5. 11. 2002
[508] Bergmann/Ferid/Henrich a. a. O., Ungarn, S. 28
[509] Gralla/Leonhardt/Rupp, Das Unterhaltsrecht in Osteuropa, 1989 Abschnitt Ungarn S. 304
[510] OG Nr. 344 PJD

Haben die Eltern keine Vereinbarung geschlossen, entscheidet das Gericht über den 497
Kindesunterhalt (§ 69 B FamG). Für die **Vergangenheit** kann grundsätzlich nur für 6 Monate Unterhalt geltend gemacht werden, hatte ein Unterhaltsberechtigter den Anspruch schuldlos noch nicht geltend gemacht auch für einen längeren Zeitraum (§ 68 I, II FamG). Im Interesse des Minderjährigen sind neben dem sorgeberechtigten Elternteil, der aus eigenem Recht vorgehen kann (§ 67 II FamG), auch die Vormundschaftsbehörde und der Staatsanwalt befugt, einen Antrag auf Unterhalt zu erheben (§ 67 I FamG).

Eine **Unterhaltsabänderung** ist bei wesentlicher Änderung der zugrunde liegenden 498
Verhältnisse möglich, eine Erhöhung auch dann, wenn in einer abzuändernden Vereinbarung der Unterhalt erheblich unter dem, was nach dem Gesetz hätte verlangt werden können, festgelegt worden ist (§ 69 I, II FamG).

Ein **volljähriges Kind** kann Unterhalt verlangen, wenn es infolge Studiums bedürftig ist 499
(§ 60 II FamG). Dabei muss der eigene notwendige Unterhalt des Unterhaltspflichtigen gewahrt bleiben (§ 66 I FamG).

Die Bestimmungen über den Verwandtenunterhalt haben auch erhebliche Bedeutung für 500
die Unterhaltspflicht der Eltern. Ein Wegfall des Unterhaltsanspruchs wegen Unwürdigkeit ist insoweit nach dem Gesetz (§ 60 IV FamG) als auch nach ständiger Rechtsprechung nur in ganz besonderen Ausnahmefällen möglich.[511] Der Unterhaltsanspruch eines volljährigen Kindes kann aber z. B. durch ein grundlos beleidigendes Verhalten gegenüber den Eltern entfallen.[512]

2. Ehegattenunterhalt

Trennung. Ein Ehegatte schuldet dem anderen Unterhalt, wenn dieser ohne eigenes 501
Verschulden bedürftig ist, der Unterhalt nicht den eigenen und den eines gleichrangigen Unterhaltsberechtigten gefährdet und der andere Ehegatte nicht unterhaltsunwürdig ist. Heranzuziehen ist zunächst das gemeinsame Vermögen, dann das Sondergut des Unterhaltspflichtigen (§ 32 III FamG; in Ungarn ist gesetzlicher Güterstand die Gütergemeinschaft mit gemeinsamem Vermögen und Sondergut, § 27 I FamG. Die Unterhaltspflicht besteht jedoch im Prinzip auch, wenn keine Gütergemeinschaft besteht).

Scheidung. Voraussetzung für einen **nachehelichen Unterhalt** ist, dass der Ehegatte 502
ohne eigenes Verschulden bedürftig geworden ist, z. B. durch Krankheit oder Alter. Die Dauer der Ehe spielt dabei keine Rolle.[513] Der Unterhaltsberechtigte ist zwar nur in beschränktem Umfang verpflichtet, den Stamm seines Vermögens aufzubrauchen, eine ihm zumutbare Arbeit muss er aber annehmen. Eine Grenze findet der Unterhaltsanspruch in der **Leistungsfähigkeit** des Verpflichteten und damit in der Gefährdung des eigenen Unterhalts des Unterhaltspflichtigen und derjenigen Personen, denen er mindestens gleichrangig zu Unterhalt verpflichtet ist (§ 21 I FamG). Der Unterhalt wird jeweils für den Einzelfall festgelegt, Tabellen- oder Pauschalsätze gibt es nicht.[514] Abzudecken ist nur das Nötige für die Lebensführung. Zu zahlen ist eine monatliche Geldrente. Sie kann **zeitlich begrenzt** werden, wenn anzunehmen ist, dass die Unterhaltspflicht mit Ablauf der Frist endet (§ 21 II FamG). Unabhängig davon endet sie im Falle der Wiederheirat des Berechtigten (§ 22 II FamG), bei nachträglicher Unwürdigkeit oder bei Wegfall der Bedürftigkeit. Tritt die Bedürftigkeit neu auf, lebt auch der Unterhaltsanspruch wieder auf (§ 22 II S. 2 FamG). Die Unwürdigkeit des Berechtigten wird nicht von Amts wegen geprüft sondern nur dann, wenn der Unterhaltspflichtige sich darauf beruft. Eine Unwürdigkeit im Zeitpunkt der Scheidung liegt vor, wenn der Unterhaltsberechtigte mit seinem Verhalten die moralische Grundlage der Ehe schwer verletzt hat und diese Verletzung dann zur Scheidung führte. Dabei muss aber auch das Verhalten des Unterhaltspflichtigen während der Ehe

---

[511] Bergmann/Ferid/Henrich a. a. O., S. 28
[512] So ausdrücklich OG Nr. 353, PJD. S. i. Ü u. III B 6
[513] Gralla/Leonhardt/Rupp a. a. O., S. 319; Bergmann/Ferid/Henrich a. a. O., S. 22 f.; zu den Rechtsfolgen einer registrierten Partnerschaft vgl. Weiss FamRZ 2008, 1724
[514] Gralla/Leonhardt/Rupp a. a. O., S. 319

berücksichtigt werden. War sein Verhalten ebenfalls schwer ehewidrig, kann er sich nicht auf Unwürdigkeit berufen. Beruht die Unwürdigkeit hingegen auf einem späteren Verhalten des Unterhaltsberechtigten, kann das Verhalten des Unterhaltspflichtigen während der Ehe nicht berücksichtigt werden. Dann ist der Berechtigte unwürdig, wenn er vorsätzlich die Interessen des unterhaltspflichtigen Ehegatten in persönlicher oder finanzieller Hinsicht verletzt (Verleumdung, Strafanzeige, Zufügung eines finanziellen Schadens usw.) oder ein schwer gesellschaftsfeindliches Verhalten zeigt (liederlicher Lebenswandel, Begehung schwerer Straftaten usw.).[515] Eine Verzeihung des Unterhaltspflichtigen schließt die Unwürdigkeit aus. Tritt die Unterhaltsbedürftigkeit erst nach Ablauf von fünf Jahren seit der Scheidung auf, kann der bedürftige Ehegatte nur ganz ausnahmsweise Unterhalt verlangen (besondere Billigkeitsgründe, § 22 III FamG).[516]

503   Eine **Abänderung** des Unterhalts ist möglich (§ 22 I FamG), wenn sich die einer Vereinbarung oder einem Urteil zugrunde liegenden Umständen wesentlich geändert haben. Ein Verzicht auf Unterhalt ist nur dann wirksam, wenn er entgeltlich war.

3. Verwandtenunterhalt

504   Nach § 61 I, II FamG sind (neben dem Kindes- und Ehegattenunterhalt) in erster Linie die Abkömmlinge, danach Verwandte der aufsteigenden Linie zum Unterhalt verpflichtet. Der in der Abstammungsordnung näher stehende Verwandte haftet vor dem entfernteren Verwandten (§ 61 III FamG). **Nachrangig** sind auch volljährige Geschwister zum Unterhalt verpflichtet, aber nur dann, wenn sie zur Leistung imstande sind, ohne ihren eigenen Unterhalt, den Unterhalt ihres Ehegatten oder den Unterhalt eigener Verwandter in gerader Linie zu gefährden (§ 61 IV FamG). Unterhaltspflichtig ist auch ein Stiefkind, wenn der unterhaltsbedürftige Elternteil längere Zeit für seinen Unterhalt gesorgt hat (§ 62 II FamG). Mehrere gleichrangige Unterhaltspflichtige haften anteilig nach ihren Erwerbs-, Einkommens- und Vermögensverhältnissen. Dabei ist eine persönliche Betreuungsleistung zu berücksichtigen (§ 63 I, II FamG). Der Unterhaltsanspruch eines Kindes geht dem der (gleichrangigen) Ehegatten und geschiedenen Ehegatten, dieser den übrigen Verwandten (§ 64 II FamG), die Kinder und Eltern den weiteren Verwandten, die Abkömmlinge den Verwandten der aufsteigenden Linie und die näheren Verwandten den entfernteren vor (§ 64 I FamG). Auf Antrag kann das Gericht in begründeten Fällen eine abweichende Reihenfolge festsetzen (§ 64 III FamG).

505   Der Anspruch **umfasst** alles, was der Berechtigte zum Lebensunterhalt benötigt. Für Abkömmlinge und Geschwister erstreckt er sich auch auf die Kosten der Erziehung und Ausbildung (§ 65 I FamG). Die Unterhaltspflicht erstreckt sich auch auf die Kosten der Betreuung infolge hohen Alters oder Pflegebedürftigkeit (§ 65 II FamG). Nicht zum Unterhalt verpflichtet ist, wer dadurch seinen eigenen notwendigen Unterhalt gefährden würde (§ 66 I FamG).

506   Der Unterhalt kann **rückwirkend** für sechs Monate geltend gemacht werden, darüber hinaus nur, wenn dem Berechtigten keine Versäumnis bei der Geltendmachung des Anspruchs vorwerfbar ist (§ 68 I, II FamG). Bei veränderten Umständen kann eine **Anpassung** des Unterhalts oder ein Wegfall der Unterhaltspflicht verlangt werden. Eine Erhöhung kommt auch in Betracht, wenn der Unterhalt von Beginn an mit einem erheblich kleineren Betrag als vom Gesetz geschuldet festgesetzt war (§ 69 I, II FamG).

Vereinigte Staaten von Amerika (USA)

507   In den USA fällt das Unterhaltsrecht in die Zuständigkeit der 50 Einzelstaaten und weiterer Territorien. Diese verfügen jedoch nicht alle über vollständige und einheitliche Regelungen. Es gibt Leitgesetze (uniform acts), die jeweils aber nicht in sämtlichen Staaten

---

[515] So das Grundsatzurteil des OG Nr. XXXVII
[516] Gralla/Leonhardt/Rupp a. a. O., S. 320

Länderdarstellungen – USA   § 9

und Territorien eingeführt oder voll anerkannt sind.[517] Soweit sie nachfolgend dargestellt sind, gilt dies mit dieser Einschränkung. Die wichtigsten und einschlägigen Leitgesetze sind:
– das Heirats- und Scheidungsgesetz von 1970 (uniform marriage and divorce act – UMDA),[518]
– das Gesetz über die bürgerlich-rechtliche Unterhaltspflicht von 1954 (uniform civil liability for support act – UCLSA),[519]
– das Gesetz über den zwischenstaatlichen (US-internen) Familienunterhalt von 1992 (uniform interstate family support act – UIFSA),[520]
– für nichteheliche Kinder das Elterngesetz von 1973 (uniform parentage act – UPA).[521]
– Für die Durchsetzung wichtig ist das revidierte Gesetz über die gegenseitige Vollstreckung von Unterhalt (uniform reciprocal enforcement of support act 1968 revised act – URESA).[522]

Das UIFSA enthält hauptsächlich – neben Begriffsbestimmungen – Regelungen zur Zuständigkeit sowie zum Verfahren und zur Vollstreckung. Es hat ergänzenden Charakter (§ 103), ist aber deutlich im Vordringen begriffen gegenüber dem URESA.[523] Nach einem Bericht des Deutschen Instituts für Vormundschaftswesen (DIV) werden die amerikanischen Unterhaltsfälle in der Regel noch nach dem URESA abgewickelt.[524]

1. Kinderunterhalt

Nach dem Gesetz über die bürgerlich-rechtliche Unterhaltspflicht hat jeder Mann (§ 2   **508**
UCLSA) und jede Frau (§ 3 UCLSA) seinem/ihrem Kind Unterhalt zu leisten, unabhängig davon, ob einer von ihnen und ggf. wer die elterliche Sorge ausübt.[525] Das gilt sowohl für eheliche als auch für Kinder, die nicht aus einer Ehe hervorgegangen sind. Die Eltern sind anteilig im Verhältnis ihrer Mittel zum Kindesunterhalt verpflichtet,[526] wobei die Mittel des Kindes nur dann heranzuziehen sind, wenn die Eltern nicht leistungsfähig sind.[527] Bei Trennung oder Scheidung kann das Gericht nach § 309 UMDA den Unterhalt gegen den

---

[517] Siehe im Internet unter: www.law.cornell.edu/uniform/vol9.html#mardv
[518] Geändert 1971 und 1973; ratifiziert von den Bundesstaaten Arizona, Colorado, Illinois, Kentucky, Minnesota, Missouri, Montana und Washington; zum amerikanischen Recht der Ehescheidung vgl. auch Krause FamRZ 1998, 1406, 1407 ff.
[519] Das Gesetz hat den Zweck, die Anwendung des URESA zu fördern und zu erleichtern; es wurde ratifiziert von den Bundesstaaten Maine, New Hampshire und Utah
[520] Das Gesetz überlagert das URESA, es ist in den USA sehr weit verbreitet; es wurde ratifiziert von den Bundesstaaten Alabama, Alaska, Arizona, Arkansas, California, Colorado, Connecticut, Delaware, District of Columbia, Florida, Georgia, Hawaii, Idaho, Illinois, Indiana, Iowa, Kansas, Kentucky, Luisiana, Maryland, Maine, Massachusetts, Michigan, Minnesota, Mississippi, Missouri, Montana, Nebraska, Nevada, New Hampshire, New Jersey, New Mexico, New York, North Carolina, North Dakota, Ohio, Oklahoma, Oregon, Pennsylvania, Rhode Island, South Carolina, South Dakota, Tennessee, Texas, Utah, Vermont, Virgin Islands, Virginia, Washington, West Virginia, Wisconsin und Wyoming; Rechtsprechung ist dazu noch nicht nachgewiesen
[521] Das Gesetz wurde ratifiziert von den Bundesstaaten Alabama, California, Colorado, Delaware, Hawaii, Illinois, Kansas, Minnesota, Missouri, Montana, Nevada, New Jersey, New Mexico, North Dakota, Ohio, Rhode Island, Texas, Washington und Wyoming
[522] Durch dieses Gesetz ist 1968 ein vorangegangenes Gesetz teilweise ersetzt, erweitert und ergänzt worden. Es ist ratifiziert worden von den Bundesstaaten Alabama, Georgia, Iowa, Kentucky, Michigan, Missouri und Puerto Rico
[523] Reimann, Einführung in das US-amerikanische Privatrecht, 2. Aufl. 2004, S. 186, 197
[524] DAVorm 1996, 595. Zu den Entwicklungstendenzen mit dem Ziel einer zwischenstaatlichen Angleichung des Kindesunterhalts und dessen Vereinfachung der Vollstreckung vgl. Battes/Korenke FuR 1995, 194
[525] Bergmann/Ferid/Henrich a. a. O., USA, S. 48 f., 58 und 106, Fn. 71; Lyons v. Municipal Court, Central Orange County Iudicial Dist. 1977, 142 Cal Rptr 449, 75 Cal. App. 3 d 829; Armstrong v. Armstrong 1976, 126 Cal. Rptr. 805, 15 Cal. 3 d 942, 544 P 2 d 941
[526] Crookham v. Smith, 1977, 137 Cal Rptr 428, 68 Cal. App 3 d 773
[527] Bergmann/Ferid/Henrich a. a. O., S. 106, Fn. 71; Armstrong v. Armstrong 1976, 126 Cal. Rptr 805, 15 Cal. 3 d 942, 544 P 2 d 941

§ 9 Auslandsberührung

regelmäßig nicht sorgeberechtigten, unterhaltspflichtigen Elternteil festsetzen, wobei zu berücksichtigen sind:
- die verfügbaren Mittel des Kindes, nach § 6 (b), (d) und (e) UCLSA das Vermögen und Einkommen der Parteien sowie die Erwerbsfähigkeit und der Bedarf des Unterhaltsberechtigten,
- die verfügbaren Mittel des Inhabers des Sorgerechts, nach § 6 (b) und (c) UCLSA das Vermögen und Einkommen der Parteien sowie die Erwerbsfähigkeit des Unterhaltspflichtigen,
- der Lebensstandard, der für das Kind gegolten hätte, wenn die Ehe nicht aufgelöst worden wäre, nach § 6 (a) UCLSA der Lebensstandard der Parteien, denn das minderjährige Kind hat Anspruch darauf, in dem Maße unterstützt und aufgezogen zu werden, wie es der Stellung der Eltern in der Gesellschaft entspricht.[528] Das gilt auch für die medizinische Versorgung,[529]
- die körperliche und seelische Situation des Kindes,
- sein Erziehungsbedarf,
- nach § 6 (f) UCLSA das Alter der Parteien, wobei die Vollendung des 18. Lebensjahres für sich allein kein Anlass ist, den Unterhalt zu erhöhen, zu verringern oder zu streichen,[530]
- die finanziellen Mittel und der Bedarf des nicht sorgeberechtigten Elternteils.[531]

509 Dazu gibt es gesetzliche Richtlinien, die sich jedoch in den Einzelstaaten voneinander unterscheiden.[532] Selbst wenn in dem Scheidungsurteil keine Unterhaltspflicht ausgesprochen oder eine solche sogar abgewiesen wurde, kann bei später auftretender Bedürftigkeit des Kindes noch Kindesunterhalt verlangt werden. Die Unterhaltspflicht gegenüber einem Kind endet grundsätzlich mit Eintritt dessen Volljährigkeit, § 316 c UMDA, das ist in den meisten Staaten die Vollendung des 18. Lebensjahres. Die Tendenz der US-Gerichte geht jedoch dahin, die Unterhaltspflicht im Falle einer Ausbildung, insbesondere eines Studiums, über das 18. Lebensjahr hinaus auszudehnen.[533] Sind volljährige Kinder sonst, z. B. wegen Krankheit oder Geschäftsunfähigkeit, außer Stande, sich selbst zu unterhalten, sind die Eltern nach dem Recht einzelner Staaten (aber nicht überall) weiterhin unterhaltspflichtig.[534]

510 Die **Abänderung** einer gerichtlichen Unterhaltsfestsetzung ist nur bei schwerwiegenden und andauernden Änderungen der Umstände und nur für die Zukunft möglich, wenn dadurch die ursprüngliche Unterhaltsfestsetzung „unvernünftig" (unconscionable) geworden ist, § 316 a UMDA. Nach § 7 UCLSA soll sich das Gericht die Zuständigkeit bewahren, die Unterhaltsfestsetzung zu ändern oder aufzuheben, wenn dies gerecht ist. Rückstände können noch für einen Zeitraum von 10 Jahren vollstreckt werden und sind nicht abänderbar, wenn sie gerichtlich festgesetzt waren.[535]

511 In der Praxis stellt sich häufig die **Aufenthaltsermittlung** eines in die USA zurückgekehrten Elternteils als Problem dar. Ist der Aufenthalt nicht bekannt und auch nicht über den Unterhaltsberechtigten in Erfahrung zu bringen, empfiehlt sich eine Anfrage bei den in jedem Bundesstaat angesiedelten Parent-Locator-Services,[536] die bei der Suche nach Elternteilen behilflich sind. Handelt es sich bei dem Elternteil um einen US-Militärangehörigen, kann zur Ermittlung des aktuellen Aufenthalts auch eine Nachfrage bei den Militärdienststellen in Fort Benjamin, Harrison/Indiana (für aktive Soldaten), in St. Louis/Missouri (für Reservisten und ehemalige Truppenangehörige) und in San Antonio/Texas (für die US-

---

[528] Marriage of Ames, 1976, 130 Cal. Rptr 435, 59 Cal. App. 3 d 234
[529] Ballard v. Anderson, 1971, 95 Cal. Rptr 1, 4 Cal. 3 d 873, 484 P 2 d 1345, 42 A. L. R. 3 d 1392
[530] Ganschow v. Ganschow, 1975, 120 Cal. Rptr 865, 14, Cal. 3 d 150, 534 P 2 d 705
[531] Bergmann/Ferid/Henrich a. a. O., S. 158
[532] Reimann a. a. O., S. 185; Battes/Flume, Familienrecht im Ausland, FuR 1994, 155; Battes/Korenke FuR 1995, 194
[533] Reimann a. a. O., S. 184; Bergmann/Ferid/Henrich a. a. O., S. 158, Fn. 123
[534] Clark, Domestic Relations, Bd. 1, S. 435 ff.
[535] Szamocki s Marriage, 1975, 121 Cal. Rptr 231, 48 Cal. App. 3 d 812
[536] Für Californien: Parent Locator Service, P. O. Box 419073, Rancho Cordova CA 95741–9073, Tel.: (9 16) 3 23–56 30, Fax: (9 16) 3 23–56 69

Luftwaffe) weiterhelfen. Sonst besteht die Möglichkeit, das jeweilige Deutsche Generalkonsulat einzuschalten und von dort eine Adressenabfrage beim Department of Motor Vehicles (DMV), der zuständigen Führerscheinbehörde, durchführen zu lassen.

2. Ehegattenunterhalt

Trennung. Nach dem Gesetz über die bürgerlich-rechtliche Unterhaltspflicht hat der Mann seiner Frau Unterhalt zu leisten (§ 2 UCLSA).[537] Auch die Frau trifft gegenüber ihrem Mann eine Unterhaltspflicht, jedoch nur, wenn der Mann in Not ist (§ 3 UCLSA); eine solche Notlage („when in need") ist (erst) anzunehmen, wenn der Ehemann sämtliche nur erdenklichen Möglichkeiten zur Beschaffung der notwendigen Mittel ausgeschöpft hat.[538] Für die **Höhe** des Unterhalts sind der Lebensstandard beider Ehegatten, ihr Alter, ihre Erwerbsfähigkeit, ihr Einkommen und Vermögen, der Bedarf des Anspruchstellers und die Leistungsfähigkeit des Unterhaltspflichtigen maßgebend (§ 6 UCLSA). Verschulden des Unterhaltspflichtigen ist in der Regel nicht Voraussetzung.[539] Die Bedürftigkeit allein ist jedoch nicht ausschlaggebend, vielmehr kommt es auch auf Gesichtspunkte der Gerechtigkeit an, wodurch ein Fehlverhalten durchaus an Bedeutung gewinnen kann.[540]

512

Scheidung. Das Gericht kann den Unterhalt regeln, wenn der Anspruchsteller sich selbst, etwa wegen der Kinderbetreuung, nicht durch Arbeit oder Vermögen unterhalten kann.[541] Auch eine lange Ehedauer, verbunden mit Haushaltsführung und Kindererziehung, vermag Unterhaltsansprüche zu rechtfertigen. Bei der nach richterlichem Ermessen festzusetzenden **Höhe und Dauer** spielt das eheliche Verschulden dann eine Rolle, wenn auch die Scheidung auf Verschulden beruht,[542] daneben aber zugleich der eheliche Lebensstandard, die Ehedauer, das Alter, die gesundheitliche Situation des Anspruchstellers sowie die Leistungsfähigkeit des Unterhaltspflichtigen (§ 308 b UMDA).[543] Der Unterhalt kann auf Dauer oder auf Zeit zuerkannt werden; die Tendenz geht aber dahin, den Unterhalt bis zur Wiedereingliederung des Berechtigten in das Berufsleben zu befristen oder bis er sonst für sich selbst sorgen kann.[544] In einigen Staaten endet der Unterhaltsanspruch mit Auflösung der Ehe,[545] es sei denn, das Gericht hat im Scheidungsverbund nachehelichen Unterhalt zugesprochen.[546] Der Unterhaltsanspruch endet, wenn eine Partei stirbt oder wenn die Parteien eine Vereinbarung über die Erledigung treffen. Bei Wiederheirat des Unterhaltsberechtigten endet der Unterhaltsanspruch in einigen Bundesstaaten kraft Gesetz,[547] in anderen kann auf Abänderung der Unterhaltsanordnung geklagt werden. Geht der Unterhaltsberechtigte eine eheähnliche Beziehung ein, kann in den meisten Staaten auf Aufhebung der Unterhaltsverpflichtung geklagt werden.[548] Wird der Unterhalt nicht im Scheidungsverfahren geltend gemacht, besteht die Gefahr der Verspätung.[549]

513

Zahlt der Unterhaltsschuldner nicht, kann gegen ihn ein Verfahren wegen **„contempt of court"** (Missachtung des Gerichts) eingeleitet werden.[550] Außerdem ist die Vollstreckung in sein Vermögen möglich.

514

---

[537] Bergmann/Ferid/Henrich a. a. O., S. 106, Fn. 69, 70
[538] Bergmann/Ferid/Henrich a. a. O., S. 106, Fn. 72; Disabled and Blind Action Committee of California v. Jenkins, 1974, 118 Cal. Rptr 536, 44, Cal. App. 3 d 74; Reimann a. a. O. S. 180 f.
[539] Bergmann/Ferid/Henrich a. a. O., S. 56 f., 43
[540] Reimann a. a. O., S. 185
[541] Bergmann/Ferid/Henrich a. a. O., S. 45
[542] Reimann a. a. O., S. 185
[543] Reimann a. a. O., S. 185
[544] Reimann a. a. O., S. 185 f.; Bergmann/Ferid/Henrich a. a. O., S. 45
[545] Bergmann/Ferid/Henrich a. a. O., S. 44, 57
[546] Vgl. auch Reimann a. a. O., S. 186
[547] So in Alabama, Arizona, California, Colorado, Illinois, Minnesota, Missouri, New York, Oklahoma, Utah, Virginia und Washington
[548] Bergmann/Ferid/Henrich a. a. O., S. 44, Fn. 32
[549] Bergmann/Ferid/Henrich a. a. O., S. 57, Fn. 111
[550] Zur Vollstreckbarkeit eines Unterhaltstitels, der auf einer solchen Verfahrensweise beruht vgl. BGH FamRZ 2009, 2069 Rn. 20

§ 9   Auslandsberührung

Die Darstellung des Unterhaltsrechts aller Einzelstaaten und Territorien ist aus Raumgründen, aber auch mangels hinreichender Rechtsquellen leider nicht möglich. Andeutungen finden sich u. a. vereinzelt bei Bergmann/Ferid/Henrich, Internationales Ehe- und Kindschaftsrecht, Länderabschnitt USA oder unter der Homepage der Bundesnotarkammer „www.dnoti.de/Notarlinks_International.htm".

515–599   – in dieser Auflage nicht belegt –

2. Abschnitt: Verfahrensrecht einschließlich Vollstreckung

I. Rechtsquellen

600   Eine systematische Kodifizierung des internationalen Zivilprozessrechts (IZPR), vergleichbar derjenigen des materiellen internationalen Privatrechts (IPR), gibt es nicht. Grundsätzlich hat jedes Gericht sein eigenes Verfahrensrecht (sog. **lex fori**) anzuwenden. Der deutsche Unterhaltsrichter wendet somit die Vorschriften des FamFG und der davon in Bezug genommenen ZPO an. Vorrangige Regelungen finden sich allerdings zur internationalen Zuständigkeit, der damit zusammenhängenden internationalen Rechtshängigkeit, zur Anerkennung, Vollstreckbarkeit und Vollstreckung ausländischer Entscheidungen und zur internationalen Zusammenarbeit im gerichtlichen Verfahren in Verordnungen der Europäischen Union und in völkerrechtlichen Vereinbarungen. Soweit sich die Rechtsgrundlage aus einer EU-Verordnung oder einer von der Europäischen Union mit Wirkung für die gesamte Union gezeichneten völkerrechtlichen Vereinbarung ergibt, müssen die Gerichte der Mitgliedstaaten der Europäischen Union grundsätzliche Rechtsfragen zur Wahrung einer einheitlichen Rechtsprechung innerhalb der Europäischen Union nach Art. 267 der europäischen Verfassung[1] dem EuGH zur Vorabentscheidung vorlegen.[2]

601   Im internationalen Verfahrensrecht sind vorrangig die Verordnungen der Europäischen Union[3] sowie die internationalen Übereinkommen anwendbar. Ergänzend gelten weitere bilaterale Staatsverträge.[4] § 97 I FamFG sieht ausdrücklich vor, dass Regelungen in völkerrechtlichen Vereinbarungen, wenn sie unmittelbar geltendes Recht geworden sind, den nationalen Vorschriften vorgehen und Regelungen in Rechtsakten der Europäischen Union vom nationalen Recht unberührt bleiben. Ebenso bleiben die zur Umsetzung und Ausführung von völkerrechtlichen Vereinbarungen und Rechtsakten der Europäischen Union erlassenen Bestimmungen unberührt.[5] Die Vorschriften der §§ 98 I, II, 105, 232 FamFG über die internationale Zuständigkeit in Unterhaltssachen und der §§ 108 ff. FamFG über die Anerkennung und Vollstreckbarkeit ausländischer Unterhaltstitel gelten also lediglich subsidiär, wenn nicht vorrangiges Recht eingreift. Es sollte deswegen unterbleiben, für Länder der Europäischen Union oder im Zuständigkeitsbereich völkerrechtlicher Übereinkommen allein auf die Vorschriften des FamFG abzustellen. Die internationale Zuständig-

---

[1] Die korrekte Bezeichnung lautet: Vertrag über die Arbeitsweise der Europäischen Union (AEUV) vom 13. 12. 2007
[2] Zum Eilverfahren vor dem EuGH vgl. Kohler/Pintens FamRZ 2008, 1669, 1670 f.
[3] S. insoweit die Homepage des Europäischen Justiziellen Netzes http://ec.europa.eu/civiljustice/enforce_judgement/enforce_judgement_int_de.htm
[4] BGH FamRZ 1987, 580 zur Schweiz; vgl. Looschelders/Boos FamRZ 2006, 374 ff.; Kropholler, Europäisches Zivilprozessrecht, 8. Aufl. 2005, Einl. Rn. 13; Geimer/Schütze, Europäisches Zivilverfahrensrecht, 2. Aufl. 2004, Einl. Rn. 23; Garbe/Ullrich/Andrae Prozesse in Familiensachen § 11 Familiensachen mit Auslandsberührung; zur Vollstreckung deutscher Unterhaltstitel im Ausland; Hohloch FPR 2006, 244; zur internationalen Durchsetzung von Kindesunterhalt im Ausland vgl. Faetan/Schmidt FPR 2006, 258
[5] Das neue Gesetz zur Geltendmachung von Unterhaltsansprüchen im Verkehr mit ausländischen Staaten (Auslandsunterhaltsgesetz – AUG) BT-Drucks. 17/4887 ist am 18. 6. 2011 in Kraft getreten (BGBl. 2011 I S. 898)

2. Abschnitt: Verfahrensrecht einschließlich Vollstreckung § 9

keit für Unterhaltssachen, die Anerkennung und Vollstreckung ausländischer Unterhaltsentscheidungen und die internationale Zusammenarbeit der Justiz wird also – abhängig von den jeweils beteiligten Ländern – in verschiedenen EU-Verordnungen, völkerrechtlichen Vereinbarungen, Abkommen und Gesetzen geregelt. Die Verordnungen der EU und die völkerrechtlichen Vereinbarungen werden, soweit sie das Unterhaltsrecht betreffen, in Deutschland durch das AUG (s. Rn. 627) umgesetzt. Bei internationalem Bezug sind im Unterhaltsrecht deswegen vor allem folgende Rechtsquellen zu beachten:

- Für die Länder der Europäischen Union enthält die **Verordnung (EG) Nr. 4/2009 des Rates über die Zuständigkeit, das anwendbare Recht, die Anerkennung und Vollstreckung von Entscheidungen und die Zusammenarbeit in Unterhaltssachen (EuUnthVO)**[6] neben der Regelung zum materiellen Recht (s. Rn. 2) unmittelbar geltende Vorschriften zur internationalen Zuständigkeit in Unterhaltssachen, zur Anerkennung, Vollstreckbarkeit und Vollstreckung ausländischer Unterhaltstitel, zur Prozesskostenhilfe und zur internationalen Zusammenarbeit in Unterhaltssachen. Die EuUnthVO trennt die für unterhaltsrechtliche Verfahren relevanten Zuständigkeitsvorschriften (Art. 3 ff. EuUnthVO) und die Vorschriften über die Anerkennung und Vollstreckbarkeit ausländischer Unterhaltstitel (Art. 16 ff. EuUnthVO) aus der EuGVVO heraus und fasst sie mit einer Bestimmung über das auf Unterhaltspflichten anwendbare materielle Recht (Art. 15 EuUnthVO) zusammen. Damit schafft die Verordnung erstmals eine Gesamtregelung für unterhaltsrechtliche Verfahren. Inhaltlich nimmt Art. 15 EuUnthVO auf die Regelungen zum anwendbaren materiellen Recht in dem Haager Protokoll vom 23. November 2007 Bezug, was die Vorschriften über den gleichzeitigen Beginn der Anwendbarkeit erklärt (s. Rn. 2 f.). Die Verordnung ist am 10. Januar 2009 veröffentlicht worden und nach ihrem Art. 76 I am zwanzigsten Tag nach der Verkündung, also am 31. Januar 2009 in Kraft getreten. Nach Art. 76 III EuUnthVO findet die Verordnung ab dem **18. Juni 2011** Anwendung (s. Rn. 2 f.). Sie wird dann in allen Mitgliedstaaten der Europäischen Union, mit Ausnahme Dänemarks,[7] gelten. Neben der Regelung zum anwendbaren materiellen Recht in Art. 15 (s. Rn. 2 f.) regelt die Verordnung die internationale Zuständigkeit unter den Mitgliedstaaten (Art. 3–14), die Vollstreckung von Unterhaltstitel aus anderen Staaten der Europäischen Union (Art. 16–43), den Anspruch auf Prozesskostenhilfe innerhalb der Europäischen Union (Art. 44–47), die Erstreckung auf gerichtliche Vergleiche und öffentliche Urkunden (Art. 48), die internationale Zusammenarbeit im Rahmen der Europäischen Union (Art. 49–64) und allgemeine Bestimmungen zur Geltung der Verordnung (Art. 65 ff.).

Nach Art. 1 EuUnthVO findet die Verordnung Anwendung auf Unterhaltspflichten, die auf einem Familien-,[8] Verwandtschafts- oder eheähnlichen Verhältnis oder auf Schwägerschaft beruhen. Nach Art. 69 II EuUnthVO hat die Verordnung grundsätzlich[9] im Verhältnis der Mitgliedstaaten untereinander Vorrang vor sonstigen Abkommen, auch wenn es bereits bestehende Abkommen nach Art. 69 I EuUnthVO im Übrigen unberührt lässt. Für die Vollstreckbarkeit ausländischer Unterhaltstitel unterscheidet die Verordnung allerdings zwischen Mitgliedstaaten, die durch das Haager Protokoll über das auf Unterhaltspflichten anwendbare Recht gebunden sind (Art. 17 ff.) und solchen, die nicht

---

[6] Vom 18. Dezember 2008, ABl. EU 2009 Nr. L 7, S. 8; im Internet unter http://eur-lex.europa.eu/LexUriServ/LexUriServ.do?uri=OJ:L:2009:007:0001:0079:DE:PDF; vgl. auch Ratsdokument 5199/06 JUSTCIV 2, BR-Drucksache 30/06 vom 17. 1. 2006; Heger/Selg FamRZ 2011, 1101; zu den Entwürfen vgl. Kohler/Pintens FamRZ 2007, 1481, 1482 f., Wagner FamRZ 2006, 979; Looschelders/Boos FamRZ 2006, 374, 383; Boele-Woelki/Mom FPR 2006, 232 und Linke FPR 2006, 237; zu noch weiter gehenden Bemühungen um eine europäische Rechtsangleichung vgl. Pintens FamRZ 2005, 1597, 1601 ff.

[7] Vgl. Protokoll (Nr. 22) über die Position Dänemarks; Amtsblatt der EU C 83/299 vom 30. 3. 2010 und Erklärung (Nr. 48) zu dem Protokoll über die Position Dänemarks; Amtsblatt der EU C 83/353 vom 30. 3. 2010

[8] Zum anwendbaren Recht nach dem HUÜ 73 für Ansprüchen nach § 1615l BGB vgl. BGH FamRZ 2011, 97 Rn. 22 ff.

[9] Zur eingeschränkten Anwendbarkeit der Übereinkommen der skandinavischen Staaten vgl. Art. 69 III EuUnthVO

durch das Haager Protokoll gebunden sind (Art. 23 ff.). Während auch Irland[10] an die Ratifizierung des Haager Protokolls durch die Europäische Union gebunden ist und das sich daraus ergebende, ggf. auch ausländische, Recht anzuwenden hat, geht England ausdrücklich einen anderen Weg.[11] Es hat zwar für die EuUnthVO optiert, wird aber an einem gemeinsamen Kollisionsrecht zum anwendbaren materiellen Recht nach dem Haager Protokoll nicht teilnehmen.[12] Englische Gerichte wenden somit nicht nur – wie die übrigen Staaten – das eigene Prozessrecht, sondern stets auch das eigene materielle Recht (lex fori) an, was sich auch auf die Anerkennung und Vollstreckbarkeit ihrer Entscheidungen in den anderen Staaten der EU auswirkt (s. Rn. 675 ff.).[13] Die Durchführung dieser Verordnung ist im Gesetz zur Geltendmachung von Unterhaltsansprüchen im Verkehr mit ausländischen Staaten (Auslandsunterhaltsgesetz – AUG) vom 23. Mai 2011 (s. Rn. 627) geregelt.

604 • **Das Haager Übereinkommen über die internationale Geltendmachung der Unterhaltsansprüche von Kindern und anderen Familienangehörigen vom 23. 11. 2007 (HUVÜ 2007)**[14] regelt die internationale Zusammenarbeit bei der Geltendmachung von Unterhaltsansprüchen und die Anerkennung ausländische Unterhaltstitel durch die Mitgliedstaaten.[15] Das Übereinkommen tritt nach Art. 60 HUVÜ 2007 am ersten Tag des Monats in Kraft, der auf einen Zeitraum von drei Monaten nach der Hinterlegung der zweiten Ratifizierungs-, Annahme- oder Genehmigungsurkunde folgt. Gegenwärtig ist das Übereinkommen von der Europäischen Union, den Vereinigten Staaten von Amerika, Norwegen und der Ukraine als Mitgliedstaaten sowie von Burkina Faso gezeichnet. In den Vereinigten Staaten von Amerika müssen noch die Einzelstaaten dem Übereinkommen zustimmen, womit bis Ende 2012 zu rechnen ist. Voraussichtlich ab Januar 2013 wird es dann im Verhältnis der Länder der Europäischen Union zu den USA anwendbar sein. Es bleibt allerdings noch abzuwarten, wann die Voraussetzungen für das Inkrafttreten des Übereinkommens vorliegen und welche Staaten es ratifizieren.[16] Das Übereinkommen gilt nach Art. 56 I HUVÜ 2007 für alle Ersuchen oder Anträge über die Zentrale Behörde, die nach dem Inkrafttreten des Übereinkommens zwischen dem ersuchenden und dem ersuchten Staat eingegangen sind und auch für alle unmittelbar gestellten Anträge, die nach dem Inkrafttreten des Übereinkommens zwischen dem Ursprungsstaat und dem Vollstreckungsstaat bei der zuständigen Behörde des Vollstreckungsstaats eingegangen sind. Soweit der Unterhalt schon vor Inkrafttreten des Übereinkommens fällig geworden ist, ist der Vollstreckungsstaat nach Art. 56 III HUVÜ 2007 nur zur Vollstreckung verpflichtet, wenn es sich um den Unterhaltsanspruch einer Person bis zur Vollendung des 21. Lebensjahres handelt. Das Übereinkommen verdrängt gemäß Art. 48 HUVÜ 2007 grundsätzlich in seinem Anwendungsbereich das frühere HUVÜ 73 (s. Rn. 611 f.). Wenn nach diesem Übereinkommen aber keine Vollstreckung möglich ist und das HUVÜ 73 bei Erlass der zu vollstreckenden Entscheidung in Kraft war und eine Vollstreckbarkeit ermöglicht, geht letzteres nach Art. 56 II HUVÜ 2007 vor. Das in dem Übereinkommen geregelte System der behördlichen Zusammenarbeit erstreckt sich auf Anträge auf Anerkennung oder Anerkennung und Vollstreckung eines Unterhaltstitels, Anträge auf Vollstreckung eines im ersuchten Staat ergangenen oder anerkannten Unterhaltstitels, Anträge auf Herbeiführung einer Entscheidung im ersuchten Staat einschließlich einer Abstammungsentscheidung, wenn entweder keine entsprechende Entscheidung vorliegt oder eine vorliegende Entscheidung nicht vollstreckbar ist, Anträge auf Abänderung einer im ersuchten Staat ergangenen Entscheidung sowie auf Anträge

---

[10] Vgl. Protokoll (Nr. 21) über die Position des Vereinigten Königreichs und Irlands hinsichtlich des Raums der Freiheit der Sicherheit und des Rechts; Amtsblatt der EU C 83/295 vom 30. 3. 2010
[11] Boele-Woelki/Mom FPR 2010, 485; vgl. auch die Erwägungsgründe 46 bis 48 der EuUnthVO
[12] Botur FPR 2010, 519, 522
[13] Vgl. Erwägungsgrund 20 der EuUnthVO
[14] Im Internet veröffentlicht unter http://www.hcch.net/upload/text38 d.pdf
[15] Martiny FamRZ 2008, 1681, 1689
[16] Vgl. insoweit den Status des Übereinkommens unter http://www.hcch.net/index_de.php?act=conventions.status&cid=131

2. Abschnitt: Verfahrensrecht einschließlich Vollstreckung § 9

auf Abänderung einer in einem anderen als dem ersuchten Staat ergangenen Entscheidung.[17]

Nach Art. 2 I HUVÜ 2007 ist das Übereinkommen anzuwenden auf Unterhaltspflichten **605** aus einer Eltern-Kind-Beziehung gegenüber einer Person, die das 21. Lebensjahr noch nicht vollendet hat (a), auf die Anerkennung und Vollstreckung oder die Vollstreckung einer Entscheidung über die Unterhaltspflichten zwischen Ehegatten und früheren Ehegatten, wenn der Antrag zusammen mit einem in den zuvor genannten Anwendungsbereich fallenden Antrag gestellt wird (b) und – unter Ausschluss der Vorschriften über die Zusammenarbeit auf Verwaltungsebene und die Zentralen Behörden – auf Unterhaltspflichten (allein) zwischen Ehegatten und früheren Ehegatten (c). Auf die Kinder ist das Übereinkommen unabhängig vom Zivilstand ihrer Eltern anzuwenden (Art. 2 IV HUVÜ 2007). Nach Art. 2 II, 62 HUVÜ 2007 kann sich jeder Vertragsstaat vorbehalten, den Anwendungsbereich des Art. 2 I a auf Unterhaltsberechtigte zu beschränken, die das 18. Lebensjahr noch nicht vollendet haben. Dann kann dieser Staat aber auch selbst keine Anwendung auf ältere Unterhaltsberechtigte verlangen. Nach Art. 2 III, 63 HUVÜ 2007 kann jeder Vertragsstaat auch erklären, dass er das Übereinkommen oder Teile davon auf andere Unterhaltspflichten aus Beziehungen der Familie, Verwandtschaft, Ehe oder Schwägerschaft, einschließlich der Pflichten gegenüber schutzbedürftigen Personen, erstrecken wird. Dadurch wird eine Verpflichtung zwischen zwei Vertragsstaaten aber nur begründet, soweit ihre jeweiligen Erklärungen dieselben Unterhaltspflichtigen und dieselben Teile des Übereinkommens betreffen. Die Durchführung des Übereinkommens ist in dem Gesetz zur Durchführung des Übereinkommens vom 30. 10. 2007 über die gerichtliche Zuständigkeit und die Anerkennung und Vollstreckung von Entscheidungen in Zivil- und Handelssachen und zur Änderung des Bürgerlichen Gesetzbuchs vom 10. 12. 2008[18] und für die Zeit ab dem Inkrafttreten des Übereinkommens durch das AUG (s. Rn. 627) geregelt.

- die **Verordnung (EG) Nr. 44/2001 vom 22. 12. 2000** des Rates über die gerichtliche **606** Zuständigkeit und die **Anerkennung und Vollstreckung von Entscheidungen in Zivil- und Handelssachen (Brüssel I-Verordnung – EuGVVO)**.[19] Diese Verordnung hat nach Art. 68 EuGVVO seit ihrem Inkrafttreten zum 1. 3. 2002 (Art. 76 EuGVVO)[20] im Verhältnis zu den Mitgliedsstaaten der EU das EUGVÜ (s. Rn. 614) ersetzt. Allerdings gilt Teil IV des zugrunde liegenden EG-Vertrages nicht für das Vereinigte Königreich, Irland und Dänemark. In diesen Ländern gilt die Verordnung deswegen nicht originär; sie können sich aber gemäß dem Protokoll im Anhang zum EG-Vertrag für eine Beteiligung entscheiden. Das war für Großbritannien[21] und Irland, zunächst aber nicht für Dänemark (vgl. Art 1 III EuGVVO) geschehen. Im Verhältnis zu Dänemark galt das EuGVÜ deswegen zunächst fort, bis des Abkommen zwischen der EU und Dänemark vom 19. 10. 2005 über die gerichtliche Zuständigkeit und die Anerkennung und Vollstreckung von Entscheidungen in Zivil- und Handelssachen[22] am 1. 7. 2007 in Kraft getreten ist.[23] Die Verordnung gilt ebenfalls nicht für die in Art. 299 des EG-Vertrages ausgenommenen Territorien.[24]

Das **Verhältnis** zu anderen Übereinkommen regelt Art. 71 EuGVVO. Danach lässt die **607** Verordnung Übereinkommen unberücksichtigt, in denen die Mitgliedstaaten für besondere Rechtsgebiete die gerichtliche Zuständigkeit, die Anerkennung oder die Vollstre-

---

[17] Hirsch, Europäisches Unterhaltsrecht, 8. Göttinger Workshop zum Familienrecht 2009, S. 17, 23 f.
[18] BGBl 2009 I S. 2862; 2008, S. 2399
[19] Schönfelder Ergänzungsband Nr. 103; vgl. Martiny FamRZ 2008, 1681, 1682 auch Zöller/Geimer ZPO 28. Aufl. 2010, Anhang I A
[20] BGH FamRZ 2009, 858 Rn. 11
[21] Zum Unterhaltsbegriff und zur Vollstreckung eines englischen Unterhaltstitels vgl. BGH FamRZ 2009, 1659 Rn. 15 ff.
[22] ABl EU vom 16. 11. 2005 L 299/62; im Internet veröffentlicht unter http://eur-lex.europa.eu/LexUriServ/LexUriServ.do?uri=OJ:L:2005:299:0062:0070:DE:PDF
[23] ABl EG 2007 Nr. 94 S. 70 vom 4. 4. 2007
[24] Die VO gilt deswegen nicht für die britische Kanalinsel Jersey, vgl. BGH NJW 1995, 264 zum EuGVÜ und auch nicht für die britische Insel Anguilla/Karibik, vgl. BGH NJW-RR 2005, 148

ckung von Entscheidungen regeln. Diese Verweisung, die auch das HUVÜ 73 erfasst, steht jedoch unter der Maßgabe, dass für den Titelgläubiger in jedem Fall die Möglichkeit besteht, das Verfahren der Vollstreckbarerklärung nach den Art. 38 ff. EuGVVO in Anspruch zu nehmen (Art. 71 II b 3 EuGVVO), wenn das Spezialabkommen insoweit keinen Vorrang beansprucht. Ist das Abkommen, wie das HUVÜ 73, im Hinblick auf die Ausgestaltung des Verfahrens offen, besteht keine Notwendigkeit, dem Gläubiger eines Unterhaltstitels das effektive Vollstreckbarerklärungsverfahren nach dem EuGVVO vorzuenthalten. In solchen Fällen kann der Titelgläubiger das ihm am zweckmäßigsten erscheinende Verfahren nebst entsprechendem Ausführungsgesetz nach seiner freien Entscheidung aus den Art. 38 ff. EuGVVO einerseits und dem Spezialabkommen andererseits auswählen.[25]

608 In **zeitlicher Hinsicht** gilt das EuGVVO nur für solche Anträge, die nach dem Inkrafttreten der Verordnung am 1. 3. 2002 erhoben worden sind (Art. 66 I, 76 EuGVVO).[26] Eine Anerkennung und Vollstreckung von Entscheidungen ist nach dieser Verordnung aber auch dann möglich, wenn zwar das Verfahren vor dem Inkrafttreten eingeleitet wurde, die Entscheidung aber danach ergangen ist und für alle beteiligten Staaten bei Einleitung des Verfahrens das EuGVÜ oder das Lugano-Abkommen (s. Rn. 615) in Kraft getreten war (§ 66 II EuGVVO). Andererseits ist die EuGVVO nur noch für solche unterhaltsrechtlichen Ansprüche zuständig, für die in zeitlicher Hinsicht die EuUnthVO (s. Rn. 602 f.) noch nicht gilt. In ihrem Geltungsbereich löst die EuUnthVO nach ihrem Art. 68 I alle unterhaltsrechtlichen Ansprüche aus der zivilrechtlichen Gesamtregelung der EuGVVO heraus und ersetzt die frühere Regelung vollständig.

609 Die EuGVVO ist nach Art. 1 I auf **Zivil- und Handelssachen** anzuwenden, ohne dass es auf die Art der Gerichtsbarkeit ankommt. Ausgenommen sind allerdings Steuer- und Zollsachen sowie verwaltungsrechtliche Angelegenheiten. Nach Art. 1 II a ist die Verordnung auch nicht auf das eheliche Güterrecht anwendbar, was zu Abgrenzungsproblemen bei verschiedenen ausländischen Rechtsordnungen führen kann (s. Rn. 9 f., 140 ff.). In **Unterhaltssachen** ist die VO allerdings nicht auf Ansprüche zwischen den unmittelbaren Unterhaltsparteien beschränkt. Der Begriff „Zivilsache" erfasst vielmehr auch einen Rückgriffsantrag, mit der eine öffentliche Stelle gegenüber einer Privatperson die Rückzahlung von Beträgen verfolgt, die sie als Sozialhilfe an den geschiedenen Ehegatten oder an das Kind dieser Person gezahlt hat, soweit für diesen Antrag die allgemeinen Vorschriften über Unterhaltsverpflichtungen gelten.[27] Das gilt aber nicht, wenn der Rückgriffsantrag auf Bestimmungen gestützt ist, mit denen der Gesetzgeber der öffentlichen Stelle eine eigene, besondere Befugnis verliehen hat.[28] Wegen des engen Zusammenhangs ist auch ein Antrag auf Ausgleich der durch Realsplitting entstandenen steuerlichen Nachteile (s. Rn. 1/1185 f.) Unterhaltssache im Sinne der Verordnung, auch soweit sich daraus die besondere örtliche Zuständigkeit des Unterhaltsberechtigten ergibt.[29]

610 Die Verordnung regelt insbesondere die internationale Zuständigkeit (Kapitel II, Art. 2 bis 31; s. Rn. 640 ff.) sowie die Anerkennung und Vollstreckung ausländischer Entscheidungen (Kapitel III und IV, Art. 32 bis 58; s. Rn. 675 ff.). Die Vorschriften über die Zuständigkeit gelten nur für die nach dem 1. 3. 2002 eingeleiteten Anträge (§ 66 EuGVVO). Die Ausführung der Verordnung ist im Gesetz zur Ausführung zwischenstaatlicher Verträge und zur Durchführung von Verordnungen und Abkommen der Europäischen Union auf dem Gebiet der Anerkennung und Vollstreckung in Zivil- und Handelssachen (Anerkennungs- und Vollstreckungsausführungsgesetz – AVAG) vom 3. 12. 2009 (s. Rn. 626) geregelt. Nach Art. 267 des Vertrages über die Arbeitsweise der

---

[25] BGH FamRZ 2009, 1659 Rn. 11; BGHZ 171, 310 = FamRZ 2007, 989, 990 und FamRZ 2008, 390, 391 = R 686 b; Heiderhoff IPRax 2004, 99, 101 f.
[26] BGHZ 171, 310 = FamRZ 2007, 989, 990; FamRZ 2007, 717 = R 670; FamRZ 2005, 1987
[27] EuGH FamRZ 2003, 83, 84 (zum inhaltsgleichen EuGVÜ)
[28] Sie gilt also nicht für den öffentlich-rechtlichen Kostenbeitrag nach den Vorschriften des SGB VIII; vgl. insoweit BGH FamRZ 2007, 377 = R 666 d
[29] BGH FamRZ 2008, 40

2. Abschnitt: Verfahrensrecht einschließlich Vollstreckung   § 9

Europäischen Union[30] ist der **EuGH zur einheitlichen Auslegung** der EuGVVO berufen.[31]

- Das **Haager Übereinkommen über die Anerkennung und Vollstreckung von Unterhaltsentscheidungen vom 2. 10. 1973 (HUVÜ 73)**,[32] nicht zu verwechseln mit dem Haager Übereinkommen über das auf Unterhaltspflichten anwendbare Recht (HUÜ 73) vom gleichen Tage (s. Rn. 5). Das HUVÜ 73 gilt in der Bundesrepublik Deutschland seit 1. 4. 1987. Weitere Mitgliedstaaten sind Australien (seit 20. 10. 2000), Dänemark (seit 1. 1. 1988), Estland (seit 1. 4. 1998), Finnland (seit 1. 7. 1983), Frankreich (seit 1. 10. 1977), Griechenland (seit 1. 2. 2004),[33] Großbritannien (seit 1. 3. 1980), Italien (seit 1. 1. 1982), Litauen (seit 1. 10. 2003),[34] Luxemburg (seit 1. 6. 1981), die Niederlande (seit 1. 3. 1981), Norwegen (seit 1. 7. 1978), Polen (seit 1. 7. 1996), Portugal (seit 1. 8. 1976),[35] Schweden (seit 1. 5. 1977), die Schweiz (seit 1. 8. 1976),[36] die Slowakei (seit 1. 1. 1993),[37] Spanien (seit 1. 9. 1987), Tschechien (seit 1. 1. 1993), die Türkei (seit 1. 11. 1983) und die Ukraine (seit 1. 8. 2008).[38] Belgien hat das Abkommen zwar 1976 gezeichnet, ist ihm aber nicht beigetreten. Im Verhältnis zur EuGVVO kann der Unterhaltsberechtigte die für ihn günstigere Regelung wählen (s. Rn. 607).[39] Das HUVÜ 2007 ersetzt nach dessen Art. 48 das HUVÜ 73, soweit sich der zeitliche und gegenständliche Anwendungsbereich der Übereinkommen deckt.   611

Das Abkommen regelt nach seinem Art. 1 die Anerkennung und Vollstreckung von Entscheidungen über Unterhaltspflichten aus Beziehungen der Familie,[40] Verwandtschaft, Ehe und Schwägerschaft, einschließlich der Unterhaltspflicht gegenüber einem nichtehelichen Kind (s. Rn. 9 f.). Nach Art. 26, 34 HUVÜ 73 kann sich allerdings jeder Vertragsstaat vorbehalten, Vergleiche oder Entscheidungen zum nachehelichen Unterhalt oder zum Kindesunterhalt nach vollendetem 21. Lebensjahr weder anzuerkennen noch für vollstreckbar zu erklären. Das hat zu einem Sammelsurium unterschiedlicher Praktiken bei der Anerkennung und Vollstreckung geführt.[41] Die Ausführung dieses Abkommens ist im Gesetz zur Ausführung zwischenstaatlicher Verträge und zur Durchführung von Verordnungen und Abkommen der Europäischen Union auf dem Gebiet der Anerkennung und Vollstreckung in Zivil- und Handelssachen (Anerkennungs- und Vollstreckungsausführungsgesetz – AVAG) vom 3. 12. 2009 (s. Rn. 626) und im Gesetz zur Geltendmachung von Unterhaltsansprüchen im Verkehr mit ausländischen Staaten (Auslandsunterhaltsgesetz – AUG) vom 23. 5. 2011 (s. Rn. 627) geregelt.   612

- Das **Haager Übereinkommen über die Anerkennung und Vollstreckung von Entscheidungen auf dem Gebiet der Unterhaltspflicht gegenüber Kindern vom 15. 4. 1958 (HKUVÜ 58)**,[42] sollte nicht verwechselt werden mit dem Haager Übereinkommen über das auf Unterhaltspflichten gegenüber Kindern anzuwendende Recht vom 24. 10. 1956 (HUÜ 56 s. Rn. 6). Das Abkommen vom 15. 4. 1958 gilt nur noch gegen-   613

---

[30] Vertrag über die Arbeitsweise der Europäischen Union (AEUV) vom 13. 12. 2007; im Internet veröffentlicht unter http://eur-lex.europa.eu/LexUriServ/LexUriServ.do?uri=OJ:C:2008:115:0047:0199:de:PDF
[31] Die Entscheidungen des EuGH können im Internet unter „europa.eu.int" (Kommission) oder „curia.eu.int" (EuGH) abgerufen werden; vgl. auch Zöller/Geimer a. a. O. Anhang I D
[32] BGBl 1986 II S. 825; im Internet unter: www.hcch.net/upload/text23 d_ch.pdf
[33] Vgl. FamRZ 2006, 1084
[34] Vgl. FamRZ 2003, 1717
[35] Zu Portugal vgl. BGB NJW 2004, 3189
[36] BGH FamRZ 2011, 802
[37] Zur Slowakei vgl. OLG Jena, DAVorm 1995, 1086
[38] S. die Übersicht im Internet unter www.hcch.net/index_en.php?act=conventions.status&cid=85; zu dem Verhältnis zum Luganer Übereinkommen vgl. BGH FamRZ 2008, 390 f. = R 686 b
[39] BGH FamRZ 2009, 1659 Rn. 11
[40] Zur Geltung für Unterhaltsansprüche aus gemeinsamer Elternschaft vgl. BGH FamRZ 2011, 97 Rn. 22
[41] Siehe die Auflistung der Vorbehalte im Internet unter http://www.hcch.net/index_de.php?act=conventions.status&cid=85
[42] BGBl 1961 II S. 1006; im Internet veröffentlicht unter http://www.hcch.net/upload/text09_d.pdf

über Belgien, Liechtenstein, Surinam und Ungarn.⁴³ Das HUVÜ 2007 ersetzt nach dessen Art. 48 das HKUVÜ 58, soweit sich der zeitliche und gegenständliche Anwendungsbereich der Übereinkommen deckt.

614 • Das europäische **Übereinkommen über die gerichtliche Zuständigkeit und Vollstreckung gerichtlicher Entscheidungen in Zivil- und Handelssachen vom 27. 9. 1968 – EuGVÜ** –⁴⁴ ist das Vorgängerabkommen der EuGVVO (Rn. 606 ff.). Das Abkommen galt seit dem in Kraft treten der EuGVVO für neue Tatbestände nur noch im Verhältnis zu Dänemark und auch das nur bis zum 19. 10. 2005 (s. Rn. 606).⁴⁵ Die Ausführung der Verordnung ist im Gesetz zur Ausführung zwischenstaatlicher Verträge und zur Durchführung von Verordnungen und Abkommen der Europäischen Union auf dem Gebiet der Anerkennung und Vollstreckung in Zivil- und Handelssachen (Anerkennungs- und Vollstreckungsausführungsgesetz – AVAG) vom 3. Dezember 2009 (s. Rn. 626) geregelt.

615 • Die Vorgängerregelung des **Luganer Übereinkommen über die gerichtliche Zuständigkeit und die Anerkennung und Vollstreckung von Entscheidungen in Zivil- und Handelssachen vom 30. 10. 2007 (LugÜ)**,⁴⁶ hatten die damaligen EG- und EFTA-Staaten am 16. 9. 1988 als Paralleleübereinkommen zum EUGVÜ unterzeichnet.⁴⁷ Das Abkommen stimmte im Wesentlichen mit dem EuGVÜ (s. Rn. 614) überein.⁴⁸ Für die Zeit ab Januar 2011 hat das neue Gerichtsstands- und Vollstreckungsübereinkommen zwischen der EU und der Schweiz das frühere Übereinkommen abgelöst. Dem neuen Übereinkommen (**LugÜ**) gehören neben den Staaten der Europäischen Union und der Schweiz auch Norwegen und Island an. Für unterhaltsrechtliche Kollisionsfälle mit diesen Staaten ist auf das neue Übereinkommen zurückzugreifen.⁴⁹ Die Ausführung dieses Abkommens ist allgemein im Gesetz zur Ausführung zwischenstaatlicher Verträge und zur Durchführung von Verordnungen und Abkommen der Europäischen Union auf dem Gebiet der Anerkennung und Vollstreckung in Zivil- und Handelssachen (Anerkennungs- und Vollstreckungsausführungsgesetz – AVAG) vom 3. Dezember 2009 (s. Rn. 626) und, soweit Unterhaltsansprüche betroffen sind, im Gesetz zur Geltendmachung von Unterhaltsansprüchen im Verkehr mit ausländischen Staaten (Auslandsunterhaltsgesetz – AUG) vom 23. 5. 2011 (s. Rn. 627) geregelt.

616 • **Bilaterale Abkommen**, bestehen z. B. zwischen der Bundesrepublik Deutschland und der Schweiz,⁵⁰ Norwegen,⁵¹ Israel,⁵² Spanien⁵³ sowie Tunesien,⁵⁴ zum Teil sind sie nachrangig, zum Teil konkurrieren sie mit den oben genannten Abkommen (s. etwa Art. 69 f EuGVVO).⁵⁵ Ob das autonome, innerstaatliche Recht nach dem Günstigkeitsprinzip neben dem (bilateralen) vertraglichen Anerkennungsrecht anwendbar ist, muss durch Aus-

---

[43] Zu seinem Geltungsbereich vgl. OLG Köln FamRZ 1995, 1430: nur für vor Inkrafttreten des HUVÜ 73 fällig gewordene Unterhaltsforderung
[44] BGBl 1972 II S. 773 in der Fassung des 4. Beitrittsübereinkommens vom 29. November 1996 BGBl 1998 II S. 1412; s. auch Dietze/Schnichels NJW 1995, 2274; zu früheren Reformbestrebungen s. Wagner IPRax 1999, 241 und Huber IPRax 1999, 29
[45] Zur Geltung für Fälle, die noch nicht in den zeitlichen Geltungsbereich der EuGVVO fallen BGH FamRZ 2009, 858 Rn. 11 f.
[46] ABl. EU 2009 Nr. L 147 S. 5; die Vorgängerregelung war veröffentlicht in BGBl 1994 II 2658 ff., 3772 i. V. m. der Bekanntmachung vom 27. März 2008 BGBl 2008 II, 278 und vom 29. November 2007 BGBl 2007 II 1995; s. dazu Dietze/Schnichels, NJW 1995, 2274
[47] BGBl 1994 II S. 2658
[48] Martiny FamRZ 2008, 1081, 1092; vgl. auch BGH FamRZ 2008, 390 = R 686, WM 2008, 479 und NJW-RR 2005, 150 (gegenüber der Schweiz); vgl. auch Jayme/Kohler IPRax 2000, 454, 462 f.
[49] Die Schweiz ist zum 1. Januar 1992 beigetreten, vgl. die Bekanntmachung in BGBl 1995 II 221; BGH FamRZ 2008, 390 = R 686
[50] Vgl. Baumbach/Albers a. a. O. Schlussanhang V B 1
[51] Vertrag vom 17. 7. 1977 BGBl 1981 II S. 341; vgl. Baumbach/Albers a. a. O. Schlussanhang V B 10
[52] Vertrag vom 20. 7. 1977 BGBl 1980 II S. 925; BGB NJW-RR 2005, 929
[53] Vertrag vom 14. 11. 1983 BGBl 1987 II S. 34
[54] Vgl. Baumbach/Albers a. a. O. Schlussanhang V B 8
[55] Vgl. die Übersicht bei Baumbach/Albers a. a. O. Schlussanhang V B 1–11

legung des jeweiligen Vertrages und des autonomen Rechts (s. Rn. 701) ermittelt werden. Auch diese Abkommen werden überwiegend durch das Gesetz zur Ausführung zwischenstaatlicher Verträge und zur Durchführung von Verordnungen und Abkommen der Europäischen Union auf dem Gebiet der Anerkennung und Vollstreckung in Zivil- und Handelssachen (Anerkennungs- und Vollstreckungsausführungsgesetz – AVAG) vom 3. Dezember 2009 (s. Rn. 626) ausgeführt.

- Die **Verordnung (EG) Nr. 805/2004 des Europäischen Parlaments und des Rates** **617** **vom 21. 4. 2004 zur Einführung eines europäischen Vollstreckungstitels für unbestrittene Forderungen (EuVTVO)**.[56] Die Verordnung ist zwischen den Mitgliedsstaaten der EU (mit Ausnahme von Dänemark) anwendbar.[57] Sie ermöglicht es, die in ihren Anwendungsbereich fallenden und auf Geldzahlung lautenden nationalen Vollstreckungstitel jederzeit mittels Formular im **Ursprungsland** als „europäischer Vollstreckungstitel" bestätigen zu lassen. Entsprechen die Titel den Anforderungen der Verordnung, sind sie als europäischer Vollstreckungstitel zu deklarieren und damit ohne vorheriges Vollstreckbarerklärungsverfahren nach Art. 38 ff. EuGVVO **in den übrigen Mitgliedstaaten vollstreckbar** (§ 1082 ZPO).[58] Zur Ausführung der Verordnung ist in Deutschland das Vollstreckungstitel-Durchführungsgesetz erlassen worden, das die entsprechenden Vorschriften des ZPO angepasst hat.[59] Als Titel kommen sowohl (unbestrittene) gerichtliche Entscheidungen als auch gerichtliche Vergleiche und sonstige öffentlich vollstreckbare Urkunden in Betracht. Aus deutscher Sicht zählen dazu auch die meisten Versäumnisurteile,[60] Vollstreckungsbescheide, Anerkenntnisurteile, Prozessvergleiche, notarielle Urkunden sowie Jugendamtsurkunden nach §§ 59, 60 SGB VIII. Voraussetzung für die Bestätigung als europäischer Vollstreckungstitel ist im Wesentlichen, **618** dass die Entscheidung nicht im Widerspruch zu den Zuständigkeitsregelungen im Kap. II des EUGVVO steht und nicht unter Verstoß gegen die Verfahrensvorschriften der EuVTVO, insbesondere zur Gewährleistung des rechtlichen Gehörs, ergangen ist. Um dies sicherzustellen ist mit dem deutschen Vollstreckungstitel-Durchführungsgesetz die ZPO an die Mindestanforderungen angeglichen worden. Der Schuldner kann die Erklärung als europäischer Vollstreckungstitel mit Anträgen auf Berichtigung bzw. Widerruf anfechten (§ 1081 ZPO). Die Ausgestaltung des Berichtigungs- und Widerrufsverfahrens hat die Verordnung (Art. 10 II EuVTVO) dem autonomen Recht der Mitgliedstaaten überlassen. In diesem Rahmen hat das deutsche Vollstreckungstitel-Durchführungsgesetz die Zuständigkeit auf die Gerichte, Behörden (insbesondere Jugendämter) und Notare übertragen, denen auch sonst die Erteilung einer vollstreckbaren Ausfertigung des Titels obliegt (§§ 1079, 724, 797 ZPO). Bei gerichtlichen Entscheidungen ist dafür die erste Instanz oder, wenn der Rechtsstreit in einer höheren Instanz anhängig ist, die höhere Instanz zuständig. Funktional zuständig ist der Rechtspfleger (§ 20 Nr. 11 RPflG). Wird der Antrag zurückgewiesen, sind die Vorschriften über die Anfechtung der Entscheidung über die Erteilung einer Vollstreckungsklausel anzuwenden (§ 1080 I ZPO). Über einen Antrag auf Berichtigung bzw. Widerruf nach einer positiven Entscheidung ist das Gericht zuständig, das die Bestätigung erteilt hat (§ 1081 I 2 ZPO). War diese von einer Behörde oder einem Notar erlassen, ist dafür das Amtsgericht am Sitz der Behörde oder des Notars zuständig (§ 1081 I § ZPO). Aus einem Titel, der in einem anderen Mitgliedstaat der Europäischen Union nach der EuVollstrTVO als Europäischer Vollstreckungstitel bestätigt

---

[56] ABl. EG 2004 L 143 S. 15; Schönfelder Ergänzungsband Nr. 103 f.; vgl. auch Zöller/Geimer a. a. O. Anhang II E
[57] Dänemark nimmt nach Art. 69 EG-Vertrag i. V. m. den Art. 1 und 2 des Protokolls zum Vertrag von Amsterdam über die Position Dänemarks (ABl. EG 1997, C 340/101 i. V. m. 28) nicht an der Annahme der Rechtsakte im Bereich der justiziellen Zusammenarbeit in Zivilsachen teil. Das Vereinigte Königreich und Irland haben hingegen von ihrer Opt-in-Möglichkeit Gebrauch gemacht
[58] Zum Verfahren vgl. Wagner IPRax 2005, 401 ff. und Gebauer FPR 2006, 252
[59] Gesetz zur Durchführung der Verordnung über den europäischen Vollstreckungstitel; vgl. dazu BT-Drucks. 15/5222 und 15/5482 sowie BR-Drucks. 375/05 und 375/05 (Beschluss); vgl. auch Wagner IPRax 2005, 401, 409
[60] Vgl. dazu Wagner IPRax 2005, 189, 192 f.

worden ist, findet die Zwangsvollstreckung im Inland statt, ohne dass es einer Vollstreckungsklausel bedarf (§ 1082 ZPO). Dagegen sehen die EuVTVO (Art. 21, 23) und das autonome nationale Recht (§§ 766, 775 Nr. 5, 767[61] ZPO) nur sehr eingeschränkte Rechtsmittel vor.

Die internationale Zusammenarbeit in Zivilsachen wird im Europäischen Bereich und international durch weitere EU-Verordnungen und Übereinkommen erleichtert:[62]

619 • Das **UN-Übereinkommen über die Geltendmachung von Unterhaltsansprüchen im Ausland vom 20. 6. 1956**[63] mit fast 70 Vertragsstaaten regelt den Empfang und die Übermittlung von Unterhaltsgesuchen und ergänzt die nach nationalem und internationalem Recht bestehenden Rechtsschutzmöglichkeiten.[64] Die Ausführung dieses Übereinkommens ist im Gesetz zur Geltendmachung von Unterhaltsansprüchen im Verkehr mit ausländischen Staaten (Auslandsunterhaltsgesetz – AUG) vom 23. 5. 2011 (s. Rn. 627) geregelt. Unter der Voraussetzung, dass Gegenseitigkeit verbürgt ist,[65] erleichtert es die Verfolgung und Durchsetzung von Unterhaltsansprüchen im Verhältnis der Bundesrepublik Deutschland zu Staaten außerhalb der EU, mit denen keine völkerrechtlichen Verträge bestehen. Von praktischer Bedeutung ist das Gesetz insbesondere im Verhältnis zu den nordamerikanischen Staaten (der USA und Kanada) sowie zu Südafrika. Das HUVÜ 2007 ersetzt nach dessen Art. 49 dieses Übereinkommen, soweit sich der zeitliche und gegenständliche Anwendungsbereich der Übereinkommen deckt.

620 • Die **Verordnung (EG) Nr. 1393/2007 des Europäischen Parlaments und des Rates vom 13. 11. 2007 über die Zustellung gerichtlicher und außergerichtlicher Schriftstücke in Zivil- oder Handelssachen in den Mitgliedstaaten** („Zustellung von Schriftstücken") und zur Aufhebung der Verordnung Nr. 1348/2000 des Rates (EuZustellVO)[66] hat zwischen den Mitgliedstaaten der EU (mit Ausnahme von Dänemarks) Vorrang vor sonstigen bilateralen oder multilateralen Übereinkünften. Durch die Verordnung soll, im Interesse eines reibungslosen Binnenmarktes, eine schnelle Übermittlung und Zustellung von Schriftstücken erreicht werden. In Ausführung der VO hat jeder Mitgliedstaat Übermittlungsstellen und Empfangsstellen sowie eine Zentralstelle zur Erteilung von Auskünften und zur Suche nach Lösungswegen mitgeteilt. Die Verordnung regelt in den Art. 4–11 die Übermittlung und Zustellung von gerichtlichen Schriftstücken und sodann (Art. 12–15) andere Arten der Übermittlung und Zustellung gerichtlicher Schriftstücke. Nach Art. 16 können zum Zwecke der Zustellung in einem anderen Mitgliedstaat auch außergerichtliche Schriftstücke nach Maßgabe der Verordnung übermittelt werden. Das Schriftstück wird – nach Anfertigung von Übersetzungen – von der Übermittlungsstelle weitergeleitet und der Empfangsstelle zugestellt. Die Zustellung kann nur in Ausnahmefällen abgelehnt werden.[67] Die in § 184 I 1 ZPO i. V. mit § 113 I 2 FamFG geregelte Befugnis des Gerichts, bei einer Zustellung im Ausland nach § 183 ZPO anzuordnen, dass bei fehlender Bestellung eines Prozessbevollmächtigten ein inlän-

---

[61] Zum Vollstreckungsabwehrantrag im Verfahren der Vollstreckbarerklärung nach dem EuGVÜ vgl. EuGHE 1985, 2267, 2277 Rn. 12, OLG Hamburg RIW 1998, 889, 890; Zum Vollstreckungsabwehrantrag im Verfahren der Vollstreckbarerklärung nach der EuGVVO und der EuVollstrTVO vgl. Wagner IPRax 2005, 401, 406 f.

[62] Außerhalb Europas erfolgt die Zustellung im Ausland nach den Vorschriften des ZRHO. Für die USA ist im Auftrag des Department of Justice als Zentrale Behörde die Process Forwarding International in Seattle zuständig, s. insoweit im Internet „www.hagueservice.com"

[63] BGBl 1959 II S. 149 und 2004 II S. 1786, vgl. zuletzt BGBl 2006 II 1008 und 2007 II 904; Im Internet veröffentlicht unter http://www.datenbanken.justiz.nrw.de/ir_htm/un_unterhalt_20061956.htm; s. auch die weiteren Informationen und Antragsunterlagen des Bundesjustizamtes unter http://www.bundesjustizamt.de/cln_115/DE/Home/homepage__node.html?__nnn =true; s. auch Katsanou FPR 2006, 255 und zum Verfahren Nds.RPfl. 1999, 8 ff.

[64] BGH EuZW 2011, 276; Martiny FamRZ 2008, 1681, 1684

[65] Zum Verfahren vgl. Wicke FPR 2006, 240; zur Gegenseitigkeit s. BGBl. 2011 I S. 1109 und die Aufstellung bei Zöller/Geimer a. a. O. Anhang V

[66] ABl. EU 2007 L 324/79; Schönfelder Ergänzungsband Nr. 103 c; vgl. auch Zöller/Geimer a. a. O. Anhang II B

[67] Vgl. dazu den Vorlagebeschluss an den EuGH BGH NJW 2007, 775

discher Zustellungsbevollmächtigter zu benennen ist und anderenfalls spätere Zustellungen durch Aufgabe zur Post bewirkt werden können, erstreckt sich nur auf diejenigen Zustellungen im Ausland, die gemäß § 138 I–IV ZPO nach den bestehenden völkerrechtlichen Vereinbarungen vorzunehmen sind. Dagegen gilt diese Anordnungsbefugnis nicht für Auslandszustellungen, die nach den gemäß § 138 V ZPO unberührt bleibenden Bestimmungen der EuZustellVO vorgenommen werden.[68] Die Verordnung wird durch die §§ 1067 ff. ZPO in nationales Recht umgesetzt.

- In der Zusammenarbeit mit Staaten außerhalb der Europäischen Union gilt das **Haager Übereinkommen über die Zustellung gerichtlicher und außergerichtlicher Schriftstücke im Ausland in Zivil- und Handelssachen (HÜZA)**.[69] Das Übereinkommen ist für die Bundesrepublik Deutschland am 31. 12. 1977 in Kraft getreten.[70] Es regelt gegenüber den weiteren Vertragsstaaten die Zustellung gerichtlicher und behördlicher Schriftstücke durch eine Zentrale Behörde. Die §§ 183 f. setzten das Übereinkommen in nationales Recht um.[71] 621

- die **Verordnung (EG) Nr. 1206/2001 des Rates vom 28. 5. 2001 über die Zusammenarbeit zwischen den Gerichten der Mitgliedsstaaten auf dem Gebiet der Beweisaufnahme in Zivil- oder Handelssachen (EuBVO)**.[72] Die Verordnung ist zwischen den Mitgliedstaaten der EU (mit Ausnahme von Dänemark) anwendbar. Sie ist in Zivil- und Handelssachen anzuwenden, wenn das Gericht eines Mitgliedstaates das zuständige Gericht eines anderen Mitgliedstaates um Beweisaufnahme bittet oder wenn es darum ersucht, unmittelbar Beweis erheben zu dürfen. Zur Ausführung erlaubt die VO den **unmittelbaren Geschäftsverkehr** zwischen den beteiligten Gerichten (§ 2 EuBVO). Die von jedem Mitgliedsland benannte Zentralstelle hat lediglich die Aufgabe, Auskünfte zu erteilen oder bei Problemfällen nach Lösungsmöglichkeiten zu suchen.[73] 622

- Die gerichtliche Beweisaufnahme außerhalb der Europäischen Union ist durch das **Übereinkommen über die Beweisaufnahme im Ausland in Zivil- und Handelssachen** geregelt, das für die Bundesrepublik Deutschland ebenfalls am 31. 12. 1977 in Kraft getreten ist.[74] Eine Beweisaufnahme ist danach im Wege der Rechtshilfe (Art. 1–14) oder durch diplomatische oder konsularische Vertreter und durch Beauftragte (Art. 15–22) möglich. Auch insoweit sind Zentrale Behörden für die Durchführung der Beweisaufnahme gebildet.[75] 623

- Mit dem **Europäischen Übereinkommen betreffend Auskünfte über ausländisches Recht vom 7. 6. 1986**[76] haben sich die Vertragsstaaten verpflichtet, einander Auskünfte über ihr Zivil- und Handelsrecht, ihr Vertragsrecht auf diesen Gebieten und über ihre Gerichtsverfassung zu erteilen (Art. 1). Zur Ausführung des Übereinkommens haben die Vertragsstaaten besondere Empfangsstellen eingerichtet (Art. 2). Ein Auskunftsersuchen muss nach Art. 3 von einem Gericht ausgehen, auch wenn es nicht von ihm selbst abgefasst worden ist. Das Auskunftsersuchen muss das Gericht, von dem das Ersuchen ausgeht, und die Art der Rechtssache bezeichnen (Art. 4 I). Der Sachverhalt ist so genau anzugeben, wie es zum Verständnis des Ersuchens und zur richtigen und genauen Beantwortung der Rechtsfrage erforderlich ist (Art. 4 II). Zur Ergänzung könne auch Auskünfte zu anderen 624

---

[68] BGH NJW 2011, 1885
[69] BVerfG IPRax 2009, 249 Rn. 11; 2004, 61 Rn. 31 ff.
[70] BGBl 1977 II S. 1452, 1453 in der Fassung der Bekanntmachung vom 6. Februar 2008 BGBl II 2008, 166
[71] Zur Änderung des nationalen deutschen Rechts vgl. den Entwurf eines Gesetzes zur Verbesserung der grenzüberschreitenden Forderungsdurchsetzung und Zustellung BT-Drucks. 16/8839
[72] Schönfelder Ergänzungsband Nr. 103 d; vgl. auch Zöller/Geimer a. a. O. Anhang II D
[73] Zu den Kosten der Beweisaufnahme im Ausland vgl. BGH NJW-RR 2005, 725
[74] BGBl 1977 II S. 1452, 1453 in der Fassung der Bekanntmachung vom 6. Februar 2008 BGBl II 2008, 166
[75] Zur Änderung des nationalen deutschen Rechts vgl. den Entwurf eines Gesetzes zur Verbesserung der grenzüberschreitenden Forderungsdurchsetzung und Zustellung BT-Drucks. 16/8839
[76] BGBl 1974 II S. 937 in der Fassung der Bekanntmachung vom 19. Juni 2009 BGBl 2009 II S. 821; im Internet veröffentlicht unter http://conventions.coe.int/Treaty/Commun/QueVoulezVous.asp?NT=062&CM=8&DF=20/03/2011&CL=GER

Rechtsgebieten erbeten werden (Art. 4 III). Das Auskunftsersuchen ist von einer Übermittlungsstelle oder, falls eine solche nicht existiert, vom Gericht selbst an die Empfangsstelle zu übermitteln (Art. 5). Die Empfangsstelle, bei der ein Auskunftsersuchen eingegangen ist, kann dieses entweder selbst beantworten oder es an eine andere staatliche oder öffentliche, ggf. auch an eine private Stelle zur Beantwortung weiterleiten (Art. 6). Zweck der Antwort ist es, dem Gericht, von dem das Ersuchen ausgeht, in objektiver und unparteiischer Weise über das Recht des ersuchten Staates zu unterrichten. Sie hat nach den Umständen des Einzelfalles jedenfalls das ausländische Recht und einschlägige Gerichtsentscheidungen zu benennen (Art. 7). Die Auskünfte binden das ersuchende Gericht nicht (Art. 8). Die Empfangsstelle ist regelmäßig verpflichtet, für eine Beantwortung des Ersuchens zu sorgen (Art. 10, 11). Dies hat so schnell wie möglich zu geschehen; sonst ist die ersuchende Stelle auf die Verzögerung und die voraussichtliche Dauer hinzuweisen (Art. 12). Ggf. können auch ergänzende Angaben von der ersuchenden Stelle erbeten werden (Art. 13). Das Auskunftsersuchen ist in der Amtssprache des ersuchten Staates abzufassen; die Antwort erfolgt in der Sprache des ersuchten Staates (Art. 14). Nur ausnahmsweise dürfen Kosten für die Auskunft erhoben werden, wenn das Ersuchen an eine private Stelle weitergeleitet wird und dies entsprechende Kosten verursache; dann sind der ersuchenden Stelle die zu erwartenden Kosten zuvor mitzuteilen (Art. 15, 6 III).

625 Das Übereinkommen ist für die Bundesrepublik Deutschland am 19. 3. 1975 in Kraft getreten. Es gilt außerdem für die Mitgliedstaaten des Europarates Albanien, Aserbaidschan, Belgien, Bulgarien, Dänemark, Mazedonien, Estland, Finnland, Frankreich, Georgien, Griechenland, Island, Italien, Lettland, Lichtenstein, Litauen, Luxemburg, Malta, Moldau, Montenegro, Niederlande, Norwegen, Österreich, Polen, Portugal, Rumänien, Russland, Schweden, Schweiz, Serbien, Slowakei, Slowenien, Spanien, Tschechien, Türkei, Ukraine, Ungarn, das Vereinigte Königreich Großbritannien und Zypern sowie die Nichtmitgliedstaaten Weißrussland, Costa Rica und Mexiko.[77] Zur Ausführung dieses Übereinkommens hat die Bundesrepublik Deutschland das Ausführungsgesetz vom 21. 1. 1987 (AuRAK)[78] erlassen.

Zur Durchführung der EU-Verordnungen und Ausführung der völkerrechtlichen Verträge im Unterhaltsrecht wurden zwei nationale Gesetze erlassen.

626 • Das **Gesetz zur Ausführung zwischenstaatlicher Verträge und zur Durchführung von Verordnungen und Abkommen der Europäischen Union auf dem Gebiet der Anerkennung und Vollstreckung in Zivil- und Handelssachen (Anerkennungs- und Vollstreckungsausführungsgesetz – AVAG)** vom 3. 12. 2009[79] gilt noch zu Übergangsfällen für die Umsetzung des EuGVÜ (Rn. 614), verschiedener bilateraler Verträge (Rn. 616) und der EuGVVO (Rn. 606 ff.). Zu Umsetzung der neueren EU-Verordnungen und internationalen Übereinkommen wird es für Unterhaltsansprüche durch das AUG ersetzt (s. Rn. 627).

627 • Das neue **Gesetz zur Geltendmachung von Unterhaltsansprüchen im Verkehr mit ausländischen Staaten (Auslandsunterhaltsgesetz – AUG)** vom 23. 5. 2011[80] gilt für die EuUnthVO (Rn. 602 f.) und das Abkommen zwischen der EU und Dänemark vom 19. 10. 2005 (Rn. 606), das Luganer Übereinkommen vom 30. 10. 2007 (Rn. 615), das HUVÜ 73 (Rn. 611 f.), das Lugano Übereinkommen vom 16. 9. 1988 (Rn. 615) und das UN-Übereinkommen vom 20. 6. 1956 (Rn. 619). Mit dessen Inkrafttreten wird es auch für das HUVÜ 2007 (Rn. 604 f.) gelten. Es hat das frühere Gesetz zur Geltendmachung von Unterhaltsansprüchen im Verkehr mit ausländischen Staaten vom 19. 12. 1986 abgelöst.

628–639 *– in dieser Auflage nicht belegt –*

---

[77] Siehe http://conventions.coe.int/Treaty/Commun/ChercheSig.asp?NT=062&CM=8&DF=20/03/2011&CL=GER
[78] BGBl 1987 II S. 58 i. d. F. der Bekanntmachung v. 11. 12. 1998, BGBl 1999 II S. 15
[79] BGBl I 2009, 3830; die Neufassung hat die Vorgängerregelung vom 19. 2. 2001 in der Fassung vom 17. 4. 2007 BGBl I S. 529 ersetzt
[80] BT-Drucks. 17/4887 und BGBl. 2011 I S. 898; zur Gegenseitigkeit vgl. BGBl. 2011 I S. 1109; s. auch den Überblick bei Heger/Selg FamRZ 2011, 1101 ff.

II. Internationale Zuständigkeit und Verfahren

1. Internationale Zuständigkeit

Im Rahmen der internationalen Zuständigkeit ist die Frage zu beantworten, ob eine be- **640** stimmte Unterhaltssache von einem deutschen oder einem ausländischen Gericht zu entscheiden ist. Die internationale Zuständigkeit ergibt sich aus den genannten (s. Rn. 600 ff.) Verordnungen und Übereinkommen der Europäischen Union (früher Europäische Gemeinschaft), den internationalen Übereinkommen, bilateralen Verträgen und hilfsweise aus dem nationalen Recht, das in der Regel damit übereinstimmt.[81] Sie ist in jeder Lage des Rechtsstreits **von Amts wegen zu prüfen** (Art. 10 f. EuUnthVO, Art. 25 EuGVVO). Daran hat sich auch durch das Gesetz zur Reform des Zivilprozesses vom 27. 7. 2001 und die neu geschaffene Vorschrift des § 545 II ZPO nichts geändert.[82] Die internationale Zuständigkeit ergibt sich im Geltungsbereich der EuUnthVO (s. Rn. 602 f.) unmittelbar aus dieser Verordnung[83] oder, soweit die aktuelle Verordnung nach ihren zeitlichen Anwendungsbereich noch nicht gilt, aus der EuGVVO (R. 606 ff.) oder aus dem nationalen Kollisionsrecht in den §§ 98 I, II, 105, 232 FamFG.

a) Im Gegensatz zu der Vorgängerregelung knüpft die EuUnthVO für die internationale **641** Zuständigkeit grundsätzlich nicht mehr am Wohnsitz, sondern am **gewöhnlichen Aufenthaltsort** an (s. §§ 105, 232 I Nr. 2 FamFG). Entsprechend sehen Art. 3 lit. a EuUnthVO eine Zuständigkeit des Gerichts an dem Ort vor, an dem der Antragsgegner seinen gewöhnlichen Aufenthalt hat, und Art. 3 lit. b EuUnthVO eine Zuständigkeit des Gerichts an dem Ort, an dem der Unterhaltsberechtigte seinen gewöhnlichen Aufenthalt hat. Diese Zuständigkeiten sind alternativ miteinander und mit den weiteren allgemeinen Zuständigkeiten des Art. 3 EuUnthVO verknüpft, sodass alle Zuständigkeiten des Art. 3 EuUnthVO gleichrangig nebeneinander stehen. Der gewöhnliche Aufenthalt ist in § 2 der Verordnung nicht definiert, wird aber verordnungsautonom einheitlich auszulegen sein.[84] Bei der Auslegung des Begriffes kann auch auf die Auslegung derselben Anknüpfung in den Haager Übereinkommen zurückgegriffen werden (s. Rn. 13 ff.), zumal der EuGH auch für eine unionsinterne Auslegung des HUP 2007 zuständig ist (s. Rn. 2).

Die durch Art. 68 I EuUnthVO bis auf die Fortgeltung für frühere Unterhaltsansprüche **642** verdrängte EuGVVO sah allgemeine, besondere und ausschließliche internationale Zuständigkeiten sowie Zuständigkeitsvereinbarungen vor und schloss damit ausdrücklich das autonome Zuständigkeitsrecht der Mitgliedsstaaten aus (Art. 3 I und II EuGVVO). In Unterhaltssachen[85] war die EuGVVO als spezielle Regelung vorrangig anwendbar, wenn der Antragsgegner seinen **Wohnsitz** in einem Vertragsstaat hatte (Art. 2, 3).[86] Das Vorliegen eines Wohnsitzes richtete sich nach dem Recht des Staates, für dessen Gebiet der Wohnsitz geprüft wurde (Art. 59). Ein gewöhnlicher Aufenthalt in Deutschland und auch die gemeinsame deutsche Staatsangehörigkeit begründeten (bei Wohnsitz im Ausland) nach der EuGVVO keine internationale Zuständigkeit deutscher Gerichte.[87] Studierte ein Kind im Ausland, konnte dies regelmäßig keinen Wohnsitz am Studienort begründen. Das galt insbesondere dann, wenn für den Auslandsaufenthalt nur ein zeitlich befristetes Visum bestand.[88] Hatte der Antragsgegner keinen Wohnsitz im Hoheitsgebiet der Mitgliedstaaten der EuGVVO bestimmte sich die Zuständigkeit vorbehaltlich einer ausschließlichen Zu-

---

[81] Vgl. BGB FamRZ 2001, 412; 1992, 1060; 1991, 925; 1989, 603; 1984, 465; 1983, 806
[82] BGB FamRZ 2005, 1987; 2004, 1952; 2003, 370
[83] Hau FamRZ 2010, 516 ff.
[84] Vgl. EuGH FamRZ 2009, 843 (zur Brüssel II a-VO)
[85] Zur Abgrenzung zum nicht umfassten Ehegüterrecht vgl. EUGH IPRax 1999, 35 m. Anm. Weller IPRax 1999, 14; BGB FamRZ 2008, 40; Zöller/Geimer a. a. O. Anhang 1, Art. 1 GVÜ, Rn. 11; Kropholler a. a. O., Art. 1 EuGVÜ Rn. 23 ff. und Art. 5 EuGVÜ Rn. 39 f.
[86] BGH FamRZ 2005, 1987
[87] KG IPRax 1999, 37 m. Anm. Schulze IPRax 1999, 21
[88] OLG Hamm FamRZ 2002, 54

ständigkeit nach Art. 22 oder einer Vereinbarung der Zuständigkeit nach Art 23 (s. Rn. 652 f.) nach den Vorschriften der ZPO (Art. 4). Auch außerhalb des Anwendungsbereichs der EuGVVO waren die Vorschriften der ZPO anwendbar. Primär sah die EuGVVO die internationale Zuständigkeit am Wohnsitz des Antragsgegners vor (Art. 2 I, 3 I). Für Unterhaltssachen waren in Art. 5 Nr. 2 weitere internationale Gerichtsstände vorgesehen, die wahlweise neben den Gerichtsstand des Wohnsitzes traten. Danach war auch das Gericht international zuständig, in dem der Unterhaltsberechtigte seinen Wohnsitz[89] oder sogar nur seinen gewöhnlichen Aufenthalt hatte. Damit sollte dem Unterhaltsberechtigten als der regelmäßig schwächsten Partei die Rechtsverfolgung erleichtert werden. Soweit Art. 5 Nr. 2 die internationale Zuständigkeit regelte, enthielt die Vorschrift zugleich eine Regelung der örtlichen Zuständigkeit.[90] Die Staatsangehörigkeit der Parteien spielte dabei keine Rolle.[91]

643 **b)** Der Sitz einer **Öffentlichen Einrichtung** kann die Zuständigkeit nicht beeinflussen. Ein entsprechender Gerichtsstand ist in Art. 3 ff. EuUnthVO (s. Rn. 602) nicht ausdrücklich genannt und auch Art. 64 EuUnthVO, der die Rechte öffentliche Aufgaben wahrnehmender Einrichtungen regelt, lässt keine entsprechende Anwendung des Art. 3 lit. a auf den Ort am Sitz der Einrichtung zu. Denn danach ist die öffentliche Einrichtung nur im Rahmen eines Antrags auf Annerkennung und Vollstreckbarerklärung von Entscheidungen oder für die Zwecke einer Vollstreckung von Entscheidungen als „berechtigte Person" zu behandeln. Sie können im Aufenthaltsstaat des Unterhaltsschuldners also Regress für die geleisteten Sozialleistungen nehmen oder den titulierten übergegangenen Unterhaltsanspruch vollstrecken. Die Zuständigkeit nach Art. 3 lit. a EuUnthVO beeinflusst dies aber nicht.[92] Insoweit gilt die schon zur Vorgängerregelung, der EuGVVO, geltende Rechtslage fort.[93]

644 Auch nach der EuGVVO war die Zuständigkeit nach dem Wohnsitz des Unterhaltsberechtigten in Art. 5 Nr. 2 übereinkommenautonom eng auszulegen. Sie galt deswegen nicht für die öffentliche Hand, wenn diese gesetzlich auf sie übergegangene Unterhaltsansprüche im Wege des Regresses gegen den Unterhaltspflichtigen geltend machte.[94]

645 **c)** Eine besondere Zuständigkeit für einen **Widerantrag** sieht die EuUnthVO nicht vor. Dafür besteht grundsätzlich auch kein Bedarf, weil Art. 3 EuUnthVO die allgemeine Zuständigkeit alternativ auf den gewöhnlichen Aufenthalt des Antragsgegners oder des Unterhaltsberechtigten stützt. Nur in Fällen eines Abänderungsantrags oder eines negativen Feststellungsantrags[95] ist der Unterhaltspflichtige auf die Zuständigkeit am gewöhnlichen Aufenthalt des Unterhaltsberechtigten verwiesen. Die ist zum Schutz des Unterhaltsberechtigten ausdrücklich vorgesehen. Umgekehrt hat der Unterhaltsberechtigte stets, und somit auch für einen Widerantrag, die Möglichkeit, den Unterhaltspflichtigen am eigenen oder an dessen gewöhnlichen Aufenthaltsort in Anspruch zu nehmen.

646 Nach der Vorgängerregelung in der EuGVVO war ein international zuständiges Gericht hingegen auch für einen Widerantrag, der auf denselben Vertrag oder Sachverhalt wie der Hauptantrag gerichtet war, zuständig (Art. 6 Nr. 3 EuGVVO). Dabei war das Erfordernis der Konnexität weit auszulegen.[96]

647 **d)** Eine **Erstreckung des Gerichtsstands am gewöhnlichen Aufenthaltsort des Antragsgegners auf andere Personen** sieht die EuUnthVO nicht vor, obwohl dies in des Sache sinnvoll ein kann. Verklagt etwa ein volljähriges Kind seinen Vater auf Unterhalt, kann der von ihm geschuldete Anteil davon abhängig sein, in welchem Umfang er Unter-

---

[89] Unterhaltsberechtigter ist derjenige, der (auch erstmals) auf Unterhalt klagt; EuGH IPRax 1998, 354 m. Anm. Fuchs IPRax 1998, 327; BGH FamRZ 2008, 40; Martiny FamRZ 2008, 1683; Kropholler a. a. O., Art. 5 EuGVÜ Rn. 41
[90] BGH FamRZ 2008, 40
[91] Rauscher/Gutknecht IPRax 1993, 21, 23
[92] So auch Hau FamRZ 2010, 516, 519
[93] Vgl. insoweit EuGH FamRZ 2004, 513
[94] EuGH FamRZ 2004, 513; vgl. auch den Vorlagebeschluss des BGH FamRZ 2002, 21
[95] S. insoweit Hau FamRZ 2010, 516, 518
[96] BGH BB 2002, 14

halt für seine geschiedene Ehefrau, die Mutter des gemeinsamen Kindes, zahlt. Denn entweder führt der Ehegattenunterhalt dazu, dass die Leistungsfähigkeit der Mutter steigt und die des Vaters sinkt, oder der Kindesunterhalt wird vorab durch einen oder beide gezahlt und beeinflusst damit die Höhe des Ehegattenunterhalts. Wäre für beide Verfahren das gleiche Gericht zuständig, könnte es die Verfahren verbinden und gemeinsam entscheiden.[97] Darauf hat die neue Verordnung zum Schutz der weiteren Person verzichtet. Diese soll an den für sie geltenden Gerichtsstand belangt werden. Im Übrigen bleibt dem Unterhaltsberechtigten die Möglichkeit, zwei sich dauerhaft im Ausland aufhaltende Unterhaltspflichtige am Gericht des eigenen gewöhnlichen Aufenthalts in Anspruch zu nehmen.

Hingegen konnte eine Person, die ihren Wohnsitz im Hoheitsgebiet eines Mitgliedstaats hatte, nach der Vorgängerregelung in Art. 6 Nr. 1 EuGVVO auch vor dem Wohnsitzgericht einer mit ihr zusammen verklagten Person verklagt werden, wenn zwischen den Verfahren eine so enge Beziehung gegeben war, dass eine gemeinsame Verhandlung und Entscheidung geboten erschien, um sich widersprechende Entscheidungen zu vermeiden. Einer Anwendbarkeit dieser Vorschrift stand nicht entgegen, dass gegen mehrere Antragsgegner erhobene Verfahren, z. B. die Anträge einer Mutter auf anteiligen Unterhalt gegen die Väter ihrer verschieden Kinder, auf unterschiedlichen Rechtsgrundlagen beruhen. Wenn die Voraussetzungen dieser Zuständigkeitskonzentration vorlagen, musste nicht gesondert geprüft werden, ob die Anträge nur deshalb erhoben worden waren, um einen der Antragsgegner den Gerichten seines Wohnsitzstaates zu entziehen.[98] **648**

e) Annexzuständigkeiten ergeben sich aus Art. 3 lit. c und d EuUnthVO. Nach Art. 3 lit. c EuUnthVO ist ein Gericht, das nach seinem Recht „für ein **Verfahren in Bezug auf den Personenstand** zuständig" ist, auch insoweit zuständig, als in der Nebensache zu diesem Verfahren über eine Unterhaltssache zu entscheiden ist. Das gilt nur dann nicht, wenn die Zuständigkeit in der Personenstandsache allein auf der Staatsangehörigkeit eines Beteiligten beruht. Eine Annexzuständigkeit kommt etwa in Betracht, wenn eine Abstammungssache mit dem darauf aufbauenden Unterhaltsanspruch verbunden wird. Zu den Personenstandssachen zählen auch Ehescheidungssachen, sodass die Vorschrift die konzentrierte Zuständigkeit im **Scheidungsverbund** regelt (s. auch §§ 105, 232 I Nr. 1 FamFG). Gleiches gilt wie schon nach der überwiegenden Auffassung zu der Vorgängerregelung in Art. 5 Nr. 2, 2. Alt. EuGVVO auch für Verfahren auf Trennung der Ehegatten im Vorfeld der Ehescheidung.[99] **649**

Schließlich ist nach Art. 3 lit. d EuUnthVO ein Gericht, das nach seinem Recht „für ein **Verfahren in Bezug auf die elterliche** Verantwortung zuständig" ist, auch insoweit zuständig, als in der Nebensache zu diesem Verfahren über eine Unterhaltssache zu entscheiden ist. Diese neue Vorschrift erweitert die internationale Zuständigkeit für Unterhaltssachen auf Fälle, in denen ein für die Kindschaftssache internationales Gericht sonst nicht für die Unterhaltssache zuständig wäre, weil weder der Unterhaltsberechtigte, noch der Antragsgegner dort ihren ständigen Aufenthalt haben. **650**

War über eine Unterhaltssache im **Verbund** oder als Annex zur Ehesache zu entscheiden, war das Ehegericht schon nach der früheren Regelung in Art. 5 Nr. 2 Alt. 2 EuGVVO auch zur Entscheidung über die Unterhaltssache international zuständig.[100] Dieses galt nur dann nicht, wenn sich die Zuständigkeit in der Ehesache (z. B. nach § 606 a Abs. 1 S. 1 Nr. 1 ZPO a. F.) allein aus der Staatsangehörigkeit einer Partei ergab. Nur in einem solchen Fall war die Unterhaltssache abzutrennen und von dem nach der EuGVVO allgemein zuständigen Gericht (s. Rn. 641 f.) zu entscheiden.[101] Die originäre Verbundzuständigkeit nach den §§ 606 a, 623 ZPO a. F. war somit nur von Bedeutung, wenn der Antragsgegner weder im Inland noch in einem EU-Ausland wohnte. Nach Auffassung des KG[102] ergab sich eine solche Annexzuständigkeit trotz § 621 Abs. 2 S. 1 ZPO a. F. nicht für Anträge auf **651**

---

[97] Vgl. BGH FamRZ 2008, 2101 Rn. 31 ff.
[98] EuGH EuZW 2007, 703
[99] Zweifelnd und unter Hinweis auf die englische Fassung der Verordnung Hau FamRZ 2010, 516
[100] Vgl. BGH FamRZ 1992, 298
[101] Vgl. Kropholler a. a. O., Art. 5 EuGVÜ Rn. 46
[102] KG IPRax 1999, 37, 38; a. A. Schulze IPRax 1999, 21

Trennungsunterhalt, weil diese nicht im Scheidungsverbund geltend gemacht werden können.[103]

652 f) Nach Art. 4 EuUnthVO können die Beteiligten die gerichtliche Zuständigkeit in Unterhaltssachen wirksam durch **Gerichtsstandsvereinbarungen** festlegen.[104] Eine Gerichtsstandsvereinbarung ist nach Art. 4 III EuUnthVO nur dann ausgeschlossen, wenn es sich um Unterhaltsansprüche minderjähriger Kinder (bis zur Vollendung des 18. Lebensjahres) handelt (s. §§ 105, 232 I Nr. 2 FamFG). Sonst können die Beteiligten vereinbaren, dass bestimmte Gerichte eines Mitgliedstaats zur Beilegung eines bereits entstandenen oder künftig entstehenden Streits über Unterhaltspflichten zuständig sind. Als solche Gerichte kommen zunächst die Gerichte eines Mitgliedstaats, in dem ein Beteiligter seinen gewöhnlichen Aufenthalt hat, oder die Gerichte eines Mitgliedstaats, dessen Staatsangehörigkeit einer der Beteiligten besitzt, in Betracht (Art. 4 I 1 lit. a, b EuUnthVO). Für die Entscheidung über Unterhaltspflichten zwischen Ehegatten oder früheren Ehegatten können die Beteiligten auch das für die Ehesache zuständige Gericht oder ein Gericht eines Mitgliedstaates wählen, in dem die Ehegatten mindestens ein Jahr lang ihren letzten gemeinsamen Aufenthalt hatten (Art. 4 I 1 lit. c EuUnthVO). Die genannten Voraussetzungen für die Gerichtsstandsvereinbarung müssen nach Art. 4 I 2 EuUnthVO bei deren Abschluss oder im Zeitpunkt der Anrufung des Gerichts erfüllt sein. Die vereinbarte Zuständigkeit ist nach Art. 4 I 3 EuUnthVO eine ausschließliche, wenn die Beteiligten nichts anderes vereinbart haben. Die Gerichtsstandsvereinbarung bedarf nach Art. 4 II EuUnthVO der Schriftform oder einer elektronischen Übermittlung, die eine dauerhafte Aufzeichnung ermöglicht. Die Beteiligten könne nach Art. 4 IV EuUnthVO für Unterhaltsansprüche, mit Ausnahme der Unterhaltsansprüche minderjähriger Kinder, für Länder außerhalb der Europäische Union auch eine Zuständigkeit der Mitgliedstaaten des Luganer Übereinkommens vom 30. Oktober 2007 (s. Rn. 615) vereinbaren. Dann ist dieses Übereinkommen anwendbar. Gegenüber den Vorschriften des EuGVVO sind damit die zur Auswahl zur Verfügung stehenden Foren begrenzt und die formalen Anforderungen erhöht worden.[105]

653 Auch nach dem EuGVVO waren bereits Gerichtsstandsvereinbarungen im Bereich der internationalen Entscheidungszuständigkeit möglich. Ob eine solche Vereinbarung wirksam zustande gekommen war, richtete sich nach dem maßgeblichen materiellen Recht (s. Rn. 31 ff.).[106] Die Zulässigkeit und Wirkung für ein vor deutschen Gerichten rechtshängiges Verfahren bestimmte sich hingegen nach deutschem Prozessrecht.[107] Bei der Vereinbarung der internationalen Zuständigkeit wurde § 38 Abs. 2 und 3 ZPO durch die Vorschrift des Art. 23 Abs. 1 EuGVVO verdrängt.[108] Weil die Gerichtsstandsvereinbarung nur eine Zuständigkeitsoption eröffnete, die erst mit Einleitung des Verfahrens zur ausschließlichen Zuständigkeit wurde, kam es für die intertemporäre Anwendbarkeit der EuGVVO nicht auf den Abschluss der Vereinbarung, sondern auf den Zeitpunkt der Einleitung des Verfahrens an.[109] Der Begriff Gerichtsstandsvereinbarung war für den Bereich der EuGVVO vertragsautonom auszulegen.[110] Die Vereinbarung musste einen bereits bestehenden oder einen aus einem bestimmten Rechtsverhältnis künftig entstehenden Rechtsstreit betreffen. Die Gerichtsstandsvereinbarung setzte nach Art. 23 I EuGVVO eine entsprechende Willenseinigung der Parteien voraus. Die vorgeschriebene **Schriftform** sollte gewährleisten, dass die Einigung zwischen den Parteien tatsächlich bestand.[111] Schon die Zuständigkeitsvereinbarung durch Schriftwechsel setzte nicht die Form des § 126 BGB voraus. Die

---

[103] Zum Gerichtsstand der Streitgenossenschaft nach Art. 6 Nr. 1 EuGVVO vgl. BGH FamRZ 1985, 578
[104] Vgl. auch Bork/Jacoby/Schwab/Heiderhoff FamFG § 98 Rn. 21
[105] Hau FamRZ 2010, 515, 517
[106] BGH NJW 1989, 1431, 1432
[107] BGH FamRZ 2001, 412; NJW 1989, 1431; Stein/Jonas/Bork, § 38 ZPO Rn. 13 a
[108] Kropholler a. a. O., Art. 17 EuGVÜ Rn. 16 (zum insoweit inhaltsgleichen EuGVÜ)
[109] So zum EuGVÜ EuGH vom 13. 11. 1979, Rs. 25/79, Slg. 1979, 3423, 3429; wegen der sich aus dem 19. Erwägungsgrund zur EuGVVO ergebenden Kontinuität gilt diese Rechtsprechung auch für die inhaltsgleiche Vorschrift der EuGVVO
[110] EuGH NJW 1992, 1671
[111] BGH NJW 2006, 1672; TranspR 2007, 119

Übermittlung von Kopien der Schriftstücke z. B. per Fernschreiben oder Telefax genügte. Die schriftlichen Erklärungen mussten nicht unterschrieben sein, jedoch musste die Identität der erklärenden Person feststehen.[112] Darüber hinaus genügte nach Art. 23 II EuGVVO jede Form der elektronischen Übermittlung, die den Nachweis einer Willenseinigung erlaubte. Mit Art. 23 I S. 2 EuGVVO war klar gestellt, dass die Zuständigkeitsvereinbarung im Regelfall eine **ausschließliche** Zuständigkeit begründete, also die übrigen, an sich gegebenen Zuständigkeiten derogierte.[113] Die Parteien konnten jedoch auch nur eine weitere, mit den übrigen an sich gegebenen Zuständigkeiten konkurrierende Zuständigkeit begründen. Hierfür war eine ausdrückliche Vereinbarung nicht erforderlich. Im Einklang mit der Auslegung des Art. 17 I EuGVÜ genügte insoweit nach Art. 22 I S. 2 EuGVVO auch eine konkludente Vereinbarung. Einseitige fakultative Zuständigkeitsvereinbarungen waren ebenfalls zulässig, auch wenn das EuGVVO die ausdrückliche Regelung des Art. 17 Abs. 4 EuGVÜ[114] nicht übernommen hatte. Neben der allgemeinen Zuständigkeit der Gerichte eines Vertragsstaats konnte durch die Vereinbarung auch ein bestimmtes Gericht gewählt werden.[115] Ebenso konnte durch Vereinbarung nach Art. 23 Abs. 1 EuGVVO auch die Zuständigkeit der Gerichte eines Vertragsstaats ausgeschlossen werden (Derogation). Eine (für sich betrachtet wirksame) die deutsche Gerichtsbarkeit ausschließende Gerichtsstandsvereinbarung war dann unwirksam, wenn bei dem ausländischen Gericht eine sachgerechte, den elementaren rechtsstaatlichen Garantien entsprechende Entscheidung des Rechtsstreits nicht gewährleistet war.[116]

g) Eine internationale Zuständigkeit in Unterhaltssachen kann sich auch aus **rügeloser Einlassung** des Antragsgegners ergeben. Wenn ein Gericht nicht schon nach anderen Vorschriften zuständig ist, wird es nach Art 5 EuUnthVO zuständig, wenn sich der Antragsgegner auf das Verfahren einlässt. Das gilt allerdings nicht, wenn er sich auf das Verfahren einlässt, um den Mangel der Zuständigkeit geltend zu machen. Im Einzelnen kann insoweit auf die frühere Regelung in der EuGVVO verwiesen werden (s. Rn. 655). 654

Schon nach Art. 24 EuGVVO konnte eine rügelose Einlassung[117] die internationale Zuständigkeit in Unterhaltssachen begründen. Art. 24 EuGVVO verdrängte in seinem Anwendungsbereich § 39 ZPO.[118] Erforderlich war, dass der Antragsgegner sich vor dem an sich unzuständigen Gericht „auf das Verfahren einlässt" (Art. 24 S. 1). Eine Verhandlung zur Hauptsache (s. § 39 ZPO) war nicht erforderlich;[119] auch Einreden zum Verfahren konnten die internationale Zuständigkeit nach Art 24 EuGVVO begründen. Das galt aber dann nicht, wenn der Antragsgegner die internationale Zuständigkeit des angerufenen Gerichts gerügt hatte. In diesem Fall blieb es ihm unbenommen, sich hilfsweise auf das Verfahren einzulassen.[120] Einer ausdrücklichen Rüge der internationalen Zuständigkeit bedurfte es dabei nicht, weil Prozesserklärungen grundsätzlich auslegungsfähig sind und sich die Rüge deswegen auch aus anderen Umständen ergeben konnte. Sie konnte insbesondere in der Rüge der örtlichen Zuständigkeit enthalten sein.[121] Wenn der Antragsgegner außerdem auch zur Begründetheit des Antrags Stellung genommen hatte, war das unschädlich, weil eine nur hilfsweise vorgebrachte Einlassung zur Sache nicht zuständigkeitsbegründend 655

---

[112] BGH NJW 2001, 1731
[113] Zum Erfordernis eines internationalen Bezuges in der Vorgängerregelung des Art 17 I EuGVÜ: OLG Hamm IPRax 1999, 244; m. (abweichender) Anm. Aull IPRax 1999, 226
[114] Zur Auslegung als einseitige Gerichtsstandsvereinbarung mit der weiter bestehenden Möglichkeit eines Inlandsverfahrens nach Art. 17 I EuGVÜ BGH IPRax 1999, 246; m. Anm. Schulze IPRax 1999, 229
[115] Rahm/Künkel/Breuer, Handbuch des Familiengerichtsverfahrens, Stand Dez. 2006, VIII. Kapitel, Rn. 238
[116] OLG Frankfurt IPRax 1999, 247; m. Anm. Hau IPRax 1999, 232
[117] BGH NJW 1993, 1073
[118] OLG Köln NJW 1988, 2182; Kropholler a. a. O., Art. 18 EuGVÜ Rn. 5
[119] Kropholler a. a. O., Art. 18 EuGVÜ Rn. 7
[120] BGH FamRZ 2002, 21, 22; EuGH NJW 1984, 2760 m. Anm. Hübner IPRax 1984, 237; EuGH IPRax 1982, 234; 1982, 238 m. Anm. Leipold IPRax 1982, 222; OLG Hamm NJW 1990, 652, 653; OLG Saarbrücken, NJW 1992, 987; Kropholler a. a. O., Art. 18 Rn. 10 ff.
[121] BGH NJW-RR 2005, 1518

wirkt. Wenn der Antragsgegner sein Bestreiten der internationalen Zuständigkeit noch in der Berufungsinstanz aufgab und sich fortan ohne Rüge der Unzuständigkeit auf das Verfahren einließ, konnte auch dies die Zuständigkeit nach Art. 24 EuGVVO begründen.[122] Auch hier war allerdings nach dem allgemeinen Grundsatz der §§ 39 S. 2, 504 ZPO eine vorherige Belehrung über die Folgen der rügelosen Verhandlung durch das Gericht erforderlich.[123]

656 h) Um ein abgeschlossenes System der internationalen Zuständigkeit zu schaffen, enthält die EuUnthVO noch zwei weitere Zuständigkeiten als Auffangzuständigkeit und Notzuständigkeit.

657 Ergibt sich nach den vorrangigen Bestimmungen der Verordnung keine Zuständigkeit für Mitgliedstaaten (s. Rn. 641 ff.) und auch keine Zuständigkeit für Nichtmitgliedstaaten, die dem Luganer Übereinkommen angehören (s. Rn. 615, 652), sind die Gerichte des Mitgliedstaats der **gemeinsamen Staatsangehörigkeit der Beteiligten als Auffangzuständigkeit** international zuständig. Dabei handelt es sich um einen typisierten Fall der Notzuständigkeit.[124]

658 Um Fälle von Rechtsverweigerung zu vermeiden, sieht die EuUnthVO schließlich eine **Notzuständigkeit** vor, wonach ein Gericht eines Mitgliedstaats in Ausnahmefällen über einen Rechtsstreit entscheiden kann, der einen engen Bezug zu einem Drittstaat aufweist. Ein solcher Ausnahmefall kann gegeben sein, wenn sich ein Verfahren in dem entsprechenden Drittstaat als unmöglich erweist oder vom Antragsteller nicht erwartet werden kann, dass er in diesem Staat ein Verfahren einleitet oder führt. Die Notzuständigkeit kann nur ausgeübt werden, wenn der Rechtsstreit einen ausreichenden Bezug zu dem Mitgliedstaat des angerufenen Gerichts aufweist, etwa über die Staatsangehörigkeit einer der Beteiligten.[125] Ergibt sich keine internationale Zuständigkeit nach den vorrangigen Vorschriften, können die Gerichte eines Mitgliedstaats deswegen nach Art. 7 EuUnthVO über einen Unterhaltsrechtsstreit entscheiden, sofern es unmöglich oder dem Antragsteller nicht zumutbar ist, ein Verfahren in dem Drittstaat einzuleiten, der zu dem Rechtsstreit einen Bezug aufweiset. Um ein „forum shopping" zu vermeiden, muss der Rechtsstreit dann aber einen ausreichenden Bezug zu dem Mitgliedstaat des angerufenen Gerichts haben.

659 i) Liegen die Zuständigkeitsvoraussetzungen im Zeitpunkt der Anrufung eines Gerichts i. S. von Art. 9 EuUnthVO vor, bleibt das angerufene Gericht auch bei veränderten Umständen weiterhin zuständig **(perpetuatio fori)**. Gleiches ergibt sich auch aus § 113 I FamFG i. V. mit § 261 III Nr. 2 ZPO. Waren die Zuständigkeitsvoraussetzungen zunächst nicht gegeben, treten sie aber später bis zur letzten mündlichen Verhandlung ein, ist auch dies für die Zuständigkeit des schon mit der Sache befassten Gerichts noch ausreichend[126] und ermöglicht eine Entscheidung in der Sache.

660 k) **Lässt sich ein Antragsgegner**, der seinen gewöhnlichen Aufenthalt nicht im Gerichtsstaat, sondern einem anderen Staat hat, **nicht auf das Verfahren ein**, setzt das zuständige Gericht das Verfahren nach Art. 11 I EuUnthVO so lange aus, bis festgestellt ist, dass es dem Antragsgegner möglich war, das verfahrenseinleitende Schriftstück oder ein gleichwertiges Schriftstück so rechtzeitig zu empfangen, dass er sich verteidigen konnte oder dass alle hierzu erforderlichen Maßnahmen getroffen wurden. An Stelle dieser Vorschrift gilt Art. 19 der europäischen Zustellungsverordnung (s. Rn. 620), wenn das verfahrenseinleitende Schriftstück nach jener Verordnung zugestellt wurde (Art. 11 II EuUnthVO). Sind die Bestimmungen der europäischen Zustellungsverordnung nicht anwendbar, ist Art. 15 des Haager Zustellungsübereinkommen (s. Rn. 621) anwendbar, wenn das verfahrenseinleitende Schriftstück oder ein gleichwertiges Schriftstück nach diesem Abkommen übermittelt war.

661 l) Die bestehende **Rechtshängigkeit** vor einem ausländischen Gericht ist nach Art. 12 EuUnthVO zu beachten. Werden bei Gerichten verschiedener Mitgliedstaaten Verfahren

---

[122] BGB NJW 2007, 3501; vgl. auch OLG Koblenz IPRspr 1991, 174; Geimer RIW 1988, 221
[123] Rahm/Künkel/Breuer a. a. O., Rn. 240
[124] Hau FamRZ 2010, 516, 517
[125] Siehe Erwägungsgrund 16 zur EuUnthVO
[126] Kropholler a. a. O., Art. 2 EuGVÜ Rn. 12 ff.

2. Abschnitt: Verfahrensrecht einschließlich Vollstreckung § 9

wegen desselben Anspruchs zwischen denselben Personen anhängig gemacht, setzt das später angerufene Gericht sein Verfahren von Amts wegen aus, bis die Zuständigkeit des zuerst angerufenen Gerichts feststeht. Sobald die Zuständigkeit des zuerst angerufenen Gerichts feststeht, erklärt sich das später angerufene Gericht zugunsten dieses Gerichts für unzuständig (Art 12 II EuUnthVO; s. auch § 113 I FamFG i. V. mit § 261 III Nr. 1 ZPO).

Entsprechend war auch schon nach der Vorgängerregelung eine ausländische Rechtshängigkeit zu beachten. War eine Unterhaltssache im Ausland bereits rechtshängig, war dies grundsätzlich ein Prozesshindernis, das von Amts wegen zu beachten war. Richtete sich die internationale Zuständigkeit nach der EuGVVO, war dessen Art. 27 anwendbar, der die Rechtshängigkeit nicht von einem Wohnsitz der Parteien in einem der Vertragsstaaten abhängig machte.[127] Notwendig war allerdings die Identität der Parteien. Diese war hinsichtlich des Kindesunterhalts nicht gegeben, wenn in einem ausländischen Verfahren der Elternteil den Unterhalt als eigenen eingeklagt hatte, während in dem anderen Verfahren das Kind als Anspruchsberechtigter aufgetreten war.[128] Identisch mussten auch die beiden Streitgegenstände sein; sie mussten auf derselben „Grundlage" beruhen, wobei das Ziel des Verfahrens verschieden sein konnte.[129] Traf ein Verfahren auf Erlass einer einstweiligen Anordnung oder auf Erlass einer einstweiligen Verfügung mit einer Unterhaltshauptsache zusammen, bestand keine Rechtshängigkeitssperre (Art. 31 EuGVVO).[130] Bei einstweiligen Rechtsschutzverfahren im In- und Ausland kam zwar grundsätzlich konkurrierende „Rechtshängigkeit" in Betracht.[131] In dringenden Einzelfällen musste jedoch über einen solchen Antrag im Inland in jedem Fall sachlich entschieden werden.[132] Stellte die ausländische Rechtsordnung für die Rechtshängigkeit auf die bloße Einleitung (Antragseinreichung) ab, galt dies auch für den Zuständigkeitskonflikt. Denn die Frage der Rechtshängigkeit beurteilte stets der jeweilige Entscheidungsstaat,[133] sodass dort mit der bloßen Anhängigkeit auch eine Rechtshängigkeit im Sinne des deutschen Prozessrechts gegeben und die Rechtshängigkeitssperre eingetreten war.[134] Nicht ausreichend war es allerdings, dass nach der ausländischen Rechtsordnung eine Unterhaltssache zwar im Verbund mit der Scheidung zu entscheiden, aber noch nicht zum Verfahrensgegenstand gediehen war (sog. Verbundbefangenheit).[135] Eine überlange Dauer des ausländischen Verfahrens konnte die Rechtshängigkeitssperre im Inland ausnahmsweise aufheben.[136]

Nach Art. 27 I EuGVVO musste das später angerufene Gericht sein Verfahren von Amts wegen aussetzen, bis die Zuständigkeit des zuerst angerufenen Gerichts feststand.[137] Sobald die Zuständigkeit des zuerst angerufenen Gerichts feststand, erklärte sich das später angerufene Gericht für unzuständig (Art. 27 II EuGVVO).[138] Die Verordnung ließ weder eine Prognose für die zu prüfende Zuständigkeit,[139] noch ein parallel betriebenes Verfahren zu. Erst wenn sich das zuerst angerufene Gericht für unzuständig erklärt hatte, konnte das später angerufene Gericht sein Verfahren fortsetzen. Auch eine Verweisung an ein ausländisches

---

[127] EuGH NJW 1992, 3221 m. Anm. Rauscher/Gutknecht IPRax 1993, 21, 22 f.
[128] Vgl. für das italienische Recht BGB NJW 1986, 662; Kropholler a. a. O., Art. 21 EuGVÜ Rn. 4 f.
[129] EuGH NJW 1989, 665, 666 m. Anm. Schack IPRax 1989, 139; zur Konkurrenz von Leistungs- und Feststellungsantrag OLG Köln NJW 1991, 1427; vgl. auch Schack IPRax 1991, 270, 272; Kropholler a. a. O., Art. 21 EuGVÜ Rn. 6 ff.
[130] Vgl. BGH NJW 1986, 662; OLG Karlsruhe FamRZ 1986, 1226; OLG Köln FamRZ 1992, 75, Türkei; Kropholler a. a. O., Art. 21 Rn. 11 und Art. 24 Rn. 8 f.
[131] Vgl. OLG Karlsruhe FamRZ 1986, 1226
[132] Vgl. OLG Köln FamRZ 1992, 75
[133] Vgl. BGH NJW 1986, 662; EuGH IPRax 1985, 336, 338 m. Anm. Rauscher IPRax 1985, 317; Kropholler a. a. O., Art. 21 EuGVÜ Rn. 3
[134] Vgl. BGH FamRZ 1992, 1058, streitig
[135] Vgl. BGH NJW 1986, 662, Italien; sehr fraglich dazu OLG München FamRZ 1992, 73, Polen; kritisch dazu auch Linke IPRax 1992, 159
[136] Vgl. BGH FamRZ 1983, 368; Zöller/Geimer a. a. O. Art. 21 EuGVÜ, Rn. 22
[137] Zur Gefahr des Rechtsverlustes durch Verjährung vgl. BGH WM 1993, 1102
[138] Zur Neufassung vgl. Zöller/Geimer a. a. O. Art 21 EuGVÜ, Rn. 1; Kropholler a. a. O., Art. 21 EuGVÜ Rn. 21 ff.
[139] EuGH NJW 1992, 303, m. Anm. Rauscher IPRax 1993, 21

Gericht wegen internationaler Unzuständigkeit kam somit nicht in Betracht.[140] Art. 27 EuGVVO fand sowohl Anwendung, wenn sich die Zuständigkeit des früher angerufenen Gerichts aus der Verordnung selbst ergab, als auch dann, wenn sie nach Maßgabe des Art. 4 EuGVVO auf innerstaatlichen Rechtsvorschriften eines Vertragsstaats beruhte.[141] Nach Auffassung des OLG München[142] war Rechtshängigkeit i. S. v. Art. 27 EuGVÜ auch gegeben bei einem negativen Feststellungsantrag in einem Vertragsstaat und einem Leistungsantrag (Erfüllung) in einem anderen Vertragsstaat bezüglich derselben Ansprüche. Dem war zuzustimmen, weil der negative Feststellungsantrag denselben Streitgegenstand betrifft, wie der Leistungsantrag und verschiedene Verfahren deswegen zu widerstreitenden Entscheidungen führen konnten. Aber auch, wenn es an einer Identität des Streitgegenstandes fehlte, war nach Art. 28 EuGVVO zu prüfen, ob zwischen erstinstanzlichen Verfahren verschiedener Vertragsstaaten ein „Zusammenhang" bestand. War das der Fall, konnte das später angerufene Gericht das Verfahren aussetzen und, wenn das zuerst angerufene Gericht für beide Verfahren zuständig und eine Verbindung möglich war, sich für unzuständig erklären. Ein Zusammenhang lag vor, „wenn zwischen ihnen eine so enge Beziehung gegeben ist, dass eine gemeinsame Verhandlung und Entscheidung geboten erscheint, um zu vermeiden, dass in getrennten Verfahren widersprechende Entscheidungen ergehen können" (Art. 28 Abs. 3 EuGVVO).

664 m) Für Fälle des **Sachzusammenhangs verschiedener Verfahren** enthält Art. 13 EuUnthVO jetzt eine besondere internationale Kollisionsnorm. Sind bei Gerichten verschiedener Mitgliedstaaten Verfahren anhängig, die im Zusammenhang stehen, kann jedes später angerufene Gericht das Verfahren nach Art. 13 I EuUnthVO aussetzen. Sind die Verfahren noch in erster Instanz anhängig, kann sich jedes später angerufene Gericht auf Antrag eines Beteiligten nach Art. 13 II EuUnthVO auch für unzuständig erklären, wenn das zuvor angerufene Gericht für die betreffenden Verfahren zuständig und die Verbindung der Verfahren nach seinem Recht zulässig ist. Nach der Legaldefinition des Art. 13 III EuUnthVO stehen Verfahren in diesem Sinne im Zusammenhang, wenn zwischen ihnen eine so enge Beziehung gegeben ist, dass eine gemeinsame Behandlung und Entscheidung geboten erscheint, um zu vermeiden, dass in getrennten Verfahren widersprechende Entscheidungen ergehen können.

2. Rechtsschutzbedürfnis

665 Ein **Rechtsschutzbedürfnis** besteht für einen Leistungsantrag nach herrschender Meinung auch dann, wenn ein ausländischer Unterhaltstitel bereits vorliegt und nach Verordnungen der EU, sonstigen internationalen Übereinkommen oder nationalem Recht für vollstreckbar erklärt werden kann. Das gilt jedoch dann nicht, wenn nach einem Vollstreckungsabkommen eine Klauselerteilung schneller und billiger möglich ist als ein neuer inländischer Antrag.[143] Das ist jetzt jedenfalls bei einer Vollstreckung der ausländischen Entscheidung nach Art. 17 bis 22 EuUnthVO der Fall.

3. Abänderung ausländischer Unterhaltstitel

666 Art. 8 EuUnthVO enthält erstmals eine **grundsätzliche Verfahrenskonzentration** für Abänderungsentscheidungen bei dem Erstgericht. Ist eine Entscheidung in einem Mitgliedstaat oder in einem Vertragsstaat des HUVÜ 2007 (Rn. 604 f.) ergangen, in dem der Unterhaltsberechtigte seinen gewöhnlichen Aufenthalt hat, so kann der Unterhaltspflichtige kein Verfahren in einem anderen Mitgliedstaat einleiten, um eine Änderung der Entscheidung oder eine neue Entscheidung herbeizuführen, solange der Unterhaltsberechtigte sei-

---

[140] Zöller/Geimer a. a. O. Art. 20 EuGVÜ, Rn. 3
[141] EuGH NJW 1992, 3221 m. Anm. Rauscher/Gutknecht IPRax 1993, 21, 22 f.
[142] OLG München IPRax 1994, 308
[143] Vgl. auch EuGH NJW 1977, 495 LS; LG Hamburg IPRax 1992, 251; Rahm/Künkel/Breuer a. a. O., Rn. 295; Kropholler a. a. O., Art. 25 EuGVÜ Rn. 7

nen gewöhnlichen Aufenthalt weiterhin in dem Staat hat, in dem die Entscheidung ergangen ist.[144] Eine Durchbrechung der Rechtskraft der Erstentscheidung ist damit grundsätzlich den Gerichten des Ausgangsstaates vorbehalten. Unabhängig von der Rechtskraft einer gerichtlichen Ausgangsentscheidung sollte die Entscheidungskonzentration auch für gerichtliche Vergleiche und öffentliche Urkunden gelten. Vom Wortlaut werden diese Unterhaltstitel zwar nicht erfasst (vgl. § 2 I Nr. 1 bis 3 EuUnthVO). Eine Erstreckung auf solche Titel würde aber Art. 48 EuUnthVO und Art. 19 I HUVÜ 2007 entsprechen, wonach sich auch die Vorschriften über die Vollstreckbarkeit auf diese erstrecken.[145] Nur in besonderen Einzelfällen kann eine Abänderung oder ein neues Verfahren auch in einem anderen Mitgliedstaat eingeleitet werden. Das ist der Fall, wenn
– der andere Staat auf der Grundlage einer Gerichtsstandsvereinbarung nach Art. 4 EuUnthVO (Rn. 652 f.) zuständig ist (Art. 8 II lit. a),
– der Unterhaltsberechtigte sich durch rügelose Einlassung nach Art. 5 EuUnthVO (s. Rn. 654 f.) der Zuständigkeit des anderen Mitgliedstaats unterworfen hat (Art. 8 II lit. b),
– die zuständige Behörde des Ursprungsstaats, der dem HUVÜ 2007 angehört, ihre Zuständigkeit für die Änderung der Entscheidung oder für den Erlass einer neuen Entscheidung nicht ausüben kann oder die Ausübung abgelehnt hat (Art. 8 II lit. c) oder
– die im Ursprungsstaat, der dem HUVÜ 2007 angehört, ergangene Entscheidung in dem Mitgliedstaat, in dem die Abänderung der Entscheidung oder die Herbeiführung einer neuen Entscheidung beabsichtigt ist, nicht anerkannt oder für vollstreckbar erklärt werden kann (Art. 8 II lit. d).

In der EuGVVO war die Zuständigkeit für einen Abänderungsantrag noch abweichend geregelt und richtete sich nach allgemeinen Grundsätzen. Umgekehrt war eine internationale Entscheidungszuständigkeit deutscher Gerichte auch nicht allein deswegen gegeben, weil der Ersttitel von einem deutschen Gericht erlassen war.[146]

667

Die Abänderung ausländischer Urteile durch ein deutsches Gericht setzte danach u. a. voraus die
– Anerkennung des ausländischen Urteils in Deutschland,
– Gleichheit der Parteien, sei es auch in umgekehrter Parteistellung[147] und
– Abänderbarkeit nach dem maßgebenden (meist ausländischen) Unterhaltsstatut.

Dabei bedeutete die Anerkennung eine Ausdehnung der prozessualen Wirkungen des Auslandsurteils auf das Inland mit der Folge der Beachtlichkeit des Urteils im Inland.[148] Sie richtete sich vorrangig nach den geltenden Verordnungen der EU oder internationalen Übereinkommen im Zusammenhang mit den nationalen Ausführungsvorschriften (s. Rn. 626 f.) und nur hilfsweise nach dem nationalem Recht in §§ 108 f. FamFG. Die Anerkennung bedurfte nicht unbedingt einer förmlichen Entscheidung, sondern konnte auch „inzident" im Abänderungsrechtsstreit bejaht werden, und zwar unabhängig davon, ob bereits eine Vollstreckbarerklärung vorlag.[149] Bei einer mit der ausländischen Scheidung verbundenen Unterhaltsregelung war hinsichtlich des Ehegattenunterhalts zu beachten, dass vor der Anerkennung der Unterhaltsentscheidung durch den Abänderungsrichter u. U. die Scheidung selbst (nicht die Unterhaltsfolgesache) durch die Landesjustizverwaltung anerkannt sein muss (§ 107 FamFG, früher Art. 7 § 1 Abs. 1 FamRÄndG).[150] Beim Kindesunterhalt galt dies nicht, weil er von der Scheidung unabhängig ist.[151] Allerdings setzt der Titel auf Kindesunterhalt die Abstammung, regelmäßig also die Vaterschaft, voraus. Wenn diese nicht feststeht, muss sie zunächst durch ein anerkennungsfähiges Statusurteil geklärt werden. Verstößt das ausländische Statusurteil gegen den inländischen ordre public des Vollstreckungsstaates, kann es nicht anerkannt werden. Dann ist auch eine zugleich ausgesprochene

---

[144] Vgl. Erwägungsgrund 17 der EuUnthVO
[145] Hau FamRZ 2010, 516, 518
[146] Kropholler a. a. O., Art. 5 EuGVÜ Rn. 49
[147] Vgl. insoweit BGHZ 171, 310 = FamRZ 2007, 989
[148] Vgl. Zöller/Geimer a. a. O. § 328 Rn. 18
[149] Rahm/Künkel/Breuer a. a. O., Rn. 246
[150] BGB FamRZ 1981, 1203; vgl. Staudinger/Spellenberg BGB (2005) FamRÄndG
[151] BGH FamRZ 2007, 717, 718

Unterhaltspflicht nicht für vollstreckbar zu erklären.[152] Handelt es sich hingegen um einen isolierten Unterhaltstitel, kann lediglich die Vollstreckbarkeit aus besonderen Gründen, insbesondere im Falle eines Verstoßes gegen den inländischen ordre public (s. Rn. 688), abgelehnt werden (s. Rn. 698).

Die Parteiidentität verlangte, dass grundsätzlich dieselben Parteien beteiligt sein mussten, wie im Vorprozess. Wirkte ein Auslandsurteil nach der maßgebenden ausländischen Rechtsordnung unmittelbar für und gegen einen Dritten, z. B. ein Kind, konnte auch dieser Abänderung beantragen.[153]

668   Die **Befugnis zur Abänderung ausländischer Urteile** bildet keinen Eingriff in fremde Hoheitsgewalt.[154] Im Verfahren zur Abänderung ausländischer Urteile ist allerdings die prozessuale von der materiellrechtlichen Prüfung zu trennen. Ob und wie sich spätere Änderungen der maßgeblichen Verhältnisse auf den titulierten materiellen Unterhaltsanspruch auswirken, richtet sich allein nach dem international anwendbaren materiellen Recht (s. Rn. 11 ff.). Nach dem eigenen Prozessrecht ist allein die prozessuale Frage zu beantworten, ob die Änderung des materiellen Unterhaltsspruches eine verfahrensrechtliche Möglichkeit für dessen Abänderung eröffnet.[155] Der deutsche Abänderungsrichter ist dabei an das deutsche Prozessrecht gebunden, auch wenn es um die Abänderung ausländischer Titel geht (lex fori). Dazu zählen auch die Vorschriften der §§ 238 f. FamFG, die eindeutig prozessrechtlicher Natur sind.[156] Die Vorschriften begründen einen prozessrechtlichen Abänderungsanspruch, setzt jedoch einen materiellrechtlich geänderten Unterhaltsanspruch voraus.[157] Ungeachtet dogmatischer Bedenken geht die herrschende Rechtspraxis (folgerichtig) davon aus, dass dies (als Folge der Anerkennung) auch bei der Abänderung von Auslandsurteilen gilt und – nach dem aus der Rechtskraft der abzuändernden Entscheidung folgenden Grundsatz der Wahrung der Grundlagen des abzuändernden Titels – vorbehaltlich eines Statutenwechsels (s. Rn. 670) von dem im Auslandsurteil zugrunde gelegten materiellen Recht (Unterhaltsstatut) auszugehen ist.[158]

669   In den Fällen, in denen schon **nach dem anwendbaren materiellen Auslandsrecht eine Abänderungssperre** zu beachten ist, wie z. B. bei einer vereinbarten oder angeordneten Unabänderbarkeit nach irischem Recht,[159] bieten die §§ 238 f. FamFG keine Grundlage für eine weiter gehende Abänderung, was aus dem Wesen als prozessrechtliche Vorschrift folgt; andernfalls könnte eine Partei auf Grund deutschen Prozessrechts in Deutschland einen größeren Unterhalt erzielen, als ihr materiell nach dem anzuwendenden Unterhaltsstatut zusteht. Gibt das anzuwendende Auslandsrecht materiellrechtlich mehr, als das deutsche Prozessrecht zulässt, ist dessen Durchsetzung in Deutschland nicht möglich, z. B. wegen der Sperre nach § 238 III FamFG. Diese prozessuale Beschränkung der Geltendmachung eines materiellen Rechts oder eines materiellen Anspruchs ist nichts Außergewöhnliches, wie etwa die Verjährung, die Verwirkung oder die Rechtskraftwirkung zeigen. Soweit ersichtlich ist jedenfalls in den europäischen Rechtsordnungen eine Abänderung des materiellen Unterhaltsanspruchs grundsätzlich möglich, und zwar – meist – sowohl in Form einer Erhöhung als auch in Form einer Ermäßigung bis auf Null, wobei wie im deutschen (Prozess-)Recht auf wesentliche Veränderung der für die ursprüngliche Verurteilung maßgebenden Umstände oder Verhältnisse abgestellt wird.

670   **Ändert sich das Unterhaltsstatut** nach Erlass der Ausgangsentscheidung, ändert sich auch das Abänderungsstatut, z. B. im Falle eines Umzugs des Unterhaltsberechtigten nach

---

[152] BGH FamRZ 2009, 1816 Rn. 30 ff., 44
[153] Vgl. BGB BGHZ 171, 310 = FamRZ 2007, 989; FamRZ 1992, 1060; 1983, 806
[154] BGB FamRZ 1983, 806 ff.
[155] Rahm/Künkel/Breuer a. a. O., Rn. 247
[156] Zur Rechtslage in Italien, Frankreich und den Benelux-Staaten s. Schlosser FamRZ 1973, 427 f; dazu und zur Rechtslage in der Schweiz, den osteuropäischen Staaten, dem angloamerikanischen Bereich und Österreich s. Siehr, FS Bosch, S. 927 f; zur Schweiz s. auch Leipold, FS Nagel, S. 189, 195; Gottwald, FS Schwab, S. 151, 153 f.; vgl. auch OG Uri, DAV 1983, 771 ff.
[157] Vgl. BGB FamRZ 1983, 353
[158] Vgl. BGB FamRZ 1983, 806
[159] Sec 18 IV FLA 1995; Rn. 197

Deutschland mit Wechsel des gewöhnlichen Aufenthalts (s. Rn. 11 ff.).[160] Der materiellrechtlichen Wandelbarkeit des Unterhaltsstatuts steht der prozessrechtliche Grundsatz der Wahrung des Titels nach seinen Grundlagen nicht entgegen. Denn dieser Grundsatz besagt nur, dass die Titel bestehen bleiben, soweit sich die Grundlagen nicht verändert haben. Der Veränderung unterliegen aber nicht nur tatsächliche Umstände, wie Bedürftigkeit oder Leistungsvermögen (beides auch Rechtsbegriffe), sondern auch das Recht selbst, und zwar nicht nur in seiner Gesamtheit (Statut), sondern auch innerhalb derselben Rechtsordnung.[161] Da in den (meisten) Ländern, zumindest in Europa, die Abänderungsvoraussetzungen im Wesentlichen identisch sind, wird sich der Statutenwechsel allein nicht oder kaum auswirken, allenfalls im Zusammenhang mit der Änderung weiterer Umstände.

4. Einstweiliger Rechtsschutz

Die Vorschriften zum einstweiligen Rechtsschutz sind Teil des Prozessrechts. Insoweit wendet der Richter deswegen seine eigene lex fori, der deutsche Familienrichter also die §§ 49 ff. FamFG an (s. Rn. 10/392 ff.).[162] Entsprechend verweisen auch die Vorschriften der EU-Verordnungen für deren Mitgliedstaaten auf das nationale Recht. **Art. 14 EuUnthVO und Art. 31 EuGVVO** enthalten insoweit wortgleich folgende Regelung: „Die im Recht eines Mitgliedstaates vorgesehenen einstweiligen Maßnahmen einschließlich solcher, die auf eine Sicherung gerichtet sind, können bei den Gerichten dieses Staates auch dann beantragt werden, wenn für die Entscheidung in der Hauptsache das Gericht eines anderen Mitgliedstaates aufgrund dieser Verordnung zuständig ist." Eine abweichende internationale Zuständigkeit steht dem Erlass einer Einstweiligen Anordnung oder eines Arrestes also nicht entgegen. Dabei ist allerdings noch nicht endgültig geklärt, welche genaue Bedeutung diesen Vorschriften zukommt.[163] **671**

Eine entsprechende Regelung sieht Art. 20 der Verordnung (EG) Nr. 2101/2003 des Rates über die Zuständigkeit und die Anerkennung und Vollstreckung von Entscheidungen in Ehesachen und in Verfahren betreffend die **elterliche Verantwortung** und zur Aufhebung der Verordnung (EG) Nr. 1347/2000 vom 27. 11. 2003 (EuEheVO = Brüssel IIa-Verordnung)[164] vor. Die Bedeutung dieser Vorschrift haben kürzlich der EuGH[165] und auf der Grundlage des Vorabentscheidungsersuchens der BGH[166] geklärt. Danach enthält Art. 20 EuEheVO keinen zuständigkeitsbegründenden Inhalt, sondern bildet lediglich eine Öffnungsklausel für das geschlossene Zuständigkeitssystem der Verordnung. Wenn ein nach den weiteren Vorschriften der Verordnung ohnehin zuständiges Gericht eine einstweilige Maßnahme erlässt, ist die Maßnahme nach der Verordnung auch in den weiteren Mitgliedstaaten anzuerkennen und vollstreckbar. Weil im Vollstreckbarkeitsverfahren die Zuständigkeit des Ausgangsgerichts nicht überprüft werden darf, kommt es nicht entscheidend darauf an, ob das Gericht tatsächlich zuständig war. Entscheidend ist allein, ob sich das Gericht der einstweiligen Maßnahme für nach der EuEheVO zuständig gehalten hat. War dies nicht der Fall, kommt eine Anerkennung und Vollstreckung nach der EuEheVO nicht in Betracht. Dann wirkt die einstweilige Maßnahme zunächst nur im Ausgangsstaat und eine Anerkennung und Vollstreckung kommt allenfalls auf der Grundlage nachrangiger Übereinkommen oder des nationalen Rechts im Vollstreckungsstaat in Betracht. Auch dies ist allerdings nur **672**

---

[160] A. A. anscheinend BGB FamRZ 1983, 806 im Bereich des Haager Kindesunterhaltsübereinkommens vom 24. 10. 1956; zum Statutenwechsel offen gelassen. Die Änderung des gewöhnlichen Aufenthalts des Unterhaltsberechtigten bewirkt jedoch jedenfalls im Bereich des Haager Unterhaltsübereinkommens einen Statutenwechsel
[161] BGB FamRZ 2007, 793, 796; 1990, 1091
[162] Vgl. insoweit Dose, Einstweiliger Rechtsschutz in Familiensachen 3. Aufl. Rn. 23 ff., 106 ff., 159 f.
[163] Zur Zuständigkeit zum Erlass einstweiliger Maßnahmen nach dem EuGVÜ vgl. EuGH IPRax 1999, 240; m. Anm. Hess/Vollkommer IPRax 1999, 220; siehe auch Kropholler a. a. O., Art. 24 Rn. 6 ff.
[164] ABl. EU 2003 Nr. L 338 S. 1
[165] EuGH FamRZ 2010, 1521
[166] BGH FamRZ 2011, 542 mit Anm. Helms

möglich, soweit dem kein abschließender Charakter der Verordnung entgegensteht. Um die einstweilige Maßnahme eines in der Hauptsache unzuständigen Gerichts nach Art. 20 EuEheVO auf andere Weise anerkennen und vollstrecken zu können, müssen deswegen alle tatbestandlichen Voraussetzungen dieser Öffnungsklausel gegeben sein.

673 Diese Rechtsprechung lässt sich nur begrenzt auf das **Unterhaltsrecht** übertragen. Zwar begründen Art. 14 EuUnthVO und Art. 31 EuGVVO ebenfalls keine eigene internationale Zuständigkeit für einstweilige Maßnahmen. Einstweilige Maßnahmen durch Gerichte, die nach den Verordnungen ohnehin in der Hauptsache zuständig sind, sind schon nach den allgemeinen Regeln zulässig, weil dann der international zuständige Richter sein eigenes Prozessrecht als lex fori anwendet (s. Rn. 674). Für Gerichte, die ihre fehlende Zuständigkeit nach den Verordnungen erkennen, enthalten die Art. 14 EuUnthVO und Art. 31 EuGVVO aus Gründen der Eilbedürftigkeit eine Öffnungsklausel in das nationale Recht. Einstweilige Maßnahmen, die sich darauf stützen, sind nur begrenzt nach diesen Verordnungen (s. Rn. 674) und sonst nach andern Übereinkommen[167] oder dem nationalen Vollstreckungsrecht, in Deutschland also nach § 108 f. FamFG, anzuerkennen und zu vollstrecken. Das wiederum setzt voraus, dass die Voraussetzungen des Art. 14 EuUnthVO oder Art. 31 EuGVVO vorliegen, also die einstweilige Maßnahme auf der Grundlage des zuständigen nationalen Prozessrechts ergangen und für die Hauptsache (jedenfalls auch) das Gericht eines anderen Mitgliedstaats und nicht allein ein Drittstaat zuständig ist.

674 Der EuGH hatte zur früheren Rechtslage daran festgehalten, dass auch einstweilige Maßnahmen nach Art. 24 EuGVÜ anerkannt und vollstreckt werden konnten, sofern sie nach Gewährung rechtlichen Gehörs erlassen worden waren. Nunmehr bestimmen Art. 36 EuUnthVO und Art. 47 EuGVVO zwar ausdrücklich, dass ein „Antragsteller nicht gehindert ist, einstweilige Maßnahmen einschließlich solcher, die auf eine Sicherung gerichtet sind, nach dem Recht des Vollstreckungsmitgliedstaats in Anspruch zu nehmen, ohne dass es einer Vollstreckbarerklärung" nach Art. 30 EuUnthVO bzw. Art. 41 EuGVVO bedarf.[168] Voraussetzung ist aber, dass die Entscheidung anerkennungsfähig ist und die Befugnis, solche Maßnahmen zu veranlassen, ergibt sich nach Art. 36 II EuUnthVO und Art. 47 II EuGVVO erst aus der Vollstreckbarerklärung.[169] Um der Gefahr zu begegnen, dass sich eine Partei in einem der über Art. 14 EuUnthVO oder Art. 31 EuGVVO eröffneten exorbitanten Gerichtsstände einen Titel nur zu dem Zweck verschafft, diesen in einem anderen Mitgliedstaat zu vollstrecken, fordert der EuGH eine „reale Verknüpfung" des Verfahrensgegenstandes mit dem Gebiet des Urteilsstaates.[170] Der Begriff der einstweiligen Maßnahme in Art. 14 EuUnthVO und Art. 31 EuGVVO ist weit auszulegen und umfasst auch eine Verfügung, die eine (teilweise) Erfüllung der Hauptleistung anordnet. Wegen dieser einschneidenden Wirkungen verlangt der EuGH[171] allerdings Sicherungen, die eine spätere Rückabwicklung der einstweiligen Anordnung ermöglichen.

III. Anerkennung und Vollstreckung ausländischer Unterhaltstitel

675 Die Anerkennung und Vollstreckung ausländischer Unterhaltstitel hat mit der zunehmenden internationalen Verflechtung familiärer Beziehungen an **praktische Bedeutung** gewonnen. Als Rechtsgrundlagen kommen vorgreiflich EU-Verordnungen (s. Rn. 602 f., 606 ff.) und internationale Übereinkommen (s. Rn. 604 f., 611 f., 615) in Betracht. Dabei ist stets ihr räumlicher und zeitlicher Geltungsbereich zu beachten. Nur hilfsweise ist auf das nationale Vollstreckbarkeitsrecht (§§ 108 ff. FamFG) zurückzugreifen. Die vorgreiflichen EU-Verordnungen und internationalen Übereinkommen werden durch die §§ 30 ff. AUG (s. Rn. 627) in das nationale Recht umgesetzt. Im Rahmen der Anerkennung und Vollstre-

---

[167] Vgl. EuGH IPRax 1981, 19
[168] Vgl. dazu Heß/Hub IPRax 2003, 93 ff.
[169] Vgl. zum EuGVÜ Hess/Vollkommer a. a. O.
[170] EuGH IPRax 1999, 240 (zum EuGVÜ)
[171] EuGH IPRax 1999, 240; m. Anm. Hess/Vollkommer IPRax 1999, 220 (zum EuGVÜ)

2. Abschnitt: Verfahrensrecht einschließlich Vollstreckung § 9

ckung ausländischer Titel ist stets zu beachten, dass sich die hier genannten einschlägigen EU-Verordnungen, internationalen Übereinkommen und nationalen Vorschriften (s. Rn. 602 ff.) auf **Unterhaltstitel** beschränken. Verknüpft ein ausländischer Titel den Unterhalt mit einem vermögensrechtlichen Ausgleich, kann nach diesen Vorschriften nur der Teil vollstreckt werden, der den Unterhalt betrifft. Das gilt insbesondere für britischen Titeln, wenn die Entscheidung eine endgültige Regelung der finanziellen Angelegenheiten (sog. clean break approach) enthält,[172] oder für französischen Titeln, wenn eine Ausgleichsleistungen (sog. prestations compensatoires) angeordnet wurde.

Während für die Vollstreckbarkeit eines ausländischen Unterhaltstitels in der Bundesrepublik Deutschland zunächst ein eigenständiger Vollstreckungsantrag notwendig war, ist die Anerkennung und Vollstreckbarkeit mit der zunehmenden Angleichung der nationalen Verfahrensrechte **mehr und mehr erleichtert** worden. Eine erste einschneidende Erleichterung erfolgte durch die Einführung des Exequaturverfahrens (s. Rn. 682 ff.). Danach kann der ausländische Unterhaltstitel auf Antrag des Unterhaltsberechtigten mit der inländischen Vollstreckungsklausel versehen werden. Auf Antrag prüft der zuständigen Vorsitzenden Richter am Landgericht, ob die formellen Vollstreckungsvoraussetzungen vorliegen. Er entscheidet ohne Anhörung des Unterhaltspflichtigen und darf die zu vollstreckende Entscheidung nicht in der Sache selbst nachprüfen. Liegen die formellen Vollstreckungsvoraussetzungen vor, entscheidet er, dass der Unterhaltstitel mit der Vollstreckungsklausel zu versehen ist, was dann durch den Gerichtsvollzieher vollzogen wird. Erst gegen den Beschluss des Landgerichts kann der Unterhaltsschuldner mit seiner Beschwerde Einwendungen erheben. Auch das Oberlandesgericht darf die zu vollstreckende Entscheidung nicht in der Sache selbst, sondern nur darauf überprüfen, ob Vollstreckungshindernisse vorliegen. Gegen die Entscheidung des Oberlandesgerichts ist eine zulassungsfreie Rechtsbeschwerde zum Bundesgerichtshof statthaft. Das europäische Recht hat die Vollstreckbarkeit im Vertrauen auf die Rechtsstaatlichkeit der Verfahren in den Mitgliedstaaten inzwischen noch weiter erleichtert. Für Mitgliedstaaten, die neben dem allgemein erwarteten rechtsstaatlichen Verfahren auch die Vorschriften über das international anwendbare Recht nach dem HUP 2007 (s. Rn. 4) akzeptieren, hat es auch das Exequaturverfahren abgeschafft und lässt die unmittelbare Vollstreckbarkeit der Unterhaltstitel eines anderen Mitgliedstaates zu. Ein Recht zur Nachprüfung der zu vollstreckenden Entscheidung auf gravierende Vollstreckungshindernisse steht dem Unterhaltsschuldner nur noch in besonderen Ausnahmefällen im Ursprungsmitgliedstaat zu (s. Rn. 677 ff.). Zur Ausführung der EuUnthVO und weiterer internationaler Übereinkommen hat der Gesetzgeber das AUG reformiert (s. Rn. 627). Die unmittelbare Vollstreckbarkeit ohne Exequaturverfahren ist in den §§ 30 ff. AUG geregelt, während das Exequaturverfahren nach der EuUnthVO nach den §§ 36 ff. AUG und das Exequaturverfahren auf der Grundlage von völkerrechtlichen Verträgen nach de §§ 57 ff. AUG erfolgt. Die Vollstreckung davon nicht erfasster ausländischer Unterhaltstitel erfolgt nach § 110 FamFG i. V. mit § 64 AUG bei förmlicher Gegenseitigkeit.

676

1. Unmittelbare Vollstreckbarkeit nach der EuUnthVO

Für den Bereich der Europäischen Union ist inzwischen die EuUnthVO in Kraft getreten und seit dem 18. 6. 2011 anwendbar (s. Rn. 602 ff.). Für das Anerkennungs- und Vollstreckbarkeitsverfahren **unterscheidet** die Verordnung nach ihrem Art. 16 zwischen zwei Typen von Mitgliedstaaten. Für Staaten, die durch das HUP 2007 (s. Rn. 4) gebunden sind, haben die Art. 17 ff. EuUnthVO das Exequaturverfahren abgeschafft (s. Rn. 678). Für Unterhaltstitel aus Mitgliedstaaten, die nicht an das Haager Protokoll über das auf Unterhaltspflichten anwendbare Recht gebunden sind (s. Rn. 2), ist nach den Art. 23 ff. der EuUnthVO auch künftig ein Exequaturverfahren notwendig.[173] Unterhaltstitel solcher Staaten müssen – wie bislang nach dem EuGVVO – auch weiterhin in anderen Staaten der

677

---

[172] BGH FamRZ 2009, 1659 Rn. 14 ff.
[173] Dazu gehört England, weil dessen Gerichte stets auch das materielle lex fori, also das englische materielle Recht, anwenden; vgl. Heger/Selg FamRZ 2011, 1101

Europäischen Union für vollstreckbar erklärt werden. Im Beschwerdeverfahren sind vom Gericht des Vollstreckungsstaates dann nach wie vor die Versagungsgründe für eine Anerkennung und Vollstreckbarkeit zu prüfen (s. Rn. 682 ff.). Die Art. 40 ff. EuUnthVO enthalten ergänzende Vorschriften für den gesamten Bereich der Europäischen Union.

678 Die in einem Mitgliedstaat, der hinsichtlich des anwendbaren materiellen Rechts durch das HUP 2007 gebunden ist, ergangener Unterhaltstitel sind nach Art. 17 ff. EuUnthVO künftig auch in jedem anderen Mitgliedstaat vollstreckbar, ohne dass es hierfür eines besonderen Verfahrens bedarf. Voraussetzung ist **lediglich die Vollstreckbarkeit im Ausgangsstaat**. Eines zusätzlichen Exequaturverfahrens bedarf es in diesem Verhältnis ausdrücklich nicht mehr (Art. 17, 48 EuUnthVO). Mit der Vollstreckbarkeit sind nach Art. 18 EuUnthVO zugleich alle Sicherungsmaßnahmen zulässig, die das Recht des Vollstreckungsstaates kennt. Weil die Ausgangsentscheidung in der Sache nicht nachgeprüft werden darf, kann der Unterhaltsschuldner Einwendungen gegen den Titel, die einen Vollstreckungsgegenantrag nach § 767 ZPO begründen könnten, nur geltend machen, soweit sie nach Erlass des zu vollstreckenden Titels entstanden sind und nicht mehr mit einem Rechtsmittel geltend gemacht werden konnten (§ 66 I AUG). Andererseits kann er solche nachträglich entstandenen Vollstreckungshindernisse auch nur im Vollstreckungsverfahren geltend machen, weil er insoweit nach § 66 II AUG mit einem Vollstreckungsabwehrantrag nach § 767 ZPO ausgeschlossen ist.[174] Der Vollstreckungsschuldner kann deswegen einwenden, die Unterhaltsschuld vollständig oder teilweise erfüllt zu haben oder dass der Anspruch infolge subsidiärer Leistungen an den Unterhaltsberechtigten ganz oder teilweiser auf den Leistenden übergegangen ist.[175] Eine Änderung der einer Unterhaltsbemessung zugrunde liegenden Umstände kann der Vollstreckungsschuldner hingegen nicht einwenden, weil er insoweit auf eine Abänderung des Titels verwiesen ist (s. Rn. 666 ff.).[176] Nach Art. 22 EuUnthVO bewirkt die unmittelbare Anerkennung und Vollstreckung eines Unterhaltstitels allerdings ausdrücklich nicht zugleich die Anerkennung von Familien-, Verwandtschafts-, eherechtlichen Verhältnissen oder Schwägerschaft, die der Unterhaltspflicht zugrunde liegen.

679 Ein Antragsgegner kann die Vollstreckbarkeit des Unterhaltstitels nicht im Vollstreckungsstaat, sondern nur noch **in dem Ursprungsmitgliedstaat überprüfen** lassen und auch nur dann, wenn er sich nicht auf das ursprüngliche Verfahren eingelassen hatte und ihm das verfahrenseinleitende Schriftstück nicht rechtzeitig genug zugestellt worden war oder er aufgrund höherer Gewalt ohne eigenes Verschulden gehindert war, sich gegen den Unterhaltsanspruch zu verteidigen. Auch das ist ihm allerdings nicht möglich, wenn er im Ausgangsverfahren kein Rechtsmittel eingelegt hatte, obwohl die Möglichkeit dafür gegeben war (Art. 19 I EuUnthVO). Der Antragsgegner muss unverzüglich, spätestens innerhalb einer Frist von 45 Tagen tätig werden. Eine Verlängerung der Frist wegen weiter Entfernung kommt nicht in Betracht. Die Frist für die Nachprüfung der Entscheidung beginnt mit dem Tag, an dem der Antragsgegner vom Inhalt der Entscheidung tatsächlich Kenntnis genommen hat, spätestens mit dem Tag der ersten Vollstreckungsmaßnahme, die zur Folge hatte, dass die Vermögensgegenstände des Antragsgegners ganz oder teilweise seiner Verfügung entzogen wurden (Art. 19 II EuUnthVO). Weist das Ausgangsgericht den Antrag auf Nachprüfung mit der Begründung zurück, dass die Voraussetzungen dafür nicht erfüllt sind, bleibt die Entscheidung in Kraft und ist weiter vollstreckbar (Art. 19 III 1 EuUnthVO). Entscheidet das Gericht hingegen, dass die Nachprüfung erfolgreich ist, weil die Voraussetzungen des Art. 19 I EuUnthVO vorliegen, erklärt es die Entscheidung für nichtig. Der Unterhaltsberechtigte verliert dadurch aber weder die Vorteile, die sich aus der Unterbrechung der Verjährungs- oder Ausschlussfristen ergeben, noch das Recht, die im ursprünglichen Verfahren zugesprochenen Unterhaltsansprüche erneut rückwirkend geltend zu machen (Art. 19 III 2 EuUnthVO).

680 Mit dem Antrag auf Vollstreckung einer Entscheidung in einem anderen Mitgliedstaat hat der Antragsteller den zuständigen Vollstreckungsbehörden folgende **Unterlagen vorzulegen**:

---

[174] Vgl. BGH FamRZ 2011, 802
[175] BGH FamRZ 2011, 802; 2009, 1996; 2009, 858, 2007, 989
[176] BGH FamRZ 2009, 1996; 2007, 989; 2005, 1479

2. Abschnitt: Verfahrensrecht einschließlich Vollstreckung § 9

– eine Ausfertigung der Entscheidung, die die für ihre Beweiskraft erforderlichen Voraussetzungen erfüllt (Art. 20 I lit. a EuUnthVO). Die zuständigen Behörden des Vollstreckungsmitgliedstaates können von dem Antragsteller nach Art. 20 II 1 EuUnthVO grundsätzlich nicht verlangen, dass er eine Übersetzung der zu vollstreckenden Entscheidung vorlegt. Eine solche Übersetzung kann erst verlangt werden, wenn die Vollstreckung der Entscheidung angefochten wurde (Art. 20 II 2 EuUnthVO). Die dann erforderliche Übersetzung ist von einer Person zu erstellen, die zur Anfertigung von Übersetzungen in einem der Mitgliedstaaten befugt ist (Art. 20 III EuUnthVO),
– einen Auszug aus der Entscheidung, den die zuständige Behörde des Ursprungsmitgliedstaats unter Verwendung des in Anlage I der Verordnung vorgesehenen Formblatts erstellt hat (Art. 20 I lit. b EuUnthVO),[177]
– gegebenenfalls ein Schriftstück, aus dem die Höhe der Zahlungsrückstände und das Datum der Berechnung hervorgeht (Art. 20 I lit. c EuUnthVO) und
– gegebenenfalls ein Transskript oder eine Übersetzung des Inhalts des in Art. 20 I lit. b genannten Formblatts (Anlage I der Verordnung) in die Amtssprache des Vollstreckungsmitgliedstaats oder – falls es in diesem Mitgliedstaat mehrere Amtssprachen gibt – nach Maßgabe des Rechts dieses Mitgliedstaats in die Verfahrenssprache oder eine der Verfahrenssprachen des Ortes, an dem die Vollstreckung betrieben wird, oder in eine sonstige Sprache, für die der Vollstreckungsmitgliedstaat erklärt hat, dass er sie zulässt. Jeder Mitgliedstaat kann angeben, welche Amtssprache oder Amtssprachen der Organe der Europäischen Union er neben seiner oder seinen eigenen für das Ausfüllen des Formblatts zulässt (Art. 20 I lit. d EuUnthVO).

Grundsätzlich kann die Vollstreckung nach den Vorschriften des Vollstreckungsstaates **681** verweigert oder ausgesetzt werden, soweit dies nicht mit Art. 21 II, III EuUnthVO unvereinbar ist (Art. 21 I EuUnthVO). Auf Antrag des Unterhaltspflichtigen ist die Vollstreckung insgesamt oder teilweise zu verweigern, wenn sowohl nach dem Recht des Ursprungsstaates als auch nach dem Recht des Vollstreckungsstaates Vollstreckungsverjährung eingetreten ist, wobei insoweit die längere Frist gilt (§ 21 II 1 EuUnthVO). Auf Antrag kann die Vollstreckung auch dann ganz oder teilweise abgelehnt werden, wenn die Entscheidung mit einer im Vollstreckungsmitgliedstaat ergangenen Entscheidung oder einer vollstreckbaren Entscheidung eines anderen Mitgliedstaates oder eines Drittstaates unvereinbar ist (Art. 21 II 2 EuUnthVO). Eine Entscheidung, die den früheren Unterhaltstitel wegen geänderter Umstände abändert, ist nicht als eine solche unvereinbare Entscheidung anzusehen (Art. 21 II 3 EuUnthVO). Denn sie ändert die frühere Entscheidung nur ab einem gewissen Zeitpunkt ab und für die Zeit davor bleibt der frühere Unterhaltstitel wirksam und vollstreckbar. Wurde ein Antrag auf Nachprüfung der Entscheidung vor dem Ursprungsgericht gestellt (s. Rn. 679), kann die zuständige Behörde des Vollstreckungsmitgliedstaates die Vollstreckung insgesamt oder teilweise aussetzen. Sie hat die Vollstreckung auf Antrag des Unterhaltspflichtigen auszusetzen, wenn die Vollstreckbarkeit auch im Ursprungsmitgliedstaat ausgesetzt ist.

2. Exequaturverfahren

Das Exequaturverfahren zur Vollstreckbarkeit ausländischer Entscheidungen ist nach der **682** EuUnthVO (s. Rn. 677), der EuGVVO und dem LugÜ sowie nach dem HUVÜ 2007 und dem HUVÜ 73 vorgesehen. Es erlaubt zwar keine unmittelbare Vollstreckung ausländischer Entscheidungen, führt aber deswegen zu einer wesentlichen Erleichterung, weil die Gerichte des Vollstreckungsstaates den zu vollstreckenden Titel in der Sache nicht nachprüfen dürfen. Außerdem ist die Vollstreckbarkeit aus Gründen des Gläubigerschutzes in erster Instanz ohne Anhörung des Unterhaltsschuldners anzuordnen, wenn die formellen Voraussetzungen dafür vorliegen. Vollstreckungshindernisse kann der Unterhaltsschuldner erst mit seiner Beschwerde gegen die Vollstreckbarkeitsentscheidung vorbringen. Im Rah-

---

[177] Abrufbar im Internet unter: http://eur-lex.europa.eu/LexUriServ/LexUriServ.do?uri=OJ:L:2009:007:0001:0079:DE:PDF

men der EU-Verordnungen und der internationalen Übereinkommen ist das Exequaturverfahren durch das AVAG (s. Rn. 626) und jetzt durch das AUG (s. Rn. 627) in das nationale Recht übertragen worden (s. Rn 689 ff.).

683 Die EU-Verordnungen (EuUnthVO und EuGVVO) erfordert in ihrem Anwendungsbereich kein besonderes **Anerkennungsverfahren** für Unterhaltstitel (Art 23 I EuUnthVO, Art. 33 I EuGVVO). Entscheidungen eines Mitgliedstaats werden vielmehr grundsätzlich anerkannt. Über die Anerkennung ist nur zu entscheiden, wenn diese Frage den Gegenstand eines Rechtsstreits bildet (Art 23 II EuUnthVO, Art. 33 II EuGVVO) oder wenn die Entscheidung eines anderen Rechtsstreits von der Anerkennung abhängt (Art 23 III EuUnthVO, Art. 33 III EuGVVO). Auch dann darf die Anerkennung des Unterhaltstitels nur versagt werden, wenn die in den Verordnungen ausdrücklich genannten Versagungsgründe vorliegen (Art. 24 EuUnthVO, Art. 34 f. EuGVVO). Danach wird eine Entscheidung, ein gerichtlicher Vergleich oder eine öffentliche Urkunde (Art. 48 EuUnthVO, Art. 57 f. EuGVVO) nicht anerkannt, wenn sie gegen den inländischen ordre public verstößt (s. Rn. 688), dem Antragsgegner, der sich auf das Verfahren nicht eingelassen hat, das verfahrenseinleitende Schriftstück nicht ordnungsgemäß zugeleitet worden war,[178] der Titel mit einer Entscheidung zwischen denselben Parteien in einem Mitgliedstaat oder einer anerkennungsfähigen früheren Entscheidung unvereinbar ist oder der abzuändernde Titel unter Verstoß gegen eine besondere oder ausschließliche internationale Zuständigkeit zustande gekommen ist.[179] Die ausländische Entscheidung darf aber keinesfalls in der Sache selbst nachgeprüft werden (Art. 42 EuUnthVO, Art. 36 EuGVVO).

684 Im Rahmen der internationalen Übereinkommen sind Entscheidungen, Vergleiche oder Vereinbarungen (s. Art. 19 I, IV, 30 HUVÜ 2007, Art. 21 HUVÜ 73) stets ausdrücklich anzuerkennen. Dabei ist auch die Zuständigkeit des ausländischen Gerichts zu prüfen (Art. 20 HUVÜ 2007, Art. 4 HUVÜ 73). Die Gründe für eine Versagung der Anerkennung überschneiden sich aber mit den Gründen für die Ablehnung einer Anerkennung, wenn nach den EU-Verordnungen ausnahmsweise über die Anerkennung zu entscheiden ist (Art. 22 HUVÜ 2007, Art. 5 HUVÜ 73). Durch die Anerkennung eines ausländischen Titels erstreckt sich dessen materielle Bestandskraft auf das Inland. Eine erneute Anrufung des Gerichts wegen derselben Angelegenheit ist dann grundsätzlich auch im Inland unzulässig. Dem steht der Einwand der Rechtskraft des ausländischen Titels entgegen.[180] Zulässig bleibt aber eine Abänderung des Titels wenn sich die tatsächlichen Umstände oder das anwendbare Recht inzwischen geändert haben.

685 Für die Vollstreckbarerklärung im Exequaturverfahren haben die Art. 30 EuUnthVO, Art. 41 EuGVVO für alle Mitgliedstaaten ein **einheitliches Verfahren** eingeführt, das die Postulate der **Schnelligkeit und Effizienz** in hohem Maße verwirklicht. Zu dessen Ausführung galt für die Anerkennung und Vollstreckung ausländischer Unterhaltstitel in Deutschland das AVAG (s. Rn. 626), das jetzt für Unterhaltssachen durch das AUG (s. Rn. 627) abgelöst wurde. Über die Vollstreckbarerklärung durch Klauselerteilung muss nicht in einem schwerfälligen Verfahren entschieden werden. Vielmehr stellen die Verordnungen ein weiter vereinfachtes schriftliches Verfahren zur Verfügung, dessen Kernpunkt der Ausschluss der kontradiktorischen Verhandlung im ersten Verfahrensabschnitt ist. Nach Art. 30 EuUnthVO, Art. 41 EuGVVO wird die Entscheidung unverzüglich für vollstreckbar erklärt, sobald die in Art. 28 EuUnthVO, Art. 53 EuGVVO vorgeschriebenen Förmlichkeiten erfüllt sind. Auch eine Prüfung der Anerkennungshindernisse der Art. 24 EuUnthVO, Art. 34 f. EuGVVO erfolgt in diesem Verfahrensabschnitt nicht. Hinzu kommt der Überraschungseffekt. Nach Art. 30 2 EuUnthVO, Art. 41 S. 2 EuGVVO erhält der Unterhaltspflichtige in diesem Abschnitt des Verfahrens keine Gelegenheit, eine Erklärung abzugeben. Ihm soll keine Zeit bleiben, sein Vermögen im Zweitstaat dem Vollstreckungs-

---

[178] BGH FamRZ 2008, 586, 588; 2006, 198; NJW 2004, 2386; zur berechtigten Verweigerung der Annahme bei Zustellung einer Antragsschrift in ausländischer Sprache OLG Celle IPRax 2005, 451 mit Anm. Roth IPRax 2005, 438
[179] Vgl. zum inhaltsgleichen EuGVÜ BGH IPRax 1994, 367
[180] EuGH NJW 1977, 495; Kropholler a.a.O., Art. 25 EuGVÜ Rn. 7; Zöller/Geimer a.a.O. Anhang I Art. 31 EuGVÜ Rn. 10

2. Abschnitt: Verfahrensrecht einschließlich Vollstreckung § 9

zugriff zu entziehen. Die **Rechte des Schuldners** werden erst im weiteren Verfahren gewahrt. Er kann sich durch die Einlegung der Beschwerde nach Art. 32 I, II EuUnthVO, Art. 43 I, II EuGVVO rechtliches Gehör verschaffen. Während der Beschwerdefrist, die regelmäßig einen Monat (Art. 32 V 1 EuUnthVO, 43 V 1 EuGVVO) und nur bei Wohnsitz in einem anderen Mitgliedsstaat 45 Tage (§ 32 V 2 EuUnthVO) bzw. zwei Monate (Art. 43 V 2 EuGVVO) beträgt und solange über die Beschwerde noch nicht entschieden ist, darf die Zwangsvollstreckung in das dort gelegene Vermögen nicht über Maßnahmen der Sicherung hinausgehen (Art. 36 III EuUnthVO, Art. 47 III EuGVVO). Erst im Beschwerdeverfahren ist der Antrag auf Anerkennung und Vollstreckung im Inland abzuweisen, wenn Gründe für die Versagung der Anerkennung nach Art. 24 EuUnthVO, Art. 34 f. EuGVVO vorliegen. Auch dann ist der Unterhaltstitel aber nicht in der Sache selbst nachzuprüfen (Art. 42 EuUnthVO, Art. 45 II EuGVVO). Gegen die Beschwerdeentscheidung ist die Rechtsbeschwerde zum Bundesgerichtshof zulässig.[181] Vorbehaltlich der zugleich auszusprechenden Anerkennung der ausländischen Entscheidung folgt das Vollstreckbarkeitsverfahren nach dem HUVÜ 2007 ebenfalls diese Grundsätzen (Art. 23 ff. HUVÜ 2007).

3. Anerkennungs- und Vollstreckungshindernisse

Bei der Prüfung, welche Gründe einer Anerkennung und Vollstreckung eines ausländischen Unterhaltstitels entgegenstehen, ist nach der jeweiligen Rechtsgrundlage zu unterscheiden. Soweit sich die Vollstreckung für Mitgliedstaaten, die nach dem HUP 2007 gebunden sind, nach §§ 17 ff. **EuUnthVO** richtet, ist weder eine Anerkennung noch eine Vollstreckbarerklärung in Vollstreckungsstaat erforderlich. Soweit nach Art. 19 EuUnthVO eine Nachprüfung des Unterhaltstitels im Ursprungsmitgliedstaat möglich ist, beschränkt sich die Prüfung auf die Wahrung des rechtlichen Gehörs. Der Unterhaltsschuldner kann rügen, dass ihm das verfahrenseinleitende Schriftstück oder ein gleichwertiges Schriftstück nicht so rechtzeitig zugestellt worden ist, dass er sich verteidigen konnte oder dass er aufgrund höherer Gewalt oder aufgrund außergewöhnlicher Umstände ohne eigenes Verschulden nicht in der Lage gewesen ist, Einspruch gegen die Unterhaltsforderung zu erheben. Soweit sich die Vollstreckung noch nach der **EuGVVO oder dem LugÜ** richtet, ist zu beachten, dass die Anerkennung nach Art. 33 EuGVVO grundsätzlich keines besonderen Verfahrens bedarf. Nur wenn die Anerkennung als solche den Gegenstand eines Rechtsstreits bildet, kann sie unter den gleichen Voraussetzungen versagt werden, unter denen auch eine Vollstreckbarkeit versagt werden darf (Art. 34, 45 I EuGVVO). Das ist der Fall, wenn die zu vollstreckende Entscheidung gegen den inländischen ordre public (s. Rn. 688) verstößt, der Unterhaltsschuldner sich nicht auf das Verfahren eingelassen hat, weil ihm das verfahrenseinleitende Schriftstück oder ein gleichwertiges Schriftstück nicht so rechtzeitig zugestellt worden ist, dass er sich verteidigen konnte oder die zu vollstreckende Entscheidung mit einer Entscheidung zwischen denselben Beteiligten unvereinbar ist, die im Vollstreckungsstaat ergangen ist oder dort die Voraussetzungen für eine Anerkennung und Vollstreckung erfüllt. Die internationalen Übereinkommen, die vor dem Ausspruch der Vollstreckbarkeit auch eine Anerkennung des ausländischen Unterhaltstitels voraussetzen, wie das **HUVÜ 2007 und das HUVÜ 73**, verlangen für die Anerkennung zunächst, dass die internationale Zuständigkeit gewahrt ist. Die Gründe für eine sonstige Versagung der Anerkennung und der Vollstreckung entsprechen im Wesentlichen denen der EuGVVO und des LugÜ.

Nach den genannten Rechtsgrundlagen darf der zu vollstreckende Unterhaltstitel im Vollstreckungsgericht **nicht in der Sache nachgeprüft** werden (Art. 42 EuUnthVO, Art. 45 II EuGVVO, Art. 29 LugÜ, Art. 28 HUVÜ 2007, Art. 12 HUVÜ 73).[182] Die (Anerkennung und) Vollstreckung ist also auch dann zulässig, wenn im Ausgangsverfahren andere Verfahrens- und materielle Vorschriften zugrunde lagen, als sie im Vollstreckungsstaat gelten. Ein (Anerkennungs- und) Vollstreckungshindernis liegt erst dann vor, wenn so

---

[181] Art. 33, 71 I lit. b EuUnthVO i. V. m. § 46 AUG; Art. 44 EuGVVO i. V. m. Anhang IV sowie § 15 AVAG
[182] BGH FamRZ 2007, 989

§ 9 Auslandsberührung

gravierende Unterschiede vorliegen, dass der verfahrensrechtliche[183] oder der materiellrechtliche[184] **ordre public** des Vollstreckungsstaats (s. Rn. 688) verletzt ist. Bei verfahrensrechtlichen Verstößen ist ein (Anerkennungs- und) Vollstreckungshindernis regelmäßig ausgeschlossen, wenn der Unterhaltsschuldner von einem im Ausgangsverfahren möglichen Rechtsmittel keinen Gebrauch gemacht hat (Art. 19 I EuUnthVO, Art. 22 lit. e ii HUVÜ 2007, Art. 34 Nr. 2 EuGVVO).[185]

688 **Rechtsvernichtende und rechtshemmende Einwendungen** gegen die inländische Vollstreckung einer Entscheidung können allgemein nur unter den Voraussetzungen des § 767 II ZPO erhoben werden.[186] Richten sich die Einwendungen, wie z. B. die Erfüllung oder ein Anspruchsübergang, allein gegen die Vollstreckung einer ausländischen Entscheidung, können sie auch in dem Vollstreckungsverfahren berücksichtigt werden, sofern die Gründe, auf denen sie beruhen, erst nach dem Erlass der zu vollstreckenden Entscheidung entstanden sind (vgl. § 44 AUG).[187] Weil die nachträglich entstandenen rechtsvernichtenden oder rechtshemmenden Einwendungen vom Ausgangsgericht noch nicht berücksichtigt werden konnte, steht das Verbot einer Nachprüfung in der Sache der Berücksichtigung im Vollstreckbarkeitsverfahren nicht entgegen. Jedenfalls wenn die Erfüllung unstreitig ist, kann dies noch im Vollstreckungsverfahren berücksichtigt werden.[188] Bei der Behauptung eines späteren Vollstreckungsverzichts ist allerdings Zurückhaltung geboten.[189] Für andere Einwendungen, die auf wesentliche Änderungen analog §§ 238 f. FamFG hinauslaufen (wie etwa die Veränderung der wirtschaftlichen Verhältnisse), ist hingegen nur ein Abänderungsantrag (s. Rn. 666 ff.) möglich.[190] Da der materielle Anspruch nicht Gegenstand des Vollstreckungsverfahrens ist, müssen solche Einwendungen vor dem (international) zuständigen Gericht mit dem Ziel einer Abänderung des bestehenden Titels verfolgt werden, wobei allerdings auch dies nur möglich ist, wenn die neuen Tatsachen nach Erlass des ausländischen Urteils entstanden sind.[191]

689 Hatte sich ein Antragsgegner **in dem Verfahren nicht eingelassen**, wird das ausländische (Versäumnis-)Urteil nur anerkannt bzw. für vollstreckbar erklärt, wenn ihm der verfahrenseinleitende Schriftsatz mit einer ausreichenden Frist zu Stellungnahme zugestellt worden war (Art. 19 I lit. a EuUnthVO, Art. 22 lit. e HUVÜ 2007, Art. 34 Nr. 2 EuGVVO, Art. 6 HUVÜ 73 und Art. 34 II, 27 Nr. 2 LugÜ),[192] es sei denn, der Antragsgegner hat gegen die Entscheidung kein Rechtsmittel eingelegt, obwohl es ihm möglich war (Art. 19 I EuUnthVO, Art. 22 lit. e ii HUVÜ 2007, Art. 45 I, 34 Nr. 2 EuGVVO).[193] Dabei hat das für die Vollstreckbarerklärung zuständige Rechtsbehelfsgericht die Zustellung anhand der vorgetragenen Tatsachen in eigener Zuständigkeit und Verantwortung und ohne Bindung an die Feststellungen des erststaatlichen Gerichts von Amts wegen im Wege des Freibeweises zu beurteilen.[194] Die für die Entscheidung erheblichen Tatsachen muss es hingegen nicht von Amts wegen ermitteln.[195] War die Antragsschrift nach den Vorschriften

---

[183] BGH FamRZ 2009, 2069 Rn. 20 ff.; 2009, 1816 Rn. 30 ff.
[184] BGH FamRZ 2009, 1402 Rn. 9 ff.
[185] Vgl. aber BGH FamRZ 2009, 1816 Rn. 39 ff.; 2008, 586 Rn. 35 ff.
[186] BGH FamRZ 2011, 802; 2009, 1996; 2009, 858; 1987, 370, 371; 1987, 1146; 1982, 785; IPRax 1993, 321 ff.
[187] Vgl. zur staatsvertraglichen Vollstreckung § 44 AUG und BGH FamRZ 2011, 802; 2009, 858; BGHZ 171, 310 = FamRZ 2007, 989
[188] BGH FamRZ 2009, 1996; 2009, 858; 2007, 989, 992; 2005, 1479
[189] BGH FamRZ 2008, 586, 590
[190] BGH FamRZ 2005, 1479 (zur Abgrenzung zwischen Abänderungsverfahren und Vollstreckungsgegenantrag), 1990, 504, Österreich
[191] BGH FamRZ 1987, 370, 371; OLG Karlsruhe FamRZ 1991, 600, Polen: OLG Hamm FamRZ 1991, 718
[192] BGH FamRZ 2008, 586 Rn. 27 f.; zur Zustellung vgl. BGH FamRZ 2008, 390 Rn. 14 ff.
[193] BGH FamRZ 2009, 1816 Rn. 39 ff.; 2008, 586 Rn. 35; EuGH NJW 2007, 825
[194] EuGH IPRax 1991, 177 (zu Art. 27 Nr. 2 EuGVÜ); BGH FamRZ 2008, 586 Rn. 22 ff.; 2008, 390, 391 f. = R 686 c (zur öffentlichen Zustellung nach schweizerischem Recht); BGH NJW 1992, 1239, 1241
[195] BGH FamRZ 2008, 586, 588

2. Abschnitt: Verfahrensrecht einschließlich Vollstreckung §9

des Ausgangsgerichts zu Recht **öffentlich zugestellt** worden, ist unter dem Gesichtspunkt der Rechtzeitigkeit der Zustellung stets eine Abwägung der schützenswerten Interessen des Gläubigers und des Schuldners in Einzelfall geboten. Dabei ist auch darauf abzustellen, ob der Schuldner die Veranlassung der fiktiven Zustellung an ihn zu vertreten hat oder ob den Gläubiger etwaige Nachlässigkeiten bezüglich der Zustellungsmöglichkeit treffen.[196] Für den Zuständigkeitsbereich der EuUnthVO, des HUVÜ 2007 und der EuGVVO kommt es (im Gegensatz zu den Regelung in Art. 6 HUVÜ 73 und Art. 27 Nr. 2 EuGVÜ) nicht mehr darauf an, ob die Zustellung nach dem Recht des Ausgangsstaats ordnungsgemäß erfolgt ist, wenn der Schuldner das verfahrenseinleitende Schriftstück trotz des formellen Fehlers so rechtzeitig erhalten hat, dass er sich unter Berücksichtigung seines Anspruchs auf rechtliches Gehör effektiv verteidigen konnte.[197]

Soweit die (Anerkennung und) Vollstreckbarkeit des ausländischen Unterhaltstitels auszusprechen ist, kann dies abgelehnt werden, wenn der Titel gegen den **ordre public** des Vollstreckungsstaates verstößt (Art. 22 lit. a HUVÜ 2007, Art. 34 Nr. 1, 43 III, 45 I EuGVVO, Art. 5 HUVÜ 73). Die Kompetenz des **EuGH** zur Konkretisierung des Begriffs der „öffentlichen Ordnung" ist durch einige jüngere Entscheidungen im Wesentlichen geklärt. Nach der richtungweisenden Entscheidung *Krombach*[198] hat der EuGH seine Rechtsprechung in der Entscheidung *Renault SA*[199] weiter konkretisiert. Danach ist es nicht Aufgabe des EuGH, den Mitgliedsstaaten den Inhalt der öffentlichen Ordnung vorzuschreiben. Der Gerichtshof habe aber über die Grenzen zu wachen, innerhalb derer ein Mitgliedsstaat die Urteilsfreizügigkeit zurücknimmt. Damit hat der Gerichtshof eine zweistufige Begriffsbildung entwickelt. Der EuGH steckt den gemeinschaftlichen Rahmen des ordre public ab, während die konkrete Ausfüllung durch die Gerichte der Mitgliedsstaaten erfolgt.[200] In diesem Rahmen ist stets zu prüfen, ob entweder der **verfahrensrechtliche**[201] oder der **materiellrechtliche**[202] **ordre public** des Vollstreckungsstaats verletzt ist. Dabei ist allerdings nicht auf die Vereinbarkeit mit einzelnen nationalen Vorschriften des Vollstreckungsstaates abzustellen, sondern darauf, ob die zu vollstreckende Entscheidung gegen grundlegende Prinzipien des nationalen Rechts verstößt. Denn es liefe dem Grundsatz zuwider, dass fremde Rechtsanschauungen und -ordnungen grundsätzlich zu achten sind, auch wenn sie im Einzelfall mit den deutschen Auffassungen nicht übereinstimmen, wenn eine generelle Überprüfung ausländischer Verfahren am Maßstab der deutschen Rechtsordnung vorgenommen würde.[203] Auch verfahrensrechtlich zieht selbst eine Verletzung des verfassungsrechtlich geschützten Grundsatzes des rechtlichen Gehörs nicht zwingend einen Verstoß gegen den ordre public nach sich. Der Grundsatz des rechtlichen Gehörs ist schon dadurch gewährleistet, dass das verfahrenseinleitende Schriftstück ordnungsgemäß und so rechtzeitig zugestellt worden sein muss, dass der Antragsgegner sich hinreichend verteidigen konnte (s. Rn. 689). Ihm muss also ausreichend Zeit verbleiben, um seine Verteidigung vorzubereiten und ggf. die gegen einen drohenden Erlass einer Versäumnisentscheidung erforderlichen Schritte einzuleiten.[204] Darüber hinaus greift der Vorbehalt des verfahrensrechtlichen ordre public nur in Ausnahmefällen ein. Die Vollstreckbarerklärung kann insbesondere nicht schon deshalb versagt werden, weil die ausländische Entscheidung in einem Verfahren erlassen worden ist, das von zwingenden Vorschriften des deutschen Prozessrechts abweicht. Ein Versagungsgrund ist vielmehr nur dann gegeben, wenn das Urteil des ausländischen Gerichts aufgrund eines Verfahrens ergangen ist, das von den Grundsätzen des deutschen

690

---

[196] EuGH RIW 1985, 967 Rn. 32 (zum EuGVÜ); BGH FamRZ 2008, 390, 391 f. = R 686 g
[197] BGH FamRZ 2008, 586, 588; 2008, 390 = R 686 c – g; EuGH NJW 2007, 825, 827
[198] EuGH vom 28. 3. 2000 – Rs. C-7/98; vgl., dazu Bar JZ 2000, 725 f.; Geimer ZIP 2000, 859 ff.; Hau EWiR 2000, 441 f.; Piekenbrock IPRax 2000, 364 ff. und die Folgeentscheidung des BGH in BGHZ 144, 390 = NJW 2000, 3289
[199] EuGH IPRax 2001, 328 (zu Art. 27 Nr. 1 EuGVÜ)
[200] Vgl. dazu Heß IPRax 2001, 301 und Jayme/Kohler IPRax 2000, 454, 460 f.
[201] BGH FamRZ 2009, 2069 Rn. 20 ff.; 2009, 1816 Rn. 30 ff.
[202] BGH FamRZ 2009, 1402 Rn. 9 ff.
[203] BVerfG IPRax 2009, 249 Rn. 11; 2004, 61 Rn. 31 ff; BGH FamRZ 2009, 1659 Rn. 22 ff.; 2009, 1402 Rn. 11 f.
[204] EuGHE 1981, 1573, 1608 f.

Verfahrensrechts in einem solchen Maße abweicht, dass es nicht als in einem geordneten rechtsstaatlichen Verfahren ergangen angesehen werden kann.[205]

4. Umsetzung durch nationales Recht

691 Das vereinfachte Verfahren der Vollstreckbarerklärung wird für unterhaltsrechtliche Titel nach dem EuGVÜ (Rn. 614), verschiedenen bilateralen Verträgen (Rn. 616) und der EuGVVO noch durch das **AVAG** (s. Rn. 626) geregelt. Für Unterhaltsansprüche, die von der EuUnthVO (Rn. 602 f.) und dem Abkommen zwischen der EU und Dänemark vom 19. 10. 2005 (Rn. 606), dem HUVÜ 2007 (Rn. 604 ff.), dem Luganer Übereinkommen vom 30. 10. 2007 (Rn. 615), dem HUVÜ 73 (Rn. 611 f.), dem Lugano Übereinkommen vom 16. 9. 1988 (Rn. 615) und dem UN-Übereinkommen vom 20. 6. 1956 (Rn. 619) erfasst sind, regelt nun das **AUG** (s. Rn. 627) die Umsetzung des internationalen Verfahrensrechts und des Rechts der Anerkennung und Vollstreckung ausländischer Titel in das nationale Recht.

692 Für Anträge auf Verweigerung, Beschränkung oder Aussetzung der unmittelbaren Vollstreckung in Verfahren ohne Exequaturverfahren nach § 21 EuUnthVO (s. Rn. 678 ff.) ist nach § 31 I AUG das **Amtsgericht als Vollstreckungsgericht** zuständig. Über Anträge auf Feststellung der Anerkennung oder Vollstreckbarerklärung eines ausländischen Titels im weitern Geltungsbereich des AUG (s. Rn. 682 ff.) entscheidet nach § 35 I AUG das **Amtsgericht** am Sitz des örtlich zuständigen Oberlandesgerichts. Lediglich im Geltungsbereich des AVAG (s. Rn. 691), das auch für die weitere Vollstreckung in Zivil- und Handelssachen zuständig ist, ist für die Erteilung der Vollstreckungsklausel nicht der Familienrichter, sondern der Vorsitzende einer Zivilkammer des **Landgerichts** am Wohnsitz des Schuldners (Art. 39 i. V. m. Anhang II EuGVVO, § 3 I, III AVAG) zuständig.[206] Für die Antragstellung (§§ 36 II AUG, 4 II AVAG; 78 III ZPO) und das erstinstanzliche Verfahren (§ 38 II, 67 III AUG, § 6 III AVAG) besteht **kein Anwaltszwang**. Die von der Partei vorzulegenden Urkunden in der Form des Rechts des Ursprungstitels sind in Art. 20 EuUnthVO, Art. 25 HUVÜ 2007, Art. 53 EuGVVO und Art. 17 HUVÜ 73 sowie in § 30 II, III AUG und § 4 AVAG aufgeführt. Nach Art. 28 EuUnthVO, Art. 53 II, 54 EuGVVO hat die Partei, die eine Vollstreckbarerklärung beantragt, mit der Ausfertigung der ausländischen Entscheidung eine Bescheinigung unter **Verwendung eines Formblatts** zu der Verordnung vorzulegen, in der u. a. die Vollstreckbarkeit der Entscheidung nach dem Recht des Ursprungslands zu bescheinigen ist. Wird diese formularmäßige Bescheinigung nicht vorgelegt, kann das zuständige Gericht nach Art. 29 EuUnthVO, Art. 55 EuGVVO eine Frist setzen, innerhalb derer die Bescheinigung vorzulegen ist. Es kann sich aber auch mit einer gleichwertigen Urkunde begnügen, oder den Antragsteller von der Verpflichtung zur Vorlage der Bescheinigung befreien, wenn es eine weitere Klärung nicht für erforderlich hält.[207] Nach Art. 25 I HUVÜ 2007 bzw. Art. 17 I HUVÜ 73 hat der Unterhaltsberechtigte die Vollstreckbarkeit im Ursprungsstaat durch dem Vollstreckbarkeitsantrag beigefügte Schriftstücke zu belegen. Hat der Antragsteller in seinem Vollstreckbarkeitsantrag keinen **Zustellungsbevollmächtigten** im Sinne des § 184 Absatz 1 Satz 1 ZPO benannt, können nach § 37 I AUG bis zur nachträglichen Benennung alle Zustellungen an ihn durch Aufgabe zur Post bewirkt werden. Das gilt nach § 37 III AUG nicht im Verfahren nach der EuUnthVO (s. Rn. 620) und nach § 37 II AUG nicht, wenn er einen Verfahrensbevollmächtigten benannt hat, an den im Inland des Vollstreckungsstaates zugestellt werden kann.

693 Ein Vollstreckbarerklärungsverfahren in einem anderen Vertragsstaat begründet gegenüber dem Ausgangsverfahren nicht den Einwand der anderweitigen Rechtshängigkeit, weil jeweils nur über die Vollstreckbarkeit desselben Unterhaltstitels in einem anderen Mitglied-

---

[205] EuGH NJW 2000, 2185; BGH FamRZ 2010, 966 Rn. 19; 2009, 2069 Rn. 22 ff.; 2009, 1816 Rn. 22 ff.; 2000, 1816; 1990, 868
[206] Vgl. dazu OLG Düsseldorf IPRax 1984, 217; OLG Köln FamRZ 1995, 1430 für franz. Unterhaltstitel
[207] Vgl. BGH FamRZ 2008, 586, 588

staat entschieden wird.[208] Der zuständige Richter entscheidet grundsätzlich ohne vorherige Anhörung des Schuldners und ohne mündliche Verhandlung (Art. 30 EuUnthVO, Art. 41 EuGVVO, § 38 AUG, § 6 I, II AVAG).[209] Die Vollstreckbarerklärung erfolgt durch gerichtlichen Beschluss, wonach der ausländische Titel mit einer **Vollstreckungsklausel** zu versehen ist (Art. 30 EuUnthVO, Art. 23 III HUVÜ 2007, Art. 42 I EuGVVO, Art. 13 HUVÜ 73, § 40 AUG, § 8 AVAG). § 41 AUG und § 9 AVAG enthalten insoweit das Muster einer Vollstreckungsklausel, die auf Grund der gerichtlichen Entscheidung durch den Urkundsbeamten der Geschäftsstelle auf den Unterhaltstitel zu setzen ist. Über die **Kosten** des Verfahrens ist nach § 40 I 4 AUG oder § 8 I 4 AVAG entsprechend § 788 ZPO für die Kosten der Zwangsvollstreckung zu entscheiden. Diese Vorschrift ist auch bei anderweitiger Erledigung oder bei Rücknahme des Antrags anwendbar.

Ist der Antrag **unzulässig oder unbegründet**, weist ihn der zuständige Richter durch begründeten Beschluss kostenpflichtig ab (§ 40 II AUG, § 8 II AVAG).[210] Gegen die Anordnung der Vollstreckung im Inland durch die Entscheidung in erster Instanz kann der Unterhaltspflichtige befristete Beschwerde einlegen, die grundsätzlich nach § 43 IV AUG, § 11 I, III AVAG binnen Monatsfrist, bei Zustellung der Entscheidung im Ausland nach § 43 IV 1 i. V. mit Art. 32 V EuUnthVO innerhalb von 45 Tagen und sonst bei Auslandszustellung nach § 43 IV 2, § 10 II AVAG binnen zwei Monaten eingegangen sein muss. Der Unterhaltsberechtigte kann gegen die Ablehnung seines Antrags nach §§ 42 II, 43 II AUG, §§ 11 I, II AVAG unbefristete Beschwerde einlegen. Die Beschwerde ist im Geltungsbereich des AUG entsprechend § 64 FamFG **beim Amtsgericht einzulegen** (§ 43 II AUG).[211] Im Geltungsbereich des AVAG ist sie hingegen beim Oberlandesgericht einzulegen; auch dann wird die Zulässigkeit der Beschwerde aber nicht dadurch berührt, dass sie statt beim Beschwerdegericht bei dem Gericht des ersten Rechtszugs eingelegt wird (Art. 43 I, II i. V. m. Anhang III EuGVVO; § 11 I, II AVAG). Das OLG entscheidet im Beschwerdeverfahren erstmals nach Anhörung des Schuldners[212] oder auf Grund fakultativer mündlicher Verhandlung, aber jedenfalls durch begründeten Beschluss (§ 45 AUG, § 13 AVAG). Solange die mündliche Verhandlung nicht angeordnet ist, besteht kein Anwaltszwang (§§ 45 II AUG, 13 II AVAG, 78 III ZPO); nach Anordnung der mündlichen Verhandlung gilt § 114 I FamFG. Gegen den Beschluss des OLG findet die Rechtsbeschwerde zum BGH statt (Art. 33, 71 I lit. b EuUnthVO, Art. 44 i. V. m. Anhang IV EuGVVO; §§ 46 ff. AUG, 15 ff. AVAG).[213] Dort herrscht Anwaltszwang. Die EU-Verordnungen und die internationalen Übereinkommen gelten nach den ausdrücklichen Regelungen nicht für die vor Inkrafttreten fällig gewordenen Unterhaltsbeträge. Insoweit gelten die jeweiligen Vorgängerregelungen weiter.[214]

Ist der ausländische Titel unklar oder nicht genügend bestimmt,[215] ist eine Konkretisierung im Klauselerteilungsverfahren ausnahmsweise zulässig (Art. 34 AUG).[216] Dabei müssen die zur Konkretisierung erforderlichen Feststellungen, gegebenenfalls nach Anregung eines bestimmten Antrags (vgl. § 14 II Nr. 1 AUG, § 139 I ZPO), im Klauselerteilungsverfahren getroffen werden. Der ausländische Titel ist so genau für vollstreckbar zu erklären wie ein entsprechender deutscher Titel.[217] Ein kraft Gesetz an den **Index** für Lebenshaltungskosten gebundener Unterhaltstitel kann aber auch wegen des Anpassungsbetrages für vollstreckbar erklärt werden (Art. 19, 25 I lit. e HUVÜ 2007).[218]

---

[208] EuGH EuZW 1994, 278, 279 m. Anm. Karl
[209] Kropholler a. a. O., Art. 34 EuGVÜ Rn. 1 ff.
[210] Vgl. BGH ZIP 2007, 396
[211] BT-Drucks. 17/4887 S. 47
[212] EuGH IPRax 1985, 274; Stürner IPRax 1985, 254 ff.
[213] BGH FamRZ 1990, 868
[214] BGHZ 171, 310 = FamRZ 2007, 989 und FamRZ 2008, 390, 391 f. = R 686 a; OLG Köln FamRZ 1995, 1430
[215] Vgl. insoweit BGH FamRZ 2004, 1023
[216] Vgl. BGH FamRZ 1986, 45, Schweiz; NJW 1990, 3084 ff.; 1993, 1801, 1802; 1994, 1413 ff.; Kropholler a. a. O., Art. 31 EuGVÜ Rn. 16
[217] BGH IPRax 1994, 367 mit Anm. Roth IPRax 1994, 350, Italien
[218] BGHZ 171, 310 = FamRZ 2007, 989; NJW 1986, 1440, 1441; OLG Düsseldorf FamRZ 2001, 1019; OLG Stuttgart DAVorm 1990, 713; OLG Hamburg FamRZ 1983, 1157

696 Ist zweifelhaft, ob ein Titel (z. B. eine Jugendamtsurkunde) durch eine spätere abweichende ausländische Entscheidung abgeändert wurde oder noch fort gilt, hat der Schuldner die Möglichkeit, dies durch einen negativen Feststellungsantrag klären zu lassen.[219] Unabhängig davon haben auch die Gerichte im Vollstreckungsverfahren bis zum rechtskräftigen Verfahrensabschluss zu prüfen, ob und ggf. inwieweit die ausländische Entscheidung im Ursprungsstaat bereits aufgehoben worden ist.[220]

697 Bei den **bilateralen Verträgen** muss jeweils im Einzelfall geprüft werden, wie die Vollstreckung geregelt ist. Für das Vollstreckungsabkommen zwischen der EU und dem Königreich Dänemark vom 19. 10. 2005 gilt hinsichtlich unterhaltsrechtlicher Ansprüche nunmehr das AUG, wie sich aus der Neufassung des § 1 I Nr. 1 b AUG ergibt.

698 Im Rechtshilfeverkehr mit den nordamerikanischen Staaten (**USA und Kanada**) **und Südafrika** gilt das UN-Übereinkommen über die Geltendmachung von Unterhaltsansprüchen im Ausland vom 20. 6. 1956 (s. Rn. 619) und nach § 1 I Nr. 2 c AUG dieses Ausführungsgesetz (Rn. 627). Mit diesen Staaten bestehen – vorbehaltlich des Geltungsbereichs des HUVÜ 2007 – insoweit keine vorgreiflichen vertraglichen Vereinbarungen. Denn das Übereinkommen regelt lediglich die Rechtshilfe in Unterhaltssachen, auch soweit sie zur Vollstreckbarerklärung ausländischer Unterhaltsentscheidungen erforderlich ist (§ 5 III UN-Übereinkommen). Die für eine Vollstreckbarkeit der ausländischen Unterhaltstitel nach § 64 AUG notwendige Gegenseitigkeit ist im Verhältnis zu diesen Staaten jedoch gewahrt (vgl. BGBl. 2011 I S. 1109). Das materielle Recht bleibt durch das UN-Übereinkommen und das AUG unberührt. Bei eingehenden Gesuchen bestimmt sich das anzuwendende Recht nach Art 18 i. V. m. Art 4 EGBGB. Ausgehende Gesuche (§§ 3 bis 6 AUG) werden allein nach deutschem materiellen Recht geprüft.

5. Anerkennung und Vollstreckung nach nationalem Recht

699 Die Vollstreckbarerklärung ausländischer Unterhaltstitel erfolgt überwiegend auf der Grundlage der genannten EU-Verordnungen und der internationalen Übereinkommen sowie der zu deren Ausführung erlassenen Gesetze (AUG und übergangsweise AVAG). Für eine Anerkennung (§§ 108 f. FamFG) oder Vollstreckung (§§ 109 f. FamFG) nach **autonomen innerstaatlichem Recht** bei verbürgter Gegenseitigkeit bleibt daneben nur ein sehr begrenzter Anwendungsbereich. Darauf ist nur dann zurückzugreifen, wenn die vorrangigen staatsvertraglichen Regelungen nach ihrem persönlichen, zeitlichen oder sachlichen Anwendungsbereich keine Regelung getroffen haben. Die EU-Verordnungen, die neben einer Erleichterung der Anerkennung auch den Schutz des Unterhaltsschuldners bezwecken, beanspruchen allgemein eine ausschließliche Geltung gegenüber dem autonomen innerstaatlichen Recht. Die EuUnthVO ist nach ihren Art. 75 I, 76 S. 3 nicht auf Titel anzuwenden, die vor ihrem Inkrafttreten am 18. 6. 2011, die EuGVVO nach ihren Art. 66 I, II, 76 nicht auf Titel, die vor ihrem Inkrafttreten am 1. 3. 2002 geschaffen wurden. Das HUVÜ 2007, das HUVÜ 73 und das EuGVÜ sind als internationale Abkommen nur anwendbar, wenn die betreffenden Staaten beigetreten waren.[221] Soweit eine unmittelbare Vollstreckung nach Art. 17 ff. EuUnthVO oder eine Vollstreckbarerklärung mittels Klauselerteilung im Exequaturverfahren nach der EuUnthVO oder der EuGVVO möglich ist, scheidet ein Vollstreckungsantrag nach nationalem Recht bereits mangels Rechtsschutzbedürfnisses aus.[222] Im Verhältnis zu den Bestimmungen der internationalen Übereinkommen kann das nationale Recht aber weiterhin zur Anwendung kommen, wenn es für die Anerkennung des ausländischen Titels günstiger ist.[223]

---

[219] Vgl. OLG Hamm FamRZ 1993, 339, Polen
[220] BGHZ 171, 310 = FamRZ 2007, 989
[221] BGH FamRZ 2007, 717
[222] Siehe Anmerkung Gottwald zu OLG Karlsruhe FamRZ 1999, 309, 310 f.; a. A. BGH FamRZ 1987, 370 zum Vollstreckungsantrag, wenn der Antrag auf Vollstreckbarerklärung rechtskräftig zurückgewiesen worden ist
[223] Martiny FamRZ 2008, 1681, 1686

2. Abschnitt: Verfahrensrecht einschließlich Vollstreckung § 9

Ausländische Unterhaltstitel entfalten im Inland – mit Ausnahme der unmittelbar voll- 700
streckbaren Unterhaltstitel nach Art. 17 ff. EuUnthVO (s. Rn. 602 ff.) und der europäischen Vollstreckungstitel (s. Rn. 617) – nur die von der deutschen Rechtsordnung zugebilligten Wirkungen. Dabei ist zwischen der **Anerkennung** ausländischer Urteile (§ 108 f. FamFG) und deren **Vollstreckbarerklärung** (§ 109 f. FamFG) zu unterscheiden. Handelt es sich um ein **ausländisches Scheidungsurteil** zwischen einem Deutschen und einem Ausländer oder werden zwei Ausländer in einem Drittstaat geschieden, muss die Entscheidung gemäß § 107 FamFG von der zuständigen Landesjustizverwaltung anerkannt werden.[224] Diese Anerkennung ist erforderlich, wenn sie Voraussetzung des geltend gemachten Unterhaltsanspruchs ist. Das ist der Fall, wenn nachehelicher Unterhalt geltend gemacht wird, der sich von dem Anspruch auf Trennungsunterhalt unterscheiden kann, und ohne die Anerkennung des Scheidungsausspruchs nicht feststeht, ob die Ehe rechtskräftig geschieden ist. Besteht der im Scheidungsverbund ausgesprochene Unterhaltsanspruch aber unabhängig von der Scheidung der Ehegatten, wie dies beim Anspruch auf Kindesunterhalt der Fall ist, bedarf es einer vorherigen Anerkennung des Scheidungsausspruchs für die Vollstreckbarerklärung des Unterhaltstitels nicht.[225] Denn während die Anerkennung von Statusurteilen ausdrücklich auszusprechen ist,[226] tritt sie in Unterhaltssachen automatisch ein (§ 108 I FamFG),[227] ohne dass es dafür eines besonderen Verfahrens bedarf. Allerdings setzt der Titel auf Kindesunterhalt die Abstammung, regelmäßig also die Vaterschaft, voraus. Wenn diese nicht feststeht, muss sie zunächst durch ein anerkennungsfähiges Statusurteil geklärt werden. Verstößt das ausländische Statusurteil gegen den inländischen ordre public des Vollstreckungsstaates, kann es nicht anerkannt werden. Dann ist auch eine zugleich ausgesprochene Unterhaltspflicht nicht für vollstreckbar zu erklären.[228] Handelt es sich hingegen um einen isolierten Unterhaltstitel, kann lediglich die Vollstreckbarkeit aus besonderen Gründen, insbesondere im Falle eines Verstoßes gegen den inländischen ordre public (s. Rn. 688), abgelehnt werden (§§ 109 f. FamFG). Nach nationalem Recht setzt der Ausspruch der Vollstreckbarkeit der ausländischen Unterhaltsentscheidung ein besonderes gerichtliches Verfahren voraus. Im Rahmen dieses Vollstreckungsantrags ist von Amts wegen zu prüfen, ob die auch einer Vollstreckbarkeit entgegenstehenden Anerkennungshindernisse vorliegen (§§ 109 f. FamFG).[229]

Soweit die zwischenstaatlichen Abkommen nach dem Willen der Vertragsparteien oder 701
des Verordnungsgebers die Anerkennung erleichtern und nicht erschweren sollen, hat der Titelberechtigte die Wahl zwischen vertraglichem und autonomem, innerstaatlichem Anerkennungsrecht.[230] Der Antragsteller kann dann auf das ihm günstigste Recht zugreifen. Dieses **Günstigkeitsprinzip** gilt selbst für das Verhältnis mehrerer Staatsverträge und auch für den Verpflichteten.[231] Nach Art. 69 II EuUnthVO bzw. Art. 69 EuGVVO beanspruchen diese unmittelbar anwendbaren EU-Verordnungen allerdings die ausschließliche Geltung gegenüber dem autonomen Recht und den Übereinkommen und Vereinbarungen zwischen Mitgliedstaaten; sie bildet damit in seinem Anwendungsbereich eine Ausnahme vom Günstigkeitsprinzip. Nach Art. 48 f. HUVÜ 2007 ersetzt das Übereinkommen im Verhältnis ihrer Mitgliedstaaten und in ihrem Anwendungsbereich das HUVÜ 73 und das New Yorker Übereinkommen von 1956. Weitere Übereinkommen lässt das HUVÜ 2007 nach seinem Art. 51 unberührt. Gleiches gilt nach Art. 23 HUVÜ 73 für das Verhältnis dieses Übereinkommens zu anderen Übereinkommen und nationalem Recht.

---

[224] BGH FamRZ 2011, 788; vgl. die Verordnung (EG) Nr. 2201/2003 des Rats über die Zuständigkeit und die Anerkennung und Vollstreckung von Entscheidungen in Ehesachen und in Verfahren betreffend die elterliche Verantwortung und zur Aufhebung der Verordnung (EG) Nr. 1347/2000 vom 27. November 2003, Schönfelder Ergänzungsband Nr. 103 b; zur früheren Regelung in Art. 7 § 1 FamRÄndG vgl. auch Staudinger/Spellenberg BGB (2005) FamRÄndG
[225] BGH FamRZ 2007, 717, 718
[226] Bergmann FamRZ 1999, 487; siehe auch Boden FamRZ 1998, 1416
[227] Kropholler a. a. O., Art. 26 EuGVÜ Rn. 1
[228] BGH FamRZ 2009, 1816 Rn. 30 ff., 44
[229] Vgl. BGH NJW 1999, 3198
[230] Rahm/Künkel/Breuer a. a. O., Rn. 254
[231] BGH FamRZ 2008, 390, 391 = R 686 b; Schack IPRax 1986, 218, 219

702 Der Vollstreckungsantrag ermöglicht es, einem sonst im Inland nicht vollstreckbaren ausländischen Titel (und zwar nicht nur Urteile im formellen Sinne, sondern auch Beschlüsse, Zahlungsbefehle, Vollstreckungsbescheide pp. einschließlich eines Kostenfestsetzungsbeschlusses[232]) die Vollstreckbarkeit zu verleihen. Erst danach ist die Entscheidung im Inland durchsetzbar. Streitgegenstand des Vollstreckungsverfahrens ist nicht der materiellrechtliche Anspruch,[233] sondern lediglich die Zulässigkeit der inländischen Zwangsvollstreckung aus dem ausländischen Urteil. Deswegen darf die ausländische Entscheidung auch in diesem Verfahren keinesfalls in der Sache selbst nachgeprüft werden. Eine Ablehnung der inländischen Vollstreckung kann lediglich auf die im Gesetz (§ 109 FamFG) genannten Gründe gestützt werden. Sachlich zuständig ist für die Vollstreckbarkeit ausländischer Unterhaltstitel das Familiengericht;[234] örtlich zuständig ist vorrangig das Gericht der Ehesache oder das Gericht am inländischen gewöhnlichen Aufenthalt des minderjährigen Kindes (§ 232 I FamFG). Sonst ist regelmäßig das Gericht am gewöhnlichen Aufenthalt des Antragsgegners örtlich zuständig (§ 232 II FamFG). Das Verfahren richtet sich nach den allgemeinen Regeln des Erkenntnisverfahrens. Das Gericht entscheidet nach dem inländischen Verfahrensrecht durch Beschluss nach fakultativer mündlicher Verhandlung. Da das inländische Vollstreckungsurteil zum Vollstreckungstitel wird, muss sowohl der Klagantrag als auch das Vollstreckungsurteil das ausländische Urteil und den gesamten Tenor dieses Urteils vollständig benennen.

703 Voraussetzung der Anerkennung nach nationalem Recht ist die Rechtskraft des Titels und seine Anerkennungsfähigkeit (§ 109 FamFG). Die Anerkennung ist in diesem Verfahren ausgeschlossen, wenn das ausländische Gericht für das Verfahren nicht zuständig war, das verfahrenseinleitende Dokument nicht ordnungsgemäß zugestellt wurde und der Beteiligte sich zur Hauptsache nicht geäußert hat, das Urteil mit einem hier erlassenen oder anzuerkennenden Urteil unvereinbar ist oder wenn die Entscheidung gegen den deutschen ordre public verstößt (§ 109 I Nr. 1–4 FamFG). Gleiches gilt für die Vollstreckbarkeit nach nationalem Recht, wenn (anders als bei der Vollstreckbarerklärung nach EU-Verordnungen oder internationalen Übereinkommen) die **Gegenseitigkeit** nicht verbürgt[235] ist.

704 Anstelle des Vollstreckungsantrags kann auch ein **Antrag auf Leistung** aus dem durch das ausländische Urteil festgestellten Anspruch erhoben werden.[236] Dabei ist das deutsche Gericht jedoch wegen der Rechtskraft des ausländischen Urteils und seiner Anerkennung im Inland an den Inhalt des ausländischen Urteils gebunden. Es muss eine mit dem ausländischen Urteil übereinstimmende Sachentscheidung treffen. Das gilt auch für die Währung.[237] Fraglich bleibt allerdings, ob die ausländische Entscheidung wegen ihrer Rechtskraft einem erneuten Verfahren über denselben Streitgegenstand entgegensteht. Dies dürfte regelmäßig der Fall sein, jedenfalls dann, wenn der bestehende Titel grundsätzlich auch im Inland vollstreckbar ist,[238] und nur dann ausscheiden, wenn eine Erfolg versprechende Vollstreckung in das inländische Einkommen und Vermögen ausnahmsweise nicht in Betracht kommt.

705 Ist der ausländische Titel nach deutschem Recht zu unbestimmt gefasst, kann er in der Entscheidung über seine Vollstreckbarkeit ausnahmsweise noch konkretisiert werden.[239] Dabei müssen die zur Konkretisierung erforderlichen Feststellungen im Vollstreckbarerklärungsverfahren getroffen[240] und gegebenenfalls ein bestimmter Antrag angeregt werden.

---

[232] Für Unterhaltsvergleich BGH FamRZ 1986, 45; OLG München FamRZ 1992, 73, 75; vgl. auch Art. 25 EuGVÜ
[233] BGH NJW 1978, 1975
[234] BGH FamRZ 1983, 1008
[235] BGBl. 2011 I, 1109; BGH NJW 2001, 524; vgl. auch Zöller/Geimer a. a. O. Anhang IV; Rahm/Künkel/Breuer a. a. O., Rn. 264, 269; zu Bosnien-Herzegowina vgl. AG München FamRZ 2003, 463
[236] BGH FamRZ 1987, 370; 1986, 665, 666; NJW 1979, 2477; 1964, 1626
[237] BGH FamRZ 1987, 370, Tschechoslowakei; KG FamRZ 1993, 976, Türkei
[238] EuGH NJW 1977, 495
[239] BGH FamRZ 1986, 45 (Schweiz); vgl. auch BGH FamRZ 2004, 1023
[240] BGH IPRax 1994, 367 mit Anm. Roth IPRax 1994, 350, Italien

Der Vollstreckbarerklärung steht nicht entgegen, dass der ausländische Unterhaltstitel **706** nicht auf EUR lautet, was den Einsatz eines im außereuropäischen Ausland belegenen Vermögens erschwert.[241] Der Entscheidung des OLG Hamm[242] wonach das Vollstreckungsurteil auf EUR (statt z. B. Zloty) umgestellt werden könne, ist nicht zu folgen, weil damit ein Eingriff in die ausländische Entscheidung verbunden wäre. Denn einem umgestellten Titel würde der Devisenkurs im Zeitpunkt des Vollstreckungsurteils zugrunde liegen und die folgenden Devisenschwankungen (s. Rn. 42 ff.) blieben unberücksichtigt. Ein finnischer Unterhaltstitel ist auch hinsichtlich des gesetzlich indexierten Unterhaltsbetrages für vollstreckbar zu erklären,[243] zumal die Indexierung des ausländischen Urteils einer Vollstreckbarkeit im Inland nicht entgegensteht.[244]

Häufig kommen auf Grund staatsvertraglicher Regelung für die Vollstreckbarerklärung **707** **einfachere und billigere Verfahren** in Betracht, wie z. B. durch die Verfahren nach der EuUnthVO, der EuGVVO, dem LugÜ, dem HUVÜ 2007 oder dem HUVÜ 73 (s. Rn. 675 ff.), jeweils i. V. m. dem AUG (s. Rn. 627) oder dem AVAG (s. Rn. 626).[245] Da die zwischenstaatlichen Abkommen nach dem Willen des nationalen Gesetzgebers die Anerkennung erleichtern und nicht erschweren sollen, hat der Titelberechtigte grundsätzlich die Wahl zwischen dem vertraglichen und dem autonomen, innerstaatlichen Anerkennungsrecht.[246] Dieses Günstigkeitsprinzip gilt auch für den Verpflichteten.[247] Die EuUnthVO und die EuGVVO, die auch einen besseren Schutz des Antragsgegners bezweckt, beansprucht für seinen Wirkungsbereich allerdings die ausschließliche Geltung gegenüber dem autonomen Recht und bildet damit eine wichtige Ausnahme vom Günstigkeitsprinzip. Im Verhältnis zu den Ländern der EU (mit Ausnahme von Dänemark) geht deswegen das einfachere Verfahren nach den Verordnungen vor.

Liegt ein im Inland anerkennungsfähiger ausländischer Titel vor, steht dessen Rechtskraft **708** einem erneuten Antrag wegen derselben Angelegenheit grundsätzlich entgegen.[248] Nach überwiegender Auffassung schließt dies aber einen „unselbstständigen" Leistungsantrag auf Zahlung des titulierten Betrages in gleicher Währung nicht aus.[249] Die Rechtskraft des ausländischen Urteils stehe diesem Verfahren nicht entgegen, weil das Gericht lediglich befugt ist, ohne inhaltliche Nachprüfung ein inhaltlich gleiches Sachurteil zu treffen (s. Rn. 704).

Die Anerkennung einer ausländischen Entscheidung kann auch als selbstständige Inzi- **709** dentanerkennung im Rahmen eines Zwischenfeststellungsantrags einer rechtshängigen Familiensache begehrt werden,[250] wenn diese Frage in dem Rechtsstreit auftritt. Daneben kann ein Streit über die Anerkennung auch zum Gegenstand eines gesonderten (positiven oder negativen) Feststellungsantrags gemacht werden, um z. B. der Gefahr divergierender Entscheidungen bei der unselbstständigen Inzidentanerkennung zu begegnen.

IV. Beitrittsgebiet (ehemalige DDR)

Nach Art. 10, 11 Einigungsvertrag gelten die Staatsverträge der Bundesrepublik Deutsch- **710** land mit Wirkung ab 3. 10. 1990 auch für das Gebiet der ehemaligen DDR. Deren Staats-

---

[241] BGB FamRZ 1990, 992
[242] FamRZ 1991, 718; vgl. Rahm/Künkel/Breuer a. a. O., Rn. 299
[243] OLG Schleswig FamRZ 1994, 53; Rahm/Künkel/Breuer a. a. O., Rn. 293
[244] BGH NJW 1993, 1801
[245] Vgl. dazu etwa BGHZ 171, 310 = FamRZ 2007, 989; KG FamRZ 1990, 1376; OLG Schleswig FamRZ 1994, 53; OLG Hamm FamRZ 1993, 213
[246] Österreichischer OGH IPRax 1999, 47, 48 (zum inhaltsgleichen EuGVÜ); Rahm/Künkel/Breuer a. a. O., Rn. 254; Kropholler a. a. O., Art. 25 EuGVÜ Rn. 8
[247] Schack IPRax 1986, 218, 219
[248] EuGH NJW 1977, 495; Kropholler a. a. O., Art. 25 EuGVÜ, Rn. 7
[249] BGH FamRZ 1987, 370; OLG Karlsruhe FamRZ 1999, 309; Rahm/Künkel/Breuer a. a. O., Rn. 296 m. w. N.
[250] Rahm/Künkel/Breuer a. a. O., Rn. 286 ff.

§ 9   Auslandsberührung

verträge werden ab 3. 10. 1990 als erloschen angesehen.[251] Problematisch ist die Frage, ob die vor dem 3. 10. 1990 erlassenen Unterhaltsentscheidungen der DDR-Gerichte nach den bis dahin geltenden DDR-Staatsverträgen oder nach denjenigen der Bundesrepublik Deutschland anzuerkennen und zu vollstrecken sind und wie mit den vor dem 3. 10. 1990 erlassenen Entscheidungen von Vertragsstaaten der Bundesrepublik Deutschland für das Beitrittsgebiet verfahren werden soll. Nach dem Grundsatz, dass Staatsverträge, soweit nicht anders geregelt, erst für die ab ihrem Inkrafttreten entstandenen Tatbestände gelten, dürften die alten DDR-Verträge für die vor dem 3. 10. 1990 fällig gewordenen Unterhaltsansprüche noch anwendbar sein, ebenso für die vorher erlassenen Entscheidungen. Im Übrigen gilt, soweit keine DDR-Staatsverträge abgeschlossen wurden, das sog. Rechtsanwendungsgesetz (RAG) der früheren DDR (für die Zeit vor dem 3. 10. 1990). Nach Art. 234 § 5 EGBGB bleibt für den Unterhaltsanspruch eines Ehegatten, dessen Ehe vor dem Wirksamwerden des Beitritts geschieden worden ist, das bisherige Recht maßgebend. Unterhaltsvereinbarungen bleiben unberührt. Urteile der früheren DDR bedürfen keiner Vollstreckbarerklärung.[252]

---

[251] Vgl. Pirrung IPRax 1992, 08
[252] BGH FamRZ 1982, 785; OLG Hamm FamRZ 1991, 1078; OLG Brandenburg FamRZ 1998, 1134

§ 10 Verfahrensrecht

1. Abschnitt: Verfahrensgegenstand, Zuständigkeit und Gericht

I. Vom Unterhaltsprozess zum Verfahren in Unterhaltsstreitsachen

Die gerichtliche Geltendmachung und Durchsetzung von Ansprüchen, die den gesetzlichen Unterhalt betreffen, folgte bis zum 31. 8. 2009 ausschließlich den Verfahrensvorschriften, die nach der Zivilprozessordnung auch für andere bürgerlichrechtliche Rechtsstreitigkeiten (§ 13 GVG a. F.) galten. Diese trugen dabei auch verfahrensspezifischen Besonderheiten Rechnung, die aus den unterschiedlichen Zielen resultierten, die die Beteiligten des Unterhaltsverhältnisses verfolgten. Sie hingen im Einzelfall etwa davon ab, ob ein Vollstreckungstitel erst geschaffen **(Leistungsklage),** ein vorhandener den geänderten Verhältnissen angepasst **(Abänderungsklage)** oder seiner Wirkungen beraubt **(Vollstreckungsabwehrklage)** oder ein solcher Anspruch nur festgestellt oder verneint werden sollte **(Feststellungsklage),** ob eine endgültige Entscheidung **(Urteil)** oder nur eine vorläufige **(einstweilige Verfügung oder einstweilige Anordnung)** gesucht wurde. 1

Mit dem am 1. 9. 2009 in Kraft getretenen Gesetz zur Reform des Verfahrens in Familiensachen und in den Angelegenheiten der freiwilligen Gerichtsbarkeit (FGG-RG) vom 17. 12. 2008[1] hat der Gesetzgeber seinem Reformanliegen, das bis dahin mit einer komplizierten und dissonanten Regelungstechnik wahrgenommene **Familiengerichtsverfahren** zumindest durch eine **formale Ordnung** an einem **einheitlichen Standort** zusammenzufassen, Gesetzesgestalt gegeben.[2] Wesentlicher Bestandteil der Reform war hierbei das Anliegen, das durch die Fürsorge des Gerichts geprägte familiengerichtliche Verfahren von den Festlegungen des Zivilprozesses zu lösen, der sich mit der Struktur eines Streitverfahrens als Modell für familienrechtliche Angelegenheiten nur bedingt eignet.[3] Mit der ersatzlosen Aufhebung von Buch 6 der ZPO (Verfahren in Familiensachen) durch Art. 29 Nr. 15 des FGG-RG[4] ist damit jeder **unmittelbare Bezug** des Verfahrens in Familiensachen zur **Zivilprozessordnung entfallen.** Das gilt mithin auch für das Verfahren zur Durchsetzung gesetzlicher Unterhaltsansprüche. Gleichwohl hält die Neuregelung des Verfahrens an dem Grundsatz fest, dass der Streit in Unterhaltsachen sowie in den anderen Familienstreitsachen (§ 112 FamFG) weiterhin der im Zivilprozess vorherrschenden Dispositionsmaxime folgt. Gemäß § 113 I S. 2 FamFG finden deshalb die allgemeinen Vorschriften der Zivilprozessordnung und die Vorschriften der Zivilprozessordnung über das Verfahren vor den Landgerichten weiterhin „entsprechend" (§§ 1–494 a ZPO) Anwendung, soweit dem abweichende Regelungen des FamFG nicht entgegenstehen. Gleiches gilt für den Urkunden- und Wechselprozess sowie das Mahnverfahren (§ 113 II FamFG). 1a

Wesentlich beeinflusst wird die gerichtliche Verfolgung gesetzlicher Unterhaltsansprüche (§ 231 I FamFG) im **Erkenntnisverfahren** von folgenden Neuerungen: 1b
1. Mit Rücksicht auf eine möglichst **verfahrenseinheitliche Terminologie** im Familiengerichtsverfahren wird das streitige Unterhaltsverfahren über eine Ablösung der Begriffe „Prozess, Klage, Kläger, Beklagter und Partei" durch die Begriffe „Verfahren, Antrag, Antragsteller, Antragsgegner und Beteiligter" (§ 113 V FamFG) auf das Verfahren in anderen Familiensachen abgestimmt, wobei dies auch dann zu gelten hat, wenn Vorschriften der ZPO entsprechend heranzuziehen sind. Während für den verfahrenstechnisch nicht vorgebildeten Beteiligten die Grenze zum Absurden[5] bei einem „Wider-

---

[1] BGBl. I S. 2586
[2] BT-Drucks. 16/6308 S. 162 li. Sp.
[3] BT-Drucks. 16/6308 S. 162 re. Sp.
[4] BT-Drucks. 16/6308 S. 121
[5] Schael FamRZ 2009, 7, 9

§ 10   Verfahrensrecht

antragsgegner" (statt Widerbeklagtem) jedenfalls in Sichtweite liegen dürfte, bedarf es weiterer Gesetzesreformen, will der Gesetzgeber die formale Ordnung für das Familiengerichtsverfahren konsequent herstellen, die etwa für § 38 FamGKG („Stufenklageantrag") und § 40 FamGKG („Klage- und Widerklageantrag") noch nicht besteht.

2. Die **Mitwirkung** eines **Rechtsanwalts** für den das Verfahren aktiv führenden Beteiligten ist auch dann notwendig (§ 114 I FamFG), wenn er außerhalb des Verbundverfahrens Unterhaltsansprüche in einer selbständigen Familiensache erstinstanzlich geltend machen oder sich gegen ein entsprechendes Unterhaltsbegehren in einem Hauptsacheverfahren verteidigen will.

3. Der **einstweilige Rechtsschutz** in Unterhaltsstreitsachen findet nur noch im Wege einstweiliger Anordnung oder durch Arrest statt (§§ 119, 246–248 FamFG). Auch das Verfahren der einstweiligen Anordnung ist ein selbständiges Verfahren. Eine Abhängigkeit von einem Hauptsacheverfahren (**Akzessorietät**) besteht nicht (§ 51 III S. 1 FamFG).

4. Die Mitwirkung der Beteiligten am Verfahren sowie die dritter Personen durch Erfüllung **verfahrensrechtlicher Auskunftspflichten** ist erweitert (§§ 235, 236 FamFG).

5. Die Überprüfung von Endentscheidungen in streitigen Unterhaltssachen wird durch die Rechtsmittel der **befristeten Beschwerde** (§ 58 FamFG) und der **Rechtsbeschwerde** (§ 70 FamFG) sichergestellt. Die Heranziehung zivilprozessualer Berufungsvorschriften ist nur in einem begrenzt geregelten Umfang möglich (§ 117 II FamFG). Der Anwendungsbereich der im FamFG originär nicht geregelten **sofortigen Beschwerde** (§ 567 ZPO) und der **Rechtsbeschwerde** nach § 574 ZPO bleibt,[6] soweit hierauf verwiesen wird.

Für das **Vollstreckungsverfahren** in Familienstreitsachen verweist § 120 I FamFG auf die Vorschriften der Zivilprozessordnung über die Zwangsvollstreckung (Buch 8).

1c Den Übergang vom alten zum neuen Familienverfahrensrecht regeln auch für Unterhaltssachen die **Überleitungsvorschriften** in Art. 111 FGG-RG in der Fassung des Gesetzes zur Strukturreform des Versorgungsausgleichs vom 3. 4. 2009.[7] Die Grundregel (Art. 111 I S. 1 FGG-RG) besagt danach, dass auf Verfahren, die bis zum Inkrafttreten des FamFG eingeleitet worden sind oder deren **Einleitung** bis zu diesem Zeitpunkt **beantragt** wurde, weiterhin das bis zum Inkrafttreten geltende Verfahrensrecht anzuwenden ist. Die Einreichung eines Prozesskostenhilfegesuchs, der lediglich ein **Klageentwurf** beigefügt ist, stellt keinen einleitungsrelevanten Sachverhalt dar, der für das nachfolgende Hauptsacheverfahren zur Anwendung alten Verfahrensrechts führen könnte.[8] Ist eine Unterhaltsklage vor dem 1. 9. 2009 erhoben worden, gilt das entsprechende Prozessrecht auch für die zu einem späteren Zeitpunkt erhobene **Widerklage**.[9] Maßgebend ist allein die **erstinstanzliche Verfahrenseinleitung**, so dass auch erst nach dem 31. 8. 2009 eingeleitete **Rechtsmittelverfahren** nach altem Verfahrensrecht durchzuführen sind.[10] Durch Art. 111 I S. 2 FGG-RG wird klargestellt, dass als eigenständige Verfahren im Sinne der Überleitungsvorschriften auch **Abänderungsverfahren** zu gelten haben. Werden diese nach dem 31. 8. 2009 eingeleitet oder wird erst dann ein entsprechender Antrag eingereicht, ist das Verfahren nach dem FamFG zu führen, mithin z. B. nach §§ 238, 239 oder 240 FamFG,[11] auch wenn es sich um einen nach altem Verfahrensrecht zustande gekommenen Unterhaltstitel handelt. Für das **Scheidungsverbundverfahren** besagt die Regelung, dass bei einer vor dem 1. 9. 2009 anhängig gewordenen Ehesache altes Verfahrensrecht auch anzuwenden ist auf **Folgesachen**, die erst zu einem späteren Zeitpunkt anhängig werden.[12]

Besonderheiten für das Verbundverfahren ergeben sich allerdings aus Art. 111 V FGG-RG, wonach abweichend von dem in Art. 111 I FGG-RG aufgestellten Grundsatz das ab

---

[6] BGH FamRZ 2011, 368; FGPrax 2010, 154
[7] BGBl. I S. 700
[8] OLG Stuttgart FamRZ 2010, 1686
[9] BGH FamRZ 2011, 100 Rn. 11
[10] BGH FamRZ 2010, 192 Rn. 5
[11] Hoppenz/Hoppenz, Familiensachen, Art. 111 FGG-RG Rn. 1
[12] Musielak/Borth FamFG Einl. Rn. 94

dem 1. 9. 2009 geltende Verfahrensrecht heranzuziehen ist, sofern am 31. 8. 2010 im ersten Rechtszug noch keine Endentscheidung zum **Versorgungsausgleich** vorlag. Dies gilt mithin auch für den als Folgesache geltend gemachten Unterhalt in einem noch bestehenden Verbund.[13] Weitere Besonderheiten gelten im Anwendungsbereich des einstweiligen Rechtsschutzes wegen der Einführung des **selbständigen Anordnungsverfahrens** durch das FGG-RG (vgl. zu den Einzelheiten näher Rn. 10/394 und 395). Für das Vollstreckungsverfahren enthalten die Übergangsbestimmungen keine besonderen Regelungen, deren es für die Vollstreckung in Unterhaltsstreitsachen nicht bedarf, weil auch in den nach dem 31. 8. 2009 einzuleitenden **Vollstreckungsverfahren** die Vorschriften der Zivilprozessordnung heranzuziehen sind (§ 120 I FamFG). War durch gerichtliche Entscheidung entweder die Unterhaltsache am Stichtag ausgesetzt oder das Ruhen des Verfahrens angeordnet, wird das Verfahren nach den Vorschriften des FamFG aufgenommen und fortgesetzt (Art. 111 III FGG-RG).

II. Verfahrensgegenstand

1. Die Unterhaltssachen als Familienstreitsachen (§ 231 I FamFG)

Bestimmt und begrenzt werden unterhaltsrechtliche Streitigkeiten, die als so genannte Familienstreitsachen (§ 112 Nr. 1 FamFG) Gegenstand eines familiengerichtlichen Verfahrens sein können, zum einen durch die **Beschränkung** auf einen **Personenkreis,** der durch Ehe oder Verwandtschaft (§ 231 I Nr. 1 und 2 FamFG), Lebenspartnerschaft (§§ 269 I Nr. 8 und 9, 270 I S. 2 FamFG) oder auch durch die Geburt eines gemeinsamen Kindes (§ 231 I Nr. 3 FamFG) verbunden ist oder war sowie deren **Rechtsnachfolger.** Als solche kommen insbesondere bei Tod des Unterhaltsberechtigten oder Unterhaltspflichtigen deren Erben in Betracht wie auch in Fällen des gesetzlichen Forderungsübergangs (§ 94 SGB XII, § 37 BAföG, § 7 UVG) der Träger der Sozialleistungen. Zum anderen erfährt das Verfahren eine Eingrenzung durch die Festlegung auf den **gesetzlichen Unterhalt.** Damit unterliegen Streitigkeiten, die sich aus rein **vertraglichen Unterhaltsregelungen** ableiten,[14] keiner familiengerichtlichen Zuständigkeit. Davon zu unterscheiden sind allerdings die Fälle, in denen Vereinbarungen die gesetzliche Unterhaltspflicht lediglich ausformen. Hier wird in aller Regel der gesetzliche Unterhalt nach Zeitraum und Höhe nur konkretisiert.[15] Eine selbständige, vom Gesetz losgelöste Unterhaltsregelung liegt nicht schon deshalb vor, weil der vereinbarte Unterhaltsbetrag höher ist als der, der nach den tatsächlichen Verhältnissen kraft Gesetzes geschuldet wäre.[16] Vielmehr kommt es darauf an, ob die vertragliche Regelung hinsichtlich der Voraussetzungen, des Umfangs und des Erlöschens des Anspruchs die im **gesetzlichen Unterhaltsrecht** vorgegebenen Grundsätze **aufnimmt** und im Einzelfall selbst mit erheblichen Abweichungen abbildet.[17] Für eine „Loslösung" vom gesetzlichen Unterhaltstatbestand müssen **besondere Anhaltspunkte**[18] vorliegen (z. B. wenn überhaupt kein Unterhaltsanspruch gegeben wäre, bei früherem wirksamem Unterhaltsverzicht).

Überdies muss die gesetzliche Unterhaltspflicht lediglich **„betroffen"** sein, um eine familiengerichtliche Zuständigkeit zu begründen. Sie geht damit über eine Bindung an Unterhaltstatbestände im engeren Sinne (z. B. §§ 1601 ff. BGB) hinaus. Diese weite und aus § 23 b Nr. 5 und 6 GVG a. F. unverändert übernommene Formulierung[19] soll alle diejenigen Ansprüche erfassen, deren Zuweisung in den Zuständigkeitsbereich der Familiengerichte nach Sinn und Zweck der genannten Norm geboten erscheint. Sie begründet eine

2

2a

---

[13] Johannsen/Henrich/Büte, Familienrecht, Art. 111 FGG-RG Rn. 12
[14] BGH FamRZ 1978, 674
[15] BGH FamRZ 1997, 544, 545
[16] BGH FamRZ 1981, 19
[17] BGH FamRZ 2009, 219 Rn. 13
[18] BGH FamRZ 2004, 1546, 1547
[19] BGH FamRZ 1994, 626; 1978, 582, 584

vorrangige familiengerichtliche Spezialzuständigkeit.[20] Selbst wenn die gesetzliche Unterhaltspflicht nicht betroffen ist, führt dies nicht notwendig zur Verneinung einer familiengerichtlichen Zuständigkeit. Denn unter den Voraussetzungen von § 266 I FamFG unterliegen nunmehr weitere Familienstreitsachen (§ 112 Nr. 3 FamFG) aus Verlöbnis, Ehe vor und nach einer Scheidung, aus Eltern-Kind-Verhältnis und Umgangsrecht als sonstige Familiensachen der familiengerichtlichen Zuständigkeit. Allerdings dürfte vor dem Hintergrund der hierdurch erweiterten familiengerichtlichen Zuständigkeit durch die Einführung des Großen Familiengerichts[21] ein nunmehr eingeschränktes Verständnis der Zuständigkeit in Unterhaltssachen nicht angezeigt sein,[22] zumal der abschließende Zuständigkeitskatalog in § 266 I FamFG für eine allgemeine Auffangzuständigkeit keinen Raum lässt.[23]

Ob eine unterhaltsrechtliche Streitigkeit im Sinne von §§ 231, 269 FamFG vorliegt, richtet sich allein nach der Begründung des geltend gemachten Anspruchs; maßgebend ist das **tatsächliche Vorbringen** des Antragstellers, nicht dessen rechtliche Würdigung. Der familienrechtliche Charakter der Einwendung oder des Verteidigungsvorbringens ist bedeutungslos.[24]

Die gesetzliche Unterhaltspflicht „betreffen":

3 – Die Unterhaltsansprüche des minderjährigen oder volljährigen gemeinsamen Kindes gemäß §§ 1601 ff. BGB gegenüber seinen Eltern (und umgekehrt aller Vorfahren – Eltern, Großeltern, Tanten, Onkeln – gegenüber dem Kind),
– die Unterhaltsansprüche der in Gemeinschaft lebenden Ehegatten (§ 1360, § 1360 a BGB), z. B. Zahlung von Haushaltsgeld oder von Taschengeld,
– des getrennt lebenden Ehegatten (§ 1361 BGB),
– des geschiedenen Ehegatten gemäß §§ 1569 ff. BGB oder – bei Scheidung nach altem Recht – gemäß §§ 58 ff. EheG i. V. m. Art. 12 Nr. 3 S. 2 des 1. EheRG einschließlich des Unterhaltsbeitrags nach § 60 EheG,[25]
– die Unterhaltsansprüche der gebärenden oder Beerdigungskosten der infolge der Schwangerschaft verstorbenen Mutter gemäß §§ 1615 l I–III, 1615 m oder des betreuenden Vaters (§ 1615 l IV BGB),
– die in einer Scheidungsvereinbarung der Eltern gegenüber einem Elternteil festgelegte Verpflichtung zur Entrichtung gesetzlich begründeter Unterhaltsleistungen für ein gemeinsames Kind, auch wenn die Vereinbarung ohne Beteiligung des Kindes vor dem 1. Juli 1977 abgeschlossen worden ist,[26] ferner die vertragliche Vereinbarung der Eltern, in Höhe des Kindesunterhalts Lebensversicherungsverträge abzuschließen,[27]
– der Anspruch auf Befreiung von einer in einem Scheidungsvergleich übernommenen Unterhaltsverpflichtung,[28]
– der Anspruch auf Erstattung bereits erbrachter Unterhaltsleistungen,[29]
– nach OLG Hamm[30] Erstattungsansprüche hinsichtlich eines Versorgungsausgleichs als Nebenpflicht aus dem Unterhaltsverhältnis,
– ein Rechtsstreit über die Rückgewähr von Leistungen, die zum Zwecke der Erfüllung einer gesetzlichen Unterhaltspflicht erbracht worden sind,[31]
– der „Ausgleichsanspruch" eines Elternteils gegen den anderen wegen Unterhaltsleistungen für ein gemeinsames Kind,[32] auch wegen des Kindergelds,[33]

---

[20] BGH FamRZ 1983, 155
[21] BT-Drucks. 16/6308 S. 2
[22] Vgl. aber Johannsen/Henrich/Maier § 231 FamFG Rn. 9
[23] Keidel/Giers FamFG § 266 Rn. 4
[24] St. Rechtspr., z. B. BGH FamRZ 1985, 48; FamRZ 1980, 988; für die Prozessaufrechnung BGH FamRZ 1989, 166
[25] BGH NJW 1979, 2517
[26] BGH FamRZ 1978, 672
[27] BayObLG FamRZ 1983, 1246
[28] BGH FamRZ 1989, 603
[29] BGH FamRZ 1984, 217
[30] FamRZ 1994, 705
[31] BGH FamRZ 1978, 582
[32] BGH FamRZ 1978, 770
[33] BGH FamRZ 1980, 345

1. Abschnitt: Verfahrensgegenstand, Zuständigkeit und Gericht   § 10

- der Antrag auf Rückzahlung eines Verfahrenskostenvorschusses,[34]
- der Antrag auf Zahlung von Verfahrenskostenvorschuss zur Verteidigung gegen die Ehelichkeitsanfechtung,[35]
- der Streit um Kinderbetreuungskosten,[36]
- Sonderbedarf, z. B. Erstattung von Umzugskosten,[37]
- der Anspruch auf Befreiung von Krankheitskosten und auf Zahlung von Krankenhaustagegeld, die im Rahmen einer Familienversicherung für den begünstigten Ehegatten angefallen sind,[38]
- der Antrag auf Auskehrung von privaten Krankenkassenleistungen einschließlich Schadensersatz wegen Nichterfüllung,[39]
- der Antrag auf Schadensersatz wegen unterlassener Weiterleitung von Arztrechnungen an die Beihilfestelle,[40]
- der Antrag auf Beteiligung an den Zahlungen der Beihilfestelle und der Krankenkasse, soweit es um die Deckung tatsächlicher Krankheitskosten geht,[41]
- der Antrag des Unterhaltsberechtigten aus § 419 BGB,[42]
- die Schadensersatzforderung wegen eines Unterhaltstitels gemäß § 826 BGB,[43]
- der aus dem gesetzlichen Unterhaltsrechtsverhältnis zwischen den Ehegatten hergeleitete Anspruch auf Zustimmung zum sog. steuerlichen Realsplitting gemäß § 10 I Nr. 1 EStG,[44]
- der Antrag gegen den Ehegatten auf Ersatz der außergerichtlichen Kosten für die Geltendmachung des auf Grund des Realsplittings bestehenden Steuererstattungsanspruchs,[45]
- die Schadensersatzforderung wegen pflichtwidrig unterlassener Zustimmung zum steuerlichen Realsplitting,[46]
- der Antrag des Unterhaltsberechtigten gegen seinen geschiedenen oder von ihm dauernd getrennt lebenden Ehegatten auf Erstattung der ihm durch das begrenzte Realsplitting entstandenen Nachteile,[47]
- der Streit über Schadensersatz wegen verspäteter Erstattung der Steuermehrbelastung auf Grund steuerlichen Realsplittings,[48]
- die (vor dem 27. 6. 1993) übergeleiteten oder übergegangenen gesetzlichen Unterhaltsansprüche, z. B. gemäß § 90 BSHG (jetzt gemäß § 94 SGB XII, § 33 SGB II oder § 37 IV BAföG),[49]
- der Bereicherungsanspruch des Unterhaltsschuldners gegen den Sozialhilfeträger bei „Abzweigung" von Arbeitslosengeld,[50]
- der wechselseitige Verzicht von Ehegatten auf Unterhalt,[51]

---

[34] OLG München FamRZ 1978, 601; OLG Zweibrücken FamRZ 1981, 1090
[35] OLG Koblenz FamRZ 1982, 402
[36] OLG Hamburg FamRZ 1985, 407; a. A. BGH FamRZ 1978, 873 bei Unterhaltsverzicht der Ehefrau und eigener Regelung des Kindesunterhalts
[37] BGH FamRZ 1985, 49
[38] BGH FamRZ 1994, 626; z. T. a. A. OLG Hamm FamRZ 1991, 206
[39] OLG Düsseldorf MDR 1994, 278
[40] AG Charlottenburg FamRZ 1993, 714
[41] A. A. OLG München FamRZ 1986, 74 mit abl. Anm. v. Rassow; vgl. OLG Hamm FamRZ 1987, 1142
[42] Vermögensübernahme; OLG Frankfurt FamRZ 1983, 196; a. A. OLG München FamRZ 1978, 48; offengelassen OLG Frankfurt FamRZ 1988, 734; die Vorschrift ist aufgehoben durch EGInsO-ÄndG v. 19. 12. 1998 und dem. Art 223 a EGBGB weiterhin anzuwenden, soweit die Vermögensübernahme bis zum 31. 12. 1998 wirksam geworden ist.
[43] OLG Düsseldorf FamRZ 1980, 376; OLG Karlsruhe FamRZ 1982, 400
[44] Vgl. BGH FamRZ 1984, 1211
[45] OLG Zweibrücken NJW-RR 1993, 644
[46] OLG Köln NJW-RR 1987, 456; a. A. OLG München FamRZ 1983, 614
[47] BGH FamRZ 2008, 40
[48] OLG Zweibrücken FamRZ 1992, 830
[49] BGH VersR 1979, 375; OLG München FamRZ 1978, 48
[50] OLG Düsseldorf FamRZ 1992, 481
[51] BGH FamRZ 1981, 19

– das Verfahren über einn Vollstreckungsabwehrantrag, wenn und soweit der Vollstreckungstitel, gegen den sie sich richtet, einen Unterhaltsanspruch nach §§ 231 I, 269 FamFG zum Gegenstand hat,[52] auch dann, wenn Verwirkung des titulierten gesetzlichen Unterhaltsanspruchs geltend gemacht wird,[53]
– das Verfahren über die Vollstreckbarerklärung eines ausländischen Titels, wenn der Titel nach deutschem Recht Unterhaltsansprüche im Sinne der §§ 231 I, 269 FamFG betrifft,[54]
– der Antrag auf Abänderung eines Unterhaltstitels,[55] auch diejenige gemäß § 641 q ZPO a. F.,[56]
– der Antrag auf Ausspruch der Erledigung des Rechtsstreits,[57]
– das sog. Drittschuldnerverfahren,[58]
– das Arrestverfahren oder das einstweilige Verfügungsverfahren, wenn das Hauptsacheverfahren Familiensache wäre,[59]
– die eng mit einem Unterhaltsverfahren zusammenhängenden Nebenverfahren, z. B. das Verfahren, in dem ein Richter in Unterhaltssachen als befangen abgelehnt wird gem. § 45 II ZPO,[60]
– die Kosten aus einer Familiensache,[61]
– das Kostenfestsetzungsverfahren,[62]
– das Verfahrenskostenhilfeverfahren, soweit es nicht ausschließlich die Zwangsvollstreckung betrifft,[63]
– die Erstattung außerprozessualer Kosten für die Geltendmachung gesetzlicher Unterhaltsansprüche,[64]
– der Antrag auf Erstattung der im Rahmen eines Vollstreckungsabwehrverfahrens gegen einen Unterhaltstitel entstandenen Kosten,[65]
– der Schadensersatz aus § 717 II ZPO wegen der Kosten eines Unterhaltsverfahrens,[66]
– der Antrag auf Schadensersatz wegen Zinsen auf überzahlten Unterhalt,[67]
– der Antrag des Unterhaltsgläubigers auf Einwilligung zur Auszahlung eines gepfändeten und hinterlegten Betrages,[68]
– die den gesetzlichen Unterhaltsanspruch vorbereitenden Auskunftsansprüche;[69]
– die Schadensersatzforderung wegen Verschweigens von Einkünften im Unterhaltsverfahren,[70]
– der Ausgleichsanspruch wegen gezahlter Mieten,[71]
– die Unterzeichnung der Anlage „U" durch den Unterhaltsgläubiger i. R. d. begrenzten Realsplittings sowie die Berücksichtigung von Familienfreibeträgen,[72]
– das vereinfachte Verfahren über den Unterhalt Minderjähriger nach §§ 249–260 FamFG,
– Streitigkeiten über die elterliche Unterhaltsbestimmung nach § 1612 II BGB.

---

[52] St. Rechtspr., z. B. BGH FamRZ 1981, 19
[53] BGH FamRZ 1979, 910
[54] BGH FamRZ 1988, 491
[55] St. Rechtspr., z. B. BGH FamRZ 1979, 907
[56] OLG Frankfurt FamRZ 1978, 348; OLG Hamm FamRZ 1980, 190
[57] BGH FamRZ 1981, 19
[58] OLG Hamm FamRZ 1985, 407
[59] BGH FamRZ 1980, 46; OLG Stuttgart FamRZ 1978, 704; allg. M.
[60] BGH FamRZ 1986, 1197
[61] BGH FamRZ 1981, 19
[62] BGH FamRZ 1978, 585
[63] Vgl. BGH FamRZ 1979, 421
[64] OLG Braunschweig FamRZ 1979, 719
[65] OLG Hamm FamRZ 1988, 1291
[66] OLG Düsseldorf FamRZ 1988, 298
[67] OLG Düsseldorf FamRZ 1988, 298
[68] OLG Düsseldorf FamRZ 1988, 298
[69] BGH FamRZ 1985, 367
[70] OLG Hamm NJW-RR 1991, 1349
[71] OLG Schleswig SchlHA 1979, 144
[72] AG Gelnhausen FamRZ 1988, 510

1. Abschnitt: Verfahrensgegenstand, Zuständigkeit und Gericht   § 10

2. Die Nichtunterhaltssachen

Die gesetzliche Unterhaltspflicht „**betreffen**" nicht:
- rein vertragliche, vom Gesetz losgelöste Unterhaltsansprüche;[73] eine solche Loslösung ist nur ganz ausnahmsweise anzunehmen,[74] **4**
- Klagen von Dritten gegen Eltern gemeinsamer Kinder auf Ersatz ihrer Aufwendungen für den Unterhalt der Kinder, etwa aus Geschäftsführung ohne Auftrag,[75]
- diejenigen Verrichtungen, die im VIII. Buch der ZPO (Zwangsvollstreckung) den Vollstreckungsgerichten zugewiesen sind,[76]
- Verfahren wegen der Vergütung eines Rechtsanwalts für geleistete Beratungshilfe, auch dann, wenn ihr Gegenstand bei gerichtlicher Geltendmachung eine Familiensache wäre,[77] auch nicht die Gebührenklage gemäß § 34 ZPO,[78]
- die Klage aus der Vereinbarung, eine Schuld des Ehegatten aus Anwaltsvertrag mitzutragen,[79]
- die Bestimmung des Anspruchsberechtigten gem. § 3 IV BKGG,[80]
- die Klage auf Auskunftserteilung gegen den Unterhaltsschuldner nach § 836 III ZPO,[81]
- der Streit über die Tilgung gemeinsamer Schulden,[82]
- der Antrag auf Gesamtschuldnerausgleich gemäß § 426 BGB,[83]
- der Antrag eines Ehegatten gegen den anderen auf Freistellung von Verbindlichkeiten gegenüber einer Bank,[84]
- Ausgleichsansprüche wegen Verfügung über ein gemeinschaftliches Bankkonto,[85]
- das Verlangen nach Teilhabe am Lohnsteuerjahresausgleich,[86]
- das Verlangen nach Zustimmung zum Lohnsteuerermäßigungsantrag oder auf Stellung eines eigenen Lohnsteuerermäßigungsantrags,[87]
- der Antrag auf Aufteilung der Steuerrückerstattung,[88]
- das Verlangen nach Mitwirkung bei der steuerlichen Zusammenveranlagung,[89]
- der Antrag auf Schadensersatz wegen Verweigerung der Mitwirkung bei der steuerlichen Zusammenveranlagung,[90]
- der Antrag auf Herausgabe des Steuerbescheids und auf Schadensersatz wegen Nichtzustimmung zur gemeinsamen steuerlichen Veranlagung zur Einkommensteuer,[91]
- der Antrag des Scheinvaters auf Ersatz der im Anfechtungsverfahren angefallenen Kosten;[92] davon zu unterscheiden sind die für das Kind erbrachten Unterhaltsleistungen; wegen des Forderungsübergangs gemäß § 1607 III S. 2 BGB handelt es sich insoweit um eine Unterhaltssachen (§ 231 I FamFG),

---

[73] BGH FamRZ 1979, 220
[74] BGH FamRZ 2004, 1546, 1547; 2009, 219 Tz. 13
[75] BGH FamRZ 1979, 218
[76] BGH FamRZ 1979, 421
[77] BGH FamRZ 1984, 774
[78] BGH FamRZ 1986, 347; zum Anspruch auf „Beraterhonorar im Rahmen einer Scheidungsfolgenvereinbarung" BGH FamRZ 1988, 1036
[79] OLG Düsseldorf FamRZ 1991, 1070
[80] OLG Hamm FamRZ 1981, 63: zuständig Vormundschaftsgericht; a. A. OLG Frankfurt FamRZ 1979, 1038: Familiensache
[81] Überweisung einer gepfändeten Geldforderung, OLG Nürnberg FamRZ 1979, 524
[82] OLG Düsseldorf FamRZ 1986, 180
[83] Gesamtschuldnerausgleich; allg. M., z. B. aus BGH FamRZ 1987, 1239
[84] OLG Nürnberg FamRZ 1994, 838
[85] OLG Zweibrücken FamRZ 1987, 1138; OLG Köln FamRZ 1987, 1139
[86] BGH FamRZ 1980, 554; OLG Hamm FamRZ 1988, 518; OLG Hamburg FamRZ 1982, 507
[87] BayObLG FamRZ 1985, 947
[88] OLG Düsseldorf FamRZ 1985, 82
[89] H. M.; vgl. dazu BGH FamRZ 1977, 38: damals gab es noch keine Familiengerichte, OLG Köln NJW-RR 1993, 454; OLG Stuttgart FamRZ 1992, 1447
[90] OLG München FamRZ 1983, 614; a. A. OLG Köln NJW-RR 1987, 456
[91] OLG Hamm FamRZ 1991, 1070
[92] OLG Thüringen FamRZ 2003, 1125; a. A. OLG Hamm FamRZ 2005, 1844

- die Übertragung des Kfz-Schadensfreiheitsrabatts auf einen Dritten,[93]
- der Anspruch auf Auskehrung des Krankenhaustagegeldes und des Genesungsgeldes,[94]
- der Anspruch des Unterhaltspflichtigen auf Erstattung zu Unrecht abgezweigter Sozialleistungen,[95]
- die Auseinandersetzung der Eltern über Beerdigungskosten ihres Kindes,[96]
- die Geltendmachung von Ansprüchen gegen den Übernehmer nach § 419 BGB, soweit sie auf der durch die Ehe begründeten gesetzlichen Unterhaltspflicht beruhen, wenn bereits ein entsprechender Unterhaltstitel vorliegt.[97]

Streiten Unterhaltsberechtigter und Unterhaltspflichtiger im Insolvenzverfahren darüber, ob ein titulierter Unterhaltsrückstand im Zusammenhang mit einer vorsätzlichen unerlaubten Handlung steht, handelt es sich, da hier die deliktsrechtliche Natur des Anspruchs im Vordergrund steht, nicht im eine Unterhaltssache.

Auch wenn hiernach in den vorstehend aufgeführten Angelegenheiten nach Maßgabe unterhaltsrechtlicher Betrachtung eine familiengerichtliche Zuständigkeit nicht gegeben ist, kann eine solche in Einzelfällen gleichwohl gegeben sein, soweit die Auseinandersetzung zwischen den Beteiligten den Anforderungen an eine sonstige Familiensache nach § 266 I FamFG entspricht.

3. Mischverfahren

5   Andere Familienstreitsachen (§ 112 Nr. 2 und 3 FamFG) können, da sie **derselben Verfahrenart** folgen, gemeinsam mit Unterhaltssachen nach §§ 231 I, 269 FamFG gerichtlich verfolgt werden, Ehesachen und andere Familiensachen (vgl. § 111 FamFG) allerdings nur, soweit dies gesetzlich ausdrücklich geregelt ist (§§ 126 II, 137 FamFG). Andere **prozessuale Ansprüche** als Familiensachen können nicht, auch nicht durch Antragshäufung (§ 260 ZPO) oder durch Widerklage (§ 33 ZPO) oder hilfsweise, zusammen mit Unterhaltssachen beim Familiengericht geltend gemacht werden.[98] Steht eine Familiensache mit einer Nichtfamiliensache im Verhältnis von **Haupt- und Hilfsanspruch**, so ist zunächst das Familiengericht für den Hauptanspruch zuständig. Nach dessen Abweisung kommt Verweisung an das für den Hilfsanspruch zuständige Gericht in Betracht.[99]

Zulässig und vom Familiengericht mitzuerledigen ist jedoch die nichtfamilienrechtliche **Hilfsbegründung** eines einzigen einheitlichen prozessualen Anspruchs.[100]

Beispiel:
Antrag auf 2500 € wegen Unterhaltsüberzahlung, hilfsweise wegen Missbrauchs der Bankvollmacht für das Geschäftskonto.

Werden in einem Scheidungsfolgenvergleich Ansprüche zur einheitlichen Auseinandersetzung sowohl familienrechtlicher als auch allgemeiner – nicht der Zuständigkeitsregelung des § 266 I FamFG unterliegender – vermögensrechtlicher Beziehungen der Ehegatten begründet, und ist keine Zuordnung bestimmter Ansprüche nur zu einem der beiden Regelungsbereiche möglich, dann ist der Rechtsstreit wegen aller Ansprüche Familiensache.[101]

Zulässig und wirksam ist die **Aufrechnung** mit einem familienrechtlichen Anspruch. Der Rechtsstreit wird dadurch jedoch nicht zur Familiensache.[102]

---

[93] OLG Stuttgart FamRZ 1989, 763; OLG Köln FamRZ 2003, 622
[94] OLG Hamm FamRZ 1991, 206; zum Krankenhaustagegeld a. A. BGH FamRZ 1994, 626, s. o.
[95] BGH Ez FamR aktuell 1993, 143
[96] OLG Schleswig SchlHA 1981, 1978
[97] AG Westerstede FamRZ 1995, 1279
[98] BGH FamRZ 1986, 347
[99] BGH FamRZ 1981, 1047
[100] BGH FamRZ 1983, 155
[101] BGH FamRZ 1981, 19
[102] BGH FamRZ 1989, 166

1. Abschnitt: Verfahrensgegenstand, Zuständigkeit und Gericht § 10

Für den umgekehrten Fall (Aufrechnung mit einer Zivilforderung gegen einen familienrechtlichen Anspruch) vgl. OLG Köln, FamRZ 1992, 450.

In beiden Fällen ist das jeweilige Gericht gehalten, über die zur Aufrechnung gestellte Gegenforderung mit zu entscheiden (§ 145 ZPO) oder insoweit das Verfahren unter Fristsetzung mit der Aufforderung zur gerichtlichen Geltendmachung bei dem zuständigen Gericht auszusetzen (§ 148 ZPO).[103]

III. Das Familiengericht

1. Die sachliche Zuständigkeit

a) Zuständigkeit in 1. Instanz. Gemäß §§ 23 a I Nr. 1 GVG, 111 Nr. 8 FamFG **6** besteht die erstinstanzliche Zuständigkeit für Streitigkeiten, die die gesetzliche Unterhaltspflicht betreffen, bei den **Amtsgerichten**. Darüber hinaus bestimmt § 23 b I GVG, dass bei diesen Gerichten für die Behandlung von Familiensachen (§ 111 FamFG) Familiengerichte (Abteilungen für Familiensachen) als **besondere Spruchkörper** zu bilden sind. Deren Einrichtung und Aufgabenzuweisung sind dadurch gerichtsverfassungsrechtlich zwingend vorgegeben[104] und zugleich abweichenden Regelungen bei der Geschäftsverteilung (§ 21 e GVG) entzogen. Das Präsidium übt einen beschränkten Einfluss allein aus bei der personellen Besetzung des Familiengerichts und, sofern mehrere Abteilungen für Familiensachen bei einem Amtsgericht bestehen, wenn zwischen diesen Zuständigkeitsstreitigkeiten bestehen. Liegt ein solcher vor im Verhältnis zwischen dem Familiengericht und (z. B.) der Abteilung für Zivilprozesssachen desselben Amtsgericht, ist zu bedenken, dass die **Familiensachen** nunmehr als **eigenständige Zivilsachen** neben die bürgerlichen Rechtsstreitigkeiten getreten sind (§ 13 GVG). Demgemäß bestimmt der Streit die Zulässigkeit des Rechtswegs. Die Entscheidung hierüber ist gemäß § 17 a VI GVG im Verfahren nach § 17 a I bis V GVG zu führen.[105] Dies soll sicherstellen, dass in einem frühen Verfahrensstadium Streitigkeiten zur Zulässigkeit des Rechtswegs vorab rechtskräftig geklärt werden (§ 17 a IV GVG). Verweist die Zivilprozessabteilung im Verfahren gemäß § 17 a II GVG eine Nichtfamiliensache an das Familiengericht, ist die Entscheidung, sofern nicht gemäß § 17 a IV S. 3 GVG angefochten wird, wirksam und bindend. In der rechtlichen Beurteilung der Nichtfamiliensache bleibt das Gericht allerdings frei, weil lediglich der Rechtsweg zum Familiengericht verbindlich bleibt.[106]

Zweck des § 23 b GVG ist es, eine **Konzentration der Zuständigkeit** für alle ehebezogenen Verfahren zu schaffen und den Beteiligten hierfür einen Richter mit der als notwendig erachteten besonderen Sachkunde zur Verfügung zu stellen.[107] Ob eine Familiensache vorliegt, richtet sich nach der Begründung des geltend gemachten Anspruchs, bei Auslandsberührung nach deutschem Recht als der lex fori.[108]

b) Zuständigkeit in 2. Instanz. In der zweiten Instanz sind die Oberlandesgerichte **7** sachlich zuständig für die Entscheidung über Rechtsmittel in den von den Familiengerichten entschiedenen Sachen (§ 119 I Nr. 1 a GVG). Aufgrund der formellen Anknüpfung besteht eine Zuständigkeit hier auch dann, wenn materiell eine Nichtfamiliensache vorliegt. Es kommt lediglich darauf an, ob die allgemeine Prozessabteilung oder die Abteilung für Familiensachen (bei kleineren Amtsgerichten der allgemeine Zivilrichter oder der Familienrichter) die angefochtene Entscheidung erlassen hat.[109] Auf den Charakter der Rechtsstreitigkeit kommt es nicht mehr an.[110] Ergeben sich auf Grund unterschiedlicher Kenn-

---

[103] BGH FamRZ 1989, 166, 167
[104] Hüßtege in Thomas/Putzo, ZPO, § 23 b GVG Rn. 4
[105] Zimmermann, Das neue FamFG, Rn. 4
[106] BGH FamRZ 1980, 557
[107] BGH FamRZ 1980, 46
[108] BGH FamRZ 1983, 155
[109] BGH FamRZ 1992, 665
[110] BGH FamRZ 1993, 690

zeichnung des Gerichts und des Verfahrensgegenstands Zweifel darüber, ob das Amtsgericht als Familiengericht oder als allgemeines Prozessgericht entschieden hat, kann der Beteiligte die Entscheidung nach dem **Meistbegünstigungsgrundsatz** sowohl beim Landgericht als auch beim Oberlandesgericht anfechten.[111] Etwas anderes gilt nur, wenn eine Zuständigkeitsrüge in zulässiger Weise erhoben wurde. Zu verhandeln und zu entscheiden hat ein Familiensenat des OLG, solange nicht in zulässiger Weise gerügt ist, dass keine Familiensache gegeben sei.[112] Die Anwendung des Meistbegünstigungsgrundsatzes in dieser Konstellation dürfte aber zukünftig an Bedeutung verlieren, da die jeweiligen Verfahrensordnungen (ZPO oder FamFG) in den Entscheidungsformen (Endurteil oder Endbeschluss) so weit voneinander abweichen, dass bei verfahrenskonformer Vorgehensweise die jeweils entscheidende Abteilung für die Rechtsmittelinstanz „ad occulos" bekannt werden dürfte.

Hat das OLG eine Sache ausdrücklich als Familiensache behandelt, ist der BGH daran gebunden.[113] Wenn die allgemeine Prozessabteilung des Amtsgericht fälschlich über eine Familiensache entschieden hat, wahrt nur eine beim Landgericht eingelegte Berufung die Rechtsmittelfrist; ist beim OLG Rechtsmittel eingelegt, kommt eine Verweisung weder an das Landgericht noch an das Familiengericht in Betracht: das Rechtsmittel ist vielmehr wegen mangelnder Zuständigkeit als unzulässig zu verwerfen.[114] Ein etwaiger Verweisungsbeschluss ist nicht bindend.[115] Hat das Familiengericht eine Familiensache fälschlich, aber bindend, an das Landgericht verwiesen, kann bei Berufung das Oberlandesgericht prüfen, ob eine Familiensache vorliegt. Zuständig ist der Familiensenat jedenfalls dann, wenn der Beklagte der Verweisung noch vor dem Familiengericht widersprochen hat und vor dem OLG die Zuständigkeit des allgemeinen Zivilsenats rügt.[116] Bei einem in der Rechtsmittelinstanz erstmals erhobenen Anspruch prüft das OLG wie ein Erstgericht, ob eine Familiensache vorliegt, und zwar von Amts wegen.

2. Die örtliche Zuständigkeit

8 Die örtliche Zuständigkeit in familienrechtlichen Unterhaltsstreitigkeiten beurteilt sich grundsätzlich nach den zivilprozessualen Regeln, die für den allgemeinen Gerichtsstand gelten (§ 232 III S. 1 FamFG i. V. m. §§ 12 ff. ZPO), allerdings mit der Maßgabe, dass an die Stelle des Wohnsitzes der **gewöhnliche Aufenthalt** des **Antragsgegners** tritt. Indessen wird diese Zuständigkeit in den meisten Fällen verdrängt durch einen ausschließlichen oder auch nur besonderen Gerichtsstand.

a) Ehesache. Dies gilt zunächst für die Zuständigkeit bei **Anhängigkeit einer Ehesache** (§ 232 I Nr. 1 FamFG). Maßgebender Zeitpunkt ist die Einreichung der Antragsschrift zur Hauptsache (§ 124 S. 1 FamFG). Ein Verfahrenskostenhilfegesuch genügt nicht. Das Familiengericht der Ehesache ist – auch bei isoliert betriebenen Unterhaltssachen – **ausschließlich zuständig** für die durch die Ehe und, sofern es sich um gemeinschaftliche Kinder handelt, durch Verwandtschaft begründete gesetzliche Unterhaltspflicht (§ 231 I Nr. 1 FamFG). Das Alter der Kinder spielt keine Rolle. Eine Zuständigkeit nach § 232 I Nr. 1 FamFG ist auch gegeben, wenn bei Anhängigkeit der Ehesache die Unterhaltsansprüche aus übergegangenem Recht verfolgt werden. Maßgebend ist allein die **Rechtsnatur** des verfolgten **Unterhaltsanspruchs**. Die Rechtsverfolgung des Kindesunterhalt im vereinfachten Verfahren gemäß §§ 249 ff. FamFG nimmt an der örtlichen Zuständigkeit aus § 232 I Nr. 1 FamFG nicht teil. Insoweit bleibt es bis zum Abschluss des vereinfachten Verfahrens bei einer örtlichen Zuständigkeit gemäß § 232 I Nr. 2 FamFG. Die ausschließliche Zuständigkeit infolge der Ehesache greift auch dann, wenn das Gericht der Ehesache an sich örtlich unzuständig ist. Ein Anderes gilt nur im Fall des **Rechtsmissbrauchs**. So

---

[111] BGH FamRZ 1995, 219
[112] BGH FamRZ 1989, 165
[113] BGH FamRZ 2009, 219 Rn. 6
[114] BGH FamRZ 1991, 682
[115] BGH FamRZ 1991, 682
[116] BGH FamRZ 1994, 25

1. Abschnitt: Verfahrensgegenstand, Zuständigkeit und Gericht § 10

vermag ein vorsätzlich ohne Einhaltung des Trennungsjahres eingereichter Scheidungsantrag die Zuständigkeit der Ehesache nicht zu begründen.[117]

Sind unterhaltsrechtliche Streitigkeiten i. S. von § 232 I Nr. 1 FamFG bei einem anderen **9** Gericht im ersten Rechtszug anhängig, kommt es für diese Streitsachen mit **Rechtshängigkeit** der Ehesache zur **Zuständigkeitskonzentration** bei dem Gericht der Ehesache, die durch Verweisung von Amts wegen herzustellen ist (§ 233 S. 1 FamFG). Dies gilt für den im **vereinfachten Verfahren** (§ 249 FamFG) verfolgten Kindesunterhalt nach Übergang in das streitige Verfahren (§ 255 FamFG) entsprechend. Nach ihrem rechtskräftigen Abschluss oder einer anderweitigen Erledigung der Hauptsache begründet die Ehesache, selbst wenn noch Folgesachen anhängig sind, die örtliche Zuständigkeit für weitere Unterhaltsverfahren nicht mehr. Die Zuständigkeit aus § 232 I Nr. 1 FamFG entfällt hier bereits dann, wenn die Anhängigkeit der Ehesache endet, bevor der Antrag in der neuen Unterhaltssache dem Antragsgegner zugestellt worden ist.[118] Will die Unterhaltsberechtigte rückständigen Trennungsunterhalt nach Rechtskraft des Scheidungsausspruchs noch geltend machen oder auch erstmalig nachehelichen Unterhalt, kann sie sich, selbst wenn Folgesachen noch erst- oder zweitinstanzlich zu entscheiden sind, auf die ausschließliche Zuständigkeit der Ehesache nicht mehr berufen. Die örtliche Zuständigkeit beurteilt sich vielmehr nach § 232 III FamFG und kann dazu führen, dass die mit der Zuständigkeitskonzentration verbundenen Vorteile verloren gehen. Hat sich allerdings die Anhängigkeit der Ehesache zuständigkeitsbegründend im Sinne von § 232 I Nr. 1 FamFG ausgewirkt, bleibt es bei diesem Gerichtsstand (perpetuatio fori) auch dann, wenn die Anhängigkeit endet (§ 113 I S. 2 FamFG i. V. m. § 261 III Nr. 2 ZPO).

Da es sich bei dem örtlichen Gerichtsstand der Ehesache um einen **ausschließlichen** **10** **Gerichtsstand** handelt, können die Beteiligten weder durch Vereinbarung noch durch rügeloses Verhandeln anderweitig eine Zuständigkeit begründen (§§ 113 I S. 2 FamFG, 40 II ZPO). Dies betrifft allerdings zunächst nur das Verhältnis zu nicht ausschließlichen Gerichtsständen. Zu Kollisionen insoweit kann es allerdings bezogen auf unterhaltsrechtliche Streitigkeiten kommen, wenn der Gerichtsstand der Ehesache etwa mit vollstreckungsrechtlichen Verfahren (§ 767 ZPO) konkurriert, für die § 802 ZPO ebenfalls einen ausschließlichen Gerichtsstand vorgibt. Bisher wurde in einer entsprechenden Konstellation für ein **Vollstreckungsabwehrverfahren**, die eine Unterhaltssache betraf, mit der aber keine Regelung für den Fall der Scheidung begehrt wurde, auch dann das Verfahrensgericht des ersten Rechtszugs i. S. d. § 767 I ZPO als ausschließlich zuständig angesehen, wenn eine Ehesache anhängig war oder während des Verfahrens anhängig wurde. Den Regelungen in § 621 II S. 1 und III ZPO a. F. kam hiernach kein Vorrang zu.[119] Nunmehr regelt § 232 II FamFG, dass der ausschließliche Gerichtsstand der Ehesache jedweden anderen außergerichtlichen Gerichtsstand verdrängt. Damit hat sich der Gesetzgeber gegen eine Übernahme der bisherige Rechtsprechung[120] entschieden, die durch eine vorrangige Zuständigkeit des Verfahrensgericht des ersten Rechtszugs sicherstellen wollte, daß die von diesem Gericht im Vorverfahren erworbene Sachkunde für das Vollstreckungsabwehrverfahren ausgenutzt werden konnte. Nunmehr steht die jeweils aktuelle Situation im Vordergrund. Für die Fallkenntnisse über das Vorverfahren sollen die Verfahrensakten beigezogen werden.[121]

Im **Arrestverfahren** besteht für das Arrestgericht eine ausschließliche Zuständigkeit gemäß § 919 ZPO, die allerdings nunmehr ebenfalls bei Anhängigkeit einer Ehesache durch deren Zuständigkeit gemäß § 232 II FamFG verdrängt wird. Geht ein Ehegatte während der Anhängigkeit der Ehesache gegen den anderen Ehegatten aus einer notariellen Urkunde über den Trennungsunterhalt im Wege des Vollstreckungsabwehrverfahrens vor, ist das Gericht der Ehesache zuständig.

b) Kindesunterhalt. Ohne Anhängigkeit einer Ehesache begründet § 232 I Nr. 2 **11** FamFG eine weitere – gegenüber § 232 I Nr. 1 FamFG allerdings nachrangige[122] – aus-

---

[117] So KG FamRZ 1989, 1105
[118] BGH FamRZ 1981, 23
[119] BGH FamRZ 1980, 346
[120] BGH FamRZ 2001, 1705
[121] BT-Drucks. 16/6308 S. 255
[122] Keidel/Weber FamFG § 232 Rn. 8; vgl. auch BT-Drucks. 16/6308 S. 255

schließliche Zuständigkeit. Sie erfasst die **Unterhaltspflichten** gegenüber **minderjährigen Kindern** oder unverheiratet volljährigen bis zur Vollendung des 21. Lebensjahres, soweit letztere im Hauhalt eines Elternteils leben und sich in der allgemeinen Schulausbildung befinden (§ 1603 II S. 2 BGB). Neu ist die Einbeziehung dieser **privilegierten volljährigen Kinder**. Damit entfällt die in der Rechtsprechung[123] bejahte Notwendigkeit, im Wege der Analogie (§ 642 III ZPO a. F.) eine gemeinsame örtliche Zuständigkeit bei gleichzeitiger Geltendmachung von Unterhaltsansprüchen minderjähriger und privilegierter volljähriger Kinder aus derselben Familie zu begründen, um insbesondere einander widersprechende Entscheidungen zu vermeiden. Von einer in der Reformdiskussion angeregten Einbeziehung auch der nicht privilegierten Volljährigen hat der Gesetzgeber abgesehen.[124]

Im Unterschied zu § 642 I S. 1 ZPO a. F. ist die Zuständigkeit nicht mehr auf die elterliche Unterhaltspflicht begrenzt, so dass hier nunmehr auch eine Zuständigkeit für Unterhaltsansprüche gegenüber den Großeltern (Enkelunterhalt) gegeben ist. Da § 232 I Nr. 2 FamFG mit der **betroffenen Unterhaltspflicht** auf den **Verfahrensgegenstand** abstellt, kommt es nicht darauf an, ob die unterhaltsberechtigten Kinder bei Rechtshängigkeit noch minderjährig sind oder noch unter den Voraussetzungen von § 1603 II S. 2 BGB mit einem Elternteil leben. Abzustellen ist allein darauf, dass der geltend gemachte Unterhalt zumindest zum Teil noch den **Unterhaltszeitraum** der Minderjährigkeit oder der so genannten privilegierten Volljährigkeit erfasst. Deshalb kann in diesem Gerichtsstand das volljährige Kind rückständigen Kindesunterhalt aus der Zeit seiner Minderjährigkeit geltend machen. Daraus folgt ferner, dass eine örtliche Zuständigkeit nach § 232 I Nr. 2 FamFG auch dann besteht, wenn Dritte als **Rechtsnachfolger** (z. B. Sozialleistungsträger) die Ansprüche auf Zahlung von Kindesunterhalt weiterverfolgen.

12 Dessen ungeachtet ist nur das Gericht örtlich zuständig, in dessen Bezirk das Kind oder der Elternteil, der auf Seiten des minderjährigen Kindes zu handeln befugt ist, im Zeitpunkt der **Rechtshängigkeit**[125] seinen gewöhnlichen Aufenthalt hat. Demzufolge besteht, wie nach § 642 I S. 1 ZPO a. F., ein **Wahlrecht** zwischen dem **gewöhnlichen Aufenthaltsort** des Kindes und dem des jeweiligen Elternteils. Auf den Wohnsitz kommt es im Unterschied zur Altregelung nicht mehr an. Seinen gewöhnlichen Aufenthalt hat eine Person an dem Ort, an dem der tatsächliche Mittelpunkt seines Lebens liegt, der zudem bestimmt ist durch eine familiäre und berufliche Einbindung und auf Dauer angelegt ist,[126] ohne dass es auf einen entsprechenden Willen ankommt.[127] Als Elternteil kommt nur derjenige in Betracht, zu dessen Gunsten die entsprechende **Handlungsbefugnis** streitet. Diese erfasst sowohl die gesetzliche Vertretung des minderjährigen Kindes als auch die Verfahrensstandschaft (§ 1629 III S. 1 BGB).

Da verfahrensspezifisch die Unterhaltspflicht nur „betroffen" sein muss, besteht die ausschließliche Zuständigkeit unabhängig davon, ob aus der Sicht des unterhaltsberechtigten Kindes das Verfahren als **Aktiv- oder Passivverfahren** geführt wird. Will der Unterhaltspflichtige gegen mehrere unterhaltsberechtigte Kinder vorgehen, besteht in Ansehung insbesondere des Wahlrechts die Möglichkeit, dass verschiedene Gerichte ausschließlich zuständig sind. Will der Unterhaltspflichtige gleichwohl eine einheitliche streitgenössische Verfahrensführung (§ 60 ZPO) sicherstellen, muss er in einem Verfahren nach § 36 I Nr. 3 und II ZPO auf eine Bestimmung der örtlichen Zuständigkeit hinwirken. Die ausschließliche Zuständigkeit nach § 232 I Nr. 2 Halbs. 2 FamFG besteht, wenn das **Kind oder ein Elternteil** seinen gewöhnlichen Aufenthalt im **Ausland** hat. Unerheblich ist, ob es sich um den handlungsbefugten Elternteil handelt. Die Regelung erschöpft sich in der Klarstellung, dass der deutsche Gesetzgeber die in § 232 I FamFG geregelte ausschließliche Zuständigkeit eines ausländischen Gerichts in Unterhaltssachen nicht festlegen kann. Besteht für das Kind oder ein Elternteil der gewöhnliche Aufenthalt im Ausland, ist die örtliche Zuständigkeit eines Gerichts im Inland nach § 232 III FamFG zu beurteilen.

---

[123] OLG Oldenburg FamRZ 2005, 1846
[124] BT-Drucks. 16/6308 S. 383 und S. 418
[125] OLG Hamm FamRZ 2008, 1007
[126] BGH FamRZ 2002, 1182
[127] Bork/Jacoby/Schwab/Löhnig FamFG § 122 Rn. 4

1. Abschnitt: Verfahrensgegenstand, Zuständigkeit und Gericht § 10

Unabhängig vom Nachrang gegenüber dem Gerichtsstand der anhängigen Ehesache besteht für die örtliche Zuständigkeit nach § 232 I Nr. 2 FamFG ein **Vorrang** (§ 232 II FamFG) auch gegenüber anderen ausschließlichen Zuständigkeiten (wegen der weiteren Einzelheiten vgl zunächst die Ausführungen vorstehend zu Rn 10/11). Ausgenommen hiervon ist die Geltendmachung von Kindesunterhalt im Verfahren nach § 237 II FamFG. Hier besteht eine **ausschließliche Zuständigkeit** für das Gericht, bei dem das Verfahren auf Feststellung der Vaterschaft anhängig ist.[128] Beide Verfahren sollen nach dem Willen des Gesetzgebers miteinander verbunden werden können (§ 179 I S. 2 FamFG).[129] Das **Abstammungsverfahren** stellt für seine ausschließliche Zuständigkeit in erster Linie auf den gewöhnlichen Aufenthaltsort des Kindes ab (§ 170 I FamFG).

c) **Wahlgerichtsstand.** Neben den Bestimmungen über eine ausschließliche örtliche Zuständigkeit gewährt § 232 III S. 2 Nr. 1 FamFG einen so genannten **„temporären Wahlgerichtsstand"**[130] (§ 113 I S. 2 i. V. m. § 35 ZPO) für die gleichzeitige Geltendmachung von Unterhaltsansprüchen eines Ehegatten oder eines Elternteils aus § 1615l BGB im Gerichtsstand von Unterhaltsansprüchen des Kindes aus der entsprechenden Beziehung, und zwar auch wenn diese im vereinfachten Verfahren geltend gemacht werden. Allerdings scheidet nach den Grundsätzen der perpetuatio fori eine Verbindung durch **Verweisung** aus, wenn insoweit bei einem anderen ansonsten zuständigen Gericht bereits Rechtshängigkeit eingetreten ist. Beim Kindesunterhalt stellt die Vorschrift auf die **Anhängigkeit** ab. Deshalb eröffnet ein Verfahrenskostenhilfegesuch den Wahlgerichtsstand ebenso wenig wie ein von der Bewilligung von Verfahrenskostenhilfe abhängig gemachter Hauptsacheantrag.

Soweit ein ausschließlicher Gerichtsstand nicht greift, ermöglicht § 232 III S. 2 Nr. 2 FamFG dem Unterhalt begehrenden Kind, in einem **besonderen Gerichtsstand** seine unterhaltspflichtigen Eltern wahlweise bei einem Gerichtsstand des Vaters oder der Mutter in Anspruch zunehmen. Dies setzt allerdings eine Verfahrenseinleitung gegen beide Elternteile als Streitgenossen gemeinschaftlich (§ 59 ZPO), aber nicht notwendig gleichzeitig voraus.[131] Allerdings ist die Ausübung des Wahlrechts durch das volljährige Kind missbräuchlich, wenn der eine Elternteil seiner anteiligen Gewährung von Unterhalt nachkommt und lediglich zur Begründung eines Gerichtsstandes herangezogen werden soll, um ein Unterhaltsverfahren gegen den anderen Elternteil zu ermöglichen.[132]

Eine Heranziehung von § 232 III S. 2 Nr. 2 FamFG für andere Konstellationen anteiliger Haftung (§ 1606 III BGB), wie dies etwa beim **Elternunterhalt** mit mehreren unterhaltspflichtigen Kindern und verschiedenen Gerichtsständen denkbar ist, scheidet aus. Hier lässt sich eine von der Sache her gebotene Zuständigkeitskonzentration nur über ein gesondertes Verfahren der **Zuständigkeitsbestimmung** (§ 36 I Nr. 3 ZPO) erreichen.[133]

Eine weitere Wahlmöglichkeit schafft § 232 III S. 2 Nr. 3 FamFG für die Unterhaltsfälle, bei denen der jeweilige Antragsgegner im **Inland keinen** allgemeinen oder besonderen **Gerichtsstand** (auch nicht wegen Vermögens gemäß § 23 ZPO) unterhält. In diesen Konstellationen kann der Antragsteller sich auf die örtliche Zuständigkeit des Gerichts an seinem Aufenthaltsort berufen. Einschränkungen beim Verfahrensgegenstand bestehen, abgesehen von den Unterhaltssachen im Sinne von § 232 I FamFG nicht. Auf die Art des Unterhaltsverfahrens kommt es nicht an. So kann der Unterhaltspflichtige mit innerstaatlichem Aufenthalt auch Abänderungsverfahren (§§ 238, 239 FamFG) im Wahlgerichtsstand nach § 232 III S. 2 Nr. 3 FamFG betreiben, sofern für den Unterhaltsberechtigten ein innerstaatlicher Gerichtsstand nicht besteht. Allerdings wird wegen des Auslandsbezugs dieser Wahlgerichtsstand nicht selten verdrängt durch internationale Regelungen (Art. 2 und 5 Nr. 2 EuGVVO).

---

[128] Hüßtege in Thomas/Putzo, ZPO, § 232 FamFG Rn. 8; Bork/Jacoby/Schwab/Kodal, FamFG, § 237 Rn. 7
[129] BT-Drucks. 16/6308 S. 257
[130] FA-FamR/Seiler, 7. Auflage, Kap. 1 Rn. 286
[131] Hüßtege in Thomas/Putzo § 232 FamFG Rn. 14
[132] OLG Nürnberg FamRZ 1996, 172
[133] BGH FamRZ 1998, 361

§ 10   Verfahrensrecht

Bleibt es im Einzelfall gemäß § 232 III S. 1 FamFG für die örtliche Zuständigkeit bei den allgemeinen Zuständigkeitsregeln – die sachliche Zuständigkeit ist immer ausschließlich –, sind Gerichtsstandsvereinbarungen (vgl. § 38 III ZPO) zulässig. Hier kann eine Zuständigkeit auch durch Verlust des Rügerechts (§ 39 ZPO) eintreten.

14   **d) Zusammenfassung.** Für die Prüfung der örtlichen Zuständigkeit in Unterhaltssachen der Familienstreitsachen ist hiernach folgende Reihenfolge vorgegeben:
- Unterhaltspflicht gegenüber gemeinsamen Kindern, ohne vereinfachtes Verfahren, sowie durch die Ehe begründete Unterhaltspflicht bei Anhängigkeit einer Ehesache (ausschließlicher Gerichtsstand der Ehesache – § 232 I Nr. 1 FamFG –);
- Unterhaltspflicht gegenüber minderjährigen und privilegiert volljährigen Kindern mit gewöhnlichem Aufenthalt des Kindes und der Eltern im Inland (ausschließlicher Gerichtsstand nach Wahl des Gerichts am gewöhnlichen Aufenthaltsort des Kindes oder des handlungsbefugten Elternteils – § 232 I Nr. 2 FamFG –);
- anderweitige ausschließliche Zuständigkeit, soweit Unterhaltsachen betroffen sind (z. B. Vollstreckungsabwehrverfahren – §§ 767, 802 ZPO – und Arrest – § 919 ZPO –);
- besondere Gerichtsstände für Unterhaltssachen nach Wahl (– § 232 III S. 2 Nr. 1–3 FamFG);
- örtliche Zuständigkeit nach den allgemeinen ZPO-Vorschriften mit der Maßgabe, dass an die Stelle des Wohnsitzes der gewöhnliche Aufenthalt tritt (– § 232 III S. 1 FamFG –).

3. Internationale Zuständigkeit

15   a) Während die Bestimmungen über die örtliche Zuständigkeit (§ 232 FamFG) sich darüber verhalten, welches innerstaatliche Gericht in Sachen betreffend die gesetzliche Unterhaltspflicht zur Entscheidung berufen ist, legen die gesetzlichen Regelungen in Verfahren mit einem **Auslandsbezug** fest, ob die internationale Zuständigkeit für eine Verhandlung und Entscheidung durch deutsche Gerichte besteht. Ein entsprechender Bezug im Unterhaltsverhältnis besteht etwa dann, wenn zumindest ein Beteiligter nicht über die deutsche **Staatsangehörigkeit** verfügt oder einen **Wohnsitz** oder **gewöhnlichen Aufenthalt** im Ausland unterhält. Die internationale Zuständigkeit ist **Sachurteilsvoraussetzung** und von Amts wegen zu beachten. Fehlt sie, ist der der Antrag in der Hauptsache, sofern nach Hinweis des angerufenen Gerichts eine Rücknahme nicht erfolgt, als unzulässig abzuweisen. Die Möglichkeit einer Verweisung an ein ausländisches Gericht besteht nicht. Bejaht das Gericht zu Unrecht seine internationale Zuständigkeit, steht dies der Wirksamkeit der Entscheidung bis zu einer erfolgreichen Anfechtung nicht entgegen.

Über Verfahren mit Auslandsbezug (§§ 97–110 FamFG) enthalten §§ 98 II, 103 II und 105 FamFG Regelungen zur internationalen Zuständigkeit auch in **Unterhaltssachen**, die allerdings, wie § 97 FamFG „deklaratorisch klarstellt", durch Regelungen des Völkerrechts oder des Rechts der Europäischen Union verdrängt werden.[134]

16   b) Der **Vorrang** für **internationale Rechtsgrundlagen** findet derzeit Niederschlag insbesondere in der Verordnung (EG) Nr. 44/2001 des Rates über die gerichtliche Zuständigkeit und die Anerkennung und Vollstreckung von Entscheidungen in Zivil- und Handelssachen **(EuGVVO)** vom 22. 12. 2000,[135] die am 1. 3. 2002 in Kraft getreten und in ihrem Geltungsbereich das Brüsseler EWG – Übereinkommen über die gerichtliche Zuständigkeit und die Vollstreckung gerichtlicher Entscheidungen in Zivil- und Handelssachen vom 29. 7. 1068 **(EuGVÜ)** abgelöst hat.

Nach Art. 2 EuGVVO sind deutsche Gerichte zur Entscheidung von Unterhaltssachen berufen, wenn der **Unterhaltsbeklagte** im Hoheitsgebiet der Bundesrepublik seinen **Wohnsitz** unterhält. Art. 6 Nr. 1 EuGVVO ermöglicht, der Regelung in § 232 III S. 2 Nr. 2 FamFG vergleichbar, die streitgenössische Inanspruchnahme eines weiteren Unterhaltsbeklagten, sofern in der Sache eine enge Beziehung besteht, wie dies etwa bei der Inanspruchnahme der Eltern durch ihr volljähriges Kind (§ 1606 III S. 1 BGB) oder beim

---
[134] Vgl. näher auch Rn. 9/640 ff.
[135] ABl L. 12/01 S 1

1. Abschnitt: Verfahrensgegenstand, Zuständigkeit und Gericht § 10

Elternunterhalt der Fall ist. Die zuständigkeitsbegründenden Voraussetzungen müssen spätestens im Zeitpunkt der letzten mündlichen Verhandlung vorliegen. Ihr Wegfall nach Eintritt der Rechtshängigkeit beseitigt die Zuständigkeit nicht mehr (perpetuatio fori).[136] Art. 5 Nr. 2 1. Alt. EuGVVO ermöglicht die Rechtsverfolgung in einer Unterhaltssache vor einem deutschen Gericht am **Wohnort** oder **gewöhnlichen Aufenthaltsort** des **Unterhaltsberechtigten**, wenn der Unterhaltsbeklagte seinen Wohnsitz in einem der Vertragsstaaten unterhält. Die internationale Zuständigkeit ist nach Art. 5 Nr. 2 2. Alt EuGVVO ferner für den Wohnort des Unterhaltsberechtigten gegeben im Zusammenhang mit einem den Personenstand betreffenden Verfahren, sofern dies nicht auf die Staatsangehörigkeit einer Partei abstellt. Auch im Abänderungsverfahren ist die Zuständigkeit eigenständig zu bestimmen.[137] Die internationale Zuständigkeit wird, abgesehen von der für Unterhaltssachen in der Praxis kaum relevanten Gerichtsstandsvereinbarung (Art. 23 EuGVVO), schließlich noch begründet durch ein rügeloses Einlassen des Unterhaltsbeklagten (Art 24 EuGVVO). Davon ist aber nicht schon dann auszugehen, wenn der Unterhaltsbeklagte mit der Klageerwiderung die örtliche Zuständigkeit rügt und sich nur hilfsweise zur Sache einlässt.[138]

Die Zuständigkeitsregelungen des Luganer Übereinkommens über die gerichtliche Zuständigkeit und die Vollstreckung gerichtlicher Entscheidungen in Zivil- und Handelssachen vom 16. 9. 1988[139] **(LugÜ)** halten den Art. 2 und 5 Nr. 2 EuGVVO vergleichbare Bestimmungen bereit. Sie haben wegen des Vorrangs der EuGVVO Bedeutung nur noch im Verhältnis zu Island, Norwegen und Schweiz.

c) Mit der Verordnung Nr. 4/2009 des Rates über die Zuständigkeit, das anwendbare Recht, die Anerkennung und Vollstreckung von Entscheidungen und die Zusammenarbeit in Unterhaltssachen vom 18. Dezember 2009 **(EuUntVO)**[140] hat die Europäische Union u. a. die Zuständigkeit für Entscheidungen in Unterhaltssachen neu geregelt. Die allgemeinen Bestimmungen in Art. 3 lit. a–c EuUntVO schreiben die alternativen Zuständigkeiten aus Art 2 und 5 Nr. 2 EuGVVO fort, knüpfen aber in Abgrenzung hierzu statt an den Wohnort des Beklagten oder des Berechtigten nunmehr an den **gewöhnlichen Aufenthalt** an. Eine dem Art. 6 Nr. 1 EuGVVO vergleichbare streitgenössische Inanspruchnahme mehrerer Unterhaltsbeklagter ist danach allerdings nicht mehr möglich. Die internationale Zuständigkeit kann weiterhin gemäß Art. 5 EuUntVO durch rügelose Einlassung begründet werden. Mit Wirkung vom 18. 6. 2011 (Art. 76 EuUntVO) wird die EuUntVO, abhängig von der Anwendbarkeit des Haager Protokolls von 2007, in Kraft treten, so dass die EuGVVO nur noch für die zu diesem Zeitpunkt bereits eingeleiteten Verfahren anzuwenden ist (Art. 75 I EuUntVO).

17

d) Ist die internationale Zuständigkeit in Ermangelung eines nach § 97 FamFG zu beachtenden Vorrangs **autonom** nach **deutschem Recht** zu bestimmen, kommt es zunächst darauf an, ob eine Scheidungssache anhängig ist. Besteht für diese eine internationale Zuständigkeit (§ 98 I FamFG), erstreckt sich diese auf die Folgesachen (§ 98 II FamFG), mithin auch auf Unterhaltssachen, soweit sie die Unterhaltspflicht gegenüber gemeinsamen Kindern oder die durch Ehe begründete gesetzliche Unterhaltspflicht betreffen und eine Entscheidung für den Fall der Scheidung begehrt wird (§ 137 II Nr. 2 FamFG). Dies gilt ebenso für Unterhaltssachen als Folgesache einer Aufhebungssache (§ 103 II FamFG). Die **internationale Verbundzuständigkeit** lässt sich allerdings nicht in der Weise umkehren, dass ein ausländisches Scheidungsverfahren die Zuständigkeit deutscher Gerichte hindert, sofern für die Unterhaltssache ein Gerichtsstand im Inland eröffnet ist.[141] Selbst wenn der Unterhalt im Rahmen eines ausländischen Verfahrens verfolgt wird, steht dies einer innerstaatlichen internationalen Zuständigkeit nicht entgegen. Die Rechtsverfolgung im Inland

18

---

[136] Hüßtege in Thomas/Putzo EuGVVO Art. 2 Rn. 8
[137] OLG Nürnberg FamRZ 2005, 1691
[138] BGH FamRZ 2008, 40 Rn. 7
[139] BGBl. 1994 II S. 2660
[140] Abl. 2009 L 7, S. 1
[141] OLG Köln FamRZ 2003, 544

muss allerdings eine anderweitige Rechtshängigkeit berücksichtigen (§ 261 III Nr. 1 ZPO) und führt gegebenenfalls zur Abweisung des Antrags als unzulässig.[142]

Ohne vorrangige Verbundzuständigkeit stellt das autonome deutsche Recht für Verfahren in Unterhaltssachen gemäß § 105 FamFG auf den Grundsatz der **Doppelfunktionalität** ab, wonach deutsche Gericht auch international zuständig sind, soweit ihre örtliche Zuständigkeit (§ 232 FamFG) gegeben ist. Allerdings ist die internationale Zuständigkeit nicht ausschließlich (§ 106 FamFG).

4. Abgabe, Verweisung und Kompetenzkonflikte

19 Bis zum Inkrafttreten des FamFG erfassten Abgabe und Verweisung die Überleitung eines Verfahrens von einer Gerichtsabteilung an die andere oder von einem Gericht an ein anderes. Innerhalb desselben Gerichts sprach man – gleichgültig ob es sich um ein ZPO- oder FGG-Verfahren handelte – immer nur von **Abgabe**. Den Begriff der **Verweisung** gab es lediglich bei der Überleitung von ZPO-Verfahren, nicht aber bei FGG-Familiensachen. Der wesentliche Unterschied zwischen Abgabe und Verweisung bestand darin, dass eine Verweisung bindend war, eine Abgabe aber nicht. Durch § 13 GVG i. d. F. des FGG-Reformgesetzes hat der Gesetzgeber mit Wirkung vom 1. 9. 2009 den **Familiensachen** gerichtsorganisatorisch eine gleichwertige Bedeutung als Zivilsachen neben den **bürgerlichen Rechtsstreitigkeiten** und den **Angelegenheiten der freiwilligen Gerichtsbarkeit** zugewiesen. Das Verhältnis dieser Gerichtszweige zueinander bestimmt sich seither gemäß § 17 a VI GVG entsprechend den Regeln über die Zulässigkeit des Rechtsweges (§ 17 a I bis V GVG). Das hat, wobei weiterhin zwischen der Überleitung innerhalb und außerhalb des Gerichts zu unterscheiden ist, folgende Konsequenzen:

20 **a) Gerichtsinterne Abgrenzung zwischen Familiengericht und Prozessgericht.** Wird bei dem Familiengericht eine Streitsache anhängig, die nach dessen Beurteilung eine bürgerliche Rechtstreitigkeit mit einem entsprechend begrenztem Streitwert zum Inhalt hat, kann die Sache vor Rechtshängigkeit formlos, allerdings ohne Bindung, innerhalb des Amtsgerichts an das Prozessgericht abgegeben werden. Dieses wird, sofern es an der Beurteilung der Angelegenheit als Familiensache festhält, nach **Rechtshängigkeit**[143] im Verfahren gemäß § 17 a II GVG nach Anhörung der Verfahrensbeteiligten die Sache an das für zuständig erachtete Familiengericht gerichtsintern verweisen. Der Beschluss ist **für dieses Gericht bindend** (§ 17 a I S. 3 GVG), allerdings nicht wegen einer anderweitigen örtlichen oder sachlichen Zuständigkeit. Ein Verfahren nach § 36 Nr. 6 ZPO zur Bestimmung des zuständigen Gerichts ist unzulässig.[144]

Rügt ein Verfahrensbeteiligter die Zuständigkeit (§ 17 a III S. 2 GVG), hat das zunächst angerufene Gericht hierüber nach Anhörung oder mündlicher Verhandlung durch begründeten Beschluss (§ 17 a IV S. 1 und 2 GVG) zu befinden. Die Entscheidung unterliegt der Anfechtung (§ 17 a IV S. 3 GVG) im Wege der **sofortigen Beschwerde** (§§ 567–572 ZPO).[145] Soweit nach einer teilweise vertretenen Ansicht für Familiensachen eine Beschwerdemöglichkeit nach § 58 FamFG gegeben sein soll,[146] dürfte dem aber entgegenstehen, dass es sich nicht um eine Endentscheidung im Sinne dieser Vorschrift handelt. Im Übrigen hat sich der Gesetzgeber des FamFG bei der Anfechtung von **Zwischen- und Nebenentscheidungen** an den Verhältnissen im Zivilprozess orientieren wollen.[147] Hält sich das zunächst angerufene Gericht – ohne eine entsprechende Rüge – für unzuständig, kann es von Amts wegen nach Anhörung der Verfahrensbeteiligten seine **Unzuständigkeit** feststellen und die Sache gemäß § 17 a II GVG verweisen. Auch diese Entscheidung ist mit der sofortigen Beschwerde durch die Verfahrensbeteiligten anfechtbar. Dies hat ebenso zu gelten, wenn das Gericht nach freiem und im Rechtsmittelverfahren nicht überprüfbarem

---

[142] OLG Celle FamRZ 2009, 359
[143] Prütting/Helms FamFG § 111 Rn. 53
[144] OLG Hamm NJW 2010, 2740
[145] Keidel/Meyer-Holz FamFG § 58 Rn. 88
[146] Hüßtege in Thomas/Putzo § 17 a GVG Rn. 19
[147] BT-Drucks. 16/6308 S. 203

1. Abschnitt: Verfahrensgegenstand, Zuständigkeit und Gericht § 10

Ermessen seine **Zuständigkeit** durch Beschluss vorab gesondert feststellt (§ 17 a III S. 1 GVG).

Sieht das Gericht trotz Rüge, die als Verfahrenshandlung wegen des Anwaltszwangs[148] gegenüber dem Familiengericht nunmehr nur durch einen Rechtsanwalt wirksam erhoben werden kann (§ 114 I FamFG), von einer **Vorabentscheidung** verfahrenswidrig ab und entscheidet entweder durch Abweisung als unzulässig oder in der Sache selbst, fehlt es zur funktionalen Zuständigkeit innerhalb des Amtsgerichts an einem ordnungsgemäßen Vorabverfahren, so dass für das Rechtsmittelgericht in der Hauptsache die ansonsten durch § 17 a V GVG beabsichtigte Bindung nicht besteht.[149]

Die Vorabentscheidung nach § 17 a GVG setzt in Zivilsachen die **Rechtshängigkeit** 21 voraus.[150] Sie scheidet deshalb für Verfahrensabschnitte, die vor dem entsprechenden Zeitpunkt liegen, aus. Damit findet das Vorabverfahren insbesondere im **Verfahrenskostenhilfeverfahren** nicht statt. Reicht der Antragsteller üblicherweise beim Familiengericht ein Verfahrenskostenhilfegesuch für ein noch einzuleitendes Hauptsacheverfahren ein oder begehrt er ohne Vorschusszahlung mit Einreichung der Antragsschrift Verfahrenskostenhilfe, kann das Gericht, sofern es die Angelegenheit als bürgerlichen Rechtsstreit einstuft, das Verfahren formlos – aber nicht bindend – an die Abteilung für Zivilprozesssachen des Amtsgerichts abgeben. Hat allerdings das Familiengericht die nachgesuchte Verfahrenskostenhilfe mit der Verneinung einer familiengerichtlichen Zuständigkeit versagt, ist das Prozessgericht nach Abgabe gehindert, die Zuständigkeitsfrage im Verfahren der Verfahrenskostenhilfe abweichend zu beurteilen.[151]

b) **Gerichtsinterne Abgrenzung zwischen Familiengericht und Abt. der freiwil-** 22 **ligen Gerichtsbarkeit.** Wird das Familiengericht mit einer Sache befasst, die zum einen nicht als Familiensache einzustufen und zum anderen als **Streitsache** der **freiwilligen Gerichtsbarkeit** anzusehen ist, hat an Stelle einer Abgabe eine Entscheidung im Verweisungsverfahren gemäß § 17 a VI i. V. m. I bis V GVG zu erfolgen. Nach § 17 a I GVG gilt dies für alle Fälle des zum Gericht „beschrittenen Rechtswegs", weshalb eine Verweisung im Verhältnis der Abteilungen zueinander ausscheidet, wenn es sich bei den Angelegenheiten der freiwilligen Gerichtsbarkeit um solche handelt, die von Amts wegen einzuleiten sind, für die es von vornherein an dem notwendigen Ausgangspunkt der gebotenen Streitschlichtung fehlt.[152]

c) **Abgrenzung zwischen Familiengerichten verschiedener Amtsgerichte.** Ge- 23 langt das mit einer unterhaltsrechtlichen Streitigkeit befasste Familiengericht zu der Einschätzung, dass ein anderes Familiengericht – außerhalb des eigenen Amtsgerichts – zur Verhandlung und Entscheidung der Sache berufen ist, handelt es sich um eine Frage der **örtlichen Zuständigkeit**. Die Überleitung hat hier in einem Verfahren nach § 113 I S. 2 FamFG i. V. m. § 281 ZPO durch **Verweisung** zu erfolgen. Die Vorschrift setzt die Beteiligung zweier verschiedener Gerichte voraus.[153] Notwendig ist **Rechtshängigkeit;**[154] vor Rechtshängigkeit kann nur abgegeben werden. Ausgenommen hiervon ist das Verfahren betreffend die Bewilligung von Verfahrenskostenhilfe. Der Verweisungsantrag kann in der Rechtmittelinstanz nachgeholt werden.[155]

Die **Bindungswirkungen** des § 281 II S. 4 ZPO, die im Verfahrenskostenhilfeverfahren allerdings verfahrensspezifisch das Hauptsacheverfahren nicht erfassen, **entfallen nicht** bei jedem – auch – offenbaren Verfahrensfehler, z. B. nicht bei Fehlen des Verweisungsantrags,[156] nicht in jedem Falle bei fehlender Begründung,[157] sondern nur bei einem besonders **schwer-**

---

[148] BGH NJW 2008, 3572, 3573
[149] BGH NJW 2008, 3572, 3573
[150] Prütting/Helms FamFG § 111 Rn. 53; Hüßtege in Thomas/Putzo § 17 a GVG Rn. 3; a. A. OLG München FamRZ 2010, 2090
[151] BGH NJW-RR 2010, 209 Rn. 15
[152] BT-Drucks. 16/6308 S. 318
[153] BGH FamRZ 1978, 582
[154] BGH NJW-RR 1997, 1161
[155] BGH FamRZ 1978, 873; FamRZ 1984, 465
[156] RGZ 131, 200; BGHZ 1, 341
[157] BGH FamRZ 1988, 943

wiegenden Verfahrensverstoß, z. B. greifbarer Gesetzeswidrigkeit oder Willkür[158] oder bei Häufung grober Rechtsirrtümer.[159]

Ist ein Verweisungsbeschluss unter Versagung des rechtlichen Gehörs ergangen, ist die Verweisung ebenfalls nicht bindend.[160] Dies gilt aber dann nicht, wenn die Anhörung der Gegenseite im einstweiligen Rechtsschutz- oder Vollstreckungsverfahren unterblieben ist und der Grund im Gläubigerschutz liegt. Der Anspruch auf rechtliches Gehör ist bei fehlerhafter Entscheidung über den Verweisungsantrag im schriftlichen Verfahren dann nicht verletzt, wenn das Gericht Gelegenheit zur Stellungnahme in angemessener Frist gegeben und erkennbar gemacht hat, dass es nach Fristablauf ohne mündliche Verhandlung entscheiden wird.[161] Auf die gerichtsinterne Zuständigkeitsregelung hat die Bindungswirkung keinen Einfluss.[162] Gelangt das Familiengericht, an das die Sache verwiesen worden ist, zu der Einschätzung, dass es sich bei der Streitsache nicht um eine Familiensache handelt, kann es ohne Bindungswirkungen die Sache an das Prozessgericht desselben Amtsgerichts im Verfahren nach § 17 a VI GVG verweisen.

Die **Bindungswirkungen bleiben erhalten,** wenn der Antragsgegner seinen Wohnsitz oder gewöhnlichen Aufenthaltsort nachträglich ändert oder die Verfahrensbeteiligten anderweitige Verweisung übereinstimmend beantragen (§ 113 I S. 2 FamFG i. V. m. § 261 III Nr. 2 ZPO).[163] Hat ein Familiengericht ein bei ihm eingeleitetes Hauptsacheverfahren wegen örtlicher Unzuständigkeit – rechtskräftig – abgewiesen, steht diese Entscheidung der Bindungswirkung eines später in einem neuen Verfahren über denselben Streitgegenstand von einem anderen Gericht erlassenen Verweisungsbeschlusses an das erste Gericht nicht entgegen. § 11 ZPO ist in diesem Fall nicht anzuwenden.[164] Die Verweisungsvorschrift des § 281 ZPO gilt unmittelbar nur für das Verfahren in der Hauptsache, wird aber neben der Verfahrenskostenhilfe auf weitere **Beschlussverfahren** entsprechend angewendet, wie z. B. das Zwangsvollstreckungsverfahren und das Arrestverfahren. Allerdings findet § 281 ZPO nur dort Anwendung, wo überhaupt ein anderes Familiengericht örtlich zuständig ist; ein ausländisches Gericht kann dies niemals sein, da jeder justizhoheitliche Akt an der Staatsgrenze endet.

24 Die **Bindungswirkungen** werden allerdings **durchbrochen,** wenn eine **Ehesache** nachträglich rechtshängig wird. Hier bestimmt § 233 S. 1 FamFG, dass bei einem anderen Familiengericht anhängige Unterhaltssachen nach § 232 I Nr. 1 FamFG, sofern sie dort noch **im ersten Rechtszug** anhängig sind, von Amts wegen an das Gericht der Ehesache abzugeben sind. Eine Verweisung an das Gericht der Ehesache ist nicht mehr zulässig, wenn im 1. Rechtszug eine abschließende Entscheidung ergangen ist.[165] Auf deren Rechtskraft kommt es nicht an. Die Abgabe einer Familiensache an das Gericht der Ehesache ist für dieses allerdings dann nicht bindend, wenn sie auf dem Irrtum des abgebenden Gerichts beruht, die Ehesache sei rechtshängig.[166] Wird wegen örtlicher Unzuständigkeit verwiesen, bindet dieses nicht hinsichtlich der sachlichen Zuständigkeit.

Eine Verweisungsentscheidung hat Wirkung bis zur abschließenden Kostenentscheidung. Dort ist an sich bei den Familienstreitsachen aufzunehmen, dass die **Mehrkosten**, die durch die Anrufung des unzuständigen Gerichts als Gerichts- bzw. außergerichtliche Kosten angefallen sind, dem Antragsteller auferlegt werden müssen (§ 281 III S. 2 ZPO). Indessen bleibt es in den Unterhaltssachen bei der Sondervorschrift des § 243 FamFG.

25 **d) Verfahrensüberleitungen zwischen Familiengericht und Landgericht.** Wird das Familiengericht mit einer Sache befasst, die nach seiner Einschätzung in die erstinstanzliche Zuständigkeit des Landgerichts fällt, handelt es sich, wie im umgekehrten Fall der

---

[158] BGH NJW 2003, 3201
[159] BGH NJW-RR 1992, 383
[160] BGHZ 102, 338, 341
[161] BGH NJW 1988, 1794
[162] BGH FamRZ 1979, 1005
[163] BGH FamRZ 1995, 729
[164] BGH FamRZ 1997, 398
[165] BGH FamRZ 1985, 800
[166] BGH NJW-RR 1996, 897

1. Abschnitt: Verfahrensgegenstand, Zuständigkeit und Gericht § 10

Verfahrensüberleitung vom Landgericht an das Familiengericht, zunächst um eine Frage der **sachlichen Zuständigkeit**. Deren Einhaltung wird an sich durch Verweisung nach § 113 I S. 2 FamFG i. V. m. § 281 ZPO geregelt. Allerdings gilt es zu bedenken, dass durch die Verfahrensüberleitung darüber hinaus das Verhältnis zwischen einem Spruchkörper für Familiensachen und einem solchen für bürgerliche Rechtsstreitigkeiten betroffen ist, für das § 17a VI GVG das **Verweisungsverfahren** gemäß **§ 17a I bis V GVG** mit einer Vorabentscheidung und rechtskräftigen Klärung der Zuständigkeit vor Verhandlung und Entscheidung zur Hauptsache vorsieht. Demgemäß ist vorrangig hierauf für die Verweisung an das Landgericht abzustellen. Der wesentliche Unterschied zwischen den beiden Verweisungsverfahren liegt darin, dass der Verweisungsbeschluss gemäß § 17a IV S. 3 GVG mit der sofortigen Beschwerde angefochten werden kann, während die Verweisung nach § 281 II S. 4 ZPO für das Gericht bindend ist und keiner Anfechtung unterliegt. Soweit hier bei schwerwiegenden Verfahrensverstößen eine Bindung ausscheidet, kann dies für den auf § 17a GVG gestützten Verweisungsbeschluss nicht in gleichem Maße gelten, weil hier die Möglichkeit einer Fehlerkorrektur im Rechtsmittelverfahren (§§ 567–572 ZPO) eröffnet ist.

Die durch § 17a II S. 5 GVG festgelegten Bindungswirkungen erfassen an sich lediglich 26 das Verhältnis zwischen der Familiengerichtsbarkeit und den anderen Zivilgerichtsbarkeiten (§ 17a VI GVG), so dass bei sachlicher Zuständigkeit des Prozessgerichts beim Amtsgericht eine Weiterverweisung durch das Landgericht (§ 281 ZPO) in Betracht käme. Indessen scheidet ein solches Vorgehen aus, wenn das Ausgangsgericht im Rahmen seiner Verweisungsentscheidung weitere Zuständigkeitsfragen geprüft und bejaht hat,[167] so dass insoweit eine Bindung entsprechend § 281 II S. 4 ZPO eintritt.[168]

e) **Verfahrensüberleitung zwischen Familiengericht und Rechtsmittelgericht.** 27 Das Verhältnis zwischen Familiengericht und Rechtsmittelgericht wird abschließend und ausschließlich durch die Bestimmungen des Rechtsmittelverfahrens festgelegt. Im Übrigen sieht das Gesetz eine bindende Verweisung neben den hier nicht einschlägigen Verweisungsverfahren in § 281 ZPO und § 17a GVG nicht vor. Aus eben diesen Gründen ist für bindende Verweisungen zwischen Rechtsmittelgerichten kein Raum.

f) **negative Kompetenzkonflikte.** Mit dem Inkrafttreten des FamFG haben die denk- 28 baren Konstellationen, in denen es unter Beteiligung der Familiengerichtsbarkeit noch zu negativen Kompetenzkonflikten kommen kann, abgenommen. Diese Entwicklung geht auf die Verselbständigung der Familiensachen im Verhältnis zu den bürgerlichen Rechtsstreitigkeiten (§ 13 GVG) zurück. Während zuvor Streitigkeiten der verschiedenen Spruchkörper über die Frage, ob eine Familiensache vorlag, bei einem negativen Kompetenzkonflikt gemäß § 36 I Nr. 6 ZPO in einem Verfahren zur Bestimmung der Zuständigkeit entschieden wurden, gibt § 17a GVG nunmehr hierfür ein Vorabverfahren zur rechtskräftigen Feststellung des zuständigen Gerichts vor Behandlung und Entscheidung der Hauptsache vor. Daneben ist für ein Vorgehen der Gerichte nach § 113 I S. 2 FamFG, § 36 I Nr. 6 ZPO kein Raum.[169]

Allerdings besteht in den Fällen, in denen etwa ein Familiengericht im Rahmen des 29 § 281 ZPO seine örtliche Zuständigkeit verneint und die Familiensache an das für zuständig angesehene Familiengericht verwiesen hat, die Möglichkeit, dass das angegangene Gericht sich seinerseits für nicht zuständig hält und wegen tatsächlicher oder vermeintlicher Verfahrensverstöße Bindungswirkung der Verweisung (§ 281 II S. 4 ZPO) verneint. Da in dieser Verfahrenssituation die Abgrenzung zu anderen Zivilsachen im Sinne von § 13 GVG allerdings nicht in Streit steht, ist für ein Vorabverfahren nach § 17a GVG kein Raum. Der Kompetenzkonflikt kann hier nur in einem Verfahren nach § 36 I Nr. 6 ZPO beendet werden. Sinn und Zweck des Verfahrens ist es in erster Linie, im Interesse der Beteiligten und der Rechtssicherheit den misslichen Streit darüber, welches Gericht für die Sachentscheidung zuständig ist, schnell zu beenden.[170]

---

[167] BGH FamRZ 1999, 501
[168] Prütting/Helms FamFG § 111 Rn. 58
[169] OLG Hamm NJW 2010, 2740
[170] BGH FamRZ 1980, 557

Das Bestimmungsverfahren nach § 36 I Nr. 6 ZPO ist nicht nur im Erkenntnisverfahren, sondern auch im Vollstreckungsverfahren anwendbar.[171] Eine Zuständigkeitsbestimmung ist schon im Verfahrenskostenhilfeverfahren möglich,[172] jedoch nur für die Zuständigkeit zur Entscheidung über den Verfahrenskostenhilfeantrag.[173] Ansonsten kommt die Bestimmung des zuständigen Gerichts gemäß § 36 I Nr. 6 ZPO grundsätzlich erst dann in Betracht, wenn in der Streitsache Rechtshängigkeit eingetreten ist.[174]

Die Zuständigkeitsbestimmung setzt einen **negativen Zuständigkeitsstreit** in einem rechtshängigen Verfahren voraus.[175] Ein „Antrag" ist nicht erforderlich, vielmehr genügt die Vorlage durch eines der beteiligten Gerichte.[176]

30 Notwendig ist eine **rechtskräftige Unzuständigkeitserklärung.** Diese setzt die Zustellung des Antrags im Hauptsacheverfahren oder – falls nach den verfahrensrechtlichen Vorschriften ausreichend – die Mitteilung der das Verfahren in Gang setzenden Antragsschrift voraus.[177] In bestimmten Fällen kann die Anhörung des Gegners unterbleiben (z. B. bei einer Pfändung gemäß § 834 ZPO).[178] Dass die Unzuständigkeitserklärung eines Gerichts unzulässig ist, steht nicht entgegen.[179] Eine rechtskräftige Unzuständigkeitserklärung liegt nicht in der formlosen „Abgabe" an ein anderes Amtsgericht, ohne dass den Beteiligten, insbesondere dem Antragsgegner, davon Mitteilung gemacht würde,[180] auch nicht in einer gerichtsinternen, nicht hinausgegebenen „Begleitverfügung".[181] Entscheidungen, die den Verfahrensbeteiligten nicht bekannt gegeben worden sind, stellen keine rechtskräftigen Unzuständigkeitserklärungen dar.[182]

Die Zuständigkeitsbestimmung ist nicht nach freiem Ermessen, sondern unter Beachtung der gesetzlichen Zuständigkeitsnormen und der Bindungswirkung vorangegangener Verweisungen zu treffen. Sie ist auch dann wirksam und bindend, wenn sie im Einzelfall den gesetzlichen Zuständigkeitsnormen nicht entspricht.[183] Allerdings ist auch für Zweckmäßigkeitserwägungen Raum.[184] Eine Gerichtsstandsbestimmung findet nicht statt, wenn nur ein Gericht sich für unzuständig erklärt und ein anderes das Verfahren an dieses Gericht verwiesen hat, weil die Streitsache dort bereits anhängig sei.[185] Eine Trennung gemäß § 145 ZPO ist im Rahmen einer Zuständigkeitsbestimmung nicht zulässig. Das Gericht, das über den Kompetenzkonflikt entscheidet, ist nicht „Verfahrensgericht".[186]

31 Streiten sich einzelne Familiengerichtsabteilungen bei einem Amtsgericht über ihre Zuständigkeit, dann handelt es sich nicht um einen Streit bezüglich der Qualifizierung einer Rechtssache als Familiensache, sondern um eine Abgrenzung innerhalb der **Geschäftsverteilung** des Amtsgerichts. Über diesen Kompetenzkonflikt hat das Präsidium des Gerichtes gemäß § 21 e I GVG zu entscheiden.

Es verbleiben allerdings Konstellationen, in denen das Gericht selbst nach rechtskräftigem Abschluss eines Verfahrens nach § 17 a GVG die „Übernahme" der Sache ablehnt. Hier erfordern indessen das Interesse an einer funktionierenden Rechtspflege und die Rechtssicherheit eine alsbaldige Bestimmung des zuständigen Gerichts nach Maßgabe der Bestimmungen in § 36 I Nr. 6 ZPO. Zuständig für die Entscheidung (§ 37 ZPO) ist das im Instanzenzug höhere Gericht, mithin bei Zuständigkeitsstreit zwischen Familiengerichten

---

[171] BGH FamRZ 1983, 578
[172] OLG Hamm FamRZ 2009, 442
[173] BGH FamRZ 1991, 1172
[174] BGH NJW-RR 1996, 254
[175] BGH FamRZ 1993, 49
[176] BGH FamRZ 1984, 774
[177] BGH FamRZ 1987, 924
[178] BGH FamRZ 1983, 578
[179] BGH FamRZ 1978, 232
[180] BGH FamRZ 1993, 49, 50
[181] BGH FamRZ 1982, 43
[182] BGH FamRZ 1988, 1257
[183] BGH FamRZ 1980, 670
[184] BGH FamRZ 1984, 575
[185] BGH FamRZ 1980, 45
[186] BGH FamRZ 1979, 217

das Oberlandesgericht und dort der nach dem Geschäftsverteilungsplan zuständige Senat für Familiensachen. Fehlt es an einem gemeinsamen Instanzgericht, ist das Oberlandesgericht zuständig, zu dessen Bezirk das zuerst mit der Sache befasste Gericht gehört (§ 36 II ZPO).

5. Der Familienrichter

Bei den Amtsgerichten entscheiden gemäß § 22 I GVG Einzelrichter, wobei gemäß § 22 V GVG **Richter auf Probe** und **Richter kraft Auftrags** verwendet werden können. Für Familienrichter macht hiervon § 23 b III S. 2 GVG eine **Ausnahme.** Nach dieser Vorschrift dürfen Richter auf Probe im ersten Jahr nach ihrer Ernennung keine Geschäfte des Familienrichters wahrnehmen. Sie dürfen somit weder als Vertreter eines Familienrichters noch als Bereitschaftsrichter oder ersuchter Richter in Familiensachen tätig sein.[187] Im Gegenschluss ergibt sich hieraus aber, dass Richter kraft Auftrags als Familienrichter tätig sein können. Bei den Familiensenaten des Oberlandesgerichts können nur **Richter auf Lebenszeit** verwendet werden. Dies ergibt sich daraus, dass § 115 GVG eine § 22 V GVG entsprechende Bestimmung nicht enthält.

Die **Ausschließung** und **Ablehnung** von Familienrichtern bestimmt sich in unterhaltsrechtlichen Streitigkeiten nach § 113 I S. 2 FamFG i. V. m. §§ 41 ff. ZPO. Danach ist zur Entscheidung über die Ablehnung eines Familienrichters ein **anderer Richter des Amtsgerichts** zuständig (§ 45 II ZPO). Wird ein **Familienrichter beim Familiensenat** des OLG abgelehnt, entscheidet sein **Senat** darüber. Ist dieser Senat infolge der Ablehnung beschlussunfähig geworden, entscheidet der nach der Geschäftsverteilung vertretungsweise zuständige Senat. Ein zulässiges Ablehnungsgesuch setzt voraus, dass die Begründung in den Kernpunkten zusammen mit dem Gesuch eingereicht oder zu Protokoll erklärt wird. Es kann weder eine Fristsetzung für die Einreichung einer Begründung verlangt noch angekündigt werden, die Begründung werde innerhalb einer bestimmten Frist nachgeliefert werden.[188]

2. Abschnitt: Die Schaffung und Abänderung von Unterhaltstiteln

I. Der Leistungsantrag im Hauptsacheverfahren 1. Instanz

Mit dem Inkrafttreten des Gesetzes zur Reform des Verfahrens in Familiensachen und in den Angelegenheiten der Freiwilligen Gerichtsbarkeit (FGG-RG)[1] zum 1. 9. 2009 hat der Gesetzgeber die spezifischen zivilprozessualen Vorschriften über das Verfahren in Familiensachen im Allgemeinen (6. Buch) und damit auch die für den Unterhaltsprozess im Besonderen aufgehoben. An deren Stelle getreten sind im Rahmen der gesetzlichen Neuregelung durch das FGG-Reformgesetz vorrangig die **besonderen Vorschriften** in Unterhaltssachen (§§ 231–245 FamFG) sowie die **allgemeinen Vorschriften in Familiensachen** (§§ 112–116 FamFG). Darüber hinaus enthält § 113 I S. 2 FamFG, soweit das Verfahren in Unterhaltssachen als Familienstreitsache (früher: Unterhaltsprozess) zu führen ist (§ 112 Nr. 1 FamFG), im Übrigen eine pauschale Verweisung auf die **Allgemeinen Vorschriften** der ZPO und die Vorschriften der ZPO über das **Verfahren vor den Landgerichten.** Deren Heranziehung erfolgt allerdings wiederum unter terminologischer Abstimmung mit dem FamFG in der Weise, dass an die Stelle der Bezeichnung Prozess oder Rechtsstreit die des Verfahrens, der Klage die des Antrags, des Klägers und Beklagten die des Antragstellers und Antragsgegners und der der Partei die des Beteiligten tritt (§ 113 V FamFG). Abgesehen von diesen terminologischen Neuerungen ist für das **Hauptsacheverfahren erster Instanz** in unterhaltsrechtlichen Streitigkeiten weiterhin an den zivil-

---

[187] OLG Stuttgart FamRZ 1984, 716
[188] OLG Köln FamRZ 1996, 1150
[1] BGBl. I S. 2586

prozessualen Vorschriften in bürgerlichen Rechtsstreitigkeiten anzuknüpfen. Auch diese stehen allerdings wiederum im Zeichen verfahrensspezifischer Besonderheiten, die aus Natur und Funktion des gesetzlichen Unterhalts sowie der ihm zugrunde liegenden Rechtsverhältnisse ihre Bedeutung erfahren.

1. Allgemeines

35   Mit einem allgemeinen Leistungsantrag (bisher: Leistungsklage) erstrebt der Unterhaltsberechtigte in einem streitigen Unterhaltsverfahren (bisher: Unterhaltsprozess) die Titulierung seiner Unterhaltsansprüche durch Endentscheidung in der Gestalt eines Beschlusses (§§ 116, 38 FamFG) oder auch über einen Verfahrensvergleich an. Der Antrag ist in der Regel gerichtet – und darin liegt eine Besonderheit im Vergleich zu anderen Familienstreitsachen und bürgerlichen Rechtsstreitigkeiten – auf **erst künftig fällig werdende Leistungen** (§ 258 ZPO). Ist der Unterhaltspflichtige in der Vergangenheit seinen Zahlungsverpflichtungen nicht oder nur unzureichend nachgekommen, erstreckt sich der Antrag auch auf die in der Zwischenzeit aufgelaufenen **Unterhaltsrückstände**.

Die wiederkehrenden Leistungen in Zukunft und Vergangenheit beruhen auf **einseitigen Verpflichtungen,** die sich in ihrer Gesamtheit als Folge ein und desselben Rechtsverhältnisses ergeben, so dass die einzelne Leistung nur noch vom Zeitablauf abhängig ist, ohne dass der Umfang der Schuld von vornherein genau feststeht.[2] Voraussetzung ist jedoch, dass der Unterhaltsanspruch bereits entstanden ist und noch besteht[3] und dass auch die für die Höhe der Leistungen wesentlichen Umstände mit ausreichender Sicherheit festzustellen sind.[4] So fehlt es vor Rechtskraft der Ehescheidung an einem den nachehelichen Unterhaltsanspruch tragenden Rechtsverhältnis.[5] Wenn dem prozessualen Anspruch auf Grund der gegenwärtigen Verhältnisse nicht stattgegeben werden kann, führt dies zur Abweisung des Antrags.[6]

36   Entscheidungsgrundlage sind **die tatsächlichen Verhältnisse** der Gegenwart und **die voraussichtlichen** der Zukunft.[7] Vorzunehmen ist deshalb eine Prognose der Entwicklung der zugrunde zu legenden Verhältnisse.[8]

Nicht ohne weiteres vorhersehbar ist z. B.
– innerhalb einer längeren Zeit die Entwicklung der allgemeinen wirtschaftlichen Verhältnisse,
– die Entwicklung der besonderen individuellen Verhältnisse wie etwa Krankheit, Arbeitslosigkeit, Hinzutreten weiterer Unterhaltsberechtigter, Wiederverheiratung.

Maßgebend ist immer der **konkrete Einzelfall**. Im Zweifel ist von einer **Prognose** abzusehen und von den im Zeitpunkt der letzten mündlichen Verhandlung gegebenen Verhältnissen auszugehen. Wirken sich etwa Steuererstattungen für das Kalenderjahr in der zuletzt angefallenen Höhe einkommens- und unterhaltserhöhend aus, kommt eine Fortschreibung für künftig fällig werdende Unterhaltsleistungen (§ 258 ZPO) nur in Betracht, wenn auf Grund konkreter Feststellungen (z. B. Fahrtkosten, steuerliches Realsplitting) Steuererstattungen mit **hinreichender Sicherheit** – zudem rechnerisch darstellbar – zu erwarten sind. Eine einkommenserhöhende Entlastung durch das begrenzte Realsplitting setzt dabei allerdings wegen der steuerrechtlichen Zuordnung zum Kalenderjahr des Geldflusses voraus, dass der Steuerpflichtige den Unterhalt in bestimmter Höhe anerkannt hat, unstreitig zahlt oder zur Unterhaltszahlung rechtskräftig verurteilt ist.[9]

Selbst ohne weiteres vorhersehbare Ereignisse, wie etwa das Vorrücken des Kindes in eine höhere Altersstufe der Düsseldorfer Tabelle oder der bereits feststehende Eintritt des Unter-

---

[2] BGH NJW 1986, 3142
[3] BGH FamRZ 1982, 259
[4] BGH NJW 1983, 2197
[5] BGH FamRZ 1981, 242
[6] BGH FamRZ 1982, 479
[7] BGH VersR 1981, 280
[8] St. Rechtspr., z. B. BGH FamRZ 1982, 259
[9] BGH FamRZ 2007, 793, 797 = R 674 g

haltsverpflichteten in den Ruhestand, können nicht immer berücksichtigt werden, weil die konkreten finanziellen Auswirkungen nicht hinreichend sicher vorauszusehen sind. Kann der Unterhaltspflichtige bei Wahrung seines notwendigen Selbstbehalts den dynamischen Kindesunterhalt in Höhe des Mindestunterhalts (§§ 1612a I BGB, 36 Nr. 4 EGZPO) altersentsprechend an das berechtigte Kind nur für die 1. Altersgruppe leisten, scheidet die Festsetzung eines gleich bleibenden Prozentsatzes für die nachfolgenden Altersgruppen aus. Eine hierfür notwendige Einkommensverbesserung des Unterhaltspflichtigen kann ungeachtet der Entwicklung des Selbstbehalts prognostisch nicht unterstellt werden. Sieht das Gericht von einer Prognose ab, obwohl sie bei verständiger Würdigung in Betracht kommt, ist die davon betroffene Partei nicht gehindert, diesen Umstand zu einem späteren Zeitpunkt geltend zu machen, wie dies insbesondere bei fortlaufenden Zins- und Tilgungsleistungen auf unterhaltswirksame Verbindlichkeiten der Fall ist. Sieht das Gericht davon ab, das voraussichtliche Ende von Zins- und Tilgungsleistungen bei der zukünftigen Unterhaltsbemessung zu berücksichtigen, sind die Beteiligten berechtigt, nach Ablauf der Zahlungen hierauf einen Abänderungsantrag (§ 238 FamFG) zu stützen. Die Präklusion nach § 238 II FamFG greift nicht, weil sie bezogen auf den Zeitpunkt der letzten mündlichen Verhandlung nur bereits **entstandene Gründe**[10] erfasst.

Wird der Antrag abgewiesen, etwa wegen fehlender Bedürftigkeit oder Leistungsfähigkeit,[11] liegt darin keine sachliche Beurteilung der voraussichtlich in der Zukunft bestehenden Verhältnisse.[12] Ergeben sich Änderungen in den Lebensumständen der Beteiligten des Unterhaltsverhältnisses, ist der Unterhaltsberechtigte nicht gehindert, erneut im Wege eines allgemeinen Leistungsantrags einen Unterhaltsanspruch zu verfolgen. Dasselbe gilt, wenn nur eine über einen freiwillig gezahlten Betrag hinausgehende Mehrforderung geltend gemacht und darüber negativ entschieden worden ist.[13]

2. Rechtsschutzbedürfnis und Titulierungsinteresse

Die Zulässigkeit eines Leistungsantrags im streitigen Unterhaltsverfahren unterliegt insoweit keinen Besonderheiten, als ein Rechtsschutzbedürfnis für die Rechtsverfolgung vorliegen muss. Besteht bereits ein **Unterhaltstitel,** ist in aller Regel ein Leistungsantrag unzulässig.[14] Geht der Antragsteller von einem **positiven Feststellungsantrag** zu einem streitgegenständlich deckungsgleichen Leistungsantrag über, ohne den Feststellungsantrag weiter zu verfolgen, handelt es sich um eine ohne weiteres zulässige Antragserweiterung nach § 264 Nr. 2 ZPO.[15]

Indessen können selbst bei **bestehendem Unterhaltstitel** besondere Umstände ein Rechtsschutzinteresse begründen, wie dies der BGH[16] etwa für den Fall bejaht, wenn gegen einen Verfahrensvergleich mit einem Vollstreckungsabwehrantrag zu rechnen ist oder die durch Vollstreckungsklausel festgelegten Mehrbeträge im Streit sind. Einen besonderen Grund für die erneute Titulierung durch einen Leistungsantrag nimmt die Rechtsprechung darüber hinaus bei **ausländischen Titeln** an, die im Inland weder anerkannt noch vollstreckt werden können.[17] Für das Rechtsschutzbedürfnis genügt es hier, dass im Einzelfall ein anderer und **kostengünstigerer Weg** zur Durchsetzung eines Unterhaltsanspruchs im Inland nicht zur Verfügung steht. Gleich dürfte der Fall zu behandeln sein, in dem es an einem **vollstreckungsfähigen Titel** fehlt. Das Rechtsschutzbedürfnis für einen Leistungsantrag ist auch dann zu bejahen, wenn über denselben Unterhaltsanspruch bereits eine **einstweilige Anordnung** vorliegt.[18] Titel dieser Art beruhen auf einem lediglich summa-

---

[10] OLG Hamm FamRZ 2003, 460, 461
[11] BGH FamRZ 1982, 259
[12] BGH FamRZ 1982, 479
[13] BGH FamRZ 1982, 479
[14] BGH FamRZ 1989, 267
[15] BGH NJW-RR 2002, 283
[16] BGH FamRZ 1989, 267
[17] BGH FamRZ 1987, 370
[18] BGH FamRZ 1984, 767; 1983, 355, 356

38 Liegt eine **einseitige Verpflichtungserklärung** in Gestalt einer Urkunde des Notars (§ 794 I Nr. 5 ZPO) oder des Jugendamtes (§§ 59, 60 SGB VIII) vor, fehlt das Rechtsschutzinteresse für einen Leistungsantrag. Neben dem eine Herabsetzung des Unterhalts begehrenden **Unterhaltspflichtigen**[19] muss sich auch der weitergehenden Unterhalt begehrende **Unterhaltsberechtigte** auf ein Abänderungsverfahren verweisen lassen.[20] Dies folgt nunmehr aus § 239 I S. 1 FamFG, der klarstellt, dass allein schon das **Vorhandensein** eines entsprechenden **Unterhaltstitels** zu einem auf diese Vorschrift gestützten Abänderungsverfahren führt.[21] Daneben besteht für den Unterhaltsberechtigten auch kein „Wahlrecht".[22] **Leistungs- und Abänderungsverfahren** stehen in einem **Exklusivverhältnis**[23] zueinander, wonach ein zulässigerweise eingeleitetes oder auch nur einleitbares Abänderungsverfahren einen Leistungsantrag ausschließt. Bei den einseitig erstellten Unterhaltstiteln aus § 239 I S. 1 FamFG wird der Unterhaltsberechtigte dadurch in seinen Rechten auch nicht eingeschränkt, weil für ihn eine vergleichbare Bindung an die Beschränkungen aus Abs. II und III des § 238 FamFG nicht besteht.[24] Maßgebend ist allein das materielle Recht (§ 239 II FamFG). Der Unterhaltsberechtigte unterliegt, sofern die Verpflichtungserklärung nicht auf einen übereinstimmenden Willen der Verfahrensbeteiligten zurückgeht, in der Sache und der Unterhaltsberechnung keinerlei Bindungen für sein weitergehendes Unterhaltsbegehren.[25]

39 Das Rechtsschutzbedürfnis für einen Leistungsantrag ist ferner betroffen, wenn der Unterhaltspflichtige seine Unterhaltszahlungen regelmäßig ohne Einschränkung erbringt und durch sein Verhalten keine Besorgnis der Nichterfüllung für die Zukunft begründet. Gleichwohl bejaht die inzwischen herrschende Meinung in Schrifttum[26] und Rechtsprechung[27] selbst in einem solchen Fall – erst recht wenn der Unterhaltspflichtige nur eingeschränkt dem Unterhaltsverlangen nachkommt – das Rechtsschutzbedürfnis für eine **vollständige Titulierung**. Die Berechtigung des **Titulierungsinteresses** beruht zunächst auf § 258 ZPO, wonach der Unterhaltsberechtigte selbst erst zukünftig fällig werdenden Unterhalt mit dem Leistungsantrag geltend machen kann, und zwar auch dann, wenn – anders als in einem Fall des § 259 ZPO – keine Umstände die Besorgnis rechtfertigen, dass der Unterhaltspflichtige sich der rechtzeitigen Leistung entziehen könnte. Überdies kann der Unterhaltspflichtige seine **freiwilligen Zahlungen** jederzeit einstellen, so dass der Unterhaltsberechtigte einen Titel über den vollen Unterhalt benötigt. Eine solche Entwicklung muss er vor dem Hintergrund der §§ 258, 259 ZPO für die Zulässigkeit eines Leistungsantrags nicht erst abwarten. Das Rechtsschutzbedürfnis entfällt auch nicht dadurch, dass der Unterhaltspflichtige seine Absicht kundtut, einen Unterhaltstitel schaffen zu wollen, oder sonst vor Rechtshängigkeit etwa im VKH-Verfahren den Unterhaltsanspruch „anerkennt". Der Unterhaltsberechtigte benötigt erst dann keinen weiteren Rechtsschutz, wenn er einen vollstreckbaren Unterhaltstitel in Händen hält. Kommt der Unterhaltspflichtige dem erst nach Rechtshängigkeit nach, tritt Erledigung der Hauptsache ein.

40 Das Rechtsschutzbedürfnis für einen Leistungsantrag im Unterhaltsverfahren mit dem Ziel der Titulierung bei unstreitigen Unterhaltszahlungen wird in der Praxis nicht selten mit der **Kostenfrage** verwechselt. Indessen weicht die Entscheidung auch hier nicht von den allgemeinen Kostenvorschriften ab und hält in §§ 243 Nr. 4, FamFG, 93 ZPO die

---

[19] BGH FamRZ 1989, 172; 1983, 23, 24
[20] BGH FamRZ 2004, 24; OLG Düsseldorf FamRZ 2006, 1212
[21] BGH FamRZ 1983, 23, 24
[22] OLG Düsseldorf FamRZ 2006, 1212
[23] BGH FamRZ 2004, 1712; 1997, 811, 813; 1985, 690 = R 259
[24] BGH FamRZ 2004, 24; 1983, 22, 23
[25] BGH FamRZ 2004, 24
[26] Göppinger/Wax/van Els Rn. 2024; Schwab/Maurer/Streicher, Teil I Rn. 557
[27] BGH FamRZ 2010, 195 Rn. 15; 1998, 1165; OLG Hamm FamRZ 1992, 831; OLG Stuttgart FamRZ 1990, 1368; OLG Düsseldorf FamRZ 1990, 1369

2. Abschnitt: Die Schaffung und Abänderung von Unterhaltstiteln § 10

Sanktion für einen zulässigen und begründeten, aber **vorschnell gerichtlich geltend gemachten Unterhaltsanspruch** bereit, ohne dass deshalb das Rechtsschutzbedürfnis für die Titulierung zu verneinen wäre. Wird nämlich der Anspruch nach Einleitung sofort anerkannt, trägt der Antragsteller die Kosten des Verfahrens, sofern der Antragsgegner keine Veranlassung zur Einleitung des Hauptsacheverfahrens gegeben hat. Bei unstreitigen Unterhaltszahlungen ist dies zweifelsfrei dann anzunehmen, wenn es an jeglicher Aufforderung, eine vollstreckbare Urkunde über den Unterhalt zur Verfügung zu stellen, vor Einleitung des Hauptsacheverfahrens fehlt.[28]

Hat der Antragsteller den Antragsgegner **außergerichtlich** zur Titelschaffung **aufgefordert,** wird differenziert. Da der Unterhaltspflichtige dem Verlangen ohne weitere Kosten beim Unterhalt von Kindern bis 21 Jahren (§ 59 I Nr. 4 SGB VIII und § 55a KostO) sowie beim Betreuungsunterhalt aus § 1615l BGB (§ 59 I Nr. 3 SGB VIII) nachkommen kann, gibt er bei Untätigkeit Veranlassung für ein gerichtliches Verfahren. Da die Möglichkeit einer kostenfreien Titulierung beim Ehegattenunterhalt und bei anderen Unterhaltsverhältnissen nicht besteht, wird in der Rechtsprechung überwiegend[29] dem Unterhaltspflichtigen die Berufung auf §§ 243 FamFG, 93 ZPO nur dann versagt, wenn der Unterhaltsberechtigte die Aufforderung zur Titulierung mit der **Erklärung der Kostenübernahme** verbindet.[30] Abweichende Auffassungen[31] stellen demgegenüber auf die besondere Bedürfnislage des Unterhaltsberechtigten ab, der auf die Unterhaltszahlungen für seinen Lebensunterhalt angewiesen ist, und bejahen eine Nebenpflicht (Obliegenheit) des Unterhaltspflichtigen, auch ohne Kostenfreistellung den Unterhalt titulieren zu lassen. 41

Erbringt der Unterhaltspflichtige auf den geschuldeten Unterhalt nur **Teilleistungen**, gibt er Veranlassung im Sinne von § 93 ZPO zur gerichtlichen Geltendmachung des **vollen Unterhalts**, und zwar auch dann, wenn er vor Einleitung des Verfahrens nicht zur Titulierung des Unterhalts aufgefordert worden ist.[32]

Das Rechtsschutzbedürfnis für einen Leistungsantrag ist schließlich auch zu bejahen, wenn der Unterhaltsberechtigte für die Titulierung des **unstreitigen Unterhalts Verfahrenskostenhilfe** begehrt. Hier bildet allerdings § 113 I S. 2 FamFG i. V. m. § 114 ZPO das Korrektiv, wonach wegen Mutwilligkeit der Rechtsverfolgung Verfahrenskostenhilfe zu versagen ist, sofern der Unterhaltspflichtige keine Veranlassung für das gerichtliche Vorgehen des Unterhaltsberechtigten gegeben hat und sich bei einem sofortigen Anerkenntnis auf die ihm günstige Kostenvorschrift (§ 93 ZPO) berufen könnte.[33]

3. Die Beteiligten, gesetzliche Vertretung Minderjähriger und Verfahrensstandschaft

a) Die Streitgenossen. Mit einem Leistungsantrag nimmt in der Regel der Unterhaltsberechtigte selbst den Unterhaltspflichtigen auf Zahlung einer Unterhaltsrente in Anspruch. Dabei können auch im Unterhaltsverfahren **mehrere Antragsteller** gemeinsam unter den Voraussetzungen von §§ 59, 60 ZPO als einfache Streitgenossen auftreten. Aus denselben Gründen kann das Unterhaltsverfahren gegen mehrere Unterhaltspflichtige gerichtet werden, ohne dass damit eine notwendige Streitgenossenschaft verbunden wäre.[34] 42

---

[28] BGH FamRZ 2010, 195 Rn. 16
[29] OLG Köln FamRZ 2004, 1114; OLG Stuttgart FamRZ 2001, 1381; OLG Düsseldorf FamRZ 1994, 117
[30] Weitergehend OLG Karlsruhe FamRZ 2003, 1763, das auf das Gesamtverhalten des Unterhaltsschuldners abstellen will
[31] OLG Nürnberg MDR 2002, 886; OLG Düsseldorf FamRZ 1994, 1484; OLG München FamRZ 1994, 313
[32] BGH FamRZ 2010, 195 Rn. 18
[33] Göppinger/Wax/van Els Rn. 2025; im Ergebnis ebenso OLG Karlsruhe FamRZ 2003, 1763 und OLG Köln FamRZ 2004, 1114, das zur Begründung der Mutwilligkeit allerdings das Titulierungsinteresse verneint; danach wäre mangels Zulässigkeit der Klage Prozesskostenhilfe schon wegen fehlender Erfolgsaussichten zu versagen
[34] BGH FamRZ 1986, 660, 661

Dies lässt allerdings die gesondert zu beurteilende örtliche Zuständigkeit unberührt. Hier besteht bei einer getrennten Verfahrensführung infolge unterschiedlicher örtlicher Zuständigkeit die Gefahr einander widersprechender Verfahrensergebnisse. Hinzu kommen Gründe der Verfahrensökonomie. Dem ist unter den Voraussetzungen von § 36 I Nr. 3 ZPO durch Antrag auf Bestimmung des zuständigen Gerichts zu begegnen. Eine solche Vorgehensweise drängt sich insbesondere auf für Fälle, in denen unterhaltspflichtige Kinder als Teilschuldner (§ 1606 III S. 1 BGB) Elternunterhalt[35] leisten sollen oder etwa der Unterhaltspflichtige im Wege eines Abänderungsverfahrens gegen Unterhaltstitel von Kindern aus verschiedenen Ehen[36] oder sich gegen titulierte Ansprüche ehelicher und nichtehelicher Kinder wenden will.[37] Dem vergleichbar ist die Situation, in der sich der Unterhaltspflichtige titulierten Unterhaltsansprüchen gleichrangiger Elternteile (§ 1609 Nr. 6 BGB) ausgesetzt sieht.

43 Für die Annahme einer **Streitgenossenschaft** reicht es aus, dass entweder gleichartige und auf im Wesentlichen gleichartigen tatsächlichen und rechtlichen Gründen beruhende Verpflichtungen (§ 60 ZPO) betroffen oder Unterhaltsschuldner aus demselben tatsächlichen und rechtlichen Grund verpflichtet sind (§ 59 Alt. 2 ZPO). Zwar sind diese Vorschriften weit auszulegen und dienen nicht zuletzt Zweckmäßigkeitserwägungen;[38] doch rechtfertigt allein ein enger Sachzusammenhang die Zuständigkeitsbestimmung nicht. Begehrt etwa der Unterhaltspflichtige bei einem für mehrere Kinder bestehenden Unterhaltstitel Herabsetzung nur gegenüber einem Kind, rechtfertigt ein daran anknüpfendes und auf weiteren Unterhalt gerichtetes Abänderungsverfahren eines weiteren Kindes trotz eines streitbezogen engen Sachzusammenhangs keine Verfahrensverbindung über § 36 I Nr. 3 ZPO. Dies scheitert bereits an den unterschiedlichen Beteiligtenrollen. Das Kind will – ebenso wie dieser – nur gegen eine (unterhaltspflichtige) Person vorgehen. Dem berechtigten Interesse an einer verfahrensökonomischen und zweckmäßigen Lösung trägt in dieser Situation die Möglichkeit einer Aussetzung (§ 148 ZPO) Rechnung.[39] Bei erfolgreichem Bestimmungsverfahren folgen die Kosten der Hauptsache. Ansonsten hat sie der erfolglose Antragsteller zu tragen.[40]

44 **b) Die Vertretung Minderjähriger.** Die Geltendmachung und gerichtliche Durchsetzung von Unterhaltsansprüchen minderjähriger Kinder gegenüber ihren unterhaltspflichtigen Eltern haben davon auszugehen, dass den Eltern unabhängig von Zusammenleben, Trennung oder Scheidung die **elterliche Sorge** und damit die gesetzliche Vertretung ihrer Kinder **gemeinschaftlich** zusteht (§§ 1626, 1629 I S. 2 BGB). Dies gilt für **eheliche Kinder** und, sofern die Voraussetzungen von § 1626a I Nr. 1 BGB erfüllt sind, für **nichteheliche Kinder** gleichermaßen. Bei bestehender Gesamtvertretung ist deshalb an sich jeder Elternteil gehindert, als Vertreter des Kindes Ansprüche gegen den anderen Elternteil geltend zu machen (§ 1629 II S. 1 i. V. m. § 1795 I Nr. 1, 3 BGB). Um ein gegebenenfalls auch zeitaufwändiges Pflegerbestellungs- oder Sorgerechtsregelungsverfahren zu vermeiden,[41] sieht § 1629 II S. 2 BGB als Ausnahmetatbestand für Unterhaltsansprüche des minderjährigen Kindes deshalb vor, dass bei gemeinsamer Sorge derjenige **Elternteil** zur Vertretung berufen ist, in dessen **Obhut** sich das Kind befindet. Maßgebend sind die tatsächlichen Betreuungsverhältnisse, die derjenige Elternteil, der sich auf eine Vertretungsbefugnis beruft, darlegen und gegebenenfalls beweisen muss.[42] Das unterhaltsberechtigte Kind befindet sich in der Obhut desjenigen Elternteils, bei dem der **Schwerpunkt** der **tatsächlichen Fürsorge** und **Betreuung** liegt, d. h. der sich vorrangig um die Befriedigung der elementaren Bedürfnisse des Kindes kümmert.[43] Einem nach solchen Kriterien bestimmten Obhutsverhältnis steht nicht entgegen, dass

---

[35] BayObLG FamRZ 1999, 1666; Soyka FPR 2003, 631, 633
[36] BGH FamRZ 1986, 660, 661
[37] BGH FamRZ 1998, 361
[38] BGH NJW-RR 1991, 381
[39] BGH FamRZ 1998, 1023
[40] BayObLG NJW-RR 2000, 141
[41] BT-Drucks. 13/4899 S. 96
[42] Baumgärtel Handbuch der Beweislast im Privatrecht Bd 2 § 1629
[43] BGH FamRZ 2006, 1015, 1016 = R 646

2. Abschnitt: Die Schaffung und Abänderung von Unterhaltstiteln § 10

– der betreuende Elternteil sich der Hilfe Dritter bedient (z. B. Internat oder Verwandte) und hierbei seinen Betreuungsobliegenheiten durch regelmäßige Kontakte mit dem Kind und der Betreuungsperson nachkommt;[44]
– die Eltern auch über ihr Getrenntleben hinaus noch in der Ehewohnung verblieben sind.

In der Konstellation des so genannten **Wechselmodells,** bei dem die Eltern ihr Kind in 45 der Weise betreuen, dass es in nahezu gleichlangen Phasen abwechselnd jeweils bei dem einen und dem anderen Elternteil lebt, fehlt es an dem für ein Obhutsverhältnis notwendigen **Schwerpunkt der Betreuung.** Eine auf § 1629 II S. 2 BGB gestützte Vertretung ist ausgeschlossen.[45] Der die Unterhaltsinteressen des Kindes verfolgende Elternteil muss beim Familiengericht beantragen, ihm die Entscheidung zur Geltendmachung von Kindesunterhalt zu übertragen (§ 1628 BGB), oder auf eine Pflegerbestellung hinwirken. Allerdings stellen Betreuungsleistungen in einem Verhältnis von $2/3$ zu $1/3$ den Schwerpunkt der Betreuung bei dem einen Elternteil in Frage.[46] Andererseits kann sich derjenige Elternteil nicht auf § 1629 II S. 2 BGB berufen, dessen Betreuungsleistungen diejenige des anderen Elternteils „lediglich geringfügig übersteigen",[47] weil sich ein Schwerpunkt nicht feststellen lässt. Bei dieser Einschätzung dürfte es in erster Linie auch **nicht** auf eine durch Quotenbildung festgelegte **Verweildauer** des Kindes bei einem Elternteil ankommen. Der Schwerpunkt ist vielmehr bei dem Elternteil zu sehen, der sich für einen Dritten erkennbar durch Zuwendung mit dem Kind konkret befasst und für dieses einsetzt, und zwar in einem Umfang, der an Intensität den Betreuungsanteil des anderen Elternteils deutlich übertrifft.

Befindet sich das Kind in der **Obhut eines Dritten,** bleibt es bei dem Vertretungs- 46 hindernis der Eltern (§ 1629 II S. 1 BGB i. V. m. § 1795 I Nr. 1, 3 BGB). Hier bedarf es der Bestellung eines Ergänzungspflegers.[48] Die Vertretungsbefugnis des Elternteils deckt nur die **Geltendmachung von Unterhaltsansprüchen** gegen den anderen Elternteil, umfasst insoweit aber auch die außergerichtliche wie auch die gerichtliche Verfolgung in **Aktiv- und Passivverfahren.** Sie kommt mithin zum Tragen auch für Abänderungsverfahren oder negative Feststellungsverfahren des auf Unterhalt in Anspruch genommenen Elternteils.

Änderungen in den durch § 1629 II S. 2 BGB bestimmten Vertretungsverhältnissen können zunächst bei den maßgebenden Obhutsverhältnissen eintreten. So wird bei einem **Obhutswechsel** des Kindes zum anderen Elternteil oder zu einem verantwortlichen Dritten ein bis dahin zulässigerweise eingeleitetes Unterhaltsverfahren ohne zeitliche Einschränkung unzulässig,[49] dem der Vertreter ohne Vertretungsmacht zur Vermeidung einer ihn ansonsten treffenden Kostenlast[50] durch Erledigungserklärung Rechnung tragen muss. Unabhängig davon entfällt die Alleinvertretung des jeweiligen Elternteils mit den entsprechenden Folgen bei Wegfall der Elternstellung oder bei einer ihm nachteiligen Beendigung der gemeinsamen Personensorge durch gerichtliche Entscheidung. Das ist allerdings bei Regelungen, die lediglich das Aufenthaltsbestimmungsrecht betreffen, noch nicht der Fall.[51]

c) Die Verfahrensstandschaft (§ 1629 III S. 1 BGB). Für einen **streitgegenständ-** 47 **lich ausgewählten Bereich** wird die Vertretungsregelung des § 1629 II S. 2 BGB wie auch eine auf anderem Rechtsgrund (z. B. § 1671 BGB) beruhende Vertretungsbefugnis überlagert durch eine gesetzliche **Verfahrensstandschaft (§ 1629 III S. 1 BGB)** des vertretungsberechtigten Elternteils. Sie beinhaltet das Recht, während der Trennung (§ 1567 BGB) und Anhängigkeit einer Ehesache der Eltern Unterhaltsansprüche des minderjährigen Kindes im eigenen Namen gerichtlich geltend zu machen, und verfolgt das Ziel, dem Kind

---

44 MünchKommBGB/Huber § 1629 Rn. 82
45 BGH FamRZ 2006, 1015, 1016 = R 646
46 BGH FamRZ 2006, 1015, 1016; a. A. KG FamRZ 2003, 53
47 Johannsen/Henrich/Jaeger § 1629 BGB Rn. 6; a. A. OLG Düsseldorf FamRZ 2001, 1235 das aber bei der Bemessung des Kindesunterhalts von einem strikten Wechselmodell ausgeht, für das der BGH mit überzeugenden Gründen eine Vertretung aus § 1629 II S. 2 BGB verneint hat
48 OLG Stuttgart JAmt 2005, 309
49 OLG München FamRZ 2003, 248; OLG Hamm FamRZ 1990, 890
50 OLG Karlsruhe FamRZ 1996, 1335
51 OLG Zweibrücken FamRZ 1997, 570, 571

in der besonderen Konfliktsituation seiner Eltern die Beteiligtenrolle in einer gerichtlichen Auseinandersetzung zu ersparen.[52] Durch die Festlegung auf diese Kriterien ist die Verfahrensstandschaft zum einen beschränkt auf Unterhaltsansprüche **ehelicher Kinder**. Zum anderen erfasst sie nur deren **gerichtliche Verfolgung**. Entscheidungen des Gerichts wie auch zwischen den Eltern geschlossene Vergleiche wirken für und gegen das Kind (§ 1629 III S. 2 BGB). Kommt es im Zuge außergerichtlicher Verhandlungen der Eltern etwa zu Vereinbarungen über den Kindesunterhalt, muss das minderjährige Kind, soll es vertraglich gebunden werden, hieran als Vertragspartei, vertreten durch den legitimierten Elternteil, mitwirken. Ansonsten ist das Kind, selbst wenn die Eltern für dieses durch Vertrag zugunsten Dritter (§ 328 BGB) Unterhaltsansprüche regeln, nicht gehindert, Unterhaltsansprüche ohne Bindung an die Vereinbarung der Eltern geltend zu machen. Auch Erklärungen des Verfahrensstandschafter vor Einleitung des gerichtlichen Verfahrens entfalten nur dann ihre Wirkung, wenn der handelnde Elternteil zu diesem Zeitpunkt vertretungsberechtigt war (z. B. Inverzugsetzung durch Mahnung oder Auskunftsverlangen).

48   Die Verfahrensstandschaft umfasst alle **Aktiv- und Passivverfahren** sowie Nebenverfahren. Es macht keinen Unterschied, ob der Kindesunterhalt im Rahmen des Verbundes als Folgesache oder isoliert geltend gemacht wird. Will sich der Unterhaltspflichtige gegen einen bereits titulierten Kindesunterhalt wenden, hat er, sofern die Verfahrensstandschaft noch andauert, den **Abänderungsantrag** gegen den legitimierten Elternteil zu richten. Trotz Verfahrensstandschaft bleibt das unterhaltsberechtigte Kind Inhaber der Forderung. Schon aus diesem Grund ist dem Verfahrensstandschafter deren Heranziehung für eigene Zwecke versagt.[53] Im Verhältnis zu Dritten unterliegt der Kindesunterhalt in der Verfolgung durch den nach § 1629 III S. 1 BGB berechtigten Elternteil einer **treuhänderischen Zweckbindung,** die einen Zugriff von persönlichen Gläubigern des jeweiligen Elternteils, jedenfalls soweit die Forderung des Gläubigers nicht in Zusammenhang mit der Durchsetzung des Kindesunterhalts steht, ausschließt.[54]

49   Eine berechtigterweise ausgeübte **Verfahrensstandschaft** endet, sobald ihre Voraussetzungen entfallen. Denkbar ist dies zunächst, wenn auf Grund von Änderungen in der Sorgerechtslage[55] der bis dahin legitimierte Elternteil die Personensorge verliert oder unter den Voraussetzungen von § 1629 II S. 2 BGB das Kind in die Obhut des anderen Elternteils wechselt[56] oder den Status eines ehelichen Kindes einbüßt. Durch die **veränderte Rechtslage** wird der Leistungsantrag des Verfahrensstandschafters unzulässig, worauf er entweder im Kosteninteresse die Hauptsache für erledigt erklären oder aber im Wege der Antragsänderung nunmehr einen familienrechtlichen Ausgleichsanspruch verfolgen muss.[57]

50   Die Verfahrensstandschaft endet ferner mit der **Volljährigkeit** des Kindes,[58] ohne dass deren verfahrensspezifische Konsequenzen einhellig beurteilt werden. Nach einer wohl überwiegenden Meinung[59] soll es hier infolge des Erlöschens der Verfahrensstandschaft zu einem **Beteiligtenwechsel kraft Gesetzes** kommen. Indessen fehlt es hierfür an einer anzuknüpfenden Rechtsnorm. Das automatische Hineinwachsen in das Verfahren setzt das volljährige Kind überdies den nachteiligen Kostenfolgen der bisherigen Verfahrensführung aus, obwohl die Verfahrensstandschaft dem Schutz des bis zu diesem Zeitpunkt minderjährigen Kindes dient.[60] Mehr spricht deshalb für die Ansicht,[61] wonach mit dem Wegfall der Verfahrensstandschaft lediglich das Recht des volljährigen Kindes erwächst, durch ei-

---

[52] BT-Drucks. 10/4514 S. 23
[53] OLG Naumburg FamRZ 2001, 1236 (Aufrechnung gegen güterrechtliche Ausgleichsforderung)
[54] BGH FamRZ 1991, 295, 296
[55] OLG Nürnberg FamRZ 2002, 407
[56] OLG München FamRZ 1997, 1493, 1494
[57] zu den Voraussetzungen BGH FamRZ 1989, 850
[58] BGH FamRZ 1990, 283, 284; 1985, 471, 473
[59] BGH FamRZ 1983, 474; 1985, 471; OLG München FamRZ 1996, 422; MünchKommBGB/Huber § 1629 Rn. 97; Gießler FamRZ 1994, 800, 802; Rogner NJW 1994, 3325; Palandt/Diederichsen § 1629 Rn. 37
[60] BGH FamRZ 1991, 295, 296
[61] Johannsen/Henrich/Jaeger, Familienrecht, § 1629 BGB Rn. 12; Schwab/Maurer/Streicher Teil I Rn. 567; Veit in Bamberger/Roth § 1629 Rn. 49.1

2. Abschnitt: Die Schaffung und Abänderung von Unterhaltstiteln § 10

gene Erklärung in das Verfahren einzutreten.[62] Maßgebend sind die Grundsätze eines **gewillkürten Beteiligtenwechsels.** Im Aktivverfahren bedarf es zunächst der Einwilligung des nicht mehr legitimierten Elternteils. Verweigert er diese, führt dies mit der entsprechenden Kostenfolge zur Abweisung des Antrags als unzulässig. Nichts anders gilt, wenn das volljährige Kind einen Eintritt in das Verfahren ablehnt und der Elternteil daraufhin keine Erledigungserklärung abgibt. Ansonsten setzt das Kind das Verfahren als Beteiligter fort. Die subjektive Antragsänderung dürfte, sollte der Antragsgegner nicht einwilligen, jedenfalls sachdienlich sein.[63] Auch im Passivverfahren dürfte ungeachtet einer Einwilligungserklärung des nunmehr beteiligten volljährigen Kindes die Sachdienlichkeit des Beteiligtenwechsels regelmäßig nicht in Zweifel stehen. Wird der Kindesunterhalt im Rahmen des Verbundes geltend gemacht (§ 137 II Nr. 2 FamFG), zwingt der Eintritt der Volljährigkeit zur Herauslösung der Folgesache (vgl. hierzu näher Rn. 10/106 a), weil das Kind durch dieses Ereignis selbst Verfahrensbeteiligter wird (§ 140 I FamFG).

Wird die **Ehe** der Kindeseltern **rechtskräftig geschieden,** führt dies nicht notwendig **51** zum sofortigen Wegfall der Verfahrensstandschaft. Zwar greift § 1629 III S. 1 BGB für solche Unterhaltsverfahren nicht mehr ein, die der weiterhin vertretungsberechtigte Elternteil **nach diesem Zeitpunkt anhängig** macht, so dass auch Abänderungsverfahren (§§ 238, 239 FamFG) des Titelschuldners ungeachtet einer noch nicht erfolgten Titelumschreibung nur noch gegen das Kind selbst zu richten sind.[64] Doch kann der legitimierte Elternteil weiterhin im eigenen Namen diejenigen Unterhaltsansprüche des Kindes, die bereits **zuvor rechtshängig** geworden waren, bis zu einer rechtskräftigen Entscheidung oder zu einem dem gleichstehenden Vergleich (§ 1629 III S. 2 BGB) verfolgen. Allgemein wird dies aus einer Analogie zu § 265 II S. 1 ZPO hergeleitet.[65] Entgegen einer verbreiteten Rechtspraxis ist eine „Beteiligtenberichtigung des Rubrums" unzulässig.

Die in Rechtsprechung[66] und Literatur[67] umstrittene Frage, ob im Fall der Verfahrensstandschaft für die **Bewilligung von Verfahrenskostenhilfe** auf die Einkommensverhältnisse des Kindes oder des handelnden Elternteils abzustellen ist, hat der BGH[68] dahin entschieden, dass es nach dem Wortlaut der gesetzlichen Regelung (§§ 114, 115 ZPO) hier auf die Person des das Verfahren betreibenden Beteiligten ankommt. Diese Rolle hat der Gesetzgeber in § 1629 III S. 1 BGB verbindlich dem jeweiligen Elternteil zugewiesen, auf dessen wirtschaftliche Verhältnisse es mithin ankommt.

Aus einem von ihm auf Grund der Verfahrensstandschaft erstrittenen Unterhaltstitel kann **52** der Elternteil die **Zwangsvollstreckung** bis zu einer Titelumschreibung auf das Kind (entsprechend § 120 I FamFG i. V. m. § 727 ZPO) betreiben. Die Vollstreckungsbefugnis bleibt auch dann erhalten, wenn die Verfahrensstandschaft lediglich durch Rechtskraft der Scheidung endet,[69] weil die Vertretungsberechtigung des Elternteils fortbesteht und sich für den Titelschuldner durch diese Entwicklung in tatsächlicher Hinsicht nichts ändert.[70] Sind die Voraussetzungen der Verfahrensstandschaft allerdings mit dem Eintritt der Volljährigkeit des Kindes[71] oder auf Grund von Veränderungen in den Obhutsverhältnissen (§ 1629 II S. 2 BGB)[72] entfallen, kann der Titelschuldner dies mit einem Vollstreckungsabwehrantrag (§ 767 ZPO) gegenüber dem weiter die Zwangsvollstreckung betreibenden Elternteil einwenden, der sich, da ein **Auswechseln titulierter Ansprüche** nicht möglich ist, hiergegen

---

[62] BGH FamRZ 1990, 283, 284: „... Von seinem Recht, nunmehr als Partei in den Prozess einzutreten, hat er in zulässiger Weise durch die Einlegung der Revision neben seiner Mutter Gebrauch gemacht ..."
[63] Schwab/Maurer/Streicher Teil I Rn. 568
[64] Keidel/Meyer-Holz FamFG § 238 Rn. 16
[65] BGH FamRZ 1990, 283, 284
[66] OLG Dresden FamRZ 1997, 1287; OLG Karlsruhe FamRZ 2001, 1080
[67] Vgl. Palandt/Diederichsen § 1629 Rn. 37
[68] BGH FamRZ 2005, 1164
[69] OLG Schleswig FamRZ 1990, 189
[70] Hochgräber FamRZ 1996, 272, 273
[71] OLG Celle FamRZ 1992, 842; OLG Hamm FamRZ 1992, 843; OLG Oldenburg FamRZ 1992, 843
[72] OLG München FamRZ 1997, 1493, 1494

4. Verfahrensgrundsätze

53 a) Das Familienstreitverfahren (§ 112 Nr. 1 FamFG) zur gerichtlichen Durchsetzung von gesetzlichen Unterhaltsansprüchen (früher: Unterhaltsprozess) beginnt mit der Einreichung einer **Antragsschrift** durch den Unterhalt begehrenden Beteiligten, die ungeachtet ihrer Bezeichnung (§ 113 V FamFG) den an eine Klageschrift in bürgerlichen Rechtsstreitigkeiten zu stellenden Anforderungen genügen muss (§ 253 ZPO). Mit der von Amts wegen zu bewirkenden Zustellung wird die Hauptsache rechtshängig (§ 261 I ZPO). Allerdings besteht für das streitige Unterhaltsverfahren nunmehr auch erstinstanzlich die Notwendigkeit der Mitwirkung eines **Rechtsanwalts** (§ 114 I FamFG), mithin auch dann, wenn der Unterhaltsberechtigte seine Ansprüche außerhalb des Verbundes in einem isolierten Verfahren verfolgt. Demzufolge muss die Antragsschrift, soll sie zu einer wirksamen Verfahrenseinleitung führen, durch einen Rechtsanwalt unterzeichnet sein. Die Einleitung eines streitigen Unterhaltsverfahrens durch Erklärungen des Antragstellers zu Protokoll der Geschäftsstelle des Amtsgerichts (§ 496 ZPO) scheidet demzufolge aus. Mit der Ausdehnung des **Anwaltszwangs** auf die erstinstanzlichen Unterhaltsstreitigkeiten will der Gesetzgeber wegen der erheblichen Auswirkungen und häufig existenziellen Folgen sowie der ständig zunehmenden Komplexität des materiellen Rechts die Verfahrensführung nicht mehr dem Unterhaltsberechtigten und dem Unterhaltspflichtigen überlassen.[74]

Ausnahmen von einer notwendigen anwaltlichen Mitwirkung sieht § 114 IV FamFG vor. Sie erlangen besondere Bedeutung für das Unterhaltsverfahren insoweit, als der Anwaltszwang nicht besteht im Verfahren der **einstweiligen Anordnung** (§§ 246–248, 50 ff. FamFG). Diese Einschränkung vermag bei der Begründung für die Erweiterung des Anwaltszwang nach § 114 I FamFG nicht zu überzeugen, da der Gesetzgeber gleichzeitig den Anwendungsbereich des einstweiligen Anordnungsverfahrens im Rahmen einer Neukonzeption erheblich gestärkt und verselbständigt hat mit dem Ziel, durch Aufklärung des Sachverhalts und gütliche Streitbeilegung **dauerhafte Lösungen** und **Vereinbarungen** zu ermöglichen und ein Hauptsacheverfahren entbehrlich zu machen.[75] Der Anwaltszwang entfällt darüber hinaus im Verfahren der **Verfahrenskostenhilfe** (§ 113 I S. 2 FamFG i. V. m. §§ 114 ff. ZPO), so dass die Naturalbeteiligten einen Unterhaltstitel gemäß § 118 I S. 3 ZPO durch Vergleich auch ohne anwaltliche Mitwirkung schaffen können.

Gemäß § 114 III FamFG besteht kein Anwaltszwang, soweit eine **Behörde** als Verfahrensbeteiligter auftritt, wie dies der Fall ist, wenn der Träger von Sozialleistungen Unterhaltsansprüche nach Forderungsübergang als Rechtsnachfolger gerichtlich geltend macht. Die Mitwirkung eines Rechtsanwalts im Unterhaltsverfahren ist im Übrigen dann entbehrlich, wenn ein Beteiligter durch das **Jugendamt** als **Beistand** vertreten (§§ 1716 S. 2, 1915 I, 1793 I S. 1 BGB) wird, zu dessen Aufgaben die Geltendmachung und Durchsetzung von Unterhaltsansprüchen gehört (§ 1712 I Nr. 2 BGB).

54 b) Für das mit der Rechtshängigkeit der Streitsache „eingeleitete" Unterhaltsverfahren stellt die Verweisung durch § 113 I S. 2 FamFG auf die Allgemeinen Vorschriften der ZPO und auf die Vorschriften der ZPO für das landgerichtliche Erkenntnisverfahren sicher, dass im erstinstanzlichen Hauptsacheverfahren ungeachtet der terminologischen Einbindung in das FamFG weiterhin die bisher auch die unterhaltsrechtliche Streitigkeit prägenden **Verfahrensgrundsätze des Zivilprozesses** maßgebend bleiben. Dies gilt zunächst für die **Dispositionsmaxime**, die besagt, dass allein die Beteiligten den Inhalt der streitigen Auseinandersetzung wie auch deren Beginn und Ende festlegen und hierüber verfügen.[76]

---

[73] Hochgräber FamRZ 1996, 272, 273; Johannsen/Henrich/Jaeger § 1629 BGB Rn. 13
[74] BT-Drucks. 16/6308 S. 223
[75] BT-Drucks. 16/6308 S. 259/260
[76] Borth FamRZ 2007, 1925, 1934

2. Abschnitt: Die Schaffung und Abänderung von Unterhaltstiteln　§ 10

Darüber hinaus bleibt es Sache der Beteiligten, den ihr jeweiliges Begehren stützenden Sachverhalt dem Gericht darzulegen und gegebenenfalls die hierfür notwendigen Beweismittel zu benennen. Der solchermaßen umschriebene zivilprozessuale **Verhandlungs- oder Beibringungsgrundsatz** unterliegt allerdings vor dem Hintergrund eines bisher schon durch den Gesetzgeber bei der Aufklärung von Einkommens- und Vermögensverhältnissen der Beteiligten bejahten und insbesondere in § 643 a. F. für das streitige Unterhaltsverfahren zum Ausdruck gekommenen Interesses an der Vermeidung langwieriger Auskunftsverfahren[77] **Einschränkungen** durch Steuerungselemente des Gerichts, die Bestandteile einer **Amtsermittlung** aufweisen. Mit den durch §§ 235, 236 FamFG für das streitige Unterhaltsverfahren neu und erweitert geregelten **verfahrensrechtlichen Auskunftspflichten** der Beteiligten und Dritter haben sich die Tendenzen amtswegiger Sachverhaltsaufklärung verstärkt. Gleichwohl stehen diese Steuerungselemente weiterhin im Kontext einer streitigen Auseinandersetzung (§§ 138 III, 288 ZPO) und erfahren hierdurch ihre Begrenzung.[78] Demzufolge ist das Gericht auch nicht befugt, mit dem Ziel einer schnellen Verfahrenserledigung einen Stufenantrag (§ 254 ZPO) durch verfahrensrechtliche Auskunftsanordnungen zu erledigen oder die Verfahrenskostenhilfe für ein entsprechendes Stufenverfahren mit dem Hinweis auf mögliche Auskunftsanordnungen zu versagen.

In streitigen Unterhaltssachen maßgebend ist weiterhin das **Prinzip der Mündlichkeit**,[79] wonach das Gericht nach dem Ergebnis einer mündlichen Verhandlung (§ 128 I ZPO) entscheidet, u. z. im Verlauf eines frühen Termins (§§ 272, 275 ZPO) oder nach Anordnung und Durchführung eines schriftlichen Vorverfahrens (§§ 272, 276 ZPO). Allerdings sind die **Verhandlungen** nunmehr auch in Familienstreitsachen **nicht öffentlich** (§ 170 I S. 1 GVG) mit der Möglichkeit für das Gericht, im Einzelfall nach einer Ermessensausübung die Öffentlichkeit zuzulassen. Hierbei sind insbesondere das Interesse der Beteiligten am Schutz der Privatsphäre und der aus dem Rechtsstaatsprinzip abzuleitende Grundsatz der Öffentlichkeit der Verhandlung gegeneinander abzuwägen, wobei dem erklärten Willen eines Beteiligten am Schutz seiner Privatsphäre bindende Wirkung zukommt (§ 170 I S. 2 GVG). Mit Zustimmung der Beteiligten kann das Gericht unter den weiteren Voraussetzungen von § 128 II ZPO von einer mündlichen Verhandlung absehen und **im schriftlichen Verfahren** entscheiden. Bei der Notwendigkeit einer Beweiserhebung nach streitigem Vorbringen sind auf Grund der Verweisung in § 113 I S. 2 FamFG die zivilprozessualen Vorschriften über die **Beweisaufnahme** (§§ 355–484 ZPO) heranzuziehen. Daneben steht, sofern für eine sachgerechte Entscheidung unentbehrlich,[80] die Möglichkeit der Beweiserhebung von Amts wegen (§ 144 I ZPO).

55

c) Gemäß § 113 I S. 1 FamFG i. V. m. § 38 I FamFG entscheidet das Gericht auch bei den das Verfahren abschließenden **Endentscheidungen** nur noch durch Beschluss. Durch die Abschaffung des Urteils als die bisher in Unterhaltssachen bestimmende Entscheidungsform ergeben sich allerdings Schwierigkeiten für das Verständnis der **Verweisung** in § 113 I S. 2 FamFG auf Vorschriften der ZPO und deren „**entsprechende**" Anwendung. So könnte die Beseitigung des Urteils als Erscheinungsform richterlichen Handelns durch das „**Beschluss-Prinzip**" bei streng formaler Betrachtung dazu führen, dass aus den pauschal in Bezug genommenen Vorschrift der ZPO die Urteils-Vorschriften (§§ 300–328, 330–347 ZPO) von vornherein ausscheiden müssten. Dem ist allerdings entgegenzuhalten, dass die ZPO in § 329 ZPO für Beschlüsse ersichtlich nur rudimentäre Regelungen bereithält. Wollte man die „entsprechende" Anwendung der **ZPO-Vorschriften** konsequenterweise auf die Beschluss-Vorschriften beschränken, wäre in Unterhaltssachen und den weiteren Familienstreitsachen sowie den Ehesachen der Grundsatz der mündlichen Verhandlung mit dem FamFG beseitigt. Denn gemäß § 128 IV ZPO können Entscheidungen des Gerichts, die nicht Urteile sind, ohne mündliche Verhandlung ergehen, soweit nichts anderes bestimmt ist. Das entspricht indessen nicht der Intention des Gesetzgebers, der, wie das Verbundverfahren verdeutlicht, ersichtlich an der Notwendigkeit der münd-

55a

---

[77] MünchKommZPO/Dötsch FamFG § 235 Rn. 1
[78] Hüßtege in Thomas/Putzo § 235 FamFG Rn. 4
[79] Keidel/Weber FamFG § 113 Rn. 7; Hoppenz/Walter, Familiensachen, § 113 FamFG Rn. 2
[80] OLG Naumburg FamRZ 2003, 385

lichen Verhandlung festhält (§ 137 II S. 1 FamFG). Mehr spricht deshalb für eine **entsprechende Heranziehung** auch der **Urteilsvorschriften der ZPO**,[81] sofern die allgemeinen Bestimmungen und die Vorschriften über das Verfahren in Familiensachen des FamFG nicht abweichende Regelungen vorgeben.[82] Diese Sichtweise vermeidet im Übrigen die mit der Beschränkung auf die ZPO-Beschlussvorschriften verbundenen Lücken, die sich insbesondere bei der Beweiskraft des Tatbestandes (§ 314 ZPO) und der Bindung des Gerichts (§ 318 ZPO) auftun und wiederum nur durch einen Rückgriff auf die Urteilsvorschriften zu schließen wären. Dass bei einseitiger Verhandlung ein **Versäumnisbeschluss** (§ 113 I S. 2 FamFG i. V. m. § 330 ZPO) ergehen kann,[83] dürfte ernsthaft nicht in Zweifel gezogen werden, auch wenn das Versäumnisverfahren in der ZPO auf das **Urteilsverfahren** beschränkt ist.

5. Sonderformen des Leistungsantrags in Unterhaltssachen („Teilunterhalt")

55b Der mit einem Nachforderungsantrag aus § 324 ZPO nicht zu verwechselnde **Zusatz-** oder **Nachforderungsantrag** auf Unterhaltsleistungen ist seiner Natur nach ein allgemeiner Leistungsantrag im Sinne von § 258 ZPO. Er ist nur insoweit zulässig, als kein **Abänderungsverfahren** (§ 238 FamFG) zu betreiben ist,[84] das wiederum eine abschließende **Sonderregelung** für in der Hauptsache ergangene Endentscheidungen des Gerichts darstellt.[85] Der Unterhaltsberechtigte muss sich deshalb mit einem weiter gehenden Unterhaltsbegehren auf dieses Verfahren und dessen besondere Verfahrensanforderungen verweisen lassen, wenn er mit seinem Unterhaltsbegehren bei der Ersttitulierung obsiegt hat. Dabei macht es auch keinen Unterschied, ob das weitergehende Unterhaltsverlangen Gegenstand der Ersttitulierung war.[86]

55c Allerdings kommt der Zusatzantrag als Leistungsantrag in Betracht, wenn der Unterhaltsberechtigte im ersten Verfahren nur einen **Teilantrag** gestellt[87] oder zum Ausdruck gebracht hat, dass er mehr verlangen könne, aber nicht wolle,[88] etwa, indem er von seinem Unterhalt nur einen Teil beansprucht. Ob dies der Fall ist, ergibt sich aus der Beschlussformel, für deren Auslegung die Beschlussgründe, insbesondere auch der dort in Bezug genommene Vortrag der Beteiligten im Verfahren samt Antrag heranzuziehen sind.[89] Daneben genügt aber auch die schriftsätzliche Erklärung oder auch die zu Protokoll, die Unterhaltsforderung werde als „**Teilunterhalt**" geltend gemacht. Ob rückständige oder zukünftige Leistungen verlangt werden, ist gleichgültig. Die Geltendmachung von **zeitlich begrenztem Unterhalt** ist, wenn sich aus den Umständen des Einzelfalles nichts anderes ergibt, als Teilantrag anzusehen, so daß Unterhalt für die Folgezeit im Wege des Leistungsantrags nachgefordert werden kann.[90] Verlangt der Unterhaltsberechtigte, der seinen vollen Unterhalt bereits hat titulieren lassen, einen **Sonderbedarf** (§ 1613 BGB), ist er nicht gehindert, seinen Zahlungsanspruch mit einem Leistungsantrag zu verfolgen,[91] weil das Abänderungsverfahren nur auf künftig fällig werdende „wiederkehrende Leistungen" Anwendung findet.

Der Zusatzantrag lässt zwar die Mehrforderung auch für die **Vergangenheit** zu, weil § 238 III FamFG nicht gilt, ist aber einerseits mit dem erheblichen Nachteil verbunden, dass der Unterhaltsberechtigte erneut die Anspruchsgrundlagen behaupten und notfalls

---

[81] MünchKommZPO/Ulrici FamFG § 38 Rn. 15; Hoppenz/Walter § 113 FamFG Rn. 2
[82] Hütter/Kodal FamRZ 2009, 917, 919; Prütting/Helms FamFG § 116 Rn. 16 f.
[83] Keidel/Weber FamFG § 113 Rn. 5; Musielak/Borth FamFG § 113 Rn. 2
[84] BGH FamRZ 2009, 314 Rn. 13
[85] BGH FamRZ 1987, 259
[86] BGH FamRZ 1985, 690 = R 259
[87] BGHZ 34, 110
[88] BGH NJW-RR 1987, 386
[89] BGHZ 34, 337
[90] OLG Koblenz FamRZ 1986489
[91] BGH FamRZ 1984, 470, 472

2. Abschnitt: Die Schaffung und Abänderung von Unterhaltstiteln § 10

beweisen muss,[92] hat aber andererseits den Vorteil, dass Bindungen aus § 238 FamFG nicht bestehen.

In der Regel macht der Unterhaltsberechtigte seinen vollen Unterhaltsanspruch geltend. Will er dies nicht, muss er dies ausdrücklich erklären (sog. **offener Teilantrag**) oder sich erkennbar eine Nachforderung vorbehalten (sog. **verdeckter Teilantrag**). Ein solcher Vorbehalt liegt nicht in der schlichten Geltendmachung des so genannten Quotenunterhalts.[93] Die **Vermutung** spricht gegen einen Teilantrag.[94] 55d

Wird Unterhalt ohne nähere Aufschlüsselung in **Elementar- und Vorsorgeunterhalt** geltend gemacht, so wird der volle einheitliche Unterhaltsanspruch rechtshängig, dessen lediglich unselbständiger Teil Vorsorgeunterhalt ist. Im Zweifel ist zu vermuten, dass Unterhalt in voller, dem Unterhaltsberechtigten zustehender Höhe geltend gemacht wird. Für die Annahme, ein solcherart geltend gemachter Unterhaltsanspruch sei lediglich als Teilantrag gestellt worden, reicht es nicht aus, dass vorgerichtlich ein höherer Gesamtbetrag an Elementar- und Vorsorgeunterhalt angemahnt worden war. Auch der bloße Hinweis, eine Antragserweiterung werde vorbehalten, reicht nicht aus, um einen Antrag als Teilantrag zu qualifizieren. Der in einem weiteren Unterhaltsverfahren gestellte Antrag auf Vorsorgeunterhalt ist bei dieser Sachlage unzulässig, da über den Unterhaltsanspruch insgesamt bereits entschieden worden ist.[95]

Zahlt der Unterhaltspflichtige freiwillig einen monatlichen Unterhalt z. B. in Höhe von 500 EUR (**Sockelbetrag**) und verlangt der Unterhaltsberechtigte z. B. weitere 500 EUR (**Spitzenbetrag**), handelt es sich bei der Mehrforderung um einen **offenen Teilantrag**. Nur die Entscheidung hierüber erwächst in Rechtskraft, auch wenn der Erfolg der Mehrforderung die Berechtigung des Sockelbetrages voraussetzt. Zwar setzt die Verpflichtung zur Zahlung des Spitzenbetrages materiell-rechtlich voraus, daß der Unterhaltsberechtigte außer diesem auch den freiwillig bezahlten Betrag beanspruchen kann. Bis zur Höhe dieses Betrages ist der Unterhaltsanspruch aber nicht Verfahrensgegenstand, sondern nur ein für die zu treffende Entscheidung vorgreifliches Rechtsverhältnis, das als bloßes Entscheidungselement an der Rechtskraft nicht teilnimmt.[96] Stellt der Unterhaltspflichtige im Beispielsfall die freiwilligen Leistungen ganz oder teilweise ein, muss der Unterhaltsberechtigte deswegen einen weiteren Teilantrag stellen, nicht aber einen Abänderungsantrag gegen den titulierten Betrag.[97] 55e

Begehrt der Unterhaltsberechtigte über den titulierten Spitzenbetrag hinaus weiteren Unterhalt, kann er diesen nur mit einem Abänderungsantrag (§ 238 FamFG) verfolgen, es sei denn er hat den Spitzenbetrag als „Teilunterhalt" in vollem Umfang erfolgreich geltend gemacht. Strebt er neben der Anpassung des Spitzenbetrages auch die Titulierung des Sockelbetrages an, muss er neben dem **Abänderungsantrag** wegen der erstmaligen Titulierung einen **Leistungsantrag** stellen. Insoweit kommt auch eine **Umdeutung** in Betracht, sofern der Unterhaltsberechtigte sein Begehren nur auf eine „Abänderung des Titels" gerichtet hat.[98] Der Unterhaltspflichtige seinerseits muss sich ebenfalls mit einem Abänderungsantrag – allerdings nur – gegen den titulierten Spitzenbetrag wenden. Wegen des Sockelbetrages kann er nach seinen Vorstellungen die Zahlungen ganz oder teilweise einstellen und mit einem **negativen Feststellungsantrag** das Nichtbestehen einer Unterhaltsverpflichtung klären lassen. 55f

6. Verfahrensrechtliche Auskunftspflichten (§§ 235, 236 FamFG)

Schon vor dem Inkrafttreten des FamFG hatte der Gesetzgeber für das streitige Unterhaltsverfahren das Bedürfnis nach einer amtswegigen **Beschleunigung** und **Förderung** 56

---

[92] BGH FamRZ 1985, 371
[93] BGH FamRZ 1985, 690 = R 259
[94] BGH FamRZ 2003, 444; 1990, 863
[95] OLG Karlsruhe FamRZ 1995, 1498
[96] BGH FamRZ 1995, 729, 730
[97] BGH FamRZ 1991, 320
[98] BGH FamRZ 1997, 281, 282

§ 10   Verfahrensrecht

des **Verfahrens** im Zeichen akuter Bedürftigkeit unterhaltsberechtigter Beteiligter gesehen und zuletzt in § 643 a. F. Gestalt gegeben. Danach konnte das Gericht von Amts wegen Auskünfte und Belege von Beteiligten oder bestimmten Dritten zu Einkünften verlangen, soweit sie für die Bemessung des Unterhalts von Bedeutung waren. Durch Neuregelungen im Rahmen des FamFG hat der Gesetzgeber den Einsatz dieser verfahrensrechtlichen Steuerungselemente erheblich ausgedehnt, wobei nach Anforderung und Umfang zu unterscheiden ist zwischen den **Auskunftspflichten** der **Beteiligten** (§ 235 FamFG) und den Pflichten näher bezeichneter **Dritter** (§ 236 FamFG). Die verfahrensrechtlichen Auskunftspflichten stellen auch nur ein zusätzliches Regelungsinstrument für das streitige Verfahren in Unterhaltssachen dar. Sie lassen insbesondere andere verfahrensrechtliche Möglichkeiten zur Sachverhaltsaufklärung nach den allgemeinen Vorschriften unberührt (§ 113 I S. 2 FamFG i. V. m. §§ 142, 143, 273 ZPO).

57   **a) Die Auskunftspflicht der am Verfahren Beteiligten (§ 235 FamFG).** Soweit sich die verfahrensrechtliche Auskunftsverpflichtung in erster Linie gegen die Beteiligten selbst richtet, ist wiederum zu unterscheiden zwischen der dem Gericht eingeräumten Möglichkeit des Auskunftsverlangens (§ 235 I FamFG) und einer entsprechenden Verpflichtung hierzu (§ 235 II FamFG). Ergänzt wird das jeweilige Vorgehen durch die mögliche Einholung einer die jeweilige Auskunft stützenden Versicherung. Nach der Intention des Gesetzgebers soll das gegenüber der Altregelung in § 643 I ZPO a. F. erweiterte Auskunftsverfahren in Unterhaltssachen **zeitintensive Stufenverfahren** (§ 254 ZPO) in möglichst weitgehendem Umfang entbehrlich machen.[99] Allerdings muss hierfür aus der Sicht des Beteiligten, der zur Berechnung des Unterhalts Informationen von der Gegenseite benötigt, ein **effektiver Mechanismus** vorgehalten werden. Angesichts der oftmals existentiellen Bedeutung von Unterhaltsleistungen für den Berechtigten und angesichts dessen, dass ungenügende Unterhaltszahlungen zu einem erhöhten Bedarf an öffentlichen Leistungen führen können, sieht der Gesetzgeber über das private Interesse des Unterhaltsgläubigers hinaus auch ein **öffentliches Interesse** an einer sachlich richtigen Entscheidung in Unterhaltsangelegenheiten.[100]

aa) Gemäß § 235 I S. 1 FamFG kann das Gericht anordnen, dass die Beteiligten Auskunft über ihre Einkünfte, ihr Vermögen und ihre persönlichen und wirtschaftlichen Verhältnisse erteilen sowie bestimmte Belege vorlegen, soweit dies für die Bemessung des Unterhalts von Bedeutung ist. Befürchtungen, mit dieser Regelung sei in streitigen Unterhaltsverfahren der Verhandlungs- und Beibringungsgrundsatz durch das Prinzip der Amtsermittlung ersetzt worden, lässt sich entgegenhalten, dass schon nach dieser Regelung das verfahrensspezifischen Auskunftsverlangen nur in einem begrenzten Umfang zum Einsatz kommt.

Betroffen sein muss zunächst, dies ergibt sich auch ohne ausdrücklichen Verweis aus der Stellung der Vorschrift im Kontext der besonderen Verfahrensvorschriften in Unterhaltssachen, ein durch § 231 I FamFG geregelter Unterhaltstatbestand. Damit werden verfahrensspezifisch erfasst allerdings nicht nur die typischen Unterhaltsbegehren sondern auch Verfahren, in denen der **gesetzliche Unterhalt** wegen Überzahlung im Rahmen einer ungerechtfertigter Bereicherung (§ 812 BGB) oder eines Schadenersatzes (§ 826 BGB) eine Rolle spielt. Auch in Verfahren zur Anpassung von Unterhaltstiteln (§§ 238–240 FamFG) stehen dem Gericht die Steuerungselemente aus § 235 FamFG zur Verfügung. Unerheblich für den Einsatz der verfahrensrechtlichen Auskunftspflicht ist auch, ob die Beteiligten des Unterhaltsverhältnisses selbst oder ihre **Rechtsnachfolger** das streitige Verfahren durchführen. Das **vereinfachte Verfahren** (§§ 249 ff. FamFG) regelt zwar auch eine gesetzliche Unterhaltspflicht im Sinne von § 231 I FamFG. Indessen scheidet dieses Verfahren aus dem Anwendungsbereich der verfahrensrechtlichen Auskunftspflicht von vornherein aus, weil im Anwendungsbereich der §§ 249–254 FamFG abweichend von den durch § 235 I S. 1 FamFG gesetzten Voraussetzungen eine Unterhaltsbemessung nicht stattfindet, diese vielmehr dem streitigen Verfahren (§ 255 FamFG) vorbehalten bleibt. Diese Einschränkung gilt wiederum nicht für das Verfahren der Unterhaltsanordnung im **einstweiligen Rechts-**

---

[99] BT-Drucks. 16/6308 S. 255
[100] BT-Drucks. 16/6308 S. 256

2. Abschnitt: Die Schaffung und Abänderung von Unterhaltstiteln § 10

schutz. Insbesondere dürften Gründe der schnellen Titulierung Anordnungen nach § 235 FamFG nicht entgegenstehen,[101] wenn das durch den Gesetzgeber über die Regelung in § 246 II FamFG verfolgte Ziel angestrebt wird, wonach auch über eine einstweilige Unterhaltsanordnung **regelmäßig** erst auf Grund mündlicher Verhandlung entschieden wird. Hier bestehen für die Rechtspraxis keine unüberwindbaren Hindernisse, durch Auskunftsanordnungen gegenüber den Beteiligten schon in Verbindung mit der Terminierung dem durch § 235 FamFG verfolgten privaten und öffentlichen Interesse „an einer sachlich richtigen Entscheidung in Unterhaltsangelegenheiten"[102] zum Durchbruch zu verhelfen.[103]

Auf die verfahrensrechtliche Auskunftsverpflichtung eines Beteiligten zurückgreifen kann und darf das Gericht allerdings nur, soweit es im einzelnen Verfahren auf das Ergebnis der Auskunft ankommt. Bezogen auf den jeweiligen Verfahrensgegenstand besagt dies zunächst, dass in einem **isolierte Auskunftsverfahren**, in dem der Antragsteller lediglich seine materiellrechtlichen Auskunftsansprüche (§§ 1361 IV S. 4, 1605, 1580 BGB) in einem streitigen Verfahren durchsetzen will, dem Gericht die Befugnis aus § 235 I FamFG nicht zur Verfügung steht, um das Verfahren zügig abzuschließen. Dem steht entgegen, dass die erstrebte Auskunft im Verfahren nicht **bemessungsrelevant** ist. Auch fehlt es nicht an dem Rechtsschutzinteresse durch eine entsprechende Rechtsverfolgung durch den Antragsteller,[104] so dass ihm die für ein streitiges Verfahren nachgesuchte Verfahrenskostenhilfe, so die Voraussetzungen im Übrigen vorliegen, nicht versagt werden kann. Nichts anderes hat für ein **Stufenverfahren** (§ 254 ZPO) zu gelten, mit dem der Antragsteller in einer frühen Verfahrensphase lediglich die Einkommens- und Vermögensverhältnisse geklärt wissen will. Das Gericht ist hier gehindert, durch Anordnungen von Amts wegen die „Teilerledigung der Hauptsache" herbeizuführen, bevor es auf der letzten Stufe auf die Bemessung des Unterhalts ankommt. **58**

Als das Unterhaltsverfahren förderndes Steuerungselement scheidet ein auf § 235 I FamFG gestütztes Auskunftsverlangen ferner aus, wenn der Sachverhalt unstreitig ist, als zugestanden zu gelten hat (§ 113 I S. 2 FamFG i. V. m. §§ 138 III, 288 ZPO) oder unerheblich ist. So liegen die Dinge etwa dann, wenn sich der Unterhaltsberechtigte auf eine konkrete Bedarfsberechnung oder den höchsten Tabellensatz[105] der Kindesunterhaltstabelle stützt und die Leistungsfähigkeit des Unterhaltspflichtigen nicht in Streit steht.[106] Ungeachtet seiner inhaltlich an das materielle Auskunftsrecht angelehnten Ausgestaltung ist die Befugnis des Gerichts, im streitigen Unterhaltsverfahren von den Beteiligten Auskünfte zu verlangen, rein **verfahrensrechtlicher Natur**.[107] Sie leitet sich ab aus dem Rechtsverhältnis der Beteiligten zum Gericht und steht deshalb nach dem **lex-fori-Prinzip** auch dann zur Disposition des Gerichts, wenn dieses nach dem maßgebenden Unterhaltsstatut ausländisches Unterhaltsrecht für die jeweilige Unterhaltsbemessung heranzuziehen hat. Kommt nach dem anzuwendenden Recht der Auskunft allerdings keine Bedeutung für die Bemessung des Unterhalts zu, ist auch kein Raum für auf § 235 FamFG gestützte gerichtliche Maßnahmen.[108]

Inhaltlich orientiert sich § 235 I S. 1 FamFG zunächst an den materiellrechtlichen Auskunftsverpflichtungen. Danach hat der Beteiligte auf Verlangen des Gerichts eine systematische schriftlich verkörperte Zusammenstellung (Bestandsverzeichnis) der Einnahmen und Ausgaben sowie der Vermögenswerte und diesen gegenüberstehende Verbindlichkeiten vorzulegen. Bei verfahrenskonformer Auskunftserteilung handelt es sich um eine eigene und **schriftliche Erklärung** des Beteiligten, die aber nicht die Anforderungen an die gesetzliche Schriftform im Sinne von § 126 BGB erfüllen muss. Sie kann auch durch eine **Dritten als Boten** erfolgen, muss aber aus sich heraus erkennen lassen, dass sie vollinhalt- **59**

---

[101] So aber Keidel/Weber FamFG § 235 Rn. 3
[102] BT-Drucks. 16/6308 S. 256
[103] MünchKomm/Dötsch FamFG § 235 Rn. 6
[104] Musielak/Borth FamFG § 235 Rn. 3
[105] BGH FamRZ 1983, 478
[106] BGH FamRZ 1994, 1169
[107] Musielak/Borth FamFG § 235 Rn. 3
[108] MünchKomm/Dötsch FamFG § 235 Rn. 7

lich von dem Auskunftspflichtigen herrührt und verantwortet werden soll.[109] Die im anwaltlichen Schriftsatz festgehaltene Erklärung „... mein Mandant erteilt Auskunft zu seinen Einkommensverhältnissen wie folgt ..." erscheint danach unbedenklich.

Die verfahrensrechtliche Auskunftsverpflichtung erstreckt sich darüber hinaus auf die **persönlichen und wirtschaftlichen Verhältnisse** des Beteiligten. Damit sind allerdings nicht die – wortgleichen – Verhältnisse gemeint, deren Klärung im Rahmen eines Verfahrens betreffend die Verfahrenskostenhilfe geboten ist. Vielmehr handelt es sich um diejenigen persönlichen und wirtschaftlichen Besonderheiten der Beteiligten, die im Einzelfall die Unterhaltsbemessung beeinflussen können, wie dies im Fall des Zusammenlebens des Unterhaltsberechtigten oder des Unterhaltspflichtigen mit einer anderen Person in nichtehelicher Lebensgemeinschaft oder sonst unter Umständen der Fall ist, die sich allein aus der Darstellung von Einkommens- und Vermögensverhältnissen nicht ableiten lassen. So werden hier u. a. auch Angaben zur jüngeren Erwerbsbiographie, zum erlernten Beruf und zu anderen Unterhaltspflichten,[110] zur Eheschließung, Scheidung oder auch Studium erwartet.[111] Die Auskunft hat sich im Übrigen auf die Vorlage von die jeweilige Auskunft als Nachweise stützenden **Belegen** zu erstrecken.

60 Die Auskunft- und Belegverpflichtung wird ergänzt durch die Regelung in § 235 III FamFG, wonach die Beteiligten dem Gericht **ohne Aufforderung** mitzuteilen haben, wenn sich während des Verfahrens Umstände, die Gegenstand der Anordnung nach § 235 I FamFG waren, wesentlich verändert haben. Die – bisher gesetzlich nicht geregelte – **ergänzende Auskunftsverpflichtung** lässt sich von der Erkenntnis leiten, dass die für die Unterhaltsbemessung maßgebenden Verhältnisse nicht auf einem abgeschlossenen Sachverhalt beruhen, sondern einem steten Wandel unterliegen (z. B. die fortgeschriebenen ehelichen Lebensverhältnisse) und Anpassungen notwendig machen, sollen sie zu sachlich richtigen Entscheidungen in Unterhaltsangelegenheiten führen. Deshalb ist das Gericht, will es seiner Entscheidung für die Zukunft eine zutreffende Prognose zugrunde legen, im Zeitpunkt der Entscheidung auf eine hinreichend verlässliche **aktualisierte Tatsachengrundlage** angewiesen. Diesem Ziel dient die verfahrensrechtliche Regelung in § 235 III FamFG. Sie lässt im Übrigen die bisher schon aus dem materiellen Unterhaltsrecht i. V. m. § 242 BGB abgeleitete Verpflichtung zur ungefragten Information über Veränderungen in den Unterhaltsverhältnissen[112] unberührt, die insbesondere dann zum Tragen kommt, wenn im Verlauf des Verfahrens Änderungen bei unstreitigen Tatsachen eintreten. Die ergänzende Auskunftsverpflichtung besteht nämlich nur, sofern und soweit ein Auskunftsverlangen des Gerichts nach Maßgabe von § 235 I FamFG stattgefunden hat. Sie wird deshalb auch inhaltlich bestimmt und begrenzt, mithin für den jeweiligen Beteiligten auch überschaubar, durch den Umfang dieses Auskunftsverlangens. Zudem ist der Beteiligte hierüber ausdrücklich zu belehren (§ 235 I S. 4 FamFG). Schwierigkeiten für die Beteiligten bestehen allerdings noch insoweit, als die Ergänzung nur bei **wesentlichen Änderungen** verlangt werden kann, die sich für den einzelnen Beteiligten, jedenfalls soweit sie ihm zum Nachteil gereichen – die ihm günstigen Änderungen wird der anwaltlich vertretene Beteiligte ohnehin bis zum Schluss der mündlichen Verhandlung vorbringen –, nicht verlässlich einschätzen lassen. Gleichwohl lässt sich dem seitens des Gerichts durch eingehende Belehrung vorbeugen.

61 In dem Bestreben, mit einem effektiven Steuerungselement das streitige Unterhaltsverfahren zu beschleunigen, hat der Gesetzgeber erstmalig die verfahrensrechtliche Auskunftspflicht durch eine aus der Struktur des Stufenverfahrens (§ 254 ZPO) abgeleitete **Versicherungspflicht** ergänzt.[113] Gemäß § 235 I S. 2 FamFG kann das Gericht anordnen, dass die Beteiligten schriftlich versichern, die Auskunft wahrheitsgemäß und vollständig erteilt zu haben. Hierbei handelt es sich nicht um eine eidesstattliche Versicherung, steht einer solchen im Ergebnis auch nicht gleich.[114] Der **schriftlichen Versicherung**, die der Betei-

---

[109] BGH FamRZ 2008, 600 Rn. 12
[110] Bork/Jacoby/Schwab/Kodal FamFG § 235 Rn. 9
[111] MünchKomm/Dötsch FamFG § 235 Rn. 9
[112] BGH FamRZ 2008, 1325 Rn. 28
[113] BT-Drucks. 16/6308 S. 255
[114] Hütter/Kodal FamRZ 2009, 917, 920

2. Abschnitt: Die Schaffung und Abänderung von Unterhaltstiteln § 10

ligte **höchstpersönlich** abzugeben hat, sich mithin auch nicht durch seinen Verfahrensbevollmächtigten vertreten lassen kann, kommt in erster Linie eine **Appellfunktion** gegenüber dem Auskunftspflichtigen im Stufenverhältnis zwischen der Auskunftserteilung und der eidesstattlicher Versicherung zu. Sie soll den Beteiligten zu **besonderer Sorgfalt** bei der Auskunftserteilung anhalten. Im Unterschied zur eidesstattlichen Versicherung ist sie nicht strafbewehrt (§ 156 StGB), hindert aber bei unzutreffenden Angaben auch nicht eine Einordnung als Verfahrensbetrug (§ 263 StGB). Der gesetzlichen Regelung liegt die Erwartung zugrunde, bereits mit der Befugnis für das Gericht, „zunächst" die schriftliche Versicherung zu verlangen, die Funktion der zweiten Stufe des Stufenverfahrens zu erfüllen.[115] Soweit hieraus allerdings teilweise gefolgert wird,[116] das Gericht müsse unter den Voraussetzungen von § 259 BGB auch die Abgabe einer **eidesstattlichen Versicherung** verlangen können, wenn eine Versicherung im Sinne von § 235 I S. 2 FamFG nicht zum Ziel führt, ergibt sich aus dem Gesetz kein Hinweis für ein solches Verfahren als „ultima ratio". Vielmehr deutet die Gesetzesbegründung motivisch eher darauf hin, dass mit dem Steuerungselement der schriftlichen Versicherung der Gesetzgeber „zunächst" neue Wege der Sachverhaltsaufklärung gehen will. Sollte sich dies als unzureichend erweisen, müsste der Gesetzgeber mit einer Gesetzesänderung erneut auf den Plan treten. Nach geltender Rechtslage sind die Gerichte jedenfalls nicht befugt, jenseits der schriftlichen Versicherung die eidesstattliche Versicherung nach den Grundsätzen der Amtsermittlung im Rahmen der verfahrensrechtlichen Auskunftspflichten heranzuziehen.[117]

Auch an die Verknüpfung zwischen **Auskunft und Versicherung** stellt das Gesetz im 62 Gegensatz zur eidesstattlichen Versicherung keine zusätzlichen Anforderungen. So bietet die strukturelle Orientierung am Stufenverfahren (§ 254 ZPO) keinen Anlass, in Anlehnung an die eidesstattliche Versicherung (§ 260 II BGB) die Versicherungspflicht erst dann einsetzen zu lassen, wenn nach Prüfung der Auskunft durch das Gericht Grund zu der Annahme besteht, dass die erteilte Auskunft lückenhaft und nicht mit der gebotenen Sorgfalt erteilt worden ist.[118] Das Gericht kann vielmehr sein Auskunftsverlangen von vornherein mit der Anforderung einer entsprechenden Versicherung verbinden[119] oder aber auch die Versicherung etwa bei einer Auskunftsergänzung (§ 235 III FamFG) nachfordern. Ansonsten gingen die beabsichtigten Beschleunigungseffekte – dem Ziel der gesetzlichen Neuregelung widersprechend – durch eingehende und langwierige Prüfungen durch das Gericht und durch Streitigkeiten zwischen den Beteiligten darüber, ob die Auskunft teilweise nicht und nicht sorgfältig erteilt worden ist, verloren.

Liegen die Voraussetzungen vor, unter denen das Gericht in Ausübung **pflichtgemäßen** 63 **Ermessens** von den Beteiligten Auskünfte und Versicherungen nach § 235 I S. 1 und 2 FamFG verlangen kann, hat es bei der **Anordnung** weitere Verfahrensregeln einzuhalten. Dies gilt zunächst für das Auskunftsverlangen als solches, das inhaltlich konkret und einem gemäß § 253 II Nr. 2 ZPO vergleichbaren Antrag zu fassen ist, um dem Beteiligten die Erteilung vollständiger und für die Unterhaltsbemessung ausreichender Auskünfte zu ermöglichen und nachteilige Folgen für die Beweiswürdigung in der Hauptsache oder auch nur bei der Kostenfolge (§ 243 S. 2 Nr. 3 FamFG) zu vermeiden. Dies wiederum setzt voraus, dass die Beteiligten dem Gericht unter Beachtung des Beibringungsgrundsatzes einen streitigen Sachverhalt unterbreitet haben, der überhaupt erst erfüllbare Anordnungen ermöglicht. Diese ergehen **schriftlich** durch Beschluss oder Verfügung und sind zuzustellen (§ 113 I S. 2 FamFG i. V. m. § 329 II ZPO), da zu ihrer Erfüllung das Gericht eine **angemessene Frist** (§ 235 I S. 3 FamFG) setzen soll. Deren Bemessung hat sich an dem Inhalt der Anordnung zu orientieren. Überdies soll von der Fristsetzung in Ausnahmefällen abgesehen werden, wenn feststeht, dass der Beteiligte die benötigte Information oder den Beleg ohne eigenes Verschulden nicht kurzfristig erlangen kann.[120] Die verfahrenskonforme

---

[115] BT-Drucks. 16/6308 S. 255
[116] Prütting/Helms/Bömelburg FamFG § 235 Rn. 11
[117] MünchKommZPO/Dötsch FamFG § 235 Rn. 14
[118] So aber MünchKommZPO/Dötsch FamFG § 235 Rn. 27
[119] Keidel/Weber FamFG § 235 Rn. 6
[120] BT-Drucks. 16/6308 S. 256

Anordnung enthält schließlich gemäß § 235 S. 4 FamFG neben der Fristsetzung **Hinweise**. Diese betreffen zum einen die **ausführliche Belehrung** über die Verpflichtung zur Ergänzung der Auskunft, sofern insoweit wesentliche Änderungen bezogen auf die zunächst zu erteilende Auskunft (§ 235 I FamFG) während des Verfahrens eintreten. Zum anderen erstreckt sich die Belehrung auf die verfahrensrechtliche Möglichkeit, im Fall unterbliebener oder unzureichender Mitwirkung **Auskünfte** zur Höhe von Einkünften **bei bestimmten Dritten** einzuholen (236 FamFG) und die unzureichende Mitwirkung im Verfahren **kostenrechtlich zu sanktionieren** (§ 243 S. 2 Nr. 3 FamFG).

64　bb) Während das Gericht von der verfahrensrechtlichen Auskunftspflicht der Beteiligten im Rahmen von § 235 I FamFG nach pflichtgemäßem Ermessen Gebrauch machen kann, erstarken entsprechende Anordnungen zu einer **Verpflichtung** für das gerichtliche Handeln (§ 235 II FamFG), wenn die Voraussetzungen von § 235 I FamFG erfüllt sind, ein Beteiligter ein Vorgehen des Gerichts beantragt und der andere Beteiligte vor Beginn des Verfahrens einer nach den Vorschriften des bürgerlichen Rechts bestehenden Auskunftspflicht trotz Aufforderung innerhalb angemessener Frist nicht nachgekommen ist. Der durch einen Rechtsanwalt (§ 114 I FamFG) in einem eingeleiteten Unterhaltsverfahren zu stellende **Verfahrensantrag** kann hiernach nur Erfolg haben, wenn der Antragsteller den anderen Beteiligten vor Einleitung des Verfahrens mit einem **Auskunftsverlangen** nach materiellem Recht (§§ 1605, 1580, 1361 IV BGB) in **Verzug** gesetzt hat. Die gesetzliche Regelung stellt für die Verzugswirkungen auf eine unterbliebene Auskunftserteilung ab. Deshalb genügen für die Verzugswirkungen in diesem Zusammenhang weder der Zugang eines Verfahrenskostenhilfegesuchs betreffend den Unterhalt noch der eines Antrags auf Erlass einer einstweiligen Unterhaltsanordnung.[121] Inhaltlich müsste das erfolglose Auskunftsverlangen so konkret ausgerichtet sein,[122] dass es selbst Gegenstand eines isolierten Auskunftsverfahrens sein könnte. Ein allgemein gehaltener Auskunftsantrag begründet ebenso wenig eine Verpflichtung im Sinne von § 235 II FamFG wie eine erteilte Auskunft, bei der die Beteiligten darüber streiten, ob sie vollständig und hinreichend sorgfältig erteilt worden ist. Die **Angemessenheit** der **Fristsetzung** bestimmt sich wiederum nach dem Gegenstand des Auskunftsverlangens im Einzelfall (z. B. monatliche Lohnabrechnungen, betriebswirtschaftliche Auswertungen oder Gewinn- und Verlustrechnungen). Im Interesse des Auskunft begehrenden Beteiligten erscheint in diesem Zusammenhang eher eine – abhängig nicht zuletzt auch von dem Verhalten des anderen Beteiligten – großzügige Betrachtung angezeigt, insbesondere dann, wenn der Auskunftspflichtige den Zeitraum vor Einleitung des Verfahrens wie auch den nachfolgenden Zeitraum nach Anhörung bis zur Zulässigkeit des gerichtlichen Vorgehens untätig hat verstreichen lassen.

65　Dem Gericht sind in Unterhaltssachen Befugnisse und Verpflichtungen, in bestimmten Verfahrenskonstellationen mit der verfahrensrechtlichen Auskunfts- und Belegpflicht der Beteiligten die notwendige Sachverhaltsaufklärung zu betreiben, an die Hand gegeben. Dies könnte Begehrlichkeiten aus Sicht der am Unterhaltsverhältnis Beteiligten in dem Bemühen, ein Stufenverfahren (§ 254 ZPO) zu vermeiden, in der Weise fördern, dass der Unterhaltsberechtigte in Verbindung mit einem **Verfahrenskostenhilfegesuch** zunächst einen Antrag nach § 235 II FamFG mit einem – von der Auskunftserteilung abhängigen – vorerst noch **unbezifferten Zahlungsantrag** stellt.[123] Indessen scheidet ein solches „verkürztes Stufenverfahren" von vornherein aus. Dem steht zunächst schon entgegen, dass sich die verfahrensrechtlichen Auskunftspflichten nur in einem durch einen zulässigen Antrag eingeleiteten Unterhaltsverfahren aktualisieren lassen. Denn nur dieses begründet zwischen den Beteiligten und dem Gericht das für die Begründung der Auskunftspflichten notwendige Verfahrensrechtsverhältnis.[124] Weder das Auskunftsverlangen noch das unbestimmte Zahlungsbehren erfüllen die Voraussetzungen eines **zulässigen Leistungsantrags**.[125] Überdies muss die begehrte Auskunft für den geltend gemachten Unterhalt konkret bemessungsrelevant sein.

---

[121] MünchKommZPO/Dötsch FamFG § 235 Rn. 34
[122] Johannsen/Henrich/Maier Familienrecht § 235 FamFG Rn. 10
[123] Prütting/Helms/Bömelburg FamFG § 235 Rn. 20
[124] Bork/Jacoby/Schwab/Kodal FamFG § 235 Rn. 1
[125] Götz NJW 2010, 897, 900

2. Abschnitt: Die Schaffung und Abänderung von Unterhaltstiteln § 10

Daran fehlt es bei einem vorrangigen Auskunftsantrag. Für die Beurteilung der Bemessungsrelevanz ist das Gericht im Übrigen auf den zwischen den Beteiligten streitigen Sachvortrag angewiesen.[126] Bei **Wahrung des Beibringungsgrundsatzes** für das Unterhaltsverfahren erschöpfen sich die verfahrensrechtlichen Pflichten der Beteiligten aus § 235 FamFG in einer Stärkung der Aufklärungstätigkeit (§ 139 ZPO) durch das Gericht im Rahmen eines zulässigen Leistungsantrags mit dem Ziel der Verfahrensbeschleunigung.[127] Einen vollständigen Ersatz für das Stufenverfahren begründen sie nicht. Mit dem Hinweis auf § 235 FamFG kann deshalb die Verfahrenskostenhilfe für ein entsprechendes Verfahren nicht versagt werden.

Die Anordnungen des Gerichts unterliegen, wie § 235 IV FamFG lediglich deklaratorisch klarstellt, als Zwischenentscheidungen **keiner gesonderten Anfechtung**. Die Überprüfung ihrer Rechtmäßigkeit erfolgt allerdings im Rahmen des Rechtsmittels der Beschwerde gegen die das Unterhaltsverfahren beendende Endentscheidung (§ § 113 I S. 1, 58 I FamFG). Der Beurteilung durch das Beschwerdegericht unterliegen dabei auch die der Endentscheidung vorausgegangenen, aber nicht selbständig anfechtbaren Entscheidungen (§ 58 II FamFG). In diesem Zusammenhang kann insbesondere die fehlerhafte Ablehnung von Anordnungen als wesentlicher Verfahrensmangel, sofern entscheidungsrelevant, unter Aufhebung der angefochtenen Endentscheidung zur Zurückverweisung der Sache an das Gericht des ersten Rechtszuges führen (§ 117 II S. 1 FamFG i. V. m. § 538 II ZPO). 66

Leisten die Beteiligten den gemäß § 235 I und II FamFG getroffenen Anordnungen keine oder nur unzureichende Folge, stehen dem Gericht **keine Zwangsmittel** zur Durchsetzung zur Verfügung (§ 235 IV FamFG). Die Regelung hält damit auch in Ansehung weitergehender Ermittlungsbefugnisse des Gerichts an der Dispositionsmaxime der Beteiligten für das Unterhaltsverfahren fest. Allerdings bleibt eine unzureichende Mitwirkung der Beteiligten im Verfahren nicht folgenlos. Zum einen unterliegt das Verhalten des jeweiligen Beteiligten einer Bewertung im Rahmen der **freien Beweiswürdigung** (§ 286 ZPO). Zum anderen kann das Gericht nunmehr an Dritte zur Sachverhaltsaufklärung herantreten (§ 236 FamFG) und die unzureichende Mitwirkung letztlich über die Kostenentscheidung sanktionieren (§ 243 S. 2 Nr. 3 FamFG).

b) Die Auskunftspflicht Dritter (§ 236 FamFG). Führt bei der gebotenen Sachverhaltsaufklärung der Weg über die verfahrensrechtliche Auskunftspflicht eines Beteiligten nicht weiter, weil dieser den Anordnungen des Gericht nach § 235 I oder II FamFG nicht oder nicht vollständig nachkommt, bietet § 236 FamFG dem Gericht die Möglichkeit, die weitere Aufklärung durch Einschaltung Dritter zu betreiben, allerdings bezogen sowohl auf den Inhalt der zu erteilenden Auskünfte als auch den Adressatenkreis der in Betracht kommenden Dritten nur in einem begrenzten Umfang. Dabei unterscheidet die gesetzliche Regelung wiederum zwischen einem Auskunftsverlangen des Gerichts nach pflichtgemäß ausgeübtem Ermessen (§ 236 I FamFG) und einem solchen auf Antrag des anderen Beteiligten (§ 236 II FamFG). 67

aa) Gemäß § 236 I FamFG kann das Gericht mit einem Auskunftsverlangen auf eine **verfahrensrechtliche Auskunftspflicht bestimmter Dritter** zurückgreifen, wenn es zuvor mit einem den Regelungen in § 235 I FamFG entsprechenden Auskunftsverlangen gegenüber einem Beteiligten nicht den notwendigen Aufklärungserfolg erzielt hat. Die Inanspruchnahme Dritter ist mithin subsidiär und überdies gegenüber § 235 I FamFG inhaltlich begrenzt. Sie erschöpft sich in **Auskünften** und **Belegen** zu **Einkünften**, die nach dem streitigen Vorbringen der Beteiligten für die Unterhaltsbemessung relevant sind. Insoweit muss zwischen den Auskunftsverlangen gegenüber den Beteiligten und gegenüber den Dritten Identität (Einkunftsart und Zeitraum) bestehen. Mit der Festlegung auf die Einkünfte des Beteiligten will der Gesetzgeber eine Ausforschung vermeiden und die Belastungen für den nicht verfahrensbeteiligten Dritten begrenzen.[128] Nachfragen und Nachweise zu Vermögenswerten sowie zu den persönlichen und wirtschaftlichen Verhältnissen haben gegenüber Dritten zu unterbleiben, wobei die Erträge aus Vermögen, soweit sie für die Unterhaltsbemessung eine Rolle spielen können, ohnehin über die Einkunftsarten erfasst werden.

---

[126] Hüßtege in Thomas/Putzo § 235 FamFG Rn. 4
[127] Borth FamRZ 2007, 1925, 1934
[128] BT-Drucks. 16/6308 S. 256

68 Neben der inhaltlichen Ausgestaltung eines auf § 236 I FamFG gestützten Auskunftsverlangens erfolgt eine weitere Begrenzung dieses verfahrensrechtlichen Steuerungselements durch die Festlegung auf den in Betracht kommenden **Adressatenkreis**.[129] Dieser wird durch die Aufzählung in § 236 I Nr. 1 bis 5 FamFG spezifiziert und abschließend geregelt.[130] Die nach dem Willen des Gesetzgebers nur behutsam und begrenzt verfolgte Einschaltung Dritter bei der Sachverhaltsaufklärung steht, abgesehen von einer insoweit fehlenden Regelungslücke, ebenso wie Gründe der Rechtssicherheit einer Ausdehnung des Adressantenkreises im Wege der **Analogie** auf andere Dritte entgegen.[131]

68a Zu den nach § 236 FamFG auskunftspflichtigen Personen und Stellen zählen, da typischerweise das in einem Arbeitsverhältnis erzielte Erwerbseinkommen für den Unterhalt bemessungsrelevant ist, zunächst die **Arbeitgeber** (Nr. 1), wobei es auf die Funktion ankommt. Sie beschäftigen nach überkommenem Verständnis, auch der öffentlich-rechtliche Dienstherr, zumindest einen oder mehrere Arbeitnehmer und schulden für die weisungsgebundene Tätigkeit des Mitarbeiters eine Vergütung. Darüber hinaus ist die Stellung eines Arbeitgebers auch zu bejahen gegenüber freien Mitarbeitern oder auch anderen arbeitnehmerähnlichen Personen, sofern diese in wirtschaftlicher Abhängigkeit zumindest überwiegend das Erwerbseinkommen auf Grund dieses Rechtsverhältnisses erzielen (Subunternehmer). Bei Vertragsverhältnissen des Handelsvertreters hängt dies im Einzelfall vom Umfang der Weisungsbefugnis und davon ab, ob er im Wirtschaftverkehr gegebenenfalls als nachgeordneter Unternehmer auftritt.[132]

68b Als auskunftspflichtige Dritte (Nr. 2) nennt das Gesetz darüber hinaus die **Sozialleistungsträger**. Gemeint sind damit die in § 12 SGB I i. V. m. §§ 18 bis 29 SGB I aufgeführten Leistungsträger. Hier erstreckt sich die Auskunfts- und Belegpflicht neben den eigentlichen Sozialleistungen auch auf die diesen unterliegenden einzelnen Berechnungselemente (z. B. Bruttoarbeitslohn, Beitragssätze etc.). Betroffen sind sämtliche **Sozialdaten**, nämlich Einzelangaben über persönliche oder sachliche Verhältnisse des Betroffenen (§ 67 I SGB X), über die der zuständige Leistungsträger im Rahmen seines Aufgabenbereichs verfügt. Allerdings wird der Anwendungsbereich begrenzt durch Angaben, denen für die Ermittlung und Bemessung der Einkünfte des Beteiligten Bedeutung zukommt. Die Erfüllung der Auskunft und Übermittlung der Sozialdaten in einem gerichtlichen Verfahren betreffend die gesetzliche Unterhaltspflicht folgt sozialrechtlich den Regelungen in § 74 S. 1 Nr. 1 a) SGB X, die bei Wahrung des **Sozialgeheimnisses** (§ 35 S. 1 SGB I) darauf abstellen, dass der Betroffene einem Auskunfsverlangen, wie es in § 235 I FamFG geregelt ist, innerhalb angemessener Frist nicht nachgekommen ist.

Die **Künstlersozialkasse** (§§ 37 ff. KVG) wird der Vollständigkeit halber, da sich die Regelung in § 12 I SGB I hierauf nicht erstreckt, sie aber ebenfalls das Sozialgeheimnis zu wahren hat (§ 35 I S. 4 SGB I), aus Gründen der Rechtsklarheit und Rechtssicherheit gesondert erfasst.

68c Mit den **sonstigen Personen und Stellen** (Nr. 3) werden über einen **Auffangtatbestand** Einrichtungen als auskunftspflichtig angesehen, die Leistungen in bestimmten Lebenslagen (Alter, verminderte Erwerbsfähigkeit, Entschädigung und Nachteilsausgleich – Stellen und Einrichtungen gemäß § 69 II Nr. 1 und 2 SGB X –) erbringen, ohne dass es darauf ankommt, ob eine privatrechtliche oder öffentlich-rechtliche Organisationsform bei dem Leistungsträger vorliegt. Hierzu rechnen insbesondere die berufsständigen Versorgungswerke der Selbständigen, die Träger der betrieblichen Altersversorgung, der Zusatzversorgung des öffentlichen Dienstes, aber auch Gesellschaften, die Rentenleistungen aus einer Lebensversicherung erbringen.

68d **Versicherungsunternehmen** (Nr. 4) sind, soweit sie wegen der Erbringung von Rentenleistungen nicht bereits anderweitig zur Erteilung von Auskünften herangezogen werden können (Nr. 3), darüber hinaus auskunftspflichtig auch im Hinblick auf zu erbringende oder erbrachte Kapitalleistungen.

---

[129] Musielak/Borth FamFG § 236 Rn. 5
[130] Bork/Jacoby/Schwab/Kodal FamFG § 236 Rn. 3
[131] MünchKomm/Dötsch FamFG § 236 Rn. 7
[132] Musielak/Borth FamFG § 236 Rn. 5

2. Abschnitt: Die Schaffung und Abänderung von Unterhaltstiteln § 10

Wegen der Aufklärung unterhaltsrelevanter Einkommensverhältnisse kann das Gericht schließlich auch an die zuständigen **Finanzämter** herantreten (Nr. 5). Die bisherige Beschränkung auf die Verfolgung von Unterhaltsansprüchen minderjähriger Kinder erscheint in den Augen des Gesetzgebers nicht mehr sachgerecht.[133] Nunmehr erstreckt sich die verfahrensrechtliche Auskunftspflicht auf jedwede durch § 231 I FamFG erfasste Unterhaltssache. Die bisherige Regelung erschien auch wegen der häufigen verfahrensrechtlichen Verknüpfung von Kindes- und Ehegattenunterhalt wenig praxistauglich. Da der Beteiligte sich mit der Versagung der ihm abverlangten Auskünfte pflichtwidrig verhält, erscheint er weniger schutzwürdig,[134] so dass dem Interesse des Unterhaltsberechtigten an einer vollständigen Aufklärung der für die Unterhaltsbemessung maßgebenden Verhältnisse gegenüber dem Anliegen des Unterhaltspflichtigen an der Wahrung des **Steuergeheimnisses** der Vorrang gebührt (vgl. § 30 IV Nr. 2 AO). Gegenüber der Altregelung in § 643 II S. 1 Nr. 3 ZPO a. F. ist mit den Festlegungen in § 236 I FamFG allerdings insoweit eine Verschlechterung der verfahrensrechtlichen Position des minderjährigen Unterhaltsberechtigten verbunden, als die Verpflichtung der Finanzämter, über Vermögensverhältnisse der Steuerpflichtigen Auskünfte zu erteilen, entfallen ist. Dem soll nach der Einschätzung des Gesetzgebers[135] aber schon deshalb keine messbare Bedeutung zukommen, weil bei der Unterhaltsbemessung ohnehin in der Regel die Vermögenserträge im Kontext der Einkünfte eine Rolle spielten. Inhaltlich dürften die Möglichkeiten der Finanzämter von ihrer Funktion her, das Einkommen durch die Erhebung von Steuern zu vermindern und nicht durch Geldzuwendungen die wirtschaftliche Situation des Steuerpflichtigen zu verbessern, begrenzt bleiben. Hier stehen deshalb die **steuerrechtlichen Verhältnisse** des Beteiligten für das Gericht im Fokus, dem die Finanzbehörde im Wesentlichen durch Vorlage von Einkommensteuerbescheiden und damit korrespondierenden Erklärungen nebst Anlagen derselben oder auch Schätzungsbescheiden Rechnung tragen kann.

68e

Mit der Einbeziehung der Leistungsträger (§ 12 SGB I) und der Finanzämter in die Auskunft- und Belegpflichten Dritter bei der Sachverhaltsaufklärung in Unterhaltssachen räumt der Gesetzgeber den Interessen von Berechtigten aus einem gesetzlichen Unterhaltsverhältnis Vorrang ein gegenüber ansonsten anerkannten Geheimhaltungsinteressen, die mit dem **Sozialgeheimnis** (§ 74 S. 1 Nr. 1a SGB X) und dem **Steuergeheimnis** (30 IV Nr. 2 AO) verbunden sind. Von der nach dem gesetzgeberischen Anliegen sich aufdrängenden Möglichkeit, Vermögenserträge der Beteiligten auch bei Banken durch entsprechende Erträgnisaufstellungen abzurufen, hat der Gesetzgeber trotz entsprechender Kritik an der Altregelung in § 643 II ZPO a. F.[136] keinen Gebrauch gemacht. Eine entsprechende Anwendung der Vorschrift scheidet aus (vgl. Rn. 10/68). Einen Grund dafür, im Unterschied zu Sozialgeheimnis und Steuergeheimnis das jeweilige Spannungsverhältnis mit den Unterhaltsbelangen hier zugunsten des **Bankgeheimnisses** ausfallen zulassen, lässt allerdings auch die Gesetzesbegründung nicht erkennen.

68f

Will das Gericht nach Ausübung des pflichtgemäßen Ermessens gemäß § 236 I FamFG mit einem Auskunfts- und Belegverlangen an einen auskunftspflichtigen Dritten herantreten, was unter angemessener Fristsetzung und Zustellung (§ 113 I S. 2 FamFG i. V. m. § 329 II ZPO) eines **spezifizierten Ersuchens** erfolgen sollte, hat es dies **den Beteiligten mitzuteilen** (§ 236 III FamFG). Abgesehen von der – an sich schon selbstverständlichen – Inkenntnissetzung über den Verfahrensstand trägt dies dem Vorgehen dem Umstand Rechnung, dass das Gericht von einem verfahrensbezogen pflichtwidrigen Verhalten des Beteiligten ausgeht und diesem die Möglichkeit eingeräumt wird, bei verständiger Würdigung und Abwägung seiner Interessen seiner Verpflichtung aus § 235 I FamFG nunmehr nachzukommen und so eine als unangenehm wahrgenommene Einbeziehung Dritter in das streitige Unterhaltsverfahren abzuwenden.[137]

69

---

[133] BT-Drucks. 16/6308 S. 256
[134] BT-Drucks. 16/6308 S. 256
[135] BT-Drucks. 16/6308 S. 256
[136] DAV FamRZ 1997, 276, 277
[137] Keidel/Weber FamFG § 236 Rn. 7

70 Da der auskunftspflichtige Dritte nicht Verfahrensbeteiligter ist, das Gericht mithin dessen Verhalten im Verfahren gegebenenfalls im Rahmen der Endentscheidung auch nicht sanktionieren kann (§ 286 ZPO), stellt sich die Frage nach der Durchsetzung der gerichtlichen Anordnungen. Insoweit bestimmt § 236 IV S. 1 FamFG lapidar, dass die nach § 236 I FamFG zur Auskunft verpflichteten Personen und Stellen den gerichtlichen Anordnungen Folge zu leiten haben. Da sich der Gesetzgeber für den Vorrang der Unterhaltsinteressen vor einem Geheimhaltungsinteresse entschieden hat,[138] kann insbesondere der auf Auskunft in Anspruch genommene Arbeitgeber sich auch nicht auf ein solches berufen. Auch eine Berufung auf das Sozialgeheimnis und das Steuergeheimnis ist ausgeschlossen, wie die entsprechenden spezialgesetzlichen Regelungen (vgl. Rn 10/68 f.) verdeutlichen. Überdies sieht die gesetzliche Regelung einer Intention des Gesetzgebers entsprechend[139] kein **Auskunfts- und Zeugnisverweigerungsrecht** vor. Dafür spricht auch, dass für die Durchsetzung der gerichtlichen Anordnungen § 236 IV S. 2 FamFG auf die zivilprozessualen Folgen der Zeugnisverweigerung (§ 390 ZPO) verweist, dessen es nicht bedurft hätte, wenn dem auskunftspflichtigen Dritten die Berufung auf die Zeugnisverweigerungsrechte (§§ 383–385 ZPO) eröffnet sein sollte. Vielmehr erschöpft sich die ausdrückliche Bezugnahme in § 236 IV S. 2 FamFG auf die „Folgen der Zeugnisverweigerung" in einer **Rechtsfolgenverweisung**,[140] die zudem nicht greifen soll, wenn die Auskunftspflicht einer **Behörde** in Rede steht. In diesem Fall muss das Gericht gegebenenfalls mit Hilfe der Fach- und Dienstaufsicht die Befolgung seiner Anordnungen sicherstellen.[141] Allerdings erfasst die uneingeschränkte Auskunftspflicht Dritter auch Konstellationen, die durch Familienverhältnisse überlagert sind und im Beweisverfahren einem besonderen Zeugenschutz unterliegen können (§§ 383, 384 ZPO). Hier tritt typischerweise ins Blickfeld das **Ehegattenarbeitsverhältnis**, über das der eine Ehegatte als Arbeitgeber Auskünfte erteilen soll, die aber im Rahmen einer Beweisaufnahme nicht erzwungen werden können. Deshalb wird teilweise ein dem Zeugnisverweigerungsrecht entsprechendes Auskunftsverweigerungsrecht bejaht,[142] teilweise auch eine analoge Anwendung der §§ 383, 384 ZPO als erwägenswert angesehen.[143] Dem dürfte allerdings entgegenstehen, dass der Gesetzgeber mit dem Hinweis auf § 390 ZPO den Rückgriff auf weitere Vorschriften des Zeugenbeweises ausgeschlossen hat und dies keine Regelungslücke für Analogien lässt. Vielmehr kommt hier wiederum zum Tragen, dass der Gesetzgeber bei der Festlegung von Auskunftspflichten Dritter den Unterhaltsinteressen gegenüber Geheimhaltungsinteressen einen Vorrang eingeräumt wissen will.[144] Im Übrigen sind auch in anderen Konstellationen Zeugnisverweigerungsrechte eingeschränkt, sofern Familienverhältnisse betroffen sind (vgl. § 385 I Nr. 3 ZPO).

71 Kommt der auskunftspflichtige Dritte der gerichtlichen Anordnung nicht oder teilweise nicht nach, ermöglicht § 390 I und II ZPO neben der Auferlegung der durch die Weigerung verursachten **Kosten** die Verhängung von **Ordnungsgeld** und **Erzwingungshaft**. Das Gericht entscheidet hierüber von Amts wegen durch Beschluss. Hiergegen kann sich der betroffene Dritte gemäß § 390 III ZPO mit der **sofortigen Beschwerde** (§§ 567–572 ZPO) wenden. Dabei wird im Rahmen des Rechtsmittelverfahrens neben den Rechtsfolgenanordnungen des Gerichts aus § 390 I und II ZPO inzidenter auch überprüft, ob die Auskunfts- und Beleganordnung den Anforderungen von § 236 I FamFG entspricht.

72 Vergleichbar mit der Regelung in § 235 IV FamFG bestimmt § 236 V FamFG, dass die Anordnungen des Gerichts nach dieser Vorschrift für die **Beteiligten** nicht anfechtbar sind. Aus deren Sicht handelt es sich um eine Zwischenentscheidung, die im Kontext einer Anfechtung der Endentscheidung (§ 58 FamFG) einer rechtlichen Kontrolle unterzogen werden kann. Daraus kann im Umkehrschluss weiter geschlossen werden, dass der nicht am Verfahren **beteiligte Dritte** gegen die Anordnungen des Gerichts mit einem **Rechts-**

---

[138] BGH FamRZ 2005, 1986, 1987
[139] BT-Drucks. 16/6308 S. 257
[140] Keidel/Weber FamFG § 236 Rn. 9
[141] Musielak/Borth FamFG § 236 Rn. 9
[142] MünchKommZPO/Dötsch FamFG § 236 Rn. 21
[143] Hüßtege in Thomas/Putzo § 236 FamFG Rn. 9
[144] Bork/Jacoby/Schwab/Kodal FamFG § 236 Rn. 13

2. Abschnitt: Die Schaffung und Abänderung von Unterhaltstiteln § 10

mittel vorgehen können soll. Das sieht der Gesetzgeber, da er (der Dritte) nicht die Möglichkeit habe, die Rechtmäßigkeit einer Anordnung inzident im Rechtsmittelzug überprüfen zu lassen, auch so.[145] Allerdings enthält die Vorschrift keinen weiteren Hinweis auf das statthafte Rechtsmittel. Teilweise wird deshalb die Auffassung vertreten, der auf Auskunft in Anspruch genommene Dritte, der sich gegen die gerichtliche Anordnung zur Wehr setzen will, müsse die Verhängung von Ordnungsmittel und die Verpflichtung zur Zahlung der Kosten abwarten, um dann im Rahmen von § 390 III ZPO seine Rechte mit der sofortigen Beschwerde zu wahren.[146] Indessen dürfte ein solches Ergebnis mit den Grundsätzen eines **effektiven Rechtsschutzes** (Art. 19 IV GG) für einen nicht am Verfahren beteiligten Dritten unvereinbar sein. Das Risiko, sich erst Zwangsmaßnahmen auszusetzen, um seine der Aussageverpflichtung entgegenstehenden Rechte erst in einem Vollstreckungsverfahren zu sichern, muss auch der Zeuge in einem streitigen Verfahren nicht tragen, der in einem Zwischenstreit (§ 387 ZPO) vorab – gegebenenfalls auch mit einer sofortigen Beschwerde – klären lassen kann, ob eine Aussageverpflichtung besteht. Für den Dritten im Sinne von § 236 FamFG gilt nichts anderes. Entgegen Lorenz[147] besteht mit einer Anfechtungsbefugnis für diesen auch kein Widerspruch zu der in § 355 II ZPO zum Ausdruck gekommenen Wertung, wonach die Beweisanordnung keiner Anfechtung unterliegt. Diese bestimmt nur den Verfahrensgang zwischen den Beteiligten. Das Auskunftsersuchen gegenüber dem Dritten hat im Unterschied dazu, wie die Befragung des Zeugen, bereits Vollzugscharakter.

Eine Anfechtungsmöglichkeit durch das Rechtsmittel der Beschwerde (§ 58 I FamFG) **73** besteht für den Dritten nicht, da es sich bei der Auskunftsanordnung nicht um eine den Verfahrensgegenstand erledigende Endentscheidung handelt. Eine mittelbare Verweisung auf das Rechtmittel der sofortigen Beschwerde (§§ 567–572 ZPO) lässt sich nicht über § 113 I FamFG gewinnen, so dass nach zutreffender Ansicht eine Reglungslücke besteht. Sie ist durch eine **Analogie zu § 390 III ZPO** zu schließen, wonach der Dritte mit der **sofortigen Beschwerde** die Rechtswidrigkeit einer **Auskunftsanordnung** rügen kann.[148] Die jeweiligen Verfahrenssituationen sind miteinander vergleichbar. In beiden Fällen steht die Rechtmäßigkeit des Auskunftsersuchens in Rede. Der in diesem Zusammenhang nicht ins Gewicht fallende Unterschied besteht lediglich darin, dass in einem Fall das Gericht sein Vorgehen bereits mit einer Sanktion verbunden hat.

bb) Die nach pflichtgemäßem Ermessen mögliche Inanspruchnahme Dritter mit der **74** Erteilung von Auskünften und Belegen erstarkt gemäß § 236 II FamFG zu einer **Verpflichtung** für das Gericht, sofern die Voraussetzungen von § 236 I FamFG vorliegen und der andere Beteiligte, wirksam vertreten durch einen Rechtsanwalt (§ 114 I FamFG), dies beantragt. Die vielfach entsprechend der Gesetzesbegründung[149] zu § 235 II FamFG gezogene Parallele besteht allerdings nur mit Einschränkungen. Denn nach dieser Vorschrift setzt die Verpflichtung zur Einholung von Auskünften bei dem anderen Beteiligten erst nach einem außergerichtlichen Auskunftsverlangen ein. Ein entsprechendes Verhalten setzen die Regelungen in § 236 I und II FamFG aber nicht voraus. Gleichwohl lassen sich daraus Einschränkungen beim Umfang der verpflichtenden Tätigkeit für das Gericht und auch ein nur eingeschränkter Gebrauch der Befugnisse für das Gericht aus § 235 I FamFG nicht ableiten.[150]

Gestützt auf einen entsprechenden Antrag hat das Gericht gemäß § 236 II FamFG nach § 236 I FamFG vorzugehen, wenn der betroffene Beteiligte seiner Verpflichtung aus § 235 I FamFG, nämlich Auskunft über seine Einkünfte, sein Vermögen und seine persönlichen und wirtschaftlichen Verhältnisse nicht oder nicht vollständig nachgekommen ist. Damit erfasst die Bezugnahme lediglich die Verpflichtung aus dieser Vorschrift, knüpft aber nicht

---

[145] BT-Drucks. 16/6308 S. 257
[146] MünchKommZPO/Dötsch FamFG § 236 Rn. 25; Bork/Jacoby/Schwab/Kodal FamFG § 236 Rn. 16
[147] Zöller/Lorenz, ZPO, 28. Auflage, § 236 FamFG Rn. 17
[148] Prütting/Helms/Bömelburg FamFG § 236 Rn. 20
[149] BT-Drucks. 16/6308 S. 257
[150] So Johannsen/Henrich/Maier § 236 FamFG Rn. 10

§ 10   Verfahrensrecht

weiter an die Rechtsfolge an, wonach das Gericht im Rahmen seines Ermessens gehandelt hat. Eben diese Verpflichtung ist auch Gegenstand von § 235 II FamFG, wenn auch verbunden mit weiteren Anspruchsvoraussetzungen, auf die es aber im Rahmen von § 236 FamFG nicht weiter ankommt. Deshalb macht es für die Verpflichtung des Gerichts zum Tätigwerden nach § 236 II FamFG keinen Unterschied, ob das Auskunftsverlangen gegenüber dem betroffenen Beteiligten auf § 235 I oder II FamFG gestützt worden ist. Eine Zurückhaltung der Gerichte beim Einsatz von § 235 I FamFG, um eine Bindung nach § 236 II zu umgehen, ist danach nicht zu erwarten.

75   Die Verpflichtung des Gerichts zur Einholung von Auskünften ist streng **antragsbezogen**, der deshalb so konkret gefasst sein muss, dass er, wie beim Antrag nach § 235 II FamFG, selbst den Verfahrensgegenstand eines Auskunftsverfahrens bilden könnte. Diese Voraussetzungen korrespondieren mit der Verpflichtung des Gerichts. Begehrt der Beteiligte die Einholung von Auskünften bei einem Finanzamt, entspricht das Gericht dem Antrag nicht, wenn es von anderen Dritten im Sinne von § 236 I FamFG Auskünfte verlangt, selbst wenn diese ebenso erkenntnisreich sein sollten wie die Rechtsverfolgung des anderen Beteiligten.[151]

7. Die das Verfahren erledigende Endentscheidung (§§ 116 I, 38 FamFG)

76   In seinem Bestreben, mit dem FamFG die Regelungsmaterien der freiwilligen Gerichtsbarkeit mit den Familienstreitsachen in einem umfassenden und möglichst geschlossenen Verfahrenswerk zusammen zu führen, hat der Gesetzgeber nicht nur terminologisch (§ 113 V FamFG) sondern auch durch eine begrenzte Verweisung (§ 113 I S. 2 FamFG) das Zivilprozessrecht aus dem Verfahren in Familiensachen in weitgehendem Maße verdrängt. Damit ist das **Urteil** als die den Verfahrensgegenstand bisher **erledigende Entscheidung** des Gerichts auch in streitigen Unterhaltssachen entfallen. Nunmehr entscheidet das Gericht in Familiensachen – ausschließlich – durch **Beschluss**, wie § 116 I FamFG dies für das Verfahren in Familiensachen praktisch nur wiederholend hervorhebt, weil sich die Festlegung auf diese Form der Entscheidung schon aus den allgemeinen Bestimmungen des FamFG (§ 113 I S. 1 FamFG i. V. m. § 38 FamFG) ergibt

a) Die formellen Mindestanforderungen und Entscheidungsgründe (§ 38 II und III FamFG). Gemäß § 38 I S .1 FamFG entscheidet das Gericht, soweit durch die Entscheidung der Verfahrensgegenstand ganz oder teilweise erledigt wird (Endentscheidung), durch **Beschluss**. Diese Entscheidungsform übernimmt mithin auch in Unterhaltssachen die Funktion, die im Zivilprozess dem Urteil zukommt. Die weiteren Anforderungen an **Form** und **Inhalt** der **Endentscheidung** richten sich mangels Verweisung auf die Urteilsvorschriften (§ 313 ZPO) primär nach den Regelungen in § 38 II bis IV und VI FamFG, die aber ergänzt werden durch weitere verfahrensrechtliche Anforderungen an das Unterhaltsverfahren (z. B. § 238 II FamFG, § 767 II ZPO). In § 38 II FamFG ist zunächst von den **formellen Mindestanforderungen**[152] die Rede. Notwendiger Bestandteil für das Beschlussrubrum ist danach zunächst eine genaue Bezeichnung der **Beteiligten** und ihrer Bevollmächtigten unter Hervorhebung ihrer Stellung im Verfahren (§ 38 II Nr. 1 FamFG). Die Vollständigkeit der Bezeichnung steht hier im Dienste einer ordnungsgemäßen Zustellung von Entscheidungen und einer späteren Vollstreckung. Sie entspricht, abgesehen von den terminologischen Unterschieden, den Anforderungen, die § 313 I Nr. 1 und 2 ZPO an das Urteilsrubrum stellt. Dies gilt ebenso für die Bezeichnung des **Gerichts** und derjenigen Richter, die an der Entscheidung mitgewirkt haben (§ 38 II Nr. 2 FamFG; § 313 I Nr. 2 ZPO). Nicht übernommen ist die in § 313 I Nr. 3 ZPO geforderte Bezeichnung des Tages, an dem die mündliche Verhandlung geschlossen worden ist, obwohl in Unterhaltsstreitsachen im Regelfall eine mündliche Verhandlung stattfindet (vgl. §§ 137 II S. 1, 117 IV und 68 III S. 2 FamFG). Gleichwohl dürfte die entsprechende Angabe jedenfalls für die Endentscheidungen in Hauptsacheverfahren vor dem Hintergrund der

---

[151] Bork/Jacoby/Schwab/Kodal FamFG § 236 Rn. 10
[152] BT-Drucks. 16/6308 S. 195

2. Abschnitt: Die Schaffung und Abänderung von Unterhaltstiteln § 10

durch Verweisung in § 113 I S. 2 FamFG weiterhin für anwendbar erklärten Vorschriften der ZPO wie auch der Besonderheiten der Unterhaltsstreitsachen geboten bleiben.[153] So knüpft die nach § 296 a ZPO mögliche Präklusion mit Angriffs- und Verteidigungsmitteln an den **Schluss der mündlichen Verhandlung** an. Mit einem Vollstreckungsabwehrantrag (§ 120 I FamFG i. V. m. § 767 II ZPO) können nur Gründe geltend gemacht werden, die erst nach dem Schluss der mündlichen Verhandlung entstanden sind. Auch die Präklusion im Abänderungsverfahren nach § 238 II FamFG erfordert für die Beteiligten die Angabe einer hinreichend klare zeitliche Zäsur.

Zu den formellen Mindestanforderungen gehört schließlich die an die Stelle der Urteilsformel tretende **Beschlussformel** (§ 38 II Nr. 3 FamFG). Deren Funktion ist unverändert, Sie dokumentiert den das Verfahren abschließenden Rechtsfolgenausspruch. Die Formel ist, auch soweit sie die gesetzliche Unterhaltspflicht regelt, so konkret und aus sich heraus verständlich zu fassen, dass sie den Beteiligten und dem Rechtsmittelgericht als Entscheidungsgrundlage dienen kann und bei der Zwangsvollstreckung ein Handeln der Vollstreckungsorgane ermöglicht.

Die für die Urteilsbegründung typische Differenzierung zwischen Tatbestand und Entscheidungsgründen (§ 313 I Nr. 5 und 6 ZPO) kennt die nach § 38 FamFG abzufassende Endentscheidung auch in Unterhaltsstreitsachen nicht. Die gesetzliche Regelung in § 38 II S. 1 FamFG beschränkt sich insoweit auf die Vorgabe, wonach der Beschluss zu begründen ist. Allerdings hat die **Begründungspflicht** auch in diesem Fall den Besonderheiten Rechnung zu tragen, die bisher dem Tatbestand und den Entscheidungsgründen in Unterhaltssachen und den anderen Familienstreitsachen zukamen. Dabei fällt zunächst die **Beweiskraft** ins Gewicht, die der **Tatbestand** für das mündliche Parteivorbringen erfüllt und die nur durch das Sitzungsprotokoll entkräftet werden kann (§ 314 ZPO). Darüber hinaus stellt die Endentscheidung insbesondere in unterhaltsrechtlichen Streitigkeiten mit ihren typischerweise in die Zukunft gerichteten Prognosen und einem damit verbundenen **Abänderungspotential** erhöhten Begründungsbedarf dar, um in späteren gerichtlichen Auseinandersetzungen die Präklusionswirkungen (§§ 238 II FamFG, 120 I FamFG i. V. m. § 767 II ZPO) verlässlich feststellen zu können. Deshalb spricht alles dafür, die Darstellung der Beschlussgründe entsprechend § 313 II und III ZPO in Anlehnung an Tatbestand und Entscheidungsgründe beim Urteil in Unterhaltssachen aufzubauen.[154] Dabei muss das Gericht seine die Entscheidung tragenden Erwägungen so darstellen, dass die Beteiligten und das Rechtsmittelgericht sie verstehen und nachvollziehen können.[155] Fehlt es hieran, handelt es sich um einen **wesentlichen Verfahrensmangel**, der im Rechtsmittelverfahren zur Aufhebung und Zurückverweisung führen kann (§ 117 II FamFG i. V. m. § 538 II ZPO). Eine in der Rechtspraxis anzutreffende Übung, die Begründung der Entscheidung durch den Ausdruck eines computergesteuerten Rechenprogramms zu ersetzen, erfüllt die Mindestanforderungen an die Begründungspflicht nicht.[156]

Einer Begründung bedarf es nicht unter den abschließend in § 38 IV FamFG alternativ genannten Voraussetzungen. Die Vorschrift in § 38 VI FamFG regelt den Fall, in dem eine zunächst zulässigerweise unterbliebene Begründung auf Antrag nachgeholt werden kann. Gemäß § 38 III S. 2 FamFG ist der Beschluss zu unterschreiben, und zwar in Ergänzung des Gesetzeswortlauts durch den Familienrichter, der die zugrunde liegende Verhandlung geführt hat (§ 113 I S. 2 FamFG i. V. m. § 309 ZPO).

b) Die Kostenentscheidung (§ 243 FamFG). Jede das Unterhaltsverfahren abschließende Endentscheidung ist – im Unterschied zu Teilentscheidungen – mit einer **Kostenentscheidung** zu versehen (§ 113 I S. 2 FamFG i. V. m. § 308 II ZPO). Die allgemeinen Vorschriften über die Kostenregelung nach den §§ 80 bis 84 FamFG sind nicht heranzuziehen, da ihre Anwendung in Ehesachen und Familienstreitsachen ausgeschlossen ist (§ 113 I S. 1 FamFG). Daraus folgt, dass auf die zivilprozessualen Kostenvorschriften abzustellen ist

---

[153] Keidel/Meyer-Holz FamFG § 38 Rn. 48; Meyer-Seitz/Frantzioch/Ziegler, Die FGG-Reform: Das neue Verfahrensrecht 2009, S. 403 Fußnote 25; vgl. auch Prütting/Helms FamFG § 116 Rn. 8
[154] Keidel/Meyer-Holz FamFG § 38 Rn. 59; Musielak/Borth FamFG § 38 Rn. 3
[155] OLG Köln FamRZ 2005, 1921
[156] OLG Frankfurt FamRZ 2006, 274

(§ 113 I S. 2 FamFG i. V. m. §§ 91 ff. ZPO), sofern das FamFG keine **Sonderregelungen** vorsieht. Für das Verfahren in Unterhaltssachen ist dies allerdings der Fall. Hier entscheidet das Gericht abweichend von den **zivilprozessualen Vorschriften** über die Kostenverteilung **nach billigem Ermessen** über die Verteilung der Kosten des Verfahrens auf die Beteiligten (§ 243 S. 1 FamFG). Wird der Unterhalt im Rahmen des Verbundes als Folgesache geltend gemacht, richtet sich die Kostenentscheidung nach § 150 FamFG.[157] Die Ermessensausübung nach § 243 FamFG soll nach dem Willen des Gesetzgebers eine flexiblere und weniger formale Handhabung der Kostenentscheidung ermöglichen.[158] Dafür besteht auch durchaus besonderer Anlass, da in Unterhaltssachen dem Dauercharakter der Verpflichtung bei der Streitwertermittlung (§ 51 FamGKG) nur begrenzt Rechnung getragen werden kann. Soweit § 243 S. 2 Nr. 2 bis 4 FamFG für die Kostenverteilung bestimmte Abwägungskriterien vorgibt, handelt es sich nicht um eine abschließende Regelung, so dass etwa in der Rechtsmittelinstanz der Rechtsgedanke der verfahrensspezifischen Vorschrift in § 97 II ZPO zum Tragen kommen kann.

78a Der unter Nr. 1 bemühte Gesichtspunkt stellt für die Kostenverteilung in erster Linie auf das Maß des jeweiligen Obsiegens und Unterliegens der Beteiligten ab (§ 92 I ZPO). Während in der Vergangenheit die Rechtsprechung[159] zunehmend auf ein wirtschaftliche Betrachtung abgestellt hatte, um das Maß des jeweiligen **Obsiegens** und **Unterliegens** jenseits der starren Streitwertregelung (§ 42 GKG a. F.) in einem größeren Zeitfenster zu beurteilen, trägt dem nunmehr die Einbeziehung der **Dauer der Unterhaltsverpflichtung** Rechnung. Schuldet der Unterhaltspflichtige der Unterhaltsberechtigten nachehelichen Unterhalt in Höhe der ersten zwölf Monate und kommt es für den weiteren Unterhaltszeitraum zu einer Begrenzung oder Befristung, ist dem dadurch begrenzten Erfolg des Unterhaltsverlangens bei der Kostenquotierung Rechnung zu tragen, auch wenn bei einem am Streitwert (§ 51 I und II FamGKG) ausgerichteten Vergleich der Antrag zur Höhe uneingeschränkt durchdringt.

78b Das unter Nr. 2 der Vorschrift bemühte Bemessungskriterium übernimmt in geändertem Umfang die Regelung aus § 93 d ZPO a. F., wonach nunmehr die Weigerung eines Beteiligten, seiner **materiellrechtlichen Verpflichtung** zur Erteilung von **Auskünften** über sein **Einkommen** vor Beginn des gerichtlichen Verfahrens nachzukommen, zu seinem Nachteil die Kostenentscheidung beeinflussen kann. Allerdings muss die Weigerung ursächlich für den Verfahrensausgang geworden sein, nicht aber nur Anlass für das Verfahren. Abweichend von der Altregelung spielen nach der Neuregelung in § 243 FamFG Auskünfte zum **Vermögen** des Beteiligten keine Rolle mehr. Die Auskunftsverpflichtung erfasst auch nicht die vorgerichtliche Darlegung von Erwerbsbemühungen.[160]

78c Gemäß Nr. 3 kann sich im Rahmen der ermessengetragenen Kostenverteilung auswirken, wenn die Beteiligten ihren verfahrenrechtlichen **Auskunfts- und Versicherungspflichten** (§ 235 I FamFG) nicht oder nicht vollständig nachgekommen sind. Dies setzt allerdings voraus, dass das Gericht die Auskunftspflichten verfahrenskonform mit den entsprechenden Belehrungen aktualisiert hat (§ 235 I S. 3 und 4 FamFG).

78d Schließlich soll sich gemäß Nr. 4 kostenwirksam auswirken können, wenn die Voraussetzungen von § 93 ZPO erfüllt sind. Dies ist der Fall, wenn der Antragsgegner, ohne Veranlassung zum Verfahren gegeben zu haben, den gerichtlich geltend gemachten Anspruch sofort anerkennt (vgl. hierzu näher Rn. 10/40 und 41).

79 Die Vorschrift des § 243 FamFG über den Maßstab der Kostenverteilung verdrängt als besondere Regelung in Unterhaltssachen die allgemeinen Vorschriften (§§ 91 ff. ZPO) auch dann, wenn der Verfahrensgegenstand nicht durch eine Endentscheidung in der Hauptsache erledigt wird.[161] Allerdings lässt die Formulierung in § 243 S. 2 FamFG („insbesondere") Raum auch für die Heranziehung von Rechtsgedanken aus weiteren auch zivilprozessualen Kostenregelungen. Endet das Verfahren durch **Vergleich**, ohne dass die

---

[157] BT-Drucks. 16/6308 S. 233
[158] BT-Drucks. 16/6308 S. 259
[159] OLG Brandenburg 2007, 67
[160] KG FamRZ 2008, 530
[161] BT-Drucks. 16/6308 S. 325

2. Abschnitt: Die Schaffung und Abänderung von Unterhaltstiteln § 10

Beteiligten eine Vereinbarung auch über die Kosten getroffen haben, kann das Gericht hierfür an § 98 ZPO anknüpfen. Haben die Beteiligten die **Hauptsache** übereinstimmend für **erledigt** erklärt, wird die nach § 91 a I ZPO zu treffende Kostenentscheidung durch den Bemessungsmaßstab aus § 243 FamFG überlagert. Wird der Leistungsantrag zurückgenommen, spielen die nähren Umstände zum Anlass der **Rücknahme** für die nach § 243 FamFG vorzunehmende Kostenverteilung eine Rolle. Nimmt der Antragsteller den Antrag zurück, hat der Antragsgegner entsprechend § 243 S. 2 Nr. 2 und 3 FamFG die Kosten zu tragen, wenn er seinen Auskunfts- und Belegverpflichtungen vor Beginn des gerichtlichen Verfahrens nicht nachgekommen ist und die nachträgliche Sachverhaltsaufklärung zur Verneinung der Erfolgsaussichten für das geltend gemachte Unterhaltsbegehren führt. Ist dies nicht der Fall, kann im Rahmen der Billigkeitsabwägung auf die kostenrechtlichen Folgen aus § 269 III ZPO abgestellt werden.

c) Die isolierte Anfechtung der Kostenentscheidung. Die mit der Hauptsacheentscheidung verbundene Kostenentscheidung kann im Rahmen des gegen die Hauptsache gerichteten Rechtsmittels der Beschwerde (§ 58 I FamFG) angefochten werden. Eine **isolierte Anfechtung** der Kostenentscheidung scheidet allerdings in Unterhaltssachen wie in anderen Familienstreitsachen grundsätzlich aus. Zwar ist die Kostenentscheidung Bestandteil der **Endentscheidung**, die nach § 58 I FamFG mit der Beschwerde angefochten werden kann. Die Statthaftigkeit des Rechtsmittels besteht allerdings nach dieser Vorschrift gemäß der „**Subsidiaritätsklausel**"[162] nur mit der Einschränkung, dass „durch Gesetz nichts Anderes bestimmt ist". Eine solche Regelung ergibt sich zunächst nicht aus den besonderen Vorschriften des Unterhaltsverfahrens, auch nicht aus § 243 FamFG, der im Unterschied zu anderen Familienstreitsachen schon nach seinem Wortlaut lediglich den Maßstab[163] für die **Kostenverteilung** wegen der Besonderheiten des Unterhaltsverfahrens speziell regelt und eine „flexiblere Handhabung"[164] der Kostenentscheidung in Unterhaltssachen ermöglichen soll. Zur Frage der Anfechtbarkeit der Kostenentscheidung sagt die gesetzliche Bestimmung indessen nichts. Deshalb kann der Ansicht des OLG Oldenburg,[165] wonach § 243 FamFG die Kostenbestimmung der ZPO insgesamt verdrängen soll, nicht gefolgt werden. Schließlich fehlt es auch an jeglichem Anhalt oder Hinweis des Gesetzgebers, warum im Unterschied zu anderen Familienstreitsachen, für die § 243 FamFG keine Anwendung findet, allein in Unterhaltsachen die **verfahrensrechtlichen Vorschriften** der ZPO ausgeschlossen sein sollten.

Damit verbleibt für die Anfechtbarkeit einer Kostenentscheidung auch in Unterhaltssachen der Verweis in § 113 I S. 2 FamFG auf den zivilprozessualen Grundsatz in § 99 I ZPO, wonach die auf die Kostenfolge beschränkte Anfechtung einer Endentscheidung ausgeschlossen bleibt.[166] Ausgenommen hiervon ist gemäß § 99 II ZPO lediglich die Anfechtung der Kostenentscheidung, wenn es sich bei der Endentscheidung um einen auf ein Anerkenntnis zurückgehenden **Anerkenntnisbeschluss** handelt. Hier ist „durch Gesetz" das Rechtsmittel der **sofortigen Beschwerde** (§§ 567–572 ZPO) eröffnet.[167] Soweit gleichwohl die Anfechtbarkeit verneint wird mit dem Hinweis auf einen größeren Rahmen für die Billigkeitsabwägung in § 243 FamFG,[168] wird die Möglichkeit einer Anfechtung unbilliger Entscheidungen unzulässigerweise von vornherein ausgeklammert.

d) Die Anfechtung der isolierten Kostenentscheidung. Von der isolierten Anfechtung einer Kostenentscheidung zu unterscheiden ist die Anfechtung einer **isolierten Kostenentscheidung**, wie sie in Unterhaltssachen und weiteren Familienstreitsachen in Be-

---

[162] BT-Drucks. 16/12717 S. 60
[163] Keidel/Giers FamFG § 243 Rn. 11; Johannsen/Henrich/Maier, Familienrecht, § 243 FamFG Rn. 2
[164] BT-Drucks. 16/6308 S. 259
[165] OLG Oldenburg FamRZ 2010, 1831, 1832
[166] Keidel/Meyer-Holz FamFG § 58 Rn. 95; MünchKommZPO/Dötsch FamFG § 243 Rn. 11; Hoppenz/Herr, Familiensachen, § 243 FamFG Rn. 6
[167] Johannsen/Henrich/Maier § 243 FamFG Rn. 11; Hüßtege in Thomas/Putzo § 243 FamFG Rn. 11
[168] Bork/Jacoby/Schwab/Kodal FamFG § 243 FamFG Rn. 7

tracht kommt, wenn die Beteiligten die Hauptsache übereinstimmend für erledigt erklären oder der Antragsteller seinen Leistungsantrag zurücknimmt und das Gericht daraufhin durch Beschluss über die Kosten entscheidet. Auch dabei handelt es sich nicht um eine Nebenentscheidung, sondern, da sie die Instanz abschließt, um eine **Endentscheidung** im Sinne von § 38 I S. 1 FamFG.[169] Daraus wird in Literatur[170] und Rechtsprechung teilweise[171] gefolgert, dass gegenüber isolierten Kostenentscheidungen in Unterhaltssachen wie auch in weiteren Familienstreitsachen die Beschwerde nach § 58 I FamFG das statthafte Rechtsmittel sei. Indessen kann dem nicht gefolgt werden. Zum einen steht diese Rechtsmittelvorschrift unter dem ausdrücklichen Vorbehalt, dass „durch Gesetz nichts Anderes bestimmt ist." Zum anderen enthält das FamFG zu den Familienstreitsachen keine verfahrensrechtlichen Vorgaben zur **Erledigung der Hauptsache** und **Antragsrücknahme**. Deshalb ist, dem Vorbehalt in § 58 I FamFG entsprechend, gemäß § 113 I S. 2 FamFG auf die zivilprozessualen Vorschriften in § 91 a ZPO und § 269 ZPO abzustellen, die den weiteren Verfahrensgang für diese erledigenden Ereignisse regeln und sowohl in § 91 a II ZPO als auch § 269 V S. 1 ZPO die **sofortigen Beschwerde** (§§ 567–572 ZPO) als das statthafte Rechtsmittel vorgeben,[172] und zwar sowohl für die Unterhaltssachen als auch die weiteren Familienstreitsachen.[173] Dem Rückgriff auf die zivilprozessualen Vorschriften steht entgegen einer ebenfalls vertretenen Meinung[174] auch die kostenrechtliche Sonderregelungen für Unterhaltssachen in § 243 FamFG nicht entgegen, weil es sich hierbei nur um eine den Maßstab der Kostenverteilung bestimmende Vorschrift handelt (vgl. dazu näher vorstehend Rn. 10/80). Dass der Gesetzgeber mit der Bezugnahme in § 113 I S. 2 FamFG auf die zivilprozessualen Vorschriften zur Anfechtung von Kostenentscheidungen in Unterhaltssachen das bis zum Inkrafttreten des FamFG statthafte Rechtsmittel der sofortigen Beschwerde für das geltende Recht übernommen wissen will, unterstreichen die fortgeschriebenen Gebührentatbestände des FamGKG, die unter Nr. 1910 KV (früher: Nr. 1810 KV GKG)[175] im Abschnitt „Sonstige Beschwerden" für das Verfahren über die sofortige Beschwerde gemäß §§ 91 a II, 99 II und 269 V ZPO, die derzeit nur relevant sind für Ehesachen und Familienstreitsachen,[176] eine Verfahrensgebühr in Höhe von 75,00 EUR festlegen. Die Verweisung auf die sofortige Beschwerde erfasst die Bestimmungen in §§ 567–572 ZPO vollständig,[177] weshalb u. a. der Wert des Beschwerdegegenstandes 200 Euro (§ 567 II ZPO) übersteigen muss,[178] nicht aber den in Höhe von 600 Euro, wie § 61 I FamFG ihn für die Beschwerde nach § 58 I FamFG vorgibt.[179] Allerdings muss der Streitwert der Hauptsache (§§ 91 a II S. 2, 269 V S. 1 ZPO) erreicht sein. Im Zusammenhang mit dem Gesetz zur Modernisierung von Verfahren im anwaltlichen und notariellen Berufrecht hat der Gesetzgeber einzelne Regelungslücken im FamFG geschlossen oder Gesetzesbestimmungen durch Neuformulierungen klargestellt, dabei aber bei der Anfechtung von Kostenentscheidungen in Familienstreitsachen erklärtermaßen keinen Handlungsbedarf gesehen, weil, wie vorstehend ausgeführt, durch die **Subsidiaritätsklausel** in § 58 FamFG schon ein Verweis auf das Rechtsmittel der **sofortigen Beschwerde** (§§ 569–572 ZPO) bestehe, so dass für ein auf § 58 FamFG gestütztes Rechtsmittel kein Raum sei.[180]

82 **e) Die Wertfestsetzung.** Die für die **Kostenentscheidung** in Unterhaltssachen, soweit sie Familienstreitsachen und auf wiederkehrende Leistungen gerichtet sind, maßgebende **Wertfestsetzung** erfolgt nach den Bestimmungen in § 51 I und II FamGKG. Danach

---

[169] BT-Drucks. 16/6308 S. 195
[170] Keidel/Giers FamFG § 243 Rn. 11
[171] OLG Oldenburg FamRZ 2010, 1831
[172] Keidel/Meyer-Holz FamFG § 58 Rn. 97; Hüßtege in Thomas/Putzo § 243 FamFG Rn. 11; Hoppenz/Herr § 243 FamFG Rn. 6
[173] OLG Nürnberg FamRZ 2010, 1837; OLG Frankfurt FamRZ 2010, 1696
[174] OLG Oldenburg FamRZ 2010, 1693
[175] BT-Drucks. 16/6308 S. 315
[176] Schneider/Wolf/Volpert, Familiengerichtskostengesetz, S. 823 Rn. 2
[177] Keidel/Meyer-Holz FamFG § 58 Rn. 97
[178] Hoppenz/Herr § 243 FamFG Rn. 6
[179] So aber Schneider/Wolf/Volpert, S. 824
[180] BT-Drucks. 16/12717 S. 60

bemisst sich der Wert für die streitigen Unterhaltsverfahren (§§ 231 I, 112 Nr. 1 FamFG) nach den ersten zwölf Monaten folgend auf die Einreichung des Leistungsantrags, begrenzt allerdings durch den Gesamtbetrag der geforderten Leistung.

Der Verfahrenswert ist nach dem vom Antragsteller **tatsächlich** begehrten **Zahlbetrag** 82a zu berechnen, wie er sich aus dem Antrag ergibt. Ohne Einfluss bleibt, ob die Beteiligten nur zur Höhe streiten.[181] Dabei werden **„Leermonate"** durch nachfolgende Monate ersetzt.[182] Antragserweiterungen – auch außerhalb der Jahresfrist – erhöhen den Streitwert.[183] Die Gegenmeinung[184] führt je nachdem, ob der Leistungsantrag sofort in voller Höhe geltend gemacht wird oder erst im Laufe des Verfahrens durch Antragserweiterungen diesen Betrag erreicht, zu unterschiedlichen Bewertungen, für die eine gesetzliche Rechtfertigung fehlt. Ist für denselben Zeitraum der Unterhalt durch **einstweilige Anordnung** tituliert, führt dies nicht zu einer Minderung des Hauptsachestreitwerts.[185] Wird eine Abfindung geltend gemacht, bleibt der Jahresbetrag maßgebend.[186] Der Wert für einen **Sonderbedarf** richtet sich nach § 35 FamGKG. Maßgebend ist der Wert des geforderten Betrages. Dies hat entgegen OLG Hamburg[187] auch zu gelten für Anträge auf **Rückzahlung** geleisteten Unterhalts. Wird das Unterhaltsbegehren nach den §§ 1612 a bis 1612 c BGB verfolgt, bestimmt sich der Streitwert auf der Grundlage des nach Abzug des anteiligen Kindergeldes noch verbleibenden Zahlbetrags.[188] Das Aufrücken in die nächst **höhere Altersgruppe** nach Einreichung des Antrags wirkt sich nicht werterhöhend aus (§ 51 I S. 2 FamGKG).

Als **verfahrenswertrelevante Rückstände** sind die bei Einreichung des Leistungs- 82b antrags fälligen Beträge dem Wert hinzuzurechnen (§ 51 II S. 1 FamGKG).[189] Da die Unterhaltsrente monatlich im Voraus (§ 1612 III BGB) zu zahlen ist, handelt es sich bei dem Unterhaltsbetrag im Monat der Antragseinreichung (Anhängigkeit) bereits um wertrelevanten Rückstand. Mit einer Antragserweiterung werden die Unterhaltsbeträge aus dem Zeitraum zwischen Einreichung des Antrags und der Erweiterung nicht zu streitwertrelevanten Rückständen im Sinne dieser Vorschrift.[190] Zeitlicher Beginn für einen Leistungsantrag auf nachehelichen Unterhalt ist der Tag der Rechtskraft der Ehescheidung.[191] Wird der Unterhalt im Rahmen des Verbundverfahrens verfolgt, fallen keine Rückstände an.

Die zeitliche Festlegung auf die **Einreichung des Antrags** ist für das Rechtsmittel- 82c verfahren mit Berechungsschwierigkeiten verbunden, die sich typischerweise mit der durch die erstinstanzliche Endentscheidung veränderten Verfahrenssituation einstellen. Greift z. B. der Antragsgegner seine erstinstanzliche Verpflichtung erst für den Unterhaltszeitraum ab dem 13. Monat an und zudem nur mit einem Spitzenbetrag, bliebe es bei einem Festhalten am Wortlaut des § 51 I FamGKG gleichwohl beim erstinstanzlichen Streitwert. Der BGH[192] zieht deshalb für das **Rechtsmittelverfahren** die Vorschrift lediglich **sinngemäß** heran. Maßgebend für den laufenden Unterhalt sind danach die ersten zwölf Monate des noch streitgegenständlichen Unterhaltszeitraums, wobei als Korrektiv § 40 II FamGKG (§ 47 II GKG a. F.) zu beachten ist, wonach der Streitwert des Rechtsmittelverfahrens, soweit der Streitgegenstand nicht erweitert worden ist, durch den Streitwert der ersten Instanz begrenzt wird. Aber auch mit dieser Lesart sind Ungereimtheiten verbunden, die aus der Anknüpfung an die ersten zwölf Monate resultieren und Streitwertmanipulationen zugänglich bleiben. Wenn lediglich die Dauer der **Befristung** eines Unterhaltsanspruchs im Streit ist, richtet sich der Streitwert des Beschwerdeverfahrens nach dem für die ersten zwölf

---

[181] OLG Celle FamRZ 2003, 1683
[182] OLG Celle FamRZ 2003, 1683; OLG Hamburg FamRZ 2003, 1198
[183] OLG Karlsruhe FuR 1999, 440
[184] OLG Brandenburg FamRZ 2003, 1682; OLG Hamburg FamRZ 2003, 1198
[185] OLG Karlsruhe FamRZ 1999, 606
[186] OLG Thüringen FamRZ 1999, 1680
[187] OLG Hamburg FamRZ 1998, 311 (ergangen noch zu § 17 GKG a. F.)
[188] OLG München FamRZ 2005, 1766
[189] OLG Köln FamRZ 2001, 779
[190] OLG Karlsruhe FuR 1999, 440
[191] OLG Köln FamRZ 2002, 326
[192] BGH FamRZ 2003, 1274

streitigen Monate geforderten Betrag,[193] begrenzt allerdings durch den Wert des Verfahrensgegenstands des ersten Rechtszugs (§ 40 II FamGKG).

Gemäß § 39 II FamGKG ist bei **wechselseitigen Rechtsmitteln**, sofern sie denselben Verfahrensgegenstand betreffen, nur der Wert des höheren Anspruchs wertbestimmend. Beantragt etwa der Beschwerdeführer die Abweisung des Leistungsantrags während der Gegner mit der Anschlussbeschwerde eine Verlängerung oder den Wegfall der **Befristung** verlangt, betreffen die Ansprüche denselben Gegenstand im Sinne von § 39 II, I S. 1 und 3 FamGKG, mit der Folge, dass der Streitwert sich nur nach dem **höheren Wert** richtet.[194]

83   f) **Die Anordnung der sofortigen Wirksamkeit (§ 116 III S. 2 und 3 FamFG).** Im Unterschied zu Endurteilen, aus denen gemäß § 704 ZPO die Zwangsvollstreckung stattfindet, sofern sie rechtskräftig oder für vorläufig vollstreckbar erklärt worden sind, worüber der Urteilstenor nach Maßgabe der §§ 708–713 ZPO Regelungen zu enthalten hat, bestimmt § 120 II S. 1 FamFG, dass Endentscheidungen (§ 38 I FamFG) mit **Wirksamwerden** vollstreckbar sind. In Unterhaltssachen wie in den weiteren Familienstreitsachen tritt die Wirksamkeit erst mit der **Rechtskraft** ein (§ 116 III S. 1 FamFG). Dies ist der Fall, wenn die Beteiligten entweder umfassend auf Rechtsmittel verzichten, die Rechtsmittelfristen abgelaufen sind oder die Beteiligten die Rechtsmittel ausgeschöpft haben. Allerdings bedarf es eines Zuwartens mit der Zwangsvollstreckung bis zur Rechtskraft der Endentscheidung nicht, wenn das Gericht die **sofortige Wirksamkeit** anordnet (§ 116 III S. 2 FamFG). Bei dieser Prüfung hat das Gericht im Rahmen der **Ermessensprüfung** das Interesse des Gläubigers an der Erlangung der Leistung und das Schutzinteresse des Schuldners gegeneinander abzuwägen.[195] Soweit die Endentscheidung eine Verpflichtung zur Leistung von Unterhalt ausspricht, „soll" das Gericht die sofortige Wirksamkeit anordnen (§ 116 III S. 3 FamFG). Hier steht die Bedeutung des Unterhalts im Regelfall für die Sicherung des Lebensbedarfs auf Seiten des Unterhaltsberechtigten im Vordergrund. Konsequenterweise erscheint nach der gesetzgeberischen Zielsetzung eine solche Entscheidung nicht geboten, wenn und soweit es sich um länger zurückliegende Unterhaltszeiträume oder um übergegangene Ansprüche (§§ 33 II S. 4 SGB II, 94 IV S. 2 SGB XII, 7 IV S. 1 UVG) handelt.[196]

84   Mit der Befugnis des Gerichts, durch eine Anordnung der sofortigen Wirksamkeit die Vollstreckung aus einer Endentscheidung schon vor Rechtskraft zu ermöglichen, scheidet das Rechtsinstitut der vorläufigen Vollstreckbarkeit (§§ 708–713 ZPO) aus dem Anwendungsbereich der Familienstreitsachen aus.[197] Weder kann die Anordnung von einer Sicherheitsleistung abhängig gemacht werden (§ 709 S. 2 ZPO), noch kann dem Antragsgegner eine Abwendungsbefugnis durch Sicherheitsleistung eingeräumt werden (§ 711 ZPO). Im Rahmen des § 116 III S. 2 und 3 FamFG hat der Gesetzgeber danach der Position des jeweiligen Antragstellers (Gläubigers) und Unterhaltsberechtigten gegenüber der des Antragsgegners (Schuldners) und Unterhaltspflichtigen den Vorrang eingeräumt. Abgestufte Regelungsinstrumente durch Heranziehung von Sicherheitsleistungen bestehen nicht.[198]

85   g) **Der Vollstreckungsschutz (§ 120 II S. 2 und 3 FamFG).** Dem in Anspruch genommenen Unterhaltspflichtigen verbleibt gegenüber der Anordnung nach § 116 III S. 2 FamFG allein die Berufung auf die **Schuldnerschutzklausel** des § 120 II S. 2 FamFG, wonach das Gericht auf seinen Antrag hin die Vollstreckung vor Eintritt der Rechtskraft der Endentscheidung einzustellen oder zu beschränken hat, wenn die Vollstreckung ihm nach dem glaubhaft gemachten Vorbringen (§ 294 ZPO) einen nicht zu ersetzenden Nachteil bringen würde. Auch im Rahmen der Schutzklausel fehlt es allerdings an flexiblen Regelungsinstrumenten. Neben der **Einstellung** der Zwangsvollstreckung kommt nur die **Beschränkung** zur Höhe des titulierten Unterhalts oder (selten) auf bestimmte Vollstre-

---

[193] OLG Stuttgart FamRZ 2005, 1205
[194] OLG Oldenburg FamRZ 2009, 73
[195] BT-Drucks. 16/6308 S. 412
[196] BT-Drucks. 16/6308 S. 224
[197] BT-Drucks. 16/6308 S. 224 und S. 412
[198] OLG Bremen FamRZ 2011, 322, 323

ckungsmaßnahmen in Betracht. Die Möglichkeit der Anordnung von Sicherheitsleistungen sieht das Gesetz auch hier nicht vor.[199]

Bei der Beurteilung des **nicht zu ersetzenden Nachteils** geht der Gesetzgeber von der Vorschrift des § 62 I S. 2 ArbGG aus.[200] Allerdings enthalten auch die zivilprozessualen Vollstreckungsschutzvorschriften in §§ 707 I S. 2, 719 II ZPO vergleichbare Anknüpfungen. Sie sollen vermeiden, dass durch die Vollstreckung vor Eintritt der Rechtskraft ein **Schaden** entsteht, der auch im Fall des Erfolgs eines Rechtsmittels **nicht mehr rückgängig** zu machen ist.[201] Die hierzu ergangene familiengerichtliche Instanzrechtsprechung stellt allerdings den nicht zu ersetzenden Nachteil über den mit einer Vollstreckung absehbar verbundenen – nicht ausreichenden[202] – Verlust hinaus in den Zusammenhang mit **irreparablen Folgeschäden**[203] (Verlust der Existenzgrundlage).[204] Im Unterschied dazu hat der BGH[205] zuletzt zu § 719 II ZPO die Auffassung vertreten, ein nicht zu ersetzender Nachteil sei bereits dann gegeben, wenn der Gläubiger die auf Grund des Titels gezahlten, aber nicht geschuldeten Geldbeträge im Falle der Aufhebung oder Abänderung des Vollstreckungstitels voraussichtlich **wegen Mittellosigkeit** nicht zurückzahlen könne. Diese Sichtweise dürfte der Vorstellung des Gesetzgebers von der Verhinderung eines **unmittelbaren Vollstreckungsschadens** näher stehen. Sie unterstreicht die **besondere Schutzposition**, die dem Schuldner durch § 120 II FamFG zukommt, zumal hier im Unterschied zu § 719 II ZPO überwiegende Interessen des Gläubigers nicht ins Gewicht fallen. Überdies hindert diesen die Einstellung der Zwangsvollstreckung ohne Sicherheitsleistung bis zur Rechtskraft an jeglicher Zwangsvollstreckung und setzt ihn folglich gegenüber Gläubigern zurück, die in einem Zivilprozess titulierte Ansprüche im Regelungswerk der vorläufigen Vollstreckbarkeit (§§ 708 ff. ZPO) mit dem abgestuften Einsatz von Sicherheitsleistungen durchsetzen und damit nicht dem „entweder für den Unterhaltsberechtigten" (§ 116 III S. 2 und 3 FamFG) „oder für den Unterhaltspflichtigen" (§ 120 II FamFG) ausgesetzt sind.[206]

Sieht man den nicht zu ersetzenden Nachteil im Sinne von § 120 II FamFG bei der erstmaligen Titulierung des Unterhalts bereits dann als bevorstehend an, wenn eine Rückzahlung wegen voraussichtlicher Mittellosigkeit nicht zu erwarten ist,[207] dürften die Voraussetzungen in den weit überwiegenden Fällen der unterhaltsrechtlichen Streitigkeiten erfüllt sein, insbesondere in denen der Geltendmachung von Kindesunterhalt, wobei der Unterhaltspflichtige sich allerdings nicht auf formelhafte Ausführung zu den unmittelbar drohenden Vollstreckungsschäden beschränken darf. Dasselbe Gericht, das eine Unterhaltsverpflichtung in der erkannten Höhe für gerechtfertigt hält und durch die Anordnung der sofortigen Wirksamkeit (§ 116 III S. 3 FamFG) die Position des Unterhaltsberechtigten stärken soll, müsste in diesem Fall auf Antrag des Unterhaltspflichtigen unter Zugrundelegung des unveränderten Sachverhalts die Zwangsvollstreckung gemäß § 120 II S. 2 FamFG der Schuldnerschutzklausel folgend bis zur Rechtskraft wieder einstellen. Da das Gericht allerdings bereits im Rahmen seiner Ermessensausübung nach § 116 III S. 3 FamFG die beiderseitigen Belange gegeneinander abzuwägen hat, wird es unter diesen Umständen von vornherein eher von einer Anordnung der sofortigen Wirksamkeit absehen.

Zur Vermeidung dieser „Blockade" im ordentlichen Streitverfahren wird der anwaltlich beratene Unterhaltsberechtigte seine Interessen im **einstweiligen Anordnungsverfahren** verfolgen, in dem es wegen des Ausschlusses eines Rechtsmittelverfahrens (§ 57 S. 1 FamFG) weder einer Anordnung der sofortigen Wirksamkeit bedarf, noch Raum ist für

---

[199] Hoppenz/Walter § 120 FamFG Rn. 6
[200] BT-Drucks. 16/6308 S. 226
[201] BT-Drucks. 16/6308 S. 226
[202] OLG Hamm 1997, 1489
[203] OLG Hamm FamRZ 2000, 363
[204] OLG Rostock FamRZ 2004, 127, 128
[205] BGH NJW-RR 2007, 1138
[206] Keidel/Weber FamFG § 120 Rn. 16
[207] OLG Bremen FamRZ 2011, 322, 323

§ 10   Verfahrensrecht

einen auf die Schutzklausel gestützten Einstellungsantrag. Zudem setzt er sich hierbei auch nicht (§ 119 I S. 2 FamFG, § 945 ZPO) der Gefahr der Schadensersatzverpflichtung (§ 120 I FamFG i. V. m. § 717 II ZPO) aus, wenn der Vollstreckungstitel später aufgehoben oder zumindest zu seinem Nachteil abgeändert werden sollte. Es ist zu bezweifeln, dass auf diesem Wege in Unterhaltssachen das Spannungsverhältnis zwischen Gläubiger- und Schuldnerinteressen in den §§ 116 III, 120 II FamFG ein flexibel handhabbares Regelungsinstrument gefunden hat. Vor diesem Hintergrund wird jedenfalls für die Vollstreckbarkeit von Endentscheidungen in Unterhaltssachen zum Teil an der instanzgerichtlichen Rechtsprechung weiterhin festgehalten, wonach der Unterhaltspflichtige den Verlust durch nicht rückholbare Überzahlungen als mehr oder weniger typische Vollstreckungsfolge hinzunehmen hat.[208]

87   Über die Anordnung der sofortigen Wirksamkeit entscheidet das Gericht **von Amts wegen**. Eines Antrags bedarf es nicht. Die Entscheidung ist Bestandteil der Beschlussformel. Auf die Vollstreckungsschutzklausel kann sich der Unterhaltspflichtige nur mit einem **Antrag** und einem glaubhaft zu machenden Vorbringen berufen. Da das Gericht in der Regel (§ 128 ZPO) nach dem Ergebnis einer **mündlichen Verhandlung** entscheidet, muss der Antrag vor Schluss der Verhandlung gestellt werden. Er kann nicht nachgeholt werden (§ 113 I S. 2 FamFG i. V. m. § 296 a ZPO). Die Entscheidung über den Einstellungsantrag findet ebenfalls Eingang in den Beschlusstenor. Hat das Gericht über einen rechtzeitig gestellten Antrag nicht entschieden, kann der Unterhaltspflichtige (§ 120 I FamFG i. V. m. § 716 ZPO) Ergänzung des Beschlusses verlangen.

88   **h) Die Rechtsbehelfsbelehrung (§ 39 FamFG).** Ein weiterer Unterschied zu den Endurteilen in Zivilsachen liegt darin begründet, dass auch die den Verfahrensgegenstand ganz oder teilweise erledigenden Endentscheidung (§ 38 I S. 1 FamFG) in Unterhaltssachen wie in den weiteren Familienstreitsachen mit einer **Rechtsmittelbelehrung** (§ 39 FamFG) zu versehen ist. Sie muss sich verhalten über das statthafte Rechtsmittel sowie das Gericht, bei dem dieser Rechtsbehelf einzulegen ist, dessen Sitz und die einzuhaltende Form und Frist. Die gesetzliche Regelung ist unvollständig, weil es auch der Angabe des in Unterhaltssachen gemäß § 114 I FamFG bestehenden Anwaltszwangs bedarf.[209]

89   Allerdings hindert die unterbliebene oder fehlerhafte Rechtsmittelbelehrung den Lauf der Rechtsmittelfristen und im Anschluss daran den Eintritt der Rechtskraft der Endentscheidung nicht.[210] Diesem Ergebnis könnte der beschwerte Beteiligte mit einem Antrag auf **Wiedereinsetzung in den vorigen Stand** entgegentreten. In diesem Zusammenhang sind die Vorschrift in §§ 17, 18 FamFG, die in § 17 II FamFG ausdrücklich den Fall unterbliebener oder fehlerhafter Rechtsbehelfsbelehrung mit einer Unschuldsvermutung zugunsten des beschwerten Beteiligten regeln, nicht einschlägig. Maßgebend für das streitige Unterhaltsverfahren sind gemäß § 113 I S. 2, 117 V FamFG die Vorschriften der §§ 233–238 ZPO, die allerdings keine der § 17 II FamFG vergleichbare Regelung enthalten. Teilweise wird deshalb für Ehesachen und Familienstreitsachen eine systemkonforme Analogie gefordert.[211] Aber auch diese Gleichbehandlung in den Anforderungen an das fehlende Verschulden für die Fristversäumung erhöht nicht die Aussichten für eine Wiedereinsetzung. Denn nach der Rechtsprechung des BGH[212] muss das Fehlen oder die Fehlerhaftigkeit der Rechtsmittelbelehrung **kausal** für die **Fristversäumung** sein. Dies scheidet dann aus, wenn der Beteiligte so weitreichend über Rechtskenntnisse verfügt, dass er keiner Unterstützung durch eine Rechtsmittelbelehrung bedarf.[213] Dies ist anzunehmen, wenn der Beteiligte im Verfahren anwaltlich vertreten ist.[214] Da es in einer Unterhaltssache zu einer den Verfahrensgegenstand erledigenden Endentscheidung (§ 38 I S. 1 FamFG)

---

[208] Keidel/Weber FamFG § 120 Rn. 17
[209] BGH FamRZ 2010, 1425 Rn. 14
[210] BT-Drucks. 16/6308 S. 183
[211] Keidel/Meyer-Holz FamFG § 39 Rn. 15
[212] BGH FamRZ 2010, 1425 Rn. 11 m. w. N.
[213] BT-Drucks. 16/6308 S. 183
[214] Keidel/Meyer-Holz FamFG § 39 Rn. 14; Dose Einstweiliger Rechtsschutz in Familiensachen 3. Aufl. Rn. 370; BT-Drucks. 16/6308 S. 183

2. Abschnitt: Die Schaffung und Abänderung von Unterhaltstiteln § 10

nach streitiger Verhandlung nur unter allseitiger anwaltlicher Mitwirkung (§ 114 I FamFG) kommen kann, dürften Unzuträglichkeiten in der Rechtsmittelbelehrung, selbst nach Mandatsniederlegung und bei verfahrenskonformer Zustellung der Entscheidung (§ 172 ZPO), keinen Anlass für eine Wiedereinsetzung in den vorigen Stand gegen die Fristversäumung bieten.

h) Rubrum und Tenor einer Endentscheidung in Unterhaltssachen (§ 231 I FamFG). Beispiel für **Rubrum** und **Tenor** einer erstinstanzlichen **Endentscheidung** über einen Leistungsantrag in Unterhaltssachen (§ 231 I FamFG): 90

Beschluss
In der Familiensache
.... Antragstellerin
gegen
.... Antragsgegner
wegen Trennungsunterhalts
hat das Amtsgericht – Familiengericht – ....
auf die mündliche Verhandlung vom ....
durch den Richter am Amtsgericht .... beschlossen:
Der Antragsgegner wird verpflichtet, an die Antragstellerin beginnend ab dem .... einen monatlichen Trennungsunterhalt in Höhe von 700 EUR zu zahlen, und zwar im Voraus bis zum 3. eines jeden Monats. Im Übrigen wird der Antrag abgewiesen.
Von den Kosten des Verfahrens tragen der Antragsgegner ²/₃ und die Antragstellerin ¹/₃ (§ 243 FamFG).
Die sofortige Wirksamkeit wird angeordnet, soweit der Antragsgegner verpflichtet ist, ab Juli .... Trennungsunterhalt zu zahlen (§ 116 III S. 3 FamFG).
Der Antrag, die Zwangsvollstreckung vor Eintritt der Rechtskraft einzustellen, wird zurückgewiesen (§ 120 II S. 2 FamFG).

i) Der Erlass der Endentscheidung. Während das zivilprozessuale Endurteil (§ 300 ZPO) für den Erlass der **Verkündung** (§ 310 ZPO) bedarf, um einerseits die Bindungswirkung (§ 318 ZPO) für das Gericht und andererseits die Anfechtung (§ 517 ZPO) sowie die Vollstreckungsmöglichkeit für die Prozessparteien (§ 717 ZPO) verbindlich festzulegen, enthält das FamFG weder in den besonderen Bestimmungen für die Familiensachen noch in seinem Allgemeinen Teil über das Verfahren im ersten Rechtszug Regelungen über einen vergleichbaren Erlass von Endentscheidungen in Unterhaltssachen und weiteren Familienstreitsachen. Allerdings könnte § 38 III S. 3 FamFG, wonach das Datum der **Übergabe** des Beschlusses an die Geschäftsstelle **oder** der **Bekanntgabe** durch Verlesen der Beschlussformel (Erlass) auf dem Beschluss zu vermerken ist, vordergründig nahe legen, dass eine Verkündung der Endentscheidung nicht mehr zwingend erforderlich ist. Indessen steht diese Regelung ersichtlich im Kontext der Vorschriften über das Wirksamwerden (§ 40 FamFG) und die Bekanntgabe (§ 41 FamFG) von Entscheidungen in Familiensachen der freiwilligen Gerichtsbarkeit, die aber für die Unterhaltssachen in ihrer Eigenschaft als Familienstreitsachen keine Anwendung finden (§ 113 I S. 1 FamFG).[215] Auch der Gesetzgeber geht jedenfalls im Zuge der gesetzlichen Regelung in § 142 III FamFG i. d. Fassung des Gesetzes zur Struktur des Versorgungsausgleichs (VAStRefG) vom 3. 4. 2009[216] von einer Verlautbarung der Entscheidung in Ehesachen und Familienstreitsachen durch Verkündung aus. Maßgebend hierfür bleiben durch die Verweisung in § 113 S. 2 ZPO danach die **zivilprozessualen Verkündungsvorschriften**. Insoweit erlaubt der pauschale Bezug allerdings unterschiedliche Sichtweisen. Teilweise wird auf die Verkündungsanforderungen für zivilprozessuale Beschlüsse (§ 329 I ZPO) abgestellt,[217] die allerdings durch die weitere nur eingeschränkte Bezugnahme auf Urteilsvorschriften (§ 329 I S. 2 ZPO) nur rudimentär 91

---

[215] Reichold in Thomas/Putzo § 40 FamFG Rn. 1; Keidel/Meyer-Holz FamFG § 41 Rn. 2; MünchKommZPO/Ulrici FamFG § 41 Rn. 3; Musielak/Borth FamFG § 41 Rn. 1
[216] BGBl. I S. 700
[217] Meyer-Seitz/Frantzioch/Ziegler, Die FGG-Reform: Das neue Verfahrensrecht 2009 S. 401 Fußnote 1

angelegt sind und den Fall der Entscheidung im schriftlichen Verfahren (§ 128 II ZPO) zumindest im Wortlaut von § 329 I ZPO nicht erfassen. Vor diesem Hintergrund wird überwiegend entweder uneingeschränkt[218] oder zumindest ergänzend auch auf die bei der Urteilsverkündung (§§ 310–312 ZPO) bestehenden Verfahrensregeln zurückgegriffen.[219] Die Wirksamkeit der Verkündung hängt danach im Unterschied zu § 41 II S. 1 FamFG nicht von der Anwesenheit der Beteiligten ab (§ 311 II S. 2 ZPO).

92 Die Frage, ob die Endentscheidung daneben auch „**Im Namen des Volkes**" zu verkünden ist,[220] erweist sich mangels Beschwer als nur akademischer Natur.[221] Sie dürfte allerdings dahin zu beantworten sein, dass, wie in anderen Verfahrensordnungen auch, der ausdrückliche Bezug auf den Souverän dem Urteil vorbehalten bleibt. Die Verkündung der Endentscheidung (§ 38 I FamFG) in Unterhaltssachen erfolgt jedenfalls nach **Wiederherstellung** der **Öffentlichkeit** (§§ 169 S. 1, 173 I GVG), weil die Vorschrift in § 170 S. 1 GVG den Ausschluss der Öffentlichkeit (im Regelfall) nur für die mündliche Verhandlung vorgibt. Gemäß § 38 III S. 3 FamFG ist die Verkündung durch die Geschäftsstelle auf dem Beschluss zu dokumentieren. Sie erlangt Bedeutung für die Bestimmung der Beschwerdefrist (§ 63 III FamFG), Die den Verfahrensgegenstand teilweise oder ganz erledigende Endentscheidung ist von Amts wegen gemäß § 113 I S. 2 FamFG i. V. m. § 317 ZPO[222] unter Beachtung der zivilprozessualen Zustellvorschriften (§§ 166 ff. ZPO)[223] zuzustellen. Kann die Zustellung an einen Beteiligten nicht bewirkt werden, beginnt die Beschwerdefrist spätestens mit Ablauf von fünf Monaten nach Erlass des Beschlusses, d. h. in Unterhaltssachen nach Verkündung der Endentscheidung.

II. Die Unterhaltssachen im Verbundverfahren

1. Das Verbundverfahren

93 Das FamFG hält für das Verfahren in Familiensachen in bestimmten Konfliktsituationen, wie sie sich bei Scheidung einer Ehe erfahrungsgemäß abzeichnen, an dem Prinzip des Verbundverfahrens fest. Es soll vor **übereilten Entscheidungen** der Beteiligten, aber auch die Position des **wirtschaftlich schwächeren Ehegatten** schützen.[224] Damit sind auch unterhaltsrechtliche Konsequenzen einer Scheidung unmittelbar betroffen. Die maßgebenden Verfahrensvorschriften (§§ 133–150 FamFG) sind zwingender Natur und damit einer Disposition der Verfahrensbeteiligten entzogen.[225]

Gemäß § 137 I FamFG ist über Scheidung und Folgesachen zusammen zu verhandeln und zu entscheiden. Die in Betracht kommenden Folgesachen legt § 137 II FamFG abschließend fest.[226] Sie lassen sich dadurch von anderen Familiensachen unterscheiden, dass mit ihnen wegen des **Verhandlungs- und Entscheidungsverbundes** eine Endentscheidung **für den Fall der Scheidung** angestrebt werden muss. Das Verbundverfahren bleibt auf Scheidungssachen (§ 121 Nr. 1 FamFG) beschränkt. Das Aufhebungsverfahren und weitere Ehesachen im Sinne von § 121 FamFG eröffnen keinen Verfahrensverbund.[227] Dies ist erst dann und nur insoweit möglich, wenn hilfsweise Scheidung begehrt wird oder der Antragsgegner einem Aufhebungsbegehren seinerseits mit einem Scheidungsbegehren entgegentritt (§ 126 FamFG).[228] In Lebenspartnerschaftssachen gelten die Vorschriften des

---

[218] Musielak/Borth FamFG § 116 Rn. 3; Prütting/Helms FamFG § 116 Rn. 12
[219] Hütter/Kodal FamRZ 2009, 917, 919
[220] Kranz FamRZ 2010, 85, 86; Musielak/Borth FamFG § 116 Rn. 3
[221] Götz NJW 2010, 887, 900
[222] Keidel/Weber FamFG § 113 Rn. 4
[223] Hoppenz/Walter § 113 FamFG Rn. 2
[224] BT-Drucks. 16/6308 S. 229
[225] BGH FamRZ 1997, 687
[226] BT-Drucks. 16/6308 S. 230
[227] BGH FamRZ 1989, 153
[228] Keidel/Weber FamFG § 137 Rn. 4; MünchKommZPO/Heiter FamFG § 137 Rn. 14

2. Abschnitt: Die Schaffung und Abänderung von Unterhaltstiteln § 10

Verbundverfahrens entsprechend (§ 270 I S. 1 FamFG), mithin auch die nachfolgenden Ausführungen.

Das Verbundverfahren ist ein **einheitliches Verfahren** im Sinne der **Übergangsvorschriften**, die in Art. 111 I FGG-RG besagen, dass die vor dem Inkrafttreten dieses Gesetzes geltenden Vorschriften über das Verfahrens in Familiensachen weiterhin anzuwenden sind in Verfahren, deren Einleitung vor dem Inkrafttreten beantragt war. Demgemäß ist das bis zum 31. 8. 2009 geltende Verfahrensrecht auch in Unterhaltsfolgesachen heranzuziehen, die erst ab dem 1. 9. 2009 anhängig gemacht worden sind, wenn ein beteiligter Ehegatte noch vor dem Inkrafttreten einen Scheidungsantrag anhängig gemacht hat. Allerdings kommt in den Fällen der **Aussetzung** (§ 614 ZPO a. F.) oder des **Ruhens des Verfahrens** (§ 251 ZPO) unter den Voraussetzunge von Art. 111 III FGG-RG eine Aufnahme des Verbundverfahrens nach den Vorschriften des FamFG in Betracht, das für bereits anhängig oder noch anhängig werdende Unterhaltsfolgesachen gleichermaßen gilt.

2. Die Unterhaltsfolgesachen

Der Kreis möglicher Folgesachen erfasst in § 137 II Nr. 2 FamFG auch Unterhaltssachen. **94**
Dies gilt zunächst für die **gesetzliche Unterhaltspflicht** gegenüber einem **gemeinsamen – minderjährigen – Kind** (§ 231 I Nr. 1 FamFG) mit Ausnahme des vereinfachten Verfahrens über den Unterhalt Minderjähriger (§§ 249–260 FamFG. Da eine Entscheidung aber erst für den Fall der Scheidung möglich ist, wird der Kindesunterhalt erfahrungsgemäß außerhalb des Verbundes vorab tituliert, zumal die Scheidung als solche den Bestand eines entsprechenden Unterhaltstitels unberührt lässt. Gleichwohl kommt eine den Kindesunterhalt betreffende Folgesache insbesondere dann in Betracht, wenn er in Zusammenhang mit der nachehelichen Titulierung von Unterhaltsansprüchen etwa des betreuenden Elternteils steht. Gerade deshalb kann er auch Veränderungen in den Bemessungsgrundlagen ausgesetzt sein. Bei einer solchen Sach- und Rechtslage besteht die Möglichkeit, im Rahmen der Folgesache **Abänderungsanträge** (§§ 238, 239 FamFG) zu verfolgen,[229] allerdings wiederum nur für den Fall der Scheidung, so dass laufender und rückständiger Unterhalt minderjähriger Kinder außerhalb des Verbundes geltend zu machen ist. Ist der Kindesunterhalt bei Einreichung des Scheidungsantrags bereits anderweitig rechtshängig, steht dies einer Geltendmachung des Kindesunterhalts als Folgesache entgegen (§ 261 III Nr. 1 ZPO). Anderes gilt nur dann, wenn die Rechtsverfolgung begrenzt ist auf einen Unterhaltszeitraum bis zur Rechtskraft der Scheidung. Einer nachträglichen Begrenzung ermöglicht nicht die weitere Rechtsverfolgung als Folgesache. Ihr fehlt das notwendige Rechtsschutzbedürfnis.[230] Vom Wortlaut der Vorschrift gedeckt und durch den Gesetzgeber gewollt ist die erstmalige Einbeziehung der Unterhaltssachen aus § 231 II FamFG in den Kreis möglicher Folgesachen.[231] Indessen dürfte die Regelungsproblematik, an welchen Berechtigten das Kindergeld ausgezahlt werden soll, nicht zu den wirklichkeitsnahen Fragestellungen erst bei und nur für den Fall der Scheidung der Kindeseltern gehören.

Eine weitere Unterhaltssache, die den Gegenstand einer Folgesache gemäß § 137 II Nr. 2 FamFG bilden kann, betrifft die **durch Ehe** begründete **gesetzliche Unterhaltspflicht** (§ 231 I Nr. 2 FamFG). Da nur die gemeint sein kann, die für den Fall der rechtskräftigen Scheidung besteht, scheiden Trennungsunterhaltsansprüche (§ 1361 BGB) allerdings aus,[232] u. z. auch solche, die auf Zahlung von Vorsorgeunterhalt ab Rechtshängigkeit des Scheidungsverfahrens gerichtet sind (§ 1361 I S. 2 BGB).[233] Es bleiben als Verfahrensgegenstand etwaige nacheheliche gesetzliche Unterhaltsansprüche der Ehegatten (§§ 1569 ff. BGB). Eine isolierte Rechtsverfolgung dieser Ansprüche außerhalb eines anhängigen Scheidungsverfahrens ist unzulässig, weil das Entstehen der nachehelichen Unterhaltsberechtigung an

---

[229] BGH FamRZ 1996, 543, 544
[230] Prütting/Helms FamFG § 137 Rn. 35
[231] BT-Drucks. 16/6308 S. 230
[232] BGH FamRZ 1985, 578, 579
[233] BGH FamRZ 1982, 781, 782

die Rechtskraft der Scheidung geknüpft ist. Sie könnte überdies die mit dem Verbundverfahren verbundene besondere Schutzfunktion auch nicht ausfüllen.

95 Im Rahmen der Unterhaltsfolgesache muss die jeweilige **gesetzliche Unterhaltspflicht** gegenüber Kindern und Ehegatten allerdings lediglich „**betroffen**" sein. Sie muss weder notwendig noch im gesamten Verfahrensstadium auf Zahlung einer Unterhaltsrente gerichtet sein. Deshalb kann Kindes- und Ehegattenunterhalt auch mit einem **Stufenantrag (§ 254 ZPO)** geltend gemacht werden, wobei erst auf der letzten Stufe die endgültige Regelung des jeweiligen Unterhaltsverhältnisses für den Fall der Scheidung angestrebt sein muss. Im Unterschied dazu können **vorbereitende Auskunftsansprüche (§§ 1580, 1605 BGB)**, die nicht im Rahmen eines Stufenantrages geltend gemacht werden, nicht im Verbundverfahren verfolgt werden.[234] Etwas anderes gilt im Ausnahmefall dann, wenn der auf Unterhalt in Anspruch genommene Ehegatte „**widerklagend**" Auskunft von dem anderen Ehegatten begehrt, um dem Unterhaltsbegehren entgegentreten zu können.[235] In diesem Fall wirkt sich die Auskunft auf die für den Fall der Scheidung zu regelnden Unterhaltsverhältnisse aus. Als Folgesache in Unterhaltssachen möglich ist ferner ein **negativer Feststellungsantrag**, um rechtskräftig feststellen zu lassen, dass ein nachehelicher Unterhaltsanspruch etwa wegen Verwirkung nicht besteht, Aussichtsreich erscheint der Antrag allerdings nur bei einem entsprechenden Feststellungsinteresse.[236] Denkbar als Unterhaltsfolgesache ist ein negativer Feststellungsantrag schließlich nach Erlass einer **einstweiligen Unterhaltsanordnung**, die gemäß § 56 I FamFG[237] über die Rechtskraft der Scheidung hinaus bis zum Wirksamwerden einer anderweitigen Regelung in Kraft bleibt.[238] Teilweise wird auch ein **Vollstreckungsabwehrantrag (§ 767 ZPO)** als Folgesache angesehen, sofern der zur Zahlung von Trennungsunterhalt verpflichtete Ehegatte begründetermaßen ein Fortsetzung der Vollstreckung auch nach Rechtskraft der Scheidung befürchten muss.[239]

3. Die Einleitung des Verbundes in Unterhaltsfolgesachen

96 a) Voraussetzung für die frühestmögliche Einleitung einer Unterhaltssache als Folgesache im Verbundverfahren ist die **Anhängigkeit der Scheidungssache**,[240] die ein die Scheidung begehrender Ehegatte durch Einreichung einer entsprechenden Antragsschrift (§ 124 FamFG i. V. m. § 253 ZPO) herbeiführt. Rechtshängigkeit ist nicht erforderlich. Die Einreichung eines darauf gerichteten Gesuchs um Bewilligung von Verfahrenskostenhilfe genügt nicht. Das Gesetz unterscheidet zwischen Folgesachen, die nur auf Antrag, in den Verbund mit der Scheidungssache treten **(Antragsverbund)**, und solchen, für die kein Antrag notwendig ist **(Zwangsverbund)**. Für die Unterhaltsfolgesachen bedarf es, wie im Umkehrschluss aus § 137 II S. 2 FamFG folgt, eines entsprechenden Antrags. Dieser ist allerdings nicht so zu verstehen, dass der Antragsteller in einer Unterhaltssache ausdrücklich die Herstellung des Verbundes mit der Scheidungssache beantragen müsste. Notwendig aber auch ausreichend ist die Einreichung einer den Anforderungen von § 113 I S. 2 FamFG i. V. m. § 253 II ZPO genügenden **Antragsschrift**, die auf eine Unterhaltsregelung für den Fall der Scheidung gerichtet ist und eine sie tragende Begründung enthält. Mit ihr werden die Unterhaltsfolgesache anhängig und der Antragsverbund hergestellt. Steht die angestrebte Unterhaltsregelung im Zusammenhang mit einem Verfahrenskostenhilfegesuch, hängen die jeweiligen Rechtsfolgen im Einzelfall von den erkennbar gewordenen Absichten des Antragstellers ab. Begehrt er für die „Durchführung" der Folgesache die nachgesuchte **Verfahrenskostenhilfe**, wird hinreichend klar, dass die Folgesache auch ohne vorrangige Entscheidung über das Gesuch anhängig werden und der Antragsverbund eintreten soll. Dem gegenüber ist ein erkennbar allein auf die Bewilligung von Verfahrenskostenhilfe für eine

---

[234] BGH FamRZ 1997, 811
[235] OLG Zweibrücken FamRZ 1996, 749
[236] Keidel/Weber FamFG § 137 Rn. 8; Hoppenz/Walter § 113 FamFG Rn. 6
[237] Prütting/Helms FamFG § 137 Rn. 31
[238] BT-Drucks. 16/6308 S. 202
[239] MünchKomm/Heiter FamFG § 137 Rn. 64 und 65
[240] Musielak/Borth FamFG § 137 Rn. 22

2. Abschnitt: Die Schaffung und Abänderung von Unterhaltstiteln § 10

Unterhaltssache gerichtetes Gesuch – die nicht unterzeichnete Antragsschrift ist als Entwurf beigefügt – nicht geeignet, den Verbund mit der Scheidungssache herzustellen.[241] Der Gegenmeinung,[242] wonach bereits die Einreichung eines „reinen" Verfahrenskostenhilfegesuchs zum Scheidungsverbund führen soll, ist nicht zu folgen. Sie widerspricht dem allgemeinen Verfahrensgrundsatz, wonach ein Gesuch um die Bewilligung von Verfahrenskostenhilfe für eine Hauptsache nicht die Anhängigkeit der Hauptsache selbst begründet.[243] Dass im Hinblick auf Funktion und Natur des Verbundverfahrens dieser Grundsatz einzuschränken wäre, lässt sich dem Gesetz nicht entnehmen. Im Übrigen besteht **Anwaltszwang** für die Scheidungssache und die Folgesachen (§ 114 I FamFG), nicht aber für das Verfahrenskostenhilfegesuch (§ 114 IV Nr. 5 FamFG). Dass der Beteiligte selbst abweichend von diesen Regelungen eine Folgesache sollte anhängig machen können, erscheint fernliegend.

b) Für die Rechtspraxis von größerer Bedeutung ist allerdings die Frage, bis zu welchem Zeitpunkt der Antragsteller **spätestens** die Unterhaltsfolgesache **anhängig** gemacht haben muss, um eine nacheheliche Regelung von Unterhaltsverhältnisse im Verbundverfahren begehren zu können. Gemäß § 623 IV S. 1 ZPO a. F. konnte die Unterhaltssache als **Folgestreitsache** bis zum **Schluss der mündlichen Verhandlung** anhängig gemacht werden. Damit verbunden waren allerdings nicht selten Verfahrensabläufe, bei denen weniger der Zweck des Verbundprinzips (vgl. Rn 10/93) im Vordergrund stand als das Bestreben der Beteiligten, mit spätmöglichsten Anträgen eine sich abzeichnende lange Verfahrensdauer für einseitig günstige Unterhaltsregelungen fruchtbar zu machen. Nunmehr bestimmt § 137 II S. 1 FamFG, dass eine Unterhaltssache nur dann als Folgesache den Antragsverbund begründen kann, wenn sie **spätestens zwei Wochen vor** der **mündlichen Verhandlung** im ersten Rechtszug anhängig gemacht worden ist. Mit der Regelung will der Gesetzgeber sicherstellen, dass die Möglichkeit zur Anhängigmachung von Verbundsachen bereits vor dem Termin endet, und einem missbräuchlichen Einsatz von Scheidungsfolgesachen mit der Folge von Terminsverlegungen, Vertagungen und Terminsaufhebungen entgegenwirken.[244] Teilweise wird die gesetzliche Neuregelung dahin verstanden, dass nach dem Verfahrensgrundsatz der **Einheit der mündlichen Verhandlung** für die gebotene Rückrechnung bereits von dem ersten Termin auszugehen ist, den das Gericht in der Scheidungssache anberaumt hat, Folgetermine mithin die Frist nicht neu eröffnen.[245] Andere Stimmen im Schrifttum halten gegen den Gesetzeswortlaut für die Fristberechnung am **Schluss der mündlichen Verhandlung** fest.[246] Wird allerdings die Intention des Gesetzgebers in den Vordergrund gestellt, wonach es allein darauf ankommen soll, Terminsverlegungen, Vertagungen und Terminsaufhebungen zu vermeiden, mithin einen geordneten Ablauf des Verbundverfahrens, nicht aber dessen Beschleunigung, kann die Fristberechnung verständigerweise abstellen nur auf den Beginn der mündlichen Verhandlung, den das Gericht zur **abschließenden Verhandlung** in der **Scheidungssache** und den bis dahin schon entscheidungsreifen Folgesachen bestimmt hat.[247]

Allerdings muss bezweifelt werden, dass die Frist von zwei Wochen überhaupt ausreichend bemessen ist, um der Gefahr notwendiger Terminsverlegungen vorzubeugen.[248] Allein der noch fristgerechte Eingang der Antragsschrift betreffend den nachehelichen Unterhalt bei Gericht führt zunächst dazu, dass die Antragsschrift dem Gegner zuzustellen ist (§ 113 I S. 2 FamFG i. V. m. § 253 I ZPO) und diesem **rechtliches Gehör** vor dem Termin zu gewähren ist. Will man nach der hier allerdings nicht vertretenen Auffassung schon ein

97

98

---

[241] BGH FamRZ 1996, 1142; Hüßtege in Thomas/Putzo § 137 FamFG Rn. 20
[242] Zuletzt OLG Koblenz FamRZ 2008, 1965
[243] MünchKommZPO/Heiter FamFG § 137 Rn. 35
[244] BT-Drucks. 16/6308 S. 374
[245] Prütting/Helms FamFG § 137 Rn. 47
[246] Schulte-Bunert/Weinreich/Schröder FamFG § 137 Rn. 4
[247] Musielak/Borth FamFG § 137 Rn. 27; Hoppenz/Walter § 137 FamFG Rn. 10; Johannsen/Henrich/Markwardt § 137 FamFG Rn. 14; OLG Hamm FamRZ 2010, 2091
[248] Keidel/Weber FamFG § 137 Rn. 19

§ 10 Verfahrensrecht

Verfahrenskostenhilfegesuch ausreichen lassen,[249] kann als sicher angenommen werden, dass innerhalb der Frist weder eine Bescheidung des Gesuchs noch eine zustellungsfähige Antragsschrift für die Folgesache für die Schlussverhandlung in der Scheidungssache und den Folgesachen vorliegen. Das Gericht wird einen sich so abzeichnenden „Durchlauftermin" nicht stattfinden lassen. Von der sich aufdrängenden Möglichkeit, einem verfahrensinadäqatem Verhalten der Beteiligten mit erweiterten Regelungen zur **Abtrennung** bei nachgeschobenen Folgesachen zu begegnen, hat der Gesetzgeber keinen Gebrauch gemacht.

99 Schließlich korrespondiert die **Ausschlussfrist** von zwei Wochen nicht mit der **Ladungsfrist** von einer Woche (§ 217 ZPO). Es dürfte einerseits keinem Zweifel unterliegen, dass das Gericht den **Grundsätzen eines fairen Verfahrens** folgend nach Eingang einer Antragsschrift in einer Folgesache die Frist des § 137 II S. 1 FamFG nicht mit einer kurzfristigen Terminierung unterlaufen darf.[250] Andererseits muss das Gericht mit der Terminierung bei **Entscheidungsreife** in der Scheidungssache und den rechtshängig gewordenen Folgesachen nicht zuwarten und den Beteiligten Überlegungsfristen einräumen. Allerdings wird die Ansicht vertreten, die Ladungsfrist müsse in Ansehung der Ladungs- und Einlassungsfristen (§§ 217, 274 III ZPO) bei der Terminierung entscheidungsreifer Sachen regelmäßig mit mindestens vier Wochen bemessen werden, um den Beteiligten die Gelegenheit zu geben, sich über das voraussichtliche Verfahrensende und die davor noch zu treffenden Dispositionen Klarheit zu verschaffen.[251] Indessen liegt die Verfahrensherrschaft auch im Verbundverfahren und den Folgestreitsachen ausschließlich in den Händen der anwaltlich vertretenen und beratenen Ehegatten, die durch ihre Dispositionen und ihre Mitwirkung das gerichtliche Handeln vorgeben und abschätzen. Sie bestimmen danach auch nach eigener Kenntnis des Verfahrensgangs und in eigener Verantwortung, wie und wann sie Folgesachen anhängig machen. Von dieser Verantwortung will sie die Fristsetzung in § 137 II S. 1 FamFG nicht freistellen, die den verfahrensfördernden Ablauf von Gerichtsterminen sicherstellen soll und deshalb für die beteiligten Ehegatten in Verbindung mit der Ladungsfrist eine **Warnfunktion** ausübt.[252] Gemessen an dem mit der gesetzlichen Regelung verfolgten Zweck, nämlich so genannte „Durchlauftermine" zu vermeiden, besteht entgegen OLG Oldenburg[253] auch kein Anlass, die Grundsätze eines fairen Verfahrens zu bemühen, um jenseits des Gesetzeswortlauts eine Frist vorzugeben, die den Beteiligten eine daran angepasste Rechtsverfolgung ermöglicht.

100 Der **Ausschluss** für die Geltendmachung von Unterhaltsansprüchen als Folgesachen hängt allein von der sich erst im Nachhinein ergebenden Fristunterschreitung ab. Überreicht der Antragsteller erst im Schlusstermin über die Verhandlung zur Scheidung und zu den entscheidungsreifen Folgesachen die Antragsschrift zum nachehelichen Unterhalt und führt die Verhandlung aus anderen Gründen nicht zur Endentscheidung, tritt Anhängigkeit der Folgesache zum nachehelichen Unterhalt ein, sobald das Gericht einen weiteren Termin bestimmt, der bezogen auf die Antragsschrift die Frist von zwei Wochen wahrt. Dies ist ferner der Fall, wenn auf die **Beschwerde** die Verbundentscheidung aufgehoben und an das Gericht erster Instanz zurückverwiesen worden ist (§ 117 II FamFG i. V. m. § 538 II ZPO), bei einer **Neuterminierung**.[254] Auch kann der Antragsteller erstmalig in einem zurückverwiesenen Verfahren Folgesachen in Unterhaltssachen anhängig machen.[255] Maßgebend für den Ausschluss ist allein der Ablauf der zweiwöchigen Frist. Die Gründe für den Fristablauf sind ohne Bedeutung. Auf ein Verschulden der Ehegatten oder ihrer Verfahrensbevollmächtigten kommt es ebenfalls nicht an. Eine **Wiedereinsetzung in den vorigen Stand** scheitert daran, dass die Frist nicht zu den in § 233 ZPO aufgeführten Fristen zählt.[256]

---

[249] OLG Koblenz FamRZ 2008, 1965
[250] MünchKommZPO/Heiter FamFG § 137 Rn. 51
[251] Prütting/Helms FamFG § 137 Rn. 47 m. w. N.
[252] MünchKommZPO/Heiter FamFG § 137 Rn. 51
[253] OLG Oldenburg FamRZ 2010, 2015
[254] Musielak/Borth FamFG § 137 Rn. 27; OLG Düsseldorf FamRZ 2011, 298
[255] Keidel/Weber FamFG § 137 Rn. 20
[256] MünchKommZPO/Heiter FamFG § 137 Rn. 51

2. Abschnitt: Die Schaffung und Abänderung von Unterhaltstiteln   § 10

Die notwendige Fristwahrung des § 137 II S. 1 FamFG kann der Antragsteller in dieser Situation nur noch durch eine **Terminsverlegung** oder **Vertagung** erreichen (§ 227 ZPO), was aber schon deshalb wenig Aussicht auf Erfolg verspricht, weil die Fristbestimmung gerade diese Verfahrensabläufe vermeiden soll.[257]

Gelingt es dem Antragsteller nicht, für die Unterhaltssachen den Verbund fristgemäß herzustellen, ist der für den Fall der Scheidung angekündigte **Antrag unzulässig**, weil eine entsprechende Rechtsverfolgung außerhalb des Verbundverfahrens nicht möglich ist. Allerdings ist bei der weiteren Behandlung der gescheiterten Folgesache zu unterscheiden. So kann der Antragsteller nach einem gebotenen Hinweis des Gerichts beim Kindesunterhalt den Scheidungsvorbehalt fallen lassen und die Unterhaltsansprüche, soweit sie nicht anderweitig bereits tituliert sind, mit einem Leistungsantrag in einem isolierten Verfahren nach **Abtrennung** (§ 145 ZPO) weiterverfolgen, Ein entsprechendes Vorgehen beim nachehelichen Ehegattenunterhalt scheidet wegen der Voraussetzung der Rechtskraft der Ehescheidung aus. Hier muss der Antragsteller bei Meidung der Abweisung als unzulässig den **Antrag zurücknehmen**.

4. Verfahrensgrundsätze in Unterhaltsfolgesachen

Auch wenn der Verbund dadurch definiert wird, dass über die Scheidung und Folgesachen zusammen zu verhandeln und zu entscheiden ist **(Verhandlungs- und Entscheidungsverbund)**, unterliegt er doch nicht einer für alle Entscheidungsbestandteile geltenden einheitlichen Verfahrensordnung. Vielmehr bleiben die einzelnen Folgesachen insoweit selbständig und folgen grundsätzlich ihren eigenen – auch außerhalb des Verbundes geltenden – Verfahrensregeln, soweit diese nicht durch besondere Regelungen des Verbundverfahrens (§§ 133–150 FamFG) verdrängt werden. Für die Unterhaltssachen als Familienstreitsachen (§ 231 I Nr. 1 und 2 FamFG) kann deshalb angeknüpft werden an die **Verfahrensgrundsätze**, soweit sie bei isolierter Verfolgung von Unterhaltsansprüchen Geltung beanspruchen (vgl. hierzu näher Rn 10/53–55 a)) und im Wesentlichen auf einer entsprechenden Anwendung **zivilprozessualer Vorschriften** beruhen (§ 113 S. 2 FamFG). In der Scheidungssache ist der in der Geschäftsfähigkeit beschränkte Ehegatte verfahrensfähig (§ 125 I FamFG). Dies erstreckt sich allerdings nicht auf die Folgesachen, so dass es der Bestellung eines gesetzlichen Vertreters bedarf.[258] Wird der Antragsgegner auf Unterhalt in Anspruch genommen, ist ihm bis zum Eintritt des gesetzlichen Vertreters in der Folgesache ein **Verfahrenspfleger** zu bestellen (§ 113 I S. 2 FamFG i. V. m. § 57 I ZPO).

101

Besonderheiten unterliegt das Verfahren in Unterhaltsfolgesachen allerdings dadurch, dass **allein die Ehegatten Verfahrensbeteiligte** sein können. Unterhaltsansprüche gemeinsamer minderjähriger Kinder kann ein Elternteil nur **im eigenen Namen** aufgrund einer gesetzlichen Verfahrensstandschaft (§ 1629 III S. 1 BGB) verfolgen, sofern sich das Kind – bei gemeinsamer elterlicher Sorge – in seiner Obhut befindet oder bei alleinigem Sorgerecht (vgl. näher Rn. 10/47–52). Lebt das minderjährige Kind in einem Obhutsverhältnis bei Dritten oder besteht eine **Beistandschaft des Jugendamtes** zur Verfolgung von Unterhaltsansprüchen (§§ 1712 ff. BGB), scheidet eine gerichtliche Rechtsverfolgung im Rahmen einer Folgesache aus. Erstrebt der jeweilige Elternteil, der sich weder auf ein Obhutsverhältnis noch auf eine ihm günstige Sorgeregelung berufen kann, im Rahmen des Verbundverfahrens die elterliche Sorge für ein gemeinsames Kind der Ehegatten, ist er ebenfalls an einer Verfolgung von Unterhaltsansprüchen des Kindes im Rahmen des Verbundes gehindert, weil die entsprechende Vertretungsbefugnis ihm erst ab Rechtskraft der Scheidung zustehen kann. Die Unterhaltsansprüche müssen hier in einem gesonderten Verfahren durch das Kind selbst, vertreten durch einen Ergänzungspfleger, verfolgt werden. Verlässt das minderjährige Kind das Obhutsverhältnis eines Elternteils oder wird während des Verfahrens die elterliche Sorge anderweitig geregelt, muss der Elternteil, da die Verfahrensstandschaft endet, die Hauptsache für erledigt erklären. Die Verfahrensstandschaft

102

---

[257] BT-Drucks. 16/6308 S. 374
[258] Keidel/Weber FamFG § 125 Rn. 3; Hoppenz/Walter § 125 FamFG Rn. 3

endet auch, wenn das Kind volljährig und damit selbst Beteiligter wird.[259] Greift dieser das Verfahren nicht auf, tritt insoweit Erledigung ein. Ohne Erledigung muss die Folgesache aus dem Verbundverfahren ausscheiden. Dem ist gemäß § 140 I FamFG zwingend durch Abtrennung Rechnung zu tragen. Die abgetrennte Folgesache bleibt auch danach Folgesache (§ 137 V FamFG). Sie verliert diesen Charakter allerdings, sobald das Kind – was sich aufdrängen dürfte – seine Unterhaltsansprüche ohne den Scheidungsvorbehalt weiterverfolgt.[260]

103 Das durch das Verbundprinzip vermittelte **Abhängigkeitsverhältnis** der Unterhaltsfolgesache von der Scheidungssache wirft die Frage nach dem Schicksal der Folgesache auf, wenn es nicht zu einer Endentscheidung mit einem Scheidungsausspruch kommt. In diesem Zusammenhang erstreckt § 141 S. 1 FamFG für den Fall der **Rücknahme** des **Scheidungsantrags** die Wirkungen der Rücknahme auch auf die Folgesachen. Diese werden auch bei **Abweisung** des Scheidungsantrags gegenstandslos (§ 142 II S. 1 FamFG). In beiden Fällen bleibt dem jeweiligen Antragsteller allerdings die Fortführung der Folgesache als **selbständige Familiensache** vorbehalten, sofern er vor Wirksamwerden der Rücknahme (vgl. § 269 I ZPO) oder vor der Abweisungsentscheidung ausdrücklich erklärt hat, diese Familiensachen fortführen zu wollen (§§ 141 S. 2, 142 II S. 2 FamFG). Dazu bedarf es der Umstellung des Antrags, der auch in Unterhaltssachen nicht mehr für den Fall der Scheidung gestellt werden kann und, da ein nachehelicher Ehegattenunterhalt an die Rechtskräftige Scheidung anknüpft, nach seiner Begründung auf die Titulierung von Trennungsunterhalt (§§ 1361 ff. BGB), sofern nicht bereits anderweitig geschehen, gerichtet werden muss.

104 Als weiteren Fall der Verfahrensbeendigung ohne Scheidungsausspruch regelt § 131 FamFG den **Tod** eines **beteiligten Ehegatten** nach Rechtshängigkeit des Scheidungsantrags und vor Rechtskraft eines Scheidungsausspruchs. Danach gilt das Scheidungsverfahren als **in der Hauptsache** erledigt. Eine Erledigungserklärung sieht das Gesetz nicht vor. Allerdings ist der überlebende Ehegatte nicht gehindert, seinen Scheidungsantrag (vor mündlicher Verhandlung) zurückzunehmen,[261] trägt aber dann in der Regel die Kosten der Scheidungssache und der Folgesachen (§ 150 II S. 1, III FamFG). Ob der Tod eines beteiligten Ehegatten auch die **Erledigung der Folgesachen** nach sich zieht, hängt im Einzelfall vom **materiellen Recht** ab. Stirbt der Unterhalt begehrende Ehegatte, tritt mit dem Wegfall des Unterhaltsverhältnisses Erledigung der Hauptsache auch in der Folgesache ein. Im Falle des Todes des Unterhaltspflichtigen kann der überlebende Ehegatte gegen die Erben vorgehen, auf die die Unterhaltspflicht als Nachlassverbindlichkeit übergeht (§ 1586 b BGB). Beim Kindesunterhalt scheidet eine Fortführung der Folgesache aus, weil mit dem Tod des barunterhaltspflichtigen Elternteils dessen Unterhaltspflicht erlischt (§ 1615 I BGB). Dies ist auch der Fall, wenn der Tod des betreuenden Elternteils die Verfahrensstandschaft (§ 1629 III S. 1 BGB) beendet.

105 Nach der Erledigung ist das Verfahren durch die von Amts wegen zu treffende **Kostenentscheidung** (§ 113 I S. 2 FamFG i. V. m. § 308 II ZPO) zu beenden. Allerdings tritt mit dem Tod eines Beteiligten zunächst eine Unterbrechung des Verfahrens ein (§ 113 I S. 2 FamFG i. V. m. § 239 ZPO). Bestand eine anwaltliche Vertretung, ist das Verfahren auf Antrag auszusetzen (§ 246 ZPO) und gegen die Erben aufzunehmen (§ 250 ZPO).

Den **Maßstab** für die **Kostenverteilung** im Verbundverfahren bilden die Regelungen in § 150 FamFG, die insbesondere in Unterhaltssachen die Vorschrift des § 243 FamFG verdrängen.[262] Wird der Scheidungsantrag abgewiesen, trägt der Antragsteller in der Regel (§ 150 II S. 1, III FamFG) die Kosten sowohl der Scheidungssache als auch der Folgesachen. Eine **isolierte Anfechtung** allein der Kostenentscheidung (§§ 58 I, 113 I S. 2 FamFG i. V. m. § 99 I ZPO) scheidet aus (vgl. weiter auch Rn. 10/80).[263] Davon zu unterscheiden

---

[259] BGH FamRZ 1990, 283, 284
[260] BT-Drucks. 16/6308 S. 230
[261] OLG Naumburg FamRZ 2006, 867
[262] BT-Drucks. 16/6308 S. 233
[263] Keidel/Meyer-Holz FamFG § 58 Rn. 95; Johannsen/Henrich/Markwardt § 150 FamFG Rn. 19; Hüßtege in Thomas/Putzo § 150 FamFG Rn. 17

2. Abschnitt: Die Schaffung und Abänderung von Unterhaltstiteln § 10

ist die Anfechtung einer **isolierten Kostenentscheidung**, zu der es kommt, wenn der Antragsteller den Scheidungsantrag zurückgenommen hat. Gegen die hier ebenfalls nach § 150 II S. 1, III FamFG zu treffende Entscheidung kann der Beschwerte gemäß §§ 113 I S. 2 FamFG i. V. m. § 269 V ZPO mit der **sofortigen Beschwerde** (§§ 569–572 ZPO) vorgehen. Dies ist auch der Fall, wenn das Gericht nach Erledigung der Hauptsache nur noch über die Verfahrenskosten zu befinden hat (§ 113 I S. 2 FamFG i. V. m. § 91a II ZPO).[264] Kann die Unterhaltssache als selbständige Familiensache (vgl. Rn. 10/103) weitergeführt werden, sind die hierfür maßgebenden Kostenvorschriften (§ 150 V FamFG i. V. m. § 243 FamFG) heranzuziehen (vgl. Rn. 10/78–79).

5. Die Abtrennung der Unterhaltsfolgesache

Gegenüber der mit dem Verbundverfahren verbundenen Intention, den beteiligten Eheleute im Fall der Scheidung eine gerichtliche Regelung der Rechtsverhältnisse zu ermöglichen, die sich nach Rechtskraft der Scheidung auf ihre Lebensumstände auswirken, kann durch den Gang des Verfahrens oder durch eine Änderung in den tatsächlichen Verhältnissen eine Situation eintreten, in der der **Verhandlungs- und Entscheidungsverbund** (§ 137 I FamFG) gegenüber anderen Verfahrensprinzipien oder schutzwürdigen Interessen der beteiligten Eheleute zurücktreten muss. Dem trägt das Gesetz für diese Ausnahmefälle durch **Abtrennung von Folgesachen** Rechnung, wobei § 140 FamFG zwischen einer obligatorischen („ist abzutrennen") und einer Abtrennung, die das Gericht nach gebundenem Ermessen anordnen „kann",[265] unterscheidet. Die Regelung ist abschließend und keiner Disposition der Beteiligten zugänglich,[266] auch nicht über ein rügeloses Verhandeln (§ 295 ZPO).[267] Sie schließt überdies eine anderweitige Verfahrenstrennung (§ 145 ZPO) aus.[268] Die **Ausnahmeregelung** in § 140 FamFG unterscheidet, soweit Unterhaltsfolgesachen betroffen sind, zwischen drei möglichen Fallkonstellationen. **106**

Gemäß § 140 I FamFG ist die **Unterhaltsfolgesache** von der Scheidungssache abzutrennen, wenn eine **weitere Person Beteiligter** des Verfahrens wird. Dies betrifft Unterhaltsansprüche minderjähriger gemeinsamer Kinder, die der sorgeberechtigte oder derjenige Elternteil, indessen Obhut sich das Kind befindet, auf Grund bestehender Verfahrensstandschaft (§ 1629 III S. 1 BGB) zunächst zulässigerweise im eigenen Namen geltend gemacht hat. Mit Eintritt der **Volljährigkeit** im laufenden Verfahren wird das Kind selbst weiterer Verfahrensbeteiligter, dem durch Abtrennung Rechnung zu tragen ist. Entsprechend ist zu verfahren, wenn die Verfahrensstandschaft des jeweiligen Elternteils durch Verlust des Sorgerechts oder – bei gemeinsamer Sorge – des Obhutsverhältnisses die Verfahrensstandschaft verliert (vgl. weiter auch Rn. 10/102). **106a**

Die Abtrennung einer Unterhaltsfolgesache vom Verbund kann nach § 140 II S. 2 Nr. 5 FamFG ferner erfolgen, wenn sich der Scheidungsausspruch so **außergewöhnlich verzögern** würde, dass ein weiterer Aufschub unter Berücksichtigung der Bedeutung der Unterhaltsfolgesache eine **unzumutbare Härte** darstellen würde. Das Gericht kann sich zu einer entsprechenden Prüfung allerdings erst dann veranlasst sehen, wenn ein beteiligter Ehegatte, der hierfür keiner anwaltlichen Mitwirkung bedarf (§ 114 IV Nr. 4 FamFG und § 140 V FamFG i. V. m. § 114 IV Nr. 6 FamFG, § 78 III ZPO), einen darauf zielenden **Antrag** stellt. Die Voraussetzungen einer außergewöhnlichen Verzögerung des Scheidungsausspruchs und der unzumutbaren Härte müssen **kumulativ** vorliegen.[269] Von einer außergewöhnlichen Verzögerung gehen insbesondere die Instanzgerichte[270] in der Zwischenzeit bei einer Verfahrensdauer von mehr als zwei Jahren aus. Allerdings handelt es sich dabei um **106b**

---

[264] Keidel/Meyer-Holz FamFG § 58 Rn. 95; Johannsen/Henrich/Markwardt § 150 FamFG Rn. 19; Hüßtege in Thomas/Putzo § 150 FamFG Rn. 17
[265] BT-Drucks. 16/6308 S. 231
[266] OLG Hamm FamRZ 2009, 367
[267] BGH FamRZ 1991, 687
[268] Prütting/Helms FamFG § 140 Rn. 4
[269] OLG Köln FamRZ 2010, 659
[270] OLG Koblenz FamRZ 2008, 166; OLG Düsseldorf FamRZ 2008, 1266

eine **Prognoseentscheidung**,[271] so dass das Verfahren im Zeitpunkt der Abtrennungsentscheidung noch nicht zwei Jahre gedauert haben muss. Es genügt, dass mit hinreichender Sicherheit eine außergewöhnliche Verzögerung droht.[272] Auf die Gründe hierfür kommt es nicht an.[273] Mithin kann eine solche auch in Fällen angenommen werden, die außerhalb der Verantwortung der Beteiligten liegen.[274] Die zeitliche Berechnung der Verzögerung knüpft an die **Rechtshängigkeit des Scheidungsantrags** an,[275] allerdings mit der Korrekturmöglichkeit durch § 140 IV S. 1 FamFG, wonach die Frist frühestens mit Ablauf des Trennungsjahres beginnt, wenn nicht eine Härtefallscheidung (§ 140 IV S. 2 FamFG i. V. m. § 1565 II BGB) in Rede steht. Selbst wenn der Zeitablauf für die Scheidungssache auf eine außergewöhnliche Verzögerung hindeutet, scheidet eine Abtrennung aus, wenn über die Unterhaltsfolgesache demnächst entschieden werden kann.[276]

106c Neben der außergewöhnlichen Verzögerung muss mit dem Zuwarten des Scheidungsausspruchs unter Berücksichtigung der Bedeutung der Folgesache eine **unzumutbare Härte** verbunden sein. Diese liegt vor, wenn das Interesse des die Scheidung begehrenden Ehegatten das des anderen an einer einheitlichen Endentscheidung überwiegt. Die hier anzustellenden **Abwägungen** haben in erster Linie die mit dem Verfahren verfolgten Gesichtspunkte zu gewichten, denen zufolge der Verbund dem Schutz des wirtschaftlich schwächeren Ehegatten dienen soll.[277] Deshalb nimmt in dem Maße, in dem die **wirtschaftliche Bedeutung** der Folgesache für den schwächeren Ehegatten zunimmt, auch die Zumutbarkeit für den anderen Ehegatten am Festhalten des Verbundes an Gewicht zu. Je wichtiger die Folgesache und deren Auswirkungen für die **aktuelle Lebenssituation** des widersprechenden Ehegatten sind, desto strenger sind die an eine in Betracht kommende Abtrennung zu stellenden Anforderungen.[278] Zu den Anliegen, die für den wirtschaftlich schwächeren Ehegatten im Zusammenhang mit der Scheidung unmittelbar und unaufschiebbar an Aktualität gewinnen, zählt die finanzielle Absicherung seiner laufenden Lebenshaltung und damit die Erzielung und der Einsatz von Einkommen. Da sich hierüber die Verfahrensgegenstände in den Unterhaltsfolgesachen verhalten, dürfte für diese im **Regelfall** die Abtrennung ausscheiden.[279] Ein anderes mag im Einzelfall dann gelten, wenn dem nachehelichen Unterhalt nur geringe Bedeutung etwa in Form eines Aufstockungsunterhalts (§ 1573 BGB) zukommt oder laufende öffentliche Leistungen den Unterhaltsbedarf in der sonst geltend gemachten Höhe decken. Als unzumutbare Härte im Sinne von § 140 II S. 2 Nr. 5 FamFG kann schließlich angesehen werden, wenn der nacheheliche Unterhalt wesentlich niedriger ausfallen wird als der zuletzt titulierte Trennungsunterhalt und der unterhaltsberechtigte Ehegatte das Verfahren verzögert, um längstmöglich die Vorteile des Trennungsunterhalts für sich zu nutzen.[280] Als zumutbar muss dem gegenüber eine Verfahrenssituation angesehen werden, in der sich der Unterhaltspflichtige mit Aussicht auf Erfolg im Wege eines Abänderungsverfahrens (§§ 238, 239 FamFG) gegen den überhöht titulierten Trennungsunterhalt wehren kann. Die Interessenkonkurrenz unter dem Blickwinkel der Zumutbarkeit zwischen dem Anliegen einer alsbaldigen Scheidung einerseits und der gleichzeitigen Regelung der Unterhaltsverhältnisse taucht im Übrigen in der Rechtspraxis regelmäßig dann auf, wenn im Zuge einer anderweitigen Orientierung der Ehegatten und der sich abzeichnenden **Geburt eines Kindes** oder bei **fortgeschrittenem Lebensalter** der Wunsch nach einer **Wiederheirat** und einer damit einhergehenden neuen Lebensplanung stärker wird.[281]

---

[271] BGH FamRZ 1986, 898
[272] Johannsen/Henrich/Markwardt § 140 FamFG Rn. 10
[273] MünchKommZPO/Heiter FamFG § 140 Rn. 51
[274] BT-Drucks. 16/6308 S. 231
[275] BGH FamRZ 1991, 687
[276] OLG Hamm FamRZ 2007, 651
[277] BT-Drucks. 16/6308 S. 229
[278] OLG Hamm FamRZ 2007, 651, 652
[279] BGH FamRZ 1986, 898, 899; OLG Hamm FamRZ 2009, 710, 712
[280] BGH FamRZ 1991, 1043, 1044
[281] OLG Hamm FamRZ 2007, 651

2. Abschnitt: Die Schaffung und Abänderung von Unterhaltstiteln § 10

In einem weiteren Fall regelt § 140 III FamFG auf **Antrag** eines Ehegatten die Abtrennung einer Unterhaltsfolgesache, sofern dies im Zusammenhang mit einer nach § 140 II S. 2 Nr. 3 FamFG erfolgten Abtrennung einer **Kindschaftsfolgesache** geboten erscheint. Nach der Gesetzesbegründung[282] sind die Abtrennungsvoraussetzungen gegenüber dem bisherigen Rechtszustand (§ 623 II S. 2 ZPO a. F.) insofern vollständig neu geregelt. Der Tatbestand, der nun auf Gründe des Kindeswohls abstellt, tritt an die Stelle der voraussetzungslosen Abtrennung der Kindschaftsfolgesache auf Antrag eines Ehegatten. Zudem hat der Gesetzgeber für die **Unterhaltsfolgesache** das Kriterium eines **Zusammenhangs mit der Kindschaftssache** eingeführt, um eine Abtrennung von Unterhaltsfolgesachen, welche nicht durch diesen Zweck gedeckt sind, zu vermeiden. Deshalb muss eine Abtrennung nach § 140 III FamFG als rechtsmissbräuchlich[283] ausscheiden, wenn die Kindschaftsfolgesache durch einen der Ehegatten betrieben wird, um durch eine gleichzeitige Abtrennung der Unterhaltsfolgesache die ansonsten nach § 140 II S. 2 Nr. 5 FamFG nicht in Betracht kommende Abtrennung mit dem Ziel der vorzeitigen Scheidung zu erreichen. Die Regelung in § 140 III FamFG hat nicht die Funktion, die Abtrennungsmöglichkeiten über den Rahmen der § 140 I und II FamFG hinaus zu erweitern.

106d

Über die Abtrennung der Unterhaltsfolgesache entscheidet das Gericht nach Anhörung der Beteiligten[284] vorab oder auch gleichzeitig mit der Verbundentscheidung durch **gesonderten Beschluss** (§ 140 VI FamFG), der sich in der gebotenen **Begründung** über die Voraussetzungen für oder die Gründe gegen eine Abtrennung zu verhalten hat, auch wenn er als Zwischenentscheidung, wie § 140 VI Halbs. 2 FamFG ausdrücklich klarstellt, keiner Anfechtung unterliegt. Er bedarf keiner mündlichen Verhandlung (§ 113 I S. 2 FamFG i. V. m. § 128 IV ZPO) und ist den Beteiligten gemäß § 113 I S. 2 FamFG i. V. m. § 329 ZPO bekannt zu machen. Unzulässig ist danach eine verbreitete Rechtspraxis der Gerichte, über eine Abtrennung erst in der Verbundentscheidung zu befinden, auch wenn dies wegen der Regelung in § 140 VI Halbs. 2 FamFG zunächst ohne Folgen bleibt. Dies gilt ebenso für den Fall, dass das Gericht von einer Entscheidung über die Abtrennung absieht, ohne diese in der Verbundentscheidung überhaupt anzusprechen („stillschweigende Abtrennung").[285]

107

Der Beschluss, mit dem das Gericht einen Antrag auf Abtrennung der Unterhaltsfolgesache ablehnt, unterliegt keiner Anfechtung.[286] Dies entspricht der Intention des Gesetzgebers, im Rahmen des FamFG die selbständige Anfechtung von Zwischenentscheidungen einzuschränken. In den Fällen der ausdrücklichen oder stillschweigenden Abtrennung der Folgesache ist allerdings derjenige Beteiligte, der am Verhandlungs- und Entscheidungsverbund ()§ 137 I FamFG) festhalten möchte, ungeachtet des Ausschlusses einer Anfechtung nach § 140 VI Halbs. 2 FamFG nicht rechtlos gestellt. Denn die Möglichkeit einer fehlerhaften Abtrennung begründet für diesen eine **selbständige Beschwer**,[287] auch wenn er selbst die Scheidung begehrt oder ihr nicht entgegengetreten will.[288] Er muss sich mit der **Beschwerde** (§ 58 FamFG) gegen den Scheidungsausspruch wenden und die Gründe prüffähig darlegen, die gegen eine Abtrennung sprechen. Dabei genügt als Sachantrag (§ 117 I FamFG) ein Antrag auf Aufhebung und Zurückverweisung der Sache.[289] Hat das erstinstanzliche Gericht zu Unrecht die Unterhaltsfolgesache abgetrennt, liegt ein wesentlicher Verfahrensfehler vor, weil das Gericht eine **unzulässige Teilentscheidung** (§ 301 ZPO) erlassen hat,[290] dem das Beschwerdegericht durch Aufhebung der angefochtenen Entscheidung und Zurückverweisung der Sache Rechnung tragen kann (§ 117 II ZPO

107a

---

[282] BT-Drucks. 16/6308 S. 231
[283] BGH FamRZ 2008, 2268 Rn. 11
[284] BGH FamRZ 1986, 898
[285] BGH FamRZ 1996, 1070
[286] BT-Drucks. 16/6308 S. 232
[287] BGH FamRZ 2008 Rn. 5
[288] MünchKommZPO/Heiter FamFG § 140 Rn. 89
[289] BGH FamRZ 2006, 1029
[290] BGH FamRZ 2008, 2268 Rn. 20

§ 10 Verfahrensrecht

i. V. m. § 538 II Nr. 7 ZPO). Dies kann wegen eines **wesentlichen Verfahrensfehlers** ebenfalls angenommen werden, wenn es an einer nachvollziehbaren **Begründung** der Abtrennungsentscheidung **fehlt** (§ 117 II ZPO i. V. m. § 538 II Nr. 1 ZPO).

Hat das Gericht die Unterhaltsfolgesache gemäß § 140 III FamFG abgetrennt und entschieden, muss sich der um den Verhandlungs- und Entscheidungsverbund (§ 137 I FamFG) bemühte Beteiligte mit dem Rechtsmittel (§ 58 FamFG) gegen die **Folgesache** wenden,[291] die wegen Unzulässigkeit einer Teilentscheidung über Aufhebung und Zurückverweisung (§ 117 II FamFG i. V. m. § 238 II Nr. 7 ZPO) dann zur Wiederherstellung des Verbundes führen kann, wenn eine Klärung unterhaltsrechtlicher Verhältnisse vor Rechtskraft der Scheidung nicht geboten war.

107b Die durch eine unzulässige Abtrennung begründete **Beschwer entfällt** nachträglich, wenn durch eine Zurückverweisung der Verbund nicht mehr wiederhergestellt werden kann. Da das erstinstanzliche Gericht auch nach Abtrennung gehalten bleibt, in der **abgetrennten Folgesache** die **Entscheidungsreife** herbeizuführen, kann es dazu kommen, dass die Folgesache durch eine rechtskräftige (auch Versäumnisentscheidung) Endentscheidung, die Rücknahme der Folgesache oder eine anderweitige Erledigung nicht mehr anhängig ist. In diesem Fall scheidet eine Zurückverweisung aus.[292] Überdies wird das Beschwerdegericht im Rahmen seiner Ermessensausübung auch zu berücksichtigen haben, ob eine in erster Instanz anhängige Folgesache in der Zwischenzeit entscheidungsreif geworden ist. Sind diese Voraussetzungen gegeben, kann das Rechtsmittelgericht von einer Zurückverweisung absehen, die Folgesache an sich ziehen[293] und so einen Verhandlung- und Entscheidungsverbund wiederherstellen.

Die **abgetrennten Unterhaltsfolgesachen** bleiben **Folgesachen** (§ 137 V S. 1 FamFG), weil die beteiligten Ehegatten unabhängig von der Aufhebung des Scheidungsverbundes weiterhin in den Folgesachen Regelungen für den Fall der Scheidung begehren. Dies hat Konsequenzen auch für die Kostenentscheidung (§ 150 V S. 1 FamFG i. V. m. § 150 I bis IV FamFG). Allerdings sind sie nicht gehindert, ihre Anträge zu ändern und (z. B.) auch rückständigen Kindes- oder Trennungsunterhalt zu verlangen. Mit einer entsprechende Antragsänderung oder -erweiterung verliert allerdings die Rechtsverfolgung den Charakter einer Folgesache,[294] so dass der Verfahrensteil, der über scheidungsbedingte Regelungen hinausgeht, abzutrennen (§ 145 ZPO) und als **selbständige Familiensache** fortzusetzen ist. Für die Verfahrenskosten ist in diesem Fall gemäß § 150 V S. 2 FamFG nach § 243 FamFG zu befinden.[295]

6. Die Unterhaltsfolgesache im Entscheidungsverbund

108 Über das jeweilige Scheidungsbegehren entscheidet das Gericht gemäß §§ 116 I, 38 FamFG bei Entscheidungsreife auf Grund mündlicher Verhandlung durch **Beschluss**, der gemäß den **zivilprozessualen Urteilsvorschriften** (§§ 310–312 ZPO) zu verkünden und nach den **zivilprozessualen Zustellvorschriften** (§ 113 I S. 2 FamFG i. V. m. § 317 ZPO und §§ 166 ff. ZPO) zuzustellen ist (vgl. näher Rn 10/91 und 92).

a) Will das Gericht dem **Scheidungsantrag stattgeben**, hat es über sämtliche im Verbund stehenden Folgesachen mit zu entscheiden (§ 142 I S. 1 FamFG), allerdings auch insoweit erst bei uneingeschränkter Entscheidungsreife aller Folgesachen. Die an **Form** und **Inhalt der Endentscheidung** hinsichtlich der Unterhaltsfolgesache zu stellenden Anforderungen entsprechen denen, die bei der isolierten Geltendmachung von Unterhaltsansprüchen zu beachten sind (vgl. hierzu näher Rn. 10/76 und 77). Wenn das Gericht in der Unterhaltsfolgesache eine Verpflichtung zur Gewährung von Kindes- oder Ehegattenunterhalt ausspricht, soll es deshalb auch die **sofortige Wirksamkeit** anordnen (§ 116 III S. 2

---

[291] Keidel/Weber FamFG § 140 Rn. 20
[292] OLG Düsseldorf FamRZ 2002, 1572
[293] BGH NJW 2009, 230 Rn. 7
[294] MünchKommZPO/Heiter FamFG § 137 Rn. 87 und 88
[295] Keidel/Weber FamFG § 150 Rn. 11

2. Abschnitt: Die Schaffung und Abänderung von Unterhaltstiteln § 10

FamFG). Allerdings wird die Endentscheidung in der Scheidungssache erst mit Rechtskraft wirksam (§ 148 FamFG). Gleichwohl ist, **bezogen auf die Rechtskraft der Scheidung**,[296] die Anordnung der sofortigen Wirksamkeit regelmäßig zu treffen – Unterhaltsrückstände stehen nicht in Rede –, weil sie ab diesem Zeitpunkt in der Unterhaltsfolgesache die Zwangsvollstreckung auch dann ermöglichen soll, wenn die Beteiligten, wie in anderen Familienstreitsachen, im Beschwerdeverfahren weiterhin über eine nacheheliche Unterhalts- oder Kindesunterhaltsverpflichtung streiten. Will der auf Unterhalt in Anspruch genommene Ehegatte dies verhindern, kann er bereits erstinstanzlich einer zu erwartenden Anordnung nach § 116 III S. 2 FamFG mit einem **Vollstreckungsschutzantrag** (§ 120 II S. 1 FamFG) entgegentreten, über den das Gericht im Rahmen der Entscheidung über die Folgesache mit befinden muss.[297]

Der Entscheidung im Verbund steht nicht entgegen, dass ein Beteiligter in der **Unter-** 109 **haltsfolgesache** – wie in den anderen Familienstreitsachen – entgegen § 114 I FamFG nicht anwaltlich vertreten ist oder der anwaltliche Vertreter in der letzten mündlichen Verhandlung vor der Entscheidung zur Sache nicht verhandelt. Für diesen Fall bestimmt § 142 I S. 2 FamFG, dass die **Versäumnisentscheidung** in der Folgesache Bestandteil des Verbundentscheidung bleibt, die als **Teilversäumnis- und Endbeschluss** die Scheidungssache mit allen Folgesachen den Verfahrensgegenstand vollständig erledigt (§ 38 I S. 1 FamFG). Die Voraussetzungen und Folgen der Säumnis hat das FamFG auch für die Familienstreitsachen nicht besonders geregelt, sondern setzt insoweit anderweitige Regelungen voraus (vgl. insbesondere § 143 FamFG), so dass hierfür gemäß § 113 I S. 2 FamFG weiterhin auf die entsprechenden Urteilsvorschriften der ZPO (§§ 330 bis 347 ZPO) abzustellen ist. Daraus folgt weiter, dass der säumige Beteiligte mit dem **Einspruch** (§ 338 ZPO) in der Folgesache vorgehen muss, auch wenn es sich hierbei um eine Endentscheidung im Sinne von § 58 FamFG handelt und die Entscheidung nicht ausdrücklich als Versäumnisentscheidung gekennzeichnet ist.[298] Maßgebend ist allein der Inhalt. Lässt sich allerdings auch danach nicht ersehen, dass das Gericht in der Unterhaltsfolgesache auf Grund einer Säumnis entschieden hat, kann der beschwerte Beteiligte nach dem Prinzip der **Meistbegünstigung** Einspruch oder Beschwerde einlegen.[299]

Will er sich bei einem Teilversäumnis- und Endbeschluss gegen die Scheidung oder 110 die Entscheidung in den Folgesachen wenden, ist die **Beschwerde** (§ 58 I FamFG) das statthafte Rechtsmittel. Indessen hindern der Einspruch und das sich anschließende Einspruchsverfahren den Lauf von Rechtsmittel- und Rechtsmittelbegründungsfristen für das Beschwerdeverfahren nicht. Will der in der Unterhaltsfolgesache säumige Beteiligte an dem Entscheidungsverbund festhalten, muss er deshalb neben dem Einspruchsverfahren durch das ordentliche Rechtsmittel den Eintritt der Rechtskraft der Verbundentscheidung abwenden.[300] In diesem Zusammenhang stellt § 143 FamFG sicher, dass zunächst über den Einspruch und die Teilversäumnisentscheidung zu verhandeln und zu entscheiden ist. Gegen die das Verfahren in der Folgesache abschließende Endentscheidung kann der beschwerte Beteiligte die Folgesache mit einem ordentlichen Rechtsmittel in die Beschwerdeinstanz bringen, die mit einer Verfahrensverbindung die Voraussetzungen für eine einheitliche Entscheidung von Scheidung und Scheidungsfolgesachen erneut schafft.[301]

Statt einer Teilversäumnisentscheidung kann auf **Antrag** im Fall der Säumnis unter den Voraussetzungen von §§ 331 a, 251 a II ZPO auch im Rahmen der nach § 142 I FamFG zu treffenden Entscheidung für die Unterhaltsfolgesache eine **Entscheidung nach Lage der Akten** ergehen. Ebenso kann das Gericht gemäß § 251 a II ZPO entscheiden, wenn in der Schlussverhandlung beide Ehegatten in der Unterhaltsfolgesache nicht verhandeln. Sind die Voraussetzungen für eine Entscheidung nach Lage der Akten nicht erfüllt, ordnet das

---

[296] MünchKommZPO/Heiter FamFG § 142 Rn. 15; Hoppenz/Walter § 142 FamFG Rn. 3
[297] Keidel/Weber FamFG § 142 Rn. 8
[298] BGH FamRZ 1988, 945
[299] BGH FamRZ 1994, 1521
[300] BGH FamRZ 1986, 897
[301] Keidel/Weber FamFG § 143 Rn. 5

Gericht, sofern es von einer Vertagung (§ 227 ZPO) absieht, gemäß § 251a III ZPO das Ruhen des Verbundverfahrens an. Einer Entscheidung allein über das Scheidungsbegehren und die weiteren Folgesachen steht der Grundsatz der einheitlichen Endentscheidung entgegen (§ 142 I S. 1 FamFG).[302]

111 b) Wird der **Scheidungsantrag abgewiesen**, bestimmt § 142 II S. 1 FamFG, dass die **Folgesachen gegenstandslos** werden. Dies liegt in der Konsequenz des Verbundverfahrens, wonach Folgesachen nur für den Fall eines erfolgreichen Scheidungsbegehrens zu regeln sind. Es handelt sich um eine Rechtsfolge, die weder von einem Antrag noch einer gerichtlichen Feststellung abhängt. Allerdings bleibt diese Aussage nur „vorübergehender Natur", wenn die abweisende Entscheidung auf Rechtsmittel aufgehoben und die Scheidungssache gemäß § 146 I FamFG zur Wiederherstellung des Verbundes zurückverwiesen wird. In diesem Fall leben die Folgesachen wieder auf, soweit sie sich nicht anderweitig (in Unterhaltssachen: etwa durch Rücknahme oder Vergleich) erledigt haben.[303] Zwar handelt es sich im Unterschied zu § 626b I S. 1 ZPO a. F. („ist zurückzuverweisen") nur noch um eine Soll-Vorschrift. Gleichwohl bleibt es im Regelfall bei der Zurückverweisung. Selbst in begründeten Ausnahmefällen soll ein Absehen von der Zurückverweisung nach dem Willen des Gesetzgebers nicht in Betracht kommen, wenn ein Beteiligter auf der Zurückverweisung besteht.[304]

Die Regelung über die Gegenstandslosigkeit der Folgesachen in § 142 II S. 1 FamFG gilt allerdings nicht ausnahmslos. Denn § 142 II S. 2 FamFG regelt **Ausnahmetatbestände**, wonach neben Kindschaftssachen (§ 137 III FamFG) auch solche Folgesachen nicht gegenstandslos werden, hinsichtlich derer ein Beteiligter **vor der Entscheidung** ausdrücklich erklärt hat, sie **fortführen** zu wollen. Davon betroffen sind auch die als Folgesachen anhängig gemachten **Unterhaltssachen** betroffen. Erforderlich ist eine ausdrückliche Erklärung schriftlich oder zu Protokoll, die anwaltlicher Mitwirkung (§ 114 I FamFG) bedarf.[305] Allein schon die wirksame Erklärung bewirkt den Fortgang der Folgesache als **selbständige Familiensache** (§ 142 II S. 3 FamFG). Einer gerichtlichen Entscheidung bedarf es daneben nicht.[306] Allerdings muss der Beteiligte sich „**vor**" der Entscheidung gegenüber dem Gericht erklären, d. h. aber nicht nur bis zum Schluss der mündlichen Verhandlung,[307] sondern gegebenenfalls bis zur Verkündung der Entscheidung,[308] zumal es sich um eine **Bewirkungshandlung** handelt, die an eine Mitwirkung des Gerichts oder anderer Beteiligter nicht gebunden ist.[309] Demzufolge bedarf es auch keiner Aufnahme des Vorbehalts in den Beschlusstenor.[310] Eine **Belehrung** des Gerichts über die **Fortsetzungserklärung** nach § 142 II S. 2 FamFG sieht das Gesetz nicht vor. Ebenso wenig ist mit der Ankündigung der Antragsabweisung ein entsprechender Hinweis des Gerichts angezeigt, überdies mit der Einräumung einer Gelegenheit zur Abgabe der Fortsetzungserklärung.[311] Allerdings unterliegt keinem Zweifel, dass das Gericht im Rahmen des zu gewährenden **rechtlichen Gehörs** spätestens im Verlauf der Erörterung der Scheidungssache in der mündlichen Verhandlung gehalten ist, zumindest auf Bedenken gegen die Erfolgsaussichten für den Scheidungsantrag hinzuweisen,[312] will es sich nicht dem Vorwurf einer **Überraschungsentscheidung** aussetzen, die im Rechtsmittelverfahren keinen Bestand hat.

112 Die Fortsetzung der Unterhaltsfolgesachen als **selbständige Familiensachen** ist erst dann möglich, wenn die den Scheidungsantrag abweisende Entscheidung in Rechtskraft erwachsen ist. Die Zuständigkeit des Gerichts bleibt nach den Grundsätzen der **perpetuatio fori** (§ 261 III Nr. 2 ZPO) unberührt. Im Übrigen gelten die für die isolierte Gel-

---

[302] OLG Hamm FamRZ 1999, 520
[303] MünchKommZPO/Koritz FamFG § 146 Rn. 3
[304] BT-Drucks. 16/6308 S. 232
[305] Keidel/Weber FamFG § 142 Rn. 16
[306] BT-Drucks. 16/6308 S. 232
[307] So aber MünchKommZPO/Heiter FamFG § 142 Rn. 11
[308] Keidel/Weber FamFG § 142 Rn. 16
[309] Johannsen/Henrich/Markwardt § 142 FamFG Rn. 6
[310] So aber Hüßtege in Thomas/Putzo § 142 FamFG Rn. 12
[311] Keidel/Weber FamFG § 142 Rn. 16
[312] MünchKommZPO/Heiter FamFG § 142 Rn. 11

tendmachung von Unterhalt maßgebenden Verfahrensvorschriften.[313] Schließlich muss der Unterhalt begehrende Ehegatte seine Anträge anpassen, weil Entscheidungen für den Fall der Scheidung nicht mehr zu treffen sind. Während dies beim Kindesunterhalt bei bestehender Verfahrensstandschaft (§ 1629 III S. 1 BGB) ohne weiteres möglich ist, hat er bei eigenem Unterhalt dem Umstand Rechnung zu tragen, dass er mangels Identität mit dem nachehelichen Unterhalt die Voraussetzungen für ein Trennungsunterhaltsbegehren (§ 1361 BGB) darzulegen hat. Hatte er dieses bereits in einem anderen Verfahren rechtshängig gemacht, ist die erneute gerichtliche Verfolgung wegen **anderweitiger Rechtshängigkeit** unzulässig.

c) Über die Kosten der Scheidungssache und der Folgesachen entscheidet das Gericht 113 gemäß § 150 FamFG. Sie verdrängt damit für das Verbundverfahren, soweit Unterhaltsfolgesachen betroffen sind, auch die Vorschrift des § 243 FamFG.[314] Anders gilt nur dann, wenn Folgesachen als selbständige Familiensachen fortzuführen sind. Insoweit verweist § 150 V S. 2 FamFG auf die hierfür jeweils geltenden Kostenvorschriften, mithin für das Unterhaltsverfahren auf die Regelungen in § 243 FamFG.

Wird dem Scheidungsbegehren stattgegeben, hält § 150 I FamFG am **Grundsatz der Kostenaufhebung** auch hinsichtlich der mit entschiedenen Folgesachen fest mit der Möglichkeit einer Billigkeitskorrektur nach § 150 III FamFG. Bei Abweisung des Scheidungsantrags trägt der jeweilige Antragsteller die Kosten der Scheidungssache und der Folgesache, aber auch hier eingeschränkt durch eine in Erwägung zu ziehende Billigkeitskorrektur (§ 150 III FamFG). Eine **isolierte Anfechtung** der mit der Verbundentscheidung verbundenen Kostenentscheidung ist unstatthaft, weil durch Gesetz bestimmt ist, dass in Ehesachen und Familienstreitsachen eine auf die Kostenentscheidung beschränkte Anfechtung nicht zulässig ist (§§ 58 I 2. Halbs., 113 I S. 2 FamFG i. V. m. § 99 I ZPO).[315]

III. Das streitige Unterhaltsverfahren bei ungeklärter Vaterschaft

1. Der Kindesunterhalt bei ungeklärter Vaterschaft

Der im ordentlichen Streitverfahren zu regelnde Kindesunterhalt (§ 1601 BGB) knüpft 114 an das Bestehen eines **Verwandtschaftsverhältnisses** an. Das Kind kann den nicht betreuenden und barunterhaltspflichtigen Vater als Erzeuger nur dann auf Zahlung von Unterhalt in Anspruch nehmen, wenn dessen **Vaterschaft** feststeht. Fehlt es bei der Geburt eines Kindes an der Ehe mit der Mutter des Kindes (§§ 1592 Nr. 1, 1593 BGB) oder der wirksamen Anerkennung der Vaterschaft (§ 1592 Nr. 2 BGB) oder ist die Vaterschaft nicht rechtskräftig festgestellt (§ 1592 Nr. 3 BGB), hindert die **Rechtsausübungssperre** (§ 1600 d IV BGB) die erfolgreiche und rechtskräftige Titulierung von Unterhaltsansprüchen gegen den „wahren" Vater. Allerdings besteht bei dem minderjährigen Kind ungeachtet einer Klärung der abstammungsrechtlichen Vorfrage eine jedenfalls auf die Sicherung des **Existenzminimums** gerichtete Bedarfssituation teilweise schon vor (vgl. § 247 FamFG), jedenfalls regelmäßig und dauerhaft nach der Geburt. In dieser Situation kann das Kind zunächst im Wege des **einstweiligen Rechtsschutzes** (§ 248 FamFG) den vermeintlichen Vater auf Zahlung von Unterhalt in Anspruch nehmen, wobei es die Vaterschaft lediglich glaubhaft machen muss (vgl. zum einstweiligen Rechtsschutz näher Rn. 10/469–483).

Unabhängig davon wird dem noch „vaterlosen Kind" die Möglichkeit eröffnet, **in einem Hauptsacheverfahren** im Zusammenhang mit der Feststellung der Vaterschaft die gerichtliche Regelung des Unterhalts zu betreiben. Während § 653 ZPO a. F. die entsprechende Rechtsverfolgung noch im Rahmen eines **Annexverfahrens**[316] mit der Klage auf

---
[313] Keidel/Weber FamFG § 142 Rn. 17
[314] BT-Drucks. 16/6308 S. 233
[315] Johannsen/Henrich/Markwardt § 150 FamFG Rn. 19; Keidel/Meyer-Holz FamFG § 58 Rn. 95
[316] MünchKommZPO/Dötsch FamFG § 237 Rn. 1

Feststellung der Vaterschaft vorsah, regelt § 237 FamFG nunmehr die Voraussetzungen, unter denen der Kindesunterhalt in einem **selbständigen Verfahren**[317] geltend gemacht werden kann. Das Verfahren dient nach Zweck und Verfahrensgestaltung dem Ziel, schon vor der wirksamen Feststellung der Vaterschaft einen am Existenzminimum ausgerichteten Titel zu schaffen, der die Unterhaltsgewährung ohne weitere zeitliche Verzögerung sicherstellt. Es handelt sich um eine **Familienstreitsache**, die ihre verfahrensrechtliche Eigenständigkeit auch dann nicht verliert, wenn sie mit dem abstammungsrechtlichen Verfahren (§ 169 Nr. 1 FamFG) auf Feststellung der Vaterschaft (§ 1600 d I BGB) verbunden wird (§ 179 I S. 2 FamFG).[318] Im Unterschied zur hauptsacheunabhängigen einstweiligen Anordnung ist eine Vollstreckung aus diesem Titel allerdings erst nach rechtskräftiger Feststellung der Vaterschaft möglich (§ 237 IV FamFG). Überdies unterliegt die Verfolgung von Unterhaltsansprüchen in diesem Zusammenhang besonderen Zulässigkeitsvoraussetzungen. Alternativ verbleibt dem Kind die Möglichkeit, zunächst das Abstammungsverfahren zu betreiben, um im Erfolgsfall seinen Unterhaltsanspruch über das vereinfachte Verfahren (§§ 249 ff. FamFG) titulieren zu lassen, wobei es abweichend von der Beschränkung auf den Mindestunterhalt durch § 237 I FamFG Kindesunterhalt bis zum 1,2fachen des Mindestunterhalts verlangen kann. Ihm steht insoweit ein **Wahlrecht** zu.[319]

2. Das Titulierungsverfahren (§ 237 FamFG)

115 a) **Zulässigkeitsvoraussetzungen.** Gemäß § 237 I FamFG kann ein Kind zulässigerweise einen Mann auf Unterhalt in Anspruch nehmen, wenn es **minderjährig** ist, seine **Vaterschaft nicht feststeht**, aber ein Verfahren auf **Feststellung der Vaterschaft anhängig** ist. Damit beruhen, wie bei der einstweiligen Anordnung, Einleitung und Gang des Unterhaltsverfahrens jedenfalls bis zur Rechtskraft des Abstammungsverfahrens auf einer Durchbrechung der Rechtsausübungssperre (§ 1600 d IV BGB). Die Einreichung eines Gesuchs für die Bewilligung von Verfahrenskostenhilfe für einen noch einzureichenden Feststellungsantrag genügt den Anforderungen für ein Unterhaltsverfahren nicht; allerdings reicht aus, dass der Antrag in der Abstammungssache gleichzeitig mit dem Unterhaltsantrag bei Gericht eingeht. Die Titulierung von Unterhaltsansprüchen Volljähriger oder privilegierter Volljähriger (§ 1603 II S. 2 BGB) scheidet schon nach dem Wortlaut der Bestimmung aus. Offenbar sieht der Gesetzgeber das Verfahren in einem nahen zeitlichen Zusammenhang mit der Geburt des Kindes. Ob aber hier das Gewicht einer geringeren Schutzwürdigkeit des Volljährigen[320] die Differenzierung rechtfertigen kann, erscheint fraglich, zumal die im Übrigen wortgleiche Regelung im einstweiligen Rechtsschutz (§ 248 I FamFG) eine entsprechende Unterscheidung beim Kindesunterhalt nicht kennt. Antragsteller ist das Kind, handelnd durch seinen gesetzlichen Vertreter (§§ 1626 a II, 1712, 1716 BGB).

116 Ungeachtet des missverständlichen Wortlauts darf für das Kind **keine Vaterschaft**, auch nicht die eines Dritten feststehen.[321] Besteht anderweitig eine „rechtliche" Vaterschaft, begründet diese auch entsprechende Unterhaltspflichten, so dass ein auf § 237 I FamFG gestütztes Unterhaltsverfahren unzulässig ist. Auch wenn ein solches Verfahren im Unterschied zu § 653 ZPO a. F. nunmehr eigenständig geführt werden kann, bleibt ein Annex insoweit, als ein Feststellungsverfahren nach § 1600 d IV BGB anhängig sein oder gleichzeitig werden muss. Unzulässig ist deshalb auch eine Verbindung mit anderen Abstammungssachen im Sinne von § 169 FamFG.[322] Im Fall der Anfechtung der Vaterschaft oder der Feststellung der Unwirksamkeit des Vaterschaftsanerkenntnisses besteht für eine Anknüpfung an § 237 FamFG kein Anlass, da ein die Unterhaltspflicht auslösendes Verwandtschaftsverhältnis vorliegt. Für den Fall des rechtskräftigen Erfolges fehlen die

---

[317] Keidel/Weber FamFG § 237 Rn. 1
[318] BT-Drucks. 16/6308 S. 257
[319] Schulte-Bunert/Weinreich/Schwonberg FamFG § 237 Rn. 3
[320] MünchKommZPO/Dötsch FamFG § 237 Rn. 6
[321] Johannsen/Henrich/Maier FamFG § 237 Rn. 2
[322] MünchKommZPO/Dötsch FamFG § 237 Rn. 5

2. Abschnitt: Die Schaffung und Abänderung von Unterhaltstiteln § 10

abstammungsrechtlichen Vorgaben für eine Unterhaltspflicht. Geht der Antragsteller gegen das Kind mit einem **negativen Feststellungsantrag** vor, scheidet ein auf § 237 FamFG gestütztes Unterhaltsverfahren ebenfalls aus, weil mit Erfolg des Antrags im Statusverfahren das für die Unterhaltsverpflichtung bestimmende Verwandtschaftsverhältnis wiederum fehlt. Will das Kind in dieser Verfahrenssituation gleichwohl Unterhaltsansprüche verfolgen, muss es zulässigerweise (vgl. § 182 FamFG) mit einem **Widerantrag** Feststellung der Vaterschaft begehren. Einen auf § 237 FamFG gestützten Zahlungsantrag kann das Kind bis zum **rechtskräftigen Abschluss** des Abstammungsverfahrens stellen. Der weiteren Verfolgung eines entsprechenden Antrags steht im Übrigen nicht entgegen, wenn während des laufenden Unterhaltsverfahrens die Vaterschaft wirksam anerkannt oder rechtskräftig festgestellt wird. Allerdings ist das Kind nicht gehindert, nunmehr sein Unterhaltsbegehren dieser Entwicklung anzupassen und ohne die durch § 237 III FamFG dem Verfahrensgegenstand gesetzten Grenzen in das ordentliche Streitverfahren überzugehen.

b) Zuständigkeit. Gemäß § 237 II FamFG **ausschließlich örtlich zuständig ist das Gericht,** bei dem das Abstammungsverfahren anhängig ist. Diese Regelung verdrängt die ansonsten in Unterhaltssachen zu beachtenden ausschließlichen Zuständigkeiten (§ 232 I FamFG) und hält damit Voraussetzungen bereit, unter denen das Abstammungsverfahren und das Unterhaltsverfahren miteinander verbunden werden können (§ 179 I S. 2 FamFG).[323] Ist das Abstammungsverfahren bereits in der **Beschwerdeinstanz** anhängig, stellt sich die Frage nach der gerichtlichen Zuständigkeit für eine einzureichende Unterhaltssache. Da es sich hierbei um ein selbständiges Verfahren handelt, scheidet eine Zuständigkeit des Beschwerdegerichts aus. Im Übrigen wird teilweise[324] unter Hinweis auf den Wortlaut (**„anhängig ist"**) die örtliche Zuständigkeit für die Unterhaltssache aus § 237 II FamFG verneint. Andere betonen, nicht zuletzt auch um ein Auseinanderfallen der Rechtsmittelzuständigkeiten zu vermeiden, das Festhalten an den Möglichkeiten einer **Verfahrensverbindung** und sehen die örtlich Zuständigkeit des erstinstanzlichen Gerichts, bei dem die – noch nicht rechtskräftige – Abstammungssache **anhängig „war"**.[325] Die damit verbundene Streitfrage stellt sich allerdings eher im Ausnahmefall. Denn für das Abstammungsverfahren geht § 170 FamFG, wie § 232 I Nr. 2 FamFG, im Regelfall vom **gewöhnlichen Aufenthalt** des Kindes, das den der Mutter teilt, aus. Problematisch erscheint demzufolge lediglich die Fallkonstellation des Aufenthaltswechsels des Kindes nach Anhängigkeit des Abstammungsverfahrens bei einer nachfolgenden Unterhaltsstreitsache. Aber auch für diesen Ausnahmefall erscheint es geboten, nach der ratio legis[326] die Möglichkeit einer Verfahrensverbindung durch die speziellere Zuständigkeit nach § 237 II FamFG zu wahren.

117

c) Verfahrensgrundsätze. Ungeachtet der tatsächlichen oder möglichen Verbindung mit einem Vaterschaftsfeststellungsverfahren handelt es sich bei der nach § 237 FamFG möglichen Verfolgung von gesetzlichen Unterhaltsansprüchen um eine **Familienstreitsache** (§ 112 Nr. 1 FamFG).[327] Soweit besondere **Verfahrensvorschriften** aus Abschnitt 9 (Verfahren in Unterhaltssachen) des FamFG insoweit keine Festlegungen enthalten, richten sich Einleitung, Gang und Entscheidung im erstinstanzlichen Verfahren im Wesentlichen wie im **ordentlichen Streitverfahren** nach zivilprozessualen Vorschriften (§ 113 I 2 FamFG).[328] Demgemäß gelten auch die entsprechenden Verfahrensgrundsätze (vgl. auch Rn. 10/53–55). Im Zentrum stehen hierbei die **Dispositionsmaxime** sowie der **Verhandlungs- und Beibringungsgrundsatz**. Das Unterhaltsverfahren wird durch Einreichung einer Antragsschrift eingeleitet. Sie muss nach Form und Inhalt den Anforderungen von § 253 ZPO genügen und ist von einem Anwalt zu unterzeichnen, da für das Unter-

118

---

[323] BT-Drucks. 16/6308 S. 257
[324] Musielak/Borth FamFG § 237 Rn. 5
[325] Bork/Jacoby/Schwab/Kodal FamFG § 237 Rn. 7; Schulte-Bunert/Weinreich/Schwonberg FamFG § 237 Rn. 6
[326] BT-Drucks. 16/6308 S. 257
[327] BT-Drucks. 16/6308 S. 257
[328] Hüßtege in Thomas/Putzo § 237 FamFG Rn. 2; Hoppenz/Herr § 237 FamFG Rn. 1

haltsverfahren, im Unterschied zum Abstammungsverfahren, eine anwaltliche Mitwirkung (§ 114 I FamFG) vorgeschrieben ist. Das Gericht entscheidet auf Grund **mündlicher Verhandlung** durch zu verkündenden Beschluss. Die Beweisaufnahme erfolgt, soweit sie bei dem durch § 237 III FamFG auf den Mindestunterhalt begrenzten Verfahrensgegenstand in Betracht kommt, nach den zivilprozessualen Vorschriften (§§ 355–484 ZPO). Aus eben diesen Gründen dürften verfahrensrechtliche Auskunftsverpflichtungen (§§ 235, 236 FamFG) in diesem Verfahren allerdings ausscheiden. Demgegenüber nicht ausgeschlossen dürfte aber ein Stufenantrag (§ 254 ZPO) des Kindes sein, da es auch weniger als den Mindestunterhalt geltend machen kann und ihm die Möglichkeit offen stehen muss, diesen zu beziffern, um von vornherein ein **Korrekturverfahren** (§ 240 FamFG) zu vermeiden. Soweit die Beteiligten über den Unterhalt verfügen können, sind sie auch berechtigt, durch einen **Vergleich**, für den Fall der rechtskräftigen Feststellung der Vaterschaft, die Streitsache zu erledigen, wobei der Vergleich im Hinblick auf die Dispositionsbefugnis der Beteiligten auch über die durch § 237 III FamFG gesetzten Grenzen hinausgehen kann. Entsprechende Anwendung finden die zivilprozessualen Vorschriften auch bei einem **Anerkenntnis** (§ 307 ZPO). Im Fall der Säumnis ergeht bezogen auf die Unterhaltssache ein **Versäumnisbeschluss**, an das sich das Einspruchsverfahren (§§ 338–347 ZPO) anschließen kann.[329] Hat das Gericht nach Verfahrensverbindung (§ 179 I S. 2 FamFG) in einer **einheitlichen Endentscheidung** die Vaterschaft festgestellt und zugleich im Hinblick auf die Säumnis des Antragsgegners (z. B. mangels anwaltlicher Vertretung) die Verpflichtung zur Zahlung des Mindestunterhalts ausgesprochen, muss der Antragsgegner neben der **Beschwerde** gegen die Feststellung (§ 58 FamFG) auch **Einspruch** gegen die Teilversäumnisentscheidung einlegen. Zwar wird bei Abweisung des Feststellungsantrags im Beschwerdeverfahren die Entscheidung zum Unterhalt gegenstandslos. Doch bleibt ihm eine Beseitigung des Unterhaltstitels im Verfahren nach § 237 FamFG versagt, wenn seine Beschwerde in der Abstammungssache erfolglos bleibt.

119 **d) Regelungsgegenstand.** Das Anliegen des Gesetzgebers, dem Kind in einem vereinfachten und beschleunigten Verfahren einen Unterhaltstitel zu verschaffen, der zu einem frühestmöglichen Zeitpunkt eine dauerhafte Sicherung seines Existenzminimums gewährleistet, kommt auch in den Regelungen über den **Verfahrensgegenstand** zum Ausdruck. Den legt § 237 III S. 1 FamFG zunächst auf der Seite des unterhaltsbedürftigen Kindes in der Weise fest, dass der Kindesunterhalt lediglich in **Höhe des Mindestunterhalts** gemäß den Altersstufen nach § 1612 a I S. 3 BGB und unter Berücksichtigung der Leistungen nach § 1612 b oder 1612 c BGB geltend gemacht werden kann. Damit sind **Zusatz-** und **Sonderbedarf** von vornherein ausgeschlossen. Die Beschränkung auf den Mindestunterhalt dient im Übrigen der Verfahrensvereinfachung, weil das unterhaltsberechtigte Kind einen darüber hinausgehenden und aus den Einkommens- und Vermögensverhältnissen des potentiellen Vaters abzuleitenden Bedarf darlegen und gegebenenfalls beweisen müsste.[330] Damit einhergehenden Verfahrensverzögerungen soll die Klärung der Abstammungsfrage nicht ausgesetzt sein. Das Kind kann allerdings auch einen **geringeren Unterhalt** verlangen, womit es der Gefahr einer Abänderung des Titels im Korrekturverfahren (§ 240 FamFG) vorbeugen kann. Abzulehnen ist die nicht weiter begründete Ansicht,[331] mit dem Vaterschaftsfeststellungsverfahren könnten **bezifferte Unterhaltsansprüche** nicht zusammen geltend gemacht werden. Dies kann schon deshalb nicht richtig sein, weil das Kind gemäß § 237 III S. 2 FamFG einen geringeren Unterhalt als den Mindestunterhalt nach § 237 III S. 1 FamFG verlangen kann und damit in diesem Fall seinen Unterhaltsbetrag beziffern muss (§ 253 II Nr. 2 ZPO). Auch in zeitlicher Hinsicht unterliegt das Unterhaltsbegehren **keiner Befristung**. Das Kind kann deshalb die Titulierung **rückständigen Unterhalts** für den Unterhaltszeitraum ab Geburt verlangen,[332] weil es vor Feststellung der Vaterschaft an der Geltendmachung des Unterhaltsanspruch gehindert ist (§ 1613 II Nr. 2 a BGB). Dies kann je nach Alter des

---

[329] Johannsen/Henrich/Maier § 237 FamFG Rn. 4; Hoppenz/Herr § 237 FamFG Rn. 2
[330] BGH FamRZ 2002, 536, 540
[331] OLG Naumburg FamRZ 2002, 838
[332] Johannsen/Henrich/Maier § 237 FamFG Rn. 6

2. Abschnitt: Die Schaffung und Abänderung von Unterhaltstiteln § 10

Kindes bei Einleitung des Feststellungsverfahrens zu erheblichen Unterhaltsrückständen für mehrere Jahre führen

e) Einwendungsausschluss. Die beschleunigte und vereinfachte Unterhaltsregelung im Kontext des Abstammungsverfahrens wird schließlich ergänzt durch die Bestimmung in § 237 III S. 3 FamFG, wonach im Übrigen in diesem Unterhaltsverfahren eine Herabsetzung oder Erhöhung des Unterhalts nicht verlangt werden kann. Mehr als die im Mindestunterhalt zum Ausdruck kommende Sicherung des Existenzminimums kann das Kind in diesem Verfahren nicht verlangen. Schwerwiegender dürften sich allerdings die Folgen für den potentiellen Vater auswirken. Dieser ist nämlich mit Einwendungen zur **Bedürftigkeit** des Kindes, zur **Mithaftung** der **Kindesmutter** bei Drittbetreuung des Kindes oder aber zu einer **fehlenden Leistungsfähigkeit** ausgeschlossen. Durch die verfahrensrechtlichen Beschränkungen verliert er die Möglichkeiten einer entsprechenden Rechtsverteidigung indessen nicht. Sie werden uneingeschränkt in das Korrekturverfahren verlagert, sofern der potentielle Vater dieses Verfahren fristgemäß (§ 240 II S. 1 FamFG) in Gang setzt auch rückwirkend. Einer Geltendmachung erst im Korrekturverfahren vorbehalten sind darüber hinaus Einwendungen zur **Erfüllung**,[333] zum **Forderungsübergang** wegen subsidiärer Sozialleistungen,[334] zu **Stundung** und **Begrenzung** (§ 1613 III BGB)[335] oder auch **Verwirkung**.[336] Gleichwohl bleibt in Ausnahmefällen, in denen etwa die Erfüllung des geltend gemachten Unterhaltsanspruchs oder die Leistungsunfähigkeit des Vaters unstreitig sind, zu prüfen, ob einem dennoch nach § 237 FamFG gestellten Antrag des Kindes wegen einer missbräuchlichen Ausnutzung des Einwendungsausschlusses in § 237 III S. 3 FamFG das Rechtsschutzbedürfnis fehlt.[337]

f) Entscheidung, Rechtskraft und Wirksamkeit. Das Gericht entscheidet über das Unterhaltsbegehren auf Grund mündlicher Verhandlung, auch im Fall der Verfahrensverbindung mit dem Vaterschaftsfeststellungsverfahren, durch zu verkündenden und den Beteiligten, zuzustellenden Beschluss (§ 116 I FamFG). Die Endentscheidung muss nach Form, Inhalt und Rechtsmittelbelehrung den Anforderungen an eine sonstige Endentscheidung in einer streitigen Unterhaltssache (§§ 38, 39 FamFG) genügen (vgl. hierzu näher Rn. 10/76, 77 und 88). In diesem Zusammenhang gibt § 116 III S. 3 FamFG abweichend vom Regelfall, wonach in Familienstreitsachen die Endentscheidung erst mit Rechtskraft wirksam (§ 116 III S. 1 FamFG) und damit vollstreckbar (§ 120 II S. 1 FamFG) werden, auf, die **sofortige Wirksamkeit** anzuordnen, soweit die Entscheidung eine Verpflichtung zur Leistung von Unterhalt enthält. Für das nach § 237 FamFG geführte Unterhaltsverfahren bestimmt § 237 IV FamFG indessen, dass der Ausspruch über die Verpflichtung zur Leistung von Unterhalt vor **Rechtskraft** der **Feststellung der Vaterschaft** oder deren **wirksamer Anerkennung** nicht wirksam wird. Soweit daraus aber gefolgert wird, bei der Entscheidung über den Unterhalt in einem auf § 237 FamFG gestützten Verfahren sei § 116 III S. 2 und 3 FamFG nicht anzuwenden,[338] kann dem nicht gefolgt werden. Richtigerweise dürfte der Bezug zu § 237 IV FamFG bei der Tenorierung in der Weise herzustellen sein, dass die Anordnung der sofortigen Wirksamkeit an die Rechtskraft der Vaterschaftsfeststellung oder Wirksamkeit der Anerkennung der Vaterschaft zeitlich anknüpft.[339] Die Situation ist vergleichbar mit der Rechtslage im Verbundverfahren, wonach die Unterhaltsfolgesache[340] vor Rechtskraft der Scheidung (§ 148 FamFG) nicht wirksam wird, aber nach Rechtskraft derselben die Zwangsvollstreckung möglich sein muss, sofern die Beteiligten in der Folgesache weiter streiten (vgl. Rn. 10/108). Erkennt der potentielle Vater im Verlauf des Beschwerdeverfahrens die Vaterschaft wirksam an, muss eine Zwangs-

---

[333] BGH FamRZ 2003, 1095
[334] Johannsen/Henrich/Maier § 237 FamFG Rn. 7; a. A. Hüßtege in Thomas/Putzo § 237 FamFG Rn. 8
[335] Schulte-Bunert/Weinreich/Schwonberg FamFG § 237 Rn. 5
[336] OLG Karlsruhe FamRZ 2002, 1262
[337] BGH FamRZ 2003, 1095, 1096
[338] Prütting/Helms/Bömelburg FamFG § 237 Rn. 11
[339] Musielak/Borth FamFG § 237 Rn. 5
[340] Hoppenz/Herr § 237 FamFG Rn. 4

vollstreckung, auch wenn die Unterhaltssache noch nicht rechtskräftig ist, ebenso möglich sein wie bei einer Beschwerderücknahme. Will der danach zu Recht in Anspruch genommene Vater gleichwohl eine Zwangsvollstreckung abwenden, muss er hiergegen mit einem auf § 120 II S. 2 FamFG gestützten Schutzantrag vorgehen.[341]

122 **g) Kosten.** Über die Kosten des Unterhaltsverfahrens entscheidet das Gericht unter Heranziehung der durch § 243 FamFG für Unterhaltssachen vorgegebenen Abwägungskriterien auf der Grundlage des für ein ordentliches Unterhaltsverfahren bestehenden **Verfahrenswertes** (§ 51 FamGKG). Kommt es zu einer **Verfahrensverbindung** mit dem Vaterschaftsfeststellungsverfahren, ist gemäß § 33 I S. 2 FamGKG, da die Abstammungssache als nichtvermögensrechtliche Angelegenheit mit einem daraus abgeleiteten vermögensrechtlichen Anspruch verbunden ist, nur der werthöhere maßgebend. Wird weiter berücksichtigt, dass gemäß § 47 I FamGKG im Regelfall für das Vaterschaftsfeststellungsverfahren der Verfahrenswert mit 2000 EUR anzunehmen ist, kann davon ausgegangen werden, dass eben in diesem Regelfall der Wert der Unterhaltssache, der bestimmt wird durch den Mindestunterhalt für die ersten zwölf Monate bei Antragseinreichung zuzüglich die Rückstände, den Verfahrenswert der Abstammungssache verdrängt (zum Verfahrenswert vgl. weiter Rn. 10/82 a).

123 **h) Rechtsmittel.** Als Endentscheidung unterliegt die gemäß § 237 FamFG ergangene Unterhaltsanordnung der Anfechtung durch das Rechtsmittel der **Beschwerde** (§ 58 FamFG). Allerdings bleibt die Rechtsverfolgung der Beteiligten auch im Rechtsmittelverfahren den durch § 237 III FamFG vorgegebenen Beschränkungen ausgesetzt, so dass das Kind zur Unterhaltshöhe auf den Mindestunterhalt begrenzt bleibt, während der potentielle Vater mit seinen Einwendungen weiterhin ausgeschlossen bleibt.[342] Die damit einhergehenden verfahrensrechtlichen Einschränkungen sind den Beteiligten zumutbar, da sie sich mit der jeweiligen Rechtsverfolgung im **Abänderungsverfahren** nach § 240 FamFG Gehör verschaffen können. Die Beschränkungen werden allerdings dann gegenstandslos, wenn die Vaterschaft rechtskräftig festgestellt oder wirksam anerkannt ist. In einem noch laufenden Unterhaltsverfahren kann das beteiligte Kind im Wege der **Antragsänderung** dann seinen vollen Unterhalt geltend machen, der in Anspruch genommene Vater sämtliche Einwendungen vorbringen. Dabei macht es keinen Unterschied, ob das Verfahren noch erstinstanzlich oder bereits in der Beschwerdeinstanz anhängig ist.

3. Das „Korrekturverfahren" (§ 240 FamFG)

124 **a) Allgemeines.** Die Regelung der Unterhaltsverhältnisse im Streitverfahren gemäß § 237 FamFG erfolgt nach pauschalen Bemessungskriterien und ohne konkrete Prüfung der wirtschaftlichen Verhältnisse der Beteiligten, um dem Kind nach einfachen Maßstäben ohne komplizierte und zeitaufwendige Berechungen einen schnellen Unterhaltstitel zu verschaffen. Dies macht es, um auch im jeweiligen Einzelfall ein materiell gerechtes Ergebnis zu finden, notwendig, jedenfalls in Form eines **selbständigen Nachverfahrens**[343] das Ergebnis auf eine entsprechende individuelle Tragfähigkeit zu überprüfen und gegebenenfalls anzupassen. Die Voraussetzungen für ein solches Korrekturverfahren auch für einen nach § 237 FamFG erstrittenen Unterhaltstitel regelt § 240 FamFG.

b) Abgrenzung zu anderen Verfahren. Enthält eine im Streitverfahren nach § 237 FamFG ergangene rechtskräftige Endentscheidung eine Verpflichtung zu künftig fällig werdenden wiederkehrenden Unterhaltsleistungen, kann jeder Verfahrensbeteiligte eine Abänderung beantragen. Auch wenn das Verfahren nach dem insoweit missverständlichen Wortlaut der Bestimmung auf die „Abänderung" eines Unterhaltstitels gerichtet ist, hat es die Gestalt eines sogenanntes **Erstverfahrens**[344] (§ 113 I S. 2 FamFG i. V. m. § 258 ZPO), mit dem der zunächst abstrakt-pauschaliert festgesetzte Kindesunterhalt an die individuellen

---

[341] Keidel/Weber FamFG § 237 Rn. 9
[342] Bork/Jacoby/Schwab/Kodal FamFG § 237 Rn. 12
[343] Keidel/Meyer-Holz FamFG § 240 Rn. 2
[344] Musielak/Borth FamFG § 240 Rn. 1

Verhältnisse der Beteiligten des Unterhaltsverhältnisses angepasst wird. Es folgt den Verfahrensregeln eines ordentliches Streitverfahrens in Unterhaltssachen, wobei der zunächst nach § 237 FamFG erstrittene **Unterhaltstitel** als solcher lediglich eine **besondere Verfahrensvoraussetzung** darstellt. Im Übrigen besteht keine Bindung an die rechtlichen und tatsächlichen Verhältnisse, die zu dem Ausgangstitel geführt haben. Deshalb sind auch Darlegungen zu Änderungen in diesen Verhältnissen für die Zulässigkeit des Verfahrens und einen Erfolg in der Sache belanglos.[345] In seinem Anwendungsbereich verdrängt das richtigerweise als **Korrekturverfahren** zu bezeichnende Institut das ansonsten gegen Endentscheidungen in der Hauptsache statthafte Abänderungsverfahren (§ 238 FamFG).[346] Erst die nach § 240 FamFG erlassene Korrekturentscheidung unterliegt einer weiteren Abänderung nur unter den Voraussetzungen von § 238 FamFG.[347] Da die Korrekturberechnung zu einer vollständigen Neuberechnung des Kindesunterhalts führt, ist der barunterhaltspflichtige Vater mit allen in Betracht kommenden Einwendungen zu hören. Dies gilt nicht zuletzt auch für (u. a.) den Erfüllungseinwand, den er nach § 237 III S. 3 FamFG im Vorverfahren nicht mit Erfolg erheben konnte. Allerdings handelt es sich dabei auch um eine Einwendung, die der Unterhaltspflichtige an sich im Rahmen eines **Vollstreckungsabwehrverfahrens** (§ 767 ZPO) gegenüber dem Unterhaltstitel vorbringen kann. Gleichwohl kommt auch in diesem Zusammenhang dem Korrekturverfahren als dem spezielleren Verfahren der Vorrang zu,[348] wobei dies aber dann nicht mehr der Fall ist, wenn die Fristen für eine rückwirkende Korrektur (§ 240 II FamFG) abgelaufen sind.[349] Dies gilt ebenso für einen Verwirkungseinwand.

c) **Der Unterhaltstitel des Vorverfahrens.** Das Korrekturverfahren (§ 240 I FamFG) **125** knüpft an eine im Vorverfahren (§ 237 FamFG) erlassene rechtskräftige **Endentscheidung** an. Damit sind als Unterhaltstitel im Vorverfahren zulässigerweise geschlossene **Vergleich** aus dem Anwendungsbereich ausgeschlossen.[350] Wollen die Beteiligten insoweit eine Titelkorrektur durchsetzen, kommt nur eine Anpassung im Abänderungsverfahren nach § 239 FamFG in Betracht. Hat der auf Unterhalt in Anspruch genommene Antragsgegner die Vaterschaft wirksam anerkannt und sodann den Kindesunterhalt durch eine **Jugendamtsurkunde** titulieren lassen, fehlt es ebenfalls an einer für das Korrekturverfahren notwendigen Endentscheidung. Eine Korrektur des Unterhaltstitels ist auch hier nur unter den weiteren Voraussetzungen eines Abänderungsverfahrens (§ 239 FamFG) möglich.[351] Dies entspricht Sinn und Zweck des beschränkten Anwendungsbereichs für ein Korrekturverfahren, da die Beteiligten sich mit dem Abschluss eines Vergleichs und dem Anerkenntnis nicht der in § 237 FamFG pauschal-abstrakt geregelten Unterhaltsbemessung ausgesetzt haben. Die rechtskräftige Endentscheidung muss überdies, um Verfahrensgegenstand eines Korrekturverfahrens werden zu können, zumindest auch auf die Verpflichtung zu **künftig fällig werdenden** wiederkehrenden Leistungen gerichtet sein. Sind lediglich **Rückstände** tituliert, scheidet eine Korrektur von vornherein aus, obwohl der Kindesvater mit seinen Einwendungen im Vorverfahren ausgeschlossen war (§ 237 III S. 3 FamFG).

d) **Die Verfahrensgrundsätze.** Einleitung und Gang des Korrekturverfahrens folgen **126** den allgemeinen Verfahrensvorschriften, die für eine erstinstanzliche Titulierung von Unterhaltsansprüchen im streitigen Verfahren Anwendung finden (vgl. näher auch Rn. 10/ 53–55 a).[352] Die von einem **Rechtsanwalt** zu unterzeichnende (§ 114 I FamFG) **Antragsschrift** (§ 113 I S. 2 FamFG i. V. m. § 253 II ZPO) ist bei dem nach den allgemeinen Regeln örtlich ausschließlich zuständigen Gericht (§ 232 I Nr. 2 FamFG) einzureichen. Mit der Zustellung an den Gegner (§§ 166 ff. ZPO) tritt Rechtshängigkeit ein.[353] Da im

---

[345] OLG Hamm FamRZ 2004, 1588
[346] OLG Karlsruhe FamRZ 2003, 1672
[347] OLG Naumburg FamRZ 2006, 611
[348] Musielak/Borth FamFG § 240 Rn. 1; Hüßtege in Thomas/Putzo § 240 FamFG Rn. 1
[349] Johannsen/Henrich/Brudermüller § 240 FamFG Rn. 4
[350] OLG Naumburg FamRZ 2006, 211
[351] Keidel/Meyer-Holz FamFG § 240 Rn. 1
[352] MünchKommZPO/Dötsch FamFG § 240 Rn. 10; Musielak/Borth FamFG § 240 Rn. 4
[353] Keidel/Meyer-Holz FamFG § 240 Rn. 6

Korrekturverfahren Herabsetzung und Erhöhung des Unterhalts nebeneinander verlangt werden können, kommen das Kind und der barunterhaltspflichtige Vater als Antragsteller in einem entsprechenden Verfahren in Betracht, gegebenenfalls auch als Widerantragsteller. Im Unterschied zur zwingenden Regelung in § 654 III ZPO a. F., die bei Klagen beider Parteien eine **Verfahrensverbindung** vorschrieb, fehlt es an einer Nachfolgeregelung. Allerdings besteht das mit der Altregelung verfolgte Anliegen, eine einheitliche Unterhaltsfestsetzung sicherzustellen und widersprechende Entscheidungen zu vermeiden,[354] fort, so dass auch weiterhin eine Verfahrensverbindung geboten erscheint (§ 113 I S. 2 FamFG i. V. m. § 147 ZPO).[355] Materiellrechtlich beurteilt das Gericht das Unterhaltsbegehren des Kindes und die Einwendungen, die der Vater dem entgegenhält, wie in einem Erstverfahren, u. z. unabhängig davon, ob die jeweiligen Ausführungen schon im Vorverfahren stattgefunden hatten oder hätten Berücksichtigung finden können. Dies führt zu einer vollständigen Neuberechnung des Kindesunterhalts. Demgemäß beurteilt sich ungeachtet des vorhandenen Unterhaltstitels auch die **Darlegungs- und Beweislast**[356] wie bei der erstmaligen Geltendmachung des Unterhalts. Das Gericht entscheidet auf Grund mündlicher Verhandlung durch zu begründenden, mit einer Rechtsbehelfsbelehrung zu versehenden und zu verkündenden **Beschluss** (§ 116, 38, 39 FamFG), Dieser ist gemäß § 113 I S. 2 FamFG i. V. m. § 317 ZPO zuzustellen und unterliegt nach den allgemeinen Bestimmungen als Endentscheidung der Anfechtung durch das Rechtsmittel der Beschwerde (§ 58 FamFG).[357]

127 e) **Die Zeitschranken einer Korrektur.** Während das Korrekturverfahren der Beurteilung des Unterhaltsbegehrens, soweit dieses in die Zukunft gerichtet ist, keine zeitlichen Schranken setzt und eine Titulierung auch über den Eintritt der Volljährigkeit des Kindes zulässt (§ 244 FamFG), kommt eine **rückwirkende Abänderung** der rechtskräftigen Endentscheidung nur mit Einschränkungen in Betracht, wobei zwischen der **Erhöhung** des Unterhalts und einer **Herabsetzung** zu unterscheiden ist.

128 aa) **Erhöhung.** Soweit das Kind im Korrekturverfahren einen über die Titulierung im Vorverfahren hinausgehenden höheren Unterhalt geltend macht, kann es diesen verlangen, soweit die materiellen Voraussetzungen von § 1613 BGB erfüllt sind. Darüber hinaus bestehen im Korrekturverfahren auch keine verfahrensrechtlichen Einschränkungen.[358]

129 bb) **Herabsetzung.** Demgegenüber unterliegt die rückwirkende Herabsetzung des Unterhalts zeitlichen Schranken, wobei verschiedene Fallkonstellationen zu unterscheiden sind. Zunächst sieht § 240 II S. 1 FamFG vor, dass eine Abänderung nur zulässig ist für die Zeit ab Rechtshängigkeit des Antrags, sofern der Antrag auf Herabsetzung nicht innerhalb eines Monats nach Rechtskraft „gestellt" wird. Für die Berechnung der Monatsfrist lässt die Vorschrift zunächst nicht weiter erkennen, welcher Zeitpunkt mit der **Antragstellung** gemeint sein soll. Der Ansicht,[359] die hierfür auf die **Anhängigkeit** des Verfahrens zurückgreifen will, ist nicht zu folgen, da nach der Systematik des FamFG bereits die Einreichung einer Antragsschrift die Anhängigkeit eines Verfahrens bewirkt (vgl. § 124 FamFG). Hinzu kommt, dass die verschieden Regelungen in § 240 II FamFG zwischen Anhängigkeit (S. 2) und Antragstellung (S. 1) unterscheiden. Bei zivilprozessualer Sichtweise für die Familienstreitsache (§ 113 I S. 2 FamFG i. V. m. § 137 I ZPO) käme für einen Bezug auf die Antragstellung auch die mündliche Verhandlung in Betracht. Indessen handelt es sich bei dieser Bestimmung, wie der Gesetzgeber betont,[360] lediglich um die inhaltliche Übernahme der bisherigen Regelung in § 654 II S. 1 ZPO a. F., die für den Endzeitpunkt der Monatsfrist an die Rechtshängigkeit der Korrekturklage anknüpfte, so dass, da eine Änderungsabsicht des Gesetzgebers nicht erkennbar ist, weiterhin auf die Zustellung der Antragsschrift an das Kind und damit die Begründung der **Rechtshängigkeit** als Endzeitpunkt für die

---

[354] Musielak/Borth FamFG § 240 Rn. 8
[355] Keidel/Meyer-Holz FamFG § 240 Rn. 13
[356] OLG Naumburg FamRZ 2007, 1342; OLG Karlsruhe FamRZ 2003, 1672
[357] MünchKommZPO/Dötsch § 240 FamFG Rn. 12
[358] Johannsen/Henrich/Brudermüller § 240 FamFG Rn. 11
[359] Zöller/Lorenz ZPO § 240 FamFG Rn. 8
[360] BT-Drucks. 16/6308 S. 259

2. Abschnitt: Die Schaffung und Abänderung von Unterhaltstiteln § 10

Monatsfrist abzustellen ist.[361] Dies unterstreicht, dass allein die rechtzeitige Einreichung eines Verfahrenskostenhilfegesuchs[362] die nach § 222 ZPO zu beurteilende Frist[363] nicht wahrt.

Maßgebend ist der fristgerechte Eingang der Antragsschrift mit der nach § 167 ZPO in Betracht kommenden Rückwirkung bei Gericht,[364] wenn die **Zustellung demnächst** erfolgt. Dies ist nicht der Fall, wenn es durch fehlende Mitwirkung des Kindesvaters zu Verzögerungen bei der Zustellung kommt. Allerdings erscheint zweifelhaft, ob insbesondere der um den Nachweis fehlender Leistungsfähigkeit im Korrekturverfahren bemühte Kindesvater in der Lage ist, innerhalb der Monatsfrist die Einreichung einer anwaltlich unterzeichneten Antragsschrift bei Gericht zu gewährleisten, ohne dass zuvor – gegebenenfalls erst in einem Beschwerdeverfahren – über eine hierfür notwendige **Verfahrenskostenhilfe** entschieden ist. Kommt es deshalb, zumal die Monatsfrist auch nicht verlängert werden kann, mit der Einreichung der Antragsschrift erst nach Bewilligung von Verfahrenskostenhilfe zu einer Fristüberschreitung, stellt sich die Frage nach einer **Wiedereinsetzung in den vorigen Stand**. Allerdings handelt es sich bei der Monatsfrist des § 240 II S. 1 FamFG weder um eine Notfrist noch um eine solche, für die das Gesetz ausdrücklich eine Wiedereinsetzung in den vorigen Stand vorsieht (§ 113 I S. 2 FamFG i. V. m. § 233 ZPO). Gleichwohl wird eine verfahrenssystematische Nähe zur Notfrist betont und ein Antrag auf Wiedereinsetzung gegen der Versäumung der Monatsfrist entsprechend § 233 ZPO für zulässig erachtet.[365] Ein entsprechendes Gesuch setzt allerdings voraus, dass der Kindesvater bis zum Ablauf der Frist gegenüber dem Gericht die für eine Bewilligung von Verfahrenskostenhilfe notwendigen Nachweise zu seinen persönlichen und wirtschaftlichen Verhältnissen geführt hat, um eine entsprechende Bescheidung zu ermöglichen.

Hat das weiteren Unterhalt verlangende Kind innerhalb der Monatsfrist einen Erhöhungsantrag anhängig gemacht, läuft die Frist für ein rückwirkendes Herabsetzungsverlangen des Kindesvaters nicht vor Beendigung des durch das Kind betriebenen Verfahrens (§ 240 II S. 2 FamFG) ab. Die Vorschrift soll den Rechtsfrieden zwischen den Beteiligten fördern und dem Kindesvater, der zunächst davon abgesehen hat, für die Vergangenheit eine Korrektur des Unterhaltstitels anzustreben, gegenüber einem keinen Fristen ausgesetzten Unterhaltsverlangen des Kindes die Befugnis, eine Unterhaltsherabsetzung auch für die Vergangenheit zu verlangen, verfahrensrechtlich zu erhalten.[366]

Hat der Kindesvater mit seinem Korrekturantrag die Monatsfrist im Sinne von § 240 II S. 1 FamFG nicht einhalten können, bleibt ihm das Recht, gleichwohl für die Vergangenheit eine Herabsetzung des titulierten Unterhalts für die Zeit ab dem Ersten des auf ein entsprechendes Auskunfts- oder Verzichtsverlangen folgenden Monats zu verlangen, (§ 240 II S. 3 FamFG). Diese Regelung ist der Gleichbehandlung von Unterhaltsberechtigtem und Unterhaltspflichtigem geschuldet. So wie das Kind für die Vergangenheit unter den Voraussetzungen von § 1613 BGB weitergehenden Unterhalt verlangen kann, ist der Kindesvater im Zuge einer „negativen Inverzugsetzung" in zeitlicher Hinsicht gleichermaßen berechtigt, ein Korrekturverfahren zu führen (vgl. auch die Regelung in § 238 III S. 3 FamFG zum Abänderungsverfahren).

f) Die absoluten Korrekturgrenzen (§ 240 II S. 4 FamFG). Während eine rückwirkende Heraufsetzung des Kindesunterhalts ungeachtet möglicher Verwirkung im Übrigen keinen weiteren zeitlichen Schranken unterliegt, bestimmt § 240 II S. 4 FamFG unter Bezugnahme auf § 238 III S. 4 FamFG, dass eine **rückwirkende Herabsetzung** des titulierten Unterhalts für einen mehr als **ein Jahr vor Rechtshängigkeit** liegenden Unterhaltszeitraum nicht verlangt werden kann. Es handelt sich um eine **generelle Begrenzung**, die für alle durch § 240 II FamFG erfassten Fallvarianten der rückwirkenden Herabsetzung

---

[361] Keidel/Meyer-Holz FamFG § 240 Rn. 6
[362] OLG Hamm FamRZ 2008, 1540 noch zu § 654 II S. 1 ZPO a. F.
[363] Musielak/Borth FamFG § 240 Rn. 6
[364] OLG Brandenburg FamRZ 2007, 2085
[365] Keidel/Meyer-Holz FamFG § 240 Rn. 8; Johannsen/Henrich/Brudermüller § 240 FamFG Rn. 11
[366] BT-Drucks. 13/7338 S. 43

des Kindesunterhalts Anwendung findet. Das kann im Einzelfall zu schwer wiegenden Beeinträchtigungen der Interessen des Unterhaltspflichtigen führen. Hat das Kind im Zuge einer erst nach Jahren geklärten Vaterschaft den Unterhalt mit Rückständen für mehrere Jahre im Verfahren nach § 237 FamFG geltend gemacht und im Hinblick auf § 237 III FamFG den Unterhaltstitel mit einem umfassenden Einwendungsausschluss für den Unterhaltspflichtigen erstritten, dürfte es grob unbillig erscheinen, diesen mit seinen Rechten ab einem bestimmten Zeitpunkt auszuschließen. Den gegen die Beschränkung vorgebrachten **rechtsstaatlichen Bedenken** dürfte im Einzelfall nur dadurch zu begegnen sein, dass die Zeitschranke bei einem ansonsten **grob unbilligen Korrekturergebnis** zurückweichen muss (§ 242 BGB).[367] Jedenfalls dürfte eine Beschränkung der Härteregelung auf Fälle eines betrügerischen Verhaltens[368] mit Fortwirkungen im Vorverfahren allein nicht ausreichen, um ein grob unbilliges Ergebnis zu vermeiden, zumal solche Kriterien im Verfahren nach § 237 FamFG kaum realistisch erscheinen. Einem Betrugsvorwurf dürfte sich das Unterhalt begehrende Kind im Vorverfahren schon deshalb nicht aussetzen, weil dieses auf den Mindestunterhalt beschränkt bleibt und der Unterhaltspflichtigen mit seinen Einwendungen zur Leistungsfähigkeit ausgeschlossen ist (§ 237 III S. 3 FamFG).

IV. Die Abänderung gerichtlicher Endentscheidungen (§ 238 FamFG)

1. Allgemeines

133   Den Gegenstand eines Abänderungsverfahrens nach § 238 FamFG in Unterhaltssachen bilden **Endentscheidungen** des Gerichts in einem **Hauptsacheverfahren**, soweit sie eine Verpflichtung zu künftig fällig werdenden wiederkehrenden Leistungen nach § 258 ZPO enthalten. Dabei bildet § 238 FamFG die **Korrekturmöglichkeit** zu § 258 ZPO, der bei wiederkehrenden Leistungen auch wegen der erst nach Erlass der Endentscheidung fällig werdenden Leistungen einen Antrag auf künftige Entrichtung gestattet. Mit dem Beschluss (§§ 116, 38 FamFG) nach § 258 ZPO werden somit **künftige Ansprüche** tituliert, die zum Zeitpunkt des Erlasses der Ausgangsentscheidung noch nicht einmal entstanden und erst recht nicht fällig sind. Entstanden ist der Monatsbetrag einer Unterhaltsrente nämlich erst mit dem Beginn des Monats, in den die Unterhaltspflicht fällt (§ 1612 III S. 2 BGB). Schafft daher § 258 ZPO dem Unterhaltsberechtigten die Möglichkeit, einen Titel über noch gar nicht entstandene Ansprüche zu erlangen, korrigiert § 238 FamFG diesen Titel für den Fall, dass die seit Erlass der Endentscheidung eingetretene Sach- und Rechtslage sich wesentlich geändert hat.

134   Als Einsatzzeitpunkt für die Abänderung des Unterhaltstitels bestimmt § 238 III S. 1 FamFG als Grundsatz den Eintritt der **Rechtshängigkeit** des Abänderungsantrags. Darüber hinaus eröffnet § 238 III S. 2 und 3 FamFG unter bestimmten Voraussetzungen auch eine **rückwirkende Korrektur**. Für den Unterhaltsberechtigten kommt danach eine Abänderung schon ab dem Zeitpunkt in Betracht, zu welchem er von dem Unterhaltspflichtigen **höheren Unterhalt** für die Vergangenheit nach den materiell-rechtlichen Vorschriften des bürgerlichen Rechts (§§ 1613 I, 1585 b II, 1361 IV S. 4, 1360 a III BGB) verlangen kann. Für den um **Herabsetzung** oder Wegfall des titulierten Unterhalts bemühten Unterhaltspflichtigen setzt die Korrekturmöglichkeit mit dem ersten des auf ein entsprechendes Auskunfts- oder Verzichtsverlangen des Unterhaltspflichtigen folgenden Monats ein. Bisher sah § 323 III ZPO a. F. zugunsten des Unterhaltspflichtigen eine entsprechende Vorverlagerung des Abänderungszeitpunktes nicht vor, was vielfach als ungerechtfertigte verfahrensrechtliche Benachteiligung des Unterhaltspflichtigen wahrgenommen wurde. Nunmehr entspricht es einem uneingeschränkten Ausfluss materieller Gerechtigkeit, den Ursprungstitel an die spätere Entwicklung anpassen zu können, wenn diese erheblich von der Vorausschau bei Erlass der abzuändernden Entscheidung abweicht. Damit eröffnet der Abän-

---

[367] Bork/Jacoby/Schwab/Kodal FamFG § 240 Rn. 8
[368] Prütting/Helms/Bömelburg FamFG § 240 Rn. 17

derungsantrag nicht nur einen Angriff auf die **Richtigkeit der Prognose** des früheren Titels,[369] sondern auch auf den Fortbestand des abzuändernden Titels überhaupt. Das Abänderungsverfahren stellt somit einen verfahrensrechtlichen Anwendungsfall der **clausula rebus sic stantibus** dar.[370]

In seinem auf die Korrektur von gerichtlichen Endentscheidungen in der Hauptsache beschränkten Anwendungsbereich hat das Abänderungsverfahren nach § 238 FamFG das bisher auf verschiedene Unterhaltstitel anwendbare Abänderungsverfahren des § 323 ZPO a. F. abgelöst. Die tatbestandliche Neustrukturierung soll nach dem Willen des Gesetzgebers die Übersichtlichkeit erhöhen und zu einer stärkeren Anbindung der Rechtlage unmittelbar an den Wortlaut des Gesetzes führen.[371] Gegliedert ist die Vorschrift in vier Absätze, wovon die Absätze I und III die Zulässigkeit, der Absatz II – mit Auswirkungen auf die Zulässigkeit und Begründetheit des Abänderungsantrags – die Tatsachenpräklusion für den Antragsteller und der Absatz IV die Begründetheit des Abänderungsantrags regeln.[372]

Der Abänderungsantrag ist hiernach weiterhin nur insoweit zulässig (§ 238 II FamFG), als die Gründe, auf die sie gestützt wird, erst nach **Schluss der Tatsachenverhandlung** des vorausgegangenen Verfahrens entstanden sind, in der eine Antragserweiterung oder die Geltendmachung von Einwendungen hätte spätestens erfolgen müssen. Insbesondere zur **Absicherung der Rechtskraft** unanfechtbar gewordener Entscheidungen ist danach eine Zeitschranke für die Berücksichtigung von Abänderungsgründen errichtet. Der Möglichkeit einer Abänderung bedarf es nämlich nicht, wenn die veränderten Verhältnisse schon im Ursprungsverfahren hätten geltend gemacht werden können. Maßgebender Zeitpunkt ist der Schluss der mündlichen Verhandlung der letzten Tatsacheninstanz, also auch der Beschwerdeinstanz, sofern eine solche stattgefunden hat.[373]

Aus dem Charakter des Abänderungsverfahrens als Anwendungsfall der clausula rebus sic stantibus ergibt sich weiter, dass die Abänderung einer Endentscheidung nicht weiter gehen darf, als dies aus Gründen der veränderten Verhältnisse notwendig erscheint. § 238 FamFG will weder eine Möglichkeit zur neuerlichen Wertung des alten Sachverhalts noch einen Weg eröffnen, diesen bei Gelegenheit einer Änderung abweichend zu beurteilen. Erst recht kann die Vorschrift nicht die Möglichkeit bieten, gegen den Grund des Anspruchs Einwendungen zu erheben oder diesen neu zur Nachprüfung zu stellen. Der Abänderungsantrag stellt einen Ausnahmefall von den allgemeinen Regeln der Rechtskraft dar. Die sich aus der **Rechtskraft** ergebende **Bindungswirkung** der Erstentscheidung darf daher nach § 238 FamFG nur insoweit beseitigt werden, als der vorausgegangene Beschluss auf Verhältnissen beruht, die sich inzwischen geändert haben. Ist eine Änderung nicht eingetreten, hindert die Bindung das Abänderungsgericht daran, die diesbezüglichen Tat- und Rechtsfragen neuerlich zu prüfen. Dass die Fragen möglicherweise unrichtig beurteilt worden sind, kann den Umfang der rechtlichen Bindung nicht beeinflussen, wie dies auch bei allen anderen Endentscheidung gilt.[374]

2. Rechtsnatur

Der Abänderungsantrag ist zum einen ein **verfahrensrechtlicher Gestaltungsantrag**, der einen früheren (meistens) rechtskräftigen Unterhaltstitel ändert und damit die Rechtsbeziehung zwischen den Beteiligten neu gestaltet (in Form einer Anspruchsminderung oder -erhöhung). Führt die Abänderungsentscheidung erneut zu einer Verpflichtung zur Zahlung von Unterhalt, ist dieser neue Titel das **Ergebnis eines Leistungsantrags**.[375] Begehrt der Unterhaltspflichtige mit dem Abänderungsantrag einen völligen Wegfall seiner Leistungspflicht, ist sein Begehren als negativer Feststellungsantrag aufzufassen. Ein zusätzlicher

---

[369] BGH FamRZ 1985, 259
[370] BGH FamRZ 2001, 1364, 1365
[371] BT-Drucks. 16/6308 S. 257
[372] BT-Drucks. 16/6308 S. 257
[373] Graba FamRZ 2001, 585, 592
[374] BGH FamRZ 2001, 1364; NJW 2001, 937
[375] BGH FamRZ 2001, 1140, 1141

Feststellungsantrag kann aber mit dem Abänderungsantrag nicht verbunden werden, weil hierdurch keine Veränderung der Leistungsentscheidung erreicht werden kann und damit das Rechtsschutzinteresse fehlt.[376] Das **Rechtsschutzbedürfnis** für einen Abänderungsantrag entfällt auch dann, wenn der Unterhaltsberechtigte den Titel zurückgibt. Benötigt er den Titel noch zur Vollstreckung von rückständigem Unterhalt, entfällt das Rechtsschutzbedürfnis, wenn der Unterhaltsberechtigte erklärt, ab einem bestimmten Zeitpunkt aus dem Titel nicht zu vollstrecken.[377]

3. Verfahrensgegenstand

139 Die Frage, ob das Vorverfahren und das Abänderungsverfahren den gleichen Verfahrensgegenstand umfassen, wird in Rechtsprechung und Literatur nicht einheitlich beantwortet. Die herrschende Meinung[378] geht davon aus, dass die abzuändernde Entscheidung auch die erst in Zukunft eintretenden Tatsachen umfasst, die für die Verpflichtung zu den wiederkehrenden Leistungen maßgebend sind. Daher beziehe sich die **materielle Rechtskraft** der abzuändernden Entscheidung auch auf die **richterliche Prognose** und betreffe damit denselben Verfahrensgegenstand wie der Abänderungsantrag. § 238 FamFG wird deshalb als eine Vorschrift angesehen, die aus Gründen der Gerechtigkeit die Durchbrechung der materiellen Rechtskraft der abzuändernden Entscheidung zulässt **(sog. Billigkeitstheorie)**.[379]

Demgegenüber wird eingewendet, ein identischer Verfahrensgegenstand liege schon deswegen nicht vor, weil sich der auf künftige Abänderung (nämlich nach Rechtshängigkeit des Abänderungsverfahrens, § 238 III FamFG) gerichtete Antrag hinsichtlich seines zeitlichen Umfangs wie auch in seiner Antragstellung vom Erstverfahren unterscheide. Da auch bei wiederkehrenden Leistungen die zeitliche Grenze wie sonst auch durch den Schluss der letzten mündlichen Tatsachenverhandlung des Vorverfahrens gesetzt werde, liege dem Abänderungsantrag ein anderer Sachverhalt zugrunde und damit auch ein anderer Verfahrensgegenstand. Die Abänderungsentscheidung könne daher die Rechtskraft des Vorverfahrens nicht durchbrechen, sondern stehe mit ihr in Einklang **(sog. Bestätigungstheorie)**.[380]

140 Der sog. Billigkeitstheorie ist zuzustimmen. Die unterhaltsrechtlichen Beziehungen zwischen den jeweiligen Beteiligten des Unterhaltsverfahrens werden wesentlich dadurch charakterisiert, dass sie grundsätzlich auf Dauer angelegt, dadurch aber zugleich dem stetigen Wandel der sozialen Wirklichkeit ausgesetzt sind, der sich verändernd auf den jeweils geschuldeten Unterhalt auswirkt. Hierauf muss die Rechtsordnung im Spannungsfeld zwischen Bestand der gerichtlichen Entscheidung und dem Postulat der materiellen Gerechtigkeit reagieren. Der Gesetzgeber ist dem **verfahrensrechtlich** nachgekommen, indem er durch die – neben den §§ 257 und 259 ZPO – weitere Sondervorschrift des § 258 ZPO eine Unterhaltsverfahren auch bezogen auf die erst nach Erlass der Endentscheidung fällig werdenden Leistungen zulässt. Diese Entscheidung beinhaltet demgemäß wegen dieser Unterhaltsleistungen eine **Prognose,** die an der Rechtskraft der Endentscheidung teilnimmt. Diese **„Zukunftsrechtskraft"** befindet sich in Übereinstimmung mit der herrschenden prozessualen Rechtskrafttheorie,[381] wonach das rechtskräftige Urteil das materielle Recht nicht ändert, sondern nur erkennt, was rechtens ist. Die Bedeutung der Rechtskraft liegt darin, dass Gerichte und Beteiligte, auch wenn im Nachhinein Änderungen in den Anspruchsvoraussetzungen eintreten, an die rechtskräftige Entscheidung an sich gebunden sind. Vor diesem Hintergrund eröffnet § 238 FamFG wiederum als **Ausnahmeregelung** die Möglichkeit der Titelabänderung und legt gleichzeitig die Voraussetzungen im Einzelnen fest, unter denen die Rechtskraft **„billigerweise"** durchbrochen werden

---

[376] BGH a. a. O.
[377] OLG München FamRZ 1999, 942
[378] BGH FamRZ 1980, 1099
[379] BGH FamRZ 1990, 496, 497; 1982, 259, 260
[380] Gottwald, Festschrift für Schwab 1990, S. 163
[381] Graba, Die Abänderung von Unterhaltstiteln, Rn. 69

kann. Für diese Sichtweise sprach bisher auch die systematische Stellung von § 323 ZPO a. F. innerhalb der die Rechtskraft regelnden Vorschriften (§§ 322–325 ZPO). Ansonsten hätte nahe gelegen, den Abänderungsantrag in den Kontext des Vollstreckungsabwehrverfahrens (§ 120 FamFG i. V. m. § 767 ZPO) zu stellen.[382] Daran hat sich durch die Neustrukturierung des Abänderungsverfahrens in § 238 FamFG in der Sache nichts geändert. Dessen ungeachtet wäre diese Vorschrift, wollte man der Bestätigungstheorie in der Einschätzung folgen, dass dem Abänderungsantrag ein anderer Sachverhalt und damit ein anderer Streitgegenstand zugrunde liege, überflüssig.[383]

4. Anwendungsbereich

Während das Abänderungsverfahren nach § 323 ZPO a. F. seinem allgemeinen, entsprechender Anwendung fähigen Rechtsgedanken (nämlich der clausula rebus sic stantibus) folgend den Kreis der abänderungsfähigen Unterhaltstitel nicht auf die in Abs. I, IV und V der Vorschrift genannten Titel beschränkte, bleibt der Anwendungsbereich von § 238 FamFG gemäß einer entsprechenden Intention des Gesetzgebers[384] schon nach seinem Wortlaut begrenzt. Er erfasst gemäß der Regelung in § 238 I S. 1 FamFG nur die in einem Hauptsacheverfahren ergangenen Endentscheidungen des Gerichts, die eine Verpflichtung zu künftig fällig werdenden wiederkehrenden Leistungen enthalten. Bei den **Endentscheidungen des Gerichts** muss es sich um den Verfahrensgegenstand ganz oder teilweise erledigende Beschlüsse handeln (§§ 38 I S. 1, 116 FamFG). Die Art der Endentscheidung ist nicht weiter vorgegeben, so dass neben kontradiktorischen Entscheidungen auch solche der Abänderung unterliegen, die auf ein **Anerkenntnis**[385] oder eine **Säumnis**,[386] soweit der Einspruch nicht oder nicht mehr zulässig ist, zurückgehen. Auch **Teilentscheidungen**[387] unterliegen definitionsgemäß einer Abänderung. 141

Bei Unterhaltsanordnungen, die im Rahmen des **einstweiligen Rechtsschutzes** (§§ 246–248 FamFG) ergangen sind, handelt es sich ebenfalls um Endentscheidungen. Gleichwohl scheiden sie aus dem Anwendungsbereich des § 238 FamFG aus, weil diese Entscheidungen nicht **in einer Hauptsache** sondern nur in einem summarischen Verfahren ergangen sind. Hier richten sich Abänderung und Anpassung vorrangig nach § 54 I FamFG. Führt dies aus der jeweiligen Sicht der Beteiligten nicht zum Erfolg, muss der Unterhaltsberechtigte mit einem Leistungsantrag, der Unterhaltspflichtige gegebenenfalls mit einem negativen Feststellungsantrag gegen die Anordnung vorgehen. Weist das Gericht den **negativen Feststellungsantrag** ab, steht dies einer Erstentscheidung in der Hauptsache gleich, die als Endentscheidung nur unter den Voraussetzungen von § 238 FamFG abänderbar ist.[388] Abänderungsentscheidungen nach § 323 ZPO a. F. oder § 238 FamFG unterliegen wiederum einer Abänderung nach Maßgabe der Regelungen des § 238 FamFG. Das gilt auch dann, wenn der erstmaligen Abänderung keine gerichtliche Endentscheidung als Unterhaltstitel – z. B. Verfahrensvergleich oder vollstreckbare Urkunde (vgl. § 239 FamFG) – zugrundegelegen hatte. Bei Unterhaltsbeschlüssen, die im **vereinfachten Verfahren** nach §§ 249 ff. FamFG ergangen sind, handelt es sich um gerichtliche Endentscheidungen, die allerdings vorrangig im Verfahren nach § 240 FamFG der Abänderung und Anpassung unterliegen. Erst die darauf ergehende gerichtliche Entscheidung kann nur unter den besonderen Verfahrensanforderungen von § 238 FamFG abgeändert werden. Dies gilt gleichermaßen für die Unterhaltsanordnungen im Kontext eines Vaterschaftsfeststellungsverfahrens (§ 237 FamFG). 142

Als Abänderungstitel im Sinne von § 238 FamFG kommen ferner in Betracht Endentscheidungen **ausländischer Gerichte**, sofern deutsche Gerichte international zuständig 143

---

[382] Graba a. a. O.
[383] Graba a. a. O. Rn. 67
[384] BT-Drucks. 16/6308 S. 257
[385] BGH FamRZ 2007, 1459 = R 680; 2002, 88, 90
[386] BGH FamRZ 2010, 1150 = R 713
[387] OLG Karlsruhe FamRZ 1992, 199
[388] OLG Hamm FamRZ 2000, 544

§ 10 Verfahrensrecht

sind (vgl. hierzu näher Rn. 10/15–18). Voraussetzung ist allerdings, dass der Ausgangstitel im Inland anzuerkennen ist.[389] Ohne Belang ist in diesem Zusammenhang, ob es bezogen auf den Ausgangstitel nach ausländischem Recht keines Abänderungsverfahrens bedarf und die Mehrforderung mit einem Leistungsantrag geltend gemacht werden kann.[390] Unerheblich ist ferner, ob der Ausgangstitel auf ausländischem oder inländischem Sachrecht beruht.[391] Im Übrigen dürften die Anforderungen an eine Abänderung unabhängig von dem materiellrechtlich maßgebenden Unterhaltsstatut nach deutschem Recht (**lex fori**) zu beurteilen sein, das die einzelnen Voraussetzungen hierfür **verfahrensrechtlich** in § 238 FamFG abschließend ausgestaltet sind.[392] Der BGH hat die entsprechende Rechtsfrage bisher allerdings ausdrücklich offengelassen,[393] für die Grundlagen und den Umfang der Anpassung des Ausgangstitels aber auf das diesem zugrunde liegende Unterhaltsstatut abgestellt.

144 Das Abänderungsverfahren nach § 238 FamFG ist schließlich auch durchzuführen bei Leistungsurteilen, Abänderungsurteilen, Anerkenntnisurteilen, Versäumnisurteilen oder sonstigen **Endurteilen,** soweit sie eine Verpflichtung zu künftig fällig werdenden wiederkehrenden Unterhaltsleistungen enthalten und gemäß den bis zum 31. 8. 2009 anzuwendenden zivilprozessualen Vorschriften ergangen sind.[394] Nach der **Übergangsregelung** in **Art. 111 I S. 2 FGG-RG** findet § 238 FamFG allerdings nur Anwendung, wenn das Abänderungsverfahren erst nach dem Inkrafttreten des FamFG am 1. 9. 2009 eingeleitet war. War das Abänderungsverfahren schon vor dem Inkrafttreten eingeleitet oder war seine Einleitung zu diesem Zeitpunkt bereits beantragt, ist das Verfahren nach den Verfahrensvorschriften in § 323 ZPO a. F. fortzuführen, und zwar in allen Instanzen bis zum rechtskräftigen Abschluss des Verfahrens.[395] Maßgebend ist in Unterhaltssachen der Eingang der Antragsschrift bei Gericht.[396] Der Antrag auf Bewilligung von Verfahrenskostenhilfe für eine noch einzureichende Antragsschrift genügt nicht. Soweit die **Zeitschranke** des § 238 III FamFG eine gegenüber § 323 III S. 1 ZPO a. F. weiter zurückreichende Abänderung zugunsten des Unterhaltspflichtigen eröffnet, bleibt diese aber bei Meidung eines Verstoßes gegen das Rückwirkungsverbot begrenzt durch den Zeitpunkt des Inkrafttretens der Bestimmung.[397]

145 Der Gegenstand einer Abänderung von gerichtlichen Entscheidungen nach § 238 FamFG wird weiter dadurch begrenzt, dass der Unterhaltstitel eine Verpflichtung zu **künftig fällig** werdenden wiederkehrenden Leistungen enthalten muss (§ 258 ZPO). Eine auf fälligen Unterhalt begrenzte Entscheidung genügt nicht. Am Schluss der Tatsachenverhandlung muss zumindest noch eine wiederkehrende Leistung „nicht fällig" sein. Besonderheiten gelten, wenn die Beteiligten den durch Endentscheidung titulierten Unterhalt später auf eine andere Grundlage oder der Höhe nach anderweitig berechnet und geregelt haben. Hier scheidet, obwohl noch ein Titel nach dem Wortlaut des § 238 I S. 1 FamFG vorliegt, ein Abänderungsverfahren aus. Will der Unterhaltsberechtigte den nachträglich vereinbarten Unterhalt gerichtlich durchsetzen, muss er einen Leistungsantrag im ordentlichen Streitverfahren stellen. Der Unterhaltspflichtige, der einwenden will, man habe sich auf einen niedrigeren Unterhalt verständigt, ist gegenüber einer weiteren Vollstreckung aus der gerichtlichen Endentscheidung auf ein Vollstreckungsabwehrverfahren (§ 767 ZPO) angewiesen.

146 Obwohl das Abänderungsverfahren nach dem Wortlaut des § 238 I FamFG auf Titel gerichtet ist, die künftig fällig werdende wiederkehrende Leistungen betreffen, wird die Ansicht[398] vertreten, dass auch Titel mit Abfindungscharakter (**Kapitalabfindung**) einer

---

[389] BGH FamRZ 1983, 806
[390] BGH FamRZ 1992, 298
[391] OLG Karlsruhe FamRZ 1989, 1310
[392] OLG Celle FamRZ 1993, 103, 104
[393] BGH FamRZ 1992, 1060, 1062
[394] BT-Drucks. 16/6308 S. 359
[395] BGH FamRZ 2010, 192 Rn. 5
[396] Johannsen/Henrich/Büte Art. 111 FGG-RG Rn. 4
[397] OLG Celle FamRZ 2011, 50, 51
[398] Zöller/Vollkommer § 323 ZPO Rn. 25

2. Abschnitt: Die Schaffung und Abänderung von Unterhaltstiteln § 10

Abänderungsantrag zugänglich seien, um nachträglichen Änderungen in den Verhältnissen, die sich auf Bedürftigkeit oder Leistungsfähigkeit im Unterhaltsverhältnis auswirken können und die bei der Bemessung des Abfindungsbetrages naturgemäß Berücksichtigung gefunden haben, Rechnung zu tragen. Für den Bereich des Unterhaltsrechts stellt sich die Abfindungsproblematik indessen abgesehen von der Möglichkeit nach § 1585 II BGB vorrangig im Kontext **vergleichsweiser Regelungen** (§ 239 FamFG). In dieser Situation lassen sich aber beide Beteiligte in Kenntnis unsicherer Zukunftsprognosen mit nicht verlässlich abschätzbaren persönlichen und wirtschaftlichen Entwicklungen auf eine konkrete Unterhaltsberechnung ein. Mit der Abfindung soll und will der Unterhaltspflichtige Gewissheit gerade darüber erlangen, dass, worum der Unterhaltsberechtigte weiß, mit der Zahlung des vereinbarten Betrages die Sache für ihn „für alle Zeit" erledigt ist. Die Gewichtung des **Abfindungsmoments** steht hiernach einer Anpassung der Kapitalleistung auf dem Wege eines Abänderungsantrags entgegen.[399]

Eine formelle Rechtskraft der Endentscheidung setzt das Abänderungsverfahren nicht voraus.[400] Allerdings kann die Einleitung eines Abänderungsverfahrens nur von einem **wirksamen**, mithin **vollstreckbaren Unterhaltstitel** (§§ 116 III, 120 II FamFG) ausgehen; an einem solchen Titel fehlt es, wenn der von der Kindesmutter geltend gemachte Ehegatten- und Kindesunterhaltsanspruch unaufgeschlüsselt als Gesamtbetrag in der Entscheidung ausgewiesen worden ist.[401] Hat sie einen entsprechenden Titel erstritten und will etwa das Kind nach dem Ende der Verfahrensstandschaft hieraus die Vollstreckung selbst betreiben, scheidet eine Titelumschreibung mangels erkennbarer Abgrenzung zwischen Kindes- und Ehegattenunterhalt aus. Nicht vollstreckungsfähig ist ein Unterhaltstitel ferner, wenn Unterhalt unter Anrechnung bereits gezahlter, aber nicht bezifferter Beträge zu zahlen ist **(sog. unbestimmte Anrechnungsklausel)**,[402] wie dies häufig bei erstinstanzlichen Entscheidungen festzustellen ist, wenn insbesondere während des laufenden Verfahrens Teilleitungen auf den geschuldeten Unterhalt erbracht werden, ohne dass der Teilerledigung verfahrensrechtlich Rechnung getragen wird. Um den Anforderungen eines vollstreckbaren Unterhaltstitels zu genügen, muss der zu vollstreckende Zahlungsanspruch **betragsmäßig festgelegt** sein oder sich zumindest aus dem Titel ohne weiteres ersehen lassen. In diesem Zusammenhang reicht es – so der BGH[403] – für eine **Vollstreckungsfähigkeit** nicht, wenn auf Urkunden Bezug genommen wird, die nicht Bestandteil des Titels sind, oder die Leistungen nur aus dem Inhalt anderer Schriftstücke zu ermitteln sind. Allerdings hat der BGH[404] in der Zwischenzeit die Vollstreckbarkeit von mit **Wertsicherungsklauseln** versehenen Unterhaltstiteln ausdrücklich bejaht. Die erforderlichen Daten seien leicht sowie zuverlässig feststellbar und damit offenkundig (§ 291 ZPO). Fehlt dem jeweiligen Titel die Vollstreckbarkeit, muss der Unterhaltsberechtigte einen Leistungsantrag stellen, der Unterhaltspflichtige sich mit einem **Vollstreckungsabwehrantrag analog § 767 ZPO** gegen eine drohende Zwangsvollstreckung zur Wehr setzen.[405]

Wird ein auf Zahlung von Unterhalt gerichteter **Erstantrag abgewiesen**, fehlt es schon nach dem Wortlaut der Bestimmung an der Verpflichtung zu künftig wiederkehrenden Leistungen (§ 258 ZPO), um für ein weiteres Unterhaltsverfahren die Voraussetzungen von § 238 FamFG zu bejahen.[406] Darüber hinaus stellt der BGH[407] mit darauf ab, dass es im Fall der Abweisung eines Erstantrages an einer sachlichen Beurteilung der voraussichtlich in der Zukunft bestehenden Verhältnisse, mithin auch an einer in die Zukunft reichenden Rechtskraft fehle.[408] Wurde der Unterhaltsantrag in der Erstentscheidung **als zurzeit unbegrün-**

---

[399] BGH NJW 1981, 818; vgl. auch BGH FamRZ 2005, 1662 = R 639
[400] BGH FamRZ 1986, 43
[401] OLG Zweibrücken FamRZ 1986, 1237
[402] BGH FamRZ 2006, 261 = R 645
[403] BGH FamRZ 2006, 261, 263
[404] BGH FamRZ 2004, 531
[405] BGH FamRZ 2006, 261 = R 645
[406] BGH FamRZ 2005, 101 = R 620
[407] BGH FamRZ 2005, 101, 102
[408] Zur Kritik vgl. Johannsen/Henrich/Brudermüller § 238 FamFG Rn. 49

§ 10   Verfahrensrecht

det abgewiesen, weil die derzeitigen und künftigen Verhältnisse nicht hinreichend genug festgestellt werden konnten, scheidet mangels einer in die Zukunft weisenden Titulierung einer Zahlungsverpflichtung ein Abänderungsverfahren aus. Für den Fall, dass der Zahlungsantrag in einem Erstverfahren auf einen **Spitzenbetrag** beschränkt und abgewiesen worden war, gilt dies ebenso.[409] Auch wenn der Unterhaltsberechtigte in diesen Fällen der Antragsabweisung nicht gehindert ist, sein Unterhaltsbegehren erneut mit einem Leistungsantrag zu verfolgen, hat er die Rechtskraft der abweisenden Entscheidungen zu beachten. Dies besagt, dass er den neuen Leistungsantrag zulässigerweise nur auf einen neuen Lebenssachverhalt stützen kann. Er hat hierzu eine **wesentliche Änderung der Sach- und Rechtslage** seit dem Schluss der Tatsachenverhandlung im Erstverfahren darzulegen.[410]

149   Hat der Unterhaltsberechtigte seinen Unterhalt in einer Erstentscheidung erstritten und führt ein erstes **Abänderungsverfahren** dazu, dass, eine Unterhaltsverpflichtung nicht mehr besteht, kann er erneut Unterhalt nur unter den besonderen Voraussetzungen eines **weiteren Abänderungsverfahrens** verlangen. Dabei beruht nach Ansicht des BGH[411] die abzuändernde Entscheidung sowohl im Falle der Reduzierung als auch bei völliger Streichung der Unterhaltsrente weiterhin auf einer Prognose der zukünftigen Entwicklung und stellt den Rechtszustand auch für die Zukunft fest. Ein späterer Antrag auf Wiedergewährung der Unterhaltsrente stelle daher abermals die Geltendmachung einer von der Prognose abweichenden tatsächlichen Entwicklung der Verhältnisse dar, für die das Gesetz das Abänderungsverfahren vorsehe, um die (erneute) Anpassung der Entscheidung an die veränderten Entscheidungsgrundlagen zu ermöglichen. Nach a. A.[412] ist der Unterhalt auf Grund einer Gesamtschau der beiden Entscheidungen nur zeitlich befristet zuerkannt worden. Mit dem weiteren Unterhaltsbegehren macht der Unterhaltsberechtigte danach nur eine im Abänderungsverfahren möglichen Korrektur der Prognose zur Dauer der Unterhaltsverpflichtung geltend. Haben beide Beteiligte mit einem ersten Abänderungsverfahren keinen Erfolg, können sie ihre jeweiligen Interessen nur mit einem weiteren Abänderungsantrag verfolgen.[413]

150   Handelt es sich bei der Erstentscheidung um eine **Feststellungsentscheidung**, die auf einen Feststellungsantrag zurückgeht, mit dem sich der Unterhaltspflichtige gegen eine einstweilige Unterhaltsanordnung wenden will, hängt das weitere Verfahren vom Inhalt der Entscheidung ab. Wird festgestellt, dass eine Unterhaltspflicht nicht gegeben ist, steht dies der **Abweisung eines Leistungsantrags** gleich. Ein erneutes Unterhaltsbegehren kann der Unterhaltspflichtige mit einem Leistungsantrag verfolgen, muss dabei aber die Rechtskraft berücksichtigen, so dass er auf eine wesentliche Änderung der Sach- und Rechtslage angewiesen bleibt.[414] Wird der Feststellungsantrag abgewiesen, steht dies einer Entscheidung im Sinne von § 238 I S. 1 FamFG gleich, die für beide Beteiligte nur im Abänderungsverfahren angepasst werden kann.[415]

151   Eine **Teilabweisung** im Vorverfahren führt allerdings nicht notwendig dazu, dass wegen des abgewiesenen Teils ein Leistungsantrag und im Übrigen ein Abänderungsantrag für ein weitergehendes Unterhaltsbegehren zu stellen wären. Vielmehr kommt es auch hier auf die **inhaltliche Tragweite der Erstentscheidung** an. Stützt sich der Teilerfolg des Erstantrags lediglich auf zugesprochene **Unterhaltsrückstände** und beruht die Abweisung darauf, dass im Zeitpunkt der letzten Tatsachenverhandlung ein Unterhaltsanspruch nicht mehr bestand, fehlt es neben den Anforderungen im Wortlaut von § 238 I S. 1 FamFG an einer Prognose für die Zukunft. Die Rechtsverfolgung eines neuerlichen Unterhaltsbegehrens erfolgt im Wege des Leistungsantrags.[416]

Hat der Erstantrag **zur Höhe** auch des laufenden Unterhalts nur zu einem Teilerfolg geführt, kann weitergehender Unterhalt vor dem Hintergrund der angestellten Prognose nur

---

[409] BGH FamRZ 1982, 479
[410] BGH FamRZ 1990, 863, 864
[411] BGH FamRZ 2007, 983 Rn. 19 = R 676 a
[412] Johannsen/Henrich/Brudermüller § 238 Rn. 51
[413] BGH FamRZ 2008, 872 Rn. 12 = R 690 a
[414] BGH FamRZ 1990, 863, 864
[415] OLG Hamm FamRZ 2000, 544
[416] BGH FamRZ 2005, 101 = R 620

unter den Voraussetzungen eines Antrags nach § 238 FamFG verlangt werden. Entsprechend vorzugehen ist nach einer Teilabweisung im Vorverfahren auch, wenn der laufende Unterhalt nur **zeitlich befristet** zuerkannt worden ist und ab einem bestimmten Zeitpunkt in der Zukunft wegfällt.[417] Hier hat das Gericht in einer Vorausschau vorausgesetzt, dass der Unterhaltsanspruch künftig auf Dauer erlöschen „könne". Ist diese dem abweisenden Teil der Endentscheidung zugrunde liegende Prognose nicht eingetroffen, kann sie korrigiert werden.

5. Abgrenzung zwischen Abänderungsantrag (§ 238 FamFG) und Vollstreckungsabwehrantrag (§ 767 ZPO) sowie Verhältnis zur Vollstreckungserinnerung (§ 766 ZPO)

a) Ziel der Rechtsverfolgung. Der Abänderungsantrag nach § 238 FamFG ist ein 152 Gestaltungsantrag, der sowohl vom Unterhaltspflichtigen als auch vom Unterhaltsberechtigten gestellt werden kann und sich gegen in der Hauptsache ergangene Endentscheidungen wendet. Er verlangt eine wesentliche Änderung der stets wandelbaren wirtschaftlichen bzw. tatsächlichen oder auch rechtlichen Verhältnisse und betrifft damit Ereignisse, aus denen sich unmittelbare Auswirkungen auf die bei der Entscheidung über den Antrag auf künftige Leistung zu treffende **Zukunftsprognose** ergeben können.[418]

Mit einem Vollstreckungsabwehrantrag nach § 767 ZPO macht der Unterhaltspflichtige (und nur er) **rechtsvernichtende** und **rechtshemmende Einwendungen** gegen den titulierten Anspruch selbst geltend, wobei sich diese Rechtsschutzmöglichkeit zusätzlich zu den mit Abänderungsanträgen nach §§ 238, 239 FamFG abänderbaren Titeln auch gegen eine einstweilige Unterhaltsanordnung (§§ 246–248 FamFG) richten kann (vgl. Rn. 10/441).

Hiernach sind an sich beide Verfahrensarten angesprochen, wenn sich bezogen auf einen Unterhaltstitel die maßgebenden Verhältnisse in der Weise nach Schluss der letzten mündlichen Tatsachenverhandlung im vorausgegangenen Verfahren ändern, dass eine **Herabsetzung** oder ein vollständiger **Wegfall** des **titulierten Unterhalts** in Betracht kommt. Gleichwohl ist eine Abgrenzung schon deshalb zwingend geboten, weil das Abänderungsverfahren nur bei wesentlichen Änderungen und zudem unter der zeitlichen Begrenzung durch § 238 III FamFG Aussicht auf Erfolg bietet, ein Vollstreckungsabwehrverfahren aber schon mit dem Zeitpunkt der Entstehung der Einwendung einsetzen kann.

b) Differenzierung nach Antragsgund. Herkömmlicherweise werden die beiden 153 Verfahrens unter dem Gesichtspunkt der in Betracht kommenden Antragsbegründungen gegeneinander abgegrenzt.[419] Danach dient § 767 ZPO der **Durchsetzung** rechtsvernichtender, -hemmender und beschränkender **Einwendungen,** während § 238 FamFG die **anspruchsbegründenden Tatsachen** und damit den **Antragsgrund** selbst betrifft. Indessen ist die Abgrenzung der beiden Verfahrensarten nicht immer eindeutig zu vollziehen.[420] Fällt etwa nachträglich der Grund für die Verpflichtung zur Zahlung von Unterhalt weg, stellt auch dies einen ganz oder teilweise rechtsvernichtenden Umstand dar,[421] nämlich hinsichtlich des rechtskräftig bestehenden und nachträglich zu verändernden Titels. Auch die Abgrenzung, mit dem Vollstreckungsabwehrantrag sei ein scharf umrissenes, punktuelles Ereignis wie Verzicht, Erfüllung oder Verwirkung geltend zu machen,[422] hilft nicht entscheidend weiter. Denn der Wegfall der Leistungsfähigkeit durch plötzliche Arbeitslosigkeit oder Krankheit stellt ebenfalls ein scharf umrissenes, punktuelles Ereignis dar, welches in die Zukunft hineinreicht und Dauerwirkungen erzielt. Deshalb wird die Auffassung vertreten,[423] dass § 238 FamFG als **Sonderregelung** zu verstehen sei, die mit Ausnahme der Er-

---

[417] BGH FamRZ 2007, 983 Rn. 19 = R 676a; 1984, 353, 354
[418] BGH FamRZ 2005, 1479 = R 636; 1984, 470, 471
[419] MünchKommZPO/Dötsch § 238 FamFG Rn. 22
[420] BGH FamRZ 1982, 470, 471
[421] Hahne FamRZ 1983, 1191
[422] Johannsen/Henrich/Brudermüller § 238 FamFG Rn. 9 m. w. N.
[423] Hoppenz FamRZ 1987, 1097

füllung sämtliche Umstände erfasse, die mittelbar oder unmittelbar einen Anspruch auf wiederkehrende Leistungen beeinflussen. Teilweise wird bei der Abgrenzung danach differenziert, ob dem Unterhaltstitel die Vollstreckbarkeit dauerhaft genommen werden soll oder Abänderungsgründe angeführt werden, die selbst wieder zu abänderbaren Entscheidungen führen können. Das Vollstreckungsabwehrverfahren kommt hiernach nur für Einwendungen in Betracht, die den titulierten Unterhaltsanspruch unwandelbar vollständig oder bezogen auf einen bestimmten Zeitraum beseitigen oder vermindern.[424]

154 c) **Einzelfälle.** Trotz der Schwierigkeiten für eine auch dogmatisch überzeugenden Abgrenzung zwischen den beiden Verfahrensarten lassen sich insbesondere nach der Rechtsprechung und in dem dazu ergangenen Schrifttum[425] dem Vollstreckungsabwehrverfahren (§ 767 ZPO) zuordnen
- der **Erlass** der titulierten Unterhaltsschuld, **Verzicht** oder **Vollstreckungsverzicht**,[426]
- **Stundung, Verjährung** und **Verwirkung**,[427]
- die **unzulässige Rechtsausübung**,[428]
- der Wegfall des Trennungsunterhaltsberechtigung, sofern nach **Rechtskraft der Scheidung** die Zwangsvollstreckung aus dem Alttitel auch für die Folgezeit fortgesetzt wird,[429]
- der Wegfall (§ 1586 BGB) des nachehelichen Unterhalts bei **Wiederheirat** oder Begründung einer Lebenspartnerschaft,[430]
- die **Erfüllung**[431] und entsprechende **Erfüllungssurrogate** oder ein der Erfüllung gleichkommender Vorgang;[432] dass die Erklärung einer **Aufrechnung** im Ergebnis an einem Aufrechnungsverbot (§§ 394, 850 b I Nr. 2 II ZPO) scheitern kann, steht der Zulässigkeit eines Vollstreckungsabwehrantrags nicht entgegen; ein Wechsel in der Kindergeldberechtigung stellt im Zuge der gesetzlichen Neuregelung (§ 1612 b I S. 2 BGB) durch die Unterhaltsreform 2008, wonach sich das **Kindergeld** bedarfsdeckend auswirkt, kein Erfüllungssurrogat dar;[433] der Einwand des barunterhaltspflichtigen Elternteils, durch die Betreuung des Kindes in Ausübung seiner Umgangsbefugnis **Naturalunterhalt** geleistet zu haben, ist im Rahmen eines Vollstreckungsabwehrantrags zulässig, allerdings ohne Aussicht auf Erfolg,[434]
- beim titulierten Kindesunterhalt der Wegfall der elterlichen Verfahrensstandschaft oder einer sonstigen Vertretungsbefugnis mit Eintritt der **Volljährigkeit des Kindes**[435] oder bei einer **Änderung der elterlichen Sorge**,[436] u. z. auch bei Unterhaltsrückständen aus Zeiträumen, in denen die elterliche Handlungsbefugnis noch gegeben war; die Vollstreckungsabwehr richtet sich hierbei aber nur gegen die Vollstreckungsbefugnis des Elternteils und lässt den Titel im Übrigen unberührt, so dass das Kind oder der neue Inhaber der elterlichen Sorge (ausgenommen der bis dahin barunterhaltspflichtige Elternteil) nach Titelumschreibung die Zwangsvollstreckung fortsetzen kann,
- der Einwand des **Nichtbestehens** der **Ehelichkeit** und der **Vaterschaft** (§ 1599 BGB) durch den kindesunterhaltspflichtigen Scheinvater,[437]
- die fehlende Vollstreckbarkeit des Unterhaltstitels bei **unbestimmter Anrechnungsklausel**,[438]

---

[424] Graba Rn. 559
[425] FA-FamR/Gerhardt Kap. 6 Rn. 905; Keidel/Meyer-Holz FamFG § 238 Rn. 43
[426] BGH FamRZ 1979, 573
[427] BGH FamRZ 1987, 259
[428] BGH FamRZ 1983, 355
[429] BGH FamRZ 1881, 242
[430] OLG Naumburg FamRZ 2006, 1402
[431] BGH FamRZ 1984, 470
[432] BGH FamRZ 1989, 159
[433] FA-FAmR/Gerhardt Kap. 6 Rn. 905; Johannsen/Henrich/Brudermüller § 238 FamFG Rn. 11; a. A. MünchKommZPO/Dötsch FamFG § 238 Rn. 24
[434] BGH FamRZ 2006, 1015
[435] OLG Köln FamRZ 1995, 308
[436] OLG Schleswig FamRZ 1990, 189
[437] FA-FAmR/Gerhardt Kap. 6 Rn. 905
[438] BGH FamRZ 2006, 261 Rn. 23 = R 645

2. Abschnitt: Die Schaffung und Abänderung von Unterhaltstiteln　　　　**§ 10**

– die Berufung auf die **Haftungsbeschränkung** des § 1586 b I S. 3 BGB nach Titelumschreibung durch den Erben des unterhaltspflichtigen Erblassers,[439]
– die Fortsetzung der Zwangsvollstreckung aus einem Unterhaltstitel über den Trennungsunterhalt nach Wiederherstellung der ehelichen Lebensgemeinschaft und erneuter Trennung, es sei denn es handelt sich bei der Zwischenzeit nur um einen kurzfristigen Versöhnungsversuch.

d) Befristung. Dem gegenüber ist die zeitliche **Begrenzung des Unterhaltsanspruchs**, soweit der Unterhaltspflichtige sein Begehren auf § 1578 b BGB (oder in Altfällen: §§ 1573 V BGB, 1578 I Satz 2 BGB a. F.) stützt, mit einem Abänderungsantrag (§ 238 FamFG), nicht im Vollstreckungsabwehrverfahren (§ 767 ZPO) zu verfolgen, wie der BGH[440] in der Zwischenzeit wiederholt unter Hinweis auf die „wandelbaren wirtschaftlichen Verhältnisse" entschieden hat. Wendet sich der Unterhaltspflichtige gegen einen Titel mit dem Hinweis, der Unterhaltsberechtigte müsse sich nunmehr Einkünfte aus der Erbringung von **Versorgungsleistungen** zurechnen lassen, ist ebenfalls der Abänderungsantrag die gebotene Vorgehensweise. Nach der geänderten Rechtsprechung des BGH zur **Differenz- bzw. Additionsmethode** handelt es sich auch um **bemessungsrelevantes Einkommen**,[441] so dass eine nachträgliche Berücksichtigung beim Ehegattenunterhalt sich nicht allein erfüllungsbezogen sondern schon auf die Bedarfsverhältnisse auswirkt. In solchen Situationen müsste das Vollstreckungsabwehrverfahren zu unbilligen Ergebnissen führen.[442] **155**

e) Antragsziel und umfassender Rechtsschutz. Eine genaue und im Einzelnen umrissene Unterscheidung hinsichtlich der Heranziehung der beiden Verfahrensarten ermöglicht allein der Gesetzestext beider Vorschriften nicht. Nach § 238 I FamFG ist ein Abänderungsantrag dann zulässig, *sofern der Antragsteller Tatsachen vorträgt, aus denen sich eine wesentliche Veränderung der der Entscheidung zugrunde liegenden tatsächlichen oder rechtlichen Verhältnisse ergibt.* Diese allgemeine Gesetzesformulierung erfasst mit Ausnahme der **Erfüllung** und der **Erfüllungssurrogate** alle künftigen Ereignisse, die zu einer wesentlichen Veränderung führen. Man könnte somit von daher der Ansicht folgen,[443] § 238 FamFG greife für den Unterhaltspflichtigen mit Ausnahme des Falls der Erfüllung immer ein (eine Erhöhung des laufenden Unterhalts zugunsten des Unterhaltsberechtigten kann ohnedies nur nach § 238 FamFG in Betracht kommen). Dem widerspricht indessen die Formulierung in § 767 I ZPO, die ebenso alle künftigen Ereignisse umfasst, die zu einer Reduzierung oder zu einem Wegfall der Vollstreckungsfähigkeit führen können. Eine Vollstreckungsabwehrantrag ist gemäß § 767 I ZPO nämlich dann möglich, wenn der Unterhaltspflichtige Einwendungen geltend machen kann, „die den durch das Urteil (hier: Endentscheidung) festgestellten Anspruch selbst betreffen". Dies sind alle Umstände, die zum Erlass der vorausgegangenen Entscheidung geführt haben bzw. die, sofern sie damals bereits vorhanden gewesen wären, einen entsprechenden, unmittelbaren Einfluss auf die frühere Entscheidung gehabt hätten. Die Begrifflichkeiten der „wesentlichen Veränderung der der Entscheidung zugrunde liegenden tatsächlichen oder rechtlichen Verhältnisse" (§ 238 FamFG) und der „Einwendungen, die den durch das Urteil festgestellten Anspruch selbst betreffen" (§ 767 I ZPO), sind demnach identisch; die Formulierung in § 238 I FamFG differenziert nur hinsichtlich des Grundes des zugesprochenen Anspruchs, seines Umfangs, der Höhe und der zeitlichen Dauer. Dies aber sind alles Umstände bzw. Einwendungen, die gerade den durch die Ausgangsentscheidung festgestellten Anspruch selbst betreffen. **156**

Stellt man daher mit dem BGH[444] fest, dass die Voraussetzungen beider Vorschriften schwer voneinander abgrenzbar sind, aber verwandten Zwecken dienen, kann eine Heranziehung des § 238 FamFG bzw. des § 767 ZPO nur von dem **Antragsziel**[445] abhängen, **157**

---

[439] Keidel/Meyer-Holz FamFG § 238 Rn. 43
[440] BGH FamRZ 2000, 1499; 2001, 905
[441] BGH FamRZ 2004, 1170 und 1173 = R 612
[442] BGH FamRZ 2005, 1479 = R 636
[443] Hoppenz FamRZ 1987, 1097
[444] BGH FamRZ 1984, 997
[445] BGH NJW 2008, 1446 Rn. 7 (rechtskräftiger Unterlassungstitel); BGH FamRZ 2005, 1479 = R 636

welches der jeweilige Antragsteller vernünftigerweise vor Augen hat. Dabei ist die im 8. Buch der ZPO stehende Vorschrift des § 767 ZPO nur dazu gedacht, die Vollstreckung einer weiterhin existenten und damit rechtskräftig bleibenden Endentscheidung vorübergehend oder auf Dauer einzustellen. Da aber im Zweifel ein Antragsteller den **umfassenden Rechtsschutz** zu seinen Gunsten sucht, wird in der Regel ein Unterhaltspflichtiger versuchen, mit dem Abänderungsantrag den gänzlichen Wegfall des Ersttitels zu erreichen und nicht bloß – über § 767 ZPO – den bloßen Wegfall der Vollstreckbarkeit.[446] Letzteres beantragt er nur dann, wenn dies infolge Reduzierung des Verfahrenswertes für ihn kostengünstiger ist, den Zeitraum vor Rechtshängigkeit (§ 238 III FamFG) betrifft oder wenn es sich nur um einen vorübergehenden Ausschluss der Anspruchsdurchsetzung handelt. In allen übrigen Fällen wird der Unterhaltspflichtige das Abänderungsverfahren des § 238 FamFG bemühen, weil nur ein solches Vorgehen endgültige Rechtsbefriedung durch Wegfall des Ersttitels schafft.

158 Abänderungsantrag und Vollstreckungsabwehrantrag schließen sich für ein und denselben Streitgegenstand grundsätzlich gegenseitig aus.[447] Anstelle eines zulässigen Abänderungsantrags kann daher kein Vollstreckungsabwehrantrag gestellt werden.[448] Es besteht **kein Wahlrecht**.[449] Ist ein Titel nicht mehr abänderbar (z. B. wegen Unterhaltsverzichts oder bei einem Trennungsunterhalt nach Rechtskraft der Ehescheidung), kann auch bei Änderung der wirtschaftlichen Verhältnisse nur der Antrag nach § 767 ZPO gestellt werden.[450] Hier gehen rechtsvernichtende Einwendungen und Einreden denkbaren Veränderungen der Verhältnisse vor. Umgekehrt kann auch anstelle eines zulässigen Abänderungsantrags kein Vollstreckungsabwehrantrag gestellt werden. Ein Vollstreckungsabwehrantrag kann in einen Abänderungsantrag **umgedeutet** werden.[451]

159 Allerdings hat der BGH unter Aufgabe einer älteren Rechtsprechung **beide Verfahrensarten** in ein und derselben Streitsache – **zeitlich gestaffelt**, d. h. bis zur Rechtshängigkeit den Antrags aus § 767 ZPO, danach den auf Abänderung nach § 238 FamFG – zugelassen, hierbei zunächst für den Fall des nachträglichen Bezugs einer **Rente** aus dem **Versorgungsausgleich** durch den bedürftigen Ehegatten.[452] Dem lag die Erwägung zugrunde, dass der Rentenbezug einerseits die Bedürftigkeit mindere, mithin zu einer Änderung der wirtschaftlichen Verhältnisse führe, andererseits aber mit dem etwa gleich hohen Rentenbezug ein der Erfüllung wirtschaftlich gleichkommender Vorgang einsetze. Diese Einwendung müsse der Schuldner dem Gläubiger immer entgegenhalten können, weshalb der Anwendungsbereich des Vollstreckungsabwehrantrags bleiben müsse, wenn das Abänderungsbegehren an der zeitlichen Schranke des § 238 III FamFG scheitere.[453]

160 **f) Sonderfall: Rentennachzahlung.** Indessen hält der BGH nunmehr auf der Grundlage eines Urteils vom 8. 6. 2005[454] an dieser Auffassung bezogen jedenfalls auf die Fälle **nachträglicher Rentenzahlungen** nicht mehr fest. Nunmehr ist ausschließlich ein Abänderungsantrag zu stellen. Bestimmend sind auch hier die Auswirkungen der geänderten Rechtsprechung zur **Differenz- oder Additionsmethode**.[455] Sie fallen bei nachträglichem Rentenbezug durch den bedürftigen Ehegatten in der Weise ins Gewicht, dass die Zahlungen nicht mehr entsprechend der Anrechnungsmethode vom titulierten Anspruch in Abzug zubringen sind, sondern bereits zuvor auf der Ebene der Bedarfsbemessung nach den ehelichen Lebensverhältnissen Berücksichtigung finden.[456] Eine Anpassung auch an diese dem jeweiligen Titelgläubiger günstigen Verhältnisse ermöglicht dem gegenüber das Vollstreckungsabwehrverfahren auf der Grundlage des in der Ausgangsentscheidung rechts-

---

[446] BGH FamRZ 2001, 282
[447] BGH FamRZ 2005, 1479 = R 636
[448] BGH FamRZ 1988, 1156
[449] BGH FamRZ 2005, 1479 = R 636
[450] BGH FamRZ 1981, 242
[451] BGH FamRZ 2005, 1479, 1481 = R 636
[452] BGH FamRZ 1989, 159
[453] BGH FamRZ 1989, 159, 161
[454] BGH FamRZ 2005, 1479 = R 636
[455] BGH FamRZ 2001, 986 = R 563
[456] BGH FamRZ 2003, 848, 851; 2002, 88, 91

kräftig festgestellten Unterhaltsbedarfs nicht. Durch ein Vorgehen nach § 767 ZPO hätte es der Titelschuldner vielmehr in der Hand, sich etwa auf den rentenbezugsbedingten Wegfall des Altersvorsorgenunterhalts zu berufen, ohne dass dessen Auswirkungen auf eine **titelerhaltende Erhöhung** des verbleibenden Elementarunterhalts überhaupt Berücksichtigung finden könnten. Ein Vollstreckungsabwehrantrag müsste in den entsprechenden Fallgestaltungen nach alledem zu unbilligen Ergebnissen führen.[457] Allerdings unterliegt der Abänderungsantrag im Unterschied zum Vollstreckungsabwehrantrag insoweit Beschränkungen, als eine Abänderung der Ausgangsentscheidung zugunsten des Unterhaltspflichtigen nur im Rahmen besonderer Zeitschranken (§ 238 III FamFG) in Betracht kommt. Soweit danach für einen davor liegenden Zeitraum unter Einschluss der Rentenzahlungen eine Überzahlung erfolgt ist, steht dem Unterhaltspflichtigen ein auf § 242 BGB beruhender **Erstattungsanspruch** außerhalb des Unterhaltsverhältnisses zu, dessen Höhe sich danach bemisst, inwieweit sich der Unterhaltsanspruch ermäßigt hätte, wenn die Rente schon während des in Rede stehenden Zeitraums gezahlt worden wäre.[458] Nach a. A. soll das Rückwirkungsverbot des § 238 III FamFG für den Bereicherungsanspruch durch eine teleologische Reduktion ausgeschaltet werden.[459]

g) Sonderfall: Verwirkung. Bei der Verwirkung (§§ 1579, 1611 BGB) von Unterhaltsansprüchen hat der BGH[460] zunächst den Charakter der rechtsvernichtenden Einwendung betont und das Vollstreckungsabwehrverfahren als richtige Verfahrensart eingestuft, dann aber auch einen mit dem Verwirkungseinwand gestützte Abänderungsantrag akzeptiert,[461] da auch in solchen Fällen bei der für die Zukunft zu treffenden Entscheidung der Einfluss der **stets wandelbaren wirtschaftlichen Verhältnisse** auf die Unterhaltspflicht zu berücksichtigen sei. In diesem Zusammenhang erscheint ein zeitlich gestaffeltes Zusammentreffen der beiden Verfahrensarten auch in Ansehung der Entscheidung vom 8. 6. 2005[462] weiterhin unbedenklich, weil sich für die rechtsvernichtende Einwendung der Verwirkung Auswirkungen durch die geänderte Rechtsprechung zur Differenz- bzw. Additionsmethode nicht abzeichnen und anspruchserhaltende Gesichtspunkte, soweit sie auf veränderten Verhältnissen beruhen, auch im Rahmen des Verwirkungseinwandes zu berücksichtigen sind. Mithin scheidet eine unbillige Benachteiligung des Titelgläubigers durch die Wahl der Verfahrensart von vornherein aus.[463] Nach anderer Ansicht[464] soll der Verwirkungseinwand nur unter den Voraussetzungen von § 238 FamFG verfolgt werden können. Hierbei wird wiederum vertreten, dass die dem Antragsteller im Abänderungsverfahren nachteilige Zeitschranke (§ 238 III FamFG) im Wege einer teleologischen Reduktion nicht greifen soll.[465] Nach OLG Köln[466] ist der Einwand der Verwirkung nachehelichen Unterhalts im Wege des Abänderungsverfahrens geltend zu machen, wenn auch ein zeitlich begrenzter Ausschluss oder eine zeitlich begrenzte Herabsetzung in Betracht kommen können. Das Vollstreckungsabwehrverfahren wäre nach dieser Ansicht die richtige Verfahrensart, wenn auf Grund des Verwirkungseinwandes nur ein Verlust des Unterhaltsanspruchs auf Dauer in Betracht käme. Diese Unterscheidung erscheint allerdings nicht deshalb tragfähig, weil sie für die Zulässigkeit des Antrags an das Ausmaß ihres Erfolges anknüpft. Für die ab dem 1. 9. 2009 einzuleitenden Abänderungs- oder Vollstreckungsabwehrverfahren dürfte in der Rechtsanwendung aus der Sicht des Unterhaltspflichtigen jedenfalls insoweit eine Erleichterung der Rechtsverfolgung mit der Beseitigung der allein ihm nachteiligen Zeitschranke aus § 323 III S. 1 ZPO a. F. eingetreten sein.

---

[457] BGH FamRZ 2005, 1479, 1480 = R 636
[458] BGH FamRZ 1990, 269, 272 f.; 1989, 718, 719
[459] Johannsen/Henrich/Brudermüller § 238 FamFG Rn. 12
[460] BGH FamRZ 1991, 1175; 1990, 1040; 1987, 259, 261
[461] BGH FamRZ 1997, 671; 1990, 1095
[462] BGH FamRZ 2005, 1479 = R 636
[463] FA-FamR/Gerhardt Kap. 6 Rn. 908
[464] KG FamRZ 1990, 187; Graba Rn. 162; Johannsen/Henrich/Brudermüller § 238 FamFG Rn. 12
[465] Graba Rn. 233 m. w. N.
[466] OLG Köln FamRZ 2001, 1717

162 **h) Zusammentreffen der Verfahren.** Wird davon ausgegangen, dass im Kontext der Verwirkung für Vollstreckungsabwehr und Abänderung eine kumulative Verbindung möglich ist, sind die Besonderheiten der jeweiligen Verfahrensart zu beachten.[467] So muss für eine **objektive Antragshäufung** (§ 260 ZPO) die gleiche Zuständigkeit gegeben sein, die für den Vollstreckungsabwehrantrag durch §§ 767 I, 802 ZPO an die ausschließliche Zuständigkeit des Verfahrensgericht erster Instanz im Vorverfahren, für den Abänderungsantrag, sofern keine ausschließliche Zuständigkeit (§ 232 I Nr. 1 und 2 FamFG)) besteht, an den allgemeinen Gerichtsstand des Antragsgegners (§ 232 III FamFG i. V. m. §§ 12, 13 ZPO) anknüpft. Hat nach dem Erstverfahren ein Aufenthaltswechsel des Antragsgegners stattgefunden, scheitert eine Antragshäufung bereits an dem Fehlen der gemeinsamen örtlichen Zuständigkeit. Zudem müssen die jeweiligen Angriffe gegen die Ausgangsentscheidung der jeweiligen Antragsart zugeordnet werden. Beruft sich der Unterhaltspflichtige lediglich auf Verwirkung, kann er sich auf die Vollstreckungsabwehr beschränken. Will er zugleich eine Veränderung etwa in den Einkommensverhältnissen geltend machen mit Auswirkungen auf Bedarf, Bedürftigkeit und Leistungsfähigkeit, kann er dies nur unter gleichzeitiger Beachtung der Voraussetzungen und Einschränkungen (§ 238 III FamFG) des Abänderungsverfahrens. Allerdings hat der BGH[468] es vor dem Hintergrund nicht einfacher Abgrenzungsfragen zwischen Abänderungs- und Vollstreckungsabwehrverfahren aus Gründen der Verfahrensökonomie für unbedenklich angesehen, beide Verfahrensarten, sofern dasselbe Gericht zuständig ist, in einem **Hilfsverhältnis** miteinander zu verbinden. Führt nämlich ein zulässigerweise eingeleitetes Abänderungsverfahren aus sachlichen Gründen nicht zum Erfolg, soll dem Unterhaltspflichtigen zumindest die Möglichkeit erhalten bleiben, jedenfalls mit weiteren Einwendungen aus § 767 I ZPO die Vollstreckbarkeit des Titels zu beseitigen. Gegen die **Umdeutung** eines unzulässigen Abänderungsantrags in einen zulässigen Vollstreckungsabwehrantrag bestehen ebenso wenig Bedenken wie in der umgekehrten Konstellation, sofern die schutzwürdigen Interessen des jeweiligen Antragsgegners[469] gewahrt sind.[470] Gegebenenfalls hat das Gericht auch in diesem Zusammenhang auf die Stellung sachdienlicher Anträge hinzuwirken.[471]

163 **i) Die Vollstreckungserinnerung.** Anstelle eines Abänderungsantrags können sowohl der Unterhaltspflichtigen als auch der Unterhaltsberechtigte eine **Erinnerung nach § 120 I FamFG i. V. m. § 766 I ZPO** einlegen, um Unterhaltsansprüche durchzusetzen oder aufzuhalten. Die Erinnerung gegen Art und Weise der Zwangsvollstreckung ist ein Rechtsbehelf gegen Zwangsvollstreckungsmaßnahmen durch den Gerichtsvollzieher nach dem 8. Buch der ZPO und gegen Zwangsvollstreckungsmaßnahmen des Vollstreckungsgerichtes (Richter oder Rechtspfleger). Unter § 766 ZPO fallen alle Anträge, Einwendungen und Erinnerungen, die die Art und Weise der Zwangsvollstreckung oder das vom Vollstreckungsgericht bei der Zwangsvollstreckung zu beachtende Verfahren betreffen. Dabei wird sich der Gläubiger im Wege der Erinnerung dagegen wehren, wenn sich der Gerichtsvollzieher weigert, den Zwangsvollstreckungsauftrag zu übernehmen bzw. weisungsgemäß durchzuführen, wenn er die Erledigung des Auftrags verzögert, oder aber wenn die Einstellung oder Beschränkung der Zwangsvollstreckung zu Unrecht erfolgt ist. Eine Erinnerung des Schuldners will die Zwangsvollstreckung ganz oder teilweise verhindern und kann sich auf Mängel des Vollstreckungstitels, das Fehlen einer ordnungsgemäßen Vollstreckungsklausel oder eine mangelnde Umschreibung der Klausel auf den Rechtsnachfolger gründen.

Allen Einwendungen des § 766 ZPO ist gemein, dass sie sich nur gegen die **Art und Weise der Zwangsvollstreckung** im Vollstreckungsverfahren wenden, keinen Angriff aber auf die im Erkenntnisverfahren ergangene materiell-rechtliche Entscheidung bedeuten. Derartige Einwendungen des Schuldners gegen den durch Endentscheidung oder einen sonstigen Vollstreckungstitel ausgesprochenen Anspruch sind nicht vom Vollstreckungs-

---

[467] BGH FamRZ 2001, 282
[468] BGH FamRZ 2001, 282
[469] OLG Brandenburg FamRZ 2002, 1193
[470] BGH FamRZ 1991, 1040
[471] BGH FamRZ 2006, 261 = R 645

2. Abschnitt: Die Schaffung und Abänderung von Unterhaltstiteln § 10

organ und daher nicht im Erinnerungsverfahren zu prüfen; Rechtsweg hierfür ist das Vollstreckungsabwehrverfahren (§ 767 ZPO).

6. Abgrenzung zwischen Abänderungs- (§ 238 FamFG) und negativem Feststellungsantrag

Der auf § 238 FamFG gestützte Abänderungsantrag dient gemäß der durch den Gesetzgeber mit dem Ziel der besseren Übersichtlichkeit verfolgten Entzerrung[472] der einzelnen Abänderungstatbestände in § 238 und § 239 FamFG allein dem Ziel der Anpassung von in der **Hauptsache** ergangenen **Endentscheidungen**. Diese stehen gleich den nach altem Recht in Unterhaltssachen erlassenen **Urteilen**. Soweit der Unterhaltspflichtige um eine Herabsetzung des titulierten Unterhalts wegen veränderter Verhältnisse bemüht ist, bleibt ausschließlich das Abänderungsverfahren. Daneben besteht für einen negativen Feststellungsantrag **kein Rechtsschutzbedürfnis**.[473] Soweit die Rechtsprechung nach dem bis zum 31. 8. 2009 geltenden Verfahrensrecht bei nicht der materiellen Rechtskraft fähigen einstweiligen Unterhaltsanordnungen (§ 620 Nr. 4 und 6 ZPO a. F.) den Antrag auf negative Feststellung als zulässigen Verfahrensantrag angesehen hat, kann in diesem Zusammenhang dahinstehen, ob durch die Neuregelung der einstweiligen Anordnung auch in Unterhaltssachen und die damit einhergehende **Verselbständigung des Anordnungsverfahrens** (§ 51 III S. 1 FamFG) hieran noch festgehalten werden kann.[474] Denn bei den einstweiligen Anordnungen in Unterhaltssachen handelt es sich zwar definitionsgemäß (§ 38 I S. 1 FamFG) um den Verfahrensgegenstand des selbständigen Anordnungsverfahrens abschließende Endentscheidungen, die aber nicht in einem **Hauptsacheverfahren** ergehen und schon deshalb auch weiterhin nicht Gegenstand eines Verfahrens nach § 238 FamFG sein können (vgl. auch Rn. 10/142).

164

7. Abgrenzung zwischen Abänderungs- und Zusatz- oder Nachforderungsantrag

Mit einem Zusatz- bzw. Nachforderungsantrag macht der Unterhaltsberechtigte über die Erstentscheidung hinaus einen weiteren Unterhaltsbetrag geltend, der entweder den Gegenstand des Vorverfahrens betrifft oder aber – bei gleicher Beteiligtenrolle – nicht streitgegenständlich ist. Hierfür steht entweder der Weg des zusätzlichen Leistungsantrags des § 258 ZPO oder der Sonderregelung des Abänderungsantrags nach § 238 FamFG zur Verfügung. Soweit ein Unterhaltsanspruch nur im Wege des Abänderungsantrags verfolgt werden kann, ist der Leistungsantrag unzulässig.[475] Beide Verfahrensarten stehen in einem **Exklusivverhältnis** zueinander.[476]

165

Der BGH geht davon aus, dass ein im Vorverfahren voll obsiegender Unterhaltsberechtigter **Nachforderungen** (innerhalb des gleichen Verfahrensgegenstandes) nur unter den Voraussetzungen des § 238 FamFG **durch Abänderungsantrag** geltend machen kann.[477] Damit lehnt der BGH die Lehre vom Zusatzantrag ab, wonach der Unterhaltsberechtigte – ohne Beschränkung nach § 238 FamFG – Nachforderungen durch Leistungsantrag geltend machen könne, da dieser Teil des gesamten Unterhaltsanspruchs im Erstverfahren nicht Verfahrensgegenstand war (Fall des sog. verdeckten Teilantrags). In einer weiteren Entscheidung hat der BGH erneut die Möglichkeit eines **verdeckten Teilantrags** abgelehnt und festgestellt, dass im **Zweifel** eine **Vermutung** dafür spreche, dass im Vorverfahren der Unterhalt in voller Höhe geltend gemacht worden sei.[478] Nur dann, wenn sich der Unter-

---

[472] BT-Drucks. 16/6308 S. 257
[473] BGH NJW 1983, 3142
[474] bejahend: Keidel/Meyer-Holz FamFG § 238 Rn. 44; verneinend: FA-FamR/Gerhardt Kap 6 Rn. 918
[475] BGH FamRZ 2009, 314 Rn. 13; BGH FamRZ 1987, 259
[476] BGH FamRZ 2004, 1712 m. w. N. st. Rspr.; OLG Düsseldorf FamRZ 2006, 1212
[477] BGH FamRZ 1985, 690 = R 259
[478] BGH FamRZ 2009, 314 Rn. 13

haltsberechtigte im Erstverfahren ausdrücklich oder ansonsten erkennbar eine Nachforderung vorbehalten und damit einen **offenen Teilantrag** gestellt habe, kann somit ein bis dahin nicht titulierter Differenz- oder Zusatzbetrag durch Leistungsantrag kumulativ geltend gemacht werden.[479] Um einen solchen Teilantrag handelt es sich, wenn der bisher titulierte Unterhalt nur einen **Grundbetrag** darstellen soll oder über einen freiwillig bezahlten Betrag hinaus ein so genannter **Spitzenbetrag** begehrt wird.

Im letzteren Fall wird in der Erstentscheidung lediglich über den Spitzenbetrag entschieden, wenngleich das Gericht inzidenter in seinem Beschluss feststellen musste, dass auch der freiwillig gezahlte Betrag geschuldet ist. Dieses Beschlusselement wird jedoch – da nicht verfahrensgegenständlich – von der **Rechtskraft** der Endentscheidung **nicht umfasst**.

166 Stellt nunmehr der Unterhaltspflichtige (auch) seine freiwillige Zahlung **(den sog. Sockelbetrag)** ein, kann der Unterhaltsberechtigte im Wege des **Zusatzantrags** den bisher freiwillig gezahlten Betrag gemäß § 258 ZPO verlangen. Will der Unterhaltspflichtige (nach Titulierung auch des Sockelbetrages) diesen allein oder den Gesamtbetrag in Wegfall geraten lassen, muss er gegen jede der beiden Endentscheidungen im Wege der Abänderung nach § 238 FamFG vorgehen. Ist der Sockelbetrag noch nicht tituliert, kann der Unterhaltspflichtige im Fall reduzierter Leistungsfähigkeit durch Einschränkung seiner freiwilligen Zahlungen dem Rechnung tragen.[480] Bei Wegfall der Leistungsfähigkeit bleibt dann der titulierte Spitzenbetrag zur Zahlung fällig. Meint der Unterhaltspflichtige, gar keinen Unterhalt mehr zu schulden oder jedenfalls einen geringeren als den Sockelbetrag, muss er dies im Wege des Abänderungsantrags gegen den Beschluss wegen des Spitzenbetrags geltend machen. Auf der anderen Seite kann der Unterhaltsberechtigte, sofern der Sockelbetrag noch nicht tituliert ist, im Wege des **Nachforderungsantrags** auch über die Summe von Sockel- und Spitzenbetrag hinaus weitere Unterhaltsbeträge gerichtlich geltend machen.[481]

167 Liegt eine **zeitlich befristete Endentscheidung** zum Unterhalt vor, kann eine Abänderung **auch nach Fristende** nur mit dem Abänderungsantrag geltend gemacht werden.[482] Das setzt allerdings weiter voraus, dass dem Ersturteil noch eine **Prognoseentscheidung** zugrunde liegt. Dies ist der Fall, wenn die Befristung in der Erstentscheidung auf einen noch in der Zukunft liegenden Zeitpunkt abstellt. Hat das Gericht auf Grund entsprechender Befristung etwa nur Unterhaltsrückstände zuerkannt, beim laufenden Unterhalt aber die Anspruchsvoraussetzungen verneint, fehlt es an einer in die **Zukunft reichenden Rechtskraftwirkung,** die nur unter den Voraussetzungen von § 238 FamFG durchbrochen werden könnte.[483] Hier kann der Unterhaltsberechtigte, sofern die rechtlichen und tatsächlichen Verhältnisse dies hergeben, im Wege des Leistungsantrags erneut Unterhalt geltend machen.

168 Besitzt der Unterhaltsberechtigte einen Unterhaltstitel, der (nur) den **Elementarunterhalt** betrifft, ohne dass sich der Unterhaltsberechtigte dies im Vorverfahren derart (als Teilunterhalt) vorbehalten hatte, ist daraus zu schließen, dass er den gesamten ihm zustehenden Unterhalt geltend machen und sich keine Nachforderung vorbehalten wollte. Will er nunmehr zusätzlich **Alters- oder Krankenvorsorgeunterhalt** geltend machen, kann er dies nur unter den Voraussetzungen des § 238 FamFG, mithin erst dann, wenn sich die im Vorverfahren maßgeblichen Verhältnisse wesentlich geändert haben.[484] Dies bedeutet, dass aus Gründen der Billigkeit mit einem **aus anderen Gründen zulässigen Abänderungsantrag** zusätzlich – sozusagen im Wege der Nachforderung – weitere Elemente des einheitlichen Unterhaltsanspruchs (nämlich Alters- bzw. Krankenvorsorgeunterhalt) verlangt werden können. Dies ist im Ergebnis nichts anderes als ein Weg zur Fehlerberichtigung im Wege eines verdeckten Zusatzantrags, wobei diese Umstände (nämlich der Bedarf an Vorsorgeunterhalt) bereits zurzeit des ersten Verfahrens vorgelegen haben können.

---

[479] BGH FamRZ 1995, 729, 730; 1993, 945, 946
[480] BGH FamRZ 1993, 945
[481] BGH FamRZ 1991, 320
[482] BGH FamRZ 1984, 353, 354
[483] BGH FamRZ 2007, 983 Rn. 19 = R 676 a; 2005, 101, 102 = R 620
[484] BGH FamRZ 1985, 690 = R 259

2. Abschnitt: Die Schaffung und Abänderung von Unterhaltstiteln § 10

Diese Rechtsprechung gilt für **Sonderbedarf** (§ 1613 BGB) nicht, da das Abänderungsverfahren des § 238 FamFG nur Ansprüche auf regelmäßig wiederkehrende Leistungen betrifft, ein Sonderbedarf als einmaliger, unregelmäßiger Bedarf[485] somit durch Leistungsantrag geltend gemacht werden muss. Wird aber der Sonderbedarf zum Dauerzustand (die einmalige Krankenbehandlung wird zum **Dauerzustand** und erhöht damit ab sofort den Lebensbedarf des Unterhaltsberechtigten), ist hinsichtlich dieser (wiederkehrenden) Mehrzahlungen die Abänderung nach § 238 I FamFG vorgegeben, weil die nun zu erbringenden Unterhaltsleistungen nicht mehr die Voraussetzungen eines Sonderbedarfs begründen. Beim Kindesunterhalt wird der **Zusatzantrag** für einen **Mehrbedarf**, wie ihn der BGH bei den **Kinderbetreuungskosten** nunmehr bejaht,[486] neben der bestehenden Titulierung des Tabellenunterhalts für zulässig erachtet.[487] Dem ist zuzustimmen, da der Barunterhaltsbedarf des Kindes auch bei günstigen Einkommensverhältnissen von vornherein nicht den Betreuungs- und Erziehungsbedarf des Kindes erfasst, hierfür vielmehr zusätzliche Mittel zu veranschlagen sind.[488]

169

Eines Zusatzantrags bedarf es auch dann, wenn nur ein Titel über den Trennungsunterhalt vorliegt und der Unterhaltsberechtigte nunmehr **nachehelichen Unterhalt** begehrt. Hierbei handelt es sich streng genommen nicht um einen Zusatzantrage, sondern um einen Erstantrag mit völlig neuem Streitgegenstand, was Unterhaltszeitraum und Anspruchsgründe anbelangt (§ 1361 BGB bzw. §§ 1569 ff. BGB).[489] Demgegenüber ist der Unterhaltsanspruch des minderjährigen Kindes identisch mit jenem nach Eintritt der **Volljährigkeit**.[490] Hieraus resultierende Korrekturen sind im Wege des Abänderungsverfahrens geltend zu machen (§ 244 FamFG). Dies besagt, dass der Unterhaltspflichtige insoweit selbst mit einem die Volljährigkeit des Unterhaltsberechtigten bemühenden Vollstreckungsabwehrantrag ausgeschlossen ist.

170

8. Abgrenzung zwischen Abänderungsantrag und Rechtsmittel

Da die Einleitung eines Abänderungsverfahrens (§ 238 FamFG) nicht an die **Rechtskraft** der abzuändernden Endentscheidung gebunden ist,[491] kann zwischen einem Antrag nach § 238 FamFG und der Beschwerde (§§ 58, 117 FamFG) dann eine **Wahlmöglichkeit** bestehen, wenn die Korrektur auf Gründe gestützt wird, die nach dem Schluss der Tatsachenverhandlung im Vorverfahren der ersten Instanz entstanden sind.[492] Soweit die Ansicht[493] vertreten wird, aus dem gegenüber § 323 II ZPO a. F. („nicht mehr möglich war") nunmehr geänderten Wortlaut in § 238 II FamFG („nicht möglich war oder ist") sei zu folgern, dass die Möglichkeit nicht mehr bestehe, vielmehr der Antragsteller gehalten sei, das Rechtsmittelverfahren zu betreiben, kann dem nicht gefolgt werden. Denn unverändert geht es bei der Präklusionsvorschrift darum, die dem Einspruchsverfahren noch zugänglichen Tatsachenveränderungen auszuschalten. Demgegenüber knüpft die Beschwerde an eine im kontradiktorischen Verfahren erlassene Endentscheidung an. Überdies ist nichts dafür ersichtlich, dass der Gesetzgeber mit der Formulierungserweiterung die vor dem Inkrafttreten des § 238 FamFG bestehende Rechtslage hätte ändern wollen. Mit der etwas veränderten Formulierung sollten lediglich eine Präzisierung und Klarstellung erreicht werden.[494] Vor dem Hintergrund der lediglich redaktionellen Änderungen, die an der bisherigen Rechtsprechung des BGH[495] nichts ändert, bestehen zwischen Abänderungs-

171

---

[485] Hierzu BGH FamRZ 1984, 470, 472
[486] BGH FamRZ 2009, 962 Rn. 17 = R 700
[487] Keidel/Meyer-Holz FamFG § 238 Rn. 36
[488] BGH FamRZ 2009, 962 Rn. 25 = R 700
[489] BGH NJW 1985, 1340
[490] BGH NJW 1984, 1613
[491] BGH FamRZ 1986, 43
[492] Keidel/Meyer-Holz FamFG § 238 Rn. 47
[493] MünchKommZPO/Dötsch § 238 FamFG Rn. 28
[494] BT-Drucks. 16/6308 S. 257
[495] BGH FamRZ 1992, 162, 163

verfahren und Rechtsmittel weiterhin Berührungspunkte, die eine Abgrenzung notwendig machen.

172 Die alternative Rechtsverfolgung durch einen Beteiligten mit einem Abänderungsantrag oder der Beschwerde **(Wahlrecht)** besteht aber nur, solange eine Beschwerde, mit der im Rahmen des laufenden Rechtsmittels auch die Abänderungsgründe gegebenenfalls im Wege einer Antragserweiterung geltend gemacht werden können, **noch nicht anhängig ist**.[496] Das Wahlrecht setzt notwendig die **Zulässigkeit des Rechtsmittels** voraus. Diese ist nicht gegeben, wenn der Beteiligte, der nunmehr eine Abänderung begehrt, in erster Instanz obsiegt hat, es mithin an der notwendigen **Beschwer** fehlt. In diesem Fall bleibt er von vornherein auf einen Abänderungsantrag angewiesen. Eine in der Beschwerdeinstanz in Betracht kommende Antragserweiterung ist nur für den Beteiligten möglich, der über dieses Begehren hinaus die Beseitigung einer Beschwer durch die erstinstanzliche Entscheidung anstrebt.[497] Weist das Gericht ein Unterhaltsbegehren zurück, weil es nicht im Wege der Abänderungsklage, sondern im Wege des Leistungsantrags geltend gemacht wurde, ist die dagegen eingelegte Beschwerde nicht deshalb unzulässig, weil der Rechtsmittelkläger sein Begehren nunmehr im Wege des Abänderungsantrags verfolgt.[498] Schließlich wird der jeweilige Beteiligte bei Ausübung des Wahlrechts zu gewichten haben, ob die Ausgangsentscheidung ihm günstige Feststellungen enthält, die bei einem Rechtsmittel mit der weiteren Gefahr eines Anschlussrechtmittels (§ 66 FamFG) verloren gehen könnten. Wird nach Einleitung eines Abänderungsverfahrens Beschwerde eingelegt, ist das Verfahren bis zum rechtskräftigen Abschluss des Rechtsmittels auszusetzen (§ 148 ZPO).

173 Ist ein **Beschwerdeverfahren** bereits **anhängig,** hat der **Beschwerdeführer** mangels Rechtsschutzbedürfnisses **kein Wahlrecht.** Er muss alle Veränderungen, die nach Schluss der mündlichen Verhandlung in erster Instanz eingetreten sind, im Rahmen der Beschwerde (gegebenenfalls im Wege der Antragserweiterung, die auch nach Ablauf der Beschwerdebegründungsfrist möglich ist),[499] geltend machen. Mit der Beschwerde können neue Tatsachen vorgebracht werden (§ 65 III FamFG). Dass neben einem Beschwerdeverfahren nicht gleichzeitig auch ein Abänderungsverfahren geführt werden kann, ergibt sich im Übrigen daraus, dass eine endgültige (wenn auch nicht rechtskräftige) Verpflichtung im Vorverfahren für die Zulässigkeit eines Abänderungsantrags gegeben sein muss. Dies ist aber gerade im Falle der Beschwerde, die auf Änderung oder Beseitigung des Ausgangstitels zielt, nicht der Fall; hier fehlt eine bereits **endgültige Regelung**, die der Antragsteller als Anknüpfung für ein Abänderungsbegehren hinnimmt. Die Einleitung eines Abänderungsverfahrens neben einem noch laufenden Beschwerdeverfahren müsste auch zu einer unzulässigen doppelten Rechtshängigkeit führen, überdies verbunden mit der Gefahr einander widersprechender Entscheidungen.[500]

174 Hat der Gegner Beschwerde eingelegt, muss der die Anpassung an veränderte Verhältnisse begehrende Beteiligte alle im Verlauf eines Rechtszugs bereits eingetretenen Änderungen im Wege der **Anschlussbeschwerde** bzw. der Antragserweiterung vortragen. Das sind die Folgen der Präklusionswirkungen (§ 238 II FamFG), die für eine erneute Abänderung auf den Schluss der Tatsachenverhandlung abstellen. Das ist dann die Beschwerdeinstanz und gibt notfalls auch Anlass, die Rechtsverfolgung durch einen Abänderungswiderantrag zu vervollständigen.[501] Die mit der Anschließung mögliche Rechtsverfolgung wird durch die Anschließungsfrist des § 524 II S. 2 ZPO i. V. m. § 117 II FamFG nicht begrenzt, da diese gemäß § 524 II S. 3 ZPO in Familienstreitsachen, soweit sie, wie in Unterhaltssachen, eine Verpflichtung zu künftig fällig werdenden wiederkehrenden Leistungen zum Gegenstand haben, keine Anwendung findet. Nach Ansicht des BGH[502] ist diese Formulierung eher als

---

[496] FA-FAmR/Gerhardt Kap. 6 Rn. 932; Hüßtege in Thomas/Putzo § 238 FamFG Rn. 6; Johannsen/Henrich/Brudermüller § 238 FamFG Rn. 115
[497] BGH FamRZ 2006, 402
[498] BGH FamRZ 2004, 24; 2001, 1140
[499] BGH FamRZ 1982, 1198
[500] OLG Zweibrücken FamRZ 2004, 554
[501] BGH FamRZ 1998, 99
[502] BGH FamRZ 2009, 579 Rn. 26

2. Abschnitt: Die Schaffung und Abänderung von Unterhaltstiteln   § 10

allgemeine Erläuterung des Verfahrensgegenstandes zu verstehen, für den das Gesetz generell eine unbefristete Anschließung vorsieht. Dies hat zur Folge, dass der Beschwerdegegner mit der Anschließung selbst solche Änderungen in den Verhältnissen noch geltend machen kann, die schon vor Schluss der mündlichen Verhandlung in der ersten Instanz vorgelegen haben. Sieht der Beschwerdegegner von einer Rechtsverfolgung im Wege der Anschließung ab, ist eine nachfolgender Abänderungsantrag (§ 238 II FamFG) unzulässig.[503]

Trotz Anhängigkeit eines Beschwerdeverfahrens steht dem Beteiligten, der sich auf eine nachträgliche Veränderung von Verhältnissen (§ 238 I S. 2 FamFG) berufen will, nach Ansicht des BGH[504] die alternative Geltendmachung der Umstände in einem Abänderungsverfahren oder im Rechtsmittelverfahren (**Wahlrecht**) offen, wenn eine bereits **rechtskräftige** erstinstanzliche **Teilentscheidung** (z. B. Teilanerkenntnisbeschluss) vorliegt, die Beteiligten im Beschwerdeverfahren nur noch über einen Spitzenbetrag streiten und die Veränderungen sich auch auf die bereits rechtskräftige Teilentscheidung auswirken können.[505] Hier muss sich der Beteiligte nicht – je nach Verfahrenskonstellation – vorrangig auf einen Widerantrag im Rahmen einer Rechtsmittelerweiterung oder Anschließung verweisen lassen. Maßgebend für diesen Ausnahmefall sollen Gesichtspunkte der Verfahrensökonomie und Zumutbarkeit sein. Der dabei allerdings hinzunehmenden Gefahr sich widersprechender Entscheidungen über einen einheitlichen Lebenssachverhalt[506] ist durch Aussetzung des Abänderungsverfahrens (§ 148 ZPO) zu begegnen.

Verliert die Anschließung infolge Rücknahme oder Verwerfung der Beschwerde ihre Wirkung, kann der Beschwerdegegner in einem neuen Verfahren Abänderungsantrag stellen, wobei dieser Antrag als schon zum Zeitpunkt der Anschließung gestellt gilt (**"Vorwirkung"**).[507] Damit kann der bisherige Titel rückwirkend – allerdings nur – auf den Zeitpunkt der wirkungslos gewordenen Anschließung abgeändert werden, so dass der Antragsteller in seiner Rechtsstellung nicht vom Ausgang des Beschwerdeverfahrens abhängt.

Nach **Rücknahme der Beschwerde** und **Ausfall der Anschlussbeschwerde** muss die hierauf zunächst gestützte Abänderung allerdings innerhalb der 6-Monats-Frist des § 204 II i. V. m. § 204 I Nr. 1 BGB (§ 212 II BGB a. F.) gerichtlich verfolgt werden, wenn die Vorwirkung des Abänderungsbegehrens erhalten bleiben soll. Wird die **Beschwerde** als **unzulässig** verworfen oder vom Antragsgegner zurückgenommen, ist der Schluss der letzten mündlichen Verhandlung in erster Instanz der für § 238 II FamFG maßgebende **Präklusionszeitpunkt.** Dabei macht es keinen Unterschied, ob in der Beschwerdeinstanz eine mündliche Verhandlung stattgefunden hat.[508] Wird nicht nur die Beschwerde, sondern auch der Verfahrensantrag zurückgenommen, ist auf die letzte Tatsachenverhandlung eines etwaigen Vorverfahrens abzustellen.[509] Ein zurückgenommener Verfahrensantrag oder eine zurückgenomme Beschwerde haben die Wirkung des Verlustes des eingereichten Antrags oder des eingereichten Rechtsmittels (§§ 269 III, 516 III ZPO). Rechtswirkungen wie die Verschiebung des Präklusionszeitpunktes durch das wirkungslos gewordene Antragsverfahren oder Rechtsmittel können daher nicht eintreten. Gemäß § 238 II FamFG ist gegen einen Versäumnisbeschluss der Abänderungsantrag jedoch nur dann zulässig, wenn die Möglichkeit eines **Einspruchs** nicht oder nicht mehr besteht.[510]

Kommt als Rechtsmittel nur die **Rechtsbeschwerde** in Betracht, ist daneben weiter der Abänderungsantrag (§ 238 FamFG) zulässig, da mit der Rechtsbeschwerde eine Änderung der tatsächlichen Verhältnisse nach Schluss der mündlichen Verhandlung in der Beschwerdeinstanz nicht geltend gemacht werden kann (§ 72 I FamFG). Daher hat jeder Beteiligte die Wahl, ob er selbst Rechtsmittel einlegen oder ein Abänderungsverfahren ein-

---

[503] BGH FamRZ 1986, 43
[504] BGH FamRZ 1993, 941
[505] BGH FamRZ 1993, 941
[506] BGH FamRZ 1993, 941, 943
[507] BGH FamRZ 1988, 601
[508] BGH FamRZ 1988, 493
[509] BGH FamRZ 2000, 1499, 1500
[510] BGH FamRZ 1982, 793

leiten will. Führt die Rechtsbeschwerde zur Aufhebung des angefochtenen Beschlusses und zur Zurückverweisung an das Beschwerdegericht, können die Beteiligten in der erneuten Tatsacheninstanz die nach Schluss der letzten Tatsachenverhandlung eingetretenen Änderungen in das Verfahren einführen.[511]

9. Zulässigkeit des Abänderungsverfahrens

179 a) **Allgemeine Verfahrensvoraussetzungen.** Die örtliche Zuständigkeit bestimmt sich nach den für ein Erstverfahren in streitigen Unterhaltssachen (§§ 231 I, 112 Nr. 1 FamFG) maßgebenden Vorschriften (siehe hierzu auch Rn. 10/8 bis 14). Sie regeln in § 232 I Nr. 1 und 2 FamFG, soweit eine Ehesache anhängig ist oder Unterhaltsansprüche minderjähriger und privilegiert volljähriger Kinder betroffen sind, eine **ausschließliche Zuständigkeit**. Diese geht, wie § 232 II FamFG unter Nichtübernahme der bisherigen Rechtsprechung[512] bestimmt, nunmehr auch jedweder anderen ausschließlichen Zuständigkeit (z. B. §§ 767, 802 ZPO) vor. Im Übrigen bleibt es für das Abänderungsverfahren beim allgemeinen durch den Aufenthaltsort des Antragsgegners bestimmten **Gerichtsstand** (§ 232 III S. 1 FamFG i. V. m. §§ 12,13 ZPO), soweit nicht der Antragsteller sich auf einen **Wahlgerichtsstand** (§ 232 III S. 2 FamFG) berufen kann. Eine Fortdauer der Zuständigkeit des früheren Verfahrensgerichts, wie dies § 767 I ZPO für das Vollstreckungsabwehrverfahren vorsieht, sieht das Gesetz nicht vor. Wechselt etwa das minderjährige Kind nach Abschluss eines Erstverfahrens mit seinem gewöhnlichen Aufenthalt in einen anderen Gerichtsbezirk, besteht dort für Abänderungsverfahren eine neue ausschließliche Zuständigkeit. Für den Gesetzgeber stehen mit dieser Regelung die jeweils aktuellen Lebensumstände des Kindes im Vordergrund. Notwendige Vorkenntnisse aus dem Vorverfahren soll die Beziehung der Verfahrensakten ermöglichen.[513] Hinsichtlich der **sachlichen Zuständigkeit** gilt die Vorschrift des § 23 a I Nr. 1 GVG mit der Folge, dass die Verfahren vor dem Amtsgericht – Familiengericht – in erster Instanz zu führen sind; die Zuständigkeit des Oberlandesgerichts in zweiter Instanz ergibt sich aus § 119 I Nr. 1 a GVG. Zur internationalen Zuständigkeit vgl. die Ausführungen zu Rn. 10/15 bis 18).

180 Eine weitere allgemeine Verfahrensvoraussetzung besteht darin, dass das vorausgegangene Unterhaltsverfahren abgeschlossen sein muss **(endgültige Regelung)**.[514] Dies setzt nicht notwendig die Rechtskraft der Entscheidung aus dem Vorverfahren voraus. Es reicht aus der materielle Bestand der Erstentscheidung. Der Antragsteller muss deutlich machen oder zumindest davon ausgehen, dass es (für das Vorverfahren) bei der Erstentscheidung bleiben soll, die damit zum Maßstab der entsprechenden Abänderung (als feste Größe) gewählt wird. Mit einer Antragstellung vor Rechtskraft der Vorentscheidung gibt der Antragsteller zu erkennen, die Vorentscheidung als bestandskräftig hinzunehmen. Legt er gleichwohl später Beschwerde (§§ 58, 117 FamFG) ein, wird der Abänderungsantrag unzulässig. Kommt die Beschwerde vom Gegner, muss sich der Antragsteller wegen eines Abänderungsbegehrens diesem Rechtsmittel zunächst anschließen (vgl. hierzu näher Rn. 10/ 174). Ein von ihm bereits eingeleitetes Abänderungsverfahren ist auszusetzen (§ 148 ZPO). **Gegenläufige Abänderungsverfahren** sind streitgegenständlich identisch. Dem zeitlich später bei einem anderen Gericht eingeleiteten Abänderungsverfahren steht die **anderweitige Rechtshängigkeit** (§ 261 III Nr. 1 ZPO) entgegen. Beide Abänderungsanträge können aber gemäß § 113 I S. 2 FamFG i. V. m. § 33 ZPO beim Erstverfahren im Wege der **Widerantrags** verbunden werden.[515] Dabei ist der Antragsgegner nicht gehindert, mit dem Widerantrag lediglich einen **Auskunftswiderantrag** zu stellen, um sich Gewissheit über die Einkommensverhältnisse des Antragstellers zu verschaffen.[516]

---

[511] BGH NJW 1985, 2029
[512] BGH FamRZ 2001, 1705
[513] BT-Drucks. 16/6308 S. 255
[514] BGH FamRZ 1986, 43
[515] BGH FamRZ 1998, 99,100; 1997, 488
[516] OLG Zweibrücken FamRZ 2004, 1884

2. Abschnitt: Die Schaffung und Abänderung von Unterhaltstiteln § 10

Auch für die Zulässigkeit eines Abänderungsantrags ist ein **Rechtsschutzinteresse** 181
notwendig, das regelmäßig gegeben ist, solange der Unterhaltsberechtigte noch einen abänderungsfähigen Vollstreckungstitel in Händen hält. Im Einzelnen ist nach der Rolle der Beteiligten zu unterscheiden.

Das Rechtsschutzinteresse des **Unterhaltspflichtigen** für einen auf Herabsetzung des titulierten Unterhalts gerichteten Antrag entfällt hier nicht schon dann, wenn der Unterhaltsberechtigte auf weitere Vollstreckung verzichtet und erklärt, wegen veränderter Verhältnisse „derzeit keinen Unterhalt" geltend machen zu wollen.[517] Steht einer Titelherausgabe aber entgegen, dass der Titel noch für die Vollstreckung von **Unterhaltsrückständen** benötigt wird, entfällt das Rechtsschutzinteresse jedenfalls dann, wenn der Unterhaltsgläubiger einen entsprechenden Hinweis mit seinem weitergehenden Vollstreckungsverzicht verbindet.[518] Eine nach Vollstreckung auch der Unterhaltsrückstände vorgebrachte Verzichtserklärung beseitigt das Rechtsschutzinteresse aber nicht.[519] Haben die Beteiligten schon zuvor durch außergerichtliche Vereinbarung **(Teilverzicht)** den titulierten Unterhalt gekürzt, besteht das Rechtsschutzinteresse für ein Abänderungsverfahren nur noch in Höhe des verbleibenden Sockelbetrages.[520] Ist der Unterhalt nur in Höhe des Spitzenbetrages tituliert, fehlt das Rechtsschutzinteresse für ein Abänderungsbegehren des Unterhaltspflichtigen, wenn die angestrebte Herabsetzung der Unterhaltsrente den bis dahin freiwillig gezahlten **Sockelbetrag** nicht übersteigt.[521]

Ist der **Unterhaltsberechtigte** um eine ihm günstige Titelanpassung bemüht, steht dem Rechtsschutzinteresse nicht entgegen, wenn der Unterhaltspflichtige auch den Spitzenbetrag freiwillig zahlt, dessen Titulierung der Unterhaltsberechtigte anstrebt.[522] Das Unterhaltsverlangen steht insoweit einem Leistungsantrag auf erstmalige Titulierung gleich (vgl. hierzu auch Rn. 10/37 bis 41).[523]

Sind die Beteiligten gehalten, Änderungen nach Schluss der erstinstanzlichen Tatsachenverhandlung im Wege der Beschwerde oder der Anschlussbeschwerde gerichtlich geltend zu machen (vgl. Rn. 10/171–178), fehlt das Rechtsschutzinteresse für ein gesondertes Abänderungsverfahren.[524]

b) Besondere Verfahrensvoraussetzungen. aa) Im Unterschied zum allgemeinen 182
Leistungsantrag knüpft das Abänderungsverfahren an einen abzuändernden Unterhaltstitel an. Im Fall des § 238 FamFG muss der Antragsteller von einer in der **Hauptsache** ergangenen **Endentscheidung** (früher: Urteil) ausgehen (auch Anerkenntnis-[525] und Versäumnisbeschlüsse).[526] Hierzu gehören auch ausländische Entscheidungen, soweit sie im Inland anerkannt werden.[527] (zu Art und Umfang der in Betracht kommenden Endentscheidungen vgl näher Rn. 10/141 bis 144). Allerdings muss die abzuändernde Entscheidung bezogen auf ihren Entscheidungszeitpunkt künftig fällig werdende wiederkehrende Leistungen betreffen (§ 258 ZPO). Da der Abänderungsantrag der Rechtskraftdurchbrechung bei Prognosefehlern dient,[528] ist er nicht zulässig, wenn der zugrunde liegende Titel keinen **vollstreckungsfähigen Inhalt** (vgl. hierzu auch Rn. 10/147) hat. In diesen Fällen bedarf es daher bei der jeweiligen Rechtsverfolgung für den **Unterhaltsgläubiger** der Geltendmachung mit einem Leistungsantrag (Erstantrag), für den **Unterhaltsschuldner** eines Vollstreckungsabwehrantrags analog § 767 ZPO.[529]

---

[517] OLG Saarbrücken FamRZ 2009, 1938; OLG Köln FamRZ 2006, 718
[518] OLG Hamm FamRZ 2006, 1856; OLG München FamRZ 1999, 942
[519] Keidel/Meyer-Holz FamFG § 238 Rn. 19
[520] FA-FamR/Gerhardt Kap. 6 Rn. 929
[521] BGH FamRZ 1993, 945
[522] OLG Zweibrücken FamRZ 1997, 620
[523] BGH FamRZ 1998, 1165
[524] Hüßtege in Thomas/Putzo § 238 FamFG Rn. 15
[525] BGH FamRZ 2007, 1459 = R 680
[526] BGH FamRZ 2010, 1150 = R 713
[527] BGH FamRZ 1992, 1060, 1062
[528] Dazu Büttner NJW 1999, 2327
[529] BGH FamRZ 2006, 261 = R 645

183 bb) Ferner setzt das Abänderungsverfahren des § 238 FamFG eine **Identität des Verfahrensgegenstandes** voraus. Das ist allerdings nicht so zu verstehen, dass Vorverfahren und Abänderungsverfahren den gleichen Streitstoff (Sachverhalt und Antrag) enthalten müssen. Denn dieser (aus dem Vorverfahren) ist historisch überholt und nicht rückholbar. Vielmehr bedarf es nur einer Verfahrensübereinstimmung dem Grunde nach. Damit ist primär das **jeweilige Rechtsverhältnis** gemeint, aus dem der Unterhaltsberechtigte die einseitigen Verpflichtungen auf wiederkehrende Leistungen durch den Unterhaltspflichtigen ableitet.

– Eine solche Übereinstimmung besteht nicht zwischen einem für den **Trennungsunterhalt** durch einen Ehegatten erstrittenen Unterhaltstitel und den Rechtsverhältnissen nach Rechtskraft der Ehescheidung. Gemäß gefestigter Rspr. des BGH[530] handelt es sich beim **nachehelichen Unterhalt** um einen verfahrensrechtlich Neuen Streitgegenstand. Hierauf gestützte Unterhaltsansprüche muss der geschiedene Ehegatte mit einem Leistungsantrag verfolgen. Die Anpassung eines Unterhaltstitels aus der Trennungszeit durch den Unterhaltsberechtigten scheidet ebenso aus wie eine Herabsetzung durch den Unterhaltspflichtigen. Dieser muss sich bei Fortsetzung der Zwangsvollstreckung nach Rechtskraft der Ehescheidung hiergegen mit einem Vollstreckungsabwehrantrag wenden.

– Ist allerdings die Ehe der Beteiligten rechtskräftig geschieden und der **nacheheliche Unterhalt** (z. B.) wegen eines Betreuungsbedarfs gemeinsamer Kinder nach § 1570 BGB bereits tituliert, betreffen Änderungen der Verhältnisse, auch soweit sie zu einem **Folgetatbestand** führen, ein- und denselben Verfahrensgegenstand und sind damit im Abänderungsverfahren geltend zu machen.[531]

– Haben die beteiligten Ehegatten im Zuge einer ersten Trennung den Unterhalt titulieren lassen, danach aber durch Wiederherstellung der ehelichen Lebensgemeinschaft die Trennung beendet und damit gleichzeitig durch Begründung des Anspruchs auf **Familienunterhalt** (§§ 1360, 1360 a BGB) den Trennungsunterhaltsanspruch zum Erlöschen gebracht, fehlt es nach erneuter Trennung an einer das Abänderungsverfahren eröffnenden Identität des Verfahrensgegenstandes, so dass auch hier der erneute Trennungsunterhalt nur mit einem Leistungsantrag tituliert werden kann.[532] Daraus folgt gleichzeitig, dass mangels Identität des Verfahrensgegenstandes auch ein auf Abänderung eines zum **Haushaltsgeld** erstrittenen Titels im Wege eines Verfahrens nach § 238 FamFG nach Trennung der Eheleute ausscheiden muss.

– Die Identität des Verfahrensgegenstandes zwischen Vor- und Abänderungsverfahren zu bejahen ist beim **Kindesunterhalt,** und zwar auch zwischen dem Unterhaltsanspruch des Kindes gegen seine Eltern vor und nach Eintritt der **Volljährigkeit**,[533] selbst wenn sich zwischenzeitlich die Leistungsform (Bar- statt Naturalunterhalt) geändert hat.[534]

184 c) **Identität der Verfahrensbeteiligten.** Die Verfahrensbeteiligten des Abänderungsverfahrens müssen mit denen des Vorverfahrens identisch sein; allerdings reicht aus, dass sich die **Rechtskraft** der **Ausgangsentscheidung** auf sie erstreckt.[535] Von Bedeutung sind hier insbesondere die Fälle des gesetzlichen Forderungsübergangs und der Verfahrensstandschaft. Antragsbefugt ist danach an Stelle des Unterhaltsberechtigten auch der **Rechtsnachfolger**, z. B. das Land gemäß § 37 I BAföG[536] oder der Sozialhilfeträger nach § 33 SGB II, § 94 SGB XII[537] in Höhe des übergegangenen Anspruchs. Bei entsprechender Titulierung auch des künftigen Unterhalts (§ 94 IV 2 SGB XII) ist der **Sozialhilfeträger** Antragsteller auch im Abänderungsverfahren, ohne dass dadurch der materiell Unterhaltsberechtigte gehindert ist, seinerseits bei veränderten Verhältnissen Abänderungsantrag zu stellen.[538] Vor

---

[530] BGH FamRZ 1981, 242, 243 und 441
[531] BGH FamRZ 1984, 353, 354
[532] OLG Düsseldorf FamRZ 1992, 943
[533] BGH FamRZ 1984, 682
[534] OLG Karlsruhe FamRZ 1995, 938
[535] BGH FamRZ 1982, 587, 588
[536] BGH FamRZ 1992, 1060
[537] BGH FamRZ 1992, 797, 799
[538] BGH FamRZ 1992, 797, 799

2. Abschnitt: Die Schaffung und Abänderung von Unterhaltstiteln § 10

einer doppelten Inanspruchnahme ist der Unterhaltspflichtige durch die Einrede der anderweitigen Rechtshängigkeit (§ 261 III Nr. 1 ZPO) geschützt. Will er seinerseits gegen einen titulierten Unterhalt vorgehen, muss er, sofern die Forderung nur zum Teil auf den Sozialhilfeträger übergegangen ist, den Abänderungsantrag gegen den Titelgläubiger und den öffentlichen Leistungsträger richten.[539]

Die für das Abänderungsverfahren notwendige Personenidentität ist ferner anzunehmen bei Entscheidungen zum **Kindesunterhalt**, sofern ein Elternteil diese auf Grund der **Verfahrensstandschaft** (§ 1629 III S. 1 BGB) zunächst im eigenen Namen erstritten hat. Bis zur Beendigung dieser Handlungsbefugnis ist an aktiven und passiven Abänderungsverfahren der jeweilige Elternteil Beteiligter und bleibt es in einem noch laufenden Abänderungsverfahren, auch wenn durch **Rechtskraft** der **Ehescheidung** die Verfahrensstandschaft endet (vgl. näher Rn 10/51). Die Beteiligtenstellung erledigt sich in diesem Fall aber dann, wenn es in der Zwischenzeit zu einer anderweitigen Regelung der elterlichen Sorge gekommen ist.[540] Ein nach Rechtskraft der Ehescheidung einzuleitendes Abänderungsverfahren kann nur das unterhaltsberechtigte Kind selbst als Antragsteller oder Antragsgegner, vertreten gegebenenfalls nach § 1629 II S. 2 BGB[541] durch den betreuenden Elternteil, betreiben. Davon zu unterscheiden sind allerdings Entscheidungen, die die Eltern über Unterhaltspflichten gegenüber dem Kind im Verhältnis zueinander erwirkt haben. Allein sie bleiben Beteiligte in einem darauf zielenden Abänderungsverfahren.[542]

185

d) Die Behauptung der wesentlichen Veränderung. Als weitere besondere Verfahrensvoraussetzung setzt § 238 I S. 2, II FamFG die Behauptung voraus, dass eine wesentliche Veränderung der Verhältnisse nach Schluss der mündlichen Verhandlung im Vorprozess eingetreten sei. Dies ist **Zulässigkeitsvoraussetzung**, wie der insoweit gegenüber der Regelung in § 323 I ZPO a. F. geänderte Wortlaut („Der Antrag ist zulässig") anknüpfend an die Rechtsprechung des BGH[543] ausdrücklich klarstellt.[544] Der Antragsteller muss **Tatsachen** vortragen, aus denen sich eine wesentliche Veränderung der der Entscheidung zugrunde liegenden tatsächlichen oder rechtlichen Verhältnisse ergibt. Veränderungen können sowohl die Voraussetzungen der Unterhaltsberechtigung dem Grunde nach als auch die für Höhe und Dauer der Unterhaltsrente bemessungsrelevanten Umstände betreffen. Da der Gesetzgeber durch die Neuregelung in § 238 I S. 2 FamFG an der bis dahin gültigen Rechtslage insoweit hat festhalten wollen,[545] insbesondere der BGH[546] aber nach inzwischen gefestigter Rechtsprechung **Änderungen der Gesetzeslage** und grundlegende Änderungen in der **höchstrichterlichen Rechtsprechung** als zulässige Gründe für ein Abänderungsverfahren ansieht, dürften als „Tatsachenvortrag im Sinne von § 238 I S. 2 FamFG" weiterhin auch Darlegungen zu relevanten Änderungen von Gesetzen und höchstrichterlicher Rechtsprechung zulässig und erforderlich sein.[547]

186

Der zur Substantiierung eines zulässigen Abänderungsantrags erforderliche Vortrag kann sich entgegen einer verbreiteten Praxis nicht selektiv auf einen einzelnen Umstand beschränken, der sich seit der Ersttitulierung unzweifelhaft vermeintlich zu seinen Gunsten geändert hat (z. B. altersbedingte Erhöhung des Kindesunterhaltsbedarfs oder Anpassung des Selbstbehalts). Vielmehr hat er bereits im Rahmen der Zulässigkeit auch die unstreitigen Gesichtspunkte unter Berücksichtigung der Zeitschranke des § 238 II FamFG mit darzulegen. Die **Gesamtbeurteilung** aller Veränderungen und der unverändert gebliebenen Verhältnisse **durch den Antragsteller** in der Antragsschrift muss erkennen lassen, ob es sich um wesentliche Veränderungen im Sinne von § 238 I S. 2 FamFG handelt. Beruft sich der

187

---

[539] OLG Brandenburg FamRZ 2004, 552
[540] Keidel/Meyer-Holz FamFG § 238 Rn. 16
[541] OLG Naumburg FamRZ 2007, 1334, 1335
[542] BGH FamRZ 1986, 254 (notarielle Scheidungsfolgenvereinbarung)
[543] BGH FamRZ 2001, 1687; 1984, 353, 355; zu § 238 I S. 2 FamFG bestätigt BGH FamRZ 2010, 1150 Rn. 13 = R 713
[544] BT-Drucks. 16/6308 S. 257
[545] BT-Drucks. 16/6308 S. 257
[546] BGH FamRZ 2008, 1911 Rn. 62; 2003, 1734, 1736; 848, 851
[547] BGH FamRZ 2010, 1884 Rn. 12 und 13

§ 10   Verfahrensrecht

Antragsteller etwa zur Begründung seines Begehrens auf eine Gesetzesänderung oder auch eine grundlegende Änderung der höchstrichterlichen Rechtsprechung, hat er die konkreten Auswirkungen dieser Änderungen durch Gegenüberstellung der beiden Rechtslagen darzustellen. Dies erfordert von Seiten des Antragstellers, dass er der Unterhaltsbemessung der Ausgangsentscheidung eine Neuberechnung gegenüberstellt, in die er die aus seiner Sicht eingetretenen Änderungen einarbeitet. Allein der Hinweis auf das Urteil des BGH vom 13. 6. 2001[548] oder die Entscheidung des BVerfG[549] zum Splittingvorteil begründet die Zulässigkeit eines Abänderungsantrags nicht. Sie enthält – wie auch bei Hinweisen anderer Art – nicht die auf die abzuändernde Entscheidung zu beziehende Behauptung einer wesentlichen Änderung.

188   Erbringt der Unterhaltspflichtige freiwillige Zahlungen und ist lediglich der **Spitzenbetrag** durch eine Entscheidung tituliert, muss er bei seinem Bemühen um Beseitigung seiner Zahlungsverpflichtungen vorrangig seine freiwilligen Zahlungen auf den **Sockelbetrag** einstellen.[550] Begehrt er auch Abänderung des Titels über den Spitzenbetrag, muss er im Rahmen der Zulässigkeit beziffert unterlegte Gründe darlegen, die bezogen auf den Gesamtbetrag eine wesentliche Veränderung der Verhältnisse erkennen lassen.[551] Im Übrigen richten sich die Anforderungen an die Darlegung wesentlicher Veränderungen im Rahmen der Zulässigkeit des Abänderungsantrags auch nach Art und Inhalt der Ausgangsentscheidung. Hat das Gericht im Erstverfahren den Ehegattenunterhalt nach dem **konkreten Bedarf** zugesprochen, genügt die um einen höheren Unterhalt bemühte Antragstellerin ihrem Abänderungsbegehren nicht mit dem Hinweis auf verbesserte Einkommensverhältnisse, weil diese bei der Bemessung des Unterhalts in der Erstentscheidung keine Rolle gespielt haben.[552] Im Unterschied dazu kann sich der Unterhaltspflichtige mit einem Abänderungsantrag auf sein gesunkenes Einkommen berufen, da nunmehr seine Leistungsfähigkeit in Frage steht. Hat das Erstgericht den Unterhaltspflichtigen wegen mutwilliger Aufgabe der gut bezahlten Arbeitsstelle auf **fiktiver Grundlage** zur Zahlung von Unterhalt verpflichtet, ist ein Abänderungsantrag gestützt allein auf den Hinweis, der Unterhaltspflichtige komme wieder seiner Erwerbsobliegenheit nach, verdiene aber weniger als zuvor, unzulässig. Sie richtet sich nicht gegen die in der Ausgangsentscheidung angestellte Prognose.

189   Die „in sich schlüssige" Darlegung einer wesentlichen Änderung der maßgebenden Verhältnisse schon im Rahmen der Zulässigkeitsprüfung kann auch nicht dahingestellt bleiben, weil allein eine weitere **Sachentscheidung** des Gerichts die Präklusionswirkungen (§ 238 II FamFG) auslösen kann. Fehlt ein entsprechender Sachvortrag, ist der Abänderungsantrag unzulässig. Stellt sich die Behauptung der wesentlichen Änderung als unwahr dar oder ist die Änderung selbst nur unwesentlich, ist der Antrag nach § 238 FamFG unbegründet.[553]

190   Die dargelegten **Änderungen** in den maßgebenden Verhältnissen müssen schließlich bereits **eingetreten** sein.[554] Dass mit einer Änderung lediglich zu rechnen ist, kann regelmäßig selbst dann nicht ausreichen, wenn die Prognose nach Sachlage mit großer Sicherheit getroffen werden könnte.[555] Daher wäre ein Abänderungsverlangen etwa bei zu erwartender Altersrente nach Vollendung des 65. Lebensjahres selbst dann unzulässig, wenn sich deren Höhe mit einiger Wahrscheinlichkeit voraussagen ließe.[556] Dass die wesentliche Veränderung nur vorübergehend ist, ist nicht entscheidungserheblich. Die zeitlich befristete Änderung führt damit zu einer entsprechend zeitlich begrenzten Abänderungsentscheidung, wie etwa zu einer Unterhaltsversagung mangels Leistungsfähigkeit für die voraussichtliche

---

[548] BGH FamRZ 2001, 986 = R 563
[549] BVerfG FamRZ 2003, 1821 = R 598
[550] BGH FamRZ 1993, 945
[551] Keidel/Meyer-Holz FamFG § 238 Rn. 23
[552] BGH FamRZ 1990, 280
[553] BGH FamRZ 2001, 1687 = R 566
[554] BGH FamRZ 2002, 88; OLG Hamm FamRZ 2003, 461
[555] BGH FamRZ 1981, 862, 863
[556] BGH FamRZ 1993, 941

Dauer einer vorübergehenden Arbeitslosigkeit oder auch einer Strafhaft des Unterhaltspflichtigen.[557] Nach Ende des vorübergehenden Ereignisses lebt damit der Ersttitel in seiner ursprünglichen Höhe wieder auf. Soweit sich die Prognose einer vorübergehenden Leistungseinschränkung nicht bewahrheitet (z. B. durch Verlängerung der Strafhaft infolge weiterer Verurteilungen), ist der Unterhaltspflichtige nicht gehindert, die Veränderung der Sachlage mit einem neuen Abänderungsantrag geltend zu machen.

10. Begründetheit des Abänderungsantrags

a) Änderung der Verhältnisse. Ein Erfolg in der Sache des gegen eine Endentscheidung in der Hauptsache gerichteten Abänderungsantrags ist nach § 238 IV FamFG unter Beachtung der Präklusionsvorschrift des § 238 II FamFG zu beurteilen, wonach ungeachtet ihrer Relevanz im Rahmen der Zulässigkeit, eine Titelanpassung nicht auf präkludierte Umstände gestützt werden kann.[558] Die Begründetheit des Abänderungsantrags hängt hiernach zunächst davon ab, dass eine mit dem Begehren zulässigerweise geltend gemachte wesentliche Veränderung der tatsächlichen und rechtlichen Verhältnisse jedenfalls bewiesenermaßen eingetreten ist. Den zeitlichen Vergleichsrahmen bilden hierbei der angestrebte Abänderungszeitpunkt und der Schluss der Tatsachenverhandlung des Vorverfahrens. Die **inhaltlichen Veränderungen** sind auf die Beschlussgründe der zur Abänderung anstehenden Entscheidung zu beziehen. Das wirft die Frage nach der Behandlung von Endentscheidungen auf, die keine Begründung enthalten und auch keiner bedürfen, wie dies bei **Anerkenntnis- und Säumnisentscheidungen** der Fall ist.

Beruht die Verpflichtung zur Zahlung von Unterhalt auf einem Versäumnisbeschluss, der das tatsächliche Vorbringen des Antragstellers in der mündlichen Verhandlung als zugestanden zugrunde legt (§ 113 I S. 2 FamFG i. V. m. § 331 I ZPO), spricht zunächst der Wortlaut von § 238 I S. 2 FamFG, wonach Änderungen in den Verhältnissen von den „… der Entscheidung zugrunde liegenden … Verhältnissen." auszugehen haben, dafür, dass nur Änderungen gegenüber den als zugestanden behandelten **(fiktiven) Verhältnissen** maßgebend sein können. Gleichwohl war und ist in Rechtsprechung und Literatur umstritten,[559] ob die fiktiven[560] oder die tatsächlichen[561] Verhältnisse heranzuziehen sind. Der BGH hat nunmehr in einer Entscheidung vom 12. 5. 2010[562] gegenüber einem Abänderungsbegehren des Unterhaltspflichtigen, allerdings zunächst ausdrücklich beschränkt auf eine Änderung der Einkommensverhältnisse, darauf abgestellt, dass eine Änderung nur dann und insoweit möglich sei, als sich die seinerzeit gegebenen **tatsächlichen Verhältnisse** wesentlich geändert haben. In der zu entscheidenden Fallgestaltung hatten sich die tatsächlichen Einkommensverhältnisse des Unterhaltspflichtigen von ca. 1525 EUR seit dem Versäumnisbeschlusspflichtigen nicht wesentlich verändert, während der Versäumnisentscheidung ein zugestandenes Einkommen in Höhe von 2255 EUR zugrunde lag. Der BGH hat unter Heranziehung der tatsächlichen Verhältnisse eine entsprechende Änderung verneint und die Entscheidungen der Instanzgerichte bestätigt, die den Abänderungsantrag als unzulässig abgewiesen hatten. In einer weiteren Entscheidung hat der BGH erneut auf die tatsächlichen Verhältnisse abgestellt, soweit Vermögensverhältnisse betroffen waren und diesen eine für den Unterhalt bemessungsrelevante Bedeutung zukam.[563]

Allerdings erscheint zweifelhaft, ob es für die Beurteilung der Unzulässigkeit auf die Abgrenzung zwischen fiktiven und tatsächlichen Verhältnissen in der besagten Konstellation ankommt. Denn auch bezogen auf die fingierten Verhältnisse haben sich **nach** Rechtskraft der Versäumnisentscheidung keine Veränderungen ergeben, so dass auch mit dieser Begrün-

---

[557] BGH FamRZ 1982, 792
[558] BGH FamRZ 1987. 259, 262
[559] Vgl. die Nachweise bei Johannsen/Henrich/Brudermüller § 238 FamFG Fn. 312 und Soyka, Das Abänderungsverfahren im Unterhaltsrecht, S. 71 Fn. 6 und 7
[560] Soyka, a. a. O., Rn. 64
[561] FA-FamR/Gerhardt Kap. 6 Rn. 962
[562] BGH FamRZ 2010, 1150 Rn. 17 = R 713
[563] BGH FamRZ 2010, 1318 Rn. 39

dung die Zulässigkeit jedenfalls an § 238 II FamFG scheitert.[564] Davon zu unterscheiden ist allerdings die Beurteilung der jeweiligen Verhältnisse im Kontext der **Begründetheit des Abänderungsantrags**, mit dem der Antragsteller Herabsetzung des titulierten Unterhalts begehrt (§ 238 IV FamFG). Ist dieser im Hinblick auf Änderungen tatsächlicher oder auch fiktiver Verhältnisse zulässig, hat die Anpassung wiederum die Präklusionswirkungen des § 238 II FamFG **(Sekundärwirkung)**[565] zu beachten. Diese dienen der Sicherung der Rechtskraft und verbieten die Berücksichtigung von Umständen, die dem Verfahrensstoff des Vorverfahrens widersprechen.[566] Die hier zu wahrende **Rechtskraft** des Versäumnisbeschlusses unterliegt dabei keiner anderen Beurteilung als die bei einer kontradiktorischen Entscheidung.[567] Ausgangspunkt für eine Titelanpassung kann hiernach nur der nach den **fiktiven Verhältnissen** festgesetzte Unterhalt sein. Das sind die der Versäumnisentscheidung zugrunde liegenden Behauptungen des Unterhaltsberechtigten.[568] Wollte der Unterhaltspflichtige dies vermeiden, hätte er zumutbarerweise mit einem Einspruch gegen die Versäumnisentscheidung vorgehen müssen. Haben die Beteiligten nach den Feststellungen in einer **kontradiktorischen Entscheidung** ein höheres Einkommen als tatsächlich gegeben des Unterhaltspflichtigen hingenommen, ist dieser ebenso mit einem Abänderungsbegehren gehindert, eine Titelanpassung zu verlangen, die das im Vorverfahren festgestellte Einkommen vernachlässigt.

> **Beispiel:**
> Die Antragstellerin nimmt den Antragsgegner auf Zahlung von Trennungsunterhalt in Anspruch. Sie trägt dazu vor, der Antragsgegner erziele ein unterhaltswirksames Erwerbseinkommen in Höhe von monatlich 3500 €, so dass ihr ($3/7$) Trennungsunterhalt in Höhe von 1500 € zustehe, und erwirkt hierüber einen entsprechenden Versäumnisbeschluss. Tatsächlich belief sich das bereinigte Erwerbseinkommen nur auf 2800 €. Mit dem zutreffenden Hinweis, er verdiene jetzt nur noch 2100 €, begehrt der unterhaltspflichtige Ehemann Abänderung des Versäumnisbeschlusses, wonach er nur noch (2100 € $3/7$ =) 900 € zu zahlen habe.
> Der Antrag ist zulässig, und zwar unabhängig davon, ob die Veränderungen auf die seinerzeit tatsächlichen oder die fiktiven Einkommensverhältnisse bezogen werde. Er kann in der Sache aber nur zum Teil Erfolg haben, weil die Anknüpfung allein an den tatsächlichen Verhältnissen einen unzulässigen Eingriff in die Rechtskraft des Versäumnisbeschlusses darstellt. Richtig ist zwar, dass nach den tatsächlichen Verhältnissen das Erwerbseinkommen um 700 € (= 25%) wesentlich gesunken ist. Gleichwohl ließe eine darauf reduzierte Berechnung unberücksichtigt, dass dem rechtskräftigen Versäumnisbeschluss ein wesentlich höheres fiktives Erwerbseinkommen zugrunde lag. Dem ist im Rahmen der gebotenen Titelanpassung in der Weise Rechnung zu tragen, dass eine Herabsetzung des titulierten Unterhalts nur auf (3500 € 75%) $3/7$ = 1125 € zu erfolgen hat.

Wendet sich der Unterhaltpflichtige als Antragsgegner **gegen** ein weitergehendes Unterhaltsbegehren der Unterhaltsberechtigten, kann er sich abweichend von den der Unterhaltsberechnung zugrunde liegenden fiktiven Verhältnissen auf die ihm günstigeren tatsächlichen Verhältnisse berufen. Die Präklusionsvorschriften des § 238 II FamFG gelten nicht für den jeweiligen Antragsgegner, der an der Rechtkraft der Entscheidung festhalten will.

194 Im Unterschied zur Säumnisentscheidung beruht der den Unterhalt titulierende **Anerkenntnisbeschluss** auf keiner durch Feststellungen gestützten gerichtlichen Sachprüfung. Allein das verfahrensbezogene Anerkenntnis (§ 113 I S. 2 FamFG i. V. m. § 307 ZPO) bewirkt und bestimmt den Inhalt des Unterhaltstitels. Auch wenn der Anerkenntnisbeschluss hiernach keine der kontradiktorischen Entscheidung vergleichbaren Tatsachenfeststellungen enthält, bejaht der BGH[569] eine an die Rechtskraft der Anerkenntnisentscheidung anknüpfende Bindungswirkung, die grundsätzlich einer freien und von der bisherigen Titulierung losgelösten Neufestsetzung des Unterhalts entgegensteht, damit aber für eine Titelanpassung gleichzeitig an dem Erfordernis einer Veränderung der maßgeblichen Verhältnisse festhält. Dies wirft allerdings wiederum die Frage auf, welche Verhältnisse für die

---

[564] Hoppenz/Hoppenz § 238 FamFG Rn. 64
[565] Johannsen/Henrich/Brudermüller § 238 FamFG Rn. 90
[566] BGH FamRZ 1987, 259, 262
[567] BGH FamRZ 2010, 1150 Rn. 19 = R 713
[568] Hoppenz/Hoppenz § 238 FamFG Rn. 33
[569] BGH FamRZ 2007, 1459 Rn. 14 = R 680

Beurteilung von Veränderungen heranzuziehen sind. Die **„subjektiven Vorstellungen"**[570] des Anerkennenden müssen ausscheiden, da sie in der Regel für den Gegner im Dunkeln liegen und nicht nachprüfbar sind, Dieser sieht sich einem allein in den Händen des Anerkennenden mit geringem Aufwand zu motivierenden Abänderungsverlangen ausgesetzt, dem er über ein Nichtwissen hinaus kaum Erhebliches entgegenhalten kann.[571] Die Rspr. des BGH[572] stellt deshalb nicht zuletzt mit rechtspolitischen Erwägungen darauf, dass dem Unterhaltspflichtigen über ein Anerkenntnis diese Steuerungsmöglichkeit verschlossen bleiben muss. Stattdessen werden die der Anerkenntnisentscheidung (richtiger: dem Anerkenntnis) zugrunde liegenden **tatsächlichen Verhältnisse** dafür bemüht, ob sich im Nachhinein eine das Abänderungsverfahren eröffnende wesentliche Veränderung eingestellt hat. In der Konsequenz dieser Rechtsprechung bedarf es allerdings einer vollständigen Neuberechnung des Unterhalts ohne Bindung an zurückliegende Verhältnisse, wenn sich die maßgebenden tatsächlichen Verhältnisse im Nachhinein nicht weiter aufklären lassen.[573]

Indessen erscheint fraglich, ob dem Unterhaltsberechtigten hiernach mit dem erhöhten Risiko, seine Unterhaltsberechtigung nach Grund und Höhe trotz eines vorhandenen Unterhaltstitels neu nachweisen zu müssen, nicht eher „Steine statt Brot" gegeben werden. Auch beim säumigen Unterhaltspflichtigen spielen die nicht offenbarten Beweggründe und Motive verfahrensbezogen keine Rolle. Maßgebend ist allein, dass er dem Antrag und dem diesen stützenden Tatsachenvortrag nicht entgegentritt. Der Anerkennende bringt im Unterschied dazu in der mündlichen Verhandlung nur zum Ausdruck, dass er sich entsprechend verhalten will. Es kann deshalb für die Beurteilung eines nachfolgenden Abänderungsantrags keinen Unterschied machen, ob der Beklagte eine Versäumnisentscheidung gegen sich ergehen lässt oder den Anspruch verfahrenskonform anerkennt. Für ihn ist es im Ergebnis ohne Belang, ob das Gericht das Vorbringen des Unterhaltsberechtigten darüber hinaus noch in einer Sachprüfung übernimmt. Auch im Fall des Anerkenntnisses muss sich ein Abänderungsbegehren deshalb wegen der Bindungswirkungen an dem **ursprünglichen Vorbringen** des **Unterhaltsberechtigten** (zur Versäumnisentscheidung vgl. Rn. 10/193), das zum Anerkenntnis geführt hat, messen lassen. Der Unterhaltspflichtige erscheint hierdurch auch nicht unbillig benachteiligt, da er auf Grund des ihm mit der Antragsschrift im Vorverfahren unterbreiteten Tatsachenvortrags des Unterhaltsberechtigten übersehen kann, worauf er sich unterschiedslos entweder durch ausdrückliches Mitwirken (Anerkenntnis) oder durch stilles Dulden (Nichtverhandeln) „aktiv" einlässt. Ansonsten bleibt es bei der Gefahr eines rechtspolitisch unerwünschten Bestrebens, sich in ungünstiger Verfahrenssituationen durch ein Anerkenntnis den Bindungswirkungen eines Anerkenntnisurteils zu entziehen,[574] dem die jeweilige anwaltliche Beratung für die Vorgehensweise des Unterhaltspflichtigen im Verfahren Rechnung tragen müsste.

b) Wesentlichkeit der Änderung. Für die Beurteilung wesentlich veränderter Verhältnisse kommt es, wie schon im Kontext der Zulässigkeitsprüfung nach § 238 I S. 2 FamFG (siehe Rn. 10/186 bis 190), nicht auf das Ausmaß einzelner veränderter Umstände an, sondern darauf, ob die für die Unterhaltsbemessung **maßgeblichen Verhältnisse** in ihrer **Gesamtheit** wesentlich verändert sind.[575] Wesentlich ist die Änderung dann, wenn sie in einer nicht unerheblichen Weise zu einer anderen Beurteilung des Bestehens, der Höhe oder der Dauer des Anspruchs führt.[576] Auf Grund der Gesamtbeurteilung können sich erhebliche Veränderungen bei einzelnen Bemessungskriterien auch gegeneinander aufheben, so dass im Gesamtergebnis eine Wesentlichkeit zu verneinen ist. Allgemein wird als Richtwert angenommen,[577] dass eine Änderung von etwa 10% des Unterhaltsanspruchs als wesentlich anzusehen ist; bei beengten wirtschaftlichen Verhältnissen kann der Prozentsatz

---

570 So aber Graba FamRZ 2002, 7, 9
571 Soyka, a. a. O., Rn. 65
572 BGH FamRZ 2007, 1459 Rn. 15 = R 680
573 BGH a. a. O.
574 BGH FamRZ 2007, 1459 Rn. 14 = R 680
575 BGH FamRZ 1985, 53, 56
576 BGH FamRZ 1984, 353, 355
577 Hüßtege in Thomas/Putzo § 238 FamFG Rn. 23

aber durchaus darunter liegen.[578] Da die Wesentlichkeit von Veränderungen auf den titulierten Unterhalt zu beziehen ist, kommt es, sofern lediglich ein **Spitzenbetrag** tituliert ist, für die Bemessung der Abweichung auf diesen an.[579]

197 Zum Begriff der Wesentlichkeit gehört in gewisser Weise auch die **Nachhaltigkeit**. Eine kurzfristige Arbeitslosigkeit wird daher nicht als wesentlich angesehen.[580] Kurzfristige Einkommens- oder Bedarfsschwankungen sollen unwesentlich sein. Hier erscheint aber Zurückhaltung geboten. Berücksichtigt man den Streitwert in Unterhaltssachen (Jahresstreitwert gemäß § 51 I FamGKG hinsichtlich des laufenden Unterhaltes), so kommt schon dem Wegfall oder der Begründung einer Unterhaltsrente **für einen Monat** fast eine 10%ige, damit wesentliche Bedeutung zu, wenngleich im Tatsächlichen der Laufdauer einer Unterhaltsrente in der Regel gemäß § 258 ZPO zeitlich unbefristet ist. Sollte allerdings in vermögenden Verhältnissen der Streit einen Monatsunterhalt von mehr als 600 EUR betreffen, könnte im Hinblick auf die Beschwerdesumme des § 61 I FamFG und die damit vom Gesetzgeber angenommene Bedeutung der Sache durchaus von einer wesentlichen Veränderung beim bloßen Streitgegenstand eines Monatsunterhaltes gesprochen werden. Dass hierbei nur ein Monatsbetrag und keine fortlaufende Rente abzuändern ist, kann nicht entscheidend sein. Denn nach dem Gesetzeswortlaut des § 238 I FamFG muss es sich nur bei der Erstverurteilung um wiederkehrende Leistungen handeln, nicht aber bei dem Abänderungsstreitgegenstand.

198 **c) Änderungen tatsächlicher Verhältnisse.** Die für eine Anpassung des Unterhaltstitels in Frage kommenden **Änderungsgründe** lassen sich gemäß § 238 IV und § 238 I S. 2 FamFG in tatsächliche und rechtliche Gründe gliedern. Allerdings fallen sie nur dann ins Gewicht, sofern ihnen für die Änderung in der Unterhaltsbemessung gegenüber dem Titel aus dem Vorverfahren unterhaltsrechtlich Bedeutung zukommt.

Als Änderungen tatsächlicher Verhältnisse sind in der Rechtspraxis häufig anzutreffen
– Veränderungen in Einkommens- und Vermögensverhältnissen mit Auswirkungen auf den Unterhaltsbedarf oder die finanzielle Leistungsfähigkeit;[581] berücksichtigungsfähig sind allerdings nur solche Entwicklungen, die auch unterhaltsrechtlich beachtlich sind; dies ist nicht der Fall, wenn der Unterhaltspflichtige sich auf eine Verschlechterung der Ertragslage beruft, weil nur auf eine Minderung des unterhaltswirksamen Einkommens abgestellt werden kann;[582]
– gestiegene Lebenshaltungskosten mit Auswirkungen auf einen konkreten Unterhaltsbedarf,[583]
– Erreichen einer höheren Altersstufe durch das Kind sowie Änderung von Unterhaltstabellen als Ausdruck veränderter Lebenshaltungskosten,[584]
– der Verlust eines Arbeitsplatzes oder Arbeitslosigkeit, sofern sie nicht nur vorübergehend ist; wird eine Abfindung gezahlt, die in der Regel dazu bestimmt ist, im Rahmen einer sparsamen Wirtschaftsführung das Einkommensniveau für eine Übergangszeit bis zur Aufnahme einer neuen Erwerbstätigkeit zu erhalten, kann eine Änderung tatsächlicher Verhältnisse schon mit Eintritt der Arbeitslosigkeit vorliegen, wenn die Abfindung der Höhe nach für eine angemessene Verteilung nicht ausreicht,[585]
– der Eintritt eines Rentenfalls mit Bedarfsveränderungen infolge höheren Alters[586] oder auch Absinken des Bedarfs infolge niedrigen Renteneinkommens,[587]
– Übergang vom konkreten Bedarf zum Quotenunterhalt bei gesunkenen Einkommen durch Eintritt in den Ruhestand,[588]

---

[578] BGH FamRZ 1992, 539
[579] Johannsen/Henrich/Brudermüller § 238 FamFG Rn. 73; a. A. Keidel/Meyer-Holz FamFG § 238 Rn. 23
[580] BGH FamRZ 1996, 345
[581] Z. B. BGH FamRZ 2007, 1459 Rn. 13 = R 680
[582] OLG Hamm FamRZ 1996, 1077
[583] BGH FamRZ 1992, 162, 164
[584] BGH FamRZ 2005, 608, 609
[585] BGH FamRZ 1987, 359
[586] BGH FamRZ 1995, 221, 223
[587] BGH FamRZ 2005, 1479
[588] BGH FamRZ 2003, 848

2. Abschnitt: Die Schaffung und Abänderung von Unterhaltstiteln § 10

- Aufnahme von Versorgungsleistungen für einen neuen Lebenspartner,[589]
- Entwicklungen in den Lebensverhältnissen der Beteiligten mit Auswirkungen auf Ausschluss- oder Herabsetzungsgründe (§ 1579 BGB),[590]
- Wiederheirat des Unterhaltspflichtigen und/oder Geburt eines weiteren Kindes,[591]
- Volljährigkeit des Kindes mit Auswirkungen auf einen gestiegenen Unterhaltsbedarf sowie Beginn der anteiligen Haftung (§ 1606 III S. 1 BGB) der Eltern[592] oder Eintritt des Schülers in das 22. Lebensjahr,
- Bedarfsminderung beim Kindesunterhalt durch Eigeneinkommen des Kindes (z. B. BAföG –Leistungen,[593]
- Vaterschaftsanfechtung bei einem in der Ehe geborenen Kind,[594]
- das Hinzukommen neuer Unterhaltslasten und entsprechende Rangverschiebungen (§ 1609 BGB),
- der Eintritt oder die Erweiterung von Erwerbsobliegenheiten,[595]
- Begrenzung auf den angemessenen Bedarf und Befristung (§ 1578 b BGB),[596]
- Wegfall des Vorsorgeunterhalts mit Auswirkungen auf den Elementarunterhalt,[597]
- Entwicklungen bei Altschulden und berücksichtigungsfähigen Neuschulden,
- Eröffnung eines Insolvenzverfahrens,

Neben der Veränderung der tatsächlichen Verhältnisse können auch nachträgliche Abweichungen bei der **Beurteilung** der **Prognose**, die das Gericht im Erstverfahren seiner Entscheidung über die Verpflichtung zur künftigen Zahlung von Unterhalt zugrunde gelegt hat, einen Abänderungsgrund darstellen.[598] Die Fallkonstellationen zeichnen sich dadurch aus, dass sich die tatsächlichen Verhältnisse entgegen der prognostizierten Erwartung nicht geändert haben (**„Nichteintritt tatsächlicher Veränderungen")**.[599] Die Prognose erweist sich **nach** Ablauf der in **prognostizierter Zeit** unverändert gebliebener Verhältnisse als nicht mehr tragfähig, weshalb einem Abänderungsantrag auch die Präklusionsvorschrift (§ 238 II FamFG) nicht entgegensteht. Schlägt etwa eine Erwartung über die Entwicklung von Einkünften des Unterhaltspflichtigen fehl, kann dies über einen Abänderungsantrag korrigiert werden.[600] Ist die Erstentscheidung noch anspruchsverneinend davon ausgegangen, dass ab einem bestimmten Zeitpunkt in der Zukunft die Bedürftigkeit des Unterhaltsberechtigten im Zuge einer prognostizierten Wiedereingliederung in das Berufsleben entfallen werde, und erfüllt sich diese Erwartung nicht, kann dies zu einer Abänderung der Erstentscheidung und Fortführung der Alimentierung über den Prognosezeitraum hinaus führen. Vergleichbar dürfte der Fall zu entscheiden sein, bei dem das Gericht die Befristung des nachehelichen Unterhalts mit der Prognose begründet, dass zu einem bestimmten Zeitpunkt die **ehebedingten Nachteile** aller Voraussicht nach entfallen sein werden. Auch in dieser Fallgestaltung ist das Abänderungsverfahren der richtige Rechtsbehelf, um einer Prognose, die sich im Nachhinein als fehlerhaft herausgestellt hat, aber an der Rechtskraft der Erstentscheidung teilnimmt, abzuhelfen. Das Ausbleiben von Veränderungen kann hiernach nicht anders eingestuft werden als das Eintreffen derselben, soweit dem eine sich als fehlerhaft herausstellende Prognose zugrunde liegt.[601]

199

Schließlich unterliegen auch im Vorverfahren zugrunde gelegte **Fiktionen** einer Anpassung. Dem genügt ein Abänderungsbegehren allerdings erst dann, wenn in den Verhält-

200

---

[589] BGH FamRZ 2004, 1173
[590] BGH FamRZ 2010, 192 Rn. 24 = R 708
[591] BGH FamRZ 2009, 579; 2008, 1911 Rn. 20
[592] KG FamRZ 1989, 1206, 1207
[593] OLG Nürnberg FamRZ 2003, 1025
[594] OLG Nürnberg FamRZ 1996, 1090
[595] OLG Bamberg FamRZ 1999, 942
[596] BGH FamRZ 2010, 1238 Rn. 18; 2010, 111 Rn. 58
[597] BGH FamRZ 2005, 1479 = 680
[598] FA-FAmR/Gerhardt Kap. 6 Rn. 957
[599] Hoppenz/Hoppenz § 238 FamFG Rn. 35
[600] OLG Koblenz FamRZ 2002, 471
[601] Johannsen/Henrich/Brudermüller § 238 FamFG Rn. 67; Hoppenz/Hoppenz § 238 FamFG Rn. 55; FA-FamR/Gerhardt Kap. 6 Rn. 957

nissen, die zu den einzelnen Fiktionen geführt haben, wesentliche Änderungen eingetreten sind, die einem Festhalten an der ursprünglichen Prognosebeurteilung entgegenstehen. Bereits daraus folgt, dass allein ein gewisser „Zeitablauf" ein Abänderungsverfahren nicht eröffnen kann. Denn der jeweilige in der Rechtspraxis vielfach als „angemessen" bezeichnete Zeitablauf richtet sich, ohne das Hinzutreten weiterer Gesichtspunkte, zweifelsfrei nicht gegen die Prognose abzuändernden Entscheidung. Überdies wäre eine „angemessene Zeit" einer andauernden Fiktion bereits bei der Erstentscheidung absehbar und berücksichtigungsfähig, der Antragsteller demnach mit dem hierauf beschränkten Hinweis im Abänderungsverfahren präkludiert.

201 Dessen ungeachtet müssen die geltend gemachten **Abänderungsgründe** mit den Verhältnissen, die für die jeweiligen Fiktionen maßgebend waren, auch „**korrespondieren**". Ist etwa dem Unterhaltspflichtigen, der zunächst schuldlos seine Arbeitsstelle verloren hatte, wegen anschließend unzureichender Erwerbsbemühungen in einem Erstverfahren ein unterhaltswirksames Einkommen zugerechnet worden, liegt dem die Prognoseerwägung zugrunde, dass für den Unterhaltspflichtigen bei Wahrung seiner Erwerbsobliegenheit in Ansehung seiner Vor- und beruflichen Ausbildung eine reale Beschäftigungsmöglichkeit auf dem Arbeitsmarkt mit einem entsprechend erzielbaren Einkommen besteht. Bemüht sich der Unterhaltspflichtige daraufhin nach dem Maß seiner Obliegenheit um eine Arbeitsstelle, ohne eine solche zu erlangen, muss er sich in dem von ihm zulässigerweise betriebenen Abänderungsverfahren eine Fortschreibung des fingierten Einkommens nicht mehr entgegenhalten lassen.[602] Entsprechend liegen die Dinge, wenn der arbeitslose Antragsteller nach erstmaliger Verpflichtung auf der Grundlage eines fiktiven Einkommens nunmehr infolge hinreichender Bemühungen eine neue Arbeitsstelle findet, die seiner Vor- und Ausbildung entspricht, bei der er aber erheblich weniger verdient, als ihm bisher fiktiv zugerechnet worden ist. Auch in diesem Fall muss der Beteiligte nach einer gewissen Zeitspanne ein auf diesem Sachverhalt gestütztes Abänderungsverfahren möglich sein. Wiederum erweist sich die zunächst angestellte Prognose als nicht mehr tragfähig.[603]

202 Hat der Unterhaltspflichtige allerdings seine Arbeitsstelle **mutwillig** aufgegeben und ist deshalb zu Unterhaltszahlungen verurteilt worden, weil das Erstgericht das zuletzt erzielte Einkommen fortgeschrieben hat, kann der Unterhaltspflichtige keine Abänderung mit dem Hinweis verlangen, er genüge nun wieder seiner Erwerbsobliegenheit, verdiene aber weniger als in seiner ursprünglichen Arbeitsstelle. Grundlage des fingierten Einkommens im Ersturteil und damit der Prognose war in diesem Fall die Beibehaltung der ursprünglichen Arbeitsstelle. Als schlüssige Abänderungsgründe können demnach nur solche Entwicklungen „korrespondieren", die geeignet sind, das dem zugrunde liegende Arbeitsverhältnis zu beeinflussen. Dies wäre etwa der Fall, wenn der Antragsteller geltend machen könnte, in der Zwischenzeit den Arbeitsplatz mit einem entsprechenden Einkommen ohnehin verloren zu haben (z. B. Krankheit, Betreuung eines Kindes in einer Ehe oder Personalabbau).[604]

203 Dabei gilt es allerdings weiter zu bedenken, dass in einem solchen Fall veränderter Verhältnisse das zunächst zugerechnete Erwerbseinkommen nicht ersatzlos entfällt. Vielmehr unterliegen auch die der Fiktion zugrunde liegende Verhältnisse lediglich der **Anpassung.** Dies bedeutet, dass der Unterhaltspflichtige sich gegebenenfalls, sofern ihn etwa gesundheitliche Gründe an der Ausübung seiner ursprünglichen Erwerbstätigkeit hindern, nunmehr nach den gesetzlichen Vorschriften Lohnfortzahlung und Krankengeld (zur Berechnung vgl. §§ 47–51 SGB V) fiktiv zurechnen lassen muss. Im Fall des Personalabbaus kann sich die Fiktion in einer Abfindung und Arbeitslosengeldzahlungen fortsetzen.

204 **d) Änderungen rechtlicher Verhältnisse.** Mit der Regelung in § 238 I S. 2 FamFG hat der Gesetzgeber die bis dahin durch den BGH – zunächst zur Abänderung von Vergleichen,[605] dann aber auch zur Abänderung von Unterhaltsurteilen[606] – entwickelte Recht-

---

[602] OLG Celle FamRZ 2009, 790; OLG Hamm FamRZ 2008, 2216
[603] FA-FamR/Gerhardt Kap. 6 Rn. 963
[604] BGH FamRZ 2008, 872 Rn. 19 = R 690 b
[605] BGH FamRZ 2001, 1687, 1699 = R 566
[606] BGH FamRZ 2003, 848, 851

sprechung übernommen, wonach auch **Veränderungen rechtlicher Verhältnisse** als Grund für die Abänderung einer in der Hauptsache zum Unterhalt ergangenen Endentscheidung in Betracht kommen. Im Unterschied zu den tatsächlichen Verhältnissen, die nach der Lebenswirklichkeit unbegrenzten Möglichkeiten einer Veränderung ausgesetzt sind, kann, soll die Vorschrift weiterhin der Sicherung der Rechtskraft dienen, nicht jedwede Änderung des Rechts, die im Nachhinein die rechtlichen Beurteilung der Erstentscheidung in einem anderen Licht erscheinen lässt, zu einer Titeländerung führen. Deshalb dürfte zu differenzieren sein.

Die in jeder gerichtlichen Entscheidung mit der Begründung offen gelegten rechtlichen **205** Verhältnisse sind an sich schon dann betroffen, wenn sich die darin zum Ausdruck gekommenen **Rechtsansichten** ändern und dies zu einer abweichenden Beurteilung führen müsste, sollte der Sachverhalt erneut zu bescheiden sein. Dem steht aber die Rechtskraft der Erstentscheidung entgegen. Die bloße Veränderung der rechtlichen Beurteilung bereits im früheren Verfahren durch den Erstrichter gewürdigter tatsächlicher Verhältnisse kann deshalb keine Abänderung rechtfertigen.[607] Gleichwohl ist der Abänderungsrichter nicht gehindert, in einem anderweitig eröffneten Abänderungsverfahren die neue Rechtsansicht bzw. die veränderte Rechtsprechung seiner Entscheidung zugrunde zu legen. Denn an die Rechtsansicht des Erstrichters besteht keine Bindung. Zudem kann der Abänderungsrichter Rechtsfehler des Erstgerichts korrigieren.

Im Unterschied dazu ist die **Änderung der Gesetzeslage** als Änderung rechtlicher **206** Verhältnisse im Sinne von § 238 I S. 2 FamFG beachtlich.[608] Dieser Einordnung liegen auch die Übergangsregelungen in § 36 Nr. 1 und 2 EGZPO zugrunde mit ihrer Klarstellung, dass es sich bei den **Gesetzesänderungen** im materiellen Unterhaltsrecht durch das Gesetz vom 21. Dezember 2007 um einen Anwendungsfall des (früher: § 323 I ZPO a. F.) § 238 I S. 2 FamFG handelt.[609] Die Entscheidung, mit der die Verpflichtung zu Unterhaltsleistungen ausgesprochen wird, beruht auf der jeweils aktuellen Gesetzeslage und geht in der Prognose davon aus, dass sich daran nichts ändert. Erweist sich diese Einschätzung im Zuge einer Gesetzesänderung als nicht mehr zutreffend, ist dem durch Abänderung Rechnung zu tragen.[610] Allerdings ist die Frage, ob eine für die Bemessung des Unterhalts relevante Gesetzesänderung eingetreten ist, von der weiteren Frage nach dem zulässigen Rechtsbehelf für die Geltendmachung der Änderung der Gesetzeslage zu trennen. Dies hängt zuletzt von den beabsichtigten Auswirkungen der Gesetzesänderungen, so dass gesondert zu prüfen bleibt, ob die Änderung der rechtlichen Verhältnisse mit einem Abänderungsantrag (§ 238 FamFG) oder einem Vollstreckungsabwehrantrag (§ 767 ZPO) zu verfolgen ist (vgl insoweit auch § 36 Nr. 2 EGZPO für die Übergangsregelungen).

Einer Gesetzesänderung steht der Fall gleich, dass das BVerfG eine **Norm** für **nichtig** oder **verfassungswidrig** erklärt oder auch nur ein **bestimmtes Normverständnis** zur Vermeidung eines verfassungswidrigen Ergebnisses vorgibt und dies zu einer abweichenden Beurteilung der Erstentscheidung führt.[611] Nachdem das BVerfG die durch den BGH bei der Auslegung von § 1578 BGB entwickelte Rechtsprechung zu den ehelichen Lebensverhältnissen und der Heranziehung der Gleichteilungsmethode als verfassungswidrig verworfen hat, kann der infolge dieser Rechtsprechung nachteilig betroffene Beteiligte mit dem Hinweis auf Änderung der rechtlichen Verhältnisse eine Titelanpassung in den Grenzen von § 238 III FamFG geltend machen.[612]

Darüber hinaus entspricht es in der Zwischenzeit der ständigen Rechtsprechung des **207** BGH,[613] dass auch **grundlegende Änderungen** in der **höchstrichterlichen Rechtsprechung** Anlass für ein Abänderungsverfahren bieten können. Diese Entwicklung ist vor dem

---

[607] BGH FamRZ 2001, 1687, 1699 = R 566
[608] BGH FamRZ 2007, 793 Rn. 36 = R 674 d; 2007, 882 Rn. 25
[609] BGH FamRZ 2010, 111 Rn. 62
[610] So bereits RGZ 166, 303
[611] BGH FamRZ 2001, 1687, 1699 = R 566; 1990, 1091, 1094
[612] BVerfG FamRZ 2011, 437 Rn. 81 = R 722 i
[613] BGH FamRZ 2010, 2059 Rn. 18; 2010, 538 Rn. 22; 2007, 793 Rn. 36 = R 674 d; 2007, 882 Rn. 25; 2005, 1979; 2003, 1734; 2003, 848, 849

Hintergrund zu sehen, dass, wie *Graba*[614] mit Recht betont hat, im Unterhaltsrecht der Rechtsprechung wegen der unvermeidbar allgemein gehaltenen Fassung des gesetzlichen Unterhaltstabestandes eine **besondere Konkretisierungsfunktion** zukommt. Die höchstinstanzlichen Entscheidungen wirken sich mithin über den jeweiligen Einzelfall hinaus praktisch wie Gesetze, folglich grundlegende Änderungen wie Gesetzesänderungen aus. Dies ist allerdings nicht schon dann der Fall, wenn der BGH erstmalig eine instanzgerichtlich umstrittene Rechtsfrage entscheidet. Schließlich muss es sich um **grundlegende Änderungen** handeln. Als solche sind angesehen worden die geänderte Rechtsprechung zur Aufnahme einer Berufstätigkeit nach Haushaltsführung[615] und zur trennungs- bzw. scheidungsbedingten Veräußerung des Familienheimes.[616] Auch die Entwicklungen in der Rechtsprechung des BGH zur Befristung des nachehelichen Unterhalts schon zu § 1573 V BGB a. F. mit einer gegenüber der **Dauer der Ehe** stärkeren Betonung der **ehebedingten Nachteile** müssen als grundlegende Änderung der rechtlichen Verhältnisse im Sinne von § 238 I FamFG gesehen werden.[617]

208 Ungeachtet der **zeitlichen Begrenzungen**, die sich bereits verfahrensrechtlich aus der Regelung des § 238 III FamFG ergeben, kann die einer Gesetzesänderung gleichstehende Änderung der höchstrichterlichen Rechtsprechung erst für den Unterhaltszeitraum Berücksichtigung finden, der, wie der BGH in der Zwischenzeit wiederholt entschieden hat,[618] auf die **Verkündung des die Rechtsprechung ändernden Urteils** folgt. Dies hat auch dann zu gelten, wenn bereits aus anderen Gründen das Abänderungsverfahren vor diesem Zeitpunkt eröffnet ist.[619] Die **zeitliche Beschränkung** greift selbst dann, wenn das BVerfG eine frühere höchstrichterliche Rechtsprechung, wie für den Anwendungsbereich der Anrechnungsmethode geschehen, im Nachhinein für verfassungswidrig erklärt. Denn maßgebend bleibt auch hier der Zeitpunkt der Entscheidung (Beschluss vom 5. 2. 2002).[620] Demgemäß konnte der BGH jedenfalls für Unterhaltszeiträume vor Verkündung seiner Entscheidung zur Einschränkung der Anrechnungsmethode (13. 6. 2001)[621] an seiner bis dahin ausgeübten Rechtsprechung zur Anrechnungsmethode festhalten.[622]

209 Die zeitliche Anbindung des Abänderungsverfahrens an die Verkündung höchstrichterlicher Entscheidungen steht hiernach im Kontext einer **Durchbrechung** der **Rechtskraft** von Entscheidungen der Instanzgerichte, die den Veränderungen noch nicht Rechnung tragen konnten. Deshalb scheidet eine zeitliche Fixierung auf den Zeitpunkt der Verkündung dann aus, wenn sich die Instanzgerichte in einem **Erstverfahren** mit den maßgebenden Rechtsfrage zu befassen haben. Hier sind auch Unterhaltszeiträume einer Berücksichtigung der geänderten höchstrichterlichen Rechtsprechung zugänglich, die vor der Verkündung liegen.

210 **e) Die Zeitschranke des § 238 II FamFG.** Während die Präklusionsvorschrift des § 323 II ZPO a. F. noch vorsah, dass eine Abänderungsklage nur insoweit „**zulässig**" war, als die Gründe, auf die sie gestützt wurde, nach dem Schluss der mündlichen Verhandlung, entstanden sein mussten, bestimmt § 238 II FamFG nunmehr allgemeiner, dass der Antrag „**nur auf Gründe gestützt**" werden kann, die nach Schluss der Tatsachenverhandlung des vorausgegangenen Verfahrens entstanden sind. Dabei handelt es sich allerdings nach der Intention des Gesetzgebers lediglich um eine Präzisierung und Klarstellung der schon zuvor mit der Präklusionsvorschrift umschriebenen Rechtslage.[623] Sie macht einmal mehr deutlich, dass – wie schon nach geltendem Recht – nicht nur im Rahmen der Zulässigkeit, sondern auch bei der Begründetheit eines Abänderungsantrags Gründe, die nicht die Zeit-

---

[614] Graba, Die Abänderung von Unterhaltstiteln, 3. Aufl. Rn. 278
[615] BGH FamRZ 2001, 986 = R 563
[616] BGH FamRZ 2002, 88; 2001, 1140
[617] BGH FamRZ 2010, 2059 Rn. 18; 2010, 1884 Rn. 18; 2010, 538 Rn. 22; 2010, 111 Rn. 60
[618] BGH FamRZ 2007, 983 = R 676; 2007, 882 = R 675; 2007, 793 = R 674; 2003, 518 = R 585; 2001, 1687, 1690 = R 566
[619] BGH FamRZ 2003, 848
[620] BVerfG FamRZ 2011, 437 Rn. 81 = R 722i; 2002, 527
[621] BGH FamRZ 2001, 986 = R 563
[622] BVerfG FamRZ 2003, 1821, 1825 = R 598
[623] BT-Drucks. 16/6308 S. 257

2. Abschnitt: Die Schaffung und Abänderung von Unterhaltstiteln § 10

schranke des § 238 II FamFG erfüllen, für eine gegenüber der Entscheidung aus dem Vorverfahren abweichende Beurteilung ausscheiden.[624] Die Präklusion erfüllt hiernach eine **Doppelfunktion**. Denn selbst in einem mit nachträglich entstandenen Abänderungsgründen zulässigerweise (Primärwirkung) eingeleiteten Abänderungsverfahren, ist der Antragsteller bei der Anpassung des Alttitels (Sekundärwirkung) mit Gründen ausgeschlossen, die die Voraussetzungen der Zeitschranke des § 238 II FamFG nicht erfüllen.[625] Auf diese Weise stellen die so genannten **Präklusionswirkungen** aus § 238 II FamFG gegenüber „Alttatsachen" den **Schutz der Rechtskraft** für die Entscheidung aus dem Vorverfahren sicher.

Handelt es sich bei der Erstentscheidung um einen Versäumnisbeschluss, sind somit alle Gründe präkludiert, die durch Einspruch nach § 338 ZPO noch hätten geltend gemacht werden können.[626] Beachtlich sind mithin erst Gründe, die nach Ablauf der Einspruchsfrist (§ 339 ZPO) entstanden sind. Handelt es sich bei der abzuändernden Entscheidung um eine Beschwerdeentscheidung, ist die letzte mündliche Verhandlung in der Beschwerdeinstanz maßgebend. Im Falle der **Beschwerderücknahme** zählt wieder die letzte mündliche Verhandlung in erster Instanz.[627] Sind mehrere Abänderungsverfahren aufeinander gefolgt, so präkludiert der Schluss der Tatsachenverhandlung im letzten Verfahren.[628] Im schriftlichen Verfahren gilt der gemäß § 128 II S. 2 ZPO maßgebende Zeitpunkt. Hat es der Gegner des früheren, auf Unterhaltserhöhung gerichteten Abänderungsverfahrens versäumt, die seinerzeit bereits bestehenden, für eine Herabsetzung sprechenden Gründe geltend zu machen, kann er auf diese Gründe keinen neuen Abänderungsantrag stützen. Das gilt auch dann, wenn er dazu im Vorverfahren einen Abänderungsantrag[629] hätte stellen müssen.

Die Präklusion setzt an bei dem Zeitpunkt, zu dem die wesentlichen Veränderungen **tatsächlich eingetreten** ist, nicht aber zu einem früheren Zeitpunkt etwa der Vorhersehbarkeit (z. B. das am Schluss der mündlichen Verhandlung absehbare Ende laufender Kredittilgungen).[630] Wäre der Zeitpunkt der Voraussehbarkeit maßgebend, müsste der die Abänderung begehrende Beteiligte – zur Vermeidung der Präklusionswirkung – einen bedingten Antrag stellen, wobei die Bedingung der künftige Eintritt des vorausgesehenen Ereignisses wäre. Da es nach deutschem Prozess- und Verfahrensrecht keinen bedingten Antrag gibt, ist diese Möglichkeit dem jeweiligen Antragsteller verwehrt. Nach dem eindeutigen Wortlaut in § 238 II FamFG (**„entstanden"**) ist entscheidend, wann die wesentliche Veränderung tatsächlich eingetreten ist.[631] Auch kommt es nicht darauf an, ob der maßgebliche Umstand erst später bekannt geworden ist.[632] Abzustellen ist auf die tatsächlichen („objektiven") Verhältnisse.[633]

Allerdings soll nach einer teilweise vertretenen Auffassung[634] dem Fall der bereits eingetretenen Tatsachen die Situation gleichstehen, in der das Gericht bei entsprechendem Vortrag Tatsachen, deren **Eintritt zuverlässig vorhersehbar** war, in seine Prognoseentscheidung bereits hätte einbeziehen können. Danach wäre der Beteiligte, der bei einer zum Jahresende anstehenden Entscheidung den für das nächste Jahr trennungsbedingt zu erwartenden Wechsel der Steuerklasse nicht geltend gemacht hätte, mit einer entsprechenden Einkommensminderung im Abänderungsverfahren präkludiert.[635] Hiergegen bestehen allerdings durchgreifende Bedenken, die sich abgesehen vom Wortlaut aus den unscharfen Konturen des Prüfungskriteriums herleiten lassen. Zudem besteht auch keine Obliegenheit des Beteiligten, im Erstverfahren **mögliche Entwicklungen** in der Zukunft vorzutragen,

---

[624] Keidel/Meyer-Holz FamFG § 238 Rn. 51
[625] Hoppenz/Hoppenz, Familiensachen, § 238 FamFG Rn. 54; Johannsen/Henrich/Brudermüller, Familienrecht, § 238 FamFG Rn. 90
[626] BGH FamRZ 1982, 792, 793
[627] BGH FamRZ 1988, 493
[628] BGH FamRZ 2000, 1499; 1998, 99 = R 514
[629] BGH FamRZ 1998, 99, 100 = R 514
[630] BGH FamRZ 1982, 792, 793
[631] BGH FamRZ 2002, 88; 1992, 162, 163
[632] BGH FamRZ 1982, 687, 688
[633] OLG Jena NJW 2009, 2832
[634] Keidel/Meyer-Holz FamFG § 238 Rn. 55
[635] OLG Naumburg FamRZ 2008, 797

wovon ihn nicht zuletzt gerade die Regelung des § 238 II FamFG freistellen will. Das gesetzliche Unterhaltsverhältnis zeichnet sich durch seine dynamische Natur aus, die ständig Veränderungen ausgesetzt bleibt und im Konflikt mit der Rechtskraft einer gerichtlichen Entscheidung, die zwar auf einer Prognose beruht, aber hierbei von einer tatsächlichen Momentaufnahme ausgeht, Anpassungen erforderlich macht. Die Bandbreite nachträglicher tatsächlicher Entwicklungen mit Auswirkungen auf die konkrete Unterhaltsbemessung lässt sich dabei nicht annähernd eingrenzen. Zudem bliebe ungeklärt, in welchem **Zeitfenster** (zeitliche Nähe zur Schlussverhandlung) die Beteiligten zukünftige Änderungen im Erstverfahren noch vorbringen müssten, um im Abänderungsverfahren nicht ausgeschlossen zu werden.

214 Schließlich steht dem jeweiligen Antragsteller bei seinem Rechtsbehelf gegen den durch Endentscheidung titulierten Unterhalt insbesondere bei zeitnahen Veränderungen ein **Wahlrecht** insoweit zu, als er zwischen einem Rechtsmittel (§§ 58, 117 FamFG) und einem Abänderungsantrag (§ 238 FamFG) frei entscheiden kann (vgl. hierzu näher Rn. 10/ 171 bis 178). Wollte man allerdings **zuverlässig vorhersehbare Änderungen** schon der Zeitschranke des § 238 II FamFG unterwerfen, müsste der Antragsteller zur Vermeidung von Rechtsnachteilen durch einen Ausschluss mit möglichen Abänderungsgründen unter Verzicht auf das Wahlrecht mit dem Rechtsmittel vorgehen. Die Beteiligten müssen nach alledem bis zum Schluss der mündlichen Verhandlung im Erstverfahren nur Tatsachen vortragen, die bereits entstanden sind, ohne allerdings gehindert zu sein, bei Wahrung ihrer jeweiligen Interessen künftige Entwicklungen aufzuzeigen und anzukündigen (z. B. Ausscheiden aus dem Erwerbsleben, Verrentung, altersbedingte Verringerung der Betreuungsbedürftigkeit minderjähriger Kinder, Eintritt der Volljährigkeit etc.). Sehen sie davon ab, werden die anstehenden Änderungen nicht **Gegenstand der Prognoseentscheidung** des Gerichts. Sie bilden, sobald sie entstanden sind, die Grundlage für ein Abänderungsbegehren, mit dem der Beteiligte nicht ausgeschlossen ist, weil die Umstände an der Rechtskraft der Erstentscheidung nicht teilnehmen. Allerdings ist das Gericht, ein entsprechender Vortrag der Beteiligten im Erstverfahren unterstellt, nicht gehindert, eine sich abzeichnende Entwicklung mit in seine Prognoseentscheidung – und damit für die Beteiligten in ihren Folgen absehbar – aufzunehmen. Ist dies unterblieben, sind die Beteiligten durch die Zeitschranke des § 238 II FamFG nicht gehindert, nach Eintritt der Entwicklung hierauf ein Abänderungsbegehren zu stützen.[636]

215 Steht der Unterhaltsberechtigte kurz vor dem **Hineinwachsen in eine höhere Altersstufe**, „kann" dieser Umstand bereits ab dem Zeitpunkt des vorhergesehenen Eintrittes in die Erstentscheidung aufgenommen werden.[637] Hierbei handelt es sich nicht um einen bedingten Antrag, sondern um einen **Antrag auf künftige** (auf höhere) **Leistungen**, der gemäß § 258 ZPO zulässig ist. Zeichnet sich beim Trennungsunterhalt für das nächstfolgende Jahr ein trennungsbedingter **Wechsel der Steuerklasse** ab, besteht für das Gericht keine Notwendigkeit eine damit einhergehende Erhöhung der Steuerlast prognostisch vorwegzunehmen, da nicht erwartet werden kann, dass die Beteiligten auch die steuerlichen Konsequenzen ihres Getrenntlebens ziehen. Da man sich des Eintritts künftiger Ereignisse nicht eine Sekunde gewiss sein kann, gestattet es das Gesetz, die Aktualisierung der Unterhaltshöhe infolge inzwischen eingetretener Veränderungen[638] auch erst im Abänderungsverfahren vorzunehmen. Der Unterhaltspflichtige ist durch die Zeitschranke nicht gehindert, sich im Abänderungsverfahren wegen eines ehegleichen Zusammenlebens auf eine Verwirkung (§ 1579 Nr. 2 BGB) zu berufen, wenn das zeitliche Mindestmaß von zwei Jahren im Ausgangsverfahren noch nicht erreicht war.[639] Hat das Gericht allein mit Rücksicht auf die Betreuungsbelange der gemeinsamen Kinder eine vollständige Verwirkung des Unterhalts für den betreuenden Elternteil verneint, kann der Unterhaltspflichtige sich nach Wegfall der Betreuung auf eine vollständige Verwirkung zu berufen.

---

[636] Johannsen/Henrich/Brudermüller § 238 FamFG Rn. 101; Hoppenz/Hoppenz § 238 FamFG Rn. 59; FA-FAmR/Gerhardt Kap. 6 Rn. 969
[637] OLG Karlsruhe FamRZ 2004, 1057; a. A. KG FamRZ 1990, 1122
[638] Dazu Graba Rn. 366
[639] OLG Karlsruhe FamRZ 2003, 50

2. Abschnitt: Die Schaffung und Abänderung von Unterhaltstiteln § 10

Nach inzwischen gefestigter Rspr. des BGH[640] setzt die Entscheidung, dass ein Unterhaltsanspruch von einem bestimmten Zeitpunkt an begrenzt oder insoweit zu befristen ist (§§ 1573 V, 1578 I 2 BGB a. F., jetzt § 1578 b BGB), nicht voraus, dass dieser Zeitpunkt bei Schluss der mündlichen Verhandlung bereits erreicht sein muss. Liegen die den Befristungs- und Begrenzungseinwand stützenden Tatsachen vor, wie dies etwa bei einer kinderlosen Ehe mit beiderseitigem Erwerbseinkommen, geklärter beruflicher Perspektive und feststehender Ehezeit sich aufdrängt, und erlauben sie eine zuverlässige Prognose, ist über die **Begrenzung** oder **Befristung** des **Unterhalts** bereits im Erstverfahren zu befinden.[641] Der Unterhaltspflichtige ist danach gehindert, dieselben Umstände mit einem Abänderungsantrag erneut geltend zu machen. Dem steht die Fallkonstellation gegenüber, wonach noch nicht hinreichende Tatsachen zur Verfügung stehen, um bezogen auf eine Begrenzung oder Befristung überhaupt eine tragfähige Prognose in der Erstentscheidung anstellen zu können. Beim Betreuungsunterhalt nach Billigkeit (§ 1570 I S. 2 BGB) ist der Unterhaltspflichtige in einem nachfolgenden und auf andere Anspruchsgrundlagen gestützten Unterhaltsbegehren mit Einwendungen nach § 1578 b BGB schon deshalb nicht ausgeschlossen, weil der Billigkeitsunterhalt nach § 1570 I S. 2 BGB bereits die Abwägungen mit einschließt, die im Rahmen von § 1578 b BGB anzustellen sind.[642] Geht die Unterhaltsberechtigte aus gesundheitlichen Gründen nur einer halbschichtigen Erwerbstätigkeit nach, deren Entwicklung nicht verlässlich abschätzbar ist, bleibt der Unterhaltspflichtige mit dem Befristungseinwand in einem späteren Abänderungsverfahren nicht ausgeschlossen. Eine Präklusion tritt auch dann nicht ein, wenn das Erstgericht seine Entscheidung vor dem Hintergrund eines sich abzeichnenden Rentenfalls mit noch nicht feststellbaren Auswirkungen auf die Höhe der Altersrente zurückstellt.[643]

Die Zeitschranke des § 238 II FamFG steht einem auf Begrenzung oder Befristung des nachehelichen Unterhalts gestützten Abänderungsbegehren ferner nicht entgegen, soweit dies sich aus einer nachträglichen grundlegenden **Änderung** der **höchstrichterlichen Rechtsprechung**, die einer wesentlichen Änderung der rechtlichen Verhältnisse im Sinne von § 238 I S. 2 FamFG gleichsteht (vgl. Rn. 10/207 und 208), ableiten lässt. Im Zuge seiner geänderten Rechtsprechung zum Übergang von der Anrechnungsmethode zur Differenzmethode[644] bei der Bemessung des Unterhalts nach den ehelichen Lebensverhältnissen ist der BGH mit einer am 12. 4. 2006 verkündeten Entscheidung von einem grundlegend geänderten Verständnis zunächst der Befristung nach § 1573 V BGB a. F. ausgegangen, das er in der Folgezeit auch auf weitere Begrenzungsvorschriften ausgedehnt hat.[645] Für Abänderungsanträge, mit den nunmehr gestützt auf die geänderte Rechtsprechung **nachträglich** eine **Befristung** oder **Begrenzung** des zugesprochenen Unterhalts verfolgt wird, greift hiernach die Präklusion nur ein, sofern schon vor der am 12. 4. 2006 verkündeten Entscheidung die Voraussetzungen für eine Heranziehung der §§ 1573 V, 1578 I 2 BGB a. F. vorgelegen hatten, mithin die geänderte Rechtsprechung die Position des Unterhaltspflichtigen nicht weiter verbessern konnte.[646] Begehrt der Unterhaltspflichtige die nachträgliche Befristung eines durch Gerichtsentscheidung titulierten Unterhalts, bei dem die geänderte Rechtsprechung des BGH bereits hätte Berücksichtigung finden können, steht einem entsprechenden Abänderungsantrag die Zeitschranke des § 238 II FamFG entgegen.[647] Auch die gesetzliche Neuregelung in § 1578 b BGB zum 1. Januar 2008 schafft insoweit keinen Abänderungsgrund, weil sie die geänderte Rechtsprechung des BGH kodifiziert und kein eigenes (neues) rechtliches Abänderungspotential aufweist. Die Übergangsregelung in § 36 Nr. 1 ZPO hat darüber hinaus keinen eigenständigen Abänderungsgrund geschaffen,[648]

---

[640] BGH FamRZ 2010, 1637 Rn. 51; 2007, 793 Rn. 60 = R 676
[641] BGH FamRZ 2010, 111 Rn. 59; 2004, 1357, 1360; 2001, 905
[642] BGH FamRZ 2009, 770 Rn. 42
[643] BGH FamRZ 2010, 1637 Rn. 51
[644] BGH FamRZ 2001, 986, 991 = R 563
[645] BGH FamRZ 2008, 1325 Rn. 35 und 36
[646] Dose FamRZ 2007, 1298, 1296
[647] BGH FamRZ 2010, 111 Rn. 59
[648] BGH FamRZ 2010, 111 Rn. 62

sondern setzt vielmehr einen solchen, der sich auf Grund der Gesetzesänderung ergeben kann, voraus, um ihn nach Zumutbarkeitsgesichtspunkten einzuschränken.

Auch in anderen Fällen einer grundlegenden Änderung höchstrichterlicher Rechtsprechung[649] scheitert ein hierauf gestütztes nachträgliches Abänderungsbegehren nicht an der Zeitschranke des § 238 II FamFG, setzt aber im jeweiligen Einzelfall voraus, dass sie sich zugunsten des Antragstellers bemessungsrelevant auswirkt.

218 Bedeutung erlangen kann die **Präklusion** insbesondere bei im Vorverfahren **nicht vorgetragenen Umständen**. Da diese unzweifelhaft vor Schluss der letzten mündlichen Tatsachenverhandlung entstanden sind, spricht der Gesetzeswortlaut des § 238 II FamFG vordergründig für eine klare Nichtberücksichtigung im Abänderungsverfahren. Denn die Beteiligten sollen dazu angehalten werden, ihren Standpunkt bereits im Ausgangsverfahren zur Geltung zu bringen.[650] Dies ist zwar mit dem Grundsatz der **Rechtskraftwirkung** zu vereinbaren, nicht aber mit der **materiellen Gerechtigkeit**. Möglicherweise sind im Vorverfahren weitere Umstände deswegen nicht erwähnt worden, weil es auf sie gar nicht mehr ankam und der Antrag auch ohnedies begründet oder abzuweisen war.

Deshalb ist in diesem Zusammenhang wie folgt **zu unterscheiden**:
- Aufseiten des **Antragstellers** im Abänderungsverfahren stellen die bisher verschwiegenen Tatsachen keinen Abänderungsgrund i. S. d. § 238 II FamFG dar. Ist aber sein Abänderungsantrag aus anderen Gründen zulässig, sind die früher verschwiegenen Tatsachen dann zu berücksichtigen, wenn sie **nicht zu einer Beseitigung der Rechtskraftwirkung führen**.[651] Dies gilt immer dann, wenn auf eine Einwendung des Gegners hin der Antragsteller weitere für ihn sprechende Umstände benötigt, um wenigstens den bisherigen Titel aufrechterhalten zu können. Strebt der Antragsteller aber eine **Erhöhung** seines im Vorverfahren nicht in vollem Umfang erfolgreich titulierten Unterhalts an, kann er die bisher verschwiegenen Tatsachen nicht unterstützend im Abänderungsverfahren einsetzen. Begehrt der Unterhaltspflichtige im Rahmen eines ansonsten zulässigen Abänderungsverfahrens **Herabsetzung** der Unterhaltsrente, kann er sich ebenfalls nicht auf die im Erstverfahren nicht vorgetragenen Alttaschen berufen. Diese sind verbraucht. Mit Ihrer Berücksichtigung müsste sich das Gericht insoweit in Widerspruch setzen zu den Rechtskraftwirkungen der Erstentscheidung.
- Entsprechendes gilt für den **Antragsgegner** des Abänderungsverfahrens, wenn er im Vorverfahren versäumt hat, seine verschwiegenen Einwendungen zum Zwecke der – ausnahmsweisen – Herabsetzung oder Erhöhung des Unterhaltes im Wege des **Abänderungswiderantrags** einzusetzen.[652] Auch dann befindet er sich nämlich in einer (Wider-)Antragstellerrolle, was gemäß § 238 II FamFG ein verspätetes Vorbringen präkludiert. Auf die jeweilige Beteiligtenrolle im Abänderungsverfahren kommt es nach alledem nicht an.
- Will der **Antragsgegner** des Abänderungsverfahrens nur die **Abweisung des Abänderungsantrags** erreichen, ist er mit seinen früher verschwiegenen Tatsachen nicht ausgeschlossen;[653] er kann alle früher bereits entstandenen und nicht vorgetragenen Umstände zum Zwecke seiner Verteidigung geltend machen.[654] Grund hierfür ist, dass § 238 II FamFG für den Antragsgegner nicht gilt. Denn nur für den Antrag selbst (also nur für die Antragstellerseite) müssen die sie stützenden Gründe nachträglich entstanden sein; für die Antragserwiderung gilt dies nicht, zumal sie **keine Veränderung** des bisher bestehenden Rechtszustandes, also der **Rechtskraft** der bisherigen Entscheidung will, sondern ihren Fortbestand wünscht. Somit sprechen auch keine Gründe der Rechtskraftwirkung gegen die Berücksichtigung dieser bisher nicht vorgetragenen Umstände; ihre Einführung in das jetzige Verfahren entspricht der Billigkeit allemal.

219 Ist die Verpflichtung zur Zahlung einer Unterhaltsrente durch einen **Versäumnisbeschluss** (§ 331 ZPO) erfolgt, beruht sie auf dem zugestandenen Vorbringen des Unter-

---

[649] FA-FamR/Gerhardt Kap. 6 Rn. 968
[650] BGH FamRZ 2000, 1499
[651] BGH FamRZ 1987, 259, 261
[652] BGH FamRZ 1998, 99
[653] BGH FamRZ 2007, 793 Rn. 38 = R 674 d
[654] BGH FamRZ 2000, 1499

2. Abschnitt: Die Schaffung und Abänderung von Unterhaltstiteln § 10

haltsberechtigten. Für ein Abänderungsbegehren, mit dem er weitergehenden Unterhalt verlangt kann sich der Antragsteller, da er mit seinem Antrag durch die Säumnisentscheidung uneingeschränkt durchgedrungen ist, auch auf von ihm nicht vorgetragene Alttatsachen stützen, allerdings nur im Rahmen eines auf Grund von Neutatsachen zulässigerweise eröffneten Abänderungsverfahren. Demgegenüber ist der säumige Unterhaltpflichtige gehindert, im Rahmen eines eigenen Abänderungsverfahrens sich auf Alttatsachen zu berufen. Mit den Einwendungen, die er mit dem Einspruch gegen die Versäumnisentscheidung hätte geltend machen müssen, ist er gemäß § 238 II FamFG im weiteren Abänderungsverfahren ausgeschlossen.[655] Soweit er sich allerdings gegen ein weitergehendes Unterhaltsbegehren verteidigen will, ist ihm die Berufung auf Alttatsachen durch § 238 II FamFG, wie bei kontradiktorischen Entscheidungen, nicht genommen.

Haben die im Vorverfahren **vorgetragenen Umstände** für die Bemessung des ohne Einschränkungen geltend gemachten Unterhalts **keine Bedeutung** erlangt, weil das Gericht hierauf nicht abgestellt hat oder durch § 308 I ZPO gehindert war, stellt sich die Frage nach einer möglichen Präklusion, wenn sich der Unterhaltsberechtigte für weitergehenden Unterhalt hierauf erneut beruft oder der Unterhaltspflichtige um eine erneute Herabsetzung des titulierten Unterhalts bemüht. Da § 238 II FamFG die Rechtskraft der Ausgangsentscheidung sichert, ist der Beteiligte im Abänderungsverfahren mit allen bereits vorgetragenen Tatsachen erneut zu hören, soweit sie die **Rechtskraft** der Ausgangsentscheidung **nicht tangieren**. Davon kann allerdings nur ausgegangen werden, wenn der Beteiligte im Vorverfahren voll obsiegt hat. In diesem Fall ist der Unterhaltsberechtigte nicht gehindert, gestützt auf Alttatsachen nunmehr seinen vollen Unterhalt geltend zu machen.[656] Ist der Unterhaltspflichtige im Vorverfahren (einem Abänderungsantrag des Unterhaltsberechtigten) mit einem Abweisungsantrag durchgedrungen, kann er in einem weiteren (eigenen) Abänderungsverfahren die **Alttatsachen** anführen, um eine Herabsetzung des titulierten Unterhalts zu erreichen.[657] Allerdings kann der jeweilige Antragsteller sich auf die Alttatsachen nur im Rahmen einer aus anderen Gründen zulässigen Abänderungsverfahrens berufen. Diese knüpft an wesentlich veränderte Verhältnisse an (§ 238 I S. 2 FamFG). Als solche scheiden die Alttatsachen aber aus, so dass sie erst in einem anderweitig eröffneten Abänderungsverfahren zum Zuge kommen können.[658]

220

Die **Präklusionswirkungen** aus § 238 II FamFG treten formal allein auf Grund **objektiver Gegebenheiten** ein. Weder Kenntnis noch Kennenmüssen von Umständen durch die Beteiligten oder deren Verschulden beeinflussen den Wirkungsbereich dieser Regel. Erfahrungen in der Rechtsprechung, wonach die konsequente Beachtung der Zeitschranke des § 238 II FamFG in Einzelfällen zu grob unbilligen Ergebnissen führen kann, hat der Entwurf des FGG-Reformgesetzes zunächst zum Anlass genommen, dem in einer **Härteklausel** (§ 238 II FamFG-E) Gestalt zu geben. Der Gesetzgeber hat die Klausel allerdings nicht übernommen wegen der Befürchtung, mit einer solchen Regelung das Risiko für ein erheblich erhöhtes Streitpotential zu schaffen.[659] Er hat dies mit dem Hinweis verbunden, der bisherige Rechtszustand – mit den von der Rechtsprechung entwickelten Einschränkungen der Präklusion – habe sich bewährt und sei beizubehalten. Maßgebend sind hiernach weiterhin die insbesondere durch die Rechtsprechung des BGH entwickelten Fallgruppen, die im Wege einer teleologischen Reduktion die Berufung auf die Präklusionsvorschrift versagen, wenn dies sonst zu einem **unerträglichen** (grob unbilligen) **Ergebnis** führen müsste. So ist der Antragsteller mit der Geltendmachung eines schon vor Schluss der mündlichen Verhandlung des Vorverfahrens vorhandenen **betrügerischen Verschweigens** durch den Antragsgegner nicht durch § 238 II FamFG präkludiert, wenn das Verschweigen nach diesem Zeitpunkt **andauert und fortwirkt**.[660] Vergleichbar ist der Fall, in dem der Unterhaltspflichtige im Vorverfahren sein wirkliches Einkommen verschleiert hat und

221

---

[655] BGH FamRZ 2010, 1150 Rn. 12 = R 713
[656] BGH FamRZ 1985, 690; 1984, 374
[657] BGH FamRZ 1998, 99
[658] BGH FamRZ 1998, 99, 101
[659] BT-Drucks. 16/6308 S. 384
[660] BGH FamRZ 1990, 1095; OLG Koblenz FamRZ 1988, 565

deshalb das Gericht von einem zu geringen Einkommen ausgegangen ist. Hier ist es dem Unterhaltspflichtigen im Abänderungsverfahren gegenüber einem weiter gehenden Unterhaltsverlangen verwehrt, sich für sein wirkliches Einkommen auf die Präklusion als Alttatsache zu berufen.[661] Dem aktuellen wirklichen Einkommen ist im Abänderungsverfahren vielmehr das zuvor mit Erfolg **verschleierte Einkommen** gegenüberzustellen. Allerdings ist in der Rechtsprechung, soweit ersichtlich, auch weiterhin nicht geklärt, ob die gebotene Vermeidung des grob unbilligen Ergebnisses allein schon ein Abänderungsverfahren ermöglicht oder die hierfür maßgebenden Gründe erst in einem mit anderen Abänderungsgründen zulässigerweise eingeleiteten Abänderungsverfahren Berücksichtigung finden können.

222 **f) Anpassung und Bindungswirkungen.** Hat der Antragsteller eine wesentliche Änderung der für die ursprüngliche Unterhaltsbemessung maßgebenden Verhältnisse behauptet und erforderlichenfalls auf Grund einer durchgeführten Beweisaufnahme bewiesen, kann er „unter Wahrung ihrer Grundlagen" eine Anpassung der Ausgangsentscheidung verlangen (§ 238 IV FamFG). Mit dieser gegenüber § 323 I ZPO a. F. („entsprechende Abänderung") abweichenden Formulierung sollen die Bindungswirkungen deutlicher zum Ausdruck kommen.[662] Schon mit diesem klarstellenden Wortlaut ist daher die bisher vertretene Auffassung,[663] wonach das zulässigerweise eröffnete Abänderungsverfahren eine völlige Neuberechnung des Unterhalts ermögliche, nicht mehr haltbar.

Vielmehr hat die Abänderungsentscheidung nicht nur die neuen, nach Schluss der letzten mündlichen Tatsachenverhandlung veränderten Umstände zu berücksichtigen, sondern auch die in der Erstentscheidung festgestellten und unverändert gebliebenen Verhältnisse (**Alttatsachen**) samt ihrer rechtlichen Bewertung der weiteren Rechtsfindung zugrunde zu legen. Dies bedeutet **keine freie,** von der bisherigen Höhe **unabhängige Neufestsetzung** des Unterhalts, sondern eine Anpassung der bisherigen Entscheidung an die zwischenzeitlich eingetretenen veränderten Verhältnisse unter Wahrung der Grundlagen der abzuändernden Entscheidung. Der Umfang der Anpassung richtet sich zum einen nach der Tragweite der nach § 238 II FamFG geänderten Verhältnisse nach Schluss der letzten mündlichen Verhandlung und zum anderen nach dem Umfang der Bindungswirkung der früheren Entscheidung, somit danach, mit welchem Gewicht weitere Umstände zwischen den Beteiligten für die Bemessung des Unterhalts in der Vorentscheidung bestimmend gewesen sind. Neben der Wesentlichkeit der Änderung und der Erforderlichkeit der nachträglich eingetretenen Tatsachen ist somit die Bindungswirkung ein drittes Element, welches der **Bestandskraft** (nicht der Rechtskraft) dient.[664] In der Praxis wird allerdings die Grenze zwischen nachträglicher Veränderung der Verhältnisse und Bindungswirkung häufig verwischt. Sie sind allerdings schon unter dogmatischen Gesichtspunkten zu trennen. Die zunächst in Rede stehenden wesentlichen Änderungen gehören zu den Tatbestandsvoraussetzungen. Die **Bindungswirkungen** gewinnen erst im Rahmen der **Rechtsfolgen** Bedeutung. Im Übrigen gilt Folgendes:

223 Nachträglich aufgetretene Änderungen sind **objektive Merkmale** und Bestandteile der Abänderungsentscheidung, die oftmals ohne Zutun der Beteiligten und ohne deren Willen später eingetreten und damit nach § 238 II FamFG zu berücksichtigen sind. Dies ist sozusagen der beteiligten-unabhängige Teil der für die Erstverpflichtung maßgebenden Verhältnisse.

Ein weiteres Element dieser Verhältnisse sind aber die **subjektiven Vorstellungen der Beteiligten** und Umstände, die ebenfalls mit in die Entscheidungsfindung im Vorverfahren eingeflossen sind. Hierzu gehören die Ermittlung der Einkommensverhältnisse, die Einbeziehung zusätzlicher Ab- und Zuschläge, die Bewertung besonderer Belastungen und Zugrundelegung fiktiver Einkünfte, Feststellungen zur Leistungsfähigkeit, Bedürftigkeit, zur Anrechnung weiterer Unterhaltspflichtiger oder -berechtigter, zur Nichtanrechnung von Einkommensarten sowie Feststellungen zur Arbeitsfähigkeit. All diese Einzelumstände

---

[661] BGH FamRZ 1984, 997
[662] BT-Drucks. 16/6308 S. 258
[663] Vgl. Graba Rn. 442 m. w. N.
[664] BGH FamRZ 1990, 280, 281; 1987, 257, 259, 263

2. Abschnitt: Die Schaffung und Abänderung von Unterhaltstiteln § 10

sind – sozusagen als innerer Bestandteil des Unterhaltsverfahrens – in die Erstentscheidung eingeflossen. Dabei haben die Beteiligten diese Grundlagen der ergangenen Entscheidung entweder dadurch akzeptiert, dass sie die Entscheidung unangefochten ließen, oder aber sie haben im Rahmen der Verhandlung oder der Vergleichsgespräche diese einzelnen Verhältnisse festgelegt und der nachfolgenden Entscheidung damit aufgezwungen (z. B. dadurch, dass die Beteiligten einen bestimmten Nebenverdienst als den Bedarf nicht erhöhend oder bestimmte Verbindlichkeiten nicht das Einkommen mindernd bewertet haben).

Nach der herrschenden Meinung (vgl. zur sog Billigkeitstheorie und zur Abgrenzung gegenüber der sog. Bestätigungstheorie weiter Rn. 10/139) besteht daher eine **Bindung** hinsichtlich der rechtlichen Beurteilung derjenigen unverändert gebliebenen tatsächlichen Verhältnisse, die der Richter im Vorverfahren festgestellt und für seine Entscheidung über den Unterhalt für maßgeblich gehalten hat. Das Verfahren nach § 238 FamFG lässt demzufolge. eine Abänderung nur aus **Gründen der Billigkeit** zu, wobei vor dem Hintergrund der Rechtskraftwirkung lediglich die **Korrektur einer Prognoseentscheidung** möglich ist, nicht dagegen eine ursprüngliche Fehlerbeseitigung. Daraus folgt weiter, dass eine Billigkeitskorrektur selbst dann abgelehnt wird, wenn in der Erst- oder Vorentscheidung **fehlerhafte Feststellungen** getroffen worden sind. Vielmehr bleiben die Feststellungen der abzuändernden Entscheidung, die nicht von Änderungen betroffen sind, für das Abänderungsgericht bindend. Für Billigkeitskorrekturen besteht in Zusammenhang mit der Prüfung der Bindungswirkungen, die erst die Rechtsfolgenseiten betrifft, im Übrigen auch keine Notwendigkeit. Die Rechtskraft auch fehlerhafter Feststellungen wird durch die **Präklusionswirkungen** (§ 238 II FamFG) sichergestellt. Die Berufung hierauf steht, wie insbesondere aus der Rechtsprechung des BGH hervorgeht,[665] unter dem Vorbehalt von Treu und Glauben (§ 242 BGB). **Grob unbillige Ergebnisse** werden im Einzelfall dadurch vermieden, dass dem jeweiligen Antragsgegner auf Grund seines illoyalen Verhaltens (z. B. betrügerisches Verschweigen von Einkünften), das zu den fehlerhaften Feststellungen geführt hat, die Berufung auf die Präklusionswirkungen versagt bleibt (vgl. auch Rn. 10/221).

224

Allerdings kann keine Bindung an die im Ersturteil zutage getretene **Rechtsansicht** des Erstgerichts bestehen. Hierbei handelt es sich nämlich weder um Tatsachenfeststellungen, die sich nachträglich geändert haben, noch um der Entscheidung immanente Verhältnisse i. S. d. § 238 FamFG, vielmehr um die Rechtsanwendung des jeweils nur seinem eigenen Gewissen unterworfenen Richters. Weicht diese – dem Unabhängigkeitsgrundsatz entspringende – singuläre Rechtsansicht des Abänderungsrichters von jener im Erstverfahren ab, ist er an Letztere nicht gebunden, vielmehr kann er neu und anders bewerten.[666] Auf diese Weise ist er nicht gehindert, **Rechtsfehler** des Erstgerichts zu korrigieren.[667]

225

Nach der Rechtsprechung des BGH besteht keine Bindung an jene Feststellungen in der Vorentscheidung, die auf Grund richterlicher Hilfsmittel oder allgemeiner unterhaltsrechtlicher Bewertungskriterien in die Entscheidung eingeflossen sind. Dazu gehört die Berücksichtigung von **Unterhaltsrichtlinien** und **Unterhaltstabellen.**[668] In ihrer Anwendung liege nämlich keine bindende Feststellung über die Bestimmung der ehelichen Lebensverhältnisse i. S. d. § 1578 BGB, die bei einer Abänderungsentscheidung zu berücksichtigen seien.[669] Ebenso ist das Abänderungsgericht hinsichtlich der Festlegung des **Erwerbstätigenbonus** ($1/7$ oder 10%) wie auch bei der Zugrundelegung des Verteilungsschlüssels und der entsprechenden **Verteilungsquote** durch die Vorentscheidung nicht gebunden ($3/7$ Quote oder sog. hälftige Partizipation nach Abzug einer Berufspauschale).[670]

226

Der BGH hat ferner entschieden, dass hinsichtlich der Berücksichtigung eines **Wohnvorteils** bei mietfreiem Wohnen im eigenen Haus keine Bindung an den **Berechnungsansatz** der Erstentscheidung erfolgt.[671] Gebunden ist die Abänderungsentscheidung im Ab-

227

---

[665] BGH FamRZ 1990, 1095; 1984, 997
[666] FA-FamR/Gerhardt Kap. 6 Rn. 964
[667] BGH FamRZ 1984, 374
[668] BGH FamRZ 1994, 1100 = R 482 a; 1990, 1095; 1990, 982
[669] BGH FamRZ 1985, 374
[670] BGH FamRZ 1990, 981, 982
[671] BGH FamRZ 1994, 1100, 1102

§ 10   Verfahrensrecht

änderungsverfahren nur insoweit, als überhaupt ein Wohnvorteil in Ansatz gebracht worden ist.[672] Die jeweilige Berechnung zählt nicht zu den tragenden Entscheidungselementen. Schließlich geht auch von der Art und Weise der Besteuerung des Einkommens (hierbei reale oder fiktive Steuerlast) keine Bindung für nachfolgende Entscheidungen aus.[673] Zwar mag fraglich sein, ob es sich bei der Berücksichtigung der jeweiligen Steuerlast bzw. der Anrechnung des Wohnvorteils noch um unverbindliche Hilfsmittel zur Unterhaltsberechnung handelt oder nicht bereits um die Ausfüllung unbestimmter Rechtsbegriffe wie eheliche Lebensverhältnisse und Bedarf im Rahmen des § 1578 I BGB. Jedenfalls ist die Praxis dem BGH darin gefolgt, in diesen genannten Fällen von keiner Bindungswirkung der Erstentscheidung auszugehen.

228   Folgerichtig ist, dass auch dann keine Bindung besteht, wenn z. B. im Vorverfahren der Unterhaltsanspruch des Berechtigten nach seinem **konkreten Bedarf** und nicht anhand einer **Unterhaltsquote** bestimmt worden ist. Erhöht sich nunmehr das Einkommen des Unterhaltspflichtigen, kann dies nicht bereits Grund für eine Erhöhung des Unterhaltsanspruchs sein, sofern sich nicht gleichzeitig auch der individuelle Bedarf des Unterhaltsberechtigten erhöht hat.[674] **Keine Bindungswirkung** besteht nach der Rechtsprechung des BGH[675] auch in dem Fall, dass der Unterhaltsberechtigte im ersten Unterhaltsverfahren voll erfolgreich war, im Vorverfahren aber trotzdem nicht sein gesamter Unterhaltsbedarf Verfahrensgegenstand war. Ob dies daran liegt, dass die Geltendmachung des Krankheitsvorsorgeunterhaltes oder des Altersvorsorgebetrages schlicht vergessen wurde, oder aber ein höherer **Elementarunterhalt** erlangt werden sollte, kann hierbei dahingestellt bleiben. Da der Unterhaltsberechtigte durch die Erstentscheidung nicht beschwert ist, darf er für die Zukunft weitergehen und seinen vollen Unterhalt verlangen, sofern die Voraussetzungen eines Abänderungsverfahrens **aus anderen Gründen** (nämlich nach § 238 II FamFG) vorliegen. Er kann dann zusätzlich zum bisherigen Elementarunterhalt einen bisher nicht verlangten **Vorsorgebedarf** geltend machen, wobei nunmehr möglicherweise eine Anpassung des Elementarunterhalts wegen der Berücksichtigung des Vorsorgeunterhaltes erfolgt. Unerheblich ist dabei, dass die Anpassung zu einem niedrigeren Elementarunterhalt führt. Denn maßgebend für die Beurteilung der Wesentlichkeit und der Anpassung ist der die unselbständigen Einzelelemente umfassende Gesamtunterhalt.

229   Die gleiche Möglichkeit besteht auch dann, wenn im Vorverfahren der Unterhaltsberechtigte deshalb einen geringeren als den angemessenen Unterhalt geltend machen musste, weil der Unterhaltspflichtige nur eingeschränkt leistungsfähig war. Erhöht sich im Nachhinein die Leistungsfähigkeit des Unterhaltspflichtigen (fällt somit der **Mangelfall** weg), kann der Unterhaltsberechtigte seinen **vollen Unterhalt** geltend machen. Die angepasste Entscheidung bleibt nicht notwendig eine Mangelfallentscheidung.

230   Keine Bindung an die Verhältnisse im Erstverfahren besteht auch dann, wenn sich die **gesetzliche Grundlage** geändert hat. Denn diese ist jederzeit mit ihrem aktuellen Stand zu berücksichtigen. Dies ist ferner der Fall, wenn das BVerfG eine bei der Erstentscheidung herangezogene Rechtsnorm für verfassungswidrig erklärt oder ihr zur Vermeidung eines solchen Ergebnisses ein abweichendes Normverständnis vorgibt, wie dies bei der Beurteilung der ehelichen Lebensverhältnisse[676] oder der Berücksichtigung des Splittingvorteils[677] geschehen ist. Die Bindung entfällt schließlich auch bei grundlegenden Änderungen in der höchstrichterlichen Rechtsprechung, wie dies bei der Änderung der BGH-Rechtsprechung zur **Anrechnungs- und Differenzmethode**[678] der Fall ist. Liegt der Erstentscheidung noch eine Rechtsprechung zugrunde, die das BVerfG für nicht verfassungskonform erklärt, gehen von ihr im Abänderungsverfahren keine Bindungswirkungen mehr aus.[679] Enthält

---

[672] BGH FamRZ 2007, 793 Rn. 31 = 674 d
[673] BGH FamRZ 1990, 981, 982
[674] BGH FamRZ 1990, 280, 281
[675] BGH FamRZ 1984, 374, 376
[676] BVerfG FamRZ 2002, 527
[677] BVerfG FamRZ 2003, 1821 = R 598
[678] BGH FamRZ 2001, 986 = R 563
[679] BVerfG FamRZ 2011, 437 Rn. 81 = R 722 i

2. Abschnitt: Die Schaffung und Abänderung von Unterhaltstiteln § 10

eine Versäumnis-, Anerkenntnis – oder Verzichtsentscheidung – entgegen § 38 IV Nr. 1 FamFG – eine Begründung, so stellt diese die Bindungswirkung durch Benennung der maßgeblichen Umstände und Verhältnisse fest. Durch Nichteinlegung eines Rechtsmittels bescheinigen die Beteiligten, dass die der Entscheidung zugrunde gelegten Umstände für sie bindend sein und Bestandskraft entfalten sollen. Dies geschieht im Rahmen des Streitverfahrens durch Unterwerfung unter den Titel.

g) Anpassungsmaßstab. Da § 238 IV FamFG eine entsprechende **Anpassung** unter Wahrung der Grundlagen der Erstentscheidung gebietet, hat eine entsprechende Bewertung nach dem Ergebnis einer anzustellenden Auslegung primär auf das Gewicht der einzelnen Bemessungskriterien der Vorentscheidung und deren weitere Entwicklung abzustellen.[680] Dabei müssen Alttatsachen, die in der Ausgangsentscheidung keine Berücksichtigung gefunden haben, von vornherein ausscheiden. Die Titelanpassung dient lediglich der **Korrektur** einer im Nachhinein fehlerhaft gewordenen **Prognose**, nicht aber einer Beseitigung von Fehlern der Ausgangsentscheidung,[681] die, hätten die Beteiligten hiergegen Beschwerde eingelegt, im Rechtsmittelverfahren hätten behoben werden müssen.[682] Hat der Wohnvorteil und damit verbundene Zins- und Tilgungsdienste darin keine Rolle gespielt, kann sich daran für eine Anpassung des Unterhaltstitels auch dann nichts ändern, wenn der Wert des Wohnvorteils erheblich gestiegen ist.[683] Eine rein **prozentuale Anpassung** muss im Regelfall ausscheiden. Die Beschränkung auf eine durch Tabellenkalkulation gesteuerte Rechenaufgabe begründet die Gefahr einer Verzerrung, wobei sie die jeweils individuell festgestellten und bewerteten Verhältnissen nicht mehr wiedergibt.[684] Sie liefe zudem der bei jeder Unterhaltsbemessung anzustellenden Angemessenheitskontrolle[685] zuwider. So kann es dazu kommen, dass bei gestiegenen Einkommensverhältnissen ein Teil hiervon nicht zur Deckung des Lebensbedarfs, sondern zur Bildung von Rücklagen verwendet wird. Hier würde eine rein schematische Erhöhung des Unterhaltsanspruchs den tatsächlichen Verhältnissen nicht mehr entsprechen und wäre somit ungerecht. Im Rahmen des Kindesunterhalts ist zu berücksichtigen, dass bei einer schematischen Erhöhung des Anspruchs möglicherweise die Grenzen des Bedarfs des auszubildenden Jugendlichen überschritten sein können, was dann zu einer moderateren Erhöhung des Anspruchs führt.

Im Rahmen der Anpassung ins Gewicht fallen müssen darüber hinaus auch die Auswirkungen, die sich aus Veränderungen im Sinne von § 238 I S. 2 FamFG ergeben, soweit sie auf rechtlichen Verhältnissen beruhen. Ermöglicht eine **Änderung** der Gesetzeslage oder – häufiger – der **höchstrichterlichen Rechtsprechung** als Abänderungsgrund eine anderweitige Bemessung des Unterhalts, hat die Anpassung auch das **Vertrauen** des betroffenen Beteiligten in den Fortbestand der gerichtlichen Entscheidung zu finden, wie dies § 36 Nr. 1 EGZPO bei den Änderungen im materiellen Unterhaltrecht durch das Gesetz vom 21. 12. 2007[686] mit einer Zumutbarkeitsprüfung ausdrücklich vorgibt. Dies kann im jeweiligen Einzelfall auch dazu führen, dass bei einem für mehrere Jahre titulierten Unterhalt eine nur **stufenweise Anpassung** in Betracht kommt.

Hat der Unterhaltsberechtigte in einem Erstverfahren vor dem Hintergrund eingeschränkter Leistungsfähigkeit des Unterhaltspflichtigen Unterhalt nur in einem dadurch begrenzten Umfang erlangen können **(Mangelfall)**, ist er nicht gehindert, bei wesentlich verbesserten Einkommensverhältnissen des Unterhaltspflichtigen erstmals seinen **angemessenen Unterhalt** geltend zu machen,[687] so dass der Titel entsprechend anzupassen ist. Unterlag die Unterhaltsbemessung im Ausgangstitel **zielgerichtet Beschränkungen** (§ 1578 b BGB), hat dem auch die Anpassung durch Verkürzung oder Verlängerung der Frist Rechnung zu tragen. Macht der Unterhaltsberechtigte erstmalig in einem aus anderem

---

[680] Keidel/Meyer-Holz FamFG § 238 Rn. 95
[681] FA-FamR/Gerhardt Kap. 6 Rn. 960
[682] BGH FamRZ 2001, 1364, 1365
[683] BGH FamRZ 2007, 793 Rn. 31 = R 674 d
[684] BGH FamRZ 1984, 967
[685] BGH FamRZ 1997, 806, 811
[686] BGBl. I S. 3189
[687] Hoppenz/Hoppenz, Familiensachen, § 238 FamFG Rn. 52

Rechtsgrund zulässigerweise eröffneten Abänderungsverfahren **Vorsorgeunterhalt** oder einen Mehrbedarf geltend, steht einer entsprechenden Titelanpassung nicht entgegen, dass er im Vorverfahren nicht seinen vollen Unterhalt verfolgt hat.[688]

233 **h) Die Zeitschranke des § 238 III FamFG. aa) Die Grundregel.** Die einer erfolgreichen Rechtsverfolgung sich notwendigerweise stellende Frage nach dem Beginn des Unterhaltszeitraums, für den der jeweilige Antragsteller unter den Voraussetzungen von § 238 I und II FamFG sein Abänderungsbegehren geltend machen kann, ist nach den zeitlichen Anforderungen zu beantworten, wie sie durch § 238 III FamFG vorgegeben sind. Dabei handelt es sich, wie der gegenüber der Altregelung in § 323 III ZPO a. F. insoweit klarstellende Wortlaut[689] („zulässig") nunmehr erkennen lässt, um ein Kriterium der **Zulässigkeit** des Abänderungsantrags. Macht der Antragsteller im Rahmen eines Abänderungsbegehrens eine Anpassung der Ausgangsentscheidung abgesehen von den zukünftig fällig werdenden wiederkehrenden Leistungen auch für zurückliegende Unterhaltszeiträume geltend, ist der Abänderungsantrag unzulässig,[690] soweit dieser den Anforderungen von § 238 III FamFG nicht genügt. Dabei übernimmt § 238 III S. 1 FamFG den in § 323 III S. 1 ZPO a. F. formulierten Grundsatz, während § 238 III S. 2 FamFG für ein Erhöhungsverlangen des Unterhaltsberechtigten und § 238 III S. 3 und 4 FamFG für ein Herabsetzungsbegehren des Unterhaltspflichtigen weitergehende Zeiträume ermöglichen.

234 Nach § 238 III S. 1 FamFG ist der Antrag auf Abänderung einer Endentscheidung im Sinne von § 238 I S. 1 FamFG zulässig für den Unterhaltszeitraum ab **Rechtshängigkeit** des Antrags. Gemeint ist damit die Zustellung der entsprechenden Antragsschrift (§ 113 I S. 2 FamFG i. V. m. §§ 253 I, 261 ZPO). Für den Unterhaltszeitraum ab diesem Ereignis ist es dem Unterhaltspflichtigen möglich, eine Herabsetzung des titulierten Unterhalts zu erreichen. Im Unterschied dazu kann der Unterhaltsberechtigte für eine Erhöhung seines Unterhalts auf den ersten des Monats (vgl. § 1613 I S. 2 BGB) des Eintritts der Rechtshängigkeit oder der mündlichen Verhandlung, in der er den erhöhten Unterhalt verlangt hat, berufen. Die durch den Gesetzgeber mit der Neuregelung in § 238 III FamFG angestrebte Gleichbehandlung von Unterhaltsberechtigtem und Unterhaltspflichtigem[691] ist jedenfalls insoweit nicht erreicht. Wird die Abänderung durch Antragserweiterung oder durch Widerantrag begehrt, ist für die Abänderung der in § 261 II ZPO genannte Zeitpunkt maßgeblich.[692] Sinn und Zweck der Grundregel des § 238 III S. 1 FamFG ist der Vertrauensschutz des Antragsgegners.[693]

235 Die Abänderung ist „ab Rechtshängigkeit" möglich,[694] nicht erst am Tag danach oder ab dem auf die Zustellung folgenden Fälligkeitstag.[695] Die formlose Übersendung eines VKH-Gesuchs mit oder ohne Abschrift des beabsichtigten Antrags (Antragsentwurf) führt noch keine Rechtshängigkeit i. S. d. § 261 ZPO herbei.[696] Wird der Abänderungsantrag erst nach Bewilligung der Verfahrenskostenhilfe zugestellt, ist erst ab diesem Zeitpunkt die Rechtshängigkeit herbeigeführt. Dies entspricht auch der mit der Neuregelung verbundenen Intention des Gesetzgebers.[697] Der bedürftige Antragsteller kann sich hiergegen über § 15 Nr. 3 FamGKG wehren.[698] Die Vorschrift des § 167 ZPO findet keine entsprechende Anwendung.[699] Soweit gestützt auf Gründe der Verfahrensökonomie und der Sicherung des gleichen Zugangs zum Gericht teilweise bereits auf den Zugang eines VKH-Gesuchs abgestellt wird,[700] ist dem in erster Linie der Wortlaut der Vorschrift entgegenzuhalten. Überdies

---

[688] BGH FamRZ 1985, 690
[689] BT-Drucks. 16/6308 S. 258
[690] Keidel/Meyer-Holz FamFG § 238 Rn. 65; FA-FamR/Gerhardt Kap. 6 Rn. 949
[691] BT-Drucks. 16/6308 S. 258
[692] BGH NJW 1984, 1458
[693] BGH FamRZ 2007, 193, 195 = R 664; 1983, 22, 23
[694] BGH FamRZ 1990, 269
[695] BGH FamRZ 2004, 1712, 1714
[696] BGH NJW 1982, 1050
[697] BT-Drucks. 16/6308 S. 258
[698] BGH FamRZ 1982, 365, 366 (§ 65 VII Nr. 3 GKG a. F.)
[699] BGH FamRZ 1982, 792, 793 (§ 207 I ZPO a. F.)
[700] Maurer FamRZ 1988, 445, 452

2. Abschnitt: Die Schaffung und Abänderung von Unterhaltstiteln § 10

fehlt es im Hinblick auf § 15 Nr. 3 FamGKG aus Sicht des bedürftigen Beteiligten an einer Regelungslücke. Ungeachtet dieser Vorschrift dürften jedenfalls für den um eine Erhöhung des Unterhalts bemühten Unterhaltsberechtigten mit dieser Rechtslage Nachteile nicht verbunden sein, weil die Übersendung des entsprechenden VKH-Gesuchs an den Unterhaltspflichtigen die Wirkungen des Verzugs auslösen (§ 238 III S. 2 FamFG) und für die Erhöhung des Unterhalts die Begrenzung durch § 238 III S. 4 FamFG nicht in Betracht kommt.

Hat der Antragsteller sein Abänderungsbegehren zunächst im Rahmen einer unselbstständigen **Anschlussbeschwerde** (§ 66 S. 1 FamFG) geltend gemacht und ist das Anschlussrechtsmittel durch die Rücknahme oder Verwerfung der Beschwerde unwirksam geworden (§ 66 S. 2 FamFG), stellt der BGH für den Einsatz der Zeitschranke i. S. d. § 238 III FamFG aus gegenüber dem Wortlaut der Vorschrift höherrangigen Gründen insbesondere der Verfahrensökonomie und des Gebotes einheitlicher Entscheidung auf die Rechtshängigkeit des Abänderungsantrags im Beschwerdeverfahren ab, wenn der Abänderungsantrag nunmehr selbständig und in engem zeitlichem Zusammenhang mit dem abgeschlossenen Beschwerdeverfahren gestellt wurde.[701] Allerdings hat der BGH die weitere Frage, bis zu welchem Zeitpunkt die „**Vorwirkung**" eines Abänderungsantrags ausgedehnt werden kann oder ob hierfür ein Zeitrahmen (§ 204 II BGB) von sechs Monaten zur Verfügung stehen muss,[702] ausdrücklich offen gelassen und eine Verfahrenseinleitung fünf Wochen nach Rücknahme des Rechtsmittels als unbedenklich eingestuft. 236

bb) Die rückwirkende Erhöhung. Das auf Erhöhung des titulierten Unterhalts gerichtete Abänderungsverlangen des Unterhaltsberechtigten erfährt durch § 238 III S. 2 FamFG eine über die Rechtshängigkeit des Antrags hinausgehende Erschließung zurückliegender Unterhaltszeiträume über einen Verweis auf das materielle Unterhaltsrecht, soweit nach den Vorschriften des bürgerlichen Rechts Unterhalt für die Vergangenheit verlangt werden kann. Das ist im Zuge verschiedener Gesetzesänderungen im Ergebnis einheitlich für alle Fälle der gesetzlichen Unterhaltspflicht geregelt. Nunmehr kann der Unterhaltsberechtigte Unterhalt **rückwirkend** bereits **ab Aufforderung zur Auskunftserteilung** oder ab einer **Mahnung** des Verpflichteten verlangen. Dies gilt sowohl für den Verwandten- und den Kindesunterhalt als auch den Unterhalt nach § 1615 l III S. 1 BGB. Das trifft ferner zu für den Familien- und Trennungsunterhalt auf Grund der Verweisungsvorschriften der §§ 1360 a III und 1361 IV S. 4 BGB. Darüber hinaus erreicht § 1613 I S. 2 BGB, dass die erhöhten Unterhaltsansprüche nicht mehr ab dem Tag der Inverzugsetzung, sondern ab dem ersten Tag des Monats begründet sind, in welchem die Aufforderung zur Auskunft oder die Mahnung erfolgte, sofern die Unterhaltsberechtigung dem Grunde nach gegeben war. Gemäß § 1585 b II BGB in der Fassung des Gesetzes zur Änderung des Unterhaltsrechts vom 21. 12. 2007[703] gilt dies auf Grund der Verweisung auf § 1613 I BGB seit dem 1. 1. 2008 auch für den nachehelichen Unterhalt, allerdings weiter unter Beachtung der Zeitgrenze des § 1585 b III BGB. Des verfahrensrechtlichen Rückgriffs auf eine so genannte Stufenmahnung in der Gestalt eines **Stufenantrags** bedarf es auf Seiten der Unterhaltsberechtigten nicht mehr. 237

Da § 238 III S. 2 FamFG nach alledem bereits mit der Aufforderung zur Auskunftserteilung den Zeitraum des rückwirkend geltenden Unterhaltes bestimmt, ist eine entsprechende Rechtsverfolgung dem Unterhaltsberechtigten auch deswegen nahe zu legen, weil der BGH eine **ungefragte Auskunftspflicht** des Auskunftspflichtigen grundsätzlich verneint[704] und nur etwa in Fällen sittenwidriger vorsätzlicher Schädigung (§ 826 BGB) aus Billigkeitsgründen dem Schädiger eine Berufung auf die Zeitschranke des § 238 III FamFG verwehrt (vgl. näher Rn. 10/240).[705]

An die **Aufforderung** zur Auskunft sind im Übrigen keine besonderen Anforderungen zu stellen. Gleichwohl muss das Auskunftsverlangen einen Bezug zum bestehenden Unter- 238

---

[701] BGH FamRZ 1988, 601
[702] Keidel/Meyer-Holz FamFG § 238 Rn. 68
[703] BGBl. I S. 3189
[704] BGH FamRZ 1986, 450, 453
[705] BGH FamRZ 1988, 270, 271

haltstitel und das Bemühen um Überprüfung der Einkommens- und Vermögensverhältnisse mit dem in Betracht kommenden Ziel eines höheren Unterhalts erkennen lassen. Eine Stufenmahnung gewährleistet hier aus Sicht des Unterhaltsberechtigten die notwendige Rechtssicherheit.[706] Unter diesen Voraussetzungen kann rückwirkend neben **Elementar- auch Vorsorgeunterhalt** verlangt werden, und zwar unabhängig davon, ob der Unterhaltsberechtigte ein entsprechend spezifiziertes Verlangen zuvor angekündigt hat.[707] Bereits mit dem Auskunftsverlangen ist der durch § 238 III FamFG zugunsten des Unterhaltspflichtigen begründete Schutzzweck entfallen. Er kann sich zurechenbar auf die Konkretisierung absehbarer Unterhaltsansprüche einstellen.

239   cc) **Die rückwirkende Herabsetzung.** Bei der Festlegung der Zeitschranke für eine Herabsetzung des titulierten Unterhalts fehlt die Möglichkeit einer Anknüpfung an materiellrechtliche Bestimmungen. Deshalb enthält § 238 III S. 3 FamFG eine **verfahrensrechtliche Regelung**. Danach kann der Unterhaltspflichtige für eine rückwirkende Herabsetzung ausgehen von dem ersten des auf ein entsprechendes Auskunfts- und Verzichtsverlangen folgenden Monats (**„negative Mahnung"**). Maßgebend ist der Zugang des Verlangens beim Empfänger, den der Unterhaltspflichtige zu beweisen hat. Eine **absolute Grenze** für ein Herabsetzungsverlangen bildet darüber hinaus die Regelung des § 238 III S. 4 FamFG, wonach jenseits der Zeit von einem Jahr vor Rechtshängigkeit des Abänderungsantrags eine Abänderung zugunsten des Unterhaltspflichtigen ausgeschlossen ist. Da diese Vorschrift sich nur gegen den Unterhaltspflichtigen richtet, ist der Unterhaltsberechtigte auch jenseits der Jahresgrenze unter den allerdings engeren Voraussetzungen von § 1585 b III BGB noch zu einer Titelanpassung berechtigt.

240   Eine allgemeine, die Zeitschranke des § 238 III FamFG überlagernde **Härteklausel**, die im Einzelfall grob unbillige Ergebnisse vermeiden könnte, hat der Gesetzgeber aus § 238 III S. 5 FamFG-E nicht übernommen. Dem lag ebenso wie bei der nicht Gesetz gewordenen Härteregelung in § 238 II FamFG-E das Bestreben des Gesetzgebers zugrunde, eine erhebliche Erhöhung des Streitpotentials sowie den Eindruck einer Ausweitung der Ausnahmefälle grober Unbilligkeit zu vermeiden.[708] Es bleibt danach bei der st. Rspr. des BGH,[709] wonach erst im Bereich einer **vorsätzlichen sittenwidrigen Schädigung** (§ 826 BGB) eine Berufung auf die Zeitschranke des § 238 III FamFG dem Schädiger verwehrt bleibt. Demzufolge kann der um Erhöhung des Unterhalts bemühte Berechtigte, sofern ihm der Nachweis einer sittenwidrigen Schädigung durch den Unterhaltspflichtigen gelingt, als Schadensersatz den Unterhalt geltend machen, um den der vorhandene Titel hinter dem Unterhaltsbetrag zurückbleibt, den er ohne das schädigende Ereignis im Wege der Abänderung erstritten hätte. Ein entsprechendes Abänderungsverfahren ist insoweit möglich, aber nicht notwendig. Der Auffassung,[710] wonach schon allgemein bei Pflichtverletzungen, auch wenn sie den Grad der Sittenwidrigkeit noch nicht erreicht haben, eine Berufung auf die Zeitschranke versagt sein soll, ist hiernach nicht zu folgen.

241   Haben die Beteiligten einen bestehenden Unterhaltstitel durch eine **Abänderungsvereinbarung** mit einer Herabsetzung des geschuldeten Unterhalts angepasst und vollstreckt der Unterhaltsberechtigte weiterhin den Unterhalt in titulierter Höhe, ist es dem Unterhaltspflichtigen möglich, hiergegen mit einem Vollstreckungsabwehrantrag (§ 767 ZPO) vorzugehen, der einer § 238 III FamFG entsprechenden Zeitschranke nicht ausgesetzt ist. Haben die Beteiligten im Wege einer Vereinbarung den geschuldeten Unterhalt erhöht und stellt der Unterhaltspflichtige seine Zahlungen ein, steht das Verhalten einem Verzugseintritt ohne Mahnung mit der Folge gleich, dass dem Unterhaltsberechtigten eine Titelanpassung ab diesem Zeitpunkt erhalten bleibt (§ 238 III S. 2 FamFG).

---

[706] Keidel/Meyer-Holz FamFG § 238 Rn. 72
[707] BGH FamRZ 2007, 193, 195 = R 664
[708] BT-Drucks. 16/6308 S. 384
[709] BGH FamRZ 1988, 270; 1986, 794; 1986, 450
[710] Gottwald FamRZ 1992, 1374, 1376

11. Darlegungs- und Beweislast im Abänderungsverfahren

a) Antragsteller. Nach den allgemeinen Regeln hat im Verfahren in erster Linie der Antragsteller die wesentlichen Umstände, die für die Ersttitulierung maßgebend waren, darzulegen und zu beweisen.[711] Hat das Gericht im Vorverfahren dem Unterhaltsberechtigten Erwerbseinkünfte nicht fiktiv zugerechnet, muss der Unterhaltspflichtige für ein Abänderungsbegehren eine wesentliche Veränderung der Verhältnisse darlegen und beweisen, will er sich nunmehr auf eine weitergehende Erwerbsobliegenheit des Unterhaltsberechtigten berufen.[712] Der Antragsteller darf sich mit seinem Vorbringen nicht darauf beschränken, nur einzelne veränderte Berechnungsfaktoren anzugeben; vielmehr muss er die Veränderung insgesamt und in ihrer Wesentlichkeit (in toto) darstellen.[713] In diesem Zusammenhang muss er auch Behauptungen der Gegenseite, die seinem Vorbringen zu wesentlich veränderten Verhältnissen entgegenstehen, widerlegen (**negative Tatsachen**).[714] Macht der Unterhaltspflichtige etwa den Wegfall seiner Leistungsfähigkeit mit dem Hinweis auf einen Arbeitsplatzverlust geltend und hält der Unterhaltsberechtigte dem substantiiert entgegen, dass und wie der Unterhaltspflichtige durch entsprechende Bemühungen wieder in einem neuen Arbeitsverhältnis mit entsprechenden Einkünften stehen könnte, ist der Antragsteller gehalten, dieses Vorbringen zu widerlegen. Allein der Hinweis auf den Verlust des Arbeitsplatzes trägt das Abänderungsbegehren nicht.

242

Beruft sich der unterhaltsberechtigte Antragsteller in seinem Erhöhungsbegehren auf eine wesentliche Einkommenssteigerung auf Seiten des verpflichteten Antragsgegners, muss dieser hierauf **substantiiert erwidern** und darf sich im Hinblick auf § 138 III ZPO nicht auf ein bloßes Bestreiten der besagten Behauptungen beschränken. Da nämlich die anspruchserhöhenden Behauptungen in seinem Bereich angesiedelt sind, ist es letztlich auch nur ihm möglich, seine derzeit richtige Einkommenslage darzulegen.[715] Dies gilt ebenso im umgekehrten Fall, wenn der Unterhaltspflichtige unter Hinweis auf ein wesentlich gestiegenes Einkommen der unterhaltsberechtigten Person eine Herabsetzung des titulierten Unterhalts verlangt.

243

Beruft sich der Unterhaltspflichtige im Rahmen eines Abänderungsverfahrens auf eine **Begrenzung** oder **Befristung** des titulierten Unterhalts (§ 1578b BGB), ist er für die Tatsachen darlegungs- und beweispflichtig, aus denen sich das Begehren ableiten lässt.[716] Da die entsprechenden Rechtsfolgen voraussetzen, dass **keine ehebedingten Nachteile** festzustellen sind, müsste der Unterhaltspflichtige den „Nichteintritt" entsprechender Nachteile darlegen und beweisen. Zur Vermeidung unbilliger Belastungen des Unterhaltspflichtigen stellt der BGH[717] in diesem Zusammenhang nunmehr auf seine Rechtsprechung ab, nach der den Verfahrensgegner des für eine negative Tatsache beweispflichtigen Beteiligten eine so genannte **sekundäre Darlegungslast** trifft.[718] Danach muss der Unterhaltsberechtigte die Behauptung, ehebedingte Nachteile seien nicht vorhanden, nicht nur bestreiten sondern auch seinerseits die Umstände näher darlegen, aus denen die Nachteile entstanden sein und noch fortdauern sollen. Erst dieses Vorbringen muss der Unterhaltspflichtige, will er mit einer Begrenzung oder Befristung im Verfahren durchdringen, widerlegen.[719] Dies kann allerdings nicht dazu führen, dass der Unterhaltspflichtige sich formal auf den Hinweis zurückzieht, ehebedingte Nachteile seien nicht gegeben. Vielmehr hat auch er nach dem Maß seiner Möglichkeiten, die nicht zuletzt durch ein – im Regelfall – mehrjähriges eheliches Zusammenleben eröffnet sind, seine Einwendungen zu substantiieren. Sieht er

244

---

[711] BGH FamRZ 2004, 1179, 1180; 1987, 259, 260, 262
[712] BGH FamRZ 2010, 538 Rn. 43
[713] BGH FamRZ 1985, 53, 56
[714] OLG Brandenburg FamRZ 2005, 815
[715] BGH FamRZ 1990, 496, 497
[716] BGH FamRZ 2010, 875 Rn. 18 = R 711
[717] BGH FamRZ 2010, 875 Rn. 21 = R 711
[718] BGH FamRZ 2007, 896 Rn. 20
[719] BGH FamRZ 2010, 875 Rn. 23 = R 711

245 Die unterhaltsberechtigte Antragstellerin genügt ihrer Darlegungs- und Beweislast, wenn sie bei einer Erwerbstätigkeit des Unterhaltspflichtigen beim Ehegattenunterhalt die derzeitigen (verbesserten) Einkommensverhältnisse darstellt. Macht der Antragsgegner geltend, die Erhöhung seiner Erwerbseinkünfte wirke sich auf den Bedarf **nicht bemessungsrelevant** aus (z. B. Karrieresprung, überobligationsmäßige Tätigkeit), trifft ihn hierfür die Darlegungs- und Beweislast.[721] Die allgemeinen Grundsätze der Darlegungs- und Beweislast hat das minderjährige Kind auch dann zu beachten, wenn es in Abänderung eines bestehenden Unterhaltstitels nunmehr erstmalig die Titulierung des **Mindestunterhalts** verlangt. Er muss Veränderungen in den Erwerbs- und Einkommensverhältnissen des Unterhaltspflichtigen darlegen, die nunmehr zumindest die Zurechnung eines höheren Einkommens rechtfertigen sollen.[722]

246 **b) Antragsgegner.** Steht dem Unterhaltsberechtigten der titulierte Unterhalt jedenfalls mit der seinerzeit in den Entscheidungsgründen angestellten Begründung nicht mehr zu, trifft ihn, will er aus anderen Gründen an dem Unterhaltstitel festhalten, auch in seiner Eigenschaft als Antragsgegner im Abänderungsverfahren die Darlegungs- und Beweislast für die sein Begehren stützenden Tatsachen. Dies ist in der Rechtspraxis häufig der Fall beim Wechsel in den Unterhaltstatbeständen des nachehelichen Unterhalts. Läuft eine zunächst auf die Betreuung minderjähriger Kinder gestützte Unterhaltsberechtigung (§ 1570 BGB) aus und kommt im Anschluss etwa ein Aufstockungsunterhalt (§ 1573 II BGB) in Betracht, hat die Unterhaltsberechtigte den Nachweis für die Tatsachen zu führen, die ein Festhalten am Unterhaltstitel mit dieser Begründung rechtfertigen.[723] Endet die Unterhaltsberechtigung des geschiedenen Ehegatten bei der Betreuung eines gemeinsachftlichen Kindes nach Ablauf von drei Jahren (§ 1570 I S. 1 BGB), muss der betreuende Elternteil, will er gestützt auf den Unterhaltstitel weiterhin Betreuungsunterhalt verlangen, die insoweit nach § 1570 I S. 2 und 3, II BGB erforderlichen Voraussetzungen darlegen und beweisen.

247 Will das unterhaltsberechtigte Kind nach Wegfall der **Privilegierung** an dem zuvor titulierten Unterhalt festhalten, hat es seine fortbestehende Unterhaltsberechtigung und Bedürftgeit gegenüber einem Abänderungsbegehren darzulegen und zu beweisen.[724] Begehrt der während der Minderjährigkeit des Kindes allein baruntervaltspflichtige Elternteil nach Eintritt der **Volljährigkeit** mit dem Hinweis auf eine Mithaftung des vormals betreuenden Elternteils, Bedarfsänderung beim Kind Herabsetzung des titulierten Kindesunterhalts, ergibt sich eine wesentliche Veränderung der maßgebenden Verhältnisse (§ 238 I FamFG) allein schon aus dem Eintritt der jeweiligen **Mithaftung beider Elternteile** (§ 1606 III S. 1 BGB). Demgemäß trägt das volljährige Kind als Antragsgegner die Darlegungs- und Beweislast für alle Umstände, die den Fortbestand des Titels rechtfertigen.[725] Dies schließt die jeweiligen Haftungsquoten der Eltern, mithin auch deren unterhaltswirksame Einkommen ein. Dem genügt etwa der allgemein gehaltene Hinweis, der vormals betreuende Elternteil verdiene „nicht mehr als den Selbstbehalt", nicht. Nimmt der Ehemann mit einem Abänderungsantrag seine Ehefrau auf Herabsetzung eines titulierten Unterhalts mit dem Hinweis auf eine anteilige Mithaftung des nichtehelichen Erzeugers eines Kindes in Anspruch, obliegt es der Ehefrau, die jeweiligen Haftungsquoten (analog § 1606 III S. 1 BGB) und damit auch die maßgeblichen Einkommensverhältnisse des nichtehelichen Erzeugers darzulegen.[726]

---

[720] Finke FamRZ 2010, 878, 879
[721] OLG München FamRZ 1999, 1512
[722] OLG Köln FamRZ 2003, 1360
[723] BGH FamRZ 1990, 496;
[724] OLG Hamm FamRZ 2003, 1025
[725] OLG Brandenburg FamRZ 2004, 553; OLG Köln FamRZ 2000, 1043; OLG Hamm FamRZ 2000, 904; KG FamRZ 1994, 765
[726] BGH FamRZ 1998, 541, 544

12. Die Abänderungsentscheidung

Der einem Abänderungsbegehren des Unterhaltsberechtigten stattgebende Beschluss **248**
(§ 116 I FamFG) spricht ab Rechtshängigkeit oder Inverzugsetzung bzw. Aufforderung zur Auskunft (§ 238 III S. 2 FamFG) – unter Abänderung der früheren Entscheidung ab diesem Zeitpunkt – einen weiteren Unterhalt zu, der einheitlich wie folgt tituliert wird:
„Der Antragsgegner wird verpflichtet, in Abänderung des Beschlusses des Amtsgerichts – Familiengericht – vom ... ab ... nachehelichen Unterhalt in Höhe von monatlich ... EUR zu zahlen."
Die gleiche Formulierung gilt auch im Falle einer Reduzierung des titulierten Unterhalts, hinsichtlich der Vergangenheit gegebenenfalls gemäß § 238 III S. 3 FamFG (also ab Auskunfts- oder Verzichtsverlangen) unter Wahrung der Abänderungssperre des § 238 III S. 4 FamFG. Auch im Fall eines vollständigen Wegfalls der Unterhaltsverpflichtung ergeht eine Abänderungs-, nicht etwa eine Feststellungsentscheidung.[727] Selbst in Ansehung von Formulierungsschwierigkeiten, die sich insbesondere bei der Einbeziehung von Versäumnisentscheidungen im Abänderungsverfahren einstellen, ist es entgegen einer verbreiteten Praxis **nicht** zulässig, den **Alttitel „aufzuheben"**, weil eine **rechtskräftige Endentscheidung** „nur" im Rahmen eines Abänderungsverfahrens angepasst, im Übrigen aber nicht aufgehoben werden kann.[728] Bei bereits laufenden Vollstreckungsmaßnahmen müsste überdies die Aufhebung des Vollstreckungstitels auch die Beseitigung von darauf gestützten Vollstreckungsmaßnahmen mit einem entsprechenden Rangverlust nach sich ziehen (§ 120 II FamFG i. V. m. §§ 775, 776 ZPO). Richtigerweise rechtfertigt die Abänderungsentscheidung, soweit sie zu einer Herabsetzung des titulierten Unterhalts führt, in diesem Umfang eine Beseitigung von Vollstreckungsmaßnahmen.[729] Im Fall der Erhöhung des Unterhalts bedarf es, wie im Fall des Zusatzantrags, für die Vollstreckung der entsprechenden Einleitung von zusätzlichen Vollstreckungsmaßnahmen.

Machen sowohl Antragsteller als auch Antragsgegner **gegenläufige Ansprüche** geltend **249**
(z. B. der Antragsteller auf Erhöhung des Unterhalts, der Antragsgegner auf Ermäßigung), sind diese Verfahren zu verbinden und in Form von Antrag und **Widerantrag** zu führen (§ 33 ZPO). Zwar kann hierbei kein **Teilbeschluss**, jeweils gesondert über Antrag bzw. Widerantrag ergehen, weil beide Abänderungsbegehren in einem einheitlichen Zusammenhang stehen und sich gegenseitig bedingen, mithin die Gefahr einander widersprechender Entscheidungen nicht ausgeschlossen ist **(horizontales Teilurteil)**.[730] Gleichwohl ist es denkbar, einen Teilbeschluss über einen **zeitlich befristeten Unterhaltszeitraum** ergehen zu lassen; in einer solchen Konstellation lassen sich Abänderungsantrag und Widerantrag durch Endentscheidung **(vertikaler Teilbeschluss)** isoliert erledigen. Indessen muss auch in einem solchen Fall, sollen Widersprüche ausgeschlossen bleiben, der Erlass von Teilentscheidungen unterbleiben, wenn sich in beiden Zeiträumen ein – und dieselbe Vorfrage stellt.[731]

Die weiteren formellen und inhaltlichen Anforderungen, die an die Begründung der **250**
Abänderungsentscheidung zu stellen sind, entsprechen gemäß §§ 116 I, 38 II und III S. 1, 39 FamFG den der abzuändernden Vor- oder Erstentscheidung (vgl. hierzu näher Rn. 10/ 76 und 77). Dabei ist für die das Abänderungsverfahren erledigende Endentscheidung besonders zu bedenken, dass sie wiederum einem Abänderungsverfahren ausgesetzt sind, mithin aus den **niedergelegten Entscheidungsgründen** auch die Gesichtspunkte hervorgehen sollen, die später die Beurteilung von nachträglichen und wesentlichen Veränderungen der Entscheidungsgrundlagen (§ 238 I S. 2, II FamFG) ermöglichen. Die Abänderungsentscheidung wird mit Rechtskraft wirksam (§ 116 III S. 1 FamFG) und vollstreckbar (§ 120 II S. 1 FamFG), sofern das Gericht nicht die **sofortige Wirksamkeit** anordnet, was zu geschehen hat, wenn die Endentscheidung eine Verpflichtung zur Leistung von Unter-

---

[727] FA-FamR/Gerhardt Kap. 6 Rn. 990
[728] Keidel/Meyer-Holz FamFG § 238 Rn. 101
[729] OLG Karlsruhe FamRZ 1988, 858, 859
[730] BGH FamRZ 1987, 151
[731] OLG Bremen FamRZ 2007, 2089

halt enthält (§ 116 III S. 2 und 3 FamFG). Die Entscheidung über die **Kosten** des Abänderungsverfahrens richtet sich nach § 243 FamFG.

251 Der **Verfahrenswert** für den Abänderungsantrag bestimmt sich nach § 51 FamGKG aus dem Jahresbetrag der geforderten Veränderung zuzüglich geltend gemachter Rückstände vor Anhängigkeit des Verfahrens; der Monat der Anhängigkeit zählt zu den Rückständen (§ 51 II S. 1 FamGKG). Gemäß § 242 S. 1 FamFG kann der Unterhaltspflichtige im Wege des **einstweiligen Rechtsschutzes** zur Sicherung seines Abänderungsbegehrens ab Einreichung seines Abänderungsantrags oder eines darauf zielenden Antrags auf Bewilligung von Verfahrenskostenhilfe die **Einstellung der Zwangsvollstreckung** beantragen, worüber entsprechend § 769 ZPO zu befinden ist. Diese Regelung entspricht einer bis zum Inkrafttreten der Vorschrift gehandhabten Rechtspraxis. Die Entscheidung unterliegt gemäß § 242 S. 2 FamFG, wie schon bisher,[732] keiner Anfechtung, aber auf Antrag der Abänderung durch das Verfahrensgericht. Begehrt der Unterhaltsberechtigte eine Erhöhung der Unterhaltszahlungen, kann er in einem **selbständigen Anordnungsverfahren** (§§ 246, 51 III S. 1 FamFG) sein weitergehendes Unterhaltsbegehren neben dem Abänderungsverfahren verfolgen.

V. Die Abänderung von Vergleichen und Urkunden (§ 239 FamFG)

1. Allgemeines

252 Seinem Anliegen entsprechend, für das bis dahin in § 323 ZPO a. F. für Verurteilungen und weitere Schuldtitel gleichermaßen geregelte Abänderungsverfahren in Unterhaltssachen durch Aufteilung auf mehrere Vorschriften eine Entzerrung und mehr Übersichtlichkeit zu bewirken, um die jeweilige Rechtslage stärker unmittelbar am Wortlaut auszurichten,[733] hat der Gesetzgeber für das Abänderungsverfahren bei Vergleichen und vollstreckbaren Urkunden in § 239 FamFG **eigenständige Verfahrensregeln** aufgestellt. Enthält ein Vergleich (§ 794 I Nr. 1 ZPO) oder eine vollstreckbare Urkunde eine Verpflichtung zu künftig fällig werdenden wiederkehrenden Leistungen, hängt die **Zulässigkeit** eines **Abänderungsantrags** allein noch davon ab, dass der jeweilige Antragsteller – allerdings substantiiert – Tatsachen vorträgt, die eine Abänderung des Titels rechtfertigen (§ 239 I S. 2 FamFG). Die **Begründetheit** richtet sich im Übrigen ausschließlich nach den Vorschriften des materiellen Rechts (§ 239 II FamFG). Präklusionsvorschriften, wie sie die Regelungen in § 238 II und III FamFG bei der Abänderung gerichtlicher Endentscheidungen vorgeben, stehen, da weder der Vergleich noch die vollstreckbare Urkunde in Rechtskraft erwachsen,[734] weder bei der Zulässigkeit noch in der Sache selbst dem Abänderungsbegehren entgegen. Mithin kann der Antragsteller, sofern ihm nicht aus anderen Rechtsgründen (z. B. schuldbestätigendes Anerkenntnis des Unterhaltspflichtigen) die Berufung hierauf versagt bleibt, eine Titelanpassung selbst auf Tatsachen (§ 239 I S. 2 FamFG) stützen, die noch aus der Zeit vor Erstellung des Titels stammen und schon zum damaligen Zeitpunkt eine abweichende Titulierung gerechtfertigt hätten.[735] Der Unterhaltsberechtigte wird hierdurch auch nicht unangemessen benachteiligt. Denn gegenüber einem etwaigen Rückzahlungsverlangen kann er sich gemäß § 818 III BGB auf den Wegfall der Bereicherung berufen,[736] sieht sich aber nunmehr durch § 241 FamFG ab Rechtshängigkeit des Abänderungsantrags der **verschärften Haftung** nach § 818 IV BGB ausgesetzt.

253 Die in § 239 I S. 1 FamFG aufgeführten Titel sind aber nur dann überhaupt abänderbar, wenn sie eine Verpflichtung zu künftig fällig werdenden wiederkehrenden Leistungen enthalten. Damit sind Titel, die allein **rückständigen Unterhalt** titulieren, oder solche, die einen künftigen Unterhalt mit einer **Kapitalabfindung** erledigen, schon nach dem Wort-

---

[732] BGH FamRZ 2004, 1191; 2003, 92
[733] BT-Drucks. 16/6308 S. 257
[734] BGH FamRZ 2009, 762 Rn. 25
[735] BGH 1984, 997; OLG Karlsruhe 2003, 1675
[736] BGH FamRZ 2008, 1911 Rn. 23

2. Abschnitt: Die Schaffung und Abänderung von Unterhaltstiteln § 10

laut vom Anwendungsbereich der Vorschrift ausgeschlossen. Begehrt der Unterhaltsberechtigte nach Ablauf des durch Vergleich **befristet titulierten Unterhalts** mit der Begründung, die mit dem Vergleich verbundenen Erwartungen hätten sich nicht erfüllt, erneut Unterhalt, kann er, ohne an die besonderen Zulässigkeitsvoraussetzungen von § 239 I S. 2 FamFG gebunden zu sein und ungeachtet der materiellrechtlichen Konsequenzen des Vergleichs, mit einem allgemeinen Leistungsantrag vorgehen.[737] Ist in einem vorangegangenen Abänderungsverfahren der Vergleich oder die vollstreckbare Urkunde bereits einmal abgeändert worden, kommt ungeachtet der materiellrechtlichen Beurteilung verfahrensrechtlich die Vorschrift des § 239 FamFG nicht mehr zur Anwendung. Denn das erneute Abänderungsbegehren knüpft nunmehr an eine in einer Hauptsache ergangene Endentscheidung an, deren Abänderung nach § 238 FamFG zu beurteilen ist.[738] Haben die Beteiligten im Vorverfahren eine Endentscheidung durch Vergleich abgeändert, ist dieser gegebenenfalls Gegenstand eines weiteren Abänderungsantrags, der ohne Präklusion der Beurteilung nach § 239 FamFG unterliegt.

Ob dies auch dann zu gelten hat, wenn das Gericht den Antrag auf Abänderung eines Titels im Sinne von § 239 FamFG abgewiesen hat, ist umstritten. Teilweise wird die Ansicht vertreten,[739] die **Abweisung des Abänderungsantrags** könne nicht materiell als Verpflichtung zu künftigen Unterhaltsleistungen im Sinne von § 238 I FamFG angesehen werden, so dass es bei einem weiteren Verfahren nach § 239 FamFG bleiben müsse.[740] Ansonsten hätte es der jeweilige Antragsteller in der Hand, dem Gegner durch einen unbegründeten Abänderungsantrag die Berufung auf nachträglich veränderte Verhältnisse abzuschneiden. Richtigerweise wird man davon auszugehen haben, dass der Abweisung die durch eine **Prognose** gestützte Erwägung zugrunde liegt, wonach weiterhin eine zu Recht titulierte Unterhaltsverpflichtung besteht. Unschädlich ist dabei, dass dies nicht im Tenor der Abweisungsentscheidung zum Ausdruck kommt. Auch in dem Fall des gegen eine einstweilige Unterhaltsanordnung (§ 246 FamFG) gerichteten negativen Feststellungsantrags steht nach Abweisung rechtskräftig fest, dass die titulierte Unterhaltsverpflichtung zu Recht besteht. Dessen ungeachtet dürfte der abgewiesene Abänderungsantrag auch nicht geeignet sein, dem Gegner die Berufung auf wesentliche Veränderungen zu versagen. Denn dieser kann und muss gegebenenfalls mit einem **Widerantrag** seine Rechte wahren, will er mit ihnen nicht nach § 238 II FamFG ausgeschlossen bleiben,[741] Demzufolge muss nach Abweisung des Antrags ein weiteres Abänderungsbegehren im Rahmen der verfahrensrechtlichen Anforderungen von § 238 FamFG weiterverfolgt werden.[742] Schließen die Beteiligten im Beschwerdeverfahren einen Vergleich, wonach der Unterhalt der Höhe nach der erstinstanzlichen Bemessung folgend Bestand haben soll und die Beschwerde zurückgenommen werden soll, erwächst die erstinstanzliche Entscheidung in Rechtskraft, so dass eine Abänderung hiergegen ebenfalls nur nach § 238 FamFG mit den entsprechenden Präklusionsfolgen in Betracht kommt.[743]

Über das Begehren auf Abänderung eines Vergleichs oder einer vollstreckbaren Urkunde entscheidet das Gericht durch Beschluss (§§ 116, 38 FamFG). Die formellen und inhaltlichen Anforderungen an die zu treffende Endentscheidung entsprechen den im Abänderungsverfahren nach § 238 FamFG gestellten Anforderungen (vgl. hierzu wie auch zur Kostenentscheidung und zum Verfahrenswert näher Rn. 10/248 bis 251). Dies gilt ebenso für die Übergangsregelung in Art. 111 I S. 2 FamFG, wonach das Abänderungsverfahren nach § 239 FamFG Anwendung findet für entsprechende Verfahren, die ab dem 1. 9. 2009 eingeleitet werden oder deren Einleitung ab diesem Datum beantragt wird.[744]

---

[737] BGH FamRZ 2007, 983 Rn. 17 = R 676 a
[738] BGH FamRZ 192, 162
[739] Keidel/Meyer-Holz FamFG § 239 Rn. 36
[740] Hoppenz/Hoppenz, Familiensachen, § 239 FamFG Rn. 5
[741] BGH FamRZ 1998, 99
[742] Graba FPR 2008, 100, 101; Johannsen/Henrich/Brudermüller, Familienrecht, § 239 FamFG Rn. 3 m. w. N.
[743] BGH FamRZ 1990, 269
[744] BGH FamRZ 2010, 192 Rn. 5

2. Der Vergleich

255 a) **Zulässigkeit des Verfahrens. aa) Allgemeine Verfahrensvoraussetzungen.** Ein Vergleich, der eine Verpflichtung zu künftig fällig werdenden wiederkehrenden Leistungen in Unterhaltssachen zum Gegenstand hat und nach den zivilprozessualen Vorschrift des § 794 I Nr. 1 ZPO errichtet worden ist, kann in einem Verfahren gemäß § 239 FamFG abgeändert und angepasst werden. Die Regelung erfasst mithin auch Vergleiche, die die Beteiligten in einem **VKH-Prüfungsverfahren** ohne die ansonsten gebotene anwaltliche Mitwirkung geschlossen haben (§ 114 IV Nr. 5 FamFG i. V. m. § 118 III S. 3 ZPO). Haben die Beteiligten ihren in einem **einstweiligen Anordnungsverfahren** (§§ 246, 50 ff. FamFG) geführten Unterhaltsstreit durch einen Vergleich beigelegt, schließt zwar, wie bei der Altregelung (§ 323 IV ZPO a. F.), auch der Wortlaut der neuen Vorschrift eine Abänderungsmöglichkeit nach § 239 FamFG nicht aus. Gleichwohl ist nicht davon auszugehen, dass der Gesetzgeber die bisher geübte Rechtspraxis hat ändern wollen. Deshalb ist weiterhin darauf abzustellen, was und mit welcher Tragweite die Beteiligten mit dem Vergleich ihren Streit haben beilegen wollen. Haben sie im Verfahren mit einer **endgültigen Unterhaltsregelung** den Unterhaltsstreit insgesamt beendet, was sich gegebenenfalls im Wege der Auslegung aus dem übereinstimmenden Willen der Beteiligten herleiten lassen muss, können sie unter den Voraussetzungen von § 239 FamFG eine Abänderung des Titels anstreben.[745] Erschöpft sich allerdings der Vergleich lediglich in einer Erledigung des im einstweiligen Rechtsschutz verfolgten Anliegens und geht nicht über das hinaus, was ansonsten Regelungsgegenstand einer einstweiligen Anordnung geworden wäre, muss sich der durch Änderungen betroffene Beteiligte auf die für das Anordnungsverfahren vorgesehenen Rechtsbehelfe (§ 54 FamFG) verweisen lassen. Ein Abänderungsverfahren nach § 239 FamFG scheidet aus.[746]

256 Vom Wortlaut nicht erfasst ist der so genannte **Anwaltsvergleich** (§§ 796 a–796 c ZPO), zumal er lediglich die Grundlage einer gerichtlichen Vollstreckbarerklärung ist, dem eigentlichen Vollstreckungstitel.[747] Aber auch in diesem Zusammenhang kann davon ausgegangen werden, dass der Gesetzgeber die bisherige Praxis, die beim Anwaltsvergleich auf Grund einer sinngemäßen Anwendung von § 323 IV ZPO a. F. ein Abänderungsverfahren eröffnete, nicht hat ändern wollen, weshalb auch auf Grund der Nachfolgeregelung in § 239 FamFG jedenfalls eine entsprechende Abänderung in Betracht kommt.[748] Der **Schiedsspruch**, dem ein vereinbarter Wortlaut zugrunde liegt (§ 1054 ZPO), ist kein Abänderungstitel im Sinne des § 239 FamFG, da ihm die Wirkungen einer rechtskräftigen gerichtlichen Endentscheidung zukommen (§ 1055 ZPO). Dies gilt ferner für **außergerichtliche Unterhaltsvereinbarungen**, und zwar auch dann, wenn die Vereinbarungen ausdrücklich das Regelungswerk aus §§ 238, 239 FamFG in Bezug nehmen (vgl. hierzu näher auch Rn. 10/369 bis 373). Zwar kann dies für die Beteiligten durchaus materiellrechtliche Konsequenzen haben. Doch müssen sie die verfahrensrechtliche Umsetzung mit einem Leistungsantrag oder gegebenenfalls auch mit einem negativen Feststellungsantrag verfolgen. Es handelt sich nicht um einen nach § 239 FamFG erforderlichen Vollstreckungstitel.

257 Der Vergleich muss, soll § 239 FamFG ein Abänderungsverfahren ermöglichen, **wirksam zustande gekommen** sein. In einem anhängigen Verfahren geschieht dies formell durch Protokollierung (§§ 160 III Nr. 1, 162 I, 163 ZPO) oder durch einen im schriftlichen Verfahren (§ 113 I S. 2 FamFG i. V. m. § 278 VI ZPO) erlassenen Feststellungsbeschluss. Der Abänderungsantrag ist unzulässig, wenn der zugrunde liegende Vergleich nach § 779 BGB unwirksam ist.[749] Erforderlich ist darüber hinaus ein **vollstreckungsfähiger Inhalt** des Titels, wobei es in diesem Zusammenhang nicht auf die – möglicherweise über-

---

[745] Keidel/Meyer-Holz FamFG § 239 Rn. 5
[746] BGH FamRZ 1983, 892
[747] BGH FamRZ 2006, 261 = R 645
[748] Keidel/Meyer-Holz FamFG § 239 Rn. 5; Hoppenz/Hoppenz § 239 FamFG Rn. 9
[749] OLG Köln FamRZ 1999, 943

einstimmende – Sichtweise der Beteiligten ankommt. Maßgebend ist allein, wie das zuständige Vollstreckungsorgan oder das Gericht im Abänderungsverfahren bei verständiger Würdigung den Inhalt des Titels verstehen muss. Nicht vollstreckungsfähig und damit auch nicht abänderbar ist deshalb ein Vergleich des Inhalts, wonach der Unterhalt unter Anrechnung nicht bezifferter Beträge gezahlt werden soll (**unbestimmte Anrechnungsklausel**) (vgl. näher auch Rn. 10/147).[750]

Auch das Verfahren nach § 239 FamFG setzt im Übrigen die **Identität** sowohl des **Verfahrensgegenstandes** als auch der **Beteiligten** zwischen Vergleich und dem Abänderungsverfahren voraus. Ein zum Trennungsunterhalt geschlossener Vergleich kann, da mit dem nachehelichen Unterhalt keine Identität besteht, für den Unterhaltszeitraum nach Rechtskraft der Ehescheidung nicht abgeändert werden, und zwar auch dann nicht, wenn die Beteiligten den Titelmantel im Anschluss an die Rechtskraft mit einer außergerichtlichen Vereinbarung für den nachehelichen Zeitraum unterlegen. Die Auswechslung titulierter Ansprüche ist nicht möglich. Abänderung des Vergleichs können nur diejenigen Beteiligten geltend machen, die den Titel erstellt haben, sowie ihre Rechtsnachfolger (etwa Sozialhilfeträger nach Forderungsübergang), Dritte nur dann, wenn ihnen durch den Vergleich ein eigenes Recht unmittelbar (§ 328 BGB) eingeräumt worden ist, wobei ein darauf gerichteter Wille in den Vergleichserklärungen deutlich zum Ausdruck kommen muss.[751] Hat ein Elternteil in Ausübung seiner **Verfahrensstandschaft** zum Kindesunterhalt einen Vergleich geschlossen, wirkt dieser auch für und gegen das Kind (§ 1629 III S. 2 BGB). Das hat zur Folge, dass der Elternteil an Abänderungsverfahren aktive und passiv zu beteiligen ist, sofern bei Einleitung des Verfahrens die Verfahrensstandschaft noch besteht. Ist dies nicht der Fall, tritt das Kind als Rechtsinhaber an diese Stelle.

258

Wegen der **Zuständigkeit** und des **Rechtsschutzinteresses** für die Abänderung von Vergleichen kann auf die Ausführungen zur Abänderung gerichtlicher Entscheidungen (§ 238 FamFG) verwiesen werden (vgl. Rn 10/179 und 181). Die Regelungen gelten entsprechend. Haben die Beteiligten nur über einen **Spitzenbetrag** einen Vergleich geschlossen, besteht das Rechtsschutzinteresse für einen hiergegen gerichteten Abänderungsantrag erst dann, wenn die begehrte Herabsetzung betragsmäßig den freiwillig gezahlten **Sockelbetrag** übersteigt.[752]

259

bb) Besondere Verfahrensvoraussetzungen. Gemäß § 239 I S. 2 FamFG ist der Abänderungsantrag nur zulässig, sofern der Antragsteller Tatsachen vorträgt, die eine Abänderung rechtfertigen. Damit wird dem jeweiligen Antragsteller schon im Rahmen der Zulässigkeit zusätzlich abverlangt,[753] einerseits die Verhältnisse darzulegen, die als Grundlage zu dem Abschluss des Vergleichs geführt haben, sowie andererseits die jetzigen oder, da eine bei gerichtlichen Entscheidungen bestehende Präklusion (§ 238 II und III FamFG) nicht besteht, auch die vormaligen **Tatsachen** darzustellen, auf die sich ein Abänderungsbegehren berufen will. Fehlt es an entsprechenden **Darlegungen**, ist der Abänderungsantrag als **unzulässig**, kann der Antragsteller sein entsprechendes Vorbringen nicht beweisen, als unbegründet abzuweisen. Allerdings dürfen die insoweit an die Zulässigkeit eines Abänderungsantrags zu stellenden Anforderungen nicht überspannt werden. Denn in diesem Zusammenhang ist auch zu berücksichtigen, dass die Beteiligten häufig die Grundlagen ihrer Verständigung nicht umfassend dokumentieren. Vor diesem Hintergrund muss es als ausreichend angesehen werden, wenn der Antragsteller einzelne Elemente, die für die Bemessung des Unterhalts in Betracht kamen, und deren Entwicklung darstellt. Ansonsten müsste der Antrag schon als unzulässig erfolglos bleiben, obwohl es auch im Fall der Unaufklärbarkeit der Geschäftsgrundlage des Vergleichs geboten sein kann, den Titel ohne Bindungen anzupassen, und zwar nach den für eine Erstfestsetzung maßgebenden gesetzlichen Bestimmungen (§ 239 II FamFG).[754]

260

---

[750] BGH FamRZ 2006, 261 = R 645
[751] BGH FamRZ 1986, 254
[752] BGH FamRZ 1993, 945
[753] FA-FamR/Gerhardt Kap. 6 Rn. 974
[754] BGH FamRZ 2010, 192 Rn. 14; 2001, 1140, 1142; 1987, 257, 259

261 **b) Begründetheit des Abänderungsantrags.** Die für die Begründetheit des Abänderungsantrags in der Sache erforderliche Beurteilung einer schwerwiegenden Änderung und der daraus folgenden Anpassung des Titels richtet sich allein nach den Regel des **materiellen Rechts** und damit letztlich nach den aus § 313 BGB abgeleiteten Grundsätzen über das Fehlen, die Veränderung oder den Wegfall der Geschäftsgrundlage.[755] Haben sich, wie bei sonstigen privatrechtlichen Verträgen auch, die Umstände, die die Beteiligten zur Grundlage des Vergleichs gemacht haben, schwerwiegend verändert und hätten sie den Vergleich, wenn sie die Veränderungen vorausgesehen hätten, nicht oder nicht mit dem Inhalt geschlossen, kann jeder Beteiligte eine Anpassung des Vergleichs verlangen, soweit dies dem anderen Beteiligten nach den gesamten Umständen des Einzelfalls zugemutet werden kann.

262 Geltungsgrund des Vergleichs ist allein der **Wille der Beteiligten**.[756] Er entscheidet mithin auch darüber, ob eine Störung der Geschäftsgrundlage eingetreten ist. Enthält der Vergleich Ausführungen über die **Grundlagen,** die seinerzeit die Beteiligten für die Bemessung des Unterhalts herangezogen haben, sind diese in erster Linie für die Frage, ob eine schwerwiegende Änderung der Geschäftsgrundlage eingetreten ist, heranzuziehen und den durch den Antragsteller behaupteten aktuellen Verhältnissen gegenüberzustellen. Der dokumentierte Wille der Beteiligten ist ferner maßgebend für Art und Umfang einer in Betracht kommenden Titelanpassung. Damit sind auch Umstände erfasst, deren Bedeutung für eine Unterhaltsbemessung die Beteiligten verneint haben. Sie sind grundsätzlich einer Korrektur entzogen. Ein anderes muss allerdings dann gelten, wenn sich solche Umstände so weit fortentwickelt haben, dass dem hierdurch benachteiligten Beteiligten ein Festhalten an dieser vertraglichen Vorgabe schlechterdings nicht mehr zugemutet werden kann. Haben die Beteiligten bei ersichtlich auskömmlichen Einkommensverhältnisses des Unterhaltspflichtigen der Unterhaltsberechtigten ein niedriges Einkommen „anrechnungsfrei" belassen, muss sich der Antragsteller, soweit er berechtigterweise auf ein erheblich gesunkenes Eigeneinkommen verweisen kann, diesen Umstand für die Zukunft nicht entgegenhalten lassen.

263 Enthält der angegriffene Vergleich **keine Grundlagen,** ist im Wege einer interessengerechten **Auslegung,** die weitere Umstände der getroffenen Vereinbarung berücksichtigt, zu ermitteln,[757] welche Verhältnisse die Beteiligten als unterhaltsrelevant eingestuft und zur Grundlage ihrer Einigung erhoben haben. Erst die daraus hervorgehenden Feststellungen ermöglichen im Vergleich mit den aktuellen Verhältnissen die Beurteilung, welche Auswirkungen den Umständen zukommen sollen, die sich entgegen den Erwartungen der der Beteiligten entwickelt haben.[758] Unzulässig wäre es deshalb, bereits an dieser Stelle der Anspruchsprüfung mit einem Hinweis auf das Fehlen von „Vergleichsgrundlagen" im Unterhaltstitel den Unterhaltsanspruch von vornherein **losgelöst von allen Bindungen** anhand der aktuellen Einkünfte der Beteiligten neu zu bestimmen. Dabei bliebe die gegenüber der Titelanpassung vorrangige Frage, ob überhaupt eine schwerwiegende Änderung eingetreten ist, unbeantwortet. Überdies trägt der Antragsteller, der sich auf den Fortfall der Geschäftsgrundlage beruft, hierfür die **Darlegungs- und Beweislast**.[759] Gelingt es ihm bereits nicht, die Geschäftsgrundlage und deren Störung darzulegen und zu beweisen, was bei einer nicht weiter motivierten und entsprechend dokumentierten Unterhaltsvereinbarung erfahrungsgemäß durchaus nahe liegt, ist der Antrag abzuweisen, ohne dass es noch auf die Frage ankäme, wie die Beteiligten den titulierten Unterhalt konkret ermittelt hatten. War etwa die Unterhaltsberechtigte bei Abschluss des Vergleichs nicht erwerbstätig, ohne dass die Beteiligten dem für die Zukunft eine bemessungsrelevante Bedeutung zugemessen hatten, fehlt es an einer die Abänderung eröffnenden Änderung der Geschäftsgrundlage, wenn die Unterhaltsberechtigte weiterhin nicht erwerbstätig ist und der Unterhaltspflichtige nunmehr allein mit dem Hinweis auf eine Erwerbsobliegenheit eine Herabsetzung des

---

[755] BGH FamRZ 2010, 192 Rn. 13; 2001, 1687 = R 566
[756] BGH FamRZ 1986, 790, 791
[757] BGH FamRZ 2010, 192 Rn. 16; 2010, 1238 Rn. 13 und 15
[758] BGH FamRZ 1996, 665
[759] BGH FamRZ 2010, 192 Rn. 22

titulierten Unterhalts geltend macht. Der Umstand, dass der Unterhaltspflichtige seine Meinung „einseitig" über eine Erwerbsobliegenheit geändert hat, begründet keine Änderung der Geschäftsgrundlage.[760]

Hatten die Beteiligten der Unterhaltsberechtigten vergleichsweise ohne Dokumentation der Grundlagen Unterhalt zugebilligt und zugleich vereinbart, dass eine Abänderung des Titels bis zum Renteneintrittsalters des Unterhaltspflichtigen ausgeschlossen bleiben sollte, begründet allein der Zeitablauf keine das Abänderungsverfahren eröffnende Störung der Geschäftsgrundlage. Ein ohne dokumentierte Geschäftsgrundlage geschlossener Vergleich, mit dem der Unterhaltsberechtigten pauschal eine unbefristete Unterhaltsrente zugebilligt worden ist, rechtfertigt nicht die Einschätzung, mit der pauschalen Regelung sei eine **Abänderung** des Titels **ausgeschlossen**. Lagen etwa zum Zeitpunkt der Vereinbarung die Voraussetzungen für eine **Verwirkung** noch nicht vor, ist der Unterhaltspflichtige nicht gehindert, diese Einwendungen, sobald die Voraussetzungen eingetreten sind, als nachträgliche Änderungen der Geschäftsgrundlage geltend zu machen.[761] Haben die Beteiligten bei der Titulierung des Unterhalts im Vergleich Regelungen über eine **Befristung** (§ 1578 b BGB) weder ausdrücklich noch konkludent getroffen, ist jedenfalls bei einer **erstmaligen Titulierung** der Unterhaltspflichtige mit der nachträglichen Berufung auf eine Befristung nicht ausgeschlossen. Treffen die Beteiligten in den festgehaltenen Grundlagen lediglich zu nahe liegenden Bemessungskriterien wie den Einkommensverhältnissen Vereinbarungen, folgt daraus bei der gebotenen interessengerechten Auslegung nicht der generelle Ausschluss anderer Abänderungsgründe.[762] **264**

Auch wenn nach § 239 I S. 2 FamFG das Vorbringen von **Tatsachen** die Grundlage für eine in Betracht kommende Anpassung eines Vergleichs bilden soll, kommen hierfür auch **rechtliche Verhältnisse** in Betracht. Das folgt schon daraus, dass allein die **Dispositionsfreiheit** der Beteiligte für die Titulierung maßgebend ist, der zufolge die Beteiligten neben tatsächlichen auch bestimmte rechtliche Verhältnisse in den Regelungsbereich aufnehmen können, so dass im Fall von Rechtsänderungen eine entsprechende Titelanpassung möglich sein muss. Berücksichtigungsfähig sind hiernach alle tatsächlichen und rechtlichen Gesichtspunkte, wie sie auch bei der Abänderung gerichtlicher Entscheidungen (§ 238 I S. 2 FamFG) denkbar sind. **265**

Neben einer wesentlichen Änderung der **subjektiven Verhältnisse** (wirtschaftliche Situation, Anzahl der Unterhaltsberechtigten, Veränderungen hinsichtlich des Bedarfs) können auch **objektive Umstände,** nämlich Entscheidungen des BVerfG,[763] **Änderungen der höchstrichterlichen Rechtsprechung**[764] (z. B. Einschränkungen im Anwendungsbereich der Anrechnungsmethode,[765] Begrenzung und Befristung beim nachehelichen Unterhalt),[766] wie auch der **Rechtslage** durch Gesetzesänderungen zu einer Anpassung führen, jedenfalls dann, wenn sich dem Vergleich der Wille der Beteiligten entnehmen lässt, dass sie vom Fortbestand der damals zugrunde zu legenden Rechtslage ausgegangen sind und deren Änderung auch zu einer Korrektur ihres Titels führen solle. Haben die Beteiligten bei der vergleichsweisen Titulierung des nachehelichen Unterhalts der Gleichteilungsmethode des BGH erkennbar Rechnung getragen, kommt eine Abänderung des Titels im Verfahren nach § 239 FamFG in Betracht, nachdem das BVerfG die dem zugrunde liegende Rechtsprechung als nicht verfassungskonform beurteilt hat.[767] Da eine entsprechende Anknüpfung bei der Unterhaltsbemessung generell Vereinbarungen immanent ist (dass sie nämlich auf der Grundlage der herrschenden Meinung und Rechtsprechung getroffen worden sind), bedarf die Feststellung dieser Anknüpfung im Übrigen keiner umfangreichen Überprüfung.[768] Haben **266**

---

[760] OLG Hamburg FamRZ 2002, 465
[761] BGH FamRZ 2010, 192 Rn. 24
[762] BGH FamRZ 2010, 1238 Rn. 18
[763] Vgl. BGH FamRZ 2007, 882 m. w. N. = R 675
[764] BGH FamRZ 2010, 192 Rn. 30; 2007, 882 = R 675; 2007, 793 = R 674; 2004, 1357 = R 617
[765] BGH FamRZ 2001, 986 = R 563
[766] BGH FamRZ 2010, 192 Rn. 33
[767] BVerfG FamRZ 2011, 437 Rn. 81 = R 722i
[768] Vgl. dazu BGH FamRZ 1995, 665, 666 = R 493 B

die Beteiligten die vergleichsweise Ausgestaltung des Unterhalts an der seinerzeit geltenden Rechtlage ausgerichtet, kann darauf geschlossen werden, dass die Beteiligten die im Zeitpunkt der Abänderungsentscheidung gültige Gesetzeslage berücksichtigt hätten, wenn es darauf bei Abschluss des Vergleichs schon angekommen wäre.[769] Deshalb kommt im Unterschied zur Abänderung gerichtlicher Entscheidungen eine Abänderung des Vergleichs auch in Betracht, wenn dem eine bestimmte **Rechtsprechung** der **Instanzgerichte** zugrunde liegt, die die Beteiligten durch die Vereinbarung haben übernehmen wollen und diese sich nachträglich geändert hat.

267 Steht fest, dass die bei Abschluss der Vereinbarung noch maßgebenden Verhältnisse sich schwerwiegend verändert haben, kann eine Abänderung des Titels gleichwohl nicht zu einer ungebundenen, von der bisherigen Vergleichsgrundlage unabhängigen Neufestsetzung des Unterhaltes wie bei einem Erstverfahren führen. Vielmehr wird der Titel nur an die veränderten Verhältnisse angepasst.[770] Doch auch diese Anpassung erfolgt nicht schematisch und automatisch. Vielmehr ist eine Anpassung an veränderte Umstände erst dann gerechtfertigt, wenn dem Antragsteller ein Festhalten an der bisherigen Regelung infolge der **veränderten Umstände nach Treu und Glauben** nicht **zuzumuten** ist. Dies kann nicht bereits dann bejaht werden, wenn sich eine Veränderung in der Größenordnung von rund 10% ergeben hat, wobei eine Veränderung aber auch unterhalb dieser Größenordnung bei deutlich begrenzten wirtschaftlichen Verhältnissen angezeigt sein kann.[771] Denn auch im Anpassungsverfahren nach § 239 FamFG müssen alle Umstände des Einzelfalles überprüft und abgewogen werden. Nur wenn sich somit dem abzuändernden Titel der damalige Wille der Beteiligten entnehmen lässt, dass eine Veränderung um rund 10% ein Abänderungsgrund und damit ein Festhalten am alten Titel unzumutbar sein soll, reicht allein die prozentuale Veränderung zur Anpassung des Titels aus. Trotz Störung der Geschäftsgrundlage kann sich ergeben, dass es deswegen beim geschaffenen Titel bleibt, weil die auf beiden Seiten eingetretenen, unterschiedlichen Entwicklungen sich im Gesamtergebnis **gegeneinander aufheben** und damit zu keiner der Höhe nach anderen Regelung führen als in der vorausgegangenen Vereinbarung. Da stets nur der **Wille der Beteiligten** zu erforschen ist, sind fehlgeschlagene einseitige Vorstellungen, Erwartungen und Hoffnungen unmaßgeblich.

268 Ob bzw. in welchem Ausmaß eine Beeinträchtigung der privatrechtlichen Geschäftsgrundlage vorliegt, ist dem **übereinstimmenden Willen der Beteiligten** zu entnehmen, der zum Abschluss des Vergleichs geführt hat. Allein deren Nichtübereinstimmung bedeutet aber noch nicht, dass damit unmittelbar auch eine Anpassung erfolgen muss, weil dann eine gemeinsame Geschäftsgrundlage fehlt. Nur dann, wenn die Vereinbarung Ausführungen oder Anhaltspunkte zur Frage der **Bindung des Vergleichs** enthält, kann festgestellt werden, ob die Störung der Geschäftsgrundlage auch zur **Anpassung** führt. Eine solche scheidet allerdings von vornherein aus, wenn die Beteiligten die Abänderung des Vergleichs **ausgeschlossen** haben, wobei sich dies mit Zweifel ausschließender Deutlichkeit aus der Vereinbarung ergeben muss. Allein die Festlegung eines monatlichen Pauschalbetrages genügt nicht.[772] Haben die Beteiligten zulässigerweise vereinbart, dass der zwischen ihnen geschlossene Vergleich „**nach § 238 FamFG**" abgeändert werden kann, folgt daraus mangels entgegenstehender Anhaltspunkte, dass sie die Abänderbarkeit des Vergleichs unter die für eine Abänderung von Endentscheidungen bestehenden Vorgaben (§ 238 II und III FamFG) gestellt und einer Vergleichsanpassung nach den Grundsätzen des Wegfalls der Geschäftsgrundlage entzogen haben. Erstrebt der Unterhaltsberechtigte eine Erhöhung seines titulierten Unterhalts, muss er im Rahmen der Voraussetzungen für eine Titelanpassung auch seine entsprechende materiellrechtliche Berechtigung (§§ 1613 I, 1585 b II BGB) nachweisen. Haben die Beteiligten einen Unterhaltsvergleich geschlossen, bei dem sich der Unterhaltspflichtige für den Fall der Abänderung die Berufung auf eine Befristung des Ehegattenunterhalts vorbehalten hat, kann ein entsprechend dokumentierter Wille der

---

[769] BGH FamRZ 1987, 1011
[770] BGH FamRZ 1995, 665 ff. = R 493 B; 1992, 539 = R 444 a
[771] BGH FamRZ 1992, 539 = R 444 a
[772] BGH FamRZ 2010, 192 Rn. 21

Beteiligten nur dahin verstanden werden, dass die Geltendmachung des Befristungseinwandes erst in einem anderweitig eröffneten Abänderungsverfahren erfolgen kann, mithin nicht alleiniger Abänderungsgrund sein soll.[773]

Scheitert eine Anpassung des Vergleichs an zwischenzeitlich geänderte Verhältnisse daran, dass sich die genaue Berechnung des im Vergleich titulierten Unterhalts nicht mehr nachvollziehen lässt, ist der geschuldete Unterhalt nach den gesetzlichen Bestimmungen neu und **ohne Bindungen** zu berechnen.[774] Dies gilt z. B. dann, wenn sich die Berechnung des titulierten Unterhalts unter Zugrundelegung der verschiedenen Faktoren (monatliches Nettoeinkommen, Quotenhöhe, Abzugspositionen) nicht mehr nachvollziehen lässt. Dann besteht ganz oder teilweise keine Bindung durch und an den Vergleich.[775] Eine **völlige Neuberechnung** kann aber auch dann angezeigt sein, wenn sich die Geschäftsgrundlagen so wesentlich geändert haben, dass keine Elemente der früheren Grundlage mehr vorhanden sind und hieran eine Anpassung scheitert. Lässt sich in diesem Fall dem Vergleich nicht entnehmen, dass er unabhängig von der künftigen Entwicklung der Verhältnisse Bestand haben soll, ist er bindungsfrei neu festzulegen (und nicht anzupassen).[776] 269

Haben die Beteiligten die Titulierung des Unterhalts wiederholt durch Vergleich geregelt, ist der **dem letzten zugrunde liegende Wille** maßgebend, sofern sich aus ihm nicht Anhaltspunkte für die Weitergeltung früherer Grundlagen entnehmen lassen.[777] Die Titeländerung nach den Grundsätzen der Änderung der Geschäftsgrundlage (§ 313 BGB) hat schließlich auch bei Vergleichen zu erfolgen, die ein **einstweiliges Anordnungsverfahren** endgültig (wie ein Hauptsachetitel) regeln wollen. Denn auch hier lässt sich dem Willen der Beteiligten entnehmen, dass dieser Vergleich von Bestand sein soll und nicht nur bis zur Schaffung eines Hauptsachetitels eine vorläufige Vollstreckungsgrundlage darstellt. 270

3. Die vollstreckbaren Urkunden

a) Zulässigkeit des Verfahrens. aa) Allgemeine Voraussetzungen. Die nächst dem Vergleich im Verfahren nach § 239 FamFG abänderbaren Unterhaltstitel werden in der 2. Alternative als vollstreckbare Urkunden zusammengefasst. Sie müssen, auch wenn § 239 FamFG keinen unmittelbaren Hinweis auf die verfahrensrechtlichen Voraussetzungen dieser Titel enthält, in formeller Hinsicht den Anforderungen von § 794 I Nr. 5 ZPO genügen.[778] Im Vordergrund stehen danach insbesondere **Vereinbarungen**, die Eheleute im Zuge ihrer Trennung oder auch im Rahmen von Scheidungsfolgenvereinbarungen über ihre jeweiligen Unterhaltsverhältnisse (§ 1585 c S. 2 BGB) und die ihrer gemeinsamen Kinder treffen und durch einen Notar (§ 56 IV BeurkG) beurkunden lassen müssen. Sie sind ungeachtet anderer Regelungen nur dann nach § 239 FamFG abänderbar, wenn sie eine Verpflichtung zu künftig fällig werdenden wiederkehrenden Unterhaltsleistungen enthalten. 271

Die Vereinbarung muss nach den beurkundungsrechtlichen wie auch den bürgerlich-rechtlichen Bestimmungen entsprechend wirksam zustande gekommen sein und einen **vollstreckungsfähigen Inhalt** ausweisen. Hieran fehlt es, wenn der Titel zum Ehegatten- und Kindesunterhalt nur einen unaufgeschlüsselten Gesamtbetrag ausweist.[779] Nicht vollstreckungsfähig ist eine Vereinbarung ferner, wenn Unterhalt unter Anrechnung nicht näher bezifferter Beträge (z. B. Anrechnung eines aus einer halbschichtigen Erwerbstätigkeit als Verkäuferin erzielbaren Nettolohnes) gezahlt werden soll (**sog. unbestimmte Anrechnungsklausel**),[780] Um den Anforderungen eines vollstreckbaren Unterhaltstitels zu genügen, muss der zu vollstreckende Zahlungsanspruch **betragsmäßig festgelegt** sein oder sich zumindest aus dem Titel ohne weiteres ersehen lassen. In diesem Zusammenhang reicht es 272

---

[773] OLG Karlsruhe FamRZ 2010, 1253
[774] BGH FamRZ 2010, 192 Rn. 14; 2001, 1140, 1142
[775] BGH FamRZ 1987, 257
[776] BGH FamRZ 1986, 153
[777] BGH FamRZ 1995, 665 = R 493 B
[778] Keidel/Meyer-Holz FamFG § 239 Rn. 7
[779] OLG Zweibrücken FamRZ 1986, 1237
[780] BGH FamRZ 2006, 261 = R 645

– so der BGH[781] – für eine **Vollstreckungsfähigkeit** nicht, wenn auf Urkunden Bezug genommen wird, die nicht Bestandteil des Titels sind, oder die Leistungen sich nur aus dem Inhalt anderer Schriftstücke ermitteln lassen. Allerdings hat der BGH[782] in der Zwischenzeit die Vollstreckbarkeit von mit **Wertsicherungsklauseln** versehenen Unterhaltstiteln mit der Begründung bejaht, die erforderlichen Daten seien leicht sowie zuverlässig feststellbar und damit offenkundig (§ 291 ZPO).

273 Wesentlicher Bestandteil des nach § 794 I Nr. 5 ZPO errichteten Vollstreckungstitels ist schließlich die Erklärung des Unterhaltspflichtigen, mit der er sich wegen der laufenden Zahlungsverpflichtungen der **sofortigen Zwangsvollstreckung** unterwirft. Deren rein **verfahrensrechtlich** und unabhängig von der dem Titel zugrunde liegenden Einigung zu beurteilenden **Wirkungen** kann der Unterhaltpflichtige nicht mit einem Antrag nach § 239 FamFG beseitigen. Als Rechtsbehelf kommt nur ein Vollstreckungsabwehrantrag in Betracht.[783] Fehlt die **Unterwerfungserklärung**, handelt es sich um eine **außergerichtliche Unterhaltsvereinbarung**, die selbst dann nicht im Abänderungsverfahren nach § 239 FamFG angepasst werden kann, wenn die Beteiligten dies in der Vereinbarung ausdrücklich festhalten. Dies mag materiellrechtlich für die Beteiligten bindend sein. Ihre jeweiligen Konsequenzen können sie daraus aber nur mit einem Leistungsantrag oder einem negativen Feststellungsantrag ziehen. Das Verfahren gemäß § 239 FamFG steht nicht zu ihrer Disposition.

274 Die Abänderung des Titels in diesem Verfahren setzt, wie schon bei der abgelösten Regelung in § 323 IV ZPO a. F., nicht voraus, dass der festgesetzte Unterhaltsbetrag notwendigerweise auf einer Vereinbarung der Urkundsbeteiligten beruht.[784] Als weiterer Unterhaltstitel, der einer Anpassung nach Maßgabe der Verfahrensvorschriften in § 239 FamFG unterliegt, ist deshalb neben der **einseitigen Verpflichtungserklärung** mit Unterwerfungserklärung zu notariellem Protokoll die **Jugendamtsurkunde** anzusehen (§ 59 I S. 1 Nr. 3 und 4 SGB VIII), mit der sich der Unterhaltspflichtige zur Zahlung laufenden Kindesunterhalts für Minderjährige und Volljährige bis zur Vollendung des 21. Lebensjahres sowie zur Zahlung von Betreuungsunterhalt (§ 1615l BGB) verpflichten kann. Auch wenn dieser Unterhaltstitel die Voraussetzungen von § 794 I Nr. 5 ZPO nicht erfüllt, handelt es sich doch bei Einhaltung der entsprechenden Beurkundungsvorschriften durch das Jugendamt um einen Titel, der „nach seinen vollstreckungsrechtlichen Wirkungen" einer durch das Gericht oder einen Notar erstellten vollstreckbaren Urkunde gleichsteht (§ 60 SGB VIII) und als solche nunmehr durch den entsprechenden Wortlaut in § 239 I S. 1 FamFG erfasst wird.

275 Allerdings ist umstritten, ob bei der Anpassung der einseitig errichteten Urkunde in jedem Fall der Abänderungsantrag nach § 239 FamFG als **ausschließlicher Rechtsbehelf** zu gelten hat. Hatte sich der Unterhaltspflichtige etwa in einer Jugendamtsurkunde zur Zahlung von Kindesunterhalt verpflichtet, ohne dass auf Seiten des unterhaltsberechtigten Kindes ein gesetzlicher Vertreter beteiligt war, enthält die Urkunde keine Festlegungen zu Grund und Höhe, so dass es dem unterhaltsberechtigten Kind frei steht, einen höheren Unterhalt zu verlangen.[785] Dies erfolgt nach OLG Köln[786] nur durch einen Abänderungsantrag, allerdings in der Sache mit der Möglichkeit einer von dem abzuändernden Titel unabhängigen Neufestsetzung des Unterhaltes. Auf Grund einer fehlenden materiellrechtlichen Bindung wird dem entgegen gehalten, dem unterhaltsberechtigten Kind stehe ein **Wahlrecht** zu, seine Mehrforderung entweder mit einem **Abänderungsantrag** oder mit einem **Leistungsantrag** zu verfolgen.[787] Nach erneut bestätigter Rechtsprechung des BGH[788] ist ein neuer Leistungsantrag auf Unterhalt nur dann zulässig, wenn kein Abän-

---

[781] BGH FamRZ 2006, 261, 263 = R 645
[782] BGH FamRZ 2004, 531
[783] BGH NJW-RR 2008, 1075
[784] BGH FamRZ 2004, 24
[785] BGH FamRZ 2004, 24
[786] OLG Köln FamRZ 2001, 1716
[787] Bork/Jacoby/Schwab/Kodal FamFG § 239 Rn. 11; Graba FamRZ 2005, 678, 679
[788] BGH FamRZ 2009, 314 Rn. 13; a. A. noch BGH FamRZ 2008, 1152 für den Fall, dass keine (schlüssige) Vereinbarung zum Gesamtunterhalt vorliege; vgl. jetzt erneut BGH FamRZ 2011, 1041 Rn. 25

2. Abschnitt: Die Schaffung und Abänderung von Unterhaltstiteln § 10

derungsverfahren in Betracht kommt. Eine Nachforderung im Wege des Zusatzantrags ist danach nur dann möglich, wenn sich der schon vorliegende Unterhaltstitel **eindeutig** nur auf einen **Teilbetrag** des geschuldeten Unterhalts beschränkt. Dabei spricht im Zweifel eine **Vermutung** dafür, dass in einem Vorverfahren der Unterhalt in voller Höhe geltend gemacht worden ist. Das gilt, wenn der geschuldete Kindesunterhalt in einer Jugendamtsurkunde nach den §§ 59 Abs. 1 Nr. 3, 60 SGB VIII festgelegt worden ist, nicht anders als in sonstigen Fällen einer einseitig erstellten vollstreckbaren Urkunde. Ist der jeweilige Kindesunterhalt durch Jugendamtsurkunde tituliert und lassen sich daraus – im Regelfall – keine Anhaltspunkte dafür gewinnen, dass der an sich geschuldete Unterhalt nur zum Teil erfasst sein soll, muss das unterhaltsberechtigte Kind, will es etwa einen **Mehrbedarf** wegen der Kinderbetreuungskosten geltend machen, den vorrangigen Rechtsbehelf des Abänderungsantrags (§ 239 FamFG) wählen, und zwar unabhängig davon, nach welchen Vorschriften des bürgerlichen Rechts (§ 239 II FamFG) das Begehren in der Sache Erfolg haben kann.

Zwischen dem **Gegenstand** der Beurkundung und dem des Abänderungsverfahrens muss ebenso **Identität** bestehen wie zwischen den Urkundsbeteiligten und den **Beteiligten** des neuen Verfahrens oder deren Rechtsnachfolger. Abgrenzungsschwierigkeiten können sich in diesem Zusammenhang einstellen insbesondere bei **Elternvereinbarungen** im Zusammenhang mit Trennung und Ehescheidung, soweit sie sowohl die eigenen Unterhaltsverhältnisse wie auch die ihrer gemeinsamen Kinder durch außerhalb eines gerichtlichen Verfahrens notariell beurkundete Vereinbarung vollstreckungsfähig regeln. Eine nach § 1629 III S. 1 BGB an sich bestehende **Verfahrensstandschaft** des betreuenden Elternteil ermöglicht eine insoweit auch das Kind bindende Vereinbarung über den zu zahlenden Kindesunterhalt nicht, da sie nur bei der gerichtlichen Verfolgung von Unterhaltsansprüchen zum Tragen kommt. Für das Abänderungsverfahren bleibt es hiernach für die Elternvereinbarung bei der Beteiligtenstellung der Eltern.[789] Ein anderes kann erst dann angenommen werden, wenn ein Elternteil bei der Vereinbarung erkennbar als **Vertreter des Kindes** mit einem entsprechenden **Vertretungswillen** aufgetreten ist, was aus dem Inhalt der Vereinbarung sowie den gesamten Umständen der notariellen Verhandlung zweifelsfrei hervorgehen muss.[790] Nichts anderes kann gelten für den Fall, dass geltend gemacht wird, die Eltern hätten ihrem Kind vertraglich ein eigenes Forderungsrecht eingeräumt (§ 328 BGB). 276

Wegen der gerichtlichen **Zuständigkeit** wie auch des **Rechtsschutzinteresses** für ein Abänderungsverfahren von vollstreckbaren Urkunden kann auf die Ausführungen zur Abänderung gerichtlicher Entscheidungen (§ 238 FamFG) und von Vergleichen verwiesen werden (vgl. Rn. 10/179 und 259). Sie geltend entsprechend auch für vollstreckbare Urkunden.[791] 277

bb) Besondere Verfahrensvoraussetzungen. Auch für die Abänderung vollstreckbarer Urkunden setzt § 239 I S. 2 FamFG schon im Rahmen der **Zulässigkeit** des **Antrags** voraus, dass der Antragsteller **Tatsachen** darlegt, die eine Abänderung rechtfertigen können. Fehlt es hieran, ist der Abänderungsantrag als unzulässig abzuweisen.[792] Dabei sind Tatsachen auch rechtliche Verhältnisse, wie etwa die bei unveränderter Tatsachengrundlage sich einstellenden Änderungen in der höchstrichterlichen Rechtsprechung oder auch Gesetzesänderungen, sofern das „alte" Recht für die Unterhaltsbemessung eine Rolle gespielt hat (vgl. hierzu näher Rn. 10/260 und 265). Art und Umfang der nach § 239 I S. 2 FamFG darzulegenden Tatsachen hängen im Einzelfall davon ab, ob der vollstreckbaren Urkunde ein einseitiges oder zweiseitiges Rechtsgeschäft zugrunde liegt. Ist Bestandteil der vollstreckbaren Urkunde eine **Unterhaltsvereinbarung**, müssen die Darlegungen eine schwerwiegende Veränderung in den vereinbarten Grundlagen aufzeigen, da nur nach den aus § 313 BGB abzuleitenden Grundsätzen über das Fehlen, die Veränderung oder den Wegfall der Geschäftsgrundlage eine Anpassung des Titels in Betracht kommt. Dies hat 278

---

[789] BGH FamRZ 1997, 811
[790] BGH NJW-RR 1986, 428
[791] OLG Dresden FamRZ 2000, 543
[792] BT-Drucks. 16/6308 S. 258

ebenso zu gelten, wenn die vollstreckbare Urkunde zwar nur ein **einseitiges Leistungsversprechen** enthält, dem aber eine die Verpflichtung näher begründende **Vereinbarung** zugrunde liegt (sog. **kausaler Anerkenntnisvertrag**).[793]

279 Ist dies nicht der Fall oder lässt sich dies nicht feststellen, ist danach zu unterscheiden, ob der Unterhaltsberechtigte oder der Unterhaltspflichtige eine Abänderung des Titels begehrt. Für eine Mehrforderung an Unterhalt können hier zum Nachteil des Unterhaltsberechtigten **keine Bindungswirkungen** eintreten. Wollte man etwa bei der Errichtung einer Jugendamtsurkunde eine Bindung des Gegners annehmen, hätte es der Unterhaltspflichtige in der Hand, durch eine zu geringe Unterhaltstitulierung nur schwer zu beseitigende Vorteile gegenüber dem Unterhaltsberechtigten zu schaffen. Der **Unterhaltsberechtigte** ist daher nicht gehindert, auch im Rahmen eines Abänderungsverfahrens weitergehenden Unterhalt geltend zu machen.[794] Maßgeblich für die Neufestsetzung sind die zu diesem Zeitpunkt vorherrschenden tatsächlichen und rechtlichen Verhältnisse.[795] Gegen ihn richten sich deshalb auch, da er **nicht Urkundsbeteiligter** bei der Errichtung des Vollstreckungstitels war, weder die besonderen Anforderungen an die Zulässigkeit (§ 239 I S. 2 FamFG) noch die materiellrechtlichen Einschränkungen des § 239 II FamFG.

280 Im Unterschied dazu ist die Interessenlage für den **Unterhaltspflichtigen,** der als Urkundsbeteiligter die Erstellung der vollstreckbaren Urkunde veranlasst hat und sich um eine Herabsetzung des titulierten Unterhalts bemüht, vergleichbar der des Schuldners nach einem **prozessualen Anerkenntnis**, von dem er sich, auch wenn es nicht zu einem Anerkenntnisbeschluss (§ 307 ZPO) kommt, nur unter den Voraussetzungen eines Restitutions- oder Abänderungsgrundes lösen kann **(schuldbestätigendes Anerkenntnis)**.[796] Demgemäß muss der Unterhaltspflichtige für den Erfolg seines Abänderungsbegehrens neben den **aktuellen Einkommensverhältnissen** auch diejenigen nach Grund und Höhe darlegen (§ 239 I S. 2 FamFG), die ihn zur **Errichtung der vollstreckbaren Urkunde** veranlasst hatten,[797] wie auch die Gründe dafür, dass der Unterhaltsberechtigte die Einkommensminderung durch Unterhaltskürzung nunmehr mit tragen soll.[798] Die Grundsätze des Fehlens oder der Änderung der Geschäftsgrundlage sind hier, da es an einer Geschäftsgrundlage fehlt, weder unmittelbar noch entsprechend anwendbar. Da die Zeitschranke des § 238 III FamFG für die in § 239 FamFG genannten Titel nicht gilt, kann der Unterhaltspflichtige etwa mit dem Hinweis auf gesunkenes Einkommen eine Abänderung der Jugendamtsurkunde auch rückwirkend verlangen. Dem gegenüber erscheint der Unterhaltsberechtigte im Hinblick auf den Entreicherungseinwand nach § 818 III BGB hinreichend geschützt, gemäß § 241 FamFG nunmehr aber uneingeschränkt nur noch bis zur Rechtshängigkeit des Abänderungsantrags auf Herabsetzung.

281 **b) Begründetheit des Abänderungsantrags.** Die Beurteilung des Erfolgs in der Sache für ein Abänderungsbegehren nach § 239 II FamFG hängt primär wiederum davon ab, ob es sich um eine vollstreckbare Urkunde handelt, die einen Vollstreckungstitel mit zweiseitigem Rechtsgeschäft über den Unterhalt als Inhalt oder zumindest als Grundlage erkennen lässt. Sind diese Voraussetzungen für eine **Unterhaltsvereinbarung** zu bejahen, erfolgt eine Anpassung des Unterhaltstitels nach den durch § 313 BGB vorgegebenen Grundsätzen über das Fehlen, die Veränderung oder den Wegfall der Geschäftsgrundlage. Die materielle Rechtslage (§ 239 II FamFG) ist vergleichbar mit der bei der Abänderung von Vergleichen, so dass auf die entsprechenden Ausführungen verwiesen werden kann (vgl. Rn. 10/261 bis 270). Handelt es sich um eine **streng einseitige** – den gesamten Unterhalt umfassende – **Verpflichtungserklärung**, notariell protokolliert oder als Jugendamtsurkunde, hängt der Erfolg für den um Titelbeseitigung bemühten Unterhaltspflichtigen davon ab, dass sich die maßgebenden rechtlichen und tatsächlichen im Nachhinein verändert haben, so dass ihm die Zahlung des titulierten Unterhalts in voller Höhe oder

---

[793] Keidel/Meyer-Holz FamFG § 239 Rn. 25
[794] BGH FamRZ 2011, 1041 Rn. 25
[795] BGH FamRZ 2009, 314 Rn. 14; 2004, 24
[796] BGH FamRZ 2002, 88, 90; Musielak/Borth FamFG § 239 Rn. 5
[797] Keidel/Meyer-Holz FamFG § 239 Rn. 24
[798] BGH FamRZ 2007, 715 Rn. 11

zumindest teilweise nicht mehr zuzumuten ist.[799] Auf eine **wesentliche** Änderung kommt es allerdings dabei nicht an.[800]

Hängt der Erfolg eines Abänderungsbegehrens von der **Darlegungs- und Beweislast** 282 ab, trifft diese, sofern die vollstreckbare Urkunde auf einer Unterhaltsvereinbarung beruht, denjenigen Beteiligten, der sich auf eine Störung oder den Wegfall der Geschäftsgrundlage beruft. Dieser hat dann darzulegen und, was insbesondere bei fehlender Dokumentation Schwierigkeiten begegnet, zu beweisen die ursprüngliche Geschäftsgrundlage wie diejenigen Veränderungen, aus den eine Störung mit der Notwendigkeit einer Anpassung gefolgert werden soll.[801] Wendet der Antragsgegner gegenüber einem Abänderungsverlangen ein, nach dem Willen der Beteiligten solle der Unterhaltstitel **nicht abänderbar** sein, hat er dies, sofern sich aus dem dokumentierten Willen hierfür nichts herleiten lässt, mit anderen Beweismitteln zu beweisen.[802]

Gegenüber einer streng einseitigen Verpflichtungserklärung sieht sich der um mehr Unterhalt bemühte Beteiligte nur der Darlegungs- und Beweislast eines Unterhaltsberechtigten bei einem **Erstantrag** ausgesetzt, da die Urkunde ihn nicht bindet. Dem gegenüber trifft den Unterhaltspflichtigen für eine ihm günstige Titelanpassung die uneingeschränkte Darlegungs- und Beweis für alle Umstände aus denen er eine nachträgliche Abänderung zu seinen Gunsten ableitet.[803]

VI. Die Abänderung von Unterhaltstitel nach Art. 3 II Unterhaltsänderungsgesetz 2008

Die Änderungen im materiellen Unterhaltsrecht durch das Gesetz zur Änderung des 283 Unterhaltsrechts vom 21. 12. 2007[804] begründen, worauf Stellungnahmen[805] und Vergleichsberechnungen[806] schon im Vorfeld des Inkrafttretens aufmerksam gemacht haben, einen erheblichen Abänderungsbedarf, hierbei in besonderem Umfang des Vorteil des Unterhaltspflichtigen.[807] Wird zudem bedacht, dass insbesondere nach der ständigen Rechtsprechung des BGH[808] auch **Gesetzesänderungen** als **wesentliche Änderungen** im Sinne von § 238 I S. 2 FamFG (§ 323 I ZPO a. F.) ein Abänderungsverfahren eröffnen können, stellt sich die Frage nach der Behandlung von **„Altfällen"**. Nur dem Gesichtspunkt der Gesetzesänderung sollen die Übergangsvorschriften des § 36 EGZPO Rechnung tragen. Sie schaffen dabei **keinen eigenen Abänderungstatbestand**, sondern setzen diesen voraus.[809] War etwa die zeitliche Begrenzung eines nachehelichen Krankheitsunterhalts (§ 1572 BGB) nach dem bis zum 31. 12. 2007 anzuwendenden materiellen Unterhaltsrecht nicht möglich, kann der Unterhaltspflichtige im Hinblick auf § 1578 b BGB ab 1. 1. 2008 hierauf eine Abänderungsantrag stutzen, ohne dass sich der Sachverhalt geändert haben muss. Hatte der BGH aber seine Rechtsprechung bereits vor dem 1. 1. 2008 etwa zur **Befristung** des **Aufstockungsunterhalts** grundlegend geändert und bereits dadurch einen Abänderungsrund im Sinne von § 323 ZPO a. F. geschaffen (vgl. näher Rn. 10/207 bis 209), scheitert ein nach dem 1. 1. 2008 nunmehr auf die Befristung nach § 1578 b BGB gestützter Abänderungsantrag daran, dass die begehrte Befristung ihre erstmalige Relevanz nicht durch die gesetzliche Neuregelung („… durch das Gesetz zur Änderung des Unter-

---

[799] BGH FamRZ 2011, 1041 Rn. 25
[800] BT-Drucks. 16/6308 S. 258
[801] BGH FamRZ 2010, 192 Rn. 22
[802] FA-FamR/Gerhardt Kap. 6 Rn. 983
[803] Keidel/Meyer-Holz FamFG § 239 Rn. 46
[804] BGBl. I S. 3189
[805] Borth FamRZ 2006, 813
[806] Hütter FamRZ 2006, 1577
[807] Zur weiteren Kritik vgl. zuletzt Schwab FamRZ 2007, 1054, 1056
[808] BGH FamRZ 2010, 111 Rn. 62; 2001, 1687 = R 566
[809] BGH FamRZ 2010, 1884 Rn. 34 = R 718 d; 2010, 111 Rn. 62

haltsrechts erheblich geworden ...") erfährt.[810] Im Übrigen ist bei den Übergangsbestimmungen von folgendem auszugehen:

284   Handelt es sich um **Unterhaltsprozesse,** die bei Inkrafttreten der gesetzlichen Neuregelung **noch gerichtsanhängig** waren, folgt aus § 36 Nr. 7 EGZPO, dass es für den zurückliegenden Unterhaltszeitraum bis zum 31. 12. 2007 bei „altem Recht" bleibt und ab dem 1. 1. 2008 „neues Recht" Anwendung findet. Dem haben die Beteiligten durch Anpassung ihres jeweiligen Vorbringens Rechnung zu tragen. Um nach der Intention des Gesetzgebers eine möglichst zeitnahe Umstellung der Unterhaltsverhältnisse auf das geänderte Recht sicherzustellen, haben die Gerichte **auf Antrag** auch eine in erster oder zweiter Instanz bereits geschlossene mündliche Verhandlung wieder zu eröffnen (§ 36 Nr. 6 EGZPO), ohne dass es noch auf die Voraussetzungen von § 156 ZPO ankäme. Für das Gericht besteht **kein Ermessen.** Die Beteiligten sind zu einer entsprechenden Vorgehensweise aber nicht verpflichtet. Sehen sie von einem Antrag ab, sind die Beteiligten nicht gehindert, die Anwendung neuen Rechts zum Gegenstand eines Abänderungsverfahrens zu machen, sofern nicht noch ein Berufungsverfahren in Betracht kommt. Mit einer **erstmaligen Geltendmachung neuen Rechts** ist der beteiligte Antragsteller, sieht er von einem Antrag auf Wiedereröffnung der mündlichen Verhandlung ab, in einem späteren Abänderungsverfahren gegenüber **nicht präkludiert** (§ 323 II ZPO a. F.; § 238 II FamFG), weil die unterhaltsrechtlichen Änderungen erst nach Schluss der mündlichen Verhandlung eingetreten sind.[811] Für die bei Inkrafttreten des Gesetzes noch in der Revision anhängigen Sachen stellt § 36 Nr. 5 EGZPO durch die Wiedereröffnung der Tatsacheninstanz die Beachtung „neuen Rechts" sicher, wenn auf Grund der nunmehr relevanten Tatsachen eine Beweisaufnahme erforderlich wird.

285   Im Übrigen unterscheiden die Übergangsbestimmungen danach, ob über den Unterhaltsanspruch bereits **rechtskräftig entschieden** ist, ein **vollstreckbarer Titel** oder eine **Unterhaltsvereinbarung** vorliegt. Hierunter fallen insbesondere rechtskräftige Urteile, Vergleiche (§ 794 I Nr. 1 ZPO), notarielle Urkunden (§ 794 I Nr. 5 ZPO) und Jugendamtsurkunden (§§ 59, 60 SGB VIII). Einstweilige Anordnungen (§§ 620 Nr. 4 bis 6 oder 644 ZPO a. F.) sind nicht erfasst. Ihnen liegt keine **bindende Unterhaltsfestsetzung** zugrunde. Dies gilt ebenso für im vereinfachten Verfahren ergangene Festsetzungsbeschlüsse (§ 649 ZPO a. F.). Soweit diese rechtskräftig sind, müssen die Beteiligten die unterhaltsrelevanten Gesetzesänderungen vorrangig[812] mit einem Abänderungsantrag (Korrekturantrag) nach § 654 ZPO a. F. bzw. § 240 FamFG verfolgen. Dieser unterliegt nicht den durch § 36 Nr. 1 und 2 EGZPO für ein Abänderungsverfahren nach § 323 ZPO a. F. bzw. § 238 FamFG aufgestellten Bindungen.

286   Die zum 1. 1. 2008 in Kraft getretenen Änderungen des materiellen Unterhaltsrechts lassen sich in ihren konkreten Auswirkungen nicht isoliert auf einzelne Unterhaltsverhältnisse beschränken. Dem steht nämlich entgegen, dass im Rahmen der Bedarfsbestimmung und der Beurteilung der Leistungsfähigkeit in der Regel **mehrere Unterhaltsverhältnisse,** wie etwa bei Kindes- und Ehegattenunterhalt, voneinander beeinflusst sind. Macht etwa das Kind mit dem Hinweis auf seinen nunmehr gesetzlich geregelten Vorrang höheren Kindesunterhalt geltend, kann der Ehegattenunterhalt in der zuletzt ausgeurteilten Höhe aller Voraussicht nach keinen Bestand haben. Angesichts dieser inhaltlichen Abhängigkeit müssen die jeweiligen Unterhaltsberechtigten und Unterhaltspflichtigen zur Vermeidung einander widersprechender Entscheidungen und von Rechtsnachteilen die verfahrensrechtlichen Möglichkeiten der **Streitverkündung** (§ 72 ZPO) oder auch der **Nebenintervention** (§ 66 ZPO) in Anspruch nehmen.

287   Bei einem **rechtskräftigen Urteil** kommt (§ 36 Nr. 1 EGZPO) eine Titelanpassung in Betracht, wenn der Antragsteller sich auf Umstände berufen kann, die vor dem Inkrafttreten des Gesetzes entstanden, aber im jeweiligen Einzelfall erst **auf Grund der Gesetzesänderung erheblich** geworden sind (z. B. Rangfolge, Bedeutung der Ehedauer oder Erwerbsobliegenheit bei oder nach Kindesbetreuung) und zu einer **wesentlichen Änderung** der

---

[810] BGH FamRZ 2010, 1238 Rn. 41; OLG Saarbrücken FamRZ 2009, 783
[811] BGH FamRZ 2008, 1911 Rn. 28
[812] OLG Karlsruhe FamRZ 2003, 1672

Unterhaltsverpflichtung führen. Im Übrigen bleibt es aber bei den durch das Ausgangsurteil geschaffenen Bindungen. Demgemäß ist der Antragsteller – im Unterschied zum Antragsgegner – gehindert, **„Alttatsachen"** die er bereits im Erstverfahren hätte vorbringen müssen, nunmehr erstmalig oder erneut geltend zu machen, sofern sie nicht erst im Lichte der gesetzlichen Neuregelung Bedeutung erlangen. Während der Gesichtspunkt der Wesentlichkeit im Sinne von § 323 I ZPO a. F. bzw. § 238 I S. 2 FamFG und der dazu entwickelten Rechtsprechung zu verstehen ist, kommt dem weiteren Kriterium in § 36 Nr. 1 EGZPO, dass nämlich die Titelanpassung dem anderen Beteiligten unter Berücksichtigung seines Vertrauens in die getroffene Regelung zumutbar sein muss, eine zusätzlich **begrenzende Funktion** zu.

Im Rahmen dieser **Vertrauensschutzklausel,** die ansonsten bei einem gegen Unterhaltsurteile gerichteten Abänderungsantrag bisher keine gesonderte Bedeutung erlangt hat, ist im jeweiligen Einzelfall zu gewichten, ob und welche Dispositionen der Unterhaltsberechtigte im Vertrauen auf den Fortbestand des Titels privat oder beruflich getroffen hat, ob ihn diese längerfristig binden und unter welchen Voraussetzungen er sich hiervon mit messbaren Nachteilen lösen kann. Im Ergebnis kann dies auch zu **zeitlich abgestuften Titeländerungen** führen. Wird in diesem Zusammenhang danach gefragt, ob das bisherige Unterhaltsrecht im konkreten Einzelfall zu einem so unbilligen und damit ungerechten Ergebnis geführt hat, dass es nicht dauerhaft aufrechterhalten bleiben kann, dürfen die **konkreten Auswirkungen** nicht vernachlässigt werden. Für die Unterhaltsberechtigten unzumutbar wäre in diesem Zusammenhang auch, wenn im Zuge der Rangänderung der aus dem betreuenden Elternteil und den minderjährigen Kindern bestehenden Restfamilie insbesondere bei beengten wirtschaftlichen Verhältnissen im Saldo weniger bliebe als vor der Gesetzesänderung,[813] die insbesondere der **Stärkung des Kindeswohls** dienen sollte.[814] 288

Einer **erstmaligen Abänderung** bestehender Unterhaltsurteile auf Grund des Gesetzes zur Änderung des Unterhaltsrechts vom 21. 12. 2007 stehen die Präklusionen der § 323 II ZPO a. F. (jetzt: § 238 II FamFG) und § 767 II ZPO nicht entgegen (§ 36 Nr. 2 EGZPO). Die Zeitschranke des § 323 III ZPO a. F. (für Unterhaltszeiträume ab 1. 9. 2009: § 238 III FamFG) findet allerdings Anwendung, so dass ein Abänderungsantrag, mit dem der **Unterhaltspflichtige** gestützt auf das neue Unterhaltsrecht eine Herabsetzung des titulierten Unterhalts begehrt, gemäß § 323 III S. 1 ZPO a. F. (für Unterhaltszeiträume ab 1. 9. 2009: § 238 III S. 3 und 4 FamFG) frühestens ab dem ersten des auf ein entsprechendes Auskunfts- oder Verzichtsverlangen folgenden Monat eine Titelanpassung zulässig ist. Den Antragsteller trifft die **Darlegungs- und Beweislast** für die wesentliche Veränderung der Verhältnisse, die die Abänderung eröffnen können. Im Übrigen bleibt es bei den allgemeinen Regeln (vgl. hierzu Rn. 10/242 bis 247). Beruft sich der Unterhaltspflichtige als Antragsteller darauf, dass die betreuende Kindesmutter im Hinblick auf das Alter des gemeinsamen Kindes nicht mehr nach § 1570 I S. 1 BGB n. F. unterhaltsberechtigt sei, hat diese die Voraussetzungen für eine fortbestehende Unterhaltsberechtigung nach § 1570 I S. 2, 3 BGB n. F. darzulegen und zu beweisen.[815] Allerdings kann sich der unterhaltspflichtige Kindesvater jedenfalls bei gemeinsamer Elternverantwortung nicht auf ein unmotiviertes Bestreiten im Kontext der Betreuungsmöglichkeiten für das gemeinsame Kind beschränken. 289

Handelt es sich um eine **titulierte Unterhaltsvereinbarung,** sind zunächst die Grundsätze über die Änderung oder den Wegfall der Geschäftsgrundlage (§ 313 BGB) maßgebend (vgl. Rn. 10/261 bis 270). Hat bei der Vereinbarung eine bestimmte Rechtsgrundlage erkennbaren Niederschlag gefunden, können erhebliche Gesetzesänderungen, sofern sie sich wesentlich auf die Unterhaltsbemessung auswirken, unter Beachtung der Vertrauensschutzklausel des § 36 Nr. 1 EGZPO eine Anpassung der Unterhaltsvereinbarung ermöglichen. Maßgebend für **Bindung** und Titelanpassung ist der **Wille der Beteiligten.** Hier trägt die **Darlegungs- und Beweislast** derjenige Vertragsteil, der sich auf die Änderung 290

---

[813] Vgl. die Berechnungen bei Hauß FamRB 2006, 180, 182
[814] Zu weiteren praktischen Auswirkungen vgl. Borth FamRZ 2006, 820, 821
[815] BGH FamRZ 1990, 496, 497

§ 10 Verfahrensrecht

der Geschäftsgrundlage beruft.[816] Haben die Beteiligten die Regelung ihrer Unterhaltsverhältnisse in den Zusammenhang mit anderen Auseinandersetzungen über den Versorgungsausgleich, den Zugewinnausgleich oder andere Vermögensdispositionen gestellt, hat die in Betracht kommende Unterhaltsanpassung die anderweitigen Vereinbarungen mit zu gewichten.[817] Ein Eingriff in diese Teilbereiche vor dem Hintergrund der Änderungen des Unterhaltsrechts ist aber nicht zulässig. Eine Anpassung kann nur über die Unterhaltsbestimmungen in der **Gesamtregelung** erfolgen. Deshalb dürfte dem **Vertrauensschutz** gegenüber einem Verlangen nach Abänderung einer **Abfindungs-** oder **Gesamtvereinbarung**, zu der es bei Anwendung des neuen Unterhaltsrechts nicht oder nicht so gekommen wäre, der Vorrang einzuräumen sein.[818] Verfahrensrechtliche Einschränkungen eines Abänderungsantrags (§ 323 II und III ZPO a. F.; ab 1. 9. 2009: § 239 FamFG) bestehen nicht. Gegenüber Unterhaltsüberzahlungen ist der Unterhaltsberechtigte durch § 818 III BGB (beachte aber: § 241 FamFG) geschützt.

Formlose Unterhaltsvereinbarungen unterliegen ebenfalls unter den Voraussetzungen von § 313 BGB einer Anpassung an das neue Recht. Der Anpassung zugänglich ist damit auch ein nach altem Recht erklärter Unterhaltsverzicht. Für eine **Abfindungsvereinbarung** dürfte dies allerdings ausscheiden, wenn es den Parteien erkennbar darum ging, dass Unterhaltsansprüche „… ein für allemal erledigt …"[819] sein sollten.

291 Die durch § 36 Nr. 1 und 2 EGZPO geschaffene **Übergangsregelung** erscheint angesichts der Entscheidung des Gesetzgebers, die ab dem 1. 1. 2008 entstehenden Unterhaltsansprüche ungeachtet der Entstehung der jeweiligen **Anknüpfungstatsachen** dem nunmehr geltenden Unterhaltsrecht zu unterstellen, **lückenhaft**. Wird nämlich für Altfälle ein Vertrauenstatbestand geschaffen, der einen zu weit reichenden Eingriff in erworbene Altrechte vermeiden oder abschwächen soll, kann es keinen hinreichend rechtfertigenden Unterschied machen, ob die jeweilige Titulierung vor oder unmittelbar nach dem Inkrafttreten des neuen Unterhaltsrechts erfolgt ist. Maßgebend für die Begründung des jeweiligen **Vertrauenstatbestandes** ist nämlich nicht der Zeitpunkt der Entscheidung oder der Unterhaltsvereinbarung sondern die dem **zugrunde liegende Disposition,** die die Eheleute für sich und ihre Familie getroffen und wonach sie **tatsächlich gelebt** haben. War danach z. B. ein Unterhalt begehrender Ehegatte am 1. 1. 2008 langjährig verheiratet, muss er nicht zuletzt im Lichte des Schutzes von Ehe und Familie (Art. 6 GG) auf eine daran anknüpfende Unterhaltsabsicherung vertrauen dürfen, ohne dass es dabei auf eine noch rechtzeitige Titulierung „vor" der gesetzlichen Neuregelung ankäme. Es müsste auf Unverständnis stoßen, sollte – im Extremfall – der Vertrauensschutz nach § 36 Nr. 1 und 2 ZPO bei einem rechtskräftigen Urteil durchgreifen, im Fall einer Titulierung nur durch einstweilige Anordnung (§§ 620 Nr. 4 bis 6, 644 ZPO a. F.) leer laufen, obwohl ein **gleichwertiges Schutzbedürfnis** besteht. Die Rechtsprechung wird dem der Vorschrift des § 36 Nr. 1 EGZPO zugrunde liegenden übergeordneten Rechtsgedanken zur Vermeidung von Wertungswidersprüchen und Gerechtigkeitsdefiziten im jeweiligen Einzelfall Rechnung tragen müssen.

292 Für die bis zum 31. 12. 2007 errichteten **dynamischen Unterhaltstitel** ist mit dem Inkrafttreten des Gesetzes vom 21. 12. 2007 und der gleichzeitigen Aufhebung der Regelbetragverordnung der jeweilige Regelbetrag als **variable Bezugsgröße** entfallen. An dessen Stelle ist der Mindestunterhalt (§ 1612a I BGB) als Ausdruck des jeweils in Form eines Freibetrages (§ 32 VI S. 1 EStG) einkommensteuerfrei zu stellenden sächlichen Existenzminimums eines Kindes getreten, vorübergehend überlagert noch durch die speziellere Vorschrift des § 36 Nr. 4 EGZPO. Diese ist allerdings seit dem 1. 1. 2009 durch die Anhebung des Mindestunterhalts gegenstandslos geworden.

293 Trotz der Umstellung vom Regelbetrag auf den Mindestunterhalt als nicht miteinander deckungsgleiche, aber jeweils variable Größe bedarf es für den Unterhaltszeitraum ab dem 1. 1. 2008 weder eines Abänderungs- noch eines Titelumschreibungsverfahrens. Vielmehr

---

[816] BGH FamRZ 2010, 192 Rn. 22 = R 708 c
[817] BGH FamRZ 2001, 1687 = R 566
[818] FA-FamR/Gerhardt Kap. 6 Rn. 986
[819] BGH FamRZ 2005, 1662 = R 639

enthält § 36 Nr. 3 a–d EGZPO einen **Umrechnungsschlüssel,** mit dem sich für vier denkbare Fallgestaltungen, die der jeweiligen Rolle des Kindergeldes bei der Unterhaltsbemessung Rechnung tragen, der nach neuem Recht konkret geschuldete Zahlbetrag durch das jeweilige Vollstreckungsorgan errechnen lässt. Demgemäß bleibt der **Alttitel** als **Vollstreckungstitel wirksam.** Mit der Umrechnung ist eine Änderung des Unterhalts der Höhe nach nicht verbunden. Dies stellt die gesetzliche Regelung durch **Anpassung** des **Prozentsatzes** sicher (§ 36 Nr. 3 S. 2 EGZPO). An die Stelle des bisherigen Prozentsatzes (für den Regelbetrag) tritt ein neuer Prozentsatz (für den Mindestunterhalt). Maßgebend sind ausschließlich die **Verhältnisse am Stichtag.**

Weiter ist zu bedenken, dass in der durch den Gesetzgeber gewählten Regelungstechnik der Dynamisierung sowohl beim Regelbetrag als auch beim Mindestunterhalt der **Prozentsatz** jeweils die **fixe Größe** darstellt, mithin für alle in Betracht kommenden Altersgruppen einheitlich ausfällt. Es ist mithin nach Wortlaut, Sinn und Zweck der Vorschrift nichts dafür ersichtlich, dass der Gesetzgeber bei seinem Bemühen, die dynamischen Alttitel in das neue Unterhaltsrecht nach einfachen Regeln zu überführen, von diesem Grundsatz hätte abweichen wollte. Deshalb kann dem OLG Dresden[820] nicht gefolgt werden, soweit es unter Vernachlässigung des Stichtags die Umrechnung nach § 36 Nr. 3 EGZPO für jede Altersgruppe gesondert ermittelt und deshalb je nach Alter des Kindes **„wandelbare" Prozentsätze** errechnen will.

Zu den einzelnen Berechnungsbeispielen vgl. die „Anmerkung E. Übergangsregelung" der Düsseldorfer Tabelle (Anhang D). Der Heranziehung des Umrechnungsschlüssels bedarf es auch dann, wenn die Beteiligten aus anderem Grund eine Abänderung des Unterhaltstitels anstreben (z. B. beim Zusammentreffen von Kindes- und Ehegattenunterhalt). Erst dann lässt sich etwa feststellen, ob Änderungen in den für die Bemessung des Unterhalts maßgebenden Kriterien im konkreten Einzelfall wesentlich ins Gewicht fallen.

294

VII. Das Vollstreckungsabwehrverfahren (§ 767 ZPO)

1. Verfahrensgegenstand

Für den Unterhaltspflichtigen, der sich gegen eine Zwangsvollstreckung aus Unterhaltstiteln zur Wehr setzen will, die er für unzulässig hält, sieht das FamFG im Unterschied zum Abänderungsverfahren keinen originären Rechtsbehelf vor. Der allgemeine Verweis in § 120 I FamFG, wonach die Vollstreckung in Ehesachen und Familienstreitsachen entsprechend den Vorschriften der Zivilprozessordnung (8. Buch) erfolgt, stellt aber sicher, dass auch in den Unterhaltssachen nach §§ 231 I, 112 Nr. 1 FamFG dem Unterhaltspflichtigen die Verfolgung seiner Rechte in einem Vollstreckungsabwehrverfahren erhalten bleibt (§ 767 ZPO i. V. m. § 113 V Nr. 1 FamFG). Bei dem Vollstreckungsabwehrantrag geht es nicht, wie bei einem Abänderungsantrag gemäß §§ 238, 239 FamFG, um die Berücksichtigung des Einflusses der stets wandelbaren wirtschaftlichen Verhältnisse auf die laufende Unterhaltspflicht,[821] auch nicht um die Beseitigung des materiell-rechtlichen Anspruchs oder um die Feststellung von dessen Fortbestehen, sondern allein darum, dem titulierten Anspruch **durch Rechtsgestaltung** die **Vollstreckbarkeit zu nehmen.**[822] Die Prüfung beschränkt sich auf den Anspruch, der Gegenstand der Entscheidung oder Regelung war, und auf die **Einwendungen des Unterhaltspflichtigen** gegen diesen Anspruch.[823] Verfahrensgegenstand ist allein die Frage, ob die Zwangsvollstreckung aus dem Titel wegen der nunmehr vorgebrachten materiellrechtlichen Einwendungen unzulässig geworden ist.[824] Allerdings können, wie der BGH für den Verwirkungseinwand entschieden hat, Umstände,

295

---

[820] OLG Dresden FamRZ 2011, 42
[821] BGH FamRZ 2005, 101, 102 = R 620; FamRZ 1984, 470
[822] BGH FamRZ 1984, 878
[823] BGH FamRZ 1982, 782
[824] BGH FamRZ 2005, 1479 = R 636

welche gegenüber fälligen Unterhaltsansprüchen eine Einwendung i. S. von § 767 ZPO begründen, für Zeiträume ab Rechtshängigkeit – auch – eine Abänderung gemäß § 238 FamFG begründen.[825] Gleichwohl schließen sich das Vollstreckungsabwehrverfahren und das Abänderungsverfahren für den gleichen Streitgegenstand wegen der unterschiedlichen Zielrichtung grundsätzlich gegenseitig aus (vgl. auch Rn. 10/158). Der Unterhaltspflichtige hat somit auch **kein Wahlrecht,** sondern muss sein Rechtsschutzbegehren auf die Verfahrensart stützen, die dem Ziel seiner Rechtsverfolgung für den jeweils in Rede stehenden Unterhaltszeitraum am nächsten kommt.[826]

296   **Familiensache** ist ein Vollstreckungsabwehrverfahren dann, wenn und soweit der Unterhaltstitel, gegen den sich das Verfahren richten soll, einen sachlich und persönlich beschränkten **gesetzlichen Unterhaltsanspruch** zum Gegenstand hat (§§ 111 Nr. 8, 112, 231 I FamFG). Diese Eigenschaft verliert ein Unterhaltsanspruch trotz **vertraglicher Ausgestaltung** nicht, wenn die Regelungen den gesetzlichen Unterhaltsanspruch, dessen Bestand unangetastet bleibt, lediglich inhaltlich nach Höhe, Dauer und Modalitäten der Unterhaltsgewährung näher festlegt und präzisiert, wenn die Vereinbarung also das Wesen des Unterhaltsanspruchs nicht verändert. Ungeachtet auch erheblicher Modifikationen kommt es hierbei entscheidend darauf an, ob die vertragliche Regelung die im **gesetzlichen Unterhaltsrecht** vorgegebenen **Grundsätze aufnimmt** und **abbildet**.[827]

Voraussetzung für die Zulässigkeit ist ein **wirksamer Titel.** Hat der Unterhaltspflichtige einen Vergleich wirksam angefochten, müssen die Beteiligten dem durch Fortsetzung des Erstverfahrens Rechnung tragen. Ist der Titel zwar wirksam, enthält aber keinen vollstreckungsfähigen Inhalt, besteht für den Unterhaltspflichtigen nach der neuen BGH-Rechtsprechung[828] die Möglichkeit, mit einem **Vollstreckungsabwehrantrag analog § 767 ZPO** die fehlende Vollstreckungsfähigkeit des Titels zu rügen (vgl. Rn. 10/147).

2. Zuständigkeit

297   Soweit der Vollstreckungstitel Unterhaltsansprüche zum Gegenstand hat, für die nach § 232 I FamFG bei Anhängigkeit einer Ehesache oder bei Unterhaltsansprüchen minderjähriger oder privilegiert volljähriger Kinder eine **ausschließliche** örtliche **Zuständigkeit** besteht, wirkt sich diese bei einem Vollstreckungsabwehrantrag in der Weise aus, dass sie der Regelung in § 232 II FamFG folgend jedwede andere ausschließliche Zuständigkeit verdrängt. Sie geht damit für ihren Regelungsbereich auch den ausschließlichen Gerichtsständen des 8. Buchs der ZPO vor.

298   Im Übrigen ist das Gericht des Vorverfahrens erster Instanz örtlich und sachlich ausschließlich zuständig (§§ 767 I, 802 ZPO). Handelt es sich bei der Erledigung des Vorverfahrens um einen gerichtlichen **Vergleich,** so ist das Gericht zuständig, bei welchem das durch Vergleich erledigte Vorverfahren in erster Instanz anhängig war. Dies soll auch dann gelten, wenn der Vergleich in zweiter Instanz geschlossen worden ist.[829] Haben die Beteiligten den Vergleich gemäß § 118 I S. 3 ZPO im VKH-Prüfungsverfahren geschlossen, ist das Gericht zuständig, bei dem sie um die Bewilligung von **Verfahrenskostenhilfe** nachgesucht hatten. Ist es erst im Beschwerdeverfahren zu einer Einigung gekommen, besteht wiederum die Zuständigkeit bei dem Gericht, das erstinstanzlich über das VKH-Gesuch zu entscheiden hatte. Für den Vollstreckungsabwehrantrag gegen vollstreckbare Urkunden besteht die örtliche Zuständigkeit nach den allgemeinen Regeln (§ 797 V ZPO), wobei allerdings an die Stelle des Wohnsitzes der gewöhnliche Aufenthalt tritt (§ 232 III S. 1 FamFG).

---

[825] BGH FamRZ 1990, 1095
[826] BGH FamRZ 2005, 1479 = R 636
[827] BGH FamRZ 2009, 219 Rn. 13
[828] BGH FamRZ 2006, 261, 262 = R 645
[829] OLG Koblenz FamRZ 1986, 366

2. Abschnitt: Die Schaffung und Abänderung von Unterhaltstiteln § 10

3. Die Vollstreckungstitel

Den Hauptanwendungsfall für den Rechtsbehelf eines Vollstreckungsabwehrantrags bilden die – terminologisch den früheren Urteilen in Unterhaltssachen entsprechenden – **in einer Hauptsache** ergangenen **Endentscheidungen** (§§ 116 III, 120 I FamFG i. V. m. § 767 ZPO). Gleichermaßen von Bedeutung als Vollstreckungstitel ist der in einem gerichtlichen Verfahren geschlossene **Vergleich** sowie die weiteren in § 794 I ZPO genannten Titel (etwa **vollstreckbare Urkunden**, § 794 I Nr. 5 ZPO), soweit sie eine Unterhaltssache (§ 231 I FamFG) zum Gegenstand haben. Darüber hinaus kann der Unterhaltspflichtige mit einem Vollstreckungsabwehrantrag wahlweise neben einem **Abänderungsantrag** nach § 54 FamFG auch gegen eine **einstweilige Unterhaltsanordnung** vorgehen. Zwar ist die entsprechende Vollstreckungstitel aus dem Katalog der in § 794 I ZPO zusammengefassten weiteren Vollstreckungstitel gestrichen worden (vgl. § 794 I Nr. 3 a ZPO a. F.). Gleichwohl bleibt dem Unterhaltspflichtigen das Vollstreckungsabwehrverfahren weiterhin eröffnet, wenn er mit Einwendungen nach § 767 I ZPO gegen diesen Titel vorgehen will. Dies ist etwa dann der Fall, wenn der Unterhaltsberechtigte trotz Erfüllung weiterhin die Zwangsvollstreckung betreib will. Die Streichung aus dem Katalog beruht im Übrigen darauf, dass die einstweilige Anordnung schon nach § 53 FamFG Vollstreckungstitel ist, dem der Unterhaltspflichtige gemäß § 120 I FamFG mit einem Vollstreckungsabwehrantrag entgegentreten kann, so dass es einer weiteren Erwähnung des Titels in § 794 I ZPO nicht mehr bedarf.[830] Dies gilt im Ergebnis ebenso (vgl. § 794 I Nr. 2 a ZPO a. F.) für den **Beschluss** über die Festsetzung des Unterhalts Minderjähriger **im vereinfachten Verfahren** (§ 253 FamFG), der in seiner Eigenschaft als das Verfahren erledigende Endentscheidung unmittelbar nach § 120 I FamFG i. V. m. § 767 ZPO mit dem Vollstreckungsabwehrantrag angegriffen werden kann, ohne dass eine zusätzlichen Erwähnung in § 794 I ZPO als weiterer Vollstreckungstitel notwendig wäre.[831]

Die nach § 59, 60 SGB VIII errichteten **Jugendamtsurkunden** bedürfen als Vollstreckungstitel für Vollstreckungsabwehrverfahren keiner gesonderten Erwähnung, weil sie insoweit gemäß § 60 S. 3 SGB VIII den vollstreckbaren Urkunden im Sinne von § 794 I Nr. 5 ZPO gleichstehen.

Die in einem Vergleich begründeten Rechte und Pflichten können nicht durch eine **außergerichtliche Vereinbarung** ausgetauscht und die neuen Vereinbarungen zum Gegenstand der Zwangsvollstreckung gemacht werden. Bei entsprechenden Vereinbarungen über die **Reduzierung der Pflichten** aus dem nach § 794 I Nr. 1 ZPO errichteten Titel kann der Unterhaltspflichtige im Vollstreckungsabwehrverfahren gegen die weitere Zwangsvollstreckung vorgehen.[832] Dasselbe gilt, wenn ein Ehegatte nach Auflösung der neuen Ehe aus einem Vergleich mit dem Ehegatten der alten Ehe über nachehelichen Unterhalt mit Rücksicht auf § 1586 a BGB weiter vollstreckt.[833]

4. Das Rechtsschutzbedürfnis

Der Vollstreckungsabwehrantrag ist mangels **Rechtsschutzbedürfnisses** unzulässig, wenn eine Zwangsvollstreckung unzweifelhaft nicht mehr droht.[834] Dazu gehört in der Regel die Herausgabe des Vollstreckungstitels an den Unterhaltspflichtigen. Bei Titeln auf wiederkehrende Leistung begründet jedoch die **Nicht-Herausgabe** des **Titels** nicht schon für sich allein die Besorgnis weiterer Vollstreckung trotz Erfüllung, wenn der Titel für die erst künftig fällig werdenden Ansprüche noch benötigt wird.[835] Beschränken sich die rechtshindernden oder rechtshemmenden Einwendungen des Unterhaltspflichtigen auf **Teilleistungen** oder einen zeitlich befristeten Umfang, muss die Erklärung des Unterhaltsberech-

---

[830] BT-Drucks. 16/6308 S. 326
[831] BT-Drucks. 16/6308 S. 326
[832] BGH FamRZ 1988, 270; 1982, 782
[833] BGH FamRZ 1988, 46
[834] BGH FamRZ 1984, 470, 471
[835] BGH FamRZ 1984, 470

tigten, in diesem Umfang künftig nicht mehr vollstrecken zu wollen, da er die schuldnerischen Einwendungen anerkenne, zum Wegfall des Rechtsschutzbedürfnisses für einen Vollstreckungsabwehrantrag ausreichen.[836] In diesem Falle ist der Unterhaltsberechtigte nicht in der Lage, den Vollstreckungstitel herauszugeben, weil er ihn für die übrigen, nicht mit Einwendungen des Schuldners belegten Zeiträume noch einsetzen darf. Der Einwand, die Unterhaltsberechtigte betreibe zu Unrecht aus einem Titel, mit welchem ihr Trennungsunterhalt zuerkannt worden sei, die Zwangsvollstreckung für einen Unterhaltszeitraum nach Rechtskraft der Scheidung, kann mit einem Vollstreckungsabwehrantrag nach § 767 ZPO geltend gemacht werden. Das Rechtsschutzbedürfnis für ein Vollstreckungsabwehrverfahren entfällt in einem solchen Falle grundsätzlich erst mit der **Herausgabe** des **Titels** an den Unterhaltspflichtigen, hingegen nicht schon bei einem von der Unterhaltsberechtigten erklärten Verzicht auf die Rechte aus einem Pfändungs- und Überweisungsbeschluss.[837] Denn dieser Verzicht betrifft lediglich eine Vollstreckungsmaßnahme, nicht aber den dieser zugrunde liegenden Vollstreckungstitel.

302　Der Vollstreckungsgegenantrag ist grundsätzlich so lange zulässig, wie eine **Vollstreckungsmöglichkeit** besteht.[838] Danach kommt es nicht darauf an, ob eine konkrete Vollstreckung beabsichtigt ist. Ebenso wenig ist nach dieser Ansicht von Bedeutung, dass der Unterhaltspflichtige die vollstreckungsfähige Ausfertigung verloren hat. Der Inhaber einer titulierten Forderung gibt allerdings (noch) keine Veranlassung zur Einleitung eines Vollstreckungsabwehrverfahrens, wenn er dem Unterhaltspflichtigen gegenüber zum Ausdruck bringt, auf die Durchsetzung des Anspruchs zu verzichten, sofern eine vergleichsweise Regelung getroffen werden kann.[839]

Nach **Beendigung der Zwangsvollstreckung** setzen sich die rechtlichen Möglichkeiten des Vollstreckungsabwehrantrags in dem materiell-rechtlichen Bereicherungsantrag fort.[840] Wegen dieser Möglichkeit lässt sich das Rechtsschutzinteresse für ein Vollstreckungsabwehrverfahren nicht mehr damit begründen, sie diene der Klärung einer zwischen den Beteiligten streitigen Rechtsfrage wegen des in der Vergangenheit angeblich zu viel geleisteten Unterhalts.[841]

5. Die Einwendungen (§ 767 I ZPO)

303　Unter Einwendungen (§ 767 I ZPO) sind bei einer in der Hauptsache erlassenen Endentscheidung (früher: Endurteil) nur die **nachträglich** (§ 767 II ZPO) entstandenen **rechtsvernichtenden** (z. B. Erfüllung, Erfüllungssurrogate, Erlass, Verwirkung[842] nach §§ 1579 und 1611 BGB, Wiederheirat des Unterhaltsberechtigten[843]) oder **rechtshemmenden** (z. B. Stundung) zu verstehen.[844] Der Einwand des Unterhaltspflichtigen, der Zwangsvollstreckung aus einem Unterhaltstitel stehe die ihm erteilte Restschuldbefreiung entgegen, kann nur als Einwendung im Vollstreckungsabwehrverfahren nach § 767 ZPO verfolgt werden.[845] Zu weiteren in der Rechtspraxis häufiger in Betracht kommenden Einwendungen wird auf die **Aufstellung** zu **Rn. 10/154** verwiesen. Wird aus einer Endentscheidung über den **Trennungsunterhalt**, die wegen Nicht-Identität des nachehelichen Unterhalt nicht umfasst, für die Zeit nach der Scheidung der Ehe vollstreckt, kann der Unterhaltspflichtige die (rechtsvernichtende) Einwendung der Ehescheidung erheben.[846] Stellen die Eheleute nach Titulierung des Trennungsunterhalts die eheliche Lebensgemeinschaft nicht nur vorübergehend

---

[836] BGH FamRZ 1984, 470, 471
[837] OLG Köln FamRZ 1996, 1077
[838] OLG Hamm FamRZ 2000, 1166
[839] OLG Köln NJW-RR 1996, 381
[840] BGH FamRZ 1991, 1175
[841] BGH FamRZ 1984, 470
[842] BGH FamRZ 1991, 1175; 1987, 259, 261
[843] BGH FamRZ 2005, 1662 = R 639; OLG Naumburg FamRZ 2006, 1402
[844] BGH FamRZ 1983, 355
[845] BGH NJW 2008, 3640
[846] BGH FamRZ 1981, 441

wieder her, erlischt der Trennungsunterhaltsanspruch und lebt auch bei erneuter Trennung nicht wieder auf. Da **Trennungsunterhalt** und **Familienunterhalt** nicht identisch sind, kann der Unterhaltspflichtige, sollte der Unterhaltsberechtigte die Vollstreckung fortsetzen oder nach erneuter Trennung wieder aufnehmen, mit einem Vollstreckungsabwehrantrag das **Erlöschen** des titulierten Anspruchs geltend machen.[847]

Der Einwand des Unterhaltspflichtigen, für die Dauer der Ferienaufenthalte seiner **304** Kinder bei ihm entfalle seine Barunterhaltspflicht zum Teil, ist ein solcher nach § 767 I ZPO.[848] Vollstreckt der Elternteil, der auf Grund einer Verfahrensstandschaft (§ 1629 III S. 1 BGB) einen Kindesunterhaltstitel erstritten hat, hieraus nach Volljährigkeit des Kindes, muss der Unterhaltspflichtige mit einem Vollstreckungsabwehrantrag gegen den Titelgläubiger (nicht gegen das Kind) wegen des **Wegfalls der Vollstreckungsbefugnis** vorgehen.[849] Setzt der Elternteil nach Obhutswechsel des Kindes die Vollstreckung aus dem Kindesunterhaltstitel fort, kann der Unterhaltspflichtige den Fortfall der Vollstreckungsbefugnis als Einwendung im Rahmen eines Vollstreckungsabwehrverfahrens geltend machen.[850] Hat der Unterhaltsberechtigte durch planmäßige Vereitelung von Umgangskontakten zwischen dem gemeinsamen Kind und dem Unterhaltspflichtigen seinen Unterhaltsanspruch zeitweilig **verwirkt,** handelt es sich um eine Einwendung, die durch Vollstreckungsabwehrantrag geltend zu machen ist.[851]

Begehrt der Unterhaltspflichtige wegen eines nachträglich bei dem Unterhaltsberechtigten eingetretenen **Rentenbezugs** Herabsetzung des titulierten Unterhalts, hat der BGH[852] **305** darin zunächst auch einen der Erfüllung wirtschaftlich gleichkommenden Vorgang erkannt und deshalb für die Zeit bis zur Rechtshängigkeit den Vollstreckungsabwehrantrag und erst für den weiteren Unterhaltszeitraum einen Abänderungsantrag als dem Ziel der Rechtsverfolgung am besten dienende Antragsart angesehen. Im Zuge der geänderten Rechtsprechung zur Differenz- bzw. Additionsmethode, wonach sich nunmehr der Rentenbezug auch auf der Ebene der Bedarfsbemessung auswirkt, muss ein allein am Erfüllungssurrogat orientierter Vollstreckungsabwehrantrag zu unbilligen Ergebnissen führen, weil ein entsprechendes Verfahren nicht in der Lage ist, die auch **titelerhaltenden Aspekte** etwa bei der Bedarfsbemessung der geänderten Rechtsprechung aufzunehmen. Folgerichtig scheidet der BGH den Vollstreckungsabwehrantrag nunmehr vollständig aus dem Bereich des nachträglichen Rentenbezugs aus.[853] Für dessen Einbindung in einen bestehenden Titel bedarf es vielmehr typischerweise der Neuberechnung der stets wandelbaren wirtschaftlichen Verhältnisse durch einen Abänderungsantrag.

Im Verfahren nach § 767 ZPO kann **nicht** geltend gemacht werden die Veränderung **306** der stets wandelbaren wirtschaftlichen Verhältnisse der Beteiligten, z. B. Änderung der Unterhaltsrichtsätze oder Minderung des Einkommens.[854] Wendet der Unterhaltspflichtige nachträglich ein, die Unterhaltsberechtigte müsse sich nunmehr Einkünfte aus **Versorgungsleistungen** anrechnen lassen, handelt es sich um eine Einwendung, die über eine bloße Erfüllung hinausgeht. Nach der mittlerweile gefestigten Rechtsprechung des BGH[855] handelt es sich um bedarfswirksames Einkommen, dessen Entwicklung allein im Kontext der stets wandelbaren wirtschaftlichen Verhältnisse angemessen Berücksichtigung finden kann. In einem solchen Zusammenhang steht auch die Beendigung der Ausbildung durch das volljährige Kind. Sie scheidet deshalb ebenfalls als Einwendung im Sinne von § 767 I ZPO aus.

Unterhaltsleistungen mit **Erfüllungscharakter** während der Dauer eines streitigen Verfahrens müssen in der Endentscheidung berücksichtigt werden, weil sonst im Falle einer

---

[847] OLG Düsseldorf FamRZ 1992, 943
[848] BGH FamRZ 1984, 470 (Teilerlöschen)
[849] OLG Brandenburg FamRZ 1997, 509
[850] OLG München FamRZ 1997, 1493
[851] OLG München FamRZ 1997, 1160
[852] BGH FamRZ 1989, 159
[853] BGH FamRZ 2005, 1479 = R 636
[854] BGH FamRZ 1983, 355
[855] BGH FamRZ 2004, 1170 und 1173

Zwangsvollstreckung der Einwand der Erfüllung nicht mehr zulässig wäre.[856] Leistung unter Vorbehalt ist gewöhnlich Erfüllung.[857] Zahlung zur Abwendung der Zwangsvollstreckung ist keine Erfüllung.[858]

307 Der Unterhaltspflichtige kann seinen Vollstreckungsabwehrantrag gegen eine in der Hauptsache ergangene Endentscheidung nur auf Gründe stützen, die erst nach **Schluss der mündlichen Verhandlung** entstanden sind, in der sie spätestens hätten geltend gemacht werden müssen und auch durch einen Einspruch nicht mehr geltend gemacht werden können (§ 767 II ZPO). Das Entstehen der Einwendungen ist nach materiellem Recht zu beurteilen. Maßgebend sind, wie bei § 238 II FamFG, die **objektiven Verhältnisse**. Auf ein Kennen, **Kennenmüssen** oder ein sonstiges **Verschulden** der Unkenntnis kommt es nicht weiter an.[859] Die Präklusion trifft den Unterhaltspflichtigen allein deshalb, weil er die Einwendungen nicht mit einem Einspruch oder einer Beschwerde (§ 58 FamFG) in dem danach fortzusetzenden Vorverfahren geltend gemacht hat.

Die Präklusionsvorschrift des § 767 II ZPO gilt weder für den **Vergleich**[860] noch für die **vollstreckbaren Urkunden** (§ 797 IV ZPO). Allerdings muss der Unterhaltspflichtige seine Einwendungen gegen diese Unterhaltstitel in einem **ersten Vollstreckungsabwehrverfahren** vollständig geltend machen, weil er ansonsten gemäß § 767 III ZPO in einem weiteren Verfahren insoweit präkludiert ist. Dies kann aber nur gelten, wenn eine **Sachentscheidung** ergangen ist, so dass die Präklusion nicht greift, wenn es hierzu im vorangegangenen Vollstreckungsabwehrverfahren nicht gekommen ist.[861]

6. Die Rechtskraft

308 Die Rechtskraft einer den Vollstreckungsabwehrantrag gegen einen gerichtlichen Vergleich abweisenden Endentscheidung erstreckt sich nicht auf das Bestehen des materiellrechtlichen Anspruchs. Nur durch ein negatives Feststellungsverfahren ist dies möglich.[862] Bei einer dem Vollstreckungsabwehrantrag stattgebenden Entscheidung gilt dies gleichfalls mit Ausnahme des Falles der Aufrechnung mit einer Gegenforderung nach § 322 II ZPO.[863]

7. Verzicht auf Verfahren

309 Auf die Durchführung eines Vollstreckungsabwehrverfahrens kann durch Verfahrensvertrag verzichtet werden; jedoch sind an eine derartige Einigung strenge Anforderungen zu stellen.[864]

8. Verbindung des Vollstreckungsabwehr- mit einem Abänderungsantrag

310 Vollstreckungsabwehrantrag und Abänderungsantrag können, was der BGH vor dem Hintergrund nicht einfacher Abgrenzungsfragen als unbedenklich ansieht,[865] in der Weise verbunden werden, dass in erster Linie ein Antrag aus § 767 ZPO, hilfsweise ein Anspruch aus §§ 238, 239 FamFG geltend gemacht wird.[866] Voraussetzung ist allerdings die **Zulässigkeit der Antragsverbindung** gemäß § 260 ZPO.[867] Dabei muss zunächst die gleiche

---

[856] BGH FamRZ 1998, 1165 = R 528
[857] BGH FamRZ 1984, 470
[858] BGHZ 86, 267
[859] Hüßtege in Thomas/Putzo § 767 ZPO Rn. 22
[860] BGH FamRZ 1984, 997; 1983, 22
[861] BGH NJW 1991, 2280, 2281
[862] BGH FamRZ 1984, 878
[863] BGH FamRZ 1984, 878
[864] BGH FamRZ 1982, 782
[865] BGH FamRZ 2001, 282
[866] FA-FamR/Gerhardt Kap. 6 Rn. 911
[867] BGH FamRZ 1979, 573

Zuständigkeit gegeben sein (Vgl. einerseits für den Vollstreckungsabwehrantrag Rn. 10/297 f. und andererseits für den Abänderungsantrag Rn. 10/179). Überdies sind die Besonderheiten der einzelnen Verfahrensarten zu beachten, wie etwa die Zeitschranke des § 238 III FamFG, die nur für den Abänderungsantrag gilt. Wird in einer Unterhaltssache ein Vollstreckungsabwehrantrag mit einem Abänderungsantrag im **Eventualverhältnis** verbunden, und ist der Vollstreckungsabwehrantrag unzulässig, das Gericht aber für den Abänderungsantrag örtlich nicht zuständig, so darf keine Teilentscheidung ergehen. Auf den Hilfsantrag ist die Sache vielmehr an das für den Abänderungsantrag zuständige Familiengericht zu verweisen.[868]

Kumulativ können Vollstreckungsabwehrantrag und Abänderungsantrag schließlich in der Weise zusammentreffen, dass etwa beim titulierten Kindes- und Ehegattenunterhalt gegen zwei Titelgläubiger Einwendungen vorgebracht werden, die in der Person des einen nach § 767 I ZPO, in der des anderen als Abänderungsantrag zu behandeln sind (z. B. gesunkenes Einkommen gegenüber Kindesunterhalt als Abänderungsgrund und Ehescheidung oder Wiederheirat der Unterhaltsberechtigten als rechtsvernichtende Einwendung).

Ein Vorrang des Vollstreckungsabwehrantrags gegenüber einem Abänderungsantrag besteht allerdings dann, wenn gegenüber rechtsvernichtenden oder rechtshemmenden Einwendungen Abänderungsgründe auf Grund der tatsächlichen Entwicklung (z. B. Rechtskraft der Ehescheidung und Wiederverheiratung) nicht mehr zum Tragen kommen.[869]

9. Vollstreckungsabwehr und negativer Feststellungsantrag

Neben dem Vollstreckungsabwehrantrag ist gemäß § 256 ZPO auch der **Feststellungsantrag auf Nichtbestehen** des Anspruchs möglich, etwa wenn die Reichweite des Vollstreckungstitels unklar ist.[870] Sie ist allerdings ausgeschlossen, soweit Einwendungen geltend gemacht werden, die nach § 767 II ZPO zu beurteilen sind.[871] Durch eine Feststellungsentscheidung wird zwar die Vollstreckbarkeit des angefochtenen Titels nicht beseitigt. Ihre Rechtskraft erstreckt sich aber auf den Titel des Vorverfahrens.[872]

10. Abgrenzung zwischen Vollstreckungsabwehrantrag und Rechtsmittel

Da die Einleitung eines Vollstreckungsabwehrverfahrens nicht die **Rechtskraft** der abzuändernden Endentscheidung in der Hauptsache voraussetzt, besteht für den Unterhaltspflichtigen ein **Wahlrecht**, soweit er Einwendungen geltend machen will, die nach Schluss der mündlichen Verhandlung, aber vor Ablauf der Beschwerdefrist (§ 63 I FamFG) entstanden sind. Hier steht es ihm frei mit seinen Einwendungen entweder ein Beschwerdeverfahren zu betreiben oder erstinstanzlich einen Vollstreckungsabwehrantrag zu stellen. Allerdings dürfte sich bei der Wahl im Einzelfall das Rechtsmittel jedenfalls dann aufdrängen, wenn der Unterhaltspflichtige darüber hinaus noch weitere Einwendungen verfolgen will, mit denen er im Vollstreckungsabwehrverfahren ansonsten präkludiert wäre (§ 767 II ZPO).

Hat der Unterhaltspflichtige allerdings gegen die Entscheidung im Erstverfahren eine **zulässige Beschwerde** eingelegt, ist daneben ein Vollstreckungsabwehrantrag unzulässig.[873] Überdies ist er gehalten, alle in Betracht kommenden Einwendungen im Beschwerdeverfahren geltend zu machen, will er nicht in einem nachfolgenden Verfahren entsprechend präkludiert sein. Ein Wahlrecht besteht nicht zwischen dem **Einspruchsverfahren** und einem Vollstreckungsabwehrantrag, weil der Unterhaltspflichtige hier durch § 767 II ZPO zur Geltendmachung der Einwendungen mit einem zulässigen Einspruch gezwungen ist.[874]

---

[868] OLG Dresden FamRZ 2000, 14
[869] FA-FamR/Gerhardt Kap. 6 Rn. 913
[870] BGH NJW 1997, 2320
[871] OLG Rostock OLGR 2003, 565
[872] BGH NJW 1973, 803
[873] Hüßtege in Thomas/Putzo § 767 ZPO Rn. 15
[874] BGH NJW 1982, 1812

11. Die Entscheidung

314 Die Entscheidung im Vollstreckungsabwehrverfahren ergeht durch **Beschluss** (§§ 116, 38, 39 FamFG). Bei Erfolg des Rechtsbehelfs erklärt das Gericht in der Hauptsache die Zwangsvollstreckung aus dem angegriffenen Vollstreckungstitel für unzulässig. Neben der nach § 243 FamFG zu treffenden Kostenentscheidung hat das Gericht ferner Anordnungen zur **sofortigen Wirksamkeit** (§ 116 III FamFG) zu treffen. Im Übrigen entsprechen die an Form und Inhalt der Endentscheidung zu stellenden Anforderungen denen eines Erstverfahrens (vgl. näher Rn. 10/76 und 77). Die Möglichkeit einer **einstweiligen Einstellung** der **Zwangsvollstreckung** zur vorläufigen Sicherung des Vollstreckungsabwehrantrags ergibt sich aus § 769 ZPO. Die vorläufige Entscheidung ist bei Änderung der Sach- und Rechtslage abänderbar, unterliegt aber keiner Anfechtung.[875] Der **Verfahrenswert** richtet sich nach dem Nennbetrag des vollstreckbaren Anspruchs ohne Rücksicht auf seine Realisierbarkeit. Maßgebend sind die Beträge, deren sich der die Zwangsvollstreckung betreibende Beteiligte berühmt. Unerheblich ist, ob die titulierte Forderung in Wahrheit ganz oder teilweise schon getilgt war und ob dies etwa im Laufe des Verfahrens unstreitig wird.[876]

VIII. Das Feststellungsverfahren (§ 256 ZPO)

1. Allgemeines

315 Bei den Unterhaltssachen der Familienstreitsachen (§§ 112 Nr. 1, 231 I FamFG) kommt das Feststellungsverfahren überwiegend im Zusammenhang mit der Bescheidung eines **negativen Feststellungsantrags** zum Zuge, und zwar in der Weise, dass der Unterhaltspflichtige die Feststellung anstrebt, dem Unterhaltspflichtigen keinen Unterhalt oder nicht mehr als einen bestimmten Betrag zu schulden. Eine entsprechende Ausgangslage besteht üblicherweise dann, wenn der Unterhaltspflichtige sich gegen eine ihn belastende **einstweilige Anordnung** (§ 246 FamFG) oder auch nur gegen die Behauptung des Unterhaltsberechtigten wehren will, mit der sich dieser einer Unterhaltspflicht des anderen berühmt. Der negative Feststellungsantrag kommt für den Unterhaltspflichtigen ferner in Betracht gegenüber einem im Anordnungsverfahren geschlossenen **Vergleich**, soweit dieser nicht den Unterhalt insgesamt sondern lediglich das Anordnungsverfahren erledigt. Allerdings kann mit diesem Rechtsbehelf nicht geklärt werden, ob ein Einzelposten bei der Unterhaltsbemessung zu berücksichtigen ist.[877] Macht der Unterhaltsberechtigte Unterhalt nur mit einem **Teilantrag** geltend, ist der Unterhaltspflichtige nicht gehindert, mit einem **negativen Feststellungswiderantrag** die Feststellung anzustreben, wonach er dem Unterhaltsberechtigten keinen Unterhalt schuldet. Allein mit der Ankündigung, nach rechtskräftiger Abweisung des Teilantrags keine weiteren Ansprüche geltend machen zu wollen, beseitigt der Unterhaltsberechtigte das Rechtsschutzinteresse für einen negativen Feststellungswiderantrag nicht.[878]

316 Seit der Neuregelung des Verfahrensrechts der einstweiligen Anordnung in §§ 246, 50 ff. FamFG wird allerdings die Ansicht vertreten,[879] für den Rechtsbehelf eines negativen Feststellungsantrags fehle es an einem notwendigen **Rechtsschutzbedürfnis**. Zwar scheide die **einstweilige Unterhaltsanordnung**, da nicht in einer Hauptsache ergangen, als nach § 238 FamFG abänderbarer Titel aus. Doch handele es sich nunmehr um ein von der Hauptsache unabhängiges selbständiges Verfahren (§ 51 III S. 1 FamFG). Der Unterhaltspflichtige habe es in der Hand, durch einen **Erzwingungsantrag** nach § 52 II FamFG den

---

[875] BGH FamRZ 2004, 1191
[876] BGH FamRZ 2006, 620
[877] BGH FamRZ 1992, 162, 164
[878] BGH NJW 1993, 2309
[879] FA-FAmR/Gerhardt 6. Kap Rn. 918; MünchKommZPO/Soyka § 56 FamFG Rn. 2; Hüßtege in Thomas/Putzo § 246 FamFG Rn. 9

2. Abschnitt: Die Schaffung und Abänderung von Unterhaltstiteln § 10

Unterhaltsberechtigten unter gerichtlicher Fristsetzung zur Stellung eines Leistungsantrags in der Hauptsache zu bewegen. Darauf müsse er sich, abgesehen von einem nach § 54 FamFG möglichen Abänderungsantrag, vorrangig verweisen lassen. Dieser Ansicht kann nicht gefolgt werden. Sie beruht auf einer Fehlbewertung des durch § 52 II FamFG dem Unterhaltspflichtigen eingeräumten Rechtsbehelfs. Abzustellen ist in diesem Zusammenhang primär darauf, dass der Gesetzgeber als Ausgleich für den Verlust der Akzessorietät zwischen dem Anordnungsverfahren und einem Hauptsacheverfahren die Rechte des mit einem vollstreckbaren Unterhaltstitel aus einem nur summarischen Verfahren belasteten **Unterhaltspflichtigen stärken** wollte. Eine Beschränkung auf das Antragsrecht aus § 52 II FamFG liefe auf das Gegenteil hinaus. So bliebe der Unterhaltspflichtige in dieser Verfahrenssituation weiterhin der Vollstreckung aus dem Titel ausgesetzt, zumal ein Vollstreckungsschutz nach § 55 FamFG ausscheidet. Daran würde auch nichts ändern, wenn der Unterhaltsberechtigte zunächst nur ein VKH-Gesuch für ein Hauptsacheverfahren einreichen müsste. Nicht zu vernachlässigen ist die Gefahr, dass der Unterhaltsberechtigte durch Fristverlängerungsanträge (§ 224 II ZPO) die Einleitung des Hauptsacheverfahrens hinauszögert. Schließlich steht auch das Fristsetzungsverfahren nach § 926 ZPO, das dem Gesetzgeber als Vorbild für die Regelungen in § 52 II FamFG gedient hat,[880] dem Rechtsschutzinteresse für einen negativen Feststellungsantrag nicht entgegen.[881]

Dessen ungeachtet folgt aus seiner Stellung als Rechtssubjekt die Befugnis des Unterhaltspflichtigen, sich aktiv und effektiv gegen einen Vollstreckungstitel zur Wehr zu setzen, wie dies auch sonst bei einem rechtskräftigen Unterhaltstitel der Fall ist, zumal es für den Unterhaltsberechtigten unter dem Schutz von § 818 III BGB von untergeordneter Bedeutung bleiben dürfte, dass die titulierte Zahlungsverpflichtung lediglich auf einer vorläufigen Regelung beruht. Da hiernach nichts dafür ersichtlich ist, dass der Unterhaltspflichtige im Verfahren nach § 52 II FamFG auf einfacherem und schnellerem Weg seine schutzwürdigen Interessen effektiv wahren kann,[882] muss es seinem **Wahlrecht**[883] vorbehalten bleiben, ob er sich für einen Antrag nach § 52 II FamFG oder für einen negativen Feststellungsantrag im Streitverfahren entscheidet.[884] 317

Der Antrag ist auf die Feststellung gerichtet, dass ein Rechtsverhältnis besteht bzw. nicht besteht.[885] Hierzu gehört jedes Schuldverhältnis zwischen den Beteiligten, insbesondere auch Fragen der **Wirksamkeit** und Auslegung bestehender Verträge, eines Endbeschlusses oder eines Vergleichs (es sei denn, dass hinsichtlich beider Titel das Vollstreckungsabwehrverfahren der einfachere Weg wäre).[886] Besteht Streit über die Wirksamkeit eines Vergleichs, ist das Verfahren mit einem Feststellungsantrag fortzusetzen. Das Gericht wird, sofern es bei dem **Vergleich** bleibt, die entsprechende Feststellung treffen. Abstrakte Rechtsfragen oder reine Tatfragen, Vorfragen oder die Erwartung künftiger Rechtsverhältnisse gehören nicht zu den Rechtsverhältnissen im Sinne des § 256 ZPO. Allerdings kann das Rechtsverhältnis betagt oder bedingt sein.[887] Es muss aber gegenwärtig und darf nicht zukünftig sein.[888] 318

Auch der **positive Feststellungsantrag** gewinnt im Unterhaltsrecht zunehmend an Bedeutung. Dies trifft insbesondere zu auf Eheverträge mit Vereinbarungen, die Unterhaltsfragen regeln und deren Wirksamkeit zwischen den Beteiligten umstritten ist.[889] Allerdings stellen die Instanzgerichte durchaus unterschiedlich starke Anforderungen an das darzule- 319

---

[880] BT-Drucks. 16/6308 S. 201
[881] BGH NJW 1986, 1815
[882] so aber Götsche/Viefhues ZFE 2009, 124, 130
[883] Schulte-Bunert/Weinreich/Schwonberg FamFG § 56 Rn. 9
[884] Keidel/Giers FamFG § 246 Rn. 8; Musielak/Borth FamFG § 52 Rn. 7; Johannsen/Henrich/Maier, Familienrecht, vor §§ 246–248 FamFG Rn. 9; Prütting/Helms/Bömelburg FamFG § 246 Rn. 33; Dose, Einstweiliger Rechtsschutz in Familiensachen, 3. Auflage, Rn. 508; Hoppenz/Runge, Familiensachen, § 256 ZPO Rn. 8
[885] BGH NJW 1984, 1556
[886] BGH NJW 1977, 583
[887] BGH NJW 1984, 2950
[888] BGH NJW 1988, 774
[889] BGH FamRZ 2005, 691

gende **Feststellungsinteresse**. Während das OLG Düsseldorf[890] ein solches bejaht, wenn an Stelle eines an sich möglichen Leistungsantrags die Durchführung des Feststellungsverfahrens unter dem Gesichtspunkte der Verfahrensökonomie zu einer sachgemäßen Erledigung der streitigen Punkte führt, verneint das OLG Frankfurt[891] das Feststellungsinteresse für einen Antrag auf Feststellung der Nichtigkeit eines Ehevertrages, solange ein Scheidungsantrag nicht gestellt und auch sonst offen ist, ob es zu einer Ehescheidung der Beteiligten kommt.

2. Feststellungsinteresse

320   Notwendig ist ein besonderes Feststellungsinteresse. Dieses ist gegeben, wenn dem Recht oder der Rechtslage des Antragstellers eine gegenwärtige Gefahr der Unsicherheit droht und wenn die erstrebte Entscheidung geeignet ist, diese Gefahr zu beseitigen. Bei einem behauptenden **(positiven) Feststellungsantrag** liegt eine solche Gefährdung in der Regel schon darin, dass der Antragsgegner das Recht des Antragstellers **ernstlich bestreitet**.[892] Bei dem leugnenden **(negativen) Feststellungsantrag** liegt es vor, wenn sich der Antragsgegner eines Anspruchs gegen den Antragsteller beziffert oder unbeziffert „**berühmt**" (allg. M.). Von einem solchen „Sich-Berühmen" kann allerdings nicht schon dann die Rede sein, wenn sich der Unterhaltsberechtigte gerichtlich oder außergerichtlich lediglich um die Durchsetzung eines Auskunftsbegehrens bemüht, weil er sich insoweit noch in der **Prüfphase** befindet, ob er sich eines Unterhaltsanspruchs berühmen soll, und hierbei auf die Auskunft des Unterhaltspflichtigen angewiesen ist.[893]

321   Das Feststellungsinteresse entfällt nicht deshalb, weil der Unterhaltsberechtigte später einen Leistungsantrag stellen könnte. Zwar besteht grundsätzlich kein Feststellungsinteresse, wenn dasselbe Ziel mit einem Leistungsantrag erreichbar ist.[894] Dem Feststellungsantrag steht aber nicht die Möglichkeit eines Antrags auf zukünftige Leistung entgegen.[895] Ist ein **Feststellungsantrag** anhängig und wird danach die **Leistungsantrag** umgekehrter Rubrums mit gleichem Streitgegenstand erhoben, kommt es darauf an, ob aus der Sicht der letzten mündlichen Verhandlung des Feststellungsverfahrens **Entscheidungsreife** bereits eingetreten war, als der Leistungsantrag nicht mehr einseitig zurückgenommen werden konnte. Denn zu diesem Zeitpunkt entfällt in der Regel das schutzwürdige Interesse an der parallelen Weiterverfolgung des Feststellungsantrags und damit dessen Zulässigkeit.[896] Wendet sich der Antragsteller allerdings gegen eine einstweilige Anordnung, soll nach OLG Düsseldorf[897] das Feststellungsinteresse wegen der fortdauernden Wirkung ab Einstellung der Zwangsvollstreckung aus der einstweiligen Anordnung auch bei einem **gegenläufigen Unterhaltsleistungsantrag** des Gegners gegeben sein. Denn solange eine anderweitige Entscheidung i. S. des § 56 I S. 1 FamFG nicht vorliegt, bestehe mit einem **Widerantrag** in einem negativen Feststellungsverfahren die Möglichkeit für einen vorläufigen Rechtsschutz durch Einstellung der Zwangsvollstreckung aus der bekämpften einstweiligen Anordnung. Dem gegenüber geht das OLG Brandenburg[898] davon aus, dass für einen negativen **Feststellungswiderantrag** das Feststellungsinteresse dann fehlt, wenn bereits Leistungsantrag auf Zahlung von Unterhalt gestellt worden ist, und eine nach § 246 FamFG (§ 620 Nr. 6 ZPO a. F.) ergangene einstweilige Anordnung bekämpft werden soll. Das Interesse an der Feststellung, dass kein Unterhalt geschuldet wird, kann fehlen, wenn Anträge auf Erlass einer einstweiligen Anordnung zurückgewiesen wurden.[899] Das Feststel-

---

[890] OLG Düsseldorf FamRZ 2005, 282
[891] OLG Frankfurt FamRZ 2006, 712; 2005, 457
[892] bereits OLG Köln VersR 1977, 938
[893] OLG Brandenburg FamRZ 2005, 117
[894] BGH FamRZ 1984, 470
[895] Bereits RG 113, 412 zu § 259 ZPO
[896] BGH NJW-RR 1990, 1532; WM 1987, 637
[897] OLG Düsseldorf FamRZ 1993, 816
[898] OLG Brandenburg FamRZ 1999, 1210
[899] BGH FamRZ 1995, 725

2. Abschnitt: Die Schaffung und Abänderung von Unterhaltstiteln § 10

lungsinteresse kann ferner fehlen, wenn nach Ablehnung einer Unterhaltsanordnung der Berechtigte nichts mehr unternimmt.[900]

Das Feststellungsinteresse fehlt auch, wenn der Antragsteller einen einfacheren Weg hat, z. B. gemäß § 766 ZPO[901] oder im Wege der **Urteilsberichtigung** vorgehen kann. Kein Feststellungsinteresse besteht, wenn der Antragsteller das gleiche Ziel mit der **Leistungsantrag** erreichen kann,[902] oder aber wenn die Feststellungsentscheidung im Ausland, wo vollstreckt werden soll, nicht anerkannt wird. Streiten die Beteiligten über die Wirksamkeit eines Ehevertrages, der den nachehelichen Unterhalt regelt, ist der Antrag des Unterhaltsberechtigten auf Feststellung der Unwirksamkeit unzulässig, wenn die Ehe geschieden oder das Scheidungsverfahren noch rechtshängig ist; Dem Feststellungsantrag fehlt, da der Unterhaltsberechtigte zumutbarerweise einen Leistungsantrag stellen kann, das Rechtsschutzinteresse.[903] Dies hat auch für den Fall zu gelten, dass er bei der weiteren Rechtsverfolgung auf einen Stufenantrag angewiesen wäre.[904]

322

3. Abgrenzung zu anderen Verfahren

Soweit verschiedentlich „Feststellung" begehrt wird, dass der bereits titulierte Unterhalt wegfalle, handelt es sich in Wahrheit um einen Abänderungsantrag gemäß § 238 FamFG. Ist eine Feststellungsentscheidung ergangen und wird sie durch eine Leistungsentscheidung ausgefüllt, wird die Feststellungsentscheidung insoweit gegenstandslos. Eine Änderung des ausfüllenden Beschlusses ist nur unter den Voraussetzungen des § 238 FamFG möglich.[905] Gegen eine in der Hauptsache ergangene Endentscheidung auf wiederkehrende Leistungen ist ein Feststellungsantrag mangels Rechtsschutzinteresses unzulässig. Möglich ist nur das Abänderungsverfahren gemäß § 238 FamFG.[906]

323

Ist in einer Feststellungsentscheidung auf wiederkehrende Leistungen verfahrensordnungswidrig die Höhe der Leistungen festgelegt, ist ebenfalls der Abänderungsantrag gemäß § 238 FamFG möglich.[907] Eine Entscheidung, die eine Unterhaltspflicht auf negativen Feststellungsantrag gegen eine Unterhaltsanordnung hin feststellt, ist einer Verurteilung zu künftig fällig werdenden Leistungen gleichzustellen; dagegen gibt es das Abänderungsverfahren.[908]

Nur durch Feststellungsantrag, nicht durch Vollstreckungsabwehrantrag, kann die Rechtskraft einer Entscheidung über den Vollstreckungsabwehrantrag auf den **materiellrechtlichen Anspruch** eines gerichtlichen Vergleichs erstreckt werden.[909] Nur den negativen Feststellungsantrag hat der Unterhaltspflichtige gegen einen **Vergleich,** der einer einstweiligen Anordnung in den Wirkungen gleichsteht.[910] Die Feststellung, dass keine Unterhaltspflicht mehr besteht, ist mit Eintritt der Rechtskraft eine anderweitige Regelung gemäß § 56 I S. 1 FamFG.

4. Prüfungs- und Entscheidungsumfang

Der Feststellungsantrag verfolgt ein „Weniger" (kein „aliud") gegenüber dem Leistungsbegehren. Entspricht der Erlass einer Feststellungsentscheidung statt der begehrten, aber unbegründeten Leistungsentscheidung dem Interesse des Antragstellers, kann ohne Verstoß gegen § 308 I ZPO – auch ohne ausdrückliche hilfsweise Geltendmachung – eine Feststel-

324

---

[900] OLG Karlsruhe FamRZ 1994, 836
[901] BGH NJW-RR 1989, 636
[902] OLG Nürnberg FamRZ 2004, 1734
[903] OLG Naumburg FamRZ 2008, 619
[904] OLG Koblenz FamRZ 2004, 1732
[905] BGH MDR 1968, 1002
[906] BGH NJW 1986, 3142
[907] BGH FamRZ 1984, 556
[908] OLG Hamm FamRZ 1994, 387
[909] BGH FamRZ 1984, 878
[910] BGH FamRZ 1983, 892

lungsentscheidung erlassen werden.[911] Für eine Prüfung und Entscheidung über die Höhe des festzustellenden Anspruchs ist bei einem positiven Feststellungsantrag kein Raum.[912]

Bei einem negativen Feststellungsantrag ist entgegen einer verbreiteten Praxis nicht die verbleibende Unterhaltspflicht positiv zu beantragen und festzustellen, sondern negativ, in welcher Höhe **keine Unterhaltspflicht** besteht,[913] z. B.: „...Es wird festgestellt, dass der Antragsteller **nicht verpflichtet** ist, an die Antragsgegnerin für die Zeit vom 1. 1. bis 31. 12. 2002 **mehr als** 300 EUR Unterhalt monatlich zu zahlen ..." Nicht: „... Es wird festgestellt, dass der Antragsteller ... 300 EUR Unterhalt zu zahlen hat.".

5. Darlegungs- und Beweislast

325   Sie richtet sich nach allgemeinen materiell-rechtlichen Grundsätzen. Auch bei einem negativen Feststellungsantrag ist die **umgekehrte Beteiligtenstellung** auf die Darlegungs- und Beweislast ohne Einfluss.[914] Bei einem positiven Feststellungsantrag muss daher der Antragsteller das Bestehen des behaupteten Anspruchs beweisen, bei einem negativen Feststellungsantrag der Antragsgegner das Bestehen des Anspruchs, dessen er sich berühmt.

6. Rechtskraft

326   Eine Endentscheidung, die einen negativen Feststellungsantrag abweist, hat grundsätzlich dieselbe Bedeutung und Rechtskraftwirkung wie eine Endentscheidung, die das Gegenteil dessen positiv feststellt, was mit dem negativen Feststellungsantrag begehrt wird.[915]

> **Beispiel:**
> Der Antragsteller verlangt Feststellung, dass er nicht verpflichtet ist, 10 000 € Unterhaltsrückstand zu zahlen. Der Antrag wird als unbegründet abgewiesen. Damit ist rechtskräftig (positiv) ausgesprochen, dass dem Antragsgegner 10 000 € Unterhaltsrückstand zustehen.[916]
> Allerdings ist dadurch kein Leistungstitel geschaffen. Die Feststellungsentscheidung wirkt vielmehr wie eine Grundentscheidung (§ 304 ZPO), die noch der konkreten Ausfüllung bedarf.[917]
>
> **Beispiel:**
> Der Unterhaltsberechtigte berühmt sich eines Unterhaltsanspruchs gegen den Unterhaltsverpflichteten. Dieser beantragt festzustellen, dass dem Antragsgegner kein Unterhaltsanspruch gegen ihn zustehe (negativer Feststellungsantrag). Der Antrag wird abgewiesen. Damit steht fest, dass der Unterhaltsanspruch dem Grunde nach besteht.

327   Wird der (positive) Feststellungsantrag rechtskräftig und abschließend abgewiesen, so schafft die Endentscheidung **Rechtskraft** auch für einen später auf dieselbe Forderung gestützten **Leistungsantrag** insoweit, als das mit dem Leistungsantrag erstrebte Ziel unter keinem rechtlichen Gesichtspunkt aus dem Lebenssachverhalt hergeleitet werden kann, der dem Feststellungsantrag zugrunde gelegt hat.[918]

> **Beispiel:**
> Der Antragsteller beantragt Feststellung, dass ihm die Antragsgegnerin für die Zeit vom 1. 1. 1995 – 31. 12. 2002 Ausgleich wegen Kindesunterhalts schulde. Nach rechtskräftiger, einschränkungsloser Abweisung beantragt er unter konkreter Bezifferung auf Leistung.
> Der Leistungsantrag ist zwar zulässig, weil verschiedene Streitgegenstände vorliegen, aber unbegründet wegen der Rechtskraft der Feststellungsentscheidung.

Keine Rechtskraftwirkung besteht, wenn der zur Prüfung gestellte Streitpunkt als Vorfrage im Verfahren über den Leistungsantrag bereits entschieden worden ist.[919]

---

[911] BGH FamRZ 1984, 556
[912] BGH FamRZ 1984, 556
[913] BGH FamRZ 1988, 604
[914] BGH NJW 1993, 1716
[915] OLG Hamm FamRZ 2000, 544
[916] BGH FamRZ 1986, 565
[917] BGH FamRZ 1986, 565
[918] BGH NJW 1989, 393
[919] BGH FamRZ 1986, 444

2. Abschnitt: Die Schaffung und Abänderung von Unterhaltstiteln § 10

Beispiel:
Im Leistungsverfahren auf Erstattung des an die Kinder gezahlten Unterhalts wird geprüft, ob eine Freistellungsverpflichtung auf Grund eines Vergleichs besteht. Mit dem nachfolgenden Feststellungsantrag macht der Antragsteller die Nichtigkeit der Freistellungsvereinbarung geltend. Die Rechtskraft der früheren Leistungsentscheidung erstreckt sich nicht auf den weiteren Bestand der Freistellungsverpflichtung.

7. Einstweilige Einstellung der Zwangsvollstreckung

Richtet sich der negative Feststellungsantrag gegen einen Vollstreckungstitel, wie dies bei der einstweiligen Unterhaltsanordnung der Fall ist, kann der Unterhaltspflichtige, sofern und sobald der Feststellungsantrag anhängig oder ein darauf zielendes Gesuch um die Bewilligung von Verfahrenskostenhilfe eingereicht ist, entsprechend § 242 S. 1 FamFG i. V. m. § 769 ZPO zur Sicherung seines Rechtsbehelfs einen Antrag auf Einstellung der Zwangsvollstreckung anbringen. Auch wenn der Feststellungsantrag im Wortlaut nicht unmittelbar einem Antrag auf Herabsetzung des titulierten Unterhalts entspricht, ist dieser doch nach Sinn und Zweck auf die Beseitigung (oder auch nur Herabsetzung) eines titulierten Unterhalts gerichtet, so dass von einer entsprechenden Heranziehung der Vorschrift auszugehen ist.[920] Wollte man dem nicht folgen, käme, wie schon nach bisherigem Recht, eine Einstellung der Zwangsvollstreckung unter gleichlautenden Voraussetzungen über § 120 I FamFG i. V. m. § 769 ZPO in Betracht. Eine Anfechtung der Entscheidung findet, wie schon nach bisherigem Recht,[921] nicht statt (§ 242 S. 2 FamFG) 328

Sofern entgegen OLG Düsseldorf[922] die Zulässigkeit eines negativen Feststellungs(wider)antrags gegen eine einstweilige Unterhaltsanordnung mangels Feststellungsunteresse verneint wird, sobald ein gegenläufiger Leistungsantrag anhängig ist, muss der Unterhaltspflichtige mit seinem Abweisungsantrag zur Hauptsache einen Antrag auf vorläufige **Einstellung** der Zwangsvollstreckung **analog § 769 ZPO** verbinden können.[923] Die positive Entscheidung hierüber wird allerdings bereits mit Erlass der Endentscheidung gegenstandslos, obwohl eine Abweisung des Antrags in der Hauptsache als anderweitige Regelung nach § 56 I S. 1 FamFG erst mit **Rechtskraft** der Endentscheidung eintritt. In diesem Fall bleibt der Unterhaltspflichtige auf Maßnahmen der Vollstreckungsabwehr (§ 767 ZPO) angewiesen, wenn das Gericht entgegen § 116 III S. 2 FamFG von einer Anordnung der sofortigen Wirksamkeit der Abweisungsentscheidung absieht. Ein Vorgehen des Gerichts nach § 116 III S. 3 FamFG ist nicht angezeigt, da die Endentscheidung keine Verpflichtung zur Leistung von Unterhalt enthält.

8. Verfahrenswert

Der Verfahrenswert des negativen Feststellungsantrags liegt – ohne Abschlag – so hoch wie der Anspruch, dessen sich der Gegner berühmt. Bei einem positiven Feststellungsantrag wird ein gewisser Abschlag vorgenommen, der nach der herrschenden Meinung mit rund 20% bemessen wird.[924] Dies sind aber nur Anhaltswerte, da der Wert des Feststellungsinteresses in jedem Fall unterschiedlich zu bewerten ist. Auch bei einem negativen Feststellungsantrag wirken die Rückstände bis zur Einreichung des Antrags nach § 51 II S. 1 FamGKG werterhöhend, wenn und soweit der Antrag diese Rückstände umfasst. Letzteres ist eine Frage der Auslegung des Antrags.[925] 329

---

[920] Keidel/Meyer-Holz FamFG § 242 Rn. 16; Musielak/Borth FamFG § 242 Rn. 1
[921] BGH FamRZ 2004, 1191
[922] OLG Düsseldorf FamRZ 1993, 816
[923] OLG Hamburg FamRZ 1996, 745
[924] BGH NJW 1988, 689
[925] OLG Köln FamR 2001, 1385

IX. Die Verfahren wegen ungerechtfertigter Bereicherung, Erstattung und Schadensersatz in Unterhaltssachen (§ 231 I FamFG)

1. Die ungerechtfertigte Bereicherung

330 Hat der Unterhaltsberechtigte Unterhaltszahlungen erlangt, die ihm von Rechts wegen nicht oder nicht in der Höhe zustehen, kann ihn der Unterhaltspflichtige insoweit aus ungerechtfertigter Bereicherung (§ 812 BGB) auf Rückzahlung in Anspruch nehmen.[926] Dabei dürfte es allerdings nur auf „unfreiwillige" Überzahlungen ankommen. Denn etwaigen Begehren auf Rückzahlung freiwillig erbrachter Unterhaltsleistungen stehen im Regelfall die Bestimmungen in §§ 814, 1361 IV S. 4, 1360 b BGB entgegen. Ein erfolgreiches Rückzahlungsbegehren setzt primär voraus, dass der Unterhaltspflichtige ohne Rechtsgrund gemäß § 812 I S. 1 BGB Unterhalt geleistet hat[927] und der Unterhaltsberechtigte immer noch bereichert ist. Demgemäß muss ein Rückzahlungsverlangen schon dann erfolglos bleiben, wenn der Unterhalt auf Grund einer in einer Hauptsache ergangenen **Endentscheidung**, die den **Rechtsgrund** für das Behaltendürfen darstellt, tituliert ist. Gelingt es dem Unterhaltspflichtigen nicht, „den Rechtsgrund" zu beseitigen, bleibt ihm nur ein Schadensersatzanspruch unter den Voraussetzungen von § 826 BGB. Auch der **Vergleich** stellt einen dem Erfolg des Bereicherungsantrags zunächst entgegenstehenden Rechtsgrund dar,[928] so dass es vor einer Kondiktion der Titelabänderung in einem Verfahren nach § 239 FamFG bedarf.[929] Das gilt für die sonstigen **vollstreckbaren Urkunden** sowie den im vereinfachten Verfahren ergangenen **Festsetzungsbeschluss** (§ 253 FamFG) gleichermaßen. Kann der Unterhaltspflichtige in den Abänderungs- und Korrekturverfahren (§§ 238, 239 und 240 FamFG) eine **rückwirkende Titelbeseitigung** durchzusetzen,[930] kann er auch für diese Zeiträume Rückzahlung zu Unrecht geleisteter Beträge geltend machen. Da die Altregelung zu § 323 III S. 1 ZPO a. F. durch § 238 III S. 3 und 4 FamFG abgelöst worden ist, kann der Unterhaltspflichtige nunmehr in den Grenzen dieser Vorschrift – allerdings erstmalig für ab 1. 9. 2009 gezahlten Unterhalt – auch bei in der Hauptsache ergangenen Endentscheidungen für Unterhaltszeiträume vor Rechtshängigkeit Rückzahlungen aus ungerechtfertigter Bereicherung verlangen.

331 Als Rechtsgrund im Sinne von § 812 BGB scheiden allerdings aus gerichtliche Vergleiche, soweit sie in einem Verfahren der **einstweiligen Anordnung** ergangen sind. Die einstweilige Anordnung trifft auf Grund einer nur summarischen Prüfung vorläufige Regelungen, die jederzeit im ordentlichen Streitverfahren geändert werden können. Geht sie über Bestand und Höhe des materiellrechtlichen Unterhaltsanspruchs hinaus, hat der Unterhaltspflichtige Überzahlungen ohne rechtlichen Grund (§ 812 I S. 1 BGB) erbracht. Neben diesem Fall ist ihm ein Rückzahlungsbegehren aus ungerechtfertigter Bereicherung auch dann unmittelbar eröffnet, wenn die Beteiligten im Verfahren der einstweiligen Anordnung einen allein dieses Verfahren erledigenden **Vergleich** geschlossen haben, weil dem Vergleich keine weitergehenden Wirkungen beigemessen werden können, als sie die einstweilige Anordnung entfaltet hätte.[931] An dieser Rechtslage hat sich auch durch die gesetzliche Neuregelung, wonach das Anordnungsverfahren ein von dem Hauptsacheverfahren unabhängiges Verfahren darstellt (§ 51 III S. 1 FamFG), nichts geändert[932] (wegen der Ersatzansprüche des Unterhaltspflichtigen bei im summarischen Verfahren erstellten Vollstreckungstiteln vgl. weiter Rn. 10/442 bis 445).

332 Für den durch ungerechtfertigte Bereicherung erlangten Unterhalt hat der Unterhaltsberechtigte Wertersatz (§ 818 II BGB) zu leisten. Die Verpflichtung entfällt, wenn der Empfänger der Unterhaltsleistungen nicht mehr bereichert ist (§ 818 III BGB). Allerdings

---

[926] BGH FamRZ 1987, 684, 685; 1986, 794, 795
[927] BGH FamRZ 1985, 368
[928] BGH FamRZ 1998, 951; 1992, 1152 = R 452 a
[929] BGH FamRZ 1991, 1175
[930] BGH FamRZ 2008, 1911 Rn. 21
[931] BGH FamRZ 1991, 1175
[932] FA-FamR/Gerhardt Kap. 6 Rn. 831

2. Abschnitt: Die Schaffung und Abänderung von Unterhaltstiteln § 10

dauert die Bereicherung fort, wenn der Unterhaltsberechtigte mit den Unterhaltszahlungen **Rücklagen** gebildet oder sich geldwerte Vorteile durch Tilgung von Verbindlichkeiten oder durch Anschaffungen verschafft hat. Eine **Entreicherung** liegt demgegenüber vor, wenn der Bedürftige den überzahlten Unterhalt restlos für seine laufenden Lebensbedürfnisse verbraucht hat, ohne sich noch in seinem Vermögen vorhandene Werte oder Vorteile zu verschaffen.[933] Letzteres ist gegeben bei anderweitigen Ersparnissen, Anschaffungen oder Vermögensvorteilen durch Tilgung von Schulden. Die rechtsgrundlose Zahlung des Unterhaltspflichtigen muss für diesen **Vermögensvorteil** aber **kausal** gewesen sein.[934] Die Kausalität fehlt, wenn der Bedürftige die Mittel für die Anschaffung von dritter Seite geschenkt erhielt oder der Vermögensvorteil unter Einschränkung des Lebensstandards erworben wurde. Den Wegfall der Bereicherung muss der Bereicherte darlegen und beweisen. Allerdings hält die Rechtsprechung[935] hierfür **Beweiserleichterungen** bereit, wonach insbesondere bei unteren und mittleren Einkommen nach der Lebenserfahrung eine Vermutung dafür spricht, dass das Erhaltene für eine Verbesserung des Lebensstandards ausgegeben wurde, ohne dass seitens des Unterhaltsberechtigten hierfür noch besondere Verwendungsnachweise zu erbringen wären. Eine auf Rückzahlung ihm nicht zustehenden Unterhalts in Anspruch genommener Beteiligter kann sich auf den Entreicherungseinwand nach § 818 III BGB nicht berufen, wenn er ein deklaratorisches Anerkenntnis über die Rückforderung abgegeben hat.[936]

In Ansehung von Beweiserleichterungen und nach den Regeln der Lebenserfahrung **333** wird das Rückzahlungsbegehren des Unterhaltspflichtigen, wenn nicht zuletzt bei der Zwangsvollstreckung, häufig jedenfalls am **Wegfall der Bereicherung** (§ 818 III BGB) scheitern, es sei denn, dass der Unterhaltsberechtigte verschärft haftet. Diese Haftung setzt bürgerlichrechtlich nach § 818 IV BGB an und für sich mit der Rechtshängigkeit des Antrags auf Bereicherungsausgleich ein. Deshalb konnte eine **verschärfte Haftung** nach den bis zum 31. 8. 2009 maßgebenden Verfahrensvorschriften nicht schon mit Erhebung einer Abänderungs- oder negativen Feststellungsklage einsetzen.[937] Für die ab 1. 9. 2009 einzuleitenden Verfahren, mit denen der Unterhaltspflichtige aus ungerechtfertigter Bereicherung Rückzahlungsansprüche geltend macht, sieht § 241 FamFG eine Haftungsverschärfung für den Unterhaltsberechtigten vor. Nunmehr setzt die verschärfte Haftung, auf die § 818 IV BGB verweist, bereits mit Rechtshängigkeit des auf Herabsetzung gerichteten Abänderungsantrags ein. Bereits die Verfahren nach §§ 238, 239, 240 FamFG, mit denen der Unterhaltspflichtige die Beseitigung des Rechtsgrundes im Sinne von § 812 BGB als Voraussetzung für sein Rückzahlungsbegehren schaffen muss, führen, sobald sie rechtshängig sind, zur verschärften Haftung des Unterhaltsberechtigten. Die Regelung dient der Verfahrensvereinfachung und enthebt den Unterhaltspflichtigen der Notwendigkeit, den jeweiligen Abänderungsantrag mit einem Leistungsantrag auf Rückzahlung zu verbinden, ohne dass der Unterhaltsberechtigte hierdurch benachteiligt wäre.[938]

Dem Entreicherungseinwand kann darüber hinaus eine noch vor Rechtshängigkeit eines **334** Abänderungsantrags (§ 241 FamFG) einsetzende verschärfte Haftung nach § 819 I BGB entgegenstehen. Hier tritt die Haftung ein mit dem Zeitpunkt, in dem er den Mangel des rechtlichen Grundes tatsächlich erfährt. Notwendig hierfür ist mithin das **Wissen** um ein **Fehlen des rechtlichen Grundes** selbst. Allein die Kenntnis der Umstände, aus denen sich die entsprechenden Schlussfolgerungen ziehen lassen, genügt nicht. Ebenso wenig reicht es für eine verschärfte Haftung aus, dass die uneingeschränkte Fortgeltung des ursprünglichen Titels „in Frage gestellt" war.[939] Der Unterhaltsgläubiger muss die zutreffende rechtliche Würdigung (tatsächlich) anstellen, wobei er sich allerdings nicht einer Kenntniserlangung verschließen darf.

---

[933] BGH FamRZ 1992, 1152, 1153 = R 452 b
[934] BGH FamRZ 1992, 1152, 1153 = R 452 b
[935] BGH FamRZ 2008, 1911 Rn. 70; 2000, 751 = R 539
[936] OLG Düsseldorf FamRZ 1999, 1059
[937] BGH FamRZ 2010, 1637 Rn. 55
[938] BT-Drucks. 16/6308 S. 259
[939] BGH FamRZ 1998, 951, 952

335 Die Voraussetzungen für eine verschärfte Haftung nach § 820 I BGB sind in den meisten Fällen schon deshalb nicht gegeben, weil die Titulierung von Unterhaltszahlungen überwiegend auf gerichtlichen Entscheidungen beruht, die als **staatliche Hoheitsakte** einem Rechtsgeschäft im Sinne von § 820 I BGB nicht gleichstehen. Eine abweichende Beurteilung der verschärften Bereicherungshaftung kann auch nicht angenommen werden, soweit die Beteiligten einen **Vergleich** geschlossen haben. Der Rechtsgrund für die gezahlten Unterhaltsbeträge liegt nämlich weiter in der vertraglich lediglich modifizierten gesetzlichen Unterhaltspflicht. Die Ungewissheit des Erfolgseintritts müsste sich überdies aus dem Inhalt des Rechtsgeschäfts ableiten lassen Dies ist bei den für die gesetzliche Unterhaltsverpflichtung maßgebenden Kriterien (Bedürftigkeit, Leistungsfähigkeit) nicht der Fall.[940] Kommt der Unterhaltspflichtige seiner Zahlungsverpflichtung aus der einstweiligen Anordnung nur „unter Vorbehalt" nach, und bringt dies entsprechend zum Ausdruck, scheidet eine analoge Anwendung von § 820 I BGB ebenfalls aus. Der Erklärungswert des Vorbehalts erschöpfte sich in der Regel in der Vermeidung eines Anerkenntnisses und der Wirkungen nach § 814 BGB.[941]

336 Die bereicherungsrechtlichen Vorschriften hinterlassen mit ihren durch §§ 818 IV, 819 I BGB aus Sicht des Unterhaltspflichtigen nur begrenzten Möglichkeiten bei der Verfolgung von Ansprüchen auf Rückzahlung nicht geschuldeten Unterhalts eine **Anwendungslücke**, die sich auch durch § 241 FamFG nicht vollständig schließen lässt. Denn ungeachtet der Haftungserweiterung für den Unterhaltsberechtigten durch diese Vorschrift bleiben die einem Abänderungsbegehren durch § 238 III S. 3 und 4 FamFG gesetzten Grenzen bestehen, die jenseits dieser Unterhaltszeiträume den Rückgriff wegen ungerechtfertigter Bereicherung ausschließen. Für den weiter zurückliegenden Zeitraum ist der Unterhaltspflichtige allerdings nicht rechtlos gestellt, weil er ungeachtet einer noch bestehenden Titulierung dem Unterhaltsberechtigten die weiteren Zahlungen im Rahmen eines **zins- und tilgungsfreien Darlehens** mit der Ankündigung des Rückzahlungsverzichts bei Fortbestand des Titels anbieten kann. Nach den Grundsätzen von Treu und Glauben ist dieser gehalten, das Angebot anzunehmen.[942]

2. Erstattungsanträge

337 Um einen nicht nach bereicherungsrechtlichen Vorschriften zu beurteilenden Erstattungsantrag handelt es sich, wenn der Unterhaltsberechtigte für einen Unterhaltszeitraum, in dem er – gegebenenfalls auch tituliert – Unterhaltszahlungen erhalten hat, **Rentennachzahlungen** etwa aus einer bewilligten Rente wegen Erwerbsminderung oder nach Durchführung eines Versorgungsausgleichs erhält. Sie sind **für einen Unterhaltszeitraum** gezahlt worden, bei dem sie sich wegen des Zeitablaufs **nicht** mehr **bemessungsrelevant** auswirken konnten, da es hierfür auf den Zeitpunkt des Zahlungseingangs der Rentenzahlungen ankommt. Bei dieser Ausgangslage steht dem Unterhaltspflichtigen ein auf Treu und Glauben (§ 242 BGB) beruhender Erstattungsanspruch zu,[943] mit dem er einen Ausgleich für die „Überzahlungen" verlangen kann. Der Höhe nach lässt sich der Erstattungsbetrag in der Weise berechnen, dass die Beteiligten sich so stellen lassen müssen, wie der Unterhaltsanspruch ausgefallen wäre, wenn die Rente in dem ihr zuzuordnenden Zeitraum bereits gezahlt worden wäre. Die kapitalisierte Differenz zwischen Soll und Ist ergibt den Erstattungsbetrag. Hat der Unterhaltsberechtigte die Nachzahlung anderweitig verbraucht, ist er gleichwohl mit dem Entreicherungseinwand aus § 818 III BGB ausgeschlossen. Sind die näheren Umstände zu Beginn und Höhe der in Aussicht stehenden Rentennachzahlungen den Beteiligten nicht bekannt, so dass sie bei der aktuellen Unterhaltsbemessung nicht berücksichtigt werden, kann der Unterhaltspflichtige die weiteren Unterhaltszahlungen, soweit sie ohne die Rentenzahlungen geschuldet werden, als **zins- und tilgungsfreies Dar-**

---

[940] BGH FamRZ 1998, 951, 953
[941] BGH FamRZ 1984, 470
[942] BGH FamRZ 2010, 1637 Rn. 56; 2000, 751, 753; 1992, 1152
[943] BGH FamRZ 2005, 1479, 1480 = R 636 b; 1989, 718

lehen anbieten, worauf dieser sich nach Treu und Glauben einlassen muss (vgl. Rn. 10/336).

Mit einem weiteren Erstattungsantrag eigener Art kann der Unterhaltspflichtige den Unterhaltsberechtigten auf Rückzahlung eines **Verfahrenskostenvorschusses** in Anspruch nehmen, für den es an einer speziellen gesetzlichen Regelung fehlt. Es handelt sich um einen **familienrechtlichen Erstattungsanspruch** unter Berücksichtigung des Vorschusscharakters der Leistung. Der Anspruch steht dem Unterhaltspflichtigen zu, wenn die Voraussetzungen, unter denen er verlangt werden konnte, nicht mehr bestehen, insbesondere weil sich die wirtschaftlichen Verhältnisse des Empfängers **wesentlich gebessert** haben oder wenn die Rückzahlung aus anderen Gründen der **Billigkeit** entspricht.[944] **337a**

3. Schadensersatz

Sowohl nach materiellem Recht als auch auf unmittelbar verfahrensrechtlicher Grundlage können einem Beteiligten des Unterhaltsverhältnisses Schadensersatzansprüche gegen den anderen Beteiligten wegen Verletzung von verfahrensrechtlichen und sonstigen aus dem Unterhaltsverhältnis resultierenden Pflichten oder auch aus anderem Rechtsgrund zustehen. **338**

Macht der Unterhaltsberechtigte in und außerhalb eines gerichtlichen Verfahrens Unterhaltsansprüche geltend, hat er die der Begründung des Anspruchs dienenden tatsächlichen Umstände wahrheitsgemäß anzugeben und darf nichts verschweigen, was seine Unterhaltsberechtigung in Frage stellen könnte. Vor dem Hintergrund der verfahrensrechtlichen Wahrheitspflicht (§ 138 I ZPO und § 235 III FamFG) ist dies in einem laufenden Verfahren erst recht der Fall. Vorsätzliche Verstöße hiergegen, die zu einer fehlerhaften Unterhaltsbemessung führen, begründen eine Schadensersatzverpflichtung gemäß § 823 II BGB i. V. m. § 263 StGB. Soweit für den Unterhaltsberechtigten eine Verpflichtung zur ungefragten Information aus vertraglicher Treuepflicht[945] oder aus dem unterhaltsrechtlichen Treueverhältnis (vgl. hierzu näher Rn. 1/1199) anzunehmen ist, dürfte eine Ersatzpflicht nach dieser Vorschrift allerdings daran scheitern, dass es für den Nachweis des Betruges auf die Erregung eines (konkreten, nicht angenommenen) Irrtums in der Person des Unterhaltspflichtigen ankommt. Es bleibt bei einem möglichen Schadensersatz wegen sittenwidriger Schädigung.

Gemäß § 826 BGB kann der Unterhaltspflichtige Schadensersatz verlangen, wenn der Unterhaltsberechtigte in **vorsätzlicher** und **sittenwidriger Weise** einen unrichtig gewordenen Unterhaltstitel weiterhin ausnützt. Dabei muss diesem die Unrichtigkeit des Unterhaltstitels bewusst sein; die Fortsetzung der Vollstreckung aus diesem Titel muss zusätzlich in hohem Maße unbillig sein.[946] Da der Schadensersatzanspruch eine teilweise oder vollständige **Durchbrechung der Rechtskraft** des vorausgegangenen Titels darstellt, sofern eine Beseitigung der Rechtskraft durch Wiederaufnahme des Verfahrens (§§ 578 ff. ZPO) ausscheidet, ist sie nur unter engen Voraussetzungen möglich. Insgesamt muss das Verhalten des Unterhaltsberechtigten **evident unredlich** gewesen sein, so dass der andere Beteiligte nach Treu und Glauben schlechterdings nicht an der Rechtskraft der vorausgegangenen Entscheidung festgehalten werden kann, dies vielmehr für ihn **unerträglich** und **insgesamt rechtsmissbräuchlich** wäre.[947] Nimmt etwa der **Unterhaltsberechtigte** eine rechtskräftig zuerkannte Unterhaltsrente weiterhin entgegen, ohne die Aufnahme einer Erwerbstätigkeit – auch ungefragt – zu offenbaren, kann darin unter besonderen Umständen eine sittenwidrige vorsätzliche Schädigung im Sinne von § 826 BGB liegen, die zum Schadensersatz, Unterlassung der weiteren Zwangsvollstreckung und gegebenenfalls Titelherausgabe verpflichtet.[948] **339**

---

[944] BGH FamRZ 2005, 1974, 1978; 1990, 491
[945] BGH FamRZ 2008, 1325 Rn. 28 = R 694
[946] BGH FamRZ 1988, 270; 1986, 450
[947] BGH FamRZ 1986, 794, 796
[948] BGH FamRZ 1986, 450

340 Allerdings besteht keine allgemeine Pflicht zur **ungefragten Offenbarung** veränderter Verhältnisse.[949] Darüber hinausgehende **besondere Umstände** hat der BGH allerdings darin gesehen, dass der Unterhaltspflichtige vor dem Hintergrund erfolgloser Abänderungsverfahren und angesichts alters- und krankheitsbedingter Einschränkungen der Unterhaltsberechtigten verständigerweise keinen Anlass mehr hatte, die Möglichkeit der Aufnahme einer Erwerbstätigkeit durch die Unterhaltsberechtigte überhaupt in Erwägung zu ziehen.[950] Besondere Umstände sind demgegenüber entgegen OLG Koblenz[951] noch nicht darin zu sehen, dass der Unterhaltsberechtigte in einem mehrjährigen eheähnlichen Verhältnis lebt, ohne dies dem Unterhaltspflichtigen mitzuteilen. Hier muss sich der Unterhaltspflichtige auf die ihm nach dem Gesetz zustehenden Informationsmöglichkeiten verweisen lassen, zumal es sich bei dem Zusammenleben mit einem anderen Partner nicht um eine nacheheliche Entwicklung handelt, die man als eher fern liegend anzusehen hätte. Eine **weitergehende Verpflichtung** des Unterhaltsberechtigten zur ungefragten Information über Entwicklungen, die für eine Unterhaltsbemessung von Bedeutung sein können, ist allerdings dann zu bejahen, wenn die Beteiligten den Unterhalt durch **Vereinbarung** geregelt haben. Diese begründet eine **vertragliche Treuepflicht**[952] des Inhalts für den Unterhaltsberechtigten, den Unterhaltspflichtigen ohne Aufforderung von sich aus über wesentliche Veränderungen in seiner Sphäre zu informieren, die Auswirkungen auf die Unterhaltsverpflichtung haben können.

341 Aus einer Verletzung der Pflicht zur ungefragten Information kann sich auch der **Unterhaltspflichtigen** wegen vorsätzlicher sittenwidriger Schädigung schadensersatzpflichtig machen, wenn er durch ihm anzulastendes Verschweigen, den Unterhaltsberechtigten an der Geltendmachung von Unterhaltsansprüchen hindert. Notwendig ist aber auch hier ein **evident unredliches Schweigen**, das allein bei Einstellung von Zahlungen auf die Kreditraten noch nicht vorliegt, sofern die Kreditrückführung auf der Grundlage einer eigenen Vermögensbildung erfolgt war.[953] Vertragliche Regelungen begründen aber auch hier eine weitergehende Pflicht zur ungefragten Offenbarung. Verschweigt der Unterhaltspflichtige, der auf Grund eines Titels oder einer außergerichtlichen Vereinbarung Unterhalt zahlt, in evident unredlicher Weise eine grundlegende Verbesserung seiner Leistungsfähigkeit, wie etwa die Aufnahme einer Erwerbstätigkeit mit gravierenden Einkommensverbesserungen nach unerwartetem Abbruch eines Studiums, kann er sich gemäß § 826 BGB schadensersatzpflichtig machen.[954]

342 Wurde ein für vorläufig vollstreckbar erklärtes Unterhaltsurteil nachträglich aufgehoben oder abgeändert, billigt § 717 II ZPO einen auf **verschuldensunabhängiger Haftung** beruhenden Schadensersatzanspruch zu, den der Beklagte noch im anhängigen Rechtsstreit geltend machen konnte. Gemäß § 120 I FamFG i. V. m. § 717 II ZPO besteht nunmehr eine entsprechende Ersatzverpflichtung des Antragstellers, wenn auf die Beschwerde (§ 58 FamFG) des Antragsgegners der Beschluss, mit dem das erstinstanzliche Gericht die sofortige Wirksamkeit (§ 116 III S. 2 und 3 FamFG) angeordnet hatte, aufgehoben oder geändert wird. Der **Schadensersatz** erstreckt sich auf Ersatz dessen, was der Titelschuldner im Wege der Zwangsvollstreckung oder zu deren Abwendung an den Titelgläubiger gezahlt hat. Letzteres setzt voraus, dass die **Zwangsvollstreckung konkret droht.** Allein das Vorliegen eines Titels genügt nicht, es sei denn der Titelgläubiger hat deutlich gemacht, dass er zur Vollstreckung schreiten werde, wenn Zahlungen ausbleiben. Weder Zinsen und Kosten noch die zurückverlangte vollstreckte Hauptsumme führen zu einer Erhöhung des Verfahrenswertes, wobei es auch keinen Unterschied macht, ob der Schadensersatzanspruch im Wege des so genannten Inzidentantrages oder als Widerantrag verfolgt wird.

Gemäß § 248 V S. 2 FamFG steht dem durch einstweilige Anordnung in Anspruch genommenen Antragsgegner nach Rücknahme des Antrags auf Vaterschaftsfeststellung oder

---

[949] BGH FamRZ 1986, 794, 796
[950] BGH FamRZ 1986, 450, 452
[951] OLG Koblenz FamRZ 1987, 1156
[952] BGH FamRZ 2008, 1325 Rn. 28 = R 694
[953] OLG Bamberg FamRZ 1994, 1178
[954] OLG Bremen FamRZ 2000, 256

2. Abschnitt: Die Schaffung und Abänderung von Unterhaltstiteln § 10

nach dessen rechtskräftiger Abweisung ein **verschuldensunabhängiger Schadensersatzanspruch** zu (zu den Voraussetzungen vgl. näher die Ausführungen zu Rn. 10/482 und 483) Im Übrigen kommt beim einstweiligen Rechtsschutz in Unterhaltssachen gemäß § 119 II FamFG i. V. m. § 945 ZPO nur noch im Zusammenhang mit Arrestanordnungen ein Schadensersatz in Betracht (vgl. Rn. 10/496).

X. Das Drittschuldnerverfahren

Gemäß § 856 I ZPO kann jeder Gläubiger, dem der Anspruch des Schuldners gegen den Drittschuldner zur Einziehung oder an Zahlungs Statt überwiesen wurde (§§ 835, 849 ZPO), gegen den Drittschuldner Klage auf Hinterlegung des Geldes, Herausgabe der Sache an den Gerichtsvollzieher oder auf Übereignung an den Schuldner verlangen, wenn dieser seinen Verpflichtungen nach §§ 853–855 ZPO nicht nachkommt. **343**

In **Unterhaltssachen** (§ 231 I FamFG) spielt das Drittschuldnerverfahren allerdings nur eine vergleichsweise geringe Rolle. Dies ist vor dem Hintergrund zu sehen, dass Unterhaltsrenten, die auf gesetzlichen Vorschriften beruhen, gemäß § 850 b I Nr. 2 ZPO grundsätzlich **unpfändbar** sind. Eine Ausnahme hiervon bildet allerdings § 850 b II ZPO, wonach die **Unterhaltsrente** nach den für Arbeitseinkommen geltenden Vorschriften unter Billigkeitsgesichtspunkten im Einzelfall gepfändet werden kann. Unter diesen Voraussetzungen ist auch ein **Taschengeldanspruch** grundsätzlich pfändbar,[955] ohne dass es darauf ankommt, ob ein Taschengeld tatsächlich gezahlt wird.[956] Im Übrigen ist im Rahmen der Pfändungsmaßnahme lediglich zu prüfen, ob sich nach den in erster Linie durch den Gläubiger darzulegenden Verhältnissen bei Zusammenleben der Eheleute aufgrund (fiktiver) Aufteilung des Familieneinkommens ein Bedarf darstellen lässt, der jenseits der Pfändungsgrenzen einen Betrag ergibt, der die Zubilligung eines Taschengeldes ermöglicht. Dies wird in der unterhaltsrechtlichen und vollstreckungsrechtlichen Praxis in der Regel mit 5 bis 7% des bereinigten Nettoeinkommens des unterhaltspflichtigen Ehegatten angenommen.[957] Darüber hinaus sind für die Zulässigkeit und den Umfang der Pfändungsmaßnahme lediglich noch Billigkeitserwägungen anzustellen, die zu einer Beschränkung der Pfändung eines ansonsten weiter reichenden Taschengeldanspruchs führen können.[958]

Die verfahrensrechtlichen Grundlagen für das der Pfändung folgende **Drittschuldnerverfahren** bilden die §§ 829, 835, 836 ZPO. Zwar wird der Vollstreckungsgläubiger durch die Überweisung der Forderung zur Einziehung nicht zum Inhaber der Forderung. Er erhält aber ein eigenes Einziehungsrecht und darf deshalb im eigenen Namen und – vor allem – Leistung an sich verlangen. Antragsgegner ist der Drittschuldner, dem Hauptschuldner muss grundsätzlich der Streit verkündet werden (§ 841 ZPO). Ist, wie beim gepfändeten Taschengeldanspruch, die **gesetzliche Unterhaltspflicht** (§ 231 I FamFG) betroffen, besteht für das Drittschuldnerverfahren eine entsprechende familiengerichtliche Zuständigkeit (§ 111 Nr. 8 FamFG). In diesem Verfahren ist nach den **Verfahrensregeln des ordentlichen Streitverfahrens** (§§ 113 ff. FamFG) zu prüfen, ob der gepfändete Unterhaltsanspruch in dem durch die Pfändung begrenzten Umfang nach dem **materiellen Unterhaltsrecht** tatsächlich besteht. Mit Einwendungen gegen die Pfändungsmaßnahme als solche, wie etwa der Geltendmachung von Pfändungsverboten und entsprechenden Beschränkungen, sind der Drittschuldner als Unterhaltspflichtiger und der Schuldner, wenn er dem Streit beitreten sollte, in diesem Verfahren nicht zu hören.[959] Vollstreckungsrechtliche Voraussetzung für die Einleitung und Durchführung des Drittschuldnerverfahrens ist lediglich die wirksame Pfändungsmaßnahme. **344**

---

[955] BGH FamRZ 2004, 1784
[956] BGH FamRZ 1998, 608, 609
[957] BGH FamRZ 2004, 366, 369
[958] OLG Celle FamRZ 1991, 726, 727
[959] BGH FamRZ 1998, 608

XI. Das isolierte Auskunfts-, Beleg- und Versicherungsverfahren

345 Das unterhaltsrechtliche Auskunftsverfahren ist von zentraler Bedeutung für das Ausmaß eines dem Unterhaltsberechtigten zustehenden Unterhalts. So lässt sich ohne entsprechende Informationen über unterhaltsrelevante Einnahmen und Ausgaben der Unterhaltsbedarf nach den ehelichen Lebensverhältnissen nicht verlässlich darstellen. Das gilt nicht minder für ein unterhaltsberechtigtes minderjähriges Kind, das seine Lebensstellung und damit seinen angemessenen Unterhalt primär aus den Einkommens- und Verschuldungsverhältnissen des barunterhaltspflichtigen Elternteils ableitet. Bei volljährigen Kindern ermöglichen die Auskünfte die genaue Berechnung der jeweiligen Haftungsanteile beider Elternteile. Grundnorm ist hierbei die Vorschrift des § 1605 I S. 1 BGB, nach der Verwandte in gerader Linie einander verpflichtet sind, auf Verlangen über ihre Einkünfte und ihr Vermögen **Auskunft** zu erteilen, soweit dies zur Feststellung eines Unterhaltsanspruchs oder einer Unterhaltsverpflichtung erforderlich ist. Unmittelbar gilt § 1605 BGB (nur) für den Kindesunterhalt; für den Trennungsunterhalt findet diese Vorschrift nach § 1361 IV S. 3 BGB, für den Nachscheidungsunterhalt gemäß § 1580 BGB Anwendung. Sind die Einkommensverhältnisse beider Beteiligten des Unterhaltsverhältnisses ungeklärt, besteht eine **wechselseitige Auskunfts- und Belegpflicht.** Hierbei darf aber kein Beteiligter ein Zurückbehaltungsrecht nach §§ 273, 320 BGB ausüben.[960]

346 Geschuldet wird eine **systematische Zusammenstellung** der Einnahmen und Ausgaben, deren der Unterhaltsberechtigte bedarf, um ohne übermäßigen Arbeitsaufwand seinen Unterhaltsanspruch zu berechnen.[961] Bei den Ausgaben bei einer Gewinnermittlung oder bei den Werbungskosten können dabei Sachgesamtheiten zusammengefasst werden, wenn insoweit der Verzicht auf eine detaillierte Aufschlüsselung im Verkehr üblich ist und eine ausreichende Orientierung des Auskunftsberechtigten nicht verhindert. Bei **Gewinneinkünften** (Selbständige, Gewerbetreibende) genügt es, nur das Endergebnis in der Auskunft anzuführen und bezüglich aller Einzelheiten auf eine beigefügte Anlage zur Einnahmen-Überschussrechnung Bezug zu nehmen. Auch sonst kann im Einzelfall auf beigefügte Anlagen Bezug genommen werden, sofern diese eine ausreichende Orientierung des Unterhaltsberechtigten ermöglichen.[962] Eine Darstellung allein in Form eines **Einkommensteuerbescheides** genügt danach den Auskunftserfordernissen schon deshalb nicht, weil steuerrechtlich erhebliche Vorgänge nicht notwendig auch unterhaltsrechtlich beachtlich sind. Ebenso wenig genügen auf mehrere Schriftsätze verteilte Angaben des Auskunftspflichtigen. Notwendig ist vielmehr eine hinreichend klare **Gesamterklärung,**[963] deren es schon deshalb bedarf, weil die erteilte Auskunft gegebenenfalls auch Gegenstand einer nach § 261 BGB abzugebenden eidesstattlichen Versicherung sein kann.

347 An die **Form** der zu erteilenden Auskunft stellen die Instanzgerichte unterschiedliche Anforderungen. Einvernehmen besteht allerdings insoweit, als es sich bei der Auskunft um eine Wissenserklärung handelt, die grundsätzlich der **Schriftform** bedarf. Teilweise wird die Auffassung vertreten, dass diesen Anforderungen auch Genüge getan wird, wenn die notwendigen Erklärungen schriftsätzlich durch einen bevollmächtigten Rechtsanwalt erfolgen.[964] Nach anderer Ansicht[965] ist die Auskunft vom Unterhaltspflichtigen persönlich zu erteilen und zu unterschreiben, wobei die Übersendung durch Dritte erfolgen kann. Eine verbreitete Rechtspraxis stellt in der Regel nicht auf eine entsprechende Differenzierung ab, wenn kein Zweifel daran aufkommt, dass die anwaltlich mitgeteilten Daten auf Angaben des Auskunftspflichtigen zurückgehen. Zu einem anderen Ergebnis zwingt die nach § 261 BGB mögliche eidesstattliche Versicherung nicht. Denn auch die schriftsätzlichen Ausführungen der anwaltlichen Vertretung können Gegenstand einer eidesstattlichen Versicherung

---

[960] OLG Köln FamRZ 1987, 714
[961] BGH FamRZ 1983, 997; OLG Hamm FamRZ 2006, 865
[962] OLG München FamRZ 1996, 738
[963] OLG Hamm FamRZ 2006, 865
[964] OLG Hamm FamRZ 2005, 1194
[965] OLG Dresden FamRZ 2005, 1194

2. Abschnitt: Die Schaffung und Abänderung von Unterhaltstiteln § 10

sein.[966] Nunmehr hat der BGH[967] die Streitfrage in dem Sinne entschieden, dass der Auskunftspflichtige eine eigene und schriftliche Erklärung abgeben muss, die aber nicht die Anforderungen an die gesetzliche Schriftform im Sinne von § 126 BGB erfüllen muss. Sie kann auch durch einen **Dritten** als **Boten** erfolgen, muss aber aus sich heraus erkennen lassen, dass sie vollinhaltlich von dem Auskunftspflichtigen herrührt und verantwortet werden soll. Die im anwaltlichen Schriftsatz festgehaltene Erklärung „… meine Partei erteilt Auskunft zu ihren Einkommensverhältnissen wie folgt …" erscheint danach unbedenklich.

Die Auskunft kann nur verlangt werden, soweit diese für die Festsetzung eines Unterhaltsanspruchs erforderlich ist. Demgemäß besteht eine Verpflichtung nicht, soweit eine Auskunft den Unterhaltsanspruch unter keinem Gesichtspunkt beeinflussen kann.[968] Allerdings steht der Einwand des Unterhaltspflichtigen, die Unterhaltsberechtigte habe ihren Unterhaltsanspruch verwirkt (§§ 1361 Abs. 3, 1579 BGB), einer Auskunftsverpflichtung grundsätzlich nicht entgegen. Denn auch wenn die Anknüpfungsvoraussetzungen für eine **Verwirkung** vorliegen, kann ein eingeschränkter Unterhaltsanspruch bestehen, da die insoweit anzustellenden Erwägungen nicht zuletzt die wirtschaftlichen Verhältnisse der Beteiligten einzubeziehen haben.[969]

348

Unabhängig von der zu erteilenden Auskunft sind gemäß § 1605 I S. 2 BGB über die Höhe der Einkünfte auf Verlangen **Belege,** insbesondere Bescheinigungen des Arbeitgebers, vorzulegen. Dabei gelten die §§ 260, 261 BGB entsprechend (§ 1605 I S. 3 BGB). Über das Vermögen sind somit keine Belege vorzulegen. Bei den **vorzulegenden Belegen** soll es sich nach Auffassung des Kammergerichts[970] um **Originalurkunden** handeln. Gemäß § 242 BGB sei der Unterhaltspflichtige gehalten, die Leistung so zu bewirken, wie Treu und Glauben mit Rücksicht auf die Verkehrssitte es erfordern. Die Pflicht zur Vorlage von Belegen verlange daher, dass der Unterhaltspflichtige dem Unterhaltsberechtigten die vorzulegenden Urkunden in einer den Zwecken und Gepflogenheiten des Rechtsverkehrs üblichen und angemessenen Weise zugänglich mache. Daher erfülle der Schuldner seine Vorlagepflicht nicht durch die Überreichung einer Abschrift oder Fotokopie des Originals. Der Gläubiger habe das Recht, sich – auf seine Kosten – Fotokopien vom Original anzufertigen. Habe der Berechtigte den Beleg vollständig ausgewertet, habe er das Original auf Antrag des Pflichtigen an diesen zurückzugeben. Nach anderer Ansicht[971] ist die Vorlage von Originalurkunden im Regelfall nicht erforderlich. Hiernach sollen Fotokopien lediglich im Einzelfall nicht genügen, wenn die überlassenen Unterlagen nicht lesbar sind oder Anhaltspunkte für Manipulationen bieten. Der Ansicht des Kammergerichts dürfte zu folgen sein. Der Gesetzeswortlaut geht von einer „Vorlage", die sich nur auf die einzusehenden Originaldokumente beziehen kann. Nicht zuletzt ein angesichts verfeinerter Kopiertechniken hohes Fälschungspotential lässt das Verlangen, die Originale einzusehen, gerechtfertigt erscheinen.

349

Begehrt der Auskunftsberechtigte die Vorlage von Belegen, müssen diese im Auskunfts- und Belegantrag selbst bezeichnet sein. Der Antrag ist sonst unzulässig, da er keinen vollstreckungsfähigen Inhalt aufweist;[972] das gilt auch dann, wenn der Antrag auf eine **unmögliche Leistung** gerichtet ist, z. B. auf die Vorlage eines noch gar nicht erlassenen Steuerbescheids.[973] Eine Entscheidung, die zur Vorlage nicht existenter Unterlagen verpflichtet, ist nicht vollstreckungsfähig. Allerdings muss dann geprüft werden, ob das Gericht zur **Erstellung** hat verpflichten wollen.[974] Gemäß § 113 I S. 2 FamFG i. V. m. § 253 II Nr. 2 ZPO

350

---

[966] OLG Hamm FamRZ 2005, 1194
[967] BGH FamRZ 2008, 600
[968] OLG Düsseldorf FamRZ 1998, 1191
[969] OLG Karlsruhe OLGR 2001, 327; OLG München FamRZ 1998, 741; OLG Bamberg FamRZ 1998, 741 und FamRZ 2006, 344
[970] KG FamRZ 1982, 614
[971] OLG Frankfurt FamRZ 1997, 1296
[972] BGH FamRZ 1983, 454
[973] BGH FamRZ 1989, 731
[974] BGH FamRZ 1992, 425

muss die Antragsschrift die **bestimmte Angabe des Gegenstands** und des **Grundes des erhobenen Anspruchs** sowie einen bestimmten Antrag enthalten. Für den Auskunftsantrag als Leistungsantrag bedeutet dies, dass bereits im Antrag genau angegeben werden muss, über welche Einkünfte oder Gegenstände (Vermögen) Auskunft zu erteilen ist und für welchen Zeitraum welche Belege konkret verlangt werden.[975]

> **Beispiel 1:**
> Der Antragsgegner wird verpflichtet, der Antragstellerin für den Zeitraum vom 1. 1. 2000 bis 31. 12. 2002
> a) Auskunft zu erteilen über seinen Lohn (Gehalt) als unselbstständiger Arbeitnehmer,
> b) vorzulegen die monatlichen Lohnbescheinigungen (Gehaltsbescheinigungen, Bezügemitteilungen) des Arbeitgebers.
>
> **Beispiel 2:**
> Der Antragsgegner wird verurteilt, der Antragstellerin für den Zeitraum vom 1. 1. 2000 bis 31. 12. 2002
> a) Auskunft zu erteilen über seinen Gewinn als selbstständiger Unternehmer abzüglich Steuern, Krankenversicherungs- und Vorsorgebeiträgen,
> b) vorzulegen die Bilanzen samt Gewinn- und Verlustrechnungen, Einkommensteuererklärungen, Einkommensteuerbescheide sowie die Belege über die geleisteten Krankenversicherungs- und Vorsorgebeiträge.

Dabei handelt es sich streng genommen um zwei verschiedene Anträge, die voneinander unabhängig sind.[976] Bei weit überdurchschnittlichen Verhältnissen (wenn ein Teil der Einkünfte für Vermögensbildung verwendet wurde und die Leistungsfähigkeit des Unterhaltspflichtigen für hohe Unterhaltsbeträge außer Streit steht) ist ein Auskunftsantrag überflüssig.[977] Es genügt nicht, z. B. Auskunft zu verlangen über „die derzeitigen Einkünfte" und „die entsprechenden Belege vorzulegen". Eine Verlagerung der konkreten Bestimmung in das Vollstreckungsverfahren ist unzulässig. Möglich ist jedoch in engen Grenzen die Auslegung des Antrags.[978] Auch die „Verdeutlichung" von Inhalt und Umfang des Beschlusstenors ist im Verfahren gemäß § 888 ZPO grds. möglich.[979] Allerdings erlaubt das Vollstreckungsverfahren keine Korrekturen bei Auskunfts- und Belegpflichten, die nicht der materiellen Rechtslage entsprechen. Dies muss der Auskunftspflichtige im Erkenntnisverfahren verfolgen.[980]

351 Da die Auskunftserteilung eine Vorstufe des Dauerschuldverhältnisses der Unterhaltspflicht ist und durch einen Unterhaltstitel auch der erst künftig, von Monat zu Monat, entstehende Unterhalt festgeschrieben wird, kann auch das Auskunftsbegehren (selbst nach erteilter Auskunft) in zeitlicher Hinsicht vor Abschluss des Rechtsstreits bis zur letzten mündlichen Verhandlung erweitert werden, ohne dass dies ein Verstoß gegen die Zweijahressperrfrist des § 1605 II BGB wäre.[981]

352 Ein reiner Auskunftsantrag ist **im Verbundverfahren nicht** möglich, weil, wie § 137 II S. 1 FamFG aber voraussetzt, mit einer Entscheidung über den isolierten Auskunftsantrag keine Regelung für den Fall der Scheidung zu treffen ist. Überdies entspricht, wie der BGH weiter zu dem bis dahin geführten Meinungsstreit klargestellt hat,[982] die Einbeziehung isoliert erhobener Auskunftsansprüche in den Scheidungsverbund nicht dem Gesetzeszweck. Hierfür steht vielmehr der **Stufenantrag** zur Verfügung. Werden gleichwohl verfahrensfehlerhaft Auskunftsansprüche zusammen mit einer Ehesache geltend gemacht, ist der Auskunftsanspruch nach § 145 ZPO abzutrennen und als isoliertes Auskunftsverfahren fortzusetzen. Eine Abweisung des Antrags etwa im Rahmen einer Verbundentscheidung ist unzulässig. Auch im Verfahren der **einstweiligen Anordnung** (§ 246 FamFG) kann Auskunft nicht verlangt werden (vgl. hierzu eingehend Rn. 401).

---

[975] BGH FamRZ 1993, 1423
[976] OLG München FamRZ 1994, 1126
[977] BGH FamRZ 1994, 1169
[978] BGH FamRZ 1983, 454
[979] BGH FamRZ 1993, 1189
[980] OLG München FamRZ 1992, 1207
[981] OLG Karlsruhe FamRZ 1987, 297
[982] BGH FamRZ 1997, 811, 812 = R 511 B

2. Abschnitt: Die Schaffung und Abänderung von Unterhaltstiteln §10

Der Beschluss, mit dem das Gericht in einem ordentlichen Streitverfahren (§§ 113 ff. **353** FamFG) das Auskunftsbegehren erledigt (§ 38 I FamFG) unterliegt der Anfechtung (§ 58 FamFG) durch die Beteiligten, soweit sie beschwert sind. Davon kann, abgesehen von einer Zulassung durch das Gericht erster Instanz (§ 61 II FamFG), nur ausgegangen werden, wenn der Wert des Beschwerdegegenstandes 600 EUR übersteigt (§ 61 I FamFG). Der mit seinem Auskunftsantrag abgewiesene Auskunftsberechtigte kann die Wertgrenze im Regelfall für ein Rechtsmittel unschwer einhalten, weil im Fall der Abweisung seine **Beschwer** aus einem **Bruchteil** ($^1/_4$ bis $^1/_{10}$) der erwogenen Unterhaltsforderung abgeleitet wird.[983] Dem gegenüber ist die Beschwer des zur Auskunft verpflichteten Antragsgegners gemäß § 42 I FamGKG nach **billigem Ermessen** zu bestimmen. Maßgebend ist das Interesse des Rechtsmittelführers, die Auskunft nicht erteilen zu müssen.[984] Abzustellen ist auf den Aufwand an Zeit und Kosten, die die Erteilung der geschuldeten Auskunft erfordert.[985] Dabei können die **Kosten** der Zuziehung einer sachkundigen Hilfsperson (z.B. Steuerberater, Rechtsanwalt) nur berücksichtigt werden, wenn sie **zwangsläufig** entstehen, weil der Auskunftspflichtige zu einer sachgerechten Auskunftserteilung nicht in der Lage ist.[986] Dies kann allerdings nicht schon dann angenommen werden, wenn der Auskunftspflichtige üblicherweise seine Einkommensteuer durch einen Steuerberater erstellen lässt. Ist die Verpflichtung zur Auskunft infolge Unbestimmtheit nicht vollstreckungsfähig, sind die für eine **Abwehr der Zwangsvollstreckung** notwendigen Kosten heranzuziehen.[987] Zusätzlich ins Gewicht fallen kann bei der Bemessung des Rechtsmittelinteresses im Einzelfall ein **Geheimhaltungsinteresse** des zur Auskunft verpflichteten Beteiligten. Allerdings hat dieser gegenüber dem Gericht konkret darzulegen und glaubhaft zu machen, dass ihm bei Erteilung der Auskunft konkrete Nachteile drohen.[988] Dabei muss ein besonderes Interesse des Auskunftspflichtigen, bestimmte Tatsachen insbesondere **gegenüber dem Auskunftsberechtigten** geheim zu halten, konkret dargelegt werden. Nach denselben Grundsätzen richtet sich die Bemessung der Beschwer im Fall der Verpflichtung zur Abgabe der **eidesstattlichen Versicherung**.[989]

Die durch Endentscheidung (§ 116 III FamFG) titulierte **Verpflichtung zur Auskunft** **354** wird, da sie in Unterhaltssachen eine Familienstreitsache betrifft, auch nach dem Inkrafttreten des FamFG durch die Verweisung in § 120 I FamFG, die eine Heranziehung vollstreckungsrechtlicher Bestimmungen aus §§ 86 ff. FamFG ausschließt, gemäß § 888 I ZPO **vollstreckt**.[990] Soweit der Titel auf eine Vorlage von Belegen gerichtet ist, hat eine notwendigen Zwangsvollstreckung an sich durch Wegnahme und Aushändigung an den Auskunftsberechtigten durch den Gerichtsvollzieher zu erfolgen (§ 120 I FamFG i. V. m. § 883 ZPO). Dies wird in der Rechtspraxis allerdings als nicht hilfreich angesehen, wenn gleichzeitig, was in den weit überwiegenden Fällen der Fall sein dürfte, eine Auskunftsverpflichtung vollstreckt werden soll. In dieser Konstellation wird die **Belegpflicht** deshalb vollstreckungsrechtlich als ergänzende und von der Vollstreckung nach § 888 ZPO mit abgedeckte Nebenpflicht eingestuft (vgl. Rn. 1/1193). Dies erscheint deshalb gerechtfertigt, weil der Auskunftspflichtige erfahrungsgemäß auch in der Vollstreckung seiner Pflicht durch Vorlage von Belegdokumenten (z.B. Lohnabrechnungen, Steuerklärungen und Bescheide) nachzukommen pflegt. Ist der Auskunftstitel zu unbestimmt, kommt die Auferlegung von Zwangsgeld oder die Verhängung von Zwangshaft nicht in Betracht. Der Titel ist dann praktisch wertlos. Deshalb ist schon im Auskunftsantrag, erst recht bei der Abfassung der Entscheidung, darauf zu achten, dass die vorgesehene Fassung konkret genug und vollstreckungsfähig ist. Auskunft und Vorlage von Belegen sind zwei getrennte Ansprüche. Eine pauschale Aufforderung, geeignete Belege vorzulegen, ist zu unbestimmt, um den Pflichti-

---

[983] BGH FamRZ 2006, 619
[984] BGH FamRZ 2009, 594 Rn. 9
[985] BGH FamRZ 2005, 104
[986] BGH FamRZ 2009, 1211 Rn. 9; 2006, 33, 34
[987] BGH FamRZ 2002, 666
[988] BGH FamRZ 2005, 1986
[989] BGH FamRZ 2005, 1066
[990] BGH FamRZ 1983, 578

§ 10   Verfahrensrecht

gen für den Anspruch auf Vorlage von Belegen in Verzug zu setzen.[991] Die Entscheidungen im Vollstreckungsverfahren unterliegen gemäß § 793 ZPO der Anfechtung im Wege der **sofortigen Beschwerde** (§§ 567–572 ZPO).

355   Auch die titulierte Verpflichtung zur Auskunft schafft für den Grund des Hauptanspruchs **keine Rechtskraft**. Der Unterhaltspflichtige kann sein Interesse, keinen Unterhalt zahlen zu müssen, im Verfahren über den Unterhaltsanspruch ohne Einschränkung weiterverfolgen.[992]

356   Gemäß §§ 1605 I S. 3, 261 BGB hat der Auskunftspflichtige bezogen auf eine von ihm bereits erteilte Auskunft (§ 260 I BGB) deren Vollständigkeit und Richtigkeit eidesstattlich zu versichern. Dies ist der Fall, wenn Grund zu der Annahme besteht, der Auskunftspflichtige habe die Auskunft nicht mit der erforderlichen Sorgfalt erteilt. Allerdings müssen konkret begründete Anhaltspunkte dafür vorliegen. Ein entsprechender Verdacht kann selbst dann begründet sein, wenn inhaltliche Mängel der erteilten Auskunft nicht festgestellt sind. Gleichwohl besteht ein Anspruch auf Abgabe der **eidesstattlichen Versicherung** nicht schon dann, wenn Anhaltspunkte für eine unvollständige oder unrichtige Auskunft vorliegen. Hinzukommen muss vielmehr die Feststellung, dass sich die Unvollständigkeit oder Unrichtigkeit bei **gehöriger Sorgfalt** hätte vermeiden lassen.[993] Andernfalls besteht zunächst – bei unverschuldeter Unkenntnis oder entschuldbarem Irrtum – ein **ergänzender Auskunftsanspruch**. Im Übrigen besteht ein Anspruch auf Abgabe der eidesstattlichen Versicherung dann nicht, wenn nach dem übereinstimmenden Verständnis der Beteiligten die begehrte Auskunft noch nicht vollständig erteilt ist, selbst wenn der Bereich der noch zu erteilenden Auskunft klar abgrenzbar erscheint.[994]

357   Liegen die Voraussetzungen vor, unter denen der Auskunftsberechtigte auch die Abgabe einer eidesstattlichen Versicherung verlangen kann, hat er den Auskunftspflichtigen dazu außerhalb eines gerichtlichen Verfahrens aufzufordern, damit dieser seiner Verpflichtung **freiwillig** nachkommen kann. Dies geschieht im Verfahren nach § 410 Nr. 1 FamFG vor dem örtlich und sachlich zuständigen Amtsgericht (§ 23 a I Nr. 2, II Nr. 5 GVG, 411 I FamFG), in dessen Bezirk die Verpflichtung zur Auskunft zu erfüllen ist. Funktional zuständig ist der Rechtspfleger (§ 3 Nr. 1 b RPflG). Bleibt die Aufforderung erfolglos kann der Auskunftsberechtigte die Verpflichtung zur eidesstattlichen Versicherung – wie die Auskunft und Belegvorlage – im ordentlichen Streitverfahren (§§ 113 ff. FamFG) titulieren lassen. Zum Rechtsmittel, der Beschwer und dem Verfahrenswert entspricht der Rechtslage der bei der Titulierung des Auskunftsanspruchs (vgl. im einzelnen Rn. 10/353).

Die nach § 116 III FamFG wirksame Endentscheidung, mit der das Gericht dem Anspruch stattgegeben hat, ist, sobald die allgemeinen Voraussetzungen der Zwangsvollstreckung nachgewiesen sind, im Verfahren vor dem **Vollstreckungsgericht**, nicht dem Familiengericht,[995] gemäß § 120 I FamFG i. V. m. §§ 889, 888 ZPO zu vollstrecken. Zuständig ist auch hier der Rechtspfleger (§ 20 Nr. 17 RPflG). Zwangsmittel dürfen erst dann angedroht werden, wenn der Auskunftspflichtige in dem auf Antrag des Auskunftsberechtigten zu bestimmenden Termin nicht erschienen ist oder in diesem die Abgabe verweigert.[996] Für die Anordnung der Erzwingungshaft bleibt der Richter zuständig (§ 4 II Nr. 2 RPflG).

XII. Das Stufenverfahren (§ 254 ZPO)

358   Im Stufenverfahren nach § 254 ZPO, einem Sonderfall objektiver Antragshäufung (§ 260 ZPO), wird mit dem Antrag auf Rechnungslegung oder auf Vorlegung eines Vermögensverzeichnisses oder auf Abgabe einer eidesstattlichen Versicherung der Antrag auf

---

[991] OLG München FamRZ 1996, 307
[992] BGH FamRZ 1986, 796
[993] BGH FamRZ 1984, 144, 145
[994] OLG Köln FamRZ 2001, 423
[995] OLG Frankfurt FamRZ 2004, 129
[996] OLG Düsseldorf FamRZ 1997, 1494

Herausgabe desjenigen verbunden, was der Antragsgegner aus dem zugrunde liegenden Rechtsverhältnis schuldet. Es handelt sich nach dem Wortlaut der gesetzlichen Bestimmung um einen **Leistungsantrag,** der nach der weit auszulegenden Bestimmung auch **vorbereitende Auskunfts-, Beleg- und Versicherungsansprüche** (vgl. hierzu näher Rn. 10/ 345 bis 357) erfasst.[997] Das Verfahren kann auf einzelne Stufen beschränkt werden.[998]

Im Anwendungsbereich des § 254 ZPO für das Unterhaltsrecht liegt dem Stufenverfahren die Unterhaltsbeziehung beider Beteiligter zugrunde und erstreckt sich in zumindest zwei Stufen auf das Auskunfts- und das Zahlungsbegehren. Kommt im Anschluss an das Auskunftsbegehren zunächst das Verlangen nach Abgabe der eidesstattlichen Versicherung hinzu, handelt es sich um einen dreistufigen Verfahrensaufbau. Ungeachtet der gesetzliche Formulierung in § 254 ZPO, wonach der Stufenantrag in letzter Konsequenz auf „Herausgabe des geschuldeten" gerichtet sein soll, stellt das Stufenverfahren ein verfahrensrechtlich zulässiges Vorgehen auch dann dar, wenn **Abänderung** eines bestehenden **Unterhaltstitels** (§§ 238, 239 FamFG) begehrt wird[999] und etwa der Unterhaltspflichtige eine Herabsetzung des titulierten Unterhalts verlangt, wobei er im Vorfeld auf Auskünfte über die Einkommensverhältnisse des Unterhaltsberechtigten angewiesen ist. Um einen zulässigen Stufenantrag handelt es sich auch, wenn das Herabsetzungsbegehren gegen eine **einstweilige Anordnung** (§ 246 FamFG) gerichtet werden soll. Hier kann der Unterhaltspflichtige den negativen Feststellungsantrag mit einem Auskunftsantrag auf der ersten Stufe verbinden.[1000] An dieser Rechtslage hat sich durch die Neuregelung des einstweiligen Rechtsschutzes und die Verselbständigung des Anordnungsverfahrens (§ 51 III S. 1 FamFG) nichts geändert (zur umstrittenen Zulässigkeit der negativen Feststellung vgl. in diesem Zusammenhang Rn. 10/438 und 439).

359 Überdies besteht für den jeweiligen Antragsteller die Möglichkeit, auch erst im Laufe des Verfahrens von einem Leistungs-, Abänderungs- oder Feststellungsantrag zum **nachträglichen Stufenantrag** überzugehen, was sich insbesondere dann aufdrängt, wenn der Antragsteller erst nach Rechtshängigkeit in Erfahrung bringt, dass der Verfahrensgegner im Vorfeld nur unzureichende Auskünfte erteilt hat. Verfahrensrechtlich handelt es sich um eine nachträgliche Anspruchshäufung, indessen nicht um eine Antragsänderung im Sinne von § 263 ZPO. Gleichwohl erscheint die Interessenlage vergleichbar, die eine entsprechende Anwendung rechtfertigt.[1001] Stimmt der Gegner nicht zu, muss die „geänderte" Rechtsverfolgung sachdienlich sein.

360 **Rechtshängig** werden grundsätzlich von Anfang an alle Stufen, auch wenn in der Zustellung nicht ausdrücklich eine Einschränkung auf die erste Stufe zum Ausdruck gekommen ist.[1002] Von einer solchen Einschränkung ist selbst dann nicht auszugehen, wenn eine Bewilligung von Verfahrenskostenhilfe nur für den Auskunftsantrag erfolgt ist.[1003] Mit der Rechtshängigkeit gerät der Auskunftspflichtige in Verzug.[1004] Sofern die Erhöhung eines Unterhaltsanspruchs im Wege eines Abänderungsverfahrens (§ 238 FamFG) durchgesetzt werden soll, wird mit der Zustellung des Stufenantragsschrift gleichzeitig die Zeitschranke des § 238 III S. 1 FamFG für den nachfolgenden (bezifferten) Abänderungsantrag überwunden, hindert aber den Antragsteller nicht, auch die ihm durch § 238 III S. 2 FamFG eingeräumte Vorwirkung des Abänderungszeitraums auf der Leistungsstufe geltend zu machen. Die Verjährung eines zunächst noch unbezifferten Leistungsanspruchs wird durch die Rechtshängigkeit gemäß § 204 I Nr. 1 BGB gehemmt (nach § 209 I BGB a. F. unterbrochen), jedoch nur in Höhe der späteren Bezifferung.[1005] Ein Auskunftsantrag mit der **Ankündigung** „Nach Erteilung der Auskunft wird Zahlungsantrag gegenüber der Beklag-

---

[997] FA-FAmR/Gerhardt Kap. 6 Rn. 782
[998] KG FamRZ 1997, 503
[999] OLG Hamburg FamRZ 1983, 626
[1000] OLG Frankfurt FamRZ 1987, 175 (zu § 620 S. 1 Nr. 6 ZPO a. F.)
[1001] OLG München FamRZ 1995, 678
[1002] BGH FamRZ 1995, 797
[1003] BGH FamRZ 1995, 797
[1004] BGH FamRZ 1990, 283
[1005] BGH FamRZ 1992, 1163

§ 10 Verfahrensrecht

ten gestellt werden", stellt keinen – verjährungshemmenden – Leistungsantrag in der besonderen Form des Stufenantrags dar.[1006]

361 Zu verhandeln und zu entscheiden ist regelmäßig Stufe für Stufe durch **Teilbeschluss** und nach Erledigung der Vorstufe auf Antrag eines Beteiligten[1007] das Verfahren in der nächsten Stufe fortzusetzen. Die Instanz schließt ab mit einer **Schlussentscheidung** (§ 116 FamFG). Nach Erteilung der Auskunft muss der Antrag beziffert werden.[1008] Andernfalls ist sie wegen Nichtbeachtung des Bestimmtheitserfordernisses (§ 253 II Nr. 2 ZPO) auf Antrag des Antragsgegners als unzulässig abzuweisen.[1009] Stellt sich im Zuge der Auskunftsstufe heraus, dass ein Unterhaltsanspruch (z. B. wegen zu geringen Einkommens des Unterhaltspflichtigen) nicht besteht, ist es dem Antragsteller verwehrt, mit Erfolg **einseitig** die **Hauptsache** für erledigt zu erklären. Dies wäre nur dann möglich, wenn der Stufenantrag bis zum Eintritt des erledigenden Ereignisses zulässig und begründet gewesen wäre, woran es bei einem Stufenantrag allerdings fehlt, wenn ein Zahlungsanspruch von vornherein nicht gegeben war.[1010] In dieser Verfahrenssituation besteht für den Antragsteller zunächst die Möglichkeit, im Wege der Antragsänderung (§ 263 ZPO) einen **materiellrechtlichen Kostenerstattungsanspruch** als Verzugsschaden in das Verfahren einzuführen. Entsprechend legt der BGH[1011] den Antrag auf Feststellung der Erledigung aus. Alternative kann der Antrag auch zurückgenommen werden, weil der Antragsgegner, sofern er außergerichtlich seiner Auskunftsverpflichtung nicht hinreichend nachgekommen ist und deshalb zur Einleitung des Stufenverfahrens Anlass gegeben hat, die Kosten des Verfahrens zu tragen hat (§ 243 S. 2 Nr. 2 FamFG). Die Kostenvorschrift ist entsprechend heranzuziehen, wenn die Beteiligten – verfahrensfehlerhaft, aber bindend – die Hauptsache übereinstimmend für erledigt erklärt haben.[1012] Gegen die **isolierte Kostenentscheidung** ist gemäß § 113 I S. 2 FamFG i. V. m. § 269 V S. 1 bzw. § 91 a II ZPO das Rechtsmittel der **sofortigen Beschwerde** gegeben (Zur Zulässigkeit des Rechtsmittels vgl. im einzelnen Rn. 10/81). Lässt sich ausnahmsweise feststellen, dass aus Rechtsgründen kein Unterhaltsanspruch besteht, kann der Stufenantrag in vollem Umfang abgewiesen werden.[1013]

362 Der Stufenantrag kann im Unterschied zm isolierten Auskunftsantrag **auch im Verbundverfahren** (§ 137 II Nr. 2 FamFG) gestellt werden. Über das Auskunftsbegehren ist in diesem Falle vor der Entscheidung über den Scheidungsantrag gesondert zu verhandeln und durch **Teilbeschluss** zu entscheiden.[1014] Geht der Antragsteller nach Auskunftserteilung nicht in das Betragsverfahren über, kann der unbezifferte Antrag in der Folgesache, sofern diese nicht abgetrennt wird, nur auf Antrag des Gegners durch Versäumnisurteil als unzulässig abgewiesen werden.[1015] Stufenantrag ist auch möglich in Verbindung mit einer **bezifferten Leistungsantrag**. Hier macht der Antragsteller zunächst einen **Mindestbetrag** geltend (bezifferten Teilantrag). Nur wegen des darüber hinausgehenden Begehrens liegt ein Stufenantrag vor.[1016] Allerdings darf bei einem entsprechenden Stufenantrag über den Leistungsantrag trotz anfänglicher (vorläufiger) Bezifferung erst nach Erledigung des Begehrens auf Auskunft und eidesstattliche Versicherung entschieden werden. Der Antragsteller eines Stufenantrags kann die Bezifferung des Leistungsantrages mit einem Mindestbetrag rückgängig machen und den Leistungsantrag unbeziffert weiterverfolgen.[1017] Überdies kann er nach erstinstanzlicher Abweisung des bezifferten Leistungsantrages mit der Beschwerde auf den Auskunftsantrag zurückgreifen und von dessen Erfüllung die weitere Bezifferung abhängig machen.[1018]

[1006] OLG Celle NJW-RR 1995, 1411; OLG Düsseldorf FamRZ 1986, 488
[1007] OLG Karlsruhe FamRZ 1997, 1224, 1225
[1008] BGH FamRZ 1988, 156, 157
[1009] OLG Schleswig FamRZ 1991, 95, 96
[1010] BGH FamRZ 1995, 348
[1011] BGH FamRZ 1995, 348
[1012] OLG Nürnberg FamRZ 2001, 1381 (zu § 93 d ZPO a. F.)
[1013] BGH FamRZ 1990, 893
[1014] BGH FamRZ 1997, 811 = R 511 B; FamRZ 1982, 151
[1015] OLG Schleswig FamRZ 1991, 95, 96
[1016] BGH FamRZ 2003, 31
[1017] BGH FamRZ 1996, 1070
[1018] OLG München FamRZ 1995, 678

2. Abschnitt: Die Schaffung und Abänderung von Unterhaltstiteln § 10

In einen Teilbeschluss über eine Stufe ist keine Kostenentscheidung aufzunehmen. Die **363** gesamten **Kosten des Stufenverfahrens** bilden eine Einheit und sind erst in der **Schlussentscheidung** zu regeln. Da jeder Teilbeschluss eine nach § 58 FamFG anfechtbare Endentscheidung darstellt, wird er gemäß § 116 III S. 1 FamFG erst mit **Rechtskraft** wirksam und vollstreckbar (§ 120 II S. 1 FamFG), sofern nicht die an die Stelle der vorläufigen Vollstreckbarkeit getretene sofortige Wirksamkeit angeordnet wird. Allerdings sieht § 116 III S. 2 FamFG lediglich die Möglichkeit für das Gericht vor, in Ausübung eines pflichtgemäßen Ermessens die **sofortige Wirksamkeit** anzuordnen. Zwar bestimmt § 116 III S. 3 FamFG eine weitergehende Vorgabe, wonach das Gericht bei der Titulierung des laufenden Unterhalts die sofortige Wirksamkeit im Regelfall anordnen soll. Doch beinhalten die der Schlussentscheidung vorausgehenden Teilbeschlüsse keine Verpflichtung zur Leistung von Unterhalt. Gleichwohl unterstreicht die Regelung ein **besonderes Eilbedürfnis**, das nach der Wertung des Gesetzgebers der Durchsetzung von Unterhaltsansprüchen zukommen soll. Wird ferner bedacht, dass den im Stufenverfahren der eigentlichen Titulierung vorausgehenden Teilentscheidungen insoweit eine vorbereitende und dienende Funktion zukommt, müsste es auf Unverständnis stoßen, wenn diese Entscheidungen nur in einem wesentlich größeren Zeitfenster vollstreckungstauglich wären. Der hiernach gebotene Gleichklang in der vorläufigen Vollstreckbarkeit lässt sich daher nur durch eine entsprechende Anordnung der sofortigen Wirksamkeit nach § 116 III S. 3 FamFG bei allen Teilentscheidung im Stufenverfahren sicherstellen.

Bei der Festsetzung des Verfahrenswertes ist § 38 FamGKG (§ 44 GKG a. F.) zu beachten. **364** Danach ist für die Wertberechnung nur der höhere Anspruch, das ist in der Regel der Leistungsanspruch, maßgebend. Damit stellt sich die Frage, von welchem Wet auszugehen ist, wenn es – aus welchen Gründen auch immer – nicht mehr zu einer Bezifferung und Entscheidung über das Zahlungsbegehren kommt. Teilweise wird die Auffassung vertreten,[1019] im Fall des „stecken gebliebenen Stufenantrags"[1020] vor Bezifferung des Leistungsantrags sei allein das wirtschaftliche Interesse des Antragstellers an der Auskunft (§ 42 I FamGKG) maßgebend. Dabei wird allerdings vernachlässigt, dass der noch unbezifferte Zahlungsantrag bereits mit allen anderen Stufenanträgen bei Zustellung der Antragsschrift im Wege der **objektiven Antragshäufung** (vgl. Rn. 10/360) rechtshängig geworden ist. Weist deshalb das Gericht den Stufenantrag unter Einschluss des noch nicht bezifferten Zahlungsantrags ab, ohne dass es auf die Auskunftserteilung noch ankäme, weil der Antragsteller (z. B.) wirksam auf Unterhalt verzichte hat, erschöpft sich der Wert des gesamten Verfahrens nicht in dem Auskunftsinteresse des Antragstellers. Vielmehr ist der Wert auch des unbezifferten Antrags im Wege einer Schätzung zu ermitteln. Hierbei sind maßgebend die durch den Antragsteller unterbreiteten Anhaltspunkte. Maßgebend bleibt deshalb auch bei unterbliebener Bezifferung des Zahlungsantrags der Wertvergleich gemäß § 38 FamGKG.[1021]

Der Zuständigkeitsverfahrenswert (nach § 5 ZPO) bemisst sich nach der Summe aller **365** geltend gemachten Ansprüche. Dabei ist für die **Rechnungslegung** das Interesse des Antragstellers an der Konkretisierung seines Leistungsantrages maßgebend, damit gemäß § 42 FamGKG etwa $1/10$ bis $1/3$ des Leistungsanspruchs. Der Wert **der eidesstattlichen Versicherung** hängt davon ab, welche zusätzlichen Auskünfte sich der Antragsteller hiervon zwecks Erhöhung seines Leistungsantrags verspricht; dies könnte somit $1/10$ bis $1/3$ des Jahresbetrages der zusätzlichen Unterhaltsspitze sein. Bei der Leistungsstufe sind die Angaben des Antragstellers (und damit der Jahresbetrag gemäß § 51 I FamGKG mit Rückständen gemäß § 51 II S. 1 FamGKG zugrunde zu legen.

Verfahrenskostenhilfe ist, soweit sie der **Antragsteller** begehrt, für alle Stufen (nicht **366** erst für die Auskunftsstufe, später dann für die nächste Stufe) zu bewilligen (inzwischen h. M.[1022]). Die weitere Rechtspraxis ist nicht einheitlich. Manche wollen gleichzeitig den

---

[1019] OLG Frankfurt FamRZ 1987, 1293
[1020] OLG Stuttgart FamRZ 2005, 1765
[1021] OLG Stuttgart FamRZ 2008, 534; KG FamRZ 2007, 69; OLG Brandenburg FamRZ 2007, 71; OLG Celle FamRZ 1997, 99
[1022] OLG Thüringen FamRZ 2005, 1186; OLG München FamRZ 2005, 42; OLG Zweibrücken FamRZ 2005, 46; a. A. Kammergericht, FamRZ 2005, 461

Streitwert für den unbezifferten Leistungsantrag festsetzen, um einen Missbrauch bei der späteren Antragstellung zu unterbinden.[1023] Nach OLG München[1024] soll Verfahrenskostenhilfe auch für die unbezifferte Leistungsstufe zu gewähren sein, nach Bezifferung aber ein neuer VKH-Antrag gestellt werden müssen. Nach OLG Celle umfasst die uneingeschränkte Bewilligung von Verfahrenskostenhilfe ohne weiteres den entsprechend den Darlegungen des Klägers im Bewilligungszeitraum auf Grund der Auskunft nachträglich bezifferten Zahlungsantrag.[1025] Nach OLG Hamm[1026] soll die Erfolgsaussicht der Leistungsstufe nach deren Bezifferung erneut geprüft werden können. Nach OLG München[1027] soll für die Leistungsstufe ein vorläufiger Streitwert festzusetzen sein (sonst keine nachträgliche Beschränkung). Die Erfolgsaussichten für die Verteidigung des **Antragsgegners** ist für jede Stufe gesondert zu prüfen und zu bewilligen, weil dies ohne Kenntnis der jeweils aktualisierten Stufenanträge nicht beurteilt werden kann.

367 Bei den einzelnen Teilbeschlüssen, die die jeweilige Stufe erledigen, handelt es sich vor dem Hintergrund ihres verfahrensrechtlichen Eigenlebens um in der Hauptsache ergangene **Endentscheidungen,** die nach den allgemeinen Regeln der Anfechtung (§§ 58, 117 FamFG) unterliegen, und zwar auch dann, wenn sie auf einem entsprechenden Anerkenntnis beruhen.[1028] Allerdings ist das Beschwerdegericht, sofern nur mit einem Teilbeschluss der Stufenanträge befasst, nicht gehindert, auch die weiteren Stufen an sich zu ziehen und bei Entscheidungsreife mit zu erledigen.[1029] Werden die Stufenanträge insgesamt mit der Begründung abgewiesen, ein Unterhaltsanspruch sei nicht gegeben, setzt sich nach Einlegung der Beschwerde, sofern keine einschränkenden Anträge gestellt werden, das Stufenverhältnis in der Rechtsmittelinstanz fort, so dass zunächst über das Auskunftsbegehren zu entscheiden ist. Wegen des Zahlungsbegehrens kommt unter den Voraussetzungen von § 117 II FamFG i. V. m. § 538 II Nr. 4 ZPO eine **Zurückverweisung** in Betracht, die allerdings, abgesehen von dem Fall der **unzulässigen Teilentscheidung,** von dem entsprechenden Antrag eines Beteiligten abhängt. Im Übrigen ist das Beschwerdegericht befugt, selbst wenn das Rechtsmittel zunächst nur mit dem Auskunftsantrag geführt wird, die Anträge insgesamt abzuweisen, sofern es einen Unterhaltsanspruch verneint, und zwar auch dann, wenn der Hauptanspruch zwischenzeitlich beziffert und anderweitig geltend gemacht wird.[1030] Verfolgt der Antragsteller nach erstinstanzlicher Abweisung seiner Stufenanträge in der Beschwerdeinstanz lediglich das Auskunftsbegehren und macht schließlich geltend, der Antragsgegner sei nunmehr seiner Auskunftsverpflichtung nachgekommen, kann er den Auskunftsantrag auch einseitig für erledigt erklären. Für einen entsprechenden Feststellungsantrag bejaht der BGH,[1031] damit das Rechtsmittelverfahren zum Abschluss gebracht werden könne, das Rechtsschutzinteresse.

368 **Beschwer.** Da die einzelnen Teilentscheidungen gesondert rechtsmittelfähig sind, müssen sie jeweils auch, abgesehen vom (seltenen) Fall der Zulassung, die notwendige Beschwer im Sinne von § 61 I FamFG (mehr als 600 EUR) begründen. Maßgebend sind die Verhältnisse bei Einlegung des Rechtsmittels.[1032] Diese Voraussetzung ist vielfach bei dem Auskunftsbegehren stattgebenden Antrag nicht erfüllt. Im Fall der Einlegung eines Rechtsmittels gegen die Verpflichtung zur Erteilung einer Auskunft, zur Rechnungslegung, zur Einsichtgewährung in bestimmte Unterlagen, zur Abgabe einer eidesstattlichen Versicherung oder dergleichen bemisst sich der Wert des Beschwerdegegenstandes nach dem Aufwand an Zeit und Kosten, die die Erfüllung des titulierten Anspruchs erfordert, sowie nach einem etwaigen Geheimhaltungsinteresse des Verpflichteten, nicht aber nach dem Wert des

---

[1023] OLG Frankfurt FamRZ 1991, 1458
[1024] OLG München FamRZ 1993, 340
[1025] OLG Celle FamRZ 1994, 1043
[1026] OLG Hamm FamRZ 1994, 312
[1027] OLG München FamRZ 1991, 1184
[1028] BGH FamRZ 2003, 1922
[1029] BGH NJW 1985, 2405
[1030] BGH FamRZ 1990, 863, 864
[1031] BGH FamRZ 1999, 1197, 1199
[1032] BGH FamRZ 2009, 595 Rn. 9; 2009, 495 Rn. 14

Auskunftsanspruchs. Dabei bleibt das Interesse des Auskunftspflichtigen an der Vermeidung einer für ihn nachteiligen Kostenentscheidung außer Betracht[1033] (zu weiteren Einzelheiten und der aktuellen BGH-Rechtsprechung vgl. Rn. 10/353). Verpflichtet das Beschwerdegericht den Antragsgegner auf einen Stufenantrag zur Auskunft und verweist es die Sache wegen der weiteren Stufen zurück, richtet sich der **Verfahrenswert** eines gegen diese Beschwerdeentscheidung gerichteten Rechtsmittels lediglich nach der Beschwer des Antragsgegners durch die Verpflichtung zur Auskunft, auch wenn das Vordergericht die Stufenanträge insgesamt abgewiesen hatte.[1034]

XIII. Das Anpassungsverfahren bei außergerichtlichen Unterhaltsvereinbarungen

Haben die Beteiligten ihre durch die gesetzliche Unterhaltspflichten bestimmten Rechtsverhältnisse mit einer Unterhaltsvereinbarung näher ausgestaltet und sich über die laufende Zahlung einer Unterhaltsrente verständigt, stellt sich die Frage nach den verfahrens- und materiellrechtlichen Anforderungen für eine Anpassung und deren Durchsetzung. Ein verfahrenssystematisch vorrangiges Abänderungsverfahren nach §§ 238, 239 FamFG scheitert bereits aus formellen Gründen, weil die außergerichtliche Vereinbarung weder einer gerichtlichen Endentscheidung noch einem Vergleich oder sonst einer vollstreckbaren Urkunde gleichsteht.[1035] Das in ZPO und FamFG festgelegte System der Rechtsbehelfe unterliegt nicht der Dispositionsfreiheit der Beteiligten. Zudem fehlen Anhaltspunkte, die eine gebotene analoge Anwendung rechtfertigen könnten. Es verbleibt hiernach bei den Rechtsbehelfen für ein **gerichtliches Erstverfahren**. Das wiederum ist je nach Fallkonstellation unterschiedlich zu beurteilen und hängt primär davon ab, welcher der beiden Beteiligten an der Vereinbarung nicht mehr festhalten will. 369

Macht der **Unterhaltsberechtigte** geltend, der Unterhaltspflichtige schulde auf Grund der weiteren Entwicklung einen **höheren Unterhalt**, muss er dies mit einem **Leistungsantrag** (§ 258 ZPO) durchsetzen. Berühmt er sich eines solchen gegenüber dem Unterhaltspflichtigen, kann dieser ihm mit einem **negativen Feststellungsantrag** (§ 256 ZPO) entgegentreten. Das hierfür zunächst zu bejahende Feststellungsinteresse entfällt allerdings im Nachhinein, sobald der Unterhaltsberechtigte wegen desselben Verfahrensgegenstandes mit einem Leistungsantrag den höheren Unterhalt gerichtlich geltend macht und dieser Leistungsantrag nicht mehr einseitig zurückgenommen werden kann.[1036] Der Unterhaltspflichtige muss das Feststellungsverfahren in der Hauptsache für erledigt erklären. 370

Ist der **Unterhaltspflichtige** der Ansicht, etwa wegen Verschlechterung seiner Einkommensverhältnisse nur noch einen **geringeren Unterhalt** zu schulden, steht es ihm frei, die Zahlungen einzustellen und dadurch den Unterhaltsberechtigten zu einem Leistungsantrag zu zwingen. Hält dieser sich weiter für entsprechend unterhaltsberechtigt, ohne hierbei gerichtlich vorzugehen, kann der Unterhaltspflichtige auch hier mit einem negativen Feststellungsantrag rechtskräftig feststellen lassen, dass er nicht mehr als von ihm zugestanden an Unterhalt schuldet. Wird der Feststellungsantrag abgewiesen, steht rechtskräftig fest, dass der Unterhaltspflichtige den vereinbarten Unterhalt schuldet. Allerdings fehlt weiter ein vollstreckbarer Titel, so dass der Unterhaltsberechtigte einen Leistungsantrag (§ 258 ZPO) stellen muss. Ein vorrangiges Abänderungsverfahren scheidet aus, da es an einer Verpflichtung im Sinne von § 238 I FamFG fehlt. 371

In der Sache haben die jeweiligen nach **materiellem Recht** zu beurteilenden Rechtsbehelfe, mit denen die Beteiligten einen höheren oder geringeren Unterhalt als vereinbart geltend machen, Erfolg, wenn sich, wie bei sonstigen privatrechtlichen Verträgen auch (§ 313 BGB), die Umstände, die die Beteiligten zur Grundlage der Vereinbarung gemacht 372

[1033] BGH FamRZ 1995, 349 = R 485 A
[1034] BGH FamRZ 2003, 87
[1035] OLG Bamberg FamRZ 2001, 922
[1036] BGH NJW 2006, 515

hatten, schwerwiegend verändert haben und die Beteiligten die Vereinbarung, wenn sie die Veränderungen vorausgesehen hätten, nicht oder nicht mit dem Inhalt geschlossen hätten, so dass jeder Beteiligte eine Anpassung verlangen kann, soweit dies dem anderen Beteiligten nach den gesamten Umständen des Einzelfalls zuzumuten ist. Die Rechtslage entspricht der für die Abänderung von Vergleichen und vollstreckbaren Urkunden, für deren Abänderung § 239 II FamFG auf das materielle Recht verweist. Zu den näheren Einzelheiten über das Ausmaß einer Störung der Geschäftsgrundlage sowie zu den daraus folgenden Möglichkeiten einer Anpassung kann deshalb auf die Ausführungen zu Rn. 10/261 bis 270 verwiesen werden, die entsprechend gelten. Gleiches gilt auch für die **Darlegungs- und Beweislast**. Begehrt der Unterhaltsberechtigte mit dem Hinweis auf die Anpassung der Unterhaltsvereinbarung einen höheren Unterhalt, muss er die Grundlagen der Vereinbarung sowie deren Änderung darlegen und beweisen, die im Wege der Anpassung sein Begehren rechtfertigen. Bestreitet der Unterhaltspflichtige das Zustandekommen einer solchen, muss der Unterhaltsberechtigte auch dies beweisen. Für den Fall, dass ihm dies nicht gelingt, muss er – zumindest hilfsweise – sein Gesamtunterhaltsbegehren auf die gesetzlichen Bestimmungen stützen. Stellt der Unterhaltspflichtige das Zustandekommen einer Unterhaltsvereinbarung nicht in Abrede, muss er für eine erfolgreiche Anpassung seinerseits die Grundlagen des Vertrages und deren aktuelle Störung darlegen und beweisen.

373 Die Heranziehung der Grundsätze über die Störung der Geschäftsgrundlage (§ 313 BGB) setzen eine **wirksam** zustande gekommene **Unterhaltsvereinbarung** voraus. Dafür muss es den allgemeinen Vertragsregeln entsprechenden deutliche Anhaltspunkte geben. Allein der Umstand, dass der Unterhaltsberechtigte über einen längeren Zeitraum unbeanstandet gleich bleibende Unterhaltszahlungen entgegengenommen hat, rechtfertigt nicht die Annahme, die Beteiligten hätten hierüber eine Vereinbarung geschlossen. Allerdings sind in der Rechtspraxis nicht selten Fallgestaltungen anzutreffen, bei denen sich die Beteiligten nach Durchführung anwaltlichen Schriftwechsels über laufende Unterhaltszahlungen verständigt haben, ohne dass sich die Beteiligten hierauf im Nachhinein berufen.

XIV. Das Mahnverfahren (§ 113 II FamFG, §§ 688–703 d ZPO)

374 Unterhalt kann auch nach dem Inkrafttreten des FamFG im Mahnverfahren geltend gemacht werden (§ 113 II FamFG), aber nur die bis zum Ablauf der Widerspruchsfrist fälligen Beträge, also praktisch nur die **Rückstände** (§ 688 I i. V. m. § 692 I Nr. 3 ZPO). In der unterhaltsrechtlichen Praxis hat das Mahnverfahren nur geringe Bedeutung und geht regelmäßig ins streitige Verfahren über. Deshalb erscheint es sinnvoller, von Anfang an das ordentliche Streitverfahren einzuleiten und den behaupteten Unterhaltsanspruch eingehend zu begründen.

XV. Das Wiederaufnahmeverfahren (§ 118 FamFG, §§ 578–591 ZPO)

375 Eine weitere Abänderungsmöglichkeit einer in einer Hauptsache ergangenen rechtskräftigen Endentscheidung gewährt das **Wiederaufnahmeverfahren** nach § 118 FamFG i. V. m. §§ 578 ff. ZPO. Es handelt sich nicht um ein weiteres Rechtsmittel. Dabei richtet sich die Rechtsverfolgung im **Nichtigkeitsverfahren** (§ 579 ZPO) gegen die Verletzung elementarer Verfahrensnormen. Im **Restitutionsverfahren** (§ 580 ZPO) soll eine evident unrichtige oder nicht vollständige Entscheidungsgrundlage beseitigt werden. Insofern gleichen beide Verfahrensarten als außerordentliche Rechtsbehelfe einem Rechtsmittel im verfahrenstechnischen Sinn und beseitigen die Rechtskraftwirkung der angefochtenen Entscheidung.[1037] Vorrang gebührt dem Nichtigkeitsverfahren. Kommen gleichzeitig Restitutionsgründe in Betracht, ist das Verfahren bis zum rechtskräftigen Abschluss des Nichtigkeits-

---

[1037] BGH NJW 1982, 2449, 2450

2. Abschnitt: Die Schaffung und Abänderung von Unterhaltstiteln § 10

verfahrens auszusetzen (§ 578 II ZPO). Ein Wiederaufnahmeverfahren in einer Scheidungssache erstreckt sich auch auf die Folgesachen (§ 137 FamFG).

Voraussetzung für die Wiederaufnahme ist die **formelle Rechtskraft** der angefochtenen Endentscheidung. Hierzu zählen in Unterhaltssachen Gestaltungs-, Anerkenntnis- und Versäumnisbeschlüsse sowie Entscheidungen in Arrestverfahren. Verfahrensvergleiche unterliegen nicht dem Wiederaufnahmeverfahren, da sie Endentscheidungen nicht gleichstehen und die Feststellung ihrer behaupteten Nichtigkeit im Wege der Fortsetzung des abgeschlossenen Verfahrens erfolgen kann. Beteiligte des Wiederaufnahmeverfahrens sind dieselben wie im vorausgegangenen Verfahren.

Gemäß § 584 ZPO ist für den Wiederaufnahmeantrag ausschließlich das Gericht, das im ersten Rechtszug entschieden hat, zuständig. Entscheidungen des Beschwerdegerichts und des Rechtsbeschwerdegericht fallen danach in die Zuständigkeit des Beschwerdegerichts. Wird der Rechtsbehelf allerdings auf Gründe gestützt, die nach §§ 579, 580 Nr. 4 und 5 ZPO geltend gemacht werden, entscheidet bei eigener Vorentscheidung das Rechtsbeschwerdegericht. Hat das Oberlandesgericht die Beschwerde als unzulässig verworfen, ist das Gericht erster Instanz ausschließlich zuständig, weil in der Sache keine Entscheidung durch das Beschwerdegericht ergangen ist.[1038] Ein anderes muss allerdings dann gelten, wenn die Gründe, die zur Verwerfung geführt haben, im Wiederaufnahmeverfahren angeführt werden. Die durch § 584 ZPO begründete **ausschließliche Zuständigkeit** wird in Unterhaltssachen verdrängt (§ 232 II FamFG), soweit eine ausschließliche Zuständigkeit aus § 232 I Nr. 1 und 2 FamFG vorliegt, was insbesondere dann der Fall sein dürfte, wenn das minderjährige Kind mit einem Elternteil seinen gewöhnlichen Aufenthaltsort nach dem Erstverfahren geändert hat. 376

Die **Nichtigkeits- und Restitutionsgründe** sind in §§ 579, 580 ZPO abschließend geregelt. Auch eine analoge Anwendung von § 579 I Nr. 4 ZPO scheidet aus, wenn die Antragsschrift im Ausgangsverfahren dem Antragsgegner nur mit vom Antragsteller erschlichenen **öffentlichen Zustellung** bekannt gemacht worden ist.[1039] Lagen die Voraussetzungen einer öffentlichen Zustellung für das Gericht erkennbar nicht vor, fehlt es für ein Wiederaufnahmeverfahren schon an der notwendigen Rechtskraft der Vorentscheidung, weil Rechtsmittel- und Rechtsbehelfsfristen nicht in Gang gesetzt worden sind.[1040] 377

Für die **Einleitung** (§ 253 ZPO) und das weitere Verfahren gelten die allgemeinen Vorschriften entsprechend (§ 585 ZPO). Hinsichtlich des Anwaltszwangs gilt § 114 FamFG. **Verfahrenskostenhilfe** ist für das Wiederaufnahmeverfahren eigenständig zu bewilligen. Die nach § 114 ZPO gebotene Prüfung der Erfolgsaussichten umfasst die Voraussetzungen für das Wiederaufnahmeverfahren und die Weiterverfolgung der Hauptsache aus dem Vorverfahren.[1041] Sie ist deshalb zu versagen, wenn die angegriffene Entscheidung ungeachtet der vorgetragenen Wiederaufnahmegründe in der Sache weiterhin Bestand hat. Auch im Übrigen gelten die allgemeinen Verfahrensgrundsätze (§ 113 FamFG) mit der Möglichkeit einer Verfahrenstrennung und Verfahrensverbindung (§§ 145, 150 ZPO). Antragsrücknahme (§ 269 ZPO) ist wie eine Antragsänderung gemäß §§ 263, 264 ZPO möglich. 378

Das **Verfahren** ist in **drei Abschnitte** gegliedert. Führt die zunächst anzustellende Prüfung der Zulässigkeit des Wiederaufnahmeverfahrens u. a. dazu, dass das Vorbringen des Antragstellers von den in Betracht kommenden Gründen (§§ 579, 580 ZPO) nicht getragen wird, ist der Antrag als **unzulässig** abzuweisen (§ 589 I S. 2 ZPO). Der zweite Abschnitt hat die Feststellung zum Ziel, ob die zulässigerweise angeführten Nichtigkeits- oder Restitutionsgründe tatsächlich gegeben sind. Ist dies der Fall, kann das Gericht mit einer **Zwischenentscheidung** die Voraussetzungen des Wiederaufnahmeverfahrens bejahen,[1042] wenn es nicht bereits die über die Wiederaufnahmegründe mit der neuen Verhandlung in der Unterhaltssache selbst verbunden hat (§ 590 ZPO). Die **Zwangsvollstreckung** 379

[1038] OLG München FamRZ 1982, 314
[1039] BGH FamRZ 2003, 672
[1040] BGH FamRZ 2007, 40
[1041] BGH NJW 1993, 3140
[1042] BGH FamRZ 1993, 943

aus der angefochtenen Entscheidung kann auf Antrag gemäß § 707 I ZPO i. V. m. § 120 II FamFG eingestellt werden.

Gemäß § 586 ZPO ist der Wiederaufnahmeantrag vor Ablauf eines Monats (Notfrist) zu stellen.[1043] Die Einreichung eines Gesuchs um Bewilligung von Verfahrenskostenhilfe genügt nicht. Allerdings ist Wiedereinsetzung zulässig. Die Frist beginnt mit dem Tag, an welchem der Beteiligte von dem Anfechtungsgrund Kenntnis erhalten hat, jedoch nicht vor eingetretener Rechtskraft der Entscheidung[1044] (§ 586 II S. 1 ZPO). Nach Ablauf von 5 Jahren ab Rechtskraft des Beschlusses sind die Anträge nach § 578 I ZPO unstatthaft (§ 586 II S. 2 ZPO).

XVI. Der „Widerantrag" (§ 33 ZPO)

1. Allgemeines

380 Durch die Verweisung in § 113 I S. 2 und V FamFG eröffnet die Vorschrift des § 33 ZPO auch für die Unterhaltssachen (§ 231 I FamFG) der Familienstreitsachen weiterhin einen zusätzlichen **besonderen Gerichtsstand des Sachzusammenhangs** für einen Widerantrag, der – nach seiner Definition – verfahrensgegenständlich mit einem Hauptsacheantrag in Zusammenhang steht, somit konnex ist. Besteht eine örtliche Zuständigkeit des angerufenen Gerichts schon nach den allgemeinen Vorschriften, ist ein Rückgriff auf die besondere Vorschrift entbehrlich. Sie regelt lediglich eine Gerichtsstandfrage und stellt keine besondere Verfahrensvoraussetzung für ein Widerantragsverfahren dar. Dieser besondere Gerichtsstand des § 33 I ZPO soll bei Verfahren, die miteinander im Zusammenhang stehen, eine **einheitlichen Verhandlung** und **Entscheidung** ermöglichen. Die hierdurch erfolgende Privilegierung des Antragsgegners beruht darauf, dass der Antragsteller mit Einleitung eines ordentlichen Streitverfahrens stets das Risiko trägt, nicht nur Einwendungen und Einreden gegenüber dem verfolgten Anspruch selbst ausgesetzt zu sein, sondern mit einem **„eigenständigen Gegenantrag"** auf Grund Sachzusammenhangs rechnen zu müssen.

> **Beispiel:**
> Der in Karlsruhe lebende Antragsteller nimmt den Antragsgegner in Freiburg gerichtlich in Anspruch. Sofern der Antragsgegner gegen den Antragsteller einen **konnexen Gegenanspruch** hat, kann er diesen gemäß. § 33 I ZPO im Gerichtsstand des bereits eingeleiteten Verfahrens, somit an seinem Wohnort in Freiburg, geltend machen. Besteht zwischen Erstverfahren und Zweitverfahren kein Zusammenhang, muss der Antragsgegner den Antragsteller in Karlsruhe gerichtlich verfolgen. Wohnen beide Beteiligte inzwischen in Freiburg (vgl. § 261 II Nr. 2 ZPO), ergibt sich die Zuständigkeit für die das Zweitverfahren des Antragsgegners in Freiburg (wegen mangelnder Konnexität liegt kein Widerantragsverfahren vor) aus den allgemeinen Vorschriften; § 33 I ZPO findet keine Anwendung. Ob somit beide Antragsverfahren im letzteren Fall miteinander verbunden werden, hängt von § 147 ZPO ab.
> Danach müssen beide zu verbindenden Verfahren in **rechtlichem Zusammenhang** stehen. Dies ist ein weitergehender Begriff als der Zusammenhang i. S. d. § 33 I ZPO, der somit auch ein tatsächlicher oder wirtschaftlicher sein kann.
> Haben der Antragsteller und der Antragsgegner gemäß. § 38 ZPO den Gerichtsstand Baden-Baden in zulässiger Weise vereinbart, kann Freiburg als Gerichtsort des Widerantrags nicht zuständig sein, da der **Gerichtsstand** des § 33 I ZPO **nicht ausschließlich** ist. Im Übrigen gilt § 33 I ZPO gemäß § 33 II ZPO nur für **vermögensrechtliche Widerantragsverfahren** und dann nicht, wenn für den Gegenanspruch eine ausschließliche Zuständigkeit besteht.

381 Der Widerantrag ist ein **Gegenangriff** gegen den Antrag des Antragstellers und steht daher mit ihm in einer natürlichen Einheit. Beide Verfahrensgegenstände beziehen sich derart aufeinander, dass das Obsiegen in dem einen Verfahrensrechtsverhältnis das Unterliegen im anderen Verfahren bedingt. Der Widerantrag ist daher kein Angriffs- oder Ver-

---

[1043] BVerfG NJW 1993, 3257
[1044] BGH NJW 1993, 1596

2. Abschnitt: Die Schaffung und Abänderung von Unterhaltstiteln § 10

teidigungsmittel i. S. d. §§ 115 FamFG, 528 ZPO,[1045] sondern ein Antragsverfahren eigener Art. Erforderlich ist das Vorliegen der allgemeinen und besonderen Verfahrensvoraussetzungen. Da er einen **eigenen Verfahrensgegenstand** hat, kann ein Widerantrag nicht bloß die Kehrseite des Antrags darstellen. Der auf Leistung in Anspruch genommene Antragsgegner kann daher nicht im Wege des Widerantrags die Feststellung begehren, den geforderten Unterhaltsbetrag nicht zu schulden.[1046] Allerdings kann der Antragsgegner mit dem Widerantrag geltend machen, dass statt Unterhalt zu schulden, er selber Unterhalt fordern könne. Auch geht es über die bloße **Negation** des im Streitverfahren geltend gemachten Anspruchs hinaus, wenn der Unterhaltspflichtige als Antragsgegner gegenüber dem Unterhaltsbegehren Rückforderung wegen Überzahlung aus der Garantiehaftung gemäß § 120 I FamFG i. V. m. § 717 II S. 2 ZPO geltend macht.

2. Die Einleitung des Widerantragsverfahrens

382 Verfahrensvoraussetzung eines Widerantrags ist, dass der Antrag gegen den Antragsgegner im Zeitpunkt der Einleitung des Widerantragsverfahrens noch in der Hauptsache rechtshängig ist.[1047] Der Widerantrag kann **bis zum Schluss der letzten mündlichen Verhandlung** in dem Vorverfahren gestellt werden.[1048] Dies geschieht durch eine zuzustellenden Widerantragsschrift, die zu dem Aktenzeichen des Vorverfahrens einzureichen ist. Im schriftlichen Verfahren kann der Widerantrag bis zu dem Zeitpunkt des § 128 II S. 2 ZPO eingereicht werden, der dem Schluss der mündlichen Verhandlung entspricht. Das erst nach Schluss der mündlichen Verhandlung eingeleitete Widerantragsverfahren ist, wenn es nicht zu einer Wiedereröffnung des Verfahrens kommt, unzulässig.[1049]

In der **Beschwerdeinstanz** ist der Widerantrag unter denselben Voraussetzungen zulässig wie im erstinstanzlichen Verfahren (§ 68 III S. 1 FamFG). Die Vorschrift des § 533 ZPO, die für das zivilprozessuale Verfahren mit den Kriterien der Sachdienlichkeit oder der Einwilligung des Gegners einschränkende Vorgaben enthält, ist, wie in Familienstreitsachen aus der begrenzten Verweisung auf die Berufungsvorschriften folgt (§ 117 II FamFG), nicht anzuwenden, weil sie nach der Einschätzung des Gesetzgebers den Bedürfnissen des familiengerichtlichen Verfahrens, die Tatsachenfeststellung an das häufig im Fluss befindliche Geschehen anzupassen, nicht gerecht werden kann.[1050] In der **Rechtsbeschwerdeinstanz** (§ 70 FamFG) findet eine reine Rechtsprüfung statt im Rahmen der durch die Beteiligten gestellten Rechtsbeschwerde- und Anschließungsanträge (§ 74 III S. 1 FamFG). Ein Widerantrag ist danach im Allgemeinen unstatthaft (Ausnahme z. B. § 717 III ZPO).[1051]

3. Die allgemeinen Verfahrensvoraussetzungen

383 Da § 33 I ZPO nur eine Regelung der **örtlichen Gerichtszuständigkeit** enthält, wird die sachliche Zuständigkeit durch § 33 ZPO nicht berührt, die sich nach den allgemeinen Regeln für das Streitverfahren bestimmen lässt. Der Widerantrag ist daher zulässig, wenn er vor ein Gericht gleicher Ordnung wie das Gericht des Vorverfahrens gehört. Die sachliche Zuständigkeit entspricht der für das Erstverfahren, das Anlass bietet für den Widerantrag (§ 23 a I Nr. 1 GVG, §§ 111 Nr. 8, 112 Nr. 1, 231 I FamFG).

4. Der Zusammenhang des § 33 I ZPO

384 Ein Zusammenhang mit dem Erstverfahren liegt vor, wenn beide Anträge auf ein **gemeinsames Rechtsverhältnis** zurückzuführen sind, oder aber die Forderung des Antrag-

---

[1045] BGH NJW 1995, 1223, 1224
[1046] BGH NJW 2006, 515
[1047] BGH NJW-RR 2001, 60
[1048] BGH NJW-RR 1992, 1085
[1049] BGH NJW 2000, 2512
[1050] BT-Drucks. 16/6308 S. 224
[1051] BGH NJW 1994, 2085

stellers mit dem Verteidigungsmittel des Antragsgegners **in Zusammenhang** steht. Einer Identität zwischen beiden Anspruchsgrundlagen bedarf es nicht.

Beispiel:
Zusammenhang besteht zwischen dem Unterhaltsbegehren des Antragstellers und dem im Wege der Widerantrags geltend gemachten Anspruch auf Vorschusszahlung zugunsten des Antragsgegners für dessen beabsichtigtes gerichtliches Verfahren auf Rückzahlung geleisteten Unterhaltes wegen ungerechtfertigter Bereicherung.

Ein Zusammenhang mit den Verteidigungsmitteln des Antragsgegners besteht, wenn dieser z. B. gegenüber einer Rückstandsforderung auf Unterhalt in Höhe von 3000 EUR Aufrechnung mit einem rein zivilrechtlichen Gegenanspruch in Höhe von 10 000 EUR erklärt: Über die erloschene Rückstandsforderung in Höhe von 3000 EUR hinaus führt der Antragsgegner in Höhe von 7000 EUR gegen den Antragsteller ein Widerantragsverfahren.

5. Der zeitliche Zusammenhang von Antrag und Widerantrag

385 Zeitlich gesehen ist ein Widerantragsverfahren erst **ab Rechtshängigkeit des Vorverfahrens** zulässig; es gibt daher keinen Widerantrag im Rahmen eines Mahnverfahrens oder eines vereinfachten Unterhaltsverfahrens i. S. d. § 249 FamFG. Zum Zeitpunkt der Einleitung des Widerantragsverfahrens muss die Rechtshängigkeit des Vorverfahrens auch noch fortdauern.[1052] Ist zu diesem Zeitpunkt der Antrag bereits zurückgenommen (§ 269 ZPO) oder anderweitig erledigt (§ 91 a ZPO), ist ein Widerantrag nicht mehr zulässig.[1053] Das gilt auch dann, wenn sich das Verfahren auf die Verhandlung über die Kosten reduziert hat. Da auch dann das Verfahren in der Hauptsache erledigt ist, ist das Vorverfahren als Streitverfahren nicht mehr rechtshängig. Unschädlich ist es aber für die Zulässigkeit des Widerantragsverfahrens, wenn nach seiner Einleitung der Vorantrag zurückgenommen oder auf andere Weise erledigt wird. Das Gericht des Vorverfahrens bleibt gemäß § 261 III Nr. 2 ZPO auch weiterhin für den Widerantrag zuständig; dieser steht damit nunmehr als einziger Antrag zur Entscheidung des Gerichts nach Erledigung der Vorverfahrens.

6. Die Beteiligten des Widerantragsverfahrens

386 Folgende Beteiligtenrollen sind im Rahmen von Vorantrag und Widerantrag möglich:
- Der **Antragsgegner** stellt einen Widerantrag nur gegen den **Antragsteller** oder gleichzeitig auch noch gegen einen bisher am Verfahren nicht beteiligten Dritten als Streitgenossen i. S. d. §§ 59, 60 ZPO.
- Der **Antragsgegner** stellt seinen Widerantrag nur **gegen** einen bisher am Verfahren **nicht beteiligten Dritten.**
- Ein **Streithelfer des Antragsgegners** oder ein sonstiger Dritter stellt gegen den **Antragsteller** allein oder gegen ihn und einen am Verfahren bisher nicht beteiligten Dritten einen „**Drittwiderantrag**".

Nach der Rechtsprechung des Bundesgerichtshofs ist der Widerantrag nur im 1. Fall als Antragsänderung (Beteiligtenerweiterung) zulässig. Es bedarf daher entweder einer Einwilligung des Antragstellers (rügelose Einlassung genügt) oder einer Sachdienlichkeit der subjektiven Antragshäufung.[1054] Wird der **beteiligtenerweiternde Widerantrag** in der Beschwerdeinstanz gestellt, ist immer die Zustimmung des Antragstellers erforderlich, sofern er sie nicht rechtsmissbräuchlich verweigert.[1055] Dritte können im Wege der Anschlussbeschwerde nicht einbezogen werden.[1056] Nicht zulässig sind somit ein Drittwiderantrag

---

[1052] BGH NJW-RR 2001, 60
[1053] BGH NJW 2009, 148
[1054] BGH NJW 1991, 2838
[1055] BGH NJW-RR 1990, 1267
[1056] BGH NJW 1995, 198

oder der Antrag eines Dritten (2./3. Fall). Allerdings kann das Gericht eine **Antragsverbindung** gemäß § 147 ZPO vornehmen.

Hat das Gericht im ersten Falle die Sachdienlichkeit des Widerantrags und damit dessen Zulässigkeit bejaht, bedarf es für die örtliche Zuständigkeit des angerufenen Gerichts, soweit es den Dritten anbelangt, einer **Gerichtsstandsbestimmung** nach § 36 Nr. 3 ZPO, da der Widerantrag nur für die Beteiligten von Vorantrag und Widerantrag, nicht für einen in das Verfahren einbezogenen Dritten die örtliche Zuständigkeit begründet.[1057] Fehlt die Zuständigkeit oder wird die Sachdienlichkeit verneint, ist der Widerantrag als **unzulässig abzuweisen**.[1058] Auf Antrag des Antragsgegners kann aber der Widerantrag auch abgetrennt und als eigenständiges Verfahren geführt werden; darüber hinaus kommt eine **Verweisung** gemäß § 281 ZPO an den allgemeinen, besonderen oder ausschließlichen Gerichtsstand des Gegenantrags in Betracht.

7. Identität der Verfahrensart von Vorantrag und Widerantrag

Zulässigkeitsvoraussetzung für den Widerantrag ist weiter, dass sie in derselben Verfahrensart wie der Vorantrag gestellt wird. Unzulässig ist daher ein Widerantrag im Urkunden- und Wechselverfahren (§ 113 II FamFG i. V. m. § 595 I ZPO). Auch ist es unzulässig, gegenüber der Familiensache Unterhalt einen nicht familienrechtlichen Anspruch im Wege des Widerantrags durchzusetzen.[1059] Antrag und Widerantrag sind für den Verfahrenswert nicht zu addieren, wenn der (Teil-)Erfolg des Antrags zwingend zur Abweisung des Widerantrags führt.[1060] Bei einer Häufung von Antrag und Widerantrag sind die Kosten nicht nach diesen Verfahrensgegenständen zu verteilen, sondern nach dem Verhältnis der Verfahrenswerte zu quotieren.[1061]

8. Sonderformen des Widerantrags, Hilfswiderantrag

Der Widerantrag kann unter einer auflösenden oder aufschiebenden Bedingung gestellt werden (z. B. für den Fall des Erfolgs des Vorantrags oder völligen bzw. teilweisen Antragsabweisung). Hierzu gehört, wenn der Antragsgegner mit einer Gegenforderung aufrechnet und für den Fall der Nichtzulässigkeit der Aufrechnung (z. B. gegenüber dem laufenden Unterhalt) Eventualwiderantrag auf Zahlung seiner Gegenforderung stellt. Zulässig wäre auch ein Hilfswiderantrag, mit der die Zurückforderung des bezahlten Unterhaltes für den Fall begehrt wird, dass dem Antragsteller der geltend gemachte Unterhalt nicht oder nicht in der vollen Höhe – wie gezahlt –, zusteht.

Kein Hilfswiderantrag liegt dann vor, wenn ein Dritter **Gegenantrag** stellt oder er gegen einen Dritten rechtshängig gemacht wird. Hierbei handelt es sich um keinen Widerantrag zwischen den Beteiligten selbst, sondern um eine **subjektive Antragserweiterung,** die sich nach den §§ 59, 60 ZPO richtet. Im Übrigen kann schon deswegen ein Streitgenosse nicht im Wege des Hilfswiderantrags einbezogen werden, weil das gegen ihn begründete Verfahrensrechtsverhältnis bedingungsfeindlich ist und nicht in der Schwebe gehalten werden kann.

9. Feststellungswiderantrag

Hat der Antragsteller nur einen **Teilantrag** gestellt oder seinen Unterhaltsanspruch auf einen bestimmten Zeitraum befristet (bloße Unterhaltsrückstände oder Unterhalt nur für einen bestimmten Zeitabschnitt), kann der Antragsgegner mit einem **negativen Feststel-**

[1057] BGH NJW-RR 2008, 1516
[1058] BGH NJW 1993, 2120
[1059] BGH NJW 1986, 1178
[1060] OLG Hamm FamRZ 2002, 1642
[1061] OLG Naumburg FamRZ 2002, 434

lungsantrag begehren, dass festgestellt wird, dass er überhaupt keinen Unterhalt schulde (auch über die nicht vom Antrag erfasste Zeit hinaus).

10. Wider-Widerantrag

390 Einem mit dem Widerantrag überzogenen Antragsteller bleibt es unbenommen, sich gegen Letzteren selbst im Wege des Wider-Widerantrags zu wehren. Er ist – auch hilfsweise – zulässig und unterliegt nicht den Fesseln des § 263 ZPO (Antragsänderung), da sich an der Beteiligtenrolle (nur Antragsteller und Antragsgegner) nichts ändert.[1062]

11. Gerichtsstandsvereinbarungen

391 Liegt kein konnexer Widerantrag vor, begründet § 33 I ZPO nicht den besonderen Gerichtsstand des Widerantrags Das Gleiche gilt im Falle des Gegenantrags ausschließlich gegenüber einem Dritten. Hier kann aber das Gericht des Vorverfahrens durch **Prorogation** (§ 38 ZPO) oder **rügelose Verhandlung** (§ 39 ZPO) zuständig werden.

Andererseits kann die besondere Zuständigkeit des § 33 I ZPO und damit auch die internationale Zuständigkeit durch negative Prorogation **(Derogation)** abbedungen werden. Der dann erhobene Widerantrag ist wegen fehlender örtlicher Zuständigkeit unzulässig. Allerdings sind an den Ausschluss der Widerantragzuständigkeit strenge Anforderungen zu stellen, weil hierdurch die Rechtsposition des Antragstellers erheblich verstärkt und jene des Antragsgegners geschwächt wird.[1063]

3. Abschnitt: Vorläufige Regelung und Sicherung von Unterhaltsansprüchen

I. Die einstweilige Anordnung in Unterhaltsverfahren

392 Gerichtliche Auseinandersetzungen in den Unterhaltssachen der Familienstreitsachen (§§ 111 Nr. 8, 112 Nr. 1, 231 I FamFG) stehen auf Seiten des Unterhaltsberechtigten regelmäßig im Zeichen akuter Bedürfnisse und deren Befriedigung. Diese konkurrieren mit den Anforderungen an das dem Schutz des Unterhaltspflichtigen dienende Verfahren und einer daraus naturgemäß resultierenden Dauer der streitigen Auseinandersetzung. In dem entsprechenden Spannungsfeld geht der einstweilige Rechtsschutz im Unterschied zu anderen Familienstreitsachen über eine **Sicherung von Ansprüchen** oder eine **vorläufige Regelung** von Rechtsverhältnissen hinaus und stellt mit dem Institut der einstweiligen Anordnung in der Gestalt einer **Leistungsanordnung** ein Instrument zur Verfügung, mit dessen Hilfe bereits während der möglichen Dauer des gerichtlichen Hauptsacheverfahrens eine die Beteiligten befriedigende, aber jederzeit abänderbare Regelung des Unterhalts getroffen werden kann. Während der Gesetzgeber ein Regelungsbedürfnis für entsprechende einstweilige Anordnungen zunächst nur in bestimmten Lebenslagen – Anhängigkeit einer Ehesache (§ 620 ZPO a. F.) oder Feststellung der Vaterschaft (§ 641 d ZPO a. F.) – für notwendig erachtet hatte, bejahte er auf Grund des zum 1. 7. 1998 in Kraft getretenen Kindesunterhaltsgesetzes die Zulässigkeit solcher Maßnahmen schlechthin für alle auf Zahlung von Unterhalt gerichtete Klagen (§ 644 ZPO a. F.). Gemäß § 661 II ZPO a. F. konnten in Lebenspartnerschaftssachen einstweilig Anordnungen entsprechend den Vorschriften in Ehesachen (§§ 620–620 g ZPO a. F.) ergehen.

393 Das im Verlauf dieser Rechtsentwicklung teilweise als „chaotisch" wahrgenommene Bündel von Verfahrensgestaltungen in Unterhaltsachen hat der Gesetzgeber durch das Ge-

---

[1062] BGH NJW-RR 1996, 65
[1063] BGH NJW 1983, 1266, 1267

3. Abschnitt: Vorläufige Regelung und Sicherung von Unterhaltsansprüchen § 10

setz zur Reform des Verfahrens in Familiensachen und in den Angelegenheiten der Freiwilligen Gerichtsbarkeit (FGG-RG) vom 17. Dezember 2008[1] – in Kraft getreten am 1. 9. 2009 – beseitigt. Nunmehr erfassen die §§ 49 bis 57 FamFG den einstweiligen Rechtsschutz in der Gestalt der **einstweiligen Anordnung** für alle Familiensachen (§ 111 FamFG) abschließend, soweit nicht speziellere Vorschriften des FamFG, wie etwa für Unterhaltssachen durch §§ 246 bis 248 FamFG, abweichende Regelungen enthalten. Die Festlegung des Gesetzgebers auf das Institut der einstweiligen Anordnung besagt zugleich für den einstweiligen Rechtsschutz in Unterhaltssachen, dass Regelungen des Unterhalts im Wege **einstweiliger Verfügung** (Leistungsverfügung gemäß §§ 935, 940 ZPO), wie sie nach altem Recht – wenn auch zuletzt durchaus nur noch in begrenztem Umfang (vgl. Vorauflage Rn. 10/250 bis 261) – in Betracht kamen, nunmehr nicht mehr zulässig sind.[2] Neben der einstweiligen Anordnung bleibt infolge der ausdrücklichen Verweisung in § 119 II S. 1 FamFG der **Arrest** als Sicherungsmittel von Unterhaltsansprüchen.

Eine weitere strukturelle Änderung im einstweiligen Rechtsschutz durch das FamFG 394 liegt in der Lösung des Anordnungsverfahrens vom Hauptsacheverfahren. Während nach der bis zum 31. 8. 2009 gültigen Rechtslage eine einstweilige Anordnung in Unterhaltssachen nur bei Anhängigkeit eines entsprechenden Hauptsacheverfahrens oder eines darauf zielenden Prozesskostenhilfegesuchs ergehen konnte, ist das Verfahren der einstweiligen Anordnung nunmehr ein **selbständiges Verfahren**, und zwar unabhängig davon, ob eine inhaltsgleiche Hauptsache bereits anhängig ist oder später anhängig wird (§ 51 III S. 1 FamFG). Die verfahrensbezogene Verselbständigung des einstweiligen Rechtsschutzes wirft die Frage nach Auswirkungen der **Übergangsregelungen** auf. Als Art. 1 des FGG-RG vom 17. 12. 2008 ist das FamFG gemäß Art. 112 FGG-RG am 1. 9. 2009 in Kraft getreten. Da der Gesetzgeber für den Bereich des einstweiligen Rechtsschutzes in Familiensachen keine verfahrensspezifischen Regelungen getroffen hat, ist auf die Übergangsvorschrift in Art. 111 FGG-RG abzustellen. Danach ist zu unterscheiden.

Nach Art. 111 I FGG-RG sind auf Verfahren, deren Einleitung bis zum Inkrafttreten der gesetzlichen Neuregelung in erster Instanz – wie bei den hier in Rede stehenden Unterhaltssachen – beantragt worden sind, die vor dem Inkrafttreten geltenden Vorschriften anzuwenden. War demgemäß bis zum Ablauf des 31. 8. 2009 ein auf die Gewährung von Unterhalt gerichtetes **Hauptsacheverfahren** „beantragt" und **zugleich** ein inhaltsgleiches unselbständiges **Anordnungsverfahren** anhängig, ist die jeweilige Rechtsverfolgung nach den am 31. 8. 2009 gültigen Verfahrensvorschriften abzuwickeln. Dabei macht es im Ergebnis keinen Unterschied, ob das Anordnungsverfahren vor oder nach diesem Zeitpunkt ausgesetzt war oder ruhte. Art. 111 III FGG-FG kommt nicht zur Anwendung. Das ursprüngliche **unselbständige Anordnungsverfahren** hat seinen Charakter nicht durch die gesetzliche Neuregelung verloren.[3]

War dem am 31. 8. 2009 bereits anhängigen Hauptsacheverfahren ein Antrag auf Erlass 395 einer einstweiligen Anordnung **nach dem Inkrafttreten** des FamFG gefolgt, ist zu bedenken, dass es sich seither gemäß der Definition in Art. 111 II FGG-RG auch im übergangsrechtlichen Zusammenhang um ein selbständiges Verfahren ohne Bindung an ein Hauptsacheverfahren handelt, so dass, da die Selbständigkeit erst auf das Inkrafttreten des FGG-RG zurückzuführen ist, eine Anknüpfung an das alte Recht über Art 111 I FGG-RG ausscheidet.[4] Der Gegenmeinung,[5] die darauf abstellt, dass ein vor dem 1. 9. 2009 anhängig gewordenes Hauptsacheverfahren jedwedes später anhängig gewordenes Anordnungsverfahren wegen der früheren Akzessorietät verfahrensrechtlich nach sich zieht, vernachlässigt die Tragweite des Art. 111 II FGG-RG, mit der der Gesetzgeber auch über-

---

[1] BGBl. 2008 I S. 2586
[2] Dose, Einstweiliger Rechtsschutz in Familiensachen, 3. Auflage, Rn. 1; Keidel/Giers FamFG § 49 Rn. 4
[3] Dose Rn 6; Hüßtege in Thomas/Putzo ZPO vor § 606 Rn. 4; Bork/Jacoby/Schwab/Elzer FamFG vor § 38 Rn. 22
[4] Dose Rn. 6; OLG Nürnberg FamRZ 2010, 1463
[5] Keidel/Giers FamFG § 49 Rn. 6; Johannsen/Henrich/Büte, Familienrecht, Art. 111 FGG-RG Rn. 7

gangsrechtlich die Zuordnung der nach dem Inkrafttreten des FGG-RG initiierten Anordnungsverfahren abschließend dem FamFG unterstellt. Gegenteiliges lässt sich für diese Meinung auch nicht aus dem Verlauf des Gesetzgebungsverfahrens gewinnen. Soweit sie auf den der Neuregelung zugrunde liegenden Gesetzentwurf verweist,[6] wird übersehen, dass dort lediglich von dem „nach bisherigem Recht" in Gang gesetzten unselbständigen Anordnungsverfahren die Rede ist.

1. Die einstweilige Anordnung als Grundtatbestand (§ 246 FamFG)

396 **a) Allgemeine Voraussetzungen. aa) Anordnungsanspruch.** Die gerichtliche Verfolgung von Unterhaltsansprüchen im Wege des einstweiligen Rechtsschutzes muss, sofern sie – wie im Regelfall – auf Gewährung einer Unterhaltsrente (Leistungsanordnung) gerichtet ist, abgesehen von den Sonderfällen in §§ 247 und 248 FamFG primär den Anforderungen von § 246 I FamFG genügen. Nach dieser Vorschrift kann das Familiengericht auf Antrag die Verpflichtung zur Zahlung von Unterhalt oder eines Kostenvorschusses für ein gerichtliches Verfahren regeln. Sie schafft damit allerdings keinen eigenständigen Unterhaltsanspruch, sondern setzt einen solchen aus dem jeweiligen materiellen Recht[7] abzuleitenden Anordnungsanspruch als Anknüpfung für die begehrte Maßnahme voraus.

Bezogen auf den Kreis unterhaltsberechtigter Personen erfasst werden damit die durch Verwandtschaft, Ehe und Lebenspartnerschaft begründeten **gesetzlichen Unterhaltspflichten** sowie Ansprüche nach § 1615 l oder 1615 m BGB (§§ 231 I, 270 I S. 2 FamFG). Insoweit unterscheidet sich § 246 I FamFG nicht von der Regelung in § 49 I FamFG, die ausdrücklich darauf abstellt, dass sich die Maßnahme aus den für das Rechtsverhältnis maßgebenden Vorschrift rechtfertigen muss.[8] Dem hat bereits die Antragstellung und entsprechende Begründung Rechnung zu tragen. Gleichwohl steht die Rechtsverfolgung im Anordnungsverfahren im Zeichen verfahrensspezifischer Eilbedürftigkeit. Deshalb schafft die einstweilige Unterhaltsanordnung auf Grund einer nur summarischen Prüfung und gestützt auf das Ergebnis **glaubhaft** gemachten Vorbringens[9] lediglich eine einstweilige Vollstreckungsmöglichkeit wegen eines vorläufig als bestehend angenommenen Anspruchs.[10] Sie stellt keine rechtskräftige Entscheidung über den Unterhaltsanspruch dar und kann jederzeit, auch für die zurückliegende Zeit, durch eine im Hauptsacheverfahren erstrittene Endentscheidung (§ 38 FamFG) abgelöst werden (§ 56 I FamFG).[11] Ein Anordnungsanspruch besteht nach alledem nur dann, wenn sich aus dem Ergebnis des summarischen Erkenntnisverfahrens ein materiellrechtlicher Unterhaltsanspruch ableiten lässt.[12]

397 Inhaltlich kann der Anordnungsanspruch durchaus auf den **vollen Unterhalt** gerichtet sein.[13] Dem Unterhaltsberechtigten steht deshalb auch bei der Entscheidung, ob er die Rechtsverfolgung im summarischen Verfahren der einstweiligen Anordnung oder im ordentlichen Streitverfahren suchen soll, ein **Wahlrecht** zu.[14] Einer teilweise vertretenen Auffassung, wonach im Recht der einstweiligen Anordnung lediglich ein so genannter **Notunterhalt** nach Maßgabe sozialrechtlicher Bestimmungen zugesprochen werden soll,[15] ist deshalb nicht zu folgen. Grenzen sind dem jeweiligen Unterhaltsbegehren im Einzelfall allerdings insoweit zu setzen, als die Voraussetzungen für die Unterhaltsanordnung lediglich auf glaubhaft gemachtem Vorbringen mit geringerer Beweiskraft beruhen. Vor diesem

---

[6] BT-Drucks. 16/6308 S. 359
[7] Johannsen/Henrich/Maier Familienrecht § 246 FamFG Rn. 3; Dose Rn. 6; Bork/Jacoby/Schwab/Hütter FamFG § 246 Rn. 3
[8] Keidel/Giers FamFG § 246 Rn. 3
[9] OLG Naumburg FamRZ 2004, 478
[10] BGH FamRZ 1984, 767
[11] BGH FamRZ 1984, 767
[12] Dose Rn. 20
[13] BT-Drucks. 16/6308 S. 259; Dose Rn. 23
[14] OLG Thüringen FamRZ 2011, 491
[15] OLG Hamm FamRZ 2001, 357; AG Tempelhof FamRZ 2002, 616 mit Anm. von van Els FamRZ 2002, 617

3. Abschnitt: Vorläufige Regelung und Sicherung von Unterhaltsansprüchen § 10

Hintergrund ist zwischen dem jeweiligen Regelungsumfang und dem Beweismaß ein Abhängigkeitsverhältnis in der Weise zu bejahen, dass mit zunehmender Höhe des verlangten Unterhalts weitergehende Anforderungen an die Glaubhaftmachung zu stellen sind.[16] So mag die Geltendmachung des Mindestunterhalts für ein minderjähriges Kind im Anordnungsverfahren im Hinblick auf die gesteigerte Erwerbsobliegenheit des Unterhaltspflichtigen und seine Darlegungs- und Beweislast uneingeschränkt durchdringen, während die Verfolgung von Ehegattenunterhaltsansprüchen gemessen an einem konkreten Unterhaltsbedarf nach den ehelichen Lebensverhältnissen gestützt nur auf eine eidesstattliche Versicherung betragsmäßigen Begrenzungen ausgesetzt sein dürfte.

398 Der Anordnungsanspruch auf Zahlung von Unterhalt erschöpft sich nicht in einer laufenden Unterhaltsrente (§§ 1612 I S. 1; 1585 I S. 1 BGB). So kann die Anordnung darüber hinaus gerichtet sein auf Zahlung von **Wirtschaftsgeld**[17] oder **Taschengeld**.[18] Ferner kommt eine Deckung von **Sonder- und Mehrbedarf**,[19] wie etwa bei notwendigen Umzugskosten,[20] in Betracht. Dies gilt im Übrigen auch für einen **Altersvorsorgeunterhalt**, indessen erst für den Unterhaltszeitraum ab Rechtshängigkeit des Scheidungsantrages (§ 1361 I S. 2 BGB).[21] Besteht für den unterhaltsberechtigten Ehegatten ein Anspruch auf Leistungen aus der Familienversicherung, kann er im Wege einstweiliger Anordnung **Krankenvorsorgeunterhalt** erst ab Rechtskraft der Ehescheidung geltend machen.[22] Der auf Zahlung einer laufenden Unterhaltsrente gerichtete Anordnungsanspruch unterliegt in der Regel keiner **Befristung**. Hat der Unterhaltsberechtigte eine Anordnung auf Zahlung von Trennungsunterhalt erstritten, wirkt diese ungeachtet fehlender Identität mit dem nachehelichen Ehegattenunterhalt auch über den Zeitpunkt der Rechtskraft der Ehescheidung hinaus (§ 56 FamFG).[23] Allerdings kommt eine Begrenzung der zugebilligten Unterhaltsrente dann in Betracht, wenn nach dem glaubhaft gemachten Vorbringen (§ 113 I S. 2 FamFG i. V. m. § 294 ZPO) ein Anspruch auf nachehelichen Unterhalt nicht besteht (z. B. Verzicht, kurze Ehedauer). In diesem Zusammenhang ist dann auch die neuere Rechtsprechung des BGH zur Begrenzung und Befristung nach § 1578 b BGB zu berücksichtigen.[24]

399 Auf Grund der ausdrücklichen Hervorhebung in § 246 I FamFG kann der Berechtigte im Wege einstweiliger Anordnung auch **Zahlung eines Verfahrenskostenvorschusses** – gegebenenfalls selbst in Form von Ratenzahlungen[25] – für ein gerichtliches Verfahren verlangen. Indessen begründet die Vorschrift **keinen originären Vorschussanspruch**. Sie setzt vielmehr, wie bei der Verpflichtung zur Zahlung von Unterhalt, einen solchen als nach materiellem Recht bestehend voraus.[26] Der Anspruch ist unterhaltsrechtlicher Natur und auf Deckung von **Sonderbedarf** gerichtet.[27] Gleichwohl ist der Kreis unterhaltsberechtigter Personen, die in die Gunst eines Kostenvorschusses gelangen können, durch materiellrechtliche Regelungen begrenzt. Die zwischen Ehegatten primär im Rahmen ehelicher Lebensgemeinschaft geregelte Vorschusspflicht (§ 1360 a IV BGB) gilt im Fall der Trennung auf Grund von Verweisung (§ 1361 IV S. 4 BGB) entsprechend. Ihren minderjährigen und privilegiert volljährigen Kindern[28] als auch volljährigen Kindern, die sich in der Ausbildung befinden und noch keine selbständige Lebensstellung erreicht haben,[29] schulden barunterhaltspflichtige Eltern im Fall der Bedürftigkeit einen Verfahrenskostenvorschuss. Für Le-

---

[16] Schulte-Bunert/Weinreich/Schwonberg FamFG § 246 Rn. 3
[17] OLG Celle FamRZ 1999, 162
[18] BGH FamRZ 1998, 608
[19] MünchKommZPO/Dötsch FamFG § 246 Rn. 3
[20] OLG München FamRZ 1996, 1411
[21] Dose Rn. 24
[22] Musielak/Borth FamFG § 246 Rn. 14
[23] BT-Drucks. 16/6308 S. 202
[24] Dose Rn. 26
[25] BGH FamRZ 2004, 1633, 1635
[26] Johannsen/Henrich/Maier, Familienrecht, § 246 FamFG Rn. 3
[27] BGH FamRZ 2004, 1633, 1635
[28] BGH FamRZ 2004, 1633
[29] BGH FamRZ 2005, 883

benspartnerschaften sind §§ 9 S. 2 und 12 S. 2 LPartG maßgebend. Im Übrigen bestehen aus dem **materiellen Unterhaltsrecht** abzuleitende Ansprüche auf Verfahrenskostenvorschüsse nicht. Dies gilt für geschiedene Ehegatten, für die das Gesetz eine entsprechende nacheheliche Verantwortung nicht vorsieht, ebenso wie für betreuende nichteheliche Elternteile (§ 1615l BGB), die wiederum nicht besser stehen sollen als geschiedene Eltern.[30] Für die Zubilligung eines Kostenvorschusses im Rahmen des Elternunterhalts fehlt es, wie auch sonst beim Verwandtenunterhalt, abgesehen von der eigenen Lebensstellung der Eltern auch an einer besonderen Mitverantwortung der Kinder.[31]

400 Ungeachtet seiner unterhaltsrechtlichen Natur ist der Anspruch auf Verfahrenskostenvorschuss nicht auf unterhaltrechtliche Streitigkeiten begrenzt, wie die systematische Zuordnung zum Abschnitt 9 des FamFG („Verfahren in Unterhaltssachen") nahe legen könnte. Es muss sich aber notwendigerweise um eine **gerichtliche Auseinandersetzung** handeln.[32] Damit sind allein vorgerichtliche Tätigkeiten ausgeschlossen.[33] Überdies muss es sich um eine **persönliche Angelegenheit** (vgl. § 1360 IV S. 1 BGB) des Berechtigten handeln.[34] Ferner muss das Begehren nach dem summarischen und glaubhaft zu machenden Vorbringen Erfolgsaussichten für die jeweilige Rechtsverfolgung erkennen lassen, nicht unbillig, aber zumutbar erscheinen.[35] Hat der Vorschussberechtigte eine einstweilige Anordnung erwirkt, kann aus dem Titel auch nach Erledigung des gerichtlichen Verfahrens weiter vollstreckt werden, und zwar vor dem Hintergrund des unterhaltsrechtlichen Charakters selbst dann, wenn der Berechtigte die Kosten des Verfahrens zu tragen hat.[36]

401 Das Verlangen nach **Auskunft** (§§ 1361 IV S. 4, 1580, 1605 BGB) zur Geltendmachung von Unterhaltsansprüchen scheidet als Gegenstand eines **Anordnungsanspruchs** im Sinne von § 246 I FamFG aus.[37] Allerdings wird in der Literatur[38] teilweise die Auffassung vertreten, dass eine einstweilige Anordnung auf Erteilung von Auskunft im Rahmen eines so genannten Stufenantrags ergehen könne, wenn der Unterhaltsberechtigte die Auskunft benötige, um seinen Unterhaltsanspruch beziffern zu können. Dies soll im Ergebnis dem Ziel einer höheren Richtigkeitsgewähr dienen und ein Hauptsacheverfahren entbehrlich machen.[39] Dem dürfte in erster Linie allerdings entgegenstehen, dass bereits der Wortlaut der gesetzlichen Bestimmung – im Übrigen noch klarer als die abgelösten Regelungen in § 620 Nr. 4 und 6 ZPO a. F. – unverwechselbar lediglich von einer **Verpflichtung** zur **Zahlung von Unterhalt** und Kostenvorschuss spricht und damit den als Hilfsanspruch positivgesetzlich geregelten unterhaltsrechtlichen Auskunftsanspruch nicht erfasst. Ein Rückgriff auf § 49 I FamFG,[40] der in Unterhaltssachen im Übrigen durch die speziellere Vorschrift des § 246 I FamFG verdrängt wird, scheitert letztendlich daran, dass diese Vorschrift strengere Anforderungen („dringendes Bedürfnis") für eine Anordnung stellt, indessen nichts dafür ersichtlich ist, dass nach dem Willen des Gesetzgebers im Rahmen eines Anordnungsverfahrens für den Hilfsanspruch strengere Regeln gelten sollten als für den Hauptanspruch. Zudem dürfte ein **Auskunftsstufenantrag** dem Verfahren des einstweiligen Rechtsschutzes in Unterhaltssachen auch insoweit fremd sein, als der Antragsteller auf diesem Wege einen nicht mehr rückgängig zu machenden Rechtsschutz erlangen könnte.

402 Dessen ungeachtet dürfte eine Auskunftsanordnung vor dem Hintergrund dringend benötigter Unterhaltszahlungen, die hier schon auf Grund nur summarischer Prüfung in

---

[30] Dose Rn. 26
[31] OLG München FamRZ 1993, 821, 822
[32] Vgl. die Aufstellungen bei Dose Rn. 50 und 51 sowie Schulte-Bunert/Weinreich/Schwonberg FamFG § 246 Rn. 25 und 26
[33] OLG München FamRZ 1990, 312, 313
[34] Zu Auslegungs- und Abgrenzungsschwierigkeiten vgl. zuletzt BGH FamRZ 2010, 189
[35] BGH FamRZ 2001, 1363
[36] BGH FamRZ 1986, 40, 42; 1985, 802
[37] Bork/Jacoby/Schwab/Hütter FamFG § 246 Rn. 8; Keidel/Giers FamFG § 246 Rn. 2; Gießler/Soyka, Vorläufiger Rechtsschutz in Familiensachen, 5. Auflage, Rn. 371; MünchKommZPO/Dötsch FamFG § 246 Rn. 6
[38] Musielak/Borth FamFG § 246 Rn. 15; Dose Rn. 68
[39] Schulte-Bunert/Weinreich/Schwonberg FamFG § 246 Rn. 6
[40] Dose Rn. 112

3. Abschnitt: Vorläufige Regelung und Sicherung von Unterhaltsansprüchen § 10

Betracht kommen, zu verfahrensinadäquaten Verzögerungen (z. B. Vollstreckung aus der Auskunftsteilentscheidung etc.) führen. Schließlich ist auch ein besonderes Bedürfnis für einen Stufenantrag nicht ersichtlich. Dabei soll nicht verkannt werden, dass das Ziel der Verfahrensbeschleunigung in Unterhaltssachen nicht in der Weise im Vordergrund steht wie in anderen Bereichen des einstweiligen Rechtsschutzes.[41] Deshalb dient insbesondere die **mündliche Verhandlung** (§ 246 II FamFG) der Klärung offener Fragen[42] und Aufklärung der bis dahin offen gebliebenen Gesichtspunkte.[43] Vor diesem Hintergrund dürfte sich aus der Sicht des Antragstellers bei nicht abschließend geklärten Einkommens- und Vermögensverhältnissen aufdrängen, von vornherein auf eine mündliche Verhandlung hinzuwirken und solchermaßen das Familiengericht in den Stand zu versetzen, durch Maßnahmen nach §§ 235, 236 FamFG (z. B. Gehaltsabrechnungen und Kreditunterlagen) das Verfahren so weit zu fördern, dass eine abschließende Regelung des vollen Unterhalts möglich erscheint, die selbst ein Hauptsacheverfahren entbehrlich macht.[44] Auch kostenrechtliche Nachteile dürfte der um Aufklärung der Einkommens- und Vermögensverhältnisse bemühte Antragsteller nicht zu befürchten haben, wenn er bereits vor dem Verfahren entsprechend den Anforderungen aus § 243 S. 2 Nr. 2 FamFG gehandelt hat.

bb) Anordnungsgrund. Im Unterschied zur – früheren – einstweiligen Verfügung und 403 zum Arrest sowie in Abgrenzung zur allgemeinen Regelung in § 49 I FamFG geht das Gesetz für eine einstweilige Anordnung auf Zahlung von Unterhalt und eines Verfahrenskostenvorschusses nicht von einem **besonderen Anordnungsgrund** aus. Gemäß § 246 I FamFG „kann" das Gericht eine Zahlungsanordnung erlassen, wenn ein Unterhaltsanspruch (Anordnungsanspruch) glaubhaft gemacht ist. Ein dringliches Bedürfnis ist, wie die ausdrückliche Abgrenzung zu § 49 I FamFG erkennen lässt, als Anordnungsgrund nicht erforderlich. Die Eilbedürftigkeit ergibt sich bei einem anderweitig nicht gedeckten Unterhaltsbedarf aus der Natur der Sache.[45] Gleichwohl entspricht allgemeiner Auffassung, dass jede Anordnung auf Unterhalt ein **Regelungsbedürfnis** voraussetzt,[46] das sich nicht in den Anforderungen eines allgemeinen Rechtsschutzbedürfnisses erschöpft, sondern als **spezifisches Bedürfnis** nach einer **Eilentscheidung** verstanden werden kann.[47] So muss es als ausreichend angesehen werden, wenn zwischen den Beteiligten des Unterhaltsverhältnisses Streit über die Höhe des Unterhalts besteht und der Unterhaltspflichtige dem Unterhaltsverlangen nicht nachkommt.[48] Dem steht gleich der Fall, bei dem der Unterhaltspflichtige außergerichtlich den Zahlungsanspruch „anerkennt", die Unterhaltszahlungen aber nicht aufnimmt.[49]

Andererseits fehlt ein Regelungsbedürfnis, wenn der Unterhaltspflichtige nicht zur Zahlung aufgefordert worden ist oder bisher den geltenden Unterhalt in der begehrten Höhe gezahlt hat, es sei denn er hat seine Zahlungseinstellung angekündigt.[50] Auch für einen **rückständigen Unterhalt**[51] ist das Regelungsbedürfnis regelmäßig zu verneinen. Hier gebührt den Schutzinteressen des Unterhaltspflichtigen gegenüber der Inanspruchnahme angesichts des geringen Grades an Beweiskraft für das nur glaubhaft gemachte Vorbringen des Unterhaltsberechtigten der Vorrang, der sich insoweit auf ein Hauptsacheverfahren verweisen lassen muss. Denkbar sind Ausnahmen nur zur Vermeidung einer **akuten Notlage**, die bei rückständigem Unterhalt vorliegen kann, wenn sich die Nichtzahlung noch aktuell für den Unterhaltsberechtigten belastend durch eine Zins- und Schuldenlast auswirkt.[52]

---

[41] BT-Drucks. 16/6308 S. 260
[42] Dose Rn. 257
[43] BT-Drucks. 16/6308 S. 260
[44] Dose Rn. 257
[45] Dose Rn. 108
[46] OLG Stuttgart FamRZ 2000, 965 m. w. N.
[47] MünchKommZPO/Dötsch FamFG § 246 Rn. 6; Hüßtege in Thomas/Putzo, ZPO, § 246 FamFG Rn. 4
[48] Musielak/Borth FamFG § 246 Rn. 8
[49] Musielak/Borth FamFG § 246 Rn. 8
[50] Gießler/Soyka Rn. 358
[51] Bork/Jacoby/Schwab/Hütter FamFG § 246 Rn. 4; Dose Rn. 108; MünchKommZPO/Dötsch FamFG § 246 Rn. 4
[52] OLG Düsseldorf FamRZ 1987, 611

404 Der Unterhaltspflichtige kann dem Unterhaltsberechtigten im einstweiligen Rechtsschutz nicht den Bezug von **Sozialleistungen** entgegenhalten. Ein damit verbundener Forderungsübergang (UVG, SGB II, SGB XII) beseitigt ein Regelungsbedürfnis für den zukünftigen Unterhalt nicht.[53] Zum Teil[54] wird ein solches auch zugunsten des Sozialleistungsträgers angenommen.

Haben die Beteiligten eine **Unterhaltsvereinbarung** getroffen, besteht ein Regelungsbedürfnis erst, wenn konkrete Anhaltspunkte dafür dargetan sind, dass der Unterhaltspflichtige seinen eigenen Zahlungsverpflichtungen nicht mehr nachkommen wird. Besteht für die nächste Zeit aus tatsächlichen oder rechtlichen Gründen keine Vollstreckungsmöglichkeit (z. B. bei fiktiv anzunehmenden Einkommensverhältnissen des Unterhaltspflichtigen oder im Fall einer Verbraucherinsolvenz), ist ein Regelungsbedürfnis zu verneinen, indessen nicht wenn Vollstreckungsschutz gemäß § 120 II FamFG besteht.[55] Liegt bereits ein – allerdings nicht rechtskräftiger – **Unterhaltstitel** vor, fehlt das Regelungsbedürfnis, wenn die sofortige Wirksamkeit (§ 116 III FamFG) angeordnet ist. Dies gilt ebenso, wenn die Beteiligten über auskömmliche Einkommensverhältnisse verfügen[56] und nur ein geringer Aufstockungsunterhalt zuzubilligen wäre.[57] Ist nur ein **Teilbetrag** des Unterhalts tituliert, besteht ein Regelungsbedürfnis für weitergehenden Unterhalt, da der Unterhaltsberechtigte auch im Wege einstweilige Anordnung den vollen Unterhalt titulieren lassen kann. Für ein Begehren auf Feststellung, Unterhalt oder Verfahrenskostenvorschuss zu schulden oder nicht, fehlt es ebenfalls an einem Regelungsbedürfnis, weil die Rechtswirkungen der Feststellung erst mit Rechtskraft der Entscheidung eintritt, die der Antragsteller nur im Rahmen eines Hauptsacheverfahrens erlangen kann.[58]

405 cc) **Akzessorietät.** Hat der jeweilige Antragsteller die Voraussetzungen eines Anordnungsanspruchs in der Gestalt eines Unterhaltsanspruchs dargelegt sowie glaubhaft gemacht und bestehen entsprechende Anhaltspunkte für ein Regelungsbedürfnis im einstweiligen Rechtsschutz, eröffnet § 246 I FamFG das Anordnungsverfahren. Weitere Voraussetzungen sind nicht zu erfüllen. Im Unterschied zu §§ 644 S. 2; 620a II ZPO a. F., wonach das Anordnungsverfahren nur zulässig war, wenn ein Hauptsacheverfahren anhängig oder zumindest ein darauf gerichteter Antrag auf Bewilligung von Prozesskostenhilfe eingereicht war, besteht gemäß § 51 III S. 1 FamFG eine entsprechende Abhängigkeit nicht mehr. Das Anordnungsverfahren ist nunmehr in jeder Hinsicht ein **selbständiges Verfahren** mit eigenen Verfahrenshandlungen (§ 51 III S. 2 FamFG) und eigener Kostenentscheidung (§ 51 IV FamFG), auf dessen Statthaftigkeit es ohne Auswirkungen bleibt, ob vor oder während des Anordnungsverfahrens ein Hauptsacheverfahren anhängig wird. Im Übrigen hat das Gericht, auch wenn es, wie bisher in § 620 ZPO a. F., nunmehr in § 246 I FamFG lediglich „kann" heißt, auf Antrag die begehrte Anordnung erlassen. Ihm steht kein Handlungsermessen zu.[59]

406 b) **Zuständigkeit.** Die Verselbständigung des Anordnungsverfahrens gegenüber dem Hauptsacheverfahren durch das FamFG begründet zugleich die Notwendigkeit einer gesonderten Zuständigkeitsbestimmung. Diese richtet sich primär nach § 50 FamFG und erfasst die **örtliche** und **sachliche Zuständigkeit**. Die stets vom Amts wegen zu prüfende **internationale Zuständigkeit** ergibt sich für die hier in Rede stehenden Unterhaltssachen aus §§ 97, 98, 105 FamFG und weiteren Vorschriften außerhalb des FamFG.

Gemäß § 50 I S. 1 FamFG ist, der zivilprozessualen Vorschriften des § 937 I ZPO zu Arrest und einstweiliger Verfügung nachgebildet, das Gericht örtlich und sachlich zuständig, das für ein **„deckungsgleiches Hauptsacheverfahren"**[60] im ersten Rechtszug **zuständig**

---

[53] Bork/Jacoby/Schwab/Hütter FamFG § 246 Rn. 5
[54] Johannsen/Henrich/Maier, Familienrecht, § 246 FamFG Rn. 4; a. A. Bork/Jacoby/Schwab/Hütter FamFG § 246 Rn. 5
[55] Gießler/Soyka Rn. 357
[56] OLG Zweibrücken FamRZ 1981, 65
[57] Schulte-Bunert/Weinreich/Schwonberg FamFG § 246 Rn. 11
[58] Gießler/Soyka Rn. 360; OLG Zweibrücken FamRZ 1983, 940
[59] OLG Stuttgart FamRZ 2000, 965
[60] Zum Begriff: Gießler/Soyka Rn. 56

3. Abschnitt: Vorläufige Regelung und Sicherung von Unterhaltsansprüchen § 10

wäre. Damit wird der Fall erfasst, in dem noch kein Hauptsacheverfahren anhängig gemacht worden ist. Durch die Verweisung auf das **„fiktive Hauptsachegericht"**[61] sind dieselben Zuständigkeitsbestimmungen maßgebend, die für eine Geltendmachung von Unterhaltsansprüchen im ordentlichen Streitverfahren zu beachten wären. Deshalb hat in diesem Fall auch eine gesonderte Zuständigkeitsprüfung stattzufinden. Während die sachliche Zuständigkeit aus § 111 Nr. 8 FamFG i. V. m. § 23 a GVG folgt, beurteilt sich die örtliche für Unterhaltssachen hiernach gemäß § 232 FamFG. Vorrangig kommt dabei, soweit die Verfolgung von Unterhalt für ein minderjähriges oder ein privilegiert volljähriges Kind betroffen ist, die ausschließliche Zuständigkeit des § 232 I Nr. 2 FamFG mit dem Vorrang vor der ausschließlichen Zuständigkeit eines anderen Gerichts (§ 232 II FamFG) zum Zuge, soweit keine Ehesache (§ 232 I Nr. 1 FamFG) anhängig ist. Ausgenommen ist weiter die Fallkonstellation, bei der das Kind oder der für das Kind verantwortlich handelnde Elternteil seinen gewöhnlichen Aufenthalt im Ausland hat. Im Übrigen bleiben die Zuständigkeitsvorschriften der ZPO und die besonderen Wahlgerichtsstände zuständigkeitsbestimmend (§ 232 III FamFG).

Besteht bei mehreren Gerichten eine örtliche Zuständigkeit, ist dasjenige Gericht zuständig, das zuerst mit der Sache befasst worden ist (§ 261 III Nr. 1 ZPO). Fehlt es bei dem angegangenen Gericht an einer Zuständigkeit, ist die Sache bei Meidung der Zurückweisung auf Antrag an das zuständige Gericht (§ 113 I S. 2 FamFG i. V. m. § 281 ZPO) zu verweisen. Ferner ist für das Anordnungsverfahren (§ 113 I S. 2 FamFG i. V. m. § 261 III Nr. 2 ZPO) davon auszugehen, dass eine spätere Veränderung der für die Zuständigkeit bestimmenden Lebensumstände die einmal begründete Zuständigkeit nicht mehr beeinflussen **(sog. Perpetuatio fori)**. Auch wenn die Anknüpfung für die örtliche Zuständigkeit im Anordnungsverfahren an das fiktive Hauptsachegericht verfahrensökonomischen Gründen geschuldet sein soll,[62] kann die Vorschrift eine **Zuständigkeitskonzentration** dann nicht gewährleisten, wenn die Umstände, die noch für das Anordnungsverfahren maßgebend waren, sich geändert und für das spätere Hauptsacheverfahren eine abweichende örtliche Zuständigkeit gegeben ist. Es kommt weder eine Abgabe noch eine Verweisung in Betracht.

407

Ist bei Einreichung eines Antrages auf Unterhaltsanordnung im einstweiligen Rechtsschutz eine **deckungsgleiche Hauptsache** bereits erstinstanzlich **anhängig** (zu den Besonderheiten bei Anhängigkeit einer Ehesache siehe nachstehend Rn 10/411), besteht gemäß § 50 I S. 2 1. Halbs. FamFG bei diesem Gericht auch die örtliche Zuständigkeit für das Anordnungsverfahren. In diesem Fall hat eine entsprechende Zuständigkeitsprüfung im einstweiligen Rechtsschutz zu unterbleiben, indessen nicht für die von Amts wegen zu prüfende internationale Zuständigkeit.[63] Anknüpfungspunkt ist allein die tatsächliche Anhängigkeit der Hauptsache.[64] Stellt sich heraus, dass bei dem angerufenen Gericht eine Zuständigkeit für die Hauptsache nicht vorgelegen hat, und führt dies zur Verweisung (§ 281 ZPO) an das für die Unterhaltssache örtlich zuständige Gericht, folgt dem das Anordnungsverfahren.[65] Die Anhängigkeit der Hauptsache in der Beschwerdeinstanz zieht die Zuständigkeit des Beschwerdegerichts gemäß § 50 I S. 2 2. Halbs. FamFG nach sich. Ist der Bundesgerichtshof aufgrund einer zugelassenen Rechtsbeschwerde (§ 70 I FamFG) mit der Hauptsache befasst, besteht vor dem Hintergrund des auf Prüfung der vorinstanzlichen Rechtsanwendung begrenzten Rechtsmittels erneut die erstinstanzliche Zuständigkeit.[66]

408

Es muss **Deckungsgleichheit** zwischen dem Streitgegenstand der Hauptsache und dem des Anordnungsverfahrens bestehen, wobei sie auch auf einen Teil des Streitgegenstandes bezogen sein kann. Jedenfalls soll durch die vollständige oder teilweise Deckungsgleichheit der Fall widersprüchlicher Entscheidungen im Verhältnis von Hauptsache- und Anordnungsverfahren ausgeschlossen sein.[67]

---

[61] Keidel/Giers FamFG § 50 Rn. 3
[62] BT-Drucks. 16/6308 S. 200
[63] MünchKommZPO/Soyka FamFG § 50 Rn. 6; Keidel/Giers FamFG § 50 Rn. 5; Dose Rn. 180
[64] Dose Rn. 180; Gießler/Soyka Rn. 65; Keidel/Giers FamFG § 50 Rn. 5
[65] Gießler/Soyka Rn. 71
[66] BT-Drucks. 16/6308 S. 200
[67] Gießler/Soyka Rn. 65; Keidel/Giers FamFG § 50 Rn. 4

409 Die **Anhängigkeit der Hauptsache** in **erster Instanz** beginnt mit der Einreichung der den Anforderungen von §§ 113 I S. 2, 113 V FamFG i. V. m. § 253 ZPO genügenden Antragsschrift. Rechtshängigkeit ist nicht erforderlich. Die Einreichung eines auf Bewilligung von Verfahrenskostenhilfe für eine noch einzureichende Antragsschrift genügt den Anforderungen schon nach dem Wortlaut des Gesetzes indessen nicht. Die entsprechende Regelung in § 620 a II ZPO a. F. hat der Gesetzgeber in der Konsequenz der Verselbständigung des Anordnungsverfahrens (§ 51 III S. 1 FamFG) nicht übernommen.[68] Für sie besteht, da der frühestmögliche Zeitpunkt für Maßnahmen des einstweiligen Rechtsschutzes durch Anknüpfung an die fiktive Hauptsachezuständigkeit (§ 50 I S. 1 FamFG) gewährleistet erscheint, auch kein besonderes Regelungsbedürfnis im Sinne einer Gesetzeslücke. Deshalb ist der teilweise[69] vertretenen Auffassung, wonach zuständigkeitsbegründend die Einreichung eines **Verfahrenskostenhilfegesuchs** einer Anhängigkeit der Hauptsache im Sinne von § 50 FamFG gleichstehen soll, nicht zu folgen, zumal sich entgegen Giers[70] auch der Gesetzesbegründung nicht entnehmen lässt, dass der Gesetzgeber im Kontext der Zuständigkeit nach § 50 I S. 2 FamFG an der alten Rechtslage hätte festhalten wollen. Allerdings besteht eine Anhängigkeit der Hauptsache in den nicht seltenen Fällen jedenfalls dann, wenn der Antragsteller mit der Antragsschrift zur Hauptsache ein Verfahrenskostenhilfegesuch eingereicht hat und lediglich die weitere Durchführung von der Bewilligung von Verfahrenskostenhilfe abhängig machen will. Die erstinstanzliche Zuständigkeit nach § 50 I S. 2 1. Halbs. FamFG endet mit der formellen Rechtskraft der Hauptsacheentscheidung.

410 Die **Anhängigkeit** einer deckungsgleichen **Hauptsache** in der **Beschwerdeinstanz** beginnt mit Eingang der gegen die Endentscheidung gerichteten Beschwerdeschrift bei dem Beschwerdegericht. Sie endet mit der Einlegung der zugelassenen Rechtsbeschwerde. Die Einreichung nur eines Verfahrenskostenhilfegesuchs für ein im Hauptsacheverfahren noch einzulegendes Rechtsmittel führt, wie im erstinstanzlichen Verfahren, nicht zur Anhängigkeit der Hauptsache in der Rechtsmittelinstanz.[71] Wird nach der Entscheidung über die Bewilligung von Verfahrenskostenhilfe das Rechtsmittel eingelegt und mit dem Antrag auf Wiedereinsetzung dem Beschwerdegericht vorgelegt, tritt Anhängigkeit der Hauptsache beim Beschwerdegericht ein. Die **Teilbarkeit** des unterhaltsrechtlichen **Verfahrensgegenstandes** kann zu Abgrenzungsschwierigkeiten zwischen den Instanzen führen. Hat das Familiengericht durch Teilentscheidung lediglich über das Auskunftsbegehren entschieden und befindet sich diese auf Grund einer Anfechtung in der Beschwerdeinstanz, ist die Hauptsache – eine vollständige Deckungsgleichheit ist nicht erforderlich – an sich in beiden Instanzen anhängig. Gleichwohl spricht eine größere **Sachnähe** der Unterhaltsanordnung zu dem in erster Instanz noch anhängigen Zahlungsantrag dafür, von einer Zuständigkeit des Familiengerichts auszugehen. Dies ist ferner anzunehmen, wenn das Familiengericht durch Teilentscheidung lediglich über – mit einem Rechtsmittel angefochtene – Unterhaltsrückstände entschieden hat. Hier ist das erstinstanzliche Gericht weiter mit dem laufenden Unterhalt befasst, der – abgesehen von seltenen Ausnahmefällen – auch nur Gegenstand einer Unterhaltsanordnung sein kann.[72]

411 Die Vorschrift des § 50 I S. 2 FamFG kommt nicht zur Anwendung, wenn es sich bei der Hauptsache um eine **anhängige Ehesache** handelt. Zwischen einer solchen und der auf Zahlung von Unterhalt gerichteten Anordnung besteht keine – auch nur teilweise – Deckungsgleichheit im Sinne der Vorschrift. Allerdings besteht bei dem Gerichtsstand der Ehesache für die durch die Ehe begründeten und für die gegenüber gemeinschaftlichen Kindern entstandenen Unterhaltspflichten eine **ausschließliche Zuständigkeit** (§ 232 I Nr. 1 FamFG). Deshalb ist das Gericht der Ehesache entsprechend zuständig auch für

---

[68] Gießler/Soyka Rn. 66
[69] Reichold in Thomas/Putzo § 50 FamFG Rn. 3; Keidel/Giers FamFG § 50 Rn. 4
[70] Keidel/Giers FamFG § 50 Rn. 4; BT-Drucks. 16/6308 S. 200 sucht lediglich für die fiktive Hauptsachezuständigkeit den Bezug zu § 937 ZPO, dem im Übrigen eine Differenzierung zwischen fiktiver oder schon bestehender Zuständigkeit oder Anhängigkeit fremd ist
[71] Johannsen/Henrich/Büte § 50 FamFG Rn. 6
[72] Schulte-Bunert/Weinreich/Schwonberg FamFG § 50 Rn. 10

Maßnahmen im Anordnungsverfahren.[73] War bei Einleitung des Anordnungsverfahrens eine Ehesache noch nicht anhängig, ist das Verfahren, sobald anderweitig die Rechtshängigkeit in der Ehesache eintritt, auch das auf Zahlung von Unterhalt gerichtete Anordnungsverfahren, soweit bei einem Gericht **im ersten Rechtszug** anhängig, unter Durchbrechung des Grundsatzes der perpetuatio fori entsprechend § 233 FamFG an das Gericht der Ehesache abzugeben.[74] Befand sich das Anordnungsverfahren allerdings im Zusammenhang mit einem deckungsgleichen Hauptsacheverfahren bereits in der Beschwerdeeinstanz (§ 50 I S. 2 2. Halbs. FamFG), scheidet eine Abgabe aus.[75]

Auch dem Instanzwechsel in der Ehesache folgt die Zuständigkeit für das Anordnungsverfahren, allerdings unter Beachtung der Besonderheiten des **Verbundverfahrens**. Hat das Familiengericht im Verbund die Ehe geschieden und dabei auch Folgesachen mit erledigt, führt die Einlegung eines Rechtsmittels ohne Spezifizierung der Rechtsverfolgung nicht zur Anhängigkeit der Ehesache in der Beschwerdeinstanz, weil die Anfechtung vorerst lediglich den Eintritt der Rechtskraft hindert. Erst die mit der Rechtsmittelbegründung angekündigten Anträge geben darüber Aufschluss, ob die Ehesache in der zweiten Instanz anfallen wird. Erst mit Eingang der Beschwerdebegründungsschrift beim Beschwerdegericht geht die Zuständigkeit für eine Unterhaltsanordnung auf das Beschwerdegericht über, soweit die Entscheidung in der Ehesache oder einer deckungsgleichen Folgesache angefochten werden soll.[76]

Die in jeder Lage von Amts wegen zu prüfende **internationale Zuständigkeit** folgt auch für das Anordnungsverfahren – wie zur Hauptsache – zunächst den allgemeinen Regeln. Nach diesen knüpft die internationale Zuständigkeit für Unterhaltssachen über den Auffangtatbestand in § 105 FamFG an die örtliche Zuständigkeit an. Gleichwohl wird diese Vorschrift überwiegend verdrängt durch europarechtliche Regelungen und sonstige internationale Übereinkommen. Für den Bereich der hier in Rede stehenden Unterhaltssachen war zuletzt für Mitgliedsländer der **Europäischen Union** die Verordnung Nr. 44/2001 des Rates über die gerichtliche Zuständigkeit und die Anerkennung und Vollstreckung von Entscheidungen in Zivil- und Handelssachen vom 22. 12. 2000 (EuGVVO) maßgebend, die in Art. 2, 5 und 24 EUGVVO verschiedene Konstellationen für eine internationale Zuständigkeit deutscher Gerichte in Unterhaltssachen sowohl für Hauptsache- als auch Anordnungsverfahren[77] bereithielt. Auch wenn danach die internationale Zuständigkeit für ein Gericht eines anderen Mitgliedstaates sprach, waren deutsche Gerichte unter den Voraussetzungen von **Art. 31 EUGVVO** zum Erlass einer auf Zahlung von Unterhalt gerichteten einstweiligen Anordnung berufen.[78] Die Verordnung Nr. 4/2009 des Rates über die Zuständigkeit, das anwendbare Recht, die Anerkennung und Vollstreckung von Entscheidungen und die Zusammenarbeit in Unterhaltssachen vom 18. Dezember 2009 (EuUnterhaltVO) hat mit Wirkung vom 18. Juni 2011 (Art. 76 EuUnterhaltVO) die EuGVVO, die deshalb nur noch für die zu diesem Zeitpunkt bereits eingeleiteten Anordnungsverfahren anzuwenden ist (Art. 75 I EuUnterhaltVO), abgelöst. Soweit sich hiernach gemäß Art. 3 ff. EuUnterhaltVO eine internationale Zuständigkeit für ein deutsches Gericht nicht begründen lässt, bleibt für dieses jedenfalls im Rahmen des einstweiligen Rechtsschutzes weiterhin Raum für eine **einstweilige Anordnung** auf Zahlung von Unterhalt (**Art. 14 EuUnterhaltVO**), soweit nach nationalem deutschen Recht eine Zuständigkeit besteht (§§ 50, 232 FamFG). Die Zuständigkeitsregelungen des Luganer Übereinkommens über die gerichtliche Zuständigkeit und die Vollstreckung gerichtlicher Entscheidungen in Zivil- und Handelssachen vom 16. 9. 1988[79] haben Bedeutung nur noch im Verhältnis zu Island, Norwegen und Schweiz, in denen weder die EUGVVO noch die EuUnterhaltVO gilt.

---

[73] Dose Rn. 183; Gießler/Soyka Rn. 64; Schulte-Bunert/Weinreich/Schwonberg FamFG § 50 Rn. 5
[74] Keidel/Giers FamFG § 50 Rn. 7; Dose Rn. 177
[75] Johannsen/Henrich/Maier § 233 FamFG Rn. 3
[76] Gießler/Soyka Rn. 69
[77] Prütting/Helms/Hau FamFG Anh. § 245 Rn. 32
[78] Hüßtege in Thomas/Putzo Art. 31 EuGVVO Rn. 31
[79] BGBl. 1994 II S. 2660

414 **c) Der Verfahrensgang.** Für das Anordnungsverfahren in Unterhaltssachen bestimmt § 246 I FamFG, dass eine einstweilige Anordnung nur auf Antrag ergehen kann. Im Übrigen richtet sich das Verfahren, wie § 51 II S. 1 FamFG klarstellt, nach den Vorschriften für eine entsprechende Hauptsache, soweit sich nicht aus den Besonderheiten des einstweiligen Rechtschutzes etwas anderes ergibt. Entsprechend anzuwenden sind danach, da es sich bei Unterhaltssachen um Familienstreitsachen handelt, gemäß § 113 I S. 2 FamFG die Allgemeinen Vorschriften der ZPO und die Vorschriften der ZPO über das Verfahren vor den Landgerichten, soweit dem nicht Sondervorschriften des FamFG entgegenstehen.

Der Antrag auf Erlass einer einstweiligen Anordnung ist, sofern er schriftlich erfolgt, im Unterschied zu § 620 a II S. 3 ZPO a. F. zu begründen. Dabei handelt es sich allerdings um eine Soll-Vorschrift;[80] der Antragsteller ist gegebenenfalls zur Ergänzung aufzufordern (§ 139 ZPO). Zudem sind die Voraussetzungen glaubhaft zu machen (§ 51 I S. 2 FamFG). Der Mitwirkung eines Rechtsanwalts bedarf es – im Unterschied zur alten Rechtslage – für das gesamte Anordnungsverfahren nicht (§ 114 IV Nr. 1 FamFG). Die notwendigen Anträge können auch zu Protokoll der Geschäftsstelle gestellt werden (§ 113 I S. 2 FamFG i. V. m. § 129 II ZPO).

415 Da es sich um eine Familienstreitsache handelt, bedarf es eines den Verfahrensgegenstand festlegenden **bezifferten Sachantrags**, und zwar nach Form und Inhalt vergleichbar einem Zahlungsantrag im ordentlichen Streitverfahren (§ 113 I S. 2 FamFG i. V. m. § 253 ZPO). Dieser ist im Verlauf des Anordnungsverfahrens gegebenenfalls anzupassen. Werden etwa nach Antragstellung **öffentliche Leistungen** erbracht, die zu einem Forderungsübergang führen (§§ 94 SGB XII, 33 SGB II oder 7 UVG), ist nach zutreffender Ansicht der Zahlungsantrag entsprechend § 265 II ZPO umzustellen.[81] Soweit die Gegenmeinung[82] darauf abstellt, dass mit den Leistungen ein das Anordnungsverfahren rechtfertigendes Eilbedürfnis entfallen sei, und eine Erledigung annimmt, wird nicht hinreichend gewichtet, dass sich das Anordnungsverfahren richtigerweise nicht auf einen notwendigen Unterhalt beschränken muss sowie Regelungen schaffen soll, die die Verfahrensbeteiligten als endgültige Regelungen akzeptieren. Dieser Zweck wird verfehlt, wenn sich insbesondere der unterhaltspflichtige Ehegatte infolge einer (Teil-)Erledigungserklärung nunmehr einer gerichtlichen Auseinandersetzung (auch) mit dem Träger der öffentlichen Leistungen ausgesetzt sieht. Schließlich dient sie auch nicht dem Ziel des Gesetzgebers, im Rahmen der Stärkung des einstweiligen Rechtsschutzes umfassende und endgültige Regelungen oder Vereinbarungen zu ermöglichen, die nachfolgende Hauptsacheverfahren entbehrlich machen.[83]

416 Mit der förmlichen **Zustellung der Antragsschrift** (§ 113 I S. 2 FamFG i. V. m. §§ 270, 271 ZPO) wird das Anordnungsverfahren eingeleitet (rechtshängig). In verfahrensrechtlicher Hinsicht bewirkt dies, dass ein inhaltsgleiches Anordnungsverfahren anderweitig nicht mehr anhängig gemacht werden darf und die Zuständigkeit des angerufenen Gerichts durch eine Veränderung der sie begründenden Tatsachen unberührt bleibt. Materiellrechtlich führt die Zustellung zum Eintritt des Schuldnerverzuges (§ 286 I S. 2 BGB), dessen Folgen nicht schon mit der Zurückweisung des Antrags entfallen.[84] Beteiligte des Anordnungsverfahrens und damit antragsbefugt sind in erster Linie die Personen des zugrunde liegenden Unterhaltsverhältnisses. Soweit der Unterhalt für ein minderjähriges, gemeinschaftliches eheliches Kind von Ehegatten in Rede steht, wirkt sich allerdings auch im Anordnungsverfahren aus, dass der Elternteil, in dessen Obhut sich das Kind befindet, Unterhaltsansprüche im Wege der **Verfahrensstandschaft** (§ 1629 III S. 1 BGB) verfolgen muss. Nach rechtskräftiger Scheidung wird das minderjährige Kind antragsberechtigt, vertreten durch den allein sorgeberechtigten Elternteil (§ 1629 I BGB) oder im Fall gemeinsamer elterlicher Sorge durch den Elternteil, in dessen Obhut sich das Kind befindet (§ 1629 II S. 2 BGB). Besteht eine **Beistandschaft** des Jugendamtes für die Geltendmachung von Unterhaltsansprüchen, (§ 1712 I Nr. 2 BGB) ist eine Vertretung durch den weiterhin un-

---

[80] MünchKommZPO/Soyka FamFG § 51 Rn. 2
[81] Ebert, Einstweiliger Rechtsschutz in Familiensachen, § 2 Rn. 71
[82] Gießler/Soyka Rn. 347
[83] BT-Drucks. 16/6308 S. 260
[84] BGH FamRZ 1995, 725

3. Abschnitt: Vorläufige Regelung und Sicherung von Unterhaltsansprüchen § 10

eingeschränkt sorgeberechtigten Elternteil (§ 1716 I S. 1 BGB) auch im Anordnungsverfahren ausgeschlossen (§ 234 FamFG). Die Regelung soll einen widerspruchsfreien Verfahrensgang sicherstellen.[85] Mit dem Ende der Beistandschaft auf schriftliches Verlangen des sorgeberechtigten Elternteils (§ 1715 I S. 1 BGB) übernimmt dieser wieder die gesetzliche Vertretung des Kindes auch in der Unterhaltssache. Soweit für die Geltendmachung von Unterhaltsansprüchen minderjähriger Kinder eine Verfahrensstandschaft (§ 1629 III S. 1 BGB) besteht, ist allerdings eine Beistandschaft ausgeschlossen, weil die Verfahrensstandschaft eine Beteiligtenstellung des minderjährigen Kindes ausschließen soll.

Dem Anordnungsverfahren zugrunde liegt eine lediglich **summarische Prüfung** der 417 Sach- und Rechtslage, die sich zum streitigen Vorbringen der Beteiligten auf Glaubhaftmachung (§ 294 ZPO) zu den Anspruchsvoraussetzungen und den Einwendungen beschränken kann (§ 51 I S. 2 FamFG). Abweichend von § 51 II S. 2 FamFG, wonach das Gericht ohne mündliche Verhandlung entscheiden kann, bestimmt § 246 II FamFG allerdings, dass in Unterhaltssachen die Entscheidung über eine einstweilige Anordnung auf Grund **mündlicher Verhandlung** ergeht, wenn dies zur Aufklärung des Sachverhalts oder für eine gütliche Beilegung des Verfahrens geboten erscheint. Mit dieser Sonderregelung betont der Gesetzgeber die Bedeutung der mündlichen Verhandlung in Unterhaltssachen auch im Verfahren der einstweiligen Anordnung. Primäres Ziel ist hierbei – im Unterschied zum einstweiligen Rechtsschutz in anderen Familiensachen – nicht eine beschleunigte Regelung in den unterhaltsrechtlichen Beziehungen der Beteiligten. Im Vordergrund steht vielmehr zum einen eine weitestgehende **Sachverhaltsaufklärung** in den für die Unterhaltsbemessung bestimmenden Einkommens-, Vermögens- und Verschuldungsverhältnissen.[86] Zum anderen soll die mündliche Verhandlung Raum schaffen für das Zustandekommen von **Vereinbarungen**, die, nach Aufklärung der maßgebenden Verhältnisse, dem Rechtsfrieden dienende endgültige Regelungen enthalten und weitere Auseinandersetzungen im Rahmen von Hauptsacheverfahren entbehrlich machen.

Auch wenn die Entscheidung über die Anordnung einer mündlichen Verhandlung hier- 418 nach weiterhin im Ermessen des jeweiligen Gerichts steht, hat dieses bei seiner Entscheidung die Zielrichtung des mit der Regelung in § 246 II FamFG verfolgten Anliegens des Gesetzgebers zu beachten und in der Regel erst auf Grund mündlicher Verhandlung[87] zu entscheiden. Überdies setzt sich das Gericht durch eine entsprechende Vorgehensweise in den Stand, ungeachtet des für das Verfahren zu beachtenden Beibringungsgrundsatzes durch den Einsatz verfahrensspezifischer Auskunftsrechte (§ 51 II S. 1 FamFG i. V. m. §§ 235, 236 FamFG) eine abschließende Entscheidung oder Regelung zu fördern.[88] Soweit dem teilweise[89] entgegengehalten wird, die Bestimmung des § 235 FamFG sei, da mit dem Beschleunigungsgrundsatz im Anordnungsverfahren unvereinbar, nicht anzuwenden, beruht dies auf einer Verkennung der Tragweite der Auskunftsverpflichtung im Kontext der Sachverhaltsaufklärung. Zwar unterliegt keinem Zweifel, dass eine Beweisaufnahme im Anordnungsverfahren nur präsente Beweismittel erfassen darf (§ 294 II ZPO). Doch hindert dies das Gericht nicht, im Rahmen einer Terminsbestimmung den Verfahrensbeteiligten die Vorlage von Verdienst- und Gehaltsabrechnungen, Steuerbescheiden, Kredittilgungsplänen oder von weiteren Unterlagen aufzugeben,[90] die eine verbesserte Beurteilung der für die Unterhaltsbemessung relevanten Lebensverhältnisse der Beteiligten ermöglichen. Überdies sind die Beweise, sofern die Beteiligten sie in der mündlichen Verhandlung verfügbar machen, zu erheben. Die Vorschriften über die Zurückweisung von Angriffs- und Verteidigungsmitteln (§ 115 FamFG) kommen nicht zur Anwendung. Das Absehen von einer mündlichen Verhandlung reduziert sich nach alledem auf einfache oder besonders eilbedürftige Fälle[91] (z. B. Geltendmachung von Mindestunterhalt).

---

[85] MünchKommZPO/Coester-Waltjen/Hilbig FamFG § 173 Rn. 1
[86] BT-Drucks. 16/6308 S. 260
[87] Dose Rn. 257
[88] MünchKommZPO/Dötsch FamFG § 246 Rn. 9; Musielak/Borth FamFG § 246 Rn. 7
[89] Gießler/Soyka Rn. 369
[90] MünchKomm/Dötsch FamFG § 246 Rn. 9
[91] BT-Drucks. 16/6308 S. 260

419 Auf Antrag ist dem jeweiligen Verfahrensbeteiligten unter den Voraussetzungen von § 113 I S. 2 FamFG i. V. m. §§ 114, 115 ZPO im Anordnungsverfahren **Verfahrenskostenhilfe** zu bewilligen. Maßgebend sind, abgesehen von fehlendem Mutwillen, in erster Linie die jeweiligen Erfolgsaussichten für die Rechtsverfolgung oder Rechtsverteidigung. Bei der Prüfung der Bedürftigkeit ist auf die persönlichen und wirtschaftlichen Verhältnisse des Verfahrensbeteiligten abzustellen. Werden Unterhaltsansprüche minderjähriger Kinder in Verfahrensstandschaft verfolgt, hängt die Bewilligung von Verfahrenskostenhilfe demgemäß von der Bedürftigkeit des Verfahrensstandschafters ab.[92] Da die Vertretung durch einen Anwalt im Anordnungsverfahren nicht vorgeschrieben ist (§ 114 IV Nr. 1 FamFG), ist dem Beteiligten auf Antrag ein zur Vertretung bereiter **Anwalt beizuordnen** (§ 121 II ZPO), wenn entweder der Gegner durch einen Rechtsanwalt vertreten ist (Grundsatz der Waffengleichheit) oder die Vertretung durch einen Rechtsanwalt erforderlich erscheint. Hierbei ist an die Umstände des jeweiligen Einzelfalles anzuknüpfen, die gekennzeichnet sind durch die Schwierigkeit der Sach- und Rechtslage sowie die Fähigkeiten des Beteiligten, sich mündlich und schriftlich verständlich zu artikulieren. Für den Bereich der hier in Rede stehenden Unterhaltssachen kommt hinzu, dass der Gesetzgeber, wie er durch die Regelung in § 114 I FamFG zum Ausdruck bringt, nunmehr für jedwede Beteiligung an einem Hauptsacheverfahren die Mitwirkung eines Rechtsanwalts vorschreibt. Wird ferner bedacht, dass die Ausgestaltung des Anordnungsverfahrens in Unterhaltssachen verstärkt dem Ziel dienen soll, das Zustandekommen von Vereinbarungen zu fördern[93] und damit nachfolgende Hauptsacheverfahren zu vermeiden, dürfte für den Regelfall die anwaltliche Beiordnung geboten sein.[94]

420 **d) Entscheidung, Vergleich und Wirkungen.** Über den Antrag auf Erlass einer Unterhaltsanordnung entscheidet das Gericht gemäß §§ 116, 38 I S. 1 FamFG durch **Beschluss**, soweit durch die Entscheidung der Verfahrensgegenstand ganz oder teilweise erledigt wird. Über die formellen inhaltlichen Anforderungen verhält sich § 38 II FamFG. Gemäß § 38 III S. 1 FamFG ist der Beschluss zu begründen. Auch wenn hierzu keine näheren Einzelheiten vorgegeben werden, umfasst die gebotene **Begründung,** von der unter den Voraussetzungen von § 38 IV FamFG allerdings abgesehen werden kann, bezogen auf den Verfahrensgegenstand der einstweiligen Anordnung zunächst eine Sachverhaltsdarstellung, soweit sie zum Verständnis der Entscheidung aus sich heraus erforderlich erscheint und eine spätere Überprüfung und/oder Abänderung ermöglichen soll.[95] Die sich daran anschließende rechtliche Würdigung soll die Beteiligten in den Stand versetzen, ihr weiteres Vorgehen und die entsprechenden Erfolgsaussichten im Hinblick auf die nur einstweiligen Regelungen abzuschätzen. Wegen der Selbständigkeit des Anordnungsverfahrens ist die Endentscheidung mit einer Kostenentscheidung (§ 51 IV FamFG) zu versehen, die ihren jeweiligen Maßstab in Unterhaltssachen aus § 243 FamFG ableitet. Der Verfahrenswert bemisst sich wegen der geringeren Bedeutung des Anordnungsverfahrens in der Regel nach der Hälfte des für das Hauptsacheverfahren maßgebenden Wertes (§§ 41 S. 2, 51 FamGKG). Er ist zugleich für die Rechtsanwaltsvergütung maßgebend (§ 23 I S. 2 RVG).[96]

421 Gemäß §§ 51 II S. 1, 39 FamFG ist auch im Anordnungsverfahren die Endentscheidung (§ 38 FamFG) mit einer **Rechtsbehelfsbelehrung** zu versehen, allerdings nur mit einer solchen für statthafte Rechtsbehelfe.[97] Erwähnung finden in § 39 FamFG für eine Belehrung ausdrücklich lediglich das statthafte Rechtsmittel, der Einspruch, der Widerspruch oder die Erinnerung. Indessen sind solche Rechtsbehelfe für das Anordnungsverfahren in Unterhaltssachen nicht vorgesehen. Gleichwohl ist zu bedenken, dass es nicht dem Anliegen des Gesetzgebers entspricht, mit dieser Regelung zugleich Beschränkungen zu verbinden. Vielmehr kommt in der Rechtsbehelfsbelehrung der rechtsfürsorgliche Charakter dieses

---

[92] BGH FamRZ 2005, 1164
[93] BT-Drucks. 16/6308 S. 260
[94] Dose Rn. 241
[95] Keidel/Meyer-Holz FamFG § 38 Rn. 53
[96] Keidel/Giers FamFG § 52 Rn. 26
[97] Dose Rn. 365

3. Abschnitt: Vorläufige Regelung und Sicherung von Unterhaltsansprüchen § 10

Verfahrens zum Ausdruck.[98] Vor diesem Hintergrund wird betont, dass auch über das Recht, gemäß § 52 II FamFG die Fristsetzung zur Einleitung des Hauptsacheverfahrens zu beantragen, entsprechend § 39 FamFG zu belehren ist.[99] Zudem verdeutlicht die Vorschrift, dass auch über Rechtsbehelfe belehrt werden soll, die eine **unbeschränkte Überprüfung in derselben Instanz** eröffnen,[100] weshalb in Unterhaltssachen die Belehrung sich auch auf die Abänderungsmöglichkeiten nach § 54 II FamFG erstrecken muss,[101] nicht aber auf **außerordentliche Rechtsbehelfe** wie etwa die Beschlussberichtigung, Ergänzung und die Möglichkeit der Anhörungsrüge[102] oder das Abänderungsverfahren wegen veränderter Verhältnisse nach § 54 I FamFG.[103] Die Entscheidung über den Anordnungsantrag ist gemäß § 113 I S. 2 FamFG i. V. m. § 329 Abs. 3 ZPO förmlich zuzustellen, und zwar an beide Verfahrensbeteiligte, sofern dem Antrag auch nur teilweise stattgegeben worden ist, im Fall der Zurückweisung lediglich an den Antragsteller.[104]

Ein **Säumnisverfahren** ist für das Anordnungsverfahren ausgeschlossen (§ 51 II S. 3 FamFG) mit der Folge, dass bei Fernbleiben des anwaltlich vertretenen Antragstellers eine Sachentscheidung unterbleibt. Die Säumnis des Antragsgegners führt zu einer einseitigen streitigen Verhandlung. Dabei kommt § 138 III ZPO zur Anwendung. Unter diesen Voraussetzungen bedarf es weiterer Glaubhaftmachung nicht.[105] Im Fall eines Anerkenntnisses ergeht entsprechend § 307 ZPO ohne weitere Sachprüfung ein **Anerkenntnisbeschluss** mit der möglichen Kostenfolge aus § 243 S. 2 Nr. 4 FamFG. 422

Den Unterhalt betreffende einstweilige Anordnungen entfalten in erster Linie unmittelbare Wirkungen zwischen den Verfahrensbeteiligten. Soweit der Kindesunterhalt für gemeinsame minderjährige Kinder geregelt wird, wirkt eine entsprechende Anordnung darüber hinaus unmittelbar auch für und gegen das Kind (§ 1629 III S. 2 BGB i. V. m. § 246 FamFG). Allerdings muss das Kind im Zeitpunkt des Erlasses der Entscheidung noch minderjährig sein. Dies gilt für eine vergleichsweise Erledigung entsprechend.

Die Befugnis der Beteiligten, ihre Unterhaltsverhältnisse grundsätzlich eigenständig zu regeln, schließt die Möglichkeit ein, das entsprechende Anordnungsverfahren durch Vergleich zu beenden. Allerdings hat ein in diesem Verfahren geschlossener **Vergleich,** durch den nichts anderes erreicht werden soll als eine der beantragten einstweiligen Anordnung entsprechende Regelung, keine weitergehende Wirkung als eine entsprechende einstweilige Anordnung.[106] Ein Vergleich, der eine einstweilige Anordnung ersetzt, bietet keinen Rechtsgrund[107] zum „Behaltendürfen". Weitergehende Regelungen, etwa die Begründung eines eigenen Forderungsrechts des Kindes durch Vertrag zu seinen Gunsten (§ 328 BGB), sind möglich, jedoch müssen für einen derartigen Willen ausreichend sichere Anhaltspunkte vorliegen.[108] 423

Dessen ungeachtet bedarf es vor dem Hintergrund der umfassenden Regelungskompetenz der Beteiligten auch hinreichender Klarstellungen in dem Vergleich dazu, ob sie mit diesem Titel nur das einstweilige Anordnungsverfahren oder die Unterhaltsangelegenheit in ihrer Gesamtheit erledigen wollen. Fehlen entsprechende Aussagen und lassen sie sich auch nicht auf Grund einer Auslegung feststellen, ist davon auszugehen, dass der Vergleich nur unter den Voraussetzungen von § 54 I S. 2 FamFG einer Anpassung zugänglich und nicht über eine entsprechende Anordnung hinaus Wirkung entfalten (§ 56 FamFG) sollte. Soweit der Vergleich über die Zeit nach Rechtskraft der Scheidung hinaus fortgilt, regelt er beim Ehegattenunterhalt den nachehelichen Unterhalt, nicht den Trennungsunterhalt.[109]

---

[98] BT-Drucks. 16/6308 S. 196
[99] BT-Drucks. 16/6308 S. 201
[100] Keidel/Meyer-Holz FamFG § 39 Rn. 6
[101] Gießler/Soyka Rn. 135;
[102] BT-Drucks. 16/6308 S. 196
[103] Gießler/Soyka Rn. 135; a. A. Dose Rn. 366
[104] Gießler/Soyka Rn. 138 und 139
[105] Ebert Rn. 80 m. w. N.
[106] BGH FamRZ 1983, 892
[107] BGH FamRZ 1991, 1175
[108] BGH FamRZ 1983, 892
[109] BGH FamRZ 1985, 51

424 Haben die Beteiligten aber hinreichend erkennbar den gesamten Unterhaltsstreit erledigt, stellt der Vergleich einen nach § 239 FamFG i. V. m. § 313 BGB durch ein **Abänderungsverfahren** anzupassenden Unterhaltstitel dar. Tituliert ist beim Ehegattenunterhalt in diesem Fall wegen fehlender Identität mit dem nachehelichen Unterhalt allerdings nur der Trennungsunterhalt. Wird aus dem Vergleich nach Rechtskraft der Ehescheidung die Zwangsvollstreckung fortgesetzt, ist, sofern die Beteiligten für diesen Unterhaltszeitraum keine Regelungen getroffen haben, das **Vollstreckungsabwehrverfahren** zu betreiben. Streiten die Beteiligten über die Wirksamkeit des Vergleichs, ist hierüber im Verfahren nach § 54 FamFG zu befinden, sofern die Erledigung nur dem einstweiligen Anordnungsverfahren galt. Bei einem darüber hinaus gehenden Vergleichsinhalt bedarf es je nach Beteiligtenrolle eines Vorgehens im ordentlichen Streitverfahren.[110]

Nach OLG Karlsruhe[111] setzt ein in einem einstweiligen Anordnungsverfahren geschlossener Vergleich die Zweijahresfrist des § 1605 II BGB nicht in Lauf, soweit er den Unterhalt nur vorläufig regelt. Die Zustellung des Antrags auf Erlass einer einstweiligen Anordnung kann eine materiell-rechtliche Mahnung gemäß § 286 I S. 2 BGB sein,[112] deren Wirkung (Verzug) nur ausnahmsweise (z. B. durch Verzicht oder Verwirkung) beseitigt werden kann. Dies gilt grundsätzlich auch bei **Ablehnung** des Antrags auf Erlass einer einstweiligen Anordnung.[113]

425 **e) Abänderung, Aufhebung und Anfechtung. aa) Das Abänderungsverfahren.** Die Voraussetzungen für eine Überprüfung sowie gegebenenfalls Aufhebung und Änderung von Entscheidungen im einstweiligen Anordnungsverfahren sind auch für die in Rede stehenden Unterhaltssachen primär in § 54 FamFG geregelt. Diese Vorschrift, die inhaltlich weitgehend die Regelungen aus § 620 b ZPO a. F. übernommen hat,[114] ermöglicht auf **Antrag** in einem selbständigen Überprüfungsverfahren weiterhin ohne Anbindung an ein Hauptsacheverfahren eine Korrektur oder Anpassung der Ausgangsentscheidung unter Beachtung der Besonderheiten des einstweiligen Rechtsschutzes. Einer anwaltlichen Mitwirkung bedarf auch das Überprüfungsverfahren nicht. Schließlich macht es keinen Unterschied, ob das Gericht eine Anordnung erlassen oder einen Antrag abschlägig beschieden hat. Es ist weiterhin zu unterscheiden zwischen einem **Abänderungsantrag nach § 54 I FamFG** und einem **Antrag gemäß § 54 II FamFG**, auf Grund mündlicher Verhandlung erneut zu beschließen, sofern die einstweilige Anordnung – entgegen § 246 II FamFG – ohne mündliche Verhandlung ergangen ist. Die **örtliche** und **sachliche Zuständigkeit** für die jeweiligen Verfahren regelt § 54 III FamFG. Zuständig ist danach primär dasjenige Gericht (S. 1), das – entgegen dem Wortlaut, der von einer einstweiligen Anordnung ausgeht, – die zu überprüfende Entscheidung erlassen hat, mithin auch dann, wenn sich die für die Zuständigkeit bestimmenden Verhältnisse nach Erlass der Erstentscheidung geändert haben (Perpetuatio fori). Dies gilt jedoch dann nicht (S. 2), wenn das Verfahren an ein anderes Gericht abgegeben oder verwiesen worden ist, wie dies etwa im Fall einer ursprünglichen Zuständigkeit nach § 50 II FamFG oder bei nachträglicher Rechtshängigkeit einer Ehesache (§ 233 FamFG) in Betracht kommt.

426 Dieser Antrag ist vorrangig dazu bestimmt, das Anordnungsverfahren zum Abschluss zu bringen, und verdrängt den Abänderungsantrag nach § 54 I FamFG.[115] Überdies besteht die Möglichkeit, den Abänderungsantrag als Antrag, auf Grund mündlicher Verhandlung erneut zu beschließen, auszulegen[116] und nach § 246 II FamFG zu verfahren. Allerdings ist der Antrag nach § 54 II FamFG unzulässig, wenn das Gericht bereits einseitig mündlich verhandelt hat (§ 51 II S. 3 FamFG), der Beteiligte allerdings zurechenbar nicht erschienen

---

[110] OLG Hamm FamRZ 1991, 582
[111] OLG Karlsruhe FamRZ 1992, 684
[112] BGH FamRZ 1983, 352
[113] Vgl. BGH FamRZ 1995, 725
[114] BT-Drucks. 16/6308 S. 201
[115] Prütting/Helms/Stößer FamFG § 54 Rz. 9; Zöller/Feskorn ZPO § 54 FamFG Rn. 8; Johannsen/Henrich/Büte § 54 FamFG Rn. 9; a. A. Keidel/Giers FamFG § 54 Rn. 14; Reichold in Thomas/Putzo § 54 FamFG Rn. 6
[116] Götsche/Viefhues ZFE 2009, 124, 128

3. Abschnitt: Vorläufige Regelung und Sicherung von Unterhaltsansprüchen § 10

ist.[117] Der Antrag setzt eine **Beschwer** voraus. Daran fehlt es, wenn das Gericht dem Begehren des Antragstellers entsprochen hat und der Antragsteller eine Antragserweiterung verfolgt. Sie entfällt auch dann, wenn die einstweilige Anordnung in der Zwischenzeit bereits außer Kraft getreten ist (§ 56 FamFG).[118] Ein entsprechendes **Rechtsschutzinteresse** ist zu verneinen, wenn die nach § 52 II S. 1 FamFG gesetzte Frist zur Einleitung des Hauptsacheverfahrens verstrichen ist, und die Aufhebung der einstweiligen Anordnung nach § 52 II S. 3 FamFG möglich ist.[119] Hat der Antragsgegner z. B. den durch einstweilige Anordnung titulierten Verfahrenskostenvorschuss gezahlt, ist ein Abänderungsantrag unzulässig, da dies weder Voraussetzung für eine Rückforderung ist noch die Rückzahlung im Anordnungsverfahren geltend gemacht werden kann.

Der von dem beschwerten Beteiligten zu stellende Sachantrag bedarf im Unterschied zu **427** der Regelung in § 620 d ZPO a. F. keiner weiteren Begründung. Eine solche dürfte sich allerdings, sofern nicht bereits vor Erlass der einstweiligen Anordnung geschehen, im Sinne einer effektiven Rechtsverfolgung empfehlen. Der Antrag setzt auch nicht notwendig eine Änderung der bei Erlass der Anordnung für maßgebend erachteten Verhältnisse voraus. Vielmehr reicht auch eine **abweichende rechtliche Beurteilung derselben Tatsachen** aus. Im Zusammenhang mit der Zulässigkeit des Antrages nach § 54 II FamFG kommt es allein darauf an, ob eine mündliche Verhandlung über das beiderseitige Vorbringen noch nicht stattgefunden hat. Dies ist auch dann der Fall, wenn das Gericht in einem Erstverfahren mündlich verhandelt und in einem anschließenden Abänderungsverfahren nach § 54 I FamFG ohne mündliche Verhandlung entschieden hat.[120] Eine **Tatsachenpräklusion** besteht im Verfahren nach § 54 II FamFG nicht, so dass der Abänderungsantrag auch auf eine **rückwirkende Änderung** gestützt werden kann.[121] Die Antragstellung unterliegt keiner Fristbindung, so dass selbst „nach Jahren" einem Antrag auf Durchführung der mündlichen Verhandlung gestellt werden, sofern der Gesichtspunkt des Rechtsmissbrauchs nicht entgegensteht.[122]

Hat das Gericht über eine einstweilige Anordnung auf Grund mündlicher Verhandlung **428** entschieden, kann der beschwerte Beteiligte durch nicht fristgebundenen **Abänderungsantrag** gemäß § 54 I FamFG ein **Überprüfungsverfahren** einleiten. Auch wenn in dieser Vorschrift lediglich von Entscheidungen (des Gerichts) die Rede ist, erstreckt sich das Abänderungsverfahren auch auf andere Vollstreckungstitel, die nach mündlicher Verhandlung ergangen sind, soweit sie lediglich den Gegenstand des Anordnungsverfahrens erfassen, wie dies etwa bei einem entsprechenden **Vergleich** der Fall ist. Das Abänderungsverfahren folgt zunächst den Regeln, die für den erstmaligen Erlass einer einstweiligen Anordnung maßgebend sind, so dass eine anwaltliche Mitwirkung weiterhin nicht erforderlich ist. Im Übrigen bedarf es für den jeweiligen Antragsteller einer **Beschwer**. Sie fehlt insbesondere dann, wenn die einstweilige Anordnung bereits außer Kraft getreten ist (§ 56 FamFG) oder die Voraussetzungen für eine Aufhebung nach § 52 II FamFG erfüllt sind. Ist die einstweilige Anordnung, deren Abänderung begehrt wird, auf Grund mündlicher Verhandlung ergangen, muss sich das zulässige Änderungsbegehren zudem auf neue Tatsachen und Beweismittel stützen. Ansonsten fehlt für eine neue Entscheidung das **Rechtsschutzbedürfnis**.[123] Ein Interesse, bei unveränderter Sach- und Rechtslage erneut über eine einstweilige Anordnung oder einen zurückgewiesenen Antrag wiederholt zu befinden, ist nicht anzuerkennen. Neu in diesem Zusammenhang sind allerdings auch solche Tatsachen und Beweismittel, die erst nachträglich bekannt geworden sind und allein deshalb bei der Erstentscheidung keine Berücksichtigung gefunden haben.[124] Eine dem § 238 II FamFG vergleichbare Präklusion besteht nicht. Richtet sich das Abänderungsbegehren gegen einen

---

[117] Dose Rn. 383 m. w. N.: Gießler/Soyka Rn. 189
[118] Dose Rn. 385
[119] Gießler/Soyka Rn. 191
[120] BVerfG FamRZ 2005, 966
[121] Dose Rn. 386
[122] OLG Köln FamRZ 2006, 1402
[123] Zöller/Feskorn ZPO § 54 FamFG Rn. 4 m. w. N.
[124] Ebert Rn. 157

Vergleich, ist, da die Beteiligten sich durch die Vereinbarung gebunden haben, immer die Darlegung von nachträglichen Änderungen der maßgebenden Verhältnisse zu verlangen.

Einer Abänderung im Rahmen eines Abänderungsverfahrens nach § 238 FamFG ist eine einstweilige Anordnung schon deshalb nicht zugänglich, weil ein solches Verfahren nach der gegenüber der alten Rechtslage klarstellenden Formulierung in § 238 I FamFG nur für eine **in der Hauptsache** ergangene Endentscheidung vorgesehen ist. Das gilt auch für einen Vergleich, der eine einstweilige Anordnung ersetzt.[125] Ein Abänderungsantrag des Unterhaltsberechtigten kann eventuell in einen Leistungsantrag umgedeutet werden.[126]

429 bb) **Das Fristsetzungsverfahren.** Neben der nur in verfahrensrechtlich engen Grenzen möglichen Abänderung einer Endentscheidung im Anordnungsverfahren regelt § 52 FamFG erstmalig in einem formalisierten und an die Vorgaben von § 926 ZPO für die sonstigen Zivilsachen angelehnten Verfahren die Voraussetzungen für die **Aufhebung einer einstweiligen Anordnung**. Auch hierüber ist der Beteiligte gleichzeitig mit der ihn belastenden Anordnung gemäß § 39 FamFG zu belehren.[127] Nach bisherigem Recht (§§ 620 a, 644 ZPO a. F.) war ein Anordnungsverfahren nur parallel zur Anhängigkeit einer Ehesache, zu einem Antrages auf Bewilligung von Prozesskostenhilfe hierfür oder zu einer deckungsgleichen Hauptsache statthaft. Die entsprechende Akzessorietät hat das FamFG nicht übernommen (§ 51 III S. 1 FamFG). Dem liegt die gesetzgeberische Erwägung zugrunde, dass ein Hauptsacheverfahren in aller Regel überflüssig sein soll, sofern die Beteiligten mit einer einstweiligen Regelung zufrieden sind.[128] Gleichwohl soll ein Hauptsacheverfahren gewährleistet sein, wenn der hiervon betroffene Beteiligte dies „wünscht". In Unterhaltssachen, soweit sie Familienstreitsachen sind (§ 112 Nr. 1 FamFG), hat deshalb das Gericht gemäß § 52 II S. 1 FamFG auf **Antrag** des durch die einstweilige Anordnung **beschwerten Beteiligten** anzuordnen, dass der Gegner binnen einer Frist, die drei Monate nicht übersteigen darf, entweder einen Antrag auf Einleitung eines Hauptsacheverfahrens oder zumindest für ein solches Verfahren einen Antrag auf Bewilligung von Verfahrenskostenhilfe stellt. Der Antrag kann schriftlich oder zu Protokoll der Geschäftsstelle ohne anwaltliche Mitwirkung gestellt werden.

430 Der Antrag im **Fristsetzungsverfahren** kann bereits mit dem Antrag auf Zurückweisung im Anordnungsverfahren angebracht werden,[129] gegebenenfalls auch als Hilfsantrag.[130] Funktional besteht eine richterliche Zuständigkeit. Die Vorschrift des § 20 Nr. 14 RpflG findet auch keine entsprechende Anwendung.[131] Die für den Antrag notwendige Beschwer fehlt oder entfällt, wenn die einstweilige Anordnung aufgehoben (§ 54 FamFG) oder außer Kraft (§ 56 FamFG) getreten ist. Das Verfahren ist überdies unstatthaft, wenn ein Hauptsacheverfahren bereits rechtshängig ist.[132] Die Fristsetzung, die drei Monate nicht überschreiten darf, richtet sich im Übrigen nach den **Umständen des Einzelfalls**,[133] dürfte aber in streitigen Unterhaltssachen in der Regel weniger als **einen Monat** betragen. Hierbei ist zu bedenken, dass, sofern die einstweilige Anordnung gemäß § 246 II FamFG auf Grund mündlicher Verhandlung ergeht, eine Abänderung (§ 54 I FamFG) praktisch ausgeschlossen ist, mithin auch ein Vollstreckungsschutz nach § 55 FamFG ausscheidet. Allein der Antrag nach § 52 II FamFG eröffnet ihn nicht. Örtlich zuständig für die Fristsetzung ist das nach § 54 III FamFG berufene Gericht, das nach fakultativer mündlichen Verhandlung durch **Beschluss** entscheidet (§ 38 FamFG), der keiner Anfechtung unterliegt (§ 57 S. 1 FamFG). Eine Kostenentscheidung ist nicht veranlasst, da Kosten nicht anfallen. Allerdings kann das Gericht auf Antrag des beschwerten Beteiligten seine Entscheidung über die Fristbestimmung ändern, wenn erhebliche Gründe glaubhaft gemacht werden

---

[125] BGH FamRZ 1991, 1175
[126] BGH FamRZ 1983, 892
[127] BT-Drucks. 16/6308 S. 201
[128] BT-Drucks. 16/6308 S. 201
[129] Bork/Jacoby/Schwab/Löhnig/Heiß FamFG § 52 Rn. 9
[130] Löhnig/Heiß FamRZ 2009, 1101, 1105; a. A. Gießler/Soyka Rn. 105
[131] Keidel/Giers FamFG § 52 Rn. 5
[132] Reichold in Thomas/Putzo § 52 FamFG Rn. 5
[133] BT-Drucks. 16/6308 S. 201

3. Abschnitt: Vorläufige Regelung und Sicherung von Unterhaltsansprüchen § 10

(§ 224 II ZPO). Die Frist beginnt, wenn nicht das Gericht einen bestimmten Zeitpunkt ausdrücklich festlegt, was sich bei in Betracht kommenden Zustellungsverzögerungen aber aufdrängt, mit Zustellung der Entscheidung über die Fristbestimmung (§ 329 II S. 2 ZPO).

Die **Fristsetzung** unterscheidet alternativ zwischen der Einleitung des Hauptsacheverfahrens und einem hierauf zielenden Antrag auf Verfahrenskostenhilfe. Sie stellt dadurch sicher, dass der mit der Fristsetzung belastete Beteiligte nicht schon vor dem Hintergrund seiner Bedürftigkeit mit dem Fristablauf seinen einstweiligen Rechtsschutz verliert. Er muss allerdings innerhalb der Frist dem Gericht die gebotenen Nachweise führen, um seine Bedürftigkeit glaubhaft zu machen. Das Gericht wird deshalb **beide Alternativen** in die Fristsetzung aufnehmen, und zwar selbst dann, wenn der durch die einstweilige Anordnung belastete Antragsgegner mit seinem Fristsetzungsantrag lediglich auf die Einleitung des Hauptsacheverfahrens abstellt. Soweit dem entgegengehalten wird, die Fristsetzung sei zwingend auf die Einleitung des Hauptsacheverfahrens zu begrenzen, da auf das Gesuch um die Bewilligung von Verfahrenskostenhilfe keine Sachentscheidung ergehe,[134] steht solchen Erwägungen der Wortlaut wie auch die Zielrichtung der Vorschrift entgegen. 431

cc) Das Aufhebungsverfahren. Für das sich anschließende **Aufhebungsverfahren** gibt § 52 II S. 3 FamFG lediglich vor, dass die einstweilige Anordnung, sofern der Fristsetzung nicht Folge geleistet wird, aufzuheben ist. Verfahrensrechtlich müssen zunächst weiter die Voraussetzungen des Fristsetzungsverfahrens erfüllt sein. Zusätzlich hängt das Verfahren ab von einer wirksamen Fristsetzung und dem glaubhaft gemachten Fristablauf ab. In diesem Fall ist die einstweilige Anordnung aufzuheben, und zwar vollständig, d. h. mit **Rückwirkung**.[135] Maßgebend für die Fristwahrung ist der rechtzeitige Eingang beim Gericht der Hauptsache (§ 113 I S. 2 FamFG i. V. m. § 167 ZPO). Die Einreichung einer Antragsschrift bei einem unzuständigen Gericht genügt zur Fristwahrung nicht. Die Frist soll, wie vertreten wird,[136] auch dann versäumt sein, wenn der Antragsteller zwar rechtzeitig ein vollständiges und prüffähiges Gesuch um die Bewilligung von Verfahrenskostenhilfe für ein Hauptsacheverfahren bei dem zuständigen Gericht eingereicht hat, allerdings nach rechtskräftiger Versagung nicht unverzüglich den Antrag auf Einleitung des Hauptsacheverfahrens stellt. Dieser Ansicht ist nicht zu folgen. Gelingt es dem durch die Fristsetzung belasteten Antragsteller, innerhalb der Frist das Hauptsacheverfahren einzuleiten oder die Voraussetzungen für eine Entscheidung über das Verfahrenskostenhilfegesuch zu schaffen, ist das Aufhebungsverfahren nach § 52 II S. 3 FamFG unzulässig. Für ein solches besteht in diesem Fall aus Sicht des durch die Anordnung beschwerten Beteiligten auch keine Notwendigkeit. Wird nämlich der Antrag im Hauptsacheverfahren rechtskräftig abgewiesen, tritt die einstweilige Anordnung außer Kraft (§ 56 II Nr. 2 FamFG). Wird dem Antragsteller die nachgesuchte Verfahrenskostenhilfe für das Hauptsacheverfahren rechtskräftig versagt, kann der Gegner die Aufhebung im Rahmen eines Abänderungsverfahrens (§ 54 FamFG) durchsetzen und zu deren Sicherung Vollstreckungsschutz (§ 55 FamFG) in Anspruch nehmen. 432

Die Regelung in § 52 II S. 3 FamFG enthält keinen Hinweis darauf, ob das Aufhebungsverfahren, obwohl es hier das Familienstreitsachen (§ 112 Nr. 1 FamFG) betrifft, von Amts wegen oder nur **auf Antrag** des belasteten Beteiligten zu betreiben und abzuschließen ist. Allerdings soll das Verfahren zur Einleitung des Hauptsacheverfahrens nach dem Willen des Gesetzgebers mit der Abschaffung der Akzessorietät und der Verselbständigung des Anordnungsverfahrens den Bedürfnissen von Verfahrensbeteiligten Rechnung tragen, soweit diese mit besseren Erkenntnismöglichkeiten ein Hauptsacheverfahren „wünschen".[137] Dies spricht dafür, auch den weiteren Gang des Aufhebungsverfahrens von der Disposition des belasteten Beteiligten und damit einem entsprechenden Antrag abhängig zu machen.[138] Der von der Gegenmeinung[139] bemühte Hinweis, die einstweilige Anordnung sei „zwingend" 433

---

[134] MünchKommZPO/Soyka FamFG § 52 Rn. 5
[135] Dose Rn. 464 m. w. N.
[136] Gießler/Soyka Rn. 226
[137] BT-Drucks. 16/6308 S. 201
[138] Dose Rn. 464; Keidel/Giers FamFG § 52 Rn. 10; Johannsen/Henrich/Büte § 52 FamFG Rn. 8
[139] Zöller/Feskorn ZPO § 52 FamFG Rn. 6; Reichold in: Thomas/Putzo § 52 FamFG Rn. 8

aufzuheben, besagt lediglich, dass bei der Aufhebung kein Spielraum für die gerichtliche Entscheidung besteht. Auch die Regelung in § 926 II ZPO, die der Gesetzgeber als Vorbild herangezogen hat, macht die zulässige Aufhebung der Entscheidung von einem Antrag der belasteten Partei abhängig.[140] Zwischen dem Anordnungsverfahren und dem nachfolgenden Hauptsacheverfahren muss **Identität**[141] bestehen. Dies ist dann der Fall, wenn das Hauptsacheverfahren zur Überprüfung der Rechtmäßigkeit der einstweiligen Anordnung führt. Besteht nur Teilidentität, führt dies zur **Teilaufhebung**.[142]

434   Über den Aufhebungsantrag entscheidet das Gericht nach Anhörung des Gegners durch begründeten Beschluss (§§ 116, 38 FamFG), der keiner Anfechtung unterliegt (§ 57 S. 1 FamFG). Kommt es zur Aufhebung der einstweiligen Anordnung, ist zugleich über die gesamten **Kosten** des Anordnungsverfahrens zu bestimmen. Vor dem Hintergrund seiner verfahrensbezogenen Untätigkeit hat der Antragsteller in diesem Fall gemäß § 243 FamFG in der Regel die gesamten Kosten des Verfahrens zu tragen. Eine anderweitige Kostenverteilung kommt allerdings dann in Betracht, wenn er die einstweilige Anordnung zunächst berechtigterweise erstritten hatte. Nach Aufhebung der einstweiligen Anordnung wegen Fristversäumung kann der unterhaltsberechtigte Beteiligte mit Aussicht auf Erfolg nur unter den Voraussetzungen von § 54 FamFG erneut einstweiligen Rechtsschutz anstreben.

435   **dd) Rechtsmittelausschluss und Korrekturmöglichkeiten.** Die Endentscheidungen in den durch §§ 232 I, 269 I Nr. 8 und 9 FamFG erfassten Unterhaltssachen unterliegen im Übrigen im einstweiligen Anordnugsverfahren gemäß § 57 S. 1 FamFG **keiner Anfechtung** durch ein ordentliches Rechtsmittel. Die Regelung erscheint auch aus verfassungsrechtlicher Sicht unbedenklich, da für den beschwerten Beteiligten abgesehen von verschieden Rechtsbehelfen mit dem Hauptsacheverfahren eine Korrekturmöglichkeit offen steht, die über die vorläufigen Maßnahmen hinaus eine der Rechtslage entsprechende Endentscheidung im ordentlichen Streitverfahren sicherstellt. Die Vorschrift übernimmt insoweit die bisherigen Rechtslage aus § 620 c S. 2 ZPO a. F. Dieser lag die Erwägung zugrunde, dass Maßnahmen im Anordnungsverfahrens Rechtsfrieden während der Dauer der Ehesache schaffen sollten, dem aber die – auch wiederholte – Befassung der Instanzgerichte mit vorläufigen Maßnahmen nicht dienlich war. Sie förderte darüber hinaus das Ziel, im Rahmen eines summarischen Verfahrens alsbald eine abschließende Regelung herbeizuführen.[143] Allerdings hat dies die Rechtspraxis in der Vergangenheit in Fällen so genannter greifbarer Gesetzwidrigkeit[144] nicht gehindert, gestützt auf eine „außerordentliche sofortige Beschwerde" erstinstanzliche Entscheidungen in der Sache zu korrigieren. Indessen dürfte dies bei Beachtung des verfassungsrechtlichen **Gebots der Rechtsmittelklarheit** nicht zulässig sein.[145] Die Rechtspraxis trägt dem im Zuge entsprechender Klarstellung durch das BVerfG in der Weise Rechnung, dass zunehmend durch die „Gehörsrüge" nach § 321 a ZPO auch die Fälle erfasst werden, für die sie in der Vergangenheit eine „außerordentliche sofortige Beschwerde" bemüht hat.[146] Ein – im Kontext der Rechtsbehelfe des Anordnungsverfahrens bedenkliches – weites Verständnis dieser Vorschrift will hierbei auch „so genannte Pannenfälle, Präklusionsfälle und Hinweisfälle" erfassen.[147]

436   Unberührt von dem Ausschluss der Anfechtbarkeit bleibt die instanzinterne Fortführung des Verfahrens infolge einer **Anhörungsrüge** (§§ 51 II S. 1, 113 I S. 2 FamFG i. V. m. § 321 a ZPO).[148] Diese kommt nur in Betracht, wenn Korrekturmöglichkeiten nach § 54 FamFG ausscheiden. Der Antrag nach § 52 II FamFG steht der Anhörungsrüge allerdings nicht entgegen, die innerhalb von zwei Wochen nach Kenntniserlangung der Anfechtungs-

---

[140] Keidel/Giers FamFG § 52 Rn. 10
[141] Johannsen/Henrich/Büte Familienrecht § 52 FamFG Rn. 8
[142] Schulte-Bunert/Weinreich/Schwonberg FamFG § 52 Rn. 14
[143] Musielak/Borth FamFG § 57 Rn. 9
[144] Vgl. Keidel/Meyer-Holz FamFG § 58 Rn. 56
[145] BVerfG NJW 2003, 1924; BGH FamRZ 2007, 1315; 2007, 1463
[146] OLG Zweibrücken FamRZ 2006, 555
[147] OLG Köln FamRZ 2005, 2075
[148] BT-Drucks. 16/6308 S. 202

3. Abschnitt: Vorläufige Regelung und Sicherung von Unterhaltsansprüchen § 10

gründe zu erheben ist. Maßgebend ist positive Kenntnis.[149] Der Zeitpunkt der Kenntniserlangung ist glaubhaft zu machen. Die schriftlich zu erhebende Rüge muss die Umstände ausführen,[150] aus denen sich die Verletzung des **Anspruchs auf rechtliches Gehör** herleiten lassen soll, und die **Entscheidungserheblichkeit** darlegen. Dabei ist neuer Sachvortrag unzulässig.[151] Die Rüge ist als unzulässig zu verwerfen, wenn die Rüge die Form- und Fristerfordernisse nicht erfüllt. Ist sie nicht begründet, erfolgt die Zurückweisung. Ansonsten entscheidet das Gericht in der Sache, wobei sich die weitere Behandlung und die Begründung der Entscheidung im Anordnungsverfahren neben einer weiteren Bezugnahme auf den beanstandeten Beschluss auf den Verstoß gegen das rechtliche Gehör beschränken können (zur Anhörungsrüge vgl auch Rn. 10/623–633).[152]

Die Unanfechtbarkeit von Entscheidungen im Verfahren der einstweiligen Anordnung (§ 57 S. 1 FamFG) in Unterhaltssachen wirkt sich auch auf die der Hauptsache vorangehenden oder nachfolgenden **Nebenentscheidungen** aus. Dies gilt zunächst und vorwiegend für die **Versagung** von **Verfahrenskostenhilfe**, die im Zusammenhang mit einem Hauptsacheverfahren mit der sofortigen Beschwerde (§§ 127, 569 ff. ZPO) angefochten werden kann. Insbesondere der Grundsatz, wonach der Rechtsschutz in Nebenverfahren nicht weiter gehen kann als der in der Hauptsache, verdrängt hier durch § 57 S. 1 FamFG die allgemeine Beschwerdemöglichkeit.[153] Er stellt zudem die Vermeidung widersprechender Entscheidungen zwischen Instanz- und Rechtsmittelgericht sicher.[154] Ebenso unanfechtbar im Kontext von § 57 S. 1 FamFG sind selbständige **Kostenentscheidungen**.[155] Dem gegenüber gelten die Rechtsmittelbeschränkungen nicht, da es sich hierbei um andere Entscheidungsgegenstände handelt, für die Festsetzung des **Verfahrenswertes** wie auch im **Kostenfestsetzungsverfahren**.[156]

ee) Weitere Rechtsverfolgung durch den Unterhaltsberechtigten. Der Unterhalts- 437
berechtigte kann jederzeit und unabhängig von dem Umfang seines Erfolges im einstweiligen Rechtsschutzverfahren durch einen Leistungsantrag ein Hauptsacheverfahren einleiten (§ 113 I S. 2 FamFG i. V. m. § 253 ZPO), um in einem ordentlichen Streitverfahren eine rechtskräftige Feststellung seines Unterhaltsanspruchs zu erwirken.[157]

ff) Weitere Rechtsverfolgung durch den Unterhaltspflichtigen. Der Unterhalts- 438
pflichtige kann jederzeit durch **negativen Feststellungsantrag** (§ 113 I S. 2 FamFG i. V. m. § 256 ZPO) den vom Unterhaltsberechtigten behaupteten und/oder durch einstweilige Anordnung vorläufig geregelten Unterhaltsanspruch klären lassen, insbesondere wenn es um die wirtschaftlichen Verhältnisse geht,[158] und zwar auch für die Zeit vor Rechtshängigkeit des Feststellungsantrages oder vor Verzug des Unterhaltsberevchtigten mit einem Verzicht auf seine Rechte aus der einstweiligen Anordnung.[159]

Allerdings wird, nachdem der Unterhaltspflichtige nunmehr durch eine Antragstellung nach § 52 II FamFG den Unterhaltsberechtigten zur **Einleitung eines Hauptsacheverfahrens** „zwingen" kann, zunehmend das notwendige **Feststellungsinteresse** verneint.[160] Nach einer weiteren Ansicht soll jedenfalls die Bewilligung von Verfahrenskostenhilfe für einen Feststellungsantrag mit dem Hinweis auf Mutwilligkeit der Rechtsverfolgung ausscheiden.[161] Indessen dürfte dieser Einschätzung nicht zu folgen sein. Zunächst ist davon auszugehen, dass der Gesetzgeber als Ausgleich für den Verlust der Akzessorietät zwischen

---

[149] BAG NJW 2006, 1029
[150] BayObLG FamRZ 2005, 917
[151] BGH FamRZ 2007, 1463
[152] Dose Rn. 400
[153] OLG Saarbrücken FamRZ 2010, 1829; OLG Hamm FamRZ 2010, 1467
[154] BGH FamRZ 2005, 790
[155] OLG Düsseldorf FamRZ 2011, 496, 497; OLG Naumburg FamRZ 2007, 1035
[156] Musielak/Borth FamFG § 57 Rn. 9
[157] BGH FamRZ 1984, 767; OLG Zweibrücken FamRZ 2000, 1288
[158] Vgl. BGH FamRZ 1984, 356; FamRZ 1984, 769
[159] BGH FamRZ 1989, 850
[160] MünchKommZPO/Soyka FamFG § 56 Rn. 2; Hüßtege in Thomas/Putzo § 246 FamFG Rn. 9; FA-FamR/Gerhardt Kap. 6 Rn. 896
[161] Gießler/Soyka Rn. 178

dem Anordnungsverfahren und einem Hauptsacheverfahren die Rechte des mit einem vollstreckbaren Unterhaltstitel aus einem nur summarischen Verfahren belasteten Unterhaltspflichtigen stärken wollte. Eine Beschränkung auf das Antragsrecht aus § 52 II FamFG müsste allerdings auf das Gegenteil hinauslaufen. So wäre der Unterhaltspflichtige in diesem Verfahren weiterhin der Vollstreckung aus dem Titel ausgesetzt, da ein Vollstreckungsschutz nach § 55 FamFG ebenso ausscheidet wie – im Regelfall – ein Abänderungsverfahren nach mündlicher Verhandlung (§§ 54, 246 FamFG). Überdies besteht die Gefahr, dass der Unterhaltsberechtigte durch Fristverlängerungsanträge (§ 224 II ZPO) die Einleitung des Hauptsacheverfahrens hinauszögert. Auch das Fristsetzungsverfahren nach § 926 ZPO, das dem Gesetzgeber als Vorbild für die Einführung des Fristsetzungsverfahren nach § 52 II FamFG gedient hat,[162] steht dem Rechtschutzinteresse für eine negative Feststellungsklage in der Hauptsache nicht entgegen.[163] Schließlich folgt aus seiner Stellung als Rechtssubjekt die Befugnis des Unterhaltspflichtigen, sich aktiv und effektiv gegen einen Vollstreckungstitel zur Wehr zu setzen, wie dies auch sonst bei einem rechtskräftigen Unterhaltstitel der Fall ist, zumal es für den Unterhaltsberechtigten unter dem Schutz von § 818 III BGB von untergeordneter Bedeutung bleiben dürfte, dass die titulierte Zahlungsverpflichtung lediglich auf einer vorläufigen Regelung beruht.

439 Dieses Recht des Unterhaltspflichtigen stellt auch weiterhin der negative Feststellungsantrag (§ 256 ZPO) sicher. Bereits die Einreichung eines Verfahrenskostenhilfegesuchs zur Durchführung eines entsprechenden Streitverfahrens ermöglicht die Einstellung der Zwangsvollstreckung (§ 242 FamFG),[164] da auch dieses Streitverfahren auf die Herabsetzung oder Beseitigung des titulierten Unterhalts gerichtet ist. Zudem kann der Unterhaltspflichtige auf diesem Wege seine Rechte auch deshalb wahren, weil bereits die Rechtshängigkeit des Feststellungsantrages richtiger Ansicht nach die verschärfte Haftung (§ 818 IV BGB) bei der Rückzahlung der auf die einstweilige Anordnung geleisteten Unterhaltsbeträge auslöst.[165] Da hiernach nichts dafür ersichtlich ist, dass der Unterhaltspflichtige im Verfahren nach § 52 II FamFG auf einfacherem und schnellerem Weg seine schutzwürdigen Interessen effektiv wahren kann,[166] muss es seinem **Wahlrecht**[167] vorbehalten bleiben, ob er sich für einen Antrag nach § 52 II FamFG oder für einen negativen Feststellungsantrag im Streitverfahren entscheidet.[168] Zulässigkeitsvoraussetzung ist jedoch – wie bei jedem negativen Feststellungsantrag – ein „**Berühmen**" des Unterhaltsberechtigten, das sich auch aus den Umständen ergeben kann, nicht jedoch im Allgemeinen aus bloßem Schweigen oder passivem Verhalten. Reagiert daher der Unterhaltsberechtigte nach zweimaliger Ablehnung einer einstweiligen Anordnung und zwischenzeitlicher Scheidung nicht auf eine Aufforderung des Unterhaltspflichtigen, auf Trennungsunterhalt zu verzichten, liegt darin kein „Berühmen".[169]

440 Das für den negativen Feststellungsantrag notwendige **Feststellungsinteresse** fehlt oder entfällt, sofern und soweit Rückzahlung des verpflichtungsgemäß gezahlten Unterhalts verlangt werden kann.[170] Dies ist ferner der Fall, wenn der Unterhaltsberechtigte seinerseits bereits einen Leistungsantrag auf weitergehenden Unterhalt gestellt hat, der den gleichen Streitgegenstand betrifft.[171] Mit dem Feststellungsantrag ist anzugeben, für welchen Unterhaltszeitraum **kein** Unterhalt geschuldet werden soll. Die Beweislast beurteilt sich ungeachtet der gewählten Verfahrensart nach dem **materiellen Recht**. Demgemäß trifft den

---

[162] BT-Drucks. 16/6308 S. 201
[163] BGH NJW 1986, 1815
[164] Keidel/Meyer-Holz FamFG § 242 Rn. 16; Musielak/Borth FamFG § 242 Rn. 1
[165] Keidel/Meyer-Holz FamFG § 241 Rn. 4; Musielak/Borth FamFG § 241 Rn. 4; a. A. Hüßtege in Thomas/Putzo § 241 Rn. 1 m. w. N.
[166] So aber Götsche/Viefhues ZFE 2009, 124, 130
[167] Schulte-Bunert/Weinreich/Schwonberg FamFG § 56 Rn. 9
[168] Keidel/Giers FamFG § 246 Rn. 8; Musielak/Borth FamFG § 52 Rn. 7; Johannsen/Henrich/Maier vor §§ 246–248 FamFG Rn. 9; Prütting/Helms/Bömelburg FamFG § 246 Rn. 33; Dose Rn. 508
[169] Vgl. BGH FamRZ 1995, 725
[170] OLG Düsseldorf FamRZ 1997, 824; OLG Frankfurt FamRZ 1991, 1210, 1211
[171] OLG Köln FamRZ 2004, 39; OLG Brandenburg FamRZ 1999, 1210

3. Abschnitt: Vorläufige Regelung und Sicherung von Unterhaltsansprüchen § 10

Unterhaltsberechtigten auch in seiner Eigenschaft als Antragsgegner des negativen Feststellungsantrages die **Darlegungs- und Beweislast** für seine Unterhaltsberechtigung, den Bedarf und für seine Bedürftigkeit. Gelingt ihm dies nicht, ist dem negativen Feststellungsantrag stattzugeben. Mit der Rechtskraft tritt die einstweilige Anordnung auf Unterhalt außer Kraft.[172]

Der Unterhaltspflichtige kann gegen eine einstweilige Unterhaltsanordnung ein **Vollstreckungsabwehrverfahren** (§ 120 I FamFG i. V. m. § 767 ZPO) betreiben, wenn er nachträglich entstandene rechtshemmende oder rechtsvernichtende Einwendungen geltend machen will, z. B. Erfüllung.[173] Entsprechend § 767 II ZPO können mit dem Vollstreckungsabwehrantrag jedoch nur Umstände geltend gemacht werden, die nicht schon vor Erlass der Entscheidung vorgebracht werden konnten.[174] Dem Vollstreckungsabwehrantrag steht nicht entgegen, dass der Unterhaltspflichtige mit seinen Einwendungen auch in einem Abänderungsverfahren (§ 54 FamFG) vorgehen könnte. Ihm steht insoweit ein **Wahlrecht** zu, wonach es seiner Entscheidung obliegt, ob er die einstweilige Anordnung insgesamt oder nur deren Vollstreckbarkeit beseitigen will. Das Rechtsschutzbedürfnis für einen Vollstreckungsabwehrantrag ist allerdings dann zu verneinen, wenn der Unterhaltspflichtige das Außerkrafttreten der einstweiligen Anordnung auf Zahlung von Unterhalt im Beschlusswege (§ 56 III S. 1 FamFG) erreichen kann.[175] Bei der entsprechenden Anwendung des § 767 ZPO ist davon auszugehen, dass ein Anspruch in dem titulierten Umfang bestanden hat.[176]

Das gilt auch, soweit die einstweilige Anordnung über § 56 FamFG den nachehelichen Unterhalt regelt.[177] Der Vollstreckungsabwehrantrag ist also nicht schon mit der Begründung erfolgreich, die einstweilige Anordnung erfasse nur den Trennungsunterhalt, der mit Rechtskraft der Scheidung auf Grund der Nichtidentität von Trennungsunterhalt und nachehelichem Unterhalt[178] entfallen sei.

Ist der Unterhaltspflichtige seiner Zahlungsverpflichtung aus der einstweiligen Anordnung nachgekommen oder betreibt der Unterhaltsberechtigte mangels Vollstreckungsschutz mit Erfolg die Zwangsvollstreckung, scheidet ein Feststellungsantrag wegen Fehlens eines Feststellungsinteresses aus. Seine weiteren Rechte wahrnehmen kann der Unterhaltspflichtige in diesem Fall allerdings noch mit einem **Bereicherungsantrag (§§ 812 BGB)**, der auf Rückzahlung des – vermeintlich – zu Unrecht gezahlten Unterhalts zu richten ist. Dieser Bereicherungsantrag kann ab dem Zeitpunkt zurückdatiert werden, von dem ab kein Unterhalt mehr in voller oder teilweiser Höhe geschuldet war. Einer Beseitigung der **einstweiligen Anordnung** als Fälligkeitsvoraussetzung bedarf es nicht, da die Anordnung als nur vorläufige Entscheidung **keinen Rechtsgrund** für ein Behaltendürfen des Unterhalts darstellt.[179] Der auf Rückzahlung gerichtete Bereicherungsantrag kann mit einem in die Zukunft gerichteten Feststellungsantrag verbunden werden, wobei insoweit bereits ein Verfahrenskostenhilfegesuch ausreicht, um die Einstellung der weiteren Zwangsvollstreckung (§ 242 BGB) nach zutreffender Ansicht zu ermöglichen.[180] Bei der Bezifferung des Rückzahlungsantrages, der während des Verfahrens laufend Anpassungen unterliegen kann (Formulierungsvorschlag etwa von Gerhardt:[181] „… den monatlich seit 1. 7. in Höhe von 500 EUR gezahlten Unterhalt zurückzuzahlen …"), sind, was in der Rechtspraxis nicht selten verkannt wird, die jeweils gezahlten oder vollstreckten Beträge den Zeiträumen aus der einstweiligen Anordnung spezifiziert zuzuordnen, so dass eine entsprechende Kongru-

---

[172] BGH FamRZ 2000, 751; FamRZ 1991, 180
[173] BGH FamRZ 1983, 355; vgl. auch BGH FamRZ 1984, 769 und NJW 1987, 3266
[174] BGH FamRZ 1985, 51
[175] OLG Köln FamRZ 1999, 1000
[176] BGH FamRZ 1983, 355
[177] BGH FamRZ 1985, 51
[178] Vgl. dazu BGH FamRZ 1980, 1099
[179] BGH FamRZ 1991, 1175, 1176; OLG Stuttgart FamRZ 1992, 1195; OLG Bamberg FamRZ 2006, 965
[180] Keidel/Meyer-Holz FamFG § 242 Rn. 16; Musielak/Borth FamFG § 242 Rn. 1
[181] FA-FamR/Gerhardt Kap. 6 Rn. 838

§ 10

443 enz mit dem Titel besteht. Dabei ist maßgebend, für welchen Unterhaltszeitraum und nicht in welchem Zeitraum Zahlungen erfolgt sind (**Für-Prinzip**).

443 Vielfach wird ein Verlangen nach Rückzahlung von Unterhaltsbeträgen aber auch wegen **Wegfalls der Bereicherung** nach § 818 III BGB keinen Erfolg haben. Hier trifft allerdings zunächst den Bereicherten die **Darlegungs- und Beweislast**.[182] Bei Überzahlungen von Unterhalt kommt es für den Wegfall der Bereicherung darauf an, ob der Unterhaltsberechtigte die Beträge restlos für seinen Lebensbedarf verbraucht oder sich noch in seinem Vermögen – auch in Form anderweitiger Ersparnisse, Anschaffungen oder Tilgung eigener Schulden -vorhandene Werte verschafft hat. Hier sieht die Rechtsprechung für den beweisbelasteten Beteiligten Beweiserleichterungen vor. So spricht insbesondere bei **unteren** und **mittleren Einkommen** nach der Lebenserfahrung eine Vermutung dafür, dass das Erhaltene für die Verbesserung des Lebensstandards ausgegeben wurde, ohne dass der Bereicherte einen besonderen Verwendungsnachweis erbringen müsste.[183] Im Übrigen hat der Unterhaltsberechtigte, will er sich auf einen Wegfall der Bereicherung berufen, seine Vermögenslage vor und nach dem Geldempfang prüffähig darzulegen.[184]

444 Eine Berufung auf den Wegfall der Bereicherung versagt ist dem Unterhaltsberechtigten aber dann, wenn er gemäß **§ 818 IV BGB** verschärft haftet. Während nach bisherigem Recht in diesem Zusammenhang die entsprechende Haftung erst mit Erhebung der Bereicherungsklage einsetzte, lässt § 241 FamFG die **Haftungsverschärfung** nunmehr bereits mit der Rechtshängigkeit eines auf Herabsetzung gerichteten Abänderungsantrages eintreten. Allerdings erfasst die Vorschrift zunächst die auf Herabsetzung des titulierten Unterhalts gerichteten Anträge aus §§ 238–240 FamFG, die im Anordnungsverfahren nicht zur Anwendung gelangen. Gleichwohl erscheint zumindest eine entsprechende Anwendung auf einen **negativen Feststellungsantrag** geboten,[185] mit dem sich der Unterhaltspflichtige gegen eine einstweilige Anordnung zur Wehr setzt. Zum einen ist auch ein solches Verfahren auf die Beseitigung eines Unterhaltstitels und damit in der Sache auf eine Herabsetzung eines titulierten Unterhalts gerichtet. Das Rechtsschutzziel des auf Herabsetzung antragenden Unterhaltspflichtigen im Fall bereits bezahlter Beträge geht regelmäßig dahin, dies auch zurückzuverlangen.[186] Dasselbe Ziel verfolgt er mit dem durch die Besonderheiten des Anordnungsverfahrens begründeten negativen Feststellungsantrag. Zum anderen ist für den Unterhaltsberechtigten kein weitergehender Vertrauensschutz gerechtfertigt, da für ihn auch bei dem Feststellungsantrag das Anliegen des Unterhaltspflichtigen, die Beträge zurückzuerlangen, offensichtlich ist. Wollte man gleichwohl den negativen Feststellungsantrag aus dem Anwendungsbereich des § 241 FamFG herausnehmen, wäre der Unterhaltspflichtige gezwungen, neben diesem Antrag sofort einen Rückforderungsantrag (Leistungsantrag) zu stellen[187] und damit die Rechtsanwendungspraxis des „zweigleisigen Vorgehens"[188] nach altem Recht fortsetzen, die der Gesetzgeber als nachteilig mit der Regelung des § 241 FamFG hat beseitigen wollen.

445 Eine noch vor Rechtshängigkeit einsetzende Haftung gemäß **§ 819 I BGB** scheidet im Allgemeinen aus, da der Unterhaltsberechtigte – kaum beweisbar – von der Rechtsgrundlosigkeit der festgesetzten Unterhaltsleistungen positive Kenntnis haben muss, u. z. sowohl bezogen auf die maßgebenden Tatsachen als auch auf den fehlenden Rechtsgrund.[189] Die Voraussetzungen für eine verschärfte Haftung nach **§ 820 I BGB** sind schon deshalb nicht erfüllt, weil die Unterhaltszahlung im Anordnungsverfahren in der Regel auf einem staatlichen Hoheitsakt beruht, der einem Rechtsgeschäft nicht gleich steht. Eine abweichende Beurteilung und gegebenenfalls analoge Anwendung der verschärften Bereicherungshaftung erscheint selbst dann nicht gerechtfertigt, wenn die Beteiligten im Anord-

---

[182] BGH FamRZ 2008, 1911 Rn. 70
[183] BGH FamRZ 2008, 1911 Rn. 70
[184] OLG Brandenburg FamRZ 2007, 42, 44
[185] Keidel/Meyer-Holz FamFG § 241 Rn. 4; Musielak/Borth FamFG § 241 Rn. 4
[186] BT-Drucks. 16/6308 S. 259
[187] FA-FamR/Gerhardt Kap. 6 Rn. 839
[188] BT-Drucks. 16/6308 S. 259
[189] BGH FamRZ 1998, 951, 952

3. Abschnitt: Vorläufige Regelung und Sicherung von Unterhaltsansprüchen   § 10

nungsverfahren einen verfahrensbezogenen Vergleich geschlossen haben. Der Rechtsgrund für die gezahlten Unterhaltsbeträge folgt weiter aus der vertraglich lediglich modifizierten gesetzlichen Unterhaltspflicht. Die Ungewissheit des Erfolgseintrittes im Sinne von § 820 I BGB müsste sich überdies aus dem Inhalt des Rechtsgeschäfts ableiten lassen Dies ist bei den für die gesetzliche Unterhaltsverpflichtung maßgebenden Kriterien (Bedürftigkeit, Leistungsfähigkeit) nicht der Fall.[190] Kommt der Unterhaltspflichtige seiner Zahlungsverpflichtung aus der einstweiligen Anordnung nur „unter Vorbehalt" nach, und bringt dies entsprechend zum Ausdruck, scheidet eine analoge Anwendung von § 820 I BGB ebenfalls aus. Der Erklärungswert des Vorbehalts erschöpfte sich in der Regel in der Vermeidung eines Anerkenntnisses und der Wirkungen nach § 814 BGB.[191]

Den Schwierigkeiten, die verfahrens- und materiellrechtlich mit einem auf §§ 812 ff. BGB gestützten Rückzahlungsantrag verbunden sind, kann der Unterhaltspflichtige dadurch ausweichen, dass er dem Unterhaltsberechtigten die zu erbringenden Unterhaltsleistungen als **Darlehen** mit der Abrede anbietet, auf Rückzahlung zu verzichten, sofern in der Hauptsache eine entsprechende Unterhaltsverpflichtung festgestellt wird. Mit dem Darlehensangebot, das der Unterhaltsberechtigte nach Treu und Glauben anzunehmen gehalten ist,[192] entfällt bereits das Regelungsbedürfnis für eine einstweilige Anordnung.[193]

Stellt sich im Hauptsacheverfahren heraus, dass der im Wege der einstweiligen Anordnung titulierte und gezahlte Unterhalt gekürzt wird oder insgesamt wegfällt, führt dies auch zukünftig zu **keinem Schadensersatzanspruch**. Schon nach bisherigem Recht beinhalteten die §§ 620 ff. ZPO a. F. eine abschließende Regelung des einstweiligen Rechtsschutzes in Unterhaltssachen. Nach dem Willen des Gesetzes sollte das Risiko des Unterhaltsberechtigten bewusst gering gehalten werden, um die Anwendung des einstweiligen Rechtsschutzes zu erleichtern. Diese Absicht würde unterlaufen, wenn man einen Schadensersatzanspruch mangels ausdrücklicher Regelungen auch nur in analoger Anwendung der §§ 717 II, 945 ZPO bejahen wollte.[194] Sein Anliegen, die Anwendung des einstweiligen Rechtsschutzes zu erleichtern und im Verhältnis zum ordentlichen Streitverfahren noch auszudehnen, hat der Gesetzgeber durch die Neuregelungen in §§ 246, 49 ff. FamFG unterstrichen, die wiederum ein abschließendes Regelwerk darstellen, ohne eine Schadensersatzpflicht zu normieren. Überdies hat der Gesetzgeber durch § 119 I S. 2 FamFG, wonach im Gegenschluss die Vorschrift des § 945 ZPO bei einstweiligen Anordnungen in Unterhaltssachen (§ 112 Nr. 1 FamFG) nicht anzuwenden ist, klargestellt, dass eine Ersatzpflicht, sollte die einstweilige Anordnung ganz oder teilweise keinen Bestand haben, ausscheidet und damit die bisherige Rechtspraxis – ebenso für den Sonderfall der einstweiligen Anordnung bei Feststellung der Vaterschaft (§ 248 V S. 2 FamFG im Verhältnis zu § 641 g ZPO a. F.) – fortgeschrieben.[195]

g) Vollstreckung. Einstweilige Anordnungen in den Unterhaltssachen nach § 112 Nr. 1 FamFG werden nach den Vorschriften des Zivilprozessrechts (§ 53 FamFG i.V.m. § 120 FamFG) vollstreckt.[196] Es handelt sich um Endentscheidungen (§ 38 FamFG), die allerdings schon mit Erlass oder Verkündung sofort wirksam und vollziehbar sind. Mangels gegenteiliger Regelung erfordern sie, wie bei Arrest und einstweiliger Verfügung, ihrem Charakter als Eilmaßnahme entsprechend **keine besondere Vollstreckbarerklärung**. Demgemäß bedarf die einstweilige Anordnung auch keiner Wirksamkeitsanordnung nach § 116 III FamFG.[197] Nach überwiegender Auffassung,[198] die sich hierbei auf eine entsprechende Anwendung von § 929 I ZPO berief, bedurfte sie bisher auch keiner Vollstreckungsklausel.[199]

446

447

---

[190] BGH FamRZ 1998, 951, 953
[191] BGH FamRZ 1984, 470
[192] BGH FamRZ 2000, 751, 753; 1992, 1152
[193] Ebert Rn. 252
[194] BGH FamRZ 2000, 751 = R 539
[195] BT-Drucks. 16/6308 S. 226
[196] BT-Drucks. 16/6308 S. 326
[197] Keidel/Giers FamFG § 53 Rn. 2
[198] Dose, Einstweiliger Rechtsschutz in Familiensachen, 2. Auflage, Rn. 57
[199] A. A. OLG Zweibrücken FamRZ 1984, 716 und zuletzt etwa OLG Karlsruhe FamRZ 2008, 291

Den dieser Frage zugrunde liegenden Streit hat der Gesetzgeber durch die Regelung in § 53 I FamFG nunmehr erledigt, wonach die einstweilige Anordnung einer Vollstreckungsklausel nur bedarf, wenn die Vollstreckung für oder gegen einen anderen als den im Beschluss bezeichneten Beteiligten erfolgen soll. Gemäß § 55 I FamFG kann die Vollstreckung einer Unterhaltsanordnung im Kontext von Abänderungsverfahren nach § 54 FamFG einstweilen eingestellt werden, u. z. gegebenenfalls auch gegen Sicherheitsleistung (vgl. hierzu § 248 IV FamFG). Die Entscheidung unterliegt, wie § 55 I S. 2 FamFG allgemein klarstellt, keiner Anfechtung. Mithin scheidet auch ein sogenanntes „außerordentliches Rechtsmittel" aus.

448 Die einstweilige **Einstellung der Zwangsvollstreckung** ist bei einem gegen die einstweilige Anordnung gerichteten Vollstreckungsabwehrantrag (§ 120 I FamFG i. V. m. § 767 ZPO) möglich unmittelbar gemäß § 120 FamFG i. V. m. § 769 ZPO. Bei einem negativen Feststellungsantrag, der über die bloße Beseitigung der Vollstreckbarkeit hinausgeht, kann die einstweilige Einstellung der Zwangsvollstreckung analog § 242 S. 1 FamFG oder, wollte man dem nicht folgen, analog § 120 I FamFG i. V. m. § 769 ZPO verlangt werden. In beiden Fällen (vgl. auch § 242 S. 2 FamFG) ist eine Anfechtung ausgeschlossen.[200] Kommt der Unterhaltsberechtigte mit einem Leistungsantrag im Hauptsacheverfahren seiner Verpflichtung aus § 52 II FamFG nach, kann der Unterhaltspflichtige seinen Abweisungsantrag zulässigerweise mit einem auf § 120 II FamFG i. V. m. §§ 707 I, 719 I ZPO analog gestützten Einstellungsantrag verbinden.[201] Auch hier unterliegt die gerichtliche Entscheidung keiner Anfechtung.[202]

Die Vollstreckung einer einstweiligen Anordnung zur Zahlung eines Verfahrenskostenvorschusses ist auch nach Beendigung des Hauptsacheverfahrens und ungeachtet der Kostenentscheidung möglich. Für den Arglisteinwand (§ 767 I ZPO) genügt nicht das Unterliegen des Empfängers im Rechtsstreit. Die Kostenentscheidung ist keine „anderweitige Regelung" im Sinne von § 56 FamFG.[203] Bei einer Ermäßigung des titulierten Zahlungsbetrages bleibt Vollstreckungstitel die „alte" einstweilige Anordnung.[204]

449 **h) Außerkrafttreten.** Auch die im einstweiligen Rechtsschutz ergangenen Unterhaltsanordnungen sollen nach dem Willen des Gesetzgebers mit der Beseitigung der Akzessorietät vom Hauptsacheverfahren und der nur fakultativ ausgestalteten Einleitung eines entsprechenden Verfahrens (§ 52 II FamFG) möglichst endgültige Lösungen ermöglichen, die weitere Streitverfahren vermeiden.[205] Einstweilige Anordnungen sind deshalb, sofern sie nicht ausdrücklich befristet sind, auch wenn sie keine materielle Rechtskraft entfalten, auf eine **dauerhafte Regelung** der Unterhaltsverhältnisse angelegt. Dies wirft die Frage nach der Beendigung des einstweiligen Rechtsschutzes auf, und zwar auch in Ansehung des Verhältnisses und der Konkurrenz zum Hauptsacheverfahren. Ungeachtet der Befristung, des Vollzuges und weiterer inhaltlicher Beschränkungen regelt § 56 FamFG das Außerkrafttreten der einstweiligen Anordnung auch in Unterhaltssachen. Dabei sind zwei Fallgruppen zu unterscheiden, die sich durch das Vorhandensein oder Ausbleiben einer **anderweitigen Regelung** von einander abgrenzen lassen.

450 aa) Gemäß § 56 I S. 1 FamFG tritt die einstweilige Anordnung mit dem Wirksamwerden einer anderweitigen Regelung außer Kraft. Als solche kommen zunächst in Betracht Endentscheidungen im Hauptsacheverfahren, im Verfahren nach § 54 FamFG[206] und auch im vereinfachten Verfahren (§ 249 FamFG). Darüber hinaus können Vergleiche, aber auch Vereinbarungen, soweit sie keinen Vollstreckungstitel enthalten,[207] sowie Urkunden im Sinne von § 794 I Nr. 5 ZPO[208] und z. B. Jugendamtsurkunden (§ 60 SGB VIII) anderweitige Regelungen aufweisen. Handelt es sich hierbei um eine Unterhaltsvereinbarung, ist

---

[200] BGH FamRZ 2004, 1191
[201] OLG Frankfurt FamRZ 1990, 767
[202] BGH FamRZ 2004, 1191
[203] BGH FamRZ 1985, 802
[204] KG FamRZ 1991, 1347
[205] BT-Drucks. 16/6308 S. 199 f. und 259
[206] Dose, Einstweiliger Rechtsschutz in Familiensachen, 3. Auflage, Rn. 472
[207] Keidel/Giers FamFG § 56 Rn. 3
[208] Musielak/Borth FamFG § 56 Rn. 6

dies aber nur der Fall, wenn die Unterhaltsbeträge niedriger ausfallen. Geht die Vereinbarung der Höhe nach darüber hinaus, bedarf es der Erstellung eines vollständigen Vollstreckungstitels.[209] Allerdings muss der jeweilige Regelungsgegenstand deckungsgleich sein mit dem der einstweiligen Anordnung im Sinne einer **strengen Identität**. Bereits daraus folgt, dass, sofern es an einer entsprechenden Befristung fehlt, allein die Rechtskraft einer **Ehescheidung** nicht ein Außerkrafttreten der zum Trennungsunterhalt ergangenen einstweiligen Anordnung bewirkt,[210] obwohl nach dem materiellen Recht die Trennungsunterhaltsverpflichtung mit diesem Zeitpunkt endet und die nacheheliche Unterhaltsverpflichtung anderen Regeln folgt. Auch in diesem Fall will die Bestimmung in § 56 I S. 1 FamFG weiterhin einen regelosen Zustand vermeiden,[211] und zwar ungeachtet der Tatsache, dass die einstweilige Anordnung nur unter den materiellrechtlichen Voraussetzungen für den Trennungsunterhalt ergangen ist.[212] Soweit die Gegenmeinung schon mit der Rechtskraft der Ehescheidung ein Außerkrafttreten annehmen will[213] und dies mit der hauptsacheunabhängigen Neukonzeption des einstweiligen Rechtsschutzes begründet, wird vernachlässigt, dass § 56 FamFG auf eine anderweitige Regelung abstellt, mithin nicht allein an eine materiellrechtliche Veränderung der Rechtslage anknüpft, und dies auch dem Anliegen des Gesetzgebers entspricht.[214]

Bei der anderweitigen Regelung im Sinne von § 56 I S. 1 FamFG muss es sich im Verhältnis zur einstweiligen Anordnung um eine **Regelung in der Sache** selbst handeln. Diese fehlt bei einer Entscheidung, mit der das Gericht den Antrag im Hauptsacheverfahren als unzulässig abgewiesen hat.[215] Hat der Unterhaltsberechtigte im Wege einstweiliger Anordnung einen Verfahrenskostenvorschuss erwirkt, begründet die für ihn negative Kostenentscheidung im Hauptsacheverfahren keine anderweitige Regelung im Sinne von § 56 I S. 1 FamFG.[216] Von einer solchen kann ferner nicht die Rede sein bei einem Vollstreckungsabwehrantrag (§ 767 ZPO), mit dem der Unterhaltspflichtige sich lediglich gegen die Vollstreckbarkeit der einstweiligen Anordnung wendet, und zwar mit rechtshemmenden oder rechtsvernichtenden Einwendungen, ohne die Berechtigung des Unterhaltsanspruchs in Frage zu stellen. Dem gegenüber beseitigt der erfolgreiche negative Feststellungsantrag des Unterhaltspflichtigen wie auch der Leistungsantrag des Unterhaltsberechtigten im Hauptsacheverfahren den Bestand der vorausgegangenen inhaltsgleichen einstweiligen Anordnung. Nimmt der Unterhaltspflichtige den Unterhaltsberechtigten gemäß § 812 BGB auf Rückzahlung des auf Grund der einstweiligen Anordnung geleisteten oder vollstreckten Unterhalts in Anspruch, führt der Erfolg des Antrages ebenfalls zu einer anderweitigen Regelung,[217] die ein Außerkrafttreten der einstweiligen Anordnung nach sich zieht.

Besteht zwischen der einstweiligen Anordnung und der nachfolgenden Regelung nur eine **Teilidentität**, tritt die Anordnung nur, soweit Identität besteht, außer Kraft.[218] Ist die einstweilige Anordnung zum Trennungsunterhalt ergangen, bleibt sie durch eine Regelung des nachehelichen Ehegattenunterhalts im Hauptsacheverfahren in ihrem Bestand zum Trennungsunterhalt unangetastet.[219] Hat der gegen eine Anordnung zum Trennungsunterhalt gerichtete negative Feststellungsantrag zur Höhe nur teilweise Erfolg, führt die anschließende Rechtskraft der Ehescheidung nicht zum Wiederaufleben der einstweiligen Anordnung in der ursprünglichen Höhe.[220] Materiellrechtlich maßgebend ist zwar nunmehr das nacheheliche Unterhaltsrecht. Doch stellt § 56 FamFG auf die **gerichtliche**

---

[209] Gießler/Soyka Rn. 386
[210] BT-Drucks. 16/6308 S. 202
[211] Bork/Jacoby/Schwab/Löhnig/Heiß FamFG § 56 Rn. 1
[212] Prütting/Helms/Stößer FamFG § 56 Rn. 6
[213] Schulte-Bunert/Weinreich/Schwonberg FamFG § 56 Rn. 2
[214] BT-Drucks. 16/6308 S. 202
[215] OLG München FamRZ 1987, 610
[216] BGH FamRZ 1985, 802
[217] MünchKommZPO/Soyka FamFG § 56 Rn. 2
[218] OLG Karlsruhe FamRZ 1988, 855
[219] Dose Rn. 474
[220] Musielak/Borth FamFG § 56 Rn. 7

Regelung ab, zu der es aber bereits durch Bescheidung des negativen Feststellungsantrags gekommen ist.

452 Die anderweitige Regelung des § 56 I S. 1 FamFG muss, um die Rechtsfolge des Außerkrafttretens auszulösen, wirksam sein. Handelt es sich dabei, wie bei den hier in Rede stehenden Unterhaltssachen (§§ 111 Nr. 8, 112 Nr. 1 FamFG), um eine Familienstreitsachen, stellt § 56 I S. 2 FamFG für die **Wirksamkeit** auf die **Rechtskraft** der Endentscheidung (§ 116 III S. 1 FamFG) ab, soweit nicht die Wirksamkeit zu einem späteren Zeitpunkt eintritt. Mit dieser Regelung hat der Gesetzgeber die zu § 620 f ZPO a. F. in diesem Zusammenhang aufgekommenen Streitfragen (vgl. hierzu näher Rn. 10/240 der Vorauflage) im Sinne der Rechtsprechung des BGH[221] Gesetz werden lassen.[222] Allerdings wird dadurch auch das Problem einer möglichen Doppelvollstreckung[223] fortgeschrieben. Erwirkt nämlich der Unterhaltsberechtigte im Hauptsacheverfahren eine ihm günstige Entscheidung, wird diese zwar an und für sich erst mit Rechtskraft wirksam. Doch soll das Gericht gemäß § 116 III S. 3 FamFG die sofortige Wirksamkeit anordnen und damit vor Rechtskraft der Entscheidung die Voraussetzungen für die Zwangsvollstreckung (§ 120 II S. 1 FamFG) ermöglichen. Der Unterhaltspflichtige sieht sich in diesem Fall zwei Unterhaltstiteln mit gegebenenfalls auch unterschiedlichem Inhalt ausgesetzt. Diese Entwicklung lässt sich nicht dadurch vermeiden, dass man mit der Anordnung der sofortigen Wirksamkeit (§ 116 III S. 3 FamFG) von einem vorzeitigen Außerkrafttreten der einstweiligen Anordnung ausgeht.[224] Denn die Anordnung der sofortigen Wirksamkeit steht der Rechtskraft der Entscheidung nicht gleich.[225] Vielmehr ist das Gericht im Hauptsacheverfahren gehalten, von Anordnungen nach § 116 III S. 2 und 3 FamFG abzusehen oder nur einschränkend Gebrauch zu machen, sofern und soweit eine streitidentische einstweilige Anordnung vorausgegangen ist.[226] In den weiter durch § 56 I S. 2 FamFG umschriebenen Ausnahmefällen tritt die einstweilige Unterhaltsanordnung jenseits der Rechtskraft außer Kraft, wenn nämlich die anderweitige Regelung zu einem späteren Zeitpunkt wirksam wird (§ 148 FamFG).

453 bb) In der zweiten Fallgruppe regelt § 56 II FamFG auch in Unterhaltssachen die Voraussetzungen, unter denen die einstweilige Anordnung außer Kraft tritt, in Fällen, in denen es nicht zu einer anderweitigen Regelung im Rahmen eines Hauptsacheverfahrens gekommen ist. Durch die Anknüpfung an das **deckungsgleiche Hauptsacheverfahren** unterstreicht auch diese Regelung, dass im Unterschied zu § 620 f ZPO a. F. dem weiteren Schicksal des Antrages in einer Ehesache durch Rücknahme, Abweisung oder anderweitige Erledigung keine Bedeutung mehr für Bestand und Wirksamkeit der einstweiligen Anordnung zukommt.[227]

Die einstweilige Unterhaltsanordnung tritt außer Kraft (Nr. 1), wenn der Unterhaltsberechtigte im Hauptsacheverfahren seinen Verfahrenantrag zurücknimmt (§ 113 I S. 2 FamFG i. V. m. § 269 ZPO). Er verneint damit die Notwendigkeit für die Aufrechterhaltung einer gerichtlichen Regelung. Bis zum Beginn einer mündlichen Verhandlung bedarf er dazu einer Einwilligung des Unterhaltspflichtigen nicht. Form, Wirksamkeit und Zeitpunkt werden im Übrigen durch § 269 II ZPO vorgegeben. Wird der Antrag in der Hauptsache zurückgenommen, treten die entsprechenden Wirkungen, soweit die Zustimmung des Gegners erforderlich ist, demnach erst mit Eingang dessen Erklärung bei Gericht ein.

454 Der wirksamen Rücknahme des Antrags in der Hauptsache gleich steht der Fall (Nr. 2), in dem der Unterhaltsberechtigte mit seinem Unterhaltsbegehren in der Hauptsache rechtskräftig unterlegen ist, wobei die gesetzliche Regelung nicht danach unterscheidet, ob der

---

[221] BGH FamRZ 2000, 751
[222] BT-Drucks. 16/6308 S. 202
[223] MünchKommZPO/Soyka FamFG § 56 Rn. 3; Johannsen/Henrich/Maier vor §§ 246–248 FamFG Rn. 14
[224] So aber Dose Rn. 479
[225] Prütting/Helms/Stößer FamFG § 56 Rn. 3
[226] Musielak/Borth FamFG § 116 Rn. 5; Prütting/Helms/Fischer FamFG § 116 Rn. 11
[227] BT-Drucks. 16/6308 S. 202

3. Abschnitt: Vorläufige Regelung und Sicherung von Unterhaltsansprüchen § 10

Antrag im ordentlichen Streitverfahren als unzulässig oder unbegründet abgewiesen worden ist.[228] Tritt die einstweilige Anordnung mit rechtskräftiger Abweisung des Antrages außer Kraft, führt die Wiedereinsetzung in den vorigen Stand gegen die Versäumung der Rechtsmittelfrist zur Beseitigung der Rechtskraft und damit zum „Wiederaufleben" der einstweiligen Anordnung.[229]

Erklären die Verfahrensbeteiligten die Hauptsache übereinstimmend für erledigt (Nr. 3) ist vor dem Hintergrund einer entsprechenden Verständigung über die Unterhaltsverhältnisse für die Aufrechterhaltung einer Maßnahme im einstweiligen Rechtsschutz kein Raum mehr. Maßgebend für den Zeitpunkt des Außerkrafttretens der einstweiligen Anordnung sind die gemäß § 113 I S. 2 FamFG i. V. m. § 91 a I ZPO vorgebrachten Erledigungserklärungen.

Hinzu kommen weitere Ereignisse, die anderweitig eine Erledigung der Hauptsache bewirken (Nr. 4), wie etwa der Tod des Unterhaltsberechtigten. Hierfür reichen allerdings Entwicklungen, die lediglich materiellrechtliche Auswirkungen haben, nicht aus.[230] Wird das Ruhen des Hauptsacheverfahrens angeordnet oder dieses Verfahren durch die Beteiligten nicht betrieben, so dass nach Fristablauf die Akten weggelegt werden, kann von einer anderweitigen Erledigung der Hauptsache ebenfalls nicht ausgegangen werden.[231] Der durch die Anordnung weiterhin beschwerte Unterhaltspflichtige muss sich deshalb im Abänderungsverfahren (§ 54 FamFG) um eine Aufhebung der Anordnung bemühen.[232]

cc) Die Regelungen in § 56 II FamFG erfassen die Fälle des Außerkrafttretens der einstweiligen Anordnung allerdings nicht abschließend. So können die Beteiligten mit der entsprechenden Rechtsfolge auch das Anordnungsverfahren übereinstimmend für erledigt erklären. Schließlich kann der Antrag auf Erlass einer einsteiligen Anordnung zurückgenommen werden mit der Folge, dass die einstweilige Anordnung wirkungslos wird (§ 269 III S. 1 ZPO).[233] Stellt der durch eine Unterhaltsanordnung begünstigte Unterhaltsberechtigte (z. B. in Befolgung einer Fristsetzung nach § 52 II FamFG) lediglich einen Antrag auf Bewilligung von **Verfahrenskostenhilfe** für ein noch anhängig zu machendes Hauptsacheverfahren, tritt die einstweilige Anordnung mit Rücknahme des Verfahrenskostenhilfegesuchs außer Kraft. Wird die nachgesuchte Verfahrenskostenhilfe versagt, ohne dass es hierbei auf eine Beurteilung der Erfolgsaussichten in der Sache ankommt, wird die Anordnung wirkungslos nach Ablauf der Monatsfrist (§§ 127, 569 ZPO) für die Einlegung einer hiergegen zu richtenden sofortigen Beschwerde oder nach rechtskräftigem Abschluss des Rechtsmittelverfahrens.[234] War zu dem Zeitpunkt allerdings ein Hauptsacheverfahren anhängig, bleibt die Versagung von Verfahrenskostenhilfe oder auch die Rücknahme eines entsprechenden Antrags ohne Auswirkungen auf den Bestand der einstweiligen Anordnung.

Die Wirkungen des Außerkrafttretens treten allerdings nur für die Zukunft ein,[235] so dass aus einer Unterhaltsanordnung, soweit noch Rückstände zur Zahlung offen sind, weiter die Zwangsvollstreckung betrieben werden kann.

dd) Sobald die in § 56 I und II FamFG umschriebenen Entwicklungen eingetreten sind, führt dies, ohne dass es dazu noch eines gerichtlichen Gestaltungsaktes bedarf, zum Außerkrafttreten der einstweiligen Unterhaltsanordnung. Das in § 56 III FamFG umschriebene **Feststellungsverfahren** ist deshalb lediglich **deklaratorischer Natur**. Danach hat das Gericht, das in der Anordnungssache im ersten Rechtszug zuletzt entschieden hat, auf Antrag die Wirkung des Außerkrafttretens durch Beschluss auszusprechen. Der ansonsten an keine Frist und besondere Formvorschriften gebundene **Sachantrag** muss konkret zur Unterhaltshöhe wie auch zum zeitlichen Umfang die Tragweite der begehrten Feststellung

---

[228] Keidel/Giers FamFG § 56 Rn. 8
[229] Hüßtege in Thomas/Putzo § 620 f ZPO a. F. Rn. 9
[230] Gießler/Soyka Rn. 277
[231] So aber Gießler/Soyka Rn. 277
[232] Musielak/Borth FamFG § 56 Rn. 5
[233] Prütting/Helms/Stößer FamFG § 56 Rn. 9
[234] OLG Stuttgart FamRZ 2005, 1187
[235] Reichold in Thomas/Putzo § 56 FamFG Rn. 8; Dose Rn. 489

erfassen und dabei die nach § 56 I und II FamFG maßgebenden Gründe darstellen sowie im summarischen Verfahren auch glaubhaft machen. Mit dem Sachantrag kann der Unterhaltspflichtige einen Antrag auf Aussetzung der Vollstreckung entsprechend § 55 I FamFG verbinden.[236] Streiten die Beteiligten allerdings darüber, ob sie im Hauptsacheverfahren durch Vereinbarung eine anderweitige Regelung wirksam getroffen haben, ist das Feststellungsverfahren unzulässig, weil die Frage der wirksamen Verfahrensbeendigung im ursprünglichen oder gegebenenfalls in einem weiteren Hauptsacheverfahren mit den für das ordentliche Streitverfahren maßgeblichen Beweisanforderungen statt der im Anordnungsverfahren ausreichenden Glaubhaftmachung zu klären ist.[237] Demgegenüber ist den Beteiligten das Feststellungsverfahren entsprechend § 56 III FamFG auch dann eröffnet, wenn der Unterhaltsberechtigte auf seine Rechte aus der einstweiligen Unterhaltsanordnung verzichtet[238] und damit lediglich eine **verfahrensspezifische Rechtsposition** aufgegeben hat. Soweit die Möglichkeit besteht, das Außerkrafttreten der einstweiligen Anordnung und damit die Vollstreckbarkeit eines Unterhaltsanspruchs im Feststellungsverfahren (§ 56 III FamFG) zu erreichen, ist in demselben Ziel dienendes Vollstreckungsabwehrverfahren (§ 767 ZPO) unzulässig. Einem entsprechenden Antrag fehlt, da das gleichwertige Ziel der Rechtsverfolgung im Beschlussverfahren schneller zu erreichen ist,[239] in der Regel das notwendige Rechtsschutzinteresse.[240] Bereits mit einer Entscheidung im Feststellungsverfahren kann der Unterhaltspflichtige die Einstellung einer Zwangsvollstreckung sowie die Aufhebung von Vollstreckungsmaßnahmen erzwingen (§§ 775 Nr. 1, 776, 795 ZPO). Ein Vollstreckungsabwehrverfahren kommt allerdings dann mit den Beweismöglichkeiten des ordentlichen Streitverfahrens in Betracht, wenn ein Feststellungsantrag nicht erfolgreich war oder die Beteiligten über die Wirksamkeit der anderweitigen Regelung streiten. In diesem Fall muss sich der einer Zwangsvollstreckung ausgesetzte Unterhaltspflichtige nicht auf ein nur summarisches Verfahren verweisen lassen. Macht der Unterhaltspflichtige Rückzahlungsansprüche wegen ungerechtfertigter Bereicherung (§ 812 BGB) im Hauptsacheverfahren geltend, ist er von Rechts wegen nicht gehindert, daneben gemäß § 56 III FamFG das Außerkrafttreten der einstweiligen Anordnung zu verfolgen. Unzulässig ist allerdings ein Abänderungsverfahren nach § 54 FamFG, sofern die Voraussetzungen für einen Feststellungsantrag vorliegen.

457 ee) Für die Entscheidung im Feststellungsverfahren zuständig ist das Gericht, das im ersten Rechtszug zuletzt entschieden hat, mithin im jeweiligen Einzelfall auch das Oberlandesgericht, wenn gemäß § 50 I S. 2 2. Halbsatz FamFG dessen **erstinstanzliche Zuständigkeit** im Rahmen eines die Hauptsache betreffenden Beschwerdeverfahrens gegeben war.[241] Das Gericht entscheidet über den Feststellungsantrag aufgrund fakultativer mündlicher Verhandlung durch Beschluss, in dem es entweder den Antrag zurückweist oder das Außerkrafttreten der einstweiligen Anordnung in vollem Umfang oder beschränkt bezogen auf Zeitraum und Höhe des Unterhalts feststellt. Einer **Kostenentscheidung** bedarf es im Regelfall nicht, weil Kosten und Gebühren nicht entstehen, es sei denn der andere Beteiligte tritt dem Feststellungsbegehren mit einem Antrag entgegen, so dass jedenfalls über die außergerichtlichen Kosten zu entscheiden ist (§ 243 FamFG). Kommt es allerdings zu einem Außerkrafttreten der einstweiligen Anordnung ohne anderweitige Regelung (§ 56 II FamFG), steht der jeweilige Verfahrensausgang der Hauptsache nicht mit der Kostenentscheidung in der einstweiligen Anordnung überein. Der Widerspruch dürfte sich dadurch beheben lassen, dass in diesen Fallkonstellationen im Festsetzungsverfahren auf Antrag auch die Kostenentscheidung der einstweiligen Anordnung zu korrigieren sein wird.[242] Nach anderer Ansicht[243] soll die Korrektur im Rahmen der Kostenentscheidung im Hauptsache-

---

[236] Gießler/Soyka Rn. 277
[237] OLG Hamm FamRZ 1991, 582
[238] OLG Zweibrücken FamRZ 2001, 424, 425
[239] OLG Düsseldorf FamRZ 1991, 721
[240] Musielak/Borth FamFG § 56 Rn. 13
[241] Keidel/Giers FamFG § 56 Rn. 11
[242] Dose Rn. 489; Gießler/Soyka Rn. 287
[243] Prütting/Helms/Stößer FamFG § 56 Rn. 12

3. Abschnitt: Vorläufige Regelung und Sicherung von Unterhaltsansprüchen § 10

verfahren erfolgen, dem aber die Selbständigkeit des Anordnungsverfahrens (§ 51 III S. 1 FamFG) entgegensteht. Der Beschluss ist als Endentscheidung (§§ 116, 38 I und III S. 1 FamFG) entsprechend zu begründen. Aus ihm müssen sich der Sachverhalt und die rechtlichen Erwägungen nachvollziehen lassen, die zu der Entscheidung geführt haben. Die Entscheidung ist überdies mit einer **Rechtsmittelbelehrung** (§ 39 FamFG) zu versehen und den beschwerten Beteiligten von Amts wegen zuzustellen (§ 329 II S. 2 FamFG), da die Entscheidung im Feststellungsverfahren mit der **Beschwerde** angefochten werden kann (§ 56 III S. 2 FamFG), u. z. auch in den Regelungsmaterien der Unterhaltssachen, die ansonsten von einer Anfechtung im einstweiligen Rechtsschutz ausgeschlossen sind (§ 57 FamFG).[244]

ff) Die Statthaftigkeit des Rechtsmittels richtet sich im Übrigen nach § 58 I FamFG, so **458** dass eine Anfechtung von vornherein ausscheidet, soweit das Oberlandesgericht die Anordnung erlassen hat. Die Beschwerde ist innerhalb **eines Monats nach Zustellung** einzulegen, da für Entscheidungen im Feststellungsverfahren § 63 I FamFG maßgebend ist.[245] Die kürzere Frist von zwei Wochen (§ 63 II Nr. 1 FamFG), die teilweise für jedwede Beschwerde herangezogen wird,[246] gilt nach dem Wortlaut der Vorschrift nur für Rechtsmittel, die sich gegen eine einstweilige Anordnung richten, mithin nicht in den Fällen der Zurückweisung eines darauf zielenden Antrages oder auch gegen andere Entscheidungen im Anordnungsverfahren. Es mag bezweifelt werden, ob der Gesetzgeber diese Differenzierung beabsichtigt hat, zumal er im Kontext von § 57 FamFG offensichtlich davon ausgeht, das jedwede Entscheidung im einstweiligen Anordnungsverfahren nur innerhalb der verkürzten Beschwerdefrist anfechtbar sein soll.[247] Gleichwohl steht der Grundsatz der Rechtsmittelklarheit einer den Wortlaut der gesetzlichen Zulässigkeitsvoraussetzungen einschränkenden Auslegung entgegen. Der weitere Gang des Beschwerdeverfahrens folgt im Übrigen den §§ 64 ff. FamFG. Die besonderen Regelungen des § 117 FamFG über das Rechtsmittel in Familienstreitsachen kommen, obwohl die Unterhaltssachen den Familienstreitsachen zugeordnet sind (§ 112 Nr. 1 FamFG), nicht zum Zuge, weil sie ihrer Natur nach dem einstweiligen Rechtsschutz und dem summarischen Verfahrensablauf nicht entsprechen. Einer anwaltlichen Mitwirkung bedarf der jeweilige Beteiligte auch für das Feststellungsverfahren nicht (§ 114 IV Nr. 1 FamFG). Das Beschwerdegericht entscheidet das Verfahren abschließend durch nicht weiter anfechtbaren Beschluss (§ 38 FamFG).

Eine **Rechtsbeschwerde** ist nicht statthaft. Für sämtliche Beschlüsse, die in einem **459** Anordnungsverfahren ergehen, ist gemäß § 70 IV FamFG davon auszugehen, dass eine Anfechtung nicht stattfindet,[248] auch wenn sie sich nicht unmittelbar auf eine Anordnung, eine Abänderung oder Aufhebung bezieht, wie dies im Feststellungsverfahren nach § 56 III FamFG der Fall ist. Durch den gesetzlichen Bezug auf das „Verfahren" wird hinreichend deutlich, dass der gesamte einstweilige Rechtsschutz erfasst sein soll. Die Rechtsbeschwerde bleibt auch dann unstatthaft, wenn das Oberlandesgericht sie zugelassen hat. Sie entfaltet deshalb auch keine Bindung.[249]

2. Die einstweilige Anordnung vor Geburt eines Kindes (§ 247 FamFG)

Der nach § 246 FamFG im Wege einstweiliger Anordnung zu regelnde Kindesunterhalt **460** (§ 1601 BGB) setzt das Bestehen eines Verwandtschaftsverhältnisses zum Unterhaltspflichtigen voraus. Daran knüpft ferner die Unterhaltsberechtigung der nichtehelichen Mutter (§ 1615l I BGB) an.[250] Im Fall der Geburt eines nichtehelichen Kindes lassen sich diese

---

[244] Prütting/Helms/Stößer FamFG § 56 Rn. 11
[245] Keidel/Giers FamFG § 56 Rn. 11; Johannsen/Henrich/Althammer § 63 FamFG Rn. 3; Zöller/Feskorn § 56 FamFG Rn. 7
[246] Musielak/Borth FamFG § 63 Rn. 7; Gießler/Soyka Rn. 242; Dose Rn. 430
[247] BT-Drucks. 16/6308 S. 203
[248] Keidel/Meyer-Holz FamFG § 70 Rn. 48; Dose Rn. 443; Gießler/Soyka Rn. 254; Musielak/Borth FamFG § 70 Rn. 5
[249] BGH FamRZ 2004, 1191
[250] OLG Celle FamRZ 2005, 747

Voraussetzungen indessen in Ansehung der Rechtsausübungssperre des § 1600 d IV BGB nicht **ohne** zeitaufwendige **Klärung der Vaterschaft** schaffen, obwohl eine durch die Geburt bedingte Bedarfslage bei Kind und Mutter sich abzeichnet oder bereits vorliegen kann. Für die entsprechende Lebenslage ermöglichte § 1615 o BGB a. F. bisher im Wege einstweiliger Verfügung unter **Durchbrechung der Rechtsausübungssperre** zugunsten der Bedürftigen eine zeitlich befristete Regelung der Unterhaltsverhältnisse zwischen Kind und Mutter einerseits und dem zumindest vermuteten Kindesvater (§ 1600 d II BGB) andererseits. Ungeachtet möglicher Sozialleistungen (SGB II, SGB XII oder UVG) bejaht der Gesetzgeber weiterhin auch zivilrechtlich einen einstweiligen Rechtsschutz, der nunmehr im Rahmen von § 247 FamFG zu gewährleisten ist. Die Vorschrift verschafft weiterhin Geltung dem Grundanliegen von § 1615 o BGB a. F., im Interesse der Mutter und des Kindes die Befriedigung von Unterhaltsbedürfnissen in der besonderen Situation vor und nach der Geburt in einem **beschleunigten** und möglichst **einfach zu betreibenden Verfahren** sicherzustellen.[251] Dieser Rechtsschutz ergeht abschließend im Wege einstweiliger Anordnung, so dass unterhaltsrechtlich für einstweilige Verfügungen kein Raum bleibt.

461 **a) Allgemeine Voraussetzungen. aa) Anordnungsanspruch.** Wird im Wege einstweiliger Anordnung nach § 247 FamFG im Zusammenhang mit der Geburt eines Kindes Unterhalt geltend gemacht, setzt dies zunächst die Darlegung eines Unterhaltsanspruchs (**Anordnungsanspruch**) voraus. Bezogen auf das Kind handelt es sich um den Barunterhaltsanspruch gegen den (zumindest) vermuteten Vater. Er ist begrenzt auf einen Unterhaltszeitraum von drei Monaten. Der Unterhaltsanspruch der nichtehelichen Mutter gegenüber dem besagten Erzeuger aus Anlass der Geburt umfasst primär einen auch zeitlich begrenzten Unterhalt für den Zeitraum von sechs Wochen vor bis acht Wochen nach der Geburt des Kindes sowie darüber hinaus – ohne zeitliche Eingrenzung – die Kosten, die durch Schwangerschaft und Entbindung entstehen. Abgesehen von den zeitlichen Begrenzungen kann jeweils der **volle Unterhalt**[252] geltend gemacht werden. Die Begrenzung auf einen Mindestunterhalt[253] sieht die gesetzliche Regelung im Unterschied zu § 237 III FamFG nicht vor. Bei der nichtehelichen Mutter richtet sich dieser nach der erlangten Lebensstellung (§§ 1615 l III S. 1, 1610 I BGB), d. h. im Wesentlichen nach dem Einkommen, das sie ohne die Geburt des Kindes erzielen könnte, begrenzt dabei allerdings durch den Halbteilungsgrundsatz.[254] Erfahrungsgemäß sind die jeweiligen Einkommen der Beteiligten allerdings zu diesem Zeitpunkt noch nicht so weitgehend aufgeklärt, so dass die Kindesmutter nicht gehindert ist, den **Mindestunterhalt** in Höhe von (derzeit) 770 EUR zu verlangen. Geschuldet wird auch **Sonderbedarf**, z. B. des Kindes[255] in Form der Säuglingserstausstattung.[256] Im Übrigen müssen die Unterhaltsberechtigten ihren Unterhaltsbedarf und ihre Bedürftigkeit darlegen, soweit sie sich nicht auf einen Mindestunterhalt berufen.[257] Kostenersatz für Schwangerschaft und Entbindung kann nur verlangt werden, soweit er nicht durch Leistungen der Krankenversicherung gedeckt ist.

462 **bb) Anordnungsgrund.** Abweichend von § 49 I FamFG verlangt auch das Anordnungsverfahren nach § 247 FamFG kein dringliches Regelungsbedürfnis als **Anordnungsgrund**. Insbesondere bedarf es keiner Darlegung einer Gefährdung des Anspruchs. Gleichwohl ist davon auszugehen, dass jedwede Anordnung von Unterhaltszahlungen eine Regelungsnotwendigkeit voraussetzt, u. z. in Form eines spezifischen Bedürfnisses für eine Eilentscheidung.[258] Im Verfahren gemäß § 247 FamFG ergibt sich das besondere Rechtsschutzbedürfnis aber schon aus der Natur des durch den konkreten Lebenssachverhalt der Geburt eines nichtehelichen Kindes bestimmten und begrenzten Unterhaltsanspruchs.

---

[251] BT-Drucks. 16/6308 S. 260
[252] MünchKommZPO/Dötsch FamFG § 247 Rn. 6; Gießler/Soyka Rn. 465; Johannsen/Henrich/Maier § 247 FamFG Rn. 6
[253] So aber Bork/Jacoby/Schwab/Hütter FamFG § 247 Rn. 7
[254] BGH FamRZ 2005, 442
[255] OLG Celle FamRZ 2009, 704
[256] OLG Oldenburg FamRZ 1999, 1685
[257] Gießler/Soyka Rn. 464
[258] OLG Stuttgart FamRZ 2000, 965

3. Abschnitt: Vorläufige Regelung und Sicherung von Unterhaltsansprüchen § 10

Fehlen kann ein solcher allerdings dann noch, wenn etwa der Kindesunterhalt durch vollstreckbare Urkunde bereits sichergestellt ist oder der Vater nach vorgeburtlicher Anerkennung seinen Zahlungsverpflichtungen nachkommt, ohne eine Zahlungseinstellung anzukündigen. Auch bei der Verfolgung von **Unterhaltsrückständen** dürfte ein Regelungsbedürfnis in der Regel zu verneinen sein[259] (vgl. Rn. 10/403). Dies gilt erst recht, wenn die durch § 247 FamFG festgelegten Zeiträume verstrichen sind, bevor um einstweiligen Rechtsschutz nachgesucht wird.[260] Dem gegenüber hindert der Bezug von **Sozialleistungen** die Unterhaltsberechtigten nicht, ungeachtet eines Forderungsüberganges den zukünftigen Unterhalt im Rahmen der Zeitschranken im Wege einstweiliger Anordnung geltend zu machen.

b) Der Verfahrensablauf. Das Verfahren betreffend den einstweiligen Rechtsschutz vor Geburt des nichtehelichen Kindes findet – wie schon nach § 1615 o BGB a. F. – als **selbständiges Verfahren** statt, das, soweit § 247 FamFG keine Besonderheiten enthält, den allgemeinen Verfahrensregeln über die einstweilige Anordnung in Unterhaltssachen (§§ 246, 50–57 FamFG) unterliegt. Auf die entsprechenden Ausführungen hierzu wird verwiesen (Rn. 10/414–424). Folgende Abweichungen sind allerdings zu beachten:

463

Als Besonderheit für den Verfahrensablauf nach § 247 FamFG tritt zunächst hervor, dass die Unterhaltsansprüche bereits im Vorfeld der Geburt des Kindes Verfahrensgegenstand sein können. Zwar verweist § 50 I S. 1 FamFG für die **örtliche Zuständigkeit** auf das Gericht, das für die Hauptsache zuständig wäre. Doch fehlt es, solange das Kind noch nicht geboren ist, an einem **deckungsgleichen Hauptsacheverfahren**. Ein frühestmögliches Hauptsacheverfahren zum Kindesunterhalt kommt zudem erst im Zusammenhang mit der gerichtlichen Feststellung der Vaterschaft (§ 237 FamFG) in Betracht. Dann ist für eine auf § 247 FamFG gestützte einstweilige Anordnung aber wegen der spezielleren Regelung nach § 248 FamFG kein Raum mehr.[261] Für die örtliche Zuständigkeit bei Maßnahmen des auf § 247 FamFG gestützten einstweiligen Rechtsschutzes ist deshalb anzuknüpfen an § 232 I Nr. 2, III Nr. 1 FamFG. Zuständig ist danach das Gericht am **Aufenthaltsort der Kindesmutter**. Das Gesetz lässt im Gegensatz zur Festlegung der in Betracht kommenden Unterhaltszeiträume offen, ab wann frühestens der Antrag auf Erlass einer einstweiligen Anordnung gestellt werden kann. Man wird deshalb im Einzelfall auf den **Zeitpunkt** abstellen, zu dem die Antragstellerin gestützt auf ein ärztliche Zeugnis über den voraussichtlichen Geburtstermin und ihre eidesstattliche Versicherung zur Vaterschaftsvermutung nach § 1600 d II BGB die Anknüpfungstatsachen für Ihr Unterhaltsbegehren darstellen kann.[262]

Soweit § 52 II FamFG für Unterhaltssachen (§ 231 Nr. 1 FamFG) auf Antrag des Unterhaltspflichtigen dem Unterhaltsberechtigten eine Frist zur **Einleitung eines Hauptsacheverfahrens** setzen kann, so dass nach fruchtlosem Fristablauf die einstweilige Anordnung aufgehoben werden kann, ist diese Vorschrift im Anwendungsbereich des § 247 FamFG **ausgeschlossen**.[263] Dies beruht darauf, dass insoweit für die Unterhaltsberechtigten vor der Geburt des Kindes und ohne rechtskräftige Feststellung der Vaterschaft (§ 1600 d IV BGB) den Unterhaltsberechtigten kein deckungsgleiches Hauptsacheverfahren zur Verfügung steht, mit dem sie ihre Unterhaltsansprüche rechtskräftig klären lassen könnten. Soweit die Ansicht vertreten wird, ein Antrag auf Fristsetzung sei jedenfalls dann möglich, wenn die Vaterschaft anerkannt oder gerichtlich festgestellt sei,[264] wird der Anwendungsbereich von § 247 FamFG verlassen. Bis zur Geburt des Kindes bleibt ein den Kindesunterhalt betreffendes Hauptsacheverfahren ausgeschlossen. Für die Folgezeit bedarf es eines Rückgriffs auf § 247 FamFG nicht, da die Unterhaltsanordnung nach § 246 FamFG mit der Möglichkeit der Fristsetzung ergehen kann. Dies gilt wegen Wegfalls der Rechtsausübungssperre (§ 1600 d IV BGB) für den Unterhalt der nichtehelichen Mutter ebenso.

464

---

[259] Keidel/Giers FamFG § 247 Rn. 5
[260] Bork/Jacoby/Schwab/Hütter FamFG § 247 Rn. 5
[261] Gießler/Soyka Rn. 444; Prütting/Helms/Bömelburg FamFG § 247 Rn. 2
[262] Musielak/Borth FamFG § 247 Rn. 2
[263] Keidel/Giers FamFG § 247 Rn. 12; MünchKommZPO/Dötsch FamFG § 247 Rn. 1
[264] Gießler/Soyka Rn. 470

§ 10 Verfahrensrecht

Auf Seiten der Unterhaltsberechtigten wird das Anordnungsverfahren geführt durch das (gegebenenfalls noch nicht geborene) **Kind und seine Mutter**, der durch die Regelung in § 247 II S. 1 FamFG vorgeburtlich die „**Handlungsbefugnis**" für das Kind zur Vermeidung einer Pflegerbestellung für die Leibesfrucht[265] eingeräumt wird. Sie tritt mithin nicht in Verfahrensstandschaft im eigenen Namen auf. Unberührt davon bleibt die Möglichkeit, die Vertretung des Kindes durch eine **Beistandschaft** (§§ 1712 I Nr. 2, 1713 II, 1714, 1716 BGB) sicherzustellen. Mit der Geburt tritt die elterliche Sorge der Mutter ein. Sie vertritt sodann das Kind, sofern eine Beistandschaft nicht besteht.

465 Das Gericht entscheidet über den bezifferten Sachantrag nach § 247 FamFG im **summarischen Verfahren**. Die Antragsteller haben die Voraussetzungen des jeweiligen Unterhaltstatbestandes sowie die abstammungsrechtlichen Vorgaben darzulegen und glaubhaft zu machen (§ 294 ZPO). Hierbei handelt es sich um **doppelte Anspruchsvoraussetzungen**: Zum einen muss die **Vaterschaft** des Mannes **glaubhaft** gemacht werden, da Verwandte in gerader Linie verpflichtet sind, einander Unterhalt zu gewähren (§ 1601 BGB). Hier hilft aber dem Unterhaltsberechtigten die Vaterschaftsvermutung des § 1600 d II S. 1 BGB, so dass er nur glaubhaft machen muss, dass der Mann der Mutter während der gesetzlichen Empfängniszeit beigewohnt hat. Bestehen aber trotzdem schwerwiegende Zweifel an der Vaterschaft (§ 1600 d II S. 2 BGB), so ist die Vaterschaftsvermutung zerstört und der Unterhaltsberechtigte hat durch anderen Tatsachenvortrag die Vaterschaft des in Anspruch Genommenen hinreichend deutlich zu machen.

466 Darüber hinaus müssen die **engeren Unterhaltsvoraussetzungen** glaubhaft gemacht werden, nämlich der Bedarf[266] und die Bedürftigkeit der Unterhaltsberechtigten. Zur Leistungsfähigkeit des auf Zahlung in Anspruch genommenen Unterhaltpflichtigen sind weder Darlegungen noch eine entsprechende Glaubhaftmachung erforderlich. Es ist den allgemeinen Regeln entsprechend Sache des Unterhaltspflichtigen, seine Einwendungen zu substantiieren und glaubhaft zu machen, sofern er geltend machen will, nicht leistungsfähig zu sein.[267] Allerdings gilt, soweit Abstammungsfragen in Rede stehen, auch im einstweiligen Rechtsschutz der **Amtsermittlungsgrundsatz**.[268]

467 Die Bescheidung des Antrags folgt in der Regel nach dem Ergebnis einer **mündlichen Verhandlung**, die entsprechend § 246 II FamFG auch in diesem Verfahren stattfinden soll, wenn nicht Gründe von besonderer Eilbedürftigkeit dem entgegenstehen. Diese dürften nur in Ausnahmefällen gegeben sein, wenn berücksichtigt wird, dass der einstweilige Rechtsschutz im Vorfeld der Geburt eines Kindes schon vor Eintritt der Bedürftigkeit auf Seiten der Unterhaltsberechtigten in Anspruch genommen werden kann. Über den Antrag auf Gewährung von Unterhalt in den Begrenzungen durch § 247 I FamFG entscheidet das Gericht durch Beschluss, der im Falle des Erfolges auf Zahlung von **Barunterhalt** und/oder **Kostenersatz** gerichtet ist. Darüber hinaus ermöglicht § 247 II S. 2 FamFG im Ausnahmefall[269] die **Hinterlegung** vor der Geburt des Kindes.

468 Als Endentscheidung (§ 38 FamFG) unterliegt der Beschluss (§ 116 FamFG) keiner Anfechtung (§ 57 S. 1 FamFG), wohl aber einer Abänderbarkeit (§ 54 FamFG), bei der auch die verfahrensspezifische Entwicklung etwa zu schwerwiegenden Zweifeln an der Vaterschaft im Zuge der Gegenglaubhaftmachung Berücksichtigung finden. Allerdings ist die **Einholung von Gutachten** ausgeschlossen.[270] Wird in einem späteren Hauptsacheverfahren der gegen den auf Unterhalt in Anspruch genommenen Antragsgegner gerichtete Antrag auf Feststellung der Vaterschaft zurückgenommen oder rechtskräftig abgewiesen, scheidet ein Schadensersatzanspruch für eine zuvor nach § 247 FamFG ergangene Unterhaltsanordnung aus. Lediglich im Kontext einer auf § 248 FamFG gestützten Anordnung sieht § 248 V S. 2 FamFG eine darauf gestützte **Schadensersatzpflicht** vor. Der Gesetzgeber hat diese – abweichend von der bisherigen Rechtslage – im Übrigen, wie durch

---

[265] BT-Drucks. 16/6308 S. 260
[266] Ebert Rn. 364
[267] Dose Rn. 140
[268] Keidel/Giers FamFG § 247 Rn. 8
[269] BT-Drucks. 16/6308 S. 260
[270] Gießler/Soyka Rn. 456

§ 119 I S. 2 FamFG zum Ausdruck kommt, für den weiteren Bereich des einstweiligen Rechtsschutzes in Unterhaltssachen nicht ändern wollen.[271] Deshalb ist auch keine Regelungslücke erkennbar, die Anlass für die Begründung einer Ersatzpflicht analog § 248 V S. 2 FamFG geben könnte.[272]

3. Die einstweilige Anordnung bei Feststellung der Vaterschaft (§ 248 FamFG)

469 Der wegen der Geburt eines nichtehelichen Kindes in Unterhaltssachen (§§ 111 Nr. 8, 112 Nr. 1 FamFG) bestehende einstweilige Rechtsschutz endet, sofern ein solcher zunächst gemäß § 247 FamFG stattgefunden hat, spätestens mit Ablauf der diesem Verfahren gesetzten Fristen. Sie sind nicht verlängerbar. Einer Heranziehung des Grundtatbestandes aus § 246 FamFG für die Anordnung von Unterhaltszahlungen in der Folgezeit steht aber in diesem Fall vorerst weiter die **Rechtsausübungssperre** (§ 1600d IV BGB) entgegen. Deshalb verknüpft das Gesetz einen weiteren einstweiligen Rechtsschutz für das nichteheliche Kind und die betreuende Mutter mit der Einleitung eines Hauptsacheverfahrens zur Klärung der Vaterschaft. Die besonderen Voraussetzungen für ein entsprechendes Anordnungsverfahren in dieser Situation erfasst § 248 FamFG, soweit sie von den allgemeinen Regeln (§§ 246, 247, 50–57 FamFG) abweichen und diese ergänzen.[273] Die Regelungen verdrängen im Übrigen in ihrem Anwendungsbereich einen (im Einzelfall noch) konkurrierenden einstweiligen Rechtsschutz aus § 247 FamFG.[274] Durch die Anbindung an ein **abstammungsrechtliches Hauptsacheverfahren** hält das Anordnungsverfahren nach § 248 I und V S. 1 FamFG – im Unterschied zu §§ 246, 247 FamFG – einerseits an der Akzessorietät der Vorgängerregelung des § 641d ZPO a. F. fest. Andererseits handelt es sich aber nunmehr um ein selbständiges Verfahren (§ 51 III S. 1 FamFG).

470 **a) Zulässigkeit des Anordnungsverfahrens.** Spezifische Zulässigkeitsvoraussetzung[275] für eine auf § 248 FamFG zu stützende einstweilige Anordnung ist zunächst die Anhängigkeit eines auf **Feststellung der Vaterschaft** nach § 1600d BGB gerichteten Antrags.[276] Damit scheidet ein negativer Feststellungsantrag für eine Anknüpfung ebenso aus wie andere Abstammungssachen (§ 169 FamFG). Allerdings ist das Kind nicht gehindert, sich im Wege des **Widerantrags** einem negativen Feststellungsantrag anzuschließen, um zu seinen Gunsten die Zulässigkeitsvoraussetzungen für einen einstweiligen Rechtsschutz nach § 248 FamFG zu schaffen.[277] Die Verbindung mit einem Antrag auf Unterhalt nach § 237 FamFG ist nicht erforderlich, zumal dieser zur Höhe ohnehin nur auf den Mindestunterhalt gerichtet sein kann, die einstweilige Anordnung indessen entsprechenden Bindungen nicht unterliegt. Der Antragsteller ist auch nicht gezwungen, sich am Feststellungsverfahren zu beteiligen. Demgegenüber sieht das Anordnungsverfahren ein Antragsrecht des betreuenden und die Feststellung seiner Vaterschaft betreibenden Vaters nicht vor. Einstweiliger Rechtsschutz nach § 248 FamFG scheidet aus, wenn die Vaterschaft angefochten oder die Feststellung der Unwirksamkeit eines Vaterschaftsanerkenntnisses verfolgt wird. Selbst für eine nur analogen Anwendung von § 248 FamFG ist kein Raum, weil in diesen Konstellationen von einer bestehenden Vaterschaft auszugehen ist, mithin die Voraussetzungen gegeben sind, unter denen die Unterhaltsberechtigten einstweiligen Rechtsschutz gemäß § 246 FamFG erlangen können.

471 Der Antrag auf Erlass einer einstweiligen Unterhaltsanordnung kann gestellt werden, sobald der Antrag auf Feststellung der Vaterschaft anhängig ist. Rechtshängigkeit muss nicht eingetreten sein. Während die Vorgängerregelung des § 641d ZPO a. F. der **Anhängigkeit der Hauptsache** einen Antrag auf Bewilligung von Prozesskostenhilfe gleichstellte, hat der Gesetzgeber diese Möglichkeit in § 248 I FamFG nicht übernommen. Teilweise wird des-

---

[271] BT-Drucks. 16/6308 S. 226
[272] Musielak/Borth FamFG § 247 Rn. 6
[273] BT-Drucks. 16/6308 S. 260
[274] Gießler/Soyka Rn. 505
[275] MünchKommZPO/Dötsch FamFG § 248 Rn. 6
[276] BT-Drucks. 16/6308 S. 260
[277] Keidel/Giers FamFG § 248 Rn. 2

halb betont, es müsse sich, da man die Rechtsstellung des nichtehelichen Kindes und seiner Mutter nicht habe verschlechtern wollen, um ein Redaktionsversehen handeln, zumal der Gesetzgeber auch sonst im einstweiligen Rechtschutz den Antrag auf Verfahrenskostenhilfe für ein Hauptsacheverfahren dem Antrag in der Hauptsache selbst gleichstelle (§ 52 II FamFG).[278] Gegen ein Redaktionsversehen steht indessen zum einen die inhaltsgleiche Regelung in § 237 FamFG für ein Hauptsacheverfahren betreffend den Kindesunterhalt im Kontext nicht geklärter Vaterschaft.[279] Darüber hinaus ist auch nicht ersichtlich, dass mit der neuen Rechtslage notwendigerweise eine Schlechterstellung des Kindes verbunden wäre. Denn im Vorfeld des anhängigen Feststellungsverfahrens erfolgt der einstweilige Rechtsschutz nach § 247 FamFG. Zwar sind danach nur zeitlich befristete Maßnahmen möglich. Doch erscheinen sie ausreichend bemessen, um das minderjährige Kind, vertreten durch die Kindesmutter oder den jeweiligen gesetzlichen Vertreter in den Stand zu versetzen, die Erfolgsaussichten für das Feststellungsverfahren nachzuweisen sowie die Bewilligung von Verfahrenskostenhilfe und die Einreichung eines Feststellungsantrags sicherzustellen.

472 **b) Regelungsvoraussetzungen. aa) Anordnungsanspruch.** Der durch § 248 FamFG im Wege einstweiligen Rechtsschutzes zuzubilligende Unterhalt beruht auf der Fortschreibung der zuvor schon bestehenden und durch einstweilige Anordnung gemäß § 247 FamFG aktualisierten Unterhaltsberechtigungen. Beim Kindesunterhalt handelt es sich weiterhin um den nunmehr **unbefristeten Barunterhaltsanspruch** des Kindes (§§ 1601 ff., 1610 BGB) gegenüber dem nicht betreuenden, aber durch § 1600 d II BGB vermuteten Vater. Die Kindesmutter kann sich vorerst für ihre fortbestehende und durch die Vaterschaftsvermutung vermittelte Unterhaltsberechtigung auf § 1615 l BGB berufen. Zur Höhe und Umfang unterliegt die Rechtsverfolgung keinen Beschränkungen mit der Ausnahme, dass Zahlungen erst für den Unterhaltszeitraum ab Antragstellung verlangt werden kann.[280] Die Gewährung von Sozialleistungen hindern die Geltendmachung des Unterhalts nicht, zwingen aber zu Antragsanpassungen im Laufe des Verfahrens (analog § 265 II ZPO). Den Unterhaltsberechtigten steht der **volle laufende Unterhalt**[281] zu, der sich beim Kindesunterhalt aus der Lebensstellung des vermuteten Vaters, beim Betreuungsunterhalt der Mutter aus deren erlangter Lebensstellung ableiten lässt. Die Begrenzung auf einen **Mindestunterhalt**[282] sieht das Gesetz insbesondere im Unterschied zu § 237 III FamFG nicht vor. Allerdings können die Unterhaltsberechtigten sich hierauf insbesondere bei unübersichtlichen Einkommensverhältnissen des Unterhaltspflichtigen wegen der sie ansonsten treffenden Darlegungs- und Beweislast berufen. Daneben ist die Geltendmachung eines **Sonderbedarfs** nicht ausgeschlossen.

473 Umstritten ist allerdings, ob hierunter auch ein **Verfahrenskostenvorschuss** fällt, den das Kind oder die Mutter für das Statusverfahren benötigt. Wird neben der Unterhaltsverpflichtung als solcher noch auf eine besondere Verantwortung des Unterhaltspflichtigen gegenüber dem Unterhaltsberechtigten abgestellt, kann die Vorschusspflicht gegenüber dem Kind ernsthaft nicht in Frage gestellt werden.[283] Entgegen OLG Koblenz[284] erscheint diese Verpflichtung auch nicht unangemessen vor dem Hintergrund, dass die Unterhaltspflicht im laufenden Klageverfahren erst noch geklärt werden soll. Diese Wertung hat der Gesetzgeber durch die Regelungen des § 248 FamFG im Sinne des Kindes entschieden. Aber auch gegenüber der nichtehelichen Mutter ist von einer allerdings zeitlich begrenzten gesteigerten Verantwortung des „glaubhaft gemachten" Kindesvaters auszugehen, die eine Verpflichtung zur Zahlung eines Verfahrenskostenvorschusses trägt.[285]

---

[278] Prütting/Helms/Bömelburg FamFG § 248 Rn. 6; Keidel/Giers FamFG § 248 Rn. 3; Johannsen/Henrich/Maier Familienrecht § 248 FamFG Rn. 3
[279] Bork/Jacoby/Schwab/Hütter FamFG § 248 Rn. 2; Zöller/Lorenz ZPO § 248 FamFG Rn. 2
[280] Gießler/Soyka Rn. 483
[281] Johannsen/Henrich/Maier Familienrecht § 248 FamFG Rn. 4; MünchKommZPO/Dötsch FamFG § 248 Rn. 4
[282] Bork/Jacoby/Schwab/Hütter FamFG § 248 Rn. 3 (Existenzminimum)
[283] OLG Düsseldorf FamRZ 1995, 1426
[284] OLG Koblenz FamRZ 1999, 241
[285] MünchKommZPO/Dötsch FamFG § 248 Rn. 4; Gießler/Soyka Rn. 523 und 528

3. Abschnitt: Vorläufige Regelung und Sicherung von Unterhaltsansprüchen § 10

bb) Anordnungsgrund. Während § 641 d II S. 3 ZPO a. F. noch ausdrücklich verlangte, dass der Antragsteller ungeachtet der Anspruchsvoraussetzungen die **Notwendigkeit** einer einstweiligen Anordnung darzulegen und glaubhaft zu machen hatte, stellt § 248 FamFG an das Anordnungsverfahren weder entsprechende Voraussetzungen noch verlangt die Vorschrift in Abgrenzung zu § 49 I FamFG ein dringliches Regelungsbedürfnis. Deshalb steht einer einstweiligen Anordnung im Unterschied zum vorherigen Rechtslage[286] nicht mehr entgegen, wenn Mutter oder Kind sich aus eigenem Einkommen oder aus dem eines zahlungsbereiten Dritten unterhalten können. Auch Sozialleistungen (SGB II, SGB XII oder UVG) rechtfertigen keine Versagung des einstweiligen Rechtsschutzes. Erforderlich ist aber auch hier, wie in den Fällen der auf §§ 246, 247 FamFG gestützten einstweiligen Anordnungen, das spezifische Bedürfnis nach einer Eilentscheidung.[287] Ein Anordnungsgrund entfällt nicht dadurch, dass der Unterhaltspflichtige erstinstanzlich mit dem Feststellungsbeschluss in der Hauptsache zur Zahlung von Kindesunterhalt (§ 237 FamFG) verpflichtet worden ist, weil die Wirksamkeit der Verurteilung zu Unterhaltszahlungen von der Rechtskraft des Endentscheidung in der Abstammungssache abhängt (§ 237 IV FamFG). 474

Während in Unterhaltssachen der einstweilige Rechtsschutz ansonsten allgemein auf die Zahlung von Unterhalt gerichtet ist, bestimmt § 248 IV FamFG, wie schon die Regelung in § 641 d I S. 2 ZPO a. F., dass das Gericht auch die Verpflichtung des vermeintlichen Vaters zur **Sicherheitsleistung** in bestimmter Höhe für den Unterhalt anordnen kann. Es handelt sich um eine Ermessensentscheidung des Gerichts, bei der insbesondere der Grad der Wahrscheinlichkeit für den Nachweis der Anspruchsvoraussetzungen eine bestimmende Rolle spielt und im Verlauf des Anordnungsverfahrens – auf Antrag – auch zu Anpassungen der gerichtlichen Entscheidung führt. Zudem können Unterhaltszahlung und Sicherheitsleistung nebeneinander angeordnet werden, wenn auch die **Gefährdung** des erst zukünftig fällig werdenden Unterhalts glaubhaft gemacht wird.[288] Scheidet die Anordnung von Unterhaltszahlungen aus, etwa wenn der Unterhaltsberechtigte sein Vorbringen nicht hinreichend glaubhaft gemacht hat oder freiwillige Leistungen Dritter ebenso wie Sozialleistungen den laufenden Unterhalt des Kindes und der Mutter sicherstellen, kann das Gericht – allerdings nur auf entsprechenden Antrag – gleichwohl bestimmen, dass der Mann für den Unterhalt Sicherheit zu leisten hat.[289] Mit dieser Maßnahme soll erreicht werden, dass der Unterhaltspflichtige für den Fall der rechtskräftigen Feststellung der Vaterschaft, die seit Antragstellung während des Hauptsacheverfahrens **aufgelaufenen Unterhaltsrückstände** erfüllen kann. Entsprechend bemisst sich auch die **Sicherheitsleistung**.[290] Der Unterhaltsberechtigte muss eine sich abzeichnende Ratenzahlung nicht hinnehmen. Die Art der Sicherheit obliegt der Entscheidung des Gerichts, wobei vorrangig Einzahlungen auf ein Sperrkonto des Kindes oder des Jugendamtes in Betracht kommen.[291] 475

c) Das Verfahren. Das selbständige Anordnungsverfahren beginnt mit der Einreichung eines bezifferten – nach § 1612a BGB auch dynamischen – Antrags bei Gericht. Er kann zu Protokoll der Geschäftsstelle erklärt werden. Einer anwaltlichen Mitwirkung bedarf es, zumal eine solche auch in der Abstammungssache (§ 169 Nr. 1 FamFG) entbehrlich ist, nicht (§ 114 IV Nr. 1 FamFG). Zuständig ist das Gericht des ersten Rechtszuges und, wenn die Abstammungssache in der Beschwerdeinstanz schwebt, das Oberlandesgericht (§ 248 II FamFG). Die Antragsbefugnis von Mutter und Kind besteht unabhängig von der jeweiligen Beteiligtenstellung. Erhalten die Unterhaltsberechtigten im Verlauf des Anordnungsverfahrens Leistungen Dritter, die mit einem gesetzlichen Forderungsübergang verbunden sind, ist dem durch Anpassung des Antrags (analog § 265 II ZPO) Rechnung zu tragen. 476

---

[286] So noch OLG Koblenz FamRZ 2006, 1137
[287] MünchKommZPO/Dötsch FamFG § 246 Rn. 6; Hüßtege in Thomas/Putzo § 246 FamFG Rn. 4
[288] Gießler/Soyka Rn. 486
[289] OLG Düsseldorf FamRZ 1994, 111; a. A. OLG Karlsruhe FamRZ 1990, 422
[290] OLG Düsseldorf FamRZ 1994, 840
[291] OLG Düsseldorf FamRZ 1994,111

477 Über den Antrag entscheidet das Gericht im **summarischen Verfahren** mit den Beweisanforderungen der Glaubhaftmachung (§ 51 I S. 2 FamFG i. V. m. § 294 ZPO), beschränkt allerdings, soweit abstammungsrechtliche Vorfragen in Rede stehen, durch den **Amtsermittlungsgrundsatz**.[292] Im Übrigen gelten auch für eine auf § 248 FamFG zu stützende einstweilige Anordnung die Grundsätze der **Glaubhaftmachung** für die **doppelten Anspruchsvoraussetzungen**, wie sie dem Anordnungsverfahren nach § 247 FamFG eigen sind (vgl. Rn. 465).

Über den Antrag, der das Gericht bindet (§ 308 I ZPO), ist zwar abweichend von der Regelung in § 641 d II S. 4 ZPO a. F. nicht mehr zwingend mündlich zu verhandeln. Gleichwohl bleibt in der Regel eine **mündliche Verhandlung** nunmehr entsprechend § 246 II FamFG geboten. Ein Säumnisverfahren findet nicht statt (§ 51 II S. 3 FamFG). Da die Sicherheitsleistung im Vergleich mit Unterhaltszahlungen ein Minus darstellt, kann das Gericht statt der begehrten Zahlung eine Sicherheitsleistung anordnen. Das gilt folgerichtig nicht für den umgekehrten Fall. Die gerichtliche Entscheidung, die das Unterhaltsbegehren erledigt, ergeht durch Beschluss, der, weil es sich um eine **Endentscheidung** handelt, nach Form und Inhalt den Anforderungen von §§ 116, 38 FamFG genügen und (anders noch § 641 d IV ZPO a. F.) mit einer Kostenentscheidung (§ 51 IV FamFG) sowie einer Rechtsbehelfsbelehrung (§ 39 FamFG) versehen werden muss (vgl. oben Rn. 421).

478 Soweit § 52 II FamFG in Unterhaltssachen den Antrag vorsieht, unter Fristsetzung den durch die einstweilige Anordnung begünstigten Beteiligten zur **Einleitung eines deckungsgleichen Hauptsacheverfahrens** gerichtlich verpflichten zu lassen, dürfte dieser Regelung im Kontext einer zu § 248 FamFG ergangenen einstweiligen Anordnung nur geringe Bedeutung zukommen. Soweit der Unterhalt der betreuenden Mutter in Rede steht (§ 1615 l II BGB), bedarf es zunächst der **rechtskräftigen Feststellung** der **Vaterschaft**, so dass jedenfalls bis zum rechtskräftigen Abschluss der Abstammungssache die Anknüpfung für ein deckungsgleiches Hauptsacheverfahren, das die Mutter einleiten könnte, fehlt. Erst in der Folgezeit kann der durch die einstweilige Anordnung belastete Beteiligte, sofern die Anordnung nicht bis zur Rechtskraft der Hauptsache im Abstammungsverfahren befristet war, mit Aussicht auf Erfolg ein unterhaltsrechtliches Hauptsacheverfahren erzwingen. Wird der Sinn der Regelung in § 52 II FamFG dahin verstanden, dass demjenigen, der durch die einstweilige Unterhaltsanordnung belastet ist, die Möglichkeit erhalten bleiben soll, in einem Hauptsacheverfahren die Unterhaltsverpflichtung abschließend klären zu lassen,[293] dürfte der Erfolg des entsprechenden Antragsrechts auch gegenüber dem Kindesunterhalt begrenzt bleiben. Zwar sieht § 237 FamFG die Möglichkeit vor, in Verbindung mit dem Abstammungsverfahren in einem Hauptsacheverfahren auch den Kindesunterhalt gegen den vermuteten Vater geltend zu machen. Indessen ist das Begehren im Unterschied zu der möglichen Unterhaltsregelung durch einstweilige Anordnung, die auf den **vollen Unterhalt** gerichtet sein kann,[294] zur Höhe begrenzt auf den **Mindestunterhalt**. Überdies wird eine darauf gestützte Entscheidung vor Rechtskraft des Beschlusses, der die Vaterschaft feststellt, nicht wirksam (§ 237 IV FamFG).

479 Während § 641 d III ZPO a. F. noch die sofortige Beschwerde als **Rechtsmittel** gegen die nach § 641 d I ZPO a. F. erlassene einstweilige Unterhaltsanordnung vorsah, unterliegt die zu § 248 FamFG ergehenden Endentscheidungen den allgemeinen Regeln für Unterhaltsanordnungen entsprechend **keiner Anfechtung** mehr (§ 57 S. 1 FamFG). Korrekturen der Entscheidung sind allerdings möglich im Rahmen eines **Abänderungsverfahrens** (§ 54 FamFG). Dabei kann, abgesehen von den für die Unterhaltsbemessung maßgebenden Gesichtspunkten (Einkommen, Arbeitslosigkeit, Erwerbsobliegenheit etc.), auch der jeweiligen Entwicklung im abstammungsrechtlichen Hauptsacheverfahren Rechnung getragen werden (z. B. Abstammungsgutachten, Ergebnis einer Beweisaufnahme über die Vernehmung von Zeugen zum Mehrverkehr). Allerdings bleibt die Beweisaufnahme auch im Abänderungsverfahren auf die durch § 294 II ZPO bestimmten Möglichkeiten begrenzt.

---

[292] Keidel/Giers FamFG § 248 Rn. 9
[293] BT-Drucks. 16/6308 S. 201
[294] Johannsen/Henrich/Maier § 248 FamFG Rn. 4; MünchKommZPO/Dötsch FamFG § 248 Rn. 4

3. Abschnitt: Vorläufige Regelung und Sicherung von Unterhaltsansprüchen § 10

Insbesondere ist die Einholung von **Sachverständigengutachten** ausgeschlossen. Unberührt von einer Korrektur über das Abänderungsverfahren bleibt die weitere Rechtsverfolgung durch den auf Unterhalt in Anspruch genommenen Antragsgegner mit Hilfe eines **negativen Feststellungsantrages**, Vollstreckungsabwehr- und gegebenenfalls Bereicherungsantrages (vgl. hierzu vertieft Rn. 438 bis 444).

Wird in der Hauptsache die Vaterschaft **rechtskräftig festgestellt**, lässt dies den Bestand einer einstweiligen Anordnung, sofern nicht befristet, unberührt. Spätere Abänderungen im einstweiligen Rechtsschutz folgen den Verfahrensregeln nach § 246 FamFG. Das **Außerkrafttreten** der einstweiligen Anordnung richtet sich dann im Wege „anderweitiger Regelungen" nach § 56 I FamFG. Zu einer solchen kommt es insbesondere dann, wenn die Beteiligten dem Anordnungsverfahren in der Unterhaltssache folgen lassen. Hierzu zählen neben rechtskräftigen Beschlüssen in ordentlichen Streitverfahren über beziffertem und dynamisierten Unterhalt auch vollstreckbare Urkunden (§ 794 I Nr. 1 und 5 ZPO), Jugendamtsurkunden und Beschlüsse im vereinfachten Verfahren (§§ 249 ff. FamFG). Wird der Unterhalt durch Vergleich oder vollstreckbare Urkunde tituliert, hängt das Ausmaß der durch § 56 I FamFG bestimmten Wirkungen davon ab, ob der Titel den Unterhalt insgesamt oder nur teilweise erledigen soll. Bleibt danach noch ein Teilbetrag offen, gilt die einstweilige Anordnung insoweit fort. **480**

Allerdings liegt der gesetzlichen Konzeption in § 56 FamFG die Verknüpfung zwischen dem Anordnungsverfahren und einem **deckungsgleichen Hauptsacheverfahren** zugrunde. Davon kann aber im Verhältnis zwischen Unterhaltsanordnung und Abstammungsverfahren nicht ausgegangen werden. Deshalb erweitert § 248 V S. 1 FamFG den allgemeinen Regelungsbereich für das Außerkrafttreten um zwei Fälle. Nach dieser Vorschrift tritt die Unterhaltsanordnung, abgesehen von dem Fall der **Antragsrücknahme** im Hauptsacheverfahren, außer Kraft, wenn der Antrag in der Abstammungssache **rechtskräftig** (anders noch § 641 f ZPO a. F.: schon bei Klageabweisung) **abgewiesen** ist. Beruht die Abweisung auf einer erstinstanzlichen Entscheidung, die allerdings noch nicht rechtskräftig ist, muss der Antragsgegner ein Abänderungsverfahren mit der Möglichkeit einer Aussetzung der Vollstreckung (§ 55 FamFG) anstrengen, um eine Beseitigung seiner titulierten Unterhaltsverpflichtung zu erreichen. In diesem Verfahren ist die Frage, ob das Bestehen der Vaterschaft noch als hinreichend wahrscheinlich angesehen werden kann, eigenständig auf der Grundlage des hier maßgeblichen Verfahrensstoffs zu beurteilen.[295] Erklären die Beteiligten das Abstammungsverfahren in der **Hauptsache** übereinstimmend für **erledigt**, dürfte die Unterhaltsanordnung analog § 248 V S. 1 FamFG außer Kraft treten. **481**

Nach Rücknahme des Antrags auf Vaterschaftsfeststellung oder nach dessen rechtskräftiger Abweisung hat der Antragsteller, Kind und/oder Mutter, dem Antragsgegner den Schaden zu ersetzen, der ihm aus der **Vollziehung** der **einstweiligen Anordnung** entstanden ist (§ 248 V S. 2 FamFG). Neben Ersatz für geleistete Unterhaltszahlungen ist auch der durch die Anordnung von Sicherheitsleistungen entstandene Schaden auszugleichen. Hat der Antragsgegner im Wege des Regresses (§ 1607 III BGB) von dem biologischen Vater Ersatz für erbrachte Unterhaltsleistungen erhalten, mindern die Leistungen seinen nach § 248 V S. 2 FamFG auszugleichenden Schaden. Allerdings muss er sich gegenüber dem Kind und der Mutter nicht vorrangig auf diese Ersatzmöglichkeit verweisen lassen.[296] **482**

Eine Schadensersatzverpflichtung besteht ferner, wenn die Beteiligten eine mögliche Unterhaltsanordnung durch **Vereinbarung** oder **Vergleich** abgelöst haben.[297] Sie ist nicht gegeben, wenn es im Zuge eines Vaterschaftsanerkenntnisses zu einer Erledigung der Hauptsache im Abstammungsverfahren gekommen ist.[298] Es handelt sich um einen **verschuldensunabhängigen Schadensersatzanspruch,** angelehnt an die Regelungen in §§ 717 II, 945 ZPO, so dass der Entreicherungseinwand des Antragstellers ausgeschlossen ist. Allerdings beschränkt sich der zu ersetzende Schaden auf die Vollziehung der einstweiligen Anordnung. Er umfasst auch die freiwilligen Unterhaltszahlungen, soweit sie auf Grund der **483**

---

[295] BT-Drucks. 16/6308 S. 260
[296] MünchKommZPO/Dötsch FamFG § 248 Rn. 4
[297] Prütting/Helms/Bömelburg FamFG § 248 Rn. 20
[298] Prütting/Helms/Bömelburg FamFG § 248 Rn. 20

Anordnung erbracht worden sind. Andere Schuldtitel sind von der Ersatzpflicht ausgeschlossen. Hier kann der Antragsteller im Fall von Überzahlungen nur mit dem Bereicherungsantrag reagieren. Dies ist ferner der Fall, wenn die Vaterschaft festgestellt wird, sich im nachhinein aber herausstellt, dass die Antragsteller überhöhten Unterhalt erhalten haben. Insoweit steht der Antragsgegner einem Beteiligten gleich, der auf Grund einer nach § 246 FamFG ergangenen Anordnung Unterhalt gezahlt hat, so dass auch selbst eine analoge Anwendung von § 248 V S. 2 FamFG ausscheidet.[299]

4. Konkurrenzen

484   Im Anwendungsbereich der §§ 246–248 FamFG sind im Unterschied zu den §§ 644, 620 ZPO a. F. **Überschneidungen** beim Erlass von Unterhaltsanordnungen grundsätzlich **ausgeschlossen**. Sind die personenstands- und abstammungsrechtlichen Vorfragen geklärt, richtet sich der einstweilige Rechtsschutz ausschließlich nach § 246 FamFG. Steht diesem vor oder nach der Geburt eines Kindes die Rechtsausübungssperre entgegen, kann einstweiliger Rechtsschutz, nach Höhe und Zeit begrenzt, gemäß § 247 FamFG gewährt werden. Dieser endet, wenn nicht schon wegen Fristablauf, jedenfalls mit Anhängigkeit eines Vaterschaftsfeststellungsverfahrens. Ergeht für die Folgezeit eine Unterhaltsanordnung nach § 248 FamFG, wirkt diese, sofern nicht befristet, über den Zeitpunkt der rechtskräftigen Feststellung der Vaterschaft hinaus und steht im Abänderungsverfahren einer nach § 246 FamFG erlassenen Unterhaltsanordnung gleich.

II. Der Arrest in Unterhaltssachen (§ 119 II FamFG, §§ 916 ff. ZPO)

1. Verfahrensvoraussetzungen

485   a) **Verfahrensziel.** Während der einstweilige Rechtsschutz in der Ausgestaltung durch die einstweilige Anordnung in Unterhaltssachen, soweit es sich um Familienstreitsachen handelt, abgesehen von den Ausnahmeregelungen in § 247 II S. 2 FamFG und § 248 IV FamFG auf Zahlung von Unterhalt gerichtet ist, dient der Arrest seiner zivilprozessualen Herkunft entsprechend nur der **Sicherung der Zwangsvollstreckung** wegen einer Unterhaltsforderung. Nie führt er zur Befriedigung, etwa durch Überweisung (§ 835 ZPO).[300] Er ist daher für Unterhaltszwecke im Allgemeinen von geringer Bedeutung, jedenfalls wenn es um die Befriedigung des Existenzminimums geht. Gleichwohl lassen sich in der familiengerichtlichen Rechtspraxis Konstellationen finden,[301] in denen zwar keine akute Unterhaltsbedürftigkeit besteht, aber zureichende Anhaltspunkte für eine konkrete **Gefährdung künftiger Unterhaltsansprüche** besteht. Gemäß § 119 II S. 1 FamFG hält der Gesetzgeber am Arrest als besonderem Rechtsschutzinstrument auch in Familienstreitsachen fest. Verfahrensrechtlich maßgebend sind – ungeachtet der sonstigen Verweisungen auf zivilprozessuale Vorschriften (§§ 113 I S. 2, 120 I FamFG) – kraft ausdrücklicher Bezugnahme die Arrestvorschriften der ZPO (§ 119 II S. 2 FamFG). Ist das Hauptsacheverfahren bereits rechtskräftig abgeschlossen, fehlt es für ein entsprechendes Arrestverfahren an dem notwendigen **Rechtsschutzbedürfnis**, nicht aber bei einem schon oder noch anhängigen Verfahren.

486   b) **Anordnungsanspruch und Anordnungsgrund.** Dem einstweiligen Anordnungsverfahren vergleichbar knüpft das Arrestverfahren an das Vorhandensein eines **Arrestanspruchs** (§ 916 ZPO) und eines **Arrestgrundes** (§§ 917, 918 ZPO) an. Soweit der Arrestanspruch in Rede steht, ist auf das jeweilige gesetzliche Unterhaltsrechtsverhältnis abzustellen. Der zu sichernde Unterhaltsanspruch kann dabei auf den **vollen Unterhalt**[302]

---

[299] MünchKommZPO/Dötsch FamFG § 248 Rn. 13
[300] Vgl. BGH Rpfleger 1993, 292
[301] Vgl. Menne FamRZ 2004, 7
[302] Schulte-Bunert/Weinreich/Schwonberg FamFG § 119 Rn. 10; Kamm in: Luthin/Koch, Handbuch des Unterhaltsrechts, Rn. 7194

gerichtet sein, zudem rückständigen, aber auch zukünftig fällig werdenden Unterhalt umfassen. Einschränkungen resultieren hierbei allerdings aus der Sicherungsfunktion des Arrests. So fehlt es an einem Anordnungsgrund, wenn der **rückständige Unterhalt** bereits tituliert ist.[303] Bei der Sicherung von erst **künftig fällig werdenden Unterhaltsansprüchen** stellt sich die Frage nach dem Umfang des zu sichernden Unterhaltszeitraums. Hier gibt zunächst die Bestimmung über die Anordnung der Einleitung eines Hauptsacheverfahrens (§ 926 I ZPO) in der Weise eine Zeitschranke vor, als sicherungsfähig erst in der Hauptsache **klagbarer Unterhaltsanspruch** sein kann.[304] Für einen nachehelichen Unterhaltsanspruch folgt daraus, dass er erst ab Rechtshängigkeit des Scheidungsantrags durch Arrest gesichert werden kann.[305] Im Übrigen bestehen für die zeitliche Bemessung des zu sichernden zukünftigen Unterhalts keine weiteren gesetzlichen Vorgaben. Auch hier handelt es sich, wie in einem Hauptsacheverfahren, um das Ergebnis einer **Prognoseentscheidung**, in deren Vordergrund die voraussichtliche Entwicklung des jeweiligen Unterhaltsanspruchs steht, mithin z. B. der Eintritt einer Erwerbsobliegenheit, das Ausscheiden aus dem Erwerbsleben oder auch die Befristung des Unterhaltsanspruchs.[306] Zudem muss die Arrestanordnung auch die wirtschaftliche Bewegungsfreiheit des Unterhaltspflichtigen wahren, zumal es sich um eine Voraussetzung für die prognostizierte Unterhaltsbemessung handelt. Der jeweilige Sicherungszeitraum kann hiernach nur einzelfallbezogen erfasst werden.[307] Ein Zeitraum von mehr als **fünf Jahren** muss allerdings als nicht mehr verlässlich prognosefähig ausscheiden. Allgemein werden sicherungsfähige Unterhaltszeiträume von 2 bis 5 Jahren angenommen.[308] Vergleichsweise geringen Schwankungen unterliegt erfahrungsgemäß die Bemessung des Kindesunterhalts, so dass hier im Einzelfall sogar weitergehend auf einen Unterhaltszeitraum auch bis zum Eintritt der Volljährigkeit abgestellt werden kann.[309]

c) **Der persönliche Arrest.** Das Arrestverfahren unterscheidet zum Arrestgrund zwischen einem dinglichen und einem persönlichen Arrest. Der **persönliche Sicherheitsarrest** findet nach § 918 ZPO nur statt, wenn er erforderlich ist, um die gefährdete Zwangsvollstreckung in das Vermögen des Unterhaltspflichtigen zu sichern. Der persönliche Sicherheitsarrest ist daher gerechtfertigt, wenn er keine oder **unzureichende Angaben** über den Verbleib **wesentlichen Vermögens** macht. Dem steht der Fall gleich, dass der Unterhaltspflichtige wesentliche Vermögensgegenstände **verschiebt** oder **verschleudert**.[310] Danach muss die Arrestanordnung unterbleiben, wenn der Unterhaltspflichtige kein Vermögen (mehr) hat. Die Dauer des Arrestvollzugs ist unter Wahrung des Grundsatzes der Verhältnismäßigkeit nach dem Maß der Schwierigkeiten zu bemessen, die einem Zugriff des Unterhaltsberechtigten auf vorhandenes Vermögen entgegenstehen. Kann der Unterhaltspflichtige die Lösungssumme ohne weiteres entrichten, so kann die Fortdauer der Arresthaft bis zur gesetzlichen Höchstgrenze von sechs Monaten gerechtfertigt sein.[311] 487

d) **Der dingliche Arrest.** Gemäß § 917 I ZPO findet der **dingliche Arrest** statt, wenn zu besorgen ist, dass ohne dessen Verhängung die Vollstreckung des Titels vereitelt oder wesentlich erschwert werden würde. Während der persönliche Arrest durch Freiheitsbeschränkungen in der Person des Unterhaltspflichtigen mittelbar die Zwangsvollstreckung sichert, greift der dingliche Arrest unmittelbar in dessen Vermögen ein. In der familiengerichtlichen Praxis spielt nur der **dingliche Arrest** eine Rolle. Ein entsprechender Arrestgrund ist unter folgenden Voraussetzungen zu bejahen: 488

---

[303] Schulte-Bunert/Weinreich/Schwonberg FamFG § 119 Rn. 10
[304] OLG Düsseldorf FamRZ 1994, 111, 114
[305] Prütting/Helms FamFG § 119 Rn. 6
[306] Dose Rn. 151
[307] OLG Hamm FamRZ 1995, 1427, 1428
[308] OLG Düsseldorf FamRZ 1994, 111, 113; OLG Hamm FamRZ 1995, 1427; OLG Karlsruhe FamRZ 1996, 1429
[309] KG FamRZ 1985, 730
[310] Dose Rn. 141
[311] OLG Karlsruhe FamRZ 1996, 1429

Es müssen konkrete Umstände vorhanden sein, aus denen sich hinreichend sicher ergibt, dass der Unterhaltspflichtige seinen Zahlungsverpflichtungen in Zukunft nicht nachkommen wird. **Bei relativ geringer Unterzahlung** oder **zeitlich schwankender Erfüllung** kann hiervon noch **nicht** ausgegangen werden.[312] Neben der Gefährdung der künftigen Unterhaltszahlung stellt einen Arrestgrund auch die Gefahr dar, dass künftig die Durchsetzung der Ansprüche gefährdet ist; allerdings reicht hierfür eine **Verschlechterung der Vermögenslage** nicht aus; dies schon deshalb nicht, weil eine Veränderung der wirtschaftlichen Verhältnisse möglicherweise auf eine Kürzung des materiell-rechtlichen Anspruchs selbst hinausläuft. Arrestgrund kann aber sein, dass der Unterhaltspflichtige **unbekannten Aufenthalts** ist oder sich **ins Ausland absetzt**. Wohnt er im Ausland, reicht dies aus, wenn die Arrestanordnung dort vollstreckt werden müsste (§ 917 II ZPO). Ist zu befürchten, dass der Unterhaltspflichtige seine letzten Vermögenswerte vor der Vollstreckung ausgibt (z. B. Verbrauch einer arbeitsrechtlichen Abfindung oder von Vermögenswerten, die für die Unterhaltsbemessung maßgebend sind),[313] kann auch aus diesem Grund ein Arrest beantragt werden.[314] Dass seine Einkommens- und Vermögenslage undurchsichtig erscheint, ist noch kein Arrestgrund. Erteilt der Unterhaltspflichtige über einen längeren Zeitpunkt keine Auskunft über seine Einkommensverhältnisse, stellt dies ebenfalls noch keinen Arrestgrund dar.[315]

489 Die Absicherung erst künftig fällig werdender Unterhaltsansprüche durch einen Arrest ist auch dann noch möglich, wenn bereits ein **vollstreckbarer Titel** vorliegt.[316] Denn die Vollstreckung aus einem Unterhaltstitel, der – entsprechend einem Dauerschuldverhältnis – fortlaufende Ansprüche umfasst, kann nicht vor Fälligkeit der jeweiligen Monatsunterhaltsbeträge erfolgen (§ 751 ZPO). Handelt es sich aber um **fällige Beträge**, die tituliert sind, ist kein Arrest mehr erforderlich. Dies ist auch der Fall, wenn der Unterhaltsberechtigte sich im Wege der **Vorratspfändung** (§ 850 d III ZPO) absichern kann.[317] Allerdings nimmt die erst nach Erlass des Arrests entstandene Möglichkeit einer Vorratspfändung in die gepfändete Forderung dem Arrest das Rechtsschutzbedürfnis nicht mehr, weil eine solche nachträgliche Pfändungsmaßnahme keine über den Arrest hinausgehenden Vorteile erbringt. Auch wenn nach § 1585a BGB für den Unterhaltsberechtigten die Möglichkeit besteht, von dem Unterhaltspflichtigen für den künftigen Unterhalt eine Sicherheitsleistung zu verlangen, steht dies einer Arrestanordnung aus anderem Grund nicht entgegen.[318]

Da der Arrest nur der Absicherung des Unterhaltsberechtigten gegenüber dem Unterhaltspflichtigen dient, ist der jeweilige Unterhaltsanspruch und seine Rechtsnatur von untergeordneter Bedeutung, so dass ein einzelner Arrest gleichzeitig sowohl Trennungs- als auch nachehelichen Unterhalt absichern kann.[319] Verfahrensgegenstand eines Arrestverfahrens ist nicht die zu sichernde Geldforderung sondern der **Sicherungsanspruch** des Unterhaltsberechtigten.[320]

2. Verfahrensablauf

490 a) **Zuständigkeit.** Gemäß § 919 ZPO ist für die Anordnung des Arrests sowohl das **Gericht der Hauptsache** als wahlweise auch (§ 35 ZPO) das **Amtsgericht** zuständig, in dessen **Bezirk** sich der mit Arrest zu belegende Gegenstand oder die in ihrer persönlichen Freiheit zu beschränkende Person befindet. Allerdings wird das entsprechende Wahlrecht verdrängt, soweit eine nach § 232 II FamFG vorrangige ausschließliche Zuständigkeit gemäß § 232 I FamFG betroffen ist (vgl. auch Rn. 10/10 und 14). Gegenüber einem

---

[312] OLG Karlsruhe FamRZ 1985, 507 bei drohender Konkurrenz anderer Gläubiger
[313] Dose Rn. 149
[314] OLG Hamm FamRZ 1980, 393
[315] OLG München FamRZ 2000, 965
[316] OLG Hamm FamRZ 1980, 391
[317] OLG Zweibrücken FamRZ 2000, 966, 967
[318] OLG Düsseldorf FamRZ 1994, 111, 114
[319] OLG Hamm FamRZ 1995, 1427; OLG Düsseldorf FamRZ 1994, 111
[320] Dose Rn. 139

3. Abschnitt: Vorläufige Regelung und Sicherung von Unterhaltsansprüchen § 10

bereits rechtshängigen Arrestverfahren ist bei Identität des Anordnungsanspruchs ein nachfolgendes Arrestgesuch anderweitig unzulässig. Da es sich bei der Hauptsache um die gesetzlichen Unterhaltsansprüche des §§ 111 Nr. 8, 231 I FamFG handelt, ist für den Arrest in erster Linie das Amtsgericht (§ 23 a Nr. 1 GVG), u. z. dort das **Familiengericht** (§ 23 b GVG) zuständig.[321] Ist die Hauptsache in der Beschwerdeinstanz anhängig, besteht beim Oberlandesgericht (§ 119 I Nr. 1 a GVG) die Zuständigkeit des Gerichts der Hauptsache (§ 943 I ZPO), dort bei Dringlichkeit auch die Zuständigkeit des Vorsitzenden (§ 944 ZPO).

b) Einleitung und Verfahrensgrundsätze. Gemäß § 920 ZPO bedarf es zur Einleitung des Arrestverfahrens eines **Arrestgesuchs,** welches **Arrestanspruch** und **Arrestgrund** benennt **und beide glaubhaft macht** (§§ 920 II, 294 ZPO). Im Übrigen finden für die Anordnung die allgemeinen Vorschriften der §§ 921–927 ZPO Anwendung, für die Vollziehung des Arrestes jene der §§ 928–934 ZPO. Das Arrestgesuch kann der Antragsteller **schriftlich** oder zu **Protokoll** eines jeden Amtsgerichts (§ 920 III ZPO i. V. m. § 129 a ZPO) anbringen. Hierfür ist eine anwaltliche Mitwirkung nicht erforderlich (§ 114 IV Nr. 6 FamFG). Eines Sachantrags, der an den Anforderungen von § 253 II Nr. 2 ZPO zu messen wäre, bedarf es nicht. Das Gesuch muss aber erkennen lassen, dass die Anordnung des persönlichen oder dinglichen Arrests begehrt wird. Die Angabe der Lösungssumme (§ 923 ZPO) ist nicht erforderlich, da hierüber das Gericht von Amts wegen entscheidet. Über das Arrestgesuch kann das Gericht mündlich verhandeln. In diesem Fall wird eine anwaltliche Mitwirkung notwendig. Allerdings wird teilweise[322] eine erstinstanzliche Anwaltsvertretung unter Hinweis auf § 78 I ZPO als entbehrlich angesehen. Indessen kann dem nicht gefolgt werden. Das auf Sicherung von Unterhaltsansprüchen gerichtete Arrestverfahren betrifft eine Familienstreitsache, für die § 114 I FamFG auch eine erstinstanzliche Anwaltsvertretung vorsieht. Ausnahmeregelungen (§ 114 IV FamFG) sind nicht einschlägig. Gegenteilige Regelungen lassen sich auch nicht den besonderen Arrestvorschriften der ZPO entnehmen, auf die § 119 II FamFG verweist. Zutreffender Meinung[323] nach ist deshalb von einem **Anwaltszwang** für das Arrestverfahren auszugehen, sobald es zu einer mündlichen Verhandlung kommt.

c) Entscheidung. Abweichend von § 922 I S. 1 ZPO entscheidet das Gericht – in Ausübung pflichtgemäßen Ermessens auch nach fakultativer mündlicher Verhandlung – ausnahmslos durch **Beschluss** (§ 116 I FamFG). Kommt es zu einer **Arrestanordnung**, bestimmt das Gericht die Art des Arrestes, den zu sichernden Unterhaltsanspruch nach Grund und Höhe sowie die Lösungssumme für die Abwendungsbefugnis des Unterhaltspflichtigen,[324] auf **Antrag** des Arrestbegünstigten zugleich über die begehrten Vollziehungsmaßnahmen (§§ 930–933 ZPO). Die Anordnung der sofortigen Wirksamkeit ist entbehrlich. Der Arrestbefehl bedarf auch sonst seiner Sicherungsfunktion entsprechend keiner Vollstreckbarerklärung (§ 708 Nr. 6 ZPO).[325] Eine Begründung ist für die Arrestanordnung nur angezeigt, wenn sie im Ausland geltend gemacht werden soll (§ 922 I S. 2 ZPO). Sie enthält darüber hinaus, bei der Entscheidung über die Zurückweisung des Arrestantrags, eine **Kostenentscheidung** (§ 243 FamFG). Die Festsetzung des **Verfahrenswertes** erfolgt in Ermangelung einer speziellen Regelung nach § 42 FamGKG und hat billigem Ermessen zu entsprechen. Der Wert ist maßgebend auch für die Vergütung anwaltlicher Tätigkeit (§ 23 I RVG). Gerichtskosten fallen an wie im einstweiligen Anordnungsverfahren (§ 3 II FamGKG i. V. m. KV 1420). Die anwaltliche Vergütung bemisst sich nach Nr. 3100, 3104 VV RVG.

d) Vollziehung. Der Fortbestand der erstrittenen Arrestanordnung steht nicht zur ungebundenen Disposition des Unterhaltsberechtigten. Vielmehr muss er hiervon durch Vollziehung, das ist die Vollstreckung der Sicherungsanordnung, Gebrauch machen. Demgemäß bestimmt § 929 II ZPO, dass die **Vollziehung** unstatthaft ist, wenn seit dem Tag, an

---

[321] BGH FamRZ 1980, 46
[322] Gießler/Soyka Rn. 327
[323] Prütting/Helms FamFG § 119 Rn. 8; Schulte-Bunert/Weinreich/Schwonberg FamFG § 119 Rn. 18;
[324] Vgl. Dose Rn. 353 und 354 auch zu Entscheidungsmustern
[325] FA-FamR/Seiler Kap 1 Rn. 562

dem der Arrestbefehl verkündet oder dem Beteiligten, auf dessen Gesuch er ergangen ist, zugestellt ist, ein Monat verstrichen ist. Die Vollziehung, die nur auf eine **Sicherung** der **glaubhaft** gemachten Unterhaltsansprüche gerichtet sein kann, nicht aber zu einer Erfüllung von Unterhaltsansprüchen führt, ist die tätige Bestätigung der im Erkenntnisverfahren vom Unterhaltsberechtigten geltend gemachten Dringlichkeit eines einstweiligen Rechtsschutzes durch rechtzeitige Mitwirkung zu seiner Durchsetzung.[326] Die Regelung soll im Übrigen durch eine zeitnahe Umsetzung der Anordnung Vollstreckungsmaßnahmen bei wesentlich veränderten Verhältnissen verhindern.[327] Die Vollziehungsfrist stellt **keine Notfrist** dar, so dass eine Heilung der Fristversäumung ausscheidet, und kann durch Vereinbarung der Beteiligten nicht verlängert werden (§ 224 ZPO). Ohne Einfluss auf ihren Lauf bleibt auch der weitere Gang des Arrestverfahrens etwa nach Widerspruch (§ 924 I ZPO) oder im Beschwerdeverfahren. Allerdings führt die Einstellung der Zwangsvollstreckung aus dem Arrestbefehl zur Fristunterbrechung.[328] Wird die Arrestanordnung nach Aufhebung im Rechtsmittelverfahren erneut erlassen, bedarf es wiederum der Vollziehung, wofür der Unterhaltsberechtigte allerdings die ungekürzten Frist des § 929 II ZPO in Anspruch nehmen kann.

Als geeignete Vollziehungsmaßnahme kommt primär die Zustellung der Arrestanordnung auf Betreiben des begünstigten Beteiligten in Betracht.[329] Nach anderer Ansicht[330] soll auch die Zustellung von Amts wegen ausreichen, wobei diese nur für Arrestanordnungen gelten kann, die aufgrund mündlicher Verhandlung ergehen (vgl. § 922 II ZPO). Im Übrigen erfüllt jedwede durch den Unterhaltsberechtigten veranlasste **Vollstreckungsmaßnahme** die Vollziehungsanforderungen, wobei die rechtzeitige **Antragstellung** fristwahrend wirkt.[331] Die Einhaltung der Vollziehungsfrist hat das Gericht von Amts wegen zu beachten, allerdings nicht zu ermitteln.[332] Fehlt es an einer rechtzeitige Vollziehung ist der Arrestbefehl auf Antrag noch im laufenden Arrestverfahren oder wegen veränderter Umstände (§ 927 ZPO) aufzuheben. Dies hindert allerdings nicht bei Änderung der Sach- und Rechtslage die erneute Einleitung eines Arrestverfahrens.

494 e) **Rechtsbehelfe.** Die Wahl des jeweils statthaften **Rechtsbehelfs** im Arrestverfahren, worüber die Beteiligten zu belehren sind (§ 39 FamFG), hängt zum einen davon ab, wer durch die Entscheidung beschwert ist, zum anderen aber auch vom einzelfallbezogenen Verlauf des Verfahrens.

Hat das Amtsgericht die Arrestanordnung **ohne mündliche Verhandlung erlassen**, muss der Unterhaltspflichtige hiergegen mit einem **Widerspruch** (§ 924 ZPO) vorgehen. Geht die Entscheidung über die Arrestanordnung auf eine mündliche Verhandlung zurück, handelt es sich um einen Endentscheidung, gegen die der beschwerte Unterhaltspflichtige unter den weiteren Voraussetzungen von §§ 58, 117 FamFG mit dem Rechtsmittel der **Beschwerde** vorgehen muss. Im Fall einer Säumnisentscheidung findet allerdings das Einspruchsverfahren statt (§§ 338 ff. ZPO i. V. m. 113 I S. 2 FamFG). Als Rechtsbehelf steht dem Unterhaltspflichtigen ferner der **Aufhebungsantrag** nach § 926 II ZPO offen, wenn der Unterhaltsberechtigte der Anordnung zur Einleitung eines Hauptsacheverfahrens nicht fristgerecht nachkommt. Bei **veränderten Umständen** kann er überdies mit einem Aufhebungsantrag nach § 927 ZPO gegen die Arrestanordnung vorgehen. Damit sind zugleich Abänderungsverfahren nach §§ 238, 239 FamFG und Vollstreckungsabwehrverfahren (§ 767 ZPO) ausgeschlossen. Wird die durch die Arrestanordnung festgelegte Lösungssumme hinterlegt oder erfüllt der Unterhaltsberechtigte eine etwaige Vorschusspflicht nicht, kann der Unterhaltspflichtige die Aufhebung des Arrests verlangen (§ 934 ZPO), im Fall der abschlägigen Bescheidung sein entsprechendes Begehren mit der **sofortigen Beschwerde** (§ 934 IV ZPO) weiterverfolgen.

---

[326] OLG Hamm FamRZ 1994, 1479
[327] Reichold in Thomas/Putzo § 929 ZPO Rn. 2
[328] OLG Düsseldorf FamRZ 1987, 497, 499
[329] BGH NJW 1993, 1076
[330] Gießler/Soyka Rn. 331
[331] BGH NJW 2006, 1290
[332] OLG Stuttgart NJW-RR 2009, 696

3. Abschnitt: Vorläufige Regelung und Sicherung von Unterhaltsansprüchen § 10

Wird das Arrestgesuch durch Beschluss **ohne mündliche Verhandlung zurückgewiesen** oder die vorherige Sicherheitsleistung für erforderlich erklärt (§ 922 III ZPO), handelt es sich – bezogen auf das zivilprozessuale Arrestverfahren – um die Zurückweisung eines das Verfahren betreffenden Gesuchs (§ 567 I Nr. 2 ZPO). Allerdings enthält weder § 119 FamFG noch sonst eine Bestimmung im FamFG (vgl. zur entsprechenden Regelungstechnik z. B. § 76 II FamFG[333]) einen hier einschlägigen allgemeinen Verweis auf die Vorschriften der sofortigen Beschwerde (§§ 567–572 ZPO). Gleichwohl hat der Gesetzgeber durch die einschränkungslose Verweisung (§ 119 II FamFG) auf die Vorschriften des **zivilprozessualen Arrestverfahrens** zum Ausdruck gebracht, die verfahrensrechtliche Behandlung des Arrests in Familienstreitsachen dem entsprechenden Rechtsschutz in bürgerlichen Rechtsstreitigkeiten gleichzustellen.[334] In der Konsequenz dieser Gleichstellung kann auch der Unterhaltsberechtigte als Antragsteller gegenüber der ihm ungünstigen Entscheidung aus § 922 III ZPO innerhalb der Frist von zwei Wochen (§ 569 I ZPO) im Rechtsmittelverfahren der **sofortigen Beschwerde**[335] sein Rechtsschutzbegehren weiterverfolgen. Soweit dem gegenüber die Auffassung vertreten wird,[336] es handele sich bei der Entscheidung um eine **Endentscheidung**, die nur nach § 58 FamFG anfechtbar sei, wird die Tragweite der Verweisung in § 119 II FamFG verkannt und vernachlässigt, dass der Rechtsbehelf des § 58 FamFG gemäß der „**Vorbehaltsklausel**" dieser Vorschrift nur greifen soll, „sofern durch Gesetz nichts Anderes bestimmt ist". Schließlich hätte diese Auffassung, da eine Abhilfe in Familiensachen nicht zulässig ist (§ 68 I S. 2 FamFG), die ansonsten nicht bekannte Konsequenz, dass der Antragsgegner einem Beschwerdeverfahren in einer Arrestsache ausgesetzt wäre, an der er erstinstanzlich (vgl. § 922 III ZPO) nicht beteiligt war. Entgegen OLG München[337] ist schließlich unerheblich, dass es in § 119 II ZPO an einer **ausdrücklichen Anordnung** der sofortigen Beschwerde als statthaftem Rechtsmittel fehlt. Dies entspricht vielmehr bezogen auf die Unterhaltstreitsachen und die weiteren Familienstreitsachen auch nicht der Regelungstechnik des FamFG. Begehrt der Antragsteller in der Arrestsache die Bewilligung von Verfahrenskostenhilfe, steht ihm diese unter den Voraussetzungen von § 113 I S. 2 FamFG i. V. m. §§ 114, 115 ZPO zu. Wird sie ihm versagt, kann er sich hiergegen mit der sofortigen Beschwerde §§ 127, 567–572 ZPO wenden, ohne dass sich das FamFG hierüber ausdrücklich verhalten müsste (zur sofortigen Beschwerde in Unterhaltsstreitsachen vgl. auch Rn. 10/602 bis 605).

Wird das Arrestgesuch erst nach dem Ergebnis einer **mündlichen Verhandlung** zurückgewiesen oder die Arrestanordnung aufgehoben, handelt es sich um einen Endbeschluss (§ 922 I ZPO), der einem zivilprozessualen Endurteil gleichstehend im Verfahren der befristeten Beschwerde gemäß den §§ 58, 117 FamFG der Anfechtung unterliegt.

Hat das Oberlandesgericht auf Grund seiner Zuständigkeit im Hauptsacheverfahren im ersten Rechtszug über das Arrestgesuch oder in der Beschwerdeinstanz des Arrestverfahrens entschieden, findet eine weitere Anfechtung im Wege der **Rechtsbeschwerde** nicht statt (§ 70 IV FamFG).

f) **Folgenbeseitigung.** Während durch die Beschränkung in § 119 I S. 2 FamFG auf die Familienstreitsachen nach § 112 Nr. 2 und Nr. 3 FamFG die **verfahrensbezogene Schadensersatzpflicht** aus § 945 ZPO für den Bereich der einstweiligen Anordnung in Unterhaltssachen (§ 112 Nr. 1 FamFG) ausdrücklich ausgeschlossen ist, findet auf das Arrestverfahren auch bezogen auf die Unterhaltssachen der Familienstreitsachen die entsprechende Bestimmung über eine Schadensersatzpflicht Anwendung. Die verschuldensunabhängige Ersatzpflicht trifft den Unterhaltsberechtigten allerdings nur in zwei Fallkonstellationen, und zwar zum einen, wenn die Arrestanordnung **von Anfang an ungerechtfertigt** war, d. h. Anordnungsanspruch und Anordnungsgrund nicht gegeben waren. Allein

---

[333] Hierzu eingehend Keidel/Meyer-Holz FamFG § 58 Rn. 93 und 94
[334] Dose Rn. 440
[335] Prütting/Helms FamFG § 119 Rn. 9; Schulte-Bunert/Weinreich/Schwonberg FamFG § 119 Rn. 18; Dose Rn. 440; Gießler/Soyka Rn. 330; OLG Celle Beschluss v. 9. 10. 2009 – 19 WF 264/09
[336] OLG Karlsruhe FamRZ 2011, 234
[337] OLG München FamRZ 2011, 746

die spätere Aufhebung des Arrests begründet hiernach für sich keine Ersatzpflicht. Die weitere Ersatzpflicht betrifft den Fall der Aufhebung des Arrestes wegen nicht rechtzeitiger Einleitung eines Hauptsacheverfahrens (§ 926 II ZPO). Ersatzfähig ist der dem Unterhaltspflichtigen aus der Vollziehung entstandene Schaden. Kommt es im Arrestverfahren zu einem Vergleich, der in seinem Bestand vom Ausgang des Hauptsacheverfahrens abhängt, scheidet eine Schadensersatzverpflichtung aus, weil § 945 ZPO an die gerichtliche Anordnung anknüpft. Dem steht eine Vereinbarung der Beteiligten nicht gleich.[338]

Seiner Rechtsnatur nach handelt es sich um einen Schadensersatzanspruch aus unerlaubter Handlung im weiteren Sinne, der im ordentlichen Streitverfahren bei familiengerichtlicher Zuständigkeit (§§ 231 I, 111 Nr. 8 FamFG i. V. m. § 23 a I Nr. 1 GVG) geltend zu machen ist. Eine Bindung an das Ergebnis des Arrestverfahrens besteht für das nachfolgende Schadensersatzverfahren allerdings nicht.[339]

4. Abschnitt: Rechtsmittel in Unterhaltssachen

497 Im Zuge des mit dem FamFG verfolgten Reformvorhabens, das familiengerichtliche Verfahren zum einen von einem unübersichtlichen Nebeneinander verschiedener Verfahrensordnungen (ZPO-Verfahren und FGG-Verfahren) zu befreien und zum anderen das für familienrechtliche Angelegenheiten nur bedingt geeignete Verfahrensmodell der Zivilprozessordnung weitestmöglich zurückzudrängen,[1] hat der Gesetzgeber auch das Rechtsmittelverfahren in Familiensachen neu geregelt und den Anwendungsbereich auf die Verfahren in Unterhaltssachen (§ 231 I FamFG), die bis dahin bei den Rechtsmitteln ausschließlich zivilprozessualen Vorschriften folgten, erstreckt. Auch der Neuregelung liegt weiter der **dreistufige Instanzenzug** zugrunde, der vom Amtsgericht als Familiengericht (§§ 23 a I Nr. 1, 23 b I GVG) über den Senat für Familiensachen bei dem Oberlandesgericht (§ 119 I Nr. 1 a, II GVG) zum Bundesgerichtshof (§ 133 GVG) führt. Als **originäre Rechtsmittel** werden durch das FamFG geregelt die gegen die erstinstanzliche Entscheidung zu richtende **Beschwerde** (§ 58 FamFG) und die **Rechtsbeschwerde** (§ 70 FamFG).

498 Statthaft ist die in allen Fällen einer Befristung (§ 63 FamFG) unterliegende **Beschwerde** allerdings nur, soweit sie sich gegen eine **Endentscheidung** richtet. Dabei handelt es sich nach der Legaldefinition in § 38 I S. 1 FamFG[2] um eine den Verfahrensgegenstand ganz oder teilweise erledigende Entscheidung. Als solche ist auch eine **isolierte Kostenentscheidung** anzusehen,[3] wenn die Beteiligten etwa durch **Antragsrücknahme** oder durch übereinstimmende Erklärung die bei Einleitung des Verfahrens noch vorhandene Hauptsache anderweitig erledigt haben.[4] Im Unterschied dazu ist die Anfechtung von **Neben- oder Zwischenentscheidungen grundsätzlich** nur dann statthaft, wenn dies entsprechend der Vorbehaltsklausel in § 58 I 2. Halbs. FamFG im Gesetz ausdrücklich bestimmt ist, wobei sich die entsprechenden Bestimmungen auch aus gesetzlichen Regelungen außerhalb des FamFG, wie etwa in Familienstreitsachen aus der ZPO ergeben können. Soweit danach eine Anfechtung in Betracht kommt, folgt sie entsprechend den Regeln der **sofortigen Beschwerde** (§§ 567 bis 572 ZPO).[5] Allerdings sind **Zwischenentscheidungen** wiederum nach § 58 FamFG anfechtbar, wenn sie Endentscheidungen hinsichtlich der Anfechtbarkeit gleichgestellt sind, wie dies zivilprozessual für Zwischenurteile über die Zulässigkeit und über den Grund[6] sowie für Vorbehaltsurteile der Fall ist. Gemäß § 113 I S. 2 FamFG i. V. m. §§ 280 II, 304 II und 302 III ZPO gilt entsprechendes für Zwischen- und Vorbehaltsbeschlüsse.[7] Im Übrigen gewinnt die **Vorbehaltsklausel** auch insoweit an

---

[338] Reichold in Thomas/Putzo § 945 ZPO Rn. 9
[339] Zöller/Vollkommer § 945 ZPO Rn. 9
[1] BT-Drucks. 16/6308 S. 162
[2] Keidel/Meyer-Holz FamFG § 38 Rn. 4
[3] BT-Drucks. 16/6308 S. 195
[4] Johannsen/Henrich/Althammer Familienrecht § 58 FamFG Rn. 10
[5] BT-Drucks. 16/6308 S. 203
[6] BGH FamRZ 2009, 215 Rn. 8
[7] Keidel/Meyer-Holz FamFG § 58 Rn. 17

Bedeutung, als Entscheidungen, wie die isolierte Kostenentscheidung, ungeachtet ihres Charakters als Endentscheidung in Familienstreitsachen gemäß § 113 I S. 2 FamFG i. V. m. § 91 a II, 99 II und 269 ZPO mit der sofortigen Beschwerde anzufechten sind (vgl. näher Rn. 10/81 und 82). Handelt es sich bei der Entscheidung um einen **Versäumnisbeschluss**, ist dessen Anfechtung mit der Beschwerde gemäß § 117 II FamFG i. V. m. § 514 I ZPO ausgeschlossen. Im Fall eines zweiten Versäumnisbeschlusses ist der Rechtsbehelf des Einspruchs nicht gegeben (§ 345 ZPO). Dem Säumigen bleibt die Beschwerde (§ 58 I FamFG), allerdings begrenzt auf die Begründung, ein Fall schuldhafter Versäumung habe nicht vorgelegen (§ 117 II FamFG i. V. m. § 514 II ZPO).

Schließlich unterscheiden die Regelungen des FamFG zwischen **Endentscheidungen** (§ 38 I S. 1 FamFG) und „**in der Hauptsache**" ergangenen **Endentscheidungen** (vgl. § 238 I FamFG). Der ersten Gruppe zuzuordnen sind hierbei in Unterhaltssachen z. B. die einstweilige Anordnung, deren Anfechtung allerdings nach § 57 S. 1 FamFG ausgeschlossen ist, die Entscheidung über das Außerkrafttreten der einstweiligen Anordnung, die nach § 56 III S. 2 FamFG der Anfechtung unterliegt,[8] sowie der **Festsetzungsbeschluss** im vereinfachten Verfahren (§ 253 FamFG), der ebenfalls gemäß § 58 FamFG angefochten werden kann.[9] Die zweite Gruppe umfasst diejenigen Endentscheidungen, die im Rahmen der durch § 113 V FamFG vorgegeben Terminologie den früheren Endurteilen (vgl. § 323 I ZPO a. F.) entsprechen, mithin diejenigen Entscheidungen, die nach den bis zum 31. 8. 2009 im ordentlichen Streitverfahren für die Familienstreitsachen maßgebenden zivilprozessualen Rechtsmittelvorschriften mit der **Berufung** (§§ 511 ff. ZPO) anzufechten waren.

Durch einen enumerativ beschränkten Verweis in § 117 FamFG gelten Vorschriften des Berufungsverfahrens auch im Beschwerdeverfahren entsprechend. Zwar handelt es sich dem Wortlaut der Vorschrift nach auch bei den im vereinfachten Verfahren ergehenden Entscheidung um solche in einer **Familienstreitsache** (§ 112 Nr. 1 FamFG). Gleichwohl ist nichts dafür ersichtlich, dass der Gesetzgeber Vorschriften des Berufungsverfahrens in Verfahren zur Anwendung komm lassen wollte, die schon vor Inkrafttreten des FamFG **nicht** dem **ZPO-Berufungsrecht** zuzuordnen waren. Mehr spricht deshalb dafür, dass der Gesetzgeber bei seinem Bemühen, ein einheitliches Rechtsmittel der Beschwerde zu schaffen,[10] vernachlässigt hat,[11] dass der Festsetzungebeschluss gemäß § 652 I ZPO a. F. nur mit der sofortigen Beschwerde angefochten werden konnte. In der Gesetzesbegründung zu § 256 FamFG heißt es deshalb auch nur allgemein, die Vorschrift entspreche dem bisherigen § 652 ZPO.[12] Zu unterscheiden bleibt danach bei den Rechtsmittel in Unterhaltssachen (§ 231 I FamFG) zwischen den Verfahren, die den Beschwerdevorschriften gemäß §§ 58–69 FamFG folgen, und solchen, in denen das Beschwerdeverfahren durch die entsprechende Heranziehung **zivilprozessualer Berufungsvorschriften** teilweise überlagert wird (§§ 58–69, 117 FamFG).

Nach den **Übergangsbestimmungen** in Art. 111 I FGG-RG finden die Rechtsmittelvorschriften des noch bis Ende August 2009 anwendbaren Prozessrechts Anwendung auch auf Rechtsmittel, bei denen der Rechtsstreit erstinstanzlich vor diesem Zeitpunkt eingeleitet worden ist.[13]

I. Die Beschwerde gegen in der Hauptsache ergangene Endentscheidungen (§§ 58, 117 FamFG)

1. Allgemeines

Die Beschwerde bringt den Verfahrensgegenstand im Umfang der Anfechtung vor das Oberlandesgericht als Beschwerdegericht. Sie ist zulässig, sobald die erstinstanzliche Ent-

---

[8] Prütting/Helms/Stößer FamFG § 56 Rn. 11
[9] Keidel/Giers FamFG § 256 Rn. 11
[10] BT-Drucks. 16/6308 S. 166
[11] Schael FPR 2009, 11, 12
[12] BT-Drucks. 16/6308 S. 261
[13] BGH FamRZ 2010, 192 Rn. 5

scheidung verkündet ist. Einer vorherigen Zustellung bedarf es nicht.[14] War die **Verkündung** (§ 113 I S. 2 FamFG i. V. m. § 311 ZPO) fehlerhaft, bedarf es nach fehlerfreier Wiederholung keiner erneuten Beschwerdeeinlegung. Das Wort „Beschwerde" ist nicht zwingend notwendig. Es genügt, dass der Wille, die erstinstanzliche Entscheidung einer Nachprüfung durch das Beschwerdegericht zu unterziehen, klar zutage tritt.[15] Allerdings muss der Schriftsatz als Beschwerde (= Verfahrenshandlung) bestimmt sein; es genügt nicht, dass er inhaltlich nur den Anforderungen an eine Beschwerde entspricht. Eine unrichtige Bezeichnung des Rechtsmittels (z. B. Einspruch) ist unschädlich.[16] Statthaft ist die Beschwerde allerdings nur, wenn sie sich gegen eine in einem **Hauptsacheverfahren** erlassene **Endentscheidung** richtet (vgl. hierzu auch Rn. 10/76 bis 92).

502 Das kann allerdings nicht uneingeschränkt gelten, soweit die Entscheidungsform verfahrensfehlerhaft ergangen oder zumindest unklar ist, ob es sich bei der anzufechtenden Entscheidung um eine der in Betracht kommenden Endentscheidungen handelt. In einem solchen Fall muss vielmehr nach dem auf dem Gleichbehandlungsgebot und dem Vertrauensschutz basierenden **Meistbegünstigungsprinzip** sowohl das nach dem äußeren Erscheinungsbild einzulegende als auch das bei verfahrenskonformer Entscheidung statthafte Rechtsmittel eingelegt werden können. Zwar dürfte im Zuge der gesetzlichen Neuregelung des Verfahrens der Korrekturbedarf abnehmen, soweit bei verfahrensabschließenden Entscheidungen nach ihrem äußeren Erscheinungsbild die Abgrenzung zwischen dem Familiengericht und der Abteilung für Zivilprozesssachen beim Amtsgericht mit den unterschiedlichen Rechtsmittelwegen in Rede steht. Denn die nunmehr verschiedenen Verfahrensordnungen erlauben insoweit eine verfahrensrechtlich eindeutige Zuordnung schon nach dem äußeren Erscheinungsbild der Entscheidung. Gleichwohl bleiben Anwendungsfälle der Meistbegünstigung verfahrensintern etwa dann, wenn das Familiengericht in der Form eine **Versäumnisentscheidung** getroffen, in der Sache aber kontradiktorisch entschieden hat. Hier muss ungeachtet der Möglichkeit, den Rechtsbehelf des Einspruch zu wählen, die Beschwerde (§ 58 FamFG) eröffnet sein.[17] Handelt es sich aber nach Form (Bezeichnung) und Inhalt (ohne Gründe) um eine Versäumnisentscheidung, ist die Beschwerde auch dann nicht statthaft, wenn ein Fall der Säumnis nicht gegeben war. Nach dem allein maßgebenden Inhalt der Entscheidung bleibt nur das Einspruchsverfahren.[18] Hat das Gericht irrtümlich einen Versäumnisbeschluss (§§ 330, 331 ZPO) erlassen, obwohl nur die Voraussetzungen für eine zweite Versäumnisentscheidung (§ 345 ZPO) gegeben waren, ist an Stelle des Einspruchs auch die Beschwerde (§§ 58, 117 II FamFG i. V. m. § 514 II ZPO) zulässig. Das gilt ebenso im umgekehrten Fall.[19] Das Meistbegünstigungsprinzip will den Beteiligten vor ungerechtfertigten verfahrensrechtlichen Benachteiligungen schützen. Sie erweitert deshalb auch nicht den Instanzenzug.

2. Zuständigkeit und Eingang

503 Gemäß § 64 I FamFG ist die Beschwerde bei dem Gericht einzulegen, dessen Beschluss angefochten werden soll. Die Zuständigkeit des **erstinstanzlichen Gerichts** ist ausschließlich. Die Einlegung beim später mit der Sache befassten Beschwerdegericht ersetzt den formgemäßen Eingang nicht, und zwar auch dann, wenn die Akten auf eine Beschwerde eines Beteiligten dem Beschwerdegericht bereits vorliegen oder sich im Nachhinein herausstellt, dass eine erste Beschwerdeeinlegung wegen Formmangels unwirksam war. In diesem Fall wie auch in anderen Fällen der Rechtsmitteleinlegung gegenüber dem Beschwerdegericht ist das unzuständige Eingangsgericht gehalten, das Rechtmittel an das erstinstanzliche Gericht weiterzuleiten. Über den ordentlichen Geschäftsgang hinaus besteht allerdings im Allgemeinen keine Pflicht, durch eilfertige Maßnahmen die Einhaltung der Beschwerdefrist

---

[14] BGH NJW 1999, 3269
[15] BGH NJW 2004, 1112
[16] BGH FamRZ 1989, 729
[17] BGH NJW 1999, 583, 584
[18] BGH NJW 1994, 665
[19] BGH NJW 1997, 1448

etwa durch Telefax sicherzustellen.[20] Bei Einlegung mittels Fernschreiber an Orten mit mehreren Fernschreibstellen muss die für das Eingangsgericht bestimmte Fernschreibstelle angegangen werden.[21] Dasselbe gilt für die Einlegung per Telefax.

Die erstinstanzliche Zuständigkeit nach § 64 I FamFG erschöpft sich in der zu dokumentierenden Entgegennahme der Beschwerde. Im Übrigen ist das **Eingangsgericht** weder zur Abhilfe noch zu einer Zustellung der Rechtsmittelschrift befugt, wenn die Beschwerde sich gegen eine Endentscheidung in Familiensachen richtet (§ 68 I S. 2 FamFG).

3. Beschwerdefrist

Die Beschwerdefrist beträgt einen Monat (§ 63 I FamFG) und beginnt mit der **schrift- 504 lichen Bekanntgabe** des Beschlusses (§ 116 FamFG) an die Beteiligten. Sie findet ihren Ausdruck in der von Amts wegen gebotenen Zustellung der Endentscheidung (§ 113 I S. 2 FamFG i. V. m. § 317 ZPO)[22] unter Beachtung der zivilprozessualen Zustellvorschriften (§§ 166 ff. ZPO).[23] Zuzustellen ist danach eine **Beschlussausfertigung**. Die schriftliche Bekanntgabe durch Zustellung einer beglaubigten Beschlussabschrift löst den Lauf der Beschwerdefrist nicht aus.[24] Maßgebend ist, sofern der Beschluss mehrfach wirksam zugestellt worden ist, die **erste Zustellung**. Ein zur Unwirksamkeit der Zustellung führender **wesentlicher Mangel** liegt dann vor, wenn die zugestellte Ausfertigung wesentlich von der Urschrift des Beschlusses abweicht.[25] Dies ist jedenfalls dann anzunehmen, wenn in der zugestellten Beschlussausfertigung ganze Seiten fehlen. Es ist ferner der Fall, wenn der Zustellungsempfänger die Unvollständigkeit innerhalb der Rechtsmittelfrist gegenüber dem zustellenden Gericht rügt.[26]

Musste ein Beschluss berichtigt werden (§ 319 ZPO), beginnt die Beschwerdefrist **erst 505 mit Zustellung des Berichtigungsbeschlusses** zu laufen,[27] wenn der Beschluss insgesamt nicht erkennen lässt, wie das Gericht entscheiden wollte.[28] Ansonsten hat die Berichtigung eines Beschlusses wegen offenbarer Unrichtigkeit grundsätzlich keinen Einfluss auf Beginn und Lauf von Rechtsmittelfristen. Bemängelt der Verfahrensbevollmächtigte Fehler an der ihm zugestellten **Beschlussausfertigung** und wird ihm nach Rücksendung der Ausfertigung ein anderes Exemplar erneut zugestellt, läuft die Beschwerdefrist dennoch ab der ersten Zustellung, wenn die bemängelten Fehler nicht geeignet waren, Zweifel an der gesamten Begründung des Beschlusses aufkommen zu lassen.[29] Ohne Einfluss auf den Lauf der Beschwerdefrist bleibt auch, wenn die Rechtsmittelbelehrung (§ 39 FamFG) fehlerhaft war oder vollständig fehlte. Eine denkbare Wiedereinsetzung dürfte daran scheitern, dass bei Unterhaltssachen im Hauptsacheverfahren eine anwaltliche Mitwirkung auch erstinstanzlich erforderlich ist (§ 114 FamFG), ein Wiedereinsetzungen aber dann ausscheidet, wenn der Beteiligte über so weitreichende Rechtskenntnisse verfügt, dass er der Unterstützung durch eine Rechtsmittelbelehrung nicht bedarf. Dies ist bei einer anwaltlichen Vertretung der Fall.[30]

Die Beschwerdefrist beginnt spätestens **mit Ablauf von fünf Monaten** nach der Ver- 506 kündung zu laufen, und zwar auch dann, wenn dem Beteiligten eine von der Urschrift abweichende Ausfertigung zugestellt worden ist.[31] Von dem Beteiligten, der sich in Unkenntnis darüber befindet, ob, wann und mit welchem Inhalt eine ihn beschwerende Entschei-

---

[20] BGH FamRZ 2009, 320 Rn. 7 und 8
[21] BGH NJW 1988, 1980
[22] Keidel/Weber FamFG § 113 Rn. 4
[23] Hoppenz/Walter, Familiensachen, § 113 FamFG Rn. 2
[24] BGH FamRZ 2010, 1246 Rn. 22
[25] KG FamRZ 2003, 620
[26] BGH NJW 1998, 1959
[27] BGH FamRZ 1995, 155
[28] BGH NJW-RR 2001, 211
[29] BGH NJW-RR 2000, 1665
[30] BGH FamRZ 2010, 1425 Rn. 11
[31] BGH NJW-RR 2004, 1651

dung verkündet worden ist, kann die **vorsorgliche Einlegung** einer Beschwerde nicht erwartet werden.[32] Allerdings scheidet ein Fristablauf auch nach § 63 III S. 2 FamFG aus, wenn der beschwerte Beteiligte im Verhandlungstermin nicht vertreten und zu diesem Termin auch nicht ordnungsgemäß geladen worden war.[33] Es besteht dann insoweit auch **keine Erkundigungspflicht**. Unterbleibt die Verkündung, wird ein Lauf der Frist von vornherein nicht in Gang gesetzt, da es zu einem Erlass der Endentscheidung nicht gekommen ist.

Die Fristen des § 63 FamFG beginnen mit der Zustellung, d. h. am Zustellungstag selbst.[34] Für die nähere Berechnung (§ 222 I ZPO) gelten die Vorschriften der §§ 187–189 BGB. Da für den Anfang der Frist ein Ereignis (nämlich die Zustellung) maßgebend ist, wird bei der Berechnung der Frist **der Tag nicht mitgerechnet, auf welchen das Ereignis fällt**. Dies führt (§ 188 II BGB) dazu, dass die Monatsfrist mit dem Ablauf desjenigen Tages des letzten Monats endet, welcher durch seine Benennung oder seine Zahl dem Tag entspricht, in den das Ereignis fällt. Wurde somit ein Beschluss am 28. 2. zugestellt, endet die Beschwerdefrist am 28. 3. Maßgebend ist hierbei das Datum, unter welchem der Verfahrensbevollmächtigte des Beschwerdeführers das Empfangsbekenntnis unterschreibt (§ 174 IV ZPO). Auf den Lauf der jeweiligen Beschwerdefrist wirkt sich nicht aus, wenn die Beteiligten daneben noch andere Rechtsbehelfe verfolgen. Hat das Familiengericht im **Verbundverfahren** bei einigen Folgesachen wegen Teilversäumnis insoweit in der Verbundentscheidung durch Teilversäumnisbeschluss entschieden, lässt das Einspruchsverfahren den Fristenlauf einer parallel dazu und bezogen auf den kontradiktorisch entschiedenen Teil einzulegenden Beschwerde unberührt.[35]

507 Im Unterschied zu § 517 ZPO handelt es sich bei der Beschwerdefrist des § 63 I FamFG nicht um eine **Notfrist** (§ 224 I S. 2 ZPO), steht dieser aber in ihren Wirkungen gleich.[36] Sie ist, wie aus § 113 I S. 2 FamFG i. V. m. § 224 letzter Halbs. ZPO folgt, sowohl einer Disposition der Beteiligten als auch einer Verkürzung oder Verlängerung durch richterliche Entscheidung entzogen. Im Fall der Säumnis kann wegen der Gleichstellung mit der Notfrist **Wiedereinsetzung** (§§ 233 ff. ZPO) gewährt werden.[37] Zwar bestimmt § 234 III ZPO, dass nach Ablauf eines Jahres, von dem Ende der versäumten Frist gerechnet, Wiedereinsetzung nicht mehr beantragt werden kann. Doch kommt dieser Ausschluss nicht zum Tragen, wenn die Ursachen für die Fristüberschreitung in der Sphäre des Gerichts liegen, wie dies etwa dann der Fall ist, wenn das Rechtsmittelgericht über die begehrte Verfahrenskostenhilfe entschieden, den Beteiligten aber hierüber nicht in Kenntnis gesetzt hat.[38]

Die Einhaltung der Beschwerdefrist, die das Beschwerdegericht von Amts wegen zu prüfen hat, muss der jeweilige Beschwerdeführer beweisen. Notwendig ist der Vollbeweis. Im Übrigen gilt der Freibeweis. Die Verwerfung der Beschwerde hindert den Rechtsmittelführer nicht, während der noch laufenden Rechtsmittelfrist erneut Beschwerde einzulegen.[39] Allerdings hindert ein eventueller Verstoß gegen den Grundsatz der Gewährung des rechtlichen Gehörs nicht den Ablauf der Rechtsmittelfrist gegen die auf dem Verstoß beruhende Entscheidung.[40]

4. Die Beschwerdeschrift

508 Die Einlegung der Beschwerde hat gemäß § 64 II S. 1 und 2 FamFG in Form einer Beschwerdeschrift zu erfolgen, da in den Unterhaltsachen des § 231 I FamFG wie auch in Ehesachen und den weiteren Familienstreitsachen die Einlegung zur Niederschrift der

---

[32] BGH FamRZ 2004, 264
[33] BGH FamRZ 2010, 1646 Rn. 14
[34] BGH NJW 1985, 495
[35] BGH FamRZ 1986, 897
[36] Hüßtege in Thomas/Putzo § 63 FamFG Rn. 6
[37] Johannsen/Henrich/Althammer § 63 FamFG Rn. 11
[38] BGH FamRZ 2008, 978 Rn. 15 und 16
[39] BGH NJW-RR 1999, 287 = R 528 A
[40] BGH FamRZ 2001, 829

Geschäftsstelle ausgeschlossen ist. Die Beschwerdeschrift stellt einen bestimmenden Schriftsatz dar. Eine Beschwerde liegt auch in der **Beschwerdebegründung**, wenn sie den Anforderungen des § 64 II FamFG entspricht.

Der vorgeschriebenen **Schriftform** genügen Fernschreiben, Telegramm, Telekopie (Telefax)sowie Telebrief.[41] Die Einlegung durch Telekopie ist unbedenklich, wenn sie dem Beschwerdegericht unmittelbar auf der dem Gericht zur Verfügung stehenden Fernkopieranlage übermittelt wird.[42]

Die für die Zulässigkeit der Beschwerde unverzichtbaren **Formerfordernisse** verlangen, den vergleichbaren Vorgaben für das Berufungsverfahren entsprechend (§ 519 II Nr. 1 und 2 ZPO), in § 64 II S 3 FamFG die genaue Bezeichnung des angefochtenen Beschlusses sowie die formalisierte Erklärung, dass hiergegen Beschwerde eingelegt wird. Zur Bezeichnung des angefochtenen Beschlusses ist dabei erforderlich, dass der Verfahrensgegner und – innerhalb der Rechtsmittelfrist – auch das Beschwerdegericht in der Lage sind, sich aus den vorhandenen Unterlagen Gewissheit über die **Identität der angefochtenen Entscheidung** zu verschaffen.[43] Der Formvorschrift aus § 64 II S. 3 FamFG ist nur dann entsprochen, wenn bis zum Ablauf der Rechtsmittelfrist zweifelsfrei erklärt ist, **für wen** und **gegen wen** das Rechtsmittel eingelegt werden soll.[44]

Inhaltlich erfordert die für die Beschwerdeschrift vorgeschriebene Bezeichnung des angefochtenen Beschlusses eine **vollständige Angabe** der Beteiligten, des Gerichts, das den angefochtenen Beschluss erlassen hat, des Verkündungsdatums und des Aktenzeichens. Fehlerhafte oder unvollständige Angaben schaden nur dann nicht, wenn auf Grund der sonstigen erkennbaren Umstände für Gericht und Verfahrensgegner nicht zweifelhaft bleibt, welche Entscheidung angefochten wird. Ob ein solcher Fall gegeben ist, hängt von den Umständen des Einzelfalls ab.[45] Hat das Gericht an ein und demselben Tag Entscheidungen zum Trennungsunterhalt und nachehelichen Unterhalt verkündet, muss die Beschwerdeschrift auch eine eindeutige Zuordnung zum Verfahrensgegenstand erkennen lassen. In diesem Zusammenhang ist das Beschwerdegericht gehalten, bei fehlerhafter oder unvollständiger Beteiligtenbezeichnung die Gründe des angefochtenen (und beigefügten) Beschlusses für die **Auslegung der Beschwerdeschrift** heranzuziehen.[46] Die Angabe einer ladungsfähigen Anschrift des Beschwerdeführers ist nicht Zulässigkeitsvoraussetzung der Beschwerde.[47] Die fehlerhafte Bezeichnung des angerufenen Beschwerdegerichts ist unschädlich, sofern die Beschwerdeschrift nach Weiterleitung noch fristgerecht bei dem zuständigen Gericht eingeht.[48]

Die Beschwerdeschrift bedarf wegen des Anwaltszwangs (§ 114 I FamFG) zu ihrer Wirksamkeit der **Unterschrift eines Rechtsanwalts** (§ 64 II S. 4 FamFG). Eine Ausnahme besteht nur für den Fall, in dem das Jugendamt als Beistand (§ 1712 BGB) das minderjährigen Kind zulässigerweise auch in der Beschwerdeinstanz (§ 114 IV Nr. 2 FamFG) vertritt. Hier unterzeichnet der gemäß § 55 SGB VIII beauftragte Mitarbeiter. Die notwendige Unterschrift soll die Identifizierung des Urhebers ermöglichen sowie den unbedingten Willen zum Ausdruck bringen, die volle Verantwortung für den Schriftsatz zu übernehmen und diesen bei dem Beschwerdegericht einzureichen.[49] Demgemäß genügt die in Computerschrift erfolgte Wiedergabe des Vor- und Zunamens unter der als Computerfax übermittelten Beschwerdeschrift den Anforderungen, d. h. Wiedergabe der Unter-

---

[41] BGH NJW 1989, 589
[42] BAG NJW 1987, 341; z. B. BGH FamRZ 1992, 296; ebenso BVerwG NJW 1987, 2098, wenn die Bundespost die unterzeichnete Rechtsmittelschrift im Telekopierverfahren aufnimmt und die Telekopie als Telebrief auf postalischem Weg zustellt; a. A. BGHZ 79, 314, wenn die Telekopie einem privaten Zwischenempfänger übermittelt und von diesem durch einen Boten dem Rechtsmittelgericht überbracht wird; auch BGH NJW 1989, 589
[43] BGH FamRZ 2006, 543
[44] BGH FamRZ 2007, 903
[45] BGH FamRZ 2006, 543
[46] BGH FamRZ 2006, 1115
[47] BGH NJW 2005, 3773
[48] BGH FamRZ 1995, 1134
[49] BGH FamRZ 2003, 1175

schrift in der Kopie, nicht. Unzulässig ist die Beschwerde etwa dann, wenn sich die „Unterzeichnung" der Beschwerdeschrift bei Würdigung der bekannten oder erkennbaren Umstände der Unterschrift eines zugelassenen Rechtsanwalts nicht zuordnen lässt.[50] Allerdings kann dieser Mangel im Einzelfall unschädlich sein, wenn die sonstigen Umstände der Beschwerdeeinlegung die Gewähr dafür bieten, dass der mit der Unterschriftsleistung verfolgte Zweck erreicht wird.[51] Dabei sind aber nur solche Gesichtspunkte zu berücksichtigen, die dem Beschwerdegericht bis zum Ablauf der Rechtsmittelfrist bekannt geworden sind. Ein Unterschriftsmangel kann durch die Unterzeichnung des Beglaubigungsvermerks auf den mit der Urschrift der Beschwerdeschrift eingereichten Abschriften behoben werden.[52] Im Übrigen kann die Unterschrift innerhalb der laufenden Beschwerdefrist nachgeholt werden; ansonsten ist die Beschwerde nach Fristablauf als unzulässig (§ 117 I S. 4 FamFG i. V. m. § 522 I S. 2 ZPO) zu verwerfen.

511 Wird in einem **Verfahrenskostenhilfegesuch** eine beigefügte Schrift als **Entwurf einer Beschwerdeschrift** bezeichnet, liegt keine Beschwerdeeinlegung vor, selbst wenn die Schrift den gesetzlichen Anforderungen an eine Beschwerdeschrift genügt.[53] Auch wenn **Verfahrenskostenhilfe** beantragt wurde, ist erst dann das Rechtsmittel der Beschwerde eingelegt, wenn eine **formgerechte Rechtsmittelschrift** eingereicht wurde **und** der Rechtsmittelführer unabhängig von der Bewilligung von Verfahrenskostenhilfe zur **Durchführung** des Rechtsmittels **entschlossen** ist.[54] Erfüllt ein Schriftsatz die gesetzlichen Anforderungen, die an eine Beschwerdeschrift zu stellen sind, kommt im Zusammenhang mit einem Verfahrenskostenhilfegesuch die Annahme, es handele sich **nic**ht um eine Beschwerdeschrift nur in Betracht, wenn sich dies aus den gesamten Umständen des Einzelfalles mit einer jeden vernünftigen Zweifel ausschließenden Deutlichkeit feststellen lässt.[55] Deshalb können selbst bei einer Erklärung „vorbehaltlich VKH-Bewilligung für die zweite Instanz" weitere Formulierungen im Schriftsatz und sonstige Umstände, wie etwa die gleichzeitige „Begründung des Rechtsmittels" dafür sprechen, dass der jeweilige Beteiligte in jedem Fall zu einer unbedingten Rechtsverfolgung entschlossen ist.

Eine nur für den Fall der Bewilligung von Verfahrenskostenhilfe **bedingt eingelegte Beschwerde** ist unzulässig.[56] Im Hinblick auf die schwerwiegenden Folgen einer durch die Bewilligung von Verfahrenskostenhilfe bedingten und damit unzulässigen Beschwerde ist für die Annahme einer derartigen Bedingung eine ausdrücklich zweifelsfreie Erklärung erforderlich, die den fraglichen Schriftsatz etwa als Entwurf einer Beschwerdeschrift bezeichnet. Eindeutigkeit in diesem Sinne ist auch gegeben, wenn von einer **beabsichtigten Beschwerde** oder davon die Rede ist, dass man **nach Gewährung von Verfahrenskostenhilfe** Beschwerde einlegen werde.[57] Maßgebend ist der **objektive Erklärungswert**. Deshalb ist es auch unerheblich, ob ausdrücklich von einer bedingt eingelegten Beschwerde die Rede ist. Bedingt und daher unzulässig ist eine Rechtsmitteleinlegung deshalb auch dann, wenn „abhängig von der Verfahrenskostenhilfebewilligung Beschwerde eingelegt wird".[58] Anders liegen die Dinge aber, wenn Beschwerde eingelegt wird, deren **Durchführung** aber von der Gewährung von Verfahrenskostenhilfe abhängig gemacht wird, weil diese Formulierung auch die Deutung zulässt, dass man sich lediglich für den Fall der Versagung von Verfahrenskostenhilfe die Rücknahme des Rechtsmittels vorbehalte.[59] Als eindeutig hat der BGH[60] andererseits die mit einer formgerecht eingereichten Beschwerdeschrift verbundene Erklärung „Beschwerde wird nur für den Fall von Gewährung der Verfahrenskostenhilfe erhoben" dahin ausgelegt, der Antragsteller wolle schon die **Einlegung des Rechts-**

---

[50] BGH NJW-RR 2010, 358 Rn. 12
[51] BGH FamRZ 2005, 1241
[52] BGH FamRZ 2008, 1243 Rn. 9
[53] OLG Stuttgart FamRZ 2000, 240
[54] BGH NJW-RR 2000, 879
[55] BGH FamRZ 2011, 366 Rn. 10 und 12
[56] BGH FamRZ 2011, 29 Rn. 17; FamRZ 2007, 895
[57] BGH FamRZ 2006, 400; 2005, 1537; 2004, 1553
[58] BGH FamRZ 2011, 29 Rn. 18
[59] BGH FamRZ 2004, 1553, 1554
[60] BGH FamRZ 2005, 1537

mittels von einer positiven Bescheidung seines Verfahrenskostenhilfegesuchs abhängig machen. An einer formgerechten Beschwerdeschrift fehlt es auch dann, wenn der Beschwerdeführer sein Verfahrenskostenhilfegesuch erklärtermaßen mit Beschwerdeanträgen und einer Begründung versieht, diese aber ausdrücklich zunächst nur zur Begründung der Erfolgsaussichten im Sinne von § 114 ZPO heranzieht und sie erst im Fall der Bewilligung von Verfahrenskostenhilfe als Anträge und Begründung für das dann durchzuführende Beschwerdeverfahren geltend machen will. Auch in einem solchen Fall stellt der Beschwerdeführer die Einlegung der Beschwerde unter der unzulässigen Bedingung der Bewilligung von Verfahrenskostenhilfe.[61] (Zur Abgrenzung zwischen Verfahrenskostenhilfegesuch und Beschwerdebegründung vgl. Rn. 10/524.)

Für die anwaltliche Rechtspraxis bleiben auch auf der Grundlage der BGH-Rechtsprechung Unwägbarkeiten, die mit der einzelfallbezogenen Heranziehung von Auslegungsmaßstäben verbunden sind. In höherem Umfang Rechtssicherheit lässt sich aber dadurch herstellen, dass der Beschwerdeführer sein Verfahrenskostenhilfegesuch von vornherein in der Gestalt einer Rechtsmittelbegründung entsprechend § 117 I FamFG aufbaut und ggfls. in einem die notwendige Beschwer des § 61 I FamFG erreichenden Umfang unbedingt einlegt mit dem Vorbehalt einer **Beschwerdeerweiterung nach Bewilligung von Verfahrenskostenhilfe.** Kostenrechtliche Vorbehalte hiergegen haben sich durch die Beseitigung der Einschränkungen bei der anwaltlichen Vertretung im Zuge gesetzlicher Neuregelungen erledigt. 512

5. Beschwerdesumme/Beschwer

Jedes Rechtsmittel ist nur statthaft, wenn einer der Beteiligten durch die Entscheidung des Gerichtes beschwert ist. Dies verlangt auf der **Antragstellerseite,** dass ein Teil des Antrags abgewiesen worden ist und der Antragsteller somit weniger erhalten hat als beantragt. Auf seiner Seite muss daher eine **formelle Beschwer** vorliegen.[62] Die Zulässigkeit der Beschwerde hängt allerdings weiter davon ab, dass der Antragsteller mit dem Rechtsmittel auch die **Beseitigung** der **Beschwer** anstrebt. So wird eine zunächst zulässige Beschwerde unzulässig, wenn der Beschwerdeführer nach Wegfall der Beschwer nur noch eine Erweiterung oder Änderung des Antrags verfolgt.[63] Allerdings liegt eine Beschwer vor, wenn der Beschwerdeführer nach erstinstanzlicher Abweisung des Leistungsantrags (§ 258 ZPO) als unzulässig mit der Beschwerde sein Unterhaltsbegehren nunmehr im Wege des Abänderungsantrags (§ 238 FamFG) weiterverfolgt. Zum einen handelt es sich um ein und denselben materiellen Anspruch. Zum anderen stellt sich der erfolgreiche Abänderungsantrag aus Sicht des Unterhalt begehrenden Unterhaltsberechtigten als Ergebnis eines Leistungsantrags dar (vgl. Rn. 10/138). Schließlich liefe es auf eine mit den Grundsätzen der Verfahrensökonomie nicht mehr zu vereinbarenden Förmelei hinaus, von dem Beschwerdeführer zunächst die Verfolgung eines Leistungsantrags zu verlangen, um dann rechtzeitig auf den als Hilfsantrag angekündigten Abänderungsantrag die Anträge entsprechend umzustellen. 513

Auf der **Antragsgegnerseite** reicht neben der formellen auch eine **materielle Beschwer** aus. Daher ist der in Anspruch genommene Unterhaltspflichtige auch dann berechtigt, ein Rechtsmittel einzulegen, wenn er in 1. Instanz den Unterhaltsanspruch anerkannt hatte.[64] Der Antragsgegner kann somit immer dann Beschwerde einlegen, wenn er nur verpflichtet wurde, unabhängig davon, ob er der Verpflichtung in irgendeiner Form widersprochen hat.[65] Unterliegen beide Beteiligte in erster Instanz, ist die Beschwer für jeden Beteiligten gesondert zu bestimmen. 514

---

[61] BGH FamRZ 2007, 895
[62] BGH NJW 1991, 704
[63] BGH FamRZ 2006, 402
[64] BGH FamRZ 2003, 1922
[65] BGH NJW 1982, 1940

Auf Entscheidungsgründe, die nicht in Rechtskraft erwachsen, kann eine Beschwer nicht gestützt werden, wie dies etwa bei den präjudiziellen Rechtsverhältnissen der Fall ist. An der notwendigen Beschwer fehlt es für den Antragsteller auch dann, wenn er voll obsiegt hat, und lediglich die Begründung für unzutreffend hält. Hat das Gericht den zugesprochenen nachehelichen Unterhalt befristet (§ 1578b BGB), sind beide Ehegatten beschwert, sofern der eine einen kürzeren und der andere einen längeren Unterhaltszeitraum anstrebt.

515 Maßgebend für die **Berechnung der Beschwer** sind nicht die Regelungen in § 51 FamGKG für den Gebührenstreitwert, sondern kraft ausdrücklicher gesetzlicher Regelung (§ 2 ZPO) die §§ 3ff. ZPO, insbesondere § 9 ZPO (3,5-facher Jahresbetrag). Abzustellen ist grundsätzlich auf den **Zeitpunkt der Einlegung des Rechtsmittels**. Übersteigt allerdings die Beschwer des erstinstanzlich unterlegenen Beteiligten die Wertgrenze des § 61 I FamFG steht der Zulässigkeit des Rechtsmittels ein zunächst angekündigter Beschwerdeantrag unterhalb der Wertgrenze nicht entgegen, sofern und soweit der Beschwerdeführer seinen Antrag im Rahmen einer fristgerecht eingereichten Beschwerdebegründung noch erweitern kann.[66]

Die Anwendung des § 9 ZPO führt in aller Regel, selbst bei kleinen laufenden Unterhaltsbeträgen, dazu, dass die Beschwerdesumme von (derzeit) mehr als 600 EUR (§ 61 I FamFG) erreicht wird. Anders ist es, wenn nur ein geringer Rückstand (fester Betrag) mit der Beschwerde zur Überprüfung gestellt wird, oder auch bei zeitlicher Begrenzung des Unterhalts unter einem Jahr (§ 9 S. 2 ZPO).

Neben der Statthaftigkeit des Rechtsmittels bei einem höheren Beschwerdewert als 600 EUR ist die Beschwerde auch dann statthaft, wenn das Gericht des 1. Rechtszuges sie im Beschluss zugelassen hat. Dies geschieht – in der Rechtspraxis höchst selten – dann, wenn das Verfahren entweder grundsätzliche Bedeutung hat oder die Rechtsfortbildung oder die Einheitlichkeit der Rechtsprechung eine Entscheidung des Obergerichtes erforderlich macht (§ 61 III Nr. 1 FamFG). An diese **Zulassung** ist das in der Instanz höhere Gericht gebunden. Eine Beschränkung der Zulassung auf bestimmte Rechtsfragen ist nicht zulässig. Die Beschränkung der Zulassung ist möglich, soweit sie einen tatsächlich und rechtlich selbständigen Teil des Gesamtstreitstoffs betrifft.[67] Sieht das Gericht erster Instanz von einer Prüfung der Zulassung ab, weil nach seiner Auffassung die im Sinne von § 61 I FamFG notwendige Beschwer erreicht sei, hat das Beschwerdegericht vor einer danach in Betracht kommenden Verwerfung des Rechtsmittels die Prüfung nachzuholen, ob die Voraussetzungen einer Zulassungsbeschwerde gegeben sind.[68]

516 Bei **Auskunftsanträgen** scheitert die **Beschwerde** des Antragsgegners oft deswegen an § 61 I FamFG, weil der Wert der Beschwer gemäß § 3 ZPO nach billigem Ermessen zu bestimmen ist[69] und dabei die Wertgrenze nicht überschreitet. Hierbei ist abzustellen auf das Interesse des Verpflichteten, die begehrte Auskunft nicht erteilen zu müssen. Maßgebend ist der Aufwand an Zeit und Kosten, den die Erteilung der geschuldeten Auskunft erfordert.[70] **Zeit- und Arbeitsaufwand** machen in einfach gelagerten Fällen, z. B. bei einem nichtselbständigen Lohnempfänger, in der Regel nicht mehr als 300 bis 400 EUR aus. Die Kosten für die Hinzuziehung sachkundiger **Hilfskräfte** (z. B. Steuerberater, Rechtsanwalt) können nur berücksichtigt werden, wenn sie zwangsläufig entstehen, weil der Pflichtige zu einer sachgerechten Auskunftserteilung nicht in der Lage ist.[71] Handelt es sich mangels Bestimmtheit um einen **nicht vollstreckungsfähigen Titel**, kommt es auf die zur Abwehr der Zwangsvollstreckung notwendigen Kosten an.[72] Davon ist ferner auszugehen, wenn eine Verpflichtung zur Vorlage **nicht existenter Unterlagen** erfolgt. Ein **Geheimhaltungsinteresse** wirkt sich im Einzelfall bei der Bemessung des Rechtsmittelinteresses

---

[66] BGH NJW-RR 2005, 714
[67] BGH NJW-RR 2009, 1431
[68] BGH FamRZ 2010, 964 Rn. 18
[69] BGH FamRZ 2007, 714
[70] BGH FamRZ 2005, 104
[71] BGH FamRZ 2006, 33, 34
[72] BGH FamRZ 2002, 666

erhöhend aus.⁷³ Hier muss der Beschwerdeführer allerdings ihm drohende Nachteile konkret darlegen und glaubhaft machen.⁷⁴

Auch bei der Verpflichtung zur **Herausgabe** von **Geschäftsunterlagen** richtet sich der Wert der Beschwer nach dem erforderlichen Aufwand an Zeit und Kosten sowie einem etwaigen Geheimhaltungsinteresse des Verpflichteten.⁷⁵ Allerdings kommt es für die Beschwer des zur Auskunft Verpflichteten nicht auf den Aufwand zur Beantwortung von Fragen an, die über den Tenor der Auskunftsentscheidung hinausgehen.⁷⁶ Entscheidet der Beschluss lediglich über den Auskunftsanspruch im Rahmen eines **Stufenverfahrens,** und verweist es die Sache im Übrigen hinsichtlich des Leistungsanspruchs an die Vorinstanz zurück, so ist für den Wert der Beschwer allein der Auskunftsanspruch maßgebend.⁷⁷

Ist zum **Zeitpunkt** der Rechtsmitteleinlegung die Beschwerdesumme erreicht, wird aber später die Beschwerde zum Teil zurückgenommen und sinkt dadurch die Beschwer unter den nach § 61 I FamFG erforderlichen Betrag, wird die Beschwerde nur dann unzulässig, wenn die **Rücknahme** willkürlich ist, d. h. **ohne** einen sich aus dem bisherigen Verfahren ergebenden Grund erfolgt. Einen solchen **zureichenden Grund** stellt es aber dar, wenn dem Beschwerdeführer nur in einem hinter dem ursprünglichen Antrag zurückbleibenden Umfange Verfahrenskostenhilfe gewährt wird und er daraufhin seinen Rechtsmittelantrag dem anpasst.⁷⁸ Der Antragsgegner wird durch die Erfolglosigkeit eines hilfsweise von ihm geltend gemachten Zurückbehaltungsrechts nicht über den Betrag der zugesprochenen Forderung hinaus beschwert.⁷⁹

Haben die Beteiligten das streitige Unterhaltsverfahren in der ersten Instanz zunächst durch Vergleich beendet und streiten sie im Anschluss in demselben Verfahren über die **Wirksamkeit des Vergleichs,** bemisst sich die Beschwer des Beschwerdeführers, sofern das Gericht nunmehr antragsgemäß feststellt, dass das Verfahren durch Vergleich beendet worden ist, nur nach dem Interesse an der Unwirksamkeit des Vergleichs, nicht aber nach dem ursprünglichen Verfahrenswert.⁸⁰

517

6. Beschwerdebegründung

a) **Fristwahrung und Fristverlängerung.** Die Frist für die Beschwerdebegründung beträgt **zwei Monate** und beginnt mit der schriftlichen Bekanntgabe des Beschlusses, spätestens mit Ablauf von fünf Monaten nach Erlass des Beschlusses (§ 117 I S. 3 FamFG). Sie beginnt damit, wie die Beschwerdefrist, mit der von Amts wegen gebotenen Zustellung der Endentscheidung (§ 113 I S. 2 FamFG i. V. m. § 317 ZPO)⁸¹ unter Beachtung der zivilprozessualen Zustellvorschriften (§§ 166 ff. ZPO).⁸² Lässt sich ein entsprechender Fristbeginn nicht feststellen, beginnt die Frist zur Begründung des Rechtsmittels spätestens mit Ablauf von fünf Monaten nach Verkündung der Endentscheidung (§ 117 I S. 3 FamFG). Die Frist wird nur gewahrt durch den rechtzeitigen Eingang der Begründung beim **Beschwerdegericht** (§ 117 I S. 2 FamFG).

518

Im Unterschied zur Beschwerdefrist (vgl. dazu Rn. 10/507) steht die Begründungsfrist einer **Notfrist** nicht gleich. Zwischen ihnen besteht auch kein Abhängigkeitsverhältnis. So

---

73 BGH FamRZ 2005, 1064
74 BGH FamRZ 2005, 1986
75 BGH NJW-RR 2002, 145; NJW 1999, 3049
76 BGH NJW-RR 2001, 1571
77 BGH NJW 2000, 1724; vgl. zum Beschwerdewert bei Verurteilungen zur Auskunftserteilung über Kontobewegungen: BGH NJW-RR 2001, 569; zum Wert der Beschwer bei einer Verurteilung zur Auskunftserteilung über Nebeneinkünfte: BGH NJW-RR 2001, 210; zur Bemessung des Wertes des Beschwerdegegenstandes im Falle einer Verurteilung zur Gewährung von Einsicht in auszusortierende Geschäftsunterlagen: BGH NJW-RR 2001, 929
78 OLG Koblenz FamRZ 1996, 828
79 BGH NJW-RR 1996, 828
80 BGH FamRZ 2007, 630
81 Keidel/Weber FamFG § 117 Rn. 7
82 Hoppenz/Walter, Familiensachen, § 113 FamFG Rn. 2

lässt die **Versäumung** der **Beschwerdefrist** den weiteren Lauf der Frist zur Begründung unberührt. Dies gilt ebenso für einen entsprechenden und nach § 233 ZPO zulässigen Antrag auf **Wiedereinsetzung** sowie eine erneute Einlegung der Beschwerde.[83] Die Beschwerdebegründungsfrist läuft auch dann, wenn das Rechtsmittel – zu Unrecht – als unzulässig verworfen worden ist.[84] Dies zwingt den jeweiligen Beteiligten, das Rechtsmittel auch dann fristgerecht zu begründen, wenn er sich um Wiedereinsetzung gegen die Versäumung der Beschwerdefrist bemühen und gegen die Verwerfung der Beschwerde mit der Rechtsbeschwerde (§§ 117 I S. 4 FamFG i. V. m. §§ 522 I S. 4 ZPO) vorgehen sollte.[85] Hat das Beschwerdegericht gesondert die Wiedereinsetzung versagt, muss der Beteiligte neben der Rechtsbeschwerde auch hiergegen, um den Eintritt der Rechtskraft zu hindern, vorgehen.

519 Beginn und Ablauf der Begründungsfrist finden auch gegenüber dem **mittellosen Beteiligten** statt, der sich ohne die Bewilligung von Verfahrenskostenhilfe an einer fristgemäßen Begründung des Rechtsmittels gehindert sieht. Ihm steht allerdings nach dem Wegfall des Hindernisses durch die Bekanntgabe der Entscheidung über die Bewilligung von Verfahrenskostenhilfe eine Wiedereinsetzungsfrist von **einem Monat** zur Verfügung, innerhalb derer er die versäumte Verfahrenshandlung nachzuholen hat (§ 117 V FamFG i. V. m. § 234 I S. 2 ZPO).[86] Dabei handelt es sich um die Rechtsmittelbegründung selbst, nicht aber nur um einen Fristverlängerungsantrag.[87] Hat der Beteiligte wegen Mittellosigkeit zunächst von der Einlegung der Beschwerde überhaupt Abstand genommen und wird ihm nach Bewilligung von Verfahrenskostenhilfe Wiedereinsetzung in den vorigen Stand gegen die Versäumung der Beschwerdefrist bewilligt, beginnt die Monatsfrist zur Nachholung der Beschwerdebegründung erst mit Bekanntgabe der **Wiedereinsetzungsentscheidung**.[88]

520 Die Frist für die Beschwerdebegründung kann **mit Einwilligung** des Gegners auf Antrag von dem Vorsitzenden verlängert werden (§ 117 I S. 4 FamFG i. V. m. § 520 II S. 2 ZPO). Die Einwilligungserklärung ist bedingungsfeindlich und unwiderruflich. Eine besondere Schriftform ist für sie nicht erforderlich.[89] Notwendigerweise muss sie aber erklärtermaßen Eingang in den Verlängerungsantrag finden.[90] Im Ausnahmefall reichen allerdings auch konkludente Darlegungen aus, wenn sich die Einwilligung des Gegners zweifelsfrei aus dem Zusammenhang des Antrags mit bereits zuvor gestellten Verlängerungsanträgen ergibt.[91] Zum Nachweis genügt die **anwaltliche Versicherung** durch den Verfahrensbevollmächtigten des Beschwerdeführers.[92] Von einer wirksamen Fristverlängerung ist auch dann auszugehen, wenn der Vorsitzende auf Grund von Missverständnissen von dem Vorliegen einer Einwilligung ausgegangen ist.[93]

Ohne Einwilligung des Gegners kann die Frist bis zu einem Monat verlängert werden, wenn nach freier Überzeugung des Vorsitzenden das Verfahren durch die Verlängerung nicht verzögert wird oder wenn der Beschwerdeführer erhebliche Gründe darlegt (§ 117 I S. 4 FamFG i. V. m. § 520 II S. 3 ZPO). Die angegebenen Gründe sind manchmal recht fadenscheinig, vor allem, wenn nur große „Arbeitsbelastung" angegeben oder auf die „Weihnachtsfeiertage" hingewiesen wird und mehrere Rechtsanwälte in einer Kanzlei tätig sind. In solchen Fällen wird die Verlängerung entweder gleich abgelehnt oder auf den Mangel der Begründung hingewiesen.[94] Allerdings wird es für eine erstmalige Fristverlängerung als ausreichend angesehen, wenn der Rechtsanwalt pauschal geltend macht, eine ausreichende Rücksprache mit dem Mandanten und die Beschaffung von Unterlagen habe

---

[83] BGH FamRZ 1999, 649
[84] BGH FamRZ 2004, 1783 m. ab. Anm. Vollkommer FamRZ 2005, 194
[85] BGH FamRZ 2005, 791, 792
[86] BGH FamRZ 2006, 1271
[87] BGH FamRZ 2006, 1754
[88] BGH FamRZ 2007, 1640 Rn. 13
[89] BGH FamRZ 2005, 267
[90] BGH FamRZ 2005, 1082
[91] BGH FamRZ 2006, 1020
[92] BGH FamRZ 2005, 267
[93] BGH NJW 2004, 1460
[94] BGH FamRZ 1990, 36

4. Abschnitt: Rechtsmittel in Unterhaltssachen § 10

noch nicht erfolgen können.[95] Die auf Antrag eines Verfahrensbevollmächtigten vom Vorsitzenden verfügte Verlängerung der Beschwerdebegründungsfrist ist wirksam, ohne dass es darauf ankommt, ob der Verfahrensbevollmächtigte bei sorgfältiger Prüfung hätte erkennen können, dass sein Antrag unwirksam war.[96] Im Antrag, das Ruhen des Verfahrens anzuordnen, ist kein Antrag auf Verlängerung einer laufenden Beschwerdebegründungsfrist enthalten.[97]

Der **Verlängerungsantrag** muss **schriftlich,** auch (häufig) durch Telefax,[98] vor Ablauf der Begründungsfrist beim Beschwerdegericht eingegangen sein.[99] Ein telefonischer Anruf beim Vorsitzenden genügt nicht, kann allenfalls den Verlängerungsantrag ankündigen und seine Aussichten erkunden. Die Verlängerung selbst kann noch **nach Ablauf der Begründungsfrist** vorgenommen werden.[100] Eine fehlerhafte Verlängerung (ausgenommen: besonders schwere Mängel) ist grundsätzlich wirksam und unterliegt auch nicht der Beurteilung durch das Rechtsbeschwerdegericht.[101] Kürzere Verlängerung als beantragt ist Ablehnung des weitergehenden Antrags.[102] Unwirksam ist eine „Verlängerung", wenn die Begründungsfrist bei Antragseingang bereits abgelaufen war. Dem steht die **Rechtskraft** entgegen. Für den Beschwerdeführer bleibt nur die Möglichkeit der Wiedereinsetzung, die er gleichzeitig mit der Begründung des Rechtsmittels verbinden muss, nicht aber mit einem weiteren „Verlängerungsantrag".[103] Die häufig begehrte **stillschweigende Fristverlängerung** ist nicht möglich.[104] Sie muss vielmehr ausdrücklich erfolgen. Die förmliche Zustellung der Verlängerungsverfügung ist nicht nötig.[105] Die Verlängerung wird wirksam durch formlose Mitteilung der Verfügung seitens der Geschäftsstelle an den Verfahrensbevollmächtigten.[106] Die Entscheidung des Vorsitzenden bedarf weder einer Begründung noch unterliegt sie einer Anfechtung.

521

Der Antrag auf Verlängerung der Begründungsfrist unterliegt dem **Anwaltszwang**.[107] Dabei trägt der Beschwerdeführer das Risiko, ob die Frist vom Vorsitzenden in Ausübung von dessen pflichtgemäßem Ermessen verlängert wird.[108] Demgemäß besteht auch keine Verpflichtung des Vorsitzenden, bei einer ohne erhebliche Gründe begehrten ersten Fristverlängerung den Beschwerdeführer vor Ablauf der Frist über die drohende Versagung zu informieren.[109] Überdies kann er auch nicht darauf vertrauen, dass ihm ohne Einwilligung des Gegners eine zweite Verlängerung der Beschwerdebegründungsfrist bewilligt wird.[110] Wird aber die Frist sogar über den Antrag hinaus verlängert, kann sie voll ausgenutzt werden. Mangelhafte Anträge oder sogar ein fehlender Antrag machen eine erfolgte Verlängerung nicht unwirksam.[111] Hat der mittellose Beteiligte innerhalb der Begründungsfrist **Verfahrenskostenhilfe** beantragt, ist er, sofern vor Ablauf der Frist hierüber noch nicht entschieden ist, nicht gehalten, fortlaufend um eine **Verlängerung der Beschwerdebegründungsfrist** nachzusuchen. Ihm ist vielmehr nach Bescheidung des Verfahrenskostenhilfegesuchs unter den Voraussetzungen von §§ 233 ff. ZPO Wiedereinsetzung in den vorigen Stand zu gewähren.[112]

522

---

[95] BGH NJW 2010, 1610 Rn. 9
[96] BGH NJW-RR 1999, 286 = 528 A
[97] BGH NJW-RR 2010, 275 Rn. 9
[98] BGH FamRZ 1991, 548
[99] BGH NJW 1985, 1558
[100] BGH FamRZ 1988, 55
[101] BGH FamRZ 1988, 55
[102] BGH NJW-RR 1989, 1278
[103] BGH FamRZ 2006, 1754
[104] BGH FamRZ 1990, 147
[105] BGH FamRZ 1990, 613
[106] BGH FamRZ 1994, 302
[107] BGH NJW-RR 1990, 67
[108] BGH FamRZ 1987, 58
[109] BGH FamRZ 2007, 1808
[110] BGH FamRZ 2004, 867
[111] BGH NJW 1985, 1559
[112] BGH FamRZ 2007, 1319

Ist entweder die Beschwerdefrist nicht gewahrt oder aber die Begründungsfrist, kann die Beschwerde als unzulässig im schriftlichen Verfahren durch Beschluss verworfen werden (§ 68 II S. 2 FamFG) Gegen den Beschluss findet die Rechtsbeschwerde statt (§§ 522 I S. 4, 574 ZPO). Eine anschließende Wiedereinsetzung gegen die Fristversäumung beseitigt den verwerfenden Beschluss unmittelbar.[113]

523 **b) Äußere Form der Begründungsschrift.** Die Beschwerde wird in den Unterhaltssachen der Familienstreitsachen (§§ 231 I, 112 Nr. 1 FamFG) ihrer äußeren Form nach durch Einreichung eines Schriftsatzes begründet (§§ 64 II S. 1 und 2, 117 S. 1 FamFG). Allerdings fehlt es an einer § 520 III S. 1 ZPO vergleichbaren Regelung, die **ausdrücklich** die **Schriftform** für die Berufungsbegründung vorschreibt. Gleichwohl ist jedenfalls basierend auf dem Sinnzusammenhang der besagten Vorschriften davon auszugehen, dass nach dem Willen des Gesetzgebers bei einer gebotenen Begründung des Rechtsmittels (§ 117 I S. 1 FamFG) diese jedenfalls den allgemeinen Formvorschriften entsprechen müssen, wie sie für die Einlegung des Rechtsmittels zu gelten haben (§ 64 II S. 2 FamFG). Der hiernach auch für die Beschwerdebegründung vorgeschriebenen **Schriftform** kann der Rechtsmittelführer über Fernschreiben, Telegramm, Telekopie (Telefax)sowie Telebrief nachkommen.[114] Im Übrigen sind dieselben Formalien zu beachten wie bei der Einlegung der Beschwerde (vgl. Rn 10/508 bis 510). Der Begründungsschriftsatz bedarf deshalb wegen des Anwaltszwangs (§ 114 I FamFG) auch der Unterzeichnung durch einen Rechtsanwalt (§ 64 II S. 4 FamFG). Wird das minderjährige Kind bei der Verfolgung seiner Unterhaltsansprüche durch das Jugendamt als Beistand vertreten (§ 114 IV Nr. 2 FamFG), genügt die Unterschrift des beauftragten Mitarbeiters (§ 55 SGB VIII).

524 Abgrenzungsprobleme stellen sich häufig, (vergleichbar ist der Fall der Einlegung der Beschwerde – Rn. 10/511), bei der Frage ein, ob der beteiligte Rechtsmittelführer die Beschwerde bereits begründen oder nur die Voraussetzungen für eine zu bewilligende **Verfahrenskostenhilfe** nachweisen will. Wird die Beschwerdebegründung zulässigerweise mit einem Verfahrenskostenhilfegesuch in einem Schriftsatz oder auch in getrennten Dokumenten verbunden, hat der Rechtsmittelführer alles zu vermeiden,[115] womit er den Eindruck erwecken könnte, er wolle eine bestimmte Verfahrenshandlung **lediglich ankündigen** und von der Gewährung von Verfahrenskostenhilfe abhängig machen. Sind aber die gesetzlichen Anforderungen an eine Beschwerdebegründung erfüllt, kommt eine Deutung, dass es sich nicht um eine **unbedingte Beschwerdebegründung** handeln sollte, nur in Betracht, wenn sich dies vor dem Hintergrund der schwerwiegenden Folgen einer bedingten und damit unzulässigen Beschwerde als das Ergebnis einer sinnvollen Auslegung aller Begleitumstände mit einer jeden Zweifel ausschließenden Deutlichkeit ergibt.[116] Hierfür sprechen beispielsweise Formulierungen wie „Entwurf einer Beschwerdebegründung" oder „Begründung zunächst nur des VKH-Gesuchs" oder „beabsichtigte Beschwerdebegründung" oder Ankündigungen, die Beschwerde „nach Gewährung der VKH" begründen zu wollen. Demgegenüber sieht der BGH[117] in einem mit „Beschwerdebegründung" überschriebenen Schriftsatz eine den Anforderungen von § 117 I FamFG genügende Beschwerdebegründungsschrift auch dann, wenn darin „zunächst" Verfahrenskostenhilfe beantragt und der Beschwerdeantrag mit den Worten „Nach der Bewilligung der Verfahrenskostenhilfe werde ich beantragen...", angekündigt wird. Hier deute die **temporale Staffelung** mangels konkreter Anhaltspunkte lediglich auf den legitimen Wunsch hin, das Gericht solle vorab über die Verfahrenskostenhilfe entscheiden. Nicht genügen soll dem gegenüber aber wiederum die Bezugnahme in einem VKH-Gesuch auf den „Entwurf der Beschwerdebegründung", sofern darin lediglich „angekündigt" wird, „die Beschwerde mit folgenden Anträgen zu begründen".[118]

Für die anwaltliche Rechtspraxis, die in Unterhaltssachen wesentlich durch die Inanspruchnahme von Verfahrenskostenhilfe seitens der Beteiligten bestimmt ist, sind mit dieser

---

[113] BGH NJW 2006, 2269
[114] BGH NJW 1989, 589
[115] BGH FamRZ 2006, 400; 2004, 1553; 1986, 1987
[116] BGH FamRZ 2009, 494 Rn. 9; 2005, 1537; 2004, 1553
[117] BGH FamRZ 2006, 400
[118] BGH BeckRS 2004, 06076

Rechtsprechung, die auf eine Heranziehung der Begleitumstände im jeweiligen Einzelfall abstellt, Risiken verbunden, die sich vermeiden lassen (vgl. hierzu näher Rn. 10/512).

c) Inhalt der Begründungsschrift. Für die schriftliche Begründung der Beschwerde 525 gibt § 117 I S. 1 FamFG lediglich vor, dass der Beschwerdeführer einen bestimmten **Sachantrag** zu stellen und diesen abweichend von § 65 I FamFG, wonach die Beschwerde begründet werden „soll", zu **begründen** „hat". Unschädlich ist, wenn der Sachantrag bereits in die Beschwerdeschrift Eingang gefunden hat, wie auch der Fall, in dem der Beschwerdeführer mit der Beschwerde das Rechtsmittel sogleich begründet hat. Bei diesen Anforderungen an die Begründungsschrift handelt es sich um unverzichtbare **Zulässigkeitsvoraussetzungen**.[119] Denn das Beschwerdegericht hat nach Eingang der Begründung von Amts wegen zu prüfen, ob die Beschwerde an sich statthaft sowie in der gesetzlichen Form und Frist eingelegt und begründet worden ist (§ 117 I S. 4 FamFG i. V. m. § 522 I S. 1 FamFG). Fehlt es an einer hinreichenden Begründung, ist die Beschwerde – nach Anhörung, aber ohne mündliche Verhandlung – als unzulässig zu verwerfen (§ 522 I S. 2 ZPO).

Spätestens in der Begründungsschrift hat der Rechtsmittelführer einen bestimmten Sachantrag zu stellen, der für das Gericht und den Rechtsmittelgegner erkennen lässt, mit welchem Ziel und – gegebenenfalls – in welchem Umfang die angefochtene Entscheidung abgeändert werden soll. Ein **förmlicher Antrag** ist danach nicht zuletzt auch aus Plausibilitätsgründen dringend angezeigt. Der Antrag, den angefochtenen Beschluss aufzuheben und die Sache an das **Gericht** erster Instanz **zurückzuverweisen** (§ 117 II FamFG i. V. m. § 538 II ZPO), ist ein zulässiger Sachantrag, weil er hinreichend zum Ausdruck bringt, das erstinstanzliche Vorbringen weiterverfolgen zu wollen.[120] Ein Schriftsatz ist keine Begründung der Beschwerde, wenn der Rechtsmittelführer darin zwar einzelne Rügen erhebt, sich aber ausdrücklich die weitere Prüfung vorbehält, ob das Rechtsmittel überhaupt durchgeführt wird.[121] Fehlt ein förmlicher Antrag, bedeutet dies aber noch nicht notwendig die Unzulässigkeit der Beschwerde, wenn aus den Begründungszusammenhängen des fristgerecht eingereichten Schriftsatzes eindeutig hervorgeht, mit welchem Begehr der Beschwerdeführer das Rechtsmittelverfahren führen will.[122] Bei ihm liegt allerdings das Risiko einer Verwerfung wegen unzureichender Begründung, wenn er von der schriftsätzlichen Ankündigung eines konkreten Sachantrags absieht.

Soweit die Zulässigkeit der Beschwerde überdies von einer **Begründung des Rechts-** 526 **mittels** abhängt, lassen sich weder aus § 117 FamFG noch auf Grund einer Verweisung auf zivilprozessuale Verfahrensvorschriften nähere Kriterien für einen **Mindeststandard** einer zulässigen Beschwerdebegründung gewinnen, zumal die an eine Berufungsbegründung im Einzelnen zu stellenden Anforderungen (§ 520 III S. 2 ZPO) für das Beschwerdeverfahren in § 117 FamFG nicht übernommen worden sind. Anzuknüpfen ist deshalb an die Zweckrichtung, die dem Begründungszwang im streitigen Verfahren zukommt. Danach haben die inhaltlichen Anforderungen an eine Beschwerdebegründung in erster Linie **bloß formelhaften Rechtsmittelbegründungen** entgegenwirken.[123] So reicht es nicht aus, die rechtliche Würdigung durch den Erstrichter mit stereotypen Wendungen zu rügen, die nur auf den Wortlaut von Vorschriften zurückgreifen, oder lediglich auf das Vorbringen in erster Instanz zu verweisen. Die Beschwerdebegründung muss erkennbar die durch die erstinstanzliche Entscheidung geschaffene Beschwer angreifen. Zu verlangen ist eine hinreichend dokumentierte **Auseinandersetzung** mit der angefochtenen **Entscheidung**. Sie muss deutlich machen, welche Punkte angegriffen werden sollen und wie der Beschwerdeführer dem entgegentreten will. Rügt der Beschwerdeführer eine „fehlerhafte Rechtsanwendung", muss er zumindest in nachvollziehbaren Ansätzen seine rechtliche Wertung gegenüberstellen und einen Bezug zum Streitfall verdeutlichen. Eine **Schlüssigkeit** des Vorbringens ist aber nicht Zulässigkeitsvoraussetzung.[124]

---

[119] Keidel/Weber FamFG § 117 Rn. 9
[120] BGH FamRZ 2006, 1029
[121] BGH FamRZ 2005, 882
[122] BGH FamRZ 2004, 179
[123] BGH FamRZ 2005, 882
[124] BGH NJW 1995, 1559

Rechtfertigt das erstinstanzliche Gericht die Abweisung des Antrags mit **mehreren** voneinander unabhängigen und selbständig tragenden **Erwägungen**, muss die Beschwerdebegründung die Entscheidung in allen Punkten angreifen; andernfalls ist die Beschwerde unzulässig.[125] Dem gegenüber ist der Beschwerdeführer nicht gehalten, sich im Rahmen der Begründung auch mit Umständen auseinandersetzt, die zwar keinen Eingang in die Gründe der Entscheidung gefunden haben, diese aber stützen könnten.[126] Im Übrigen ist eine Beschwerde als nicht hinreichend begründet anzusehen, wenn lediglich die Gründe der angefochtenen Entscheidung wiederholt und als unzutreffend bezeichnet werden. An einer hinreichenden Begründung des Rechtsmittels fehlt es auch dann, wenn der bevollmächtigte **Rechtsanwalt** lediglich den Ausführungen des Mandanten seine Unterschrift (§ 64 II S. 4 FamFG) „leiht". Ergeben sich – gegebenenfalls nach Anhörung – für das Beschwerdegericht zureichende Anhaltspunkte dafür, dass der Verfahrensbevollmächtigte mit der **Unterschrift** nicht die Verantwortung für den Inhalt der gesamten Begründungsschrift übernehmen will, ist das Rechtsmittel als unzulässig zu verwerfen, wie dies etwa der Fall ist, wenn der durch den Rechtsanwalt formulierte Antrag nicht mit der durch den Beteiligten vorgegebenen Begründung korrespondiert.[127]

527 Während eine **pauschale Bezugnahme** auf erstinstanzliche Schriftsätze nicht die notwendige Auseinandersetzung mit der Entscheidung erkennen lässt, kann der Verweis zur Begründung auf einen Schriftsatz, mit dem der Verfahrensbevollmächtigte um die Bewilligung von **Verfahrenskostenhilfe** für das Rechtsmittel nachgesucht hat, genügen, soweit die übrigen formellen Voraussetzungen für eine Begründungsschriftsatz gegeben sind.[128] Nicht erforderlich ist dabei ein ausdrücklich erklärter Verweis, wenn sich eine entsprechende Bezugnahme bereits aus den **Begleitumständen** und aus dem **Zusammenhang** ergibt. Für eine **konkludente Bezugnahme** reicht auch schon ein mit der Beschwerdeschrift eingereichtes begründetes Verfahrenskostenhilfegesuch aus.[129] Geeignet für eine zulässige Bezugnahme ist schließlich auch ein eingehend begründeter **Beschluss**, mit dem das Beschwerdegericht das Verfahrenskostenhilfegesuch beschieden hat und den Sach- und Streitstand auch für den Verfahrensgegner nachvollziehbar erkennen lässt, sofern der Beschwerdeführer die Entscheidung des Gerichts sich zu Eigen macht.[130]

7. Beschwerdeerweiterung, Antragserweiterung

528 Die Beschwerdeerweiterung ist streng zu unterscheiden von der Antragserweiterung in der Beschwerdeinstanz.[131]

a) Die **Beschwerdeerweiterung** nach Ablauf der Beschwerdebegründungsfrist (vorher handelt es sich noch um Beschwerdebegründung) ist in aller Regel zulässig bis zum Schluss der mündlichen Verhandlung, wenn und soweit sie sich im Rahmen der Beschwerdebegründung hält und von ihr gedeckt ist.[132] Deshalb bedarf es auch nicht der Erklärung eines Vorbehalts innerhalb der Beschwerdebegründungsfrist.

Beispiel:
In der Beschwerdebegründung bekämpft der Antragsgegner die auf 500 € monatlich lautende Erstentscheidung nur in Höhe von 200 €, später mit den gleichen Anfechtungsgründen in voller Höhe.

---

[125] BGH NJW-RR 2006, 285; FamRZ 2005, 882
[126] BGH NJW-RR 2006, 499
[127] BGH FamRZ 2008, 876 Rn. 8
[128] BGH FamRZ 2008, 1063 Rn. 11
[129] BGH FamRZ 2008, 1063 Rn. 12
[130] BGH FamRZ 1994, 102, 103
[131] BGH FamRZ 2006, 402
[132] Z. B. BGH FamRZ 1990, 260: Erweiterung um Rückstände für einen zusätzlichen Unterhaltszeitraum auf der Basis des bisherigen Sachvortrags zum Unterhaltsanspruch und zu den Einkommensverhältnissen der Parteien; vgl. auch BGH FamRZ 2005, 1538 (entschieden zur Anschlussberufung)

Unzulässig hingegen ist die Beschwerdeerweiterung, wenn **neue Anfechtungsgründe** dafür notwendig sind. Das ist z. B. dann der Fall, wenn der erstinstanzliche Beschluss sowohl über Trennungs- als auch Nachscheidungsunterhalt entschieden hat und sich die Beschwerdebegründung zunächst nur gegen die Verpflichtung hinsichtlich des Getrenntlebensunterhalts wendet. Eine nachträgliche Erweiterung hinsichtlich des Nachscheidungsunterhalts ist dann **unzulässig**.[133]

> **Beispiel:**
> Neben der Anfechtung der Verpflichtung zu laufendem Unterhalt wird nunmehr auch die Verpflichtung zur Zahlung von Rückstand nebst Zinsen angefochten mit der alleinigen neuen Begründung, weder Verzug noch Rechtshängigkeit liege vor.

Zulässig wäre allerdings die Anfechtung mit der gleichen Begründung wie zum laufenden Unterhalt (z. B. mangelnde Leistungsfähigkeit).

Kein Fall der Beschwerdeerweiterung ist das bloße **Nachschieben** von weiteren **Anfechtungsgründen**, ohne den Antrag zu ändern (z. B. die Beschwerde wird nachträglich auch auf Verwirkung oder Befristung gestützt). Hierbei kommt § 115 FamFG zur Anwendung, wonach Angriffs- und Verteidigungsmittel zurückgewiesen werden können, wenn ihre Zulassung nach freier Überzeugung des Gerichts die **Erledigung** des Verfahrens **verzögern** würde und die Verspätung auf **grober Nachlässigkeit** beruht. Ausnahmsweise ist eine Beschwerdeerweiterung auch dann zulässig, wenn nach Ablauf der Begründungsfrist **Abänderungsgründe** gemäß § 238 FamFG entstehen.[134] **529**

> **Beispiel:**
> Der Antragsgegner erkrankt nach Ablauf der Begründungsfrist so schwer, dass seine Leistungsfähigkeit für den Unterhalt überhaupt entfällt. Er greift nunmehr seine Verpflichtung zur Zahlung von 500 € statt wie bisher in Höhe von 250 € monatlich in vollem Umfang an.
> oder
> Die Antragstellerin erhält nachdem die Begründungsfrist abgelaufen ist, erstmalig eine Erwerbsunfähigkeitsrente, die geeignet ist, neben einem Wohnvorteil und Kapitaleinkünften ihren Unterhaltsbedarf voll zu decken. Die zunächst auf eine Kürzung des titulierten Unterhalts begrenzte Beschwerde kann der Antragsgegner wegen des Änderungsgrundes erweitern.

Dasselbe gilt, wenn nach Ablauf der Begründungsfrist Einwendungen gemäß § 767 ZPO entstehen, z. B. Wiederverheiratung der früheren Ehefrau (Berechtigten).

b) Für die **Antragserweiterung** durch den Beschwerdeführer gelten die Regeln des § 117 FamFG überhaupt nicht, weil jene keinen Angriff gegen den Erstbeschluss darstellt. Die Antragserweiterung ist vielmehr an den allgemeinen Vorschriften (z. B. Antragsänderung, § 263 ZPO) zu messen.[135] Sie setzt in der Beschwerdeinstanz eine **zulässige Beschwerde** voraus, die nur dann gegeben ist, wenn der Beschwerdeführer unabhängig von der Antragserweiterung die Beschwer aus einem erstinstanzlichen Beschluss beseitigen will.[136] **530**

8. Antragsänderung/Beteiligtenänderung

Die Antragsänderung ist in der Beschwerdeinstanz – wie in der ersten Instanz – unter den Voraussetzungen von §§ 263, 267 ZPO i. V. m. § 68 III S. 1 FamFG uneingeschränkt zulässig. Die zusätzlich für das Berufungsverfahren durch § 533 ZPO vorgegebenen Beschränkungen bestehen für das Beschwerdeverfahren nicht. Zum einen wird in § 117 II FamFG für das Rechtsmittel in Familienstreitsachen auf diese Vorschrift nicht verwiesen, weil die dem Berufungsverfahren durch dies Vorschrift gesetzten besonderen Anforderungen für die Bedürfnisse des familiengerichtlichen Verfahrens, die Tatsachenfeststellung an das häufig im Fluss befindliche Geschehen anzupassen, nicht dienlich sind.[137] Zum anderen **531**

---

[133] OLG Düsseldorf FamRZ 1987, 295
[134] BGH FamRZ 1986, 895
[135] BGH FamRZ 1988, 603
[136] BGH FamRZ 2006, 402
[137] BT-Drucks. 16/6308 S. 224

handelt es sich bei der Beschwerde, die auf neue Tatsachen und Beweismittel gestützt werden kann (§ 65 III FamFG), im Unterschied zum zivilprozessualen Berufungsverfahren um eine vollständige **zweite Tatsacheninstanz**.

Erforderlich ist entweder die **Einwilligung des Gegners** oder Sachdienlichkeit. Dabei ist die Einwilligung auch dann gemäß § 267 ZPO anzunehmen, wenn der Gegner ohne schriftsätzliche Beanstandung in der mündlichen Verhandlung einen Antrag auf Abweisung stellt.[138] **Sachdienlichkeit** ist regelmäßig gegeben, wenn ein weiteres Verfahren vermieden wird, sofern nicht – bei Entscheidungsreife des bisherigen Verfahrens – das Gericht zur Beurteilung eines völlig neuen Streitstoffs genötigt wird.[139] Die Sachdienlichkeit der Antragsänderung steht außer Zweifel, wenn der Unterhaltsberechtigte nach erstinstanzlicher Abweisung des **Leistungsantrags** als unzulässig mit der Beschwerde sein Unterhaltsbegehren mit dem Abänderungsantrag weiterverfolgt. Es handelt sich weiterhin um ein und denselben materiellen Anspruch.[140] Dies dürfte auch anzunehmen sein, wenn der Antragsteller nach Abweisung des **Feststellungsantrags** in der Beschwerdeinstanz zum **Leistungsantrag** übergeht.

532 Die **Beteiligtenänderung** kommt einerseits als **Wechsel** (ein Beteiligter scheidet aus, der andere tritt ein), andererseits als **Erweiterung** (ein Beteiligter kommt hinzu),[141] auf der Antragsteller- und der Antragsgegnerseite vor. Beteiligtenwechsel und Beteiligtenerweiterung sind nach h. M. auf der Antragstellerseite zulässig wie Antragsänderung,[142] auf der Antragsgegnerseite zulässig, wenn der neue Antragsgegner zustimmt oder die Verweigerung der Zustimmung rechtsmissbräuchlich wäre.[143] Ob der verfahrensführungsbefugte (richtige) Beteiligte Antragsteller oder Antragsgegner ist, ist als Verfahrensvoraussetzung von Amts wegen zu prüfen.[144] Hauptanwendungsfälle der Beteiligtenänderung sind der Wechsel von Mutter und Kind im Rahmen des § 1629 III BGB oder die Heranziehung auch des anderen Elternteils zum Kindesunterhalt während des Verfahrens. Zu den Einzelheiten, die auch für das Beschwerdeverfahren Geltung beanspruchen, vgl. Rn. 10/49 bis 51.

9. Die Beschwerdeerwiderung

533 Im Gegensatz zu den strengen Formerfordernissen der Beschwerdebegründung ist für die Beschwerdeerwiderung ein Mindestmaß an Förmlichkeiten gesetzlich nicht vorgesehen. Für sie gibt es auch keine gesetzlichen Fristen. Vielmehr kann der Vorsitzende oder das Beschwerdegericht dem Beschwerdegegner eine Frist zur **schriftlichen Beschwerdeerwiderung** setzen, wobei § 277 ZPO (Mindestfrist von zwei Wochen) entsprechend gilt (§ 117 II FamFG i. V. m. § 521 II ZPO). Die Anforderungen an die Einhaltung der Schriftform entsprechen denen der Beschwerde- und Beschwerdebegründungsschrift.

10. Der Gang des Beschwerdeverfahrens

534 Über die Beschwerde verhandelt und entscheidet der zuständige Senat für Familiensachen des Oberlandesgerichts in der durch die Geschäftsverteilung vorgesehenen Besetzung. Allerdings kann das Beschwerdegericht durch Beschluss einem seiner Mitglieder die Beschwerde zur Entscheidung übertragen. Dabei gelten die Regelungen in § 526 ZPO über den **fakultativen Einzelrichter** entsprechend. Zur alleinigen Entscheidung wird das Unterhaltsverfahren dem entscheidenden Richter dann übertragen, wenn die Sache keine besonderen Schwierigkeiten tatsächlicher oder rechtlicher Art aufweist, keine grundsätzliche Bedeutung hat und nicht bereits zur Hauptsache verhandelt worden ist. Eine Sache,

---

[138] BGH NJW-RR 2005, 437
[139] BGH NJW-RR 1987, 1196
[140] BGH FamRZ 2001, 1140, 1141
[141] OLG München MDR 2006, 1186
[142] BGHZ 1965, 264, 268
[143] Vgl. BGH FamRZ 1982, 587; im Einzelnen umstritten!
[144] BGH FamRZ 1982, 587

4. Abschnitt: Rechtsmittel in Unterhaltssachen § 10

die eine entscheidungserhebliche, klärungsbedürftige und klärungsfähige Rechtsfrage aufwirft, welche sich in einer unbestimmten Vielzahl von Fällen stellen kann, hat grundsätzliche Bedeutung.[145] Haben sich die Voraussetzungen i. S. v. § 526 II ZPO 1 Nr. 1 geändert, kann der Einzelrichter das Verfahren dem Senat zur Übernahme vorlegen. Das Gleiche gilt, wenn die Beteiligten dies übereinstimmend beantragt haben. Auf eine erfolgte oder unterlassene Übertragung, Vorlage oder Übernahme kann ein Rechtsmittel nicht gestützt werden (§ 526 III ZPO).

Auch wenn das Rechtsmittel der Beschwerde in den unterhaltsrechtlichen Streitsachen **535** (§ 231 I FamFG) und den weiteren Familienstreitsachen sowie den Ehesachen durch die Regelungen in §§ 58 ff. FamFG aus dem zivilprozessualen Rechtsmittelkodex herausgelöst worden ist, stellen doch die weiteren Verweisungen auf entsprechend heranzuziehende Vorschriften (§§ 68 III S. 1, 113 I S. 2 FamFG und § 117 I und II FamFG) sicher, dass weitere Vorschriften der Zivilprozessordnung den Gang des Beschwerdeverfahrens bestimmen.[146]

Nach Eingang der Beschwerdebegründung hat nämlich das Beschwerdegericht gemäß **536** § 117 I S. 4 FamFG i. V. m. § 522 I S. 1 ZPO zunächst zu prüfen, ob das Rechtsmittel frist- und formgerecht eingelegt und entsprechend begründet worden ist. Fehlt es daran, ist das Rechtsmittel **nach Anhörung**[147] ohne mündliche Verhandlung durch Beschluss (§ 116 I FamFG) als unzulässig zu verwerfen (§ 522 I S. 2 FamFG), der mit der Rechtsbeschwerde (§§ 522 I S. 4, 574 ZPO) angefochten werden kann. Einer Zulassung bedarf es nicht.

Sind die Form- und Fristerfordernisse erfüllt, bestimmt § 68 III S. 1 FamFG, dass sich **537** der weitere Gang des Beschwerdeverfahrens nach den Vorschriften über das Verfahren im ersten Rechtszug richtet. Den verfahrensrechtlichen Besonderheiten eines Streitverfahrens entspricht hierbei die Bestimmung in § 117 II FamFG mit einer selektiven Bezugnahme auf einzelne Vorschriften des zivilprozessualen Berufungsrechts.

Zunächst unterstreicht die weitere Verweisung in § 113 I S. 2 FamFG auf die Allgemeinen Vorschriften der ZPO und auf die Vorschriften der ZPO für das landgerichtliche Erkenntnisverfahren, dass weiterhin die bisher auch die unterhaltsrechtliche Streitigkeit prägenden **Verfahrensgrundsätze des Zivilprozesses** maßgebend bleiben.[148] Dies gilt zunächst für die **Dispositionsmaxime**, die besagt, dass allein die Beteiligten den Inhalt der streitigen Auseinandersetzung wie auch deren Beginn und Ende festlegen und hierüber verfügen.[149] Darüber hinaus bleibt es Sache der Beteiligten, den ihr jeweiliges Begehren stützenden Sachverhalt dem Gericht darzulegen und gegebenenfalls die hierfür notwendigen Beweismittel zu benennen. Der solchermaßen umschriebene zivilprozessuale **Verhandlungs- oder Beibringungsgrundsatz** unterliegt im Beschwerdeverfahren wiederum gewissen Einschränkungen durch die auch hier geltenden **verfahrensrechtlichen Auskunftspflichten** (§§ 235, 236 FamFG) der Beteiligten und Dritter.

Maßgebend ist weiterhin das **Prinzip der Mündlichkeit**,[150] wonach das Beschwerdegericht **538** in der Regel nach dem Ergebnis einer mündlichen Verhandlung (§ 128 I ZPO) entscheidet. Mit Zustimmung der Beteiligten kann das Beschwerdegericht unter den weiteren Voraussetzungen von § 128 II ZPO von einer mündlichen Verhandlung absehen und **im schriftlichen Verfahren** entscheiden. Überdies kann das Gericht von einer **mündlichen Verhandlung** oder einzelnen Verfahrenshandlungen absehen, wenn diese bereits im ersten Rechtszug vorgenommen worden und von einer erneuten Vornahme **keine zusätzlichen Erkenntnisse** zu erwarten sind (§ 68 III S. 2 FamFG). Ist eine entsprechende Vorgehensweise beabsichtigt, hat das Beschwerdegericht, nicht der Vorsitzende, die Beteiligten zuvor darauf hinzuweisen (§ 117 III FamFG). Erforderlich ist ein **Hinweisbeschluss**, der allerdings nicht einstimmig ergehen muss. Die mit einer angemessenen Fristsetzung zu verbindende Entscheidung soll den Beschwerdeführer in den Stand versetzen, dem Beschwerdegericht weitere Gesichtspunkte zu unterbreiten, die eine erneute Durchführung

---

[145] BGH NJW 2002, 3029
[146] BT-Drucks. 16/6308 S. 225
[147] BGH FamRZ 2010, 892 Rn. 7
[148] BT-Drucks. 16/6308 S. 225
[149] Borth FamRZ 2007, 1925, 1934
[150] Keidel/Weber FamFG § 113 Rn. 7; Hoppenz/Walter § 113 FamFG Rn. 2

der mündlichen Verhandlung oder der nicht für erforderlich erachteten Verfahrenshandlungen rechtfertigen.[151]

Das Absehen von einer mündlichen Verhandlung dürfte im Lichte von Art. 6 EMRK und Art. 19 IV, 101 S. 2 GG in streitigen Unterhaltssachen der Ausnahmefall bleiben. Die Entscheidung setzt die erstinstanzliche verfahrenskonforme Vornahme von Verfahrenshandlungen voraus und die gemessen an dem Beschwerdevorbringen **negative Prognose** von zusätzlichen entscheidungserheblichen Erkenntnissen. Deshalb scheidet der Verzicht auf eine mündliche Verhandlung schon dann aus, wenn sich, wie häufig im **dynamischen Unterhaltsgeschehen** der Fall, die Sachlage geändert oder der persönliche Eindruck von einem Beteiligten entscheidungserhebliches Gewicht gewonnen hat. Eine weitere mündliche Verhandlung kann allerdings dann entbehrlich sein, wenn **lediglich Rechtsfragen** betroffen sind oder auch dann, wenn über Gang und Ergebnis der erstinstanzlichen Beweisaufnahme kein neuer Streit besteht. Dass das Beschwerdegericht eine Beweisaufnahme wiederholen muss, wenn es zu einer abweichenden Beurteilung der Zeugenaussage oder der Glaubwürdigkeit des Zeugen neigt, war schon nach bisherigem Recht anerkannter Grundsatz.[152]

539 Gemäß § 65 III FamFG kann der Beschwerdeführer auch in den streitigen Unterhaltssachen (§ 231 I FamFG), die ansonsten den zivilprozessualen Regelungen für das landgerichtliche Erkenntnisverfahren folgen (§ 113 I S. 2 FamFG), das Rechtsmittel auf **neue Tatsachen** und **Beweismittel** stützen. Das Beschwerdeverfahren ist im Unterschied zu dem Beschränkungen ausgesetzten Berufungsverfahren (vgl. z. B. §§ 513, 529 ZPO) eine **zweite vollwertige Tatsacheninstanz**.[153] Die Zurückweisung von Angriffs- und Verteidigungsmittel ist deshalb auch im Beschwerdeverfahren nur unter den engen Voraussetzungen von § 115 S. 1 FamFG möglich, wenn nicht rechtzeitig vorgebrachtes Vorbringen zu einer auch durch pflichtgemäßes Verhalten des Gerichts nicht vermeidbaren Verzögerung führen würde und dies auf grobe Nachlässigkeit des Beteiligten zurückzuführen wäre. Weitergehende Verspätungsvorschriften finden keine Anwendung (§ 115 S. 2 FamFG). Damit scheidet ein Rückgriff auf die für das Berufungsverfahren bestehenden Regelungen in §§ 530, 531 ZPO aus.

540 Allerdings erfährt das Beschwerdeverfahren durch § 117 II S. 1 FamFG wiederum eine gewisse Annäherung an das Berufungsverfahren, wenn auch nur durch Verweis auf einzelne Vorschriften.

Da im erstinstanzlichen Streitverfahren die Vorschriften über die Voraussetzungen und die Folgen der Säumnis Anwendung finden (§ 113 I S. 2 FamFG i. V. m. §§ 330 ff. ZPO), stellt § 117 II S. 1 FamFG i. V. m. § 514 ZPO auch für das Rechtsbehelfssystem des FamFG klar, dass ein **erstinstanzlich** ergangener **Versäumnisbeschluss** nur mit dem Einspruch, ein so genannter **zweiter Versäumnisbeschluss** nur mit der Beschwerde angefochten werden kann, dies zudem nur mit der Begründung, es habe kein Fall der Säumnis vorgelegen. Der Verweis in § 117 II S. 1 FamFG auf § 528 ZPO, wonach nur die Berufungsanträge der Prüfung und Entscheidung durch das Berufungsgericht unterliegen, stellt eine Ergänzung zur Notwendigkeit von Sachanträgen für das Beschwerdeverfahren dar und beinhaltet zugleich das **Verbot der Schlechterstellung** (reformatio in peius). Das Beschwerdegericht darf die erstinstanzliche Entscheidung nur insoweit abändern, wie es im Rechtsmittelverfahren beantragt worden ist. Die Vorschrift stellt auch für das Beschwerdeverfahren sicher, dass der Beschwerdeführer über die ohnehin schon bestehende Beschwer durch die Beschwerdeentscheidung nicht weiter beschwert wird.[154] Dies setzt sich fort, wenn die Beschwerde zur Aufhebung der angefochtenen Entscheidung und zur Zurückverweisung an das Amtsgericht geführt hat, das bei einer neuen Entscheidung die durch § 528 ZPO gesetzten Grenzen jedenfalls im Ergebnis zu beachten hat.

541 Die durch § 117 II S. 1 FamFG i. V. m. § 538 II ZPO dem Beschwerdegericht in Familienstreitsachen eingeräumte Befugnis, unter den in dieser Vorschrift im einzelnen

---

[151] BT-Drucks. 16/6308 S. 225
[152] BGH NJW-RR 2002, 1500
[153] Johannsen/Henrich/Althammer § 65 FamFG Rn. 6
[154] BGH FamRZ 1983, 44

4. Abschnitt: Rechtsmittel in Unterhaltssachen § 10

genannten alternativen Voraussetzung die Sache an das erstinstanzliche Gericht zurückzuverweisen, verdrängt die ansonsten für das Beschwerdeverfahren bestehende restriktivere Regelung, wonach eine **Zurückverweisung** nur möglich ist, wenn das erstinstanzliche Gericht in der Sache noch nicht entschieden hat (§ 69 I S. 2 FamFG) oder das erstinstanzliche Verfahren an einem wesentlichen Mangel leidet, zur Entscheidung eine umfangreiche oder aufwändige Beweisaufnahme notwendig wäre und ein Beteiligter die Zurückverweisung beantragt (§ 69 I S. 3 FamFG).

Das zum Kernbestand der zivilprozessualen Streitkultur gehörende **Säumnisverfahren** 542 (§§ 330 ff. ZPO), das gemäß § 113 I S. 2 FamFG i. V. m. §§ 330 ff. ZPO im erstinstanzlichen Familienstreitverfahren zur Anwendung kommt, schreibt § 117 II FamFG i. V. m. § 539 ZPO – wegen der begrenzten Verweisung auf Vorschriften der ZPO-Berufung klarstellend[155] – auch für das **Beschwerdeverfahren** fort. Danach ist zu unterscheiden. Erscheint der Beschwerdeführer als Antragsteller oder Antragsgegner der ersten Instanz trotz ordnungsgemäßer Ladung nicht im Termin, ist seine Beschwerde auf Antrag des Gegners durch Versäumnisbeschluss zurückzuweisen (§ 539 I ZPO). Ist der Beschwerdegegner nicht erschienen und beantragt der Beschwerdeführer daraufhin eine Versäumnisentscheidung, so ist dessen tatsächliches Vorbringen als zugestanden anzusehen und, soweit dies den Beschwerdeantrag trägt, nach diesem durch Versäumnisbeschluss zu entscheiden (§ 539 II ZPO). Im Übrigen entspricht das Versäumnis- und Einspruchsverfahren den erstinstanzlichen Anforderungen (§ 539 III ZPO).

Hinweise auf **Aufrechnungserklärungen** oder das **Widerantragsverfahren**, die im 543 Berufungsverfahren gewissen Einschränkungen unterliegen (§ 533 ZPO), enthält § 117 II FamFG nicht, so dass die entsprechenden Instrumente der Verfahrensführung erster Instanz auch im Beschwerdeverfahren zulässig sind und keinen weiteren Einschränkungen im Rechtsmittelverfahren unterliegen. Eine **Güteverhandlung** findet allerdings, wie im Berufungsverfahren (§ 525 S. 2 ZPO) bestimmt, nicht statt (§ 117 II S. 2 FamFG).

11. Die Beschwerdeentscheidung (§§ 116, 69, 38 FamFG)

Über das Rechtsmittel entscheidet das Beschwerdegericht durch **begründeten Be-** 544 **schluss** (§§ 69 II, 116 FamFG). Für ihn gelten nach **Inhalt** und **Form** im Übrigen die Vorschriften über den Beschluss im ersten Rechtszug (vgl. dazu auch die Erläuterungen Rn. 10/76 und 77) entsprechend (§ 69 III FamFG). Das trifft zunächst zu auf die **formellen Mindestanforderungen** in § 38 II FamFG für die Beteiligten, das Gericht und die Beschlussformel. Letztere erfasst den Tenor zur Hauptsache wie auch die Kostenentscheidung nach § 243 FamFG. Überdies ist zu beachten, dass Endentscheidungen in Familiensachen erst mit **Rechtskraft wirksam** und **vollstreckbar** werden (§§ 116 III S. 1, 120 II S. 1 FamFG). Hinzu kommt, dass eine gerichtliche Entscheidung nur dann mit ihrer Verkündung oder mit ihrer Zustellung oder sonstigen Bekanntgabe an die Beteiligten rechtskräftig wird, wenn ein Rechtsmittel gegen die Entscheidung schon an sich nicht statthaft ist.[156] Das ist in den streitigen Unterhaltssachen wie auch den anderen Familienstreitsachen mit der dem Beschwerdegericht eingeräumten Möglichkeit der Zulassung der Rechtsbeschwerde (§ 70 I FamFG) nicht der Fall, so dass die Entscheidung des Beschwerdegerichts nicht schon mit der sofortigen Bekanntgabe rechtskräftig wird sondern erst nach Ablauf der Monatsfrist für die Einlegung der Rechtsbeschwerde (§ 71 I S. 1 FamFG). Soll gleichwohl eine sofortige Vollstreckung aus der Beschwerdeentscheidung möglich sein, muss das Beschwerdegericht, sofern und soweit der Beschluss eine Verpflichtung zur Leistung von Unterhalt enthält, die **sofortige Wirksamkeit** anordnen (§ 116 III S. 3 FamFG).

Die **allgemeine Begründungspflicht** übernimmt in streitigen Unterhaltssachen mit die 545 Funktion des Tatbestandes (§ 314 ZPO).[157] Die Anforderungen werden überdies im **Einzelfall** auch in der Beschwerdeinstanz mit dadurch bestimmt, dass die Endentscheidungen

---

[155] BT-Drucks. 16/6308 S. 225
[156] BGH FamRZ 2008, 2019 Rn. 6
[157] Keidel/Meyer-Holz FamFG § 38 Rn. 59; Musielak/Borth FamFG § 38 Rn. 3

der Anpassung (§ 238 FamFG) unterliegen, die Gründe mithin auch in der Beschwerdeentscheidung die Kriterien für ein später in Betracht kommendes **Abänderungsverfahren** aufzeigen müssen, die für die Unterhaltsbemessung maßgebend waren. Das schließt aber eine **Bezugnahme** auf Teile der erstinstanzlichen Entscheidung oder Akteninhalte (z. B. Protokolle über Beweisaufnahmen) nicht aus[158] und korrespondiert im Wesentlichen mit den an ein Berufungsurteil nach § 540 I S. 1 ZPO zu stellenden Anforderungen, wobei § 117 IV FamFG ausdrücklich die Erleichterungen für ein sogenanntes Stuhlurteil (§ 540 I S. 2 ZPO) bei der Abfassung der Endentscheidung im Beschwerdeverfahren übernimmt. Liegen die Voraussetzungen von § 38 IV FamFG in diesem Verfahrensabschnitt vor, bedürfen Endentscheidungen insbesondere bei Anerkenntnis, Säumnis oder Verzicht auch im Beschwerdeverfahren **keiner Begründung**. Berichtigungen und Ergänzungen bei den Beschwerdeentscheidungen richten sich nach § 113 I S. 2 FamFG i. V. m. §§ 319 ff. ZPO.

Auf Grund der Verweisung auf die erstinstanzlichen Vorschriften zu Inhalt und Form der Endentscheidung (§ 69 III FamFG) muss die Belehrung über weitere Rechtsbehelfe (§ 39 FamFG) mit in die Beschwerdebegründung aufgenommen werden und von der richterlichen Unterschrift gedeckt sein. Dies hat allerdings nur dann zu gelten, wenn ein Rechtsmittel oder sonst ein in § 39 FamFG angeführter Rechtsbehelf im **konkreten Einzelfall** in Betracht kommt. Dies ist etwa der Fall, wenn die Beschwerde als unzulässig nach § 522 I S. 2 ZPO verworfen wird, weil hiergegen die Rechtsbeschwerde nach § 574 I Nr. 1 ZPO statthaft ist. Entscheidet das Beschwerdegericht in der Sache, bedarf es nur dann einer entsprechenden **Rechtsbehelfsbelehrung**, wenn das Rechtsmittel statthaft ist, und zwar in den streitigen Unterhaltssachen allein im Fall der Zulassung nach § 70 I FamFG. Im Übrigen bedarf die Entscheidung des Oberlandesgerichts gemäß § 39 FamFG keiner weiteren Rechtsbehelfsbelehrung, mithin auch keiner über einen außerordentlichen Rechtsbehelf[159] etwa bei der Anhörungsrüge (§ 113 I S. 2 FamFG i. V. m. § 321 a ZPO).

546 Entscheidet das Beschwerdegericht – im Regelfall – auf Grund mündlicher Verhandlung oder mit Zustimmung der Beteiligten nach einem schriftlichen Verfahren (§ 128 II ZPO), ist der Beschluss über die Endentscheidung, wie bei der erstinstanzlichen Entscheidung, entsprechend den **zivilprozessualen Verkündungsvorschriften** (§§ 69 III, 113 I S. 2 FamFG i. V. m. §§ 310–312 ZPO) zu verlautbaren (vgl. hierzu näher Rn. 10/91) und unter Beachtung der zivilprozessualen Zustellvorschriften (§§ 166 ff. ZPO) zuzustellen.

Hat der Beschwerdeführer sein Rechtsmittel form- sowie fristgemäß eingelegt und begründet, so dass eine Verwerfung ausscheidet, hat das Beschwerdegericht nach § 69 I S. 1 FamFG grundsätzlich in der Sache selbst zu entscheiden. Eine Zurückweisung der Beschwerde durch **einstimmigen Beschluss**, wie sie § 522 II ZPO für das Berufungsverfahren vorsieht, scheidet entgegen einer im Schrifttum vertretenen Ansicht[160] aus. Weder den allgemeinen Bestimmungen über das Beschwerdeverfahren (§§ 58 ff. FamFG) noch den besonderen Verweisungsvorschriften für die Familienstreitsachen (§ 117 FamFG) lassen sich Anhaltspunkte dafür entnehmen, dass dieses Vorschaltverfahren zur schnellen Erledigung substanzloser Berufungen[161] im Bereich des FamFG zur Anwendung gelangen soll. Es besteht insoweit auch **keine Regelungslücke**, da § 522 II ZPO Gegenstand der Erörterung im Gesetzgebungsverfahren war,[162] gleichwohl im Zuge der Übernahme einzelner Vorschriften des Berufungsverfahrens keinen Eingang in das Beschwerdeverfahren gefunden hat. Hierfür besteht im Übrigen auch kein Bedürfnis. Denn das Beschwerdegericht wird schon durch das Absehen von einer mündlichen Verhandlung (§§ 117 III, 68 III S. 1 FamFG) in den Stand versetzt, in einem dem Verfahren nach § 522 II ZPO nachgebildeten Verfahren offensichtlich substanzlose Beschwerden zu erledigen,[163] ohne dass es hierbei auf Einstimmigkeit bei der Beschlussfassung ankäme.

---

[158] Johannsen/Henrich/Althammer § 69 FamFG Rn. 10
[159] BT-Drucks. 16/6308 S. 196
[160] Keidel/Weber FamFG § 117 Rn. 10
[161] FA-FamR/Geißler 1. Kap. Rn. 689
[162] BT-Drucks. 16/6308 S. 372
[163] BT-Drucks. 16/6308 S. 412

Unter den weiteren Voraussetzungen von § 117 II FamFG i. V. m. § 538 II ZPO kommt **547** statt eigener Entscheidung in der Sache auch im Ausnahmefall[164] die Zurückverweisung an das erstinstanzliche Gericht in Betracht. Dazu muss einer der in der Vorschrift abschließend aufgezählten **Zurückverweisungsgründe** vorliegen und, abgesehen vom Fall eines unzulässigen Teilbeschlusses (§ 538 II Nr. 7 ZPO), ein **Zurückverweisungsantrag**. Allerdings scheidet eine Zurückverweisung von vornherein aus, wenn sich erst aus dem zweitinstanzlichen neuen Vorbringen (§ 65 III FamFG) die Notwendigkeit weiterer Aufklärung und Beweiserhebung ergibt, wie dies insbesondere im Fall des Widerantrags bei Abänderungsverfahren (§§ 238, 239 FamFG) abzeichnet. Die Zurückverweisung hat ferner zu unterbleiben, wenn die Sache ungeachtet der Mängel im erstinstanzlichen Verfahren entscheidungsreif ist.[165] Der im Unterhaltsverfahren nicht seltene Fall eines unzulässigen Teilbeschlusses liegt z. B. vor, wenn ein Teilbeschluss über einen Sockelbetrag ergeht, ein der Höhe nach weitergehender Unterhalt aber noch von weiteren Tatsachen oder Beweismitteln abhängen soll, die auch den Sockelbetrag beeinflussen können (**horizontaler Teilbeschluss**).[166] Nach § 301 ZPO ist der Erlass einer Teilendentscheidung nur zulässig, wenn sie über einen **aussonderbaren**, einer selbstständigen Entscheidung zugänglichen **Teil des Verfahrensgegenstandes** ergeht und der Ausspruch über diesen Teil unabhängig von demjenigen über den restlichen Verfahrensgegenstand getroffen werden kann, sodass die Gefahr einander widersprechender Entscheidungen ausgeschlossen ist. Dies ist nicht der Fall, wenn eine Teilentscheidung über den **Elementarunterhalt** ergeht, die Titulierung des Vorsorgeunterhalts aber erst in einer weiteren Entscheidung, weil die beiden Elemente des einheitlichen Unterhaltsanspruchs sich der Höhe nach beeinflussen können.

Ein Teilbeschluss ist unzulässig, wenn er bezogen auf denselben Unterhaltszeitraum zunächst nur den laufenden Unterhalt titulieren soll, der ebenfalls geltend gemachte Sonderbedarf aber einer weiteren Entscheidung vorbehalten bleiben soll.[167] Unzulässig ist die Erledigung eines **Leistungsantrags** durch Teilbeschluss, wenn ein gegenläufiger und **denselben Unterhaltszeitraum** betreffender **Widerantrag** noch nicht entscheidungsreif ist.[168] Hat das erstinstanzliche Gericht über den geltend gemachten Unterhalt getrennt nach Unterhaltszeiträumen, aber zur Höhe abschließend entschieden, handelt es sich um einen **vertikalen Teilbeschluss**. Hier besteht zwar nicht die Gefahr einander widersprechender Entscheidungen bezogen auf den einzelnen Unterhaltszeitraum. Gleichwohl ist der Erlass eines Teilbeschlusses im Einzelfall ausgeschlossen, wenn es zu Wertungswidersprüchen kommen kann, weil sich dieselbe Vorfrage bei Teil- und Schlussentscheidung stellt, wie dies etwa bei der Ermittlung des Einkommens eines Selbständigen[169] oder der Bewertung eines Wohnvorteils (ersparte oder erzielbare Miete) der Fall sein kann. Dabei ist der Erlass einer Teilentscheidung bereits dann unzulässig, wenn sich die **Gefahr von Wertungswidersprüchen** durch die abweichende Beurteilung eines Rechtsmittelgerichts im Instanzenzug ergeben kann.[170] **548**

12. Die Rücknahme der Beschwerde/der Verzicht

a) Rücknahme. Über die Rücknahme der Beschwerde bestimmt § 67 IV FamFG **549** lediglich, dass das Rechtsmittel bis zum Erlass der Beschwerdeentscheidung zurückgenommen werden kann. Die Vorschrift erschöpft sich inhaltlich in der Festlegung des **spätmöglichsten Zeitpunkts** und in der Rolle des **Empfängers**. Für die weiteren Anforderungen an eine wirksame Rücknahmeerklärung ist ein unmittelbarer Rückgriff auf § 516 ZPO nicht möglich, da für die Familienstreitsachen die erst durch Art. 8 des „Reparaturgesetzes" vom 30. 7. 2009[171] in § 117 II FamFG aufgenommene Verweisung auf die Regelung in

---

[164] BGH FamRZ 2005, 882
[165] BGH FamRZ 2005, 882
[166] BGH FamRZ 2007, 117, 118
[167] OLG Brandenburg NJWE-FER 2000, 219
[168] OLG Bremen FamRZ 2007, 2089
[169] OLG Bremen FamRZ 2007, 2089, 2090
[170] BGH FamRZ 2007, 117, 118
[171] BGBl. I S. 2449

§ 516 III ZPO lediglich zur Klarstellung über die weitere Behandlung einer wirksamen Rücknahme erfolgt ist.[172] Auszugehen ist allerdings davon, dass es sich bei der Rücknahmeerklärung um eine das Verfahren bestimmende Handlung handelt, die der Beschwerdeführer in den Unterhaltssachen (§ 231 I FamFG) der Familienstreitsachen wirksam nur durch einen bevollmächtigten Rechtsanwalt (§ 114 I FamFG) vornehmen kann. Dieser hat die Beschwerderücknahme, wenn sie nicht in der **mündlichen Verhandlung** erklärt wird, durch Einreichung eines **Schriftsatze**s zu verlautbaren.[173] Sie ist nicht dem Gegner gegenüber, sondern gegenüber dem Gericht zu erklären (§ 67 IV FamFG). Die Zurücknahme hat den Verlust des eingelegten Rechtsmittels und an sich die Verpflichtung zur Folge, die durch das Rechtsmittel entstandenen Kosten zu tragen (§ 117 II FamFG i. V. m. § 516 III S. 1 ZPO), wobei allerdings in Unterhaltssachen die durch § 243 FamFG vorgegeben kostenrechtlichen Besonderheiten zu beachten sind. Von Amts wegen sind diese Wirkungen durch Beschluss auszusprechen (§ 516 III S. 2 ZPO). Der Beschluss bedarf keiner mündlichen Verhandlung. Er kann unter den Voraussetzungen des § 574 II ZPO mit der gemäß § 574 III ZPO zuzulassenden Rechtsbeschwerde angegriffen werden.

550   Die Rücknahme ist mit dem Eingang bei Gericht bis zum Erlass der Beschwerdeentscheidung möglich. Entscheidet das Beschwerdegericht auf Grund mündlicher Verhandlung oder mit Zustimmung der Beteiligten im schriftlichen Verfahren, ist die Rücknahme bis zur **Verkündung** des **Beschlusse**s über die **Endentscheidung** möglich. Gemeint ist damit eine die Instanz beendende Entscheidung, so dass auch nach Verkündung eines **Versäumnisbeschlusses** die Beschwerde noch zurückgenommen werden kann, sofern der Einspruch zulässigerweise erklärt worden oder die Frist zur Einlegung des Einspruch noch nicht abgelaufen ist.[174] Legen zwei Verfahrensbevollmächtigte unabhängig voneinander jeweils Beschwerde ein, bewirkt die ohne Einschränkung erklärte Rücknahme gemäß § 516 III S. 1 ZPO den Verlust des Rechtsmittels.[175] Kommt es nicht zu einer mündlichen Verhandlung, weil die Beschwerde unzulässig ist (§ 522 I S. 1 ZPO), oder sieht das Beschwerdegericht gemäß §§ 117 III, 68 III S. 2 FamFG von einer mündlichen Verhandlung ab, ist die Beschwerdeentscheidung erlassen, sobald die vollständig abgefasste und von den erkennenden Richtern unterschriebene Beschluss an die **Geschäftsstelle** übergeben worden ist zum Zwecke der Bekanntgabe an die Beteiligten.[176] Nur bis zu diesem Zeitpunkt kann die Beschwerde noch wirksam zurückgenommen werden.

551   Einer **Einwilligung des Beschwerdegegners** bedarf es nicht mehr.[177] Soweit sie gleichwohl teilweise unter Hinweis auf § 113 I S. 2 FamFG i. V. m. § 269 ZPO für erforderlich gehalten wird,[178] ist dem entgegenzuhalten, dass in § 67 IV FamFG die Beschwerderücknahme eigenständig und abschließend geregelt worden ist und neben dem Verweis auf § 516 III ZPO kein Anlass besteht für eine weitergehende Bezugnahme auf zivilprozessuale Vorschriften. Den Aussagewert einer Rücknahmeerklärung hat das Beschwerdegericht nach den anerkannten Auslegungsregeln unter Heranziehung der gesamten erkennbar gewordenen Umstände (Abgrenzung etwa zur Erledigungserklärung des Beschwerdeführers) zu bestimmen.[179] In der bloßen Erklärung, die Beschwerde werde beschränkt, liegt nicht ohne weiteres eine Rücknahme des weitergehenden Rechtsmittels.[180] Die Rücknahme ist **bedingungsfeindlich;** sie kann selbst von einer Bedingung innerhalb des Verfahrens nicht abhängig gemacht werden.[181] Sie unterliegt als Verfahrenshandlung abgesehen von dem Fall eines Restitutionsgrundes (§ 580 ZPO) grundsätzlich weder einem Widerruf noch einer Anfechtung.[182] Die Rechtsfolgen einer bei objektiver Betrachtung eindeutigen und damit

---

[172] BT-Drucks. 16/12717 S. 60
[173] Hoppenz/Gottwald Familiensachen § 67 FamFG Rn. 10
[174] BGH FamRZ 2006, 858
[175] BGH FamRZ 2007, 1313
[176] BT-Drucks. 16/6308 S. 195
[177] Hüßtege in Thomas/Putzo § 117 FamFG Rn. 17
[178] Musielak/Borth FamFG § 67 Rn. 2
[179] BGH FamRZ 2008, 43, 44
[180] BGH FamRZ 1989, 1064
[181] BGH FamRZ 2008, 43, 44; 1990, 147
[182] BGH FamRZ 2007, 375

wirksamen Rücknahme lassen sich auch nicht im Wege einer bei Verfahrenshandlungen möglichen **Umdeutung** beseitigen, da die Umdeutung an eine an sich unwirksame Verfahrenshandlung anknüpft.[183]

Widerspricht die Rücknahme durch den Verfahrensbevollmächtigten dem wirklichen Willen des Beteiligten und ist dies für Gericht und Gegner ganz offensichtlich, ist die Rücknahme wegen Verstoßes gegen Treu und Glauben wirkungslos.[184]

552 Mit – wirksamer – Beschwerderücknahme ist das Beschwerdeverfahren in der Hauptsache beendet, hindert den Beschwerdeführer indessen nicht, innerhalb einer noch laufenden Beschwerdefrist erneut Rechtsmittel einzulegen. Ist die Frist abgelaufen, tritt mit der Rücknahme **Rechtskraft** ein. Überdies werden, wie bei einem erstinstanzlichen Verfahrensantrag (§ 269 III S. 1 ZPO), noch nicht rechtskräftige Entscheidungen des Beschwerdegerichts (z. B. Versäumnisbeschlüsse) wirkungslos, ohne dass es einer Aufhebung bedarf. Wegen der **Kosten** ist kein eigener Antrag nötig (§ 516 III S. 2 ZPO). Er löst auch keine Gebühren mehr aus. Ohne gerichtlichen Ausspruch gemäß § 516 ZPO gibt es keine Kostenfestsetzung (§ 103 I ZPO). Die gesetzliche Regelung allein reicht nicht. Der Antrag, den Beschwerdeführer des eingelegten Rechtsmittels für verlustig zu erklären, ist praktisch nutzlos.

Die Kostentragungspflicht des § 516 III ZPO bei Rücknahme der Beschwerde wird in Unterhaltssachen überlagert durch die speziellere Vorschrift des **§ 243 FamFG**,[185] die für die Frage der Kostenverteilung ausnahmslos alle zivilprozessualen Kostenvorschriften verdrängt. Die von Amts wegen zu treffende Kostenentscheidung umfasst auch die Kosten einer **Anschlussbeschwerde**, die gemäß § 66 S. 2 FamFG durch die Rücknahme oder Verwerfung des Hauptrechtsmittels wirkungslos wird.

553 **b) Verzicht.** Nach dem eindeutigen Wortlaut in § 67 I FamFG ist die Beschwerde unzulässig, wenn der Beschwerdeführer hierauf **nach Bekanntgabe des Beschlusses** durch Erklärung gegenüber dem Gericht verzichtet hat. Damit ist die in der Gesetzesbegründung vertretene Auffassung,[186] wonach der Rechtsmittelverzicht vor und nach Erlass der Entscheidung möglich sein soll, nicht zu vereinbaren. Maßgebender Zeitpunkt, ab dem eine entsprechende Erklärung wirksam abgegeben werden kann, ist in Unterhaltssachen mithin nach der Gesetz gewordenen Regelung die erstinstanzliche **Verkündung** der Endentscheidung. **Empfänger** der Verzichtserklärung ist zunächst das Gericht, bei dem die Beschwerde einzulegen ist (§ 64 I FamFG). Hat das Eingangsgericht allerdings die Sache wegen eines eingelegten Rechtsmittels bereits an das Beschwerdegericht abgegeben (§ 68 I FamFG), wird eine Verzichtserklärung erst mit dem Eingang bei diesem Gericht wirksam. Die Erklärung bewirkt den Verlust eines bereits eingelegten Rechtsmittels.

554 Bei der Verzichtserklärung handelt es sich, wie bei der Rücknahme des Rechtsmittels, um eine einseitige das Verfahren bestimmende Handlung, die im Unterhaltsstreitverfahren nur durch einen Rechtsanwalt (§ 114 I FamFG) wirksam durch einen eingereichten Schriftsatz oder zu Protokoll in der mündlichen Verhandlung abgegeben werden kann. Inhaltlich muss es sich um eine zwar nicht notwendig ausdrückliche, aber nach den anerkannten Auslegungsregeln eindeutige und endgültige Aufgabe des Rechts der Beteiligten, die Endentscheidung durch das Beschwerdegericht überprüfen zu lassen.[187] Inhalt und Tragweite eines gegenüber dem Gericht erklärten Rechtsmittelverzichts sind danach zu beurteilen, wie die Verzichtserklärung bei verständiger Sicht aufgenommen werden darf. Erfolgt die Verzichtserklärung zu Protokoll in der mündlichen Verhandlung, stehen Mängel in der Protokollierung der Wirksamkeit der Erklärung allerdings nicht entgegen, weil es sich bei dem durch § 162 I ZPO vorgeschriebene Verfahren nicht um ein zwingendes Formerfordernis handelt. Die Protokollierung dient lediglich der Beweiskraft einer öffentlichen Urkunde, so dass der Nachweis des Rechtsmittelverzichts, sofern er hiernach streitig oder zweifelhaft bleibt, auch durch andere Beweismittel geführt werden kann.[188] Der wirksam

---

[183] BGH FamRZ 2008, 43, 44
[184] BGH FamRZ 2008, 43, 45; 1988, 496
[185] Johannsen/Henrich/Althammer § 67 FamFG Rn. 6
[186] BT-Drucks. 16/6308 S. 456
[187] Johannsen/Henrich/Althammer § 67 FamFG Rn. 3
[188] BGH FamRZ 2007, 1631 Rn. 6

erklärte Rechtsmittelverzicht unterliegt als Verfahrenshandlung keiner **Anfechtung** und, abgesehen von den Voraussetzungen für einen Wiederaufnahmegrund (§ 118 FamFG i. V. m. § 580 ZPO) keinem **Widerruf**.[189]

555 Der Verzicht auf die **Anschlussbeschwerde** kann, wie aus § 67 II FamFG folgt, wirksam erst nach Einlegung des Hauptrechtsmittels erklärt werden. Unberührt hiervon bleibt die Befugnis, beim Scheidungsverbundverfahren nach Verkündung der Endentscheidung, aber schon vor Einlegung eines Rechtsmittels auf eine Anfechtung der Entscheidung im Weg der Anschließung zu verzichten (§ 144 FamFG).

13. Verfahrenskostenhilfe im Beschwerdeverfahren

556 Bei bestehender Verfahrenskostenarmut ist der Beschwerdeführer regelmäßig daran interessiert, im Kosteninteresse seine weitere Rechtsverfolgung frühzeitig von der erfolgreichen Bescheidung seines Verfahrenskostenhilfegesuchs abhängig zu machen. Dem gegenüber fordert das **Gebot der Rechtssicherheit** für den Beschwerdegegner Gewissheit über die jeweiligen verfahrensrechtlichen Folgen. Deshalb ist eine **Beschwerde,** deren Wirksamkeit von einer **Bedingung** abhängen soll, **unzulässig**.[190] So liegen die Dinge insbesondere dann, wenn die Beschwerde nur für den Fall der Bewilligung von Verfahrenskostenhilfe eingelegt sein soll (z. B.: „Die heutige Beschwerde gilt als eingelegt und das Verfahren wird durchgeführt, wenn dem Beschwerdegegner Verfahrenskostenhilfe bewilligt wird.").[191] Allerdings ist von einer unzulässig nur bedingten Beschwerde erst dann auszugehen, wenn sich dies aus den **gesamten Begleitumständen** mit einer jeden Zweifel ausschließenden Deutlichkeit ergibt.[192] An einer solchen Eindeutigkeit fehlt es, wenn, wie der BGH[193] wiederholt entschieden hat, der Beschwerdeführer nur die „Durchführung" des Rechtsmittels von der Bewilligung von Verfahrenskostenhilfe abhängig macht, weil unter diese Formulierung als Alternative auch die Rücknahme der Beschwerde fällt. Sind die weiteren Formerfordernisse erfüllt, ist hier von einer wirksam eingelegten Beschwerde auszugehen. Dessen ungeachtet kann der Beschwerdeführer eine etwaige Bedingung nach Bescheidung seines Verfahrenskostenhilfegesuchs innerhalb der Wiedereinsetzungsfrist zurücknehmen.[194] Werden Beschwerdeschrift und Verfahrenskostenhilfegesuch gleichzeitig eingereicht, hat der Beschwerdeführer alles zu vermeiden, was auf eine Abhängigkeit der Beschwerdeeinlegung von der Verfahrenskostenhilfebewilligung hindeutet und das Risiko in sich birgt, dass die Unbedingtheit der Rechtsmitteleinlegung verkannt wird.[195]

557 Wird eine Rechtsmittelschrift als Entwurf zusammen mit einem Verfahrenskostenhilfegesuch übermittelt, fehlt es an der Einlegung eines Rechtsmittels; die Schrift dient vielmehr nur zur Darlegung der Erfolgsaussichten für die begehrte Verfahrenskostenhilfe.[196] Heißt es in einem Gesuch, dass um Verfahrenskostenhilfe zur Einlegung der in der Anlage beigefügten Beschwerde nachgesucht und die Beschwerde von der Bewilligung von Verfahrenskostenhilfe abhängig gemacht werde und dass nach deren Bewilligung ein Wiedereinsetzungsantrag wegen der dann möglicherweise schon abgelaufenen Beschwerdefrist beabsichtigt sei, ist noch keine Beschwerde eingelegt, auch nicht – unzulässigerweise – bedingt.[197] Zulässig ist die Bitte, die (bereits eingelegte) Beschwerde erst „nach Bewilligung von Verfahrenskostenhilfe in den Geschäftsgang"[198] oder „zunächst zu den Akten" zu nehmen und erst über den Verfahrenskostenhilfeantrag zu entscheiden.[199] Wird einem Verfahrens-

---

[189] BGH FamRZ 1988, 1158
[190] BGH NJW 1999, 2823; allg. M.
[191] BGH FamRZ 2007, 895
[192] BGH FamRZ 2005, 1537; 2004, 1553
[193] BGH FamRZ 2007, 1726; 2004, 1553
[194] BGH FamRZ 2007, 1726, 1728
[195] BGH FamRZ 2006, 400
[196] BGH FamRZ 2007, 801; 2001, 907
[197] BGH FamRZ 1993, 1427
[198] BGH LM § 518 ZPO Nr. 2
[199] BGH FamRZ 1988, 383

kostenhilfegesuch ein mit Beschwerde bezeichneter Schriftsatz beigefügt, der den Erfordernissen einer Beschwerdeschrift (vgl. Rn. 10/511) genügt, ist die Beschwerde eingelegt. Selbst Hinweise auf „beabsichtigte Rechtsverfolgung/Rechtsverteidigung" und auf einen „anliegenden Klageentwurf" stören als formelhafte Erklärungen aus der 1. Instanz dann nicht, es sei denn aus den sonstigen Begleitumständen ergeben sich weitere Anhaltspunkte, die eine wirksam eingelegte Verfahrenserklärung ausschließen.[200] Angesichts zahlreicher sprachlicher Gestaltungsmöglichkeiten bei der Verknüpfung von Verfahrenskostenhilfegesuch und Beschwerdeeinlegung besteht die Gefahr von Missverständnissen, die zu ungünstigen Auslegungsergebnissen führen können und der beabsichtigten Rechtsverfolgung nicht entsprechen. Das für den Einzelfall bleibende Risiko lässt sich in der Rechtspraxis begrenzen (vgl. hierzu näher Rn. 10/512).

Der verfahrenskostenarme Beteiligte, der rechtzeitig um Verfahrenskostenhilfe nachsucht, ist **ohne Verschulden** verhindert, gesetzliche Fristen des Beschwerdeverfahrens einzuhalten, sofern er nach den jeweiligen Umständen mit der Versagung von Verfahrenskostenhilfe wegen mangelnder Bedürftigkeit nicht rechnen musste.[201] Hat der Beschwerdeführer allerdings neben dem Verfahrenskostenhilfegesuch eine unzulässige bedingte Beschwerde eingelegt, besteht für das Gericht keine Hinweispflicht. Unterlässt deshalb der Beteiligte nach Zustellung der Entscheidung über die Bewilligung von Verfahrenskostenhilfe innerhalb der Frist des § 234 I S. 1 ZPO eine formgerechte Beschwerdeeinlegung, kann für ein späteres Rechtsmittel Wiedereinsetzung in den vorigen Stand nicht bewilligt werden. Das Verkennen der Sach- und Rechtslage erscheint nicht unverschuldet (§ 85 II ZPO).[202]

558

14. Verfahrenskostenhilfe und Wiedereinsetzung in den vorigen Stand

Die Beschwerdefrist (§ 63 I FamFG) und die Beschwerdebegründungsfrist (§ 117 I S. 3 FamFG) laufen jeweils ab Zustellung der in vollständiger Form abgefassten Endentscheidung, und zwar auch gegenüber dem verfahrenskostenarmen Beteiligten. Muss dieser wegen der instanzbeschränkten Bewilligung (§ 119 S. 1 ZPO) erneut um die Gewährung von Verfahrenskostenhilfe für die Durchführung des Beschwerdeverfahrens nachsuchen, sind in der Regel bis zur Bekanntgabe einer das Gesuch erledigenden Entscheidung die relevanten Fristen bereits abgelaufen. Deshalb kommt beim Streitverfahren in Unterhaltssachen (§ 231 I FamFG) in der Beschwerdeinstanz hauptsächlich **die Wiedereinsetzung wegen Mittellosigkeit** (§§ 113 I S. 2, 117 V FamFG i. V. m. §§ 233, 234 ZPO) in Betracht.

559

In diesem Zusammenhang wird von dem Beteiligten, der sich wegen Mittellosigkeit ohne Mitwirkung eines Rechtsanwalts daran gehindert sieht (§ 114 I FamFG), fristgerecht die verfahrensnotwendige Beschwerdeschrift einzureichen, erwartet, dass er mit einem entsprechenden Verfahrenskostenhilfegesuch seine persönlichen und wirtschaftlichen Verhältnisse prüffähig darstellt.[203] Er erfüllt diese Voraussetzungen, indem er **innerhalb der Beschwerdefrist** ein **vollständiges und prüffähiges Verfahrenskostenhilfegesuch,** also grundsätzlich eine neue Erklärung auf dem amtlichen Vordruck nebst Belegen, bei Gericht einreicht (§ 117 II und IV ZPO).[204] Legt der Beteiligte innerhalb der Beschwerdefrist nur ein ausgefülltes Antragsformular vor, ohne die gebotenen Nachweise durch Beifügung der Belege zu führen, fehlt es bei Ablauf der Beschwerdefrist an einem prüffähigen Gesuch, so dass weder Verfahrenskostenhilfe noch eine Wiedereinsetzung in den vorigen Stand bei Versäumung der Beschwerdefrist bewilligt werden kann.

Indessen dürfen die Anforderungen an die formularmäßige Erklärung des rechtsunkundigen Beteiligten in diesem Zusammenhang nicht überspannt werden.[205] So rechtfertigen einzelne **Lücken** bei der Ausfüllung des Vordrucks nach § 117 III ZPO nicht die Ablehnung des Antrags auf Gewährung von Verfahrenskostenhilfe und die Versagung der Wieder-

560

---

[200] BGH FamRZ 1990, 995
[201] BGH NJW 1999, 2823
[202] BGH FamRZ 2007, 895, 896
[203] BGH FamRZ 2005, 1901; 2005, 789
[204] BGH FamRZ 2006, 1028; 2006, 32
[205] BGH FamRZ 2010, 283 Rn. 8

einsetzung, wenn aus den Angaben und beigefügten Unterlagen nahe liegend hervorgeht, dass der Beteiligte über keine weiteren Einkünfte oder kein (weiteres) Vermögen verfügt.[206] Hat er in demselben Verfahren bereits wiederholt einen vollständig ausgefüllten Vordruck für ein entsprechendes Gesuch eingereicht, muss für den Nachweis der weiteren Mittellosigkeit die Erklärung, genügen, die Verhältnisse hätten sich verschlechtert oder zumindest nicht verändert, und zwar auch dann, wenn der Beteiligte auf dem Vordruck die Fragen zu möglichen Einnahmen weder mit „ja" noch mit „nein" beantwortet hat.[207]

Den notwendigen Beleg seiner Mittellosigkeit kann der Beteiligte schließlich auch durch **ausdrückliche Bezugnahme** auf seine erstinstanzliche Erklärung und die dazu vorgelegten Unterlagen verbunden mit dem Hinweis auf etwaige Abweichungen führen. Generell ist zur Vermeidung einer **überflüssigen Förmelei** eine Bezugnahme auf frühere Erklärungen zulässig und ausreichend, wenn unmissverständlich mitgeteilt wird, dass seither keine Änderungen eingetreten seien.[208] Unvollständig ist z. B. ein Verfahrenskostenhilfegesuch allerdings dann, wenn ein Gewerbetreibender statt des im Zeitpunkt der Antragstellung aktuellen Einkommens sein Einkommen von vier Jahren zuvor angibt oder die im amtlichen Vordruck gestellten Fragen nicht beantwortet.[209]

561 In diesem Zusammenhang stellt sich die Frage, gegenüber welchem Gericht der Beteiligte fristwahrend den Nachweis einer Verfahrenskostenarmut führen muss. Der Antrag auf Bewilligung von Verfahrenskostenhilfe ist an sich gemäß § 113 I S. 2 FamFG i. V. m. § 117 I S. 1 ZPO bei dem **Verfahrensgericht** zu stellen. Das ist im oder für ein in Aussicht genommenes Rechtsmittelverfahren das Rechtsmittelgericht, das hierfür auch zur Entscheidung berufen ist (§ 127 I S. 2 ZPO). Dem liegt das zivilprozessuale Rechtsmittelsystem zugrunde, demzufolge ein Rechtsmittel bei dem Gericht einzulegen ist, das hierüber in der Sache auch zu entscheiden hat. Davon unterscheidet sich das Beschwerdeverfahren nach §§ 58, 117 FamFG allerdings schon dadurch, dass die Beschwerde bei dem Gericht einzulegen ist (§ 64 I FamFG), dessen Entscheidung angefochten werden soll **(Eingangsgericht)**, während alle weiteren Entscheidungen im und bezogen auf das Rechtsmittelverfahren in Familiensachen (§ 68 I S. 2 FamFG) durch das **Beschwerdegericht** zu treffen sind. Nach der Einschätzung des Gesetzgebers soll dieser Verfahrensablauf der **Beschleunigung** des **Beschwerdeverfahrens** dienen.[210] Im Übrigen werde der Rechtsmittelführer durch die jeweilige Rechtsmittelbelehrung über die gebotene Vorgehensweise informiert.[211]

562 Indessen tragen diese Erwägungen der Gesetzesbegründung in Familienstreitsachen und anderen Familiensachen den Gegebenheiten zweifelsfrei nicht Rechnung. Dies liegt in erster Linie darin begründet, dass in diesen Verfahren das erstinstanzliche Gericht im Unterschied zu anderen im FamFG geregelten Verfahren, auf die die Gesetzesbegründung offensichtlich abgestimmt ist, an der Durchführung eines **Abhilfeverfahrens** gehindert ist (§ 68 I S. 2 FamFG). Die Tätigkeit des Amtsgerichts in Familiensachen erschöpft sich deshalb in der Entgegennahme der Rechtsmitteleinlegung und der Weiterleitung an das Beschwerdegericht unter Beifügung der Akten. Erst dort beginnt das Verfahren über die Bewilligung von Verfahrenskostenhilfe mit einer Anhörung des Gegners. Bezogen auf ein Verfahrenskostenhilfegesuch verschafft die nach § 39 FamFG vorgeschriebene Rechtsbehelfsbelehrung dem rechtsunkundigen Beteiligten auch keine weitere Aufklärung, weil diese Vorschrift sich über Belehrungsanforderungen für die Bewilligung von Verfahrenskostenhilfe nicht verhält.

563 Bestimmend für das gebotene Vorgehen dürfte deshalb die Zielrichtung der Verfahrenskostenhilfe sein, nämlich dem bedürftigen Beteiligten im Verhältnis zum vermögenden Beteiligten einen möglichst **gleichwertigen** und **gleichlaufenden** gerichtlichen **Zugang** auch **im Rechtsmittelverfahren** zu gewährleisten. Deshalb muss der Antragsteller innerhalb der Rechtsmittelfrist alles unternehmen, was er bei verständiger Wahrnehmung seiner

---

[206] BGH FamRZ 2005, 2062
[207] BGH NJW-RR 2000, 1520
[208] BGH FamRZ 1997, 546
[209] BGH NJW-RR 1991, 637
[210] BT-Drucks. 16/6308 S. 206
[211] BT-Drucks. 16/6308 S. 206

Interessen ohne die kostenwirksame Mitwirkung eines Rechtsanwalts leisten kann. Da sich dies im Wesentlichen auf die Darlegung der persönlichen und wirtschaftlichen Verhältnisse beschränkt, er aber auf Grund der **Rechtsmittelbelehrung** davon auszugehen hat, dass das Rechtsmittel beim **Amtsgericht** einzulegen ist, erscheint es angezeigt, auf dessen **Eingangszuständigkeit** auch für ein Verfahrenskostenhilfegesuch bei noch einzulegender Beschwerde abzustellen.[212] Ein aus den Besonderheiten der Verfahrenskostenhilfe resultierender Grund, auf eine Eingangszuständigkeit des Beschwerdegerichts abzustellen, ist nicht ersichtlich, zumal die Akten zu diesem Zeitpunkt noch dem Amtsgericht vorliegen und dem Rechtsmittelgericht nicht verfügbar sind. Sollte allerdings der **rechtsunkundige Beteiligte** sich mit seinem Verfahrenskostenhilfegesuch innerhalb der Monatsfrist an das Beschwerdegericht wenden, dürfte ihm bei der unklaren Rechtslage und fehlender Belehrung die Wiedereinsetzung in den vorigen Stand nicht zu versagen sein. Handelt es sich um einen **Rechtsanwalt**, ist dem Antragsteller jedenfalls eine Berufung auf das Fehlen einer Belehrung versagt.[213]

Für sein Verfahrenskostenhilfegesuch kann der Beteiligte die **Beschwerdefrist voll ausnutzen.** Einer weiteren **sachlichen Begründung** bedarf es nicht.[214] Sieht er allerdings hiervon ab und vernachlässigt die Möglichkeiten, die ihm durch die Eröffnung einer zweiten Tatsacheninstanz gegeben sind (§ 65 II FamFG), beschränkt sich die Erfolgsprüfung lediglich auf eine Würdigung des erstinstanzlichen Vorbringens. Gelingt es dem verfahrenskostenarmen Beteiligten nicht, innerhalb der Beschwerdefrist den Nachweis seiner Bedürftigkeit zu führen, kann ihm gleichwohl auch dann noch Wiedereinsetzung in den vorigen Stand gegen die Versäumung der Beschwerdefrist zu bewilligen sein, wenn er ein vollständiges Verfahrenskostenhilfegesuch **innerhalb der Wiedereinsetzungsfrist** des § 234 I ZPO einreicht **und** die Fristversäumung **nicht auf einem Verschulden** beruht.[215] 564

Ungeachtet der inhaltlichen Anforderungen an das jeweilige Verfahrenskostenhilfegesuch muss der Beschwerdeführer fristgerecht (§ 234 I ZPO) die Wiedereinsetzung bei dem zuständigen Gericht **beantragen.** Dabei beginnt die **Wiedereinsetzungsfrist** an dem Tag, an dem das Hindernis behoben ist (§ 234 II ZPO) bzw. an dem der verantwortliche Anwalt mit der gebotenen Sorgfalt die eingetretene Säumnis erkennen kann. Ob der Beteiligte die versäumte Verfahrenshandlung an diesem Tag noch vornehmen konnte, ist irrelevant.[216] Für die Wiedereinsetzung gegen Versäumung der Wiedereinsetzungsfrist gilt eine selbständige Wiedereinsetzungsfrist, die von der Frist für die Wiedereinsetzung wegen Versäumung der Rechtsmittelfrist zu unterscheiden ist.[217] Kein (neues) Gesuch ist nötig, Wiedereinsetzung ist vielmehr **von Amts wegen** zu gewähren (§ 236 II 2 ZPO), wenn – neben dem Vorliegen der versäumten Verfahrenshandlung – die Gründe für die unverschuldete Fristversäumung glaubhaft gemacht[218] oder sonst offensichtlich sind.[219] Behoben ist das Hindernis, sobald die bisherige Ursache der Verhinderung beseitigt oder sein Fortbestehen verschuldet ist.[220] Besteht das Hindernis in der Unkenntnis der Versäumung einer Frist, so gilt es von dem Zeitpunkt an als behoben, an dem diese Unkenntnis von dem Beteiligten oder seinem Verfahrensbevollmächtigten (§ 85 II ZPO) zu vertreten war.[221] 565

Hat der Beschwerdeführer die **Beschwerdefrist** versäumt, muss er innerhalb einer **zweiwöchigen Frist** den Antrag auf **Wiedereinsetzung** stellen (§ 234 I S. 1 ZPO) und gemäß § 236 II S. 2 ZPO **Beschwerde** einlegen. Das Rechtsmittel ist bei dem gemäß § 64 I FamFG **zuständigen Amtsgericht** einzulegen und mit dem Wiedereinsetzungsantrag zu verbinden. Dem gegenüber kann der Ansicht, es bestehe eine Zuständigkeit des Beschwer- 566

---

[212] FA-FamR/Geißler Kap. 1 Rn. 597
[213] BGH FamRZ 2010, 1425 Rn. 11
[214] BGH FamRZ 2007, 1319, 1320; 2006, 1269
[215] BGH FamRZ 2005, 1901
[216] BGH FamRZ 1997, 997; 813
[217] BGH FamRZ 1999, 579
[218] BGH FamRZ 2011, 30 Rn. 12
[219] BGH FamRZ 2011, 281 LS
[220] BGH FamRZ 1988, 1257
[221] Vgl. BGH FamRZ 1988, 154

degerichts,²²² weil dieses über den Wiedereinsetzungsantrag zu entscheiden habe, nicht gefolgt werden. Die erstinstanzliche Zuständigkeit als **Eingangsgericht** entfällt nicht dadurch, dass das Rechtsmittel „verfristet" eingelegt wird. Auch der Hinweis auf die Zuständigkeit des Beschwerdegerichts für die Bescheidung des Antrags auf Wiedereinsetzung (§ 237 ZPO) steht dem nicht entgegen. Vielmehr trägt dies der Konzeption des Gesetzgebers, wonach das Amtsgericht im Beschwerdeverfahren „zur Entgegennahme" des Rechtsmittels, zuständig sein soll, mit dem im Übrigen der Antrag auf Wiedereinsetzung zu verbinden ist (§ 236 ZPO), Rechnung. Für die gegenteilige Auffassung lassen sich auch keine Gründe zwingender Praktikabilität finden. Denn nach der Bescheidung des Antrags auf Bewilligung von Verfahrenskostenhilfe ist das Beschwerdegericht mit der Sache nicht weiter befasst, so dass die Akten dem Amtsgericht zur weiteren Behandlung (Kosten) wieder zur Verfügung stehen. Sie übersieht ferner, dass ein Wiedereinsetzungsantrag entbehrlich ist, wenn der Beteiligte die versäumte Verfahrenshandlung (Beschwerde) nachgeholt hat und die Gründe für die unverschuldete Fristversäumung offenkundig sind.²²³ Die **Nachholung** der Rechtsmitteleinlegung ist nicht notwendig, wenn die Beschwerde schon früher, wenn auch verspätet eingelegt war. Sie ist allerdings erforderlich, wenn die **Beschwerde** bedingt und daher **unzulässig** war.²²⁴

567 Bestand das **Hindernis in der Mittellosigkeit,** hat der Beteiligte zur Wahrung der Wiedereinsetzungsfrist folgendes zu beachten:

Wird die nachgesuchte **Verfahrenskostenhilfe bewilligt,** entfällt das Hindernis mit der Bekanntgabe (nicht notwendig, aber zweckmäßig und in der Praxis üblich: Zustellung) des Beschlusses über die Bewilligung an den Beschwerdeführer, auch wenn Verfahrenskostenhilfe teilweise verweigert wird,²²⁵ oder wenn der Beteiligte bei sorgfältigem Verhalten hätte Kenntnis erlangen können.²²⁶ Daneben ist für eine **Überlegungsfrist** kein Raum. Auch die Erweiterung der Verfahrenskostenhilfe etwa auf eine **Gegenvorstellung** wirkt sich auf den Lauf der Frist nicht weiter aus. Sie setzt keine neue Frist in Lauf, weil bereits mit der ursprünglichen Bewilligung das Hindernis der Bedürftigkeit entfallen ist.²²⁷ Hat ein Rechtsanwalt für den Beteiligten das Verfahren betrieben, muss die den Fristbeginn auslösende Bekanntmachung an diesen erfolgen, gegebenenfalls an den beigeordneten und bereits bevollmächtigten Rechtsanwalt. Ist versehentlich die Beiordnung des Rechtsanwalts unterblieben, entfällt das Hindernis erst mit Bekanntgabe des Beiordnungsbeschlusses.²²⁸ Fehlt es an einer Bevollmächtigung ist das Hindernis beseitigt, sobald der Beteiligte von der Beiordnung erfährt.

568 Wird die nachgesuchte **Verfahrenskostenhilfe versagt,** billigt der BGH in std. Rspr.²²⁹ dem hiervon betroffenen Beteiligten nach Bekanntgabe der Entscheidung zunächst eine **Überlegungsfrist** von 3 bis 4 Werktagen zu, damit sich der Beteiligte darüber Klarheit verschaffen kann, ob er das Beschwerdeverfahren auch auf eigene Kosten betreiben will. Unerheblich soll hierfür sein, ob die Versagung mangels Erfolgsaussicht oder Bedürftigkeit erfolgt. Erst nach Ablauf der Überlegungsfrist wird das Hindernis im Sinne von § 234 II ZPO für die Stellung eines Wiedereinsetzungsantrags behoben und der Lauf der für die Beschwerdeeinlegung maßgeblichen Frist von zwei Wochen in Gang gesetzt. Bis zur Bekanntgabe der Versagung von Verfahrenskostenhilfe zuwarten darf der Beteiligte allerdings nur dann, wenn er vernünftigerweise nicht schon zu einem **früheren Zeitpunkt** mit der Ablehnung seines Verfahrenskostenhilfeantrags rechnen musste.²³⁰ So sind die Voraussetzungen für ein weiteres Zuwarten durch den bedürftigen Beteiligten nicht mehr gegeben, wenn das Gericht bereits mit ausführlich begründeter Verfügung den Beteiligten darüber

---

²²² FA-FamR/Geißler Kap. 1 Rn. 597
²²³ BGH FamRZ 2007, 801 Rn. 10
²²⁴ BGH FamRZ 2007, 1726
²²⁵ BGH FamRZ 1993, 694
²²⁶ BGH FamRZ 1991, 425
²²⁷ OLG Zweibrücken FamRZ 2006, 496
²²⁸ OLG München FamRZ 2005, 1499
²²⁹ BGH FamRZ 2009, 685 LS; 1993, 1428
²³⁰ BGH FamRZ 2009, 217 Rn. 11

informiert hat, dass die wirtschaftlichen Voraussetzungen für die Gewährung von Verfahrenskostenhilfe (z. B. nach § 115 IV ZPO) nicht vorliegen. Nach Bekanntgabe darf der Beteiligte ungeachtet der endgültigen Entscheidung über die Verfahrenskostenhilfe mit den nach §§ 234, 236 II S. 2 ZPO gebotenen Verfahrenshandlungen nicht weiter zuwarten. Allerdings ist dem Beteiligten auch in diesem Fall die durch den BGH[231] in der Entscheidung vom 31. 1. 2007 nicht weiter erwähnte Überlegungsfrist von 3 bis 4 Werktagen zuzubilligen.

Hat der Beschwerdeführer infolge form- und fristgemäß geltend gemachter Mittellosigkeit die Frist zur **Beschwerdebegründung** (§ 117 I S. 3 FamFG) versäumt, hat er gemäß § 117 V FamFG i. V. m. § 234 I S. 2 ZPO innerhalb der **Frist von einem Monat** Wiedereinsetzung zu beantragen und die Beschwerdebegründung nachzuholen. Diese ist bei dem **Beschwerdegericht** einzureichen ist (§ 117 I S. 2 FamFG), mithin auch fristwahrend der darauf gerichtete Wiedereinsetzungsantrag (§§ 236, 237 ZPO). Da es sich um eine Wiedereinsetzungsfrist handelt, scheidet eine **Verlängerung** der **Beschwerdebegründungfrist** aus. Die durch das 1. Justizmodernisierungsgesetz vom 24. 8. 2004 (BGBl. I S. 2198) in § 234 I ZPO eingefügte Bestimmung soll sicherstellen, dass einem Rechtsmittelführer, dem Verfahrenskostenhilfe nach Ablauf der Rechtsmittelbegründungsfrist gewährt worden ist, zumindest ein Monat Zeit für die Rechtsmittebegründung verbleibt, so dass er nicht schlechter gestellt wird als der vermögende Beteiligte.[232] Hat der bedürftige Beteiligte zunächst eine **unbedingte Beschwerde** eingelegt und mit der Geltendmachung der Mittellosigkeit die Beschwerdebegründungsfrist versäumt, entfällt das entsprechende Hindernis im Sinne von § 234 II ZPO mit der Bekanntgabe der bewilligenden oder versagenden Verfahrenskostenhilfeentscheidung. Ab diesem Zeitpunkt verbleibt dem Beschwerdeführer ein Monat für die Begründung und den Antrag auf Wiedereinsetzung.[233] Hat er allerdings schon die Einlegung der Beschwerde von der Bewilligung von Verfahrenskostenhilfe abhängig gemacht, müsste ein Abstellen auf die Bekanntgabe dieser Entscheidung zu einer im Vergleich mit dem vermögenden Beteiligten unangemessenen Benachteiligung bei der für die Beschwerdebegründung verfügbaren Zeit bestehen. Während der vermögende Beteiligte zunächst schon die zweimonatige Begründungsfrist des § 117 I S. 3 FamFG ausschöpfen und im nicht seltenen Bedarfsfall eine Verlängerung um einen weiteren Monat ohne Mitwirkung des Verfahrensgegners (§ 117 I S. 4 FamFG) erreichen kann, verbliebe dem bedürftigen Beteiligten nach Beiordnung eines Anwalts nur noch ein Monat ohne Möglichkeit einer Fristverlängerung. Auch wenn von Verfassungs wegen eine vollständige Gleichstellung zwischen bedürftigem und nicht bedürftigem Verfahrensbeteiligten nicht geboten erscheint,[234] ist doch zur Vermeidung unbilliger Nachteile dem Gesetzeszweck entsprechend die Regelung in § 234 I S. 2 BGB in dem Sinne zu verstehen, dass die Monatsfrist mit der **Bekanntgabe der Entscheidung** über die **Wiedereinsetzung** gegen die Versäumung der Beschwerdefrist zu laufen beginnt.[235] Diese Auslegung stellt zudem sicher, dass der Beteiligte erst eine eingelegte Beschwerde begründen muss.

Die den Antrag auf Wiedereinsetzung stützenden Tatsachen, die der Beteiligte innerhalb der Wiedereinsetzungsfrist – abgesehen von Erläuterungen ergänzungsbedürftiger Angaben – darzulegen hat,[236] sind glaubhaft zumachen (§§ 236 II S. 1, 294 ZPO). Insoweit ist die Fristwahrung allerdings nicht zwingend. Vielmehr kann die **Glaubhaftmachung** „im Verfahren über den Antrag" erfolgen,[237] mithin auch noch im Beschwerdeverfahren.[238] Bei der **Glaubhaftmachung,** mit der der Beteiligte nicht bis zu einer Aufforderung des Gerichts zuwarten darf, ist zu beachten, dass gängige Formulierungen für eine eidesstattliche Versicherung wie: „Die von meinem Rechtsanwalt im Schriftsatz vom ... aufgestell-

---

[231] BGH FamRZ 2007, 801
[232] BT-Drucks. 15/1508, S. 17
[233] BGH FamRZ 2006, 1271
[234] BVerfG NJW 2003, 3190, 3191
[235] BGH FamRZ 2007, 1640
[236] BGH NJW 2004, 367
[237] BGH FamRZ 1989, 373
[238] BGH NJW 1996, 1682

ten Behauptungen sind richtig; es ist nichts Unwahres hinzugefügt oder Wesentliches weggelassen" ohne praktischen Wert sind, weil sie keine eigene Sachdarstellung des Versichernden enthalten.[239] Zur Glaubhaftmachung eines Versehens bedarf es nicht der Darlegung von Gründen, die das Versehen erklären könnten.[240] Auch mit Hilfe einer eidesstattlichen Versicherung seines Verfahrensbevollmächtigten kann der Beteiligte die **überwiegende Wahrscheinlichkeit** für die Richtigkeit seiner Angaben führen. Widersprüche oder Besonderheiten in den Gesamtumständen können einer entsprechenden Beweiskraft entgegenstehen.[241] Bleibt nach Würdigung der vorgelegten Beweise die Möglichkeit einer verschuldeten Fristversäumung offen, kann Wiedereinsetzung in den vorigen Stand nicht gewährt werden.[242] Der **Beweiskraft des Eingangsstempels** (§ 418 ZPO) kann der Antragsteller mit dem Freibeweis entgegentreten, wobei allein die eidesstattliche Versicherung in der Regel nicht geeignet ist, den Nachweis dafür zu erbringen, dass der jeweilige Schriftsatz schon zu einem früheren Zeitpunkt eingegangen sein muss.[243] Allerdings ist das Gericht in dieser Situation gehindert, vor einer angebotenen **Zeugenvernehmung**[244] oder einem entsprechenden Hinweis[245] die Wiedereinsetzung wegen fehlender Glaubhaftmachung zu versagen.

571 Die **Wiedereinsetzung ist gerechtfertigt,** wenn der Beteiligte vernünftigerweise nicht mit der Ablehnung seines Verfahrenskostenhilfegesuchs rechnen musste.[246] Das ist z. B. der Fall,
– wenn der Beteiligte bis zum Ablauf der Beschwerdefrist die für seine wirtschaftlichen Verhältnisse wesentlichen Angaben vollständig und übersichtlich dargestellt hat, regelmäßig durch fristgerechte Vorlage der Erklärung gemäß § 117 ZPO mit lückenlosen Angaben,[247]
– wenn ihm in erster Instanz Verfahrenskostenhilfe bewilligt wurde, er in der Beschwerdeinstanz entweder eine neue Verfahrenskostenhilfeerklärung mit Belegen vorgelegt oder auf die frühere nebst Belegen Bezug genommen hat unter Angabe etwaiger Änderungen und das Beschwerdegericht vor Ablehnung der Verfahrenskostenhilfe keine weiteren Belege angefordert hat,[248]
– wenn er bis zum Zeitpunkt der Entscheidung über das Wiedereinsetzungsgesuch glaubhaft macht, dass mit dem Verfahrenskostenhilfegesuch „in der Anlage" übersandte Belege usw. ohne sein oder seines Anwalts Verschulden nicht innerhalb der Beschwerdefrist vorgelegt worden sind, z. B. wegen mangelhafter Sorgfalt der Kanzleiangestellten.[249]

Im Einzelnen gilt: Ein Rechtsmittelführer, der innerhalb der Rechtsmittelfrist Verfahrenskostenhilfe beantragt hat, ist bis zur Entscheidung über den Antrag so lange ohne sein Verschulden an der Einlegung des Rechtsmittels gehindert anzusehen, als er nach den gegebenen Umständen vernünftigerweise nicht mit der Ablehnung seines Antrags wegen fehlender Bedürftigkeit rechnen muss; hinsichtlich der Erfolgsaussichten bedarf es nicht einmal einer sachlichen Begründung im Verfahrenskostenhilfegesuch.[250] Legt ein bedürftiger Beteiligter eine durch die Gewährung von Verfahrenskostenhilfe bedingte und damit **unzulässige Beschwerde** ein, so ändert dies nichts an seinem Unvermögen, die Beschwerdefrist einzuhalten. Hat er nach Ablauf der Beschwerdefrist, aber vor der Bewilligung von Verfahrenskostenhilfe, nochmals unbedingt Beschwerde eingelegt, ist ihm von Amts wegen Wiedereinsetzung in den vorigen Stand zu gewähren.[251]

---

[239] Vgl. BGH NJW 1988, 2045
[240] BGH FamRZ 2005, 267
[241] BGH FamRZ 2006, 201
[242] BGH NJW-RR 2005, 143
[243] BGH FamRZ 2005, 2065
[244] BGH FamRZ 2010, 122 Rn. 9
[245] BGH FamRZ 2010, 726 Rn. 10
[246] BGH FamRZ 2010, 448 Rn. 5
[247] BGH FamRZ 2006, 1028; 2006, 32
[248] Vgl. BGH VersR 1985, 972
[249] BGH FamRZ 2005, 1901; 1987, 925
[250] BGH FamRZ 2006, 1269; NJW-RR 2001, 570
[251] BGH FamRZ 2001, 415

4. Abschnitt: Rechtsmittel in Unterhaltssachen § 10

Keine Wiedereinsetzung gibt es, wenn bei Ablauf der Rechtsmittelfrist der Verfahrens- 572
kostenhilfeantrag unvollständig oder wegen fehlender Kostenarmut mit der Ablehnung von
Verfahrenskostenhilfe zu rechnen war[252] oder bei inhaltlichen Mängeln der Beschwerdeschrift, z. B. falscher Adressierung des Gerichts, auch bei gemeinsamer Einlaufstelle,[253] oder
ungenügender Bezeichnung der angefochtenen Entscheidung. Der Anwalt, der eine Beschwerdeschrift unterschreibt, muss selbst eigenverantwortlich die Ordnungsmäßigkeit der
Rechtsmittelschrift prüfen.[254] Ausnahmsweise ist Wiedereinsetzung dann möglich, wenn
das angegangene Gericht über Gebühr lange die Rechtsmittelschrift nicht weiterleitet[255]
oder wenn auf der Rechtsmittelschrift lediglich Straße und Hausnummer des Rechtsmittelgerichts unrichtig angegeben sind.[256] Die Wiedereinsetzung gegen die Versäumung von
Fristen ist nicht dazu bestimmt, bei an sich fristgerecht eingereichten Schriftsätzen inhaltliche Mängel zu beheben, wie dies auch dann der Fall ist, wenn sich aus der rechtzeitig
eingereichten Beschwerdeschrift nicht erkennen lässt, für wen und gegen wen Beschwerde
eingelegt werden soll.[257]

Das für die Bescheidung von Anträgen über die Wiedereinsetzung im Beschwerdeverfahren ausschließlich zuständige Beschwerdegericht (§ 237 ZPO) entscheidet in der Regel
in einem **Vorabverfahren** (§ 238 I S. 2 ZPO) zunächst über die nachgesuchte Wiedereinsetzung gegen die Versäumung der Beschwerde- und ggfls. der Beschwerdebegründungsfrist. Für das Verfahren besteht Anwaltszwang (§ 114 I FamFG). Einer mündlichen
Verhandlung bedarf es nicht (§ 128 IV ZPO). Der Beschluss, mit dem Wiedereinsetzung
gewährt wird, ist unanfechtbar (§ 238 III ZPO). Wiedereinsetzung bindet; Gegenvorstel-
lungen führen nicht zur gewünschten Prüfung.[258] In Betracht kommt auch eine **stillschweigende Wiedereinsetzung**, und zwar etwa dann, wenn das Beschwerdegericht
nach Bewilligung von Verfahrenskostenhilfe auf die verfristete Beschwerdebegründung in
der Sache entscheidet.[259] Wird die Wiedereinsetzung versagt, ist gemäß § 238 II S. 1 ZPO
i. V. m. §§ 522 I S. 4, 574 ZPO[260] die **Rechtsbeschwerde** das statthafte Rechtsmittel.
Geschieht dies gesondert von dem Beschluss über die Verwerfung durch das Beschwerde-
richt, muss der Beteiligte auch gegen die Versagung der Wiedereinsetzung vorgehen, will er
den Eintritt der Rechtskraft dieser Entscheidung verhindern.[261] Wird dem Antrag auf Wiedereinsetzung in der Rechtsbeschwerdeinstanz stattgegeben, ist der Verwerfungsbeschluss
ohne weiteres gegenstandslos.[262]

Zusammenfassung: 573
Begehrt der bedürftige Beteiligte Verfahrenskostenhilfe für eine **beabsichtigte Beschwerde** gegen eine in einer Hauptsache ergangene Endentscheidung, muss er sein Verfahrenskostenhilfegesuch innerhalb der Beschwerdefrist bei dem **Amtsgericht** einreichen.
Dies gilt ebenso nach Bescheidung des Gesuchs für die Einlegung der Beschwerde und
einen korrespondierenden Wiedereinsetzungsantrag.

Hat der Beteiligte das Rechtsmittel form- und fristgemäß eingelegt und macht die
Beschwerdebegründung abhängig von der Bewilligung von Verfahrenskostenhilfe, hat er
das Gesuch sowie, nach Entscheidung über die begehrte Verfahrenskostenhilfe, die Beschwerdebegründung mit dem Wiedereinsetzungsantrag bei dem **Beschwerdegericht**
einzureichen.

Hat der bedürftige Beteiligte in den nicht seltenen Fällen bis zur Bescheidung seines Verfahrenskostenhilfegesuchs **Beschwerde- und Beschwerdebegründungsfrist** versäumt,
muss er innerhalb der Frist des § 234 I S. 1 ZPO gegenüber dem Amtsgericht Beschwerde

---

[252] BGH NJW-RR 1991, 1532
[253] BGH FamRZ 1990, 866
[254] BGH FamRZ 1988, 830
[255] Vgl. BGH FamRZ 1988, 829: 3 Wochen
[256] BGH NJW-RR 1990, 1149
[257] BGH FamRZ 2007, 903, 904
[258] BGH FamRZ 1993, 1191
[259] BGH FamRZ 1990, 260
[260] BGHZ 184, 923
[261] BGH NJW 2002, 2397
[262] BGH FamRZ 2007, 275, 277; 2005, 791, 792

einlegen, verbunden mit dem Antrag auf Wiedereinsetzung. Die Beschwerdebegründung ist bei dem Beschwerdegericht einzureichen innerhalb der Monatsfrist des § 234 I S. 2 ZPO. Maßgebend für den Beginn der Frist ist die Bekanntgabe der Entscheidung über die Wiedereinsetzung gegen die Versäumung der Beschwerdefrist.[263]

15. Neuere BGH-Rechtsprechung zur Wiedereinsetzung

574 Der erstinstanzliche Verfahrensbevollmächtigte hat den Zeitpunkt der Zustellung des anzufechtenden Beschlusses bei der Erteilung des Rechtsmittelauftrags an den Beschwerdeanwalt, der in der Regel schriftlich[264] und inhaltlich eindeutig zu erfolgen hat, eigenverantwortlich zu überprüfen.[265] Ein **Rechtsmittelauftrag** unter Hinweis auf den übersandten anzufechtenden Beschluss genügt den Sorgfaltsanforderungen nur dann, wenn dessen Formalien (z. B. Beteiligtenbezeichnung) zuvor als zutreffend festgestellt worden sind. Diese Aufgaben darf der Rechtsanwalt auch nicht seinem Büropersonal übertragen, ohne das Arbeitsergebnis selbst sorgfältig zu prüfen.[266] Auch muss der Verfahrensbevollmächtigte prüfen, ob der mit der Rechtsmitteleinlegung beauftragte Rechtsanwalt den Auftrag innerhalb der Rechtsmittelfrist bestätigt. Bleibt die Bestätigung aus, hat der Verfahrensbevollmächtigte die Sachlage rechtzeitig vor Fristablauf durch Rückfrage zu klären; die ordnungsgemäße weitere Ausführung des Mandats hat er indessen nicht zu verantworten.[267] Die gleichen Pflichten treffen den Korrespondenzanwalt. Die Überwachungspflicht entfällt nur bei einer allgemeinen Absprache, dass der Rechtsmittelanwalt Aufträge annehmen und ausführen wird.[268] Rechtsmittel- und Rechtsmittelbegründungsfristen dürfen im Fristenkalender erst gestrichen werden, wenn das fristwahrende Schriftstück tatsächlich hinausgegangen oder wenn es versandfähig gemacht und für sein Hinausgehen sichere Vorsorge getroffen worden ist.[269]

575 Bei der Übermittlung per Telefax darf die Frist grundsätzlich erst gelöscht werden, wenn dem Absender ein **Sendeprotokoll** vorliegt, das die **ordnungsgemäße Übermittlung** belegt.[270] Der Verfahrensbevollmächtigte darf sich aber grundsätzlich auf ein positives Sendeprotokoll verlassen. Kommt es beim elektronischen Übertragungsvorgang zu Fehlern, die aus dem Sendeprotokoll nicht hervorgehen, können diese dem Beteiligten nicht als schuldhaftes Verhalten zugerechnet werden.[271] Die Übermittlung mit Telefax muss der Anwalt nicht persönlich vornehmen; er darf das Absenden der Telekopie einer zuverlässigen, hinreichend geschulten Bürokraft übertragen.[272] Dabei muss er nicht überprüfen, ob sie den Schriftsatz an die darauf korrekt angegebene Fax-Nummer übermittelt hat.[273] Entsprechendes gilt für die Übermittlung eines Rechtsmittelauftrags zur Beschwerdeeinlegung.[274] Der Anwalt genügt seiner Pflicht zur Fristenkontrolle, wenn er seine Angestellten anweist, nach einer Faxübertragung die Übermittlung an den richtigen Empfänger anhand des Sendeprotokolls zu überprüfen.[275] Eine **Einzelanweisung**, einen Fristverlängerungsantrag per Telefax zu übermitteln, macht die Überprüfung der erfolgreichen Übermittlung anhand des Sendeprotokolls nicht entbehrlich.[276] Auch die allgemeine Weisung, die Frist erst nach telefonischer Rücksprache beim Empfänger und Fertigung eines entsprechenden

---

[263] BGH FamRZ 2007, 1640
[264] BGH FamRZ 2003, 1092
[265] BGH FamRZ 1997, 673
[266] BGH FamRZ 2004, 1020
[267] BGH FamRZ 2007, 1007
[268] BGH FamRZ 1998, 97
[269] BGH FamRZ 2007, 2059 Rn. 13; 2006, 1191
[270] BGH NJW-RR 2010, 1648 Rn. 12; FamRZ 2008, 1515 Rn. 11; 2007, 1722 Rn. 6
[271] BGH NJW 2006, 1518
[272] BGH FamRZ 2010, 458 Rn. 9; FamRZ 2006, 542
[273] BGH FamRZ 1999, 21
[274] BGH FamRZ 1996, 1003
[275] BGH FamRZ 2005, 1534
[276] BGH FamRZ 2007, 720

4. Abschnitt: Rechtsmittel in Unterhaltssachen § 10

Vermerks zu löschen, beseitigt nicht die Notwendigkeit einer Überprüfung unter Heranziehung des Sendeprotokolls, um eine hinreichend verlässliche Ausgangskontrolle bei fristwahrenden Schriftsätzen zu gewährleisten.[277]

Eine auffällige Häufung von Mängeln bei der Wahrung einer Rechtsmittelbegründungsfrist rechtfertigt Bedenken gegen eine ordnungsgemäße Ausbildung und Überwachung des anwaltlichen Büropersonals oder lässt den Schluss auf unvollständige organisatorische Anweisungen des Anwalts zu.

Der **Rechtsanwalt** hat den **Fristablauf** anhand seiner Handakten **eigenverantwortlich zu überprüfen,** wenn ihm die Akte im Zusammenhang mit einer fristgebundenen Verfahrenshandlung oder zur Vorbereitung einer solchen vorgelegt wird.[278] Jedoch darf sich der Anwalt bei der Prüfung von Fristbeginn und Fristende auf seine Handakten verlassen, sofern sich aus ihnen keine Anhaltspunkte für Unrichtigkeiten ergeben.[279] Ist die Fristeintragung im Fristenkalender in der Handakte als erledigt notiert, muss der Rechtsanwalt die Eintragung im Fristenkalender nicht noch persönlich überprüfen.[280] Werden dem Rechtsanwalt Verfahrensakten ohne Zusammenhang mit einer fristgebundenen Verfahrenshandlung vorgelegt, so ist er nicht verpflichtet, die Akten auf die Einhaltung von Fristen oder die Erledigung von Fristnotierungen zu überprüfen.[281] Zu einer ausnahmsweisen Wiedereinsetzung in den vorigen Stand, wenn mit Einlegung der Beschwerde Akteneinsicht beantragt, diese aber trotz mehrfacher Erinnerung erst eine Woche vor der verlängerten Beschwerdebegründungsfrist gewährt wurde, vgl. BGH.[282]

576

Wird im Anwaltsbüro die Sache dem Verfahrensbevollmächtigten zur Fertigung der Beschwerdeschrift vorgelegt, so entsteht damit für diesen eine eigene Pflicht zur Prüfung des Fristablaufs, von der er sich auch nicht durch eine allgemeine Anweisung befreien kann, ihn täglich an unerledigte Fristsachen zu erinnern.[283] Der Rechtsanwalt, dem daher die Handakten zur Anfertigung der Beschwerdebegründung vorgelegt werden, hat eigenverantwortlich die Beschwerdebegründungsfrist zu prüfen.[284] Wenn ein Rechtsanwalt, der ein Empfangsbekenntnis über eine Beschlusszustellung unterzeichnet und zurückgegeben hat, ohne das Datum der Zustellung in den Handakten vermerkt zu haben, seine Bürokraft nur **mündlich anweist**, eine Rechtsmittelfrist einzutragen, genügt er seiner Sorgfaltspflicht nur dann, wenn in seiner Kanzlei ausreichende organisatorische Vorkehrungen dafür getroffen sind, dass eine korrekte Fristeintragung erfolgt.[285]

Auch der **Verkehrsanwalt** hat eigenverantwortlich zu prüfen, wann eine Entscheidung dem Beteiligten zugestellt worden ist; auf dessen Angaben darf er sich nicht verlassen.[286] Den Rechtsanwalt, der einen auswärtigen Anwalt mit der Einlegung der Beschwerde beauftragen muss, treffen erhöhte Sorgfaltspflichten zur Wahrung der Beschwerdefrist.[287]

Wird ein Antrag auf Wiedereinsetzung in den vorigen Stand darauf gestützt, dass die Beschwerdebegründungsfrist wegen fehlender Fristnotierung im Anwaltsbüro versäumt worden sei, bedarf es zur Darlegung, dass der Wiedereinsetzungsantrag innerhalb der Frist des § 234 ZPO gestellt worden ist, der Mitteilung, wann die Sache dem Verfahrensbevollmächtigten nach Ablauf der versäumten Frist erstmals vorgelegt worden ist. Von diesem Zeitpunkt an kann nämlich die Unkenntnis von der Fristversäumung nicht mehr als unverschuldet angesehen werden.[288]

577

Der **Antrag auf Verlängerung der Beschwerdebegründungsfrist** ist nicht die nachzuholende Verfahrenshandlung beim Begehren auf Wiedereinsetzung wegen der Versäu-

---

[277] BGH FamRZ 2010, 2063 Rn. 12
[278] BGH FamRZ 2007, 720; 2006, 694; NJW-RR 2006, 1501
[279] BGH FamRZ 1997, 813
[280] BGH NJW 2006, 2778
[281] BGH FamRZ 1999, 649
[282] BGH NJW-RR 2000, 947
[283] BGH NJW 1997, 1311
[284] BGH FamRZ 2007, 720; 2003, 369
[285] BGH FamRZ 2009, 1132 Rn. 19
[286] BGH FamRZ 1998, 285
[287] BGH FamRZ 1998, 96
[288] BGH NJW 1997, 1079

mung der Beschwerdebegründungsfrist.[289] Der Beschwerdeführer kann grundsätzlich nicht darauf vertrauen, dass ihm ohne **Einwilligung des Gegners** eine zweite Verlängerung der Beschwerdebegründungsfrist bewilligt wird.[290] Will der Vorsitzende mangels erheblicher Gründe bereits eine erste Fristverlängerung ablehnen, ist er nicht verpflichtet, den Antragsteller hierüber vorab per Telefon oder Telefax zu unterrichten.[291] Die Beschwerdebegründung wird auch nicht durch einen beigefügten, den inhaltlichen Erfordernissen einer Beschwerdebegründung entsprechenden Verfahrenskostenhilfeantrag ersetzt, wenn der Beteiligte klar zum Ausdruck bringt, dass dieser Antrag gerade nicht auch zur Beschwerdebegründung bestimmt ist.[292] Wird um die Verlängerung der Beschwerdebegründungsfrist nachgesucht, darf die neue Frist erst nach Bewilligung im Kalender notiert werden. Der Verfahrensbevollmächtigte hat die notwendigen Maßnahmen zu treffen, um sich rechtzeitig Gewissheit über den wirklichen Fristablauf zu verschaffen.[293]

578 Ein **Gericht**, bei dem das **Verfahren anhängig gewesen** ist, ist verpflichtet, fristgebundene Schriftsätze für das Rechtsmittelverfahren, die bei ihm eingereicht werden, an das zuständige Rechtsmittelgericht weiterzuleiten. Ist ein solcher Schriftsatz so zeitig eingereicht worden, dass die fristgerechte Weiterleitung an das Rechtsmittelgericht im ordentlichen Geschäftsgang ohne weiteres erwartet werden kann, ist dem Beteiligten Wiedereinsetzung in den vorigen Stand zu gewähren, wenn der Schriftsatz nicht rechtzeitig an das Rechtsmittelgericht gelangt.[294] Verzögerungen im Geschäftsgang (z. B. 5 Arbeitstage bis zur Feststellung der fehlenden Zuständigkeit durch das LG und Weiterleitung an das OLG) gehen nicht zu Lasten des Rechtsmittelführers.[295] Allerdings besteht keine **generelle Fürsorgepflicht** des für die Rechtsmitteleinlegung unzuständigen Gerichts, durch geeignete Maßnahmen eine Fristversäumung des Rechtsmittelführers zu verhindern.[296] Auch begründet der Grundsatz des fairen Verfahrens keine Pflicht für das Gericht, den Rechtsmittelführer telefonisch oder per Telefax innerhalb der Beschwerdefrist zu unterrichten, dass die Beschwerde beim unzuständigen Gericht eingelegt wurde.[297]

Hatte der Beteiligte nach ordnungsgemäßer Ladung Kenntnis vom Verhandlungstermin, so muss er sich nach dessen Ergebnis erkundigen. Ein Fall, in dem die Beschwerdefrist nach § 63 III S. 2 FamFG nicht zu laufen beginnt, liegt dann nicht vor.[298] Nach Ablehnung eines Verfahrenskostenhilfegesuchs ist dem Beteiligten Wiedereinsetzung gegen die Versäumung einer Rechtsmittelfrist zu gewähren, wenn er vernünftigerweise nicht mit der Verweigerung der Verfahrenskostenhilfe wegen fehlender Bedürftigkeit rechnen musste.[299]

579 Der durch den Eingangsstempel erbrachte **Beweis für den Tag des Eingangs** (§ 418 ZPO) kann nicht durch die bloße Möglichkeit eines abweichenden Geschehensablaufs entkräftet werden.[300] Die Richtigkeit eines Eingangsstempels als öffentliche Urkunde unterliegt dem Gegenbeweis; dieser kann durch Freibeweis erfolgen und unterliegt uneingeschränkt der freien Beweiswürdigung.[301]

Wird ein Beschluss über die Bewilligung von Verfahrenskostenhilfe dem Verfahrensbevollmächtigten formlos gegen Empfangsbekenntnis übersandt, ist zu vermuten, dass dieser den Beschluss erst an dem Tag erhalten hat, an dem er das Empfangsbekenntnis unterzeichnet hat.[302] Bei der Zustellung gemäß § 174 ZPO ist die Entscheidung an dem Tag zugestellt, für den der Verfahrensbevollmächtigte den Empfang bescheinigt. Der Verfahrens-

---

[289] BGH FamRZ 2006, 1754
[290] BGH FamRZ 2004, 867
[291] BGH FamRZ 2007, 1808
[292] BGH FamRZ 1996, 300
[293] BGH FamRZ 2010, 370 Rn. 8
[294] BGH FamRZ 2007, 1640
[295] BGH NJW 2006, 3499
[296] BGH FamRZ 2009, 320 Rn. 7 und 8; NJW-RR 2004, 1655
[297] BVerfG FamRZ 2001, 827
[298] BGH FamRZ 1995, 800
[299] BGH FamRZ 2005, 1901; 2005, 789
[300] BGH FamRZ 1997, 488; vgl. auch 1997, 736
[301] BGH FamRZ 1996, 1004
[302] BGH FamRZ 1999, 579

bevollmächtigte hat dafür zu sorgen, dass dieser Zustellungszeitpunkt auf der Entscheidung oder in den Handakten deutlich vermerkt wird.[303]

Der Rechtsanwalt darf das Empfangsbekenntnis erst unterzeichnen und zurückgeben, wenn er den Zustellungszeitpunkt schriftlich festgehalten hat oder durch Einzelanordnung dafür Sorge getragen hat, dass das Zustelldatum festgehalten und ein entsprechender Vermerk im Fristenkalender vorgenommen wird.[304] Hat aber der Anwalt die erforderlichen Eintragungen durch Einzelweisung veranlasst, darf er das Empfangsbekenntnis auch vor Eintragung der Fristen in Handakte und Fristenkalender unterzeichnen.[305]

Wird der Antrag des Rechtsmittelführers auf Beiordnung eines Notanwalts nach Ablauf der Rechtsmittelfrist abgelehnt, so ist die Bekanntgabe dieser Entscheidung Anknüpfungspunkt des Fristbeginns für den Antrag auf Wiedereinsetzung gegen die Versäumung der Rechtsmittelfrist.[306]

Zugestellt ist ein Schriftstück an den Anwalt nach § 174 ZPO an dem Tag, an dem er die Zustellung mittels Empfangsbekenntnis bestätigen will. An den Nachweis, dass im Empfangsbekenntnis des Anwalts ein unrichtiges Datum vermerkt ist, sind strenge Anforderungen zu stellen.[307]

Wird der dem Anwalt zugestellte Beschluss an den Mandanten weitergegeben, ohne dass eine Ablichtung gefertigt wird, reicht es nicht aus, den Zustellungszeitpunkt ausschließlich auf der Beschlussausfertigung zu notieren. Es ist hier vielmehr erforderlich, den Zustellungszeitpunkt in geeigneter Weise zwecks Überprüfung der Beschwerdefrist anderweitig in der Handakte zu vermerken.[308]

Der Anwalt hat seinem Mandanten nicht nur eine Kopie des Beschlusses zu übersenden, sondern ihn stets über den Zeitpunkt der Beschlusszustellung und die Folgen einer nicht rechtzeitigen Einlegung des Rechtsmittels zu unterrichten.[309]

Bei Angaben über sog. Rechtstatsachen, zu denen auch die Beschlusszustellung gehört, darf sich der Anwalt nicht ohne weiteres mit der Auskunft des Mandanten zufrieden geben, sondern muss ggf. durch Rückfragen eine eigene Klärung herbeiführen.[310]

Auch ein im Ausland lebender Beteiligter muss sich unverzüglich um die Einlegung eines Rechtsmittels kümmern, wenn er eine ihm bekannt gewordene (aber nicht zugestellte) Entscheidung nicht hinnehmen will.[311]

Die Übermittlung fristwahrender Schriftsätze per Telefax ist bei allen Gerichten uneingeschränkt zulässig. Erforderlich ist, dass der Rechtsanwalt die Kopiervorlage unterzeichnet hat und die Unterschrift auf der Fernkopie ersichtlich ist. Es genügt, dass der Rechtsanwalt die Kopiervorlage seiner eigenen Kanzlei durch Telefax übermittelt und sie von dort dem Gericht übermittelt wird.[312] Der Verfahrensbevollmächtigte muss nicht überprüfen, ob seine Büroangestellte den Schriftsatz an die darauf korrekt angegebene Fax-Nummer übermittelt.[313]

Es ist Sache der Justizbehörde, die **Funktionsfähigkeit der Telefaxanlage** auch nach Dienstschluss zu gewährleisten. Das Risiko technischer Störungen des Empfangsgerätes des Gerichts hat der Beteiligte nicht zu tragen.[314] Stellt sich heraus, dass eine Telefax-Verbindung infolge unvorhersehbaren, nicht zu vertretenden Ausfalls des Sendegeräts nicht zustande kommt, bleibt der Rechtsuchende verpflichtet, alle dann noch möglichen und zumutbaren Maßnahmen zu ergreifen, um die Frist einzuhalten.[315] Erkennt der Beteiligte ei-

---

[303] BGH FamRZ 1999, 577
[304] BGH FamRZ 2010, 550 Rn. 9; 2010, 635 Rn. 6; FamRZ 2006, 856
[305] BGH FamRZ 1997, 813
[306] BGH FamRZ 1996, 1331
[307] BGH FamRZ 1995, 799
[308] BGH NJW-RR 1995, 1025
[309] BGH FamRZ 1996, 1466
[310] BGH NJW-RR 1995, 825
[311] BGH FamRZ 1995, 1136
[312] BGH FamRZ 1998, 425
[313] BGH FamRZ 1999, 21
[314] BGH FamRZ 1997, 414
[315] BVerfG NJW 2006, 829

nen Defekt seines Mobiltelefons, der ihn am Abhören der auf seiner Mailbox eingegangenen Nachrichten hindert, stellt es ein Verschulden i. S. d. § 233 ZPO dar, wenn er im Hinblick auf eine zu erwartende gerichtliche Entscheidung nicht von sich aus Kontakt zu seinem Verfahrensbevollmächtigten aufnimmt.[316] Erkennt der Bevollmächtigte eines Beteiligten, dass er einen Schriftsatz per Telefax nicht mehr fristgerecht an das zuständige Gericht übermitteln kann, steht es einer Wiedereinsetzung grundsätzlich nicht entgegen, dass er den Schriftsatz in anderer Weise noch rechtzeitig hätte übermitteln können, sofern die Unmöglichkeit der rechtzeitigen Übermittlung per Telefax ihren Grund in der Sphäre des Gerichts findet.[317] Wird eine per Telefax übermittelte Beschwerdebegründung infolge eines Papierstaus im Empfangsgerät des Gerichts nur ohne die von dem Verfahrensbevollmächtigten unterschriebene Seite empfangen, ist die Beschwerdebegründungsfrist nicht gewahrt, erfüllt allerdings die Voraussetzungen für eine Wiedereinsetzung.[318] Die Fristversäumung ist verschuldet, wenn der Anwalt mit der Versendung eines Telefaxes erst wenige Minuten vor Fristablauf beginnt und die rechtzeitige Übermittlung an üblichen technischen Störungen (Papierstau, Belegtheit des Empfangsgeräts etc.) scheitert.[319]

Ergibt sich aus dem Übersendungsprotokoll des Faxgerätes, dass der Schriftsatz in drei getrennten Übertragungen kurz vor und kurz nach 24 Uhr des Tages des Fristablaufs bei Gericht eingegangen ist, dann besteht bei Beachtung der erforderlichen Sorgfalt hinreichender Anlass, sich unverzüglich beim Gericht zu erkundigen, ob der Schriftsatz vielleicht dennoch rechtzeitig eingegangen sei. Die Wiedereinsetzungsfrist beginnt mit diesem Tag zu laufen.[320] Die fehlerhafte Eingabe einer Fax-Nummer durch den Verfahrensbevollmächtigten ist ebenso wie eine fehlende Adressierung durch ihn fahrlässig und schließt eine Wiedereinsetzung aus.[321]

583 Die Anforderungen an die anwaltlichen Pflichten **zur Auswahl und Überwachung von Büropersonal** richten sich nach der Art der übertragenen Tätigkeit und der Qualifikation der Bürokraft. Gegenüber juristisch geschulten Hilfskräften bestehen insoweit verminderte Belehrungspflichten.[322] Insbesondere mit der Notierung und Überwachung von Fristen darf der Rechtsanwalt nur voll ausgebildetes und sorgfältig überwachtes Personal betrauen, nicht aber noch auszubildende Kräfte.[323] Zudem muss er in diesem Zusammenhang durch geeignete **organisatorische Maßnahmen** sicherstellen, dass zumindest bei solchen Verfahrenshandlungen, deren Vornahme ihrer Art nach einen erheblichen Aufwand erfordern, wie dies bei der Rechtsmittelbegründung der Fall ist, zusätzlich neben dem Datum des Fristablaufs eine **Vorfrist** (etwa eine Woche)[324] notiert wird. Diese soll sicherstellen, dass dem Rechtsanwalt auch für den Fall von Unregelmäßigkeiten und Zwischenfällen noch hinreichend Zeit verbleibt, um das Rechtsmittel fristgerecht zu begründen oder eine Verlängerung der Begründungsfrist zu beantragen. Deshalb ist sie auch für die Beschwerdefrist entbehrlich.[325] Fehlt es an einer entsprechenden Anordnung, kann Wiedereinsetzung nicht gewährt werden, wenn der Rechtsanwalt zu einem späteren Zeitpunkt vor Ablauf der Begründungsfrist die fehlerhaft notierte Frist im Rahmen eigenständiger Prüfung nicht mehr feststellen und aufgrund der Begründung oder Fristverlängerungsantrag auch nicht mehr rechtzeitig reagieren kann.[326]

584 Im Übrigen darf sich der Anwalt für Verrichtungen einfachster Art auch nicht angestellter Personen bedienen, sofern diese ihm persönlich bekannt sind, ausreichend unterrichtet werden und sich in ähnlichen Fällen als zuverlässig erwiesen haben.[327]

---

[316] BGH FamRZ 2003, 926
[317] BGH FamRZ 2003, 925
[318] BGH FamRZ 2005, 434
[319] BGH FamRZ 2005, 266
[320] BGH NJW-RR 2000, 1591
[321] BGH FamRZ 2003, 667
[322] BGH FamRZ 2006, 192
[323] BGH FamRZ 2007, 2059
[324] BGH NJW 1994, 2552
[325] BGH FamRZ 2007, 275
[326] BGH NJW 2002, 443, 444
[327] BGH FamRZ 2003, 368

4. Abschnitt: Rechtsmittel in Unterhaltssachen § 10

Die **allgemeine Anweisung**, eine Rechtsmittelfrist nach Berechnung stets zuerst im Fristenkalender und erst dann in der Handakte zu notieren, genügt den Anforderungen an eine ordnungsgemäße Büroorganisation; ihre Befolgung braucht nicht im Einzelfall überprüft zu werden.[328] Auch die Befolgung einer **schriftlichen konkreten Einzelanweisung**, die er einer zuverlässigen Büroangestellten erteilt hat, muss der Rechtsanwalt ohne das Hinzutreten besonderer Umstände nicht überprüfen.[329]

Der Verfahrensbevollmächtigte hat für fristwahrende Schriftsätze eine wirksame **Ausgangskontrolle** einzurichten, durch die sichergestellt wird, dass solche Schriftsätze tatsächlich rechtzeitig herausgehen und Nachlässigkeiten vor Fristablauf rechtzeitig entdeckt werden.[330] Dies setzt eine zuverlässige Fristenkontrolle voraus, die gegeben ist, sofern eine Löschung der Frist erst erfolgt, wenn der Schriftsatz gefertigt und als ausgehende Post organisatorisch vorbereitet ist („Postausgangsfach"). Daneben ist zur weiteren Überwachung ein Postausgangsbuch nicht erforderlich.[331] Allerdings liegt ein Organisationsmangel in der Anwaltskanzlei vor, wenn die Fristen in Beschwerdeverfahren im Fristenkalender nicht deutlich als solche von gewöhnlichen Wiedervorlagefristen abgehoben sind.[332] Laufen in mehreren Verfahren derselben Beteiligten Rechtsmittelfristen hat der Rechtsanwalt, sofern er die Fristenkontrolle insgesamt einer Fachangestellten übertragen hat, durch organisatorische Maßnahmen mit dem Ziel einer eindeutigen Kennzeichnung der **Gefahr einer Verwechslung** vorzubeugen.[333]

Auch beim Einwurf in den Fristenkasten einer gemeinsamen Briefannahme geht der an ein unzuständiges Gericht adressierte Schriftsatz erst dann beim zuständigen Gericht ein, wenn er nach Weiterleitung durch das zunächst angegangene Gericht in die Verfügungsgewalt des zuständigen Gerichts gelangt.[334] Dabei erbringt der Eingangsstempel des Gerichts zwar den Beweis für den Eingang; dies kann jedoch dahingehend widerlegt werden, dass der Vorgang im Tagesbriefkasten am Vortag nach Dienstschluss der Poststelle eingeworfen wurde.[335]

Die **Wiedereinsetzungsfrist beginnt** spätestens mit dem Zeitpunkt, in dem der verantwortliche Anwalt die eingetretene Säumnis hätte erkennen können und müssen. Sucht der Beteiligte um Verfahrenskostenhilfe nach, beginnt die Frist spätestens in dem Zeitpunkt, in dem ihm das Gericht spezifiziert darlegt, dass die Voraussetzungen für die Gewährung von Verfahrenskostenhilfe nicht vorliegen.[336] Sobald der Anwalt mit der Sache befasst wird, hat er selbstständig und eigenverantwortlich die anstehenden Fristen zu überprüfen.[337] Gegen eine Wiedereinsetzung in den vorigen Stand besteht keine Beschwerdemöglichkeit (§ 238 III ZPO), selbst bei Verletzung rechtlichen Gehörs[338] oder Zulassung der Rechtsbeschwerde.[339] Zur Anhörungsrüge (§ 321a ZPO) vgl. näher Rn. 623.

585

Wiedereinsetzung in den vorigen Stand kann nicht zur Ergänzung einer innerhalb der Beschwerdebegründungsfrist wirksam eingereichten, jedoch inhaltlich (teilweise) unzureichenden Beschwerdebegründung gewährt werden.[340] Dies gilt ferner für eine rechtzeitig eingelegte Beschwerde, die nicht erkennen lässt, für wen und gegen wen sich das Rechtsmittel richten soll.[341] Innerhalb der Wiedereinsetzungsfrist hat der Beteiligte sämtliche Umstände darzulegen, die eine Wiedereinsetzung rechtfertigen sollen. Gleichwohl können **erkennbar unklare** oder **ergänzungsbedürftige Angaben** auch nach Fristablauf noch

---

[328] BGH FamRZ 1996, 1468
[329] BGH FamRZ 2010, 1067 Rn. 12
[330] BGH FamRZ 2007, 2059 Rn. 13
[331] BGH FamRZ 2010, 727 Rn. 7
[332] BGH NJW-RR 2001, 279
[333] BGH FamRZ 2011, 29 Rn. 9
[334] BGH NJW-RR 1996, 443
[335] BGH NJW-RR 2001, 280
[336] BGH FamRZ 2007, 801
[337] BGH FamRZ 1996, 934
[338] BGH NJW 1995, 2497
[339] BGH NJW 2003, 211
[340] BGH NJW 1997, 1309
[341] BGH FamRZ 2007, 903

vervollständigt werden.³⁴² Bei entsprechenden Gegebenheiten besteht für das Gericht wegen des Anspruchs auf Gewährung effektiven Rechtsschutzes vor Versagung der Wiedereinsetzung eine **Hinweispflicht**, die den Antragsteller in den Stand setzt, seine Angaben zu vervollständigen.³⁴³ Mit vollständig neuem Sachvortrag ist der Antragsteller nach Fristablauf aber ausgeschlossen.³⁴⁴

Nach Ablauf eines Jahres ab Versäumung der Frist kann Wiedereinsetzung nicht mehr verlangt werden (§ 234 III ZPO). Es handelt sich um eine **Ausschlussfrist**. Ein später gestellter Wiedereinsetzungsantrag ist unzulässig. Eine Wiedereinsetzung hiergegen ist nicht möglich. Allerdings ist eine Fristüberschreitung dann unschädlich, wenn das Gericht den Ablauf der Jahresfrist „zu verantworten" hat, wie der BGH dies im Fall einer fehlerhaften, aber nicht offensichtlich fehlerhaften Auskunft der Geschäftsstelle, auf die der Beteiligte vertraut, angenommen hat.³⁴⁵ Dem steht im Ergebnis der Fall gleich, in dem das Gericht über die Verfahrenskostenhilfe entschieden, den Beteiligten hierüber aber nicht in Kenntnis gesetzt hat und dies zur Überschreitung der Jahresfrist führt.³⁴⁶

586 Nach Versagung von Verfahrenskostenhilfe kann Wiedereinsetzung wegen Versäumung der Beschwerdefrist nur gewährt werden, wenn innerhalb der Rechtsmittelfrist ein **ordnungsgemäßer Verfahrenskostenhilfeantrag** gestellt wurde. Eine Bezugnahme auf ein früheres Verfahrenskostenhilfegesuch ist nur dann ausreichend, wenn unmissverständlich mitgeteilt wurde, dass keine Änderungen eingetreten sind.³⁴⁷ Wiedereinsetzung gegen die Versäumung einer Rechtsmittel- oder Rechtsbehelfsfrist kann dem bedürftigen Beteiligten gewährt werden, wenn er mit der Gewährung von Verfahrenskostenhilfe rechnen konnte. Dies setzt voraus, dass er auch einen ordnungsgemäß ausgefüllten **Vordruck nach § 117 IV ZPO** eingereicht hat,³⁴⁸ wobei im Einzelfall etwa Lücken im Erklärungsvordruck, in Verbindung mit den weiter erkennbaren Umständen, die den Nachweis der Verfahrenskostenarmut ermöglichen, der Wiedereinsetzung nicht entgegenstehen.³⁴⁹ Die eine Wiedereinsetzung begründenden Tatsachen können durch die eigene eidesstattliche Versicherung des Antragstellers glaubhaft gemacht werden. Das Verschulden eines Rechtsanwalts, dem in der Sache kein Mandat erteilt war, braucht sich der Antragsteller nicht zurechnen zu lassen.³⁵⁰

587 Der Beteiligte haftet nur für Fehler, insb. **Organisationsfehler seines Verfahrensbevollmächtigten,** nicht dagegen für unvorhersehbares Fehlverhalten einer Kanzleikraft.³⁵¹ Ein Organisationsverschulden des Verfahrensbevollmächtigten ist nicht ausgeräumt, wenn er nicht durch allgemeine oder konkrete Anweisung sicherstellt, dass nach der Übermittlung eines **Verfahrenskostenhilfeantrags** per Telefax anhand des Sendeprotokolls überprüft wird, ob sämtliche Seiten des Schriftsatzes mit allen Anlagen übermittelt wurden.³⁵² Ferner ist von einem Organisationsverschulden des Rechtsanwalts auszugehen, wenn er die Fristenkontrolle nicht ausschließlich einer bestimmten Fachkraft zuweist, wobei ein **Zuständigkeitswechsel** selbst im Verlauf eines Tages unschädlich ist, sofern die entsprechende Anordnung eine eindeutige zeitliche Abgrenzung der Verantwortlichkeit gewährleistet.³⁵³ Den Verfahrensbevollmächtigten trifft kein Verschulden, wenn er eine **konkrete Einzelweisung** erteilt, bei deren Befolgung die Frist gewahrt worden wäre. Er darf darauf vertrauen, dass eine bisher zuverlässige Bürokraft eine Einzelweisung befolgt; er ist nicht verpflichtet, die Ausführung der Weisung zu überwachen.³⁵⁴ Bei Einreichung einer nicht unterzeichneten Beschwerdeschrift kann Wiedereinsetzung in den vorigen Stand ge-

---

³⁴² BGH FamRZ 2010, 458 Rn. 13
³⁴³ BGH FamRZ 2010, 636 Rn. 11
³⁴⁴ BGH FamRZ 2010, 879 Rn. 13
³⁴⁵ BGH FamRZ 2011, 362 Rn. 37
³⁴⁶ BGH FamRZ 2008, 978 Rn. 15
³⁴⁷ BGH NJW 1997, 1078
³⁴⁸ BGH FamRZ 2006, 1028; 2006, 32
³⁴⁹ BGH FamRZ 2010, 283 Rn. 8; 2005, 2062
³⁵⁰ BGH FamRZ 1996, 408
³⁵¹ BGH FamRZ 1997, 488
³⁵² BGH FamRZ 2007, 809
³⁵³ BGH FamRZ 2007, 547
³⁵⁴ BGH FamRZ 1997, 997

währt werden, wenn das Büropersonal des Bevollmächtigten angewiesen ist, ausgehende Schriftsätze vor der Absendung auf das Vorhandensein einer Unterschrift zu überprüfen.[355]

Der Beteiligte, der von der Rechtshängigkeit Kenntnis hat, muss dafür Sorge tragen, dass ihn Zustellungen im weiteren Verlauf des Verfahrens erreichen; verletzt er diese Pflicht, so ist die Unkenntnis von einer Beschlussverkündung verschuldet.[356]

588

Der Beteiligte hat den verzögerten Eingang einer falsch adressierten Rechtsmittelschrift zu vertreten. Dies gilt nicht, wenn mit einer rechtzeitigen **Weiterleitung** im **ordentlichen Geschäftsgang** ohne weiteres zu rechnen war, die rechtzeitig angeordnete Weiterleitung nicht ordnungsgemäß ausgeführt wird oder die Rechtsmittelschrift ohne jede Weiterleitungsverfügung fehlerhaft weitergeleitet wird.[357]

Beim falschen Gericht eingereichte Schriftsätze hat dieses im ordentlichen Geschäftsgang an das zuständige Gericht weiterzuleiten. Erhält der neu beauftragte Rechtsanwalt antragsgemäß Akteneinsicht, so hat er bei der ersten Durchsicht der Sache zu prüfen, ob das Rechtsmittel beim zuständigen Gericht eingelegt ist und hat ggf. unverzüglich die erforderlichen Schritte zu unternehmen.[358] Ein Beteiligter hat auch für das Verschulden eines Nicht-Anwalts einzustehen, dem er überlassen hat, einen Rechtsanwalt mit der Führung des Verfahrens oder der Einlegung eines Rechtsmittels zu beauftragen. Ein Verschulden des Nicht-Anwalts kann aber unter besonderen Umständen zu verneinen sein.[359]

Hat ein Rechtsanwalt jahrelang unbeanstandet mit einer nach den Anforderungen der Rspr. ungenügenden, verkürzten Unterschrift (Paraphe) unterzeichnet, so ist ihm, wenn eine derartige Unterzeichnung der Rechtsmittelschrift erstmals auf Bedenken des Gerichts stößt, in der Regel Wiedereinsetzung in den vorigen Stand zu bewilligen.[360]

589

Eine innerhalb der Beschwerdefrist nicht wirksam eingelegte Beschwerde muss mit dem Antrag auf Wiedereinsetzung als Verfahrenshandlung nicht nachgeholt werden, wenn aus der vorliegenden Beschwerdebegründung klar ersichtlich ist, welcher Beschluss von welchem Beteiligten angefochten wird.[361] Sie muss allerdings nachgeholt werden, wenn sie zunächst unzulässigerweise unter einer Bedingung eingelegt und deshalb unwirksam war.[362]

Für die Wiedereinsetzung gegen die Versäumung der Wiedereinsetzungsfrist gilt eine selbstständige Wiedereinsetzungsfrist, die von der Frist für die Wiedereinsetzung wegen Versäumung der Rechtsmittelfrist zu unterscheiden ist.[363] Für den Vortrag der Gründe, die die Wiedereinsetzung wegen der Versäumung der Wiedereinsetzungsfrist betreffen, gilt eine eigene Zweiwochenfrist, die gem. § 234 II ZPO mit dem Tage beginnt, an dem das Hindernis behoben ist.[364]

II. Die Anschlussbeschwerde (§§ 66, 117 II FamFG)

Will sich ein Verfahrensbeteiligter nach einem Teilerfolg seines gerichtlich geltend gemachten Unterhaltsbegehrens mit dem erstinstanzlich erstrittenen Unterhaltsbeschluss abfinden, aber vor dem Hintergrund eines Rechtsmittels der Gegenseite sicherstellen, dass die Möglichkeit einer Abänderung auch zu seinen Gunsten gegebenenfalls nicht an dem Verschlechterungsverbot scheitert, ist die Anschlussbeschwerde die verfahrensrechtlich gebotene Vorgehensweise. Insoweit unterschied allerdings noch das bis zum Inkrafttreten des ZPO-RG vom 27. 7. 2001 (BGBl. I S. 1887) geltende Verfahrensrecht zwischen **selbständiger** und **unselbständiger Anschlussberufung**. Schloss sich der Berufungsbeklagte

590

---

[355] BGH NJW-RR 2003, 277
[356] BGH FamRZ 1997, 997
[357] BGH FamRZ 1998, 285
[358] BGH FamRZ 1998, 98
[359] BGH NJW-RR 2001, 527
[360] BGH MDR 1999, 53
[361] BGH NJW 2000, 3286
[362] BGH FamRZ 2007, 1726
[363] BGH FamRZ 1999, 579
[364] BGH NJW-RR 1999, 34

der Berufung der Gegenseite innerhalb der für ihn laufenden Berufungsfrist an, hatte er eine selbständige Anschlussberufung erhoben. Um eine unselbständige Anschlussberufung handelte es sich erst dann, wenn die Anschließung nach Ablauf der eigenen Berufungsfrist erfolgte oder wenn sonstige Prozessvoraussetzungen nicht vorlagen. Diese Unterscheidung kennt auch das Rechtsmittelverfahren in Familienstreitsachen nicht mehr. Überdies besteht für eine entsprechende Differenzierung auch kein Bedürfnis, weil eine Beschwerde des Beschwerdegegners, sofern sie fristgerecht erklärt wird, stets als selbständiges Rechtsmittel (Beschwerde) anzusehen ist.

591 Die **Anschlussbeschwerde** (§ 66 FamFG), bei der es sich lediglich um eine Antragstellung im Rahmen des Rechtsmittels der Gegenseite handelt,[365] ist deshalb auch von einer Vielzahl von verfahrensrechtlichen Bedingungen befreit. So bedarf sie **keiner Beschwer** mit der Folge, dass der in erster Instanz voll obsiegende Beschwerdegegner seinen Verfahrensantrag erweitern oder einen Widerantrag stellen kann. Die **Wertgrenze** (§ 61 I FamFG) gilt wegen der Abhängigkeit von der Beschwerde (§ 58 FamFG) ebenso wenig wie die Zulassung durch das Gericht erster Instanz (§ 61 II FamFG). Der Verzicht auf die eigene Beschwerde oder das Verstreichenlassen der Beschwerdefrist stehen einer Anschließung nicht entgegen (§ 66 S. 1 FamFG). Selbst die Verwerfung der eigenen Beschwerde hindert die Anschließung nicht, wobei im Zweifel die unzulässige Beschwerde als Anschlussrechtsmittel zu behandeln sein dürfte, sofern insoweit die weiteren Formerfordernisse gewahrt sind.[366] Unzulässig ist die Anschlussbeschwerde, wenn der Beschwerdegegner hierauf wirksam verzichtet hat. Dies ist, abgesehen von dem Sonderfall des Verbundverfahrens (§ 144 FamFG), allerdings zeitlich erst möglich nach Einlegung des Hauptrechtsmittels und muss gegenüber dem Gericht erklärt werden (§ 67 II FamFG). Das ist nach der Abgabe (§ 68 I FamFG) das Beschwerdegericht. Der gegenüber dem anderen Beteiligten erklärte Verzicht auf eine Anschließung wird allerdings erst wirksam, wenn dieser sich darauf beruft (§ 67 III FamFG).

592 Mit der **Akzessorietät** gegenüber der Beschwerde unterliegt die Anschließung auch wiederum Beschränkungen. So verliert sie sowohl bei **Rücknahme** als auch bei **Verwerfung** des Hauptrechtsmittels durch Beschluss ihre Wirkungen (§ 66 S. 2 FamFG). Diese Regelung gilt entsprechend, bei **Antragsrücknahme**, Antragsverzicht, bei **Vergleich** oder bei übereinstimmender Erledigungserklärung, weil danach eine Entscheidung zur Sache im Hauptrechtsmittel nicht mehr möglich ist.[367] Im Hinblick auf die Akzessorietät ist eine Entscheidung über die Anschlussbeschwerde vorab durch **Teilbeschluss** unzulässig,[368] und zwar unabhängig davon, ob sie als unzulässig oder unbegründet zu bescheiden ist. Überdies kann die Anschlussbeschwerde sich nur gegen den **Beschwerdeführer** richten. Verfolgen der Ehegatte und die gemeinsamen Kinder als **Streitgenossen** ihre jeweiligen Unterhaltsansprüche, kommt eine Beschlusskorrektur im Wege der Anschließung nur gegenüber demjenigen in Betracht, der als Beschwerdeführer in Erscheinung tritt.[369] Wurde allerdings erstinstanzlich neben dem Trennungsunterhalt Kindesunterhalt in **Verfahrensstandschaft** (§ 1629 III S. 1 BGB) geltend gemacht, kann sich die Anschlussbeschwerde zulässigerweise auch gegen den Anspruch richten, der nicht Gegenstand der Beschwerde ist.[370] Hat das Amtsgericht berechtigterweise durch Teilbeschluss über ein Unterhaltsbegehren entschieden, ist eine Anschließung mit dem Ziel, den erstinstanzlich noch anhängigen Teil in der Beschwerdeinstanz mitentscheiden zu lassen, unzulässig.[371] Dies ist auch der Fall, wenn das Amtsgericht über den Verfahrensantrag hinaus (§ 308 I ZPO) Unterhalt zuerkannt hat[372] oder wenn im Verlauf des Beschwerdeverfahrens einem weitergehenden Forderungsübergang (§§ 7 UVG, 33 SGB II) Rechnung zu tragen ist, weil die erforderlichen Korrekturen

---

[365] BGH FamRZ 2006, 619
[366] BGH FamRZ 2007, 631
[367] Reichold in Thomas/Putzo § 66 FamFG Rn. 11
[368] BGH NJW 1994, 2236
[369] OLG Hamm FamRZ 2000, 433
[370] OLG Hamm FamRZ 1996, 1088
[371] BGH FamRZ 1983, 459, 460
[372] BGH FamRZ 1986, 661

4. Abschnitt: Rechtsmittel in Unterhaltssachen § 10

hier auch durch den Antrag auf Zurückweisung der Beschwerde ermöglicht werden. Im Unterschied zur Beschwerde kann die Anschließung unter einer **Bedingung** erfolgen, sofern es sich bei dieser um einen innerprozessualen Vorgang handelt (z. B. Anschließung für den Fall, dass der Antrag auf Zurückweisung der Beschwerde erfolglos bleibt). Im Unterschied zur Einlegung der Beschwerde kann die Anschlussbeschwerde unter der Bedingung der Bewilligung von **Verfahrenskostenhilfe** erhoben werden.

Die Zulässigkeit der Anschlussbeschwerde hängt ferner davon ab, ob die Anschließung 593 etwaigen Form- und Fristerfordernissen Rechnung trägt. Insoweit bestimmt § 66 S. 1 FamFG sehr knapp, dass die Anschließung von der Einreichung einer **Beschwerdeanschlussschrift** abhängt. Damit ist allerdings lediglich klargestellt dass eine Anschließung zu Protokoll der mündlichen Verhandlung ausscheidet. Über die inhaltlichen Anforderungen enthalten weder die allgemeinen Vorschriften über die Beschwerde (§ 58 FamFG) noch die besonderen Beschwerdevorschriften für die Familienstreitsachen (§ 117 FamFG) auf die Anschlussbeschwerde bezogene Regelungen. Die durch § 524 III ZPO für die zivilprozessuale Anschlussberufung geregelten Begründungsvorgaben können nicht unmittelbar herangezogen werden, da es an einer entsprechenden Bezugnahme in § 117 II FamFG fehlt, die nur die Vorschriften in § 524 II S. 2 und 3 ZPO für entsprechend anwendbar erklärt. Allerdings dürfte dem Gesetzgeber ein konturenloses Anschlussrechtsmittel als Reformziel nicht vorgeschwebt haben, bei dem der eine Beteiligte ohne Bezug zu einem Sachantrag und einem dargestellten Sachverhalt an einem Verfahren angreifend sollte mitwirken können. Dies würde im Übrigen in einem streitigen Unterhaltsverfahren unter Verstoß gegen den verfahrensrechtlichen **Grundsatz** der **Waffengleichheit** den Gegner des Anschlussrechtsmittels unangemessen benachteiligen, der seinerseits ohne Sachantrag und Begründung (§ 117 I S. 1 FamFG) die Voraussetzungen für die Zulässigkeit seines Rechtsmittels nicht schaffen kann. Letztlich sind beide Interessenlage insoweit vergleichbar. Ein sachlicher Grund dafür, allein dem Beschwerdegegner die Begründung seines Anschlussrechtsmittels zu erlassen, ist nicht ersichtlich. Die der Begründungspflicht zugrunde liegende Beteiligtenmaxime[373] trifft in Familienstreitsachen auch auf die Anschlussbeschwerde zu. Dem ist in der Weise Rechnung zutragen dass sich die Anschlussschrift inhaltlich entsprechend den in § 117 I S. 1 FamFG aufgestellten Begründungsanforderungen zu verhalten hat.[374] Allerdings dürfen hierbei die formellen Anforderungen nicht überspannt werden. So muss es für die Zulässigkeit der Anschließung als ausreichend gelten, wenn sich der Beschwerdegegner zur Begründung auf seine entsprechenden Ausführungen in der Beschwerdeerwiderung beruft.[375]

Gemäß § 117 II S. 1 FamFG i. V. m. § 524 II S. 2 ZPO kann eine Anschließung an sich 594 nur bis zum Ablauf der dem Beschwerdegegner gesetzten Frist zur Beschwerdeerwiderung erfolgen. Die **Anschlussfrist** gilt indessen nicht, wenn die Anschließung eine Verpflichtung zu künftig fällig werdenden Leistungen zum Gegenstand hat (§ 117 II FamFG i. V. m. § 524 II S. 3 ZPO). Diese Ausnahmeregelung betrifft die Unterhaltssachen (§ 231 I FamFG) der Familienstreitsachen. Die Streitfrage,[376] bis zu welcher zeitlichen Grenze Unterhaltsforderungen noch Gegenstand einer Anschlussbeschwerde werden können, hat der BGH dahin entschieden, dass die Anschließung an eine gegnerische Beschwerde bis zum Schluss der letzten mündlichen Verhandlung möglich ist, sie insbesondere nicht voraussetzt, dass die zur Begründung vorgetragenen Umstände erst nach der letzten mündlichen Verhandlung in erster Instanz entstanden sind.[377] Daraus folgt, dass mit der Anschließung uneingeschränkt auch **rückständiger Unterhalt** verlangt werden kann, obwohl, um nur den Wortlaut des Gesetzes sprechen zu lassen, die Anschließung auf künftig fällig werdende Unterhaltsleistungen gerichtet sein muss. Überzeugender dürfte die Einschränkung der Befristung in § 524 II S. 2 ZPO im Kontext der seit dem 1. 9. 2009 anzuwendenden Verfahrensvorschriften in Familienstreitsachen dahin zu begründen sein, dass der Gesetz-

---

[373] BT-Drucks. 16/6308 S. 225
[374] Johannsen/Henrich/Althammer § 66 FamFG Rn. 6
[375] BGH FamRZ 2009, 579 Rn. 31
[376] BGH FamRZ 2009, 579 Rn. 23 und 24
[377] BGH FamRZ 2009, 579 Rn. 28 und 29

geber mit dem FamFG über die Beschwerde eine vollwertige zweite Tatsacheninstanz geschaffen hat (vgl. hierzu auch Rn. 10/539).

595 Sofern der Beschwerdegegner eine ihm günstige Änderung in den für die erstinstanzliche Unterhaltsbemessung maßgebenden Verhältnisse im Wege eines **Abänderungsantrags** (§ 238 FamFG) geltend machen kann, muss er dem durch Antragserweiterung oder Abänderungswiderantrag im Rahmen einer Anschlussbeschwerde Rechnung tragen. Ansonsten ist er mit einem hierauf gestützten späteren Abänderungsantrag ausgeschlossen.[378] Wird bei entsprechender Geltendmachung die Anschlussbeschwerde infolge Beschwerderücknahme wirkungslos (§ 66 S. 2 FamFG), kann der Beschwerdegegner die ihm günstige Änderung in den unterhaltsrelevanten Verhältnissen im Wege eines Abänderungsantrags weiterverfolgen, wobei die Erhebung der Anschlussbeschwerde als **„Vorwirkung"** der Zeitschranke des § 238 III FamFG gleichsteht,[379] sofern das Verfahren in einem engen zeitlichen Zusammenhang eingeleitet wird.

596 Verliert die Anschließung durch **Rücknahme der Beschwerde** ihre Wirkung, trägt der Beschwerdeführer gemäß § 516 III S. 1 ZPO in Familienstreitsachen an sich auch die **Kosten** der ohne Sachentscheidung hinfälligen Anschließung (§ 117 II FamFG i. V. m. § 516 III ZPO).[380] Die entsprechende Ergänzung der Verweisungsnorm in § 117 II FamFG geht auf Art. 8 des Gesetzes zur Modernisierung von Verfahren im anwaltlichen und notariellen Berufsrecht zurück und soll sicherstellen, dass in den Familienstreitsachen die Erklärung über den Verlust des Rechtsmittel und die Pflicht zur Kostentragung – wie im Zivilprozess – erfolgt.[381] Allerdings wird, soweit die Kostentragung in Rede stehet, die Vorschrift in den unterhaltsrechtlichen Streitverfahren (§ 231 I FamFG) verdrängt durch die Sonderregelung in § 243 FamFG, die dem Gericht ein umfangreiches (billiges) Ermessen einräumt.[382] Selbst bei einer Beschwerderücknahme kann hiernach den Beschwerdegegner die Kostenlast u. a. dann treffen, wenn die Anschließung gegen Formbestimmungen verstößt, aus anderen Gründen unzulässig ist, erst nach Rücknahme des Rechtsmittels eingelegt oder ungeachtet der Wirkungen aus § 66 S. 2 FamFG weiterverfolgt wird. Nach Maßgabe von § 243 FamFG ist die Kostenentscheidung auch zu treffen, wenn über Beschwerde und Anschlussbeschwerde in der Sache entschieden wird oder zunächst der Beschwerdegegner seine Anschließung und sodann der Beschwerdeführer das Hauptrechtsmittel zurücknimmt.

III. Die sonstige befristete Beschwerde gegen Endentscheidungen (§ 58 FamFG)

597 Der Anfechtung in **streitigen Unterhaltsverfahren** (§ 231 I FamFG) durch das Rechtsmittel der Beschwerde (§ 58 FamFG) unterliegen Endentscheidungen (§ 38 I S. 1 FamFG) auch dann, wenn sie **nicht in einem Hauptsacheverfahren** ergangen sind (vgl. § 238 I FamFG) und deshalb einem zivilprozessualen Urteil nicht gleichstehen. Auf diese Rechtsmittel sind die durch § 117 FamFG in Bezug genommenen Vorschriften des Berufungsrechts nicht entsprechend anzuwenden, obwohl es sich um Familienstreitsachen handelt. Maßgebend sind, soweit im Einzelnen keine Sonderregelungen davon abweichen, die allgemeinen Regelungen in §§ 58 bis 69 FamFG.

Der entsprechende Rechtsbehelf findet statt im vereinfachten Verfahren über den Unterhalt Minderjähriger §§ 249–260 FamFG), soweit sich das Rechtsmittel gegen den **Festsetzungsbeschluss** (§ 253 FamFG) richtet.[383] Hierbei handelt es sich um eine das Verfahren erledigende Endentscheidung, für die die Vorbehaltsklausel in § 58 I FamFG keinen

---

[378] BGH FamRZ 1986, 43
[379] BGH FamRZ 1988, 601
[380] BGH FamRZ 2005, 513
[381] BT-Drucks. 16/12717 S. 60
[382] Johannsen/Henrich/Althammer § 66 FamFG Rn. 6
[383] Hüßtege in Thomas/Putzo § 256 FamFG Rn. 2; Musielak/Borth FamFG § 256 Rn. 1; Keidel/Giers FamFG § 256 Rn. 1

4. Abschnitt: Rechtsmittel in Unterhaltssachen § 10

Verweis auf eine anderweitige Anfechtungsmöglichkeit vorsieht, so dass insbesondere die nach § 652 I ZPO a. F. noch statthafte sofortige Beschwerde (§§ 569–572 ZPO) nicht mehr gegeben ist. Soweit es in der Gesetzesbegründung zu § 256 FamFG heißt, die Vorschrift entspreche dem bisherigen § 652 ZPO,[384] lässt sich dieser Hinweis nur auf die Beschränkung der möglichen Einwendungen im Beschwerdeverfahren beziehen. Die Beschwerde ist binnen **Monatsfrist** (§ 63 I und III S. 1 FamFG) nach der schriftlichen Bekanntgabe des Beschlusses (§ 329 II S. 2 ZPO) bei dem Amtsgericht einzulegen. Beschwert (§ 59 I FamFG) ist allein der Antragsgegner, sofern das Gericht den Festsetzungsbeschluss antragsgemäß erlassen hat. Handelt es sich um einen **Teilfestsetzungsbeschluss** (§ 254 S. 2 FamFG) sind beide Beteiligte beschwert. Der Beschwerdewert bemisst sich nach § 61 I FamFG.

Die Beschwerde kann bei dem Gericht, dessen Entscheidung angefochten werden soll, durch eine Beschwerdeschrift, aber auch zur Niederschrift der Geschäftsstelle eingelegt werden (§ 64 I und II S. 1 FamFG). Allerdings ist in Familienstreitsachen die **Einlegung** der Beschwerde zur **Niederschrift** der **Geschäftsstelle** nach § 64 II S. 2 FamFG an sich ausgeschlossen. Gleichwohl kann der Meinung,[385] dies habe deshalb auch für die Beschwerde im vereinfachten Verfahren zu gelten, nicht gefolgt werden. Vielmehr ist zu bedenken, dass die besagte Regelung erst durch Art. 8 des Gesetzes zur Modernisierung von Verfahren im anwaltlichen und notariellen Berufsrecht vom 30. 7. 2009[386] nachträglich Eingang in das FamFG gefunden hat und dem Ziel dienen soll, in Verfahren, die in erster Instanz dem **Anwaltszwang** unterliegen (§ 114 I FamFG), die bis dahin bestehende Möglichkeit der Einlegung des Rechtsmittels ohne Mitwirkung eines Rechtsanwalts zu verhindern.[387] Indessen sieht §§ 257 S. 1, 114 IV Nr. 6 FamFG i. V. m. § 78 III ZPO ausdrücklich vor, dass im vereinfachte Verfahren bereits erstinstanzlich ein Anwaltszwang nicht gegeben ist, mithin auch nicht – bezogen auf die Notwendigkeit anwaltlicher Mitwirkung – ein durch § 64 II S. 2 FamFG zu verhindernder Systemwiderspruch besteht. Es bedarf nach alledem auch bezogen auf den Regelungszweck der Norm für die Einlegung der Beschwerde weder einer anwaltlichen Mitwirkung noch der Schriftform.[388] Schließlich verweist § 68 III S. 1 FamFG für den Gang des Beschwerdeverfahrens allgemein auf die Vorschriften über das Verfahren im ersten Rechtszug, die in § 257 S. 1 FamFG Protokollerklärungen vor jedwedem Amtsgericht ermöglichen.

Gemäß § 65 I FamFG soll die Beschwerde begründet werden, an die dieselben Formanforderungen bestehen wie an die Einlegung der Beschwerde. Der durch § 117 FamFG vorgegebene **Begründungszwang** besteht nicht, da diese Verweisungsvorschrift im vereinfachten Verfahren keine Anwendung findet. Zwar ändert diese vereinfachte Verfahrensart nichts daran, dass die gerichtliche Durchsetzung von gesetzlichen Unterhaltsansprüchen den Familienstreitsachen zuzuordnen ist. Doch bestehen im Zuge der Überführung des vereinfachten Verfahrens in das FamFG weder nach der gesetzlichen Neuregelung noch nach der Gesetzesbegründung Anhaltspunkte dafür, dass der Gesetzgeber nunmehr das Beschwerdeverfahren mit Vorschriften aus dem zivilprozessualen Berufungsrecht sollte belasten wollen. Inhaltlich unterliegt die Rechtsverteidigung des Antragsgegners im Beschwerdeverfahren Beschränkungen, weil er nur mit den in § 256 FamFG abschließend aufgeführten Einwendungen gehört werden kann. Im Übrigen findet eine materiellrechtliche Prüfung nicht statt, die stattdessen im Korrekturverfahren (§ 240 FamFG) zu suchen ist (vgl. Rn. 10/124 bis 132).

Für den Gang des Beschwerdeverfahrens gibt § 68 I S. 2 FamFG weiter vor, dass das erstinstanzliche Gericht zu einer **Abhilfe** nicht befugt ist, sofern es sich um eine **Familiensache** handelt, weshalb der erstinstanzlich mit der Sache befasste Rechtspfleger (§ 25 Nr. 2 c RPflG) auch im vereinfachten Verfahren das Rechtsmittel ohne Abhilfemöglichkeit

598

599

600

---

[384] BT-Drucks. 16/6308 S. 261
[385] Johannsen/Henrich/Maier § 256 FamFG Rn. 5
[386] BGBl. I S. 2449
[387] BT-Drucks. 16/12717 S. 59
[388] Keidel/Giers FamFG § 257 Rn. 1; Musielak/Borth FamFG § 257 Rn. 1; MünchKommZPO/Macco FamFG § 256 Rn. 1

dem Beschwerdegericht vorzulegen hat. Die Notwendigkeit einer mündlichen Verhandlung besteht, da in der Regel auch erstinstanzlich eine mündliche Verhandlung entfällt, im Rechtsmittelverfahren nicht. Ansonsten besteht die Befugnis des Gerichts, hiervon unter den Voraussetzungen von § 68 III S. 2 FamFG nach Anhörung der Beteiligten abzusehen. Das Beschwerdegericht entscheidet mit einem das Verfahren beendenden und zu begründenden Beschluss (§ 69 FamFG).

601 Der Rechtsbehelf der nach § 58 FamFG statthaften Beschwerde ist ferner gegeben bei Entscheidungen im Bereich der einstweiligen Anordnungen, soweit es sich um Endentscheidungen handelt. Allerdings sind Endentscheidungen, soweit sie in Unterhaltssachen ergehen (§§ 246–248 FamFG) von vornherein einer Anfechtung entzogen (§ 57 S. 1 FamFG). Ausgenommen hiervon sind gleichwohl Entscheidungen, die im Verfahren über das **Außerkrafttreten der einstweiligen Anordnungen** ergehen. Tritt eine einstweilige Anordnung bei Wirksamwerden einer anderweitigen Regelung (§ 56 I FamFG) oder aus anderen Gründen (§ 56 II FamFG außer Kraft, kann das Gericht des ersten Rechtszuges auf Antrag (§ 56 III S. 1 FamFG) die Wirkungen durch Beschluss (§§ 116, 38 I S. 1 FamFG) aussprechen. Hiergegen sieht § 56 III S. 2 FamFG die Beschwerde gemäß § 58 FamFG als statthaftes Rechtsmittel vor.[389] Dies trifft auch für Unterhaltsanordnungen zu, da die besondere Regelung in § 56 III FamFG in ihrem Anwendungsbereich die allgemeinen Regeln über die Anfechtung Endentscheidungen im einstweiligen Anordnungsverfahren verdrängen, mithin eine Beschwerde nach §§ 56, 58 FamFG auch dann gegeben ist, wenn die fragliche einstweilige Anordnung selbst unanfechtbar war.[390]

IV. Die sofortige Beschwerde (§§ 567–572 ZPO)

602 Als originären Rechtsbehelf sieht das FamFG neben der befristeten Beschwerde gegen Endentscheidungen (§ 58 FamFG) eine sofortige Beschwerde nicht vor, enthält aber zahlreiche **unmittelbare** und **mittelbare Verweisungen** auf die zivilprozessualen Vorschriften der §§ 567–572 ZPO, die eine entsprechende Anwendung gebieten.

Für die Unterhaltssachen im Sinne von § 231 I FamFG und die weiteren Familienstreitsachen folgt dies gemäß der Vorbehaltsklausel in § 58 I 2. Halbs. FamFG zunächst aus § 113 I S. 2 FamFG mit dem Verweis auf die Allgemeinen Vorschriften der Zivilprozessordnung und die Vorschriften der Zivilprozessordnung über das Verfahren vor den Landgerichten. Soweit hiernach für ein erstinstanzliches Verfahren die Zivilprozessordnung die Möglichkeit einer Anfechtung im Wege der **sofortigen Beschwerde** eröffnet, ist dies, soweit die Vorschriften einschlägig sind, auch in den ordentlichen Streitverfahren erster Instanz in Unterhaltssachen der Fall. Bei der Verweisung in § 113 I S. 2 FamFG handelt es sich um eine **umfassende Verweisung**, die einen Rückgriff auf einzelne Vorschriften des Beschwerdeverfahrens nach §§ 58 bis 69 FamFG nicht zulässt. Erhebt ein Beteiligter zulässigerweise die sofortige Beschwerde, ist deshalb das Rechtsmittel schon dann zulässig, wenn der Wert des Beschwerdegegenstandes nach § 567 II ZPO erreicht ist.[391] Der höhere Wert in § 61 FamFG (600 EUR) ist nicht maßgebend. Entsprechendes gilt für eine in Betracht kommende Anfechtung der Beschwerdeentscheidung. Die Voraussetzungen für die Statthaftigkeit und der Zulässigkeit der Rechtsbeschwerde richtet sich nach §§ 574 ff. ZPO, nicht nach §§ 70 ff. FamFG.[392]

603 In dem durch § 113 I S. 2 FamFG vorgegebenen Umfang ist in den streitigen Unterhaltsverfahren wie in den weiteren Familienstreitsachen in folgenden erstinstanzlichen Verfahrensabschnitten die sofortige Beschwerde das statthafte Rechtsmittel:

---

[389] Hüßtege in Thomas/Putzo § 56 FamFG Rn. 10; Keidel/Giers FamFG § 56 FamFG Rn. 11
[390] Prütting/Helms/Stößer FamFG § 56 Rn. 11; Johannsen/Henrich/Büte § 56 FamFG Rn. 15
[391] Hoppenz/Herr § 243 FamFG Rn. 6; FA-FamR/Geißler Kap. 1 Rn. 740 und 741
[392] BGH FamRZ 2011, 368

4. Abschnitt: Rechtsmittel in Unterhaltssachen § 10

- Entscheidung, mit der ein Ablehnungsgesuch für unbegründet erklärt wird (§ 46 II ZPO),
- Ablehnung der Beiordnung eines Notanwalts (§ 78 b II ZPO),
- Anfechtung der isolierten Kostenentscheidung (§ 91 a II ZPO) nach Erledigung der Hauptsache (vgl. Rn. 10/81),
- Anfechtung der Kostenentscheidung (§ 99 II ZPO) bei Anerkenntnisbeschluss (vgl. Rn. 10/80),
- Kostenfestsetzungsbeschluss (§ 104 III ZPO),
- Entscheidungen im Verfahren über Verfahrenskostenhilfe (§ 127 II und III ZPO),
- Ablehnung der Bewilligung der öffentlichen Zustellung (§§ 186, 567 I Nr. 2 ZPO),
- Versagung der Wiedereinsetzung bei Entscheidungen, die mit der sofortigen Beschwerde anzufechten sind (§ 238 II S. 1 ZPO),
- Entscheidungen über die Aussetzung des Verfahrens und deren Ablehnung (§ 252 ZPO),
- Anfechtung der Kostenentscheidung (§ 269 V S. 1 ZPO) nach Antragsrücknahme (vgl. Rn 10/81),
- Berichtigungsbeschluss (§ 319 III ZPO),
- Zurückweisung des Antrags auf Erlass einer Versäumnisentscheidung (§ 338 I S. 1 ZPO),
- Verhängung von Ordnungsmitteln (§§ 380 III, 141 III ZPO),
- Entscheidungen über Zeugnisverweigerung (§§ 387 III, 390 III ZPO),
- Entscheidung, mit der ein Ablehnungsgesuch gegen einen Sachverständigen für unbegründet erklärt wird (§ 406 V ZPO),
- Verhängung von Ordnungsmitteln gegen einen Sachverständigen (§ 409 ZPO).

604 Auf Grund der speziellen Verweisung in § 119 II FamFG finden die zivilprozessualen Vorschriften über das **Arrestverfahren** auch in Unterhaltsstreitsachen (§ 231 I FamFG) Anwendung. Demgemäß unterliegt die Entscheidung, mit dem ein Arrestgesuch durch das erstinstanzliche Gericht ohne mündliche Verhandlung zurückgewiesen wird, gemäß §§ 922 III, 567 I Nr. 2 ZPO der Anfechtung durch die sofortiger Beschwerde.[393] Dies gilt ebenso gemäß § 120 I FamFG i. V. m. § 793 ZPO für die im **Vollstreckungsverfahren** ohne mündliche Verhandlung ergehenden Entscheidungen.[394] Hat ein angerufenes Familiengericht den zu ihm beschrittenen **Rechtsweg** mit Beschluss gemäß § 17 a II und III GVG für zulässig oder unzulässig erklärt, können die Beteiligten hiergegen mit der sofortigen Beschwerde vorgehen (vgl. näher Rn. 10/20).[395]

605 In den besagten Verfahrenssituationen beruht die Statthaftigkeit der sofortigen Beschwerde gegen die im ersten Rechtszug ergangenen Entscheidungen entweder auf einer ausdrücklichen gesetzlichen Bestimmung (§ 567 I Nr. 1 ZPO) oder auf der Zurückweisung eines das Verfahren betreffenden Gesuchs (§ 567 I Nr. 2 ZPO). Richtet sich die sofortige Beschwerde gegen die Entscheidung über Kosten ist die Beschwerde überdies nur zulässig, wenn der Wert des Beschwerdegegenstandes 200 EUR übersteigt (§ 567 II ZPO) übersteigt. Auch wenn die Voraussetzungen von § 567 ZPO erfüllt sind, ist die sofortige Beschwerde nicht statthaft, wenn sie sich gegen eine **Nebenentscheidung** richtet und ein Rechtsmittel in der Hauptsache nicht gegeben ist.[396] Versagt das Amtsgericht die Verfahrenskostenhilfe wegen fehlender Erfolgsaussicht für eine einstweilige Unterhaltsanordnung (§ 246 FamFG), ist eine gegen die Versagung gerichtete sofortige Beschwerde unstatthaft, weil die Entscheidung zur Hauptsache der einstweiligen Anordnung **keiner Anfechtung** unterliegt (§ 57 S. 1 FamFG). Hat das erstinstanzliche Gericht im Anordnungsverfahren nach Erledigung des Verfahrensgegenstandes nur noch über die Kosten entschieden, ist eine sofortige Beschwerde trotz der Regelung in § 91 a II ZPO wegen der Rechtsmittelbeschränkung in § 57 S. 1 FamFG ausgeschlossen. Dem liegt die Erwägung zugrunde, dass einer Nebenentscheidung kein Instanzenzug eröffnet werden kann, für den ein Rechtsbehelf in der Hauptsache nicht gegeben ist.

---

[393] FA-FamR/Geißler Kap. 1 Rn. 622
[394] MünchKommZPO/Fischer FamFG § 120 Rn. 18
[395] Keidel/Meyer-Holz FamFG § 58 Rn. 88; a. A. Hüßtege in Thomas/Putzo § 17 a GVG Rn. 19
[396] BGH FamRZ 2005, 790

Der Beschwerdegegner kann sich der Beschwerde anschließen, selbst wenn er auf die Beschwerde verzichtet hat oder die Beschwerdefrist verstrichen ist. Allerdings ist diese **Anschlussbeschwerde** unselbständig. Gemäß § 567 III S. 2 ZPO verliert nämlich die Anschließung ihre Wirkung, wenn die Beschwerde zurückgenommen oder als unzulässig verworfen wird.

606 Gemäß § 569 I ZPO ist die sofortige Beschwerde, soweit keine andere Frist bestimmt ist, binnen einer **Notfrist** von **zwei Wochen** bei dem erstinstanzlichen oder beim Beschwerdegericht einzulegen. Die Notfrist beginnt mit der Zustellung der Entscheidung. Im Verfahren betreffend die **Verfahrenskostenhilfe** beträgt die Notfrist **einen Monat** (§ 127 II S. 3 ZPO). Die Einlegung des Rechtsmittels erfolgt durch Einreichung einer Beschwerdeschrift (§ 569 II S. 1 ZPO). Allerdings kann die Beschwerde auch ohne einen Rechtsanwalt durch Erklärung zu Protokoll der Geschäftsstelle eingelegt werden (§ 569 III ZPO), wenn das Verfahren im ersten Rechtszug nicht dem Anwaltszwang unterliegt, das Rechtsmittel die Verfahrenskostenhilfe betrifft oder das Rechtsmittel von einem Zeugen, Sachverständigen oder Dritten im Sinne von §§ 142, 144 ZPO eingelegt wird. Kommt es im Beschwerdeverfahren zur mündlichen Verhandlung und besteht hierbei Anwaltszwang, so können sich die Beteiligten im Beschwerdeverfahren durch einen Rechtsanwalt vertreten lassen, für den es nach dem Gesetz zur Stärkung der Selbstverwaltung der Rechtsanwaltschaft vom 26. 3. 2007[397] einer besonderen Zulassung nicht mehr bedarf. Die anwaltliche Mitwirkung ist entbehrlich, wenn das Gericht eine schriftliche Erklärung anordnet, die Beschwerde aber schon gemäß § 569 III ZPO zu Protokoll der Geschäftsstelle einlegen konnte, so dass der Beteiligte die erforderte Erklärung in derselben Art und Weise abgeben kann (§ 571 IV ZPO).

607 Gemäß § 570 I ZPO hat die Beschwerde **keine aufschiebende Wirkung,** es sei denn, es handelt sich bei ihr um die Festsetzung eines Ordnungs- oder Zwangsmittels mit Ausnahme der Maßnahmen nach §§ 888, 890 ZPO.[398] Die sofortige Beschwerde kann auf neue Tatsachen und **neue Angriffs- und Verteidigungsmittel** gestützt werden (§ 571 II ZPO). Sie ist damit eine „vollwertige Instanz". Mit ihr kann aber nicht geltend gemacht werden, dass das Gericht des ersten Rechtszugs seine Zuständigkeit zu Unrecht angenommen habe. Für das erstinstanzliche Gericht sieht § 572 I ZPO die Möglichkeit einer **Abhilfeentscheidung** vor, allerdings nur unter Wahrung der Bindungswirkungen (§ 318 ZPO). Demzufolge scheidet bei einer sofortigen Beschwerde gegen die Kostenentscheidung im Fall eines Anerkenntnisbeschlusses (§ 99 II ZPO) oder der sofortigen Beschwerde gegen eine Entscheidung über ein Zeugnisverweigerungsrecht (§ 387 III ZPO) eine Abhilfe aus.[399] Wird erstmalig im Beschwerdeverfahren ein **Hilfsantrag** gestellt, ist, da nicht Gegenstand des erstinstanzlichen Verfahrens, eine Abhilfeentscheidung unzulässig. Allein das Beschwerdegericht hat hierüber zu befinden.[400]

Sieht das Familiengericht für eine Abänderung seiner Entscheidung auch in Ansehung des Beschwerdevorbringens keinen Anlass, hat es das Rechtsmittel unverzüglich dem Beschwerdegericht vorzulegen, das vor der Entscheidung einstweilige Anordnungen erlassen oder auch die Vollziehung der erstinstanzlichen Entscheidung bis zur Entscheidung des Beschwerdegericht aussetzen kann (§ 570 III ZPO). Das Rechtsmittelgericht prüft dabei vorrangig von Amts wegen, ob die Beschwerde an sich statthaft und ob sie in der gesetzlichen Form und Frist eingelegt ist. Mangelt es an einem dieser Erfordernisse, ist die Beschwerde als **unzulässig** zu **verwerfen** (§ 572 II ZPO). Eine weitere Anfechtung dieser Entscheidung findet – abgesehen von einer Zulassung durch das Beschwerdegericht (§ 574 I Nr. 2 ZPO[401] – nicht statt, da das Gesetz für diesen Fall im Unterschied zur Verwerfung nach § 522 I S. 4 ZPO ein Rechtsmittel nicht vorsieht (§ 574 II Nr. 1 ZPO).

608 Ansonsten entscheidet das Beschwerdegericht über das Rechtsmittel in der Sache durch eines seiner Mitglieder als Einzelrichter, da die angefochtene Entscheidung des Familien-

---

[397] BGBl. I S. 358
[398] OLG Köln FamRZ 2005, 223
[399] Musielak/Ball ZPO § 572 Rn. 10
[400] BGH NJW-RR 2007, 1275
[401] BGH FamRZ 2005, 790

gerichts von einem Einzelrichter oder einem Rechtspfleger erlassen wurde. Dieser **originäre Einzelrichter** (§ 568 I ZPO) überträgt das Verfahren nur dann dem Beschwerdegericht zur Entscheidung, wenn die Sache **besondere Schwierigkeiten** tatsächlicher oder rechtlicher Art aufweist oder die Rechtssache **grundsätzliche Bedeutung** hat. Jedoch kann auf eine erfolgte oder unterlassene Übertragung ein Rechtsmittel nicht gestützt werden.

Ohne Übertragung des Verfahrens auf das Beschwerdegericht in der durch das GVG vorgeschriebenen Besetzung ist der Einzelrichter gehindert, die **Rechtsbeschwerde** zuzulassen, weil allein dieser Spruchkörper darüber befinden kann, ob eine Sache grundsätzliche Bedeutung (§ 574 II Nr. 2 ZPO) hat und deshalb die Rechtsbeschwerde zuzulassen ist.[402] Dies gilt auch für die Frage, ob die Fortbildung des Rechts oder die Sicherung einer einheitlichen Rechtsprechung gemäß § 574 II Nr. 2 ZPO eine Zulassung erfordern.[403] Entscheidet der Einzelrichter gleichwohl in einer Sache und lässt die Rechtsbeschwerde zu, ist die Zulassung wirksam, die Entscheidung unterliegt jedoch auf Rechtsbeschwerde wegen fehlerhafter Besetzung des Beschwerdegerichts der Aufhebung von Amts wegen.

Erachtet das Beschwerdegericht die sofortige Beschwerde für begründet, trifft es die erforderlichen Anordnungen (§ 572 III ZPO). Dies ermöglicht neben der eigenen **Sachentscheidung**, die ungeachtet schwerwiegender Verfahrensfehler jedenfalls dann geboten ist, wenn die Sache entscheidungsreif ist,[404] auch die **Zurückverweisung** an das erstinstanzliche Gericht, ohne dass hierfür einer der begrenzten Zurückverweisungsgründe im Sinne von § 538 II ZPO vorliegen muss. Ein solches Vorgehen drängt sich insbesondere dann auf, wenn das Amtsgericht die Versagung von Verfahrenskostenhilfe mit dem Hinweis auf das Fehlen von Erfolgsaussichten (§ 114 ZPO) versagt hat, ohne gleichzeitig die Verfahrenskostenarmut geprüft und festgestellt zu haben, das Beschwerdegericht aber das Begehren für aussichtsreich hält. Im Fall der Zurückverweisung ist das erstinstanzliche Gericht an die Rechtsauffassung des Beschwerdegerichts bei der Erledigung der getroffenen Anordnungen gebunden (§ 563 II ZPO analog). Das gilt für das Beschwerdegericht ungeachtet allerdings eines neuen Tatsachenvortrags (§ 571 II ZPO) gleichermaßen für den Fall einer erneuten Beschwerde.[405]

609

Das Beschwerdegericht entscheidet über das Rechtsmittel abschließend durch Beschluss (§ 572 IV ZPO), der zu begründen ist. Dies ist schon deshalb notwendig, um die getroffenen Anordnungen für das weitere Vorgehen in erster Instanz transparent zu machen. Darüber hinaus werden die Begründungsanforderungen aber auch mitbestimmt durch eine Zulassung der Rechtsbeschwerde (§ 574 I Nr. 2 ZPO). Im Hinblick auf den begrenzten Prüfungsumfang im Rechtsbeschwerdeverfahren (§ 576 ZPO) müssen die Gründe den in tatsächlicher Hinsicht ausgestalteten Verfahrensgegenstand sowie die in den Instanzen gestellten Anträge erkennen lassen.[406]

V. Die Rechtsbeschwerden

1. Die Rechtsbeschwerde gegen Endentscheidungen (§§ 70–75 FamFG)

Die weitere Rechtsverfolgung in streitigen Unterhaltsverfahren in der Rechtsbeschwerdeeinstanz, für die der Bundesgerichtshof ausschließlich zuständig ist (§ 133 GVG), hat primär darauf abzustellen, welche Verfahrensordnung für das **vorangegangene Beschwerdeverfahren** maßgebend war. Hat das Beschwerdegericht im Verfahren nach §§ 58–69 FamFG den Verfahrensgegenstand mit einem Beschluss in der Sache erledigt (§§ 116, 38 I FamFG), richtet sich das weitere Rechtsmittelverfahren, soweit es an einer speziellen Verweisung (§ 117 I S. 4 FamFG) fehlt, nach den in §§ 70–75 FamFG normierten Regeln.

610

---

[402] BGH FamRZ 2003, 669
[403] BGH NJW 2004, 448; FamRZ 2003, 1922
[404] Musielak/Ball ZPO § 572 Rn. 16
[405] BGH NJW 2006, 1000 Rn. 9
[406] BGH NJW-RR 2008, 1455

§ 10 Verfahrensrecht

Gemäß § 70 I FamFG findet die **Rechtsbeschwerde** eines Beteiligten in Unterhaltssachen (§ 231 I FamFG) gegen die in der Beschwerdeinstanz ergangenen **Endentscheidungen** (§ 69 FamFG) statt. Allerdings ist die Rechtsbeschwerde in Familienstreitsachen ausnahmslos nur statthaft, wenn sie das Beschwerdegericht in der Entscheidung zugelassen hat, und zwar selbst bei einer unzulässigen und fehlerhaften Rechtsmittelbelehrung, die auf eine Anfechtung ohne Zulassung hinweist. Der Beschluss, mit dem das Beschwerdegericht das Rechtsmittel (§ 58 FamFG) als unzulässig verworfen hat (§ 117 I S. 4 FamFG i. V. m. § 522 I S. 2 ZPO), unterliegt auf Grund der speziellen Verweisung auf zivilprozessuale Rechtsmittelvorschriften der Anfechtung mit der **zulassungsfreien Rechtsbeschwerde** (§ 522 I S. 4 ZO i. V. m. § 574 I Nr. 1 ZPO).[407] Im Übrigen sieht das FamFG eine dem § 544 ZPO vergleichbare **Nichtzulassungsbeschwerde** nicht vor. Die Vorschrift in § 26 Nr. 9 EGZPO a. F. über den nur befristeten Ausschluss der Nichtzulassungsbeschwerde in Familiensachen ist ersatzlos aufgehoben.

611 Die Rechtsbeschwerde ist, der zivilprozessualen Revision vergleichbar (§ 543 II ZPO), zuzulassen, wenn die Rechtssache **grundsätzliche Bedeutung** hat (§ 70 II Nr. 1 FamFG) oder die **Fortbildung des Rechts** oder die **Sicherung einer einheitlichen Rechtsprechung** (§ 70 II Nr. 2 FamFG) eine Entscheidung des Rechtsbeschwerdegerichts erfordert, ohne dass sich diese einzelnen Alternativen letztlich klar voneinander abgrenzen ließen. Wegen der Nähe zu den Anforderungen und Voraussetzungen für die Zulassung der Revision in Zivilsachen kann an die entsprechenden Prüfkriterien für die Rechtsbeschwerde in Familienstreitsachen angeknüpft werden. Grundsätzliche Bedeutung kommt einer Rechtssache zu, wenn sie eine entscheidungserhebliche, klärungsbedürftige und **klärungsfähige Rechtsfrage** aufwirft, die sich in einer **unbestimmten Vielzahl** von Fällen stellen kann und deshalb das abstrakte Interesse der Allgemeinheit an der einheitlichen Entwicklung und Handhabung des Rechts berührt (Musterverfahren).[408] Zur **Fortbildung des Rechts** ist die Rechtsbeschwerde zuzulassen, wenn der Einzelfall Veranlassung gibt, Leitsätze für die Auslegung von Gesetzesbestimmungen des materiellen oder des Verfahrensrechts aufzustellen oder Gesetzeslücken zu schließen.[409] Mit dem Zulassungskriterium der **Sicherung einer einheitlichen Rechtsprechung** soll einer Rechtsentwicklung vorgebeugt werden, die zu schwer erträglichen Unterschieden in der Rechtsprechung führen oder diese beibehalten, wobei die Auswirkungen der anzufechtenden Entscheidung für die Rechtsprechung im Ganzen maßgeblich sind.[410]

612 Zur Sicherung einer einheitlichen Rechtsprechung besteht eine Zulassungspflicht insbesondere bei **Divergenz**, wenn sich das Beschwerdegericht mit seiner Endentscheidung in Widerspruch setzt zu einer Entscheidung eines höher- oder gleichrangigen Gerichts.[411] Allerdings liegt ein Fall der Divergenz noch nicht vor, wenn die nur im Ergebnis divergierenden Entscheidungen auf der unterschiedlichen Würdigung des jeweils vorgetragenen Sachverhalts in tatsächlicher Hinsicht beruhen. Von einer Divergenz ist erst dann auszugehen, wenn den Entscheidungen sich widersprechende abstrakte Rechtssätze zu Grunde liegen.[412] Für die Beurteilung einer Divergenz ist im Vergleich immer auf die zuletzt verlautbarte Rechtsprechung des jeweiligen Spruchkörpers abzustellen. Weicht das Beschwerdegericht objektiv von der ständigen höchstrichterlichen Rechtsprechung ab und besteht die Gefahr einer Wiederholung, ist der Zulassungsgrund „Sicherung einer einheitlichen Rechtsprechung" gegeben.[413]

613 Die Entscheidung über die Zulassung der Rechtsbeschwerde trifft das Beschwerdegericht nach pflichtgemäßer Prüfung der Voraussetzungen. Ein Ermessen („ist zuzulassen") steht ihm hierbei nicht zu. Die Zulassung ist ausdrücklich auszusprechen.[414] Fehlt es an

---

[407] Prütting/Helms/Feskorn FamFG § 117 Rn. 73; Zöller/Philippi § 117 FamFG Rn. 2; a. A. Musielak/Borth FamFG § 117 Rn. 3
[408] BGH FamRZ 2004, 1275
[409] BT-Drucks. 14/4722 S. 104
[410] BT-Drucks. 14/4722 S. 104 und 16/6308 S. 209
[411] BGH FamRZ 2010, 964 Rn. 15
[412] BGH NJW-RR 2007, 1676
[413] BGH FamRZ 2003, 372
[414] BGH NJOZ 2008, 3057 Rn. 6

Ausführungen hierzu in den Gründen der Endentscheidung, ist im Zweifel davon auszugehen, dass eine Zulassung nicht beabsichtigt war. Eine Ergänzung der Entscheidung um diese Erklärung (§ 321 ZPO) ist nicht möglich, wohl aber eine Berichtigung (§ 319 ZPO), wenn die Zulassung beabsichtigt war, aber versehentlich nicht Eingang in den Beschluss gefunden hatte.[415] Im Fall einer erfolgreichen Anhörungsrüge (§ 321a ZPO) kommt eine Zulassung durch Ergänzung[416] der Beschwerdeentscheidung in Betracht. Die Zulassung ist beschränkbar, soweit der Verfahrensgegenstand teilbar ist und eine **Teilentscheidung** hätte ergehen können,[417] wie dies in Unterhaltssachen bei einer vertikalen Teilentscheidung in Betracht kommt, wenn die Beteiligten über eine Befristung (§ 1578b BGB) streiten.[418]

Das Rechtsbeschwerdegericht ist, auch wenn die Voraussetzungen von § 70 II S. 1 FamFG nicht erfüllt sind, an die Zulassung gebunden, kann aber nach Anhörung ohne mündliche Verhandlung durch einstimmigen Beschluss (§ 74a FamFG) die Rechtsbeschwerde zurückweisen, wenn es die Zulassungsgründe nicht für gegeben ansieht und das Rechtsmittel keine Aussicht auf Erfolg bietet. Eine **Bindung** im Sinne von § 70 II S. 2 FamFG besteht allerdings dann nicht, wenn bereits die Beschwerde ausgeschlossen war. Dies folgt aus dem Grundsatz, dass für eine nach dem Gesetz unanfechtbare Entscheidung durch die Zulassung eine Rechtsmittelinstanz nicht eröffnet werden kann.[419] Eine Bindung besteht auch dann nicht, wenn das Beschwerdegericht die Zulassung ausgesprochen hatte, obwohl das Rechtsmittel ohne Zulassung statthaft war.[420] Geht allerdings die Beschwerdeinstanz bei der Zulassung davon aus, dass der Beschwerdewert (z. B. bei Verpflichtung zur Auskunftserteilung) nicht erreicht war (§ 61 I FamFG), ohne die Zulassung nachzuholen, die das erstinstanzliche Gericht noch wegen der Annahme eines höheren Wertes nicht ausgesprochen hatte, bleibt das Rechtsmittelgericht an die Zulassung gebunden. Denn wegen der korrespondierenden Zulassungskriterien für das Beschwerde- und das Rechtsbeschwerdeverfahren (§ 61 III S. 1 Nr. 1 und § 70 II FamFG) kann angenommen werden, dass das Beschwerdegericht die Zulassungsvoraussetzungen auch für das Beschwerdeverfahren bejaht hat.[421]

Gemäß § 71 I S. 1 FamFG ist die zugelassene Rechtsbeschwerde binnen einer Frist von **einem Monat** nach schriftlicher Bekanntgabe (Zustellung) bei dem Rechtsbeschwerdegericht (§ 133 GVG) schriftlich einzulegen. Die von einem beim Bundesgerichtshof zugelassenen Rechtsanwalt (§ 114 II FamFG) zu unterzeichnende **Beschwerdeschrift** muss enthalten die Bezeichnung des Beschlusses, gegen den die Rechtsbeschwerde eingelegt wird, und die Erklärung, dass Rechtsbeschwerde eingelegt wird. Innerhalb derselben Frist ist das Rechtsmittel, sofern nicht schon mit der Beschwerdeschrift geschehen, unter Wahrung derselben Formvorschriften zu begründen, wobei die **Begründungsfrist** verlängert werden kann (§§ 71 III S. 3 FamFG, 551 II S. 5 und 6 ZPO). Inhaltlich muss sich die Begründung des Rechtsmittels verhalten über die **Rechtsbeschwerdeanträge** und die Rechtsbeschwerdegründe (§ 71 III FamFG). Die Rechtsbeschwerde kann nur darauf gestützt werden, dass die angefochtene Entscheidung auf einer Verletzung des Rechts beruht, wobei die Rüge, das Gericht des ersten Rechtszuges sei unzuständig gewesen, ausgeschlossen ist (§ 72 FamFG). Dies gilt indessen nicht für die internationale Zuständigkeit deutscher Gerichte.[422] Der Gegner der Rechtsbeschwerde kann sich dem Rechtsmittel anschließen. Allerdings ist die **Anschlussrechtsbeschwerde** entgegen der Anschlussbeschwerde in Unterhaltssachen fristgebunden und muss bis zum Ablauf einer Frist von einem Monat nach Bekanntgabe (Zustellung) der Begründungsschrift eingereicht werden (§ 73 FamFG). Sie verliert ihre Wirkung mit Rücknahme oder Verwerfung der Rechtsbeschwerde und auch dann, wenn

---

[415] BGH FamRZ 2004, 530
[416] BGH NJW-RR 2007, 1654
[417] BGH FamRZ 2007, 117, 118
[418] BGH FamRZ 2009, 406 Rn. 11 und 12
[419] BGH FamRZ 2008, 1433 Rn. 4 und 5
[420] BGH FamRZ 2003, 1009
[421] BGH NJW 2008, 218 Rn. 13
[422] BGH NJW-RR 2010, 279

das Rechtsbeschwerdegericht die Rechtsbeschwerde gemäß § 74a FamFG zurückweist (§ 73 S. 3 FamFG).

616 Das Rechtsbeschwerdegericht prüft von Amts wegen die Zulässigkeit der Rechtsbeschwerde. Sind die Voraussetzungen nicht gegeben, kommt es zur Verwerfung (§ 74 I S. 2 FamFG). Fehlen Zulassungsgründe und bietet das Rechtsmittel im Übrigen auch keine Erfolgsaussichten, besteht die dem § 522 II ZPO nachgebildete Möglichkeit der Zurückweisung nach Anhörung ohne mündliche Verhandlung durch **einstimmigen Beschluss** (§ 74a I FamFG). Andernfalls stellt die dem Revisionsverfahren nachgebildete (§ 555 ZPO)[423] Vorschrift des § 74 IV FamFG für den weiteren Verfahrensgang auf die im ersten Rechtszug einschlägigen Vorschriften ab. Demzufolge entscheidet das Rechtsbeschwerdegericht der Intention des Gesetzgebers folgend[424] im Regelfall in den Familienstreitsachen auf Grund einer mündlichern Verhandlung (§ 113 I S. 2 FamFG i.V.m. § 128 ZPO). Daraus folgt weiter, dass ein Absehen von einer mündlichen Verhandlung und eine Entscheidung im schriftlichen Verfahren nur unter den weiteren Voraussetzungen von § 128 II ZPO in Betracht kommt. Ansonsten sieht das Gesetz die Möglichkeit für ein Absehen von einer mündlichen Verhandlung, wie dies § 68 III S. 2 FamFG für das Beschwerdeverfahren regelt, nicht vor.

Hat das Rechtsmittel Erfolg, entscheidet das Rechtsbeschwerdegericht, sofern die Sache entscheidungsreif ist, selbst oder verweist unter Aufhebung der angefochtenen Entscheidung und des ihr zugrunde liegenden Verfahrens die Sache an die Beschwerdeinstanz (§ 74 V und VI FamFG).

617 Gemäß § 75 I FamFG findet gegen die im ersten Rechtszug erlassenen Endentscheidungen, die ohne Zulassung der Beschwerde unterliegen (§ 58 FamFG), auf Antrag unter Umgehung der Beschwerdeinstanz unmittelbar die **Sprungrechtsbeschwerde** statt, wenn der Gegner in die Übergehung der Beschwerdeinstanz eingewilligt hat und das Rechtsbeschwerdegericht die Sprungrechtsbeschwerde zulässt. Sie ist nur zuzulassen, wenn die Rechtssache **grundsätzliche Bedeutung** hat oder die **Fortbildung des Rechts** oder die **Einheitlichkeit der Rechtsprechung** eine Entscheidung des Rechtsbeschwerdegerichts erfordert. Die Sprungrechtsbeschwerde kann nicht auf einen Verfahrensmangel gestützt werden. Die Einwilligung des Gegners gilt hierbei als Verzicht auf das Rechtsmittel der Beschwerde, so dass das Verfahren nach Zulassung durch das Rechtsbeschwerdegerichts als Rechtsbeschwerde durchgeführt wird, im Falle der Nichtzulassung der erstinstanzliche Beschluss rechtskräftig wird (§ 566 VI ZPO). Denn der Antrag auf Zulassung der Sprungrechtsbeschwerde und die Einwilligungserklärung des Gegners gelten als Verzicht des Rechtsmittels der Beschwerde (§ 75 I S. 2 FamFG).

2. Die Rechtsbeschwerde gegen sonstige Entscheidungen (§§ 574–577 ZPO)

618 Hatte das Beschwerdegericht in Unterhaltsstreitsachen (§ 231 I FamFG) über eine sofortige Beschwerde nach Maßgabe der zivilprozessualen Vorschriften (§§ 567–572 ZPO) zu entscheiden, richtet sich die Rechtsbeschwerde nach den §§ 574–577 ZPO.[425] Dies ist ferner der der Fall, wenn durch Gesetz auf diese Vorschriften für das Rechtsbeschwerdeverfahren verwiesen wird, wie dies durch § 117 I S. 4 FamFG mit dem Hinweis auf die einschlägigen zivilprozessualen Vorschriften geregelt ist. Hat nämlich das Beschwerdegericht die gegen eine Endentscheidung nach §§ 58, 117 FamFG eingelegte Beschwerde als unzulässig verworfen (§ 117 I S. 4 FamFG i.V.m. § 522 I S. 2 ZPO), ist hiergegen die Rechtsbeschwerde gemäß § 522 I S. 4 ZPO i.V.m. § 574 I Nr. 1 ZPO zulässig, ohne dass es einer Zulassung bedarf.[426] Das gilt entsprechend, wenn das Beschwerdegericht dem Beschwerdeführer Wiedereinsetzung in den vorigen Stand wegen Versäumung der Beschwerde- und/

---

[423] BT-Drucks. 16/6308 S. 211
[424] BT-Drucks. 16/9733 S. 290
[425] BGH FamRZ 2011, 368; FA-FamR/Geißler Kap. 1 Rn. 574
[426] Prütting/Helms/Feskorn FamFG § 117 Rn. 73; FamVerf/Große-Boymann § 1 Rn. 507; a.A. Musielak/Borth FamFG § 117 Rn. 3

4. Abschnitt: Rechtsmittel in Unterhaltssachen § 10

oder der Beschwerdebegründungsfrist versagt hat (§ 238 II S. 1 ZPO).[427] Teilweise wird eine zulassungsfreie Rechtsbeschwerde im Sinne von § 574 I Nr. 1 ZPO auch dann angenommen, wenn das Beschwerdegericht die Streitsache durch einen **zweiten Versäumnisbeschluss** entschieden hat.[428] Dies wird aus der revisionsrechtlichen Bestimmung in § 565 ZPO abgeleitet, wonach ein im Berufungsverfahren ergangenes zweites Versäumnisurteile ohne Rücksicht auf Beschwer und Zulassung mit der Revision angegriffen werden kann.[429] Dem dürfte allerdings entgegenstehen, dass der Gesetzgeber diese revisionsrechtliche Vorschrift für den auch sonst nur eingeschränkten Rechtsschutz in Familiensachen nicht übernommen hat und deshalb auch eine Regelungslücke für eine entsprechende Heranziehung der Vorschrift nicht ersichtlich ist. Auch wenn die Rechtsbeschwerde hiernach auf Grund gesetzlicher Bestimmungen ohne besondere Zulassung statthaft ist, muss ein **Zulassungsgrund** (§ 574 II Nr. 1 und 2 ZPO) vorliegen. Ansonsten ist das Rechtsmittel unzulässig.[430]

Im Übrigen kann das Beschwerdegericht die Rechtsbeschwerde gegen einen Beschluss zulassen (§ 574 I Nr. 2 ZPO). Die Zulassung erfolgt gleichlautend mit den Zulassungsgründen in § 70 II FamFG indessen nur, wenn die Rechtssache grundsätzliche Bedeutung hat oder die Rechtsfortbildung oder die Sicherung einer einheitlichen Rechtssprechung eine Entscheidung des Rechtsbeschwerdegerichts erfordern (§ 574 II Nr. 1 und 2 ZPO). In diesem Fall ist das Rechtsbeschwerdegericht an die Zulassung gebunden (§ 574 III S. 2 ZPO). Das bedeutet, dass Fragen in Nebenverfahren oder auch Kostensachen durch das Rechtsbeschwerdegericht überprüft werden können. So kann die Rechtsbeschwerde im Verfahren über die Bewilligung von Verfahrenskostenhilfe wegen solcher Fragen zugelassen werden, die das Verfahren oder die persönlichen Voraussetzungen betreffen. Hat die beabsichtigte Rechtsverfolgung oder Rechtsverteidigung grundsätzliche Bedeutung oder wirft sie Fragen auf, die einer Klärung durch höchstrichterliche Entscheidung bedürfen, so verspricht die Sache Aussicht auf Erfolg und es ist Verfahrenskostenhilfe zu gewähren.[431] 619

Die Zulassungsvoraussetzungen entsprechen im Übrigen den Anforderungen, die auch das Rechtsbeschwerdeverfahren nach § 70 II FamFG an die weitere Rechtsverfolgung stellen, so dass insoweit auf die Ausführungen zu Rn. 10/611 und 612 verwiesen werden kann. Die Entscheidung über die Zulassung steht auch hier nicht im Ermessen des Beschwerdegerichts. Das Rechtsbeschwerdegericht ist an die Zulassung, auch wenn die Voraussetzungen nicht vorliegen, gebunden (§ 574 III S. 2 ZPO), allerdings nur soweit dem Beschwerdegericht die Entscheidungskompetenz über die Zulassung zusteht. Dies ist nicht der Fall, wenn das Beschwerdegericht bei der Zulassung übersehen hatte, dass die Beschwerdeentscheidung einer Zulassung nicht bedurfte (§ 574 I Nr. 1 ZPO),[432] oder wenn bereits die Beschwerde ausgeschlossen war.[433] Erfüllte schon das Ausgangsrechtsmittel nicht den notwendigen Wert des Beschwerdegegenstands (§ 567 II ZPO), ist die Rechtsbeschwerde unzulässig, und zwar unabhängig von einer Zulassung.[434] 620

Gemäß § 575 ZPO ist die Rechtsbeschwerde binnen einer Frist von **einem Monat** nach schriftlicher Bekanntgabe (Zustellung) bei dem Rechtsbeschwerdegericht schriftlich einzulegen. Form und Inhalt sowie die Frist entsprechen auch im Übrigen den Kriterien für die nach § 70 FamFG statthafte Rechtsbeschwerde, so dass hierzu auf die Ausführungen zu Rn. 10/615 verwiesen wird. Der Gegner der Rechtsbeschwerde kann sich dem Rechtsmittel innerhalb einer Notfrist von einem Monat nach Zustellung der Begründungsschrift anschließen (§ 575 IV ZPO). Die Rechtsbeschwerde kann nur auf die Verletzung des Bundesrechts oder einer Vorschrift, deren Geltungsbereich sich über den Bezirk eines 621

---

[427] BGH NJW 2010, 1610 Rn. 3
[428] Keidel/Meyer-Holz FamFG § 70 Rn. 47; Johannsen/Henrich/Althammer § 70 FamFG Rn. 11
[429] BGH NJW-RR 2008, 876
[430] BGH FamRZ 2009, 220 Rn. 7
[431] BGH FamRZ 2003, 671
[432] BGH FamRZ 2003, 1009
[433] BGH FamRZ 2008, 1433 Rn. 4 und 5
[434] BGH NJW-RR 2011, 143 Rn. 3

Oberlandesgerichts hinaus erstreckt, gestützt werden (§ 576 ZPO). Auf die Rüge, das erstinstanzliche Gericht habe seine Zuständigkeit – mit Ausnahme der internationalen[435] – zu Unrecht angenommen, kann die Rechtsbeschwerde nicht gestützt werden (§ 576 II ZPO).

Das Rechtsbeschwerdegericht prüft von Amts wegen die Zulässigkeit der Rechtsbeschwerde und verwirft das Rechtsmittel, sofern die Voraussetzungen nicht erfüllt sind (§ 577 I ZPO). Die Möglichkeit der Zurückweisung nach Anhörung durch **einstimmigen Beschluss** (vgl. § 74 a I FamFG) besteht in diesem Rechtsmittelverfahren nicht. Dringt die Rechtsbeschwerde in der Sache durch, entscheidet das Rechtsbeschwerdegericht bei Entscheidungsreife selbst, verweist ansonsten die Sache unter Aufhebung der angefochtenen Entscheidung zur erneuten Behandlung und Entscheidung an das Beschwerdegericht zurück (§ 577 IV und V ZPO).

622   Das Rechtsbeschwerdegericht kann abschließend nur in den Fällen des § 574 I ZPO angerufen werden. Ein **außerordentliches Rechtsmittel** der Rechtsbeschwerde ist auch dann nicht statthaft, wenn die Entscheidung ein Verfahrensgrundrecht des Beschwerdeführers verletzt oder aus sonstigen Gründen „greifbar gesetzwidrig" ist.[436] In einem solchen Fall ist die angefochtene Entscheidung durch das Gericht, das sie erlassen hat, im Anwendungsbereich des Rügeverfahrens (§ 321 a ZPO) zu korrigieren. Wird ein Verfassungsverstoß nicht beseitigt, kommt allein eine Verfassungsbeschwerde zum Bundesverfassungsgericht in Betracht.[437]

VI. Die Anhörungsrüge (§ 321 a ZPO)

1. Verfahrensgegenstand

623   Gemäß § 113 I S. 2 FamFG i. V. m. § 321 a I ZPO ist auf die Rüge des durch eine Entscheidung in Unterhaltsstreitsachen beschwerten Beteiligten das Verfahren fortzusetzen, wenn ein Rechtsmittel oder ein anderer Rechtsbehelf gegen die Entscheidung nicht gegeben ist und das Gericht den Anspruch dieses Beteiligten auf **rechtliches Gehör** in entscheidungserheblicher Weise verletzt hat. Statthaft ist hiernach das Rügeverfahren gegenüber jedweder **Endentscheidung**, mit der die Gerichte in einem Hauptsacheverfahren über den gesetzlich geschuldeten Unterhalt entschieden haben. Dies gilt ferner für Entscheidungen, die in **Nebenverfahren** ergehen, wie dies z. B. für das Kostenfestsetzungsverfahren oder das Verfahren über die Bewilligung von Verfahrenskostenhilfe anzunehmen ist.[438] Allerdings schließt § 321 a I S. 2 ZPO Entscheidungen, die einer Endentscheidung vorausgehen, von einer Korrektur im Rügeverfahren aus. Gleichwohl kann daraus bei Wahrung des mit Verfassungsrang ausgestatteten **effektiven Rechtsschutzes** (Art. 2 I, 19 IV GG) nicht jedwede einer Endentscheidung vorausgehende Zwischenentscheidung erfasst sein. Zu unterscheiden ist vielmehr danach, welche Auswirkungen der jeweiligen **Zwischenentscheidung** zukommen. Handelt es sich nämlich um eine Entscheidung, die für das weitere Verfahren bindend ist und auch im Rahmen der Endentscheidung keine Überprüfung mehr zulässt, steht sie im Ergebnis den Endentscheidungen gleich und muss einer Berichtigung im Rügeverfahren zugänglich sein. Solchermaßen ist die Anhörungsrüge statthaft, wenn über ein **Ablehnungsgesuch** abschlägig und rechtskräftig entschieden worden ist.[439] Gegenüber der nicht weiter anfechtbaren **Bewilligung der Wiedereinsetzung** (§ 238 III ZPO) steht dem jeweiligen Antragsgegner gleichfalls ein Rügerecht zu.[440]

624   Die Anhörungsrüge kann erhoben werden nur gegen im jeweiligen Einzelfall **unanfechtbare Entscheidungen**. Dazu zählen auch solche, bei denen der Beschwerdewert

---

[435] BGH NJW-RR 2010, 279
[436] BGH FamRZ 2003, 1550
[437] BGH NJW 2002, 1577
[438] OLG Naumburg FamRZ 2007, 917
[439] BVerfG NJW 2009, 833
[440] BGH FamRZ 2009, 685 Rn. 6

4. Abschnitt: Rechtsmittel in Unterhaltssachen § 10

(§ 61 I FamFG) nicht erreicht oder die für eine weitere Anfechtung notwendige Zulassung (§ 70 I FamFG) nicht erfolgt ist. Beruht die Rechtskraft der Entscheidung allerdings darauf, dass der Beteiligte von dem statthaften Rechtsmittel keinen Gebrauch gemacht hat, um seine Rüge anzubringen, bleibt auch die Anhörungsrüge ausgeschlossen, die als **subsidiäres Instrument** der **gerichtlichen Selbstkontrolle** nur dann zur Anwendung kommt, wenn eine Überprüfung der Entscheidung im ordentlichen Rechtsmittelverfahren an objektiv gegebenen und außerhalb der Verantwortung der Beteiligten liegenden Kriterien scheitert.[441] Hat das Gericht im Wege **einstweiliger Anordnung** Regelungen zum gesetzlichen Unterhalt getroffen (§ 246 FamFG), handelt es sich um eine nach § 57 S. 1 FamFG unanfechtbare Endentscheidung. Gleichwohl kommt eine Anhörungsrüge erst dann in Betracht, wenn der Antragsgegner in Verfahren nach § 54 I und II FamFG seinen Anspruch auf Gehör nicht mehr anbringen kann.[442] Eine nach § 52 II FamFG bestehende Möglichkeit, den Gegner zur Einleitung eines Hauptsacheverfahrens zu zwingen, steht dem allerdings nicht entgegen, da ein solches Verfahren den Gehörsverstoß im einstweiligen Rechtsschutz unberührt lässt.[443]

Der subsidiäre Charakter der Anhörungsrüge findet seinen weiteren Ausdruck darin, dass **625** dieser Behelf auch dann unstatthaft bleibt, wenn lediglich der Gegner ein Rechtsmittel gegen die Entscheidung eingelegt hat. Hier ist derjenige Beteiligte, will er eine Anhörungsrüge anbringen, gehalten, sich vorrangig auf ein **Anschlussrechtsmittel** (§§ 66, 73 FamFG, §§ 567 IV, 574 IV ZPO) einzulassen. Erst wenn dieses durch Rücknahme des Rechtsmittels oder aus anderen Gründen gegenstandslos wird, ist sodann ein Rügeverfahren in der Vorinstanz durchzuführen.[444] Allerdings sollen nach teilweise vertretener Auffassung[445] die Rügewirkungen in diesem Fall bestehen bleiben. Wiederum andere gehen von einer Parallelität der beiden Verfahren aus, wobei sich das vorübergehend ausgesetzte Rügeverfahren bei sachlicher Bescheidung der Gehörsrüge im Rahmen der vorrangigen Anschließung erledigt.[446]

Statthaft ist die Anhörungsrüge im Übrigen nur, soweit der Beteiligte sich auf eine **Verletzung** seines **Anspruchs** auf **rechtliches Gehör** beruft. Mit anderen Verfahrensrügen ist er in diesem Verfahren nicht zu hören. Eine entsprechende Anwendung scheidet aus.[447] Auch eine schlichte Behauptung, in seinem Anspruch auf Gehör verletzt zu sein, genügt nicht. Vielmehr sind darzulegen die Tatsachen, aus denen sich die Verletzung ergeben soll, und substantiierter Vortrag zu den Voraussetzungen einer Gehörsverletzung.[448]

2. Zulässigkeit der Rüge

Die Anhörungsrüge ist durch den beschwerten (§ 59 II FamFG) und allein rügeberech- **626** tigten Beteiligten (§ 113 I S. 2 FamFG i. V. m. § 321 a II ZPO) innerhalb einer **Notfrist** von **zwei Wochen** nach Kenntnis von der Verletzung des rechtlichen Gehörs zu erheben. Eine Fristverlängerung ist ausgeschlossen (§ 224 II ZPO), die Wiedereinsetzung wegen Fristversäumung allerdings möglich (§ 233 ZPO). Der Fristbeginn knüpft an die **positive Kenntnis** von der Verletzung des rechtlichen Gehörs. Dem steht ein **Kennen müssen** allenfalls dann gleich, wenn der Beteiligte eine Kenntnisnahme **bewusst vermeidet**.[449] Auf eine positive Kenntnis als Auslöser der Frist kommt es auch dann an, wenn die Entscheidung formlos unter der Bekanntmachungsfiktion des § 321 a II S. 3 ZPO mitgeteilt worden ist.[450] Da es auf eine positive Kenntnis ankommt, entspricht der Fristbeginn nicht notwen-

---

[441] Keidel/Meyer-Holz FamFG § 44 Rn. 4; a. A. Zöller/Vollkommer § 321 a ZPO Rn. 5
[442] Dose Rn. 397; Gießler/Soyka Rn. 265
[443] Keidel/Meyer-Holz FamFG § 44 Rn. 20
[444] Reichold in Thomas/Putzo § 321 a ZPO Rn. 2 a
[445] Zöller/Vollkommer ZPO § 321 a ZPO Rn. 4
[446] Keidel/Meyer-Holz FamFG § 44 Rn. 5
[447] BGH NJW-RR 2009, 144
[448] BGH NJW 2009, 1609 Rn. 9 und 10
[449] Musielak/Musielak ZPO § 321 a Rn. 9 a
[450] BVerfG NJW 2007, 2242

dig, wenn auch in der Regel,[451] der schriftlichen Bekanntgabe (Zustellung) und kann zu einem späteren Zeitpunkt einsetzen. Die insoweit erforderlichen Voraussetzungen sind glaubhaft zu machen (§ 321 a II S. 1 Halbs. 2 ZPO), wofür schon eine **anwaltliche Versicherung** ausreichen kann.[452] Die Kenntniserlangung durch den Verfahrensbevollmächtigten (§ 114 FamFG) steht der Kenntniserlangung durch den Beteiligten selbst gleich (§ 85 II ZPO).[453] Nach Ablauf eines Jahres seit Bekanntgabe der angegriffenen Entscheidung kann die Rüge nicht mehr erhoben werden (§ 321 a II S. 2 ZPO). Es handelt sich um eine **Ausschlussfrist**. Für deren Berechnung ist, soweit eine Zustellung nicht erfolgt ist, auf die gemäß § 321 a II S. 3 ZPO erfolgte Bekanntgabe abzustellen. Eine Wiedereinsetzung ist nicht möglich.[454]

627 Die Erhebung der Anhörungsrüge erfolgt schriftlich (§ 321 a II S. 4 ZPO) durch Einreichung eines bei Anwaltszwang (§ 114 I FamFG) von einem **Rechtsanwalt** zu unterzeichnenden **Schriftsatzes**[455] bei dem Gericht, dessen Entscheidung Verfahrensgegenstand einer Anhörungsrüge sein soll. Im Rahmen der gebotenen Begründung (§ 321 a II S. 5 ZPO) müssen sich die Darlegungen erstrecken konkret auf die **Tatsachen**, die Grundlage der Rüge sein sollen, sowie auf eine eingehende Auseinandersetzung mit den **Voraussetzungen einer Gehörsverletzung**. Überdies müssen die Gründe Ausführungen zur **Entscheidungserheblichkei**t der Gehörsverletzung erkennen lassen.[456] Mit neuem Sachvortrag kann die Anhörungsrüge allerdings zulässigerweise nicht gestützt werden.[457] Auch ist ein Nachschieben von Gründen nach Ablauf der Frist (§ 321 a II S. 1 ZPO) ausgeschlossen.[458]

3. Gang des Verfahrens

628 a) Nach Eingang der schriftlichen Anhörungsrüge prüft das zuständige Gericht im Abhilfeverfahren zunächst von Amts wegen, ob die Rüge statthaft und in der gesetzlichen Form und Frist erhoben ist. Fehlt es daran, ist die Rüge als unzulässig zu verwerfen (§ 321 a IV S. 1 und 2 ZPO). Ansonsten hat es, soweit erforderlich, dem Gegner Gelegenheit zu einer Stellungnahme zu geben (§ 321 a III ZPO). Die sich daran anschließende Prüfung der Begründetheit der Anhörungsrüge erstreckt sich auf die behauptete Gehörsverletzung und die ihm zugrunde liegenden Tatsachen sowie deren **Entscheidungserheblichkeit** (Kausalität). Kommt das Gericht nicht zu entsprechenden Feststellungen, ist die Anhörungsrüge als unbegründet zurückzuweisen. Auch dies geschieht durch einen kurz zu begründenden Beschluss, der keiner weiteren Anfechtung unterliegt (§ 321 IV S. 4 und 5 ZPO).

629 b) Das verfassungsrechtlich in Art. 103 I GG verankerte und überdies in verfahrensrechtlichen Vorschriften ausgeformte **rechtliche Gehör** korrespondiert mit zahlreichen Pflichten des Gerichts. Diese sollen gewährleisten, dass die Beteiligten Gelegenheit erhalten, sich zu sämtlichen **entscheidungserheblichen Gesichtspunkten** zu äußern. Das bedingt zugleich, dass die Entscheidung nur auf **Tatsachen** und **Beweisergebnisse** gestützt werden dürfen, von denen die Beteiligten zuvor **Kenntnis** erhalten haben und zu denen sie in angemessenem zeitlichen Rahmen haben **Stellung nehmen** können. Im Übrigen hat das Gericht die Anträge und das sie tragende **Vorbringen** für die Beteiligten erkennbar **zur Kenntnis zu nehmen** und zu **würdigen**.[459] Allerdings hängt es hierbei vom Einzelfall ab, ob und in welchem Umfang dies Eingang auch in die Entscheidungsgründe finden muss.[460]

---

[451] BGH FamRZ 2006, 1029
[452] BVerfG NJW 2007, 2242, 2244
[453] MünchKommZPO/Ulrici § 44 FamFG Rn. 12
[454] Reichold in Thomas/Putzo § 321 a ZPO Rn. 6
[455] BGH FamRZ 2005, 1564
[456] BGH NJW 2009, 1609 Rn. 11
[457] BGH FamRZ 2007, 1463 Rn. 3
[458] OLG Brandenburg FamRZ 2008, 2049
[459] BVerfG NJW 1997, 2310, 2312
[460] BGH NJW 2009, 1609 Rn. 8

4. Abschnitt: Rechtsmittel in Unterhaltssachen § 10

Das Gericht braucht auch im Lichte von Art. 103 I GG nicht jedes Vorbringen der Beteiligten in den Gründen seiner Entscheidung zu bescheiden.[461]

Kommt das Gericht seinen Pflichten nicht nach, ist von einer Gehörsverletzung auszugehen. Dabei ist ein **Verschulden** nicht relevant.[462] Maßgebend sind allein die **objektiven Verhältnisse**, so dass eine Gehörsverletzung auch dann gegeben sein kann, wenn der entscheidende Spruchkörper die Verletzung des Anspruchs auf rechtliches Gehör gar nicht beeinflussen konnte, wie dies etwa dann der Fall ist, wenn ein Schriftsatz bei Gericht eingeht, aber die entscheidenden Richter nicht mehr rechtzeitig erreicht.[463] Vor dem Hintergrund zahlloser Fallkonstellationen möglicher Gehörsverletzungen haben sich in der Rechtspraxis Fallgruppen herausgebildet. Danach wird unterschieden zwischen so genannten **Pannen-, Präklusions-, Hinweis- und Unrichtigkeitsfällen**.[464] Während die Pannenfälle durch ein Versehen in den Abläufen des Gerichts gekennzeichnet sind,[465] liegt den – im Unterhaltsrecht eher seltenen (vgl. § 115 FamFG) – Präklusionsfällen eine fehlerhafte Handhabung der Präklusionsvorschriften zu Grunde, die das Gericht daran gehindert haben, erhebliches Vorbringen eines Beteiligten bei seiner Entscheidung zur Kenntnis zu nehmen und zu gewichten. Bei den Hinweisfällen sind gebotene Hinweise unterblieben. Dem stehen die Fälle gleich, in denen das Gericht Hinweise erteilt hat, an die es sich aber bei der Entscheidung nicht gehalten hat. Die Unrichtigkeitsfälle betreffen eine Gruppe von Gehörsverletzungen, bei denen das Gericht das Vorbringen der Beteiligten nicht verstanden oder grob missverstanden hat.[466]

Die Anhörungsrüge hat in der Sache allerdings erst dann Erfolg, wenn sich die Gehörsverletzung entscheidungserheblich ausgewirkt hat. An der **notwendigen Kausalität** fehlt es, wenn die Entscheidung auch bei verfahrenskonformer Gewährung rechtlichen Gehörs in der getroffenen Art und Weise ausgefallen wäre. Gleichwohl dürfen an den Kausalitätsnachweis keine überspannten Anforderungen gestellt werden. Demgemäß **beruht** die gerichtliche Entscheidung auf einer Gehörsverletzung schon dann, wenn nicht ausgeschlossen werden kann, dass das Gericht bei Wahrung des rechtlichen Gehörs zu einem anderen Ergebnis gekommen wäre.[467] Der Kausalitätsnachweis entspricht danach einer Schlüssigkeitsprüfung **(mögliche Kausalität)**.[468]

4. Die Abhilfe

Erweist sich nach der angestellten Prüfung die Anhörungsrüge als begründet, hilft ihr das Gericht ab durch Fortsetzung des Verfahrens, das zu der Entscheidung geführt hat, soweit dies auf Grund der Rüge geboten ist (§ 321a V S. 1 ZPO). Die Anhörungsrüge hindert eine (weitere) Vollstreckung aus der beanstandeten Entscheidung nicht. Gleichwohl kann die Zwangsvollstreckung **auf Antrag** für die Dauer des Abhilfeverfahrens einstweilen eingestellt werden (§ 707 I ZPO).[469] Eine gesonderte (vorläufige) Abhilfeentscheidung (Zwischenfeststellung) sieht das Gesetz im Verfahren über die „Abhilfe bei Verletzung des Anspruchs auf rechtliches Gehör" allerdings nicht vor.[470] Vielmehr ist das **Ausgangsverfahren** bezogen auf den Zeitpunkt vor dem Schluss der mündlichen Verhandlung (§ 312a V S. 2 ZPO) in der jeweiligen Verfahrensart **fortzusetzen**, begrenzt allerdings durch den sich aus der Gehörverletzung ergebenden Umfang.[471] Hat zuvor ein schriftliches Verfahren stattgefunden, ist auf den Zeitpunkt abzustellen, bis zu dem Schriftsätze eingereicht werden

---

[461] BVerfG NJW 1997, 2310, 2312
[462] Keidel/Meyer-Holz FamFG § 44 Rn. 38
[463] BGH NJOZ 2005, 2037
[464] Musielak/Musielak ZPO § 321a Rn. 6
[465] Keidel/Meyer-Holz FamFG § 44 Rn. 38; BGH FamRZ 2010, 1728 LS
[466] BVerfG NJW 2009, 1585 Rn. 36
[467] BGH NJW 2005, 2624, 2625
[468] Keidel/Meyer-Holz FamFG § 44 Rn. 40
[469] Reichold in Thomas/Putzo § 321a ZPO Rn. 17
[470] Musielak/Musielak ZPO § 321a Rn. 11
[471] OLG Koblenz FamRZ 2010, 2013

§ 10 Verfahrensrecht

konnten (§ 321 a V S. 4 ZPO). Im weiteren Verfahren bestehen für das Gericht, so weit die Gehörsrüge wirkt, keine Bindungen. Das Verbot der reformatio in peius besteht nicht.[472] Hat das Gericht im weiteren Verlauf des Verfahrens das rechtliche Gehör und (z. B.) eine zunächst unterbliebene Beweisaufnahme nachgeholt, entscheidet es gemäß §§ 321 a V S. 3, 343 ZPO über den Fortbestand der Ausgangsentscheidung.[473] Soweit der weitere Gang des Verfahrens eine abweichende Beurteilung gebietet, ist in Abänderung der Ausgangsentscheidung anderweitig zu entscheiden. Im Übrigen bleibt sie aufrechterhalten. Die Zurückweisung der Anhörungsrüge nach § 321 IV S. 3 ZPO ist nicht gerechtfertigt, wenn eine Gehörsverletzung vorgelegen hat, der weitere Verfahrensgang aber nicht zu einer abweichenden Beurteilung in der Sache führt.

633 Im Rahmen einer Anhörungsrüge fallen in Unterhaltsstreitsachen (§ 231 I FamFG) keine **Gerichtskosten** an. Die Festgebühr gemäß Nr. 1800 KV FamGKG bei Verwerfung oder Zurückweisung ist nur im Fall der Anhörungsrüge nach § 44 FamFG zu erheben. Für die Rüge in Familienstreitsachen (§ 113 I S. 2 FamFG i. V. m. § 321 a ZPO) sieht das FamGKG keinen Gebührentatbestand vor. Einem Rückgriff auf Nr. 1700 KV GKG steht § 1 FamGKG entgegen. Die Vergütung anwaltlicher Tätigkeit erfolgt nach Nr. 3300, 3332 VV RVG nur dann, wenn der Anwalt ausschließlich im Rügeverfahren tätig wird. Ansonsten gehört die Tätigkeit zum Rechtszug (§ 19 I S. 2 Nr. 5 RVG).

5. Abschnitt: Das vereinfachte Verfahren über den Unterhalt Minderjähriger (§§ 249–260 FamFG)

1. Allgemeines

634 Vorschriften über ein vereinfachtes Verfahren betreffend die gerichtliche Durchsetzung des Unterhalts Minderjähriger wurden erstmalig durch Art. 3 Nr. 9 Kindesunterhaltsgesetz (KindUG v. 6. 4. 1998, BGBl. I, 666) in Gestalt der §§ 645–660 in die ZPO eingeführt und insoweit zuletzt durch Art. 3 des Gesetzes zur Änderung des Unterhaltsrechts vom 21. 12. 2007[1] geändert. Das zum 1. 9. 2009 in Kraft getretene FamFG hat das entsprechende Regelwerk in den §§ 249–260 FamFG mit nur geringfügigen Änderungen übernommen. Allein soweit in § 655 ZPO a. F. ein vereinfachtes Verfahren zur Anpassung von Vollstreckungstiteln bei Veränderung des **Kindergeldes** oder **kindbezogener Leistungen** (§ 1612 b und 1612 c BGB) sowie in § 656 ZPO a. F. eine **Korrekturklage** vorgesehen waren, hat der Gesetzgeber bei der Fortschreibung der jetzt geltenden Rechtslage ein Regelungsbedürfnis verneint. Vor dem Hintergrund einer zunehmenden Titulierung des Kindesunterhalts in dynamischer Form komme solchen Sonderregelungen allenfalls marginale Bedeutung zu. Überdies ergibt sich im Fall einer Erhöhung des Kindergeldes in der überwiegenden Zahl der Fälle eine Ermäßigung des zu zahlenden Unterhalts. Deshalb sei es dem Unterhaltspflichtigen zuzumuten, diesen Umstand bei Überschreitung der Wesentlichkeitsgrenze im Wege eines regulären Abänderungsverfahrens (§ 240 FamFG) geltend zu machen. Schließlich sprächen gegen eine Übernahme die Komplexität der bislang vorhandenen Abänderungsmöglichkeiten nach §§ 656, 323 V ZPO a. F. und der aufwendige Mechanismus von zwei gesonderten Verfahren.[2] Das bisher in § 653 ZPO a. F. erfasste **Annexverfahren** zur Titulierung von Unterhaltsansprüchen des minderjährigen Kindes im Zusammenhang mit einem Vaterschaftsfeststellungsverfahren hat der Gesetzgeber in § 237 FamFG verfahrensrechtlich zu einem **selbständigen Unterhaltsverfahren** aufgewertet.[3]

---

[472] Keidel/Meyer-Holz FamFG § 44 Rn. 58
[473] Reichold in Thomas/Putzo § 321 a ZPO Rn. 15
[1] BGBl. S. 3189
[2] BT-Drucks. 16/6308 S. 261
[3] BT-Drucks. 16/6308 S. 257

5. Abschnitt: Das vereinfachte Verfahren über den Unterhalt Minderjähriger § 10

Die Anpassung eines entsprechenden Unterhaltstitel im streitigen Korrekturverfahren erfolgt nunmehr gemäß § 240 FamFG (§ 654 ZPO a. F.)

Die §§ 249–260 FamFG regeln in einem vereinfachten **formalisierten Verfahren** Unterhaltsansprüche minderjähriger **ehelicher wie nichtehelicher Kinder,** die mit dem in Anspruch genommenen Elternteil nicht in einem Haushalt leben. Dabei muss zwischen dem Kind und dem Antragsgegner ein **Eltern-Kind-Verhältnis** bestehen. Das ist stets bei der Mutter als Antragsgegnerin der Fall (§ 1591 BGB); zwischen dem Kind und dem Vater besteht ein derartiges Verhältnis, wenn die Voraussetzungen des § 1592 BGB (Vaterschaft) dargelegt bzw. nachgewiesen worden sind. Steht eine derartige Beziehung noch nicht eindeutig fest, kann das Kind gemäß § 237 FamFG das Abstammungsverfahren mit einer Unterhaltsfestsetzung in Höhe des **Mindestunterhalts** in einem Hauptsacheverfahren verbinden (§ 179 I S. 2 FamFG) oder im vorläufigen Rechtsschutz eine einstweilige Anordnung nach § 248 FamFG beantragen. Aufgrund der Gleichstellung ehelicher und adoptierter Kinder (§ 1754 I BGB) ist eine Eltern-Kind-Beziehung i. S. d. § 249 FamFG auch im Falle eines adoptierten Kindes begründet.

Der Höhe nach darf der Unterhaltsanspruch das 1,2-fache des Mindestunterhalts (§ 1612a I S. 2 BGB), der mit dem Inkrafttreten des Gesetzes zur Änderung des Unterhaltsrechts an die Stelle des Regelbetrages nach der Regelbetragverordnung getreten ist, nicht übersteigen. Bezugsgröße ist nunmehr der einkommensteuerrechtliche Kinderfreibetrag (§ 32 VI S. 1 EStG), der in der Summe für beide Elternteile das steuerfrei zu stellende **sächliche Existenzminimum** eines Kindes ausdrückt. Die steuerrechtlich nicht vorgegebene Auffächerung des Mindestunterhalts in drei Altersgruppen beruht weiterhin auf der Erfahrungstatsache, dass der Bedarf eines minderjährigen Kindes altersabhängig steigt. Durch die Anbindung des Mindestunterhalts an den einkommensteuerrechtlichen Kinderfreibetrag entfällt zugleich die mit der Regelbetragverordnung noch fortgeschriebene Differenzierung danach, ob das unterhaltsberechtigte Kind in den alten oder neuen Bundesländern lebt.

An die Stelle einer **Dynamisierung** der Unterhaltsbeträge durch Änderungen der Regelbetragverordnung (§ 1612a IV S. 3 BGB a. F.) erfolgt die Anpassung nunmehr über die steuerrechtliche **Änderungen des Kinderfreibetrages** auf der Basis des jeweiligen Existenzminimumberichts, den die Bundesregierung alle zwei Jahre vorzulegen hat. Durch die unmittelbare Anknüpfung an das einkommensteuerrechtliche Ergebnis entfällt zukünftig eine zusätzliche Umsetzung der Änderungen durch das Unterhaltsrecht.

Für eine **Übergangszeit** hatte der Gesetzgeber den Mindestunterhalt mit Hilfe einer **übergangsrechtlichen Sonderregelung in § 36 Nr. 4 EGZPO**[4] zunächst abweichend von der Bezugsgröße des Kinderfreibetrages definiert. Diese stand vor dem Hintergrund des mit der gesetzlichen Neuregelung verfolgten Wechsels der Bezugsgröße vom Regelbetrag zum Mindestunterhalt, die jeweils unterschiedlichen Kriterien folgen. Die Vorschrift sollte ein vorübergehendes **Absinken des Unterhaltsniveaus** verhindern. Maßgebend blieb demzufolge vorerst der um das hälftige Kindergeld erhöhte Regelbetrag nach § 1 der Regelbetragverordnung in der Fassung der 5. Verordnung zur Änderung der Regelbetragverordnung vom 5. 6. 2007 (BGBl. I S. 1044) bis zu dem Zeitpunkt, in dem der nach § 1612a I S. 2 BGB ermittelte Mindestunterhalt den nach § 36 Nr. 4 EGZPO festgelegten Betrag übersteigen sollte. Bereits für den Unterhaltszeitraum ab dem 1. 1. 2009 bedarf es für die Unterhaltsbemessung eines Rückgriffs auf die Übergangsregelung nicht mehr. Infolge der Anhebung des Kinderfreibetrages durch das Kinderleistungsgesetz erhöhte sich bereits zu diesem Zeitpunkt der Mindestunterhalt in der 1. Altersstufe auf 281 EUR, in der 2. Altersstufe auf 322 EUR und in der 3. Altersstufe auf 377 EUR.

Die Ausgestaltung des Mindestunterhalts trägt dem durch das BVerfG[5] betonten Transparenzgebot im Beziehungsgeflecht zwischen Sozial-, Steuer- und Unterhaltsrecht Rechnung. Im Übrigen bietet das vereinfachte Verfahren auch nach der gesetzlichen Neuregelung dem unterhaltsbedürftigen Kind weiterhin die Möglichkeit, im Beschlusswege zeitnah einen Vollstreckungstitel zu erwirken, dem nach Form und Inhalt nur eine begrenzte Anzahl von Einwendungen des Unterhaltspflichtigen entgegensteht.

---

[4] Wie hier: Klinkhammer FamRZ 2008, 193, 196
[5] BVerfG FamRZ 2003, 1370

2. Zulässigkeit des vereinfachten Verfahrens

637 Gemäß § 249 I FamFG wird der Unterhalt eines **Minderjährigen,** der mit dem in Anspruch genommenen Elternteil **nicht in einem Haushalt** lebt, auf Antrag im vereinfachten Verfahren festgesetzt, wenn der verlangte Unterhalt vor Berücksichtigung der Leistungen nach den §§ 1612b oder 1612c BGB das 1,2-fache des Mindestunterhalts (§ 1612a I S. 2 BGB) nicht übersteigt. Er kann somit auch darunter liegen. Im Unterschied zum Antragsteller kann Antragsgegner **nur ein Elternteil** sein. Dritte, die etwa im Wege der Ersatzhaftung für den Unterhalt Minderjähriger einzustehen haben (§ 1607 BGB), scheiden danach als Antragsgegner für eine Inanspruchnahme im vereinfachten Verfahren aus. Durch die weitere Beschränkung auf denjenigen Elternteil, mit dem das Kind nicht in einem Haushalt lebt, knüpft das vereinfachte Verfahren überdies an die unterhaltsrechtliche Bestimmung an, wonach der betreuende Elternteil in der Regel nicht barunterhaltspflichtig ist (§ 1606 III S. 2 BGB). Demgemäß ist das vereinfachte Verfahren unzulässig, wenn die Eltern noch in einem Haushalt, aber getrennt im Sinne von § 1567 II BGB, leben, weil es verfahrensspezifisch eine Abgrenzung zwischen **Barunterhalt** und in Betracht kommenden **Naturalunterhaltsleistungen** nicht ermöglicht. Das vereinfachte Verfahren soll nicht mit schwierigen Rechts- und Tatsachenfragen für die Unterhaltsfestsetzung belastet werden.

638 Gleich gelagert ist die Situation, in der sich das Kind im Rahmen eines **Wechselmodells** abwechselnd bei beiden Elternteilen aufhält. Wechselt das Kind dauerhaft in den Haushalt des Antragsgegners, kann gegen ihn, sofern sich die Antragsberechtigung nicht ändert, der Mindestunterhalt für den Unterhaltszeitraum bis zum Wechsel im vereinfachten Verfahren festgesetzt werden.[6] Nach a. A.[7] soll das vereinfachte Verfahren allerdings insgesamt unzulässig werden. Dem ist nicht zu folgen. Nach § 249 I FamFG soll der **Barunterhaltsanspruch eines minderjährigen Kindes** tituliert werden. Schon vor dem Hintergrund des Wortlauts der Vorschrift, die mit dem „Unterhalt eines minderjährigen Kindes" allein auf den **Verfahrensgegenstand** abstellt, hat zuletzt der BGH[8] betont, dass entgegen einer bis dahin verbreiteten Meinung der **Eintritt der Volljährigkeit** des Kindes die Zulässigkeit des Verfahrens nicht entfallen lässt. Dies gilt ebenso für den Aufenthalt des Kindes, der ersichtlich für die Differenzierung zwischen Betreuung und Barunterhalt maßgebend ist und damit auf die Art des zu titulierenden Unterhaltsanspruchs abstellt.

Durch die Anknüpfung an den Mindestunterhalt, wie er durch § 1612a I S. 2 BGB definiert wird, scheidet das vereinfachte Verfahren schon nach dem Wortlaut des § 249 I FamFG aus, soweit der Unterhaltsanspruch nach **ausländischem Recht** zu beurteilen ist.[9] Die Gegenmeinung[10] verkennt in diesem Zusammenhang, dass das Verfahren auf einen formalisierten Unterhaltstatbestand beschränkt sein soll. Für die in der Bundesrepublik lebenden Ausländern ist damit allerdings kein Rechtsnachteil verbunden, weil nach dem Haager Übereinkommen über das auf Unterhaltspflichten anwendbare Recht vom 2. 10. 1973 (BGBl. II S. 825) und Art. 18 EGBGB für das Unterhaltsstatut ohnehin der gewöhnliche Aufenthalt des Unterhaltsberechtigten maßgebend ist.

639 Das vereinfachte Verfahren zur Unterhaltsfestsetzung wird zumeist durch einen Elternteil gegen den anderen „im Namen" des unterhaltsberechtigten Kindes geführt. Schwebt eine Ehesache zwischen beiden Eltern oder leben sie getrennt, kann der Elternteil, in dessen Obhut sich das minderjährige Kind befindet, den Antrag nur im eigenen Namen als **Verfahrensstandschafter** gemäß § 1629 III S. 1 BGB stellen. Allerdings scheidet das vereinfachte Verfahren als Folgesache im Scheidungsverfahren aus (§ 137 II Nr. 2 FamFG). Wird Unterhalt für ein nichteheliches Kind geltend gemacht, hinsichtlich dessen beide Eltern gemeinsam das Sorgerecht haben (§ 1626a I Nr. 1 BGB), hat der Elternteil, in dessen Obhut sich das Kind befindet, den Antrag als **gesetzlicher Vertreter des Kindes** gemäß § 1629 II S. 2 BGB zu stellen. Ist der Elternteil, bei dem sich das Kind befindet,

---

[6] KG FamRZ 2009, 1847
[7] OLG Celle FamRZ 2003, 1475
[8] BGH FamRZ 2006, 402, 404
[9] Johannsen/Henrich/Maier § 249 FamFG Rn. 16
[10] MünchKommZPO/Macco FamFG § 249 Rn. 9

allein sorgeberechtigt, wird er ebenfalls als gesetzlicher Vertreter des Kindes tätig; das minderjährige Kind ist also selbst aktivlegitimiert. Das ist der Fall, wenn das Sorgerecht auf diesen Elternteil nach §§ 1626, 1671 BGB allein übertragen wurde oder keine gemeinsame Sorgerechtserklärung hinsichtlich des nichtehelichen Kindes vorliegt (vgl. § 1626 a II BGB). Hat der in Anspruch genommene Elternteil, der mit dem Kind nicht in einem Haushalt lebt, die **alleinige Personensorge,** ist das vereinfachte Verfahren unzulässig.[11]

Wurde dem Kind Unterhaltsvorschuss oder Sozialhilfe gewährt, kann der jeweilige **639 Rechtsnachfolger** als Antragsteller in Erscheinung treten (§ 250 I Nr. 11 und 12 FamFG),[12] und zwar bei Unterhaltsleistungen voraussichtlich auf längere Zeit auch für zukünftige Unterhaltszeiträume (§ 7 IV S. 1 UVG).[13] Hierbei ist darauf hinzuweisen, dass der Mindestunterhalt in der begehrten Höhe die Leistungen an oder für das Kind nicht übersteigt. Daneben bleibt das Kind berechtigt, die Differenz zwischen der Unterhaltvorschussleistung und seinem individuellen Kindesunterhalt in einem vereinfachten Verfahren weiterzuverfolgen.[14] In diesem Zusammenhang ist auch eine Rückabtretung zur gerichtlichen Geltendmachung (§ 33 III S. 2 SGB II; § 94 IV S. 2 SGB XII; § 7 IV S. 1 UVG) möglich. Leisten sonstige Dritte dem minderjährigen Kind Unterhalt mit der Folge des gesetzlichen Übergangs des Unterhaltsanspruchs, steht ihnen ebenfalls als Antragsteller das vereinfachte Verfahren offen.

Unzulässig ist das vereinfachte Verfahren, wenn das **Kind** bei Antragseingang bereits **volljährig** war. Hier käme nur noch die Titulierung eines rückständigen Unterhalts in Betracht. Zwar besagen die Antragserfordernisse in § 250 I Nr. 4 und 5 FamFG, dass auch **Unterhaltsrückstände** neben dem laufenden Unterhalt in das vereinfachte Verfahren mit einbezogen werden können. Indessen soll diese Regelung nach der Intention des Gesetzgebers[15] lediglich aus verfahrensökonomischer Sicht die gesonderte Einleitung eines Hauptsacheverfahrens wegen der Unterhaltsrückstände vermeiden. Beschränkt sich die Rechtsverfolgung auf die Rückstände, scheidet das vereinfachte Verfahren insoweit aus.[16] Der Eintritt der Volljährigkeit während des Verfahrens führt nicht zur Unzulässigkeit.[17] Beantragt das Jugendamt als Beistand die Unterhaltstitulierung im vereinfachten Verfahren und tritt die Volljährigkeit des Kindes vor Zustellung des Antrags ein, liegt keine wirksame Vertretung vor. Der Antrag ist daher als unzulässig zu verwerfen.[18]

3. Anpassung von Unterhaltsrenten, Abgrenzung zu anderen Verfahren

Das minderjährige Kind kann im vereinfachten Verfahren die Titulierung des ihm **640** zustehenden Unterhalts entweder in Höhe eines **gleich bleibenden Monatsbetrages** anstreben oder aber, was für das Kind grundsätzlich vorteilhafter sein dürfte, veränderbar bis zur Höhe des 1,2-fachen (120%) des Mindestunterhalts. Denn mit der Festlegung auf einen **Prozentsatz des Mindestunterhalts,** der nach der zum 1. 1. 2010 in Kraft getretenen Gesetzesänderung derzeit für die Zeit bis zur Vollendung des 6. Lebensjahres (erste Altersstufe) monatlich 317 EUR, für die Zeit vom 7. bis zur Vollendung des 12. Lebensjahres (zweite Altersstufe) monatlich 364 EUR und für die Zeit ab dem 13. Lebensjahr (dritte Altersstufe) monatlich 426 EUR beträgt, nimmt das unterhaltsberechtigte Kind unmittelbar an einem altersbedingt gestiegenen Unterhaltsbedarf teil, ohne dass es einer entsprechenden Titeländerung bedarf. Das ist ferner der Fall bei Entwicklungen des sächlichen Existenzminimums, die über eine Erhöhung des steuerrechtlichen Kinderfreibetrages nach § 32 VI S. 1 EStG ohne weiteres zu einer Erhöhung des Mindestunterhalts als Bemessungskriterium im jeweiligen Einzelfall führen.

---

[11] OLG Karlsruhe FamRZ 2001, 767
[12] BGH FamRZ 2008, 1428 Rn. 1
[13] OLG Zweibrücken FamRZ 2004, 1796
[14] OLG München FamRZ 2002, 547
[15] BT-Drucks. 13/7338, S. 38
[16] OLG Naumburg FamRZ 2002, 1048
[17] BGH FamRZ 2006, 402
[18] OLG Naumburg FamRZ 2003, 160

641 Übersteigt der Kindesunterhalt 120% vor Berücksichtigung des Kindergeldes oder vergleichbarer Leistungen, kann das Kind seinen Unterhalt bis zum Bruttogrenzbetrag von 120% im vereinfachten Verfahren festsetzen lassen und den darüber hinausgehenden Rest im streitigen Verfahren erstmalig weiterverfolgen. Diese Möglichkeit ergibt sich aus § 240 FamFG. Übersteigt der Kindesunterhalt den Grenzbetrag von 120% nicht, kann der Antragsteller (meistens die Mutter als gesetzliche Vertreterin bzw. in der Verfahrensstandschaft des § 1629 III BGB) nach seiner **Wahl** einen **Antrag** im **vereinfachten Verfahren** stellen oder die Titulierung des Unterhalt durch Leistungsantrag (§ 258 ZPO) im **ordentlichen Verfahren** verfolgen.[19] Diese Verfahrensmöglichkeit kann dem Kind deswegen nicht verwehrt werden, weil das vereinfachte Verfahren bei Widerspruch einer der beiden Beteiligten zum streitigen Verfahren (§ 255 FamFG) wird und damit zu keiner abschließenden Regelung im vereinfachten Verfahren führt. Hierzu reicht bereits ein Antrag aus, der der Fortführung des vereinfachten Verfahrens widerspricht. Allerdings bietet dieses Verfahren dem Kind wiederum den Vorteil, dass es den Unterhalt bis zur Höhe von 120% des Mindestunterhalts verlangen kann, ohne seinen Bedarf weiter begründen zu müssen. Konsequenterweise erstrecken sich die Antragsangaben nach § 250 FamFG nicht auf die Einkommens- und Vermögensverhältnisse des auf Barunterhalt in Anspruch genommenen Elternteils, aus denen sich die bemessungsrelevante Lebensstellung (§ 1610 I BGB) des Kindes ableitet. Im Unterschied dazu trifft das Kind bereits mit einem Leistungsantrag nach § 258 ZPO zu seinem Unterhaltsbedarf die **Darlegungs- und Beweislast,** wenn es sich nicht auf den Mindestunterhalt beschränken will.[20] Nach Überleitung in das streitige Verfahren gelten aber auch für das Kind wieder die allgemeinen Regeln. Deshalb sollte zur Vermeidung nachteiliger Kostenfolgen im streitigen Verfahren die Antragstellung den Bruttogrenzbetrag nur ausschöpfen, wenn zuvor bereits die unterhaltswirksamen Verhältnisse hinreichend aufgeklärt sind.

642 Die Ausübung der Wahlfreiheit[21] kann im Zusammenhang mit der Bewilligung von **Verfahrenskostenhilfe** nicht eingeschränkt werden. Die aus Sicht der Staatskasse jeweils kostenintensivere Rechtsverfolgung erscheint deshalb auch nicht mutwillig (§ 113 FamFG i. V. m. § 114 ZPO).[22] Soweit Mutwillen bei der Rechtsverfolgung in einem streitigen Verfahren bejaht wird, wenn das vereinfachte Verfahren zulässig und mit einem Übergang in ein streitiges Verfahren nicht zu rechnen sei, wird die Dynamik in den unterhaltsrechtlichen Beziehungen mit ihren vielfältigen Änderungen, die sich sofort und unmittelbar auf die rechtliche Tragweite auswirken, nicht hinreichend gewichtet. Sie steht prognostischen Erwägungen zur Rechtsverteidigung des Antragsgegners im Vorfeld einer Beurteilung der Verfahrenskostenhilfe für ein Unterhaltsbegehren des Antragstellers entgegen. Überdies hat es der Antragsgegner in der Hand, durch die kostenfreie Schaffung eines Unterhaltstitels für das minderjährige Kind das streitige Verfahren entbehrlich zu machen.

Haben die Beteiligten nach freigestellter mündlicher Verhandlung (§ 128 IV ZPO) oder schriftlich einen gerichtlichen Vergleichsvorschlag gemäß § 278 VI ZPO angenommen, ist die Titulierung eines höheren Kindesunterhaltes als 120% auf Grund **vertraglicher** Regelung möglich. Ist dem Kind die eingeschränkte Leistungsfähigkeit des Antragsgegners bekannt, kann es auch einen unter dem Mindestunterhalt liegenden Unterhalt geltend machen.[23]

4. Erstmalige Unterhaltsfestsetzung i. S. d. § 249 II FamFG

643 Nach dieser Vorschrift findet das vereinfachte Verfahren nicht statt, soweit über den Unterhaltsanspruch des Kindes **ein Gericht** bereits (auch zurückweisend) in der Sache **entschieden** hat, ein **gerichtliches Verfahren** derzeit anhängig ist oder ein **zur Zwangs-**

---

[19] OLG Naumburg FamRZ 2001, 924
[20] BGH FamRZ 2002, 536
[21] BT-Drucks. 13/7338, S. 37
[22] OLG Naumburg FamRZ 1999, 1670; MünchKommZPO/Macco FamFG § 249 Rn. 23; a. A. OLG Hamm FamRZ 1999, 995
[23] OLG Hamm FamRZ 2004, 1587

5. Abschnitt: Das vereinfachte Verfahren über den Unterhalt Minderjähriger § 10

vollstreckung geeigneter Schuldtitel errichtet worden ist.[24] Mit dieser Einschränkung will der Gesetzgeber eine **Doppeltitulierung** über Kindesunterhaltsansprüche vermeiden. Um hier eine zeitliche Abgrenzung der konkurrierenden Verfahren zu ermöglichen, die sich aus der ursprünglichen Fassung des § 645 II ZPO a. F. nach der instanzgerichtlichen Rechtsprechung letztlich nicht ableiten ließ,[25] hatte der Gesetzgeber bereits durch eine präzisierende Fassung des § 645 II ZPO a. F. mit Wirkung vom 1. 1. 2002 klargestellt, dass das vereinfachte Verfahren dann nicht stattfindet, wenn *„zum Zeitpunkt der Zustellung des Antrags oder einer Mitteilung über seinen Inhalt an den Antragsgegner"* ein Gericht über den Unterhaltsanspruch des Kindes entschieden hat, ein gerichtliches Verfahren anhängig ist oder ein zur Zwangsvollstreckung geeigneter Schuldtitel errichtet worden ist.[26] Diese Regelung hat der Gesetzgeber in § 249 II FamFG übernommen.

Für die zeitliche Konkurrenz der anderweitigen Verfahrenshindernisse ist danach in erster Linie auf die Zustellung des Antrags im vereinfachten Verfahren abzustellen. Liegt zu diesem Zeitpunkt nur eine anderweitige **Teiltitulierung** vor, ist das vereinfachte Verfahren gleichwohl unzulässig. Ist nur ein Antrag im vereinfachten Verfahren nach § 250 II FamFG zurückgewiesen worden, kann der Antrag auf Durchführung des vereinfachten Verfahrens wiederholt werden. Auch ein bloßer **Auskunftsanspruch,** der gerichtlich anhängig war oder noch ist, bildet kein Hindernis für das vereinfachte Verfahren.[27] Nicht hinderlich ist auch eine als **unzulässig** verworfene **Unterhaltsantrag,** weil dem keine Sachentscheidung über den Kindesunterhalt zugrunde liegt.

Wird nach Einleitung des vereinfachten Verfahrens ein anderes gerichtliches Unterhaltsverfahren anhängig, ändert dies nichts an der Zulässigkeit des vereinfachten Verfahrens (insoweit wirkt die perpetuatio fori des § 261 III Nr. 2 ZPO). Ein vom Antragsgegner erst **nach Einleitung** des vereinfachten Verfahrens beim Jugendamt errichteter Titel nach § 59 I Nr. 3 SGB VIII hat auf die Zulässigkeit keinen Einfluss.[28] Entspricht der titulierte Unterhalt dem Begehren, handelt es sich um eine **Erledigung der Hauptsache,** dem der Antragsteller durch entsprechende Erklärung Rechnung tragen muss. Ansonsten ist der Antrag als unzulässig abzuweisen. Bleibt der Unterhaltstitel hinter dem im vereinfachten Verfahren verfolgten Antrag zurück (Teiltitulierung), werden die Konsequenzen unterschiedlich beurteilt. Nach Ansicht des OLG Naumburg[29] soll sich das vereinfachte Verfahren insgesamt erledigen (unzulässig werden). Für das OLG München[30] bleibt die Titulierung ohne Auswirkungen auf den Verlauf des vereinfachten Verfahrens mit der hinzunehmenden Gefahr einer Doppeltitulierung. Demgegenüber dürfte der Meinung zu folgen, die von einer **Teilerledigung** ausgeht.[31] Mit der in § 249 II FamFG übernommen Regelung soll der jeweilige Antragsgegner daran gehindert werden, sich dem vereinfachten Verfahren durch eine „Teiltitulierung" zu entziehen.[32] Dieses Ziel wird aber auch dann noch erreicht, wenn bei einer Teiltitulierung von einer Teilerledigung ausgegangen wird. Der jeweilige Antragsteller muss – den allgemeinen Regeln folgend – auf den entsprechenden Hinweis des zuständigen Rechtspflegers seinen Antrag lediglich der teilweisen Titulierung anpassen, um das vereinfachte Verfahren fortsetzen zu können. Eine Notwendigkeit, der Teiltitulierung jedwede erledigende Bedeutung für das vereinfachte Verfahren absprechen zu müssen mit der Gefahr einer mehrfachen Titulierung, besteht hiernach nicht.

Die Vorschrift des § 249 II FamFG steht der Zulässigkeit des vereinfachten Verfahrens nicht entgegen, wenn im Übrigen **gegen eine andere Person** als den nicht betreuenden Elternteil Kindesunterhalt geltend gemacht wird. Das vereinfachte Unterhaltsverfahren ist somit weiterhin möglich, wenn sich das streitige Unterhaltsverfahren des minderjährigen

---

[24] OLG Naumburg FamRZ 2003, 160
[25] OLG München FamRZ 2001, 1076; OLG Naumburg FamRZ 2002, 1045
[26] OLG München FamRZ 2011, 48
[27] Begründung zum Regierungsentwurf des KindUG BT-Drucks. 13/7338, S. 38
[28] Gerhardt FuR 1998, 145; Schulz FuR 1998, 385
[29] OLG Naumburg FamRZ 2002, 1045
[30] OLG München FamRZ 2001, 1076, 1077
[31] OLG Zweibrücken FamRZ 2000, 1160
[32] BT-Drucks. 14/7349, S. 24

Kindes gegen den die Obhut ausübenden Elternteil richtet oder wenn Unterhalt gegen nachrangige Dritte (§ 1607 BGB) gefordert wird. Befindet sich das Kind bei keinem Elternteil, sondern bei einer dritten Person, kann es im vereinfachten Verfahren auch **gegen beide Eltern** seine Unterhaltsansprüche (anteilig entsprechend den jeweiligen Einkünften, § 1606 III S. 1 BGB) geltend machen.

Hat der in Anspruch genommene Elternteil die alleinige Personensorge, ist der Unterhaltsfestsetzungsantrag im vereinfachten Verfahren nach den §§ 249–260 FamFG gegen ihn unzulässig.[33] Bei gleichzeitiger Geltendmachung von Unterhaltsansprüchen eines minderjährigen und eines privilegierten volljährigen Kindes aus derselben Familie ist in analoger Anwendung von § 232 III Nr. 1 FamFG auch für die Ansprüche des volljährigen Kindes der Gerichtsstand des § 232 I Nr. 2 FamFG anzunehmen. Im Gegensatz zum minderjährigen Kind hat das volljährige Kind aber keinen Anspruch auf Titulierung im vereinfachten Verfahren.[34]

5. Einstweiliger Rechtsschutz und vereinfachtes Verfahren

646 Das vereinfachte Verfahren kennt keinen verfahrensspezifischen einstweiligen Rechtsschutz. Bis zum Inkrafttreten des FamFG war für den Erlass einer einstweiligen Anordnung (§ 644 ZPO a. F.) kein Raum, weil sie nur im Rahmen einer Unterhaltsklage oder in Verbindung mit einem darauf zielenden Prozesskostenhilfegesuch ergehen konnte. Eine entsprechende Abhängigkeit ist allerdings durch die Regelung in § 51 III S. 1 FamFG, wonach die einstweilige Anordnung nunmehr Gegenstand eines selbständigen Verfahrens ist, entfallen. Gleichwohl bestehen Einschränkungen fort, die sich im Kontext der Statthaftigkeit des vereinfachten Verfahrens auswirken. Sieht der Unterhaltsberechtigte etwa im Vorfeld der gerichtlichen Geltendmachung seines Unterhaltsbegehrens die Notwendigkeit für eine Regelung im Wege **einstweiliger Anordnung** (§§ 246, 50 ff. FamFG), bleibt ihm nachfolgend das vereinfachte Verfahren gemäß § 249 II FamFG verschlossen, weil ein gerichtliches Verfahren bereits anhängig ist. Ihm steht nur noch das Streitverfahren offen. Deshalb muss der Unterhaltsberechtigte hier im Einzelfall abwägen, ob es ihm auf eine schnelle Entscheidung im einstweiligen Rechtsschutz ankommt oder ob er die Vorteile des vereinfachten Verfahrens ausnutzen will, die ihm insbesondere durch das formalisierte Verfahren Darlegungs- und Beweiserleichterungen beim Bedarf (120% des Mindestunterhalts, § 249 I FamFG) sowie durch die Auskunftsverpflichtung des Unterhaltspflichtigen im Rahmen der Einwendungen (§ 252 II FamFG) weitergehende Informationen für eine effektive Rechtsverfolgung etwa im streitigen Verfahren nach § 255 FamFG bieten.

647 Davon zu unterscheiden ist der Fall, in dem sich erst im Verlauf des vereinfachten Verfahrens, etwa infolge von Verzögerungen, die sich erfahrungsgemäß einstellen und auf die der Antragsteller keinen Einfluss nehmen kann, die Notwendigkeit für eine einstweilige Regelung elementarer Unterhaltsbedürfnisse des Minderjährigen ergibt. Hier wird teilweise angenommen, der Unterhaltsberechtigte könne durch Leistungsverfügung im Wege einstweiliger Verfügung zur Überbrückung bis zu einer endgültigen gerichtlichen Entscheidung seinen Unterhalt titulieren lassen.[35] Indessen dürfte dem nicht zu folgen sein, weil der Gesetzgeber den einstweiligen Rechtsschutz durch das Institut der einstweiligen Anordnung in den §§ 49 ff. FamFG und weiteren Vorschriften des FamFG umfassend und abschließend geregelt hat.[36] Deshalb ist ein Rückgriff auf Vorschriften der ZPO nur zulässig, soweit das FamFG hierauf, wie etwa in Güterrechtssachen und sonstigen Familienstreitsachen, ausdrücklich verweist (vgl. § 119 FamFG). Im Fall der hier in Rede stehenden Unterhaltssachen (§ 112 Nr. 1 FamFG) ist dies aber nicht der Fall, so dass auch ein ergänzender Rückgriff auf die §§ 935, 940 ZPO ausscheidet.[37] Richtigerweise wird der minderjährige Unter-

---

[33] OLG Karlsruhe FamRZ 2001, 767
[34] OLG Stuttgart FamRZ 2002, 1045
[35] Hüßtege in Thomas/Putzo § 249 FamFG Rn. 5 m. w. N.
[36] BT-Drucks. 16/6308 S. 226
[37] Dose, Einstweiliger Rechtsschutz in Familiensachen, 3. Auflage Rn. 8

5. Abschnitt: Das vereinfachte Verfahren über den Unterhalt Minderjähriger   § 10

haltsberechtigte im Wege einstweiliger Anordnung (§ 246 FamFG) seinen dringlich benötigten Unterhalt gerichtlich verfolgen können. Dem steht die Regelung in § 249 II FamFG nicht entgegen, insbesondere lässt dies die Statthaftigkeit des vereinfachten Verfahrens unberührt, weil lediglich zu dem in dieser Vorschrift vorgegebenen Zeitpunkt ein gerichtliches Verfahren nicht anhängig sein darf (vgl. Rn. 10/643).

6. Zuständigkeit, Formalien, Kosten, Verfahrenswert und VKH

Wie das Streitverfahren ist das vereinfachte Verfahren zur Festsetzung des Minderjährigenunterhalts nur auf Antrag (§ 249 I FamFG) durchzuführen. Einer anwaltlichen Mitwirkung bedarf es in diesem Verfahren nicht (§§ 257 S. 1, 114 IV Nr. 6 FamFG i. V. m. § 78 III ZPO). Sachlich zuständig ist das Amtsgericht (§ 23 a I Nr. 1 GVG i. V. m. § 111 Nr. 8 FamFG), funktional dort der Rechtspfleger (§ 25 Nr. 2 c RPflG). Die **örtliche Zuständigkeit** für das vereinfachte Verfahren knüpft, soweit die jeweilige Landesregierung von der Konzentrationsmöglichkeit nach § 260 FamFG keinen Gebrauch macht, an dem **gewöhnlichen Aufenthaltsort** an entweder des Kindes oder des Elternteils, der auf Seiten des minderjährigen Kindes zu handeln befugt ist. Eine vorrangige Zuständigkeit bei Anhängigkeit einer Ehesache (§ 232 I Nr. 1 FamFG) besteht nicht, zieht aber die amtswegige Abgabe (§ 233 FamFG) nach Übergang in das streitige Verfahren (§ 255 FamFG) nach sich. 648

Inhaltlich muss der Antrag im Rahmen des streng formalisierten Festsetzungsverfahrens den Anforderungen von § 250 I FamFG genügen. Allein die Kenntnis der darin geforderten Mindestangaben setzen den Rechtspfleger in den Stand, auf der Ebene einer Schlüssigkeitsprüfung ohne weitere Bewertungen schnell und tragfähig einen Vollstreckungstitel zu erstellen.[38] Die Angaben zur Person der Beteiligten, der gesetzlichen Vertreter und der Verfahrensbevollmächtigten (Nr. 1) stellen (wie wortgleich im Mahnverfahren, § 690 ZPO) sicher, dass es bei Zustellungen und anschließenden Vollstreckungen nicht zu Verwechslungen kommt.[39] Ein Antrag ohne Anschrift des Antragstellers ist unzulässig,[40] sofern schutzwürdige Geheimhaltungsinteressen nicht dargetan sind. Der Antragsteller muss das zuständige Gericht (Nr. 2) ausdrücklich bestimmen, zumal er den Antrag bei jedem Amtsgericht (§ 257 FamFG i. V. m. § 129 a ZPO) einreichen kann. Die Mitteilung des Geburtsdatums des begünstigten Kindes ist (Nr. 3) für die Zuordnung zu den Altersstufen im Sinne von § 1612 a I S. 3 Nr. 1 bis 3 BGB erforderlich. Im vereinfachten Verfahren kann der Antragsteller neben laufendem auch befristeten und rückständigen Unterhalt geltend machen. Dem dient die Anforderung der Angaben (Nr. 4), ab welchem Zeitpunkt Unterhalt verlangt wird, sowie der Erklärung (Nr. 5), wann die Voraussetzungen des § 1613 I oder II Nr. 2 BGB eingetreten sind. Diese Angaben sollen u. a. auch dem Antragsgegner die Prüfung ermöglichen, ob rückständiger Unterhalt zu Recht geltend gemacht wird (§ 252 I Nr. 2 FamFG). 649

Im Kontext der Verfolgung **rückständigen Unterhalts** kann der jeweilige Antragsteller, auch wenn in § 250 I FamFG nicht ausdrücklich erwähnt, eine **Verzinsung** verlangen. Dabei gilt es allerdings zu bedenken, dass es nicht zu dem begrenzten Prüfungsauftrag des Rechtspflegers gehört, möglicherweise komplexe Sachverhalte auf den Eintritt eines Verzuges zu beurteilen.[41] Auszugehen ist vielmehr davon, dass die Verzugsfolgen auch ohne Mahnung durch die gerichtliche Geltendmachung (§ 286 I S. 2 BGB) etwa durch Klageerhebung eintreten können. Dem steht die Geltendmachung im vereinfachten Verfahren durch Zustellung des Festsetzungsantrages (§ 251 I FamFG) gleich,[42] so dass jedenfalls ab diesem Zeitpunkt im formalisierten Verfahren eine Verzinsung der bis dahin aufgelaufenen Rückstände verlangt werden kann. Für den davor liegenden Zeitraum muss sich der Antragsteller ebenso wie für etwaige Nebenforderungen (Mahnkosten) auf das streitige Ver- 650

---

[38] BGH FamRZ 2008, 1428 Rn. 20
[39] MünchKommZPO/Macco FamFG § 250 Rn. 3 m. w. N.
[40] OLG Hamm FamRZ 2001, 107
[41] BGH FamRZ 2008, 1428 Rn. 23
[42] BGH FamRZ 2008, 1428 Rn. 25

fahren verweisen lassen. Eine Titulierung zukünftiger Verzugszinsen scheidet aus, weil sie nach ihrer Entstehung ungewiss sind und im Unterschied zu künftigen Unterhaltsraten keine wiederkehrenden Leistungen im Sinne von § 258 ZPO darstellen.[43]

651 Der Antragsteller muss ferner (Nr. 6) sein Unterhaltsbegehren der Höhe nach festlegen, wobei er, ohne dass sich dies aus der Regelung selbst ergibt, wahlweise den Unterhalt als **gleich bleibende Rente** (§ 1612 I BGB) oder als **Prozentsatz des Mindestunterhalts** (§ 1612 a I BGB), begrenzt in jedem Fall aber durch das 1,2-fache des Mindestunterhalt, verlangen kann. Gefordert (Nr. 7) sind zudem Angaben zum Kindergeld und anderen nach § 1612 b oder § 1612 c BGB anzurechnenden Leistungen, da ohne diese Bestandteile der letztlich geschuldete Unterhalt nicht festgesetzt werden kann. Die notwendigen Angaben zum Eltern-Kind-Verhältnis (Nr. 8) und dem Nichtbestehen einer Haushaltsgemeinschaft zwischen den Beteiligten (Nr. 9) berühren unmittelbar die Statthaftigkeit des vereinfachten Verfahrens (§ 249 I FamFG). Angaben zur Höhe des Kindeseinkommens (Nr. 10) dienen, da im vereinfachten Verfahren die Bedürftigkeit des Kindes nicht zu prüfen ist, primär der Information des Antragsgegners. Sie erleichtert ihm die Entscheidung, ob er im Rahmen der Einwendungen nach § 252 FamFG dem Unterhaltsbegehren entgegentreten soll. Da es infolge von öffentlichen Leistungen an das Kind zu Forderungsübergängen kommen kann, hat sich der jeweilige Antragsteller auch zur Aktivlegitimation (Nr. 11) zu äußern. Verlangt das begünstigte Kind (Nr. 12, 1.Alt) Unterhalt, hat es sich ferner dahin zu erklären, dass Unterhalt nicht für die Zeiträume verlangt wird, in denen es infolge von Leistungen Dritter zu einem Forderungsübergang gekommen ist. Der nach Forderungsübergang Antragstellende Dritte (Nr. 12, 2.Alt) hat anzugeben, dass sein Begehren im vereinfachten Verfahren nicht über den Forderungsübergang hinausgeht. Die Versicherung (Nr. 13), dass die Festsetzung im vereinfachten Verfahren nicht nach § 249 II FamFG ausgeschlossen ist, soll dem Rechtspfleger gegenüber die Statthaftigkeit des Verfahrens nachweisen.

652 Die weitestgehende Formalisierung des vereinfachten Verfahrens ist im Übrigen bestimmt durch einen den Beteiligten vorgeschriebenen **Formularzwang**. Durch § 259 I FamFG hat der Gesetzgeber die Möglichkeit der Einführung durch Rechtsverordnung von Formularen zur Vereinfachung und Vereinheitlichung des Verfahrens geschaffen. Die Beteiligten müssen sich der entsprechenden Vordrucke bedienen (§ 259 II FamFG). Anträge ohne Verwendung der vorgesehenen Vordrucke sind ebenso unzulässig wie die im Verfahren formlos vorgebrachten Einwendungen des Antragsgegners. Die im Zusammenhang mit dem Inkrafttreten des FamFG zum 1. 9. 2009 aktualisierten Formulare (vgl. Anlage 1 und 2 zu Art. 1 der 4. Verordnung zur Änderung der Kindesunterhalt-Formularverordnung vom 17. 7. 2009[44], mit Berichtigung vom 7. 10. 2009[45]) will den Laien durch Ausfüllhinweise in einem beigefügten Merkblatt (5 Seiten) unterstützen. Dessen ungeachtet besteht auch eine gerichtliche Hinweispflicht entsprechend § 139 II ZPO insbesondere dann, wenn sich bei dem rechtsunkundigen Beteiligten offenkundige Fehler bei der Ausfüllung der Formulare einstellen.[46]

Kommt es zur Entscheidung über den Antrag, fällt eine **halbe Gerichtsgebühr** gemäß § 3 II FamGKG i. V. m. KV Nr. 1120 an. Dies gilt nicht bei einer einverständlichen Teilbeschlussfassung nach § 254 S. 2 FamFG (soweit sich der Antragsgegner nämlich selbst zu Unterhaltsleistungen verpflichtet) und dann nicht, wenn der Antrag vor der Entscheidung zurückgenommen oder hierüber ein Vergleich geschlossen wurde. Schließt sich das **streitige Verfahren** nach § 255 FamFG an, erwächst die **dreifache Verfahrensgebühr** des KV Nr. 1210. Nach § 255 V FamFG ist die halbe Gerichtsgebühr aus Nr. 1120 hierauf anzurechnen.

Für den Rechtsanwalt fällt eine **volle Rechtsanwaltsgebühr** nach Nr. 3100 VV RVG an. Kommt es abweichend vom Regelfall zu einer mündlichen Verhandlung, entsteht eine Terminsgebühr (Nr. 3104 VV RVG). Schließt sich das streitige Verfahren nach § 255 FamFG an, handelt es sich um eine eigene Angelegenheit im Sinne von § 17 Nr. 3 RVG.

---

[43] BGH FamRZ 2008, 1428 Rn. 19
[44] BGBl. I S. 2134
[45] BGBl. I S. 3557
[46] OLG Karlsruhe FamRZ 2006, 1548

5. Abschnitt: Das vereinfachte Verfahren über den Unterhalt Minderjähriger § 10

Gleichwohl wird die im vereinfachten Verfahren angefallene Gebühr auf die im stretigen Verfahren entstandene angerechnet (Nr. 3100 I VV RVG). Kommt es zum Korrekturverfahren nach § 240 FamFG, scheidet eine Anrechnung aus.

Zum **Verfahrenswert** gilt Folgendes: Wird der Unterhalt nicht in der Form eines Prozentsatzes des Mindestunterhalts gemäß § 1612a BGB oder der in § 36 Nr. 4 EGZPO ausgewiesenen Beträge geltend gemacht, sondern nur ein statischer Monatsbetrag, ist der für die ersten 12 Monate nach Einreichung des Antrags geforderte Betrag maßgeblich. Dies entspricht § 51 I S. 1 FamGKG. Wird der Mindestunterhalt in Höhe eines **Prozentsatzes** nach §§ 1612a BGB, 30 Nr. 4 EGZPO geltend gemacht, ist der im Zeitpunkt der Einreichung des Antrags maßgebende Mindestunterhalt unter Berücksichtigung der dann geltenden Altersstufe zugrunde zu legen (§ 51 I S. 2 FamGKG). Die gemäß § 1612b BGB oder nach § 1612c BGB zu berücksichtigenden Kindergeldbeträge oder sonstigen Leistungen sind vom Gericht zu ermitteln[47] und wertmäßig abzuziehen. Beiden Beteiligten kommt es nämlich nicht darauf an, die Höhe des Ausgangsbetrages festzustellen; vielmehr interessiert sie – nach Berücksichtigung aller anzurechnenden Leistungen –, was letztendlich an Unterhalt konkret geschuldet ist bzw. verlangt werden kann. Somit kommt den Abzugspositionen der §§ 1612b, c BGB keine eigenständige Verfahrenswertfunktion zu. Die Regelung in § 51 I S. 2 FamGKG knüpft überdies ausdrücklich an den „Wert nach Satz 1" an und stellt lediglich klar, das sich altersbedingte Änderungen beim dynamisch geltend gemachten Kindesunterhalt wertmäßig nicht auswirken.[48] 653

Auch das vereinfachte Unterhaltsverfahren ist – für beide Beteiligte – der **Verfahrenskostenhilfe** zugänglich. Wird hierbei das minderjährige Kind von dem betreuenden Elternteil gesetzlich vertreten, ist die Bedürftigkeit des vertretenen Kindes maßgebend. Bei der **Verfahrensstandschaft gemäß § 1629 III BGB** sollte bisher nach teilweise in der instanzgerichtlichen Rechtsprechung vertretener Auffassung hinsichtlich der persönlichen und wirtschaftlichen Verhältnisse die Bedürftigkeit des Kindes maßgebend sein, da der Verfahrensstandschafter das Verfahren im Interesse des Kindes führe.[49] Eine andere Ansicht wollte, mehr dem Wortlaut des § 114 ZPO (Partei) entsprechend, die **Einkommenslage des jeweiligen Elternteils** zugrunde zu legen.[50] Diese Streitfrage hat der BGH in der Zwischenzeit entschieden.[51] Maßgebend sind danach die persönlichen und wirtschaftlichen Verhältnisse des das Verfahren führenden Beteiligten. Die Verfahrensstandschaft nach § 1629 III BGB bietet keinen Anlass, von diesem Grundsatz abzuweichen. Da im Übrigen das vereinfachte Verfahren ohnedies – was die Antragstellung anbelangt – auf die Minderjährigkeit des Kindes beschränkt ist, bedarf es nach Volljährigkeit des Kindes keiner erneuten Überprüfung der persönlichen und wirtschaftlichen Verhältnisse des nun im Unterhaltsverfahren allein aktiv legitimierten Kindes. Steht das vereinfachte Verfahren vor dem Hintergrund erbrachter Sozialleistungen und einer damit in Zusammenhang stehender Rückabtretung, muss sich das Kind als Antragsteller vorrangig auf einen Verfahrenskostenvorschuss (§ 94 V S. 2 SGB XI) durch den Sozialhilfeträger verweisen lassen.[52] 654

Die **Beiordnung eines Anwalts** wird vielfach für nicht erforderlich erachtet, weil man sich nach den „Allgemeinen Hinweisen" des Merkblatts zur nichtanwaltlicher Hilfe bei der Ausfüllung des Antragsformulars bedienen könne.[53] Wegen der Kompliziertheit des Unterhaltsrechts und der Unübersichtlichkeit der staatlichen Vordrucke wird teilweise eine anwaltliche Beratung in der Regel für notwendig erachtet.[54] Zudem stellt auch das zwingend zu verwendende Antragsformular (§ 259 FamFG) in seiner aktualisierten Fassung keine weiteren Anforderungen an den jeweiligen Antragsteller, die über formularmäßige 655

---

[47] OLG Brandenburg FamRZ 2002, 1263
[48] Schneider, Familiengerichtskostengesetz 2010, § 51 Rn. 49 m.w.N.; a.A. Johannsen/Henrich/Maier § 249 Rn. 23
[49] OLG Dresden FamRZ 1997, 1287
[50] OLG Köln FamRZ 1993, 1472; OLG Karlsruhe FamRZ 1988, 636
[51] BGH FamRZ 2006, 32; 2005, 1164
[52] BGH FamRZ 2008, 1159 Rn. 13
[53] KG FamRZ 2000, 762; OLG München FamRZ 1999, 1355
[54] OLG Naumburg OLGR 2000, 451

Anträge auf Bewilligung von Verfahrenskostenhilfe und Beiordnung eines Rechtsanwalts hinausgehen. Schon deshalb soll nach OLG Brandenburg[55] eine Beiordnung geboten sein. Dies hat ohne Unterschied für beide Verfahrensbeteiligte zu gelten haben, weshalb auch dem bedürftigen Antragsgegner ein Anwalt beizuordnen sein dürfte.[56] Andererseits wird allerdings stringent im Verfahren nach §§ 249 ff. FamFG die Beiordnung eines Rechtsanwalts in der Regel für nicht geboten erachtet.[57]

Wie in allen Beiordnungsfällen wird auch hier im Einzelfall[58] nach den konkreten Umständen und der individuellen Fallgestaltung nachzufragen sein, ob eine Beiordnung wegen der Komplexität der Sach- und Rechtslage erforderlich ist, sofern nicht bereits Gründe der Waffengleichheit die Entscheidung anderweitig vorgeben.[59] Verfahrenskostenhilfeanträge im vereinfachten Verfahren werden deswegen relativ selten Aussicht auf Erfolg haben, weil die **Kosten der Verfahrensführung** des Beteiligten häufig vier Monatsraten und die aus dem Vermögen aufzubringenden Teilbeträge nicht übersteigen (§ 115 III und IV ZPO). Da für das vereinfachte Verfahren kein Gebührenvorschuss einzubezahlen ist, wird ein VKH-Verfahren nicht vorgeschaltet, sondern neben dem vereinfachten Verfahren geführt.[60]

7. Zurückweisung des Antrags

656 Entspricht der Antrag nicht den in § 250 I FamFG genannten Anforderungen und den in § 249 FamFG bezeichneten Voraussetzungen, hat ihn der Rechtspfleger – bei behebbaren Mängeln erst nach Anhörung des Antragstellers (§ 250 II S. 2 FamFG) – zurückzuweisen. Das gilt etwa dann, wenn der geforderte Unterhalt 120% des Mindestunterhalts übersteigt oder das Kind inzwischen im Haushalt des Antragsgegners lebt oder es sich bei der vom Kind geforderten Leistung um keine Unterhaltsrente, sondern um einen Zahlungsanspruch aus Schadensersatz oder Vertrag handelt.

Wird allerdings das Kind **im Laufe des vereinfachten Verfahrens** volljährig, bleibt dieses Verfahren weiterhin zulässig; davon zu unterscheiden ist die Frage, ob über diesen Zeitpunkt hinaus noch eine unbefristete Titulierung im vereinfachten Verfahren erfolgen darf. Richtigerweise ist davon auszugehen, dass sich die Bemessung des Kindesunterhalts mit dem Eintritt der **Volljährigkeit** der schematisch-starren Regelung des § 1606 III S. 2 BGB, auf die das vereinfachte Verfahren abstellt, entzieht. Demgemäß muss das volljährige Kind seinen Antrag in diesem Verfahren entsprechend beschränken[61] und sich für den Unterhalt in der Folgezeit auf das streitige Unterhaltsverfahren verweisen lassen.[62] Dagegen spricht auch nicht die Vorschrift des § 244 FamFG über die Zwangsvollstreckung aus Unterhaltstiteln, die ersichtlich an eine zulässigerweise unbefristete Titulierung[63] **während der Minderjährigkeit** des Kindes, anknüpft. Sie erschöpft sich darin, dem Kind bei Eintritt der Volljährigkeit die Fortsetzung der Vollstreckung aus dem Titel zu ermöglichen bis es zu einem Korrekturverfahren (§ 240 FamFG) oder bei Wegfall der Unterhaltspflicht zu einem Vollstreckungsabwehrverfahren (§ 767 ZPO) kommt.

657 Bei seiner Überprüfung (§ 250 II FamFG) hat der Rechtspfleger keine Ermittlungspflicht von Amts wegen, da auch im vereinfachten Verfahren die **Beteiligtenmaxime** mit dem **Beibringungsgrundsatz** gilt. Solange daher die Angaben des Kindes nicht widersprüchlich, offensichtlich unzutreffend oder bestritten sind, hat der Rechtspfleger diese Angaben als wahr zu unterstellen. Da viele Unterhaltspflichtige sich im vereinfachten Verfahren erfahrungsgemäß nicht melden oder nur ungenügende Erwiderungen vorlegen, liegt hierin

---

[55] OLG Brandenburg FamRZ 2002, 1199
[56] OLG Frankfurt 2008, 420
[57] KG FamRZ 2000, 762
[58] BGH FamRZ 2004, 789
[59] OLG Nürnberg FamRZ 2002, 891; OLG Hamm FamRZ 2002, 403; OLG Dresden FamRZ 2001, 634
[60] Schulz FuR 1998, 385
[61] OLG Köln FamRZ 2000, 678, 679
[62] Johannsen/Henrich/Maier § 249 FamFG Rn. 2
[63] OLG Stuttgart FamRZ 2000, 1161, 1163

ein besonderer Vorteil für das den Antrag stellende Kind, schnell und ungeschmälert einen Titel auf Kindesunterhalt zu erhalten.

Der **Zurückweisungsbeschluss** ist zu begründen, damit sich der Antragsteller mit der **Erinnerung** gegen die Zurückweisung wehren kann. Der Beschluss enthält keine Kostenentscheidung, weil kein Gegner vorhanden ist, dessen Kosten erstattet werden müssten. Im Falle der Zurückweisung des Antrags ist der (unzulässige) Antrag dem Antragsgegner nicht mehr zuzustellen. Der Zurückweisungsbeschluss ist wegen der befristeten Anfechtungsmöglichkeit dem Antragsteller förmlich zuzustellen (§ 329 II S. 2 ZPO). Gegen die Entscheidung des Rechtspflegers ist gemäß § 11 II Satz 1 RPflG binnen der für die sofortige Beschwerde geltenden Frist die Erinnerung zulässig. Dieser Erinnerung kann der Rechtspfleger gemäß § 11 II S. 2 RPflG abhelfen. Tut er dies nicht, ist die Erinnerung nach § 11 II S. 3 RPflG dem Richter vorzulegen, der über die sofortige Erinnerung abschließend entscheidet. Im Übrigen ist die Zurückweisung nicht anfechtbar (§ 250 II S. 3 FamFG). Eine Ausnahme bildet allerdings der Fall einer nur **teilweisen Zurückweisung**. Hier müsste über den der Zurückweisung unterliegenden Teil an sich das Amtsgericht abschließend entscheiden, während gegen den Festsetzungsbeschluss im Übrigen die Beschwerde (§§ 256, 58 FamFG) zum Oberlandesgericht eröffnet ist. Zur Vermeidung von einander widersprechenden Entscheidungen erscheint deshalb eine einheitliche Anfechtung durch die Beschwerde geboten.[64]

658

Alternativ zur Erinnerung kann der Antragsteller aber auch einen neuen und verbesserten Antrag einreichen oder nunmehr Antrag im Streitverfahren zu stellen. Sein Antrag auf Verfahrenskostenhilfe für das vereinfachte Verfahren kann nicht mit dem Argument zurückgewiesen werden, es möge eine einstweilige Anordnung oder ein Verfahrenskostenhilfegesuch für ein beabsichtigtes Streitverfahren eingereicht werden. Sonst nämlich würde die freie Rechtswahl (vgl. auch Rn. 10/641) des Unterhaltsberechtigten beeinträchtigt.[65]

659

8. Verbindung mehrerer Verfahren

Machen **mehrere Kinder** eines Unterhaltspflichtigen (auch aus verschiedenen Verbindungen des Antragsgegners) ihren Unterhalt im vereinfachten Verfahren geltend, sind die einzelnen Verfahren unter den Voraussetzungen von § 250 III FamFG zwingend zu verbinden. Es handelt sich hierbei um den Fall einer **subjektiven Antragshäufung.** Eine gleichzeitige Entscheidung über alle Anträge ist nicht erforderlich. Eine **Verbindung mehrerer Verfahren** ist auch dann angezeigt, wenn die Unterhaltsberechtigten Unterhalt für unterschiedliche Zeiträume geltend machen, oder aber von einem Kind nur ein zeitlich begrenzter Unterhaltsrückstand geltend gemacht, vom anderen Kind der laufende, künftige Unterhalt gefordert wird. Die Verbindung dieser Verfahren ist schon deshalb erforderlich, um dem Unterhaltspflichtigen zu ermöglichen, seine mangelnde Leistungsfähigkeit auf Grund der Gesamtheit der gegen ihn erhobenen Unterhaltsansprüche geltend zu machen.

660

9. Mitteilung an Antragsgegner

Ist das vereinfachte Verfahren zulässig, so erfolgt (§ 251 I FamFG) die **Zustellung des Antrags** oder einer **Mitteilung** über seinen **Inhalt** an den Antragsgegner, wobei eine Vielzahl von Hinweisen vorgeschrieben ist. Diese lassen sich § 251 I S. 2 Nr. 1–4 FamFG entnehmen. Die Vorschrift dient der Gewährung rechtlichen Gehörs und informiert den Antragsgegner in spezifizierter Form über Möglichkeiten und Umfang einer zulässigen Rechtsverteidigung. Nach § 329 II S. 2 ZPO ist der Antrag zuzustellen; ab diesem Zeitpunkt läuft die Monatsfrist, innerhalb der der Antragsgegner Einwendungen erheben kann (§ 251 I S. 2 Nr. 3 FamFG). Es handelt sich nicht um eine Ausschlussfrist (§ 252 III FamFG).[66] Eine Fristverlängerung scheidet aus. Gemäß § 251 II FamFG i. V. m. § 167 ZPO

661

---

[64] BGH FamRZ 2008, 1428 Rn. 7
[65] OLG Naumburg FamRZ 2001, 924
[66] OLG Köln FamRZ 2000, 680

§ 10 Verfahrensrecht

wird die Verjährung des Unterhaltsanspruchs bereits durch die Einreichung des Festsetzungsantrags unterbrochen, wenn dieser demnächst zugestellt wird. Ist aber der Festsetzungsantrag unvollständig und wird er erst nach entsprechendem Hinweis (§ 250 II FamFG) nachgebessert, erfolgt die Zustellung an den Gegner nicht mehr demnächst i. S. d. des § 167 ZPO. Ab Zustellung kann der Antragsteller im vereinfachten Verfahren auch Verzugszinsen auf die bis dahin aufgelaufenen Unterhaltsrückstände geltend machen (vgl. näher Rn. 10/650).[67]

10. Einwendungen des Antragsgegners

662 Nach § 252 FamFG ist zwischen **zwei Gruppen von Einwendungen** des Antragsgegners zu unterscheiden: Erhebt dieser die in Absatz I aufgezählten Einwendungen, überprüft sie der Rechtspfleger darauf, ob sie nach der Darstellung des Antragsgegners begründet sind. Stellt er dies positiv fest, teilt er dieses Titulierungshindernis dem Antragsteller mit und setzt auf Antrag des Gesuchstellers den Unterhalt in dem Umfang durch Beschluss fest, in dem ihn der Antragsgegner zugestanden hat (§ 254 FamFG). Kommt der Rechtspfleger zum Ergebnis, dass die Einwendungen des Abs. 1 nicht begründet sind, weist er sie im Festsetzungsbeschluss zurück (§ 252 I S. 3 FamFG).

Erhebt der Antragsgegner die in Abs. II erwähnten Einwendungen, prüft der Rechtspfleger nur ihre Zulässigkeit. Stellt er diese fest, verfährt er erneut nach § 254 FamFG.

663 Der Antragsgegner kann folgende formale (zulässige) Einwendungen nach § 252 I FamFG geltend machen:
– die Unzulässigkeit des vereinfachten Verfahrens (Nr. 1), (nämlich z. B. bei Nichtbestehen einer Kind-Elternbeziehung, Volljährigkeit des Kindes bereits zu Beginn des Verfahrens; bereits vorliegende Jugendamtsurkunde über den Mindestunterhalt; erforderliche Verfahrensstandschaft gemäß § 1629 III BGB bei Anhängigkeit einer Ehesache),[68]
– die Rüge des Zeitpunktes, von dem an Unterhalt gezahlt werden soll (Nr. 2); mit Einwendungen zur Verwirkung oder zur Befristung ist der Antragsgegner in diesem Kontext ausgeschlossen.[69] Diese kann er nur als Einwendungen unter den Voraussetzungen von § 252 II FamFG (Rn. 10/666) oder im Korrekturverfahren nach § 240 FamFG geltend machen,
– Rügen zur unrichtigen Berechnung des Unterhalts der Höhe nach (Nr. 3 a), nämlich die Rüge der Anwendung einer falschen Altersstufe oder eines unrichtigen Mindestunterhalts,
– die Rüge der Nicht- oder mangelhaften Berücksichtigung von Kindergeld oder kindbezogener Leistungen (Nr. 3 b); versagt ist hierbei dem Antragsgegner der Vortrag, er habe mit dem Kind eine niedrigere Unterhaltsvereinbarung außergerichtlich getroffen; diese Einwendung ist in § 252 I S. 3 FamFG nicht aufgeführt,.[70]
– die Rüge, dass der Unterhalt höher als beantragt festgesetzt worden ist (Nr. 3 c); hierbei erscheint fraglich, dass als Antrag der Bruttounterhaltsbetrag[71] gelten soll. Im Rahmen der Titulierung des Kindesunterhalts im vereinfachten Verfahren reicht es aus, dass das zu berücksichtigende gesetzliche Kindergeld unbeziffert mit der Formulierung „$^1/_2$ des jeweils gültigen Kindergeldsatzes" ausgewiesen wird,[72]
– Einwendungen zur Kostentragungspflicht bei sofortigem Anerkenntnis.

664 **Nicht begründete Einwendungen** nach § 252 I S. 1 Nr. 1–3 FamFG weist der Rechtspfleger mit dem Festsetzungsbeschluss zurück, desgleichen auch eine Einwendung nach S. 1 Nr. 2, wenn ihm diese nicht begründet erscheint (§ 252 I S. 3 FamFG). Nicht begründet sind die Einwendungen dann, wenn der Unterhaltspflichtige keine Tatsachen behaupten kann, die zur Unzulässigkeit des vereinfachten Verfahrens führen (es besteht

---

[67] BGH FamRZ 2008, 1428 Rn. 29
[68] Dazu OLG Köln FamRZ 2000, 676
[69] BGH FamRZ 2008, 1433 Rn. 10
[70] Vgl. dazu OLG Naumburg FamRZ 2000, 360
[71] OLG Brandenburg FamRZ 2002, 2163
[72] OLG Köln FamRZ 2002, 33

5. Abschnitt: Das vereinfachte Verfahren über den Unterhalt Minderjähriger § 10

bereits ein Unterhaltstitel, den der Unterhaltspflichtige vorlegt, oder das Kind war bei Antragstellung bereits volljährig, was der Schuldner durch Vorlage einer Geburtsurkunde nachweist). Unbegründet sind die Einwendungen auch dann, wenn das tatsächliche Vorbringen nicht schlüssig ist.[73]

Einwendungen zur Höhe des Unterhalts sind demnach etwa dann begründet, wenn der Unterhaltspflichtige nachweist, dass eine falsche Altersstufe infolge unrichtigen Geburtsdatums des Kindes angewandt wurde. Bei der Prüfung des Rechtspflegers, ob die Behauptungen des Antragsgegners begründet und erheblich sind, ist nicht zu prüfen, ob der Antragsteller sie zugesteht oder ob sie wahr sind.

Einwendungen des § 252 I S. 1 Nr. 2 FamFG, nämlich hinsichtlich des Zeitpunktes, von **665** dem an Unterhalt gezahlt werden soll, weist der Rechtspfleger bereits dann zurück, wenn diese nicht begründet erscheinen. Hier braucht somit der Rechtspfleger nicht davon überzeugt zu sein, dass der Antragsgegner keine Mahnung erhalten hat. Er kann diese Einwendung auch dann zurückweisen, wenn er es eher für wahrscheinlich hält, dass die Mahnung dem Unterhaltspflichtigen auch zugegangen ist.[74] Mit der Einwendung, der Unterhalt sei verwirkt, weil ihm ein Umgang mit dem unterhaltsberechtigten Kind verwehrt werde, kann der Antragsgegner unter den Voraussetzungen von § 252 I S. 1 Nr. 2 FamFG kein Gehör finden. Die Anknüpfung an den Zeitpunkt soll dem Rechtspfleger in einem formalisierten Vorgang die Überprüfung des Einsatzzeitpunktes (Verzug) ermöglichen. Dies kann für den einer materiell-rechtlichen Prüfung zu unterziehenden Verwirkungseinwand nicht angenommen werden.[75]

Macht der Antragsgegner die **Einwendungen des § 252 I S. 2 FamFG** geltend, dass er deswegen die Verfahrenskosten nicht zu tragen habe, weil er keinen Anlass zur Stellung des Antrags gegeben habe, und erweist sich diese Einwendung nicht als begründet, erfolgt keine Zurückweisung (vgl. § 252 I S. 3 FamFG); vielmehr entscheidet der Rechtspfleger im Rahmen der Unterhaltsfestsetzung, ob dem Antragsgegner gemäß § 243 S. 1 FamFG aufzuerlegen sind oder ob sie nach den Vorschriften der § 243 S. 2 Nr. 4 FamFG i. V. m. § 93 ZPO vom Antragsteller zu tragen sind. Hierbei trifft den Antragsgegner die entsprechende Darlegungs- und Beweislast.[76]

Daneben gibt es weitere **Einwendungen** nach § 252 II FamFG **aus materiellem** **666** **Recht.** Im vereinfachten Verfahren wird über sie aber endgültig nicht entschieden, sondern nur darüber, ob sie **zulässig erhoben** sind. Das sind sie nur dann, wenn der Antragsgegner mit ihnen zugleich erklärt, inwieweit er zur Unterhaltsleistung bereit ist und dass er sich diesbezüglich zur Erfüllung des Unterhaltsanspruchs verpflichtet. In diesem Zusammenhang kann der Antragsgegner auch die Erklärung abgeben, keinen Unterhalt zahlen zu wollen, da er insgesamt leistungsunfähig sei.[77]

Den **Einwand der Erfüllung** (§ 252 II S. 2 FamFG) kann der Antragsgegner nur erheben, wenn er zugleich erklärt, inwieweit er geleistet hat und dass er sich verpflichtet, einen darüber hinausgehenden Unterhaltsrückstand zu begleichen. Den **Einwand eingeschränkter** oder **fehlender Leistungsfähigkeit** (252 II S. 3 FamFG) kann der Antragsgegner nur erheben, wenn er zugleich unter Verwendung des eingeführten Vordrucks Auskunft über seine Einkünfte, sein Vermögen und seine persönlichen und wirtschaftlichen Verhältnisse im Übrigen erteilt und über seine Einkünfte (entgegen den Anforderungen im amtlichen Vordruck nicht über das Vermögen) Belege vorlegt. Die Darstellung der Einkünfte in einem Schriftsatz unter Beifügung von Belegen kann die Vorlage des Vordrucks nicht ersetzen.[78] Ebenso wenig genügt der Hinweis auf die Eröffnung eines Verbraucherinsolvenzverfahrens den durch § 252 II S. 3 FamFG gestellten Anforderungen.[79]

---

[73] Vgl. BT-Drucks. 13/7338, S. 40
[74] Vgl. BT-Drucks. 13/7338, S. 58
[75] KG FamRB 2009, 309
[76] OLG Brandenburg FamRZ 2000, 1159
[77] OLG Brandenburg FamRZ 2004, 475
[78] OLG Nürnberg FamRZ 2004, 475
[79] OLG Koblenz FamRZ 2005, 915

667 Nach dem Gesetzeswortlaut besteht eine **Belegpflicht** nur hinsichtlich des Einkommens, nicht auch hinsichtlich berücksichtigungsfähiger Abzugsposten wie berufsbedingte Aufwendungen, eheprägende Schulden, Vorsorgeaufwendungen, unvermeidbar überhöhte Mietkosten.[80] Lebt der Antragsgegner im **Ausland,** können die Belege, sofern sie dort erstellt sind, auch in der entsprechenden Sprache vorgelegt werden. Sind keine den inländischen Belegen und Nachweisen vergleichbare Dokumente verfügbar, hat der Antragsgegner dies im Rahmen seiner Obliegenheiten aus § 252 II S. 3 FamFG dem Amtsgericht mitzuteilen, will er mit dem Einwand fehlender Leistungsfähigkeit nicht ausgeschlossen werden.[81]

668 Sind die **Einwendungen** des Antragsgegners **unvollständig** oder gibt er keine Erklärung dazu, in welchem Umfang er Unterhalt zahlen will, bleiben die Einwendungen des § 252 II FamFG unberücksichtigt mit der Folge des alsbald ergehenden **Festsetzungsbeschlusses** (§ 253 I FamFG). Dazu kann es allerdings erst dann kommen, wenn das Gericht seine Hinweispflichten entsprechend § 139 II ZPO beachtet hat, wie dies insbesondere bei offenkundigen Formularausfüllungsfehlern der Fall ist.[82] Dem Antragsgegner bleibt schließlich freigestellt, im Wege des Korrekturverfahrens nach § 240 FamFG die im Rahmen des § 252 II FamFG nicht berücksichtigte Einwendung erneut geltend zu machen.

> **Beispiele** für unzulässige Einwendungen:
> – Der Antragsgegner trägt nur vor, er sei leistungsunfähig, ohne hierüber Auskünfte zu erteilen.
> – Der Antragsgegner hat zwar über seine Einkünfte, sein Vermögen und seine persönlichen und wirtschaftlichen Verhältnisse vollständig Auskunft erteilt, zu seinem Einkommen aber keine Belege vorgelegt.
> – Der Antragsgegner erklärt, es möge sofort das streitige Verfahren nach § 255 I FamFG durchgeführt werden; der Übergang in das streitige Verfahren setzt gemäß § 254 FamFG die Erhebung von Einwendungen voraus, die gemäß § 252 FamFG im vereinfachten Verfahren beachtlich sind.

669 Alle Einwendungen muss der Antragsgegner unter Verwendung des amtlichen Vordrucks geltend machen (§ 259 II FamFG). Wird der Vordruck als Anlage zu einem Schriftsatz des Verfahrensbevollmächtigten eingereicht, in dem hierauf Bezug genommen wird, ist eine eigenhändige Unterzeichnung des Vordrucks durch den Antragsgegner in der Regel entbehrlich.[83] Ein Vortrag in sonstiger Form kann nicht verwertet werden, da er nicht der **zwingend vorgeschrieben Form** genügt.[84] Der Rechtspfleger hat daher den Antragsgegner auf diese Voraussetzungen hinzuweisen und ihm die Möglichkeit der Äußerung gemäß § 257 FamFG zu eröffnen (Antragstellung und Erklärung vor dem Urkundsbeamten der Geschäftsstelle).

670 Jedoch muss es den Anforderungen an die **Erklärung der Leistungsbereitschaft** (§ 252 II S. 1 FamFG) genügen, wenn der in Anspruch Genommene seine Einkommens- und Vermögensverhältnisse im vereinfachten Verfahren umfassend offen legt und schon hierdurch seinen Einwand fehlender Leistungsfähigkeit nachvollziehbar begründet.[85] Allerdings verlangt auch der mit Wirkung vom 1. 9. 2009 zu verwendende Vordruck[86] neben der Erklärung unter „G", den verlangten Unterhalt wegen Gefährdung des eigenen Unterhalts nicht oder nicht in voller Höhe zahlen zu können, zusätzlich ausdrückliche Erklärungen dazu, in welcher Höhe der Antragsgegner zur Unterhaltszahlung bereit sein will (ggf. „0"). Da eine Verpflichtungserklärung des Unterhaltspflichtigen aber nur erwartet werden kann, wenn er sich im Stande sieht, zumindest teilweise den Unterhaltsanspruch zu erfüllen, muss es als übertriebene Förmelei erscheinen, von dem Antragsgegner neben ausführlicher Darlegung seiner Einkommensverhältnisse, die das Fehlen **jeglicher Leistungsfähigkeit** unterstreichen, noch zusätzlich die ausdrückliche Erklärung zu verlangen, dass er zu „0" Unterhaltszahlungen bereit sei. Dabei ist auch zu bedenken, dass die Erklärung über die

---

[80] Gerhardt FuR 1998, 145, 146
[81] OLG München FamRZ 2005, 381
[82] OLG Karlsruhe FamRZ 2006, 1548
[83] OLG Hamm FamRZ 2006, 211
[84] OLG Karlsruhe FamRZ 2001, 107
[85] OLG Hamm FamRZ 2006, 211
[86] BGBl. I S. 2134

Leistungsbereitschaft nur den Zweck verfolgt, dass sich **der Antragsgegner** über seine Verpflichtung Klarheit verschafft und sich gegebenenfalls rechtlich beraten lässt.[87] Wollte man dem nicht folgen, müsste jedenfalls die gerichtliche Hinweispflicht[88] entsprechend § 139 II ZPO auf eine formularbezogene Klarstellung hinwirken, dass sich der Antragsgegner zu „0" Unterhaltszahlungen bereit erklärt. Eine hinreichende **Teilleistungsbereitschaft** liegt vor, wenn der Antragsgegner formularbezogen erklärt, dass er in der unterhaltsrelevanten Zeit bereits regelmäßig laufende Zahlungen in gleich bleibender Höhe erbringe.[89]

Die Einwendungen sind über die **Monatsfrist** des § 251 I S. 2 Nr. 3 FamFG hinaus bis zur Verfügung des Festsetzungsbeschlusses zu berücksichtigen (§ 252 III FamFG). Dies besagt zunächst, dass es sich um **keine Ausschlussfrist** handelt. Ferner ist der Festsetzungsbeschluss entgegen einer teilweise vertretenen Meinung[90] nicht schon dann verfügt, wenn ihn der Rechtspfleger unterzeichnet hat. Von einer Verfügung im Sinne dieser Vorschrift ist vielmehr, wie die höchstrichterliche Rechtsprechung[91] zur vergleichbaren Situation des Widerspruchs im Mahnverfahren betont, erst dann auszugehen, wenn der Festsetzungsbeschluss den inneren Geschäftsbetrieb verlassen hat.[92] Maßgebend für die Rechtzeitigkeit der erhobenen Einwendungen ist der Eingang bei Gericht,[93] nicht etwa die Vorlage an den Rechtspfleger.

Dies ist deswegen bedeutsam, weil auf Grund des § 256 S. 2 FamFG Einwendungen nach § 252 II FamFG, die nicht erhoben waren, bevor der Festsetzungsbeschluss verfügt war, nicht mit der Beschwerde des § 256 FamFG erstmals geltend gemacht werden können.[94] Damit wird dem Antragsgegner die Möglichkeit genommen, über das Beschwerdeverfahren des § 256 FamFG seiner Auskunftspflicht im Rahmen des § 252 II FamFG zu entgehen oder auf diese Art und Weise das Verfahren insgesamt zu verzögern.

671

11. Folgen der Einwendungen

Ist die gemäß § 252 I Nr. 1 FamFG erhobene Einwendung zur Zulässigkeit des vereinfachten Verfahrens begründet, wird der **Antrag zurückgewiesen** (§§ 250 II, 249 FamFG). Sind die Einwendungen nach § 252 I Nr. 2 und 3 FamFG begründet, führt dies zum Verfahren nach § 254 FamFG und zu einem etwaigen **Teilbeschluss des § 254 S. 2 FamFG**. Sind die Einwendungen unbegründet, stehen sie dem Festsetzungsbeschluss des § 253 FamFG nicht entgegen, vielmehr werden sie in ihm zurückgewiesen (§ 252 I S. 3 FamFG).

672

Andere Einwendungen nach materiellem Recht (§ 252 II FamFG) stehen dem Festsetzungsbeschluss nicht entgegen, wenn sie **unzulässig erhoben** wurden, wenn etwa der seine Leistungsfähigkeit verneinende Antragsgegner keine Auskunft erteilt hat. Zulässig erhobene Einwendungen führen zum Verfahren nach § 254 FamFG, damit möglicherweise zu einem Teilbeschluss.

Der **Entscheidung des Rechtspflegers** ist – nach dessen Ermessen – eine mündliche nicht öffentliche Verhandlung (§ 170 I S. 1 GVG) vorausgegangen, sofern keine Entscheidung im schriftlichen Verfahren erfolgte. Ähnlich wie bei § 118 I S. 3 ZPO wird der Rechtspfleger dann eine mündliche Verhandlung anberaumen, wenn eine **Vergleichsregelung** absehbar ist. Wird in der nicht öffentlichen Verhandlung ein Vergleich geschlossen, kann dieser auch den Höchstbetrag von 120% des Mindestunterhalts überschreiten, da insoweit die Beteiligten nicht gehindert sind, höheren Unterhalt zu vereinbaren als dieser

673

---

[87] BT-Drucks. 13/7338 S. 41
[88] OLG Karlsruhe FamRZ 2006, 1548
[89] OLG Naumburg FamRZ 2007, 1027
[90] OLG Brandenburg FamRZ 2001, 1078; OLG Hamm FamRZ 2000, 901
[91] BGH NJW 1982, 888, 889
[92] OLG Hamm FamRZ 2006, 44; KG FamRZ 2006, 1209
[93] OLG Köln FamRZ 2001, 1464
[94] So die vorliegende Rechtsprechung; vgl. OLG Hamm FamRZ 2000, 901 u. OLG Koblenz FamRZ 2001, 1079

im Wege des vereinfachten Verfahrens festgesetzt werden kann. Anerkennt der Antragsgegner einen über 120% hinausgehenden Unterhaltsbetrag, ergeht **Anerkenntnisbeschluss**, der einen vergleichbaren Titel darstellt wie der ohne mündliche Verhandlung ergangene normale Festsetzungsbeschluss.

12. Der Festsetzungsbeschluss (§ 253 FamFG)

674 Sofern der Unterhaltsschuldner innerhalb der Monatsfrist keine oder bis zum Erlass des Festsetzungsbeschlusses nur unzulässige Einwendungen nach § 252 FamFG erhebt, setzt der Rechtspfleger den verlangten Unterhalt, im Fall dynamisierter Titulierung beim Mangelfall gegebenenfalls auch in Höhe eines Prozentsatzes des Mindestunterhalts,[95] in vollem Umfang nebst den begehrten Verzugszinsen (vgl. hierzu näher Rn. 10/650) auf die Unterhaltsrückstände sowie die bis zu diesem Zeitpunkt entstandenen, erstattungsfähigen Verfahrenskosten durch Festsetzungsbeschluss nach § 253 FamFG fest. Eine Befristung des Unterhalts (etwa bis zur Volljährigkeit des Kindes) hat zu unterbleiben.[96]

In dem Beschluss, der auch als Anerkenntnisbeschluss ergehen kann,[97] ist auszusprechen, dass der Antragsgegner den festgesetzten Unterhalt an den Unterhaltsberechtigten zu zahlen hat (§ 253 I S. 3 FamFG). Das gilt somit auch dann, wenn der betreuende Elternteil das vereinfachte Verfahren als Verfahrensstandschafter i. S. d. § 1629 III BGB betrieben hat. Unzulässig ist daher die Formulierung, dass der Antragsgegner „zu Händen der Antragstellerin für das gemeinsame minderjährige Kind Mindestunterhalt zu zahlen habe".[98] Diese Entscheidung kann ohne mündliche Verhandlung ergehen (§ 253 II FamFG).

675 Die **Kostenentscheidung** beruht auf § 243 FamFG. Sie ergeht von Amts wegen (§ 308 II ZPO). Hat der Antragsgegner zur Einleitung des vereinfachten Verfahrens **keinen Anlass** geboten (§ 252 I S. 2 FamFG), treffen nach § 243 S. 2 Nr. 4 FamFG die Kosten den Antragsteller. Davon ist auszugehen, wenn es der Antragsteller bis zum Erlass des Feststellungsbeschlusses unterlassen hat, den Antragsgegner zu einer freiwilligen Titelbeschaffung anzuhalten. Dies ist dann der Fall, wenn der Antragsteller es bisher bei einer bloßen Mahnung belassen hat, bei seiner Zahlungsaufforderung keinen konkreten und im Einzelnen bezifferten Unterhaltsbetrag genannt hat oder aber der Antragsgegner sich bereit erklärt hatte, beim Jugendamt einen kostenlosen Vollstreckungstitel nach §§ 59 ff. SGB VIII errichten zu lassen, und zwar in der gleichen Höhe des im vereinfachten Verfahren geforderten Unterhaltsbetrags. Hat der Antragsgegner bisher freiwillig bezahlt, sich aber einer Titulierung vor dem Jugendamt widersetzt, hat er hiermit Anlass für die Einleitung des vereinfachten Verfahrens gegeben. Er trägt im Übrigen die Darlegungs- und Beweislast für das Vorliegen der Voraussetzungen des § 243 S. 2 Nr. 4 FamFG.[99] Zur Berechnung der anfallenden Gerichtskosten und der Anwaltsgebühren sowie zum Verfahrenswert vgl. im Einzelnen Rn. 10/652 und 653.

676 In dem Festsetzungsbeschluss, der den Beteiligten zuzustellen ist (§ 329 III ZPO), muss darauf hingewiesen werden (§ 253 II FamFG), welche Einwendungen mit der **Beschwerde** gemäß § 256 FamFG i. V. m. § 58 FamFG geltend gemacht werden können und unter welchen Voraussetzungen eine Abänderung im Wege des **Korrekturverfahrens** nach § 240 FamFG verlangt werden kann. Dabei hat die Rechtsmittelbelehrung hinreichend spezifiziert zu erfolgen.[100] Dies ist bezogen auf die Beschwerdemöglichkeit nach § 256 FamFG nur dann der Fall, wenn hierbei konkret zwischen den Einwendungen nach § 252 I FamFG und der Zulässigkeit der Einwendungen nach § 252 II FamFG unterschieden und ausdrücklich auf die mögliche Rüge der Unrichtigkeit der Kostenentscheidung oder Kostenfestsetzung hingewiesen wird. Dies gilt ferner für die Präklusion des § 256 S. 2 FamFG. Dazu ist weiter erforderlich, abweichend von §§ 64 II S. 2, 117 FamFG auf die Möglichkeit

---

[95] OLG Hamm FamRZ 2004, 1587
[96] OLG Brandenburg FamRZ 2007, 484
[97] OLG Brandenburg FamRZ 2007, 837
[98] Vgl. OLG Hamm FamRZ 1990, 1375
[99] OLG Brandenburg BeckRS 2000, 30405162
[100] OLG Naumburg FamRZ 2001, 1464

5. Abschnitt: Das vereinfachte Verfahren über den Unterhalt Minderjähriger § 10

der Einlegung der Beschwerde zu Protokoll der Geschäftsstelle des Amtsgerichts hinzuweisen (§ 257 FamFG). Ferner hinzu kommen muss der Hinweis, dass die Protokollerklärungen gegenüber jedem Amtsgericht (§ 129 a ZPO) abgegeben werden kann, die Einhaltung der Frist aber vom Eingang bei dem zuständigen Amtsgericht abhängt. Der Hinweis auf das Korrekturverfahren muss sich auch auf die Fristbestimmung für den Herabsetzungsantrag nach § 240 II FamFG erstrecken.

Fehlt die Rechtsmittelbelehrung oder erscheint sie unvollständig, kommt bei Fristversäumung jedenfalls für den **rechtsunkundigen Beteiligten** die Wiedereinsetzung in den vorigen Stand in Betracht (§ 113 FamFG i. V. m. § 233 ZPO). Zwar handelt es sich nicht um eine Notfrist, steht dieser aber in ihren Wirkungen gleich.[101] Im Fall fehlerhafter **Rechtsmittelbelehrung** über die beschränkte Anfechtungsmöglichkeit nach § 256 FamFG kann nach OLG Naumburg[102] überdies wegen eines wesentlichen Verfahrensmangels die Aufhebung und Zurückverweisung der Sache an das Amtsgericht geboten sein, sofern die sich abzeichnende Erfolglosigkeit des Rechtsmittels auf der fehlerhaften Rechtsmittelbelehrung beruht. Nach a. A.[103] soll dies insgesamt folgenlos bleiben, sofern es nicht zu einer Fristüberschreitung kommt. Der Festsetzungsbeschuss, mit dem das Familiengericht die Verpflichtung des Antragsgegners zur Leistung von Unterhalt ausspricht, bedarf keiner besonderen Vollstreckbarerklärung. Es handelt sich auch hier definitionsgemäß (§ 38 I FamFG) um eine Endentscheidung, die mit Wirksamwerden vollstreckbar ist (§ 120 II S. 1 FamFG). Allerdings knüpft die Wirksamkeit bei der hier in Rede stehenden Familienstreitsache (§ 112 Nr. 1 FamFG) an die Rechtskraft der Entscheidung an (§ 116 III FamFG). Gleichwohl besteht für das Gericht die Möglichkeit und bei dem hier fraglichen Minderjährigenunterhalt zudem die Pflicht, die sofortige Wirksamkeit (§ 116 III S. 3 FamFG) anzuordnen, Hierauf sollte der jeweilige Antragsteller durch entsprechenden Hinweis bei der Antragstellung hinwirken, sofern nicht besondere Umstände, wie etwa die Verfolgung der Unterhaltsansprüche durch Rechtsnachfolger, einer Anordnung der sofortigen Wirksamkeit entgegenstehen.[104] Für den Antragsgegner verbleibt es bei den Möglichkeiten des Vollstreckungsschutzes gemäß § 120 II S. 2 und 3 FamFG,

13. Die Beschwerde im vereinfachten Verfahren (§ 256 FamFG)

Gemäß §§ 256, 58–69 FamFG steht beiden Verfahrensbeteiligten gegen den Festsetzungsbeschluss die Beschwerde zu, und zwar unabhängig davon, ob es sich um einen Festsetzungsbeschluss nach § 253 FamFG oder jenen nach § 254 S. 2 FamFG handelt. Die Beschwerde ist auch dann als **einheitliches Rechtsmittel** eröffnet, wenn der Rechtspfleger dem Antrag auf Unterhaltsfestsetzung unter Zurückweisung des weitergehenden Antrages nur teilweise entsprochen hat.[105] Allerdings kann der voll obsiegende Antragsteller mit einem eigenen Rechtsmittel eine Antragserweiterung nicht verfolgen, weil es an der notwendigen **formellen Beschwer** fehlt.[106] Auch das Jugendamt ist beschwerdebefugt, soweit es aus übergegangenem Recht, nämlich der Leistung von Unterhaltsvorschuss gemäß § 7 I UVG vorgeht.[107] Mit der Beschwerde können ausschließlich die in § 252 I FamFG genannten Einwendungen, die Zulässigkeit von Einwendungen nach § 252 II FamFG sowie die Unrichtigkeit der Kostenfestsetzung geltend gemacht werden. Erhebt der Beschwerdeführer Einwendungen, die zwar unterhaltsrechtlich beachtlich erscheinen, aber dem abschließenden Katalog des § 256 FamFG nicht entsprechen, ist das Rechtsmittel als **unzulässig** zu verwerfen. Ist dies nur bei einem Teil der Einwendungen der Fall, ist die Beschwerde teilweise unzulässig, im Übrigen unbegründet, worüber sich die Entscheidungsgründe bei der Bescheidung des Rechtsmittels verhalten müssen. Die mit dem Numerus Clausus der Be-

---

[101] Hüßtege in Thomas/Putzo § 253 FamFG Rn. 9
[102] OLG Naumburg FamRZ 2001, 1464
[103] Hüßtege in Thomas/Putzo § 253 FamFG Rn. 9
[104] BT-Drucks. 16/6308 S. 224
[105] BGH FamRZ 2008, 1428 Rn. 7
[106] OLG Brandenburg FamRZ 2002, 1263
[107] OLG Brandenburg FamRZ 2002, 545

schwerdegründe verbundenen Beschränkungen des Rechtsmittels dienen auch in diesem Verfahrensabschnitt dem Ziel, dem unterhaltsbedürftigen minderjährigen Kind in einem hinreichend rechtsstaatlichen Verfahren schnell zu einem Vollstreckungstitel zu verhelfen.
Zulässige Anfechtungsgründe sind hiernach
– die Unzulässigkeit des vereinfachten Verfahrens (§§ 252 I Nr. 1 FamFG),
– die fehlerhafte Berechnung des Unterhalts nach Zeitraum und Höhe (§§ 252 I Nr. 2 FamFG),[108]
– die Zurückweisung von zulässig erhobenen anderen Einwendungen (252 II FamFG)[109] sowie
– eine unrichtige Kostenfestsetzung (§§ 253 I S. 3 FamFG); hierzu gehört auch die Nichtberücksichtigung von § 243 S. 2 Nr. 4 FamFG bei der Kostenregelung gemäß § 252 I S. 2 FamFG.

679 Die Beschwerde ist **binnen einer Frist von einem Monat** (§ 63 I FamFG) nach der gebotenen Zustellung des Festsetzungsbeschlusses (§ 329 III ZPO) beim Familiengericht einzulegen (§ 64 I FamFG). Die Einreichung einer Rechtsmittelschrift beim Beschwerdegericht wahrt die Frist im Unterschied zur sofortigen Beschwerde nach § 652 ZPO a. F. nicht mehr. Da die Einlegung der Beschwerde Bestandteil des vereinfachten Verfahrens ist und Anträge sowie Erklärungen in diesem Zusammenhang vor dem Urkundsbeamten der Geschäftsstelle abgegeben werden können, besteht für den Beschwerdeführer auch die Möglichkeit, das Rechtsmittel zu Protokoll der Geschäftsstelle zu erklären. Zwar bestimmt § 64 II S. 2 FamFG für den Bereich der Ehesachen und Familienstreitsachen, dass die Einlegung der Beschwerde zu Niederschrift der Geschäftsstelle ausgeschlossen sein soll. Doch wird diese Vorschrift im Anwendungsbereich des vereinfachten Verfahrens durch die speziellere Vorschrift des § 257 FamFG überlagert, so dass auch im Rechtsmitteverfahren eine anwaltliche Mitwirkung nicht geboten ist (§ 114 IV FamFG i. V. m. § 78 III ZPO), und zwar ungeachtet der Tatsache, dass es sich in der Sache um eine Familienstreitsache handelt (zu weiteren Einzelheiten hierzu vgl. auch Rn. 10/598).[110]

680 Der für den Erlass des Festsetzungsbeschlusses zuständige Rechtspfleger (§ 25 Nr. 2 c RPflG) darf dem Rechtsmittel nicht abhelfen (§ 68 I S. 2 FamFG), da es sich um die Endentscheidung in einer Familiensache handelt, und kann abweichend von § 570 II ZPO die Vollziehung auch nicht einstweilen aussetzen (§ 64 III FamFG). Die Beschwerde ist nur zulässig, sofern der Wert des Beschwerdegegenstandes 600 EUR übersteigt (§ 61 I FamFG). Soll sich das Rechtsmittel etwa gegen die Höhe der Unterhaltsfestsetzung richten, kommt es für die Wertberechnung (§ 113 I FamFG i. V. m. § 9 S. 1 ZPO) auf das 3,5-fache des Jahreswertes an. Ist dies nicht der Fall, verbleibt es gemäß § 11 II RpflG bei der Erinnerung, der Rechtspfleger abhelfen kann. Ansonsten entscheidet der Familienrichter endgültig. Dazu kann es auch kommen, wenn der Antragsgegner sich lediglich gegen den Zeitpunkt des Zahlungsbeginns wenden will mit der Folge eines zu geringen Beschwerdewertes. Hat ein Verfahrensbeteiligter die einmonatige Beschwerdefrist versäumt, kann ihm unter den Voraussetzungen von § 113 I FamFG i. V. m. § 233 ZPO Wiedereinsetzung in den vorigen Stand gewährt werden, wobei zu vernachlässigen ist, dass es sich bei der Frist zur Einlegung der Beschwerde nicht um eine Notfrist handelt (vgl. hierzu auch Rn. 10/677).[111] Über die Beschwerde entscheidet das Oberlandesgericht durch einen Familiensenat (§ 119 I Nr. 1 a GVG). Der Ablauf des Beschwerdeverfahrens folgt den Regelungen in § 68 FamFG. Dabei kann das Beschwerdegericht durch Beschluss die Beschwerde einem seiner Mitglieder zur Entscheidung als Einzelrichter übertragen (§ 68 IV S. 1 FamFG).

681 Die besonderen Verfahrensvorschriften des § 117 FamFG mit ihren zahlreichen Verweisen auf das zivilprozessuale Berufungsverfahren kommen nicht zum Tragen, obwohl es sich bei der Verfolgung der Kindesunterhaltsansprüche im vereinfachten Verfahren um eine **Familienstreitsache** handelt. Zwar hat der Gesetzgeber durch die Übernahme des verein-

---

[108] OLG Brandenburg FamRZ 2002, 1263
[109] OLG München FamRZ 2005, 381
[110] Ebenso Keidel/Giers FamFG § 256 Rn. 11; Hüßtege in Thomas/Putzo § 256 FamFG Rn. 3; a. A. Johannsen/Henrich/Maier § 256 FamFG Rn. 5
[111] Hüßtege in Thomas/Putzo § 253 FamFG Rn. 9

5. Abschnitt: Das vereinfachte Verfahren über den Unterhalt Minderjähriger § 10

fachten Verfahrens in das FamFG dieses aus dem zivilprozessualen Rechtsmittelsystem der sofortigen Beschwerde (§§ 567 ff. ZPO) herausgelöst. Doch deutet nichts darauf hin, dass er nunmehr durch Verweisung auf Vorschriften des zivilprozessualen Berufungsverfahrens ein Rechtsmittelverfahren hätte einführen wollen, das dem gesetzgeberischen Anliegen, in einem vereinfachten Verfahren, das durch Beschränkungen in der Rechtsverteidigung bestimmt wird (§§ 252, 256 FamFG), einen Unterhaltstitel zu schaffen, zuwiderliefe. Eine weitere Anfechtung der Beschwerdeentscheidung findet nur statt, wenn das Oberlandesgericht die Rechtsbeschwerde zulässt (§ 70 I FamFG). Sie scheidet allerdings dann aus, wenn bereits die Beschwerde nach § 256 FamFG unzulässig war. Dem steht die grundsätzliche Bindung an eine Zulassung (§ 70 II S. 2 FamFG) nicht entgegen, weil eine nach dem Gesetz unanfechtbare Entscheidung nicht durch den Ausspruch der Zulassung einer Anfechtung unterworfen werden kann.[112]

Nach § 256 S. 1 FamFG können die Beteiligten nicht nur die Unrichtigkeit der **Kostenfestsetzung** geltend machen, sondern jeder von ihnen auch die **Kostengrundentscheidung** angreifen, da die Grundlage der Kostenfestsetzung der Kostenausspruch ist. Allerdings sind die Einschränkungen bei der Anfechtbarkeit von Kostenentscheidungen nach den allgemeinen Grundsätzen (§§ 256, 113 I FamFG i. V.m §§ 91 a, 99, 269 ZPO) zu beachten. Demgemäß kommt eine **isolierte Anfechtung** der Kostenentscheidung im Festsetzungsbeschluss nur unter den Voraussetzungen von § 113 I S. 2 FamFG i. V. m. § 99 II ZPO in Betracht.[113] Der Gegenmeinung,[114] die auch eine isolierte Anfechtung für zulässig erachtet, sofern der Beschwerdewert gemäß § 61 I FamFG (600,01 EUR) erreicht wird, ist nicht zu folgen. Sie berücksichtigt nicht hinreichend, dass der Gesetzgeber die Einschränkungen bei der Anfechtung von Kostenentscheidungen durch die Bezugnahme auf die „allgemeinen Grundsätze", wie schon nach altem Recht (§ 652 II S. 1 ZPO a. F.) durch die Neuregelung in § 256 FamFG fortgeschrieben hat. Soweit der Antragsgegner gegenüber dem Festsetzungsbeschluss einwendet, er habe kein Anerkenntnis abgegeben, handelt es sich um eine Einwendung, die an sich dem abschließenden Katalog der Einwendungen im Sinne von § 252 FamFG nicht zuordnen lässt. Gleichwohl nimmt die Rechtsprechung in diesem Fall das Fehlen einer wesentlichen Verfahrensvoraussetzung für den Erlass eines Festsetzungsbeschlusses an und eröffnet damit den Beschwerdeweg.[115] Bei der **Anfechtung der Kostenfestsetzung** ist von § 113 I S. 2 FamFG i. V. m. § 104 III ZPO auszugehen. Statthaftes Rechtsmittel ist die sofortige Beschwerde (§§ 567–572 ZPO).[116] Beträgt der Beschwerdegegenstand hier nicht mehr als 200 EUR (§ 567 II ZPO),[117] bleibt es bei der sofortigen Erinnerung (§ 11 II RPflG).[118] **682**

Gemäß § 256 S. 1 FamFG können im Beschwerdeverfahren Einwendungen i. S. v. § 252 II FamFG nur dahingehend geltend gemacht werden, diese seien vom erstinstanzlichen Gericht zu Unrecht als unzulässig angesehen oder, obwohl rechtzeitig vor Verfügung des Festsetzungsbeschlusses geltend gemacht (§ 252 III FamFG), nicht berücksichtigt worden.[119] Mit der **erstmaligen Geltendmachung** von Einwendungen nach § 252 II FamFG im Beschwerdeverfahren ist der Antragsgegner überdies von vornherein präkludiert.

Mit der Beschwerde können nur **formelle Fehler** des Rechtspflegers gerügt werden. Entsprechend formalisiert läuft das Beschwerdeverfahren ab. Eine **materielle Überprüfung** des Unterhalts findet über § 256 FamFG nicht statt. Hierfür ist das Korrekturverfahren nach § 240 FamFG vorgesehen. **683**

Nimmt der unterhaltspflichtige Antragsgegner das minderjährige Kind im Verlauf des vereinfachten Verfahrens in seinen Haushalt auf, kann er dies mit der Beschwerde einwen-

---

[112] BGH FamRZ 2008, 1433 Rn. 5
[113] Keidel/Giers FamFG § 256 Rn. 5; Haußleiter/Fest FamFG § 256 Rn. 22
[114] Hüßtege in Thomas/Putzo § 256 FamFG Rn. 7; Johannsen/Henrich/Maier § 256 FamFG Rn. 6
[115] OLG Brandenburg FamRZ 2007, 837; OLG Stuttgart FamRZ 2002, 329
[116] Haußleiter/Fest FamFG § 256 Rn. 23
[117] Bork/Jacoby/Schwab/Hütter FamFG § 256 Rn. 4
[118] Hoppenz/Herr Familienrecht § 256 FamFG Rn. 10
[119] OLG Köln FamRZ 2001, 1464

den, weil es sich um einen Umstand handelt, der der Zulässigkeit des Verfahrens entgegensteht (§§ 252 I S. 1 Nr. 1, 249 I FamFG). Dabei ist unerheblich, ob der Antragsgegner dies bereits erstinstanzlich hätte geltend machen können, da es sich um eine durch § 252 I FamFG erfasste Einwendung handelt und die Beschwerde zulässigerweise (§ 65 III FamFG) auf neue Tatsachen und Beweise gestützt werden kann.[120] Macht der Antragsgegner mit der Beschwerde geltend, er habe „kein Kind mit diesem Geburtsdatum", handelt es sich um eine das Verfahren betreffende Einwendung (§ 252 I FamFG),[121] die ebenfalls ungeachtet einer erstinstanzlichen Geltendmachung beachtlich ist, weil sie das Bestehen eines Eltern-Kind-Verhältnisses im Sinne von § 250 I Nr. 8 FamFG in Abrede stellt. Häufig will sich der Antragsgegner auf eine nur eingeschränkte oder **fehlende Leistungsfähigkeit** berufen. Da es sich hierbei um eine Einwendung nach § 252 II FamFG handelt, verspricht das Rechtsmittel nur dann Erfolg, wenn er bereits gegenüber dem Rechtspfleger unter Verwendung des amtlichen Formulars die Erklärungen nach § 252 II S. 3 FamFG abgegeben und die dazugehörigen Belege vorgelegt hat.[122] Im Übrigen bedarf es aber auch hier keiner ausdrücklichen Erklärung seinerseits gemäß § 252 II S. 1 FamFG („0 Euro"), wenn sich aus den weiteren Angaben und Belegen ergibt, dass der Antragsgegner sich zu Unterhaltszahlungen nicht in der Lage sieht (vgl. auch Rn. 10/670).[123]

684 Den **Erfüllungseinwand** kann der Antragsgegner ebenfalls nur dann mit der Beschwerde weiterverfolgen, wenn er die ihm abverlangten weiteren Erklärungen (§ 252 II FamFG) bereits erstinstanzlich abgegeben hat.[124] Als **unzulässige Einwendungen** des **Antragsgegners** im Kontext von § 256 FamFG hat die Rechtsprechung angesehen den Hinweis des Beschwerdeführers,
– er sei im Festsetzungsbeschluss nicht mit seiner zutreffenden Anschrift aufgeführt;[125]
– die Antragstellerin wohne bereits an einem anderen Ort als im Festsetzungsbeschluss angegeben, wobei ein Verstoß gegen das Meldegesetz vorliege;[126]
– man habe anderweitig eine außergerichtliche Unterhaltsvereinbarung getroffen;[127]
– die Titulierung des Unterhalts dürfe im Hinblick auf das Arbeitsplatzrisiko nicht in dynamischer Form erfolgen.[128]

Wendet sich der **Antragsteller** mit seinem Rechtsmittel gegen eine im Festsetzungsbeschluss durch den Rechtspfleger getroffene Befristung (Unterhalt bis zur Volljährigkeit[129] oder für die Dauer von UVG-Leistungen) handelt es sich nicht um zulässige Einwendung im Sinne von § 256 FamFG. Hier muss sich der Antragsteller auf das Erinnerungsverfahren (§ 11 II RpflG) verweisen lassen.[130]

685 Soweit der Antragsteller – im Gegensatz zum Antragsgegner – keine weiteren Einwendungen nach § 252 II FamFG erheben kann, ist seine Beschwerde unzulässig. Ihm bleibt aber die Möglichkeit, im Rahmen der Anhörung nach § 250 II S. 2 FamFG **Anspruchsverbesserungen** vorzunehmen, einen neuen Festsetzungsantrag gemäß § 249 FamFG einzureichen, ins **streitige Unterhaltsverfahren** überzugehen oder aber sich die **Korrekturmöglichkeit nach § 240 FamFG** vorzubehalten. Eine Rechtverkürzung im Rahmen des § 256 FamFG zum Nachteil des Antragstellers ist somit nicht festzustellen.[131] Wird dem Beschwerdegericht auf „Rechtsmittel" eines Verfahrensbeteiligten die Sache zur Bescheidung vorgelegt, hat es, sofern zulässige Einwendungen lediglich im Rahmen eines Erinnerungsverfahrens in Betracht kommen, vor einer etwaigen Verwerfung der Beschwerde den Rechtmittelführer hierüber in Kenntnis zu setzen.

---

[120] KG FamRZ 2009, 1847
[121] OLG Brandenburg FamRZ 2002, 1345
[122] OLG Stuttgart FamRZ 2002, 32
[123] OLG Dresden FamRZ 2000, 1031
[124] OLG Köln FamRZ 2002, 33
[125] OLG Brandenburg FamRZ 2002, 1345
[126] OLG Brandenburg FamRZ 2002, 1345
[127] OLG Naumburg FamRZ 2000, 360
[128] OLG Dresden FamRZ 2001, 362
[129] OLG Stuttgart FamRZ 2000, 1161
[130] BGH FamRZ 2008, 1433 Rn. 15
[131] BGH FamRZ 2008, 1433 Rn. 16

5. Abschnitt: Das vereinfachte Verfahren über den Unterhalt Minderjähriger § 10

Im Verfahren über die Beschwerde nach § 256 FamFG fällt gemäß § 3 II FamGKG i. V. m. KV Nr. 1211 **eine Gerichtsgebühr** an. Dies bedeutet, dass die Erinnerung gegen die Entscheidung des Rechtspflegers gebührenfrei ist. Der Rechtsanwalt erhält im Beschwerdeverfahren, da der Festsetzungsbeschluss die Instanz beendet, die **1,6-Verfahrensgebühr** nach Nr. 3200 VV RVG. Hinzukommen können im Fall der mündlichen Verhandlung die **1,2-Terminsgebühr** nach Nr. 3202 VV RVG und im weiteren Fall der Einigung die **1,3-Einigungsgebühr** nach Nr. 1000, 1004 VV RVG. Zum Verfahrenswert vgl. Rn. 10/653.

14. Das weitere Verfahren bis zum Teilbeschluss (§ 254 S. 2 FamFG)

Hat der Antragsgegner Einwendungen erhoben, die nach § 252 I S. 3 FamFG nicht zurückzuweisen oder die nach § 252 II FamFG zulässig sind (z. B. den **Einwand der Erfüllung**, der teilweisen oder gänzlichen **Leistungsunfähigkeit**, des **Vorranges eines anderen Unterhaltsschuldners**, des vertraglich vereinbarten **Unterhaltsverzichts** für die Vergangenheit oder der **rechtsmissbräuchlichen Geltendmachung**), informiert das Familiengericht den Antragsteller hierüber unter Darlegung der einzelnen Gründe, die es für beachtlich hält. Damit verbunden ergeht der Hinweis an den Antragsteller, dass das Verfahren **nur auf Antrag** des Antragstellers seinen Fortgang findet, der auf Durchführung des streitigen Verfahrens (§ 255 I S. 1 FamFG) oder aber Titulierung durch Teilbeschluss nach § 254 S. 2 FamFG in dem durch die Leistungsbereitschaft des Antragsgegners begrenzten Umfang gerichtet sein kann. Allerdings bestehen weitere Optionen, die der Antragsteller im wohlverstandenen Eigeninteresse zu beachten hat. 686

Hat der Antragsgegner umfassend über seine Einkommens- und Vermögensverhältnisse informiert und ist danach von einer **Leistungsunfähigkeit** des Unterhaltspflichtigen auszugehen, kann der Antragsteller davon absehen, das Verfahren weiter zu betreiben. In diesem Fall gewinnt die Vorschrift des § 255 VI FamFG an Bedeutung, Wird nämlich vor Ablauf von 6 Monaten (**Ausschlussfrist**) der Antrag auf Durchführung des streitigen Verfahrens nicht gestellt, gilt der Festsetzungsantrag als zurückgenommen. Ob deshalb die Hinweise und Mitteilungen des Gerichts (§ 254 FamFG) der Zustellung entsprechend § 329 II S. 2 ZPO bedürfen, ist umstritten,[132] dürfte sich aber schon deshalb zumindest empfehlen, um den exakten Fristablauf von Amts wegen feststellen zu können.

Hat der Antragsgegner beachtliche Einwendungen erhoben, sich aber im Übrigen teilweise leistungsbereit erklärt, kann der Antragsteller nach Prüfung seinen Festsetzungsantrag den Einwendungen anpassen. Daraufhin wird der Rechtspfleger einen Festsetzungsbeschluss (§ 253 FamFG) erlassen. Im Rahmen der Kostenentscheidung ist, soweit Kosten angefallen sind, die **Teilrücknahme** zu berücksichtigen. 687

Alternativ dazu kann der Antragsteller gemäß § 254 S. 2 FamFG den Erlass eines Teilbeschlusses in dem Umfang beantragen, in dem sich der Antragsgegner zur Leistung verpflichtet hat. Der Teilbeschluss enthält keine Kostenentscheidung. In ihm wird der Festsetzungsantrag auch nicht teilweise zurückgewiesen. Da hinsichtlich der restlichen Streitgegenstandes auf Antrag einer der Beteiligten das **streitige Verfahren** durchzuführen ist (§ 255 I S. 1 II FamFG), muss sich der Antragsteller allerdings genau überlegen, ob er überhaupt einen **Teilbeschluss im vereinfachten Unterhaltsverfahren** ergehen lassen will. Er wird von einer entsprechenden Antragstellung dann absehen und sofort ins streitige Verfahren übergehen, wenn nur ein geringfügiger Unterhaltsbetrag vom Antragsgegner zugestanden ist und im umfangreichen streitigen Verfahren ohnedies alle rechtserheblichen Einwendungen des Antragsgegners (nochmals) im Einzelnen zu prüfen sind. Da nämlich der Antragsteller das streitige **oder** das vereinfachte Unterhaltsverfahren wählen kann, ist er auch innerhalb des vereinfachten Verfahrens entgegen OLG Naumburg[133] berechtigt, nach der Erhebung von Einwendungen durch den Antragsgegner von einer Titulierung überhaupt abzusehen, sei dies gemäß § 253 FamFG oder nach § 254 FamFG.

---

[132] Hüßtege in Thomas/Putzo § 254 FamFG Rn. 2
[133] OLG Naumburg FamRZ 2007, 1027

§ 10 Verfahrensrecht

15. Der Übergang ins streitige Verfahren (§ 255 FamFG)

688 Die Anwendung des § 255 FamFG setzt voraus, dass der Antragsgegner Einwendungen erhoben hat, die nach § 252 I S. 3 FamFG **nicht zurückzuweisen**, oder aber gemäß § 252 II FamFG **zulässig** und daher im Rahmen des § 254 FamFG zu berücksichtigen sind. In das streitige Verfahren kann aber nur auf **Antrag** einer der beiden Beteiligten, nicht von Amts wegen, übergegangen werden. Allerdings wird der Antragsgegner kaum einen entsprechenden Antrag stellen, weil er damit eine Unterhaltsfestsetzung gegen sich selbst beschleunigt. Verlangt der Antragsgegner die Durchführung des streitigen Verfahrens im Hinblick darauf, dass er leistungsunfähig sei, so ist diese Vorgehensweise nur zulässig, wenn er zuvor seine Auskunftspflicht nach § 252 II S. 3 FamFG erfüllt hat, weil das streitige Verfahren insgesamt nur unter den Voraussetzungen der in § 254 FamFG aufgeführten zulässigen Einwendungen statthaft ist. Ansonsten wäre dem säumigen Antragsgegner auf diese Weise die Möglichkeit eröffnet, seiner Auskunftspflicht zu entgehen.

689 Beantragt ein Beteiligter die **Durchführung des streitigen Verfahrens,** so ist wie nach Eingang eines Antrages in einer Unterhaltssache zu verfahren (§ 255 II FamFG). Der Festsetzungsantrag der §§ 249, 250 FamFG wird automatisch zur Antragsschrift, dessen Zustellung nach § 251 FamFG bedeutet die Zustellung der Antragsschrift (§ 113 I S. 2 FamFG i. V. m. § 253 II ZPO) mit rückwirkender Rechtshängigkeit (§ 255 III FamFG). Der Antrag auf Durchführung des streitigen Verfahrens kann **formlos** gestellt werden. Einer Zustellung an den Gegner bedarf er nicht (§ 270 S. 1 ZPO). Ein Formularzwang besteht jedenfalls derzeit nicht, da der Gesetzgeber ein entsprechendes Formular nicht eingeführt hat. Eine **anwaltliche Mitwirkung** ist entbehrlich (vgl. § 257 FamFG), da der Antrag noch Teil des vereinfachten Verfahrens ist. Die Einwendungen des § 252 FamFG werden als Antragserwiderung i. S. d. § 277 ZPO betrachtet; ein schriftliches Vorverfahren nach § 276 ZPO entfällt. Hat der Rechtspfleger nach Eingang des Antrags, in das streitige Verfahren überzugehen, das vereinfachte Verfahren an die zuständige richterliche Abteilung des Familiengerichts abgegeben, kann das Gericht, sofern das weitere Verfahren in einem Termin erledigt werden kann, einen **frühen ersten Termin** nach § 272 II ZPO anberaumen oder das Verfahren durch vorbereitende Maßnahmen nach §§ 139, 273 ZPO, §§ 235, 236 FamFG fördern. Hierbei sind die Besonderheiten des vereinfachten Verfahrens zu beachten, wie etwa die **Darlegungs- und Beweislasterleichterungen** für das minderjährige Kind, die Anlass für einen richterlichen Hinweis (§ 139 ZPO) geben können. Kann nämlich das Kind zunächst ohne weitere Darlegungen zu den Einkommensverhältnissen des unterhaltspflichtigen Elternteils bis zu 120% des Mindestunterhalts verlangen, gelten nach Übergang in das streitige Verfahren wieder die allgemeinen Regeln, wonach das Unterhalt begehrende Kind seinen aus den Einkommens- und Vermögensverhältnissen des baruntehaltspflichtigen Elternteils abzuleitenden Bedarf (§ 1610 BGB) prüffähig darlegen muss, sofern es weiterhin mehr als den Mindestunterhalt verlangen will (vgl. auch Rn. 10/641).[134] Der Antragsteller kann den Übergang in das streitige Verfahren aber auch nutzen, um außerhalb der Beschränkungen dieses Verfahrens weitergehenden Unterhalt geltend zu machen, der 120% des Mindestunterhalts übersteigt.

690 Entsprechend § 696 IV ZPO kann der Festsetzungsantrag bis zum Beginn der mündlichen Verhandlung des Antragsgegners zur Hauptsache zurückgenommen werden. Mit der Zurücknahme ist die Streitsache als nicht rechtshängig geworden anzusehen (§ 696 IV S. 3 ZPO). Der Festsetzungsantrag kann somit jederzeit wiederholt werden oder auf einen anderen Zeitraum erstreckt werden. Wird der Antrag auf Durchführung des streitigen Verfahrens nicht vor Ablauf von 6 Monaten nach Zugang der Mitteilung nach § 254 S. 1 FamFG gestellt, gilt der über den Teilfestsetzungsbeschluss (§ 254 S. 2 FamFG) oder die Verpflichtungserklärung des Antragsgegners (§ 252 II S. 1 und 2 FamFG) hinausgehende Festsetzungsantrag als zurückgenommen (§ 255 VI FamFG).

Knüpft das streitige Verfahren an einen Teilbeschluss i. S. d. § 254 S. 2 FamFG an, wird im streitigen Verfahren der Festsetzungsbeschluss aufgehoben und der zu titulierende Unterhalt in einem **Gesamtbetrag** bestimmt. Dadurch wird vermieden, dass für denselben

---

[134] BGH FamRZ 2002, 536

5. Abschnitt: Das vereinfachte Verfahren über den Unterhalt Minderjähriger § 10

Unterhaltsanspruch zwei Vollstreckungstitel in Form des Teilbeschlusses nach § 254 S. 2 FamFG und eines darüber hinausgehenden Beschlusses aufgrund streitiger Entscheidung vorliegen. Dieser **einheitliche Titel** kann allerdings nur bei Streitidentität (gleicher Zeitraum des Unterhaltsanspruchs) ergehen. Ein einheitlicher Titel braucht somit dann nicht geschaffen zu werden, wenn der vorangegangene Festsetzungsbeschluss einen anderen Zeitabschnitt als die Entscheidung im streitigen Verfahren betrifft oder es sich hierbei um zeitlich klar abgegrenzte Unterhaltsrückstände handelt.[135] Das Familiengericht entscheidet im Erkenntnisverfahren verfahrensabschließend durch Beschluss (§§ 116, 38 FamFG), der gemäß §§ 117, 58 FamFG nach den allgemeinen Regeln mit der Beschwerde angefochten werden kann.

Die durch das vorangegangene vereinfachte Verfahren entstandenen **Kosten** werden als Teil der Kosten des streitigen Verfahrens behandelt (§ 255 V FamFG). Über die Kosten des vereinfachten Verfahrens darf daher nicht anders entschieden werden als über die des streitigen Verfahrens. **Kostenvereinbarungen** sind in beiden aber jederzeit möglich. Kommt es im streitigen Verfahren zu keiner Kostenentscheidung (wegen Rücknahme oder sonstiger Erledigung), muss im vereinfachten Verfahren doch eine **(isolierte) Kostenentscheidung** ergehen. Eine **Gerichtsgebühr** fällt aber nicht an, wenn im vereinfachten Verfahren gar kein Unterhalt festgesetzt worden oder nur ein Teilbeschluss gemäß § 254 S. 2 FamFG ergangen ist (KV Nr. 1210). Gemäß Nr. 3100 I VV RVG wird **die volle Gebühr** aus Nr. 3100 VV RVG (über einen Antrag auf Festsetzung des Unterhalts nach § 249 FamFG) auf die Verfahrensgebühr angerechnet, die der Rechtsanwalt in dem nachfolgenden Streitverfahren des § 255 FamFG erhält.

Im Beschluss (Endentscheidung) aufgrund streitiger Verhandlung nach § 255 FamFG selbst wird über die **Kosten** nach § 243 FamFG entschieden. Hat ein Unterhaltsschuldner seiner Auskunftspflicht nicht hinreichend genügt und dadurch Anlass zur Einleitung des Unterhaltsverfahrens geboten, können ihm abweichend von den allgemeinen Vorschriften die Verfahrenskosten nach billigem Ermessen ganz oder teilweise auferlegt werden (§ 243 S. 2 FamFG). Im Übrigen gelten hinsichtlich der Verfahrensausgestaltung für das streitige Verfahren durch Verweisung (§ 113 I FamFG) die §§ 1 bis 494 a ZPO, denen die besonderen Regelungen der §§ 114 bis 120 und 231 bis 236 FamFG vorgehen.

16. Die Abänderung („Korrektur") von Endentscheidungen im vereinfachten Verfahren (§ 240 FamFG)

Der Titulierung des Unterhalts für minderjährige Kinder im vereinfachten Verfahren durch den Festsetzungsbeschluss (§ 253 FamFG) liegt eine **pauschale** und an einer beschränkten Anzahl von Bemessungskriterien ausgerichtete **Unterhaltsberechnung** zugrunde, die mit dem Ziel der beschleunigten Beschaffung eines Unterhaltstitels die jeweils individuellen Besonderheiten des Unterhaltsverhältnisses im Einzelfall vernachlässigt. Insbesondere in Ansehung der nur begrenzt berücksichtigungsfähigen Einwendungen des Unterhaltspflichtigen (§ 252 FamFG) bedarf es eines **selbständigen Nachverfahrens**, in dem der Festsetzungsbeschluss an die jeweils individuellen wirklichen Unterhaltsverhältnisse angepasst werden kann, und zwar ohne Bindung an das vorangegangene Verfahren.[136] Ein im Wesentlichen dem § 654 ZPO a. F. entsprechendes Abänderungsverfahren ist für den nach § 253 FamFG erlassenen Festsetzungsbeschluss nunmehr in § 240 FamFG geregelt.

Fraglich könnte sein, ob dies auch für einen nach § 254 S. 2 FamFG ergangenen **Teilfestsetzungsbeschluss** zu gelten hat, der durch den Wortlaut nicht ausdrücklich erfasst wird. Allerdings grenzt § 240 I FamFG den Anwendungsbereich für das Abänderungsverfahren insoweit ein, als es nicht statthaft ist, wenn bereits ein Antrag auf Durchführung des streitigen Verfahrens nach § 255 FamFG gestellt worden ist. Ein solcher Antrag kommt aber nur nach Erlass eines Teilbeschlusses (§§ 255 I, 254 FamFG) in Betracht, so dass der Gesetzgeber von der Zulässigkeit eines Korrekturverfahren nicht nur im Fall des § 253 FamFG

---

[135] BT-Drucks. 13/7338 S. 42
[136] Keidel/Meyer-Holz FamFG § 240 Rn. 2

sondern auch bei einem nach § 254 S. 2 FamFG ergangenen Teilbeschluss ausgeht. Der in § 240 I FamFG begründete **Vorrang** für das **streitige Verfahren** besteht danach nur, soweit bereits ein **Antrag gestellt ist**. In einem solchen Fall ist den Beteiligten zuzumuten, die jeweilige Rechtsverfolgung im streitigen Verfahren fortzusetzen. Im Übrigen steht es den Beteiligten nach ihrer **Wahl** frei, die weitere Rechtsverfolgung entweder im Korrekturverfahren oder im streitigen Verfahren nach § 255 FamFG zu betreiben.[137]

694 Bei dem Verfahren zur Abänderung oder – eher der Funktion entsprechend – zur Korrektur eines Feststellungsbeschlusses (§ 253 FamFG) handelt es sich um ein sogenanntes **Erstverfahren**[138] (§ 113 I S. 2 FamFG i. V. m. § 258 ZPO), mit dem der im vereinfachten Verfahren festgesetzte Kindesunterhalt an die individuellen Verhältnisse der Beteiligten angepasst wird. Es folgt den Verfahrensregeln eines **ordentliches Streitverfahren** in Unterhaltssachen, wobei der Feststellungsbeschluss als solcher lediglich eine **besondere Verfahrensvoraussetzung** darstellt. Im Übrigen besteht keine Bindung an die Verhältnisse, die zur Festsetzung geführt haben. Deshalb sind auch Darlegungen zu Änderungen in diesen Verhältnissen für die Zulässigkeit des Verfahrens und einen Erfolg in der Sache belanglos.[139] Das **Korrekturverfahren** verdrängt als spezielleres Verfahren das **Abänderungsverfahren** nach § 238 FamFG.[140] Erst die nach § 240 FamFG zu treffende Korrekturentscheidung unterliegt als Titel der entsprechenden Anpassung unter den besonderen Voraussetzungen von § 238 FamFG.[141] Die Korrekturberechnung führt zu einer **vollständigen Neuberechnung** des Kindesunterhalts. Der Unterhaltspflichtige ist mit allen in Betracht kommenden Einwendungen zu hören, und zwar insbesondere mit den Einwendungen, auf die er sich im Festsetzungsverfahren nicht berufen konnte (§ 256 FamFG). Eine Präklusion besteht nicht. Allerdings kann es sich dabei auch um Einwendungen handeln, die der Unterhaltspflichtige an sich im Rahmen eines **Vollstreckungsabwehrverfahrens** (§ 767 ZPO) gegenüber dem Unterhaltstitel vorbringen kann. Gleichwohl kommt auch in diesem Zusammenhang dem Korrekturverfahren als dem spezielleren Verfahren der Vorrang zu,[142] wobei dies aber dann nicht mehr der Fall ist, wenn die Fristen für eine rückwirkende Korrektur (§ 240 II FamFG) abgelaufen sind.[143]

695 Das Korrekturverfahren (§ 240 I FamFG) knüpft mit dem Feststellungsbeschluss (§ 253 FamFG) an eine im vereinfachten Verfahren ergangene rechtskräftige **Endentscheidung** an. Damit ist ein in diesem Verfahren zulässigerweise geschlossener **Vergleich** aus dem Anwendungsbereich ausgeschlossen.[144] Wollen die Beteiligten insoweit eine Titelkorrektur durchsetzen, kommt nur eine Anpassung im Abänderungsverfahren nach § 239 FamFG in Betracht. Die rechtskräftige Endentscheidung muss überdies, um Verfahrensgegenstand eines Korrekturverfahrens werden zu können, zumindest auch auf die Verpflichtung zu **künftig fällig werdenden** wiederkehrenden Leistungen gerichtet sein. Sind lediglich **Rückstände** tituliert, scheidet eine Korrektur von vornherein aus.

696 Wegen der weiteren Voraussetzungen für das Korrekturverfahren, wegen der Verfahrensgrundsätze und zu den Zeitschranken einer Korrektur (§ 240 II FamFG) siehe weiter die Einzelheiten zu Rn. 10/124 bis 132.

---

[137] Bork/Jacoby/Schwab/Kodal FamFG § 240 Rn. 4
[138] Musielak/Borth FamFG § 240 Rn. 1
[139] OLG Hamm FamRZ 2004, 1588
[140] OLG Karlsruhe FamRZ 2003, 1672
[141] OLG Naumburg FamRZ 2006, 611
[142] Musielak/Borth FamFG § 240 Rn. 1; Hüßtege in Thomas/Putzo § 240 FamFG Rn. 1
[143] Johannsen/Henrich/Brudermüller § 240 FamFG Rn. 4
[144] OLG Naumburg FamRZ 2006, 211

Anhang D

1. Düsseldorfer Tabelle*
(Stand 1. 1. 2011)

A. Kindesunterhalt

	Nettoeinkommen des Barunterhaltspflichtigen (Anm. 3, 4)	Altersstufen in Jahren (§ 1612a Abs. 3 BGB)				Prozentsatz	Bedarfskontrollbetrag (Anm. 6)
		0–5	6–11	12–17	ab 18		
		Alle Beträge in Euro					
1.	bis 1500	317	364	426	488	100	770/950
2.	1501–1900	333	383	448	513	105	1050
3.	1901–2300	349	401	469	537	110	1150
4.	2301–2700	365	419	490	562	115	1250
5.	2701–3100	381	437	512	586	120	1350
6.	3101–3500	406	466	546	625	128	1450
7.	3501–3900	432	496	580	664	136	1550
8.	3901–4300	457	525	614	703	144	1650
9.	4301–4700	482	554	648	742	152	1750
10.	4701–5100	508	583	682	781	160	1850
	ab 5101	nach den Umständen des Falles					

Anmerkungen:
1. Die Tabelle hat keine Gesetzeskraft, sondern stellt eine Richtlinie dar. Sie weist den monatlichen Unterhaltsbedarf aus, bezogen auf zwei Unterhaltsberechtigte, ohne Rücksicht auf den Rang. Der Bedarf ist nicht identisch mit dem Zahlbetrag; dieser ergibt sich unter Berücksichtigung der nachfolgenden Anmerkungen.
  Bei einer größeren/geringeren Anzahl Unterhaltsberechtigter können **Ab- oder Zuschläge** durch Einstufung in niedrigere/höhere Gruppen angemessen sein. Anmerkung 6 ist zu beachten. Zur Deckung des notwendigen Mindestbedarfs aller Beteiligten – einschließlich des Ehegatten – ist gegebenenfalls eine Herabstufung bis in die unterste Tabellengruppe vorzunehmen. Reicht das verfügbare Einkommen auch dann nicht aus, setzt sich der Vorrang der Kinder im Sinne von Anm. 5 Abs. 1 durch. Gegebenenfalls erfolgt zwischen den erstrangigen Unterhaltsberechtigten eine Mangelberechnung nach Abschnitt C.
2. Die Richtsätze der 1. Einkommensgruppe entsprechen dem Mindestbedarf in Euro gemäß § 1612a BGB. Der Prozentsatz drückt die Steigerung des Richtsatzes der jeweiligen Einkommensgruppe gegenüber dem Mindestbedarf (= 1. Einkommensgruppe) aus. Die

---

* Die neue Tabelle nebst Anmerkungen beruht auf Koordinierungsgesprächen, die unter Beteiligung aller Oberlandesgerichte und der Unterhaltskommission des Deutschen Familiengerichtstages e. V. stattgefunden haben.

Anhang D 1. Düsseldorfer Tabelle

durch Multiplikation des nicht gerundeten Mindestbedarfs mit dem Prozentsatz errechneten Beträge sind entsprechend § 1612a Abs. 2 S. 2 BGB aufgerundet.

3. **Berufsbedingte Aufwendungen**, die sich von den privaten Lebenshaltungskosten nach objektiven Merkmalen eindeutig abgrenzen lassen, sind vom Einkommen abzuziehen, wobei bei entsprechenden Anhaltspunkten eine Pauschale von 5% des Nettoeinkommens – mindestens **50 Euro**, bei geringfügiger Teilzeitarbeit auch weniger, und höchstens **150 Euro** monatlich – geschätzt werden kann. Übersteigen die berufsbedingten Aufwendungen die Pauschale, sind sie insgesamt nachzuweisen.

4. Berücksichtigungsfähige **Schulden** sind in der Regel vom Einkommen abzuziehen.

5. Der **notwendige Eigenbedarf (Selbstbehalt)**
- gegenüber minderjährigen unverheirateten Kindern,
- gegenüber volljährigen unverheirateten Kindern bis zur Vollendung des 21. Lebensjahres, die im Haushalt der Eltern oder eines Elternteils leben und sich in der allgemeinen Schulausbildung befinden,

beträgt beim nicht erwerbstätigen Unterhaltspflichtigen monatlich **770 Euro**, beim erwerbstätigen Unterhaltspflichtigen monatlich **950 Euro**. Hierin sind bis **360 Euro** für Unterkunft einschließlich umlagefähiger Nebenkosten und Heizung (Warmmiete) enthalten. Der Selbstbehalt kann angemessen erhöht werden, wenn dieser Betrag im Einzelfall erheblich überschritten wird und dies nicht vermeidbar ist.

Der **angemessene Eigenbedarf**, insbesondere gegenüber anderen volljährigen Kindern, beträgt in der Regel mindestens monatlich **1150 Euro**. Darin ist eine Warmmiete bis **450 Euro** enthalten.

6. Der **Bedarfskontrollbetrag** des Unterhaltspflichtigen ab Gruppe 2 ist nicht identisch mit dem Eigenbedarf. Er soll eine ausgewogene Verteilung des Einkommens zwischen dem Unterhaltspflichtigen und den unterhaltsberechtigten Kindern gewährleisten. Wird er unter Berücksichtigung anderer Unterhaltspflichten unterschritten, ist der Tabellenbetrag der nächst niedrigeren Gruppe, deren Bedarfskontrollbetrag nicht unterschritten wird, anzusetzen.

7. Bei **volljährigen Kindern**, die noch im Haushalt der Eltern oder eines Elternteils wohnen, bemisst sich der Unterhalt nach der 4. Altersstufe der Tabelle.

Der angemessene Gesamtunterhaltsbedarf eines **Studierenden**, der nicht bei seinen Eltern oder einem Elternteil wohnt, beträgt in der Regel monatlich **670 Euro**. Hierin sind bis **280 Euro** für Unterkunft einschließlich umlagefähiger Nebenkosten und Heizung (Warmmiete) enthalten. Dieser Bedarfssatz kann auch für ein Kind mit eigenem Haushalt angesetzt werden.

8. Die **Ausbildungsvergütung** eines in der Berufsausbildung stehenden Kindes, das im Haushalt der Eltern oder eines Elternteils wohnt, ist vor ihrer Anrechnung in der Regel um einen ausbildungsbedingten Mehrbedarf von monatlich **90 Euro** zu kürzen.

9. In den Bedarfsbeträgen (Anmerkungen 1 und 7) sind **Beiträge zur Kranken- und Pflegeversicherung sowie Studiengebühren** nicht enthalten.

10. Das auf das jeweilige Kind entfallende **Kindergeld** ist nach § 1612b BGB auf den Tabellenunterhalt (Bedarf) anzurechnen.

B. Ehegattenunterhalt

I. Monatliche Unterhaltsrichtsätze des berechtigten Ehegatten ohne unterhaltsberechtigte Kinder (§§ 1361, 1569, 1578, 1581 BGB)
1. gegen einen **erwerbstätigen Unterhaltspflichtigen**:
a) wenn der Berechtigte kein Einkommen hat:
$3/7$ des anrechenbaren Erwerbseinkommens zuzüglich $1/2$ der anrechenbaren sonstigen Einkünfte des Pflichtigen, nach oben begrenzt durch den vollen Unterhalt, gemessen an den zu berücksichtigenden ehelichen Verhältnissen;

A. Kindesunterhalt **Anhang D**

  b) wenn der Berechtigte ebenfalls Einkommen hat:
  $3/7$ der Differenz zwischen den anrechenbaren Erwerbseinkommen der Ehegatten, insgesamt begrenzt durch den vollen ehelichen Bedarf; für sonstige anrechenbare Einkünfte gilt der Halbteilungsgrundsatz;
  c) wenn der Berechtigte erwerbstätig ist, obwohl ihn keine Erwerbsobliegenheit trifft:
  gemäß § 1577 Abs. 2 BGB;
 2. gegen einen **nicht erwerbstätigen Unterhaltspflichtigen** (z. B. Rentner):
  wie zu 1 a, b oder c, jedoch 50%.
II. Fortgeltung früheren Rechts:
 1. Monatliche Unterhaltsrichtsätze des nach dem Ehegesetz berechtigten Ehegatten **ohne unterhaltsberechtigte Kinder:**
  a) §§ 58, 59 EheG: in der Regel wie I.,
  b) § 60 EheG: in der Regel $1/2$ des Unterhalts zu I.,
  c) § 61 EheG: nach Billigkeit bis zu den Sätzen I.
 2. Bei Ehegatten, die vor dem 3. 10. 1990 in der früheren DDR geschieden worden sind, ist das DDR-FGB in Verbindung mit dem Einigungsvertrag zu berücksichtigen (Art. 234 § 5 EGBGB).
III. Monatliche Unterhaltsrichtsätze des berechtigten Ehegatten, wenn die ehelichen Lebensverhältnisse durch Unterhaltspflichten gegenüber Kindern geprägt werden:
  Wie zu I bzw. II 1, jedoch wird grundsätzlich der Kindesunterhalt (Zahlbetrag; vgl. Anm. C und Anhang) vorab vom Nettoeinkommen abgezogen.
IV. Monatlicher Eigenbedarf (Selbstbehalt) gegenüber dem getrennt lebenden und dem geschiedenen Berechtigten:
  unabhängig davon, ob erwerbstätig oder nicht erwerbstätig: 1050 Euro
  Hierin sind bis 400 Euro für Unterkunft einschließlich umlagefähiger Nebenkosten und Heizung (Warmmiete) enthalten.
V. Existenzminimum des unterhaltsberechtigten Ehegatten einschließlich des trennungsbedingten Mehrbedarfs in der Regel:
 1. falls erwerbstätig: 950 Euro
 2. falls nicht erwerbstätig: 770 Euro
VI. 1. Monatlicher notwendiger Eigenbedarf des von dem Unterhaltspflichtigen getrennt lebenden oder geschiedenen Ehegatten unabhängig davon, ob erwerbstätig oder nicht erwerbstätig:
  a) gegenüber einem nachrangigen geschiedenen Ehegatten: 1050 Euro
  b) gegenüber nicht privilegierten volljährigen Kindern: 1150 Euro
  c) gegenüber Eltern des Unterhaltspflichtigen: 1500 Euro
 2. Monatlicher notwendiger Eigenbedarf des Ehegatten, der in einem gemeinsamen Haushalt mit dem Unterhaltspflichtigen lebt, unabhängig davon, ob erwerbstätig oder nicht erwerbstätig:
  a) gegenüber einem nachrangigen geschiedenen Ehegatten: 840 Euro
  b) gegenüber nicht privilegierten volljährigen Kindern: 920 Euro
  c) gegenüber Eltern des Unterhaltspflichtigen: vgl. Anm. D I

Anmerkung zu I–III:
Hinsichtlich **berufsbedingter Aufwendungen** und **berücksichtigungsfähiger Schulden** gelten Anmerkungen A. 3 und 4 – auch für den erwerbstätigen Unterhaltsberechtigten – entsprechend. Diejenigen berufsbedingten Aufwendungen, die sich nicht nach objektiven Merkmalen eindeutig von den privaten Lebenshaltungskosten abgrenzen lassen, sind pauschal im Erwerbstätigenbonus von $1/7$ enthalten.

Anhang D

1. Düsseldorfer Tabelle

C. Mangelfälle

Reicht das Einkommen zur Deckung des Bedarfs des Unterhaltspflichtigen und der gleichrangigen Unterhaltsberechtigten nicht aus (sog. Mangelfälle), ist die nach Abzug des notwendigen Eigenbedarfs (Selbstbehalts) des Unterhaltspflichtigen verbleibende Verteilungsmasse auf die Unterhaltsberechtigten im Verhältnis ihrer jeweiligen Einsatzbeträge gleichmäßig zu verteilen.

Der Einsatzbetrag für den **Kindesunterhalt** entspricht dem Zahlbetrag des Unterhaltspflichtigen. Dies ist der nach Anrechnung des Kindergeldes oder von Einkünften auf den Unterhaltsbedarf verbleibende Restbedarf.

Beispiel:
Bereinigtes Nettoeinkommen des Unterhaltspflichtigen (M): 1350 Euro.
Unterhalt für drei unterhaltsberechtigte Kinder im Alter von 18 Jahren (K1), 7 Jahren (K2) und 5 Jahren (K3), Schüler, die bei der nicht unterhaltsberechtigten, den Kindern nicht barunterhaltspflichtigen Ehefrau und Mutter (F) leben. F bezieht das Kindergeld.
Notwendiger Eigenbedarf des M: 950 Euro
Verteilungsmasse: 1350 Euro − 950 Euro = 400 Euro
Summe der Einsatzbeträge der Unterhaltsberechtigten:
304 Euro (488 − 184) (K 1) + 272 Euro (364 − 92) (K 2) + 222 Euro (317 − 95) (K3) = 798 Euro
Unterhalt:
K 1: 268 × 400 : 798 = 152,38 Euro
K 2: 240 × 400 : 798 = 136,34 Euro
K 3: 196 × 400 : 798 = 111,28 Euro

D. Verwandtenunterhalt und Unterhalt nach § 1615 l BGB

I. Angemessener Selbstbehalt gegenüber den Eltern: mindestens monatlich **1500 Euro** (einschließlich 450 Euro Warmmiete) zuzüglich der Hälfte des darüber hinausgehenden Einkommens, bei Vorteilen des Zusammenlebens in der Regel 45% des darüber hinausgehenden Einkommens. Der angemessene Unterhalt des mit dem Unterhaltspflichtigen zusammenlebenden Ehegatten bemisst sich nach den ehelichen Lebensverhältnissen (Halbteilungsgrundsatz), beträgt jedoch mindestens **1200 Euro** (einschließlich 350 Euro Warmmiete).

II. Bedarf der Mutter und des Vaters eines nichtehelichen Kindes (§ 1615 l BGB): nach der Lebensstellung des betreuenden Elternteils, in der Regel mindestens **770 Euro**.

Angemessener Selbstbehalt gegenüber der Mutter und dem Vater eines nichtehelichen Kindes (§§ 1615 l, 1603 Abs. 1 BGB): unabhängig davon, ob erwerbstätig oder nicht erwerbstätig: **1050 Euro.**

Hierin sind bis 400 Euro für Unterkunft einschließlich umlagefähiger Nebenkosten und Heizung (Warmmiete) enthalten.

E. Übergangsregelung

Umrechnung dynamischer Titel über Kindesunterhalt nach § 36 Nr. 3 EGZPO: Ist Kindesunterhalt als Prozentsatz des jeweiligen Regelbetrages zu leisten, bleibt der Titel bestehen. **Eine Abänderung ist nicht erforderlich.** An die Stelle des bisherigen Prozentsatzes vom Regelbetrag tritt ein neuer Prozentsatz vom Mindestunterhalt (Stand: 1. 1. 2008). Dieser ist für die jeweils maßgebliche Altersstufe gesondert zu bestimmen und auf eine Stelle nach Komma zu begrenzen (§ 36 Nr. 3 EGZPO). Der Bedarf ergibt sich aus der

A. Kindesunterhalt **Anhang D**

Multiplikation des neuen Prozentsatzes mit dem Mindestunterhalt der jeweiligen Altersstufe und ist auf volle Euro aufzurunden (§ 1612a Abs. 2 S. 2 BGB). Der Zahlbetrag ergibt sich aus dem um das jeweils anteilige Kindergeld verminderten bzw. erhöhten Bedarf.

Es sind **vier Fallgestaltungen** zu unterscheiden:

1. Der Titel sieht die Anrechnung des hälftigen Kindergeldes (für das 1. bis 3. Kind 77 Euro, ab dem 4. Kind 89,50 Euro) oder eine teilweise Anrechnung des Kindergeldes vor (§ 36 Nr. 3a EGZPO).

$$\frac{(\text{Bisheriger Zahlbetrag} + 1/2\ \text{Kindergeld}) \times 100}{\text{Mindestunterhalt der jeweiligen Altersstufe}} = \text{Prozentsatz neu}$$

Beispiel für 1. Altersstufe

$\dfrac{(196\ \text{Euro} + 77\ \text{Euro}) \times 100}{279\ \text{Euro}} = 97{,}8\%$ 279 Euro × 97,8% = 272,86 Euro, aufgerundet 273 Euro

Zahlbetrag: 273 Euro ./. 77 Euro = 196 Euro

2. Der Titel sieht die Hinzurechnung des hälftigen Kindergeldes vor (§ 36 Nr. 3b EGZPO).

$$\frac{(\text{Bisheriger Zahlbetrag} - 1/2\ \text{Kindergeld}) \times 100}{\text{Mindestunterhalt der jeweiligen Altersstufe}} = \text{Prozentsatz neu}$$

Beispiel für 1. Altersstufe

$\dfrac{(273\ \text{Euro} - 77\ \text{Euro}) \times 100}{279\ \text{Euro}} = 70{,}2\%$ 279 Euro × 70,2% = 195,85 Euro, aufgerundet 196 Euro

Zahlbetrag: 196 Euro + 77 Euro = 273 Euro

3. Der Titel sieht die Anrechnung des vollen Kindergeldes vor (§ 36 Nr. 3c EGZPO).

$$\frac{(\text{Zahlbetrag} + 1/1\ \text{Kindergeld}) \times 100}{\text{Mindestunterhalt der jeweiligen Altersstufe}} = \text{Prozentsatz neu}$$

Beispiel für 2. Altersstufe

$\dfrac{(177\ \text{Euro} + 154\ \text{Euro}) \times 100}{322\ \text{Euro}} = 102{,}7\%$ 322 Euro × 102,7% = 330,69 Euro, aufgerundet 331 Euro

Zahlbetrag: 331 Euro ./. 154 Euro = 177 Euro

4. Der Titel sieht weder eine Anrechnung noch eine Hinzurechnung des Kindergeldes vor (§ 36 Nr. 3d EGZPO).

$$\frac{(\text{Zahlbetrag} + 1/2\ \text{Kindergeld}) \times 100}{\text{Mindestunterhalt der jeweiligen Altersstufe}} = \text{Prozentsatz neu}$$

Beispiel für 3. Altersstufe

$\dfrac{(329\ \text{Euro} + 77\ \text{Euro}) \times 100}{365\ \text{Euro}} = 111{,}2\%$ 365 Euro × 111,2% = 405,88 Euro, aufgerundet 406 Euro

Zahlbetrag: 406 Euro ./. 77 Euro = 329 Euro.

Anhang D

1. Düsseldorfer Tabelle

Anhang: Tabelle Zahlbeträge

Die folgenden Tabellen enthalten die sich nach Abzug des jeweiligen Kindergeldanteils (hälftiges Kindergeld bei Minderjährigen, volles Kindergeld bei Volljährigen) ergebenden Zahlbeträge. Für das 1. und 2. Kind beträgt das Kindergeld derzeit 184 Euro, für das 3. Kind 190 Euro, ab dem 4. Kind 215 Euro.

1. und 2. Kind		0–5	6–11	12–17	ab 18	%
1.	bis 1500	225	272	334	304	100
2.	1501–1900	241	291	356	329	105
3.	1901–2300	257	309	377	353	110
4.	2301–2700	273	327	398	378	115
5.	2701–3100	289	345	420	402	120
6.	3101–3500	314	374	454	441	128
7.	3501–3900	340	404	488	480	136
8.	3901–4300	365	433	522	519	144
9.	4301–4700	390	462	556	558	152
10.	4701–5100	416	491	590	597	160

3. Kind		0–5	6–11	12–17	ab 18	%
1.	bis 1500	222	269	331	298	100
2.	1501–1900	238	288	353	323	105
3.	1901–2300	254	306	374	347	110
4.	2301–2700	270	324	395	372	115
5.	2701–3100	286	342	417	396	120
6.	3101–3500	311	371	451	435	128
7.	3501–3900	337	401	485	474	136
8.	3901–4300	362	430	519	513	144
9.	4301–4700	387	459	553	552	152
10.	4701–5100	413	488	587	591	160

Ab 4. Kind		0–5	6–11	12–17	ab 18	%
1.	bis 1500	209,50	256,50	318,50	273	100
2.	1501–1900	225,50	275,50	340,50	298	105
3.	1901–2300	241,50	293,50	361,50	322	110
4.	2301–2700	257,50	311,50	382,50	347	115
5.	2701–3100	273,50	329,50	404,50	371	120
6.	3101–3500	298,50	358,50	438,50	410	128
7.	3501–3900	324,50	388,50	472,50	449	136
8.	3901–4300	349,50	417,50	506,50	488	144
9.	4301–4700	374,50	446,50	540,50	527	152
10.	4701–5100	400,50	475,50	574,50	566	160

2. Düsseldorfer Tabelle
(Stand 1. 1. 2009)

– Auszug –

A. Kindesunterhalt

	Nettoein- kommen des Barunter- haltspflich- tigen (Anm. 3, 4)	Altersstufen in Jahren (§ 1612a Abs. 1 BGB)				Prozent- satz	Bedarfs- kontroll- betrag (Anm. 6)
		0–5	6–11	12–17	ab 18		
		Alle Beträge in Euro					
1.	bis 1500	281	322	377	432	100	770/900
2.	1501–1900	296	339	396	454	105	1000
3.	1901–2300	310	355	415	476	110	1100
4.	2301–2700	324	371	434	497	115	1200
5.	2701–3100	338	387	453	519	120	1300
6.	3101–3500	360	413	483	553	128	1400
7.	3501–3900	383	438	513	588	136	1500
8.	3901–4300	405	464	543	623	144	1600
9.	4301–4700	428	490	574	657	152	1700
10.	4701–5100	450	516	604	692	160	1800
	ab 5101	nach den Umständen des Falles					

Hinweis zur Düsseldorfer Tabelle – Stand 1. 1. 2010
Diese weicht nur in den Bedarfskontrollbeträgen von der Tabelle 2011 ab:
Diese sind für 2010 wie in der Tabelle 2009.

3. Tabelle zur Höhe des Kindergeldes

Höhe des Kindergeldes nach Anzahl der Kinder:

	1. Kind	2. Kind	3. Kind	weitere Kinder	jährlicher Kinderfreibetrag
1997	220,00 DM	220,00 DM	300,00 DM	350,00 DM	6264,00 DM
1998	220,00 DM	220,00 DM	300,00 DM	350,00 DM	6912,00 DM
1999	250,00 DM	250,00 DM	300,00 DM	350,00 DM	6912,00 DM
2000	270,00 DM	270,00 DM	300,00 DM	350,00 DM	6912,00 DM
2001	270,00 DM	270,00 DM	300,00 DM	350,00 DM	6912,00 DM
2002	154,00 EURO	154,00 EURO	154,00 EURO	179,00 EURO	5808,00 EURO
2003	154,00 EURO	154,00 EURO	154,00 EURO	179,00 EURO	5808,00 EURO
2004	154,00 EURO	154,00 EURO	154,00 EURO	179,00 EURO	5808,00 EURO
2005	154,00 EURO	154,00 EURO	154,00 EURO	179,00 EURO	5808,00 EURO
2006	154,00 EURO	154,00 EURO	154,00 EURO	179,00 EURO	5808,00 EURO
2007	154,00 EURO	154,00 EURO	154,00 EURO	179,00 EURO	5808,00 EURO
2008	154,00 EURO	154,00 EURO	154,00 EURO	179,00 EURO	5808,00 EURO
2009	164,00 EURO	164,00 EURO	170,00 EURO	195,00 EURO	6024,00 EURO
2010	184,00 EURO	184,00 EURO	190,00 EURO	215,00 EURO	7008,00 EURO
2011	184,00 EURO	184,00 EURO	190,00 EURO	215,00 EURO	7008,00 EURO

Anhang R. Rechtsprechung

Hinweis für die Benutzer: Nicht alle in der Vorauflage enthaltenen Texte wurden in die 8. Auflage übernommen. Daher sind in der fortlaufenden Zählung der chronologisch sortierten Dokumente wie auch innerhalb einer aufgeteilten und mit Zwischenüberschriften versehenen Entscheidung da und dort Lücken enthalten. Da es sich um Entscheidungsauszüge handelt, wurden geringfügige sprachliche Bearbeitungen vorgenommen. Die Zwischenüberschriften dienen der schnellen Orientierung über den Inhalt der Entscheidung; sie stammen von den Autoren.

BGH v. 3. 11. 82 – IV b ZR 324/81 – FamRZ 83, 48 = NJW 83, 393

(Kosten einer Privatschule; Bindung an Entscheidungen des Sorgeberechtigten; unterhaltsrechtliche Rechtfertigung der Mehrkosten; Zumutbarkeitsabwägung; Übernahme von $^1/_3$ durch den sorgeberechtigten Elternteil) **R141**

2 a aa) Bei einem minderjährigen Kind, dessen Eltern geschieden sind, übt die elterl. Sorge der Elternteil aus, den das FamG bestimmt hat (§ 1671 BGB). Diesem obliegt damit allein das Recht und die Pflicht, im Rahmen seiner Erziehungsaufgabe (§ 1631 I BGB) die Ziele und Wege der Ausbildung unter Berücksichtigung der Eignung und Neigung des minderjährigen Kindes (vgl. § 1631 I BGB) verantwortlich festzulegen. Der andere Elternteil, der durch die Bestimmung des Familienrichters das Personensorgerecht verloren hat, muß in aller Regel die Entscheidungen des Sorgeberechtigten hinnehmen, auch wenn sie ihm nicht sinnvoll erscheinen.

Fehlentscheidungen können gemäß §§ 1631a II, 1666 BGB nur vom Vormundschaftsgericht korrigiert werden. Die Bindung des Unterhaltspflichtigen an die Entscheidungen des Inhabers der elterl. Sorge endet nicht, wenn und soweit solche Bestimmungen sich auf den Lebensbedarf des Kindes kostensteigernd auswirken. Der Unterhaltspflichtige kann im allgemeinen nicht durch eine Verweigerung des Finanzierungsbeitrages indirekt Einfluß auf den Inhalt von kostenverursachenden Sorgerechtsentscheidungen nehmen. Das bedeutet, daß auch im Unterhaltsrechtsstreit grundsätzlich kein Raum ist, die Maßnahmen des Sorgerechtsinhabers auf ihre Zweckmäßigkeit zu überprüfen.

bb) Zum Inhalt des Erziehungsrechts gehören die Bestimmung des Bildungsweges und die Auswahl der weiterführenden Schulen.

Dieses Auswahlrecht umfaßt auch den Besuch einer genehmigten Privatschule. Es ist nicht von vornherein auf solche Einrichtungen beschränkt, die wie die staatlichen Schulen aufgrund der jeweiligen Landesverfassungen Schulgeld- und Lehrmittelfreiheit gewähren. Die Gewährleistung des Rechts zur Errichtung von privaten Schulen enthält zugleich eine Ablehnung des staatlichen Schulmonopols und schließt das nicht ausdrücklich erwähnte Recht von Erziehungsberechtigten ein, die ihnen anvertrauten Kinder jedenfalls nach Beendigung der für alle gemeinsamen Grundschule auch in eine anerkannte private Schule aufnehmen zu lassen, weil die Gewährleistung der privaten Schulfreiheit sonst keinen Sinn hätte. Unterhaltsrechtlich darf daher der Berechtigte nicht ausnahmslos auf die Inanspruchnahme der landesrechtlichen Schulgeld- und Lehrmittelfreiheit verwiesen werden. Der Lebensbedarf des minderjährigen Kindes umfaßt vielmehr dort, wo es aufgrund der Entscheidung des Sorgeberechtigten in Betracht kommt, auch das Schulgeld und die Lernmittelkosten.

cc) Trotz der generellen Bindung an die Entscheidung des Sorgeberechtigten, die auch die Wahl einer kostenverursachenden privaten Bildungseinrichtung zum Inhalt haben darf, kann der Unterhaltsberechtigte den auf diese Weise entstandenen Mehrbedarf nicht unbeschränkt geltend machen. Abgesehen von der stets durch die Leistungsfähigkeit des Verpflichteten gezogenen Grenze (§ 1603 II BGB) versagt nach allgemeinen Rechtsregeln die Bindungswirkung dort, wo der kostenverursachenden Maßnahme eine sachliche Begründung fehlt. Darüber hinaus bedarf es einer besonderen Prüfung der konkreten Umstände des Einzelfalles, wenn der Inhaber der elterl. Sorge mit seiner Entscheidung einen nicht unerheblichen Mehrbedarf im Vergleich zu anderen denkbaren Lösungen des zugrunde liegenden Schulauswahlproblems verursacht. Für den hier gegebenen Fall war daher abzuwägen, ob für den Besuch einer teureren Bildungseinrichtung, wie sie eine Privatschule im Vergleich zu einer von Schulgeld freigestellten staatlichen Schule regelmäßig darstellt, so gewichtige Gründe vorliegen, daß es gerechtfertigt erscheint, die dadurch verursachten Mehrkosten zu Lasten des Unterhaltspflichtigen als angemessene Bildungskosten anzuerkennen. Ähnliche Gesichtspunkte sind in Rechtsprechung und Literatur bei vergleichbaren Fällen entwickelt worden, z. B. wenn Mehrkosten für ein Studium an einem auswärtigen Hochschulort geltend gemacht werden, obwohl das Studium am Wohnsitz des Verpflichteten kostengünstiger möglich ist.

4) Ob und in welchem Umfang die Mutter der Kl. zu den Mehrkosten beitragen muß, die der Besuch des privaten Gymnasiums verursacht, hat das OLG nicht näher geprüft. Es hat im Hinblick auf die Relation der Einkommen beider Elternteile zumindest eine $^2/_3$-Beteiligung des Bekl. an den Mehrkosten als gerechtfertigt angesehen. Auch diese Auffassung läßt keinen Rechtsfehler zum Nachteil des Bekl. erkennen. Nach den in der Senatsrechtsprechung entwickelten Grundsätzen (FamRZ 1980/ 994) erfüllt die Mutter der Kl. ihre Unterhaltspflicht vollständig durch deren Pflege und Erziehung. Der Senat hat auch bereits entschieden, daß sich an der Gleichwertigkeit von Natural- und Barunterhalt durch eine Erwerbstätigkeit des das Kind versorgenden Elternteils nichts ändert, solange dieser die Kindesbetreuung weiter in vollem Umfang wahrnimmt (FamRZ 1981/347). Selbst wenn im vorliegenden Fall ein geringer Teil des Betreuungsaufwandes entfallen sein sollte, weil es sich bei dem von der Kl. besuchten privaten Gymnasium um eine Tagesheimschule handelt, hat dem die Kl. durch die Geltendmachung von nur $^2/_3$ der Schulkosten in ausreichendem Maße Rechnung getragen.

Ein Unterhaltsanspruch der Kl. wäre trotz des festgestellten Mehrbedarfes (teilweise oder ganz) entfallen, wenn der Bekl. auch unter Berücksichtigung seiner erhöhten Leistungspflicht gegenüber einem minderjährigen unverheirateten Kinde (§ 1603 II S. 1 BGB) nicht leistungsfähig wäre.

BGH v. 12. 1. 83 – IV b ZR 348/81 – FamRZ 83, 670

R149 *(Anspruchskürzung bei ehebrecherischen Beziehungen zu 4 Männern nach 30jähriger Ehe. Darlegungs- und Beweislast des Unterhaltsverpflichteten für „einseitiges Fehlverhalten". Die Gegenvorwürfe müssen gewichtig und hinreichend substantiiert sein. Bei der Billigkeitsabwägung zu berücksichtigende Umstände)*

II 1) Nach der ständigen Rechtsprechung des BGH ist ein schwerwiegendes und einseitig bei einem der Ehegatten liegendes eheliches [ehel.] Fehlverhalten geeignet, die Voraussetzungen des § 1579 I Nr. 4 BGB zu erfüllen. Ein solches Fehlverhalten kann in der Aufnahme eines nachhaltigen, auf längere Dauer angelegten intimen Verhältnisses zu einem anderen Partner liegen, weil darin eine so schwerwiegende Abkehr von den ehel. Bindungen zu sehen ist, daß nach dem Grundsatz der Gegenseitigkeit, der dem ehel. Unterhaltsrecht zugrunde liegt, die Inanspruchnahme des anderen Ehegatten auf Unterhalt grob unbillig erscheint (FamRZ 1982/463, 464; FamRZ 1982/466, 468 m. w. N.). Dem gleichzuachten ist der Fall, daß sich ein Ehegatte dergestalt von den ehel. Bindungen abkehrt, daß er intime Beziehungen zu wechselnden Partnern aufnimmt. Es besteht kein Grund, einen solchen Ehegatten unterhaltsrechtlich milder zu behandeln als denjenigen, der sich einem einzelnen anderen Partner zuwendet.

Hiernach ist es aus Rechtsgründen nicht zu beanstanden, daß das OLG ein die Voraussetzungen des § 1579 I Nr. 4 BGB erfüllendes schwerwiegendes ehel. Fehlverhalten der Kl. darin erblickt hat, daß diese in den letzten Jahren vor der Trennung der Parteien zu vier Männern ehebrecherische Beziehungen aufgenommen hat. Mit dem Einwand, daß das in Frage stehende Verhalten der Kl. „mit der Trennung der Parteien nichts zu tun" gehabt habe, hat die Revision keinen Erfolg. Nach den Feststellungen des OLG hat der Bekl. erstmals im August 1979 von einem der Ehebrüche und Ende September/Anfang Oktober 1979 von den weiteren Ehebrüchen erfahren. Danach kam es im November 1979 nach einer tätlichen Auseinandersetzung zur Trennung der Parteien, nachdem der Bekl. in der Zwischenzeit von der Kl. Abbitte für ihr Fehlverhalten verlangt und das Haushaltsgeld mit der Begründung gekürzt hatte, daß sie Geld mit anderen Männern durchgebracht habe. Das OLG hat diesem Hergang entnommen, daß die Ehebrüche der Kl. der auslösende Grund für die Trennung der Parteien gewesen sind. Danach kann nicht davon ausgegangen werden, daß sich der Bekl. unabhängig von dem Verhalten der Kl. seinerseits von der Ehe abgekehrt hat.

2) Im Ergebnis ist nicht zu beanstanden, daß das OLG von der Regelung des § 1579 I Nr. 4 BGB ungeachtet der Vorwürfe Gebrauch gemacht hat, die die Kl. ihrerseits gegen den Bekl. erhoben hat. Allerdings hat das OLG insoweit zu Unrecht darauf abgestellt, daß die Vorwürfe der Kl. von diesem bestritten worden und nicht beweisbar seien. Die Darlegungs- und Beweislast für die Voraussetzungen des § 1579 I BGB – einer rechtsvernichtenden Einwendung – liegt bei dem Unterhaltspflichtigen. Er hat, wenn er die Herabsetzung des Unterhalts wegen eines schwerwiegenden ehel. Fehlverhaltens des anderen Teils erstrebt, außer dem Fehlverhalten als solchem auch zu beweisen, daß es sich um ein einseitiges Fehlverhalten handelt. Er hat daher etwaige Gegenvorwürfe auszuräumen, die dem Fehlverhalten des Unterhaltsberechtigten den Charakter eines einseitigen Fehlverhaltens nehmen könnten (FamRZ 82/463; FamRZ 82/466). Indessen ist aus der grundsätzlichen Abkehr des Gesetzgebers vom Verschuldensprinzip zu folgern, daß im Rahmen der Prüfung der Einseitigkeit des Fehlverhaltens nicht jeglichen Gegenvorwürfen nachzugehen ist, die gegen den unterhaltspflichtigen Ehegatten erhoben werden, sondern daß nur Vorwürfen von einigem Gewicht Bedeutung erlangen können, die dem Unterhalt begehrenden Ehegatten das Festhalten an der Ehe erheblich erschwert haben und sein eigenes Fehlverhalten in einem milderen Lichte erscheinen lassen (Senatsurteile, a. a. O.).

Die Gegenvorwürfe müssen zudem hinreichend substantiiert sein (FamRZ 82/463). Hierzu reichte das allgemeine – nicht durch die Schilderung bestimmter Vorkommnisse konkretisierte – Vorbringen

Anhang R. Rechtsprechung **R149**

der Kl., „daß der Bekl. seinerseits in erheblichem Maße gegen die ehel. Treuepflicht verstoßen hat" und sie „ständig beschimpfte und prügelte", nicht aus. Zu dem weiteren Vorwurf der Kl., daß der Bekl. seit Anfang 1977 kaum noch mit ihr gesprochen, sondern mit ihr über Zettel verkehrt habe, ist zu berücksichtigen, daß die Kl. zu dieser Zeit bereits damit begonnen hatte, mit anderen Männern die Ehe zu brechen. Nach ihren eigenen Angaben bei ihrer Parteivernehmung vor dem OLG hatte sie außerehelichen Geschlechtsverkehr zunächst mit dem Zeugen Ku., und sodann mit dem Zeugen Kä. Nach diesem zeitlichen Ablauf kann davon ausgegangen werden, daß das hier in Frage stehende Verhalten des Bekl. die Abkehr der Kl. von der Ehe nicht veranlaßt hat und somit nicht geeignet ist, ihr eigenes Fehlverhalten in einem milderen Lichte erscheinen zu lassen. Das gilt um so mehr, als der Bekl. nach dem eigenen Vorbringen der Kl. („kaum mehr gesprochen") den Gesprächskontakt nicht vollständig abgebrochen hat; letzteres ergibt sich auch daraus, daß die Parteien – unstreitig – noch im Sommer 1978 einen gemeinsamen Urlaub verbracht haben. Auch die Vorwürfe, die die Kl. gegen den Bekl. wegen Vorfällen im September und Oktober 1979 erhebt, vermögen – ihre Richtigkeit unterstellt – dem ehebrecherischen Umgang der Kl. mit anderen Männern nicht den Charakter eines klar bei ihr liegenden schwerwiegenden Fehlverhaltens zu nehmen. Die Voraussetzungen für eine Herabsetzung des Unterhalts nach § 1579 I Nr. 4 BGB waren zu diesem Zeitpunkt – bis zu dem die Kl. ehebrecherische Beziehungen zu zwei weiteren Männern aufgenommen hatte – bereits gegeben und sind auch für den Fall nicht wieder in Fortfall gekommen, daß sich der Bekl. späterhin seinerseits ehewidrig verhielt.

Anders wäre es dann, wenn der Bekl. durch ein vorangehendes ehewidriges Verhalten dem Fehlverhalten der Kl. den Boden bereitet hätte. So aber liegt der Fall nicht. Nach den Feststellungen des OLG ist vielmehr die Ehe der Parteien an den ehebrecherischen Beziehungen der Kl. zu anderen Männern zerbrochen und stellen sich die dem Bekl. vorgeworfenen Ausfälligkeiten im September und Oktober 1979 als Reaktion auf das zu dieser Zeit bekanntwerdende Fehlverhalten der Kl. dar, die den darin liegenden wirklichen Grund für das Scheitern der Ehe nicht mehr berührte.

3) Das OLG hat in Anwendung des § 1579 I Nr. 4 (i. V. mit § 1361 III) BGB den Unterhaltsanspruch der Kl. nicht völlig entfallen lassen, sondern ihn lediglich um (rund) $^1/_3$ gekürzt. Auch dies ist revisionsrechtlich nicht zu beanstanden. Nach § 1579 I BGB besteht ein Unterhaltsanspruch nicht, soweit die Inanspruchnahme des Verpflichteten aus den Gründen der Ziffern 1 bis 4 grob unbillig wäre. Daß einer dieser Gründe vorliegt, genügt deshalb nicht. Vielmehr ist zusätzlich eine Billigkeitsabwägung vorzunehmen. Ergibt sich hiernach, daß der völlige Ausschluß nicht geboten erscheint, um einen groben Widerspruch dem Gerechtigkeitsempfinden zu vermeiden, ist der Unterhaltsanspruch nur teilweise auszuschließen (FamRZ 1982/582 f.).

a) Das OLG hat seine Entscheidung, den Unterhaltsanspruch nicht völlig auszuschließen, sondern nur um (rund) $^1/_3$ herabzusetzen, damit begründet, daß die Parteien mehr als 30 Jahre ehelich zusammengelebt haben, die Kl. in dieser Ehe vier Kinder geboren habe, sich nunmehr in einem vorgerückten Alter (55 Jahre) befinde und die Einkommens- und Vermögensverhältnisse des Bekl. relativ gut seien. Unter diesen Umständen sei es nicht angemessen, die Kl. auf eine ohnehin nur schwer zu findende Erwerbstätigkeit zu verweisen. Vielmehr sei ihr Unterhaltsanspruch wegen ihres ehel. Fehlverhaltens um (rund) $^1/_3$ zu kürzen. Insoweit komme es nicht entscheidend darauf an, ob die Kl. mit vier oder – wie der Bekl. weitgehend behauptet hat – mit sieben Männern die Ehe gebrochen habe.

b) Gegen diese Erwägungen wendet sich die Revision des Bekl. ohne Erfolg.

aa) Zum einen meint sie, daß die ehebrecherischen Beziehungen der Kl. zu vier Männern, „zumindest jedoch die vom Bekl. behaupteten Beziehungen zu sieben anderen Männern (§ 286 ZPO)", ein derartig ehefeindliches Verhalten offenbarten, daß die Zubilligung auch nur teilweiser Unterhaltsleistungen mit dem Rechtsempfinden schlechthin unvereinbar sei. Der Senat vermag sich mit dieser Unbedingtheit nicht anzuschließen. Ob und wieweit der Unterhaltsanspruch aus den in § 1579 I Nr. 1 bis 4 BGB aufgeführten Gründen ausgeschlossen ist, hängt jeweils von einer Würdigung der gesamten Umstände des Einzelfalles ab. Auch die Aufnahme intimer Beziehungen des Unterhaltsberechtigten zu einem oder mehreren anderen Partnern führt nicht gleichsam automatisch zum vollständigen Verlust des Unterhaltsanspruches. Vorliegend kann es auch nicht entscheidend darauf ankommen, ob die Kl. mit vier oder mit sieben Männern die Ehe gebrochen hat. Die innere Rechtfertigung für die Berücksichtigung ehelichen Fehlverhaltens im Rahmen des § 1579 I Nr. 4 BGB liegt in dem Gedanken der Lösung aus der ehel. Solidarität und Abkehr von den ehel. Bindungen. Äußert sich diese, wie hier, in der Bereitschaft zur Aufnahme intimer Kontakte zu wechselnden Partnern, so macht es für die Unterhaltsbemessung keinen greifbaren Unterschied, ob solche Kontakte zu vier oder sieben anderen Partnern aufgenommen worden sind.

bb) Die Revision beanstandet weiter, daß das OLG im Rahmen des § 1579 I BGB berücksichtigt hat, daß sich die Kl. bereits in einem vorgerückten Alter befinde und daher kaum in der Lage sei, eine eigene Erwerbstätigkeit zu finden. Die Revision meint, daß diese Umstände einen Unterhaltsanspruch der Kl. überhaupt erst begründeten und daher nicht nochmals im Rahmen des § 1579 I BGB zu ihren Gunsten herangezogen werden dürften.

R178, R210 Anhang R. Rechtsprechung

Das ist so nicht richtig. Ein Anspruch auf Trennungsunterhalt besteht nach § 1361 I BGB allgemein nach Maßgabe der Lebens-, Erwerbs- und Vermögensverhältnisse der Ehegatten. Der nichterwerbstätige Ehegatte kann gemäß § 1361 II BGB nur dann auf eine eigene Erwerbstätigkeit verwiesen werden, wenn diese von ihm nach seinen persönlichen Verhältnissen erwartet werden kann. Dies läßt Fallgestaltungen offen, in denen dem Unterhaltsberechtigten eine eigene Erwerbstätigkeit nach den Verhältnissen der Eheleute nicht zuzumuten ist, obwohl er an sich arbeitsfähig ist und eine seinen Fähigkeiten entsprechende Berufstätigkeit finden könnte. In einem solchen Falle liegt es nahe, den nach § 1361 BGB an sich anspruchsberechtigten Ehegatten auf diese Möglichkeiten zu verweisen, wenn ein zur Herabsetzung des Unterhaltsanspruches geeigneter Grund i. S. des § 1579 I Nr. 2 bis 4 BGB vorliegt und infolgedessen eine Heranziehung des Verpflichteten grob unbillig wäre. Dann aber läßt § 1579 I BGB auch Raum für die Erwägung, wieweit der unterhaltsberechtigte Teil eine Erwerbstätigkeit überhaupt finden könnte. Das OLG war daher nicht gehindert, bei der Abwägung nach § 1579 I BGB in Betracht zu ziehen, daß die Möglichkeiten der Kl., auf dem Arbeitsmarkt unterzukommen, angesichts ihres vorgerückten Alters begrenzt sind.

cc) Ebensowenig begegnet es Bedenken, daß das OLG bei der Abwägung nach § 1579 I BGB berücksichtigt hat, daß die Einkommens- und Vermögensverhältnisse des Bekl. relativ gut sind. Zwar gehört, wie die Revision zutreffend ausführt, die Leistungsfähigkeit des Verpflichteten zu den Grundvoraussetzungen des Unterhaltsanspruchs. Dies schließt es jedoch nicht aus, im Rahmen des § 1579 I BGB mit zu veranschlagen, ob sich die Inanspruchnahme des Verpflichteten – wie regelmäßig bei beengten wirtschaftlichen Verhältnissen – drückend oder angesichts eines größeren finanziellen Bewegungsspielraums weniger drückend auswirkt.

Auch sonst begegnet die Abwägung des OLG keinen durchgreifenden Bedenken. Es verdient in der Tat Berücksichtigung, daß die Kl. in der Ehe vier Kinder geboren und großgezogen und mehr als 30 Jahre den Haushalt versorgt hat. Es ist nicht zu beanstanden, daß das OLG unter diesen und den vorstehend unter b) erörterten Umständen im Rahmen seiner tatrichterlichen Verantwortung den Unterhaltsanspruch der Kl. trotz ihres schwerwiegenden ehel. Fehlverhaltens nur um (rund) $^1/_3$ gekürzt hat.

BGH v. 29. 6. 83 – IV b ZR 391/81 – FamRZ 83, 996 = NJW 83, 2243

R178 *(Umfang der Auskunftspflicht; Anspruch auf systematische Aufstellung)*

2b) Der Bekl. hat ferner über seine Einkünfte als GmbH-Geschäftsführer für die letzten zwölf Monate Auskunft zu erteilen, wobei das Bruttogehalt, Art und Umfang der Abzüge sowie Sonderzahlungen, wie Weihnachts- und Urlaubsgeld, Spesen, Auslösungen, Tantiemen etc. einzeln anzugeben sind. Auch insoweit hat er seine Verpflichtung nicht durch das zu den Akten gegebene Schreiben vom 19. 8. 1980 erfüllt, weil sich daraus allenfalls sein Gehalt für den Monat Juli 1980 nebst den Abzügen für Lohnsteuer und Sozialversicherung entnehmen läßt. Von einer – wenn auch unvollständigen – Erfüllung, an die sich lediglich noch ein Verfahren über die Abgabe einer eidesstattlichen Versicherung anschließen könnte, kann nicht ausgegangen werden. In dieses Verfahren gehört etwa der Streit darüber, ob in einer äußerlich ordnungsgemäßen Aufstellung einzelne Posten falsch sind oder überhaupt fehlen (RGZ 100/150, 152). Hier geht es nicht um derartige sachliche Mängel einer ordnungsgemäßen Aufstellung, sondern eine solche, die auch der Unterhaltsschuldner gemäß §§ 1580, 1605 I S. 3 i. V. § 260 I BGB vorzulegen hat, ist noch nicht vorhanden. Denn das Schreiben vom 29. 8. 1980 bezieht sich nicht auf den Zeitraum von 12 Monaten vor den 29. 8. 1980 und enthält nichts über die für die Berechnung des Unterhaltsanspruchs bedeutsamen Sonderzuwendungen, insbesondere das Weihnachtsgeld. Bei der Abfassung war sich der Bekl. erkennbar noch nicht über den Umfang seiner Auskunftspflicht im klaren, so daß eine eidesstattliche Versicherung über die Vollständigkeit seiner Angaben (§ 1605 I S. 3 i. V. § 260 II BGB) ohne rechten Sinn wäre. In derartigen Fällen liegt auch eine beachtliche teilweise Erfüllung der Auskunftspflicht nicht vor, weil der Auskunftsberechtigte Anspruch auf eine systematische Zusammenstellung der erforderlichen Angaben hat, die ihm ohne übermäßigen Arbeitsaufwand die Berechnung seines Unterhaltsanspruchs ermöglicht (RGZ 100/150, 153). Die gerichtliche Entscheidung hat vielmehr ungeachtet der bereits vorliegenden Angaben umfassend über Gegenstand und Umfang der Auskunftspflicht zu befinden, wie dies im vorliegenden Fall geschehen ist.

BGH v. 28. 3. 84 – IV b ZR 53/82 – FamRZ 84, 1000 = NJW 84, 1614

R210 *(Notwendiger Selbstbehalt als untere Opfergrenze bei gesteigerter Unterhaltspflicht; Anlehnung an Richtsätze u. Leitlinien; Wohnkostenanteil in Selbstbehaltssätzen)*

1) Das OLG hat – ohne Feststellungen zum Vorhandensein anderer unterhaltspflichtiger Verwandter zu treffen – angenommen, daß im Verhältnis des Bekl. zur Kl. die Voraussetzungen der gesteigerten Unterhaltspflicht nach § 1603 II 1 BGB vorliegen. Dies ist nicht bedenkenfrei, weil die insoweit

darlegungs- und beweispflichtige Kl. nicht dargetan hat, daß ihre Mutter, in deren Obhut sie lebt, außerstande ist, ohne Gefährdung des eigenen angemessenen Unterhalts neben dem Natural- auch den Barunterhalt zu gewähren (§ 1603 II 2 BGB; NJW 1980/934 = FamRZ 1980/555 und NJW 1982/1590 = FamRZ 1982/590 f.). Indessen wird der Bestand des angefochtenen Urteils dadurch nicht gefährdet, weil der Bekl. auch dann, wenn ihn eine gesteigerte Unterhaltspflicht gem. § 1603 II 1 BGB trifft, derzeit nicht zu Unterhaltsleistungen für die Kl. herangezogen werden kann.

2) Im Rahmen der gesteigerten Unterhaltspflicht haben Eltern nach dem Wortlaut des Gesetzes alle verfügbaren Mittel gleichmäßig zu ihrem und dem Unterhalt der Kinder zu verwenden. Schon das RG hat jedoch ausgesprochen, daß jede Unterhaltspflicht ihre Grenze dort findet, wo die Möglichkeit der Fortexistenz des Unterhaltspflichtigen in Frage gestellt würde und ihm nicht mehr die Mittel zur Bestreitung des unentbehrlichen Lebensbedarfs verbleiben würden (vgl. JW 1903 Beil. S. 29). Praxis und Lehre stehen heute übereinstimmend auf dem Standpunkt, daß die Mittel, die auch in einfachsten Lebensverhältnissen einer Person für den eigenen Unterhalt verbleiben müssen, nicht als „verfügbar" i. S. des § 1603 II 1 BGB anzusehen sind, wobei diese Opfergrenze als notwendiger oder kleiner Selbstbehalt bezeichnet wird. In den in der Praxis verwendeten Unterhaltstabellen und -leitlinien wird der notwendige Selbstbehalt mit einem Betrag angesetzt, der etwas über den Sätzen der Sozialhilfe liegt.

Dieser Handhabung des § 1603 II 1 BGB, der nahezu gewohnheitsrechtlicher Charakter zukommt, tritt der Senat insbesondere für die Fälle bei, in denen – wie hier – der Unterhaltspflichtige und das Kind in getrennten Haushalten leben. Die Unterschreitung der Sozialhilfegrenze würde im übrigen regelmäßig nur dazu führen, daß das, was dem Unterhaltspflichtigen genommen würde, vom Träger der Sozialhilfe wieder erstattet werden müßte.

Im vorliegenden Fall hat das OLG den notwendigen Selbstbehalt des Bekl. in Anlehnung an die Düsseldorfer Tabelle mit monatlich 750 DM für das Jahr 1981 und mit monatlich 825 DM für das Jahr 1982 angesetzt. Es hat dazu ausgeführt, daß Gesichtspunkte, die für ein Abweichen von den Regelsätzen der Tabelle sprechen könnten, von keiner Seite dargetan und auch sonst nicht ersichtlich seien. Dies ist aus Rechtsgründen nicht zu beanstanden und wird von der Revision auch nicht angegriffen. Die Bemessung des Selbstbehalts ist Sache des Tatrichters. Dabei ist es ihm nicht verwehrt, sich an Erfahrungs- und Richtwerte anzulehnen, sofern nicht im Einzelfall besondere Umstände eine Abweichung bedingen (NJW 1982/1050 = FamRZ 1982/365 [366]). Eine abweichende Bemessung ist insbesondere dann veranlaßt, wenn die Wohnkosten des Unterhaltspflichtigen anders liegen als der Betrag, der in dem herangezogenen Richtsatz hierfür veranschlagt ist. Dafür besteht im vorliegenden Fall aber kein Anhalt. Überdies liegt die Erwerbsunfähigkeitsrente des Bekl. mit 633 DM monatlich im Jahre 1981 und mit 669,50 DM monatlich im Jahre 1982 noch beträchtlich unter den angesetzten Selbstbehaltsbeträgen.

BGH v. 27. 6. 84 – IV b ZR 20/83 – FamRZ 85, 354

(Zur Verwertung des Veräußerungserlöses aus dem Verkauf eines gemeinsamen Hauses)

5) Die Revision hält dem Unterhaltsbegehren der Kl. weiter entgegen, diese sei gehalten, den Stamm ihres aus der Veräußerung des ehel. Anwesens erhaltenen Vermögens zu verwerten, bevor sie den Bekl. auf Unterhaltszahlungen in Anspruch nehme.

Die Revision stellt insoweit zu Recht auf § 1577 III BGB ab. Nach dieser Vorschrift braucht der unterhaltsberechtigte gesch. Ehegatte – der nach § 1577 I BGB keinen Unterhaltsanspruch gegenüber dem anderen Ehegatten hat, solange und soweit er sich „aus seinen Einkünften und seinem Vermögen" selbst unterhalten kann – den Stamm seines Vermögens nicht zu verwerten, soweit die Verwertung unwirtschaftlich oder unter Berücksichtigung der beiderseitigen wirtschaftlichen Verhältnisse unbillig wäre.

Dies gilt auch für Vermögen, das aus der Veräußerung eines früher gemeinsam genutzten Anwesens herrührt. Auch solches Vermögen soll, wie alle Vermögenswerte eines Unterhaltsberechtigten, in der Regel dazu dienen, ergänzend zu dessen sonstigen Einkünften seinen Unterhaltsbedarf auf Lebenszeit zu sichern. Unter diesem Gesichtspunkt kann die Beurteilung einer Obliegenheit zu – unter Umständen zunächst teilweisen – Verwertung des Vermögensstammes nach § 1577 III BGB im Einzelfall maßgeblich von der voraussichtlichen Dauer der Unterhaltsbedürftigkeit des unterhaltsberechtigten Ehegatten sowie davon abhängen, welche Ertragsmöglichkeiten das zur Verfügung stehende Vermögen – dauerhaft – bietet. Im übrigen werden dem Unterhaltsberechtigten stets gewisse Rücklagen für Not- und Krankheitsfälle zuzubilligen sein (FamRZ 1984/364, 367).

Zu einer Verwertung seines Vermögensstammes ist ein unterhaltsberechtigter gesch. Ehegatte darüber hinaus grundsätzlich dann nicht gehalten, wenn dies unter Berücksichtigung der beiderseitigen wirtschaftlichen Verhältnisse unbillig wäre. Unter diesem Gesichtspunkt kann dem Umstand, daß ein Vermögenswert aus dem Verkauf eines gemeinsamen Hauses der gesch. Ehegatten stammt und daß der andere Ehegatte einen entsprechenden Erlösanteil zu seiner freien Verfügung erhalten hat, wesentliche Bedeutung zukommen. Das zu beurteilen, ist indessen der tatrichterlichen Entscheidung des OLG vorbehalten.

BGH v. 3. 4. 85 – IV b ZR 19/84 – FamRZ 85, 690 = NJW 85, 1701

R259 *(Vorsorgeunterhalt muß gesondert geltend gemacht werden und kann nicht von Amts wegen zugesprochen werden. Das Verlangen von Quotenunterhalt beinhaltet keinen Vorbehalt der Nachforderung von Vorsorgeunterhalt. Bei Abänderungsklage kann auch erstmals Vorsorgeunterhalt für die Zukunft verlangt werden, sofern die sonstigen Voraussetzungen einer Abänderung vorliegen. Wegen der zweistufigen Berechnung des Vorsorgeunterhalts kann dies eine Kürzung des Elementarunterhalts zur Folge haben)*

Die Revision weist mit Recht darauf hin, daß nicht davon ausgegangen werden kann, in einer Quote sei auch der Vorsorgeunterhalt gemäß § 1578 II oder III BGB enthalten (FamRZ 1982/887, 890). Ihr kann aber nicht gefolgt werden, wenn sie daraus schließt, die Klägerin habe sich im Vorprozeß erkennbar die Nachforderung von Vorsorgeunterhalt vorbehalten. Ob ein Unterhaltsgläubiger neben dem laufenden Unterhalt (Elementarunterhalt) Vorsorgeunterhalt fordern will, steht in seinem freien Ermessen; von Amts wegen wird er nicht zugesprochen. Dies gilt gerade in den Fällen, in denen der Elementarunterhalt nach einer Quote des Einkommens des Unterhaltsverpflichteten berechnet wird und die Forderung von Vorsorgeunterhalt zu einer Verkürzung des sonst erreichbaren laufenden Unterhalts führt, ohne daß durch die Art der Antragstellung beeinflußt werden kann, welcher Teil des Gesamtunterhalts für den laufenden Verbrauch und welcher zweckbestimmt für Vorsorgekosten zu verwenden ist. Motiv für die unterlassene Geltendmachung von Vorsorgeunterhalt kann daher die fehlende Bereitschaft sein, unter Konsumverzicht Altersvorsorge zu betreiben. Dies schließt bei der Geltendmachung von Quotenunterhalt die Annahme eines erkennbaren Vorbehalts der Nachforderung von Vorsorgeunterhalt aus. Auch in den Fällen, in denen sich der Unterhaltsgläubiger hierbei nicht bewußt war, Vorsorgeunterhalt verlangen zu können, kann ein solcher Vorbehalt nicht bejaht werden. Aus der Sicht des Klägers ist nämlich der gesamte Unterhalt geltend gemacht worden, während die Annahme eines Vorbehalts voraussetzt, daß dieser sich des Bestehens einer weiteren Forderung bewußt war.

Hat somit die Klägerin im Vorprozeß ihren Gesamtunterhalt eingeklagt, kann sie wegen ihres dabei nicht geltend gemachten Vorsorgebedarfs nach § 1578 III BGB allenfalls im Wege der Abänderungsklage eine Erhöhung der zugesprochenen Unterhaltsrente erreichen. Soweit der Senat in seinem Urteil vom 24. November 1982 (IV b ZR 327/81) eine abweichende Behandlung gebilligt hat, hält er daran nicht mehr fest. Für den Sonderfall, daß ein bestehender Titel über Trennungsunterhalt nach Rechtshängigkeit des Scheidungsverfahrens und Eintritt der Voraussetzungen des § 1361 I Satz 2 BGB um die Kosten der Altersvorsorge erhöht werden sollte, ist er in seinem Urteil vom 17. Februar 1982 (FamRZ 1982/465) schon von der Zulässigkeit der Abänderungsklage ausgegangen. Wie bereits eingangs ausgeführt, steht dem nicht entgegen, daß der Vorsorgeunterhalt, der zwar ein unselbständiger Unterhaltsbestandteil ist (FamRZ 1982/255), aber im Hinblick auf seine Zweckbindung besonders geltend zu machen ist, noch nicht Gegenstand des Vorprozesses war und demgemäß keine Rechtskraftwirkung des dort ergangenen Urteils zu beseitigen ist. Daher ist in den Fällen, in denen erst nach der Titulierung des Gesamtunterhalts die Voraussetzungen des § 1361 I Satz 2 BGB oder diejenigen des § 1578 III BGB eintreten, die Abänderungsklage der allein mögliche Rechtsbehelf. In Fällen der vorliegenden Art haben allerdings die Voraussetzungen des § 1578 III BGB im wesentlichen bereits im Vorprozeß vorgelegen; gefehlt hat lediglich der Entschluß des Unterhaltsgläubigers, Altersvorsorge zu betreiben, ggf. unter Einschränkung des laufenden Verbrauchs. Es entspricht dem Sinn des § 323 ZPO, den Gläubiger bei ansonsten gleichgebliebenen Verhältnissen grundsätzlich an der von ihm im Vorprozeß getroffenen Wahl festzuhalten. Erst wenn eine Unterhaltsanpassung dadurch eröffnet wird, daß sich die seinerzeit maßgebend gewesenen Verhältnisse wesentlich geändert haben, kann auch Vorsorgeunterhalt mit Wirkung für die Zukunft (§ 323 III ZPO) verlangt werden. Ein weiteres Festhalten an der Nichtforderung von Vorsorgeunterhalt wäre dann ebensowenig mit den Grundsätzen der Billigkeit zu vereinbaren wie die Bindung an das Urteil eines Vorprozesses, in dem der Kläger weniger Unterhalt gefordert hat, als das Gericht nach den von ihm allgemein verwendeten Richtlinien als angemessen erachtet hat. Kommt es bei einer derartigen Nachforderung von Vorsorgeunterhalt zu einer zweistufigen Berechnung des Elementarunterhalts (FamRZ 1981/442, 444 f.), kann das Abänderungsverfahren zwar zu einem höheren Gesamtunterhalt führen, aber zu einem gegenüber dem Urteil des Vorprozesses verringerten laufenden Unterhalt. Auch das Abänderungsurteil hat den Anteil des Gesamtunterhalts, der auf den Vorsorgeunterhalt entfällt, im Hinblick auf dessen Zweckbindung im Entscheidungssatzbesonders auszuweisen.

BGH v. 23. 10. 85 – IV b ZR 52/84 – FamRZ 86, 48 = NJW-RR 86, 66

R275 *(Grundsätze zur Verwertung des Vermögensstammes beim Kindesunterhalt. Obliegenheit des Verpflichteten zur Verwertung eines Ferienhauses)*

III 2 c) Die Revision steht weiter zu Recht auf dem Standpunkt, daß der Bekl., soweit seine laufenden Einkünfte zur Befriedigung des Unterhaltsbedarfs der Tochter nicht ausreichen, seinen Miteigentumsanteil an dem ihm zusammen mit seiner Ehefrau zu je $^1/_2$ gehörenden Ferienhaus zu verwerten hat. In Ermangelung sonstiger Mittel hat ein Unterhaltspflichtiger grundsätzlich auch den Stamm seines Vermögens zur Bestreitung des Unterhalts einzusetzen. Eine allgemeine Billigkeitsgrenze, wie sie insoweit etwa für den Unterhalt zwischen geschiedenen Ehegatten gilt (§ 1581 S. 2 BGB; FamRZ 1985/360, 361 f.), sieht das Gesetz beim Unterhalt zwischen Verwandten gerader Linie, um den es hier geht, nicht vor. Dort ist allein auf § 1603 I BGB abzustellen. Danach entfällt die Unterhaltspflicht erst, wenn der Berechtigte bei Berücksichtigung seiner sonstigen Verpflichtungen außerstande ist, ohne Gefährdung seines angemessenen Unterhalts den Unterhalt zu gewähren. Außerstande zur Unterhaltsgewährung ist jedoch nicht, wer über verwertbares Vermögen verfügt (FamRZ 1980/43 ff. m. w. N.). Einschränkungen der Obliegenheit zum Einsatz auch des Vermögensstammes ergeben sich allein daraus, daß nach dem Gesetz auch die sonstigen Verpflichtungen des Unterhaltsschuldners zu berücksichtigen sind und er seinen eigenen angemessenen Unterhalt nicht zu gefährden braucht. Daraus folgt, daß eine Verwertung des Vermögensstammes nicht verlangt werden kann, wenn sie den Unterhaltsschuldner von fortlaufenden Einkünften abschneiden würde, die er zur Erfüllung weiterer Unterhaltsansprüche oder anderer berücksichtigungswürdiger Verbindlichkeiten (FamRZ 1982/157 f.) oder zur Bestreitung seines eigenen Unterhalts benötigt. Auch die Verwertung, jedenfalls die Veräußerung, eines nach den übrigen Verhältnissen der Familie angemessenen Familieneigenheims wird im allgemeinen nicht verlangt werden können, weil es ebenfalls der Befriedigung des Unterhaltsbedarfs des Schuldners selbst und gegebenenfalls weiterer Familienangehöriger dient und zugleich Mietaufwendungen erspart (vgl. auch – zur Bedeutung des Familienheims für die Erfüllung des Wohnbedarfs der Familie – FamRZ 1982/157, 159).

Allgemein braucht der Unterhaltsschuldner den Stamm seines Vermögens nicht zu verwerten, wenn dies für ihn mit einem wirtschaftlich nicht mehr vertretbaren Nachteil verbunden wäre (BGH, a. a. O.); denn auch das wäre mit der nach dem Gesetz gebotenen Berücksichtigung der ansonsten zu erfüllenden Verbindlichkeiten nicht zu vereinbaren und müßte letztlich den eigenen angemessenen Unterhaltsbedarf des Verpflichteten in Mitleidenschaft ziehen. Mit diesen Grundsätzen ist es nicht zu vereinbaren, daß das OLG eine Obliegenheit des Bekl. zur Verwertung seines Miteigentumsanteils an dem Ferienhaus verneint hat. Dieses dient hier weder als Einkommensquelle noch ist es zur Befriedigung des Wohnbedarfs der Familie vonnöten. Ein solcher Vermögensgegenstand muß, wenn die laufenden Einkünfte nicht ausreichen, für berechtigte Unterhaltsbedürfnisse eingesetzt werden. Die unterhaltsrechtlichen Vorschriften lassen es nicht zu, einen Unterhaltsbedürftigen öffentlicher Hilfe anheimfallen zu lassen, während der unterhaltspflichtige Verwandte (Mit-)Eigentümer eines eigenen Ferienhauses ist. Ein Unterhaltspflichtiger in dieser Lage ist nicht i. S. des § 1603 I BGB „außerstande", für den Unterhalt des Bedürftigen zu sorgen. Daß hier eine Verwertung zu wirtschaftlich vertretbaren Bedingungen nicht möglich wäre, hat der Bekl. in seinen von dem OLG in bezug genommenen Schriftsätzen selbst nicht geltend gemacht. Er hat lediglich eingewendet, daß ein Verkauf des Ferienhauses nicht ausreichen werde. Darauf kommt es jedoch nicht an. Die unterhaltsrechtliche Obliegenheit zur Verwertung von Vermögen entfällt nicht deshalb, weil der Unterhaltsschuldner nur vorübergehend in die Lage versetzt würde, den vollen Unterhaltsbedarf zu befriedigen. Er ist dann eben nach der Erschöpfung der erzielten Geldmittel wieder nur in geringerem Umfange leistungsfähig. Eine Unverwertbarkeit zu wirtschaftlichen Bedingungen ergibt sich vorliegend auch nicht aus der Erwägung des OLG, daß das Ferienhaus dem Bekl. nur zusammen mit seiner Ehefrau gehöre, ein derartiger Miteigentumsanteil kaum verwertbar sei und die Ehefrau zu einer gemeinschaftlichen Verwertung nicht gezwungen werden könne. Das OLG übersieht dabei, daß jedenfalls einer Verwertung des Miteigentumsanteils in der Form der Beleihung (vgl. insoweit RG, JW 1907/674) nichts im Wege steht, ferner, daß der Bekl. jederzeit die Auseinandersetzungsversteigerung betreiben kann, wenn sich die Ehefrau nicht zu einer gemeinschaftlichen freihändigen Veräußerung bereitfindet. Im übrigen kommt in Betracht, daß die Ehefrau, bei der es sich offenbar um die Mutter des Kindes handelt, ihrerseits zur Verwertung des Ferienhauses gehalten ist. Wieweit sich die Obliegenheit des Bekl. zur Verwertung seines Miteigentumsanteils an dem Ferienhaus auf die hier zu treffende Entscheidung auswirkt, läßt sich nach dem derzeitigen Sachstand nicht abschließend beurteilen. Zu diesem Rückgriff auf den Vermögensstamm ist der Bekl. nur insoweit gehalten, als seine laufenden Einkünfte nicht ausreichen. Es ist daher zunächst festzustellen, wie hoch das unterhaltsrechtlich relevante Einkommen des Bekl. unter Mitberücksichtigung des Wohnens im eigenen Haus ist und wieviel davon nach den dargelegten Verteilungsgrundsätzen der Tochter zusteht. Erst dann läßt sich übersehen, in welchem Umfange der Unterhaltsbedarf der Tochter aus der Verwertung des Ferienhauses zu decken ist. Davon wiederum hängt es ab, ob dem Bekl. eine Verwertung durch Veräußerung obliegt oder ihm zuzugestehen ist, auf eine Beleihung auszuweichen, um auf diese Weise den endgültigen Verlust des Ferienhauses zu vermeiden. In diesem Zusammenhange verdient ggf. auch die von der Revision angestellte Erwägung Berücksichtigung, daß eine Beleihung mindestens insoweit naheliegen kann, als der Kredit aus mit Hilfe des Ferienhauses erzielbaren Einkünften verzinst werden kann. Weiter kommt es etwa darauf an, welcher Erlös bei der Veräußerung des Miteigentumsanteils erzielbar ist bzw. in welchem Umfange eine Beleihung in Betracht kommt. Letztlich ist nicht auszuschließen, daß sich die Unterhaltspflicht des Bekl. ermäßigt, wenn nämlich seine Ehefrau als die Mutter des Kindes ebenfalls zur Verwertung ihres Anteils an dem Ferienhaus gehalten ist und darüber ihrerseits als teilweise leistungsfähig anzusehen ist. Alle diese Fragen erfordern teils weitere tatsächliche Feststellungen, teils Wertungen im tatrichterlichen Verantwortungsbereich und sind daher insgesamt der Entscheidung des OLG zu überlassen.

BGH v. 19. 2. 1986 – IV b ZR 71/81 = NJW 86, 1751

R291 *(Schadensersatzanspruch nach § 826 BGB)*

a Die Vorschrift des § 826 BGB verschafft nicht nur die Möglichkeit, unter bestimmten Umständen auf Unterlassung der Vollstreckung aus einem erschlichenen oder unrichtig gewordenen Urteil zu klagen und der Berufung auf die Rechtskraft einer solchen Entscheidung mit dem Einwand der Arglist zu begegnen. Vielmehr knüpft das Gesetz an eine vorsätzliche, sittenwidrige Schädigung die Rechtsfolge der Schadensersatzpflicht. Es gelten die Bestimmungen der §§ 249 ff. BGB. Ein eingetretener Vermögensschaden ist danach in Geld zu entschädigen (§ 251 I BGB). Demgemäß ist in der Rechtsprechung des BGH anerkannt, daß die sittenwidrige Ausnutzung eines unrichtigen Urteils zu der Verpflichtung führen kann, Schadensersatz zu leisten... e) Allein die vorsätzliche Ausnutzung des als unrichtig erkannten Titels rechtfertigt noch nicht die Anwendung des § 826 BGB. Sittenwidrig im Sinne dieser Vorschrift ist das – für sich bereits anstößige – Verhalten vielmehr erst dann, wenn besondere Umstände hinzutreten, nach denen es in hohem Maße unbillig und geradezu unerträglich wäre, die Ausnutzung zuzulassen. Nur in einem solchen Fall muß auch der Grundsatz der Rechtskraft zurücktreten.

(Auskunft auf Verlangen und Verpflichtung zur ungefragten Information)

b Obwohl dem deutschen Recht eine allgemeine Auskunftspflicht fremd ist (s. BGH, NJW 1983, 2318 = FamRZ 1983, 352 (354) m. w. Nachw.), haben Rechtsprechung und Schrifttum schon vor der gesetzlichen Regelung des Auskunftsanspruchs durch das 1. EheRG in § 1605 BGB (i. V. mit § 1361 IV 4 und § 1580 S. 2 BGB) einen Auskunftsanspruch für die Partner eines Unterhaltsrechtsverhältnisses entwickelt und aus § 242 BGB abgeleitet. Auch die jetzt in den genannten Bestimmungen gesetzlich geregelte Pflicht zur Auskunfterteilung beruht letztlich auf dem Grundsatz von Treu und Glauben (BGH, NJW 1983, 279 = FamRZ 1982, 1189 (1192) und NJW 1983, 1429 = FamRZ 1983, 473). Für den – früher – noch nicht kodifizierten Auskunftsanspruch wurde vertreten, daß Auskunft nur zu erteilen brauche, wer darum gebeten werde; (auch) im Unterhaltsrecht gebe es keine Pflicht zur unaufgeforderten Offenlegung der Einkommens- und Vermögensverhältnisse (Mutschler, FamRZ 1976, 221). Die jetzige gesetzliche Regelung sieht ebenfalls nur eine Auskunft auf Verlangen vor (§§ 1605, 1580 BGB), also einen „verhaltenen Anspruch", der jeweils der Aktualisierung durch den Gläubiger bedarf (Gernhuber, FamR, 3. Aufl., § 41 IV 2).

Gleichwohl kann neben dieser Pflicht zur Auskunfterteilung auf Verlangen in besonderen Fällen eine Verpflichtung zur ungefragten Information des Partners des Unterhaltsrechtsverhältnisses bestehen. Sie stellt ebenfalls eine Ausprägung des Grundsatzes von Treu und Glauben (§ 242 BGB) im Rahmen des gesetzlichen Unterhaltsrechtsverhältnisses dar (vgl. zu dem insoweit zwischen Ehegatten und Geschiedenen bestehenden Gebot der Schonung der Interessen des anderen bereits BGH, NJW 1977, 378 = FamRZ 1977, 38 (40) und NJW 1983, 1545 = FamRZ 1983, 576 (577). Daß eine solche, aus dem Grundsatz von Treu und Glauben abgeleitete Pflicht zur unaufgeforderten Mitteilung (allgemein: Palandt-Heinrichs, BGB, 45. Aufl., § 242 Anm. 4 Bd m. w. Nachw.) auch im Unterhaltsrecht bestehen kann und neben die dort geregelte Pflicht zur Auskunft auf Verlangen tritt, wird zwar bisweilen geleugnet (vgl. etwa DIVGutachten vom 8. 4. 1982, DAVorm 1983, 114, das nach der Art der vorliegenden Unterhaltstitel differenzieren will), in der neueren Rechtsprechung und im Schrifttum jedoch zunehmend anerkannt (neben dem Berufungsurteil: AG Rüsselsheim, FamRZ 1985, 605; AG Hersbruck, FamRZ 1985, 633 (634 f.); Mutschler, in: RGRK, 12. Aufl., § 1605 Rn. 2; Brüne, FamRZ 1983, 658; Göppinger, 4. Aufl. Rn. 1404; Palandt-Diederichsen, § 1605 Anm. 1; s. auch Palandt-Thomas, § 826 Anm. 8 o). Sofern gravierende neue Umstände in den wirtschaftlichen Verhältnissen einer Seite auftreten, die zu erfragen der andere Teil keine Veranlassung hat, über die er jedoch nach der unter gerecht und billig Denkenden herrschenden Auffassung redlicherweise unaufgeforderte Aufklärung erwarten darf, wäre die generelle Verneinung einer solchen Offenbarungspflicht ein Rückschritt hinter die Annahme entsprechender Nebenpflichten in Schuldverhältnissen. Das vertrüge sich nicht damit, daß anders als in nichtfamilienrechtlichen Dauerschuldverhältnissen, in denen das Maß der Loyalitätspflichten eher geringer ist, im Familienrecht, das durch verwandtschaftliche oder partnerschaftliche Beziehungen geprägt ist, allgemein eine stärkere gegenseitige Obliegenheit zu Achtung, Beistand und Rücksicht besteht (insoweit zutreffend Brüne, FamRZ 1983, 658 m. w. Nachw.; vgl. § 1618 a BGB sowie § 1353 I 2 BGB und dazu Palandt-Diederichsen, § 1353 Anm. 2 b dd).

Die Pflicht zur unverlangten Information des anderen Teiles besteht allerdings nicht bereits dann, wenn eine i. S. des § 323 I ZPO wesentliche Änderung der Einkommens- und Vermögensverhältnisse eingetreten ist. Die Vorschrift des § 1605 II BGB zeigt vielmehr, daß es auch in einem solchen Falle im

Grundsatz bei einem verhaltenen, vom Auskunftsgläubiger zu aktualisierenden Auskunftsanspruch bleibt: Vor Ablauf von zwei Jahren kann Auskunft erneut nur verlangt werden, wenn glaubhaft gemacht wird, daß der zur Auskunft Verpflichtete wesentlich höhere Einkünfte oder weiteres Vermögen erworben hat. Es ist also auch dann Sache des anderen Teils, sich Gewißheit über eingetretene Änderungen zu verschaffen. Die Annahme einer allgemeinen Pflicht zur ungefragten Offenbarung solcher Veränderungen (mit der möglichen Folge der Schadensersatzpflicht bei ihrer Verletzung) wäre mit dieser Entscheidung des Gesetzes nicht zu vereinbaren. Die Pflicht muß deshalb auf Ausnahmefälle beschränkt bleiben, in denen das Schweigen über eine günstige, für den Unterhaltsanspruch ersichtlich grundlegende Änderung der wirtschaftlichen Verhältnisse evident unredlich erscheint. Das kann jedenfalls dann angenommen werden, wenn der Unterhaltsschuldner aufgrund vorangegangenen Tuns des Unterhaltsgläubigers sowie nach der Lebenserfahrung keine Veranlassung hatte, sich des Fortbestandes der anspruchsbegründenden Umstände durch ein Auskunftsverlangen zu vergewissern, der Unterhaltsgläubiger sodann trotz einer für den Schuldner nicht erkennbaren Veränderung in seinen wirtschaftlichen Verhältnissen, die den materiell-rechtlichen Unterhaltsanspruch ersichtlich erlöschen läßt, eine festgesetzte Unterhaltsrente weiter entgegennimmt und dadurch den Irrtum befördert, in seinen Verhältnissen habe sich erwartungsgemäß nichts geändert.

Daß das BerGer. die Behauptung der Bekl. als wahr unterstellt hat, sie habe vor der Aufnahme ihrer Erwerbstätigkeit im Juni 1979 einen Rechtsanwalt befragt, ob sie die Arbeitsaufnahme dem Kl. unaufgefordert mitteilen müsse, was dieser verneint habe, mußte nicht zu einer anderen Beurteilung führen. Oben (unter c) ist bereits dargelegt worden, daß diese – angebliche – Auskunft die tatrichterliche Feststellung der Kenntnis der Bekl. von der Unrichtigkeit des Unterhaltstitels wegen des Wegfalls der Bedürftigkeit ab 1. 1. 1980 nicht in Frage stellt. Sie veranlaßt auch nicht die Verneinung der Sittenwidrigkeit der Schädigung. Ob eine Handlung gegen die guten Sitten verstößt, bestimmt sich nach dem Anstandsgefühl aller billig und gerecht Denkenden, also nach einem objektiven Maßstab (Palandt-Thomas, § 826 Anm. 2 a). Wie schon der Wortlaut des § 826 BGB ergibt, wird Vorsatz des Täters nur in bezug auf die Schadenszufügung gefordert. Mithin gehört Kenntnis (Bewußtsein) der Sittenwidrigkeit nicht zum Tatbestand des § 826 BGB. Vielmehr genügt grundsätzlich, daß der Handelnde – wie hier tatrichterlich festgestellt – die Tatumstände des Falles gekannt hat, die dem Richter objektiv sein Verhalten als Verstoß gegen die guten Sitten erscheinen lassen.

BGH v. 1. 10. 86 – IV b ZR 68/85 – FamRZ 87, 36 = NJW-RR 87, 194

(Zur Berücksichtigung von Steuerersparnissen durch die Beteiligung an einem Bauherrenmodell bei der Bemessung des Ehegattenunterhalts) **R310**

II 1 a, bb) Die Revision rügt, daß das OLG von dem. Bruttoeinkommen des Kl. Steuern i. H. von 30 895,20 DM in Abzug gebracht hat, obwohl den Kl. durch Steuerersparnisse als Folge der Beteiligung an einem sog. Bauherrenmodell tatsächlich nur eine Steuerbelastung von 3931 DM jährlich trifft. Bei dem – fiktiven – Betrag von 30 895,20 DM ist das OLG von den Steuern ausgegangen, die der Kl. auf sein Bruttoeinkommen nach der Grundtabelle zu zahlen hätte. Hiervon hat es „anrechenbare Einkünfte aus Vermögensnutzung aus dem Bauherrenmodell" in Höhe desjenigen Betrages in Abzug gebracht, um den die Steuerersparnis (Tabellensteuer – gezahlte Steuer) die im Rahmen des Bauherrenmodells erbrachten Aufwendungen (Zinsen und Tilgung) noch übersteigt. Die Ausklammerung der Steuerersparnis des Kl. ist unter den Besonderheiten des Falles rechtlich nicht zu beanstanden. Allerdings ist nach der std. Rspr. des Senats bei der Bemessung des Unterhalts grundsätzlich von dem Einkommen auszugehen, welches sich nach Abzug der Steuern in ihrer tatsächlichen Höhe ergibt (FamRZ 1980/984, 985; FamRZ 1985/911 f.; FamRZ 1986/798). Indessen ist die Steuerersparnis, die der Kl. hier erzielt, die Folge von tatsächlichen Aufwendungen, die er unter Nutzung der Vorteile des Bauherrenmodells zur Vermögensbildung erbringt. Der Kl. kann sich auf diese Aufwendungen gegenüber der Bekl. nicht berufen. Der Unterhaltsverpflichtete ist nicht berechtigt, auf Kosten des Unterhaltsbedürftigen Vermögen zu bilden (h. M., FamRZ 1984/149, 151). Andererseits kann dem Unterhaltsverpflichteten die Bildung von Vermögen nicht verwehrt sein, soweit die Belange des Unterhaltsberechtigten nicht berührt werden. Dieser kann lediglich verlangen, so gestellt zu werden, als ob die vermögensbildenden Aufwendungen nicht stattfanden. Für den vorliegenden Fall der Vermögensbildung im Wege des Bauherrenmodells bedeutet das, daß zwar einerseits die in diesem Rahmen anfallenden Zins- und Tilgungsaufwendungen nicht als einkommenmindernd berücksichtigt werden dürfen, daß aber andererseits auch die dadurch erzielte Steuerersparnis außer Betracht bleiben muß, weil sie ohne jene Aufwendungen nicht einträte. Die Art und Weise, in der das OLG die Steuerbelastung des Kl. bei Weglassung der mit dem Bauherrenmodell zusammenhängenden Steuerersparnis ermittelt hat, enthält keinen Rechtsfehler zum Nachteil der Bekl. Soweit dabei die Steuerersparnis um „Einkünfte aus Vermögensnutzung" in Höhe der die Aufwendungen übersteigenden Ersparnis geringer angesetzt worden ist, ist dies aus der Sicht der Revision nur günstig, so daß es keiner Entscheidung des Senats bedarf, ob diese Handhabung geboten ist.

BGH v. 6. 5. 87 – IV b ZR 61/86 – FamRZ 87, 689 = NJW 87, 3129

R337 *(Zur Frage, ob und unter welchen Voraussetzungen ein nach § 1579 Nr. 7 BGB ausgeschlossener Unterhaltsanspruch wiederaufleben kann, wenn sich die die Unzumutbarkeit der Inanspruchnahme begründenden Umstände später geändert haben)*

2) Das OLG hat es abgelehnt, den Unterhaltsanspruch der Ehefrau gemäß § 1579 Nr. 7 BGB – der dem § 1579 I Nr. 4 BGB (a. F.) entspricht – zu versagen oder zu begrenzen. Dazu hat es ausgeführt: Soweit der Anspruch wegen einer „ehegleichen ökonomischen Solidarität" entsprechend den hierzu vom BGH aufgestellten Grundsätzen ausgeschlossen sei, könne dies, wenn überhaupt, hier nur für die Zeit bis zum 12. 9. 1985 gelten. Nachdem sich die Ehefrau von ihrem neuen Partner getrennt habe, erscheine eine Inanspruchnahme des Ehemannes auch unter dem Gesichtspunkt des Vertrauensschutzes nicht grob unbillig, zumal der Ehemann noch bis zum August 1984 Unterhaltsleistungen erbracht habe.
Die Revision macht zutreffend geltend, daß diese Erwägungen nicht hinreichend erkennen lassen, ob das OLG die für die Anwendung der Härteklausel bedeutsamen Umstände vollständig gewürdigt hat. § 1579 Nr. 7 BGB greift ein, wenn die aus einer Unterhaltspflicht entstehende Belastung für einen unterhaltspflichtigen geschiedenen Ehegatten die Grenzen des Zumutbaren überschreitet. Nach der zu § 1579 I Nr. 4 BGB (a. F.) entwickelten std. Rspr. des Senats kann sich dies aus objektiven Gegebenheiten und Veränderungen der Lebensverhältnisse der früheren Ehegatten ergeben (FamRZ 1983/569, 572; FamRZ 1983/996, 997 und FamRZ 1984/986, 987).
Ein solcher Fall kommt in Betracht, wenn – wie vorliegend bis zum 12. 9. 1985 – ein fester sozialer und wirtschaftlicher Zusammenschluß des unterhaltsbedürftigen Ehegatten mit einem neuen Partner über eine längere Zeit besteht, in dessen Folge beide ähnlich wie in einer Ehe zu einer Unterhaltsgemeinschaft gelangen. Ein während der Dauer solcher Lebensverhältnisse veranlaßter Ausschluß des Unterhaltsanspruchs muß jedoch nicht notwendig endgültig sein. Ändern sich später die Gegebenheiten, die die Unzumutbarkeit der Inanspruchnahme des früheren Ehegatten auf Unterhalt begründet haben, bleiben diese Änderungen weder unberücksichtigt noch führen sie ohne weiteres zur Wiederherstellung der unterhaltsrechtlichen Lage, die vor dem Eintritt der die Unzumutbarkeit begründenden Umstände bestanden hat. Erforderlich ist vielmehr eine neue umfassende Prüfung, ob die aus einer wiederauflebenden Unterhaltspflicht erwachsende Belastung für den Verpflichteten weiterhin die Zumutbarkeitsgrenze überschreitet (FamRZ 1986/443, 444, m. w. N.). In diese Prüfung sind grundsätzlich alle Umstände einzubeziehen, die die gebotene Billigkeitsabwägung beeinflussen können. Wesentliche Bedeutung kommt dabei zunächst dem Zeitfaktor zu. Je länger die Ehe gedauert hat, desto stärker haben sich in der Regel die Lebensverhältnisse der Ehegatten miteinander verflochten und desto mehr trifft demgemäß eine Begrenzung des Unterhaltsanspruchs denjenigen Ehegatten, der wirtschaftlich vom verpflichteten Ehegatten abhängig geworden ist. Auf der anderen Seite ist ebenso zu berücksichtigen, wie lange die Verhältnisse gedauert haben, die eine Unterhaltsgewährung als objektiv unzumutbar erscheinen ließen. Je länger der Verpflichtete aus Zumutbarkeitsgründen von einer Inanspruchnahme auf nachehelichen Unterhalt ganz oder teilweise verschont geblieben ist, um so mehr wird der Gedanke in den Hintergrund treten, für den Unterhalt des Bedürftigen aufgrund einer fortwirkenden ehelichen Solidarität wieder uneingeschränkt aufkommen zu müssen, und um so härter wird ihn eine (erneute) Inanspruchnahme objektiv treffen.
Im vorliegenden Fall haben die Parteien seit der Eheschließung bis zur Trennung etwa zwölf Jahre, danach die Ehefrau mit ihrem neuen Partner etwa sieben Jahre zusammengelebt. Bei solchen Verhältnissen wird sich nicht ohne weiteres feststellen lassen, daß die aus der ehelichen Verbindung erwachsene wirtschaftliche Abhängigkeit der Ehefrau schon deshalb erheblich schwerer wiegt, weil sie die Dauer ihrer nichtehelichen Partnerschaft um einige Jahre übersteigt. Gegen ein Wiederaufleben des Unterhaltsanspruchs kann es sprechen, wenn der Unterhaltspflichtige auf den endgültigen Wegfall der Verpflichtung vertrauen konnte und sich darauf, etwa durch wirtschaftliche Dispositionen, eingestellt hat, ohne daß er dies dem Berechtigten unterhaltsrechtlich entgegenhalten könnte, beispielsweise durch Aufnahme von Krediten oder durch Übernahme neuer Unterhaltspflichten, etwa durch eine neue Ehe. In diesem Zusammenhang hat das OLG zwar zutreffend darauf hingewiesen, daß der Ehemann noch nach der Scheidung die als Trennungsunterhalt titulierte monatliche Rente bis August 1984 weitergezahlt hat. Es fehlen indessen Feststellungen dazu, ob diese Zahlungen in Kenntnis der anderweitigen Deckung des Unterhalts der Ehefrau und im Bewußtsein einer fehlenden Rechtspflicht erfolgt sind. Die Revision verweist zu Recht darauf, daß aus diesen Zahlungen keine Billigkeitserwägung zugunsten der Ehefrau hergeleitet werden kann, wenn der Ehemann sie in Unkenntnis der tatsächlichen und rechtlichen Lage erbracht haben sollte. Bei der erneuten Abwägung gemäß § 1579 BGB ist schließlich auch einzubeziehen, daß die Vorschrift auch Begrenzungen des Anspruchs nach Zeit und Höhe erlaubt. Eine nach alledem gebotene umfassende Prüfung der für die Entscheidung maßgebenden Umstände ist dem angefochtenen Urteil nicht zu entnehmen. Der Senat kann auch nicht selbst in der Sache entscheiden, da weitere Feststellungen erforderlich sind, die der Tatrichter treffen muß, bevor er die

Anhang R. Rechtsprechung						R339–R379

ihm obliegende Abwägung nach § 1579 BGB vornehmen kann. Das veranlaßt die Aufhebung des angefochtenen Urteils und die Zurückverweisung des Rechtsstreits an das OLG.

BGH v. 3. 6. 87 – IV b ZR 64/86 – FamRZ 87, 913 = NJW-RR 87, 1218

(Vom Normalverlauf abweichende Entwicklung des beruflichen Werdeganges nach Trennung)   R339

II 1) Das OLG hat das i.J. 1983 bezogene Einkommen des Kl. aus seiner Tätigkeit bei der Firma B. (auf der Grundlage einer fiktiven Nettogehaltsberechnung) in vollem Umfang bei der Bestimmung der ehel. Lebensverhältnisse berücksichtigt und dazu ausgeführt, daß die gute Einkommensentwicklung, die in der Zeit von 1976 bis 1983 einen kontinuierlichen Anstieg des jährlichen Bruttoeinkommens von rund 50 000 auf etwa 75 500 DM aufweise, in den ehel. Lebensverhältnissen angelegt gewesen sei. Die besondere Steigerung um rund 10 000 DM von 1978 auf 1979 resultiere aus der Beförderung des Kl. und seiner Übernahme in das Angestelltenverhältnis. Diese Beförderung habe zwar zu einer Zeit stattgefunden, als die Parteien vorübergehend getrennt gelebt hätten; sie habe aber aufgrund des erneuten Zusammenlebens im Jahre 1979 die ehel. Lebensverhältnisse mitgeprägt. Gegen diese Beurteilung erhebt die Revision insoweit berechtigte Einwände, als das OLG bisher nicht geprüft hat, ob das Erwerbseinkommen des Kl. nicht seit der Trennung der Parteien mit seiner Steigerung von 61 689 DM i.J. 1979 auf 75 509 DM i.J. 1983 (und gar 84 066 DM i.J. 1985; jeweils brutto) eine unerwartete, vom Normalverlauf erheblich abweichende Entwicklung genommen hat. Soweit diese Einkommenssteigerungen darauf zurückzuführen sein sollten, daß der Kl. Anfang der 80er Jahre freigestellter Betriebsrat geworden ist, könnten sie bei der Außergewöhnlichkeit und Unvorhersehbarkeit dieses beruflichen Werdeganges nicht in vollem Umfang bei der Erfassung der ehel. Lebensverhältnisse berücksichtigt werden (FamRZ 1982/575 und 576).

BGH v. 13. 4. 88 – IV b ZR 34/87 – FamRZ 88, 705 = NJW 88, 1722

(Unverschuldeter Einkommensrückgang nach Scheidung)   R364

II 1) Das OLG hat die Unterhaltsbedürftigkeit der Kl. rechtsfehlerfrei bejaht. Die Leistungsfähigkeit des Bekl. hat es nicht nach einem fiktiv fortgeschriebenen Einkommen bemessen, wie er es bei der Firma S. in Deutschland hätte erzielen können, sondern nach seinem tatsächlichen Einkommen bei der Firma S.-L. in Südafrika. Denn der Bekl. habe bei Antritt dieser Stelle – nach dem damaligen Kurs der dortigen Währung – nicht nennenswert weniger verdient als in Deutschland; er habe deshalb davon ausgehen dürfen, daß er in Südafrika im wesentlichen den gleichen Verdienst erzielen werde wie in seinem Arbeitsverhältnis in Deutschland. Daß er im Zeitpunkt des Arbeitsplatzwechsels die Instabilität der außenpolitischen Entwicklung Südafrikas und deren negative Auswirkungen auf die wirtschaftlichen Verhältnisse nicht erkannt und den späteren drastischen Verfall der südafrikanischen Währung nicht vorausgesehen habe, gereiche ihm unterhaltsrechtlich nicht zum Verschulden. Demgemäß beruhe die durch den Währungsverfall bewirkte Verminderung seiner Leistungsfähigkeit nicht auf einem mutwilligen, verantwortungslosen oder zumindest leichtfertigen Verhalten des Bekl., so daß ihm der freiwillige Arbeitsplatzwechsel nach Südafrika unter unterhaltsrechtlichen Gesichtspunkten nicht vorzuwerfen sei. Diese Ausführungen halten sich im Rahmen der Rechtsprechung des Senats (FamRZ 1985/158, 159, m. w. N.; FamRZ 1988/145; FamRZ 1988/256) und sind aus Rechtsgründen nicht zu beanstanden. 2) Die ehelichen Lebensverhältnisse, nach denen sich der Unterhaltsanspruch der Kl. zu 1) bemißt (§ 1578 BGB), werden mithin durch die Einkünfte des allein verdienenden Bekl. aus seiner Tätigkeit bei der Firma S.-L. in J. bestimmt. Nach diesen Einkünften berechnen sich auch die Unterhaltsansprüche der Kl. zu 2) und 3). Da der für die Verhältnisse in der Bundesrepublik Deutschland maßgebende Wert dieser Einkünfte in den Jahren seit der Scheidung nachhaltig zurückgegangen ist, ohne daß den Bekl. eine Verantwortung hierfür trifft und er sich deshalb ein fiktives höheres Einkommen zurechnen lassen müßte, können die Kl. nur an dem tatsächlichen Einkommen des Bekl. teilhaben. Die Kl. zu 1) muß hinnehmen, daß der Bemessungsmaßstab für ihren Unterhaltsanspruch gegenüber den Verhältnissen im Zeitpunkt der Scheidung abgesunken ist; sie könnte auch während bestehender Ehe nur an dem – unter Ausnutzung der familienrechtlichen Erwerbsobliegenheit des Bekl. erzielbaren – tatsächlich vorhandenen Einkommen mit dem ihr gebührenden Anteil partizipieren.

BGH v. 2. 11. 88 – IV b ZR 7/88 – FamRZ 89, 170 = NJW 89, 524

(Im Rahmen der gesteigerten Unterhaltspflicht ist auch Schmerzensgeld für den Unterhalt zu verwenden)   R379

II) Für die neue Verhandlung wird auf folgendes hingewiesen: Die Revision greift das Urteil auch deshalb an, weil die Abfindungssumme zumindest teilweise als Schmerzensgeld gezahlt worden sei. Dieser Teil der Schadensersatzleistung, dessen Höhe das BerGer. nach § 287 II ZPO hätte schätzen

R407   Anhang R. Rechtsprechung

müssen, habe zur Vermeidung einer Zweckverfehlung von vornherein bei der unterhaltsrechtlichen Beurteilung der Leistungsfähigkeit außer Betracht bleiben müssen. Das hält der Senat nicht für zutreffend. Auch soweit sich entgegen der bisherigen Beurteilung des OLG ein abgrenzbarer Teil des Abfindungsbetrages feststellen läßt, der sich auf den immateriellen Schaden des Bekl. bezieht, kann er im Rahmen der Unterhaltspflicht gegenüber dem minderjährigen unverheirateten Kinde nicht von vornherein außer Ansatz gelassen werden. Dem steht die spezifische schadensersatzrechtliche Funktion des Schmerzensgeldes – Ausgleich immaterieller Beeinträchtigungen des Betroffenen und Genugtuung – nicht entgegen. Der Senat hat bereits zu öffentlich-rechtlichen Sozialleistungen, denen – wie etwa der Grundrente nach § 31 BVG – gleichfalls nach ihrer Zweckbestimmung sowohl eine immaterielle als auch eine wirtschaftliche Ausgleichsfunktion zukommt, entschieden, daß deren Zweckbestimmung für die unterhaltsrechtliche Leistungsfähigkeit des Empfängers nicht ohne weiteres maßgebend ist (NJW 1981/1313 = FamRZ 1981/338 [339] und NJW 1982/41 = FamRZ 1981/1165). Ferner hat er es als naheliegend bezeichnet, daß auch der Zweckbestimmung von Leistungen aus dem Bereich des Arbeitsrechts, die im Rahmen eines Sozialplans nach § 112 II BetrVG gewährt werden und auch der Abgeltung immaterieller Nachteile dienen, im Unterhaltsrecht keine weitergehende Bedeutung beizumessen sei (NJW 1982/822). Im Bereich gesteigerter Unterhaltspflicht hat der BGH auch die Zweckbestimmung von Unterhaltsleistungen als unmaßgeblich angesehen und entschieden, daß ein Elternteil nach § 1603 II 1 BGB Unterhaltszahlungen, die ihm zur Deckung seines eigenen Lebensbedarfs gewährt werden, zu seinem und des Kindes Unterhalt einsetzen muß (BGH, NJW 1980/934 = FamRZ 1980/555 [556]). Gerade diese erweiterte Unterhaltspflicht, die auf der besonderen familienrechtlichen Verantwortung der Eltern für ihre minderjährigen unverheirateten Kinder beruht, gebietet es, die Leistungsfähigkeit im Grundsatz unabhängig davon zu beurteilen, woher die zur Verfügung stehenden Mittel stammen und worauf ihre Zuwendung beruht. Das rechtfertigt es, auch das Schmerzensgeld zu den Mitteln zu rechnen, deren Einsatz dem Elternteil in § 1603 II 1 BGB zugemutet wird. Dieser Einsatz schließt es nicht aus, der besonderen Ausgleichsfunktion, die dem Schmerzensgeld für den Empfänger zukommt, bei der Bestimmung der ihm zumutbaren unterhaltsrechtlichen Opfergrenze in billiger Weise Rechnung zu tragen. Hat der Schmerzensgeldempfänger derartige körperliche Verletzungen davongetragen, daß er während des Unterhaltszeitraums unter andauernden schwerwiegenden Behinderungen zu leiden hat, so ist solchen Belastungen durch eine maßvolle, die Belange des Kindes berücksichtigende Anhebung dessen Rechnung zu tragen, was ihm als unterhaltspflichtigen Elternteil zur Deckung seines notwendigen Eigenbedarfs zu belassen ist. Eine solche Anhebung kommt auch hier in Betracht, da die körperlichen Beeinträchtigungen des Bekl. die genannten Voraussetzungen ohne Zweifel erfüllen.

BGH v. 24. 1. 90 – XII ZR 2/89 – FamRZ 90, 499 = NJW 90, 1477

R407   *(Erwerbslosigkeitsunterhalt [§ 1573 I BGB] bei vergeblichen Bemühungen um eine angemessene Erwerbstätigkeit oder bei Fehlen einer realen Beschäftigungschance; ausreichende Bemühungen um eine Erwerbstätigkeit; Meldung beim Arbeitsamt; Bewerbungen auf Anzeigen; Aufgabe von Anzeigen; Vorlage von Ablehnungsschreiben; Sachkunde des Gerichts zur Arbeitsmarktlage; Aufstockungsunterhalt [§ 1573 II BGB] bei nicht ausreichenden Bemühungen um eine angemessene Vollerwerbstätigkeit)*

    c) Diese Rügen greifen nicht durch.

Zwar setzt ein Anspruch auf Aufstockungsunterhalt gemäß § 1573 II BGB nach der Systematik des Gesetzes voraus, daß der geschiedene Ehegatte eine angemessene Erwerbstätigkeit ausübt und daher nicht bereits aufgrund eines anderen gesetzlichen Tatbestandes Anspruch auf den nach den ehelichen Lebensverhältnissen zu bemessenden Unterhalt hat; als anderer zunächst zu prüfender Tatbestand kann auch der des § 1573 I BGB in Betracht kommen (FamRZ 1988/701 m. w. N.). Dieser Tatbestand ist erfüllt, wenn sich der Unterhaltsberechtigte ernsthaft, aber vergeblich um eine angemessene Erwerbstätigkeit bemüht hat, oder wenn für ihn selbst bei ausreichenden Bemühungen keine reale Beschäftigungschance bestanden hätte (FamRZ 1987/144), so daß auf diesem Hintergrund festgestellt werden kann, er vermöge keine angemessene Erwerbstätigkeit zu finden. Eine solche Situation hat das Berufungsgericht indessen im Fall der Klägerin aus tatsächlichen Gründen nicht für gegeben erachtet; denn es hat angenommen, sie sei ihrer Obliegenheit, sich um eine angemessene Vollzeitbeschäftigung – die sie nach der Auffassung des Berufungsgerichts hätte finden können – zu bemühen, nicht ausreichend nachgekommen. Damit waren die Voraussetzungen eines Unterhaltsanspruchs nach § 1573 I BGB nicht gegeben, und es ist aus Rechtsgründen nicht zu beanstanden, daß das Berufungsgericht die Grundlage des geltend gemachten Unterhaltsanspruchs der Klägerin nicht in § 1573 I BGB, sondern in Abs. 2 der Vorschrift gesehen hat (FamRZ 1988/927, 929).

Die Anschlußrevision greift die Annahme nicht ausreichender Arbeitsbemühungen der Klägerin mit der Rüge an, das Berufungsgericht habe ihre zahlreichen Bewerbsunterlagen nicht hinreichend berücksichtigt; es habe im übrigen zumindest eine sachverständige Auskunft des zuständigen Arbeitsamts einholen müssen, bei dem sich die Klägerin in regelmäßigen Abständen gemeldet habe, ohne jedoch –

wegen ihrer fehlenden Berufsausbildung – vermittelt werden zu können. Damit hat sie indessen keinen Erfolg.

Das Oberlandesgericht hat sich zwar in den Entscheidungsgründen des angefochtenen Urteils nicht näher mit den vorgetragenen Bemühungen der Klägerin um eine angemessene Erwerbstätigkeit auseinandergesetzt, sondern diese nur allgemein als zu spärlich qualifiziert. Das Gericht hatte hierzu jedoch im Prozeßkostenhilfeverfahren in seiner Beschwerdeentscheidung vom 2. Dezember 1986 näher ausgeführt: Die Klägerin müsse sich im gebotenen Maße bemühen, eine ihr zumutbare Tätigkeit zu finden. Sich regelmäßig beim Arbeitsamt zu melden, reiche nicht aus. Der zur Erwerbstätigkeit Verpflichtete müsse sich vielmehr mehrmals wöchentlich auf Stellenangebote in der örtlichen Presse bewerben. Er müsse auch regelmäßig monatlich eigene Anzeigen aufgeben; wenn er dazu finanziell nicht in der Lage sei, müsse er sich verstärkt auf Anzeigen in der Presse bewerben. Die Klägerin sei jetzt 37 Jahre alt. Schon seit zwei bis drei Jahren sei sie durch die Betreuung der (damals) 19 Jahre alten Tochter nicht mehr gehindert, sich durch eine Ganztagstätigkeit eine dauerhafte Existenzgrundlage aufzubauen. Sie habe hierzu auf Grund der vorangegangenen Unterhaltsverfahren jeden Anlaß gehabt und habe sich auch vor Augen halten müssen, daß sie dem Beklagten bei späteren Unterhaltsforderungen über das Ausmaß ihrer Bemühungen rechenschaftspflichtig sein werde. Vor diesem Hintergrund sei der Vortrag der Klägerin insbesondere in ihren Schriftsätzen vom 25. September 1986 und vom 20. November 1986 teils unsubstantiiert, teils seien die vorgetragenen Bemühungen unzureichend. Daß die Klägerin bei ihrer Arbeitssuche die Spannweite sämtlicher für sie in Betracht kommenden Tätigkeiten ausgeschöpft, sich regelmäßig mehrmals wöchentlich beworben habe und dies auch in geeigneter Weise geschehen sei, lasse sich ihrem Vorbringen konkret nicht entnehmen und ergebe sich auch nicht aus der pauschalen Behauptung, regelmäßig das Arbeitsamt zur Weitervermittlung aufgesucht und sich auch selbst regelmäßig um einen besserdotierten Arbeitsplatz bemüht zu haben.

Daraufhin hatte die Klägerin mit Schriftsatz vom 8. Februar 1988 weitere vergebliche Bewerbungen vorgetragen, zu denen das Amtsgericht in dem erstinstanzlichen Urteil ausgeführt hat: Sie habe für den Zeitraum seit der Scheidung der Parteien, also von $3^{1}/_{2}$ Jahren, insgesamt acht ablehnende Stellungnahmen von Firmen vorgelegt, wobei auffalle, daß offensichtlich vier der angeschriebenen Firmen keinerlei Stellenangebote veröffentlicht hätten. Insgesamt acht Bewerbungen in $3^{1}/_{2}$ Jahren könnten nicht als ausreichende Bemühungen zur Erlangung einer angemessenen Erwerbstätigkeit angesehen werden; hierauf sei die Klägerin auch in dem Beschluß des Oberlandesgerichts vom 2. Dezember 1986 hingewiesen worden.

Mit der Berufung gegen dieses Urteil hat die Klägerin sodann vorgetragen: Aufgrund der Vielzahl fehlgeschlagener Bemühungen habe sich bei ihr der Eindruck verstärkt, sie könne sowieso keine Stelle mehr erhalten, jedenfalls nicht bei der derzeitigen Arbeitsmarktlage. Ungeachtet ihrer bislang fehlgeschlagenen privaten Bemühungen habe sie sich aber stets beim Arbeitsamt gemeldet. Sie sei jedoch nicht vermittelbar, weil es für ungelernte Kräfte im Großraum M in ihrem Alter „praktisch keine reale Beschäftigungschance" gebe; dieser Punkt solle jedoch „nicht weiter vertieft werden". Beweis hat sie hierzu im Berufungsrechtszug nicht mehr angeboten.

Angesichts dieser Sachlage hat sich das Berufungsgericht nicht unter Verstoß gegen Verfahrensgrundsätze über erhebliche Beweisangebote der Klägerin hinweggesetzt. Daß diese sich wiederholt vergeblich bei dem zuständigen Arbeitsamt gemeldet habe, hat das Berufungsgericht ersichtlich unterstellt (vgl. den Beschluß vom 2. Dezember 1986), jedoch nicht für ausreichend erachtet; denn es hat sie unter anderem auf mögliche Erwerbstätigkeiten verwiesen, die, wie etwa Tätigkeiten als Haushaltshilfe in einem privaten Haushalt oder als Mitarbeiterin im sozialen Dienst, erfahrungsgemäß nicht über das Arbeitsamt, sondern durch private Kontakte vermittelt oder durch persönliche Initiative gefunden werden.

Soweit das Berufungsgericht die Erwerbsmöglichkeiten im Mönchengladbacher Raum beurteilt hat, ohne seine Sachkunde näher darzulegen, begründet auch dies keinen zur Aufhebung des angefochtenen Urteils nötigenden Verfahrensfehler. Es kann davon ausgegangen werden, daß ein seit Jahren bestehender Familiensenat eines Oberlandesgerichts über die notwendige Erfahrung verfügt, um die Arbeitsmarktlage in seinem Zuständigkeitsbereich mit den sich danach für Frauen in der Situation der Klägerin bietenden Erwerbsmöglichkeiten beurteilen zu können.

d) Das Berufungsgericht hat der Klägerin nach alledem zu Recht einen Aufstockungsunterhalt nach § 1573 II BGB zugesprochen, da sie sich aufgrund ihrer nicht ausreichenden Bemühungen um eine volle Erwerbstätigkeit behandeln lassen muß, als erziele sie Einkünfte aus einer solchen Tätigkeit, die jedoch nicht ausreichen, um ihren vollen eheangemessenen Unterhalt zu decken (FamRZ 88/927, 929).

BGH v. 31. 1. 90 – XII ZR 35/89 – FamRZ 90, 503 = NJW-RR 90, 514

(Ausnahmen vom In-Prinzip bei Steuern; Erwerbstätigenbonus)

1. Bei der Ermittlung der ehelichen Lebensverhältnisse gem. § 1578 I 1 BGB ist grundsätzlich auf das tatsächliche, auf der Grundlage der konkreten Steuerbelastung verfügbare Nettoeinkommen des

Ehegatten abzustellen, der während der Ehe durch seine Erwerbstätigkeit (allein) die für den Unterhalt der Ehegatten benötigten Mittel erwirtschaftet hat. Entgegen der Darstellung im angefochtenen Urteil folgt der Senat hierbei seiner ständigen Rechtsprechung (vgl. BGHZ 89, 108 (110) = NJW 1984, 292 sowie NJW 1982, 1986 = FamRZ 1983, 152 (153); NJW 1988, 2105 = FamRZ 1988, 486 und NJW 1988, 2101 = FamRZ 1988, 817 (818)). Diese hat er mit Urteil vom 24. 1. 1990 (XII ZR 2/89) erneut bestätigt und sich dabei auch bereits mit den vom BerGer. für seine abweichende Auffassung vorgetragenen Gesichtspunkten auseinandergesetzt. Darauf wird verwiesen. Entgegen der Auffassung des OLG ist bei der Bedarfsbemessung nicht auf die erzielten Nettoeinkünfte in der Zeit des Zusammenlebens („während intakter Ehe") abzustellen; vielmehr sind grundsätzlich auch nach der Trennung eintretende Änderungen zu berücksichtigen, weil die Verhältnisse zum Zeitpunkt der Scheidung maßgebend sind. Selbst für die Folgezeit können sich ausnahmsweise noch bestimmte Umstände auswirken, wenn nämlich ihr Eintritt mit großer Wahrscheinlichkeit zu erwarten war und sich die Ehegatten in ihren Dispositionen auf sie bereits einrichten konnten (vgl. *Senat*, FamRZ 1982, 684 (686) und NJW 1985, 1699 = FamRZ 1985, 791 (793) m. w. Nachw.). Der Senat hat es somit abgelehnt, den unterhaltsberechtigten Ehegatten von späteren Veränderungen von vornherein auszuschließen und für die Unterhaltsbemessung nach der Scheidung etwa nur noch an die allgemeine Entwicklung der Lebenshaltungskosten anzuknüpfen (*Senat*, NJW 1987, 1555 = FamRZ 1987, 459 (460)).

Dieser Grundsätze über die Berücksichtigung zu erwartender nachehelicher Veränderungen bedarf es jedoch nicht, soweit es sich darum handelt, Einkünfte in der Höhe in die Unterhaltsbemessung einzustellen, wie sie sich aus den bisherigen Einkommensquellen [Einkommensquellen] als Nettoeinkünfte nunmehr ergeben. Dabei sind gesetzlich bestimmte Abzüge (Steuern, Sozialabgaben) oder in Lohn-, Besoldungs- und Versorgungssystemen vorgesehene Zuschläge stets zu berücksichtigen, auch soweit sie einer Änderung der persönlichen Verhältnisse des Einkommensbeziehers Rechnung tragen. Deshalb ist auch die Lohnsteuerlast in ihrer jeweiligen realen Höhe maßgeblich, unabhängig davon, ob sie im konkreten Fall seit der Trennung gestiegen oder gesunken ist und ob das auf einem gesetzlich vorgeschriebenen Wechsel der Steuerklasse oder auf einer Änderung des Steuertarifs beruht. Berichtigungen der tatsächlichen, durch Steuerbescheid oder Lohnabrechnung nachgewiesenen Nettoeinkünfte sind danach nur in besonders liegenden Fällen vorzunehmen. Sie können etwa erforderlich werden, wenn in das versteuerte Einkommen Einkünfte aus einer Erwerbstätigkeit oder einer sonstigen Erwerbsquelle eingeflossen sind, die die ehelichen Lebensverhältnisse nicht geprägt haben und deshalb bei der Bemessung des Unterhaltsbedarfs nach § 1578 I 1 BGB ausgeschieden werden müssen (vgl. etwa *Senat*, NJW 1983, 933 = FamRZ 1983, 146 (149)), oder wenn steuerrechtlich mögliche Abschreibungen vorgenommen worden sind, die nach den insoweit von der Rechtsprechung entwickelten Grundsätzen (vgl. *Senat*, NJW 1985, 909 = FamRZ 1985, 357 (359) und NJW 1987, 776 = FamRZ 1987, 46 (48) m. w. Nachw.) dem Unterhaltsgläubiger nicht einkommens- und damit bedarfsmindernd entgegengehalten werden können, oder wenn erreichbare Steuervorteile entgegen einer insoweit bestehenden Obliegenheit nicht in Anspruch genommen worden sind (vgl. dazu Kalthoener/Büttner, Die Rechtsprechung zur Höhe des Unterhalts, 4. Aufl., Rdnrn. 774 ff.).

BGH v. 31. 1. 90 – XII ZR 36/89 – FamRZ 90, 496 = NJW 1990, 2752

R414 *(Einsatzzeit bei § 1572 BGB)*

b Wie die Revision mit Recht rügt, durfte ein Anschlußtatbestand nach § 1572 Nr. 4 BGB i. V. mit § 1573 I BGB unter diesen besonderen Umständen nicht ohne weiteres damit verneint werden, daß die Bekl. für die Zeit seit Juli 1985 keine Bemühungen um eine Erwerbstätigkeit behauptet hat. Vielmehr kommt in Betracht, daß der Kl. sich hierauf nach Treu und Glauben nicht berufen kann (vgl. Soergel-Häberle, BGB, 12. Aufl., § 1573 Rn. 8). Soweit bisher ersichtlich, hat er die Bekl. erst mit Anwaltsschreiben vom 16. 9. 1986 auf ihre Erwerbsobliegenheit hingewiesen und aufgefordert, auf ihre Rechte aus dem Unterhaltstitel zu verzichten. Zudem ist das mit dem Heranwachsen eines Kindes verbundene Auslaufen des Anspruchs auf Betreuungsunterhalt kein für jedermann ohne weiteres erkennbarer Vorgang. Daher durfte die Bekl. möglicherweise darauf vertrauen, daß ihr – obendrein titulierter – Unterhaltsanspruch fortbestehe und sie sich nicht um eine Erwerbstätigkeit bemühen müsse.

Allerdings müssen bei der hier gebotenen Abwägung auch die schutzwürdigen Interessen des Kl. berücksichtigt werden, dessen Rechtsposition nicht schon deshalb nachhaltig verschlechtert werden darf, weil er sich später als möglich gegen den Unterhaltstitel gewandt und bis dahin u. U. zeitweise eine Unterhaltspflicht erfüllt hat, der er mit Erfolg hätte begegnen können. Indessen sind Umstände denkbar, unter denen seine Interessen zurücktreten müssen. Unzweifelhaft wäre dies der Fall, wenn er die Bekl. durch Fortzahlung des Unterhalts bewußt von Erwerbsbemühungen abgehalten, sie also in Sicherheit gewiegt hätte. Bei derart arglistigem Verhalten, für das bisher freilich nichts vorliegt, könnte er sich nicht darauf berufen, daß der Einsatzzeitpunkt für einen Anschlußunterhalt nach § 1572 Nr. 4 BGB verfehlt sei. Zu demselben Ergebnis kann es aber etwa auch führen, wenn er seine Zahlungen während einer Zeit widerspruchslos fortgesetzt hat, in der die Bekl. erkennbar im Vertrauen auf eine fortbestehende Betreuungsbedürftigkeit der Tochter von Erwerbsbemühungen abgesehen hat. Derartiges ist hier schon deshalb nicht auszuschließen, weil die Bekl. sich gegen die Abänderungsklage damit verteidigt hat, die Tochter habe über die Vollendung des sechzehnten Lebensjahres hinaus in einer Weise der Betreuung bedurft, die sie – die Bekl. – an einer Erwerbstätigkeit gehindert habe. Es bedarf mithin weiterer Sachaufklärung und einer umfassenden, in erster Linie tatrichterlicher Würdigung vorbehaltenen Abwägung unter Berücksichtigung aller wesentlichen Umstände einschließlich der schutzwürdigen Belange beider Parteien. Da diese bisher fehlt, kann das angefochtene Urteil keinen Bestand haben.

BGH v. 14. 2. 90 – XII ZR 51/89 – FamRZ 90, 981 = NJW-RR 1990, 580

(Abweichung von Halbteilungsprinzip bei Renten wegen Mehrbedarfs) **R416**

1. Für die Zeit bis Ende 1988 hat das BerGer. – wie das AG im Ausgangsurteil – den Unterhalt nach einer Quote von ²/₅ der Differenz der beiderseitigen bereinigten Einkommen bemessen. Das begegnet keinen durchgreifenden rechtlichen Bedenken. Ob dies schon deshalb gilt, weil bereits das Ausgangsurteil den Unterhalt nach einer hinter der Hälfte der Einkommensdifferenz zurückbleibenden Quote bemessen hat und das Gericht im Abänderungsverfahren an die Grundlagen des bisherigen Titels gebunden ist (vgl. *Senat,* NJW 1984, 1458 = FamRZ 1984, 374 (375) m. w. Nachw.), kann offenbleiben. Auch wenn die Bindung an den bestehenden Titel nicht so weit reicht, ist die maßvolle Abweichung vom Halbteilungsgrundsatz unbedenklich. Allerdings verschafft die Anwendung der gewählten Verteilungsquote im Ergebnis beiden Parteien einen Bonus in Höhe eines Fünftels ihres Einkommens. Ein solcher steht der Bekl., wie das BerGer. nicht verkennt, unter dem Gesichtspunkt des mit einer Berufsausübung verbundenen höheren Aufwandes und des Anreizes zur Erwerbstätigkeit (sog. Erwerbstätigen-Bonus) nicht zu, weil sie nur Renteneinkünfte bezieht (vgl. *Senat,* NJW 1982, 2442 = FamRZ 1982, 894 (895)). Er ist jedoch durch besondere Gründe anderer Art gerechtfertigt. Das BerGer. hat rechtsfehlerfrei ausgeführt, die Bekl. erleide krankheitsbedingte Nachteile, die Veranlassung böten, die für einen Erwerbstätigen geltenden Grundsätze entsprechend anzuwenden. Werde jener zum Erhalt seiner Arbeitsfreude und zum Ausgleich berufsbedingter Nachteile bevorzugt, so seien bei der Bekl. krankheitsbedingte, ihre Lebensgestaltung beeinträchtigende Nachteile zu verzeichnen, die es angezeigt erscheinen ließen, auch ihr einen entsprechenden Bonus zu gewähren. Jedenfalls das rechtfertigt seinen Ansatz in der tatrichterlich bestimmten, rechtlich unbedenklichen Höhe auch im Abänderungsverfahren.

BGH v. 11. 4. 1990 – XII ZR 42/89 – FamRZ 90, 989 = NJW 90, 3274

(Fiktive Zinsen nur ansetzbar, wenn eine mutwillige Herbeiführung der Bedürftigkeit vorliegt) **R418**

b) Das KG hat für die Zeit ab Oktober 1988 einen Unterhaltsanspruch der Bekl. verneint. Es hat die **d** Bekl. für gehalten angesehen, die Zinsen aus dem ihr hälftig zugeflossenen Erlös aus dem Hausverkauf für ihren Unterhalt einzusetzen. Dieser Obliegenheit habe sie mindestens fahrlässig dadurch zuwider gehandelt, daß sie ungeachtet des ihr zugeteilten Hausrats für sich und die Kinder ungewöhnlich viele und in dieser Weise sowie Höhe nicht sogleich notwendige Neuanschaffungen vom Hausrat vorgenommen, eine außerordentlich hohe Einmalprämie für eine neue Lebensversicherung bezahlt und weitere hohe Beträge den Kindern zugewendet habe, ohne genügend ihren eigenen laufenden Lebensunterhalt zu berücksichtigen. Das KG hat ihr deshalb fiktive Zinsen in Höhe von 562,50 DM monatlich als Einkommen angerechnet, [angerechnet] die sie aus einem Kapital von 150 000 DM hätte ziehen können, da dieses Kapital „bei der gebotenen sparsamen Verwendung" verfügbar gewesen wäre. Auch diese Erwägungen begegnen Bedenken, worauf die Revision mit Recht hinweist.

Dem Ausgangspunkt des KG ist allerdings zuzustimmen, daß den Unterhaltsberechtigten die Obliegenheit trifft, eigenes Vermögen so ertragreich wie möglich anzulegen, weil auch solche Einkünfte die Bedürftigkeit mindern, die in zumutbarer Weise eingezogen werden könnten, aber nicht eingezogen werden (*Senat,* EzFamR BGB § 1577 Nr. 7 m. w. Nachw.).

Ein Ansatz fiktiver Zinseinkünfte scheidet jedoch aus, wenn das einzusetzende Kapital nicht mehr vorhanden ist (*Senat,* NJW 1988, 2371 (2372)). Nach dem Vortrag der Bekl., den das BerGer. seiner Erwägung zugrunde legt, hat sie den ihr zugeflossenen Verkaufserlös bis auf einen Restbetrag von 40 000 DM verbraucht. Als Einkünfte können deshalb zunächst nur die Zinsen aus der Anlage dieser 40 000 DM angesetzt werden. Die Ausgabe von ca. 165 000 DM kann nicht dann zu Lasten der Bekl. gehen, wenn die Voraussetzungen des § 1579 Nr. 3 BGB gegeben sind (*Senat,* NJW-RR 1986, 746 = FamRZ 1986, 560 (562)).

Für eine mutwillige Herbeiführung der Bedürftigkeit i. S. des § 1579 Nr. 3 BGB ist mindestens eine unterhaltsbezogene Leichtfertigkeit Voraussetzung, die vorliegt, wenn sich der Unterhaltsberechtigte unter grober Mißachtung dessen, was jedem einleuchten muß, oder in Verantwortungs- und Rücksichtslosigkeit gegen den Unterhaltspflichtigen über die erkannte Möglichkeit nachteiliger Folgen für seine Bedürftigkeit hinweggesetzt hat (vgl. *Senat,* FamRZ 1984, 364 (367) m. w. Nachw.). Daß die Bekl. beim Abschluß der Rentenversicherung in diesem Sinn mutwillig gehandelt haben, wird sich kaum sagen lassen, da diese Versicherung der Altersvorsorge diente und als teilweiser Ersatz für den Verlust des Familienheimes angesehen werden konnte, dem ebenfalls in gewissem Umfang Sicherungsfunktion für das Alter zukam. Mutwilligkeit in dem genannten Sinne läßt sich auch bei den umzugsbedingten Neuanschaffungen nicht pauschal, sondern nur nach Prüfung der jeweiligen einzelnen Anschaffung bejahen, da Umzüge erfahrungsgemäß dazu führen, daß vorhandene Einrichtungsgegenstände in der neuen Wohnung nicht passen oder aus anderen Gründen ersetzt werden müssen, wobei dem Umziehenden ein Ermessen zuzubilligen ist.

Hinsichtlich des Sparbriefes in Höhe von 21 000 DM für K hat die Bekl. vorgetragen, daß diese Zuwendung zum teilweisen und versprochenen Ausgleich für die frühere Verwendung von 20 000 DM aus einer dem Kind angefallenen Erbschaft geschehen sei. Nach dem schriftlichen Willen der Erblasserin seien die 20 000 DM als Aussteuer für die Tochter gedacht gewesen. Dieser – unbestrittene – Vortrag spricht ebenfalls gegen eine Mutwilligkeit der Bekl.

BGH v. 16. 5. 90 – XII ZR 40/89 – FamRZ 90, 851 = NJW 90, 2252

R420 *(Unterhalt bei Gütergemeinschaft)*

II. Da die Parteien getrennt leben, kann die Kl. vom Bekl. nach § 1361 I BGB den nach den Lebensverhältnissen und den Erwerbs- und Vermögensverhältnissen der Parteien angemessenen Unterhalt verlangen. Dieser Anspruch besteht unabhängig von dem zwischen Eheleuten geltenden Güterstand (Palandt-Diederichsen, BGB, 49. Aufl., § 1361 Anm. 1 c; Finke, in: RGRK, 12. Aufl., § 1447 Rn. 10 a. E.; Göppinger-Wenz, 5. Aufl., Rn. 1182; für § 1360 BGB vgl. auch: Soergel-Lange, BGB, 12. Aufl., § 1360 Rn. 2 und Soergel-Gaul, § 1420 Rn. 1). Er steht der Kl. daher zu, obwohl sie mit dem Bekl. in Gütergemeinschaft lebt.

Trotzdem ist zu fragen, ob dieser Unterhaltsanspruch durch die Gütergemeinschaft inhaltlich beeinflußt wird. Diese Frage hat das BerGer. sich nicht vorgelegt. Es hat insoweit lediglich geprüft, ob der Unterhaltsbedarf der Kl. dadurch gedeckt ist, daß sie an den Einkünften des Gesamtgutes, das beiden Parteien zur gesamten Hand gehört (§§ 1416 I, 1419 I BGB), rechtlich teilhat und daß für den Unterhalt der Familie gem. § 1420 BGB primär diese Einkünfte zu verwenden sind. Damit wird jedoch die eigentliche Frage verfehlt. Darauf weist die Revision zutreffend hin, wenn sie geltend macht, es gehe um die Verwaltung des Gesamtgutes; um ihren Unterhalt sicherzustellen, müsse die Kl. die Zustimmung des Bekl. zu entsprechenden Verwaltungsmaßnahmen erwirken.

Nach § 1361 IV 1 BGB ist der laufende Unterhalt durch Zahlung einer Geldrente zu gewähren. Die Vorschrift gibt dem unterhaltsbedürftigen Ehegatten also gegen den anderen einen Zahlungsanspruch. Für die Gütergemeinschaft bestimmt hingegen § 1420 BGB, daß „für den Unterhalt der Familie" die Einkünfte, die in das Gesamtgut fallen, vor den in das Vorbehaltsgut fallenden Einkünften „zu verwenden" sind, und der Stamm des Gesamtgutes vor dem Stamm des Vorbehalts- und des Sondergutes. Wie die Worte „Unterhalt der Familie" zeigen, hat die Vorschrift ersichtlich den Unterhalt nach § 1360 BGB im Auge. Leben die Ehegatten jedoch wie hier die Parteien – getrennt, muß sie in gleicher Weise für den Trennungsunterhalt nach § 1361 BGB gelten. Die Vereinbarung von Vorbehaltsgut (§ 1418 BGB) ist nicht behauptet. Nach § 1420 BGB sind daher für den Unterhalt der Kl. in erster Reihe die Einkünfte des Gesamtgutes und dessen Stamm zu verwenden. Erst wenn und soweit diese Vermögenswerte dazu nicht ausreichen, ist für den Unterhalt das Sondergut heranzuziehen.

Zum Gesamtgut der Parteien gehören gem. § 1416 I BGB die Einkünfte aus den beiden Renten des Bekl. sowie aus der Vermietung des Bauernhofes in A. Sondergut, das nach § 1417 I BGB vom Gesamtgut ausgeschlossen ist, sind gem. Abs. 2 der Vorschrift lediglich die Rentenstammrechte und die daraus fließenden Rentenansprüche des Bekl., soweit sie gem. §§ 54 f. SGB I (Erwerbsunfähigkeitsrente) oder §§ 850 II, 850 a ff. ZPO (Rente der Versorgungsanstalt des Bundes und der Länder; vgl. Zöller-Stöber, ZPO, 15. Aufl., § 850 Rn. 7: Ruhegeld) unpfändbar sind und daher nach § 400 BGB nicht abgetreten werden können. Hingegen fallen die einzelnen Rentenzahlungen gem. § 1417 III BGB in das Gesamtgut (vgl. BSG, FamRZ 1980, 676 (677); Soergel-Gaul, § 1417 Rn. 3; Kanzleiter, in: MünchKomm, 2. Aufl., § 1417 Rn. 4; Palandt-Diederichsen, § 1417 Anm. 3; s. auch *Senat,* NJW 1985, 2706 = FamRZ 1985, 263 f.). Die Guthaben auf den von den Parteien oder dem Bekl. allein eingerichteten Bankkonten sind pfändbar und unterliegen nicht dem Abtretungsverbot des § 400 BGB, auch soweit sie aus der Überweisung von Rentenbeträgen herrühren. Der beschränkte Pfändungsschutz solcher Guthaben gem. §§ 55 SGB I, 850 k I ZPO steht dem nicht entgegen. Nach § 55 SGB I (vgl. dazu Burdenski-v. Maydell-Schellhorn, SGB AT, 1976, § 55 Rn. 44) ist die Unpfändbarkeit der durch solche Überweisungen entstehenden Guthaben auf die Dauer von sieben Tagen seit der Gutschrift beschränkt. § 850 k ZPO gibt lediglich dem Vollstreckungsgericht die Möglichkeit, die Pfändung eines

Anhang R. Rechtsprechung **R420**

bestimmten, von der Zeit zwischen der Pfändung und dem nächsten Zahlungstermin abhängigen Teils des Guthabens auf Antrag des Schuldners aufzuheben. Da diese Vorschriften zudem die bestimmungsgemäße Verwendung der überwiesenen Bezüge für den laufenden Lebensbedarf sichern wollen (Stein-Jonas-Münzberg, ZPO, 20. Aufl., § 850 i Rn. 119, § 850 k Rn. 1), hindern sie nicht die Zugehörigkeit der Guthaben zum Gesamtgut, aus dem nach § 1420 BGB gerade der Unterhalt der Familie in erster Reihe zu bestreiten ist. Auch die Bankguthaben fallen daher in das Gesamtgut. Das gilt auch für die vom Bekl. allein auf seinen Namen eingerichteten Konten; denn nach § 1416 I und II BGB wird das Vermögen beider Ehegatten Gesamtgut, ohne daß es der Übertragung der einzelnen Gegenstände bedarf.

Nach den Feststellungen, die das BerGer. zur Höhe der Einkünfte getroffen hat, muß der Senat davon ausgehen, daß das Gesamtgut ausreicht, neben dem entsprechenden eigenen Bedarf des Bekl. auch den angemessenen Unterhaltsbedarf der Kl. zu decken. Gegenteiliges ist weder festgestellt, noch auch nur behauptet. Unter Hinweis darauf, daß der Bekl. die Renten und die Mieten aus dem Anwesen A. vereinnahme, hat das BerGer. vielmehr seine Leistungsfähigkeit als unstreitig festgestellt. Für den Unterhalt der Kl. ist daher nach § 1420 I BGB ausschließlich das Gesamtgut zu verwenden, während ihr der Zugriff auf das Sondergut des Bekl. verschlossen ist. Für die Unterhaltsberechtigung der Kl. ergibt sich daraus folgendes:

Da der Ehevertrag der Parteien keine Bestimmung über die Verwaltung des Gesamtgutes trifft, wird es von beiden gemeinschaftlich verwaltet (§ 1421 S. 2 BGB). Beide Parteien sind demzufolge nur gemeinschaftlich zu Verfügungen über das Gesamtgut berechtigt (§ 1450 I 1 BGB). Jeder Ehegatte ist jedoch dem anderen gegenüber verpflichtet, an Maßregeln mitzuwirken, die zur ordnungsmäßigen Verwaltung des Gesamtgutes erforderlich sind (§ 1451 BGB). Zur ordnungsgemäßen Verwaltung gehört auch die Leistung des aus dem Gesamtgut zu erbringenden Unterhalts (vgl. Finke, in: RGRK, § 1469 Rn. 10; Soergel-Gaul, § 1435 Rn. 3), hier also auch des Trennungsunterhalts der Kl. Soweit der Bekl. die Kl. also daran hindert, aus dem Gesamtgut ihren angemessenen Unterhaltsbedarf zu befriedigen, verletzt er seine Pflicht zur ordnungsmäßigen Verwaltung des Gesamtgutes. Die Kl. kann daher von ihm verlangen, daß er an den Maßregeln mitwirkt, die zur Deckung ihres angemessenen Bedarfs erforderlich sind. Soweit dazu nicht der Weg des § 1452 BGB in Betracht kommt, also die vormundschaftsgerichtliche Ersetzung der Zustimmung des Bekl. zu einem Rechtsgeschäft, kann die Kl. diesen Anspruch im Prozeßwege durchsetzen und vollstrecken. Die Auffassung, nach § 1451 BGB bestehe kein klagbarer Anspruch auf Mitwirkung zu einzelnen Verwaltungsmaßnahmen, vielmehr sei nur eine Klage auf Herstellung des ehelichen Lebens gegeben (Soergel-Gaul, § 1451 Rn. 5; ebenso wohl Palandt-Diederichsen, § 1451 Anm. 1), so daß ein darauf ergehendes Urteil nicht vollstreckbar wäre (§ 888 II ZPO), vermag der Senat zumindest für Fälle wie den vorliegenden nicht zu teilen. Denn hier geht es um die Erfüllung des Rechts eines getrennt lebenden Ehegatten auf Unterhalt, also um einen rein vermögensrechtlichen Anspruch (ebenso allg. bei „Überwiegen des vermögensrechtlichen Elements": Kanzleiter, in: MünchKomm, § 1451 Rn. 8; s. auch Finke, in: RGKR, § 1451 Rn. 4).

Es bleibt daher zu fragen, ob die Kl. neben diesem auf Mitwirkung zur ordnungsmäßigen Verwaltung gerichteten Anspruch aus § 1451 BGB noch Zahlung einer Unterhaltsrente verlangen kann. Das ist jedoch nach dem Zusammenhang der güterrechtlichen Vorschriften nicht der Fall. Allerdings kommt neben dem Anspruch aus § 1451 BGB nach h. M. ein Schadensersatzanspruch entsprechend § 1435 S. 3 BGB in Betracht, der aber nur auf Ersatz einer durch Verletzung der Mitwirkungspflicht eingetretenen Minderung des Gesamtgutes gerichtet ist (Senat, FamRZ 1986, 40 (42); Kanzleiter, in: MünchKomm, Rn. 9; Soergel-Gaul, § 1451 Rn. 5; Finke, in: RGKR § 1451 Rn. 6; Erman-Heckelmann, BGB, 8. Aufl., § 1451 Anm. 1). Beharrliche und nicht ausreichend begründete Weigerung eines Ehegatten, zur ordnungsmäßigen Verwaltung des Gesamtgutes mitzuwirken, berechtigt den anderen außerdem zur Klage auf Aufhebung der Gütergemeinschaft (§ 1469 Nr. 2 BGB). Hingegen sieht das Gesetz nicht vor, daß ein Ehegatte, dem der andere pflichtwidrig die Mitwirkung zur ordnungsmäßigen Verwaltung des Gesamtgutes verweigert, von diesem über die dargelegten Ansprüche und Rechte hinaus Erfüllung oder Schadensersatz verlangen kann. Im Gegenteil bestimmt § 1468 BGB, daß ein Ehegatte, was er zum Gesamtgut oder zum Vorbehalts- oder Sondergut des anderen schuldet, erst nach Beendigung der Gütergemeinschaft zu leisten braucht. Diese Vorschrift, die die Fälligkeit solcher Schulden grundsätzlich bis zur Beendigung der Gütergemeinschaft aufschiebt, gilt für schuldrechtlichen Verbindlichkeiten aller Art (Finke, in: RGRK, § 1468 Rn. 2, 4; Kanzleiter, in: MünchKomm, § 1468 Rn. 2, § 1446 Rn. 2; Soergel-Gaul, § 1468 Rn. 3), etwa auch für den erwähnten Schadensersatzanspruch entsprechend § 1435 S. 3 BGB (Erman-Heckelmann, § 1451 Anm. 1). Sie würde daher auch einen Zahlungsanspruch der Kl. aus § 1361 BGB erfassen, der nach § 1417 II BGB i. V. mit §§ 400 BGB, 850 b I Nr. 2 ZPO in ihr Sondergut fiele (Soergel-Gaul, § 1417 Rn. 5; Erman-Heckelmann, § 1417 Rn. 3; OLG Posen, OLGZ 8, 336). Allerdings sieht § 1468 BGB eine Ausnahme für den Fall vor, daß das eigene Vorbehalts- und Sondergut des Ehegatten zur Erfüllung seiner Schuld ausreichen. Diese Ausnahme könnte der Kl. aber nicht zugute kommen, weil sie – wie dargelegt – nach § 1420

BGB gehindert ist, solche Vermögensmassen des Bekl. für ihren Unterhalt heranzuziehen. Diese materielle Rechtslage findet ihre Entsprechung im Vollstreckungsrecht, wonach eine Zwangsvollstreckung in von den Ehegatten gemeinschaftlich verwaltetes Gesamtgut nur zulässig ist, wenn beide zur Leistung verurteilt sind (§ 740 II ZPO). Die Vollstreckung eines der Ehegatten in das Gesamtgut, zu der dann ein Titel gegen den anderen genügen müßte, ist im Gesetz nicht vorgesehen.

Bei dieser Rechtslage ist die Kl. auf die ihr güterrechtlich eröffneten Wege angewiesen, wenn sie die ordnungsmäßige Verwendung des Gesamtgutes für ihren Unterhalt erreichen will. Ein Zahlungsanspruch gegen den Bekl. nach § 1361 BGB stände ihr daher nur zu, wenn für ihren Unterhalt (auch) sein Sondergut (und falls vorhanden: Vorbehaltsgut) zu verwenden wäre. Das ist aber – wie ausgeführt – nach § 1420 BGB nicht der Fall, da das Gesamtgut ausreicht.

III. Das angefochtene Urteil, das hiernach von der ihm gegebenen Begründung nicht getragen wird, erweist sich aber mit Einschränkung – aus anderen Gründen – als richtig (§ 563 ZPO).

1. Wie unter II. ausgeführt, kann die Kl. nach § 1451 BGB verlangen, daß der Bekl. zu der ordnungsmäßigen Verwaltung des Gesamtgutes einschließlich seiner Verwendung für ihren Unterhalt mitwirkt. Es stellt sich die Frage, ob ihr Klagebegehren nach dieser Vorschrift begründet ist. Da sich ein solcher Anspruch aus dem ehelichen Güterrecht herleitet, handelt es sich nach § 23 b I 2 Nr. 9 GVG auch insoweit um eine Familiensache, für die nach § 621 I Nr. 8 ZPO die Familiengerichte zuständig sind.

Wie unter II. schon ausgeführt, hat die Kl. nach § 1451 BGB einen durchsetzbaren Anspruch auf die Mitwirkung des Bekl. zu einzelnen Maßregeln, die zur ordnungsmäßigen Verwendung des Gesamtgutes (auch) für ihren Unterhalt erforderlich sind. Welche Maßregeln in diesem Sinne erforderlich sind, richtet sich nach den jeweiligen Besonderheiten. Hier ist der Sachverhalt dadurch gekennzeichnet, daß der Bekl. die für den Unterhalt der Kl. wesentlichen Teile des Gesamtgutes dadurch in seine tatsächliche Verfügungsmacht gebracht hat, daß er Renten- und Mieteinnahmen auf von ihm allein auf seinen Namen eingerichtete Bankkonten einzieht. Solange dieser von ihm herbeigeführte Zustand, den die Kl. nach §§ 1450, 1451 BGB nicht hinzunehmen brauchte, andauert, kann er die ordnungsmäßige Verwendung des Gesamtgutes für den Unterhalt der Kl. ohne ihr Zutun dadurch bewirken, daß er ihr aus den Kontoguthaben die zur Deckung ihres Bedarfs erforderlichen Geldmittel zur Verfügung stellt, wie er es in Höhe von monatlich 800 DM bereits tut. Auf die dazu erforderlichen Handlungen reduziert sich daher seine „Mitwirkung", wie die Kl. sie – soweit es allein um ihren Unterhalt geht – nach § 1451 BGB erreichen kann.

Da die Kl. nur Mitwirkung zur ordnungsmäßigen Verwaltung des Gesamtgutes verlangen kann, bedeutet dies allerdings nicht, daß der Bekl. uneingeschränkt zur Zahlung verurteilt werden kann, wie das FamG es getan und das BerGer. es gebilligt hat. Denn aus einem solchen Titel, der nach den Vorschriften des 2. Abschnittes des 8. Buches der ZPO („Zwangsvollstreckung wegen Geldforderungen") zu vollstrecken wäre, könnte die Kl. in das Sondergut (und – falls vorhanden – Vorbehaltsgut) des Bekl. vollstrecken, das aber nach § 1420 BGB nicht zu ihrem Unterhalt zu verwenden ist. Vielmehr kann die Kl. nur verlangen, daß der Bekl. die Handlungen vornimmt, die erforderlich sind, damit sie aus dem Gesamtgut die ihr zustehenden Geldmittel erhält. Ihr Anspruch richtet sich daher auf unvertretbare Handlungen, deren im Weigerungsfall die Zwangsvollstreckung nach § 888 ZPO erwirkt werden können. Da diese Handlungen aber ebenso wie Geldzahlungen der Überlassung von Geldbeträgen dienen, ist das auf ihre Vornahme gerichtete Begehren in dem Zahlungsantrag der Klage enthalten, so daß eine entsprechende Verurteilung nicht gegen das Verbot des § 308 I ZPO verstößt.

2. Die Revision macht allerdings geltend, der Klage fehle das Rechtsschutzbedürfnis, weil der Kl. der einfachere Weg des vormundschaftsgerichtlichen Verfahrens nach § 1452 BGB offenstehe. Dieser Einwand ist jedoch unbegründet, weil nicht davon auszugehen ist, daß die Kl. durch Anrufung des VormG zu ihrem Unterhalt kommen kann. Nach § 1452 BGB kann das VormG auf Antrag die ohne ausreichenden Grund verweigerte Zustimmung des anderen Ehegatten zu einem Rechtsgeschäft ersetzen, dessen Vornahme zur ordnungsmäßigen Verwaltung des Gesamtgutes erforderlich ist. Es ist jedoch nicht ersichtlich, daß es eines Rechtsgeschäftes der Kl. bedarf, damit das Gesamtgut ordnungsgemäß (auch) zu ihrem Unterhalt verwendet wird. Der Bekl. zieht die in Rede stehenden Einkünfte auf Bankkonten ein, die er allein auf seinen Namen eingerichtet hat. Im Verhältnis zu den Geldinstituten ist er daher allein zur Verfügung über die Konten befugt. Zwar könnte die Kl. mit seiner Zustimmung, etwa mit einer ihr von ihm erteilten Bankvollmacht, Abhebungen vornehmen. Doch ist ein solches Vorgehen angesichts der Verfügungsbefugnis und Möglichkeit des Bekl. nicht „erforderlich" i. S. des § 1452 BGB, um ihr hier allein zu beurteilendes Unterhaltsbegehren durchzusetzen.

3. Welche Geldbeträge die Kl. hiernach über die freiwillig gezahlten monatlich 800 DM hinaus aus dem Gesamtgut verlangen kann, beurteilt sich nach der Höhe ihres angemessenen Lebensbedarfs. Dieser ist nach den Maßstäben zu bestimmen, die nach § 1361 BGB für den Anspruch auf Trennungsunterhalt gelten. Insoweit hält das angefochtene Urteil den Angriffen der Revision stand.

Das BerGer. hat ausgeführt: Die ehelichen Lebensverhältnisse der Parteien seien unstreitig jedenfalls durch die beiden Renten des Bekl. und die Mieteinnahmen aus dem Hof in A. ohne Pachtzinsen für die Felder geprägt worden. Daß die Kl. ihren Unterhaltsanspruch unter Beschränkung auf einen Teil der Einkünfte geltend mache, sei prozessual und materiellrechtlich zulässig. So wie es ihr unbenommen sei, von vornherein nur einen zeitlich oder der Höhe nach begrenzten Teil ihres Unterhalts geltend zu machen, könne sie ihr Unterhaltsbegehren auch auf einen Teil der Einkünfte des Bekl. beschränken. Auch dieser wende sich dagegen nicht.

Ob der Sohn R. nach dem 31. 12. 1987 Miete für die mit seiner Familie bewohnte Erdgeschoßwohnung in dem Haus in N., die die Kl. zur Berechnung ihres Unterhaltsbegehrens mit heranziehe, an den Bekl. zahlen oder an das Gesamtgut zahlen müßte, könne offenbleiben; denn das Ergebnis werde hierdurch nicht berührt. Die sich aus den beiden Renten und der Miete aus dem Anwesen A. ergebenden Gesamteinkünfte von 3226,48 DM monatlich seien für die Bemessung des Unterhaltsbedarfs um Aufwendungen für Haftpflichtversicherung, Hausratversicherung und Familien- und Verkehrsrechtsschutzversicherungen von monatlich insgesamt 65,11 DM zu kürzen. Nicht zu berücksichtigen seien hingegen die Heizkosten für die von den Parteien bewohnte Wohnung; sie gehörten zum allgemeinen Lebensbedarf. Auch die Nebenkosten für das Wohnhaus hätten außer Betracht zu bleiben, weil der Nutzungswert der eigenen Wohnung und Mietzinsen für die Wohnung des Sohnes R ebenfalls nicht angesetzt würden. Nutzungswert und Mieteinnahmen des Hauses machten insgesamt etwa 1200 DM monatlich aus. Die von den Parteien erörterten Lasten des Hauses blieben, soweit es sich nicht überhaupt um allgemeine Lebenshaltungskosten wie Strom, Wasser, Heizmaterial u. a. handele, weit darunter.

Den Parteien stünden demnach zur Deckung ihres Lebensbedarfs mindestens 3161,37 DM monatlich zur Verfügung. Beide Ehegatten nähmen gleichmäßig an den ehelichen Lebensverhältnissen teil. Da die maßgeblichen Einkünfte nicht aus einer Erwerbstätigkeit stammten, stehe der Kl. die Hälfte der Einkünfte zu, also monatlich 1580,69 DM. Nachdem der Bekl. seit dem 1. 1. 1988 freiwillig monatlich 800 DM zahle, rechtfertige sich hiermit der von dem AG zugesprochene zusätzliche Unterhalt von monatlich 752 DM.

Die Revision wendet sich mit folgenden Einwänden dagegen, daß das BerGer. bei der Bedarfsbemessung eine Reihe von Aufwendungen unberücksichtigt gelassen hat: Da der Bekl. die gesamten Nebenkosten aus dem Gesamtgut trage, müßten bei der Berechnung des der Kl. zustehenden Anteils auch sämtliche die Gütergemeinschaft belastenden Kosten von dem die ehelichen Lebensverhältnisse prägenden Gesamtbetrag der Einkünfte abgezogen werden. Das gelte zunächst für die Kosten des gemeinsam bewohnten Hauses, nämlich Grundsteuer, Müllabfuhr, Wasser und Abwasser sowie Rücklagen für Reparaturen in einem Gesamtbetrag von monatlich 220,34 DM. Daneben müßten die Heizkosten in der von dem AG angesetzten Höhe von 200 DM monatlich als Aufwendungen, die das Gesamtgut beträfen, abgesetzt werden. Dem Unterhaltsanspruch der Kl. könnten daher allenfalls Einkünfte von 2637,72 DM zugrunde gelegt werden.

Das trifft nicht zu. Das BerGer. hat die Nebenkosten zu Recht dem Nutzwert des gemeinsamen Hauses gegenübergestellt, den es mit monatlich 1200 DM angenommen hat. Bei der Bemessung des Unterhaltsbedarfs der Kl. ist aber die Miete für die Wohnung des Sohnes R mit in Ansatz zu bringen. Denn der Anspruch auf diese Miete hat die Lebensverhältnisse der Parteien geprägt und prägt sie noch, da dieser – zum Gesamtgut gehörende – Anspruch nach wie vor besteht. Der Sohn R hat nach dem Bezug der Wohnung aufgrund einer Vereinbarung mit beiden Ehegatten jahrelang einen monatlichen Mietzins von 500 DM geleistet. Soweit der Bekl. ihm die Zahlung gemäß seiner Erklärung vom 1. 3. 1988 einseitig, gegen den Willen der Kl., erlassen hat, ist dieser Erlaß nach §§ 1453 I, 1366 I BGB unwirksam. Der Bekl. kann den Anspruch auf die Miete also weiterhin durchsetzen – die Einwilligung der Kl. hierzu liegt vor – und den Sohn zur Weiterentrichtung des Mietzinses anhalten.

Werden aber bei Berücksichtigung der erzielbaren Mieteinnahmen die von der Revision angesprochenen Nebenkosten des Hauses einkommensmindernd mit in Ansatz gebracht, so führt dies nicht zu einer Herabsetzung des der Kl. zustehenden Unterhalts. Denn die Nebenkosten liegen mit monatlich insgesamt 420,34 DM unter der Miete von 500 DM für die Wohnung des Sohnes S. Es kann daher offenbleiben, ob die Heizkosten, wie üblich, auch im Güterstand der Gütergemeinschaft zur allgemeinen Lebenshaltung zu zählen (vgl. Kalthoener-Büttner, Rn. 875) und deshalb unterhaltsrechtlich nicht gesondert zu berücksichtigen sind, oder ob insoweit eine andere Beurteilung deshalb geboten ist, weil der unterhaltsbedürftige Ehegatte an der Aufbringung der Kosten für das Heizungsmaterial aus den Mitteln des Gesamtguts in gleicher Weise wie der unterhaltsverpflichtete mit beteiligt ist.

Das BerGer. hat nach alledem den der Kl. zustehenden laufenden Trennungsunterhalt zu Recht in der (noch) geltend gemachten Höhe von monatlich 752 DM über freiwillig gezahlte monatlich 800 DM hinaus bemessen.

Soweit sich das Begehren der Kl. allerdings auf Unterhaltsrückstände für die Zeit von Februar bis einschließlich April 1988 erstreckt, ist das angefochtene Urteil auf die Revision des Bekl. aufzuheben und die Klage insoweit abzuweisen. Die Kl. hat unstreitig in der Zeit vom 13. 1. bis zum 14. 4. 1988 insgesamt 5083 DM von dem Sparkonto der Parteien bei der R-Bank abgehoben und hiervon nach ihrem eigenen Vorbringen – neben anderen Angaben – vorläufig ihren Unterhaltsbedarf gedeckt. Sie war also während dieser Zeit noch in der Lage, ohne Mitwirkung des Bekl. kraft ihres eigenen (Mit-)

R421–R430　　　　　　　　　　　　　　　　　Anhang R. Rechtsprechung

Verwaltungsrechts auf das Gesamtgut zuzugreifen. Da der Bekl., wie dargelegt, nur verpflichtet ist, dazu mit- bzw. darauf hinzuwirken, daß die Kl. aus dem Gesamtgut die zur Deckung ihres Lebensbedarfs erforderlichen Geldmittel erhält, kann die Kl. eine solche Mitwirkung nicht nachträglich für Zeiträume verlangen, in denen sie diese Mittel bereits aus dem – für den Unterhalt bestimmten – Gesamtgut erhalten hat.

BGH v. 30. 5. 90 – XII ZR 57/89 – Fam RZ 90, 1095 = NJW-RR 90, 1410

R421　*(Verwirkung bei Prozeßbetrug)*

　　c) ... Auch sonst begegnet es keinen durchgreifenden rechtlichen Bedenken, daß das BerGer. das betrügerische Verhalten der Bekl. als Verstoß gegen § 1579 Nrn. 2 und 4 BGB angesehen hat. Dieses hat die Möglichkeiten des Kl., sich erfolgreich gegen den Unterhaltsanspruch zur Wehr zu setzen, erheblich beeinträchtigt. Die betrügerische Erwirkung des Urteils vom 16. 7. 1986 hatte insbesondere zur Folge, daß bei der gerichtlichen Auseinandersetzung um den Unterhaltsanspruch der Bekl. die Darlegungs- und Beweislast von ihr auf den Kl. überging. Darin ist eine Verletzung der Vermögensinteressen zu sehen, die geeignet war, den Kl. empfindlich zu schädigen.

BGH v. 26. 9. 90 – XII ZR 45/89 – FamRZ 91, 304 = NJW-RR 91, 132

R425　*(Prägender Abzug von Steuern und Vorsorgeaufwendungen; Erwerbstätigenbonus)*

　　Der Senat ist hiernach zum einen dabei geblieben, daß bei der Ermittlung der ehelichen Lebensverhältnisse auf das tatsächliche Nettoeinkommen abzustellen ist, wie es sich unter Berücksichtigung der gesetzlich bestimmten Abzüge – Steuern, Sozialabgaben usw. – nach den jeweiligen persönlichen Verhältnissen des Einkommensbeziehers ergibt. Bei der Bemessung des Unterhaltsbedarfs der Kl. nach dem Maßstab der ehelichen Lebensverhältnisse (§ 1578 I 1 BGB) ist deshalb entgegen der Auffassung des BerGer. das Nettoeinkommen zugrunde zu legen, das der Bekl. aufgrund der tatsächlichen Besteuerung nach Steuerklasse I zur Verfügung hat (*Senat*, NJW 1990, 2886; NJW 1990, 1477). Ebenso hat der Senat – zum anderen – daran festgehalten, daß bei der Bemessung des Unterhaltsbedarfs nach den ehelichen Lebensverhältnissen dem erwerbstätigen Unterhaltspflichtigen ein die Hälfte des verteilungsfähigen Einkommens maßvoll übersteigender Betrag verbleiben muß; hiermit soll unabhängig von den speziellen Gegebenheiten des einzelnen Falles dem erhöhten Aufwand, der typischerweise mit der Berufstätigkeit verbunden ist, Rechnung getragen und zugleich der Anreiz zur (weiteren) Ausübung einer Erwerbstätigkeit gesteigert werden. Diese Gesichtspunkte gelten grundsätzlich für jeden erwerbstätigen Ehegatten. Daher muß auch dem unterhaltsberechtigten Ehegatten, der nach der Scheidung seinerseits eine Erwerbstätigkeit aufgenommen hat oder dem, wie hier, ein erzielbares Eigeneinkommen aus zumutbarer Erwerbstätigkeit angerechnet wird, von seinem Einkommen ein entsprechender Teil anrechnungsfrei belassen werden.

BGH v. 7. 11. 90 – XII ZR 123/89 – FamRZ 91, 182 = NJW 91, 697

R430　*(Barunterhaltspflicht des betreuenden Elternteils)*

　a　Diese Ausführungen halten der rechtlichen Nachprüfung nicht stand. Die Bekl. kann mit der gegebenen Begründung nicht zur Unterhaltszahlung nach Maßgabe des § 1603 II 1 BGB herangezogen werden.
　　Die Verpflichtung, gem. § 1603 II 1 BGB zum Unterhalt minderjähriger unverheirateter Kinder auch Mittel zu verwenden, die der Elternteil für den eigenen angemessenen Unterhalt benötigen würde, tritt nach § 1603 II 2 BGB nicht ein, wenn ein anderer unterhaltspflichtiger Verwandter vorhanden ist. Das kann entgegen den insoweit von dem BerGer. geäußerten Bedenken auch der andere Elternteil sein (§ 1606 III BGB), sofern er gem. § 1603 I BGB leistungsfähig ist (*Senat*, Urt. v. 26. 10. 1983 – IVb ZR 9/82; BGH, NJW 1980, 934 = FamRZ 1980, 555 (556)). Zwar erfüllt der Elternteil, der – wie hier der Vater der Kl. – minderjährige Kinder betreut, durch deren Pflege und Erziehung seine Unterhaltspflicht regelmäßig in vollem Umfang (§ 1606 III 2 BGB), und er ist, auch wenn er über eigenes Einkommen verfügt, daneben grundsätzlich nicht zum Barunterhalt verpflichtet. Hat indessen der andere Ehegatte nur wesentlich geringere Einkünfte, so daß seine Inanspruchnahme zu einem erheblichen finanziellen Ungleichgewicht zwischen den Eltern führen würde, kann eine andere Regelung in Betracht kommen (*Senat*, Urt. v. 26. 10. 1983 – IV b ZR 9/82; NJW 1980, 2306 = FamRZ 1980, 994 (995); NJW 1981, 923 = FamRZ 1981, 347 (348); NJW 1981, 1559 = FamRZ 1981, 543 (544); BGH, NJW 1980, 934 = FamRZ 1980, 555 (556)). Unter diesem Gesichtspunkt könnte im vorliegenden Fall eine Unterhaltspflicht der Bekl. entfallen, wenn der Vater der Kl. neben deren Pflege und Erziehung auch ihren Barbedarf ohne Gefährdung seines eigenen angemessenen Unterhalts tragen kann.
　　Die Annahme des BerGer., daß dies nicht der Fall sei, ist nicht haltbar.

Es steht nicht im Einklang mit der Rechtsprechung des Senats, daß das OLG entgegen dem von ihm insoweit nicht für entscheidend gehaltenen Wortlaut des § 1603 BGB den angemessenen Selbstbehalt des Vaters der Kl. „erheblich höher" angesetzt hat als nach den von ihm im übrigen herangezogenen Grundsätzen der Düsseldorfer Tabelle, weil andernfalls die Gleichwertigkeit von Betreuungs- und Barunterhalt völlig außer acht gelassen und ein erhebliches Ungleichgewicht zu Lasten des betreuenden Elternteils herbeigeführt würde. Es trifft zwar zu, daß die Betreuung, die ein Elternteil minderjährigen Kindern gewährt, grundsätzlich gleichwertig ist mit dem von dem anderen Elternteil zu leistenden Barunterhalt (*Senat*, NJW 1981, 1559 = FamRZ 1981, 543 (544) m. w. Nachw.). Wie der Senat in dem bereits erwähnten Urteil vom 26. 10. 1983 – IV b ZR 9/82 – entschieden hat, bedeutet das aber nicht, daß der Wert der Betreuungsleistungen rechnerisch – etwa in derselben Höhe wie der geschuldete Barunterhalt – anzusetzen und bei der Ermittlung der (weiteren) Leistungsfähigkeit des betreuenden Elternteils im Hinblick auf § 1603 II 2 BGB von dessen Einkommen vorweg abzuziehen wäre. Ebensowenig geht es an, das unterhaltserhebliche Einkommen durch „erhebliche Erhöhung" des angemessenen Selbstbedarfs praktisch vorab um den Wert der Betreuung zu vermindern. Durch ein solches Vorgehen würde, wie der Fall zeigt, zum einen die Beurteilung der (weiteren) Leistungsfähigkeit des betreuenden Elternteils entgegen dem Sinn und Zweck des § 1603 II 2 BGB verzerrt. Zum andern würde es eine Prüfung der Leistungsfähigkeit des anderen, an sich zum Barunterhalt verpflichteten Elternteils nach dem Maßstab des § 1603 II 1 BGB insoweit überflüssig machen, als der Wert des (mit der Betreuung gleichwertigen) Barunterhalts bereits als zusätzliche Leistung des betreuenden Elternteils berücksichtigt würde (vgl. *Senat*, Urt. v. 26. 10. 1983 – IV b ZR 9/82). Soweit der Vater den Kl. neben der Betreuung tatsächlich noch Barunterhalt erbracht hat und erbringt, hat dies bei der Prüfung der Leistungsfähigkeit beider Eltern nach den Grundsätzen des § 1603 II 1 und 2 BGB i. V. mit § 1603 I BGB außer Betracht zu bleiben (*Senat*, Urt. v. 26. 10. 1983 – IV b ZR 9/82).

(Schätzung nach § 287 ZPO bei Trinkgeldern)
Das BerGer. hat dem nachgewiesenen Nettoeinkommen der Bekl. von monatlich 1200,96 DM im Jahre 1988 und 1287,32 DM ab 1989 Trinkgelder in geschätzter Höhe von monatlich 220 DM hinzugerechnet, obwohl sie unter Beweisantritt geltend gemacht hat, ihre Trinkgelder bewegten sich nur in einer Höhe zwischen 60 DM bis 80 DM pro Monat. Daß das BerGer. diesem Beweisangebot nicht nachgegangen ist – weil die Trinkgeldhöhe nicht „schlüssig vorgetragen" worden sei –, wird von der Revision zu Recht als Verletzung des § 286 ZPO gerügt. Es mag zwar sein, daß die Lebenserfahrung eher für die Ansicht des BerGer. spricht. Die Bekl. hat jedoch konkret und hinreichend substantiiert einen anderen Sachverhalt vorgetragen und diesen in zulässiger Weise unter Beweis gestellt. Dem Beweisantritt mußte nachgegangen werden, bevor eine Beweiswürdigung, gegebenenfalls unter Heranziehung allgemeiner Erfahrungssätze, vorgenommen wurde.

BGH v. 28. 11. 90 – XII ZR 26/90 – FamRZ 91, 542 = NJW-RR 91, 514

(Abänderung notarieller Urkunden)

I. 1. Das BerGer. geht – ohne dies allerdings zu begründen – zu Recht davon aus, daß die Voraussetzungen einer Abänderungsklage vorliegen. Bei dem notariellen Vertrag vom 25. 11. 1983 handelt es sich um eine Urkunde i. S. des § 794 I Nr. 5 ZPO, in welcher Leistungen der in § 323 I ZPO bezeichneten Art übernommen worden sind. Da der Kl. eine wesentliche Änderung der Verhältnisse, die für sein Leistungsversprechen bestimmend waren, geltend macht, ist er nach § 323 IV ZPO berechtigt, die Abänderung im Wege der Klage zu verlangen. Abänderung kann der Kl. grundsätzlich auch schon für die Zeit vor Erhebung der Klage verlangen, hier also für die Monate ab 1. 8. 1987. Dafür ist nicht entscheidend, ob die Bekl. durch das Anwaltsschreiben vom 14. 7. 1987 mit einem Verzicht auf ihre Rechte aus der Urkunde in Verzug gesetzt worden ist. Der Grund liegt vielmehr darin, daß die zeitliche Beschränkung des § 323 III ZPO nur für die Abänderung von Urteilen, nicht hingegen für die von Parteivereinbarungen gilt (BGHZ 85, 64 (73 ff.) = NJW 1983, 228; seither st. Rspr. des Senats, vgl. zuletzt NJW 1990, 3274 = FamRZ 1990, 989 m. w. Nachw.). Handelt es sich wie hier bei dem abzuändernden Titel um eine notarielle Urkunde, kommt es nicht darauf an, ob die Voraussetzungen des § 323 I ZPO vorliegen. Maßgebend sind vielmehr die Regeln des materiellen Rechts. Es ist zu entscheiden, ob in den Verhältnissen, die die Parteien zur Grundlage ihres Vertrages gemacht hatten, derart gewichtige Änderungen eingetreten sind, daß nach den Grundsätzen über den Wegfall der Geschäftsgrundlage ein unverändertes Festhalten an den vereinbarten Leistungen gegen Treu und Glauben (§ 242 BGB) verstoßen würde und daher dem Schuldner nicht zumutbar wäre (*Senat*, NJW 1986, 2054 = FamRZ 1986, 790 m. w. Nachw.).

BGH v. 19. 12. 90 – XII ZR 27/90 – FamRZ 91, 416 = NJW 91, 1049

R435 *(Angemessene Erwerbstätigkeit)*

Soweit das BerGer. seine Beurteilung daneben auf den in 23jähriger Ehezeit erreichten sozialen Status gestützt hat, ist dem zwar im Ausgangspunkt insoweit zu folgen, als § 1574 II BGB die Angemessenheit einer Erwerbstätigkeit des geschiedenen Ehegatten auch von den ehelichen Lebensverhältnissen – in der ganzen Breite dieses Kriteriums – abhängig macht. Dennoch steht auch die Berücksichtigung der ehelichen Lebensverhältnisse unter dem vorrangig zu beachtenden Gebot der wirtschaftlichen Eigenverantwortung (§ 1569 BGB), die es dem geschiedenen Ehegatten grundsätzlich auferlegt, selbst für seinen Unterhalt zu sorgen. Da er allerdings gem. § 1574 I BGB nur eine ihm angemessene Erwerbstätigkeit auszuüben braucht, kann sich bei langer Ehedauer in gehobenen wirtschaftlichen Verhältnissen der Kreis der als angemessen in Betracht kommenden Erwerbstätigkeiten verengen. Das bedeutet aber nicht, daß für eine Ehefrau von 50 Jahren, deren frühere Ausbildung unter Umständen der heute gesetzlich vorgesehenen Qualifikation für den Beruf einer Erzieherin nicht (mehr) entspricht, nach 23jähriger Ehe in guten finanziellen Verhältnissen praktisch keine angemessene Erwerbsmöglichkeit auf dem Arbeitsmarkt bestünde. Ebensowenig kann bei den gegebenen Verhältnissen die Tätigkeit als Verkäuferin in einem gehobenen Einrichtungshaus von vornherein als nicht angemessen beurteilt werden, ohne daß nähere Feststellungen etwa zu dem Stil des Hauses und den dort herrschenden Arbeitsbedingungen, etwa zu Art und Umfang des regelmäßigen Publikumsverkehrs, getroffen sind. Die Beurteilung, ob die derzeitige Tätigkeit der Ehefrau für sie angemessen i. S. von § 1574 II BGB ist, setzt nach alledem in mehrfacher Hinsicht weitere tatsächliche Feststellungen voraus.

BGH v. 10. 7. 91 – XII ZR 166/90 – FamRZ 91, 1163 = NJW 91, 2703

R437 *(Abzug von Kindesunterhalt beim Berechtigten)*

a 1. Das BerGer. hat offengelassen, in welcher Höhe die Kl. für einen anderweitig nicht gedeckten Unterhaltsbedarf ihrer Tochter D aufkommen muß. Denn eine solche Unterhaltspflicht könne sie dem Bekl. nicht entgegenhalten. Werde eine solche Verpflichtung einkommensmindernd berücksichtigt, hätte das zur Folge, daß der Bekl. mittelbar für eine Unterhaltsverpflichtung (mit-)einstehen müsse, die ihn rechtlich nichts angehe. Es komme nicht darauf an, daß in der Zeit des Zusammenlebens der Parteien Zahlungen an die Tochter D tatsächlich aus dem Gesamteinkommen der Familie geleistet worden seien.

Dem kann in dieser Allgemeinheit nicht zugestimmt werden. Es trifft zwar zu, daß der Lebensbedarf eines Unterhaltsberechtigten grundsätzlich nicht die Mittel umfaßt, die er zur Deckung seiner eigenen Unterhaltspflichten gegenüber Dritten benötigt. Ein erwerbstätiger Ehemann braucht daher seiner Frau, die sich ausschließlich der Haushaltsführung widmet, keine Mittel zur Verfügung zu stellen, damit sie ihre bedürftigen Verwandten – auch nichteheliche oder Kinder aus einer früheren Ehe – unterhalten kann (vgl. nur Göppinger-Kindermann, 5. Aufl., Rn. 974).

Im vorliegenden Fall geht es indessen um eine andere Fragestellung. Wenn der Trennungsunterhalt begehrende Ehegatte, wie hier die Kl., eigene Einkünfte erzielt, die für die Bemessung seines Unterhalts nach der Differenzmethode herangezogen werden, besteht von Gesetzes wegen kein Grund, diese Einkünfte ungeachtet von Unterhaltsansprüchen Dritter ungeschmälert zur unterhaltsrechtlichen Entlastung des anderen Ehegatten einzusetzen. Es kann dahinstehen, ob ein solcher Vorrang für die Bemessung des nachehelichen Unterhalts aus dem Grundsatz der Eigenverantwortlichkeit (§ 1596 BGB) und der Regelung des § 1577 BGB hergeleitet werden könnte. Für den Anwendungsbereich des § 1361 BGB fehlen entsprechende Bestimmungen. Nach der Rechtsprechung des BGH muß es ein alleinverdienender Ehegatte während bestehender Ehe gegebenenfalls sogar dulden, daß sein an sich nur den Haushalt führender Ehegatte aus einer Nebentätigkeit Mittel erwirtschaftet, die ausschließlich für das Barunterhalt anderweitig betreuter Kinder, etwa aus einer früheren Ehe, verwendet werden (BGHZ 75, 272 = NJW 1980, 340; vgl. auch Senat, NJW 1986, 1869 = FamRZ 1986, 668). Daß Einkünfte eines Ehegatten aus Vermögenserträgen, die er bereits während des Zusammenlebens zur Deckung des Unterhalts seines erstehelichen Kindes eingesetzt hat, von der Trennung an nur noch für den Unterhaltsbedarf der Eheleute verfügbar sein sollen, ist nicht einzusehen. Solche Verbindlichkeiten weiterhin einkommensmindernd zu berücksichtigen, gebietet nicht zuletzt der Grundsatz der Gleichbehandlung (zutreffend Schwab-Borth, Hdb. d. ScheidungsR, 2. Aufl., IV Rn. 607; Soergel-Hermann Lange, BGB, 12. Aufl., § 1361 Rn. 9; vgl. OLG Stuttgart, FamRZ 1987, 1030 (1031)). Denn beim Unterhaltspflichtigen kann – selbst noch für den nachehelichen Unterhalt – bei der Bemessung des Unterhaltsbedarfs nach einer Quote aus der Differenz beiderseitiger Einkünfte vorweg der Kindesunterhalt abgezogen werden, auch wenn es um die Unterhaltspflicht für ein nicht gemeinschaftliches Kind geht, für das er bereits während der Ehe aufzukommen hatte, so daß bereits die ehelichen

Lebensverhältnisse dadurch mitgeprägt waren. Der Senat hat entsprechende Vorwegabzüge vom Einkommen des Verpflichteten grundsätzlich sogar für geboten erachtet, soweit die sich daraus ergebende Verteilung der zum Unterhalt von Ehegatten und Kindern zur Verfügung stehenden Mittel nicht in einem Mißverhältnis zum wechselseitigen Lebensbedarf der Beteiligten steht; dies gilt auch für den Fall, daß der Unterhalt an ein volljähriges Kind zu entrichten ist (*Senat,* NJW-RR 1990, 578 = FamRZ 1990, 979 (980 unter 4); NJW 1987, 1551 = FamRZ 1987, 456 (458 f.) m. w. Nachw. zur Senatsrechtsprechung). Gewährt ein getrennt lebender Ehegatte seinem Kind aus früherer Ehe aus eigenen Einkünften Unterhalt, sind daher diese Unterhaltsleistungen, soweit ihnen eine Verpflichtung zugrunde liegt, bei der Bemessung des Trennungsunterhalts jedenfalls dann vorweg abzusetzen, wenn er das Kind schon während des Zusammenlebens der Ehegatten unterhalten hat. Da es danach entgegen der Auffassung des BerGer. nicht unerheblich ist, in welchem Umfang die Kl. für einen ungedeckten Unterhaltsbedarf ihrer erstehelichen Tochter D aufzukommen hat, und ob entsprechende Unterhaltsleistungen an dieses Kind bereits die ehelichen Lebensverhältnisse geprägt haben, müssen die dazu erforderlichen tatrichterlichen Feststellungen nachgeholt werden.

(Aufgedrängte Vermögensbildung)
2. Durchgreifenden Bedenken unterliegt das Berufungsurteil auch in der Beurteilung der Frage, ob **b** die von der Kl. erzielten Einkünfte aus dem Gewerbeobjekt M. um Tilgungsleistungen zu kürzen sind, die sie vertragsmäßig an den Kreditgeber jährlich zu erbringen hat. a) Die Kl. erzielt ihre Einkünfte aus einem zur Zeit an die Firma X verpachteten Ladenlokal in einem Gebäude, das im sogenannten Bauherrenmodell errichtet worden ist. Den Kaufpreis hat sie durch Kredite in Höhe von zusammen 1,2 Mio. DM voll finanziert, die – beginnend mit dem 5. 3. 1983 – mit jährlich 1% auf die jeweils bestehende Schuld zu tilgen sind. Das BerGer. hat zugunsten der Kl. unterstellt, daß eine Umstellung der Finanzierung mit einer Ermäßigung der Gesamtbelastung nicht möglich und ein Verkauf des Objektes wirtschaftlich nicht sinnvoll ist, weil günstigere Vermögenserträge dadurch nicht erzielt werden können. Davon ist revisionsrechtlich auszugehen.

Seine Auffassung, daß die Tilgungsleistungen nicht einkommensmindernd berücksichtigt werden könnten, hat das BerGer. damit begründet, daß dem Gesichtspunkt der Vermögensbildung das größere Gewicht zukomme; es erscheine nicht angemessen, diese durch Unterhaltsleistungen des Verpflichteten mitfinanzieren zu lassen. Dem weiteren von der Kl. verfolgten Zweck, nämlich überhaupt Einnahmen zu erzielen, hat das BerGer. keine ausschlaggebende Bedeutung zugemessen. In einer Kontrollberechnung hat es dargelegt, daß der Kl. trotz der Tilgungsleistungen unter Einschluß des ausgeurteilten Unterhaltsanspruchs noch ein einigermaßen auskömmliches Resteinkommen verbleibe, nämlich monatlich 4038 DM im Jahre 1988 und monatlich 3066 DM im Jahre 1989.

b) Im Ausgangspunkt ist dem OLG zuzustimmen. In welchem Umfang Kreditverbindlichkeiten bei der Unterhaltsbemessung einkommensmindernd zu berücksichtigen sind, läßt sich nicht generell und nach bestimmten, ausnahmslos gültigen Grundsätzen beurteilen, sondern hängt in mehrfacher Hinsicht von den Umständen des Einzelfalles ab. In Fällen, in denen die Leistungsfähigkeit eines Unterhaltsverpflichteten zu beurteilen war, hat der Senat den Standpunkt eingenommen, daß zwischen berücksichtigungswürdigen und anderen Verbindlichkeiten zu unterscheiden ist. Da jede Rechtsposition unter dem Vorbehalt von Treu und Glauben steht, kann sich der Unterhaltspflichtige nicht auf Verbindlichkeiten berufen, die er ohne verständigen Grund eingegangen ist. Erforderlich ist eine umfassende Interessenabwägung nach billigem Ermessen. Bedeutsame Umstände sind dabei insbesondere der Zweck der Verbindlichkeiten sowie der Zeitpunkt und die Art ihrer Entstehung. Rühren die Schulden aus der gemeinsamen Lebensführung zur Zeit des Zusammenlebens der Eheleute her, so sind sie grundsätzlich zu berücksichtigen (*Senat,* NJW 1984, 1237 = FamRZ 1984, 358 (360)). Andererseits ist ein unterhaltspflichtiger Ehegatte nicht berechtigt, auf Kosten des Unterhaltsbedürftigen Vermögen zu bilden, mit der Folge, daß die Zins- und Tilgungsaufwendungen, die bei Beteiligung an einem Bauherrenmodell anfallen, nicht einkommensmindernd berücksichtigt werden können (*Senat,* NJW-RR 1987, 194 = FamRZ 1987, 36 (37); NJW-RR 1987, 1218 = FamRZ 1987, 913 (916)). Ähnliche Gesichtspunkte sind für die Beurteilung heranzuziehen, ob und inwieweit es auf seiten des Unterhaltsberechtigten zu berücksichtigen ist, daß seine in die Differenzberechnung eingehenden Einkünfte durch Tilgung von Krediten geschmälert werden.

Die Revision rügt mit Erfolg, daß das BerGer. wesentliche Gesichtspunkte nicht oder nicht ausreichend in seine Abwägung einbezogen hat. Die Kl., die damals einkommenslos war, kann während der Ehe im Rahmen eines Bauherrenmodells ein finanzielles Engagement in Millionengröße nur mit Wissen und Wollen des Bekl. eingegangen sein; dessen überdurchschnittliche Einkünfte erlaubten es den Parteien nicht nur, in erheblichem Umfang Verbindlichkeiten einzugehen, sondern legten es ihnen geradezu nahe, Vermögensanlageformen zu suchen, die eine Verminderung der Einkommensteuerlast mit sich brachten. Unstreitig hat der Bekl. durch die Ausnutzung der Abschreibungsmöglichkeiten, die mit dem in Rede stehenden Gewerbeobjekt in Verbindung mit der gemeinsamen Veranlagung der Parteien verbunden waren, mehrere Jahre lang erhebliche Steuerersparnisse erzielt. Dieser Zweck dürfte nach der Lebenserfahrung auch ein stärkeres Motiv für die Anlageentscheidung der Parteien dargestellt haben als nur die Möglichkeit einer Vermögensbildung, für die es günstigere Formen gegeben hätte. Jedenfalls steht außer Zweifel, daß beide Parteien von der Beteiligung an diesem Bauvorhaben wirtschaftlich profitiert haben und dadurch jedenfalls ihre ehelichen Lebensverhältnisse geprägt worden sind. Der eheliche Lebensstandard ist durch die jährlich aufzubringende Tilgung von 1% des Restkapitals nicht wesentlich beeinträchtigt worden, denn ihre zusammengerechneten Monatseinkünfte von über 10 000 DM erlaubten die Vermögensanlage in der in Rede stehenden Größe. Unter diesen Voraussetzungen erscheint es schwer erträglich, nach der Trennung der Parteien nunmehr diesen Tilgungsbetrag – den die Kl. mit monatlich 1855,60 DM berechnet, der aber im Lauf der Jahre durch fortschreitende Tilgung bei festen Annuitäten zunimmt – in voller Höhe ihren Einkünften zuzurechnen mit der Folge, daß sich die ihr für den laufenden Lebensbedarf verbleibenden Mittel erheblich verringern und ein sozialer Abstieg eintritt, der durch die Regelung des § 1361 BGB gerade vermieden werden soll.

Die Kontrollberechnung des BerGer. gibt kein zutreffendes Bild über die ihr zur Verfügung stehenden Mittel. So ist für das Jahr 1989 nicht von monatlichen Barmitteln in Höhe von 4028,51 DM auszugehen, denn in diesem Betrag ist der Wohnvorteil enthalten. Ohne den ausgeurteilten Unterhalt hatte die Kl. lediglich Pachteinnahmen in Höhe von 3374,75 DM. Hätte sie davon die Tilgungsleistungen mit monatlich 1855,60 DM zu tragen, verblieben ihr bei gedecktem Wohnbedarf lediglich 1519,15 DM, die sich bei Unterhaltsleistungen an die Tochter D noch weiter vermindern würden. Jedenfalls liegt auf der Hand, daß die Kl. auch bei Hinzurechnung des vom BerGer. zugesprochenen Unterhalts von monatlich 893 DM nicht mehr über Mittel verfügen würde, die ihr ohne erhebliche Einschränkung ihres ehelichen Lebensstandards weiterhin eine Vermögensbildung in Höhe von monatlich 1855,60 DM erlauben könnten.

In einem derartigen Fall, der als eine durch die Verhältnisse „aufgedrängte" Vermögensbildung bezeichnet werden könnte, muß nach einer Lösung gesucht werden, die die Folgen der während des Zusammenlebens der Eheleute getroffenen Anlageentscheidung nicht einseitig auf den wirtschaftlich schwächeren und daher unterhaltsbedürftigen Ehegatten verlagert. Leben die Ehegatten, wie hier, im gesetzlichen Güterstand, bietet es sich an, jedenfalls für die Zeit bis zur Erhebung des Scheidungsantrages derartige Tilgungsleistungen unterhaltsrechtlich von den Einkünften des Berechtigten abzusetzen, da sie ihm tatsächlich nicht für die Deckung seines Lebensbedarfes zur Verfügung stehen, während andererseits der Unterhaltsverpflichtete an Vermögenszuwächsen bis zu diesem Zeitpunkt im Wege des Zugewinnausgleichs noch teilnimmt. Für die anschließende Zeit bis zur Scheidung (und für den hier jedoch nicht in Frage stehenden nachehelichen Unterhalt) ließe sich daran denken, unterhaltsrechtlich in gleicher Weise zu verfahren, den sich dadurch ergebenden (höheren) Unterhaltsanspruch jedoch gem. § 1361 III i. V. mit § 1579 Nr. 7 BGB unter Billigkeitsgesichtspunkten maßvoll herabzusetzen; dabei wäre einerseits dem Umstand Rechnung zu tragen, daß der Verpflichtete an einer Vermögensmehrung auf seiten des Berechtigten nicht (mehr) teilnimmt, andererseits der Berechtigte durch die – im Verhältnis zu seinen sonstigen Mitteln – zu hohen Tilgungsleistungen Einbußen in seinem Lebensstandard hinnehmen muß, die aus einer unter ganz anderen Verhältnissen einvernehmlich getroffenen Anlageentscheidung nachwirken, die aufrechtzuerhalten aber auch im Interesse des Unterhaltsverpflichteten liegt (vgl. zu diesem Gesichtspunkt Palandt-Diederichsen, BGB, 50. Aufl., § 1361 Rn. 17).

(Kein Abzug von $^1/_7$ bei sonstigen Einkünften)

c   Für die neue Verhandlung erscheint folgender Hinweis veranlaßt: Falls das BerGer. erneut den Unterhaltsanspruch der Kl. nach einer $^3/_7$-Quote aus der Differenz der beiderseitigen Einkünfte berechnen will, wird es sich die Frage vorlegen müssen, ob das unter den Gegebenheiten des Falles gerechtfertigt ist. Es bewirkt nämlich, daß beiden Parteien ein Bonus von $^1/_7$ ihren sämtlichen Einkünften vorab belassen wird, also auch soweit es sich um Kapitalerträge, Einkünfte aus Vermietung und Verpachtung und Gebrauchsvorteile handelt. Soweit Einkünfte nicht aus einer Erwerbstätigkeit herrühren, bedarf eine Abweichung vom Grundsatz der gleichmäßigen Teilhabe der Ehegatten am ehelichen Lebensstandard aber einer besonderen Begründung (vgl. *Senat*, NJW 1982, 2442 = FamRZ 1982, 894 (895); NJW 1984, 2358 = FamRZ 1984, 662 (664)). Falls diese nicht besteht, wird der Bonus nur von den Einkünften des Bekl. aus Erwerbstätigkeit gewährt werden dürfen. Der Unterhaltsanspruch der Kl. ist dann in Höhe der Hälfte aus der Differenz ihrer Einkünfte zur Summe aus den (vollen) Mieteinkünften und $^6/_7$ der Erwerbseinkünfte des Bekl. zu bilden (vgl. *Senat*, NJW 1989, 2809 = FamRZ 1989, 1160 (1162f. unter 5 b)).

BGH v. 27. 11. 91 – XII ZR 226/90 – FamRZ 92, 291 = NJW 92, 906

R440   *(Ärztliche Behandlung als Lebensbedarf)*

1. Ärztliche Behandlungen sind, wie der Senat in dem Urteil vom 13. 2. 1985 (BGHZ 94, 1 (6) = NJW 1985, 1394 in Übereinstimmung mit der h. M. im Schrifttum entschieden hat, zum Lebensbedarf

der Familie i. S. von § 1357 BGB zu rechnen, da sie der Gesundheit als dem „primären und ursprünglichen Lebensbedarf" dienen. 2. Bei der Beurteilung der Frage, ob eine ärztliche Behandlung zur „angemessenen" Deckung des Lebensbedarfs der Familie bestimmt ist, hat sich der Senat in dem genannten Urteil mit der im Gesetzgebungsverfahren zu § 1357 I BGB n. F. geäußerten Vorstellung auseinandergesetzt, Geschäfte größeren Umfangs, die ohne Schwierigkeiten zurückgestellt werden könnten, sollten nicht unter § 1357 BGB fallen; auf diese Weise solle der an dem Rechtsgeschäft nicht beteiligte Ehegatte vor einer überraschenden Inanspruchnahme aus Alleingeschäften größeren Umfangs geschützt werden, die der andere Ehegatte ohne vorherige Abstimmung mit ihm eingegangen sei. Der Senat hat diese in erster Linie auf größere Anschaffungen und Investitionen zugeschnittenen Kriterien in dem damals zur Entscheidung stehenden Fall auch angewandt auf den Abschluß eines Behandlungsvertrages über kostspielige Wahlleistungen bei privater Behandlung der Ehefrau durch den Chefarzt. Dies steht im Einklang mit der auch im Schrifttum vertretenen Auffassung, daß eine besonders teure, aber in sachlicher oder zeitlicher Hinsicht nicht gebotene ärztliche Behandlung – z. B. spezieller Zahnersatz, privatärztliche Behandlung, Zusatzleistungen eines Krankenhauses – in der Regel nur dann unter § 1357 BGB fällt, wenn sich die Ehegatten hierüber ausdrücklich abgestimmt haben (vgl. *Wacke,* in: MünchKomm, 2. Aufl., § 1357 Rn. 30, 31; Soergel-Lange, BGB, 12. Aufl., § 1357 Rn. 14). Nur unter dieser Voraussetzung dient die Inanspruchnahme derartiger besonders kostspieliger, medizinisch nicht indizierter Sonderleistungen der – nach den individuellen Verhältnissen der Eheleute zu beurteilenden – „angemessenen" Deckung des Lebensbedarfs (BGHZ 94, 1 (9) = NJW 1985, 1394; vgl. Erman-Heckelmann, BGB, 8. Aufl., § 1357 Rdnrn. 11 ff., 14).

So liegt der Fall hier jedoch nicht. Der verstorbene Ehemann der Bekl. hat keine ärztlichen Sonderleistungen in Anspruch genommen; auch war die Behandlung, der er sich unterzog, unaufschiebbar, medizinisch notwendig und bot ohne Alternative die einzige Heilungschance. Bei dieser Sachlage diente die Behandlung trotz der mit ihr verbundenen erheblichen Kosten, die die finanziellen Möglichkeiten der Eheleute sichtlich überstiegen, der angemessenen Deckung des Lebensbedarfs der Familie.

BGH v. 18. 12. 91 – XII ZR 2/91 – FamRZ 92, 423 = NJW 92, 1044

(Wohnwert bei Kindesunterhalt) R442

a) Die Berechnung des BerGer. ist schon deshalb rechtlich zu beanstanden, weil sie nicht berücksichtigt, daß das Haus außer von der Ehefrau auch von den beiden Kindern bewohnt wird, für die der Ehemann Unterhaltsrenten entrichtet, die bis einschließlich Juni 1990 monatlich insgesamt 1220 DM betragen haben und von da ab unter Berücksichtigung des seit Juli 1990 der Ehefrau zufließenden Kindergeldes monatlich insgesamt 1310 DM ausmachen. Ein Teil dieser Beträge ist für den Wohnbedarf der Kinder bestimmt und deckt daher die der Ehefrau selbst erwachsenden Wohnkosten entsprechend (vgl. *Senat,* NJW 1989, 2809 = FamRZ 1989, 1160 (1163)).

(Keine Verpflichtung des Unterhaltsschuldners zur Tilgung von Schulden des Berechtigten oder Finanzierung der Vermögensbildung des Berechtigten; kein Schuldenabzug bei nichtprägendem Wohnwert)

b) Auch sonst unterliegt die Entscheidung durchgreifenden rechtlichen Bedenken. Der Sachverhalt wirft zwei Fragen auf, die es zu unterscheiden gilt. Da die Ehefrau für den Hausbau Kreditverbindlichkeiten von 200 000 DM aufgenommen hat, aus denen ihr nach den Feststellungen des BerGer. monatliche Belastungen von 1400 DM erwachsen, stellt sich zunächst die Frage, ob diese Belastungen unterhaltsrechtlich zu berücksichtigen sind. Die andere Frage ergibt sich daraus, daß die Ehefrau den ihr zugeflossenen Betrag aus dem Hausverkauf vor dem hier zu beurteilenden Unterhaltszeitraum für den Bau eines Eigenheimes verwendet hat. Sie geht dahin, ob es der Ehefrau obliegt, ihr in dem Eigenheim gebundenes Vermögen zur Erzielung höherer Erträge (wieder) umzuschichten und auf diese Weise ihren Bedarf zu decken.

aa) Die erstgenannte Frage, die das BerGer. nicht erörtert hat, ist zu verneinen. Soweit es um die Beiträge zur Lebensversicherung geht, die der Tilgung der Kredite dienen, ergibt sich das schon daraus, daß es nicht zu den Zwecken des Ehegattenunterhalts gehört, dem Unterhaltsberechtigten die Bildung von Vermögen zu ermöglichen, auch wenn der Unterhaltsverpflichtete dazu in der Lage ist (vgl. *Senat,* NJW-RR 1987, 194 = FamRZ 1987, 36 (39)). Nichts anderes gilt aber auch für die übrigen Verbindlichkeiten. Denn die Unterhaltspflicht umfaßt grundsätzlich nicht die Verpflichtung, Schulden des anderen Ehegatten zu tilgen (*Senat,* NJW 1085, 2265 = FamRZ 1985, 902 m. w. Nachw.). Etwas anderes mag in Betracht kommen, wenn ein Berechtigter eigene Einkünfte hat, die an sich den Bedarf – ganz oder teilweise – zu decken geeignet sind, die er jedoch (teilweise) zur Tilgung seiner Verbindlichkeiten einsetzt (vgl. Schwab-Borth, Hdb. d. ScheidungsR, 2. Aufl., Teil IV Rn. 607 sowie auch Palandt-Diederichsen, BGB, 50. Aufl., § 1361 Rn. 15). So ist dies hier jedoch nicht der Fall. Vielmehr hat die Ehefrau die Kredite in Kenntnis der Tatsache aufgenommen, daß sie die daraus resultierenden laufenden Belastungen nicht aus eigenen Einkünften aufzubringen vermag. Auch wenn man in diesen laufenden Belastungen eine Erhöhung ihrer Bedürftigkeit erblickt (vgl. Hoppenz, NJW

1984, 2327), führt das nicht zu einer entsprechenden Erhöhung der Unterhaltspflicht. Aus der Verpflichtung des Unterhaltsschuldners, für den angemessenen Wohnbedarf des Unterhaltsberechtigten zu sorgen, kann kein Anspruch auf Ermöglichung des Erwerbs von Wohneigentum und Zahlung von Unterhalt hergeleitet werden, der die laufenden Kosten der Finanzierung eines solchen Eigentumserwerbs deckt (vgl. *Senat*, Urt. v. 4. 4. 1984 – IV b ZR 77/82).

(Obliegenheit zur Vermögensumschichtung; objektive Marktmiete bei Wohnwert nach Scheidung)

c bb) Damit kommt es für die Prüfung, ob die Ehefrau entsprechend der Beurteilung des BerGer. die Differenz zwischen ihrem Unterhaltsbedarf und dem ermittelten Gebrauchsvorteil aus dem eigenen Haus als Unterhalt beanspruchen kann, auf die andere der oben genannten Fragen, mithin darauf an, ob sie eine Obliegenheit zur Vermögensumschichtung und zu ertragreicherer Anlage trifft.

Das hängt entgegen der Ansicht des BerGer. nicht davon ab, ob die Voraussetzungen des § 1579 Nr. 3 BGB erfüllt sind, insbesondere der Ehefrau mutwilliges Verhalten vorzuwerfen ist. Denn es geht nicht um den Ausschluß eines an sich zu bejahenden Unterhaltsanspruchs, sondern um die Prüfung, ob die Voraussetzungen eines Unterhaltsanspruchs überhaupt erfüllt sind. Ist die Obliegenheit zu bejahen, so ist die Ehefrau nicht bedürftig, soweit sie durch eine ihr obliegende Vermögensumschichtung höhere Erträge erzielen würde als bisher, und hat sie insoweit keinen Unterhaltsanspruch. Ob eine Obliegenheit zur Vermögensumschichtung besteht, bestimmt sich nach Zumutbarkeitsgesichtspunkten, wobei unter Berücksichtigung der Umstände des Einzelfalles die Belange des Unterhaltsberechtigten und des -verpflichteten gegeneinander abzuwägen sind. Es kommt darauf an, ob den Unterhaltsverpflichteten die Unterhaltslast besonders hart trifft; andererseits muß dem Vermögensinhaber ein gewisser Entscheidungsspielraum belassen werden. Die tatsächliche Anlage des Vermögens muß sich als eindeutig unwirtschaftlich darstellen, ehe der Unterhaltsberechtigte auf eine andere Anlageform und daraus erzielbare Beträge verwiesen werden kann (vgl. *Senat*, NJW-RR 1986, 683 = FamRZ 1986, 439 (440); NJW-RR 1986, 786 = FamRZ 1986, 560 (567)).

Eine derartige Abwägung hat das BerGer. nicht vorgenommen. Es hat lediglich auf die ehelichen Lebensverhältnisse abgehoben, durch die Vermögensanlage der Ehefrau nur fortgesetzt würden, und ausgeführt, daß in dieser Vermögensdisposition kein mutwilliges Verhalten liege. Das reicht nicht aus, um die erörterte Obliegenheit zu verneinen. Wie die Revision zutreffend geltend macht, ist bislang nicht festgestellt, welche Rendite die Ehefrau bei einer anderen Anlageform erzielen könnte. Die Revision weist darauf hin, der vom BerGer. beauftragte Sachverständige habe in seinem Gutachten über die ortsübliche Vergleichsmiete dargelegt, daß die erzielbare Mindestrentabilität bei einer Summe von 300 000 DM üblicherweise nach dem Ertrag zu bemessen sei, den eine Anlage in öffentlichen Anleihen erbringe. Dieser Ertrag belaufe sich auf einen monatlichen Betrag von nominell 2100 bis 2200 DM und „real" von ca. 1500 DM bei relativ geringen, noch zu berücksichtigenden Werbungskosten. Dabei versteht der Sachverständige unter der „Real"-Rendite den um die Preissteigerungsrate gekürzten Zinsertrag. Eine solche Berücksichtigung der Preissteigerungsrate steht indessen im Widerspruch zur Rechtsprechung des Senats, wonach Kapitalerträge die Bedürftigkeit in der Höhe mindern, in der sie dem Ehegatten nach Abzug von Werbungskosten und Steuern tatsächlich zufließen, und nicht noch einem Abzug zum Ausgleich inflationsbedingter Wertverluste unterliegen (*Senat*, NJW-RR 1986, 687 = FamRZ 1986, 441). Danach kann hier auf die „Real"-Rendite nicht abgestellt werden; vielmehr ist zugunsten der Revision davon auszugehen, daß sich bei einer herkömmlichen, hinreichend sicheren Anlageform eine monatliche Rendite von 2100 bis 2200 DM erzielen ließe. Demgegenüber hat das BerGer. die ortsübliche monatliche Miete für das Haus mit 1750 DM festgestellt. Dieser Betrag kann jedoch nicht als der Ertrag angesehen werden, den der zugeflossene Erlösanteil durch seine Anlage in dem Eigenheim erbringt. Vielmehr muß die Ehefrau, um in den Genuß der Gebrauchsvorteile des Hauses zu gelangen, für die auf dem Haus ruhenden Belastungen nach den Feststellungen des BerGer. monatlich 1400 DM aufwenden. Damit beträgt die verbleibende Rendite 350 DM monatlich. Bei einem derartigen Unterschied zwischen der zu erreichenden und der tatsächlich erzielten Rendite muß die tatsächliche Anlage des Vermögens als eindeutig unwirtschaftlich angesehen werden. Unter diesen Umständen läßt sich eine Obliegenheit der Ehefrau zur Umschichtung ihres Vermögens nach den bisher getroffenen Feststellungen nicht verneinen.

(Bedarfsdeckung durch nichtprägenden Wohnwert oder Zinsen; kein Vorsorgeunterhalt bei Kapitaleinkünften)

d 5. Hiernach muß das Urteil, soweit es angefochten ist, insgesamt aufgehoben werden. Der Senat vermag nicht auszuschließen, daß im Falle einer Bejahung der Obliegenheit die Bedürftigkeit der Ehefrau vollständig entfällt, weil die erzielbaren Einkünfte ihren Unterhaltsbedarf in vollem Umfang decken. Dabei kommt es allein auf den Bedarf an, der den Elementar- und den Krankenvorsorgeunterhalt betrifft. Ein Altersversorgungsunterhalt steht ihr in diesem Fall nicht zu, weil es sich bei den möglicherweise erzielbaren Einkünften um Kapitaleinkünfte handelt, die der Ehefrau auch im Alter sowie bei Berufs- oder Erwerbsunfähigkeit unverändert zufließen, so daß ein Bedarf nach § 1578 II BGB ausscheidet.

BGH v. 29. 1. 92 – XII ZR 239/90 – FamRZ 92, 539 = NJW 92, 1621

(Abänderung eines Unterhaltsvergleichs) R444

Da es sich bei dem abzuändernden Unterhaltstitel nicht um ein Urteil, sondern um einen Prozeßvergleich handelt, erfolgt die in § 323 IV i. V. mit § 794 I Nr. 1 ZPO vorgesehene Anpassung des Titels an veränderte Umstände wie bei sonstigen privatrechtlichen Rechtsgeschäften allein nach den Regeln des materiellen Rechts. § 323 I ZPO ist in diesem Fall bedeutungslos. Maßgeblich sind die aus § 242 BGB abgeleiteten Grundsätze über die Veränderung oder den Fortfall der Geschäftsgrundlage, die eine Anpassung rechtfertigen, wenn es einem Beteiligten nach Treu und Glauben nicht zugemutet werden kann, an der bisherigen Regelung festgehalten zu werden. Das kann bei einem gerichtlichen Vergleich über Unterhaltsleistungen, wie er hier zugrunde liegt, vor allem bei beengten wirtschaftlichen Verhältnissen bereits deutlich unterhalb einer Schwelle von etwa 10% der Fall sein, wie sie als Anhaltspunkt für eine wesentliche Veränderung der Verhältnisse i. S. von § 323 I ZPO befürwortet wird. Die nach § 242 BGB maßgebliche Frage, ob bei einem Festhalten an einem gerichtlichen Unterhaltsvergleich die Opfergrenze überschritten würde, entzieht sich einer derartigen schematischen Beurteilung und kann von dem Tatrichter nur aufgrund einer an den Verhältnissen des Falles ausgerichteten umfassenden Würdigung aller Umstände sachgerecht beantwortet werden (*Senat*, NJW 1986, 2054 = FamRZ 1986, 790 (791)).

Diesem Erfordernis trägt das Berufungsurteil in angemessener Weise Rechnung. Das BerGer. hat rechtsfehlerfrei einen Wegfall der Geschäftsgrundlage des gerichtlichen Vergleichs deshalb bejaht, weil einerseits eine weitere Unterhaltspflicht des Kl. gegenüber seinem Sohn aus zweiter Ehe begründet worden ist und andererseits sowohl der Bedarf der Bekl. als auch das Einkommen des Kl. seit 1985 gestiegen sind. Soweit das BerGer. die Unterhaltsbeträge für die Bekl. zu 1 nur um knapp 4% (223,17 DM statt 215 DM), für den Bekl. zu 3 um knapp 13% (188,46 DM statt 167 DM) erhöht hat, begegnet dies aus den dargelegten Gründen keinen rechtlichen Bedenken.

BGH v. 26. 2. 92 – XII ZR 97/91 – FamRZ 92, 1064 = NJW-RR 92, 1026

(Auslandsstudium) R446

a) Haben Eltern ihrem Kind als angemessene Ausbildung ein Studium zu finanzieren, so steht dem Kind unbeschadet seiner Verpflichtung, seine Ausbildung mit Fleiß und Zielstrebigkeit zu betreiben, damit es sie innerhalb angemessener und üblicher Dauer beenden kann, ein gewisser Spielraum bei der selbständigen Auswahl der Lehrveranstaltungen und dem eigenverantwortlichen Aufbau des Studiums zu, sofern dadurch nicht der ordnungsgemäße Abschluß des Studiums innerhalb angemessener Frist gefährdet wird (*Senat*, NJW 1987, 1557 = FamRZ 1987, 470 (471); NJW 1984, 1961 = FamRZ 1984, 777). Innerhalb dieses Rahmens kann das Kind auch den Studienort wechseln. Grundsätzlich ist dafür allerdings Voraussetzung, daß der Ortswechsel der Ausbildung dient. Dies ist jedenfalls dann der Fall, wenn Kenntnisse erworben, vertieft oder erweitert werden sollen, die seine fachliche Qualifikation und seine Berufsaussichten fördern. Soweit mit einem Ortswechsel, der aufgrund einer solchen Entscheidung vorgenommen wird, ein erhöhter Unterhaltsbedarf des Kindes entsteht, ist dieser regelmäßig vom Unterhaltsverpflichteten zu tragen, sofern sich die Finanzierung in den Grenzen seiner wirtschaftlichen Leistungsfähigkeit hält. Die Finanzierung des Mehrbedarfs darf dem Verpflichteten wirtschaftlich nicht unzumutbar sein.

b) Die Entscheidung des BerGer. hält sich an diese Grundsätze. Zutreffend geht es davon aus, daß juristische Auslandssemester, die im Inland anerkannt werden, auch im Hinblick auf die künftige europäische Gemeinschaft für Juristen grundsätzlich empfehlenswert sind, insbesondere dann, wenn dabei die Kenntnis einer europäischen Fremdsprache vertieft werden kann.

Diesen Ausgangspunkt greift die Revision auch nicht an, sondern meint, die Auslandssemester der Kl. widersprächen dem Gebot, die Studienkosten so niedrig wie möglich zu halten, und verlängerten die sonst mögliche Studiendauer um ein Jahr. Damit kann die Revision jedoch nicht durchdringen. Die Verpflichtung des Kindes, seine Ausbildung mit Fleiß und Zielstrebigkeit zu betreiben, damit es sie innerhalb angemessener und üblicher Zeit beenden kann, bedeutet nicht, daß es auf Möglichkeiten weiteren Kenntniserwerbs, der seiner angemessenen Berufsausbildung dient, stets zu verzichten hat, um den Unterhaltspflichtigen zu entlasten. Der Bekl. hat nicht vorgetragen, die teilweise Finanzierung des Auslandsstudiums der Kl. sei für ihn unzumutbar. Ob die Auslandssemester der Kl. die übliche Studienzeit tatsächlich verlängern werden, ist offen. Selbst wenn dies aber der Fall wäre, hätte der Bekl. es hinzunehmen, da das Auslandsstudium der Kl. für ihre Berufsausbildung sinnvoll ist. Aus diesem Grund kommt es auch nicht darauf an, wie die Revision weiter meint, ob die Kl. besondere Voraussetzungen an Sach- und Fachkenntnis für die Auslandssemester mitgebracht habe.

Die Meinung der Revision, dieselben Kenntnisse hätte die Kl. auch im Inland erwerben können, berücksichtigt nicht ausreichend die Vorteile eines Auslandsstudiums. Ein Studium in einem anderen

Sprachgebiet vermittelt, wie die Revisionserwiderung zutreffend anführt, neben zusätzlichem Wissen auch die Erfahrung, wie man sich in ausländischen Institutionen zurechtfindet, sowie die Übung, eine ausländische Sprache beim Studium und im Alltag zu gebrauchen. Diese Vorteile kann ein Studium im Inland nicht in gleicher Weise bieten.

BGH v. 18. 3. 92 – XII ZR 1/91 – FamRZ 92, 797 = NJW 92, 1624

R447 *(Berücksichtigung von Schulden beim Kindesunterhalt)*

a   Ob vom Unterhaltsverpflichteten eingegangene Schulden unterhaltsrechtlich zu berücksichtigen sind, ist unter umfassender Interessenabwägung zu beurteilen, wobei es insbesondere auf den Zweck der Verbindlichkeiten, den Zeitpunkt und die Art ihrer Entstehung, die Kenntnis des Unterhaltsverpflichteten von Grund und Höhe der Unterhaltsschuld und andere Umstände ankommt. Die Darlegungs- und Beweislast für die Umstände, die die Berücksichtigungswürdigkeit ergeben sollen, trägt nach allgemeinen Grundsätzen der Unterhaltsschuldner, da er hierbei die Minderung seiner Leistungsfähigkeit geltend macht (vgl. Senat NJW-RR 1990, 323 = FamRZ 1990, 283 (287) m. w. Nachw.). Im vorliegenden Fall geht es um den Unterhalt minderjähriger unverheirateter Kinder, denen der Bekl. nach § 1603 II 1 BGB verschärft unterhaltspflichtig ist und denen jede Möglichkeit fehlt, durch eigene Anstrengungen zur Deckung des notwendigen Unterhaltsbedarfs beizutragen. Wenn die fragliche Verbindlichkeit vom Bekl. im Einverständnis mit ihrer Mutter eingegangen und der Kreditbetrag von dieser verwendet worden ist, so wäre dieser Umstand zwar geeignet, die Berücksichtigungsfähigkeit der Verbindlichkeit gegenüber einem Anspruch der Mutter auf Ehegattenunterhalt zu begründen (vgl. dazu Senat, NJW 1982, 232 = FamRZ 1982, 23 (24)); das gilt aber nicht auch für den Anspruch auf Kindesunterhalt, etwa wenn die Mutter mit den Mitteln rein persönliche Bedürfnisse befriedigt hat.

(Behandlung titulierter Kindesunterhaltsansprüche im Mangelfall)

b   Die Unterhaltsansprüche ehelicher und nichtehelicher Kinder haben gleichen Rang (vgl. Köhler, in: MünchKomm, 2. Aufl., § 1609 Rn. 16). Wie sich aus § 1615 h I BGB ergibt, bleibt in Mangelfällen der vom nichtehelichen Kind zu beanspruchende Regelunterhalt nicht unangetastet. Nach der Rechtsprechung des BGH (vgl. NJW 1980, 934 = FamRZ 1980, 555 (557) und zuletzt NJW 1990, 3020 = FamRZ 1990, 1091 (1094 f.)) wird ein Unterhaltsanspruch grundsätzlich nicht dadurch rechtlich beeinträchtigt, daß ein anderer Unterhaltsberechtigter bereits einen rechtskräftigen Titel über seinen Anspruch erwirkt hat und daraus vollstrecken kann. Er ist vielmehr so zu beurteilen wie bei gleichzeitiger Entscheidung über alle Unterhaltsansprüche. Das gilt nicht nur, wenn der Titel den Anspruch eines nachrangig Berechtigten zum Gegenstand hat, sondern auch dann, wenn die Berechtigten – wie hier – unterhaltsrechtlich gleichen Rang haben. Der Unterhaltsverpflichtete ist gegebenenfalls darauf verwiesen, Abhilfe im Wege der Abänderungsklage nach § 323 ZPO zu suchen.

Diese Grundsätze hat das OLG nicht beachtet. Soweit der Bekl. an M in der Vergangenheit mehr Unterhalt bezahlt hat, als er unter Berücksichtigung der Unterhaltsberechtigung seiner ehelichen Kinder ohne den Titel geschuldet hätte, dies auch durch eine Abänderungsklage (infolge der Sperre des § 323 III ZPO) nicht behebbar ist, können die überschießenden Beträge allenfalls entsprechend den Grundsätzen behandelt werden, die für die Berücksichtigung sonstiger Verbindlichkeiten eines Unterhaltspflichtigen gelten. Dabei ist auch das Verhalten des Bekl. in dem Verfahren zu würdigen, in dem der Titel zustande gekommen ist; insbesondere kann von Bedeutung sein, ob er dort schuldhaft Umstände nicht geltend gemacht hat, die geeignet gewesen wären, die Verurteilung zu in dieser Höhe nicht geschuldetem Unterhalt zu vermeiden. Eine Beurteilung in dieser Richtung wird nachzuholen sein.

(Klage des Trägers der Sozialhilfe auf künftigen Unterhalt)

c   II. Den Angriffen der Revision hält weiterhin nicht stand, daß das BerGer. die Klage auf nach Schluß der Berufungsverhandlung fällig werdenden Unterhalt mit der Begründung abgewiesen hat, ein Sozialhilfeträger könne die gem. § 90 BSHG auf sich übergeleiteten Unterhaltsansprüche nur für die Vergangenheit, nicht aber auch für die Zukunft geltend machen. Diese Auffassung erscheint von vornherein als wenig praktikabel, da sie den Sozialhilfeträger zu einer Reihe von aufeinanderfolgenden Prozessen zwingen würde. Sie wird in Rechtsprechung und Schrifttum auch fast einhellig abgelehnt. Danach ist die Klage des Sozialhilfeträgers auf künftig fällig werdenden übergeleiteten Unterhalt zulässig, wenn auch unter der in der Urteilsformel zum Ausdruck zu bringenden Bedingung, daß künftig Sozialhilfeleistungen ohne mehr als zweimonatige Unterbrechung mindestens in Höhe der Verurteilung erbracht werden (vgl. OLG Düsseldorf, FamRZ 1979, 1010; OLG Hamm, FamRZ 1980, 890 (891); OLG Schleswig, SchlHA 1984, 57; OLG Bremen, FamRZ 1984, 1256; Göppinger-Wax, 5. Aufl., Rn. 3034; Heiß-Schlüter, Hdb. d. UnterhaltsR II, 22.6; Seetzen, NJW 1978, 1350 (1352)).

Der Senat sieht keinen Anlaß, von der herrschenden Auffassung abzuweichen. Nach § 90 II BSHG bewirkt die schriftliche Anzeige des Sozialhilfeträgers an den Unterhaltspflichtigen den Übergang des

Unterhaltsanspruchs für die Zeit, für die dem Hilfeempfänger Hilfe ohne Unterbrechung von mehr als zwei Monaten gewährt wird; sie umfaßt also grundsätzlich auch künftige Unterhaltsansprüche. Insoweit steht der Anspruchsübergang lediglich unter der aufschiebenden Bedingung, daß die Sozialhilfebehörde tatsächlich Leistungen in entsprechender Höhe erbringt (vgl. BGHZ 20, 127 (131) = NJW 1956, 790; *Senat,* NJW 1988, 1147 = FamRZ 1988, 375 (376)). Es ist nicht gerechtfertigt, die Klage auf künftig fällig werdende wiederkehrende Leistungen wegen dieser Bedingung nicht zuzulassen. Zwar hält sich eine solche Klage nicht im Regelungsbereich des § 258 ZPO, weil die begehrten Leistungen nicht nur noch vom Zeitablauf abhängig sind. Es liegt aber eine dem § 259 unterfallende Klage vor, die allerdings zur Voraussetzung hat, daß den Umständen nach die Besorgnis gerechtfertigt ist, der Schuldner werde sich der rechtzeitigen Leistung entziehen (vgl. dazu BGHZ 43, 28 (31) = NJW 1965, 440). Diese Voraussetzung ist aber schon dann erfüllt, wenn der Unterhaltsverpflichtete den erhobenen Anspruch ernstlich bestreitet (vgl. BGHZ 5, 342 (344) = NJW 1952, 817; Seetzen, NJW 1978, 1350 (1352)). Die Erteilung der Vollstreckungsklausel für ein der Klage stattgebendes Urteil setzt den Nachweis des Sozialhilfeträgers voraus, daß die Bedingung eingetreten ist, daß er also die Verurteilung erreichende Unterstützungsleistungen laufend gezahlt hat (§§ 726 I bzw. 731 ZPO; vgl. Seetzen, NJW 1978, 1350 (1352)).

Zwar hat der Senat entschieden, daß der Unterhaltsberechtigte selbst auch nach Überleitung seines Unterhaltsanspruchs auf den Sozialhilfeträger für die Zukunft Zahlung an sich verlangen kann (vgl. NJW 1982, 232 = FamRZ 1982, 23 (25)). Vor einer doppelten Inanspruchnahme ist der Unterhaltsverpflichtete jedoch hinreichend geschützt. Der Unterhaltsberechtigte und der Sozialhilfeträger können nicht gleichzeitig klagen; der späteren Klage stünde die Einrede der Rechtshängigkeit entgegen (§ 261 III Nr. 1 ZPO; vgl. Seetzen, NJW 1978, 1350 (1352)). Hat der Unterhaltsberechtigte bereits einen Titel erwirkt, ist eine erneute Klage des Sozialhilfeträgers grundsätzlich unzulässig, weil er die einfachere Möglichkeit einer Umschreibung des Titels gem. § 727 ZPO hat (vgl. Göppinger-Wax, Rdnrn. 3036, 3357 m. w. Nachw.). Der Unterhaltsberechtigte könnte lediglich den die Sozialhilfeleistungen übersteigenden Unterhaltsteil gesondert geltend machen; derartiges wird aber selten vorkommen. Für das Klagerecht des Sozialhilfeträgers besteht auch durchaus ein praktisches Bedürfnis, etwa wenn der Unterhaltsberechtigte selbst hilflos oder geschäftsungewandt ist. Der Unterhaltsverpflichtete kann im übrigen ungeachtet einer Überleitung nach § 90 BSHG an den Unterhaltsberechtigten befreiend zahlen (vgl. *Senat,* NJW 1982, 232 = FamRZ 1982, 23 (25)). Einer unberechtigten Vollstreckung aus dem vom Sozialhilfeträger erwirkten Titel kann der Unterhaltsverpflichtete solchenfalls durch Vollstreckungsgegenklage (§ 767 ZPO) begegnen.

Das BerGer. verweist auf Schwierigkeiten, die seiner Ansicht nach dann entstehen können, wenn der Unterhaltsschuldner infolge einer Veränderung der Verhältnisse den titulierten Unterhalt nicht oder nicht mehr in gleicher Höhe schuldet. Da die Verhältnisse, die der Unterhaltsbemessung zugrunde lägen, nur Gläubiger und Schuldner des Unterhaltsanspruchs beträfen, müsse sich eine Abänderungsklage (§ 323 ZPO) gegen den Unterhaltsberechtigten und nicht gegen den Sozialhilfeträger richten. Bei einer in der Praxis in Rechnung zu stellenden Klage gegen die falsche Partei entstünden dann aufgrund von § 323 III ZPO nicht behebbare Rechtsnachteile. Diese Befürchtungen gehen indessen von der unzutreffenden Annahme aus, eine Abänderungsklage sei auch dann gegen den Unterhaltsberechtigten zu richten, wenn der Sozialhilfeträger den Unterhaltstitel erwirkt habe. In Wahrheit kann der Unterhaltsschuldner in diesen Fällen die Abänderungsklage gegen den Sozialhilfeträger richten, da er Partei des Prozesses war, in dem die abzuändernde Entscheidung ergangen ist, und Inhaber des Titels ist (vgl. *Senat,* NJW 1983, 684 [685]). Eine Überleitung nach § 90 BSHG ändert an den Voraussetzungen des Unterhaltsanspruchs nichts, so daß der Sozialhilfeträger sich gegebenenfalls entgegenhalten lassen muß, daß dieser Anspruch aufgrund einer Veränderung der Verhältnisse ganz oder teilweise entfallen ist (ebenso im Ergebnis Seetzen, NJW 1978, 1350 (1353); Göppinger-Wax, Rn. 3280). Auch im umgekehrten Fall der Erhöhung des Unterhaltsanspruchs infolge einer Veränderung der Verhältnisse ist der Sozialhilfeträger im Rahmen seiner Leistungen für eine Klage nach § 323 ZPO aktivlegitimiert (vgl. dazu OLG Zweibrücken, FamRZ 1986, 190).

Das OLG durfte die Klage auf künftig fällig werdenden Unterhalt schließlich nicht deshalb abweisen, weil die Kl. uneingeschränkt Zahlung an sich selbst beantragt hatte, während, wie ausgeführt, in die Urteilsformel die Bedingung künftiger, nicht länger als zwei Monate unterbrochener Sozialhilfeleistungen aufzunehmen ist. Die gebotene bedingte Verurteilung ist nämlich gegenüber einem solchen uneingeschränkten Begehren lediglich ein Weniger.

III. Nach allem kann die Abweisung der Klage im angefochtenen Umfang keinen Bestand haben. Der Senat ist zu einer abschließenden Entscheidung nicht in der Lage, da weitere tatrichterliche Feststellungen erforderlich sind und die Parteien Gelegenheit haben müssen, zu den erst in der Revisionsinstanz hervorgetretenen rechtlichen Gesichtspunkten ergänzend vorzutragen. Der Rechtsstreit ist daher an das BerGer. zurückzuverweisen.

Der Senat weist auf folgendes hin: Soweit es im weiteren Verfahren auf ein – zu dessen Beweislast stehendes – Vorbringen des Bekl. ankommen sollte, das eigene Wahrnehmungen oder Handlungen der

Mutter und gesetzlichen Vertreterin der ehelichen Kinder betrifft, wird die Kl. sich nicht auf ein Bestreiten mit Nichtwissen beschränken können, sondern wird bei dieser in Ausübung ihres Auskunftsrechts nach §§ 412, 402 BGB Erkundigungen anstellen und deren Ergebnis vortragen müssen. Der Senat teilt die Auffassung des BerGer., daß unter den gegebenen Umständen eine Erklärung mit Nichtwissen ohne Ausschöpfung dieser zumutbaren Informationsmöglichkeit durch § 138 IV ZPO nicht gedeckt wäre und deshalb die Geständnisfiktion des § 138 III ZPO auslösen könnte.

BGH v. 29. 4. 92 – XII ZR 105/91 – FamRZ 92, 920 = NJW 92, 1956

R449 *(Voraussetzungen einer wirksamen Mahnung für nachehelichen Unterhalt)*

a   Dem vermag der Senat nicht beizupflichten. Wie er bereits entschieden hat, setzt die Mahnung wegen Trennungsunterhalts den Schuldner nicht auch wegen eines künftigen Anspruchs auf nachehelichen Unterhalt in Verzug, weil eine bereits vor der Entstehung eines Anspruchs ausgesprochene Mahnung wirkungslos ist und dies auch nach der Entstehung des Anspruchs bleibt (vgl. BGHZ 103, 62 (66) = NJW 1988, 1137; ebenso OLG Hamm, FamRZ 1989, 634; Palandt-Diederichsen, BGB, 51. Aufl., § 1585 b Rn. 4; Erman-Dieckmann, BGB, 8. Aufl., § 1585 b Rn. 3; a. A. Schmitz, FamRZ 1988, 700 (701); Kalthoener-Büttner, Rspr. zur Höhe des Unterhalts, 4. Aufl., Rn. 192; OLG Schleswig, FamRZ 1989, 1092 (1093 f.)). Zwar war Gegenstand des Mahnschreibens vom 7. 2. 1989 nicht der Anspruch der Kl. auf Trennungsunterhalt, sondern sie ließ den Bekl. ausdrücklich auffordern, „auch nach durchgeführter Scheidung" Unterhalt zu zahlen. Nach dem klaren Wortlaut des Gesetzes (§ 284 I 1 BGB) kommt der Schuldner aber nur durch eine Mahnung in Verzug, „die nach dem Eintritte der Fälligkeit erfolgt". Diese Voraussetzung lag nicht vor: Der Anspruch auf nachehelichen Unterhalt war bei Zugang der Mahnung nicht nur noch nicht fällig, sondern er war vor dem Eintritt der Rechtskraft des Scheidungsausspruchs auch noch nicht entstanden. Deswegen kann dem Schreiben vom 7. 2. 1989 keine verzugsbegründende Wirkung beigemessen werden.

§ 1585 b II BGB, wonach Unterhalt für die Vergangenheit erst von der Zeit an gefordert werden kann, in der der Unterhaltspflichtige in Verzug gekommen oder der Unterhaltsanspruch rechtshängig geworden ist, beruht auf dem Gedanken, daß Unterhalt seinem Wesen nach zur Bestreitung des laufenden Lebensbedarfs dient und die Befriedigung der Bedürfnisse einer zurückliegenden Zeit an sich nicht möglich ist, so daß grundsätzlich keine Notwendigkeit besteht, darauf beruhende Ansprüche fortdauern zu lassen. Auch soll der Unterhaltspflichtige gegen Härten geschützt werden, die sich aus einer Inanspruchnahme für eine Zeit ergeben können, in der er mit dem Unterhaltsanspruch nicht rechnen mußte (vgl. etwa *Senat*, BGHZ 105, 250 (253 f.) = NJW 1989, 526; Richter, in: MünchKomm, 2. Aufl., § 1585 b Rn. 1). Es mag zutreffen, daß auch einer kurz vor Entstehung und Fälligkeit des Unterhaltsanspruchs ausgesprochenen Mahnung Warnfunktion zukommt; damit wird aber nicht ausgeräumt, daß es nach der Gesetzeslage nicht pflichtwidrig ist, eine solche Warnung zu mißachten. Wenn es der Gläubiger zudem unterläßt, um eine zeitnahe Verwirklichung seines Anspruchs besorgt zu sein, vielmehr – wie hier – fast ein Jahr verstreichen läßt, ehe er dazu geeignete Schritte einleitet, steht der weitere Grundgedanke des Gesetzes im Vordergrund, daß grundsätzlich nur die Befriedigung des laufenden Lebensbedarfs in der Gegenwart geschuldet wird. Die vom BerGer. ins Feld geführte, speziell bei der Aufeinanderfolge von Trennungsunterhalt und nachehelichem Unterhalt auftretende Schwierigkeit, den für die Entstehung des letzteren maßgebenden Zeitpunkt der Scheidung festzustellen, wiegt angesichts der vom Gesetzgeber des 1. EheRG für den Regelfall vorgesehenen Möglichkeit, nachehelichen Unterhalt im Scheidungsverbundverfahren geltend zu machen, nicht schwer. Ist ein Unterhaltsgläubiger dringend auf nachehelichen Unterhalt angewiesen, kann er zumutbarerweise diesen Weg beschreiten; dabei kann es zu den vom BerGer. angeführten Schwierigkeiten nicht kommen. Auch kann er bereits während der Trennungszeit eine einstweilige Anordnung gem. § 620 Nr. 6 ZPO erwirken, die gem. § 620 f ZPO für die Zeit nach der Scheidung fortwirkt, bis eine anderweite Regelung wirksam wird (vgl. *Senat*, NJW 1981, 978 = FamRZ 1981, 242 (243)).

BGH v. 17. 6. 92 – XII ZR 119/91 – FamRZ 92, 1152 = NJW 92, 2415

R452   *(Rückforderungsansprüche aus § 812 BGB)*

a   I. Zutreffend ist das BerGer. von einer Bereicherung gem. § 812 I 2 Alt. 1 BGB ausgegangen. Bei erbrachten, aber nicht geschuldeten Unterhaltsleistungen findet ein Ausgleich grundsätzlich nach den Regeln über die ungerechtfertigte Bereicherung statt. Das hat der Senat bisher unter anderem bei Unterhaltsleistungen aufgrund einer einstweiligen Anordnung im Scheidungsverfahren angenommen, wenn diese über Bestand oder Höhe des materiell geschuldeten Unterhalts hinausgeht (vgl. BGHZ 93, 183 ff. = NJW 1985, 1074; BGH, NJW 1984, 2095 = FamRZ 1984, 767 ff.), ferner bei Unterhaltszahlungen des Scheinvaters an das Kind, wenn dessen Nichtehelichkeit rechtskräftig festgestellt worden und die zunächst bestehende Unterhaltspflicht rückwirkend weggefallen ist (BGHZ 78, 201 ff. = NJW

Anhang R. Rechtsprechung   **R452**

1981, 48; *Senat,* NJW 1981, 2183 = FamRZ 1981, 764 ff.). Entsprechendes gilt für Unterhaltszahlungen, die aufgrund eines Prozeßvergleichs erbracht werden. Soweit dieser gem. § 323 ZPO rückwirkend zugunsten des Unterhaltsschuldners abgeändert wird, entfällt nachträglich die Rechtsgrundlage für den bisher geleisteten Unterhalt (§ 812 I 2 Alt. 1 BGB). Der Unterhaltsschuldner kann dann grundsätzlich Herausgabe des Erlangten bzw. Wertersatz gem. § 818 II BGB verlangen. Da der Kl. während der genannten Zeit mehr an die Bekl. gezahlt hat, als er nach dem Abänderungsurteil des OLG verpflichtet war, steht ihm grundsätzlich ein Anspruch auf Rückzahlung des rechtsgrundlos Geleisteten zu.

(Entreicherung; Kausalität zwischen Vermögensvorteil und Entreicherung; Beweislast)
II. Der Anspruch scheitert jedoch daran, daß die Bekl. nicht mehr bereichert ist (§ 818 III BGB) **b**
und auch keiner verschärften Haftung gem. §§ 818 IV, 819, 820 BGB unterliegt.
1. Zur Frage der Entreicherung hat das BerGer. anhand der von der Bekl. vorgelegten Kontenauszüge und Kreditunterlagen festgestellt, daß sie – mit Ausnahme von Schuldtilgungsraten – sämtliche Unterhaltszahlungen des Kl. für ihre laufenden Lebensbedürfnisse aufgebraucht habe. Abbuchungen, die auf die Ansammlung von Sparvermögen schließen ließen, seien nicht ersichtlich. Anderweitige Mittel, die sie infolge des Verbrauchs der Unterhaltszahlungen hätte sparen können, hätten ihr im fraglichen Zeitraum nicht zur Verfügung gestanden. Auch die Mittel aus einem im Jahre 1980 aufgenommenen und im Mai 1986 aufgestockten Darlehen habe sie bereits im Juni 1986, also noch vor September 1986, für den Kauf eines gebrauchten Pkw ausgegeben. Aus dem Eigentum am Pkw ergebe sich keine fortbestehende Bereicherung, da nichts dafür spreche, daß die Bekl. ihn bei geringeren Unterhaltszahlungen des Kl. zur Bestreitung ihres Lebensunterhalts wieder veräußert hätte. Allerdings habe die Bekl. seit 1980 und auch im fraglichen Zeitraum auf das Darlehen gleichbleibend monatlich 267 DM gezahlt. Um den Wert der getilgten Schuld sei sie aber von vornherein nicht bereichert, weil sie diese Raten unter Einschränkung ihrer übrigen Bedürfnisse auch in der Zeit bezahlt habe, als sie wegen der vorläufigen Einstellung der Zwangsvollstreckung nur einen geringeren Unterhalt erhalten habe. Sie habe die Zahlungen daher nicht aus den überzahlten Teilbeträgen, sondern aus dem Sockelbetrag des Unterhalts erbracht und die rechtsgrundlose Überzahlung selbst für eine aufwendigere Lebenshaltung verbraucht. Damit fehle es an der notwendigen kausalen Verknüpfung zwischen der Überzahlung und der Schuldtilgung.
Diese Beurteilung hält der rechtlichen Nachprüfung stand.
a) Gem. § 818 III BGB ist eine Verpflichtung zur Herausgabe des Erlangten oder zum Wertersatz ausgeschlossen, soweit der Empfänger nicht mehr bereichert ist. Die Vorschrift dient dem Schutz des „gutgläubig" Bereicherten, der das rechtsgrundlos Empfangene im Vertrauen auf das (Fort-)Bestehen des Rechtsgrundes verbraucht hat und daher nicht über den Betrag einer wirklichen (bestehengebliebenen) Bereicherung hinaus zur Herausgabe oder zum Wertersatz verpflichtet werden soll (BGHZ 55, 128 (134) = NJW 1971, 609; MDR 1957, 598 = BB 1956, 771; BGH, NJW 1984, 2095 = FamRZ 1984, 767 (768)). Bei der Überzahlung von Unterhalt kommt es daher darauf an, ob der Empfänger die Beträge restlos für seine laufenden Lebensbedürfnisse verbraucht oder sich damit noch in seinem Vermögen vorhandene Werte oder Vorteile verschafft hat (BGH, NJW 1984, 2095; BGH, NJW 1981, 2183). Letzteres ist etwa der Fall bei anderweitigen Ersparnissen oder Anschaffungen. Auch die infolge Tilgung eigener Schulden mittels des rechtsgrundlos erlangten Geldes eintretende Befreiung von Verbindlichkeiten zählt zu den bestehenbleibenden Vermögensvorteilen, die einem Wegfall der Bereicherung grundsätzlich entgegenstehen (BGH, NJW 1984, 2095; BGH, NJW 1985, 2700; BVerwGE 28, 68 (75)). Die rechtsgrundlose Zahlung muß jedoch für diesen Vermögensvorteil ursächlich gewesen sein (Heimann-Trosien, in: RGRK, 12. Aufl., § 818 Rn. 40 m. w. Nachw.). Das wird besonders deutlich, wenn gerade die Zahlung selbst zu der Befreiung von der Verbindlichkeit geführt hat, sei es, daß infolge einer Fehlüberweisung ein Soll-Konto des Bereicherungsschuldners aufgefüllt worden ist, sei es, daß der Bereicherungsschuldner selbst die erlangte Summe dazu genutzt hat, Schulden zu tilgen, die er andernfalls nicht getilgt haben würde. Denn dann setzt sich der rechtsgrundlos erhaltene Betrag in der bestehenbleibenden Schuldbefreiung gleichsam fort. Umgekehrt kann sich der Bereicherungsschuldner aber auf den Wegfall der Bereicherung berufen, wenn er die Schulden mit einem anderen als dem rechtsgrundlos erhaltenen Betrag, etwa mit von dritter Seite geschenktem Geld zahlt und das Erhaltene ersatzlos verbraucht. Denn ein Bereicherungsschuldner, der Verbindlichkeiten aus anderen ihm zur Verfügung stehenden Mitteln tilgt, kann nicht schlechter stehen als ein Bereicherungsschuldner, der nur über die Bereicherung verfügt und diese aufzehrt.
b) Gegen das Erfordernis der ursächlichen Verknüpfung von Bereicherung und dadurch eingetretenem bleibenden Vermögensvorteil des Bereicherungsschuldners wendet sich die Revision ersichtlich nicht.
Sie meint jedoch, nur bei Unterhaltszahlungen im Bereich des notwendigen Selbstbehalts sei davon auszugehen, daß sie restlos für den laufenden Lebensbedarf aufgezehrt werden. Dagegen seien die Anforderungen an den Verwendungsnachweis durch den Unterhaltsgläubiger in Fällen, in denen die

Unterhaltszahlung über dem notwendigen Selbstbehalt liegt, höher anzusetzen. Für eine interessengerechte Lösung müsse zugunsten des Unterhaltsschuldners die konkret zu widerlegende Vermutung gelten, daß der Unterhaltsgläubiger noch vorhandene Vermögenswerte oder die Tilgung eigener Schulden mit Beträgen finanziert habe, die aus der Überzahlung stammten. Es gebe keinen Erfahrungssatz, daß Kreditschuldner bei Schmälerung ihrer Bezüge sofort säumig würden. Andernfalls könne der Bereicherungsschuldner dem Bereicherungsgläubiger immer entgegenhalten, daß er unabhängig von der Höhe des gezahlten Unterhalts sich in jedem Falle einen bestimmten Vermögensgegenstand angeschafft oder Schulden getilgt hätte.

Damit hat die Revision jedoch keinen Erfolg.

Der Bereicherte hat den Wegfall der Bereicherung zu beweisen, da es sich um eine rechtsvernichtende Einwendung handelt (BGH, NJW 1958, 1725). Für die Überzahlung von Gehalts- oder Versorgungsbezügen von Beamten, die nach ihrem Wesen und Zweck einer Unterhaltsrente gleichkommen, hat die Rechtsprechung Beweiserleichterungen geschaffen, wenn aus der Überzahlung in der fraglichen Zeit keine besonderen Rücklagen oder andere Vermögensvorteile gebildet worden sind. Auch ohne besonderen Verwendungsnachweis spricht dann aufgrund der Lebenserfahrung – insbesondere bei unteren und mittleren Einkommen – zugunsten des Empfängers die Vermutung, daß er die Überzahlung zur Verbesserung seines Lebensstandards ausgegeben hat (RGZ 83, 161 (163); BGH, MDR 1959, 109 (110); BVerwGE 13, 107 (110); Lieb, in: MünchKomm, 2. Aufl. (1986) § 818 Rn. 83; Heimann=Trosien, in: RGRK, 12. Aufl., Rn. 40).

Aber auch, wenn ein bleibender Vermögensvorteil geschaffen worden ist, ist die Erleichterung nicht von vornherein ausgeschlossen. Das BVerwG (BVerwGE 15, 15 (18)) hat einen Wegfall der Bereicherung gem. § 818 III BGB auch dann angenommen, wenn der Beamte mit dem überzahlten Betrag Schulden getilgt hat, die er ohne die Überzahlung unter Einschränkung seines Lebensstandards ebenso getilgt hätte. Denn die Zuvielzahlung bewirke lediglich, daß der Beamte seine Lebenshaltung in Anpassung an den zur Verfügung stehenden Mehrbetrag weniger einschränke, als er es bei Schuldentilgung aus dem ihm zustehenden geringeren Gehalt getan hätte. Nach diesen Grundsätzen, denen sich der Senat anschließt, kommt es für den Nachweis der Entreicherung nicht darauf an, ob der bestehengebliebene Vermögensvorteil aus dem rechtsgrundlos gezahlten Mehrbetrag oder aus dem mit Rechtsgrund gezahlten Sockelbetrag erworben worden ist. Aus welchem der beiden Beträge eine Schuld getilgt wird, läßt sich meist nicht feststellen, weil geschuldeter und nicht geschuldeter Betrag in der Regel in einer Gesamtsumme gezahlt werden und der Empfänger nicht unterscheidet, aus welchem Teilbetrag er seine laufende Lebenshaltung einerseits und die Schuldtilgung oder Anschaffung von Vermögensgegenständen andererseits finanziert (Lieb, in: MünchKomm, 2. Aufl. (1986) Rn. 83). Entscheidend ist vielmehr der Nachweis, daß der Bereicherte den Vermögensvorteil in jedem Fall auch ohne die Überzahlung – notfalls unter Einschränkung des Lebensstandards – erworben hätte, so daß die Überzahlung für den Vermögensvorteil nicht ursächlich war.

Die Revision macht ohne Erfolg geltend, bei Überzahlung von Unterhalt, der über dem notwendigen Selbstbehalt liege, müßten zum Schutz des Unterhaltsschuldners strengere Beweisregeln gelten. Die zu den Beamtenfällen entwickelten Beweisgrundsätze sind vielmehr auch auf privatrechtliche Lohn- oder Unterhaltszahlungen übertragbar. Denn die Situation ist mit derjenigen bei Beamtenbezügen vergleichbar (vgl. BAG, AP § 394 BGB Nr. 5; RGZ 63, 38 (41); Heimann-Trosien, in: RGRK, 12. Aufl., Rn. 42). Das trifft gerade auch auf den vorliegenden Fall zu. Der Unterhalt der Bekl. liegt mit monatlich 1800 DM im Bereich eines unteren bis mittleren Beamtengehalts. Daß das Ausgabeverhalten [Ausgabeverhalten] eines Beamten sich von dem eines Unterhaltsgläubigers unterscheidet, ist nicht ersichtlich. Auch sonst liegen keine Gründe vor, die eine Differenzierung rechtfertigen könnten. Das Interesse des Bereicherungsgläubigers erfordert auch keine Vermutung des Inhalts, daß ein beim Bereicherungsschuldner vorhandener Vermögensvorteil mit dem Überzahlungsbetrag finanziert worden ist mit der Folge, daß diese Vermutung nur durch einen konkreten Nachweis der anderweitigen Verwendung des streitigen Betrags widerlegt werden kann. Sie würde im Gegenteil die Beweisanforderungen überspannen und im Widerspruch zu dem Gesetzeszweck stehen, der die Ersatzpflicht des Bereicherungsschuldners an die echte Vermögensmehrung aufgrund des rechtsgrundlosen Empfangs knüpft (BGHZ 55, 128 (134) = NJW 1971, 609). Das gilt um so mehr, als in diesen Einkommensbereichen größere Anschaffungen wie Hausrat oder ein Pkw in der Regel mittels Krediten finanziert und die hierfür nötigen Zins- und Tilgungsraten unter Verzicht auf andere Ausgaben erbracht werden. Andernfalls wäre der Entreicherungseinwand in nahezu allen diesen Fällen ausgeschlossen. Es genügt daher der Nachweis, daß die Bekl. auch ohne die Überzahlung ihre Schulden bezahlt hätte. Diesen Nachweis hat die Bekl. erbracht. Unstreitig hat sie die Rate von monatlich 267 DM seit 1980 bis in die jüngste Zeit unverändert weiter bezahlt, und zwar unter Einschränkung ihres laufenden Lebensbedarfs auch während der Monate, in denen sie wegen der vorläufigen Einstellung der Zwangsvollstreckung nur einen Unterhalt von 1000 DM monatlich zur Verfügung gehabt hat. Das BerGer. hat außerdem unangegriffen festgestellt, daß die Bekl. keine größeren Abbuchungen vorgenommen hat, die auf anderweitige Ersparnisse schließen lassen, ferner, daß sie auch über keine anderen Mittel verfügt hat, die sie für ihren Unterhalt hätte einsetzen können. Daraus konnte das BerGer. den Schluß ziehen, daß die Darlehenstilgung schon zuvor als fester Bestandteil ihrer vorweg zu bestreitenden monatlichen Ausgaben eingeplant war und daß darüber hinausgehende Mittel wie die Überzahlung dazu gedient haben, ihren Lebensstandard zu verbessern.

Auch hinsichtlich des Pkw kann sich die Bekl. auf den Wegfall der Bereicherung berufen, da sie ihn bereits zuvor aus anderen, nämlich aus Darlehensmitteln finanziert hatte.

BGH v. 8. 7. 92 – XII ZR 127/91 = NJW-RR 92, 1282

(Angemessene Erwerbstätigkeit)

1. Die Ehefrau hat nach § 1573 I i. V. mit § 1578 BGB Anspruch auf nachehelichen Unterhalt. Der Anspruch beruht für die Zeit vom 23. 6. bis einschließlich September 1989 darauf, daß sie damals trotz ausreichender Bemühungen keine angemessene Erwerbstätigkeit zu finden vermochte (§ 1573 I BGB). Für die Zeit ab Oktober 1989 rechtfertigt sich das Begehren der Ehefrau daraus, daß sie ihren Unterhalt seither nicht durch eigene Einkünfte aus einer ihr i. S. von § 1574 II BGB angemessenen Erwerbstätigkeit bestreiten kann und die Einkünfte aus der Tätigkeit als Verkaufshilfe, soweit sie sich diese anrechnen lassen muß, nicht zu ihrem vollen Unterhalt nach dem Maßstab der ehelichen Lebensverhältnisse ausreichen.

Ob ihr Unterhaltsanspruch seine Rechtsgrundlage insoweit teilweise in § 1573 II BGB findet, kann dahingestellt bleiben, da auch für die Zeit ab Oktober 1989 jedenfalls die Voraussetzungen des § 1573 I BGB erfüllt sind. Im Blick auf § 1573 V BGB bedarf es ebenfalls keiner näheren Bestimmung der Anspruchsgrundlage. Insoweit unterliegen die Ansprüche sowohl nach § 1573 I als auch nach § 1573 II BGB derselben Kürzungsmöglichkeit (vgl. *Senat,* NJW 1988, 2369 = FamRZ 1988, 265 (266, 267) unter I. 4).

a) Das BerGer. hat die derzeitige Tätigkeit der Ehefrau bei der Firma L auch nach erneuter Prüfung als nicht angemessene Erwerbstätigkeit i. S. von § 1574 I und II BGB beurteilt und dazu im einzelnen ausgeführt:

Die Tätigkeit entspreche weder den gehobenen ehelichen Lebensverhältnissen noch insbesondere dem individuellen Berufsstatus der Ehefrau. Diese sei nach einer Ausbildung zur Kinderpflegerin ab Oktober 1957 zur Kindergärtnerin ausgebildet worden. Sie habe zunächst zwei Jahre lang das Fröbel-Seminar, eine staatliche Fachschule für Erzieher, besucht und anschließend ein Praktikantenjahr absolviert. Sodann sei sie ab November 1960 als Kindergärtnerin, zuletzt als Leiterin einer Gruppe von fünf- bis sechsjährigen Kindern im Rahmen der Vorschulerziehung, tätig gewesen und nach BAT VII bezahlt worden. Mit den Aufgaben und dem Niveau einer zuletzt als Gruppenleiterin eingesetzten Kindergärtnerin sei die jetzige Tätigkeit der Ehefrau weder nach der Art noch nach dem Ort ihrer Ausübung vergleichbar. Die Ehefrau sei nämlich mangels entsprechender fachlicher Ausbildung nicht als Fachverkäuferin, sondern als bloße Verkaufshilfe – ohne Aufstiegschancen – eingestellt worden. Ihre Tätigkeit beschränke sich auf den Verkauf kunstgewerblicher Artikel wie Kerzen, Servietten, Wandteller und Keramikartikel, hingegen sei sie nicht mit dem Verkauf von Waren für spezielle gehobene Ansprüche befaßt. Anders als eine Fachverkäuferin dürfe sie auch nicht selbständig über Bestellungen entscheiden und in gewissem Rahmen selbst Preisgestaltungen vornehmen. Sie sei vielmehr in ihrem Tätigkeitsbereich in hohem Maße unselbständig. Dem entspreche auch ihr Arbeitsplatz, der sich im Eingangsbereich neben den automatisch öffnenden und schließenden Türen befinde und nicht in einem Bereich, der aufgrund seiner besonderen Lage und Ausstattung gehobeneren Kundenwünschen gerecht werde.

b) Gegen diese tatrichterliche Beurteilung der Angemessenheit der ausgeübten Erwerbstätigkeit i. S. von § 1574 II BGB sind aus Rechtsgründen keine Bedenken zu erheben. Das BerGer. hat seine Beurteilung auf nähere Feststellungen einerseits über die berufliche Ausbildung der Ehefrau und zum anderen über die Art und Weise ihrer derzeitigen Tätigkeit gestützt, wie sie der Senat in dem ersten Revisionsurteil für erforderlich gehalten hat. Das BerGer. hat dabei die notwendigen Feststellungen über den Inhalt und Abschluß der Ausbildung der Ehefrau zur Kindergärtnerin in den 50er Jahren getroffen und auf diese Weise ihr Ausbildungsniveau aufgeklärt. Die Feststellungen werden von der Revision nicht angegriffen. Ihre Wertung durch das BerGer. ist revisionsrechtlich nicht zu beanstanden. Sie hält den Angriffen der Revision stand, die, wie schon in dem ersten Revisionsverfahren, insbesondere das Gebot der wirtschaftlichen Eigenverantwortung des geschiedenen Ehegatten hervorhebt und erneut den Standpunkt vertritt, den ehelichen Lebensverhältnissen komme für die Beurteilung der Angemessenheit einer nachehelichen Erwerbstätigkeit nur dann Bedeutung zu, wenn der eheliche Lebenszuschnitt von dem anderen Ehegatten mit erarbeitet worden sei; das sei bei der Ehefrau nicht der Fall gewesen.

Wie der Senat bereits in dem ersten Revisionsurteil betont hat, wird das Gebot der wirtschaftlichen Eigenverantwortung des geschiedenen Ehegatten (§ 1569 BGB) durch § 1574 I BGB dahin relativiert, daß der Ehegatte nur eine ihm angemessene Erwerbstätigkeit auszuüben braucht. Das ist bei der

Tätigkeit als Verkaufshilfe, der die Ehefrau derzeit nachgeht, nach den Feststellungen des BerGer. – wie dargelegt – nicht der Fall. Eine Tätigkeit in ihrem erlernten Beruf als Kindergärtnerin oder Erzieherin hat die Ehefrau nicht zu finden vermocht, obwohl sie sich darum, wie schon in dem ersten Berufungsurteil – mit Billigung des Senats – näher ausgeführt, hinreichend bemüht hat. Ein Verstoß gegen die ihr obliegende wirtschaftliche Eigenverantwortung ist der Ehefrau daher nicht vorzuwerfen. Daß für die Beurteilung der Angemessenheit einer Erwerbstätigkeit neben anderen Kriterien auch die durch das Einkommen des alleinverdienenden Ehegatten geprägten ehelichen Lebensverhältnisse mit herangezogen werden können, hat der Senat unter Hinweis auf § 1574 II BGB bereits in dem ersten Revisionsurteil hervorgehoben.

BGH v. 25. 11. 92 – XII ZR 164/91 – FamRZ 93, 417 = NJW-RR 93, 322

R458 *(Subsidiäre Sozialleistungen kein Einkommen)*

b) Die Revision wendet sich dagegen, daß das BerGer. das von J bezogene Pflegegeld nach dem Landespflegegeldgesetz bedarfsdeckend angerechnet hat. Damit bleibt die Revision ohne Erfolg.

Sozialleistungen sind im privaten Unterhaltsrecht grundsätzlich wie sonstiges Einkommen zu behandeln, soweit sie geeignet sind, den allgemeinen Lebensunterhalt zu decken, es sei denn, sie sind subsidiär (vgl. *Senat,* NJW 1981, 1313 = FamRZ 1981, 338 und NJW 1987, 1551 = FamRZ 1987, 456 (458) m. Nachw.). Pflegegeld nach dem Landespflegegeldgesetz stellt keine nachrangige Sozialleistung dar, sondern wird Schwerbehinderten ohne Rücksicht auf ihr Einkommen gewährt. Das Gesetz enthält keinen entsprechenden Vorbehalt. Seiner Entstehungsgeschichte ist zu entnehmen, daß davon bewußt Abstand genommen wurde. Da Sachleistungen und persönliche Hilfe, die der Schwerbehinderte benötigt, im Verhältnis zur Situation des Nichtbehinderten einen erheblichen Mehraufwand erfordern, wurde es aus Gründen sozialer Gerechtigkeit für geboten angesehen, den Schwerbehinderten durch staatliche Leistungen in die Lage zu versetzen, diesen Mehraufwand zu bestreiten. Dieses Ziel sollte durch die Gewährung eines Pflegegeldes erreicht werden, das unter dem Gesichtspunkt der Chancengerechtigkeit ohne Berücksichtigung von Einkommen oder Vermögen geleistet wird (Begr. des Entwurfs, LT-Dr 7/2727, Vorblatt sowie S. 9). Macht der Pflegebedürftige einen Unterhaltsanspruch geltend, so muß er sich das Pflegegeld jedenfalls auf seinen behinderungsbedingten Mehrbedarf anrechnen lassen (vgl. auch *Senat,* NJW 1985, 2590 = FamRZ 1985, 917 (919); Kalthoener-Büttner, 4. Aufl., Rn. 491; a. A. Palandt-Diederichsen, BGB, 51. Aufl., § 1602 Rn. 9). Dem steht auch § 1610 a BGB nicht entgegen.

Entgegen der Ansicht der Revision ergibt sich aus der Bestimmung des § 6 I 2 LPflGG, wonach Leistungen aus bürgerlichrechtlichen Unterhaltsansprüchen auf das Pflegegeld nicht angerechnet werden, nichts Gegenteiliges. Solche Unterhaltsansprüche wurden von der Anrechnung ausgenommen, um den nach bürgerlichem Recht Unterhaltspflichtigen nicht schlechter zu stellen als den Schwerbehinderten selbst (Begr. des Entwurfs, LT-Dr 7/2727, S. 11 zu § 6). Eine derartige Schlechterstellung träte jedoch ein, verneinte man die Anrechnung des Pflegegeldes auf den behinderungsbedingten erhöhten Unterhaltsbedarf. Unter welchen Voraussetzungen ein Teil des Pflegegeldes, der über die Deckung des Pflegeaufwands hinausginge, auf den allgemeinen Lebensbedarf angerechnet werden könnte, kann auf sich beruhen, da dieser Fall nicht vorliegt.

c) Das BerGer. hat seine Beurteilung, die gewährte Hilfe zur Pflege nach § 69 BSHG (106 DM) sei anrechenbares Einkommen des Sohnes, mit folgender Erwägung begründet: Zwar handele es sich bei der Hilfe zur Pflege um eine subsidiäre Sozialleistung, die grundsätzlich nicht zum unterhaltsrechtlich relevanten Einkommen zähle. Dies gelte nach der Rechtsprechung des BGH jedenfalls dann, wenn die Möglichkeit bestehe, Vorleistungen nach Überleitung des entsprechenden Unterhaltsanspruchs zurückzufordern. Sei diese Möglichkeit aber nicht gegeben, so ende die Subsidiarität. Die Leistung verbleibe dem Empfänger dann endgültig. Bei anderer Betrachtungsweise habe der Unterhaltsberechtigte die Möglichkeit, seinen Bedarf zusätzlich gegenüber dem Unterhaltspflichtigen geltend zu machen, der leisten müsse, obwohl der Sozialhilfeträger von seiner Inanspruchnahme abgesehen habe. Vorliegend sei eine Überleitung wegen der dem J gewährten Hilfe zur Pflege durch das Sozialamt der Kl. nicht erfolgt.

Gegen diese Ausführungen wendet sich die Revision zu Recht. Wie unter 2 b bereits ausgeführt, stellen die einem Unterhaltsberechtigten gewährten Sozialleistungen keine Einkünfte dar, die seine Unterhaltsbedürftigkeit mindern, wenn die Leistungen nur subsidiär gewährt werden und Vorleistungen nach Überleitung des entsprechenden Unterhaltsanspruchs vom Unterhaltsverpflichteten zurückgefordert werden können. Hiernach hat auch die Hilfe zur Pflege, die einem Unterhaltsbedürftigen nach § 69 BSHG geleistet wird, auf dessen Unterhaltsanspruch grundsätzlich keinen Einfluß; sie mindert seine Bedürftigkeit im Verhältnis zum Unterhaltspflichtigen nicht und gehört nicht zu den Einkünften i. S. von § 1602 I BGB (vgl. *Senat,* NJW 1987, 1551 = FamRZ 1987, 456 (458)).

In Einschränkung dieses Grundsatzes wird die Auffassung vertreten, eine Anrechnung der Sozialhilfeleistung auf den Unterhaltsanspruch komme ausnahmsweise in Frage, wenn ein Rückgriff der

Anhang R. Rechtsprechung   **R461**

Behörde beim Unterhaltspflichtigen mangels Überleitungsmöglichkeit ausgeschlossen sei (Mutschler, in: RGRK, 12. Aufl., Vorb. § 1601 Rn. 23 m. Nachw.; Göppinger, 5. Aufl., Rn. 218; Kalthoener-Büttner, Rn. 501; OLG Schleswig, FamRZ 1985, 68 f.; wohl auch OLG Hamm, FamRZ 1987, 742 f.). Der Senat hat die Frage bisher nicht zu entscheiden brauchen (vgl. NJW 1987, 1551 = FamRZ 1987, 456 (458)). Der wiedergegebenen Auffassung ist der BGH nunmehr – nach Erlaß der angefochtenen Entscheidung – durch Urteil vom 1. 10. 1991 (BGHZ 115, 228 (231 f.) = NJW 1992, 115) unter Hinweis auf die Systematik des BSHG und die Entstehungsgeschichte des 3. Gesetzes zur Änderung des BSHG, das die Überleitungsbefugnis in § 91 I 1 BSHG zugunsten Unterhaltsverpflichteter eingeschränkt hat, entgegengetreten. Dieser Entscheidung des VI. Zivilsenats schließt sich der erkennende Senat jedenfalls für die Fälle an, in denen – wie hier – einer Überleitung des Unterhaltsanspruchs des Hilfeempfängers ein gesetzliches Überleitungsverbot nicht entgegensteht. Die fernliegende Möglichkeit, daß bei fehlender Anrechenbarkeit ein Unterhaltsberechtigter trotz gewährter Sozialhilfe Unterhaltsansprüche gegen einen Verpflichteten geltend machen könnte, vermag an der gesetzlich normierten Subsidiarität der Sozialhilfe nichts zu ändern. Im übrigen dürfte einem solchen Begehren der Grundsatz von Treu und Glauben, der auch im Unterhaltsrecht gilt (*Senat,* NJW 1991, 913 = FamRZ 1991, 306 (307) und NJW 1992, 3164) entgegenstehen.

In dieser Beurteilung liegt keine Abkehr von der Rechtsprechung des Senats, nach der er es gebilligt hat, daß gewährtes Pflegegeld mit dem durch die Versorgung des Pflegebedürftigen nicht verbrauchten Teil der Pflegeperson für die Zwecke des Unterhaltsrechts als eigenes Einkommen zugerechnet worden ist (*Senat,* NJW 1984, 2355 = FamRZ 1984, 769 (771 f.); NJW 1987, 1201 = FamRZ 1987, 259 (261), insoweit teilweise in BGHZ 98, 353 (354) nicht abgedr.). Denn es geht nicht um die unterhaltsrechtliche Beziehung der Pflegeperson zu einem Dritten, sondern um den Unterhaltsanspruch des Pflegebedürftigen selbst. Die Entscheidung des BerGer., die gewährte Hilfe zur Pflege sei anrechenbares Einkommen des Sohnes J, kann deshalb keinen Bestand haben.

d) Ohne Erfolg wendet sich die Revision dagegen, daß das BerGer. die Pflegeleistungen des Lebenspartners der Bekl. wie deren eigene Pflegeleistungen angesehen und auf den Bedarf des J angerechnet hat. Allerdings berühren freiwillige Leistungen Dritter, auf die der Unterhaltsberechtigte keinen Anspruch hat, im allgemeinen seine Bedürftigkeit nicht. Anderes gilt jedoch, wenn der Dritte seinen Willen zum Ausdruck bringt, mit seinen Leistungen den Unterhaltsverpflichteten zu entlasten (BGH, NJW 1980, 344 = FamRZ 1980, 40 (42); Mutschler, in: RGRK, § 1602 Rdnrn. 4, 5; Köhler, in: MünchKomm, 3. Aufl., § 1602 Rn. 13; Kalthoener-Büttner, Rn. 464; Göppinger-Kindermann, Rn. 1076).

Letzteres ist hier der Fall. Entgegen der Ansicht der Revision hat das BerGer. festgestellt, daß die Pflegeleistungen des Partners der Bekl. deren Entlastung dienen sollen. Es ist deshalb rechtlich nicht zu beanstanden, daß es diese Pflegeleistungen auf den Bedarf des Sohnes in gleicher Weise angerechnet hat wie die Pflegeleistungen der Bekl. selbst.

BGH v. 21. 4. 93 – XII ZR 248/91 – FamRZ 93, 1065 = NJW 93, 1920

(Obliegenheit zur Verwertung von Pflichtteilsrechten)   **R461**

Die Revision beanstandet jedoch zu Recht, daß das BerGer. die Frage, ob der Unterhaltsberechtigte a
einen Pflichtteilsanspruch geltend machen muß, aus Gründen der Gleichbehandlung nach den Grundsätzen beantworten will, die im genannten Urteil zur Frage der Zumutbarkeit der Geltendmachung eines dem Unterhaltspflichtigen zustehenden Pflichtteilsanspruchs entwickelt worden sind. In jener Entscheidung ging es im Rahmen eines Verbundverfahrens um die erstmalige Bestimmung des Unterhaltsbedarfs nach den ehelichen Lebensverhältnissen (§ 1578 I BGB). Es war die Frage zu beantworten, ob diese auch durch (fiktive) Erträge aus einem während bestehender Ehe entstandenen, aber nicht geltend gemachten Pflichtteilsanspruch des Unterhaltsverpflichteten im Hinblick darauf geprägt sein konnten, daß im Unterhaltsrecht grundsätzlich alle Einkünfte und Vermögenswerte der Ehegatten zu berücksichtigen sind. Unter diesem Gesichtspunkt hat der Senat eine Obliegenheit des unterhaltspflichtigen Ehemannes zur Geltendmachung des Pflichtteilsanspruchs verneint, weil – nicht zuletzt wegen einer im gemeinschaftlichen Testament seiner Eltern enthaltenen Verfallklausel – davon auszugehen war, daß er auch bei fortbestehender Ehe und weiterem Zusammenleben mit der Ehefrau von einer Geltendmachung des Pflichtteils abgesehen hätte mit der Folge, daß der Pflichtteil für den Familienunterhalt nicht zur Verfügung gestanden hätte. Demgegenüber ist hier der Unterhaltsbedarf der Bekl. unstreitig ohne Rücksicht auf einen Pflichtteilsanspruch festgestellt, der erst nach Eintritt der Rechtskraft des Scheidungsausspruchs entstanden ist. Daß sich der im Vorprozeß ermittelte Unterhaltsbedarf der Bekl. zwischenzeitlich geändert habe, behauptet der Kl. nicht.

Die Frage, ob die Bekl. einen Pflichtteilsanspruch gegen ihre Mutter geltend machen muß, ist für den Fortbestand ihres Unterhaltsanspruchs gleichwohl relevant, weil sie ihre (weitere) Unterhaltsbedürftigkeit betrifft. Nach § 1577 I BGB kann ein geschiedener Ehegatte Unterhalt – auch, wie hier, nach § 1570 BGB – nicht (mehr) verlangen, solange und soweit er sich aus seinen Einkünften und seinem Vermögen selbst unterhalten kann. Daraus ergibt sich die Obliegenheit, vorhandenes Vermögen

1929

so ertragreich wie möglich anzulegen und es gegebenenfalls sogar umzuschichten, denn auch solche Einkünfte und Vermögenserträge mindern die Bedürftigkeit, die zwar tatsächlich nicht gezogen werden, aber in zumutbarer Weise gezogen werden könnten (vgl. *Senat,* NJW-RR 1986, 683 = FamRZ 1986, 439 (440); *Senat,* NJW-RR 1988, 514 = FamRZ 1988, 145 (149); *Senat,* NJW 1992, 1044 = FamRZ 1992, 423, jeweils m. w. Nachw.). Grundsätzlich ist zur Behebung der Bedürftigkeit auch die Verwertung des Vermögensstammes geboten; eine Einschränkung besteht gem. § 1577 III BGB nur dahin, daß die Verwertung nicht zugemutet wird, soweit sie unwirtschaftlich oder unter Berücksichtigung der beiderseitigen wirtschaftlichen Verhältnisse unbillig wäre. Es besteht aber kein Grund, von den Vermögensbestandteilen, deren Verwertung dem Unterhaltsberechtigten zuzumuten ist, einen Pflichtteilsanspruch von vornherein auszunehmen (zust. Göppinger-Kindermann, 5. Aufl., Rn. 1973 bei Fußn. 4; Richter, in: MünchKomm, 2. Aufl., § 1577 Rn. 16; Winkler v. Mohrenfels, FamRZ 1981, 521 (523)). Die Revision weist zu Recht darauf hin, daß es sich bei diesem Anspruch in aller Regel um einen fälligen Zahlungsanspruch handelt, dessen Geltendmachung nicht generell als unwirtschaftlich angesehen werden kann.

Da das OLG die erforderliche Abwägung zu der Frage, ob die Geltendmachung eines Pflichtteilsanspruchs für die Bekl. unbillig wäre, auf der Grundlage der vom Senat für einen Unterhaltspflichtigen entwickelten Kriterien beurteilt hat, die auf die hier bestehende Interessenlage nicht übertragen werden können, kann die angefochtene Entscheidung nicht bestehenbleiben.

(Verwertung des Pflichtteilsanspruches)

b b) Soweit nach alledem ein Pflichtteilsanspruch der Bekl. gegen ihre Mutter besteht, muß sie diesen zur Behebung ihrer Bedürftigkeit grundsätzlich verwerten und über seinen Bestand daher dem Kl. Auskunft erteilen. Sie kann sich dieser Verpflichtung weder mit dem Argument entziehen, ihre Mutter sei gezwungen, zur Befriedigung eines Pflichtteilsanspruchs unwirtschaftliche Veräußerungen von Nachlaßwerten vorzunehmen, noch kann sie dem Kl. ohne weiteres entgegenhalten, die Geltendmachung eines solchen Anspruchs gefährde ihre spätere Erbeinsetzung durch die Mutter. Allerdings sind bei der gem. § 1577 III BGB gebotenen Prüfung, inwieweit es im Blick auf die beiderseitigen wirtschaftlichen Verhältnisse unbillig wäre, einen Pflichtteilsanspruch zu erheben, Zumutbarkeitsgesichtspunkte zu berücksichtigen. Würde sich beispielsweise der Unterhaltsanspruch der Bekl. wesentlich ändern, weil die aus dem Pflichtteilserwerb zu erwartenden Erträge die Bedürftigkeit nur geringfügig beheben würden, könnte sich die Realisierung des Pflichtteilsanspruchs für die Bekl. zumal im Hinblick auf die hohen Einkünfte des Kl. aus seiner Erwerbstätigkeit und den Erträgen seines umfangreichen Immobilien- und Anlagevermögens – als unzumutbar erweisen.

BGH v. 12. 5. 93 – XII ZR 18/92 – FamRZ 93, 1057 = NJW 93, 2238

R462 *(Zur angemessenen Ausbildung bei gutem Abitur)*

Wie bereits ausgeführt, umfaßt der Unterhalt eines Kindes (unter anderem) die Kosten einer „angemessenen" Vorbildung zu einem Beruf. Demgemäß hat der BGH schon in der grundlegenden Entscheidung BGHZ 69, 190 ff. = NJW 1977, 1774 darauf abgehoben, daß nur Eltern, die ihrer Pflicht, dem Kind eine angemessene Berufsausbildung zu gewähren, bereits in rechter Weise nachgekommen sind, in der Regel keine Kosten für eine weitere (zweite) Ausbildung zu tragen haben. Hingegen ist eine Verpflichtung zur Finanzierung einer weiteren Ausbildung grundsätzlich nicht ausgeschlossen, wenn eine angemessene Ausbildung noch nicht gewährt worden ist (BGHZ 69, 190 (194) = NJW 1977, 1774). In seinem Urteil zu den Abitur-Lehre-Studium-Fällen (BGHZ 107, 376 ff. = NJW 1989, 2253 =), durch das die Unterhaltspflicht der Eltern für diese Ausbildungsgänge unter den dort dargelegten Voraussetzungen modifiziert und erweitert worden ist, hat der Senat vornehmlich die Fälle im Auge gehabt, in denen der Unterhaltsberechtigte mit der zunächst durchlaufenen Lehre an sich eine für ihn angemessene Ausbildung erhalten hatte und deshalb nach der früheren Rechtsprechung grundsätzlich keine Finanzierung des anschließenden Studiums hätte verlangen können.

b) Ob indessen die Ausbildung zum Industriekaufmann für den Sohn des Bekl. eine angemessene Berufsausbildung i. S. von § 1610 II BGB war, nämlich seiner Begabung, seinen Fähigkeiten, seinem Leistungswillen und seinen beachtenswerten Neigungen – als Berufsziel – entsprach, hat das OLG nicht festgestellt. Diese tatrichterliche Beurteilung muß daher nachgeholt werden, wobei den Parteien Gelegenheit zu weiterem Vortrag zu geben ist.

Nach den bisher festgestellten Umständen bestehen zumindest Bedenken dagegen, die Lehre zum Industriekaufmann als eine für den Sohn des Bekl. angemessene Vorbildung zu einem Beruf anzusehen. Seine Leistungen im Abitur – mit einem im oberen Leistungsbereich liegenden Notendurchschnitt – ließen auch eine Eignung und Begabung für eine weiterführende wissenschaftliche Ausbildung schließen. Der Kl. hat geltend gemacht, die Absolvierung einer Lehre habe die Begabungen und Fertigkeiten des Sohnes des Bekl. nicht in hinreichendem Maße ausschöpfen können. Dieser selbst beabsichtigte von

Anfang an die Aufnahme eines Studiums. Der Bekl. war mit diesem Vorhaben ersichtlich einverstanden, wie sich daraus entnehmen läßt, daß er seinen Sohn im Herbst 1984 aufforderte, er solle, ebenso wie seine Schwester, sofort studieren und nicht zwei Ausbildungen absolvieren (vgl. hierzu auch *Senat,* FamRZ 1981, 344 (346)).

c) War die Lehre zum Industriekaufmann für den Sohn des Bekl. keine angemessene Vorbildung zu einem Beruf, so folgt daraus die grundsätzliche Verpflichtung des Bekl., im Rahmen seiner wirtschaftlichen Leistungsfähigkeit das Studium des Sohnes zu finanzieren (BGHZ 107, 376 (382 f.) = NJW 1989, 2253). Bedenken können sich allerdings daraus ergeben, daß dieser das Studium nicht mit der gebotenen Zielstrebigkeit aufgenommen hat, weil er zuvor eine Lehre absolviert und die eigene Neigung und Begabung nicht sogleich richtig eingeschätzt hat (vgl. dazu *Senat,* NJW 1984, 1961 = FamRZ 1984, 777 (778); NJW 1987, 1557 = FamRZ 1987, 470).

Bei der Prüfung, ob dem Sohn des Bekl. insoweit eine Obliegenheitsverletzung anzulasten ist, wird das OLG zu berücksichtigen haben, daß auf ein leichteres, nur vorübergehendes Versagen zurückzuführende Verzögerungen der Ausbildungszeit nicht immer die schwerwiegende Folge eines Verlustes des Unterhaltsanspruchs haben müssen (vgl. *Senat,* NJW-RR 1990, 327 = FamRZ 1990, 149 (150)). Die Vorschaltung einer Lehre war hier wesentlich beeinflußt durch den Rat einer Behörde, auf deren Fachkunde der Sohn des Bekl. ersichtlich vertraute. Soweit er schon vor Abschluß der Lehre erkannte, daß seine Neigungen auf technischem Gebiet lagen, diese aber dennoch nicht sogleich abbrach und zunächst – ersichtlich mit gutem Erfolg – sich der Abschlußprüfung unterzog, ist zu berücksichtigen, daß ein solches Verhalten vernünftiger, auch im Interesse der Eltern liegender Daseinsvorsorge entsprach. Da die zunächst beabsichtigten Stufen – kaufmännische Lehre und anschließendes Wirtschaftsstudium – als einheitlicher Ausbildungsgang [Ausbildungsgang] im Sinne der Senatsrechtsprechung (BGHZ 107, 376 (381 f.) = NJW 1989, 2253) anzuerkennen gewesen wären, wird das Verhalten des Sohnes des Bekl. ähnlich wie bei einem Ausbildungswechsel zu beurteilen sein.

BGH v. 12. 5. 93 – XII ZR 24/92 – FamRZ 93, 1055 = NJW 93, 1974

(Mahnung nicht formbedürftig; endgültige Erfüllungsverweigerung) R462A

a) Gegen die danach ausgeurteilte Erhöhung der Unterhaltsleistung des Bekl. bestehen für den **a** genannten Zeitraum keine reчtlichen Bedenken. Solche werden auch von der Revision nicht erhoben. Sie wendet sich allein dagegen, daß das OLG den Bekl. verurteilt hat, die vor Rechtshängigkeit (25. 1. 1991) fällig gewordenen Unterhaltsrückstände mit 4% zu verzinsen, weil er am 8. 12. 1990 dadurch in Verzug geraten sei, daß er das fernmündlich unterbreitete Verlangen der Kl. nach höheren Unterhaltsleistungen – das auf die veränderten Verhältnisse und den abschlägig beschiedenen Antrag auf Ausbildungsförderung gestützt war – eindeutig und endgültig abgelehnt habe. Die Revision vertritt die Auffassung, die Weigerung habe nicht als endgültig verstanden werden dürfen; der Kl. wäre zumindest zuzumuten gewesen, ihre Unterhaltsforderung dem Bekl. schriftlich zu unterbreiten und ihm eine Frist zu setzen.

Dem kann nicht gefolgt werden. Die Feststellung des OLG beruht auf dem unbestrittenen Vortrag der Kl., daß der Bekl. auf ihr Verlangen nach Unterhaltserhöhung anläßlich eines Telefongespräches am 8. 12. 1990 entgegnete, er werde keine höheren Zahlungen an sie leisten. Wenn das OLG hierin eine den Verzug begründende endgültige Leistungsverweigerung erblickt hat, die nach Treu und Glauben eine (bezifferte) Mahnung erübrigt habe, so ist das rechtlich nicht zu beanstanden.

(Unterhaltsbezogenes leichtfertiges Verhalten)
2. Soweit das OLG dem Erhöhungsbegehren der Kl. auch für die Zeit ab dem 1. 4. 1991 (bis zum **b** 31. 7. 1993) in vollem Umfang stattgegeben hat, hält die Entscheidung rechtlicher Prüfung nicht stand.

a) Das BerGer. ist davon ausgegangen, daß die Leistungsfähigkeit des Bekl. dadurch erheblich eingeschränkt worden ist, daß sein bisheriger Arbeitgeber (ein Automobilunternehmen) das Arbeitsverhältnis durch Schreiben vom 26. 3. 1991 fristlos gekündigt und eine Bitte um Wiedereinstellung mit Schreiben vom 13. 5. 1991 abgelehnt hat. Es hat festgestellt, daß er aus einem neuen Arbeitsverhältnis bei einer Bauunternehmung in den Monaten April bis September 1991 nur noch monatliche Nettoeinkünfte zwischen 1725 DM und 2447 DM hatte. Es hat dem Bekl. jedoch verwehrt, sich auf die Verminderung seiner Leistungsfähigkeit zu berufen, und hat ihm weiterhin (fiktiv) die früheren Einkünfte aus der höher bezahlten Tätigkeit zugerechnet. Zur Begründung hat es ausgeführt, der Bekl. habe unstreitig seinen Arbeitgeber bestohlen; es habe auf der Hand gelegen, daß die Aufdeckung dieser Tat zwangsläufig den Verlust des Arbeitsplatzes habe nach sich ziehen müssen. Dem Bekl. habe sich auch die damit verbundene Gefährdung für den Unterhalt der Kl. aufdrängen müssen, denn es habe ihm klar sein müssen, daß es schwerfallen werde, alsbald eine neue Arbeitsstelle mit gleichhoher Bezahlung wie bei dem früheren Arbeitgeber, für den er fast zwanzig Jahre tätig gewesen sei, wiederzufinden. Dem Bekl. sei danach in unterhaltsrechtlicher Beziehung ein verantwortungsloses, zumindest leichtfertiges Verhalten vorzuwerfen. Nach Treu und Glauben (§ 242 BGB) könne er sich auf eine in dieser Weise selbst herbeigeführte Verminderung seiner Leistungsfähigkeit nicht berufen.

b) Diesen Erwägungen kann nicht in allen Teilen zugestimmt werden. Die Unterhaltspflicht gegenüber einem Verwandten setzt nach dem klaren Wortlaut des § 1603 I BGB die Leistungsfähigkeit voraus. Es entspricht daher der ständigen Rechtsprechung des Senats, daß die Verminderung oder der Wegfall der Leistungsfähigkeit grundsätzlich auch dann zu beachten ist, wenn der auf Unterhalt in Anspruch Genommene sie selbst – auch schuldhaft – herbeigeführt hat und daß nur besondere, schwerwiegende Gründe dem Unterhaltspflichtigen im Einzelfall die Berufung auf eine Leistungsunfähigkeit nach den Grundsätzen von Treu und Glauben verwehren können (vgl. *Senat*, NJW 1985, 732 = FamRZ 1985, 158 (159 f.); NJW-RR 1987, 770 = FamRZ 1987, 372; NJW 1988, 2239 = FamRZ 1988, 597 (599 unter II 4)). Unter Hinweis auf die Voraussetzungen, unter denen ein Unterhaltsberechtigter nach § 1579 I Nr. 3 BGB oder § 1611 I BGB bei selbstverschuldeter Herbeiführung seiner Bedürftigkeit den Unterhaltsanspruch verliert, hat der Senat auch dem Verpflichteten die Berufung auf seine Leistungsunfähigkeit versagt, wenn ihm ein verantwortungsloses, zumindest leichtfertiges Verhalten vorzuwerfen ist; eine solche Bewertung werde sich, so hat der Senat dargelegt, vielfach aus dem Bezug seines Verhaltens zur Unterhaltspflicht ergeben. Unter diesem Gesichtspunkt ist einem Unterhaltspflichtigen (Ehegatten oder Elternteil) die Berufung auf seine Leistungsunfähigkeit beispielsweise versagt worden, wenn er eine gesicherte und einkömmliche Erwerbstätigkeit in einem erlernten Beruf zugunsten einer weiteren Ausbildung aufgegeben hatte, ohne den Unterhalt seiner Angehörigen sicherzustellen (*Senat*, NJW 1981, 1609 = FamRZ 1981, 539 (540)), oder wenn ein Arbeitnehmer in verantwortungsloser, zumindest leichtfertiger Weise die Kündigung seines bisherigen versicherungspflichtigen Arbeitsverhältnisses verschuldet oder eine ihm gebotene Möglichkeit, eine zumutbare andere versicherungspflichtige Arbeit aufzunehmen, nicht wahrgenommen hat und sich statt dessen ohne Versicherungsschutz als freier Vertreter betätigt und dann durch einen Arbeitsunfall keine Einkünfte aus Lohnfortzahlung oder Krankengeld erzielte (*Senat*, NJW 1988, 2239 = FamRZ 1988, 597 (599)). Beim Wechsel von einer angestellten in eine selbständige unternehmerische oder freiberufliche Tätigkeit, die zunächst mit erheblichen Einkommenseinbußen verbunden war, hat der Senat die dadurch eingetretene Verminderung der Leistungsfähigkeit zwar grundsätzlich für beachtlich gehalten, aber verlangt, daß der Pflichtige jedenfalls für eine Übergangszeit der zu erwartenden Entwicklung durch Bildung von Rücklagen oder Kreditaufnahmen Rechnung trägt (*Senat*, NJW-RR 1987, 770 = FamRZ 1987, 372 (374)).

Auf der anderen Seite hat der Senat einem Strafgefangenen, soweit er nicht gerade wegen einer Verletzung seiner Unterhaltspflicht oder wegen schwerer Verfehlungen gegen das Leben oder die Gesundheit des Unterhaltsberechtigten oder seiner Angehörigen eine Freiheitsstrafe verbüßt, die Berufung auf die durch die Haft eingetretene Leistungsunfähigkeit nicht verschlossen (vgl. *Senat*, NJW 1982, 1812 = FamRZ 1982, 792 (794 unter II 4); NJW 1982, 2491 = FamRZ 1982, 913 (914)).

Danach ist der Fall eines zwar selbst verschuldeten, aber doch ungewollten Arbeitsplatzverlustes unterhaltsrechtlich nicht den Fällen freiwilliger Aufgabe einer versicherungspflichtigen Tätigkeit gleichzustellen. Auch das Schrifttum tritt dafür ein, die unterhaltsrechtliche Vorwerfbarkeit einer dadurch entstehenden Einkommensminderung auf schwerwiegende Fälle zu beschränken und Fälle leichteren Verschuldens auszunehmen, zumal wenn sich das Fehlverhalten nicht gegen den Unterhaltsberechtigten gerichtet hat (vgl. etwa Kalthoener-Büttner, 4. Aufl. Rn. 563; Mutschler, in: RGRK, 12. Aufl., § 1603 Rn. 7; *Griesche*, in: FamGb, § 1603 BGB Rn. 61). Für den unterhaltsrechtlichen Bezug insbesondere einer Straftat reicht es nicht aus, daß sie für den Arbeitsplatzverlust kausal geworden ist. Es bedarf vielmehr einer auf den Einzelfall bezogenen Wertung dahin, ob die der Tat zugrundeliegenden Vorstellungen und Antriebe sich auch auf die Verminderung der unterhaltsrechtlichen Leistungsfähigkeit als Folge des strafbaren Verhaltens erstreckt haben (vgl. dazu schon *Senat*, NJW 1985, 732 = FamRZ 1985, 158 (160)). Dem werden die Ausführungen des BerGer. nicht voll gerecht.

Feststellungen dazu, daß der Bekl. sich mit dem ihm zur Last gelegten Diebstahl bei seinem früheren Arbeitgeber der Unterhaltspflicht hat entziehen wollen oder daß ihm auch nur bewußt gewesen wäre, er könnte infolge seines Verhaltens leistungsunfähig werden, hat das BerGer. nicht getroffen. Daß sich ihm solche Folgen „aufdrängen" mußten, trifft nicht zu, wenn bei objektiver Betrachtung auch eine Nachsicht des Arbeitgebers oder mildere Sanktionen als eine Kündigung ernsthaft in Betracht kamen. Der Bekl. hatte dazu geltend gemacht, er habe sich gegen den Diebstahlsvorwurf und die darauf gestützte fristlose Kündigung vom 26. 3. 1991 nicht anwaltlichen Rat nicht gerichtlich zur Wehr gesetzt, sondern sich statt dessen – wenn letztlich auch vergebens – um eine Wiedereinstellung bemüht; denn er sei fast 20 Jahre lang bei dieser Firma beschäftigt gewesen und seine Tat habe darin bestanden, aus einer Kiste einige Teile mitzunehmen, die aus alten, gebrauchten Motoren ausgebaut und in den Schrott gegeben worden seien. Irgendein Zusammenhang zwischen seinem Verhalten und der Unterhaltspflicht gegenüber der Kl. liege nicht vor; er habe überhaupt nicht damit gerechnet, durch sein Verhalten seinen gut bezahlten Arbeitsplatz aufs Spiel zu setzen; die Unterhaltspflicht gegenüber der Kl., die zeitlich begrenzt und im Verhältnis zu seinen Arbeitseinkünften nicht ins Gewicht gefallen sei,

Anhang R. Rechtsprechung   R463

habe keine Rolle gespielt. Er habe nach der Entlassung auch sofort bei einem Bauunternehmer eine neue, wenn auch schlechter bezahlte Tätigkeit begonnen und bleibe weiterhin intensiv bemüht, eine wieder besser bezahlte Beschäftigung zu finden. Es ist nicht erkennbar, daß das BerGer. diese Gesichtspunkte hinreichend in seine Beurteilung einbezogen hätte. Es hat sich auch nicht mit der Frage befaßt, ob eine schwerwiegende Straftat des Bekl. oder nur ein leichteres Versagen im Sinne des vorstehend Dargelegten vorliegt. Daß der Bekl. strafrechtlich belangt worden ist, ist nicht festgestellt. Für den notwendigen unterhaltsrechtlichen Bezug seiner Straftat reicht es nicht aus, daß der dadurch verursachte Arbeitsplatzverlust sich nicht nur auf den Lebensstandard des Täters auswirkt, sondern daß dessen unterhaltsberechtigte Angehörigen mit betroffen werden. Denn derartige Folgen treffen die Angehörigen auch in einer intakten Familie und werden in der Regel als durch die Wechselfälle des Lebens bedingt hingenommen.

BGH v. 16. 6. 93 – XII ZR 6/92 – FamRZ 93, 1186 = NJW 93, 2105

(Modalitäten der Aufrechnung)   R463

1. Das BerGer. führt aus, an sich könne der Kl. gegen den Unterhaltsanspruch seiner geschiedenen Ehefrau nicht wirksam mit einer Gegenforderung aufrechnen (§ 394 BGB i. V. mit § 850 b I Nr. 2 ZPO). Eine Ausnahme werde aber von der Rechtsprechung zugelassen, wenn mit einem Schadensersatzanspruch aus einer im Rahmen des Unterhaltsverhältnisses begangenen vorsätzlichen unerlaubten Handlung aufgerechnet werde. Dann handle der Unterhaltsberechtigte nämlich rechtsmißbräuchlich, wenn er sich auf das Aufrechnungsverbot berufe. Ein solcher Ausnahmefall sei vorliegend gegeben.

Diese Ausführungen stehen im Einklang mit der Rechtsprechung des BGH (BGHZ 30, 36 (38 ff.) = NJW 1959, 1275; BGH, FamRZ 1969, 210 (211); ebenso Soergel-Zeiss, BGB, 12. Aufl., § 394 Rn. 5; Staudinger-Kaduk, BGB, 12. Aufl., § 394 Rn. 28 m. w. Nachw.; *Göppinger*, 5. Aufl., Fußn. 17 zu Rn. 342) und werden auch in der Revisionsinstanz nicht angegriffen.

2. Weiter führt das BerGer. aus, obgleich demnach kein Aufrechnungsverbot entgegenstehe, scheitere die Vollstreckungsgegenklage daran, daß der Kl. die Aufrechnung schon im Vorprozeß hätte erklären können und müssen (§ 767 II ZPO). Gegen diese Annahme wendet sich die Revision mit Erfolg.

a) Das BerGer. geht zwar zutreffend davon aus, daß eine Aufrechnung nicht mehr mit der Vollstreckungsgegenklage geltend gemacht werden kann, wenn die Aufrechnungsmöglichkeit schon im Vorprozeß bestanden hat, aber nicht genutzt wurde (st. Rspr. des BGH: u. a. BGHZ 24, 97 (98 f.) = NJW 1957, 986, BGHZ 38, 122 (123) = NJW 1963, 244; vgl. auch Karsten Schmidt, in: MünchKomm-ZPO, § 767 Rdnrn. 80 f. m. w. Nachw.). Zu Unrecht nimmt es aber an, die Aufrechnungslage, aus der der Kl. im vorliegenden Rechtsstreit eine Einwendung gegen den titulierten Unterhaltsanspruch herleitet, habe schon im Vorprozeß bestanden.

b) Nach § 387 BGB kann u. a. nur aufgerechnet werden, wenn der Aufrechnende „die ihm obliegende Leistung bewirken kann", was bei erst künftig fällig werdenden Forderungen bedeutet, daß sie zumindest erfüllbar sein müssen. Mithin hätte eine Aufrechnungslage im Vorprozeß nur dann bestanden, wenn der Kl. berechtigt gewesen wäre, schon am 27. 3. 1990 – dem Zeitpunkt der letzten mündlichen Verhandlung – die ab dem 1. 10. 1990 fällig werdenden Unterhaltsansprüche der Bekl. vorab zu befriedigen (vgl. BGH, NJW 1972, 154; BGH, NJW-RR 1990, 159 (160)). Das BerGer. nimmt dies an und führt aus, der Unterhalt für einen geschiedenen Ehegatten könne, schon bevor er fällig werde, für eine beliebige Zeit im voraus gezahlt werden (ebenso ohne nähere Begründung *Mutschler*, in: RGRK, 12. Aufl., § 1614 Rn. 6; *Köhler*, in: MünchKomm, 3. Aufl., § 1614 Rn. 5; *Palandt-Diederichsen*, BGB, 52. Aufl., § 1585 Rn. 3; *Göppinger*, Fußn. 4 zu Rn. 351). Dem kann nicht gefolgt werden.

c) Der Gesetzgeber hat ausdrücklich angeordnet, daß derjenige, der einem Verwandten oder seinem Ehegatten während bestehender Ehe zum Unterhalt verpflichtet ist, auf eigene Gefahr handelt, wenn er Vorauszahlungen auf den Unterhalt für mehr als drei Monate leistet (§§ 1614 II, 760 II, 1361 IV, 1360 a III BGB). Leistet er Vorauszahlungen für einen längeren Zeitraum und benötigt der Unterhaltsberechtigte nach Ablauf von drei Monaten erneut Mittel für seinen Lebensunterhalt, etwa weil er sich die Vorauszahlung nicht richtig eingeteilt oder sie verschwendet hat oder weil ihm das Geld abhanden gekommen ist, so muß der Unterhaltsverpflichtete erneut leisten (vgl. *Köhler*, in: Münch-Komm, § 1614 Rdnrn. 4 f.). Diese spezielle, praktisch wenig bedeutsame Regelung gilt für Ansprüche auf nachehelichen Unterhalt nach der Systematik des Gesetzes nicht. Angesichts der Unterschiede in der Ausgestaltung der ehelichen und der nachehelichen Unterhaltspflicht (vgl. dazu etwa *Senat*, NJW 1981, 978 = FamRZ 1981, 242 (243)) erscheint es auch nicht gerechtfertigt, sie auf solche Ansprüche entsprechend anzuwenden.

d) Daraus folgt aber noch nicht, daß ein Anspruch auf nachehelichen Unterhalt für eine beliebige Zeit im voraus erfüllbar wäre. Die Frage ist nach der allgemeinen Regel des § 271 II BGB zu beantworten. Danach ist zwar im Zweifel anzunehmen, daß der Schuldner eine Leistung, für die (wie bei einer Unterhaltsrente) eine Zeit bestimmt ist, schon vorher bewirken kann. Dies gilt aber nach allgemeiner Ansicht nicht, wenn sich aus dem Gesetz, aus einer Vereinbarung der Parteien oder aus den Umständen ergibt, daß der Schuldner nicht berechtigt sein soll, die Leistung schon vor der Zeit zu erbringen. Ein Ausschluß von Vorausleistungen ergibt sich aus den Umständen, wenn die Leistungszeit nicht nur im Interesse des Schuldners hinausgeschoben ist, sondern auch wenn der Gläubiger ein rechtlich geschütztes Interesse daran hat, die Leistung nicht vorzeitig entgegennehmen zu müssen (vgl. *Soergel-Wolf,* § 271 Rn. 25; *Staudinger-Sell,* § 271 Rdnrn. 10 f.; *Keller,* in: MünchKomm, 2. Aufl., § 271 Rn. 24; *Palandt-Heinrichs,* § 271 Rn. 11) . . . Beim Anspruch auf nachehelichen Unterhalt ist zu berücksichtigen, daß das Gesetz in § 1585 I BGB auch im Interesse des Berechtigten eine monatlich im voraus zahlbare Geldrente vorsieht, ohne daß der Verpflichtete – von vertraglichen Gestaltungen abgesehen – die Möglichkeit hat, eine abweichende Form der Unterhaltsgewährung einseitig durchzusetzen (vgl. Richter, in: MünchKomm, § 1585 Rn. 1). Zweck dieser Regelung ist die Sicherung des laufenden Lebensbedarfs des Berechtigten in den jeweiligen Zeitabschnitten. Dieser Zweck könnte gefährdet werden, wenn Vorauszahlungen für einen beliebigen Zeitraum entgegengenommen werden müßten; zu denken ist etwa an die unüberlegte, nicht zweckbestimmte Verwendung eines größeren Kapitalbetrages. Der Unterhaltsanspruch ist der Höhe nach nicht für alle Zukunft festgelegt, wie sich aus § 323 ZPO ergibt, ohne daß sich künftige Veränderungen sicher abschätzen lassen. Vorausleistungen für entferntere Zeitabschnitte der Zukunft können daher Anlaß für Streitigkeiten über die Frage der Erfüllung geben. Auf der anderen Seite sieht das Gesetz in § 1614 II BGB vor, daß selbst bei Kindesunterhalt eine Vorausleistung für drei Monate nicht zurückgewiesen werden darf. Eine geringere Zeitspanne für den weitaus disponibleren nachehelichen Unterhalt (vgl. § 1614 I BGB gegenüber § 1585 c BGB) kann daher schwerlich angenommen werden. Unter Abwägung dieser Gesichtspunkte hält der Senat es für angemessen, den Zeitraum, für den nachehelicher Unterhalt im voraus geleistet werden kann, auf sechs Monate anzusetzen, ebenso wie in dem durch Urteil vom 28. 10. 1971 (NJW 1972, 154) entschiedenen Fall . . .

e) Da somit die Bekl. nicht verpflichtet war, Vorauszahlungen auf ihren Anspruch auf nachehelichen Unterhalt für mehr als sechs Monate anzunehmen, konnte gegen ihren Anspruch auf künftigen Unterhalt nur wegen der in den nächsten sechs Monaten fällig werdenden Beträge wirksam aufgerechnet werden. Zur Zeit der letzten mündlichen Verhandlung des Vorprozesses am 27. 3. 1990 bestand daher wegen der ab dem 1. 10. 1990 fällig werdenden Unterhaltsbeträge keine Aufrechnungslage. Der von dem Kl. mit der vorliegenden Vollstreckungsgegenklage geltend gemachte Einwand ist nicht nach § 767 II ZPO ausgeschlossen. Das angefochtene Urteil kann deshalb mit der gegebenen Begründung keinen Bestand haben.

3. Soweit die Kl. begehrt hat, daß die Unzulässigkeit der Zwangsvollstreckung wegen der nach dem 27. 3. 1992 fälligen Unterhaltsansprüche ausgesprochen wird, hat das BerGer. die Vollstreckungsgegenklage aber im Ergebnis zu Recht abgewiesen (§ 563 ZPO). Der Kl. hat in der Klageschrift die Aufrechnung erklärt gegen die Unterhaltsansprüche, die der Bekl. für die Zeit vom 1. 10. 1990 bis zum 30. 6. 1994 zugesprochen sind. Aus dem oben Ausgeführten ergibt sich, daß der Kl. damals nur wirksam aufrechnen konnte gegen die Forderungen, die in der Vergangenheit bereits fällig geworden waren, sowie gegen die Forderungen, die in den nächsten sechs Monaten – also bis 27. 6. 1991 – fällig werden würden. Allerdings konnte der Kl. im Verlaufe des Rechtsstreits in regelmäßigen Abständen – jeweils für sechs Monate im voraus – die Aufrechnung erneut erklären (vgl. hierzu BGH, NJW 1972, 154). Zwar hat er ausdrücklich keine weiteren Aufrechnungserklärungen abgegeben. Es reicht jedoch aus, wenn nach geschehener Aufrechnung in angemessenen Abständen der Wille zum Ausdruck gebracht wird, an der Aufrechnung festzuhalten (BGH, NJW 1972, 154). Dieser Wille war dem Vortrag des Kl. in den beiden Tatsacheninstanzen durchgängig zu entnehmen; zuletzt hat er ihn in der letzten mündlichen Verhandlung der Berufungsinstanz am 27. 9. 1991 dadurch zum Ausdruck gebracht, daß er mit der Begründung, er habe wirksam aufgerechnet, den Antrag gestellt hat, unter Abänderung des erstinstanzlichen Urteils die Zwangsvollstreckung für die Zeit vom 1. 10. 1990 bis zum 31. 12. 1993 für unzulässig zu erklären. Am 27. 9. 1991 konnte der Kl. aber nur gegen die Forderungen wirksam aufrechnen, die in der Vergangenheit fällig geworden waren und die bis einschließlich 27. 3. 1992 fällig werden würden. Das bedeutet, daß im übrigen die Klage zu Recht abgewiesen worden ist, soweit sie in zweiter Instanz noch aufrechterhalten worden war.

4. Soweit die Vollstreckungsgegenklage die in der Zeit vom 1. 10. 1990 bis zum 27. 3. 1992 fällig gewordenen Unterhaltsleistungen betrifft, kann der Senat nicht abschließend entscheiden, weil weitere Feststellungen erforderlich sind. Auch wenn das gegenüber dem Unterhaltsanspruch grundsätzlich bestehende Aufrechnungsverbot durch den Einwand der Arglist außer Kraft gesetzt ist, muß gewährleistet bleiben, daß dem Berechtigten durch die Aufrechnung nicht das Existenzminimum entzogen wird. Das BerGer. ist dieser Frage nicht nachgegangen, weil es die Klage schon aufgrund der Präklusionsvorschrift des § 767 II ZPO für unbegründet gehalten hat.

Das Aufrechnungsverbot gegenüber einem Unterhaltsanspruch besteht nicht nur im Interesse des Unterhaltsberechtigten, sondern auch im Interesse der Allgemeinheit. Der Unterhaltsberechtigte wäre regelmäßig auf Sozialhilfe angewiesen, wenn ihm im Wege der Aufrechnung auch die zum Exis-

Anhang R. Rechtsprechung R464

tenzminimum benötigten Geldmittel entzogen würden. Der Einwand der Arglist rechtfertigt es nicht, Schadensersatzansprüche des Unterhaltsverpflichteten im wirtschaftlichen Ergebnis aus Mitteln der öffentlichen Hand zu befriedigen.

Zu einer vergleichbaren Fallgestaltung im Arbeitsrecht hat das BAG entschieden, der Arbeitgeber könne zwar, wenn ihm der Arbeitnehmer im Rahmen des Arbeitsverhältnisses vorsätzlich einen Schaden zugefügt habe, mit seinem Schadensersatzanspruch gegen den Lohnanspruch des Arbeitnehmers ohne Rücksicht auf die nach §§ 850 ff. ZPO pfändungsfreien Beträge aufrechnen. Dieser „Einbruch des schadensersatzfordernden Arbeitgebers in den allgemeinen Sozialschutz" sei aber nicht unbegrenzt zulässig. Der Sozialschutz mindere sich zwar, bleibe jedoch in dem Umfang erhalten, den das Gesetz in § 850 d ZPO als Existenzminimum bestimme (BAG, AP § 394 BGB Nr. 8 m. Anm. Pohle). Der dieser Entscheidung zugrundeliegende Rechtsgedanke ist auch in Fällen der vorliegenden Art heranzuziehen (ebenso Staudinger-Kaduk, § 394 Rn. 29; Soergel-Zeiss, § 394 Rn. 5; Palandt-Heinrichs, § 394 Rn. 2; a. A. v. Feldmann, in: MünchKomm, 2. Aufl., § 394 Rn. 8).

Was dem Berechtigten hiernach als Existenzminimum verbleiben muß, kann nach den Grundsätzen bemessen werden, die im Unterhaltsrecht für den sogenannten notwendigen Selbstbehalt gelten. Dieser liegt in der Regel etwas oberhalb der Sozialhilfesätze (vgl. dazu Senat, NJW 1984, 1614). Handelt es sich bei dem Anspruch auf nachehelichen Unterhalt um Aufstockungsunterhalt (§ 1573 II BGB) oder hat der Berechtigte sonst andere eigene Einkünfte, so muß er diese in erster Linie heranziehen, um sein Existenzminimum zu bestreiten. Reichen sie hierzu aus, ist die Aufrechnung uneingeschränkt zulässig. Im Streitfall fehlt es zu diesem Punkt bisher an den notwendigen tatsächlichen Feststellungen, die das BerGer. nachholen muß.

BGH v. 16. 6. 93 – XII ZR 49/92 – FamRZ 93, 1304 = NJW-RR 93, 1283

(Fiktives Einkommen bei unrentabler Landwirtschaft) R464

Der Revision ist zuzugeben, daß bei der Bestimmung der ehelichen Lebensverhältnisse, für die grundsätzlich das im Zeitpunkt der Scheidung erreichte Einkommensniveau maßgebend ist, gerade bei Selbständigen mit schwankendem Einkommen auch die mit einiger Sicherheit vorauszusehende künftige Entwicklung in die Betrachtung einzubeziehen ist. Dazu gehört auch ein mit hoher Wahrscheinlichkeit eintretender und nicht abzuwendender Einkommensrückgang, auf den sich die Eheleute auch bei Fortbestehen der Ehe einrichten müssen (vgl. neben dem von der Revision angeführten Schrifttum Cuny, in: RGRK, 12. Aufl., § 1578 Rn. 14; Göppinger-Kindermann, 5. Aufl., Rn. 1045). Das kann aber nicht ohne weiteres auch für einen Einkommensrückgang gelten, der so einschneidend ist, daß er den erreichten Lebensstandard grundlegend verändert, und der, wie der Bekl. selbst geltend macht, von unabsehbarer Dauer und ohne Aussicht auf Besserung ist. Unter solchen Umständen gewinnt die unterhaltsrechtliche Erwerbsobliegenheit besondere Bedeutung, wonach ein Unterhaltspflichtiger seine Arbeitskraft und sonstige zu Gebote stehenden Einkommensquellen so gut wie möglich einzusetzen hat, um den einmal erreichten ehelichen Lebensstandard zu halten. Der Senat hat bereits in anderem Zusammenhang entschieden, daß ein Verhalten des Unterhaltsverpflichteten, das gegen seine unterhaltsrechtliche Erwerbsobliegenheit verstößt, die ehelichen Lebensverhältnisse nicht zum Nachteil des Unterhaltsberechtigten verändern kann (*Senat*, NJW 1992, 2477 = FamRZ 1992, 1045 (1046)). Dieser Grundsatz, den der Senat in der angeführten Entscheidung für das Verhalten des Unterhaltspflichtigen in der Zeit zwischen Trennung und Scheidung entwickelt hat, gilt gleichermaßen für die Zeit nach der Scheidung. Auch hier verstößt es gegen die unterhaltsrechtliche Erwerbsobliegenheit, wenn der Unterhaltspflichtige seine Einkommensmöglichkeiten nicht so gut wie möglich nutzt.

Nach diesen Grundsätzen ist es auch dem Bekl., der im Zeitpunkt der Scheidung 36 Jahre alt war und voll erwerbsfähig ist, verwehrt, sich gegenüber den Unterhaltsansprüchen seiner geschiedenen Ehefrau und seiner beiden minderjährigen Kinder darauf zu berufen, daß er auf Dauer aus der von ihm betriebenen Landwirtschaft nur mehr Einkünfte in der Größenordnung von 1316 DM monatlich erzielen könne. Bei einem derartigen Rückgang der Einkünfte muß er entweder auf Nebenerwerbslandwirtschaft übergehen oder notfalls die Landwirtschaft ganz aufgeben und eine höhere Einkünfte versprechende Erwerbstätigkeit aufnehmen. Der Senat hat keinen Zweifel, daß der Bekl., dessen Anwesen unweit der Stadt K. liegt, bei gehörigen Bemühungen jedenfalls eine Teilzeitbeschäftigung findet, die ihm die Ausübung einer Nebenerwerbslandwirtschaft ermöglicht. Eine Übergangszeit könnte er durch die Verpachtung oder den Verkauf von Teilen des Grundbesitzes überbrücken, zumal dieser gegebenenfalls auf die besondere Lage einer Nebenerwerbslandwirtschaft zuzuschneiden wäre. Der Bekl. hat nach seinem Vorbringen die ungünstige Entwicklung und ihre Folgen klar erkannt, dennoch aber jegliche Bemühungen unterlassen, ihnen im dargelegten Sinn zu begegnen, wohl in der Annahme, die Kl. gegebenenfalls öffentlicher Unterstützung überlassen zu können. Diese Annahme trifft nicht zu; denn seine Leistungsfähigkeit wird nicht nur durch das tatsächlich erzielte Einkommen bestimmt, sondern auch durch seine Arbeits- und Erwerbsfähigkeit (vgl. BVerfG, NJW 1985, 1211 = FamRZ 1985, 143). Er muß sich hier so behandeln lassen, wie wenn er seiner unterhaltsrechtlichen

R466　　　　　　　　　　　　　　　　　　　　　　　　Anhang R. Rechtsprechung

Obliegenheit nachgekommen wäre und dadurch ein Absinken des ehelichen Lebensstandards verhindert hätte. Aus diesem Grunde ist die Entscheidung des BerGer. im Ergebnis nicht zu beanstanden. Sollte künftig aufgrund der gebotenen Bemühungen des Bekl. ein höheres Einkommensniveau erreicht werden, ist die Kl. allerdings darauf beschränkt, Unterhalt nach dem im Zeitpunkt der Scheidung erreichten Lebensstandard zu verlangen.

BGH v. 6. 10. 93 – XII ZR 112/92 – FamRZ 94, 21 = NJW 94, 134

R466　*(Fliegerzulagen)*

a　　a) Nach der ständigen Rechtsprechung des Senats sind sowohl bei der Bestimmung der für einen Unterhaltsanspruch maßgebenden ehelichen Lebensverhältnisse als auch bei der Ermittlung der Leistungsfähigkeit des Unterhaltsschuldners zur Feststellung des unterhaltsrechtlich relevanten Einkommens grundsätzlich alle Einkünfte heranzuziehen, die dem Unterhaltsschuldner zufließen, gleich welcher Art diese Einkünfte sind und aus welchem Anlaß sie im einzelnen erzielt werden (*Senat,* NJW-RR 1986, 1002 = FamRZ 1986, 780 (781)). Demgemäß hat der BGH Aufwandsentschädigungen für auswärtige Tätigkeiten und Auslandszuschläge gem. § 55 BBesG als Arbeitseinkommen angesehen, da sie im Hinblick auf das Arbeits- oder Dienstverhältnis gewährt werden. Auch die Bestimmung einer Leistung zum Ausgleich besonderer Aufwendungen oder ähnlichen Verwendungszwecken führt nicht dazu, daß sie bei der Unterhaltsberechnung von vornherein außer Ansatz bleiben. Vielmehr kommt es darauf an, ob und in welchem Umfang sie für tatsächliche Mehraufwendungen des Empfängers aufgezehrt werden und ob sie daneben zur (teilweisen) Deckung des Lebensbedarfs zur Verfügung stehen (*Senat,* FamRZ 1980, 342 (343); NJW 1983, 2318 = FamRZ 1983, 352 (353)). Gleiches gilt für öffentlich-rechtliche Leistungen, die für Tätigkeiten im öffentlichen Interesse gewährt werden, wie Sitzungsgelder kommunaler Bezirksvertretungen (*Senat,* FamRZ 1983, 670 (672)) oder Aufwandsentschädigungen für Abgeordnete (*Senat,* NJW-RR 1986, 1002 = FamRZ 1986, 780 (781)). Schließlich können auch zweckbestimmte Sozialleistungen im privaten Unterhaltsrecht wie sonstiges Einkommen des Empfängers behandelt werden, soweit sie geeignet sind, neben einem tatsächlichen Mehraufwand auch den allgemeinen Lebensbedarf des Leistungsempfängers und seiner Familie zu decken (vgl. etwa *Senat,* NJW 1981, 1313 = FamRZ 1981, 338 (339) – Grundrente; NJW 1982, 1593 = FamRZ 1982, 252 (253) – gesetzliche Unfallrente; NJW 1980, 2081 = FamRZ 1980, 771 – Wohngeld; NJW 1983, 684 = FamRZ 1982, 587 – Wohngeld).

b) Diese Grundsätze gelten in entsprechender Weise auch für die hier gewährte Entschädigung gem. § 17 BBesG i. V. mit den Richtlinien des Bundesministers für Verteidigung (ebenso OLG Hamm, FamRZ 1991, 576). Sie wird nach Nr. 1 der Richtlinien „... zum Ausgleich von Mehraufwendungen gezahlt, die wegen der mit dem dienstlich angeordneten fliegerischen Einsatz verbundenen besonderen physischen und psychischen Belastungen zur Erhaltung der fliegerischen Leistungsfähigkeit erforderlich sind". Ob diese Beschreibung nur auf den Ausgleich materieller Mehraufwendungen abstellt oder die Entschädigung auch die Funktion eines Ausgleichs für die immateriellen, über das normale Maß hinausgehenden gesundheitlichen Belastungen haben soll, kann dahinstehen. Denn selbst wenn man, was nach den Besonderheiten des Führens von Kampfflugzeugen naheliegt, mit der Revision von einer materiellen und immateriellen Ausgleichsfunktion ausgeht, ändert dies nichts daran, daß die Entschädigung zur Deckung des allgemeinen Lebensbedarfs heranzuziehen ist, soweit sie nicht durch tatsächlich entstehende, finanziell faßbare Mehraufwendungen aufgezehrt wird. Auch die Grundrente nach § 31 BVersG hat eine ideelle und eine materielle Funktion und soll dem Betroffenen wegen der gesundheitlichen und wirtschaftlichen Folgen einer Schädigung, die er in Ausübung des militärischen Dienstes erlitten hat, einen Ausgleich verschaffen (*Senat,* NJW 1981, 1313 = FamRZ 1981, 338 (339) m. w. Nachw.). Ungeachtet dieser sozialrechtlichen Sicht ist sie auch für Zwecke des privaten Unterhaltsrechts einzusetzen.

Zwar hat die Entschädigung keine sozialrechtliche Komponente, sondern wird aus Anlaß des besonderen Dienstes gewährt. Sie ist hierin aber dem Auslandszuschlag nach § 55 BBesG unmittelbar vergleichbar. Auch dieser dient gem. § 55 VI und VII BBesG dem Ausgleich der besonderen materiellen und immateriellen Belastungen in der Lebensführung, die aus den Besonderheiten des Dienstes und den Lebensbedingungen im Ausland folgen, so etwa klimatisch bedingte Gesundheitsgefährdungen, mangelnde Hygiene, Ungeziefer, psychische Belastungen durch Beschränkung der Bewegungsfreiheit oder Dauerbewachung, Gefahr für Leib und Leben bei politischen Unruhen und ähnlichem (s. Kalthoener-Büttner, 4. Aufl., Rn. 632). Dessen ungeachtet wird er, soweit nicht durch tatsächlichen Mehraufwand des Empfängers verbraucht, zur Erfüllung privater Unterhaltsverpflichtungen herangezogen. Für die Entschädigung kann damit nichts anderes gelten.

(Darlegungs- und Beweislast bei Sozialleistungen nach § 1610 a BGB)

b　　c) Dieses Ergebnis steht auch in Einklang mit § 1610 a BGB, der durch das Gesetz zur unterhaltsrechtlichen Berechnung von Aufwendungen für Körper- und Gesundheitsschäden vom 15. 1. 1991

1936

Anhang R. Rechtsprechung	R467, R468

(BGBl I, 46) eingeführt wurde. Der Gesetzgeber hat hier für bestimmte Einkommensarten, nämlich für Sozialleistungen wegen eines Körper- oder Gesundheitsschadens, eine Änderung der Darlegungs- und Beweislast geschaffen. Danach wird zugunsten des Leistungsempfängers (widerlegbar) vermutet, daß die Sozialleistungen durch die schadensbedingten Mehraufwendungen aufgezehrt werden. Dagegen hat er den von der Rechtsprechung aufgestellten Grundsatz, daß zum unterhaltsrelevanten Einkommen auch öffentlichrechtliche Leistungen ohne Rücksicht auf ihre Zweckbindung gehören, nicht angetastet. Außerdem hat er die Regelung auf Sozialleistungen wegen Körper- und Gesundheitsschäden beschränkt, so daß andere Einkommensarten unberührt bleiben (BR-Dr 386/89, S. 3, 7, 9, 14; Johannsen/Henrich/Graba, EheR, 2. Aufl., § 1610a BGB Rdnrn. 1 und 4; Köhler, in: MünchKomm, 3. Aufl., § 1610a Rn. 2). Wenn er danach bewußt davon abgesehen hat, im materiellen Unterhaltsrecht eine generelle Nichtanrechenbarkeit von schadensbedingten Leistungen anzuordnen, sondern nur im prozessualen Bereich die Beweislast ändert, und diese Regelung obendrein auf bestimmte Sozialleistungen beschränkt, muß daraus umgekehrt geschlossen werden, daß es bei der grundsätzlichen unterhaltsrechtlichen Anrechenbarkeit anderer Leistungen wie hier der Fliegeraufwandsentschädigung verbleibt, und daß der Empfänger seinen Mehraufwand ohne die Hilfe einer gesetzlichen Vermutung darzulegen und zu beweisen hat. Anschließend billigte es der BGH, daß das OLG im Wege der Schätzung ²/₃ der Zulage zum Einkommen rechnete.

BGH v. 6. 10. 93 – XII ZR 116/92 – FamRZ 94, 28 = NJW 93, 3262

(Als Beleg ist u. U. auch der Arbeitsvertrag vorzulegen)	R467

b) Vergeblich bekämpft die Revision eine Verpflichtung des Bekl., als Beleg über die Höhe der Einkünfte gem. § 1605 I 2 BGB seinen Dienstvertrag mit der FAO vorzulegen. Das Gesetz erläutert allerdings nicht näher, welche Art von Schriftstücken unter den Begriff „Belege" fallen, sondern nennt nur beispielhaft („insbesondere") Bescheinigungen des Arbeitgebers. Soweit eine Verdienstbescheinigung vorgelegt wird, die für den nachzuweisenden Zeitraum lückenlos sämtliche Einkünfte aus dem Arbeitsverhältnis ausweist, wird die Verpflichtung zur Vorlage von Belegen in der Regel damit erfüllt sein mit der Folge, daß der Auskunftsberechtigte nicht die Vorlage weiterer Dokumente – etwa des Arbeitsvertrages – verlangen kann. Liegt aber – wie hier vom OLG dargelegt – keine Verdienstbescheinigung vor, aus der sich zweifelsfrei entnehmen läßt, in welcher Höhe der Auskunftspflichtige für einen bestimmten Zeitraum Einkünfte aus dem Arbeitsverhältnis bezogen hat, kann grundsätzlich auch die Vorlage solcher Schriftstücke verlangt werden, aus denen sich entsprechende Erkenntnisse gewinnen lassen. Das ergibt sich aus dem Sinn und Zweck der Bestimmung, die sicherstellen soll, daß der Berechtigte aufgrund der belegten Auskunft in die Lage versetzt wird, den Unterhaltsanspruch konkret zu berechnen und im Verfahren einen entsprechenden bezifferten Klageantrag zu stellen.

In der Rechtsprechung des Senats ist anerkannt, daß von einem selbständigen Gewerbetreibenden die Vorlage des Einkommensteuerbescheides als Beleg verlangt werden kann (*Senat*, NJW 1982, 1645 = FamRZ 1982, 680 (682 unter 3)); von einem Gesellschafter und Geschäftsführer einer GmbH, der vom Gewinn der GmbH abhängige Einkünfte bezieht, kann auch die Vorlage von Bilanzen nebst Gewinn- und Verlustrechnungen der GmbH verlangt werden (*Senat*, NJW 1982, 1642 = FamRZ 1982, 680 (681 unter 2); NJW 1983, 2243 = FamRZ 1983, 996 (998)). Ob und gegebenenfalls unter welchen Voraussetzungen ein unselbständig Erwerbstätiger seinen Dienst- oder Arbeitsvertrag vorlegen muß, hatte der Senat bisher zwar nicht zu entscheiden. Es bestehen jedoch keine grundsätzlichen Bedenken gegen eine derartige Verpflichtung, wenn durch eine Bescheinigung des Arbeitgebers die tatsächliche Höhe der insgesamt bezogenen Einkünfte nicht ausreichend belegt wird (vgl. Schwab-Borth, Hdb. d. ScheidungsR, 2. Aufl., Teil IV Rn. 504, 506; *Griesche*, in: Familiengerichtsbarkeit, § 1605 BGB Rn. 17). Das trifft vor allem bei einer Tätigkeit im Ausland zu, wenn sich wie hier aus den vorgelegten Dokumenten nicht ergibt, welcher Betrag für welchen Zeitraum konkret ausgezahlt wurde, und ob daneben weitere Zahlungen erfolgen, weil sich das Gehaltsgefüge des Arbeitgebers möglicherweise aus mehreren im einzelnen nicht bekannten Elementen zusammensetzt und auch Aufwands- oder andere Entschädigungen geleistet werden (zutr. OLG München, FamRZ 1993, 202 (203)). Dem steht nicht entgegen, daß ein Arbeitsvertrag regelmäßig nicht nur Bestimmungen zur Vergütung der Arbeitstätigkeit enthält. Soweit der Gesetzeszweck des § 1605 I BGB reicht, hat ein Interesse des Auskunfts- und Belegpflichtigen an der Verdeckung von individuellen Verhältnissen zurückzutreten.

BGH v. 20. 10. 93 – XII ZR 89/92 – FamRZ 94, 87 = NJW 94, 190

(PKW-Kosten)	R468

Zwar ist die Bestimmung der Höhe berufsbedingter Aufwendungen des Unterhaltspflichtigen in erster Linie dem Tatrichter vorbehalten. Da das OLG hier aber der ihm insoweit obliegenden Prüfung nicht nachgekommen ist, ist der Senat nicht gehindert, die Prüfung selbst vorzunehmen und dabei auf die Grundsätze seiner inzwischen zu dieser Frage entwickelten Rechtsprechung zurückzugreifen. Danach ist bereits in dem Urteil vom 7. 5. 1991 (NJW-RR 1991, 1346 = FamRZ 1991, 1414), auf das auch die Revision verweist, ausgeführt worden, ein Kilometersatz von 0,40 DM komme den tatsächlichen Kosten erheblich näher als der von dem BerGer. seinerzeit angenommene Satz von 0,10 DM pro Kilometer. Im Ergebnis ist in jenem Fall der damals begehrte Betrag von 0,36 DM pro Kilometer angesetzt worden, wobei der Senat ausdrücklich darauf hingewiesen hat, daß er einen geringeren Ansatz für nicht vertretbar halte. In einem weiteren, nach Erlaß des Berufungsurteils ergangenen Urteil vom 8. 7. 1992 hat der Senat sodann – ebenfalls für Fahrtkosten in den Jahren 1989 und 1990 – entschieden, mangels sonstiger konkreter Anhaltspunkte erscheine es grundsätzlich angemessen, als Kilometerpauschale den auch sonst in der gerichtlichen Praxis herangezogenen Satz gem. § 9 III des Gesetzes über die Entschädigung von Zeugen und Sachverständigen von derzeit 0,40 DM anzusetzen (NJW-RR 1992, 1282). Das gilt auch für den vorliegenden Fall. Das Einkommen des Bekl. ist daher um berufsbedingte Aufwendungen von monatlich 367 DM (2 × 25 km × 0,40 DM 2 × 220 Tage: 12) zu bereinigen.

BGH v. 24. 11. 93 – XII ZR 136/92 – FamRZ 94, 228 = NJW 94, 935

R471 *(Differenzierung zwischen Alters- und Aufstockungsunterhalt)*

a 1. Das OLG hat der Kl. einen Unterhaltsanspruch aus §§ 1571 und 1573 II BGB zugesprochen und dazu ausgeführt, daß ein Aufstockungsunterhalt neben dem Altersunterhalt bestehe, weil die Kl. ihren vollen Unterhalt aus ihrem eigenen Einkommen nicht decken könne. Es hat dabei allerdings nicht unterschieden, inwieweit der Anspruch einerseits auf § 1571, andererseits auf § 1573 II BGB beruht.

Der dagegen erhobene Einwand der Revision ist grundsätzlich zutreffend, führt aber im vorliegenden Fall im Ergebnis nicht zum Erfolg. Zwar macht das mögliche Nebeneinander von verschiedenen Anspruchsgrundlagen regelmäßig deren genaue Differenzierung erforderlich. Das gilt zum einen mit Blick auf ein späteres Abänderungsverfahren, zum anderen deshalb, weil die zeitliche Begrenzungsmöglichkeit nach § 1573 V BGB nur Ansprüche nach den Abs. 1 bis 4 des § 1573 BGB betrifft, aber nicht andere Anspruchsgrundlagen. Eine genaue Bestimmung kann aber ausnahmsweise unterbleiben, wenn im Einzelfall eine solche zeitliche Begrenzung aus Billigkeitsgründen unter Berücksichtigung der Ehedauer, Kindesbetreuung, Gestaltung von Haushaltsführung und Erwerbstätigkeit von vornherein ausscheidet (*Senat*, NJW 1987, 2739 = FamRZ 1987, 691 (693); NJW 1988, 2369 = FamRZ 1988, 265 (267); NJW 1990, 1847 = FamRZ 1990, 492 (494)). Zwar enthält das Berufungsurteil keine ausdrücklichen Ausführungen dazu, ob es einen solchen Ausnahmefall angenommen und deshalb von einer Differenzierung abgesehen hat. Jedoch liegt angesichts des Alters der Ehefrau und der langen Ehedauer von 36 Jahren, in denen sie keiner Erwerbstätigkeit nachgegangen ist, sondern den Haushalt geführt und sieben Kinder erzogen hat, die Annahme einer zeitlichen Begrenzung von vornherein so fern, daß dem OLG kein Rechtsfehler vorzuwerfen ist, wenn es die zeitliche Begrenzungsmöglichkeit nicht ausdrücklich verneint hat (*Senat*, NJW-RR 1991, 130 = FamRZ 1991, 307 (310)). Daran ändert auch der Umstand der Trennung ab 1974 nichts.

2. Der Berechnung des der Kl. zustehenden eheangemessenen Unterhalts hat das OLG auf seiten des Bekl. seine Leibrente in der fiktiven Höhe von 9100 DM monatlich zugrunde gelegt und dazu ausgeführt, daß eine Berücksichtigung nur des Zins-, nicht aber auch des Tilgungsanteils unterhaltsrechtlich nicht in Betracht komme. Ungeachtet der wirtschaftlichen und steuerrechtlichen Betrachtungsweise, nach der bei Leibrenten zwischen dem Ertrag aus dem Rentenrecht und aus dem Kapitalanteil unterschieden werde, sei unterhaltsrechtlich nur auf ihren Einkommenscharakter als regelmäßig wiederkehrende, einheitlich gezahlte Leistung abzustellen. Selbst wenn man aber eine Trennung vornehme, ändere dies nichts an der vollen Heranziehung der Leibrente zum Unterhalt, da der Bekl. nach § 1581 BGB verpflichtet sei, auch seinen Vermögensstamm zum Unterhalt einzusetzen, es sei denn, eine Verwertung sei unwirtschaftlich oder würde dazu führen, daß bei Aufzehrung des Kapitals der spätere angemessene Unterhalt des Verpflichteten gefährdet werde. Das sei hier nicht der Fall, da der Bekl. sein Vermögen bereits freiwillig in Form einer Leibrente verwertet habe, durch die in gleichbleibender Höhe bis zum Lebensende gezahlte Rente voll abgesichert sei. Daß der Bekl. im Falle der Zahlung eines Zugewinnausgleichs an die Kl. gezwungen sein könnte, einen weiteren Teil seiner Leibrente zu rekapitalisieren, stehe dem nicht entgegen, da sich die Höhe der derzeitigen Leibrente dadurch nicht rückwirkend ändere.

Die am 10. 3. 1990 vereinbarte weitere Reduzierung der Leibrente auf monatlich 7614 DM entlaste den Bekl. ebenfalls nicht, da er die aus der Anteilsveräußerung herrührende Steuerschuld bereits aus der ersten, zur Kürzung auf 9100 DM führenden Rekapitalisierung seiner Leibrente habe bezahlen können. Er habe dabei nicht einmal auf den neben der ursprünglich vereinbarten Leibrente von 14 000 DM gezahlten Barpreis von 120 000 DM zurückgreifen müssen. Nach der Vereinbarung vom 15. 4. 1987 und aus Billigkeitsgründen könne er sich auf eine weitere Rekapitalisierung wegen zusätzlicher Steuerschulden gegenüber der Kl. nicht berufen, zumal er für diese aus früheren Jahren stammenden Steuerschulden aus seinem Einkommen von 300 000 bis 400 000 DM jährlich rechtzeitig hätte Rücklagen bilden können und müssen.

(Prägende Einkünfte; Leibrente)
b) Die Frage, welche Einkünfte nach Art und Umfang sowohl bei der Bestimmung der für einen Unterhaltsanspruch maßgebenden ehelichen Lebensverhältnisse als auch bei der Ermittlung der Leistungsfähigkeit des Unterhaltsschuldners zur Feststellung des unterhaltsrechtlich relevanten Einkommens maßgeblich sind, hat der Senat dahin beantwortet, daß grundsätzlich alle Einkünfte heranzuziehen sind, gleich welcher Art sie sind und aus welchem Anlaß sie erzielt werden. Maßgebend ist nur, daß sie geeignet sind, den laufenden Lebensbedarf des Unterhaltspflichtigen und seiner Unterhaltsgläubiger zu decken (vgl. *Senat,* NJW-RR 1986, 1002 = FamRZ 1986, 780 (781) und NJW 1994, 134, jeweils m. w. Nachw.). Das gilt auch für Leibrenten, Altenteile oder sonstige private Rentenzahlungen aus Anlaß von Vermögensübertragungen (Wendl/Staudigl, 2. Aufl., S. 83). Daß sich diese Leistungen nach wirtschaftlicher oder steuerlicher Betrachtungsweise aus einem Zins- und einem Tilgungsanteil zusammensetzen, wobei nur der Zinsanteil als Ertragnisanteil Einkunftscharakter hat, dagegen der Tilgungsanteil als Kapitalrückzahlung angesehen wird, ist unterhaltsrechtlich ohne Bedeutung (OLG Köln, FamRZ 1983, 643 (645); Göppinger/Wenz, 5. Aufl., Rn. 1181; Heiß/Heiß, Stichwort „Leibrente" 3.83 a, 84; vgl. auch Kalthoener/Büttner, 4. Aufl., Rn. 452).

Zwar wird vorgebracht, daß in der Heranziehung der Leibrente zugleich die restlose Verwertung des Vermögensstammes liegen kann, welcher nach dem Willen des Gesetzgebers nicht ohne weiteres zu Unterhaltszwecken zur Verfügung stehen soll (vgl. Göppinger/Wenz, Rn. 1181; Heiß/Heiß, Stichwort „Leibrente" 3.83 a, 84). Gem. § 1581 S. 2 BGB gebietet es der Schutz des Unterhaltspflichtigen, von einer Verwertung des Vermögensstammes bei Unwirtschaftlichkeit oder Unbilligkeit abzusehen. Dieser Schutzgedanke trifft indes auf Leibrenten der hier vereinbarten Art nicht zu. Typischerweise liegt einer Veräußerung von Vermögen gegen Zahlung einer Leibrente die Absicht zugrunde, Vermögen, das bisher in Form von Immobilien, Beteiligungen o. ä. gebunden war, einem vollständigen Verbrauch zum Zwecke der Deckung des Lebensbedarfs zuzuführen. Durch den Leibrentenvertrag wird für den Berechtigten auf Lebenszeit ein Rentenstammrecht geschaffen, aus dem die einzelnen Rentenleistungen als wiederkehrende Leistungen fließen (Pecher, in: MünchKomm, 2. Aufl., § 759 Rdnrn. 2, 14; Palandt/Thomas, BGB, 52. Aufl., § 759 Rdnrn. 1, 3, 7; v. Gamm, in: RGRK, 12. Aufl., § 759 Rn. 5).

So ist es auch hier. Indem der Bekl. seinen Gesellschaftsanteil verkauft und in ein Rentenstammrecht umgewandelt hat, aus dem wiederkehrende Leistungen fließen, hat er im Ergebnis den Vermögensstamm bereits für sich selbst angegriffen und zum laufenden Verbrauch bis zu seinem Lebensende – bzw. für seine Erben bis zum Jahre 2006 – bestimmt. Die nunmehr aus der Veräußerung fließenden Leibrentenzahlungen sind damit von vornherein nicht als Vermögensstamm i. S. von § 1581 S. 2 BGB anzusehen. Denn zum Vermögensstamm gehört nur das Rentenstammrecht, die laufenden Bezüge zählen dagegen nicht dazu (Gernhuber, FamR, 3. Aufl., S. 624 m. w. Nachw.). Eine Verwertung des Vermögensstammes i. S. von § 1581 S. 2 BGB würde daher nur dann vorliegen, wenn das Rentenstammrecht selbst – etwa durch eine Rekapitalisierung – angegriffen würde. Dagegen ist eine unterhaltsrechtliche Inanspruchnahme der laufenden Leibrentenzahlungen in voller Höhe – auch wenn darin wirtschaftlich gesehen ein Tilgungsanteil enthalten ist – im unterhaltsrechtlichen Sinne nicht als Verwertung des Vermögensstammes anzusehen. Daher stellt sich hier auch nicht die im Rahmen des § 1581 S. 2 BGB sonst relevante Frage, ob, wie lange und in welchem Umfang der Vermögensstamm erhalten bleiben muß, um dem Unterhaltsverpflichteten fortlaufende Einkünfte zur Deckung des eigenen Lebensbedarfs zu sichern (vgl. dazu *Senat,* NJW 1989, 524 = FamRZ 1989, 170 (171)).

c) Ein Einwand des Bekl., das OLG habe verkannt, daß § 1581 S. 2 BGB u. a. den Erhalt des Vermögensstammes zugunsten der Erben bezwecke und daß deshalb die Absicherung seiner zweiten Ehefrau (und späteren Erbin) berücksichtigt werden müsse, geht fehl. Dabei kann dahinstehen, ob § 1581 S. 2 BGB nach seiner Zielsetzung auch den Schutz der Erben bezweckt (verneinend Wendl/Staudigl, S. 404; Heiß/Heiß, 3.84). Auch hier ist entgegenzuhalten, daß die unterhaltsrechtliche Heranziehung der Leibrente keine Verwertung des Vermögensstammes i. S. von § 1581 S. 2 BGB ist. Außerdem liefe ein Vorwegabzug von Rücklagen aus den laufenden Leibrentenzahlungen zur Absicherung seiner zweiten Ehefrau darauf hinaus, ihr vorrangig einen Altersvorsorgeunterhalt zu zahlen. Das ginge zu Lasten der wegen der langen Ehe bevorrechtigten ersten Ehefrau (= Kl.) und widerspräche dem Rechtsgedanken des § 1582 I 2 BGB.

BGH v. 1. 12. 93 – XII ZR 150/92 – FamRZ 94, 303 = NJW 94, 938

(Unterhalt bei Ersatzdienst)

a) Die Revision stellt nicht in Frage, daß ein Unterhaltsanspruch eines Zivildienstleistenden gegen seine Eltern nach denselben Grundsätzen zu beurteilen ist wie derjenige eines den Wehrdienst leistenden Soldaten, die der Senat in dem Urteil vom 29. 11. 1989 (NJW 1990, 713 = FamRZ 1990, 394) dargelegt hat. Das folgt schon daraus, daß auf den Dienstpflichtigen in Fragen der Fürsorge, der Heilfürsorge, der Geld- und Sachbezüge, der Reisekosten sowie des Urlaubs die Bestimmungen entsprechend Anwendung finden, die für einen Soldaten des untersten Mannschaftsdienstgrades gelten, der aufgrund der Wehrpflicht Wehrdienst leistet (§ 35 I ZDG i. d. F. der Bekanntmachung v. 31. 7. 1986, BGBl. I, 1205). Daraus ergibt sich, daß der auch einem Zivildienstleistenden gewährte Sold einschließlich der Dezemberzuwendung im wesentlichen zur Befriedigung des noch anderweitig zur Deckung der elementaren Lebensbedürfnisse (Verpflegung, Wohnung, eventuelle Dienstkleidung sowie Heilfürsorge) verbleibenden Freizeitbedarfes zur Verfügung steht. Ein Unterhaltsanspruch gegen die Eltern kann daneben nicht schon deswegen bestehen, weil diese in günstigen wirtschaftlichen Verhältnissen leben, sondern nur, wenn im Einzelfall ein besonderer Bedarf dargelegt wird, den der Dienstleistende aus den ihm seitens der Dienststelle zufließenden Mitteln nicht zu befriedigen vermag.

BGH v. 15. 12. 93 – XII ZR 172/92 – FamRZ 94, 372 = NJW 94, 1002

R473 *(Leistungsfähigkeit bei Umschulung)*

c b) Richtig ist auch der Ansatzpunkt, daß die für den Unterhaltsanspruch in § 1603 I BGB vorausgesetzte Leistungsfähigkeit des Unterhaltspflichtigen nicht allein durch sein tatsächlich vorhandenes Einkommen bestimmt wird, sondern auch durch seine Erwerbsfähigkeit. Reichen seine tatsächlichen Einkünfte nicht aus, so trifft ihn unterhaltsrechtlich die Obliegenheit, die ihm zumutbaren Einkünfte zu erzielen, insbesondere seine Arbeitsfähigkeit so gut wie möglich einzusetzen und eine ihm mögliche Erwerbstätigkeit auszuüben (*Senat,* NJW 1985, 732 = FamRZ 1985, 158 (159) m. w. Nachw.). Dabei legt ihm die sich aus § 1603 II BGB ergebende verstärkte Unterhaltspflicht gegenüber minderjährigen Kindern eine erhöhte Arbeitspflicht unter gesteigerter Ausnutzung seiner Arbeitskraft auf. Er ist unter Umständen auch verpflichtet, in zumutbaren Grenzen einen Orts- oder Berufswechsel vorzunehmen, wenn er nur auf diese Weise seine Unterhaltspflicht erfüllen kann (*Senat,* NJW 1980, 414 = FamRZ 1980, 1113 (1114)). Kommt er dieser Erwerbsobliegenheit nicht nach, muß er sich so behandeln lassen, als ob er ein Einkommen, das er bei gutem Willen erzielen könnte, auch tatsächlich hätte (*Senat,* NJW 1985, 732 = FamRZ 1985, 158 (159)).

Eine solche Erwerbsobliegenheit bestand aber nicht für den Monat August 1991, in dem der Bekl. unstreitig noch bis einschließlich 26. 8. 1991 arbeitsunfähig krankgeschrieben war. Daher scheidet hier die Anrechnung eines fiktiven Einkommens von vornherein aus. Nach dem unbestrittenen Vortrag des Bekl. betrug sein Krankengeld, welches als Lohnersatzleistung ebenfalls zum Unterhalt herangezogen werden kann (vgl. *Schwab/Borth,* 2. Aufl., IV Rn. 428), im Monat August für 23 Tage kalendertäglich 29,98 DM netto, somit insgesamt rund 690 DM. Zusammen mit seinem Arbeitslosengeld von wöchentlich 126,60 DM lag er damit in einem Einkommensbereich, der selbst unter Berücksichtigung eines niedrigeren Selbstbehalts, als ihm die Sächsische Unterhaltstabelle, Stand bis 30. 6. 1992, mit 750 DM für erwerbslose Unterhaltspflichtige zubilligt (vgl. DtZ 1992, 117 = FamRZ 1992, 400), keine Unterhaltserhöhung zuläßt, ohne daß sein eigener notwendiger Unterhalt gefährdet wäre. Denn auch die gesteigerte Unterhaltspflicht nach § 1603 II 1 BGB findet dort ihre Grenze, wo dem Unterhaltspflichtigen nicht mehr die Mittel zur Bestreitung des unentbehrlichen Lebensbedarfs verbleiben (*Senat,* NJW 1991, 697 = FamRZ 1991, 182 (184 f.) m. w. Nachw.).

Soweit das BezG die Auffassung vertritt, der Bekl. könne sich schon deshalb nicht auf seine Leistungsunfähigkeit berufen, weil er sich nicht mittels einer Kündigungsschutzklage gegen seine betriebsbedingte Kündigung gewehrt habe, kann ihm ebenfalls nicht gefolgt werden. Wie der Senat bereits mehrfach ausgeführt hat (NJW 1985, 732 = FamRZ 1985, 158 (159); NJW-RR 1987, 706 = FamRZ 1987, 930 (993); NJW 1993, 1974 = FamRZ 1993, 1055 (1056); NJW 1994, 258), ist eine tatsächliche Leistungsunfähigkeit grundsätzlich sogar dann beachtlich, wenn der Unterhaltspflichtige sie selbst – auch schuldhaft – herbeigeführt hat. Nur schwerwiegende Gründe, die sich aus einem verantwortungslosen, zumindest aber leichtfertigen und unterhaltsbezogenen Verhalten des Unterhaltsschuldners ergeben, vermögen ihm nach Treu und Glauben die Berufung auf seine Leistungsunfähigkeit zu versagen. Diesem Maßstab wird das BezG nicht gerecht, wenn es dem Bekl. eine Berufung auf seine Leistungsunfähigkeit versagt, weil er sich gegen die betriebsbedingte Maßnahme seines Arbeitgebers nicht mit einer Kündigungsschutzklage zur Wehr gesetzt hat. Darin ist kein verantwortungsloses Verhalten zu erblicken, das es rechtfertigen könnte, den Bekl. trotz Verlustes des Arbeitsplatzes in gleicher Weise als leistungsfähig zu behandeln wie zuvor. Ob im Einzelfall ein unterlassener Rechtsbehelf gegen eine offensichtlich unbegründete Kündigung leichtfertig wäre, kann dahinstehen, da ein solcher Fall nicht vorliegt.

c) Auch die Beurteilung des Folgezeitraums nach der Gesundung des Bekl. bis zum Beginn seiner Umschulung im Februar 1992 ist nicht frei von Rechtsfehlern. Zwar ist das BezG zutreffend davon ausgegangen, daß es nicht ausreicht, sich beim Arbeitsamt als Arbeitsuchender zu melden. Der Arbeitslose muß sich vielmehr auch sonst auf dem Arbeitsmarkt intensiv um eine Anstellung bemühen, so

Anhang R. Rechtsprechung **R473**

durch Bewerbungen auf Stellenanzeigen, Vorsprache bei möglichen Arbeitgebern und Aufgabe von Stellengesuchen. Diese vom Senat bisher für den Unterhaltsbegehrenden aufgestellten Grundsätze (vgl. NJW 1982, 1873 = FamRZ 1982, 255 (257 unter 2. a); NJW 1986, 718 = FamRZ 1986, 244 (246) unter 2.) gelten in gleicher Weise für den Unterhaltsschuldner (vgl. Köhler, in: MünchKomm, § 1603 Rn. 4 und 33 a; *Soergel/Häberle,* BGB, 12. Aufl., § 1603 Rn. 9; Staudinger/Kappe, BGB, 12. Aufl., § 1603 Rn. 118). Insbesondere im Rahmen der gesteigerten Erwerbsobliegenheit gegenüber minderjährigen Kindern ist dem Unterhaltspflichtigen zuzumuten, in Ermangelung anderer Arbeiten Gelegenheits- und Aushilfstätigkeiten zu suchen (vgl. OLG Hamburg, FamRZ 1984, 924).

Das hat der Bekl. unstreitig nicht getan. Gleichwohl rechtfertigt das allein nicht, ihm ein fiktives Einkommen von 1400 DM anzurechnen. Der Senat hat im Rahmen des auf Arbeitslosigkeit gestützten Unterhaltsanspruchs des Ehegatten nach § 1573 I BGB ausgeführt, daß eine Unterhaltsklage nicht schon dann abgewiesen werden darf, wenn der Anspruchsteller die ihm subjektiv zuzumutenden Anstrengungen, eine angemessene Erwerbstätigkeit zu finden, nicht oder nicht ausreichend unternommen hat. Vielmehr muß feststehen oder zumindest nicht auszuschließen sein, daß bei genügenden Bemühungen eine reale Beschäftigungschance mit einem höheren erzielbaren Einkommen bestanden hätte. Dabei sind in erster Linie objektive Voraussetzungen, wie die Verhältnisse auf dem Arbeitsmarkt, persönliche Eigenschaften des Bewerbers wie Alter, Gesundheit, Ausbildung und Berufserfahrung, mit zu würdigen (*Senat,* NJW-RR 1987, 962 = FamRZ 1987, 912 (913) und NJW 1987, 898 = FamRZ 1987, 144 (145)). Entsprechende Grundsätze gelten auch für die Erwerbsobliegenheit eines auf Unterhalt in Anspruch Genommenen (vgl. auch Senat (160 f. unter II.)). Denn ebenso wie beim Unterhaltsberechtigten kann das Unterlassen von Bewerbungen dann nicht vorwerfbar sein, wenn auch zumutbare Anstrengungen aller Voraussicht nach nicht zum Erfolg geführt hätten.

Das BezG hat lediglich ausgeführt, es verkenne nicht die derzeit angespannte Arbeitsmarktlage im Beitrittsgebiet; dennoch sei dem Bekl. entweder eine Aushilfstätigkeit oder ein Ortswechsel in die alten Bundesländer und die Aufnahme einer besserbezahlten Tätigkeit, gegebenenfalls auch Anlerntätigkeit möglich. Es hätte sich aber näher damit auseinandersetzen müssen, daß der Bekl. über keine abgeschlossene Berufsausbildung verfügt, was ihm auch die Arbeitssuche in den alten Bundesländern erschweren dürfte, und daß die vom Arbeitsamt vorgeschlagene Umschulungsmaßnahme zumindest ein Indiz dafür ist, daß der Bekl. jedenfalls vom Arbeitsamt nicht zu vermitteln ist. Angesichts dessen hätte es näherer Feststellungen dazu bedurft, welche realen Beschäftigungschancen für den Bekl. auf dem freien Arbeitsmarkt außerhalb der Vermittlung durch das Arbeitsamt bestanden, und ob er damit ein Einkommen von 1400 DM hätte erzielen können. Es ist auch nicht erkennbar, auf welche konkreten Umstände das BezG seine Einschätzung stützt, der Bekl. könne bei einem Wechsel in die alten Bundesländer eine entsprechend dotierte Arbeit finden. Andererseits kann der Senat mangels gegenteiliger Feststellungen nicht in der Sache selbst entscheiden und die Berufung der Kl., mit der sie ihren Erhöhungsantrag weiterverfolgt, für den Zeitraum bis zur Umschulung zurückweisen. Die Sache ist vielmehr insoweit zur erneuten tatrichterlichen Klärung, ob der Bekl. in diesem Umfang als leistungsfähig angesehen werden kann, zurückzuverweisen. In diesem Zusammenhang wird erneut zu prüfen sein, ob dem Bekl. bereits während seiner Erkrankung eine Arbeitssuche zuzumuten war. Eine solche Obliegenheit ist nicht von vornherein auszuschließen und hängt maßgeblich von Art und Schwere der Erkrankung ab. Es ist dabei Sache des Bekl., darzutun, daß aufgrund seiner Krankheit eine derartige Obliegenheit für ihn nicht bestand. Allerdings steht auch dies unter dem Vorbehalt, daß bei möglichen früheren Bemühungen um Arbeit eine reale Beschäftigungschance bestanden hätte.

(Vorrang der Erstausbildung vor Erwerbsobliegenheit)
Zu Recht greift die Revision auch die Erwägung des BezG an, der Bekl. müsse seine Umschulung **d** zugunsten einer Anlerntätigkeit gegebenenfalls in den alten Bundesländern aufgeben. Zwar hat das Interesse eines unterhaltspflichtigen Elternteils, unter Zurückstellung bestehender Erwerbsmöglichkeiten eine Aus- oder Weiterbildung aufzunehmen, grundsätzlich hinter dem Unterhaltsinteresse seiner Kinder zurückzutreten. Das gilt vor allem dann, wenn der Unterhaltspflichtige bereits über eine Berufsausbildung verfügt und ihm die Erwerbsmöglichkeiten in dem erlernten Beruf – wenn auch möglicherweise nach einem zumutbaren Ortswechsel – eine ausreichende Lebensgrundlage bieten. Anders kann es dagegen sein, wenn es nicht um die Aufgabe einer Berufstätigkeit zum Zwecke einer Zweitausbildung oder der Weiterbildung in dem erlernten Beruf, sondern darum geht, erstmals eine abgeschlossene Berufsausbildung zu erlangen. Einer solchen Erstausbildung ist unter Umständen Vorrang auch gegenüber der Obliegenheit zur Ausübung einer Erwerbstätigkeit zur Sicherstellung des Kindesunterhalts einzuräumen. Denn die Erlangung einer angemessenen Vorbildung in einem Beruf gehört zum eigenen Lebensbedarf des Unterhaltspflichtigen, den dieser grundsätzlich vorrangig befriedigen darf (vgl. Palandt/Diederichsen, § 1603 Rn. 10; Staudinger/Kappe, § 1603 Rn. 121 m. w. Nachw.). Das mag anders sein, wenn der Unterhaltspflichtige sich in der Vergangenheit stets auf die Ausübung von ungelernten Tätigkeiten beschränkt hat und sich erst später zur Aufnahme einer Berufsausbildung entschließt, obwohl sich der Anlaß, seine Arbeits- und Verdienstchancen durch eine Ausbildung zu verbessern, für ihn nicht

verändert hat. In derartigen Fällen wird zu prüfen sein, ob es dem Unterhaltspflichtigen nicht zuzumuten ist, die nunmehr angestrebte Ausbildung zu verschieben und ihre Aufnahme so lange zurückzustellen, bis die Kinder nicht mehr unterhaltsbedürftig sind oder mit einem etwaigen reduzierten Unterhalt, den der Unterhaltspflichtige auch während der Ausbildung zu leisten vermag, ihr Auskommen finden.

Um einen solchen Fall geht es hier nicht. Vielmehr ist die wirtschaftliche Situation des Bekl. dadurch gekennzeichnet, daß er unter den Verhältnissen der früheren DDR mit seiner Tätigkeit als „Zerspaner" eine dauerhafte Beschäftigung gefunden hatte, die ihm sein Auskommen auch in der Zukunft zu sichern schien. Das hat sich durch die wirtschaftliche Entwicklung im Gefolge des Beitritts der neuen Bundesländer grundlegend geändert. Diese Entwicklung hat dazu geführt, daß der Bekl. in seinem bisherigen Tätigkeitsbereich keine Beschäftigungschancen mehr hat und daß er vor die Notwendigkeit gestellt wurde, sich beruflich neu zu orientieren. Dabei ergab sich, daß seine Chancen als ungelernter Arbeiter in den Beitrittsländern, aber auf Dauer auch in den alten Bundesländern ungünstig sind. Wenn er unter diesen Umständen das Angebot der örtlichen Arbeitsverwaltung annahm, im Wege der Umschulung eine Ausbildung zum Einzelhandelskaufmann zu absolvieren und dadurch erstmals eine Berufsausbildung zu erlangen, so hat die Kl. das hinzunehmen und sich für die Dauer der Umschulung weiterhin mit dem bisher titulierten Betrag zu begnügen. Letztlich entspricht es auch ihrem Interesse, wenn der Bekl. durch die Berufsausbildung in die Lage versetzt wird, den Unterhalt später durch eine besser qualifizierte, dauerhafte Erwerbstätigkeit aufzubringen.

BGH v. 9. 2. 94 – XII ZR 183/92 – FamRZ 94, 566 = NJW 94, 1286

R475 *(Keine Verwirkung bei unerkannten vorehelichen Krankheiten)*

Es kann dahinstehen, ob die Krankheitssymptome der Bekl. bereits vorehelich gegeben waren. Einer weiteren Aufklärung bedurfte es insoweit nicht. Denn ebensowenig, wie der Tatbestand des § 1572 BGB davon abhängt, ob die Erkrankung des bedürftigen Ehegatten ehebedingt ist, und etwa deshalb ausgeschlossen ist, weil sie schon vor der Ehe bestanden hat, wird in einem solchen Fall die Anwendung des § 1579 Nr. 7 BGB von diesem Umstand beeinflußt. Der Senat hat – gestützt auf den Wortlaut und die Entstehungsgeschichte des § 1572 BGB – bereits entschieden, daß als nicht ehebedingte, aber von § 1572 BGB ebenfalls erfaßte Bedürfnislage auch diejenige anzusehen ist, die auf einer bereits vor der Ehe eingetretenen, im Zeitpunkt der Scheidung oder zu den übrigen Einsatzzeitpunkten weiterhin bestehenden Erkrankung beruht (Senat, NJW 1982, 40 = FamRZ 1981, 1163 (1164)). Ob die Krankheit erst während der Ehe oder schon vorher eingetreten ist, kann bei der in § 1572 BGB geregelten Anknüpfung an die scheidungsbedingte Bedürftigkeit nicht ausschlaggebend sein, weil sich die Bedürfnislage des Ehegatten in beiden Fällen gleich darstellt. Bis zum Zeitpunkt der Scheidung teilen die Ehegatten ihr gemeinsames Schicksal noch in einem solchen Umfang, daß der Leistungsfähige für den kranken Ehegatten einstehen muß. Es soll jede Krankheit des geschiedenen Ehegatten, nicht nur die ehebedingte, die Unterhaltspflicht des anderen auslösen. Nur schicksalsbedingte Ereignisse, die sich erst nach der Scheidung im Leben eines Ehegatten einstellen, sollen grundsätzlich nicht mehr zu Lasten des anderen gehen (RegE BT-Dr 7/650, S. 124). Es gehört danach geradezu typisch zum Wesen der ehelichen Lebensgemeinschaft und der daraus folgenden nachehelichen Solidarität, daß schicksalhafte Entwicklungen grundsätzlich gemeinsam getragen werden müssen, auch wenn und soweit sie schon vorehelich angelegt waren und über den Zeitpunkt der Scheidung oder einen der anderen Einsatzzeitpunkte des § 1572 BGB hinaus fortwirken.

Diesem Verständnis des § 1572 BGB liefe die von der Revision vertretene Sicht des § 1579 Nr. 7 BGB zuwider. Denn damit würde der Umstand einer vorehelichen Erkrankung, dessen Vorliegen nach der gesetzgeberischen Zielsetzung die Erfüllung des Tatbestandes des § 1572 BGB gerade nicht hindern soll, auf dem Weg über die negative Härteklausel zu einem gegenläufigen Ergebnis, nämlich zu einem – ganzen oder teilweisen – Ausschluß des Anspruchs führen. § 1579 Nr. 7 BGB kann aber nicht mittelbar dazu dienen, den Anwendungsbereich des § 1572 BGB zu verändern. § 1572 BGB ist in besonderem Maße Ausdruck der durch die Ehe begründeten nachehelichen Mitverantwortung der Ehegatten füreinander, aufgrund deren der sozial Stärkere für die Bedürfnislage des sozial Schwächeren einzustehen hat (vgl. BVerfGE 57, 361 (389) = NJW 1981, 1771). Daß der Gesetzgeber diese Schutzfunktion nicht einschränken wollte, zeigt sich auch daran, daß er mit dem Gesetz zur Änderung unterhaltsrechtlicher u. a. Vorschriften (UÄndG) vom 20. 2. 1986 (BGBl I, 301) zwar die Unterhaltstatbestände des Unterhalts wegen Arbeitslosigkeit und des Aufstockungsunterhalts mit einer zeitlichen Beschränkungsmöglichkeit versehen hat (§ 1573 V BGB), dagegen § 1572 BGB unverändert gelassen hat. Der Umstand, daß eine schon vorehelich bestehende Erkrankung des bedürftigen Ehegatten dazu führt, daß der leistungsfähige Ehegatte das Lebensschicksal des anderen in Form einer dauernden Unterhaltslast mittragen muß, ist danach nicht geeignet, die Unzumutbarkeit zu begründen.

c) Eine andere, davon zu unterscheidende Frage ist dagegen, ob § 1579 BGB nicht aus anderen Gründen eingreift. So hat der Senat in einem ähnlich gelagerten Fall eine Unterhaltsbeschränkung nicht wegen der bei Eheschluß noch nicht in Erscheinung getretenen psychischen Erkrankung des

Ehegatten, sondern wegen der noch als kurz anzusehenden Ehe gem. § 1579 I Nr. 1 BGB für möglich gehalten (Senatsurt. v. 15. 6. 1983 – IV b ZR 381/81 – nicht veröffentlicht). § 1579 Nr. 7 BGB kann auch aus objektiven Gegebenheiten und Entwicklungen der Lebensverhältnisse folgen, etwa dann, wenn die Ehe zwar nicht von kurzer Dauer war, aber die Eheleute tatsächlich nur wenige Monate zusammengelebt und ihre Lebensverhältnisse noch nicht aufeinander eingerichtet haben (vgl. Senat, NJW-RR 1988, 834 = FamRZ 1988, 930 (932)). Beides greift hier nicht ein. Ob § 1579 Nr. 7 BGB zur Anwendung kommen kann, wenn der bedürftige Ehegatte seine Erkrankung schon vor Eingehung der Ehe gekannt, aber dem anderen bewußt verschwiegen hat, hat der Senat im Urteil vom 23. 9. 1981 (NJW 1982, 40 = FamRZ 1981, 1163 (1163)) offengelassen. Auch hier bedarf es dazu keiner Stellungnahme, weil keine Anhaltspunkte für ein solches Verhalten der Bekl. gegeben sind. Ob schließlich im Einzelfall das Ausmaß der Belastung die Grenze des Zumutbaren übersteigen und damit allein eine Anwendung des § 1579 Nr. 7 BGB rechtfertigen kann (so wohl OLG Oldenburg, FamRZ 1991, 827 (828)), kann hier ebenfalls unerörtert bleiben. Zwar muß der Staat auch bei der Regelung des Privatrechtsverhältnisses zwischen den Ehegatten nach der Scheidung den Grundsatz der Verhältnismäßigkeit beachten und unverhältnismäßige Belastungen des einen Ehegatten zugunsten des anderen vermeiden (BVerfGE 57, 361 (388) = NJW 1981, 1771). Dem trägt § 1579 BGB Rechnung, indem er – neben dem Vorliegen der Härtegründe der Nrn. 1–7 – eine billige Abwägung der beiderseitigen Verhältnisse verlangt (Johannsen/Henrich/Voelskow, EheR, 2. Aufl., § 1579 BGB Rn. 6 m. w. Nachw.). Dem ist hier aber Genüge getan, weil nach den rechtsfehlerfreien Feststellungen des OLG dem Kl. mehr als sein angemessener Selbstbehalt verbleibt.

BGH v. 9. 2. 94 – XII ZR 220/92 – FamRZ 94, 558 = NJW-RR 94, 644

(Versagung von Trennungsunterhalt bei nur formaler Ehe)

Der Revision ist darin zuzustimmen, daß der Anspruch auf Trennungsunterhalt nach der std. Rspr. des Senats nicht voraussetzt, daß die Ehegatten vorher zusammengelebt haben ...

Eine nur formell bestehende Ehe mit anderen (verminderten) als den gesetzlichen Rechten und Pflichten gibt es nicht, so daß es nur darauf ankommen kann, ob ein Ausschluß, eine Herabsetzung oder eine zeitliche Begrenzung des Unterhaltsanspruchs gem. § 1361 III i. V. mit § 1579 Nrn. 2 bis 7 BGB gerechtfertigt ist (Senat, NJW 1986, 718 = FamRZ 1986, 244 (246)).

Diese Grundsätze hat das OLG beachtet. Es hat die Unbilligkeit des Begehrens des Kl. nicht darin gesehen, daß die Parteien keine tatsächliche Gemeinschaft begründet haben, sondern darin, daß der Kl. – insoweit in Übereinstimmung mit der Bekl. – die Eheschließung vom 11. 11. 1988 aus Gründen des von beiden für maßgeblich erachteten koptischen Kirchenrechts und des Heimatrechts der Bekl. als für sie persönlich unverbindlich angesehen hat und – entgegen der Hoffnung der Bekl. – nicht bereit war, durch eine kirchliche Scheidung seiner vorangegangenen Ehe die Voraussetzung für eine auch nach jenen Rechten (vgl. dazu Art. 13 I EGBGB, Art. 12 des ägyptischen Bürgerlichen Gesetzbuches, § 21 des Einheitlichen Familienrechts für alle christlichen Konfessionen in Ägypten, letztere Bestimmungen wiedergegeben bei Bergmann/Ferid, Int. Ehe- und KindschaftsR, Arabische Republik Ägypten S. 14 und 85) gültige Ehe herbeizuführen, gleichwohl aber Unterhalt verlangt. Danach erschöpfte sich das Verhalten des Kl. nicht darin, vom Zusammenleben der Parteien Abstand zu nehmen; vielmehr war er sich darüber hinaus bewußt, daß sich die Ehe der Parteien sowohl nach dem Heimatrecht der Bekl. als auch nach dem von beiden als verbindlich angesehenen Kirchenrecht als „absolut ungültig" darstellte.

Es ist revisionsrechtlich nicht zu beanstanden, daß das BerGer. darin einen Härtegrund i. S. des § 1579 Nr. 7 BGB sieht. Wer – wie der Kl. – einerseits die Vorstellung seines Partners kennt und teilt, der Eheschluß vor dem Standesbeamten sei wegen einer noch nicht kirchlich geschiedenen Vorehe nach dem von ihnen beiden als verbindlich angesehenen Kirchenrecht irrelevant, und deshalb von der Aufnahme einer ehelichen Lebensgemeinschaft absieht, kann nicht andererseits einen Unterhaltsanspruch aus der formalen Rechtsstellung herleiten, die ihm die Eheschließung nach deutschem Recht gibt. Er hält sich mit seinem Begehren nicht an die mit seinem Partner getroffene Vereinbarung über die internen Folgen der Eheschließung und setzt sich in Widerspruch zu seinem eigenen Verhalten. Mit Recht sieht das OLG in dieser Sachlage einen Grund, der ebenso schwer wiegt wie die in § 1579 Nrn. 2 bis 6 BGB aufgeführten Gründe. Dabei kommt es nicht darauf an, ob ein schuldhaftes Verhalten des Kl. darin gesehen werden kann, daß er es unterläßt, die kirchliche Scheidung seiner Vorehe zu betreiben. Das für die Heranziehung der Vorschrift des § 1579 Nr. 7 BGB wesentliche Erfordernis, daß die aus der Unterhaltspflicht erwachsende Belastung für den Verpflichteten die Grenze des Zumutbaren übersteigt, kann auch aus objektiven Gegebenheiten und Entwicklungen der Lebensverhältnisse der Ehegatten folgen.

BGH v. 2. 3. 94 – XII ZR 215/92 – FamRZ 94, 696 = NJW 94, 1530

R477   *(Unterhaltsbemessung in Abänderungsverfahren)*

a   I.1. Das OLG hat den Barunterhaltsbedarf des Kl. für den Zeitraum vom 1. bis zum 25. 9. 1991, in dem er noch minderjährig war, allein nach den Einkommen des Bekl. bemessen.

Abgesehen hiervon würde sich aber die von dem OLG für das vorliegende Abänderungsverfahren vorgenommene Höhergruppierung des Bekl. um zwei Einkommensstufen aus den dafür herangezogenen Gründen selbst dann rechtfertigen, wenn sich der Wille der Parteien bei Abschluß des Vergleichs v. 6. 9. 1989 nicht mehr verbindlich feststellen ließe.

II. 1. Für den Zeitraum vom 26. 9. bis zum 31. 12. 1991, also nach Eintritt der Volljährigkeit des Kl., hat das BerGer. die Abänderungsklage zwar – wegen der Identität des Unterhaltsanspruchs des minderjährigen mit dem des volljährigen Kindes – für zulässig, in der Sache aber für nicht begründet gehalten ...

aa) Die Unterhaltsbemessung im Abänderungsverfahren bestimmt sich, wenn es sich bei dem abzuändernden Titel wie hier um einen Prozeßvergleich handelt, nach std. Rspr. nicht nach § 323 I ZPO, sondern nach den aus § 242 BGB abgeleiteten Grundsätzen über die Veränderung oder den Wegfall der Geschäftsgrundlage (BGHZ-GS 85, 64, 73 = FamRZ 1983, 22; Senatsurteil v. 23. 4. 1986 – IVb ZR 30/85 –, FamRZ 1986, 790). Ob eine solche Änderung eingetreten ist, richtet sich nach dem dem Vergleich zugrunde gelegten Parteiwillen. Dieser ist der Geltungsgrund des Vergleichs, und er entscheidet, welche Verhältnisse zur Grundlage des Vergleichs gehören und wie die Parteien diese Verhältnisse bewerten (Senatsurteil v. 23. 4. 1986, a. a. O., std. Rspr.). Ist in den maßgeblichen Verhältnissen seit Abschluß des Vergleichs eine Änderung eingetreten, so muß die danach gebotene Anpassung der getroffenen Regelung an die veränderten Verhältnisse nach Möglichkeit unter Wahrung der dem Parteiwillen entsprechenden Grundlagen erfolgen. Soweit diese sich allerdings so tiefgreifend geändert haben, daß dem Parteiwillen für die vorzunehmende Änderung kein hinreichender Anhaltspunkt mehr zu entnehmen ist, kann in Betracht kommen, die Abänderung ausnahmsweise ohne fortwirkende Bindung an die (unbrauchbar gewordenen) Grundlagen des abzuändernden Vergleichs vorzunehmen und – im Falle einer Unterhaltsregelung – den Unterhalt wie bei einer Erstfestsetzung nach den gesetzlichen Vorschriften zu bemessen. Auch in solchen Fällen bleibt allerdings zu prüfen, ob dem Vergleich Elemente entnommen werden können, die trotz der tiefgreifenden Änderung der Verhältnisse nach dem erkennbaren Parteiwillen weiterwirken sollen (vgl. Senatsurteil v. 20. 3. 1985 – IVb ZR 8/84 –, nicht veröffentlicht).

(Bemessung des Volljährigenunterhalts nach dem zusammengerechneten Einkommen der Eltern)

b   Mit der Vollendung des 18. Lebensjahres des Kl. haben sich die maßgeblichen Verhältnisse, die dem Vergleich vom 6. 9. 1989 zugrunde lagen, geändert: Ein Betreuungsbedarf kommt für den nunmehr volljährigen Kl. kraft Gesetzes nicht mehr in Betracht (vgl. *Senat*, NJW 1988, 2371 = FamRZ 1988, 159 (162)). An seine Stelle ist ein erhöhter Barunterhaltsbedarf getreten. Die Mutter des Kl. geht inzwischen einer vollschichtigen Erwerbstätigkeit nach und verfügt ebenfalls über eigene Einkünfte. Damit bestimmt sich die Lebensstellung des Kl., also sein angemessener Unterhaltsbedarf, grundsätzlich nicht mehr allein nach dem Einkommen des (früher allein) barunterhaltspflichtigen Bekl., sondern nach den zusammengerechneten Einkünften beider Elternteile, die anteilig nach ihren Erwerbs- und Vermögensverhältnissen für den Unterhalt aufzukommen haben (§ 1606 III 1 BGB).

cc) Läßt sich danach ein Parteiwille bei Abschluß des Vergleichs für die Bemessung des dem Kl. nach Eintritt der Volljährigkeit zustehenden Unterhalts nicht ermitteln, so ist dieser – mit dem BerGer. – auf der Grundlage der gesetzlichen Vorschriften festzulegen. Das BerGer. hat insoweit rechtlich zutreffend angenommen, daß in Fällen, in denen beide Elternteile einer Erwerbstätigkeit nachgehen, der Unterhaltsbedarf des volljährigen Kindes – selbst wenn dieses noch im Haushalt eines Elternteils wohnt – grundsätzlich nach den zusammengerechneten Einkünften beider Eltern zu bemessen ist (vgl. *Senat*, NJW-RR 1986, 426 = FamRZ 1986, 151 (152); NJW-RR 1986, 1261 = FamRZ 1987, 58 (60)). Gewisse Betreuungsleistungen, die, wie im vorliegenden Fall, die Mutter dem volljährigen Kind noch erbringt, stellen sich überlicherweise als freiwillig Leistungen oder als solche Leistungen dar, die im Einvernehmen mit dem Kind bei der Bemessung des Haftungsanteils der Mutter zu berücksichtigen sind (vgl. *Staudinger/Kappe*, BGB, 12. Aufl., § 1606 Rn. 23; auch *Senat*, FamRZ 1988, 1039 (1041) = NJW-RR 1986, 426 = FamRZ 1986, 151 (152)).

(Keine Fortdauer der Betreuung nach Volljährigkeit)

c   dd) Dem BerGer. ist entgegen der Auffassung der Revision darin zu folgen, daß die Leistungen, die die Mutter des Kl. noch über die Vollendung seines 18. Lebensjahres hinaus in Natur für ihn erbringt, nicht mehr als Betreuungsunterhalt i. S. von § 1606 III 3 BGB zu bewerten sind. Der Senat hat zwar, worauf das BerGer. zutreffend hingewiesen hat, in dem Urteil vom 8. 4. 1981 (NJW 1981, 2462 = FamRZ 1981, 541 (543)) entschieden, die Regelung des § 1606 III 2 BGB schließe nicht aus, im

Anhang R. Rechtsprechung   R479A

Einzelfall auch in den ersten Jahren nach Eintritt der Volljährigkeit eines Kindes – jedenfalls bei Verhältnissen, wie sie in jenem Fall vorlagen – weiterhin von der Gleichwertigkeit des Barunterhalts und der Betreuungsleistungen auszugehen, etwa wenn und solange sich der Barbedarf gegenüber den üblichen Werten für minderjährige Kinder nicht wesentlich erhöhe; letztlich sei diese Beurteilung jedoch Sache des Tatrichters. In dem damals entschiedenen Fall war die geschiedene Ehefrau nicht erwerbstätig, und sie betreute in ihrem Haushalt neben dem inzwischen volljährigen Kind weiter eines der vier ehelichen Kinder, das noch minderjährig war.

Ob an jener seinerzeit in einem Einzelfall vertretenen Auffassung grundsätzlich festgehalten werden sollte, hat der Senat in späteren Entscheidungen dahinstehen lassen (vgl. FamRZ 1988, 1039 (1041); NJW 1988, 2371 = FamRZ 1988, 159 (162)). Sie stellte jedenfalls eine auf die damals gegebenen Umstände bezogene Ausnahme dar, die auf den hier vorliegenden Fall, in dem beide Eltern einer vollen Erwerbstätigkeit nachgehen, nicht übertragen werden kann (vgl. dazu *Griesche*, in: FamGb, § 1606 Rn. 29; Mutschler, in: RGRK, 12. Aufl., § 1606 Rn. 26; *Schwab/Borth*, V Rn. 26; Köhler, in: MünchKomm, 3. Aufl., § 1606 Rn. 9a; *Soergel/Häberle*, BGB, 12. Aufl., § 1610 Rn. 7; *Staudinger/ Kappe*, § 1606 Rn. 23; differenzierend: *Johannsen/Henrich/Graba*, EheR, 2. Aufl., § 1606 Rn. 9). Mit dem Eintritt der Volljährigkeit endet die elterliche Sorge im Rechtssinne und – als Teil hiervon – die Personensorge (§§ 1626, 1631 BGB) des betreuenden Elternteils. Damit entfällt nach dem Gesetz die Grundlage für eine Gleichbewertung von Betreuungs- und Barunterhalt ohne Rücksicht darauf, ob im Einzelfall etwa ein volljähriger Schüler weiter im Haushalt eines Elternteils lebt und von diesem noch gewisse Betreuungsleistungen erfährt. Geht dieser Elternteil allerdings, wie hier die Mutter des Kl., einer eigenen vollen Erwerbstätigkeit nach, so werden seine Betreuungsleistungen in der Regel schon vom Umfang her nicht das Maß einer vollwertigen Unterhaltsgewährung erreichen. Hat der Elternteil die Erwerbstätigkeit bereits vor Eintritt der Volljährigkeit des Kindes aufgenommen und damit naturgemäß den Umfang seiner Betreuung reduzieren müssen, rechtfertigt die Regelung des § 1606 III 2 BGB gleichwohl bis zum Eintritt der Volljährigkeit des Kindes die Beurteilung, daß auch dieser reduzierte Betreuungsunterhalt dem Barunterhalt des anderen Elternteils noch gleichwertig ist. Hier wirkt sich aus, daß der Betreuungsbedarf des Kindes in den verschiedenen Lebensaltersstufen der Minderjährigkeit nach Art und Umfang unterschiedlich hoch ist. Dem trägt die gesetzliche Regelung des § 1606 III 2 BGB in praktikabel pauschalierender Weise für die gesamte Dauer der Minderjährigkeit unter Einschluß auch der letzten Jahre vor Vollendung des 18. Lebensjahres Rechnung (vgl. *Senat*, NJW 1988, 2371 = FamRZ 1988, 159 (160 ff.)). Vom Eintritt der Volljährigkeit des Kindes an besteht nach dem Gesetz jedoch kein rechtfertigender Grund mehr, weiter nur den bisher allein barunterhaltspflichtigen Elternteil mit dem nunmehr insgesamt in Form einer Geldrente zu entrichtenden Unterhalt des Kindes zu belasten, wenn auch der andere Elternteil über Einkünfte verfügt, die ihn zur Zahlung von Unterhalt instandsetzen.

BGH v. 25. 5. 1994 – XII ZR 17/93 – FamRZ 95, 540

(Härtegrund nach § 1579 Nr. 7 BGB bei Zusammenleben mit neuem Partner)   R479A

Das OLG hat das Verhalten der Kl. und ihre Beziehung zu dem neuen Partner S. in rechtlich nicht zu beanstandender Weise unter allen maßgeblichen Gesichtspunkten geprüft, die hier nach der Rspr. des Senats als Härtegrund gemäß § 1579 Nr. 7 BGB in Betracht kommen (vgl. insbesondere Senatsurteil v. 21. 12. 1988 – IV b ZR 18/88 –, NJW 1989, 1083 = FamRZ 1989, 487 ff., m. w. N.).

aa) Dabei hat es rechtlich zutreffend in der Tatsache als solcher, daß die geschiedene Kl. eine Beziehung zu einem anderen Mann unterhält, keinen Härtegrund i. S. von § 1579 Nr. 7 BGB gesehen.

bb) Ein Härtegrund i. S. von § 1579 Nr. 7 BGB ist nach der Rspr. des Senats anzunehmen, wenn der Unterhaltsberechtigte von einer Eheschließung mit seinem neuen Partner nur deshalb absieht, weil er den Unterhaltsanspruch gegen seinen geschiedenen Ehegatten nicht verlieren will (vgl. Senatsurteil v. 21. 12. 1988, a. a. O., m. w. N.). Eine derartige Motivation haben die Kl. und S. nach der Feststellung des OLG indessen in Abrede gestellt. Wenn das OLG nach dem Ergebnis der mündlichen Verhandlung keinen Anlaß gesehen hat, die entsprechenden Erklärungen der Kl. und ihres Partners als Zweck- oder Schutzbehauptungen abzutun, so ist dies aus Rechtsgründen nicht zu beanstanden. Insoweit kommt es entgegen der Auffassung der Revision nicht entscheidend darauf an, ob der Zeuge S. finanziell in der Lage wäre, die Kl. (als Ehefrau) zu unterhalten. Maßgeblich ist vielmehr, daß er den Gedanken an eine Eheschließung mit der Kl. ablehnt und das OLG diese Einlassung nach dem Ergebnis der von ihm durchgeführten Beweisaufnahme für vertretbar hält.

cc) Auch wenn ein geschiedener Unterhaltsberechtigter von einer neuen Eheschließung aus hinzunehmenden Gründen absieht, kann eine von ihm eingegangene neue Verbindung dennoch dazu führen, daß die Fortdauer der Unterhaltsbelastung für den geschiedenen Unterhaltspflichtigen im Sinne von § 1579 Nr. 7 BGB unzumutbar wird. Das kann dann der Fall sein, wenn kein verständlicher Grund ersichtlich ist, weshalb die Partner nicht zu einer „ehegleichen ökonomischen Solidarität" i. S. einer Unterhaltsgemeinschaft gelangen, mithin gemeinsam wirtschaften, wobei der den Haushalt führende Partner wie in einer Ehe von dem anderen unterhalten wird. Voraussetzung hierfür ist allerdings, daß der Unterhaltsberechtigte mit seinem neuen Partner dauerhaft in einer festen sozialen Verbindung zusammenlebt (Senatsurteil v. 21. 12. 1988, a. a. O.).

Unter diesem Gesichtspunkt hat das OLG die Beziehung zwischen der Kl. und dem Zeugen S. ebenfalls geprüft. Es hat sich jedoch nach den in der Berufungsverhandlung getroffenen Feststellungen nicht in der Lage gesehen, die hierfür erforderlichen Voraussetzungen als erfüllt anzunehmen. Dagegen sind aus Rechtsgründen keine Einwände zu erheben. Es ist grundsätzlich dem Tatrichter vorbehalten, die Feststellungen zu treffen, die die Annahme rechtfertigen können, ob zwei Partner in einer festen sozialen Verbindung zusammenleben und dabei gleichwohl ohne verständlichen Grund nicht zu einer Unterhaltsgemeinschaft gelangen. Eine solche Verbindung hat das Gericht in den Beziehungen zwischen der Kl. und S. nicht festzustellen vermocht. Es hat die Gestaltung ihrer Lebensführung mit getrennten Wohnungen und getrennter Haushaltsführung – trotz sonst bestehender enger persönlicher Bindungen – in dieser Form für nicht ausreichend gehalten. Diese Beurteilung ist revisionsrechtlich nicht zu beanstanden, zumal im Haushalt des Zeugen S. auch dessen Sohn aus der geschiedenen Ehe lebt und die Kl. ihrerseits weiterhin den Kontakt zu ihren Kindern unterhält, wobei die Tochter der Parteien zeitweise mit in ihrer Wohnung gewohnt hat.

Soweit die Revision hierzu geltend macht, es sei kein verständlicher Grund ersichtlich, weshalb die Kl. und der Zeuge S. – die in einer dauerhaften festen sozialen Verbindung zusammenlebten – nicht zusammenzögen und eine Unterhaltsgemeinschaft bildeten, kann ihr nicht gefolgt werden. Die Entscheidung, ob ein geschiedener Ehegatte und sein neuer Partner in einer gemeinsamen Wohnung zusammenleben oder aber ihre jeweiligen Lebensbereiche insoweit getrennt erhalten wollen, treffen die Beteiligten in eigener Verantwortung.

dd) Lassen die Einkommens- und Vermögensverhältnisse des neuen Partners die Begründung einer Unterhaltsgemeinschaft in dem vorgenannten Sinn – in deren Rahmen der Partner die geschiedene Ehefrau wie in einer Ehe unterhält – nicht zu, so kann die bestehende Beziehung nach der Rspr. des Senats gleichwohl unter einem anderen Gesichtspunkt die Voraussetzungen eines Härtegrundes i. S. von § 1579 Nr. 7 BGB erfüllen und damit zur Unzumutbarkeit einer weiteren (uneingeschränkten) Unterhaltsbelastung für den verpflichteten geschiedenen Ehegatten führen. Das kann dann anzunehmen sein, wenn sich die Beziehung des geschiedenen Ehegatten zu seinem neuen Partner in einem solchen Maße verfestigt, daß damit – nach einer zu fordernden gewissen Mindestdauer – gleichsam ein nichteheliches Zusammenleben an die Stelle einer Ehe getreten ist.

Das OLG hat auch diesen Härtegrund in seine Erwägungen einbezogen, wie der Hinweis auf das genannte Senatsurteil v. 21. 12. 1988 in dem Berufungsurteil zeigt. Es hat jedoch – auf dem Hintergrund der Tatsache, daß die Kl. und der Zeuge S. zwar seit Jahren intim befreundet sind und einen erheblichen Teil ihrer (freien) Zeit gemeinsam verbringen, aber eben nicht zusammen wohnen und leben – die Voraussetzungen nicht als erfüllt angesehen, unter denen eine volle oder teilweise Kürzung des Unterhaltsanspruchs der Kl. wegen der Führung einer nichtehelichen [ne.] Lebensgemeinschaft mit dem Zeugen S. in Betracht kommen könnte. Auch gegen diese tatrichterliche Würdigung der Gestaltung der Beziehungen zwischen der Kl. und ihrem neuen Partner durch das OLG sind aus Rechtsgründen keine durchgreifenden Bedenken zu erheben. Die Annahme einer ne. Lebensgemeinschaft bzw. eines ne. Zusammenlebens setzt zwar nicht zwingend voraus, daß die Partner räumlich zusammen wohnen, leben und einen gemeinsamen Haushalt führen, wenngleich eine solche Form des Zusammenlebens ein typisches Anzeichen hierfür sein dürfte. Letztlich obliegt es aber der verantwortlichen Beurteilung des Tatrichters, ob er den Tatbestand des „ne. Zusammenlebens" aus tatsächlichen Gründen für gegeben erachtet oder nicht.

BGH v. 25. 5. 94 – XII ZR 78/93 – FamRZ 94, 1102 = NJW 94, 2234

R480 *(Familienrechtlicher Ausgleichsanspruch)*

2. In der Rechtsprechung des BGH ist ein familienrechtlicher Ausgleichsanspruch gegenüber dem anderen Elternteil für Fälle anerkannt, in denen ein Elternteil allein für den Unterhalt eines gemeinsamen ehelichen Kindes aufgekommen ist, obwohl auch der andere dem Kind unterhaltspflichtig war. Dieser Ausgleichsanspruch beruht auf der Unterhaltspflicht beider Eltern gegenüber ihrem Kind und ergibt sich aus der Notwendigkeit, die Unterhaltslast im Verhältnis zwischen ihnen entsprechend ihrem Leistungsvermögen gerecht zu verteilen (*Senat,* NJW 1989, 2816 = FamRZ 1989, 850 (851 re. Sp.) m. Nachw.). Der BGH hat den Anspruch jedoch an die Voraussetzung geknüpft, daß der den Unterhalt leistende Elternteil mit seiner Leistung eine im Innenverhältnis der Eheleute zueinander dem anderen Elternteil obliegende Verpflichtung gegenüber dem Kind erfüllt haben müsse. Der den Unterhalt anstelle des anderen leistende Elternteil muß mit seiner Leistung eine Verbindlichkeit erfüllt haben, die sich im Verhältnis zu dem Kind als Verpflichtung des anderen Elternteils darstellte (*Senat,* NJW 1981, 2578 = FamRZ 1981, 761 (762 li. Sp.)). Diese Voraussetzung ist vorliegend nicht gegeben. Es kann deshalb dahingestellt bleiben, ob der Vater seine Absicht, von der Mutter für seine Aufwendungen

Ersatz zu verlangen, durch sein Schreiben vom 15. 2. 1990 deutlich gemacht hat (vgl. zu letzterem BGHZ 50, 266 ff. = NJW 1968, 1780).

a) Durch die von ihm geleistete Betreuung hat der Vater nicht eine der Mutter gegenüber der C obliegende Unterhaltsverpflichtung erfüllt. Zwar haben Kinder gegenüber ihren Eltern ein Recht auf Betreuung, jedoch beruht dieses Recht nicht auf ihrem Unterhaltsanspruch. Nach § 1612 I 1 BGB ist der Unterhalt durch Entrichtung einer Geldrente zu gewähren. Der Unterhaltsanspruch ist daher auf eine Geldleistung gerichtet. Das Gesetz geht in § 1606 III 2 BGB lediglich davon aus, daß der Elternteil, bei dem das minderjährige unverheiratete Kind lebt, seine Unterhaltsverpflichtung in der Regel durch die Pflege und Erziehung das Kindes erfüllt und deshalb grundsätzlich nicht zu Geldleistungen verpflichtet ist. Ein unterhaltsrechtlicher Anspruch des Kindes auf Betreuung ergibt sich aus dieser Bestimmung aber nicht. Die Vorschrift des § 1612 III 1 BGB, die den Eltern unverheirateter Kinder gestattet zu bestimmen, in welcher Art und für welche Zeit im voraus sie den Unterhalt gewähren wollen, gibt den Kindern nicht einmal ein Wahlrecht auf Naturalunterhalt (vgl. Köhler, in: MünchKomm, 3. Aufl., § 1612 Rn. 6 m. w. Nachw.). Ein Elternteil, der einem gemeinsamen ehelichen Kind Betreuungs- und Barunterhalt erbracht hat, kann daher vom anderen Elternteil im Wege des familienrechtlichen Ausgleichsanspruchs grundsätzlich nur Erstattung geleisteten Barunterhalts, nicht dagegen Ersatz für geleistete Betreuung verlangen. Es bedarf deshalb keiner Entscheidung, ob der Auffassung des OLG gefolgt werden könnte, in Fällen der vorliegenden Art entspreche der Wert der Betreuung regelmäßig dem Wert des bereits ausgeurteilten Barunterhalts (vgl. dazu *Senat*, NJW 1991, 697 = FamRZ 1991, 182 (183 re. Sp.).

b) Allerdings kommt in Betracht, daß die Mutter während des Aufenthalts von C beim Vater verpflichtet war, einer Unterhaltspflicht gegenüber C durch Zahlung einer Geldrente nachzukommen, §§ 1601, 1612 I 1 BGB. Dennoch kann sich der Vater nicht darauf berufen, mit seinen Barleistungen an C eine etwa bestehende Verpflichtung der Mutter zur Leistung von Barunterhalt erfüllt zu haben. Denn er war selbst durch das Urteil des AG Essen-Borbeck vom 21. 9. 1989 verpflichtet, an C Barunterhalt zu leisten. Im Verhältnis zur unterhaltsberechtigten Tochter ist deshalb der Vater mit Barleistungen seiner eigenen rechtskräftig festgestellten Unterhaltspflicht nachgekommen und hat insoweit nicht – anstelle der Mutter – eine Unterhaltsverbindlichkeit erfüllt, die dieser gegenüber der Tochter obgelegen hätte (*Senat*, NJW 1981, 2348 = FamRZ 1981, 761 (762 li. Sp.); Köhler, in. MünchKomm, § 1606 Rn. 16; Johannsen/Henrich/Graba, EheR 2. Aufl., § 1606 Rn. 12; einschränkend *Schwab/Borth*, Hdb. d. ScheidungsR, 2. Aufl., Teil V Rn. 110).

3. Entgegen der Auffassung des OLG entspräche die Zubilligung eines familienrechtlichen Ausgleichsanspruchs im vorliegenden Fall auch nicht dem Sinn und Zweck, dem dieser Anspruch nach den Grundsätzen der Entscheidungen BGHZ 31, 329 ff. = NJW 1960, 957; BGHZ 50, 266 ff. = NJW 1968, 1780 dienen soll. Danach ist der Ausgleichsanspruch jedenfalls nicht dazu bestimmt, gerichtlich festgesetzte Unterhaltsverpflichtungen, die auf einer Abwägung der Leistungsfähigkeit beider Elternteile beruhen, durch „Ausgleich" von Unterhaltsanteilen im Verhältnis der Eltern zueinander abzuändern (*Senat*, NJW 1981, 2348 = LM § 1606 BGB Nr. 16 = FamRZ 1981, 761 (762 li. Sp.); NJW 1988, 2375 = FamRZ 1988, 834 (835 re. Sp.)). Eine derartige Änderung ist dem Verfahren nach § 323 ZPO vorzubehalten. Demgemäß ist auch hier die Frage der Barunterhaltspflicht, die bereits Gegenstand des Unterhaltsrechtsstreits zwischen C und dem Vater war, nur unter den Voraussetzungen und auf dem Wege des § 323 ZPO erneut zur Entscheidung zu stellen. Deshalb kann der Ansicht des OLG nicht gefolgt werden, die Sperrwirkung des Unterhaltsrechtsstreits zwischen C und dem Vater stehe der Zuerkennung eines Ausgleichsanspruchs deshalb nicht entgegen, weil durch das Überwechseln der Tochter in den Haushalt des Vaters eine Änderung der Verhältnisse i. S. des § 323 ZPO eingetreten sei und es nicht darauf ankomme, ob eine Abänderungsklage erhoben worden sei. Diese Auffassung ist mit dem Gesetz nicht vereinbar. Nach § 323 I ZPO ist bei einer Verurteilung zur Zahlung wiederkehrender Leistungen eine wesentliche Änderung der dem Titel zugrunde liegenden Verhältnisse im Wege der Klage geltend zu machen; die wesentliche Veränderung der Verhältnisse allein genügt nicht. Das Urteil darf auch nur für die Zeit nach Erhebung der Klage abgeändert werden, § 323 III ZPO. Diese Bestimmungen liefen leer, würde bereits eine wesentliche Änderung der Verhältnisse zur Bejahung eines familienrechtlichen Ausgleichsanspruchs des zu Barunterhaltsleistungen verurteilten Elternteils gegenüber dem anderen führen, obwohl über dessen Anteil an den Unterhaltsleistungen im Vorprozeß mitentschieden worden ist. Es hätte deshalb vorliegend zunächst einer Klage des Vaters auf Abänderung des Urteils des AG Essen-Borbeck bedurft, wenn der Vater von der Mutter Ersatz für von ihm über die Betreuung hinaus erbrachte Barleistungen verlangen wollte. Da dies nicht geschehen ist, steht ihm insoweit kein familienrechtlicher Ausgleichsanspruch zu.

4. Der geltend gemachte Anspruch läßt sich auch nicht auf die §§ 670, 683, 677 BGB oder die Bestimmungen über die Herausgabe eine ungerechtfertigten Bereicherung (§§ 812 ff. BGB) stützen. Regelt bereits ein Urteil, welcher der Elternteile zu Barunterhalt verpflichtet ist, und ist deshalb während des Bestands dieses Urteils ein familienrechtlicher Ausgleichsanspruch des barleistungspflichtigen Elternteils auf Erstattung seiner Leistungen gegenüber dem anderen Elternteil ausgeschlossen, kann

ein Erstattungsanspruch auch nicht auf andere Rechtsgrundlagen gestützt werden. Es wäre widersinnig, wenn der Erstattunganspruch wegen der Wirkung des Urteils im Unterhaltsprozeß des Kindes gegen den Vater zwar nicht mit einem familienrechtlichen Ausgleichsanspruch, wohl aber aus anderen Rechtsgründen geltend gemacht werden könnte. Das würde der Rechtswirkung, die dem Urteil des Vorprozesses zukommt und auf der Verneinung des familienrechtlichen Ausgleichsanspruchs beruht, widersprechen (BGHZ 50, 266 (270) = NJW 1968, 1780; vgl. auch *Senat,* NJW 1984, 2158 = FamRZ 1984, 775 (777); *Gernhuber/Coester-Waltjen,* Lehrb. d. FamR, 4. Aufl., § 46 II 7; Johannsen/Henrich/ Graba, § 1606 Rn. 12; *Schwab/Borth,* Rn. 110). Die Urteile der Vorinstanzen können deshalb keinen Bestand haben, ohne daß es auf die von der Mutter erklärte Aufrechnung ankommt.

BGH v. 22. 6. 94 – XII ZR 100/93 – FamRZ 94, 1169 = NJW 94, 2618

R481 *(Keine Auskunft bei fehlender Relevanz für den Unterhaltsanspruch; Unterhaltsbestimmung nach dem konkreten Bedarf)*

Nach § 1580 S. 1 i. V. mit § 1605 I 1 BGB sind geschiedene Ehegatten einander verpflichtet, auf Verlangen über ihre Einkünfte und ihr Vermögen Auskunft zu erteilen, soweit dies zur Feststellung eines Unterhaltsanspruchs oder einer Unterhaltsverpflichtung erforderlich ist. Die begehrte Auskunft muß also für den Unterhaltsanspruch relevant sein, wobei es genügt, daß die Auskunft für die Bemessung des Unterhalts von Bedeutung sein kann. Im Scheidungsverbundverfahren besteht die Auskunftspflicht von der Rechtshängigkeit des Scheidungsantrags an (vgl. *Senat,* NJW 1982, 1645 = FamRZ 1982, 151). Eine Auskunftsverpflichtung besteht allerdings dann nicht, wenn feststeht, daß die begehrte Auskunft den Unterhaltsanspruch oder die Unterhaltsverpflichtung unter keinem Gesichtspunkt beeinflussen kann (vgl. *Senat,* NJW 1982, 2771 = FamRZ 1982, 996 (997); NJW 1993, 1920 = FamRZ 1993, 1065 (1066); *Göppinger/Vogel,* 6. Aufl., Rn. 2562).

2. Letzteres ist entgegen der Auffassung des BerGer. hier der Fall. Zwischen den Parteien steht außer Streit, daß der Ag. nach der Scheidung der Parteien dem Grunde nach ein Unterhaltsanspruch nach Maßgabe der §§ 1569 ff. BGB gegen den Ast. zusteht. Der Höhe nach bestimmt sich der Anspruch nach den ehelichen Lebensverhältnissen (§ 1578 I 1 BGB).

a) Für die Beurteilung der hiernach maßgeblichen ehelichen Lebensverhältnisse sind – nach insoweit geltenden allgemeinen Grundsätzen – die Einkünfte des erwerbstätigen Ehegatten (bzw. beider Eheleute) sowie gegebenenfalls sonstige Einnahmen, u. U. auch Vermögenserträge von Bedeutung, die den ehelichen Lebensstandard während der Ehe geprägt haben. Der unterhaltsberechtigte Ehegatte bedarf daher in der Regel einer Auskunft des Verpflichteten über dessen Einkünfte und sonstige Einnahmen, um anhand der auf diese Weise erlangten Kenntnis seinen Unterhaltsanspruch im einzelnen ermitteln und berechnen zu können.

b) Das ist hier indessen ausnahmsweise nicht der Fall. Die Lebensverhältnisse der Parteien sind durch außergewöhnlich hohe Einkünfte und ein ebenfalls außerordentlich großes Vermögen des Ast. in der Weise geprägt, daß für den – gehobenen – Lebensunterhalt der Familie nur Teile der laufenden Einnahmen verwendet wurden, während die „Einkommensüberschüsse" zur Stärkung der Kapitalgrundlage des Familienunternehmens eingesetzt und damit der Vermögensbildung zugeführt wurden. Dieser Teil der Einkünfte hat bei der Unterhaltsbemessung außer Betracht zu bleiben (vgl. *Senat,* NJW-RR 1987, 194 = FamRZ 1987, 36 (39); *Göppinger/Kindermann,* Rn. 1252). Das Maß des der Ag. zustehenden nachehelichen Unterhalts richtet sich nach den dargelegten besonderen ehelichen Lebensverhältnissen. Da die Ag. beanspruchen kann, auch nach der Scheidung grundsätzlich weiterhin an dem in der Ehe geübten gehobenen Lebensstandard teilzuhaben, bestimmt sich die Höhe ihres Unterhaltsanspruchs im wesentlichen danach, in welchem Umfang die Familieneinkünfte während des Zusammenlebens der Parteien für den allgemeinen Lebensunterhalt verwendet wurden. Der Ag. kommt als Unterhalt der Betrag zu, der erforderlich ist, um ihr die Aufrechterhaltung des ehelichen Lebensstandards zu ermöglichen. Dieser Betrag bestimmt sich bei den gegebenen überdurchschnittlich günstigen wirtschaftlichen Verhältnissen nicht nach einem Anteil (einer Quote) an den Einkünften des Ast. Für seine Ermittlung kann vielmehr an die Aufwendungen angeknüpft werden, mit denen die Parteien während ihres Zusammenlebens ihren allgemeinen Lebensstandard bestritten haben, nach dem auch letztlich – objektiviert – der Lebenszuschnitt maßgebend ist, den entsprechend situierte Ehegatten im Regelfall wählen (vgl. *Senat,* Urt. v. 22. 12. 1982 – IV b ZR 340/81 (unveröff.); NJW 1983, 1547 = FamRZ 1982, 1187 (1188); NJW 1985, 1343 = FamRZ 1985, 582 (583); NJW-RR 1990, 194 = FamRZ 1990, 280 (281); *Gernhuber/Coester-Waltjen,* Lehrb. des FamilienR, 4. Aufl., § 30 X 1 S. 445, 446).

Diese Aufwendungen kann die Ag. aus eigenem Wissen zur Begründung der Höhe des ihr zustehenden Unterhalts konkret darlegen (vgl. dazu Eschenbruch/Loy, FamRZ 1994, 665 (667 ff.)), ohne daß sie insoweit auf Auskünfte über die Höhe des Einkommens des Ast. angewiesen wäre. Mit der Zusammenstellung von Bedarfsposten, wie sie als Anlage zu dem Schriftsatz vom 20. 6. 1990 vorgelegt worden ist, hat sie insoweit bereits den richtigen Weg eingeschlagen. Im einzelnen wird sie etwa die

Kosten für die Instandhaltung und Pflege des ihr von dem Ast. zur Verfügung gestellten Hauses und Grundbesitzes (soweit der Ast. diese Kosten nicht selbst trägt) ebenso ansetzen können wie die Kosten für die Haltung, Wartung und regelmäßige Erneuerung eines Pkw. Dasselbe gilt für die Aufwendungen für ihr Personal (z. B. Gärtner, Haushaltshilfe, Putzhilfe). Bei dem Ansatz der allgemeinen Lebenshaltungskosten kann sie u. U. auf die Höhe eines ihr früher zur Verfügung stehenden Haushaltsgeldes abstellen und danach den ihr zustehenden entsprechenden Anteil ermitteln. Dazu werden die Kosten für ihren privaten Bedarf kommen, wie für Kleidung, Kosmetik, Friseur etc., ebenso wie für eine angemessene Freizeitgestaltung etwa in der Form kultureller und sportlicher Betätigung, wobei sich letztere nach dem Lebensalter und dem Gesundheitszustand der Ag. ausrichten wird (etwa: Golf spielen statt des in der Familie üblichen Reitens). Hinzu kommen können Aufwendungen für Reisen und Erholungsaufenthalte in dem in der Ehe der Parteien geübten gehobenen Zuschnitt, nachdem [nachdem] die Eheleute – nach dem Vortrag der Ag. – während ihres Zusammenlebens Reisen in das In- und Ausland unternommen und dabei stets die besten Hotels bewohnt haben. Auf der Grundlage einer derartigen – im vorstehenden beispielhaft aufgeführten – Zusammenstellung wird sodann die Höhe des der Ag. zustehenden eheangemessenen Unterhalts (ggf. durch Schätzung) zu ermitteln und festzulegen sein (vgl. dazu *Senat*, Urt. v. 22. 12. 1982 – IV b ZR 340/81 (unveröff.); auch Eschenbruch/Loy, in: FamRZ 1994, 665 (671 ff.)).

Nach der Einlassung des Ast. ist davon auszugehen, daß ein so ermittelter Bedarf aufgrund des von ihm zugestandenen Einkommens voll gedeckt werden kann und folglich die von der Ag. erstrebte Auskunft unter diesem Gesichtspunkt für ihren Unterhaltsanspruch nicht relevant ist (vgl. Kalthoener/Büttner, 5. Aufl., Rn. 589).

BGH v. 29. 6. 94 – XII ZR 79/93 – FamRZ 94, 1100 = NJW-RR 94, 1155

(Keine Bindungswirkung an Berechnungsmaßstab im Abänderungsverfahren) R482

Allerdings ermöglicht das Abänderungsverfahren weder eine freie, von der bisherigen Höhe unabhängige Neufestsetzung des Unterhalts noch eine abweichende Beurteilung derjenigen Verhältnisse, die bereits im Endurteil eine Bewertung erfahren haben. Vielmehr besteht die Abänderungsentscheidung in einer unter Wahrung der Grundlage des Unterhaltstitels vorzunehmenden Anpassung des Unterhalts an veränderte Verhältnisse. Für das Ausmaß der Abänderung kommt es darauf an, welche Umstände für die Bemessung der Unterhaltsrente seinerzeit maßgebend waren und welches Gewicht ihnen dabei zugekommen ist. Auf dieser durch Auslegung zu ermittelnden Grundlage hat der Richter im Abänderungsverfahren unter Berücksichtigung der neuen Verhältnisse festzustellen, welche Veränderungen in diesen Umständen eingetreten sind und welche Auswirkungen sich daraus für die Höhe des Unterhalts ergeben (st. Rspr. des Senats, vgl. NJW 1984, 1458 = FamRZ 1984, 374 (375); NJW 1986, 2054 = FamRZ 1986, 790 und NJW-RR 1990, 194 = FamRZ 1990, 280 (281) jeweils m. w. Nachw.). Wie der Senat weiter entschieden hat, erfaßt die rechtliche Bindung des Abänderungsrichters an die Grundlagen des Ersturteils nur solche unverändert gebliebenen tatsächlichen Verhältnisse, die der Richter im früheren Verfahren festgestellt und denen er Bedeutung für Unterhaltsbemessung beigelegt hat. Die Bindung kann sich danach u. a. erstrecken auf die Ermittlung der Einkommensverhältnisse, die Einbeziehung fiktiver Einkünfte oder besonderer Belastungen (*Senat,* NJW 1984, 1458 = FamRZ 1984, 374 (375)), auf den Pauschalabzug berufsbedingter Aufwendungen, soweit dies in einem Prozeßvergleich dem Parteiwillen entsprach (*Senat,* NJW 1986, 2054 = FamRZ 1986, 790), auf einen konkret ermittelten Lebensbedarf (*Senat,* NJW 1985, 1343 = FamRZ 1985, 582 (583) und NJW-RR 1990, 194 = FamRZ 1990, 280 (281)) oder die Anrechnung oder Nichtanrechnung von bestimmten Einkommensanteilen, z. B. den Kinderzuschuß zur Rente (*Senat,* NJW-RR 1990, 580 = FamRZ 1990, 981 (984)). Dagegen kommt den von der unterhaltsrechtlichen Praxis entwickelten Unterhaltsrichtlinien, Tabellen, Verteilungsschlüsseln oder sonstigen Berechnungsmethoden keine ähnliche Bindungswirkung zu, weil sie keine beizubehaltenden Urteilselemente, sondern nur Hilfsmittel zur Ausfüllung der unbestimmten Rechtsbegriffe „angemessener Unterhalt" oder „Unterhalt nach den ehelichen Lebensverhältnissen" sind (*Senat,* NJW 1984, 1458 = FamRZ 1984, 374 (375)). Der Senat hat daher z. B. bestimmten Unterhaltsquoten, die im Ersturteil zur Bemessung des den ehelichen Lebensverhältnissen entsprechenden Unterhalts angewandt wurden, ebensowenig bindende Wirkung beigemessen, wie Art und Höhe der Besteuerung des zugrunde gelegten Nettoeinkommens (vgl. *Senat,* NJW-RR 1987, 516 = FamRZ 1987, 257 (258) und NJW-RR 1990, 580 = FamRZ 1990, 981 (982)).

Zu dem Kreis dieser nicht bindenden, lediglich als Hilfsmittel zur Berechnung des geschuldeten Unterhalts herangezogenen Verteilungsmethoden gehört auch der Berechnungsansatz, mit dem hier das Ausgangsgericht die Tatsache, daß die Bekl. die den Parteien gemeinsam gehörende Eigentumswohnung allein nutzt und die Parteien zu unterschiedlichen Anteilen die Kosten und Lasten tragen, berücksichtigt hat. Seinem Urteil kommt eine Bindungswirkung nur insoweit zu, als dieser Umstand überhaupt in die Berechnung des Unterhalts mit eingeflossen und nicht etwa als Gegenstand einer gesonderten Geltendmachung eines Nutzungsentgeltes im Rahmen der Miteigentumsgemeinschaft

(§ 745 II BGB) ausgeschieden worden ist (vgl. dazu *Senat,* NJW 1986, 1340 = FamRZ 1986, 434 (435) und NJW 1986, 1339 = FamRZ 1986, 436 (437)). In welcher Weise und bei welchem Berechnungsschritt die mit der Nutzung der Eigentumswohnung zusammenhängenden Vor- und Nachteile einbezogen werden, ist dagegen kein tragendes Urteilselement, das im Falle einer Veränderung der tatsächlichen Verhältnisse beibehalten werden müßte. Daß das OLG bei der Abänderung keinen die gesamten Kosten übersteigenden Wohnvorteil festgestellt und deshalb zunächst den Unterhaltsbedarf der Bekl. unabhängig von einem anzurechnenden Wohnwert und unabhängig von den Kosten und Lasten errechnet und erst im Anschluß hieran bei der Berechnung des geschuldeten Unterhaltsanspruchs den Wohnvor- und -nachteilen Rechnung getragen hat, ist keine andere rechtliche Betrachtungsweise, [Betrachtungsweise] wie die Revision meint, sondern lediglich ein anderer Berechnungsansatz. Denn auch das Ausgangsgericht hatte – obwohl es bei der Bestimmung des Bedarfs nach den ehelichen Lebensverhältnissen den Einkünften beider Parteien zunächst den halben Wohnwert zugerechnet hatte – im Ergebnis keinen die ehelichen Lebensverhältnisse prägenden tatsächlichen Wohnvorteil zugrunde gelegt, weil es andererseits die mit dem Wohnungseigentum verbundenen gesamten Kosten und Lasten, die auch früher den Wohnwert überstiegen, bei beiden Parteien einkommensmindernd berücksichtigt hat. Auch hatte es nach Feststellung des eheangemessenen Unterhaltsbedarfs – bei der Berechnung des Unterhaltsanspruchs der Bekl. den hälftigen Wohnwert, den ihr der Kl. überläßt, abgezogen und auf diese Weise dem Umstand Rechnung getragen, daß sie dessen Miteigentum nutzt.

BGH v. 9. 11. 94 – XII ZR 206/93 – FamRZ 95, 215 = NJW 95, 717

R483 *(Kosten des Umgangsrechts)*

Zutreffend ist allerdings der Ausgangspunkt des OLG, daß eine Berücksichtigung von Umgangskosten zu Lasten des unterhaltsberechtigten Ehegatten auf eng begrenzte Ausnahmefälle beschränkt bleiben muß. Grundsätzlich hat der Umgangsberechtigte die üblichen Kosten, die ihm bei der Ausübung des Umgangsrechtes entstehen, wie Fahrt-, Übernachtungs-, Verpflegungskosten und ähnliches, selbst zu tragen und kann sie weder unmittelbar im Wege einer Erstattung noch mittelbar im Wege einer Einkommensminderung geltend machen. Das gilt grundsätzlich sowohl gegenüber dem unterhaltsberechtigten Kind als auch gegenüber dem unterhaltsberechtigten Ehegatten (vgl. *OLG Bamberg,* FamRZ 1987, 1295; *OLG Frankfurt/M. – 3. FamS –,* FamRZ 1987, 1033; *OLG Karlsruhe,* FamRZ 1992, 58 f.; *Johannsen/Henrich/Jaeger,* Eherecht, 2. Aufl., § 1634 BGB Rz. 31; *Rolland/ Nehlsen-v. Stryk,* FamK, § 1634 BGB Rz. 23; *Soergel/Strätz,* BGB, 12. Aufl., § 1634 Rz 30; *Staudinger/Peschel-Gutzeit,* BGB, § 1634 Rz. 325; *Kalthoener/Büttner,* Rechtsprechung zur Höhe des Unterhalts, 5. Aufl., Rz. 386, 994; ähnlich auch *Göppinger/Strohal,* Unterhaltsrecht, 6. Aufl., Rz. 271, 675; abweichend für den Ehegattenunterhalt *OLG Frankfurt/M. – 1. FamS –,* FamRZ 1984, 178; 1991, 78; ihm folgend *Münch-Komm/Hinz,* BGB, 3. Aufl., § 1634 Rz. 34; *Palandt/Diederichsen,* BGB, 53. Aufl., § 1634 Rz. 41, und *Heiß/Heiß,* Unterhaltsrecht, I 3161; vgl. aber auch *Heiß/Deisenhofer,* a. a. O., 12.28). Denn die Wahrnehmung des persönlichen Kontaktes mit seinem Kind ist unmittelbarer Ausfluß seiner elterl. Verantwortung gemäß §§ 1618a, 1626, 1631 BGB und seines höchstpersönlichen Rechtes aus § 1634 BGB. Die dabei anfallenden Belastungen sind Kosten, die er im eigenen und im Interesse des Kindes grundsätzlich selbst aufzubringen hat. Zur Entlastung dienen ihm dabei staatliche Vergünstigungen wie das Kindergeld, das ihm im Verhältnis zum anderen sorgeberechtigten Elternteil hälftig zusteht. (Bis einschließlich 1989 gab es ferner noch den vom zu versteuernden Einkommen absetzbaren sog. Besucherfreibetrag gemäß § 33a Ia EStG a. F; vgl. *OLG Frankfurt/M. – 3. FamS –,* a. a. O., S. 1034; *Staudinger/Peschel-Gutzeit,* a. a. O., Rz. 327; *Schmidt/Glanegger,* EStG, 8. Aufl., § 33a Anm. 3.)

Die einkommensmindernde Berücksichtigung der Umgangskosten beim Unterhaltsverpflichteten würde demgegenüber zu einer teilweisen Verlagerung dieser Lasten auf den unterhaltsberechtigten Sorgerechtsinhaber führen, die mit dem Gesetz grundsätzlich nicht in Einklang steht. Sie würde letztlich möglicherweise auch die Lebenshaltung des Kindes beeinträchtigen, das mit dem sorgeberechtigten Elternteil in einem Haushalt lebt und vielfach tatsächlich an dessen Unterhalt teilnimmt. Eine Abweichung von diesen Grundsätzen hat sich daher in engen Grenzen zu halten und ist nur aus Billigkeitsgründen unter Abwägung aller Umstände des Einzelfalles zu rechtfertigen.

Die vom OLG herangezogenen Gesichtspunkte reichen hierfür nicht aus. Der Umstand, daß die Kl. mit dem Kind vom ehemaligen Ehewohnsitz in einen 160 km entfernten Ort verzogen ist, wo sie eine neue Lebensgemeinschaft begründet hat, berechtigt den Bekl. noch nicht zu einer Unterhaltskürzung. Grundsätzlich kann ein sorgeberechtigter Ehegatte seinen künftigen Wohnort und Lebenskreis selbst bestimmen und ist nicht gehalten, am ehemaligen Familienwohnsitz oder in dessen unmittelbarer Nähe zu bleiben, um dem anderen Ehegatten die Besuchskontakte mit den Kindern möglichst zu erleichtern. Erst wenn er in einer solchen Entfernung wohnt, daß angesichts ohnehin beengter wirtschaftlicher Verhältnisse die Kostenbelastung für den Umgangsberechtigten schlechthin unzumutbar ist und dazu führt, daß dieser sein Umgangsrecht nicht oder nur noch in erheblich eingeschränktem Umfang

Anhang R. Rechtsprechung   R485

ausüben könnte, greifen Billigkeitserwägungen ein. In einem solchen Fall kann es dem unterhaltsberechtigten Ehegatten zuzumuten sein, sich in seiner eigenen Lebensführung einzuschränken, um dem unterhaltsverpflichteten Ehegatten zumindest die Mittel zu belassen, die zur Ausübung eines den wirtschaftlichen Verhältnissen angepaßten Umgangsrechts nötig sind. Dies entspricht auch der elterl. Verantwortung des sorgeberechtigten Ehegatten gegenüber dem Kind, dem der Kontakt mit dem anderen Elternteil erhalten bleiben muß.

Bei der dabei gebotenen Abwägung der wirtschaftlichen und persönlichen Verhältnisse der Parteien ist indes auf eine ausgewogene Lastenverteilung zu achten. Die Opfergrenze für den sorgeberechtigten Ehegatten wird dort überschritten, wo er – wie es hier der Fall ist – weniger als das Existenzminimum erhält, während der unterhaltsverpflichtete Ehegatte nach Vorwegabzug berufsbedingter Aufwendungen, berücksichtigungsfähiger Schuldentilgung für einen Pkw und weiterer Verpflichtungen über einen Selbstbehalt von monatlich 1100 DM bzw. 1300 DM verfügt. In diesem Falle muß es bei der Grundregel bleiben, daß der Unterhaltsverpflichtete die ihm entstehenden Umgangskosten trägt, ohne sie unterhaltsmindernd geltend machen zu können. Das ist hier um so mehr geboten, als die Entfernung vom Wohnort des Kindes nur 160 km beträgt und die Kosten einer Rückfahrkarte nach den Feststellungen des OLG bei nur 88 DM liegen, und sich dieser Betrag bei Inanspruchnahme von vergünstigten Angeboten der Bahn noch verringern läßt.

BGH v. 23. 11. 94 – XII ZR 168/93 – FamRZ 95, 221

(Abänderungsklage bei Änderung der DT)   R485

2. Greift die Sperre des § 323 V ZPO somit nicht ein, können mit der Abänderungsklage nicht nur   a
individuelle Änderungen der Verhältnisse geltend gemacht werden, sondern grundsätzlich auch solche allgemeiner Art, wie etwa die generelle Entwicklung der Einkommen und Lebenshaltungskosten (*BGHZ* 101, 235, 243 f. = FamRZ 1987, 1021). Diese stellen bei Titeln über den Unterhalt ein Indiz für die Änderung auch der tatsächlichen Verhältnisse im Einzelfall dar und eröffnen somit grundsätzlich die Möglichkeit der Abänderung nach § 323 ZPO (*Johannsen/Henrich/Brudermüller*, Eherecht, 2. Aufl., § 323 ZPO Rz. 59).

Voraussetzung für die Zulässigkeit einer solchen Abänderungsklage bleibt aber in jedem Falle, daß eine die Wesentlichkeitsschwelle des § 323 I ZPO übersteigende Veränderung der tatsächlichen Verhältnisse behauptet wird. Diesem Erfordernis genügt der Vortrag der Kl.

a) Zutreffend ist der Ausgangspunkt des OLG, daß Unterhaltsrichtlinien als solche, wie etwa die Düsseldorfer Tabelle, keine tatsächlichen Umstände darstellen, sondern lediglich richterliche Entscheidungshilfen sind (vgl. *Senats*urteil v. 26. 11. 1986 – IVb ZR 91/85 –, FamRZ 1987, 257, 258), und daß Neufestsetzungen der in solchen Tabellen festgelegten Bedarfssätze für sich allein genommen noch keine Abänderungsklage nach § 323 ZPO rechtfertigen. Etwas anderes ist auch der Entscheidung des *BGH*, Urteil v. 21. 12. 1977 – IV ZR 4/77 – FamRZ 1978, 177, 179, nicht zu entnehmen: Darin wird lediglich ausgeführt, daß eine wesentliche Änderung der Unterhaltsrichtsätze nicht in einem Verfahren nach § 767 ZPO berücksichtigt werden, sondern nur im Wege der Abänderungsklage des § 323 ZPO geltend gemacht werden kann. Zu der Frage, ob der Abänderungskl. mit dem bloßen Hinweis auf eine solche Änderung der Richtsätze seiner Darlegungslast genügt, läßt sich dieser Entscheidung nicht entnehmen. Auch die Entscheidungen *OLG Hamburg*, FamRZ 1989, 885 f., *OLG Bamberg*, FamRZ 1985, 1151, 1152 = NJW 1986, 730, und *OLG Saarbrücken*, FamRZ 1987, 615, auf die die Revision sich stützt, sehen einen Abänderungsgrund nicht in der Änderung der Richtsätze als solcher, sondern in den Änderungen tatsächlicher Art, die in der Neufassung der Tabelle zum Ausdruck gekommen sind (so auch *Derleder/Lenze*, FamRZ 1989, 558, 559; *Graba*, NJW 1988, 2343, 2346; *Zöller/Vollkommer*, ZPO, 18. Aufl., § 323 Rz. 33; ähnlich *MünchKomm/Gottwald*, ZPO, § 323 Rz. 54; kritisch *Niklas*, DAVorm 1987, 2, 3; a. A. *Schwab/Maurer*, Handbuch des Scheidungsrechts, 2. Aufl., Teil I Rz. 1038 f.).

b) Die ungefähr alle drei bis vier Jahre erfolgende Fortschreibung der Düsseldorfer Tabelle stellt allerdings keine (im Rahmen des § 323 ZPO unbeachtliche) bloße Änderung der rechtlichen Beurteilung der unterhaltsrelevanten Verhältnisse dar. Sie trägt vielmehr dem Umstand Rechnung, daß sich die wirtschaftlichen Verhältnisse sowohl auf seiten des Bedürftigen als auch auf seiten des Verpflichteten infolge Änderungen der Lebenshaltungskosten und der Einkommensverhältnisse seit der letzten Festsetzung dieser Sätze gewandelt haben, und ist damit zugleich Ausdruck der Veränderung dieser tatsächlichen Verhältnisse (vgl. *Senats*urteil v. 15. 12. 1993 – XII ZR 172/92 –, FamRZ 1994, 372, 373; *SchlHOLG*, SchlHA 1978, 198; *OLG Bamberg*, a. a. O.; *OLG Saarbrücken*, a. a. O.; *OLG Hamburg*, a. a. O.; *Johannsen/Henrich/Brudermüller*, a. a. O., § 323 ZPO Rz. 261; *Derleder/Lenze*, a. a. O.; *Köhler/Luthin*, 8. Aufl., Rz. 957; ähnlich *MünchKomm/Gottwald*, ZPO, § 323 Rz. 54; *Graba*, a. a. O.; *OLG Karlsruhe*, FamRZ 1986, 582 f.; *Stein/Jonas/Leipold*, ZPO, 20. Aufl., § 323 Rz. 22; einschränkend *Göppinger/Vogel*, Unterhaltsrecht, 6. Aufl., Rz. 2408 ff.).

In dem Vorbringen einer Partei, die ihr Abänderungsverlangen auf eine Änderung der Bedarfssätze der Düsseldorfer oder einer vergleichbaren Tabelle stützt, ist daher regelmäßig auch die Behauptung zu sehen, daß sich die Einkommen und/oder die Lebenshaltungskosten seit der vorausgegangenen Fassung dieser Tabelle allgemein in einem Maße verändert hätten, wie dies der Änderung der Bedarfssätze entspreche.

(Tabellenänderung als wesentliche Änderung nach § 323 I ZPO)
b d) Die Notwendigkeit der Neufassung einer solchen Unterhaltstabelle deutet in aller Regel zugleich darauf hin, daß die wirtschaftlichen Veränderungen, die ihr zugrunde liegen, wesentlich i. S. des § 323 ZPO sind (vgl. *Derleder/Lenze*, a.a.O., S. 560). Im vorliegenden Fall bestehen insoweit ohnehin keine Zweifel, da sich die für die Einkommensgruppe 5 der Düsseldorfer Tabelle – Stand: 1. 7. 1992 [FamRZ 1992, 398] – maßgeblichen Bedarfssätze (410/495/590 DM) gegenüber dem Stand 1. 1. 1989 (365/440/525 DM) um jeweils deutlich mehr als 10% erhöht haben. Diese Tabellenänderungen sind daher – zumindest, soweit sie den Unterhalt minderjähriger Kinder betreffen – grundsätzlich geeignet, eine Abänderungsklage zu begründen, ohne daß der Abänderungskl. darüber hinaus im einzelnen darlegen muß, daß im Zuge der allgemeinwirtschaftlichen Veränderungen auch eine wesentliche Veränderung der individuellen Verhältnisse (Bedarf des Unterhaltsberechtigten und/oder Einkommen des Verpflichteten) eingetreten sei.

(Zeitschranke bei Anwendung von Tabellen)
c b) Die Abänderungsklage der Kl. zu 1 unterliegt hingegen der Zeitschranke des § 323 II ZPO, da sie auf die Abänderung eines zuletzt auf die mündliche Verhandlung vom 25. 3. 1992 geänderten Unterhaltstitels gerichtet ist. Die Kl. zu 1 kann sich daher grundsätzlich nur auf solche Veränderungen berufen, die nach dem 25. 3. 1992 eingetreten sind.

Die vom 1. 7. 1992 an geltenden Änderungen der Richtsätze der Düsseldorfer Tabelle sind aber wie eine an diesem Stichtag eingetretene Veränderung der tatsächlichen wirtschaftlichen Verhältnisse zu behandeln, so daß auch die Kl. zu 1 nicht gehindert ist, sich in vollem Umfang darauf zu berufen.

Dies folgt aus der Eigenart der Düsseldorfer Tabelle und vergleichbarer Unterhaltsrichtlinien, die den angemessenen Unterhalt im Interesse der Rechtssicherheit und Praktikabilität schematisierend bestimmen.

Richtig ist zwar, daß die wirtschaftlichen Verhältnisse, die Anlaß zur Neufassung solcher Tabellen geben, sich nicht sprunghaft, sondern allmählich ändern. Nichts anderes gilt aber auch für den mit fortschreitendem Lebensalter kontinuierlich steigenden Unterhaltsbedarf minderjähriger Kinder, dem die Düsseldorfer Tabelle ebenfalls schematisierend durch Einteilung in drei Altersgruppen Rechnung trägt. Zu Recht weist die Revision darauf hin, daß der erhöhte Unterhaltsbedarf bei Erreichen der nächsten Altersstufe der Unterhaltstabelle als ausreichender Abänderungsgrund nach § 323 ZPO angesehen wird (vgl. *Johannsen/Henrich/Brudermüller*, a.a.O., § 323 ZPO Rz. 60, m.N.) und nicht einzusehen sei, warum dies für den erhöhten Unterhaltsbedarf, der in einer Anhebung der Richtsätze selbst zum Ausdruck komme, nicht gelten solle.

Die Schematisierung durch Unterhaltstabellen hat sich in der Praxis bei der Unterhaltsbemessung bewährt. Sie hat allerdings zur Folge, daß einem Unterhaltsberechtigten, der seinen Unterhaltsanspruch erst gegen Ende des Geltungszeitraums einer solchen Tabelle gerichtlich geltend macht, in aller Regel nur der Unterhaltssatz der jeweils aktuellen Tabellenfassung zuerkannt wird, auch wenn sich die allgemeinwirtschaftlichen Verhältnisse seit der letzten Änderung dieses Unterhaltssatzes verändert haben. Die Notwendigkeit eines – etwa an der Steigerung der allgemeinen Lebenshaltungskosten orientierten – „Aufschlages" auf die Richtsätze einer bereits seit längerer Zeit geltenden Tabelle würde die Unterhaltsbemessung in der Praxis außerordentlich erschweren und widerspräche Sinn und Zweck derartiger Richtsätze (vgl. die Fußnote 2 zur Düsseldorfer Tabelle, FamRZ 1992, 398, derzufolge die Zahlenwerte der neuen Tabelle ab 1. 7. 1992 gelten und bis zum 30. 6. 1992 die Zahlenwerte der bisherigen Tabelle anzuwenden sind).

Unter diesen Umständen muß dieser Schematisierung auch im Rahmen des Abänderungsverfahrens nach § 323 ZPO Rechnung getragen werden. Wenn der Kindesunterhalt seinerzeit nach den Richtsätzen der Düsseldorfer Tabelle festgesetzt wurde und nunmehr den neuen Richtsätzen entsprechend abgeändert werden soll, müßte es letztlich auf Unverständnis stoßen, wenn dem Abänderungskl. § 323 II ZPO insoweit entgegenzuhalten wäre, als die Änderung der wirtschaftlichen Verhältnisse, die ihren Niederschlag in den neuen Richtsätzen gefunden hat, teilweise bereits vor dem nach dieser Vorschrift maßgeblichen Zeitpunkt eingetreten war. Durch eine derartige Anwendung der Vorschrift würde dem Unterhaltsberechtigten die Geltendmachung seines erhöhten Bedarfs ganz oder teilweise auf Dauer abgeschnitten, nämlich im Ausgangsverfahren infolge der Schematisierung der Tabelle und im Abänderungsverfahren duch Präklusion. Änderungen der wirtschaftlichen Verhältnisse seit der letzten Neufassung der Düsseldorfer Tabelle, die im Ausgangsverfahren wegen der Anwendung der Richtsätze dieser Tabelle keine Berücksichtigung gefunden haben, sind daher im nachfolgenden Abänderungsverfahren nicht präkludiert (vgl. auch *Niklas*, a.a.O., S. 6).

BGH v. 24. 11. 94 – GSZ 1/94 – FamRZ 95, 349 = NJW 95, 664

(Beschwerdewert bei Verurteilung zur Auskunftserteilung)

b) Für die bisherige std. Rspr. sprechen gewichtige Gründe.

Den Wert des Beschwerdegegenstandes, § 511 aI ZPO, hat das Gericht gemäß §§ 2, 3 ZPO nach seinem freien Ermessen festzusetzen, wenn – wie bei der Auskunftsklage – die §§ 4 bis 9 ZPO nicht eingreifen. Der Beschwerdegegenstand der Berufung wird durch den Berufungsantrag, § 519 II Nr. 1 ZPO, im Rahmen der Beschwer bestimmt (vgl. *MünchKomm/Lappe*, ZPO, § 3 Rz. 9). Maßgebend ist das wirtschaftliche Interesse des Rechtsmittelkl. an dem Erfolg seines Rechtsmittels (vgl. *BGH*, Beschluß v. 14. 2. 1973 – V ZR 179/72 –, NJW 1973, 654; *Hillach/Rohs*, Handbuch des Streitwerts in bürgerlichen Rechtsstreitigkeiten, 8. Aufl., S. 95).

Dabei ist grundsätzlich nur auf den unmittelbaren Gegenstand der Entscheidung abzustellen. Der tatsächliche oder rechtliche Einfluß der Entscheidung auf andere Rechtsverhältnisse bleibt außer Betracht (vgl. *Hillach/Rohs*, a. a. O., S. 98). Daraus folgt, daß der Wert des Beschwerdegegenstandes – auch bei unverändertem Streitgegenstand – niedriger, ggf. aber auch höher sein kann als der für den Kl. nach seinem Antrag im ersten Rechtszug festgesetzte Wert (vgl. als Beispiele für einen höheren Beschwerdewert *BGH*, Urteil v. 10. 12. 1993 – V ZR 168/92 –, NJW 1994, 735, und Beschluß v. 22. 2. 1990 – III ZR 1/90 –, NJW 1991, 824).

Der Anspruch auf Auskunft bezieht seinen wirtschaftlichen Wert typischerweise daraus, daß mit ihm die Durchsetzung eines Hauptanspruchs vorbereitet werden soll (vgl. *MünchKomm/Lappe*, a. a. O., § 3 Rz. 51). Der wirtschaftliche Zweck des Auskunftsverlangens besteht im allgemeinen darin, eine der Grundlagen zu schaffen, die für den Anspruch auf die Hauptleistung erforderlich sind. Diese enge Verknüpfung zwischen Auskunfts- und Hauptanspruch läßt es angebracht erscheinen, den Wert des Auskunftsanspruchs mit einem Bruchteil des Hauptanspruchs festzusetzen (std. Rspr. *BGH*, Urteil v. 31. 3. 1993 – XII ZR 67/92 –, FamRZ 1993, 1189, m. w. N.). Damit orientiert sich die Wertfestsetzung am unmittelbaren Gegenstand der Auskunftsklage, nicht an anderen, über diesen Gegenstand hinausgehenden Interessen.

Demgegenüber ist Gegenstand des Rechtsmittels des im Auskunftsverfahren unterlegenen Bkl. das Ziel, keine Auskunft erteilen zu müssen. Hat sein dahingehender Antrag Erfolg, erspart er die Kosten, die mit dem Aufwand der Auskunftserteilung verbunden sind. Diese Kostenersparnis ist grundsätzlich maßgebend für die Festsetzung des Beschwerdewertes. Das etwa daneben bestehende Interesse des Bekl., die Durchsetzung des Hauptanspruchs zu verhindern, geht über den unmittelbaren Gegenstand der Entscheidung hinaus. Es hat deshalb bei der Festsetzung des Beschwerdewertes außer Betracht zu bleiben.

c) Das Ergebnis eines verschieden hohen Beschwerdewertes bei Kl. und Bekl. verletzt nicht den Gleichheitssatz des Art. 3 I GG. Insbesondere liegt kein Verstoß gegen das Gebot der Rechtsanwendungsgleichheit (vgl. *BVerfGE* 65, 76, 91) oder das auch im Zivilprozeß geltende Gebot der prozessualen Waffengleichheit (vgl. *BVerfGE* 74, 78, 92, 95) vor. Dem Bekl. wird freilich häufiger der Zugang zur Rechtsmittelinstanz versagt sein, weil der Betrag des mit der Auskunftserteilung verbundenen Aufwandes die Rechtsmittelsumme nicht erreicht, während der unterlegene Kl. wegen des höheren Beschwerdewertes ein Rechtsmittel einlegen kann. Damit wird aber nicht Gleiches ungleich behandelt. Für beide Parteien gilt der gleiche Ausgangspunkt: das wirtschaftliche, auf den unmittelbaren Gegenstand des Antrags bezogene Interesse an der Einlegung des Rechtsmittels. Die unterschiedlichen Auswirkungen auf die Zulässigkeit des Rechtsmittels rechtfertigen sich daraus, daß dieses Interesse verschieden hoch zu bewerten ist, weil das Verfahrensergebnis sich für die Parteien unterschiedlich auswirkt. Da der Kl. mit der Auskunftsklage sich die Kenntnis über einen Teil des Anspruchsgrundes für den Hauptanspruch verschaffen will, bedeutet ein den Auskunftsanspruch rechtskräftig abweisendes Urteil, daß die Durchsetzung seines Hauptanspruchs aus tatsächlichen Gründen in Frage gestellt ist. Dagegen hat der im Auskunftsverfahren unterlegene Bekl. weiterhin Gelegenheit, sich gegen den Hauptanspruch zu wehren. Er kann im Verfahren über den Hauptanspruch sein Interesse, diesen abzuwehren, in vollem Umfang geltend machen. Wegen dieses Unterschieds, das Angriffs- und das Abwehrinteresse geltend machen zu können, hat der *BGH* verschiedentlich zum Ausdruck gebracht, der Kl. sei auf den Auskunftsanspruch angewiesen, während der Bekl. sich gegen den Hauptanspruch weiterhin wehren könne. Durch die Verurteilung zur Auskunft erwachse der Grund des Hauptanspruchs nicht in Rechtskraft (Urteil v. 19. 10. 1993 – XI ZR 73/93 –, NJW-RR 1994, 174).

BGH v. 30. 11. 94 – XII ZR 226/93 – FamRZ 95, 291 = NJW 95, 717

(Rechtsmißbräuchliche Berufung auf Unterhaltsverzicht; Darlegungs- und Beweislast bei Versorgungsleistungen; prägender Wohnwert; Zahlungseinstellung)

In seinem Urteil v. 9. 7. 1992 (a. a. O.) hat der *Senat* im einzelnen dargelegt, daß in Fällen der vorliegenden Art Grund und Höhe eines trotz des Unterhaltsverzichts verbleibenden Anspruchs ausschließlich am Kindeswohl zu orientieren sind. Dem Grunde nach ist der Anspruch nicht auf Sachverhalte beschränkt, in denen erst eine nachträgliche und unvorhergesehene Entwicklung ergibt, daß die Berufung auf den Unterhaltsverzicht mit Treu und Glauben nicht zu vereinbaren ist. Der Höhe nach ist der Anspruch so zu bemessen, daß dem betreuenden Elternteil ermöglicht wird, sich der Pflege und Erziehung des Kindes zu widmen, ohne eine Erwerbstätigkeit aufzunehmen oder Sozialhilfe zu beanspruchen. Dazu bedarf es in der Regel keines Unterhalts nach dem Maßstab des § 1578 BGB; ein höherer als der notwendige Unterhalt kann vielmehr nur verlangt werden, wenn besondere Umstände vorliegen, die dies aus Gründen des Kindeswohls gebieten (a. a. O., S. 1405).

Soweit die *Senats*rspr. nicht überhaupt als Entwertung des Unterhaltsverzichts abgelehnt wird (so etwa *Johannsen/Henrich/Voelskow*, Eherecht, 2. Aufl., § 1585c BGB Rz. 21), wird im Schrifttum durchweg ebenfalls vertreten, daß der Unterhaltsverzicht sich auch auf die Höhe eines verbleibenden Anspruchs auswirken müsse und infolgedessen mehr als der notwendige Unterhalt grundsätzlich nicht gefordert werden könne (vgl. *MünchKomm/Richter*, BGB, 3. Aufl., § 1585c BGB Rz. 20; *FamK-Rolland/Hülsmann*, § 1585c BGB Rz. 26; *Palandt/Diederichsen*, BGB, 53. Aufl., § 1585c Rz. 11; *Göppinger/Hoffmann*, Unterhaltsrecht, 6. Aufl., Rz. 1779; *Griesche*, in: FamGb, § 1585c BGB Rz. 25; *Schwab/Borth*, Handbuch des Scheidungsrechts, 2. Aufl., Teil IV, Rz. 909f.; *Langenfeld*, Anm. LM § 138 BGB (Ca) Nr. 23; *Koch*, JR 1993, 197f.). Daß Gründe des Kindeswohl einen höheren als den notwendigen Unterhalt erfordern können, ist etwa im Hinblick auf die erhöhte Betreuungsbedürftigkeit eines behinderten Kindes vertreten worden (vgl. *OLG Hamburg*, FamRZ 1992, 444).

Die Erwägungen des OLG rechtfertigen es danach nicht, der Ehefrau mehr als den notwendigen Unterhalt zuzubilligen, weil sie nicht aufzeigen, daß dies aus Gründen des Kindeswohls geboten ist. Dabei kommt es nicht darauf an, was die Ehefrau ggf. durch eine Erwerbstätigkeit verdienen könnte, weil ausschließlich die Belange des Kindes zu berücksichtigen sind. Der Maßstab des § 1578 BGB kann auch nicht herangezogen werden, soweit in Abs. I S. 2 der Vorschrift auf den angemessenen Lebensbedarf des Berechtigten abgehoben wird; dem hierfür bedeutsamen vorehel. Lebensstandard der Ehefrau (vgl. dazu *Senats*urteil v. 9. 7. 1986 – IVb ZR 39/85 –, FamRZ 1988, 886, 889) fehlt der erforderliche Bezug zum Kindeswohl. Das gleiche gilt hier für die Frage, ob der umfassende Unterhaltsverzicht vor oder nach der Eheschließung vereinbart wurde und ob dabei die spätere Geburt eines Kindes vorhergesehen wurde oder nicht. Die vom OLG festgestellten Umstände ergeben insgesamt nicht, daß das Kindeswohl eine vom Regelfall abweichende Beurteilung erfordert. Allein die Möglichkeit der Inanspruchnahme von Sozialhilfe durch den betreuenden Elternteil reicht zur Wahrung der Kindesbelange nicht aus, wie der *Senat* bereits ausgesprochen hat (vgl. Urteil v. 27. 9. 1989 – IVb ZR 78/88 –, FamRZ 1989, 1279, 1280f.; s. a. *Koch*, a. a. O.). Die Entscheidung des OLG zur Anspruchshöhe kann nach allem keinen Bestand haben.

3. Da in Fällen der vorliegenden Art die Berufung auf den Unterhaltsverzicht nur zeitlich begrenzt ausgeschlossen ist, nämlich solange die Notwendigkeit einer Betreuung des Kindes andauert, kommt der Verpflichtung des Gerichts, bei der Beurteilung eines Unterhaltsanspruchs auch die künftige Entwicklung der Verhältnisse vorausschauend zu berücksichtigen (vgl. dazu etwa *Senats*urteil v. 21. 4. 1982 – IVb ZR 696/80 –, FamRZ 1982, 792, 794; *OLG Frankfurt/M.*, FamRZ 1989, 83), besondere Bedeutung zu. Vorliegend lag der Zeitpunkt der letzten mündlichen Verhandlung rund elf Monate vor der Vollendung des achten Lebensjahres des Kindes der Parteien (5. 5. 1994). Unterhalt für die Zeit danach konnte der Ehefrau unverändert nur unter der Voraussetzung zugesprochen werden, daß sich hinsichtlich der Beurteilung ihrer Erwerbsobliegenheit nichts änderte. Eine solche Annahme bedurfte aber besonderer Rechtfertigung, da in der Regel die Erwerbsobliegenheit des betreuenden Elternteils – jedenfalls zu einer Teilzeitbeschäftigung – nur zu verneinen ist, solange das Kind noch nicht acht Jahre alt ist (vgl. *Senats*urteil v. 21. 12. 1988 – IVb ZR 18/88 – FamRZ 1989, 487, m. w. N.). Daß das OLG eine Prüfung in diesem Rahmen unterlassen hat, rügt die Revision zu Recht. Aus diesem Grunde kann das angefochtene Urteil keinen Bestand haben, soweit Unterhalt von mehr als monatlich 500 DM für einen Zeitraum nach der Aufnahme des Kindes in die dritte Grundschulklasse zugesprochen worden ist (vgl. dazu auch *OLG Bamberg*, FamRZ 1991, 1060 = NJW 1991, 2776, 2777).

(Abzug von Belastungen bei prägendem Wohnwert)

b 4. Die Ehefrau wohnt mit dem gemeinsamen Kind in einem Anwesen, das ihr und dem Ehemann gemeinsam gehört. Letzterer hat im Prozeß vorgetragen, daß er die bisher von ihm allein geleisteten Zahlungen auf die Finanzierungsdarlehen i. H. von monatlich 2800 DM eingestellt habe und daß deswegen die Zwangsversteigerung drohe. Entgegen der Auffassung der Revision hat es bei dieser Sachlage das OLG zu Recht abgelehnt, den Unterhalt der Ehefrau unter dem rechtlichen Gesichtspunkt mietfreien Wohnens zu mindern. Der Vorteil mietfreien Wohnens ist unterhaltsrechtlich nur zu berücksichtigen, soweit er nicht durch damit verbundene Belastungen und Unkosten aufgezehrt wird (vgl. etwa *Senats*urteil v. 18. 3. 1992 – XII ZR 23/91 –, FamRZ 1992, 1045, 1049, m. w. N.). Wenn auch – was nicht festgestellt ist – die Ehefrau auf die Belastungen nichts zahlen sollte, ist sie doch nach dem eigenen Vortrag des Ehemannes Gesamtschuldnerin der aufgenommenen Finanzierungskredite.

Anhang R. Rechtsprechung   R488

Unter solchen Umständen kann von einem anrechenbaren Wohnvorteil ebensowenig ausgegangen werden wie im Falle eines Mieters, der tatsächlich geschuldete Miete nicht zahlt.

(Darlegungs- und Beweislast bei Versorgungsleistungen)
5. Der Ehemann hat sich in zweiter Instanz u. a. darauf berufen, daß die Ehefrau seit November c
1992 eheähnlich mit einem anderen Mann zusammenlebe und sich deswegen ein Entgelt für Haushalts- und Versorgungsleistungen anrechnen lassen müsse. Diesen Vortrag hat das OLG als verspätet unberücksichtigt gelassen (wohl gemäß §§ 523, 282, 296 II ZPO). Es hat dazu ausgeführt, die behauptete Haushaltsgemeinschaft solle schon seit einem halben Jahr vor der Schlußverhandlung bestanden haben. Diesbezüglicher Vortrag des Ehemannes sei aber erst in einem unmittelbar vor dieser Verhandlung eingereichten Schriftsatz enthalten, obwohl ihm der Vorgang, falls zutreffend, von Anfang an nicht habe verborgen bleiben können, weil er im selben Hause wohne. Gründe für sein verzögerliches Verhalten habe er nicht mitgeteilt; entschuldigende Umstände seien auch sonst nicht ersichtlich. Er könne daher mit dem wegen Verletzung seiner Prozeßförderungspflicht verspäteten Vortrag nicht gehört werden.

Dem hält die Revision entgegen, daß der Ehemann sich auf ein eheähnliches Verhältnis der Ehefrau schon mit dem rechtzeitig eingereichten Schriftsatz v. 19. 3. 1993 berufen habe; in dem zeitnah vor der Schlußverhandlung liegenden Schriftsatz v. 17. 6. 1993 habe er dieses Vorbringen lediglich wiederholt und den Namen des Mannes berichtigt. Außerdem habe die Ehefrau dieses Vorbringen nicht bestritten, so daß dessen Berücksichtigung ohne jede Verzögerung des Verfahrens möglich gewesen wäre. Diese Rüge dringt im Ergebnis durch.

Die Ehefrau ist zwar auf das fragliche Vorbringen schriftsätzlich nicht eingegangen, aber aufgrund der – nicht gemäß § 320 ZPO eingereichten – Feststellung im Tatbestand des Berufungsurteils, „Die Antragsgegnerin hat ein eheähnliches Verhältnis bestritten und sich im übrigen wegen des neuen Vortrags auf Verspätung berufen", ist gemäß § 314 ZPO davon auszugehen, daß sie entsprechende Erklärungen in der mündlichen Verhandlung abgegeben hat. Gleichwohl ist das Verfahren des OLG insoweit zu beanstanden. Die Revision weist mit Recht darauf hin, daß der fragliche Vortrag schon im Schriftsatz des Ehemannes v. 19. 3. 1993 enthalten ist, der zu einem Zeitpunkt eingereicht worden ist, als im Hinblick auf den behaupteten Beginn des eheähnlichen Verhältnisses (November 1992) kein Verstoß gegen die Prozeßförderungspflicht angenommen werden konnte. Ob ein Zusammenleben „eheähnlich" ist, erweist sich nämlich erst geraume Zeit nach der Aufnahme. Bis zur Schlußverhandlung v. 25. 6. 1993 verblieb der Ehefrau hinreichend Zeit, um sich dazu zu äußern und ggf. Beweis anzubieten. Da sie die Darlegungs- und Beweislast für ihre Bedürftigkeit trägt, hatte sie entgegenstehenden Vortrag des Ehemannes zu widerlegen, darunter fallen Behauptungen der hier in Rede stehenden Art (vgl. *Senats*urteile v. 28. 11. 1990 – XII ZR 1/90 –, FamRZ 1991, 670, 673, und v. 8. 12. 1982 – IV b ZR 331/81 –, FamRZ 1983, 150, 152; ebenso *Griesche,* in: FamGb § 1577 Rz. 17; *Göppinger/van Els,* a. a. O., Rz. 1007; *Palandt/Diederichsen,* a. a. O., § 1577 Rz. 5). Hier kann allein aufgrund des Urteilstatbestands, der lediglich einfaches „Bestreiten" bezeugt, nicht davon ausgegangen werden, daß die Ehefrau durch eine Gegendarstellung (die den Bereich ihrer eigenen Handlungen und Wahrnehmungen betrifft) ihrer Darlegungslast hinreichend substantiiert nachgekommen wäre. Wäre es trotz eines diesbezüglichen Hinweises des Gerichts gemäß § 278 III ZPO dabei geblieben, hätte das OLG daher seiner Entscheidung die Richtigkeit des Vortrags des Ehemannes zugrunde legen müssen. Das hätte zur Folge gehabt, daß sich die Ehefrau eine Vergütung für Versorgungsleistungen hätte anrechnen lassen müssen (vgl. dazu etwa *Senats*urteil v. 21. 12. 1988 – IV b ZR 18/88 –, FamRZ 1989, 487 ff., m. w. N.).

BGH v. 14. 12. 94 – XII ZR 180/93 – FamRZ 95, 344 = NJW 95, 655

(Keine nacheheliche Treuepflicht; Verwirkung wegen anstößiger oder kränkender Begleitumstände einer Bezie- R488
hung)

bb) Das OLG hat offengelassen, ob es innerhalb der „Lebensgemeinschaft" zwischen der Kl. und a
ihrer Freundin zu Intimitäten komme, wie der Bekl. durch Antrag auf Vernehmung eines von ihm beauftragten Detektivs unter Beweis gestellt habe. Auch dann danach für die revisionsrechtliche Beurteilung davon auszugehen ist, daß die entsprechende Behauptung des Bekl. zutrifft, rechtfertigt dieser Umstand keine andere Beurteilung. Denn der Vortrag des Bekl. betrifft den reinen Intimbereich der Kl. und besagt nichts darüber, daß dessen Gestaltung nach außen in die Öffentlichkeit dringe. Es liegt also keiner der Fälle vor, in denen eine Verwirkung des Unterhaltsanspruchs nach § 1579 Nr. 6 und 7 BGB (entsprechend früher nach § 66 EheG) darauf gestützt wird, daß die Beziehung des Unterhaltsberechtigten zu einem neuen Lebenspartner – und dies könnte grundsätzlich auch für einen gleichgeschlechtlichen Partner gelten – unter besonderer, etwa kränkender oder sonst anstößiger Begleitumstände geeignet ist, den Verpflichteten in außergewöhnlicher Weise zu treffen, bloßzustellen oder in seinem Ansehen zu schädigen (vgl. *Senats*urteil v. 21. 12. 1988, a. a. O., FamRZ 1989, 490, unter cc),

m. w. N.). Fehlt es aber an derartigen besonderen Begleitumständen, dann gilt der allgemeine Grundsatz, daß ein geschiedener Ehegatte in der privaten Gestaltung seines Lebens frei und dem Unterhaltsschuldner gegenüber weder zu „nachehelicher Treue" verpflichtet noch ihm – soweit nur eine allgemein gebotene Rücksichtnahme wegen des fortbestehenden Unterhaltsrechtsverhältnisses nicht verletzt wird – in sonstiger Weise verantwortlich ist.

BGH v. 25. 1. 1995 – XII ZR 195/93 – FamRZ 95, 1405 = NJW-RR 95, 449

R490A *(Auffangregelung des § 1579 Nr. 7 BGB auch bei Vorliegen objektiver Gründe; keine Befristung des nachehelichen Unterhalts nach § 1579 Nr. 7 BGB wegen einer in der Ehe ausgebrochenen schweren Erkrankung)*

a 1. Das BerGer. führt aus, die Kl. habe für die Zeit ab September 1991 Anspruch auf nachehelichen Unterhalt nach § 1572 BGB, da sie krankheitsbedingt erwerbsunfähig sei. Aufgrund der in erster Instanz durchgeführten Beweisaufnahme stehe fest, daß sie infolge ihrer Erkrankung nicht in der Lage sei, ihren Beruf als Ärztin auszuüben und ihren Lebensunterhalt – auch nur teilweise – selbst zu verdienen. Die Wurzeln der Erkrankung der Kl. reichten in die Zeit vor der Eheschließung zurück, auch wenn das Krankheitsbild erst durch die besonderen familiären und beruflichen Belastungen seit 1987 in seiner vollen Tragweite sichtbar geworden sei. Bemessungsmaßstab für die Höhe des Unterhaltsanspruchs der Kl. sei das Einkommen des Bekl., das allein die ehelichen Lebensverhältnisse im Zeitpunkt der Scheidung geprägt habe. Entgegen der Annahme des FamG habe die Kl. ihren Unterhaltsanspruch auch nicht gem. § 1579 Nr. 3 BGB wegen Tablettenmißbrauchs teilweise verwirkt. Diese Ausführungen des BerGer., die revisionsrechtlich nicht zu beanstanden sind, nimmt die Revision als ihr günstig hin.

Weiter führt das BerGer. aus, auch ohne ein vorwerfbares Verhalten der Kl. sei wegen der besonderen objektiven Gegebenheiten und wegen der Entwicklungen der beiderseitigen Lebensverhältnisse eine Herabsetzung des Unterhalts auf den angemessenen Bedarf und eine zeitliche Begrenzung auf die Dauer von knapp vier Jahren nach Rechtskraft des Scheidungsurteils nach § 1579 Nr. 7 BGB gerechtfertigt. Die aus der Unterhaltspflicht erwachsende Belastung sei für den Bekl. unzumutbar, wenn die Kl. auf Dauer den vollen Unterhalt verlangen könne. Die Ehe der Parteien habe von der Eheschließung bis zur Zustellung des Scheidungsantrags Ende 1988 nur etwas mehr als fünf Jahre gedauert. Schon vorher – dreieinhalb Jahre nach der Eheschließung – hätten die Parteien den Entschluß zur Trennung gefaßt. Nach der Einschätzung des in erster Instanz eingeholten Sachverständigengutachtens sei bei der erst 39 Jahre alten Kl. inzwischen von einem „chronifizierten" Krankheitszustand auszugehen. Es sei nicht damit zu rechnen, daß sie in absehbarer Zeit einer geregelten beruflichen Tätigkeit nachgehen könne. Die Erkrankung der Kl. sei bereits vor der Ehe angelegt gewesen. Auch wenn die Einkommensverhältnisse der Bekl. überdurchschnittlich gut seien, werde bei einer Gesamtabwägung aller maßgeblichen Kriterien die Zumutbarkeitsgrenze für den Bekl. in nicht mehr hinnehmbarer Weise überschritten, wenn er auf Dauer den vollen Unterhalt zahlen müsse. Die Kl. habe durch die Eheschließung mit dem Bekl. nur finanzielle Vorteile, keinerlei Nachteile gehabt. Sie habe ohne finanzielle Sorgen auf Kosten des Bekl. ihr Studium beenden können, ohne jemals nennenswerte Aufgaben im Haushalt übernommen zu haben. Die Parteien seien übereinstimmend davon ausgegangen, daß die Kl. in kürzester Zeit ihren Unterhalt als Ärztin selbst verdienen könne und keine Unterhaltsleistungen von dem Bekl. verlangen werde. Die Absicht der Kl., an sich keinen Unterhalt von dem Bekl. zu verlangen, habe ihren sichtbaren Ausdruck darin gefunden, daß sie sich jahrelang mit dem Notwendigsten begnügt habe, obwohl sie die Möglichkeit gehabt habe, über das Konto des Bekl. frei zu verfügen. Diese Ausführungen des BerGer. halten einer rechtlichen Überprüfung nicht stand.

2. Es ist allerdings zutreffend, daß die Auffangregelung des § 1579 Nr. 7 BGB, die dem § 1579 I Nr. 4 BGB a. F. entspricht, allgemein eine unverhältnismäßige Belastung des Unterhaltspflichtigen vermeiden will und daher anwendbar sein kann, wenn allein objektive Gründe vorliegen, die die Inanspruchnahme des Unterhaltspflichtigen als unzumutbar erscheinen lassen (vgl. Senat, NJW 1985, 428 = FamRZ 1985, 51 [52] und NJW 1985, 2268 = FamRZ 1985, 911, jeweils m. Nachw.). Das BerGer. meint aber zu Unrecht an, daß im vorliegenden Fall auch ohne ein vorwerfbares Verhalten der Kl. solche Gründe gegeben sind. Das BerGer. stellt zur Begründung seiner gegenteiligen Ansicht entscheidend darauf ab, daß die Ehe der Parteien nur von kurzer Dauer gewesen sei und daß man dem Bekl. nicht zumuten könne, auf Dauer auf einen Teil seines Einkommens deshalb zu verzichten, weil die Kl. aufgrund einer Krankheit, die schon vor der Ehe zumindest angelegt gewesen sei, ihren Beruf als Ärztin nicht ausüben könne. Beide Gesichtspunkte tragen die Entscheidung des BerGer. nicht. Der Hinweis des BerGer., die Parteien seien übereinstimmend davon ausgegangen, daß die Kl. nach Abschluß ihres Studiums keine Unterhaltsansprüche gegen den Bekl. geltend machen werde, enthält keine darüber hinausgehende Begründung. Diese Vorstellung der Parteien hängt nämlich unmittelbar damit zusammen, daß für sie die Tragweite der Erkrankung der Kl. nicht erkennbar war und daß sie deshalb – wie sich herausgestellt hat zu Unrecht – damit rechneten,

Anhang R. Rechtsprechung

die Kl. werde nach Abschluß ihres Studiums als Ärztin arbeiten und auf diese Weise ihren Lebensunterhalt selbst verdienen können.

(Bestimmung der Ehedauer von Eheschließung bis Rechtshängigkeit des Scheidungsverfahrens; keine kurze Ehe nach § 1579 Nr. 1 BGB bei Ehedauer von knapp 5 Jahren)
3. Nach § 1579 Nr. 1 BGB kann es einen besonderen Härtegrund darstellen, der zur Herabsetzung b oder zeitlichen Begrenzung des Unterhaltsanspruchs führen kann, wenn die Ehe nur von kurzer Dauer war. Das BerGer. zieht zu Recht nicht einmal in Erwägung, daß diese Bestimmung im vorliegenden Fall anwendbar sein könnte. Unter Ehedauer i. S. dieser Vorschrift ist die Zeit von der Eheschließung bis zur Rechtshängigkeit des Scheidungsantrags zu verstehen, durch den das zur Scheidung der Ehe führende Verfahren eingeleitet worden ist (st. Rspr.; vgl. *Senat*, NJW 1986, 2832 = FamRZ 1986, 886 [887]; *Soergel/Häberle*, BGB, 12. Aufl., § 1579 Rn. 4; *Johannsen/Henrich/Voelskow*, EheR, 2. Aufl., § 1579 Rn. 13; *Palandt/Diederichsen*, BGB, 53. Aufl., § 1579 Rn. 13). Im Regelfall ist nach der ständigen Rechtsprechung des *Senats* eine Ehedauer von mehr als drei Jahren nicht als kurz i. S. des § 1579 Nr. 1 BGB anzusehen (vgl. *Senat*, NJW 1986, 2832 = FamRZ 1986, 886 [887] m. Nachw.; vgl. auch *Göppinger/Kindermann*, 6. Aufl., Rn. 1290; *Soergel/Häberle*, § 1579 Rn. 5; *Johannsen/Henrich/Voelskow*, § 1579 Rn. 11; *Schwab/Borth*, 2. Aufl., IV Rn. 307). Die Ehe der Parteien hat bis zum Einreichen des Scheidungsantrages knapp fünf Jahre gedauert. Anhaltspunkte dafür, daß im vorliegenden Fall aufgrund besonderer Umstände dennoch von einer kurzen Ehedauer auszugehen sei, sind nicht ersichtlich. Die Parteien haben nach der Eheschließung bis zur Trennung ca. dreieinhalb Jahre zusammengelebt. Hinzu kommt, daß sie auch schon vor der Ehe etwa drei Jahre zusammengelebt haben, insgesamt also mehr als sechs Jahre. Daß Ehegatten vor der Eheschließung längere Zeit zusammengelebt haben, hat zwar keinen Einfluß auf die Bestimmung der Ehedauer, läßt aber zusätzliche Rückschlüsse darauf zu, daß sie ihre Lebensführung bereits aufeinander eingestellt und in wechselseitiger Abhängigkeit auf ein gemeinschaftliches Lebensziel ausgerichtet haben (vgl. *Schwab/Borth*, Rn. 309).

(Keine Verwirkung des Unterhalts nach § 1579 Nr. 7 BGB wegen einer in der Ehe aufgetretenen schweren Erkrankung, die bereits bei Eheschließung vorhanden war)
4. Auch daß die Kl. aufgrund einer schon vor der Ehe (zumindest latent) vorhandenen Erkrankung, c die erst nach der Trennung der Parteien in ihrem vollen Ausmaß erkennbar geworden ist, erwerbsunfähig und damit unterhaltsbedürftig geworden ist und daß dieser Umstand für den Bekl. zu einer erheblichen und dauernden Unterhaltslast führen kann, rechtfertigt nicht die Herabsetzung oder zeitliche Begrenzung des Unterhaltsanspruchs der Kl. aufgrund der Härteregelung des § 1579 Nr. 7 BGB. Dies hat der *Senat* in einem Urteil, das dem BerGer. noch nicht bekannt sein konnte, bereits entschieden (NJW 1994, 1286 = FamRZ 1994, 566). Die Frage, ob ein geschiedener Ehegatte gegen den anderen aufgrund einer nach der Scheidung bestehenden krankheitsbedingten Erwerbsunfähigkeit einen Unterhaltsanspruch hat, ist in § 1572 BGB geregelt. Das BerGer. führt zutreffend (und im Einklang mit der Rechtsprechung des *Senats*: vgl. NJW 1982, 40 = FamRZ 1981, 1163 [1164]) aus, daß ein Unterhaltsanspruch der Kl. nach dieser Vorschrift gegeben ist, weil die vorheliche Erkrankung der Kl. schon zum Zeitpunkt der Scheidung zu einer krankheitsbedingten Erwerbsunfähigkeit geführt hat (vgl. auch *Johannsen/Henrich/Voelskow*, § 1572 Rdnrn. 5 f.; *Soergel/Häberle*, § 1572 Rn. 6; *Palandt/Diederichsen*, § 1572 Rn. 6). Wenn gerade die schon vor der Eheschließung bestehende und von dem Zeitpunkt der Scheidung an fortdauernde Erkrankung der Kl. nach § 1572 Nr. 1 BGB einen Unterhaltsanspruch der Kl. gegen den Bekl. auslöst, dann kann nicht dieselbe Erkrankung einen „anderen Härtegrund" i. S. der Auffangregelung des § 1579 Nr. 7 BGB darstellen und auf diese Weise zu dem gegenläufigen Ergebnis führen, daß der Unterhaltsanspruch der Kl. ganz oder teilweise ausgeschlossen ist (vgl. *Senat*, NJW 1994, 1286 = FamRZ 1994, 566 f.).

BGH v. 25. 1. 95 – XII ZR 240/93 – FamRZ 95, 475 = NJW 95, 1215

(Verwirkung wegen Umgangsverweigerung)

c) Diese Ausführungen der Revision sind nicht geeignet, der Entscheidung des Berufungsgerichts a die Grundlage zu entziehen.

Wenn die Klägerin dem Beklagten im Juli 1991 keine Angaben über ihre Zukunftspläne und ihren Werdegang machte, so ist zu beachten, daß sie damals, wie der Beklagte wußte, noch die Schule besuchte und erst im folgenden Jahr das Abitur ablegen wollte. Ihr Unterhaltsbegehren und die darauf zielende Bitte um Auskunft über die Einkünfte des Beklagten bezogen sich zunächst auf den Zeitraum ihres weiteren Schulbesuchs.

Der Einreichung der Unterhaltsklage im Februar 1992 war nicht nur das Anwaltsschreiben vom 26. 9. 1991, sondern auch eine weitere Mitteilung vom 14. 11. 1991 mit Übersendung der erbetenen Bescheinigung über den Schulbesuch der Klägerin vorausgegangen. Nachdem der Beklagte trotz Erhalt dieser Mitteilungen seit August 1991 keinen Unterhalt an die als Schülerin weiterhin unterhaltsbedürftige und auf seine Zahlungen angewiesene Klägerin geleistet hatte, stellte sich die gerichtliche Geltendmachung des Unterhaltsanspruchs nach Ablauf von rund sieben Monaten nicht als Fehlverhalten der Klägerin im Sinne von § 1611 Abs. 1 BGB dar.

Schließlich ist auch der Auffassung der Revision zu der nicht ausreichenden Kontaktbereitschaft der Klägerin als Grund für eine Herabsetzung oder einen Ausschluß des Unterhaltsanspruchs – zumal die Klägerin von dem Beklagten „etwas wolle" – unter den gegebenen Umständen nicht zu folgen.

Sowohl in der Rechtsprechung, insbesondere der OLGe, als auch im Schrifttum werden unterschiedliche Ansichten dazu vertreten, ob und unter welchen Voraussetzungen die mangelnde Bereitschaft eines volljährigen Kindes zum persönlichen Kontakt mit dem auf Unterhalt in Anspruch genommenen Elternteil als schwere Verfehlung im Sinne von § 1611 Abs. 1 BGB anzusehen sein kann (vgl. etwa *OLG Frankfurt/M.* – 1. Familiensenat –, FamRZ 1990, 789; *OLG Frankfurt/M.* – 2. Familiensenat in Kassel –, FamRZ 1991, 1477; *OLG Bamberg* – 7. Zivilsenat – FamRZ 1991, 1476, und FamRZ 1992, 717; *OLG München,* FamRZ 1992, 595; sowie *Ewers,* FamRZ 1992, 719; *Schütz,* FamRZ 1992, 1338, und *Breiholdt,* NJW 1993, 305, sämtlich zu *OLG Bamberg,* FamRZ 1992, 717; *MünchKomm/Köhler,* BGB, 3. Aufl., § 1611 Rz. 6a; *Griesche* in FamGb § 1611 Rz. 8). Dabei gehen insbesondere das OLG München und der 2. Familiensenat des OLG Frankfurt/M. in Kassel ebenso wie *Griesche* davon aus, daß eine Minderung des Unterhaltsanspruchs aus solchem Grund nur in seltenen Ausnahmefällen, bei Hinzutreten weiterer gravierender Umstände – wie sie das OLG Bamberg in dem von ihm in FamRZ 1992, 717, entschiedenen Fall wohl als gegeben angenommen hat – in Erwägung zu ziehen sein wird. Zur Begründung dieser Auffassung wird u. a. darauf hingewiesen, daß es einem Kind in der Regel nicht als schwerer Schuldvorwurf angelastet werden könne, wenn es „während seiner Minderjährigkeit durch die Trennungsgeschichte seiner Eltern und unter dem Einfluß des sorgeberechtigten Elternteils in eine Konfrontationshaltung zu dem unterhaltsverpflichteten Elternteil hineinwächst und diese Haltung auch über die Volljährigkeit hinaus beibehält" (*OLG Frankfurt/M.* – 2. Familiensenat in Kassel –, a. a. O.; vgl. auch *Ewers,* a. a. O.), zumal solche Beziehungsstörungen „durch die Reife und Verselbständigung des Kindes nicht ohne weiteres behoben werden" (*OLG München,* a. a. O., S. 597; in diesem Sinn auch *Deisenhofer,* in: *Heiß,* Unterhaltsrecht 12.61).

Demgegenüber betonen vor allem das OLG Bamberg (a. a. O.) und der 1. Zivilsenat des OLG Frankfurt/M. (a. a. O., S. 789), daß ein erwachsenes, Unterhalt forderndes Kind grundsätzlich als einsichtsfähig zu gelten habe und für sein Verhalten im Rahmen von § 1611 Abs. 1 BGB verantwortlich zu machen sei.

Diese Überlegung kann es indessen nicht rechtfertigen, den gesetzlich normierten Maßstab einer vorsätzlichen schweren Verfehlung des Unterhaltsberechtigten zu verlassen und schon die Ablehnung jeder persönlichen Kontaktaufnahme zu dem unterhaltsverpflichteten Elternteil allein oder auch in Verbindung mit unhöflichen und unangemessenen Äußerungen diesem gegenüber als Grund für eine Herabsetzung oder den Ausschluß des Unterhalts nach § 1611 Abs. 1 BGB zu bewerten (vgl. dazu *Senats*urteil v. 24. 10. 1990 – XII ZR 124/89 = FamRZ 1991, 322, 323). Noch weniger kann ein Fehlverhalten im Sinne dieser Vorschrift darin gesehen werden, daß das unterhaltsberechtigte Kind, wie es hier seit dem 14. Lebensjahr der Klägerin offensichtlich der Fall war, die Beziehungen zu dem unterhaltsverpflichteten Elternteil über Jahre hinweg einschlafen läßt.

Die Annahme einer vorsätzlichen schweren Verfehlung des Unterhalt begehrenden Kindes setzt im übrigen grundsätzlich eine umfassende Abwägung aller maßgeblichen Umstände voraus, die auch das eigene Verhalten des unterhaltsverpflichteten Elternteils – und zwar sowohl gegenüber dem Kind als auch gegebenenfalls gegenüber dem geschiedenen Elternteil, der das Kind jahrelang versorgt und betreut und das Kind dieses seit seiner Minderjährigkeit gelebt hat – angemessen zu berücksichtigen hat (vgl. *Senats*urteil v. 24. 10. 1990, a. a. O.). Auch unter diesem Gesichtspunkt hat das OLG die Voraussetzung des § 1611 Abs. 1 BGB für den vorliegenden Fall rechtsfehlerfrei verneint. Der Beklagte hat nämlich, worauf das Berufungsgericht im Rahmen der von ihm vorgenommenen Abwägung nach § 1611 Abs. 1 BGB zutreffend abgehoben hat, der Klägerin nicht einmal zu ihrem 18. Geburtstag gratuliert, und er hat von sich aus keine Anteilnahme an ihren Ausbildungs- und Zukunftsplänen gezeigt. Darüber hinaus ist er, wie die Klägerin unbestritten vorgetragen hat, aus Anlaß des Termins vor dem Familiengericht vom 24. 7. 1992 vor der Verhandlung „mit wüsten Beschimpfungen über die Mutter der Klägerin hergezogen", hat dieses Verhalten trotz Zuredens seines Prozeßbevollmächtigten fortgesetzt und auch der Klägerin selbst Vorhaltungen wegen ihrer guten Beziehungen zu ihrer Mutter gemacht. Die Klägerin, die sich damals – nach ihrem Vortrag – vorgestellt hatte, das Zusammentreffen mit dem Beklagten könne zu einem Versöhnungsgespräch führen, sah sich durch dieses Verhalten des Vaters in ihrer Hoffnung schwer enttäuscht. Wenn die Revision in diesem Zusammenhang die Auffassung vertritt, da die Klägerin von dem Beklagten etwas wolle, liege es zumindest seit Eintritt der Volljährigkeit an ihr, die Initiative zu ergreifen, so kann dieser Ansicht unter den dargelegten Umständen nicht gefolgt werden.

Anhang R. Rechtsprechung   R491

(Nebentätigkeit von Studenten)
  b) Nach allgemeiner – zutreffender – Auffassung trifft einen Studenten neben dem Studium in der   b
Regel keine Erwerbsobliegenheit. Denn er soll sich, auch im Interesse des Unterhaltspflichtigen, mit
ganzer Kraft sowie dem gehörigen Fleiß und der gebotenen Zielstrebigkeit dem Studium widmen, um
dieses innerhalb angemessener und üblicher Dauer zu beenden. Das gilt auch für die Zeit der Semesterferien, die neben der notwenigen Erholung der Wiederholung und Vertiefung des Stoffes dient, soweit
sie nicht ohnehin durch studienbedingte Arbeiten (Hausarbeiten) ausgefüllt ist (vgl. *Kalthoener/Büttner,*
Die Rechtsprechung zur Höhe des Unterhalts, 5. Aufl., Rz. 474, 475; *Strohal,* in: *Göppinger/Wax,*
Unterhaltsrecht, 6. Aufl., Rz. 695, 291; *Schwab/Borth,* Handbuch des Scheidungsrechts, 2. Aufl. V,
Rz. 65; *Griesche,* in: FamGb § 1601 Rz. 3; *MünchKomm/Köhler,* BGB, 3. Aufl., § 1602 Rz. 11 d; *Soer-
gel/Häberle,* BGB, 12. Aufl., § 1602 Rz. 6; auch *Senat*urteil v. 11. 2. 1987 – IV b ZR 23/86 = NJW
1987, 1557). Übt ein Student gleichwohl eine (Neben-)Erwerbstätigkeit aus, so stellt die Vergütung, die
er hierfür erhält, grundsätzlich Einkommen aus überobligationsmäßiger Tätigkeit dar (vgl. *Deisenhofer,* in:
Heiß, Unterhaltsrecht 12.54; *Griesche,* in: FamGb a. a. O., Rz. 4). Die Anrechnung solcher Einkünfte aus
unzumutbarer Tätigkeit bestimmt sich auch im Verwandtenunterhaltsrecht nach dem – hier entsprechend heranzuziehenden – Rechtsgedanken des § 1577 Abs. 2 BGB (vgl. *Kalthoener/Büttner,* a. a. O.,
Rz. 480; *OLG Köln,* FamRZ 1991, 856; grundlegend zu § 1577 Abs. 2 *Senat*urteil v. 24. 11. 1982 –
IV b ZR 310/81 = FamRZ 1983, 146 ff.; anders hingegen, nämlich gestützt auf allgemeine Billigkeitsabwägungen, etwa *OLG Koblenz,* FamRZ 1989, 1219). Danach bleiben Einkünfte anrechnungsfrei,
soweit der Unterhaltsverpflichtete nicht den vollen Unterhalt leistet (§ 1577 Abs. 2 Satz 1 BGB).
Darüber hinaus kommt eine Anrechnung insoweit in Betracht, als dies unter Berücksichtigung der
beiderseitigen wirtschaftlichen Verhältnisse der Billigkeit entspricht (§ 1577 Abs. 2 Satz 2 BGB).
  c) Das Berufungsgericht hat zwar den Maßstab des § 1577 Abs. 2 BGB bei seinen Ausführungen
nicht ausdrücklich herangezogen. Die von ihm nach allgemeinen Billigkeitsgesichtspunkten tatrichterlich getroffene Entscheidung – die als solche nur in eingeschränktem Umfang revisionsrechtlicher
Überprüfung unterliegt (vgl. *Senat*urteil BGHZ 109, 72, 88 = NJW 1990, 1172) – hält aber auch im
Hinblick auf die Kriterien des § 1577 Abs. 2 BGB den Angriffen der Revision stand.
  Die Klägerin nahm die Nebenerwerbstätigkeit Mitte November 1992 auf, nachdem ihr der Beklagte
seit August 1991 keinen Unterhalt mehr gezahlt hatte. Sie war damit seit der letzten Unterhaltszahlung
des Beklagten über ein Jahr lang auf Unterstützung Dritter angewiesen gewesen und hatte darüber
hinaus seit der Aufnahme des Studiums und dem Auszug aus der Wohnung der Mutter einen gegenüber der Schul- und Nachschulzeit erhöhten Unterhaltsbedarf. Als sie unter diesen Umständen begann,
eigene Erwerbseinkünfte zu erzielen, waren ihr diese – mangels Unterhaltsleistung des Beklagten –
sowohl nach dem Rechtsgedanken des § 1577 Abs. 2 Satz 1 BGB als auch unter allgemeinen Billigkeitsgesichtspunkten nicht auf den von dem Beklagten geschuldeten, nachträglich beigetriebenen
Unterhalt anzurechnen.

(Billigkeitsprüfung bei Nichtzahlung von Unterhalt)
  Mit dieser Rüge kann die Revision keinen Erfolg haben. Die Entscheidung des Berufungsgerichts   c
findet im Gegenteil eine zusätzliche Rechtfertigung in dem Umstand, daß der Beklagte trotz Verkündung des erstinstanzlichen Urteils am 18. 8. 1992, welches ihn neben den Rückständen zu
laufenden Unterhaltszahlungen von monatlich 615 DM verpflichtete, weiterhin keine Zahlungen an
die Klägerin leistete, sondern sie auf den Weg der Zwangsvollstreckung verwies und deren Durchführung sogar noch erschwerte. Wann und in welchem Umfang die Zwangsvollstreckung zu einem
Erfolg führen würde, war für die Klägerin nicht vorhersehbar. Allein die Aussicht auf die mögliche Beitreibung von Unterhaltsrückständen konnte ihren laufenden Unterhaltsbedarf nicht befriedigen. Tatsächlich erhielt die Klägerin erstmals Ende Dezember 1992 aus der Zwangsvollstreckung eine Betrag
von 8000 DM ausgezahlt, als sich die bis dahin aufgelaufenen Rückstände – auf der Grundlage der
Entscheidung des Familiengerichts – bereits auf 9190 DM beliefen.
  Angesichts des erheblichen Nachholbedarfs, den die Klägerin im Jahre 1992 hatte, begegnet es
keinen durchgreifenden rechtlichen Bedenken, daß ihr das Berufungsgericht trotz des ersten Erfolges
der Zwangsvollstreckung die Einkünfte aus ihrer Nebenerwerbsbeschäftigung anrechnungsfrei zur
Tilgung der Kosten für die Einrichtung ihrer Wohnung – nach ihrem unbestrittenen Vortrag für eine
Küche, einen Kleiderschrank und ein Bett – sowie für die Kosten einer Urlaubsreise beließ. Zu letztem
macht die Revision geltend, Aufwendungen für eine Urlaubsreise gehörten nicht zum anerkennungs-
werten Bedarf eines Studenten; denn auch ein arbeitender Mensch, dem nur der Selbstbehalt nach der
Düsseldorfer Tabelle verbleibe, könne sich mit Sicherheit keine Urlaubsreise leisten. Abgesehen davon,
daß dieser Behauptung in ihrer Allgemeinheit so nicht beigetreten werden kann, weil dies entscheidend
von den jeweiligen Kosten einer Urlaubsreise abhängt, hat die Billigkeitsentscheidung des Berufungsgerichts aus anderen Gründen auch in diesem Punkt Bestand. Die Klägerin hatte nämlich wegen der
Einstellung der Unterhaltszahlungen durch den Beklagten seit August 1991 keine Möglichkeit, etwa
laufend geringe Beträge von ihrem Unterhalt für eine Urlaubsreise anzusparen.

R493 Unabhängig hiervon ist im übrigen darauf hinzuweisen, daß der Beklagte erst im Mai 1993 die bis dahin (nach der Berechnung des Familiengerichts) entstandenen Unterhaltsrückstände tilgte und erst in diesem Monat die laufenden Zahlungen wieder aufnahm. Nach dem Rechtsgedanken des § 1577 Abs. 2 Satz 1 und Satz 2 BGB unterliegen daher ohnehin nur die Erwerbseinkünfte der Klägerin aus den Monaten Mai bis (Anfang) Juli 1993 der Billigkeitsprüfung (vgl. insoweit zu der grundsätzlich gebotenen weiten Auslegung des § 1577 Abs. 2 BGB *Senats*urteil v. 24. 11. 1982, a. a. O., S. 149). Angesichts der verhältnismäßig geringen Höhe dieser Einkünfte ist die Entscheidung des Berufungsgerichts zur Anfechtungsfreiheit der Beträge aus den dargelegten Gründen revisionsrechtlich nicht zu beanstanden.

Dabei bedarf es entgegen der Auffassung des Berufungsgerichts keiner grundsätzlichen Auseinandersetzung mit der Frage, ob sich – im Rahmen von § 1577 Abs. 2 Satz 2 BGB – allgemeine Kriterien darüber aufstellen lassen, unter welchen Umständen und bis zu welcher Höhe einem Studenten, der regelmäßig Unterhalt von monatlich 950 DM erhält, Einkommen aus einer neben dem Studium ausgeübten Erwerbstätigkeit anrechnungsfrei zu belassen ist. Soweit das Berufungsgericht hier generell einen Zusatzverdienst bis zur Höhe von monatlich 1300 DM – angelehnt an das „Existenzminimum", das jedem arbeitenden Menschen auch gegenüber Unterhaltsansprüchen seiner minderjährigen Kinder verbleiben müsse – für nicht anrechenbar hält, bestehen dagegen allerdings Bedenken.

BGH v. 22. 2. 95 – XII ZR 80/94 – FamRZ 95, 537 = NJW 95, 1486

R493 *(Bemessung des Familienunterhalts)*

a Der in einer intakten Ehe bestehende Familienunterhaltsanspruch gemäß §§ 1360, 1360a BGB läßt sich nicht ohne weiteres nach den zum Ehegattenunterhalt bei Trennung oder Scheidung (§§ 1361, 1569f BGB) entwickelten Grundsätzen bemessen. Er ist seiner Ausgestaltung nach nicht auf die Gewährung einer laufenden Geldrente für den jeweils anderen Ehegatten gerichtet, die jedem von ihnen zur freien Verfügung steht. Er ist vielmehr als gegenseitiger Anspruch der Ehegatten darauf gerichtet, daß jeder von ihnen seinen Beitrag zum Familienunterhalt entsprechend seiner nach dem individuellen Ehebild übernommenen Funktion leistet (*MünchKomm/Wacke*, BGB, 3. Aufl., § 1360 Rz. 7, 10; *Soergel/Lange*, BGB, 12. Aufl., § 1360 Rz. 3, 15, und § 1360a Rz. 13; *Gernhuber/Coester-Waltjen*, Lehrbuch des Familienrechts, 4. Aufl., S. 226 f.; *Schwab*, Familienrecht, 7. Aufl., Rz. 3130 f., 135). Seinem Umfang nach umfaßt er gemäß § 1360a Abs. 1 BGB alles, was für die Haushaltsführung und die Deckung der persönlichen Bedürfnisse der Ehegatten und der gemeinsamen Kinder erforderlich ist (*BGH*, Urteil v. 6. 10. 1992 – VI ZR 305/91 –, NJW 1993, 124). Sein Maß bestimmt sich nach den ehelichen Lebensverhältnissen, so daß insoweit zwar § 1578 BGB als Orientierungshilfe herangezogen werden kann (*Göppinger/Kindermann*, Unterhaltsrecht, 6. Aufl., Rz. 1073). Der eheangemessene Unterhalt nach § 1578 BGB findet seine Untergrenze aber nicht im Tabellenmindestunterhalt, sondern kann im Einzelfall auch unter diesen Wert sinken (st. Rspr. des *Senats*, vgl. zuletzt Urteil v. 11. 1. 1995 – XII ZR 122/93, NJW 1995, 963 = LM Nr. 62 zu § 1578 BGB m. Anm. *Hohloch*). Das gleiche gilt auch für den Unterhaltsbetrag, der im Rahmen des Familienunterhalts für den Bedarf des Ehegatten anzunehmen ist. Auch dieser Betrag kann unter dem angegebenen Tabellenwert liegen. Bei dem hohen Renteneinkommen des Beklagten ist das indes nicht der Fall. Legt man diejenigen Beträge zugrunde, von denen der Kläger nach seinem eigenen Vortrag in der Berufungsbegründung vom 18. 11. 1993 unter Berücksichtigung der von ihm anerkannten Krankenkassenbeiträge und der krankheitsbedingten Rehabilitations- und Sachaufwendungen als für den Unterhalt der Ehegatten und des Sohnes des Beklagten zur Verfügung stehenden Resteinkommen ausgeht – nämlich von August bis Dezember 1989 3414 DM, von Januar bis Juli 1990 3139 DM und von August bis Dezember 1990 2858 DM –, wird ersichtlich, daß der angemessene Unterhalt für die Ehefrau in jedem Falle über 1100 DM liegt. Die Ehefrau muß sich gegenüber dem volljährigen erstehelichen Sohn des Beklagten auch nicht auf den Mindestunterhalt verweisen lassen. Wenn das OLG daher nur den Mindestunterhalt berücksichtigt hat, gereicht dies dem Kläger nicht zum Nachteil.

(Unentgeltliche Pflege- und Betreuungsleistungen für den Unterhaltspflichtigen rechtfertigen Freibeträge)

b a) Auf ein fiktives Entgelt für die Pflegeleistungen der Ehefrau kann sich der Beklagte, wie das OLG zutreffend ausführt, nicht berufen. Selbst für einen überobligationsmäßigen, in Geld meßbaren Einsatz kennt das Gesetz zwischen Ehegatten keine laufende Vergütungspflicht. Ein Rückforderungs- oder Erstattungsanspruch ist im Zweifel ausgeschlossen (§ 1360b BGB). Eine vertragliche Vereinbarung ist hier nicht festgestellt. Ob sich nach dem Scheitern der Ehe ein familienrechtlicher Ausgleichsanspruch (vgl. hierzu *BGHZ* 84, 361, und *Senats*urteil v. 13. 7. 1994 – XII ZR 1/93 –, FamRZ 1994, 1167) oder eine Berücksichtigung im Rahmen des Zugewinnausgleichs (vgl. *BGH*, Urteil v. 24. 2. 1983 – IX ZR 42/82 –, FamRZ 1983, 351) ergeben kann, ist hier ohne Belang. Ebensowenig ist der Rechtsgedanke aus § 850h Abs. 2 ZPO anwendbar. Danach gilt zum Schutz des Gläubigers des dienstleistenden Schuldners eine angemessene Vergütung zwischen dem Schuldner und dem Dienstleistungsempfänger als geschuldet. Das gilt grundsätzlich auch in den Fällen einer familienrechtlichen Mit-

Anhang R. Rechtsprechung   R493

arbeitspflicht oder eines das geschuldete Maß übersteigenden Unterhalts (vgl. *Senatsurteil* FamRZ 1980, 665, 668; *BAG,* Urteil v. 4. 5. 1977 – 5 AZR 151/76 –, NJW 1978, 343). Diesen Grundsatz hat der Senat auch zum Schutz des unterhaltspflichtigen Ehegatten herangezogen, wenn der unterhaltsbedürftige Ehegatte mit einem Dritten in einer eheähnlichen Gemeinschaft lebt und diesem den Haushalt führt. Auf den vorliegenden Fall läßt sich dies jedoch nicht übertragen, da der Schutzgedanke nicht für den Dienstleistungsempfänger – dies wäre hier der Beklagte – eingreift.

b) Die Revision rügt, daß das OLG die Leistungsfähigkeit des Beklagten verneint habe, weil es ihn unter Verweis auf § 69 BSHG zwar nicht für verpflichtet, wohl aber für berechtigt angesehen habe, seiner Ehefrau für die geleistete Pflege eine Vergütung zu gewähren. Das OLG verlasse damit in nicht zulässiger Weise den Anwendungsbereich des § 1603 Abs. 1 BGB, wenn es bei der Feststellung der Leistungsunfähigkeit des Beklagten nicht nur dessen Verpflichtungen für berücksichtigungsfähig erkläre, sondern auch dessen Berechtigung, bestimmte Aufwendungen zu machen, ohne Rücksicht darauf, ob sie tatsächlich gemacht werden.

Dieser Einwand besteht zu Recht. Grundsätze und Bestimmungen des auf Erwägungen der öffentlichen Fürsorge beruhenden Sozialhilferechts können zur Lösung privatrechtlicher Unterhaltsprobleme grundsätzlich nicht herangezogen werden. Der Bundesgerichtshof hat dies bereits in anderem Zusammenhang für §§ 16, 122 BSHG bei der Prüfung der Bedürftigkeit eines unterhaltsberechtigten Ehegatten, der mit einem Dritten in Haushalts- und Wirtschaftsgemeinschaft lebt, verneint (Urteil v. 26. 9. 1979 – IV ZR 87/78 –, FamRZ 1980, 40, 41 f.; *Senatsurteile* v. 23. 4. 1980, a. a. O., S. 668; und v. 25. 6. 1980 – IV b ZR 523/80 –, FamRZ 1980, 879, 880). Entsprechendes gilt auch für § 69 BSHG.

Außer der Erstattung von – konkret nachzuweisenden – angemessenen Aufwendungen, die dem Pflegebedürftigen für die Pflegeperson entstehen (§ 69 Abs. 2 Satz 2 Halbs. 1 BSHG, z. B. notwendige Fahrtkosten, Verpflegungsmehraufwand und ähnliches) sowie einmaligen oder laufenden Beihilfen (§ 69 Abs. 2 Satz 2 Halbs. 2 BSHG, z. B. Taschengeld oder Ausgleich für Verdienstausfall oder sonstige Zuwendungen, vgl. *Knopp-Fichtner,* BSHG 7. Aufl., § 69 Rz. 6 und 7), wird dem Schwerstpflegebedürftigen gemäß § 69 Abs. 3 BSHG auch ein pauschaliertes, von keinem Einzelnachweis abhängiges Pflegegeld gewährt, wenn ihm nahestehende Personen oder Angehörige die Pflege unentgeltlich erbringen. Die besondere sozialpolitische Zweckbestimmung liegt nicht darin, den Pflegebedarf voll abzudecken oder die Pflegeperson zu entlohnen, sondern die Pflegebereitschaft nahestehender Personen zu fördern. Damit soll die Notwendigkeit kostspieliger stationärer Heimpflege oder Betreuung durch berufsmäßige Pfleger zugunsten einer häuslichen Pflege durch Verwandte und Freunde zurückgedrängt werden (*Knopp-Fichtner,* a. a. O., Rz. 10, 15; *Schellhorn/Jirasek/Seipp,* Bundessozialhilfegesetz, 14. Aufl., § 69 Rz. 1 und 2). Denn die Pflege in seiner gewohnten Umgebung durch vertraute Personen ist zum einen für den Behinderten angenehmer, zum anderen entlastet sie die öffentlichen Kassen. Solche fürsorgerischen und fiskalischen Erwägungen der öffentlichen Hand bestehen allein im Verhältnis zwischen Sozialhilfeträger und -hilfeempfänger, lassen sich aber nicht zu Lasten eines Unterhaltsgläubigers in das privatrechtliche Unterhaltsverhältnis zwischen Unterhaltsberechtigtem und Unterhaltsverpflichtetem übertragen. Zugleich scheidet eine analoge Anwendung der Beweislastumkehr gemäß der nur auf Sozialhilfeleistungen zugeschnittenen Ausnahmevorschrift des § 1610a BGB aus (vgl. auch *Künkel,* FamRZ 1991, 1131, 1132).

c) Die Entscheidung erweist sich jedoch aus anderem Grunde als richtig (§ 563 ZPO).

Das Unterhaltsrecht wird u. a. von dem allgemeinen Grundsatz geprägt, daß ohne Rechtsanspruch gewährte, freiwillige Zuwendungen Dritter nur dem Zuwendungsempfänger allein zugute kommen, sich aber auf ein Unterhaltsrechtsverhältnis nicht auswirken sollen, es sei denn, dem Willen des Zuwendenden läßt sich anderes entnehmen. Dabei treten zwei Fallgestaltungen auf: So führen Leistungen eines Dritten an den Unterhaltsberechtigten, die an sich geeignet wären, dessen Unterhalt zu decken, im Verhältnis zum Unterhaltsverpflichteten nur dann zu einer Minderung seiner Bedürftigkeit, wenn der Dritte damit zugleich bezweckt, den Unterhaltsverpflichteten zu entlasten. Geht sein Wille dagegen dahin, nur den Beschenkten selbst zu unterstützen, beührt dies dessen Bedürftigkeit im Verhältnis zum Unterhaltsverpflichteten im allgemeinen nicht (*Senatsurteil* v. 25. 11. 1992 – XII ZR 164/91 –, FamRZ 1993, 417, 419). Ähnlich sind freiwillige Leistungen Dritter an den Unterhaltsverpflichteten bei der Prüfung seiner Leistungsfähigkeit nur dann zu beachten, wenn sie nach dem Willen des Dritten nicht allein dem Unterhaltsverpflichteten zugute kommen sollen, sondern auch dem Unterhaltsberechtigten (*MünchKomm/Köhler,* a. a. O., § 1603 Rz. 18, 20; § 1602 Rz. 12 a; *Gernhuber/Coester-Waltjen,* a. a. O., S. 672; *Göppinger/Strohal,* a. a. O., Rz. 535, 537). Liegt keine ausdrückliche Willensbestimmung der Zuwendenden vor, läßt sie sich meist aus den persönlichen Beziehungen der Beteiligten zueinander erschließen (*MünchKomm/Köhler,* a. a. O., § 1602 Rz. 13 a; *Göppinger/Strohal,* a. a. O., Rz. 536; *Köhler/Luthin,* 8. Aufl., Rz. 74). Zuwendungen in diesem Sinne können auch Naturalleistungen zur Bedarfsdeckung, wie etwa persönliche Dienstleistungen in Form von Pflege und Betreuung sein (*Göppinger/Strohal,* a. a. O., Rz. 538), für die der Zuwendungsempfänger andernfalls bezahlen müßte.

Derartige Zuwendungen sind auch hier gegeben. Zwischen den Parteien ist unstreitig, daß der Beklagte infolge seiner unfallbedingten Hilflosigkeit einen erhöhten Bedarf in Gestalt einer „rund um die Uhr" erforderlichen Pflege und Betreuung hat. Die ihm von seiner Ehefrau zur Deckung dieses Bedarfs gewährten Pflegeleistungen sind jedenfalls überwiegend als freiwillige Zuwendungen anzusehen. Die Revision kann diese Freiwilligkeit der Zuwendung nicht erfolgreich mit dem Einwand bekämpfen, daß die Ehefrau die Pflege als Teil ihrer Unterhaltspflicht nach § 1360 BGB schulde und der Beklagte hierauf einen Rechtsanspruch habe. Denn die Pflege eines Schwerstbehinderten geht jedenfalls weit über das hinaus, was im Rahmen der gegenseitigen Beistands- und Unterhaltspflicht der Ehegatten gemäß §§ 1353, 1360 BGB üblicherweise an Krankenpflege geschuldet wird, und ist insoweit überobligatorisch. Durch ihre unentgeltliche Pflege erspart die Ehefrau dem Beklagten denjenigen Teil seines Einkommens, den er andernfalls angesichts seines Betreuungsbedarfs für Fremdpflegekosten ausgeben müßte. Das kann aber hier nicht zur Folge haben, daß diese ersparten Mittel nunmehr für den Unterhalt des Sohnes des Beklagten zur Verfügung stehen. Wenn die Ehefrau unter Abbruch ihres Studiums und Verzicht auf eigenes Einkommen und den Erwerb einer eigenen Altersversorgung den Beklagten unentgeltlich pflegt, so ist, wie das OLG in anderem Zusammenhang zutreffend feststellt, davon auszugehen, daß sie damit ausschließlich den Beklagten unterstützen, nicht aber seine unterhaltsrechtliche Leistungsfähigkeit im Verhältnis zu seinem erstehelichen Sohn gewährleisten will. Die durch ihre Leistung ersparten Mittel können daher nicht zum unterhaltsrelevanten Einkommen des Beklagten gezählt werden (vgl. auch *Senatsurteil* v. 29. 6. 1983 – IV b ZR 379/81 – n. v., in dem der Senat einem zum nachehelichen Unterhalt Verpflichteten einen „Freibetrag" für Betreuungsleistungen zugebilligt hat, die seine neue Ehefrau seinen Kindern aus erster Ehe angedeihen ließ).

BGH v. 22. 3. 1995 – XII ZR 20/94 – FamRZ 95, 725 = NJW 95, 2032

R493A *(Kein Wegfall der Verzugsvoraussetzungen durch Abweisung eines Antrags auf einstweilige Anordnung und Nichterhebung einer Leistungsklage binnen 6 Monaten)*

3. Diesen Einwänden bleibt der Erfolg im Ergebnis versagt.

a) Allerdings wäre die Bekl. angesichts des nur auf einer summarischen Prüfung beruhenden, nicht in materielle Rechtskraft erwachsenden Beschlusses über den Antrag auf einstweilige Anordnung prozessual nicht gehindert gewesen, ihren vermeintlichen rückständigen Trennungsunterhalt in einem isolierten Verfahren geltend zu machen. Auch ist mit der Revision davon auszugehen, daß nicht erst der Antrag auf einstweilige Anordnung im Scheidungsverfahren, sondern bereits die vorausgehenden Mahnschreiben der Bekl. vom 26. 6. 1990 und 17. 1. 1991 den Kl. in Verzug gesetzt und die Bekl. gem. § 1613 I BGB materiellrechtlich die ihr sonst verschlossene Möglichkeit eröffnet haben, Trennungsunterhalt auch für die Vergangenheit zu fordern. Diese Verzugswirkungen, gleichgültig, ob sie auf den Mahnschreiben oder dem Antrag auf einstweilige Anordnung beruhen, sind auch nicht ohne weiteres dadurch entfallen, daß der Antrag auf einstweilige Anordnung abgewiesen wurde und danach sechs Monate verstrichen sind, ohne daß die Bekl. innerhalb dieser Zeit Leistungsklage erhoben hat. Soweit das *OLG* glaubt, dies aus der *Senatsentscheidung* vom 26. 1. 1983 (NJW 1983, 2318 = FamRZ 1983, 352 [355]) folgern zu müssen, bedarf es einer Klarstellung. Dort ging es im Kern um die Frage, ob der in Verzug gesetzte Unterhaltsschuldner auf die Richtigkeit des den Unterhalt versagenden Beschlusses über die beantragte einstweilige Anordnung vertrauen und damit rechnen durfte, von der Unterhaltsgläubigerin für den vergangenen Zeitraum nicht mehr in Anspruch genommen zu werden. Der Senat hat dies verneint und im übrigen darauf abgehoben, daß die Unterhaltsgläubigerin auch nicht unbillig lange mit der Erhebung der Leistungsklage zugewartet habe, so daß ihr etwa aus diesem Grunde nach Treu und Glauben die Berufung auf den Verzug verwehrt gewesen wäre. Das betrifft die Frage der Verwirkung, die nach den besonderen Umständen des Einzelfalles zu beurteilen ist und nicht von einem fest bemessenen Zeitablauf abhängt. Auch in der genannten Entscheidung hat der *Senat* die Verwirkung nicht an die aus dem Rechtsgedanken des § 212 II BGB hergeleitete Sechsmonatsfrist geknüpft, sondern nur dargelegt, daß Verwirkungsfolgen jedenfalls regelmäßig nicht vor Ablauf dieser Frist in Betracht kommen. Grundsätzlich können die für einen vergangenen Zeitraum eingetretenen Verzugswirkungen rückwirkend nur aus besonderen Gründen nach Treu und Glauben, insbesondere unter dem Gesichtspunkt der Verwirkung, entfallen, oder sie müssen durch Vereinbarung der Parteien, also durch einen Verzicht des Gläubigers in Form eines Erlaßvertrages (§ 397 BGB) beseitigt werden (*Senat*, NJW 1987, 1546 = FamRZ 1987, 40 [41]; FamRZ 1988, 478 [479]").

BGH v. 15. 3. 1995 – XII ZR 257/93 – FamRZ 95, 665 = NJW 95, 1891

R493B *(Der der Einigung zugrunde gelegte Parteiwillen bestimmt, ob eine Störung der Geschäftsgrundlage des Prozeßvergleichs vorliegt, auch wenn es um die gemeinschaftliche Erwartung vom Fortbestand einer bestimmten Rechtslage geht)*

a a) Wenn es sich bei dem abzuändernden Titel wie hier um einen Prozeßvergleich handelt, erfolgt die in § 323 IV i. V. mit § 794 I Nr. 1 ZPO vorgesehene Anpassung an veränderte Verhältnisse allein

Anhang R. Rechtsprechung   R493B

nach den Regeln des materiellen Rechts. § 323 I ZPO hat keine praktische Bedeutung. Mangels besonderer Vereinbarungen über die Abänderbarkeit, die zulässig sind, sind die aus § 242 BGB abgeleiteten Grundsätze über den Fortfall der Geschäftsgrundlage maßgebend (vgl. BGHZ 85, 64 [73] = NJW 1983, 228; st. Rspr. des **Senats**).

Ob eine Störung der Geschäftsgrundlage eingetreten ist, bestimmt sich nach dem der Einigung zugrunde gelegten Parteiwillen. Dieser ist Geltungsgrund der Vereinbarung, und er allein entscheidet, welche Verhältnisse zur Grundlage des Vergleichs gehören und wie die Parteien diese Verhältnisse bewertet haben. Außer einer Veränderung der individuellen Verhältnisse können auch Änderungen einer gefestigten höchstrichterlichen Rechtsprechung oder der Rechtslage zu Störungen einer vertraglichen Vereinbarung führen, die nach den Grundsätzen über den Wegfall der Geschäftsgrundlage im Wege der Anpassung zu bereinigen sind. Grundlage der Beurteilung in diesen Fällen ist, daß beim Abschluß einer Vereinbarung ein beiderseitiger Irrtum über die Rechtslage das Fehlen der Geschäftsgrundlage bedeuten kann, wenn die Vereinbarung ohne diesen Rechtsirrtum nicht oder nicht mit diesem Inhalt geschlossen worden wäre. Gleiches gilt, wenn der Geschäftswille der Parteien auf der gemeinschaftlichen Erwartung vom Fortbestand einer bestimmten Rechtslage aufgebaut war (vgl. *Senat,* NJW 1983, 1548 = FamRZ 1983, 569 [573] und FamRZ 1994, 562 [564]). Im Wege der Auslegung ist zu ermitteln, welche Verhältnisse die Parteien zur Grundlage ihrer Einigung gemacht haben. Erst auf der Grundlage des Ergebnisses dieser Auslegung kann beurteilt werden, welche Auswirkungen sich aus Umständen ergeben, die sich anders als erwartet entwickelt haben (vgl. *Senat,* NJW 1992, 1621 = FamRZ 1992, 539).

(Die Einführung der Unterhaltsbegrenzung nach § 1573 V BGB durch den Gesetzgeber läßt die Geschäftsgrundlage für die Festlegung unbefristeter Unterhaltsrenten nicht ohne weiteres entfallen)

b) Im vorliegenden Fall sind in den Prozeßvergleichen vom 13. 12. 1985 und 9. 5. 1988 für die Kl. **b** zeitlich unbefristete Unterhaltsrenten festgelegt worden. Die getroffenen Regelungen einer künftigen Abänderbarkeit knüpfen ausschließlich an Veränderungen der beiderseitigen Einkommen an, ohne die gesetzlichen Voraussetzungen des § 1573 V BGB zu berühren. Das BerGer. scheint davon auszugehen, mit der Einführung dieser Vorschrift durch das Unterhalts-Änderungsgesetz (UÄndG) vom 20. 2. 1986 (BGBl. I, 301) sei die Geschäftsgrundlage für die Festlegung unbefristeter Unterhaltsrenten für die Kl. entfallen. Hierfür fehlen jedoch ausreichende Feststellungen, wie die Revision zu Recht rügt.

Der Bekl. hat zwar u. a. vorgebracht, bei Abschluß der Unterhaltsvereinbarungen sei eine zeitliche Begrenzung des Unterhalts im Gesetz noch nicht vorgesehen gewesen, und aus diesem Grunde sei über diesen Punkt keine vertragliche Regelung getroffen worden. Die Kl. hat dies jedoch bestritten; nach ihrem Vortrag hat der Bekl. anläßlich des Abschlusses der notariellen Vereinbarung vom 3. 1. 1980 versichert, sie sei mit 20% seines Nettoeinkommens „für die Zukunft abgesichert", was sie als „Gegenwert" ihres Verzichts auf den Versorgungsausgleich und den damit verbundenen Eintritt der Gütertrennung verstanden habe. Unter diesen Umständen mußte der Bekl. beweisen, daß das Fehlen einer gesetzlichen Regelung über die zeitliche Begrenzung von Ansprüchen auf nachehelichen Unterhalt Geschäftsgrundlage für die Vereinbarung zeitlich unbefristeter Unterhaltsrenten zugunsten der Kl. war; denn wer sich auf den Fortfall der Geschäftsgrundlage beruft, trägt die Beweislast für die dazu erforderlichen tatsächlichen Voraussetzungen (vgl. *Baumgärtel/Strieder,* Beweislast, 2. Aufl., Bd. 1, § 242 BGB Rn. 17). Demgemäß trägt der Abänderungskl. die Beweislast für einen Abänderungsgrund (vgl. *Senat,* NJW 1987, 1201 = FamRZ 1987, 259 [260]; *Schwab/Maurer,* 2. Aufl., Teil I, Rn. 1041). Dies hat das BerGer. verkannt, soweit es ausgeführt hat, die Kl. sei mit ihrem Vortrag beweisfällig geblieben, daß ihr von Anfang an eine unbefristete Unterhaltsgewährung verbrieft worden sei.

Gegen den vom Bekl. vorgebrachten Abänderungsgrund spricht, daß im Zeitpunkt des abzuändernden Prozeßvergleichs vom 9. 5. 1988 die Vorschrift des § 1573 V BGB bereits längere Zeit in Geltung war. Der Erwägung des BerGer., daß seinerzeit jedenfalls einschlägige höchstrichterliche Entscheidungen noch nicht vorgelegen hätten und infolgedessen der Bekl. sich nicht mit Aussicht auf Erfolg auf eine zeitliche Begrenzung des Unterhaltsanspruchs der Kl. habe berufen können, steht das seinerzeit bereits ergangene Senatsurteil vom 9. 7. 1986 (BJW 1986, 2832 = FamRZ 1986, 886) entgegen, das sich mit den weitgehend übereinstimmenden Voraussetzungen des § 1578 I 2 und des § 1573 V BGB befaßt.

Weiterhin trägt diese Erwägung nicht dem Umstand Rechnung, daß vom Fortfall der Geschäftsgrundlage nur ausgegangen werden kann, wenn Vorstellungen und Erwartungen beider Vertragsparteien fehl gegangen sind und nicht nur diejenigen eines Vertragspartners. Es fehlt aber substantiierter Vortrag des Bekl. dazu, daß bei den Unterhaltsvereinbarungen beide Parteien sich des Fehlens einer gesetzlichen Regelung zur zeitlichen Begrenzung von Unterhaltsansprüchen bewußt gewesen seien oder daß für die Kl. wenigstens ein diesbezüglicher Bewußtseinsstand des Bekl. erkennbar geworden sei (vgl. dazu *Palandt/Heinrichs,* BGB, 54. Aufl., § 242 Rn. 113 m. w. Nachw.). Soweit § 1573 V BGB bei den vorausgegangenen Vereinbarungen von 1980 und 1985 noch nicht gegolten hat, ist im übrigen zu berücksichtigen, daß bei einer zeitlichen Aufeinanderfolge von einvernehmlichen Regelungen der ursprüngliche Parteiwille nur im Verständnis und der Ausgestaltung des zeitlich letzten Rechtsgeschäf-

R496 Anhang R. Rechtsprechung

tes von Bedeutung ist (vgl. dazu etwa *Senat,* NJW 1983, 1118 = FamRZ 1983, 260 [261] m. w. Nachw.). Erst nachdem der Bekl. den von ihm geltend gemachten Abänderungsgrund, nämlich den Fortfall der Geschäftsgrundlage für unbefristete Unterhaltsleistungen an die Kl., dargetan hatte, durfte das BerGer. auf die gesetzlichen Voraussetzungen des § 1573 V BGB eingehen.

(Wird im Abänderungsverfahren gemäß § 1573 V BGB der Wegfall des Anspruchs auf Aufstockungsunterhalt festgestellt, kann ein Anspruch auf Anschlußunterhalt wegen Alters oder Krankheit vorliegen)

c b) Soweit das BerGer. wiederum zur Anwendbarkeit des § 1573 V BGB gelangen sollte, wird es zu prüfen haben, ob der Kl. nach Wegfall der Voraussetzungen für einen Anspruch auf Aufstockungsunterhalt Anschlußunterhalt wegen Alters (§ 1571 Nr. 3 BGB) oder wegen Krankheit (§ 1572 Nr. 4 BGB) zustehen könnte. Der Anspruch aus den letztgenannten Vorschriften unterliegt keiner zeitlichen Begrenzung, sondern allenfalls einer Herabsetzung auf den angemessenen Lebensbedarf gem. § 1578 I 2 BGB. Ist nämlich der einem titulierten Unterhaltsanspruch zugrundeliegende Tatbestand wegen einer Veränderung der Verhältnisse weggefallen, kann die Aufrechterhaltung aufgrund eines anderen Unterhaltstatbestandes geboten sein (vgl. dazu *Senat,* NJW 1990, 2752 = FamRZ 1990, 496). Entgegen der Auffassung der Revisionserwiderung genügt es, daß die tatsächlichen Voraussetzungen anderer Unterhaltstatbestände nach dem feststehenden Sachverhalt in Betracht kommen.

BGH v. 25. 10. 1995 – XII ZR 247/94 – FamRZ 96, 160 = NJW-RR 96, 321

R496 *(Verwandtenunterhalt; Lebensstellung des Kindes)*

a 1. Nach diesen allgemeinen für den Verwandtenunterhalt geltenden Vorschriften bestimmt sich das Maß des zu gewährenden „angemessenen Unterhalts" grundsätzlich nach der Lebensstellung des Bedürftigen (§ 1610 I BGB). Jedoch wird der Unterhalt nicht geschuldet, soweit der (an sich) Unterhaltspflichtige bei Berücksichtigung seiner sonstigen Verpflichtungen ohne Gefährdung seines eigenen angemessenen Unterhalts zur Zahlung außerstande ist (§ 1603 I BGB). Kriterium für die Bemessung des Verwandtenunterhalts im allgemeinen ist danach die Lebensstellung des Bedürftigen, gegebenenfalls begrenzt durch die Leistungsfähigkeit des Verpflichteten.

2. Das Recht des Kindesunterhalts ist demgegenüber dadurch gekennzeichnet, daß minderjährige Kinder ohne Einkünfte keine eigene unterhaltsrechtlich relevante Lebensstellung i. S. von § 1610 I BGB besitzen. Sie leiten ihre Lebensstellung vielmehr von derjenigen ihrer unterhaltspflichtigen Eltern ab. Lebt ein minderjähriges Kind, wie hier der Kl., bei dem einkommenslosen Elternteil und wird von ihm versorgt und betreut, so bestimmt sich seine Lebensstellung grundsätzlich nach den Einkommens- (und Vermögens-)Verhältnissen des anderen, barunterhaltspflichtigen Elternteils (st. Rspr.; vgl. *Senat,* NJW 1981, 1559 = FamRZ 1981, 543 [544]; NJW-RR 1986, 1261; NJW 1989, 1033; auch *Köhler,* in: MünchKomm, 3. Aufl., § 1610 Rdnrn. 5, 8, 9; *Soergel/Häberle,* BGB, 12. Aufl., § 1610 Rn. 2). Dessen wirtschaftliche Verhältnisse prägen also die Lebensstellung des unterhaltsberechtigten minderjährigen Kindes und bestimmen damit das Maß des diesem zustehenden Unterhalts i. S. von § 1610 I BGB, allerdings mit der Maßgabe des Abs. 3 der Vorschrift.

(kein generelles Verbot des Abzugs berücksichtigungsfähiger Schulden beim Kindesunterhalt)

b 3. Im Rahmen der Ermittlung des unterhaltserheblichen Einkommens des Verpflichteten sind unterhaltsrechtlich relevante Verbindlichkeiten mit zu berücksichtigen (vgl. *Senat,* NJW-RR 1990, 323 = FamRZ 1990, 283 [287]; NJW 1992, 1624 = FamRZ 1992, 797 [798]). Denn der für die Unterhaltsbemessung maßgebliche Lebensstandard wird letztlich (nur) durch tatsächlich verfügbare Mittel geprägt mit der Folge, daß sich auch die abgeleitete Lebensstellung des Kindes nach diesen Verhältnissen richtet.

Dem entsprechen die unterhaltsrechtlichen Tabellen und Leitlinien der *Oberlandesgerichte,* die – im wesentlichen übereinstimmend – die berücksichtigungsfähigen Schulden vom anrechenbaren Einkommen abziehen und bei der Festsetzung des je nach Einkommen geschuldeten Kindesunterhalts zugleich den notwendigen Eigenbedarf (Selbstbehalt) des Unterhaltsverpflichteten wahren (vgl. u. a. Düsseldorfer Tabelle, A Anm. 4; Düsseldorfer Leitlinien, A I 13; Leitlinien *OLG Celle,* I 8; *OLG Dresden,* I 8; *OLG München,* 1.22.; *OLG Schleswig,* A II 3, sämtlich abgedr. in: Beil. zur NJW Heft 11/1995).

Der hiervon abweichenden Auffassung des BerGer., das bei der Ermittlung des Kindesunterhalts generell einen Vorwegabzug berücksichtigungsfähiger Schulden vom unterhaltserheblichen Einkommen des Verpflichteten ablehnt, ist nicht zu folgen. Der Wortlaut des § 1603 I BGB enthält dafür keine hinreichende Rechtfertigung. Denn diese Vorschrift regelt lediglich die Grenzen der Leistungsfähigkeit des Verpflichteten und erlangt ihre eigentliche Bedeutung damit nur in Mangelfällen. Der Hinweis darauf, daß eine frühere Verbesserung der Lebensstellung minderjähriger Kinder durch die mit den Krediten ermöglichten Anschaffungen und Aufwendungen nicht mehr besteht, ist in dieser Allgemeinheit ebenfalls nicht geeignet, die einkommensmindernde Absetzung von Schulden vor der Bestimmung

Anhang R. Rechtsprechung **R496**

des Kindesunterhalts zu versagen. Abgesehen davon, daß es jeweils von der Art der Aufwendung oder Anschaffung im Einzelfall abhängen dürfte, ob und inwiefern diese zu einer Verbesserung der Lebensstellung des Kindes führt, darf nicht außer Betracht bleiben, daß der für die Anschaffungen aufgewendete Kredit laufende Belastungen nach sich zieht, die ihrerseits dauerhaft die Lebensstellung des Kindes – in ihrer Abhängigkeit von derjenigen des unterhaltspflichtigen Elternteils – prägen. Solange der Unterhaltsverpflichtete die Schulden zu tilgen hat und nur über entsprechend geringere Einkünfte verfügen kann, nimmt das minderjährige Kind, dessen Lebensstellung nicht etwa durch die Verhältnisse im Zeitpunkt der Auflösung der Ehe seiner Eltern festgelegt ist (vgl. *Senat,* NJW 1983, 1429 = FamRZ 1983, 473), an dem wirtschaftlich geminderten Lebensstandard teil (vgl. *Soergel/Häberle,* § 1610 Rn. 2). Daß sich auf diese Weise Schuldverbindlichkeiten der Eltern (bzw. des unterhaltspflichtigen Elternteils) nachteilig für ein unterhaltsbedürftiges Kind auswirken, ist eine Folge seiner wirtschaftlichen Unselbständigkeit und Abhängigkeit von den Einkommensverhältnissen der Eltern. Das rechtfertigt es jedoch nicht, den Unterhaltsanspruch des Kindes abweichend von den Maßstäben der §§ 1601 ff. BGB zu bemessen.

(Berücksichtigungsfähige Verbindlichkeiten)
Abzugsfähig sind nicht von vorneherein sämtliche Schulden, die der Unterhaltsverpflichtete zu tilgen **c** hat, sondern nur die unterhaltsrechtlich „berücksichtigungsfähigen" Verbindlichkeiten. Ob und wieweit dieses Merkmal im Einzelfall erfüllt ist, ist nach ständiger Rechtsprechung unter umfassender Interessenabwägung zu beurteilen, wobei es insbesondere auf den Zweck der Verbindlichkeiten, den Zeitpunkt und die Art ihrer Entstehung, die Kenntnis des Unterhaltsverpflichteten von Grund und Höhe der Unterhaltsschuld und auf andere Umstände ankommt. In die Abwägung mit einzubeziehen sind auch die Möglichkeiten des Unterhaltsschuldners, seine Leistungsfähigkeit in zumutbarer Weise ganz oder teilweise wiederherzustellen, sowie ggf. schutzwürdige Belange des Drittgläubigers. Soweit es um den Unterhalt minderjähriger unverheirateter Kinder geht, denen der unterhaltspflichtige Elternteil nach § 1603 III BGB verschärft unterhaltspflichtig ist, ist zusätzlich zu beachten, daß diesen Kindern jede Möglichkeit fehlt, durch eigene Anstrengungen zur Deckung ihres notwendigen Unterhaltsbedarfs beizutragen. Auf Schulden, die leichtfertig, für luxuriöse Zwecke oder ohne verständigen Grund eingegangen sind, kann sich der Unterhaltsverpflichtete grundsätzlich nicht berufen (vgl. *Senat,* NJW 1992, 1624 = FamRZ 1992, 797 [798]; NJW-RR 1990, 323 = FamRZ 1990, 283 [287]; NJW 1984, 1237 = FamRZ 1994, 358 [360]; NJW 1982, 380 = FamRZ 1982, 157 [158]).

Nach diesen Kriterien dürften die hier streitigen Verbindlichkeiten des Bekl., jedenfalls soweit die bisher getroffenen Feststellungen reichen, als berücksichtigungsfähig anzuerkennen sein. Davon geht ersichtlich auch das BerGer. – im Grundsatz – aus. So ist im Hinblick auf den Zweck der im Jahre 1986 eingegangenen Verbindlichkeiten zunächst zu berücksichtigen, daß der Bekl. mit dem Ausbau der Räume im Haus seines Vaters eine Wohnung für die – damals intakte – Familie geschaffen hat, in der diese seit 1986 bis zur Trennung der Eheleute jahrelang lebte, wobei die erbrachten Leistungen abgewohnt wurden und (weitere) Mietzinsen nicht zu zahlen waren. Soweit es um das Fahrzeug geht, sprechen die geltend gemachten Fahrtkosten dafür, daß der Bekl. den Pkw für die Fahrten zu seiner Arbeitsstelle benötigt. Sollte das der Fall sein, dann hätte der Bekl. insoweit ggf. mit Hilfe der Kreditmittel sein Arbeitseinkommen erzielt und auf diese Weise den Lebensstandard der Familie finanziert. Der Zeitpunkt der Kreditaufnahme im Jahre 1986 dürfte einer unterhaltsrechtlichen Berücksichtigung der daraus herrührenden laufenden Verbindlichkeiten nicht entgegenstehen, da die Familie damals noch intakt war und der Bekl. mithin zwar für den allgemeinen Familienunterhalt aufkommen mußte, jedoch nicht mit der Notwendigkeit laufender Barunterhaltszahlungen an den Kl. zu rechnen brauchte.

Die Berücksichtigungsfähigkeit der für den Ausbau der Familienwohnung und den Erwerb des Pkw aufgenommenen – und noch zu tilgenden – Schulden wird entgegen der Auffassung des BerGer. nicht dadurch in Frage gestellt, daß die entsprechenden Anschaffungen dem Kl. seit 1992 keine Vorteile mehr bringen. Darauf kommt es nicht an. Denn der Kl. nimmt seit seinem Auszug aus der Wohnung des Bekl. im Jahre 1992 unterhaltsrechtlich weiterhin an dessen wirtschaftlicher Lebensstellung teil, auch soweit diese durch die laufenden Zins- und Tilgungsleistungen für den Kredit geprägt wird.

Abgesehen von den genannten beiden Verwendungszwecken des aufgenommenen Kredits ist bisher nicht festgestellt, worauf die Überziehung des Girokontos des Bekl. in Höhe von 6082,08 DM im Februar 1990 beruhte, die zusätzlich durch das zur Zeit noch zu tilgende Darlehen abgelöst wurde und einen nicht unerheblichen Teil der Darlehenssumme (von 40 000 DM auf der Grundlage der halbierten „Restsumme" des ursprünglichen Kredits in Höhe von 31 688,44 DM) ausmachte. Das BerGer. hat insoweit ersichtlich unterstellt, daß auch der Kontoüberziehung berücksichtigungsfähige Schulden zugrunde lagen. Es hat die Frage jedoch nicht näher geprüft. Ihr kann aber deshalb Bedeutung zukommen, weil der Überziehungsbetrag die Höhe der zu leistenden laufenden Kreditraten mit beeinflussen dürfte. Wäre der entsprechende Betrag unterhaltsrechtlich nicht zu berücksichtigen, dann wäre das Einkommen des Bekl. – zum Zwecke der Bemessung des Kindesunterhalts – ggf. nur um geringere laufende Verpflichtungen zu mindern.

BVerfG v. 18. 12. 1995 – 1 BvR 1206/92 – FamRZ 96, 343 = NJW 96, 915

(Keine fiktiven Einkünfte bei Einkommensminderungen, die durch Wahrnehmung des Elternrechts entstanden)

1. a) Die Auferlegung von Unterhaltsleistungen schränkt den Verpflichteten in seiner durch Art. 2 I GG geschützten allgemeinen Handlungsfreiheit ein. Diese ist allerdings nur im Rahmen der verfassungsmäßigen Ordnung gewährleistet, zu der auch die Vorschriften über Trennungsunterhalt und nachehelichen Unterhalt sowie über Kindesunterhalt gehören (vgl. BVerfGE 57, 361 [378] = NJW 1981, 1771; BVerfGE 68, 256 [266 ff.] = NJW 1985, 1211).

Bei der Ausgestaltung des Unterhaltsrechts nach Trennung und Scheidung ist der Gesetzgeber im Hinblick auf Art. 6 II 2 und Art. 2 I i. V. mit Art. 1 I GG gehalten, Regelungen zu vermeiden, die sich für die Entwicklung der Kinder nachteilig auswirken können. Dabei ist zu berücksichtigen, daß die ohnehin mit der Trennung der Eltern für die Kinder verbundenen nachteiligen Folgen noch erheblich verstärkt werden können, wenn sie in dieser Zeit auf die persönliche Betreuung durch einen Elternteil wegen dessen Erwerbstätigkeit verzichten müssen (vgl. BVerfGE 57, 361 [382] = NJW 1981, 1771; BVerfGE 55, 171 [184] = NJW 1981, 217). Auslegung und Anwendung der Vorschriften über Trennungsunterhalt und nachehelichen Unterhalt dürfen ebenfalls nicht zu verfassungswidrigen Ergebnissen führen (vgl. BVerfGE 80, 286 [294] = NJW 1989, 2807).

b) Wird bei Trennung oder Scheidung das Sorgerecht insgesamt oder ein Teil des Sorgerechts einem Elternteil zugeordnet, so stehen sowohl dieses Recht als auch die Rechte des anderen Elternteils, insbesondere das Umgangsrecht, unter dem Schutz des Art. 6 II 1 GG (vgl. BVerfGE 31, 194 [206] = NJW 1971, 1447; BVerfGE 64, 180 [187 f.] = NJW 1983, 2491). Bei einem Konflikt zwischen den Eltern muß die Lösung am Wohl des Kindes ausgerichtet sein. Dabei sind unter anderem auch die Betreuungsmöglichkeiten beider Elternteile zu berücksichtigen. Ein Primat des vorher nicht oder nur eingeschränkt berufstätigen Elternteils besteht aber bei der Sorgerechtsregelung nicht von vornherein (vgl. BVerfGE 55, 171 [184] = NJW 1981, 217). Vielmehr müssen alle Umstände des Einzelfalles und die gleichermaßen geschützten Rechtspositionen beider Eltern in die Betrachtung einbezogen werden. Im übrigen wäre die Festschreibung der Rollenverteilung, nach der Erziehung und Pflege der Kinder Sache der Mutter ist, mit Art. 3 II GG nicht vereinbar (vgl. BVerfGE 87, 1 [42] = NJW 1992, 2213).

2. Nach diesen Maßstäben verstößt das angegriffene Urteil gegen Art. 2 I i. V. mit Art. 6 II 1 GG, soweit das *OLG* in die Bemessung des vom Bf. an seine Ehefrau und seine Kinder zu zahlenden Unterhalts Einkünfte einbezogen hat, die der Bf. nach den gerichtlichen Feststellungen tatsächlich nicht mehr bezieht. Bei dieser Beurteilung kann dahingestellt bleiben, inwieweit sich schon aus der allgemeinen Handlungsfreiheit für sich genommen Grenzen für die Berücksichtigung fiktiven Einkommens bei der Unterhaltsbemessung ergeben. Bei der Einbeziehung von Einkünften, die wegen der Umgestaltung des Arbeitsverhältnisses im Hinblick auf die Betreuung von Kindern entfallen sind, muß jedenfalls der Bedeutung und Tragweite des Elternrechts Rechnung getragen werden.

Diesen Anforderungen wird das angegriffene Urteil gerecht. Das *OLG* hat die Umgestaltung der beruflichen Tätigkeit des Bf. als unterhaltsrechtlich nicht gerechtfertigt angesehen, weil der Bf. nicht schon aufgrund der vorläufigen Regelung des Aufenthaltsbestimmungsrechts eine endgültige und „angeblich nicht mehr rückgängig zu machende" Änderung des Arbeitsverhältnisses hätte vereinbaren dürfen. Dabei hat das Gericht nicht darauf abgestellt, ob der Bf. überhaupt von seiner Arbeitgeberin eine vorläufige Regelung hätte erreichen können, die nach der endgültigen Sorgerechtsregelung noch rückgängig gemacht werden konnte. Den Entscheidungsgründen ist vielmehr zu entnehmen, daß das Gericht dem Bf. fiktive Einkünfte ohne weiteres schon deshalb entsprechend seinen früheren Einkünften zugerechnet hat, weil der Bf. eine nicht nur vorläufige Vereinbarung getroffen hat.

Diese Beurteilung trägt nicht ausreichend der Tatsache Rechnung, daß der Bf. die Umgestaltung seines Arbeitsverhältnisses vereinbart hat, um seiner Elternverantwortung gegenüber den damals etwa eineinhalb und vier Jahre alten Kindern gerecht zu werden. Seine Entscheidung, die Kinder, für die ihm vorläufig das Aufenthaltsbestimmungsrecht übertragen wurde, weitgehend persönlich zu betreuen, entsprach, wie das *OLG* selbst in seinem früheren Beschluß zur vorläufigen Regelung des Aufenthaltsbestimmungsrechts angenommen hat, dem Kindeswohl. Unter diesen Umständen durfte das Gericht nicht ohne nähere Prüfung der Umstände des Einzelfalles davon ausgehen, daß die Ehefrau, deren Rechte ebenfalls durch die Elternverantwortung geprägt sind, und die Kinder, deren Betreuung die berufliche Umstellung zugute kommen sollte, sich die damit verbundenen finanziellen Nachteile schon deshalb nicht entgegenhalten lassen müssen, weil der Bf. sich nur auf eine vorläufige Sorgerechtsregelung stützen konnte.

Allerdings ist es von Verfassungs wegen nicht zu beanstanden, wenn von dem Elternteil, der vorher durch seine Erwerbstätigkeit für den finanziellen Familienunterhalt Sorge getragen hat, bei einer Umstellung seiner beruflichen Tätigkeit besondere Rücksichtnahme gefordert wird. Auch in diesem Zusammenhang ist von Bedeutung, daß sowohl die Unterhaltspflicht gegenüber dem (später wieder) betreuenden Elternteil als auch die Unterhaltspflicht gegenüber den Kindern durch die Elternverantwortung geprägt wird (vgl. BVerfGE 57, 361 [381 ff.] = NJW 1981, 1771; BVerfGE 68, 256 [267] =

Anhang R. Rechtsprechung

NJW 1985, 1211). Das rechtfertigt es aber nicht, dem vorher berufstätigen Elternteil die Umgestaltung des Arbeitsverhältnisses mit Rücksicht auf die Betreuung der Kinder stets schon dann zu verwehren, wenn dies zu einer später nicht mehr rückgängig zu machenden Verminderung des Einkommens führt. Eine solche Beurteilung läßt nicht nur das Interesse der Kinder an persönlicher Betreuung durch den Elternteil, dem sie zugeordnet sind, außer acht, sondern beeinträchtigt auch das Elternrecht des berufstätigen Elternteils in erheblichem Maße. Dabei ist auch zu berücksichtigen, daß die Möglichkeit zur Wahrnehmung der Elternverantwortung aufgrund einer vorläufigen Sorgerechtsregelung faktisch die endgültige Sorgerechtsregelung beeinflussen kann. Eine dem Elternrecht genügende Entscheidung kann daher nur aufgrund der Abwägung aller Umstände des Einzelfalles getroffen werden.

BGH v. 20. 3. 1996 – XII ZR 45/95 – FamRZ 96, 798 = NJW 96, 1817
(Wahl des Studienfachs und des Studienorts durch das volljährige Kind)

b) Der von den Bekl. im Förderungszeitraum zu gewährende Unterhalt umfaßte nach § 1610 II BGB auch die Kosten einer angemessenen Berufsausbildung. Wie auch die Bekl. nicht in Abrede stellen, waren sie daher angesichts ihrer wirtschaftlichen Leistungsfähigkeit und der Eignung und Begabung ihres Sohnes verpflichtet, diesem nach bestandenem Abitur ein Hochschulstudium zu ermöglichen. Die Wahl des Studienfaches, über die das volljährige Kind grundsätzlich in eigener Verantwortung entscheiden kann, war hier angemessen, von den Bekl. hinzunehmen und ist von ihnen auch gebilligt worden. Der Sohn der Bekl. hatte somit Anspruch darauf, seine Ausbildung im Herbst 1989 durch Aufnahme eines Studiums der Humanmedizin fortzusetzen. Dies war ihm wegen der für dieses Fach geltenden Zulassungsbeschränkung und der Zuweisung eines Studienplatzes an der Universität des Saarlandes durch die ZVS nur dort möglich, so daß die Bekl. verpflichtet waren, ihm die Aufnahme des Studiums im Saarland zu ermöglichen.

Etwas anderes ergibt sich auch nicht mit Rücksicht auf den Gesundheitszustand des Bekl. zu 1. Abgesehen davon, daß die Bekl. für ihre bestrittene Behauptung, der Bekl. zu 1 habe sich im Frühjahr 1989 einer Nierentransplantation unterzogen, keinen Beweis angetreten haben, läßt sich ihrem Vortrag auch nicht entnehmen, daß ein Verbleiben des Sohnes in München etwa zur Pflege seines Vaters erforderlich gewesen sei. Damit scheiden auch besondere familiäre Umstände aus, die den Sohn gegebenenfalls aus Gründen der Rücksichtnahme hätten veranlassen müssen, den Beginn einer angemessenen und seinen Neigungen und Fähigkeiten entsprechenden Ausbildung hinauszuschieben.

Dem Anspruch des Sohnes auf Ausbildungsunterhalt steht auch nicht entgegen, daß er der Anregung seiner Eltern nicht gefolgt ist, einen sog. Härtefallantrag zu stellen, um sogleich einen Studienplatz in München zu erhalten. Die Bekl. haben nicht darzulegen vermocht, daß ein solcher Antrag erfolgreich gewesen wäre. Abgesehen davon könnte ein solches Unterlassen nur nach Maßgabe des § 1611 I BGB zum Wegfall oder zu einer Beschränkung der Unterhaltsverpflichtung führen; die Voraussetzungen dieser Vorschrift sind aber nicht gegeben.

(Unwirksame Unterhaltsbestimmung bei Zuweisung eines auswärtigen Studienplatzes § 1612 II BGB)
c) Grundsätzlich ist der Unterhalt durch Entrichtung einer Geldrente zu gewähren, § 1612 I 1 BGB. Allerdings gewährt § 1612 II BGB den unterhaltspflichtigen Eltern – vorbehaltlich einer abweichenden Entscheidung des Vormundschaftsgerichts das Recht zu bestimmen, ob sie ihr unverheiratetes Kind durch eine Geldrente oder durch Sachleistungen unterhalten wollen. Das elterliche Bestimmungsrecht endet nicht mit der Volljährigkeit des Kindes (vgl. Senatsurteile *BGHZ* 104, 224 [225] = NJW 1988, 1974 und NJW 1981, 574 = FamRZ 1981, 250; krit. zur bestehenden Gesetzeslage *Göppinger/Wax/Kodal,* 6. Aufl., Rn. 602; *Buchholz,* FamRZ 1995, 705 ff. jeweils m. Nachw.). Eine solche Bestimmung haben die Bekl. hier getroffen.

aa) Eine wirksame Bestimmung der Art der Unterhaltsleistungen bindet im Unterhaltsrechtsstreit das Prozeßgericht, solange sie nicht gem. § 1612 II 2 BGB durch das Vormundschaftsgericht geändert ist. Die Bestimmung entfaltet Wirkung auch gegenüber dem Träger der Ausbildungsförderung, führt also dazu, daß ein Anspruch auf Unterhalt in Geld, der nach § 37 I 1 BAföG übergehen könnte, nicht besteht (vgl. *Senat,* NJW 1984, 305 = FamRZ 1984, 37 [38] m. Nachw.).

bb) Die von den Bekl. getroffene Bestimmung, Ausbildungsunterhalt in Form von Naturalunterhalt an ihrem Wohnort in München zu gewähren, war jedoch im hier maßgeblichen Förderungszeitraum aus tatsächlichen und rechtlichen Gründen undurchführbar und daher unwirksam.

(1) Nach den Feststellungen im Berufungsurteil ist davon auszugehen, daß die Bekl. die fragliche Unterhaltsbestimmung getroffen und ihrem Sohn bekanntgegeben hatten, bevor dieser sein Studium im Saarland aufnahm. Ob die Bestimmung daher zunächst wirksam wird (vgl. *OLG Hamburg,* FamRZ 1987, 1183), bedarf hier keiner Entscheidung. Wird die gewählte Art der Unterhaltsgewährung erst später undurchführbar, wird die zunächst wirksame elterliche Unterhaltsbestimmung nämlich von diesem Zeitpunkt an unwirksam mit der Folge, daß der Anspruch auf Barunterhalt wieder auflebt und

R505, R507   Anhang R. Rechtsprechung

beim *FamG* geltend gemacht werden kann (vgl. *Senat,* NJW 1985, 1339 = FamRZ 1985, 584 [585]; *BayObLG,* FamRZ 1990, 905 [906]; *Griesche,* in: FamGb, § 1612 BGB Rn. 10).
    (2) Der Kl. macht allein übergegangene Unterhaltsansprüche des Sohnes ab Oktober 1989, mithin nach Aufnahme des Studiums im Saarland, geltend. Von diesem Zeitpunkt an war der Sohn der Bekl. aus tatsächlichen und rechtlichen Gründen gehindert, den ihm angebotenen Naturalunterhalt in München entgegenzunehmen. Denn zum einen war eine tägliche Rückkehr von dem ihm zugewiesenen Ausbildungsort zur Wohnung der Eltern praktisch nicht möglich (vgl. *Staudinger/Kappe,* BGB, 12. Aufl. § 1612 Rn. 53), was auch die Revision nicht in Abrede stellt. Zum anderen war der Sohn der Bekl. wegen der geltenden Zulassungsbeschränkung nicht in der Lage, sein Studium dort zu beginnen, wo ihm Naturalunterhalt angeboten wurde.

BGH v. 15. 5. 1996 – XII ZR 21/95 – FamRZ 96, 1067 = NJW-FER 96, 15

R505   *(Aufrechnung Unterhalt mit Nichtfamiliensache zulässig)*

a   a) Die Aufrechnung mit einem Unterhaltsanspruch gegen eine nicht familienrechtliche Forderung ist, wie das BerGer. nicht verkennt, grundsätzlich zulässig (vgl. § 394 BGB). Dementsprechend unterliegt es auch keinen rechtlichen Bedenken, die Aufrechnung mit einem Unterhaltsanspruch in einer Nichtfamiliensache vor einem allgemeinen Zivilgericht zu erklären (vgl. *Senat,* NJW-RR 1989, 173 = FamRZ 1989, 166 [167]).

(Verzug durch Aufrechnungserklärung mit Unterhaltsanspruch)

b   c) Die Regelung des § 1585 bII und III BGB steht der Durchsetzung des Unterhaltsanspruchs – entgegen den in dem angefochtenen Urteil angedeuteten Bedenken des BerGer. – nicht entgegen.
    Nach § 1585 bII BGB setzt die Geltendmachung eines Unterhaltsanspruchs für die Vergangenheit Verzug des Unterhaltsverpflichteten voraus. Diese Voraussetzung ist erfüllt. Die Bekl. hat den Kl. zunächst mit dem bereits erwähnten Schreiben ihres Prozeßbevollmächtigten vom 15. 11. 1990 für die Zeit ab 1. 12. 1990 wirksam in Verzug gesetzt, und sie hat die Mahnung mit dem späteren Anwaltsschreiben vom 12. 12. 1990 – nach näherer Berechnung des geltend gemachten Unterhaltsbetrages – in Höhe von monatlich 747 DM nochmals wiederholt.
    Gem. § 1585 bIII BGB kann für eine mehr als ein Jahr vor der Rechtshängigkeit liegende Zeit Erfüllung des Unterhaltsanspruchs nur verlangt werden, wenn anzunehmen ist, daß sich der Verpflichtete der Leistung absichtlich entzogen hat. Die hierin liegende Zeitschranke schließt die von der Bekl. erhobenen Ansprüche nicht aus, da die Bekl., als sie mit diesen Ansprüchen in den Schriftsätzen vom 18. 2. und 19. 3. 1991 die Aufrechnung erklärt hat, an rückständigen Beträgen nur solche für die Zeit ab Dezember 1990 und damit für die letzten drei Monate (Dezember 1990 bis einschließlich Februar 1991) geltend gemacht hat.
    d) Die Aufrechnungserklärung hat bewirkt, daß die Ausgleichsforderung des Kl. einerseits und die Unterhaltsansprüche der Bekl. andererseits, soweit sie auf der Höhe nach deckten, rückwirkend ab Dezember 1990 jeweils als in dem Zeitpunkt erloschen gelten, in dem sie sich – monatlich – aufrechenbar gegenüberstanden (§ 389 BGB). Der Umfang der dem Kl. gegebenenfalls noch zustehenden Ausgleichsforderung bestimmt sich demgemäß danach, in welcher Höhe die Bekl. für die Zeit von Dezember 1990 bis einschließlich Oktober 1991 Anspruch auf nachehelichen Unterhalt hatte.

BGH v. 10. 7. 1996 – XII ZR 121/95 – FamRZ 96, 1272 = NJW 96, 2793

R507   *(§§ 1572, 1579 Nr. 7: Unbedingte Erwerbsunfähigkeit ist nicht erforderlich)*

a   2. Im Gegensatz zum *AG* hat das BerGer. die vom Kl. begehrte zeitliche Begrenzung des Unterhaltsanspruchs der Bekl. wegen krankheitsbedingter Erwerbsunfähigkeit (§ 1572 BGB) nicht für gerechtfertigt erachtet. Im Anschluß an das Senatsurteil vom 9. 2. 1994 (NJW 1994, 1286 = FamRZ 1994, 566) hat es dabei berücksichtigt, daß § 1572 BGB eine Ehebedingtheit der Erkrankung der Berechtigten nicht voraussetzt und deswegen der Umstand, daß die Unterhaltsbedürftigkeit der Bekl. hier nicht als ehebedingt anzusehen ist, auch über die Härteklausel des § 1579 Nr. 7 BGB nicht zu einer zeitlichen Begrenzung ihres Anspruchs führen kann. Die diesbezüglichen Ausführungen sind für die Revision günstig; sie lassen auch keinen Rechtsfehler erkennen (vgl. dazu auch *Senat,* NJW 1995, 1891 = FamRZ 1995, 665).
    3. Seine Auffassung, daß die Härteklausel des § 1579 Nr. 7 BGB aber für die Zeit ab 1. 8. 1995 eine Herabsetzung des Unterhalts der Kl. auf monatlich 200 DM rechtfertige, hat das BerGer. im wesentlichen wie folgt begründet:
    Müßte der Kl. an die Bekl., die im Verhältnis zu seiner zweiten Ehefrau keinen Vorrang nach § 1582 BGB genieße, den vereinbarten Unterhalt von monatlich 600 DM über den 31. 7. 1995 hinaus weiterzahlen, müßte seine neue Familie über Jahre hinaus unterhalb der Sozialhilfeschwelle leben. Der

Anhang R. Rechtsprechung **R508**

nach den Vorschriften des Sozialhilferechts zu veranschlagende Bedarf des Kl. und seiner mit ihm in Haushaltsgemeinschaft lebenden Angehörigen (zweite Ehefrau und drei Kinder) belaufe sich auf monatlich 3031 DM. Das Erwerbseinkommen des Kl. liege noch um 20 DM unter diesem Betrag, wenn sein Nettoeinkommen (3391,48 DM) um die sozialhilferechtlich zulässigen Abzüge für Pkw-Benutzung (120 DM) und Berufstätigenaufwand (260 DM) vermindert werde (es verblieben rund 3011 DM). Zwar erhielten der Kl. und seine jetzige Ehefrau zusätzlich Kindergeld von insgesamt 420 DM, so daß die Sozialhilfeschwelle im Ergebnis um 400 DM überschritten werde. Es wäre aber grob unbillig, wenn der Kl. nur deswegen den aus seiner Sicht für eine Übergangszeit vereinbarten Krankheitsunterhalt von 600 DM in voller Höhe weiterzahlen müßte. Die Folge wäre nämlich, daß auf seiner Seite Sozialhilfebedürftigkeit einträte; dies wäre nicht mit dem Grundgesetz (Art. 1, 20) vereinbar. Auch wenn allein auf die Person des Kl. abgestellt werde, ergebe sich nichts anderes. Sein angemessener Selbstbehalt sei unter Berücksichtigung der anfallenden Mietkosten von monatlich 972 DM auf 2000 DM zu veranschlagen. Wenn er weiter monatlich 600 DM an die Bekl. zahlen müsse, verbleibe ihm kaum der notwendige Unterhalt. Eine solche Lage sei für einen geschiedenen Ehemann, der bereits für eine der Ehedauer entsprechende Zeit nacheheliche Solidarität bewiesen habe, objektiv unzumutbar. Bei Abwägung der gegebenen Umstände erscheine vielmehr als gerecht und billig, den Unterhaltsanspruch der Bekl. vom 1. 8. 1995 ab auf monatlich 200 DM zu reduzieren. Dies könne zwar dazu führen, daß die Bekl. ergänzende Sozialhilfe in Anspruch nehmen müsse. Dies müsse aber in Kauf genommen werden, wenn als Alternative nur in Betracht komme, daß auch auf seiten des Kl. Sozialhilfebedürftigkeit eintreten würde.

Diese Ausführungen halten rechtlicher Nachprüfung nicht stand.

(Sozialhilfebedürftigkeit und Nachrang der 2. Ehefrau)
a) Zwar ist auch in der Rechtsprechung des *Senats* der Grundsatz anerkannt, daß durch eine Unterhaltsleistung keine Sozialhilfebedürftigkeit eintreten darf (vgl. BGHZ 111, 194 = NJW 1991, 356; *Senat,* BGHZ 123, 49 = NJW 1993, 2105 = FamRZ 1993, 1186 [1188]). Dieser Grundsatz gilt jedoch nur zugunsten des Unterhaltsverpflichteten selbst, nicht auch zugunsten von Unterhaltsberechtigten, die mit ihm in einer Haushaltsgemeinschaft leben. Das Verhältnis mehrerer Unterhaltsberechtigter zueinander wird durch die Rangvorschriften des BGB (§§ 1582, 1609 BGB) bestimmt, die nicht nach der Haushaltszugehörigkeit der Berechtigten unterscheiden. So kann ein nachrangiger Berechtigter, in vielen Fällen der neue Ehepartner des Unterhaltsverpflichteten, im Falle beschränkter Leistungsfähigkeit des Verpflichteten mit seinem Unterhaltsanspruch ganz ausfallen, und zwar ohne Rücksicht auf das Zusammenleben mit dem Verpflichteten und auch darauf, daß sich faktisch nachteilige Auswirkungen auf dessen eigenen Lebensstandard ergeben können (vgl. *Hampel,* FamRZ 1996, 513 [516]).

Vorliegend geht das BerGer. zutreffend davon aus, daß die Bekl., die zweite Ehefrau des Kl. und die drei Kinder aus der neuen Ehe unterhaltsrechtlich den gleichen Rang haben (vgl. *Senat,* NJW 1983, 1733 = FamRZ 1983, 678 [680]). Seine Auffassung, daß die „Sozialhilfeschwelle" der neuen Familie des Kl. nicht unterschritten werden dürfe, während die Bekl. auf ergänzende Sozialhilfe zu verweisen sei, ist mit diesem Gleichrang aller Berechtigten nicht zu vereinbaren. Denn dadurch würden die mit dem Kl. zusammenlebenden Unterhaltsberechtigten durch Errichtung einer Schranke, die für die Bekl. nicht gelten soll, einseitig begünstigt. Die Handhabung des § 1579 Nr. 7 BGB durch das BerGer. läuft somit darauf hinaus, die gesetzliche Rangregelung zu mißachten. Ihm kann daher insoweit nicht gefolgt werden. Dem gesetzlichen Gleichrang wird nur Rechnung getragen, wenn bei beschränkter Leistungsfähigkeit des Unterhaltsverpflichteten mehrere Unterhaltsgläubiger eine gleichmäßige Kürzung ihres Unterhaltsanspruchs hinzunehmen haben; auch in bezug auf die etwaige Inanspruchnahme ergänzender Sozialhilfe darf keiner bevorzugt behandelt werden.

BGH v. 13. 11. 1996 – XII ZR 125/95 – FamRZ 97, 484 = NJW 97, 731

(Naturalunterhalt durch Überlassung des Miteigentumsanteils der Ehewohnung; Neuregelung der Nutzung und **R508**
Verwaltung durch Berücksichtigung des mietfreien Wohnens beim Unterhalt mit der Verpflichtung, daß der andere Ehegatte wieder im Eigenheim wohnen darf; keine Nutzungsentschädigung, wenn mietfreies Wohnen bei Unterhaltsvereinbarung berücksichtigt wurde)

a) Das OLG hat dem Vergleich zutreffend entnommen, daß der Bekl. der Kl. seinen Miteigentumsanteil am Haus auch für die Zeit nach der Scheidung zur alleinigen Nutzung für sie und die gemeinsamen Kinder zur Verfügung zu stellen hatte, ohne hierfür ein Nutzungsentgelt zu verlangen. Der der Kl. zustehende Lebensbedarf, zu dem auch ihr Wohnbedarf gehört, sollte dadurch zum Teil in bar, zum Teil durch Naturalunterhalt gedeckt werden. Eine solche Art der Unterhaltsgewährung ist zulässig und in der Praxis auch nicht unüblich, insbesondere wenn es sich um eine Regelung für die Zeit zwischen Trennung und Scheidung handelt. Aber auch nach der Scheidung kann eine solche Bestimmung nach dem Willen der Parteien beibehalten werden. Zwar sieht das Gesetz grundsätzlich eine Unterhaltsgewährung in Geld vor (§ 1585 I 1 BGB). Die Parteien können aber jederzeit eine andere Art der

Unterhaltsgewährung vereinbaren (§ 1585 c BGB). Das gilt auch hinsichtlich der Nutzung eines den Ehegatten anteilig gehörenden und bisher gemeinsam genutzten Hauses, wenn einer von ihnen auszieht. Gem. § 745 II BGB kann jeder Teilhaber eine die Interessen beider berücksichtigende Neuregelung der Nutzung und Verwaltung verlangen; insbesondere kann der weichende Miteigentümer eine angemessene Nutzungsentschädigung für seinen Anteil beanspruchen (*BGH*, NJW 1982, 1753 = FamRZ 1982, 355 f.). Möglich sind aber auch andere Arten der Neuregelung, etwa dahin, daß der das Haus bewohnende Ehegatte die Finanzierungskosten des Hauses übernimmt (vgl. *Senat*, BGHZ 87, 265 [271 f.] = NJW 1983, 1845) oder daß das Nutzungsentgelt in die Unterhaltsregelung mit einbezogen wird (vgl. *Senat*, NJW 1986, 1340 = FamRZ 1986, 434 f. und NJW 1986, 1339 = FamRZ 1986, 436 f.). Dabei kommt auch eine Kompensation mit einem ansonsten höheren Barunterhaltsanspruch des das Haus allein bewohnenden unterhaltsberechtigten Ehegatten in Betracht. Das OLG geht zutreffend davon aus, daß hierin zugleich eine von der gesetzlichen Regelung der Mitbenutzung des gemeinsamen Gegenstandes (§ 743 BGB) abweichende Vereinbarung liegt.

Eine solche Regelung haben die Parteien hier getroffen, und zwar wie sich aus dem Wortlaut von Nr. 2 S. 3 des Vergleichs ergibt, auch für die Zeit nach Rechtskraft der Scheidung. Aus dem Verfahren ... (*AG L.*), in dem der Trennungsunterhalt und zugleich der nacheheliche Unterhalt durch den Vergleich geregelt wurden, ergibt sich nämlich, daß ohne eine solche Kompensation der Barunterhalt der Kl. – in Form des Elementarunterhalts und des von ihr ebenfalls verlangten Altersvorsorgeunterhalts – entsprechend höher ausgefallen wäre. Daraus folgt zugleich, daß es sich bei der Absprache in Nr. 3 des Vergleichs nicht lediglich um das Festhalten eines faktischen Zustands als Vergleichsgrundlage, nämlich der alleinigen Nutzung des Hauses durch die Kl. und die Kinder handelt, sondern daß sie eine verbindliche Regelung über die Art der Unterhaltsgewährung enthält. Davon ging ersichtlich auch der Bekl. aus, wenn er im Klageerwiderungsschriftsatz vom 4. 5. 1994 und im Schriftsatz vom 17. 8. 1994 selbst ausführte, daß es sich um eine „Regelung" handele, wonach die Kl. mit den Kindern weiterhin im gemeinsamen Haus wohnen bleiben könne und er die Finanzierungskosten nach wie vor allein tragen werde. Die im Vergleich getroffene Kompensationsregelung diente im übrigen auch dem Gericht des Unterhaltsabänderungsverfahrens, das die Kl. angestrengt hatte, dazu, ihrem Erhöhungsbegehren u. a. mit dem Hinweis auf die entgeltfreie Nutzung des Hauses entgegenzutreten.

War somit zwischen den Parteien verbindlich vereinbart, daß der Bekl. der Kl. einen Teil des Unterhalts in Natur, nämlich durch die Überlassung seines Hausanteils zur alleinigen Nutzung, zu gewähren hatte, befreite ihn die Veräußerung nicht von der mit der Kl. getroffenen Vereinbarung. Daraus, daß der Vergleich seinerzeit nicht als Belastung gem. § 1010 I BGB im Grundbuch eingetragen wurde und damit gegenüber den neuen Miteigentümern keine Wirkung entfaltete, kann der Bekl. für sich im Verhältnis zur Kl. nichts herleiten. Auch auf einen Wegfall der Geschäftsgrundlage kann er sich nicht berufen, und zwar schon deshalb nicht, weil der Umstand, daß er der Kl. den Hausanteil nicht mehr als Teil des geschuldeten Unterhalts zur Verfügung stellen kann, sondern diese sich den Nutzungsentgeltsansprüchen der neuen Miteigentümerin aus der Miteigentümergemeinschaft ausgesetzt sieht, auf eine Ursache zurückzuführen ist, die der Bekl. selbst gesetzt und zu vertreten hat (vgl. *Senat*, NJW 1995, 2031 [2032]). Er muß die Kl. daher unterhaltsrechtlich so stellen, als ob er ihr seinen Hausanteil weiterhin nutzungsentgeltfrei überlassen könnte. Demgemäß hat er die Kl. von den Nutzungsentgeltansprüchen der neuen Miteigentümerin freizustellen (vgl. *BGHZ* 40, 326 [331] = NJW 1964, 648).

BGH v. 20. 11. 1996 – XII ZR 70/95 – FamRZ 97, 281 = NJW 97, 735

R509 *(Fortwirken eines Titels über Kindesunterhalt nach Wiederheirat und erneuter Trennung der Eltern)*

b   Mit dem BerGer. ist weiter davon auszugehen, daß das Urteil des *KreisG F.* auch in dem hier maßgeblichen Zeitraum fortwirkt, auch wenn die Eltern wieder geheiratet und erneut – auch mit dem Kl. – zusammengelebt haben. Zwar bestand insoweit gem. § 1360 BGB die gegenseitige Verpflichtung der Ehegatten, die Familie angemessen zu unterhalten, die auch die Befriedigung des Lebensbedarfs der gemeinsamen unterhaltsberechtigten Kinder umfaßt (§ 1360 a I BGB). Der Unterhaltsanspruch der ehelichen Kinder nach den §§ 1601 ff. BGB gegen ihre Eltern besteht indessen neben dem wechselseitigen Unterhaltsanspruch der Eltern auf Gewährung von Familienunterhalt. Soweit das Kind in der Familie lebt und die Eltern beiderseits ihrer Pflicht zur Leistung des Familienunterhalts nachkommen, wird der nach §§ 1601 ff. BGB bestehende Unterhaltsanspruch erfüllt. Kommt ein Elternteil der Verpflichtung auf Leistung von Familienunterhalt nicht nach, so ergibt sich ein eigener einklagbarer Anspruch aus § 1360 BGB für das Kind nicht. Es kann vielmehr seinen Unterhaltsanspruch nach den §§ 1601 ff. BGB gegen den erwerbstätigen Elternteil geltend machen (*Göppinger/Strohal*, 6. Aufl., Rdnrn. 130 f.; vgl. auch *Schwab/Borth*, 3. Aufl., Teil V Rn. 9). Demgemäß ist der titulierte Unterhaltsanspruch, wie das BerGer. zutreffend angenommen hat, während des Zusammenlebens der Familie erfüllt worden, nicht aber für die Zukunft weggefallen. Ob diese Erwägungen auch für den nach dem Recht der DDR ausgeurteilten Kindesunterhalt gelten, kann dahinstehen. Die Familie hat nämlich nach der Wiederheirat der Kl. und des Bekl. in den alten Bundesländern, in die die Kl. im Februar

Anhang R. Rechtsprechung   R509

1987 zurückgekehrt waren, zusammengelebt, so daß von dieser Zeit an materiellrechtlich bundesdeutsches Recht maßgebend ist.

(Unterhaltsbedarf des Kindes bei fiktivem Einkommen des Pflichtigen)
c) Der Ermittlung des unterhaltsrelevanten Einkommens durch das BerGer. vermag der *Senat* **f** indessen nicht zu folgen. Die Höhe eines – von der Einkommenssituation des Unterhaltspflichtigen abhängigen – Unterhaltsbedarfs kann nicht aus lediglich fiktivem Einkommen hergeleitet werden. Das hat der *Senat* für den nachehelichen Unterhaltsanspruch bereits entschieden (*Senat,* NJW 1992, 2477 = FamRZ 1992, 1045 [1047]). Für den Kindesunterhalt kann insoweit grundsätzlich nichts anderes gelten. Lediglich gedachte wirtschaftliche Verhältnisse, die keine Grundlage in der tatsächlichen Einkommenssituation des Unterhaltspflichtigen haben, können dessen Lebensstellung nicht prägen. Daher kann ein Unterhaltsbedarf nicht aus fiktiven Mitteln hergeleitet werden, die dem Unterhaltspflichtigen nie zur Verfügung gestanden haben. Das wäre jedoch der Fall, wenn der Unterhaltsbemessung Einkünfte des Bekl. zugrunde gelegt würden, die er erst aus der Verwertung von Teilen seines Vermögens einschließlich Kapitalverzehr erzielen könnte. Eine derartige Betrachtungsweise unterscheidet nicht genügend zwischen der Höhe des Unterhaltsbedarfs und der Prüfung der Leistungsfähigkeit des Unterhaltspflichtigen (*OLG Karlsruhe,* FamRZ 1993, 1481 [1482]).

(Steuerliche Absetzungen und Abschreibungen; Instandhaltungskosten)
Die zu versteuernden Einkünfte eines Unterhaltspflichtigen sind in der Regel geringer als das **g** Einkommen, nach dem sich der Unterhalt bemißt, weil eine Vielzahl von steuerspezifischen Absetzungs- und Abschreibungsmöglichkeiten unterhaltsrechtlich nicht einkommensmindernd berücksichtigt werden können (*Senat,* NJW 1980, 2083 = FamRZ 1980, 770). Dies gilt auch bei Einkünften aus Vermietung und Verpachtung. Hierbei wirken sich erfahrungsgemäß Abschreibungen für die Abnutzung von Gebäuden sowie Instandsetzungskosten erheblich zugunsten des Steuerpflichtigen aus, ohne daß diese Posten unterhaltsrechtlich in gleicher Weise anerkannt werden können. Abschreibungen für die Abnutzung von Gebäuden (die vorliegend für das Jahr 1990 allerdings nur insgesamt rund 2200 DM betrugen) berühren das unterhaltsrechtlich maßgebende Einkommen nicht. Instandsetzungskosten können unterhaltsrechtlich nur insoweit berücksichtigt werden, als es sich um notwendigen Erhaltungsaufwand handelt und nicht etwa um den Aufwand für eine Vermögensbildung, wie er etwa vorliegt, wenn Ausbauten und wertsteigernde Verbesserungen vorgenommen werden (*Senat,* NJW 1984, 303 = FamRZ 1984, 39 [41]).

Die hiernach notwendige Differenz zwischen den steuerlich rücksichtigten bzw. vom Bekl. geltend gemachten Aufwendungen und dem unterhaltsrechtlich anzuerkennenden Aufwand ist bisher nicht erfolgt. Somit ist das den Unterhaltsbedarf des Kl. grundsätzlich bestimmende unterhaltsrechtlich relevante Einkommen des Bekl. bisher nicht festgestellt worden. Auch die weitere Frage, ob die Lebensstellung des Bekl. nicht über dieses Einkommen hinaus tatsächlich durch den Einsatz von Mieteinnahmen in einem höheren Umfang, der sich letztlich als Eingriff in die Vermögenssubstanz auswirkte, geprägt war, ist unbeantwortet geblieben. Dem Einsatz solcher Mittel könnte indessen ebenfalls Bedeutung für die Bedarfsbemessung zukommen.

(Kein fester Bedarfssatz für das volljährige Kind ohne eigene originäre Lebensstellung)
d) Daß das *OLG* den Unterhaltsbedarf des Kl. für die Zeit ab 1. 7. 1992 mit einem pauschalierten **h** Rechenbetrag angesetzt und entsprechend der Düsseldorfer Tabelle (Stand: 1. 7. 1992) mit 950 DM bemessen hat (vgl. Anm. 7: Bedarfssatz für ein Kind mit eigenem Haushalt), begegnet ebenfalls durchgreifenden rechtlichen Bedenken.

Die Annahme, der Kl. habe seit dem Auszug aus der ehelichen Wohnung eine eigene Lebensstellung inne, ist nach den getroffenen Feststellungen nicht gerechtfertigt. Er wohnt weiterhin in demselben Haus wie seine Eltern – seine beiden Zimmer befinden sich nur in der Wohnung der Schwester –, wird aufgrund seiner Behinderung nach wie vor von der Kl. betreut und versorgt und ist mit der ihm in der Behindertenwerkstatt gezahlten Vergütung (monatlich 90 DM bzw. ab 1. 9. 1992 monatlich 110 DM) auch wirtschaftlich nicht selbständig. Damit fehlt es dem Kl. aber an einer unterhaltsrechtlich relevanten originären Lebensstellung. Solange ein Kind auch nach Eintritt der Volljährigkeit für seinen Lebensunterhalt auf die ihm von seinen Eltern zur Verfügung gestellten Mittel angewiesen ist, bleibt seine Lebensstellung von ihnen abgeleitet (*Senat,* NJW-RR 1986, 1261 = FamRZ 1987, 58 [60]; NJW-RR 1986, 426 = FamRZ 1986, 151; *Griesche,* FamGb, § 1610 Rn. 5; vgl. auch *Schwab/Borth,* Teil V Rn. 21). Daran ändert unter den hier gegebenen Umständen auch der Umzug in die Wohnung der Schwester nichts. Folglich besteht auch für die Zeit ab 1. 7. 1992 die Notwendigkeit, den Unterhaltsbedarf des Kl. ausgehend von dem unterhaltsrechtlich relevanten Einkommen des Beklagten – gegebenenfalls unter Berücksichtigung einer tatsächlichen Verwendung zusätzlicher Mittel – zu bemessen. Da hierzu keine Feststellungen getroffen worden sind, kann die Entscheidung bezüglich des Kindesunterhalts insgesamt keinen Bestand haben.

(Bemessung des Trennungsunterhalts bei fiktivem Einkommen des Pflichtigen)

i 3. Diese Beurteilung ist, wie die Revision zu Recht geltend macht, nicht frei von Rechtsirrtum.
a) Zutreffend ist allerdings der Ausgangspunkt des BerGer. Es entspricht der ständigen Rechtsprechung des *Senats*, daß bei der Bemessung des ehelichen und des nachehelichen Unterhalts ein objektiver Maßstab anzulegen ist. Eine nach den Verhältnissen zu dürftige Lebensführung bleibt ebenso außer Betracht wie ein übertriebener Aufwand. Nur in diesem Rahmen kann das tatsächliche Konsumverhalten der Ehegatten während des ehelichen Zusammenlebens berücksichtigt werden (*Senat*, NJW 1989, 2809 = FamRZ 1989 1160 [1161] m. Nachw.).

b) Für die Unterhaltsbemessung grundsätzlich maßgebend bleibt indessen der in der Ehe erreichte Lebensstandard. Die Aufgabe des Ehegattenunterhalts erschöpft sich darin, dem bedürftigen Ehegatten, soweit die Leistungsfähigkeit des Verpflichteten reicht, diejenigen Geldmittel zur Verfügung zu stellen, die er benötigt, um seine laufenden Lebensbedürfnisse so zu befriedigen, wie es den ehelichen Lebensverhältnissen entspricht. Ist nach diesen Verhältnissen etwa ein Teil des Einkommens der Vermögensbildung vorbehalten und damit der Befriedigung der laufenden Lebensbedürfnisse entzogen, kann dieser Teil des Einkommens nicht herangezogen werden. Der Unterhaltsberechtigte würde sonst bessergestellt, als er während des Zusammenlebens der Ehegatten gestanden hat. Insoweit ergibt sich ein gewisses Regulativ allerdings aus dem Grundsatz, daß bei der Ermittlung der ehelichen Lebensverhältnisse ein objektiver Maßstab anzulegen ist. Der unterhaltsbedürftige Ehegatte braucht sich eine das verfügbare Einkommen unangemessen einschränkende Vermögensbildung nicht entgegenhalten zu lassen (*Senat*, NJW-RR 1987, 194 = FamRZ 1987, 36 [39]). Der für solche Fälle zur Korrektur herangezogene objektive Maßstab darf indessen nicht dazu führen daß der Boden der ehelichen Lebensverhältnisse verlassen und Einkünfte des Unterhaltspflichtigen als prägend zugrunde gelegt werden, die tatsächlich nie vorhanden waren. Ein Unterhaltsanspruch kann deshalb grundsätzlich nicht aus fiktiven Mitteln hergeleitet werden. Folglich erfordert auch die Bemessung des der Kl. zustehenden Trennungsunterhalts die – hier fehlende – Feststellung des unterhaltsrechtlich relevanten Einkommens des Bekl. Darüber hinaus können auch die ehelichen Lebensverhältnisse dadurch geprägt gewesen sein, daß tatsächlich weitergehende Mittel für den Lebensunterhalt verwendet worden sind (vgl. hierzu die Ausführungen unter AII 2 c).

BGH v. 21. 1. 1997 – XII ZR 257/95 – FamRZ 97, 483 = NJW 97, 1439

R510 *(Zur Offenbarungspflicht des Berechtigten über – nach dem geltenden Unterhaltsvergleich – nicht anrechnungsfreie Einkünfte; Betrag bei Verstoß gegen die Verpflichtung zur ungefragten Information)*

a 1. Das BerGer. geht davon aus, daß die Bekl. aufgrund von Nr. 3 des Vergleichs vom 6. 10. 1989 verpflichtet gewesen sei, den Kl. ungefragt über ihre Einkünfte aus Erwerbstätigkeit zu informieren, sobald sie deutlich mehr als monatlich 600 DM netto verdient habe. Denn nach der getroffenen Vereinbarung habe sich dann die Höhe des ihr geschuldeten nachehelichen Unterhalts verringern müssen.

Dem hält die Revision entgegen, eine Pflicht zur unverlangten Information bestehe im Hinblick auf das Auskunftsrecht des Unterhaltsverpflichteten nur in Ausnahmefällen, in denen das Schweigen evident unredlich wäre. Das könne nicht schon dann angenommen werden, wenn eine wesentliche Änderung der Einkommens- und Vermögensverhältnisse i. S. des § 323 I ZPO eingetreten sei, sondern erst bei solchen Veränderungen, die den materiell-rechtlichen Unterhaltsanspruch ersichtlich erlöschen ließen oder zumindest grundlegend veränderten (Hinweis auf *Senat*, NJW 1986, 1751 = FamRZ 1986, 450 [453] und NJW 1986, 2047 = FamRZ 1986, 794 [7961]). Ein solcher Ausnahmefall sei vorliegend nicht gegeben.

Diese Rüge ist unbegründet. Die von der Revision angezogene Senatsrechtsprechung betrifft Informationspflichten, die den Unterhaltsberechtigten nach einem streitigen Urteil über die Tatbestände der §§ 1580, 1605 BGB hinaus aus § 242 BGB treffen. Geht es, wie hier, um die Durchführung einer Unterhaltsvereinbarung, erhöht sich dessen Pflicht zur Rücksichtnahme auf die Belange des anderen Teils (ebenso *Hoppenz*, FamRZ 1989, 337 [339]). Nach h. A. hat der Unterhaltsverpflichtete aufgrund der Bestimmung des § 1605 II BGB vor Ablauf von zwei Jahren seit Abschluß einer Unterhaltsvereinbarung (§ 1585 c BGB) ohnehin keine Möglichkeit, ein Auskunftsverlangen durchzusetzen (vgl. etwa *OLG Karlsruhe*, FamRZ 1991, 1470 m. w. Nachw.). Auch deswegen ist der Unterhaltsberechtigte im Hinblick auf seine vertragliche Treuepflicht gehalten, jederzeit und unaufgefordert dem anderen Teil Umstände zu offenbaren, die ersichtlich dessen Verpflichtungen aus dem Vertrag berühren (vgl. dazu auch *Palandt/Heinrichs*, BGB, 56. Aufl., § 242 Rn. 37). In einem Fall, in dem in einer Scheidungsvereinbarung der unterhaltsberechtigten Ehefrau zugestanden worden war, anrechnungsfrei monatlich 50 DM hinzuzuverdienen, hat der *BGH* bereits im Jahre 1959 eine vertragliche Pflicht zur unaufgeforderter Information über die Erzielung höherer Einkünfte bejaht (vgl. *BGHZ* 30, 36 [39] = NJW 1959, 1275; s. auch *OLG Hamm*, FamRZ 1994, 1265 [1266]). Im vorliegenden Fall hat deshalb das BerGer. zu Recht angenommen, daß die Bekl. aufgrund des Vergleichs vom 6. 10. 1989 verpflich-

Anhang R. Rechtsprechung **R510**

tet war, dem Kl. einen deutlich über 600 DM liegenden monatlichen Nettoverdienst ungefragt mitzuteilen; es handelte sich dabei um eine durch Nr. 3 begründete vertragliche Nebenpflicht (zur entsprechenden Verpflichtung des Unterhaltsschuldners vgl. *Senat,* NJW 1988, 1965 = FamRZ 1988, 270 [271 f.]).

2. Dadurch, daß die Bekl. ihre höheren Einkünfte ab Mitte 1990 bis zum Wirksamwerden des Abänderungsbegehrens des Kl. am 16. 3. 1993 pflichtwidrig verschwieg, hat sie nach der Beurteilung des BerGer. einen vollendeten Betrug (§ 263 I StGB) begangen. Diese Ausführungen halten den Angriffen der Revision stand.

b) In dem Prozeßvergleich vom 6. 10. 1989 haben die Parteien unter Berücksichtigung des Umstands, daß die Bekl. die beiden gemeinschaftlichen Kinder betreuen würde, den anrechnungsfreien Zuverdienst der Bekl. auf monatlich 600 DM festgelegt. Allgemein kann eine neben der Kindesbetreuung ausgeübte Erwerbstätigkeit als überobligationsmäßig zu beurteilen sein mit der Folge, daß die daraus erzielten Einkünfte gem. § 1577 II BGB jedenfalls teilweise anrechnungsfrei bleiben (vgl. dazu *Senat,* NJW 1983, 933 = FamRZ 1983, 146 und NJW 1995, 962 = FamRZ 1995, 343). Vorliegend ist dieser Punkt vertraglich durch die Festlegung des Freibetrages von 600 DM geregelt worden. Es ist daher entgegen der Auffassung der Revision unerheblich, ob die Bekl. nach der gesetzlichen Regelung möglicherweise einen höheren Abzug hätte vornehmen können, auch insoweit war vielmehr allein die abgeschlossene Unterhaltsvereinbarung maßgebend.

c) Die Ansprüche auf Kindes- und Ehegattenunterhalt sind in dem Prozeßvergleich getrennt geregelt, wobei die Anrechnungsklausel nur auf den letzteren bezogen ist. Auch deswegen hat das *OLG* zu Recht angenommen, daß die Bekl. keine „interne Verrechnung" hat vornehmen dürfen, falls der Kl. wegen des Anstieges seines Einkommens höheren Kindesunterhalt als im Vergleich vereinbart geschuldet hat. Zutreffend sind auch die Ausführungen dazu, daß eine eigenmächtige Verrechnung mit sonstigen Abzugsposten die Bekl. der Informationspflicht nicht enthob.

(Zur Anwendung des § 1579 Nr. 2 BGB bei betrügerischem Verschweigen nicht anrechnungsfreier Einkünfte)
3. Das BerGer. wertet das Verhalten der Bekl. als schweres vorsätzliches Vergehen gegen den unter- **b** haltsverpflichteten Kl. i. S. von § 1579 Nr. 2 BGB mit der Folge, daß ihr an sich bis zum 11. 8. 1997 bestehender Unterhaltsanspruch aus § 1570 BGB ab 16. 3. 1993 wegen grober Unbilligkeit der Inanspruchnahme des Kl. zu versagen sei. Auch dagegen wendet sich die Revision vergebens.

a) Soweit sie rügt, dem Berufungsurteil seien keine hinreichenden Feststellungen dazu zu entnehmen, ob ein schweres Vergehen i. S. des § 1579 Nr. 2 BGB vorliege, kann ihr nicht gefolgt werden. Ob ein strafbares vorsätzliches Vergehen gegen den Unterhaltsverpflichteten schwer im Sinne dieser Vorschrift ist, hat der Tatrichter zu entscheiden. Das RevGer. kann nur prüfen, ob er dabei von richtigen Rechtsvorstellungen ausgegangen ist (vgl. *Senat,* NJW 1984, 296 = FamRZ 1984, 34 [35]). Das BerGer. hat hier im wesentlichen auf die lange Dauer der Tatverwirklichung und darauf abgehoben, daß die Handlungsweise der Bekl. dem Kl., der in dieser Zeit Einkünfte als Berufssoldat erzielte, empfindlich getroffen hat. Das ist aus Rechtsgründen nicht zu beanstanden.

b) Die Revision rügt weiter, das BerGer. habe nicht hinreichend abgewogen, ob mildere Sanktionen als die Versagung des Unterhalts ausreichend sein, nämlich die vom Gesetz alternativ vorgesehene Herabsetzung sowie die zeitliche Begrenzung des Unterhalts. Die völlige Versagung des Anrechts liege nicht im Ermessen des Gerichts, sondern sei auf Fälle beschränkt, bei denen jede Unterhaltsleistung schlechthin unerträglich wäre. Die pauschale Erwägung, daß beim Kl. ein bedeutender Schaden entstanden sei, sei nicht ausreichend, vielmehr seien konkrete Feststellungen zu dessen wirtschaftlichen Verhältnissen erforderlich. Die Bekl. habe auch nicht aus verwerflicher Gesinnung gehandelt, sondern habe allenfalls irrig angenommen, auch bei Erzielung höherer Einkünfte weiterhin uneingeschränkt unterhaltsberechtigt zu sein. Schließlich habe das BerGer. die Möglichkeit in Betracht gezogen, daß der Bekl. ein Unterhaltsanspruch wegen Krankheit (§ 1572 BGB) zustehen könnte, diesen Umstand aber bei seiner Abwägung nicht hinreichend berücksichtigt.

Auch damit kann die Revision nicht durchdringen. Das BerGer. war sich, wie seine Ausführungen zeigen, der verschiedenen Sanktionsmöglichkeiten im Rahmen des § 1579 BGB bewußt. Bei der Anwendung dieser Härteklausel unter Würdigung der Umstände des Einzelfalles und im Rahmen der dabei gebotenen Zumutbarkeitsprüfung hat der Tatrichter einen ihm vorbehaltenen Beurteilungsspielraum, der nur einer rechtlichen Kontrolle durch das RevGer. unterliegt (vgl. *Senat,* NJW-RR 1988, 834 = FamRZ 1988, 930 [933]). Die hier vom BerGer. vorgenommene Würdigung und Abwägung der Belange beider Parteien läßt keinen Rechtsverstoß erkennen. Der Vorwurf der Revision, daß die Entscheidung in bezug auf die wirtschaftlichen Verhältnisse des Kl. aufgrund unzulänglicher tatsächlicher Grundlage getroffen worden sei, ist unbegründet. Die Bekl. selbst fordert aufgrund ihres offenbar mittlerweile beträchtlichen Eigeneinkommens nur noch ergänzenden nachehelichen Unterhalt von monatlich 300 DM für die Zeit vom 16. 3. 1993 bis 31. 7. 1993 sowie von monatlich 100 DM für die Zeit danach. Der Ausschluß eines Restunterhalts in dieser Höhe begegnet bei dem evident unredlichen Verhalten der Bekl. keinen rechtlichen Bedenken. Was den Unterhaltsanspruch aus § 1572 BGB angeht, so hat ihn das BerGer. – ohne konkrete Anhaltspunkte für eine Krankheit oder ein Gebrechen nur in Betracht gezogen, weil nach seiner Beurteilung der bestehende Anspruch der Bekl. aus § 1570 BGB am 11. 8. 1997 ohnehin auslaufen würde. Es handelt sich demnach um keinen Umstand von großem Gewicht. Die Revisionserwiderung weist im übrigen zutreffend darauf hin, daß die Härteklausel des § 1579 BGB gegenüber jedem Anspruch auf nachehelichen Unterhalt durchgreifen kann.

c) Die Revision verweist schließlich darauf, daß die Härteklausel des § 1579 BGB nur unter Wahrung der Belange gemeinschaftlicher Kinder angewendet werden darf. Unter diesem Gesichtspunkt bestehen gegen die Entscheidung des BerGer. ebenfalls keine durchgreifenden Bedenken. Insoweit ist zu fordern, daß die Pflege und Erziehung von Kindern trotz der Anwendung der Härteklausel gesichert bleibt. Das ist in der Regel der Fall, wenn die dem betreuenden Ehegatten verbleibenden Mittel das Maß dessen übersteigen, was er zur Deckung seines Mindestbedarfs benötigt (vgl. *Senat,* NJW 1990, 253 [254]; NJW-RR 1988, 70 = FamRZ 1987, 1238 [1239]). Im Hinblick auf die von der Bekl. seit März 1993 erzielten Eigeneinkünfte liegt fern, daß ihr bei Versagung ihres restlichen Unterhaltsanspruchs Mittel in diesem Umfang nicht verbleiben.

BGH v. 12. 3. 1997 – XII ZR 153/95 – FamRZ 97, 671 = NJW 97, 1851

R511A   *(Langjähriges Zusammenleben mit einem neuen Partner als Verwirkungsgrund nach 1597 Nr. 7 BGB; Kriterium des Erscheinungsbildes in der Öffentlichkeit)*

a   Nach der Rspr. des *Senats* kann das Zusammenleben des Unterhaltsberechtigten mit einem neuen Partner dann zur Annahme eines Härtegrundes i. S. von § 1579 Nr. 7 BGB – mit der Folge der Unzumutbarkeit einer weiteren (uneingeschränkten) Unterhaltsbelastung für den Verpflichteten – führen, wenn sich diese Beziehung in einem solchen Maße verfestigt, daß damit gleichsam ein ne. Zusammenleben an die Stelle einer Ehe getreten ist. Nach welchem Zeitablauf – und unter welchen weiteren Umständen – dies angenommen werden kann, läßt sich nicht allgemeinverbindlich festlegen. Vor Ablauf einer gewissen Mindestdauer, die im Einzelfall kaum unter zwei bis drei Jahren liegen dürfte, wird sich in der Regel nicht verläßlich beurteilen lassen, ob die Partner nur „probeweise" zusammenleben oder ob sie auf Dauer in einer verfestigten Gemeinschaft leben und nach dem Erscheinungsbild der Beziehung in der Öffentlichkeit diese Lebensform bewußt auch für ihre weitere Zukunft gewählt haben (*Senats*urteile v. 21. 12. 1988 – IV b ZR 18/88 –, NJW 1989, 1083 = FamRZ 1989, 487, 490 f.; v. 11. 7. 1984 – IV b ZR 22/83 –, FamRZ 1984, 986, 987 = NJW 1984, 2692; v. 29. 6. 1983 – IV b ZR 391/81 –, FamRZ 1983, 996, 997 = NJW 1983, 2243).

Ist diese Voraussetzung erfüllt, dann kann von dem Zeitpunkt an, in dem sich das ne. Zusammenleben der neuen Partner als solchermaßen verfestigte Verbindung darstellt, die Bedeutung der geschiedenen Ehe als Grund für eine fortdauernde unterhaltsrechtliche Verantwortung des Verpflichteten gegenüber seinem geschiedenen Ehegatten zurücktreten, und es kann für den Verpflichteten objektiv unzumutbar werden, den früheren Ehegatten unter derartig veränderten Lebensumständen gleichwohl weiterhin (uneingeschränkt) unterhalten zu müssen (*Senats*urteil v. 21. 12. 1988, a. a. O.).

Das KG hat in diesem Zusammenhang die Frage aufgeworfen, ob die Annahme einer auf Dauer angelegten verfestigten Verbindung voraussetze, daß diese von der konkreten Umgebung des Berechtigten als eheliches Verhältnis wahrgenommen und gewertet werde, und hat deswegen die Revision zugelassen.

Bedenken gegen die vorgenannte Rspr. des *Senats* sind im Schrifttum dahin aufgekommen, ob das Erscheinungsbild der ne. Lebensgemeinschaft in der Öffentlichkeit maßgebend sein könne oder ob es nicht ausreichen müsse, wenn die Partner ihre Verbindung als dauerhaft ansähen, auch wenn sie es verstünden, die Beziehung in der Öffentlichkeit geheimzuhalten (so *Johannsen/Henrich/Voelskow,* Eherecht, 2. Aufl., § 1579 BGB Rz. 42; *MünchKomm/Richter,* BGB, 2. Aufl., § 1579 Rz. 47, vgl. auch 3. Aufl., § 1579 Rz. 47 a; a. A. *Griesche,* in: FamGb, § 1579 BGB Rz. 35; vgl. auch *Luthin,* FamRZ 1986, 1166, 1167).

Ob an dem Kriterium des Erscheinungsbildes in der Öffentlichkeit festzuhalten ist, bedarf vorliegend keiner Entscheidung, da die Bekl. und L. – wie die getroffenen Feststellungen zeigen – ihre Verbindung nicht geheimhalten. Die Frage, ob die Öffentlichkeit aus diesem Verhalten auch tatsächlich auf ein eheliches Verhältnis schließen muß, wird – soweit ersichtlich – in dieser Form im Schrifttum nicht ernsthaft diskutiert. Sie ist mit dem KG und mit der von diesem gegebenen Begründung auch zu verneinen. Die Maßgeblichkeit des Erscheinungsbildes einer neuen Partnerschaft des Unterhaltsberechtigten in der Öffentlichkeit als Grund für die Unzumutbarkeit einer weiteren (uneingeschränkten) Unterhaltsbelastung des Unterhaltsverpflichteten betrifft jedenfalls allein die Erkennbarkeit der Partnerschaft aufgrund der nach außen dringenden Gegebenheiten und setzt nicht voraus, daß die Partnerschaft auch tatsächlich in diesem Sinne bewertet wird.

Daß das KG zu der Annahme gelangt ist, vorliegend bestehe nunmehr der Härtegrund eines auf Dauer angelegten festen Verhältnisses der Bekl. zu dem Zeugen L. (§ 1579 Nr. 7 BGB), begegnet

Anhang R. Rechtsprechung   **R511B**

daher aus Rechtsgründen keinen Bedenken. Es obliegt letztlich der verantwortlichen Beurteilung des Tatrichters, ob er den Tatbestand des „ne. Zusammenlebens" aus tatsächlichen Gründen für gegeben erachtet oder nicht (*Senatsurteil* v. 25. 5. 1994 – XII ZR 17/93 –, FamRZ 1995, 540, 543). Daß der Zeuge L. weiterhin eine eigene Wohnung besitzt, steht der Bewertung ebensowenig entgegen (*Senatsurteil* v. 11. 7. 1984, a. a. O.) wie der Umstand, daß sich die Beziehung in der letzten Zeit nach den Angaben des Zeugen flüchtiger gestaltete. Dieser Gesichtspunkt brauchte das KG, das die Änderung letztlich als prozeßbedingt angesehen hat, aufgrund der im übrigen getroffenen Feststellungen nicht zu einer anderen Beurteilung zu veranlassen.

(Wahrung der Kinderbelange bei einer Verwirkung nach § 1579 BGB)
Soweit die Revision sich gegen die Befristung des Unterhaltsanspruchs bis zum 30. 9. 1997 wendet, **b**
kann ihr der Erfolg allerdings nicht versagt werden.

Da die Bekl. als Sorgeberechtigte die 1985 geborene gemeinsame Tochter betreut, ist ihr Unterhaltsanspruch nach § 1579 BGB nur zu begrenzen, soweit die Inanspruchnahme des Unterhaltspflichtigen auch unter Wahrung der Belange des Kindes, dessen Pflege und Erziehung gesichert bleiben muß, grob unbillig ist. Das ist grundsätzlich der Fall, soweit der Unterhalt das Maß dessen übersteigt, was der betreuende Elternteil – ggf. zusammen mit seinen Erwerbseinkünften – zur Deckung seines Mindestbedarfs benötigt, ferner, soweit dieser die dazu erforderlichen Mittel von anderer Seite erhalten kann und daher auf den Unterhalt nicht angewiesen ist. Schließlich können die Belange des Kindes gewahrt sein, wenn seine Pflege und Erziehung in anderer Weise als durch elterl. Betreuung sichergestellt werden kann (*Senatsurteil* v. 27. 9. 1989 – IV b ZR 78/88 –, FamRZ 1989, 1279, 1280; *Johannsen/ Henrich/Voelskow*, a. a. O., § 1579 BGB Rz. 9 f.; *Schwab/Borth*, Handbuch des Scheidungsrechts, 3. Aufl., Teil IV Rz. 418; *Göppinger/Kindermann*, Unterhaltsrecht, 6. Aufl. Rz. 1318; *Soergel/Häberle*, BGB, 12. Aufl., § 1579 Rz. 34 f.).

Ob es besonders schwerwiegende Härtefälle gibt, in denen diese Grenzen zur Vermeidung unträgbarer Ergebnisse überschritten werden, in denen also die Belange des Kindes denen des Unterhaltspflichtigen in weiterem Umfang weichen müssen, kann dahinstehen, da ein solcher Ausnahmefalll hier nicht in Betracht kommt (*Senats*urteil v. 27. 9. 1989, a. a. O.). Davon ist auch das KG ausgegangen. Es hat indessen angenommen, die Bekl. werde nach dem 30. 9. 1997, auch im Hinblick auf das Alter des Kindes, selbst für ihren Unterhalt sorgen müssen, obwohl sie dann – wie für die Zeit vor dem 30. 9. 1997 ausgeführt wird – ihre derzeitige Teilzeitbeschäftigung erheblich ausweiten müßte.

BGH v. 19. 3. 1997 – XII ZR 277/95 – FamRZ 97, 811 = NJW 97, 2176

(Vorbereitende Auskunftsansprüche, die nicht im Rahmen einer Stufenklage geltend gemacht werden, gehören **R511B**
nicht in den Scheidungsverbund)

a) Die Frage, ob Auskunftsansprüche der vorliegenden Art, die nicht im Rahmen einer Stufenklage erhoben werden, im Scheidungsverbund geltend gemacht werden können, ist umstritten. Die wohl überwiegende Ansicht verneint die Frage im Anschluß an die bereits im Urteil des *BGH* v. 30. 5. 1979 (IV ZR 160/78 –, FamRZ 1979, 690, 692) enthaltene Erwägung, der Scheidungsverbund sei auf die Regelung der Scheidungsfolgen bezogen, nicht aber auf Entscheidungen, die eine solche Regelung erst vorbereiten. Dies komme auch im Wortlaut des § 623 I S. 1 ZPO zum Ausdruck, der auf Entscheidungen abstelle, die für den Fall der Scheidung zu treffen seien (vgl. *KG*, NJW-RR 1992, 450, 451; *OLG Hamm*, FamRZ 1993, 984; *MünchKomm/Gernhuber*, BGB, 3. Aufl., § 1379 Rz. 31; *Palandt/ Diederichsen*, BGB, 56. Aufl., § 1379 Rz. 2; *Wendl/Staudigl*, Unterhaltsrecht in der familienrichterlichen Praxis, 3. Aufl., § 8 Rz. 53; a. A.: *OLG Frankfurt*, FamRZ 1987, 299, 300; *Zöller/Philippi*, ZPO, 20. Aufl., § 623 Rz. 21 b; *Schwab/Maurer*, Handbuch des Scheidungsrechts, 2. Aufl., I 341; *Bergerfurth*, Ehescheidungsprozeß, 10. Aufl., Rz. 366).

Auch nach Auffassung des *Senats* entspricht die Einbeziehung isoliert erhobener Auskunftsansprüche in den Scheidungsverbund nicht dem Gesetz. Mit der Entscheidung über solche Ansprüche wird der Zweck des Verbundes, die sachgerechte Regelung der wichtigsten mit der Scheidung zusammenhängenden Fragen gleichzeitig mit dieser zu treffen und dadurch den Ehegatten, der an der Ehe festhalten will oder der der sozial schwächere Teil ist, zu schützen (vgl. BT-Drucks. 7/650, S. 61, 86), nicht oder nur unvollkommen erreicht. Die Behandlung dieser Auskunftsbegehren als Folgesache hätte auch zur Folge, daß im Falle fehlender Entscheidungsreife eine Vorabentscheidung über den Scheidungsantrag nur bei Vorliegen der strengen Voraussetzungen des § 628 I Nr. 3 ZPO möglich wäre, was im Hinblick auf die nur eingeschränkte Bedeutung solcher Ansprüche nicht gerechtfertigt wäre. Die Regelung des § 623 I S. 1 ZPO, daß über Folgesachen gleichzeitig mit der Scheidungssache zu verhandeln und zu entscheiden ist, stellt eine vom Gesetz ausdrücklich zugelassene Ausnahme von dem Verbindungsverbot des § 610 II ZPO dar (vgl. Satz 2), die eng auszulegen ist. Sofern es einem Ehegatten darum geht, gleichzeitig mit der Scheidung Ansprüche auf Unterhalt oder Zugewinnausgleich geregelt zu wissen, steht ihm, auch wenn er die Abänderung eines bereits bestehenden Titels erstrebt (vgl. *Senats*urteil v. 21. 4. 1993 – XII ZR 248/91 –, FamRZ 1993, 1065), der Weg der Stufenklage zur Verfügung, wobei über den Auskunftsanspruch vorab durch Teilurteil entschieden wird und die Art der Endentscheidung dem Sinn und Zweck des auf endgültige Regelungen gerichteten Scheidungsverbundes entspricht. Erstrebt er nur eine Entscheidung über den vorbereitenden Auskunftsanspruch, wird seinem Anliegen auch die Behandlung in einem gesonderten Verfahren außerhalb des Scheidungsverbundes gerecht.

b) Es war danach zwar verfahrensfehlerhaft, daß das FamG über den von der Ehefrau geltend gemachten Auskunftsanspruch zusammen mit der Ehesache und der Regelung der elterl. Sorge verhandelt und entschieden hat. Richtigerweise hätte es das Verfahren über den Auskunftsanspruch gemäß § 145 ZPO abtrennen und gesondert darüber verhandeln und entscheiden müssen (vgl. OLG Hamm, FamRZ 1994, 773; *Baumbach/Lauterbach/Albers*, ZPO, 55. Aufl., § 610 Rz. 3; *Wendl/Staudigl*, a. a. O., § 8 Rz. 53).

Da aber durch Teilanfechtung nur die Entscheidung über den Auskunftsanspruch in die Berufungsinstanz gelangt ist, während der Scheidungsausspruch und die Regelung der elterl. Sorge noch vor der Berufungsverhandlung in Rechtskraft erwuchsen, war in zweiter Instanz der aufgetretene Verfahrensfehler prozessual überholt und bedeutungslos geworden. Wäre das Verbundurteil insgesamt angefochten worden, hätte sich eine Abtrennung des die Auskunft betreffenden Verfahrens durch das OLG angeboten. Die Abweisung des Auskunftsanspruchs als unzulässig war jedenfalls nicht gerechtfertigt und kann keinen Bestand haben.

BGH v. 16. 4. 1997 – XII ZR 233/95 – FamRZ 97, 806 = NJW 97, 1919

R512 *(Vorabzug des Bonus (Additionsmethode); Herabsetzung des Bonus bei Vorabzug konkreten Erwerbsaufwands auf $1/9$; Berechnung des Bonus aus dem verteilungsfähigen Einkommen)*

b 2. Um dem mit der Erwerbstätigkeit verbundenen erhöhten Aufwand und dem Gedanken des Erwerbsanreizes für den Unterhaltspflichtigen Rechnung zu tragen, hat das *OLG* abweichend von der sonst üblichen vereinfachenden Aufteilungsmethode von $3/7$ für den Unterhaltsberechtigten und $4/7$ für den Unterhaltsverpflichteten – den sog. Erwerbstätigenbonus gesondert errechnet. In Anbetracht des Umstands, daß die tatsächlichen berufsbedingten Aufwendungen in Gestalt der Fahrtkosten schon vorweg abgezogen worden seien und im wesentlichen nur noch der Anreizgedanke zu berücksichtigen sei, hat es diesen Bonus geringer, nämlich mit $1/9$ statt mit $1/7$ angesetzt (1844:9 = 205 DM). Auch dies steht im Einklang mit der Rechtsprechung des *Senats*, der es für rechtlich unbedenklich erachtet hat, den Erwerbstätigenbonus geringer als üblich zu bemessen, wenn berufsbedingte Aufwendungen bei der Ermittlung des Nettoeinkommens bereits konkret berücksichtigt wurden (*Senat*, NJW 1990, 2886 = FamRZ 1990, 1085 [1087] und NJW-RR 1990, 1346 = FamRZ 1990, 1090 [1091] m. Nachw.). Im übrigen steht die Höhe des Erwerbstätigenbonus allein im Ermessen des Tatrichters (*Senat*, NJW 1990, 2886 = FamRZ 1990, 1085 [1087] und NJW-RR 1990, 1346 = FamRZ 1990, 1090 [1091]).

Demgegenüber meint die Revision, daß der Erwerbstätigenbonus aus einem Einkommen zu ermitteln sei, das vorab lediglich um die berufsbedingten Aufwendungen, nicht aber auch um den Kindesunterhalt und weitere Verbindlichkeiten bereinigt werden dürfe. Die gegenteilige Ansicht führe zu einer Aushöhlung des Erwerbstätigenbonus, die sich bei der hier angewandten Methode der gesonderten Ermittlung und der geringeren Quote um so mehr auswirke.

Dem vermag der *Senat* nicht zu folgen. Richtig ist zwar, daß der Bonus bei Vorwegabzug aller Verbindlichkeiten geringer ausfällt. Das ist indes nicht ausschlaggebend. Der *Senat* hat in ständiger Rechtsprechung darauf abgehoben, daß schon bei der Bemessung des Unterhaltsbedarfs nach den ehelichen Lebensverhältnissen dem erwerbstätigen Unterhaltspflichtigen im Verhältnis zum Unterhaltsberechtigten ein die Hälfte des „verteilungsfähigen Einkommens" maßvoll übersteigender Betrag verbleiben muß, um dem typischerweise mit der Berufstätigkeit verbundenen erhöhten Aufwand, auch soweit er sich nicht in konkret meßbaren Kosten niederschlägt, und dem Gedanken des Erwerbsanreizes Rechnung zu tragen (vgl. *Senat*, NJW 1988, 2369 = FamRZ 1988, 265 [267] und NJW-RR 1991, 132 = FamRZ 1991, 304 [305] m. Nachw.). Dabei muß die Betonung vorliegend auf das „verteilungsfähige Einkommen" gelegt werden. Die ehelichen Lebensverhältnisse werden im wesentlichen geprägt durch die Mittel, die den Ehegatten nach Vorwegabzug ihrer Verbindlichkeiten Dritten gegenüber, wozu vor allem der Kindesunterhalt gehört, noch zum Verbrauch zur Verfügung stehen. Das gilt für den Unterhaltsverpflichteten in gleicher Weise wie für den Berechtigten. Auch der erwerbstätige Unterhaltsverpflichtete muß sich daher von vornherein auf dasjenige beschränken, was insgesamt nach Abzug der Verbindlichkeiten übrigbleibt. Soweit ihm aufgrund seiner Erwerbstätigkeit im Verhältnis zum anderen Ehegatten ein höherer Anteil des Einkommens zu belassen ist, kann sich dieser nur aus dem restlichen verteilungsfähigen Einkommen errechnen. Die Berechnung des Erwerbstätigenbonus aus einem unbereinigten oder jedenfalls nur um die meßbaren berufsbedingten Aufwendungen bereinigten Nettoeinkommen würde dagegen zu einem Ungleichgewicht zu Lasten des Unterhaltsberechtigten führen: Es müßte zum einen die volle Last der Verbindlichkeiten mittragen, zum anderen aber sich einem damit nicht konformen, weil überhöhten Erwerbstätigenbonus des anderen Ehegatten entgegenhalten lassen (wie hier *OLG Karlsruhe,* FamRZ 1992, 1438; *OLG München,* FamRZ 1993, 328 [329]; *OLG Düsseldorf,* FamRZ 1994, 1049 [1052]; *Kalthoener/Büttner,* 5. Aufl., Rn. 35; a. A. *OLG Hamburg,* FamRZ 1991, 953).

Darüber hinaus ist zu bedenken, daß es sich bei den Unterhaltsfällen um Massenerscheinungen handelt, auf die aus Vereinfachungsgründen notwendig eine pauschalierende und typisierende Berechnungsmethode anzuwenden ist. Der *Senat* hat daher seit jeher gebilligt, daß nach Vorwegabzug aller anzuerkennenden Verbindlichkeiten das restliche Erwerbseinkommen nach einer pauschalen Quote (in der Regel $^3/_7 : ^4/_7$) zwischen erwerbstätigem und nicht erwerbstätigem Ehegatten aufgeteilt wird. Die hier vorliegende gesonderte Berechnung des Erwerbstätigenbonus ist lediglich eine andere, wenn auch kompliziertere Methode, die aber letztlich ebenfalls auf einer Pauschalierung beruht und es daher nicht rechtfertigt, vom System des Vorwegabzugs der Verbindlichkeiten abzuweichen.

(Additionsmethode gebilligt; Vorabzug des Erwerbstätigenbonus für Bedarfsermittlung; keine fiktive Zinsanrechnung)

3. Den eheangemessenen Unterhaltsbedarf der Kl. hat das *OLG* nach Abzug des Erwerbstätigenbonus – insoweit folgerichtig – zunächst mit $^1/_2$ des verbleibenden Einkommens bemessen, wobei es diesem Einkommen das vom Bekl. für das nichteheliche Kind bezogene Kindergeld von 130 DM hinzugerechnet hat. Es ist dabei zu einem Betrag von (1844 DM – 205 DM + 130 DM = 1769 DM: 2 =) gerundet 885 DM gelangt. Eigene Erwerbs- oder Kapitaleinkünfte, die auf diesen Bedarf anzurechnen wären, hat die Kl. nicht. Die Berücksichtigung fiktiver Zinseinkünfte aus den im Zugewinnausgleich enthaltenen 18 000 DM hat das *OLG* mit dem zutreffenden Hinweis darauf verneint, daß das Verhalten der Kl. keinen Anhaltspunkt für den Vorwurf eines leichtfertigen, unterhaltsbezogenen Verhaltens i. S. von § 1579 Nr. 3 BGB ergeben habe (vgl. *Senat,* NJW-RR 1986, 746 = FamRZ 1986, 560). Die Kl. hat das Geld für notwendige Lebenshaltungskosten, die ihr von ihren Eltern vorgestreckt waren, und für die Renovierung und Einrichtung einer Wohnung für sich und das Kind ausgegeben. Die Beurteilung, ob die Kl. hierbei verschwenderisch vorgegangen ist, liegt im tatrichterlichen Ermessen. Die Revision zeigt keine Gesichtspunkte auf, die eine Überschreitung dieses Ermessens begründen könnten.

c

BGH v. 16. 4. 97 – XII ZR 293/95 – FamRZ 97, 873 = NJW-RR 97, 897

(Umfang eines Unterhaltsverzichts – Anspruch auf Betreuungsunterhalt trotz umfassenden Verzichts)

Der Verzicht auf Unterhaltsansprüche kann zeitlich befristet, aufschiebend oder auflösend bedingt sowie der Höhe nach oder insgesamt auf Teile der Unterhaltsberechtigung beschränkt werden (vgl. *Schwab/Borth,* Hdb. d. ScheidungsR, 3. Aufl., IV Rdnrn. 1283 ff., 1288, 1291 m. Nachw.; *Richter,* in: MünchKomm, 3. Aufl., 1585 c Rdnrn. 20 ff.). Verzichten Eheleute, wie auch im vorliegenden Fall, wechselseitig „für den Fall der Scheidung" auf Unterhaltszahlungen, so erfaßt ein solcher Verzicht – je nach seinem durch Auslegung zu ermittelnden Inhalt – in der Regel den gesamten nachehelichen Unterhalt, der in seiner Entstehung bedingt ist durch den Eintritt der Scheidung. Wenn indessen in einem solchen Fall das Wohl gemeinsamer Kinder Unterhaltszahlungen an den sorgeberechtigten Ehegatten erfordert und der unterhaltsverpflichtete Teil sich aus diesem Grund gem. § 242 BGB nicht auf den Unterhaltsverzicht des sorgeberechtigten Ehegatten berufen kann, bedeutet dies, daß dessen Verzichtserklärung nicht nur als durch den Eintritt der Scheidung (aufschiebend) bedingt, sondern in Anbetracht des § 242 BGB zusätzlich als nach Dauer und Höhe insoweit beschränkt zu gelten hat, als nicht das Kindeswohl ein Weiterbestehen des Unterhaltsanspruchs gebietet. Der fortbestehende Unterhaltsanspruch des sorgeberechtigten Ehegatten ist entgegen der Auffassung der Revision kein Anspruch aus § 242 BGB, sondern er bleibt seiner Rechtsnatur nach ein Anspruch wegen Kindesbetreuung i. S. von § 1570 BGB, der allerdings sowohl dem Umfang nach als auch zeitlich begrenzt nur soweit und solange gegeben ist, als die Belange des Kindeswohls es erfordern. Darüber hinaus führt der Unterhaltsverzicht zum Erlöschen des nachehelichen Unterhaltsanspruchs (vgl. *Senat,* NJW 1985, 1835 = FamRZ 1985, 787 f.; NJW 1985, 1833 = FamRZ 1985, 788 f.; NJW 1992, 3164 = FamRZ 1992, 1403 ff.; NJW 1995, 1148 = FamRZ 1995, 291 ff.; NJW 1991, 913 = FamRZ 1991, 306 f.).

3. a) Zum Umfang des der Kl. danach zustehenden Unterhaltsanspruchs hat das BerGer. den Standpunkt vertreten: Nach den dargelegten Grundsätzen habe die Kl. Anspruch auf Sicherung ihres Mindestbedarfs. Dieser sei als sogenanntes Existenzminimum mit monatlich 1150 DM anzusetzen und liege in dieser Höhe unter einem Maßstab der ehelichen Lebensverhältnisse von monatlich rund 1375 DM bzw. (bei Berücksichtigung des Unterhaltsbetrages für den volljährigen Sohn des Bekl. aus erster Ehe) rund 1230 DM. Dagegen sind aus Rechtsgründen keine Einwände zu erheben (vgl. *Senat,* NJW 1992, 3164 = FamRZ 1992, 1403 (1405); NJW 1995, 1148 = FamRZ 1995, 291 ff.).

a

(Keine mutwillige Herbeiführung der Bedürftigkeit nach § 1579 Nr. 3 BGB; kein Vermögensverbrauch, der zum Ansatz fiktiver Zinsen führt, wenn Mindestbedarf nicht gedeckt ist)

c Die insoweit für den Unterhaltsanspruch der Kl. erforderliche Bedürftigkeit liegt hier – unabhängig von den Erwägungen des BerGer. – bereits deshalb vor, weil die Kl. den im Januar 1993 erhaltenen Erlösanteil aus der Veräußerung des früheren gemeinschaftlichen Hauses vollständig verbraucht hat. Nachdem sie die damals erhaltenen Beträge in einer Weise ausgegeben hat, daß ihr weder anderweitig verfügbare Werte noch erzielbare Einkünfte verblieben sind, ist sie zur Wahrnehmung ihrer elterlichen Fürsorge- und Erziehungspflichten gegenüber den beiden minderjährigen Kindern nur in der Lage, wenn und soweit ihr die persönliche Betreuung der Kinder ohne die Notwendigkeit, für ihren eigenen Unterhalt einer Erwerbstätigkeit nachzugehen, durch Zahlung eines unterhaltsrechtlichen Mindestbetrages von seiten der Bekl. ermöglicht wird. Hiernach muß der Kl. ein die Betreuung der Kinder ermöglichender Unterhaltsanspruch zugebilligt werden.

Entgegen der Ansicht des BerGer. braucht sich die Kl. nicht so behandeln zu lassen, als habe sie den Erlösanteil aus der Veräußerung des Hauses im wesentlichen behalten, so daß auch eine Verweisung auf den (tatsächlich verbrauchten) Vermögensstamm von vornherein ausscheidet. Dabei kommt es auf eine Entscheidung der Frage, ob die Kl. den im Januar 1993 erhaltenen Betrag von rund 81 000 DM in unwirtschaftlicher, i. S. von § 1579 Nr. 3 BGB unterhaltsbezogen „mutwilliger" Weise ausgegeben und damit an sich die Voraussetzungen eines unterhaltsrechtlichen Härtegrundes i. S. der genannten Vorschrift verwirklicht hat, unter den hier gegebenen Umständen nicht einmal an.

Selbst bei Vorliegen einer der Härtegründe nach § 1579 Nrn. 1 bis 7 BGB, die grundsätzlich zum Wegfall eines nachehelichen Unterhaltsanspruchs führen können, ist nämlich der Unterhaltsanspruch eines sorgeberechtigten Ehegatten nur zu versagen, herabzusetzen oder zeitlich zu begrenzen, soweit die Inanspruchnahme des Verpflichteten auch unter Wahrung der Belange der dem Berechtigten zur Pflege und Erziehung anvertrauten gemeinschaftlichen Kinder grob unbillig wäre. Der Betreuungsunterhalt nach § 1570 BGB ist danach selbst bei Vorliegen der Härtegründe des § 1579 BGB in dem Sinn privilegiert, daß er im Interesse des Wohles der betreuten Kinder trotz Fehlverhaltens des sorgeberechtigten Ehegatten diesem gleichwohl die Wahrnehmung seiner Elternverantwortung sichern und gewährleisten soll. Dem wird in der Regel dadurch Genüge getan, daß der Unterhaltsanspruch auf das zur Kindesbetreuung notwendige Mindestmaß herabgesetzt wird (vgl. *Senat*, NJW 1992, 3164 = FamRZ 1992, 1403 (1405) m. Nachw.; *Soergel/Häberle*, BGB, 12. Aufl., § 1579 Rdnrn. 31, 34; *Schwab/Borth*, IV Rdnrn. 430 ff.), so wie es gleichermaßen bei Zubilligung von Betreuungsunterhalt nach zuvor erklärtem Unterhaltsverzicht geschieht.

Ob etwas anderes zu gelten hat und der Unterhalt für den gemeinschaftliche Kinder betreuenden Ehegatten noch unter die Grenze des sogenannten Mindestbedarfs herabzusetzen ist – mit der Folge, daß der Ehegatte trotz der Kindesbetreuung in gewissem Umfang (u. U. abends) einer Teilerwerbstätigkeit nachgehen muß, um den eigenen notwendigen Bedarf sicherzustellen – wenn sich der Ehegatte ein besonders schwerwiegendes Fehlverhalten hat zuschulden kommen lassen (vgl. etwa *Senat*, NJW 1984, 296 = FamRZ 1984, 34 f.; NJW 1984, 297 = FamRZ 1984, 154 ff.; *Schwab/Borth*, Rn. 431; auch *Griesche*, in: FamGB, § 1579 Nr. 41 m. Nachw.), braucht hier nicht entschieden zu werden. Ein solches Verhalten ist der Kl. jedenfalls nicht vorzuwerfen, so daß ihr der Anspruch auf den Mindestunterhalt auf jeden Fall zuzugestehen ist. Einen sonstigen Rechtsgrund (über die Fälle des § 1579 BGB hinaus), der Kl. fiktive Kapitalwerte oder -einkünfte zuzurechnen, sieht das Gesetz nicht vor.

BGH v. 1. 10. 1997 – XII ZR 49/96 – FamRZ 98, 99 = NJW 98, 161

R514 *(Zeitschranke bei mehreren Abänderungsverfahren)*

Die Beurteilung des *OLG*, daß der Zulässigkeit der Klage § 323 II ZPO entgegenstehe, ist nicht zu beanstanden.

1. Nach dieser Vorschrift ist die Abänderungsklage nur insoweit zulässig, als die Gründe, auf die sie gestützt wird, erst nach dem Schluß der mündlichen Verhandlung, in der eine Erweiterung des Klageantrags oder die Geltendmachung von Einwendungen spätestens hätte erfolgen müssen, entstanden sind. Insbesondere zur Absicherung der Rechtskraft unanfechtbar gewordener Entscheidungen ist danach eine Zeitschranke für die Berücksichtigung von Abänderungsgründen errichtet; denn der Möglichkeit einer Abänderung bedarf es nicht, wenn die veränderten Verhältnisse schon im Ausgangsprozeß zur Geltung gebracht werden konnten. Maßgebender Zeitpunkt ist der Schluß der mündlichen Verhandlung der letzten Tatsacheninstanz, also auch der Berufungsinstanz, wenn eine solche stattgefunden hat. Dabei kommt es grundsätzlich nicht auf die Parteistellung oder Zielrichtung des Vorprozesses an. Das folgt daraus, daß der Wortlaut des Gesetzes nicht auf die Erweiterung des Klageantrags, sondern auch auf die Geltendmachung von Einwendungen abstellt und damit beide Parteien dazu anhält, ihren Standpunkt bereits im Ausgangsprozeß zur Geltung zu bringen. So hat der *Senat* bereits entschieden, daß ein Unterhaltsgläubiger in einem vom Unterhaltsverpflichteten mit dem Ziel der Herabsetzung des erstinstanzlich ausgeurteilten Unterhalts angestrengten Berufungsverfahren gehal-

Anhang R. Rechtsprechung

ten ist, etwaige die Erhöhung des Unterhalts rechtfertigende Gründe im Wege der Anschließung an die Berufung des Gegners geltend zu machen, will er nicht mit diesen Gründen präkludiert sein (vgl. BGHZ 96, 205 = NJW 1986, 383). An dieser Rechtsprechung hat er später gegenüber kritischen Stimmen im Schrifttum festgehalten (vgl. BGHZ 103, 393 = NJW 1987, 1201); zwischenzeitlich entspricht sie herrschender Auffassung (vgl. *Stein/Jonas/Leipold*, ZPO, 20. Aufl., § 323 Rn. 47; *Gottwald*, in: MünchKomm-ZPO, § 323 Rn. 35; *Zöller/Vollkommer*, ZPO, 20. Aufl., § 323 Rn. 34; *Baumbach/Lauterbach/Albers/Hartmann*, ZPO, 54. Aufl., § 323 Rn. 49; *Thomas/Putzo*, ZPO, 20. Aufl., § 323 Rn. 24; ferner *Griesche*, in: FamGB § 323 ZPO Rn. 55; *Johannsen/Henrich/Brudermüller*, EheR, 2. Aufl., § 323 ZPO Rn. 98; *Schwab/Maurer*, Hdb. d. ScheidungsR I, 3. Aufl., 1056; *Göppinger/Vogel*, 6. Aufl., Rn. 2363; *Heiß/Luthin*, 23.10).

2. Im vorliegenden Fall besteht die Besonderheit, daß es sich bei dem vorausgegangenen Prozeß nicht um das Erstverfahren über den Unterhaltsanspruch der Bekl., sondern bereits um ein Abänderungsverfahren gem. § 323 ZPO gehandelt hat. Im Schrifttum besteht weitgehend Einigkeit darüber, daß bei mehreren aufeinanderfolgenden Abänderungsprozessen, die zu einer Abänderung geführt haben, für die Zeitschranke des § 323 II ZPO auf den Schluß der Tatsachenverhandlung des letzten Verfahrens abzustellen ist (vgl. *Stein/Jonas/Leipold*, § 323 Rn. 27; *Gottwald*, in: MünchKomm-ZPO, § 323 Rn. 59; *Thomas/Putzo*, § 323 Rn. 25; *Griesche*, in: FamGB § 323 ZPO Rn. 20; *Göppinger/Vogel*, Rn. 2400). Davon ist der *Senat* bereits in seinem Urteil vom 23. 11. 1994 (NJW 1995, 534 = FamRZ 1995, 221 [223]) ausgegangen.

Ähnlich wie bei der Fallgestaltung des Senatsurteils vom 6. 11. 1985 (BGHZ 96, 205 = NJW 1986, 383) kann es dann auch für die Präklusionswirkung nicht auf die Parteistellung oder Zielrichtung im vorangegangenen Verfahren ankommen. Hat es vielmehr der Gegner des früheren, auf Unterhaltserhöhung gerichteten Abänderungsprozesses versäumt, die bereits bestehenden, für eine Herabsetzung sprechenden Gründe geltend zu machen, wie hier der Kl., kann er auf diese Gründe keine neue Abänderungsklage stützen. § 323 II ZPO stellt damit sicher, daß nicht gesonderte Abänderungsverfahren für Erhöhungs- und Herabsetzungsverlangen zur Verfügung stehen, wie der Kl. anzunehmen scheint, sondern daß der Einfluß veränderter Umstände auf den titulierten Unterhaltsanspruch in einem einheitlichen Verfahren nach beiden Seiten hin geklärt werden muß. Bei einer Aufeinanderfolge von Abänderungsverfahren mit entgegengesetzter Zielrichtung wird dadurch vermieden, daß in jedem Prozeß eine andere Zeitschranke für die Berücksichtigung von Tatsachen gilt und daß es zu einer unzweckmäßigen Verdoppelung von Prozessen über den gleichen Lebenssachverhalt kommt mit der damit verbundenen Gefahr einander widersprechender gerichtlicher Entscheidungen. Soweit Abänderungsprozesse mit gegenläufigem Ziel nicht nacheinander, sondern gleichzeitig bei verschiedenen Gerichten eingeleitet werden, hat der *Senat* bereits entschieden, daß dem zeitlich später rechtshängig gewordenen Verfahren § 261 III Nr. 1 ZPO entgegensteht, daß also auch insoweit nur ein einheitliches Verfahren zulässig ist (*Senat*, NJWE-FER 1997, 40 = FamRZ 1997, 488 m. w. Nachw.). Die Abänderungsklage ist überhaupt erst zulässig, wenn – über etwaige Teilklagen hinaus – der volle Unterhalt tituliert worden ist (*Senat*, BGHZ 93, 330 [337] = NJW 1995, 1340). § 323 II ZPO gewährleistet, daß auch der Gegenstand einer zulässig eingeleiteten Abänderungsklage stets der volle Unterhalt ist und nicht nur die Frage, ob aufgrund veränderter Verhältnisse eine Erhöhung oder Herabsetzung in Betracht kommt.

3. Der verfahrensrechtliche Weg, der dem Kl. bereits im Vorprozeß zur Durchsetzung seines Standpunkts zu Gebote stand, war die Abänderungswiderklage, die er sich in zweiter Instanz auch ausdrücklich vorbehalten hat. Die Revision macht geltend, nach dem Wortlaut des § 323 II ZPO könne ein Bekl. des Vorprozesses nur mit „Einwendungen" präkludiert sein; eine Widerklage stelle aber keine Einwendung dar. Damit kann sie nicht durchdringen. Soweit das Gesetz in § 323 II ZPO in bezug auf die beklagte Partei des Vorprozesses den Begriff „Einwendungen" gebraucht, ist ersichtlich den Normalfall einer gegen die erstmalige Titulierung eines Unterhaltsanspruchs gerichteten Abänderungsklage im Auge. Im Erstverfahren kann der Unterhaltsverpflichtete im günstigsten Falle die Abweisung der Unterhaltsklage erreichen; die Frage einer Widerklage stellt sich also nicht. Soweit § 323 II ZPO auch auf die Schlußverhandlung eines vorausgegangenen Abänderungsverfahrens bezogen werden muß, handelt es sich bereits um eine Interpretation der Vorschrift nach ihrem Sinn und Zweck. In diesen Fällen ist auch bei der Auslegung des Begriffs „Einwendungen" nicht am Wortlaut zu haften; vielmehr kommt es darauf an, welche verfahrensrechtlichen Mittel der Bekl. des vorangegangenen Abänderungsverfahrens zu Gebote standen, um seinen dem Kl. gegenläufigen Standpunkt durchzusetzen. Im vorliegenden Fall ist demgemäß zu fragen, ob es dem jetzigen Kl. rechtlich möglich und zumutbar war, im Vorprozeß im Wege der Widerklage die Herabsetzung des im Jahre 1986 für die Bekl. titulierten Unterhalts zu beantragen. Die Frage ist zu bejahen. Schon in erster Instanz des Vorprozesses stritten die Parteien über die Erwerbsfähigkeit der Bekl.; es wurde hierzu ein Sachverständigengutachten eingeholt, das den Standpunkt des Kl. bestätigte. Bereits in erster Instanz war ihm daher die Erhebung einer Abänderungswiderklage rechtlich möglich und auch ohne weiteres zumutbar. Aber auch im zweiten Rechtszug wäre es ihm möglich und zumutbar gewesen, eine entsprechende Wider-

klage zu erheben. Die Sachdienlichkeit einer solchen Widerklage und die Gewähr ihrer Zulassung durch das Gericht (§ 530 I ZPO) ergeben sich bereits aus dem Anliegen, aufeinanderfolgende Abänderungsverfahren zu vermeiden.

4. Die Revision vertritt weiter die Auffassung, jedenfalls dann, wenn ein Unterhaltsschuldner, wie hier, sich im Vorprozeß ein weiteres Vorgehen ausdrücklich vorbehalte, könne ihm dies nicht verwehrt sein. Auch dem kann nicht gefolgt werden. § 323 II ZPO unterliegt nicht der Parteidisposition, sondern zwingt die Parteien dazu, wie bereits dargelegt, alle für die Beurteilung des Unterhaltsanspruchs relevanten Umstände, die bereits entstanden sind, im Vorprozeß geltend zu machen. Anders als im unterhaltsrechtlichen Erstverfahren, in dem Teilklagen und Nachforderungsklagen möglich sind, können die Parteien eines Abänderungsprozesses sich nicht auf die teilweise Geltendmachung von Abänderungsgründen beschränken und die übrigen Gründe einer „Nachtragsabänderungsklage" vorbehalten (vgl. dazu Stein/Jonas/Leipold, § 323 Rn. 47; a. A. Schmidt, MDR 1963, 187). Der hier vom Kl. im Vorprozeß gemachte Vorbehalt macht die vorliegende Abänderungsklage daher nicht zulässig.

Eine andere Frage ist, ob der Kl. dann, wenn sich die im Vorprozeß zugrunde gelegten Umstände wesentlich geändert haben und ihm dadurch eine neue Abänderungsklage eröffnet ist, auch in dem neuen Verfahren gehindert ist, die volle Erwerbsfähigkeit der Bekl. geltend zu machen. Die Frage ist zu verneinen. Da der Kl. im Vorprozeß mit seinem Klageabweisungsantrag voll durchgedrungen ist, muß durch die Berücksichtigung dieser „Alttatsache" keine Rechtskraftwirkung beseitigt werden. In diesem erweiterten Anwendungsbereich des § 323 ZPO (vgl. dazu BGHZ 34, 110 [116] = NJW 1961, 871) kann die Präklusionsvorschrift des Abs. 2 nicht uneingeschränkt angewendet werden (vgl. BGHZ 98, 353 [357 f.] = NJW 1987, 1201 mit weiteren Beispielen aus der Senatsrechtsprechung). Es wäre unerträglich und auch unverhältnismäßig, wenn in einem zulässig eröffneten neuen Verfahren, in dem wiederum der volle Unterhalt der Bekl. nach beiden Seiten hin geklärt werden soll, die Frage ihrer Erwerbsfähigkeit ausgeklammert bleiben müßte (ebenso Zöller/Vollkommer, § 323 Rn. 40 a [unter b]).

BGH v. 22. 10. 1997 – XII ZR 278/95 – FamRZ 98, 357 = NJWE-FER 98, 64

R515 *(Darlehens- und Beweislast, wenn minderjährige Kinder nur den Mindestunterhalt verlangen; Unterschied zwischen steuerlich und unterhaltsrechtlich relevantem Einkommen)*

a II. 2. a) ... Der Bekl. hat sich für seine behauptete Leistungsunfähigkeit auf die in den vorgelegten Steuerbescheiden für die Jahre 1988 bis 1991 und 1993 ausgewiesenen Einkünfte bezogen. Die Höhe des die Leistungsfähigkeit bestimmenden Einkommens ist indessen nicht mit dem steuerpflichtigen Einkommen identisch. Das Steuerrecht privilegiert einzelne Einkommensarten und erkennt Aufwendungen als einkommensmindernd an, die keine wirkliche Vermögenseinbuße zum Gegenstand haben. Dem durch das steuerliche Institut der Abschreibung pauschal berücksichtigten Verschleiß von Gegenständen des Anlagevermögens entspricht oft keine tatsächliche Wertminderung in Höhe des steuerlich anerkennungsfähigen Betrages, erst recht keine entsprechende Minderung des Einkommens. Beruft sich der Unterhaltsschuldner, der eine Beschränkung seiner Leistungsfähigkeit behauptet, auf sein steuerpflichtiges Einkommen, so braucht er zwar nicht sämtliche Belege vorzulegen, durch die gegenüber der Steuerbehörde die behaupteten Aufwendungen glaubhaft zu machen sind. Er muß jedoch seine Einnahmen und behaupteten Aufwendungen im einzelnen so darstellen, daß die allein steuerlich beachtlichen Aufwendungen von solchen, die unterhaltsrechtlich von Bedeutung sind, abgegrenzt werden können (Senat, NJW 1980, 2086 = FamRZ 1980, 770 (771)). Daran fehlt es hier, obwohl nähere Angaben gerade deshalb in besonderem Maße erforderlich waren, weil nicht nachvollziehbar ist, wie der Bekl. etwa im Jahre 1993 bei angegebenen Einkünften von 12 538 DM allein Versicherungsbeiträge von 9359 DM aufgebracht, Zahlungen auf Darlehen geleistet und seinen Lebensunterhalt bestritten haben kann. Für die Jahre 1992 und 1994 hat der Bekl. lediglich pauschal behauptet, seine Einkünfte hätten den bereits vorgelegten Steuerbescheiden entsprochen. Bei dieser Sachlage ist das OLG zu Recht davon ausgegangen, der Bekl. habe seine tatsächlichen Einkommensverhältnisse und damit seine Leistungsunfähigkeit nicht hinreichend dargetan.

(Absagen auf regelmäßige, gezielte Bewerbungen um Arbeitsplätze sind vorzulegen; ein landwirtschaftlicher Betrieb ist bei unzureichenden Einkünften aufzugeben.)

b b) Das OLG hat es letztlich jedoch offengelassen, ob der Bekl. nicht bereits aus den Erträgen der Landwirtschaft den Mindestunterhalt der Kinder bestreiten könnte, und darauf abgestellt, daß er aufgrund seiner erweiterten Unterhaltspflicht gegenüber den minderjährigen Kindern nach § 1603 II BGB zu einer gesteigerten Ausnutzung seiner Arbeitskraft verpflichtet ist. Das ist rechtlich nicht zu beanstanden (vgl. Senat, NJW 1980, 2414 = FamRZ 1980, 1113 (1114)).

Die Leistungsfähigkeit eines Unterhaltspflichtigen wird nicht nur durch die tatsächlich vorhandenen, sondern auch durch solche Mittel bestimmt, die er bei gutem Willen durch zumutbare Erwerbstätigkeit erzielen könnte. Insoweit wäre dem Bekl. bei unzureichenden Erträgen aus der Landwirtschaft jedenfalls anzusinnen, zur Nebenerwerbslandwirtschaft überzugehen und notfalls die Landwirtschaft ganz aufzugeben und eine höhere Einkünfte versprechende anderweitige volle Erwerbstätigkeit aufzunehmen (vgl. *Senat,* NJW-RR 1993, 1283 = FamRZ 1993, 1304 (1306)). Daß er hierzu aus gesundheitlichen Gründen nicht in der Lage wäre, hat der Bekl., wie das OLG verfahrensfehlerfrei angenommen hat, nicht hinreichend dargetan. Aus keinem der von ihm vorgelegten ärztlichen Atteste ergeben sich Anhaltspunkte für eine dauerhafte Einschränkung der Erwerbsfähigkeit. Auch die vom Versorgungsamt bescheinigte Minderung der Erwerbsfähigkeit von 40% wegen degenerativer Veränderungen der Hals- und Lendenwirbelsäule mit Nervenwurzelreizerscheinungen und hierdurch bedingter Migräne sowie wegen psychosomatischer Störungen ist insoweit nicht aussagekräftig. Es gibt durchaus Erwerbsmöglichkeiten, die mit den genannten Beschwerden zu vereinbaren sind. Daß für den 1953 geborenen Bekl., auch wenn er nur eine landwirtschaftliche Lehre im Betrieb seiner Eltern absolviert hat, keine reale Beschäftigungschance besteht (z. B. in der Lagerverwaltung oder in der Fabrikation), ist weder hinreichend dargetan – etwa durch Vorlage von Absagen auf regelmäßige, gezielte Bewerbungen um Arbeitsstellen – noch sonst ersichtlich. Aus diesem Grund begegnet die Auffassung des OLG, der Bekl. habe seine Leistungsunfähigkeit auch im Hinblick auf mögliche Einkünfte aus einer abhängigen Erwerbstätigkeit nicht hinreichend dargetan, keinen rechtlichen Bedenken.

BGH v. 5. 11. 1997 – XII ZR 20/96 – FamRZ 98, 367 = NJW 98, 978

(Ersatzansprüche wegen geleisteten Unterhalts gegen volljähriges Kind) R517

c) Die fraglichen Aufwendungen der Mutter der Kl. sind nach Grund und Höhe bestritten (hinsichtlich des Pkw vgl. unten d). Sie können unterstellt werden, soweit es sich dabei darum gehandelt hat, Unterhaltsleistungen für die Kl. zu erbringen oder ihr Gelegenheitsgeschenke zu machen. Denn insoweit besteht kein Ersatzanspruch der Mutter.

Nach § 1648 letzter Halbs. BGB kann ein sorgeberechtigter Elternteil keinen Ersatz für geschuldete Unterhaltsleistungen verlangen. Soweit er über das geschuldete Maß hinausgehende Unterhaltsleistungen erbracht hat, greift die Vermutung des § 685 II BGB ein, wonach ihm regelmäßig die Absicht fehlt, vom Empfänger Ersatz zu verlangen (vgl. dazu *Staudinger/Engler,* BGB, 10./11. Aufl., § 1648 Rn. 2; *Palandt/Thomas,* 685 Rn. 3). Anhaltspunkte, die die auf der Lebenserfahrung beruhende Vermutung des § 685 II BGB (vgl. BGHZ 38, 302 [305] = NJW 1963, 483) hier entkräften können, sind nicht vorgetragen oder sonst ersichtlich. Danach scheiden diejenigen Aufwendungen in der Aufstellung als Grundlage für einen Ersatzanspruch der Mutter aus, die ihrer Art nach Unterhaltsgewährung darstellen. Darunter fallen insbesondere das in den Jahren 1985 bis 1993 gezahlte Taschengeld und die Aufwendungen für Bekleidung, ärztliche Behandlung sowie sportliche und musikalische Ausbildung (vgl. *Gernhuber/Coester-Waltjen,* FamR, 4. Aufl., § 57 IV 4, S. 865). Soweit es sich um Gelegenheitsgeschenke handelt (vgl. etwa die Posten „Steifftiere und Puppen", „Schmuck und Uhren"), gilt das gleiche nach dem Rechtsgedanken des § 534 BGB. Auf der Grundlage der Wertansätze der Aufstellung ergeben sich danach erhebliche Beträge, die dem Vermächtnisanspruch aus Rechtsgründen nicht entgegengesetzt werden können.

d) Außerhalb des erörterten Bereichs kann § 1648 BGB Ersatzansprüche des sorgeberechtigten Elternteils begründen, allerdings in engen Grenzen. Das Gesetz spricht von Aufwendungen, die der Elternteil „den Umständen nach für erforderlich halten durfte". Dabei ist nach h. A., die der *Senat* teilt, nicht auf die objektive Notwendigkeit abzustellen, sondern darauf, was nach dem Sorgfaltsmaßstab des § 1664 BGB subjektiv für erforderlich gehalten werden durfte, auch und gerade im Hinblick auf die Vermögensverhältnisse des Kindes (vgl. etwa *Staudinger/Engler,* 1648 Rn. 4; *Adelmann,* in: RGRK, 12. Aufl., 1648 Rn. 4). Ein Ersatzanspruch entfällt, wenn im Zeitpunkt der Aufwendung keine Absicht bestand, dafür Ersatz zu verlangen, wofür allerdings im Gegensatz zum Aufwendungsbereich des § 685 II BGB keine tatsächliche Vermutung spricht (vgl. etwa *Hinz,* in: MünchKomm, § 1648 Rn. 6).

Ob der Mutter der Kl. für einen Teil der in der Aufstellung angeführten Aufwendungen Ersatzansprüche zustanden, kann mangels hierzu getroffener Feststellungen nicht abschließend beurteilt werden. Eine Ausnahme gilt für den Betrag von 8000 DM, den die Mutter nach der vorgelegten Rechnung vom 24. 3. 1994 für die Anschaffung eines gebrauchten Pkw verwendet hat. Das Fahrzeug hat sie der Kl. zu ihrem 18. Geburtstag (26. 5. 1994) überlassen. Insoweit können die Voraussetzungen eines Ersatzanspruchs aus § 1648 BGB aufgrund des bereits feststehenden Sachverhalts bejaht werden. Es handelte sich um eine Aufwendung in beträchtlicher Höhe, die die Mutter im Hinblick auf die bevorstehende Erlangung der Volljährigkeit der Kl. und deren an sich bestehenden Vermächtnisanspruch jedenfalls subjektiv für erforderlich halten durfte. Die Umstände ergeben nicht, daß keine Absicht bestand, für die hohe Summe keinen Ersatz zu verlangen.

(Bedürftigkeit. Einziehung von Forderungen)

Ein Unterhaltsgläubiger ist aber nicht bedürftig, wenn er es unterläßt, eine Forderung einzuziehen, b die er in zumutbarer Weise einziehen könnte (vgl. etwa *Senat,* NJW-RR 1989, 578 = FamRZ 1989,

499 [500]). Es bestehen keine Bedenken, die Kl. darauf zu verweisen, einen restlichen Vermächtnisanspruch gegen ihre Mutter zu realisieren, zumal diese die Mittel des Vermächtnisses zum Erwerb unbelasteten Grundbesitzes verwandt hat und letzterer zur Befriedigung eines Anspruchs der Kl. eingesetzt werden könnte (vgl. zum Pflichtteilsanspruch Senat, NJW 1993, 1920 = FamRZ 1993, 1065 [1067]).

(Verwertung des Vermögensstamms beim Verwandtenunterhalt; Affektionsinteresse hat bei hohen Vermögenswerten wenig Gewicht.)

c a) Bei der Frage, inwieweit ein volljähriges Kind für seinen Unterhalt den Stamm seines Vermögens angreifen muß (Umkehrschluß aus § 1602 II BGB), scheint das OLG einer entsprechenden Anwendung des § 1577 III BGB zuzuneigen, einer Vorschrift aus dem Bereich des nachehelichen Unterhalts. Vor der Schaffung der Norm durch das 1. EheRG hat der *BGH* entschieden, daß das Vorhandensein von Vermögen eines volljährigen Kindes zwar dem Grundsatz nach die Bedürftigkeit ausschließt, daß aber die Vermögensverwertung im Einzelfall unzumutbar sein kann, insbesondere im Falle der Unwirtschaftlichkeit, auf die nunmehr auch § 1577 III BGB abstellt (vgl. RzW 1957, 154 = FamRZ 1957, 120, und FamRZ 1966, 28 [29]). In bezug auf den Obliegenheitsmaßstab des Unterhaltsverpflichteten hat der *Senat* bereits ausgesprochen, daß das Gesetz im Bereich des Verwandtenunterhalts eine allgemeine Billigkeitsgrenze wie beim nachehelichen Unterhalt nicht vorsehe (NJW-RR 1986, 66 = FamRZ 1986, 48 [50]). Die Grenze der Unzumutbarkeit wird daher etwas enger als bei § 1577 III BGB zu ziehen sein, angenähert etwa dem Begriff der groben Unbilligkeit. Der Tatrichter hat darüber im Einzelfall im Rahmen einer umfassenden Zumutbarkeitsabwägung zu entscheiden, die alle bedeutsamen Umstände und insbesondere auch die Lage des Unterhaltsverpflichteten berücksichtigt (vgl. dazu etwa OLG Hamburg, FamRZ 1980, 912 [913]; *OLG Hamm,* FamRZ 1982, 1099 [1100]; *OLG Frankfurt a. M.,* FamRZ 1987, 1179 [1180]; a. auch *Köhler,* in: MünchKomm, § 1602 Rn. 8; *Mutschler,* in: RGRK, § 1602 Rn. 21). Soweit im Schrifttum auf die Frage einer entsprechenden Anwendung des § 1577 III BGB eingegangen wird, wird dies überwiegend verneint (vgl. *Soergel/Häberle,* BGB, 12. Aufl., § 1602 Rn. 4; *Staudinger/Kappe,* BGB, 1993, § 1602 Rn. 118; *Wendl/Scholz,* 3. Aufl., § 2 Rn. 107; *Kalthoener/Büttner,* Rspr. zur Höhe des Unterhalts, 6. Aufl., Rn. 506; a. A. *Griesche,* in: FamGb, § 1602 Rn. 50; *Schwab/Barth,* 3. Aufl., Teil V, Rn. 124).

Ob dem Unterhaltsberechtigten insbesondere ein sogenannter Notgroschen für Fälle plötzlich auftretenden (Sonder-)Bedarfs zu belassen ist, wird ebenfalls nicht einheitlich beurteilt (dagegen etwa *Staudinger/Kappe,* § 1602 Rn. 122; *Göppinger/Strohal,* Rn. 310). Der *Senat* schließt sich insoweit der bejahenden Auffassung an, die wohl als herrschend zu bezeichnen ist (vgl. OLG Düsseldorf, FamRZ 1990, 1137; *Köhler,* in: MünchKomm, § 1602 Rn. 21; *Erman/Holzhauer,* BGB, 9. Aufl., § 1602 Rn. 26; *Wendl/Scholz,* § 2 Rn. 107; *Gernhuber/Coester-Waltjen,* § 45 II 2, S. 667; s. für den Trennungsunterhalt Senat, NJW 1985, 907 = FamRZ 1985, 360 [361]).

b) Das *OLG* hat der Kl. unter dem Gesichtspunkt des „Notgroschens" Pfandbriefe im Nennwert von 10 000 DM belassen und daneben unter dem Gesichtspunkt des sogenannten Affektionsinteresses die drei Krügerrand-Münzen. Wenn es in ersterer Hinsicht auch Urlaubsreisen berücksichtigt, kann aber zwar schwerlich von einem echten Notbedarf ausgegangen werden. Die Orientierung an Vorschriften des Sozialrechts bei der Bemessung eines solchen Freibetrages (§ 88 II Nr. 8 BSHG mit der DurchführungsVO v. 11. 2. 1988 – BGBl I, 150; § 6 AlhiVO) ist an sich nicht zu beanstanden (ausf. dazu *Müller,* FPR 1995, 190). Die in diesen Vorschriften genannten Beträge (2500 DM bzw. 4500 DM nach der DurchführungsVO, 8000 DM gem. § 6 AlhiVO) hat das *OLG* aber überschritten (*Müller,* FPR 1995, 190 [191]), hält in der Regel einen Betrag von 5000 DM für angemessen).

c) Daß es der Kl. nach Auffassung des OLG nicht obliegt, den ihr von der Mutter gekauften Pkw zu veräußern und den Erlös für ihren Unterhalt einzusetzen, wird von der Revision nicht angegriffen. Es mag zwar zweifelhaft sein, ob allein der Hinweis des *OLG* auf die günstigen Einkommens- und Vermögensverhältnisse der Eltern und die daraus abzuleitende Lebensstellung der Kl. bis zur Erlangung eigener wirtschaftlicher Selbständigkeit diese Beurteilung rechtfertigt. Im Hinblick auf den starken Wertverfall gebrauchter Pkw ist die Entscheidung zu diesem Punkt jedenfalls unter dem Blickwinkel der Unwirtschaftlichkeit nicht zu beanstanden. Gebrauchte Gegenstände, deren Nutzen für den Bedürftigen wesentlich höher zu veranschlagen ist als der zu erwartende Erlös, müssen in der Regel nicht verwertet werden (vgl. *Mutschler,* in: RGRK, § 1602 Rn. 22).

d) Ein in Ausbildung befindliches volljähriges Kind ist nicht unter allen Umständen gehalten, zumutbar verwertbares Vermögen vollständig zu verbrauchen, ehe es von einem Elternteil Unterhalt in Anspruch nehmen kann. Im vorliegenden Fall liegt nahe, daß es Zweck des Vermächtnisses des Großvaters war, die Ausbildung der Kl. zu sichern. Es ist daher unter Zumutbarkeitsgesichtspunkten etwa nicht ausgeschlossen, die für den eigenen Unterhalt einzusetzenden Mittel der Kl. auf ihre voraussichtliche Ausbildungsdauer umzulegen (vgl. dazu *Griesche,* in: FamGb, § 1602 Rn. 50; OLG Düsseldorf, FamRZ 1985, 1281).

BGH v. 19. 11. 1997 – XII ZR 1/96 – FamRZ 98, 286 = NJW-RR 98, 505

(Barunterhaltspflicht des Elternteils, der ein minderjähriges Kind betreut; sog. Subsidiaritätshaftung nach § 1603 II 3 BGB; anteilige Haftung bei Zusatzbedarf)

2. Nach § 1606 III 1 BGB haften die Eltern für den Unterhalt eines Kindes nicht als Gesamtschuldner, sondern anteilig nach ihren Erwerbs- und Vermögensverhältnissen. Aus § 1606 III 2 BGB ergibt sich, daß im Falle des Getrenntlebens der Eltern der Elternteil, bei dem das Kind lebt, seinen Teil der Unterhaltpflicht grundsätzlich durch die Betreuung des Kindes in vollem Umfang erfüllt, während der andere Elternteil den Barunterhalt allein zu tragen hat. Dieser Grundsatz der Gleichwertigkeit von Barunterhalt und Betreuung gilt allerdings nicht uneingeschränkt. Er gilt z. B. nicht für Zusatzbedarf (*Senat*, NJW 1983, 2082 = FamRZ 1983, 689). Auch für den normalen Unterhaltsbedarf gilt er nicht, wenn die Vermögens- oder Einkommensverhältnisse des betreuenden Elternteils deutlich günstiger sind als die des anderen Elternteils. In einem solchen Falle kann die Barunterhaltspflicht des nicht betreuenden Elternteils sich ermäßigen oder ganz entfallen, insbesondere dann, wenn der nicht betreuende Elternteil zur Unterhaltszahlung nicht ohne Beeinträchtigung des eigenen angemessenen Unterhalts in der Lage wäre, während der andere Elternteil neben der Betreuung des Kindes auch den Barunterhalt leisten könnte, ohne daß dadurch sein eigener angemessener Unterhalt gefährdet würde. Die Inanspruchnahme des nicht betreuenden Elternteils zum Barunterhalt darf nicht zu einem erheblichen finanziellen Ungleichgewicht zwischen den Eltern führen (st. Rspr. des Senats; vgl. NJW 1991, 697 = FamRZ 1991, 182 [183] m. w. Nachw.).

3. Das OLG hat keine abschließenden Feststellungen zu den Vermögens- und Einkommensverhältnissen des Vaters der Kl. getroffen. Es hat lediglich festgestellt, daß er bei 13 Monatsgehältern 5200 DM brutto im Monat verdient. Es führt zutreffend aus, daß angesichts dieses Einkommens des Vaters der Kl. und der festgestellten Einkommensverhältnisse der Bekl. jedenfalls nicht von vornherein ausgeschlossen werden kann, daß sich der Vater der Kl. nach den dargelegten Grundsätzen an dem Barunterhalt beteiligen muß. Es meint jedoch, diesen Gesichtspunkt außer Betracht lassen zu können, weil die Bekl. wegen ihrer eingeschränkten Einkommensverhältnisse nicht einmal den Mindestunterhalt der Kl. zu zahlen habe. Diese Argumentation ist schon im Ansatz fehlerhaft. Daß die Bekl. jedenfalls nicht mehr zahlen kann als 223 bzw. 180 DM im Monat, hängt damit zusammen, daß sie wenig verdient und deshalb allenfalls eingeschränkt leistungsfähig ist. Die eingeschränkte Leistungsfähigkeit der Bekl. ist aber kein Argument gegen eine Beteiligung des Vaters der Kl. an dem Barunterhalt, sie ist im Gegenteil ein Argument für eine solche Beteiligung. Es mag richtig sein, daß sich der Vater ohnehin in gewissem Umfang am Barunterhalt beteiligt, weil die Bekl. nicht einmal den Mindestunterhalt zahlen kann. Dadurch wird aber nicht die rechtliche Beurteilung überflüssig, ob und in welchem Umfang er verpflichtet ist, Barunterhalt zu leisten, und wie sich das auf die Unterhaltsverpflichtung der Bekl. auswirkt.

4. Mit der gegebenen Begründung kann das Berufungsurteil deshalb keinen Bestand haben. Der *Senat* ist auch nicht in der Lage, selbst abschließend zu entscheiden (§ 565 III ZPO). Die Feststellungen des OLG reichen nicht aus, um beurteilen zu können, ob sich der Vater der Kl. an ihrem Barunterhalt beteiligen muß. Insbesondere hat das OLG – von seinem Standpunkt aus zu Recht – keine ausreichenden Feststellungen dazu getroffen, in welchen wirtschaftlichen Verhältnissen der Vater der Kl. lebt. So hat es z. B. nur sein Bruttogehalt festgestellt, nicht aber sein (bereinigtes) Nettoeinkommen. Die Sache muß an das OLG zurückverwiesen werden, damit der Tatrichter die fehlenden Feststellungen nachholen und unter Berücksichtigung der dargelegten Grundsätze nach billigem Ermessen abwägen kann, ob sich der Vater der Kl. an dem Barunterhalt beteiligen muß (vgl. *Senat*, NJW 1991, 597 = FamRZ 1991, 182 [184]).

Hat sich der Vater der Kl. an deren Barunterhalt zu beteiligen, so wird eine völlig neue Berechnung des geltend gemachten Unterhaltsanspruchs erforderlich. Es ist jedenfalls nicht auszuschließen, daß die Bekl. dann nicht mehr an die Kl. zahlen müßte als die 145 DM monatlich, zu deren Zahlung sie bereits rechtskräftig verurteilt ist. Das gilt insbesondere auch deshalb, weil das OLG – von seinem Standpunkt aus zu Recht – von einer erweiterten Unterhaltspflicht der Bekl. gegenüber der minderjährigen Kl. nach § 1603 II 1 BGB ausgegangen ist und der Bekl. deshalb nur den notwendigen Selbstbehalt belassen hat, den es mit 1200 DM im Monat annimmt, nicht den angemessenen Selbstbehalt. Nach § 1603 II 2 BGB tritt jedoch die erweiterte Unterhaltspflicht nicht ein, wenn ein anderer unterhaltspflichtiger Verwandter vorhanden ist. Dieser andere unterhaltspflichtige Verwandte kann auch der andere Elternteil sein, wenn er leistungsfähig ist (st. Rspr.; vgl. BGH, NJW 1980, 934 = FamRZ 1980, 555 [556]; NJW 1991, 697 = FamRZ 1991, 182 [184]).

Ist der Vater der Kl. verpflichtet, sich an deren Barunterhalt zu beteiligen, kann deshalb die gesteigerte Unterhaltspflicht der Bekl. entfallen mit der Folge, daß ihr der angemessene Selbstbehalt (§ 1603 I BGB) zu belassen ist (BGH, NJW 1980, 934 = FamRZ 1980, 555 [556]), den der Tatrichter zu bestimmen hat. Auch wenn der angemessene Selbstbehalt der Bekl. – wie im übrigen auch der notwendige Selbstbehalt – niedriger anzusetzen sein dürfte als die von der Praxis entwickelten Richtsätze, z. B. weil der Bedarf der Bekl. durch die gemeinsame Haushaltsführung mit ihrem ebenfalls berufstätigen Ehemann geringer sein dürfte (vgl. hierzu zutreffend *OLG Hamm*, FamRZ 1980, 916 [917] m. Nachw.), ist jedenfalls nicht auszuschließen, daß dieser angemessene Bedarf höher ist als die vom OLG als notwendiger Bedarf angerechneten 1200 DM.

(Hausmannsfälle, notwendiger bzw. angemessener Selbstbehalt)

b 5. Die Kl. meint demgegenüber, das OLG habe übersehen, daß die Bekl. nach den Grundsätzen der Rechtsprechung des Senats zu den sogenannten Hausmann-Fällen gehalten sei, einer Erwerbstätigkeit nachzugehen und das dabei erzielte Einkommen uneingeschränkt für den Unterhaltsbedarf der Kl. zu verwenden. Diese Obliegenheit der Bekl. habe keine gesteigerte Unterhaltspflicht nach § 1603 I 1 BGB zur Voraussetzung, sie folge vielmehr bereits aus dem in § 1609 BGB angeordneten Gleichrang der Unterhaltsansprüche der Kinder aus erster und zweiter Ehe. Die Bekl. könne sich nicht darauf berufen, daß sie ihr Arbeitseinkommen zur Deckung ihres eigenen Bedarfs benötige.

Dies ist nicht zutreffend. In den sog. Hausmann-Fällen hat sich der Ehemann mit seiner zweiten Ehefrau dahin geeinigt, daß sie berufstätig bleibt und den Lebensunterhalt der Familie verdient, während er seine Berufstätigkeit aufgibt und statt dessen das Kind aus zweiter Ehe betreut. Ist er einem Kind aus erster Ehe unterhaltspflichtig, liegt darin eine Obliegenheitsverletzung, weil er sich gleichrangig beiden Kindern widmen muß und seine Arbeitskraft nicht allein der Betreuung des Kindes aus zweiter Ehe zuführen darf. Er muß sich deshalb in einem solchen Fall „fiktiv so behandeln lassen, als hätte er wie bisher ein volles Erwerbseinkommen" (*Senat*, NJW 1996, 1815 = FamRZ 1996, 815 [817]). Bei der Berechnung des Unterhalts, den er aufgrund dieses fiktiven Einkommens entsprechend seiner Leistungsfähigkeit zu zahlen hat, ist der notwendige bzw. der angemessene Selbstbehalt zu berücksichtigen (*Senat*, NJW 1985, 318 [319]). Wenn der einem Kind aus erster Ehe barunterhaltspflichtige Elternteil nach wie vor voll erwerbstätig ist, obwohl er ein Kind aus zweiter Ehe hat, kann nichts anderes gelten.

BGH v. 17. 12. 1997 – XII ZR 38/96 – FamRZ 98, 426 = NJW 98, 1065

R519 *(Kein nachehelicher Unterhaltsanspruch für geschiedene Ehefrau wegen Betreuung eines nichtehelichen Kindes vom geschiedenen Ehemann)*

a a) Ungeachtet des Umstandes, daß die Parteien miteinander verheiratet waren, hat ihr gemeinschaftliches Kind den Status eines nichtehelichen Kindes, weil es nicht während der Ehe oder innerhalb von 302 Tagen nach deren rechtskräftiger Auflösung geboren worden ist (§ 1593 BGB). Da der Wortlaut des § 1570 BGB nicht auf den Status abhebt, sondern auf die Pflege und Erziehung eines gemeinschaftlichen Kindes, wird die Vorschrift wie vom OLG auch von einem Teil des Schrifttums auf Fälle der vorliegenden Art für anwendbar gehalten (vgl. *Soergel-Häberle*, BGB, 12. Aufl., § 1570 Rn. 5; *Palandt-Diederichsen*, BGB, 57. Aufl., § 1570 Rn. 9; *Göppinger-Kindermann*, 6. Aufl., Rn. 1183; *Schwab-Borth*, 3. Aufl, Teil IV, Rn. 152). Die Gegenmeinung verneint die Frage, weil die Unterhaltsverpflichtung nicht auf einer Nachwirkung der Ehe beruhe und ein sachlicher Grund fehle, den an sich einschlägigen Unterhaltsanspruch aus § 1615 I BGB zu verstärken (vgl. *Richter*, in: MünchKomm, 3. Aufl., § 1570 Rn. 6; *Cuny*, in: RGRK, 12. Aufl., § 1570 Rn. 6; *Erman-Dieckmann*, BGB, 9. Aufl., § 1570 Rn. 9; *Griesche*, in: FamGb, § 1570 Rn. 8; *Heiß/Heiß*, Anm. 1.5; *AG Erding*, FamRZ 1995, 1414; zweifelnd *Hülsmann*, in: FamK § 1570 Rn. 25). Andere differenzieren danach, ob bei der Geburt des Kindes noch ein zeitlicher Bezug zur Ehe bejaht werden kann (vgl. *Kalthoener-Büttner*, Rspr. zur Höhe des Unterhalts, 6. Aufl., Rn. 405). Der Senat schließt sich der Auffassung an, die eine Anwendung der Vorschrift auf Fälle der vorliegenden Art ablehnt. Soweit eine beiläufige Äußerung im Senatsurteil des vom 26. 10. 1984 (NJW 1985, 428 = FamRZ 1985, 51 [52]) anders verstanden werden könnte, hält er daran nicht fest.

b) Zwar läßt der Wortlaut des § 1570 BGB auch die erstgenannte Auslegung zu; denn die Kl. ist „ein geschiedener Ehegatte", der „ein gemeinschaftliches Kind" betreut. Es erhebt sich aber die Frage, ob Sinn und Zweck des Gesetzes nicht gebieten, den nachehelichen Unterhaltsanspruch aus § 1570 BGB auf Fälle zu beschränken, in denen das von dem geschiedenen Ehegatten betreute Kind den rechtlichen Status der Ehelichkeit hat. Dafür spricht schon der Umstand, daß der Unterhaltsanspruch einer Mutter, die ein nichteheliches Kind betreut, in § 1615 l BGB besonders geregelt ist, und daß andererseits die Betreuung eines sogenannten scheinehelichen Kindes, das also in Wahrheit kein gemeinschaftliches ist, den Unterhaltsanspruch aus § 1570 BGB auszulösen vermag, bis die Nichtehelichkeit rechtskräftig festgestellt ist (vgl. *Senat*, NJW 1985, 428 = FamRZ 1985, 51 [52]; *Bosch*, FamRZ 1981, 1064).

§ 1570 BGB wird als Ausdruck nachehelicher Solidarität verstanden. Wird das Kind lange nach der Scheidung gezeugt, etwa wie in dem vom *AG Erding*, FamRZ 1995, 1414, entschiedenen Fall viereinhalb Jahre danach, liegt es im Grunde nicht anders, als wenn ein nicht miteinander verheiratetes Paar ein Kind bekommt. Die Entscheidung davon abhängig zu machen, wie teilweise vertreten wird, ob bei

Anhang R. Rechtsprechung   R520

der Geburt des Kindes noch ein zeitlicher Zusammenhang mit der aufgelösten Ehe bejaht werden kann, führte im Einzelfall zu Abgrenzungsschwierigkeiten, die die Vorschrift konturenlos machen und die Rechtssicherheit in Frage stellen würden.

  Zu bedenken sind vor allem auch die Weiterungen, die sich bei einer Bejahung des vom Gesetz privilegierten Anspruchs aus § 1570 BGB ergeben würden. Der Höhe nach würde sich der Anspruch nach den ehelichen Lebensverhältnissen bei Eintritt der Rechtskraft der Scheidung (§ 1578 I BGB) bemessen, einem Zeitpunkt, der in Fällen der vorliegenden Art bei der Geburt des Kindes weit zurückliegen könnte. Ginge der Unterhaltsverpflichtete eine neue Ehe ein, genösse der Anspruch der Mutter gegenüber demjenigen des neuen Ehegatten den Vorrang aus § 1582 I 3 BGB. Im Falle des Scheiterns einer neuen Ehe der Mutter könnte der Anspruch unter den Voraussetzungen des § 1586 a BGB wieder aufleben. Schließlich könnten sich nach Beendigung der Pflege und Erziehung des Kindes weitere Unterhaltsansprüche der Mutter wegen Alters (§ 1571 Nr. 2 BGB), wegen Krankheit (§ 1572 Nr. 2 BGB) oder nach den Tatbeständen des § 1573 I und II i. V. mit Abs. 3 anschließen. All dies sind Rechtsfolgen, die ihre innere Berechtigung darin finden, daß das Kind einer ehelichen Lebensgemeinschaft entstammt.

  Das Gesetz zur Reform des Kindschaftsrechts, das am 1. 7. 1998 in Kraft treten wird (BGBl I 1997, 2942 [2967]), hält daran fest, daß der Unterhaltsanspruch einer Mutter, die ein eheliches Kind betreut, und derjenige einer Mutter, die ein nichteheliches Kind betreut, unterschiedlich zu behandeln sind. Der Rechtsausschuß des Deutschen Bundestages hat zur Rechtfertigung der Differenzierung ausgeführt: Die Mutter eines nichtehelichen Kindes könne frei entscheiden, ob sie das Kind selbst betreuen wolle oder durch Dritte betreuen lasse. Das Kind habe keinen Anspruch auf Betreuung durch die Mutter und könne daher auch nicht Inhaber des Anspruchs auf Betreuungsunterhalt sein. Wenn es sich aber um einen Anspruch der Mutter gegenüber dem Vater des Kindes handele, sei die rechtliche Qualität der Elternbeziehung für die Ausgestaltung des Anspruchs von Bedeutung und erscheine es gerechtfertigt, den Anspruch der früheren Ehefrau unter dem Gesichtspunkt der nachehelichen Solidarität stärker auszugestalten als den Anspruch der Mutter, die ein nichtehelich geborenes Kind betreut (vgl. BT-Dr 13–8511, S. 71). Dem ist zu folgen. In Fällen der vorliegenden Art kann die rechtliche Qualität der Elternbeziehung nicht mehr derjenigen während bestehender Ehe gleichgesetzt werden. Auch verfassungsrechtliche Gründe (Art. 6 V GG) gebieten es daher nicht, der Kl. einen Anspruch aus § 1570 BGB zuzubilligen.

  c) Die Zubilligung des vom OLG in zweiter Linie in Betracht gezogenen Anspruchs aus § 1576 BGB scheidet ebenfalls aus. Es handelt sich dabei um eine Auffangvorschrift für im Gesetz nicht ausdrücklich geregelte Fälle nachehelichen Unterhalts, etwa wenn es um die Betreuung von während der Ehe in den gemeinsamen Haushalt aufgenommenen Pflegekindern oder von Kindern eines Ehegatten aus einer früheren Ehe geht (vgl. dazu *Senat*, FamRZ 1983, 800 [802]). Der Unterhaltsanspruch einer Mutter, die ein nichteheliches Kind betreut, ist in § 1615 l BGB aber ausdrücklich geregelt, und zwar in einer Weise, die als abschließend beurteilt werden muß. In Fällen der vorliegenden Art handelt es sich nicht um eine Bedürfnislage, die im Zeitpunkt der Scheidung besteht und der Ehe zuzurechnen ist.

  Nach Inkrafttreten des Gesetzes zur Reform des Kindschaftsrechts wird § 1615 l BGB im übrigen eine Ausgestaltung erfahren, die die Unterschiede zu einem Anspruch aus § 1576 BGB zurücktreten läßt. Die bisherige zeitliche Begrenzung des Anspruchs der nichtehelichen Mutter auf drei Jahre nach der Entbindung wird unter der Voraussetzung aufgehoben, daß es „insbesondere unter Berücksichtigung der Belange des Kindes grob unbillig wäre, einen Unterhaltsanspruch nach Ablauf dieser Frist zu versagen". Auch der Unterhaltsanspruch aus § 1576 BGB hängt letztlich davon ab, daß die Versagung von Unterhalt unter Berücksichtigung der Belange beider Ehegatten grob unbillig wäre (vgl. *Senat*, FamRZ 1983, 800 [802]). Nach dem Rechtszustand der – von der Regelung des § 1582 BGB abgesehen – für die Mutter im Ergebnis kaum günstiger sein, wenn in Fällen der vorliegenden Art ihr Unterhaltsanspruch nach § 1576 BGB statt nach § 1615 l BGB beurteilt würde.

BGH v. 21. 1. 1998 – XII ZR 85/96 – FamRZ 98, 541 = NJW 98, 1309

(Zur Konkurrenz von Trennungsunterhalt nach § 1361 BGB und Unterhalt nach § 1615 l I S. 1 und II S. 2 **R520**
BGB)

  c) Da somit Unterhaltsansprüche der Kl. gegen den Vater ihres nichtehelichen Kindes sowohl nach   c
§ 1615 l I als auch nach Abs. 2 Satz 2 BGB in Betracht kommen, die in die streitbefangene Zeit fallen und mit ihrem Anspruch auf Trennungsunterhalt gem. § 1361 BGB gegen ihren Ehemann konkurrieren, kommt es auf die Frage der Haftung des Vaters des nichtehelichen Kindes im Verhältnis zum Beklagten an. Das Gesetz hat diese Konstellation in § 1615 l III BGB, in dem die Reihenfolge der Unterhaltsverpflichtungen zwischen dem Vater und den Verwandten der Mutter sowie das Rangverhältnis zwischen der Mutter und der Ehefrau und den minderjährigen Kindern des Vaters geregelt sind, nicht mit aufgegriffen. Während das ältere Schrifttum von einem grundsätzlichen Vorrang der Haftung

des Ehemannes vor dem Vater ausging (*Brühl,* FamRZ 1967, 130 [133]; *Brüggemann,* FamRZ 1971, 140 [147]), was unter anderem aus dem allgemeinen Verweis des § 1615 III BGB auf die Vorschriften des Verwandtenunterhalts und den dortigen § 1608 BGB mit der vorrangigen Haftung des Ehemannes vor den Verwandten gefolgert wurde, wird in der neueren Literatur und Rechtsprechung überwiegend die Auffassung vertreten, daß der Vater vor dem Ehemann haften soll. Dies wird aus einer analogen Anwendung des § 1615 l III 2 BGB abgeleitet, wonach der Vater vor den Verwandten der Mutter zur Unterhaltszahlung heranzuziehen ist. Da das Gesetz darin zum Ausdruck bringe, den Vater vorrangig auf Unterhalt in Anspruch zu nehmen, der die Unterhaltsbedürftigkeit der Mutter zu verantworten habe, müsse der Ehemann ebenso wie die Verwandten der Mutter vor einer Inanspruchnahme geschützt werden, da für eine Ungleichbehandlung von Verwandten und Ehemann kein sachlicher Grund bestehe (*Köhler,* in: MünchKomm, § 1615 l Rn. 9 a; *Palandt-Diederichsen,* § 1615 l Rn. 5 und Ergänzungsband, § 1615 l Rn. 5; *Staudinger-Eichenhofer,* § 1615 l Rdnrn. 18 und 21; *Gernhuber/Coester-Waltjen,* § 59 III Anm. 3; *Odersky,* Anm. II 8 c; OLG Celle, FamRZ 1979, 119; *OLG Koblenz,* FamRZ 1981, 92; *OLG Hamm,* NJW 1991, 1763 = FamRZ 1991, 979; FamRZ 1997, 632; *OLG Düsseldorf,* FamRZ 1995, 690; abl., soweit ersichtlich, nur *OLG München,* FamRZ 1994, 1108). Dabei wird allerdings zum Teil angenommen, daß der Vorrang der Haftung des Vaters nur so weit reiche, als durch die Schwangerschaft oder Mutterschaft ein Mehrbedarf verursacht wird, während für den ohne sie bestehenden Grundbedarf allein der Ehemann hafte (*Mutschler,* in: RGRK, § 1615 l Rn. 11; *Göppinger-Maurer,* Rn. 981). Eine anteilige Haftung entsprechend § 1606 III 1 BGB wird dagegen überwiegend abgelehnt.

Der *Senat* hält demgegenüber in einem Fall wie dem vorliegenden eine Aufteilung der Verantwortlichkeiten zwischen dem Ehemann und dem Vater in entsprechender Anwendung des § 1606 III 1 BGB für geboten. § 1615 l III 1 BGB verweist allgemein auf eine entsprechende Anwendung der für die Unterhaltspflicht zwischen Verwandten geltenden Vorschriften. Dabei kommt eine Heranziehung des § 1608 BGB mit der vorrangigen Haftung des Ehemannes vor den Verwandten der Mutter zur Lösung der vorliegenden Frage von vorneherein nicht Betracht, weil der Vater des nichtehelichen Kindes den Verwandten der Mutter nicht gleichgesetzt werden kann. Das folgt bereits aus der Sonderbestimmung des § 1615 l III 2 BGB, nach der die Unterhaltsverpflichtung des Vaters vor derjenigen der Verwandten rangiert (vgl. *Köhler,* in: MünchKomm, § 1615 l Rn. 9 a). Diese Bestimmung geht als lex specialis dem § 1608 BGB vor.

Andererseits muß aber auch eine Gleichsetzung des Ehemannes mit den Verwandten der Mutter entsprechend § 1615 l III 2 BGB ausscheiden. Denn die daraus abgeleitete undifferenzierte vorrangige Haftung des Vaters vor dem Ehemann trägt dem Umstand nicht Rechnung, daß die Mutter auch wegen der notwendigen Betreuung der ehelichen Kinder an einer Erwerbstätigkeit gehindert ist. Die insoweit dem Ehemann zuzuschreibende Verantwortung würde, folgt man der überwiegenden Meinung, außer acht gelassen und der Ehemann gegenüber dem Vater des nichtehelichen Kindes in ungerechtfertigter Weise privilegiert. Eine solche Bevorzugung läßt sich nicht daraus herleiten, daß der Unterhaltsanspruch aus § 1615 l II BGB seit der Reform 1995 demjenigen aus § 1570 BGB angenähert wurde und, was die bisherige zeitliche Ausdehnung auf drei Jahre betrifft, mit der am 1. 7. 1998 in Kraft tretenden Kindschaftsrechtsreform weiter verlängerbar werden soll (vgl. § 1615 l II 3 BGB i. d. F. des G. zur Reform des Kindschaftsrechts vom 16. 12. 1997, BGBl I, 2942 f.). Auch die Regelung des § 1586 a II BGB, die bei einer Konkurrenz von Unterhaltsansprüchen gegen Ehegatten aus zwei geschiedenen Ehen eine Primärhaftung des Ehegatten aus der später aufgelösten Ehe anordnet (krit. dazu *Richter,* in: MünchKomm § 1586 a Rn. 8), kann mangels Vergleichbarkeit der Fallgestaltung nicht herangezogen werden.

Demgegenüber führt eine entsprechende Anwendung des von der Verweisung in § 1615 l III 1 BGB ebenfalls erfaßten § 1606 III 1 BGB zu ausgewogeneren Ergebnissen, weil damit der jeweiligen Verantwortung des Vaters und des Ehemannes flexibel Rechnung getragen werden kann. Nach § 1606 III 2 BGB haften gleichnahe Verwandte anteilig, und zwar nach dem Maßstab ihrer jeweiligen Erwerbs- und Vermögensverhältnisse. Vergleichbar damit können auch die jeweiligen Väter ehelicher und nichtehelicher Kinder für den betreuungsbedingten Unterhaltsbedarf der Mutter anteilig herangezogen werden. Die Aufteilung nach den jeweiligen Einkommens- und Vermögensverhältnissen wird dabei in einer Vielzahl von Fällen zu angemessenen Lösungen führen. Allerdings ist die Anknüpfung an diesen eher schematischen Maßstab nicht in jedem Fall zwingend. Da § 1606 III 1 BGB nur entsprechend anzuwenden ist, läßt er auch Raum für die Berücksichtigung anderer Umstände, insbesondere der Anzahl, des Alters, der Entwicklung und der Betreuungsbedürftigkeit der jeweiligen Kinder. So kann im Einzelfall von Bedeutung sein, daß die Mutter durch die vermehrte Betreuungsbedürftigkeit eines jüngeren oder gar eines behinderten Kindes von jeglicher Erwerbstätigkeit abgehalten wird, obwohl ihr das fortgeschrittene Alter der anderen Kinder an sich eine Voll- oder zumindest Teilerwerbstätigkeit erlauben würde. In einem solchen Falle wäre die schematische Aufteilung der Haftungsquote nach den jeweiligen Erwerbs- und Vermögensverhältnissen des Ehemannes und des Vaters unbefriedigend. Vielmehr müßte der Erzeuger des vermehrt betreuungsbedürftigen Kindes entsprechend höher, gegebenenfalls auch allein zum Unterhalt für die Mutter herangezogen werden. Die entsprechende Anwendung des § 1606 III 1 BGB ermöglicht es, auch solchen Einzelfällen in flexibler Weise gerecht zu werden. Soweit der Unterhalt vom Vater des nichtehelichen Kindes nicht erlangt werden kann, kommt im übrigen eine entsprechende Anwendung des § 1607 II BGB in Betracht (vgl. *Odersky,* Anm. II 8 c).

3. Das Maß des nach § 1615 l I und II BGB zu gewährenden Unterhalts bestimmt sich nach der Lebensstellung des Bedürftigen (§ 1615 l III 1 i. V. mit § 1610 I BGB). Diese ist hier geprägt durch die ehelichen Lebensverhältnisse der Kl. gem. § 1578 BGB, die daher auch den Maßstab für den Unterhaltsanspruch aus § 1615 l BGB gegen den Vater des nichtehelichen Kindes bilden.

Für die Bemessung der auf den Vater und den Bekl. entfallenden jeweiligen Haftungsquoten kommt es nach vorstehendem in erster Linie auf die Leistungsfähigkeit des Vaters an. Diese hat das *OLG* – aus seiner Sicht folgerichtig – nicht ermittelt, so daß das Verfahren auch aus diesem Grunde zurückverwiesen werden muß.

BGH v. 21. 1. 1998 – XII ZR 117/96 – FamRZ 98, 1501 = NJW-RR 98, 721

(Überhöhte Fahrtkosten durch Benutzung eines Pkw: Ansatz von 0,42 DM/km statt 0,40 DM in Leitlinien zulässig)

R521

Die Höhe der in Ansatz gebrachten Fahrtkosten beanstandet die Revision zu Recht. Zwar hat das BerGer. es unter den gegebenen Umständen rechtsfehlerfrei abgelehnt, einen Abzug in der für die Pkw-Nutzung geltend gemachten Höhe von 1200 DM vorzunehmen. Es ist aber nicht auszuschließen, daß dem Bekl. höhere Fahrtkosten als monatlich 462 DM zuzubilligen sind.

b

Das *OLG* ist aufgrund des Vorbringens des Bekl. ersichtlich davon ausgegangen, daß ihm die Benutzung öffentlicher Verkehrsmittel für die Fahrt zur Arbeitsstelle angesichts des damit verbundenen beträchtlichen Zeitaufwandes nicht zugemutet werden könne. Es hat deshalb grundsätzlich die Kosten der Pkw-Nutzung für berücksichtigungsfähig gehalten. Wenn der Bekl. seine Wohnung in M. beibehielte, ergäben sich unter Zugrundelegung der vom BerGer. angewandten Berechnungsart monatliche Fahrtkosten von nahezu 1200 DM, durch die das Nettoeinkommen des Bekl. zu mehr als einem Drittel aufgezehrt würde. Wenn die Kosten der Pkw-Nutzung indessen einen derart hohen, unverhältnismäßigen Aufwand verursachen, durch den angemessene Unterhaltsleistungen ausgeschlossen werden, ist zu prüfen, ob von dem Unterhaltspflichtigen nicht ein Wechsel des Wohnortes erwartet werden kann. Das kann etwa der Fall sein, wenn an eine Wiederherstellung der ehelichen Lebensgemeinschaft nicht zu denken ist, das Wohnen nahe am Arbeitsplatz nach den Lebensumständen zumutbar ist und mit zumutbarer Mietbelastung eine neue Wohnung gefunden werden kann (*Kalthoener-Büttner,* 6. Aufl., Rn. 937; *Wendl-Haußleiter,* 4. Aufl., § 1 Rn. 100; *Palandt-Diederichsen,* BGB, 57. Aufl., § 1603 Rn. 6; vgl. *OLG Koblenz,* FamRZ 1994, 1609 [1610]).

Daß eine Wiederherstellung der ehelichen Lebensgemeinschaft von den Parteien in Betracht gezogen worden wäre, hat der Bekl. nach seinem in dem Tatbestand des Berufungsurteils in Bezug genommenen schriftsätzlichen Vorbringen selbst nicht konkret geltend gemacht, vielmehr hat er eingeräumt, noch während des Trennungsjahres seine Freundin in die frühere Ehewohnung aufgenommen zu haben. Für die Zumutbarkeit eines Umzugs spricht weiterhin die seitens des Bekl. dargelegte Absicht, nach seinem Ausscheiden bei der Bundeswehr eine Berufsausbildung an der Fachhochschule in K. zu absolvieren, womit – noch höhere Fahrtkosten verbunden wären. Das BerGer. hat schließlich auch den Einwand des Bekl. berücksichtigt, daß er in D. bzw. in der unmittelbaren Umgebung von D. keine vom Mietzins her angemessene Wohnung hätte anmieten können und hat in tatrichterlicher Würdigung angenommen, daß dies jedenfalls in einem Umkreis von 30 km möglich gewesen wäre.

Die Höhe der als abzugsfähig anzuerkennenden Kosten zu bestimmen, ist in erster Linie dem Tatrichter vorbehalten. Wenn das BerGer. insoweit die in seinem Bezirk gebräuchlichen unterhaltsrechtlichen Leitlinien zugrunde gelegt hat, die einen Kostenansatz von 0,42 DM pro Kilometer vorsehen, so unterliegt das aus Rechtsgründen keinen Bedenken. Der Senat hat es in ständiger Rechtsprechung mangels sonstiger konkreter Anhaltspunkte für angemessen gehalten, die mit 0,40 DM pro Kilometer der Höhe nach in etwa vergleichbare Kilometerpauschale nach § 9 III des Gesetzes über die Entschädigung von Zeugen und Sachverständigen heranzuziehen (*Senat,* NJW-RR 1992, 1282 und NJW 1994, 190 = FamRZ 1994, 87 [88]).

Die Revision wendet allerdings zu Recht ein, der Bekl. habe geltend gemacht, daß die Kosten der Inanspruchnahme öffentlicher Verkehrsmittel für die Fahrten von M. nach D. mit monatlich 606 DM anzusetzen seien. Da einem Unterhaltsschuldner grundsätzlich zugestanden werden muß, mit öffentlichen Verkehrsmitteln zu seiner Arbeitsstelle zu gelangen, kommt es für die Entscheidung darauf an, ob die behaupteten Kosten, deren Höhe die Kl. bestritten hat, zutreffend sind. Hierzu hat das BerGer. keine Feststellungen getroffen. Die Entscheidung kann deshalb keinen Bestand haben.

R523   Anhang R. Rechtsprechung

BGH v. 4. 3. 1998 – XII ZR 173/96 – FamRZ 98, 671 = NJW 98, 1555

R523   *(Ausbildungsunterhalt, Gegenseitigkeitsprinzip, Verwirkung nach § 1611 BGB)*

a) Der Revision kann indessen nicht darin gefolgt werden, daß der Anspruch auf Ausbildungsunterhalt ausschließlich unter den Voraussetzungen der Verwirkung nach § 1611 I BGB wegfallen kann. Der aus § 1610 II BGB folgende Anspruch eines Kindes auf Finanzierung einer angemessenen, seiner Begabung, Neigung und seinem Leistungswillen entsprechenden Berufsausbildung ist vom Gegenseitigkeitsprinzip geprägt. Der Verpflichtung des Unterhaltsschuldners auf Ermöglichung einer Berufsausbildung steht auf seiten des Unterhaltsberechtigten die Obliegenheit gegenüber, sie mit Fleiß und der gebotenen Zielstrebigkeit in angemessener und üblicher Zeit zu beenden. Unterhaltsleistungen nach § 1610 II BGB sind zweckgebunden und werden nur insoweit geschuldet, als sie für eine angemessene Vorbildung zu einem Beruf erforderlich sind. Zwar muß der Verpflichtete nach Treu und Glauben (§ 242 BGB) Verzögerungen der Ausbildungszeit hinnehmen, die auf ein vorübergehendes leichteres Versagen des Kindes zurückzuführen sind. Verletzt dieses aber nachhaltig seine Obliegenheit, seine Ausbildung planvoll und zielstrebig aufzunehmen und durchzuführen, büßt es seinen Unterhaltsanspruch ein und muß sich darauf verweisen lassen, seinen Lebensunterhalt durch Erwerbstätigkeit selbst zu verdienen (st. Rspr., vgl. *Senat*, NJW 1984, 1961 = FamRZ 1984, 777; *Senat*, NJW 1987, 1557 = FamRZ 1987, 470; *Senat*, NJW 1993, 2238 = FamRZ 1993, 1057 [1059] m. w. Nachw.). Die Verletzung des dem § 1610 II BGB innewohnenden Gegenseitigkeitsverhältnisses führt also von selbst zum Wegfall des Unterhaltsanspruchs, ohne daß dies an die besonderen Verwirkungsvoraussetzungen des § 1611 I BGB gebunden wäre. Der von der Revision in diesem Zusammenhang gebrachte Hinweis auf die Senatsentscheidung in BGHZ 84, 280 f. = NJW 1982, 1999, nach der die allgemeinen Regeln der Verwirkung für das Unterhaltsrecht als Beendigungsgrund keine eigenständige Bedeutung haben, ist unerheblich; die angeführte Entscheidung betrifft nicht die vorliegende Fallgestaltung.

b) Auch im übrigen ist die Entscheidung des BerGer. aus Rechtsgründen nicht zu beanstanden. Aus dem Gegenseitigkeitsverhältnis folgt nicht nur die Obliegenheit des Kindes, die einmal gewählte Ausbildung, z. B. ein Hochschulstudium, zügig und – jedenfalls im Grundsatz – entsprechend den maßgeblichen Studienplänen durchzuführen. Die Rücksichtnahme auf die Belange der mit der Unterhaltszahlung belasteten Eltern erfordert es vielmehr auch, daß sich das Kind nach dem Abgang von der Schule binnen einer angemessenen Orientierungsphase für die Aufnahme einer seinen Fähigkeiten und Neigungen entsprechenden Ausbildung entscheidet.

Wie der Senat bereits für die sogenannten „Abitur-Lehre-Studium-Fälle" entschieden hat, muß neben dem sachlichen auch ein enger zeitlicher Zusammenhang zwischen Lehre und Studium derart bestehen, daß der Auszubildende nach dem Lehrabschluß das Studium baldmöglichst mit der gebotenen Zielstrebigkeit aufnimmt. Übt er im Anschluß an die Lehre den erlernten Beruf aus, obwohl er mit dem Studium beginnen könnte, wird der erforderliche zeitliche Zusammenhang aufgehoben (BGHZ 107, 376 [382] = NJW 1989, 2253; *Senat*, NJW-RR 1990, 327 = FamRZ 1990, 149 [150]). Dahinter steht der Gedanke, daß die Reichweite der Unterhaltspflicht der Eltern von der Frage mitbestimmt wird, inwieweit sie damit rechnen müssen, daß ihr Kind nach Schulabschluß und nach einer Lehre noch weitere Ausbildungsstufen anstrebt. Da es zu den schützenswerten Belangen des Unterhaltspflichtigen gehört, sich in der eigenen Lebensplanung darauf einstellen zu können, wie lange die Unterhaltslast dauern wird, wird eine Unterhaltspflicht um so weniger in Betracht kommen, je älter der Auszubildende bei Abschluß seiner praktischen Berufsausbildung ist. Denn um so weniger müssen die Eltern damit rechnen, daß er daran noch den Besuch einer weiterführenden Schule und ein Studium anschließen wird. Diese aus dem Gegenseitigkeitsverhältnis folgenden Gesichtspunkte wirken sich nicht erst bei der Prüfung der wirtschaftlichen Zumutbarkeit für die Eltern aus, sondern beeinflussen bereits die Frage, ob und unter welchen Voraussetzungen der eingeschlagene Ausbildungsweg noch Bestandteil der geschuldeten einheitlichen Vorbildung zu einem Beruf ist (*Senat*, NJW 1995, 718 = FamRZ 1995, 416 [417]). Daher hat der Senat einen weiteren Ausbildungsanspruch in der Regel für solche Fälle verneint, in denen dem Realschulabschluß zunächst eine Lehre, sodann die Fachoberschule und die Fachhochschule nachfolgen. Denn der Unterhaltspflichtige braucht hier – im Unterschied zu den Fällen, in denen die Eltern wegen des Abiturs des Kindes grundsätzlich von vornherein mit einem Hochschulstudium rechnen müssen – nicht davon auszugehen, daß ihn das Kind nach Abschluß der praktischen Berufsausbildung zu weiteren Unterhaltsleistungen heranzieht (*Senat*, NJW 1995, 718 = FamRZ 1995, 416).

Die geschilderten Fälle unterscheiden sich vom vorliegenden zwar dadurch, daß der Sohn des Bekl. nach Schulabgang im April 1982 bisher überhaupt keine Ausbildung durchlaufen hat. Indessen gelten die aus dem Gegenseitigkeitsverhältnis folgenden Grundsätze hier erst recht. Auch ein Schulabgänger muß sich im Verhältnis zum Unterhaltspflichtigen in angemessener Zeit darüber klar werden, welche Ausbildungsmöglichkeiten ihm nach seinem jeweiligen Schulabschluß zur Verfügung stehen. Er muß sich alsbald um einen entsprechenden Ausbildungsplatz bemühen und die Ausbildung zielstrebig angehen (vgl. *OLG Schleswig*, FamRZ 1986, 201 f.). Zwar ist einem jungen Menschen eine gewisse

Anhang R. Rechtsprechung **R524**

Orientierungsphase zuzugestehen, deren Dauer von Fall zu Fall unterschiedlich ist und sich jeweils nach Alter, Entwicklungsstand und den gesamten Lebensumständen des Auszubildenden richtet. Je älter er indessen bei Schulabgang ist und je eigenständiger er seine Lebensverhältnisse gestaltet, desto mehr tritt an die Stelle der Elternverantwortung die Eigenverantwortung für seinen Berufs- und Lebensweg. Selbst wenn er bisher noch keine Berufsausbildung erfahren hat, kann eine zu lange Verzögerung dazu führen, daß sein Ausbildungsanspruch entfällt und er sich daher seinen Lebensunterhalt mit ungelernten Tätigkeiten oder aufgrund sonstiger Begabungen und Fertigkeiten verdienen muß (vgl. *OLG Hamm,* FamRZ 1989, 1219 [1220]; FamRZ 1995, 1007 [1008]; *Wendl-Scholz,* 3. Aufl., § 2 Rn. 65). § 1610 II BGB mutet den Eltern nicht zu, sich gegebenenfalls nach Ablauf mehrerer Jahre, in denen sie nach den schulischen Ergebnissen und dem bisherigen Werdegang des Kindes nicht mehr mit der Nachholung der Hochschulreife und der Aufnahme eines Studiums rechnen mußten, einem Ausbildungsanspruch des Kindes ausgesetzt zu sehen. Dabei fällt auch ins Gewicht, daß es sich dabei um Zeiträume handelt, in denen steuerliche Erleichterungen, Kindergeld oder kindbezogene Gehaltsbestandteile auf Grund des fortgeschrittenen Alters des Kindes unabhängig von seinem Ausbildungsstand wegfallen (vgl. *OLG Frankfurt a. M.,* FamRZ 1994, 1611, das bei einer Orientierungsphase von 31 Monaten den Unterhaltsanspruch versagt hat; abweichend *OLG Köln,* FamRZ 1986, 382; *OLG Stuttgart,* NJW-RR 1996, 2 = FamRZ 1996, 181; *Griesche,* in: FamGb, § 1610 Rn. 53, unter Hinweis auf *OLG Köln,* FamRZ 1986, 382).

c) Die tatrichterliche Beurteilung des BerGer. trägt diesen Grundsätzen Rechnung. Dabei mag dahinstehen, ob man vom Sohn des Bekl. bereits ab Eintritt der Volljährigkeit die nötige Einsicht in seine Ausbildungsobliegenheit erwarten und ihm ansinnen konnte, mit dem erreichten Realschulabschluß die Schule zu verlassen und eine praktische Ausbildung zu beginnen. Das BerGer. hat jedenfalls auch entscheidend darauf abgehoben, daß dem endgültigen Abgang vom Gymnasium zunächst 1 1/2 Jahre teilweiser Erwerbstätigkeit und Arbeitslosigkeit, sodann rund 1 1/2 Jahre Zivildienst und danach wiederum 1 Jahr mit wechselnden Zeiten der Erwerbstätigkeit folgten, ohne daß der Sohn des Bekl. in dieser Zeitspanne eine klare Planung oder Zielstrebigkeit dahingehend erkennen ließ, eine Berufsausbildung aufzunehmen. Er stand bei Beginn des Abendgymnasiums bereits im 24. Lebensjahr und bei Beginn des Studiums im 27. Lebensjahr und damit in einem Alter, in dem Eltern im Normalfall nicht mehr damit rechnen müssen, noch auf Ausbildungsunterhalt in Anspruch genommen zu werden. Daß das BerGer. bei diesem Sachverhalt von einer nicht mehr hinzunehmenden Überschreitung der Orientierungsphase ausgegangen ist und im Verhalten des Sohnes eine Verletzung seiner Ausbildungsobliegenheit gesehen hat, liegt im Rahmen der rechtlich möglichen tatrichterlichen Würdigung und ist revisionsrechtlich nicht zu beanstanden. Bei der gebotenen Interessenabwägung hat das BerGer. im übrigen zutreffend berücksichtigt, daß es nicht nur um die klageweise geltend gemachte Forderung für die ersten vier Semester geht, sondern um den Unterhaltsanspruch als solchen, der die gesamte Studiendauer umfaßt (vgl. *Senat,* NJW-RR 1990, 327 = FamRZ 1990, 149).

BGH v. 11. 3. 1998 – XII ZR 190/96 – FamRZ 98, 818 = NJW 98, 2219

(Fiktive Einkünfte sind kein Einkommen im Sinne des BSHG; sie gehen daher nicht auf den Träger der Sozialhilfe über) **R524**

2. a) Soweit die Kl. für die Zeit bis zur letzten mündlichen Verhandlung vor dem *OLG* Sozialhilfeleistungen für *S* erbracht hat, ist sie nur aktivlegitimiert, soweit die Unterhaltsansprüche des Kindes gem. § 91 I und II BSHG kraft Gesetzes auf sie übergegangen sind. Wegen der nach dem vorgenannten Zeitpunkt gewährten Sozialhilfe sowie für die Zukunft kann die Kl. bis zur Höhe der bisherigen monatlichen Aufwendungen nach § 91 III 2 BSHG auf Leistung klagen, wenn die Hilfe voraussichtlich auf längere Zeit gewährt werden muß, was die Kl. unwidersprochen geltend gemacht hat. Auch insoweit gelten die sich aus § 91 I und II BSHG ergebenden Einschränkungen.

b) Im vorliegenden Fall kann einer Inanspruchnahme des Bekl. durch die Kl. die Vorschrift des § 91 II 1 BSHG entgegenstehen, nach der ein Anspruchsübergang u. a. ausgeschlossen ist, soweit ein Hilfeempfänger sein Einkommen – über Vermögen verfügt der Bekl. unstreitig nicht – nicht einzusetzen hat. Hieraus folgt, daß der Träger der Sozialhilfe Einkünfte, die ein Hilfeempfänger nicht einzusetzen hätte, auch bei der Heranziehung Unterhaltsverpflichteter außer Betracht zu lassen hat.

Das sozialhilferechtlich zu berücksichtigende Einkommen ist bei der dem Kind gewährten Hilfe zum Lebensunterhalt nach den § 76 bis § 78 BSHG zu ermitteln. Nach § 76 I BSHG gehören zum Einkommen im Sinne dieses Gesetzes alle Einkünfte in Geld oder Geldeswert mit Ausnahme einiger ausdrücklich aufgeführter Einkünfte, u. a. der Leistungen nach dem Bundessozialhilfegesetz. Über effektives Einkommen – abgesehen von den nicht zu berücksichtigenden Sozialhilfeleistungen – verfügt der Bekl. nicht. Ihm sind unterhaltsrechtlich allenfalls fiktive Einkünfte wegen Verletzung seiner Erwerbsobliegenheit anzurechnen.

c) Ob derartige fiktive Einkünfte bei der anzustellenden sozialhilferechtlichen Vergleichsberechnung zu berücksichtigen sind, ist in Rechtsprechung und Schrifttum streitig. Teilweise wird die Auffassung vertreten, im Rahmen des § 91 II 1 BSHG sei insoweit eine einheitliche Behandlung von Unterhalts- und Sozialhilferecht geboten, bei der der weitergehenden unterhaltsrechtlichen Beurteilung der Vorrang eingeräumt werden könne (*OLG Karlsruhe*, 2. Zivil*Senat*, FamRZ 1995, 615 [616]; *Hampel*, FamRZ 1996, 513 [517]; *Brudermüller*, FuR 1995, 17 [20 f.]; einschränkend in FamRZ 1995, 1033 [1037]; *Heiß/Hußmann*, 4. Aufl. [1996], Anm. 16.47 f.). Nach überwiegender Meinung scheidet dagegen ein Anspruchsübergang im Falle der unterhaltsrechtlichen Anrechnung fiktiver Einkünfte aus (*OLG Karlsruhe*, 16. Zivil*Senat*, FamRZ 1997, 179 [180]; *OLG Koblenz*, FamRZ 1996, 1548 [1549]; *OLG München*, FuR 1997, 277; *Fröhlich*, FamRZ 1995, 772 [773]; *Künkel*, FamRZ 1996, 1509 [1512]; *Wendl-Scholz*, 4. Aufl., § 6 Rn. 505). Der *Senat* schließt sich der zuletzt genannten Auffassung an.

d) Einkommen i. S. des § 75 I BSHG sind nur die Einkünfte, die tatsächlich zur Verfügung stehen. Anknüpfungspunkt für die Sozialhilfe ist, wie sich aus den § 3, § 11, § 88 und § 90 BSHG ergibt, die tatsächliche Lage der Hilfsbedürftigen. Deshalb können auch nur tatsächliche Einkünfte in Geld oder Geldeswert Einkommen i. S. des § 76 BSHG sein. Fiktive Einkünfte sind grundsätzlich nicht zu berücksichtigen (LPK-BSHG, 4. Aufl., § 76 Rn. 12; *Knopp-Fichtner*, BSHG, 7. Aufl., § 76 Rn. 6; *OVG Berlin*, info also 1992, 203 [204]; vgl. auch *Schellhorn-Jirasek-Seipp*, BSHG, 15. Aufl., § 76 Rn. 11).

Aus der Verletzung der Erwerbsobliegenheit, die unterhaltsrechtlich zur Anrechnung fiktiven Einkommens führen kann, sind im Sozialhilferecht andere Konsequenzen als im Unterhaltsrecht zu ziehen (*Wendl-Scholz*, § 6 Rn. 534). Nach § 25 I 1 BSHG i. d. F. des Gesetzes zur Reform des Sozialhilferechts vom 23. 7. 1996 (BGBl I, 1088) hat derjenige, der sich weigert, zumutbare Arbeit zu leisten oder zumutbaren Maßnahmen nach den § 19 und § 20 BSHG nachzukommen, keinen Anspruch auf Hilfe zum Lebensunterhalt. Die Hilfe ist in einer ersten Stufe um mindestens 25% des maßgebenden Regelsatzes zu kürzen (§ 25 I 3 BSHG). Nach der Rechtsprechung des *BVerwG* dient § 25 I BSHG dazu, Maßnahmen der in §§ 18 ff. BSHG geregelten Hilfe zur Arbeit zu unterstützen. Wegen seiner Koppelung mit diesen Hilfenormen ist § 25 I BSHG selbst Hilfenorm. Sein Hilfszweck zeigt sich insbesondere darin, daß die Weigerung, zumutbare Arbeit zu leisten, nicht zur Folge hat, daß der Hilfesuchende (Hilfeempfänger) aus der Betreuung des Sozialhilfeträgers entlassen wird, sondern lediglich den Verlust des Rechtsanspruchs auf die Hilfe zum Lebensunterhalt nach sich zieht. Der Träger der Sozialhilfe wird bei der Gestaltung der Hilfe und ihrer Anpassung an die Besonderheiten des Einzelfalles freier gestellt. Im Rahmen dieser Gestaltungsfreiheit kann z. B. — mindestens zeitweise — die Kürzung der Hilfe bis auf das Unerläßliche als ein Mittel in Betracht kommen, den Hilfesuchenden zur Arbeit anzuhalten, um ihn so letzten Endes auf den Weg zur Selbsthilfe zu führen (BVerwG, NJW 1995, 3200 = FamRZ 1996, 106 [107] m. w. Nachw.).

Hieraus wird deutlich, daß § 25 I BSHG, durch den auch der Nachranggrundsatz des § 2 BSHG konkretisiert wird (LPK-BSHG, § 25 Rn. 3), keine allgemeine Sanktion für unsachgemäßes, vorwerfbares Verhalten des Hilfeempfängers darstellt und nicht als Verwirkungstatbestand verstanden werden kann (*Knopp-Fichtner*, § 25 Rn. 3; LPK-BSHG, § 25 Rn. 7). Daß der Bestimmung insbesondere nicht der Gedanke einer Anrechnung fiktiver Erwerbseinkünfte zugrunde liegt, ergibt sich aus der regelmäßig erfolgenden zeitlichen Beschränkung einer Kürzung oder Streichung der Hilfe zum Lebensunterhalt. Wird erkennbar, daß die Verweigerung jeglicher Hilfe untauglich ist, ist die Hilfe zum Lebensunterhalt gegebenenfalls wieder voll aufzunehmen (*Knopp-Fichtner*, § 25 Rn. 3; LPK-BSHG, § 25 Rn. 7). Abgesehen davon kann die Weigerung eines Unterhaltspflichtigen, über seinen notwendigen Lebensunterhalt hinaus auch Mittel zur Bestreitung des Bedarfs eines Unterhaltsberechtigten zu erarbeiten, keine Folgen i. S. des § 25 I BSHG haben (LPK-BSHG, § 25 Rn. 4). Entgegen der Auffassung der Revision kann deshalb nicht davon ausgegangen werden, Unterhaltsrecht und Sozialhilferecht sanktionierten übereinstimmend die vorwerfbar verweigerte Arbeitsaufnahme. Eine Parallelität, die aus diesem Grund Anlaß zu einer einheitlichen Behandlung im Rahmen des § 91 II 1 BSHG geben könnte, liegt daher nicht vor.

Eine einheitliche Handhabung wäre auch, wie das BerGer. zu Recht ausgeführt hat, mit dem Schutzzweck des § 91 II BSHG nicht zu vereinbaren. Dem Unterhaltspflichtigen soll der gleiche Schutz zugute kommen, den er in der Lage des Hilfeempfängers hätte. In die Vorschrift des § 91 II BSHG sind durch das Gesetz zur Umsetzung des Föderalen Konsolidierungsprogramms vom 23. 6. 1993 (BGBl I, 944, 952) die Gedanken der Schutzvorschriften des früheren § 91 I 2 und III 1 BSHG übernommen und zum Teil verstärkt worden (BR-Dr 121/93, S. 218). Wenn aber nach der Intention des Gesetzgebers durch die Neufassung die Schuldnerschutzvorschriften stärkere Beachtung finden sollen (so auch *Brudermüller*, FamRZ 1995, 1033 [1037]), darf der angestrebte Schutz nicht durch eine einheitliche Betrachtungsweise von Unterhaltsrecht und Sozialhilferecht unterlaufen werden. Auch deshalb muß es bei der Frage der Berücksichtigung fiktiver Einkünfte bei der unterschiedlichen Betrachtungsweise bleiben. Soweit das BVerwG unter der Geltung des BSHG i. d. F. vom 18. 9. 1969 (BGBl I, 1688) von der früher bestehenden Möglichkeit des Sozialhilfeträgers, den Übergang eines Anspruchs des Hilfeempfängers gegen einen nach bürgerlichem Recht Unterhaltspflichtigen durch schriftliche Anzeige gem. § 90, § 91 BSHG in der damaligen Fassung zu bewirken, auch für den Fall einer nur zu unterstellenden Leistungsfähigkeit ausgegangen ist (BVerwGE 51, 61 [64]), wird durch diese Entscheidung nach der Änderung des § 91 BSHG durch das Gesetz zur Umsetzung des Föderalen Konsolidierungsprogramms die Auffassung des Senats nicht in Frage gestellt. Unterschiedliche Ergebnisse aus unterhaltsrechtlicher und sozialhilferechtlicher Sicht können im übrigen nicht nur bei der hier vorliegenden Fallgestaltung auftreten. Sie können vielmehr immer dann zutage treten, wenn die sozialhilferechtliche Vergleichsberechnung zu günstigeren Ergebnissen für den Unterhaltspflichtigen führt als das Unterhaltsrecht. Auch diesem Umstand ist für die Frage, ob ein Anspruchsübergang stattgefunden hat bzw. stattfinden wird, Rechnung zu tragen.

Das OLG ist deshalb zu Recht davon ausgegangen, daß etwaige Unterhaltsansprüche des Kindes S gegen den Bekl. nicht auf die Kl. übergegangen sind bzw. übergehen werden.

BGH v. 22. 4. 1998 – XII ZR 161/96 – FamRZ 98, 899 (teilweise) = NJW 98, 2821

(Kein Bonus von $^1/_7$ neben 5% Pauschalen berufsbedingten Aufwendungen)

b) Diesen Abzug eines $^7/_8$-Erwerbstätigenbonus neben einer Pauschale von 90 DM hält die Revision unter Hinweis auf die Rechtsprechung des Senats angesichts der geringen Höhe des Einkommens der Kl. für überhöht und nicht gerechtfertigt.

Der Revision ist einzuräumen, daß der Senat mehrfach zu bedenken gegeben hat, ob neben einem pauschalen Abzug von 5% des Nettoeinkommens (vgl. Düsseldorfer Tabelle Stand 1. 7. 1992 Anm. 3: 5%, mindestens 90 DM) der Erwerbstätigenbonus gegebenenfalls geringer als sonst üblich zu bemessen sein sollte (vgl. z. B. *Senat,* NJW-RR 1990, 578 = FamRZ 1990, 979 [981]). Diese Frage unterliegt jedoch letztlich der Verantwortung des Tatrichters im Rahmen seiner Beurteilung der Angemessenheit des zuzubilligenden Unterhaltsanspruchs. Da das OLG die rechnerisch ermittelten Unterhaltsbeträge anschließend einer Angemessenheitskontrolle unterzogen hat mit dem Ergebnis, daß es für den gesamten von der Klage erfaßten Zeitraum die zunächst errechneten Beträge – zugunsten des Bekl. – jeweils auf einen für angemessen gehaltenen Unterhaltsanspruch der Kl. ermäßigt hat, ließ die getroffene Entscheidung auch einen gewissen Spielraum für eine Verringerung des Erwerbstätigenbonus in den angestellten Berechnungen. Die Frage wird jedoch im weiteren Verlauf des Verfahrens, das aus anderen Gründen an das BerGer. zurückzuverweisen ist (s. unten Abschn. B 2), zu beachten sein. Dabei wird das BerGer. auch Gelegenheit haben zu überprüfen, ob es angesichts der Einkommensverhältnisse der Parteien in der Tat angemessen ist, der Kl. trotz festgestellter Fahrtkosten in Höhe von monatlich 56 DM gleichwohl die volle Pauschale von 90 DM für berufsbedingte Aufwendungen zuzugestehen, dem Bekl. hingegen bei seinen Nebeneinkünften aus dem Jahre 1994 mit Rücksicht auf die Höhe der Fahrtkosten nur die Hälfte der Pauschale.

(Der angemessene Wohnwert darf nicht pauschal nach der sog. Dritteloberrgrenze ermittelt werden, sondern richtet sich nach dem Wert einer den ehelichen Lebensverhältnissen entsprechenden kleinen Wohnung)

Dieser verbleibende Gebrauchswert der insgesamt für den die Wohnung weiter nutzenden Ehegatten an sich zu großen Wohnung wird in der Regel danach zu bestimmen sein, welchen Mietzins der Ehegatte auf dem örtlichen Wohnungsmarkt für eine dem ehelichen Lebensstandard entsprechende angemessene kleinere Wohnung zahlen müßte (nach oben in jedem Fall begrenzt durch den vollen Wohnwert der Ehewohnung). Haben Eheleute im Einzelfall, gemessen an ihren sonstigen wirtschaftlichen Verhältnissen, zu aufwendig gewohnt, dann kann es angebracht sein, diesem Umstand bei der Bemessung des Trennungsunterhalts Rechnung zu tragen (vgl. hierzu *Senat,* NJW 1982, 1645 = FamRZ 1982, 151 [152]) und aus diesem Grund den verbleibenden Wohnwert des die Ehewohnung weiterhin nutzenden Ehegatten auf den angemessenen Betrag zurückzuführen, wie er für eine entsprechende kleinere Wohnung auf dem Wohnungsmarkt zu zahlen wäre.

Die Bestimmung des unter Berücksichtigung des „toten Kapitals" verbleibenden eingeschränkten Wohnwerts nach den aufgezeigten Kriterien – als Bestandteil der für den angemessenen Bedarf des Unterhaltsberechtigten maßgeblichen ehelichen Lebensverhältnisse – ist grundsätzlich dem Tatrichter in eigener Verantwortung vorbehalten. Da das BerGer. diesen nicht ermittelt hat, ist die Sache zur Nachholung der erforderlichen Feststellungen an die Vorinstanz zurückzuverweisen.

d) Das BerGer. verkennt zwar nicht, daß es sich bei jeder Unterhaltsberechnung letztlich als notwendig erweisen kann, den rechnerisch ermittelten Unterhaltsbetrag auf seine Angemessenheit hin zu überprüfen (vgl. *Senat,* NJW 1983, 1733 = FamRZ 1983, 678, und NJW 1989, 2809 = FamRZ 1989, 1160 [1163]). Das rechtfertigt jedoch nicht von vornherein – unter dem Gesichtspunkt einer solchen Angemessenheitskontrolle – eine generelle Festlegung des Vorteils mietfreien Wohnens in einer Eigentumswohnung oder einem Einfamilienhaus mit einem Drittel der für den Unterhalt insgesamt zur Verfügung stehenden Mittel, wenn dieser Wert auch im Einzelfall seine Berechtigung haben mag.

Abgesehen davon, daß sich die Angemessenheitsprüfung nicht auf die Frage des Wohnvorteils beschränken darf, sondern die ehelichen Verhältnisse umfassend einbeziehen muß, erscheint es grundsätzlich nicht gerechtfertigt, für die Bewertung des Wohnvorteils eine schematische, von den tatsächlichen Gegebenheiten unabhängige „Ober-"Grenze festzulegen. Da der Wert der Wohnungsnutzung

R526   Anhang R. Rechtsprechung

Ausprägung der jeweiligen individuellen ehelichen Lebensverhältnisse ist, hat er sich auch an diesen auszurichten. Dabei mag es im Einzelfall notwendig werden, den unter Ansatz des konkreten Wohnvorteils ermittelten Unterhaltsbetrag schließlich aus Billigkeitsgründen zu ändern, wie es der Senat auch in seinem Urteil vom 12. 7. 1989 (NJW 1989, 2809 = FamRZ 1989, 1160) gebilligt hat. Jedenfalls darf aber auf der anderen Seite nicht unberücksichtigt bleiben, daß der Verpflichtete in Fällen der vorliegenden Art genötigt ist, aus seinen nach Abzug des Unterhalts verbleibenden Mitteln seinen Wohnbedarf zu decken.

3. Wird zum Zwecke einer beispielhaften Berechnung unterstellt, daß der der Kl. zuzurechnende Wohnvorteil monatlich rund 900 DM beträgt, wie er nach dem Vortrag der Anschlußrevision (verbleibende Nutzbarkeit der Ehewohnung für die Kl. im Umfang von weniger als zwei Dritteln) den fortwirkenden ehelichen Lebensverhältnissen der Parteien entsprechen könnte und unter Umständen als Mietzins für eine angemessene kleinere Wohnung auf dem Wohnungsmarkt zu entrichten wäre, dann wären die ehelichen Lebensverhältnisse der Parteien im Jahre 1995 mit 3709,03 DM (2221,60 DM + 587,43 DM + 900 DM) zu veranschlagen. Als Unterhaltsbedarf der Kl. ergäbe sich damit ein Betrag von monatlich 1854,50 DM.

BGH v. 22. 4. 1998 – XII ZR 221/96 – FamRZ 98, 951 = NJW 98, 2433

R526   *(Voraussetzungen der verschärften Haftung nach § 818 IV BGB)*

b   a) Gem. § 818 IV BGB kann sich der Empfänger einer rechtsgrundlos erbrachten Leistung vom Eintritt der Rechtshängigkeit an nicht mehr auf den Wegfall der Bereicherung berufen, sondern haftet nach allgemeinen Vorschriften. Das OLG hat hierzu – unter Bezugnahme auf die Senatsrechtsprechung (NJW 1984, 2095 = FamRZ 1984, 767; BGHZ 93, 183 f. = NJW 1985, 1074; NJW 1986, 2057 = FamRZ 1986, 793, und BGHZ 118, 383 [390] = NJW 1992, 2415) – zutreffend ausgeführt, daß es nicht bereits auf den Eintritt der Rechtshängigkeit der Abänderungsklage ankomme, mit der über die Höhe der im Prozeßvergleich festgelegten Unterhaltsleistungen gestritten werde. Maßgebend sei vielmehr der Eintritt der Rechtshängigkeit der auf die Bereicherung gestützten Rückforderungsklage, die hier erst am 28. 7. 1995, mithin nach dem Überzahlungszeitraum, erhoben worden sei. Die Belange des Unterhaltsschuldners seien ausreichend schon dadurch gewahrt, daß er während des Abänderungsverfahrens einen Antrag auf einstweilige Einstellung der Zwangsvollstreckung aus dem abzuändernden Titel analog § 769 ZPO stellen könne.

Die Revision meint demgegenüber, das Abstellen auf den Zeitpunkt der Erhebung der Rückforderungsklage sei systemwidrig, und bittet um Überprüfung dieser Rechtsprechung. Der Regelung des § 323 III ZPO, die eine Abänderung des Urteils für die Zeit nach Rechtshängigkeit der Abänderungsklage erlaube, liege nämlich die gesetzliche Wertung zugrunde, daß der Abänderungsgegner bereits vom Zeitpunkt dieser Rechtshängigkeit an nicht mehr auf den Fortbestand seiner vermeintlichen Rechtsposition vertrauen dürfe, sondern auf der ihm mögliche Rückzahlungspflicht hingewiesen werde, so daß er den Schutz des § 818 III BGB nicht mehr verdiene. Dem könne nicht mit dem Hinweis auf die Möglichkeit der Einstellung der Zwangsvollstreckung oder andere Maßnahmen, mit denen sich der Unterhaltsschuldner schützen könne, begegnet werden. Denn gerade an dem Umstand, daß dem anwaltlich gut beratenen Unterhaltsschuldner eine solche Absicherung möglich sei und der Unterhaltsgläubiger in diesem Fall notwendigerweise Sozialhilfe in Anspruch nehmen müsse, während er gegen den weniger gut beratenen Unterhaltsschuldner weiter vollstrecken und sich gegenüber einer späteren Rückforderungsklage auf Entreicherung berufen könne, zeige sich die Systemwidrigkeit dieser Rechtsprechung. Richtigerweise müßte der Unterhaltsschuldner in beiden Fällen auch ohne Einstellung der Zwangsvollstreckung einer Einbuße durch die Unterhaltsüberzahlung entgehen können.

Weder dieser Einwand noch die sonst in der Literatur zum Teil geäußerte Kritik (vgl. *Kohler,* ZZP 1986, 34 f.; *ders.,* FamRZ 1988, 1005 f.; *M. Schwab,* FamRZ 1994, 1567 f.; *Ditzen,* FamRZ 1988, 349 f.) rechtfertigen indes eine Änderung der bisherigen Senatsrechtsprechung. Daß es für die verschärfte Haftung nach § 818 IV BGB auf die Rechtshängigkeit der Rückforderungsklage ankommt und nicht auf die diese Rückforderung erst vorbereitende Klage wie etwa eine Feststellungs- oder eine Abänderungsklage, ergibt sich, wie der *Senat* in BGHZ 93, 183 (185) (= NJW 1985, 1074) ausgeführt hat, bereits aus dem Wortlaut und dem Sinnzusammenhang der § 818 f. BGB selbst. In dem dem § 818 IV BGB vorausgehenden Absatz 3 wird an die Verpflichtung zur Herausgabe oder zum Wertersatz angeknüpft; auch § 819 I und § 820 I BGB machen die Haftung von der Rechtshängigkeit des Anspruchs auf Herausgabe bzw. Wertersatz abhängig. Anders als bei vergleichbaren Fällen, in denen materiell-rechtliche Wirkungen ausdrücklich an die Rechtshängigkeit nicht nur einer Leistungs-, sondern auch einer Feststellungsklage geknüpft werden, wie etwa die Unterbrechung der Verjährung durch Klageerhebung (§ 209 I BGB), ist in §§ 818 f. BGB immer nur von der (Leistungs-)Klage auf Herausgabe oder Wertersatz die Rede. Damit hat das Gesetz die Sachverhalte, in denen der Empfänger einer Leistung auf den Fortbestand der eingetretenen Vermögenslage vertrauen darf, aus Gründen der Rechtssicherheit dahin formalisiert, daß es auf die Zustellung der auf Herausgabe der Bereicherung

1992

gerichteten Klage abstellt. § 818 IV BGB ist eine Ausnahme von dem das Bereicherungsrecht allgemein beherrschenden Grundsatz, daß der gutgläubig Bereicherte nur bis zur Grenze einer etwa noch vorhandenen Bereicherung auf Rückgewähr haftet. Als Ausnahmevorschrift ist die Regelung einer Erweiterung dergestalt, daß auch andere gerichtliche Akte mit Warnfunktion ihrem Anwendungsbereich unterliegen, wie etwa die Erhebung einer negativen Feststellungsklage oder einer Abänderungsklage, die die Rückforderungsklage erst vorbereiten, nicht zugänglich (zust. insoweit auch *Kohler,* ZZP 1986, 34 [45]). Das gilt um so mehr, weil es sich um Unterhaltsfälle handelt, in denen der Unterhaltsberechtigte auf die laufende Zahlung zur Befriedigung seines Lebensbedarfs angewiesen ist und sich auf die Bestandskraft des rechtskräftigen Unterhaltstitels berufen kann.

Diese Sperre wird auch nicht durch den Rechtsgedanken aus § 323 III ZPO durchbrochen. Die dortige Zeitschranke erklärt sich zwar aus dem Vertrauensschutz für den Abänderungsgegner, dem keine rückwirkende Abänderung des Urteils zugemutet werden soll. Dieser Vertrauensschutz endet mit Erhebung der Abänderungsklage. Darin erschöpft sich aber die Bedeutung des § 323 III ZPO. Er bezieht sich nur auf die Wirkung der Abänderungsklage selbst. Der Abänderungsgegner muß ab Rechtshängigkeit der Abänderungsklage zwar darauf gefaßt sein, daß der Titel in der bisherigen Form nicht mehr fortbestehen wird. Er muß aber noch nicht damit rechnen, daß er damit automatisch auch einem Rückforderungsanspruch des Schuldners hinsichtlich des während des Verfahrens gegebenenfalls zuviel bezahlten Unterhalts ausgesetzt ist, ohne sich auf die Entreicherung nach § 818 III BGB berufen zu können. Die – anders ausgestalteten – Voraussetzungen eines Rückforderungsanspruchs aus § 818 I 1 i. V. mit § 818 IV BGB läßt § 323 III ZPO unberührt.

Darüber hinaus übersieht die Revision, daß hier ein Prozeßvergleich vorliegt, für den die Zeitschranke des § 323 III ZPO ohnehin nicht gilt (BGHZ 85, 64 [73 f.] = NJW 1983, 228 = FamRZ 1983, 22). Der Vertrauensschutz des Unterhaltsgläubigers wird hier gerade dadurch gewährleistet, daß er gegenüber dem Anspruch auf Rückzahlung des in der Vergangenheit zuviel geleisteten Unterhalts die Einrede des Wegfalls der Bereicherung geltend machen kann (BGHZ 85, 64 [69] = NJW 1983, 228 = FamRZ 1983, 22; *Senat,* NJW 1990, 3274 = FamRZ 1990, 989 [990] m. w. Nachw.).

Der Rechtsprechung des *Senats* kann auch nicht eine ungleiche Risikoverteilung zwischen Unterhaltsgläubiger und Unterhaltsschuldner entgegengehalten werden. Dem Unterhaltsschuldner stehen neben dem bei Abänderungsklagen möglichen Antrag auf Einstellung der Zwangsvollstreckung analog § 769 ZPO (vgl. *Senat,* NJW 1986, 2057 = FamRZ 1986, 793 [794]) mehrere Wege zur Verfügung, dem Entreicherungseinwand des Unterhaltsgläubigers zu entgehen. So kann er etwa die Bereicherungsklage schon erheben, ohne zuvor die Abänderung des alten Titels abzuwarten, oder die Abänderungsklage auch hilfsweise mit einer Klage auf künftige Rückzahlung der während der Dauer des Abänderungsverfahrens zuviel gezahlten Unterhaltsbeträge verbinden (vgl. BGHZ 118, 383 [391] = NJW 1992, 2415). Damit ist dem Interesse des Unterhaltsschuldners ausreichend Rechnung getragen.

(Verschärfte Haftung nach § 819 I BGB)
b) Nach § 819 I i. V. mit § 818 IV BGB haftet der Bereicherungsempfänger verschärft bereits ab dem Zeitpunkt, zu dem er den Mangel des rechtlichen Grundes erfährt. Er muß hierfür aber das Fehlen des rechtlichen Grundes selbst und die sich daraus ergebenden Rechtsfolgen kennen; die bloße Kenntnis von Umständen, auf denen das Fehlen des Rechtsgrundes beruht, reicht demgegenüber nicht aus (BGHZ 118, 383 [392] = NJW 1992, 2415 m. w. Nachw.; zust. insoweit auch *Kohler,* ZZP 1986, 34 [45]). Aufgrund des Vergleichs war der Bekl. zwar bekannt, daß ihr Eigeneinkommen nur für die Dauer von drei Jahren anrechnungsfrei bleiben konnte. Danach sollte es zeitlich und der Höhe nach gestaffelt auf ihren Unterhalt angerechnet werden, allerdings nur in Höhe des „bereinigten" Nettobetrags. Fraglich war danach, ob und gegebenenfalls mit welchem Anteil sie etwa auch die hohen Fremdbetreuungskosten für das Kind und die Kosten des ebenfalls dadurch bedingten höheren Wohnbedarfs von ihren Nettoeinkommen vorweg absetzen durfte. Da nicht auszuschließen war, daß ihr Eigenverdienst dadurch nahezu aufgezehrt werde, war offen, wie sich ihr Unterhaltsanspruch betragsmäßig gestalten würde. Es reicht für die verschärfte Haftung nach § 819 I BGB noch nicht aus, daß die uneingeschränkte Fortgeltung der ursprünglich im Vergleich festgelegten Unterhaltshöhe in Frage gestellt war (vgl. auch *OLG Zweibrücken,* FamRZ 1995, 175 [176]). Das OLG hat im Hinblick darauf zutreffend eine Bösgläubigkeit der Bekl. schon zum Zeitpunkt des Empfangs der fraglichen Unterhaltsleistungen verneint. Auch die Revision erinnert insoweit nichts.

(Voraussetzungen der verschärften Haftung nach § 820 BGB; Rechtsgrund der Unterhaltspflicht bei Unterhaltsvereinbarung)
c) Auch die Voraussetzungen einer verschärften Haftung nach § 820 I 2 BGB hat das OLG im Ergebnis zutreffend verneint. Nach § 820 I 2 BGB muß die Leistung aus einem Rechtsgrund erfolgt sein, dessen Wegfall nach dem Inhalt des Rechtsgeschäfts als möglich angesehen wurde und der später tatsächlich wegfällt. Sinn dieser Regelung ist, daß ein Empfänger, der von vornherein mit seiner Rückgabeverpflichtung rechnet, sich so einrichten muß, als müsse er die empfangene Leistung zurück-

geben. Dabei muß sich bereits aus dem Inhalt des Rechtsgeschäfts ergeben, daß beide Parteien sich die Möglichkeit des Wegfalls des Rechtsgrundes nicht nur beiläufig, sondern besonders vergegenwärtigt haben (BGHZ 118, 383 [393] = NJW 1992, 2415). Das OLG hat dazu ausgeführt, daß diese Vorschrift jedenfalls nicht auf Fälle bloßer Unterhaltsanpassung anzuwenden sei, weil hier beim Leistungsempfang keine Ungewißheit über den Wegfall des Rechtsgrundes gegeben sei, dieser vielmehr für den weitaus größten Teil der ursprünglich ausbedungenen Zahlung weiter bestehe. Außerdem würde durch eine zu ausdehnende Anwendung des § 820 BGB die in § 818 IV BGB gewollte beschränkte Haftung des Leistungsempfängers unterlaufen.

Die Revision hält demgegenüber einen Anwendungsfall des § 820 I 2 BGB für gegeben, da der Kl. nicht (nur) aufgrund seiner gesetzlichen Unterhaltspflicht, sondern aufgrund der getroffenen Scheidungsfolgenvereinbarung, mithin aufgrund eines Rechtsgeschäfts i. S. des § 820 BGB, geleistet habe. Da im Vergleich eine ausdrückliche Regelung für den vorausgesehenen und später tatsächlich eingetretenen Fall der Wiederaufnahme einer eigenen Erwerbstätigkeit der Bekl. getroffen worden sei, sei ihr auch zuzumuten gewesen, sich von Anfang an auf die Notwendigkeit einer Rückzahlung des Unterhalts einzurichten.

Darin kann der Revision nicht gefolgt werden. Der *Senat* hat in seiner Entscheidung vom 9. 5. 1984 (NJW 1984, 2095 = FamRZ 1986, 767 [768]) über die Rückforderung von aufgrund einer einstweiligen Anordnung zuviel geleistetem Unterhalt darauf abgehoben, daß es sich in Fällen dieser Art nicht um eine Vermögensverschiebung aufgrund eines Rechtsgeschäfts handele, wie es § 820 BGB fordere, weshalb auch eine analoge Anwendung ausscheide (zust. insoweit *Olzen,* FamRZ 1986, 1169 [1174]; a. A. *Kohler,* ZZP 1986, 34 [49f., 53], und FamRZ 1988, 1005 [1006]; *M. Schwab,* FamRZ 1994, 1567 [1571]). In seiner Entscheidung in BGHZ 118, 383 (393) = NJW 1992, 2415, in der es wie hier um einen Prozeßvergleich ging, konnte der Senat offen lassen, ob § 820 BGB nach seinem Sinn und Zweck überhaupt auf Unterhaltsvereinbarungen, die immer unter dem Vorbehalt des Wegfalls der Geschäftsgrundlage stehen, anwendbar sei. Die Frage ist nunmehr dahin zu beantworten, daß § 820 I 2 BGB auch im Falle eines Prozeßvergleichs über einen gesetzlichen Unterhaltsanspruch weder unmittelbar noch entsprechend anwendbar ist.

Rechtsgrund für die gezahlten Unterhaltsbeträge war nicht der (nachträglich abgeänderte) Prozeßvergleich, sondern die gesetzliche Unterhaltspflicht, die sich aus den § 1570, § 1573 BGB ergab. Dieser Rechtsgrund wurde durch den geschlossenen Vergleich nicht ausgewechselt, sondern nur auf eine weitere schuldrechtliche Grundlage gestellt und mit einem vollstreckungsfähigen Titel (§ 794 I Nr. 1 ZPO) versehen (vgl. *Senat,* NJW 1979, 2517 = FamRZ 1979, 1005, und NJW 1991, 2709 = FamRZ 1990, 867; *Mertens,* FamRZ 1994, 601 [603]). Der Vergleich hatte lediglich eine Modifizierung des gesetzlichen Unterhaltsanspruchs der Höhe und dem zeitlichen Umfang nach zum Inhalt, und zwar im wesentlichen dergestalt, daß er die gesetzlich an sich vorgegebenen Anrechnungsbestimmungen des § 1577 I und II BGB auf die besonderen Verhältnisse der Parteien abstimmte. Die gesetzlichen Grundvoraussetzungen der Bedürftigkeit des Unterhaltsberechtigten und der Leistungsfähigkeit des Unterhaltsverpflichteten ließ er unberührt. Mit diesem Fall einer gesetzlich vorgegebenen, lediglich vertraglich modifizierten Unterhaltspflicht sind die Fälle des § 820 I BGB nicht vergleichbar, in denen die Parteien die Vermögensverschiebung aufgrund einer rechtsgeschäftlichen Vereinbarung vornehmen (*Olzen,* FamRZ 1986, 1169 [1174]). Vergleichbar damit wäre allenfalls ein Unterhaltsanspruch, der schon dem Grunde nach nur auf einer vertraglichen Vereinbarung beruht. Wesensbestimmend für § 820 BGB ist ferner, daß die Parteien vermittels des Rechtsgeschäfts einen bestimmten Erfolg herbeiführen wollen oder aus einem bestimmten Rechtsgrund leisten, dabei aber das Scheitern des Rechtsgeschäfts oder den Wegfall des Rechtsgrundes als möglich in Betracht ziehen und dennoch in Kauf nehmen. Auch dies findet keine Parallele in einem Vergleich über den gesetzlichen Unterhalt, der lediglich in Teilbereichen vertraglich modifiziert wird.

Außerdem muß die von den Parteien beiderseits in Betracht gezogene Ungewißheit über den Erfolgseintritt oder den Wegfall des Rechtsgrundes auf Umständen beruhen, die im Rechtsgeschäft selbst ihren Niederschlag gefunden haben und nicht durch sonstige, äußere Tatsachen veranlaßt sind (*Lieb,* in: MünchKomm, 3. Aufl., § 820 Rn. 5 m. Nachw. zur Rspr. des RG). Die Minderung des Unterhaltsanspruchs aufgrund (teilweisen) Wegfalls der Bedürftigkeit des Unterhaltsgläubigers ist aber ebenfalls ein bereits im Gesetz angelegter und von außen auf das Unterhaltsrechtsverhältnis einwirkender Umstand, den die Parteien hier lediglich modifiziert in ihre Vereinbarung einbezogen haben. Mit Recht hat schließlich das OLG ausgeführt, daß eine extensive Auslegung des § 820 BGB die in § 818 IV i. V. mit III BGB angelegte, auf den Zeitpunkt der Rechtshängigkeit der Rückforderungsklage beschränkte Haftung des Leistungsempfängers unterlaufen würde, indem sie den Zeitpunkt auf den Empfang der Leistung vorverlegt (vgl. auch *OLG Zweibrücken,* FamRZ 1995, 175 [177]; im Ergebnis auch *Heiß-Heiß,* Bearb. April 1995, I, S. 8.6).

BGH v. 1. 7. 1998 – XII ZR 271–97 – FamRZ 98, 1165 = NJW 98, 3116

(Rechtsschutzinteresse an voller Titulierung – Berücksichtigung freiwilliger Leistungen im Tenor) R528

Das amtsgerichtliche Urteil beschwert den Bekl. mit der Verurteilung gemäß dem Tenor unter 1 a und 1 b entgegen der Auffassung des OLG nicht nur in Höhe von monatlich 2,81 DM, sondern in Höhe von monatlich zusammen 447,81 DM (264 DM für J und 183,81 DM für E). In dieser Höhe ist der Bekl. durch das FamG zur Unterhaltszahlung an die Kl. verurteilt worden, ohne daß dem Tenor eine Beschränkung in Form eines Hinweises auf bereits erbrachte Teilzahlungen oder ein Hinweis auf eine entsprechende Anrechnung schon geleisteter Beträge zu entnehmen ist (vgl. hierzu *Senat,* NJW 1984, 1685 = FamRZ 1984, 561 [563 unter 3 c]). Da der Urteilsausspruch des FamG für die Zeit von Oktober 1995 bis Januar 1997 hiernach eindeutig monatliche Zahlungen von jeweils – zusammen – 447,81 DM zum Gegenstand hat, kann er entgegen der Auffassung des BerGer. weder anders „verstanden" noch anders ausgelegt werden. Auch ein mit der Vollstreckung aus dem Urteil beauftragter Gerichtsvollzieher (§ 754, § 724 ZPO) müßte die Vollstreckung in Höhe von monatlich insgesamt 447,81 DM durchführen und hätte keinen Anlaß, sie auf monatlich je 2,81 DM zu beschränken. Das gilt abgesehen von der insoweit unmißverständlichen Fassung des Tenors auch deshalb, weil das AG in den Entscheidungsgründen seines Urteils ausdrücklich das Rechtsschutzinteresse der Kl. für das volle Klagebegehren bejaht hat.

Das AG konnte sich hierbei auf die inzwischen herrschende – auch vom Senat geteilte – Meinung in Schrifttum und Rechtsprechung beziehen, nach der das Rechtsschutzinteresse für eine Unterhaltsklage grundsätzlich auch dann zu bejahen ist, wenn der Verpflichtete den Unterhalt regelmäßig, pünktlich und in vollem Umfang bezahlt, zumal der Schuldner die freiwilligen Zahlungen jederzeit einstellen kann und der Gläubiger für diesen Fall einen Titel über den vollen Unterhalt benötigt (vgl. etwa *van Els,* in: *Göppinger-Wax,* 6. Aufl., Rn. 2036; *Mutschler,* in: RGRK, 12. Aufl., Vorb. § 1601 Rn. 33; *Soergel-Häberle,* BGB, 12. Aufl., Vorb. § 1601 Rn. 12; auch *Köhler,* in: MünchKomm, 3. Aufl., § 1602 Rn. 46; *Zöller-Herget,* ZPO, 20. Aufl., § 9 Rn. 5; *OLG Karlsruhe,* FamRZ 1979, 630; FamRZ 1991, 468; *OLG München,* FamRZ 1990, 778; *OLG Düsseldorf,* FamRZ 1991, 1207; *OLG Hamm,* FamRZ 1992, 831).

Das *AG* hat allerdings übersehen, daß sich die genannte Auffassung auf das Rechtsschutzinteresse einer Unterhaltsklage für die Zukunft bezieht, während die Verurteilung für die Zeit von Oktober 1996 bis Januar 1997 im vorliegenden Fall bei Erlaß des amtsgerichtlichen Urteils am 14. 5. 1997 einen bereits in der Vergangenheit liegenden Zeitraum betraf. In diesem Fall mußten bereits freiwillig geleistete Unterhaltszahlungen bei der Fassung des Urteilstenors berücksichtigt werden, da der Bekl. die ausgeurteilten Beträge nur einmal schuldete (vgl. *Senat,* NJW 1984, 1685; *Wendl-Thalmann, Das UnterhaltsR in der familienrechtlichen Praxis,* 4. Aufl., § 8 Rn. 182).

BGH v. 8. 10. 1998 – VII ZB 21/98 – NJW-RR 99, 286

(Wirksamkeit der Verlängerung der Berufungsbegründungsfrist) R528A

1. Nach der gefestigten Rechtsprechung des BGH ist die Verfügung des Vorsitzenden, mit der er die Berufungsbegründungsfrist verlängert, auch dann wirksam, wenn der Verlängerungsantrag prozessual nicht wirksam gestellt worden ist (BGHZ 93, 300 = NJW 1985, 1558; NJW 1998, 1155). Dem liegt die Erwägung zugrunde, daß eine von einem verfassungsmäßig bestellten Gericht oder seinem Vorsitzenden im Rahmen seiner Zuständigkeit erlassene Entscheidung nicht deswegen als nichtig angesehen werden kann, weil prozeßrechtliche Voraussetzungen für den Antrag nicht gegeben sind. Mit dieser Verfügung wird grundsätzlich ein schutzwürdiges Vertrauen begründet.

2. Der Senat sieht keinen Anlaß, davon abzugehen. Die unter Hinweis auf die Rechtsprechung zum verspäteten Antrag geäußerten Bedenken des BerGer. greifen nicht durch. Wenn der Antrag verspätet gestellt worden ist, ist die Entscheidung rechtskräftig. Die Rechtskraft kann durch die Verfügung des Vorsitzenden nicht weiter in Frage gestellt werden. Auf diesen Unterschied zu dem hier zu entscheidenden Fall, daß der Antrag rechtzeitig gestellt worden ist, jedoch prozessuale Mängel hat, hat der BGH bereits hingewiesen (NJW 1992, 842).

3. Zu Unrecht sieht das BerGer. im vorliegenden Fall durchgreifende Unterschiede zu dem Fall, der der Entscheidung vom 22. 10. 1997 (NJW 1998, 1155) zugrunde lag. Hier wie dort hat ein postulationsunfähiger Anwalt die Verlängerung beantragt und der postulationsfähige Vertreter hat sich auf die Wirksamkeit der Verlängerung verlassen. Ob der Prozeßbevollmächtigte (in jenem und in diesem Fall) bei sorgfältiger Prüfung erkennen konnte, daß der Verlängerung kein wirksamer Antrag zugrunde lag, ist nicht von Bedeutung. Wie zu entscheiden wäre, wenn der Vorsitzende bewußt getäuscht werden sollte, kann dahinstehen. Denn davon geht das BerGer. nicht aus. Auch der Sachvortrag beider Parteien im Beschwerdeverfahren nötigt nicht zu einer dahingehenden Annahme.

4. Die Berufung ist innerhalb der verlängerten Frist begründet worden. Sie ist deshalb entgegen der Entscheidung des BerGer. zulässig.

R529, R531

BGH v. 25. 11. 1998 – XII ZR 33/97 – FamRZ 99, 372 = NJW-RR 99, 297

R529 *(Altersvorsorgeunterhalt bei Einkünften des Berechtigten ohne Versorgungswert)*

a   Mit dieser Fallgestaltung ist die Lage eines Unterhaltsberechtigten, der über eigene Einkünfte sonstiger Art ohne Versorgungswert verfügt oder sich solche fiktiv anrechnen lassen muß, unter bestimmten weiteren Voraussetzungen vergleichbar. Wenn derartige Einkünfte – anders als Vermögenseinkünfte wie Zinsen aus Kapitalvermögen, Mieterträge oder Gebrauchsvorteile – im Alter nicht mehr vorhanden sein werden, der Unterhaltsberechtigte aber im Umfang dieser Einkünfte keine Altersversorgung erworben hätte, würde seine „soziale Biographie" insoweit eine Lücke aufweisen. Der mit dem Vorsorgeunterhalt beabsichtigte Zweck erfordert es deshalb, dem Unterhaltsberechtigten, der eine nicht versicherungspflichtige Teilzeitarbeit ausübt oder sich hieraus erzielbare Einkünfte anrechnen lassen muß, auch im Umfang dieser Einkünfte einen Anspruch auf Altersvorsorgeunterhalt zuzubilligen. Für die Bemessung des angemessenen Vorsorgeunterhalts ist deshalb an den Betrag anzuknüpfen, den der Unterhaltsberechtigte als Unterhalt verlangen könnte, wenn er über die genannten Einkünfte nicht verfügen würde.

(Keine zweistufige Berechnung des Altersvorsorgeunterhalts bei nicht prägenden Zusatzeinkünften)

b   Im Regelfall ist der Betrag des Vorsorgeunterhalts von dem bereinigten Nettoeinkommen des Unterhaltspflichtigen abzusetzen und aus dem verbleibenden Einkommen anhand der maßgebenden Quote ein neuer (endgültiger) Elementarunterhalt zu bestimmen, um sicherzustellen, daß nicht zu Lasten des Unterhaltspflichtigen von dem Grundsatz der gleichmäßigen Teilhabe der Ehegatten am ehelichen Lebensstandard abgewichen wird (st. Rspr. des *Senats* seit NJW 1981, 1556 = FamRZ 1981, 442 [444 f.]). In Fällen besonders günstiger wirtschaftlicher Verhältnisse bedarf es nach Auffassung des *Senats* der zweistufigen Berechnung des Elementarunterhalts indessen nicht, weil der Vorsorgebedarf neben dem laufenden Unterhaltsbedarf befriedigt werden kann, ohne daß deshalb der Halbteilungsgrundsatz verletzt wird (*Senat*, NJW 1983, 1547 = FamRZ 1982, 1187 [1188] und NJW-RR 1988, 1282 = FamRZ 1988, 1145 [1148]). Das kann etwa der Fall sein, wenn der Elementarunterhaltsbedarf nicht nach einer Quote, sondern nach dem konkreten Bedarf ermittelt wird, oder wenn der Altersvorsorgeunterhalt früher zur Vermögensbildung verwendeten Einkünften aufgebracht werden kann.

Daß zu Lasten des Unterhaltspflichtigen über die Halbteilung hinausgegangen wird, ist aber auch dann nicht zu besorgen, wenn von der Unterhaltsquote tatsächlich vorhandene oder fiktiv anzurechnende Einkünfte des Unterhaltsberechtigten abgezogen werden, durch die die ehelichen Lebensverhältnisse nicht geprägt worden sind, wie es bei Anwendung der Anrechnungsmethode der Fall ist. Denn in Höhe des angerechneten Einkommens wird das die ehelichen Lebensverhältnisse bestimmende Einkommen des Unterhaltspflichtigen zwischen den Ehegatten nicht verteilt, sondern verbleibt ihm allein, so daß er insoweit nicht belastet wird. Das hat zur Folge, daß er Altersvorsorgeunterhalt bis zu der Höhe des angerechneten Einkommens zusätzlich zu dem Elementarunterhalt leisten kann, ohne daß ihm weniger als die ihm an sich zustehende Quote des für die ehelichen Lebensverhältnisse maßgebenden Einkommens verbleibt. Deshalb kann, wie das BerGer. zu Recht angenommen hat, in solchen Fällen auf eine zweistufige Berechnung des Elementarunterhalts verzichtet werden.

BGH v. 27. 1. 1999 – XII ZR 89/97 – FamRZ 99, 710 = NJW 99, 1630

R531 *(Ehedauer bis 2 Jahre i. d. R. kurz, über 3 Jahre nicht mehr kurz; Ehedauer von 5 Jahren kann nur bei Vorliegen besonderer Umstände noch als kurz angesehen werden; lebenslange Unterhaltsverpflichtung bei Bedürftigkeit)*

a   2. ... Das BerGer. kommt als Ergebnis seiner Überlegungen zu dem Schluß, das Verfassungsrecht zwinge zu der Annahme, daß die hier zu beurteilende Ehe von knapp über fünf Jahren – vor dem Hintergrund einer andernfalls lebenslangen Unterhaltsverpflichtung des Bekl. – als kurze Ehe i. S. von § 1579 Nr. 1 BGB beurteilt werden müsse. Diese Annahme ist nicht gerechtfertigt.

Das *BVerfG* sieht das geltende Unterhaltsrecht, auch in seiner Ausgestaltung durch die höchstrichterliche Rechtsprechung, als Bestandteil der verfassungsmäßigen Ordnung an vgl. BVerfG 57, 361 [378 ff.]), und zwar einschließlich der Regelung des § 1579 Nr. 1 BGB (vgl. BVerfG, FamRZ 1992, 1283 [1284]). Dabei leitet es die Rechtfertigung für die Beschränkung der an sich durch Art. 2 I GG geschützten – finanziellen – Handlungsfreiheit des Verpflichteten als Folge der Unterhaltsansprüche des bedürftigen Ehegatten aus der fortwirkenden nachehelichen Solidarität her, deren verfassungsrechtliche Grundlage sich aus Art. 6 I GG ergibt (vgl. BVerfGE 57, 361 [378 ff., 389]). Als Folge der fortwirkenden nachehelichen Verantwortung für den bedürftigen Partner muß sich der wirtschaftlich stärkere Ehegatte bei Erfüllung eines der Unterhaltstatbestände der §§ 1570 ff. BGB bis zur Grenze des Zumutbaren mit der finanziellen Unterhaltsbelastung abfinden (BVerfGE 57, 361 [380 f.]). Diese löst bei entsprechender Bedürftigkeit des Berechtigten (und bestehender Leistungsfähigkeit des Verpflichte-

Anhang R. Rechtsprechung **R531**

ten) grundsätzlich eine lebenslange Unterhaltsverpflichtung aus, soweit nicht im Einzelfall gesetzlich vorgesehene Beschränkungen eingreifen, wie sie etwa durch das Gesetz zur Änderung unterhaltsrechtlicher, verfahrensrechtlicher und anderer Vorschriften (UÄndG v. 20. 2. 1986, BGBl, S. 301 f.) in § 1573 V, § 1578 I 2 BGB und in der Neufassung des § 1579 S. 1 BGB eingeführt worden sind. Eine zeitliche Begrenzung der Unterhaltsverpflichtung in Anlehnung an die Dauer der Ehe sieht das Gesetz indessen nicht vor. Eine (automatische) Bindung der Dauer der Unterhaltspflicht an die Dauer der Ehe ist im Gesetzgebungsverfahren ausdrücklich abgelehnt worden (vgl. BT-Dr 10/2888, S. 18, dort zu § 1573 V BGB; *Schwab/Borth,* 3. Aufl., IV Rn. 302). Sie entspricht daher grundsätzlich nicht der gesetzlichen Regelung des Unterhaltsrechts. Diese geht vielmehr, wie dargelegt, – abgesehen von den genannten Ausnahmebestimmungen – allgemein von lebenslanger Unterhaltsverpflichtung aus (ggf. zeitlich und der Höhe nach begrenzt durch den Beginn des, auch auf dem Versorgungsausgleich beruhenden, Altersruhegeldes des Berechtigten, vgl. *Erman/Dieckmann,* BGB, 9. Aufl., § 1579 Rn. 6).

Danach verbietet es sich, den Härtegrund des § 1579 Nr. 1 BGB mit Rücksicht auf die sonst eingreifende lebenslange Unterhaltsbelastung des Verpflichteten aus Billigkeitserwägungen über seinen vorgegebenen Anwendungsbereich hinaus auszudehnen und damit den entsprechenden Unterhaltstatbestand, hier nach § 1572 Nr. 1 BGB, in einer gesetzlich nicht vorgesehenen Weise einzuschränken. Das Gesetz knüpft, wie auch das *BVerfG* betont hat (vgl. NJW 1993, 455 = FamRZ 1992, 1283 [1284]), an die Härtetatbestände als solche, einschließlich des § 1579 Nr. 1 BGB, noch keine bestimmten Rechtsfolgen. Es setzt vielmehr zunächst die Prüfung der Voraussetzungen des jeweiligen Härtetatbestandes (ohne Billigkeitserwägungen) voraus, bevor unter Beachtung der Kriterien des § 1579 S. 1 Halbs. 1 BGB zu entscheiden ist, inwieweit eine Inanspruchnahme des Verpflichteten grob unbillig wäre (vgl. *BVerfG,* NJW 1993, 455 = FamRZ 1992, 1283 [1284]). Ob der Härtegrund des § 1579 Nr. 1 BGB vorliegt, d. h. ob eine Ehe von kurzer Dauer im Sinne dieser Vorschrift anzunehmen ist, bestimmt sich demgemäß nicht danach, ob eine lebenslange Unterhaltsbelastung des verpflichteten Ehegatten als Folge der Ehe angemessen erschiene, sondern nach allgemein verbindlichen, objektiven Kriterien.

Insoweit stellt der erkennende *Senat* grundsätzlich auf das Maß der Verflechtung der beiderseitigen Lebensdispositionen und auf den Grad der wirtschaftlichen Abhängigkeit des unterhaltsbedürftigen von dem anderen Ehegatten ab. Dem liegt der Gedanke zugrunde, daß die Lebenssituation der Partner in der Ehe durch den gemeinschaftlichen Lebensplan entscheidend geprägt wird und mit der Zunahme der Ehedauer auch eine zunehmende Verflechtung der beiderseitigen Lebensdispositionen sowie im allgemeinen eine wachsende wirtschaftliche Abhängigkeit des unterhaltsbedürftigen Ehegatten einhergeht, gegenüber der sich dieser Ehegatte durch die unterhaltsrechtliche Solidarität des Ehepartners abgesichert zu fühlen pflegt (vgl. *Senat,* NJW 1981, 754 = FamRZ 1981, 140 [142]; Urt. v. 15. 6. 1983 – IV b ZR 381/81; auch BVerfGE 80, 286 [293] = NJW 1989, 2807 m. Hinw. auf *BGH,* FamRZ 1986, 886 [887] und die dort zit. Rspr.).

Von einer entsprechenden ehelichen und unterhaltsrechtlichen Situation kann allerdings im allgemeinen erst nach einer gewissen Ehedauer ausgegangen werden. Dabei lassen sich für die Bemessung dieser Ehedauer im Grunde keine festen abstrakten Maßstäbe anlegen. Gleichwohl hat der *Senat* im Interesse der praktischen Handhabung des § 1579 Nr. 1 BGB die zeitlichen Bereiche, innerhalb derer eine Ehe in der Regel von kurzer oder nicht mehr von kurzer Dauer ist, dahin konkretisiert, daß eine nicht mehr als zwei Jahre betragende Ehedauer in der Regel als kurz, eine solche von mehr als drei Jahren hingegen nicht mehr als kurz zu bezeichnen sei (vgl. *Senat,* NJW 1981, 754 = FamRZ 1981, 140 [142]; NJW 1982, 823 = FamRZ 1982, 254). Hierbei hat der *Senat* jedoch ausdrücklich betont, daß dieser Grundsatz nur für den Regelfall gelten solle und Ausnahmen nicht ausschließe, sofern sie wegen besonderer Umstände eines Einzelfalls eine andere Beurteilung der kurzen Ehedauer gem. § 1579 I Nr. 1 BGB geboten erscheinen ließen (vgl. *Senat,* NJW 1981, 754 = FamRZ 1981, 140 [142]; NJW 1982, 823 = FamRZ 1982, 254).

Daran ist festzuhalten. Die Voraussetzungen für die Annahme einer kurzen Ehedauer und damit die Möglichkeit zur Herabsetzung oder Begrenzung des Unterhalts nach § 1579 Nr. 1 BGB generell auszuweiten, erscheint um so weniger veranlaßt, als das Gesetz inzwischen durch die bereits erwähnte Einführung der § 1573 V und § 1578 I 2 BGB weitere Möglichkeiten der Unterhaltsbegrenzung geschaffen hat, bei der die Dauer der Ehe berücksichtigt werden kann. In der *OLG*-Rechtsprechung sind, vornehmlich in jüngerer Zeit, Ehen von bis zu vier Jahren Dauer und darüber hinaus wegen besonderer Einzelumstände noch als kurz i. S. des § 1579 I Nr. 1 BGB angesehen worden (vgl. etwa *OLG Düsseldorf,* FamRZ 1983, 1139 [1140]; *OLG Frankfurt a.M,* FamRZ 1989, 630; *OLG Hamm,* FamRZ 1992, 326 – bei höherem Alter der Ehegatten im Zeitpunkt der Eheschließung; *OLG Köln,* FamRZ 1992, 65 [67]). Der erkennende *Senat* selbst hat in dem bereits erwähnten Urteil vom 15. 6. 1983 sowie in einer weiteren Entscheidung (NJW 1987, 2161 = FamRZ 1987, 463 [466]) die Möglichkeit bejaht, eine Ehe von (jeweils) drei Jahren und vier Monaten noch als kurz zu beurteilen; in dem Urteil vom 25. 1. 1995 (NJW-RR 1995, 449 = FamRZ 1995, 1405 [1407]) hat er bei einer Ehedauer von knapp fünf Jahren Erwägungen zu § 1579 Nr. 1 BGB nicht von vornherein mit dem

Hinweis auf den Zeitablauf verworfen, sondern ausgeführt, es seien keine Anhaltspunkte dafür ersichtlich, daß aufgrund besonderer Umstände des Falles „dennoch von einer kurzen Ehedauer" auszugehen sei.

So liegt der Fall auch hier. Die Gründe, auf die das BerGer. seine abweichende Auffassung gestützt hat, tragen diese Ansicht nicht. Weder die Tatsache, daß aus der Ehe der Parteien keine Kinder hervorgegangenen sind, noch der Umstand, daß ihr Zusammenleben zeitweise durch erhebliche Zwistigkeiten geprägt war, noch schließlich die Erwägung, daß andernfalls unter Umständen eine mehr als 30jährige Unterhaltsbelastung des Bekl. in Betracht käme, lassen Rückschlüsse darauf zu, inwieweit sie ihre Lebensführung in der Ehe aufeinander eingestellt und in wechselseitiger Abhängigkeit auf ein gemeinschaftliches Lebensziel ausgerichtet haben. Darüber hinaus hat das BerGer., wie die Revision zu Recht hervorhebt, keine Gesichtspunkte festgestellt, die eine Abweichung von dem allgemeinen Erfahrungssatz begründen könnten, daß die Verflechtung der beiderseitigen Lebensdispositionen in aller Regel nach einer Ehedauer von drei Jahren einen Grad erreicht hat, der die Beurteilung der Ehe als nicht mehr kurz i. S. von § 1579 Nr. 1 BGB rechtfertigt. Weitere, ggf. abweichende tatrichterliche Feststellungen hierzu sind, da der Verlauf der Ehe in den insoweit maßgeblichen Beziehungen feststeht, auch nicht mehr zu erwarten.

Nachdem die bei Eheschließung knapp 51 Jahre alte Kl. – die zuvor seit etwa $5^{1}/_{2}$ Jahren arbeitslos gemeldet gewesen war – in der Ehezeit von Mitte 1989 bis Ende September 1993 nur gelegentlich Reinigungsarbeiten in geringem Umfang und ohne nennenswerte Begründung von Versorgungsanwartschaften ausgeübt hat, während der Bekl. über regelmäßige Einkünfte von durchschnittlich monatlich 3300 DM netto mit entsprechender Alterssicherung verfügte, deuten diese Umstände auf eine Gestaltung der Ehe hin, bei der die Ehegatten – wie weitgehend üblich – ihre beiderseitigen Lebensdispositionen zunehmend aufeinander eingestellt haben und die wirtschaftliche Abhängigkeit der – sozial schwächeren – Kl. von dem Bekl. sich entsprechend verfestigt hat. Hieraus folgt nach der ständigen Rechtsprechung des *Senats*, daß die Ehe der Parteien bei einer maßgeblichen Dauer von knapp $5^{1}/_{4}$ Jahren nicht mehr als kurz im rechtlichen Sinn angesehen werden kann.

Damit scheidet eine Anwendung der Härteklausel des § 1579 Nr. 1 BGB mit der Möglichkeit der Versagung, Herabsetzung oder zeitlichen Begrenzung der Unterhaltsverpflichtung des Bekl. aus. Eine Anwendung der Auffangregelung des § 1579 Nr. 7 BGB kommt, wie das BerGer. insoweit zutreffend dargelegt hat, unter den hier gegebenen Umständen aus Rechtsgründen nicht in Betracht (vgl. *Senat*, NJW-RR 1995, 449 = FamRZ 1995, 1405 [1407]).

BGH v. 3. 2. 1999 – XII ZR 146/97 – FamRZ 99, 708 = NJW 99, 1547

R532 *(Zur Abgrenzung von § 1571 und § 1573 I BGB)*

a Das BerGer. hat die Kl. allerdings u. a. wegen ihres Alters sowie wegen der Situation auf dem Arbeitsmarkt für gehindert gehalten, eine vollschichtige Erwerbstätigkeit auszuüben. Diese Umstände rechtfertigen einen Anspruch auf Aufstockungsunterhalt nicht. In Betracht kommt insofern vielmehr eine Rechtfertigung des Unterhaltsanspruches aus § 1571 oder § 1573 I BGB, wobei § 1571 BGB erfüllt sein kann, wenn typischerweise in diesem Alter und der in Betracht kommenden Berufssparte keine angemessene Arbeit mehr gefunden werden kann, während § 1573 I BGB eingreift, wenn und soweit wegen der konkreten Einzelfallumstände aufgrund des Alters die Aufnahme einer angemessenen Arbeit scheitert (vgl. *Senat*, NJW 1987, 2739 = FamRZ 1987, 691 [693]; *Kalthoener/Büttner*, 6. Aufl., Rn. 419).

(Genaue Differenzierung der Unterhaltstatbestände bei altersbedingter Beschränkung der Erwerbsfähigkeit)

b Mit der Beurteilung des Unterhaltsanspruchs allein nach § 1573 II BGB hat das BerGer. somit nicht unterschieden, inwieweit der Unterhaltsanspruch einerseits auf § 1571 oder § 1573 I BGB, andererseits auf § 1573 II BGB beruhen soll. Die Ansprüche aus § 1573 I und II BGB sind gegenüber denjenigen aus den § 1570 bis § 1572 BGB grundsätzlich subsidiär. Der *Senat* hat jedoch – in Abkehr von seiner früheren Rechtsprechung – für die Fälle der § 1570 und § 1572 BGB entschieden, daß ein Ehegatte, von dem wegen Kinderbetreuung oder wegen Krankheit nur eine Teilerwerbstätigkeit erwartet werden kann, nach § 1570 bzw. § 1572 BGB Unterhalt nur bis zu der Höhe des durch eine Vollerwerbstätigkeit erzielbaren Mehreinkommens verlangen kann. Daneben kann er Aufstockungsunterhalt nach § 1573 II BGB beanspruchen, wenn sein Eigenverdienst zusammen mit dem Teilanspruch aus § 1570 oder § 1572 BGB zu seinem vollen Unterhalt i. S. des § 1578 I 1 BGB nicht ausreicht (*Senat*, NJW 1990, 1847 = FamRZ 1990, 492 [494], und NJW-RR 1993, 898 = FamRZ 1993, 789 [791]). Das muß gleichermaßen für den Fall gelten, daß ein Ehegatte altersbedingt nur eine Teilerwerbstätigkeit ausüben kann, durch die er unter Umständen seinen vollen Unterhalt nicht zu bestreiten vermag.

Da folglich verschiedene Anspruchsgrundlagen nebeneinander bestehen können, ist es regelmäßig erforderlich, zwischen ihnen eine genaue Differenzierung vorzunehmen. Das gilt zum einen mit Blick auf ein späteres Abänderungsverfahren, zum anderen deshalb, weil die zeitliche Begrenzungsmöglich-

Anhang R. Rechtsprechung **R533**

keit nach § 1573 V BGB nur Ansprüche nach § 1573 I bis IV BGB betrifft, nicht hingegen die anderen Anspruchsgrundlagen *(Senat,* NJW 1988, 2369 = FamRZ 1988, 265 [267]). Eine genaue Bestimmung kann nur ausnahmsweise unterbleiben, wenn im Einzelfall eine zeitliche Begrenzung aus Billigkeitsgründen unter Berücksichtigung von Ehedauer, Kinderbetreuung und Gestaltung von Haushaltsführung und Erwerbstätigkeit von vornherein ausscheidet *(Senat,* NJW-RR 1993, 898 = FamRZ 1993, 789 [791]). Ein solcher Fall liegt hier nicht vor. Die deshalb erforderliche, hier indessen unterbliebene Feststellung des Aufstockungsteils des Unterhaltsanspruchs und die Prüfung, ob dieser gem. § 1573 V BGB zeitlich zu begrenzen ist, obliegen dem Tatrichter. Das angefochtene Urteil kann deshalb insoweit keinen Bestand haben.

(Keine festen Altersgrenzen auch bei Rentenbezug für Altersunterhalt vor dem vollendeten 65. Lebensjahr; grundsätzliche Erwerbsobliegenheit bis zur Vollendung des 65. Lebensjahres)

Nach § 1571 BGB kann ein geschiedener Ehegatte von dem anderen Ehegatten Unterhalt verlangen, soweit von ihm zu bestimmten Zeitpunkten wegen seines Alters eine Erwerbstätigkeit nicht mehr erwartet werden kann. Eine feste Altersgrenze, bei deren Erreichen die Obliegenheit zur Ausübung einer Erwerbstätigkeit endet, nennt das Gesetz nicht. Der Vorschlag der Eherechtskommission, die gesetzliche Vermutung aufzustellen, daß eine Frau, die zur Zeit der Scheidung das 55. Lebensjahr vollendet hat, keine angemessene Erwerbstätigkeit mehr zu finden vermag, ist im Gesetzgebungsverfahren mit der Begründung abgelehnt worden, es sei für eine Frau unverhältnismäßig leichter nachzuweisen, daß sie keine angemessene Erwerbstätigkeit finde, als für den Mann, den Beweis zu erbringen, daß eine solche Erwerbsmöglichkeit vorhanden sei. Der Regierungsentwurf bringt allerdings zum Ausdruck, daß die Vorschrift in erster Linie für den geschiedenen Ehegatten gelten soll, der ein Alter erreicht hat, das Voraussetzung für die Gewährung einer öffentlichen Altersversorgung ist (BT-Dr 7/650, S. 123 f.). Daran anknüpfend wird in Rechtsprechung und Schrifttum mehrheitlich die Auffassung vertreten, daß jedenfalls dann, wenn die in der öffentlichen Rentenversicherung für den Bezug der Regelaltersrente (§ 35 SGB VI) und in der Beamtenversorgung (§ 25 BRRG, § 41 I BBG) festgelegte Altersgrenze von 65 Jahren erreicht ist, unterhaltsrechtlich eine Erwerbstätigkeit nicht mehr erwartet werden kann (vgl. *Senat,* NJW-RR 1992, 1474 = FamRZ 1993, 43 [44]; *Richter,* in: MünchKomm 3. Aufl., § 1571 Rn. 7; *Cuny,* in: RGRK, 12. Aufl., § 1571 Rn. 4; *Johannsen/Henrich/Büttner,* EheR, 3. Aufl., § 1571 Rn. 4; *Griesche,* in: FamGb, § 1571 Rn. 2; *Schwab/Borth,* 3. Aufl., Kap IV Rn. 185).

In zahlreichen gesetzlichen Vorschriften sind allerdings Regelungen vorgesehen, die unter bestimmten Voraussetzungen ein Ausscheiden aus dem Berufsleben vor dem vollendeten 65. Lebensjahr vorsehen (vgl. §§ 36 ff. SGB VI). Hierzu gehört auch § 39 SGB VI, der den Bezug der Altersrente für Frauen unter den im einzelnen geregelten weiteren Voraussetzungen ermöglicht, wenn das 60. Lebensjahr vollendet ist. Die Frage, ob sich ein geschiedener Ehegatte bereits mit dem Erreichen einer flexiblen Altersgrenze darauf berufen kann, daß eine Erwerbsobliegenheit nicht mehr bestehe, wird nicht einheitlich beantwortet. Teilweise wird vertreten, der Unterhaltsanspruch nach § 1571 BGB sei auch demjenigen Ehegatten zuzubilligen, der berechtigt sei, vorgezogenes Altersruhegeld zu fordern *(Soergel/Häberle,* BGB, 12. Aufl., § 1571 Rn. 2; *Göppinger/Kindermann,* 6. Aufl., Rn. 1195; *Bastian/ Roth-Stielow/Schmeiduch,* 1. EheRG, § 1571 Rn. 2; *Ambrock,* Ehe und Ehescheidung, § 1571 Anm. 3; *Dieckmann,* FamRZ 1977, 81 [95]). überwiegend hat sich dagegen die Auffassung durchgesetzt, vor Vollendung des 65. Lebensjahres könne kein bestimmtes Alter angenommen werden, ab dem in jedem Fall ein Altersunterhalt ohne Prüfung der Besonderheiten des Einzelfalles zuzuerkennen sei.

BGH v. 17. 3. 1999 – XII ZR 139/97 – NJW 99, 2365 = FamRZ 99, 843

(Subsidiarität der Sozialhilfe)

In der Rechtsprechung der Oberlandesgerichte und im Schrifttum wird zwar – teilweise – die Auffassung vertreten, die Subsidiarität der Sozialhilfe ende, und eine erbrachte Sozialhilfeleistung sei bedarfsdeckend auf den Unterhaltsanspruch anzurechnen, wenn dieser nicht auf den Träger der Sozialhilfe übergehe. In einem solchen Fall sei der Bedarf des Unterhaltsberechtigten in Höhe der geleisteten Sozialhilfe endgültig gedeckt und der Unterhaltsanspruch damit erfüllt (vgl. *Hampel,* FamRZ 1996, 513 [521] m. w. Nachw.; auch Empfehlungen des 12. Deutschen Familiengerichtstags, FamRZ 1998, 473; *OLG Köln,* FamRZ 1997, 1101 [1102]; *OLG Nürnberg,* EZ FamR aktuell 1999, 39; *Mutschler,* in: RGRK, 12. Aufl. [1984], Vorb. § 1601 Rn. 20 und § 1602 Rn. 11; *Johannsen/Henrich/Büttner,* EheR, 3. Aufl., § 1361 Rn. 106; *Griesche,* in: FamGb, § 1602 Rn. 22; wohl auch *Göppinger/Strohal,* 6. Aufl., Rdnrn. 493 f.; *Göppinger/van Els,* Rdnrn. 1646 f.).

Diese Auffassung kann nicht geteilt werden (dagegen auch etwa *Johannsen/Henrich/Graba,* § 1601 Rn. 3; § 1602 Rn. 10; *Staudinger/Kappe/Engler,* 13. Bearb., § 1602 Rdnrn. 70 ff., 77; *Wendl/Scholz,* 4. Aufl., § 6 Rdnrn. 567 ff.). Sie trägt den unterschiedlichen Voraussetzungen und Zielsetzungen des privaten Unterhaltsrechts einerseits und des öffentlichen Sozialhilferechts andererseits (vgl. *Münder,*

NJW 1990, 2031 ff., und *ders.,* FuR 1997, 281 [330 ff.]; *Schellhorn/Jirasek/Seipp,* BSHG, 15. Aufl., § 91 Rdnrn. 35 ff.) nicht in ausreichender Weise Rechnung und widerspricht dem sowohl in § 9 SGB I als auch in § 2 BSHG ohne Einschränkung niedergelegten Grundsatz der Subsidiarität der Sozialhilfe.

aa) Die Sozialhilfe ist generell dazu bestimmt, dem Hilfeempfänger ein menschenwürdiges Leben und die Teilnahme am Leben in der Gemeinschaft zu ermöglichen, § 9 SGB I. Sie dient der Schaffung sozialer Gerechtigkeit für jedermann und soll zugleich eine gewisse Chancengleichheit für die Bedürftigen garantieren (vgl. § 1 II BSHG; BVerwGE 36, 256 [258]; *Mrozynski,* SGB I, 2. Aufl., § 9 Rn. 18; *Kretschmer/v. Maydell/Schellhorn,* in: GK-SGB I, 3. Aufl., § 9 Rdnrn. 4, 14, 26, 29 bis 31). Da die Sozialhilfe jedoch im Blick auf diese umfassende Aufgabenstellung mit ihren Leistungsverpflichtungen andernfalls überfordert wäre, sieht die gesetzliche Regelung in den § 9 SGB I, § 2 BSHG als tragenden Grundsatz und unentbehrlichen Wesensbestandteil des Sozialhilferechts das Prinzip des Nachrangs der Sozialhilfe vor (vgl. *Kretschmer/v. Maydell/Schellhorn,* § 9 Rn. 17). So erhält nach § 2 I BSHG keine Sozialhilfe, wer sich selbst helfen kann oder wer die erforderliche Hilfe von anderen, besonders von Angehörigen oder von Trägern anderer Sozialleistungen, erhält. Hiermit statuiert das Bundessozialhilfegesetz zunächst eine relativ weitgehende Selbsthilfeverpflichtung, insbesondere zum Einsatz der eigenen Arbeitskraft des Bedürftigen (vgl. *Mrozynski,* § 9 Rn. 19). Darüber hinaus stellt § 2 I BSHG darauf ab, ob der Bedürftige Hilfe von anderen „erhält" und auf diese Weise über bereite Mittel verfügt. Zu den bereiten Mitteln im Sinne dieser Vorschrift gehören nur solche, die der Bedürftige hat oder sich mühelos verschaffen kann, nicht hingegen etwa ein Unterhaltsanspruch, der nicht unmittelbar erfüllt wird und dessen Realisierung dem Hilfesuchenden entweder nicht zuzumuten oder wegen Eilbedürftigkeit der Hilfe nicht möglich ist (vgl. *Mrozynski,* § 9 Rn. 19; *Oestreicher/Schelter/Kunz,* § 2 Rn. 6; *Kretschmer/v. Maydell/Schellhorn,* § 9 Rn. 17). Nur bereite Mittel in dem genannten Sinn sind geeignet, eine aufgetretene Hilfebedürftigkeit unmittelbar zu beseitigen.

§ 2 I BSHG verfolgt jedoch nicht das Ziel, in Fällen dieser Art – über die unmittelbare Hilfegewährung hinaus – eine endgültige Zahlungspflicht des Trägers der Sozialhilfe festzulegen. Vielmehr bestimmt § 2 II 1 BSHG, daß Verpflichtungen anderer, besonders Unterhaltspflichtiger (oder der Träger anderer Sozialleistungen) durch dieses Gesetz „nicht berührt" werden. Damit ist klargestellt, daß die Träger der Sozialhilfe dem Zweck dieser Sozialleistung entsprechend zwar häufig zur Vorleistung verpflichtet sind, so wenn ein i. S. von § 2 II 1 BSHG Verpflichteter seiner Leistungspflicht nicht nachkommt (vgl. *Oestreicher/Schelter/Kunz,* § 2 Rn. 17), daß die an sich vorrangige Verpflichtung des Dritten (besonders eines Unterhaltspflichtigen) hierdurch aber nicht beeinflußt wird, sondern weiter besteht und weiterhin zu erfüllen ist. Zu diesem Zweck sieht § 91 I 1 BSHG den Übergang des Unterhaltsanspruchs des Hilfeempfängers gegen den Unterhaltspflichtigen – für die Zeit, für die Hilfe gewährt wird, und bis zur Höhe der geleisteten Aufwendungen – auf den Träger der Sozialhilfe vor. Damit wird dieser in die Lage versetzt, mit Hilfe des auf ihn übergegangenen Unterhaltsanspruchs den Unterhaltspflichtigen auf Erstattung der dem Hilfebedürftigen erbrachten Leistungen in Anspruch zu nehmen mit der Folge, daß das gesetzlich gewollte Verhältnis des Nachrangs der Sozialhilfe gegenüber der Unterhaltspflicht – im Umfang des Anspruchsübergangs – verwirklicht wird (vgl. *Oestreicher/Schelter/Kunz,* § 91 Rn. 6; *Schellhorn,* FuR 1999, 4; *Senat,* NJW 1994, 1733 = FamRZ 1994, 829 [830] zu §§ 90 u. 91 BSHG a. F.; *BVerwG,* FamRZ 1993, 183 [184]).

bb) Das Bundessozialhilfegesetz verzichtet allerdings im Hinblick auf die von dem privaten Unterhaltsrecht abweichende Zielsetzung der Sozialhilfe darauf, sämtliche privatrechtlich begründeten Unterhaltsansprüche gewissermaßen automatisch und der Höhe nach uneingeschränkt dem Anspruchsübergang nach § 91 BSHG zu unterwerfen. So „verschont" § 91 BSHG (i. V. mit den in Bezug genommenen sonstigen Vorschriften des Gesetzes) einerseits bestimmte Gruppen bürgerlichrechtlich Unterhaltsverpflichteter, wie beispielsweise die mit dem Hilfeempfänger im zweiten oder einem entfernteren Grad Verwandten; andererseits schränkt die Vorschrift auch den Einsatz der zu berücksichtigenden Mittel ein (vgl. dazu LPK-BSHG, § 91 Rdnrn. 10 ff.; *Oestreicher/Schelter/Kunz,* § 91 Rdnrn. 73, 77 ff.; *Schellhorn,* FuR 1999, S. 4 ff., auch BT-Dr 12/4401, S. 82 f.), ohne dabei jedoch den Grundsatz des § 2 II 1 BSHG für die genannten Fälle außer Kraft zu setzen oder auch nur in entsprechender Weise einzuschränken (vgl. dazu BGHZ 115, 228 [232] = NJW 1992, 115). Der Gesetzgeber hat danach durchaus gesehen, daß zwischen dem privaten Unterhaltsrecht und dem öffentlichen Sozialhilferecht kein völliger Gleichklang besteht (vgl. *Schellhorn,* FuR 1999, 10, sowie allg. *Wendl/Scholz,* § 6 Rdnrn. 500 ff. u. 568). Er hat aber gleichwohl von einer Angleichung abgesehen. Diese gesetzgeberische Entscheidung ist zu respektieren.

(Sozialhilfe ist kein bedarfsdeckendes Einkommen im Sinne des Unterhaltsrechts; fiktive Einkünfte)

b cc) Das hat zur Folge, daß der in § 2 BSHG für den gesamten Bereich des Gesetzes niedergelegte Grundsatz der Subsidiarität der Sozialhilfe nicht davon berührt wird, ob und in welchem Umfang im Einzelfall ein Unterhaltsanspruch nach Gewährung von Sozialhilfe auf einen nach bürgerlichem Recht Unterhaltsverpflichteten übergeht. Da das bürgerlich-rechtliche Unterhaltsverhältnis durch das Bundessozialhilfegesetz nicht berührt wird, haben die Leistungen nach diesem Gesetz keinen Einfluß auf den

Anhang R. Rechtsprechung   R533

Inhalt und Umfang des Unterhaltsanspruchs und der Unterhaltsverpflichtung. Die Gewährung von Sozialhilfe ist demgemäß im Rechtssinn nicht als unterhaltsrechtlich bedarfsdeckende Leistung zu behandeln. Als solche würde sie den Unterhaltsanspruch – mit dem Wegfall der Bedürftigkeit in Höhe der gewährten Leistung – zum Erlöschen bringen (vgl. § 1569, § 1602 I). Für einen Übergang des Unterhaltsanspruchs, wie er in § 91 BSHG für die dort genannten Fälle vorgesehen ist, wäre damit von vorneherein kein Raum.

dd) Es besteht kein sachlich gerechtfertigter Grund, die dargestellte Rechtslage anders zu beurteilen, soweit nach § 91 BSHG aus sozialhilferechtlichen Gründen ein Übergang des Unterhaltsanspruchs auf den Träger der Sozialhilfe ausscheidet. So geht nach § 91 II 1 BSHG der Unterhaltsanspruch nur über, „soweit ein Hilfeempfänger sein Einkommen und Vermögen nach den Bestimmungen des Abschn. 4 mit Ausnahme des § 84 II oder des § 85 I Nr. 3 S. 2 einzusetzen hat". Durch diese Regelung mit dem Hinweis auf die „Einkommensdefinition" der §§ 76 ff. BSHG (= Abschn. 4, vgl. dazu LPK-BSHG, § 91 Rn. 39) soll gewährleistet werden, daß der Unterhaltspflichtige sozialhilferechtlich den gleichen Schutz hinsichtlich des Einkommens und Vermögens genießt, den er hätte, wenn er selbst Hilfeempfänger der konkreten Hilfe wäre (vgl. LPK-BSHG, § 91 Rdnrn. 14 u. 39 ff.; *Oestreicher/Schelter/Kunz*, § 91 Rdnrn. 92 ff.; *Schellhorn/Jirasek/Seipp*, § 91 Rdnrn. 71 ff., 73). Hierbei ist von Bedeutung, daß der Einkommensbegriff des Sozialhilferechts in einzelnen Punkten von dem des Unterhaltsrechts abweicht (vgl. *Oestreicher/Schelter/Kunz*, § 91 Rn. 59; *Wendl/Scholz*, § 6 Rdnrn. 527 ff.). Eine dieser Abweichungen besteht darin, daß im Sozialhilferecht – anders als im Unterhaltsrecht – keine fiktiven Einkünfte zu berücksichtigen sind (*Senat*, NJW 1998, 2219 = FamRZ 1998, 818 ff. m. Nachw.). Da der Unterhaltsanspruch der Kl. ebenso wie der der beiden Kinder hier auf der Grundlage eines dem Bekl. unterhaltsrechtlich zugerechneten fiktiven Einkommens ermittelt worden ist, greift im vorliegenden Fall die geschilderte Regelung des § 91 II 1 BSHG ein. Die Unterhaltsansprüche sind daher trotz Gewährung der Sozialhilfe nicht auf deren Träger übergegangen, sondern der Kl. und den Kindern als Unterhaltsgläubigern verblieben.

(Unterhaltsansprüche des Hilfeempfängers, wenn der Anspruchsübergang auf den Sozialhilfeträger bei fiktiven Einkünften des Schuldners ausgeschlossen ist.)
5. Diese sind unter den gegebenen Umständen auch nicht gehindert, die Ansprüche gegenüber dem   c
Bekl. geltend zu machen.

a) Gründe aus dem Bereich des Sozialhilferechts stehen dem, wie dargelegt, nicht entgegen. Soweit die Vertreter der Gegenmeinung darauf hinweisen, daß das mit den Schuldnerschutzvorschriften in § 91 BSHG verfolgte Ziel nur erreicht werden könne, wenn der Schuldner bei Ausschluß des Anspruchsübergangs auch tatsächlich von seiner Unterhaltslast befreit werde (vgl. *Hampel*, FamRZ 1996, 513 [521] m. Nachw. in Fußn. 51), verkennen sie die unterschiedliche Zielsetzung und den Mangel inhaltlicher Übereinstimmung von Unterhalts- und Sozialrecht. Das Unterhaltsrecht schützt den Verpflichteten nach Maßgabe seiner bürgerlich-rechtlich definierten Leistungsfähigkeit im Rahmen der § 1581, § 1603 BGB, wobei leichtfertig herbeigeführte Leistungsunfähigkeit unbeachtlich sein kann (vgl. *Senat*, NJW 1985, 732 = FamRZ 1985, 158 [160]; *Senat*, NJW 1988, 2239 = FamRZ 1988, 597 [599]; *Senat*, NJW 1994, 258 = FamRZ 1994, 240 [241]; *Senat*, NJW 1994, 1002 = FamRZ 1994, 373 [374]). Der Schuldnerschutz nach dem Bundessozialhilfegesetz folgt, wie dargelegt, anderen Kriterien. Liegen nach bürgerlichem Recht die Voraussetzungen für die Bejahung einer Unterhaltsverpflichtung des Schuldners vor, so ist für die unterhaltsrechtliche Beurteilung ohne Bedeutung, ob der Schuldner aus sozialhilferechtlicher Sicht nur in geringerem Umfang als leistungsfähig oder insgesamt als leistungsunfähig behandelt würde.

b) Auch unter zivilrechtlichen Gesichtspunkten unterliegt das Unterhaltsbegehren der Kl. und der Kinder bei den hier gegebenen Verhältnissen keinen durchgreifenden Bedenken.

aa) Der erkennende *Senat* hat allerdings in einem Urteil vom 25. 11. 1992 (NJW-RR 1993, 322 = FamRZ 1993, 417 [419]) ausgeführt, einem nach Gewährung von Sozialhilfe, aber ohne Übergang des Unterhaltsanspruchs auf den Sozialhilfeträger erhobenen Unterhaltsbegehren des Berechtigten dürfte der auch im Unterhaltsrecht geltende Grundsatz von Treu und Glauben entgegenstehen. Diese Äußerung ist indessen nicht dahin zu verstehen, daß in den Fällen, in denen dem Unterhaltsberechtigten Sozialhilfe gewährt wurde, der Unterhaltsanspruch jedoch nach dem Bundessozialhilfegesetz nicht auf den Träger der Sozialhilfe übergeht, die gleichwohl von dem Unterhaltsgläubiger gegen den Unterhaltsschuldner erhobenen Unterhaltsansprüche generell an § 242 BGB scheitern würden. Denn das würde bedeuten, daß die gesetzlich gewollte Regelung der Subsidiarität der Sozialhilfe in den genannten Fällen mit Hilfe des § 242 BGB außer Kraft gesetzt würde. Das stünde im Widerspruch zu der oben aufgezeigten Rechtslage.

bb) Dies schließt jedoch nicht aus, gegebenenfalls vor dem Hintergrund des § 1581 BGB den Grundsatz des § 242 BGB heranzuziehen, um auf diese Weise unter Abwägung der Interessen von Unterhaltsschuldner und Unterhaltsgläubiger zu angemessenen, den Grundsätzen von Treu und Glauben entsprechenden Lösungen zu gelangen. Insoweit ist die Rechtslage nach Gewährung von Sozialhilfe an den Unterhaltsberechtigten vergleichbar mit den Fällen, in denen der Berechtigte freiwillige Leistungen von einem Dritten erhält. Geht in diesen Fällen der Wille des Zuwendenden dahin, daß nur der Beschenkte selbst unterstützt, der Unterhaltsschuldner aber nicht von seiner Verpflichtung befreit werden soll, dann ist die Zuwendung grundsätzlich nicht auf den Bedarf des Unterhaltsgläubigers anzurechnen, berührt seine Bedürftigkeit also nicht (st. Rspr., vgl. *BGH,* NJW 1980, 344 = FamRZ 1980, 42; *Senat,* NJW-RR 1993, 322 = FamRZ 1993, 417 [419], jew. m. w. Nachw.). Zwar ist in diesen Fällen die Zielsetzung des Leistenden im Hinblick auf den Unterhaltsschuldner eine andere als bei der Gewährung von Sozialhilfe, da der Wille des freiwillig Zuwendenden darauf gerichtet ist, den Unterhaltsschuldner nicht zu entlasten, während § 91 II BSHG den Unterhaltsverpflichteten vor einer Inanspruchnahme durch den Unterhaltsberechtigten verschonen will. Aus der Sicht des Unterhaltsgläubigers ist die Lage jedoch bei beiden Fallgestaltungen vergleichbar: Er hat seinen Lebensunterhalt mit Hilfe der ihm von dritter Seite ohne Rückforderungsabsicht zur Verfügung gestellten Mittel bestritten und steht vor der Frage, nunmehr den Unterhaltsschuldner auf Erfüllung seiner Unterhaltspflicht für diesen – in der Vergangenheit liegenden – Zeitraum in Anspruch zu nehmen. Bei freiwilligen Zuwendungen von Dritten wird hierzu erwogen, in Mangelfallsituationen im Hinblick auf § 1581 BGB dennoch aus Billigkeitserwägungen entgegen dem Willen des Zuwendenden eine – jedenfalls teilweise – Anrechnung der Zuwendung auf den Unterhaltsbedarf in Betracht zu ziehen (vgl. etwa *Soergel/Häberle,* BGB, 12. Aufl., § 1581 Rn. 16, sowie *Rolland,* 1. EheRG, 2. Aufl., § 581 Rn. 4). Ähnliche Überlegungen können sich aus der Beurteilung der Anrechnung von Einkünften aus überobligationsmäßiger Tätigkeit i. S. von § 1577 II BGB ergeben (vgl. *Palandt/Diederichsen,* BGB, 58. Aufl., § 1577 Rn. 25).

Der *Senat* hält es etwa für möglich, in entsprechender Weise auch in der Situation des § 91 II BSHG in Mangelfällen unter dem Gesichtspunkt des § 242 BGB eine (Teil-)Anrechnung der dem Unterhaltsberechtigten gewährten Sozialhilfe auf seinen Unterhaltsanspruch vorzunehmen, wenn andernfalls die Gefahr für den Unterhaltsschuldner bestünde, mit derartig hohen Forderungen aus der Vergangenheit belastet zu werden, daß es ihm voraussichtlich auf Dauer unmöglich gemacht würde, diese Schulden zu tilgen und daneben noch laufenden Verpflichtungen nachzukommen. Eine Korrektur der gesetzlichen Regelung in dem genannten Sinn – mit Hilfe des § 242 BGB – kommt allerdings, wie bereits angedeutet, grundsätzlich nur für Unterhaltsrückstände aus der Vergangenheit in Betracht. Für die Zukunft setzt sich hingegen der gesetzliche Nachrang der Sozialhilfe uneingeschränkt durch (vgl. *Wendl/Scholz,* § 6 Rn. 572), zumal die rechtliche Betrachtungsweise darauf abzustellen hat, daß der Schuldner in der Zukunft seiner Unterhaltsverpflichtung nachkommen und die Gewährung von Sozialhilfe an den Berechtigten damit insoweit entbehrlich machen werde.

Als maßgeblicher Anknüpfungspunkt, bis zu dem die bereits entstandenen Ansprüche als vergangene in dem oben dargelegten Sinn, und von dem an die demnächst entstehenden Ansprüche als zukünftige zu beurteilen sind, ist nach Auffassung des *Senats* in den hier zu beurteilenden Fällen der Zurechnung fiktiver Einkünfte bei dem Unterhaltsschuldner – nicht zuletzt aus Gründen der Rechtsklarheit und Praktikabilität – der Zeitpunkt der Zustellung der Klageschrift in dem Unterhaltsprozeß anzusetzen. Mit der Zustellung der Klageschrift wird der Unterhaltsschuldner, der bislang keiner Erwerbstätigkeit nachgegangen ist, eindringlich darauf hingewiesen, daß er ungeachtet seiner bisherigen Einkommenslosigkeit auf Erfüllung seiner Unterhaltspflicht in Anspruch genommen wird. Damit ist es ihm von diesem Zeitpunkt an verwehrt, sich etwa darauf zu verlassen, daß seine Gläubiger ihren Unterhaltsbedarf mit Mitteln der Sozialhilfe befriedigen und deshalb nicht auf seine Unterhaltsleistungen angewiesen seien. Jedenfalls erscheint es mit Wirkung ab Zustellung der Klageschrift nicht mehr gerechtfertigt, dem Unterhaltsschuldner aus Billigkeitsgründen entgegen der unterhaltsrechtlichen Gesetzeslage den geschilderten Schutz zuzubilligen und dem Unterhaltsbegehren des Gläubigers insoweit den Einwand des § 242 BGB entgegenzuhalten. Soweit demgegenüber die Auffassung vertreten wird, der Schuldner könne (erst) „seit der letzten mündlichen Verhandlung" als leistungsfähig behandelt und zu Unterhaltsleistungen nach Maßgabe seines fiktiven Einkommens verurteilt werden (*Wendl/Scholz,* § 6 Rn. 572), könnte eine solche Lösung zu unvertretbaren Vorteilen (wenn nicht sogar Anreizen) für den Unterhaltsschuldner führen, wenn dieser das Verfahren in die Länge zieht. Davon abgesehen läßt sich der Zeitpunkt der letzten tatrichterlichen mündlichen Verhandlung (ggfs. nach Zurückverweisung aus der Rechtsmittelinstanz) im Vorhinein nicht verläßlich ermitteln. Die etwa gebotene Billigkeitsabwägung müßte unter Umständen mehrfach, jeweils unter Berücksichtigung neu eingetretener tatsächlicher Entwicklungen, neu angestellt werden. Mit der Anknüpfung an die Zustellung der Klageschrift lassen sich diese Unsicherheiten weitgehend vermeiden.

cc) Da die Klageschrift im vorliegenden Verfahren im August 1994 zugestellt, der Bekl. aber durch das angefochtene Urteil zu Unterhaltszahlungen erst mit Wirkung vom 1. 1. 1996 an verurteilt worden ist, kommt hier aus den dargelegten Gründen eine (Teil-)Anrechnung der an die Kl. und die beiden Kinder gewährten Sozialhilfe auf deren Unterhaltsansprüche aus Billigkeitsgründen nicht in Betracht. Der Hinweis der Revision auf § 242 BGB bleibt damit im Ergebnis ohne Erfolg.

Anhang R. Rechtsprechung **R534**

BGH v. 19. 5. 1999 – XII ZR 210/97 – FamRZ 00, 153 = NJW 99, 2804

(Erhöhte Verpflichtung zur ungefragten Information bei Vergleichen) **R534**

aa) Die von dem *OLG* herangezogene Rechtsprechung des *Senats* betrifft Informationspflichten, die den Unterhaltsberechtigten über die Tatbestände der §§ 1580, 1605 BGB hinaus treffen, nachdem ihm Unterhalt durch ein Urteil zuerkannt worden ist. In der Folgezeit kann sich unter den von dem BerGer. zutreffend angeführten Voraussetzungen eine Verpflichtung zur ungefragten Offenbarung veränderter Verhältnisse ergeben. Die Pflicht zur Rücksichtnahme der einen Partei auf die Belange der anderen erhöht sich, wenn es um die Durchführung einer Unterhaltsvereinbarung geht. In einem solchen Fall ist der Unterhaltsberechtigte im Hinblick auf seine vertragliche Treuepflicht gehalten, jederzeit und unaufgefordert dem anderen Teil Umstände zu offenbaren, die ersichtlich dessen Verpflichtungen aus dem Vertrag berühren (*Senat,* NJW 1997, 1439 = FamRZ 1997, 483).

(Prozessuale Wahrheitspflicht in Unterhaltsprozessen)
b) Um derartige Fallgestaltungen geht es indessen nicht. Im vorliegenden Fall kommt es vielmehr **b** maßgebend darauf an, ob die Ag. während des seit August 1988 laufenden Unterhaltsrechtsstreits, insbesondere in dem Termin, in dem die Anträge gestellt wurden, gehalten war, die im August 1990 erfolgte Zuwendung ihrer Mutter zu offenbaren. Wenn eine Partei einen Unterhaltsanspruch geltend macht, hat sie die der Begründung des Anspruchs dienenden tatsächlichen Umstände wahrheitsgemäß anzugeben und darf nichts verschweigen, was etwa ihre Unterhaltsbedürftigkeit in Frage stellen könnte. Das gilt mit Rücksicht auf die nach § 138 I ZPO bestehende prozessuale Wahrheitspflicht erst recht während eines laufenden Rechtsstreits. Ändern sich die maßgeblichen Verhältnisse während des Rechtsstreits, so sind Umstände, die sich auf den geltend gemachten Anspruch auswirken können, auch ungefragt anzuzeigen (*Johannsen/Henrich/Büttner,* EheR, 3. Aufl., § 1580 Rn. 20; *OLG Hamburg,* FamRZ 1987, 1044).

c) Hieraus folgt, daß die Ag. verpflichtet war, die während des laufenden Unterhaltsrechtsstreits erfolgte Zuwendung ihrer Mutter in Höhe von 250 000 DM zu offenbaren. Sie hatte, als sie die Folgesache nachehelicher Unterhalt anhängig machte, den behaupteten Unterhaltsanspruch darauf gestützt, daß sie erwerbsunfähig sei und lediglich eine ihren eheangemessenen Bedarf nicht deckende Erwerbsunfähigkeitsrente beziehe. Dem Vorbringen des Ast., sie lebe mit einem neuen Partner zusammen und habe gemeinsam mit diesem ein Hausgrundstück erworben, so daß sie sich eine Vergütung für die von ihr erbrachten haushälterischen Versorgungsleistungen sowie den Vorteil mietfreien Wohnens anrechnen lassen müsse, war sie nicht entgegengetreten (§ 138 III ZPO). Im Termin zur mündlichen Verhandlung vom 19. 11. 1990 gab die Ag. sodann an, inzwischen auch den Miteigentumsanteil ihres Partners an dem Hausgrundstück erworben zu haben. Über die Zuwendungen ihrer Mutter erklärte sie sich dagegen nicht. Dieser Umstand war indessen grundsätzlich geeignet, ihre Unterhaltsbedürftigkeit anders als bisher dargestellt erscheinen zu lassen. Denn der geschiedene Ehegatte kann Unterhalt nach den §§ 1570 ff. BGB nicht verlangen, solange und soweit er sich aus seinen Einkünften und seinem Vermögen selbst unterhalten kann (§ 1577 I BGB). Den Stamm des Vermögens braucht er dabei nicht zu verwerten, soweit die Verwertung unwirtschaftlich oder unter Berücksichtigung der beiderseitigen wirtschaftlichen Verhältnisse unbillig wäre (§ 1577 III BGB).

(Freiwillige Zuwendungen Dritter)
Im Unterhaltsrecht gilt allerdings auch der allgemeine Grundsatz, daß ohne Rechtsanspruch ge- **c** währte freiwillige Zuwendungen Dritter nur dem Zuwendungsempfänger allein zugute kommen, sich aber auf ein Unterhaltsrechtsverhältnis nicht auswirken sollen, es sei denn, dem Willen des Zuwendenden läßt sich anderes entnehmen. Dabei treten zwei Fallgestaltungen auf: Leistungen eines Dritten an den Unterhaltsberechtigten, die an sich geeignet wären, dessen Unterhaltsbedarf zu decken, führen im Verhältnis zu dem Unterhaltsverpflichteten nur dann zu einer Minderung seiner Bedürftigkeit, wenn der Dritte damit zugleich bezweckt, den Unterhaltsverpflichteten zu entlasten. Geht sein Wille dagegen dahin, nur den Zuwendungsempfänger selbst zu begünstigen, berührt dies dessen Bedürftigkeit im Verhältnis zum Unterhaltsverpflichteten im allgemeinen nicht (*Senat,* NJW 1995, 1486 = FamRZ 1995, 537 [538 f.] m. Nachw. aus der Rspr. des Senats). In Mangelfällen wird indessen auch für den zuletzt genannten Fall eine – jedenfalls teilweise – Anrechnung der Zuwendung auf den Unterhaltsbedarf im Hinblick auf § 1581 BGB aus Billigkeitserwägungen in Betracht gezogen (vgl. *Senat,* NJW 1999, 2365).

(Täuschung durch positives Tun)
Für die Frage der Offenbarungspflicht der Ag. kommt es jedoch nicht darauf an, ob sie der Ansicht **d** war, die Zuwendung beeinflusse wegen der Willensrichtung der Mutter, den Ast. nicht zu entlasten, den Unterhaltsanspruch nicht. Die Ag. wäre ungeachtet dessen verpflichtet gewesen, die Zuwendung wahrheitsgemäß anzugeben. Sie hätte dies mit der Darlegung der Ansicht verbinden können, daß und

2003

aus welchen Gründen die Zuwendung unterhaltsrechtlich nicht zu berücksichtigen sei. Die Entscheidung darüber, ob und gegebenenfalls inwieweit ihre Rechtsauffassung berechtigt ist, insbesondere ob die behauptete, verabredete Verwendung, nämlich die Behebung der wirtschaftlichen Schwierigkeiten ihres Partners, zu einem Verbrauch des Gesamtbetrages der 250 000 DM führte oder ob ein Teilbetrag verblieb, der möglicherweise nach § 1577 III BGB hätte eingesetzt oder der zumindest mit der Folge ertragbringend hätte angelegt werden müssen, daß erzielte Zinseinkünfte als Einkommen anzurechnen wären (vgl. hierzu *Johannsen/Henrich/Büttner*, § 1577 Rn. 15; *Wendl/Haußleiter*, 4. Aufl., § 1 Rn. 368; OLG Köln, FamRZ 1993, 711), hätte sie dem Gericht überlassen müssen (vgl. hierzu *Senat*, NJW 1984, 306 = FamRZ 1984, 32 [33 f.], für den Fall der Mitteilung von Erwerbseinkünften bei behaupteter Unzumutbarkeit der Arbeitsaufnahme; OLG *Zweibrücken*, NJW-RR 1996, 1219 [1220]).

d) Durch das Stellen des zum nachehelichen Unterhalt angekündigten Antrags in dem Termin vom 19. 11. 1990 und das anschließende Verhandeln hierüber ist der bis dahin angefallene Akteninhalt zum Gegenstand der mündlichen Verhandlung gemacht worden (BGH, NJW 1994, 3295 [3296]). Soweit die Ag. in dem Termin keine Angaben über die Zuwendung ihrer Mutter gemacht hat, liegt deshalb eine Täuschung durch positives Tun vor, nämlich durch Entstellen des zur Beurteilung der Unterhaltsbedürftigkeit maßgebenden Gesamtsachverhalts (*Kramer*, in: MünchKomm, 3. Aufl., § 123 Rn. 11; *Soergel/Hefermehl*, BGB, 12. Aufl., § 123 Rn. 5; *Palandt/Heinrichs*, BGB, 58. Aufl., § 123 Rn. 3).

BGH v. 16. 6. 1999 – XII ZA 3/99 – FamRZ 1999, 1422 = NJWE-FER 1999, 269

R535 *(Verwirkung bei tituliertem Unterhalt)*

Das OLG hat rechtlich zutreffend den in den Jahren 1985 und 1986 titulierten Unterhaltsanspruch der 1982 geborenen Bekl., den diese seit Einstellung der Zahlungen des Kl., ihres Vaters, im Januar 1990 bis Anfang 1997 nicht mehr geltend gemacht hat, für die Zeit von Januar 1990 bis Januar 1996 – wegen der näher dargelegten besonderen Umstände des Falles – für verwirkt (§ 242 BGB) gehalten. Wie der *Senat* bereits entschieden hat (BGHZ 84, 280, 282 = FamRZ 1982, 898), kann rückständiger Unterhalt grundsätzlich der Verwirkung unterliegen, wenn sich seine Geltendmachung unter dem Gesichtspunkt illoyal verspäteter Rechtsausübung als unzulässig darstellt (vgl. allg. *Stöckle*, in: *Brühl*, Unterhaltsrecht, 6. Aufl., Rz. 1444, 1452, 1463 ff., 1475). Dieser bislang für nicht titulierte Ansprüche aufgestellte Grundsatz erfährt auch für titulierte Ansprüche – deren Durchsetzung mit Hilfe des Titels eher näher liegen dürfte als bei nicht titulierten Forderungen – keine Einschränkung (vgl. *KG*, FamRZ 1994, 771; OLG *Karlsruhe*, FamRZ 1993, 1456, 1457).

Der Umstand, daß die Verjährung der Unterhaltsansprüche eines minderjährigen Kindes gegenüber seinen Eltern bis zur Volljährigkeit des Kindes gehemmt ist (§ 204 S. 2 BGB), steht der Annahme einer Verwirkung der Ansprüche während der Dauer der Minderjährigkeit dann nicht entgegen, wenn aus besonderen Gründen die Voraussetzungen sowohl des Zeit- als auch des Umstandsmoments für die Bejahung der Verwirkung erfüllt sind (vgl. *Senats*urteil, BGHZ 103, 62, 68 = FamRZ 1988, 370, m. Anm. *Schmitz*, S. 700, m. Hinw. auf OLG *München*, FamRZ 1986, 504, 505, zu § 204 S. 2 BGB).

BGH v. 14. 7. 1999 – XII ZR 230/97 – FamRZ 00, 420 = NJW 00, 593

R536 *(Eltern schulden grundsätzlich nur eine Ausbildung, nur ausnahmsweise eine weitere)*

a Zutreffend ist allerdings der rechtliche Ausgangspunkt des BerGer.: Nach ständiger Rechtsprechung des *BGH* (vgl. BGHZ 69, 190 [192 f.] = NJW 1977, 1774 sowie zuletzt *Senat*, NJW 1998, 1555 = FamRZ 1998, 671) schulden Eltern im Rahmen ihrer wirtschaftlichen Leistungsfähigkeit sowohl ihren minderjährigen als auch den volljährigen Kindern nach § 1610 II BGB eine optimale begabungsbezogene Berufsausbildung, d. h. eine Ausbildung, die der Begabung und den Fähigkeiten, dem Leistungswillen und den beachtenswerten, nicht nur vorübergehenden Neigungen des einzelnen Kindes am besten entspricht. Die Wahl der in diesem Sinn angemessenen Ausbildung haben die Eltern in gemeinsamer verantwortlicher Entscheidung mit dem Kind zu treffen, wobei den individuellen Umständen, vor allem dem bei dem Kind vorhandenen persönlichen Voraussetzungen, maßgebliche Bedeutung zukommt (*BGHZ* 69, 190 [194] = NJW 1977, 1774). Haben Eltern die ihnen hiernach obliegende Pflicht, ihrem Kind eine angemessene Ausbildung zu gewähren, in rechter Weise erfüllt und hat das Kind einen Abschluss einer Ausbildung erlangt, dann sind die Eltern ihrer Unterhaltspflicht aus § 1610 II BGB in ausreichender Weise nachgekommen. Sie sind unter diesen Umständen grundsätzlich nicht verpflichtet, noch eine weitere, zweite Ausbildung zu finanzieren, der sich das Kind nachträglich nach Beendigung der ersten Ausbildung unterziehen will.

Eine andere Entscheidung kann – neben weiteren, hier nicht in Betracht kommenden Gründen – ausnahmsweise dann geboten sein, wenn die erste Ausbildung auf einer deutlichen Fehleinschätzung der Begabung des Kindes beruhte oder wenn die Eltern das Kind gegen seinen Willen in einen unbefriedigenden, seiner Begabung und Neigung nicht hinreichend Rechnung tragenden Beruf gedrängt haben. Einem solchen Fall steht gleich, wenn dem Kind die angemessene Ausbildung versagt worden ist, und es sich aus diesem Grund zunächst für einen Beruf entschieden hat, der seiner Begabung und seinen Neigungen nicht entspricht (*Senat,* NJW-RR 1991, 194 = FamRZ 1991, 322 [323]). In diesen Fällen haben die Eltern ihre Verpflichtung zur Finanzierung einer angemessenen Ausbildung noch nicht in rechter Weise erfüllt (*BGHZ* 69, 190 [194] = NJW 1977, 1774).

Die Annahme des *OLG,* die Voraussetzungen, unter denen eine weitere Ausbildung geschuldet werde, seien vorliegend erfüllt, wird durch die von ihm getroffenen Feststellungen indessen nicht getragen.

Es begegnet allerdings keinen rechtlichen Bedenken, dass das OLG die Frage, ob der Ausbildung des Kl. zum Dekorateur eine Fehleinschätzung seiner Begabung zugrunde lag, nach den Verhältnissen beurteilt hat, die sich nach der Beendigung der Ausbildung ergeben haben. Zwar ist die Frage der beruflichen Eignung eines Kindes regelmäßig aus der Sicht bei Beginn der Ausbildung und den zu dieser Zeit zu Tage getretenen Anlagen zu beantworten. Davon sind aber Ausnahmen bei so genannten Spätentwicklern zu machen, bei denen auf das Ende der Erstausbildung oder erst den Beginn der Zweitausbildung abgestellt werden kann, um eine unangemessene Benachteiligung zu vermeiden (*Senat,* NJW-RR 1991, 194; *Kalthoener/Büttner,* Die Rechtspr. zur Höhe des Unterhalts, 6. Aufl., Rn. 326).

(Gestörte häusliche Verhältnisse)
Nach der Lebenserfahrung wirken sich gestörte häusliche Verhältnisse vielfach nachteilig auf die **b** schulische Entwicklung eines Kindes aus (vgl. *Senat,* FamRZ 1981, 437 [439]). Für derartige Auswirkungen könnte auch die später zu Tage getretene Notwendigkeit einer psychotherapeutischen Behandlung des Kl. sprechen. Diese Umstände vermögen aber ebenfalls nur Zweifel daran zu begründen, ob die Begabung des Kl. richtig eingeschätzt worden ist. Dass er tatsächlich über weitergehende Fähigkeiten verfügte, als sie der erlernte Beruf erforderte, ergibt sich daraus noch nicht. Auch hierzu hätte es weiterer Feststellungen bedurft. Wenn die häuslichen Schwierigkeiten, die eingetreten sein sollen, als der Kl. etwa 15 Jahre alt war, dazu geführt haben, dass seine schulische Entwicklung behindert worden ist, müsste z. B. eine Verschlechterung der Leistungen zu verzeichnen gewesen sein. Zu den früheren schulischen Leistungen des Kl., insbesondere während des Besuchs des Gymnasiums, sind tatrichterliche Feststellungen indessen nicht getroffen worden. Ob den in den letzten Schuljahren aufgetretenen schulischen Schwierigkeiten Zeiten vorausgingen, in denen sich der Schulbesuch des Kl. problemlos gestaltete und er insbesondere gute oder jedenfalls befriedigende Leistungen erbrachte, ist demzufolge offen. Auch aus dem späteren Verlauf der Dinge sind keine Erkenntnisse gewonnen worden, die die erforderlichen Schlussfolgerungen auf das Vorhandensein einer weitergehenden Begabung zuließen. Das ist hinsichtlich des Besuchs des Saarland-Kollegs und des im Abiturzeugnis erreichten Notendurchschnitts bereits dargelegt worden. Das gilt aber gleichermaßen bezüglich des aufgenommenen Studiums bis zu dessen Abbruch. Dass und gegebenenfalls welche Leistungen der Kl. insofern erbracht hat, ist ebenfalls nicht festgestellt worden.

(Verzögerung der Ausbildung, Erziehungsfehler der Eltern)
Falls das BerGer. erneut zu der Annahme gelangen sollte, dass der Kl. bisher keine seinen Fähig- **c** keiten und Neigungen entsprechende Berufsausbildung erlangt hat, weil seine Begabungen falsch eingeschätzt worden sind, begegnet die Zuerkennung von Ausbildungsunterhalt nicht deshalb rechtlichen Bedenken, weil der Kl. nach dem Abschluss der Lehre im Jahr 1985 nicht sogleich den später eingeschlagenen Weg des Erwerbs der Hochschulreife beschritten hat. Die für diese Auffassung von BerGer. im Einzelnen dargelegten Gründe, insbesondere die noch im Jahr 1987 bestehende Notwendigkeit, die psychotherapeutische Behandlung fortzusetzen, rechtfertigen auch nach Auffassung des Senats die Beurteilung, dass sich aus dem zeitlichen Verlauf keine nachteiligen Auswirkungen auf den Anspruch auf Ausbildungsunterhalt ergeben. Auch wenn der Verpflichtung des Unterhaltsschuldners auf Ermöglichung einer Berufsausbildung auf Seiten des Unterhaltsberechtigten die Obliegenheit gegenübersteht, die Ausbildung mit Fleiß und der gebotenen Zielstrebigkeit in angemessener und üblicher Zeit zu absolvieren, muss der Verpflichtete nach Treu und Glauben (§ 242 BGB) Verzögerungen der Ausbildung hinnehmen, die auf ein vorübergehendes leichteres Versagen des Kindes zurückzuführen sind (*Senat,* NJW 1998, 1555). Das muss erst recht gelten, wenn ein zwischen der Beendigung einer Lehre und dem weiteren Schulbesuch verstrichener Zeitraum nicht allein dem Kind anzulasten ist, sondern die Unterbrechung maßgeblich auch auf erzieherischem Fehlverhalten der Eltern und den daraus entstandenen psychischen Folgen für das Kind beruht (vgl. auch *Senat,* NJW-RR 1990, 327 = FamRZ 1990, 149 [150]). In einem solchen Fall, in dem den Unterhaltsverpflichteten eine erkennbare Mitverantwortung an der Ausbildungsverzögerung trifft, ist es ihm nach Treu und Glauben verwehrt, diese dem Unterhaltsbegehren entgegenzuhalten.

(Angemessenheit der Ausbildung bei zunehmendem Alter des Kindes)
Das BerGer. ist mit Rücksicht auf seine Annahme, der Kl. habe bis zum Beginn des Studiums keine **d** angemessene Ausbildung erhalten, ohne weiteres davon ausgegangen, dass ihm während des Studiums

ein Unterhaltsanspruch zustehe. Diese Beurteilung berücksichtigt nicht, dass nur eine Ausbildung geschuldet wird, die der Begabung und den Fähigkeiten, dem Leistungswillen und den beachtenswerten Neigungen des Kindes am besten entspricht (s. o. unter 2 a). Die genannten Kriterien muss nicht nur eine von dem Unterhaltsverpflichteten zu gewährende Erstausbildung eines Kindes erfüllen, sondern erst recht eine etwa geschuldete weitere Ausbildung. Denn je älter ein Kind bei Aufnahme einer Ausbildung ist und je eigenständiger es seine Lebensverhältnisse gestaltet, desto mehr tritt die Elternverantwortung für seinen Berufs- und Lebensweg zurück (*Senat,* NJW 1998, 1555). Die hinsichtlich der Angemessenheit einer weiteren Ausbildung zu stellenden Anforderungen bedürfen deshalb mit zunehmendem Alter des Kindes der besonders sorgfältigen Prüfung. Allein das Bestehen des Abiturs verpflichtet die Eltern ohnehin nicht zwangsläufig dazu, ein Hochschulstudium zu finanzieren (*Kalthoener/Büttner,* Rn. 296; *Schwab/Borth,* 3. Aufl., Kap. V Rn. 82; *Göppinger/Strohal,* 6. Aufl., Rn. 678; *Staudinger/Kappe/Engler,* BGB, 13. Bearb. [1997], § 1610 Rn. 137; *Palandt/Diederichsen,* BGB, 58. Aufl., § 1610 Rn. 43; *Oelkers/Kreudtzfeldt,* FamRZ 1995, 136 [140 f.]; *OLG Koblenz,* NJW 1991, 300; *OVG Bremen,* NJW-RR 1986, 430 [431]). Anderenfalls würde jede im ersten oder zweiten Bildungsweg erlangte formelle Berechtigung zum Studium die Verpflichtung zur Finanzierung dieser Ausbildung nach sich ziehen, ohne dass es – wie es § 1610 II BGB verlangt – auf die Angemessenheit der Ausbildung im Einzelfall ankäme (*Göppinger/Strohal,* Rn. 678; *OVG Bremen,* NJW-RR 1986, 430 [431]). Das BerGer. wird deshalb auch der Frage nachzugehen haben, ob ein Studium im allgemeinen und dasjenige der Erziehungswissenschaften im besonderen eine für den Kl. angemessene Ausbildung darstellt, die seinen intellektuellen Fähigkeiten und seinem Leistungswillen entspricht.

BGH v. 13. 10. 1999 – XII ZR 16/98 – FamRZ 00, 358 = NJW 00, 954

R537 *(Bemessung des angemessenen Unterhalts nach Tabellen)*

b Es entspricht der vom *Senat* gebilligten tatrichterlichen Praxis, sich bei der Bemessung des in diesem Sinne „angemessenen Unterhalts" an den von den OLG entwickelten Tabellenwerken zu orientieren (vgl. *Senat,* NJW 1983, 1733 = FamRZ 1983, 678). Die in diesen Tabellenwerken ausgewiesenen Richtsätze lassen sich als Erfahrungswerte verstehen, die den Lebensbedarf des Kindes – ausgerichtet an den wirtschaftlichen Verhältnissen der Eltern und dem Alter des Kindes – auf der Grundlage durchschnittlicher Lebenshaltungskosten typisieren, um so eine möglichst gleichmäßige Behandlung gleicher Lebenssachverhalte zu erreichen (vgl. *Senat,* NJW 1983, 1429 = FamRZ 1983, 473 [474]; NJW 1984, 1458 = FamRZ 1984, 374 [375]).
2. Die Einkommensgruppen der Tabellen sind nach oben begrenzt. Für ein 800 DM übersteigendes Nettoeinkommen verweist die Düsseldorfer Tabelle (Stand 1. 1. 1996; ebenso Stand 1. 7. 1998) auf die „Umstände des Falles".

(Keine Fortschreibung der Düsseldorfer Tabelle bei Überschreiten der höchsten Einkommensgruppe)

c Die Notwendigkeit einer konkreten Bedarfsermittlung bei hohen Einkommen rechtfertigt sich nicht nur aus der Gefahr einer Zweckentfremdung des ausschließlich zur Bedarfsdeckung des Kindes bestimmten Unterhalts. Sie erklärt sich auch aus der Schwierigkeit, bei erheblich über dem Durchschnitt liegenden Lebensverhältnissen der Eltern einen diesen Verhältnissen angemessenen Lebenszuschnitt der Kinder zu ermitteln und – als Richtsatz – pauschalierend zu verallgemeinern. Die Düsseldorfer Tabelle zieht die Grenze möglicher Verallgemeinerung bei einem Nettoeinkommen von 8000 DM. Eine solche Pauschalierungsgrenze erscheint sachgerecht und erlaubt – unbeschadet einer etwaigen künftigen Anpassung dieses seit dem 1. 7. 1992 unveränderten Grenzbetrags an die Geldwert- und Kostenentwicklung – eine schematische Fortschreibung der als Erfahrungswerte verstandenen Richtsätze im Einzelfall nicht.
Jenseits der in der Düsseldorfer Tabelle zum Ausdruck kommenden allgemeinen richterlichen Erfahrungswerte bewendet es vielmehr grundsätzlich dabei, dass der Unterhaltsberechtigte seinen Bedarf darlegen und beweisen muss. Die Anforderungen an diese Darlegungslast dürfen allerdings nicht dazu führen, dass der Kindesunterhalt auch bei einem 8000 DM übersteigenden Elterneinkommen faktisch auf den für die höchste Einkommensgruppe der Düsseldorfer Tabelle geltenden Richtsatz festgeschrieben wird. Auch bei höherem Elterneinkommen muss sichergestellt bleiben, dass Kinder in einer ihrem Alter entsprechenden Weise an einer Lebensführung teilhaben, die der besonders günstigen wirtschaftlichen Situation ihrer Eltern entspricht, an die sie sich vielfach im Zusammenleben mit ihren Eltern gewöhnt haben werden und die ihnen auch nach einer Trennung der Eltern grundsätzlich erhalten bleiben soll. Wie dieser Lebensstil im Einzelnen beschaffen ist, welche Bedürfnisse des Kindes auf seiner Grundlage zu befriedigen sind und welche Wünsche des Kindes als bloße Teilhabe am Luxus nicht erfüllt werden müssen (vgl. dazu etwa *Senat,* NJW 1983, 1429 = FamRZ 1983, 473 [474]; NJW-RR 1986, 1261 = FamRZ 1987, 58 [60]), kann nicht allgemein gesagt, sondern nur im Einzelfall unter Würdigung der besonderen Verhältnisse der Betroffenen festgestellt werden. Diese Gesamtumstände und Bedürfnisse müssen deshalb vom Unterhaltsberechtigten näher dargelegt werden. Dabei dürfen an die Darlegungslast

Anhang R. Rechtsprechung   R539

keine übertriebenen Anforderungen gestellt werden. Insbesondere wird dem Unterhaltsberechtigten im Regelfall nicht angesonnen werden können, seine gesamten – auch elementaren – Aufwendungen in allen Einzelheiten spezifiziert darzulegen. Er wird sich vielmehr regelmäßig darauf beschränken dürfen, besondere oder besonders kostenintensive Bedürfnisse zu belegen und darzutun, welche Mittel zu deren Deckung notwendig sind. Im Übrigen ist das Gericht, das einen derartigen erhöhten Bedarf zu beurteilen hat, nicht gehindert, den zur Deckung erforderlichen Betrag unter Heranziehung des Mehrbetrags zu berechnen, der sich aus der Gegenüberstellung solcher besonderer Bedürfnisse mit bereits von den Richtwerten der Düsseldorfer Tabelle erfassten Grundbedürfnissen ergibt, und unter Zuhilfenahme allgemeinen Erfahrungswissens nach Maßgabe des § 287 ZPO zu bestimmen.

BGH v. 27. 10. 1999 – XII ZR 239/97 – FamRZ 00, 751 = NJW 00, 740

(Entreicherung) R539

Eine bereicherungsrechtliche Haftung der Bekl. hat das OLG allerdings aus zutreffenden Gründen **a** verneint, da sich die Bekl. gem. § 818 III BGB zu Recht auf den Wegfall der Bereicherung berufen kann. Diese Vorschrift dient dem Schutz des gutgläubig Bereicherten, der das rechtsgrundlos Empfangene im Vertrauen auf das Fortbestehen des Rechtsgrunds verbraucht hat und daher nicht über den Betrag der bestehengebliebenen Bereicherung hinaus zur Herausgabe oder zum Wertersatz verpflichtet werden soll. Bei der Überzahlung von Unterhalt kommt es daher darauf an, ob der Empfänger die Beträge restlos für seinen Lebensbedarf verbraucht oder sich noch in seinem Vermögen vorhandene Werte – auch in Form anderweitiger Ersparnisse, Anschaffungen oder Tilgung eigener Schulden – verschafft hat (*BGHZ* 118, 383 [386] = NJW 1992, 2415 = FamRZ 1992, 1152 m. w. Nachw.). Für den Bereicherten, der den Wegfall der Bereicherung zu beweisen hat, hat die Rechtsprechung hierbei allerdings Beweiserleichterungen geschaffen, wenn aus der Überzahlung in der fraglichen Zeit keine besonderen Rücklagen oder Vermögensvorteile gebildet wurden. Insbesondere bei unteren und mittleren Einkommen spricht dann nach der Lebenserfahrung eine Vermutung dafür, dass das Erhaltene für eine Verbesserung des Lebensstandards ausgegeben wurde, ohne dass der Bereicherte einen besonderen Verwendungsnachweis erbringen müsste (*BGHZ* 118, 383 [388] = NJW 1992, 2415). Das *OLG* ist auf der Grundlage der Feststellungen in seinem früheren Trennungsunterhaltsurteil vom 7. 4. 1993 zu dem Schluss gekommen, dass der Bekl. in der fraglichen Zeit von März 1991 bis März 1993 ein fiktives monatliches Einkommen von rund 2281 DM zuzurechnen gewesen sei, dem allerdings kein tatsächlicher Geldzufluss in gleicher Höhe entsprochen habe. Die tatsächlich für die Ausgaben des täglichen Lebens zur Verfügung stehenden Mittel hätten ein mittleres Einkommen nicht überstiegen, so dass die Vermutung für einen vollständigen Verbrauch für den Lebensunterhalt spreche.

Das ist aus Rechtsgründen nicht zu beanstanden. In dem genannten Trennungsunterhaltsurteil waren der Bekl. ein Wohnwert ihres jetzigen Hauses in Höhe von monatlich 623 DM sowie fiktive Kapitalzinsen von (statt 727 DM richtig) monatlich rund 792 DM und 315 DM zugerechnet worden, die sie aus dem Verkaufserlös des ihr gehörenden Wohnhauses und ihres Anteils an der Gaststätte hätte erzielen können, ferner tatsächliche Einnahmen aus der Vermietung des Dachgeschosses in Höhe von 550 DM monatlich.

Soweit der Kl. in der mündlichen Verhandlung vor dem *Senat* eingewandt hat, dass das *OLG* die Einkünfte der Bekl. nicht hinreichend aufgeklärt habe, stehen dem die Ausführungen des OLG entgegen. Auch die Rüge des Kl., diese Feststellungen seien mangels ordnungsgemäßer Einführung in den Prozess nicht verwertbar, greift nicht durch, da das Urteil als Anlage K 3 zur Klageschrift vom Kl. selbst in den Prozess eingeführt worden und Gegenstand der Erörterung gewesen ist.

Die Bekl. hat im Übrigen substantiiert vorgetragen, die empfangenen Beträge für den laufenden Lebensunterhalt für sich und die Kinder sowie für Urlaube, insbesondere nach dem Unfalltod eines der Kinder, ausgegeben zu haben. Auch der Annahme des Kl., die Bekl. hätte – wenn ihr die Unterhaltszahlungen in der fraglichen Zeit nicht zugeflossen wären – auf den Stamm ihres Vermögens zurückgegriffen, hätte also insofern Ersparnisse gemacht, kann nicht gefolgt werden. Immerhin hatte die Bekl. den Großteil ihres Vermögensstammes, nämlich den Erlös aus dem Verkauf ihres früheren Hauses, in einem neuen Eigenheim angelegt, welches ihr und ihren Kindern als neue Familienwohnstatt dienen sollte. Es ist daher nach der Lebenserfahrung davon auszugehen, dass sie sich eher in ihrer Lebenshaltung eingeschränkt und Aufwendungen für Urlaube etc. vermieden hätte, als ihr Haus zu verkaufen und die Grundlage ihrer Einkünfte aufzuzehren. Schließlich lässt auch der Umstand, dass die Bekl. in Form des neuen Hauses und eines etwa tatsächlich noch vorhandenen Restkapitals Vermögen hat, noch keinen ausreichenden Rückschluss darauf zu, dass sie sich dieses Vermögen mit Hilfe der in der fraglichen Zeit empfangenen Unterhaltsleistungen verschafft hat.

(Verschärfte Haftung)

2 b) Die Voraussetzungen einer verschärften Haftung der Bekl. nach §§ 818 IV, 819, 820 I BGB hat **b** das OLG aus zutreffenden Gründen verneint. Weder das Anwaltsschreiben vom 6. 9. 1990 noch die

vom Kl. erhobene negative Feststellungsklage vermochten die Rechtsfolgen der §§ 818 IV, 819 BGB herbeizuführen (vgl. *Senat,* FamRZ 1984, 767; *BGHZ* 93, 183 = NJW 1985, 1072 = FamRZ 1985, 368; *BGH,* NJW 1986, 2057 = FamRZ 1986, 793; *BGHZ* 118, 383 [390 f.] = NJW 1992, 2415). Insbesondere kommt auch eine analoge Anwendung des § 820 I BGB auf gerichtlich angeordnete, gesetzliche Unterhaltszahlungen, wie der Kl. in seiner Revisionserwiderung meint, nicht in Betracht. Denn der *Senat* hat zwischenzeitlich entschieden, dass § 820 BGB auch auf Unterhaltsvereinbarungen, die den gesetzlichen Unterhaltsanspruch lediglich modifizieren, weder direkt noch entsprechend anwendbar ist (*Senat,* NJW 1998, 2433 = FamRZ 1998, 951). Dann kommt eine analoge Anwendung auf Unterhaltstitel über den gesetzlichen Unterhalt wie hier die einstweilige Anordnung erst recht nicht in Frage.

(Schadensersatzanspruch nach § 717 II ZPO)

c a) Soweit der Kl. meint, in erster Linie sei der Schadensersatzanspruch direkt aus § 717 II 1 ZPO begründet, kann dem nicht gefolgt werden. Der Schadensersatzanspruch nach § 717 II 1 ZPO setzt voraus, dass aus dem später abgeänderten vorläufig vollstreckbaren Urteil vollstreckt wurde oder der Schuldner zur Abwendung der drohenden Vollstreckung geleistet hat. Die bloße Erwirkung des Urteils reicht hierzu noch nicht aus, vielmehr muss der Gläubiger hiervon auch Gebrauch machen (vgl. *BGH,* NJW 1996, 397). Hieran fehlt es. Der Kl. hat nicht dargetan, dass sich die Bekl. eine vollstreckbare Ausfertigung des Urteils des *FamG* über den Trennungsunterhalt habe erteilen und ihm zustellen lassen, und dass er zur Abwendung einer Zwangsvollstreckung aus diesem Titel gezahlt habe. Die Bekl. hat vielmehr in der mündlichen Verhandlung vor dem *OLG* unwidersprochen vorgetragen, dass sie auch nach Erlass des Trennungsunterhaltsurteils die Zwangsvollstreckung weiterhin aus der einstweiligen Anordnung betrieben habe, weil ihr dies eine Vollstreckung ermöglicht habe, die der Kl. nicht durch Sicherheitsleistung gem. § 711 ZPO habe abwenden können.

(Bestandskraft einstweiliger Anordnungen)

d Dieser weiteren Vollstreckung aus der einstweiligen Anordnung stand das vorläufig vollstreckbare Urteil des FamG über den Trennungsunterhalt nicht entgegen. Nach § 620 f I 1 ZPO tritt die einstweilige Anordnung bei Wirksamwerden einer anderweitigen Regelung sowie unter anderem dann außer Kraft, wenn der Scheidungsantrag rechtskräftig abgewiesen ist. Was unter „Wirksamwerden" bei Urteilen zu verstehen ist, die zur Zahlung von Unterhalt verpflichten, erläutert das Gesetz nicht. Teilweise wird vertreten, dass vorläufig vollstreckbare Urteile schlechthin wirksam sind (so *OLG Hamm* [6. *FamilienSenat*], FamRZ 1984, 718; *OLG Hamm* [11. *FamilienSenat*], FamRZ 1999, 29 [30]), teilweise, dass das nur dann der Fall sei, wenn sie uneingeschränkt, d. h. ohne Sicherheitsleistung vorläufig vollstreckbar sind und die Vollstreckung auch nicht nach § 711 ZPO abgewendet werden darf (vgl. *OLG Hamm* [2. *FamilienSenat*], FamRZ 1980, 708; *OLG Frankfurt a. M.,* FamRZ 1982, 410; *OLG Hamburg,* FamRZ 1984, 719, und FamRZ 1996, 745; differenz. *OLG Karlsruhe,* FamRZ 1982, 1221; *OLG Düsseldorf,* FamRZ 1996, 745 [746]; *Baumbach/Lauterbach/Albers/Hartmann,* ZPO, 58. Aufl., § 620 f Rn. 4; *Johannsen/Henrich/Sedemund-Treiber,* EheR, 3. Aufl., § 620 f ZPO Rn. 7; *Schwab/Maurer,* 3. Aufl., I Rn. 1011 jew. m. w. Nachw. zum Meinungsstand), teilweise, dass Unterhaltsurteile erst mit Eintritt der Rechtskraft wirksam sind (so insb. *Klauser,* in: MünchKomm-ZPO, § 620 f Rn. 17; *Stein/Jonas/Schlosser,* ZPO, 21. Aufl., § 620 f Rn. 2 a; *Rolland/Roth,* in: FamK, ZPO, § 620 f Rdnrn. 22–24; *Zöller/Philippi,* ZPO, 21. Aufl., § 620 f Rn. 22).

Der *Senat* hat die Frage für Leistungsurteile bisher offen gelassen und nur für Feststellungs- und klagabweisende Urteile entschieden, dass sie erst mit Eintritt der Rechtskraft wirksam werden und eine einstweilige Anordnung außer Kraft setzen können (*Senat,* NJW 1991, 705 = FamRZ 1991, 180). Im Interesse der einheitlichen Handhabung und der Rechtssicherheit muss der Eintritt der Rechtskraft aber auch für Leistungsurteile gefordert werden. Der vom Gesetzgeber verfolgte Zweck des § 620 f ZPO, dass einstweilige Anordnungen auch nach Rechtskraft der Scheidung fortgelten sollen, um einen regellosen Zustand für den schutzbedürftigen Unterhaltsgläubiger zu vermeiden, würde unterlaufen, wenn bereits das Bestehen eines nur vorläufigen Titels die einstweilige Anordnung außer Kraft setzen würde, und zwar gleichgültig, ob er eingeschränkt oder uneingeschränkt vorläufig vollstreckbar ist. Denn zum einen kann die vorläufige Vollstreckbarkeit eines Urteils in der Rechtsmittelinstanz bereits nach §§ 707, 719 oder 718 ZPO beseitigt werden. Zum anderen geht dem Unterhaltsgläubiger das Urteil als Vollstreckungsgrundlage verloren, wenn das Rechtsmittelgericht es aufhebt und die Sache an die Vorinstanz zurückverweist. In beiden Fällen wäre die einstweilige Anordnung als Vollstreckungstitel außer Kraft getreten und könnte von dem Unterhaltsgläubiger auch nicht mehr erwirkt werden, wenn das Scheidungsverfahren bereits rechtskräftig abgeschlossen ist. Als vorläufiger Rechtsschutz bliebe dem Unterhaltsgläubiger nur die lediglich auf Notunterhalt gerichtete einstweilige Verfügung. Auch müsste er Rangnachteile befürchten, wenn ein Drittgläubiger zwischenzeitlich in das Vermögen des Unterhaltsschuldners vollstreckt. Schließlich spricht auch die Parallelregelung des § 641 e ZPO, die in Kindschaftssachen ein Außerkrafttreten einstweiliger Anordnungen nur bei anderweitigen Regelungen

Anhang R. Rechtsprechung **R539**

zulässt, die „nicht nur vorläufig vollstreckbar" sind, dafür, dass auch im Rahmen von § 620 f ZPO das Unterhaltsurteil rechtskräftig sein muss. Dass der Gesetzgeber in § 620 f ZPO den Begriff der Wirksamkeit verwendet hat, beruht lediglich darauf, dass einstweilige Anordnungen nach § 620 ZPO nicht nur der Zivilprozessordnung, sondern auch der freiwilligen Gerichtsbarkeit unterliegende Gegenstände erfassen, bei denen bereits die Bekanntgabe an den Betroffenen zur Wirksamkeit führt (*Senat,* NJW 1991, 705).

(Kein Schadensersatzanspruch analog §§ 641 g, 717 II, 945 I ZPO bei einstweiligen Anordnungen; Möglichkeiten gegen Entreicherungseinwand)
b) Entgegen der Ansicht des OLG kann dem Kl. auch kein Schadensersatzanspruch analog §§ 641 g, **e** 717 II, 945 ZPO zuerkannt werden. Die Frage einer entsprechenden Anwendung dieser Vorschriften in Fällen, in denen aufgrund einer einstweiligen Anordnung nach materiellem Recht zuviel Unterhalt geleistet wurde, ist umstritten. Mit dem OLG, das aus diesem Grund die Revision zugelassen hat, vertreten, soweit ersichtlich, auch *Olzen* (FamRZ 1986, 1169), *Ditzen* (FamRZ 1988, 349) und *Philippi* (in: *Zöller,* § 620 f Rn. 25) die Ansicht, dass die §§ 620 ff. ZPO eine Regelungslücke enthalten, die im Analogiewege zu schließen sei (einschränkend *Kohler,* ZZP 1986, 34 [36, 44, 49] und in FamRZ 1988, 1005 [1006], sowie *M. Schwab,* FamRZ 1994, 1567 [1570], die einer bereicherungsrechtlichen Haftung unter großzügigerer Anwendung der haftungsverschärfenden Regeln der §§ 818 IV, 819, 820 BGB den Vorzug geben).
Der BGH hatte bereits in einer Entscheidung aus dem Jahr 1957 zu dem früheren, inzwischen außer Kraft getretenen § 627 b ZPO, der Vorläuferregelung der §§ 620 ff. ZPO, ausgesprochen, dass die Zivilprozessordnung dem Unterhaltsverpflichteten gegenüber dem Unterhaltsberechtigten, der aus einer einstweiligen Anordnung sachlich ungerechtfertigt vollstreckt hat, mangels einer den §§ 717 II, 945 ZPO entsprechenden Regelung keinen Schadensersatzanspruch gibt. Er bleibt vielmehr auf bürgerlich-rechtliche, insbesondere bereicherungsrechtliche Ansprüche gegen den Berechtigten beschränkt (*BGHZ* 24, 269 [273] = NJW 1957, 1362). Daher wurde ihm entsprechend § 767 ZPO die Möglichkeit einer Zwangsvollstreckungsgegenklage eingeräumt, da auch zweifelhaft war, ob der Unterhaltsverpflichtete im nachfolgenden Unterhaltsprozess die einstweilige Einstellung der Zwangsvollstreckung aus der einstweiligen Anordnung entsprechend §§ 707, 769 ZPO erreichen konnte. Denn eine dem § 620 e ZPO entsprechende Regelung über die Aussetzung der Vollziehung kannte § 627 b a. F. ZPO nicht.
Zur neuen Rechtslage hat der *Senat* im Zusammenhang mit den bereicherungsrechtlichen Fragen entschieden, dass die §§ 620 ff. ZPO eine geschlossene Sonderregelung für den einstweiligen Rechtsschutz in Ehesachen enthalten. Aus dem Umstand, dass der Gesetzgeber bei der späteren Einführung der §§ 620 ff. ZPO keine den bestehenden § 641 g ZPO in Kindschaftssachen oder dem § 945 ZPO entsprechende Regelung über einen Schadensersatzanspruch geschaffen hat, hat er geschlossen, dass der Gesetzgeber das Risiko des Ehegatten, der eine einstweilige Anordnung erwirkt und aus ihr vollstreckt, bewusst kleinhalten und den einstweiligen Rechtsschutz erleichtern wollte. Auch sollte der Unterhaltsempfänger nicht in jedem Falle gezwungen sein, unter dem Druck etwaiger Rückforderungsansprüche den gezahlten Unterhalt für eine Rückzahlung bereitzuhalten, statt ihn bestimmungsgemäß zu verbrauchen. Diese Absicht des Gesetzgebers würde unterlaufen, und zwar sowohl dann, wenn ein Schadensersatzanspruch in analoger Anwendung der §§ 717 II, 945 ZPO bejaht würde, als auch dann, wenn man eine verschärfte Bereicherungshaftung nach § 818 IV BGB schon aufgrund einer rückwirkenden negativen Feststellungsklage gegen die einstweilige Anordnung eintreten ließe (so insb. *Senat,* FamRZ 1984, 767 [769], und BGHZ 93, 183 [189] = NJW 1985, 1072; vgl. auch *Senat,* NJW 1986, 2057 für den Fall der Abänderungsklage gegen ein Unterhaltsurteil; *BGH* NJW 1992, 2415; *BGH,* NJW 1998, 2433, und *Senat,* NJW-RR 1989, 709 = FamRZ 1989, 850).
Die Frage einer ungleichen Risikoverteilung zu Lasten des im Nachhinein gesehen zu Unrecht in Anspruch genommenen Unterhaltsschuldners hat der *Senat* verneint. Er hat den Schutz des Unterhaltsschuldners ausreichend dadurch gewährleistet gesehen, dass dieser mit Erhebung der negativen Feststellungsklage den Antrag auf einstweilige Einstellung der Zwangsvollstreckung aus der einstweiligen Anordnung verbinden könne (vgl. *Senat,* NJW 1983, 1330 = FamRZ 1983, 355 [357]), ferner dadurch, dass er alsbald nach der Unterhaltsleistung und ohne Rücksicht auf die vorherige Aufhebung des Titels eine isolierte Klage auf künftige Rückzahlung erheben oder die negative Feststellungsklage bzw. Abänderungsklage mit dieser Rückforderungsklage verbinden könne (§§ 258, 260 ZPO). Möglich ist in diesen Fällen auch die Gewährung der Überzahlung als zins- und tilgungsfreies Darlehen, verbunden mit der Verpflichtung, auf Rückzahlung zu verzichten, falls es beim zugesprochenen Unterhalt bleibt. Der Unterhaltsberechtigte ist nach Treu und Glauben verpflichtet, sich auf eine solche Gestaltung einzulassen (*BGHZ* 93, 383 [189] = NJW 1985, 1072 8, und *BGHZ* 118, 183 [390] = NJW 1992, 2415, sowie *BGH,* NJW 1998, 2433).
Diese Auffassung hat in Rechtsprechung und Literatur überwiegend Zustimmung gefunden (*OLG Oldenburg,* NdsRpfl. 1984, 119 [120]; *OLG Nürnberg,* JurBüro 1984, 1097 [1098]; *Baumbach/Lauterbach/Albers/Hartmann,* § 620 f Rn. 7; *Musielak/Borth,* ZPO, § 620 b Rn. 12; *Musielak/Lackmann,* § 717

Rn. 7; *Klauser,* in: MünchKomm-ZPO, § 620 Rn. 54; *Krüger,* in: MünchKomm-ZPO, § 717 Rn. 12; *Stein/Jonas/Münzberg,* § 717 Rn. 70; *Stein/Jonas/Schlosser,* § 620 f Rn. 17; *Thomas/Putzo,* ZPO, 22. Aufl., § 620 f Rn. 2; *Zöller/Herget,* § 717 Rn. 5; *Heiß/Heiß,* I 8.3 Rn. 8; *Hassold,* FamRZ 1981, 1036 [1037]).

Eine Abkehr hiervon hält der *Senat* nicht für gerechtfertigt. Eine systemwidrige, vom Gesetzgeber unbewusst herbeigeführte Lücke im Gesetz kann nicht angenommen werden. Zwar ist richtig, dass die Gesetzesmaterialien des ersten EheRG zu den §§ 620 ff. ZPO sich zu dieser Problematik nicht äußern (BT-Dr 7/650, S. 199 f. und BT-Dr 7/4361). Es ist jedoch davon auszugehen, dass dem Gesetzgeber des ersten EheRG die Fragestellung seit der Entscheidung in *BGHZ* 24, 269 (273) = NJW 1957, 1362, zum früheren § 627 b ZPO bekannt war, ebenso die im Jahre 1969 eingeführte Schadensersatzpflicht bei einstweiligen Anordnungen im Kindschaftsrecht (§ 641 g ZPO). Gleichwohl ist eine entsprechende Regelung in den §§ 620 ff. ZPO unterblieben. Das Hauptgewicht wurde vielmehr auf die Absicherung des unterhaltsberechtigten Ehegatten und die Vermeidung eines regellosen Zustands sowohl während als auch nach dem Ehescheidungsverfahren gelegt. In Abweichung vom früheren § 627 I ZPO, nach dem Unterhalt nur für die Zeit bis zur Rechtskraft der Scheidung durch einstweilige Anordnung zugesprochen werden konnte, und vom früheren § 627 b I und IV ZPO, der zwar eine Unterhaltsregelung für die Zeit nach Rechtskraft der Scheidung erlaubte, jedoch auf eine vom Gericht zu bestimmende Frist beschränkte, innerhalb deren der Unterhaltsberechtigte im Falle eines Antrags des Unterhaltsverpflichteten Klage zu erheben hatte, wurde die Geltungsdauer der einstweiligen Anordnung in § 620 f ZPO ausgedehnt und vom Wirksamwerden einer anderweitigen Regelung abhängig gemacht. Im Übrigen sollte sie bei Rücknahme oder Zurückweisung des Scheidungsantrags außer Kraft treten (§ 620 f I 1 ZPO), wobei der Gesetzgeber ausdrücklich auf die entsprechende Regelung des § 641 f ZPO verwiesen hat, ohne zugleich die in § 641 g ZPO für diese Fälle vorgesehene Schadensersatzregelung zu übernehmen (BT-Dr 7/650, S. 202).

Auch das Gleichbehandlungsgebot (vgl. dazu *Ditzen,* FamRZ 1988, 349 [350]) zwingt nicht zu einer Analogie zu § 641 g ZPO. Denn die Situation eines Kindes, das den vermeintlichen Vater während des Vaterschaftsfeststellungsverfahrens gem. § 641 d ZPO im Wege einstweiliger Anordnung auf Unterhalt in Anspruch nimmt, ist mit derjenigen eines Ehegatten während des Scheidungsverfahrens nicht ohne weiteres vergleichbar. Stellt sich heraus, dass der in Anspruch Genommene nicht der Vater ist, ist der Unterhaltsanspruch schon dem Grunde nach nicht gegeben. Demgegenüber beruht der Trennungs- und nacheheliche Unterhalt auf der persönlichen Beziehung der Ehegatten und ihrer beiderseitigen nachwirkenden ehelichen Solidarität, ohne dass dem ein solches „Alles oder Nichts-Prinzip" zugrunde liegt. Während für das Verhältnis zwischen Kind und vermeintlichem Vater eine verschuldensunabhängige Schadensersatzhaftung gerechtfertigt erscheint, ist das Verhältnis der Ehegatten von gegenseitiger Verantwortung geprägt, die sich auch auf die Frage der Risikoverteilung bei der Unterhaltszahlung auswirkt. Wegen dieser Fürsorgepflicht, die in besonderem Maße in der Phase der Trennung und Scheidung besteht, in der sich der sozial schwächere Ehegatte erst in seinen neuen Lebensumständen zurechtfinden muss, ist eine Analogie zu der stringenten Regelung des § 641 g ZPO nicht gerechtfertigt. Entgegen der Auffassung von *Ditzen* (FamRZ 1988, 349 [350]) und *Olzen* (FamRZ 1986, 1169 [1175]), die das „Mehr an Zugriffsmöglichkeiten" des Unterhaltsgläubigers in Gestalt des summarischen Verfahrens der einstweiligen Anordnung durch ein „Mehr an Schadensersatzhaftung" gegenüber dem Unterhaltsschuldner ausgleichen wollen, ist ein gerechter Interessenausgleich zwischen den Ehegatten durch das bereits genannte Instrumentarium der Bereicherungshaftung und der Rückforderungsmöglichkeiten (s. oben) in ausreichendem Maße verwirklicht. Zudem findet ein solches – ohnehin in Zweifel zu ziehendes – „Mehr an Zugriffsmöglichkeit" jedenfalls ein ausreichendes Regulativ in der Ausgestaltung des Verfahrens. Zwar soll die einstweilige Anordnung im Scheidungsverfahren dem durch die Trennung bedürftig gewordenen Ehegatten eine rasche und unkomplizierte Sicherstellung seines Lebensunterhalts gewährleisten. Im Unterschied zur einstweiligen Verfügung nach §§ 935, 940 ZPO, über die auf Widerspruch hin durch Endurteil zu entscheiden ist (§§ 925, 936 ZPO), ist die einstweilige Anordnung im Rechtsmittelwege nicht überprüfbar (§ 620 e S. 2 ZPO). Sie ist aber auf Antrag des Schuldners jederzeit abänderbar (§ 620 b I ZPO). Auch ist über sie auf Antrag aufgrund mündlicher Verhandlung erneut zu beschließen, wenn sie ohne diese ergangen ist (§ 620 b II ZPO). Ihre Vollziehung kann gem. § 620 e ZPO ausgesetzt werden. Diese jederzeitige Abänderbarkeit unterscheidet sie auch von den Fällen vorläufig vollstreckbarer Urteile, denen eine entsprechende Korrekturmöglichkeit fehlt.

Zu Recht wird zudem darauf hingewiesen, dass eine analoge Anwendung des § 717 II ZPO, der die verschuldensunabhängige Schadensersatzpflicht immerhin an die Aufhebung einer im Rechtsmittelzug überprüften Entscheidung knüpft, bei der einstweiligen Anordnung nach § 620 ZPO, die keinem Rechtsmittel unterliegt, fehl am Platze wäre. Denn dies würde dazu führen, daß die (abgeänderte) einstweilige Anordnung für sich allein bereits einen Schadensgrund darstellen würde (*OLG Oldenburg,* NdsRpfl. 1984, 119 [120]). Der Unterhaltsgläubiger müsste, unabhängig davon, ob er den zugesprochenen Unterhalt in berechtigtem Vertrauen auf den zugrunde liegenden Vollstreckungstitel verbraucht hat, in jedem Fall ohne Rücksicht auf Verschulden in voller Höhe Schadensersatz leisten. Zusammenfassend ergibt sich hiernach im vorliegenden Fall weder ein Bereicherungs- noch ein Schadensersatzanspruch des Kl., so dass die Klage insgesamt abzuweisen war.

BGH v. 12. 4. 2000 – XII ZR 79/98 – FamRZ 00, 815 = NJW 00, 2351

(Unfreiwilliger Arbeitsplatzverlust; unterhaltsbezogene Mutwilligkeit) R541

Nicht zu beanstanden ist der rechtliche Ausgangspunkt des *OLG*, der die Rechtsprechung des *Senats* zutreffend wiedergibt: Danach kann ein unfreiwilliger, jedoch selbstverschuldeter Arbeitsplatzverlust unterhaltsrechtlich nicht den Fällen freiwilliger Aufgabe einer Erwerbstätigkeit gleichgestellt werden. Die Berufung des Unterhaltspflichtigen auf seine Leistungsunfähigkeit verstößt vielmehr nur dann gegen Treu und Glauben, wenn das für den Verlust des Arbeitsplatzes ursächliche Verhalten des Unterhaltspflichtigen sich seinerseits als eine Verletzung seiner Unterhaltspflicht darstellt (*Senat,* NJW 1982, 2491 = FamRZ 1982, 913 [914]). Für den erforderlichen unterhaltsrechtlichen Bezug insbesondere einer Straftat reicht es deshalb nicht aus, dass sie für den Arbeitsplatzverlust kausal geworden ist. Auch genügt nicht, dass sich der Arbeitsplatzverlust auf den Lebensstandard nicht nur des Täters, sondern auch seiner unterhaltsberechtigten Angehörigen auswirkt; denn derartige Folgen treffen die Angehörigen auch in intakten Familien und werden in der Regel als durch die Wechselfälle des Lebens bedingt hingenommen. Es bedarf vielmehr einer auf den Einzelfall bezogenen Wertung dahin, ob die der Tat zu Grunde liegenden Vorstellungen und Antriebe des Täters sich gerade auch auf die Verminderung seiner unterhaltsrechtlichen Leistungsfähigkeit als Folge seines strafbaren Verhaltens erstreckt haben (*Senat,* NJW 1982, 2491 = FamRZ 1982, 913 [914]; NJW 1993, 1974 = FamRZ 1993, 1055 [1056f.]; NJW 1994, 258 = FamRZ 1994, 240 [241]).

a) Zunächst werden, worauf die Revision mit Recht hinweist, die rechtlichen Erwägungen des *OLG* von seinen tatsächlichen Feststellungen nicht getragen. So folgert das BerGer. das besondere Gewicht der vom Bekl. begangenen Straftat allein aus dem Umstand, dass die gegen den Bekl. verhängte Strafe auf drei Jahre zur Bewährung ausgesetzt wurde. Die dreijährige Dauer der Bewährungsfrist lässt jedoch keinen verlässlichen Rückschluss auf die Schwere der Tat und das für sie gefundene Strafmaß zu. Der Tathergang sowie Art und Wert der vom Bekl. gestohlenen Sachen sind dem Berufungsurteil nicht zu entnehmen. Das BerGer. hat, wie die Revision zu Recht rügt, weder die Strafakten beigezogen noch hat es sich mit dem Einwand des Bekl. auseinandergesetzt, sein damaliger Arbeitgeber habe die Entlassung von 450 Arbeitnehmern geplant und vor diesem Hintergrund das Vergehen „hochgespielt". Es hat, worauf die Revision ebenfalls zutreffend hinweist, auch nicht festgestellt, ob die vom Arbeitgeber auf Grund der Straftat ausgesprochene Kündigung die Erfordernisse der §§ 21, 15 SchwerbG beobachtet hat und, würde man den Beurteilungsmaßstäben des *OLG* folgen, auch insoweit für den Bekl. als Folge seines Fehlverhaltens vorhersehbar war.

b) Vor allem begegnet die angefochtene Entscheidung durchgreifenden rechtlichen Bedenken, weil die bloße Vorhersehbarkeit des Arbeitsplatzverlustes, auf die das *OLG* maßgeblich abstellt, für sich genommen kein geeignetes Kriterium bietet, um den unterhaltsrechtlichen Bezug einer vom Unterhaltsschuldner begangenen Straftat zu begründen. Die nachteiligen Folgen, die eine Straftat für den beruflichen Werdegang des Straftäters mit sich bringen kann, werden nämlich bei vernünftiger Betrachtung stets auf der Hand liegen; sie dürften sich zudem auch nicht ohne weiteres auf besonders schwer wiegende Straftaten beschränken lassen. Die Gefahren, die eine Straftat für die künftige Stellung des Täters im Arbeitsleben mit sich bringt, hängen zudem von sehr unterschiedlichen Faktoren ab. So verweist etwa das BerGer. auf die erschwerte Vermittelbarkeit des schwer behinderten Bekl. auf einem örtlich ohnehin besonders angespannten Arbeitsmarkt. Beide Aspekte mögen sich bei vernünftiger Betrachtung aufdrängen; ihre Vorhersehbarkeit begründet jedoch keine im Vergleich zu anderen Unterhaltsschuldnern gesteigerte unterhaltsrechtliche Verantwortlichkeit des Bekl. bei unfreiwilligem Verlust seines Arbeitsplatzes. Anderenfalls ließen sich auch eine besonders geschickte Tatausführung, welche die Wahrscheinlichkeit einer Entdeckung und damit eines Arbeitsplatzverlusts des Unterhaltsschuldners vorhersehbar vermindert, die schwere Ersetzbarkeit des Unterhaltsschuldners als Arbeitskraft oder auch die bisherige Nachsicht seines Arbeitgebers, die das Risiko seiner Kündigung als Folge der Straftat verringern, unterhaltsrechtlich zu Gunsten des Unterhaltsschuldners in Ansatz bringen, wenn diese Erwartungen fehlschlagen. Das kann nicht richtig sein und verdeutlicht, dass die bloße Vorhersehbarkeit der aus der Straftat erwachsenden Folgen, auch wenn sie evident sind, als Anknüpfungspunkt für den unterhaltsrechtlichen Bezug der Straftat nicht ausreicht.

Dem Unterhaltsschuldner ist die Berufung auf die eigene Leistungsunfähigkeit vielmehr nur dann versagt, wenn er seine Leistungsunfähigkeit durch unterhaltsbezogene Mutwilligkeit herbeigeführt hat, die nicht nur vorsätzliches oder absichtliches, sondern auch leichtfertiges Handeln umfasst. Dies hat der *Senat* für den von § 1579 Nr. 3 BGB erfassten Fall einer vom Unterhaltsgläubiger selbst verursachten Bedürftigkeit wiederholt entschieden (vgl. NJW 1981, 2805 = FamRZ 1981, 1042 [1044 f.]; FamRZ 1984, 364 [367 f.]). Für den gesetzlich nicht besonders geregelten Fall der vom Unterhaltsschuldner selbst verursachten Leistungsunfähigkeit können – schon im Hinblick auf den nur von § 242 BGB eingeschränkten Grundsatz des § 1603 I BGB – keine geringeren Anforderungen gelten. Bei Leichtfertigkeit, die gewöhnlich bewusste Fahrlässigkeit sein wird, ergibt sich damit das Erfordernis, dass der Unterhaltsschuldner die Möglichkeit des Eintritts der Leistungsunfähigkeit als Folge seines Verhaltens erkennt und im Bewusstsein dieser Möglichkeit, wenn auch im Vertrauen auf den Nichteintritt jener Folge handelt, wobei er sich unter grober Missachtung dessen, was jedem einleuchten muss, oder in Verantwortungslosigkeit und Rücksichtslosigkeit gegen den Unterhaltsgläubiger über die erkannte Möglichkeit nachteiliger Folgen für seine Leistungsfähigkeit hinweggesetzt (vgl. *Senat*, a. a. O.).

BGH v. 31. 5. 2000 – XII ZR 119/98 – FamRZ 00, 1358 = NJW 00, 1385

R543 *(Nachrang der Sozialhilfe bei Ausschluss des Anspruchsübergangs nach § 91 II 1 BSHG)*

a Wie der *Senat* zwischenzeitlich entschieden hat, gilt der Grundsatz, dass Sozialhilfe gegenüber dem Unterhalt nachrangig ist (§ 2 II 1 BSHG), auch dann, wenn der nach § 91 I 1 BSHG vorgesehene Übergang des Unterhaltsanspruchs auf den Sozialhilfeträger ausnahmsweise gem. § 91 II 1 BSHG ausgeschlossen ist (*Senat*, NJW 1999, 2365 = FamRZ 1999, 843 [845 ff.] m. w. Nachw.). Da die Zielsetzung des Sozialhilferechts eine andere als die des Unterhaltsrechts ist und der bürgerlich-rechtliche Unterhaltsanspruch durch das Bundessozialhilfegesetz nicht berührt wird, haben die Leistungen nach diesem Gesetz keinen Einfluss auf Inhalt und Umfang des Unterhaltsanspruchs und der Unterhaltsverpflichtung. Die Gewährung von Sozialhilfe ist demgemäß nicht als unterhaltsrechtlich bedarfsdeckende Leistung zu behandeln dergestalt, dass damit die Bedürftigkeit des Unterhaltsgläubigers und zugleich sein Unterhaltsanspruch entfiele. Auch der in § 91 II 1 BSHG verankerte Schuldnerschutz ändert an diesem Grundsatz nichts, weil er sich seiner Zielsetzung nach nur gegen den Sozialhilfeträger wendet. Er soll lediglich gewährleisten, dass der Unterhaltspflichtige im Verhältnis zum Sozialhilfeträger den gleichen Schutz hinsichtlich seines Einkommens und Vermögens genießt, den er hätte, wenn er selbst Hilfeempfänger wäre (*Senat*, NJW 1999, 2365 = FamRZ 1999, 843 [846] m. w. Nachw.). Daher sind im Sozialhilferecht – anders als im Unterhaltsrecht – auch keine fiktiven Einkünfte zu berücksichtigen. Demgegenüber schützt das Unterhaltsrecht den Verpflichteten nur nach Maßgabe der bürgerlich-rechtlich definierten Leistungsfähigkeit im Rahmen der §§ 1581, 1603 BGB, wobei leichtfertig herbeigeführte Leistungsunfähigkeit unbeachtlich sein kann (*Senat*, NJW 1999, 2365 = FamRZ 1999, 843). Der *Senat* hat lediglich erwogen, dass einem nach Gewährung von Sozialhilfe, aber ohne Rechtsübergang auf den Sozialhilfeträger erhobenen Unterhaltsbegehren der Grundsatz von Treu und Glauben entgegenstehen könne, wenn andernfalls in Mangelfällen die Gefahr besteht, dass der Unterhaltsschuldner mit derartig hohen Unterhaltsforderungen aus der Vergangenheit belastet wird, dass es voraussichtlich auf Dauer unmöglich ist, diese Schulden neben seinen laufenden Verpflichtungen zu tilgen (vgl. *Senat*, NJW-RR 1993, 322 = FamRZ 1993, 417 [419]). Eine solche Korrektur nach § 242 BGB kommt allerdings nicht generell, sondern nur in Einzelfällen und nur bezogen auf Unterhaltsrückstände aus der Vergangenheit in Betracht, weil andernfalls die gesetzlich gewollte Subsidiarität der Sozialhilfe außer Kraft gesetzt würde (*Senat*, NJW 1999, 2365 = FamRZ 1999, 843 [847]). Hier kommt eine Anwendung des § 242 BGB schon angesichts des Umstands, dass keine Unterhaltsrückstände für die Zeit vor Rechtshängigkeit zuerkannt worden sind und sich der Ast. auf die Unterhaltsforderungen im Laufe des Verbundverfahrens rechtzeitig einrichten konnte, sowie angesichts der geringen Höhe des Unterhalts nicht in Betracht (vgl. *Senat*, NJW 2000, 812 = FamRZ 2000, 221 [223]).

(Bedarf des Kindes bei fiktivem Einkommen des barunterhaltspflichtigen Elternteils)

b c) Hilfsweise beruft sich die Revision für ihre Auffassung, ein über den Mindestbedarf hinausgehender Unterhalt könne nicht aus einem fiktiv zugerechneten Einkommen hergeleitet werden, auf die Rechtsprechung des Senats, wonach lediglich gedachte wirtschaftliche Verhältnisse, die keine Grundlage in der tatsächlichen Einkommenssituation des Unterhaltspflichtigen haben, dessen Lebensstellung – und damit auch die des von ihm abhängigen Unterhaltsgläubigers – nicht prägen können (*Senat*, NJW 1997, 735 = FamRZ 1997, 281 [283] für Kindesunterhalt; NJW 1992, 2477 = FamRZ 1992, 1045 [1047] für Ehegattenunterhalt). Diese Aussage bezieht sich indessen auf Fälle, in denen dem Unterhaltspflichtigen diese Einkünfte tatsächlich nie oder jedenfalls nicht so nachhaltig zur Verfügung gestanden hatten, dass auch die Lebensstellung des unterhaltsberechtigten Kindes davon geprägt werden konnte (§ 1610 I BGB), also etwa auf Fälle, in denen die Einkünfte erst aus der Verwertung von Vermögen und anschließendem Verzehr des erzielten Kapitals fließen (*Senat*, NJW 1997, 735 = FamRZ 1997, 281 [283]). Im Unterschied dazu hatte im vorliegenden Fall der Ast. das Gehalt als Busfahrer tatsächlich jahrelang bezogen und davon den Lebensunterhalt seiner Familie bestritten. Wenn das *OLG* den Unterhaltsbedarf der Kinder an diesem zuletzt erzielten Einkommen ausrichtet und davon ausgeht, dass er ein entsprechendes Gehalt bei gehörigem Bemühen wieder erzielen könne, ist dies revisionsrechtlich nicht zu beanstanden. Denn die Leistungsfähigkeit eines Unterhaltspflichtigen wird nicht nur durch die tatsächlich vorhandenen, sondern auch durch solche Mittel bestimmt, die er

Anhang R. Rechtsprechung   R546

bei gutem Willen durch eine zumutbare Erwerbstätigkeit, unter Umständen auch im Wege eines Orts- oder Berufswechsels erreichen könnte. Dabei obliegt ihm auf Grund seiner erweiterten Unterhaltspflicht gegenüber minderjährigen Kindern nach § 1603 II BGB eine gesteigerte Ausnutzung seiner Arbeitskraft, die es ihm ermöglicht, nicht nur den Mindestbedarf, sondern auch den angemessenen Unterhalt der Kinder sicherzustellen (st. Rspr.; vgl. *Senat*, NJW 1985, 732 = FamRZ 1985, 158 [159]; NJW-RR 1993, 1283 = FamRZ 1993, 1304 [1306]; NJW 1994, 1002 = FamRZ 1994, 372 [373]; NJW-FER 1998, 64 = FamRZ 1998, 357 [359]; NJW 1999, 2365 = FamRZ 1999, 843 [844], jeweils m. Nachw.). Dazu gehört nicht nur die Stellensuche über das Arbeitsamt, sondern auch, dass er sich aus eigenem Antrieb laufend über Zeitungsannoncen, Vermittlungsagenturen und ähnliches um Arbeit bemüht (*Senat*, NJW 1994, 1002 = FamRZ 1994, 372 [374]). Notfalls muss er auch andere Tätigkeiten bis hin zu Aushilfs- und Gelegenheitsarbeiten übernehmen. Um seiner Darlegungs- und Beweislast für hinreichende Bemühungen zu genügen, muss der Unterhaltspflichtige auch in nachprüfbarer Weise vortragen, welche Schritte er im Einzelnen unternommen hat, um eine Arbeitsstelle zu finden (*Senat*, NJW 1996, 517 = FamRZ 1996, 345 [346]).

BGH v. 19. 7. 2000 – XII ZR 161/98 – FamRZ 00, 1492 = NJW 00, 3140

(Angemessener Unterhalt des Kindes, Überprüfung mit Hilfe von Bedarfskontrollbeträgen)   R546

4 a) Die Unterhaltsbedarfssätze der Düsseldorfer Tabelle sind auf allgemeiner Erfahrung beruhende c Richtsätze, die dem Rechtsanwender die Ausfüllung des unbestimmten Rechtsbegriffs des „angemessenen Unterhalts" erleichtern sollen. Der Höhe nach sind sie auf den Durchschnittsfall zugeschnitten, dass der Unterhaltspflichtige einem Ehegatten und zwei Kindern Unterhalt zu gewähren hat. Da die Werte nur Hilfsmittel für die Unterhaltsbemessung sind, ist das mit ihrer Hilfe gewonnene Ergebnis nach den jeweiligen Umständen des Einzelfalls stets auf seine Angemessenheit und Ausgewogenheit hin zu überprüfen, und zwar gleichgültig, ob es sich um einen so genannten Mangelfall handelt (vgl. z. B. *Senat*, NJW 1992, 1621 = FamRZ 1992, 539 [541], und zuletzt NJW 1997, 1919) oder nicht (vgl. *Senat*, NJW 1987, 1551 = FamRZ 1987, 456 [459]). Hierzu hält die Düsseldorfer Tabelle die Institute der Herauf- oder Herabstufung und des Bedarfskontrollbetrags bereit (*Wendl/Scholz*, 5. Aufl., § 2 Rdnrn. 124, 208). Liegt eine über- oder unterdurchschnittliche Unterhaltsbelastung mit mehr oder weniger Unterhaltsberechtigten vor, soll durch eine Höher- oder Niedrigergruppierung in den Gehaltsstufen oder durch Bildung von individuell geschätzten Zu- oder Abschlägen eine den Besonderheiten des Falls angemessene Unterhaltsbemessung erreicht werden (*Wendl/Scholz*, § 2 Rdnrn. 231 ff., 234). Als weiteres, mehr schematisiertes Hilfsmittel wird die – allerdings nicht von allen Oberlandesgerichten übernommene – Ausrichtung an einem so genannten Bedarfskontrollbetrag vorgeschlagen, der ebenfalls zu einer Herauf- oder Herabstufung führen kann. Dieser – ab Gehaltsgruppe 2 nicht mit dem Eigenbedarf identische – Betrag soll nach den Vorstellungen der Düsseldorfer Tabelle eine ausgewogene Verteilung des Einkommens zwischen dem Unterhaltspflichtigen und den unterhaltsberechtigten Kindern gewährleisten. Wird er unter Berücksichtigung auch des Ehegattenunterhalts unterschritten, soll der Tabellenbetrag der nächst niedrigeren Gruppe, deren Bedarfskontrollbetrag nicht unterschritten wird, oder ein Zwischenbetrag angesetzt werden (Düsseldorfer Tabelle Anm. A 6 in FamRZ-Buch, Bd. 1, Daten und Tabellen zum FamilienR, 3. Aufl., S. 44; zur Handhabung vgl. *Wendl/Scholz*, § 2 Rdnrn. 239 ff.).

Die Einstufung in eine höhere oder niedrigere Gehaltsgruppe der Tabelle je nach der Zahl der Unterhaltsberechtigten und der damit verbundenen Unterhaltslast hat der *Senat* stets gebilligt, weil sie im tatrichterlichen Ermessen liegt (vgl. z. B. *Senat*, NJW 1992, 1621 = FamRZ 1992, 539 [540]). Entsprechendes gilt, wenn der Tatrichter die Einstufung mit Hilfe eines Bedarfskontrollbetrags vornimmt, weil es sich auch insoweit um eine der denkbaren Kontrollen handelt, die dem Tatrichter bei der Überprüfung einer Unterhaltsbemessung auf ihre Angemessenheit und Ausgewogenheit nach den Umständen des Einzelfalls stets obliegt. Denkbar wäre auch, die Angemessenheitskontrolle im Rahmen einer Ergebnisprüfung erst in einer letzten Stufe und ohne die von der Tabelle vorgegebenen festen Kontrollbeträge vorzunehmen. Welche der Methoden der Tatrichter wählt, bleibt seinem Ermessen überlassen. Soweit das *OLG* hier unter Berücksichtigung der Unterhaltspflicht gegenüber drei Kindern, einer Ehefrau und der Ast. eine Herabstufung auf den untersten Tabellenwert vorgenommen hat, ist dies revisionsrechtlich nicht zu beanstanden.

(Zählkindvorteil ist kein Einkommen)

5. Das OLG hat das vom Ag. für sein drittes Kind bezogene Kindergeld in Höhe des auf ihn d entfallenden so genannten Zählkindvorteils von 190 DM (300 DM Kindergeld für das dritte Kind abzgl. 110 DM Kindergeldanteil der Mutter, von dem der *R* als erstes Kind zusteht) seinem Einkommen hinzugerechnet und daraus einen entsprechend erhöhten Unterhaltsbedarf der Ast. errechnet. Es hält es für unbillig, dass sich die Ast. die Unterhaltslast für das noch während der Trennungszeit geborene außereheliche Kind des Ag. als die ehelichen Lebensverhältnisse prägend bei der Berechnung ihres Unterhalts bedarfsmin-

2013

dernd entgegenhalten lassen müsse, aber von der zugleich gegebenen Erleichterung der Unterhaltslast ausgeschlossen sei, während der Ag. die Kindesunterhaltslast durch seinen Kindergeldanteil ganz oder teilweise wieder ausgleichen könne. Das ließe sich auch mit dem Zweck des Kindergelds, die Unterhaltslast des Elternteils zu erleichtern, nicht rechtfertigen (vgl. auch *Graba,* FamRZ 1992, 541 [544]). Das *OLG* hat dementsprechend für die Zeit vom 10. 10. bis 31. 12. 1997 einen Unterhaltsbedarf von (3945 DM − 200 DM Kredit − 700 DM Kindesunterhalt für die gemeinsamen Kinder − 349 DM Unterhalt für das dritte Kind + 190 DM Zählkindvorteil = 2886 × $^3/_7$ =) 1237 DM ermittelt, und für die Zeit ab 1. 1. 1998 nach Wegfall der Kreditverpflichtung einen solchen von 1323 DM.

Dagegen wendet sich die Revision zu Recht. Die Berechnungsmethode des *OLG* läuft darauf hinaus, Kindergeld bzw. Teile hiervon zum unterhaltsrelevanten Einkommen des Unterhaltspflichtigen zu zählen und daraus den eheangemessenen Bedarf des Berechtigten zu ermitteln. Der *Senat* hat sich mit dieser Problematik in seiner Entscheidung vom 16. 4. 1997 (NJW 1997, 1919) bereits ausführlich befasst. Sie betraf einen ähnlich gelagerten Fall, in dem der Unterhaltspflichtige für ein während der Trennungszeit geborenes außereheliches Kind, dessen Unterhaltsanspruch sich die geschiedene Ehefrau entgegenhalten lassen musste, erhöhtes Kindergeld bezog. Der *Senat* hat entschieden, dass Kindergeld nicht wie sonstiges Einkommen zur Bedarfsberechnung nach § 1578 BGB herangezogen werden kann, da seine öffentlich-rechtliche Zweckbestimmung als eine entlastende Leistung nicht dadurch in ihr Gegenteil verkehrt werden darf, dass sie – im Wege der Zurechnung zum Einkommen des Unterhaltspflichtigen – zu einer Erhöhung des Unterhaltsbedarfs führt. Auch soweit einem Ehegatten bei einem weiteren nicht gemeinsamen Kind wegen der Berücksichtigung gemeinsamer Kinder ein so genannter Zählkindvorteil erwächst, ist dieser nicht als unterhaltsrelevantes Einkommen in die Bedarfsberechnung einzubeziehen, sondern kommt dem betreffenden Elternteil allein zugute. Darin liegt keine ungerechtfertigte Doppelbegünstigung dieses Ehegatten. Wie der *Senat* bereits in früheren Entscheidungen ausgeführt hat, entspricht es dem Regelungszweck des erhöhten Kindergelds, die Mehrbelastung aufzufangen, die dem unterhaltspflichtigen Elternteil dadurch erwächst, dass er nicht nur die gemeinsamen, sondern noch ein oder mehrere weitere Kinder zu unterhalten hat (st. Rspr., vgl. *Senat,* NJW 1981, 170 = FamRZ 1981, 26; *BGH,* FamRZ 1981, 650; NJW 1984, 2694 = FamRZ 1984, 1000). Nach der Berechnungsweise des *OLG* müsste sich im Übrigen folgerichtig bei einer Zurechnung des Zählkindvorteils zum unterhaltsrelevanten Einkommen des Unterhaltspflichtigen nicht nur der Unterhaltsbedarf des Ehegatten nach § 1578 BGB, sondern auch der der Kinder erhöhen. Eine Beschränkung nur auf den Unterhaltsbedarf des Ehegatten wäre nicht zu begründen. Das aber liefe der oben angesprochenen generellen Zwecksetzung des Kindergeldes zuwider. Angesichts der Bandbreite an Variationsmöglichkeiten, in denen sich für den einen oder anderen Ehegatten unter Umständen ein Zählkindvorteil ergeben kann, hat der *Senat* auch aus Gründen der Praktikabilität am Grundsatz des Nichteinbezugs dieses Kindergeldes festgehalten (*Senat,* NJW 1997, 1919). Dass dem unterhaltspflichtigen Elternteil im Ergebnis mehr verbleibt, liegt in der gesetzgeberischen Entscheidung begründet, Kindergeld für mehrere Kinder, gleichgültig, ob sie aus einer oder aus verschiedenen Verbindungen stammen, nicht in gleichbleibender, sondern in gestaffelter Höhe zu zahlen. Mit der durch Art. 1 Nr. 11 KindUG vom 6. 4. 1998 (BGBl I, 666) eingeführten Neuregelung des § 1612b IV BGB für den Kindergeldausgleich zwischen den Eltern hat der Gesetzgeber im Übrigen unter Übernahme der vom *Senat* entwickelten Grundsätze bestimmt, dass Kindergeld, welches unter Berücksichtigung eines nicht gemeinsamen Kindes erhöht ist, im Umfang der Erhöhung nicht anzurechnen ist. Wenn es in der Begründung (BT-Dr 13/7338, S. 30) heißt, der Zählkindvorteil wirke sich unterhaltsrechtlich generell nur noch insofern aus, als er das Einkommen des betreffenden Elternteils erhöhe, so erlaubt das noch keinen Rückschluss darauf, dass der Zählkindvorteil nach dem Willen des Gesetzgebers bedarfserhöhend in die Ermittlung des Unterhalts einfließen und damit letztlich doch zu einem Ausgleich zwischen den Ehegatten führen solle. Der *Senat* sieht daher auch insoweit keinen Anlass, von seiner Rechtsprechung abzuweichen.

BGH v. 27. 9. 2000 – XII ZR 174/98 – FamRZ 01, 619 = NJW-RR 01, 1081

R548 *(Kein Ausschluss des Anspruchsübergangs, wenn Unterhaltsanspruch auf fiktivem Einkommen beruht)*

Zwar ist der Übergang eines Anspruchs des Hilfeempfängers auf den Träger der Sozialhilfe nach § 91 II 2 BSHG ausgeschlossen, soweit der Anspruch auf der Zurechnung fiktiver Einkünfte auf Seiten des Unterhaltspflichtigen beruht (s. oben unter 3.). Das Unterhaltsvorschussgesetz enthält indessen – im Gegensatz zum BSHG – keine derartige Einschränkung hinsichtlich des Anspruchsübergangs. Eine analoge Anwendung des § 91 II 1 BSHG im Rahmen des Forderungsübergangs nach § 7 I 1 UVG kommt nach Ansicht des *Senats* nicht in Betracht, da nicht davon ausgegangen werden kann, dass das Unterhaltsvorschussgesetz eine im Wege der Analogie zu schließende Regelungslücke enthält. Nachdem der Gesetzgeber im Rahmen der Reform des Kindesunterhaltsrechts durch das Kindesunterhaltsgesetz andere Regelungen des BSHG, unter anderem die Rückabtretungsmöglichkeit (§ 91 IV BSHG), und die Zulässigkeit der Geltendmachung künftigen Unterhalts (§ 91 III 2 BSHG), ausdrücklich in das Unterhaltsvorschussgesetz übernommen hat, ist die Annahme, bezüglich der nicht übernommenen Rege-

Anhang R. Rechtsprechung   R549

lung des § 91 II 1 BSHG liege eine versehentliche Gesetzeslücke vor, nicht gerechtfertigt. Da die betreffende Problemlage schon längere Zeit vor dem In-Kraft-Treten des Kindesunterhaltsgesetzes bekannt war, der Gesetzgeber aber gleichwohl davon abgesehen hat, § 7 UVG auch hinsichtlich der Anwendbarkeit der sozialhilferechtlichen Schutzbestimmungen der Regelung des § 91 II 1 BSHG anzupassen, ist davon auszugehen, dass die unterbliebene Regelung der gesetzgeberischen Intention entspricht.

Der Annahme, dass eventuell bestehende Unterhaltsansprüche somit auf das Land übergegangen sind, kann nicht entgegengehalten werden, dass eine Unterhaltspflicht dann nicht besteht, wenn der Unterhaltspflichtige durch die Unterhaltsleistung in erhöhtem Maße sozialhilfebedürftig würde (vgl. *Senat,* NJW 1991, 356 = FamRZ 1990, 849 [850]). In der vorgenannten Entscheidung hat der *Senat* zu der Leistungsfähigkeit eines Unterhaltspflichtigen ausgeführt, jede Unterhaltspflicht finde dort ihre Grenze, wo dem Betroffenen nicht die Mittel für den eigenen notwendigen Lebensbedarf verblieben. Diese sind aber in Fällen der vorliegenden Art allein auf Grund des Anspruchsübergangs auf den Träger der öffentlichen Leistung nicht in Frage gestellt, ebenso wenig wie in dem Fall, in dem der Unterhaltsberechtigte selbst Unterhaltsansprüche auf fiktiver Grundlage geltend macht.

BGB v. 18. 10. 2000 – XII ZR 191/98 – FamRZ 01, 1065 = NJW-RR 01, 361

(Sicherstellung des (notwendigen) Eigenbedarfs des „Hausmanns" durch den vom zweiten Ehegatten gewährten R549
Familienunterhalts)

2 a) Nach der durch die Entscheidung BGHZ 75, 272 ff. = NJW 1980, 340 = FamRZ 1980, 43   a
begründeten und vom *Senat* fortgesetzten Rechtsprechung, die nach der Entscheidung des *BVerfG* in *BVerfGE* 68, 256 ff. = NJW 1985, 1211 = FamRZ 1985, 143 verfassungsrechtlich unbedenklich ist, trifft den wieder verheirateten Ehegatten ungeachtet seiner Pflichten aus der neuen Ehe die Obliegenheit, durch Aufnahme zumindest eines Nebenerwerbs zum Unterhalt von minderjährigen, unverheirateten Kindern aus früheren Ehen beizutragen. Der neue Ehepartner hat die Erfüllung dieser Obliegenheit nach dem Rechtsgedanken des § 1356 II BGB zu ermöglichen, zumal bei der Aufgabenverteilung in der neuen Ehe die beiderseits bekannte Unterhaltslast gegenüber Kindern aus früheren Ehen berücksichtigt werden muss (vgl. *Senat,* NJW 1986, 1869 = FamRZ 1986, 668; NJW 1996, 1815 = FamRZ 1996, 796 ff.). Die Leistungsfähigkeit des wieder verheirateten Elternteils wird insoweit – neben vorhandenen Einkünften – durch seine Erwerbsfähigkeit bestimmt (vgl. *Senat,* NJW 1985, 732 = FamRZ 1985, 158 [159]). Dabei richtet sich der Umfang der Erwerbsobliegenheit maßgeblich nach den bestehenden Unterhaltspflichten ohne Berücksichtigung des eigenen Unterhaltsbedarfs, da (und soweit) der Eigenbedarf des haushaltführenden Ehegatten durch den Unterhalt gesichert ist, den ihm sein Ehegatte nach Maßgabe der §§ 1360, 1360 a BGB schuldet (vgl. auch *Wendl/Scholz,* § 2 Rn. 175). Wenn der wieder verheiratete Elternteil auch in der neuen Ehe die ihn hier treffende Verpflichtung, durch Arbeit zum Familienunterhalt beizutragen, grundsätzlich durch die Führung des Haushalts erfüllt (vgl. § 1360 S. 2 BGB), ist er doch gehalten, die häusliche Tätigkeit auf ein Maß zu beschränken, welches es ihm erlaubt, eine Nebentätigkeit aufzunehmen, um seiner Barunterhaltspflicht gegenüber den minderjährigen Kindern aus der früheren Ehe nachkommen zu können (vgl. *Senat,* NJW 1996, 1815 = FamRZ 1985, 796 [797]).

(Erwerbsobliegenheit bei kinderloser Ehe des „Hausmanns")
Sind aus der neuen Ehe, wie im vorliegenden Fall, keine betreuungsbedürftigen Kinder hervor- b
gegangen, so kann sich der unterhaltspflichtige Elternteil gegenüber den minderjährigen Kindern aus der früheren Ehe regelmäßig nicht auf eine Einschränkung seiner Leistungsfähigkeit durch die Haushaltsführung berufen (vgl. BGHZ 75, 272 [274] = NJW 1980, 340 = FamRZ 1980, 43 m. w. Nachw.; *Kalthoener/Büttner/Niepmann,* Rn. 658; *Wendl/Scholz,* § 2 Rn. 180). Das hat zur Folge, dass er sich ggf. fiktive Einkünfte zurechnen lassen muss, aus denen die Unterhaltspflicht gegenüber dem unterhaltsberechtigten, minderjährigen Kind zu erfüllen ist. Allerdings können fiktive Einkünfte grundsätzlich nur insoweit zugerechnet werden, als der Unterhaltspflichtige sie bei einem Verhalten, das seinen unterhaltsrechtlichen Obliegenheiten entspricht, tatsächlich erzielen könnte (vgl. *Senat,* NJW 1986, 1869 = FamRZ 1996, 668). Der Unterhaltspflichtige muss also nach seinem Gesundheitszustand und unter Berücksichtigung der Lage auf dem Arbeitsmarkt im Stande sein, einer (Teil-)Erwerbstätigkeit nachzugehen und auch eine entsprechende Stellung zu finden (vgl. hierzu *Senat,* NJW 1986, 1869 = FamRZ 1996, 668 [669] unter 3).

(Umfang der (Neben-)Erwerbsobliegenheit des Hausmanns: Besser- oder Schlechterstellung durch Wiederverheiratung)
Die Senatsentscheidung vom 31. 3. 1982 (NJW 1982, 1590 = FamRZ 1982, 590 ff.) betraf einen c
Fall, in dem zu den minderjährigen Kindern aus der früheren Ehe des Bekl. ein weiteres minderjähriges Kind aus seiner zweiten Ehe hinzugekommen war, für das der Bekl. als „Hausmann" die Betreuung übernommen hatte. Bei der Bestimmung des Umfangs der Nebenerwerbsobliegenheit, die den Bekl.

2015

unter diesen Umständen im Hinblick auf seine Unterhaltspflichten gegenüber allen minderjährigen Kindern traf, hat sich der *Senat* ausdrücklich auf die Gleichrangigkeit der Kindesunterhaltsansprüche gestützt und die getroffene Entscheidung mit dem Grundgedanken der §§ 1603 I, 1609 BGB begründet (vgl. auch *Senat,* NJW 1987, 1549 = FamRZ 1987, 472). (Nur) In diesem Sinn hat der *Senat* dabei die obere Grenze der Nebenerwerbsobliegenheit des Unterhaltspflichtigen so bestimmt, dass die Kinder aus der früheren Ehe nicht schlechter gestellt werden dürften, als sie bei fortbestehender Erwerbstätigkeit des Verpflichteten stehen würden. In dem Urteil vom 13. 3. 1996 (NJW 1996, 1815 = FamRZ 1985, 796 [798] unter 3) hat der *Senat* den entsprechenden Gedanken dahin formuliert, dass sich der Unterhaltspflichtige durch die Übernahme der Rolle des Hausmanns nicht schlechter stellen dürfte, als wenn er erwerbstätig geblieben wäre. Das bedeutet zugleich, dass sich die minderjährigen, unterhaltsberechtigten Kinder aus der früheren Ehe unter den genannten Voraussetzungen nicht besser stehen dürften als bei einer Fortführung der Erwerbstätigkeit des Unterhaltspflichtigen. Die beiden unterschiedlichen Sichtweisen zeigen den Grundgedanken der getroffenen Regelung auf: Wie sich aus § 1609 BGB ergibt, ist der wiederverheiratete unterhaltspflichtige Elternteil bei Hinzutritt weiterer minderjähriger Kinder aus der neuen Ehe allen Kindern – gleichrangig – zum Unterhalt verpflichtet, und die Kinder aus der früheren Ehe sind ungeachtet der Rolle, die der Verpflichtete in seiner neuen Ehe übernimmt, nicht vor einer sich aus dem Hinzutritt weiterer Unterhaltsberechtigter ergebenden Schmälerung ihres Barunterhalts geschützt (vgl. auch *Senat,* NJW 1987, 1549 = FamRZ 1987, 472 [474] m. w. Nachw.).

Diese ausschließlich aus § 1609 BGB abgeleitete Argumentation lässt sich nicht übertragen und lässt auch keine Rückschlüsse zu auf Fälle, in denen sich, wie hier, keine Gleichrangfragen stellen, weil keine minderjährigen Kinder aus der neuen Ehe des Unterhaltspflichtigen hervorgegangen sind. Soweit das BerGer. – im Vergleich mit der dargelegten Rechtsprechung des erkennenden *Senats* – für den hier zu entscheidenden Fall eine Rechtfertigung dafür vermisst, dass die minderjährigen erstehelichen Kinder durch die neue Eheschließung ihres unterhaltspflichtigen Elternteils „besser gestellt" würden, als wenn dieser keine neue Ehe eingegangen wäre, überträgt es ohne rechtfertigenden Grund die zu § 1609 BGB aufgestellten Grundsätze auf eine hiermit nicht vergleichbare Fallgestaltung.

Den erwähnten Senatsentscheidungen zu § 1609 BGB ist allerdings zu entnehmen, dass die Tatsache der Wiederverheiratung des unterhaltspflichtigen Elternteils unterhaltsrechtlich zu beachten ist. Ebenso wie die Wiederheirat dazu führen kann, dass sich das ersteheliche Kind eine Schmälerung seines Unterhaltsanspruchs als Folge des Hinzutritts weiterer minderjähriger Kinder aus der neuen Ehe des Unterhaltspflichtigen entgegenhalten lassen muss, kann sich die Wiederverheiratung auch, wie im vorliegenden Fall, zum Vorteil des erstehelichen Kindes auswirken. Da das Gesetz in § 1603 BGB auf die tatsächlichen Verhältnisse des Unterhaltsverpflichteten abstellt und seine Unterhaltspflicht danach bemisst, ob (und inwieweit) er imstande ist, den begehrten Unterhalt ohne Gefährdung seines eigenen angemessenen Unterhalts zu gewähren, ist hier die Sicherstellung des eigenen Unterhalts der Bekl. in der neuen Ehe als Folge ihrer Wiederheirat unterhaltsrechtlich zu berücksichtigen. Es besteht daher kein Anlass und auch kein rechtfertigender Grund, eine fortdauernde Erwerbstätigkeit der Bekl. zu unterstellen.

BGH v. 29. 11. 2000 – XII ZR 165/98 – FamRZ 01, 285 = NJW 01, 828

R550 *(Haftungsgrenze des § 1586 b I 3 BGB und Anspruch auf Pflichtteilsergänzung)*

b 3. Die Revision hat hingegen Erfolg, soweit sie sich dagegen wendet, dass das BerGer. bei der Berechnung der Haftungsgrenze des § 1586 b I 3 BGB Pflichtteilsergänzungsansprüche nicht berücksichtigt hat.

a) Obwohl § 1586 I 3 BGB nur den „Pflichtteil" erwähnt, steht der Wortlaut dieser Vorschrift der entsprechenden Anwendung der §§ 2325 ff. BGB nicht entgegen. Zwar ist der Pflichtteilsergänzungsanspruch ein selbstständiger Anspruch, der neben dem Pflichtteilsanspruch und unabhängig von diesem besteht; es handelt sich nicht etwa um einen Rechnungsposten eines einheitlichen Anspruchs (vgl. *BGHZ* 103, 333 [337] = NJW 1988, 1667; *BGHZ* 132, 240 [244] = NJW 1996, 1743). Beide Ansprüche sind einander jedoch weitgehend wesensgleich, und bereits der Umstand, dass beide im 5. Abschnitt des 5. Buches des BGB unter der Überschrift „Pflichtteil" geregelt sind, rechtfertigt es, den Pflichtteilsergänzunganspruch als einen außerordentlichen Pflichtteilsanspruch zu bezeichnen (vgl. *Palandt/Edenhofer,* § 2325 Rn. 2), denn mit dem Pflichtteilsergänzungsanspruch wird der Pflichtteil als solcher verlangt, wenn auch in anderer Höhe und Ausdehnung (vgl. BGH, NJW 1972, 760 [761]; NJW 1974, 1327).

Zudem richtet sich die Verjährung sowohl des Pflichtteilsanspruchs als auch des Pflichtteilsergänzungsanspruchs nach § 2332 I 1 BGB (vgl. *BGHZ* 103, 333 [335] = NJW 1988, 1667), obwohl der Wortlaut dieser Vorschrift – ebenso wie § 1586 b I 3 BGB – nur den „Pflichtteil" erwähnt. Die Formulierung der zuletzt genannten Vorschrift steht daher (entgegen *AG Bottrop,* FamRZ 1989, 1009 f.

und *Frenz,* MittRhNotK 1995, 227 [228]) einer weiten, den Pflichtteilsergänzungsanspruch umfassenden Auslegung dieses Begriffs nicht entgegen.

b) Auch die Entstehungsgeschichte der Vorschrift spricht für eine entsprechende Anwendung der §§ 2325 ff. BGB. Der Gedanke, die Haftung des Erben des Unterhaltsverpflichteten auf die Höhe des fiktiven Pflichtteils der unterhaltsberechtigten ersten Ehefrau zu beschränken, war schon bei den Beratungen der 2. Kommission zum Entwurf des BGB erwogen, aber letztlich abgelehnt worden (vgl. *Probst,* AcP 191 [1991], 138 [146 ff.] m. Nachw.). Das 1. Eherechtsreformgesetz vom 14. 6. 1976 griff diesen Lösungsvorschlag mit dem heutigen § 1586 b BGB wieder auf. Insoweit ist darauf hinzuweisen, dass die Beschränkung der Haftung auf den Pflichtteil auf einen Vorschlag von *Beitzke* in der achten Sitzung der Eherechtskommission beim Bundesministerium der Justiz am 5./6. 12. 1969 zurückgeht (vgl. BMJ, Niederschriften der Eherechtskommission, Bd. 2, S. 527) und zwei Kommissionsmitglieder *(Fettweis, Diemer-Nicolaus)* dazu sogleich anmerkten, dann müssten auch die Grundsätze der Pflichtteilsergänzung berücksichtigt werden, ohne dass sich insoweit Widerspruch erhob (BMJ, Niederschriften, S. 528).

c) Diese Lösung erscheint dem *Senat* auch allein interessengerecht. Sie nimmt dem Unterhaltspflichtigen den Anreiz, seinen Nachlass durch Schenkungen zu Lebzeiten zu vermindern und so den nach seinem Tode weiterbestehenden, ohnehin beschränkten Unterhaltsanspruch seines geschiedenen Ehegatten zu entwerten (vgl. *Kahlert,* S. 157) – eine Gefahr, auf die schon in den Beratungen der Eherechtsreformkommission hingewiesen worden war (BMJ, Niederschriften, S. 528; vgl. auch *Klingelhöffer,* ZEV 1999, 13 [14]). Es ist nicht ersichtlich, warum dem Unterhaltspflichtigen eine solche Gestaltung zum Nachteil des Unterhaltsberechtigten ermöglicht werden sollte, zumal § 2332 I BGB Rechtsgeschäfte unter Lebenden, durch die der künftige Pflichtteilsanspruch gemindert wird, in gleicher Weise als beeinträchtigende Verfügungen ansieht wie den letztwillig bestimmten Ausschluss von der Erbfolge (vgl. *BGH,* NJW 1972, 760 f.).

BGH v. 29. 11. 2000 – XII ZR 212/98 – FamRZ 01, 350 = NJW 01, 973

(Erwerbsobliegenheit während des Getrenntlebens)

2. a) Im Ansatz zutreffend ist das *OLG* allerdings davon ausgegangen, dass der nicht erwerbstätige Ehegatte während des Getrenntlebens grundsätzlich nur unter engeren Voraussetzungen darauf verwiesen werden kann, seinen Unterhalt durch Erwerbstätigkeit selbst zu verdienen, als dies gem. § 1574 II BGB nach der Scheidung der Fall ist. Nach der Schutzvorschrift des § 1361 II BGB ist er nur dann gehalten, einer Erwerbstätigkeit nachzugehen, wenn dies von ihm nach seinen persönlichen Verhältnissen, insbesondere wegen einer früheren Erwerbstätigkeit unter Berücksichtigung der Dauer der Ehe, und nach den wirtschaftlichen Verhältnissen beider Ehegatten erwartet werden kann. Während den im Zeitpunkt der Trennung längere Zeit nicht erwerbstätig gewesenen Ehegatten im ersten Trennungsjahr in der Regel keine Erwerbsobliegenheit trifft, nähern sich deren Voraussetzungen mit zunehmender Verfestigung der Trennung, insbesondere wenn die Scheidung nur noch eine Frage der Zeit ist, immer mehr den Maßstäben, die nach den §§ 1569 ff. BGB für nachehelichen Unterhalt gelten *(Senat,* NJW-RR 1990, 323 = FamRZ 1990, 283 [285 f.]).

b) Der zeitliche Beginn einer Erwerbsobliegenheit ist indessen nach den Umständen des Einzelfalls zu beurteilen. Im vorliegenden Fall hat zwischen der Eheschließung und der Trennung der Parteien ein Zeitraum von knapp 2½/₂ Jahren gelegen. Im Dezember 1995 lag die Trennung der Eheleute acht Monate zurück. Beide Parteien hatten bereits im Mai 1995 Antrag auf Scheidung der Ehe gestellt. Die Kl. war im Dezember 1995 23 Jahre alt; gesundheitliche Beeinträchtigungen hat sie nicht geltend gemacht. Das Kind *R* lebte seit der Trennung nicht bei der Mutter. Die finanziellen Verhältnisse der Parteien waren beengt: Von dem vom BerGer. für Dezember 1995 nach Abzug der berufsbedingten Aufwendungen mit monatlich 2545 DM ermittelten Einkommen des Bekl. musste eine Darlehensrate von monatlich 300 DM gezahlt und die dreiköpfige Familie unterhalten werden. Diese Umstände sprechen, wie die Revision zu Recht geltend macht, für eine verstärkte Erwerbsobliegenheit, insbesondere für deren Beginn bereits vor Ablauf des Trennungsjahres (vgl. *Wendl/Pauling,* 5. Aufl., § 4 Rn. 18; *Schwab/Borth,* Hdb. des ScheidungsR., 4. Aufl., Kap. IV, Rdnrn. 108 ff.; *Johannsen/Henrich/Büttner,* EheR, 3. Aufl., § 1361 Rdnrn. 24 f.; *Göppinger/Bäumel,* 7. Aufl., Rn. 948; *Palandt/Brudermüller,* BGB, 59. Aufl., § 1361 Rn. 17; *Wacke,* in: MünchKomm, 4. Aufl., § 1361 Rdnrn. 29, 33 f.; *OLG Hamm,* FamRZ 1997, 1536 [1537]). Den Ausführungen des OLG ist nicht zu entnehmen, dass es bei seiner Beurteilung, die Kl. treffe allenfalls eine eingeschränkte Erwerbsobliegenheit, alle wesentlichen Gesichtspunkte in seine Betrachtung einbezogen und zutreffend gewürdigt hat.

(Ausbildungsunterhalt während des Getrenntlebens)

aa) Ob ein getrennt lebender Ehegatte Unterhalt beanspruchen kann, soweit er durch eine Berufsausbildung an einer Erwerbstätigkeit gehindert ist, regelt § 1361 BGB nicht näher. Da ein getrennt lebender Ehegatte im Zweifel unterhaltsrechtlich nicht schlechter gestellt werden darf, als er im Falle der Scheidung stünde, können die Tatbestände über den nachehelichen Unterhalt Maßstäbe für die Anwendung des § 1361 I BGB liefern (*Senat,* NJW 1981, 1214 = FamRZ 1981, 439 [440], und NJW 1985, 1695 = FamRZ 1985, 782 [784]).

Danach kann ein Anspruch auf Ausbildungsunterhalt während des Getrenntlebens in Betracht kommen, wenn die Ehe zerrüttet und die Trennung endgültig ist, so dass der Ehegatte sich auf die neue Lage einstellen und nach seinen Möglichkeiten um eine (Wieder-)Eingliederung in das Erwerbsleben bemühen muss. Die Verschärfung des Zumutbarkeitsmaßstabs, welcher der unterhaltsberechtigte Ehegatte unter diesen Umständen im Rahmen von § 1361 II BGB unterliegt und die eine weiter gehende Annäherung an die Anforderungen des nachehelichen Unterhaltsrechts bewirkt (s. o. unter 2 a) kann im Einzelfall dazu führen, dass – wie es § 1574 III BGB für die Zeit nach der Scheidung vorsieht – der bedürftige Ehegatte sich einer zur Erlangung einer angemessenen Erwerbstätigkeit erforderlichen Ausbildung unterziehen muss (*Senat,* NJW 1985, 1695 = FamRZ 1985, 782 [784]).

Bei entsprechender Dauer des Getrenntlebens oder wenn die Trennung auf Scheidung abzielt, kann der Ehegatte im Interesse seiner wirtschaftlichen Selbstständigkeit aber auch dann eine zur Ausübung einer angemessenen Erwerbstätigkeit erforderliche Ausbildung aufnehmen, wenn ihn noch keine entsprechende Obliegenheit trifft. Denn es kommt den Intentionen, die das vom Grundsatz der Eigenverantwortung ausgehende Gesetz beim nachehelichen Unterhalt verfolgt, entgegen und entspricht regelmäßig auch den Interessen des Ehepartners, wenn der Ehegatte sich frühzeitig um eine (Wieder-)Eingliederung in das Erwerbsleben bemüht (*Senat,* NJW 1985, 1695 = FamRZ 1985, 782 [784]).

Hiernach ist von dem Grundsatz auszugehen, dass während der Trennung ein Anspruch auf Ausbildungsunterhalt nur insoweit in Betracht kommt, als er sich nach den Kriterien des § 1573 I i. V. mit § 1574 III BGB begründen lässt. Dagegen scheidet ein Unterhaltsanspruch nach den Maßstäben des § 1575 BGB während der Trennung der Eheleute an sich aus. In besonders gelagerten Fällen kann indessen auch ein solcher Anspruch in Frage kommen, etwa wenn ein Ehegatte während der Trennungszeit im Vorgriff auf die Voraussetzungen des § 1575 BGB eine Ausbildung aufnimmt, nachdem das endgültige Scheitern der Ehe feststeht (vgl. im Einzelnen *Senat,* NJW 1985, 1695 = FamRZ 1985, 782 [785]).

bb) Damit kommt es – von der zuletzt genannten Alternative abgesehen – für das Bestehen eines Anspruchs auf Ausbildungsunterhalt maßgeblich darauf an, ob zur Ausübung einer angemessenen Erwerbstätigkeit die Aufnahme einer Ausbildung erforderlich war. Angemessen ist eine Erwerbstätigkeit, die unter anderem der Ausbildung, den Fähigkeiten, dem Lebensalter und dem Gesundheitszustand des Ehegatten sowie den ehelichen Lebensverhältnissen entspricht (vgl. für den nachehelichen Unterhalt § 1573 II BGB). Dass und aus welchen Gründen die Kl. ohne eine Ausbildung keine nach den vorgenannten Kriterien angemessene Erwerbstätigkeit hätte aufnehmen können, hat das BerGer. indessen nicht festgestellt. Dafür reicht der Hinweis, die Kl. habe bisher keine Berufsausbildung erlangt, nicht aus. Gerade dieser Umstand hätte es vielmehr nahe legen können, dass der Kl. auch die Aufnahme einer unqualifizierten Tätigkeit – wie sie von ihr im Bereich der Altenpflege und der Gastronomie aushilfsweise verrichtet worden ist – zuzumuten war. Dieser Annahme hätten jedenfalls die ehelichen Lebensverhältnisse und der in der Ehe erreichte soziale Status der Ehegatten nicht entgegengestanden, denn auch die Bekl. ging einer Erwerbstätigkeit ohne eine entsprechende Berufsausbildung nach.

Die Beurteilung, für die Kl. habe nach der Trennung eine Ausbildungsobliegenheit bestanden, wird von den getroffenen Feststellungen danach nicht getragen. Dass die Kl. im Vorgriff auf die Voraussetzungen des § 1575 BGB eine Ausbildung hätte aufnehmen können, weil sie in Erwartung der Ehe oder während der Ehe eine Schul- oder Berufsausbildung nicht aufgenommen oder abgebrochen hat, ist ebenso wenig festgestellt worden.

(Überobligatorische Tätigkeit des Pflichtigen; Bonus für Betreuung eines $2^{1}/_{2}$-jährigen Kindes)

c   Nach der Rechtsprechung des Senats hat das Einkommen aus einer wegen der Betreuung minderjähriger Kinder über das gebotene Maß hinaus ausgeübten Erwerbstätigkeit bei der Unterhaltsbemessung zwar nicht von vornherein unberücksichtigt zu bleiben. Über die Frage der Anrechnung ist vielmehr nach Treu und Glauben unter Berücksichtigung der Umstände des Einzelfalls zu entscheiden. Damit steht es in Einklang, das Einkommen aus einer trotz der Kinderbetreuung ausgeübten Berufstätigkeit unter Abzug des Betrags anzusetzen, der für die in Folge dieser Berufstätigkeit notwendig gewordene anderweitige Betreuung eines Kindes aufgewendet werden musste (*Senat,* NJW 1982, 2664 = FamRZ 1982, 779 [780], und NJW 1983, 1548 = FamRZ 1983, 569 [570]). Die Berücksichtigung eines anrechnungsfreien Betrags des auf einer überobligationsmäßigen Tätigkeit beruhenden Mehreinkommens hat der *Senat* auch dann für gerechtfertigt gehalten, wenn keine konkreten Betreuungskosten anfallen, etwa weil die zweite Ehefrau des Unterhaltsverpflichteten das Kind aus dessen erster Ehe mitbetreut (*Senat,* Urt. v. 29. 6. 1983 – IV b ZR 379/81). In welcher Höhe ein entsprechender Betrag anzusetzen ist, muss der tatrichterlichen Entscheidung überlassen bleiben. Der *Senat* hat einen Abzug von monatlich 300 DM in einem Fall, in dem die zweite Ehefrau des Unterhaltsverpflichteten dessen 13 und 14 Jahre alten Kinder aus erster Ehe mitbetreute, nicht beanstandet (*Senat,* NJW 1986, 2054 = FamRZ 1986, 790 [791]). Von dieser Rechtsprechung ist der Senat in dem von dem BerGer. angeführten Urteil vom 7. 11. 1990 (NJW 1991, 697 = FamRZ 1991, 182 [184]), das im Übrigen nicht einen Anspruch auf Ehegattenunterhalt betraf, sondern die Frage, unter welchen Voraussetzungen ein Elternteil, der neben der Ausübung einer Erwerbstätigkeit minderjährige unverheiratete Kinder betreut, als anderer unterhaltspflichtiger Verwandter i. S. von § 1603 II 2 BGB neben der Betreuung auch zum Barunterhalt der Kinder herangezogen werden kann, nicht abgerückt. Vielmehr hat er sich ausdrücklich auf seine bisherige Rechtsprechung bezogen, in dem entschiedenen Fall allerdings Feststellungen dazu vermisst, in welchem zeitlichem Umfang eine von dem *OLG* nur für zumutbar angesehene Teilerwerbstätigkeit des Vaters nach den Besonderheiten der von ihm ausgeübten Arbeit in Betracht komme, um die notwendige Betreuung der acht und zehn Jahre alten Kinder sicherzustellen.

Damit ist der vorliegende Fall nicht vergleichbar. Dass ein Kind im Alter von $2^{1}/_{2}$ Jahren (Beginn des Zeitraums der Inanspruchnahme auf Trennungsunterhalt) bzw. von vier Jahren (Ende des Zeitraums) tagsüber durchgehend der Betreuung bedarf, jedenfalls solange es noch keinen Kindergarten besucht, liegt auf der Hand. Ohne die Mithilfe seiner – hierzu im Verhältnis zu der Kl. nicht verpflichteten – neuen Partnerin hätte der Bekl. deshalb keiner vollen Erwerbstätigkeit nachgehen können. Daher war ihm ein nach tatrichterlichem Ermessen festzusetzender Freibetrag vorweg zu belassen. Dessen Bemessung, die sich ebenso wie die Ermittlung des einem Unterhaltsberechtigten nach § 1577 II BGB anrechnungsfrei zu belassenden Teils des Einkommens einer schematischen Beurteilung entzieht, wird im Einzelfall davon abhängen, wie etwa die Kinderbetreuung mit den konkreten Arbeitszeiten unter Berücksichtigung erforderlicher Fahrtzeiten zu vereinbaren ist und ob und gegebenenfalls zu welchen Zeiten das Kind einen Kindergarten besucht und insofern zeitweise der Betreuung nicht bedarf. Bei Berücksichtigung aller insoweit maßgebenden Umstände ergibt sich grundsätzlich keine Ungleichbehandlung von überobligationsmäßigen Erwerbseinkünften des Unterhaltsberechtigten und des Unterhaltsverpflichteten.

BGH v. 13. 12. 2000 – XII ZR 278/98 – FamRZ 01, 412 = NJWE-FER 01, 115

(Anwendbares materielles Recht bei internationalem Bezug; gewöhnlicher Aufenthalt des Unterhaltsberechtigten) **R552**

2 b) Für Sachverhalte mit Bezug zum Recht eines ausländischen Staates richtet sich die Frage, welches materielle Recht anwendbar ist, nach den Regeln des von Amts wegen anzuwendenden deutschen Kollisionsrechts, des EGBGB (*Senat,* NJW 1993, 2305 = FamRZ 1993, 1051). Jedoch gehen Bestimmungen in völkerrechtlichen Vereinbarungen vor, soweit sie unmittelbar anwendbares innerstaatliches Recht geworden sind (Art. 3 I 1, II 1 EGBGB). Ein solcher Vorrang gilt hier nach dem Haager Übereinkommen über das auf Unterhaltspflichten anwendbare Recht vom 2. 10. 1973 (im Folgenden: HaagUntPflÜbk, BGBl II 1986, 825 ff., für Deutschland in Kraft seit 1. 4. 1987, vgl. BGBl II 1987, 225). Es geht demgemäß formell von den Regeln des Art. 18 EGBGB vor, die allerdings inhaltlich mit denen des HaagUntPflÜbk übereinstimmt (*Senat,* NJW 1991, 2212 = FamRZ 1991, 925 [926]). Das HaagUntPflÜbk wurde von Polen am 1. 5. 1996 ratifiziert, würde jedoch auch unabhängig davon gem. Art. 3 des Abkommens im Verhältnis zu Nichtvertragsstaaten gelten (*Palandt/Heldrich,* BGB, 59. Aufl., Anh. Art. 18 EGBGB Rn. 4 f.; *Johannsen/Henrich,* EheR, 3. Aufl., Art. 18 EGBGB Rn. 5; *Wendl/Dose,* 5. Aufl., § 7 Rn. 1). Gem. Art. 4 I HaagUntPflÜbk (= Art. 18 I 1 EGBGB) bestimmt sich die Unterhaltspflicht nach den Sachvorschriften des am jeweiligen gewöhnlichen Aufenthalt des Unterhaltsberechtigten geltenden Rechts. Der gewöhnliche Aufenthalt einer Person ist dort, wo sie sozial integriert ist und ihren Lebensmittelpunkt, den Schwerpunkt ihrer Bindungen in familiärer oder beruflicher Hinsicht hat. Maßgebend sind die tatsächlichen Verhältnisse (vgl. *Senat,* NJW 1993, 2047 = FamRZ 1993, 798 [800], NJW 1981, 520 = FamRZ 1981, 135 [136]; *Wendl/Dose,* § 7 Rn. 9). Vorliegend macht die Kl. Trennungsunterhalt für die Zeit ab 1. 4. 1997 geltend. Unstreitig lebt sie seit ihrer Ausweisung im März 1997 in Polen, wo sie familiäre Bindungen hat und einem Beruf nachgeht. Daher richtet sich der Unterhaltsanspruch der Kl. vorrangig nach polnischem Recht.

Eine Ausnahme, nämlich ein Rückgriff auf deutsches Recht, kommt dann in Betracht, wenn die Kl. nach dem vorrangig berufenen polnischen Recht dem Grunde nach keinen Unterhalt erhalten kann (Art. 6 HaagUntPflÜbk = Art. 18 II EGBGB). Persönliche und wirtschaftliche Gründe, etwa fehlende Bedürftigkeit des Berechtigten oder mangelnde Leistungsfähigkeit des Verpflichteten, erfüllen diese Voraussetzung allerdings nicht (*Johannsen/Henrich,* Art. 18 EGBGB Rn. 11; *Wendl/Dose,* § 7 Rn. 13 bis 16).

BVerfG v. 6. 2. 2001 – 1 BvR 12/92 – FamRZ 01, 343 = NJW 01, 957

R553 *(Ehevertragliche Privatautonomie und verfassungsrechtliche Grundrechtspositionen der Vertragspartner)*

a 1. a) Im Privatrechtsverkehr entfalten die Grundrechte ihre Wirkkraft als verfassungsrechtliche Wertentscheidungen durch das Medium der Vorschriften, die das jeweilige Rechtsgebiet unmittelbar beherrschen, damit vor allem auch durch die zivilrechtlichen Generalklauseln (vgl. *BVerfGE* 7, 198 [205 f.] = NJW 1958, 257; *BVerfGE* 42, 143 [148] = NJW 1976, 1677). Der Staat hat auch insoweit die Grundrechte des Einzelnen zu schützen und vor Verletzung durch andere zu bewahren (vgl. *BVerfGE* 46, 160 = NJW 1977, 2255; *BVerfGE* 49, 89 = NJW 1979, 359; *BVerfGE* 53, 30 = NJW 1980, 759; *BVerfGE* 56, 54 = NJW 1981, 1655; *BVerfGE* 88, 203 = NJW 1993, 1751). Den Gerichten obliegt es, diesen grundrechtlichen Schutz durch Auslegung und Anwendung des Rechts zu gewähren und im Einzelfall zu konkretisieren. Ihrer Beurteilung und Abwägung von Grundrechtspositionen im Verhältnis zueinander kann das *BVerfG* nur dann entgegentreten, wenn eine angegriffene Entscheidung Auslegungsfehler erkennen lässt, die auf einer grundsätzlich unrichtigen Auffassung von der Bedeutung eines Grundrechts, insbesondere vom Umfang seines Schutzbereichs, beruhen und auch in ihrer materiellen Bedeutung für den Rechtsfall von einigem Gewicht sind (vgl. *BVerfGE* 18, 85 [93] = NJW 1964, 1715; *BVerfGE* 42, 143 [149] = NJW 1976, 1677; st. Rspr.). Diese Voraussetzungen für eine Korrektur durch das *BVerfG* liegen hier vor.

b) Die durch Art. 2 I GG gewährleistete Privatautonomie setzt voraus, dass die Bedingungen der Selbstbestimmung des Einzelnen auch tatsächlich gegeben sind (vgl. *BVerfGE* 81, 242 [254 f.] = NJW 1990, 1469). Maßgebliches Instrument zur Verwirklichung freien und eigenverantwortlichen Handelns in Beziehung zu anderen ist der Vertrag, mit dem die Vertragspartner selbst bestimmen, wie ihre individuellen Interessen zueinander in einen angemessenen Ausgleich gebracht werden. Wechselseitige Bindung und Freiheitsausübung finden so ihre Konkretisierung. Der zum Ausdruck gebrachte übereinstimmende Wille der Vertragsparteien lässt deshalb in der Regel auf einen durch den Vertrag hergestellten sachgerechten Interessenausgleich schließen, den der Staat grundsätzlich zu respektieren hat (vgl. *BVerfGE* 81, 242 [254] = NJW 1990, 1469). Ist jedoch auf Grund einer besonders einseitigen Aufbürdung von vertraglichen Lasten und einer erheblich ungleichen Verhandlungsposition der Vertragspartner ersichtlich, dass in einem Vertragsverhältnis ein Partner ein solches Gewicht hat, dass er den Vertragsinhalt faktisch einseitig bestimmen kann, ist es Aufgabe des Rechts, auf die Wahrung der Grundrechtspositionen beider Vertragspartner hinzuwirken, um zu verhindern, dass sich für einen Vertragsteil die Selbstbestimmung in eine Fremdbestimmung verkehrt (vgl. *BVerfGE* 89, 214 [232] = NJW 1994, 36).

c) Dies gilt auch für Eheverträge, mit denen Eheleute ihre höchstpersönlichen Beziehungen für die Zeit ihrer Ehe oder danach regeln. Art. 6 I GG gibt ihnen hierbei das Recht, ihre jeweilige Gemeinschaft nach innen in ehelicher und familiärer Verantwortlichkeit und Rücksicht frei zu gestalten (vgl. *BVerfGE* 80, 81 [92] = NJW 1989, 2195). Allerdings setzt der Schutz der staatlichen Ordnung, der für Ehe und Familie in Art. 6 I GG ausdrücklich verbürgt ist, eine einvernehmliche Ausgestaltung der Ehe voraus (vgl. *BVerfGE* 31, 58 [69] = NJW 1971, 1509). Dabei ist zu berücksichtigen, dass die eheliche und familiäre Freiheitssphäre ihre verfassungsrechtliche Prägung auch durch Art. 3 II GG erfährt. Verfassungsrechtlich geschützt ist deshalb eine Ehe, in der Mann und Frau in gleichberechtigter Partnerschaft zueinander stehen (vgl. *BVerfGE* 37, 217 [249 ff.] = NJW 1974, 1609). Der Staat hat infolgedessen der Freiheit der Ehegatten, mit Hilfe von Verträgen die ehelichen Beziehungen und wechselseitigen Rechte und Pflichten zu gestalten, dort Grenzen zu setzen, wo der Vertrag nicht Ausdruck und Ergebnis gleichberechtigter Lebenspartnerschaft ist, sondern eine auf ungleiche Verhandlungspositionen basierende einseitige Dominanz eines Ehepartners widerspiegelt. Es ist Aufgabe der Gerichte, in solchen Fällen gestörter Vertragsparität über die zivilrechtlichen Generalklauseln zur Wahrung beeinträchtigter Grundrechtspositionen eines Ehevertragspartners den Inhalt des Vertrags einer Kontrolle zu unterziehen und gegebenenfalls zu korrigieren (vgl. *BVerfGE* 89, 214 [234] = NJW 1994, 36).

Zu Unrecht ist das OLG davon ausgegangen, die Eheschließungsfreiheit stehe einer solchen Inhaltskontrolle entgegen. Aus dem Recht des Einzelnen, die Ehe mit einem selbst gewählten Partner einzugehen oder dies zu unterlassen und hierbei staatlicherseits keine ungerechtfertigte Behinderung zu erfahren (vgl. *BVerfGE* 31, 58 [67] = NJW 1971, 1509), folgt nicht, dass sich der Staat der Kontrolle jedweder ehevertraglicher Vereinbarung zu enthalten hat, wenn in dieser ein Eheversprechen abgegeben wird. Die Eheschließungsfreiheit rechtfertigt nicht die Freiheit zu unbegrenzter Ehevertragsgestaltung und insbesondere nicht eine einseitige ehevertragliche Lastenverteilung. Dementsprechend ist ein Teil des Eherechts herkömmlich zwingendes Recht.

2. a) Enthält ein Ehevertrag eine erkennbar einseitige Lastenverteilung zu Ungunsten der Frau und ist er vor der Ehe und im Zusammenhang mit ihrer Schwangerschaft geschlossen worden, gebietet es auch der Anspruch auf Schutz und Fürsorge der werdenden Mutter aus Art. 6 IV GG, die ehevertragliche Vereinbarung einer besonderen richterlichen Inhaltskontrolle zu unterziehen. Dies gilt umso

mehr, als der Gesetzgeber davon abgesehen hat, bei ehevertraglichen Abreden über Unterhaltslasten, anders als bei Vereinbarungen über den ehelichen Zugewinn oder den Versorgungsausgleich, durch Formerfordernisse oder Verfahrensregelungen einen gewissen Schutz vor Übervorteilung eines Vertragsteils zu bieten. In diesem Fall obliegt es vornehmlich den Gerichten, bei der Inhaltskontrolle den verfassungsrechtlichen Schutzauftrag umzusetzen und der Schwangeren Schutz vor Druck und Bedrängung aus ihrem sozialen Umfeld oder seitens des Kindesvaters zu gewähren (vgl. *BVerfGE* 88, 203 [296 f.] = NJW 1993, 1751), insbesondere wenn sie dadurch zu Vertragsvereinbarungen gedrängt wird, die ihren Interessen massiv zuwiderlaufen.

b) Eine Situation von Unterlegenheit ist regelmäßig anzunehmen, wenn eine nicht verheiratete schwangere Frau sich vor die Alternative gestellt sieht, in Zukunft entweder allein für das erwartete Kind Verantwortung und Sorge zu tragen oder durch Eheschließung den Kindesvater in die Verantwortung einzubinden, wenn auch um den Preis eines mit ihm zu schließenden, sie aber stark belastenden Ehevertrags. Ihre Verhandlungsposition wird hier geschwächt sein durch die tatsächliche Lage, in der sie sich befindet, durch ihre Rechtsstellung als ledige Mutter und insbesondere durch das Bemühen um die Sicherung der eigenen Existenz und der des erwarteten Kindes.

c) Allerdings ist die Schwangerschaft bei Abschluss eines Ehevertrags nur ein Indiz für eine vertragliche Disparität, das Anlass gibt, den Vertrag einer stärkeren richterlichen Kontrolle zu unterziehen. Die Vermögenslage, die berufliche Qualifikation und Perspektive sowie die von den Ehevertragsparteien ins Auge gefasste Aufteilung von Erwerbs- und Familienarbeit in der Ehe sind weitere maßgebliche Faktoren, die die Situation der Schwangeren bestimmen. Im Einzelfall können sie dazu führen, ihre Unterlegenheit auszugleichen, auch wenn im Ehevertrag gesetzliche Rechtspositionen abbedungen werden.

d) Wenn aber auch der Inhalt des Ehevertrags eine solche Unterlegenheitsposition der nicht verheirateten Schwangeren zum Ausdruck bringt, wird die Schutzbedürftigkeit offenkundig. Dies ist der Fall, wenn der Vertrag die Schwangere einseitig belastet und ihre Interessen keine angemessene Berücksichtigung finden (vgl. *BVerfGE* 89, 214 [234] = NJW 1994, 36).

Ob die vertraglichen Vereinbarungen die Frau deutlich mehr belasten als den Mann, hängt wesentlich auch davon ab, welche familiäre Konstellation die Vertragspartner anstreben und ihrem Vertrag zu Grunde legen. Verzichten die Ehepartner etwa gegenseitig auf nacheheliche gesetzliche Unterhaltsansprüche, liegt darin bei Ehen, in denen beide Partner einer etwa gleichwertigen Berufstätigkeit nachgehen und sich Haus- und Familienarbeit teilen, keine ungleiche Belastung. Sieht die Lebensplanung der Partner jedoch vor, dass sich in der Ehe einer der beiden unter Aufgabe einer Berufstätigkeit im Wesentlichen der Kinderbetreuung und Haushaltsführung widmet, bedeutet der Verzicht auf den nachehelichen Unterhalt eine Benachteiligung der Person, die sich der Betreuung des Kindes und der Arbeit im Hause gewidmet hat. Je mehr im Ehevertrag gesetzliche Rechte abbedungen oder zusätzliche Pflichten übernommen werden, desto mehr kann sich dieser Effekt einseitiger Benachteiligung verstärken.

(Ehevertrag und Schutzpflichten zugunsten der Mutter nach Art. 6 GG)
3. Die aus Art. 2 I i. V. mit Art. 6 IV GG folgende Schutzpflicht hat das OLG in der angegriffenen Entscheidung verkannt. Es hat weder die besondere Situation beachtet, in der sich die Bf. als Schwangere mit schon einem Kind bei Vertragsabschluss befunden hat, noch ist es der Frage nachgegangen, ob der Ehevertrag die Bf. in unangemessener Weise belastet, obwohl der Inhalt des Vertrags hierfür Anlass geboten hat.

So hat die Bf. zum einen darin auf eigenen nachehelichen Unterhalt verzichtet. Angesichts der geringen Höhe ihres Einkommens und des Umstands, dass beide Ehegatten davon ausgingen, sie solle für den Fall der Scheidung die Sorge für das gemeinsame Kind tragen, schwächte sie durch diesen Verzicht ihre wirtschaftliche Lage nachhaltig. Mit zwei Kindern konnte sie nicht damit rechnen, ihre Einkommenslage aus eigener Kraft wesentlich zu verbessern. Hingegen gab der Ehemann mit seinem eigenen Verzicht nichts auf; denn er konnte nicht damit rechnen, im Falle der Scheidung Unterhalt gegenüber der Bf. durchsetzen zu können.

Darüber hinaus hat die Bf. trotz ihrer vergleichsweise schlechten wirtschaftlichen Lage vertraglich die Pflicht übernommen, den Vater weit gehend von seiner Unterhaltspflicht dem gemeinsamen Kind gegenüber freizustellen. Aus ihrem Einkommen war der Barunterhalt des Kindes, der sich nach dem höheren Einkommen des Vaters richtet, aufzubringen. Damit ist ihr für den Fall der Scheidung sowohl die Aufgabe der alleinigen Kinderbetreuung als auch die Sorge für ihren eigenen Unterhalt und gleichzeitig den des gemeinsamen Kindes zugewiesen worden. Dieser deutlichen Belastung der Bf. hat die Entlastung des Ehemanns von etwaigen Unterhaltsanspruch der Bf. wie auch von dem über 150 DM hinausgehenden des Kindes gegenübergestanden. Dadurch wurde er angesichts der damaligen Regelbetragshöhe sogar besser gestellt als der Vater eines nichtehelichen Kindes. Das Gericht hat diese Vertragskonstellation unter Hinweis auf die Eheschließungsfreiheit nicht zum Anlass für eine Kontrolle des Vertragsinhalts genommen und dadurch verkannt, dass diese Freiheit nicht die Freiheit zur unangemessenen einseitigen vertraglichen Interessendurchsetzung eröffnet.

II. Darüber hinaus hat das OLG den Schutz aus Art. 6 II GG außer Acht gelassen, der vertraglichen Abreden von Eltern im Interesse des Kindeswohls Grenzen setzt.

1. Art. 6 II 1 GG begründet für die Eltern gleichermaßen das Recht wie die Pflicht zur Pflege und Erziehung ihrer Kinder (vgl. *BVerfGE* 24, 119 [143 f.] = NJW 1968, 2233). Diese den Eltern zuvörderst zugewiesene Verantwortung hat dem Kindeswohl zu dienen, ist also ein Grundrecht im Interesse des Kindes (vgl. *BVerfGE* 59, 360 [382] = NJW 1982, 1375; *BVerfGE* 75, 201 [218] = NJW 1988, 125). Das Recht der Eltern auf freie Gestaltung ihrer Sorge für das Kind verdient deshalb dort keinen Schutz, wo sich Eltern ihrer Verantwortung gegenüber dem Kind entziehen und eine Vernachlässigung des Kindes droht (vgl. *BVerfGE* 24, 119 [143 f.] = NJW 1968, 2233). Erreicht das elterliche Fehlverhalten ein solches Ausmaß, dass das Kindeswohl nachhaltig gefährdet ist, ist der Staat in Wahrnehmung seines Wächteramtes nach Art. 6 II 2 GG nicht nur berechtigt, sondern auch verpflichtet, die Pflege und Erziehung des Kindes sicherzustellen, denn das Kind als Grundrechtsträger hat Anspruch auf staatlichen Schutz vor verantwortungsloser Ausübung des Elternrechts (vgl. *BVerfGE* 24, 119 [144] = NJW 1968, 2233; *BVerfGE* 55, 171 [179] = NJW 1981, 217; *BVerfGE* 72, 122 [134] = NJW 1986, 3129). Dabei bestimmen sich die Schutzmaßnahmen nach dem Ausmaß des elterlichen Versagens und danach, was im Interesse des Kindes geboten ist (vgl. *BVerfGE* 24, 119 [144 f.] = NJW 1968, 2233; *BVerfGE* 60, 79 [91, 93] = NJW 1982, 1379).

Zur Verantwortung der Eltern gehört auch, für einen ihrem eigenen Vermögen gemäßen und zugleich angemessenen Unterhalt des Kindes zu sorgen und seine Betreuung sicherzustellen (vgl. *BVerfGE* 68, 256 [267] = NJW 1985, 1211; *BVerfGE* 80, 81 [90 f.] = NJW 1989, 2195). Wie Eltern diese Aufgaben unter sich aufteilen und ob sie dabei personelle Unterstützung durch Dritte heranziehen, liegt in ihrer Entscheidungsfreiheit (vgl. *BVerfGE* 47, 46 [70] = NJW 1978, 807; *BVerfGE* 68, 256 [267 f.] = NJW 1985, 1211; *BVerfGE* 99, 216 [231 f.] = NJW 1999, 557). Dies gilt auch für den Fall der Scheidung. Treffen Eltern für diesen Fall eine vertragliche Vereinbarung, haben sie aus Verantwortung ihrem Kinde gegenüber Sorge dafür zu tragen, dass die regelmäßig mit der Trennung der Eltern verbundenen seelischen Belastungen des Kindes nach Möglichkeit gemildert werden und eine vernünftige, den Interessen des Kindes entsprechende Lösung für seine Pflege und Erziehung gefunden wird (vgl. *BVerfGE* 31, 194 [205] = NJW 1971, 1447; *BVerfGE* 61, 358 [372 f.] = NJW 1983, 101).

2. Soll nach dem Willen der Eltern im Falle der Scheidung ein Elternteil die alleinige Sorge für das gemeinsame Kind tragen sowie dessen Betreuung übernehmen, und vereinbaren die Eltern für diesen Fall eine Freistellung des nicht betreuenden Elternteils vom Kindesunterhalt durch den Betreuenden, werden sie ihrer Verantwortung dem Kinde gegenüber nicht gerecht und gefährden dessen Wohl, wenn dadurch eine den Interessen des Kindes entsprechende Betreuung und ein den Verhältnissen beider Eltern angemessener Barunterhalt nicht mehr sichergestellt sind

BGH v. 7. 2. 2001 – XII ZB 2/01 – FamRZ 01, 1363 = NJW 01, 1646

R554 *(Kein Prozesskostenvorschuss bei Fehlen hinreichender Erfolgsaussicht im Sinne des § 114 ZPO)*

§ 1360 a IV BGB gewährt einem Ehegatten, der nicht in der Lage ist, die Kosten eines Rechtsstreits über eine persönliche Angelegenheit zu tragen, einen Anspruch auf Prozesskostenvorschuss gegen den anderen Ehegatten nur, soweit dies der Billigkeit entspricht. Eine Verweisung der Ast. auf einen Prozesskostenvorschussanspruch gegen den Ag. kommt danach nicht in Betracht, wenn die Finanzierung des Prozesses für diesen unbillig wäre. Über die konkreten Voraussetzungen der Billigkeit eines Prozesskostenvorschussanspruchs besteht in Literatur und Rechtsprechung allerdings keine Übereinstimmung. Einig ist man sich zwar darin, dass jedenfalls bei offensichtlicher Aussichtslosigkeit und Mutwilligkeit der Rechtsverfolgung ein Prozesskostenvorschussanspruch ausscheidet, weil es dem Verpflichteten nicht zumutbar ist, einen von vornherein aussichtslosen Prozess – gegebenenfalls auch gegen sich selbst – vorzufinanzieren, zumal ein Anspruch auf Rückforderung der Prozesskosten nur in engen Grenzen (etwa wenn die Bedürftigkeit nicht mehr gegeben ist oder aus Billigkeitsgründen) bejaht wird und in der Regel an der mangelnden Durchsetzbarkeit gegen den Berechtigten scheitert (vgl. *Senat*, NJW 1985, 2263; *Gernhuber/Coester-Waltjen*, FamilienR, 4. Aufl., § 21 IV 7, S. 257; *Wendl/Scholz*, 5. Aufl., § 6 Rn. 34).

Während indessen die bisher überwiegende Meinung, zum Teil noch gestützt auf ältere Rechtsprechung, einen Prozesskostenvorschussanspruch nur unter den strengen Voraussetzungen der offensichtlichen Aussichtslosigkeit und Mutwilligkeit versagt (vgl. *Johannsen/Henrich/Büttner*, EheR, 3. Aufl., § 1361 BGB Rn. 127; *Wacke*, in: MünchKomm, 4. Aufl., § 1360 a Rn. 25; *Palandt/Brudermüller*, BGB, 60. Aufl., § 1360 a Rn. 15; *Wenz*, in: RGRK, 12. Aufl. [1984], § 1360 a Rn. 37; ebenso *Staudinger/Hübner/Voppel*, BGB, 13. Bearb. [2000], § 1360 a Rn. 79 m. Nachw., der allerdings auch ein unschlüssiges Klagevorbringen in der Regel für offensichtlich aussichtslos hält; grds. ebenso *Soergel/Lange*, BGB, 12. Aufl., § 1360 a Rn. 24, jedoch mit der Einschränkung, dass ein Prozesskostenvorschussanspruch nicht besteht, wenn die Prozesskostenhilfe wegen Aussichtslosigkeit der Rechtsverfolgung abgelehnt ist), verneint eine im Vordringen begriffene Meinung einen Prozesskostenvorschussanspruch bereits

Anhang R. Rechtsprechung **R555**

dann, wenn der beabsichtigten Rechtsverfolgung die hinreichende Erfolgsaussicht nach dem Maßstab des § 114 ZPO fehlt (*Gernhuber/Coester-Waltjen,* § 21 IV 5, S. 256; *Göppinger/Vogel,* 7. Aufl., Rn. 2615; *Griesche,* in: FamGB, § 1361 BGB Rn. 46; *Heiß/Deisenhofer,* I Kap. 11, Rn. 15; *Wax,* in: MünchKomm-ZPO, 2. Aufl., § 115 Rn. 78; *Musielak/Borth,* ZPO, 2. Aufl., § 127 a Rdnrn. 7, 13; *Schwab/Borth,* 4. Aufl., IV Rdnrn. 76, 80; *Wendl/Scholz,* § 6 Rn. 29; *Zimmermann,* FamRZ-Buch 4, Prozesskostenhilfe in Familiensachen, Rn. 165; *OLG Hamm,* FamRZ 1994, 529 a. E.).

Der *Senat* schließt sich der letzten Auffassung an. Er hält es im Interesse der Klarheit und der Gleichbehandlung für sachgerechter, für den Prozesskostenvorschussanspruch denselben Maßstab anzulegen, wie er auch für das Prozesskostenhilfeverfahren gilt (§ 114 ZPO). Der Einwand, dass das Unterhaltsrecht, aus dem der Prozesskostenvorschussanspruch herrührt, allgemein weniger strenge Maßstäbe setze, als es für die Gewährung von Sozialhilfe der Fall sei, rechtfertigt es hier nicht, einem Unterhaltsverpflichteten die Vorfinanzierung eines Prozesses zuzumuten, der aller Voraussicht nach erfolglos bleibt. Es ist ebenso wenig Aufgabe des Ehegatten wie des Staats, Mittel für eine keinen Erfolg versprechende Rechtsverfolgung zur Verfügung zu stellen (*Gernhuber/Coester-Waltjen,* S. 256; *Wendl/Scholz,* § 6 Rn. 29). Eine verständige Partei, die ihren Prozess selbst finanzieren muss, wird dies nur dann tun, wenn für ihn eine hinreichende Erfolgsaussicht besteht. Der gleiche Maßstab muss auch für den Unterhaltsgläubiger gelten, der zur Finanzierung seiner Klage einen an sich vorschusspflichtigen Unterhaltsschuldner in Anspruch nehmen will. Das gilt erst recht, wenn – wie hier – die Erfolgsaussicht vom Gericht bereits in einem die Prozesskostenhilfe verweigernden Beschluss verneint worden ist. Auch der weitere Einwand, dass dem Vorschusspflichtigen – anders als dem Gericht nach § 114 ZPO – die Prüfung der Erfolgsaussicht des Prozesses nicht möglich sei (so *Palandt/Brudermüller,* § 1360 a Rn. 15, unter Hinw. auf alte Rspr.), greift nicht. Denn es ist Sache des Unterhaltsberechtigten, die Erfolgsaussichten seines Prozesses schlüssig darzulegen und hierfür Beweis anzutreten (vgl. u. a. *Griesche,* in: FamGB, § 1361 BGB Rn. 46; *Göppinger/Vogel,* Rn. 2615; *Wax,* in: MünchKomm-ZPO, § 115 Rn. 78 jew. m. w. Nachw.). Das gilt jedenfalls für alle Verfahren, in denen es auf eine Prüfung der Erfolgsaussicht ankommt. Anders dürfte dies etwa in Statusverfahren zu beurteilen sein, in denen das Interesse der Beteiligten und das öffentliche Interesse an der Feststellung des Status eines Betroffenen im Vordergrund steht; ähnliches gilt in Strafverfahren. Dies bedarf hier aber keiner abschließenden Erörterung.

BGH v. 21. 2. 2001 – XII ZR 34/99 – FamRZ 01, 541 = NJW 01, 1789

(Homologe In-vitro-Fertilisation; mutwillige Herbeiführung der Bedürftigkeit) **R555**

3 c) Die Frage, ob der Ag. dem Unterhaltsanspruch der Ast. aus § 1570 BGB die Einwände aus § 1579 Nr. 3 BGB (mutwilliges Herbeiführen der Bedürftigkeit) oder Nr. 4 BGB (mutwilliges Hinwegsetzen über schwer wiegende Vermögensinteressen) entgegenhalten kann, ist zu verneinen. Dabei bestehen vorab Zweifel, ob die Anwendung des § 1579 BGB nicht bereits im Ansatz ausscheiden muss. Geht man von dem Grundgedanken aus (vgl. u. a. *BGHZ* 97, 372 [379] = NJW 1986, 2043; *Wacke,* in: MünchKomm, § 1353 Rn. 32 m. w. Nachw.), dass die Entscheidung für oder gegen Nachkommenschaft zum nicht justiziablen engsten persönlichen Intimbereich der Partner gehört und weder einer rechtsgeschäftlichen Regelung noch dem Deliktsrecht unterliegt, so ist fraglich, ob eine mittelbare Überprüfung im Rahmen des § 1579 BGB überhaupt zulässig ist. Die Versagung des Unterhaltsanspruchs nach § 1579 Nr. 3 oder Nr. 4 BGB wäre nämlich eine Sanktion gegen ein missbilligenswertes Verhalten der Ast. und käme in dieser Wirkungsweise einem Schadensersatzanspruch gleich, der aber nach ganz überwiegender Auffassung dem Ag. nicht zustehen würde. Entsprechendes könnte auch für den Einwand aus § 1579 BGB gelten (vgl. auch *Staudinger/Hübner/Voppel,* § 1579 Rn. 41). Die Frage kann aber auf sich beruhen, weil jedenfalls ein Härtegrund weder gem. § 1579 Nr. 3 noch Nr. 4 BGB gegeben ist.

Nach Nr. 3 kann der Unterhaltsanspruch des Berechtigten versagt, teilweise herabgesetzt oder zeitlich begrenzt werden, soweit die Inanspruchnahme des Verpflichteten – auch unter Wahrung der Kindesbelange – grob unbillig wäre, weil der Unterhaltsberechtigte seine Bedürftigkeit mutwillig herbeigeführt hat. Nach der Rechtsprechung des *Senats* bedeutet Mutwilligkeit zwar nicht, dass das Verhalten vorsätzlich im Sinne einer zweckgerichteten Herbeiführung der Bedürftigkeit zu Lasten des Unterhaltspflichtigen sein muss, andererseits reicht einfaches Verschulden für die Sanktion der Nr. 3 nicht aus. § 1579 Nr. 3 BGB soll seiner Zielrichtung nach den Bereich zumutbarer nachehelicher Solidarität gegen grob unbillige Unterhaltsforderungen abgrenzen und vermeiden, dass der Unterhaltspflichtige die Folgen einer leichtfertigen Herbeiführung der Bedürftigkeit durch den anderen Ehegatten unterhaltsrechtlich mittragen muss. Erforderlich ist demgemäß ein leichtfertiges, vom üblichen sozialen Standard abweichendes Verhalten, bei dem sich die Vorstellungen und Antriebe, die diesem Verhalten zu Grunde liegen, auch auf die Bedürftigkeit als Folge dieses Verhaltens erstrecken müssen (sog. unterhaltsbezogene Leichtfertigkeit). Leichtfertig in diesem Sinn handelt, wer seine Arbeitskraft oder sein Vermögen, also die Faktoren, die ihn in die Lage versetzen, seinen Lebensunterhalt selbst zu bestreiten, auf sinnlose Art aufs Spiel setzt und einbüßt. Dabei muss er sich unter grober Nichtachtung dessen, was jedem einleuchten muss, oder in Verantwortungslosigkeit und Rücksichtslosigkeit gegen den Unterhaltspflichtigen über die erkannten möglichen nachteiligen Folgen für seine Bedürftigkeit hinwegsetzen (st. Rspr. vgl. u. a. *Senat,* NJW 1981, 2805 = FamRZ 1981, 1042; FamRZ 1984, 364; NJW 1988, 1147 = FamRZ 1988, 375; vgl. zuletzt auch *Senat,* NJW 2000, 2351 = FamRZ 2000, 815). Die vom *Senat* bisher entschiedenen Sachverhalte, in denen eine Anwendung des Nr. 3 in Rede stand, betrafen im Wesentlichen Unterhaltsberechtigte, die in vorwerfbar leichtfertiger Weise ihre Erwerbsfähigkeit durch Alkohol- oder Drogenmissbrauch bzw. das Unterlassen rechtzeitiger Entzugsmaßnahmen verloren, Vermögen verschwendet oder verspielt, eine berufliche Aus- oder Weiterbildung unterlassen oder ihren Arbeitsplatz durch eine vorsätzliche Straftat verloren haben.

Das Verhalten der Ast. erfüllt diese Voraussetzungen nicht. Selbst wenn man zu Gunsten des Ag. unterstellt, dass sie ihre spätere Unterhaltsbedürftigkeit als Folge ihrer Schwangerschaft und der Geburt des Kindes erkannt und in Kauf genommen hat (was nicht zwingend ist, da sie einen Beruf hatte, den sie – bei anderweitiger Sicherstellung der Betreuung des Kindes – gegebenenfalls weiter ausüben konnte), so kann man ihr die Verwirklichung ihres Kinderwunschs nicht als sinnloses leichtfertiges Verhalten vorwerfen, welches ein verständiger Mensch in vergleichbarer Situation vermieden hätte. Ein Kind zu bekommen, auch in der Situation der Ast., ist weder sinnlos, noch weicht es vom sozialen Standard ab. Dass sich der Kinderwunsch nur durch die – heute noch ungewöhnliche – Methode der In-vitro-Fertilisation bewerkstelligen ließ, kann die Anwendung des § 1579 Nr. 3 BGB ebenfalls nicht begründen.

BGH v. 21. 2. 2001 – XII ZR 308/98 – FamRZ 01, 614 = NJW 01, 1488

R556 *(Unterhaltspflichten des „Hausmanns" gegenüber Kindern aus einer früheren Verbindung und seinem früheren Ehegatten)*

a 2 a) Nach ständiger Rechtsprechung des Senats entfällt die unterhaltsrechtliche Obliegenheit, eine zumutbare Erwerbstätigkeit aufzunehmen, gegenüber minderjährigen unverheirateten Kindern und gegenüber diesen seit dem 1. 7. 1998 unter den Voraussetzungen des § 1603 II 2 BGB gleichgestellten volljährigen unverheirateten Kindern nicht ohne weiteres dadurch, dass der Unterhaltspflichtige eine neue Ehe eingegangen ist und im Einvernehmen mit seinem Ehegatten allein die Haushaltsführung übernimmt. Die Ehegatten können zwar nach § 1356 I BGB im gegenseitigen Einverständnis regeln, dass einer von ihnen die Haushaltsführung und gegebenenfalls die Kinderbetreuung allein übernimmt. Unterhaltsrechtlich entlastet die häusliche Tätigkeit den unterhaltspflichtigen Ehegatten aber nur gegenüber den Mitgliedern seiner neuen Familie, denen diese Fürsorge allein zugute kommt. Der unterhaltsrechtliche Gleichrang der Kinder aus erster und zweiter Ehe verwehrt es dem unterhaltspflichtigen Ehegatten deshalb, sich ohne weiteres auf die Sorge für die Mitglieder seiner neuen Familie zu beschränken. Hierzu ist er auch dem anderen Ehegatten gegenüber nicht verpflichtet. Vielmehr darf er gerade im Hinblick auf seine Unterhaltspflichten gegenüber den weiteren gleichrangig Berechtigten grundsätzlich von seinem auch gegenüber dem anderen Ehegatten bestehenden Recht auf Erwerbstätigkeit Gebrauch machen. Letzterer muss nach § 1356 II BGB insoweit auf die bestehenden Unterhaltspflichten seines Gatten Rücksicht nehmen.

Das gilt grundsätzlich auch dann, wenn in der neuen Ehe ein betreuungsbedürftiges Kind vorhanden ist. In diesem Fall muss die Rollenwahl – unter Abwägung der beiderseitigen Interessen im Einzelfall – zwar dann hingenommen werden, wenn sich der Familienunterhalt in der neuen Ehe dadurch, dass der andere Ehegatte voll erwerbstätig ist, wesentlich günstiger gestaltet als es der Fall wäre, wenn dieser die Kindesbetreuung übernehmen würde und der unterhaltspflichtige Elternteil voll erwerbstätig wäre. Die Gleichrangigkeit der Unterhaltsansprüche der weiteren Unterhaltsberechtigten gebietet es allerdings auch unter diesen Umständen, die Beeinträchtigung dieser Ansprüche so gering wie möglich zu halten. Der unterhaltspflichtige Ehegatte muss daher im Allgemeinen seine häusliche Tätigkeit in der neuen Ehe auf das unbedingt notwendige Maß beschränken und wenigstens eine Nebentätigkeit aufnehmen, um auch zum Unterhalt der gleichrangig Unterhaltsberechtigten aus seiner ersten Ehe beitragen zu können.

Diese Grundsätze sind auch bei der Bestimmung der Erwerbsobliegenheit des bisherigen Unterhaltsschuldners im Verhältnis zu seinem unterhaltsberechtigten geschiedenen Ehegatten heranzuziehen, da letzterer unterhaltsrechtlich auf der gleichen Rangstufe steht wie minderjährige Kinder. Das gilt insbesondere dann, wenn der Unterhaltsanspruch des früheren Ehegatten – wie hier – aus § 1570 BGB folgt, der im Interesse des Kindeswohls sicherstellen soll, dass das Kind nach der Trennung von dem einen Elternteil nicht auch noch weit gehend auf die persönliche Betreuung durch den anderen Elternteil verzichten muss, weil dieser sich seinen Lebensunterhalt durch eigene Erwerbstätigkeit verdienen muss (*Senat,* BGHZ 75, 272 [275 ff.] = NJW 1980, 340; NJW 1982, 175 = FamRZ 1982, 25; NJW 1987, 1549 = FamRZ 1987, 472 m. w. Nachw.; NJW 1996, 1815 = FamRZ 1996, 796).

Anhang R. Rechtsprechung **R556**

(Haushaltsführung in einer nichtehelichen Lebensgemeinschaft)
b) Ob diese Grundsätze auch dann heranzuziehen sind, wenn der barunterhaltspflichtige Elternteil **b**
nicht wieder verheiratet ist, sondern in nicht ehelicher Lebensgemeinschaft mit einem neuen Partner
zusammenlebt und ein aus dieser Beziehung stammendes Kind betreut, wird in Rechtsprechung und
Schrifttum nicht einhellig beantwortet. Der Senat hat bisher für den Fall einer gegenüber ihren
minderjährigen Kindern aus erster Ehe barunterhaltspflichtigen Mutter, die ein von ihrem neuen
Partner stammendes nicht eheliches Kind betreut und deshalb keiner Erwerbstätigkeit nachgeht, die
Auffassung vertreten, eine entsprechende Anwendung der Hausmann-Rechtsprechung komme nicht
in Betracht, weil der Lebensgefährte angesichts der rechtlichen Unverbindlichkeit einer nicht ehelichen
Lebensgemeinschaft nicht verpflichtet sei, auf die finanziellen Belange seiner Partnerin Rücksicht zu
nehmen, um dieser die Ausübung einer Erwerbstätigkeit zu ermöglichen (*Senat*, NJW-RR 1995, 451
= FamRZ 1995, 598; ebenso: *OLG Frankfurt a. M.*, FamRZ 1992, 979; *OLG Düsseldorf*, FamRZ 1991,
592 [593 f.]; *OLG Karlsruhe*, FamRZ 1996, 1238; *OLG Köln*, NJW 1999, 725).

Die Gegenmeinung betont demgegenüber, dass die unterschiedliche Behandlung eines Unterhaltspflichtigen, die sich danach ausrichte, ob er mit dem anderen Elternteil des von ihm betreuten Kindes
verheiratet sei oder in nicht ehelicher Lebensgemeinschaft zusammenlebe, nicht (mehr) berechtigt sei.
Nachdem die Rechtslage sich geändert hat, folgt der *Senat* der zuletzt genannten Auffassung. Durch das
Schwangeren- und Familienhilfeänderungsgesetz vom 21. 8. 1995 (BGBl I, 1050 [1055]) wurden die
Voraussetzungen des Unterhaltsanspruchs der Mutter eines nicht ehelichen Kindes gegen den Vater
nach § 1615 I BGB erweitert und der Anspruch bis auf drei Jahre nach der Entbindung verlängert.
Betreuungsunterhalt wird damit unter Voraussetzungen gewährt, wie sie § 1570 BGB bei Betreuung
eines ehelichen Kindes vorsieht. Seit dem In-Kraft-Treten des Kindschaftsrechtsreformgesetzes am 1. 7.
1998 sieht § 1615 l II 3 BGB eine weitere Verbesserung des Betreuungsunterhalts vor: Die Unterhaltspflicht endet nicht drei Jahre nach der Geburt des Kindes, sofern die Versagung des Unterhaltsanspruchs
nach Ablauf dieser Frist insbesondere unter Berücksichtigung der Belange des Kindes unbillig wäre.
Wenn der Vater das Kind betreut, steht ihm seit dem 1. 7. 1998 der Unterhaltsanspruch nach § 1615 l
II 2 BGB gegen die Mutter zu (§ 1615 l V BGB). Nach der ebenfalls zum 1. 7. 1998 in Kraft
getretenen Bestimmung des § 1626 a I Nr. 1 BGB sind Eltern, die bei der Geburt eines Kindes nicht
miteinander verheiratet sind, gemeinsam sorgeberechtigt, wenn sie erklären, die elterliche Sorge
gemeinsam übernehmen zu wollen. Machen Eltern von dieser Möglichkeit Gebrauch, so haben sie die
zum Wohl des Kindes zu treffenden Entscheidungen, und damit auch diejenige über die Betreuung des
Kindes, im gegenseitigen Einvernehmen zu treffen (§ 1627 BGB). Die von den Eltern insoweit zu
verlangende Rücksichtnahme auf die Belange des jeweils anderen schafft indessen eine dem § 1356
BGB vergleichbare Situation (*OLG München*, FamRZ 1999, 1526 [1527]). Daran ändert der Umstand
nichts, dass der eine Partner nicht zur Rücksichtnahme auf Unterhaltspflichten des anderen sowie
insbesondere nicht dazu gezwungen werden kann, dessen zeitweise arbeitsbedingte Abwesenheit durch
eigene Betreuungsleistungen zu ermöglichen. Denn auch in der Ehe sind Betreuungspflichten gegenüber einem Kind nicht einklagbar (*Wendl/Scholz*, § 2 Rn. 192).

Vor diesem Hintergrund ist die Annahme, die rechtliche Unverbindlichkeit einer nicht ehelichen
Lebensgemeinschaft stehe der Heranziehung der Hausmann-Rechtsprechung entgegen, nicht mehr
gerechtfertigt. Sie entspricht nicht der durch die Kindschaftsrechtsreform veränderten Rechtsstellung
nicht ehelicher Eltern, durch die nicht nur die beiderseitigen Rechte verstärkt, sondern auch Pflichten
begründet worden sind. Dieses Ergebnis gilt unabhängig davon, ob im Einzelfall Sorgeerklärungen nach
§ 1626 I Nr. 1 BGB abgegeben worden sind. Denn die tatsächliche Situation in nicht ehelicher Lebensgemeinschaft lebender Eltern wird davon in der Regel nicht berührt, so dass eine unterschiedliche
Behandlung nicht gerechtfertigt ist. Diese Auffassung wird auch von der Revision nicht angegriffen.

(Rechtfertigung der Rollenwahl)
Wie der Senat bereits in seinem Urteil vom 13. 3. 1996 (NJW 1996, 1815 = FamRZ, 1996, 796 **c**
[797]) hervorgehoben hat, gilt für die Frage, ob die Rollenwahl gerechtfertigt ist, ein strenger, auf enge
Ausnahmefälle begrenzter Maßstab, der einen wesentlichen, den Verzicht auf die Aufgabenverteilung
unzumutbar machenden Vorteil für die neue Familie voraussetzt. Die weiteren Unterhaltsberechtigten
müssen eine Einbuße ihrer Unterhaltsansprüche deshalb nur dann hinnehmen, wenn das Interesse des
Unterhaltspflichtigen und seiner neuen Familie ihr eigenes Interesse an der Beibehaltung der bisherigen
Unterhaltssicherung deutlich überwiegt. Ob die Rollenwahl gerechtfertigt ist, kann auch davon
abhängen, dass der Unterhaltspflichtige zumutbare Vorsorgemaßnahmen zur Sicherstellung des Unterhalts der alten Familie trifft. Selbst im Fall eines zulässigen Rollentauschs muss der unterhaltspflichtige
Ehegatte im Übrigen – um die Beeinträchtigung der Unterhaltsansprüche der gleichrangigen weiteren
Berechtigten so gering wie möglich zu halten – seine häusliche Tätigkeit – gegebenenfalls unter
Inanspruchnahme einer (entgeltlichen) Betreuung des Kindes durch Dritte – auf das unbedingt notwendige Maß beschränken und grundsätzlich wenigstens eine Nebentätigkeit aufnehmen, um auch
zum Unterhalt seiner ersten Familie beitragen zu können. Diese Grundsätze gelten in besonderem

R557 Anhang R. Rechtsprechung

Maße, wenn der Unterhaltspflichtige vorher durch seine Erwerbstätigkeit für den finanziellen Familienunterhalt gesorgt hat. Der *Senat* hat im vorgenannten Urteil insoweit sogar die Frage aufgeworfen, ob es generell ausreichen kann, dass die andere Rollenverteilung zu einer wesentlich günstigeren Einkommenssituation der neuen Familie führt. Diese Frage kann im vorliegenden Fall indessen ebenfalls offen bleiben. Denn das BerGer. hat unabhängig davon keine Umstände festgestellt, die bei der gebotenen restriktiven Beurteilung die Übernahme der Haushaltsführung und Kinderbetreuung durch den Kl. rechtfertigen könnten.

Das BerGer. ist davon ausgegangen, dass die Lebensgefährtin des Kl. über ein monatliches Erwerbseinkommen von 2600 DM netto einschließlich Schichtzulagen verfügt. Es hat weiter angenommen, dass der als arbeitssuchend gemeldete Kl. dieses Einkommen nicht ohne weiteres erzielen könne. Der Bemessung des Unterhaltsbedarfs der Bekl. hat das BerGer. allerdings ein mögliches bereinigtes Erwerbseinkommen des Kl. von monatlich 2400 DM zu Grunde gelegt und damit zu erkennen gegeben, dass seiner Auffassung nach der Kl. bei Aufnahme einer Erwerbstätigkeit ein entsprechendes Einkommen erreichen könnte. Wenn das indessen der Fall ist, kann nicht von einer unverhältnismäßig günstigeren Einkommenssituation infolge des Rollentauschs ausgegangen werden. Dafür reicht die Einkommensdifferenz von 200 DM keinesfalls aus.

BGH v. 14. 3. 2001 – XII ZR 81/99 – FamRZ 01, 757 = NJW 01, 2170

R557 *(Gegenseitigkeitsprinzip, Orientierungsphase, Verzögerung der Ausbildung des Kindes)*

a 2 a) Im Ansatz zutreffend ist das BerGer. allerdings davon ausgegangen, dass der aus § 1610 II BGB folgende Anspruch eines Kindes auf Finanzierung einer angemessenen, seiner Begabung, Neigung und seinem Leistungswillen entsprechenden Berufsausbildung vom Gegenseitigkeitsprinzip geprägt ist. Der Verpflichtung des Unterhaltsschuldners, eine Berufsausbildung zu ermöglichen, steht auf Seiten des Unterhaltsberechtigten die Obliegenheit gegenüber, sie mit Fleiß und der gebotenen Zielstrebigkeit in angemessener und üblicher Zeit zu beenden. Zwar muss der Verpflichtete nach Treu und Glauben (§ 242 BGB) Verzögerungen der Ausbildungszeit hinnehmen, die auf ein vorübergehendes leichteres Versagen des Kindes zurückzuführen sind. Verletzt dieses aber nachhaltig seine Obliegenheit, seine Ausbildung planvoll und zielstrebig aufzunehmen und durchzuführen, büßt es seinen Unterhaltsanspruch ein und muss sich darauf verweisen lassen, seinen Lebensunterhalt durch Erwerbstätigkeit selbst zu verdienen (st. Rspr. des *Senats*, NJW 1984, 1961 = FamRZ 1984, 777; NJW 1987, 1557 = FamRZ 1987, 470 [471]; NJW 1993, 2238 = FamRZ 1993, 1057 [1059]; NJW 1998, 1555 = FamRZ 1998, 671 [672]). Aus dem Gegenseitigkeitsverhältnis folgt nicht nur die Obliegenheit des Kindes, die gewählte Ausbildung zügig durchzuführen. Die Rücksichtnahme auf die Belange der mit der Unterhaltszahlung belasteten Eltern erfordert es vielmehr auch, dass sich das Kind nach dem Abgang von der Schule innerhalb einer angemessenen Orientierungsphase für die Aufnahme einer seinen Fähigkeiten und Neigungen entsprechenden Ausbildung entscheidet (*Senat*, NJW 1998, 1555 = FamRZ 1998, 671 [672]).

b) Die Anwendung dieser Grundsätze führt indessen, wie die Revision zu Recht geltend macht, nach den bisher getroffenen Feststellungen nicht dazu, dass die Kl. keinen Ausbildungsunterhalt beanspruchen kann. Dass sie das Abitur erst mit 21 Jahren gemacht hat, ist im Wesentlichen auf ihre Auslandsaufenthalte zurückzuführen. Der einjährige Aufenthalt in den USA fand bereits ab Sommer 1986 statt und damit zu einer Zeit, als die Kl. noch minderjährig war. Den grundsätzlich sinnvollen Entschluss, ihr dieses Auslandsjahr zu ermöglichen, haben deshalb in erster Linie die Eltern zu verantworten. Bezüglich der weiteren Auslandsaufenthalte kann jedenfalls nicht ausgeschlossen werden, dass es sich hierbei auch um Reaktionen der Kl. auf die schwierigen häuslichen Verhältnisse handelte. Nach den bisher getroffenen Feststellungen kann ihr deshalb nicht angelastet werden, die Schulausbildung erst mit 21 Jahren beendet zu haben.

Wie die einem jungen Menschen zuzugestehende Orientierungsphase zu bemessen ist, muss von Fall zu Fall beurteilt werden. Maßgebende Kriterien sind dabei Alter, Entwicklungsstand und die gesamten Lebensumstände des Auszubildenden (*Senat*, NJW 1998, 1555 = FamRZ 1998, 671 [672]). Der Umstand, dass die Kl. sich nach dem Abitur nicht sogleich für eine Berufsausbildung entscheiden konnte, sondern zunächst in verschiedenen Bereichen arbeitete, um daraus Erkenntnisse für ihre Berufswahl zu gewinnen, steht einem Anspruch auf Ausbildungsunterhalt nicht entgegen. Die Orientierungsphase dient gerade dazu, einem in der Frage der Berufswahl unsicheren jungen Menschen die Entscheidung für einen Beruf zu erleichtern. Die hier etwa einjährige Dauer dieser Phase kann angesichts der gesamten Verhältnisse nicht als unangemessen lang angesehen werden, zumal nach dem Vorbringen der Kl. nicht ausgeschlossen werden kann, dass dies auch mit der Belastungssituation in ihrem Elternhaus zusammenhing, durch die sie in ihrer eigenen Lebensgestaltung verunsichert und in ihrer Entscheidungsfähigkeit beeinträchtigt gewesen sein kann, selbst wenn sie damals bereits in einer eigenen Wohnung lebte. Im August 1992 hat die Kl. sich dann zu einer Ausbildung als Heilpraktikerin entschlossen und ab November 1992 die Heilpraktiker-Schule in H. besucht. Nach ihrem Umzug nach

Anhang R. Rechtsprechung   R558

Baden-Württemberg hat sie die Ausbildung an einer Heilpraktiker-Schule in M. trotz der bestehenden widrigen Umstände, insbesondere der unzureichenden Unterhaltsleistungen und der damit zusammenhängenden Notwendigkeit, zur Bestreitung ihres weiteren Lebensunterhalts und der aufzubringenden Studiengebühren zu arbeiten, sowie ihrer – mehrere Krankenhausaufenthalte erfordernden – gesundheitlichen Beeinträchtigungen, an den Wochenenden im Wesentlichen durchgehend fortgesetzt, wie die von der Schule ausgestellten Testate belegen.

c) Ende Mai 1994 hat die Kl. die Ausbildung als Heilpraktikerin allerdings abgebrochen. Nach Auffassung des BerGer. kann nicht festgestellt werden, dass dies im Hinblick auf ein beabsichtigtes Medizinstudium erfolgte. Diese Annahme lässt indessen, wie die Revision zu Recht rügt, Vorbringen der Kl. außer Betracht.

Das vorgenannte Vorbringen der Kl. spricht indessen dafür, dass sie ihre Zukunft gerade nicht als Verwaltungsangestellte gesehen hat, sondern die Aufnahme des Medizinstudiums anstrebte. Die weitere Annahme des BerGer., sie habe nicht dargelegt, dass sie nicht schon früher mit dem Studium habe beginnen können, wird von der Revision ebenfalls zu Recht beanstandet. Dem Vorbringen der Kl. zufolge ist die Entscheidung für das Studium erst im Frühjahr 1994 gefallen. Dafür spricht zum einen der ergebnislos verlaufene Verständigungsversuch hierüber mit dem Bekl., der die Kl. zunächst veranlasst hat, sich über andere Finanzierungsmöglichkeiten zu informieren, und zum anderen die Fortführung der Heilpraktiker-Ausbildung bis Ende Mai 1994. Die nächste Möglichkeit, an dem medizinischen Eignungstest teilzunehmen, der nur einmal im Jahr stattfand, war demzufolge im November 1994 gegeben. Bei dieser Sachlage kann der Kl. aber mangelnde Zielstrebigkeit in ihrem (geänderten) Ausbildungsverhalten nicht vorgeworfen werden. Diesem Ergebnis steht nicht entgegen, dass sie ihre Tätigkeit als Verwaltungsangestellte zunächst fortgesetzt hat. Denn auf das daraus erzielte Erwerbseinkommen war sie zur Bestreitung ihres Lebensunterhalts angewiesen.

(Wechsel der Ausbildung)
Entgegen der Auffassung des BerGer. geht es vorliegend nicht um die Frage einer Weiter- oder **b** Zweitausbildung, sondern um die Erstausbildung der Kl., nachdem sie die Heilpraktiker-Ausbildung abgebrochen und ein Medizinstudium begonnen hat. Ein solcher Wechsel der Ausbildung ist unbedenklich, wenn er einerseits auf sachlichen Gründen beruht und andererseits unter Berücksichtigung der Gesamtumstände aus der Sicht des Unterhaltspflichtigen wirtschaftlich zumutbar ist. Für die Annahme eines hinreichenden Grundes kann etwa der Umstand sprechen, dass zwischen der abgebrochenen und der angestrebten Ausbildung ein sachlicher Zusammenhang besteht. Jedem jungen Menschen ist grundsätzlich zuzubilligen, dass er sich über seine Fähigkeiten irrt oder falsche Vorstellungen über den gewählten Beruf hat. Dabei wird ein Ausbildungswechsel um so eher zu akzeptieren sein, je früher er stattfindet. Dies folgt aus dem Gedanken, dass die schutzwürdigen Belange des Unterhaltspflichtigen es gebieten, sich möglichst frühzeitig darauf einrichten zu können, wie lange die Unterhaltslast dauern wird. Diese Belange erfordern es grundsätzlich auch, dass das Kind sich über seine geänderten Ausbildungspläne mit dem Unterhaltspflichtigen zu verständigen versucht (vgl. *Senat,* FamRZ 1981, 344 [346], und FamRZ 1981, 437 [439]; *Göppinger/Strohal,* 7. Aufl., Rn. 424; *Schwab/Borth,* 4. Aufl., Kap. V, Rn. 85; *Wendl/Scholz,* 5. Aufl., § 2 Rn. 71). Falls das BerGer. im weiteren Verfahren zu dem Ergebnis gelangen sollte, dass die Kl. ihre Ausbildungsobliegenheit nicht nachhaltig verletzt hat, wird es in tatrichterlicher Verantwortung unter Berücksichtigung aller Umstände des Falls über die Frage zu befinden haben, ob der Ausbildungswechsel von dem Bekl. hinzunehmen ist. Dabei wird im Rahmen der Beurteilung der zur Rechtfertigung des Ausbildungswechsels von der Kl. geltend gemachten Gründe auch zu berücksichtigen sein, dass gestörte häusliche Verhältnisse sich nach der Lebenserfahrung vielfach nachteilig auf die schulische und sonstige Entwicklung eines Kindes auswirken (vgl. *Senat,* FamRZ 1981, 437 [439], und NJW-RR 2000, 593 = FamRZ 2000, 420 [421]) und im Einzelfall auch zu Verunsicherungen und mangelndem Selbstvertrauen führen können. Solche Auswirkungen könnten auch zu der Entscheidung der Kl., Heilpraktikerin zu werden anstatt sogleich das wesentlich anspruchsvollere Medizinstudium zu wählen, beigetragen haben.

BVerfG v. 29. 3. 2001 – BvR 1766/92 – FamRZ 01, 985 = NJW 01, 2248

(Inhaltliche Kontrolle des Ehevertrags mit einer schwangeren Verlobten)   R558

1. Wie das *BVerfG* in seinem Urteil vom 6. 2. 2001 ausgeführt hat (NJW 2001, 957 = FamRZ 2001, 343), gilt auch für Eheverträge, dass bei einer besonders einseitigen Aufbürdung von vertraglichen Lasten und einer erheblich ungleichen Verhandlungsposition der Vertragspartner es zur Wahrung der Grundrechtspositionen beider Vertragsparteien aus Art. 2 I GG Aufgabe der Gerichte ist, durch vertragliche Inhaltskontrolle und gegebenenfalls durch Korrektur mit Hilfe der zivilrechtlichen Generalklauseln zu verhindern, dass sich für einen Vertragsteil die Selbstbestimmung in eine Fremdbestimmung verkehrt. Eheverträgen sind dort Grenzen zu setzen, wo jene nicht Ausdruck und Ergebnis gleichberechtigter Lebenspartnerschaft sind, sondern eine auf ungleichen Verhandlungspositionen ba-

sierende einseitige Dominanz eines Ehepartners widerspiegeln. Die Eheschließungsfreiheit rechtfertigt keine einseitige ehevertragliche Lastenverteilung. Ist ein Ehevertrag vor der Ehe und im Zusammenhang mit einer Schwangerschaft geschlossen worden, gebietet es auch Art. 6 IV GG, die Schwangere davor zu schützen, dass sie durch ihre Situation zu Vereinbarungen gedrängt wird, die ihren Interessen massiv zuwiderlaufen.

Schwangerschaft bei Abschluss eines Ehevertrags ist allerdings nur ein Indiz für eine mögliche vertragliche Disparität, das Anlass für eine stärkere richterliche Inhaltskontrolle des Ehevertrags gibt. Die Vermögenslage der Schwangeren sowie ihre berufliche Qualifikation und Perspektive sind weitere maßgebliche Faktoren, die ihre Situation bestimmen und bei der gerichtlichen Prüfung, ob sich die Schwangere bei Abschluss des Vertrags in einer unterlegenen Situation befunden hat, zu berücksichtigen sind.

Bringt jedoch der Inhalt des Ehevertrags ebenfalls eine Unterlegenheitsposition der nicht verheirateten Schwangeren durch ihre einseitige vertragliche Belastung und eine unangemessene Berücksichtigung ihrer Interessen zum Ausdruck, wird ihre Schutzbedürftigkeit offenkundig. Für die Beurteilung, ob die vertraglichen Vereinbarungen die Frau deutlich mehr belasten als den Mann, ist auch die familiäre Konstellation maßgeblich, die die Vertragspartner anstreben und ihrem Vertrag zu Grunde legen. Ein Verzicht auf gesetzliche Ansprüche bedeutet insbesondere für den Ehegatten eine Benachteiligung, der sich unter Aufgabe einer Berufstätigkeit der Betreuung des Kindes und der Arbeit im Hause widmen soll. Je mehr im Ehevertrag gesetzliche Rechte abbedungen werden, desto mehr kann sich der Effekt einseitiger Benachteiligung verstärken.

2. Dies hat das *OLG* in der angegriffenen Entscheidung verkannt. Es hat zwar hinsichtlich des im Ehevertrag enthaltenen Unterhaltsverzichts eine auf § 242 BGB gestützte Korrektur vorgenommen und der Bf. einen Anspruch gegen ihren Ehemann auf den notwendigen Unterhalt zuerkannt. Dabei hat sich das Gericht allerdings allein am Kindeswohl orientiert und damit daran, was notwendig ist, um die Pflege und Erziehung des Kindes durch die Mutter sicherzustellen. Die besondere Situation, in der sich die Bf. als Schwangere mit schon einem, noch dazu schwer behinderten und besonders betreuungsbedürftigen Kind bei Vertragsabschluss befunden hat und die allein schon deutliches Indiz für ihre Unterlegenheit als Vertragspartnerin gewesen ist, hat das Gericht dagegen nicht zum Anlass genommen, der Frage nachzugehen, ob der Ehevertrag die Bf. in unangemessener Weise belastet. So hat es auch nicht in seine Prüfung mit einbezogen, dass die Bf. auf sämtliche gesetzliche Ansprüche aus der Ehe verzichtet hat und dies in ihrer familiären und wirtschaftlich beengten Situation, obwohl eine einseitige vertragliche Benachteiligung der Bf. und damit ihre Schutzbedürftigkeit deutlich erkennbar war. Das Gericht hat diese Vertragskonstellation unter Hinweis auf die Freiheit der Lebensplanung des Ehemanns nicht zum Anlass genommen, den gesamten Vertragsinhalt einer Kontrolle zu unterziehen, und damit verkannt, dass diese Freiheit nicht die Freiheit zu einer unangemessenen einseitigen vertraglichen Interessendurchsetzung eröffnet. Das Gericht ist somit seiner aus Art. 2 I i. V. mit Art. 6 IV GG folgenden Schutzpflicht gegenüber der Bf. nicht gerecht geworden.

BGH v. 11. 4. 2001 – XII ZR 152/99 – FamRZ 01, 1603 = NJWE-FER 2001, 253

(Unterhaltsbemessung nach konkretem Bedarf beim Kindesunterhalt)

Die hiergegen gerichteten Angriffe der Revision gehen – jedenfalls im Ergebnis – fehl. Gem. § 1610 BGB bestimmt sich das Maß des zu gewährenden Unterhalts nach der Lebensstellung des Bedürftigen. Die Lebensstellung minderjähriger Kinder richtet sich – angesichts der wirtschaftlichen Unselbstständigkeit der Kinder – nach der Lebensstellung der Eltern. Für den Unterhalt von Kindern aus geschiedenen Ehen, die bei dem sie betreuenden sorgeberechtigten Elternteil leben, sind regelmäßig die Einkommensverhältnisse des barunterhaltspflichtigen Elternteils maßgebend. Es entspricht einer vom *Senat* gebilligten Praxis, sich bei der Bemessung des in diesem Sinne angemessenen Unterhalts an den von den OLG entwickelten Tabellenwerken zu orientieren. Die Einkommensgruppen der Tabellen sind nach oben begrenzt; für ein 8000 DM übersteigendes Nettoeinkommen verweist die Düsseldorfer Tabelle auf die Umstände des Einzelfalls. Bezieht der Unterhaltspflichtige – wie im vorliegenden Fall geltend gemacht – ein höheres Einkommen, können die Sätze der Düsseldorfer Tabelle nicht schematisch fortgeschrieben werden; vielmehr bewendet es grundsätzlich dabei, dass der Unterhaltsberechtigte seinen Bedarf darlegen und beweisen muss (*Senat*, NJW 2000, 954 = FamRZ 2000, 358 [359]). An diese Darlegungslast dürfen zwar keine übertriebenen Anforderungen gestellt werden; vielmehr muss auch bei höherem Elterneinkommen sichergestellt bleiben, dass Kinder in einer ihrem Lebensalter entsprechenden Weise an einer Lebensführung teilhaben, die der besonders günstigen wirtschaftlichen Situation ihrer Eltern Rechnung trägt. Welche Bedürfnisse des Unterhaltsberechtigten auf dieser Grundlage zu befriedigen sind und welche Wünsche des Unterhaltsberechtigten indes als bloße Teilhabe am Luxus nicht erfüllt werden müssen, kann nicht allgemein gesagt, sondern nur unter Würdigung der besonderen Verhältnisse der Betroffenen – namentlich auch einer Gewöhnung des Unterhaltsberechtigten an einen von seinen Eltern während des Zusammenlebens gepflogenen auf-

Anhang R. Rechtsprechung   R561

wendigen Lebensstil – festgestellt werden. Diese Gesamtumstände und Bedürfnisse müssen deshalb nach Maßgabe der hierzu vom *Senat* (NJW 2000, 954 = FamRZ 2000, 358 [359]) aufgestellten Grundsätze vom Unterhaltsberechtigten näher dargelegt werden.

BGH v. 10. 5. 2001 – XII ZR 108/99 – FamRZ 01, 1068 = NJW 01, 2633

(Allgemeine Schulausbildung im Sinne des § 1603 II 2 BGB)   R561

2 b) Was unter dem Begriff „allgemeine Schulausbildung" zu verstehen ist, ist der Vorschrift des   a
§ 1603 II 2 BGB nicht zu entnehmen. Regelungen, die den Besuch von (weiterführenden) allgemeinbildenden Schulen betreffen, finden sich etwa in § 2 I Nr. 1 BAföG und § 26 II Nr. 1 BSHG. Nach § 2 I Nr. 1, I a BAföG wird Ausbildungsförderung unter anderem für den Besuch von weiterführenden allgemeinbildenden Schulen geleistet, wenn der Auszubildende nicht bei seinen Eltern wohnt und die weiteren Voraussetzungen des § 2 BAföG erfüllt sind. § 1603 II 2 BGB trifft demgegenüber eine Regelung für den Fall, dass das volljährige, sich in einer allgemeinen Schulausbildung befindende, unverheiratete Kind im Haushalt seiner Eltern oder eines Elternteils lebt. Im Hinblick darauf erscheint es im Interesse einer einheitlichen Rechtsanwendung sachgerecht, den Begriff der allgemeinen Schulausbildung in § 1603 II 2 BGB unter Heranziehung der zu § 2 I Nr. 1 BAföG entwickelten Grundsätze auszulegen (*Häußermann*, in: FamRefK, § 1603 Rn. 8; *Erman/Holzhauser*, BGB, 10. Aufl., § 1603 Rn. 37; *Schwab/Borth*, 4. Aufl., Kap. V Rn. 129 Fußn. 45; *OLG Zweibrücken*, OLGR 2001, 15).

c) Nach diesen Grundsätzen ist der Begriff der allgemeinen Schulausbildung in drei Richtungen einzugrenzen, nämlich nach dem Ausbildungsziel, der zeitlichen Beanspruchung des Schülers und der Organisationsstruktur der Schule (*Häußermann*, in: FamRefK, § 1603 Rn. 8; *Erman/Holzhauer*, § 1603 Rn. 37; im Ergebnis ebenso *Wendl/Scholz*, 5. Aufl., § 2 Rdnrn. 457 ff.).

aa) Ziel des Schulbesuchs muss der Erwerb eines allgemeinen Schulabschlusses als Zugangsvoraussetzung für die Aufnahme einer Berufsausbildung oder den Besuch einer Hochschule oder Fachhochschule sein, also jedenfalls der Hauptschulabschluss, der Realschulabschluss, die fachgebundene oder die allgemeine Hochschulreife. Diese Voraussetzung ist beim Besuch der Hauptschule, der Gesamtschule, der Realschule, des Gymnasiums und der Fachoberschule immer erfüllt (*Häußermann*, in: FamRefK, § 1603 Rn. 9; *Erman/Holzhauser*, § 1603 Rn. 37; *Wendl/Scholz*, § 2 Rn. 459; *Schwab/Borth*, Kap. V Rn. 129 Fußn. 45; *Kalthoener/Büttner/Niepmann*, 7. Aufl., Rn. 152; *Palandt/Diederichsen*, BGB, 60. Aufl., § 1603 Rn. 56; vgl. auch *Rothe/Blanke*, BAföG, 5. Aufl., § 2 Rdnrn. 4 ff.). Anders zu beurteilen ist der Besuch einer Schule, die neben allgemeinen Ausbildungsinhalten bereits eine auf ein konkretes Berufsbild bezogene Ausbildung vermittelt.

Auf die Rechtsform der Schule kommt es dagegen nicht an. Ob die genannten Ausbildungsgänge vom Staat, der Gemeinde, den Kirchen oder von Privatschulen angeboten werden, ist für die Frage der Privilegierung eines Kindes nach § 1603 II 2 BGB nicht von Bedeutung. Einer Schulausbildung steht es daher gleich, wenn ein Kind, ohne einen Beruf auszuüben, allgemeinbildenden Schulunterricht in Form von Privat- und Abendkursen erhält, der dem Ziel dient, eine staatlich anerkannte allgemeine Schulabschlussprüfung abzulegen, soweit auch die im Folgenden genannten weiteren Voraussetzungen erfüllt sind (*Häußermann*, in: FamRefK, § 1603 Rn. 40; *Wendl/Scholz*, § 2 Rn. 460).

bb) Was die zeitlichen Voraussetzungen des Unterrichts anbelangt, ist zu fordern, dass die Schulausbildung die Zeit und die Arbeitskraft des Kindes voll oder zumindest überwiegend in Anspruch nimmt, eine Erwerbstätigkeit, durch die der Schüler seinen Lebensunterhalt verdienen könnte, neben der Schulausbildung also nicht möglich ist. Dieses Erfordernis ist jedenfalls erfüllt, wenn die Unterrichtszeit 20 Wochenstunden beträgt, weil sich unter Berücksichtigung der für die Vor- und Nacharbeit erforderlichen Zeiten sowie eventueller Fahrtzeiten eine Gesamtbelastung ergibt, die die Arbeitskraft im Wesentlichen ausfüllt (*Häußermann*, in: FamRefK, § 1603 Rn. 10; *Wendl/Scholz*, § 2 Rn. 459; *Rothe/Blanke*, § 2 Rn. 34).

cc) Schließlich setzt die Annahme einer Schulausbildung die Teilnahme an einem kontrollierten Unterricht voraus. Diese Bedingung ist grundsätzlich gegeben, wenn die Schule in einer Weise organisiert ist, dass eine Stetigkeit und Regelmäßigkeit der Ausbildung gewährleistet ist, wie sie dem herkömmlichen Schulbesuch entspricht, die Teilnahme also nicht etwa der Entscheidung des Schülers überlassen ist (*Häußermann*, in: FamRefK, § 1603 Rn. 11).

3. Danach kann die Annahme, die Bekl. habe sich vom 1. 7. 1998 an nicht in einer allgemeinen Schulausbildung befunden, keinen Bestand haben. Sie hat die Volkshochschule besucht, um einen allgemeinen Schulabschluss, den Realschulabschluss, zu erwerben. Dass der Besuch der Volkshochschule eine abgeschlossene Berufsausbildung voraussetzt, ist weder festgestellt noch sonst ersichtlich. Was den zeitlichen Aufwand des Schulbesuchs anbelangt, beläuft sich nach dem insoweit nicht bestrittenen, auf die vorgelegten Bescheinigungen der Volkshochschule gestützten Vortrag der Bekl. die Unterrichtszeit auf 20 Wochen(schul)stunden (montags bis donnerstags von 18.30 Uhr bis 21.30 Uhr und freitags von 18 Uhr bis 21 Uhr); weitere zehn bzw. – ab dem zweiten Schuljahr – 20 Wochenstunden sind im Durchschnitt für die erforderliche Vor- bzw. Nachbereitung anzusetzen. Das spricht

vom Umfang her dafür, dass die Arbeitskraft der Bekl. – bei Zugrundelegung von Durchschnittswerten für die Gesamtdauer des Lehrgangs – überwiegend ausgefüllt ist, so dass die Aufnahme einer Erwerbstätigkeit nicht erwartet werden kann. Ob an der Volkshochschule die Teilnahme an einem kontrollierten Unterricht gewährleistet ist, hat das BerGer. bisher nicht festgestellt. Sollte dies der Fall sein, so wird die Bekl. nach den bisher getroffenen Feststellungen aber als i. S. des § 1603 II 2 BGB privilegiertes Kind zu behandeln sein.

(Unterbrechung der allgemeinen Schulausbildung)

b Dieser Annahme steht nicht entgegen, dass die Bekl. den Schulbesuch erst nach Eintritt der Volljährigkeit wieder aufgenommen hat. Das BerGer. ist für den Zeitraum vor dem 1. 7. 1998 davon ausgegangen, dass dem Grunde nach ein Unterhaltsanspruch der Bekl. bestehe, weil ihr die durch die schwere psychische Erkrankung der Mutter zumindest mitverursachte Schulunterbrechung unterhaltsrechtlich nicht vorgeworfen werden könne. Gegen diese Auffassung bestehen rechtlich keine Bedenken. Die Bekl. würde durch die Unterbrechung des Schulbesuchs unterhaltsrechtlich einen Nachteil erleiden, wenn hiervon die Frage der Teilnahme an einer allgemeinen Schulausbildung berührt würde. Das ist nach der Vorschrift des § 1603 II 2 BGB indessen nicht der Fall. Danach kommt es nicht darauf an, dass der Schulbesuch über den Eintritt der Volljährigkeit des Kindes hinaus ununterbrochen andauert. Das Gesetz stellt vielmehr ohne weitere Differenzierungen darauf ab, ob sich ein Kind in der allgemeinen Schulausbildung befindet. Das kann auch nach einer Unterbrechung der früher begonnenen schulischen Ausbildung anzunehmen sein.

BGH v. 23. 5. 2001 – XII ZR 148/99 – FamRZ 01, 1601 = NJW-RR 02, 1

R562 *(Abitur – Lehre – Studium; enger sachlicher und zeitlicher Zusammenhang)*

a 1 a) Nach § 1610 II BGB umfasst der Unterhalt eines Kindes die Kosten einer angemessenen Ausbildung zu einem Beruf. Darunter ist eine Berufsausbildung zu verstehen, die der Begabung und den Fähigkeiten, dem Leistungswillen und den beachtenswerten Neigungen des Kindes am besten entspricht und die sich in den Grenzen der wirtschaftlichen Leistungsfähigkeit der Eltern hält. Haben Eltern ihrem Kind – wie hier der Bekl. der Kl. – eine angemessene Berufsausbildung in dem dargelegten Sinn zukommen lassen, so sind sie nach der ständigen Rechtsprechung des Senats nicht verpflichtet, die Kosten einer weiteren Ausbildung zu tragen. Ausnahmen von diesem Grundsatz sind nur unter besonderen Umständen angenommen worden – etwa wenn sich nachträglich herausstellt, dass die erste Ausbildung auf einer deutlichen Fehleinschätzung der Begabung des Kindes beruhte, wenn die weitere Ausbildung zweifelsfrei als eine bloße Weiterbildung anzusehen ist und die Weiterbildung von vornherein angestrebt b) Für die Fälle, in denen das Kind nach Erlangung der Hochschulreife zunächst eine praktische Ausbildung durchlaufen hat und es sodann darum geht, ob die Eltern ein sich hieran anschließendes Hochschulstudium zu finanzieren haben, hat der Senat diese Grundsätze modifiziert (*BGHZ* 107, 376 [379 ff.] = NJW 1989, 2253 = FamRZ 1989, 853 [854 ff.]; seither st. Rspr.). In diesen „Abitur-Lehre-Studium-Fällen" umfasst der Unterhalt auch die Kosten eines Hochschulstudiums, wenn dieses mit den vorangegangenen Ausbildungsabschnitten in einem engen zeitlichen und sachlichen Zusammenhang steht und die Finanzierung des Ausbildungsgangs den Eltern wirtschaftlich zumutbar ist. Es kann dahinstehen, ob der Besuch des „FTO-Fachinstituts" eine der Lehre vergleichbare praktische Ausbildung darstellt. Jedenfalls fehlt es an dem erforderlichen Zusammenhang dieser Ausbildung mit dem von der Kl. später aufgenommenen Studium der Volkswirtschaftslehre.

Das OLG hat zwar das Vorliegen eines sachlichen Zusammenhangs zwischen der Ausbildung zur „Europa-Sekretärin" und dem anschließenden Studium mit Abschluss als Diplom-Volkswirtin bejaht. Wie sich aus den Ausbildungsplänen des „FTO-Fachinstituts" und des Studiums ergebe, griffen beide Lerngebiete ineinander über; beide seien wirtschaftlich und sprachlich orientiert. Mit dieser Begründung werden die Anforderungen an die Einheitlichkeit des Ausbildungsganges, die § 1610 II BGB in dem Merkmal der Vorbildung zu einem Beruf grundsätzlich voraussetzt, jedoch nur unzulänglich wiedergegeben. Zu fordern ist hierfür vielmehr ein enger sachlicher Zusammenhang. Praktische Ausbildung und Studium müssen, wenn sie – wie hier – nicht ohnehin derselben Berufssparte angehören, so aufeinander bezogen sein, dass das eine für das andere eine fachliche Ergänzung, Weiterführung oder Vertiefung bedeutet oder dass die praktische Ausbildung eine sinnvolle Vorbereitung auf das Studium darstellt (*BGHZ* 107, 376 [382] = NJW 1989, 2253 = FamRZ 1989, 853 [855]). Diese Voraussetzung ist vom OLG nicht festgestellt. Die von dem „FTO-Fachinstitut" vermittelten Fremdsprachenkenntnisse mögen für ein späteres Studium und den weiteren beruflichen Werdegang eines Auszubildenden hilfreich sein; sie reichen für sich genommen aber nicht aus, um einen engen Zusammenhang der die Fremdsprachenkenntnisse vermittelnden Ausbildung zu später aufgenommenen und nicht artverwandten Studiengängen zu begründen (vgl. *Senat*, NJW 1993, 2238 = FamRZ 1993, 1057 [1058]). Ebenso ist nicht ersichtlich, ob die in den Ausbildungsplänen dieses Instituts aufgeführten wirtschaftlich orientierten Lerngebiete, auf die das OLG abstellt, speziell auf das Berufsbild einer Sekretärin zugeschnitten sind und insoweit das schwerpunktmäßig auf Textverarbeitung zielende Unterrichtsprogramm abrunden, oder ob sie darüber hinaus nach Qualität, Umfang und Intensität der Wissensvermittlung als Grundlegung für ein späteres Studium der Volkswirtschaftslehre geeignet und – auch unter dem Gesichtspunkt der finanziellen Lasten, die eine dem Studium vorgeschaltete entgeltpflichtige Ausbildung an einer privaten Schule mit sich bringt – sinnvoll und dem Unterhaltspflichtigen als Vorstufe zum Studium zumutbar sind.

Im Übrigen fehlt es auch an dem erforderlichen zeitlichen Zusammenhang zwischen der im September 1990 abgeschlossenen Ausbildung zur „Europa-Sekretärin" und dem erst im Oktober 1992 – nach rund zweijähriger Berufstätigkeit als Sekretärin – aufgenommenen Studium. Das OLG hat den Vortrag der Kl., eine rechtzeitige Bewerbung um einen Studienplatz sei ihr auf Grund des Scheidungsverfahrens der Eltern nicht möglich gewesen, insoweit zutreffend für nicht durchgreifend erachtet: Zwar ist der zeitliche Zusammenhang auch dann als gewahrt anzusehen, wenn die zwischen der praktisch-beruflichen Ausbildung und dem Studienbeginn des Kindes vergangene Zeit auf zwangsläufige, dem Kind nicht anzulastende Umstände zurückzuführen ist. Dabei kann beispielsweise von Bedeutung sein, ob die familiären Schwierigkeiten zu einer nachhaltigen Entwicklungsstörung bei dem Kind geführt haben und die Verzögerung bei der Aufnahme des Studiums als nicht vorwerfbar oder doch als nur leichteres Versagen erscheinen lassen (Senat, NJW-RR 1990, 327 = FamRZ 1989, 149 [150]). So liegen die Dinge hier jedoch nicht: Die bei der Trennung der Eltern 20-jährige Kl. hat keine Beeinträchtigung ihrer Persönlichkeitsentwicklung geltend gemacht, die für die spätere Herausbildung ihrer endgültigen Berufsvorstellungen ursächlich geworden ist. Sie hat auch nicht vorgetragen, wann welche ihrer beruflichen oder berufsvorbereitenden Entscheidungen in welcher Weise durch welche familiären Ereignisse beeinflusst, verhindert oder erschwert worden sind. Fest steht allerdings, dass die Kl. ihre Ausbildung zur „Europa-Sekretärin" rund eineinhalb Jahre nach der Trennung ihrer Eltern mit der Note „sehr gut" abgeschlossen und anschließend rund zwei Jahre in dem erlernten Beruf gearbeitet hat. Wie die Kl. in ihrem vom BerGer. in Bezug genommenen Schreiben vom 7. 11. 1992 verdeutlicht hat, haben erst diese beruflichen Erfahrungen mit einer von der Kl. als „erniedrigend" empfundenen Tätigkeit ihren Studienwunsch reifen lassen. Auch vor diesem Hintergrund ist nicht erkennbar, inwieweit der Streit ihrer Eltern um das gemeinsame Haus und Teile des Hausrats einen zügigen Studienbeginn nach Abschluss der „FTO"-Ausbildung gehindert haben könnte.

c) Das OLG hält den Bekl. gleichwohl – unter Hinweis auf § 1610 II i. V. mit § 242 BGB – für verpflichtet, der Kl. Ausbildungsunterhalt für ihr Studium zu bezahlen, weil er sich durch seine Erklärungen und seine jedenfalls bis September 1993 vorbehaltlosen Unterhaltszahlungen selbst gebunden habe.

(Kein Unterhaltsanspruch allein aus § 242 BGB)
Fehlt es – wie hier – an den tatbestandlichen Voraussetzungen für einen gesetzlichen Unterhaltsanspruch, so kann die Berufung auf Treu und Glauben das fehlende Tatbestandsmerkmal nicht ersetzen und gleichwohl eine gesetzliche Unterhaltsschuld begründen. Eine andere Frage ist, ob und bejahendenfalls unter welchen Voraussetzungen sich aus der für Eltern und Kindern in § 1618a BGB wechselseitig begründeten Pflicht zu Beistand und Rücksichtnahme im Einzelfall ausnahmsweise auch eine Verpflichtung eines Elternteils ergeben kann, Zahlungen, die er in der Vergangenheit an das Kind ohne Rechtspflicht erbracht hat, für einen begrenzten Zeitraum fortzusetzen, wenn das Kind auf die Fortdauer dieser Zahlungen vertrauen durfte und in diesem berechtigten Vertrauen Dispositionen getroffen hat, die sich nicht sofort und ohne erhebliche Nachteile für das Kind rückgängig machen lassen. Diese Frage braucht indes nicht entschieden zu werden; denn ein solcher Fall liegt hier nicht vor: Der Bekl. hat der Kl. bereits bei ihrem Gespräch im Sommer 1992, in dem die Kl. dem Bekl. erstmals von ihren Studienplänen berichtete, erklärt, dass es sich bei dieser Zweitausbildung um ihre „Privatsache" handele; auch in der Folgezeit hat der Bekl. keinen Zweifel daran gelassen, dass ihn keine gesetzliche Verpflichtung trifft, die Kl. für die Dauer der von ihr begonnenen Zweitausbildung zu unterhalten.

b

BGH v. 13. 6. 2001 – XII ZR 343/99 – FamRZ 01, 986 = NJW 01, 2254

(Grundsätzliche Änderung der Rechtsprechung zu den ehelichen Lebensverhältnissen bei Haushaltsführung durch einen Ehegatten)

R563

2. Gemäß § 1573 II BGB kann die Kl. nach der Scheidung einen so genannten Aufstockungsunterhalt in Höhe des Unterschiedsbetrags zwischen ihren eigenen Einkünften und dem vollen Unterhalt (§ 1578 BGB) verlangen, wenn ihre Einkünfte aus einer angemessenen Erwerbstätigkeit zum vollen Unterhalt nicht ausreichen. Das Gesetz knüpft dabei an den Unterhaltsmaßstab der ehelichen Lebensverhältnisse in § 1578 BGB an, ohne dort allerdings im Einzelnen zu definieren, welche Umstände diese Lebensverhältnisse bestimmen, und ohne den für die Beurteilung maßgeblichen Zeit-

a

punkt festzulegen. Nach den bislang vom Senat zur Ausfüllung dieses Rechtsbegriffs entwickelten Grundsätzen werden die ehelichen Lebensverhältnisse im Wesentlichen durch die bis zur Scheidung nachhaltig erzielten tatsächlichen Einkünfte der Ehegatten bestimmt, soweit sie dazu vorgesehen waren, den laufenden Lebensunterhalt zu decken (vgl. grundlegend *Senat,* NJW 1981, 1609 = FamRZ 1981, 539 [541]; NJW 1982, 1873 = FamRZ 1982, 255 [257]; NJW 1983, 1483 = FamRZ 1983, 144 [146], und seither ständig; w. Nachw. bei Lohmann, Neue Rspr. des BGH z. FamilienR, 8. Aufl., Rdnrn. 110 f.). Zwar hat der Senat die Haushaltsführung eines nicht erwerbstätigen Ehegatten einschließlich der Kinderbetreuung wirtschaftlich betrachtet der Erwerbstätigkeit und der durch diese ermöglichten Geldunterhaltsleistung des anderen Ehegatten als grundsätzlich gleichwertig angesehen. Er hat aber entscheidend darauf abgehoben, dass an Barmitteln, die zum Lebensunterhalt zur Verfügung stehen, nur die Einkünfte des erwerbstätigen Ehegatten vorhanden sind und daher die für die Unterhaltsbemessung maßgeblichen ehelichen Lebensverhältnisse grundsätzlich durch diese Einkünfte und nicht entscheidend durch den wirtschaftlichen Wert der von beiden Ehegatten erbrachten Leistungen geprägt werden (*Senat,* NJW 1985, 305 = FamRZ 1985, 161 [163]; NJW 1987, 58 = FamRZ 1986, 783 [785]). Da die Scheidung den Endpunkt für die Entwicklung der ehelichen Lebensverhältnisse setzt, können diese nach diesen Grundsätzen nicht mehr durch Einkünfte mitgeprägt werden, die erst durch eine spätere Arbeitsaufnahme oder Ausdehnung einer Teilzeittätigkeit hinzutreten. Hat der unterhaltsberechtigte Ehegatte während der Ehe (nur) den Haushalt geführt und gegebenenfalls Kinder betreut, bestimmt sich daher das Maß seines eheangemessenen Unterhalts grundsätzlich nur nach einer Quote des tatsächlich erzielten und zum Lebensunterhalt zur Verfügung stehenden Einkommens des erwerbstätigen Ehegatten. Diese Quote erhöht sich gegebenenfalls um trennungsbedingten Mehrbedarf, den der unterhaltsberechtigte Ehegatte konkret darlegen muss (*Senat,* NJW 1982, 1873 = FamRZ 1982, 255 [257], und NJW 1984, 292 = FamRZ 1984, 149 [151]). Einkommen, das der unterhaltsberechtigte Ehegatte nach der Scheidung durch erstmalige Aufnahme (vgl. *Senat,* NJW 1981, 1609 = FamRZ 1981, 539 [541]; NJW 1982, 1873 = FamRZ 1982, 255 [257]) oder durch Erweiterung einer bereits innegehabten Teilzeitarbeit (vgl. *Senat,* NJW 1982, 1873 = FamRZ 1982, 255 [257]) erzielt, bleibt daher bei der Bemessung des Unterhaltsbedarfs nach den ehelichen Lebensverhältnissen außer Betracht. Vielmehr muss er sich dieses Einkommen nach dem Grundsatz wirtschaftlicher Eigenverantwortung auf die Quote bedarfsdeckend anrechnen lassen (§§ 1569, 1577 I BGB; so genannte Anrechnungsmethode, vgl. *Senat,* NJW 1981, 1609 = FamRZ 1981, 539 [541]; NJW 1985, 305 = FamRZ 1985, 161 [163]; NJW 1985, 305 = FamRZ 1985, 161 [163]). Hat der unterhaltsberechtigte Ehegatte demgegenüber seine Tätigkeit schon während der Ehe aufgenommen, fließt sein daraus erzieltes Einkommen als die ehelichen Lebensverhältnisse prägend (und damit letztlich unterhaltserhöhend) in die Bedarfsbemessung nach § 1578 BGB mit ein. Sein Unterhalt kann dann im Wege der so genannten Differenzmethode nach einer Quote der Differenz der beiderseits erzielten (bereinigten) Einkommen bemessen werden, ohne dass der so berechnete „Quotenunterhalt" allerdings die Gewähr bietet, den vollen, nach den ehelichen Lebensverhältnissen bemessenen Unterhaltsbedarf abzudecken (vgl. *Senat,* NJW 1984, 1237 = FamRZ 1984, 358 [360] m. w. Nachw.). Die Berechnung kann auch im Wege der so genannten Additionsmethode erfolgen, indem eine Quote aus den zusammengerechneten beiderseitigen (bereinigten) Einkommen gebildet wird und darauf sowohl die prägenden wie die nicht prägenden Einkünfte des unterhaltsberechtigten Ehegatten angerechnet werden. Differenz- und Additionsmethode führen danach – bei beiderseits bereinigtem Einkommen – rechnerisch zum selben Ergebnis, wobei die Differenzmethode lediglich eine Verkürzung darstellt (zu den verschiedenen Methoden vgl. *Wendl/Gerhardt,* 5. Aufl., § 4 Rdnrn. 386 ff.; *Schwab/Borth,* 4. Aufl., IV Rdnrn. 933 ff.).

Eine Ausnahme von diesen Grundsätzen zur Bestimmung der ehelichen Lebensverhältnisse hat der *Senat* unter anderem in einem Fall zugelassen, in dem die Ehefrau nach der Trennung ihre bisher in der Ehe ausgeübte Halbtagstätigkeit in eine Ganztagstätigkeit ausgeweitet hatte, nachdem das Kind 16 Jahre alt geworden war. Er hat dazu ausgeführt, dass das Heranwachsen eines Kindes in aller Regel dem betreuenden Elternteil die Möglichkeit eröffne, eine Vollzeitbeschäftigung aufzunehmen. Er hat in diesem Zusammenhang entscheidend darauf abgestellt, ob die Aufnahme oder Ausweitung der Erwerbstätigkeit bereits in der Ehe geplant und angelegt war und damit auch ohne die Trennung erfolgt wäre (*BGHZ* 89, 108 [113] = NJW 1984, 292 = FamRZ 1984, 149 [150]). In diesem Fall war das erhöhte Einkommen der Ehefrau bereits bei der Bemessung des Unterhaltsbedarfs zu berücksichtigen und in die Differenzrechnung einzustellen. Ebenso ist er in einem Fall verfahren, in dem die Ehefrau nach der Heirat ihren Beruf aufgab, den Haushalt und die Kinder betreute und den Ehemann in dessen Tierarztpraxis unterstützte, nach der Trennung, als die Kinder waren inzwischen 17 und 18 Jahre alt – zunächst ihren erlernten Beruf als Medizinisch-Technische Assistentin im Rahmen einer Teilzeitbeschäftigung wiederaufnahm und diese noch vor der Scheidung zu einer Ganztagstätigkeit ausweitete. Der Senat hat ihren Einkünften prägenden Einfluss auf die ehelichen Lebensverhältnisse zugemessen, weil ihre Arbeitsaufnahme im Rahmen einer normalen Entwicklung lag (*Senat,* NJW 1982, 2439 = FamRZ 1982, 892 [893]). Erfolgte die Arbeitsaufnahme dagegen erst nach der Schei-

Anhang R. Rechtsprechung   **R563**

dung, erhöhte das daraus erzielte Einkommen nach den bisherigen Grundsätzen den Unterhaltsbedarf nach § 1578 BGB auch dann nicht, wenn ein entsprechender Lebensplan schon vor der Trennung bestanden hatte, so dass ein späteres Erwerbseinkommen im Wege der Anrechnungsmethode auf den Unterhaltsbedarf anzurechnen war und den Unterhalt beschränkte (*Senat*, NJW 1987, 58 = FamRZ 1986, 783 [785]).

4. Der Rechtsprechung des Senats, dass sich die ehelichen Lebensverhältnisse nur durch die vorhandenen Barmittel, nicht aber auch durch den wirtschaftlichen Wert der von dem haushaltsführenden Ehegatten erbrachten Leistungen bestimmen sollen, wird entgegengehalten, dass sie den Ehegatten benachteilige, der um der Familie und Kinder willen oder um dem anderen erwerbstätigen Ehegatten ein besseres berufliches Fortkommen zu ermöglichen, auf eine eigene Erwerbstätigkeit (und damit auch auf eine höhere Alterssicherung) verzichtet. Die Bemessungsweise nach der so genannten Anrechnungsmethode führe vollends zu Unbilligkeiten, wenn in der Ehe ein Teil des Erwerbseinkommens zur Vermögensbildung gespart worden sei und nicht zum allgemeinen Lebensbedarf zur Verfügung gestanden habe.

Das als ungerecht empfundene Ergebnis der Unterhaltsbemessung bei nachehelicher Aufnahme einer Erwerbstätigkeit wurde in der Literatur stets kritisch beurteilt (vgl. unter anderem *Büttner*, FamRZ 1984, 534 [536]; *Hampel*, FamRZ 1984, 621 [624 f.]; *Laier*, FamRZ 1993, 392; *Luthin*, FamRZ 1988, 1109 [1113]), ist aber nunmehr angesichts des Wandels der sozialen Wirklichkeit seit Einführung der Eherechtsreform verstärkt in das Blickfeld geraten (vgl. unter anderem *Johannsen/Henrich/Büttner*, EheR, 3. Aufl., § 1573 Rn. 30; *Heiß/Heiß*, I Kap. 5.7, Rdnrn. 21 ff., 26; *Kalthoener/Büttner/Niepmann*, Rspr. zur Höhe des Unterhalts, 7. Aufl., Rdnrn. 440, 445; *Schwab/Borth*, IV Rdnrn. 853, 945; *Gerhardt/v. Heintschel-Heinegg/Klein*, Hdb. des Fachanwalts FamilienR, 3. Aufl., Kap. 6 Rdnrn. 403 a ff.; *Göppinger/Bäumel*, 7. Aufl., Rn. 1073; *Maurer*, in: MünchKomm, 4. Aufl., § 1578 Rn. 129; 59; *Palandt/Brudermüller*, BGB, 60. Aufl., § 1578 Rn. 31; *Born*, FamRZ 1999, 541 [547]; *ders.*, MDR 2000, 981; *Büttner*, FamRZ 1999, 893; *Borth*, FamRZ 2001, 193; *Gerhardt*, FamRZ 2000, 134; *Gerhardt/Gutdeutsch*, FuR 1999, 241; *Graba*, FamRZ 1999, 1115).

Als Hauptargumente werden angeführt: Die ehebedingte Beschränkung infolge des Verzichts auf eine eigene berufliche Tätigkeit könne auf dem Wege der Anrechnungsmethode zu einer dauerhaften Beschränkung des Lebensstandards des unterhaltsberechtigten Ehegatten führen, die auch durch die Zubilligung eines trennungsbedingten Mehrbedarfs nur teilweise abgemildert werde. Dies laufe der vom Gesetzgeber gewollten Lebensstandardgarantie des geschiedenen Ehegatten in §§ 1573 II, 1578 I BGB, der in §§ 1356, 1360 S. 2, 1606 III 2 BGB vorgegebenen Gleichwertigkeit von Erwerbstätigkeit einerseits, Haushaltsführung und Kindesbetreuung andererseits, sowie dem Benachteiligungsverbot des Art. 6 I und II GG zuwider, der jede belastende Differenzierung verbiete, die eine Folge der Übernahme familiärer Pflichten sei (vgl. BVerfGE 99, 216 = NJW 1999, 557 = FamRZ 1999, 285 [288]). Denn die ehelichen Lebensverhältnisse würden nicht nur durch die vorhandenen Barmittel des erwerbstätigen Ehegatten, sondern auch durch den Einsatz des haushaltsführenden Ehegatten für die Familie mitbestimmt. Eine zuverlässige Feststellung, ob und gegebenenfalls in welchem Umfang eine später (wieder)aufgenommene oder erweiterte Erwerbstätigkeit bereits in der Ehe angelegt gewesen sei und (im Vorgriff) die ehelichen Lebensverhältnisse geprägt habe, so dass auch die aus der (späteren) Erwerbstätigkeit erzielten Mittel als prägendes Einkommen in die Unterhaltsbemessung nach der Differenzmethode einfließen könnten, sei selten möglich. Die Rechtsprechung führe daher zu Zufallsergebnissen, je nach dem, ob beispielsweise die Kinder zum Zeitpunkt der Trennung noch klein seien oder nicht, dass eine alsbaldige Rückkehr der Frau in den Beruf zu erwarten gewesen sei oder nicht. Mit dem Wandel der sozialen Verhältnisse in den letzten 20 Jahren, in denen das Ehebild der typischen Hausfrauenehe immer mehr durch dasjenige der Doppelverdienerehe ersetzt worden sei, bei der die Frau ihre Erwerbstätigkeit nur durch eine Kinderbetreuungsphase unterbreche, danach aber in aller Regel wiederaufnehme, sei dies nicht mehr zu vereinbaren.

5. Dem ist zuzugeben, dass die Anrechnungsmethode dem Verständnis von der Gleichwertigkeit von Kindesbetreuung und/oder Haushaltsführung nicht gerecht wird und auch dem gewandelten Ehebild in der Mehrzahl der Fälle nicht mehr angemessen Rechnung trägt. Ausgangspunkt ist die Wertentscheidung des Gesetzgebers, mit der er die Haushaltsführung des nicht erwerbstätigen Ehegatten der Erwerbstätigkeit des anderen Ehegatten gleichstellt. Nach § 1360 S. 1 BGB sind beide Ehegatten verpflichtet, durch ihre Arbeit und ihr Vermögen die Familie angemessen zu unterhalten. Nach heutigem Eheverständnis regeln die Ehegatten im gegenseitigen Einvernehmen und unter Rücksichtnahme auf die jeweiligen Belange des anderen und der Familie die Frage, wer in der Ehe erwerbstätig sein und wer – ganz oder überwiegend – die Haushaltsführung übernehmen soll (§ 1356 BGB). Dies richtet sich nach den individuellen (familiären, wirtschaftlichen, beruflichen und sonstigen) Verhältnissen der Ehegatten. Dabei kann zum Beispiel mitbestimmen sein, wer von beiden die qualifiziertere Ausbildung hat, für wen die besseren Chancen am örtlichen Arbeitsmarkt bestehen, wo sich der Arbeitsplatz und das Familienheim befinden, ob gegebenenfalls Personen aus dem Familienverband (zum Beispiel Geschwister oder Eltern) oder nahe Freunde zur Kindesbetreuung zur Verfügung stehen

oder ob den Ehegatten noch weitere Familienpflichten besonderer Art, beispielsweise die Pflege hilfsbedürftiger Eltern, obliegen. Geht die Entscheidung dahin, dass einer von ihnen die Haushaltsführung und gegebenenfalls Kindesbetreuung übernehmen soll, so bestimmt das Gesetz ausdrücklich, dass er hierdurch in der Regel seine Verpflichtung, durch Arbeit zum Unterhalt der Familie beizutragen, erfüllt (§ 1360 S. 2 BGB). In ähnlicher Weise setzt § 1606 III 2 BGB die Kindesbetreuung der Gewährung von Barunterhalt gleich. Der Gesetzgeber geht damit zugleich davon aus, dass die ehelichen Lebensverhältnisse nach § 1578 BGB nicht nur durch die Bareinkünfte des erwerbstätigen Ehegatten, sondern auch durch die Leistungen des anderen Ehegatten im Haushalt mitbestimmt werden und hierdurch eine Verbesserung erfahren (vgl. BT-Dr 7/650, S. 129 [136]; BT-Dr 7/4361, S. 15). Dessen Tätigkeit ersetzt Dienst- und Fürsorgeleistungen und Besorgungen, die anderenfalls durch teure Fremdleistungen erkauft werden müssten und den finanziellen Status – auch einer Doppelverdienerehe – verschlechtern würden. Darüber hinaus enthält sie eine Vielzahl von anderen, nicht in Geld messbaren Hilfeleistungen, die den allgemeinen Lebenszuschnitt der Familie in vielfältiger Weise verbessern. Aus dieser Sicht ist es zu eng, die ehelichen Lebensverhältnisse als Maßstab des Unterhalts nur an den zum Zeitpunkt der Scheidung vorhandenen Barmitteln auszurichten. Zwar bildet das Erwerbseinkommen als finanzielle Grundlage der Familie den primären Faktor der Unterhaltsbemessung, jedoch werden die ehelichen Lebensverhältnisse durch die Gesamtheit aller wirtschaftlich relevanten beruflichen, gesundheitlichen, familiären und ähnlichen Faktoren mitbestimmt (vgl. *Gerhardt*, in: Hdb. FamilienR, Rn. 403 d). Auch nach der gesetzgeberischen Intention soll es auf das Gesamtbild der ehelichen Lebensverhältnisse ankommen, wozu im Übrigen eine gewisse Dauer gehört und vorübergehende Änderungen irrelevant sein sollen (vgl. BT-Dr 7/650, S. 136). Die – auf den Scheidungszeitpunkt bezogenen – konkreten Barmittel können damit immer nur ein Kriterium, nicht aber der alleinige Maßstab sein. Vielmehr umfassen die ehelichen Lebensverhältnisse alles, was während der Ehe für den Lebenszuschnitt der Ehegatten nicht nur vorübergehend tatsächlich von Bedeutung ist (vgl. *Senat*, NJW 1999, 717 = FamRZ 1999, 367 [368]), mithin auch den durch die häusliche Mitarbeit des nicht erwerbstätigen Ehegatten erreichten sozialen Standard.

6. An dem in dieser Weise verbesserten ehelichen Lebensstandard soll der haushaltsführende Ehegatte auch nach der Scheidung teilhaben. Das Gesetz bringt dies an verschiedenen Stellen zum Ausdruck: So enthält § 1578 BGB nach dem Willen des Gesetzgebers eine Lebensstandardgarantie gerade auch zu Gunsten des haushaltsführenden Ehegatten (BT-Dr 10/2888, S. 18). Mit der Anknüpfung des Unterhalts an die ehelichen Lebensverhältnisse wollte der Gesetzgeber insbesondere den Fällen gerecht werden, in denen durch gemeinsame Leistung der Ehegatten ein höherer sozialer Standard erreicht worden ist, an dem auch der nicht erwerbstätige Ehegatte teilhaben soll (BT-Dr 7/650, S. 136). Es wurde als unbillig empfunden, den Wert der Leistungen unberücksichtigt zu lassen, die sich in der Haushaltsführung, der Erziehung der gemeinsamen Kinder oder in der Förderung des beruflichen Fortkommens und Ansehens des anderen Ehegatten niedergeschlagen haben (BT-Dr 7/4361, S. 15). Eine Ausprägung dieses Gedankens ist auch der Aufstockungsunterhalt nach § 1573 II BGB, mit dem der Gesetzgeber den sozialen Abstieg eines Ehegatten nach der Scheidung verhindern will, weil das erreichte Lebensniveau als gleichwertige Leistung auch desjenigen Ehegatten angesehen wird, der zu Gunsten von Ehe und Familie auf eine eigene Berufstätigkeit verzichtet hat. Die Regelung schränkt in verfassungskonformer Weise den Grundsatz der nachehelichen wirtschaftlichen Eigenverantwortung (§ 1569 BGB) zu Gunsten der nachwirkenden ehelichen Mitverantwortung ein (*BVerfG*, NJW 1981, 1771 = FamRZ 1981, 745 [750 ff.]; *Senat*, NJW 1983, 1733 = FamRZ 1983, 678 [679]; *Kalthoener/Büttner/Niepmann*, Rn. 439; *Born*, FamRZ 1999, 542). Schließlich soll durch § 1574 II BGB sichergestellt werden, dass Ehegatten, die ihr eigenes berufliches Fortkommen um der Familie willen hintangestellt und den wirtschaftlichen und sozialen Aufstieg des anderen Ehegatten gefördert haben, nicht nach der Scheidung eine Tätigkeit ausüben müssen, die unter dem ehelichen Lebensstandard liegt (BT-Dr 7/650, S. 129; BT-Dr 7/4361, S. 17). Die Teilhabequote orientiert sich an der Gleichwertigkeit der beiderseits erbrachten Leistungen, so dass beide Ehegatten hälftig an dem durch Erwerbseinkommen einerseits, Haushaltsführung andererseits geprägten ehelichen Lebensstandard teilhaben.

(Surrogats- und Bewertungslösung)

b 7. Zur Verwirklichung einer derartigen gleichmäßigen Teilhabe werden in der Literatur (vgl. die obigen Zitate, ferner Übersicht bei *Schwab/Borth*, Rn. 945) verschiedene Wege vorgeschlagen:

a) Eine verbreitete Meinung geht von der Tatsache aus, dass das Heiratsalter von Frauen in den letzten rund 25 Jahren stetig gestiegen ist (1975: 22,7 Jahre; 1996: 27,6 Jahre; 1998: 28 Jahre, vgl. Statistische Jahrbücher des Statistischen Bundesamtes 1977, 70; 1998, 70; 2000, 69) und schließt daraus, dass Frauen vor der Eheschließung in aller Regel einen Beruf erlernt und ausgeübt haben und ihn nach der Heirat erst aufgeben, wenn die Betreuung von Kindern, die man nicht Hilfspersonen überlassen will, dies erfordert. Daran wird die (widerlegliche) Vermutung geknüpft, dass die Ehegatten nach den heutigen Gepflogenheiten in aller Regel die Vorstellung haben, dass die Berufstätigkeit nur für die Phase der Kindesbetreuung unterbrochen werden soll und der betreuende Ehegatte danach in den

Erwerbsprozess zurückkehrt, vorausgesetzt, seine Gesundheit, seine berufliche Qualifikation und die Arbeitsmarktlage lassen dies nach dem Zeitablauf zu. Dem ist einzuräumen, dass Ehen, in denen die Ehefrau den Haushalt führt und Kinder betreut, in der sozialen Wirklichkeit nicht mehr generell und auf Dauer dem Typ der Haushaltsführungsehe zugeordnet werden können, sondern in stark gestiegenem Maße nurmehr vorübergehend in dieser Form geführt werden und sich die Ehegatten nach ihren jeweiligen Bedürfnissen auch zur (Wieder-)Aufnahme einer Doppel- oder Zuverdienerehe entschließen. Auch ist es nicht mehr stets die Ehefrau, die die Haushaltsführung und Kinderbetreuung übernimmt, vielmehr kann diese Aufgabe, je nach Berufschancen und Arbeitsmarktlage, auch dem Ehemann zufallen oder von beiden gemeinsam übernommen werden. Den Ehegatten wird eine solche – gegebenenfalls phasenweise – Aufteilung der Übernahme von Erwerbs- und Familienpflichten nicht nur durch die Möglichkeit eines staatlichen Erziehungsgeldes erleichtert, sondern auch die Arbeitswelt enthält sowohl im öffentlichen Dienst als auch in privaten Arbeitsverhältnissen Beurlaubungs- oder Rückkehrmöglichkeiten (vgl. *Büttner,* FamRZ 1999, 894). Anreize zur Wiederaufnahme einer Erwerbstätigkeit ergeben sich schließlich auch aus dem Gedanken des Aufbaus einer eigenen Alterssicherung, zumal rentenrechtliche Vorschriften unter anderem den Bezug einer vorzeitigen Rente wegen Erwerbsminderung von Mindestpflichtversicherungszeiten in den letzten fünf Jahren vor Eintritt der Erwerbsminderung abhängig machen (vgl. §§ 43 I Nr. 2 und 44 I Nr. 2 SGB VI a. F. und § 43 I Nr. 2 SGB VI i. d. F. des Rentenreformgesetzes 1999 v. 16. 12. 1997 ab 1. 1. 2001, BGBl I 1997, 2998, und BGBl I 1999, 388; *Johannsen/Henrich/Hahne,* § 1587 a Rdnrn. 137, 138).

Auch wenn an diesen Wandel der sozialen Verhältnisse vielfach die Vermutung geknüpft werden kann, dass die Wiederaufnahme der Berufstätigkeit nach Abschluss der Kindesbetreuungsphase schon in der Ehe angelegt war und damit schon deshalb zur Berücksichtigung des Erwerbseinkommens im Rahmen der Anwendung der Differenzmethode führen kann, vermag diese Überlegung indes nicht die Fälle kinderloser Ehen zu lösen, in denen ein Ehegatte nur den Haushalt geführt und sein eigenes berufliches Fortkommen um der Ehe willen oder im Interesse des beruflichen Einsatzes und der Karriere des anderen Ehegatten – sei es bei Auslandsaufenthalten oder sonstigen Versetzungen – hintangestellt hat. Ein solcher Ehegatte verdient nicht weniger Schutz als ein kindesbetreuender Ehegatte. Auch zeigt sich in diesen Fällen, dass eine Abgrenzung danach, ob die Berufstätigkeit auch ohne die Trennung aufgenommen worden wäre, nicht weiterhilft. Die durch die Aufgabe der eigenen Berufstätigkeit entstandenen ehebedingten Nachteile wirken – bei Anwendung der Anrechnungsmethode – auch nachehezeitlich fort, wenn nach der Scheidung, wie nicht selten bei kinderlosen Ehen, eine Berufstätigkeit wieder aufgenommen, aber der Unterhaltsbedarf allein nach dem Einkommen des anderen Ehegatten bemessen wird.

b) Ein anderer Lösungsweg, den Familieneinsatz eines Ehegatten bei der Unterhaltsbemessung zu berücksichtigen, wird über eine „Monetarisierung" der Haushaltsführung und Kindesbetreuung gesucht, wobei zum Teil pauschale Festbeträge ohne Rücksicht auf den individuellen Umfang der familienbezogenen Leistungen vorgeschlagen werden (500 DM–1000 DM nach den Bayerischen Leitlinien Nr. 6, s. Buch 1, 3. Aufl., S. 75; vgl. *Gerhardt*/Gutdeutsch, FuR 1999, 243; *Graba,* FamRZ 1999, 1115 [1118, 1121]), zum Teil – in Anknüpfung an die Bewertung der Haushaltsführung in so genannten Konkubinatsfällen analog § 850 h ZPO (vgl. unter anderem *Senat,* NJW 1984, 2358 = FamRZ 1984, 662) – allgemeine Erfahrungswerte, die zur Bemessung von Schadensersatzrenten bei Verletzung oder Tötung von Hausfrauen entwickelt wurden (vgl. *Born,* MDR 2000, 984; *Graba,* FamRZ 1999, 1121). Diskutiert wird in diesem Zusammenhang auch eine Verdoppelung der Bareinkünfte des erwerbstätigen Ehegatten, weil nach der Gleichwertigkeitsregel des § 1360 I 2 BGB die Haushaltsführung der Erwerbstätigkeit gleichzusetzen sei. Zu Recht wird jedoch diese Berechnungsweise mit dem Hinweis darauf verworfen, dass eine solche Verdoppelung nicht der Lebenswirklichkeit entspreche und die Haushaltsführung als eigenständiger Umstand zu beurteilen sei, der die ehelichen Lebensverhältnisse ebenso bestimme wie etwa ein Wohnvorteil im eigenen Heim (vgl. *Graba,* FamRZ 1999, 1121). Im Übrigen wird gegen die fiktive Monetarisierung eingewandt, dass sie wegen der Unterschiedlichkeit der Ehetypen nicht praktikabel sei und den jeweiligen individuellen Leistungen des Ehegatten für die Familie nicht angemessen Rechnung trage (vgl. *Gerhardt,* FamRZ 2000, 135 [136]; zweifelnd auch *Borth,* FamRZ 1999, 200; *Bienko,* FamRZ 2000, 13; *Söpper,* FamRZ 2000, 14). Auch könne sie die Mehrzahl derjenigen Fälle nicht befriedigend lösen, in denen der haushaltsführende Ehegatte nach der Scheidung etwa wegen Kindesbetreuung oder alters- oder krankheitsbedingt nicht arbeiten kann oder auf dem Arbeitsmarkt keine angemessene Tätigkeit mehr findet. Denn der unterhaltspflichtige Ehegatte werde ihm in solchen Fällen ohnehin nur den Quotenunterhalt nach dem fortgeschriebenen, real zur Verfügung stehenden Einkommen gewähren können. Ein Zugriff auf gegebenenfalls weitere, nicht in der Ehe angelegte Einkünfte des Unterhaltspflichtigen sei nach der Ausrichtung des § 1578 BGB nicht möglich. Der Grundsatz der Gleichwertigkeit der beiderseitigen Leistungen erfordere es nämlich andererseits nicht, die Haushaltsleistungen nachträglich durch die hälftige Beteiligung am verfügbaren Einkommen zu vergüten. Solange daher der haushaltsführende Ehegatte nach Trennung bzw. Scheidung zum Beispiel wegen Kindererziehung, Krankheit oder Alters keine eigenen Einkünfte beziehen könne, verbleibe es bei der Aufteilung des real zur Verfügung stehenden eheprägenden Einkommens. Denn da die lebensstandarderhöhende Haushaltstätigkeit mit der Scheidung weggefallen und kein an deren Stelle tretendes Ersatzeinkommen vorhanden sei, müssten beide Ehegatten in gleicher Weise die trennungsbedingte Verschlechterung ihrer ehelichen Lebensverhältnisse hinnehmen (vgl. *Borth,* FamRZ 2001, 200; *Graba,* FamRZ 1999, 1115 [1117 f.]).

(Aufnahme oder Auswirkung einer Erwerbstätigkeit durch eine Hausfrau als eheprägendes Surrogat auch bei Ansatz erzielbarer, fiktiver Einkünfte; Ausnahme bei Karrieresprung; Korrekturmöglichkeiten durch §§ 1573 V, 1578 I 2 BGB)

c   c) Einer abschließenden Entscheidung zur Frage der Notwendigkeit einer Monetarisierung der Haushaltstätigkeit bedarf es indessen nicht. Jedenfalls in den Fällen, in denen der unterhaltsberechtigte Ehegatte – wie hier – nach der Scheidung ein Einkommen erzielt oder erzielen kann, welches gleichsam als Surrogat des wirtschaftlichen Werts seiner bisherigen Tätigkeit angesehen werden kann, ist dieses Einkommen in die Unterhaltsberechnung nach der Differenzmethode einzubeziehen. Das knüpft an die Überlegung an, dass die während der Ehe erbrachte Familienarbeit den ehelichen Lebensstandard geprägt und auch wirtschaftlich verbessert hat und als eine der Erwerbstätigkeit gleichwertige Leistung anzusehen ist, und trägt dem Grundsatz Rechnung, dass der in dieser Weise von beiden Ehegatten erreichte Lebensstandard ihnen auch nach der Scheidung zu gleichen Teilen zustehen soll. Nimmt der haushaltsführende Ehegatte nach der Scheidung eine Erwerbstätigkeit auf oder erweitert er sie über den bisherigen Umfang hinaus, so kann sie als Surrogat für seine bisherige Familienarbeit angesehen werden. Der Wert seiner Haushaltsleistungen spiegelt sich dann in dem daraus erzielten oder erzielbaren Einkommen wider, von Ausnahmen einer ungewöhnlichen, vom Normalverlauf erheblich abweichenden Karriereentwicklung abgesehen. Insofern bildet § 1578 BGB – ebenso wie bei unerwarteten Einkommenssteigerungen des Unterhaltspflichtigen – auch eine Begrenzung für die Bedarfsbemessung. Aus dieser Sicht erscheint es gerechtfertigt, dieses Einkommen in die Bedarfsbemessung einzubeziehen und in die Differenzrechnung einzustellen. Damit ist gewährleistet, dass – ebenso wie früher die Familienarbeit beiden Ehegatten zu gleichen Teilen zugute kam – nunmehr das beiderseitige Einkommen zwischen ihnen nach dem Grundsatz der gleichmäßigen Teilhabe geteilt wird. Eine wirtschaftliche Benachteiligung des unterhaltspflichtigen gegenüber dem unterhaltsberechtigten Ehegatten tritt durch die Differenzmethode nicht ein, zumal eine Entlastung durch die zeitliche Begrenzung des Unterhalts gem. den §§ 1573 V und 1578 I 2 BGB möglich ist. Es wird lediglich vermieden, dass – wie es bei der Anrechnungsmethode der Fall wäre – zu Lasten des haushaltsführenden Ehegatten eine Berücksichtigung eines Einkommens bei der Bedarfsbemessung unterbleibt und nur der unterhaltspflichtige Ehegatte einseitig entlastet wird (*Borth,* FamRZ 2001, 200 [201]; *ders.,* in: *Schwab/Borth,* IV Rn. 945; *Gerhardt,* in: Hdb. FamilienR, Rn. 403 d; *Büttner,* FamRZ 1999, 896; *ders.,* FamRZ 1984, 538; i. Erg. ebenso *Graba,* FamRZ 1999, 1115 [1119]; *Laier,* FamRZ 1993, 393; *Born,* FamRZ 1999, 548).

(Additionsmethode als verständliche Berechnungsmethode gegenüber der verkürzenden Differenzmethode)

d   8. Die vom *OLG* gewählte Lösung, ein Ersatzeinkommen der Kl. in die Unterhaltsberechnung einzubeziehen, entspricht im Ergebnis diesem Ansatz. Dass es dabei statt der Differenz- die Additionsmethode gewählt hat, macht keinen Unterschied, da hier beide Berechnungsweisen zum selben Ergebnis führen. Die Additionsmethode hat lediglich den Vorzug der besseren Verständlichkeit gegenüber der verkürzenden Differenzmethode.

(Zinsen aus dem Verkaufserlös des Familienheimes als eheprägendes Surrogat des früheren Wohnwertes)

e   9. Dass das *OLG* auch die Zinseinkünfte der Kl. in Höhe von monatlich 407 DM als Ersatzeinkommen berücksichtigt hat, die sie aus dem nach Verkauf des Hauses und nach Ablösung von Schulden und der Zugewinnausgleichszahlung an den Bekl. verbliebenen Restkapital erzielen kann, ist in der Sache zutreffend. Während der Ehe waren die ehelichen Lebensverhältnisse der Parteien geprägt durch das mietfreie Wohnen im Haus der Kl., so dass sich der eheangemessene Bedarf grundsätzlich auch durch die daraus gezogenen Nutzungsvorteile erhöhte. Mit dem Verkauf des Hauses nach der Scheidung sind diese Nutzungsvorteile jedoch für beide Ehegatten entfallen, so dass ein (fiktiver) Ansatz des Wohnvorteils nicht mehr in Betracht kommt. Diese Einbuße muss von beiden Ehegatten getragen werden (vgl. *Senat,* NJW 1990, 3274 = FamRZ 1990, 989 [991 f.]; *Graba,* FamRZ 1999, 1115 [1120]). Verblieben sind allerdings auf Seiten der Kl. die Zinsvorteile aus dem Verkaufserlös, die an die Stelle des Nutzungsvorteils getreten sind und daher mit in die Differenz- bzw. – nach der Berechnungsweise des *OLG* – in die Additionsmethode einzubeziehen sind (vgl. *Senat,* NJW 2001, 2259 [in diesem Heft]; vgl. auch 13. Deutscher Familiengerichtstag 1999, Beschlüsse Arbeitskreis 3 zu III, Brühler Schriften zum FamilienR).

Anhang R. Rechtsprechung **R564**

BGB v. 27. 6. 2001 – XII ZR 135/99 – FamRZ 01, 1291 = NJW 01, 3260

(Zum Einsatzzeitpunkt der Scheidung beim Unterhalt wegen Krankheit) R564

2. a) Die Voraussetzungen eines Unterhaltsanspruchs nach § 1572 Nr. 1 BGB hat das BerGer. – in **a** Übereinstimmung mit dem *AG* – nicht als erfüllt angesehen, weil nicht davon ausgegangen werden könne, dass von der Kl. vom Zeitpunkt der Scheidung am 28. 11. 1991 an wegen Krankheit eine Erwerbstätigkeit nicht mehr habe erwartet werden können. Hierzu hat es im Wesentlichen ausgeführt: Es könne zwar nicht ausgeschlossen werden, dass eine krankheitsbedingte Erwerbsunfähigkeit bereits vor dem Jahre 1994, als die Erkrankung der Kl. als so genanntes Sjoegren-Syndrom diagnostiziert worden sei, vorgelegen habe. Vor Oktober 1993, als sie die Ausbildung zur Kinderkrankenschwester abgebrochen habe, könne eine Erwerbsunfähigkeit aber jedenfalls nicht festgestellt werden. Die Kl. habe selbst nicht geltend gemacht, ihre damals schon bestehende Krankheit habe sie bis dahin an einer Erwerbstätigkeit gehindert. Das werde durch ihre berufliche Entwicklung bestätigt. Die seit Februar 1991 ausgeübte Halbtagsbeschäftigung habe die Kl. im November 1991 auf 30 Wochenstunden ausgeweitet. Im April 1992 habe sie ihre – nicht durch Krankheit veranlasste – Umschulung begonnen. Es sei zwar anerkannt, dass der erforderliche zeitliche Zusammenhang zwischen dem Einsatzzeitpunkt und der Krankheit auch dann noch bestehen könne, wenn diese erst nach jenem Zeitpunkt ausgebrochen sei. Das gelte aber nur bei enger zeitlicher Abfolge, an der es bei einem zeitlichen Abstand von etwa 23 Monaten (vom 28. 11. 1991 bis Oktober 1993) fehle.

Diese Beurteilung hält der revisionsrechtlichen Überprüfung und den Angriffen der Revision stand.

b) Die Revision beanstandet die Annahme des BerGer., die Kl. habe nicht geltend gemacht, schon vor Oktober 1993 sei eine Erwerbstätigkeit von ihr nicht zu erwarten gewesen.

Die Kl. habe durch Antrag auf Einholung eines fachärztlichen Gutachtens den Beweis dafür angetreten, dass wegen ihrer rheumatischen Erkrankung, die 1994 als Sjoegren-Syndrom diagnostiziert worden sei, schon im Zeitpunkt der Scheidung, jedenfalls in nahem Zusammenhang mit ihr, eine Erwerbstätigkeit von ihr nicht habe erwartet werden können. Den Beweisantrag, der in Verbindung mit dem weiteren Vorbringen des betreffenden Schriftsatzes nicht anders verstanden werden könne, habe das BerGer. übergangen.

Diese Rüge bleibt ohne Erfolg. Das BerGer. brauchte dem Beweisantrag nicht nachzugehen, da das Vorbringen der Kl. nicht hinreichend substanziiert ist. Ein geschiedener Ehegatte kann nach § 1572 BGB Unterhalt verlangen, solange und soweit von ihm von dem jeweiligen Einsatzzeitpunkt an wegen Krankheit oder anderer Gebrechen oder Schwäche seiner körperlichen oder geistigen Kräfte eine Erwerbstätigkeit nicht erwartet werden kann. Der Unterhalt begehrende Ehegatte muss, um die Voraussetzungen der genannten Vorschrift darzutun, im Einzelnen die Krankheiten, an denen er leidet, angeben und vortragen, inwiefern sich diese auf seine Erwerbsfähigkeit auswirken. Er darf sich nicht generell auf eine Erwerbsunfähigkeit i. S. des § 1572 BGB berufen, sondern von ihm ist, insbesondere im Hinblick darauf, dass nur eine teilweise Erwerbsunfähigkeit vorliegen kann, zu verlangen, dass er Art und Umfang der gesundheitlichen Beeinträchtigungen oder Leiden darlegt. Darüber hinaus bezieht sich die Darlegungslast auf das Bestehen des Anspruchs zu dem maßgebenden Einsatzzeitpunkt (*Schwab/Borth,* 4. Aufl., Kap. IV Rn. 214; *Griesche,* in: FamGb, § 1572 Rn. 6; vgl. auch *Senat,* NJW 1988, 2369 = FamRZ 1988, 265 [266] [unter I 3]).

Den vorgenannten Anforderungen genügt das Vorbringen der Kl. nicht, soweit sie einen Unterhaltsanspruch nach § 1572 Nr. 1 BGB (Einsatzzeitpunkt der Scheidung) geltend macht.

c) Die Beurteilung des BerGer., der Unterhaltstatbestand des § 1572 Nr. 1 BGB liege vor, ist nach den somit verfahrensfehlerfrei getroffenen Feststellungen auch rechtlich nicht zu beanstanden. Von einer krankheitsbedingten – vollen oder teilweisen – Erwerbsunfähigkeit unmittelbar vom Zeitpunkt der Scheidung an kann schon nach dem eigenen Vorbringen der Kl. nicht ausgegangen werden. Damit scheidet auch die Möglichkeit aus, den Eintritt der Erwerbsunfähigkeit deshalb noch dem Zeitpunkt der Scheidung zuzurechnen, weil sich ein zu dieser Zeit bereits vorhandenes, die Erwerbsfähigkeit minderndes Leiden verschlimmert und schließlich zur vollständigen Erwerbsunfähigkeit geführt hätte (vgl. *Senat,* NJW 1987, 2229 = FamRZ 1987, 684 [685]). Für die Entstehung eines Unterhaltsanspruchs nach § 1572 BGB wird es zwar ferner als ausreichend erachtet, wenn eine Krankheit zu einem der Einsatzzeitpunkte nur latent vorhanden war und in nahem zeitlichen Zusammenhang damit ausgebrochen ist und zur Erwerbsunfähigkeit geführt hat (*Maurer,* in: MünchKomm, BGB, 4. Aufl., § 1572 Rn. 11; *Griesche,* § 1572 Rn. 12; *OLG Stuttgart,* FamRZ 1983, 501 [503]; *OLG Karlsruhe,* FamRZ 1994, 104 [106]; das bloße Vorliegen einer latenten Erkrankung erachten demgegenüber als ausreichend: *Erman/Dieckmann,* BGB, 10. Aufl., § 1572 Rn. 6; *Soergel/Häberle,* BGB, 12. Aufl., § 1572 Rn. 6; Rolland, 1. EheRG, 2. Aufl., § 1572 Rn. 5; *Gernhuber/Coester-Waltjen,* FamilienR, 4. Aufl., § 30 IV 2, Fußn. 9; a. A. für den Fall, dass im Einsatzzeitpunkt selbst noch keine Erwerbsunfähigkeit vorlag: *Staudinger/Verschraegen,* BGB, 12. Bearb., § 1572 Rn. 22). Ob dieser Auffassung zu folgen ist oder ob damit die Anforderungen an die Einsatzzeitpunkte untergraben werden, bedarf im vorliegenden Fall jedoch keiner Entscheidung. Denn es fehlt an dem nach Auffassung des

Senats jedenfalls erforderlichen nahen zeitlichen Zusammenhang zwischen der Scheidung und dem Eintritt der Erwerbsunfähigkeit. Letztere kann im Hinblick auf fehlenden substanziierten Sachvortrag der Kl. nicht vor dem aus gesundheitlichen Gründen erfolgten Abbruch der Ausbildung zur Kinderkrankenschwester im Oktober 1993 angesetzt werden, so dass seit der Scheidung ca. 23 Monate verstrichen waren. Unter diesen Umständen kann der Eintritt der Erwerbsunfähigkeit nicht mehr dem Zeitpunkt der Scheidung zugerechnet werden. Eine großzügigere Betrachtungsweise würde der gesetzgeberischen Intention zuwiderlaufen, schicksalsbedingte Ereignisse, die sich nach der Scheidung im Leben eines der geschiedenen Ehegatten einstellen, grundsätzlich nicht zu Lasten des anderen Ehegatten gehen zu lassen, weshalb Erkrankungen, die nach der Scheidung auftreten und ohne unmittelbaren Zusammenhang mit der Ehe stehen, nicht zu einem Unterhaltsanspruch nach § 1572 BGB führen sollten (BT-Dr 7/650, S. 124).

(Nachhaltige Unterhaltssicherung nach § 1573 BGB; Maß des Anschlussunterhalts)

d   4 b) Das BerGer. hat angenommen, dass es der Kl. im Umfang ihres Erwerbseinkommens gelungen sei, ihren Unterhalt i. S. des § 1573 IV BGB nachhaltig zu sichern. Diese in tatrichterlicher Verantwortung erfolgte Beurteilung, der die nach der Rechtsprechung des *Senats* maßgebenden Kriterien zu Grunde gelegt worden sind (vgl. *Senat*, NJW 1986, 375 = FamRZ 1985, 1234 [1235]), ist rechtlich nicht zu beanstanden.

c) Bestand bei Beginn des Anschlussunterhalts nach § 1572 Nr. 4 BGB auf Grund eines weggefallenen früheren Anspruchsgrunds (§ 1573 I, II BGB) aber nur ein Anspruch auf einen Teil des vollen Bedarfs, so entsteht auch der Anspruch auf Anschlussunterhalt nur als solcher auf Teilunterhalt. Eine andere Auslegung des Wortlauts des § 1572 BGB, insbesondere des Wortes „soweit", stünde im Widerspruch zu dem Zweck der Einsatzzeitpunkte, die zu den Schutzvorschriften zu Gunsten des Unterhaltspflichtigen gehören (*Erman/Dieckmann*, § 1572 Rn. 8; *Gerhardt*, Hdb. des Fachanwalts FamilienR, 3. Aufl., 6. Kap., Rn. 350; *Göppinger/Bäumel*, 7. Aufl., Rn. 1013; *Johannsen/Henrich/Büttner*, EheR, 3. Aufl., § 1572 Rn. 4; *Maurer*, in: MünchKomm, § 1572 Rn. 16; *Palandt/Brudermüller*, BGB, 60. Aufl., § 1572 Rn. 11; *Rolland*, § 1571 Rn. 15; *Wendl/Pauling*, 5. Aufl., § 4 Rn. 50, jew. m. Nachw. aus der Rspr. der Oberlandesgerichte). Maßgebend für die Bemessung des Teilanschlussunterhalts ist die Quote des nach Maßgabe der ehelichen Lebensverhältnisse ungedeckten Bedarfs des Unterhaltsberechtigten in dem Zeitpunkt, in dem sein Unterhalt im Übrigen nachhaltig gesichert war. Der hier in Betracht kommende Anspruch auf Anschlussunterhalt nach § 1572 Nr. 4 BGB setzt weiterhin voraus, dass der Tatbestand eines Unterhaltsanspruchs nach § 1573 BGB bis zum Einsatzzeitpunkt durchgehend erfüllt war (*Johannsen/Henrich/Büttner*, § 1572 Rn. 4; *Gerhardt*, Rn. 350; *Wendl/Pauling*, § 4 Rn. 50; *Palandt/Brudermüller*, § 1572 Rn. 11). Auch Letzteres lässt sich bisher nicht beurteilen, da zu der Einkommensentwicklung der Kl. nach Aufnahme der Ausbildung sowie zu dem hierfür erforderlichen zeitlichen Einsatz keine Feststellungen getroffen worden sind.

BGH v. 22. 8. 2001 – XII ARZ 3/01 – FamRZ 01, 1705 = NJW 02, 444

R565   *(Zur Vollstreckungsabwehrklage gegen titulierten Kindesunterhalt)*

II. a) Die Vorlage an den *BGH* ist zulässig. In Zuständigkeitsbestimmungsverfahren ist eine Divergenzvorlage an den *BGH* nach § 36 III ZPO zulässig, wenn der BGH das zunächst höhere gemeinschaftliche Gericht ist und die Bestimmungszuständigkeit eines *OLG* sich aus § 36 II ZPO ergibt (*Senat*, NJW 2000, 3214). Diese Voraussetzung ist im vorliegenden Fall gegeben. Die beiden beteiligten Amtsgerichte liegen in unterschiedlichen OLG-Bezirken. Das zunächst höhere gemeinschaftliche Gericht ist somit der *BGH*. Die Bestimmungszuständigkeit des *OLG Düsseldorf* ergibt sich nach § 36 II ZPO daraus, das das in seinem Bezirk gelegene *AG* zuerst mit der Sache befasst worden ist. Auch die in § 36 III ZPO aufgestellten weiteren Voraussetzungen für die Zulässigkeit einer Divergenzvorlage sind gegeben. Nach den §§ 767 I, 802 ZPO ist für eine Vollstreckungsabwehrklage das Prozessgericht des ersten Rechtszugs ausschließlich zuständig. Unter Prozessgericht ist dabei das Gericht des Verfahrens zu verstehen, in dem der Vollstreckungstitel geschaffen worden ist (*BGH*, NJW 1980, 188 = FamRZ 1980, 47). Das spricht für die ausschließliche Zuständigkeit des *AG Düsseldorf*.

§ 642 I ZPO bestimmt dagegen, dass für Verfahren, die die gesetzliche Unterhaltspflicht eines Elternteils oder beider Elternteile gegenüber einem minderjährigen Kind betreffen, das Gericht ausschließlich zuständig ist, bei dem das Kind oder der Elternteil, der es gesetzlich vertritt, seinen allgemeinen Gerichtsstand hat. Das vorlegende *OLG Düsseldorf* will der Regelung des § 642 I ZPO Vorrang einräumen, würde damit aber abweichen von den zitierten Entscheidungen des *OLG Schleswig* und des *OLG Naumburg*, die die Zuständigkeitsregelung der §§ 767 I, 802 ZPO für vorrangig halten.

Dass die Vollstreckungsabwehrklage noch nicht zugestellt und damit noch nicht rechtshängig ist, steht zwar einer Zuständigkeitsbestimmung nach § 36 ZPO für die Hauptsache entgegen (*Senat*, FamRZ 1987, 924). Zulässig ist aber eine Zuständigkeitsbestimmung für die Entscheidung über den

Anhang R. Rechtsprechung   R566

Antrag auf Bewilligung von Prozesskostenhilfe zur Durchführung der Klage (*Senat,* NJW 1982, 1000 = FamRZ 1982, 43).
   b) Durch die Einführung des § 642 I ZPO im Jahre 1998 hat sich nichts daran geändert, dass für Vollstreckungsabwehrklagen gegen Unterhaltstitel minderjähriger Kinder nach wie vor nach den §§ 767 I, 802 ZPO das Gericht des ersten Rechtszugs des Verfahrens, das zu dem angegriffenen Titel geführt hat, ausschließlich zuständig ist. Eine ähnliche Problematik ergab sich bei der Einführung des § 621 II ZPO, der die ausschließliche Zuständigkeit des FamG, bei dem eine Ehesache anhängig ist, auch für bestimmte andere Familiensachen vorsieht. Auch damals tauchte die Frage auf, ob dieses FamG nun zuständig sei für Vollstreckungsabwehrklagen gegen Titel, die von anderen Gerichten erlassen worden waren. Der *BGH* hat diese Frage verneint und in erster Linie darauf abgestellt, durch die Zuständigkeit des Prozessgerichts des ersten Rechtszugs für die Vollstreckungsabwehrklage solle sichergestellt werden, dass die von diesem Gericht im Vorprozess erworbene Sachkunde für die Vollstreckungsabwehrklage ausgenutzt werden könne. Der sachliche Bezug, den das Prozessgericht zur Vollstreckungsabwehrklage habe, sei wesentlich enger als der des Gerichts der Ehesache zu dieser Klage. Die Vollstreckungsabwehrklage betreffe den titulierten Anspruch und komme deshalb in der Sache einer Fortsetzung des früheren Rechtsstreits nahe, auch wenn das Bestehen oder Nichtbestehen des titulierten Anspruchs nicht unmittelbar Streitgegenstand der Vollstreckungsabwehrklage sein sollte (*BGH*, NJW 1980, 1393 = FamRZ 1980, 346). Dieser Gesichtspunkt gilt für die hier zu entscheidende Frage in gleicher Weise.

BGH v. 5. 9. 2001 – XII ZR 108/00 – FamRZ 01, 1687 = NJW 01, 3618

(Zur Abänderung von Prozessvergleichen)   R566

2. Für die Begründetheit der beiderseitigen Abänderungsbegehren kommt es entscheidend darauf a
an, in welcher Weise der Unterhaltsbedarf der Bekl. zu berechnen ist. Umfasst die Bindungswirkung des Prozessvergleichs die darin angewandte Berechnungsweise und ist demgemäß auch für eine Abänderungsentscheidung davon auszugehen, dass die für den Unterhaltsbedarf der Bekl. maßgebenden ehelichen Lebensverhältnisse allein durch das Erwerbseinkommen des Kl. bestimmt werden und das Einkommen der Bekl. auf den so zu bemessenden Bedarf anzurechnen ist (so genannte Anrechnungsmethode), so erweisen sich das Abänderungsbegehren des Kl. als begründet, die Widerklage der Bekl. dagegen als unbegründet, wie nachfolgende Berechnung auf der Grundlage der vom *OLG* festgestellten Einkommen ergibt:
(Nettoeinkommen des Kl.:
(3002 DM ./. 5% Berufsaufwand 150 DM ./. Kindesunterhalt 522 DM) = 2330 DM × ³/₇ = 998 Unterhaltsbedarf.))
(Nettoeinkommen der Bekl.:
(1332 DM ./. 5% Berufsaufwand 67 DM ./. ¹/₇ Erwerbsbonus 180 DM) = 1085 DM zuzüglich 113 DM Zinsen = 1198 DM.))
(Unterhalt: 998 DM ./. 1198 DM = 0 DM).
   3. Indessen hat das *OLG* eine derartige Bindung an die im Prozessvergleich angewandte Berechnungsweise verneint, weil es festgestellt hat, die Parteien hätten die ehelichen Lebensverhältnisse lediglich deshalb nur nach dem Manneseinkommen bemessen und das Einkommen der Frau als nicht prägend angesehen, weil das der herrschenden Rechtspraxis entsprochen habe. Dieser Praxis könne es jedoch nicht länger folgen, sondern sehe das Einkommen, wie es das Bekl. bei Vergleichsabschluss aus überobligatorischer Tätigkeit erzielt habe, als für die ehelichen Lebensverhältnisse mitbestimmend an. Diese Änderung der Rechtsprechung habe die Geschäftsgrundlage des vorliegenden Vergleichs geändert und die Bindungswirkung insoweit entfallen lassen.
   Soweit das *OLG* jedoch bereits die Änderung seiner Rechtsprechung (bzw. auch die des vorausgehenden AG) als ausreichenden Abänderungsgrund ansieht, ist ihm nicht zu folgen. a) Einigkeit besteht darin, dass eine Änderung der Gesetzeslage und die ihr gleichkommende verfassungskonforme Auslegung einer Norm durch das *BVerfG* eine Abänderung sowohl bei Vergleichen als auch bei Urteilen erlaubt (vgl. unter anderem *Senat,* NJW 1990, 3020 = FamRZ 1990, 1091 [1094]; *Baumbach/Lauterbach/Hartmann,* ZPO, 59. Aufl., § 323 Rn. 18; *Gottwald,* in: MünchKomm-ZPO, 2. Aufl., § 323 Rdnrn. 63 und 66; *Graba,* Abänderung von Unterhaltstiteln, 2. Aufl., Rdnrn. 274 f., jew. m. w. Nachw.).
   Der BGH hat die Frage, ob eine Rechtsprechungsänderung auch bei Urteilen eine Abänderung erlaubt, offen gelassen (*Senat,* NJW 1990, 3020 = FamRZ 1990, 1091 [1094]). Einer Entscheidung bedarf es auch hier nicht, da es sich um einen Prozessvergleich handelt.
   c) Für Prozessvergleiche über Dauerschuldverhältnisse hat der *BGH* bereits entschieden, dass die Änderung einer gefestigten höchstrichterlichen Rechtsprechung zu Störungen vertraglicher Vereinbarungen führen kann, die nach den Grundsätzen über den Wegfall der Geschäftsgrundlage im Wege der Anpassung zu bereinigen sind. Grundlage der Beurteilung in diesen Fällen ist, dass beim Abschluss

einer Vereinbarung ein beiderseitiger Irrtum über die Rechtslage das Fehlen der Geschäftsgrundlage bedeuten kann, wenn die Vereinbarung ohne diesen Rechtsirrtum nicht oder nicht mit diesem Inhalt geschlossen worden wäre. Gleiches gilt, wenn der Geschäftswille der Parteien auf der gemeinschaftlichen Erwartung vom Fortbestand einer bestimmten Rechtslage aufgebaut war (*BGHZ* 58, 355 [362 ff.] = NJW 1972, 1577; *Senat,* NJW 1983, 1548 = FamRZ 1983, 569 [573]; FamRZ 1994, 562 [564]; FamRZ 1995, 665 [666]). Im Wege der Auslegung ist zu ermitteln, welche Verhältnisse die Parteien zur Grundlage ihrer Einigung gemacht haben und von welcher Rechtslage sie ausgegangen sind. Ob und in welcher Weise sodann eine Anpassung an die veränderte Rechtslage erfolgen kann, bedarf einer sorgfältigen Prüfung unter Berücksichtigung der Interessen beider Parteien. Es genügt nicht, dass ein weiteres Festhalten am Vereinbarten nur für eine Partei unzumutbar erscheint, vielmehr muss hinzukommen, dass das Abgehen vom Vereinbarten der anderen Partei auch zuzumuten ist (*BGHZ* 58, 355 [363] = NJW 1972, 1577.

(Berücksichtigung der geänderten Rechtsprechung des BGH bei Haushaltsführung in der Ehe auch bei mit Vergleich titulierten Ansprüchen; Einkommen aus unzumutbarer Tätigkeit als Surrogat der Haushaltsführung)

b 5 b) Davon abgesehen kann dem OLG aber deshalb nicht gefolgt werden, weil – wie oben unter 3 c dargelegt – grundsätzlich nur die Änderung der höchstrichterlichen Rechtsprechung als grundlegende Änderung der Rechtslage angesehen werden kann, die eine Abänderung des Vergleichs erlaubt, nicht dagegen eine unter Umständen sogar vereinzelt bleibende Änderung der Rechtsprechung von Instanzgerichten. Für die hier vorliegende Fallgestaltung kann daher eine Abänderung nur mit einer geänderten Rechtsprechung des BGH begründet werden. Diese ist hier erst mit den vom erkennenden *Senat* in seinem Urteil vom 13. 6. 2001 (NJW 2001, 2254 = FamRZ 2001, 986) geänderten Grundsätzen zur Unterhaltsbedarfsbemessung eingetreten. Denn dort hat der *Senat* ausgeführt, dass sich der nach § 1578 BGB zu bemessende Unterhaltsbedarf eines Ehegatten, der seine Arbeitsfähigkeit während der Ehe ganz oder zum Teil in den Dienst der Familie gestellt, den Haushalt geführt und erst nach Trennung oder Scheidung eine Erwerbstätigkeit aufgenommen oder ausgeweitet hat, nicht nur nach dem in der Ehe zur Verfügung stehenden Bareinkommen des Unterhaltspflichtigen richtet. Vielmehr soll dieser Ehegatte auch nach der Scheidung an dem durch seine Familienarbeit verbesserten ehelichen Lebensstandard teilhaben, weil seine in der Ehe durch Haushaltsführung und Kindesbetreuung erbrachten Leistungen der Erwerbstätigkeit des verdienenden Ehegatten grundsätzlich gleichwertig sind und die ehelichen Lebensverhältnisse mitgeprägt haben. Ausgehend von dieser Gleichwertigkeit hat der Senat auch ein Erwerbseinkommen des unterhaltsberechtigten Ehegatten, welches dieser nach der Ehe erzielt, bei der Unterhaltsbemessung mitberücksichtigt und den Unterhalt nicht mehr nach der so genannten Anrechnungsmethode, sondern nach der Additions- bzw. Differenzmethode ermittelt. Diese geänderte Rechtsprechung ist nicht etwa nur als andere rechtliche Beurteilung bereits bekannter und gewürdigter tatsächlicher Verhältnisse zu werten. Sie beruht vielmehr auf einer abweichenden Sicht des § 1578 BGB und des bisherigen Verständnisses der „eheprägenden Verhältnisse" und führt mit ihrer das bisherige Berechnungssystem verändernden Additions- bzw. Differenzmethode für die betroffenen Fallgestaltungen zu einer neuen Rechtslage. Sie erfasst auch Fälle wie den vorliegenden, in denen ein Erwerbseinkommen des unterhaltsberechtigten Ehegatten bisher nicht als eheprägend in die Bedarfsbemessung einbezogen wurde, weil es durch eine unzumutbare und die ehelichen Lebensverhältnisse deshalb nicht nachhaltig prägende Erwerbstätigkeit erzielt wurde.

Eine Abänderung konnte daher frühestens ab der Verkündung des maßgebenden *Senats-Urteils* vom 13. 6. 2001 in Betracht kommen.

(Keine Bindungswirkung an Höhe des Erwerbstätigenbonus bei Abänderung des Titels)

c Zutreffend ist, dass das OLG die Zinseinkünfte der Bekl. entsprechend den insoweit unverändert gebliebenen Vorgaben des Vergleichs als nicht prägend angesehen und auf den Unterhaltsanspruch der Bekl. angerechnet hat. Im Ansatz rechtsbedenkenfrei ist ferner die auf tatrichterlicher Beurteilung beruhende Bemessung des Erwerbstätigenbonus mit $1/10$. Die Parteien haben im Vergleich einen Pauschalabzug von 5% Berufsaufwand vorgenommen und – anhand der Quote von $3/7$ – einen Erwerbstätigenbonus von $1/7$ berücksichtigt. Die Entscheidung, in welcher Höhe nunmehr – bei leicht gestiegenen Einkünften der Parteien – beide Faktoren zu berücksichtigen sind, obliegt dem Tatrichter, der sie auf Grund einer notfalls ergänzenden Auslegung des Vergleichs zu treffen hat (vgl. *Senat,* NJW 1986, 2054 = FamRZ 1986, 790 [792]).

(Möglichkeit unterschiedlicher Begrenzung und Differenzierung der Anspruchsgrundlagen)

d Gegen die zeitliche Begrenzung des Aufstockungsunterhalts nach § 1753 V BGB hat die insoweit allein beschwerte Bekl. kein Rechtsmittel eingelegt, so dass das *OLG* zu Recht nicht geprüft hat, ob die Begrenzung zu Recht erfolgt ist. Bedenken bestehen indessen dagegen, dass es keine betragsmäßige Unterscheidung vorgenommen hat, inwieweit der Anspruch auf § 1570 BGB und § 1573 II BGB beruht. Da das *OLG* ersichtlich davon ausgeht, dass ein Teilanspruch nach § 1573 II BGB neben

Anhang R. Rechtsprechung   R567

§ 1570 BGB auch schon im Zeitraum bis Februar 2006 gegeben ist und da weitere Abänderungsbegehren bis zu diesem Zeitpunkt nicht auszuschließen sind, nötigt dies zu einer genaueren Differenzierung der Anspruchsgrundlage (vgl. *Senat,* NJW 1990, 1847 = FamRZ 1990, 492 [493]).
Ein der Entscheidung vom 16. 12. 1987 (NJW 1988, 2369 = FamRZ 1988, 265 [267]) vergleichbarer Ausnahmefall liegt nicht vor. Wegen der fehlenden Aufschlüsselung ist insoweit auch der Kl. beschwert.

BGH v. 5. 9. 2001 – XII ZR 336/99 – FamRZ 01, 1693 = NJW 01, 3779

(Fiktives Erwerbseinkommen als Surrogat der Haushaltsführung in der Ehe)   R567

3 b) Die Revision wendet sich gegen den Ansatz des BerGer., die Haushaltsführung als die ehelichen   a
Lebensverhältnisse mitbestimmend anzusehen und ein an deren Stelle tretendes (fiktives) Ersatzeinkommen in die Unterhaltsbedarfsermittlung nach § 1578 BGB einzubeziehen. Im Übrigen sei es ermessensfehlerhaft, ohne Feststellung der konkreten Verhältnisse und ohne Darlegung der Schätzungsgrundlage einen bestimmten Geldbetrag anzusetzen. Auch diese Einwände führen im Ergebnis nicht zum Erfolg. Der *Senat* hat in seinem Urteil vom 13. 6. 2001 (NJW 2001, 2254 = NJWE-FER 2001, 228 L = FamRZ 2001, 986) entschieden, dass die – auf den Scheidungszeitpunkt bezogenen – konkreten Barmittel immer nur ein Kriterium, nicht aber der alleinige Maßstab für die ehelichen Lebensverhältnisse gem. § 1578 BGB sein können. Vielmehr seien die ehelichen Lebensverhältnisse durch alles geprägt, was während der Ehe für den Lebenszuschnitt der Ehegatten nicht nur vorübergehend tatsächlich von Bedeutung ist, mithin auch durch die häusliche Mitarbeit des nicht erwerbstätigen Ehegatten, die mitursächlich für den erreichten sozialen Standard sei. In den Fällen, in denen der unterhaltsberechtigte Ehegatte – wie hier – nach der Scheidung ein Einkommen erzielt oder erzielen kann, welches gleichsam als Surrogat des wirtschaftlichen Werts seiner bisherigen Tätigkeit angesehen werden kann, ist dieses Einkommen in die Berechnung des Unterhaltsbedarfs nach der Differenzmethode (bzw. wie hier nach der zum selben Ergebnis führenden Additionsmethode) einzubeziehen. Diesem Ansatz entspricht die vom *OLG* vorgenommene Bedarfsermittlung, soweit es das fiktive Erwerbseinkommen der Kl. aus einer ihr zuzumutenden geringfügigen Beschäftigung einbezogen hat.

(Einkommen aus Haushaltsführung für einen neuen Partner als Surrogat der Haushaltsführung in der Ehe)
Entsprechendes gilt, jedenfalls für den hier gegebenen Fall, für den Wert der Versorgungsleistungen,   b
die die Kl. in der häuslichen Gemeinschaft mit ihrem neuen Partner tatsächlich erbringt. Grundsätzlich sind auch solche geldwerten Versorgungsleistungen als Surrogat für die frühere Haushaltstätigkeit in der Familie anzusehen. Denn sie sind insoweit nicht anders zu beurteilen, als wenn die Kl. eine bezahlte Tätigkeit als Haushälterin bei Dritten annähme. Ist die Erwerbsfähigkeit des Unterhaltsberechtigten – wie hier krankheitshalber – eingeschränkt, versorgt er aber daneben noch einen neuen Partner, ist im Zweifel davon auszugehen, dass er diese häuslichen Tätigkeiten noch zusätzlich übernehmen kann (vgl. *Senat,* NJW-RR 1987, 1282 = FamRZ 1987, 1011 [1013 a. E.]). Davon ist ersichtlich auch das OLG ausgegangen, das den Wert dieser Tätigkeit der Kl. zugerechnet hat. Dann aber ist auch insoweit der Wert dieser Versorgungsleistungen als Surrogat des wirtschaftlichen Werts ihrer früheren Haushaltstätigkeit in der Ehe anzusehen, ohne dass es hier noch auf die Frage ankäme, ob es sich dabei um Einkünfte aus einer Erwerbstätigkeit im eigentlichen Sinn handelt (vgl. *Senat,* NJW-RR 1987, 1282 = FamRZ 1987, 1011 [1013 a. E.]; zweifelnd *Scholz,* FamRZ 2001, 1061 [1064]).

c) Auch die Bewertung der Haushaltstätigkeit der Kl. für ihren jetzigen Partner mit einem Vorteil von 400 DM monatlich durch das OLG begegnet keinen Bedenken. Die Schätzung nach § 287 II ZPO obliegt in erster Linie dem Tatrichter und ist mit der Revision nur insoweit angreifbar, als sie auf falschen oder offenbar unsachlichen Erwägungen beruht oder wesentlichen Tatsachenvortrag außer Acht lässt (st. Rspr. des *BGH,* vgl. nur *BGHZ* 3, 162 [175 f.] = NJW 1952, 23; BGH, NJW-RR 93, 795 [796]) oder wenn dem Urteil eine Auseinandersetzung mit den für die Bemessung wesentlichen Umständen nicht zu entnehmen ist *(BGH,* VersR 1992, 1410). Solche Rechtsfehler zeigt die Revision nicht auf. Das OLG hat bei der Bewertung entsprechend der Rechtsprechung des *Senats* im Ergebnis auf den objektiven Wert abgestellt, den die Versorgungsleistungen und die Wohnungsgewährung für den Partner hat (vgl. *Senat,* NJW 1984, 2358 = FamRZ 1984, 662 [663], und NJW 1989, 1083 = FamRZ 1989, 487 [490]). Dabei hat es den konkreten Einzelfall bewertet und berücksichtigt, dass die Kl. ihren Beitrag zur Lebensgemeinschaft in erster Linie in der Wohnungsgewährung an den Zeugen, aber auch durch sonstige Versorgungsleistungen erbringt. Es hat in diesem Zusammenhang festgestellt, dass der Zeuge regelmäßig bei der Kl. übernachtet und auch die Wochenenden und Feiertage sowie seine Urlaubszeiten mit der Kl. verbringt, werktags und werktags bei seinen Eltern die Mahlzeiten einnimmt, wo auch seine Wäsche gewaschen wird. Die auf diesen Umständen beruhende Schätzung der der Kl. zugute kommenden Vorteile auf 400 DM hält revisionsrechtlicher Prüfung stand.

(Billigkeitsabwägung bei Verwirkung nach § 1579 BGB; Tatbestand des § 1579 Nr. 6 BGB bei Zuwendung an neuen Partner vor Scheidung)

c 4 b) Die Rüge der Revision, das OLG habe nicht in Betracht gezogen, dass sich die Kl. ihrem jetzigen Partner noch während bestehender Ehe zugewandt habe, so dass gem. § 1579 Nr. 6 BGB nicht nur eine Herabsetzung, sondern eine gänzliche Versagung des Unterhalts hätte erwogen werden müssen, greift nicht durch. Das Vorliegen eines Härtegrundes nach § 1579 Nr. 6 BGB setzt ein offensichtlich schwerwiegendes, eindeutig allein bei dem unterhaltsberechtigten Ehegatten liegendes einseitiges Fehlverhalten voraus (st. Rspr. des Senats, vgl. nur *Senat*, NJW 1989, 1083 = FamRZ 1989, 487 [490]). Dabei sieht § 1579 S. 1 BGB auch für diese Fälle, je nach Schweregrad, die Möglichkeiten der Versagung, Herabsetzung oder zeitlichen Begrenzung vor. Dafür, dass im vorliegenden Fall das Fehlverhalten der Kl. so schwer wog, dass nur die Unterhaltsversagung als härteste Sanktion angemessen gewesen wäre, hat der Bekl. nichts Ausreichendes vorgetragen. Dass die Kl. sich dem Partner noch während bestehender Ehe zugewandt hat, begründet allein noch nicht den Vorwurf eines offensichtlich schwerwiegenden, eindeutig bei ihr liegenden Fehlverhaltens gegen den Bekl.

BGB v. 24. 10. 2001 – XII ZR 284/99 – FamRZ 02, 23 = NJW 02, 217

R568 *(Auf Distanz angelegtes Verhältnis kein Verwirkungsgrund nach § 1579 Nr. 7 BGB)*

c 3. a) Das BerGer. hat weiter die Auffassung vertreten, der Unterhaltsanspruch der Bekl. sei nicht wegen grober Unbilligkeit der Inanspruchnahme (§ 1579 Nr. 7 BGB) ausgeschlossen, so dass auch unter diesem Gesichtspunkt eine Abänderung ausscheide. Zur Begründung hat es ausgeführt: Nach dem Ergebnis der durchgeführten Beweisaufnahme sei davon auszugehen, dass der Partner der Bekl., G, etwa seit 1994 ein intimes Verhältnis zur Bekl., die er bereits seit 1982 kenne, unterhalte. Er habe seit 1993 eine eigene Wohnung in B., in der er sich die Woche über selbst versorge und seinen Haushalt selbstständig führe, insbesondere wasche, bügele und einkaufe. Die Wochenenden verbringe G überwiegend (dreimal im Monat, manchmal auch nur zweimal) bei der Bekl., schlafe dann „ab und zu" auch dort und werde dann verköstigt. Außerdem sei G seit mehreren Jahren mit der Bekl. und deren Tochter regelmäßig in Urlaub gefahren, habe die Weihnachtsfeiertage seit 1994 jeweils bei ihr verbracht und an allen Familienfeiern teilgenommen, sofern er eingeladen worden sei. Bei diesem Beweisergebnis sei nicht zu verkennen, dass sich die Beziehung der Bekl. zu G nach ihrem Erscheinungsbild in der Öffentlichkeit bereits in einem solchen Maße verfestigt habe, dass die Annahme des Härtegrundes der objektiven Unzumutbarkeit allein auf Grund der gemeinsamen Freizeitgestaltung an den Wochenenden, der gemeinsam verbrachten Urlaube und der Integration des Partners in das Familienleben – allesamt Indizien für das Vorliegen einer festen sozialen Verbindung – nahe liegen könne. Die von der Rechtsprechung geforderte Mindestdauer von zwei bis drei Jahren sei erfüllt. Der Umstand, dass G weiterhin eine eigene Wohnung beibehalte, stehe der Bewertung des Zusammenlebens als eheähnliche Beziehung grundsätzlich nicht entgegen. Es dürfe allerdings nicht außer Acht gelassen werden, dass beide Partner bewusst die überwiegende Zeit während der Arbeitswoche – von den Kontakten am gemeinsamen Arbeitsplatz abgesehen – getrennt verbringen. Dies beruhe, wie G nachvollziehbar erläutert habe, auf dem Bestreben, sich einen Freiraum zu erhalten. Dieser Wunsch nach zeitweiliger Unabhängigkeit sei gerade bei Beziehungen zwischen geschiedenen Partnern, die – wie hier – jeder für sich wirtschaftlich selbstständig seien und eigene Kinder hätten, verständlich. An dieser Motivation zu zweifeln, bestehe vorliegend kein Anlass. Finanzielle Anreize könne die doppelte Haushaltsführung nicht bieten, denn die Kosten der Wohnung des Zeugen G und der für die Fahrten zwischen den beiden Wohnungen anfallende Aufwand dürfe der Höhe des Unterhaltsanspruchs, dessen Verlust ansonsten drohe, in etwa entsprechen. Die Entscheidung, in einer gemeinsamen Wohnung zusammenzuleben oder ihre jeweiligen Lebensbereiche getrennt zu halten, träfen beide Partner in eigener Verantwortung. Ihr Entschluss sei zu respektieren und insbesondere auch bei der Bewertung zu berücksichtigen, ob das Erscheinungsbild der Beziehung in der Öffentlichkeit die Fortdauer der Unterhaltsbelastung für den Verpflichteten objektiv unzumutbar werden lasse, denn solche Differenzierungen beeinflussten auch die Wertung, die einem eheähnlichen Verhältnis in der Öffentlichkeit zuteil werde. Das Gesamtbild der Beziehung der Bekl. zu G lasse daher eine weitere Heranziehung des Kl. zu Unterhaltszahlungen weder insgesamt noch teilweise als unzumutbar erscheinen.

b) Die Revision macht geltend, diese Auffassung beruhe auf einer Nichtberücksichtigung bzw. nicht vollständigen Berücksichtigung des Prozessstoffs. Das BerGer. habe außer Acht gelassen, dass die Bekl. und der Zeuge G nach dessen Angaben zu auswärtigen Veranstaltungen in der Regel gemeinsam gingen und außer den Weihnachtsfeiertagen auch die weiteren Feiertage gemeinsam verbringen. Beide würden nach der Aussage des Zeugen B in der Öffentlichkeit als Paar angesehen. Der Prozessbevollmächtigte des Kl. habe in der mündlichen Verhandlung die Zeugin R gefragt, ob sowohl ihr als auch auf ihrer und der Bekl. gemeinsamer Dienststelle bekannt sei, dass die Bekl. und G ein Paar darstellten. Diese Frage habe das BerGer. unter Verfahrensverstoß und ohne Begründung nicht zugelassen. Ein Grund hierfür bestehe nicht, zumal die Frage dem Beweisthema entsprochen habe. Darüber hinaus habe der Kl. seinen Vortrag, die Bekl. lebe mit G seit mehreren Jahren in einer eheähnlichen Gemeinschaft, sei mit diesem vor kurzem erneut bei einer Geburtstagsfeier als Paar aufgetreten, anschließend habe dieser in der Wohnung der Bekl. übernachtet, durch Vernehmung des Zeugen H unter Beweis gestellt. Dem Beweisangebot habe das BerGer. nachgehen müssen. Diese Rügen haben keinen Erfolg. Das BerGer. ist auf Grund des Ergebnisses der Beweisaufnahme davon ausgegangen, die Beziehung der Parteien habe sich bereits in einem solchen Maße verfestigt, dass die Annahme des Härtegrunds allein auf Grund der festgestellten gemeinsamen Freizeitgestaltung, der gemeinsam verbrachten Urlaube und der Integration des Partners in das Familienleben nahe liegen könne. Es kann deshalb unterstellt werden, dass die Zeugen R und H die Behauptungen des Kl. bestätigt hätten, ohne dass sich hieraus über die vom BerGer. festgestellten Indizien hinaus zusätzliche Anhaltspunkte für das Vorliegen einer festen sozialen Verbindung ergeben hätten. Das gilt entsprechend für die nicht ausdrücklich berücksichtigten Angaben des Zeugen G.

c) Maßgebend für die Auffassung des BerGer., der Unterhaltsanspruch sei gleichwohl nicht (ganz oder teilweise) ausgeschlossen, ist allein die weitere Feststellung, die Bekl. und der Zeuge G hielten ihre jeweiligen Lebensbereiche bewusst getrennt und verbrächten die überwiegende Zeit jeweils dort, um sich insofern ihre Unabhängigkeit zu erhalten, was bei der Bewertung der Beziehung zu berücksichtigen sei. Dagegen wendet sich die Revision zu Unrecht mit der Begründung, auf die subjektive Einstellung der Partner könne es für die Frage, ob die Inanspruchnahme des Kl. grob unbillig sei, nicht ankommen.

Nach der ständigen Rechtsprechung des *Senats* kann ein länger dauerndes Verhältnis des Unterhaltsberechtigten zu einem neuen Partner dann zur Annahme eines Härtegrunds i. S. des Auffangtatbestands des § 1579 Nr. 7 BGB – mit der Folge der Unzumutbarkeit einer weiteren (uneingeschränkten) Unterhaltsbelastung für den Verpflichteten – führen, wenn sich die Beziehung in einem solchen Maße verfestigt hat, dass sie als eheähnliches Zusammenleben anzusehen und gleichsam an die Stelle einer Ehe getreten ist. Dabei setzt die Annahme einer derartigen Lebensgemeinschaft zwar nicht zwingend voraus, dass die Partner räumlich zusammen leben und einen gemeinsamen Haushalt führen, auch wenn eine solche Form des Zusammenlebens in der Regel ein typisches Anzeichen hierfür sein wird. Unter welchen anderen Umständen – nach einer gewissen Mindestdauer – auf ein eheähnliches Zusammenleben geschlossen werden kann, lässt sich nicht allgemein verbindlich festlegen. Letztlich obliegt es der verantwortlichen Beurteilung des Tatrichters, ob er den Tatbestand des eheähnlichen Zusammenlebens aus tatsächlichen Gründen für gegeben erachtet oder nicht (*Senat*, NJW 1984, 2692 = FamRZ 1984, 986 [987]; *Senat*, NJW 1989, 1083 = FamRZ 1989, 487 [490]; NJW 1991, 1290 = FamRZ 1991, 670 [672]; NJW-RR 1994, 1154 = FamRZ 1995, 540 [542 f.]; NJW 1997, 1851 = FamRZ 1997, 671 [672]).

Es begegnet aus Rechtsgründen keinen Bedenken, wenn im Rahmen der tatrichterlichen Würdigung berücksichtigt wird, dass die Partner ihre Lebensbereiche getrennt gehalten und damit ihre Beziehung bewusst auf Distanz angelegt haben, weil sie ein enges Zusammenleben – etwa auf Grund der in ihren bisherigen Partnerschaften gemachten Erfahrungen – nicht wünschen. Die Entscheidung für eine solche Lebensgestaltung treffen die Beteiligten in eigener Verantwortung; sie ist, wie das BerGer. zu Recht angenommen hat, zu respektieren. Unter solchen Umständen kommt der Frage, ob die Gemeinschaft von ihrer Intensität her gleichwohl einem ehelichen Zusammenleben entspricht und gleichsam an die Stelle einer Ehe tritt, entscheidende Bedeutung zu. Erst wenn diese Feststellung getroffen werden kann, kommt es auf die weiteren Voraussetzungen, die an das Vorliegen des Härtegrundes zu stellen sind, an. Daraus folgt andererseits, dass eine allein subjektiv in Anspruch genommene Distanz zu dem neuen Partner, die in der tatsächlichen Lebensgestaltung nicht zum Ausdruck kommt, keine Berücksichtigung finden kann.

Das BerGer. hat den Wunsch der Partner, ihre Beziehung distanzierter zu gestalten, um sich einen Freiraum zu bewahren, für glaubhaft gehalten. Seinen Feststellungen zufolge entspricht diesen Vorstellungen auch die tatsächliche Gestaltung der Beziehung. Die Bekl. und G verbringen bewusst die überwiegende Zeit in ihrem jeweils eigenen Lebensbereich und nicht miteinander. Dem lässt sich nicht entgegenhalten, dass es auch Ehen gibt, in denen – etwa aus berufsbedingten Gründen – zwei Haushalte geführt werden und die Ehegatten im Wesentlichen nur an den Wochenenden zusammenleben. Eine vergleichbare Situation liegt hier nicht vor, denn die Bekl. und der Zeuge G arbeiten beide an demselben Ort, hätten also aus beruflichen Gründen keinen Anlass, getrennte Haushalte beizubehalten (vgl. hierzu *OLG Frankfurt a. M.*, NJWE-FER 1999, 257 = FamRZ 2000, 427). Bei dieser Sachlage sind gegen die tatrichterliche Würdigung, die Lebenssituation der Partner lasse bei einer Gesamtbetrachtung nicht die Schlussfolgerung auf eine die Anwendung der Härteklausel rechtfertigende Verbindung zu, keine durchgreifenden rechtlichen Bedenken zu erheben.

(Keine Verwirkung nach § 1579 Nr. 4 BGB durch Anzeige wegen falscher eidesstattlicher Versicherung und bei Finanzamt bei Wahrnehmung berechtigter Interessen)

4. Das BerGer. hat schließlich auch einen Ausschluss des Unterhalts nach § 1579 Nr. 4 BGB mit folgender Begründung verneint: Der Kl. habe mit seinem pauschalen Vorbringen, die Bekl. habe ihn

d

wegen Steuerhinterziehung angezeigt und in anonymen Anrufen bei seinem Arbeitgeber belastet, nicht hinreichend dargetan, dass diese sich mutwillig zu seinen Lasten über schwer wiegende Vermögensinteressen hinweggesetzt habe. Die im November 1998 und Januar 1999 von der Bekl. erstatteten Strafanzeigen wegen falscher Versicherung an Eides Statt, seien nicht mutwillig gewesen, weil die erhobenen Vorwürfe nach den zur Leistungsfähigkeit des Kl. getroffenen Feststellungen zumindest teilweise sachlich berechtigt gewesen sein dürften und die Bekl. wegen des engen Zusammenhangs mit dem vorliegenden Rechtsstreit in Wahrnehmung berechtigter Interessen gehandelt habe.

Diese Ausführungen sind entgegen der Auffassung der Revision aus Rechtsgründen nicht zu beanstanden. Das BerGer. hat – bezüglich der Anzeige wegen Steuerhinterziehung und der Anrufe bei einem der Arbeitgeber des Kl. – nicht die Darlegungslast überspannt. Wie die Revision nicht verkennt, wäre zur Annahme eines Ausschlussgrundes ein leichtfertiges Verhalten der Bekl. erforderlich gewesen (vgl. *Senat,* NJW 1981, 2805 = FamRZ 1981, 1042 [1044]; *Erman/Dieckmann,* BGB, 10. Aufl., § 1579 Rn. 18; *Maurer,* in: MünchKomm, BGB, 4. Aufl., § 1579 Rn. 35). Dafür lassen sich aus dem Vorbringen des Kl. keine Anhaltspunkte entnehmen. Abgesehen davon hat er die erhobenen Vorwürfe auch weder in zeitlicher Hinsicht konkretisiert noch den Arbeitgeber benannt, bei dem die Anrufe erfolgt sein sollen, obwohl er jedenfalls zeitweise bei mehreren Firmen beschäftigt war. Die Ausführungen des BerGer. zu den erstatteten Strafanzeigen greift die Revision nicht im Einzelnen an. Auch insofern bestehen gegen die Ausführungen des *OLG* keine durchgreifenden rechtlichen Bedenken.

BGH v. 9. 1. 2002 – XII ZR 34/00 – FamRZ 02, 815 = NJW 02, 2026

R570 *(Besuch der Höheren Handelsschule als allgemeine Schulbildung im Sinne des § 1603 II 2 BGB)*

a 2 c) Nach diesen Grundsätzen begegnet die Annahme des BerGer., die Kl. habe sich in einer allgemeinen Schulausbildung befunden, keinen rechtlichen Bedenken. Sie besuchte die zweijährige höhere Berufsfachschule für Wirtschaft und Verwaltung (Höhere Handelsschule), in die nach § 3 I der Verordnung über die Bildungsgänge und die Abschlussprüfungen in der zweijährigen höheren Berufsfachschule vom 17. 6. 1993 (GVBl NW, S. 427) aufgenommen wird, wer den Sekundarabschluss I – Fachoberschulreife – erworben hat. Nach § 1 I der Verordnung vermittelt die Schule berufliche Kenntnisse und den schulischen Teil der Fachhochschulreife; sie wird mit einer staatlichen Prüfung abgeschlossen. Schüler, die die Abschlussprüfung bestanden haben, erfüllen die schulischen Bedingungen für den Erwerb der Fachhochschulreife. Diese wird Schülern zuerkannt, die entweder an einem einjährigen einschlägigen Praktikum teilgenommen haben oder eine einschlägige abgeschlossene Berufsausbildung nachweisen, die mindestens zwei Jahre gedauert hat (§ 11 I und II der Verordnung).

Das Ziel des Besuchs der Höheren Handelsschule ist mithin der Erwerb der Fachhochschulreife, also eines allgemeinen Schulabschlusses, sowie die Vermittlung allgemeiner, nicht bereits auf ein konkretes Berufsbild bezogener, beruflicher Kenntnisse aus dem Bereich Wirtschaft und Verwaltung. Demgemäß hat der Besuch der Höheren Handelsschule in Nordrhein-Westfalen auch keine schulische Berufsqualifikation zur Folge. Dass die bestandene Abschlussprüfung nicht unmittelbar zum Erwerb der Fachhochschulreife führt, sondern dieser an weitere Voraussetzungen geknüpft ist, steht der Beurteilung des Schulbesuchs als allgemeine Schulausbildung nicht entgegen (ebenso *OLG Hamm,* FamRZ 1999, 1528 [1529]; *Wendl/Scholz,* 5. Aufl., § 2 Rn. 459; a. A. für den Besuch einer höheren Berufsfachschule, Fachrichtung Betriebswirtschaft, nach dem bei bestandener Abschlussprüfung die Berufsbezeichnung „staatlich geprüfter kaufmännischer Assistent für Betriebswirtschaft" geführt werden kann: *OLG Koblenz,* NJW-FER 2001, 176, und OLG-Report 1999, 284).

Nach den getroffenen Feststellungen stellt der Unterricht an der Höheren Handelsschule einen „vollzeitschulischen" Bildungsgang dar. Deshalb ist mit dem BerGer. davon auszugehen, dass der zeitliche Aufwand für den Schulbesuch einschließlich der erforderlichen Vor- und Nachbereitung die Arbeitskraft der Kl. jedenfalls überwiegend ausfüllt, so dass die Aufnahme einer Erwerbstätigkeit nicht erwartet werden kann. Ob an den berufsbildenden Schulen die Teilnahme an einem kontrollierten Unterricht gewährleistet ist, hat das *OLG* zwar nicht ausdrücklich festgestellt. Angesichts der Organisationsstruktur der Schule spricht indes eine tatsächliche Vermutung dafür, dass sie eine dem herkömmlichen Schulbesuch entsprechende stetige und regelmäßige Ausbildung gewährleistet.

(Barunterhaltspflicht beider Eltern gegenüber dem privilegiert volljährigen Kind)

b 3. Auch die weitere Annahme des BerGer., für den Barunterhalt der Kl. hätten beide Elternteile anteilig nach ihren Erwerbs- und Vermögensverhältnissen aufzukommen, hält der rechtlichen Nachprüfung stand.

Mit dem Eintritt der Volljährigkeit endet die elterliche Sorge im Rechtssinne und – als Teil hiervon – die insbesondere die Pflicht zur Pflege und Erziehung des Kindes umfassende Personensorge (§§ 1626, 1631 BGB). Damit entfällt nach dem Gesetz die Grundlage für eine Gleichbewertung von Betreuungs- und Barunterhalt ohne Rücksicht darauf, ob im Einzelfall etwa ein volljähriger Schüler weiter im Haushalt eines Elternteils lebt und von diesem noch gewisse Betreuungsleistungen erhält.

Anhang R. Rechtsprechung **R570**

Vom Eintritt der Volljährigkeit an besteht nach dem Gesetz kein rechtfertigender Grund mehr, weiterhin nur den bisher allein barunterhaltspflichtigen Elternteil mit dem nunmehr insgesamt in Form einer Geldrente zu entrichtenden Unterhalt zu belasten, wenn auch der andere Elternteil über Einkünfte verfügt, die ihm die Zahlung von Unterhalt ermöglichen (*Senat,* NJW 1994, 1530 = FamRZ 1994, 696 [698 f.]).

An dieser gesetzlichen Wertung hat sich durch die Neufassung der §§ 1603 II und 1609 BGB durch das Kindesunterhaltsgesetz nichts geändert. Zwar erstreckt sich die gesteigerte Unterhaltspflicht von Eltern seit dem 1. 7. 1998 unter den in § 1603 II 2 BGB genannten Voraussetzungen auch auf volljährige Kinder. Diese stehen nach § 1609 BGB auch im Rang den minderjährigen Kindern und dem Ehegatten des Unterhaltspflichtigen gleich. Die in § 1606 III 2 BGB geregelte Gleichstellung von Bar- und Betreuungsunterhalt gilt jedoch weiterhin allein für minderjährige Kinder; nur diesen gegenüber erfüllt der betreuende Elternteil seine Unterhaltspflicht in der Regel durch die Erbringung von Pflege- und Erziehungsleistungen. Diese Differenzierung zwischen minderjährigen und privilegierten volljährigen Kindern hat der Gesetzgeber auch beabsichtigt. In der Gesetzesbegründung wird ausgeführt, die Änderungen der §§ 1603 II, 1609 BGB hätten auf die Vorschrift des § 1606 III 2 BGB keinen Einfluss; volljährige Kinder i. S. des § 1603 II 2 BGB bedürften typischerweise ebenso wenig (noch) der Pflege und Erziehung wie andere volljährige Kinder, so dass eine Gleichstellung auch im Rahmen des § 1606 III 2 BGB auf einer reinen Fiktion beruhen würde, für die aus rechtssystematischen Gründen kein Bedürfnis bestehe (BT-Dr 13/7338, S. 22). Mit Rücksicht darauf ist mit der in Rechtsprechung und Schrifttum vertretenen herrschenden Meinung davon auszugehen, dass auch gegenüber privilegierten volljährigen Kindern grundsätzlich beide Elternteile barunterhaltspflichtig sind (ebenso *OLG Bremen,* OLG-Report 1999, 48, und FamRZ 1999, 1529; *OLG Dresden,* NJW 1999, 797 [798]; *OLG Düsseldorf,* FamRZ 1999, 1215 [1216]; *OLG Hamm,* NJW 1999, 798, und NJW 1999, 3274 [3275]; NJW-RR 2000, 217 = FamRZ 1999, 1018; *OLG Karlsruhe,* FamRZ 1999, 45 [46]; *OLG Nürnberg,* NJW-RR 2000, 598 = MDR 2000, 34; *Staudinger/Engler,* BGB, 13. Bearb. [2000], § 1606 BGB Rn. 25; *Erman/Holzhauer,* BGB, 10. Aufl., § 1606 BGB Rn. 10; *Häußermann,* in: FamRefK, § 1606 BGB Rn. 2; *Palandt/Diederichsen,* BGB, 61. Aufl., § 1606 BGB Rn. 9; *Schwab/Borth,* 3. Aufl., Kap. V Rn. 167; *Wendl/Scholz,* § 2 Rn. 467; *Kalthoener/Büttner/Niepmann,* 7. Aufl., Rn. 151; *Schumacher/Grün,* FamRZ 1998, 778 [786]; *Strauß,* FamRZ 1998, 993 [995]; *Krause,* FamRZ 2000, 660; *Wohlgemuth,* FamRZ 2001, 321 [328]; a. A. *OLG Naumburg,* FamRZ 2001, 371).

Soweit die Revision unter Bezugnahme auf *Graba* (*Johannsen/Henrich/Graba,* EheR, 3. Aufl., § 1606 Anm. 9) demgegenüber meint, die herrschende Meinung vernachlässige zu sehr, dass auch privilegierte volljährige Kinder nach ihrer Lebensstellung zwar nicht mehr der Erziehung, wohl aber noch der Pflege, etwa durch Zubereiten von Mahlzeiten, Instandhaltung der Wohnung und dergleichen bedürften, gibt dies zu einer abweichenden Beurteilung keinen Anlass. Es erscheint bereits wenig überzeugend, für die Beurteilung solcher Betreuungsleistungen entscheidend darauf abzustellen, ob sie für ein privilegiertes volljähriges Kind oder für einen volljährigen Schüler erbracht werden, der etwa eine Schulausbildung zum Zweck der beruflichen Qualifikation absolviert und deshalb die Voraussetzungen des § 1603 II 2 BGB nicht erfüllt, so dass die anteilige Haftung der Eltern für den Barunterhalt des Letzteren nicht in Frage steht. Jedenfalls scheitert eine vom Wortlaut des § 1606 III 2 BGB abweichende Behandlung von Betreuungsleistungen für ein privilegiertes volljähriges Kind aber an dem eindeutigen Willen des Gesetzgebers (so auch *Wendl/Scholz,* § 2 Rn. 467).

(Abzug von den Wohnwert übersteigenden Schulden beim Verwandtenunterhalt)
Abzugsfähig sind indessen nicht sämtliche Schulden, die der Unterhaltspflichtige zu tragen hat, **c** sondern nur die unterhaltsrechtlich berücksichtigungsfähigen Verbindlichkeiten. So können die zur Finanzierung eines Eigenheims zu entrichtenden Zins- und Tilgungsleistungen insoweit nicht einkommensmindernd berücksichtigt werden, als sie den Wohnkosten entsprechen, die der Unterhaltspflichtige ohne das Vorhandensein von Wohneigentum aufzubringen hätte (*Senat,* NJW 1984, 1237 = FamRZ 1984, 358 [360]). Ob und inwieweit die darüber hinausgehenden Verbindlichkeiten die Leistungsfähigkeit mindern, ist nach ständiger Rechtsprechung des *Senats* unter umfassender Interessenabwägung zu beurteilen, wobei es insbesondere auf den Zweck der Verbindlichkeiten, den Zeitpunkt und die Art ihrer Entstehung, die Kenntnis des Unterhaltsverpflichteten von Grund und Höhe der Unterhaltsschuld und auf andere Umstände ankommt. In die Abwägung mit einzubeziehen sind auch die Möglichkeiten des Unterhaltsschuldners, seine Leistungsfähigkeit in zumutbarer Weise ganz oder teilweise wiederherzustellen. Auf Schulden, die leichtfertig, für luxuriöse Zwecke oder ohne verständigen Grund eingegangen sind, kann sich der Unterhaltspflichtige grundsätzlich nicht berufen (*Senat,* NJW-RR 1996, 321 = FamRZ 1996, 160 [161 f.] m. w. Nachw.).

(Berücksichtigung von Unterhaltspflichten gegenüber gleichrangigen minderjährigen Kindern beim privilegierten Volljährigen)
a) Das BerGer. hat der Ermittlung des Unterhaltsbedarfs der Kl. das zusammengerechnete Einkommen beider Elternteile zu Grunde gelegt und den Bedarf sodann der 4. Altersstufe der Einkommens- **d**

gruppe 11 der jeweils maßgebenden Düsseldorfer Tabelle entnommen. Zur Berechnung der nach § 1606 III 1 BGB auf die Eltern entfallenden Haftungsanteile hat es deren Einkommen jeweils um einen für den eigenen angemessenen Unterhalt benötigten Betrag von monatlich 1800 DM gekürzt. Von dem Einkommen des Bekl. hat es darüber hinaus dessen Unterhaltsverpflichtungen abgesetzt, die gegenüber seinen weiteren – mit der Kl. gleichrangigen – Unterhaltsberechtigten, nämlich den beiden minderjährigen Kindern und seiner Ehefrau, bestehen. Zur Begründung hat das BerGer. ausgeführt, nur auf diese Weise könne zuverlässig ermittelt werden, welches anrechenbare Einkommen dem Bekl. oberhalb des angemessenen Selbstbehalts zur Deckung des Unterhaltsbedarfs der Kl. verbleibe. Würden die gleichrangigen Unterhaltsberechtigten bei der Ermittlung der Haftungsquote nicht berücksichtigt, so habe dies zur Folge, dass der Haftungsanteil des mit weiteren Unterhaltspflichten belasteten Bekl. auf Grund seines höheren Einkommens entsprechend höher wäre als der Haftungsanteil der Mutter der Kl., obwohl sie keiner weiteren Unterhaltspflicht ausgesetzt sei. Deshalb sei die Haftungsquote der Eltern für den Unterhalt der Kl. entsprechend dem Verhältnis ihrer insoweit in unterschiedlicher Weise gekürzten Einkommen zu bestimmen.

b) Diese Vorgehensweise begegnet Bedenken. Zwar unterliegt es weit gehend der Beurteilung des Tatrichters, in welcher Weise er der unterschiedlichen Belastung der Eltern bei der Bestimmung, inwieweit sie nach § 1606 III 1 BGB jeweils für den Unterhalt eines Kindes aufzukommen haben, Rechnung trägt. In einem Fall wie dem vorliegenden, in dem sich jedenfalls auf Seiten des Bekl. eine Mangelfallsituation abzeichnet, dürfte der vorgenommene Vorwegabzug seiner weiteren Unterhaltsverpflichtungen jedoch zu einem unangemessenen Ergebnis führen und deshalb keine billigenswerte Methode darstellen, um eine ungleiche Belastung der Eltern zu vermeiden. Denn ein Vorwegabzug hätte dann, wenn die Mutter hinreichend leistungsfähig ist, zur Folge, dass diese übermäßig belastet wird, während der Bekl. zu Gunsten der weiteren Unterhaltsberechtigten entlastet wird. Könnte die Mutter ihren so ermittelten Anteil dagegen nicht in vollem Umfang aufbringen, bliebe der Unterhaltsbedarf der Kl. – im Gegensatz zu demjenigen der weiteren Unterhaltsberechtigten des Bekl. – teilweise ungedeckt. Bedenken würde es allerdings auch begegnen, die weitere Unterhaltsbelastung des Bekl. völlig außer Betracht zu lassen, weil dann Mittel berücksichtigt würden, die nicht allein für den Unterhalt der Kl. zur Verfügung stehen.

Zu einer angemessenen Bestimmung der Haftungsanteile dürfte es in dem vorliegenden Mangelfall führen, wenn von dem nach Abzug des Selbstbehalts verbleibenden Einkommen des Bekl. der Betrag ermittelt wird, der dem Anteil des auf die Kl. entfallenden Bedarfs am Gesamtunterhaltsbedarf aller gleichrangigen Unterhaltsberechtigten entspricht, und sodann dieser Betrag mit dem verfügbaren Einkommen des anderen Elternteils ins Verhältnis gesetzt wird (vgl. *Häußermann*, in: FamRefK, § 1606 BGB Rn. 4; *Schwab/Borth*, Kap. V Rdnrn. 168 ff.; *Göppinger/Kodal*, 7. Aufl., Rdnrn. 1655 ff.). Hierdurch könnte sowohl dem Gleichrang der Unterhaltsberechtigten als auch der (eingeschränkten) Leistungsfähigkeit des Bekl. Rechnung getragen werden.

BVerfG v. 5. 2. 2002 – 1 BvR 105/95 und 1 BvR 457/96 – FamRZ 02, 527 = NJW 02, 1185

R571   *(Verfassungswidrigkeit der von der Rechtsprechung früher angewandten Anrechnungsmethode bei Hausfrauen)*

a   B. Die Verfassungsbeschwerden sind begründet. Die angegriffenen gerichtlichen Entscheidungen verletzen die Bf. in ihren Grundrechten aus Art. 6 I i. V. mit Art. 3 II GG.
I. 1. a) Art. 6 I i. V. mit Art. 3 II GG schützt die Ehe als eine Lebensgemeinschaft gleichberechtigter Partner (vgl. *BVerfGE* 35, 382 [408] = NJW 1974, 227; *BVerfGE* 103, 89 [101] = NJW 2001, 957 = FPR 2001, 137), in der die Ehegatten ihre persönliche und wirtschaftliche Lebensführung in gemeinsamer Verantwortung bestimmen (vgl. *BVerfGE* 57, 361 [390] = NJW 1981, 1771; *BVerfGE* 61, 319 [347] = NJW 1983, 271). Zur selbstverantwortlichen Lebensgestaltung gehören neben der Entscheidung, ob die Ehegatten Kinder haben wollen, insbesondere auch die Vereinbarung über die innerfamiliäre Arbeitsteilung und die Entscheidung, wie das gemeinsame Familieneinkommen durch Erwerbsarbeit gesichert werden soll (vgl. *BVerfGE* 61, 319 [347] = NJW 1983, 271; *BVerfGE* 66, 84 [94] = NJW 1984, 1523; *BVerfGE* 68, 256 [268] = NJW 1985, 1211). Dabei steht es den Ehepartnern frei, ihre Ehe so zu führen, dass ein Ehepartner allein einer Berufstätigkeit nachgeht und der andere sich der Familienarbeit widmet, ebenso wie sie sich dafür entscheiden können, beide einen Beruf ganz oder teilweise auszuüben und sich die Hausarbeit und Kinderbetreuung zu teilen oder diese durch Dritte durchführen zu lassen (vgl. *BVerfGE* 39, 169 [183] = NJW 1975, 919; *BVerfGE* 48, 327 [338] = NJW 1978, 2289; *BVerfGE* 99, 216 [231] = NJW 1999, 557).

b) Kommen den Ehegatten gleiches Recht und gleiche Verantwortung bei der Ausgestaltung ihres Ehe- und Familienlebens zu, so sind auch die Leistungen, die sie jeweils im Rahmen der von ihnen in gemeinsamer Entscheidung getroffenen Arbeits- und Aufgabenzuweisung erbringen, als gleichwertig anzusehen (vgl. *BVerfGE* 37, 217 [251] = NJW 1974, 1609; *BVerfGE* 47, 1 [24] = NJW 1978, 877; *BVerfGE* 53, 257 [296] = NJW 1980, 692; *BVerfGE* 66, 84 [94] = NJW 1984, 1523; *BVerfGE* 79, 106

Anhang R. Rechtsprechung   R571

[126] = NJW 1989, 1599). Haushaltsführung und Kinderbetreuung haben für das gemeinsame Leben der Ehepartner keinen geringeren Wert als Einkünfte, die dem Haushalt zur Verfügung stehen. Gleichermaßen prägen sie die ehelichen Lebensverhältnisse und tragen zum Unterhalt der Familie bei.

Allerdings bemisst sich die Gleichwertigkeit der familiären Unterhaltsbeiträge von Ehegatten nicht an der Höhe des Erwerbseinkommens, das einer oder beide Ehegatten erzielen, oder am wirtschaftlichen Wert der Familienarbeit und an deren Umfang. Sie drückt vielmehr aus, dass die von den Ehegatten für die eheliche Gemeinschaft jeweils erbrachten Leistungen gerade unabhängig von ihrer ökonomischen Bewertung gleichgewichtig sind und deshalb kein Beitrag eines Ehegatten höher oder niedriger bewertet werden darf als der des anderen. Dem tragen auch die Regelungen der § 1360 S. 2 BGB und § 1606 III 2 BGB Rechnung, die die Gleichwertigkeit der Unterhaltsbeiträge von Ehegatten einfach-rechtlich normieren und einen rechnerischen Leistungsausgleich zwischen den Ehegatten ausschließen.

c) Sind die Leistungen, die Ehegatten im gemeinsamen Unterhaltsverband erbringen, gleichwertig, haben beide Ehegatten grundsätzlich auch Anspruch auf gleiche Teilhabe am gemeinsam Erwirtschafteten, das ihnen zu gleichen Teilen zuzuordnen ist. Dies gilt nicht nur für die Zeit des Bestehens der Ehe, sondern entfaltet seine Wirkung auch nach Trennung und Scheidung der Ehegatten auf deren Beziehung hinsichtlich Unterhalt, Versorgung und Aufteilung des gemeinsamen Vermögens (vgl. BVerfGE 47, 85 [100] = NJW 1978, 629; BVerfGE 63, 88 [109] = NJW 1983, 1417). Dem entsprechen die gesetzlichen Regelungen über den Versorgungsausgleich (vgl. BVerfGE 53, 257 [296] = NJW 1980, 692) und den Zugewinnausgleich (vgl. BVerfGE 71, 364 [386] = NJW 1986, 1321) bei Scheidung. Insbesondere aber bestimmt der Anspruch auf gleiche Teilhabe am gemeinsam Erarbeiteten auch die unterhaltsrechtliche Beziehung der geschiedenen Eheleute (vgl. BVerfGE 63, 88 [109] = NJW 1983, 1417). Bei der Unterhaltsberechnung ist das Einkommen, das den Lebensstandard der Ehe geprägt hat, den Ehegatten grundsätzlich hälftig zuzuordnen. Seine Höhe ergibt sich regelmäßig aus der Summe der Einkünfte, die den Eheleuten zur gemeinsamen Lebensführung zur Verfügung gestanden hat, gleichgültig, ob sie nur von einem oder beiden Ehegatten erzielt worden sind. Im Allgemeinen stellt die Hälfte dieses gemeinsamen Gesamteinkommens den Teil dar, den es – sofern die sonstigen gesetzlichen Voraussetzungen vorliegen – unterhaltsrechtlich für denjenigen Ehegatten zu sichern gilt, der nach der Scheidung nicht über ein eigenes Einkommen in entsprechender Höhe verfügt.

2. Die ständige Rechtsprechung der Zivilgerichte berücksichtigt bei der Unterhaltsberechnung auch Einkommenszuwächse, die von einem oder beiden Ehegatten erst nach der Ehescheidung erzielt werden, sofern diese Zuwächse einer normalen Entwicklung von Einkommen und beruflichem Verlauf entsprechen (vgl. oben A I 1 a). Eine solche Auslegung des Begriffs der ehelichen Lebensverhältnisse, nach denen sich gem. § 1578 I BGB die Höhe des nachehelichen Unterhalts bestimmt, ist dann verfassungsrechtlich nicht zu beanstanden, wenn dabei der aus der Gleichwertigkeit der ehelichen Unterhaltsbeiträge erwachsene Anspruch beider Ehegatten auf Sicherung eines gleichen Lebensstandards auch nach der Ehe bei der Berechnung des nachehelichen Unterhalts im Prinzip gewahrt bleibt.

3. Dem werden die angegriffenen Entscheidungen, die sich auf die frühere Rechtsprechung des BGH stützen, nicht gerecht, wenn sie als Bestandteile des den ehelichen Verhältnissen entsprechenden Gesamteinkommens zwar die Einkommenszuwächse bei der Unterhaltsberechnung berücksichtigen, die der Ehegatte nach der Scheidung erzielt, der schon während der Ehezeit einer Vollerwerbstätigkeit nachgegangen ist, nicht aber diejenigen, die dem in der Ehe nicht oder nur teilweise erwerbstätigen Ehegatten dadurch zufließen, dass er nach der Scheidung eine Teil- oder Vollerwerbstätigkeit wieder aufnimmt. Sie verstoßen damit gegen Art. 6 I i. V. mit Art. 3 II GG.

a) Die Nichtberücksichtigung von nachehelichen Einkommenszuwächsen aus der Wiederaufnahme einer Erwerbstätigkeit beim Gesamteinkommen, das der Unterhaltsberechnung zu Grunde gelegt wird, führt dazu, dass, gemessen an der ehelichen Einkommenssituation, die auf der Leistung beider Ehegatten beruht, der schon während der Ehezeit erwerbstätige Ehegatte durch die Arbeitsaufnahme des anderen einseitig eine finanzielle Entlastung bei seiner Unterhaltsverpflichtung erfährt. Ihm wird dadurch ein höherer Anteil seines Einkommens belassen als der, der ihm während der Ehe zur Verfügung gestanden hat. Demgegenüber reduziert das zusätzliche Einkommen des in der Ehe nicht oder nur teilweise erwerbstätigen Ehegatten in Höhe dieses Einkommens seinen Unterhaltsanspruch. Es wirkt sich nicht auf seinen Unterhaltsbedarf aus, sondern mindert allein seine Bedürftigkeit. Der von ihm erlangte Einkommenszuwachs kommt damit nicht ihm, sondern lediglich dem anderen geschiedenen Ehepartner zugute. Dieses Ergebnis trägt der Gleichwertigkeit der Leistung, die der nicht erwerbstätige Ehegatte während der Ehezeit erbracht hat, nicht Rechnung. Diese Leistung hat zusätzlich zum Einkommen des anderen Ehegatten in gleicher Weise das eheliche Leben geprägt. Wird diese sich nicht in Geldwert ausdrückende, in der Ehe erbrachte Leistung abgelöst von einer, die entlohnt wird, führt die Nichtberücksichtigung des hierdurch erzielten Einkommens bei der Bestimmung der ehelichen Einkommenssituation im Nachhinein zur Missachtung des Wertes der geleisteten Familienarbeit zu Lasten dessen, der sie in der Ehe erbracht hat.

b) Wenn in den angegriffenen Entscheidungen für die Einbeziehung von derartigen Einkommenszuwächsen in das der Unterhaltsberechnung zu Grunde zu legende, die Einkommenssituation der Eheleute bestimmende Gesamteinkommen gefordert wird, eine wieder aufgenommene Erwerbstätigkeit müsse zumindest auf einem gemeinsamen Lebensplan der Ehegatten beruhen, der schon vor der Scheidung wenigstens teilweise verwirklicht worden ist, verkennt dies den Schutz, den Art. 6 I i. V. mit Art. 3 II GG jedem Ehegatten gewährt. Die Ehegatten können ihre eheliche Beziehung frei und in gemeinsamer gleichberechtigter Entscheidung gestalten. Die Entscheidung über ihre jeweiligen Aufgaben innerhalb der Ehe prägt ihre ehelichen Verhältnisse. Übernimmt dabei einer der Ehegatten die Familienarbeit, verzichtet er auch zu Gunsten des anderen auf ein eigenes Einkommen. Die Begründung dieses Verzichts liegt in der Ehe. Endet sie durch Scheidung, wird damit der ehelichen Vereinbarung der Grund entzogen. Den während der Ehe auf eigenes Einkommen verzichtenden Ehegatten hieran nach Beendigung der Ehe unterhaltsrechtlich festzuhalten, bedeutet, nunmehr allein ihm die daraus erwachsenden finanziellen Nachteile zuzuweisen, die auf Grund der gemeinsamen Entscheidung in der Ehe beide Ehegatten zu tragen hatten. Dies führt zur Schlechterstellung des die Familienarbeit übernehmenden Ehegatten gegenüber dem, der kontinuierlich einer Erwerbsarbeit auch in der Ehe hat nachgehen können.

c) Im Übrigen entspricht die von den Gerichten mit dieser Rechtsauffassung unterstellte Endgültigkeit einer einmal gemeinsam von den Ehegatten getroffenen Arbeitsteilung nicht mehr der Ehewirklichkeit. Seit den siebziger Jahren hat sich das Ausbildungs-, Erwerbs- und Familiengründungsverhalten von Frauen kontinuierlich gewandelt.

Während das durchschnittliche Heiratsalter lediger Frauen 1975 noch bei 22,7 Jahren lag, heirateten ledige Frauen 1998 durchschnittlich erst im Alter von 28 Jahren (Statistisches Jahrbuch 1985, S. 72, und Statistisches Jahrbuch 2000, S. 69). Dies lässt den Schluss zu, dass Frauen heute erst nach Abschluss einer Berufsausbildung und nach einigen Berufsjahren eine Ehe eingehen (vgl. *Büttner,* FamRZ 1999, 894). Viele Frauen bleiben auch während der Kinderbetreuung berufstätig (Statistisches Jahrbuch 2000, S. 108) oder nehmen nach dem Ende der Kinderbetreuungsphase wieder eine Berufstätigkeit auf. So gingen im Mai 2000 74% der Frauen, deren jüngstes Kind 15 bis 18 Jahre alt war, einer Erwerbstätigkeit nach (Ergebnis des Mikrozensus 2000, vgl. Statistisches Bundesamt, Zentralblatt für Jugendrecht 2001, S. 278). Dementsprechend ist die Erwerbsquote verheirateter Frauen in der Altersgruppe der 40- bis 45-Jährigen, das heißt in einem Alter, in dem die Kinderbetreuung weit gehend abgeschlossen ist, mit 78% am höchsten (Statistisches Jahrbuch 2000, S. 101). 61% der Frauen mit mindestens einem minderjährigen Kind arbeiteten im Mai 2000 in einer Teilzeitbeschäftigung (Ergebnis des Mikrozensus 2000, vgl. Statistisches Bundesamt, Zentralblatt für Jugendrecht 2001, S. 278). So zeichnet sich ab, dass inzwischen die noch in den 50er und 60er Jahren dominierende Hausfrauenehe einem nunmehr vorherrschenden Ehebild gewichen ist, das auf Vereinbarkeit von Beruf und Familie setzt, bei dem nur noch in der Phase aktiver Elternschaft der Typus der Versorgerehe weit gehend erhalten geblieben ist. Dabei strebt die Mehrheit der Frauen eine Verbindung von privater Kinderbetreuung und Erwerbstätigkeit auf der Basis von temporärer Teilzeitarbeit an (vgl. *Pfau-Effinger,* Kultur und Frauenerwerbstätigkeit in Europa, 2000, S. 144 f.).

Insoweit wird auch von einer typischen Doppelverdienerehe mit zeitweiliger Aussetzung der Berufstätigkeit wegen der Kinderbetreuung (*Gerhardt,* FamRZ 2000, 134) oder von einer Aneinanderreihung der Ehetypen gesprochen (*Büttner,* FamRZ 1999, 893 [894]).

Deshalb ist davon auszugehen, dass der zeitweilige Verzicht eines Ehegatten auf Erwerbstätigkeit, um die Aufgabe der Kindererziehung zu übernehmen, ebenso die ehelichen Verhältnisse prägt wie die vorher ausgeübte Berufstätigkeit und die danach wieder aufgenommene oder angestrebte Erwerbstätigkeit. Dies verkennen die angegriffenen Entscheidungen, wenn sie allein auf den Zeitpunkt der Scheidung abstellen, vor dem eine Erwerbstätigkeit wieder aufgenommen werden muss, um bei der unterhaltsrechtlichen Bestimmung des die ehelichen Verhältnisse prägenden Gesamteinkommens Berücksichtigung zu finden.

(Surrogatlösung des BGH verfassungsrechtlich nicht zu beanstandener Weg)

b 4. Wie die von Art. 6 I i. V. mit Art. 3 II GG gebotene Gleichwertigkeit von geleisteter Familienarbeit und ehelichen Einkünften in Auslegung des Begriffs der ehelichen Lebensverhältnisse nach § 1578 I BGB bei der nachehelichen Unterhaltsbemessung zur Geltung zu bringen und wie der Unterhalt zu berechnen ist, haben die Fachgerichte zu beurteilen. Mit seiner Entscheidung vom 13. 6. 2001 (NJW 2001, 2254 = FamRZ 2001, 986) hat der *BGH* seine bisherige Rechtsprechung geändert und nunmehr eine Unterhaltsbemessung vorgenommen, die der Gleichwertigkeit der Unterhaltsbeiträge beider Ehegatten Rechnung trägt. Damit, dass er die neue Berufstätigkeit des vorher nicht erwerbstätigen Ehegatten als „Surrogat" der bisher geleisteten Haushaltsführung und Kinderbetreuung angesehen hat, hat der *BGH* einen möglichen, verfassungsrechtlich nicht zu beanstandenden Weg aufgezeigt, den Wert, der der Ehe aus der Familienarbeit erwächst, unterhaltsrechtlich zum Tragen zu bringen.

Anhang R. Rechtsprechung R572, R573

BGH v. 6. 2. 2002 – XII ZR 20/00 – FamRZ 02, 536 = NJW 02, 1269

(5%ige Pauschale für Fahrten zur Arbeitsstelle) R572

1. Insoweit ist nicht zu beanstanden, dass das OLG für die Fahrten zur Arbeitsstelle nur die Pauschale a
von 5% und nicht die geltend gemachten konkreten Fahrtkosten von monatlich 583 DM vom Nettoeinkommen abgezogen hat. Da es sich bei Unterhaltsfällen um Massenerscheinungen handelt, ist aus Vereinfachungsgründen eine pauschalierende Berechnungsmethode notwendig (*Senat,* NJW 1997, 1919 = FamRZ 1997, 806 [807]). Dies schließt zwar die Berücksichtigung konkreter Aufwendungen nicht aus, soweit diese notwendig und angemessen sind. Es hält sich aber im Rahmen der revisionsrechtlich nur beschränkt überprüfbaren tatrichterlichen Bewertung, wenn das OLG es für zumutbar gehalten hat, dass der Bekl. mit öffentlichen Verkehrsmitteln zur Arbeitsstelle gelangt oder den Wohnsitz an den Dienstort verlegt. Rechtsfehler sind nicht ersichtlich und werden von der Revision auch nicht aufgezeigt. Die Bemessung der Aufwendungen mit 5% hält sich ebenfalls im Rahmen des tatrichterlichen Ermessens (*Senat,* NJW 2000, 3140 = FamRZ 2000, 1492 [1493]).

(Berücksichtigungswürdigkeit von Verbindlichkeiten beim Kindesunterhalt)
2. Entgegen der Revision kann sich der Bekl. auch nicht darauf berufen, von seinem Einkommen b
seien weitere Verbindlichkeiten in Höhe von 672 DM Leasingraten abzuziehen.
Minderjährige Kinder ohne Einkünfte besitzen keine eigene unterhaltsrechtlich relevante Lebensstellung im Sinne des § 1610 II BGB. Sie leiten ihre Lebensstellung vielmehr von derjenigen ihrer unterhaltspflichtigen Eltern ab. Wird das Kind von einem Elternteil versorgt und betreut und leistet der andere Teil Barunterhalt, so bestimmt sich die Lebensstellung des Kindes grundsätzlich nach den Einkommens- und Vermögensverhältnissen des barunterhaltspflichtigen Elternteils. Da der für die Unterhaltsbemessung maßgebliche Lebensstandard im Wesentlichen durch tatsächlich vorhandene Mittel geprägt ist, richtet sich auch die abgeleitete Lebensstellung des Kindes nach diesen Verhältnissen. Deshalb sind unterhaltsrechtlich relevante Verbindlichkeiten zu berücksichtigen (*Senat,* NJW-RR 1996, 321 = FamRZ 1996, 160 [161]). Ob die Verbindlichkeiten unterhaltsrechtlich berücksichtigungsfähig sind, ist unter umfassender Interessenabwägung zu beurteilen, wobei es insbesondere auf den Zweck der Verbindlichkeit, den Zeitpunkt und die Art ihrer Entstehung, die Kenntnis von der Unterhaltsschuld und auf andere Umstände ankommt (*Senat,* NJW 1991, 697 = FamRZ 1991, 182 [184], und NJW-RR 1996, 321 = FamRZ 1996, 160 [161]).

(Berücksichtigungsfähigkeit von Schulden, wenn der Mindestbedarf des minderjährigen Kindes nicht gedeckt ist)
Verbindlichkeiten können auf Grund einer umfassenden Interessenabwägung unter Berücksichtigung g
von Zweck, Art und Umfang der Verbindlichkeit sowie Zeitpunkt und Umständen ihrer Entstehung, teilweise oder vollständig bei der Bemessung des Unterhaltsbedarfs zu berücksichtigen sein. Auf Seiten der Kl. ist zu bedenken, dass minderjährige Kinder keine Möglichkeit haben, durch eigene Anstrengungen zur Deckung ihres Unterhaltsbedarfs beizutragen (*Senat,* NJW-RR 1996, 321 = FamRZ 1996, 160 [161]). Es hat ein angemessener Ausgleich zwischen den Interessen des Unterhaltsgläubigers, des Unterhaltsschuldners und der Drittgläubiger zu erfolgen, gegebenenfalls auch durch eine Streckung der Tilgung (*Senat,* NJW-RR 1986, 428 = FamRZ 1986, 254 [257]). Da für die Interessenabwägung von entscheidender Bedeutung ist, ob die Verbindlichkeiten ehebedingt sind oder – wie die Kl. behauptet – allein der Befriedigung der persönlichen Bedürfnisse des Bekl. dienen, hat das OLG zunächst diese Feststellungen zu treffen und sodann die erforderliche Abwägung vorzunehmen.

BGH v. 20. 2. 2002 – XII ZR 104/00 – FamRZ 02, 813 = NJW 02, 1799

(Inhaftierter Unterhaltsschuldner; objektiver Unterhaltsbezug; unterhaltsbezogene Mutwilligkeit) R573

3a) Nach der Rechtsprechung des *Senats* kann ein selbstverschuldeter, aber doch ungewollter Arbeitsplatzverlust unterhaltsrechtlich nicht den Fällen freiwilliger Aufgabe einer versicherungspflichtigen Tätigkeit gleichgestellt werden. Die Berufung des Unterhaltsberechtigten auf seine Leistungsunfähigkeit verstößt vielmehr nur dann gegen Treu und Glauben, wenn das für den Verlust des Arbeitsplatzes ursächliche Verhalten des Unterhaltspflichtigen sich seinerseits als eine Verletzung seiner Unterhaltspflicht darstellt (*Senat,* NJW 1982, 2491 = FamRZ 1982, 913 [914]). Für den erforderlichen unterhaltsrechtlichen Bezug, insbesondere einer Straftat, reicht es deshalb nicht aus, dass sie für den Arbeitsplatz kausal geworden ist. Auch genügt nicht, dass sich der Arbeitsplatzverlust auf den Lebensstandard nicht nur des Täters, sondern auch seiner unterhaltsberechtigten Angehörigen auswirkt. Erforderlich ist vielmehr, dass die Strafhaft auf einem Fehlverhalten beruht, das sich gerade auf seine Unterhaltspflicht bezieht.
Diese Voraussetzung ist dann erfüllt, wenn der Unterhaltsschuldner sich gerade deshalb in Strafhaft befindet, weil er seine Unterhaltspflicht gegenüber dem Berechtigten verletzt hat, oder wenn gerade

2049

R574

die bestrafte vorsätzliche Tat dazu geführt hat, dass der Unterhaltsberechtigte – etwa durch Schädigung seines Vermögens, durch eine Körperverletzung oder durch die Tötung eines vorrangig Unterhaltspflichtigen – (vermehrt) unterhaltsbedürftig geworden ist (vgl. *Senat,* NJW 1982, 2491 = FamRZ 1982, 913).

Fehlt es an einem solchen objektiven Unterhaltsbezug der der Strafhaft zu Grunde liegenden Tat, kann sich das Fehlverhalten des Täters zwar – auch – als eine Verletzung seiner Unterhaltspflicht darstellen. Hierzu bedarf es jedoch einer auf den Einzelfall bezogenen Wertung dahin, ob die der Tat zu Grunde liegenden Vorstellungen und Antriebe des Täters sich gerade auch auf die Verminderung seiner unterhaltsrechtlichen Leistungsfähigkeit als Folge seines strafbaren Verhaltens erstreckt haben (*Senat,* NJW 1982, 2491 = FamRZ 1982, 913; NJW 1993, 1974 = FamRZ 1993, 1055 [1056 f.]; NJW 1994, 258 45 = FamRZ 1994, 240 [241]; NJW 2000, 2351 = FamRZ 2000, 815 [816]). Dabei bietet die bloße Vorhersehbarkeit des Arbeitsverlustes, wie der *Senat* verdeutlicht hat, für sich genommen keinen geeigneten Anknüpfungspunkt, um den unterhaltsrechtlichen Bezug einer vom Unterhaltsschuldner begangenen Straftat zu begründen (*Senat,* NJW 200, 2351 = FamRZ 2000, 815). Die nachteiligen Folgen, die eine Straftat für den beruflichen Werdegang des Straftäters mit sich bringen kann, werden nämlich bei vernünftiger Betrachtung stets auf der Hand liegen; sie dürften sich zudem auch nicht ohne weiteres auf besonders schwer wiegende Straftaten beschränken lassen. Dem Unterhaltsschuldner ist die Berufung auf die eigene Leistungsunfähigkeit vielmehr dann versagt, wenn er seine Leistungsunfähigkeit durch unterhaltsbezogene Mutwilligkeit herbeigeführt hat. Dies hat der *Senat* für den von § 1579 Nr. 3 BGB erfassten Fall einer vom Unterhaltsgläubiger selbst verursachten Bedürftigkeit wiederholt entschieden (vgl. *Senat* NJW 1981, 2805 = FamRZ 1981, 1042 [1044 f.], und FamRZ 1984, 364 [367 f.]). Allerdings hat der *Senat* in seiner Entscheidung vom 9. 6. 1982 (NJW 1982, 2491 = FamRZ 1982, 913) nicht ausgeschlossen, dass es über die genannten Fallgestaltungen hinaus Fälle geben mag, in denen die Berufung eines Strafgefangenen auf seine Leistungsunfähigkeit gegen Treu und Glauben verstoße. Die Möglichkeit solcher Ausnahmefälle kann auch hier offen bleiben. Jedenfalls lässt sich – entgegen der Auffassung des BerGer. – aus der in der Senatsentscheidung nicht ausgeschlossenen Möglichkeit solcher Ausnahmefälle kein Grundsatz des Inhalts herleiten, dass sich der eine Freiheitsstrafe verbüßende Straftäter gegenüber dem Opfer seiner Tat, dem er an sich Unterhalt schuldet, auf seine haftbedingte Leistungsunfähigkeit generell nicht berufen kann. Anhaltspunkte für das Vorliegen eines solchen Ausnahmefalls sind hier auch nicht ersichtlich.

BGH v. 20. 3. 2002 – XII ZR 159/00 – FamRZ 02, 810 = NJW 02, 1947

R574 *(Zusammenleben bei getrennten Wohnungen)*

a 2 b) Nach der ständigen Rechtsprechung des *Senats* kann ein länger dauerndes Verhältnis des Unterhaltsberechtigten zu einem anderen Partner dann zur Annahme eines Härtegrundes im Rahmen des Auffangtatbestands des § 1579 Nr. 7 BGB – mit der Folge der Unzumutbarkeit einer weiteren (uneingeschränkten) Unterhaltsbelastung für den Verpflichteten – führen, wenn sich die Beziehung in einem solchen Maße verfestigt hat, dass sie als eheähnliches Zusammenleben anzusehen ist und gleichsam an die Stelle einer Ehe getreten ist. Dabei setzt die Annahme einer derartigen Lebensgemeinschaft nicht zwingend voraus, dass die Partner räumlich zusammenleben und einen gemeinsamen Haushalt führen, auch wenn eine solche Form des Zusammenlebens in der Regel ein typisches Anzeichen hierfür sein wird. Unter welchen Umständen – nach einer gewissen Mindestdauer, die im Allgemeinen kaum unter zwei bis drei Jahren liegen dürfte – auf ein eheähnliches Zusammenleben geschlossen werden kann, lässt sich nicht allgemein verbindlich festlegen. Letztlich obliegt es der verantwortlichen Beurteilung des Tatrichters, ob er den Tatbestand des eheähnlichen Zusammenlebens aus tatsächlichen Gründen für gegeben erachtet oder nicht (*Senat,* NJW 1984, 2692 = FamRZ 1984, 986 [987]; NJW 1989, 1083 = FamRZ 1989, 487 [490 f.]; NJW 1991, 1290).

(Annahme einer verfestigten Partnerschaft i. S. d. § 1579 Nr. 7 BGB erfordert keine geschlechtliche Beziehung)

b c) Es begegnet aus Rechtsgründen keinen Bedenken, dass das BerGer. im Rahmen der tatrichterlichen Würdigung der getroffenen Feststellungen zu dem Ergebnis gelangt ist, die Bekl. unterhalte zu G ein Verhältnis, das in seiner persönlichen und wirtschaftlichen Ausprägung und Intensität einem solchen eheähnlichen Verhältnis gleichkommt. Beide haben gemeinsam ein Grundstück gesucht, das sich eignet, ihnen jeweils als Wohnung zu dienen und G überdies die Möglichkeit eröffnet, dort eine geschäftliche Tätigkeit auszuüben. Für die Finanzierung des Grundstückserwerbs sind beide erhebliche finanzielle Verpflichtungen eingegangen, zu denen sie unabhängig voneinander nicht in der Lage gewesen wären und die sie hätten vermeiden können, wenn jeder für sich nur seinen eigenen Wohnbzw. Geschäftsraumbedarf gedeckt hätte. Unter diesen Umständen ist die Annahme des BerGer., dass eine solche Gestaltung einer gemeinsamen Lebensgrundlage regelmäßig vor dem Hintergrund einer gemeinsam geplanten Zukunft zu erklären sei, rechtlich nicht zu beanstanden, auch wenn kein Miteigentum erworben wurde. Für die betreffende Annahme spricht auch der dem Vorbringen der Bekl.

zufolge erhebliche, langfristige finanzielle Einsatz des G, der ohne jede Absicherung allein in der Erwartung erfolgt ist, einen Teil des Grundstücks in Zukunft, zumindest aber für die Dauer des auf zehn Jahre gewährten zinslosen Darlehens, mietfrei nutzen zu können. Auch über die bestehenden wirtschaftlichen Verflechtungen hinaus ist das Verhältnis, wie das BerGer. ohne Rechtsverstoß angenommen hat, in einer Weise gestaltet, die die Gleichstellung mit einer eheähnlichen Beziehung rechtfertigt. G und die Bekl. leben jedenfalls in unmittelbarer räumlicher Nähe zueinander. Nach den getroffenen Feststellungen befindet sich in dem von ihm genutzten Büroraum nur eine Schlafgelegenheit, aber keine Kochmöglichkeit. Deshalb spricht nach der allgemeinen Lebenserfahrung alles dafür, dass er für seine Versorgung zumindest teilweise auf eine Mitbenutzung der Wohnung der Bekl., insbesondere der Küche, angewiesen ist. Unter Berücksichtigung der herausgestellten weiteren Gemeinsamkeiten der Bekl. und des G kann dem BerGer. auch nicht vorgeworfen werden, verkannt zu haben, dass an Stelle einer verfestigten Partnerbeziehung auch eine normale Freundschaft vorliegen könne. Selbst wenn es zutreffen mag, dass einzelne der hier herangezogenen Verhaltensweisen auch unter Freunden üblich sein können, so begegnet die tatrichterliche Annahme, dass eine ständige gegenseitige Hilfe und Unterstützung im Alltag, verbunden mit gemeinsamer Freizeitgestaltung und getragen von einem vertrauensvollen, freundschaftlichen Verhältnis und vor dem Hintergrund einer hinsichtlich der Grundstücksnutzung und Lastentragung langfristigen gemeinsamen Zukunftsplanung, über eine bloße Freundschaft weit hinausgeht und wie ein eheähnliches Verhältnis zu bewerten ist, keinen rechtlichen Bedenken.

Dieser Beurteilung steht auch der Einwand der Revision, zwischen der Bekl. und G habe es nie sexuelle Beziehungen gegeben, vielmehr lebe dieser seit Monaten mit einem anderen Mann zusammen, aus Rechtsgründen nicht entgegen. Deshalb brauchte das BerGer. dem betreffenden Vorbringen der Bekl. nicht nachzugehen. Ob die Aufnahme eines Verhältnisses zu einem anderen Partner die aus der Unterhaltspflicht erwachsende Belastung unzumutbar macht, hängt nicht davon ab, ob es zwischen den Partnern zu Intimitäten kommt oder nicht. Darüber wird ohnehin regelmäßig nichts nach außen dringen. Entscheidend für die Unzumutbarkeit einer fortdauernden (uneingeschränkten) Unterhaltsbelastung ist vielmehr der Umstand, dass der Unterhaltsberechtigte mit einem Partner in einer verfestigten Beziehung lebt, die Partner ihre Lebensverhältnisse so aufeinander abgestellt haben, dass sie wechselseitig füreinander einstehen, indem sie sich gegenseitig Hilfe und Unterstützung gewähren, und damit ihr Zusammenleben ähnlich gestalten, wie es sich auf Grund der nach außen dringenden Gegebenheiten auch in einer Ehe darstellt. Eine solche Verbindung rechtfertigt grundsätzlich die Annahme, der Berechtigte sei im Rahmen der neuen Partnerschaft „wie in einer Ehe" versorgt (*Senat*, NJW 1995, 655 = FamRZ 1995, 344 [345]).

Entgegen der Auffassung der Revision ist es unerheblich, ob G wechselnde intime Beziehungen zu anderen Männern unterhalten hat und seit Monaten in seiner kleinen Wohnung mit einem anderen Mann zusammenlebt. Die behaupteten Beziehungen des G zu verschiedenen Männern sind auf sein Verhältnis zu der Bekl. erkennbar ohne Einfluss geblieben. Dass sich hieran durch die angebliche Aufnahme eines anderen Manns in seiner Wohnung etwas geändert hätte, hat die Bekl. nach den vom BerGer. getroffenen Feststellungen selbst nicht geltend gemacht. Abgesehen davon würde es der Bewertung des zwischen ihr und G bestehenden Verhältnisses als verfestigte Lebensgemeinschaft aber auch nicht entgegenstehen, wenn sich dieses für einige Zeit etwas flüchtiger gestaltet hätte (vgl. *Senat*, NJW 1997, 1851 = FamRZ 1997, 671 [672]).

(Billigkeitsabwägung im Rahmen des § 1579 BGB)

4. a) Auch die weitere Beurteilung des BerGer., der Unterhaltsbedarf der Bekl. sei wegen des vorliegenden Härtegrundes auf den Mindestbedarf eines nicht erwerbstätigen Ehegatten herabzusetzen, der nach der Düsseldorfer Tabelle monatlich 1300 DM betrage, hält der revisionsrechtlichen Überprüfung stand. Ob und inwieweit der Unterhaltsanspruch aus den in § 1579 Nrn. 1 bis 7 BGB aufgeführten Gründen ausgeschlossen ist, hängt jeweils von einer Würdigung der Umstände des Einzelfalls ab (*Senat*, FamRZ 1983, 670 [672]) und ist damit grundsätzlich Gegenstand tatrichterlicher Beurteilung. Das OLG hat bei seiner Billigkeitsabwägung die langjährige Dauer der Ehe der Parteien, die von der Bekl. wahrgenommene Aufgabe der Kindererziehung und -betreuung sowie die Auswirkungen einer Unterhaltsherabsetzung auf ihre Lebensverhältnisse berücksichtigt. Damit hat es die im vorliegenden Fall maßgebenden Gesichtspunkte in seine Beurteilung einbezogen und diese in rechtlich nicht zu beanstandender Weise gewürdigt.

d

BGH v. 20. 3. 2002 – XII ZR 176/00 – FamRZ 02, 739 = NJW 02, 1570

(Gesamtschuldnerischer Ausgleich zwischen Ehegatten)

a) Durch die Festsetzung in dem Bescheid haften die Parteien als Gesamtschuldner. Im Innenverhältnis besteht zwischen Gesamtschuldnern eine Ausgleichspflicht nach § 426 I 1 BGB. Danach haften sie im Verhältnis zueinander zu gleichen Anteilen, soweit nicht ein anderes bestimmt ist. Eine solche

a

abweichende Bestimmung kann sich aus dem Gesetz, einer Vereinbarung, dem Inhalt und Zweck des Rechtsverhältnisses oder der Natur der Sache, mithin aus der besonderen Gestaltung des tatsächlichen Geschehens, ergeben (vgl. *BGHZ* 87, 265 [268] = NJW 1983, 1845; *BGHZ* 77, 55 [58] = NJW 1980, 1520; *Senat,* NJW 1995, 652 = FamRZ 1995, 216 [217]; NJW-RR 1993, 386 = FamRZ 1993, 676, [677 f.]). Vorrangig ist, was die Gesamtschuldner ausdrücklich oder konkludent vereinbart haben. Haben die Ehegatten keine ausdrückliche oder konkludente Vereinbarung hinsichtlich der internen Haftung für die Einkommensteuer getroffen, kommt ein Rückgriff auf die in § 426 I Halbs. 1 BGB enthaltene Regelung nicht ohne weiteres in Betracht, da sich aus der Natur der Sache oder aus dem Inhalt und Zweck des Rechtsverhältnisses eine anderweitige Bestimmung im Sinne des Halbs. 2 ergeben kann, die einem (hälftigen) Ausgleich entgegensteht.

b) Der Revision ist dabei zwar einzuräumen, dass sich die Notwendigkeit, die Aufteilung abweichend von der Grundregel vorzunehmen, aus den güterrechtlichen Beziehungen der Ehegatten ergeben kann. Diese sind sowohl im Güterstand der Gütertrennung als auch im gesetzlichen Güterstand der Zugewinngemeinschaft (vgl. § 1363 II 1 BGB) hinsichtlich ihres Vermögens und ihrer Schulden selbstständig. Deshalb hat im Verhältnis der Ehegatten zueinander grundsätzlich jeder von ihnen für die Steuer, die auf seine Einkünfte entfällt, selbst aufzukommen. Begleicht ein Ehegatte die Einkommensteuer (und damit eine Verbindlichkeit) des anderen, so ergibt sich im Hinblick auf die rechtliche Selbstständigkeit der beiderseitigen Vermögen, dass er gegen den anderen Ehegatten einen Anspruch auf Ersatz der Aufwendungen hat. Dies führt im Falle der Zusammenveranlagung dazu, dass bei der Aufteilung der Steuerschuld die Höhe der beiderseitigen Einkünfte zu berücksichtigen ist, die der Steuerschuld zu Grunde liegen (vgl. *BGHZ* 73, 29 [38] = NJW 1979, 546; *Senat,* FamRZ 1990, 375 [376]; *Staudinger/Noack,* BGB, 13. Bearb. [1995], § 426 Rn. 209 [210]; *Bydlinski,* in: MünchKomm, BGB, 4. Aufl., § 426 Rn. 17; *Gernhuber,* JZ 1996, 765 [766]; *Arens,* NJW 1996, 704 [705 ff.]; *Liebelt,* FamRZ 1993, 626 [628 ff.]; *Dostmann,* FamRZ 1991, 760 [762]).

c) Indessen kann auch dieser Maßstab von einer anderweitigen Bestimmung i. S. des § 426 I Halbs. 2 BGB überlagert werden. Das ist hier der Fall, da die Parteien nach ihrer bisherigen Handhabung konkludent eine solche anderweitige Bestimmung getroffen haben. Aus dieser Vereinbarung ergeben sich Abweichungen von der anteiligen Haftung in der Weise, dass der Kl. im Innenverhältnis die Einkommensteuer-Vorauszahlungen bis zum Scheitern der Ehe allein zu tragen hat.

aa) Nach den nicht angegriffenen Feststellungen des BerGer. entsprach es ständiger Übung der Parteien, dass die Einkommensteuer-Vorauszahlungen – von einer Ausnahme abgesehen – von dem Kl. geleistet wurden. Der Kl. hat diese Übung auch fortgesetzt, nachdem die Bekl. sich im Jahr 1994 selbstständig gemacht hatte. Durch diese Handhabung haben die Parteien auch für das Veranlagungsjahr 1996 konkludent die Abrede getroffen, dass die Steuervorauszahlungen von dem Kl. geleistet werden. Aus dieser Übung der Ehegatten ist zu schließen, dass der Kl. im Innenverhältnis für die Begleichung der Steuerverbindlichkeiten aufzukommen hat (vgl. *BGH,* NJW 2000, 1944 [1945]; FamRZ 1984, 29 [30]).

Der Kl. kann die Erstattung der entrichteten Leistung auch nicht wegen des Scheiterns der Ehe verlangen. Der ehelichen Lebensgemeinschaft liegt nämlich die Anschauung zu Grunde, mit dem Einkommen der Ehegatten gemeinsam zu wirtschaften und finanzielle Mehrleistungen nicht auszugleichen (vgl. *Staudinger/Noack,* BGB, 13. Bearb. [1999], § 426 Rn. 208). Die gewährte Leistung stand in einem unmittelbaren Zusammenhang mit der vorhandenen Lebensgemeinschaft, da die Ehegatten die Vorauszahlung wie sonstige Kosten zur Lebensführung behandelt haben. Deshalb hätte es einer besonderen Vereinbarung bedurft, wenn sich der Kl. die Rückforderung dieser Leistung für den Fall der Trennung hätte vorbehalten wollen (vgl. für den Fall eines familienrechtlichen Ausgleichsanspruchs in Form der Erstattung von Kindesunterhalt *BGHZ* 50, 266 [270] = NJW 1968, 1780). Eine derartige Vereinbarung ist indes von dem Kl. nicht dargelegt worden. Es entspricht zudem der Lebenserfahrung und dem Wesen der ehelichen Lebensgemeinschaft, dass der zuviel Leistende im Zweifel keinen Rückforderungswillen hat. Solange die Ehe besteht und intakt ist, entspricht es vielmehr natürlicher Betrachtungsweise und der regelmäßigen Absicht der Ehegatten, dass derjenige, der die Zahlung auf die gemeinsame Schuld bewirkt, nicht nur sich selbst, sondern auch den anderen von seiner Schuld befreien will, ohne von ihm Rückgriff zu nehmen.

bb) Dem steht auch nicht entgegen, dass die Parteien für das Jahr 1996 getrennt veranlagt wurden. Nach der Entscheidung des Senats vom 30. 11. 1994 (NJW 1995, 652) ist zwar mit dem Scheitern der Ehe von einer grundlegenden Veränderung des Gesamtschuldverhältnisses auszugehen. Bis zum Zeitpunkt der Trennung bestand jedoch die eheliche Lebens- und Wirtschaftsgemeinschaft uneingeschränkt fort, weshalb das Gesamtschuldverhältnis im Zeitpunkt der Bewirkung der Zahlung durch die konkludente Vereinbarung der Parteien überlagert war. Für eine solche Überlagerung ist auch unerheblich, dass die Vorauszahlung für einen Zeitraum geleistet wurde, in dem die Parteien getrennt veranlagt wurden. Entscheidend ist allein, dass die Bekl. durch die Zahlung von ihrer Pflicht zur Einkommensteuer-Vorauszahlung befreit worden ist und dass diese Befreiung zu einem Zeitpunkt eingetreten ist, als die eheliche Lebensgemeinschaft noch bestand. Bis zur Trennung war jedoch ein

Ausgleich zwischen den Ehegatten nicht vorzunehmen. Daran ändert auch nichts der Umstand, dass die erteilte Gutschrift zu einer reduzierten Steuerschuld der Bekl. für das Veranlagungsjahr 1996 führte. Dies ist eine Folge des Steuerrechts und stellt keine Zuwendung des Kl. dar, die gegebenenfalls wegen des Scheiterns der Ehe auszugleichen wäre.

BGH v. 20. 3. 2002 – XII ZR 216/00 – FamRZ 02, 742 = NJW 02, 1646

(§ 1603 I, II BGB: Sicherung des angemessenen Selbstbehalts des barunterhaltspflichtigen Elternteils durch Wiederverheiratung)

1. Die Bekl. kann die der Kl. zugesprochenen Unterhaltsbeträge aus ihrem Verdienst von 580 bzw. 630 DM monatlich – auch nach Abzug berufsbedingter Aufwendungen – zahlen, ohne ihren eigenen angemessenen Unterhalt zu gefährden. Dieser ist nämlich nach den zutreffenden Feststellungen des BerGer. durch ihre hälftige Beteiligung an dem von ihrem Ehemann und ihr erzielten Gesamteinkommen gesichert. Entgegen der Auffassung der Revision ist ihr Unterhaltsanspruch gegen ihren Ehemann bei der Beurteilung ihrer Leistungsfähigkeit nicht erst im Rahmen einer erweiterten Leistungspflicht nach § 1603 II BGB zu berücksichtigen (vgl. dazu *BGH*, NJW 1980, 934 = FamRZ 1980, 555), sondern auch schon bei der Beurteilung der Leistungsfähigkeit im Rahmen des § 1603 I BGB (vgl. *Senat*, NJW 1982, 1590 = FamRZ 1982, 590 [591]).

Der Umstand der Wiederverheiratung des barunterhaltspflichtigen Elternteils ist nämlich unterhaltsrechtlich beachtlich. So wie die Wiederheirat dazu führen kann, dass sich das ersteheliche Kind eine Schmälerung seines Unterhaltsanspruchs als Folge des Hinzutritts weiterer minderjähriger Kinder aus der neuen Ehe des Barunterhaltspflichtigen entgegenhalten lassen muss, kann sich die Wiederverheiratung auch, wie im vorliegenden Fall, zum Vorteil des erstehelichen Kindes auswirken. Da das Gesetz in § 1603 BGB auf die tatsächlichen Verhältnisse des Unterhaltsverpflichteten abstellt und seine Unterhaltspflicht danach bemisst, ob und inwieweit er imstande ist, den begehrten Unterhalt ohne Gefährdung seines eigenen angemessenen Unterhalts zu gewähren, ist hier die Sicherstellung des eigenen Unterhalts der Bekl. in der neuen Ehe zu berücksichtigen (vgl. *Senat*, NJW-RR 2001, 361 = FamRZ 2001, 1065 [1067 f.]).

Nach den von der Revision nicht angegriffenen Feststellungen des BerGer. betrug das gemeinsame bereinigte Nettoeinkommen der Bekl. und ihres Ehemanns bis Ende August 1999 4105,54 DM und danach 4155,54 DM. Hiervon stand beiden Ehegatten je die Hälfte = 2052,77 DM bzw. 2077,77 DM zu, da im Rahmen des Familienunterhalts nach § 1360 BGB ein Erwerbstätigenbonus zu Gunsten des allein oder mehr verdienenden Ehegatten entgegen der von der Revision in der mündlichen Verhandlung vertretenen Auffassung nicht in Betracht kommt.

Unter Berücksichtigung der der Kl. zugesprochenen Unterhaltszahlungen von 377 DM, 385 DM bzw. 375 DM verbleiben der Bekl. somit für Juni 1999 1675,77 DM, für Juli und August 1999 1667,77 DM, seit September 1999 1692,77 DM und seit Januar 2000 1702,77 DM zur Deckung ihres eigenen Bedarfs.

(Ermäßigung des angemessenen Selbstbehalts wegen gemeinsamer Haushaltsführung)

2. Entgegen der Auffassung der Revision ist revisionsrechtlich nicht zu beanstanden, dass das BerGer. den der Bekl. gegenüber der Kl. zustehenden angemessenen Eigenbedarf mit diesen ihr verbleibenden Beträgen als gedeckt angesehen hat, auch wenn der angemessene Selbstbehalt des Unterhaltspflichtigen, insbesondere gegenüber volljährigen Kindern, nach Anmerkung 5 der Düsseldorfer Tabelle 1998 und 1999 in der Regel mit monatlich mindestens 1800 DM bemessen wird. Wie auch die Revision nicht verkennt, obliegt die Bestimmung des angemessenen Selbstbehalts dem Tatrichter und kann vom RevGer. nur eingeschränkt überprüft werden. Hier hat das BerGer. den angemessenen Selbstbehalt der Bekl. mit Rücksicht auf die Ersparnis durch die gemeinsame Haushaltsführung mit ihrem neuen Ehemann geringer bemessen. Dies erscheint sachgerecht und ist nicht zu beanstanden (vgl. *Senat*, NJW-RR 1998, 505 = FamRZ 1998, 286 [288]; *Wendl/Scholz*, Das UnterhaltsR in der familienrechtlichen Praxis, 5. Aufl., § 2 Rn. 428).

(Beteiligung des betreuenden Elternteils am Barunterhalt)

3. Nach alledem hat das BerGer. mangels Gefährdung des angemessenen Unterhalts der Bekl. zu Recht eine gesteigerte Unterhaltspflicht der Bekl. nach § 1603 II 1 BGB dahinstehen lassen und brauchte infolgedessen auch nicht zu prüfen, ob eine solche gesteigerte Unterhaltspflicht hier nach § 1603 II 3 BGB entfällt, weil der das Kind betreuende Vater als anderer unterhaltspflichtiger Verwandter im Sinne dieser Vorschrift in Betracht kommt. Zwar kann der das Kind betreuende Elternteil in besonderen Ausnahmefällen selbst dann, wenn bei Inanspruchnahme des anderen Elternteils dessen angemessener Selbstbehalt nicht gefährdet würde, dazu verpflichtet sein, zusätzlich zu seiner Betreuungsleistung zum Barunterhalt des Kindes beizutragen, nämlich dann, wenn andernfalls ein erhebliches finanzielles Ungleichgewicht zwischen den Eltern aufträte (vgl. *Senat*, NJW 1991, 697 = FamRZ 1991,

182 [183]; NJW-RR 1998, 505 = FamRZ 1998, 286 [288]; *Johannsen/Henrich/Graba,* EheR, 3. Aufl., § 1603 Rn. 19; *Wendl/Scholz,* § 2 Rn. 289).
Diese Voraussetzungen sind hier indes weder vom BerGer. festgestellt noch von der insoweit darlegungs- und beweispflichtigen Bekl. (vgl. *Senat,* NJW 1981, 923 = FamRZ 1981, 347 [349]) hinreichend dargetan worden. Angesichts der von der Kl. im Einzelnen dargelegten Belastungen ihres Vaters infolge der Barunterhaltspflicht für zwei Kinder und die durch Fremdvermietung nicht gedeckten Lasten des Familienheims sind – unabhängig von der Frage, ob der Vater auch seiner neuen Ehefrau gegenüber unterhaltspflichtig ist – keine hinreichenden Anhaltspunkte dafür ersichtlich, dass der für seinen eigenen angemessenen Unterhalt verbleibende Betrag denjenigen, den die Bekl. – nach Abzug des Mindestunterhalts für die Kl. – in ihrer neuen Ehe zur Verfügung hat, so deutlich übersteigt, dass eine Abweichung von der Regel des § 1606 III 2 BGB geboten ist.

BGH v. 29. 5. 2002 – XII ZR 263/00 – FamRZ 02, 1179 = NJW-RR 02, 1513

R577 *(Aufrechnung gegen Forderungen auf Abfindung von Unterhaltsansprüchen; keine Aufrechnung gegen Unterhaltsrückstände und Erstattungsansprüche aus Realsplitting)*

3 b) Das *OLG* geht auch zu Recht davon aus, dass die anderweitige Rechtshängigkeit der vom Ag. zur Aufrechnung gestellten Gegenforderung die Zulässigkeit einer Aufrechnung nicht hindert (vgl. etwa *Senat,* NJW 2000, 948 = FamRZ 2000, 355 [357]). Es erörtert deshalb – im Ansatz zutreffend – die Möglichkeit, den vorliegenden Rechtsstreit nach Maßgabe des § 148 ZPO auszusetzen, bis der Bekl. eine Entscheidung über seine Gegenforderung beigebracht hat.

Nach Auffassung des OLG scheidet im vorliegenden Fall eine solche Aussetzung aber schon deshalb aus, weil einer Aufrechnung gegen die Klagforderung bereits die §§ 394 BGB, § 850 b I Nr. 2 ZPO entgegenstünden. Das *OLG* erörtert dabei ausführlich die Frage, ob das in diesen Vorschriften normierte Aufrechnungsverbot auch für Einmalzahlungen gelte, durch die – wie im Falle der von der Ast. geforderten Abfindung – künftige Unterhaltsansprüche abgegolten werden sollten. Diese Frage, deren Klärung durch den BGH mit der Zulassung der Revision ermöglicht werden soll, hat der *Senat* bereits in seinem Urteil vom 29. 1. 1997 (NJW 1997, 1441 = FamRZ 1997, 544 [545]) entschieden. Danach erfasst § 850 b I Nr. 2 ZPO – nach seinem Zweck, aber auch nach seiner geschichtlichen Entwicklung (dazu OLG *Düsseldorf,* FamRZ 1982, 498 [499]) – entgegen dem Wortlaut der Norm („Unterhalts-„Renten") generell Unterhalts-„Forderungen", die im Rahmen und auf Grund einer gesetzlichen Unterhaltsverpflichtung geschuldet werden, und damit auch einmalig zu zahlende Unterhaltsbeträge (*Senat,* NJW 1997, 1441 = FamRZ 1997, 544 [545]). Das ist für Unterhaltsrückstände bereits seit langem anerkannt (*BGHZ* 31, 210 [218] = NJW 1960, 572 und vom *Senat* (NJW 1997, 1441 = FamRZ 1997, 544 [545]) auch für den Anspruch eines Ehegatten auf Erstattung der ihm als Folge eines begrenzten Realsplittings erwachsenen steuerlichen Nachteile bejaht worden. Für einen Anspruch auf Unterhaltsabfindung kann – jedenfalls im Grundsatz (vgl. etwa zu den Einschränkungen bei der Pfändbarkeit von nicht wiederkehrend zahlbaren Vergütungen aus Arbeits- oder Dienstverträgen: § 850 i ZPO) – nichts anderes gelten.

Allerdings sind gem. § 850 b I Nr. 2 ZPO nur solche Unterhaltsansprüche unpfändbar, „die auf gesetzlicher Vorschrift beruhen"; nur derartige Forderungen unterliegen daher auch nicht der Aufrechnung nach § 394 BGB.

Der Frage, ob sich der von der Ast. geltend gemachte und nach Maßgabe der getroffenen Abreden durch einen Einmalbetrag abzufindende Unterhaltsanspruch, wie von § 850 b I Nr. 2 ZPO vorausgesetzt, aus dem Gesetz herleitet oder ob sich dieser Anspruch ausschließlich auf die Parteiabrede gründet, ist das *OLG* nicht weiter nachgegangen. Grundsätzlich verliert zwar ein Unterhaltsanspruch seinen Charakter als gesetzlicher Anspruch – hier i. S. von § 850 b I Nr. 2 ZPO – nicht schon deshalb, weil die Parteien ihn zum Gegenstand einer vertraglichen Regelung machen. Dies ist jedenfalls dann der Fall, wenn die Parteien den Bestand des gesetzlichen Anspruchs unberührt lassen und ihn lediglich inhaltlich nach Höhe, Dauer und Modalitäten der Unterhaltsgewährung näher festlegen und präzisieren (*BGHZ* 31, 210 [218] = NJW 1960, 572; *Senat,* NJW 1997, 1441 = FamRZ 1997, 544 [545]). Für die Unpfändbarkeit eines Unterhaltsanspruchs und damit auch für die Möglichkeit, gegen einen solchen Anspruch aufzurechnen, bleibt dagegen dann kein Raum, wenn die Vertragsparteien die von ihnen gewollte Unterhaltspflicht völlig auf eine vertragliche Grundlage gestellt und den Zahlungsanspruch damit seines Wesens als eines gesetzlichen Anspruchs entkleidet haben (vgl. *Senat,* NJW 1997, 1441 = FamRZ 1997, 544 [545]; BGH, NJW 1984, 2350 = FamRZ 1984, 874 [875] sub. 4.b). Allerdings wird sich eine solche Willensrichtung der Vertragsparteien nur bei Vorliegen besonderer dafür sprechender Umstände annehmen lassen (*Senat,* NJW 1997, 1441 = FamRZ 1997, 544 [545]; *BGH,* NJW 1984, 2350 = FamRZ 874 [875]). Soweit sich der mit der Klage geltend gemachte Unterhaltsabfindungsanspruch unter Berücksichtigung der nachzuholenden Feststellungen weiterhin als begründet erweist, wird das *OLG* deshalb auch die prüfen müssen, ob im vorliegenden Fall solche Anhaltspunkte ersichtlich sind.

Anhang R. Rechtsprechung   R578

BGH v. 12. 6. 2002 – XII ZR 288/00 – FamRZ 02, 1024 = NJW 02, 2319

(Gemeinsame steuerliche Veranlagung)   R578

b) Die Bekl. kann ihre Zustimmung zur Zusammenveranlagung der Parteien nicht davon abhängig a
machen, dass der Kl. sie von der Rückzahlung des Erstattungsbetrags in Höhe von 13 601,35 DM
freistellt. Richtig ist zwar, dass der die Zustimmung verlangende Ehegatte regelmäßig zum internen
Ausgleich verpflichtet ist, wenn sich bei dem anderen Ehegatten die Steuerschuld infolge der Zusammenveranlagung im Vergleich zur getrennten Veranlagung erhöht (vgl. *BGH*, NJW 1977, 378 =
FamRZ 1977, 38 [41]; *Senat,* FamRZ 1983, 576 [577]). Dies gilt jedoch dann nicht, wenn die
Ehegatten, wie hier, eine andere Aufteilung ihrer Steuerschulden konkludent vereinbart haben.

aa) Auszugehen ist zunächst davon, dass sich das Innenverhältnis der Parteien nach § 426 I 1 BGB
richtet. Dies folgt daraus, dass die Parteien in den genannten Streitjahren bis zur Stellung des Antrags
der Bekl. auf getrennte Veranlagung im Juli 1997 gem. § 44 AO als Gesamtschuldner auf die Steuerschulden hafteten (vgl. *Boeker,* in: *Hübschmann/Hepp/Spitaler,* AO und FGO, § 44 AO Rn. 16; *Tipke/
Kruse,* AO und FGO, § 44 AO Rn. 13). Im Rahmen der vom Kl. angestrebten Zusammenveranlagung
ist dies ebenso der Fall. Nach § 426 I 1 BGB haften Gesamtschuldner im Verhältnis zueinander zu
gleichen Anteilen, soweit nicht ein anderes bestimmt ist. Eine solche abweichende Bestimmung kann
sich aus dem Gesetz, einer Vereinbarung, dem Inhalt und Zweck des Rechtsverhältnisses oder der
Natur der Sache, mithin aus der besonderen Gestaltung des tatsächlichen Geschehens, ergeben (vgl.
BGHZ 87, 265 [268] = NJW 1983, 1845; *BGHZ* 77, 55 [58] = NJW 1980, 1520; *Senat,* NJW 2002,
1570 = FamRZ 2002, 739 [740] m. Anm. *Wever;* NJW 1995, 652 = FamRZ 1995, 216 [217]).

bb) Zu Recht weist das *OLG* darauf hin, dass sich die Notwendigkeit, die Aufteilung der Haftung
abweichend von der Grundregel vorzunehmen, aus den güterrechtlichen Beziehungen der Ehegatten
ergeben kann. Diese sind sowohl im Güterstand der Gütertrennung als auch im gesetzlichen Güterstand
der Zugewinngemeinschaft hinsichtlich ihres Vermögens und ihrer Schulden selbstständig. Deshalb hat
im Verhältnis der Ehegatten zueinander grundsätzlich jeder von ihnen für die Steuer, die auf seine
Einkünfte entfällt, selbst aufzukommen (vgl. *BGHZ* 73, 29 [38] = NJW 1979, 546; *Senat,* FamRZ
1990, 374 [376], und *Senat,* NJW 2002, 1570 = FamRZ 2002, 739 [740]).

cc) Indessen kann auch dieser Maßstab von einer anderweitigen Bestimmung i. S. des § 426 I
Halbs. 2 BGB überlagert werden. Das ist hier der Fall. Die Parteien haben nach ihrer bisherigen
Handhabung konkludent eine solche anderweitige Bestimmung getroffen. Danach hat die Bekl. die
Steuerschuld der Parteien insoweit zu tragen, als sie Lohnsteuer im Abzugsverfahren entrichtet hat. Der
Kl. hingegen hat alleine die festgesetzten Mehrbeträge zu entrichten. Zu Recht rügt allerdings die
Revision in diesem Zusammenhang, dass sich dieses Ergebnis, wonach die Bekl. im Innenverhältnis der
Parteien die ihr abgezogene Lohnsteuer voll zu tragen hat, nicht auf die unterhaltsrechtlichen Erwägungen des BerGer. und somit nicht auf § 1360 b BGB stützen lässt. Entgegen der Meinung des *OLG*
stellen nämlich die laufenden Zahlungen der Bekl. im Lohnsteuerabzugsverfahren keine regelmäßigen
Leistungen zum Familienunterhalt gem. § 1360 a II 1 BGB dar. Der durch das Gleichberechtigungsgesetz (BGBl I 1957, 609) eingeführte Begriff des Familienunterhalts (§§ 1360, 1360 a BGB) umfasst
zwar den gesamten Lebensbedarf der Familie, wozu einmal der Unterhalt im engeren Sinne für
Ehegatten und gemeinsame Kinder und zum anderen die Kosten des Haushalts gehören. Hierzu
können jedoch die Steuern, die auf die Einkünfte der Ehegatten entfallen und diese Bezüge mindern,
nicht gerechnet werden (vgl. *BGHZ* 73, 29 [37] = NJW 1979, 546).

Vielmehr ist davon auszugehen, dass die Parteien, auch wenn die Wahl der Steuerklassen die Höhe
der nach Veranlagung sich ergebenden Steuer nicht beeinflusst, bewusst die Steuerklassen III/V
gewählt haben, um damit monatlich mehr bare Geldmittel zur Verfügung zu haben, als dies bei einer
Wahl der Steuerklassen IV/IV der Fall gewesen wäre. Dabei nahmen die Parteien in Kauf, dass das
wesentlich höhere Einkommen des Kl. relativ niedrig und das niedrige Einkommen der Bekl. vergleichsweise hoch besteuert wurde. Nach den nicht angegriffenen Feststellungen des BerGer. hat die
Bekl. in der Zeit des Bestehens der ehelichen Lebensgemeinschaft der Parteien nicht beabsichtigt, einen
Antrag auf getrennte Veranlagung zu stellen. Vielmehr hätten die Parteien, wenn sie sich nicht getrennt
hätten, auch für die hier in Rede stehenden Jahre die Zusammenveranlagung beantragt. Dies hätte dem
normalen Verlauf der Dinge entsprochen, da Ehegatten in intakter Ehe die Zusammenveranlagung
wählen, wenn sie, wie im vorliegenden Fall, wegen der verschiedenen Höhe ihrer Einkommen auf
Grund der Anwendung der Splittingtabelle eine wesentlich geringere gemeinsame Steuerlast als bei
getrennter Veranlagung zu tragen haben. Dass sich die Bekl. für diesen Fall der Zusammenveranlagung
einen Ausgleich vorbehalten hätte, ist vom BerGer. nicht festgestellt und wäre auch völlig fern liegend.
Tatsächlich hat die Bekl. vom Kl. wegen der höheren Besteuerung ihrer Einkünfte weder einen
Ausgleich gefordert noch erhalten. Es ist daher auf Grund der langjährigen entsprechenden Übung von
einer konkludenten Vereinbarung der Parteien des Inhalts auszugehen, dass die Bekl. ihre Einkünfte
nach der Lohnsteuerklasse V versteuert, ohne vom Kl., dessen Lohn dem Abzug nach der Steuerklasse
III unterliegt, einen Ausgleich zu erhalten (vgl. *Senat,* NJW 2002, 1570 = FamRZ 2002, 739 [740]).

2055

dd) Die Bekl. kann auch nicht wegen des Scheiterns der Ehe den Mehrbetrag, den sie wegen der Besteuerung ihres Einkommens nach der Lohnsteuerklasse V im Vergleich zur Besteuerung bei getrennter Veranlagung geleistet hat, vom Kl. ersetzt verlangen. Der ehelichen Lebensgemeinschaft liegt nämlich die Anschauung zu Grunde, mit den Einkommen der Ehegatten gemeinsam zu wirtschaften und finanzielle Mehrleistungen nicht auszugleichen. Es hätte daher einer besonderen Vereinbarung bedurft, wenn sich die Bekl. die Rückforderung dieser Mehrleistung für den Fall der Trennung hätte vorbehalten wollen (vgl. *Senat,* NJW 2002, 1570 = FamRZ 2002, 739 [740], für den Fall der Erbringung von Einkommensteuer-Vorauszahlungen durch einen Ehegatten). Eine derartige Vereinbarung ist indes von der Bekl. nicht dargelegt worden.

(Steuerberaterkosten und Sicherheitsleistung bei Realsplitting)

b Wie der Senat bereits für einen Fall des begrenzten Realsplittings nach § 10 I Nr. 1 EStG entschieden hat, kann der Zustimmende den Ersatz von Steuerberaterkosten nur verlangen, wenn ihm die Zustimmung zum Realsplitting ohne die Aufwendung dieser Kosten nicht zugemutet werden kann (vgl. *BGH,* NJW 1977, 378 = FamRZ 1977, 38 [41]; *Senat,* NJW 1988, 2886 = FamRZ 1988, 820 [821]). Entsprechendes gilt auch bei der Verpflichtung, der Zusammenveranlagung zuzustimmen, die wie die Verpflichtung zur Zustimmung zum begrenzten Realsplitting aus dem Wesen der Ehe folgt.

Im vorliegenden Fall kann der Bekl. die Zustimmung zur Zusammenveranlagung ohne Zuziehung eines Steuerberaters zugemutet werden. Ihre eigenen steuerlichen Verhältnisse sind geklärt. Dies geschah im Übrigen nicht aus Anlass der Zustimmung zur Zusammenveranlagung, sondern weil die Bekl. eine eigene Steuererklärung abgegeben hat. Ersatz etwaiger Steuerberaterkosten hierfür kann die Bekl. vom Kl. ohnehin nicht verlangen. Vielmehr kommen lediglich Steuerberaterkosten für die Stellung eines etwaigen Antrags auf Aufteilung der Steuerschuld nach §§ 268, 269 AO in Betracht. Diesen Antrag aber kann die Bekl. unmittelbar nach Erhalt des Steuerbescheids über die Zusammenveranlagung selbst stellen.

7. Das BerGer. hat es daher zu Recht genügen lassen, dass der Kl. die Bekl. für den Fall der gemeinsamen Veranlagung lediglich von den Nachforderungen des Finanzamts freistellt, die über die Rückforderung des der Bekl. erstatteten Betrags in Höhe von 13 601,35 DM hinausgehen. Dabei handelt es sich nach den Feststellungen des BerGer. um einen Betrag von insgesamt 5304,76 DM. Entgegen der Revision hätte der Kl. in Höhe dieses Betrags keine Sicherheit zu leisten, selbst wenn man davon ausginge, dass Zweifel an seiner Zahlungsfähigkeit bestünden. Zwar hat der *Senat,* worauf die Revision verweist, im Rahmen des begrenzten Realsplittings nach § 10 I Nr. 1 EStG entschieden, dass der Unterhaltsberechtigte seine Zustimmung von einer Sicherheitsleistung abhängig machen kann, wenn zu besorgen ist, dass der Unterhaltspflichtige seine Verpflichtung zum Ausgleich der finanziellen Nachteile nicht oder nicht rechtzeitig erfüllt (*Senat,* FamRZ 1983, 576 [578]). Diese Rechtsprechung lässt sich auf den Fall der Zustimmung zur Zusammenveranlagung nicht übertragen. Beim Realsplitting haftet nämlich der Unterhaltsberechtigte gegenüber dem Finanzamt voll und ohne Beschränkungsmöglichkeit auf den Mehrbetrag, der sich aus der Versteuerung der erhaltenen Unterhaltsleistungen ergibt. Entsprechendes gilt bei der gemeinsamen Veranlagung zur Einkommensteuer nicht. Zwar haften die Ehegatten in diesem Fall gem. § 44 AO als Gesamtschuldner auf die gesamte Steuerschuld. Doch kann jeder von ihnen unmittelbar nach Zustellung des Steuerbescheids, der regelmäßig das in § 269 II AO vorausgesetzte Leistungsgebot enthält, nach §§ 268, 269 AO einen Antrag auf Aufteilung der Gesamtschuld des Inhalts stellen, dass die rückständige Steuer gem. § 270 AO im Verhältnis der Beträge aufzuteilen ist, die sich bei getrennter Veranlagung ergeben würden. Da zu den rückständigen Beträgen nach § 276 III AO die im Lohnabzugsverfahren abgeführten Steuern hinzuzurechnen sind, erscheint eine Haftung der Bekl. auf den in Rede stehenden Mehrbetrag ausgeschlossen. Dies wird auch von der Revision nicht angezweifelt. Da nach Stellung des Aufteilungsantrags bis zur unanfechtbaren Entscheidung über ihn das Finanzamt nach § 277 AO nur Sicherungsmaßnahmen durchführen darf, sind die Interessen des antragstellenden Ehegatten regelmäßig hinreichend gewahrt. Einer Sicherheitsleistung des die Zustimmung zur gemeinsamen Veranlagung begehrenden Ehegatten bedarf es daher nicht (vgl. *BFH,* BStBl II 1992, 297).

BGH v. 2. 10. 2002 – XII ZR 346/00 – FamRZ 03, 304 = NJW-RR 03, 433

R579 *(Abgrenzung §§ 323/654 ZPO)*

a 1. Entgegen der Meinung der Revision ist die auf § 654 ZPO gestützte Klage unzulässig. Der Kl. kann in dieser Klageart nicht die Herabsetzung des Unterhalts verlangen, den er bereits auf Grund der nach Art. 5 § 3 I KindUG anzupassenden Jugendamtsurkunde vom 22. 12. 1995 zu bezahlen hatte und deren Abänderung er vor der Anpassung klageweise nur im Rahmen von § 323 ZPO hätte erreichen können.

Richtig ist zwar, worauf die Revision zu Recht hinweist, dass Art. 5 § 3 II KindUG für das in Abs. 1 angesprochene Verfahren auf § 654 ZPO verweist. Auch kann nach § 654 ZPO der Unterhalts-

Anhang R. Rechtsprechung **R579**

schuldner, sofern eine Unterhaltsfestsetzung im vereinfachten Verfahren gem. § 649 I oder § 653 I ZPO rechtskräftig erfolgt ist, die Herabsetzung des Unterhalts verlangen, ohne auf bestimmte Einwendungen beschränkt zu sein. Wird die Klage nach § 654 ZPO innerhalb eines Monats nach Rechtskraft der Unterhaltsfestsetzung erhoben, kann diese auch rückwirkend abgeändert werden. Eine wesentliche Veränderung der Verhältnisse muss in keinem Fall vorliegen (vgl. *Zöller/Philippi*, ZPO, 23. Aufl., § 654 Rn. 2 a; *Musielak/Borth*, ZPO, 3. Aufl., § 654 Rn. 1).

Die Verweisung in Art. 5 § 3 II KindUG auf § 654 ZPO bedeutet jedoch nicht, dass auch im Rahmen des vereinfachten Verfahrens nach Art. 5 § 3 I KindUG die Vorschrift des § 654 ZPO uneingeschränkt ohne Rücksicht darauf zur Anwendung kommt, welche Titel angepasst werden sollen. Etwas anderes ergibt sich – entgegen der Meinung der Revision – nicht aus dem Wortlaut der Verweisungsnorm. Diese ordnet nämlich lediglich die *entsprechende* Anwendung des § 654 ZPO an. Daraus aber ist zu schließen, dass im Verfahren nach Art. 5 § 3 I KindUG die Bestimmung des § 654 ZPO nur soweit angewandt werden soll, wie dies nach Sinn und Zweck der Vorschriften gerechtfertigt ist.

Der Zweck des § 654 ZPO erschließt sich aus seiner Bedeutung im Rahmen des vereinfachten Verfahrens nach §§ 645 ff. ZPO. Dieses ermöglicht allen minderjährigen Kindern, in einem einfachen Verfahren schnell einen ersten Vollstreckungstitel gegen einen Elternteil zu erhalten, in dessen Haushalt sie nicht leben (vgl. Bericht des Rechtsausschusses v. 13. 1. 1998, BT-Dr 13/9596, S. 36; *Musielak/Borth*, Vorb. § 645 Rn. 2). Dabei sind, um die erwünschte Schnelligkeit zu gewährleisten, Angriffs- und Verteidigungsmöglichkeiten limitiert (vgl. *Lipp/Wagenitz*, Das neue KindschaftsR, § 654 ZPO Rn. 1): Im Verfahren nach §§ 645, 649 I ZPO kann der Unterhaltsgläubiger höchstens den $1^{1}/_{2}$-fachen Regelbetrag fordern (§ 645 I ZPO); der Unterhaltsschuldner kann Einwendungen nur unter den engen Voraussetzungen des § 648 ZPO vorbringen. Im Verfahren nach § 653 I ZPO, das in Kindschaftssachen nach § 640 II Nr. 1 ZPO zur Anwendung kommt, kann das Kind Unterhalt nur bis zur Höhe des Regelbetrags geltend machen; der Vater ist mit dem Einwand mangelnder oder eingeschränkter Leistungsfähigkeit vollends ausgeschlossen. Die Unterhaltsfestsetzungen nach § 649 I bzw. § 653 I ZPO, auf deren Korrektur sich § 654 ZPO allein bezieht, erfolgen somit zwangsläufig in pauschaler Weise. Dies erfordert ein Verfahren, in dem die Parteien die Schaffung eines Unterhaltstitels herbeiführen können, der ihren jeweiligen individuellen Verhältnissen entspricht. Dem dient die Korrekturklage des § 654 ZPO, die einerseits dem Unterhaltsschuldner die Möglichkeit gibt, den Unterhalt auf den Betrag herabsetzen zu lassen, der dem Kind nach den individuellen Verhältnissen zusteht, und andererseits auch dem Kind die Heraufsetzung des Unterhalts erlaubt.

Das Dynamisierungsverfahren nach Art. 5 § 3 I KindUG entspricht dem vereinfachten Verfahren nach §§ 645 ff. ZPO nur insoweit, als die Dynamisierung als solche betroffen ist: Urteile, Beschlüsse und andere Schuldtitel i. S. des § 794 ZPO, zu denen auch Jugendamtsurkunden zu rechnen sind (vgl. § 60 SGB VIII), können auf Antrag mit Wirkung für die Zukunft dahin gehend abgeändert werden, dass die Unterhaltsrente entsprechend §§ 1612 a ff. BGB in Prozentsätzen der jeweils maßgebenden Regelbeträge festgesetzt wird. Hiergegen kann sich der Schuldner wie im vereinfachten Verfahren nach §§ 645 ff. ZPO nur in eingeschränktem Umfang wehren. Er kann insbesondere, was aus der entsprechenden Anwendung der §§ 646 bis 648 I und 3 ZPO folgt, nicht geltend machen, dass er, wenn die in Art. 5 § 1 KindUG vorgesehene Dynamisierung zu einer betragsmäßigen Erhöhung seiner Unterhaltspflicht führt, mangels Leistungsfähigkeit nicht zur Zahlung in der Lage sei. Diesen Einwand geltend zu machen, ermöglicht dem Unterhaltsschuldner erst die in Art. 5 § 3 II KindUG angeordnete Verweisung auf § 654 ZPO, dessen Anwendung insoweit aus den gleichen Gründen geboten ist wie im vereinfachten Verfahren nach §§ 645 ff. ZPO.

Hingegen widerspräche es Sinn und Zweck der Korrekturklage des § 654 ZPO, sie auch gegen eine Unterhaltsfestsetzung zuzulassen, die unabhängig von der späteren Dynamisierung in einem Unterhaltsurteil, einem Vergleich oder einer Jugendamtsurkunde erfolgt ist. Denn insoweit sind die individuellen Verhältnisse der Parteien – anders als bei Unterhaltsfestsetzungen nach § 649 I und § 653 I ZPO – entweder bereits berücksichtigt, oder der Unterhaltsschuldner ist, worauf das OLG zu Recht hinweist, an sein in der Jugendamtsurkunde abgegebenes Anerkenntnis gebunden. Sinn und Zweck des § 654 ZPO ist es, eine erstmalige pauschalierte Unterhaltsfestsetzung zu korrigieren. Diese Voraussetzungen für die Anwendung der Vorschrift liegen im Verfahren nach Art. 5 § 3 KindUG jedoch nur in Bezug auf die Dynamisierung selbst, nicht aber hinsichtlich der Unterhaltsfestsetzung in den genannten Alttiteln vor. Aus diesem Grund ist die Anordnung der entsprechenden Anwendung des § 654 ZPO in Art. 5 § 3 II KindUG so auszulegen, dass sie sich ausschließlich auf das Verfahren der Dynamisierung im engen Sinne bezieht. Dies bedeutet, der Schuldner kann im Wege der Korrekturklage äußerstenfalls erreichen, dass die nach Art. 5 § 3 I KindUG erfolgte Dynamisierung wieder entfällt.

Dagegen kann der ursprüngliche Vollstreckungstitel, der bis zu seiner Dynamisierung nur im Rahmen von § 323 ZPO abänderbar war, nach der Dynamisierung nicht unter den erleichterten Voraussetzungen des § 654 ZPO korrigiert werden. Etwas anderes ergibt sich auch nicht aus der Entstehungsgeschichte des Art. 5 § 3 KindUG. In der Begründung der Bundesregierung zu § 3 der

Übergangsvorschrift ist ausgeführt, dass die Vorschrift ein vereinfachtes gerichtliches Verfahren zur Umstellung von Alttiteln über Kindesunterhalt vorsehe und dass zur Geltendmachung der ausgeschlossenen Einwendung der Rechtsbehelf der Abänderungsklage nach § 654 ZPO zur Verfügung gestellt werde (BT-Dr 13/7338, S. 50). Damit sind ersichtlich Einwendungen gemeint, die sich gegen die Dynamisierung als solche richten. Hingegen kann aus diesen Ausführungen nicht geschlossen werden, dass mit der Verweisung auf § 654 ZPO eine generelle Abänderungsmöglichkeit von Alttiteln geschaffen werden sollte, sobald eine Dynamisierung erfolgt sei.

Dies gilt umso mehr, als die uneingeschränkte Anwendung des § 654 ZPO auf Alttitel dem mit Art. 5 § 3 KindUG ersichtlich angestrebten Ziel einer Entlastung der Unterhaltsgläubiger und der Familiengerichtsbarkeit zuwiderliefe. Darüber hinaus ist, worauf auch das *OLG* zu Recht hingewiesen hat, kein sachlicher Grund ersichtlich, weshalb sich das Kind auf Grund der Stellung eines Dynamisierungsantrags der erleichterten Abänderung von Alttiteln ausgesetzt sehen sollte. Dies würde eine Verschlechterung der unterhaltsrechtlichen Position minderjähriger Kinder bedeuten, die der Intention des Gesetzgebers zuwiderliefe, der mit dem Kindesunterhaltsgesetz die rechtliche Situation unterhaltsbedürftiger Kinder verbessern wollte (vgl. *Senat,* NJW 2002, 1269 = FamRZ 2002, 536 [540]).

(Umdeutung bzw. Abänderung einer einvernehmlich errichteten Jugendamtsurkunde)

b 2. Das BerGer. hat, von der Revision unbeanstandet, die auf § 654 ZPO gestützte Klage zu Recht in eine solche nach § 323 ZPO umgedeutet. Die für eine Umdeutung erforderlichen Voraussetzungen lagen vor (vgl. *Senat,* NJW 1992, 438 und *Senat,* NJW-RR 1993, 5): Die Klage war eindeutig als solche nach § 654 ZPO erhoben. Eine berichtigende Auslegung schied daher aus. Die Klage auf Abänderung einer Jugendamtsurkunde ist nach § 323 ZPO zulässig (vgl. *Senat,* NJW 1985, 64 = FamRZ 1984, 997). Auch hat der Kl. jedenfalls eine wesentliche Veränderung der Verhältnisse seit Errichtung der Urkunde behauptet. Weiter standen der Umdeutung weder der Parteiwille noch schutzwürdige Interessen des Bekl. entgegen.

Das BerGer. hat die Abänderungsklage nach § 323 ZPO auch zu Recht als unbegründet abgewiesen, weil der Kl. nicht bewiesen hat, dass ihm die weitere Zahlung des festgesetzten Unterhalts unzumutbar ist.

Zutreffend geht das BerGer. davon aus, dass sich die Abänderung von Jugendamtsurkunden im Rahmen von § 323 ZPO nach materiellem Recht richtet. Da es sich um eine Abänderungsklage des Verpflichteten handelt, erfolgt die Festsetzung nicht frei von den Grundlagen des abzuändernden Titels. Das BerGer. hat die Grundsätze des Wegfalls der Geschäftsgrundlage angewandt, weil es – von der Revision unbeanstandet – davon ausging, dass die Parteien die Höhe des Unterhalts, zu dessen Zahlung sich der Kl. in der Jugendamtsurkunde verpflichtet hat (Regelunterhalt zuzüglich eines Zuschlages von 27%), vorweg vereinbart hatten. Es ist gerechtfertigt, auf eine solche Jugendamtsurkunde, die auf einer Vereinbarung der Parteien beruht, wegen der Ähnlichkeit mit einer gerichtlichen oder notariellen Vereinbarung, die Grundsätze über den Wegfall der Geschäftsgrundlage anzuwenden (vgl. *Wendl/Thalmann* Das UnterhaltsR in der gerichtlichen Praxis, 5. Aufl., § 8 Rn. 174; *Graba,* Abänderung von Unterhaltstiteln, 2. Aufl., Rn. 257).

Unter Anwendung dieser Grundsätze hat das BerGer. zu Recht darauf abgestellt, dass der Kl. nicht nachgewiesen hat, dass sich seine Leistungsfähigkeit nach der Zeit der Errichtung der Jugendamtsurkunde vermindert hat, sondern dass sich im Gegenteil die Verluste der GmbH, deren Geschäftsführer und Gesellschafter der Kl. ist und von der er seit Jahren ein gleich bleibendes Gehalt bezieht, sich ständig vermindert haben.

BGH v. 23. 10. 2002 – XII ZR 266/99 – FamRZ 02, 1698 = NJW 03, 128

(Verwirkung von Unterhaltsrückständen; gleiche Voraussetzungen bei Anspruchsübergang auf öffentliche Hand)

a aa) Eine Verwirkung kommt nach allgemeinen Grundsätzen in Betracht, wenn der Berechtigte ein Recht längere Zeit nicht geltend macht, obwohl er dazu in der Lage wäre, und der Verpflichtete sich mit Rücksicht auf das gesamte Verhalten des Berechtigten darauf einrichten durfte und eingerichtet hat, dass dieser sein Recht auch in Zukunft nicht geltend machen werde. Insofern gilt für Unterhaltsrückstände, die allein Gegenstand des vorliegenden Rechtsstreits sind, nichts anderes als für andere in der Vergangenheit fällig gewordene Ansprüche (*BGHZ* 84, 280 [281] = NJW 1982, 1999). Vielmehr spricht gerade bei derartigen Ansprüchen vieles dafür, an das so genannte Zeitmoment der Verwirkung keine strengen Anforderungen zu stellen. Nach § 1613 I BGB kann Unterhalt für die Vergangenheit ohnehin nur ausnahmsweise gefordert werden. Von einem Unterhaltsgläubiger, der lebensnotwendig auf Unterhaltsleistungen angewiesen ist, muss eher als von einem Gläubiger anderer Forderungen erwartet werden, dass er sich zeitnah um die Durchsetzung des Anspruchs bemüht. Andernfalls können Unterhaltsrückstände zu einer erdrückenden Schuldenlast anwachsen. Abgesehen davon sind im Unterhaltsrechtsstreit die für die Bemessung des Unterhalts maßgeblichen Einkommensverhältnisse der Parteien nach längerer Zeit oft nur schwer aufklärbar. Diese Gründe, die eine möglichst zeitnahe

Geltendmachung von Unterhalt nahe legen, sind so gewichtig, dass das Zeitmoment der Verwirkung auch dann erfüllt sein kann, wenn die Rückstände Zeitabschnitte betreffen, die etwas mehr als ein Jahr zurückliegen. Denn nach den gesetzlichen Bestimmungen der §§ 1585 b III, 1613 II Nr. 1 BGB verdient der Gesichtspunkt des Schuldnerschutzes bei Unterhaltsrückständen für eine mehr als ein Jahr zurückliegende Zeit besondere Beachtung. Diesem Rechtsgedanken kann im Rahmen der Bemessung des Zeitmoments in der Weise Rechnung getragen werden, dass das Verstreichenlassen einer Frist von mehr als einem Jahr ausreichen kann (*BGHZ* 103, 62 [68 ff.] = NJW 1988, 1137). Das hat auch das BerGer. nicht verkannt, wenngleich es die Frage, ob im vorliegenden Fall das Zeitmoment der Verwirkung erfüllt ist, letztlich offen gelassen hat.

bb) Diese Frage ist für die geltend gemachten Unterhaltsrückstände nicht einheitlich zu beantworten. Da ein Unterhaltsanspruch nicht verwirkt sein kann, bevor er überhaupt fällig geworden ist, müssen die in Rede stehenden Zeitabschnitte insofern gesondert betrachtet werden. Dabei ergibt sich, dass der letzte für den Vater des Bekl. begehrte Unterhaltsbetrag für den Teilmonat Januar 1996 seit ca. 15 Monaten einforderbar war, als der Kl. mit Schreiben vom 2. 4. 1997 erstmals nach der Rechtswahrungsanzeige vom 13. 3. 1995 dem Bekl. gegenüber wieder tätig wurde und ergänzende Auskunft über dessen Einkommens- und Vermögensverhältnisse begehrte. Nachdem der Bekl. dem entsprochen hatte, verstrichen mehr als zwei Monate, bevor ihm die Höhe des geforderten Unterhalts mitgeteilt wurde. Ende November 1997 beantragte der Kl. den Erlass eines Mahnbescheids. Bei dieser Sachlage ist hinsichtlich des für den Vater geltend gemachten Unterhalts das Zeitmoment insgesamt erfüllt. Was den für die Mutter des Bekl. begehrten Unterhalt anbelangt, war die für März 1996 beanspruchte Unterhaltsrate Anfang April 1997 seit mehr als einem Jahr fällig, so dass bei einer Gesamtwürdigung der Umstände wegen der noch im Streit befindlichen Zeit vom 14. 3. 1995 (Zugang der Rechtswahrungsanzeige) bis zum 31. 3. 1996 von einer illoyal verspäteten Rechtsausübung auszugehen ist, im Übrigen dagegen nicht.

Dieser Beurteilung steht nicht entgegen, dass die Unterhaltsansprüche nicht von den Eltern des Bekl. selbst, sondern von dem Kl. aus übergegangenem Recht geltend gemacht werden. Denn durch den gesetzlichen Übergang von Unterhaltsansprüchen wird deren Natur, Inhalt und Umfang nicht verändert (*Lohmann*, Neue Rechtsprechung des BGH zum FamilienR, 8. Aufl., Rn. 370; *Staudinger/Engler*, BGB, 13. Bearb., Vorb. §§ 1601 ff. Rn. 77; *OLG Düsseldorf*, FamRZ 1994, 771 [772]; vgl. auch *Senat*, NJW 1981, 574 = FamRZ 1981, 250 [252], zu der auch gegenüber dem Träger von Ausbildungsförderung nach der Überleitung von Unterhaltsansprüchen wirksamen Unterhaltsbestimmung nach § 1612 II BGB). Deshalb ist es nicht von Bedeutung, dass der Kl. – anders als die ursprünglichen Unterhaltsgläubiger – nicht lebensnotwendig auf die Realisierung der Forderungen angewiesen ist. Er war auf Grund der Rechtsnatur der Ansprüche gehalten, sich um deren zeitnahe Durchsetzung zu bemühen.

cc) Neben dem Zeitmoment kommt es für die Verwirkung auf das so genannte Umstandsmoment an, das heißt es müssen besondere Umstände hinzutreten, auf Grund derer der Unterhaltsverpflichtete sich nach Treu und Glauben darauf einrichten durfte und eingerichtet hat, dass der Unterhaltsberechtigte sein Recht nicht mehr geltend machen werde (*BGHZ* 103, 62 [70] = NJW 1988, 1137). Das BerGer. hat solche Umstände insbesondere deshalb nicht festzustellen vermocht, weil der Bekl. seine Lebensführung in der Erwartung der unterbleibenden Inanspruchnahme nicht anders gestaltet habe; durch eventuell teilweise entfallende Steuervorteile werde er nicht besonders schwer getroffen. Diese tatrichterliche Würdigung begegnet durchgreifenden rechtlichen Bedenken. Das BerGer. vermisst letztlich konkrete „Vertrauensinvestitionen" des Bekl. und stellt darauf ab, ob er durch die späte Inanspruchnahme besondere Nachteile erlitten hat. Damit werden die an das Umstandsmoment zu stellenden Anforderungen überspannt. Erfahrungsgemäß pflegt ein Unterhaltsverpflichteter, der in ähnlichen wirtschaftlichen Verhältnissen wie der Bekl. lebt, seine Lebensführung an die ihm zur Verfügung stehenden Einkünfte anzupassen (vgl. *BGHZ* 103, 62 [70] = NJW 1988, 1137). Dafür, dass es im Fall des Bekl. anders war, fehlt jeder Anhaltspunkt. Vielmehr entspricht es der Lebenserfahrung, dass er nach etwa einjähriger Arbeitslosigkeit, während der ihm – nachdem der Bezug von Arbeitslosengeld ausgelaufen war – keine Arbeitslosenhilfe gewährt wurde, weshalb er nur über relativ geringe Einkünfte aus der Vermietung seiner Eigentumswohnung und den Zinserträgen seines Sparvermögens verfügte, ab Beginn der Rentenzahlungen Anfang Mai 1995 einen „Nachholbedarf" hatte und seine Einkünfte auch dafür einsetzte. Deshalb müsste der Bekl. bei einer Unterhaltsnachforderung für den gesamten noch im Streit befindlichen Zeitraum in erheblich weiterem Umfang auf seine Ersparnisse zurückgreifen als das BerGer. ihm dies angesonnen hat. Damit brauchte er nach Treu und Glauben indessen nicht zu rechnen.

Der Kl. hatte den Bekl. durch Rechtswahrungsmitteilung vom 13. 3. 1995 zeitnah von der Sozialhilfegewährung für seine Eltern unterrichtet und unter Fristsetzung von vier Wochen zur Auskunftserteilung über seine Einkommens- und Vermögensverhältnisse aufgefordert. Diesem Begehren hat der Bekl. mit Schreiben vom 20. 5. 1995 entsprochen. In der Folgezeit konnte er davon ausgehen, dass seine Angaben geprüft und ihm das Ergebnis dieser Prüfung mitgeteilt werden würde, und zwar entweder, indem der Kl. weitere Angaben und Belege verlangte oder indem er ihm die Höhe der Inanspruchnahme bekannt gab. Tatsächlich blieb der Kl. untätig. Er erteilte dem Bekl. auch keinen Zwischenbescheid etwa des Inhalts, dass eine Überprüfung noch nicht habe erfolgen können bzw. noch andauere. An dieser Untätigkeit änderte sich auch nichts, nachdem der Vater des Bekl. Anfang Januar 1996 verstorben war, so dass hinsichtlich der für diesen gewährten Sozialhilfeleistungen eine Gesamtabrechnung hätte vorgenommen werden können. Auch nach der zum 31. 12. 1996 erfolgten Einstellung der Sozialhilfeleistungen für die Mutter erfolgte weder eine insofern nunmehr ebenfalls mögliche Gesamtberechnung noch eine sonstige Reaktion des Kl., obwohl sich der Gesamtbetrag der gewährten Hilfeleistung auf über 80 000 DM belief. Bei dieser Sachlage konnte der Bekl. davon ausgehen, nicht mehr in Anspruch genommen zu werden.

dd) Der Geltendmachung der noch im Streit befindlichen Unterhaltsansprüche seines Vaters steht mithin der Einwand der unzulässigen Rechtsausübung entgegen.

(Anspruch Eltern – Kind)

b 2. Die danach allein für die Zeit vom 1. 4. 1996 an noch maßgebliche Unterhaltspflicht des Bekl. gegenüber seiner Mutter steht dem Grunde nach nicht im Streit. Sie ergibt sich aus § 1601 BGB. Der Unterhaltsbedarf der Mutter ist offensichtlich. Er wird durch ihre Unterbringung in einem Altenheim bestimmt und deckt sich mit den dort angefallenen Kosten, soweit diese nicht aus eigenem Einkommen bestritten werden konnten, § 1602 I BGB (vgl. *Senat,* NJW-RR 1986, 66 = FamRZ 1986, 48 [49]). Davon ist auch das BerGer. ausgegangen. Soweit die Revision – in anderem Zusammenhang – geltend macht, der Bekl. habe vorgetragen, dass bei rechtzeitiger Kenntnis von seiner Inanspruchnahme die Möglichkeit bestanden habe, seine Eltern in einer kostengünstigeren Einrichtung unterzubringen, ist dieser Vortrag nicht hinreichend substanziiert. Es bleibt insbesondere offen, von welchem Zeitpunkt an und zu welchen Bedingungen ein anderer Altenheimplatz zur Verfügung gestanden hätte. Deshalb besteht kein Anlass, von der Bedarfsermittlung des Kl. abzuweichen.

(Selbstbehalt des Pflichtigen bei Ansprüchen der Eltern)

c 3. Unterhaltspflichtig ist allerdings nicht, wer bei Berücksichtigung seiner sonstigen Verpflichtungen außer Stande ist, ohne Gefährdung seines angemessenen Unterhalts den Unterhalt zu gewähren (§ 1603 I BGB).

a) Das BerGer. hat den Bekl. im Jahr 1996 in Höhe von monatlich 2513 DM für leistungsfähig gehalten. Diese Beurteilung hat es im Wesentlichen wie folgt begründet: Nach der Rechtsprechung des Senats sei es in Anbetracht der Höhe der Heimunterbringungskosten und der häufig unabsehbaren Dauer der Inanspruchnahme des Unterhaltsverpflichteten regelmäßig nicht zumutbar, diesen zu einer Einschränkung seiner angemessenen, der Ausbildung und sozialen Stellung entsprechenden Lebensverhältnisse zu verpflichten. Mit Rücksicht darauf lege die Düsseldorfer Tabelle in der ab 1. 7. 1998 geltenden Fassung den Selbstbehalt gegenüber unterhaltsberechtigten Eltern gesondert mit monatlich 2250 DM (einschließlich 800 DM Warmmiete) fest, während gegenüber erwachsenen Kindern nur 1800 DM anzusetzen seien. Der Bekl. habe nach seinen Angaben für Warmmiete, Strom, Telefon und Versicherungen Kosten von monatlich insgesamt ca. 1000 DM. Sein zusätzlicher angemessener Bedarf werde auf weitere 1200 DM monatlich geschätzt. Davon könne er die von ihm benötigten Lebensmittel, die Benzinkosten für seinen Pkw, eine Urlaubsreise und sonstigen persönlichen Bedarf bestreiten, ohne in seiner Lebensführung unangemessen beschnitten zu werden. Im Jahre 1996 hätten dem Bekl. aus seiner Altersversorgung monatliche Einkünfte von 3881 DM sowie Zinseinnahmen von im Durchschnitt 832 DM monatlich zur Verfügung gestanden, mithin ein Gesamteinkommen von monatlich 4713 DM. Die Mieteinnahmen für die Eigentumswohnung seien dagegen weggefallen, weil eine Vermietung nicht mehr erfolgt sei, so dass für die Wohnung nur noch Kosten angefallen seien. Auf Grund seiner Gesamteinkünfte habe der Bekl. 1996 monatlich 2513 DM (4713 DM abzüglich 2200 DM) an Unterhalt für seine Eltern aufbringen können.

b) Gegen diese Einschätzung wendet sich die Revision zu Recht. § 1603 I BGB gewährleistet jedem Unterhaltspflichtigen vorrangig die Sicherung seines eigenen angemessenen Unterhalts; ihm sollen grundsätzlich die Mittel verbleiben, die er zur angemessenen Deckung des seiner Lebensstellung entsprechenden allgemeinen Bedarfs benötigt (*Senat,* NJW 1992, 1393 = FamRZ 1992, 795 [797], und NJW 1989, 523 = FamRZ 1989, 272 m. w. Nachw.). In welcher Höhe dieser Bedarf des Verpflichteten zu bemessen ist, obliegt der tatrichterlichen Beurteilung des Einzelfalls. Das dabei gewonnene Ergebnis ist revisionsrechtlich jedoch darauf zu überprüfen, ob es den anzuwendenden Rechtsgrundsätzen Rechnung trägt und angemessen ist (vgl. *Senat,* NJW 1983, 1733 = FamRZ 1983, 678, und NJW-RR 1986, 426 = FamRZ 1986, 151). Das ist hier nicht der Fall.

c) Das BerGer. geht zwar im Ansatz zutreffend davon aus, dass dem in den Unterhaltstabellen angesetzten Selbstbehalt eines Unterhaltsverpflichteten gegenüber einem volljährigen Kind andere Lebensverhältnisse zu Grunde liegen als im vorliegenden Fall zu beurteilen sind. Eltern müssen regelmäßig damit rechnen, ihren Kindern auch über die Vollendung des 18. Lebensjahres hinaus zu

Unterhaltsleistungen verpflichtet zu sein, bis diese eine – nicht selten langjährige – Berufsausbildung abgeschlossen haben und wirtschaftlich selbstständig sind. Mit einer solchen, der natürlichen Generationenfolge entsprechenden Entwicklung kann indessen nicht der Fall gleichgestellt werden, dass Eltern nach ihrem Ausscheiden aus dem Erwerbsleben ihre Kinder auf Unterhalt für ihren notwendigen Lebensbedarf in Anspruch nehmen müssen. Der *Senat* hat deshalb die Auffassung gebilligt, dass der angemessene Selbstbehalt, der einem Verpflichteten bei durchschnittlichen Einkommensverhältnissen gegenüber dem Unterhaltsbegehren eines volljährigen Kindes als Mindestbetrag gewährt wird, um einen maßvollen Zuschlag erhöht wird, wenn das Unterhaltsbegehren anderer Verwandter – wie hier der Eltern – zu beurteilen ist (*Senat*, NJW 1992, 1393 = FamRZ 1992, 795 [797]). Ein solcher Zuschlag kann aber nicht für alle Verhältnisse gleich bemessen werden. Denn es entspricht der Erfahrung, dass die Lebensführung an die zur Verfügung stehenden Mittel angepasst wird, bei durchschnittlichen Einkommensverhältnissen also ein einfacherer Lebensstandard anzutreffen ist als bei gehobeneren und gehobenen Einkommensverhältnissen. Diesem Umstand hat das BerGer. nicht in der gebotenen Weise Rechnung getragen.

d) Was der Unterhaltsverpflichtete im Verhältnis zu seinen Eltern für seinen eigenen angemessenen Unterhalt benötigt, muss nach den Grundsätzen bemessen werden, die auch für die Unterhaltspflicht gelten. Maßgebend ist deshalb die Lebensstellung, die dem Einkommen, Vermögen und sozialen Rang des Verpflichteten entspricht; hiervon ausgehend wird der gesamte Lebensbedarf einschließlich einer angemessenen Altersversorgung umfasst. Daraus folgt, dass der angemessene Eigenbedarf nicht losgelöst von dem im Einzelfall vorhandenen Einkommen bestimmt werden kann. Er richtet sich somit nicht an einer festen Größe aus, sondern ist entsprechend den Umständen des Einzelfalls veränderlich (*Senat*, NJW 1989, 523 = FamRZ 1989, 272; *Schwab*, Familiäre Solidarität – Beiträge zum europäischen FamilienR, Bd. 5, S. 52; *Günther*, FF 1999, 172 [174], sowie *ders.*, FuR 1995, 1 [5]; *Menter*, FamRZ 1997, 919 [922]; *Büttner*, in: Festschr. für D. Henrich, S. 53; *Künkel*, FamRZ 1991, 14 [22]; *Dieckmann*, DAV 1979, 553 [562]; *Staudinger/Engler/Kaiser*, § 1603 Rn. 136; *OLG Hamm*, FamRZ 1999, 1533; *OLG Oldenburg*, FamRZ 2000, 1174 [1175]; *OLG Stuttgart*, OLG-Report 2000, 245 [246]; *OLG Frankfurt a. M.*, OLG-Report 2001, 264 [265]). Eine spürbare und dauerhafte Senkung seines berufs- und einkommenstypischen Unterhaltsniveaus braucht der Unterhaltsverpflichtete jedenfalls insoweit nicht hinzunehmen, als er nicht einen nach den Verhältnissen unangemessenen Aufwand betreibt oder ein Leben im Luxus führt. Das gilt insbesondere vor dem Hintergrund, dass eine Inanspruchnahme für den Unterhalt von Eltern in der Regel erst stattfindet, wenn der Unterhaltsverpflichtete sich selbst bereits in einem höheren Lebensalter befindet, seine Lebensverhältnisse demzufolge bereits längerfristig seinem Einkommensniveau angepasst hat, Vorsorge für sein eigenes Alter treffen möchte und dann unerwartet der Forderung ausgesetzt wird, sich an den für seine Eltern auf Grund deren Hilfs- oder Pflegebedürftigkeit anfallenden Kosten zu beteiligen. Wenn in dieser Situation sogar von ihm verlangt wird, mehr von seinem Einkommen für den Unterhalt der Eltern einzusetzen, als ihm selbst verbleibt, wird die Grenze des dem Unterhaltsverpflichteten Zumutbaren in der Regel überschritten (im Gegensatz zu der Rechtslage bei der Inanspruchnahme auf Unterhalt für ein volljähriges behindertes Kind, vgl. *Senat*, NJW-RR 1986, 66 = FamRZ 1986, 48 [49]).

e) Eine derartige Schmälerung des eigenen angemessenen Bedarfs wäre auch mit dem Gesetz nicht in Einklang zu bringen. Den Eltern des Unterhaltsverpflichteten gehen seine unverheirateten minderjährigen und seine unverheirateten privilegierten volljährigen Kinder, sein Ehegatte oder geschiedener Ehegatte, die nach § 1615 l BGB Unterhaltsberechtigten, seine verheirateten minderjährigen und nicht privilegierten volljährigen Kinder sowie seine Enkel und weiter entfernte Abkömmlinge im Rang vor (§§ 1609 I und II, 1615 l III 3 Halbs. 2 BGB). Daran zeigt sich, dass der Unterhaltsanspruch der Eltern rechtlich vergleichsweise schwach ausgestaltet ist. Seinem Ehegatten gegenüber wäre der von dem Unterhaltsverpflichteten zu leistende Unterhalt so zu bemessen, dass beide Ehegatten in gleicher Weise an dem ehelichen Lebensstandard teilhaben, weshalb grundsätzlich jedem die Hälfte des verteilungsfähigen Einkommens zuzubilligen ist (st. Rspr., vgl. *Senat*, NJW 1988, 2369 = FamRZ 1988, 265 [267]). Würde der einem Elternteil geschuldete Unterhalt demgegenüber mit einem höheren Betrag bemessen, so würde dies der gesetzlichen Rangfolge nicht entsprechen. Das wird zusätzlich daraus ersichtlich, dass auch der Ehegatte des Elternteils für diesen allenfalls Unterhalt in Höhe der Hälfte seines Einkommens aufzubringen hätte, obwohl er vor dem Kind haftet (vgl. hierzu auch *Günther*, Münchener Anwalts-Hdb. FamilienR, § 12 Rdnrn. 1, 34; *Büttner*, S. 53; *Eschenbruch*, Unterhaltsprozess, 2. Aufl., Rn. 2021; *Heiß/Hußmann*, 13. Kap. Rdnrn. 58 f.).

In tatsächlicher Hinsicht würde die Notwendigkeit, erhebliche Abstriche von dem erlangten Lebenszuschnitt vornehmen zu müssen, auch auf eine übermäßige Belastung der Unterhaltsverpflichteten hinauslaufen. Wie der Senat bereits in seiner Entscheidung vom 26. 2. 1992 (*Senat*, NJW 1992, 1393 = FamRZ 1992, 795 [797]) ausgeführt hat, haben die auf Zahlung von Elternunterhalt in Anspruch genommenen Kinder in der Regel bereits ohne derartige Leistungen erhebliche Aufwendungen zur Erfüllung des Generationenvertrags erbracht, indem sie ihre eigenen Kinder großgezogen und deren Ausbildung finanziert haben und zugleich durch ihre Sozialversicherungsabgaben, zu denen inzwischen noch die Beiträge zur Pflegeversicherung hinzugekommen sind, dazu beigetragen haben, dass die Elterngeneration insgesamt im Alter versorgt wird (so auch *Günther,* § 12 Rn. 34).

f) Diesem Gesichtspunkt trägt letztlich auch das zum 1. 1. 2003 in Kraft tretende Gesetz über eine bedarfsorientierte Grundsicherung im Alter und bei Erwerbsminderung (GSiG) vom 26. 6. 2001 (BGBl I, 1310 [1335 ff.]) in der Fassung des Gesetzes zur Verlängerung von Übergangsregelungen im Bundessozialhilfegesetz vom 27. 4. 2002 (BGBl I, 1462 [1463]) Rechnung. Danach können unter anderem Personen, die das 65. Lebensjahr vollendet und ihren gewöhnlichen Aufenthalt in der Bundesrepublik Deutschland haben, auf Antrag Leistungen der beitragsunabhängigen, bedarfsorientierten Grundsicherung erhalten, soweit sie ihren Unterhalt nicht durch ihr nach sozialhilferechtlichen Grundsätzen ermitteltes Einkommen und Vermögen decken können und ihre Bedürftigkeit nicht in den letzten zehn Jahren vorsätzlich oder grob fahrlässig herbeigeführt haben (§§ 1, 2 GSiG). Die Grundsicherung umfasst den für den Anspruchsteller maßgeblichen sozialhilferechtlichen Regelsatz zuzüglich 15% des Regelsatzes eines Haushaltungsvorstands. Hinzu kommen unter anderem die angemessenen tatsächlichen Aufwendungen für Unterkunft und Heizung sowie die Kosten der Kranken- und Pflegeversicherung (§ 3 I GSiG). Bei der Einkommens- und Vermögensermittlung bleiben Unterhaltsansprüche des Antragsberechtigten gegenüber seinen Kindern und Eltern unberücksichtigt, sofern deren jährliches Gesamteinkommen i. S. des § 16 SGB IV unter einem Betrag von 100 000 Euro liegt (§ 2 I 3 GSiG).

In dem Bericht des Ausschusses für Arbeit und Sozialordnung (BT-Dr 14/5150, S. 48) wird hierzu ausgeführt, der Zweck des Gesetzes bestehe darin, unter anderem für alte Menschen eine eigenständige soziale Leistung vorzusehen, die den grundlegenden Bedarf für den Lebensunterhalt sicherstelle; durch diese Leistung solle im Regelfall die Notwendigkeit der Gewährung von Sozialhilfe vermieden werden; außerdem habe vor allem ältere Menschen die Furcht vor dem Unterhaltsrückgriff auf ihre Kinder oftmals von dem Gang zum Sozialamt abgehalten; eine dem sozialen Gedanken verpflichtete Lösung müsse hier einen gesamtgesellschaftlichen Ansatz wählen, der eine würdige und unabhängige Existenz sichere. Hieraus wird deutlich, dass – von besonders günstigen wirtschaftlichen Verhältnissen der Unterhaltsverpflichteten abgesehen – zu Lasten öffentlicher Mittel auf einen Unterhaltsregress verzichtet worden ist, weil dieser von älteren Menschen vielfach als unangemessen und unzumutbar empfunden wird und dieser Umstand Berücksichtigung finden soll.

g) Nach alledem ist davon auszugehen, dass der angemessene Eigenbedarf nicht durchgängig mit einem bestimmten festen Betrag angesetzt werden kann, sondern anhand der konkreten Umstände des Einzelfalls und unter Berücksichtigung der besonderen Lebensverhältnisse, die bei der Inanspruchnahme auf Elternunterhalt vorliegen, zu ermitteln ist. Diesem Gesichtspunkt trage inzwischen die meisten Tabellen und Leitlinien der Oberlandesgerichte insoweit Rechnung, als sie als Selbstbehalt des Kindes nur einen Mindestbetrag angeben (vgl. etwa die Zusammenstellung bei *Günther,* § 12 Rn. 31). Unter welchen Voraussetzungen diese Mindestbeträge zu erhöhen sind, wird in der Rechtsprechung der Land- und Oberlandesgerichte und im Schrifttum nicht einheitlich beantwortet (vgl. dazu etwa die Übersichten von *Menter,* FamRZ 1997, 919 [922], und *Miesen,* FF 2000, 199). Ebenso wenig besteht Einigkeit darüber, ob den Kindern gegenüber ihren Eltern von dem den Freibetrag übersteigenden Einkommen ein bestimmter Anteil zusätzlich zu belassen ist, wie dies etwa in den Empfehlungen des Deutschen Vereins für öffentliche und private Fürsorge (vgl. FamRZ 2000, 788 [796] [unter Nr. 121]) und in denjenigen des 11. und des 13. Deutschen Familiengerichtstags (FamRZ 1996, 337 [338] [unter I 4 2], und FamRZ 2000, 273 [274] [unter I 4 a]) vorgeschlagen worden ist. Ob hierdurch im Einzelfall ein angemessenes Ergebnis erreicht werden kann, unterliegt letztlich der verantwortlichen Beurteilung des Tatrichters. Insofern wird es allerdings nicht grundsätzlich als rechtsfehlerhaft angesehen werden können, wenn bei der Ermittlung des für den Elternunterhalt einzusetzenden bereinigten Einkommens allein auf einen – etwa hälftigen – Anteil des Betrags abgestellt wird, der den an sich vorgesehenen Mindestselbstbehalt übersteigt. Vielmehr kann durch eine solche Handhabung im Einzelfall ein angemessener Ausgleich zwischen dem Unterhaltsinteresse der Eltern einerseits und dem Interesse des Unterhaltsverpflichteten an der Wahrung seines angemessenen Selbstbehalts andererseits zu bewirken sein. Zugleich kann eine ungerechtfertigte Nivellierung unterschiedlicher Verhältnisse vermieden werden. Überdies hätte eine derartige Verfahrensweise den Vorteil der Rechtssicherheit und Praktikabilität für sich (ebenso *Günther,* § 12 Rn. 35; *Büttner,* S. 53; *Kalthoener/Büttner/Niepmann,* Die Rechtsprechung zur Höhe des Unterhalts, 8. Aufl., Rn. 188 a; *Heiß/Hußmann,* 13. Kap. Rn. 58; *Eschenbruch,* Rn. 2021; *Staudinger/Engler/Kaiser,* § 1603 Rn. 138; *OLG Hamm,* FamRZ 1999, 1533; *OLG Hamm,* FamRZ 2002, 123 [124]; *OLG Frankfurt a. M.,* OLG-Report 2001, 264 [265]; vgl. auch die Nachw. bei *Duderstadt,* Erwachsenenunterhalt, Anm. 3.4.1.2; a. A. *Luthin/Seidel,* 9. Aufl., Rn. 5070; *Wendl/Pauling,* Das UnterhaltsR in der familiengerichtlichen Praxis, 5. Aufl., § 2 Rdnrn. 619 f., 639; *Steymans,* FuR 2000, 361 [363]).

BGH v. 6. 11. 2002 – XII ZR 259/01 – FamRZ 03, 521 = NJW-RR 02, 1513

(Verwirkung bei auf Erben übergegangenem Anspruch)

2). Die Unterhaltspflicht geht auf den Erben – von dessen Haftungsbeschränkung abgesehen – unverändert über, und zwar auch mit der Belastung eines Einwands aus § 1579 Nr. 7 BGB. Eine Ausnahme gilt lediglich insofern, als die Leistungsfähigkeit des Unterhaltsverpflichteten nach dessen Tod nicht mehr geprüft werden kann und muss. Auf die Leistungsfähigkeit seines Erben kommt es nicht an, weil es sich um eine Nachlassverbindlichkeit handelt und die Haftung des Erben deshalb schon nach allgemeinen Regeln auf den Nachlass beschränkt ist, nach § 1586 b BGB sogar begrenzt auf den fiktiven Pflichtteil des Unterhaltsberechtigten (so genannter kleiner Pflichtteil bei gesetzlichem Erbrecht nach § 1931 I und 2 BGB).

Bei der im Rahmen des § 1579 Nr. 7 BGB vorzunehmenden Billigkeitsabwägung mögen nach dem Tod des Unterhaltsverpflichteten Gesichtspunkte eine Rolle spielen können, die ausschließlich das Verhältnis zwischen dem Unterhaltsberechtigten und dem Erben betreffen, nicht das Verhältnis zwischen dem Unterhaltsberechtigten und dem verstorbenen Unterhaltsverpflichteten. Anhaltspunkte für solche Gesichtspunkte sind im vorliegenden Fall aber weder festgestellt noch von den Parteien vorgetragen. Die Kl. kann sich jedenfalls dann darauf berufen, dass die Bekl. seit inzwischen mehr als zehn Jahren in einem eheähnlichen Verhältnis mit einem anderen Mann in dessen Haus zusammenlebt und dass deshalb die Unterhaltsverpflichtung nach § 1579 Nr. 7 BGB entfallen ist, wenn der verstorbene Unterhaltsverpflichtete, würde er noch leben, sich heute noch darauf berufen könnte.

Die Annahme des BerGer., die Voraussetzungen des § 1579 Nr. 7 BGB für einen Wegfall der Unterhaltspflicht seien erfüllt, ist revisionsrechtlich nicht zu beanstanden. Ebenso wenig ist die Auffassung zu beanstanden, der Unterhaltsverpflichtete – und damit auch seine Erbin – habe das Recht, sich auf einen Wegfall der Unterhaltspflicht nach § 1579 Nr. 7 BGB zu berufen, nicht schon zu Lebzeiten deshalb verloren, weil er den Unterhalt über Jahre in Kenntnis des Umstands, dass die Bekl. mit einem anderen Mann zusammenlebe, weitergezahlt habe.

(Verzeihung bei Verwirkungsgrund)

Allerdings wird in Literatur und Rechtsprechung grundsätzlich vertreten, dass eine ausdrückliche oder konkludente „Verzeihung" der die Verwirkung begründenden Umstände daraus hergeleitet werden kann, dass der Unterhaltsverpflichtete trotz Kenntnis dieser Umstände den Unterhalt weiterbezahlt (so grundsätzlich *OLG Düsseldorf*, FamRZ 1997, 1159; *OLG Hamm*, FamRZ 1997, 1485 [1486]; *OLG Hamm*, NJW-RR 1994, 1287 = FamRZ 1994, 704 [705]; *Maurer*, in: MünchKomm, 4. Aufl., § 1579 Rn. 70; *Johannsen/Henrich/Büttner*, EheR., 3. Aufl., § 1579 BGB Rn. 45; *Schwab/Borth*, Hdb. d. ScheidungsR., 4. Aufl., IV Rn. 398; *Gernhuber/Coester-Waltjen*, FamilienR., 4. Aufl., § 30 VII 9 [S. 432]; *Heiß/Heiß*, I 9 Rn. 382). Unterschiedliche Auffassungen bestehen lediglich im Anwendungsbereich und in den Auswirkungen dieser Verzeihung. So ist streitig, ob sie auch dort eingreift, wo die Verwirkungstatbestände des § 1579 BGB nicht an ein persönliches Fehlverhalten des unterhaltsberechtigten Ehegatten anknüpfen, sondern an objektive Umstände wie bei § 1579 Nrn. 1 und 7 BGB (für generelle Anwendbarkeit wohl *Johannsen/Henrich/Büttner*, § 1579 BGB Rn. 45; einschränkend insoweit *Maurer*, in: MünchKomm, § 1579 Rn. 70; wohl auch *Göppinger/Bäumel*, 7. Aufl., Rn. 1106). Schwierigkeiten für die Annahme einer Verzeihung können sich auch dort ergeben, wo etwa der Unterhaltsschuldner nur mit Rücksicht auf die Betreuungsbedürftigkeit eines gemeinsamen Kindes den Unterhalt ungeschmälert weitergezahlt hat, ohne von der Möglichkeit Gebrauch zu machen, den Unterhaltsberechtigten auf den Mindestbedarf herabzusetzen (vgl. dazu Senat, NJW 1997, 1439 = FamRZ 1997, 483 [484]). Nicht einheitlich beantwortet wird schließlich auch die Frage, ob die Verzeihung ein selbstständiger Gegeneinwand ist, der bereits den Tatbestand der Unterhaltsverwirkung entfallen lässt (so etwa *Johannsen/Henrich/Büttner*, § 1579 BGB Rn. 45 m. w. Nachw.), oder ob sie lediglich im Rahmen der Billigkeitsabwägung des § 1579 BGB zu berücksichtigen ist (so wohl die überwiegende Meinung vgl. *OLG Düsseldorf*, FamRZ 1997, 1159; *OLG Hamm*, FamRZ 1997, 1485 [1486]; *Maurer*, in: MünchKomm, § 1579 Rn. 70; *Gernhuber/Coester-Waltjen*, § 30 VII 9 [S. 432] und *Schwab/Borth*, IV Rn. 398).

(Keine Verzeihung, wenn Unterhalt aus anderen Gründen, z. B. wegen § 5 VAHRG geleistet wird)

Diese Fragen bedürfen hier indes keiner Klärung, so dass die Prozesskostenhilfe für das Revisionsverfahren nicht bewilligt zu werden braucht (vgl. *BGH*, NJW-RR 2003, 130). Denn nach den insoweit maßgeblichen tatsächlichen Feststellungen des OLG kann von einer Verzeihung nicht ausgegangen werden. Der Erblasser zahlte den Unterhalt in Höhe von 500 DM monatlich an seine geschiedene Ehefrau nämlich deshalb weiter, weil er dadurch seinerseits in den Genuss der Auswirkungen des § 5 VAHRG und damit des temporären Wegfalls der versorgungsausgleichsbedingten Kürzung seiner Rente kam, die andernfalls insgesamt rund 759 DM monatlich weniger betragen hätte. Er hätte also, wenn er den Unterhalt an die geschiedene Ehefrau nicht weitergezahlt hätte, von vornherein weniger für sich zur Verfügung gehabt als bei Weiterzahlung. Diese Verhaltensweise des Erblassers war wirtschaftlich nachvollziehbar und vernünftig. Aus ihr kann die Unterhaltsberechtigte im vorliegenden Fall keinen Vertrauensschutz dafür herleiten, dass der Erblasser auch künftig auf Dauer auf die Geltendmachung seines Verwirkungseinwands aus § 1579 Nr. 7 BGB verzichten würde. Denn mit dem Eintritt der Rentenvoraussetzungen beim Unterhaltsberechtigten entfallen die Wirkungen des § 5 VAHRG und der Unterhaltsverpflichtete unterliegt der vollen Kürzung seiner Versorgungsbezüge, so dass für ihn kein Grund mehr vorhanden ist, die Unterhaltszahlungen fortzusetzen.

Über diese Zusammenhänge war die Bekl. von vornherein informiert. Die BfA hat ihr nämlich mit Schreiben vom 23. 2. 1995 einen Fragebogen zugesandt, den sie ausgefüllt zurückgeschickt hat. Das Anschreiben der BfA enthält eine Belehrung zu § 5 VAHRG. Außerdem hat die BfA der Bekl. nach § 6 VAHRG die Hälfte des angefallenen Nachzahlungsbetrags ausgezahlt.

Im vorliegenden Fall konnte – wie das *OLG* richtig sieht – die Bekl. nur darauf vertrauen, dass ihr geschiedener Ehemann den Unterhalt so lange weiterzahlt, wie er deshalb den Vorteil aus § 5 VAHRG hat. Sie konnte nicht darauf vertrauen, dass er, wenn dieser Vorteil entfallen sollte, sich monatlich weiter um 500 DM einschränkt, obwohl sie schon langjährig mit einem anderen Mann zusammenlebt und er deshalb nach § 1579 Nr. 7 BGB keinen Unterhalt mehr zahlen müsste.

BGH v. 27. 11. 2002 – XII ZR 295/00 – FamRZ 03, 444 – NJW 03, 969

R582 *(Darlegungs- und Beweislast bei Anspruchsübergang nach § 7 UVG)*

Das OLG hat festgestellt, dass für den eingeklagten Zeitraum die Ansprüche des Kindes gegen den Bekl. auf den Kl. übergegangen sind. Dagegen hat die Revision nichts eingewandt. Nicht zu beanstanden ist, dass das OLG dem Bekl. die Darlegungs- und Beweislast für seine angeblich verminderte Leistungsfähigkeit auferlegt hat, weil der Kl. Unterhaltsvorschuss nur in Höhe des Mindestunterhalts geleistet habe und vom Bekl. auch nur insoweit aus übergegangenem Recht Unterhalt begehre. Für den Zeitraum vor Juli 1998 ergibt sich dies bereits aus der früheren Fassung des § 1610 III BGB. Danach galt der Regelunterhalt als Mindestbedarf mit der Folge, dass eine weitere Darlegung des Bedarfs des unterhaltsberechtigten Kindes nicht erforderlich war (vgl. etwa *Senat,* NJWE-FER 1998, 64 = FamRZ 1998, 357 [359]). Die für die Zeit ab dem 1. 7. 1998 geltende Neuregelung durch das Kindesunterhaltsgesetz (vom 6. 4. 1998 BGBl I, 666) hat daran nichts geändert. Zwar ist § 1610 III BGB gestrichen und der Begriff des Regelunterhalts durch den des Regelbetrags in § 1612a BGB ersetzt worden. Mit dieser Neuerung wollte der Gesetzgeber, wie der *Senat* in seiner – erst nach Erlass des angefochtenen Urteils ergangenen – Entscheidung vom 6. 2. 2002 (*BGHZ* 150, 12 = NJW 2002, 1269 = FPR 2002, 195 = FamRZ 2002, 536 [540]) ausgeführt hat, aber nicht von der bisherigen Rechtslage zu Lasten des Kindes abweichen und ihm die Beweiserleichterungen im Rahmen des Regelbetrags nehmen. Dies gilt unabhängig davon, ob der Unterhaltsanspruch im Verfahren nach den §§ 645 ff. ZPO geltend gemacht wird und ob das Kind selbst oder – wie hier – das Land aus übergegangenem Recht den Unterhaltsschuldner in Anspruch nimmt. Der gesetzliche Übergang der Unterhaltsforderung des Berechtigten auf öffentliche Einrichtungen – hier nach § 7 UVG – oder auf Verwandte (§ 1607 BGB), die an Stelle des in erster Linie verpflichteten Schuldners Unterhalt leisten, dient dazu, die Bereitschaft der Leistenden zu fördern, den Unterhalt vorzuschießen. Entfielen infolge des Forderungsübergangs die dem Kind zugute kommenden Beweiserleichterungen, so minderte dies zum Nachteil des Kindes die Bereitschaft der öffentlichen Einrichtungen oder Verwandten, solche Vorschussleistungen zu erbringen (vgl. *Senat,* FPR 2002, 204 = FamRZ 2002, 21 [22]). Unter diesem Gesichtspunkt dient die Beibehaltung der bisherigen Darlegungs- und Beweislast auch dann dem Schutz des unterhaltsberechtigten Kindes, wenn nicht dieses selbst, sondern öffentliche Einrichtungen oder Verwandte, die ihm Unterhalt vorgeschossen haben, diesen vom Unterhaltsschuldner einfordern. Da der Kl. Unterhalt auch für den Folgezeitraum von Juli bis Dezember 1998 nur bis zur Höhe des von ihm als Vorschuss geleisteten Regelbetrags geltend macht, musste er den Unterhaltsbedarf des Kindes nicht näher darlegen. Es oblag vielmehr dem Bekl. darzulegen, dass er – auch über den ihm bereits vom Kl. nachgelassenen Abzug hinaus – zur Leistung eines bedarfsdeckenden Unterhalts nicht in der Lage ist. Dem ist der Bekl. nicht nachgekommen.

BGH v. 11. 12. 2002 – XII ZR 27/00 – FamRZ 03, 432 = NJW 03, 1396

R583 *(Keine Doppelverwertung im Zugewinn und Unterhalt, z. B. bei Abfindungen, Wohnwert und Nutzungsentschädigung)*

Der von den Parteien vereinbarte unterhaltsrechtliche Ausgleich der künftigen Gewinnanteile steht jedenfalls dem von der Ast. begehrten Ausgleich eines den Abfindungswert der Beteiligung übersteigenden Zugewinns entgegen. Zu Recht wendet die Revisionserwiderung ein, anderenfalls partizipiere die Ast. an der Beteiligung des Ag. in zweifacher Weise, nämlich vorab im Zugewinnausgleich an dem durch die künftigen Gewinnerwartungen geprägten Vermögenswert der Beteiligung und sodann im Wege des Unterhalts nochmals an jenen nunmehr als Einkommen des Unterhaltspflichtigen zu berücksichtigenden Gewinnanteilen.

Eine solche zweifache Teilhabe widerspräche dem Grundsatz, dass ein güterrechtlicher Ausgleich nicht stattzufinden hat, soweit eine Vermögensposition bereits auf andere Weise, sei es unterhaltsrechtlich oder im Wege des Versorgungsausgleichs, ausgeglichen wird. Für das Verhältnis zwischen Zugewinnausgleich und Versorgungsausgleich ergibt sich dies bereits aus § 1587 III BGB. Für das Verhältnis zwischen Unterhalt und Zugewinnausgleich kann nichts anderes gelten, auch wenn es insoweit an einer ausdrücklichen gesetzlichen Regelung fehlt.

So wäre es beispielsweise unbillig, einen Ehegatten auch güterrechtlich an einer dem anderen Ehegatten vor dem Stichtag ausgezahlten Arbeitnehmerabfindung teilhaben zu lassen, soweit er daran bereits durch die Gewährung des unter Einbeziehung dieser insoweit als Einkommen behandelten Abfindung bemessenen Unterhalts partizipiert (vgl. *OLG Frankfurt a. M.,* FamRZ 2000, 611 [612]; *Klingelhöffer,* BB 1997, 2216 [2217]). Auf dem gleichen Gedanken beruht auch die Erwägung, dass der Ehegatte, der im Anwaltshaftungsprozess Schadensersatz wegen einer auf Grund falscher Beratung im Zugewinnausgleich nicht geltend gemachten Vermögensposition des anderen Ehegatten verlangt, sich darauf gegebenenfalls den Vorteil anrechnen lassen muss, der sich aus einer Berücksichtigung dieser Position in einem Unterhaltsvergleich ergibt (vgl. *BGH,* NJW 1998, 749 = FamRZ 1998, 362 [364]). Auch außerhalb des Güterrechts ist eine doppelte Teilhabe eines Ehegatten an geldwerten Positionen des anderen nicht gerechtfertigt; so kann etwa neben einem rechtskräftig titulierten Trennungsunterhalt, bei dem der Nutzungsvorteil mietfreien Wohnens in der bisherigen Ehewohnung dem unterhaltspflichtigen Ehegatten bereits als Einkommen zugerechnet worden ist, nicht für den gleichen Zeitraum ein Nutzungsentgelt verlangt werden (vgl. *Senat,* NJW 1986, 1139 = FamRZ 1986, 436 [437]; *Hahne,* FF 1999, 99 [103]).

BGH v. 22. 1. 2003 – XII ZR 2/00 – FamRZ 03, 363 = NJW 03, 1112

(Berechnung des Anteils am Familienunterhalt analog § 1578 BGB) R584

Der in einer intakten Ehe bestehende Familienunterhaltsanspruch gem. §§ 1360, 1360a BGB lässt g sich zwar nicht ohne weiteres nach den zum Ehegattenunterhalt nach Trennung oder Scheidung entwickelten Grundsätzen bemessen. Denn er ist nach seiner Ausgestaltung nicht auf die Gewährung einer – frei verfügbaren – laufenden Geldrente für den jeweils anderen Ehegatten, sondern vielmehr als gegenseitiger Anspruch der Ehegatten darauf gerichtet, dass jeder von ihnen seinen Beitrag zum Familienunterhalt entsprechend seiner nach dem individuellen Ehebild übernommenen Funktion leistet. Seinem Umfang nach umfasst er gem. § 1360a BGB alles, was für die Haushaltsführung und die Deckung der persönlichen Bedürfnisse der Ehegatten und der gemeinsamen Kinder erforderlich ist. Sein Maß bestimmt sich aber nach den ehelichen Lebensverhältnissen, so dass § 1578 BGB als Orientierungshilfe herangezogen werden kann *(Senat,* NJW 1995, 1486 = FamRZ 1995, 537 m. Nachw.). Es begegnet deshalb keinen Bedenken, den – im vorliegenden Fall maßgeblichen – Anspruch auf Familienunterhalt im Fall der Konkurrenz mit anderen Unterhaltsansprüchen auf die einzelnen Familienmitglieder aufzuteilen und in Geldbeträgen zu veranschlagen (vgl. *Senat,* NJW-RR 2001, 361 = FamRZ 2001, 1065 [1066], und NJW 2002, 1646 = FPR 2002, 266 = FamRZ 2002, 742). Daher kann der anzusetzende Betrag insoweit in gleicher Weise wie der Unterhaltsbedarf des getrennt lebenden oder geschiedenen Ehegatten ermittelt werden.

(Abzug tatsächlich geschuldeten Kindesunterhalts auch bei anderweitiger Titulierung)

Dabei ist entgegen der Auffassung des BerGer. auch für das Kind *W* der Tabellenunterhalt und nicht h ein Betrag von nur 380 DM monatlich anzusetzen, selbst wenn nur in Höhe des Letzteren ein Unterhaltstitel vorliegen sollte. Denn in welcher Höhe der Unterhalt eines Kindes tituliert ist, ist im Rahmen eines andere Unterhaltsansprüche betreffenden Rechtsstreits im Regelfall ohne Bedeutung, weil davon ausgegangen werden kann, dass bei Abweichungen von der materiellen Rechtslage die Abänderung des Titels möglich ist (vgl. *Senat,* NJW 1990, 3020 = FamRZ 1990, 1091 [1094 f.], und NJW 1992, 1624 = FamRZ 1992, 797 [798 f.]).

BGH v. 22. 1. 2003 – XII ZR 186/01 – FamRZ 03, 518 = NJW 03, 1181

(Abänderungszeitpunkt bei geänderter höchstrichterlicher Rechtsprechung) R585

b) Entsprechend der Auffassung der Revisionserwiderung ist die geänderte Rechtsprechung des b *Senats* im Rahmen des vorliegenden Abänderungsverfahrens nur für den Unterhaltszeitraum zu berücksichtigen, der der Verkündung des die bisherige Rechtsprechung aufgebenden Urteils des Senats folgt.

Für die Zeit davor verbleibt es hinsichtlich der Unterhaltsbemessung (unter Berücksichtigung der zwischenzeitlich eingetretenen Änderung der Einkommensverhältnisse der Parteien) bei der früheren Rechtslage, die die Parteien ihrem Vergleich zu Grunde gelegt haben (vgl. BGHZ 148, 368 [377, 379 f.] = NJW 2001, 3618 = FPR 2001, 426 m. w. Nachw.). Denn der (hier: weitere) Abänderungsgrund der geänderten höchstrichterlichen Rechtsprechung, der nunmehr zur Anwendung der so genannten Differenzmethode führt, trat erst mit Verkündung des Senatsurteils vom 13. 6. 2001 ein und kann daher – wie eine erst zu diesem Zeitpunkt in Kraft tretende Gesetzesänderung – erst für die darauf folgende Zeit berücksichtigt werden. Der in Übereinstimmung mit der bisherigen Rechtsprechung auf der Anwendung der so genannten Anrechnungsmethode beruhende Prozessvergleich stellt nämlich einen Vertrauenstatbestand für beide Parteien dar, in den die Änderung der höchstrichterlichen Rechtsprechung grundsätzlich nicht rückwirkend zu Lasten des Unterhaltspflichtigen eingreifen darf, zumal erst sie zu einer die Abänderung rechtfertigenden Äquivalenzstörung führt.

BGH v. 29. 1. 2003 – XII ZR 92/01 – FamRZ 03, 590 = FPR 03, 330

R586 *(Eheprägende Einkommensverbesserungen und Einkommensminderungen)*

a b) Zwar bestimmt sich der Bedarf des unterhaltsberechtigten Ehegatten nach den ehelichen Lebensverhältnissen (§ 1578 I 1 BGB). Dieser Bezug schließt jedoch die Berücksichtigung nachehelicher Entwicklungen nicht aus. So können sich nach der Rechtsprechung des Senats Einkommensverbesserungen, die erst nach der Scheidung beim unterhaltspflichtigen Ehegatten eintreten, bedarfssteigernd auswirken, wenn ihnen eine Entwicklung zu Grunde liegt, die aus der Sicht zum Zeitpunkt der Scheidung mit hoher Wahrscheinlichkeit zu erwarten war, und wenn diese Erwartung die ehelichen Lebensverhältnisse bereits geprägt hatte (vgl. etwa *Senat*, NJW 1987, 1555 = FamRZ 1987, 459 [460] m. w. Nachw.). Umgekehrt können auch nach der Scheidung eintretende Einkommensminderungen für die Bedarfsbemessung nicht grundsätzlich unberücksichtigt bleiben, sofern sie nicht auf einer Verletzung der Erwerbsobliegenheit des Unterhaltsverpflichteten beruhen (vgl. *Senat*, NJW 1992, 2477 = FamRZ 1992, 1045 [1047]) oder durch freiwillige berufliche oder wirtschaftliche Dispositionen des Unterhaltsverpflichteten veranlasst sind und von diesem durch zumutbare Vorsorge aufgefangen werden konnten (*Senat*, NJW-RR 1988, 514 = FamRZ 1988, 145 [147]; vgl. zum Ganzen auch *Wendl/Gerhardt*, 5. Aufl., § 4 Rdnrn. 224 a f.). Wie der Senat in vergleichbarem Zusammenhang ausgesprochen hat, müsste es auf Unverständnis stoßen, wenn beispielsweise eine nach der Trennung eintretende Arbeitslosigkeit des unterhaltsverpflichteten Ehegatten nicht schon die ehelichen Lebensverhältnisse, sondern erst seine Leistungsfähigkeit beeinflusste (*Senat*, NJW-RR 1988, 519 = FamRZ 1988, 256, [257]). Für die dauerhafte Absenkung der Erwerbseinkünfte des Unterhaltsschuldners nach der Scheidung kann grundsätzlich nichts anderes gelten. Auch hier muss es der Unterhaltsberechtigte hinnehmen, dass der Bemessungsmaßstab für seinen Unterhaltsanspruch gegenüber den Verhältnissen im Zeitpunkt der Scheidung abgesunken ist (vgl. *Senat*, NJW 1988, 1722 = FamRZ 1988, 705 [706], betreffend Währungsverfall bei ausländischem Arbeitsentgelt).

Das folgt bereits aus der Entstehungsgeschichte des § 1578 I 1 BGB. Dessen Regelung ist dem vor dem In-Kraft-Treten des 1. EheRG geltenden Recht entlehnt, das freilich nur den allein oder überwiegend für schuldig erklärten Ehegatten unter den weiteren Voraussetzungen des § 58 EheG zur Gewährung „des nach den Lebensverhältnissen der Ehegatten angemessenen Unterhalts" verpflichtete. Das 1. EheRG hat die Anknüpfung des Unterhalts an die ehelichen Lebensverhältnisse in das neue verschuldensunabhängige Scheidungsrecht übernommen und damit ihres Charakters als einer Sanktion für Scheidungsverschulden entkleidet. Die Berücksichtigung der ehelichen Lebensverhältnisse sollte – so die Begründung des RegE des 1. EheRG – besonders den Fällen gerecht werden, in denen durch gemeinsame Leistung der Ehegatten ein höherer sozialer Status erreicht worden sei, an dem auch der nicht erwerbstätig gewesene Ehegatte teilhaben müsse (BT-Dr 7/650, S. 136; vgl. auch BVerfGE 57, 361 [389] = NJW 1981, 1771 = FamRZ 1981, 745 [750 f.]). Umgekehrt sollte damit zugleich dem berechtigten Ehegatten eine Partizipation an einer solchen Steigerung der Lebensverhältnisse des verpflichteten Ehegatten verwehrt bleiben, die nicht bereits in der Ehe mit diesem angelegt war. Über diese Zielsetzungen hinaus ist aus § 1578 I 1 BGB hergeleitet worden, dass die im Zeitpunkt der Scheidung erreichten ehelichen Lebensverhältnisse das Maß des Unterhalts auch gegenüber nachehelichen Einkommensminderungen des unterhaltspflichtigen Ehegatten dauerhaft fixierten mit der Folge, dass der wirtschaftliche Abstieg des Pflichtigen sich nur auf dessen Leistungsfähigkeit auswirken könne (etwa *Gernhuber/Coester-Waltjen*, Lehrbuch des FamilienR, 4. Aufl., S. 446). Diese Konsequenz ist indes nicht zwingend. Schon die Eherechtskommission beim Bundesministerium der Justiz, auf deren Vorschlägen § 1578 I 1 BGB beruht, hat zwar „die wirtschaftlichen Verhältnisse der Ehegatten im Zeitpunkt der Scheidung" als „Ausgangspunkt für die Höhe des Unterhalts" bezeichnet; die Kommission wollte jedoch eine Neufestsetzung des Unterhalts immer dann ermöglichen, wenn „in den Einkünften oder im Vermögen des Unterhaltspflichtigen eine wesentliche Änderung" eintrete (Vorschläge zur Reform des Ehescheidungsrechts und des Unterhaltsrechts nach der Ehescheidung,

1970, S. 77, 104). Die Gesetz gewordene Regelung hat diese Formulierung zwar nicht übernommen, andererseits aber auch keinen für die Beurteilung der ehelichen Lebensverhältnisse maßgebenden Zeitpunkt festgelegt.

(Trennung als Prüfungszeitpunkt einer vom Normalverlauf abweichenden Entwicklung)
Allerdings hat der Senat in ständiger Rechtsprechung betont, dass für den nachehelichen Unterhaltsanspruch grundsätzlich die ehelichen Verhältnisse im Zeitpunkt der Scheidung maßgebend sind (etwa *Senat,* NJW 1982, 1870 = FamRZ 1982, 576 [577]). Die Rechtskraft der Scheidung setzt gleichsam einen Endpunkt hinter eine gemeinsame wirtschaftliche Entwicklung mit der Folge, dass die für den Unterhalt maßgebenden Lebensverhältnisse nur durch das bis dahin nachhaltig erreichte Einkommen der Ehegatten bestimmt werden (etwa *Senat,* NJW 1992, 2477 = FamRZ 1992, 1045 [1046]). Von der Maßgeblichkeit des Scheidungszeitpunktes für die Berücksichtigung von Einkommenssteigerungen hat der Senat dabei Ausnahmen nach zwei Richtungen zugelassen: Zum einen muss eine dauerhafte Verbesserung der Einkommensverhältnisse, die nach der Trennung der Ehegatten, aber noch vor der Rechtskraft der Scheidung eintritt, für die Bemessung der ehelichen Lebensverhältnisse unberücksichtigt bleiben, wenn sie auf einer unerwarteten und vom Normalverlauf erheblich abweichenden Entwicklung beruht (*Senat,* NJW 1982, 1870 = FamRZ 1982, 576 [578]) oder trennungsbedingt ist.

b

(Nicht vorwerfbare Einkommensreduzierung; keine unverändert fortzuschreibende Lebensstandardgarantie)
Zum andern muss, wie schon erwähnt, eine dauerhafte Verbesserung der Einkommensverhältnisse bei der Bemessung der ehelichen Lebensverhältnisse Berücksichtigung finden, wenn sie zwar erst nach der Scheidung eingetreten ist, wenn ihr aber eine Entwicklung zu Grunde liegt, die bereits in der Ehe angelegt war und deren Erwartung die ehelichen Lebensverhältnisse bereits geprägt hatte (vgl. etwa *Senat,* NJW 1987, 1555 = FamRZ 1987, 459). Beide Einschränkungen verdeutlichen das mit § 1578 I 1 verfolgte gesetzgeberische Anliegen: eine Teilhabe des bedürftigen Ehegatten am Lebensstandard des unterhaltspflichtigen Ehegatten sicherzustellen, wenn und soweit er durch die gemeinsame Leistung der Ehegatten erreicht worden ist. Für eine nachteilige Veränderung in den wirtschaftlichen Verhältnissen des unterhaltspflichtigen Ehegatten lassen sich diese Überlegungen indes nicht nutzbar machen; denn insoweit geht es nicht um die Teilhabe an dem in der Ehe gemeinsam Erworbenen, sondern um die sachgerechte Verteilung einer durch Einkommensrückgang erzwungenen Schmälerung des Bedarfs. Der *Senat* hat die Frage, inwieweit der unterhaltsberechtigte Ehegatte das Risiko, den bis zur Scheidung erreichten Lebensstandard dauerhaft bewahren zu können, unterhaltsrechtlich mittragen muss, bislang nicht grundsätzlich entschieden (offen gelassen im *Senat,* NJW-RR 1988, 514 = FamRZ 1988, 145 [148]; tendenziell bejahend bereits *Senat,* NJW 1988, 1722 = FamRZ 1988, 705 [706]). Er hat, wie gezeigt, allerdings klargestellt, dass eine Einkommensminderung beim unterhaltspflichtigen Ehegatten auf das Maß des Unterhalts nicht durchschlägt, wenn sie auf einer Verletzung der Erwerbsobliegenheit des Unterhaltsverpflichteten beruht (vgl. *Senat,* NJW 1992, 2477 = FamRZ 1992, 1045 [1047]) oder durch freiwillige berufliche oder wirtschaftliche Dispositionen des Unterhaltsverpflichteten veranlasst ist und von diesem durch zumutbare Vorsorge aufgefangen werden konnte (*Senat,* NJW-RR 1988, 514 = FamRZ 1988, 145 [147]). In seinem Urteil vom 16. 6. 1993 (NJW-RR 1993, 1283 = FamRZ 1993, 1304 [1305]) hat der *Senat* darüber hinaus ausgeführt, dass bei der Bemessung der ehelichen Lebensverhältnisse auch ein nicht abzuwendender Einkommensrückgang beim unterhaltspflichtigen Ehegatten zu berücksichtigen sei, wenn sich die Ehegatten für die Bemessung der ehelichen Lebensverhältnisse auf diesen Einkommensrückgang auch bei fortbestehender Ehe hätten einrichten müssen. Dieser Gedanke erweist sich auch dann als richtig, wenn der Einkommensrückgang – anders als in dem entschiedenen Fall angenommen – nicht schon während bestehender Ehe vorauszusehen war. Die Anknüpfung der nach § 1578 I 1 BGB maßgebenden Umstände an den Zeitpunkt der Rechtskraft des Scheidungsurteils begründet schon nach ihrem Zweck für den unterhaltsberechtigten Ehegatten keine die früheren ehelichen Lebensverhältnisse unverändert fortschreibende Lebensstandardgarantie, deren Erfüllung nur in den Grenzen fehlender Leistungsfähigkeit des unterhaltsverpflichteten Ehegatten an dessen dauerhaft veränderte wirtschaftliche Verhältnisse angepasst und nur insoweit auch „nach unten korrigiert" werden kann. Für eine solche Absicherung böte das Recht des nachehelichen Unterhalts, das – jedenfalls im Prinzip – nur die Risiken der mit Scheidung fehlgeschlagenen Lebensplanung der Ehegatten und der von ihnen in der Ehe praktizierten Arbeitsteilung angemessen ausgleichen will, keine gedankliche Rechtfertigung. Das Unterhaltsrecht will den bedürftigen Ehegatten nach der Scheidung wirtschaftlich im Grundsatz nicht besser stellen, als er sich ohne die Scheidung stünde. Bei fortbestehender Ehe hätte ein Ehegatte die negative Einkommensentwicklung seines Ehegatten wirtschaftlich mitzutragen; es ist nicht einzusehen, warum die Scheidung ihm das Risiko einer solchen – auch vom unterhaltspflichtigen Ehegatten hinzunehmenden – Entwicklung, wenn sie dauerhaft und vom Schuldner nicht durch die in Erfüllung seiner Erwerbsobliegenheit gebotenen Anstrengungen vermeidbar ist, abnehmen soll (vgl. auch *Senat,* NJW 1988, 1722 = FamRZ 1988, 705).

c

(Keine Berücksichtigung einer Abfindung bei nicht vorwerfbarer Einkommensreduzierung)

d   c) Das OLG hat nach allem zu Recht den Unterhalt der Kl. auf der Grundlage des vom Bekl. in seinem neuen Beschäftigungsverhältnis bezogenen Entgelts bemessen und die vom Bekl. erst nach der Scheidung erlangte Abfindung, auch soweit ihr die Funktion eines Erwerbsersatzeinkommens zukommen sollte, unberücksichtigt gelassen.

(Einstufige Berechnung des Vorsorgeunterhalts bei nichtprägenden Einkünften des Bedürftigen)

e   Die gebotene Anwendung der Differenzmethode führt nicht nur zu einer von der Berechnung des *OLG* abweichenden Bestimmung des Elementarunterhalts, sondern auch zu einer veränderten Berechnung des – vom *OLG* anhand der Bremer Tabelle ermittelten – Vorsorgeunterhalts: Zum einen ist von einer anderen Nettobemessungsgrundlage auszugehen. Zum andern muss in einem weiteren Rechenschritt unter Berücksichtigung des so ermittelten Vorsorgeunterhalts der der Bekl. zustehende endgültige Elementarunterhalt bestimmt werden. Das *OLG* hat – von seinem Standpunkt aus folgerichtig – den Elementarunterhalt einstufig berechnet. Diese Vorgehensweise entspricht der Rechtsprechung des *Senats* in Fällen, in denen der Elementarunterhalt – wie auch hier vom *OLG* – nach der Anrechnungsmethode ermittelt worden ist (*Senat,* NJW-RR 1999, 297 = FamRZ 1999, 372 [374]). In solchen Fällen wird in Höhe des angerechneten Einkommens des Unterhaltsberechtigten das die ehelichen Lebensverhältnisse bestimmende Einkommen des Unterhaltspflichtigen zwischen den Ehegatten nicht verteilt, sondern es verbleibt ihm allein, so dass er entlastet wird. Das hat zur Folge, dass er Altervorsorgeunterhalt bis zur Höhe des angerechneten Einkommens zusätzlich zu dem Elementarunterhalt leisten kann, ohne dass ihm weniger als die ihm an sich zustehende Quote des für die ehelichen Lebensverhältnisse maßgebenden Einkommens verbleibt.

BGH v. 29. 1. 2003 – XII ZR 289/01 – FamRZ 03, 445 = NJW 03, 1177

R587   *(Zu den Wohnwert übersteigenden Hausschulden beim Kindesunterhalt)*

a   1. Zu Unrecht macht die Revision allerdings geltend, das OLG hätte die Darlehensbelastungen des Bekl. aus der Finanzierung des mit seiner Ehefrau gekauften Einfamilienhauses einkommensmindernd berücksichtigen müssen. Das ist nach den vorliegenden Gegebenheiten nicht der Fall. Minderjährige Kinder ohne Einkünfte besitzen keine eigene unterhaltsrechtlich relevante Lebensstellung i. S. des § 1610 II BGB. Sie leiten ihre Lebensstellung vielmehr von derjenigen ihrer unterhaltspflichtigen Eltern ab. Wird das Kind von einem Elternteil versorgt und betreut und leistet der andere Teil Barunterhalt, so bestimmt sich die Lebensstellung des Kindes grundsätzlich nach den Einkommens- und Vermögensverhältnissen des barunterhaltspflichtigen Elternteils. Da der für die Unterhaltsbemessung maßgebliche Lebensstandard im Wesentlichen durch tatsächlich vorhandene Mittel geprägt ist, richtet sich auch die abgeleitete Lebensstellung des Kindes nach diesen Verhältnissen. Deshalb sind unterhaltsrechtlich relevante Verbindlichkeiten zu berücksichtigen (*Senat,* NJW-RR 1996, 321 = FamRZ 1996, 160 [161], und NJW 2002, 1269 = FPR 2002, 195 = FamRZ 2002, 536 [537]). Ob die Verbindlichkeiten unterhaltsrechtlich berücksichtigungsfähig sind, ist unter umfassender Interessenabwägung zu beurteilen, wobei es insbesondere auf den Zweck der Verbindlichkeiten, den Zeitpunkt und die Art ihrer Entstehung, die Kenntnis von der Unterhaltsschuld und auf andere Umstände ankommt (*Senat,* NJW 1991, 697 = FamRZ 1991, 182 [184], und NJW 2002, 1269 = FPR 2002, 195 = FamRZ 2002, 536 [537]).

Im Rahmen dieser in erster Linie dem Tatrichter obliegenden Interessenabwägung ist das *OLG* – bei der Prüfung des Bedarfs der Kl. – für die Zeit vor dem 1. 1. 2001 zu dem Ergebnis gelangt, dass die monatlichen Raten von 1783 DM, auch soweit sie den Wohnwert überstiegen, nicht anzurechnen seien, weil der Bekl., der die Kredite in Kenntnis seiner Unterhaltspflicht aufgenommen habe, nicht zu Lasten der Bekl. Vermögen bilden dürfe, und er außerdem nicht dargelegt habe, dass es ihm nicht möglich gewesen sei, die Finanzierung in einem angemessenen Rahmen zum Wohnwert zu halten. Dabei hat es auch dem Umstand Bedeutung beigemessen, dass die Tilgungsrate des werthöchsten Darlehens von 245 000 DM nicht 1%, sondern 2% beträgt. Dies lässt Rechtsfehler nicht erkennen, zumal der Bekl. auch nicht dargetan hat, ob und in welchem Umfang sich seine berufstätige zweite Ehefrau an den Lasten beteiligt.

(Berücksichtigung der Umgangskosten des barunterhaltspflichtigen Elternteils)

c   c) Der (teilweise) Entzug des Kindergelds durch § 1612b V BGB verstößt auch nicht im Hinblick auf die Umgangsrechte und -pflichten des barunterhaltspflichtigen Elternteils mit dem Kind gegen Art. 6 GG. Zwar stehen die in § 1684 I BGB genannten Rechte und Pflichten unter dem Schutz des Art. 6 II 1 GG (vgl. *BVerfG,* NJW 2002, 1863 = FPR 2002, 265 = FamRZ 2002, 809). Aus Art. 6 I GG folgen aber keine konkreten Ansprüche auf Teilhabe an bestimmten staatlichen Leistungen (*BVerfGE* 39, 316 [326] = NJW 1975, 1771; *BVerfGE* 87, 1 [35] = NJW 1992, 2213; vgl. auch *BVerfG,* NJW 1995, 1342 = FamRZ 1995, 86, zum Anspruch auf Sozialhilfe zur Wahrnehmung des Umgangsrechts). Jedenfalls war der Gesetzgeber durch Art. 6 GG nicht gehindert, in § 1612b V BGB anzuordnen, dass der Kindergeldanteil des Barunterhaltspflichtigen vorrangig der Gewährleistung des Barexistenzminimums des Kindes dienen soll. Eine solche Regelung liegt im Rahmen des Gestaltungsspielraums des Gesetzgebers. Allerdings wird die Rechtsprechung zu erwägen haben, ob und in welchem Umfang Umgangskosten eines Barunterhaltsverpflichteten, dem sein Kindergeldanteil infolge der Anrechnungsvorschrift des § 1612b V BGB (teilweise) nicht verbleibt, nunmehr mit Blick auf die Neuregelung des § 1612b V BGB zu einer angemessenen Minderung des unterhaltsrechtlich relevanten Einkommens oder einer angemessenen Erhöhung des Selbstbehalts des Unterhaltsverpflichteten führen können (zur bisherigen Rechtsprechung vgl. *Senat,* FamRZ 1995, 215).

BGH v. 5. 2. 2003 – XII ZR 29/00 – FamRZ 03, 848 = NJW 03, 1796

(Einkommensreduzierung durch Ruhestand ist eheprägend)

a) Das *OLG* hat zu Recht den Unterhaltsbedarf der Bekl. nach dem mit dem Eintritt in den **a** Ruhestand verminderten Einkommen des Dr. F bemessen.

aa) Zwar hat der *Senat* in ständiger Rechtsprechung betont, dass für den nachehelichen Unterhaltsanspruch die ehelichen Verhältnisse im Zeitpunkt der Scheidung maßgebend sind (etwa *Senat,* NJW 1982, 1870 = FamRZ 1982, 576 [577]). Die Rechtskraft der Scheidung setzt gleichsam einen Endpunkt hinter eine gemeinsame wirtschaftliche Entwicklung der Ehegatten mit der Folge, dass die für den Unterhalt maßgebenden Lebensverhältnisse nur durch das bis dahin nachhaltig erreichte Einkommen der Ehegatten bestimmt werden (etwa *Senat,* NJW 1992, 2477 = FamRZ 1992, 1045 [1046], und NJW-RR 1993, 1283 = FamRZ 1993, 1304 [1305]). Diese grundsätzliche (zu den Ausnahmen vgl. *Senat,* BGHZ 89, 108 [112] = NJW 1984, 292, sowie NJW-RR 1986, 653 = FamRZ 1986, 439 [440], einerseits und NJW 1987, 1555 = FamRZ 1987, 459 [460], andererseits) Fixierung der ehelichen Lebensverhältnisse auf den Zeitpunkt der Scheidung ist, wie der *Senat* in seinem – nach dem Erlass der angefochtenen Entscheidung ergangenen – Urteil v. 29. 1. 2003, NJW 2003, 1518 = FPR 2003, 330 – klargestellt hat, aber nur für die Berücksichtigung von Einkommenssteigerungen von Bedeutung. Sie stellt – entsprechend dem mit § 1578 I 1 BGB verfolgten gesetzgeberischen Anliegen – eine Teilhabe des bedürftigen Ehegatten am Lebensstandard des unterhaltspflichtigen Ehegatten sicher, wenn und soweit er durch die gemeinsame Leistung der Ehegatten erreicht worden ist. Für eine nachteilige Veränderung in den wirtschaftlichen Verhältnissen des unterhaltspflichtigen Ehegatten lassen sich diese Überlegungen indes nicht nutzbar machen; denn insoweit geht es nicht um die Teilhabe an dem in der Ehe gemeinsam Erworbenen, sondern um die sachgerechte Verteilung einer durch Einkommensrückgang erzwungenen Schmälerung des Bedarfs. Die Anknüpfung der nach § 1578 I 1 BGB maßgebenden Umstände an den Zeitpunkt der Rechtskraft des Scheidungsurteils begründet schon nach ihrem Zweck für den unterhaltsberechtigten Ehegatten keine die früheren ehelichen Lebensverhältnisse unverändert fortschreibende Lebensstandardgarantie, deren Erfüllung nur in den Grenzen fehlender Leistungsfähigkeit des unterhaltsverpflichteten Ehegatten an dessen dauerhaft veränderte wirtschaftliche Verhältnisse angepasst und nur insoweit auch „nach unten korrigiert" werden kann. Für eine solche Absicherung böte das Recht des nachehelichen Unterhalts, das – jedenfalls im Grundsatz – nur die Risiken der mit der Scheidung fehlgeschlagenen Lebensplanung der Ehegatten und der von ihnen in der Ehe praktizierten Arbeitsteilung angemessen ausgleichen will, keine Rechtfertigung. Das Unterhaltsrecht will den bedürftigen Ehegatten nach der Scheidung wirtschaftlich im Grundsatz nicht besser stellen, als er sich ohne die Scheidung stünde. Bei fortbestehender Ehe hätte ein Ehegatte die negative Einkommensentwicklung des anderen wirtschaftlich mitzutragen; es ist nicht einzusehen, warum die Scheidung ihm das Risiko einer solchen – auch vom unterhaltspflichtigen Ehegatten hinzunehmenden – Entwicklung abnehmen soll, wenn sie nur dauerhaft und vom Schuldner nicht durch die in Erfüllung seiner Erwerbsobliegenheit gebotenen Anstrengungen vermeidbar ist (*Senat,* NJW 2003, 1518 = FPR 2003, 330; vgl. auch schon *Senat,* NJW 1988, 1722 = FamRZ 1988, 705 [706]). Das gilt auch im vorliegenden Fall. Auch hier muss es die Bekl. hinnehmen, dass der Bemessungsmaßstab der ehelichen Lebensverhältnisse, die im Zeitpunkt der Scheidung durch das Erwerbseinkommen und die Kapitaleinkünfte des *Dr. F* geprägt waren, mit dessen Eintritt in den Ruhestand abgesunken ist.

(Übergang von konkreter Bedarfsermittlung auf Quotenberechnung im Abänderungsverfahren wegen Einkommensreduzierung)

bb) Eine Anpassung des von der Bekl. zuletzt erwirkten Unterhaltsurteils an diese veränderte **b** Bemessungsgrundlage wird nicht, wie die Revision meint, dadurch ausgeschlossen, dass der Unterhalt in diesem Urteil wie auch in den ihm vorausgegangenen Entscheidungen nicht nach einer Quote der von *Dr. F* erzielten Einkünfte bemessen, sondern – wegen deren weit überdurchschnittlicher Höhe – nach dem von der Bekl. konkret dargelegten Bedarf bestimmt worden ist.

Richtig ist, dass das Abänderungsverfahren weder eine freie, von der bisherigen Höhe unabhängige Neufestsetzung des Unterhalts noch eine abweichende Beurteilung derjenigen Verhältnisse ermöglicht, die bereits im Ersturteil eine Bewertung erfahren haben. Vielmehr besteht die Abänderungsentscheidung in einer unter Wahrung der Grundlagen des Unterhaltstitels vorzunehmenden Anpassung des Unterhaltstitels an veränderte Verhältnisse. Für das Ausmaß der Abänderung kommt es darauf an, welche Umstände für die Bemessung der Unterhaltsrente seinerzeit maßgebend waren und welches Gewicht ihnen dabei zugekommen ist. Auf dieser Grundlage hat der Richter im Abänderungsverfahren unter Berücksichtigung der neuen Verhältnisse festzustellen, welche Veränderungen in diesen Umständen eingetreten sind und welche Auswirkungen sich daraus für die Höhe des Unterhalts ergeben (st. Rspr. des Senats; etwa *Senat,* NJW-RR 1994, 1155 = FamRZ 1994, 1100 [1101]). In der Entscheidung, deren Abänderung die Kl. hier begehrt, hat das *FamG* – in Übereinstimmung mit den zuvor zwischen den Parteien ergangenen Unterhaltsurteilen – den Unterhalt der Bekl. nach deren konkret dargelegtem und in Anpassung an den Lebenshaltungskostenindex fortgeschriebenen Bedarf bestimmt. Maßgebend für diese Art der Bestimmung waren, wie in den vorangegangenen Urteilen klargestellt, die Höhe der von *Dr. F* als Chefarzt erzielten Einkünfte und die – vom *Senat* wiederholt gebilligte (vgl. etwa *Senat,* NJW 1983, 1547 = FamRZ 1982, 1187 [1188]) – Annahme, dass derart überdurchschnittlich hohe Einkünfte nicht ausschließlich der Lebenshaltung der Ehegatten gedient und deren Lebensverhältnisse geprägt haben, sondern auch zur Vermögensbildung verwandt worden sind. Mit dem Wegfall der bisherigen Erwerbseinkünfte als Chefarzt und deren Ersetzung durch deutlich geringere Versorgungsbezüge ist die Grundlage für die bisherige Bedarfsbemessung entfallen. Dies gilt umso mehr, als – wie unter aa dargelegt – die Bestimmung des Unterhalts nach den ehelichen Lebensverhältnissen auch einen nach dem Lebensstandard im Zeitpunkt der Scheidung konkret dargelegten Bedarf nicht dauerhaft festschreibt, sondern für den Fall eines Absinkens des ursprünglich eheprägenden Einkommens ebenfalls abgesenkt werden muss. Eine Bindung an die vorangegangene Bedarfsermittlung besteht insoweit nicht. Dem von der Revision angeführten Senatsurteil vom 15. 11. 1989 (NJW-RR 1990, 194 = FamRZ 1990, 280 [281]) lässt sich Gegenteiliges nicht entnehmen. In dieser Entscheidung hat der *Senat* die Voraussetzungen einer Abänderung nach § 323 ZPO verneint, wenn in dem abzuändernden Urteil der Unterhaltsbedarf gemäß dem in der Ehe erreichten gehobenen Lebensstandard konkret ermittelt worden ist und der unterhaltsberechtigte Ehegatte eine Anhebung des Unterhalts verlangt, weil sich die Einkommensverhältnisse des unterhaltspflichtigen Ehegatten weiter verbessert hätten. Da sich in einem solchen Fall der konkrete Bedarf nicht verändert hat, wird die durch die konkrete Bedarfsermittlung nach oben begrenzte Unterhaltsbemessung durch einen Einkommensanstieg beim unterhaltspflichtigen Ehegatten nicht berührt. Im hier zu entscheidenden Fall liegen die Dinge jedoch gerade umgekehrt. Das Einkommen des unterhaltspflichtigen Ehegatten sinkt ab; dadurch vermindert sich auch der nach § 1578 I BGB – sei es konkret, sei es durch Quotierung – zu bemessende Bedarf. Dem kann nach Maßgabe des § 323 ZPO durch eine Abänderung Rechnung getragen werden.

(Keine Teilhabe an einer unerwarteten Einkommensentwicklung nach Trennung/Scheidung)

c   Der Bedarf des unterhaltsberechtigten Ehegatten bestimmt sich nach den ehelichen Lebensverhältnissen (§ 1578 I 1 BGB). Dieser Ehebezug schließt zwar die Berücksichtigung nachehelicher Entwicklungen nicht generell aus. Einkommensverbesserungen, die erst nach der Scheidung beim unterhaltspflichtigen Ehegatten eintreten, können sich nach der Rechtsprechung des Senats aber nur dann bedarfssteigernd auswirken, wenn ihnen eine Entwicklung zu Grunde liegt, die aus der Sicht zum Zeitpunkt der Scheidung mit hoher Wahrscheinlichkeit zu erwarten war, und ihre Erwartung die ehelichen Lebensverhältnisse bereits geprägt hatte (vgl. etwa *Senat,* NJW 1987, 1555 = FamRZ 1987, 459 [460], m. w. Nachw.). Denn eine Teilhabe des bedürftigen Ehegatten am Lebensstandard des unterhaltspflichtigen Ehegatten ist nur gerechtfertigt, wenn und soweit er durch die gemeinsame Lebensleistung der Ehegatten erreicht worden ist (*Senat,* NJW 2003, 1518 = FPR 2003, 330). Daran fehlt es im vorliegenden Fall. Denn es war, worauf das *OLG* mit Recht hinweist, im Scheidungszeitpunkt völlig ungewiss, ob der damals 53 Jahre alte und bereits seit über drei Jahren getrennt lebende *Dr. F* erneut heiraten würde, ob und in welchem Umfang er in der neuen Ehe sparen und Vermögen bilden würde und wie lange er überhaupt berufstätig sein würde. Der Umstand, dass der Bekl. in der Vergangenheit keine quotenmäßige Beteiligung an den früher überdurchschnittlichen Einkünften des *Dr. F* zugebilligt, ihr vielmehr nur ein nach ihrem konkret dargelegten Bedarf bemessener Unterhalt zuerkannt worden ist, ändert an dieser Beurteilung nichts. *Dr. F* hat dadurch nämlich nicht, wie die Revision meint, auf Kosten der Bekl. Vermögen anlegen können, dessen Erträge er deshalb nunmehr auch zu Gunsten der Bekl. aufwenden müsste; ebenso ist der Bekl. auch nicht durch diese Bemessung eine Möglichkeit zu eigener Vermögensbildung genommen worden. Der nacheheliche Unterhalt ist Folge der die Scheidung überdauernden Verantwortung der Ehegatten füreinander. Diese fortwirkende Verantwortung ist auf die Deckung des Lebensbedarfs beschränkt. Sie begründet jedoch keinen Anspruch auf Partizipation am künftigen, nicht mehr in der Ehe angelegten Vermögenserwerb des anderen Ehegatten oder an den daraus gezogenen Nutzungen; insoweit setzt sich der Grundsatz der wirtschaftlichen Eigenverantwortung der Ehegatten gegenüber der fortwirkenden Verantwortung füreinander durch (vgl. Eherechtskommission beim BMJ, Vorschläge zur Reform des Ehescheidungsrechts und des Unterhaltsrechts nach der Ehescheidung, 1970, S. 75 f., 92 f.).

(Überobligatorische Tätigkeit des Pflichtigen nur nach Billigkeit prägend)
Auch wenn Dr. F solche Tätigkeiten weiter ausgeübt und daraus Gewinne erzielt hätte, so wäre auch dies eine Entwicklung, die nicht bereits in der vor über 18 Jahren beendeten Ehe angelegt war. Schon deshalb könnten Einkünfte des Dr. F aus solchen Tätigkeiten den an den ehelichen Lebensverhältnissen orientierten Unterhaltsbedarf der Bekl. nicht mehr beeinflussen. Im Übrigen würde, worauf das OLG zutreffend hinweist, eine solche den Ruhestand überdauernde Tätigkeit des bei Beginn des Abänderungszeitraums nahezu 72-jährigen Dr. F von dessen Erwerbsobliegenheit nicht mehr gedeckt. Erträge, die der Unterhaltspflichtige aus einer solchen überobligationsmäßigen Tätigkeit erzielt, könnten deshalb allenfalls dann bedarfssteigernd berücksichtigt werden, wenn Treu und Glauben eine solche Berücksichtigung erfordern (vgl. *Senat*, NJW 1983, 1548 = FamRZ 1983, 569 [570], und NJW 1985, 907 = FamRZ 1985, 360 [362]; für Einkünfte des Berechtigten vgl. etwa *Senat,* NJW 1982, 2664 = FamRZ 1982, 779 [780], und NJW 1983, 933 = FamRZ 1983, 146 [147]; ferner etwa *Heiß/Born,* Stand: März 2002, Kap. 2 Rdnrn. 43 ff.; *Wendl/Gerhardt,* Das UnterhaltsR in der familiengerichtlichen Praxis, 5. Aufl., § 1 Rdnrn. 45 ff.).

(Prägung von Renteneinkünften als Surrogat der Haushaltsführung)
a) Soweit die Rente der Bekl. auf ihrer vor der Ehe ausgeübten Erwerbstätigkeit beruht, war sie bereits bei der Bemessung des Unterhaltsbedarfs zu berücksichtigen; dies gilt allerdings nur, soweit der Rentenbezug für die Zeit ab dem 13. 6. 2001 in Frage steht.

aa) Wie der *Senat* in seiner – erst nach Erlass des angefochtenen Urteils ergangenen – Entscheidung vom 31. 10. 2001, NJW 2002, 436 = FPR 2002, 59 = FamRZ 2002, 88 (91) – dargelegt hat, prägt die von einem Ehegatten bezogene Rente die ehelichen Lebensverhältnisse auch dann, wenn sie auf einer vor der Ehe ausgeübten Erwerbstätigkeit beruht und erst nach der Scheidung angefallen ist. Die Rente ist insoweit als ein Surrogat für den wirtschaftlichen Nutzen anzusehen, den der rentenberechtigte Ehegatte vor Eintritt des Rentenfalls aus seiner Arbeitskraft ziehen konnte. Hat ein Ehegatte nach der Eheschließung seine Arbeitskraft auf die Führung des gemeinsamen Haushalts verwandt, so hat der Wert seiner Arbeitskraft, und zwar nunmehr in der Form der Familienarbeit, die ehelichen Lebensverhältnisse mitgeprägt. Da der Wert der Arbeitskraft in der von diesem Ehegatten später bezogenen Rente eine Entsprechung findet, ergibt sich, dass auch diese Rente bei der Bemessung der ehelichen Lebensverhältnisse zu berücksichtigen ist, und zwar auch dann, wenn diese Rente durch eine Erwerbstätigkeit vor oder nach der Ehe erworben ist. Das OLG durfte daher die von der Bekl. bezogene Rente, soweit sie auf der vorehelichen Erwerbstätigkeit der Kl. beruht, nicht – wie geschehen – nach der so genannten Anrechnungsmethode in Abzug bringen; es hätte die Rente insoweit vielmehr nach der so genannten Additions- oder Differenzmethode bereits in die Bemessung des Unterhaltsbedarfs nach den ehelichen Lebensverhältnissen (§ 1578 I BGB) einbeziehen müssen.

Die Rente war insoweit allerdings nicht für den gesamten Abänderungszeitraum nach der so genannten Additions- oder Differenzmethode zu berücksichtigen. Die für die Anwendung dieser Methoden auf Fälle der vorliegenden Art maßgebenden Grundsätze hat der *Senat* erstmals in seinem Urteil vom 13. 6. 2001 (BGHZ 148, 105 = NJW 2001, 2254) entwickelt. In diesem Urteil hat der *Senat* seine bisherige Rechtsprechung zur Unterhaltsbedarfsbemessung geändert und ausgeführt, dass die Familienarbeit des haushaltführenden Ehegatten der Erwerbstätigkeit des verdienenden Ehegatten grundsätzlich gleichwertig sei und deshalb die ehelichen Lebensverhältnisse ebenso mitpräge wie dessen Bareinkommen. Ein Erwerbseinkommen, das der unterhaltsberechtigte Ehegatte nach der Ehe erziele, stelle sich als Surrogat seiner bisherigen Familienarbeit dar. Es müsse deshalb bei der Bestimmung der ehelichen Lebensverhältnisse mitberücksichtigt werden; der Unterhalt dürfe deshalb nicht mehr nach der so genannten Anrechnungsmethode, er müsse vielmehr nach der Additions- bzw. Differenzmethode ermittelt werden *(Senat,* BGHZ 148, 105 [120] = NJW 2001, 2254). Für die hier in Frage stehende Rente gilt nichts anderes; denn sie stellt sich – wie gezeigt – als ein Surrogat für die frühere Erwerbstätigkeit dar, die ihrerseits in der Form der Familienarbeit fortgeführt worden ist *(Senat,* NJW 2002, 436 = FPR 2002, 59 = FamRZ 2002, 88 [91]).

(Änderung höchstrichterlicher Rechtsprechung ist Abänderungsgrund auch bei Urteilen)
Die dargestellte Änderung der höchstrichterlichen Rechtsprechung beruht auf einer abweichenden Sicht des § 1578 BGB sowie des bisherigen Verständnisses der „eheprägenden Verhältnisse" und führt zu einer neuen Rechtslage. Diese geänderte Rechtslage erfasst zwar auch zurückliegende Zeiträume, vermag, wie der *Senat* wiederholt entschieden hat *(Senat*surteile BGHZ 148, 368 [379 ff.] = NJW 2001, 3618 = FPR 2001, 426, und NJW 2003, 1181 = FPR 2003, 241), aber eine Abänderung von

Prozessvergleichen erst ab Verkündung des maßgebenden Senatsurteils vom 13. 6. 2001 (BGHZ 148, 105 = NJW 2001, 2254) zu rechtfertigen. Für die Abänderung eines Unterhaltsurteils, wie sie hier im Streit steht, kann schon aus Gründen der Rechtssicherheit nichts anderes gelten.

(Verwirkung nach § 1579 Nr. 3 BGB bei nicht bestimmungsgemäßer Verwendung des Vorsorgeunterhalts)

i   i) Die Revision rügt, das *OLG* habe die Voraussetzungen des § 1579 Nr. 3 BGB nicht festgestellt. Damit kann sie allerdings nicht durchdringen. Die Vorschrift des § 1579 Nr. 3 BGB, die in ihrem Geltungsbereich den Rückgriff auf allgemeine Grundsätze ausschließt, sieht eine Sanktion für den Fall vor, dass die gegenwärtige Bedürftigkeit des Unterhaltsberechtigten ganz oder teilweise durch ein eigenes Verhalten in der Vergangenheit herbeigeführt worden ist. Sie hat auf der anderen Seite Schutzwirkung insoweit, als das frühere Verhalten des Unterhaltsberechtigten nur dann Auswirkungen auf seinen Unterhaltsanspruch haben kann, wenn ihm Mutwilligkeit vorgeworfen werden kann (vgl. *Senat*, NJW 1987, 2229 = FamRZ 1987, 684 [685]). Diese Voraussetzung hat das *OLG* bejaht. Zwar wird, wie der Revision zuzugeben ist, der Begriff der Mutwilligkeit im Berufungsurteil nicht näher definiert. Die ausführliche Würdigung des Sachverhalts durch das *OLG* lässt jedoch keinen Zweifel, dass das Gericht diesen von der Rechtsprechung bereits eingehend ausgeformten Rechtsbegriff (vgl. dazu etwa *Senat*, NJW 1987, 2229 = FamRZ 1987, 684 [685], und NJW 2000, 2351 = FamRZ 2000, 815 [817]) richtig erfasst und in tatrichterlicher Verantwortung zutreffend angewandt hat. Die vom *OLG* angeführten Umstände drängen insbesondere den Schluss auf, dass die Bekl., wenn sie – unbeschadet der beträchtlichen Höhe des ihr zuerkannten Elementarunterhalts und in Kenntnis ihrer Altersversorgungssituation als Hausfrau – den ihr von *Dr. F* überlassenen Ausgleichsbetrag abredewidrig nicht zum Aufbau ihrer Altersversorgung verwandte, sich in Verantwortungs- und Rücksichtslosigkeit gegenüber *Dr. F* über die erkannte Möglichkeit der nachteiligen Folgen für ihre Bedürftigkeit hinweggesetzt und – zumindest – mit unterhaltsbezogener Leichtfertigkeit gehandelt hat. Einer ausdrücklichen Feststellung bedurfte es deshalb hierzu im Berufungsurteil nicht.

b) Letztlich kann diese Frage freilich dahinstehen. Denn die Bekl. hat sich in dem mit *Dr. F* geschlossenen Prozessvergleich einverstanden erklärt, sich „bei Eintritt des Versorgungsfalls ... so behandeln" zu lassen, „als ob der öffentlich-rechtliche Versorgungsausgleich durchgeführt worden sei". Damit haben *Dr. F* und die Bekl. eine Regelung auch für den Fall getroffen, dass die Bekl. die ihr von *Dr. F* gezahlte Ausgleichsleistung abredewidrig nicht zum Aufbau ihrer eigenen Altersversorgung verwendet. Diese – vom *OLG* fehlerhaft nicht berücksichtigte – vertragliche Regelung schließt einen Rückgriff auf § 1579 Nr. 3 BGB aus. Sie führt insoweit in zweifacher Hinsicht zu einer vom angefochtenen Urteil abweichenden Unterhaltsbemessung:

aa) Nach dem zur Zeit des Vergleichsschlusses (1982) maßgebenden Recht wäre *Dr. F* bei Durchführung des öffentlich-rechtlichen Versorgungsausgleichs verpflichtet worden, für die Bekl. Beiträge zur Begründung von Rentenanwartschaften in der gesetzlichen Rentenversicherung zu bezahlen (§ 1587 b III 1 Halbs. 1 BGB a. F.). Die Bekl. ist, wie der Zusammenhang der zitierten Abrede mit der von *Dr. F* übernommenen Verpflichtung, zum Ausgleich seiner Betriebsrente an die Bekl. 40 000 DM zu zahlen, ergibt, deshalb so zu stellen, wie sie stünde, wenn sie die ihr überlassenen 40 000 DM als Beitrag zur Begründung von Rentenanwartschaften in die gesetzliche Rentenversicherung eingezahlt hätte. Der Umstand, dass das *BVerfG* mit Beschluss vom 27. 1. 1983 (NJW 1983, 1417 = FamRZ 1983, 342) die Regelung des § 1587 b III 1 Halbs. 1 BGB für nichtig erklärt hat, ändert an der Wirksamkeit der von den Parteien getroffenen Abrede nichts. Er berechtigt insbesondere nicht dazu, bei der Unterhaltsbemessung von den Vorgaben in dem Prozessvergleich abzuweichen und – wie im angefochtenen Urteil geschehen – darauf abzustellen, wie die Bekl. sich versorgungsrechtlich stünde, wenn sie die ihr von *Dr. F* geleistete Ausgleichszahlung zum Aufbau einer Lebensversicherung verwandt hätte.

(Beschränkung der Unterhaltspflicht des Erben)

k   a) Nicht zu beanstanden und von der Revision auch nicht angegriffen ist die Annahme des *OLG*, dass sich der von der Bekl. zu beanspruchende Unterhalt durch den Tod des *Dr. F* nicht erhöht hat. Zwar entfallen nach § 1586 I 2 BGB Beschränkungen der Unterhaltspflicht, die sich aus § 1581 BGB ergeben. Solche Beschränkungen lagen hier jedoch nicht vor. § 1581 BGB regelt nur die Leistungsfähigkeit des Unterhaltsschuldners, nicht aber die Höhe des Unterhaltsbedarfs, die in § 1578 BGB geregelt ist (h. M., vgl. *Johannsen/Henrich/Büttner*, EheR, 3. Aufl., § 1586 b Rn. 4; *Wendl/Staudigl/Pauling*, 5. Aufl., § 4 Rn. 60; *Schwab/Borth*, Hdb. d. ScheidungsR, 3. Aufl., V Rn. 1233). Nur um die Bemessung des Unterhaltsbedarfs nach § 1578 BGB geht es im vorliegenden Fall.

b) Fehlerhaft ist indes, dass das *OLG* den im Tatbestand des angefochtenen Urteils wiedergegebenen Vortrag der Bekl., *Dr. F* habe zu Gunsten des Sohns der Kl. eine Schenkung vorgenommen, aus der ihr im Falle des Fortbestands ihrer Ehe mit *Dr. F* ein Anspruch auf Pflichtteilsergänzung erwachsen wäre, nicht nachgegangen ist. Soweit dieser Vortrag zutrifft und die Schenkung des *Dr. F* einen (fiktiven) Pflichtteilsergänzungsanspruch der Bekl. begründen würde, ist, wie der *Senat* in seinem nach Erlass der angefochtenen Entscheidung ergangenen Urteil vom 29. 11. 2000 (BGHZ 146, 114 [118 ff.] = NJW

2001, 828) dargelegt hat, dieser Anspruch bei der Berechnung der Haftungsgrenze nach § 1586 b I 1 BGB zu berücksichtigen.

c) Dieser Fehler wirkt sich im Ergebnis allerdings nur dann zu Lasten der Bekl. und Revisionskl. aus, wenn der von der Bekl. geltend gemachte Pflichtteilsergänzungsanspruch $^1/_8$ des Nachlasswerts übersteigt. Denn um dieses Achtel hat das *OLG* – insoweit zum Vorteil der Bekl. und Revisionskl. – den Pflichtteil, den die Bekl. bei Fortbestand ihrer Ehe beanspruchen könnte, zu hoch bemessen. Der einem Ehegatten zustehende gesetzliche Erbteil bestimmt sich nach § 1931 BGB. Er beträgt, wenn der Ehegatte neben Verwandten der zweiten Ordnung zum gesetzlichen Miterben berufen ist, $^1/_2$ (§ 1931 I 1 BGB). An dieser Quote ändert sich auch dann nichts, wenn die Eltern des Erblassers vorverstorben sind und Abkömmlinge ausschließlich vom Vater oder ausschließlich von der Mutter des Erblassers abstammen. In diesem Fall kommt – entgegen der Auffassung des *OLG* – ein Erbrecht nach Linien nicht in Betracht, da die zu Erben berufenen Verwandten sämtlich derselben Linie entstammen und ein Anfall des „an sich" der ausgestorbenen Linie gebührenden Erbteils an den Ehegatten, wie er für die Fälle des § 1931 I 2, II BGB vorgesehen ist, im Gesetz keine Grundlage findet.

BGH v. 5. 2. 2003 – XII ZR 321/00 – FamRZ 03, 434 = FPR 03, 246

(Fiktives Einkommen des Bedürftigen als Surrogat der früheren Haushaltsführung)   R589

Der *Senat* hat mit Urteil vom 13. 6. 2001 (NJW 2001, 2254 = FamRZ 2001, 986) entschieden, dass sich der nach § 1578 BGB zu bemessende Unterhaltsbedarf eines Ehegatten, der seine Arbeitsfähigkeit während der Ehe ganz oder zum Teil in den Dienst der Familie gestellt, den Haushalt geführt und gegebenenfalls Kinder erzogen hat, nicht nur nach dem in der Ehe zur Verfügung stehenden Bareinkommen des Unterhaltspflichtigen errechnet. Vielmehr soll dieser Ehegatte auch nach der Scheidung an dem durch seine Familienarbeit verbesserten ehelichen Lebensstandard teilhaben, weil seine in der Ehe durch Haushaltsführung und etwaige Kinderbetreuung erbrachten Leistungen der Erwerbstätigkeit des verdienenden Ehegatten grundsätzlich gleichwertig sind und die ehelichen Lebensverhältnisse mitgeprägt haben. Ausgehend von dieser Gleichwertigkeit hat der *Senat* daher ein Erwerbseinkommen des unterhaltsberechtigten Ehegatten, welches dieser nach der Ehe erzielt und welches gleichsam als Surrogat des wirtschaftlichen Wertes seiner bisherigen Familienarbeit angesehen werden kann, bei der Unterhaltsbemessung mit berücksichtigt und den Unterhalt nicht mehr nach der so genannten Anrechnungs-, sondern nach der Additions- bzw. Differenzmethode ermittelt.

Diesem Ansatz entspricht die vom *OLG* gewählte Lösung, ein Ersatzeinkommen der Kl. zu 1 in die Unterhaltsberechnung einzubeziehen. Dabei ist nicht zu beanstanden, dass das BerGer. ein fiktives Einkommen der Kl. zu 1 in Höhe von 686 DM bzw. 720 DM in die Berechnung mit eingestellt hat, weil die Kl. zu 1 bei Beachtung der ihr obliegenden Erwerbspflicht ein solches Einkommen erzielen könnte. Denn auch dieses Einkommen, das die Kl. zu 1 zu erzielen in der Lage ist, ist als Surrogat des wirtschaftlichen Wertes ihrer bisherigen Tätigkeit anzusehen (vgl. *Senat,* NJW 2001, 2254 = FamRZ 2001, 986).

BGH v. 19. 2. 2003 – XII ZR 19/01 – FamRZ 03, 741 = FPR 03, 327

(Auslegung einer Unterhaltsvereinbarung)   R590

Zwar ist die Auslegung individueller Vereinbarungen grundsätzlich Sache des Tatrichters. Dessen   a
Auslegung bindet aber das RevGer. unter anderem dann nicht, wenn sie unter Verletzung der gesetzlichen Auslegungsregeln (§§ 133, 157 BGB) und der zu ihnen entwickelten allgemein anerkannten Auslegungsgrundsätze vorgenommen worden ist (st. Rspr., vgl. nur BGH NJW-RR 1993, 562). Dies ist hier der Fall.

Zu den anerkannten Auslegungsregeln, deren Beachtung das RevGer. nachzuprüfen hat, gehört auch der Grundsatz einer nach beiden Seiten interessengerechten Auslegung (vgl. BGHZ 115, 1 [5] = NJW 1991, 2488; BGHZ 131, 136 [138] = NJW 1996, 248). Gegen diesen Grundsatz hat das *OLG* verstoßen.

Zwar geht das BerGer. zu Recht davon aus, dass ein außergerichtlicher Unterhaltsvergleich dem Grunde nach zwischen den Parteien zu Stande gekommen ist: Die Kl. hat dem Bekl. im Schreiben vom 14. 10. 1996 ein Angebot zum Abschluss eines Unterhaltsvergleichs gemacht, das dieser mit Schreiben vom 30. 10. 1996 ohne Änderung angenommen hat. Eine Einschränkung der Annahme ergibt sich nicht daraus, dass der Bekl. erklärte, die von der Kl. geforderten Zahlungen erfolgten nur vergleichsweise und ohne Anerkennung eines Rechtsgrundes. Vielmehr bedeutet der Hinweis, die Zahlungen würden vergleichsweise vorgenommen, dass eben ein Vergleich geschlossen worden ist. Dem Hinweis auf das fehlende Anerkenntnis eines Rechtsgrunds kommt lediglich die Bedeutung zu, dass der Bekl. mit Abschluss des Vergleichs nicht anerkennen wollte, dass die Kl. schon vor Abschluss des Vergleichs einen entsprechenden Unterhaltsanspruch hatte. Rechtsgrund der Zahlungen des Bekl. ist der von den Parteien abgeschlossene Vergleich.

Entgegen der Meinung des *OLG* kann jedoch der Vergleich der Parteien nicht dahin gehend ausgelegt werden, er stehe unter der auflösenden Bedingung, dass der Bekl. seine Hoffnung auf Fortsetzung der Ehe aufgebe. Richtig ist zwar, dass der Bekl. im Schreiben vom 30. 10. 1996 sinngemäß erklärt hat, er stimme der von der Kl. vorgeschlagenen Zahlung nur zu, weil er davon ausgehe, dass es eine Grundlage für die Fortsetzung der Ehe gebe und diese nicht zerrüttet sei. Doch musste die Kl. diese Erklärung schon ihrem Wortlaut nach im Gegensatz zur Meinung des *OLG* nicht so verstehen, dass der Bekl. die fortlaufende Zahlung des Unterhalts von seinen subjektiven Vorstellungen über den Fortbestand der Ehe abhängig mache. Gegen die vom *OLG* vertretene Auslegung sprechen Sinn und Zweck einer Unterhaltsvereinbarung, die darin bestehen, eine verlässliche Befriedung einer unterhaltsrechtlichen Auseinandersetzung herbeizuführen. Eine Unterhaltsvereinbarung, deren Erfüllung und Weiterbestand vom bloßen Willen oder von der Enttäuschung einer bloßen Hoffnung des Unterhaltspflichtigen abhängig ist, erfüllt ihren Zweck nicht. Sie begünstigt einseitig den Unterhaltsverpflichteten, der es in der Hand hätte, seiner Unterhaltsverpflichtung in Zukunft nachzukommen oder hiervon Abstand zu nehmen. Unter diesen Umständen war das Schreiben des Bekl. vom 30. 10. 1996 von der Kl. so zu verstehen, dass der Bekl. das Vergleichsangebot der Kl. uneingeschränkt annehme, wobei er lediglich als Motiv seiner Vergleichsbereitschaft seine Hoffnung auf Fortsetzung der Ehe kundtat. Dies gilt umso mehr, als der Bekl. in dem genannten Schreiben erklärte, auf das Auskunftsverlangen der Kl. über sein Einkommen nicht mehr eingehen zu müssen und die Angelegenheit zumindest vorerst bis zum Ablauf des Trennungsjahres für erledigt betrachte. Auch daraus konnte die Kl. schließen, dass der Bekl. ihr Vergleichsangebot uneingeschränkt angenommen habe. Da somit zwischen den Parteien auch im Zeitpunkt der Entscheidung des *OLG* eine wirksame Unterhaltsvereinbarung bestand, hätte es – wie schon das *FamG* – die Einwände des Bekl. dahin auffassen müssen, dass dieser unter dem Gesichtspunkt des Wegfalls der Geschäftsgrundlage eine Anpassung seiner im Vergleich festgelegten Unterhaltszahlungen wegen einer Verminderung seines Einkommens begehrt.

(Korrektur der Abschreibung nach tatsächlicher Wertminderung; keine Korrektur, wenn sich dies im Mehrjahresdurchschnitt nicht auswirkt)

b 2. Nicht zu beanstanden ist hingegen, dass das BerGer. bei Ermittlung der anrechenbaren Einkünfte des Bekl. aus Land- und Forstwirtschaft die Bewertung der vom Bekl. erworbenen, zum Umlaufvermögen gehörenden, mehrjährigen Kulturen im Einklang mit den steuerlichen Bestimmungen vorgenommen hat (§ 6 I Nr. 2 EStG; Erlass des BMF v. 21. 3. 1997, BStBl I 1997, 369). An den vom Bekl. im Rahmen seiner Jahresabschlüsse ermittelten Beträgen müssen unter unterhaltsrechtlichen Gesichtspunkten keine Änderungen vorgenommen werden. Zwar hat der *Senat* bereits entschieden, dass das steuerrechtlich relevante Einkommen und das unterhaltspflichtige Einkommen nicht identisch sind und dass dem durch das steuerliche Rechtsinstitut der Abschreibung pauschal berücksichtigten Verschleiß von Gegenständen des Anlagevermögens oft keine tatsächliche Wertminderung in Höhe des steuerlich anerkennungsfähigen Betrags entspricht (vgl. NJW 1980, 2083 = FamRZ 1980, 770; NJW 1985, 909 = FamRZ 1985, 357 [359], und NJWE-FER 1998, 64 = FamRZ 1998, 357 [359]). Dies gilt auch, wenn es sich, wie hier bei den mehrjährigen Kulturen des Bekl., um eine Bewertung des Umlaufvermögens unter den Anschaffungs- oder Herstellungskosten handelt. Dennoch können die steuerlichen Werte, die sich aus den Jahresabschlüssen bzw. der Einnahme-/Überschussrechnung ergeben, auch unterhaltsrechtlich anzusetzen sein, sofern es dadurch nicht zu Verfälschungen der unterhaltsrechtlichen Leistungsfähigkeit des Unterhaltsverpflichteten kommt. Das Vorliegen solcher Verfälschungen ist hier im Ergebnis zu verneinen. Bedenken begegnet allerdings die Auffassung des *OLG*, die in den Abschlüssen vorgenommene Bewertung entspreche tatsächlich der eingetretenen Wertminderung. Dies erscheint, worauf die Revision hinweist, angesichts des Umfangs der Absetzungen vom Anschaffungswert der Wirtschaftsgüter (Verminderung des Zukaufs sofort um 20%; Verminderung des Rests bei Ziergehölzen um weitere 50% unter Berücksichtigung der Hektar-Fläche) nicht wahrscheinlich. Jedenfalls existiert – im Gegensatz zur Meinung des *OLG* – kein entsprechender Erfahrungssatz. Dennoch musste das BerGer. das von der Kl. beantragte (gartenbauliche) Sachverständigengutachten darüber, dass die vorgenommenen Bewertungsabschläge die tatsächliche Wertminderung übertreffen, nicht erholen. Vielmehr konnte das *OLG* den Ausführungen des Sachverständigen folgen, wonach sich bei ordnungsgemäßer Erlöserfassung eine etwaige erhöhte Absetzung ausgleicht, so dass die unterhaltsrechtliche Leistungsfähigkeit bei der hier vorliegenden Berücksichtigung mehrerer Jahre richtig wiedergegeben ist (vgl. auch *Strohal*, Unterhaltsrechtlich relevantes Einkommen bei Selbstständigen, 2. Aufl., Rn. 236).

(Keine Berücksichtigung von Sonderabschreibungen; statt dessen lineare Abschreibung; Nichtberücksichtigung von Steuervorteilen bei Bauherrenmodell; Bewirtungskosten)

c 3. Das OLG hat eine vom Bekl. im Jahre 1996 steuerrechtlich korrekt vorgenommene Sonderabschreibung in Höhe von 58 922 DM dem im Jahr 1996 zu versteuernden Einkommen des Bekl. in Höhe von 10 846 DM hinzugerechnet. Aus dem so ermittelten Betrag von 69 768 DM hat es eine dann vom Bekl. zu zahlende Steuer in Höhe von insgesamt 14 837 DM (Einkommensteuer zzgl.

Solidaritätszuschlag und Kirchensteuer) ermittelt und diese von dem um die Sonderabschreibung erhöhten Gewinn von 82 505 DM in Abzug gebracht, so dass es für 1996 von einem unterhaltsrechtlich relevanten Einkommen von 67 668 DM ausgegangen ist. Dies stößt auf Bedenken.

Richtig ist zwar, dass wegen der Sonderabschreibung eine Korrektur des steuerrechtlich ermittelten Gewinns zu erfolgen hat, weil die Sonderabschreibung dem tatsächlichen Wertverzehr nicht entspricht. Hiergegen hat auch der Bekl. keine Einwendungen erhoben. Zu Unrecht hat das *OLG* jedoch den korrigierten Gewinn für 1996 um den Steuerbetrag vermindert, den der Bekl. zu entrichten gehabt hätte, wenn es nicht zur Sonderabschreibung gekommen wäre. Allerdings hat der *Senat* bereits entschieden, dass Aufwendungen eines Unterhaltspflichtigen, die dieser im Rahmen eines so genannten Bauherrenmodells oder für Bewirtung und Repräsentation tätigt, einerseits sein unterhaltsrechtlich relevantes Einkommen nicht mindern, anderseits aber die auf Grund der Aufwendungen erzielte Steuerersparnis das Einkommen auch nicht erhöht (vgl. *Senat,* NJW-RR 1987, 194 = FamRZ 1987, 36 [37], und NJW 1987, 776 = FamRZ 1987, 46 [48]). Der Grund für die Nichtberücksichtigung der Steuerersparnis beim Einkommen des Unterhaltspflichtigen liegt darin, dass der Unterhaltsberechtigte lediglich verlangen kann, so gestellt zu werden, als ob die Aufwendung nicht vorgenommen worden wäre; die Steuerersparnis bleibt also außer Betracht, weil sie ohne die genannten Aufwendungen, die sich der Unterhaltsberechtigte nicht entgegenhalten lassen muss, nicht eingetreten wäre. Diese Rechtsprechung ist auf die Fälle der vorliegenden Art, in denen es um steuerrechtliche Sonderabschreibungen auf betriebsnotwendiges Anlagevermögen geht, nicht übertragbar. Denn der Unterhaltsberechtigte hat sich in diesen Fällen sehr wohl die Aufwendungen für das genannte Wirtschaftsgut entgegenhalten zu lassen; er kann lediglich verlangen, dass dies nicht sofort in vollem Umfang, sondern entsprechend dem tatsächlichen Wertverzehr des Wirtschaftsguts erfolgt. Dies aber bedeutet, dass im Falle einer steuerrechtlich korrekt vorgenommenen Sonderabschreibung das betreffende Wirtschaftsgut im Jahre der Anschaffung und in der Folgezeit zu unterhaltsrechtlichen Zwecken fiktiv linear abzuschreiben ist. Die zur linearen Abschreibung von der Finanzverwaltung herausgegebenen AfA-Tabellen geben nämlich regelmäßig den tatsächlichen Wertverzehr wieder. Dies gilt insbesondere für die vom Bundesministerium der Finanzen neu erstellte AfA-Tabelle für die allgemein verwendbaren Anlagegüter („AV") vom 15. 12. 2000 (BStBl I 2000, 1533), die die maßgebliche Nutzungsdauer der Wirtschaftsgüter im Vergleich zu früher weitgehend verlängert hat (vgl. *Hommel,* BB 2001, 247 [249]). Die in diesen Tabellen für die einzelnen Anlagegüter angegebene betriebsgewöhnliche Nutzungsdauer beruht auf Erfahrungen der steuerlichen Betriebsprüfung (vgl. BMF, Schr. v. 6. 12. 2001, BB 2002, 621). Es erscheint unbedenklich, diese Erfahrungswerte auch im Rahmen der Berechnung des unterhaltsrechtlich relevanten Einkommens zu übernehmen (vgl. auch *Laws,* FamRZ 2000, 588). Die AfA-Tabellen haben somit die Vermutung der Richtigkeit für sich; sie binden jedoch – wie im Steuerrecht (vgl. *Schmidt/Drenseck,* EStG, 21. Aufl., § 7 Rn. 84, m. w. Nachw.) – die Gerichte nicht und sind unbeachtlich, sofern sie erkennbar nicht auf Erfahrungswissen beruhen, also offensichtlich unzutreffend sind. In diesen Fällen hat das Gericht die Nutzungsdauer zu schätzen oder durch Erholung eines Sachverständigengutachtens zu ermitteln. Für den vorliegenden Fall folgt daraus, dass sich der steuerliche Gewinn des Bekl. für 1996 lediglich um den Betrag der Sonderabschreibung – vermindert um den Betrag der linearen Abschreibung – erhöht. Hingegen verbleibt es bei der vom Bekl. tatsächlich gezahlten Steuer als Abzugsposten, die sich beim Bekl. im Jahre 1996 nach den Feststellungen des *OLG* jedoch auf Null beläuft. Denn es ist nicht ersichtlich, weshalb dem Unterhaltsberechtigten die dem Unterhaltsverpflichteten durch die Sonderabschreibung gewährte Steuervergünstigung nicht zugute kommen soll (vgl. *Blaese,* FamRZ 1994, 216). Die Berechnung und Absetzung der Einkommensteuer, die der Unterhaltspflichtige bei Vornahme einer linearen Abschreibung hätte zahlen müssen, ist auch nicht unter dem Gesichtspunkt gerechtfertigt, dass es sich bei der aus einer Sonderabschreibung ergebenden Steuervergünstigung – bei gleich bleibendem Tarif – lediglich um eine zinslose Steuerstundung handelt. Vielmehr entspricht es der Rechtsprechung des *Senats,* dass Steuern regelmäßig in der Höhe angerechnet werden, in der sie im Prüfungszeitraum real angefallen sind (vgl. *Senat,* NJW-RR 1990, 580 = FamRZ 1990, 981 [983]). Dies gilt jedenfalls in Bezug auf Sonderabschreibungen dann, wenn sich, wie im vorliegenden Fall, die Sonderabschreibung in den Folgejahren wegen des geringen zu versteuernden Einkommens des Unterhaltspflichtigen voraussichtlich nicht steuererhöhend auswirkt, sondern die Steuervergünstigung dem Steuerpflichtigen im Wesentlichen endgültig verbleibt (zur Wirkung von Sonderabschreibungen auf die Steuerschuld in den Folgejahren vgl. *Tipke/Lang,* SteuerR, 17. Aufl., § 19 Rn. 28).

(Investitionszulagen)
4. Entgegen den Ausführungen des *OLG* sind die vom Bekl. bezogenen Investitionszulagen unterhaltsrechtlich nicht völlig irrelevant. Nach § 9 InvZulG gehören diese Zulagen nicht zu den steuerpflichtigen Einkünften und mindern auch nicht die steuerlichen Anschaffungs- und Herstellungskosten. Dies bedeutet, dass sie vom Steuerpflichtigen erfolgsneutral zu verbuchen sind und die AfA auf das mit der Zulage angeschaffte Wirtschaftsgut den Gewinn vermindert. Die Zulage würde damit mittelbar auch die unterhaltsrechtliche Leistungsfähigkeit des Steuerpflichtigen herabsetzen, wenn sie völlig

d

unberücksichtigt bliebe. Dies widerspräche Sinn und Zweck der Zulage. Ihre einkommensmindernde Wirkung ist deshalb durch die Nichtberücksichtigung der entsprechenden AfA auszugleichen. Damit wird die Gewährung der Investitionszulage zu Zwecken des Unterhaltsrechts auf die Dauer der Abschreibung des mit ihr angeschafften Wirtschaftsguts verteilt.

(Verpflichtung zur Aufgabe einer selbständigen Tätigkeit und Aufnahme einer unselbständigen Tätigkeit zur Sicherung des Existenzminimums minderjähriger Kinder)

f 7. Das BerGer. wird weiter zu prüfen haben, ob dem Bekl. bei einer etwaigen, voraussichtlich auf unbestimmte Zeit fortdauernden Unfähigkeit, das Existenzminimum seiner Kinder sicherzustellen, auf Grund seiner erweiterten Unterhaltspflicht gegenüber den minderjährigen Kindern nach § 1603 II BGB anzusinnen ist, seine Baumschule aufzugeben und eine höhere Einkünfte versprechende anderweitige Erwerbstätigkeit aufzunehmen (vgl. Senat, NJWE-FER 1998, 64 = FamRZ 1998, 357 [359]).

BGH v. 19. 2. 2003 – XII ZR 67/00 – FamRZ 03, 860 = NJW 03, 1690

R590A *(Rückwirkende Inanspruchnahme ab Rechtswahrungsanzeige)*

a Für Unterhaltsansprüche, die nach § 90 I 1 BSHG a. F. auf den Träger der Sozialhilfe übergeleitet worden sind oder nach § 91 I 1 BSHG in der Fassung vom 23. 6. 1993 (BGBl I, 944) kraft Gesetzes auf diesen übergegangen sind, eröffnete jedoch eine Rechtswahrungsanzeige, wie sie den Bekl. zugestellt worden ist, die Möglichkeit der rückwirkenden Inanspruchnahme bereits ab dem Zeitpunkt des Erlasses des Bescheids über die Gewährung von Sozialhilfe (§ 91 III 1 BSHG i. d. F. vom 23. 6. 1993; *Senat,* NJW 1992, 1393 = FamRZ 1992, 795 [796]). Insoweit begegnet es deshalb keinen Bedenken, dass der Bekl. zu 2 (im Folgenden: Bekl.) für die Zeit ab 1. 9. 1994 auf Zahlung von Unterhalt in Anspruch genommen wird.

(Bedarf Elternunterhalt)

b Das OLG ist rechtlich zutreffend davon ausgegangen, dass sich das Maß des einem Elternteil geschuldeten Unterhalts gem. § 1610 I BGB nach dessen Lebensstellung bestimmt. Diese leitet sich – anders als bei volljährigen, noch in einer Berufsausbildung befindlichen Kindern – nicht von derjenigen des Unterhaltspflichtigen ab, sondern ist eigenständig und beurteilt sich in erster Linie nach den Einkommens- und Vermögensverhältnissen des betreffenden Elternteils. Nachteilige Veränderungen der Einkommensverhältnisse, wie sie in der Regel etwa mit dem Eintritt in den Ruhestand verbunden sind, haben – eventuell nach einer Übergangszeit – deshalb auch eine Änderung der Lebensstellung zur Folge. Mit Rücksicht darauf können die Eltern von ihren Kindern dann keinen Unterhalt entsprechend ihrem früheren Lebensstandard beanspruchen. Als angemessener Unterhalt müssen aber auch bei bescheidenen wirtschaftlichen Verhältnissen diejenigen Mittel angesehen werden, durch die das Existenzminimum der Eltern sichergestellt werden kann und die demgemäß als Untergrenze des Bedarfs zu bewerten sind (ebenso *Eschenbruch,* Der Unterhaltsprozess, 3. Aufl., Rdnrn. 2004 f.; *Günther,* Münchner Anwaltshdb., § 12 Rdnrn. 11 ff.; *Heiß/Born/Hußmann,* 13. Kap., Rn. 22; *Luthin/Seidel,* 9. Aufl., Rdnrn. 5050 f.; *Scholz/Stein/Erdrich,* Praxishdb. FamilienR, Teil J, Rn. 24; *Wendl/Pauling,* 5. Aufl., § 9 Rn. 635; *Diederichsen,* FF 1999 Sonderheft, 13 f.; *OLG Koblenz,* FamRZ 2002, 1212 [1213]). Insofern ist es auch nicht rechtsfehlerhaft, wenn zur Ermittlung des so bemessenen Bedarfs auf die in den Unterhaltstabellen enthaltenen, am sozialhilferechtlichen Existenzminimum ausgerichteten Eigenbedarfssätze eines unterhaltsberechtigten Ehegatten zurückgegriffen und derjenige Betrag als Bedarf angesetzt wird, der der jeweiligen Lebenssituation des unterhaltsberechtigten Elternteils entspricht. Hiervon ausgehend ist die Bedarfsberechnung des BerGer. insgesamt nicht zu beanstanden, insbesondere ist es zutreffend, dass die Kosten der Kranken- und Pflegeversicherung zusätzlich zu berücksichtigen sind (vgl. auch *Günther,* § 12 Rn. 12; *Eschenbruch,* Rn. 2006; *Luthin/Seidel,* Rn. 5052).

(Wohngeld als Einkommen)

c Nach der Rechtsprechung des *Senats* ist Wohngeld zunächst auf einen erhöhten Wohnkostenbedarf anzurechnen. Dabei wird im Allgemeinen angenommen werden können, dass den Wohngeldempfänger Wohnkosten treffen, die auch unterhaltsrechtlich als erhöht zu bezeichnen sind. Soweit das der Fall ist, dient das Wohngeld dem Ausgleich eines unvermeidbar erhöhten Aufwands mit der Folge, dass der Bedarf des Berechtigten auf das unter den gegebenen wirtschaftlichen Verhältnissen „normale" Maß zurückgeführt wird. Nur mit einem dafür nicht verbrauchten Teilbetrag ist das Wohngeld als Einkommen zu berücksichtigen (*Senat,* NJW 1983, 684 = FamRZ 1982, 587 [589 f.], und FamRZ 1984, 772 [774]).

Danach durfte das Wohngeld nicht in voller Höhe auf den Bedarf der Mutter angerechnet werden. Die Kl. hat, wie die Revision zutreffend geltend macht, im Einzelnen dargelegt, dass dem Wohngeld ein erhöhter Wohnbedarf gegenüberstehe. Die Wohnkosten beliefen sich auf Beträge, die (einschließlich Heizkosten) zwischen monatlich 722 DM und monatlich 762 DM lagen. In den für die Mutter zu

Grunde gelegten Bedarfssätzen ist dagegen für die Zeit ab Januar 1996 lediglich eine Warmmiete bis zu 650 DM monatlich enthalten (vgl. Anm. 5 der Düsseldorfer Tabelle). Für die davor liegende Zeit weist die Düsseldorfer Tabelle noch keinen Wohnkostenanteil aus. Insofern kann – unter Zugrundelegung der Relation, die sich aus den für die Folgezeit herangezogenen Beträgen von 1500 DM einerseits und 650 DM andererseits ergibt (ca. 43%) – von einem Wohnkostenanteil von rund 560 DM (rund 43% von 1300 DM) ausgegangen werden. Daraus folgt, dass das Wohngeld, das in Höhe von monatlich 317 DM, 327 DM und 338 DM gewährt worden ist, insoweit nicht als Einkommen der Mutter angesetzt werden durfte, als es dafür verwandt werden konnte, den über monatlich 560 DM bzw. monatlich 650 DM liegenden Wohnkostenanteil auszugleichen. Dass die in der genannten Höhe angefallenen Wohnkosten für die Mutter unvermeidbar waren, hat der Bekl. letztlich nicht in Abrede gestellt. Denn er hat selbst geltend gemacht, die Mutter sei aus finanziellen Gründen nicht zu einem Umzug in der Lage gewesen. Ob durch einen Umzug im Übrigen eine geringere finanzielle Belastung zu erreichen gewesen wäre, ist seinem Vortrag nicht im Einzelnen zu entnehmen.

(Altersvorsorgeaufwendungen bei Selbständigen bei 20% des Bruttoeinkommens; Altersvorsorge durch Kapitalbildung)

c) Diese Rügen erweisen sich nur hinsichtlich des unterbliebenen Abzugs für Aufwendungen zur Altersvorsorge als gerechtfertigt. **d**

aa) Das Gesetz erlaubt bei der Bestimmung der Leistungsfähigkeit eines auf Verwandtenunterhalt in Anspruch genommenen Unterhaltspflichtigen ausdrücklich die Berücksichtigung sonstiger Verpflichtungen (§ 1603 I BGB). Im Gegensatz zu dem unterhaltsberechtigten Elternteil besteht bei ihm in der Regel noch länger die Notwendigkeit, sich und seine Familie gegen Unwägbarkeiten abzusichern und für die Zukunft vorzusorgen. Mit Rücksicht darauf muss dem Unterhaltspflichtigen ermöglicht werden, eine angemessene Altersversorgung aufzubauen.

Bei Nichtselbstständigen erfolgt die (primäre) Altersversorgung im Regelfall durch die gesetzliche Rentenversicherung, bei Beamten wird sie durch die Beamtenversorgung gewährleistet. Wenn für den Unterhaltspflichtigen indessen keine Sozialversicherungspflicht als abhängig beschäftigter Arbeitnehmer mehr besteht, ist ihm eine seinen Einkommensverhältnissen entsprechende Altersversorgung durch die gesetzliche Rentenversicherung nicht mehr möglich. In einem solchen Fall ist ihm wie einem Selbstständigen zuzubilligen, anderweit für sein Alter in angemessener Weise Vorsorge zu treffen. Dabei kann die Angemessenheit von Vorsorgeaufwendungen grundsätzlich bejaht werden, soweit sie sich im Verhältnis zu den erzielten Einkünften nach Beitragshöhe oder Anspruchshöhe orientiert. Als Richtmaß kann deshalb in Anlehnung an die Beitragssätze zur gesetzlichen Rentenversicherung (bis März 1999: 20,3%, von April bis Dezember 1999: 19,5%, von Januar bis Dezember 2000: 19,3% und ab Januar 2001: 19,1%) ein Anteil von etwa 20% des Bruttoeinkommens als für die primäre Altersversorgung angemessen angesehen werden (*Wendl/Gerhardt*, § 1 Rdnrn. 497a, 498; *Weinreich/Klein*, Kompaktkommentar FamilienR, § 1578 Rn. 236; *Büttner*, in: Festschr. f. D. Henrich, S. 54; vgl. auch *Göppinger/Strohal*, 7. Aufl., Rn. 664). Der Bekl. ist, wie er unwidersprochen vorgetragen hat, seit dem 1. 1. 1999 als Gesellschafter-Geschäftsführer der W-GmbH nicht mehr sozialversicherungspflichtig beschäftigt. Da für ihn deshalb keine Beiträge zur Rentenversicherung mehr abgeführt werden, ist ihm zuzubilligen, auf andere Weise Vorsorge für sein Alter zu treffen.

Voraussetzung für eine Absetzbarkeit von Vorsorgeaufwendungen ist indessen, wie das BerGer. zutreffend angenommen hat, dass derartige Aufwendungen tatsächlich geleistet werden. Fiktive Abzüge kommen insoweit nicht in Betracht (*Wendl/Gerhardt*, § 1 Rn. 498). Der Bekl. hat allerdings, worauf die Revision zu Recht hinweist, ausdrücklich geltend gemacht, unter anderem in Höhe der früheren gesetzlichen Abzüge für die Rentenversicherung Rücklagen auf einem Sparkonto zu bilden, um auf diese Weise nach dem Wegfall der Sozialversicherungspflicht weiterhin Altersvorsorge zu betreiben. Auch diesem Vorbringen ist die Kl. nicht entgegengetreten. Es stellt sich deshalb die Frage, ob derartige vermögensbildende Aufwendungen, wie sie etwa auch der Erwerb von Immobilien, Wertpapieren oder Fondsbeteiligungen darstellen, ebenfalls als angemessene Art der Altersvorsorge anzuerkennen sind. Dabei muss Ausgangspunkt der Überlegung sein, dass es dem Unterhaltspflichtigen grundsätzlich freisteht, in welcher Weise er – etwa jenseits der gesetzlichen Rentenversicherung – Vorsorge für sein Alter trifft. Wenn er sich angesichts der unsicheren Entwicklung der herkömmlichen Altersversorgungen für den Abschluss von Lebensversicherungen entscheidet, muss dieser Entschluss unterhaltsrechtlich im Allgemeinen akzeptiert werden. Nach Auffassung des *Senats* kann der Abschluss von Lebensversicherungen aber nicht die einzige Alternative für eine private Altersversorgung sein. Vielmehr müssen grundsätzlich auch sonstige vermögensbildende Investitionen als angemessene Art der Altersversorgung gebilligt werden (ebenso *Wendl/Gerhardt*, § 1 Rn. 498), soweit sie geeignet erscheinen, diesen Zweck zu erreichen. Da insoweit der Erwerb etwa von Wertpapieren oder Fondsbeteiligungen wegen der damit teilweise verbundenen Risiken nicht zwingend in Betracht zu ziehen ist, kann im Einzelfall auch die Anlage eines bloßen Sparvermögens als anzuerkennende Art der Altersvorsorge bewertet werden. Davon ist auch im vorliegenden Fall auszugehen. Dem Bekl. ist es zuzubilligen, in Höhe von rund 20% seines Bruttoeinkommens Rücklagen für seine primäre Altersversorgung zu bilden. Insoweit können seine Zahlungen auf ein Sparkonto als angemessene Vorsorgeaufwendungen anerkannt werden.

(Keine Berücksichtigung von Rücklagen zur Absicherung einer Arbeitslosigkeit bei Selbständigen)

e   Soweit der Bekl. geltend macht, er bilde auf dem Sparkonto auch Rücklagen zur Absicherung für den Fall der Arbeitslosigkeit, und zwar in Höhe der früheren Abzüge von 6,5% für die Arbeitslosenversicherung, können die betreffenden Aufwendungen dagegen nicht als abzugsfähig angesehen werden. Den eigenen Angaben des Bekl. zufolge beruht seine Sozialversicherungsfreiheit darauf, dass er als Gesellschafter-Geschäftsführer nicht mehr abhängig beschäftigt ist. Daraus folgt, dass seine Tätigkeit in der W-GmbH als von Selbstständigkeit geprägt beurteilt worden sein muss (vgl. *Niesel*, SGB III, 2. Aufl., § 25 Rdnrn. 15 ff.). Unter diesen Umständen kann indessen nicht angenommen werden, der Bekl. sei – ebenso wie ein abhängig Beschäftigter – dem Risiko ausgesetzt, seine Anstellung durch Kündigung zu verlieren. Vielmehr ist davon auszugehen, dass er selbst maßgeblichen Einfluss auf die Entscheidung der Gesellschaft und damit auch auf die Fortdauer seiner Anstellung besitzt. Dass dem Bekl. gleichwohl auf Grund einer unternehmerischen Entscheidung der Eintritt von Arbeitslosigkeit drohen könnte, ist nicht dargelegt worden.

(Familienunterhalt bei Konkurrenz zu anderen Unterhaltsansprüchen; kein Mindestbedarf, sondern Halbteilung entsprechend § 1578 BGB)

f   b) Im Ansatz zutreffend hat das BerGer. allerdings angenommen, dass der Bekl. und sein Bruder als (gleich nahe) Verwandte verpflichtet sind, anteilig für den Unterhalt ihrer Mutter aufzukommen (§§ 1601, 1606 III 1 BGB). Es ist auch zu Recht davon ausgegangen, dass beide nur insoweit unterhaltspflichtig sind, als sie bei Berücksichtigung ihrer sonstigen Verpflichtungen imstande sind, ohne Gefährdung ihres eigenen angemessenen Unterhalts den Unterhalt zu gewähren (§ 1603 I BGB).

Die Beurteilung der Leistungsfähigkeit des Bekl. entspricht diesen Anforderungen indessen nicht und begegnet deshalb durchgreifenden rechtlichen Bedenken.

aa) Zu den zu berücksichtigenden sonstigen Verpflichtungen des Bekl. gehört, wie das BerGer. nicht verkannt hat, die Unterhaltspflicht gegenüber seiner Ehefrau, da diese nicht über ausreichendes eigenes Einkommen verfügt. Der Bekl. schuldet ihr deshalb gem. §§ 1360, 1360a BGB Familienunterhalt. Dieser Unterhaltsanspruch lässt sich zwar nicht ohne weiteres nach dem zum Ehegattenunterhalt nach Trennung oder Scheidung entwickelten Grundsätzen bemessen. Denn er ist nach seiner Ausgestaltung nicht auf die Gewährung einer – frei verfügbaren – laufenden Geldrente für den jeweils anderen Ehegatten, sondern vielmehr als gegenseitiger Anspruch der Ehegatten darauf gerichtet, dass jeder von ihnen seinen Beitrag zum Familienunterhalt entsprechend seiner nach dem individuellen Ehebild übernommenen Funktion leistet. Seinem Umfang nach umfasst der Anspruch auf Familienunterhalt gem. § 1360a BGB alles, was für die Haushaltsführung und die Deckung der persönlichen Bedürfnisse der Ehegatten und eventueller Kinder erforderlich ist. Sein Maß bestimmt sich aber nach den ehelichen Lebensverhältnissen, so dass § 1578 BGB als Orientierungshilfe herangezogen werden kann (*Senat*, NJW 1995, 1486 = FamRZ 1995, 537, und NJW 2003, 1112 = FPR 2003, 211, unter 5a aa). Es begegnet deshalb keinen Bedenken, den – hier maßgeblichen – Anspruch auf Familienunterhalt im Fall der Konkurrenz mit anderen Unterhaltsansprüchen auf die einzelnen Familienmitglieder aufzuteilen und in Geldbeträgen zu veranschlagen (vgl. *Senat*, NJW-RR 2001, 361 = FamRZ 2001, 1065 [1066]; NJW 2002, 1646 = FPR 2002, 266 = FamRZ 2002, 742, und NJW 2003, 1112 = FPR 2003, 211). Daher kann der anzusetzende Betrag insoweit in gleicher Weise wie der Unterhaltsbedarf eines getrennt lebenden oder geschiedenen Ehegatten ermittelt werden.

bb) Welcher Betrag bei dem auf Elternunterhalt in Anspruch genommenen Unterhaltspflichtigen für den Unterhalt seines Ehegatten anzusetzen ist, wird in der Rechtsprechung der Oberlandesgerichte und im Schrifttum nicht einheitlich beantwortet. Nachdem die Düsseldorfer Tabelle für diesen Fall bei gemeinsamer Haushaltsführung einen Selbstbehalt für den Ehegatten von mindestens 1750 DM (ab 1. 7. 1998) bzw. von mindestens 1860 DM (ab 1. 7. 2001) und von mindestens 950 Euro (ab 1. 1. 2002) vorsieht, werden vielfach die entsprechenden Beträge herangezogen (*OLG Hamm*, NJW-RR 2001, 1659 = FamRZ 2002, 125 [126]; *OLG Köln*, NJW-RR 2002, 74 = FamRZ 2002, 572 [573]; *Duderstadt*, Erwachsenenunterhalt, 3. Aufl., S. 186; *Scholz/Stein/Erdrich*, Teil J, Rn. 48; *Heiß/Hußmann*, 13. Kap., Rn. 54). Diese Handhabung ist indessen nicht damit zu vereinbaren, dass der Unterhaltsanspruch der Ehefrau nicht auf einen Mindestbetrag beschränkt ist, sondern nach den individuell ermittelten Lebens-, Einkommens- und Vermögensverhältnissen, die den ehelichen Lebensstandard bestimmen, zu bemessen ist (§ 1578 I 1 BGB). Da die Ehefrau zudem der Schwiegermutter gegenüber nicht unterhaltspflichtig ist, braucht sie mit Rücksicht auf deren – gem. § 1609 BGB nachrangige – Unterhaltsansprüche keine Schmälerung ihres angemessenen Anteils am Familienunterhalt hinzunehmen. Für sie ist deshalb nicht von vornherein ein bestimmter Mindestbetrag anzusetzen, sondern der nach Maßgabe der ehelichen Lebensverhältnisse bemessene Unterhalt (ebenso *Eschenbruch*, Rn. 2027;

Anhang R. Rechtsprechung   R590A

Günther, § 12 Rn. 73; *Luthin/Seidel,* Rn. 5081). Dem steht nicht die Erwägung entgegen, dass dem Unterhaltsverpflichteten bei einem so ermittelten Unterhaltsanspruch möglicherweise weniger zur Verfügung steht als seinem Ehegatten (so aber *OLG Köln,* NJW-RR 2002, 74 = FamRZ 2002, 572 [573]). Dieses – bei günstigen Einkommensverhältnissen mögliche – Ergebnis folgt daraus, dass der Unterhaltspflichtige seinem Ehegatten den eheangemessenen Unterhalt schuldet, seinen Eltern gegenüber aber nicht diesen als Selbstbehalt verteidigen kann, sondern ihm insofern nur die Mittel zu verbleiben haben, die er zur Deckung seines eigenen angemessenen Unterhalts benötigt. Der angeführte Gesichtspunkt ist deshalb nicht geeignet, die individuelle Bemessung des Unterhaltsanspruchs des Ehegatten in Frage zu stellen.

Der *Senat* sieht sich mit seiner Auffassung auch nicht in Widerspruch zu der Rechtsprechung des X. *ZivilSenats* des *BGH,* der zu den Voraussetzungen, unter denen ein Beschenkter wegen Gefährdung seines standesgemäßen Unterhalts oder der Erfüllung der ihm obliegenden gesetzlichen Unterhaltspflichten nach § 529 II BGB die Rückgabe eines Geschenks verweigern kann, entschieden hat, es erscheine sachgerecht, den – unterhaltsrechtlich zu würdigenden – Bedarf des Ehegatten des Beschenkten von dem für Letzteren anzusetzenden Selbstbehalt abzuleiten (*BGH,* NJW 2000, 3488 = FamRZ 2001, 21 [22]). Denn in jenem Fall kam von den Einkommensverhältnissen des Beschenkten her von vornherein ein über dem Mindestbedarfssatz liegender Unterhaltsanspruch der Ehefrau nicht in Betracht.

(Abzug prägender und vorrangiger Unterhaltsleistungen, soweit kein Missverhältnis zum Bedarf des vorrangigen Unterhaltsanspruchs entsteht)

cc) Wenn danach der Unterhaltsanspruch der Ehefrau nach den ehelichen Lebensverhältnissen zu   g
bestimmen ist, so stellt sich allerdings die Frage, ob diese bereits durch Unterhaltsleistungen für die Mutter geprägt waren. Denn der Unterhaltsanspruch eines Ehegatten kann auch durch Unterhaltsansprüche nachrangig Berechtigter eingeschränkt werden, soweit die sich aus einem entsprechenden Vorwegabzug ergebende Verteilung der zum Unterhalt zur Verfügung stehenden Mittel nicht zu einem Missverhältnis hinsichtlich des wechselseitigen Bedarfs der Beteiligten führt (*Senat,* NJW-RR 1990, 578 = FamRZ 1990, 979 [980], und NJW 1991, 2703 = FamRZ 1991, 1163 [1164 f.]). Eine solche Bestimmung der ehelichen Lebensverhältnisse durch anderweitige Unterhaltspflichten ist nicht nur in dem Verhältnis zwischen Eltern und ihren volljährigen Kindern denkbar, sondern etwa auch dann, wenn ein Ehegatte während des Zusammenlebens seinem Kind aus einer früheren Ehe auf Grund einer entsprechenden Verpflichtung Unterhaltsleistungen erbracht hat (*Senat,* NJW 1991, 2703 = FamRZ 1991, 1263 [1164 f.]). In gleicher Weise kann aber auch der auf Grund einer Verpflichtung gezahlte Elternunterhalt die ehelichen Lebensverhältnisse prägen. Dem Umstand, dass der Ehegatte dem Unterhaltsberechtigten gegenüber nicht seinerseits unterhaltspflichtig ist, kommt insofern keine Bedeutung zu (ebenso: *Günther,* § 12 Rdnrn. 73 f.; a. A. *Luthin/Seidel,* Rn. 5081; vgl. auch *Wendl/Scholz,* § 3 Rn. 76 a). Der zu beachtende Vorrang des Ehegatten hat allein zur Folge, dass der Vorwegabzug nicht zu einem Missverhältnis, das sich für ihn ergebenden Unterhaltsanspruchs führen darf, ihm also in einem Fall wie dem vorliegenden in jedem Fall der Mindestbedarf zu verbleiben hat.

Danach kommt es in erster Linie darauf an, ob der Bekl. – nicht nur vorübergehend – bereits Unterhaltsleistungen für seine Eltern erbracht hat, als er im Oktober 1995 heiratete.

(Berücksichtigung latenter Unterhaltslasten)

Abgesehen davon erscheint es in einem Fall wie dem vorliegenden aber auch nicht ausgeschlossen,   h
dass schon die latente Unterhaltslast für die Mutter die ehelichen Lebensverhältnisse mitbestimmt hat. Denn anders als in den Fällen, in denen sich der Unterhaltsbedarf von Eltern – meist unvorhersehbar – dadurch ergibt, dass sie im Alter pflegebedürftig werden, die Kosten einer Heimunterbringung aus eigenen Mitteln aber nicht oder nicht vollständig aufbringen können, zeichnete sich hier bereits längerfristig ab, dass die Mutter des Bekl. angesichts ihrer geringen Rente in nicht unerheblichem Umfang unterhaltsbedürftig sein würde, jedenfalls nachdem sie aus dem Erwerbsleben ausgeschieden war, weil sie bei weitem nicht über die zur Bestreitung ihres Existenzminimums erforderlichen Mittel verfügte. Insofern kommt es für die Beurteilung etwa darauf an, inwieweit gegenüber dem Bekl. wegen der ab 1987 geleisteten Sozialhilfe in der Vergangenheit bereits Unterhaltsforderungen erhoben worden waren.

(Überobligatorische Tätigkeit verheirateter Eheleute bei Kinderbetreuung; keine Vergütung für Betreuung der Kinder)

Für die Zeit, für die auf Grund des Einkommens des Bekl. und seiner Ehefrau ein höherer Un-   i
terhaltsbedarf für Letztere in Betracht kommt als der vom BerGer. berücksichtigte Mindestbedarf, kann die Entscheidung danach keinen Bestand haben. Der *Senat* ist nicht in der Lage, insoweit abschließend zu befinden. Denn hierzu bedarf es weiterer Feststellungen hinsichtlich der Frage, ob und gegebenenfalls inwieweit die ehelichen Lebensverhältnisse des Bekl. und seiner Ehefrau durch für die Mutter aufgebrachten Unterhalt oder geltend gemachte Unterhaltsforderungen bestimmt worden sind.

dd) Für die Zeit, für die nach dem zusammengerechneten Einkommen des Bekl. und seiner Ehefrau ohnehin nur der Mindestbedarf für Letztere in Betracht kommt, begegnet die vorgenommene Berechnung aus einem anderen Grund rechtlichen Bedenken. Das BerGer. ist auf Grund des Alters der von der Ehefrau betreuten Kinder, die allerdings nicht 1984 und 1986, sondern 1986 und 1988 geboren sind, davon ausgegangen, diese arbeite zumindest teilweise überobligationsmäßig. Allein dieser – im Grundsatz zutreffende – Gesichtspunkt rechtfertigt es indessen, wie die Anschlussrevision zu Recht geltend macht, nicht, ihr den deutlich überwiegenden Teil ihres Erwerbseinkommens anrechnungsfrei zu belassen. Wäre die Ehefrau nicht wieder verheiratet, sondern würde ihren geschiedenen Ehemann auf Unterhalt in Anspruch nehmen, so würde die Ermittlung des ihr nach § 1577 II BGB anrechnungsfrei zu belassenden Teils ihres Einkommens etwa davon abhängen, wie die Kinderbetreuung mit den konkreten Arbeitszeiten unter Berücksichtigung erforderlicher Fahrtzeiten zu vereinbaren ist und zu welchen Zeiten die Kinder die Schule besuchen und von daher zeitweise jedenfalls nicht der Betreuung bedürfen. Diese Beurteilung führt in der gerichtlichen Praxis allerdings häufig zu einer hälftigen Anrechnung des aus überobligationsmäßiger Tätigkeit erzielten Einkommens. In der Situation einer alleinerziehenden Mutter befindet sich die Ehefrau des Bekl. indessen nicht, vielmehr kann sie von diesem unter dem Gesichtspunkt der gebotenen Rücksichtnahme (§ 1356 II BGB) Hilfe und Unterstützung erwarten. Dieser Umstand legt es nahe, die Erwerbstätigkeit in weitergehendem Umfang als im unmittelbaren Anwendungsbereich des § 1577 II BGB für zumutbar zu erachten. Deshalb ist es rechtsfehlerhaft, das erzielte Erwerbseinkommen in Höhe der abgesetzten Beträge nicht als Einkommen der Ehefrau zu berücksichtigen und diese damit so zu behandeln, als würde sie Barunterhalt entsprechend Gruppe 1 der Düsseldorfer Tabelle abzüglich des hälftigen Kindergeldes leisten. Der Barunterhalt für die Kinder wird unstreitig von deren Vater erbracht. Die Ehefrau erfüllt ihre Unterhaltspflicht durch die Betreuung der Kinder (§ 1606 III 2 BGB). Dafür steht ihr keine Vergütung zu.

(Familienunterhalt in Höhe der Hälfte des beiderseitigen prägenden Einkommens; Mindestbedarf)

j a) Familienunterhalt steht der Ehefrau grundsätzlich in Höhe der Hälfte des beiderseitigen Einkommens der Ehegatten zu (vgl. *Senat,* NJW 2002, 1646 = FPR 2002, 266 = FamRZ 2002, 742), soweit dieses die ehelichen Lebensverhältnisse geprägt hat und nicht zur Vermögensbildung verwandt worden ist (vgl. etwa *Staudinger/Hübner/Vogel,* BGB, 13. Bearb. [2000], § 1360a Rn. 7). Dabei ist ein mit Rücksicht auf die überobligationsmäßige Tätigkeit eventuell anrechnungsfrei zu belassender Teilbetrag insgesamt außer Betracht zu lassen (vgl. im Einzelnen *Senat,* NJW 2003, 1112 = FPR 2003, 211). Wenn die erneute Beurteilung zu einem Betrag führen sollte, der – zusammen mit dem anrechenbaren Einkommen der Ehefrau – unter dem jeweiligen Mindestbedarfssatz liegt, so ist von Letzterem auszugehen.

(Erhöhung des Familienunterhalts durch Ersparnis durch Zusammenleben)

k b) Einkommenserhöhend wird, soweit nicht ein Mindestbedarfssatz heranzuziehen ist, die durch die gemeinsame Haushaltsführung erfahrungsgemäß eintretende Ersparnis anzusetzen sein, die zu schätzen ist (§ 287 ZPO).

(Selbstbehalt beim Elternunterhalt)

l c) Hinsichtlich der Bemessung des angemessenen Selbstbehalts des Bekl. wird auf das *Senats*urteil vom 23. 10. 2002 (NJW 2003, 128 = FPR 2003, 149 = FamRZ 2002, 1698 [1700 ff.]) hingewiesen. Insofern obliegt es der verantwortlichen Beurteilung des Tatrichters, auf welche Weise er erforderlichenfalls dem Umstand Rechnung trägt, dass die Mindestbedarfssätze auf durchschnittliche Einkommensverhältnisse bezogen sind und es deshalb geboten sein kann, den für den Unterhaltspflichtigen angemessenen Eigenbedarf anhand der konkreten Umstände des Einzelfalls zu bestimmen.

BVerfG v. 5. 3. 2003 – 1 BvR 752/02 – FamRZ 03, 661 = FPR 03, 479

R591 *(Zumutbarkeit von Zusatztätigkeiten)*

1. Die angegriffene Entscheidung verletzt den Bf. in seinem Grundrecht aus Art. 2 I GG, soweit er hierdurch ab 1. 1. 2001 zu Unterhaltszahlungen unter Berücksichtigung fiktiver Einkünfte aus einer Nebentätigkeit verpflichtet worden ist.

a) Die Auferlegung von Unterhaltsleistungen schränkt den Verpflichteten in seiner durch Art. 2 I GG geschützten Handlungsfreiheit ein, die jedoch nur im Rahmen der verfassungsmäßigen Ordnung gewährleistet ist, zu der auch das Unterhaltsrecht gehört, soweit dieses mit Art. 6 I GG in Einklang steht (vgl. BVerfGE 57, 361 [378] = NJW 1981, 1771). Dabei darf die Auslegung und Anwendung verfassungsgemäßer unterhaltsrechtlicher Normen nicht zu verfassungswidrigen Ergebnissen führen (vgl. BVerfGE 80, 286 [294] = NJW 1989, 2807). Der ausgeurteilte Unterhalt darf den Unterhaltspflichtigen nicht unverhältnismäßig belasten (vgl. BVerfGE 57, 361 [388] = NJW 1981, 1771; BVerfGE 80, 286 [293] = NJW 1989, 2807, unter Hinweis auf BVerfGE 35, 202 [221] = NJW 1973, 1226). Wird die Grenze des Zumutbaren eines Unterhaltsanspruchs überschritten, ist die Beschränkung der

Dispositionsfreiheit des Verpflichteten im finanziellen Bereich als Folge der Unterhaltsansprüche des Bedürftigen nicht mehr Bestandteil der verfassungsmäßigen Ordnung und kann vor dem Grundrecht des Art. 2 I GG nicht bestehen (vgl. BVerfGE 57, 361 [381] = NJW 1981, 1771).

Ausprägung des Grundsatzes der Verhältnismäßigkeit im Unterhaltsrecht ist § 1603 I BGB, nach dem nicht unterhaltspflichtig ist, wer bei Berücksichtigung seiner sonstigen Verpflichtungen außer Stande ist, ohne Gefährdung seines angemessenen Unterhalts den Unterhalt zu gewähren. Eltern, die sich in dieser Lage befinden, sind gem. § 1603 II BGB ihren minderjährigen unverheirateten Kindern gegenüber verpflichtet, alle verfügbaren Mittel zu ihrem und der Kinder Unterhalt gleichmäßig zu verwenden. Für den Unterhaltsanspruch des geschiedenen Ehegatten bestimmt § 1581 BGB, dass der Verpflichtete, wenn er außer Stande ist, ohne Gefährdung des eigenen angemessenen Unterhalts dem Berechtigten Unterhalt zu gewähren, nur insoweit Unterhalt zu leisten braucht, als es mit Rücksicht auf die Bedürfnisse sowie die Erwerbs- und Vermögensverhältnisse der geschiedenen Ehegatten der Billigkeit entspricht (vgl. *BVerfG,* NJW 2002, 742 = FamRZ 2001, 1686). Für den Unterhaltsanspruch des getrennt lebenden Ehegatten fehlt eine § 1581 BGB entsprechende Vorschrift. Es gelten aber die gleichen Grundsätze wie beim nachehelichen Unterhalt mit der Maßgabe, dass die vor der Scheidung noch bestehende größere Verantwortung der Ehegatten füreinander zu berücksichtigen ist (vgl. *BGH,* NJW-RR 1986, 685 = FamRZ 1986, 566 [557]).

Grundvoraussetzung eines jeden Unterhaltsanspruchs ist die Leistungsfähigkeit des Unterhaltsverpflichteten (vgl. *Staudinger/Engler/Kaiser,* BGB, Neubearb. 2000, § 1603 Rn. 2; *Johannsen/Henrich,* EheR, 3. Aufl. [1998], § 1581 Rn. 1; *Kalthoener/Büttner/Niepmann,* 7. Aufl. [2000], Rn. 573). Das Unterhaltsrecht ermöglicht es insofern den Gerichten, dem Verhältnismäßigkeitsgrundsatz Rechnung zu tragen. Die Gerichte haben im Einzelfall zu prüfen, ob der Unterhaltspflichtige in der Lage ist, den beanspruchten Unterhalt zu zahlen oder ob dieser die finanzielle Leistungsfähigkeit des Unterhaltspflichtigen übersteigt. Soweit die Gerichte dabei den Umfang der Erwerbsobliegenheit eines Unterhaltspflichtigen zu beurteilen haben, hat auch dies unter Wahrung des Grundsatzes der Verhältnismäßigkeit zu erfolgen. Eine über die tatsächliche Erwerbstätigkeit hinausgehende Obliegenheit des Unterhaltspflichtigen zur Erzielung von Einkommen, das diesem insoweit bei der Unterhaltsberechnung fiktiv zugerechnet wird, kann nur angenommen werden, wenn und soweit die Aufnahme einer weiteren oder anderen Erwerbstätigkeit dem Unterhaltspflichtigen unter Berücksichtigung der Umstände des Einzelfalls zumutbar ist und ihn nicht unverhältnismäßig belastet (vgl. BVerfGE 68, 256 [267] = NJW 1985, 1211).

b) Zwar ist es verfassungsrechtlich nicht zu beanstanden, bei einem unterhaltspflichtigen Arbeitnehmer, der über die tarifliche Arbeitszeit hinaus Mehrarbeit leistet oder einer Nebentätigkeit nachgeht und deshalb über reale Mehreinnahmen verfügt, der Unterhaltsbemessung auch diese Einkünfte in der – widerlegbaren – Vermutung zu Grunde zu legen, die tatsächlich ausgeübte zusätzliche Arbeit sei dem Unterhaltspflichtigen auch zumutbar (vgl. *BGH,* NJW 1982, 520 = FamRZ 1982, 152 [153]; NJW 1991, 697 = FamRZ 1991, 182 [184]). Wenn einem Unterhaltsberechtigten aber fiktive Nebenverdienste angerechnet werden sollen, ist am Maßstab der Verhältnismäßigkeit zu prüfen, ob die zeitliche und physische Belastung durch die ausgeübte und die zusätzliche Arbeit dem Unterhaltspflichtigen unter Berücksichtigung auch der Bestimmungen, die die Rechtsordnung zum Schutz der Arbeitskraft vorgibt, abverlangt werden kann.

So ist im Arbeitszeitgesetz das Maß der zeitlichen Belastung der Arbeitskraft angegeben, über das hinaus ein Arbeitnehmer auch zur Sicherung seiner Gesundheit nicht zur Arbeit herangezogen werden soll (s. §§ 3 und 6 ArbZG). Zusätzlich ist zu prüfen, ob und in welchem Umfang es dem betreffenden Unterhaltsverpflichteten unter Abwägung seiner von ihm darzulegenden besonderen Lebens- und Arbeitssituation sowie gesundheitlichen Belastung mit der Bedarfslage des Unterhaltsberechtigten zugemutet werden kann, eine Nebentätigkeit auszuüben. Schließlich ist zu prüfen, ob es Nebentätigkeiten entsprechender Art für den Betreffenden überhaupt auf dem Arbeitsmarkt gibt und der Aufnahme einer solchen Tätigkeit wiederum keine rechtlichen Hindernisse entgegenstünden, wobei auch insoweit die Darlegungs- und Beweislast beim Unterhaltsverpflichteten liegt (vgl. *BGH,* NJWE-FER 1998, 64 = FamRZ 1998, 357 [359]; BVerfGE 68, 256 [270] = NJW 1985, 1211).

c) Unter Zugrundelegung dieses Maßstabs hat das *OLG* bei der angegriffenen Entscheidung das Grundrecht des Bf. aus Art. 2 I GG auf Schutz vor einer unverhältnismäßigen Belastung durch Unterhaltsleistungen verkannt. Es hat die Zumutbarkeit einer Nebenbeschäftigung zwar geprüft, ohne jedoch dabei die Belastungsgrenze, die Art. 2 I GG der Unterhaltsverpflichtung setzt, im zu entscheidenden Fall zu berücksichtigen.

Zwar hatte der Bf. durch die Ausübung der Nebentätigkeit vor der Trennung ein Indiz für deren Zumutbarkeit gesetzt. Der Verlust dieser Tätigkeit hätte das *OLG* jedoch veranlassen müssen, die beim Bf. vorliegenden und von ihm angeführten besonderen Arbeits- und Lebensumstände in seine Prüfung der Frage einzubeziehen, ob dem Bf. eine weitere Erwerbstätigkeit neben seiner schon vollschichtigen Arbeit ab Januar 2001 zumutbar gewesen ist. Dies hat das Gericht verabsäumt. Es hat allein aus der erhöhten Unterhaltspflicht des Bf. nach § 1603 II BGB auf die Zumutbarkeit einer Nebenbeschäftigung geschlossen und in den vom Bf. vorgetragenen gesundheitlichen Einschränkungen keinen Grund gesehen, der dem entgegenstünde. Dabei hat es wesentliche Gesichtspunkte außer Acht gelassen, die im konkreten Fall bei der Zumutbarkeitsprüfung hätten Berücksichtigung finden müssen.

So ist der Bf. nicht nur einer vollschichtigen Tätigkeit nachgegangen. Seinen Hauptberuf hat er im Untertagebau im Schichtdienst ausgeübt. Schon dadurch ist der Bf. einer besonderen Belastung ausgesetzt gewesen, die für die Frage der Zumutbarkeit einer darüber hinausgehenden Beschäftigung von Relevanz ist. Hinzu ist der beträchtliche Anfahrtsweg des Bf. zu seinem Arbeitsplatz gekommen, den das OLG zwar durch Ansatz entsprechender Fahrtkosten, nicht aber als zusätzlichen zeitlichen Belastungsfaktor für die Leistungsfähigkeit des Bf. berücksichtigt hat. Auch bei den vom Bf. vorgetragenen gesundheitlichen Beeinträchtigungen wäre zu prüfen gewesen, ob sie zwar der Ausübung seiner vollschichtigen Haupterwerbstätigkeit nicht entgegengestanden haben, aber wegen der besonderen Belastungen, die mit dieser verbunden sind, nicht dazu hätten führen können, dass die Erwartung einer zusätzlichen Nebentätigkeit als unverhältnismäßig anzusehen ist. Schließlich hat das Gericht unberücksichtigt gelassen, dass der Bf. nach der Trennung von seiner Ehefrau nunmehr seinen Haushalt hat alleine versorgen müssen, und ihm hat Zeit verbleiben müssen, mit seinen nun von ihm getrennt lebenden Kindern weiterhin Umgang pflegen zu können (vgl. *OLG Köln,* FamRZ 1984, 1108 [1109]; *OLG Düsseldorf,* FamRZ 1984, 1092).

All diese Umstände hat das *OLG* bei seiner Prüfung übergangen und dadurch dem Grundrecht des Bf. aus Art. 2 I GG nicht hinreichend Rechnung getragen.

Es kann nicht ausgeschlossen werden, dass das *OLG* bei einer umfassenden Abwägung der Umstände des Falles unter Beachtung des Grundrechts des Bf. aus Art. 2 I GG zu einem für den Bf. günstigeren Ergebnis gekommen wäre und das fiktive Einkommen in Höhe von 325 DM ab Januar 2001 nicht berücksichtigt hätte.

BGH v. 19. 3. 2003 – XII ZR 123/00 – FamRZ 03, 1179 = NJW 03, 2306

R592 *(Angemessener Wohnwert und objektive Merkmale beim Ehegattenunterhalt)*

a   b) Den Wohnwert der von dem Bekl. und seiner Ehefrau genutzten Wohnung in dem im Miteigentum der Ehegatten stehenden Haus hat das BerGer. zu Recht nicht mit der bei einer Fremdvermietung erzielbaren objektiven Marktmiete, sondern auf der Grundlage des unter den gegebenen Verhältnissen ersparten Mietzinses bemessen. Darüber hinaus hat es zutreffend die bestehenden Hauslasten in vollem Umfang als abzugsfähig anerkannt.

aa) Die Leistungsfähigkeit eines Unterhaltspflichtigen wird nicht nur durch seine Erwerbseinkünfte, sondern in gleicher Weise durch Vermögenserträge und sonstige wirtschaftliche Nutzungen bestimmt, die er aus seinem Vermögen zieht. Dazu können auch die Gebrauchsvorteile eines Eigenheims zählen, denn durch das Bewohnen eines eigenen Hauses oder einer Eigentumswohnung entfällt die Notwendigkeit der Mietzinszahlung, die in der Regel einen Teil des allgemeinen Lebensbedarfs ausmacht. Andererseits sind die allgemeinen Grundstückskosten und -lasten zu tragen und darüber hinaus die anfallenden Zins- und Tilgungsleistungen aufzubringen. Nur soweit bei einer Gegenüberstellung der ersparten Wohnkosten und der mit dem Eigentum verbundenen Kosten der Nutzungswert eines Eigenheims im Einzelfall den von den Eigentümern zu tragenden Aufwand übersteigt, ist die Differenz zwischen dem Gebrauchswert einerseits und dem Aufwand andererseits den Einkünften des Unterhaltspflichtigen zuzurechnen (ständige Rechtsprechung des Senats für den Wohnvorteil, durch den die Lebensverhältnisse von getrennt lebenden oder geschiedenen Ehegatten geprägt worden sind, vgl. *Senat,* NJW-RR 1995, 835 = FamRZ 1995, 869 [870]; NJW 1998, 753 = FamRZ 1998, 87 [88], und NJW 1998, 2821 = FamRZ 1998, 899 [901]).

bb) Der mit dem mietfreien Wohnen in einem eigenen Haus oder einer Eigentumswohnung verbundene Vorteil ist grundsätzlich nach den tatsächlichen Verhältnissen und nicht nach einem pauschalen Ansatz („Drittelwert") zu bemessen. Maßgebend ist dabei in der Regel der tatsächliche objektive Mietwert des Eigenheims (*Senat,* NJW-RR 1995, 835 = FamRZ 1995, 869 [871]; NJW 1998, 753 = FamRZ 1998, 87 [88], und NJW 2000, 2349 = FamRZ 2000, 950 [951]). Dabei darf allerdings nicht verkannt werden, dass eine infolgedessen mögliche Bemessung des Wohnvorteils in einer Höhe, die den angesichts der Einkommensverhältnisse des Unterhaltspflichtigen angemessenen Wohnaufwand übersteigt, auf eine Berücksichtigung von Einkünften hinausläuft, die diesem tatsächlich nicht zur Verfügung stehen. Das hat, wenn die betreffenden Mittel teilweise für Unterhaltszwecke einzusetzen sind, regelmäßig zur Folge, dass der bisherige Lebensstandard nicht mehr gewahrt werden kann und äußerstenfalls, dass sich die Notwendigkeit ergibt, den Grundbesitz zu verwerten. Mit Rücksicht darauf hat der Senat es im Verhältnis getrennt lebender Ehegatten für sachgerecht gehalten, den Wohnwert einer nach dem Auszug des einen Ehegatten für den dort verbleibenden anderen Ehegatten zu großen oder zu aufwendigen Wohnung als eingeschränkten Gebrauchsvorteil nur noch in einer Höhe in Rechnung zu stellen, wie er sich als angemessene Wohnungsnutzung durch den verbleibenden Ehegatten darstellt. Denn einem Ehegatten ist es während des Getrenntlebens regelmäßig nicht zumutbar, das nach der Trennung von ihm allein bewohnte Eigenheim zwecks Steigerung der Einkünfte anderweitig zu verwerten, etwa durch Verkauf oder Vermietung. Die Verwertungsobliegenheit ist hier eingeschränkt, weil während der Trennungsphase eine Wiederherstellung der ehelichen Lebensgemeinschaft nach der Lebenserfahrung noch nicht völlig ausgeschlossen ist und nicht dadurch erschwert werden soll, dass das Familienheim als Basis für das eheliche Zusammenleben aufgegeben wird. Für den nachehelichen Unterhalt gelten dagegen hinsichtlich der Verwertungsobliegenheit strengere Maßstäbe. Deshalb ist es auch gerechtfertigt, insofern grundsätzlich von einem Wohnvorteil in Höhe der objektiven Marktmiete auszugehen, während im Rahmen der Bemessung des Trennungsunterhalts der verbleibende Gebrauchswert der Wohnung grundsätzlich (nur) danach zu bestimmen ist, welchen Mietzins der Ehegatte auf dem örtlichen Wohnungsmarkt für eine dem ehelichen Lebensstandard entsprechende angemessene kleinere Wohnung zahlen müsste – nach oben begrenzt durch den vollen Wohnwert der Ehewohnung – (*Senat*, NJW 1998, 2821 = FamRZ 1998, 899 [901], und NJW 2000, 284 = FamRZ 2000, 351 [353]; *Hahne*, FF 1999, 99 [100]). Daraus wird ersichtlich, dass die Frage, wie der Wohnwert eines Eigenheims im Einzelfall zu bemessen ist, nicht losgelöst davon beurteilt werden kann, welcher Lebensstandard dem Unterhaltspflichtigen im Verhältnis zu dem Unterhaltsberechtigten zuzubilligen ist und ob notfalls eine Obliegenheit zu einer Verwertung des Hauses oder der Wohnung besteht.

(Wohnwert beim Verwandtenunterhalt; bei Ansprüchen Eltern-Kind i. d. R. nur angemessener Wohnwert)
cc) Die beim Verwandtenunterhalt maßgebliche Bestimmung des § 1603 I BGB gewährleistet jedem **b** Unterhaltspflichtigen vorrangig die Sicherung seines eigenen angemessenen Unterhalts; ihm sollen grundsätzlich die Mittel verbleiben, die er zur angemessenen Deckung seines allgemeinen Bedarfs benötigt. In welcher Höhe dieser Bedarf zu bemessen ist, hängt von der Lebensstellung des Unterhaltsverpflichteten ab, die sich aus seinem Einkommen, Vermögen und sozialen Rang ergibt. Denn es entspricht der Erfahrung, dass die Lebensstellung an die zur Verfügung stehenden Mittel angepasst wird. Mit Rücksicht darauf kann der angemessene Eigenbedarf nicht unabhängig von dem im Einzelfall vorhandenen Einkommen bestimmt werden; er ist entsprechend den Umständen des Einzelfalls veränderlich. Wie der Senat inzwischen entschieden hat, braucht der Unterhaltsverpflichtete bei einer Inanspruchnahme auf Unterhalt für einen Elternteil eine spürbare und dauerhafte Senkung seines berufs- und einkommenstypischen Unterhaltsniveaus jedenfalls insoweit nicht hinzunehmen, als er nicht einen nach den Verhältnissen unangemessenen Aufwand betreibt. Eine derartige Schmälerung des eigenen angemessenen Bedarfs wäre mit dem Gesetz nicht in Einklang zu bringen, das den Unterhaltsanspruch der Eltern rechtlich vergleichsweise schwach ausgestaltet hat (*Senat*, NJW 2003, 128 = FPR 2003, 149 = FamRZ 2002, 1698 [1700 f.]). Auf eine Schmälerung des eigenen Bedarfs würde es aber hinauslaufen, wenn bei der Bemessung der Leistungsfähigkeit des Unterhaltspflichtigen Mittel berücksichtigt würden, die ihm tatsächlich nicht zur Verfügung stehen und die er – wie es bei der Differenz zwischen den für sich und seine Familie angemessenen Wohnkosten und dem objektiven Mietwert seines Eigenheims der Fall ist – nur durch eine Verwertung der Immobilie erzielen könnte. Eine solche Fallgestaltung kann etwa vorliegen, wenn der Unterhaltspflichtige im Wesentlichen durch Eigenleistungen kostengünstig ein Eigenheim errichtet, dessen objektiver Mietwert den bei den gegebenen Einkommensverhältnissen für Wohnkosten einzusetzenden angemessenen Betrag übersteigt. Da eine Veräußerung oder Vermietung des Familienheims die bisherige, häufig bereits langjährig gestaltete Lebensführung grundlegend beeinträchtigen würde, muss beides als unterhaltsrechtlich unzumutbar angesehen werden. Das gilt unabhängig davon, ob auch unter dem Gesichtspunkt eines Erhalts von selbstgenutztem Grundbesitz als zusätzlicher Altersversorgung eine Verwertung nicht erwartet werden kann, so dass diese Frage offen bleiben kann. Ebenso wenig kommt es darauf an, ob der Übergang des Unterhaltsanspruchs auf den Träger der Sozialhilfe nach den §§ 91 II 1, 88 II Nr. 7 BSHG weitergehenden Einschränkungen unterliegt. Auch der Elternteil selbst könnte von dem Unterhaltspflichtigen nicht verlangen, die angemessene Nutzung eines Eigenheims zu Gunsten einer ertragreicheren Verwendung aufzugeben.

Kann von dem Unterhaltspflichtigen nicht erwartet werden, dass er den objektiven „Mehrwert" eines Familienheims realisiert, würde dieser aber gleichwohl als unterhaltsrelevantes Einkommen berücksichtigt, so wäre der Lebensstandard deshalb eingeschränkt, weil dem Unterhaltspflichtigen die bisher zur Bestreitung seines allgemeinen Bedarfs zur Verfügung stehenden Mittel teilweise fehlen würden. Auch das braucht beim Aszendentenunterhalt nicht hingenommen zu werden.

Im Hinblick darauf erweist sich der Ausgangspunkt des BerGer., bei der Inanspruchnahme auf Zahlung von Elternunterhalt sei der Wert des mietfreien Wohnens nicht nach der bei einer Fremdvermietung erzielbaren objektiven Marktmiete, sondern auf der Grundlage der ersparten Mietaufwendungen zu bestimmen, als rechtlich zutreffend (ebenso *OLG Oldenburg*, NJW 2000, 524 = FamRZ 2000, 1174 [1175]; *Heiß/Born/Hußmann*, 13. Kap. Rn. 52; *Kalthoener/Büttner/Niepmann*, 8. Aufl., Rn. 781a; *Reinecke*, ZAP Fach 11, 638; vgl. auch *Duderstadt*, Erwachsenenunterhalt, 3. Aufl., S. 4). Dabei obliegt es dem Tatrichter, diesen angemessenen Wohnwert an den jeweiligen Lebens- und Einkommensverhältnissen des Unterhaltspflichtigen auszurichten.

(Abzugsposten beim Wohnwert; Tilgungsraten und Elternunterhalt)

c ee) Der Wohnvorteil wird in jedem Fall gemindert durch die Aufwendungen, die für die allgemeinen Grundstückskosten und -lasten, Zinszahlungen auf die zur Finanzierung aufgenommenen Darlehen und sonstigen verbrauchsunabhängigen Kosten entstehen (*Senat,* NJW 1998, 2821 = FamRZ 1998, 899 [901] m. w. Nachw.). Darüber hinaus hat das BerGer. – im Rahmen der Bemessung des Elternunterhalts – zu Recht auch die Abzugsfähigkeit des in den Darlehensraten enthaltenen Tilgungsanteils anerkannt.

Allgemein gilt, dass Ansprüchen Unterhaltsberechtigter kein allgemeiner Vorrang vor anderen Verbindlichkeiten des Unterhaltspflichtigen zukommt. Andererseits dürfen diese Verbindlichkeiten auch nicht ohne Rücksicht auf die Unterhaltsinteressen getilgt werden. Vielmehr bedarf es eines Ausgleichs der Belange von Unterhaltsgläubiger, Unterhaltsschuldner und Drittschuldner. Ob eine Verbindlichkeit im Einzelfall zu berücksichtigen ist, kann danach nur im Rahmen einer umfassenden Interessenabwägung nach billigem Ermessen entschieden werden. Insoweit sind insbesondere der Zweck der Verbindlichkeiten, der Zeitpunkt und die Art ihrer Entstehung, die Dringlichkeit der beiderseitigen Bedürfnisse, die Kenntnis des Unterhaltsschuldners von Grund und Höhe der Unterhaltsschuld und seine Möglichkeiten von Bedeutung, die Leistungsfähigkeit ganz oder teilweise wiederherzustellen (ständige Rechtsprechung, vgl. für Ehegatten- und Kindesunterhalt etwa *Senat,* NJW 1984, 1237 = FamRZ 1984, 358 [360]; NJW 1984, 2351 = FamRZ 1984, 657 [658], und NJW-RR 1990, 323 = FamRZ 1990, 283 [287]). Was speziell die für selbstgenutztes Haus- oder Wohneigentum eingegangenen Verbindlichkeiten anbelangt, so werden diese in der Rechtsprechung und im Schrifttum – soweit es um die Inanspruchnahme auf Elternunterhalt geht – weitgehend anerkannt, jedenfalls wenn sie sich in einem angemessenen Rahmen halten und vor Bekanntwerden der Unterhaltsverpflichtung eingegangen wurden (*OLG Köln,* NJW-RR 2002, 74 = FamRZ 2002, 572 [573]; *LG Bielefeld,* FamRZ 1999, 399 [400]; *LG Paderborn,* FamRZ 1996, 1497 [1498]; *LG Köln,* NDV-RD 1996, 112 [113]; *Günther,* Münchener Anwaltshdb., § 12 Rn. 43; *Heiß/Born/Hußmann,* Rn. 52; *Wendl/Pauling,* 5. Aufl., § 2 Rn. 639; *Luthin/Seidel,* 9. Aufl., Rn. 5072; *Eschenbruch,* Der Unterhaltsprozess, 3. Aufl., Rn. 2023; vgl. auch *Scholz/Erdrich,* Praxishdb. FamilienR, Teil J Rn. 44). Das steht sowohl mit den nach der Rechtsprechung des erkennenden *Senats* geltenden allgemeinen Grundsätzen über die Berücksichtigungsfähigkeit von Verbindlichkeiten als auch mit den im Rahmen des Elternunterhalts heranzuziehenden Maßstäben in Einklang. Die Darlehensaufnahme dient dem Wohnbedürfnis der Familie des Unterhaltspflichtigen und damit einem grundsätzlich anzuerkennenden Zweck. Wenn und soweit sich die Verbindlichkeiten sowie die hieraus resultierenden Annuitäten in einer im Verhältnis zu den vorhandenen Einkünften angemessenen Höhe halten, mindern sie das für den Aszendentenunterhalt einzusetzende Einkommen deshalb jedenfalls dann, wenn die Verpflichtungen bereits zu einer Zeit eingegangen wurden, als der Unterhaltspflichtige noch nicht damit zu rechnen brauchte, für den Unterhalt seiner Eltern aufkommen zu müssen. Würde unter solchen Umständen die Abzugsfähigkeit von Tilgungsleistungen verneint, könnte sich der Unterhaltsverpflichtete – ebenso wie bei der Berücksichtigung eines Wohnwerts in Höhe der objektiven Marktmiete – gezwungen sehen, das Familienheim anderweitig zu verwerten, weil er nicht gleichzeitig Elternunterhalt und Tilgungsleistungen aufbringen kann. Eine Verwertungsobliegenheit trifft ihn, wie bereits ausgeführt wurde, indessen nicht.

Hiervon ausgehend begegnet es im vorliegenden Fall keinen rechtlichen Bedenken, dass das BerGer. die für das Eigenheim aufzubringenden Darlehensraten in voller Höhe berücksichtigt hat. Die Errichtung eines Wohnhauses entsprach bei den gegebenen Einkommensverhältnissen einer angemessenen Lebensführung. Dass die Darlehensverbindlichkeiten bereits eingegangen wurden, bevor der Bekl. mit einer Inanspruchnahme auf Unterhaltszahlungen für seine Mutter rechnen musste, ist zwischen den Parteien nicht streitig. Die Angemessenheit der monatlichen Kreditaufwendungen kann angesichts ihrer Höhe von 1230 DM nicht in Zweifel gezogen werden. Deshalb ist das BerGer. zu Recht von einer verbleibenden Belastung des Bekl. von monatlich 135,60 DM (1230 DM + 55,60 DM = 1285,60 DM ./. 1150 DM) ausgegangen.

(Zusätzliche private Altersvorsorge bei Beamten)

d d) Was die von dem BerGer. verneinte Abzugsfähigkeit der Lebensversicherungsprämien anbelangt, erscheint es allerdings fraglich, ob die betreffenden Aufwendungen mit der Begründung außer Betracht gelassen werden können, der Bekl. habe als Beamter bereits eine ausreichende Versorgung gesichert. Nachdem sich zunehmend die Erkenntnis durchgesetzt hat, dass die primäre Vorsorge in Zukunft nicht mehr für die Altersversorgung ausreichen wird, sondern zusätzlich private Altersvorsorge zu treffen ist (vgl. Art. 6 des Altersvermögensgesetzes vom 26. 6. 2001, BGBl I, 1310 [1335]), ist zu erwägen, ob auch hierzu dienende zusätzliche Aufwendungen in einem angemessenen Umfang grundsätzlich als abzugsfähig anzuerkennen sind, auch um einem Unterhaltspflichtigen die Möglichkeit zu eröffnen, geeignete Vorkehrungen dafür zu treffen, dass er nicht seinerseits im Alter seine Kinder auf Unterhalt in Anspruch nehmen muss. Denn die eigene angemessene Altersvorsorge geht der Sorge für die Unterhaltsberechtigten vor. Das gilt insbesondere dann, wenn dem Unterhaltspflichtigen – wie bei der

Anhang R. Rechtsprechung   R594

Inanspruchnahme auf Elternunterhalt – vorrangig die Sicherung seines eigenen angemessenen Unterhalts gewährleistet wird. Die Berücksichtigungsfähigkeit der Lebensversicherungsprämien bedarf im vorliegenden Fall indessen keiner abschließenden Entscheidung.

(Selbstbehalt beim Elternunterhalt)
§ 1603 I BGB gewährleistet jedem Unterhaltspflichtigen vorrangig die Sicherung seines eigenen   e
angemessenen Unterhalts; ihm sollen grundsätzlich die Mittel verbleiben, die er zur angemessenen Deckung des seiner Lebensstellung entsprechenden allgemeinen Bedarfs benötigt (*Senat,* NJW 1992, 1393 = FamRZ 1992, 795 [797], und NJW 1989, 523 = FamRZ 1989, 272 m. w. Nachw.). In welcher Höhe dieser Bedarf des Verpflichteten zu bemessen ist, obliegt der tatrichterlichen Beurteilung des Einzelfalls. Das dabei gewonnene Ergebnis ist revisionsrechtlich jedoch darauf zu überprüfen, ob es den anzuwendenden Rechtsgrundsätzen Rechnung trägt und angemessen ist. Das ist hier der Fall. Wie der *Senat* inzwischen entschieden hat, kann der angemessene Eigenbedarf nicht losgelöst von der im Einzelfall vorliegenden Lebensstellung, die dem Einkommen, Vermögen und sozialen Rang des Verpflichteten entspricht, bestimmt und deshalb nicht durchgehend mit einem festen Betrag angesetzt werden. Vielmehr ist er auf Grund der konkreten Umstände und unter Berücksichtigung der besonderen Lebensverhältnisse, die bei der Inanspruchnahme auf Elternunterhalt als einem rechtlich vergleichsweise schwach ausgestalteten Anspruch vorliegen, zu ermitteln. Diesem Gesichtspunkt tragen inzwischen die meisten Tabellen und Leitlinien der Oberlandesgerichte insoweit Rechnung, als sie als Selbstbehalt des Unterhaltspflichtigen nur einen Mindestbetrag angeben (vgl. etwa die Zusammenstellung bei *Günther,* § 12 Rn. 31). Ob und unter welchen Voraussetzungen diese Mindestbeträge zu erhöhen sind, unterliegt letztlich der verantwortlichen Beurteilung des Tatrichters. Der Senat hat es bereits grundsätzlich gebilligt, wenn bei der Ermittlung des für den Elternunterhalt einzusetzenden bereinigten Einkommens allein auf einen – etwa hälftigen – Anteil des Betrags abgestellt wird, der den an sich vorgesehenen Mindestselbstbehalt übersteigt. Denn durch eine solche Handhabung kann im Einzelfall ein angemessener Ausgleich zwischen dem Unterhaltsinteresse der Eltern einerseits und dem Interesse des Unterhaltsverpflichteten an der Wahrung seines angemessenen Selbstbehalts andererseits zu bewirken sein. Zugleich kann eine ungerechtfertigte Nivellierung unterschiedlicher Verhältnisse vermieden werden. Überdies hat eine derartige Verfahrensweise den Vorteil der Rechtssicherheit und Praktikabilität für sich (*Senat,* NJW 2003, 128 = FPR 2003, 149 = FamRZ 2002, 1698 [1700 ff.] m. w. Nachw.).

Dass das *OLG* diesen Weg der Bedarfsbestimmung gewählt hat, kann deshalb nicht als rechtsfehlerhaft angesehen werden. Auch das dabei gewonnene Ergebnis erscheint angemessen.

BGH v. 7. 5. 2003 – XII ZR 140/01 – FamRZ 03, 1095 = FPR 03, 490

(Abgrenzung Verfahren §§ 653, 645 ZPO und Abänderungsklage nach § 654 ZPO)   R594

2. Entgegen der Meinung der Revision ist der Bekl. im Annexverfahren nach § 653 I ZPO mit dem Erfüllungseinwand ausgeschlossen. Denn der in § 653 I 3 ZPO angeordnete Einwendungsausschluss bezieht sich auch auf den Erfüllungseinwand des Unterhaltspflichtigen. Dies ergibt sich aus Sinn und Zweck des in § 653 I ZPO geregelten Annexverfahrens und aus dem systematischen Zusammenhang dieser Vorschrift mit den übrigen Bestimmungen des Titels über das vereinfachte Verfahren nach §§ 645 ff. ZPO, insbesondere mit der in § 654 ZPO geregelten Korrekturklage (ebenso *OLG Karlsruhe,* FamRZ 2002, 1262, zum Einwand der Verwirkung; *OLG Bremen,* FamRZ 2000, 1164, und *OLG Dresden,* FamRZ 2003, 161, jeweils zum Einwand fehlender Leistungsfähigkeit; *Zöller/Philippi,* ZPO, 23. Aufl., § 653 Rn. 4; a. A. *Baumbach/Lauterbach/Albers/Hartmann,* ZPO, 61. Aufl., § 653 Rn. 3; wohl auch *Thomas/Putzo/Hüßtege,* ZPO, 24. Aufl., § 654 Rn. 6; *Coester-Waltjen,* in: MünchKomm-ZPO, 2. Aufl., § 653 Rn. 9).

Die §§ 645 ff. ZPO sollen allen minderjährigen Kindern ermöglichen, in einem einfachen Verfahren schnell einen ersten Vollstreckungstitel gegen einen Elternteil zu erhalten, in dessen Haushalt sie nicht leben (vgl. Bericht des Rechtsausschusses v. 13. 1. 1998, BT-Dr 13/9596, S. 36; *Musielak/Borth,* ZPO, 3. Aufl., vor § 645 Rn. 2). Dies gilt auch im Annexverfahren nach § 653 ZPO, das außerdem den Kindschaftsprozess nicht mit Unterhaltsfragen belasten soll (vgl. *Zöller/Philippi,* § 653 Rn. 2). Um die erwünschte Schnelligkeit zu gewährleisten, sind Angriffs- und Verteidigungsmöglichkeiten limitiert (vgl. *Lipp/Wagenitz,* Das neue KindschaftsR, § 654 ZPO Rn. 1): Im Verfahren nach §§ 645, 649 I ZPO kann der Unterhaltsgläubiger höchstens den einundhalbfachen Regelbetrag fordern (§ 645 I ZPO). Der Unterhaltsschuldner kann Einwendungen nur unter den engen Voraussetzungen des § 648 ZPO vorbringen. Im Verfahren nach § 653 I ZPO kann das Kind Unterhalt nur bis zur Höhe des Regelbetrags geltend machen; der Vater ist nach allgemeiner Meinung mit dem Einwand mangelnder oder eingeschränkter Leistungsfähigkeit vollends ausgeschlossen (vgl. *Senat,* NJW-RR 2003, 433 = FPR 2003, 216 = FamRZ 2003, 304 [305]). Die Unterhaltsfestsetzungen nach § 649 I bzw. § 653 I ZPO erfolgen somit zwangsläufig in pauschaler Weise. Die nachträgliche Berücksichtigung ihrer individuellen Verhältnisse können beide Parteien durch Erhebung einer Korrekturklage nach § 654 ZPO erreichen.

In diesem Zusammenhang weist die Revision allerdings zu Recht darauf hin, dass bereits § 643 ZPO a. F., der dem jetzigen § 653 ZPO im Wesentlichen auch im Wortlaut entsprach, ebenfalls den Zweck verfolgte, dem Kind möglichst schnell und auf einfachem Weg zu einem Titel für den ihm zustehenden Unterhalt – in der pauschalierten Form des Regelunterhalts – zu verhelfen. Dennoch hat der Senat in seinem Urteil vom 29. 10. 1980 (NJW 1981, 393 = FamRZ 1981, 32) diesen Zweck nicht genügen lassen, um den Vater mit dem Einwand des gesetzlichen Forderungsübergangs nach § 1615 b BGB a. F. (vgl. jetzt § 1607 III BGB) auszuschließen. Diese Auffassung, die zum Teil auch auf den Erfüllungseinwand bezogen wurde (vgl. *OLG Düsseldorf,* FamRZ 1981, 603), kann jedenfalls nicht auf die durch das Kindesunterhaltsgesetz neu geregelte Rechtslage übertragen werden. Denn die genannte Rechtsprechung beruhte nicht nur auf dem Sinn des Annexverfahrens und der Auslegung des § 643 ZPO a. F., sondern entscheidend auch auf dem Zusammenhang dieser Bestimmung mit § 643 a ZPO a. F. Nach der letztgenannten Vorschrift konnte nämlich in einem so genannten Anpassungsverfahren lediglich eine Herauf- oder Herabsetzung des geschuldeten Unterhalts gegenüber dem Regelunterhalt sowie ein Erlass oder eine Stundung rückständiger Unterhaltsbeträge durch richterliche Entscheidung verlangt werden (vgl. *Senat,* NJW 1981, 393 = FamRZ 1981, 32 [33]). Unter diesen Bedingungen musste aber über den Grund des Anspruchs bereits im Annexverfahren entschieden werden.

Insoweit hat sich jedoch die Rechtslage durch die Neuregelung des Kindesunterhaltsgesetzes zum 1. 7. 1998 grundlegend geändert. Im Rahmen der Korrekturklage nach § 654 ZPO kann der Unterhaltspflichtige nunmehr alle Einwendungen zum Grund und zur Höhe des Unterhalts, insbesondere auch den Einwand der Erfüllung, erheben. Dies ergibt sich aus dem Wortlaut des § 654 ZPO, der keine Einschränkung enthält. Auch im Gesetzgebungsverfahren ist davon ausgegangen worden, dass im Rahmen von § 654 ZPO alle Einwendungen erhoben werden können und diese Klage weder an die Voraussetzungen des § 323 ZPO noch an die des § 767 ZPO gebunden ist (vgl. Begründung der Bundesregierung, BT-Dr 13/7338, S. 43). Auch entspricht es – soweit ersichtlich – der allgemeinen Meinung in Rechtsprechung und Literatur, dass die Einwendungen des Bekl. im Rahmen der Korrekturklage in keiner Weise limitiert sind.

Würde man unter diesen Umständen den Einwand des Unterhaltspflichtigen, er habe die Unterhaltsansprüche erfüllt, bereits im Annexverfahren zulassen, widerspräche das dem Sinn des Verfahrens, dem Kind schnell und einfach einen Unterhaltstitel zu geben. Vielmehr sähe sich das Kind dann zweimal hintereinander den Einwendungen des Bekl. zur Erfüllung ausgesetzt, wobei es darüber hinaus im ersten Prozess selbst nicht die Möglichkeit hätte, den gegebenenfalls über dem Regelbetrag liegenden Unterhalt geltend zu machen. Dies widerspräche, worauf das *OLG* zu Recht hinweist, den Grundsätzen der Prozessökonomie.

Richtig ist zwar, dass unter den genannten Voraussetzungen das Kind möglicherweise einen vollstreckungsfähigen Titel über einen ihm nicht (mehr) zustehenden Unterhaltsanspruch erhält. Der Vater kann sich jedoch gegen eine ungerechtfertigte Vollstreckung dadurch wehren, dass er im Rahmen der dann zu erhebenden Korrekturklage nach § 654 ZPO entsprechend § 769 ZPO die einstweilige Einstellung der Zwangsvollstreckung beantragt.

BGH v. 25. 6. 2003 – XII ZR 63/00 – FamRZ 04, 186 = FPR 04, 148

R595 *(Übliche Überstunden kein überobligatorisches Einkommen)*

a   Unstreitig ist ferner die Höhe des von dem Bekl. in dem hier maßgeblichen Zeitraum erzielten Einkommens. Insofern rügt die Revision jedoch, dass das BerGer. auch die von dem Bekl. bezogene Überstundenvergütung als unterhaltsrelevantes Einkommen angesehen habe. Das OLG habe entgegen seinen eigenen Leitlinien nicht festgestellt, dass die geleistete Mehrarbeit beruflich oder nur in geringem Umfang angefallen sei. Es habe auch nicht erwogen, ob Einkünfte aus Mehrarbeit bei der Berechnung des Elternunterhalts nach Zumutbarkeitsgesichtspunkten zu behandeln seien. Damit vermag die Revision nicht durchzudringen.

Nach der Rechtsprechung des Senats sind bei der Ermittlung der Leistungsfähigkeit des Unterhaltspflichtigen zur Feststellung seines Einkommens grundsätzlich alle Einkünfte heranzuziehen, die ihm zufließen. Deshalb sind als Arbeitseinkommen regelmäßig alle Leistungen anzusehen, die ihm im Hinblick auf das Arbeits- oder Dienstverhältnis gewährt werden, gleichgültig, aus welchem Anlass sie im Einzelnen gezahlt werden. Was die Vergütung von Überstunden anbelangt, so ist diese grundsätzlich gleichfalls – in voller Höhe – mit einzusetzen. Das gilt jedenfalls dann, wenn sie nur in geringem Umfang anfällt oder wenn die Ableistung von Überstunden im fraglichen Ausmaß in dem vom Unterhaltsschuldner ausgeübten Beruf üblich ist (*Senat,* NJW 1980, 2251 = FamRZ 1980, 984).

Da somit das auf Überstundenvergütung beruhende Einkommen des Unterhaltspflichtigen unterhaltsrechtlich grundsätzlich zu berücksichtigen ist, hat er die Umstände darzulegen, aus denen sich

Anhang R. Rechtsprechung R595

ergibt, dass das betreffende Einkommen gleichwohl außer Betracht zu bleiben hat. Entsprechende Feststellungen hat das BerGer. nicht getroffen. Die Revision rügt auch nicht, dass insofern Vorbringen des Bekl. übergangen worden sei. Anhaltspunkte, die für eine nur eingeschränkte Berücksichtigung der Überstundenvergütung sprechen würden, sind auch nicht ersichtlich. Nach den vorgelegten Verdienstbescheinigungen hat der Bekl. 1994 insgesamt 122 Überstunden geleistet und 1995 insgesamt 46. Für das Jahr 1996 ist insofern aus der Verdienstbescheinigung nichts ersichtlich. Selbst im Jahr 1994 sind mithin nur rund 10 Überstunden im Monatsdurchschnitt und damit deutlich weniger als 10% der regulären Arbeitszeit geleistet worden. Bei einem solchen Anteil ist jedenfalls noch von einem geringen Umfang der Überstunden auszugehen (vgl. auch OLG Köln, FamRZ 1984, 1108 [1109]), so dass gegen die Berücksichtigung des hieraus resultierenden Einkommens keine rechtlichen Bedenken bestehen. Auch bei der Inanspruchnahme auf Elternunterhalt gelten insofern keine anderen Maßstäbe.

(§ 1578 BGB als Orientierungshilfe bei Bemessung des Familienunterhalts in Geld)
aa) Zu den zu berücksichtigenden sonstigen Verpflichtungen gehört auch die Unterhaltspflicht **b** gegenüber der Ehefrau des Bekl., falls diese kein ihren Unterhaltsbedarf deckendes eigenes Einkommen erzielt. Der Bekl. schuldet ihr in diesem Fall gem. §§ 1360, 1360a BGB Familienunterhalt. Dieser Unterhaltsanspruch lässt sich zwar nicht ohne weiteres nach den zum Ehegattenunterhalt bei Trennung und Scheidung entwickelten Grundsätzen bemessen. Denn er ist nach seiner Ausgestaltung nicht auf die Gewährung einer – frei verfügbaren – Geldrente für den jeweils anderen Ehegatten, sondern als gegenseitiger Anspruch der Ehegatten darauf gerichtet, dass jeder von ihnen seinen Beitrag zum Familienunterhalt entsprechend seiner nach dem individuellen Ehebild übernommenen Funktion leistet. Sein Maß bestimmt sich aber nach den ehelichen Lebensverhältnissen, so dass § 1578 BGB als Orientierungshilfe herangezogen werden kann (*Senat*, NJW 1995, 1486 = FamRZ 1995, 537, und NJW 2003, 1112 = FPR 2003, 211 = FamRZ 2003, 363 [366 f.]). Deshalb ist es rechtlich unbedenklich, den Anspruch auf Familienunterhalt im Fall der Konkurrenz mit anderen Unterhaltsansprüchen auf die einzelnen Familienmitglieder aufzuteilen und in Geldbeträgen zu veranschlagen. Der anzusetzende Betrag kann daher insoweit in gleicher Weise wie der Unterhaltsbedarf eines getrennt lebenden oder geschiedenen Ehegatten ermittelt werden (*Senat*, NJW 2003, 1660 = FPR 2003, 378 = FamRZ 2003, 860 [864]; NJW 2003, 1112 = FPR 2003, 211 = FamRZ 2003, 363; NJW 2002, 1646 = FPR 2002, 266 = FamRZ 2002, 742, und NJW-RR 2001, 361 = FamRZ 2001, 1065 [1066]).

(Eheliche Lebensverhältnisse; Unterhaltspflichten; latente Unterhaltslast)
Zum anderen kommt es darauf an, ob die ehelichen Lebensverhältnisse durch Unterhaltsleistungen **d** für die Mutter geprägt waren. Das kann dadurch zum Ausdruck gekommen sein, dass bereits tatsächlich Unterhalt für diese geleistet worden ist. Darüber hinaus kann aber auch schon die latente Unterhaltslast für einen Elternteil die ehelichen Lebensverhältnisse mitbestimmen (vgl. *Senat,* NJW 2003, 1660 = FPR 2003, 378 = FamRZ 2003, 860 [865]). Insofern ist jedenfalls davon auszugehen, dass die ehelichen Lebensverhältnisse umso eher von einer Unterhaltsverpflichtung geprägt werden, je höher die Wahrscheinlichkeit einzuschätzen ist, für den Unterhalt von Eltern aufkommen zu müssen. Denn die ehelichen Lebensverhältnisse, die von den sich wandelnden wirtschaftlichen und persönlichen Verhältnissen der Ehegatten abhängen, können durch derartige Umstände ebenfalls beeinflusst werden. Mit Rücksicht darauf kann es auch nicht allein auf die Verhältnisse bei der Eheschließung des Unterhaltspflichtigen ankommen, sondern – wie klarzustellen ist – auch auf deren spätere Entwicklung. Ob und unter welchen Umständen danach allgemein eine Prägung der ehelichen Lebensverhältnisse – etwa im Fall einer sich abzeichnenden Pflegebedürftigkeit eines Elternteils (vgl. hierzu auch Anm. *Klinkhammer*, FamRZ 2003, 866 [867 f.]) – angenommen werden kann, bedarf vorliegend keiner Entscheidung.

(Keine Reduzierung Selbstbehalt beim Elternunterhalt wegen niedrigeren Wohnkosten)
e) Soweit das BerGer. es allerdings abgelehnt hat, den dem Bekl. zugebilligten Selbstbehalt wegen **e** der tatsächlich geringeren als in den Selbstbehaltsätzen enthaltenen Kosten der Warmmiete zu reduzieren, wendet sich die Anschlussrevision hiergegen ohne Erfolg. Richtig ist zwar der Ausgangspunkt, dass in den pauschalierten Selbstbehaltsätzen für den Unterhaltspflichtigen in diesen Fällen – ab 1. 7. 1998 – eine Warmmiete von insgesamt 1400 DM (800 DM + 600 DM) enthalten war. Selbst wenn dieser Betrag für den hier maßgeblichen Zeitraum geringer anzusetzen ist, liegt er doch deutlich über den Kosten, die dem Bekl. und seiner Ehefrau ausgehend von einer Kaltmiete von monatlich rund 576 DM an Wohnkosten entstanden sind. Ungeachtet dessen ist eine Kürzung des dem Bekl. zuzubilligenden Selbstbehalts nicht veranlasst. Es unterliegt grundsätzlich der freien Disposition des Unterhaltspflichtigen, wie er die ihm zu belassenden Mittel nutzt. Ihm ist es deshalb nicht verwehrt, seine Bedürfnisse anders als in den Unterhaltstabellen vorgesehen zu gewichten und sich etwa mit einer preiswerteren Wohnung zu begnügen, um zusätzliche Mittel für andere Zwecke, etwa für Bekleidung, Urlaubsreisen oder kulturelle Interessen, einsetzen zu können (ebenso OLG Hamm, OLG-Report 2001, 79 [80]; OLG Düsseldorf, NJW-RR 1999, 587 = FamRZ 1999, 1020; OLG Frankfurt a. M.,

FamRZ 1999, 1522; *Kalthoener/Büttner/Niepmann,* 8. Aufl., Rdnr. 970; *Wendl/Scholz,* Das UnterhaltsR in der familiengerichtlichen Praxis, 5. Aufl., § 2 Rdnr. 270; a. A. *Wendl/Gutdeutsch,* § 5 Rdnrn. 183, 203; OLG Dresden, NJW-RR 1999, 1164 = FamRZ 1999, 1522 [1523] für einen Mangelfall bei gesteigerter Unterhaltspflicht). Bei dieser Betrachtungsweise verlieren die in den Selbstbehaltsätzen ausgewiesenen Warmmietanteile nicht ihren Sinn. Ihnen kommt vielmehr die Bedeutung zu, dass der Unterhaltspflichtige bei unvermeidbar höheren Wohnkosten als im Selbstbehalt berücksichtigt, eventuell dessen Heraufsetzung geltend machen kann (vgl. Anm. 5 der Düsseldorfer Tabelle).

BGH v. 17. 9. 2003 XII ZR 184/01 = FamRZ 03, 1734 = NJW 03, 3481

R597   *(Subsidiarität von § 1576 BGB)*

a   2. Diese Ausführungen halten nicht in allen Punkten der rechtlichen Nachprüfung stand.
a) Ein Unterhaltsanspruch nach § 1576 BGB kommt nur insoweit in Betracht, als das Unterhaltsbegehren nicht auf die Bestimmung des § 1572 BGB gestützt werden kann. Denn § 1576 BGB ist gegenüber § 1572 BGB subsidiär.
Die Frage, in welchem Verhältnis § 1576 BGB zu den Unterhaltstatbeständen der §§ 1570–1573 und § 1575 BGB steht, hat der *Senat* bisher nur für § 1570 BGB entschieden. Er hat die Auffassung vertreten, dass insoweit eine Anspruchskonkurrenz ausgeschlossen sei, mithin Subsidiarität des Billigkeitsanspruchs gegenüber dem Anspruch wegen Kindesbetreuung besteht (*Senat,* NJW 1984, 1538 = FamRZ 1984, 361 [362 f.]). Die hierzu angestellten Erwägungen, die sich insbesondere auf den Wortlaut des § 1576 BGB, dessen Stellung im Gesetz sowie die unterschiedlichen Tatbestandsstrukturen der §§ 1570–1573 BGB und § 1575 BGB einerseits und des § 1576 BGB andererseits stützen, gelten für das Verhältnis von § 1576 BGB zu § 1572 BGB gleichermaßen. Zudem entspricht dem Verständnis des § 1576 BGB als eines subsidiären Unterhaltstatbestands auch der Gesetzeszweck: Die Vorschrift soll nach Art eines Auffangtatbestands Regelungslücken schließen und Härten vermeiden, die sich aus dem enumerativen Tatbestandskatalog der §§ 1570–1573 BGB und § 1575 BGB ergeben könnten. Deshalb ist § 1576 BGB auch gegenüber § 1572 BGB als subsidiär anzusehen (ebenso: *Soergel/Häberle,* BGB, 12. Aufl., § 1576 Rdnr. 11; *Staudinger/Verschraegen,* BGB, 12. Bearb., § 1576 Rdnr. 38; *Maurer,* in: MünchKomm, 4. Aufl., § 1576 Rdnr. 21; *Cuny,* in: RGRK, 12. Aufl., § 1576 Rdnr. 8; *Wendl/Gerhardt,* 5. Aufl., § 4 Rdnr. 165; *Schwab/Borth,* Kap. IV Rdnr. 380; *Göppinger/Bäumel,* 8. Aufl., Rdnr. 1007). Daher muss ein Unterhaltsanspruch nach § 1572 BGB zu verneinen sein, bevor ein solcher aus § 1576 BGB zum Tragen kommen kann.

(Nachhaltige Unterhaltssicherung bei § 1573 IV BGB durch fiktive Einkünfte; Beweislast)

b   b) aa) Nach § 1573 IV BGB kann der geschiedene Ehegatte Unterhalt verlangen, wenn die Einkünfte aus einer angemessenen Erwerbstätigkeit wegfallen, weil es ihm trotz seiner Bemühungen nicht gelungen war, den Unterhalt durch die Erwerbstätigkeit nach der Scheidung nachhaltig zu sichern. Dieser Regelung liegt der Gedanke zu Grunde, dass derjenige Ehegatte, dessen Unterhalt durch eine Erwerbstätigkeit nachhaltig gesichert ist, auf eine nachwirkende eheliche Solidarität später nicht mehr zurückgreifen können, sondern alle Folgen der noch ungewissen künftigen Entwicklung allein tragen soll. Für die Beurteilung, ob der Unterhalt durch eine Erwerbstätigkeit nachhaltig gesichert erscheint, ist maßgebend, ob diese im Zeitpunkt ihrer Aufnahme nach objektiven Maßstäben und allgemeiner Lebenserfahrung mit einer gewissen Sicherheit als dauerhaft angesehen werden kann oder ob befürchtet werden muss, dass der Bedürftige sie durch außerhalb seiner Entschließungsfreiheit liegende Umstände in absehbarer Zeit wieder verliert. Dabei sind auch solche Umstände in die Beurteilung einzubeziehen, die zwar schon zu diesem Zeitpunkt bestehen, aber erst später zu Tage treten (*Senat,* NJW 1988, 2034 = FamRZ 1988, 701 [702]; NJW 1987, 3129 = FamRZ 1987, 689). Es obliegt dem Unterhalt begehrenden Ehegatten, darzulegen und notfalls zu beweisen, dass eine nachhaltige Sicherung seines Unterhalts nicht zu erreichen war (*Senat,* NJW 1986, 375 = FamRZ 1985, 1234). Entsprechendes gilt grundsätzlich auch dann, wenn dem Anspruchsteller lediglich fiktive Einkünfte zugerechnet werden. Auch solche können – fiktiv – zu einer nachhaltigen Sicherung i. S. des § 1573 IV BGB führen; anderenfalls würde derjenige Unterhaltsberechtigte, der eine Erwerbsobliegenheit verletzt, in ungerechtfertigter Weise besser gestellt (*Kalthoener/Büttner/Niepmann,* 8. Aufl., Rdnr. 436).

(§ 1576 BGB: keine ehebedingte Bedürftigkeit; kein Einsatzzeitpunkt)

c   4 c) Nach der Rechtsprechung des *Senats* ist der Anwendungsbereich der Vorschrift des § 1576 BGB entsprechend ihrer Ausgestaltung als allgemeine Härteklausel weder im Verhältnis zum Regelungsbereich der §§ 1570 ff. BGB auf gegenständlich andere als die dort genannten Gründe begrenzt noch sonst Beschränkungen auf bestimmte Unterhaltstatbestände unterworfen. Außerdem müssen die in § 1576 BGB vorausgesetzten schwerwiegenden Gründe für die Unzumutbarkeit der Erwerbstätigkeit und die daraus resultierende Bedürftigkeit nicht ehebedingt sein (*Senat,* FamRZ 1983, 800 [801]). Mit Rücksicht auf diese Erwägungen hat der *Senat* bereits in vergleichbaren Fallgestaltungen den Hinweis für geboten gehalten, die Voraussetzungen des § 1576 BGB seien zu prüfen, sofern die Zubilligung eines Unterhaltsanspruchs wegen Krankheit lediglich am Einsatzzeitpunkt scheitere (vgl. *Senat,* NJW 1990, 2752 = FamRZ 1990, 496 [499], und Urt. v. 23. 3. 1983 – IV b ZR 370/81, juris) und die zusätzliche Voraussetzung der groben Unbilligkeit erfüllt sei. Insofern dürfte es der Heranziehung der genannten Bestimmung nicht entgegenstehen, wenn eine krankheitsbedingte Erwerbsunfähigkeit nicht bereits zu einem der in § 1572 BGB genannten Einsatzzeitpunkte vorlag. Anders als andere Unterhaltstatbestände sieht § 1576 BGB Einsatzzeitpunkte nicht vor. Der *Senat* neigt allerdings mit einer verbreiteten Auffassung im Schrifttum dazu, dass es sachgerecht erscheint, den Umstand, dass ein nach der Scheidung mit einem Unterhaltsanspruch nicht belasteter Ehegatte mit fortschreitender Dauer immer weniger mit einer Inanspruchnahme auf Unterhalt zu rechnen braucht, bei der zu treffenden Billigkeitsentscheidung zu berücksichtigen (vgl. hierzu etwa *Schwab/Borth,* Kap. IV Rdnr. 368; *Johannsen/Henrich/Büttner,* EheR, 3. Aufl., § 1576 Rdnr. 5; *Soergel/Häberle,* § 1576 Rdnr. 7; *Maurer,* in: MünchKomm, § 1576 Rdnr. 17; *Göppinger/Bäumel,* Rdnr. 1008; a. A.: *Kalthoener/Büttner/Niepmann,* Rdnr. 455).

BVerfG v. 7. 10. 2003 – 1 BvR 246/93 = FamRZ 03, 1821 = NJW 03, 3466
(Gesetzgeber hat Vorteil aus dem Ehegattensplitting der bestehenden Ehe zugewiesen; das Unterhaltsrecht darf **R598**
ihr diesen Vorteil nicht entziehen)

c) Die Ausgangsfälle bieten keinen Anlass, zu den Verfassungsfragen des Ehegattensplittings Stellung zu nehmen, denn sie sind nicht entscheidungserheblich. Die angegriffenen Urteile verkennen Art. 6 I GG schon allein deshalb, weil sie einen steuerlichen Vorteil, der sich aus dem Steuersplitting gem. § 32 a V EStG ergeben kann, der geschiedenen Ehe haben zukommen lassen.

Der Gesetzgeber hat den Vorteil, der aus dem Steuersplitting folgen kann, der bestehenden Ehe von gemeinsam steuerlich veranlagten und zusammenlebenden Ehegatten zugewiesen. Der Splittingtarif kommt deshalb zum Wegfall, wenn die Eheleute dauerhaft getrennt leben oder sich scheiden lassen. Um eine gleichzeitig mit dem Wegfall des Splittingvorteils durch einen Unterhaltsanspruch des getrennt lebenden oder geschiedenen Ehegatten eintretende Belastung des Unterhaltspflichtigen steuerlich aufzufangen, hat der Gesetzgeber geschiedenen Ehegatten die Möglichkeit des Realsplittings eingeräumt, die so lange eröffnet ist, wie die Unterhaltsverpflichtung besteht, ungeachtet einer Wiederheirat des Unterhaltspflichtigen. Geht dieser aber eine neue Ehe ein, ist dies bei Zusammenveranlagung der Ehegatten anspruchsbegründender Tatbestand für den Eintritt eines möglichen Splittingvorteils. Dabei handelt es sich nicht um ein Wiederaufleben des steuerlichen Splittingvorteils, in dessen Genuss die geschiedenen Ehegatten bei Bestehen ihrer Ehe gekommen waren oder hätten kommen können. Vielmehr entsteht mit der neuen Ehe eine neue Einkommenskonstellation zwischen den nunmehr miteinander verbundenen Ehegatten, die maßgeblich dafür ist, ob und inwieweit ihre Ehe durch das Splittingverfahren steuerliche Vorteile erfährt. Der neuen Ehe und nicht der geschiedenen Ehe des wiederverheirateten Unterhaltspflichtigen soll also eine steuerliche Entlastung zuteil werden. Dass diese Entlastung und das der neuen Ehe insoweit steuerlich belassene Einkommen auch der Abdeckung von Verpflichtungen der Ehegatten dienen können und damit gegebenenfalls auch der Pfändung unterliegen, ändert nichts daran, dass der Gesetzgeber die steuerliche Entlastung der neuen Ehe und nicht der geschiedenen Ehe zugewiesen hat. Hätte er unterhaltsrechtlich die Zuordnung zur geschiedenen Ehe beabsichtigt, hätte er dies ausdrücklich gesetzlich regeln müssen. Dies hat er aber gerade nicht getan, sondern ausschließlich bestehenden Ehen den Splittingvorteil eingeräumt und geschiedene Ehen auf das Realsplitting verwiesen. Eine solche gesetzgeberische Ausgestaltung entspricht dem Schutzauftrag nach Art. 6 I GG, der auch bei der Auslegung von § 1578 I 1 BGB zu beachten ist.

II. 1. Dies haben die Gerichte bei der Interpretation von § 1578 I 1 BGB in den mit den Verfassungsbeschwerden angegriffenen Entscheidungen grundlegend verkannt. Sie haben den neuen Ehen der Bf. den Schutz nach Art. 6 I GG, der ihnen in Ausformung dieses grundgesetzlichen Auftrags durch den Gesetzgeber zukommt, dadurch entzogen, dass sie bei der Bemessung des Unterhaltsbedarfs das um den Splittingvorteil für die neue Ehe erhöhte Einkommen des wiederverheirateten Unterhaltspflichtigen real berücksichtigt oder fiktiv in Ansatz gebracht haben, weil sie der Auffassung sind, dieser Vorteil müsse auch der geschiedenen Ehefrau des Unterhaltspflichtigen zugute kommen. Sie haben zugleich den der neuen Ehe gewährten Steuervorteil der geschiedenen Ehe zugute gebracht, obwohl der Gesetzgeber damit gerade der nunmehr bestehenden neuen Ehe den Schutz hat zukommen lassen wollen, der auch ihr nach Art. 6 I GG gebührt.

a) Es gibt keinen Grund für die Annahme, Vorteile, die der neuen Ehe eines geschiedenen Unterhaltspflichtigen erwachsen, seien schon in dessen früherer Ehe angelegt gewesen und hätten die Lebensverhältnisse der nunmehr Geschiedenen bestimmt. Zwar hat in den letzten Jahrzehnten die Scheidungsrate und damit auch die Zahl von Wiederverheiratungen zugenommen. Es wäre aber schon wegen der Dauerhaftigkeit, die die Ehe grundsätzlich auszeichnet, unzulässig und würde auch durch keine Anhaltspunkte in der Wirklichkeit gestützt, wenn man deshalb unterstellen wollte, mit einer eingegangenen Ehe sei zugleich deren mögliches Scheitern sowie eine darauf folgende neue Ehe mitgedacht und würden nicht nur das Verhalten der Ehegatten, sondern auch deren Einkommensverhältnisse geprägt.

b) Der geschiedene unterhaltsberechtigte Ehegatte erfährt auch keine Benachteiligung durch ein Belassen des Steuervorteils bei der neuen Ehe. Sein Unterhaltsanspruch bleibt dem des mit dem Unterhaltspflichtigen nunmehr Verheirateten vorrangig, bemisst sich allerdings allein an der Einkommenssituation in der geschiedenen Ehe. Dass dabei nicht mehr der Steuervorteil Berücksichtigung findet, der auch der geschiedenen Ehe während ihres Bestehens zugeflossen sein kann, ist Folge der Regelung, nach der die gemeinsame steuerliche Veranlagung nur bei zusammenlebenden Ehegatten erfolgen kann, und nicht Folge der Wiederverheiratung des Unterhaltspflichtigen.

c) Schließlich können auch Praktikabilitätserwägungen nicht rechtfertigen, der neuen Ehe des Unterhaltspflichtigen den ihr in Ausgestaltung des Schutzes aus Art. 6 I GG vom Gesetzgeber zugedachten Steuervorteil dadurch zu entziehen, dass der Unterhaltspflichtige auch mit diesem Vorteil zur Unterhaltszahlung an seinen geschiedenen Ehegatten herangezogen wird. Zwar ist es für die Unterhaltsberechnung einfacher, vom tatsächlich erzielten Nettoeinkommen des Unterhaltspflichtigen auszugehen, das der monatlichen Gehaltsabrechnung entnommen werden kann. Die Rechtsprechung stellt aber diese Erwägungen selbst hintan, wenn die in der neuen Ehe des Unterhaltspflichtigen gewählte Steuerklassenkombination nicht vorrangig bei diesem gegenüber dem Splittingvorteil schon beim monatlichen Steuerabzug eintreten lässt, und berechnet hier das der Unterhaltsbemessung zu Grunde zu legende Einkommen fiktiv. Ebenso verfährt sie, wenn ein Mangelfall vorliegt. Auch im Übrigen ist aber eine etwas schwierigere, jedoch mögliche und durch Technik und Programme unterstützte Berechnung kein hinreichender Grund, Steuervorteile in Abweichung von der gesetzgeberischen Absicht zuzuordnen.

BGH v. 15. 10. 2003 – XII ZR 122/00 – FamRZ 04, 366 = NJW 04, 674

R599 *(Unterhaltsrückstand ab Rechtswahrungsanzeige)*

a a) Zu Recht hat das BerGer. die Voraussetzungen für eine Inanspruchnahme der Bekl. für die Zeit von September 1998 an bejaht. Mit Rücksicht auf die Rechtswahrungsanzeigen des Kl., zuletzt vom 27. 8. 1998, kann nach § 91 III 1 BSHG Unterhalt für die Vergangenheit gefordert werden.

(Elternunterhalt und Familienunterhalt des Pflichtigen)

b bb) Die Frage, wie die Leistungsfähigkeit eines Unterhaltsschuldners in derartigen Fällen grundsätzlich zu beurteilen ist, bedarf im vorliegenden Fall indessen keiner Entscheidung. Denn nach den getroffenen Feststellungen brauchten die Eheleute ihre jeweiligen Einkünfte nicht in vollem Umfang zur Bestreitung des angemessenen Familienunterhalts einzusetzen, so dass der Bekl. von ihrem eigenen Einkommen Mittel verblieben, die für Unterhaltszwecke zur Verfügung stehen.

Der *Senat* hat in einer Fallgestaltung, bei der es um das Unterhaltsbegehren eines volljährigen Kindes gegen seinen den Haushalt in einer neuen Ehe führenden und nur stundenweise erwerbstätigen Vater ging, zwar die Auffassung vertreten, dessen Unterhaltspflicht setze nach § 1603 I BGB erst ein, wenn der eigene angemessene Unterhalt nicht gefährdet werde, in der Regel also erst bei Einkünften oberhalb des so genannten Selbstbehalts. Bis zu dieser Höhe benötige der Unterhaltsschuldner die Einkünfte zur Deckung seines eigenen Lebensbedarfs. Ein rechtlicher Ansatzpunkt, seinen Ehegatten für seinen Unterhalt auch insoweit heranzuziehen, als er selbst verdiene, damit er sein Einkommen an das – unterhaltsrechtlich nachrangige – volljährige Kind aus der früheren Ehe weitergeben könne, bestehe nicht. Er sei auch durch Billigkeitserwägungen nicht zu ersetzen. Gleichwohl ist es nach Auffassung des *Senats* nicht ausgeschlossen, dass der Unterhaltsschuldner die ihm zur Verfügung stehenden Geldmittel zum Unterhalt einzusetzen hat, soweit er sie zur Bestreitung des eigenen angemessenen Lebensstandards nicht benötigt. Derartiges kommt in Betracht, wenn der erwerbstätige neuen Ehegatten nach den §§ 1360, 1360 a BGB zu leistende Familienunterhalt so auskömmlich ist, dass der gegenüber den Kindern aus der früheren Ehe barunterhaltspflichtige Elternteil daraus i. S. des § 1603 I BGB angemessen unterhalten wird. Soweit er des Ertrags seiner Nebentätigkeit zum angemessenen Unterhalt in der neuen Familie nicht bedarf, steht dieser – sowie unter Umständen ein Teil solcher Barmittel, die ihm von seinem neuen Ehegatten im Rahmen des Familienunterhalts zur Erfüllung von persönlichen Bedürfnissen zufließen – für Unterhaltszwecke zur Verfügung (*Senat,* NJW 1987, 1549 = FamRZ 1987, 472 [473 f.]).

Diese Grundsätze sind auch zur Beurteilung der hier vorliegenden Fallgestaltung heranzuziehen (ebenso: *Heiß/Hußmann,* UnterhaltsR 13. Kap. Rdnr. 41; *Luthin/Seidel,* 9. Aufl., Rdnr. 5079; *Gerhardt,* Hdb. des Fachanwalts FamilienR, 4. Aufl., Rdnr. 207 b; *Scholz/Erdrich,* Praxishdb. FamilienR, Teil J, Rdnr. 57; *Wendl/Pauling,* 5. Aufl., § 2 Rdnr. 645; *Günther,* in: Münchener Anwaltshdb., § 12 Rdnrn. 92 f.; vgl. auch OLG Frankfurt a. M., FamRZ 2000, 1391 [1392]).

(Familienunterhalt; Verhältnis zum Ehegatten- und Elternunterhalt)

c cc) Wie das BerGer. zutreffend ausgeführt hat, sind beide Ehegatten nach § 1360 BGB verpflichtet, durch ihre Arbeit und mit ihrem Vermögen die Familie angemessen zu unterhalten. Dabei steht es den

Ehegatten frei, ihre Ehe so zu führen, dass ein Partner allein einer Berufstätigkeit nachgeht und der andere sich der Familienarbeit widmet, ebenso wie sie sich dafür entscheiden können, beide einen Beruf ganz oder teilweise auszuüben und sich die Hausarbeit und Kinderbetreuung zu teilen oder diese durch Dritte ausführen zu lassen. Da den Ehegatten insofern gleiches Recht und gleiche Verantwortung bei der Ausgestaltung ihres Ehe- und Familienlebens zukommt, sind auch die Leistungen, die sie im Rahmen der vereinbarten Arbeits- und Aufgabenzuweisung erbringen, als gleichwertig anzusehen. Mit Rücksicht darauf haben sie auch Anspruch auf gleiche Teilhabe am gemeinsam Erwirtschafteten, soweit dieses den ehelichen Lebensstandard prägt (*Senat,* NJW 2002, 1646 = FPR 2002, 266 = FamRZ 2002, 742; *BVerfG,* NJW 2002, 1285 = FPR 2002, 180 = FamRZ 2002, 527 [528 f.]). Die Höhe des von jedem Ehegatten zu leistenden Familienunterhalts richtet sich nach dem Verhältnis der beiderseitigen unterhaltsrechtlich relevanten Nettoeinkommen (*BGH,* NJW 1974, 1238 = FamRZ 1974, 366; *Göppinger/Bäumel,* 8. Aufl., Rdnr. 864; *Wendl/Scholz,* § 3 Rdnrn. 37 f.). Soweit das Einkommen eines Ehegatten zur Bestreitung des angemessenen Familienunterhalts nicht benötigt wird, steht es ihm selbst zur Verfügung (vgl. *Wendl/Pauling,* § 2 Rdnr. 645; *Henrich,* FamRZ 1992, 590). Das hat zur Folge, dass der betreffende Einkommensteil für Unterhaltszwecke eingesetzt werden kann, sofern auch der angemessene Selbstbehalt des Unterhaltpflichtigen nach § 1603 I BGB gewahrt ist. Der nicht unterhaltspflichtige Ehegatte wird in solchen Fällen nicht mittelbar zum Unterhalt herangezogen, denn sein eigener angemessener Familienunterhalt ist gedeckt; die durch Unterhaltsleistungen bedingte Schmälerung des Einkommens seines Ehegatten braucht er nicht zu kompensieren, da auch dessen angemessener Unterhalt gewahrt ist (vgl. auch *Heiß/Hußmann,* Kap. 13 Rdnr. 42).

(Umfang des Familienunterhalts, Höhe des Taschengeldes)
a) Es entspricht der Rechtsprechung des Senats, dass der Anspruch auf Taschengeld Bestandteil des Familienunterhalts nach §§ 1360, 1360 a BGB ist. Zu dem angemessenen Familienunterhalt gehören unter anderem Kosten für Wohnung, Nahrung, Kleidung, medizinische Versorgung, kulturelle Bedürfnisse, Kranken- und Altersvorsorge, Urlaub usw., die in der Regel in Form des Naturalunterhalts gewährt werden. Außerdem hat jeder der Ehegatten Anspruch auf einen angemessenen Teil des Gesamteinkommens als Taschengeld, das heißt auf einen Geldbetrag, der ihm die Befriedigung seiner persönlichen Bedürfnisse nach eigenem Gutdünken und freier Wahl unabhängig von einer Mitsprache des anderen Ehegatten ermöglichen soll (*Senat,* NJW 1998, 1553 = FamRZ 1998, 608 [609 m. w. Nachw.]; kritisch Braun, NJW 2000, 97; *Haumer,* FamRZ 1996, 193). Als Bestandteil des Familienunterhalts richtet sich der Taschengeldanspruch – ebenso wie Ersterer – hinsichtlich seiner Höhe nach den im Einzelfall bestehenden Einkommens- und Vermögensverhältnissen, dem Lebensstil und der Zukunftsplanung der Parteien. In der Rechtsprechung wird üblicherweise eine Quote von 5 bis 7% des zur Verfügung stehenden Nettoeinkommens angenommen (*Senat,* NJW 1998, 1553 = FamRZ 1998, 608 [609]).

(Taschengeld als anrechenbares Einkommen; Barbetrag nach § 21 III BSHG (jetzt: § 35 II SGB XII ist kein Bemessungsfaktor für das Taschengeld)
b) Entgegen der Auffassung der Revision ist das Taschengeld eines Ehegatten nach der Rechtsprechung des Senats nicht nur für den Unterhalt minderjähriger Kinder einzusetzen, sondern ebenfalls für den Volljährigenunterhalt (vgl. *Senat,* NJW 1987, 1549 = FamRZ 1987, 472 [473]). Umstände, die dafür sprechen würden, das Taschengeld nicht gleichermaßen im Rahmen der Unterhaltspflicht gegenüber Eltern als unterhaltsrelevantes Einkommen zu behandeln, liegen nach Ansicht des Senats nicht vor. Taschengeld ist grundsätzlich unterhaltspflichtiges Einkommen und deshalb für Unterhaltszwecke einzusetzen, soweit der angemessene oder notwendige Selbstbehalt des Pflichtigen gewahrt bleibt (*Kalthoener/Büttner/Niepmann,* 8. Aufl., Rdnr. 723; *Günther,* § 12 Rdnr. 98; *Heiß/Hußmann,* 13. Kap. Rdnr. 38; *Wendl/Pauling,* § 2 Rdnr. 645; *Scholz/Stein/Erdrich,* Teil J, Rdnr. 56; *Staudinger/Kappe/Engler,* BGB, 13. Bearb. [1997], § 1603 Rdnrn. 103, 106; *Stollenwerk,* Praxishdb. 2. Aufl., Stichwort: Elternunterhalt, Anm. 6; vgl. auch OLG Köln, NJW-RR 2000, 810 [811]). Verfassungsrechtliche Bedenken im Hinblick auf das Grundrecht des nicht unterhaltspflichtigen Ehegatten aus Art. 6 I GG bestehen nach Auffassung des Senats nicht, da dieser ohnehin keinen Einfluss auf die Verwendung des Taschengelds durch seine Ehefrau hat (vgl. BVerfG, NJW 1985, 1211 = FamRZ 1985, 143 [146]).

c) Die Einsatzpflicht besteht allerdings nur insoweit, als das Taschengeld nicht zur Deckung des angemessenen Bedarfs des Unterhaltspflichtigen benötigt wird. Das hat auch das BerGer. gesehen; es hat den etwa hälftigen Einsatz des Taschengeldbetrags für angemessen gehalten, weil der allgemeine Bedarf der Bekl. auf Grund der sehr guten wirtschaftlichen Verhältnisse gedeckt sei und daher auch ihr – gegenüber dem Mindestbetrag erhöhter – Selbstbehalt nicht berührt werde.

Diese Würdigung ist revisionsrechtlich nicht zu beanstanden. Die Bestimmung des angemessenen Selbstbehalts obliegt dem Tatrichter und kann vom RevGer. nur eingeschränkt darauf überprüft werden, ob sie den anzuwendenden Rechtsgrundsätzen Rechnung trägt und angemessen ist (vgl. *Senat,* NJW 2002, 1646 = FamRZ 2002, 742, und NJW 2003, 128 = FPR 2003, 149 = FamRZ 2002, 1698 [1700]). Das ist hier der Fall.

R600

Dabei verkennt der Senat nicht, dass die Auffassung vertreten wird, dem Unterhaltspflichtigen sei jedenfalls ein Taschengeld in Höhe des Barbetrags nach § 21 III BSHG zu belassen sowie, dass dieser für Sozialhilfeempfänger geltende Satz noch angemessen zu erhöhen sei (vgl. Heiß/Hußmann, Kap. 13 Rdnr. 38, die als möglichen angemessenen Taschengeldbetrag einen solchen von – zurzeit – 220 Euro nennen, nämlich den entsprechend dem Verhältnis des erhöhten Selbstbehalts von 1250 Euro zum notwendigen Selbstbehalt von 730 Euro heraufgesetzten Barbetrag nach § 21 III BSHG – von zurzeit – 129 Euro; ebenso Günther, § 12 Rdnr. 98, vgl. auch die Empfehlung des 13. DGFT – Arbeitskreis 1 –, Taschengeld des nicht verdienenden unterhaltspflichtigen Ehegatten nur insoweit heranzuziehen, soweit ein Betrag von 400 DM überschritten wird). Das vermag die Beurteilung des BerGer. jedoch nicht in Frage zu stellen.

Der Senat hält es nicht für rechtsfehlerhaft, dass das BerGer. keinen Vergleich des der Bekl. belassenen Taschengeldanteils mit dem Barbetrag nach § 21 III BSHG angestellt hat. Es spricht bereits einiges dafür, dass mit diesem Barbetrag teilweise anders gearteter Bedarf zu bestreiten ist als mit dem Taschengeld. Da der Barbetrag Hilfeempfängern gewährt wird, die in einer Anstalt oder einem Heim leben und häufig keine anderen baren Mittel zur Verfügung haben, sind sie darauf angewiesen, hiervon etwa Aufwendungen für Zeitungen, Schreibmittel, Porti, Nahverkehrsmittel, Fuß-, Haar- und Kleiderpflege zu bestreiten sowie sonstige Kleinigkeiten des täglichen Lebens zu finanzieren (vgl. Schoch, in: LPK-BSHG, 6. Aufl. § 21 Rdnr. 77; Mergler/Zink, BSHG, § 21 Rdnr. 28; Oestreicher/Schelter/Kunz, BSHG, § 21 Rdnr. 11). Jedenfalls ein Teil dieses Bedarfs wird bei einem Ehegatten indessen bereits von dem in Form des Naturalunterhalts zu leistenden Familienunterhalt umfasst (s. o. unter 4 a; vgl. auch Röwekamp, Der Taschengeldanspruch unter Ehegatten und seine Pfändbarkeit, S. 9 f.). Das gilt umso mehr, je auskömmlicher dieser bemessen ist. Abgesehen davon kommt der zusätzliche Barbetrag nach § 21 III 4 BSHG, der in dem Betrag von 129 Euro enthalten ist, nur Hilfeempfängern zugute, die einen Teil der Kosten des Heimaufenthalts selbst tragen; insofern erscheint es zweifelhaft, ob der betreffende Teilbetrag überhaupt bedarfsbezogen ist (vgl. *Mergler/Zink*, § 21 Rdnr. 26; *Schoch,* § 21 Rdnr. 82). Mit Rücksicht auf diese Gesichtspunkte ist die Beurteilung des BerGer. revisionsrechtlich jedenfalls nicht zu beanstanden.

BGH v. 29. 10. 2003 – XII ZR 115/01 – FamRZ 04, 24 = NJW 03, 3770

R600 *(Selbstbehalt vermindert durch Ersparnis bei Zusammenleben)*

a   Aus diesem Einkommen kann der Bekl. die der Kl. zugesprochenen Unterhaltsbeträge bezahlen, ohne seinen eigenen angemessenen Unterhalt zu gefährden. Zwar verbleiben dem Bekl. nach Zahlung des Kindesunterhalts von 510 DM – ohne Berücksichtigung des Kindergelds – lediglich rund 1000 DM (1512 DM – 510 DM). Auch liegt dieser Betrag rechnerisch unter seinem angemessenen Selbstbehalt, den das *OLG* unter Berücksichtigung des Wohnsitzes des Bekl. im Beitrittsgebiet in revisionsrechtlich nicht zu beanstandender Weise unter Heranziehung der Dresdner Leitlinien Nr. 16 mit 1645 DM veranschlagt hat. Dieser Betrag des angemessenen Selbstbehalts kann im Übrigen noch um die infolge gemeinsamer Haushaltsführung mit seiner Ehefrau eintretende Ersparnis des Bekl. gemindert werden, die das *OLG* – unter Berücksichtigung der Verhältnisse im Beitrittsgebiet – in revisionsrechtlich zulässiger Weise mit 365 DM veranschlagt hat, bei seiner Berechnung im Ergebnis jedoch hat dahinstehen lassen. Der angemessene Selbstbehalt des Bekl. beläuft sich danach noch auf 1280 DM (angemessener Eigenbedarf: 1645 DM abzgl. Haushaltsersparnis von 365 DM).

(Selbstbehalt vermindert durch Deckung des Lebensbedarfs aus Anteil am Familienunterhalt; dieser analog dem Trennungsunterhalt zu berechnen, jedoch ohne Erwerbstätigenbonus)

b   Der dadurch entstehende Differenzbetrag von 280 DM wird aber durch den Familienunterhaltsanspruch des Bekl. gegen seine Ehefrau nach §§ 1360, 1360 a BGB ausgeglichen, so dass der angemessene Eigenbedarf des Bekl. gesichert ist (s. unten stehende Berechnung). Entgegen der Auffassung der Revision ist der Anspruch des Bekl. auf Familienunterhalt bei der Beurteilung seiner Leistungsfähigkeit nicht erst im Rahmen einer erweiterten Leistungspflicht nach § 1603 II BGB zu berücksichtigen, sondern auch schon bei der Beurteilung der Leistungsfähigkeit im Rahmen des § 1603 I BGB (vgl. *Senat,* NJW 2002, 1646 = FamRZ 2002, 742 m. w. Nachw.). Der Umstand, dass der barunterhaltspflichtige Elternteil verheiratet ist, ist zu berücksichtigen, auch wenn dessen Ehegatte dem Kind in keiner Weise unterhaltspflichtig ist. Dies folgt daraus, dass das Gesetz in § 1603 BGB auf die tatsächlichen Verhältnisse des Unterhaltsverpflichteten abstellt und seine Unterhaltspflicht danach bemisst, ob und inwieweit er imstande ist, den begehrten Unterhalt ohne Gefährdung seines eigenen angemessenen Unterhalts zu gewähren (vgl. *Senat,* NJW 2002, 1646 = FamRZ 2002, 742, und NJW-RR 2001, 361 = FamRZ 2001, 1065 [1067 f.]). Aus diesem Grunde ist hier die Sicherstellung des eigenen Unterhalts des Bekl. in seiner Ehe zu berücksichtigen:

Zwar lässt sich der in einer intakten Ehe bestehende Familienunterhaltsanspruch gem. §§ 1360, 1360 a BGB nicht ohne weiteres nach den zum Ehegattenunterhalt nach Trennung oder Scheidung

Anhang R. Rechtsprechung   R601

entwickelten Grundsätzen bemessen. Denn er ist nach seiner Ausgestaltung nicht auf die Gewährung einer – frei verfügbaren – laufenden Geldrente für den jeweils anderen Ehegatten, sondern vielmehr als gegenseitiger Anspruch der Ehegatten darauf gerichtet, dass jeder von ihnen seinen Beitrag zum Familienunterhalt entsprechend seiner nach dem individuellen Ehebild übernommenen Funktion leistet. Seinem Umfang nach umfasst er gem. § 1360 a BGB alles, was für die Haushaltsführung und die Deckung der persönlichen Bedürfnisse der Ehegatten und der gemeinsamen Kinder erforderlich ist. Sein Maß bestimmt sich aber nach den ehelichen Lebensverhältnissen, so dass § 1578 BGB als Orientierungshilfe herangezogen werden kann (*Senat,* NJW 2003, 1112 = FamRZ 2003, 363 [366 f.]).

Es begegnet deshalb keinen Bedenken, den im vorliegenden Fall maßgeblichen Anspruch auf Familienunterhalt in einem Geldbetrag zu veranschlagen und diesen in gleicher Weise wie den Unterhaltsbedarf des getrennt lebenden oder geschiedenen Ehegatten zu ermitteln: Nach den von der Revision nicht angegriffenen Feststellungen betrug das gemeinsame bereinigte Nettoeinkommen des Bekl. und seiner Ehefrau im Jahre 1999 monatlich durchschnittlich 4485,05 DM, im Jahre 2000 4812,72 DM und ab 2001 monatlich 5060,24 DM. Dem Bekl. steht davon im Rahmen des Familienunterhalts nach §§ 1360, 1360 a BGB rein rechnerisch jeweils die Hälfte zu, 1999 mithin 2242,50 DM und in den folgenden Jahren 2406 DM bzw. 2530 DM. Bei Zahlung der ausgeurteilten Unterhaltsbeträge an die Kl. in Höhe von 510 DM bleibt der angemessene Eigenbedarf des Bekl. somit gesichert, ohne dass andererseits der Hälfteanteil seiner Ehefrau geschmälert und sie damit indirekt zu Unterhaltsleistungen für das Kind ihres Ehemanns herangezogen würde.

BGH v. 12. 11. 2003 – XII ZR 109/01 – FamRZ 04, 612 = NJW 04, 1324

(Verwirkung des Anspruchs nur für die Zukunft)   R601

b) Nach Auffassung der Revision rechtfertigt die vom *OLG* festgestellte Täterschaft des Kl. nicht a
den Ausschluss von Unterhaltsansprüchen, die dem Kl. für die Zeit vor der Tat zustünden. Auch damit kann die Revision nicht durchdringen.

Zwar geht – wie der *Senat* bereits dargelegt hat – ein Unterhaltsgläubiger, der ein Verbrechen oder ein vorsätzliches schweres Vergehen gegen den Unterhaltsschuldner begeht, nach § 1579 Nr. 2 BGB seiner Unterhaltsansprüche grundsätzlich nur für die Zukunft verlustig. Das ergibt sich bereits aus der Entstehungsgeschichte dieser Härteklausel, die durch das 1. Eherechtsreformgesetz geschaffen worden und dem bis dahin geltenden § 66 EheG vergleichbar ist. Zu § 66 EheG war anerkannt, dass eine Verwirkung des Unterhaltsanspruchs nur für die Zukunft eintritt und bereits entstandene Unterhaltsansprüche unberührt lässt. In der Begründung des Entwurfs eines 1. Eherechtsreformgesetzes wird zudem auf die Rechtsähnlichkeit der neuen Härteklausel mit § 1611 BGB hingewiesen. Auch für diese Vorschrift, die einen Wegfall oder eine Beschränkung des Verwandtenunterhalts wegen schwerer Verfehlung gegenüber dem Unterhaltspflichtigen vorsieht, war schon bei der Schaffung des 1. Eherechtsreformgesetzes anerkannt, dass die Verwirkung des Unterhaltsanspruchs nicht rückwirkend eintritt. Beides rechtfertigt den Schluss, dass der Gesetzgeber bei der Schaffung des § 1579 Nr. 2 BGB für die zeitliche Reichweite der Verwirkung keine von den § 66 EheG, § 1611 BGB grundsätzlich abweichende Regelung treffen wollte (*Senat,* NJW 1984, 296 = FamRZ 1984, 334 m. w. Nachw.). Dieser gesetzgeberische Wille schließt es freilich nicht aus, in Ausnahmefällen auch bereits entstandene Unterhaltsansprüche als verwirkt anzusehen (offen gelassen in *Senat,* NJW 1984, 296 = FamRZ 1984, 334). Richtig ist zwar, dass der Zweck der Härteklausel es nicht zwingend erfordert, generell auch einen bereits fälligen, aber unerfüllt gebliebenen Unterhaltsanspruch rückwirkend zu vernichten. Auch erscheint es nicht gerechtfertigt, einen in Verzug geratenen Unterhaltsschuldner allein deshalb zu begünstigen, weil ein späteres Ereignis ihn von der Unterhaltspflicht befreit (*Senat,* NJW 1984, 296 = FamRZ 1984, 334).

(Verwirkung in Ausnahmefällen auch für die Vergangenheit)
Beide Gesichtspunkte hindern indes nicht, der Schwere der vom Unterhaltsgläubiger gegen den b
Unterhaltsschuldner verübten Straftat in besonders gravierenden Ausnahmefällen durch eine Verwirkung auch bereits entstandener Unterhaltsansprüche Rechnung zu tragen. § 1579 BGB knüpft die Versagung, Herabsetzung oder Begrenzung von Unterhaltsansprüchen an das Kriterium grober Unbilligkeit. Aus den genannten Gründen wird die Einforderung von Unterhaltsrückständen nicht immer schon dann als grob unbillig anzusehen sein, wenn die vom Täter begangene Straftat eine künftige unterhaltsrechtliche Inanspruchnahme des leistungsfähigen Opfers durch den bedürftigen Täter unzumutbar werden lässt. Dennoch können besondere Umstände der Tat jede weitere Erfüllung der sich aus der ehelichen oder nachehelichen Solidarität ergebenden Unterhaltspflicht für das Opfer unerträglich werden und mit Billigkeitsgesichtspunkten schlechthin unvereinbar erscheinen lassen, mag auch der Zeitraum, für den der Täter von seinem Opfer Unterhalt begehrt, vor der Tatausführung gelegen haben.

Die Beurteilung der Frage, ob die besonderen Voraussetzungen einer solchen, auch vor der Tat liegende Unterhaltszeiträume erfassenden Unzumutbarkeit weiterer Unterhaltsleistungen vorliegen, obliegt dem Tatrichter. Das *OLG* hat diese Voraussetzungen insbesondere deshalb bejaht, weil der Kl. die Tat gegen die Bekl. nicht im Affekt begangen, sondern von langer Hand geplant hat und sich dabei bewusst war, dass die gemeinsamen Kinder Zeugen der an ihrer Mutter begangenen Gewalttat würden. Es hat zusätzlich berücksichtigt, dass die Bekl. den Mietzins für das bis dahin als Ehewohnung genutzte Einfamilienhaus auch nach der Trennung der Parteien und über den Zeitpunkt der Tat des Kl. hinaus bis hin zu dessen Auszug (im Mai 1999) an die Vermieter entrichtet und damit den Unterhaltsanspruch des Kl. für die Zeit vor der Tat zumindest teilweise erfüllt hat. Diese tatrichterliche Würdigung lässt revisionsrechtlich bedeutsame Rechtsfehler nicht erkennen.

BGH v. 10. 12. 2003 – XII ZR 155/01 – FamRZ 04, 531 = NJW-RR 04, 649

R602   *(Verwirkung Unterhaltsrückstand; Zeitmoment)*

a   Die Verwirkung ist ein Unterfall der unzulässigen Rechtsausübung wegen widersprüchlichen Verhaltens. Sie setzt voraus, dass der Berechtigte ein Recht längere Zeit nicht geltend macht, obwohl er dazu in der Lage wäre (so genanntes Zeitmoment) und der Verpflichtete sich mit Rücksicht auf das gesamte Verhalten des Berechtigten darauf einrichten durfte und sich darauf eingerichtet hat, dieser werde sein Recht auch künftig nicht mehr geltend machen (so genanntes Umstandsmoment; BGHZ 146, 217 [220] m. Nachw. = GRUR 2001, 323).

Insofern gilt für Unterhaltsrückstände nichts anderes als für andere in der Vergangenheit fällig gewordene Ansprüche (vgl. *Senat*, NJW 2003, 128 = FamRZ 2002, 1698).

Wie der *Senat* bereits wiederholt zu nicht titulierten Unterhaltsrückständen entschieden hat (vgl. *Senat*, NJW 2003, 128 = FamRZ 2002, 1698 [1699]), spricht viel dafür, bei derartigen Ansprüchen an das Zeitmoment der Verwirkung keine strengen Anforderungen zu stellen. Von einem Unterhaltsgläubiger muss eher als von einem Gläubiger anderer Forderungen erwartet werden, dass er sich zeitnah um die Durchsetzung des Anspruchs bemüht. Anderenfalls können Unterhaltsrückstände zu einer erdrückenden Schuldenlast anwachsen. Abgesehen davon sind im Unterhaltsrechtsstreit die für die Bemessung des Unterhalts maßgeblichen Einkommensverhältnisse der Parteien nach längerer Zeit oft nur schwer aufklärbar. Diese Gründe, die eine möglichst zeitnahe Geltendmachung von Unterhalt nahe legen, sind so gewichtig, dass das Zeitmoment der Verwirkung auch dann erfüllt sein kann, wenn die Rückstände Zeitabschnitte betreffen, die etwas mehr als ein Jahr zurückliegen. Denn nach den gesetzlichen Bestimmungen der §§ 1585b III, 1613 II Nr. 1 BGB verdient der Gesichtspunkt des Schuldnerschutzes bei Unterhaltsrückständen für eine mehr als ein Jahr zurückliegende Zeit besondere Beachtung.

(Verwirkung Unterhaltsrückstand titulierter Anspruch; fehlendes Umstandsmoment bei guten Einkommensverhältnissen)

b   Diese Erwägungen treffen im Wesentlichen auch auf titulierte Unterhaltsansprüche zu, die, wie im vorliegenden Fall, erst nach ihrer Titulierung fällig geworden sind. Zwar spielt es, sobald Unterhaltsansprüche tituliert sind, keine Rolle, dass die Einkommensverhältnisse der Parteien nach Ablauf längerer Zeit oft nur schwer aufklärbar sind. Dabei handelt es sich aber nicht um ein besonders gewichtiges Argument, das für eine Verkürzung des Zeitmoments der Verwirkung bei nicht titulierten Unterhaltsforderungen spricht. Entscheidend ist vielmehr der Schuldnerschutz. Von einem Unterhaltsgläubiger, dessen Ansprüche bereits vor ihrer Fälligkeit tituliert sind, kann mindestens ebenso wie von einem Berechtigten, der über keinen Titel verfügt, erwartet werden, dass er seine Ansprüche zeitnah durchsetzt (vgl. *Senat*, NJWE-FER 1999, 269 = FamRZ 1999, 1422). In beiden Fällen können ansonsten Unterhaltsrückstände zu einer erdrückenden Schuldenlast anwachsen. Der Schuldnerschutz verdient es somit auch im Falle der Titulierung künftig fällig werdender Unterhaltsforderungen, besonders beachtet zu werden, weshalb auch in diesen Fällen das Zeitmoment bereits nach dem Verstreichen lassen einer Frist von etwas mehr als einem Jahr als erfüllt anzusehen sein kann. Dieser Bewertung entspricht auch die gesetzliche Regelung der Verjährung von Unterhaltsansprüchen, die wie die Verwirkung unter anderem dem Schuldnerschutz dient. Danach verbleibt es nämlich gem. § 218 II i. V. mit § 197 BGB a. F. (jetzt: § 197 II BGB i. V. mit § 195 BGB) auch im Falle der Titulierung von zukünftig fälligen Unterhaltsansprüchen bei der kurzen Verjährungsfrist des § 197 BGB a. F., um das Anwachsen von Rückständen zu verhindern, die den Schuldner wirtschaftlich gefährden würden, was der Fall wäre, wenn auch diese künftigen Ansprüche der gewöhnlichen 30-jährigen Verjährung titulierter Ansprüche unterlägen. Auch soweit danach von der Erfüllung des Zeitmoments ausgegangen werden könnte, führt dies nicht zu einer Aufhebung des oberlandesgerichtlichen Urteils. Denn das Umstandsmoment der Verwirkung ist nicht erfüllt. Die Ausführungen des BerGer., es sei nicht ersichtlich, dass der Kl. angesichts der Höhe seines monatlichen Nettoeinkommens von 13 000 DM seine Lebensführung tatsächlich darauf ausgerichtet habe, von der Bekl. nicht mehr in Anspruch genommen zu werden, sind revisionsrechtlich nicht zu beanstanden. Auch die Revision führt hiergegen nichts ins Feld.

BGH v. 17. 12. 2003 – XII ZR 224/00 – FamRZ 04, 370 = NJW 04, 677

(Schonvermögen – Notgroschen – des Berechtigten beim Elternunterhalt) R603

Der Unterhaltsbedürftigkeit steht nicht entgegen, dass die Mutter noch über Vermögen in Höhe a
von 4500 DM verfügt, von dessen Verwertung die Gewährung von Sozialhilfe nach § 88 II Nr. 8
BSHG i. V. mit § 1 I Nr. 1 b der hierzu ergangenen Durchführungsverordnung vom 11. 2. 1988 in der
Fassung der Verordnung vom 23. 10. 1991 nicht abhängig gemacht werden darf. Zwar ist ein – nicht
minderjähriger – Unterhaltsberechtigter im Verhältnis zu dem Unterhaltspflichtigen grundsätzlich
gehalten, vorhandenes Vermögen zu verwerten, soweit ihm dies – auch unter Wirtschaftlichkeitsgesichtspunkten – zumutbar ist. Das schließt es indessen nicht aus, dem Unterhaltsberechtigten eine
gewisse Vermögensreserve als so genannten Notgroschen für Fälle plötzlich auftretenden (Sonder-
)Bedarfs zu belassen (vgl. *Senat*, NJW 1998, 978 = FamRZ 1998, 367 [369] für ein volljähriges Kind;
BGH, NJW 1957, 154 = FamRZ 1957, 120, für einen 74 Jahre alten Vater, der Elternrente nach § 17
I Nr. 5 BEG beantragt hatte). Zu einer anderen Beurteilung besteht auch im Rahmen der Inanspruchnahme auf Zahlung von Elternunterhalt kein Anlass (a. A. OLG Köln, NJW-RR 2000, 810 = FamRZ
2001, 437). Auch betagte, in einem Heim lebende Eltern können – ebenso wie andere ältere Menschen
– noch Notfallreserven benötigen, deren Auflösung ihnen deshalb nicht angesonnen werden kann (vgl.
etwa Paletta, FamRZ 2001, 1639, der darauf hinweist, dass die Kapitalreserve in der Regel jedenfalls
dazu dienen soll, die Beerdigungskosten zu bestreiten). Was die Höhe des so genannten Notgroschens
anbelangt, schließt sich der Senat der im Schrifttum wohl herrschenden Meinung an, nach der
regelmäßig zumindest der Schonbetrag nach § 88 I Nr. 1 BSHG in Verbindung mit der Durchführungsverordnung anzusetzen ist (vgl. Derleder, FuR 1991, 1 [7 f.]; Duderstadt, Erwachsenenunterhalt, 3. Aufl., Anm. 3.2; Gerhardt, in: Hdb. des Fachanwalts FamilienR, 4. Aufl., 6. Kap., Rdnr. 206;
Günther, in: Anwaltshdb., § 12 Rdnr. 27; *Heiß/Hußmann*, Kap. 16, Rdnr. 20; *Müller*, FPR 1995, 190
[191]; *Erdrich*, in: Scholz/Stein, Praxishdb. FamilienR, Teil J, Rdnr. 33; *Wendl/Pauling*, 5. Aufl., § 2
Rdnr. 614; *Mergler/Zink*, BSHG, § 91 Rdnr. 38).

*(Wahrung des Selbstbehalts beim Familienunterhalt durch den vom Ehegatten des Pflichtigen gewährten
Unterhalt; keine Berücksichtigung von Vermögensbildung)*
a) Wie der Senat inzwischen – in Anknüpfung an sein Urteil vom 11. 2. 1987 (NJW 1987, 1549 = b
FamRZ 1987, 472 [473 f.]) – entschieden hat, kann auch bei der Inanspruchnahme auf Elternunterhalt
der dem Unterhaltspflichtigen zu belassende angemessene Selbstbehalt insoweit gewahrt sein, als er
durch den ihm von seinem Ehegatten zu leistenden Familienunterhalt sein Auskommen findet. Die
Höhe des von jedem Ehegatten zu leistenden Familienunterhalts richtet sich nach dem Verhältnis der
beiderseitigen unterhaltsrechtlich relevanten Nettoeinkommen. Soweit das Einkommen eines Ehegatten zur Bestreitung des angemessenen Familienunterhalts nicht benötigt wird, steht es ihm selbst zur
Verfügung und kann folglich für Unterhaltszwecke eingesetzt werden, sofern der angemessene Selbstbehalt des Unterhaltspflichtigen insgesamt gewahrt ist. Der nicht unterhaltspflichtige Ehegatte wird in
solchen Fällen nicht mittelbar zum Unterhalt herangezogen, denn sein eigener angemessener Familienunterhalt ist gedeckt; die durch Unterhaltsleistungen bedingte Schmälerung des Einkommens seines
Ehegatten braucht er nicht zu kompensieren, da auch dessen angemessener Unterhalt gesichert ist
(*Senat*, NJW 2004, 674 = FPR 2004, 153).

b) In der vorgenannten Entscheidung brauchte der Senat die Frage, unter welchen Umständen ein
Unterhaltspflichtiger sein unter dem Selbstbehalt liegendes eigenes Einkommen für den Elternunterhalt
einzusetzen hat, allerdings nicht abschließend zu beurteilen. Denn der damals zu Grunde liegende
Sachverhalt war zum einen durch gehobene Einkommensverhältnisse des Ehemannes der Unterhaltspflichtigen und zum anderen dadurch geprägt, dass dieses Einkommen den tatrichterlich angesetzten
Familienunterhalt ganz erheblich überstieg. Im vorliegenden Fall ist indessen darüber zu befinden, wie
die Leistungsfähigkeit eines verheirateten Unterhaltspflichtigen bei Einkünften unterhalb des Selbstbehalts allgemein zu beurteilen ist.

aa) Auch insofern kommt dem Gesichtspunkt maßgebende Bedeutung zu, ob und gegebenenfalls
inwieweit das Einkommen des Unterhaltspflichtigen zur Bestreitung des vorrangigen angemessenen
Familienunterhalts benötigt wird. Das hängt wiederum davon ab, in welcher der geschuldete Familienunter-
halt zu bemessen ist. Da dieser gem. § 1360a BGB seinem Umfang nach umfasst, was für die
Haushaltsführung und die Deckung der persönlichen Bedürfnisse der Ehegatten und eventueller
Kinder erforderlich ist, und sich an den ehelichen Verhältnissen ausrichtet, kann er nicht generell mit
den Mindestselbstbehalten des Unterhaltspflichtigen und seines Ehegatten – gegebenenfalls unter
Hinzurechnung des für den Kindesunterhalt erforderlichen Betrags – angesetzt werden (so aber
Gerhardt, in: Hdb. des Fachanwalts FamilienR, 6. Kap., Rdnr. 207 b). Denn der Ehegatte des Unter-
haltspflichtigen steht außerhalb dessen Unterhaltsrechtsverhältnisses zu seinen Eltern und ist rechtlich
nicht verpflichtet, sich zu deren Gunsten in seiner Lebensführung einzuschränken (vgl. insofern für die
Ehefrau des Unterhaltspflichtigen *Senat*, NJW 2003, 1660 = FPR 2003, 378 = FamRZ 2003, 860

[865]). Was die Ehegatten für ihren Familienunterhalt benötigen, muss vielmehr – ebenso wie der eigene angemessene Bedarf eines Unterhaltspflichtigen – nach den im Einzelfall maßgebenden Verhältnissen, insbesondere unter Berücksichtigung der jeweiligen Lebensstellung, des Einkommens, Vermögens und sozialen Rangs, bestimmt werden. Es entspricht nämlich der Erfahrung, dass der Lebensstandard sich hieran ausrichtet, bei durchschnittlichen Einkommensverhältnissen also ein einfacherer Lebenszuschnitt anzutreffen ist als bei günstigeren Einkommensverhältnissen (vgl. *Senat,* NJW 2003, 128 = FamRZ 2002, 1698 [1700], und NJW 2003, 1660 = FamRZ 2003, 860 [864]).

Wie der Familienunterhaltsbedarf danach zu bemessen ist, obliegt der tatrichterlichen Beurteilung des Einzelfalls. Feststellungen hierzu hat das BerGer. nicht getroffen. Seine Annahme, Einkünfte in der Größenordnung, wie sie von der Bekl. und ihrem Ehemann erzielt worden seien, dienten im Wesentlichen zur Finanzierung der Lebensführung, lässt sich nicht damit vereinbaren, dass die Sparquote in Deutschland (nach den Angaben der Deutschen Bundesbank abgedruckt u. a. in: Fischer, Weltalmanach 2004, Sp. 277) in den Jahren 1996 und 1997 etwas mehr als 10% des verfügbaren Einkommens betrug. Da mit Rücksicht darauf nicht ohne weiteres von einem Verbrauch des gesamten Familieneinkommens ausgegangen werden kann, muss der für seine eingeschränkte Leistungsfähigkeit darlegungsbelastete Unterhaltspflichtige dann, wenn das Familieneinkommen der ihm und seinem Ehegatten zuzubilligenden Mindestselbstbehaltsätze übersteigt, vortragen, wie sich der Familienunterhalt gestaltet und ob und gegebenenfalls welche Beträge zur Vermögensbildung verwendet werden. Soweit das Einkommen der Ehegatten nicht für den Familienunterhalt verwendet, sondern der Vermögensbildung zugeführt wird, ist der Ansatz eines aus den Einkommensverhältnissen abgeleiteten Familienunterhaltsbedarfs möglicherweise nicht gerechtfertigt. Denn vermögensbildende Maßnahmen des Unterhaltspflichtigen dürfen sich – soweit es nicht etwa um die Finanzierung eines angemessenen Eigenheims oder in angemessenem Rahmen betriebene zusätzliche Altersversorgung geht (vgl. hierzu *Senat,* NJW 2003, 2306 = FamRZ 2003, 1179 [1180 ff.]) – nicht zu Lasten eines unterhaltsberechtigten Elternteils auswirken. In diesem Sinne bedeutsame Anhaltspunkte kann auch der Träger der Sozialhilfe geltend machen, da er nach § 116 I BSHG von dem Unterhaltspflichtigen und seinem nicht getrenntlebenden Ehegatten Auskunft über ihre Einkommens- und Vermögensverhältnisse verlangen kann, soweit die Durchführung dieses Gesetzes es erfordert. Je nach dem, wie der Familienunterhalt danach zu bemessen ist, kann ein Teil des Einkommens des Unterhaltspflichtigen für die Zahlung von Elternunterhalt einzusetzen sein. Ist der Familienunterhalt nämlich einerseits höher als die für die Eheleute maßgeblichen Mindestselbstbehaltsätze, andererseits aber niedriger als das beiderseitige unterhaltsrelevante Einkommen, so steht dem Unterhaltspflichtigen – der zum Familienunterhalt nur so viel beitragen muss, wie es dem Verhältnis der beiderseitigen Einkünfte entspricht – ein Teil seines Einkommens zur Verfügung mit der Folge, dass er insoweit unterhaltsrechtlich leistungsfähig sein kann, ohne dass es darauf ankommt, ob sein Einkommen über dem Mindestselbstbehalt liegt. Denn sein angemessener Unterhalt ist im Rahmen des Familienunterhalts gewährleistet (ebenso *Wendl/Pauling,* § 2 Rdnr. 645; *Luthin/Seidel,* 9. Aufl., Rdnrn. 5084 f.; *Günther,* in: Anwaltshdb., § 12 Rdnr. 96; Heiß/Hußmann, 13. Kap., Rdnr. 42; *Henrich,* Anm. zu LG Bielefeld, FamRZ 1992, 589 [590]).

(Nebentätigkeit; überobligatorischer Beitrag zum Familienunterhalt; dessen Auskömmlichkeit)

c bb) Die Leistungsfähigkeit eines Unterhaltspflichtigen mit einem unter dem Selbstbehalt liegenden Einkommen kann sich aber auch dann ergeben, wenn er neben der Haushaltsführung zum Beispiel einer geringfügigen Nebenbeschäftigung nachgeht, das hieraus erzielte Einkommen jedoch tatsächlich für eigene Zwecke verwenden kann. Das kann etwa dann der Fall sein, wenn der Unterhaltspflichtige seine Verpflichtung, zum Familienunterhalt beizutragen, bereits durch die allein übernommene Haushaltsführung erfüllt, seine Einkünfte für den Familienunterhalt nicht eingesetzt zu werden brauchen und ihm deshalb verbleiben (ebenso Luthin/Seidel, Rdnr. 5079).

Leistungsfähig kann ein Unterhaltspflichtiger aber auch dann sein, wenn und soweit er sein Einkommen tatsächlich für den Familienunterhalt einsetzt, hierzu aber rechtlich nicht verpflichtet ist, weil er bereits durch die ebenfalls übernommene Haushaltsführung zum Familienunterhalt beiträgt. Da die Ehegatten allerdings ihre persönliche und wirtschaftliche Lebensführung in gemeinsamer Verantwortung bestimmen können (vgl. BVerfG, NJW 2002, 1185 = FamRZ 2002, 527 [528]), steht es ihnen grundsätzlich auch frei, Vereinbarungen über die innerfamiliäre Arbeitsteilung zu treffen, die einen Ehegatten mehr belasten als den anderen. Die Mitwirkung an einer solchen Gestaltung ist einem Ehegatten im Verhältnis zu seinen unterhaltsberechtigten Eltern nach Treu und Glauben jedenfalls dann verwehrt, wenn ein erhebliches Missverhältnis der beiderseitigen Beiträge zum Familienunterhalt vorliegt. In einem solchen Fall ist darauf abzustellen, in welchem Umfang der Unterhaltspflichtige rechtlich gehalten ist, über die Haushaltsführung hinaus zum Familienunterhalt beizutragen. Auch unter diesem Gesichtspunkt können sich für den Elternunterhalt einsetzbare Mittel ergeben (vgl. *Wendl/Pauling,* § 2 Rdnr. 645; *Günther,* in: Anwaltshdb., § 12 Rdnr. 94).

cc) Schließlich kann es Fallgestaltungen geben, bei denen davon auszugehen ist, dass der Unterhaltspflichtige die ihm zur Verfügung stehenden Geldmittel nicht benötigt, weil der von seinem Ehegatten zu leistende Familienunterhalt so auskömmlich ist, dass er bereits daraus angemessen unterhalten werden kann (vgl. *Senat,* NJW 1987, 1549 = FamRZ 1987, 472 [473 f.], und NJW 2004, 674 [unter Nr. 5 in diesem Heft] = FPR 2004, 153). Hierzu wird im Schrifttum die Auffassung vertreten, von solchen Einkommensverhältnissen sei etwa auszugehen, wenn das bereinigte Einkommen dem doppelten Selbstbehalt der Ehegatten entspreche (so *Günther,* in: Anwaltshdb., § 12 Rdnr. 99), oder wenn es im Bereich der letzten Einkommensgruppe der Düsseldorfer Tabelle liege (so *Müller,* FamRZ 2002, 570 [571 f.]), was vom Ergebnis her vergleichbar ist. Die Würdigung entsprechender Verhältnisse als einen auskömmlichen Familienunterhalt gewährleistend kann jedenfalls im Grundsatz nicht beanstandet werden.

(Keine Herabsetzung Selbstbehalt Elternunterhalt bei niedrigen Wohnkosten)
Der Revision kann ferner nicht in der Auffassung gefolgt werden, dass der Selbstbehalt der Bekl. **d** deshalb herabzusetzen sei, weil die auf sie entfallenden anteiligen Wohnkosten geringer seien als der in dem Selbstbehalt mit monatlich 800 DM enthaltene Betrag für die Warmmiete. Es unterliegt grundsätzlich der freien Disposition des Unterhaltspflichtigen, wie er die ihm zu belassenden Mittel nutzt. Ihm ist es deshalb nicht verwehrt, seine Bedürfnisse anders als in den Unterhaltstabellen zu gewichten und sich zum Beispiel mit einer preiswerteren Wohnung zu begnügen, um zusätzliche Mittel für andere Zwecke einsetzen zu können (*Senat,* FPR 2004, 148). Eine Herabsetzung des der Bekl. zuzubilligenden Selbstbehalts ist deshalb nicht veranlasst.

BGH v. 14. 1. 2004 – XII ZR 69/01 – FamRZ 04, 443 = NJW 04, 769

(Korrektur Steuerklasse bei zu beanstandender Steuerklassenwahl) R604

Was das die Leistungsfähigkeit bestimmende Einkommen der Bekl. anbelangt, ist es revisionsrecht- **a** lich nicht zu beanstanden, dass das BerGer. das auf Grund der Verdienstbescheinigungen festgestellte monatliche Nettoeinkommen der Bekl. mit Rücksicht auf deren Einstufung in Steuerklasse V mit einem höheren als dem errechneten Betrag angesetzt hat. Unter den gegebenen Umständen entspricht es der Rechtsprechung des Senats, die von dem Erwerbseinkommen tatsächlich einbehaltene Lohnsteuer durch einen Abschlag zu korrigieren, durch den die mit der Einstufung in Steuerklasse V verbundene Verschiebung der Steuerbelastung auf den unterhaltspflichtigen Ehegatten möglichst behoben wird. Diesen Abschlag hat das Gericht in tatrichterlicher Verantwortung und unter Berücksichtigung der Einkommen beider Ehegatten zu bemessen (vgl. *Senat,* NJW 1980, 2251 = FamRZ 1980, 984 [985]). Das BerGer. hat sich hier bei der Schätzung des entsprechenden Betrags an den Abzügen nach der Lohnsteuerklasse I (die der Lohnsteuerklasse IV entspricht, soweit keine Kinderfreibeträge zu berücksichtigen sind) orientiert, ohne sie indessen ganz zu übernehmen; dass ihm hierbei ein revisionsrechtlich beachtlicher Fehler unterlaufen wäre, ist nicht ersichtlich.

(Umfang des Familienunterhalts)
bb) Entscheidend ist mithin, ob und gegebenenfalls inwieweit das Einkommen des Unterhalts- **b** pflichtigen zur Bestreitung des vorrangigen angemessenen Familienunterhalts benötigt wird. Das hängt wiederum davon ab, wie der geschuldete Familienunterhalt zu bemessen ist. Da dieser gem. § 1360a BGB seinem Umfang nach alles umfasst, was zur Haushaltsführung und die Deckung der persönlichen Bedürfnisse der Ehegatten und eventueller Kinder erforderlich ist und sich an den ehelichen Verhältnissen ausrichtet, kann er nicht generell mit den Mindestselbstbehalten des Unterhaltspflichtigen und seines Ehegatten – gegebenenfalls unter Hinzurechnung des für den Kindesunterhalt erforderlichen Betrags – angesetzt werden (so aber Gerhardt, in: Hdb. des Fachanwalts FamilienR, 4. Aufl., 6. Kap. Rdnr. 207b). Denn der Ehegatte des Unterhaltspflichtigen steht außerhalb dessen Unterhaltsrechtsverhältnisses zu seinen Eltern und ist rechtlich nicht verpflichtet, sich zu dessen Gunsten in seiner Lebensführung einzuschränken (vgl. insofern für die Ehefrau des Unterhaltspflichtigen *Senat,* NJW 2003, 1660 = FamRZ 2003, 860 [865]). Was die Ehegatten für ihren Familienunterhalt benötigen, muss vielmehr – ebenso wie der eigene angemessene Bedarf eines Unterhaltspflichtigen – nach den im Einzelfall maßgebenden Verhältnissen, insbesondere unter Berücksichtigung der jeweiligen Lebensstellung, des Einkommens, Vermögens und sozialen Rangs, bestimmt werden. Es entspricht nämlich der Erfahrung, dass der Lebensstandard sich hieran ausrichtet, bei durchschnittlichen Einkommensverhältnissen also ein einfacherer Lebenszuschnitt anzutreffen ist als bei günstigeren Einkommensverhältnissen (vgl. *Senat,* NJW 2003, 128 = FamRZ 2002, 1698 [1700], u. NJW 2003, 1660 = FamRZ 2003, 860 [864]).

cc) Wie der Familienunterhalt danach zu bemessen ist, obliegt der tatrichterlichen Beurteilung des Einzelfalls. Feststellungen hierzu hat das BerGer. nicht getroffen. Seine Annahme, Einkünfte in der Größenordnung, wie sie von der Bekl. und ihrem Ehemann erzielt worden seien, dienten im Wesentlichen zur Finanzierung der Lebensführung, lässt sich nicht damit vereinbaren, dass die Sparquote in Deutschland (nach den Angaben der Deutschen Bundesbank, abgedruckt u. a. in *Fischer,* Weltalmanach 2004, Sp. 277) im Jahr 1999 knapp 10% des verfügbaren Einkommens betrug und bis zum Jahr 2001 auf 10,1% gestiegen ist. Da mit Rücksicht darauf nicht ohne weiteres von einem Verbrauch des gesamten Familieneinkommens ausgegangen werden kann, muss der für seine eingeschränkte Leistungsfähigkeit darlegungsbelastete Unterhaltspflichtige dann, wenn das Familieneinkommen die ihm und seinem Ehegatten zuzubilligenden Mindestselbstbehaltssätze übersteigt, vortragen, wie sich der Familienunterhalt gestaltet, und ob und gegebenenfalls welche Beträge zur Vermögensbildung verwendet werden. Soweit das Einkommen der Ehegatten nicht für den Familienunterhalt verwendet, sondern der Vermögensbildung zugeführt wird, ist der Ansatz eines aus dem gesamten beiderseitigen Einkommen abgeleiteten Familienunterhaltsbedarfs nicht gerechtfertigt. Vermögensbildende Maßnahmen des Unterhaltspflichtigen dürfen sich – soweit es nicht etwa um die Finanzierung eines angemessenen Eigenheims oder in angemessenem Rahmen betriebene zusätzliche Altersversorgung geht (vgl. hierzu *Senat,* NJW 2003, 2306 = FamRZ 2003, 1179 [1180 ff.]) – nicht zu Lasten eines unterhaltsberechtigten Elternteils auswirken. In diesem Sinne bedeutsame Anhaltspunkte für die Leistungsfähigkeit kann auch der Träger der Sozialhilfe geltend machen, da er nach § 116 I BSHG von dem Unterhaltspflichtigen und seinem nicht getrennt lebenden Ehegatten Auskunft über ihre Einkommens- und Vermögensverhältnisse verlangen kann, soweit die Durchführung dieses Gesetzes es erfordert.

(Elternunterhalt bei Doppelverdienerehe)

c dd) Je nach dem, wie der Familienunterhalt danach zu bemessen ist, kann auch bei einer Doppelverdienerehe ein über die Differenz zwischen dem Einkommen und dem bei der Inanspruchnahme auf Elternunterhalt angemessenen Selbstbehalt (vgl. hierzu *Senat,* NJW 2003, 128 = FPR 2003, 149 = FamRZ 2003, 1698 [1700 ff.]) hinausgehender Teil des Einkommens des Unterhaltspflichtigen für die Zahlung von Elternunterhalt einzusetzen sein, also dessen eigener angemessener Selbstbehalt unterschritten werden. Ist der Familienunterhalt nämlich einerseits höher als die für die Eheleute insofern maßgeblichen Mindestselbstbehaltssätze, andererseits aber niedriger als das beiderseitige unterhaltsrelevante Einkommen, so steht dem Unterhaltspflichtigen, der zum Unterhalt nur soviel beitragen muss, wie es dem Verhältnis der beiderseitigen Einkünfte entspricht, ein Teil seines Einkommens zur Verfügung mit der Folge, dass er insoweit unterhaltsrechtlich leistungsfähig sein kann, auch wenn ihm von seinem eigenen Einkommen nicht der Mindestselbstbehalt verbleibt. Denn sein angemessener Unterhalt ist im Rahmen des Familienunterhalts gewährleistet (ebenso *Wendl/Pauling,* 5. Aufl., § 2 Rdnr. 645; *Luthin/Seidel,* 9. Aufl., Rdnrn. 5084 f.; *Günther,* in: Münchner Anwaltshdb., § 12 Rdnr. 96; *Heiß/Hußmann,* 13. Kap., Rdnr. 42; *Henrich,* FamRZ 1992, 590). Entspricht es dagegen der Lebensgestaltung der Familie, dass die Ehegatten ihre jeweiligen Einkünfte voll für den Familienunterhalt einsetzen, so verfügt der Unterhaltspflichtige nur über für den Elternunterhalt einsetzbare Mittel, soweit sein eigenes Einkommen seinen angemessenen Selbstbehalt übersteigt. In weitergehendem Umfang ist er dagegen nicht leistungsfähig. Anderenfalls würde nämlich eine Senkung des – häufig langjährig bestehenden – Lebensstandards der Familie eintreten, den der Ehegatte des Unterhaltspflichtigen insoweit nicht hinzunehmen braucht, weil er nicht mittelbar für den Unterhalt der Schwiegereltern aufzukommen hat (ebenso *Wendl/Pauling,* § 2 Rdnr. 645; *Heiß/Hußmann,* 13. Kap., Rdnr. 42; *Günther,* § 12 Rdnr. 93; *Henrich,* FamRZ 1992, 590; *Duderstadt,* Erwachsenenunterhalt, 3. Aufl., Anm. 3.5 a. E.). Der Ehegatte muss in einem solchen Fall nur hinnehmen, dass die über dem angemessenen Selbstbehalt des Unterhaltspflichtigen liegenden Mittel für den Unterhaltsbedarf der Eltern einzusetzen sind und damit für den Familienunterhalt nicht zur Verfügung stehen.

(Wahrung des Eigenbedarfs und einsetzbares Resteinkommen)

d b) Ein sich unter Berücksichtigung ihrer anteiligen Beiträge zum Familienunterhalt ergebendes restliches Einkommen der Bekl. ist – soweit damit nicht etwa eine unterhaltsrechtlich anzuerkennende zusätzliche Altersversorgung betrieben wird – in voller Höhe für den Elternunterhalt einzusetzen. Eine Beschränkung der Haftung auf einen etwa hälftigen Anteil des den Mindestselbstbehalt übersteigenden Einkommens (vgl. hierzu *Senat,* NJW 2003, 2306 = FamRZ 2003, 1179 [1182]) ist nicht geboten, da der angemessene Eigenbedarf des Unterhaltspflichtigen bereits im Rahmen des angemessenen Familienunterhalts gewahrt wird.

c) Falls das Einkommen des unterhaltspflichtigen Ehegatten in voller Höhe für den Familienunterhalt verbraucht wird, ist dieser jedenfalls insoweit leistungsfähig, als sein Einkommen seinen angemessenen Eigenbedarf übersteigt. Hinsichtlich der Bemessung des angemessenen Eigenbedarfs der Bekl. wird auf das Senatsurteil vom 23. 10. 2002 (NJW 2003, 128 = FamRZ 2002, 1698 [1700 ff.]) hingewiesen. Insofern obliegt es der verantwortlichen Beurteilung des Tatrichters, auf welche Weise er erforderlichenfalls dem Umstand Rechnung trägt, dass die Mindestbedarfssätze auf durchschnittliche Einkommensverhältnisse bezogen sind und es deshalb geboten sein kann, den für den Unterhaltspflichtigen angemessenen Eigenbedarf anhand der konkreten Umstände des Einzelfalls zu bestimmen. Der *Senat* hat es grundsätzlich gebilligt, wenn bei der Ermittlung des für den Elternunterhalt einzusetzenden bereinigten Einkommens allein auf einen – etwa hälftigen – Anteil des Betrags abgestellt wird, der den

Anhang R. Rechtsprechung   R605

an sich vorgesehenen Mindestselbstbehaltbetrag übersteigt (*Senat*, NJW 2003, 128 = FamRZ 2002, 1698 [1700 ff.]).

BGH v. 14. 1. 2004 – XII ZR 149/01 – FamRZ 04, 792 = NJW-RR 04, 793

(Beim Elternunterhalt 25% des Bruttoeinkommens als Altersvorsorge; Altersvorsorge auch durch Tilgung von R605
Immobilienschulden)

3. Die Ermittlung des der Unterhaltsbemessung zu Grunde zu legenden Einkommens des Bekl. **a**
begegnet allerdings keinen rechtlichen Bedenken. Das gilt auch, soweit die nicht durch die Mieteinnahmen gedeckten Kosten der Eigentumswohnung anteilig als abzugsfähig anerkannt worden sind. Der Bekl. hat insoweit geltend gemacht, die Wohnung in erster Linie zum Zweck der Altersversorgung erworben zu haben. Zwar erfolgt die primäre Altersversorgung des Bekl. als nichtselbstständig Erwerbstätigem durch die gesetzliche Rentenversicherung. Nachdem sich jedoch zunehmend die Erkenntnis durchgesetzt hat, dass die primäre Vorsorge in Zukunft nicht mehr für eine angemessene Altersversorgung ausreichen wird, sondern zusätzlich private Vorsorge zu treffen ist (vgl. Art. 6 des Altersvermögensgesetzes vom 26. 6. 2001, BGBl I, 1310 [1335]), darf einem Unterhaltspflichtigen diese Möglichkeit nicht mit dem Hinweis auf eine Beeinträchtigung seiner Leistungsfähigkeit zur Erfüllung von Unterhaltsansprüchen genommen werden. Denn die eigene angemessene Altersvorsorge geht der Sorge für die Unterhaltsberechtigten grundsätzlich vor.

Das gilt jedenfalls dann, wenn dem Unterhaltspflichtigen – wie bei der Inanspruchnahme auf Elternunterhalt – vorrangig die Sicherung seines eigenen angemessenen Unterhalts gewährleistet wird (vgl. *Senat*, NJW 2003, 2306 = FamRZ 2003, 1179 [1182]). Ihm ist deshalb die Möglichkeit zu eröffnen, geeignete Vorkehrungen dafür zu treffen, dass er nicht seinerseits im Alter seine Kinder auf Unterhalt in Anspruch zu nehmen braucht. Vor diesem Hintergrund müssen auch der zusätzlichen Altersversorgung dienende Aufwendungen in einem angemessenen Umfang grundsätzlich als abzugsfähig anerkannt werden.

Was die Höhe des entsprechenden Aufwands anbelangt, so lässt sich im Voraus kaum abschätzen, welche Leistungen für eine im Alter angemessene Versorgung erforderlich sind. Deshalb muss auf die derzeitigen Verhältnisse abgestellt werden. Insofern liegt es mit Rücksicht auf den Umstand, dass die in den Unterhaltstabellen ausgewiesenen Mindestselbstbehaltssätze, die der Unterhaltsverpflichtete bei der Inanspruchnahme auf Elternunterhalt verteidigen kann, die bei anderen Unterhaltsrechtsverhältnissen heranzuziehenden Sätze um 25% übersteigen, nahe, auch einen um etwa 25% über der gesetzlichen Altersversorgung liegenden Betrag als zusätzlich absetzbar anzuerkennen (vgl. auch *Büttner*, in: Festschr. f. Henrich, S. 54 f.). Auf diese Weise kann in dem rechtlich schwächer ausgestalteten Unterhaltsrechtsverhältnis zwischen erwachsenen Kindern und ihren unterhaltsbedürftigen Eltern (vgl. *Senat*, NJW 2003, 128 = FamRZ 2002, 1698 [1701]) der notwendige Handlungsspielraum gewahrt werden, der es dem Unterhaltspflichtigen erlaubt, sich selbst im Alter angemessen abzusichern. Da die gesetzliche Altersversorgung in Höhe von rund 20% des Bruttoeinkommens erfolgt, kann es in der Regel nicht als unangemessen bewertet werden, wenn etwa in Höhe weiterer 5% (nämlich 25% von 20%) zusätzliche Altersversorgung betrieben wird. Diese Höhe erreichen die vom BerGer. als abzugsfähig anerkannten 257,40 DM nicht. Dass eine zusätzliche Altersversorgung des Bekl. nicht erforderlich sei, weil er bereits anderweit – etwa durch sonstiges Immobilieneigentum oder Lebensversicherungen – Vorsorge getroffen habe, hat das BerGer. nicht festgestellt.

(Elternunterhalt und vorrangiger Familienunterhalt; Ersparnis bei gemeinsamer Haushaltsführung)
a) Insofern ist es aus Rechtsgründen nicht zu beanstanden, dass das BerGer. hinsichtlich des **b**
entsprechenden Anspruchs von einem Geldbetrag ausgegangen ist. Auch wenn der Bekl. seiner Ehefrau gem. §§ 1360, 1360 a BGB Familienunterhalt schuldet, der nach seiner Ausgestaltung nicht auf die Gewährung einer – frei verfügbaren – laufenden Geldrente für den jeweils anderen Ehegatten, sondern als gegenseitiger Anspruch der Ehegatten darauf gerichtet ist, dass jeder von ihnen seinen Beitrag zum Familienunterhalt entsprechend seinen nach dem individuellen Ehebild übernommenen Funktion leistet, bestimmt sich sein Maß nach den ehelichen Lebensverhältnissen, so dass § 1578 BGB als Orientierungshilfe herangezogen werden kann. Es begegnet deshalb keinen Bedenken, den – hier maßgeblichen – Anspruch auf Familienunterhalt im Fall der Konkurrenz mit anderen Unterhaltsansprüchen auf die einzelnen Familienmitglieder aufzuteilen und in Geldbeträgen zu veranschlagen (*Senat*, NJW 2003, 1660 = FPR 2003, 378 = FamRZ 2003, 860 [864] m. w. Nachw.).
b) Welcher Betrag bei dem auf Elternunterhalt in Anspruch genommenen Unterhaltspflichtigen für den Unterhalt seines Ehegatten anzusetzen ist, wird in der Rechtsprechung der Oberlandesgerichte und im Schrifttum nicht einheitlich beantwortet. Der *Senat* hat inzwischen entschieden, dass der Unterhaltsanspruch der mit dem Unterhaltspflichtigen zusammenlebenden Ehefrau nicht auf einen Mindestbedarf beschränkt, sondern nach den individuell ermittelten Lebens-, Einkommens- und Vermögensverhältnissen, die den ehelichen Lebensstandard bestimmen, zu bemessen ist. Für die

Ehefrau ist deshalb nicht von vornherein ein bestimmter Mindestbedarf anzusetzen (*Senat,* NJW 2003, 1660 = FamRZ 2003, 860 [865], und NJW-RR 2004, 217 = FamRZ 2004, 186 [187 f.]).

Dem entspricht die Beurteilung in dem angefochtenen Urteil nicht. Das BerGer. hat für die Ehefrau des Bekl. zwar nicht den in den Unterhaltstabellen für die Ehegatten des Unterhaltspflichtigen vorgesehenen Mindestbedarf von (seinerzeit) 1750 DM zu Grunde gelegt, sondern denjenigen, der für den Unterhaltspflichtigen selbst galt. Das ändert aber nichts daran, dass ein Mindestbetrag berücksichtigt und nicht der nach den individuellen ehelichen Lebensverhältnissen geschuldete Unterhalt ermittelt worden ist. Abgesehen davon wäre auch eine Heranziehung des für den Unterhaltspflichtigen selbst geltenden Mindestbedarfs von 2250 DM nicht gerechtfertigt. Die Anwendung der unterschiedlichen Mindestbedarfssätze für den Unterhaltspflichtigen und dessen Ehegatten hängt nämlich nicht von dem von BerGer. zur Begründung herangezogenen Umstand ab, dass auch der Ehegatte einer Erwerbstätigkeit nachgeht und den Unterhaltspflichtigen dadurch – teilweise – entlastet. Diese Folge tritt regelmäßig auf Grund einer Erwerbstätigkeit des Unterhaltsberechtigten ein. Die unterschiedlichen Mindestbedarfssätze finden ihre innere Rechtfertigung vielmehr in der durch die gemeinsame Haushaltsführung der Ehegatten erfahrungsgemäß eintretenden Ersparnis, die unberücksichtigt bleibt, wenn auch für den Ehegatten des Unterhaltspflichtigen der höhere Mindestbedarf von 2250 DM angesetzt wird.

(Ersparnis durch Zusammenleben bei Eheleuten)

c c) Das angefochtene Urteil kann danach keinen Bestand haben. Der Unterhaltsbedarf der Ehefrau ist nach den konkret vorliegenden Einkommens- und Vermögensverhältnissen der Ehegatten festzustellen und sodann die Leistungsfähigkeit des Bekl. erneut zu bestimmen. Hierbei wird die durch die gemeinsame Haushaltsführung eintretende Ersparnis zu berücksichtigen sein, die mit wachsendem Lebensstandard regelmäßig steigt. Da nämlich der Gesamtbedarf der Ehefrau angesichts des beiderseitigen Einkommens von rund 5248 DM (1999) bzw. von rund 5462 DM (2000) – selbst nach Vorwegabzug des verlangten Unterhalts für die Mutter – über dem Mindestbedarf von 1750 DM liegen wird, ist die Haushaltsersparnis nicht bereits insgesamt über diesen Mindestbedarf erfasst, sondern ist – soweit der Unterhalt für die Ehefrau den Betrag von monatlich 1750 DM übersteigt – zusätzlich zu berücksichtigen. Den entsprechenden Betrag unter Würdigung der Umstände des Einzelfalls zu schätzen, ist – gegebenenfalls nach ergänzendem Sachvortrag – Aufgabe des Tatrichters (vgl. *Senat,* NJW 1991, 697 = FamRZ 1991, 182 [185]).

(Berücksichtigung latenter Unterhaltslasten; Prägung der ehel. Verhältnisse durch Elternunterhalt)

d a) Bei der Bemessung des Unterhaltsanspruchs der Ehefrau des Bekl. nach den ehelichen Lebensverhältnissen stellt sich die Frage, ob diese bereits durch Unterhaltsleistungen für die Mutter geprägt waren. Das kann dadurch zum Ausdruck gekommen sein, dass bereits tatsächlich Unterhalt für diese geleistet worden ist. Darüber hinaus kann aber auch schon die latente Unterhaltslast für ein Elternteil die ehelichen Lebensverhältnisse mitbestimmen. Insofern ist jedenfalls davon auszugehen, dass die ehelichen Lebensverhältnisse um so eher von einer Unterhaltsverpflichtung mitbestimmt werden, je höher die Wahrscheinlichkeit einzuschätzen ist, für den Unterhalt von Eltern aufkommen zu müssen. Denn die ehelichen Lebensverhältnisse, die von den sich wandelnden wirtschaftlichen und persönlichen Verhältnissen der Ehegatten abhängen, können durch derartige Umstände ebenfalls beeinflusst werden. Mit Rücksicht darauf kann es auch nicht allein auf die Verhältnisse bei der Eheschließung des Unterhaltspflichtigen ankommen, sondern auch auf deren spätere Entwicklung (*Senat,* NJW 2003, 1660 = FamRZ 2003, 860 [865], und NJW-RR 2004, 217 = FamRZ 2004, 186 [188]).

b) Familienunterhalt steht der Ehefrau grundsätzlich in Höhe der Hälfte der beiderseitigen Einkommen der Ehegatten zu (vgl. *Senat,* NJW 2002, 1646 = FamRZ 2002, 742), soweit diese die ehelichen Lebensverhältnisse geprägt haben und nicht zur Vermögensbildung verwandt worden sind. Falls die Unterhaltspflicht für die Mutter des Bekl. die ehelichen Lebensverhältnisse mitbestimmt haben sollte, wird der Unterhaltsanspruch der Ehefrau nach Vorwegabzug der für den Elternunterhalt einzusetzenden Mittel zu bemessen sein. Letztere ergeben sich, wenn der geltend gemachte Betrag nicht ohnehin geringer ist, als Höchstbetrag aus der Differenz zwischen dem tatrichterlich festzustellenden angemessenen Selbstbehalt und dem Einkommen des Bekl. Der – nach entsprechendem Vorwegabzug – errechnete Ehegattenunterhalt ist auf seine Angemessenheit zu überprüfen (vgl. *Senat,* NJW 2003, 1660 = FamRZ 2003, 860 [865]).

BGH v. 28. 1. 2004 – XII ZR 218/01 – FamRZ 04, 795 = FPR 04, 405

R606 *(Für den Familienunterhalt verwendete Nebentätigkeitseinkünfte beim Elternunterhalt)*

a b) Die Leistungsfähigkeit eines Unterhaltspflichtigen mit einem unter dem Selbstbehalt liegenden Einkommen kann sich aber auch dann ergeben, wenn er neben der Haushaltsführung zum Beispiel einer geringfügigen Nebenbeschäftigung nachgeht, das hieraus erzielte Einkommen jedoch tatsächlich

Anhang R. Rechtsprechung   R607

für eigene Zwecke verwenden kann (*Senat,* NJW 2004, 677 = FamRZ 2004, 366 [368] unter 4.b bb). Davon kann nach den getroffenen Feststellungen im vorliegenden Fall jedoch nicht ausgegangen werden. Die Bekl. hat in dem am 3. 12. 1997 bei dem Kl. eingegangenen Schreiben mitgeteilt, dass sie mit dem von ihr erzielten bereinigten Einkommen von 500 DM monatlich ihren Ehemann entlaste. Daraus ist zu entnehmen, dass sie ihr Einkommen tatsächlich für den Familienunterhalt zur Verfügung stellt.

(Lastenverteilung beim Familienunterhalt)
c) Leistungsfähig kann ein Unterhaltspflichtiger aber auch dann sein, wenn und soweit er sein   b
Einkommen zwar tatsächlich für den Familienunterhalt einsetzt, hierzu jedoch rechtlich nicht verpflichtet ist, weil er bereits durch die ebenfalls übernommene Haushaltsführung in ausreichender Weise zum Familienunterhalt beiträgt. Da die Ehegatten allerdings ihre persönliche und wirtschaftliche Lebensführung in gemeinsamer Verantwortung bestimmen können, steht es ihnen grundsätzlich auch frei, Vereinbarungen über die innerfamiliäre Arbeitsteilung zu treffen, die einen Ehegatten mehr belasten als den anderen. Die Mitwirkung an einer solchen Gestaltung ist einem Ehegatten im Verhältnis zu seinen unterhaltsberechtigten Eltern nach Treu und Glauben aber dann verwehrt, wenn ein erhebliches Missverhältnis der beiderseitigen Beiträge zum Familienunterhalt vorliegt. In einem solchen Fall ist darauf abzustellen, in welchem Umfang der Unterhaltspflichtige rechtlich gehalten ist, über die Haushaltsführung hinaus zum Familienunterhalt beizutragen (*Senat,* NJW 2004, 677 = FamRZ 2004, 366 [368 unter 4 b bb]).

(anteilige Haftung für den Familienunterhalt)
c) Die Ermittlung des Anteils, mit dem die Bekl. für den Familienunterhalt aufzukommen hat, hat   c
sich nach dem Verhältnis der beiderseitigen unterhaltsrelevanten Einkommen der Ehegatten zu richten. In dem betreffenden Verhältnis haben sie auch zum Familienunterhalt beizutragen.

BGH v. 28. 1. 2004 – XII ZR 259/01 – FamRZ 04, 614 = NJW 04, 1326

(auch gegen nach § 1586 b auf Erben übergegangene Unterhaltsansprüche Verwirkungseinwand)   R607

a) Die gesetzliche Unterhaltspflicht geht nach § 1586 b BGB unverändert auf den Erben über und   a
bleibt auch weiterhin Einwänden aus § 1579 BGB ausgesetzt. Nur die Leistungsfähigkeit des Unterhaltspflichtigen wird durch die Begrenzung auf den fiktiven Pflichtteil des Unterhaltsberechtigten (sog. kleiner Pflichtteil bei gesetzlichem Erbrecht des Unterhaltsberechtigten zuzüglich Pflichtteilsergänzungsanspruch, § 1586 b I 2 u. 3 i. V. mit §§ 1931 I u. II, 2325 ff. BGB; BGHZ 146, 114 [118 ff.] = NJW 2001, 828) und die Möglichkeit der Beschränkung auf den vorhandenen Nachlass (§§ 1975, 1990, 1992 BGB) ersetzt. Der nach § 1586 b BGB haftende Erbe des Unterhaltspflichtigen kann sich deswegen grundsätzlich weiterhin oder auch erstmals auf § 1579 Nr. 7 BGB berufen, wenn der Unterhaltspflichtige nicht zuvor darauf verzichtet hatte (so auch *Staudinger/Baumann,* BGB, 12. Bearb., § 1586 b Rdnr. 41; *Erman/Dieckmann,* BGB, 10. Aufl., § 1586 b Rdnr. 3; *Soergel/Häberle,* BGB, 12. Aufl., § 1586 b Rdnr. 3; *Rolland/Hülsmann,* FamilienR-Komm, § 1586 b BGB Rdnr. 2; *Kalthoener/Büttner/Niepmann,* 8. Aufl., Rdnr. 145 a; *Palandt/Brudermüller,* 63. Aufl., § 1586 b Rdnr. 8). Dabei kann der Erbe sich auch auf neue oder weiter fortgeschrittene Umstände seit dem Tod des Erblassers stützen.

(Verzeihung)
b) Der unterhaltspflichtige Erblasser hat auch nicht zu Lebzeiten mit Wirkung für die Kl. als seine   b
Erbin auf den Einwand aus § 1579 Nr. 7 BGB verzichtet.
Allerdings wird in Literatur und Rechtsprechung grundsätzlich vertreten, dass ein ausdrücklicher oder konkludenter Verzicht auf die Rechtsfolgen der Verwirkung daraus hergeleitet werden kann, dass der Unterhaltsverpflichtete trotz Kenntnis dieser Umstände den Unterhalt weiter bezahlt (so grds. *OLG Düsseldorf,* FamRZ 1997, 1159; *OLG Hamm,* FamRZ 1997, 1485 [1486]; NJW-RR 1994, 1287 = FamRZ 1994, 704 [705]; *Maurer,* in: MünchKomm, 4. Aufl., § 1579 Rdnr. 70; *Johannsen/Henrich/Büttner,* EheR, 4. Aufl., § 1579 BGB Rdnr. 45; *Schwab/Borth,* 4. Aufl., IV Rdnr. 398; *Gernhuber/Coester-Waltjen,* FamilienR, 4. Aufl., § 30 VII 9 [S. 432]; *Heiß/Heiß,* I 9 Rdnr. 382). Unterschiedliche Auffassungen bestehen lediglich im Anwendungsbereich und in den Auswirkungen dieses Verzichts. So ist streitig, ob er auch dort eingreift, wo die Tatbestände des § 1579 BGB nicht an ein persönliches Fehlverhalten des unterhaltsberechtigten Ehegatten anknüpfen, sondern an objektive Umstände wie bei § 1579 Nrn. 1 und 7 BGB (für generelle Anwendbarkeit wohl *Johannsen/Henrich/Büttner,* § 1579 BGB Rdnr. 45; einschränkend insoweit *Maurer,* in: MünchKomm, § 1579 Rdnr. 70; wohl auch *Göppinger/Bäumel,* 7. Aufl., Rdnr. 1106). Bedenken gegen die Annahme eines Verzichts können sich auch dort ergeben, wo etwa der Unterhaltsschuldner nur mit Rücksicht auf die Betreuungsbedürftigkeit eines gemeinsamen Kindes den Unterhalt ungeschmälert weitergezahlt hat, ohne von der Möglich-

keit Gebrauch zu machen, ihn auf den Mindestbedarf herabzusetzen (vgl. dazu *Senat*, NJW 1997, 1439 = FamRZ 1997, 483 [484]). Nicht einheitlich beantwortet wird schließlich auch die Frage, ob der Verzicht ein selbstständiger Gegeneinwand ist, der bereits den Tatbestand der negativen Härteklausel des § 1579 BGB entfallen lässt (so etwa *Johannsen/Henrich/Büttner*, § 1579 BGB Rdnr. 45 m. w. Nachw.) oder ob er lediglich im Rahmen der Billigkeitsabwägung des § 1579 BGB zu berücksichtigen ist (so wohl die überwiegende Meinung, vgl. *OLG Düsseldorf*, FamRZ 1997, 1159; *OLG Hamm*, FamRZ 1997, 1485 [1486]; FamRZ 1994, 704 [705]; *Maurer*, in: MünchKomm, § 1579 Rdnr. 70; *Gernhuber/Coester-Waltjen*, § 30 VII 9 [S. 432], u. *Schwab/Borth*, IV Rdnr. 398).

(keine Verzeihung, wenn Unterhalt aus verständlichen Gründen fortbezahlt wird)

c   Nach den von der Revision nicht angegriffenen Feststellungen des Berufungsurteils hatte der Erblasser weiterhin Unterhalt an die Bekl. gezahlt, weil er sich dadurch gem. § 5 VAHRG bis zum Beginn des Rentenbezugs der Bekl. seine ungeschmälerte Rente erhielt und letztlich sogar günstiger stand, als es bei Wegfall der Unterhaltspflicht und Kürzung seiner eigenen Rente durch den Versorgungsausgleich der Fall gewesen wäre. Für den Erblasser stand die Zahlung des Unterhalts deswegen in Zusammenhang mit seinem ungeschmälerten Rentenbezug. Revisionsrechtlich unbedenklich hat das BerGer. daraus geschlossen, dass auch der Erblasser die Unterhaltszahlungen eingestellt hätte, sobald seine eigene Rente durch den sich mit Rentenbezug der Bekl. auswirkenden Versorgungsausgleich geschmälert worden wäre. Aus der wirtschaftlich nachvollziehbaren Verhaltensweise des Erblassers konnte die Bekl. daher keinen Vertrauensschutz dafür herleiten, dass er auch künftig auf Dauer Einwendungen aus § 1579 BGB nicht erheben werde. Dass das OLG andere Umstände, die für eine Anerkennung des Unterhaltsanspruchs in Kenntnis des Ausschlussgrunds sprechen könnten, übersehen hat, hat die Revision nicht aufgezeigt.

(Eheähnliche Gemeinschaft als Verwirkungsgrund)

d   c) Ohne Rechtsfehler geht das BerGer. weiter davon aus, dass die Voraussetzungen eines Ausschlusses des Unterhaltsanspruchs der Bekl. nach § 1579 Nr. 7 BGB vorliegen. Nach ständiger Rechtsprechung des Senats (BGHZ 150, 209 [215] = NJW 2002, 1947 = FPR 2002, 294 m. w. Nachw.) kann ein länger dauerndes Verhältnis des Unterhaltsberechtigten zu einem anderen Partner dann zur Annahme eines Härtegrunds im Rahmen des Auffangtatbestands des § 1579 Nr. 7 BGB – mit der Folge der Unzumutbarkeit einer weiteren (uneingeschränkten) Unterhaltsbelastung für den Verpflichteten – führen, wenn sich die Beziehung in einem solchen Maße verfestigt hat, dass sie als eheähnliches Zusammenleben anzusehen und gleichsam an die Stelle einer Ehe getreten ist. Dabei setzt die Annahme einer derartigen Lebensgemeinschaft nicht einmal zwingend voraus, dass die Partner räumlich zusammenleben und einen gemeinsamen Haushalt führen, auch wenn eine solche Form des Zusammenlebens in der Regel ein typisches Anzeichen hierfür sein wird (*BGH*, NJW 2002, 217 = FPR 2002, 56 = FamRZ 2002, 23 [25]). Unter welchen Umständen – nach einer gewissen Mindestdauer, die im Allgemeinen kaum unter zwei bis drei Jahren liegen dürfte – auf ein eheähnliches Zusammenleben geschlossen werden kann, lässt sich nicht allgemein verbindlich festlegen. Letztlich obliegt es der verantwortlichen Beurteilung des Tatrichters, ob er den Tatbestand des eheähnlichen Zusammenlebens aus tatsächlichen Gründen für gegeben erachtet oder nicht. Es begegnet aus Rechtsgründen keinen Bedenken und wird auch von der Revision nicht angegriffen, dass das BerGer. im Rahmen der tatrichterlichen Würdigung der getroffenen Feststellungen zu dem Ergebnis gelangt ist, die Beziehung der Bekl. zu ihrem Lebensgefährten habe sich jedenfalls seit August 1999 so sehr verfestigt, dass sie in ihrer persönlichen und wirtschaftlichen Ausprägung und Intensität einem eheähnlichen Verhältnis gleichkommt. Beide leben schon seit 1995 in einer gemeinsamen Wohnung und führen einen gemeinsamen Haushalt. Auch in der Öffentlichkeit und bei Familienfeiern treten sie als Paar auf. Gesichtspunkte, die der Annahme eines solchen eheähnlichen Verhältnisses entgegenstehen könnten, sind weder vorgetragen noch sonst ersichtlich.

BGH v. 11. 2. 2004 – XII ZR 265/02 – FamRZ 04, 601 = NJW 04, 930

R608   *(Nachehelicher Unterhalt und Eingriff in den Kernbereich des Scheidungsfolgenrechts)*

a   III. 2. Die grundsätzliche Disponibilität der Scheidungsfolgen darf indes nicht dazu führen, dass der Schutzzweck der gesetzlichen Regelungen durch vertragliche Vereinbarungen beliebig unterlaufen werden kann. Das wäre der Fall, wenn dadurch eine evident einseitige und durch die individuelle Gestaltung der ehelichen Lebensverhältnisse nicht gerechtfertigte Lastenverteilung entstünde, die hinzunehmen für den belasteten Ehegatten – bei angemessener Berücksichtigung der Belange des anderen Ehegatten und seines Vertrauens in die Geltung der getroffenen Abrede – bei verständiger Würdigung des Wesens der Ehe unzumutbar erscheint. Die Belastungen des einen Ehegatten werden dabei umso schwerer wiegen und die Belange des anderen Ehegatten umso genauerer Prüfung bedürfen, je

Anhang R. Rechtsprechung R608

unmittelbarer die vertragliche Abbedingung gesetzlicher Regelungen in den Kernbereich des Scheidungsfolgenrechts eingreift.

a) Zu diesem Kernbereich gehört in erster Linie der Betreuungsunterhalt (§ 1570 BGB), der schon im Hinblick auf seine Ausrichtung am Kindesinteresse nicht der freien Disposition der Ehegatten unterliegt. Freilich ist auch er nicht jeglicher Modifikation entzogen. So lassen sich immerhin Fälle denken, in denen die Art des Berufs es der Mutter erlaubt, Kinderbetreuung und Erwerbstätigkeit miteinander zu vereinbaren, ohne dass das Kind Erziehungseinbußen erleidet. Auch erscheint eine ganztägige Betreuung durch die Mutter nicht als unabdingbare Voraussetzung für einen guten Erziehungserfolg, so dass sich Ehegatten auch darüber verständigen könnten, ab einem bestimmten Kindesalter Dritte zur Betreuung heranzuziehen, um einen möglichst frühen Wiedereintritt der Mutter in das Berufsleben zu ermöglichen.

Bei der Ausrichtung am Kernbereich der Scheidungsfolgen wird man im Übrigen für deren Disponibilität eine Rangabstufung vornehmen können, die sich in erster Linie danach bemisst, welche Bedeutung die einzelnen Scheidungsfolgenregelungen für den Berechtigten in seiner jeweiligen Lage haben. So ist die Absicherung des laufenden Unterhaltsbedarfs für den Berechtigten in der Regel wichtiger als etwa der Zugewinn- oder der spätere Versorgungsausgleich. Innerhalb der Unterhaltstatbestände wird – nach dem Betreuungsunterhalt (§ 1570 BGB) – dem Krankheitsunterhalt (§ 1572 BGB) und dem Unterhalt wegen Alters (§ 1571 BGB) Vorrang zukommen. Zwar knüpfen diese beiden letzteren Unterhaltstatbestände nicht an ehebedingte Nachteile an. Das bedeutet jedoch nicht, dass sie nicht zum Kernbereich der gesetzlichen Scheidungsfolgenregelung gehören und der uneingeschränkten Disposition der Ehegatten unterstehen. Gerade indem das Gesetz sich hier mit einem bloß zeitlichen Zusammenhang mit der Ehe begnügt, misst es diesen Einstandspflichten als Ausdruck nachehelicher Solidarität besondere Bedeutung bei – was freilich einen Verzicht nicht generell ausschließt, etwa wenn die Ehe erst nach Ausbruch der Krankheit oder im Alter geschlossen wird. Die Unterhaltspflicht wegen Erwerbslosigkeit (§ 1573 BGB) erscheint demgegenüber nachrangig, da das Gesetz das Arbeitsplatzrisiko ohnehin auf den Berechtigten verlagert, sobald dieser einen nachhaltig gesicherten Arbeitsplatz gefunden hat (§ 1573 IV; vgl. auch § 1573 V BGB). Ihr folgen Krankenvorsorge- und Altersvorsorgeunterhalt (§ 1578 II Alt. 1, III BGB). Am ehesten verzichtbar erscheinen Ansprüche auf Aufstockungs- und Ausbildungsunterhalt (§§ 1573 II, 1575 BGB), da diese Unterhaltspflichten vom Gesetz am schwächsten ausgestaltet und nicht nur der Höhe (vgl. § 1578 I 2 BGB), sondern auch dem Grunde nach zeitlich begrenzbar sind (§§ 1573 V, 1575 I 2 BGB).

(Richterliche Wirksamkeits- und Ausübungskontrolle)
3. Ob auf Grund einer vom gesetzlichen Scheidungsfolgenrecht abweichenden Vereinbarung eine **b** evident einseitige Lastenverteilung entsteht, die hinzunehmen für den belasteten Ehegatten unzumutbar erscheint, hat der Tatrichter zu prüfen. Diese Aufgabe wird nicht dadurch obsolet, dass der belastete Ehegatte durch einen Notar hinreichend über den Inhalt und die Konsequenzen des Vertrags belehrt wurde (a. A. Langenfeld, DNotZ 2001, 272), zumal eine solche Überprüfung und Belehrung ohnehin nur bei Vereinbarungen in notarieller Form stattfindet, wie sie von § 1408 I i. V. mit §§ 1410, 1587 o II 1 BGB vorgeschrieben wird, nicht dagegen bei Unterhaltsvereinbarungen, die – was § 1585 c BGB zulässt – privatschriftlich oder formlos getroffen werden.

a) Der Tatrichter hat dabei zunächst – im Rahmen einer Wirksamkeitskontrolle – zu prüfen, ob die Vereinbarung schon im Zeitpunkt ihres Zustandekommens offenkundig zu einer derart einseitigen Lastenverteilung für den Scheidungsfall führt, dass ihr – und zwar losgelöst von der künftigen Entwicklung der Ehegatten und ihrer Lebensverhältnisse – wegen Verstoßes gegen die guten Sitten die Anerkennung der Rechtsordnung ganz oder teilweise mit der Folge zu versagen ist, dass an ihre Stelle die gesetzlichen Regelungen treten (§ 138 I BGB). Erforderlich ist dabei eine Gesamtwürdigung, die auf die individuellen Verhältnisse beim Vertragsschluss abstellt, insbesondere also auf die Einkommens- und Vermögensverhältnisse, den geplanten oder bereits verwirklichten Zuschnitt der Ehe sowie auf die Auswirkungen auf die Ehegatten und auf die Kinder. Subjektiv sind die von den Ehegatten mit der Abrede verfolgten Zwecke sowie die sonstigen Beweggründe zu berücksichtigen, die den begünstigten Ehegatten zu seinem Verlangen nach der ehevertraglichen Gestaltung veranlasst und den benachteiligten Ehegatten bewogen haben, diesem Verlangen zu entsprechen. Das Verdikt der Sittenwidrigkeit wird dabei regelmäßig nur in Betracht kommen, wenn durch den Vertrag Regelungen aus dem Kernbereich des gesetzlichen Scheidungsfolgenrechts ganz oder jedenfalls zu erheblichen Teilen abbedungen werden, ohne dass dieser Nachteil für den anderen Ehegatten durch anderweitige Vorteile gemildert oder durch die besonderen Verhältnisse der Ehegatten, den von ihnen angestrebten oder gelebten Ehetyp oder durch sonstige gewichtige Belange des begünstigten Ehegatten gerechtfertigt wird.

b) Soweit ein Vertrag danach Bestand hat, muss der Richter sodann – im Rahmen der Ausübungskontrolle – prüfen, ob und inwieweit ein Ehegatte die ihm durch den Vertrag eingeräumte Rechtsmacht missbraucht, wenn er sich im Scheidungsfall gegenüber einer vom anderen Ehegatten begehrten gesetzlichen Scheidungsfolge darauf beruft, dass diese durch den Vertrag wirksam abbedungen sei (§ 242 BGB). Dafür sind nicht nur die Verhältnisse im Zeitpunkt des Vertragsschlusses maßgebend. Entscheidend ist vielmehr, ob sich nunmehr – im Zeitpunkt des Scheiterns der Lebensgemeinschaft – aus dem vereinbarten Ausschluss der Scheidungsfolge eine evident einseitige Lastenverteilung ergibt, die hinzunehmen für den belasteten Ehegatten auch bei angemessener Berücksichtigung der Belange des anderen Ehegatten und seines Vertrauens in die Geltung der getroffenen Abrede sowie bei verständiger Würdigung des Wesens der Ehe unzumutbar ist. Das kann insbesondere dann der Fall sein, wenn die tatsächliche einvernehmliche Gestaltung der ehelichen Lebensverhältnisse von der ursprünglichen, dem Vertrag zu Grunde liegenden Lebensplanung grundlegend abweicht. Nacheheliche Solidarität wird dabei ein Ehegatte regelmäßig nicht einfordern können, wenn er seinerseits die eheliche Solidarität verletzt hat; soweit ein angemessener Ausgleich ehebedingter Nachteile in Rede steht, werden dagegen Verschuldensgesichtspunkte eher zurücktreten. Insgesamt hat sich die gebotene Abwägung an der Rangordnung der Scheidungsfolgen zu orientieren: Je höherrangig die vertraglich ausgeschlossene und nunmehr dennoch geltend gemachte Scheidungsfolge ist, umso schwerwiegender müssen die Gründe sein, die – unter Berücksichtigung des inzwischen einvernehmlich verwirklichten tatsächlichen Ehezuschnitts – für ihren Ausschluss sprechen. Hält die Berufung eines Ehegatten auf den vertraglichen Ausschluss der Scheidungsfolge der richterlichen Rechtsausübungskontrolle nicht stand, so führt dies im Rahmen des § 242 BGB noch nicht zur Unwirksamkeit des vertraglich vereinbarten Ausschlusses. Auch wird dadurch nicht notwendig die vom Gesetz vorgesehene, aber vertraglich ausgeschlossene Scheidungsfolge in Vollzug gesetzt.

Der Richter hat vielmehr diejenige Rechtsfolge anzuordnen, die den berechtigten Belangen beider Parteien in der nunmehr eingetretenen Situation in ausgewogener Weise Rechnung trägt. Dabei wird er sich allerdings umso stärker an der vom Gesetz vorgesehenen Rechtsfolge zu orientieren haben, je zentraler diese Rechtsfolge im Kernbereich des gesetzlichen Scheidungsfolgenrechts angesiedelt ist.

BGH v. 10. 3. 2004 – XII ZR 123/01 – FamRZ 04, 800 = NJW 04, 1735

R609

(§ 1613 II Nr. 2 a BGB gilt auch bei Ersatzansprüchen)

a 1. Zutreffend geht das BerGer. davon aus, dass der Bekl. im Wege der Ersatzhaftung nach § 1607 I BGB, zumindest aber nach § 1607 II BGB, seiner Enkelin gegenüber unterhaltspflichtig ist. Dies greift auch die Revision nicht an.

2. Im Ausgangspunkt nicht zu beanstanden ist auch die Auffassung des BerGer., gem. § 1613 II Nr. 2 lit.a BGB hafte der Bekl. auch ohne Verzug für in der Vergangenheit liegende Unterhaltszeiträume.

a) § 1613 II Nr. 2 lit. a BGB ist durch Art. 1 Nr. 12 des Kindesunterhaltsgesetzes vom 6. 4. 1998 (BGBl I, 666), in Kraft getreten am 1. 7. 1998, neu gefasst worden und ist an die Stelle des früheren § 1615 d BGB getreten, hat diese Regelung aber zugleich erweitert.

b) Nach § 1615 d BGB a. F. konnte das Kind „von seinem Vater Unterhaltsbeträge, die fällig geworden sind, bevor die Vaterschaft anerkannt oder rechtskräftig festgestellt war, auch für die Vergangenheit verlangen". Diese Regelung stellte eine Ausnahme gegenüber dem allgemeinen, in § 1613 I BGB a. F. normierten Grundsatz „in praeteritum non vivitur" dar, demzufolge der Berechtigte Unterhalt für die Vergangenheit nur von der Zeit an fordern konnte, zu welcher der Verpflichtete in Verzug gekommen oder der Unterhaltsanspruch rechtshängig geworden war.

Entsprechend dem Wortlaut dieser Vorschrift galt die Ausnahme des § 1615 d BGB a. F. nach herrschender Auffassung lediglich für den Unterhaltsanspruch des Kindes gegen seinen Vater (vgl. Erman/Holzhauer, BGB, 9. Aufl., § 1615 d Rdnr. 4 m. w. Nachw.; *Soergel/Häberle*, BGB, 12. Aufl., § 1615 d Rdnr. 5; *Köhler*, in: MünchKomm, 3. Aufl. § 1615 d Rdnr. 1; Mutschler, in: RGRK-BGB, § 1615 d Rdnr. 2). Die entgegenstehende Auffassung von *Gernhuber* (FamilienR, 3. Aufl., § 59 IV I Fußn. 1) und Eichenhofer (*Staudinger/Eichenhofer*, BGB, 1997, § 1615 d Rdnr. 16), derzufolge § 1615 d BGB a. F. auf alle väterlichen Verwandten zu erstrecken sei, weil der Normzweck der Vorschrift in deren Wortlaut nur unvollständig zum Ausdruck gelange, hatte sich nicht durchsetzen können.

c) § 1613 II Nr. 2 lit.a BGB hat diese Beschränkung auf Unterhaltsansprüche gegen den Vater nicht übernommen. Da der Meinungsstreit, ob § 1615 d BGB a. F. auch Ansprüche gegen die nach § 1607 I und II BGB ersatzweise haftenden Verwandten erfasst, dem Gesetzgeber im Zeitpunkt der Neuregelung bekannt war, ist aus dem Fortfall der Beschränkung zu schließen, dass jedenfalls nunmehr auch diese Ansprüche erfasst werden sollten (vgl. *Staudinger/Engler*, BGB, 2000, § 1613 Rdnr. 95; *Göppinger/Wax/Kodal*, 8. Aufl., Rdnr. 207). Dies ergibt sich auch aus der amtlichen Begründung des Regierungsentwurfs (BT-Dr 13/7327, S. 31). Danach sollen unter die neue Vorschrift alle bisher von § 1615 d BGB a. F. erfassten Sachverhalte fallen; zugleich sollte die neue Vorschrift aber die Voraussetzung des Verzugs oder der Rechtshängigkeit „generell" erübrigen, um Unterhaltsansprüche in Fällen rechtlicher oder tatsächlicher Verhinderung an der Geltendmachung aufrechtzuerhalten.

Anhang R. Rechtsprechung **R610**

Der entgegenstehenden Auffassung von *Holzhauer* (*Erman/Holzhauer*, BGB, 10. Aufl., § 1613 Rdnr. 19), der § 1613 II Nr. 2 lit. a BGB weiterhin auf den Anwendungsbereich des § 1615 d BGB a. F. beschränken will, vermag der *Senat* daher trotz durchaus gewichtiger Argumente (Erman/Holzhauer, § 1613 Rdnr. 17) letztlich nicht zu folgen.

(Ersatzhaftung des Großvaters auf Enkelunterhalt für die Zeit vor Feststellung nichtehel. Vaterschaft)
3. Mit Erfolg rügt die Revision allerdings die Auffassung des BerGer., mangels einschränkender **b** Übergangsbestimmungen gelte § 1613 II Nr. 2 lit. a BGB auch rückwirkend für den vorliegenden Streitfall. Richtig ist zwar, dass die Sperre des § 1600 d IV BGB = § 1600 a S. 2 BGB a. F., nach der die Rechtswirkungen der Vaterschaft grundsätzlich erst vom Zeitpunkt der Feststellung der Vaterschaft an geltend gemacht werden können, nach bisherigem Recht und abweichend vom Grundsatz des § 1613 I BGB durch § 1615 d BGB a. F. mit Feststellung der Vaterschaft rückwirkend auf den Zeitpunkt der Geburt des Kindes entfiel, und dass diese Rückwirkung, die bisher nur den Unterhaltsanspruch des Kindes gegen den Vater erfasste, nunmehr nach § 1613 II Nr. 2 lit. a BGB auch auf Unterhaltsansprüche gegen ersatzweise haftende Verwandte erweitert worden ist. Dies bedeutet aber nicht, dass ein Berechtigter, der aus rechtlichen Gründen (hier: bis zur Feststellung der Vaterschaft) gehindert war, seinen mit seiner Geburt entstandenen Unterhaltsanspruch gegen einen ersatzweise haftenden Verwandten seines Vaters geltend zu machen, nunmehr nach § 1613 II Nr. 2 lit. a BGB Unterhalt auch für diejenigen in der Vergangenheit liegenden Zeiträume nachfordern kann, die vor dem In-Kraft-Treten dieser Vorschrift am 1. 7. 1998 (Art. 1 Nr. 12, 8 I 2 KindUG) liegen.

Zwar enthält das Kindesunterhaltsgesetz keine besonderen Übergangsvorschriften, denen sich eine zeitliche Begrenzung der in § 1613 II Nr. 2 lit. a BGB normierten Regelung entnehmen ließe. Auszugehen ist daher von dem Grundsatz, dass auf Unterhalt für Zeiten vor In-Kraft-Treten einer gesetzlichen Neuregelung das bisherige Recht anwendbar bleibt, sofern das Gesetz keine anderweitige Übergangsregelung trifft (vgl. *Senat*, NJW 1998, 1065 = FamRZ 1998, 426 [427 unter 2 d]).

BGH v. 21. 4. 2004 – XII ZR 251/01 – FamRZ 04, 1097 = FPR 04, 521

(Unbillige Härte im Sinne des § 91 II 2 BSHG (jetzt § 94 III 1 Nr. 2 SGB XII)) **R610**

2. a) Nach § 91 II 2 Halbs. 1 BSHG in der Fassung des Gesetzes zur Umsetzung des Föderalen Konsolidierungsprogramms vom 23. 6. 1993 (FKBG, BGBl I, 944) bzw. nach § 91 II 2 BSHG in der seit dem 1. 1. 2002 geltenden Fassung ist der Übergang des Unterhaltsanspruchs gegen einen nach bürgerlichem Recht Unterhaltspflichtigen ausgeschlossen, wenn dies eine unbillige Härte bedeuten würde. Das genannte Beurteilungskriterium stellt einen unbestimmten Rechtsbegriff dar, dessen Anwendung der vollen Nachprüfung durch das RevGer. unterliegt (*Senat*, NJW-RR 2003, 1441 = FPR 2004, 28 = FamRZ 2003, 1468 [1470] m. w. Nachw.).

Was unter dem Begriff der unbilligen Härte zu verstehen ist, unterliegt den sich wandelnden Anschauungen in der Gesellschaft. Was in früheren Zeiten im Rahmen eines Familienverbands als selbstverständlicher Einsatz der Mitglieder der Familie ohne weiteres verlangt wurde, wird heute vielfach als Härte empfunden. Dabei kann diese Härte in materieller oder immaterieller Hinsicht bestehen und entweder in der Person des Unterhaltspflichtigen oder in derjenigen des Hilfeempfängers vorliegen. Bei der Auslegung der Härteklausel ist in erster Linie die Zielsetzung der Hilfe zu berücksichtigen, daneben sind auch die allgemeinen Grundsätze der Sozialhilfe zu beachten. Darüber hinaus ist auf die Belange und die Beziehungen in der Familie Rücksicht zu nehmen. Neben den wirtschaftlichen und persönlichen Verhältnissen der Beteiligten zueinander kommt es auf die soziale Lage an. Eine Härte liegt deshalb vor, wenn mit dem Anspruchsübergang soziale Belange vernachlässigt würden (*Senat*, NJW-RR 2003, 1441 = FPR 2004, 28 = FamRZ 2003, 1468 [1470]).

Nach der in Rechtsprechung und Schrifttum vertretenen Auffassung sowie den vom Deutschen Verein für öffentliche und private Fürsorge herausgegebenen Empfehlungen für die Heranziehung Unterhaltspflichtiger in der Sozialhilfe kann eine unbillige Härte, die sozialhilferechtlich zum Ausschluss des Anspruchsübergangs führt, insbesondere angenommen werden, wenn und soweit der Grundsatz der familiengerechten Hilfe (§ 7 BSHG) ein Absehen von der Heranziehung geboten erscheinen lässt, die laufende Heranziehung in Anbetracht der sozialen und wirtschaftlichen Lage des Unterhaltspflichtigen mit Rücksicht auf die Höhe und Dauer des Bedarfs zu einer nachhaltigen und unzumutbaren Beeinträchtigung des Unterhaltspflichtigen und der übrigen Familienmitglieder führen würde, die Zielsetzung der Hilfe im Frauenhaus in der Gewährung von Schutz und Zuflucht vor dem gewalttätigen Ehemann besteht und diese durch die Mitteilung der Hilfe an den Unterhaltspflichtigen gefährdet erscheint oder der Unterhaltspflichtige vor Eintreten der Sozialhilfe über das Maß seiner zumutbaren Unterhaltsverpflichtung hinaus den Hilfeempfänger betreut und gepflegt hat (vgl. BVerwGE 58, 209 [216]; *Schellhorn*, BSHG, 16. Aufl., § 91 Rdnrn. 87 f.; *ders.*, FuR 1993, 261 [266]; *Schaefer/Wolf*, in: *Fichtner*, BSHG, 2. Aufl., § 91 Rdnrn. 41 f.; *Mergler/Zink*, BSHG, 4. Aufl., § 91

Rdnr. 77; *Münder,* in: LPK-BSHG, 16. Aufl., § 91 Rdnr. 42). Der vorliegende Fall lässt sich, wie das BerGer. zu Recht angenommen hat, in keine dieser Fallgruppen einordnen.

Daraus folgt indessen nicht, dass keine unbillige Härte vorliegt. Denn eine solche ist auch in anderen Fallgestaltungen denkbar. Entscheidend ist insoweit, ob im Rahmen der umfassenden Prüfung der Gesamtsituation des Falles aus der Sicht des Sozialhilferechts durch den Anspruchsübergang soziale Belange berührt werden (BVerwGE 58, 209 [215 f.]). Das ist hier der Fall.

b) Zwar sind die Unterhaltsansprüche des Vaters der Bekl. dieser gegenüber nicht nach § 1611 I BGB verwirkt. Wie das BerGer. zutreffend ausgeführt hat, sind die Voraussetzungen, unter denen nach der vorgenannten Bestimmung ein Unterhaltsanspruch nur in eingeschränktem Umfang besteht oder eine Unterhaltsverpflichtung ganz entfällt, nicht erfüllt. Umstände, die bereits nach bürgerlichem Recht ganz oder teilweise der Geltendmachung eines Unterhaltsanspruchs entgegenstehen, kommen indessen ohnehin nicht als – den Anspruchsübergang auf den Träger der Sozialhilfe ausschließende – Härtegründe i. S. des § 91 II 2 Halbs. 1 BSHG in der Fassung vom 23. 6. 1993 bzw. § 91 II 2 BSHG in der seit dem 1. 1. 2002 geltenden Fassung in Betracht. Denn soweit ein Unterhaltsanspruch nicht besteht, kann er auch nicht auf den Träger der Sozialhilfe übergehen. Der vorliegende Fall ist nach den vom BerGer. getroffenen Feststellungen dadurch gekennzeichnet, dass die Bekl. nicht nur während der Kriegsteilnahme ihres Vaters dessen emotionale und materielle Zuwendung entbehren musste, sondern dass sie auch in der Folgezeit nicht die unter normalen Umständen zu erwartende väterliche Zuwendung erfahren hat, weil ihr Vater psychisch gestört aus dem Krieg zurückkehrte und der Familie keine Fürsorge zuteil werden lassen konnte. Er war von 1949 an fast 50 Jahre in einer psychiatrischen Klinik untergebracht und lebt seit 1998 in einem Alten- und Pflegeheim. Auf Grund dieser Umstände war die Bekl. bereits in den Jahren ihrer Kindheit in starkem Maße belastet. Im weiteren Verlauf, insbesondere nach der 1971 erfolgten Scheidung der Ehe der Eltern, haben zwischen der Bekl. und dem Vater offensichtlich keine Beziehungen mehr bestanden, so dass die Familienbande zumindest stark gelockert waren, falls insoweit nicht sogar eine völlige Entfremdung eingetreten ist. Wenn die Bekl. gleichwohl von dem Träger der Sozialhilfe auf Unterhalt für ihren Vater in Anspruch genommen werden könnte, würden dadurch soziale Belange vernachlässigt. Angesichts der Einbußen, die die Bekl. auf Grund der Kriegsfolgen, von denen ihr Vater betroffen war, zu tragen hatte und der weiteren Entwicklung der Beziehungen zu diesem kann von ihr nicht erwartet werden, im Hinblick auf dessen Unterhaltsanspruch von der öffentlichen Hand in die Pflicht genommen zu werden. Deshalb würde der Übergang des Unterhaltsanspruchs auf den Träger der Sozialhilfe eine unbillige Härte bedeuten (ebenso Schaefer/Wolf, in: Fichtner, § 91 Rdnr. 42; vgl. auch *Münder,* in: LPK-BSHG, § 91 Rdnr. 41; BVerwG, NDV 1973, 139 [140] für den Fall der Inanspruchnahme eines Großvaters für den Unterhalt eines Enkelkindes, zu dessen Mutter dieser jahrelang keine Verbindung mehr hatte).

BGH v. 5. 5. 2004 – XII ZR 132/02 – FamRZ 04, 1173 = NJW 04, 2305

R611 *(Die Entscheidung ist nahezu inhaltsgleich mit der nachfolgenden; daher wird auf den Abdruck von Auszügen verzichtet.)*

BGH v. 5. 5. 2004 – XII ZR 10/03 – FamRZ 04, 1170 = NJW 04, 2303

R612 *(Versorgungsleistung für einen neuen Partner als prägendes Surrogat der Familienarbeit)*

Diese Rechtsprechung hat der Senat auch auf die Behandlung des Werts von Versorgungsleistungen gegenüber einem neuen Lebenspartner erstreckt. Grundsätzlich sind auch solche geldwerten Versorgungsleistungen als Surrogat der früheren Haushaltstätigkeit in der Familie anzusehen. Denn sie sind insoweit nicht anders zu beurteilen, als wenn die Kl. eine bezahlte Tätigkeit als Haushälterin bei Dritten annähme. Auf die Frage, ob es sich dabei um Einkünfte aus einer Erwerbstätigkeit im eigentlichen Sinne handelt, kommt es wegen des Surrogatcharakters gegenüber der früheren Haushaltstätigkeit nicht an (*Senat,* NJW 2001, 3779 = FPR 2002, 6 = FamRZ 2001, 1693 [1694]).

Dem hat sich die überwiegende Auffassung in Rechtsprechung und Literatur angeschlossen (vgl. *Göppinger/Wax/Bäumel,* 8. Aufl. [2003], Rdnr. 1013; *Weinreich/Klein,* Kompaktkomm. FamilienR, 2002, § 1578 Rdnr. 32; *Kalthoener/Büttner/Niepmann,* 8. Aufl. [2002], Rdnrn. 442 u. 488 ff.; *Bamberger/Roth,* BGB, 2003, § 1577 Rdnrn. 10 ff.; zunächst auch noch *Gerhardt/v. Heintschel-Heinegg/Klein,* Hdb. des Fachanwalts FamilienR, 4. Aufl. [2002], Kap. 6 Rdnrn. 259, 283 b; *Born,* FamRZ 2002, 1603 [1607 ff.]; *Büttner,* FamRZ 2003, 641 [642 ff.]; *Borth,* FamRZ 2001, 1653 [1656]; *Schwolow,* FuR 2003, 118. Auch die Arbeitskreise 1 und 13 des 14. Deutschen Familiengerichtstags [DFGT] 2001 und der von *Büttner* geleitete Arbeitskreis 13 des 15. DFGT 2003 [vgl. insoweit FPR 2004, 10 = FamRZ 2003, 1906 [1907] haben sich für die Berücksichtigung von Versorgungsleistungen gegenüber einem neuen Lebenspartner im Wege der Differenzmethode ausgesprochen. Anderer Auffassung sind: *OLG München,* FuR 2003, 329; *Rauscher,* FuR 2002, 337; nunmehr auch *Gerhardt,* FamRZ 2003, 272 [274];

Wendl/Gerhardt, 6. Aufl. [2004], § 4 Rdnrn. 231 a, 260 a ff.; zweifelnd *Scholz*, FamRZ 2003, 265 [270]; *Wohlgemuth*, FamRZ 2003, 983, u. *Schnitzler*, FF 2003, 42).

2. Auch nach erneuter Prüfung hält der *Senat* an seiner Auffassung fest, dass Versorgungsleistungen gegenüber einem neuen Lebenspartner als Surrogat an die Stelle einer früheren Haushaltstätigkeit treten können. Die gegen die Anwendung der Differenzmethode auch auf Fälle wie den vorliegenden vorgebrachten Argumente beruhen auf einem unzutreffenden Verständnis der Rechtsprechung des *BVerfG* und des *BGH*.

a) Die Rechtsauffassung des BerGer. wird im Ergebnis den verfassungsrechtlichen Vorgaben nicht gerecht. Dem durch die Verfassung geschützten gleichen Recht und der gleichen Verantwortung der Ehegatten bei der Ausgestaltung des Ehe- und Familienlebens entspricht es, die Leistungen, die jeweils im Rahmen der gemeinsamen Arbeits- und Aufgabenzuweisung erbracht werden, als gleichwertig anzusehen. Sowohl die Kinderbetreuung als auch die Haushaltsführung haben für das gemeinsame Leben keinen geringeren Wert als die dem Haushalt zur Verfügung stehenden Einkünfte und prägen in gleicher Weise die ehelichen Lebensverhältnisse, indem sie zum Familienunterhalt beitragen. Allerdings bemisst sich die Gleichwertigkeit der jeweiligen Beiträge der Ehegatten nicht rechnerisch an der Höhe des Erwerbseinkommens oder am wirtschaftlichen Wert der Familienarbeit und ihrem Umfang. Vielmehr sind die von den Ehegatten für die eheliche Gemeinschaft jeweils erbrachten Leistungen unabhängig von ihrer ökonomischen Bewertung gleichgewichtig. Daraus folgt der Anspruch auf gleiche Teilhabe am gemeinsam Erwirtschafteten nicht nur während der Ehe, sondern auch nach Trennung und Scheidung (BVerfGE 105, 1 [11 f.] = NJW 2002, 1185 = FPR 2002, 180). Der verfassungsrechtliche Schutz setzt deswegen nicht an einem während der Ehezeit angelegten tatsächlichen Entgelt an, sondern er beruht auf der gleichgewichtigen Bewertung der Haushaltsführung und der Kinderbetreuung. Die Teilhabequote orientiert sich mithin an der Gleichwertigkeit der beiderseits erbrachten Leistungen, so dass beide Ehegatten hälftig an dem durch Erwerbseinkommen einerseits und Haushaltsführung andererseits geprägten ehelichen Lebensstandard teilhaben. Zweifelhaft ist deswegen nicht etwa, ob die Haushaltstätigkeit die ehelichen Lebensverhältnisse der Parteien geprägt hat, sondern lediglich, in welchem Umfang dieses geschehen ist. Spätere Einkünfte, sei es als Entgelt aus einer (fiktiven) Erwerbstätigkeit oder sei es aus Versorgungsleistungen in einer neuen Lebensgemeinschaft, dienen deshalb – von besonders gelagerten Ausnahmefällen abgesehen – lediglich als Richtwert für die Bemessung der Haushaltstätigkeit (und/oder der Kindererziehung) während der Ehezeit, indem sie als deren Surrogat an ihre Stelle treten (BGHZ 148, 105 [120] = NJW 2001, 2254). Der Einwand, die Versorgungsleistungen für den neuen Partner könnten die ehelichen Lebensverhältnisse nicht geprägt haben, geht daher ins Leere. Deshalb kommt es entgegen der Auffassung des BerGer. auch nicht darauf an, dass der Wechsel des Lebenspartners trennungsbedingt oder gar ehezerstörend ist, und ob solche Versorgungsleistungen untrennbar mit der persönlichen Beziehung verbunden sind.

Von unvorhergesehenen Entwicklungen abgesehen, führt die prägende Haushaltstätigkeit oder Kindererziehung deswegen dazu, dass neu zu berücksichtigende Einkünfte regelmäßig als Surrogat an deren Stelle treten und damit auch den Bedarf des Unterhaltsberechtigten erhöhen. Umgekehrt kommt eine Erhöhung des Unterhaltsbedarfs wegen Haushaltstätigkeit oder Kindererziehung nicht in Betracht, wenn dem Unterhaltsberechtigten auch nach der Ehezeit keine eigenen Einkünfte zugerechnet werden können. Solange daher dem haushaltsführenden Ehegatten nach Trennung bzw. Scheidung zum Beispiel wegen Kindererziehung, Krankheit oder Alters keine eigenen Einkünfte zugerechnet werden können, verbleibt es bei der Aufteilung des real zur Verfügung stehenden eheprägenden Einkommens. Denn da die lebensstandarderhöhende Haushaltstätigkeit mit der Scheidung weggefallen und kein an deren Stelle tretendes Ersatzeinkommen vorhanden ist, müssen beide Ehegatten in gleicher Weise die trennungsbedingte Verschlechterung ihrer ehelichen Lebensverhältnisse hinnehmen. Erzielt hingegen der unterhaltsberechtigte Ehegatte nach der Scheidung ein Einkommen oder ist er in der Lage, ein solches zu erzielen, oder sind ihm sonst eigene Einkünfte zuzurechnen, die gleichsam als Surrogat des wirtschaftlichen Werts seiner bisherigen Tätigkeit angesehen werden können, ist dieses Einkommen nach der Differenzmethode in die Unterhaltsberechnung einzubeziehen. Für die Qualifizierung eines später zu berücksichtigenden Einkommens als Surrogat der während der Ehezeit übernommenen Haushaltstätigkeit kommt es nach der Rechtsprechung des *BVerfG* und des *BGH* nicht darauf an, ob der Unterhaltsberechtigte das Entgelt tatsächlich bezieht oder ob ihm sonst Einkünfte zuzurechnen sind.

Indem der BerGer. darauf hinweist, die Berücksichtigung der Versorgungsleistungen in neuer Lebensgemeinschaft beruhe ohnehin nur auf Billigkeit, wobei nicht einzusehen sei, dem unterhaltspflichtigen Ehegatten den Wegfall der erbrachten Leistungen während der Ehezeit nicht auch über einen trennungsbedingten Mehrbedarf zuzurechnen, übersieht es, dass gerade die Anwendung der Differenzmethode zu einem hälftigen Ausgleich der vom Unterhaltsberechtigten während der Ehezeit übernommenen Haushaltstätigkeit führt. Danach verbleibt auch dem Unterhaltspflichtigen neben dem ihm schon während der Ehezeit zur Verfügung stehenden Anteil des Bareinkommens zwar nicht der volle, aber doch ein Anteil an den hinzugekommenen Einkünften des Unterhaltsberechtigten. Gerade dann, wenn dem Unterhaltsberechtigten eigene Einkünfte zumutbar und zurechenbar sind, führt dieses mithin im Gegensatz zur Anrechnungsmethode zu dem verfassungsrechtlich gebotenen Ausgleich der durch die Trennung entfallenen Haushaltstätigkeit.

BGH v. 5. 5. 2004 – XII ZR 15/03 = FamRZ 04, 1179 = NJW-RR 04, 1155

R613   *(Ermittlung der Einkünfte eines Geschäftsführers einer Betriebsgesellschaft)*

Für die Zeit bis Juli 2002 ist das BerGer. von monatlichen Einkünften des Bekl. in Höhe von 4306 Euro ausgegangen. Schon das erschöpft den Vortrag der Kl. nicht vollständig. Zwar hat der Bekl. unstreitig dieses Einkommen als Geschäftsführer der Betriebsgesellschaft erzielt. Ob dem noch weitere Einkünfte aus seiner Beteiligung an der Betriebsgesellschaft oder aus Vermietung und Verpachtung hinzuzurechnen sind, hat das BerGer. aber nicht hinreichend geprüft, obwohl der abzuändernden Entscheidung auch Einkünfte des Bekl. aus beiden Einkunftsarten zu Grunde lagen. Weitere Einkünfte aus Vermietung und Verpachtung durfte es zudem nicht mit dem bloßen Hinweis auf die den Pachteinnahmen gegenüberstehenden Kredite verneinen. Die Revision macht geltend, dass bei der Ermittlung der Einkünfte aus Vermietung und Verpachtung regelmäßig zwar Zinsbelastungen, nicht aber Tilgungsbeträge abgesetzt werden können, die einseitig der Vermögensbildung dienen, ohne bereits die ehelichen Lebensverhältnisse geprägt zu haben. Ob und in welchem Umfang das hier der Fall ist und ob dies schon im Ausgangsverfahren eingeflossen ist, kann der *Senat* auf der Grundlage des angefochtenen Urteils nicht überprüfen. Das *OLG* wird seine Feststellungen auf der Grundlage des streitigen Sachverhalts insoweit ergänzen und prüfen müssen, inwieweit diese Einkunftsarten schon im Ausgangsverfahren berücksichtigt wurden und auch heute noch relevant sind. Dabei wird das BerGer. auch zu prüfen haben, ob die in den Jahresabschlüssen aufgeführten Abschreibungen nach der Handhabung im Ausgangsverfahren unterhaltsrechtlich gerechtfertigt sind (vgl. *Wendl/Kemper*, Rdnrn. 1/150 ff., 1/243 ff.) und ob daneben überhaupt noch Tilgungsleistungen berücksichtigt werden können.

(Reduzierung eines Geschäftsführergehalts aus betrieblichen Gründen)

Die Umsatzerlöse sagen über den Gewinn aus der Gesellschaft nichts aus. Zwar spricht die tatsächliche Verringerung des Geschäftsführergehalts des Bekl. ab August 2002 für eine entsprechende Einkommensreduzierung. Weil der Bekl. allerdings auch Alleingesellschafter dieser Betriebsgesellschaft ist, ist dieser Schluss keineswegs zwingend. Das BerGer. wird auf das substanziierte Bestreiten der Kl. mit Hinweis unter anderem auf die erheblich gestiegenen Pachtzinszahlungen an den Bekl. persönlich deswegen der unter Beweis gestellten Behauptung des Bekl. nachgehen müssen, die Reduzierung des Geschäftsführergehalts sei aus betrieblichen Gründen notwendig geworden.

BGH v. 19. 5. 2004 – XII ZR 304/02 = FamRZ 04, 1559 = NJW 04, 3109

R614   *(Verwirkung nach § 1611 BGB, insb. beim Elternunterhalt)*

2. a) Nach § 1611 I 1 BGB braucht der Unterhaltspflichtige nur einen Beitrag in der der Billigkeit entsprechenden Höhe zum Unterhalt des Berechtigten zu leisten, wenn dieser unter anderem seine eigene Unterhaltspflicht gegenüber dem Unterhaltspflichtigen gröblich vernachlässigt (Alt. 2) oder sich vorsätzlich einer schweren Verfehlung gegen den Unterhaltspflichtigen schuldig gemacht hat (Alt. 3). Die Verpflichtung fällt ganz weg, wenn die Inanspruchnahme des Verpflichteten grob unbillig wäre (§ 1611 I 2 BGB).

aa) Entgegen der Auffassung des BerGer. kann bereits nicht ausgeschlossen werden, dass die Voraussetzungen der Alt. 2 des § 1611 I 1 BGB erfüllt sein können. Das BerGer. hat insofern allein auf eine Verletzung der Barunterhaltspflicht abgestellt und eine solche mangels Leistungsfähigkeit der Mutter verneint. Eltern schulden ihren Kindern indessen entweder Bar- oder Naturalunterhalt (§ 1612 II BGB), zu dem – als Teil der Unterhaltspflicht – auch die Betreuung gehört (§ 1606 III 2 BGB). Eine Vernachlässigung der Betreuung ist grundsätzlich ebenfalls geeignet, die Rechtswirkungen des § 1611 I BGB auszulösen (ebenso Staudinger/Engler, BGB, 2000, § 1611 Rdnr. 18; Günther, in: Münchner Anwaltshdb., § 12 Rdnr. 111; a. A. Born, in: MünchKomm, 4. Aufl., § 1611 Rdnr. 14), auch wenn die Betreuung nicht in vollem Umfang persönlich erbracht werden muss. Für eine Beschränkung des § 1611 I 1 Alt. 2 BGB auf eine Verletzung der Barunterhaltspflicht sind dem Gesetz keine Anhaltspunkte zu entnehmen. Im vorliegenden Fall kommt eine Verletzung der Naturalunterhaltspflicht in der Zeit bis zur Übertragung der elterlichen Sorge für die Bekl. auf die Großeltern in Betracht. Zwar brauchte die Mutter die Betreuung nicht uneingeschränkt selbst zu übernehmen, sondern durfte sich hierbei auch der Mithilfe anderer bedienen. Das ändert aber nichts daran, dass die Verantwortung für das Kind in erster Linie bei den Eltern, und damit auch bei der Mutter, lag. Diese Aufgabe durfte sie nicht in vollem Umfang delegieren, indem sie die Betreuung ohne jedweden eigenen Einsatz allein den Großeltern überließ. Ob insoweit bereits von einer gröblichen Vernachlässigung der Unterhaltspflicht ausgegangen werden kann, bedarf indessen keiner Entscheidung. In jedem Fall hat das BerGer. nämlich die Voraussetzungen des § 1611 I 1 Alt. 3 BGB rechtsfehlerfrei bejaht.

bb) Eine schwere Verfehlung im Sinne der vorgenannten Bestimmung kann regelmäßig nur bei einer tief greifenden Beeinträchtigung schutzwürdiger wirtschaftlicher Interessen oder persönlicher Belange des Pflichtigen angenommen werden (*Born,* in: MünchKomm, § 1611 Rdnr. 23; *Luthin/ Schumacher,* 9. Aufl., Rdnr. 3234; OLG Celle, NJW-RR 1994, 324 = FamRZ 1993, 1235 [1236]; OLG München, FamRZ 1992, 595 [597]). Als Begehungsformen kommen aktives Tun und Unterlassen in Betracht, Letzteres allerdings nur, wenn der Berechtigte dadurch eine Rechtspflicht zum Handeln verletzt (*Born,* in: MünchKomm, § 1611 Rdnr. 23). Mit Rücksicht darauf kann sich auch eine Verletzung elterlicher Pflichten durch Unterlassen als Verfehlung gegen das Kind darstellen. Das gilt nicht nur für die besonders geregelte Vernachlässigung der Unterhaltspflicht, sondern etwa auch für die dauernde grobe Vernachlässigung und Verletzung der Aufsichtspflicht und für die Verletzung der Pflicht zu Beistand und Rücksicht, die in der durch das Sorgerechtsgesetz von 1979 eingefügten Vorschrift des § 1618a BGB auch zum Ausdruck gebracht worden ist (*Staudinger/Engler,* § 1611 Rdnr. 29). Hierbei handelt es sich um das Eltern-Kind-Verhältnis prägende Rechtspflichten, deren Verletzung unter den Voraussetzungen des § 1611 I 1 Alt. 3 BGB Bedeutung zukommen kann.

cc) Danach hat sich die Mutter nach den getroffenen Feststellungen auch nach Auffassung des *Senats* einer schweren Verfehlung gegen die Bekl. schuldig gemacht. Dies ergibt die gebotene umfassende Abwägung aller maßgeblichen Umstände (vgl. hierzu *Senat,* NJW 1995, 1215 = FamRZ 1995, 475 [476]). Auch wenn ihr die elterliche Sorge nicht mehr zustand und ihr deshalb nicht mehr die Pflege und Erziehung der Bekl. oblag, gehörte es zu den Pflichten der Mutter, sich weiterhin um ihr Kind zu kümmern, Anteil an seinem Leben und seiner Entwicklung zu nehmen, ihm bei auftretenden Problemen und Schwierigkeiten zur Seite zu stehen und ihm insgesamt die Gewissheit zu vermitteln, dass ein ihm in Liebe und Zuneigung verbundener Elternteil für es da ist. Daran hat es die Mutter jedenfalls von der Zeit an, in der sie die Bekl. im Alter von einem bis eineinhalb Jahren in der Obhut der Großeltern zurückgelassen hat, fast durchgehend fehlen lassen.

BGH v. 2. 6. 2004 – XII ZR 217/01 – FamRZ 04, 1177 = NJW-RR 04, 1227

(Kein Verzug über begehrten Betrag hinaus) R615

Die Forderung einer geringeren Unterhaltssumme begründet keinen Verzug hinsichtlich eines **a** höheren als des geforderten Betrags (vgl. *Senat,* NJW 1982, 1983 = FamRZ 1982, 887 [890] unter B 1). Auch ein Prozesskostenhilfegesuch, das einer Mahnung gleichsteht, begründet mit seinem Zugang an den Unterhaltspflichtigen dessen Verzug nur hinsichtlich der jeweils geforderten Beträge.

(Fiktive Steuerberechnung bei Korrektur einer Ansparabschreibung)

3. Danach erweist sich die Zugrundelegung eines um die Ansparabschreibungen bereinigten und **b** damit erhöhten Gewinns der Jahre 1997 bis 1999 hier schon deshalb als unzutreffend, weil darauf (die Ansparabschreibungen wiederum hinweggedacht) erhebliche Steuern zu entrichten gewesen wären, die das BerGer. hier außer Ansatz gelassen hat. Richtig ist zwar, dass für die Unterhaltsberechnung Steuern grundsätzlich nur in dem Zeitraum zu berücksichtigen sind, in dem sie tatsächlich entrichtet wurden. Das ist aber dann nicht gerechtfertigt, wenn offensichtlich ist, dass sich die Verschiebungen zwischen dem Entstehen der Steuerschuld und ihrer Begleichung innerhalb eines Dreijahreszeitraums, zumindest aber innerhalb eines gegebenenfalls zu Grunde zu legenden Fünfjahreszeitraums, ausnahmsweise nicht weitgehend ausgleichen (vgl. *Senat,* NJW-RR 1987, 194 = FamRZ 1987, 36 [37]; *Wendl/ Kemper,* § 1 Rdnr. 274).

Im vorliegenden Fall erweist sich die Annahme eines weitgehenden Ausgleichs innerhalb des zu Grunde gelegten Dreijahreszeitraums aber als offensichtlich verfehlt. Sowohl die hier für die Unterhaltsberechnung 2000 zu Grunde gelegten Ergebnisse der Jahre 1997 bis 1999 als auch die für die Unterhaltsberechnung 2001 zu Grunde gelegten Ergebnisse der Jahre 1998 bis 2000 sind dadurch gekennzeichnet, dass ein solcher Ausgleich steuerlicher Auswirkungen innerhalb dieses Zeitraums gerade nicht stattgefunden hat. Deshalb kann der Durchschnitt des in den Vorjahren erzielten Betriebsgewinns vor Ansparabschreibungen und Steuern hier nicht ohne Korrektur als Maßstab für den im Unterhaltszeitraum erzielten Gewinn zu Grunde gelegt werden (vgl. auch *Heiß/Linderer,* 45. Kap., Rdnr. 36 a; *Schwab/Borth,* Hdb. des ScheidungsR., 4. Aufl., Kap. IV, Rdnr. 761; vgl. auch *Göppinger/ Strohal,* UnterhaltsR., 8. Aufl., Rdnrn. 663 ff.). Vielmehr ist diejenige Steuerbelastung fiktiv zu berücksichtigen, die den Ast. ohne neue Ansparabschreibungen getroffen hätte.

BGH v. 9. 6. 2004 – XII ZR 277/02 – FamRZ 05, 97 = NJW 05, 433

(Korrekte Bedarfsbemessung nur nach tatsächlich in Ehe vorhandenen Mitteln) R616

a) Der Unterhaltsbedarf bestimmt sich nach den ehelichen Lebensverhältnissen (§ 1361 I BGB); **a** diese bemessen sich ihrerseits grundsätzlich nach dem bereinigten Nettoeinkommen der Parteien. Soweit die Einkünfte der Parteien nicht nur durch Geldeinnahmen, sondern auch durch Sachentnahmen oder andere vermögenswerte Vorteile (z. B. Wohnwert) bestimmt werden, sind diese bei der Ermittlung des unterhaltsrechtlich relevanten Einkommens wertmäßig erhöhend zu berücksichtigen. Geht man mit dem *OLG* davon aus, dass im Bereich der Landwirtschaft Eigenprodukte für den Lebensbedarf verwandt werden, und haben solche Produkte auch die ehelichen Einkommensverhältnisse der Parteien mit geprägt, so sind diese grundsätzlich mit ihrem Geldwert zu veranschlagen und in die Einkommensberechnung einzustellen. Es ist weder dargetan noch ersichtlich, dass eine solche – gegebenenfalls im Wege der Schätzung (§ 287 ZPO) vorzunehmende – Bewertung hier nicht möglich oder nicht sachgerecht wäre.

b) Entgegen der Auffassung des *OLG* ist die von ihm vorgenommene einkommensunabhängige Bedarfsermittlung nicht etwa deshalb gerechtfertigt, weil auch für den Fall der Ermittlung des Unterhaltsbedarfs bei sehr guten Einkommensverhältnissen eine konkrete Bedarfsbemessung anerkannt ist. Zwar ist der Tatrichter nicht gehindert, den eheangemessenen Bedarf konkret zu ermitteln (*Senat*, NJW 1987, 2739 = FamRZ 1987, 691 [693]). Dies wird sich aber in der Regel nur bei Einkommen empfehlen, deren Höhe die Annahme nahe legt, dass während der Ehe nicht das gesamte Einkommen zur Bedarfsdeckung eingesetzt worden ist, sondern Teile des Einkommens auch zur Vermögensbildung verwandt worden sind. Eine solche Bedarfsberechnung dient in diesen Fällen dazu, die nicht unterhaltsrelevanten, weil zur Vermögensbildung verwandten Einkommensteile von den unterhaltsrechtlich bedeutsamen Teilen zu sondern. Der vorliegende Fall ist indes anders gelagert, weil die Parteien nicht über Einkommen verfügen, das sie einer Vermögensbildung zuführen könnten. Die konkrete Bedarfsbemessung darf nicht dazu führen, einen Bedarf anzunehmen, der in den tatsächlichen Lebens-, Einkommens- und Vermögensverhältnissen keinen Niederschlag gefunden hat. Das aber wäre der Fall, wenn der Unterhaltsbedarf – wie im angefochtenen Urteil geschehen – losgelöst von den nur eine dürftige Lebensführung erlaubenden Einkommensverhältnissen der Ehegatten ermittelt würde. Vermögensgüter der Ehegatten allein rechtfertigen eine solche einkommensunabhängige Bedarfsermittlung jedenfalls dann nicht, wenn diese Vermögensgüter – wie hier der Hof des Bekl. – die wirtschaftliche Grundlage für das Familieneinkommen abgaben und deshalb auch schon während der Ehe bei vernünftiger ökonomischer Betrachtung zur Deckung des Lebensbedarfs der Ehegatten nicht zur Verfügung standen.

b *(Versuchter Prozessbetrug durch verspätete Mitteilung eigener Einkünfte)*
b) Nach Auffassung des OLG hat die Kl. ihren Unterhaltsanspruch nicht verwirkt. Zwar habe die Kl. die von ihr seit Mai 2000 bezogene Rente erst in der mündlichen Verhandlung vom 17. 1. 2002 offen gelegt. Dieses Verhalten könne zwar grundsätzlich als versuchter Prozessbetrug den Unterhaltsanspruch der Kl. nach §§ 1361 III, 1579 Nr. 2 BGB beschränken. Der – für die Voraussetzungen dieser Vorschrift darlegungspflichtige – Bekl. habe jedoch nicht vorgetragen, dass die Kl. die Rentenbescheide vorsätzlich nicht vorgelegt habe, um den Bekl. zu schädigen. Die Zurückverweisung gibt dem Bekl. Gelegenheit, seinen Vortrag hierzu zu ergänzen.

BGH v. 9. 6. 2004 – XII ZR 308/01 – FamRZ 04, 1357 = NJW 04, 3106

R617 *(Trennungsbedingter Mehrbedarf ist nicht in den ehel. Lebensverhältnissen angelegt; nach Abkehr von der Anrechnungsmethode erfasst der Quotenbedarf regelmäßig das gesamte Einkommen; daneben kann trennungsbedingter Mehrbedarf nicht mehr geltend gemacht werden, weil er gegen den Halbteilungsgrundsatz verstieße)*

a Ein weiterer trennungsbedingter Mehrbedarf, wie bei der Bekl. mit 150 DM berücksichtigt, ist dem allerdings nicht hinzuzurechnen.

Schon nach der bisherigen Rechtsprechung des *Senats* durfte der Tatrichter zwar die Höhe eines trennungsbedingten Mehrbedarfs schätzen, was aber stets einen konkreten Vortrag des betreffenden Ehegatten zu solchen Mehrkosten voraussetzt, der hier fehlt (vgl. *Senat*, NJW-RR 1990, 578 = FamRZ 1990, 979 [981], und NJW 1995, 963 = FamRZ 1995, 346 [347]).

Nach der neueren Rechtsprechung des *Senats* (BGHZ 148, 105 = NJW 2001, 2254) ist schon der Quotenbedarf regelmäßig nach dem gesamten verfügbaren Einkommen zu bemessen, weil auch die Haushaltstätigkeit und Kindererziehung die ehelichen Lebensverhältnisse in einem Umfang geprägt haben, wie er sich aus dem als Surrogat an ihre Stelle getretenen Einkommen ergibt. Neben dem deswegen im Wege der Differenzmethode zu ermittelnden (höheren) Unterhaltsbedarf würde ein konkret zu bemessender zusätzlicher Bedarf eines Ehegatten stets zu einem Verstoß gegen den Halbteilungsgrundsatz führen. Weil ein trennungsbedingter Mehrbedarf regelmäßig auch nicht in den ehelichen Lebensverhältnissen angelegt ist, kann er deshalb in der Regel nicht neben dem nach der Differenzmethode ermittelten Quotenbedarf berücksichtigt werden (vgl. *Graba*, FamRZ 2002, 857 [859]; *Wendl/Gutdeutsch*, 6. Aufl., § 4 Rdnr. 432 a; *Johannsen/Henrich/Büttner*, EheR, 4. Aufl., § 1578 BGB Rdnrn. 25 ff.). Zugleich ist damit wegen der geänderten Rechtsprechung des *Senats* auch die auf der Grundlage der Anrechnungsmethode vereinbarte Vergleichsgrundlage insofern entfallen.

Anhang R. Rechtsprechung   R618

(Keine zeitliche Begrenzung bei Ehedauer von 17 Jahren einschließlich der Zeit der Kinderbetreuung)
Zu Recht hat das BerGer. eine Begrenzung des Unterhalts auch wegen der langen Ehedauer **b** abgelehnt. Nach §§ 1573 V 2, 1578 I 3 BGB stehen die Zeiten der Kindererziehung der Ehedauer gleich. Die Ehe der Parteien dauerte bis zur rechtskräftigen Scheidung schon annähernd neun Jahre. Sodann ist die gemeinsame Tochter *N*, die seit der Trennung der Parteien im Haushalt der Bekl. lebte, allein von dieser erzogen worden. Das 16. Lebensjahr hat sie circa acht Jahre nach der rechtskräftigen Ehescheidung erreicht, so dass sich eine gesamte zu berücksichtigende Dauer von circa 17 Jahren ergibt. Auf dieser Grundlage ist die Billigkeitsentscheidung des BerGer. nicht zu beanstanden. Zwar widerspräche es dem Sinn und Zweck der gesetzlichen Regelung in § 1573 V BGB, den Billigkeitsgesichtspunkt der „Dauer der Ehe" im Sinne einer festen Zeitgrenze zu bestimmen, von der ab der Unterhaltsanspruch grundsätzlich keiner zeitlichen Begrenzung mehr zugänglich sein sollte. Andererseits ist nicht zu verkennen, dass sich eine Ehedauer von mehr als zehn Jahren dem Grenzbereich nähern dürfte, in dem, vorbehaltlich stets zu berücksichtigender besonderer Umstände des Einzelfalls, der Dauer der Ehe als Billigkeitskriterium im Rahmen von § 1573 V BGB ein durchschlagendes Gewicht für eine dauerhafte Unterhalts-„Garantie" und gegen die Möglichkeit zeitlicher Begrenzung des Unterhalts zukommen wird (*Senat*, NJW 1990, 2810 = LM § 1573 BGB Nr. 29 = FamRZ 1990, 857 [859]). Eine weiter zunehmende Ehedauer gewinnt nach und nach ein Gewicht, das nur bei außergewöhnlichen Umständen eine zeitliche Begrenzung zulässt (*Senat*, NJW-RR 1991, 130 = FamRZ 1991, 307 [310]; vgl. auch *Hahne*, FamRZ 1996, 305 [307]; *Wendl/Pauling*, § 4 Rdnr. 592). Die sich hier aus der circa 17 Jahre dauernden Ehe ergebenden ehebedingten Nachteile hat das BerGer. aufgezeigt. Besondere Umstände, die trotz dieser Feststellungen für eine Befristung des Unterhaltsanspruchs sprechen könnten, ergeben sich weder aus dem Berufungsurteil noch zeigt die Revision solche auf.
   Zu Recht hat das BerGer. mit den gleichen Erwägungen auch eine zeitliche Begrenzung oder Herabsetzung des Unterhaltsanspruchs nach § 1578 I 2 BGB abgelehnt. Hinzu kommt, dass die Bekl. mit der Tochter *N* nicht nur vorübergehend ein gemeinschaftliches Kind allein oder überwiegend betreut hat. Auch das steht nach § 1578 I 2, Halbs. 2 BGB einer Befristung des Unterhaltsanspruchs entgegen.

BGH v. 7. 7. 2004 – XII ZR 272/02 – FamRZ 04, 1370 = NJW-RR 04, 1300

(Unterhaltsbedarf bei Heimunterbringung)   R618

3.emsp13;b) Der Kl. steht ein Unterhaltsanspruch gegen den Bekl. nicht zu. Dabei ist dessen Unter- **a** haltspflicht gegenüber seinem Vater dem Grunde nach zwischen den Parteien nicht im Streit. Sie ergibt sich aus § 1601 BGB. Der Bedarf des Vaters wird durch seine Unterbringung in einem Heim bestimmt und entspricht den dort anfallenden Kosten, die das BerGer. entsprechend den von der Kl. eingereichten Aufstellungen zu Grunde gelegt hat.

(Kein unterhaltsrechtlicher Bedarf auf Grund von sozialrechtliche zu beachtenden Unterhaltspflichten)
d) Die Kl. ist gleichwohl von einem teilweise ungedeckten Bedarf des Vaters ausgegangen, weil sie **b** dessen Rente nicht in vollem Umfang bedarfsmindernd angerechnet hat, sondern nur in Höhe von monatlich 851 DM bis 30. 6. 2001, von monatlich 890 DM ab 1. 7. 2001 und von monatlich 471 Euro ab 1. 7. 2002. Zur Begründung hat sie geltend gemacht, dass der von der Mutter nicht getrennt lebende Vater mit dieser eine Bedarfsgemeinschaft bilde, weshalb es im Rahmen der Bedürftigkeitsprüfung gem. § 28 I BSHG auf das nach den §§ 76 ff. BSHG anzurechnende Gesamteinkommen der Ehegatten ankomme. Diese Berechnung führt dazu, dass eine Unterhaltspflicht des Vaters gegenüber der Mutter bereits bei der Feststellung des einzusetzenden Einkommens berücksichtigt wird (vgl. auch Wendl/Scholz, 6. Aufl., § 6 Rdnrn. 517 f.). Der Mutter, die nur über eigene Renteneinkünfte von zunächst monatlich 1122,27 DM und schließlich (ab 1. 7. 2002) von monatlich 599,35 Euro verfügte, standen dadurch Gesamteinkünfte von monatlich 2629,84 DM bzw. zuletzt von 1387,94 Euro zur Verfügung.
   e) Diese sozialhilferechtliche Berechnungsweise ist indessen, wie das BerGer. zutreffend ausgeführt hat, unterhaltsrechtlich nicht maßgebend. Dabei kann dahinstehen, ob und gegebenenfalls in welchem Umfang der Vater verpflichtet ist, der Mutter gem. §§ 1360, 1360 a BGB Familienunterhalt zu leisten, obwohl sein Einkommen seinen eigenen Unterhaltsbedarf nur geringfügig übersteigt (vgl. hierzu BVerfG, NJW 1984, 1523 = FamRZ 1984, 346 [350]; Staudinger/Hübner/Voppel, BGB, 1999, § 1360 Rdnrn. 15 f.; *Soergel/Lange*, BGB, 12. Aufl., § 1360 Rdnr. 11; Wacke, in: MünchKomm, 4. Aufl., § 1360 Rdnr. 5). Denn durch eine eventuelle eigene Unterhaltsverpflichtung wird der Unterhaltsbedarf des Berechtigten nicht erhöht. Der Unterhaltsanspruch dient allein der Behebung des eigenen Unterhaltsbedarfs. Sein Zweck geht deshalb nicht dahin, dem Empfänger die Möglichkeit zu bieten, seinerseits aus der Unterhaltsleistung Verbindlichkeiten zu erfüllen. Andernfalls würde man zu einer mittelbaren Unterhaltsgewährung nicht oder noch nicht Unterhaltspflichtiger gelangen, die es nach dem

Gesetz nicht gibt (*Senat,* NJW 1985, 806 = FamRZ 1985, 273 [275]; *Staudinger/Engler,* 2000, § 1602 Rdnr. 140; *Göppinger/Strohal,* 8. Aufl., Rdnr. 352; *Kalthoener/Büttner/Niepmann,* 8. Aufl., Rdnr. 383; *Palandt/Diederichsen,* 63. Aufl., § 1610 Rdnr. 9).

Dem kann entgegen der Auffassung der Revision nicht dadurch begegnet werden, dass die Berücksichtigung von Unterhaltsverpflichtungen des Berechtigten gegenüber einem Dritten davon abhängig gemacht wird, ob der auf Elternunterhalt in Anspruch genommene Unterhaltspflichtige auch seinerseits dem Dritten gegenüber unterhaltspflichtig ist. Denn auch dies würde auf die Anerkennung einer dem Gesetz fremden mittelbaren Unterhaltspflicht hinauslaufen. Dabei bliebe zudem außer Betracht, dass das Maß der in Rede stehenden Unterhaltspflichten sich nicht entsprechen muss. Während nämlich nicht voneinander getrennt lebende Ehegatten gem. § 1360 BGB wechselseitig verpflichtet sind, einander durch ihre Arbeit und mit ihrem Vermögen den ehelichen Lebensverhältnissen entsprechend angemessen zu unterhalten, bestimmt sich der einem Elternteil geschuldete Unterhalt nach anderen Kriterien. Bei bescheidenen wirtschaftlichen Verhältnissen, wie sie hier mit Rücksicht auf die niedrige Rente der Mutter vorliegen, dürften als angemessener Unterhalt für diese nur diejenigen Mittel anzusetzen sein, durch die das Existenzminimum sichergestellt werden kann. Hierauf wären die Rente und gegebenenfalls zu gewährendes Wohngeld, soweit dieses nicht dem Ausgleich eines erhöhten Wohnkostenbedarfs dient, anzurechnen (vgl. *Senat,* NJW 2003, 1660 [1661] = FPR 2003, 378). Den Unterhaltsbedarf des Vaters um den Betrag zu erhöhen, den der Bekl. der Mutter eventuell an Unterhalt schulden würde, wäre mit den §§ 1601, 1602, 1610 BGB indessen nicht in Einklang zu bringen.

BGH v. 6. 10. 2004 – XII ZR 319/01 – FamRZ 05, 23 = NJW 05, 61

(Angemessene Erwerbstätigkeit des Berechtigten beim Trennungsunterhalt)

R619 2. b) Zwar braucht sich ein Trennungsunterhalt beanspruchender Ehegatte ebenso wie ein geschiedener Ehegatte nur darauf verweisen zu lassen, eine den ehelichen Lebensverhältnissen entsprechende, also eheangemessene Tätigkeit aufnehmen zu müssen. Als Kriterien für die Beurteilung der Angemessenheit nennt § 1574 II BGB neben den ehelichen Lebensverhältnissen unter anderem Ausbildung, Fähigkeiten und Lebensalter eines Ehegatten. Daraus kann indessen nicht hergeleitet werden, dass allein eine der Ausbildung des Unterhaltsberechtigten entsprechende Tätigkeit als angemessen in Betracht kommt.

Die Beurteilung, welche Erwerbstätigkeit angemessen ist, hängt vielmehr von einer Gesamtwürdigung der in Betracht zu ziehenden Umstände ab, die dem Tatrichter obliegt (vgl. *Senat,* NJW 1984, 1685 = FamRZ 1984, 561 [562]).

Mit Rücksicht darauf hat das BerGer. zu Recht die Berufsausbildung des Kl. nicht als allein maßgebend angesehen, sondern in seine Beurteilung einbezogen, dass es dem Kl., der seine Ausbildung bereits 1994 abgeschlossen hatte, seitdem nicht gelungen war, in dem erlernten Beruf eine geregelte Beschäftigung zu finden. Er war mithin Anfang 2001 im Alter von 46 Jahren Berufsanfänger und verfügte zudem nicht über ausreichende EDV-Kenntnisse. Hinzu kommt, dass er sich nach den getroffenen Feststellungen in der deutschen Sprache mündlich nicht so auszudrücken vermag, wie es in einer herausgehobenen beruflichen Stellung erwartet wird. Soweit die Revision diese Feststellung als verfahrensfehlerhaft rügt, bleibt ihr Einwand ohne Erfolg. Das BerGer. hat den Kl. in zwei Verhandlungsterminen persönlich angehört und war deshalb in der Lage, sich einen unmittelbaren Eindruck über seine Fähigkeiten, in der deutschen Sprache zu kommunizieren, zu verschaffen. Der dabei gewonnenen Erkenntnis steht nicht entgegen, dass der Kl. in Deutschland das Fachabitur abgelegt und eine Fachhochschule besucht hat.

Die zuvor genannten Umstände haben letztlich dazu geführt, dass der Kl. lange vor der Trennung der Parteien den Entschluss fasste, nicht entsprechend seiner Ausbildung tätig zu werden, sondern mit dem Betrieb eines Lebensmittelgeschäfts eine selbstständige Tätigkeit aufzunehmen, die er auch drei Jahre lang ausübte. Im Vordergrund seines Erwerbslebens standen deshalb nach der Aufgabe des Gewerbebetriebs die hierbei erworbenen Kenntnisse und Fähigkeiten. Dass das BerGer. diesem Gesichtspunkt besondere Bedeutung beigemessen hat, ist rechtlich deshalb ebenso wenig wie die Beurteilung zu beanstanden, dem Kl. sei eine vergleichbare abhängige Beschäftigung auch unter Berücksichtigung der ehelichen Lebensverhältnisse zuzumuten.

BGH v. 3. 11. 2004 – XII ZR 120/02 – FamRZ 05, 101 = NJW 05, 142

R620 *(Abgrenzung Leistungsklage/Abänderungsklage nach Verurteilung nur zu Unterhaltsrückständen bei einem neuen Unterhaltsbegehren)*

1. Der Senat hat bereits wiederholt ausgesprochen, dass ein Unterhaltsverlangen, das wegen fehlender Bedürftigkeit des Kl. rechtskräftig abgewiesen worden ist, nach Eintritt der vormals fehlenden

Anhang R. Rechtsprechung   R620

Anspruchsvoraussetzungen im Wege einer neuen Leistungsklage, die nicht an die Voraussetzungen des § 323 ZPO gebunden ist, geltend zu machen ist (*Senat, FamRZ* 1985, 376 [377], u. *FamRZ* 1990, 863 [864]). Denn die Abänderung eines Urteils nach § 323 ZPO setzt schon nach dem Wortlaut eine Verurteilung zu künftig fällig werdenden wiederkehrenden Leistungen voraus. Nur in der Unterhaltsklage für die Zukunft wenigstens teilweise stattgebendes Urteil wirkt über den Zeitpunkt der Entscheidung hinaus, indem seine Rechtskraft auch die erst künftig zu entrichtenden Unterhaltsleistungen erfasst, deren Festsetzung auf einer Prognose der künftigen Entwicklung beruht. Weicht die tatsächliche Entwicklung von dieser Prognose ab, handelt es sich deswegen nicht um eine neue Tatsachenlage, sondern um einen Angriff gegen die Richtigkeit des früheren Urteils, das mit Hilfe von § 323 ZPO unter Durchbrechung seiner Rechtskraft den veränderten Urteilsgrundlagen angepasst werden kann.

Ist die Klage hingegen abgewiesen worden, weil der geltend gemachte Unterhaltsanspruch nicht bestand, so liegt der Abweisung für die Zukunft keine sachliche Beurteilung nach den voraussichtlich in der Zukunft bestehenden Verhältnissen zu Grunde. Deswegen kommt einem solchen klageabweisenden Urteil auch keine in die Zukunft reichende Rechtskraftwirkung zu, für deren Durchbrechung es der Vorschrift des § 323 ZPO bedürfte. Tritt in diesen Fällen die vormals fehlende Anspruchsvoraussetzung später ein, steht die Rechtskraft des klageabweisenden Urteils einer neuen Leistungsklage ebenso wenig im Wege wie in sonstigen Klageabweisungsfällen, in denen eine neue Tatsache eintritt, die einen anderen, vom rechtskräftigen Urteil nicht erfassten Lebensvorgang schafft (*Senat,* NJW 1985, 1345 = FamRZ 1985, 376 [377]; so auch *Wendl/Thalmann,* 6. Aufl., § 8 Rdnrn. 142 a ff.; *Graba,* Die Abänderung von Unterhaltstiteln, 3. Aufl., Rdnr. 78; *Eschenbruch/Klinkhammer,* 3. Aufl., Rdnr. 5316; *Thomas/Putzo,* 23. Aufl., § 323 Rdnr. 42).

Die gegen diese Rechtsprechung angeführten Argumente (vgl. *Göppinger/Vogel,* 8. Aufl., Rdnr. 2386 m. w. Nachw.) überzeugen nicht. Zwar ist der Ausgang des Vorprozesses letztlich ausschlaggebend dafür, ob eine neue Forderung im Wege der Abänderungsklage oder der Leistungsklage geltend zu machen ist. Das ist jedoch zwingend durch den Umfang der Rechtskraft der abzuändernden Entscheidung vorgegeben. Einer Urteilsabänderung nach § 323 ZPO als Durchbrechung der materiellen Rechtskraft bedarf es nur, wenn die frühere Entscheidung tatsächlich eine der Rechtskraft fähige Entscheidung für die Zukunft enthält. Umgekehrt steht die frühere Entscheidung einer neuen Leistungsklage nicht entgegen, wenn ihre Rechtskraft sich auf die Vergangenheit beschränkt. Ob dieses der Fall ist, kann sich nur aus dem Inhalt der Entscheidung ergeben, nämlich daraus, ob sich die frühere Entscheidung im Wege einer Prognose der künftigen Verhältnisse mit den Voraussetzungen des künftigen Unterhaltsanspruchs befasst hat. Das ist bei Abweisung der Klage schon auf der Grundlage der gegenwärtigen Verhältnisse nicht der Fall.

Die Rechtsprechung des Senats führt auch nicht zu der Konsequenz, dass im Falle eines der Klage auf laufenden Unterhalt nur teilweise stattgebenden Ersturteils hinsichtlich des abgewiesenen Teils eine neue Klage und im Übrigen eine Abänderungsklage zulässig ist (so aber Göppinger/Vogel, 8. Aufl., Rdnr. 2386, unter Hinw. auf Wax, FamRZ 1982, 347 [348]). Solche Ausgangsurteile beruhen, auch wenn sie der Klage nur teilweise stattgegeben haben, stets auf einer Prognose für die Zukunft und erwachsen damit auch für diese Zeit in Rechtskraft. Auch sie können deswegen insgesamt nur unter Durchbrechung dieser Rechtskraft nach § 323 ZPO abgeändert werden. Diese Auffassung steht auch im Einklang mit dem Senatsurteil vom 30. 1. 1985 (NJW 1985, 1348 = FamRZ 1985, 376 [377]), in dem der Senat eine Abänderungsklage gegen ein klagabweisendes Urteil für zulässig erachtet hat. Das abzuändernde Urteil beruhte dort nämlich trotz der Klagabweisung auf einer Zukunftsprognose, weil es seinerseits ein früheres (stattgebendes) Urteil auf künftige Unterhaltszahlungen abgeändert hatte.

2. Auf der Grundlage dieser Rechtsprechung ist das Begehren der Kl. nicht als Abänderungsklage, sondern als neue Leistungsklage zulässig.

Das AG hatte den Bekl. am 13. 3. 2001 zu (rückständigem) nachehelichem Ehegattenunterhalt für die Zeit vom 1. 7. bis zum 21. 12. 2000 verurteilt und die Klage für die Folgezeit abgewiesen, weil der Unterhaltsbedarf gedeckt war. Schon im Zeitpunkt der gerichtlichen Entscheidung bestand deswegen auf der Grundlage der tatsächlichen Verhältnisse kein Unterhaltsanspruch mehr. Die Klageabweisung für die Zukunft beruhte deswegen nicht auf einer Prognose der künftigen Entwicklung für die Zeit ab der letzten mündlichen Verhandlung, sondern auf den Verhältnissen im Zeitpunkt der Entscheidung. Die Rechtskraft dieses Urteils erstreckt sich deswegen auch nicht auf künftige Unterhaltsansprüche der Kl. Darin unterscheidet sich der vorliegende Fall von dem Sachverhalt im Senatsurteil vom 26. 1. 1983 (FamRZ 1984, 353). Dort hatte das Ausgangsgericht einen Unterhalt über den Entscheidungszeitpunkt hinaus zugesprochen, der erst in der Zukunft entfallen sollte. Jene Entscheidung beruhte deswegen auf einer Zukunftsprognose, ist somit auch insoweit in Rechtskraft erwachsen und konnte nur unter Durchbrechung der Rechtskraft nach § 323 ZPO abgeändert werden. Die Rechtskraft des hier vorliegenden Urteils vom 13. 3. 2001 erfasst hingegen künftige Unterhaltsansprüche nicht und steht deswegen einer neuen Leistungsklage auch nicht entgegen. Das Urteil kann somit mangels Rechtskraft für die Zukunft auch nicht im Wege des § 323 ZPO abgeändert werden. Weil die Kl. ihr Begehren allerdings hilfsweise auch im Wege der Leistungsklage verfolgt hat, kann der Senat den Entscheidungstenor auf der Grundlage des feststehenden Sachverhalts ändern.

BGH v. 17. 11. 2004 – XII ZR 183/02 = FamRZ 05, 347 = NJW 05, 503

R622 *(Anspruch nach § 1615 l I 1, II BGB entfällt bei Heirat entsprechend § 1586 I BGB)*

Nach § 1615 l III 1 BGB sind auf den Unterhaltsanspruch aus Anlass der Geburt grundsätzlich zwar nicht die Vorschriften über den Unterhalt des geschiedenen Ehegatten, zu denen nach der systematischen Stellung im Gesetz auch § 1586 BGB zählt, sondern die Vorschriften über die Unterhaltspflicht zwischen Verwandten entsprechend anwendbar. Wie sich allerdings schon aus der besonderen Vorschrift zur Rangfolge in § 1615 l III 2 BGB und der Regelung zur Fortdauer der Unterhaltspflicht beim Tod des Unterhaltspflichtigen nach § 1615 l III 5 BGB ergibt, kann auf die allgemeinen Vorschriften zur Unterhaltspflicht zwischen Verwandten nur dann zurückgegriffen werden, wenn es den Besonderheiten des Unterhaltsanspruchs aus § 1615 l BGB nicht widerspricht. Der fehlende Hinweis auf die Anwendbarkeit des § 1586 BGB schließt deswegen eine analoge Anwendung wegen der gleichen Interessenlage jedenfalls nicht aus. Der Unterhaltsanspruch des geschiedenen Ehegatten, der im Falle einer Wiederheirat nach § 1586 I BGB entfällt, ist sogar stärker ausgeprägt und beruht neben dem Zweck einer Sicherung der Pflege und Erziehung des Kindes auch auf einer fortgeltenden nachehelichen Solidarität der geschiedenen Ehegatten. Wenn bei Wiederheirat der Unterhaltsberechtigten selbst dieser Unterhaltsanspruch nach § 1586 I BGB entfällt, muss das aus Sicht des Unterhaltspflichtigen erst recht für den Anspruch aus § 1615 l II BGB gelten.

Eine abweichende Beurteilung ist auch aus der Sicht der unterhaltsberechtigten Mutter nicht geboten. Mit der Heirat erwirbt sie einen Anspruch auf Familienunterhalt nach § 1360 BGB, der zum Erlöschen früherer Unterhaltsansprüche führt, ohne nach einzelnen Unterhaltstatbeständen zu differenzieren (Senat, NJW 1988, 557 = FamRZ 1988, 46). Darin unterscheidet sich der Fall von der Konstellation in dem Senatsurteil vom 21. 1. 1998. Dort war der Unterhaltsanspruch aus Anlass der Geburt erst entstanden, als die noch verheiratete Mutter von ihrem Ehemann bereits getrennt lebte und ihr ein Unterhaltsanspruch gem. § 1361 BGB zustand. Die anteilige Haftung des Ehemanns einerseits und des Vaters des Kindes andererseits in entsprechender Anwendung des § 1606 III 1 BGB bezog sich somit auf konkurrierende Unterhaltsansprüche aus gescheiterter Ehe einerseits mit einem neu hinzugekommenen Anspruch aus § 1615 l BGB andererseits. Im vorliegenden Fall ist dagegen während der laufenden Unterhaltspflicht gem. § 1615 l II 2 BGB durch die Heirat der Kl. ein neuer Anspruch auf Familienunterhalt nach §§ 1360, 1360 a BGB entstanden (zum Umfang des Anspruchs auf Familienunterhalt vgl. Wendl/Scholz, § 3 Rdnrn. 22 ff.). Dieser Anspruch auf Familienunterhalt geht nach der ausdrücklichen gesetzlichen Wertung in § 1586 I BGB sogar einem Anspruch auf nachehelichen Unterhalt gem. § 1570 BGB vor. Der stärkere Anspruch auf Familienunterhalt verdrängt deswegen auch den nach Wortlaut und inhaltlicher Ausgestaltung mit § 1570 BGB weitgehend vergleichbaren, nach dem Schutzzweck aber sogar noch schwächer ausgestalteten Unterhaltsanspruch gem. § 1615 l BGB. Im Zeitpunkt der Heirat sind auch hier die zu dem früheren Unterhaltsanspruch nach § 1615 l II BGB führenden Umstände bekannt und werden von den neuen Ehegatten bewusst in den Schutz ihrer neuen Ehe einbezogen.

BGH v. 1. 12. 2004 – XII ZR 75/02 – FamRZ 05, 1159 = NJW 05, 2077

R623 *(Fiktive Steuerberechnung bei unterhaltsrechtlich nicht berücksichtigungswürdigen steuerlichen Ausgabenpositionen; keine AfA bei Gebäuden; Instandhaltungskosten)*

a c) Im Ausgangspunkt zutreffend geht die Revision allerdings davon aus, dass eine fiktive Steuerlast nur dann in Ansatz zu bringen ist, wenn steuermindernde tatsächliche Aufwendungen vorliegen, die unterhaltsrechtlich nicht zu berücksichtigen sind. Diese Voraussetzungen sind indessen nach dem eigenen Vorbringen der Ag. erfüllt. Sie hat, wie das BerGer. in dem von der Revision in Bezug genommenen streitigen Teil des Tatbestands des angefochtenen Urteils ausgeführt hat, nicht nur geltend gemacht, die negativen Einkünfte beruhten allein auf steuerlich erheblichen Abschreibungen, sie hat vielmehr auch vorgetragen, die Tilgungsleistungen des Ast. seien nicht zu berücksichtigen, weil er anderenfalls zu ihren Lasten Vermögen bilden könne. Daraus wird ersichtlich, dass selbst nach Auffassung der Ag. tatsächliche Aufwendungen erfolgt sind, die zu den Verlusten beigetragen haben. Denn Tilgungsleistungen bedingen regelmäßig, dass dafür in Anspruch genommene Fremdmittel Zinsen zu entrichten sind, die auch steuerlich als Kostenposition zu veranschlagen sind. Dieser Auffassung der Ag. entspricht im Übrigen, dass sie selbst nicht darauf abgehoben hat, unterhaltsrechtlich seien – an Stelle der Verluste – positive Einkünfte aus Vermietung und Verpachtung und Land- und Forstwirtschaft anzusetzen. Dem liegt ersichtlich die Annahme zu Grunde, dass sich – selbst wenn unterhaltsrechtlich Abzugspositionen außer Betracht zu bleiben hätten – noch keine positiven Einkünfte errechnen.

Anhang R. Rechtsprechung   R623

Für die Frage, in welcher Höhe unterhaltsrechtlich Abzugsposten zu berücksichtigen sind, kommt es unter anderem darauf an, ob etwa in Anspruch genommene steuerliche Absetzungs- und Abschreibungsmöglichkeiten auch unterhaltsrechtlich einkommensmindernd anzuerkennen sind. Nach der Rechtsprechung des Senats berühren Abschreibungen für die Abnutzung von Gebäuden das unterhaltsrechtlich maßgebende Einkommen nicht, weil ihnen lediglich ein Verschleiß von Gegenständen des Vermögens zu Grunde liegt und die zulässigen steuerlichen Pauschalen vielfach über das tatsächliche Ausmaß der Wertminderung hinausgehen. Darüber hinaus ist zu beachten, dass sie durch eine günstige Entwicklung des Immobilienmarkts ausgeglichen werden können. Instandsetzungskosten können unterhaltsrechtlich nur insoweit einkommensmindernd berücksichtigt werden, als es sich um notwendigen Erhaltungsaufwand handelt und nicht um solchen für Ausbauten und wertsteigernde Verbesserungen, die der Vermögensbildung dienen (*Senat,* NJW 1984, 303 = FamRZ 1984, 39 [41]; NJW-RR 1986, 66 = FamRZ 1986, 48 [49], u. NJW 1997, 735 = FamRZ 1997, 281 [283]). Inwieweit insbesondere an dieser Beurteilung der Abschreibung bei Gebäuden festzuhalten ist (vgl. zu für erforderlich gehaltene Einschränkungen etwa *Schwab/Borth,* 5. Aufl., Kap. IV Rdnr. 756, u. zur Behandlung der AfA bei kurzlebigen Wirtschaftsgütern *Senat,* NJW 2003, 1734 = FPR 2003, 327 = FamRZ 2003, 741 [743] m. krit. Anm. *Gerken,* u. im Wesentlichen zust. Anm. *Weychardt,* FamRZ 2003, 1001), bedarf im vorliegenden Fall indessen keiner Entscheidung.

Die Beurteilung, ob und gegebenenfalls inwieweit etwa die steuerlich zu Grunde gelegten Abschreibungen auch unterhaltsrechtlich anzuerkennen sind, hat nur Bedeutung dafür, ob die Verluste mehr oder weniger hoch anzusetzen sind. Letzteres vermag aber nichts an dem Umstand zu ändern, dass die Verluste auch auf tatsächlichen Aufwendungen, nämlich jedenfalls auf Zinsleistungen für bestehende Darlehensverbindlichkeiten, beruhen, die in die einheitliche Feststellung der Einkünfte aus Vermietung und Verpachtung bzw. Land- und Forstwirtschaft einfließen und nicht von den Abschreibungen isoliert betrachtet werden können. Denn ohne den mit tatsächlichen Aufwendungen verbundenen Grundbesitz gäbe es auch die Möglichkeit von Abschreibungen nicht.

Auf die Zinszahlungen kann der Ast. sich der Ag. gegenüber indessen nicht berufen. Denn der Unterhaltsverpflichtete ist nicht berechtigt, auf Kosten des Unterhaltsberechtigten Vermögen zu bilden; diesem Zweck dient aber die Darlehenstilgung, und damit mittelbar auch die für die Darlehensgewährung erforderliche Zinszahlung. Da andererseits dem Unterhaltspflichtigen aber die Vermögensbildung nicht verwehrt sein kann, solange die Belange des Unterhaltsberechtigten nicht berührt werden, kann Letzterer nur verlangen, so gestellt zu werden, als ob die vermögensbildenden Aufwendungen nicht stattfänden.

Für den vorliegenden Fall bedeutet dies, dass zwar zum einen die erzielten Verluste nicht einkommensmindernd berücksichtigt werden können, dass aber zum anderen auch die dadurch erzielte Steuerersparnis außer Betracht zu bleiben hat, weil sie ohne die Übernahme des Grundbesitzes nicht eingetreten wäre. Bei einer solchen Fallgestaltung ist – in Abweichung von dem Grundsatz, dass zur Feststellung des unterhaltsrelevanten Einkommens die tatsächlich entrichtete Steuer in Abzug zu bringen ist – eine fiktive Steuerberechnung vorzunehmen, nämlich zu ermitteln, in welcher Höhe Steuern auf das nicht durch die Verluste reduzierte übrige Einkommen des Unterhaltspflichtigen zu entrichten wären (vgl. *Senat,* NJW-RR 1987, 194 = FamRZ 1987, 36 [37], zur Berücksichtigung von Steuerersparnissen durch die Beteiligung an einem Bauherrenmodell, u. NJW-RR 2004, 1227 = FPR 2004, 498 = FamRZ 2004, 1177 [1179], zur Berücksichtigung von Steuerersparnissen durch später aufgelöste Ansparabschreibungen). Hierfür ist die Höhe der Verluste ohne Bedeutung; diese beeinflusst allein die tatsächliche Steuerschuld.

(Wohnwert als Nutzungsvorteil Einkommen; Zinsen als Surrogat bei Veräußerung)
Die ehelichen Lebensverhältnisse der Parteien waren dadurch geprägt, dass sie gemeinsam Eigentümer eines Hauses waren, in dem sie mietfrei wohnten. Der eheangemessene Bedarf erhöhte sich deshalb durch die gezogenen Nutzungsvorteile (st. Rspr. des Senats; vgl. etwa *Senat,* NJW 1998, 753 = FamRZ 1998, 87 [88]). Diese Nutzungsvorteile entfallen, wenn das gemeinsam genutzte Haus im Zusammenhang mit der Scheidung veräußert wird. An ihre Stelle treten allerdings die Vorteile, die die Ehegatten in Form von Zinseinkünften aus dem Erlös ihrer Miteigentumsanteile ziehen oder ziehen könnten (*Senat,* NJW 2001, 2259 = FamRZ 2001, 1140 [1143], u. NJW 2002, 436 = FPR 2002, 59 = FamRZ 2002, 88 [92]).   b

(Veräußerung Haushälfte an Ehepartner)
Das gilt auch dann, wenn das gemeinsame Haus nicht an einen Dritten veräußert wird, sondern   c
wenn ein Ehegatte seinen Miteigentumsanteil auf den anderen überträgt. In diesem Fall tritt für den veräußernden Ehegatten der Erlös als Surrogat an die Stelle der Nutzungsvorteile seines Miteigentumsanteils. Für den übernehmenden Ehegatten verbleibt es grundsätzlich bei einem Wohnvorteil, und zwar nunmehr in Höhe des vollen Werts, gemindert um die schon bestehenden Kosten und Lasten sowie um die Zinsbelastungen, die durch den Erwerb der anderen Hälfte anfallen.

c) Entgegen der Auffassung des BerGer. dürfen die beiderseitigen Vorteile unterhaltsrechtlich nicht außer Betracht bleiben und die Ehegatten so behandelt werden, als hätten sie das Haus an einen Dritten verkauft, den Erlös geteilt und dadurch für beide gleiche – sich deshalb nivellierende – Verhältnisse geschaffen. Der Auffassung des BerGer. liegt ersichtlich die Erwägung zu Grunde, dass auf Seiten des veräußernden Ehegatten häufig Kapitalerträge aus dem erhaltenen Erlös zu berücksichtigen sind, die den dem erwerbenden Ehegatten zuzurechnenden Wohnvorteil übersteigen, die Höhe des Unterhalts mithin etwa davon abhängen kann, welchem Ehegatten es gelingt, das ehemals gemeinsame Haus zu übernehmen. Mit Rücksicht darauf wird auch in der Rechtsprechung anderer Oberlandesgerichte und im Schrifttum die Ansicht vertreten, der Veräußernde dürfe nicht schlechter gestellt werden, als wenn das Familienheim an einen Dritten verkauft worden wäre (vgl. OLG Hamm, NJW-RR 2003, 510; OLG Karlsruhe, NJW 2004, 859 [860]; *Gerhardt*, FamRZ 2003, 414 [415]; ähnl. *Büttner,* FF 2002, 31).

Diese Erwägungen vermögen es indessen nicht zu rechtfertigen, demjenigen Ehegatten, der den Miteigentumsanteil des anderen erwirbt, grundsätzlich fiktive Zinseinkünfte aus einem erzielbaren Veräußerungserlös zuzurechen, obwohl er das Familienheim übernommen hat und bewohnt. Vielmehr ist auf Seiten des Ast. der volle Wohnvorteil in die Unterhaltsberechnung einzustellen. Hiervon sind die Hauslasten in Abzug zu bringen, insbesondere die Zins- und Tilgungsleistungen auf die bereits vor der Veräußerung des Miteigentumsanteils bestehenden Kreditverbindlichkeiten, durch die bereits die ehelichen Lebensverhältnisse geprägt worden sind. Zahlungen, die für den Erwerb des Miteigentumsanteils der Ag. zu erbringen sind, mindern den Wohnvorteil dagegen nur hinsichtlich des Zinsaufwands. Um Tilgungsleistungen, die der Rückführung eines entsprechenden – nicht die ehelichen Lebensverhältnisse prägenden – Darlehens dienen, ist der Wohnvorteil dagegen nicht zu kürzen, weil anderenfalls dem Ast. zu Lasten der Ag. eine Vermögensbildung gestattet würde (vgl. Senat, NJW 2000, 2349 = FamRZ 2000, 950 [951 f.]). Diese Vorgehensweise hat nicht zur Folge, dass der die ehelichen Lebensverhältnisse prägende Nutzungsvorteil des Hauses mit einem insgesamt zu hohen Wert angesetzt wird. Denn der Wohnvorteil mindert sich nunmehr durch die zusätzlichen Zinsverbindlichkeiten für den Betrag, den die Ag. erhalten hat.

(Obliegenheit zur Vermögensumschichtung)

d Nach der Rechtsprechung des Senats kann zwar auch bei derartigen Fallgestaltungen eine Obliegenheit zur Vermögensumschichtung und dabei im Einzelfall auch zur Veräußerung des Hauses bestehen, etwa wenn anderenfalls keine wirtschaftlich angemessene Nutzung des nach dem neuen Lebenszuschnitt des Erwerbenden zu großen und seine wirtschaftlichen Verhältnisse übersteigenden Hauses zu verwirklichen ist (*Senat*, NJW 2000, 2349 = FamRZ 2000, 950 [951] m. w. Nachw.). Davon kann aber nicht bereits dann ausgegangen werden, wenn der zuzurechnende Wohnvorteil nicht den Ertrag erreicht, den der veräußernde Ehegatte aus dem erhaltenen Erlös erzielt bzw. erzielen könnte. Vielmehr muss sich die tatsächliche Anlage des Vermögens – unter Berücksichtigung der Umstände des Einzelfalls – als eindeutig unwirtschaftlich darstellen, bevor der erwerbende Ehegatte auf eine andere Anlageform und daraus erzielbare Erträge verwiesen werden kann (vgl. für den Unterhaltsberechtigten *Senat*, NJW 2001, 2259 = FamRZ 2001, 1140 [1143] m. w. Nachw.). Feststellungen, die eine solche Beurteilung zuließen, hat das BerGer. indessen nicht getroffen. Nach dem Vorbringen der Ag. ist der Wohnwert des – über eine Wohnfläche von etwa 200 m² verfügenden – Hauses mit monatlich 2000 DM und nach Abzug der unterhaltsrechtlich zu berücksichtigenden Belastungen mit mindestens 1000 DM monatlich zu bemessen. Entsprechende Aufwendungen stünden auch zu den Einkünften des Ast. nicht von vornherein außer Verhältnis. Im Hinblick darauf besteht aber kein Anlass, für die Unterhaltsbemessung von anderen als den tatsächlich bei dem Ast. vorliegenden Verhältnissen auszugehen. Dann kann der – vom BerGer. nicht festgestellte – Wohnwert des Hauses nicht unbeachtet bleiben.

d) Das Berufungsurteil kann aus einem weiteren Grund mit der gegebenen Begründung keinen Bestand haben. Auf Seiten der Ag. ist der Erlös aus der Veräußerung ihres Miteigentumsanteils als Surrogat an die Stelle des früheren Nutzungsvorteils getreten. Welcher Ertrag ihr hieraus zuzurechnen ist, hat das BerGer. ebenfalls nicht festgestellt.

(Verbrauch des Verkaufserlös; Ansatz fiktiver Zinseinkünfte)

e Die Ag. hat den Erlös in Höhe von 90 000 DM unstreitig in einem Rentenfonds angelegt. Sie hat hierzu, wie die Revision zu Recht geltend macht, vorgetragen, für sie ergäben sich, bezogen auf Juli 2001, Rentenanwartschaften in der gesetzlichen Rentenversicherung von monatlich 887,40 DM, weshalb sie – anders als der über Vermögen verfügende Ast. – verstärkt für ihr Alter vorsorgen müsse. Mit Rücksicht auf die Versorgungslage der Ag. hat das AG den Versorgungsausgleich, der zu Gunsten des Ast. durchzuführen gewesen wäre, nach § 1587 c Nr. 1 BGB ausgeschlossen. Zur Begründung hat es unter anderem ausgeführt, auch unter Hinzurechnung der Anrechte, die die Ag. aus dem Rentenfonds erwerben werde, besitze sie, gemessen an den ehelichen Lebensverhältnissen, nur eine unzureichende Altersversorgung.

Ob und gegebenenfalls in welcher Höhe trotz dieses Vorbringens weitere (fiktive) Kapitalerträge zu berücksichtigen sind, hängt davon ab, ob die Ag. nach § 1577 I BGB die Obliegenheit trifft, durch eine verzinsliche Anlage des Kapitals höhere laufende Einnahmen zu erwirtschaften. Dies setzt eine Zumutbarkeitsprüfung voraus und ist, wie bereits ausgeführt wurde, nur dann zu bejahen, wenn die tatsächliche Anlage des Vermögens sich als eindeutig unwirtschaftlich erweist.

BGH v. 1. 12. 2004 – XII ZR 3/03 – FamRZ 05, 354 = NJW 05, 500

(Selbstbehalt des Pflichtigen bei § 1615l II BGB)

3. b) Umgekehrt kann der gegenüber dem Unterhaltsanspruch volljähriger Kinder stärker ausgestaltete Charakter des Anspruchs auf Unterhalt aus Anlass der Geburt auch zu einer stärkeren Haftung und damit zu einem geringeren Selbstbehalt führen, als dieses auf der Grundlage des § 1603 I BGB für den Unterhaltsanspruch volljähriger Kinder der Fall ist. Dabei ist allerdings weniger auf den Rang eines Unterhaltsanspruchs als vielmehr auf seinen Grund und Charakter abzustellen. Denn obwohl der Unterhaltsanspruch geschiedener Ehegatten nach § 1609 II BGB im Rang demjenigen minderjähriger Kinder gleichsteht, betrifft die verschärfte Haftung nach § 1603 II BGB und die daraus hergeleitete höhere Opfergrenze allein die Unterhaltsansprüche minderjähriger (und ihnen gleichgestellter) Kinder. Dieser Gedanke ist auch auf den Unterhaltsanspruch der Mutter aus Anlass der Geburt übertragbar. Schon im Rang geht dieser Anspruch nach § 1615l III BGB zwar den Unterhaltsansprüchen minderjähriger Kinder oder einer Ehefrau nach, den Unterhaltsansprüchen sonstiger Verwandter des Unterhaltspflichtigen geht er aber vor. Insoweit unterscheidet sich der Unterhaltsanspruch nicht von demjenigen einer geschiedenen Ehefrau des Unterhaltsschuldners. Hinzu kommt, wie schon ausgeführt, der gemeinsame Schutzzweck der Unterhaltsansprüche nach § 1615l II BGB und § 1570 BGB, nämlich der Mutter jedenfalls während der ersten drei Lebensjahre des Kindes die Pflege und Erziehung des Kindes zu ermöglichen. Aus Rechtsgründen ist es deswegen nicht hinnehmbar, wenn das BerGer. den Selbstbehalt im Rahmen eines Unterhaltsanspruchs nach § 1615l BGB grundsätzlich abweichend von demjenigen eines Unterhaltsanspruchs nach § 1570 BGB bemisst.

4. Auch bei der Bemessung der Leistungsfähigkeit des Unterhaltsschuldners ist somit entscheidend auf den Zweck des Unterhaltsanspruchs abzustellen.

Insoweit überzeugt die Begründung des BerGer. für die Annahme eines gleichermaßen für den Unterhaltsanspruch gegenüber volljährigen Kindern geltenden einheitlichen „großen Selbstbehalts" gem. § 1603 I BGB nicht. Der *Senat* hat schon darauf hingewiesen, dass sich der Unterhaltsanspruch der Mutter aus Anlass der Geburt nach § 1615l BGB nicht unerheblich von sonstigen Ansprüchen auf Verwandtenunterhalt unterscheidet (vgl. *Senat,* NJW 1998, 1309 = FamRZ 1998, 541 [543f.]). Trotz der grundsätzlichen Verweisung in § 1615l III 1 BGB auf die Vorschriften über die Unterhaltspflicht zwischen Verwandten geht der Unterhaltsanspruch der nicht verheirateten Mutter – wie ausgeführt – nach § 1615l III Halbs. 2 BGB den Ansprüchen der übrigen Verwandten des Vaters vor. Auch erlischt der Unterhaltsanspruch der Mutter entgegen § 1615 I BGB nicht mit dem Tod des unterhaltspflichtigen Vaters (§ 1615l III 5 BGB). Deswegen und wegen der auch sonst weitgehenden Angleichung des Anspruchs an den Unterhaltsanspruch nach § 1570 BGB ist die Unterhaltspflicht des Vaters gegenüber der Mutter nach § 1615l BGB eher mit dem Unterhaltsanspruch der geschiedenen Ehefrau als mit dem Anspruch auf Verwandtenunterhalt vergleichbar (vgl. auch *Senat,* NJW 2005, 503 und NJW 1998, 1309 = FamRZ 1998, 541 [543]).

Bei der Ausgestaltung des Unterhaltsanspruchs der Mutter gem. § 1615l II BGB ist deswegen entscheidend auf den Grund dieses Anspruchs abzustellen, nämlich der Mutter während der ersten drei Lebensjahre die Pflege und Erziehung des Kindes zu ermöglichen, ohne auf eine Erwerbstätigkeit angewiesen zu sein. Dieser gesetzlich verfolgte Zweck, der neben der fortgeltenden ehelichen Solidarität auch dem Unterhaltsanspruch nach § 1570 BGB zu Grunde liegt, kann im Gegensatz zur Rechtsauffassung des BerGer. nur durch einen zur Höhe ausreichenden Unterhaltsanspruch der Mutter sichergestellt werden. Insbesondere wenn die Mutter – wie hier – ohnehin in beengten finanziellen Verhältnissen nicht einmal den für ihre Lebensführung zwingend notwendigen Bedarf erhielte, verbliebe ihr nicht die Möglichkeit, die Betreuung des Kindes zu Lasten des eigenen Unterhaltsbedarfs sicherzustellen. Die Mutter wäre dann entgegen dem ausdrücklichen Zweck der Unterhaltsvorschrift des § 1615l II BGB gehalten, zu Lasten der Betreuung des Kindes eine eigene Erwerbstätigkeit aufzunehmen. Insoweit unterscheidet sich der Unterhaltsanspruch nach § 1615l II BGB gerade nicht von dem Anspruch der geschiedenen Ehefrau wegen der Pflege oder Erziehung ehelicher Kinder gem. § 1570 BGB.

5. Nur in dieser Auslegung genügt der Unterhaltsanspruch nach § 1615l II BGB auch den Anforderungen des Art. 6 IV und V GG, der einen Anspruch jeder Mutter „auf den Schutz und die Fürsorge der Gemeinschaft" sicherstellt und es gebietet, den nichtehelichen Kindern „die gleichen Bedingungen für ihre leibliche und seelische Entwicklung und ihre Stellung in der Gesellschaft zu schaffen wie den ehelichen Kindern". Danach muss auch einer nicht verheirateten Mutter die Wahl

bleiben, bis zum Beginn des Kindergartenalters selbst für die Pflege und Erziehung des Kindes zu sorgen, ohne für ihren Lebensunterhalt auf eine eigene Erwerbstätigkeit angewiesen zu sein. Auch von Verfassungs wegen ist deswegen hinsichtlich des dem Unterhaltsschuldner zu belassenden Selbstbehalts eine Gleichbehandlung von Ansprüchen aus § 1615 l II BGB mit solchen nach § 1570 BGB geboten. Das hat das BerGer. nicht berücksichtigt.

III. Danach kann das Berufungsurteil nicht bestehen bleiben. Eine eigene Entscheidung in der Sache ist dem *Senat* indes verwehrt. Das *OLG* wird vielmehr in eigener tatrichterlicher Verantwortung als Selbstbehalt einen Betrag festzulegen haben, der nicht unter dem notwendigen, aber auch nicht über dem angemessenen Selbstbehalt liegt. Dabei wird es nicht zu beanstanden sein, wenn der Tatrichter im Regelfall von einem etwa hälftig zwischen diesen beiden Beträgen liegenden Betrag ausgeht.

BGH v. 15. 12. 2004 – XII ZR 212/03 – FamRZ 05, 442 = NJW 05, 818

R625 *(Unterhaltsbedarf bei Unterhalt nach § 1615 l II BGB)*

a II. a) Das Maß des der Kl. zu gewährenden Unterhalts bestimmt sich nach ihrer Lebensstellung. Denn nach § 1615 l III 1 BGB sind auf den Unterhaltsanspruch der nicht verheirateten Mutter die Vorschriften über die Unterhaltspflicht zwischen Verwandten und somit auch § 1610 I BGB entsprechend anwendbar. In Rechtsprechung und Literatur wird deswegen regelmäßig auf das Einkommen der Mutter abgestellt, das sie ohne die Geburt des Kindes zur Verfügung hätte (OLG Celle, OLG-Report 2002, 19; OLG Köln, NJW-RR 2001, 364 = FamRZ 2001, 1322; OLG Koblenz, OLG-Report 2001, 87; OLG Hamm, FF 2000, 137, und OLG Zweibrücken, OLG-Report 2000, 392, sowie *Wendl/Pauling*, 6. Aufl., § 6 Rdnr. 364; *Göppinger/Wax/Maurer*, 8. Aufl., Rdnr. 1255; *Luthin/Seidel*, 10. Aufl., Rdnr. 4219; *Kalthoener/Büttner/Niepmann*, 9. Aufl., Rdnr. 185; *Eschenbruch*, 3. Aufl., Rdnr. 4015; *Gerhardt*, in: FA-FamR, 4. Aufl., Rdnr. 210; *Weinreich/Klein/Schwolow*, Kompaktkomm. FamilienR, § 1615 l BGB Rdnr. 10, und *Scholz/Stein/Erdrich*, Praxishdb. FamilienR, K Rdnr. 248). Das ist nicht zu beanstanden, wenn der unterhaltsberechtigten Mutter aus eigenen Einkünften und Unterhaltszahlungen jedenfalls nicht mehr zur Verfügung steht, als dem unterhaltspflichtigen Vater verbleibt.

(Bedarfsbegrenzung durch den Halbteilungsgrundsatz bei Unterhalt nach § 1615 l II BGB)

b b) In anderen Fällen ist der Unterhaltsbedarf der nicht verheirateten Mutter zusätzlich durch den auch hier anwendbaren Grundsatz der Halbteilung begrenzt. Das folgt aus der weitgehenden Angleichung der Unterhaltsansprüche aus § 1615 l II 2 BGB mit denen auf nachehelichen Betreuungsunterhalt gem. § 1570 BGB.

aa) Beim nachehelichen Betreuungsunterhalt bestimmt sich das Maß gem. § 1578 I BGB nach den ehelichen Lebensverhältnissen. Damit erhält die geschiedene Mutter – vorbehaltlich eines dem Unterhaltspflichtigen zu belassenden Erwerbstätigenbonus – grundsätzlich die Hälfte des unterhaltsrechtlich bereinigten (ggf. beiderseitigen) Einkommens. Beiden geschiedenen Ehegatten verbleibt somit in gleichem Maße die zuvor erreichte oder eine durch spätere Veränderungen abgewandelte (vgl. insoweit *Senat*, NJW 2003, 1518 = FamRZ 2003, 590 [592]) Lebensstellung. In gleicher Weise wirkt es sich aus, wenn die nicht verheiratete oder nicht berufstätige Mutter zuvor mit dem Vater ihres Kindes zusammengelebt hat. Denn wenn sich ihre Lebensstellung i. S. des 1610 BGB allein nach dem (hälftigen) früheren Einkommen richtet, steht auch ihr Unterhalt nur bis zur Grenze der Halbteilung zu (vgl. *Büttner*, FamRZ 2000, 781 [783]).

bb) Aber auch wenn die Mutter des Kindes zuvor nicht mit dem Vater zusammengelebt hat, begrenzt der so genannte Halbteilungsgrundsatz ihren Unterhaltsbedarf. In solchen Fällen führt der Unterhaltsanspruch nach § 1615 l II BGB zwar dazu, dass das um den Kindesunterhalt geschmälerte Einkommen des Vaters auch dazu dient, den zuvor erreichten Lebensstandard der Mutter aufrechtzuerhalten. Dadurch nähern sich die verfügbaren Einkünfte beider Eltern einander an. Dieses findet seinen Grund in der besonderen Verantwortung des Vaters für die Pflege und Erziehung des gemeinsamen Kindes. Der *Senat* hat in jüngster Zeit wiederholt darauf hingewiesen, dass der Unterhaltsanspruch einer nicht verheirateten Mutter nach § 1615 l II BGB dem Anspruch auf nachehelichen Betreuungsunterhalt gem. § 1570 BGB weitgehend angeglichen worden ist (vgl. *Senat*, NJW 2005, 503 m. w. Nachw., und NJW 2005, 500). In beiden Fällen soll es der Mutter jedenfalls während der ersten drei Lebensjahre möglich sein, das Kind zu pflegen und zu erziehen, ohne auf eine Erwerbstätigkeit angewiesen zu sein. Insoweit unterscheidet sich der Unterhaltsanspruch nach § 1615 l II BGB in keiner Weise von dem Anspruch nach § 1570 BGB. Dieser Zweck rechtfertigt auch ohne nacheheliche Solidarität die unterhaltsbedingte Reduzierung der verfügbaren Einkünfte des Vaters bei gleichzeitiger Aufrechterhaltung des Lebensstandards der Mutter. Denn die Pflege und Erziehung des Kindes ist regelmäßig nur dann sichergestellt, wenn die Mutter nicht auf eine eigene Erwerbstätigkeit angewiesen ist, weil die Unterhaltsleistungen ihren Lebensstandard aufrechterhalten.

Der Unterhaltsbedarf der nicht verheirateten Mutter ist aber stets auf den Betrag begrenzt, der dem unterhaltspflichtigen Vater selbst verbleibt. Denn der Zweck des Unterhaltsanspruchs nach § 1615 l II BGB trägt den Anspruch schon nicht in gleichem Maße, wenn die Mutter wegen ihrer besonders hohen Einkünfte in der Vergangenheit eine höhere Lebensstellung als der Vater erreicht hatte. Dann ist es auch ihr – wie dem Vater – zuzumuten, Abstriche von dem erreichten Lebensstandard in Kauf zu nehmen, ohne sogleich auf eine eigene Erwerbstätigkeit angewiesen zu sein. Wie bei dem Unterhaltsbedarf nach den wandelbaren ehelichen Lebensverhältnissen (vgl. *Senat,* NJW 2003, 1518 = FamRZ 2003, 590 [592]) beeinflusst die Geburt des Kindes dann auch die Lebensstellung der unterhaltsbedürftigen nicht verheirateten Mutter. Eine durch ein höheres Einkommen der Mutter erreichte höhere Lebensstellung kann deswegen nicht stets im Sinne einer unverändert fortzuschreibenden Lebensstandardgarantie aufrechterhalten bleiben. Das Maß des Unterhalts wird vielmehr zusätzlich durch die Lebensstellung des unterhaltspflichtigen Vaters begrenzt, der zunächst vorrangig dem Kind unterhaltspflichtig ist und dem auch aus verfassungsrechtlichen Gründen jedenfalls ein Anteil seines Einkommens verbleiben muss, der die eigenen Einkünfte der Unterhaltsberechtigten zuzüglich des gezahlten Unterhalts nicht unterschreitet.

Für die Begrenzung des Unterhaltsbedarfs im Wege der Halbteilung spricht aber insbesondere eine – mit Blick auf Art. 6 I GG gebotene – vergleichende Betrachtung des Unterhaltsanspruchs aus § 1615 l II BGB mit dem Anspruch auf nachehelichen Betreuungsunterhalt aus § 1570 BGB. Während der nacheheliche Betreuungsunterhalt mit seinem zusätzlichen, auf der fortwirkenden ehelichen Solidarität beruhenden Zweck Unterhaltsleistungen auf der Grundlage der ehelichen Lebensverhältnisse erfasst und damit zugleich die Halbteilung des verfügbaren Einkommens sicherstellt, bezweckt der Unterhaltsanspruch der nicht verheirateten Mutter zunächst eine Sicherung ihrer erreichten Lebensstellung. Dieser grundsätzliche Unterschied entfällt aber, wenn das verfügbare Einkommen des nach § 1615 l II BGB unterhaltspflichtigen Vaters so weit reduziert ist, dass ihm nur so viel verbleibt, wie die unterhaltsberechtigte Mutter selbst zu Verfügung hat. Dann ist der Anspruch auch der Höhe nach mit dem Unterhaltsanspruch nach § 1570 BGB vergleichbar. Weil auch Letzterer die Pflege und Erziehung des gemeinsamen Kindes sicherstellen soll und nur zusätzlich auf einer nachehelichen Solidarität beruht, wäre es nicht nachvollziehbar, der nicht verheirateten Mutter einen höheren Anspruch zuzusprechen, als der geschiedenen Mutter auf der Grundlage des Halbteilungsgrundsatzes zusteht. Wenn also selbst der stärker ausgestaltete nacheheliche Betreuungsunterhalt stets durch den Halbteilungsgrundsatz begrenzt ist, muss dieses erst für den Unterhaltsanspruch der nicht verheirateten Mutter gelten. Denn die bloße Wahrung des dem Vater stets zu belassenden Selbstbehalts, der regelmäßig etwa hälftig zwischen dem notwendigen und dem angemessenen Selbstbehalt liegt (vgl. *Senat,* NJW 2005, 500), kann die Lebensstellung des Vaters nicht in gleichem Maße sichern, wie es ein durch Halbteilung begrenzter Unterhaltsbedarf vermag.

(Überobligationsmäßig erzieltes Einkommen der nach § 1615 l II BGB unterhaltsberechtigten Mutter)
2.b) Ob und in welchem Umfang sich die Mutter Einkünfte aus einer Erwerbstätigkeit anrechnen **c** lassen muss, die sie gleichwohl neben der Kindesbetreuung ausübt, lässt sich nicht unmittelbar aus der gesetzlichen Regelung des § 1615 l BGB entnehmen. Dabei handelt es sich allerdings nicht um eine bewusste Regelungslücke des Gesetzgebers, weil der besondere Schutz der Ehe und Familie in Art. 6 I GG eine Schlechterstellung der geschiedenen Mutter nicht zulässt und umgekehrt nach Art. 6 IV und V GG auch die nicht verheiratete Mutter jedenfalls insoweit gleichzustellen ist. Deswegen und wegen der weitgehenden Angleichung des Unterhaltsanspruchs der nicht verheirateten Mutter an den nachehelichen Betreuungsunterhalt (vgl. *Senat,* NJW 2005, 503, zur Veröff. in BGHZ vorgesehen) ist auf den Unterhaltsanspruch nach § 1615 l BGB die für den Ehegattenunterhalt geltende Vorschrift des § 1577 II BGB entsprechend anwendbar (so auch *Wever/Schilling,* FamRZ 2002, 581 [586 f.] m. w. Nachw.; *Büttner,* FamRZ 2000, 781 [783] m. w. Nachw.). Entsprechend hat der Senat den Rechtsgedanken des § 1577 II BGB auch schon beim Verwandtenunterhalt, auf den § 1615 l III 1 BGB verweist, herangezogen (*Senat,* NJW 1995, 1215 = FamRZ 1995, 475 [477 f.]).

c) Ob ein eigenes Einkommen des unterhaltsbedürftigen Elternteils, das dieser neben der Kindeserziehung erzielt, nach § 1577 II BGB bei der Unterhaltsberechnung zu berücksichtigen ist, lässt sich nach der Rechtsprechung des *Senats* aber nicht pauschal im Sinne der Zulassungsfrage des *OLG* beantworten, sondern ist stets von den besonderen Umständen des Einzelfalls abhängig (vgl. *Wendl/ Gerhardt,* § 1 Rdnrn. 545 ff. m. w. Nachw.). Eine solche Abwägung lässt das angefochtene Urteil vermissen. Das BerGer. hat sich lediglich pauschal darauf gestützt, dass die Kl. ihr Kind neben der Berufstätigkeit betreut. Wie die Betreuung während dieser Zeit konkret geregelt ist, welche Hilfen ihr dabei zur Verfügung stehen und ob der Kl. dafür gegebenenfalls zusätzliche Betreuungskosten entstehen, hat das BerGer. nicht festgestellt. Die Bemessung eines anrechnungsfrei zu belassenden Teils des Einkommens, die sich auch nach den Leitlinien des BerGer. (vgl. Nr. 7 der Süddeutschen Leitlinien) einer schematischen Beurteilung entzieht, wird im Einzelfall aber davon abhängen, wie etwa die Kindesbetreuung mit den konkreten Arbeitszeiten unter Berücksichtigung erforderlicher Fahrzeiten zu vereinbaren ist und ob und gegebenenfalls zu welchen Zeiten das Kind anderweit beaufsichtigt wird und insofern zeitweise nicht der Betreuung durch die Kl. bedarf (vgl. *Senat*, NJW 2001, 973 = FamRZ 2001, 350 [352]). Nicht ohne Bedeutung ist in diesem Zusammenhang, ob die Kl. seit der Geburt ihrer Tochter aus freien Stücken weiter erwerbstätig ist oder ob die Arbeitsaufnahme durch eine wirtschaftliche Notlage veranlasst war (vgl. zum nachehelichen Betreuungsunterhalt *Senat*, NJW-RR 1998, 721 = FamRZ 1998, 1501 [1502]). Denn die freiwillige Ausübung einer Berufstätigkeit kann ein maßgebendes Indiz für eine vorhandene tatsächliche Arbeitsfähigkeit im konkreten Einzelfall sein (*Senat*, NJW 1981, 2804 = FamRZ 1981, 1159 [1161]). Wegen der weitgehenden Angleichung des Unterhaltsanspruchs der nicht verheirateten Mutter nach § 1615l II BGB mit dem Anspruch auf nachehelichen Betreuungsunterhalt nach § 1570 BGB ist auch insoweit eine Gleichbehandlung geboten und deswegen konkret auf die Umstände des Einzelfalls abzustellen. Mit der gegebenen Begründung kann daher das Berufungsurteil nicht bestehen bleiben. Das Urteil war insoweit aufzuheben und die Sache zur Nachholung der erforderlichen Feststellungen und zur erneuten Abwägung an das *OLG* zurückzuverweisen.

III. Im Rahmen der erneuten Verhandlung wird das *OLG* im Übrigen die Bedürftigkeit der Kl. für die Zeit ihres Mutterschutzes unter Berücksichtigung der §§ 3 II, 6 I, 13 MuSchG prüfen müssen. Sollte die Kl. nach den dort in Bezug genommenen Vorschriften der Rechtsverordnung ihr zuvor erzieltes volles Arbeitsentgelt während der letzten sechs Wochen vor und bis zum Ablauf von acht Wochen nach der Entbindung weiter erhalten haben, wäre dieses im Rahmen der Unterhaltsberechnung zu berücksichtigen und würde ihre Bedürftigkeit entfallen lassen (vgl. *Wendl/Pauling*, § 6 Rdnr. 759; *Göppinger/Wax/Maurer*, Rdnr. 1257).

BGH v. 23. 2. 2005 – XII ZR 56/02 – FamRZ 05, 706 = NJW 05, 1493

R626 *(Umgangskosten als Abzugsposten, soweit durch Kindergeld nicht gedeckt sind)*

An dieser Rechtsprechung kann im Hinblick auf die zwischenzeitlich veränderte Rechtslage nicht mehr uneingeschränkt festgehalten werden. Nach § 1684 BGB, der inzwischen an Stelle des weggefallenen § 1634 BGB den Umgang des Kindes mit den Eltern regelt, hat einerseits das Kind das Recht auf Umgang mit jedem Elternteil; andererseits ist aber auch jeder Elternteil zum Umgang mit dem Kind berechtigt und verpflichtet (§ 1684 I BGB). Beides ist Ausfluss seiner Verantwortung für dessen Wohl (§§ 1618a, 1626, 1631 BGB). Die in § 1684 I BGB geregelten Rechte und Pflichten stehen ebenso wie die elterliche Sorge des anderen Elternteils unter dem Schutz von Art. 6 II 1 GG (BVerfG, NJW 2002, 1863 = FamRZ 2002, 809).

§ 1612b V BGB greift in dieses Recht zwar nicht unmittelbar ein. Seine Anwendung hat allerdings zur Folge, dass dem barunterhaltspflichtigen Elternteil das anteilige Kindergeld ganz oder teilweise nicht mehr zugute kommt, er hierdurch mithin auch keine finanzielle Entlastung hinsichtlich der durch die Ausübung des Umgangsrechts entstehenden Kosten zu erlangen vermag. Er muss deshalb die Umgangskosten mit seinem nach Abzug des Unterhalts verbleibenden Einkommen bestreiten. Wenn und soweit die über den notwendigen Selbstbehalt hinaus noch vorhandenen Mittel hierfür aber nicht ausreichen, kann dies einen Elternteil zu einer Einschränkung der Umgangskontakte veranlassen und damit auch den Interessen des Kindes zuwiderlaufen.

Mit Rücksicht auf diese Konstellation hat der Senat bereits in seinem Urteil vom 29. 1. 2003 (NJW 2003, 1177 = FamRZ 2003, 445 [449]) darauf hingewiesen, dass zu erwägen sein wird, ob und in welchem Umfang Umgangskosten eines Barunterhaltspflichtigen, dem sein Kindergeldanteil infolge der Vorschrift des § 1612b V BGB (teilweise) nicht zugute kommt, mit Blick auf die Neuregelung zu einer angemessenen Minderung des unterhaltsrechtlich relevanten Einkommens oder einer angemessenen Erhöhung des Selbstbehalts des Unterhaltsverpflichteten führen können. Auch das BVerfG hält die vorgenannten unterhaltsrechtlichen Möglichkeiten für das geeignete Mittel, um sicherzustellen, dass Umgangskontakte zwischen dem Kind und dem Unterhaltspflichtigen nicht an den Kosten scheitern, nachdem dieser insoweit nicht mehr bzw. nicht mehr uneingeschränkt auf den Einsatz des Kindergelds verwiesen werden kann (BVerfG, NJW 2003, 2733 = FamRZ 2003, 1370 [1377]).

Da das Unterhaltsrecht dem Unterhaltspflichtigen nicht die Möglichkeit nehmen darf, sein Umgangsrecht zur Erhaltung der Eltern-Kind-Beziehung auszuüben, sind die damit verbundenen Kosten konsequenterweise unterhaltsrechtlich zu berücksichtigen, wenn und soweit sie nicht anderweitig, insbesondere nicht aus dem anteiligen Kindergeld, bestritten werden können (ebenso *Wendl/Scholz*, 6. Aufl., § 2 Rdnr. 169; *Luthin/Margraf*, 10. Aufl., Rdnr. 1341a; vgl. auch OLG Frankfurt a. M., FPR 2004, 398 [399]). Anderenfalls müsste der Unterhaltspflichtige wegen der betreffenden Kosten Leistungen der Sozialhilfe in Anspruch nehmen (vgl. zu dieser Möglichkeit nach der bis zum 31. 12. 2004 geltenden Rechtslage: BVerfG, NJW 1995, 1342 = FamRZ 1995, 86 [87]; BVerwG, NJW 1996, 1838 = FamRZ 1996, 105 [106]; zur Rechtslage seit dem 1. 1. 2005: vgl. *Müller*, KindPrax 2005, 3 [4]); er darf aber durch die Gewährung von Unterhalt nicht selbst sozialhilfebedürftig werden (*Senat*, NJW

Anhang R. Rechtsprechung   R627

1996, 2793 = FamRZ 1996, 1272 [1273]). Der dem Bekl. zu belassende Selbstbehalt wird deshalb so zu bemessen sein, dass er in die Lage versetzt wird, hiervon neben seinem eigenen notwendigen Bedarf auch die Kosten des Umgangs mit seinen Kindern zu bestreiten.

Welcher Umgang mit dem Kind angemessen ist und welche Kosten demgemäß zu berücksichtigen sind, richtet sich maßgeblich nach dessen Wohl (§ 1626 III 1 BGB). Wegen der betreffenden Kosten, die in der Regel das anteilige Kindergeld nicht übersteigen dürften, wird in den Fällen, in denen § 1612b V BGB eingreift, in erster Linie eine maßvolle Erhöhung des notwendigen Selbstbehalts des Unterhaltspflichtigen in Betracht kommen, soweit er diese Kosten anderenfalls nur unter Gefährdung seines Selbstbehalts aufbringen könnte.

BGH v. 23. 2. 2005 – XII ZR 114/03 – FamRZ 05, 608 = NJW 05, 1279

(Obliegenheit zur Einleitung eines Insolvenzverfahrens beim Kindesunterhalt)   R627

1. Der Bekl. ist wegen seiner gesteigerten Unterhaltspflicht gegenüber dem minderjährigen Kl. **a** (§ 1603 II BGB) gehalten, alle zumutbaren Möglichkeiten auszunutzen, um dessen Unterhaltsbedarf sicherzustellen. Dazu zählt grundsätzlich auch die Einleitung eines Insolvenzverfahrens, um den laufenden Unterhaltsverpflichtungen Vorrang vor den Darlehensverbindlichkeiten zu verschaffen.

a) Zwar schränkt schon eine gerichtlich angeordnete Unterhaltsleistung den Unterhaltspflichtigen in seiner durch Art. 2 I GG geschützten Handlungsfreiheit ein. Dieses ist im Rahmen der verfassungsgemäßen Ordnung, zu der auch das Unterhaltsrecht gehört, nur insoweit zulässig, als es mit Art. 6 I GG im Einklang steht. Der ausgeurteilte Unterhalt darf deswegen nicht zu einer unverhältnismäßigen Belastung des Unterhaltspflichtigen führen. Wird bei der Bemessung des Unterhaltsanspruchs hingegen die Grenze des Zumutbaren überschritten, ist die damit verbundene Beschränkung der finanziellen Dispositionsfreiheit des Verpflichteten nicht mehr Bestandteil der verfassungsmäßigen Ordnung und kann vor dem Grundrecht des Art. 2 I GG nicht bestehen (BVerfGE 57, 361 [381] = NJW 1981, 1771; *BVerfG,* NJW-RR 2002, 73 = FPR 2002, 13 = FamRZ 2001, 1685). Eine Ausprägung des Grundsatzes der Verhältnismäßigkeit im Unterhaltsrecht ist die Vorschrift des § 1603 I BGB, nach der nicht unterhaltspflichtig ist, wer bei Berücksichtigung seiner sonstigen Verpflichtungen außer Stande ist, ohne Gefährdung seines eigenen angemessenen Unterhalts anderen Personen Unterhalt zu gewähren. Dieser Grundsatz ist allerdings insoweit eingeschränkt, als Eltern gem. § 1603 II BGB ihren minderjährigen unverheirateten (und denen gleichgestellten) Kindern gegenüber verpflichtet sind, alle verfügbaren Mittel zu ihrem und der Kinder Unterhalt gleichmäßig zu verwenden. Grundvoraussetzung auch dieses Unterhaltsanspruchs bleibt allerdings die Leistungsfähigkeit des Unterhaltsverpflichteten. Die Gerichte haben deswegen im Einzelfall zu prüfen, ob der Unterhaltspflichtige in der Lage ist, den beanspruchten Unterhalt zu zahlen oder ob dieser unbeschadet der Zulässigkeit der Zurechnung fiktiven Einkommens die finanzielle Leistungsfähigkeit des Unterhaltspflichtigen übersteigt (*BVerfG,* NJW-RR 2002, 73 = FPR 2002, 13 = FamRZ 2001, 1685).

b) Allerdings hat es der Senat bislang stets abgelehnt, den Ansprüchen Unterhaltsberechtigter einen allgemeinen Vorrang vor anderen Verbindlichkeiten des Unterhaltspflichtigen einzuräumen (*Senat,* NJW 1984, 2351 = FamRZ 1984, 657 [658f.]). Auch aus verfassungsrechtlichen Gründen wäre es dem Unterhaltschuldner nicht zumutbar, durch seine Unterhaltszahlungen immer tiefer in Schulden zu geraten (BVerfG, NJW-RR 2002, 73 = FamRZ 2001, 1685 [1686]; NJW 2002, 2701 = FamRZ 2002, 1397 [1399]; vgl. auch *Senat,* NJW 1989, 523 = FamRZ 1989, 272). Nachdem der Gesetzgeber mit den §§ 304ff. InsO die Möglichkeit einer Verbraucherinsolvenz mit Restschuldbefreiung geschaffen hat, kann an dieser Rechtsprechung nicht mehr uneingeschränkt festgehalten werden. Denn nun ist es dem Unterhaltsschuldner möglich, den ohne Berücksichtigung von Drittschulden bemessenen laufenden Unterhalt zu zahlen und nach Ablauf von sechs Jahren seit Eröffnung des Insolvenzverfahrens Befreiung von seinen Schulden zu erlangen (§§ 286ff. InsO). Aus den Vorschriften über die Insolvenzmasse (§§ 35ff., 40 InsO) und dem Vollstreckungsverbot der §§ 89 I und II InsO folgt nämlich, dass dem Schuldner während der Dauer des Insolvenzverfahrens der nach § 850c ZPO pfändungsfreie Teil seines Einkommens verbleibt (vgl. Wendl/Gutdeutsch, § 5 Rdnrn. 122 a ff.; *Luthin/Margraf,* 10. Aufl., Rdnrn. 1327 ff.; *Kalthoener/Büttner/Niepmann,* 9. Aufl., Rdnrn. 113 b ff., 113 d; *Weisbrodt,* FamRZ 2003, 1240 [1241]; *Melchers,* FamRZ 2001, 1509; OLG Celle, FamRZ 2003, 1116; krit. *Wohlgemuth,* FF 2004, 9 [12]). Unterhaltsrückstände können ab Eröffnung des Insolvenzverfahrens hingegen nicht mehr im Wege der Zwangsvollstreckung beigetrieben werden und erlöschen im Falle einer späteren Restschuldbefreiung (§ 287 InsO; vgl. auch OLG Naumburg, ZInsO 2003, 1002, und OLG Koblenz, FamRZ 2002, 31). Auf dieser gesetzlichen Grundlage ist es dem Unterhaltsschuldner jetzt zumutbar, den Unterhaltsansprüchen seiner minderjährigen Kinder Vorrang vor sonstigen Verbindlichkeiten einzuräumen. Ob es ihm in Anbetracht der gesteigerten Unterhaltspflicht nach § 1603 II BGB obliegt, Verbraucherinsolvenz zu beantragen, kann sich nur aus einer umfassenden Würdigung aller vom Unterhaltsschuldner darzulegenden Umstände, zu denen auch die eigenen und die Interessen der Unterhaltsgläubiger zählen, ergeben.

R627 Anhang R. Rechtsprechung

(Voraussetzungen eines Insolvenzverfahrens)

b 2. Zu Recht hat das BerGer. zunächst die Voraussetzungen für eine Verbraucherinsolvenz mit Restschuldbefreiungsmöglichkeit bejaht. Nach §§ 16 ff. InsO setzt die Eröffnung des Insolvenzverfahrens einen Eröffnungsgrund voraus, der in einer Zahlungsunfähigkeit, einer drohenden Zahlungsunfähigkeit oder einer Überschuldung liegen kann. Im Falle einer nur drohenden Zahlungsunfähigkeit muss der allein antragsberechtigte Schuldner (§ 18 I InsO) eine längerfristige Liquiditätslücke belegen und dazu einerseits seine Verbindlichkeiten und andererseits sein Vermögen und seine Einkünfte in den nächsten ein bis zwei Jahren darlegen (vgl. Kirchhof, in: Heidelberger Komm. z. InsO, 3. Aufl., § 18 Rdnrn. 8 f.). Hier ist nach den von der Revision nicht angegriffenen tatsächlichen Feststellungen des BerGer. hingegen nicht nur eine drohende, sondern bereits eine endgültige Zahlungsunfähigkeit i. S. des § 17 InsO eingetreten. Der Bekl. schuldet dem Kl. und dessen Bruder nach dem rechtskräftigen Urteil des AG monatlichen Kindesunterhalt in Höhe von 272,52 Euro (= 533 DM). Davon konnten in der Vergangenheit lediglich 116 Euro monatlich gepfändet werden (§§ 850 a ff., 850 d ZPO). Wegen der noch ausstehenden Unterhaltsschulden hat der Bekl. inzwischen die eidesstattliche Versicherung abgegeben (§§ 899 ff. ZPO). Er ist somit nicht in der Lage, seine fälligen Unterhaltspflichten zu erfüllen, was für eine Zahlungsunfähigkeit i. S. von § 17 II 1 InsO ausreicht (vgl. Melchers/Hauß, Unterhalt u. Verbraucherinsolvenz, Rdnr. 130; a. A. noch OLG Stuttgart, FamRZ 2002, 982, das seine gegenteilige Rspr. in dem Berufungsurteil aber ausdrücklich aufgegeben hat).

Nach dem Vortrag der Parteien sind gegenwärtig auch keine durchgreifenden Gründe gegen eine spätere Restschuldbefreiung nach Maßgabe der §§ 286 ff. InsO ersichtlich. Über eine Versagung der Restschuldbefreiung wird letztlich erst nach Ablauf der Wohlverhaltensperiode von sechs Jahren entschieden (vgl. Pape, ZInsO 2004, 647 [649 f.]). Für die Stundung der Verfahrenskosten verlangt § 4a InsO deswegen zunächst nur eine summarische Prüfung, ob Versagungsgründe der beantragten Restschuldbefreiung entgegenstehen (BGH, NZI 2005, 232). Nichts anderes kann nur für die Obliegenheit zur Durchführung der Verbraucherinsolvenz gelten. Solche durchgreifenden Gründe, die gegen eine Restschuldbefreiung sprechen könnten, ergeben sich aus den Feststellungen des angefochtenen Urteils nicht.

(Gründe für eine Unzumutbarkeit, ein Verbraucherinsolvenzverfahren einzuleiten)

c 3. Erscheint danach ein Verbraucherinsolvenzverfahren zulässig und geeignet, den Unterhaltsansprüchen minderjähriger oder ihnen gleichgestellter Kinder nach § 1603 II BGB Vorrang vor sonstigen Verbindlichkeiten des Unterhaltsschuldners einzuräumen, trifft den Unterhaltsschuldner eine Obliegenheit zur Einleitung dieses Verfahrens, wenn er nicht Umstände vorträgt, die eine Antragspflicht im konkreten Einzelfall als unzumutbar darstellen (so auch OLG Hamm, NJW-RR 2001, 220 = FamRZ 2001, 441; OLG Dresden, FamRZ 2003, 1028; OLG Karlsruhe, FamRZ 2004, 656; a. A. OLG Naumburg, NZI 2003, 615 = FamRZ 2003, 1215; OLG Düsseldorf, OLG-Report 2003, 30). Solche besonderen Umstände sind hier weder vorgetragen noch ersichtlich.

a) Durch die Einleitung des Insolvenzverfahrens wird der Bekl. als Unterhaltsschuldner zwar mit weiteren Kosten belastet. Nachdem der BGH die Beschränkung auf die regelmäßige Mindestvergütung in masselosen Insolvenzverfahren für verfassungswidrig erklärt hat (vgl. BGHZ 157, 282 = NJW 2004, 941, und NJW-RR 2004, 551), ist insoweit mit Kosten zu rechnen, die sich auf circa 3000 Euro belaufen können (zur Vergütung des Insolvenzverwalters vgl. auch BGH, NZI 2004, 626; NZI 2004, 589; NZI 2005, 161). Wegen dieser zusätzlichen Kosten kann dem Schuldner trotz seiner Zahlungsunfähigkeit oder Überschuldung auch keine Prozesskostenhilfe bewilligt werden, weil § 4 a InsO eine Stundung der Kosten des Insolvenzverfahrens vorsieht. Allerdings ist der Schuldner nach Abschluss des Insolvenzverfahrens und Erteilung der Restschuldbefreiung nur im Rahmen des § 115 I, II ZPO zur Rückzahlung dieser Kosten verpflichtet (§ 4 b InsO). Die durch das Verbraucherinsolvenzverfahren entstehenden Kosten belasten den Unterhaltsschuldner deswegen nicht unangemessen und sind für sich allein genommen noch nicht geeignet, das Verfahren für den Unterhaltsschuldner als unzumutbar darzustellen.

b) Durch die Bestellung eines Treuhänders im Insolvenzverfahren gem. §§ 313 I, 292 InsO wird der Unterhaltsschuldner in seiner wirtschaftlichen Selbstständigkeit nicht unerheblich eingeschränkt (vgl. Melchers/Hauß, Rdnrn. 131 ff.). Wie gegenüber einem Insolvenzverwalter bestehen nach §§ 97 f. InsO auch gegenüber dem Treuhänder weitgehende Auskunfts- und Mitwirkungspflichten (vgl. auch § 305 I, II InsO). Durch die Eröffnung des Insolvenzverfahrens geht insbesondere das Recht des Schuldners, das zur Insolvenzmasse gehörende Vermögen zu verwalten und darüber zu verfügen, auf den Insolvenzverwalter bzw. den Treuhänder über (§§ 21 II, 80–82, 313 I InsO). Die begehrte Restschuldbefreiung setzt nach § 287 II InsO voraus, dass der Schuldner seine pfändbaren Forderungen auf Bezüge aus einem Dienstverhältnis für die Dauer des Insolvenzverfahrens an den Treuhänder abtritt. Diese besonderen Bindungen des Schuldners schränken ihn während der sechsjährigen Wohlverhaltensperiode gem. §§ 287 II, 292 InsO (vgl. Art. 107 EGInsO) und zusätzlich während des circa sechsmonatigen vorbereitenden Verfahrens durch die Beratungsstelle (§ 305 I Nr. 1 InsO) ein. Gleichwohl überwiegen die Belastungen, die ein Insolvenzverfahren zwangsläufig für den Unterhaltsschuldner mit sich bringt, die Interessen seiner minderjährigen Kinder auf möglichst ungeschmälerte Unterhaltszahlungen regelmäßig nicht.

c) Betrachtet man im vorliegenden Fall die Dauer des Insolvenzverfahrens im Vergleich zu derjenigen der voraussichtlichen Unterhaltspflicht des Bekl. gegenüber dem noch bis Mai 2008 minderjährigen Kl., ergibt sich keine für ihn unzumutbar lange Bindung. Hätte der Bekl., wie ihm von den Vorinstanzen angesonnen wurde, am 1. 1. 2003 ein Verbraucherinsolvenzverfahren zur Eröffnung gebracht, wäre dieses Ende 2008 und somit nur wenige Monate nach Erreichen der Volljährigkeit des Kl. beendet gewesen. Die gesteigerte Unterhaltspflicht des Bekl. dauert nach § 1603 II 2 BGB sogar über die Volljährigkeit bis zur Vollendung des 21. Lebensjahrs des unterhaltsbedürftigen Kindes fort, wenn es noch im Haushalt eines Elternteils lebt und sich in der allgemeinen Schulausbildung befindet. Auch im Vergleich zu der Laufzeit des vom Bekl. geschuldeten Darlehens ergibt sich hier keine unzumutbar lange Bindungsfrist für den Bekl. Nach den von der Revision nicht angegriffenen Feststellungen des BerGer. müsste der Bekl. die geschuldeten Darlehensraten mindestens noch bis Ende 2006 zahlen, was seine Leistungsfähigkeit einschränken würde, bis der Kl. fast 17 Jahre alt und der gesteigerten Unterhaltsberechtigung alsbald entwachsen ist. Der Kl. hat ein berechtigtes Interesse, seinen Unterhaltsansprüchen Vorrang vor sonstigen Schulden zu verschaffen.

d) Mit der Einleitung des Insolvenzverfahrens sind zwar auch erhebliche Einschnitte in die Rechte anderer Gläubiger verbunden. Insbesondere können einzelne Insolvenzgläubiger, auch die Träger öffentlicher Leistungen wegen der auf sie übergegangenen Ansprüche, während der Dauer des Insolvenzverfahrens weder in die Insolvenzmasse noch in das sonstige Vermögen des Schuldners vollstrecken (§ 89 I InsO). Vorbehaltlich vorrangiger Rechte auf Absonderung (§§ 165 ff. InsO) sind sie auf eine quotenmäßige Befriedigung durch die Insolvenzmasse verwiesen (§§ 187 ff. InsO) und verlieren ihre Forderung im Fall der Restschuldbefreiung endgültig (§§ 286 ff. InsO). Das aber ist Folge der vom Gesetzgeber geschaffenen Verbraucherinsolvenz, die deswegen grundsätzlich nicht zu einer Unzumutbarkeit des Verfahrens für den Schuldner führen kann. Dem Bekl. wäre es auch ohne unterhaltsrechtliche Obliegenheit möglich, sich durch einen eigenen Antrag auf Einleitung eines Insolvenzverfahrens der bereits aufgelaufenen Unterhaltsrückstände zu entledigen.

(Unterhaltsrückstände bei Insolvenzverfahren)
Allerdings zählen zu diesen Insolvenzforderungen auch die bei Eröffnung des Insolvenzverfahrens schon fälligen Unterhaltsrückstände, weil auch diese ab Eröffnung der Verbraucherinsolvenz nicht mehr im Wege der Einzelzwangsvollstreckung durchgesetzt werden können (vgl. *Melchers/Hauß*, Rdnrn. 142 ff.). Neben dem Kl. erhalten im Falle der Eröffnung des Insolvenzverfahrens also auch sein inzwischen volljähriger Bruder und seine Mutter wegen des Vollstreckungsverbots nach § 89 InsO Unterhaltsrückstände allenfalls durch eine Verteilung im Insolvenzverfahren und auch nur insoweit, als der Unterhaltsschuldner Einkünfte erzielt, die die Pfändungsfreigrenzen des § 850 c I 1 ZPO in Verbindung mit den Erhöhungsbeträgen nach Satz 2 übersteigen. Solche Einkünfte, die die Pfändungsgrenze nach § 850 c I ZPO von gegenwärtig 1475 Euro bei einer laufenden Unterhaltspflicht gegenüber zwei Kindern (930 Euro + 350 Euro + 195 Euro) übersteigen, erzielt der Bekl. aber nicht. Allerdings begehrt der Kl. selbst, vertreten durch seine Mutter, die Einleitung des Insolvenzverfahrens, um somit wenigstens seinen laufenden Unterhalt zu sichern. Umstände, die aus Sicht des ebenfalls unterhaltsberechtigten Bruders zur Unzumutbarkeit der Einleitung eines Insolvenzverfahrens führen könnten, sind vom BerGer. – von der Revision unangefochten – nicht festgestellt.

(Pfändungsfreie Unterhaltsbeträge bei Insolvenz)
e) Die stets gebotene Abwägung der unmittelbaren Vorteile einer Einleitung des Insolvenzverfahrens mit dessen Nachteilen (vgl. insoweit Weisbrodt, FamRZ 2003, 1240 [1244]) führt hier zu einer Obliegenheit des Bekl. zur Durchführung der Verbraucherinsolvenz. Denn gegenwärtig sind von dem erzielten Arbeitseinkommen des Bekl. nur sehr geringe monatliche Beträge pfändbar, die noch nicht einmal den ursprünglich titulierten Unterhalt des Kl. decken.

Unter Berücksichtigung der Rechtsprechung des BGH, nach der der einem Unterhaltsschuldner im Rahmen der Zwangsvollstreckung gem. § 850 d I 2 ZPO nur verbleibende notwendige eigene Unterhalt dem notwendigen Lebensbedarf im Sinne der Abschnitte 2 und 4 des BSHG (jetzt: SGB XII Kap. 3 u. 11) entspricht (NJW 2003, 2918 = FamRZ 2003, 1466; Zöller/Stöber, 25. Aufl., § 850 d Rdnr. 7), ergibt sich mit Einleitung des Insolvenzverfahrens neben der erhöhten Unterhaltspflicht auch eine ungeschmälerte Vollstreckbarkeit. Denn Unterhaltsgläubiger können fortan wegen des Verbots der Einzelzwangsvollstreckung für andere Gläubiger hinsichtlich ihrer laufenden Unterhaltsansprüche auf den Differenzbetrag zwischen den Pfändungsfreigrenzen des § 850 c ZPO und dem Schuldner zu belassenden Unterhalt i. S. von § 850 d I 2 ZPO zugreifen (*OLG Celle*, FamRZ 2003, 1116). Während der Kl. gegenwärtig monatlich nur 58 Euro (116 Euro: 2) beitreiben kann, was für die Zeit von Januar 2003 bis Mai 2008 insgesamt 3770 Euro ausmacht, wäre ab Einleitung des Insolvenzverfahrens jedenfalls der vom BerGer. für die Zeit ab Januar 2003 zugesprochene monatliche Unterhalt in Höhe von

222,50 Euro beitreibbar. Die Differenz beläuft sich mithin auf 164,50 Euro (222,50 Euro − 58 Euro) monatlich, was selbst bei einer Unterhaltspflicht von nur noch circa drei Jahren zu einem Mehrbetrag in Höhe von 5922 Euro (164,50 Euro × 36) führt.

BGH v. 23. 3. 2005 − XII ZB 13/05 − FamRZ 05, 883 = NJW 05, 1722

R628 *(Anspruch des volljährigen Kindes auf Prozesskostenvorschuss)*

a Auch dem volljährigen Kind steht ein Anspruch auf Zahlung eines Prozesskostenvorschusses gegen seine Eltern zu, wenn es sich noch in der Ausbildung befindet und noch keine selbstständige Lebensstellung erreicht hat.

Allerdings folgt dieser Anspruch auf Zahlung eines Prozesskostenvorschusses nicht schon aus § 1610 II BGB, der den Anspruch auf Verwandtenunterhalt nach dem gesamten Lebensbedarf bemisst. Denn auch das Maß des Anspruchs auf nachehelichen Ehegattenunterhalt nach § 1578 BGB umfasst grundsätzlich den gesamten Lebensbedarf. Gleichwohl schuldet ein geschiedener Ehegatte nach der Rechtsprechung des Senats seinem früheren Ehegatten keinen Prozesskostenvorschuss (*Senat*, NJW 1984, 291). Obwohl auch der Anspruch auf Familienunterhalt nach § 1360a I BGB den gesamten Lebensbedarf umfasst, ist dem Ehegatten in § 1360a IV BGB ausdrücklich ein über diesen allgemeinen Lebensbedarf hinausgehender Anspruch auf Zahlung eines Prozesskostenhilfevorschusses zugebilligt worden. Nach dem Gesetzeswortlaut ist diese Regelung allerdings auf den Familienunterhalt (und durch die Bezugnahme in § 1361 IV 4 BGB auf den Trennungsunterhalt) beschränkt. Für den nachehelichen Unterhalt ist § 1360a IV BGB auch nicht entsprechend anwendbar, weil diese unterhaltsrechtliche Beziehung nicht in gleichem Umfang Ausdruck einer besonderen Verantwortung des Verpflichteten für den Berechtigten ist, die derjenigen von Ehegatten vergleichbar ist (*Senat*, BGHZ 89, 33 [39 f.] = NJW 1984, 291).

Dass im Verwandtenunterhalt eine Regelung zur Zahlung eines Prozesskostenvorschusses fehlt, schließt allerdings eine entsprechende Anwendung des § 1360a IV BGB für solche Fälle nicht aus, die der besonderen Unterhaltspflicht zwischen Ehegatten vergleichbar ist (*Senat*, NJW 1984, 291). Das ist nach inzwischen einhelliger Auffassung für die Unterhaltspflicht der Eltern gegenüber ihren minderjährigen unverheirateten Kindern der Fall (vgl. *Senat*, NJW-RR 2004, 1662 = FamRZ 2004, 1633 [1634], m. Anm. Viefhues, FamRZ 2004, 1635). Die dem gesetzlichen Zweck vergleichbare Situation ist jedoch nicht auf den Unterhaltsanspruch minderjähriger Kinder beschränkt, sondern im Wesentlichen darauf zurückzuführen, dass die Kinder wegen ihres Alters und Ausbildungsbedarfs noch keine eigene Lebensstellung erreicht haben und sich deswegen noch nicht selbst unterhalten können. Das allerdings gilt für volljährige Kinder vor Erreichen einer eigenen Lebensstellung entsprechend, zumal ihr Unterhaltsanspruch mit dem Anspruch auf Minderjährigenunterhalt identisch ist (*Senat*, FamRZ 1983, 582; Wendl/Scholz, § 3 Rdnrn. 17 u. 339).

Zwar sind durch die zum 1. 7. 1998 in Kraft getretene Neuregelung des § 1603 II 2 BGB nur solche volljährigen unverheirateten Kinder bis zur Vollendung des 21. Lebensjahrs den minderjährigen Kindern völlig gleichgestellt worden, die noch im Haushalt eines Elternteils leben und sich in der allgemeinen Schulausbildung befinden. Das kann eine Beschränkung des Anspruchs auf Prozesskostenvorschuss auf diese privilegierten Volljährigen aber nicht rechtfertigen. Denn § 1603 BGB verhält sich nicht zum Unterhaltsbedarf, sondern betrifft die Leistungsfähigkeit des Unterhaltspflichtigen und kommt somit erst im Mangelfall zum Tragen (Eschenbruch/Klinkhammer, Rdnr. 5172).

Das Gesetz enthält deswegen mit der unvollständigen Regelung des § 1610 BGB eine unbewusste Regelungslücke, die durch entsprechende Anwendung des § 1360a IV BGB geschlossen werden kann, wenn die Situation des bedürftigen volljährigen Kindes derjenigen eines unterhaltsberechtigten Ehegatten vergleichbar ist. Das ist hinsichtlich des Unterhaltsanspruchs volljähriger Kinder dann der Fall, wenn sie wegen der Fortdauer ihrer Ausbildung noch keine eigene Lebensstellung erworben haben und deswegen übergangsweise wie minderjährige Kinder der Unterstützung durch ihre Eltern bedürfen. Das BerGer. hat die noch in Berufsausbildung befindliche volljährige Kl. somit zu Recht auf einen Anspruch auf Prozesskostenvorschuss gegen ihre Eltern verwiesen.

(Kindesunterhalt ist eine persönliche Angelegenheit)

b Zwar besteht der Anspruch auf Zahlung eines Prozesskostenvorschusses, der die Bedürftigkeit der Kl. entfallen lässt, nur für solche Rechtsstreitigkeiten, die persönliche Angelegenheiten des Unterhaltsberechtigten betreffen (vgl. insoweit Dose, Rdnrn. 110 f.). Um eine solche Angelegenheit handelt es sich allerdings bei der hier beabsichtigten Klage auf Kindesunterhalt (vgl. BGH NJW 1960, 765 = FamRZ 1960, 130).

BGH v. 13. 4. 2005 – XII ZR 48/02 – FamRZ 05, 967 = NJW-RR 05, 945

(Wegfall von Verbindlichkeiten; kein Wegfall, wenn Abfindung einkommenserhöhend eingesetzt, aber tatsächlich Schulden bezahlt wurden)

b) Hinsichtlich der Einkommensermittlung für die folgenden Jahre rügt die Revision allerdings zu Recht, dass der Bekl. nicht so hätte behandelt werden dürfen, als habe er die Bankverbindlichkeiten in vollem Umfang getilgt. Nach den Feststellungen des BerGer. beliefen sich diese Darlehensschulden auf insgesamt 90 111,21 DM. Hinzu kam der Sollsaldo von 14 101,63 DM auf dem laufenden Konto, so dass die Gesamtverbindlichkeiten gegenüber der Bank 104 212,84 DM betrugen. Die Abfindung von netto 83 536,23 DM sowie der Verkaufserlös aus dem Wertpapier-Depot von 19 903,41 DM, zusammen 103 439,64 DM, hätten deshalb ohnehin nur knapp ausgereicht, um die Verbindlichkeiten abzulösen. Wenn von dem Bekl. aber verlangt wird, die Abfindung teilweise einzusetzen, um zunächst den Unterhalt der Kl. und der gemeinsamen Kinder entsprechend dem bisherigen Lebensstandard sicherzustellen, was mit dem gegenüber dem durchschnittlichen monatlichen Nettoeinkommen von 4220 DM bei der D-Bank deutlich geringeren monatlichen Nettoeinkommen von ca. 2668 DM bei der G-GmbH nicht möglich war, standen die hierfür benötigten Beträge nicht mehr zur Schuldentilgung zur Verfügung. Das BerGer. hätte deshalb den Betrag, den der Bekl. von der Abfindung für Unterhaltszwecke einzusetzen verpflichtet war, ermitteln und die dann verbleibende Kreditbelastung auch für die Zukunft berücksichtigen müssen. Im Hinblick darauf ist der Unterhaltsberechnung für die Zeit ab 1999 ein zu hohes Einkommen des Bekl. zu Grunde gelegt worden.

(Zinsloses Darlehen als freiwillige Zuwendung eines Dritten)
Das Unterhaltsrecht wird u. a. von dem allgemeinen Grundsatz geprägt, dass ohne Rechtsanspruch gewährte, freiwillige Zuwendungen Dritter nur dem Zuwendungsempfänger allein zugute kommen, sich aber auf ein Unterhaltsrechtsverhältnis nicht auswirken sollen, es sei denn, dem Willen des Zuwendenden lässt sich anderes entnehmen. Deshalb sind freiwillige Leistungen Dritter an den Unterhaltsverpflichteten bei der Prüfung seiner Leistungsfähigkeit nur dann zu beachten, wenn sie nach dem Willen des Dritten nicht allein dem Unterhaltsverpflichteten, sondern auch dem Unterhaltsberechtigten zugute kommen sollen. Liegt keine ausdrückliche Willensbestimmung des Zuwendenden vor, lässt sie sich in der Regel aus den persönlichen Beziehungen der Beteiligten zueinander erschließen (Senat, NJW 1999, 2804 = FamRZ 2000, 153 [154]; NJW 1995, 1486 = FamRZ 1995, 537 [538 f.]).
Eine derartige Zuwendung ist in der zinslosen Gewährung des Darlehens durch die Eltern des Bekl. zu sehen. Auch wenn nach dem von der Kl. eingeräumten Darlehensvertrag Zinsen nicht zu entrichten waren, vermag das an der Beurteilung nichts zu ändern. Denn nach dem Vorbringen der Kl. war für die Rückerstattung des Darlehens eine Zeit nicht bestimmt, so dass die Eltern das Darlehen mit einer Frist von drei Monaten hätten kündigen können (§ 609 II BGB a. F.). Nach der Kündigung hätte eine Zinsvereinbarung geschlossen werden können oder der Bekl. hätte sich anderweit um ein verzinsliches Darlehen bemühen müssen. Daraus wird ersichtlich, dass die Eltern rechtlich nicht gehindert waren, ihre Zuwendungen zu beenden. Da sie von dieser Möglichkeit keinen Gebrauch gemacht haben, liegt in der zinslosen Überlassung des Darlehens eine freiwillige Zuwendung, die wie aus den persönlichen Beziehungen geschlossen werden kann allein ihrem Sohn zugute kommen sollte. Auch ausgehend von dem Vorbringen des Bekl. liegt eine freiwillige Zuwendung der Eltern vor. Danach war das Darlehen zwar mit 7% pro Jahr zu verzinsen, die Eltern haben eine Zinszahlung aber nicht verlangt.

(Doppelbelastung bei Berufstätigkeit und Betreuung von 2 Kindern; überobligatorisches Einkommen)
Die Frage, ob und ggf. in welchem Umfang Einkommen aus einer überobligatorischen Tätigkeit des Unterhaltsberechtigten bei der Unterhaltsberechnung zu berücksichtigen ist, lässt sich nach der Rechtsprechung des Senats nicht pauschal beantworten, sondern hängt von den besonderen Umständen des Einzelfalles ab (vgl. zuletzt Senat, NJW 2005, 818 = FamRZ 2005, 442 [444]). Maßgebend ist dabei insbesondere, wie etwa die Kinderbetreuung mit den konkreten Arbeitszeiten unter Berücksichtigung erforderlicher Fahrzeiten zu vereinbaren ist und ob und gegebenenfalls zu welchen Zeiten die Kinder infolge eines Kindergarten- oder Schulbesuchs zeitweise der Betreuung nicht bedürfen (Senat, NJW 2001, 973 = FamRZ 2001, 350 [352]). Soweit das BerGer. das Einkommen der Kl. für die Zeit bis September 1999 in vollem Umfang unberücksichtigt gelassen hat, wird dies von den bisher getroffenen Feststellungen nicht getragen. Es ist nicht ersichtlich, in welchem zeitlichen Umfang und zu welchen Zeiten die Kl. seinerzeit gearbeitet hat, so dass sich nicht beurteilen lässt, welchen Schwierigkeiten sie hinsichtlich der Vereinbarkeit von Arbeit und Kinderbetreuung ausgesetzt war. Für die Zeit ab Oktober 1999 bestehen dagegen mit Rücksicht auf die ausgeübte anstrengende Tätigkeit im Schichtdienst keine Bedenken gegen die vorgenommene Einkommensbehandlung, die der Kl. die Hälfte ihres Einkommens (abzüglich eines Erwerbstätigkeitsbonus) anrechnungsfrei belässt.

(Kein Ansatz eines Einkommens aus Haushaltsführung für einen neuen Partner bei Ausübung einer Ganztagstätigkeit)

d   Auch gegen die Beurteilung, dass der Kl. keine fiktiven Einkünfte für haushälterische Leistungen zuzurechnen sind, ist aus Rechtsgründen nichts einzuwenden. Nach den getroffenen Feststellungen stehen den Leistungen der Kl. vergleichbare Leistungen ihres Partners gegenüber.

BGH v. 13. 4. 2005 – XII ZR 273/02 – FamRZ 05, 1154 = NJW 05, 2145

R630   *(Überobligatorisches Einkommen; anrechnungsfreier Betrag wegen konkreter Betreuungskosten und Betreuungsbonus)*

c   aa) Ob und in welchem Umfang ein eigenes Einkommen des unterhaltsbedürftigen geschiedenen Ehegatten, das dieser neben der Kindeserziehung erzielt, nach § 1577 II BGB bei der Unterhaltsberechnung zu berücksichtigen ist, lässt sich nach der Rechtsprechung des Senats nicht pauschal beantworten, sondern ist stets von den besonderen Umständen des Einzelfalls abhängig (vgl. zuletzt Senat, NJW 2005, 818 = FamRZ 2005, 442 [444] m. w. Nachw.). Dabei kann die freiwillige Ausübung einer Berufstätigkeit ein maßgebendes Indiz für eine Vereinbarkeit von Kindererziehung und Arbeitsmöglichkeit im konkreten Einzelfall sein (Senat, NJW 1981, 2804 = FamRZ 1981, 1159 [1161]). Ein überobligatorisch erzieltes Einkommen ist bei der Unterhaltsbemessung deswegen nicht von vornherein unberücksichtigt zu lassen. Über die Anrechnung ist vielmehr nach Treu und Glauben unter Berücksichtigung der Umstände des Einzelfalls zu entscheiden. Dabei ist nicht zu beanstanden, wenn jedenfalls der Betrag abgesetzt wird, der für die infolge dieser Berufstätigkeit notwendig gewordene anderweitige Betreuung des Kindes aufgewendet werden muss (sog. konkreter Betreuungsaufwand; Schürmann, in: AnwK-BGB, § 1577 Rdnr. 64 m. w. Nachw.; zum Unterhaltspflichtigen vgl. Senat, NJW 1982, 2664 = FamRZ 1982, 779 [780]; NJW 1983, 1548 = FamRZ 1983, 569 [570], u. NJW 2001, 973 = FamRZ 2001, 350 [352]). Die Berücksichtigung eines anrechnungsfreien Betrags des auf einer überobligationsmäßigen Tätigkeit beruhenden Mehreinkommens hat der Senat aber auch dann für gerechtfertigt gehalten, wenn keine konkreten Betreuungskosten anfallen, etwa weil die zweite Ehefrau des Unterhaltsverpflichteten das Kind aus dessen Ehe mitbetreut (vgl. Senat, NJW 2001, 973 = FamRZ 2001, 350 [352]).

(Keine pauschale Kürzung des überobligatorischen Einkommens)

d   bb) In welchem Umfang ein überobligatorisch erzieltes Einkommen nach diesen Grundsätzen unberücksichtigt bleiben kann, muss zwar grundsätzlich der tatrichterlichen Entscheidung überlassen bleiben. Der Senat hat einen Abzug von monatlich 300 DM in einem Fall, in dem die zweite Ehefrau des Unterhaltsverpflichteten dessen 13 und 14 Jahre alte Kinder aus erster Ehe mitbetreute, nicht beanstandet (Senat, NJW 1986, 2054 = FamRZ 1986, 790 [791]). Dabei entzieht sich die Bemessung des nach § 1577 II BGB anrechnungsfrei zu belassenden Teils des Einkommens allerdings nach ständiger Rechtsprechung des Senats einer schematischen Beurteilung und hängt im Einzelfall davon ab, wie etwa die Kindesbetreuung mit den konkreten Arbeitszeiten unter Berücksichtigung erforderlicher Fahrzeiten zu vereinbaren ist und ob und gegebenenfalls zu welchen Zeiten die Kinder infolge eines Kindergarten- oder Schulbesuchs zeitweise der Betreuung ohnehin nicht bedürfen (Senat, NJW 2001, 973 = FamRZ 2001, 350 [352]).

Der vom BerGer. lediglich pauschal bemessene hälftige Ansatz der von der Mutter der Kl. erzielten Einkünfte hält diesen Anforderungen nicht stand. Konkrete Betreuungskosten haben die Kl. insoweit nicht vorgetragen. Bei der Bemessung eines anrechnungsfreien Betrags ist zu berücksichtigen, dass die Kl. im Zeitpunkt der Berufungsentscheidung 13 bzw. zehn Jahre alt waren und ihre Mutter einen Teil ihrer Tätigkeit während einer Zeit ausüben kann, in der die Kl. die Schule besuchen. Letztlich ist im Rahmen der Ermessensausübung auch zu berücksichtigen, dass die Mutter der Kl. durch ihre Teilzeittätigkeit immerhin ein monatliches Nettoeinkommen in Höhe von 2700 DM erzielt, während der Bekl. bei einem Monatseinkommen von circa 3400 DM neben den Kl. jedenfalls auch seinem weiteren Kind aus zweiter Ehe und seiner zweiten Ehefrau unterhaltspflichtig ist.

(Einkommen aus überobligatorischer Tätigkeit eheprägend nach Abzug anrechnungsfreier Betrag)

e   b) Zu Recht hat das BerGer. ein der Mutter der Kl.gem. § 1577 II BGB nach Billigkeit zuzurechnendes eigenes Einkommen allerdings im Wege der Differenzmethode berücksichtigt.

aa) Der BGH hat im Jahre 2001 – unter Aufgabe der früheren Rechtsprechung – entschieden, dass die ehelichen Lebensverhältnisse nach § 1578 BGB nicht nur durch die Bareinkünfte des erwerbstätigen Ehegatten, sondern auch durch die Leistungen des anderen Ehegatten im Haushalt mitbestimmt werden und hierdurch eine Verbesserung erfahren. Denn die ehelichen Lebensverhältnisse umfassen alles, was während der Ehe für den Lebenszuschnitt der Ehegatten nicht nur vorübergehend tatsächlich von Bedeutung ist, mithin auch den durch die häusliche Mitarbeit des nicht erwerbstätigen Ehegatten erreichten sozialen Standard (Senat NJW 2001, 2254 = FamRZ 2001, 986 [989]). Entsprechend orientiert sich auch die Teilhabequote an der Gleichwertigkeit der beiderseits erbrachten Leistungen, so dass beide Ehegatten hälftig an dem durch Erwerbseinkommen einerseits, Haushaltsführung andererseits geprägten ehelichen Lebensstandard teilhaben. Nimmt der haushaltsführende Ehegatte nach der Scheidung eine Erwerbstätigkeit auf oder erweitert er sie über den bisherigen Umfang hinaus, so kann sie als Surrogat für seine bisherige Familienarbeit angesehen werden, weil sich der Wert seiner Haushaltstätigkeit dann, von Ausnahmen einer ungewöhnlichen, vom Normalverlauf erheblich abweichenden Karriereentwicklung abgesehen, in dem daraus erzielten oder erzielbaren Einkommen widerspiegelt. Wenn der unterhaltsberechtigte Ehegatte nach der Scheidung solche Einkünfte erzielt oder erzielen kann, die gleichsam als Surrogat des wirtschaftlichen Werts seiner bisherigen Tätigkeit angesehen werden können, ist dieses Einkommen nach der Differenzmethode in die Unterhaltsberechnung einzubeziehen (*Senat,* BGHZ 148, 105 [120 f.] = NJW 2001, 2254). Diese Rechtsprechung hat das BVerfG ausdrücklich gebilligt. Danach entspricht es dem gleichen Recht und der gleichen Verantwortung bei der Ausgestaltung des Ehe- und Familienlebens, auch die Leistungen, die jeweils im Rahmen der gemeinsamen Arbeits- und Aufgabenzuweisung erbracht werden, als gleichwertig anzusehen. Deshalb sind die von den Ehegatten für die eheliche Gemeinschaft jeweils erbrachten Leistungen unabhängig von ihrer ökonomischen Bewertung gleichgewichtig. Auch der zeitweilige Verzicht eines Ehegatten auf Erwerbstätigkeit, um die Haushaltsführung oder die Kindererziehung zu übernehmen, prägt also die ehelichen Verhältnisse, wie die vorher ausgeübte Berufstätigkeit und die danach wieder aufgenommene oder angestrebte Erwerbstätigkeit (BVerfGE 105, 1 [11 f.] = NJW 2002, 1185 = FamRZ 2002, 527 [529]; vgl. auch *Senat,* NJW 2004, 2303 = FamRZ 2004, 1170, u. NJW 2004, 2305 = FamRZ 2004, 1173).

bb) Ebenso hat der Senat bereits entschieden, dass bei der Berechnung des eheangemessenen Unterhaltsbedarfs gem. § 1578 BGB der sich im Surrogat fortsetzende Wert der Haushaltstätigkeit auch in den Fällen im Wege der Additions- oder Differenzmethode in die Unterhaltsberechnung einzubeziehen ist, „in denen ein Erwerbseinkommen des unterhaltsberechtigten Ehegatten bisher nicht als eheprägend in die Bedarfsbemessung einbezogen wurde, weil es durch eine unzumutbare und die ehelichen Lebensverhältnisse deshalb nicht nachhaltig prägende Erwerbstätigkeit erzielt wurde" (*Senat,* BGHZ 148, 368 [381] = NJW 2001, 3618 = FamRZ 2001, 1687 [1691]). Schon damit hatte der Senat seine frühere Rechtsprechung (vgl. *Senat,* NJW-RR 1998, 721 = FamRZ 1998, 1501 m. w. Nachw.) aufgegeben, wonach Einkünfte aus unzumutbarer Tätigkeit die ehelichen Lebensverhältnisse grundsätzlich nicht nachhaltig prägen können, weil der Unterhaltsberechtigte diese Tätigkeit jederzeit wieder aufgeben kann (zur Kritik an der früheren Rspr. vgl. *Scholz,* FamRZ 2002, 733 [734]).

Den Umfang des somit zu berücksichtigenden Einkommens hat der Senat bislang lediglich negativ dahin abgegrenzt, dass „bei der Berechnung des eheangemessenen Unterhaltsbedarfs gem. 1578 BGB nach der so genannten Additions- bzw. Differenzmethode ... ein vom Unterhaltsberechtigten überobligationsmäßig erzielter Einkommensanteil nicht einzubeziehen" ist (*Senat,* NJW 2003, 1181 = FamRZ 2003, 518 [520] m. Anm. *Büttner*). Denn auch als Surrogat kann nur der zu berücksichtigende Anteil eines überobligatorisch erzielten Einkommens an die Stelle der eheprägenden früheren Haushaltstätigkeit oder Kindererziehung treten. Zu Recht hat das BerGer. deswegen den nach den §§ 1577 II, 242 BGB zu bemessenden Anteil der überobligationsmäßigen Einkünfte (im Folgenden: unterhaltsrelevanter Anteil) der Mutter der Kl. in die Differenzmethode einbezogen.

Soweit teilweise aus dieser Rechtsprechung des Senats hergeleitet wird, ein nicht unterhaltsrelevanter überobligationsmäßig erzielter Einkommensanteil sei im Wege der Anrechnungsmethode in die Unterhaltsberechnung einzubeziehen (*Büttner,* Anm. zu *Senat,* NJW 2003, 1181 = FamRZ 2003, 518), verkennt dieses die Rechtsprechung des Senats. Mit Urteil vom 22. 1. 2003 (NJW 2003, 1181 = FamRZ 2003, 518 [522]) hat der Senat lediglich ausgeführt, dass bei der Berechnung des eheangemessenen Unterhaltsbedarfs gem. § 1578 BGB der nicht unterhaltsrelevante Teil eines vom Unterhaltsberechtigten überobligationsmäßig erzielten Einkommensanteils nicht in die so genannte Additions- bzw. Differenzmethode einzubeziehen ist. Damit hat der Senat seinen schon zuvor angelegten Wechsel der Rechtsprechung fortgeführt und entschieden, dass nur der unterhaltsrelevante Anteil eines überobligatorisch erzielten Einkommens die ehelichen Lebensverhältnisse prägen kann und deswegen bei der Bedarfsbemessung nach den ehelichen Lebensverhältnissen zu berücksichtigen ist. Umgekehrt prägt der in Anwendung der §§ 1577 II, 242 BGB nicht unterhaltsrelevante Anteil der überobligationsmäßig erzielten Einkünfte die ehelichen Lebensverhältnisse nicht. Das gilt allerdings in gleicher Weise auch für die Stufe der Bedarfsdeckung; auch insoweit ist nur der unterhaltsrelevante Anteil der überobligationsmäßig erzielten Einkünfte einzubeziehen. Der nicht unterhaltsrelevante Anteil der überobligationsmäßig erzielten Einkünfte bleibt bei der Unterhaltsermittlung also vollständig unberücksichtigt.

Denn eine Einbeziehung des nicht unterhaltsrelevanten Anteils der überobligationsmäßig erzielten Einkünfte würde stets zu Ergebnissen führen, die mit der Rechtsprechung des Senats nicht vereinbar sind. Würde dieser Einkommensanteil im Wege der Anrechnungsmethode berücksichtigt, widerspräche das schon allgemein der Surrogatrechtsprechung des Senats zur Bemessung des Umfangs der eheprägenden Haushaltstätigkeit bzw. Kindererziehung. Danach ist – von Ausnahmen einer ungewöhnlichen, vom Normalverlauf erheblich abweichenden Karriereentwicklung abgesehen – ein später erzieltes Einkommen regelmäßig mit dem gleichen Betrag sowohl als eheprägend und damit als bedarfsbegründend, als auch als bedarfsdeckend zu berücksichtigen, was der Anwendung der Additions- bzw. Differenzmethode entspricht. Zudem würde eine Berücksichtigung dieses Anteils stets zu untragbaren Ergebnissen führen. Denn würde auch dieser Einkommensanteil im Wege der Additions- oder Differenzmethode berücksichtigt, stünde der Unterhaltsberechtigte so wie ein Unterhaltsberechtigter, dem ein in gleicher Höhe erzieltes Einkommen in vollem Umfang zurechenbar ist und das deswegen insgesamt im Wege der Additions- bzw. Differenzmethode Berücksichtigung findet. Würde man den nicht unterhaltsrelevanten Anteil der überobligationsmäßig erzielten Einkünfte hingegen im Wege der Anrechnungsmethode berücksichtigen, stünde der Unterhaltsberechtigte mit überobligationsmäßig erzielten Einkünften sogar schlechter als ein Unterhaltsberechtigter, dem ein in gleicher Höhe erzieltes Einkommen in vollem Umfang zurechenbar ist.

Zu Recht und im Einklang mit dieser Surrogatrechtsprechung des Senats hat das BerGer. deswegen dem unterhaltsrelevanten und somit eheprägenden Teil der überobligationsmäßig erzielten Einkünfte der geschiedenen Ehefrau des Bekl. auch im Rahmen der Bedarfsdeckung nur Einkünfte in diesem Umfang gegengerechnet.

BGH v. 11. 5. 2005 – XII ZR 108/02 – FamRZ 05, 1162 = NJW 05, 2223

R631 *(Voraussetzungen § 1585 b III BGB)*

b § 1585 b III BGB schränkt die Forderung von Unterhalt für eine mehr als ein Jahr zurückliegende Zeit sowie von entsprechenden Erfüllungssurrogaten ein, weil die Unterhaltsverpflichtung grundsätzlich darauf gerichtet ist, die Mittel für den laufenden Lebensbedarf des Berechtigten zur Verfügung zu stellen. Auch soll der Schuldner vor Härten geschützt werden, die sich aus der Inanspruchnahme für eine Zeit ergeben, in der er sich auf eine Unterhaltsverpflichtung nicht einzurichten brauchte.

(§ 1585 b III BGB gilt nicht für Ausgleichsansprüche nach dem Realsplitting)

c 2. Der Einschränkung des § 1585 b III BGB für die Durchsetzung von Unterhaltsforderungen, die länger als ein Jahr vor der Rechtshängigkeit fällig wurden, liegen Rechtsgedanken zu Grunde, die sich auf das Unterhaltsrecht beschränken. Das Gesetz will eine dergestalt verspätete Geltendmachung des Unterhaltsanspruchs dadurch sanktionieren, dass sie nur unter einer erschwerenden Voraussetzung durchgreifen kann. Dem Wesen nach handelt es sich um eine Ausformung des Rechtsinstituts der Verwirkung, die an eine „illoyal verspätete Geltendmachung" des Rechts nachteilige Folgen für den Rechtsinhaber knüpft (vgl. dazu auch BGHZ 84, 280 [283] = NJW 1982, 1999, u. *Senat,* NJW 1988, 1137 = FamRZ 1988, 370 [372 f.]). Der Gläubiger soll dadurch veranlasst werden, seinen Unterhaltsanspruch zeitnah zu verwirklichen, auch damit nicht beim Schuldner eine übergroße Schuldenlast anwächst (vgl. dazu auch *Senat,* NJW-RR 1987, 1220 = FamRZ 1987, 1014 [1015]). Das Gesetz bringt auch in weiteren Regelungen zum Ausdruck, dass Unterhaltsforderungen für eine mehr als ein Jahr zurückliegende Zeit mit einer besonderen Schwäche behaftet sind (*Senat,* NJW 1989, 526 = FamRZ 1989, 150 [152 f.], unter Hinw. auf die Vorschriften der § 1613 II Nr. 1 BGB u. § 850 d I 4 ZPO). Auch § 1585 b II BGB, wonach Unterhalt für die Vergangenheit erst von der Zeit an gefordert werden kann, in der der Unterhaltspflichtige in Verzug gekommen oder der Unterhaltsanspruch rechtshängig geworden ist, beruht auf dem Gedanken, dass Unterhalt seinem Wesen nach zur Bestreitung des laufenden Lebensbedarfs dient und die Befriedigung der Bedürfnisse einer zurückliegenden Zeit an sich nicht möglich ist, so dass grundsätzlich keine Notwendigkeit besteht, darauf beruhende Ansprüche fortdauern zu lassen. Zugleich soll der Unterhaltspflichtige durch diese Vorschrift vor Härten geschützt werden, die sich aus einer Inanspruchnahme für eine Zeit ergeben können, in der er noch nicht mit dem Unterhaltsanspruch rechnen musste (*Senat,* NJW 1992, 1956 = FamRZ 1992, 920 [921]). Um einen solchermaßen begrenzten Unterhaltsanspruch handelt es sich bei dem Anspruch des Unterhaltsberechtigten auf Ausgleich des Steuernachteils infolge seiner Zustimmung zum begrenzten Realsplitting hingegen nicht.

Zwar hat der Senat inzwischen entschieden, dass gegenüber dem Anspruch eines unterhaltsberechtigten geschiedenen Ehegatten auf Erstattung der ihm als Folge des begrenzten steuerlichen Realsplittings erwachsenden steuerlichen Nachteile grundsätzlich nicht mit Gegenforderungen aufgerechnet werden kann (*Senat,* NJW 1997, 1441 = FamRZ 1997, 544 [545 f.]). Dabei hat sich der Senat allerdings entscheidend auf den Zweck des § 850 b I Nr. 2 ZPO und die Entwicklung dieser Vorschrift gestützt. Danach erfasst die Regelung entgegen dem Wortlaut (Unterhalts-„Renten") generell Unterhalts-„Forderungen", die im Rahmen oder auf Grund einer gesetzlichen Unterhaltsverpflichtung geschuldet werden, und damit auch einmalig zu zahlende Unterhaltsbeträge. Denn auch diese sind dazu bestimmt, dem Berechtigten die zu seinem Lebensunterhalt bestimmten Mittel – unverkürzt und rechtzeitig – zukommen zu lassen.

Der Senat hat insoweit für den Ausgleichsanspruch aus dem begrenzten Realsplitting auf dessen (auch) unterhaltsrechtlichen Charakter abgestellt. Denn die Ausgleichsverpflichtung dient dem Zweck, dem Unterhaltsberechtigten durch die Ausgleichung der mit dem begrenzten Realsplitting für ihn verbundenen Belastung den ihm zustehenden Nettounterhalt im Ergebnis ungeschmälert zu sichern. Wegen der damit erzielten Sicherung des Unterhalts ist der Anspruch des Unterhaltsberechtigten auf Erstattung der infolge des begrenzten Realsplittings entstehenden Steuerlast von dem weiten Geltungsbereich des § 850 b I Nr. 2 ZPO umfasst (Senat, NJW 1997, 1441 = FamRZ 1997, 544 [545 f.]). Der Ausgleichsanspruch sichert also den Unterhaltsanspruch des Berechtigten und genießt den gleichen Schutz wie dieser, ohne indessen selbst ein Unterhaltsanspruch zu sein. Deswegen hat der Senat daran festgehalten, dass die Verpflichtung des ausgleichsberechtigten Ehegatten zur Zustimmung zum begrenzten Realsplitting gegen Ausgleich der ihm hierdurch gegebenenfalls erwachsenden steuerlichen Nachteile „auf einer Ausprägung des Grundsatzes von Treu und Glauben im Rahmen des zwischen geschiedenen Ehegatten bestehenden gesetzlichen Unterhaltsrechtsverhältnisses" beruht (Senat, NJW 1986, 254 = FamRZ 1985, 1232 [1233]; NJW 1997, 1441 = FamRZ 1997, 544 [546], u. NJW-RR 1998, 1153 = FamRZ 1998, 953 [954]). Der Ausgleichsanspruch dient nicht der Befriedigung des laufenden Lebensunterhalts, denn dieser ist bereits gezahlt, sondern gleicht lediglich aus Gründen von Treu und Glauben einen konkret entstehenden Nachteil des Unterhaltsberechtigten im Hinblick auf den mindestens gleich hohen Vorteil beim Unterhaltspflichtigen aus. Auf diesen Anspruch ist § 1585 b III BGB deswegen nicht unmittelbar anwendbar.

3. Entgegen anderen Stimmen in Rechtsprechung und Literatur (OLG Hamburg, FamRZ 2000, 888 [889]; *Heiß/Born/Linderer*, Stand: Juli 2004, Kap. 43 Rdnr. 25 a; *Johannsen/Henrich/Büttner*, EheR, 4. Aufl., § 1585 b Rdnr. 4; FA-FamR/*Gerhardt*, 5. Aufl., Kap. 6 Rdnr. 71) ist § 1585 b III BGB auf diesen Ausgleichsanspruch auch nicht analog anwendbar. Die Vorschrift des § 1585 b III BGB beinhaltet nach einhelliger Auffassung eine spezielle Ausformung des allgemeinen Verwirkungsgrundsatzes (Senat, BGHZ 105, 250 = NJW 1989, 526 = FamRZ 1989, 150 [152 f.]). Liegen die Voraussetzungen dieses besonderen Anwendungsbereichs der Verwirkung nicht vor, verbleibt es deswegen bei der Anwendbarkeit des aus den Grundsätzen von Treu und Glauben (§ 242 BGB) folgenden allgemeinen Verwirkungsgrundsatzes als Unterfall der unzulässigen Rechtsausübung (*Senat*, NJW 1982, 1999; BGHZ 105, 290 [298] = NJW 1989, 836). Damit fehlt es auch an einer Regelungslücke für eine analoge Anwendung des § 1585 b III BGB (so i. E. auch *Göppinger/Wax/Kodal*, Rdnr. 1139; *Weinreich/Klein*, § 1585 b Rdnr. 15).

BGH v. 11. 5. 2005 – XII ZR 211/02 – FamRZ 05, 1817 = NJW 05, 3277

(Scheidung Einsatzzeit bei Ansprüchen nach § 1573 BGB) R632

II. 1. Zutreffend ist das BerGer. allerdings davon ausgegangen, dass Aufstockungsunterhalt gem. a § 1573 II BGB geschuldet wird, wenn die Anspruchsvoraussetzungen zur Zeit der Scheidung vorgelegen haben. Die in § 1573 III und IV BGB enthaltenen Regelungen wären nicht verständlich, wenn für den Anspruch nach § 1573 II BGB nicht die Zeit der Scheidung als Einsatzzeit gelten würde (vgl. *Senat*, NJW 1983, 2321 = FamRZ 1983, 886; *Wendl/Pauling*, 6. Aufl., § 4 Rdnr. 126; *Schwab/Borth*, 5. Aufl., Kap. IV Rdnr. 285; *Kalthoener/Büttner/Niepmann*, 9. Aufl., Rdnr. 439). Dass der Unterhaltsberechtigte den Anspruch erst zu einem späteren Zeitpunkt geltend macht, ist ohne Bedeutung.

(Splittingvorteil bei Wiederverheiratung und Vorrang des ersten Ehegatten nur für neue Ehe)
Hinsichtlich des Einkommens des Bekl. hat das BerGer. die Auffassung vertreten, dass – abgesehen b von der gebotenen Außerachtlassung des Kinderfreibetrags für den Stiefsohn – auf die reale steuerliche Belastung abzustellen sei mit der Folge, dass der Splittingvorteil, der dem Bekl. zugute komme, sich auch zu Gunsten der Kl. auswirke. Das steht mit der früheren Rechtsprechung des Senats in Einklang. Mit Beschluss vom 7. 10. 2003 hat das BVerfG allerdings entschieden, dass der Gesetzgeber den Vorteil, der aus dem Steuersplitting folgen könne, der bestehenden Ehe von gemeinsam steuerlich veranlagten und zusammenlebenden Ehegatten zugewiesen habe. Der Splittingtarif falle deshalb weg, wenn die Eheleute dauerhaft getrennt lebten oder sich scheiden ließen. Um eine gleichzeitig mit dem Wegfall des Splittingvorteils durch einen Unterhaltsanspruch des getrennt lebenden oder geschiedenen Ehegatten eintretende Belastung des Unterhaltspflichtigen steuerlich aufzufangen, habe der Gesetzgeber geschiedenen Ehegatten die Möglichkeit des Realsplittings eingeräumt, die so lange eröffnet sei, wie die Unterhaltsverpflichtung bestehe. Gehe der Unterhaltspflichtige aber eine neue Ehe ein, sei dies bei Zusammenveranlagung der Ehegatten anspruchsbegründender Tatbestand für den Eintritt eines möglichen Splittingvorteils. Dabei handele es sich nicht um ein Wiederaufleben des steuerlichen Splittingvorteils, in dessen Genuss die geschiedenen Ehegatten bei Bestehen ihrer Ehe gekommen seien oder hätten kommen können. Vielmehr entstehe mit der neuen Ehe eine neue Einkommenskonstellation zwischen den nunmehr miteinander verbundenen Ehegatten, die maßgeblich dafür sei, ob und inwieweit ihre Ehe durch das Splittingverfahren steuerliche Vorteile erfahre. Der neuen Ehe und nicht der geschiedenen Ehe des

wiederverheirateten Unterhaltspflichtigen solle also eine steuerliche Entlastung zuteil werden. Eine andere Interpretation von § 1578 I 1 BGB würde der neuen Ehe den Schutz nach Art. 6 I GG entziehen, der auch ihr in Ausformung des grundgesetzlichen Auftrags durch den Gesetzgeber zukomme, und sei deshalb mit dem Grundgesetz nicht vereinbar (BVerfGE 108, 351 [363 ff.] = NJW 2003, 3466).

Mit Rücksicht auf diese Entscheidung kann die bisherige Rechtsprechung des Senats zur Behandlung des Splittingvorteils bei der Bemessung des Ehegattenunterhalts nicht aufrechterhalten werden. Da eine hierauf beruhende steuerliche Entlastung von Verfassungs wegen der neuen Ehe zugewiesen ist, hat der betreffende Gesichtspunkt als ein die Lebensverhältnisse der geschiedenen Ehe prägender Umstand außer Betracht zu bleiben. Für die Ermittlung des unterhaltsrelevanten Einkommens des Unterhaltspflichtigen ist deshalb ein gegebenenfalls vorhandener Splittingvorteil zu eliminieren und eine fiktive Steuerberechnung anhand der Grundtabelle vorzunehmen, soweit es um die Inanspruchnahme auf Zahlung von Ehegattenunterhalt geht.

(Splittingvorteil bei Wiederverheiratung für alle Kinder)
c Demgegenüber kommt Kindern aus einer früheren Ehe des Unterhaltspflichtigen der mit der Wiederheirat verbundene Steuervorteil zugute, da es im Verwandtenunterhalt grundsätzlich auf das tatsächlich vorhandene Einkommen, mithin auch auf die reale Steuerbelastung ankommt.

(Fiktive Steuerberechnung bei Wiederverheiratung Pflichtiger nach Grundtabelle mit Realsplittingvorteil)
d Für die Berechnung des der Kl. zustehenden Unterhalts kann danach – im Gegensatz zum Kindesunterhalt, vgl. dazu III 2 – nicht von dem vom BerGer. festgestellten Einkommen des Bekl. ausgegangen werden, denn von dessen Bruttoerwerbseinkommen ist Lohnsteuer nach Steuerklasse III abgeführt worden. Erforderlich ist deshalb die Feststellung, welche steuerliche Belastung sich für den Bekl. in seiner konkreten steuerrechtlichen Situation bei Anwendung der Grundtabelle – gegebenenfalls aber unter Berücksichtigung eines Steuervorteils aus dem begrenzten Realsplitting bezüglich des in Höhe von monatlich 1000 DM freiwillig gezahlten Ehegattenunterhalts – ergeben würde.

(Kein Abzug Kindesunterhalt von Stiefkindern)
e Das BerGer. ist weiter davon ausgegangen, die für den Stiefsohn eingegangene Zahlungsverpflichtung des Bekl. müsse unterhaltsrechtlich außer Betracht bleiben. Demgegenüber macht die Revision geltend, insoweit bestehe nicht nur eine sittliche Pflicht, sondern eine Rechtspflicht, die der Bekl. habe übernehmen müssen, um eine Familienzusammenführung zu ermöglichen. Dessen neue Familie, der auch der Stiefsohn angehöre, stehe unter dem Schutz von Art. 6 I GG, weshalb die mit der Familienzusammenführung verbundenen Kosten unterhaltsrechtlich zu berücksichtigen seien.

Dem vermag der Senat nicht zu folgen.

a) Es ist zwar zutreffend, dass unter der Familie i. S. des Art. 6 I GG jedenfalls die aus Eltern und Kindern bestehende Gemeinschaft zu verstehen ist, zu den Kindern aber auch Stief-, Adoptiv- und Pflegekinder sowie (im Verhältnis zur Mutter) nichteheliche Kinder gehören (BVerfGE 18, 97 [105 f.] = NJW 1964, 1536; BVerfGE 68, 176 [187] = NJW 1985, 423; Badura, in: Maunz/Dürig, GG, Art. 6 Rdnr. 60). Richtig ist auch, dass der besondere Schutz der staatlichen Ordnung, den die Familie mit ausländischen Angehörigen beanspruchen kann, hauptsächlich in den Regelungen des Ausländerrechts über das familiäre Zusammenleben (Aufenthaltsrecht, Familiennachzug, Schutz gegen aufenthaltsbeendende Maßnahmen) zur Geltung kommt (Badura, in: Maunz/Dürig, Art. 6 Rdnr. 63). Der Schutz des Art. 6 I GG gilt jedoch unterschiedslos jeder Ehe. Nicht nur die bestehende Ehe, sondern auch die Folgewirkungen einer geschiedenen Ehe werden durch Art. 6 I GG geschützt (vgl. BVerfGE 53, 257 [296] = NJW 1980, 692; BVerfGE 108, 351 [364] = NJW 2003, 3466). Damit erstreckt sich der Schutz auch auf die nach der Scheidung bestehenden Unterhaltsansprüche, die als Folgewirkung der personalen Verantwortung der Ehegatten füreinander anzusehen sind. Deshalb ist es verfassungsrechtlich nicht zu beanstanden, dass der Gesetzgeber beim Aufeinandertreffen von Unterhaltsansprüchen aus der geschiedenen und aus der neuen Ehe des Unterhaltspflichtigen dem geschiedenen Unterhaltsberechtigten durch § 1582 BGB einen Vorrang eingeräumt hat (vgl. auch *Senat,* NJW 2005, 2145 = FamRZ 2005, 1154 [1155 f.]). Er hat damit dem Umstand Rechnung getragen, dass der Anspruch des geschiedenen Ehegatten schon bestanden hat, bevor die neue Ehe eingegangen worden ist, beide Ehegatten von dieser wirtschaftlichen Last aus der ersten Ehe gewusst haben und sich insoweit darauf haben einrichten können (BVerfGE 66, 84 [98] = NJW 1984, 1523). Das sind nach wie vor hinreichende Gründe, die die unterschiedliche unterhaltsrechtliche Behandlung von geschiedenen und verheirateten Unterhaltsberechtigten rechtfertigen (BVerfGE 108, 351 [365] = NJW 2003, 3466). Der neuen Ehe werden demgegenüber die steuerlichen Vorteile eingeräumt, deren Entstehen vom Eheschluss ausgelöst wird und die das Zusammenleben der Ehegatten voraussetzen.

Differenziert der Gesetzgeber in Erfüllung und Ausgestaltung seiner Verpflichtung aus Art. 6 I GG zwischen geschiedenen und bestehenden Ehen und gewährt er ihnen unterschiedliche Vorteile, mit denen er ihrer jeweiligen Bedarfslage gerecht werden will, haben die Gerichte dies bei ihren Entscheidungen zu beachten. Das folgt aus dem Gebot des Art. 6 I GG, jeder Ehe den Schutz zukommen zu lassen, der in der jeweiligen gesetzlichen Ausformung seine Konkretisierung findet (BVerfGE 108, 351 [365] = NJW 2003, 3466).

In das dem Ausgleich der jeweiligen Interessen dienende Gefüge würde aber eingegriffen, wenn die für ein Mitglied der neuen Familie aufzubringenden Lebenshaltungskosten bei der Bemessung der Unterhaltsansprüche der Mitglieder der Erstfamilie berücksichtigt würden. Das wird im vorliegenden Fall auch aus folgender Erwägung deutlich: Die zweite Ehefrau des Unterhaltspflichtigen geht der geschiedenen Ehefrau im Rang nach, obwohl ihr ebenfalls ein Unterhaltsanspruch, nämlich ein solcher auf Familienunterhalt, zusteht. Dann muss das Kind der neuen Ehefrau, für das keine gesetzliche Unterhaltspflicht des Ehemannes besteht, bei der Bemessung des der geschiedenen Ehefrau zustehenden Unterhalts erst recht außer Betracht bleiben. Das gilt entsprechend gegenüber dem Unterhaltsanspruch des erstehelichen Kindes. Dessen Unterhaltsanspruch kann nicht dadurch geschmälert werden, dass der Ehemann für den Sohn seiner zweiten Ehefrau aufkommen muss. Das ergibt sich bereits aus folgender Überlegung: Ist das ersteheliche Kind minderjährig, so steht es seiner Mutter, der geschiedenen Ehefrau, im Rang gleich, geht also ebenso wie diese der neuen Ehefrau vor. Ist das Kind volljährig, so geht es der neuen Ehefrau zwar im Rang nach. Durch den diesem Kind geschuldeten Unterhalt wurden aber die ehelichen Lebensverhältnisse der jetzt bestehenden Ehe geprägt, so dass auch der Unterhalt des volljährigen Kindes bei der Bedarfsbemessung vorweg zu berücksichtigen ist. Ein Stiefkind kann aber auch insoweit nicht besser stehen als seine Mutter. Das muss erst recht gelten, wenn die finanziellen Verhältnisse des Unterhaltspflichtigen es diesem – wie im vorliegenden Fall – erlauben, auch für den Lebensunterhalt der neuen Familie aufzukommen.

b) Das BerGer. hat weiter zu Recht angenommen, dass die gegenüber der Ausländerbehörde begründete Zahlungsverpflichtung nicht als sonstige Verbindlichkeit zu berücksichtigen ist. Ob vom Unterhaltspflichtigen eingegangene Schulden unterhaltsrechtlich zu beachten sind, ist unter umfassender Interessenabwägung zu beurteilen, wobei es insbesondere auf den Zweck der Verbindlichkeiten, den Zeitpunkt und die Art ihrer Entstehung, die Kenntnis des Unterhaltspflichtigen von Grund und Höhe der Unterhaltsschuld und andere Umstände ankommt (*Senat*, NJW 1992, 1624 = FamRZ 1992, 797 [798]).

Danach ist hier von Bedeutung, dass es sich nicht um eine – in Bezug auf die erste Ehe des Unterhaltspflichtigen – ehebedingte Verbindlichkeit handelt. Vielmehr hat er die Verpflichtungserklärung in Kenntnis seiner Unterhaltspflicht für die Kl. im Interesse der Beziehung zu seiner späteren Ehefrau abgegeben. Ein Vorwegabzug kommt auf der Stufe der Bedarfsbemessung aber nur in Betracht, wenn und soweit es sich um ehebedingte Verbindlichkeiten handelt, weil die entsprechenden Einkommensteile auch bei weiterem Zusammenleben der Ehegatten nicht zur Deckung des laufenden Bedarfs zur Verfügung gestanden hätten (vgl. *Senat*, NJW 1997, 1919 = FamRZ 1997, 806 [807]). Für die Bemessung des Unterhaltsbedarfs der Kl. hat die Verpflichtungserklärung deshalb unberücksichtigt zu bleiben.

(Keine Berücksichtigung von Kinderfreibeträgen für Stiefkinder bei Steuerlast)

c) Mit Rücksicht darauf ist es rechtlich nicht zu beanstanden, dass das BerGer. andererseits auch den **f** steuerlichen Vorteil, der dem Beklagten durch den Kinderfreibetrag für den Stiefsohn zukommt, außer Betracht gelassen hat. Eine fiktive Steuerlast ist dann in Ansatz zu bringen, wenn steuermindernde tatsächliche Aufwendungen vorliegen, die unterhaltsrechtlich nicht anzuerkennen sind (*Senat*, NJW 2005, 2077 = FamRZ 2005, 1159 [1161]). Das ist hier der Fall.

(Direktversicherung und Gehaltsumwandlung; Altersvorsorge)

Von dem deshalb schon für die Bedarfsbemessung zu berücksichtigenden Einkommen der Kl. hat **i** das BerGer. die Aufwendungen für die Direktversicherung abgezogen, die der Arbeitgeber der Kl. zu deren Gunsten abgeschlossen hat. Nach den getroffenen Feststellungen handelt es sich um eine betriebliche Altersversorgung. Wegen des Jahresbeitrags von 3408 DM findet eine Gehaltsumwandlung statt, der Betrag wird vom Gehalt der Kl. abgezogen und vom Arbeitgeber an die Versicherung abgeführt.

(Zusätzliche Altersvorsorge bei Elternunterhalt von 5%, bei Ehegattenunterhalt von 4% als 2. Säule)

a) Der Prämisse, durch die aus dem Erwerbseinkommen abzuführenden Beiträge zur gesetzlichen **j** Rentenversicherung sowie die Durchführung des Versorgungsausgleichs werde eine angemessene Altersversorgung erreicht, kann im Hinblick auf die Entwicklung der gesetzlichen Rentenversicherung nicht mehr zugestimmt werden. Vielmehr hat sich zunehmend die Erkenntnis durchgesetzt, dass der Lebensstandard im Alter nur dann zu sichern ist, wenn neben der primären Vorsorge – unter anderem durch die gesetzliche Rentenversicherung – private Leistungen für eine zusätzliche Altersversorgung erbracht werden (vgl. Art. 6 des Altersvermögensgesetzes v. 26. 6. 2001, BGBl I, 1330 [1335]). Die zusätzliche, auf Freiwilligkeit und Eigeninitiative beruhende Altersversorgung wird vom Staat mit Zulagen und Steuererleichterungen, unter anderem durch die im Einkommensteuerrecht geregelte so genannte „Riester-Rente", gefördert. Dabei kann der Berechtigte zwischen einer privaten oder betrieblichen Altersvorsorgeart wählen. Eine Art der betrieblichen Altersversorgung stellt die so genannte Direktversicherung dar, bei der der Arbeitgeber als Versicherungsnehmer mit einer Versicherungsgesellschaft eine Lebensversicherung auf das Leben des Arbeitnehmers abschließt, aus der dieser und gegebenenfalls seine Hinterbliebenen bezugsberechtigt sind. Die Beitragszahlung erfolgt im Rahmen einer Gehaltsumwandlung. Leistungen an eine Direktversicherung sind pauschal mit 20% zu versteuern (§ 40 b EStG); sozialversicherungsrechtlich gelten sie bis zum 31. 12. 2008 nicht als Arbeitsentgelt (vgl. *Strohal*, FamRZ 2002, 277 [280]).

b) Mit Rücksicht auf diese Entwicklung hat der Senat bei der Inanspruchnahme auf Zahlung von Elternunterhalt Leistungen des Unterhaltspflichtigen für eine zusätzliche Altersversorgung als vom Einkommen abzugsfähig anerkannt, soweit sich diese in einem angemessenen Rahmen halten. Dabei ist er davon ausgegangen, dass in dem rechtlich schwächer ausgestalteten Unterhaltsrechtsverhältnis zwischen erwachsenen Kindern und ihren unterhaltsbedürftigen Eltern ein um etwa 25% über der gesetzlichen Rentenversicherung liegender Betrag als angemessen angesehen, also etwa in Höhe weiterer 5% des Bruttoeinkommens zusätzliche Altersvorsorge betrieben werden kann (*Senat*, NJW-RR 2004, 793 = FPR 2004, 408 = FamRZ 2004, 792 [793]).

c) Die unterhaltsrechtliche Berücksichtigungsfähigkeit von Leistungen für eine zusätzliche Altersversorgung kann indessen nicht auf die Unterhaltspflicht gegenüber Eltern beschränkt werden. Die Notwendigkeit, für das Alter zusätzlich Vorsorge zu treffen, stellt sich letztlich für jeden. Im Verhältnis zwischen geschiedenen Ehegatten sieht das Gesetz vor, dass zum Lebensbedarf auch die Kosten einer angemessenen Versicherung für den Fall des Alters gehören (§ 1578 III BGB). Da eine solche allein durch die gesetzliche Rentenversicherung nicht mehr gewährleistet werden kann, muss dem Unterhaltsberechtigten und gleichermaßen dem Unterhaltspflichtigen zugebilligt werden, in angemessenem Umfang zusätzlichen Vorsorgeaufwand zu betreiben, und beiden die Möglichkeit eröffnet sein, diesen Umstand in die Unterhaltsbemessung einfließen zu lassen (ebenso *Kalthoener/Büttner/Niepmann*, Rdnr. 988 a; *Wendl/Gerhardt*, § 1 Rdnr. 597 a; *Bergschneider*, FamRZ 2003, 1609 [1615]; *Strohal*, FamRZ 2002, 277 [281]). Ob ein Ehegatte sich zum Zweck der ergänzenden Altersvorsorge für die „Riester-Rente" entscheidet oder ein nicht zertifiziertes Produkt wählt, das ihm besser geeignet erscheint, obwohl es steuerlich nicht privilegiert wird, muss grundsätzlich seiner eigenen Überlegung vorbehalten bleiben.

d) Mit Rücksicht darauf bestehen dem Grunde nach keine rechtlichen Bedenken, Aufwendungen der zusätzlichen Altersversorgung unterhaltsrechtlich anzuerkennen und durch einen Abzug vom unterhaltsrelevanten Einkommen zu berücksichtigen. Im Übrigen erbringt nicht nur die Kl. im Wege des Direktabzugs vom Lohn – durch die von ihrem Arbeitgeber abgeschlossene Direktversicherung Leistungen für eine zusätzliche Altersversorgung. Auch der Bekl. sorgt in zusätzlicher Weise für sein Alter, da er das frühere Familienheim erworben hat und erhebliche Wohnkosten sparen wird, wenn er die Kreditverpflichtungen (und zwar sowohl Zins- als auch Tilgungsanteile) zurückgeführt haben wird. Das kommt ihm auch im Alter zugute.

Danach kann es dem Grunde nach jedenfalls nicht beanstandet werden, dass das BerGer. die Aufwendungen für die Direktversicherung vom Einkommen der Kl. in Abzug gebracht hat.

Was die Höhe der Aufwendungen anbelangt, erscheint es nach Auffassung des Senats gerechtfertigt, in Anlehnung an den Höchstförderungssatz der so genannten „Riester-Rente" einen Betrag von bis zu 4% des Gesamtbruttoeinkommens des Vorjahres als angemessene zusätzliche Altersversorgung anzusehen. Darüber hinausgehende Leistungen müssen unterhaltsrechtlich außer Betracht bleiben. Im Übrigen hängt die Berücksichtigungsfähigkeit davon ab, ob der als vorrangig anzusehende Elementarunterhalt und der der primären Altersversorgung dienende Altersvorsorgeunterhalt aufgebracht werden können. Außerdem obliegt der Bemessung des auf der vorgenannten Grundlage ermittelten Unterhalts einer abschließenden Angemessenheitsprüfung.

e) Nach diesen Grundsätzen scheidet im vorliegenden Fall allerdings ein voller Abzug der Aufwendungen für die Direktversicherung der Kl. in Höhe von 3408 DM aus. Denn nach den vom BerGer. in Bezug genommenen Verdienstbescheinigungen überschreiten die Aufwendungen der Kl. für ihre zusätzliche Altersversorgung 4% ihres jährlichen Gesamtbruttoeinkommens. Ob eine (eingeschränkte) Berücksichtigung der Leistungen letztlich zu einem angemessenen Ergebnis führt, lässt sich im Übrigen erst beurteilen, wenn das Einkommen des Bekl. unter Außerachtlassung des Splittingvorteils einerseits und unter Hinzurechnung eines eventuellen Wohnvorteils andererseits festgestellt worden ist.

BGH v. 25. 5. 2005 – XII ZR 296/01 – FamRZ 05, 1444 = NJW 05, 2386

R633 *(Teilnichtigkeit des Ehevertrages führt nach § 139 BGB regelmäßig zur Vollnichtigkeit)*

a   1. Das Senatsurteil vom 11. 2. 2004 wird verkannt, soweit aus ihm entnommen wird, der *Senat* erwäge bei Eheverträgen entgegen § 139 BGB generell nur eine Teilnichtigkeit oder eine geltungserhaltende Reduktion. Ergibt die Wirksamkeitskontrolle, dass einzelne Klauseln eines Ehevertrags schon im Zeitpunkt seines Zustandekommens nach § 138 I BGB nichtig sind, so ist nach § 139 BGB in der Regel der gesamte Ehevertrag nichtig, wenn nicht anzunehmen ist, dass er auch ohne die

Anhang R. Rechtsprechung   R634

nichtigen Klauseln geschlossen sein würde, was sich insbesondere aus anderweitigen Parteivereinbarungen, zum Beispiel salvatorischen Klauseln, ergeben kann.

(Kein unverzichtbarer Mindeststandard an Scheidungsfolgen)
2. Aus den gesetzlichen Regelungen über nacheheliche Unterhalt, Zugewinn- und Versorgungs- **b**
ausgleich lässt sich kein unverzichtbarer Mindeststandard an Scheidungsfolgen herauslesen (vgl. §§ 1585 c, 1408 II, 1587 o, 1408 I, 1414 BGB). Diese Regelungen legen als gesetzliches Leitbild eine Ehe zu Grunde, in der nur ein Ehegatte ein Erwerbseinkommen erzielt, während der andere unter Aufgabe eigener Erwerbstätigkeit die Familienarbeit übernimmt. Indessen können sich wegen der weitgehenden Autonomie der Ehegatten, ihr Verhältnis einvernehmlich zu gestalten, hiervon Abweichungen in mehrfacher Hinsicht ergeben. Die Ehegatten können, auch wenn die Ehe dem gesetzlichen Leitbild entspricht, den wirtschaftlichen Wert von Erwerbseinkünften und Familienarbeit unterschiedlich gewichten. Sie können aber auch die Ehe, abweichend vom gesetzlichen Leitbild, so ausgestalten, dass sich von vornherein für keinen von ihnen berufliche Nachteile ergeben, etwa in einer Doppelverdienerehe, in der die Kinder durch Dritte betreut werden. Korrespondierend zur Autonomie der Ehegatten bei der Ausgestaltung ihrer Lebensverhältnisse unterliegen die Scheidungsfolgen daher grundsätzlich der vertraglichen Disposition der Ehegatten. Andererseits liegt dem gesetzlichen Scheidungsfolgensystem der Gedanke zu Grunde, dass ehebedingte Nachteile, die ein Ehegatte um der Ehe oder der Kindererziehung willen in seinem eigenen beruflichen Fortkommen und dem Aufbau einer entsprechenden Altersversorgung oder eines entsprechenden Vermögens auf sich genommen hat, nach der Scheidung ausgeglichen werden sollen, wobei Erwerbstätigkeit und Familienarbeit – wenn die Parteien nichts anderes vereinbart haben – grundsätzlich als gleichwertig behandelt werden. Ob eine ehevertragliche Scheidungsfolgenregelung mit diesem Grundgedanken vereinbar ist, ist, wie dargelegt, in jedem Einzelfall nach den Grundlagen der Vereinbarung und den Vorstellungen der Ehegatten bei ihrem Abschluss sowie der verwirklichten Gestaltung des ehelichen Lebens konkret zu prüfen.

(Ungleiche Verhandlungsposition einer Schwangeren)
3. Hinsichtlich der subjektiven Unterlegenheit im Rahmen des § 138 BGB geht der *Senat* davon **c**
aus, dass eine Schwangerschaft der Frau bei Abschluss des Ehevertrags für sich allein zwar noch keine Sittenwidrigkeit des Ehevertrags zu begründen vermag. Sie indiziert aber eine ungleiche Verhandlungsposition und damit eine Disparität bei Vertragsabschluss.

(Stufenweiser Ausschluss des Betreuungsunterhalts nach Kindesalter und Unterhaltshöhe)
b) Zutreffend hat das *OLG* den Ehevertrag nicht schon deshalb für sittenwidrig erachtet, weil die **d**
Ehegatten den Betreuungsunterhalt abweichend von den gesetzlichen Vorschriften geregelt haben.
Zwar gehört der Betreuungsunterhalt zum Kernbereich der Scheidungsfolgen. Es ist jedoch nicht ersichtlich, dass die von den Ehegatten insoweit getroffene eigenständige Regelung die Ag. – gemessen an den Verhältnissen im Zeitpunkt des Vertragsschlusses – in sittenwidriger Weise benachteiligt. In zeitlicher Hinsicht ist eine solche Benachteiligung der Ag. zwar nicht schon deshalb ausgeschlossen, weil das Gesetz für den Unterhaltsanspruch der mit dem Vater nicht verheirateten Mutter einen ungleich engeren Zeitrahmen vorgibt. Andererseits ist die Regelung der Parteien nicht schon deshalb als sittenwidrig zu missbilligen, weil die Parteien die Betreuungsbedürftigkeit ihres erwarteten Kindes an niedrigere Altersgrenzen gebunden haben, als sie von der bisherigen Rechtsprechung für angemessen erachtet worden sind.
Die Parteien haben in ihrem Ehevertrag allerdings auch die Höhe des Betreuungsunterhalts abweichend von den gesetzlichen Vorgaben geregelt und auf einen Betrag von zunächst 2000 DM, für die Zeit ab Vollendung des sechsten Lebensjahres des Kindes auf 1000 DM festgeschrieben. Eine solche Fixierung der Unterhaltshöhe ist zwar nicht schon deshalb unproblematisch, weil der vorgesehene Unterhaltsbetrag den Betrag, der von der Rechtsprechung als Existenzminimum angesehen wird, übersteigt. Sie rechtfertigt das Verdikt der Sittenwidrigkeit aber nicht schon dann, wenn der eheangemessene Unterhalt (§ 1578 BGB) – nach den im Zeitpunkt des Vertragsschlusses bestehenden oder vorhersehbaren Einkommensverhältnissen – nicht erreicht ist, sondern allenfalls dann, wenn die vertraglich vorgesehene Unterhaltshöhe nicht annähernd geeignet ist, die ehebedingten Nachteile der Ag. auszugleichen. Das ist hier weder vorgetragen noch sonst ersichtlich. Auf einen Vergleich mit den (hier: späteren) ehelichen Lebensverhältnissen kommt es, wie dargelegt, nicht an, weil es insoweit nur um den Ausgleich ehebedingter Nachteile gehen kann.

BGH v. 25. 5. 2005 – XII ZR 221/02 – FamRZ 05, 1449 = NJW 05, 2391

(Unterhaltsverzicht zwischen berufstätigen Verlobten bei geplanter Fortsetzung der Berufstätigkeit)   R634

1.b) aa) Das *OLG* geht zu Recht davon aus, dass Umstände, die eine Zwangslage der Ag. begründet **a**
oder sie gehindert hätten, auf Abschluss oder Inhalt des Ehevertrags Einfluss zu nehmen, weder von ihr vorgetragen noch sonst ersichtlich sind.

bb) Auch der Inhalt der von den Parteien getroffenen Vereinbarung vermag den Vorwurf eines Verstoßes gegen die guten Sitten nicht zu begründen. Wie der *Senat* dargelegt hat, ist bei der gebotenen Ausrichtung am Kernbereich der Scheidungsfolgen für deren Disponibilität eine Rangabstufung zu beachten, die sich in erster Linie danach bemisst, welche Bedeutung die einzelnen Scheidungsfolgen für den Berechtigten in seiner jeweiligen Lage haben.

Zum Kernbereich der Scheidungsfolgen gehört vorrangig der Betreuungsunterhalt (§ 1570 BGB). Dessen vertraglicher Ausschluss kann hier jedoch unberücksichtigt bleiben, da beide Parteien im – für die Wirksamkeitskontrolle maßgebenden – Zeitpunkt des Vertragsschlusses keine Kinder wollten. Dem Unterhalt wegen Alters oder Krankheit (§§ 1571, 1572 BGB), den die Parteien hier ebenfalls ausgeschlossen haben, misst das Gesetz zwar als Ausdruck nachehelicher Solidarität besondere Bedeutung bei. Das schließt, wie der *Senat* ausgeführt hat (*Senat,* NJW 2004, 930 = FamRZ 2004, 601 [605 f.]), eine vertragliche Disposition über diese Unterhaltsansprüche jedoch nicht schlechthin aus. Da die Parteien im Zeitpunkt der Eheschließung berufstätig und damit auch gegen die Risiken von Alter oder Krankheit abgesichert waren und jeder von ihnen auch erwerbstätig bleiben wollte, war es jedenfalls nicht sittenwidrig, die wechselseitige unterhaltsrechtliche Einstandspflicht hierfür abzubedingen (vgl. auch *Senat,* NJW 2004, 930 = FamRZ 2004, 601 [607]). Insoweit ist auch der Verzicht auf Kranken- und Altersvorsorgeunterhalt als Bestandteile des Lebensbedarfs (§ 1578 II, III BGB) im Rahmen der Prüfung nach § 138 BGB unbedenklich. Der von den Parteien vereinbarte Verzicht auf Unterhalt für den Fall der Arbeitslosigkeit, auf Aufstockungsunterhalt und auf Billigkeitsunterhalt (§§ 1573 II, 1576 BGB) rechtfertigt, wie der *Senat* dargelegt hat, schon nach der Bedeutung dieser Unterhaltstatbestände im System des Scheidungsfolgenrechts das Verdikt der Sittenwidrigkeit regelmäßig nicht (*Senat,* NJW 2004, 930 = FamRZ 2004, 601 [607]). Für den Ausschluss des gesetzlichen Güterstands gilt nichts anderes (*Senat,* NJW 2004, 930 = FamRZ 2004, 601 [607]).

(Altersvorsorgeunterhalt als Bestandteil des Betreuungsunterhalts und Kernbereich der Scheidungsfolgen)

b 2. a) bb) Der Betreuungsunterhalt gehört, wie dargelegt, zum Kernbereich der Scheidungsfolgen. Dieser besondere Rang kommt dabei nicht nur dem Teil des Betreuungsunterhalts zu, der als Elementarunterhalt geschuldet wird; er gilt auch für die Bestandteile des Betreuungsunterhalts, die den betreuenden Elternteil gegen die Risiken von Krankheit oder Alter sichern sollen. Der *Senat* hat zwar in seiner Entscheidung vom 11. 2. 2004 (NJW 2004, 930 = FamRZ 2004, 601 [605]) in der Rangabstufung der Unterhaltstatbestände dem Krankenvorsorge- und Altersvorsorgeunterhalt eine eher nachrangige Bedeutung zugemessen. Dieser Nachrang kann aber dort nicht zum Zuge kommen, wo die Unterhaltspflicht ehebedingte Nachteile ausgleichen soll. Das Unterhaltsrecht will in solchen Fällen die Risiken, die ein Ehegatte im Rahmen der gemeinsamen Lebensplanung auf sich genommen hat und die sich mit der Trennung und Scheidung der Ehegatten verwirklichen, gleichmäßig unter den Ehegatten verteilen. Eine solche gleichmäßige Lastenverteilung kann sich nicht auf den Elementarunterhalt beschränken und den Krankheits- und Altersvorsorgeunterhalt aussparen.

So liegen die Dinge auch hier:

Der Betreuungsunterhalt wird dem betreuenden Elternteil nicht nur um seiner selbst, sondern auch um der gemeinsamen Kinder willen geschuldet, deren Betreuung dem Elternteil durch den Unterhalt ermöglicht werden soll. Damit stellt sich der Betreuungsunterhalt zugleich als der typische Fall des Ausgleichs ehebedingter Nachteile dar: Die Pflege und Erziehung der gemeinsamen Kinder ist die gemeinsame Aufgabe der Ehegatten; wird diese Aufgabe nur noch von einem Ehegatten wahrgenommen, muss dieser wirtschaftlich so gestellt werden, dass ihm aus der Übernahme dieser Aufgabe keine Nachteile entstehen. Dies wird zum einen dadurch bewirkt, dass der Lebensunterhalt des Ehegatten, soweit er auf Grund der Betreuung zu eigener Berufstätigkeit nicht in der Lage ist, vom anderen, berufstätigen Ehegatten im Wege des geschuldeten Elementarunterhalts bestritten wird. Zum anderen wird durch den Kranken- und Altersvorsorgeunterhalt sichergestellt, dass der die Kinder betreuende Ehegatte auch während der Zeit der Kinderbetreuung seine Krankenversorgung aufrechterhalten und seine Altersversorgung weiter auf- oder ausbauen kann. Beide Teile des Betreuungsunterhalts – Elementar- wie Vorsorgeunterhalt – dienen dabei gleichermaßen dem Ausgleich ehebedingter Nachteile; beide teilen deshalb auch den besonderen Vorrang, der dem Betreuungsunterhalt in der Rangordnung der Scheidungsfolgen zukommt.

(Angemessener Ausgleich bei Verzicht auf Altersvorsorgeunterhalt)

c b) Der angemessene Ausgleich des ehebedingten Nachteils, dem sich der Ast. somit nach § 242 BGB nicht entziehen darf, besteht indes nicht in einem Altersvorsorgeunterhalt, dessen Höhe sich an den ehelichen Lebensverhältnissen orientiert.

Treu und Glauben entspricht vielmehr eine Unterhaltsbemessung, die sich auf den Ausgleich des konkreten Nachteils beschränkt, den der betreuende Elternteil als Folge seines zeitweiligen Verzichts auf eine eigene Berufstätigkeit zu tragen hat. Eine solche Handhabung, die den betreuenden Ehegatten wirtschaftlich nicht besser stellt als er sich bei Weiterführung seiner Erwerbstätigkeit ohne die Kinderbetreuung gestanden hätte, passt den Ehevertrag an den mutmaßlichen, den geänderten Umständen Rechnung tragenden Parteiwillen an. Mit einem wechselseitigen ehevertraglichen Unterhaltsverzicht geben die Eheleute regelmäßig zu erkennen, dass sie keine Teilhabe an dem vom jeweils anderen Ehegatten erwirtschafteten Erfolg beanspruchen wollen; jeder Ehegatte soll vielmehr – auch im Falle der Scheidung – das Einkommen behalten, das ihm auf Grund seiner eigenen beruflichen Qualifikation und Tüchtigkeit zufließt (vgl. auch *Senat*, NJW 2005, 139 = FamRZ 2005, 185 [187], betr. Ausschluss des Versorgungsausgleichs). Diesem mit dem Ehevertrag verfolgten Anliegen ist bei der Vertragsanpassung jedenfalls insoweit weiterhin Rechnung zu tragen, als die veränderten Umstände dem nicht entgegenstehen.

BVerfG v. 7. 6. 2005 – 1 BvR 1508/96 – FamRZ 05, 1051 = NJW 05, 1927

(Keine Herstellung der Leistungsfähigkeit durch Grundstücksbelastung; Gleichzeitigkeit von Bedürftigkeit und Leistungsfähigkeit als Unterhaltsvoraussetzung) **R635**

B. 3. a) Das *LG* hat die Leistungsfähigkeit der Bf. allein darauf gestützt, diese sei zum Einsatz ihres Vermögens durch Belastung ihres Miteigentumsanteils mit einer Grundschuld zur Sicherung des ihr vom Sozialhilfeträger angebotenen zinslosen Darlehens verpflichtet. Dieses Angebot müsse sie annehmen, um damit ohne Gefährdung ihres Unterhalts oder ihrer Altersvorsorge der Unterhaltspflicht ihrer Mutter gegenüber nachzukommen. Da das Darlehensangebot der Bf. nach dem Vergleichsvorschlag des *LG* unterbreitet worden ist, ist die vom Gericht angenommene Leistungsfähigkeit der Bf. erst zu diesem Zeitpunkt entstanden, also nach dem Tod der Mutter der Bf. Das Gericht hat damit einen Unterhaltsanspruch für einen vergangenen Zeitraum mit einer Leistungsfähigkeit der Bf. begründet, die eingetreten ist, nachdem mit dem Tod die Bedürftigkeit der Mutter schon zum Wegfall gekommen war.

Eine solche Rückbewirkung eintretender Leistungsfähigkeit auf davor liegende Zeiträume eines Unterhaltsbedarfs zur Begründung von Unterhaltsansprüchen für diese Zeiträume widerspricht schon in Wortlaut und Systematik den hier maßgeblichen unterhalts- und sozialhilferechtlichen Regelungen.

aa) Zwar enthalten §§ 1602 I und 1603 I BGB keine ausdrückliche Aussage über das zeitliche Verhältnis von Bedürftigkeit beim Unterhaltsberechtigten und Leistungsfähigkeit beim Unterhaltspflichtigen als Voraussetzung für das Bestehen eines Unterhaltsanspruchs. Wenn § 1603 I BGB formuliert, dass nicht unterhaltspflichtig ist, wer bei Berücksichtigung seiner sonstigen Verpflichtungen außer Stande ist, ohne Gefährdung seines angemessenen Unterhalts den Unterhalt zu gewähren, dann kommt damit jedoch zum Ausdruck, dass für die Dauer der Leistungsunfähigkeit ein Unterhaltsanspruch nicht entstehen kann. Dies wurde schon in den Motiven zum Bürgerlichen Gesetzbuch (Mot. z. Entw. eines Bürgerlichen Gesetzbuchs für das Deutsche Reich, Bd. IV, 2. Aufl. [1896], S. 687 f.) hervorgehoben. Da aber nach § 1602 I BGB wiederum ein Unterhaltsanspruch nur bei Bedürftigkeit des Berechtigten besteht, kann ein Unterhaltsanspruch nach § 1601 BGB allein gegeben sein, wenn beide Voraussetzungen zeitgleich vorliegen.

bb) § 90 I BSHG a. F. und § 91 I BSHG n. F. gingen nach Wortlaut und normativem Kontext bei der Überleitung von Unterhaltsansprüchen ebenfalls von einer zeitlichen Kongruenz zwischen Bedürftigkeit und Leistungsfähigkeit aus. Sie ermöglichten die Überleitung von Unterhaltsansprüchen, die dem Hilfeempfänger für die Zeit zustehen, für die Hilfe gewährt wird. Damit kommt zum Ausdruck, dass der Unterhaltsanspruch während des Zeitraums der Hilfegewährung bestehen muss, was voraussetzt, dass in diesem Zeitraum Leistungsfähigkeit beim Unterhaltspflichtigen vorliegt.

BGH v. 8. 6. 2005 – XII ZR 294/02 – FamRZ 05, 1479 = NJW 05, 2313

(Abänderungsklage bei nachträglichem Rentenbezug des Unterhaltsgläubigers; Rentenbezug prägend) **R636**

II. 1. Für die Abgrenzung zwischen der Rechtsschutzmöglichkeit einer Abänderungsklage nach § 323 ZPO und einer Vollstreckungsabwehrklage nach § 767 ZPO ist grundsätzlich auf den Zweck und die Auswirkungen der jeweiligen Vorschrift abzustellen. **a**

Die Abänderungsklage ist eine Gestaltungsklage, die sowohl vom Unterhaltsschuldner als auch vom Unterhaltsgläubiger erhoben werden kann und den Unterhaltstitel selbst – unter Durchbrechung seiner materiellen Rechtskraft – an die stets wandelbaren wirtschaftlichen Verhältnisse anpassen soll (vgl. *Senat*, NJW 2005, 142 = FamRZ 2005, 101 [102 f.]). Demgegenüber beschränkt sich der Streitgegenstand einer Vollstreckungsgegenklage auf die Beseitigung der Vollstreckbarkeit eines früheren Titels. Dabei geht es also nicht um die Anpassung des Unterhaltstitels an geänderte wirtschaftliche Verhältnisse, sondern allein um die Frage, ob die Zwangsvollstreckung aus dem Titel wegen der nunmehr vorgebrachten materiell-rechtlichen Einwendungen unzulässig (geworden) ist (*Wendl/Thalmann*, 6. Aufl., § 8 Rdnr. 145; *Johannsen/Henrich/Brudermüller*, 4. Aufl., § 323 ZPO Rdnr. 6; *Göppinger/Vogel*, 8. Aufl., Rdnrn. 2440 u. 2450; *Gerhardt* in: Hdb. d. Fachanwalts f. FamilienR, 5. Aufl., Kap. VI Rdnr. 619; *Eschenbruch/Klinkhammer*, 3. Aufl., Rdnr. 5323).

Wegen dieser unterschiedlichen Zielrichtung schließen sich die Vollstreckungsgegenklage und die Abänderungsklage für den gleichen Streitgegenstand grundsätzlich gegenseitig aus (*Wendl/Thalmann*, § 8 Rdnr. 146; *Johannsen/Henrich/Brudermüller*, § 323 ZPO Rdnr. 13; *Göppinger/Vogel*, Rdnr. 2447; *Graba*, Die Abänderung von Unterhaltstiteln, 3. Aufl., Rdnr. 481). Deswegen hat der Unterhaltsschuldner hinsichtlich konkreter Unterhaltsforderungen keine Wahlmöglichkeit zwischen der Vollstreckungsgegen- und der Abänderungsklage, sondern muss sein Rechtsschutzbegehren auf die Klageart stützen, die dem Ziel seines Begehrens für den entsprechenden Unterhaltszeitraum am besten entspricht (BGH, FamRZ 1977, 461 [462]; FamRZ 1988, 1156 [1157 f.]).

2. In welcher Form ein – wie hier – nach der Unterhaltstitulierung einsetzender Rentenbezug des Unterhaltsberechtigten prozessrechtlich zu berücksichtigen ist, hat der Senat in der Vergangenheit allerdings nicht einheitlich beantwortet.

a) Ursprünglich ist die Rechtsprechung des BGH davon ausgegangen, dass der Rentenanspruch, den ein unterhaltsberechtigter geschiedener Ehegatte auf Grund des mit der Scheidung durchgeführten Versorgungsausgleichs später erlangt, in entsprechendem Umfang zum Wegfall des rechtskräftig zuerkannten Unterhaltsanspruchs führt, und dass dieser Wegfall mit der Vollstreckungsabwehrklage gegen das Unterhaltsurteil geltend gemacht werden kann. Dabei hat der Senat die abweichende Auffassung in Rechtsprechung und Literatur, wonach solche Änderungen nur mit der Abänderungsklage geltend gemacht werden können (vgl. u. a. *Hoppenz*, FamRZ 1987, 1097; OLG Karlsruhe, FamRZ 1988, 195 [197]), ausdrücklich abgelehnt (*Senat*, FamRZ 1988, 1156 [1157]).

Allerdings hatte der Senat zunächst offen gelassen, ob die Umstände, die an sich eine Einwendung i. S. von § 767 ZPO begründen können, daneben nicht nur zur Rechtsverteidigung gegen eine Abänderungsklage des Unterhaltsgläubigers (so schon *Senat*, BGHZ 98, 353 = NJW 1987, 1201 = FamRZ 1987, 259 [261]), sondern – im Sinne einer Wahlmöglichkeit – auch zur Begründung einer eigenen Abänderungsklage dienen können. Für die Rechtsschutzmöglichkeit nach § 323 ZPO habe das allerdings keine Auswirkungen, wenn der zu beurteilende Sachverhalt in der Vergangenheit liege. Dann scheide eine Abänderung wegen der Zeitschranke des § 323 III ZPO von vornherein aus. Auch sei § 323 ZPO nach seinem Sinn und Zweck für eine derartige Beurteilung, für die es keiner Prognose bedürfe, nicht bestimmt (*Senat*, FamRZ 1988, 1156).

b) In der Folgezeit hat der Senat entschieden, dass es dem Unterhaltsschuldner nicht verwehrt sein kann, die durch den Rentenbezug des Unterhaltsgläubigers eingetretenen Veränderungen im Wege einer eigenen Abänderungsklage nach § 323 ZPO geltend zu machen, wenn der Schuldner ausschließlich die Abänderung künftigen Unterhalts begehrt (*Senat*, NJW-RR 1989, 322 = FamRZ 1989, 159). Ein erst nach der Unterhaltstitulierung einsetzender Rentenbezug des Unterhaltsberechtigten, der auf der Übertragung von Versorgungsanwartschaften beim Versorgungsausgleich beruht, lasse sich nicht nur entweder dem Anwendungsbereich des § 323 ZPO oder demjenigen des § 767 ZPO zuordnen. Er habe vielmehr eine doppelte Bedeutung. Einerseits beziehe der Berechtigte eine Rente auf Grund eigenen Rechts, das vom Versorgungsschicksal seines geschiedenen Ehegatten losgelöst ist. Wie jedes andere Einkommen, das der Berechtigte erzielt, mindere der Rentenbezug unterhaltsrechtlich seine Bedürftigkeit. Damit liege eine Änderung in den wirtschaftlichen Verhältnissen vor, die dem Anwendungsbereich des § 323 ZPO zuzuordnen sei. Andererseits sei nicht zu verkennen, dass in den Fällen, in denen der Unterhaltsverpflichtete selbst schon Rente beziehe, die nunmehr infolge des Versorgungsausgleichs gekürzt werde, durch die etwa gleich hohen Rentenzahlungen an den Unterhaltsberechtigten ein der Erfüllung wirtschaftlich gleichkommender Vorgang einsetze (so auch schon *Senat*, FamRZ 1988, 1156). Die sich hieraus ergebende Einwendung müsse der Schuldner dem Gläubiger stets entgegensetzen können, und zwar, soweit eine Abänderung gem. § 323 ZPO wegen der Zeitschranke des Absatzes 3 nicht mehr möglich sei, jedenfalls gem. § 767 ZPO. Soweit sich aus der Ambivalenz des Rentenbezugs Überschneidungen zwischen Abänderungsklage und Vollstreckungsabwehrklage ergeben, seien diese hinzunehmen (vgl. auch *Senat*, NJW-RR 1990, 1410 = FamRZ 1990, 1095; zur Kritik an dieser Rspr. vgl. *Johannsen/Henrich/Brudermüller*, § 323 ZPO Rdnr. 11).

3. Diese Auffassung hält der Senat nicht mehr aufrecht. Bei geänderten wirtschaftlichen Verhältnissen führt die Vollstreckungsgegenklage nach § 767 ZPO – auch für Ansprüche aus der Vergangenheit – immer dann zu unbilligen Ergebnissen, wenn die Änderung zugleich auch Auswirkungen auf den Bedarf des Unterhaltsberechtigten hat. Denn § 767 ZPO erlaubt dem Gericht lediglich, die Vollstreckung auf der Grundlage des im Ausgangsurteil rechtskräftig festgestellten Unterhaltsbedarfs für unzulässig zu erklären. Erhöhen die vom Unterhaltsschuldner vorgebrachten Gründe aber – im Gegenzug – auch den Unterhaltsbedarf des Berechtigten, wie dieses insbesondere nach der neueren Rechtsprechung des Senats zur Differenz- bzw. Additionsmethode regelmäßig der Fall ist, trägt die bloße Anrechnung der eingetretenen Änderungen der materiellen Rechtslage nicht hinreichend Rechnung. Dann bedarf es einer vollständigen Neuberechnung des Unterhaltsanspruchs, die – unter Durchbrechung der Rechtskraft des früheren Urteils – nur im Wege der Abänderungsklage möglich ist.

a) Das gilt jedenfalls für den Wegfall des Anspruchs auf Altersvorsorgeunterhalt durch den eigenen Rentenbezug des Unterhaltsberechtigten. Denn der Vorsorgeunterhalt ist nur ein unselbständiger

Bestandteil des einheitlichen Lebensbedarfs (vgl. *Senat,* NJW 1983, 1547 = FamRZ 1982, 1187), der sich wegen des Halbteilungsgrundsatzes auch zur Höhe auf die Bemessung des geschuldeten Elementarunterhalts auswirkt (vgl. Wendl/Gutdeutsch, § 4 Rdnrn. 477 ff. m. w. Nachw.). Fällt also der Anspruch auf Altersvorsorgeunterhalt wegen des Rentenbeginns weg, erhöht sich dadurch der Anspruch auf Elementarunterhalt, was nur im Wege der Abänderungsklage und nicht mittels einer Vollstreckungsgegenklage erreicht werden kann.

b) Gleiches gilt aber auch für die weiteren Auswirkungen durch den Rentenbezug des Unterhaltsberechtigten. Wie der Senat inzwischen entschieden hat, prägt die von einem Ehegatten bezogene Rente die ehelichen Lebensverhältnisse selbst dann, wenn sie auf einer vor der Ehe ausgeübten Erwerbstätigkeit beruht und erst nach der Scheidung angefallen ist. Die Rente ist auch insoweit als ein Surrogat für den wirtschaftlichen Nutzen anzusehen, den der rentenberechtigte Ehegatte vor Eintritt des Rentenfalls aus seiner Arbeitskraft ziehen konnte. Hat ein Ehegatte während der Ehe seine Arbeitskraft auf die Führung des gemeinsamen Haushalts verwandt, so hat der Wert seiner Arbeitskraft, und zwar nunmehr in der Form der Familienarbeit, die ehelichen Lebensverhältnisse mitgeprägt. Da der Wert der Arbeitskraft in der von diesem Ehegatten später bezogenen Rente eine Entsprechung findet, ergibt sich, dass auch diese Rente bei der Bemessung der ehelichen Lebensverhältnisse zu berücksichtigen ist, und zwar auch dann, wenn diese Rente durch eine Erwerbstätigkeit vor oder nach der Ehe erworben ist. Mit der gleichen Begründung ist die Rente auch hinsichtlich des im Versorgungsausgleich erworbenen Anteils nicht mehr im Wege der so genannten Anrechnungsmethode in Abzug zu bringen, sondern nach der so genannten Additions- oder Differenzmethode schon bei der Bemessung des Unterhaltsbedarfs nach den ehelichen Lebensverhältnissen (§ 1578 I BGB) zu berücksichtigen (*Senat,* NJW 2002, 436 = FamRZ 2002, 88 [91], u. NJW 2003, 1796 = FamRZ 2003, 848 [851]).

Mit Beginn des Rentenanspruchs des Unterhaltsberechtigten ergibt sich mithin eine vollständig neue Bedarfs- und Unterhaltsberechnung, die einer Anpassung des laufenden Unterhaltstitels an geänderte wirtschaftliche Verhältnisse entspricht. Eine bloße Anrechnung von Rentenleistungen auf den zuvor ermittelten Unterhaltsbedarf würde dem nicht gerecht. Der Rentenbeginn wirkt sich deswegen nicht lediglich als ein der Erfüllung wirtschaftlich gleichkommender Vorgang aus und kann deswegen eine Anrechnung im Wege der Vollstreckungsgegenklage nicht mehr rechtfertigen (so auch *Graba,* Rdnrn. 156 ff., 482 f.; *Gerhardt,* in: FA-FamR, Kap. VI Rdnr. 625 a; *Johannsen/Henrich/Brudermüller,* § 323 ZPO Rdnr. 11). Die durch den Rentenbezug der Unterhaltsberechtigten gebotene Anpassung des Unterhaltsanspruchs an die geänderten wirtschaftlichen Verhältnisse hat somit nach dem Zweck der gesetzlichen Vorschrift stets im Wege der Unterhaltsabänderung gem. § 323 ZPO zu erfolgen.

(Zur Berechnung des Erstattungsanspruch (§ 242 BGB) nach Überzahlung bei Abänderungsklage)
4. Die Beschränkung des Rechtsschutzes in solchen Fällen auf die Möglichkeit einer Abänderungsklage nach § 323 ZPO führt auch dann nicht zu untragbaren Ergebnissen, wenn der Unterhaltsberechtigte (etwa wegen einer verzögerten Rentenberechnung) Rentennachzahlungen für Zeiträume erhält, in denen er schon den ungekürzten Unterhalt bezogen hat. Denn dann ist der unterhaltsberechtigte geschiedene Ehegatte dem Unterhaltspflichtigen zum Ausgleich der nachträglich bewilligten Rente verpflichtet, soweit sie die Unterhaltsschuld mindert (*Senat,* NJW 1990, 709 = FamRZ 1990, 269 [272 f.]). Allerdings handelt es sich dabei regelmäßig nicht um einen Bereicherungsanspruch hinsichtlich des auf der Grundlage der ursprünglichen gerichtlichen Entscheidung gezahlten Unterhalts (vgl. dazu *Senat,* NJW 1998, 2433 = FamRZ 1998, 951). Darauf, ob der frühere Unterhaltstitel als Rechtsgrund für die Unterhaltszahlungen durch eine Vollstreckungsabwehrklage nach § 767 ZPO überhaupt entfallen kann, kommt es mithin nicht an. Soweit Unterhalt für eine Zeit geleistet worden ist, für die dem Unterhaltsberechtigten nachträglich eine Rentenleistung bewilligt wird, kommt nach der Rechtsprechung des Senats vielmehr ein auf Treu und Glauben (§ 242 BGB) beruhender Erstattungsanspruch in Betracht, dessen Höhe sich danach bemisst, inwieweit sich der Unterhaltsanspruch ermäßigt hätte, wenn die Rente schon während des fraglichen Zeitraums gezahlt worden wäre (*Senat,* NJW 1983, 1481 = FamRZ 1983, 574 [575], u. NJW 1989, 1990 = FamRZ 1989, 718 [719 f.]). Das gilt erst recht, wenn der Unterhaltsgläubiger schon Rente bezieht und in Kenntnis dessen weiterhin die ungeschmälerten titulierten Unterhaltsleistungen entgegennimmt.

Dies steht nicht in Widerspruch zu der wegen § 323 III ZPO zunächst fortdauernden Rechtskraft des früheren Unterhaltstitels; denn es geht dabei nicht um eine Abänderung der früheren Entscheidung als Rechtsgrund für die Unterhaltszahlungen. Vielmehr ist allein der Anspruch auf einen Teil der Rentennachzahlung betroffen. Für den Rückzahlungsanspruch kommt es also nicht darauf an, ob der Bezug der Rente und die Nachzahlung für den entsprechenden Unterhaltszeitraum einen Abänderungsgrund darstellen und dieser nach § 323 II und III ZPO geltend gemacht werden könnte. Dass es bei der Beurteilung des Anspruchs auf Erstattung der Rentennachzahlung im Rahmen der Gesamtbetrachtung zur Prüfung der Frage kommt, welcher Unterhaltsanspruch dem Bekl. bei Berücksichtigung des Rentenbezugs von Anfang an zugestanden hätte, ist hier mit Blick auf § 323 ZPO ebenso wenig bedenklich wie in anderen Fällen, in denen – etwa im Deliktsrecht – im Rahmen sonstiger

Rechtsbeziehungen die Höhe eines Unterhaltsanspruchs unter Berücksichtigung bestimmter hinzutretender Umstände fiktiv zu beurteilen ist (*Senat,* NJW 1990, 709 = FamRZ 1990, 269 [272 f.]).

BGH v. 8. 6. 2005 – XII ZR 75/04 – FamRZ 06, 26 = NJW 06, 142

R637 *(Selbstbehalt des vom Enkel auf Unterhalt in Anspruch genommenen Großelternteils)*

a [21] b) Das BerGer. ist zutreffend davon ausgegangen, dass den in den Unterhaltstabellen angesetzten Selbstbehaltsbeträgen, die ein Unterhaltsverpflichteter gegenüber einem minderjährigen oder einem volljährigen Kind verteidigen kann, andere Lebensverhältnisse zu Grunde liegen, als im vorliegenden Fall zu beurteilen sind. Eltern müssen regelmäßig damit rechnen, ihren Kindern auch über die Vollendung des 18. Lebensjahres hinaus zu Unterhaltsleistungen verpflichtet zu sein, bis diese ihre Berufsausbildung abgeschlossen haben und wirtschaftlich selbstständig sind. Mit einer solchen, der natürlichen Generationenfolge entsprechenden Entwicklung kann indessen weder die Inanspruchnahme auf Elternunterhalt noch der Fall gleichgestellt werden, dass Enkel von ihren Großeltern Unterhalt verlangen, weil die – gem. § 1606 II BGB vorrangig haftenden – Eltern mangels Leistungsfähigkeit oder deswegen ausfallen, weil die Rechtsverfolgung gegen sie im Inland ausgeschlossen oder wesentlich erschwert ist (§ 1607 I und II BGB). Der Senat hat deshalb die Auffassung gebilligt, dass der angemessene Selbstbehalt, der einem Verpflichteten bei durchschnittlichen Einkommensverhältnissen gegenüber dem Unterhaltsbegehren eines volljährigen Kindes als Mindestbetrag gewährt wird, um einen maßvollen Zuschlag erhöht wird, wenn das Unterhaltsbegehren anderer Verwandter zu beurteilen ist (*Senat,* NJW 1992, 1393 = FamRZ 1992, 795 [797]).

[22] Wie der Senat zum Elternunterhalt entschieden hat, braucht der Unterhaltspflichtige eine spürbare und dauerhafte Senkung seines berufs- und einkommenstypischen Unterhaltsniveaus jedenfalls insoweit nicht hinzunehmen, als er nicht einen nach den Verhältnissen unangemessenen Aufwand betreibt. Mit Rücksicht darauf ist es gerechtfertigt, dass der Selbstbehalt des Unterhaltspflichtigen gegenüber seinen unterhaltsbedürftigen Eltern mit einem erhöhten Betrag, wie er in den Tabellen und Leitlinien insoweit als Mindestbetrag vorgesehen ist, angesetzt und gegebenenfalls noch dadurch erhöht wird, dass dem Unterhaltspflichtigen ein etwa hälftiger Anteil seines für den Elternunterhalt einsetzbaren bereinigten Einkommens zusätzlich verbleibt (*Senat,* NJW 2003, 128 = FPR 2003, 149 = FamRZ 2002, 1698 [1700 ff.]).

[23] c) Diese Erwägungen können auf das Unterhaltsrechtsverhältnis zwischen Großeltern und Enkeln übertragen werden. Auch insofern gilt, dass eine Inanspruchnahme in der Regel erst stattfindet, wenn der Unterhaltsverpflichtete sich selbst bereits in einem höheren Lebensalter befindet, seine Lebensverhältnisse demzufolge bereits längerfristig seinem Einkommensniveau angepasst hat, Vorsorge für sein eigenes Alter treffen möchte oder sogar bereits Rente bezieht und sich dann einer Unterhaltsforderung ausgesetzt sieht, für die nach der natürlichen Generationenfolge die Eltern aufzukommen haben und für die er deshalb nur nachrangig haftet. Den Enkeln des Unterhaltspflichtigen gehen im Übrigen sein Ehegatte oder geschiedener Ehegatte, die nach § 1615l BGB Unterhaltsberechtigten und seine Kinder im Rang vor (§§ 1609 I und II, 1605l III 3 Halbs. 2 BGB).

[24] In tatsächlicher Hinsicht würde die Notwendigkeit, nicht unerhebliche Abstriche von dem derzeitigen Lebensstandard hinzunehmen, auf eine übermäßige Belastung des Unterhaltspflichtigen hinauslaufen. Er ist gehalten, soweit noch möglich, Vorsorge für seine weiteren Lebensjahre, auch unter Berücksichtigung einer eventuell eintretenden Pflegebedürftigkeit, zu treffen. Das gilt insbesondere, wenn er seinen Abkömmling im Fall der Bedürftigkeit nicht seinerseits auf Zahlung von Elternunterhalt wird in Anspruch nehmen können, weil dieser schon keinen Kindesunterhalt gezahlt hat.

[25] Hinzu kommt ein weiterer Gesichtspunkt: Wenn Eltern außer Stande sind, ohne Gefährdung ihres eigenen angemessenen Bedarfs Unterhalt für ein Kind zu leisten, kommt gem. § 1603 II 3 BGB die Haftung eines anderen unterhaltspflichtigen Verwandten in Betracht. Das kann auch ein Großelternteil sein (ebenso *Luthin,* in: MünchKomm, 4. Aufl., § 1603 Rdnr. 81). Eine unterschiedslose Festsetzung des angemessenen Selbstbehalts der Eltern und der Großeltern würde aber dazu führen, dass ein minderjähriges Kind seinen leistungsfähigen Großvater schon dann in Anspruch nehmen könnte, wenn seinem Vater infolge der Unterhaltsleistung weniger als – derzeit – 1000 Euro verblieben und die Mutter nicht leistungsfähig ist. Wegen ihrer nur nachrangigen Verpflichtung müssen sich Großeltern indessen finanziell nicht in demselben Maße einschränken wie Eltern, zumal sie – anders als diese gem. § 1603 II 1 BGB – nicht gesteigert unterhaltspflichtig sind. Unbillige Ergebnisse können dadurch vermieden werden, dass der Selbstbehalt anderer unterhaltspflichtiger Verwandter als der Eltern, insbesondere der Großeltern, mit einem gegenüber dem angemessenen Selbstbehalt erhöhten Betrag angesetzt wird (so auch *Wendl/Scholz,* 6. Aufl., § 6 Rdnr. 273; *Luthin/Seidel,* 10. Aufl., Rdnr. 5042; Luthin, FamRB 2004, 177 [178]).

[26] Der Umstand, dass der unterhaltsrechtlichen Verantwortung von Großeltern ein geringeres Gewicht zukommt, wird auch durch den ihnen sozialhilferechtlich zugebilligten Schutz deutlich: Ein

gesetzlicher Forderungsübergang von Unterhaltsansprüchen gegen Großeltern findet nach § 91 I 2 BSHG bzw. § 94 I 3 SGB XII nicht statt.

[27] d) Bei dieser Sach- und Rechtslage ist es rechtlich nicht zu beanstanden, wenn Großeltern im Fall der Inanspruchnahme auf Unterhalt für ihre Enkel zumindest die höheren Selbstbehaltsbeträge zugebilligt werden, die auch erwachsene Kinder gegenüber ihren unterhaltsbedürftigen Eltern verteidigen können (ebenso OLG Koblenz, OLG-Report 2005, 22 [23 f.]; OLG Schleswig, NJOZ 2005, 444 = FamRZ 2004, 1058 [1060] m. Anm. Luthin, und OLG-Report 2004, 429; OLG Hamm, FamRZ 2005, 57 [58]; *Wendl/Scholz*, § 2 Rdnr. 273; *Schwab*, in: *Schwab/Henrich*, Familiäre Solidarität, S. 55 und 53 f.; *Lipp*, NJW 2002, 2201 [2204 f.]; vgl. auch *Luthin*, FamRB 2005, 19 [21]; gegenüber volljährigen Enkeln: *Wendl/Pauling*, § 6 Rdnr. 20; *Luthin/Seidel*, Rdnr. 5041; *Gerhardt*, Hdb. des Fachanwalts FamilienR, 5. Aufl., 6. Kap. Rdnr. 208 b; für eine großzügige Bemessung des Selbstbehalts: OLG Oldenburg, NJW-RR 2000, 2516). Das gilt auch gegenüber minderjährigen Enkeln. Zwar sind diese in der Regel nicht in der Lage, ihren Lebensbedarf selbst zu decken. Deshalb ordnet das Gesetz in § 1603 II 1 BGB an, dass ihnen gegenüber eine gesteigerte Unterhaltspflicht besteht. Die vorgenannte Bestimmung gilt aber nur im Verhältnis zwischen Kindern und ihren Eltern. Für Großeltern besteht dagegen keine gesteigerte Unterhaltspflicht, sondern sie haften allein unter Berücksichtigung ihres angemessenen Eigenbedarfs, und zwar nachrangig. Das rechtfertigt es, ihnen generell die erhöhten Selbstbehaltsbeträge zuzubilligen. Auf die Frage, ob Großeltern das nach Abzug des Selbstbehalts verbleibende bereinigte Einkommen grundsätzlich nur zur Hälfte für den Unterhalt von Enkeln einzusetzen haben oder ob dies nur im Verhältnis zu volljährigen Enkeln gilt (so OLG Koblenz, OLG-Report 2005, 22 [23 f.]), kommt es im vorliegenden Fall nicht an.

(Wohnwert beim Großelternunterhalt)
[28] 2. Die Ermittlung des unterhaltsrelevanten Einkommens des Bekl. ist rechtlich ebenfalls nicht zu beanstanden. Das gilt insbesondere hinsichtlich der Berücksichtigung des bis 31. 7. 2000 bestehenden Wohnvorteils, den das BerGer. durch Abzug der Darlehensraten von dem als unstreitig festgestellten Wohnwert von monatlich 585 DM ermittelt hat. Dass ein zu geringer Wohnwert des ehemals im Miteigentum der Großeltern stehenden Hauses zu Grunde gelegt worden sei, macht die Revision nicht geltend. Den Abzug der vollständigen Darlehensraten, also sowohl des Zins- als auch des Tilgungsanteils, hat der *Senat* bei der Inanspruchnahme eines Unterhaltspflichtigen auf Zahlung von Elternunterhalt jedenfalls dann für rechtsbedenkenfrei gehalten, wenn und soweit sich die Verbindlichkeiten und die hieraus resultierenden Annuitäten in einer im Verhältnis zu den vorhandenen Einkünften angemessenen Höhe halten und die Verpflichtungen bereits zu einer Zeit eingegangen wurden, als der Unterhaltspflichtige noch nicht damit zu rechnen brauchte, für den Unterhalt seiner Eltern aufkommen zu müssen (*Senat*, NJW 2003, 2306 = FamRZ 2003, 1179 [1180 ff.]). Maßgebend dafür war die Erwägung, dass der Unterhaltspflichtige anderenfalls gezwungen sein könnte, das Familienheim zu verwerten, was ihm im Verhältnis zu seinen Eltern nicht obliegt.

(Enkelunterhalt; vorrangiger Familienunterhalt; latente Unterhaltslast; Mindestbedarf des Ehegatten)
[30] 3. a) Zu den nach § 1603 I BGB zu berücksichtigenden sonstigen Verbindlichkeiten des Bekl. gehört, wie das BerGer. nicht verkannt hat, die Unterhaltspflicht gegenüber der Ehefrau, soweit diese nicht über ausreichendes eigenes Einkommen verfügt. Der Bekl. schuldet ihr insoweit gem. §§ 1360, 1360 a BGB Familienunterhalt. Dieser Unterhaltsanspruch lässt sich zwar nicht ohne weiteres nach den zum Ehegattenunterhalt nach Trennung oder Scheidung entwickelten Grundsätzen bemessen. Denn er ist nach seiner Ausgestaltung nicht auf die Gewährung einer – frei verfügbaren – laufenden Geldrente für den jeweils anderen Ehegatten, sondern vielmehr als gegenseitiger Anspruch der Ehegatten darauf gerichtet, dass jeder von ihnen seinen Beitrag zum Familienunterhalt entsprechend seiner nach dem individuellen Ehebild übernommenen Funktion leistet. Seinem Umfang nach umfasst der Anspruch auf Familienunterhalt gem. § 1360 a BGB alles, was für die Haushaltsführung und die Deckung der persönlichen Bedürfnisse der Ehegatten und eventueller Kinder erforderlich ist. Sein Maß bestimmt sich aber nach den ehelichen Lebensverhältnissen, so dass § 1578 BGB als Orientierungshilfe herangezogen werden kann (*Senat*, NJW 1995, 1486 = FamRZ 1995, 537; NJW 2003, 1112 = FamRZ 2003, 363 m. Anm. Scholz, FamRZ 2003, 514). Es begegnet deshalb keinen Bedenken, den – hier maßgeblichen – Anspruch auf Familienunterhalt im Fall der Konkurrenz mit anderen Unterhaltsansprüchen auf die einzelnen Familienmitglieder aufzuteilen und in Geldbeträgen zu veranschlagen (vgl. *Senat*, NJW 2003, 1660 = FamRZ 2003, 860 [864] m. w. Nachw.).

(Auch Abzug nachrangiger Unterhaltslasten prägend; latente Unterhaltslasten)
[32] Bei der Bemessung des Unterhaltsanspruchs der Ehefrau nach den ehelichen Lebensverhältnissen stellt sich allerdings die Frage, ob diese bereits durch Unterhaltsleistungen für einen Elternteil geprägt waren. Denn der Unterhaltsanspruch eines Ehegatten kann auch durch Unterhaltsansprüche nachrangig Berechtigter eingeschränkt werden, soweit die sich aus einem entsprechenden Vorwegabzug ergebende Verteilung der zum Unterhalt zur Verfügung stehenden Mittel nicht zu einem Missverhältnis

hinsichtlich des wechselnden Bedarfs der Beteiligten führt. Dabei kann auch schon die latente Unterhaltslast für einen Elternteil die ehelichen Lebensverhältnisse mitbestimmen (*Senat,* NJW 2003, 1660 = FamRZ 2003, 860 [865]; NJW-RR 2004, 217 = FamRZ 2004, 186 [187 f.]).

(Anspruch des Ehegatten des in Anspruch genommenen Großelternteils auf Familienunterhalt)

e [33] c) Die vorliegende Fallgestaltung unterscheidet sich von einer solchen auf Inanspruchnahme auf Elternunterhalt dadurch, dass auch der nicht in Anspruch genommene Großelternteil mit dem Enkel – anders als die Ehefrau mit der Schwiegermutter – verwandt ist und ihm – Leistungsfähigkeit unterstellt – deshalb ebenfalls unterhaltspflichtig sein kann. Mit Rücksicht hierauf kann für beide Großelternteile bei absehbarem Ausfall eines vorrangig Unterhaltspflichtigen Anlass bestehen, sich darauf einzustellen, für den Unterhalt eines Enkels in Anspruch genommen zu werden (ebenso *Wendl/Scholz,* § 2 Rdnr. 273; vgl. auch *Luthin,* FamRB 2005, 19 [21 f.]; a. A. *Gerhardt,* 6. Kap. Rdnr. 208 b).

[34] Durch eine solche latent bestehende Unterhaltspflicht sind die ehelichen Lebensverhältnisse der Großeltern nach den getroffenen Feststellungen geprägt gewesen. Denn ihr Sohn hat seit Erlass des Versäumnisurteils am 9. 7. 1999 keinen Unterhalt gezahlt und war offensichtlich schon zuvor arbeitslos. Das hat zur Folge, dass – entgegen der Auffassung des BerGer. – der der Ehefrau des Bekl. zustehende Familienunterhalt nicht als Quote von $^1/_2$ der Differenz der beiderseitigen Einkünfte, sondern nur mit einem Mindestbedarfsatz in Ansatz zu bringen ist, von dem ihr Einkommen abzusetzen ist.

[35] d) Dieser Mindestbedarfsatz ist indessen nicht mit dem notwendigen Eigenbedarf anzusetzen, wie er in den Unterhaltstabellen für einen Ehegatten vorgesehen ist, der mit dem Unterhaltspflichtigen in einem gemeinsamen Haushalt lebt (vgl. etwa B VI der Düsseldorfer Tabelle, Stand: 1. 7. 1999, die für den nicht erwerbstätigen Ehegatten einen notwendigen Eigenbedarf von 950 DM vorsieht). Vielmehr kann die Ehefrau des Bekl. verlangen, dass auch für sie der angemessene Eigenbedarf veranschlagt wird. Dieser ist in der Düsseldorfer Tabelle – unter Berücksichtigung der durch das Zusammenleben mit dem Unterhaltspflichtigen eintretenden Haushaltsersparnis – im Rahmen des Elternunterhalts mit mindestens 1750 DM (unter B I) vorgesehen.

(Darlegung der Voraussetzung für eine Ersatzhaftung des Großvaters; Ausschluss oder erhebliche Erschwerung der Rechtsverfolgung)

f [37] 5. Gleichwohl ist das Berufungsurteil im Ergebnis zutreffend. Das BerGer. ist nämlich zu Recht davon ausgegangen, dass die Kl. zu den Voraussetzungen einer Ersatzhaftung des Bekl. nicht hinreichend substanziiert vorgetragen hat, auch wenn es seine Entscheidung letztlich nicht auf diesen Gesichtspunkt gestützt hat.

[38] § 1607 II 1 BGB begründet eine Unterhaltspflicht des nachrangig haftenden Verwandten, wenn die Rechtsverfolgung gegen den vorrangig Haftenden im Inland ausgeschlossen oder erheblich erschwert ist. Voraussetzung ist mithin zunächst, dass der nähere Verwandte an sich leistungsfähig ist, was im vorliegenden Fall jedenfalls in Höhe einer möglichen Inanspruchnahme des Bekl. zu bejahen ist. Denn der Vater der Kl. hat nach dem ihm gegenüber ergangenen Versäumnisurteil monatlichen Kindesunterhalt von 341 DM zu zahlen.

[39] Ausgeschlossen oder zumindest erheblich erschwert ist die Rechtsverfolgung etwa, wenn der Unterhaltsberechtigte mit einem – auf der Zurechnung fiktiven Einkommens beruhenden – Vollstreckungstitel keinen Unterhalt erlangen kann, weil der Unterhaltspflichtige kein vollstreckungsfähiges Vermögen besitzt oder von dem Berechtigten nicht erwartet werden kann, die Zwangsvollstreckung in auch ihm dienende Vermögenswerte (etwa ein von ihm mitbewohntes Haus) zu betreiben (vgl. *OLG Hamm,* FamRZ 2005, 57; *OLG Karlsruhe,* FamRZ 1991, 971 [973]; *Luthin,* in: MünchKommBGB, § 1607 Rdnr. 5; *Staudinger/Engler,* BGB, Neubearb. 2000, § 1407 Rdnr. 21; *Erman/Hammermann,* 11. Aufl., § 1607 Rdnr. 10; *Palandt/Diederichsen,* 64. Aufl., § 1607 Rdnr. 11).

[40] Dass Vollstreckungsversuche gegen ihren Vater erfolglos waren, hat die Kl. nach den getroffenen Feststellungen nicht vorgetragen. Sie hat auch nicht dargetan, dass ihr Vater kein vollstreckungsfähiges Vermögen besitze, sondern sich auf die Angabe beschränkt, die Zwangsvollstreckung sei gegen ihn nicht erfolgversprechend, weil sein Einkommen unter der Pfändungsfreigrenze der §§ 850 c, 850 d ZPO liege. Das genügte zur Darlegung einer Ersatzhaftung des Bekl. gem. § 1607 II BGB nicht.

BGH v. 6. 7. 2005 – XII ZR 145/03 – FamRZ 05, 1897 = NJW-RR 05, 1450

R638 *(§ 1572 BGB: Beweislast des Berechtigten; Darlegungslast des Pflichtigen bei behaupteter Genesung)*

a II. 1. Zu Recht geht das BerGer. zwar von einer Darlegungs- und Beweislast der Ag. für ihre krankheitsbedingte Erwerbsunfähigkeit aus (*Senat,* NJW 1990, 2752 = FamRZ 1990, 496 [497] und NJW-RR 1993, 898 = FamRZ 1993, 789 [791]). Wie der Senat schon wiederholt ausgeführt hat, dürfen aber die Anforderungen, die insoweit zu stellen sind, nicht überspannt werden, sondern müssen den Umständen des Falls entsprechen (*Senat,* NJW 1987, 898 = FamRZ 1987, 144 [145]). Auf dieser Grundlage hat das BerGer. die Voraussetzung eines Unterhaltsanspruchs nach § 1572 BGB ohne Verfahrensfehler schon anhand des unstreitigen Sachverhalts festgestellt. Der dagegen gerichteten

Anhang R. Rechtsprechung   R639

Revision bleibt der Erfolg versagt, weil das BerGer. weder einen substanziierten Beweisantrag des Ast. übergangen hat noch gehalten war, die fortbestehende Erwerbsunfähigkeit der Ag. durch Einholung eines Sachverständigengutachtens zu klären.

a) Die Revision meint, die ärztlichen Untersuchungsberichte aus der Vergangenheit seien keine ausreichende Grundlage für die Feststellung einer fortdauernden Erwerbsunfähigkeit. Das BerGer. habe zudem keine hinreichende Sachkenntnis dargelegt, die eine Beweisaufnahme durch ein aktuelles Sachverständigengutachten entbehrlich mache. Das überzeugt nicht.

b) Das BerGer. hat sich zum Nachweis der Erkrankung der Ag. seit 1990 auf den unstreitigen Sachverhalt und die vorliegenden Sachverständigengutachten gestützt. Die Fortdauer der Erkrankung hat es aus der schon seinerzeit diagnostizierten Chronifizierung der Schizophrenie und dem Umstand hergeleitet, dass sich die Ag. auch in der Folgezeit nicht medikamentös hat behandeln lassen. Zudem hat das OLG während der Anhörung der Ag. die gleichen Symptome festgestellt, die in den ärztlichen Berichten von 1996 und 1998 festgestellt worden waren. Auch die festgestellte Schwerbehinderung und die Bewilligung einer dauerhaften Erwerbsunfähigkeitsrente hat es als entscheidendes Indiz für die Fortdauer der Erkrankung angesehen. Dem hat der Ast. im entscheidenden Punkt, nämlich in der Frage, ob die Ag. noch immer an Schizophrenie erkrankt ist, nur pauschal und unsubstanziiert widersprochen.

Nach der Rechtsprechung des BGH ist die Ablehnung eines für eine beweiserhebliche Tatsache angetretenen Beweises zulässig, wenn die unter Beweis gestellten Tatsachen so ungenau bezeichnet sind, dass ihre Erheblichkeit nicht beurteilt werden kann, oder wenn sie zwar in das Gewand einer bestimmt aufgestellten Behauptung gekleidet, aber aufs Geratewohl gemacht, gleichsam „ins Blaue hinein" aufgestellt, mit anderen Worten, aus der Luft gegriffen sind und sich deshalb als Rechtsmissbrauch darstellen. Zu einer näheren Darstellung kann eine Partei insbesondere dann gezwungen sein, wenn die Gegenpartei besonders substanziiert vorträgt. Denn der Umfang der jeweils erforderlichen Substanziierung des Sachvortrags bestimmt sich aus dem Wechselspiel von Vortrag und Gegenvortrag, wobei die Ergänzung und Aufgliederung des Sachvortrags bei hinreichendem Gegenvortrag immer zunächst Sache der darlegungs- und beweisbelasteten Partei ist (BGH, NJW 1999, 1859 [1860]).

Diesen Anforderungen an einen erheblichen Sachvortrag genügt der Vortrag des Ast. zu der von ihm behaupteten Genesung der Ag. nicht. Soweit der Ast., anknüpfend an den Umstand, dass die Ag. sich keiner weiteren Begutachtung unterziehen will, die Diagnose einer Schizophrenie bestreitet, ist dies mit keinen relevanten Tatsachen belegt und offensichtlich „ins Blaue hinein" erfolgt. Allein die Verweigerung der weiteren Begutachtung kann diese Behauptung nicht stützen, sondern findet eine plausible Erklärung in der schon früher diagnostizierten fehlenden Krankheitseinsicht. Der Ast. verkennt auch, dass die diagnostizierte Erkrankung einer Schizophrenie regelmäßig schubweise verläuft und eine etwaige Einsichtsfähigkeit zwischen solchen Phasen nichts über eine dauerhafte Erwerbsmöglichkeit aussagt. Entgegen der Rechtsauffassung der Revision spricht deswegen auch die vom BerGer. festgestellte Prozessfähigkeit der Ag. nicht denknotwendig gegen den Fortbestand ihrer Erkrankung. Wegen der in der Vergangenheit mehrfach diagnostizierten chronischen Erkrankung und der dauerhaft bewilligten Erwerbsunfähigkeitsrente hätte der Ast. vielmehr konkreter vortragen müssen, aus welchen Umständen er auf eine dauerhafte Genesung schließen will.

Auf der Grundlage dieser unsubstanziierten Angriffe des Ast. ist das OLG deswegen zu Recht vom Fortbestand der Erkrankung der Ag. ausgegangen. Danach hatte die Ag. ohnehin keine reale Beschäftigungschance, was als weiteres objektives Merkmal für eine Zurechnung eigener Einkünfte stets erforderlich ist (*Senat*, NJW 1987, 898 = FamRZ 1987, 144).

(Keine Verwirkung nach § 1579 Nr. 4 BGB bei fehlender Krankheitseinsicht)

2. Ebenfalls zu Recht hat das BerGer. die Voraussetzungen einer Verwirkung des Unterhaltsanspruchs nach § 1579 Nr. 3 BGB abgelehnt, weil die Ag. ihre Bedürftigkeit nicht mutwillig herbeigeführt hat. Die Ag. hatte schon während der Ehezeit keine kontinuierliche Behandlung der diagnostizierten Schizophrenie zugelassen, weil ihr die erforderliche Krankheitseinsicht fehlte. Entsprechend wurde schon 1996 im Zusammenhang mit der Verrentung eine Chronifizierung des Leidens festgestellt. Die unterlassene Behandlung beruht deswegen nicht auf einem mutwilligen Verhalten der Ag. i. S. von § 1579 Nr. 3 BGB, sondern auf der diagnostizierten Krankheit selbst. Die fehlende Krankheitseinsicht hat das BerGer. auch nicht aus eigener Sachkunde festgestellt, sondern es hat sich dabei auf die schon im Jahre 1996 erhobene und 1998 bestätigte Diagnose gestützt. Auch dem hat der Ast. nicht hinreichend substanziiert widersprochen.

b

BGH v. 10. 8. 2005 – XII ZR 73/05 – FamRZ 05, 1662 = NJW 05, 3282

(Keine Abänderung einer vereinbarten Abfindung – Unterschied zur Kapitalisierung einer Vorauszahlung; Bedeutung von Ratenzahlungen)

R639

a) Wenn die Parteien eines Unterhaltsvergleichs mit der Vereinbarung eines Abfindungsbetrags eine restlose und endgültige Regelung wollten, liegt darin regelmäßig auch ein Ausschluss weitererAnsprüche für nicht vorhersehbare Veränderungen (BGHZ 2, 379 [385 f.] = NJW 1951, 759). Die abschließende Wirkung auf der Grundlage einer bloßen Prognose ist dann wesentlicher Inhalt der vertraglichen Vereinbarung und nicht bloß dessen Geschäftsgrundlage. Gleiches gilt dann auch umgekehrt für die Nachforderung noch ausstehender Abfindungsansprüche und für die Rückzahlung schon geleisteter Beträge.

Eine andere rechtliche Beurteilung ist allenfalls für solche Fälle denkbar, in denen der Kapitalbetrag keine Abfindung, sondern eine bloße Vorauszahlung, also eine bloße Kapitalisierung, sein soll. Dann wird durch die Unterhaltsvereinbarung lediglich der gesetzliche Unterhaltsanspruch konkretisiert (vgl. insoweit *Senat,* NJW 1985, 2706 = FamRZ 1985, 263), während im Falle einer endgültigen, abschließenden Regelung an die Stelle des durch den Unterhaltsverzicht abbedungenen gesetzlichen Unterhalts eine eigenständige vertragliche Unterhaltsvereinbarung tritt (BGH NJW 1951, 759).

Es liegt im Wesen einer Abfindung, dass sie Elemente eines Vergleichs enthält. Wer statt laufender Unterhaltsbeträge einen festen Abfindungsbetrag wählt, nimmt das Risiko in Kauf, dass die für die Berechnung maßgebenden Faktoren auf Schätzungen und unsicheren Prognosen beruhen. Deswegen gewährt das Gesetz dem Unterhaltsberechtigten regelmäßig Unterhalt in Form einer monatlich im Voraus zu entrichtenden Geldrente (§ 1585 I BGB) und räumt ihm nur unter besonderen Voraussetzungen ausnahmsweise einen Anspruch auf Abfindung in Kapital ein (§ 1585 II BGB). Entscheidet sich der Unterhaltsberechtigte gleichwohl für eine Abfindung, dann deshalb, weil ihm dies, aus welchen Gründen auch immer, bei Abwägung solcher Risiken vorteilhafter erscheint. Darin liegt auch sein Verzicht darauf, dass ihm günstige zukünftige Entwicklungen der persönlichen und wirtschaftlichen Verhältnisse berücksichtigt werden. Der Unterhaltspflichtige will und darf sich, wenn er auf Grund einer wirksamen Vereinbarung eine Kapitalabfindung leisten muss, andererseits darauf verlassen, dass mit der Erfüllung der Unterhaltsanspruch ein für allemal erledigt ist. Auch für ihn bestehende Unsicherheiten der künftigen Entwicklung sind regelmäßig in die Berechnung der Abfindungssumme eingeflossen (vgl. BGH NJW 1981, 818 [820]).

Entsprechend geht auch die weit überwiegende Auffassung in der Literatur davon aus, dass bei einer Abfindungsvereinbarung eine Anpassung an veränderte Umstände, zum Beispiel an eine Wiederverheiratung der Unterhaltsberechtigten, ausscheidet (*Wendl/Pauling,* 6. Aufl., § 6 Rdnr. 614; *Göppinger/Wax/Hoffmann,* 8. Aufl., Rdnrn. 1378 f.; *Johannsen/Henrich/Büttner,* EheR, 4. Aufl., § 1585 Rdnr. 12; *Luthin,* 10. Aufl., Rdnr. 2264; *Maurer,* in: MünchKommBGB, 4. Aufl., § 1586 Rdnr. 7; FA-FamR/*Gerhardt,* 5. Aufl., Kap. 6 Rdnr. 470; vgl. auch OLG Koblenz, NJW-RR 2002, 797 = FamRZ 2002, 1040). Soweit das OLG Hamburg in dem vom BerGer. zitierten Urteil (FamRZ 2002, 234) zu dem abweichenden Ergebnis gelangt ist, dass ein beim Tode des Unterhaltsberechtigten noch nicht erfüllter Anspruch auf Abfindung für künftigen Unterhalt erloschen und daher auch nicht vererbbar ist, beruht dies auf einer Auslegung des dortigen Einzelfalls, der neben dem nachehelichen Ehegattenunterhalt auch Ansprüche auf Trennungsunterhalt umfasste, auf die gem. §§ 1360 a III, 1614 I BGB ohnehin nicht endgültig verzichtet werden konnte. Dieser Gesichtspunkt ist jedenfalls nicht auf Vergleiche übertragbar, die – wie hier – einen wirksamen Verzicht auf den gesetzlich geschuldeten Unterhaltsanspruch beinhalten.

b) Nach der Auffassung des BerGer. wollten die Parteien den Anspruch der Bekl. auf nachehelichen Ehegattenunterhalt durch einen Kapitalbetrag endgültig abfinden. Diese Auslegung der Vergleiche liegt schon deswegen nahe, weil die vom Kl. zu leistenden Beträge als „Abfindungsbeträge" bezeichnet wurden. Außerdem haben die Parteien in dem Vergleich vom 7. 1. 2003 ausdrücklich wechselseitig auf nachehelichen Ehegattenunterhalt verzichtet und erklärt, dass mit den vereinbarten Zahlungen der Gesamtanspruch der Bekl. auf nachehelichen Unterhalt abgegolten sein sollte. Das wurde durch den späteren Wegfall des Abfindungsbetrags für 2005 und die neue Fälligkeitsregelung für die Abfindungsbeträge für 2004 auch nicht abgeändert.

Gegen den Charakter einer endgültigen Abfindung des nachehelichen Ehegattenunterhalts kann der Kl. auch nicht einwenden, dass die Parteien eine Ratenzahlung der Abfindungsbeträge vereinbart haben. Die Bewilligung von Ratenzahlung erfolgt regelmäßig im Interesse des Unterhaltsschuldners, weil sie ihm die Zeit einräumt, sich auf die erst künftig fällig werdenden Teilbeträge einzustellen. Zu Recht hat das BerGer. hier in der Möglichkeit des steuerlichen Realsplittings einen weiteren Grund gesehen, wonach die ratenweise Aufteilung des Abfindungsbetrags allein im Interesse des Kl. liegt. Denn sie ermöglicht es ihm, den gesamten Abfindungsbetrag – verteilt auf mehrere Jahre – als Sonderausgabe steuerlich abzusetzen, weil die jährlichen Abfindungsbeträge in Höhe von 13 500 Euro knapp unterhalb des Höchstbetrags liegen, der im Wege des steuerlichen Realsplittings nach § 10 EStG mit jährlich bis zu 13 805 Euro berücksichtigt werden kann. Nach den zutreffenden Feststellungen des BerGer. erfolgte die Hinausschiebung der Fälligkeit von Teilen des Abfindungsbetrags deswegen allein im Interesse des Kl. Umstände, die gegen eine endgültige und abschließende Unterhaltsvereinbarung sprechen, lassen sich deswegen daraus nicht gewinnen.

BGH v. 7. 9. 2005 – XII ZR 311/02 – FamRZ 05, 1979 = NJW 05, 3639

(Keine kurze Ehedauer nach § 1579 Nr. 1 BGB bei Kinderbetreuung)

Die fehlende Umsetzung eines gemeinsamen Lebensplans ist hingegen Voraussetzung des Verwirkungstatbestands des § 1579 Nr. 1 BGB, wonach ein Unterhaltsanspruch versagt, herabgesetzt oder zeitlich begrenzt werden kann, wenn die Ehe von kurzer Dauer war. Allerdings steht nach § 1579 Nr. 1 BGB der Ehedauer die Zeit gleich, in welcher der Berechtigte wegen der Pflege oder Erziehung eines gemeinschaftlichen Kindes nach § 1570 BGB Unterhalt verlangen kann. Bei der Prüfung des Verwirkungstatbestands ist zur Vermeidung verfassungswidriger Ergebnisse jedoch zunächst von der tatsächlichen Ehezeit auszugehen und erst anschließend die zur Wahrung der Belange des Kindes gesetzlich vorgesehene Abwägung vorzunehmen (BVerfG, NJW 1989, 2807 = FamRZ 1989, 941 [943 f.]; Senat, FamRZ 1990, 492 [494 ff.]).

Ausgehend hiervon hat das BerGer. zu Recht eine weitere Herabsetzung oder Begrenzung des Unterhaltsanspruchs der Bekl. abgelehnt. Soweit das BerGer. trotz der nur sehr kurzen Ehedauer entscheidend auf die Belange der gemeinsamen Tochter abgestellt und eine weitere Kürzung des Unterhaltsanspruchs der Bekl. abgelehnt hat, weil sogar die Summe aus eigenem Einkommen und Unterhalt unter dem notwendigen Bedarf der Bekl. liege, bestehen dagegen keine rechtlichen Bedenken. Das Argument der Revision, die Betreuungsleistungen der Bekl. für das gemeinsame Kind seien schon durch den Kindesunterhalt abgegolten, überzeugt nicht. Denn der Barunterhalt des Kl. für das gemeinsame minderjährige Kind sichert lediglich dessen finanziellen Unterhaltsbedarf, während die Bekl. daneben für die Betreuung und Erziehung des gemeinsamen Kindes haftet, wovon auch § 1606 III 2 BGB ausgeht. Der Unterhaltsanspruch nach § 1570 BGB ermöglicht der Bekl. erst diese Betreuungsleistung und ist deswegen jedenfalls nicht durch den Barunterhalt für das Kind abgegolten.

(Fiktives Einkommen wegen Verstoß gegen Erwerbsobliegenheit eheprägend)

a) Der BGH hat im Jahre 2001 – unter Aufgabe der früheren Rechtsprechung – entschieden, dass die ehelichen Lebensverhältnisse nach § 1578 BGB nicht nur durch die Bareinkünfte eines erwerbstätigen Ehegatten, sondern auch durch die Leistungen des anderen Ehegatten im Haushalt oder bei der Kindeserziehung mitbestimmt werden und hierdurch eine Verbesserung erfahren. Denn die ehelichen Lebensverhältnisse umfassen alles, was während der Ehe für den Lebenszuschnitt der Ehegatten nicht nur vorübergehend tatsächlich von Bedeutung ist, mithin auch den durch die häusliche Mitarbeit und die Kindesbetreuung des nicht erwerbstätigen Ehegatten erreichten sozialen Standard (*Senat*, NJW 2001, 2254 = FamRZ 2001, 986 [987]). Entsprechend orientiert sich auch die Teilhabequote an der Gleichwertigkeit der beiderseits erbrachten Leistungen, so dass beide Ehegatten hälftig an dem durch Erwerbseinkommen einerseits, Haushaltsführung oder Kindeserziehung andererseits geprägten ehelichen Lebensstandard teilhaben. Nimmt der nicht erwerbstätige Ehegatte nach der Scheidung eine Erwerbstätigkeit auf oder erweitert er sie über den bisherigen Umfang hinaus, so kann sie als Surrogat für seine bisherige Familienarbeit angesehen werden, weil sich der Wert seiner Haushaltstätigkeit oder der Kindeserziehung dann, von Ausnahmen einer ungewöhnlichen, vom Normalverlauf erheblich abweichenden Karriereentwicklung abgesehen, in dem daraus erzielten oder erzielbaren Einkommen widerspiegelt. Wenn also der unterhaltsberechtigte Ehegatte nach der Scheidung solche Einkünfte erzielt oder erzielen kann, die gleichsam als Surrogat des wirtschaftlichen Wertes seiner bisherigen Tätigkeit angesehen werden können, ist dieses Einkommen nach der Differenzmethode in die Unterhaltsberechnung einzubeziehen (*Senat*, NJW 2001, 2254 = FamRZ 2001, 986). Diese Rechtsprechung hat das BVerfG ausdrücklich gebilligt. Danach entspricht es dem gleichen Recht und der gleichen Verantwortung bei der Ausgestaltung des Ehe- und Familienlebens, auch die Leistungen, die jeweils im Rahmen der gemeinsamen Arbeits- und Aufgabenzuweisung erbracht werden, als gleichwertig anzusehen. Deshalb sind die von den Ehegatten für die eheliche Gemeinschaft jeweils erbrachten Leistungen unabhängig von ihrer ökonomischen Bewertung gleichgewichtig. Auch der zeitweilige Verzicht eines Ehegatten auf Erwerbstätigkeit, um die Haushaltsführung oder die Kindererziehung zu übernehmen, prägt ebenso die ehelichen Verhältnisse, wie die vorher ausgeübte und danach wieder aufgenommene oder angestrebte Erwerbstätigkeit (BVerfGE 105, 1 [11 f.] = NJW 2002, 1185 = FamRZ 2002, 527 [529]).

(Für Surrogat der Familienarbeit weder Zeitpunkt Arbeitsaufnahme noch Lebensplan maßgebend)

Maßgeblich für die Bemessung der ehelichen Lebensverhältnisse ist nach der Rechtsprechung des Senats deswegen nicht mehr, ob eine spätere Tätigkeit noch vor der Trennung der Parteien aufgenommen wurde oder ob eine spätere Arbeitsaufnahme einem ehelichen Lebensplan entsprach, sondern allein, dass es sich bei der Aufnahme bzw. Ausweitung der Tätigkeit nach der Scheidung um ein Surrogat der früheren Haushaltsführung handelt (vgl. auch *Wendl/Gerhardt*, § 4 Rdnr. 184 a).

(Auch fiktives Erwerbseinkommen Surrogat der Familienarbeit)

b) Der Berücksichtigung im Wege der Differenzmethode steht auch nicht entgegen, dass die Bekl. tatsächlich kein Einkommen bezieht und ihr ein solches lediglich fiktiv zugerechnet wird. Denn auch das Einkommen, das die Bekl. zu erzielen in der Lage ist, ist als Surrogat des wirtschaftlichen Wertes ihrer bisherigen Erziehung des gemeinsamen minderjährigen Kindes anzusehen, die die ehelichen Lebensverhältnisse der Parteien geprägt hat (vgl. *Senat*, FPR 2003, 245 = FamRZ 2003, 434 [435]).

BGH v. 26. 10. 2005 – XII ZR 34/03 – FamRZ 06, 99 = NJW 06, 57

R641 *(Identität von Minderjährigen- und Volljährigenunterhalt)*

a Der Kl. ist durch eine einstweilige Anordnung im Scheidungsverbund nach § 620 Nr. 2 ZPO zu Unterhaltsleistungen an die Bekl. verurteilt worden, die wegen der Identität des Unterhaltsanspruchs volljähriger Kinder mit dem Minderjährigenunterhalt (vgl. *Senat*, NJW 1984, 1613 = FamRZ 1984, 682) fortgilt.

(Pauschalierung des ausbildungsbedingten Mehrbedarfs)

b [15] 2. Auch soweit das BerGer. die Ausbildungsvergütung der Bekl. um die zusätzlich gezahlten Fahrtkosten erhöht und davon den – höheren – pauschalen ausbildungsbedingten Mehrbedarf abgesetzt hat (vgl. Anm. 8 zur Düsseldorfer Tabelle), bestehen dagegen aus revisionsrechtlicher Sicht keine Bedenken. Daraus ergibt sich ein unterhaltsrelevanter Anteil der Ausbildungsvergütung für die Zeit bis Dezember 2001 in Höhe von 433,50 DM (550 DM Ausbildungsvergütung + 43,50 DM Fahrtkosten – 160 DM ausbildungsbedingter Mehrbedarf) und für die Zeit ab Januar 2002 in Höhe von 218,45 Euro (281,20 Euro Ausbildungsvergütung + 22,25 Euro Fahrtkosten – 85 Euro ausbildungsbedingter Mehrbedarf).

(Ausbildungsvergütung ist in voller Höhe auf den Volljährigenunterhalt anzurechnen)

c [17] Die Ausbildungsvergütung, die ein volljähriges Kind erhält, ist als Einkommen zu berücksichtigen und deswegen – nach Abzug berufsbedingten Mehrbedarfs – in voller Höhe bedarfsmindernd anzurechnen (*Senat*, NJW 1981, 2462 = FamRZ 1981, 541 [542 f.]). Damit verringert die Ausbildungsvergütung die Bedürftigkeit des mit Volljährigkeit nur noch barunterhaltsberechtigten Kindes in vollem Umfang.

(„Betreuung" des Volljährigen ist freiwillige Leistung; Tabellenunterhalt schließt Wohnbedarf ein)

d [18] Entgegen der Rechtsauffassung des BerGer. ist ab Eintritt der Volljährigkeit auch kein Grund dafür ersichtlich, zu Lasten des allein barunterhaltspflichtigen Kl. der nicht leistungsfähigen Mutter der Bekl. Anteile der Ausbildungsvergütung zuzurechnen. Seit der Volljährigkeit der Bekl. schuldet die Mutter ihr auch keinen Betreuungsunterhalt mehr. Soweit sie ihr gleichwohl Betreuungsleistungen erbringt, stellen diese sich als freiwillige Leistungen dar, die unterhaltsrechtlich unberücksichtigt bleiben müssen. Die Bekl. kann mit ihrem eigenen Einkommen und mit dem vom Kl. geschuldeten Barunterhalt ihren gesamten Unterhaltsbedarf einschließlich des Wohnungsbedarfs abdecken. Denn die von ihm geschuldeten Unterhaltsbeträge nach der Düsseldorfer Tabelle schließen nach ständiger Rechtsprechung des Senats auch den Wohnbedarf des Kindes mit ein (*Senat*, NJW 1992, 1044 = FamRZ 1992, 423 [424] [unter 4 a], und NJW 1989, 2809 = FamRZ 1989, 1160 [1163]; *Wendl/Scholz*, 6. Aufl., § 2 Rdnr. 214). Zusammen mit den Unterhaltsleistungen des Kl. in Höhe des ungedeckten Barbedarfs nach der vierten Altersstufe der Düsseldorfer Tabelle ist die Beklagte deswegen in der Lage, ihrer Mutter Ersatz für eventuelle Naturalleistungen durch Wohnungsgewährung oder Verköstigung zu leisten.

(Kindergeld bei Volljährigen in voller Höhe bedarfsdeckend)

e [19] 3. Auch die hälftige Teilung des Kindergeldes zwischen dem barunterhaltspflichtigen Kl. und der nicht leistungsfähigen Mutter der Bekl. hält der rechtlichen Nachprüfung nicht stand. Allerdings ist die Frage, in welchem Umfang das an die nicht leistungsfähige Mutter eines volljährigen Kindes gezahlte Kindergeld auf den Barunterhalt anzurechnen ist, in Rechtsprechung und Literatur seit langem umstritten.
[20] a) Teilweise wird die Auffassung vertreten, das Kindergeld sei in Anwendung des § 1612 b I und II BGB zwischen den Eltern hälftig aufzuteilen, auch wenn nur ein Elternteil Barunterhalt schulde, während der andere Elternteil, bei dem das volljährige Kind wohne, nicht leistungsfähig sei. In solchen Fällen würden dem Kind in aller Regel Naturalleistungen durch die gemeinsame Haushaltsführung erbracht, auch wenn sie nicht geschuldet seien. Die Vorschrift des § 1612 b III BGB sei auf solche Fälle nicht anwendbar, weil nicht nur der barunterhaltspflichtige Elternteil, sondern auch der Elternteil, bei dem das Kind wohne, Anspruch auf Kindergeld habe (OLG Celle [21. Zivilsenat] FamRZ 2003, 1408; OLG Celle [17. Zivilsenat], FamRZ 2001, 47 [48]; OLG Nürnberg, NJW-RR 2000, 598 = FamRZ 2000, 687 [688]; OLG Düsseldorf, FamRZ 1997, 1106 [differenzierend]; Soyka, FuR 2005, 97 [99 ff.]; *Wendl/Scholz* § 2 Rdnr. 515; *Luthin/Schumacher*, 10. Aufl., Rdnr. 3251; *Eschenbruch/Wohlgemuth,* Der

Unterhaltsprozess, 3. Aufl., Rdnr. 3388; *Saathoff,* in: AnwKomm-BGB, § 1612b Rdnr. 10; FA-FamR/*Gerhardt,* 5. Aufl., Kap. VI Rdnr. 157 a).

[21] b) Überwiegend wird in Rechtsprechung und Literatur allerdings die Auffassung vertreten, dass § 1612b III BGB entsprechend anwendbar sei, wenn nur ein Elternteil Barunterhalt zu leisten in der Lage sei, während der andere Elternteil das Kindergeld ausgezahlt erhalte, weil das volljährige Kind noch bei ihm wohne. Die hälftige Aufteilung des Kindergeldes nach § 1612b I und II BGB beruhe auf dem Grundgedanken, dass beide Eltern für ein minderjähriges Kind in gleichem Umfang Unterhalt erbringen, der eine in Form des Naturalunterhalts, der andere in Form von Barunterhalt (§ 1606 III 2 BGB). Weil es in solchen Fällen nach dem Halbteilungsgrundsatz geboten sei, das Kindergeld je zur Hälfte auf die beiden Eltern aufzuteilen, ermögliche § 1612b I BGB eine entsprechende Verrechnung auf den geschuldeten Unterhalt. Weil aber dem volljährigen Kind kein – grundsätzlich gleichwertiger – Betreuungsunterhalt mehr geschuldet sei, passe die Regelung des § 1612b I BGB nicht als Verrechnungsanordnung. Die Argumentation der Gegenmeinung, die darauf abstelle, dass der nicht barleistungsfähige Elternteil dem Kind gleichwohl noch Naturalleistungen erbringe, berücksichtige nicht, dass solche Leistungen dem volljährigen Kind nicht mehr geschuldet seien. Eine zusätzliche Naturalleistung mindere einerseits den Bedarf des Kindes, werde andererseits aber nicht zur Entlastung des barunterhaltspflichtigen Elternteils erbracht, weshalb dieser gleichwohl den vollen Barunterhalt schulde. Damit erhalte das volljährige Kind mehr, als ihm nach den unterhaltsrechtlichen Leitlinien als voller Unterhaltsbedarf zustehe (OLG Koblenz, NJW-RR 2005, 586 [587f.]; FamRZ 2004, 562 [563]; OLG Stuttgart, FamRZ 2004, 219; OLG Celle [15. Zivilsenat], NJW-RR 2004, 438 = FamRZ 2004, 218; OLG Brandenburg, FamRZ 2003, 553; OLG Braunschweig, FamRZ 2000, 1246; OLG Schleswig [5. Familiensenat], NJW-RR 2000, 598 = FamRZ 2000, 1245; OLG Schleswig [14. Familiensenat], FamRZ 2000, 1245; *Schwonberg,* Das Jugendamt [JAmt] 2001, 310 [311]; *Palandt/Diederichsen,* 64. Aufl., § 1612b Rdnr. 6; *Born,* in: MünchKomm, 4. Aufl., § 1612b Rdnrn. 53, 57; *Schwab/Borth,* 5. Aufl., Teil V Rdnr. 188 [für Unterhalt über dem Existenzminimum]; *Göppinger/Wax/Häußermann,* 8. Aufl., Rdnr. 789; *Kalthoener/Büttner/Niepmann,* 9. Aufl., Rdnr. 831; *Viefhues,* in: JurisPK-BGB, § 1612b Rdnr. 12; *Hoppenz/Hülsmann,* Familiensachen, 8. Aufl., § 1612b Rdnr. 8; *Weinreich/Klein,* FamilienR, 2. Aufl., § 1612b Rdnr. 34).

[22] c) Der Senat schließt sich der zuletzt genannten Auffassung an.

[23] aa) Das staatliche Kindergeld nach den Vorschriften des Bundeskindergeldgesetzes und den §§ 62ff. EStG dient dem allgemeinen Familienlastenausgleich. Es ist eine öffentliche Sozialleistung, die den Eltern gewährt wird, um ihnen die Unterhaltslast gegenüber den Kindern zu erleichtern. Nach dem Grundgedanken der gleichen Beteiligung beider Eltern an der Unterhaltspflicht gegenüber minderjährigen Kindern (§ 1606 III 2 BGB) steht grundsätzlich auch das Kindergeld beiden Eltern zu gleichen Teilen zu. Lediglich aus Gründen der Verwaltungsvereinfachung wird das Kindergeld gem. § 64 I EStG nur an einen Berechtigten ausgezahlt. Den internen Ausgleich unter den Eltern hat die Praxis stets im Rahmen des Kindesunterhalts oder, sofern ein solcher nicht geschuldet ist, mittels eines familienrechtlichen Ausgleichsanspruchs durchgeführt (*Senat,* BGHZ 161, 124 [135f.] = NJW 2005, 503 = FamRZ 2005, 347 [350]).

[24] Da mit dem Kindergeld die Unterhaltslast im Ganzen, also die Unterhaltslast aller Unterhaltspflichtigen erleichtert werden soll, muss das Kindergeld unterhaltsrechtlich, wenn mehrere Personen zu Unterhaltsleistungen verpflichtet sind, ohne Rücksicht darauf, wer öffentlich-rechtlich als Empfangsberechtigter bestimmt ist und wem das Kindergeld ausbezahlt wird, allen Unterhaltspflichtigen zugute kommen. Deswegen musste schon nach der bis zum 30. 6. 1998 geltenden Rechtslage, wenn das Kindergeld an einen von mehreren Berechtigten gezahlt wird, unter mehreren Unterhaltspflichtigen ein Ausgleich stattfinden, wobei es der Senat im Allgemeinen für angemessen erachtet hat, den Ausgleich entsprechend den Anteilen der Unterhaltspflichtigen an der Erfüllung der Unterhaltspflicht vorzunehmen (BGHZ 70, 151 [154] = NJW 1978, 753 = FamRZ 1978, 177 [178f.]; *Senat,* NJW 1981, 170 = FamRZ 1981, 26; NJW 1982, 1983 = FamRZ 1982, 887 [889], und NJW 1988, 1720 = FamRZ 1988, 607 [609]).

[25] Wenn ein minderjähriges unverheiratetes Kind von seinen Eltern in der Weise unterhalten wird, dass der eine Elternteil das Kind pflegt und erzieht und der andere für den Barunterhalt aufkommt, so ist darin regelmäßig eine Unterhaltsleistung der Eltern zu gleichen Anteilen zu erblicken (§ 1606 III 2 BGB) mit der Folge, dass ihnen das Kindergeld je zur Hälfte zusteht. Entsprechend sieht § 1612b I und II BGB für solche Fälle jetzt auch ausdrücklich einen hälftigen Ausgleich des Kindergeldes vor.

[26] Ist hingegen nur ein Elternteil einem volljährigen Kind (bar-)unterhaltspflichtig, widerspräche es dem Zweck des Kindergeldes als einer Erleichterung der Unterhaltslast im Ganzen, wenn das Kindergeld ihm – jedenfalls bis zur Höhe seiner Unterhaltsleistungen – nicht allein zugerechnet würde. Denn er haftet mit Eintritt der Volljährigkeit für den erhöhten Barunterhalt allein, während der Anspruch auf Betreuungsunterhalt gegen den anderen Elternteil entfallen ist (*Senat,* NJW 1994, 1930 = FamRZ 1994, 696 [698]). Eine Aufteilung des Kindergeldes kommt nach dessen Zweck dann nur noch insoweit in Betracht, als die Eltern den noch geschuldeten Barunterhalt anteilig erbringen. Eine

solche Aufteilung lässt sich am einfachsten dadurch erreichen, dass das Kindergeld bedarfsdeckend auf den Unterhaltsbedarf des volljährigen Kindes angerechnet wird und damit beide Elternteile entsprechend der jeweils geschuldeten Quote vom Barunterhalt entlastet. Dabei ist unerheblich, welcher Elternteil hinsichtlich des Kindergeldes bezugsberechtigt ist, weil das volljährige Kind gegen diesen – vorbehaltlich eines eigenen Bezugsrechts nach § 74 I 3 EStG – im Innenverhältnis einen Anspruch auf Auskehr oder Verrechnung mit erbrachten Naturalleistungen hat.

[27] bb) Daran hat sich durch die zum 1. 7. 1998 neu geschaffene Vorschrift des § 1612b BGB nichts geändert. Denn diese Vorschrift regelt den häufig vorkommenden Fall nicht, dass ein Elternteil, bei dem das volljährige Kind wohnt und der deswegen das Kindergeld bezieht, nicht leistungsfähig und daher nicht barunterhaltspflichtig ist (vgl. insoweit auch *Wendl/Scholz*, § 2 Rdnr. 515; *Soyka*, FuR 2005, 97 [100]).

[28] § 1612b I BGB, der nur eine Anrechnung des hälftigen Kindergeldes vorsieht, wenn das Kindergeld nicht an den barunterhaltspflichtigen Elternteil ausbezahlt wird, knüpft an die Gleichwertigkeit des Barunterhalts mit dem Betreuungsunterhalt für minderjährige Kinder nach § 1606 III 2 BGB an. In solchen Fällen entspricht es dem Sinn des Kindergeldes als Familienlastenausgleich und der gleichen Beteiligung beider Eltern an der Unterhaltspflicht, wenn zur Entlastung auch das Kindergeld hälftig zwischen ihnen aufgeteilt wird. Eine solche Verrechnung ist aber dann nicht mehr gerechtfertigt, wenn nur ein Elternteil Unterhaltsleistungen für das gemeinsame Kind erbringt, während der andere dazu nicht in der Lage ist. Zwar sieht § 1612b II BGB auch für den Fall einer Barunterhaltspflicht beider Elternteile grundsätzlich einen hälftigen Ausgleich des Kindergeldes vor. Voraussetzung dafür ist aber, dass beide Eltern überhaupt unterhaltspflichtig sind und Unterhaltsleistungen erbringen. Außerdem ist der hälftige Ausgleich bei einer Unterhaltspflicht gegenüber – eventuell fremd untergebrachten – minderjährigen Kindern auch deshalb geboten, weil von beiden Elternteilen neben dem Barunterhalt in gewissem Umfang Betreuungsunterhalt geschuldet wird. Erbringt hingegen nur ein Elternteil Unterhaltsleistungen, während der andere dazu nicht in der Lage ist, handelt es sich schon nicht um einen Fall eines gebotenen Ausgleichs. In solchen Fällen ist nach dem Zweck des Kindergeldes als Familienlastenausgleich dem allein Unterhaltspflichtigen auch die volle Entlastung zuzubilligen. Umgekehrt wäre es auch nicht verständlich, einem Elternteil die Hälfte des Kindergelds zu belassen, obwohl er dem Kind keinerlei Unterhaltsleistungen schuldet.

[29] Soweit die Gegenmeinung darauf abstellt, dass auch volljährige Kinder durch das Zusammenleben mit dem nicht barunterhaltspflichtigen Elternteil Naturalleistungen erhielten, überzeugt dieses nicht. Denn jedenfalls wenn mit der Unterhaltsleistung eines Elternteils der gesamte Unterhaltsbedarf des Kindes gedeckt ist, bleibt für weitere Unterhaltsansprüche des Kindes kein Raum. Vielmehr ist es ihm zumutbar, an den nicht leistungsfähigen Elternteil für dessen Naturalleistungen wie Gewährung der Wohnung, Verpflegung und Ähnliches Anteile des vom anderen Ehegatten erhaltenen vollen Barunterhalts abzuführen. Dann handelt es sich bei den Leistungen des die Wohnung gewährenden Ehegatten um entgeltliche Leistungen und nicht um Unterhaltsleistungen. Gewährt der nicht leistungsfähige Elternteil solche Naturalleistungen hingegen unentgeltlich, handelt es sich dabei um freiwillige Leistungen, die den barunterhaltspflichtigen Ehegatten nicht entlasten und für die ein Ausgleich durch das Kindergeld deshalb nicht vorgesehen ist.

[30] Somit macht es auch keinen Unterschied, ob ein volljähriges unverheiratetes Kind bis zum 21. Lebensjahr noch eine allgemeine Schulausbildung absolviert und deswegen nach § 1603 II 2 BGB privilegiert ist, oder ob ein volljähriges unterhaltsberechtigtes Kind während der Ausbildung eine eigene Wohnung unterhält. Denn auch in diesen Fällen soll das Kindergeld nur den allein barunterhaltspflichtigen Elternteil entlasten.

BGH v. 9. 11. 2005 – XII ZR 31/03 – FamRZ 06, 108 = NJW 06, 369

R642 *(5% berufsbedingte Aufwendungen übersteigende Fahrtkosten bei Leiharbeitsverhältnissen berücksichtigungsfähig)*

a Der Bekl. ist Leiharbeitnehmer und wird auf kurzfristigen Abruf auf Großbaustellen im gesamten Bundesgebiet eingesetzt. Angesichts der hierfür erforderlichen Mobilität wird er nicht auf die Benutzung öffentlicher Verkehrsmittel verwiesen werden können. Zu Recht weist die Revision darauf hin, dass eine Pauschale von 5% des Einkommens dem Aufwand für Fahrtkosten in einem solchen Fall jedenfalls dann ersichtlich nicht gerecht wird, wenn – wie hier – der Unterhaltspflichtige unter Bezeichnung der wechselnden Arbeitsstellen nachvollziehbar darlegt, von Mai 2001 bis April 2002 rund 23 400 km, monatlich also fast 2000 km, für Fahrten zwischen seinem Wohnort bzw. dem Ort seiner auswärtigen Unterbringung und der jeweiligen Arbeitsstelle zurückgelegt zu haben, und der Arbeitgeber ihm diese Kosten nicht ersetzt.

[26] Angesichts der detaillierten und übersichtlichen Zusammenstellung in Form von Monatstabellen, in denen für jeden Arbeitstag der Einsatzort und die zurückgelegte Entfernung aufgeführt sowie angegeben wird, ob eine Heimfahrt oder eine Übernachtung am Einsatzort stattfand, hätte die Kl. sich

nicht auf ein pauschales Bestreiten dieser Angaben beschränken dürfen. Zumindest hätten diese für eine nach § 287 ZPO vorzunehmende Schätzung ausgereicht.

(Steuerliche Berücksichtigung von Fahrtkosten als Werbungskosten oder Aufwendungen für doppelte Haushaltskosten)
[27] Auch soweit der Bekl. für einzelne Monate, teilweise unter Vorlage von Gehaltsabrechnungen, Fahrtkostenerstattungen seines Arbeitgebers angegeben hat, waren diese nicht geeignet, den behaupteten Aufwand insgesamt in Frage zu stellen, sondern hätten davon abgezogen werden können.

[28] Entgegen der Auffassung des BerGer. dürfte auch der Umstand, dass der Bekl. ausweislich des Einkommensteuerbescheids für 2000 keine Fahrtkosten als Werbungskosten geltend gemacht hat, nicht geeignet sein, seine Darlegungen insgesamt in Zweifel zu ziehen. Denn immerhin wurden darin 4818 DM als Aufwendungen für doppelte Haushaltsführung anerkannt. Dem Arbeitnehmer stand nämlich bei Einsatzwechseltätigkeit ein Wahlrecht zu, Heimfahrten entweder als Fahrtkosten von und zum Arbeitsort und damit als Werbungskosten oder aber als Mehraufwand im Rahmen doppelter Haushaltsführung geltend zu machen (vgl. BFH, BB 1995, 179; Änderung dieser Rspr. erst durch BFH, NJW 2005, 2941 = BB 2005, 1826).

BGH v. 23. 11. 2005 – XII ZR 51/03 – FamRZ 06, 387 = NJW 06, 1794

(Prägung ehelicher Lebensverhältnisse nicht nur durch in der Ehe angelegte Einkommenssteigerungen sondern auch durch nicht unterhaltsbezogen leichtfertige Einkommenminderung, z. B. krankheitsbedingter Umsatzrückgang)

[14] b) Im Ansatz zutreffend hat das BerGer. allerdings angenommen, dass dem krankheitsbedingten Rückgang des Einkommens des Bekl. aus seiner Anwaltskanzlei unterhaltsrechtlich Bedeutung zukommt. Auch wenn sich der Bedarf des unterhaltsberechtigten Ehegatten nach den ehelichen Lebensverhältnissen bestimmt, schließt dieser Bezug die Berücksichtigung nachehelicher Entwicklungen nicht aus. So können sich Einkommensverbesserungen, die erst nach der Scheidung beim unterhaltspflichtigen Ehegatten eintreten, bedarfssteigernd auswirken, wenn ihnen eine Entwicklung zu Grunde liegt, die aus der Sicht zum Zeitpunkt der Scheidung mit hoher Wahrscheinlichkeit zu erwarten war und wenn diese Erwartung die ehelichen Lebensverhältnisse bereits geprägt hatte. Umgekehrt können auch nach der Scheidung eintretende Einkommensminderungen für die Bedarfsbemessung nicht grundsätzlich unberücksichtigt bleiben, sofern sie nicht auf einer Verletzung der Erwerbsobliegenheit des Unterhaltspflichtigen beruhen oder durch dessen freiwillige berufliche oder wirtschaftliche Dispositionen veranlasst sind und von ihm durch zumutbare Vorsorge hätten aufgefangen werden können. Auch die dauerhafte Absenkung der Erwerbseinkünfte des Unterhaltspflichtigen nach der Scheidung beeinflusst nicht erst dessen Leistungsfähigkeit, sondern bereits die ehelichen Lebensverhältnisse. Denn die Anknüpfung der nach § 1578 I BGB maßgebenden Umstände an den Zeitpunkt der Rechtskraft des Scheidungsurteils begründet für den unterhaltsberechtigten Ehegatten keine die früheren ehelichen Lebensverhältnisse unverändert fortschreibende Lebensstandardgarantie. Das Unterhaltsrecht will den bedürftigen Ehegatten nach der Scheidung im Grundsatz nicht besser stellen, als er ohne die Scheidung stünde. Bei Fortbestehen der Ehe hätte ein Ehegatte die – etwa krankheitsbedingte – negative Einkommensentwicklung des anderen Ehegatten aber wirtschaftlich mit zu tragen. Die Scheidung soll ihm dieses Risiko nicht abnehmen (*Senat*, BGHZ 153, 358 = NJW 2003, 1518 = FPR 2003, 330 = FamRZ 2003, 590 [591 f.], m. Anm. *Büttner*, FamRZ 2003, 594, und *Graba*, FamRZ 2003746, und BGHZ 153, 372 = NJW 2003, 1796 = FPR 2003, 361 = FamRZ 2003, 848 [849 f.]).

[15] Das gilt auch im vorliegenden Fall. Auch unter den hier gegebenen Umständen muss die Kl. es hinnehmen, dass der Bemessungsmaßstab der ehelichen Lebensverhältnisse nach Eintritt der die Erwerbsfähigkeit des Bekl. einschränkenden Erkrankung abgesunken ist. Demnach ist im Grundsatz von den niedriger gewordenen Erwerbseinkünften des Bekl. auszugehen.

(24% des Gewinns Altersvorsorge bei Selbstständigen)
[19] Zwar können Lebensversicherungen notwendige Vorsorgemaßnahmen von Personen darstellen, die der gesetzlichen Versicherungspflicht nicht unterliegen. Wenn diese nicht anderweitig Vorsorge für ihr Alter getroffen haben, können die Versicherungsprämien in angemessener Höhe von dem Einkommen des Unterhaltspflichtigen abgezogen werden (*Kalthoener/Büttner/Niepmann*, 9. Aufl., Rdnr. 987). Angemessen ist dabei regelmäßig der Betrag, den ein Nichtselbstständiger für seine Altersvorsorgung entrichtet, in der Regel circa 20% des Bruttoeinkommens (vgl. *Senat*, NJW 2003, 1660 = FPR 2003, 378 = FamRZ 2003, 860 [863] für den Elternunterhalt). Darüber hinaus ist einem Ehegatten grundsätzlich zuzubilligen, einen Betrag von bis zu 4% des Gesamtbruttoeinkommens des Vorjahres für eine – über die primäre Altersversorgung hinausgehende – zusätzliche Altersversorgung einzusetzen (*Senat*, NJW 2005, 3277 = FamRZ 2005, 1817 [1821 f.]).

(Keine zusätzliche Altersvorsorge, wenn bereits anderweitig abgesichert ist)
Ist die Altersversorgung des Unterhaltspflichtigen allerdings schon auf andere Weise gesichert, dienen Lebensversicherungen der Vermögensbildung und haben deshalb bei der Unterhaltsbemessung unbe-

rücksichtigt zu bleiben, es sei denn, die ehelichen Lebensverhältnisse wären hiervon bereits geprägt gewesen (vgl. *Senat,* NJW 1992, 1044 = FamRZ 1992, 423 [424]).

[20] Nach den vom BerGer. in anderem Zusammenhang getroffenen Feststellungen ist der Bekl. während des gesamten Zeitraums seiner vollen Berufstätigkeit davon ausgegangen, dass ihm eines Tages die Mieten aus dem Grundeigentum seiner Mutter zustehen würden und er damit ausreichend für das Alter versorgt sei. Auch der Bekl. hat mit der Revision geltend gemacht, dass er seine Altersversorgung jedenfalls bis zum Abschluss der streitigen Lebensversicherung als auf andere Weise hinreichend gesichert angesehen habe, nämlich zum einen durch seine fortdauernde Berufstätigkeit und zum anderen durch das frühere Familienheim in T., dessen Belastungen er – unter anderem durch eine 1995 fällig gewordene Lebensversicherung – abgetragen habe, sowie durch eine Rente der gesetzlichen Rentenversicherung in Höhe von monatlich rund 500 DM.

[21] Bei dieser Sachlage begegnet der Abzug der Lebensversicherungsprämien durchgreifenden rechtlichen Bedenken. Die ehelichen Lebensverhältnisse waren zur Zeit der Scheidung nicht davon geprägt, dass der Bekl. in dieser Form Altersvorsorge betrieben hat. Entsprechende Maßnahmen hat er nicht für notwendig erachtet, weil er seine Altersversicherung als auf andere Weise abgedeckt angesehen hat. Das war, wie insbesondere das nach dem Tod der Mutter des Bekl. angetretene Erbe zeigt, auch nicht unrealistisch.

(Prägung eheliche Lebensverhältnisse durch Erbschaft, wenn Mittel für Unterhalt der Familie zur Verfügung standen)

d [25] b) Nach der ständigen Rechtsprechung des Senats werden die ehelichen Lebensverhältnisse nicht nur durch Erwerbseinkünfte geprägt, sondern ebenso durch Kapital- und andere Vermögenserträge sowie sonstige wirtschaftliche Nutzungen, soweit diese den Eheleuten zur Verfügung standen (vgl. etwa *Senat,* NJW-RR 1995, 835 = FamRZ 1995, 869 [870]). Davon können auch Erträge aus einem durch Erbfall erworbenen Vermögen eines Ehegatten nicht ausgenommen werden, soweit sie zum Unterhalt der Familie zur Verfügung standen (*Senat,* NJW-RR 1988, 1282 = FamRZ 1988, 1145 [1146], und NJW 1982, 2732 = FamRZ 1982, 996 [997], bezüglich Einkünften aus einem Pflichtteil).

(Prägende Altersvorsorge durch nach der Scheidung erfolgte Erbschaft)

e [26] Vorliegend ist der Erbfall, auf Grund dessen der Bekl. über Mieteinkünfte verfügt, allerdings erst im Jahr 2000 eingetreten, während die Ehe der Parteien bereits 1996 geschieden wurde. Das schließt eine Berücksichtigung der Einkünfte aber nicht von vornherein aus. Auch wenn sich der Bedarf nach den ehelichen Lebensverhältnissen (§ 1578 I BGB) bestimmt, bedeutet dieser Bezug, wie bereits ausgeführt, nicht, dass nacheheliche Entwicklungen in jedem Fall außer Betracht zu bleiben hätten. Sie können sich vielmehr unter bestimmten Voraussetzungen bedarfssteigernd auswirken. Denn Ehegatten pflegen sich auf hinreichend sichere Einkommensverbesserungen schon im Vorhinein bei der Gestaltung ihrer Verhältnisse einzustellen und sie in ihre Entscheidungen einzubeziehen. In dieser Weise können voraussehbare Einkommensverbesserungen – bereits bevor sie eingetreten sind – eine die eheliche Lebensverhältnisse prägende Wirkung entfalten. Für diese Beurteilung ist der Gesichtspunkt maßgebend, dass die ehelichen Lebensverhältnisse nicht nur die aktuellen Einkommensverhältnisse. Sie umfassen alles, was für den Lebenszuschnitt der Ehegatten tatsächlich eine Rolle spielt. Dazu gehört aber auch die begründete Aussicht, dass sich die Lebensumstände in kalkulierbarer Weise künftig günstiger gestalten werden. Bei der Einbeziehung künftiger Entwicklungen in die ehelichen Lebensverhältnisse ist indessen Zurückhaltung angezeigt. Eine Einkommensentwicklung, die zur Zeit der Scheidung noch im Ungewissen lag, muss daher außer Betracht bleiben. Entscheidend ist, ob sie bei Scheidung derart wahrscheinlich war, dass die Ehegatten ihren Lebenszuschnitt vernünftigerweise schon darauf einstellen konnten (*Senat,* NJW 1987, 1555 = FamRZ 1987, 459 [461], und NJW 2003, 1518 = FPR 2003, 330 = FamRZ 2003, 590 [591 f.]).

[27] Die zuletzt genannte Voraussetzung ist nach den getroffenen Feststellungen als erfüllt anzusehen. Der Bekl. war in dem von seinen Eltern errichteten Berliner Testament als (einziger) Schlusserbe eingesetzt und sein Vater bereits verstorben, als die Parteien noch nicht getrennt lebten. Damit bestand die Testierfreiheit der Mutter gem. § 2271 II BGB nicht mehr, allerdings war sie an lebzeitigen Verfügungen nicht gehindert. Dass konkreter Anlass bestanden hätte, mit Rücksicht darauf eine erhebliche Schmälerung des beträchtlichen Erbes in Rechnung zu stellen, hat das BerGer. insoweit, von der Revision unbeanstandet, aber nicht festgestellt. Auch im Fall längerer Pflegebedürftigkeit der Mutter hätte sie ihr Vermögen nicht verbrauchen können. Als hinreichend voraussehbar kann danach bereits zur Zeit der Scheidung angesehen werden, dass die Mutter des Bekl. ihm ein nicht unerhebliches Vermögen hinterlassen würde. Offen war allein die Frage, wann der Erbfall eintreten würde und ob der 1935 geborene Bekl. seine 1910 geborene Mutter überleben würde. Insofern kann allerdings nach der allgemeinen Lebenserfahrung davon ausgegangen werden, dass Kinder in der Regel ihre Eltern überleben. Allein mit Rücksicht auf die Möglichkeit des Vorversterbens eines Kindes den Eintritt der Erbschaft nach seinen Eltern als derart im Ungewissen liegend zu bezeichnen, dass eine diese einbeziehende Lebensplanung als unvernünftig angesehen werden müsste, erscheint jedenfalls

Anhang R. Rechtsprechung   **R643**

nicht gerechtfertigt. Dass der Bekl. eines Tages das Erbe nach seiner Mutter antreten würde, kann deshalb als bereits zum Zeitpunkt der Scheidung sich abzeichnende Entwicklung angesehen werden.

[28] c) Daraus folgt indessen – entgegen der Annahme des BerGer. – nicht, dass die Mieteinnahmen des Bekl. in voller Höhe seinem bedarfsprägenden Einkommen hinzuzurechnen wären. Nach Auffassung des BerGer. hat die Erwartung des Erbes dazu geführt, dass der Bekl. keine weitergehende Vorsorge für sein Alter getroffen hat. Soweit die Revision diese Annahme angreift, bleibt sie ohne Erfolg. Es ist nach den getroffenen Feststellungen, insbesondere angesichts der günstigen Einkommensverhältnisse des Bekl. in der Zeit vor seiner Erkrankung, nicht nachvollziehbar, dass er seinen Lebensbedarf im Alter maßgeblich durch seine fortdauernde Berufstätigkeit sichern wollte, ohne eine mögliche krankheitsbedingte Einschränkung seiner Erwerbsfähigkeit in Rechnung zu stellen. Das Familienheim hätte ihm – nach Ablösung der Belastungen, für die dem Vortrag des Bekl. zufolge auch die 1995 ausgezahlte Lebensversicherung bei der A eingesetzt wurde – lediglich mietfreies Wohnen ermöglicht, daneben war nur eine geringe Rente aus der gesetzlichen Rentenversicherung vorhanden.

[29] Danach ist allerdings allein die Schlussfolgerung gerechtfertigt, dass der Bekl. im Hinblick auf das Erbe von weitergehenden Aufwendungen für seine Altersversicherung abgesehen hat und die dafür an sich in angemessener Weise aufzuwendenden Mittel den ehelichen Lebensstandard erhöht, mithin die ehelichen Lebensverhältnisse geprägt haben. Diese Ersparnis ist aber, worauf die Revision zu Recht hinweist, nicht mit den Erträgen aus dem Nachlass identisch. Insofern besteht hinsichtlich der Höhe auch weder ein kausaler noch ein sonstiger Zusammenhang. Deshalb kann als eheprägend nur ein Teil der Einkünfte angesehen werden, nämlich derjenige, den der Bekl. – über die tatsächlich betriebene Altersvorsorge hinaus – für eine angemessene Altersversicherung hätte aufwenden müssen. Ausgehend davon, dass als angemessene (primäre) Altersvorsorge regelmäßig der Betrag anzusehen ist, den ein Nichtselbstständiger für seine Altersversicherung entrichtet, in der Regel also circa 20% des Bruttoeinkommens, und für eine zusätzliche Altersvorsorge bis zu 4% des Gesamtbruttoeinkommens des Vorjahres eingesetzt werden können (vgl. o. II 2 d), ist die (eheprägende) Ersparnis – bezogen auf die Zeit bis zur Rechtskraft der Scheidung – unter Berücksichtigung der tatsächlich erfolgten Aufwendungen zur Altersversicherung zu ermitteln. Zu diesen gehören allerdings auch die Tilgungsraten, die mit der Finanzierung des Erwerbs und des Ausbaus des Familienheims verbunden waren (vgl. *Senat,* NJW 2005, 3277 = FamRZ 2005, 423 [424]). Mit Rücksicht darauf bedarf die von der Revision aufgeworfene Frage, ob das BerGer. die Mieteinnahmen zu Recht um die steuerrechtlich vorgenommenen Absetzungen für Abschreibung erhöht hat, auch im vorliegenden Fall keiner Entscheidung (vgl. hierzu zuletzt *Senat,* NJW 2005, 2077 = FamRZ 2005, 1159 [1160]). Denn angesichts der beträchtlichen Höhe der Mieteinnahmen verbleiben auch ohne einen Aufschlag wegen der Abschreibungen jedenfalls Einkünfte in einer Höhe, die den Betrag übersteigt, der für eine – über die tatsächlich, auch in Form der Tilgungsleistungen, betriebene Altersversorgung hinaus – angemessene Alterssicherung erforderlich gewesen wäre.

(Bei Veräußerung des Familienheims Zinsen aus Erlös oder neuer Wohnwert eheprägendes Surrogat)
[38] Nicht zu beanstanden ist dabei der gewählte Ausgangspunkt. Die ehelichen Lebensverhältnisse **f** der Parteien waren dadurch geprägt, dass sie gemeinsam Eigentümer eines Hauses waren, in dem sie zunächst zusammen mietfrei wohnten und das die Kl. seit der Trennung von dem Bekl. im Einvernehmen mit diesem mit den gemeinsamen Kindern nutzte. Der eheangemessene Bedarf erhöhte sich deshalb durch die gezogenen Nutzungsvorteile (st. Rspr. des Senats, vgl. etwa *Senat,* NJW 1998, 753 = FamRZ 1998, 87 [88]). Diese Nutzungsvorteile entfallen, wenn das gemeinsam genutzte Haus im Zusammenhang mit der Scheidung – oder wie hier nach dem Auszug der Kinder, die das Haus bis dahin mitbewohnen konnten – veräußert wird. An ihre Stelle treten die Vorteile, die die Ehegatten aus dem Erlös ihrer Miteigentumsanteile ziehen oder ziehen könnten. Das können entweder Zinseinkünfte sein oder, soweit mit dem Erlös ein neues Eigenheim finanziert worden ist, der Vorteil, der in dem mietfreien Wohnen in diesem besteht (*Senat,* NJW 2001, 2259 = FamRZ 2001, 1140 [1143]; NJW 2002, 436 = FPR 2002, 59 = FamRZ 2002, 88 [92], und NJW 2001, 2254 = FamRZ 2001, 986 [991]). Nach der Rechtsprechung des Senats kann zwar auch in solchen Fällen eine Obliegenheit zur Vermögensumschichtung bestehen, etwa wenn anderenfalls keine wirtschaftlich angemessene Nutzung des Verkaufserlöses verwirklicht worden ist. Davon kann aber nicht schon dann ausgegangen werden, wenn der nunmehr zuzurechnende Wohnvorteil nicht den Ertrag erreicht, den der Ehegatte aus dem erhaltenen Erlös hätte erzielen können. Vielmehr muss sich die tatsächliche Anlage des Vermögens – unter Berücksichtigung der Umstände des Einzelfalls – als eindeutig unwirtschaftlich darstellen, bevor der ein neues Eigenheim erwerbende Ehegatte auf eine andere Anlageform und daraus erzielbare Erträge verwiesen werden kann (vgl. *Senat,* NJW 2005, 2077 = FamRZ 2005, 1159 [1162], und FamRZ 2001, 1140 [1143]).

(Kein Erwerbsbonus bei Kapitaleinkünften, Renten und Mieteinkünften)
[42] Eine solche Begründung hat das BerGer. nicht gegeben, soweit es dem Bekl. einen Bonus auch **g** hinsichtlich der Einkünfte aus Kapitalvermögen und aus seiner Rente zugebilligt hat. Hierfür ist auch

2149

eine Rechtfertigung nicht ersichtlich. Bezüglich des Einkommens aus Vermietung und Verpachtung hat das BerGer. für seine Vorgehensweise maßgeblich darauf abgestellt, der Umfang der Vermietungen komme einer entsprechenden beruflichen Betätigung nahe. Dies vermag den Abzug eines Bonus im vorliegenden Fall nicht zu tragen. Denn die Einkünfte aus Vermietung und Verpachtung haben, wie bereits ausgeführt, die ehelichen Lebensverhältnisse der Parteien nicht insgesamt geprägt, sondern nur in Höhe eines Teilbetrags, den der Bekl. – über die tatsächlich betriebene Altersvorsorge hinaus – für eine angemessene Altersversorgung hätte aufwenden müssen. Dann ist der entsprechende Teilbetrag aber in voller Höhe als bedarfsprägend zu berücksichtigen. Abgesehen davon würde wegen dieses Teilbetrags auch die vom BerGer. angeführte Begründung die Einräumung eines Bonus nicht rechtfertigen.

BGH v. 23. 11. 2005 – XII ZR 155/03 – FamRZ 06, 935 = NJW 06, 2037

R644 *(Vermögenseinsatz des nicht minderjährigen Unterhaltsberechtigten)*

[26] Ein – nicht minderjähriger – Unterhaltsberechtigter ist im Verhältnis zu dem Unterhaltspflichtigen grundsätzlich gehalten, vorhandenes Vermögen zu verwerten, soweit ihm dies – auch unter Wirtschaftlichkeitsgesichtspunkten – zumutbar ist. Das schließt es indessen nicht aus, dem Unterhaltsberechtigten eine gewisse Vermögensreserve als so genannten Notgroschen für Fälle plötzlich auftretenden (Sonder-)Bedarfs zu belassen. Auch betagte Eltern können noch Notfallreserven benötigen, deren Auflösung ihnen deshalb nicht angesonnen werden kann. Was die Höhe des so genannten Notgroschens anbelangt, ist nach Auffassung des Senats regelmäßig zumindest der sozialhilferechtliche Schonbetrag anzusetzen (NJW 2004, 677 = FamRZ 2004, 370 [371]).

[27] Als Form der Vermögensverwertung kam im vorliegenden Fall jedenfalls die Nutzung des Erbauseinandersetzungsanspruchs als Kreditunterlage in Betracht, wie sie seitens der Mutter auch tatsächlich erfolgt ist. Sie hat sich nämlich die für sie vorgelegten Kosten und das für die erbrachten Pflegeleistungen geschuldete Entgelt stunden und damit kreditieren lassen. Da die Stundungsabrede bis zur letzten mündlichen Verhandlung vor dem BerGer. nicht aufgehoben worden ist, war das Vermögen der Mutter jedenfalls geeignet, bis dahin als Kreditunterlage zu dienen. Ein Unterhaltsanspruch bestand deshalb nicht.

BGH v. 7. 12. 2005 – XII ZR 94/03 – FamRZ 06, 261 = NJW 06, 695

R645 *(Rüge der fehlenden Vollstreckungsfähigkeit durch prozessuale Gestaltungsklage analog § 767 ZPO; zur Anrechnungsklausel „unter Anrechnung bereits gezahlter Beträge")*

[18] a) Soweit das BerGer. den Antrag des Kl., die Zwangsvollstreckung aus dem Anwaltsvergleich bzw. dem ihn für vollstreckbar erklärenden Beschluss des AG S. unter Abänderung der erstinstanzlichen Entscheidung „ab Rechtshängigkeit für unzulässig zu erklären", als prozessuale Gestaltungsklage analog § 767 ZPO aufgefasst hat, ist dies aus Rechtsgründen nicht zu beanstanden.

[19] Zwar mag die Einschränkung des Kl., die Unzulässigkeit der Zwangsvollstreckung erst ab Rechtshängigkeit der vorliegenden Klage festzustellen, darauf schließen lassen, dass der Kl. vorrangig nach wie vor eine Sachentscheidung über den Bestand und hilfsweise die Höhe seiner Unterhaltsverpflichtung erstrebte, wie er sie zunächst mit seiner Abänderungsklage nach § 323 ZPO begehrt hatte. Denn dieser Einschränkung hätte es bei einer prozessualen Gestaltungsklage nach § 767 ZPO analog, mit der die (von Anfang an) fehlende Vollstreckungsfähigkeit wegen mangelnder Bestimmtheit des Titels geltend gemacht wird, nicht bedurft.

[20] Gleichwohl war es zulässig und geboten, den Antrag des Kl. in diesem Sinne auszulegen oder gegebenenfalls umzudeuten, weil die Klage anderenfalls – sowohl als Abänderungsklage nach § 323 ZPO wegen veränderter Verhältnisse als auch als Vollstreckungsabwehrklage aus § 767 ZPO wegen materieller Einwendungen gegen den titulierten Anspruch – bei fehlender Vollstreckbarkeit des Titels als unzulässig hätte zurückgewiesen werden müssen (vgl. BGHZ 22, 54 [64] = NJW 1957, 23 und BGHZ 124, 164 [169] = NJW 1994, 460; BGH, NJW-RR 2004, 1135).

[21] Hingegen kann die fehlende Vollstreckungsfähigkeit nach der neueren Rechtsprechung des BGH mit der prozessualen Gestaltungsklage analog § 767 ZPO geltend gemacht werden, ohne dass ein Rechtsschutzinteresse wegen der Möglichkeit, dies mit der Klauselerinnerung nach §§ 732, 797 III ZPO geltend zu machen, zu verneinen wäre (vgl. BGHZ 118, 230 [234] = NJW 1992, 2160; BGH, NJW-RR 2004, 472 = NZG 2004, 227 = ZIP 2004, 356 [358]).

[22] Die Auslegung seines Antrags im Sinne einer solchen Klage lag auch im Interesse des Kl., da sein Begehren, keinen Unterhalt mehr zahlen zu müssen, auch das Interesse umfasste, jedenfalls aus dem vorliegenden Titel nicht mehr im Wege der Zwangsvollstreckung auf Unterhalt in Anspruch genommen werden zu können.

Anhang R. Rechtsprechung   R645

[23] b) Zu Recht hat das BerGer. den Beschluss des AG vom 21. 3. 1996 wegen der darin enthaltenen Anrechnungsklausel als unbestimmt und daher nicht vollstreckungsfähig angesehen.
[24] Das Bestimmtheitserfordernis gilt (nur) für den Titel, aus dem die Zwangsvollstreckung betrieben werden soll. Das ist hier gem. § 794 I Nr. 4a ZPO a. F. (jetzt § 794 I Nr. 4b) nicht der Anwaltsvergleich nach § 1044b ZPO a. F. (jetzt: § 796a ZPO), sondern die gerichtliche Entscheidung nach § 1044b II 2 i. V. mit § 1044a ZPO a. F. (jetzt § 796b ZPO), mit der dieser für vollstreckbar erklärt wurde (vgl. *Zöller/Geimer*, § 796a Rdnr. 25).
[25] Ein Titel ist nur dann bestimmt genug und zur Zwangsvollstreckung geeignet, wenn er den Anspruch des Gläubigers ausweist und Inhalt und Umfang der Leistungspflicht bezeichnet. Bei einem Zahlungstitel muss der zu vollstreckende Zahlungsanspruch betragsmäßig festgelegt sein (BGHZ 22, 54 [57] = NJW 1957, 23) oder sich zumindest aus dem Titel ohne weiteres errechnen lassen (BGHZ 88, 62 [65] = NJW 1983, 2262). Notfalls hat das Vollstreckungsorgan den Inhalt des Titels durch Auslegung festzustellen. Dabei muss der Titel jedoch aus sich heraus für eine Auslegung genügend bestimmt sein oder jedenfalls sämtliche Kriterien für seine Bestimmbarkeit eindeutig festlegen. Es genügt nicht, wenn auf Urkunden Bezug genommen wird, die nicht Bestandteil des Titels sind, oder wenn sonst die Leistung nur aus dem Inhalt anderer Schriftstücke ermittelt werden kann (*Senat*, NJW 1986, 1440 = FamRZ 1986, 45 [46] m. w. Nachw.).
[26] Diesen Anforderungen genügt der Beschluss des AG vom 21. 3. 1996 nicht, weil der Anrechnungsklausel „unter Anrechnung bereits gezahlter Beträge" mangels Konkretisierung und Bezifferung nicht zu entnehmen ist, unter Abzug welcher Beträge der Unterhaltsanspruch von monatlich 800 DM jeweils zu vollstrecken ist. Dieser Anrechnungsklausel ist nicht einmal mit hinreichender Sicherheit zu entnehmen, ob unter „bereits" gezahlten Beträgen nur solche zu verstehen sind, die vor der Titulierung gezahlt wurden, oder auch solche, die jedenfalls vor der jeweiligen Vollstreckung gezahlt worden sind (zur Unbestimmtheit einer Klausel „abzüglich bereits geleisteter Zahlungen" vgl. auch LAG Köln, Urt. v. 26. 3. 2004 – 4 Sa 1393/03, BeckRS 2004, 41344; OLG Zweibrücken [6. Zivilsenat], MDR 2002, 541; a. A. OLG Zweibrücken [2. Zivilsenat], NJOZ 2003, 3095 = FamRZ 2003, 691).
[28] bb) Zutreffend hat das BerGer. auch berücksichtigt, dass grundsätzlich keine Bedenken bestehen, den in einer Unterwerfungserklärung vollstreckbar gestellten Anspruch von vornherein weiter zu fassen als die zu Grunde liegende materielle Forderung, namentlich, wenn deren endgültige Höhe noch nicht feststeht. Dies gilt aber nur dann, wenn jedenfalls die Auslegung des Vollstreckungstitels ergibt, dass sich der Schuldner der Zwangsvollstreckung in der bezifferten Höhe unterwirft und ein Zurückbleiben des materiellrechtlich geschuldeten hinter dem titulierten Betrag als materiell-rechtliche Einwendung deshalb nur im Verfahren der Vollstreckungsabwehrklage geltend zu machen wäre (vgl. BGH, NJW 1997, 2887, und NJW 1996, 2165 [2166]).
[29] Allerdings ist bereits zweifelhaft, ob diese Rechtsprechung, der jeweils titulierte Kaufpreisansprüche zu Grunde lagen, ohne weiteres auch auf Titel über laufende Unterhaltsansprüche übertragen werden kann. Dies bedarf jedoch ebenso wenig einer Entscheidung wie die Frage, ob die Auffassung des BerGer. zutrifft, es könne dem Vollstreckungsorgan nicht überlassen bleiben, durch Auslegung des Vollstreckungstitels zu ermitteln, ob die darin enthaltene Anrechnungsklausel lediglich materiell-rechtliche Wirkung entfalten oder auch die Vollstreckbarkeit des titulierten Anspruchs beschränken soll.
[30] Die Auffassung des BerGer., der Beschluss des AG S. sei wegen der unbestimmten Anrechnungsklausel nicht vollstreckbar, hält der rechtlichen Prüfung nämlich im Ergebnis schon deshalb stand, weil auch eine Auslegung dieses Titels nicht mit der für eine Vollstreckung erforderlichen Gewissheit ergibt, dass sich der Kl. der Vollstreckung in Höhe von monatlich 800 DM unterworfen hat und der Anrechnungsklausel nur materiell-rechtliche Wirkung zukommen sollte.
[31] Dagegen spricht zum einen, dass die Anrechnungsklausel überflüssig wäre, wenn sie nur materiell-rechtliche Wirkung entfalten sollte, da der Kl. Zahlungen auf die titulierte Forderung auch ohne eine solche Klausel im Wege der Vollstreckungsgegenklage geltend machen kann. Ob dies auch für Zahlungen gilt, die vor dem Abschluss des Anwaltsvergleichs oder seiner Vollstreckbarerklärung erfolgten, oder ob insoweit die Präklusionsvorschrift des § 767 ZPO anwendbar ist (zum Meinungsstreit vgl. OLG Köln, NJW 1997, 1450 [1451]; LG Halle, NJW 1999, 3567; *Musielak/Voit*, ZPO, 4. Aufl., § 796a Rdnr. 10; vgl. auch *Baumbach/Albers*, ZPO, 50. Aufl., § 1044b Rdnr. 3 A c), ist insoweit belanglos, da eine unbestimmte Anrechnungsklausel jedenfalls nicht geeignet wäre, eine Präklusion zu verhindern.
[32] Zum anderen spricht gegen eine nur materiell-rechtlich gewollte Bedeutung der Anrechnungsklausel, dass der Schuldner materiell zu Unrecht beigetriebenen laufenden Unterhalt in der Praxis regelmäßig schon deshalb nicht mit Erfolg zurückfordern kann, weil dieser vom Unterhaltsgläubiger sogleich verbraucht wurde. Bei der Auslegung einer solchen Anrechnungsklausel kann daher ohne entsprechende Anhaltspunkte nicht davon ausgegangen werden, dass der Schuldner sich durch uneingeschränkte Unterwerfung unter die Zwangsvollstreckung diesem Risiko aussetzen wollte. Solche Anhaltspunkte sind hier nicht ersichtlich und auch nicht vorgetragen.

[33] Etwas anderes ergibt sich auch nicht aus dem Argument der Revision, die Parteien seien schließlich übereingekommen, einen vollstreckbaren Titel zu schaffen, so dass im Zweifel die zur Vollstreckbarkeit des Vergleichs führende Auslegung geboten sei. Wollte der Kl. sich nur in Höhe der jeweils materiell-rechtlich geschuldeten Beträge der Zwangsvollstreckung unterwerfen, ist vielmehr davon auszugehen, dass er, wenn er die Problematik erkannt hätte, eher die fehlende Vollstreckbarkeit des Titels insgesamt in Kauf zu nehmen bereit gewesen wäre als einem Titel ausgesetzt zu sein, der eine Vollstreckung über den materiell geschuldeten Unterhalt hinaus erlaubt. Von einer gemeinsamen Interessenlage der Parteien, einen unabhängig von erbrachten Zahlungen in Höhe von jeweils 800 DM monatlich vollstreckbaren Titel zu schaffen, kann daher nicht ausgegangen werden.

BGH v. 21. 12. 2005 – XII ZR 126/03 – FamRZ 06, 1015 = NJW 06, 2258

R646 *(Tragweite des Obhutsverhältnisses für die gesetzliche Vertretung Minderjähriger (§ 1629 II 2 BGB) beim sog. Wechselmodell)*

a [7] 1. Das OLG hat die Zulässigkeit der von dem Kl., gesetzlich vertreten durch seine Mutter, erhobenen Klage ohne nähere Ausführungen bejaht. Das ist im Ergebnis nicht zu beanstanden.

[8] Nach § 1629 II 2 BGB kann bei gemeinsamer elterlicher Sorge der geschiedene Elternteil, in dessen Obhut sich das Kind befindet, dieses bei der Geltendmachung seiner Unterhaltsansprüche gesetzlich vertreten. Der Begriff der Obhut stellt auf die tatsächlichen Betreuungsverhältnisse ab. Ein Kind befindet sich in der Obhut desjenigen Elternteils, bei dem der Schwerpunkt der tatsächlichen Fürsorge und Betreuung liegt, der sich also vorrangig um die Befriedigung der elementaren Bedürfnisse des Kindes kümmert (*Huber*, in: MünchKomm, 4. Aufl., § 1629 Rdnr. 87; *Johannsen/Henrich/Jaeger*, EheR, 4. Aufl., § 1629 Rdnr. 6; *Staudinger/Peschel-Gutzeit*, BGB, 2002, § 1629 Rdnr. 335; *Palandt/ Diederichsen*, BGB, 65. Aufl., § 1629 Rdnr. 31; *Erman/Michalski*, BGB, 11. Aufl., § 1629 Rdnr. 20; *Weinreich/Ziegler*, FamilienR, 3. Aufl., § 1629 Rdnr. 17; *Büttner*, FamRZ 1998, 585 [593]; *Roth*, JZ 2002, 651 [655]; OLG Frankfurt a. M., FamRZ 1992, 575; OLG Stuttgart, NJW-RR 1996, 67). Leben die Eltern in verschiedenen Wohnungen und regeln sie den gewöhnlichen Aufenthalt des Kindes in der Weise, dass es vorwiegend in der Wohnung eines Elternteils – unterbrochen durch regelmäßige Besuche in der Wohnung des anderen Elternteils – lebt, so ist die Obhut i. S. des § 1629 II 2 BGB deshalb dem erstgenannten Elternteil zuzuordnen.

[9] An einer solchen eindeutigen Zuordnungsmöglichkeit fehlt es nicht bereits dann, wenn die Eltern die Betreuung eines Kindes dergestalt aufteilen, dass es sich zu $^2/_3$ der Zeit bei einem Elternteil und zu $^1/_3$ der Zeit bei dem anderen Elternteil aufhält. Denn auch in einem derartigen Fall liegt der Schwerpunkt der tatsächlichen Betreuung regelmäßig bei dem Elternteil, der sich überwiegend um die Versorgung und die sonstigen Belange des Kindes kümmert (a. A. KG, FamRZ 2003, 53). Betreuen die Eltern ihr Kind dagegen in der Weise, dass es in etwa gleich langen Phasen abwechselnd jeweils bei dem einen und anderen Elternteil lebt (sog. Wechselmodell), so lässt sich ein Schwerpunkt der Betreuung nicht ermitteln. Das hat zur Folge, dass kein Elternteil die Obhut i. S. des § 1629 II 2 BGB innehat. Dann muss der Elternteil, der den anderen für barunterhaltspflichtig hält, entweder die Bestellung eines Pflegers für das Kind herbeiführen, der dieses bei der Geltendmachung seines Unterhaltsanspruchs vertritt, oder der Elternteil muss beim Familiengericht beantragen, ihm gem. § 1628 BGB die Entscheidung zur Geltendmachung von Kindesunterhalt allein zu übertragen (*Huber*, in: MünchKomm, § 1629 Rdnr. 88; *Johannsen/Henrich/Jaeger*, § 1629 Rdnr. 6; *Weinreich/Ziegler*, § 1629 Rdnr. 17; vgl. auch *Staudinger/Peschel-Gutzeit*, § 1629 Rdnr. 336).

[10] Im vorliegenden Fall ist nach der Auffassung der Revision davon auszugehen, dass der Kl. zu $^1/_3$ durch den Bekl. mitbetreut wird. Liegt die Betreuung demzufolge aber zu $^2/_3$ bei der Mutter, so befindet sich der Kl. in ihrer Obhut, weil das Schwergewicht der tatsächlichen Betreuung bei ihr liegt. Daher ist sie auch berechtigt, den Kl. im Rahmen des vorliegenden Rechtsstreits gesetzlich zu vertreten.

(Barunterhaltspflicht nur einen Elternteils bei umfangreicher Beteiligung an der Betreuung)

b [15] Das ist – in Fällen der vorliegenden Art – so lange nicht in Frage zu stellen, wie das deutliche Schwergewicht der Betreuung bei einem Elternteil liegt. So lange ist es gerechtfertigt, davon auszugehen, dass dieser Elternteil die Hauptverantwortung für das Kind trägt und dadurch den Betreuungsunterhalt leistet, während der andere Elternteil zum Barunterhalt – auf der Grundlage nur seiner eigenen wirtschaftlichen Verhältnisse – verpflichtet ist. Deshalb ändert sich an der aus dem Schwergewicht der Betreuung durch einen Elternteil folgenden Aufteilung zwischen Bar- und Betreuungsunterhalt nichts, wenn der barunterhaltspflichtige Elternteil seinerseits Betreuungs- und Versorgungsleistungen erbringt, sei es im Rahmen eines Aufenthalts des Kindes bei ihm entsprechend einem nach den weitgehend üblichen Maßstäben gestalteten Umgangsrecht (z. B. bei einem oder zwei Wochenendbesuchen im Monat), sei es aber auch im Rahmen eines Aufenthalts entsprechend einem großzügiger gehandhabten Umgangsrecht, dessen Ausgestaltung sich bereits einer Mitbetreuung annähert.

Anhang R. Rechtsprechung   R647

Wenn und soweit der andere Elternteil gleichwohl die Hauptverantwortung für ein Kind trägt, wofür der zeitlichen Komponente der Betreuung indizielle Bedeutung zukommen wird, ohne dass die Beurteilung sich allein hierauf zu beschränken braucht, muss es dabei bleiben, dass dieser Elternteil seine Unterhaltspflicht i. S. des § 1603 III 2 BGB durch die Pflege und Erziehung des Kindes erfüllt (ebenso *Wendl/Scholz*, 6. Aufl., § 2 Rdnr. 316 b).

[16] Anders wird es allerdings zu beurteilen sein, wenn die Eltern sich in der Betreuung eines Kindes abwechseln, so dass jeder von ihnen etwa die Hälfte der Versorgungs- und Erziehungsaufgaben wahrnimmt. In solchen Fällen wird eine anteilige Barunterhaltspflicht der Eltern in Betracht kommen, weil sie auch für den Betreuungsunterhalt nur anteilig aufkommen (*OLG Düsseldorf*, NJW-RR 2000, 74 [75] und NJW 2001, 3344 [3345]; *Wendl/Scholz*, § 2 Rdnrn. 226 und 316 b; *Luthin*, in: MünchKomm, § 1606 Rdnr. 34; *Büttner*, NJW 1999, 2315 [2322 f.]; *Luthin/Schumacher*, 10. Aufl., Rdnr. 3174; *Kalthoener/Büttner/Niepmann*, Die Rechtsprechung zur Höhe des Unterhalts, 9. Aufl., Rdnr. 148; *Scholz/Stein/Erdrich*, FamilienR, Teil I Rdnr. 155; *Eschenbruch/Wohlgemuth*, Der Unterhaltsprozess, 3. Aufl., Rdnr. 3135; *Gerhardt*, in: Hdb. des Fachanwalts FamilienR, 5. Aufl., 6. Kap. Rdnr. 154; *Weinreich/Klein*, § 1606 Rdnr. 42; *Hoppenz/Hülsmann*, Familiensachen, 8. Aufl., § 1606 Rdnr. 15; *Schwab/Borth*, 5. Aufl., Kap. V Rdnr. 58; *Erman/Hammermann*, § 1606 Rdnr. 11).

(Bei Wechselmodell anteiliger Kindesunterhalt Abzugsposten)
[17] Ein solcherart von den Eltern praktiziertes Wechselmodell bleibt allerdings auch auf die Bedarfsbemessung nicht ohne Einfluss. Wenn beide Elternteile über Einkommen verfügen, ist der Unterhaltsbedarf des Kindes an den beiderseitigen – zusammengerechneten – Einkünften auszurichten. Hinzuzurechnen sind die Mehrkosten (z. B. Wohn- und Fahrtkosten), die dadurch entstehen, dass das Kind nicht nur in einer Wohnung, sondern in getrennten Haushalten versorgt wird. Für den so ermittelten Bedarf haben die Eltern anteilig nach ihren Einkommensverhältnissen und unter Berücksichtigung der erbrachten Naturalunterhaltsleistungen aufzukommen (vgl. zur Berechnung etwa *OLG Düsseldorf*, NJW-RR 2000, 74 und NJW 2001, 3344; *Eschenbruch/Wohlgemuth*, Rdnr. 3135).

(Teilweise Deckung des Barunterhalts bei umfangreichem Umgangsrecht)
[19] 5. Demgemäß hat das BerGer. den Bedarf des Kl. zu Recht allein auf der Grundlage des Einkommens des Bekl. anhand der Düsseldorfer Tabelle ermittelt. Allerdings kann auch der auf diesem Weg bestimmte Bedarf eines unterhaltsberechtigten Kindes gemindert sein, wenn er zu einem Teil anderweitig gedeckt wird. Dies führt im Grundsatz zu einer entsprechenden Verringerung seines Unterhaltsanspruchs (§ 1602 I BGB). Wird mithin das Unterhaltsbedürfnis des Kindes, etwa durch Gewährung von Bekleidung und Verpflegung, unentgeltlich erfüllt, so kann das die Höhe des Barunterhaltsanspruchs verringern. Diese Folge kann auch dann eintreten, wenn es der barunterhaltspflichtige Elternteil selbst ist, der den Unterhalt des minderjährigen Kindes zu einem Teil in anderer Weise als durch die Zahlung einer Geldrente nach § 1612 I 1 BGB befriedigt (vgl. *Senat*, NJW 1984, 1544 = FamRZ 1984, 470 [472]).

[20] Von einer teilweisen Bedarfsdeckung kann im vorliegenden Fall indessen ebenfalls nicht ausgegangen werden. Dass der Bekl. seinerseits den Wohnbedarf des Kindes in der Zeit, in der es sich bei ihm aufhält, bestreitet, mindert dessen – ohne Berücksichtigung dieser Mehrkosten ermittelten – Bedarf nicht. Denn in den Tabellensätzen sind nur die bei einem Elternteil anfallenden Wohnkosten enthalten. Von einer – unterhaltsrechtlich erheblichen – teilweisen Bedarfsdeckung durch die Verpflegung des Kl. seitens des Bekl. kann ebenso wenig ausgegangen werden. Da die im Rahmen üblicher Umgangskontakte von etwa fünf bis sechs Tagen monatlich gewährte Verpflegung nicht zu Erstattungsansprüchen des besuchten Elternteils führt, sondern dieser die üblichen Kosten, die ihm bei der Ausübung des Umgangsrechts entstehen, grundsätzlich selbst zu tragen hat (vgl. *Senat*, NJW 2005, 1493 = FamRZ 2005, 706 [707 f.] m. w. Nachw.), führt die Verpflegung während weiterer vier bis fünf Tage nicht zu nennenswerten Ersparnissen des anderen Elternteils (vgl. *Wendl/Scholz*, § 2 Rdnr. 316 b). Sonstige den Bedarf des Kl. teilweise deckenden konkreten Aufwendungen des Bekl. hat dieser nicht vorgetragen.

BGH v. 15. 2. 2006 – XII ZR 4/04 – FamRZ 06,612 = NJW 06, 1509

(Abgrenzung Regelbedarf, Mehrbedarf, Sonderbedarf)   R647

Der nach Einkommensgruppen gestaffelte monatliche Tabellenunterhalt umfasst regelmäßig den gesamten absehbaren Lebensbedarf (§ 1610 II BGB). Hat das unterhaltsbedürftige Kind neben dem allgemeinen Lebensbedarf über einen längeren Zeitraum einen zusätzlichen Bedarf, zum Beispiel für krankheitsbedingte Kosten oder den Besuch einer Privatschule, ist dieser als regelmäßiger Mehrbedarf schon bei der Bemessung des laufenden Unterhalts zu berücksichtigen (*Senat*, NJWE-FER 2001, 253 = FamRZ 2001, 1603 [1604 f.]; *Wendl/Scholz*, 6. Aufl., § 2 Rdnrn. 133 ff.).

[10] 2. Ausnahmsweise kann der Unterhaltsberechtigte neben dem laufenden Barunterhalt – auch für die Vergangenheit – weiteren Unterhalt wegen eines unregelmäßigen außergewöhnlich hohen Bedarfs (Sonderbedarf) verlangen (§ 1613 II Nr. 1 BGB). Nach der Rechtsprechung des *Senats* muss es sich dabei um einen Bedarf handeln, der überraschend und der Höhe nach nicht abschätzbar auftritt. Unregelmäßig i. S. von § 1613 II Nr. 1 BGB ist also nur der Bedarf, der nicht mit Wahrscheinlichkeit vorauszusehen war und deswegen bei der Bemessung der laufenden Unterhaltsrente nicht berücksichtigt werden konnte. Wann ein in diesem Sinne unregelmäßiger Bedarf zugleich außergewöhnlich hoch ist, lässt sich hingegen nicht nach allgemein gültigen Maßstäben festlegen; vielmehr kommt es insoweit auf die Umstände des Einzelfalls an, insbesondere auf die Höhe der laufenden Unterhaltsrente und die sonstigen Einkünfte des Berechtigten, auf den Lebenszuschnitt der Beteiligten sowie auf den Anlass und den Umfang der besonderen Aufwendungen. Letztlich richtet sich die Frage, ob ein Bedarf außergewöhnlich hoch ist, danach, ob und inwieweit dem Berechtigten, wenn der Verpflichtete an sich leistungsfähig ist, bei einer Gesamtbetrachtung zugemutet werden kann, den Bedarf selbst zu bestreiten (*Senat*, NJWE-FER 2001, 253 = FamRZ 2001, 1603 [1605 a. E.]; NJW 1984, 2826 = FamRZ 1984, 470 [472] unter II 2 b bb; NJW 1983, 224 = FamRZ 1983, 29 [30] und NJW 1982, 328 = FamRZ 1982, 145 [146 f.]).

(Vorhersehbarkeit der Zusatzausgaben, Kosten der Konfirmation)

b   [18] Der gesetzlich nur unter engen Voraussetzungen geschuldete Sonderbedarf kann von dem regelmäßig geschuldeten Barbedarf, einschließlich eines eventuellen Mehrbedarfs, auch nicht nach den Einkommensverhältnissen im Einzelfall abgegrenzt werden. Soweit die Gegenmeinung auch einen langfristig absehbaren zusätzlichen Bedarf als Sonderbedarf einstuft, sofern der Unterhaltsgläubiger nicht in der Lage ist, die betreffenden Kosten von seinen laufenden Einkünften abzudecken, überzeugt dieses nicht. Denn neben dem monatlich geschuldeten Barunterhalt (§ 1612 I und III BGB), der regelmäßig den gesamten Lebensbedarf umfasst (§ 1610 II BGB), steht dem Unterhaltsgläubiger nur ausnahmsweise ein weitergehender Anspruch wegen eines unregelmäßigen und nicht mit Wahrscheinlichkeit vorauszusehenden außergewöhnlich hohen Bedarfs (Sonderbedarf) zu (*Weinreich/Klein*, § 1613 Rdnr. 52). Das ergibt sich aus dem Sinn der gesetzlichen Regelung, die sich darauf beschränkt, eine rückwirkende Geltendmachung eines überraschend entstandenen außergewöhnlich hohen Bedarfs zu ermöglichen. Selbst ein außergewöhnlich hoher Bedarf steht dem Unterhaltsgläubiger deswegen neben dem laufenden Unterhalt dann nicht als Sonderbedarf zu, wenn er mit Wahrscheinlichkeit vorauszusehen war und der Gläubiger sich deswegen darauf einstellen konnte (*Senat*, NJW 1982, 328 = FamRZ 1982, 145 [146]). Das ist dem Unterhaltsgläubiger bei einem voraussehbaren Bedarf aber stets möglich.

[19] Handelt es sich nicht um außergewöhnlich hohe Kosten, scheidet ein zusätzlich geschuldeter Sonderbedarf schon deswegen aus. Übersteigt der zusätzliche Bedarf hingegen diese Grenze, ist der Unterhaltsgläubiger zunächst gehalten, diesen durch Bildung von Rücklagen aus seinem laufenden Unterhalt zu decken. Selbst wenn die laufenden Unterhaltsleistungen eine solche Rücklage ausnahmsweise nicht ermöglichen, etwa weil sie nur den notwendigen Lebensbedarf abdecken, kann dieses den Charakter des zusätzlich aufgetretenen Bedarfs als langfristig absehbarer Unterhaltsbedarf nicht ändern. Auch in solchen Fällen kann der Unterhaltsberechtigte den mit Wahrscheinlichkeit voraussehbaren zusätzlichen Bedarf also nicht als Sonderbedarf verlangen (*Senat*, NJWE-FER 2001, 253 = FamRZ 2001, 1603 [1604 f.]; vgl. auch *Wendl/Scholz*, § 2 Rdnrn. 133 ff., 317 ff.).

[20] 4. Die Kosten des Kl. zu 1 für seine Konfirmation im Jahre 2000 und die Kosten des Kl. zu 2 für dessen Konfirmandenfahrt im Jahre 2001 bilden deswegen jedenfalls keinen Sonderbedarf nach § 1613 II Nr. 1 BGB. Diese Kosten sind nicht überraschend entstanden, sondern waren spätestens mit dem Beginn des Konfirmandenunterrichts absehbar.

BGH v. 1. 3. 2006 – XII ZR 157/03 – FamRZ 06, 846 = NJW 06, 2182

(Ansatz der konkreten Fahrtkosten als Abzugsposten; in Kilometerpauschale auch Kosten Abnutzung und Finanzierungsaufwand enthalten)

a   Wenn ein Gericht insoweit die in seinem Bezirk gebräuchlichen unterhaltsrechtlichen Leitlinien zu Grunde legt bzw. sich hieran anlehnt, so unterliegt das aus Rechtsgründen keinen Bedenken. Der *Senat* hat es in ständiger Rechtsprechung mangels sonstiger konkreter Anhaltspunkte für angemessen gehalten, die Kilometerpauschale nach § 9 III 1 des bis zum 30. 6. 2004 geltenden Gesetzes über die Entschädigung von Zeugen und Sachverständigen heranzuziehen (NJW-RR 1998, 721 = FamRZ 1998, 1501 [1502] m. w. Nachw.). Hiervon gehen auch die vom BerGer. angewandten Süddeutschen Leitlinien (Stand: 1. 1. 2002, Nr. 10 c) aus. Dass an Stelle des Betrags von 0,27 Euro nur ein solcher von 0,26 Euro zu Grunde gelegt worden ist, ist nicht zu beanstanden, zumal der Bekl. selbst keinen höheren Betrag in Ansatz gebracht hat. In der Kilometerpauschale sind aber regelmäßig sämtliche Pkw-Kosten einschließlich derjenigen für Abnutzung und Finanzierungsaufwand enthalten (*Kalthoener/Büttner/Niepmann*, 9. Aufl., Rdnr. 936; *OLG Hamm*, FamRZ 2000, 1367 und FamRZ 1998, 561;

Anhang R. Rechtsprechung   R648

Süddeutsche Leitlinien Nr. 10 c). Letzterer kann deshalb nicht zusätzlich als abzugsfähig anerkannt werden. Dass ausnahmsweise eine andere Beurteilung geboten wäre, hat der Bekl. nicht dargetan.

(Bei Erwerbsobliegenheit bei Kinderbetreuung überdurchschnittlich hoher Betreuungsbedarf zu berücksichtigen)
[20] c) Inwieweit für einen Ehegatten, der ein gemeinsames Kind betreut, eine Erwerbsobliegenheit b
besteht, ist nach objektiven Kriterien zu entscheiden. Bei der vorzunehmenden Abwägung der Umstände des Einzelfalls kommt es neben den persönlichen Verhältnissen des Unterhalt fordernden Ehegatten vor allem auf die Betreuungsbedürftigkeit des Kindes an.
Dabei spielt nicht nur das Alter des Kindes eine Rolle, sondern insbesondere auch sein Gesundheitszustand, sein sonstiger Entwicklungsstand sowie möglicherweise bei ihm aufgetretene Verhaltensstörungen. Demgemäß ist auch ein überdurchschnittlich hoher Betreuungsbedarf so genannter Problemkinder zu berücksichtigen (*Senat*, NJW 1985, 429 = FamRZ 1985, 50 [51], und NJW 1984, 2355 = FamRZ 1984, 769 [770]; *Wendl/Pauling*, 6. Aufl., § 4 Rdnrn. 68, 70; *Schwab/Borth*, 5. Aufl., Kap. IV Rdnr. 162; *Kleffmann*, in: Scholz/Stein, Praxishdb. FamilienR, Teil H Rdnr. 65).

(Überobligatorische Tätigkeit bei Betreuung eines schwerbehinderten Kindes; auch bei Zahlung von Pflegekind)
[24] Entgegen der Auffassung der Revision lässt sich hieraus indessen kein für eine Erwerbs- c
obliegenheit sprechender Grundsatz herleiten; vielmehr gilt es allein, die mögliche indizielle Bedeutung einer tatsächlich ausgeübten Erwerbstätigkeit zu beachten. Ob diese mit Rücksicht auf die Betreuungsbedürftigkeit eines Kindes zumutbar ist oder entsprechend dem Grundsatz, dass etwa bei Betreuung eines – wie hier zur Zeit der letzten mündlichen Verhandlung vor dem BerGer. – noch nicht acht Jahre alten Kindes regelmäßig keine Erwerbsobliegenheit besteht, als überobligationsmäßig zu bewerten ist, muss aber nach der konkreten Situation, in der sich ein Ehegatte nach der Trennung oder Scheidung befindet, beurteilt werden. Es ist deshalb auch zu berücksichtigen, dass mit der Trennung die Mehrbelastung des ein Kind betreuenden Ehegatten nicht wie früher durch den anderen Ehegatten aufgefangen werden kann, sondern der betreuende Ehegatte nunmehr grundsätzlich auf sich allein angewiesen ist, was die Fortsetzung der bisherigen Erwerbstätigkeit unzumutbar erscheinen lassen kann (vgl. *Senat*, NJW-RR 1988, 514 = FamRZ 1988, 145 [148 f.]; Göppinger/Bäumel, 8. Aufl., Rdnr. 957; *Wendl/Pauling*, § 4 Rdnr. 28; *Kleffmann*, in: Scholz/Stein, Teil H Rdnr. 67; Johannsen/Henrich/ Büttner, EheR, 4. Aufl., § 1570 Rdnr. 24; *Schwab/Borth*, Kap. IV Rdnr. 172; *Gerhardt*, in: FA-FamR, 5. Aufl., 6. Kap. Rdnr. 264; *Luthin*, 10. Aufl., Rdnr. 2108; *Weinreich/Klein*, FamilienR, 2. Aufl., § 1570 Rdnr. 8; vgl. auch *Born*, FamRZ 1997, 129 [132]).
[25] Die vom BerGer. getroffenen Feststellungen tragen die tatrichterliche Würdigung, dass die Kl. überobligationsmäßig gearbeitet hat. Das BerGer. hat entscheidend darauf abgestellt, dass das zur Zeit der letzten mündlichen Verhandlung in der Berufungsinstanz sieben Jahre alte Kind auf Grund seiner Schwerbehinderung auf der Entwicklungsstufe eines Kleinkindes steht, weshalb die Mutter – bevor M morgens zum Kindergarten abgeholt wird sowie nach seiner Rückkehr bis zum Beginn der Tätigkeit der für die nächtliche Überwachung erforderlichen Hilfskräfte – ungleich mehr an Betreuungsleistungen für ihn zu erbringen hat als für ein gesundes Kindergartenkind. Auf den gesamten Tagesablauf bezogen ergibt sich deshalb durch den Besuch des Kindergartens keine nennenswerte Entlastung der Kl. gegenüber der Betreuungssituation für ein gesundes Kindergartenkind. Vielmehr war die Kl. darauf angewiesen, in der Zeit, während der sich M im Kindergarten aufhielt, die notwendige Hausarbeit zu verrichten, um sich dem Kind nach seiner Rückkehr (nach 15 Uhr) wieder uneingeschränkt widmen und es beaufsichtigen zu können. Die daneben ausgeübte Erwerbstätigkeit stellt deshalb, auch wenn sie im Wesentlichen von einem häuslichen Telearbeitsplatz aus verrichtet werden konnte, eine überobligationsmäßige Tätigkeit der Kl. dar, die von ihr nicht verlangt werden kann.
[26] e) Dieser Beurteilung steht nicht entgegen, dass die Kl. für ihre Betreuungsleistungen Pflegegeld in Höhe von monatlich 1300 DM bzw. 665 Euro erhält. Das nach § 37 I SGB XI gewährte Pflegegeld bleibt, wenn es an eine Pflegeperson weitergeleitet wird, bei der Ermittlung von Unterhaltsansprüchen der Pflegeperson grundsätzlich unberücksichtigt (§ 13 VI 1 SGB XI). Mit dieser Regelung soll erreicht werden, dass das Pflegegeld nicht nur dem Pflegebedürftigen selbst, sondern auch der Pflegeperson, die die häusliche Pflege unentgeltlich übernommen hat, möglichst ungeschmälert erhalten bleibt. In dem Entwurf eines 4. Gesetzes zur Änderung des SGB XI wird hierzu ausgeführt: Ohne eine gesetzliche Regelung würde die unterhaltsrechtliche Berücksichtigung des Pflegegelds weiterhin allein durch richterliche Entscheidung bestimmt. Dabei ist davon auszugehen, dass auf der Basis der bisherigen zivilrechtlichen Rechtsprechung zum BSHG- und SGB V-Pflegegeld das vom Pflegebedürftigen an die Pflegeperson weitergeleitete Pflegegeld zu einem erheblichen Teil als „Vergütungsanteil" der Pflegeperson bewertet und demzufolge unterhaltsrechtlich als Einkommen der Pflegeperson berücksichtigt wird (so auch noch *Senat*, FamRZ 1996, 933 L = NJWE-FER 1996, 64). Dies ist mit dem sozialpolitischen Anliegen, die häusliche Pflege zu fördern und die Pflegebereitschaft und -fähigkeit im

häuslichen Bereich zu stärken, nicht vereinbar. Mit der Neuregelung wird erreicht, dass zum Beispiel bei einer geschiedenen Ehefrau nicht mehr der Unterhaltsanspruch gegenüber dem geschiedenen Ehemann gemindert wird, wenn sie für die Pflege des gemeinsamen behinderten pflegebedürftigen Kindes Pflegegeld erhält (BT-Dr 14/580, S. 5).

[27] Der Senat hält mit Blick auf die zum 1. 8. 1999 in Kraft getretene Neufassung des § 13 VI SGB XI an seiner früheren Auffassung nicht mehr fest. Da einer der in § 13 VI 2 SGB XI geregelten Ausnahmefälle nicht vorliegt, verbietet sich mithin eine unterhaltsrechtliche Berücksichtigung des Pflegegelds, die zu einer Verkürzung des der Kl. zustehenden Unterhaltsanspruchs führen würde (vgl. auch *Trenk-Hinterberger*, in: Wannagat, SGB XI, § 13 Rdnr. 172 a).

(Überobligatorische Tätigkeit kann jederzeit beendet werden)

d [28] 4. Die Bewertung der Erwerbstätigkeit der Kl. als überobligatorisch hat – wie das BerGer. zutreffend angenommen hat – zugleich zur Folge, dass sie diese Beschäftigung jederzeit aufgeben konnte. Das gilt vorliegend in besonderem Maße, da die Kl., wie sie in der mündlichen Verhandlung vor dem BerGer. dargelegt hat, keine Telearbeit mehr hätte verrichten können, sondern darauf angewiesen gewesen wäre, in der Behörde zu arbeiten. Diesem Vorbringen ist der Bekl. nicht mehr entgegengetreten.

(Überobligatorische Tätigkeit des Bedürftigen und Ausnahme des anrechnungsfreien Teils des Einkommens eheprägend)

e [30] a) Nach der Rechtsprechung des *Senats* ist bei der Ermittlung des angemessenen Unterhaltsbedarfs nur der unterhaltsrelevante Anteil eines überobligatorisch erzielten Einkommens als eheprägend zu berücksichtigen. Der nicht unterhaltsrelevante Anteil der überobligationsmäßig erzielten Einkünfte prägt die ehelichen Lebensverhältnisse dagegen nicht (*Senat*, NJW 2005, 2145 = FamRZ 2005, 1154 [1157 f.]). Damit steht nicht in Einklang, dass das BerGer. das volle Einkommen der Kl. in die Bedarfsbemessung einbezogen hat.

(Keine Pauschalierung des nach § 1577 II BGB anrechnungsfreien Betrages)

f [31] b) Die Frage, ob und gegebenenfalls in welchem Umfang Einkommen aus einer überobligatorischen Tätigkeit des Unterhaltsberechtigten bei der Unterhaltsberechnung zu berücksichtigen ist, lässt sich nach der Rechtsprechung des Senats nicht pauschal beantworten, sondern hängt von den besonderen Umständen des Einzelfalls ab. Maßgebend ist hierbei insbesondere, wie etwa die Kinderbetreuung mit den konkreten Arbeitszeiten unter Berücksichtigung erforderlicher Fahrzeiten zu vereinbaren ist und ob und gegebenenfalls zu welchen Zeiten die Kinder infolge eines Kindergarten- oder Schulbesuchs der Betreuung nicht bedürfen (vgl. zuletzt *Senat*, NJW 2005, 818 = FamRZ 2005, 442 [444], und NJW-RR 2005, 945 = FamRZ 2005, 967 [970]).

BGH v. 15. 3. 2006 – XII ZR 30/04 – FamRZ 06, 683 = NJW 06, 1654

R649 *(Fiktive Erwerbseinkünfte des Bedürftigen sind eheprägend)*

a [13] b) Soweit der Kl. neben dem tatsächlich erzielten Einkommen aus ihrer Aushilfstätigkeit fiktive Einkünfte bis zur Höhe ihres zuvor erzielten Einkommens zuzurechnen sind, sind diese nach der Rechtsprechung des *Senats* im Wege der Differenz- oder Additionsmethode in die Unterhaltsberechnung einzubeziehen. Denn auch solche fiktiven Einkünfte hätten dann die ehelichen Lebensverhältnisse der Parteien geprägt (*Senat*, NJW 2005, 3639 = FamRZ 2005, 1979 [1981]).

(Über die Regelaltersgrenze von 65 Jahren hinausgehende Erwerbstätigkeit ist überobligatorisch)

b [14] c) Für das weitere Verfahren wird das BerGer. allerdings zu beachten haben, dass die Kl. am 27. 1. 2005 65 Jahre alt geworden ist. Nach der Rechtsprechung des Senats ist sie mit Erreichen der allgemeinen Altersgrenze nicht mehr verpflichtet, eine Erwerbstätigkeit auszuüben, und kann diese deswegen jederzeit reduzieren oder vollständig aufgeben. Nur wenn die Kl. ihre Nebentätigkeit nach Renteneintritt weiterhin ausübt, bleibt das zusätzlich erzielte Einkommen nicht schon deswegen vollständig unberücksichtigt, weil es überobligationsmäßig erzielt wird. Dann ist der unterhaltsrelevante Anteil des überobligationsmäßig erzielten Einkommens nach Billigkeit zu ermitteln und – gegebenenfalls neben den eigenen Renteneinkünften – im Wege der Differenz- oder Anrechnungsmethode in die Unterhaltsberechnung einzubeziehen (*Senat*, NJW 2005, 2145 = FamRZ 2005, 1154 [1157 f.]).

(Schuldner darf durch Unterhaltszahlung nicht selbst sozialhilfebedürftig werden)

c [16] a) Nach ständiger Rechtsprechung des *Senats* besteht eine Unterhaltspflicht nicht, soweit der Unterhaltsschuldner infolge einer Unterhaltsleistung selbst sozialhilfebedürftig würde. Dem Unterhaltspflichtigen muss schon aus verfassungsrechtlichen Gründen jedenfalls der Betrag verbleiben, der seinen eigenen Lebensbedarf nach sozialhilferechtlichen Grundsätzen sicherstellt (*Senat*, BGHZ 111, 194 [198]

Anhang R. Rechtsprechung   R649

= NJW 1991, 356 = FamRZ 1990, 849 [850], und NJW 1996, 2793 = FamRZ 1996, 1272 [1273]; *Scholz,* FamRZ 2004, 751 [757 ff.]). Die finanzielle Leistungsfähigkeit endet jedenfalls dort, wo der Unterhaltspflichtige nicht mehr in der Lage ist, seine eigene Existenz zu sichern (*BVerfG,* NJW-RR 2002, 73 = FPR 2002, 13 = FamRZ 2001, 1685; zur Höhe vgl. *Klinkhammer,* FamRZ 2004, 1909 [1910 ff.], und *Schürmann,* FamRZ 2005, 148).

[17] Die Bemessung dieses – auch verfassungsrechtlich zu beachtenden – Mindestselbstbehalts ist nach ständiger Rechtsprechung des *Senats* Aufgabe des Tatrichters. Dabei ist es diesem nicht verwehrt, sich an Erfahrungs- und Richtwerte anzulehnen, sofern nicht im Einzelfall besondere Umstände eine Abweichung gebieten (*Senat,* NJW 1984, 1614, und NJW-RR 1992, 1474 = FamRZ 1993, 43 [44 f.]). Die Oberlandesgerichte haben solche pauschalen Selbstbehaltssätze als Grenzen der Leistungsfähigkeit für den Verwandtenunterhalt (§ 1603 BGB) oder den Ehegattenunterhalt (§ 1581 BGB) in ihre unterhaltsrechtlichen Leitlinien aufgenommen, stimmen dabei teilweise aber weder zur Höhe noch in der Abstufung gegenüber anderen Unterhaltsansprüchen überein. Beim Ehegattenunterhalt wird zum Teil zusätzlich danach unterschieden, ob der unterhaltsberechtigte Ehegatte minderjährige Kinder erzieht oder ob es sich um Trennungs- oder nachehelichen Ehegattenunterhalt handelt.

(Selbstbehalt des Pflichtigen beim Ehegattenunterhalt)
[18] Bei der Bemessung solcher Selbstbehalte haben die Gerichte die gesetzlichen Vorgaben zu   d beachten, die sich insbesondere aus dem Wesen der Unterhaltspflicht und der Rangfolge des Anspruchs im Verhältnis zu anderen Unterhaltsberechtigten ergeben (*Senat,* NJW 1989, 523 = FamRZ 1989, 272). Deswegen hat es der Senat nicht gebilligt, dass der angemessene Selbstbehalt gegenüber Unterhaltsansprüchen volljähriger Kinder (§ 1603 I BGB) mit dem notwendigen Selbstbehalt gegenüber Unterhaltsansprüchen minderjähriger und diesen nach § 1603 II BGB gleichgestellter Kinder gleichgesetzt wird (*Senat,* NJW 1989, 523 = FamRZ 1989, 272). Ebenso hat es der Senat aus Rechtsgründen nicht für vertretbar und auch nicht für billig gehalten, dem unterhaltspflichtigen geschiedenen Ehegatten regelmäßig nur den notwendigen Selbstbehalt zu belassen. Die darin zum Ausdruck kommende Gleichbehandlung des Unterhaltsanspruchs von Ehegatten mit demjenigen minderjähriger Kinder, wie sie für das Rangverhältnis in § 1609 II 1 BGB (noch) angeordnet ist, würde die gesteigerte Unterhaltspflicht nach § 1603 II BGB außer Betracht lassen. Der Regelungshintergrund dieser Vorschrift ist darin zu sehen, dass minderjährigen Kindern wegen ihres Alters von vornherein die Möglichkeit verschlossen ist, durch eigene Anstrengungen zur Deckung ihres notwendigen Lebensbedarfs beizutragen (*Senat,* NJW 2005, 500 = FamRZ 2005, 354 [355] m. w. Nachw.). Das gilt für geschiedene oder getrennt lebende Ehegatten nicht in gleichem Maße. Umgekehrt kann der gegenüber dem Unterhaltsanspruch volljähriger Kinder stärker ausgestaltete Charakter des Ehegattenunterhalts auch zu einer stärkeren Haftung und damit zu einem geringeren Selbstbehalt nach § 1581 BGB führen, als dieses auf der Grundlage des § 1603 I BGB gegenüber dem Unterhaltsanspruch volljähriger Kinder der Fall ist. Denn nach § 1609 II BGB stehen Ehegatten zwar den Kindern i. S. des § 1603 II BGB gleich; sonstigen Kindern gehen sie allerdings im Rang vor.

[19] Nach dieser gesetzlichen Wertung ist es geboten, den Selbstbehalt gegenüber dem Unterhaltsanspruch eines geschiedenen Ehegatten nach § 1581 BGB mit einem Betrag zu bemessen, der nicht unter dem notwendigen (§ 1603 II BGB), aber auch nicht über dem angemessenen (§ 1603 I BGB) Selbstbehalt liegt. Dabei wird es nicht zu beanstanden sein, wenn der Tatrichter für diesen – pauschalen – Ehegattenselbstbehalt im Regelfall von einem etwa in der Mitte zwischen diesen beiden Beträgen liegenden Betrag ausgeht, wie der Senat schon für den Unterhaltsanspruch nach § 1615l II BGB entschieden hat (vgl. NJW 2005, 500 = FamRZ 2005, 354 [355 f.]). Für den Trennungsunterhalt fehlt zwar eine dem § 1581 BGB entsprechende Regelung, die den Selbstbehalt des unterhaltspflichtigen Ehegatten sicherstellt. Der Verhältnismäßigkeitsgrundsatz gebietet es jedoch, diese Vorschrift entsprechend anzuwenden, da sich auch der Anspruch auf Trennungsunterhalt wie jeder Unterhaltsanspruch an der Leistungsfähigkeit des Unterhaltspflichtigen auszurichten hat (BVerfG, NJW 2002, 2701 = FamRZ 2002, 1397 [1398]).

[20] b) Der Senat hat die Leistungsfähigkeit im Rahmen des Ehegattenunterhalts (§ 1581 BGB) bisher auch noch in weiterer Weise beschränkt (*Senat,* BGHZ 109, 72 [83 ff.] = NJW 1990, 1172 = FamRZ 1990, 260 [264], und NJW 2004, 3106 = FamRZ 2004, 1357 [1358 f.]; vgl. Wendl/Gutdeutsch, 6. Aufl., § 4 Rdnrn. 567 ff.). Dessen bedarf es nach der neueren Rechtsprechung des Senats zur Ermittlung des Unterhaltsbedarfs eines getrennt lebenden oder geschiedenen Ehegatten nicht mehr.

(Kein Mindestbedarf beim Ehegattenunterhalt)
[25] Gemäß § 1578 I 1 BGB bestimmt sich das Maß des Unterhalts nach den ehelichen Lebens-   e verhältnissen. Nach ständiger Rechtsprechung des *Senats* erfordert die Bedarfsermittlung deshalb regelmäßig eine konkrete Feststellung der Einkommens- und Vermögensverhältnisse, die den ehelichen Lebensstandard bestimmt haben. Dass auf diese Weise auch ein Unterhaltsbedarf ermittelt werden kann,

der unter dem Selbstbehalt eines Unterhaltsverpflichteten gegenüber (sogar minderjährigen) Kindern liegt, veranlasst keine Korrektur. Der eheliche Lebensstandard ist grundsätzlich individuell angelegt. Er kann wirtschaftlich über oder unter dem Niveau von Tabellenwerten liegen, die in der Regel auf durchschnittlich ermittelten Kosten der allgemeinen Lebensführung beruhen und Besonderheiten daher nicht berücksichtigen. Darin unterscheidet er sich von dem Selbstbehalt des Unterhaltspflichtigen, der auf der Grundlage der Sozialhilfesätze mit Mindestbeträgen pauschaliert werden kann. Der Bedarf eines unterhaltsberechtigten Ehegatten kann auch nach der Scheidung je nach den Umständen des Einzelfalls beispielsweise dadurch beeinflusst werden, dass infolge gemeinschaftlichen Wirtschaftens mit anderen Personen – etwa Verwandten – die Generalkosten insbesondere für Wohnen niedriger gehalten werden können als im Falle des Alleinlebens. Inhalt der Unterhaltspflicht gegenüber einem geschiedenen Ehegatten ist es deswegen nicht, dem Berechtigten unter allen Umständen das so genannte Existenzminimum zu sichern – das ist notfalls Sache des Sozialhilfeträgers –, sondern nach Maßgabe des § 1578 I 1 BGB die Fortsetzung derjenigen – möglicherweise auch engen – Lebensverhältnisse zu ermöglichen, die die Ehe prägen (*Senat*, NJW 1995, 963 = FamRZ 1995, 346 [347]). Somit ist regelmäßig schon durch die Bedarfsermittlung auf Seiten des Unterhaltsberechtigten sichergestellt, dass dem Unterhaltspflichtigen ein – unter Berücksichtigung des Erwerbstätigenbonus – ebenso großer Anteil des verfügbaren Einkommens verbleibt, wie ihn der Unterhaltsberechtigte beanspruchen kann.

(Berücksichtigung von in der Ehe angelegten Einkommenssteigerungen und nicht unterhaltsbezogen leichtfertigen Einkommenssenkungen nach der Scheidung bei der Bedarfsbemessung; keine Lebensstandardgarantie; Berücksichtigung neuer vor- und gleichrangiger Unterhaltslasten)

f [26] Zwar bestimmt sich der Bedarf des unterhaltsberechtigten Ehegatten nach den ehelichen Lebensverhältnissen (§ 1578 I 1 BGB). Dieser Bezug schließt es jedoch nicht aus, nacheheliche Entwicklungen schon bei der Bedarfsermittlung zu berücksichtigen. So können sich nach der Rechtsprechung des Senats Einkommensverbesserungen, die erst nach der Scheidung beim unterhaltspflichtigen Ehegatten eintreten, bedarfsteigernd auswirken, wenn ihnen eine Entwicklung zu Grunde liegt, die aus der Sicht zum Zeitpunkt der Scheidung mit hoher Wahrscheinlichkeit zu erwarten war und wenn diese Erwartung die ehelichen Lebensverhältnisse bereits geprägt hatte. Umgekehrt können auch nach der Scheidung eintretende Einkommensminderungen für die Bedarfsbemessung nicht grundsätzlich unberücksichtigt bleiben, sofern sie nicht auf einer Verletzung der Erwerbsobliegenheit des Unterhaltsverpflichteten beruhen oder durch freiwillige berufliche oder wirtschaftliche Dispositionen des Unterhaltsverpflichteten veranlasst sind und von diesem durch zumutbare Vorsorge aufgefangen werden können (*Senat*, BGHZ 153, 358 [364 f.] = NJW 2003, 1518 = FamRZ 2003, 590 [591]). Wie der Senat schon wiederholt ausgesprochen hat, müsste es auf Unverständnis stoßen, wenn eine nach der Trennung eintretende Arbeitslosigkeit des unterhaltsverpflichteten Ehegatten nicht dessen die ehelichen Lebensverhältnisse, sondern erst seine Leistungsfähigkeit beeinflusst. Gleiches gilt für eine dauerhafte Absenkung der Erwerbseinkünfte des Unterhaltsschuldners nach der Scheidung. Auch hier muss es der Unterhaltsberechtigte hinnehmen, dass der Bemessungsmaßstab für seinen Unterhaltsanspruch gegenüber den Verhältnissen im Zeitpunkt der Scheidung abgesunken ist (*Senat*, BGHZ 153, 358 [364 f.] = NJW 2003, 1518 = FamRZ 2003, 590 [591]).

(Keine Lebensstandardgarantie; Bedarf des gesch. Gatten auch durch später entstandene vor- oder gleichrangige Unterhaltsverpflichtungen beeinflusst)

g [27] Der Senat hat deshalb in seiner neueren Rechtsprechung ausdrücklich ausgesprochen, dass die Anknüpfung der nach § 1578 I 1 BGB maßgebenden Umstände an den Zeitpunkt der Rechtskraft des Scheidungsurteils schon nach ihrem Zweck für den unterhaltsberechtigten Ehegatten keine die früheren ehelichen Lebensverhältnisse unverändert fortschreibende Lebensstandardgarantie begründet, deren Erfüllung nur in den Grenzen fehlender Leistungsfähigkeit des unterhaltsverpflichteten Ehegatten an dessen dauerhaft veränderte wirtschaftliche Verhältnisse angepasst und nur insoweit auch „nach unten korrigiert" werden kann. Für eine solche Absicherung böte das Recht des nachehelichen Unterhalts, das – jedenfalls im Prinzip – nur die Risiken der mit der Scheidung fehlgeschlagenen Lebensplanung der Ehegatten und der von ihnen in der Ehe praktizierten Arbeitsteilung angemessen ausgleichen will, keine gedankliche Rechtfertigung. Das Unterhaltsrecht will den bedürftigen Ehegatten nach der Scheidung wirtschaftlich im Grundsatz nicht besser stellen, als er sich ohne die Scheidung stünde. Bei Fortbestehen der Ehe hätte ein Ehegatte die negative Einkommensentwicklung des anderen Ehegatten wirtschaftlich mit zu tragen. Es ist nicht einzusehen, warum die Scheidung ihm das Risiko einer solchen – auch vom unterhaltspflichtigen Ehegatten hinzunehmenden – Entwicklung, wenn sie dauerhaft und vom Schuldner nicht durch in Erfüllung seiner Erwerbsobliegenheit gebotenen Anstrengungen vermeidbar ist, abnehmen soll (*Senat*, BGHZ 153, 358 [368] = NJW 2003, 1518 = FamRZ 2003, 590 [592]). Nichts anderes kann für sonstige Änderungen der maßgeblichen Verhältnisse gelten, wenn sich dadurch das dem Unterhaltspflichtigen verfügbare Einkommen vermindert. Treten zum Beispiel vorrangige oder gleichrangige weitere Unterhaltsberechtigte hinzu, muss sich auch das auf den Unter-

Anhang R. Rechtsprechung   R650

haltsbedarf des geschiedenen Ehegatten auswirken. Für den Trennungsunterhalt ergibt sich das schon aus der bisherigen Rechtsprechung des Senats, wonach die ehelichen Lebensverhältnisse jedenfalls durch die Entwicklung bis zur Rechtskraft der Scheidung geprägt werden (*Senat*, NJW 1999, 717 = FamRZ 1999, 367 [368 f.]).

(Grundsatz der Halbteilung; Berücksichtigung neuer nicht leichtfertig entstandener Ausgaben bereits bei Bedarfsermittlung, nicht erst bei der Leistungsfähigkeit)
[28] bb) Die genannte Einschränkung des sich aus der Ehe ergebenden Unterhaltsbedarfs folgt auch **h** aus dem Grundsatz der unterhaltsrechtlichen Halbteilung. Dieser Gedanke der Gleichbehandlung beider Ehegatten ist nicht darauf beschränkt, dem Unterhaltspflichtigen die Hälfte seines im Zeitpunkt der Unterhaltsleistung vorhandenen Einkommens zu belassen, wenn er nicht durch Erfüllung seiner Erwerbsobliegenheit weitere Einkünfte sicherstellen kann. Der Halbteilungsgrundsatz gebietet vielmehr schon bei der Bedarfsermittlung, dem Unterhaltspflichtigen wie dem Unterhaltsberechtigten von seinem eigenen anrechenbaren Erwerbseinkommen einen – die Hälfte seines verteilungsfähigen Einkommens (sogar) maßvoll übersteigenden – Betrag anrechnungsfrei zu belassen (*Senat*, NJW-RR 1991, 132 = FamRZ 1991, 304 [305], und NJW-RR 1991, 130 = FamRZ 1991, 307 [310]). Aus entsprechenden Erwägungen hat der Senat auch das Maß des einer nicht verheirateten Mutter nach § 1615 l II BGB zu gewährenden Unterhalts schon auf der Bedarfsebene nach dem Halbteilungsgrundsatz begrenzt (NJW 2005, 818 = FamRZ 2005, 442 [443]).
[29] cc) Weil deswegen schon bei der Bedarfsbemessung (§ 1578 BGB) nach dem Grundsatz der gleichmäßigen Teilhabe vermieden werden kann, dass ein Ehegatte einen nach günstigeren Verhältnissen bemessenen, vollen eheangemessenen Unterhalt erhält, während der Unterhaltsverpflichtete auf einen geringeren Ehegattenselbstbedarf verwiesen ist, bedarf es keiner entsprechenden Einschränkung (erst) im Rahmen der Leistungsfähigkeit des Unterhaltspflichtigen (§ 1581 BGB). Im Einklang mit der Rechtsprechung zur Leistungsfähigkeit beim Verwandtenunterhalt (§ 1603 BGB) ist deswegen auch die Leistungsfähigkeit des unterhaltspflichtigen Ehegatten erst dann beeinträchtigt, wenn der eigene angemessene Unterhalt des Unterhaltspflichtigen gefährdet ist, weil ihm kein eigenes Einkommen verbleibt, das einen nach dem Wesen des Unterhaltsanspruchs für den Regelfall festzusetzenden Mindestbetrag unterschreitet. Dafür, den stets zu beachtenden angemessenen Unterhalt des Unterhaltspflichtigen (§ 1581 BGB) für den Regelfall mit einem dem Wesen des Ehegattenunterhalts entsprechenden festen Betrag auszufüllen, spricht auch der Wortlaut des Gesetzes, der sich insoweit von § 1603 I BGB nicht unterscheidet. Dass dieser Ehegattenselbstbehalt nach dem Rang und dem Wesen des Unterhaltsanspruchs gegenüber anderen Unterhaltsansprüchen zwischen dem für minderjährige Kinder geltenden notwendigen Selbstbehalt (§ 1603 II BGB) und dem zum Beispiel gegenüber volljährigen Kindern geltenden angemessenen Selbstbehalt (§ 1603 I BGB) liegen sollte, ist oben schon ausgeführt.

BGH v. 12. 4. 2006 – XII ZR 31/04 – FamRZ 06, 1010 = NJW 06, 2404

(Schuldner darf durch Unterhalt nicht selbst sozialhilfebedürftig werden)   R650

[19] Denn nach ständiger Rechtsprechung des *Senats* entfällt eine Unterhaltspflicht, soweit der **a** Unterhaltsschuldner infolge seiner Unterhaltsleistungen selbst sozialhilfebedürftig würde. Schon aus verfassungsrechtlichen Gründen muss dem Unterhaltspflichtigen jedenfalls der Betrag verbleiben, der seinen eigenen Lebensbedarf nach sozialhilferechtlichen Grundsätzen sicherstellt. Die finanzielle Leistungsfähigkeit endet dort, wo der Unterhaltspflichtige nicht mehr in der Lage ist, seine eigene Existenz zu sichern (vgl. zuletzt *Senat*, NJW 2006, 1654 m. w. Nachw.). Diese Grenze der Leistungsfähigkeit des Unterhaltspflichtigen ist stets zu beachten, und zwar unabhängig davon, woraus die eigenen Einkünfte des Unterhaltspflichtigen herrühren.
[20] Bei der Bemessung dieses – auch verfassungsrechtlich zu beachtenden – Mindestselbstbehalts ist es dem Tatrichter nicht verwehrt, sich an Erfahrungs- und Richtwerte anzulehnen, sofern nicht im Einzelfall besondere Umstände eine Abweichung gebieten. Dabei haben die Gerichte allerdings die gesetzlichen Vorgaben zu beachten, die sich insbesondere aus dem Wesen der Unterhaltspflicht und der Rangfolge des Anspruchs im Verhältnis zu anderen Unterhaltsberechtigten ergeben (*Senat*, NJW 1989, 523 = FamRZ 1989, 272). Deswegen ist es nicht zu beanstanden, wenn die Gerichte dem gegenüber minderjährigen Kindern unterhaltspflichtigen Elternteil im Hinblick auf den Vorrang nach § 1609 I BGB und die gesteigerte Unterhaltspflicht nach § 1603 II BGB lediglich einen notwendigen Selbstbehalt belassen, der für den Regelfall nur wenig oberhalb des eigenen Existenzminimums liegt. Dieser – unterste – Selbstbehalt muss dem Unterhaltspflichtigen allerdings auf jeden Fall verbleiben (vgl. *BVerfG*, NJWE-FER 2001, 147 = FamRZ 2001, 541).

(Wechselseitige Beiträge zum Familienunterhalt)
[36] c) Der Revision ist zwar einzuräumen, dass bei bestehender Ehe beiden Ehegatten gleichermaßen **b** die Verpflichtung obliegt, durch ihre Arbeit und mit ihrem Vermögen die Familie angemessen zu

unterhalten (§ 1360 S. 1 BGB). Die Unterhaltspflicht der Ehegatten ist mithin eine wechselseitige; jeder Ehegatte ist gegenüber dem anderen zugleich Unterhaltsberechtigter und Unterhaltsverpflichteter. Dem Grundgedanken des § 1360 BGB entspricht es deswegen, dass die Last des Familienunterhalts von den Ehegatten gemeinsam getragen wird. Dabei kann der Verpflichtete im Verhältnis zu seinem Partner seinen Beitrag zum Familienunterhalt nicht unter Hinweis darauf verweigern, er sei ohne Gefährdung seines Eigenbedarfs zur Unterhaltsleistung nicht in der Lage. Ein solches Verhalten wäre dem ehegemeinschaftlichen Prinzip fremd und widerspräche der familienrechtlichen Unterhaltsregelung (BVerfG, NJW 1984, 1523 = FamRZ 1984, 346 [350]).

c *(Keine Erwerbsobliegenheit für Zahlung von Kindesunterhalt während des Bezugs von Erziehungsgeld)*
[40] Während der ersten zwei Jahre seit der Geburt des Kindes R, in denen die Bekl. Erziehungsgeld erhielt, war sie nicht verpflichtet, neben der Betreuung des Kleinkindes aus der neuen Ehe eine Nebenerwerbstätigkeit auszuüben. Dem steht schon entgegen, dass minderjährige Kinder bis zum Alter von jedenfalls zwei Jahren regelmäßig ständiger Aufsicht und Betreuung bedürfen, die auch der neue Ehegatte unter Berücksichtigung seiner eigenen Erwerbstätigkeit nicht in dem erforderlichen Umfang sicherstellen kann. Dem Gleichrang der Unterhaltsansprüche aller Kinder aus verschiedenen Beziehungen trägt für diesen Zeitraum schon § 9 S. 2 BErzGG Rechnung. Denn während das Erziehungsgeld grundsätzlich bei der Bemessung von Unterhaltsverpflichtungen unberücksichtigt bleibt, ist es wegen der gesteigerten Unterhaltsverpflichtung gegenüber den minderjährigen Kindern aus erster Ehe als Einkommen zu berücksichtigen. Für die Zeit seines Bezugs ersetzt das Erziehungsgeld somit im Interesse der Betreuung des neugeborenen Kindes die sonst gegebenenfalls bestehende Erwerbspflicht des baruntersthaltspflichtigen Ehegatten (vgl. auch *Wendl/Scholz*, § 2 Rdnrn. 177, 181).

BGH v. 3. 5. 2006 – XII ZR 103/03 – FamRZ 06, 1010 = BeckRS 06, 06835

R651 *(Keine Vereinbarung eines vertraglichen Unterhalts bei Verzicht bis auf konkrete Ausnahmen)*
[2] Die Auslegung des von den Parteien abgeschlossenen Ehevertrages durch das BerGer. hält der revisionsrechtlichen Prüfung allerdings nicht stand, da nicht sämtliche wesentlichen Umstände berücksichtigt worden sind. Ausweislich der Ziff. IV des Ehevertrages haben die Parteien wechselseitig auf nachehelichen Unterhalt verzichtet, allerdings vereinbart, dass dieser Verzicht hinsichtlich der Ehefrau nicht gilt, solange und soweit von ihr (u. a.) wegen der Pflege und Erziehung ihrer erstehelichen Kinder eine Erwerbstätigkeit nicht erwartet werden kann. Der insoweit geschuldete gesetzliche Unterhalt sollte höchstens 1500 DM betragen.
[3] Damit ist die Annahme, die Parteien hätten eine vertragliche Unterhaltspflicht des Bekl. geregelt, nicht zu vereinbaren. Ausgenommen von dem Verzicht der Ehefrau auf den gesetzlichen Unterhalt ist lediglich der – festgelegte – Zeitraum der Kinderbetreuung; insoweit sollte nachehelicher Unterhalt nach den gesetzlichen Bestimmungen zu zahlen sein.

BGH v. 3. 5. 2006 – XII ZR 35/04 – FamRZ 2006, 1099 = NJOZ 2006, 2646

R652 *(Selbstbehalt gegenüber Enkeln nicht geringer als Selbstbehalt gegenüber Eltern)*
[10] a) Wie der *Senat* nach Erlass des angefochtenen Urteils entschieden hat, ist es rechtlich nicht zu beanstanden, wenn Großeltern im Fall der Inanspruchnahme auf Unterhalt für ihre Enkel zumindest die höheren Selbstbehaltsbeträge zugebilligt werden, die auch erwachsene Kinder gegenüber ihren unterhaltsbedürftigen Eltern verteidigen können. Das gilt auch gegenüber minderjährigen Enkeln. Zwar sind diese in der Regel nicht in der Lage, ihren Lebensbedarf selbst zu decken. Deshalb ordnet das Gesetz in § 1603 II 1 BGB an, dass ihnen gegenüber eine gesteigerte Unterhaltspflicht besteht. Die vorgenannte Bestimmung gilt aber nur im Verhältnis zwischen Kindern und ihren Eltern. Für Großeltern besteht dagegen keine gesteigerte Unterhaltspflicht, sondern sie haften allein unter Berücksichtigung ihres angemessenen Eigenbedarfs, und zwar nachrangig. Das rechtfertigt es, ihnen generell die erhöhten Selbstbehaltsbeträge, wie sie auch im Rahmen des Elternunterhalts gelten, zuzubilligen (*Senat*, NJW 2006, 142 = FamRZ 2006, 26 [28] m. Anm. *Duderstadt*, FamRZ 2006, 30 und *Luthin*, FamRZ 2006, 4 und FF 2006, 54).

BGH v. 17. 5. 2006 – XII ZB 250/03 – FamRZ 06, 1097 = NJW 06, 2331

R653 *(Schwächere Verhandlungsposition als Prüfungspunkt bei der Wirksamkeitskontrolle)*

a [14] Das *OLG* weist zu Recht darauf hin, dass sich die Ag., die beim Vertragsschluss erst 23 Jahre alt, in Deutschland fremd und der deutschen Sprache nicht mächtig war, die über keine Ausbildung verfügt hat und ohne die Eheschließung weder eine Aufenthalts- noch eine Arbeitserlaubnis erhalten hätte, sich gegenüber dem Ast., der elf Jahre älter, in Deutschland beheimatet und im öffentlichen Dienst wirtschaftlich abgesichert war, in einer sehr viel schwächeren Verhandlungsposition befunden hat. Diese Disparität stellt, wie das OLG ebenfalls nicht verkennt, eine evident einseitige Lastenverteilung zum Nachteil der Ag.dar. Denn die getroffenen Abreden würden, wären sie wirksam, dazu führen, dass die Ag. ohne jeden nachehelichen Schutz dastünde, und zwar auch dann, wenn sie – wie geschehen – gemeinsame Kinder betreut. Die Ag. hätte mithin die ehebedingten Nachteile, die sich – nach der Geburt ihrer Kinder – aus ihrem mit der Tätigkeit als Hausfrau und Mutter einhergehenden Verzicht auf eine eigene Erwerbstätigkeit ergeben, allein zu tragen – ein Ergebnis, das mit dem Gebot ehelicher Solidarität schlechthin unvereinbar wäre. Diese Schutzlosigkeit der Ag. war – als mögliche Folge einer Scheidung – auch schon bei Abschluss des Ehevertrags vorhersehbar; denn die Parteien sind, wie das OLG aus den getroffenen Abreden zutreffend gefolgert hat, bereits damals von der Möglichkeit ausgegangen, dass aus ihrer Ehe Kinder hervorgehen würden. Schließen Parteien unter solchen Voraussetzungen gleichwohl alle vermögensrechtlichen Scheidungsfolgen aus, so muss die Rechtsordnung einer solchen Abrede schon nach § 138 BGB die Anerkennung versagen.

(Gesamtnichtigkeit eines ausnahmslos benachteiligenden Ehevertrages)
[15] Diese Missbilligung gilt nicht nur für den Ausschluss jeglichen nachehelichen Unterhalts, sondern in gleicher Weise auch für den Ausschluss des Versorgungsausgleichs. Die von den Parteien vereinbarte salvatorische Klausel ändert daran – entgegen der Auffassung des OLG – nichts. Ergibt sich, wie hier, die Sittenwidrigkeit der getroffenen Abreden bereits aus der Gesamtwürdigung eines Vertrags, dessen Inhalt für eine Partei – wie hier für die Ag. – ausnahmslos nachteilig ist und dessen Einzelregelungen durch keine berechtigten Belange der anderen Partei gerechtfertigt werden, so erfasst die Nichtigkeitsfolge notwendig den gesamten Vertrag, hier also auch den für die Ag. nachteiligen Ausschluss des Versorgungsausgleichs. Für eine Teilnichtigkeit bleibt in solchem Fall kein Raum (vgl. etwa Brambring, FPR 2005, 130 [133]). Insbesondere lässt sich die Nichtigkeit des Ausschlusses des Versorgungsausgleichs nicht, wie das OLG meint, deshalb verneinen, weil bereits der Ausschluss des nachehelichen Unterhalts seinerseits nichtig sei und die Ag. deshalb mit Hilfe des Altersvorsorgeunterhalts eine eigene Altersvorsorge aufbauen könne. Eine solche Argumentation würde nicht nur zu einer beliebigen Austauschbarkeit der Nichtigkeit einzelner Vertragsteile führen; sie verkennt auch, dass der Versorgungsausgleich sich zwar seiner Zielrichtung nach als ein vorweggenommener Altersvorsorgeunterhalt verstehen lässt *(Senat* NJW 2004, 930 = FamRZ 2004, 601 [604]), dass der Altersvorsorgeunterhalt den Versorgungsausgleich aber nicht ersetzen kann, weil der eine für den zukünftigen Versorgungsaufbau bestimmt ist, während der andere den Versorgungsaufbau für die Vergangenheit ausgleichen soll.

BGH v. 17. 5. 2006 – XII ZR 54/04 – FamRZ 06, 1100 = NJW 06, 2984

(Eltern schulden dem Kind grundsätzlich nur eine angemessene Ausbildung)

[14] a) Nach § 1610 II BGB umfasst der Unterhalt eines Kindes die Kosten einer angemessenen Vorbildung zu einem Beruf. Geschuldet wird danach eine Berufsausbildung, die der Begabung und den Fähigkeiten, dem Leistungswillen und den beachtenswerten Neigungen des Kindes am besten entspricht und sich in den Grenzen der wirtschaftlichen Leistungsfähigkeit der Eltern hält. Eltern, die ihrem Kind eine solche Berufsausbildung gewährt haben, sind daher nicht mehr verpflichtet, Kosten einer weiteren Ausbildung zu tragen.

[15] Ausnahmen hat der *Senat* nur unter besonderen Umständen angenommen, etwa wenn der Beruf aus gesundheitlichen oder sonstigen, bei Ausbildungsbeginn nicht vorhersehbaren Gründen nicht ausgeübt werden kann. Ferner kommt eine fortdauernde Unterhaltspflicht in Betracht, wenn die weitere Ausbildung zweifelsfrei als eine bloße in engem sachlichen und zeitlichen Zusammenhang stehende Weiterbildung zu dem bisherigen Ausbildungsweg anzusehen ist und von vornherein angestrebt war, oder während der ersten Ausbildung eine besondere, die Weiterbildung erfordernde Begabung deutlich wurde (NJW 1995, 718 = FamRZ 1995, 416 m. w. Nachw.; BGHZ 69, 190 [194] = NJW 1977, 1917 = FamRZ 1977, 629).

(Abitur – Lehre – Studium)
[16] b) Diese Grundsätze hat der *Senat* für die Fälle modifiziert, in denen ein Kind nach Erlangung der Hochschulreife auf dem herkömmlichen schulischen Weg (Abitur) eine praktische Ausbildung (Lehre) absolviert hat und sich erst danach zu einem Studium entschließt (sog. Abitur-Lehre-Studium-Fälle). Grund für die Modifizierung war das zunehmend geänderte Ausbildungsverhalten der Studienberechtigten, die sich durch eine praktische Berufsausbildung eine sichere Lebensgrundlage schaffen, ein anschließendes Studium aber nicht von vornherein ausschließen wollen. Dabei hat der Senat allerdings wegen des aus § 1610 II BGB abzuleitenden Merkmals der Einheitlichkeit des Ausbildungsgangs daran festgehalten, dass die einzelnen Ausbildungsabschnitte in engem zeitlichen und sachlichen Zusammenhang stehen und die praktische Ausbildung und das Studium sich jedenfalls sinnvoll ergänzen müssen. Er hat es jedoch genügen lassen, dass der Studienabschluss nicht von vornherein,

sondern erst nach Beendigung der Lehre gefasst wird, weil es gerade der Eigenart des vom herkömmlichen Bild abweichenden Ausbildungsverhaltens entspricht, dass sich der Abiturient bei Aufnahme der praktischen Ausbildung vielfach noch nicht über ein anschließendes Studium schlüssig ist (*Senat,* BGHZ 107, 376 [381 ff.] = NJW 1989, 2253 = FamRZ 1989, 853 [854 f.], und NJW-RR 2002, 1 = FamRZ 2001, 1601).

(Realschule, Lehre, Fachoberschule, Fachhochschulstudium)
c [17] c) Eine Übertragung dieser für die so genannten Abitur-Lehre-Studium-Fälle entwickelten Grundsätze auf Ausbildungsabläufe, in denen nach einem Realschulabschluss zunächst eine Lehre, dann die Fachoberschule und später die Fachhochschule absolviert wird, hat der Senat stets abgelehnt. In solchen Fällen hat er die einzelnen Ausbildungsabschnitte nur dann als einheitliche, von den Eltern zu finanzierende Berufsausbildung angesehen, wenn schon bei Beginn der praktischen Ausbildung erkennbar eine Weiterbildung einschließlich des späteren Studiums angestrebt wurde (*Senat,* NJW-RR 1991, 195 = FamRZ 1991, 320 [321]). Denn auch insoweit können die Eltern nicht für die Kosten einer zweiten oder weiteren Ausbildung herangezogen werden, wenn sie ihre Unterhaltspflicht durch Finanzierung einer begabungsgerechten abgeschlossenen Berufsausbildung in rechter Weise erfüllt haben. Dahinter steht der Gedanke, dass die Unterhaltspflicht der Eltern von der Frage mitbestimmt wird, inwieweit sie damit rechnen müssen, dass ihr Kind nach einem Schulabschluss und einer zu Ende geführten, in sich geschlossenen Berufsausbildung noch eine berufsqualifizierende Ausbildung – gegebenenfalls über weitere Ausbildungsstufen hinweg – anstrebt. Denn die Belange der Unterhaltspflichtigen dürfen insoweit nicht unberücksichtigt bleiben. Die Eltern müssen sich in ihrer eigenen Lebensplanung in etwa darauf einstellen können, wie lange sie mit einer Unterhaltslast zu rechnen haben. Das Ausbildungsunterhaltsverhältnis zwischen Eltern und Kindern ist auch insoweit von gegenseitiger Rücksichtnahme geprägt, als einerseits die Eltern leichtere Verzögerungen oder ein zeitweiliges Versagen hinnehmen müssen, andererseits das Kind seine Ausbildung mit Fleiß und Zielstrebigkeit anzugehen hat.

[18] Vor diesem Hintergrund ergeben sich wesentliche Unterschiede zwischen den beiden Ausbildungsvarianten nach Abschluss des Abiturs einerseits oder der Realschule andererseits, die es rechtfertigen, jeweils auf andere Kriterien abzustellen. Während der Abiturient insbesondere in der Oberstufe mehr an das theoretische Denken herangeführt und damit auf das Hochschulstudium vorbereitet wird, gewährt der Realschulabschluss dem Absolventen eine Vorbildung, die Grundlage für eine praxisorientierte Berufsausbildung sein soll. Hat ein Kind auf dem herkömmlichen schulischen Weg das Abitur und damit die allgemeine Zugangsberechtigung zum Studium erlangt, müssen die Eltern regelmäßig von vornherein mit einer Hochschulausbildung rechnen. Auf Grund der allgemeinen Entwicklung des Ausbildungsverhaltens von Abiturienten müssen sie dabei allerdings gewärtigen, dass eine praktische Ausbildung vorgeschaltet und der Entschluss zu dem fachlich darauf aufbauenden Studium erst anschließend gefasst wird. Eine solche Vorhersehbarkeit ergibt sich demgegenüber nicht ohne weiteres in den Fällen, in denen ein Kind, nachdem es auf Grund seiner Fähigkeiten und seines Leistungswillens einen Haupt- oder Realschulabschluss erreicht hat, im Anschluss an eine Lehre zunächst durch Wiederaufnahme der schulischen Ausbildung die Fachhochschulreife zu erlangen sucht, um sodann ein Fachhochschulstudium anzuschließen (*Senat,* NJW 1995, 718 = FamRZ 1995, 416 [417 f.] m. w. Nachw.).

[19] Das spricht dafür, in den letztgenannten Fällen die Einheitlichkeit der Ausbildung jedenfalls dann zu verneinen, wenn das Kind nicht von vornherein die Absicht geäußert hatte, nach der Lehre die Fachoberschule zu besuchen und anschließend zu studieren und die Eltern mit einem derartigen beruflichen Werdegang des Kindes auch nicht auf Grund sonstiger besonderer Anhaltspunkte zu rechnen brauchten. Solche Anhaltspunkte können sich etwa aus der bisherigen schulischen Entwicklung ergeben oder auch in der anschließenden Lehre zeigen, indem sie eine deutliche Begabung, insbesondere in theoretischer Hinsicht, für einen Fachbereich und für eine Weiterbildung auf diesem Gebiet erkennen lassen. Auch wenn sich ein allgemein geändertes Ausbildungsverhalten feststellen ließe, wonach Kinder mit Realschulabschluss in zunehmendem Maße nach einer praktischen Ausbildung die Fachoberschule besuchen und alsdann studieren, kann nichts anderes gelten. Denn wenn sich die schulische Ausbildung (zunächst) auf den Realschulabschluss beschränkt und beim Eintritt in die praktische Ausbildung weder die Absicht besteht, nach deren Abschluss die Fachoberschule zu besuchen und zu studieren, noch sonst nach der erkennbar gewordenen Begabung oder nach der Leistungsbereitschaft und dem Leistungsverhalten des Kindes eine entsprechende Weiterbildung nach Abschluss der Lehre zu erwarten ist, braucht der Unterhaltspflichtige nicht damit zu rechnen, nach dem Abschluss der berufsqualifizierenden praktischen Ausbildung des Kindes zu weiteren Unterhaltsleistungen herangezogen zu werden (*Senat,* NJW 1995, 718 = FamRZ 1995, 416 [418]).

(ausnahmsweise Finanzierung einer weiteren Ausbildung)
d [20] 3. Auch in anderen Fällen als einer gestuften Ausbildung hat der Senat stets betont, dass die Eltern ihrem Kind jedenfalls Unterhalt für eine Berufsausbildung schulden, die der Begabung und den

Fähigkeiten, dem Leistungswillen und den beachtenswerten Neigungen des Kindes am besten entspricht und sich dabei in den Grenzen ihrer wirtschaftlichen Leistungsfähigkeit hält (*Senat,* NJW-RR 2002, 1 = FamRZ 2001, 1601).

[21] a) Der Senat hat insoweit ausgeführt, dass die Eltern ihrem Kind ausnahmsweise auch eine zweite Ausbildung finanzieren müssen, wenn sie es in einen unbefriedigenden, seinen Begabungen nicht hinreichend Rechnung tragenden Beruf gedrängt haben (*Senat,* NJW-RR 1991, 194 = FamRZ 1991, 322 und FamRZ 1980, 1115). Dem hat der *Senat* Fälle gleichgestellt, in denen dem Kind eine angemessene Ausbildung verweigert worden ist und es sich aus diesem Grund zunächst für einen Beruf entschieden hat, der seiner Begabung und seinen Neigungen nicht entspricht. Dabei hat der Senat ausdrücklich ausgeführt, dass die in der bisherigen Rechtsprechung entwickelten Ausnahmen von dem Grundsatz der Verpflichtung zur Finanzierung nur einer Ausbildung keineswegs als abschließender, andere Fallgruppen ausschließender Katalog verstanden werden können (*Senat,* NJW-RR 1991, 194 = FamRZ 1991, 322 [323]).

[22] Eine fortdauernde Unterhaltspflicht der Eltern hat der Senat deswegen auch für die Fälle angenommen, in denen die erste Ausbildung auf einer deutlichen Fehleinschätzung der Begabung des Kindes beruht. Auch in solchen Fällen haben die Eltern ihre Verpflichtung zur Finanzierung einer angemessenen Berufsausbildung noch nicht in rechter Weise erfüllt und sind im Einzelfall verpflichtet, dem Kind ausnahmsweise eine angemessene zweite Ausbildung zu finanzieren (*Senat,* NJW-RR 2000, 593 = FamRZ 2000, 420, und NJW 1993, 2238 = FamRZ 1993, 1057 [1058 f.]).

[23] b) Dabei begegnet es nach ständiger Rechtsprechung des Senats keinen rechtlichen Bedenken, wenn die Frage, ob der Erstausbildung des Kindes eine Fehleinschätzung seiner Begabung zu Grunde lag, nach den Verhältnissen beurteilt wird, die sich erst nach Beendigung dieser Ausbildung ergeben haben. Zwar ist die Frage der beruflichen Eignung eines Kindes grundsätzlich aus der Sicht bei Beginn der Ausbildung und den zu dieser Zeit zu Tage getretenen persönlichen Anlagen und Neigungen zu beantworten (*Senat,* FamRZ 1981, 437 [438]). Um eine unangemessene Benachteiligung von so genannten Spätentwicklern zu vermeiden, gilt dies aber schon dann nicht, wenn sich später herausgestellt hat, dass die zunächst getroffene Entscheidung auf einer deutlichen Fehleinschätzung der Begabung des Kindes beruht (*Senat,* NJW-RR 1991, 194 = FamRZ 1991, 322 [323], und NJW-RR 2000, 593 = FamRZ 2000, 420). Nur auf diese Weise lässt sich eine unangemessene Benachteiligung des im Rahmen der späteren Ausbildung besonders erfolgreichen Kindes vermeiden.

(Obliegenheiten des Kindes)
[24] c) Der Verpflichtung des Unterhaltsschuldners, dem Unterhaltsberechtigten eine Berufsausbildung zu ermöglichen, steht zwar dessen Obliegenheit gegenüber, die Ausbildung mit Fleiß und der gebotenen Zielstrebigkeit in angemessener und üblicher Zeit zu absolvieren. Nach Treu und Glauben (§ 242 BGB) kann der Unterhaltsschuldner jedoch Verzögerungen in der Ausbildung des Kindes hinnehmen müssen, die auf ein leichteres, nur vorübergehendes Versagen des Kindes zurückzuführen sind (*Senat,* NJW 1993, 2238 = FamRZ 1993, 1057 [1055], und NJW-RR 2000, 593 = FamRZ 2000, 420 [421]). Deswegen steht der Verpflichtung der Eltern zur Zahlung von Ausbildungsunterhalt nicht entgegen, dass ein Kind die später zu finanzierende Ausbildung ohne gewichtiges Verschulden nicht sogleich nach Abschluss des vorangegangenen Ausbildungsabschnitts begonnen und zielstrebig fortgeführt hat. In solchen Fällen hat eine Obliegenheitsverletzung des Kindes jedenfalls kein solches Gewicht, dass sie die schwerwiegende Folge eines Verlustes des Unterhaltsanspruchs nach sich ziehen muss.

(fortgeschrittenes Alter des Kindes, besonders lange Verzögerung der Ausbildung)
[26] Je älter ein Kind bei Aufnahme einer Ausbildung ist und je eigenständiger es seine Lebensverhältnisse gestaltet, desto mehr tritt die Elternverantwortung für seinen Berufs- und Lebensweg zurück. Die hinsichtlich der Angemessenheit der weiteren Ausbildung zu stellenden Anforderungen bedürfen deshalb mit zunehmendem Alter des Kindes der besonders sorgfältigen Prüfung (*Senat,* NJW-RR 2000, 593 = FamRZ 2000, 420 [421 f.]).

[27] Auch wenn das Kind noch keine oder keine angemessene Berufsausbildung erfahren hat, kann eine besonders lange Verzögerung dazu führen, dass sein Ausbildungsanspruch entfällt und es sich daher seinen Lebensunterhalt mit ungelernten Tätigkeiten oder auf Grund sonstiger Begabungen und Fertigkeiten verdienen muss (*Senat,* NJW 1998, 1555 = FamRZ 1998, 671 [672]).

(Wechsel und Verzögerung der Ausbildung sind nicht ohne Weiteres vorwerfbar)
[32] c) Einer Fortdauer der Unterhaltspflicht des Bekl. steht auch nicht entgegen, dass der Kl. vor Beginn des Studiums für mehr als zwei Jahre im gehobenen Polizeidienst tätig war, bevor er diesen Berufsweg nach den nicht bestandenen Zwischenprüfungen beendete. Wie schon ausgeführt, steht der Verpflichtung des Unterhaltsschuldners zur Ermöglichung einer Berufsausbildung auf Seiten des Unterhaltsberechtigten zwar die Obliegenheit gegenüber, die Ausbildung mit Fleiß und der gebotenen

Zielstrebigkeit in angemessener und üblicher Zeit zu absolvieren. Abhängig von Alter und Einsichtsfähigkeit des Unterhaltsberechtigten muss der Unterhaltspflichtige aber Verzögerungen der Ausbildung hinnehmen, die nur auf einem vorübergehenden leichten Versagen des Kindes beruhen. So liegt der Fall hier:

[33] Der Kl., der im Alter von 16 Jahren nach dem Realschulabschluss zunächst eine Maurerlehre durchgeführt hatte, sah nach Erreichen der Fachhochschulreife den gehobenen Polizeidienst als den seinen Neigungen am besten entsprechenden Ausbildungsgang an. Wenn er sich dabei mangels hinreichender Kenntnisse von diesem Berufsbild geirrt hat, liegt darin kein so gravierendes Verschulden, dass es den vollständigen Wegfall seines Anspruchs auf Ausbildungsunterhalt rechtfertigen könnte. Insbesondere ist dem Kl. unterhaltsrechtlich nicht vorwerfbar, dass er den Dienst nicht früher abgebrochen, sondern erst nach dem nicht bestandenen Zwischenprüfungen beendet hat (vgl. auch *Senat*, NJW 1994, 2362 [2363]). Bei der Bewertung dieser Fehleinschätzung seiner Neigungen kann auch nicht unberücksichtigt bleiben, dass der Kl. sich nach den Feststellungen des BerGer. in der Vergangenheit stets bemüht hatte, den Bekl. nicht übermäßig finanziell zu belasten. Der Kl. hat lediglich im ersten Jahr seiner Maurerlehre bei dem Bekl. gewohnt und ihn in der Folgezeit bis zum Beginn des Studiums nicht mehr auf Unterhalt in Anspruch genommen. Zwar kann ein Kind, das eine seinen Anlagen entsprechende Ausbildung erhalten hatte, von seinen Eltern nicht deswegen die Kosten für eine weitere, bessere Ausbildung beanspruchen, weil die Eltern für die erste Ausbildung keine finanziellen Beiträge geleistet haben (*Senat*, FamRZ 1981, 437 [438]). Die Verpflichtung zur Gewährung von Ausbildungsunterhalt ist deshalb grundsätzlich unabhängig von der Höhe der Kosten einer vorangegangenen Ausbildung oder eines vorangegangenen Ausbildungsabschnitts. Die fehlende Unterhaltsbedürftigkeit in der Vergangenheit spricht aber gegen ein grobes Verschulden des Kl. im Rahmen seiner Fehleinschätzung beim Eintritt in den gehobenen Polizeidienst.

(Kindergeld bei Volljährigen bedarfsdeckend)

h [39] b) Auf diesen Unterhaltsbedarf des volljährigen Kindes ist nach der neueren Rechtsprechung des *Senats* das staatliche Kindergeld allerdings in voller Höhe anzurechnen (NJW 2006, 57 = FamRZ 2006, 99 [101 ff.]). Das Kindergeld entlastet damit den unterhaltspflichtigen Bekl. nicht lediglich hälftig, sondern entsprechend seines sich aus den Einkommens- und Vermögensverhältnissen beider Eltern ergebenden Anteils an der Unterhaltslast. Der ungedeckte Unterhaltsbedarf des Kl., für den der Bekl. und die Mutter des Kl. nach ihren Einkommensverhältnissen anteilig haften, betrug während der Zeit des Bezugs von Kindergeld bis zur Vollendung des 27. Lebensjahres (§ 2 II BKGG) mithin nur noch 446 Euro monatlich (600 Euro – 154 Euro).

(Wohnwert beim Verwandtenunterhalt entspricht nicht pauschal den im Selbstbehalt enthaltenen Mietkosten)

i [41] Im Übrigen fehlen Feststellungen des *OLG* zu dem wirklichen Wohnwert der Eigentumswohnung des Bekl., zumal dieser nicht mit dem im angemessenen Selbstbehalt enthaltenen Wohnvorteil übereinstimmen muss. Auch den vom Bekl. vor dem Tod seiner zweiten Ehefrau im Rahmen des Familienunterhalts zu tragenden Anteil an der durch den Kauf der Wohnung übernommenen monatlichen Belastung hat das *OLG* nicht individuell festgestellt.

BGH v. 31. 5. 2006 – XII ZR 111/03 – FamRZ 06, 1178 = NJW 06, 2623

R655 *(Aufteilung der Steuerschulden bei gemeinsamer Veranlagung auf Grundlage fiktiver Aufteilung nach § 270 AO)*

[21] c) Ganz überwiegend wird deshalb in Rechtsprechung und Literatur die Auffassung vertreten, die Steuerschuld und die sich hieraus ergebenden Erstattungs- bzw. Nachzahlungsansprüche seien unter entsprechender Heranziehung des § 270 AO auf der Grundlage fiktiver getrennter Veranlagungen der Ehegatten zu ermitteln. Diese – aufwändigere – Vorgehensweise kann für sich beanspruchen, zu einem einkommensteuerkonformen Ergebnis zu führen, weil sie die konkrete steuerrechtliche Situation der Ehegatten berücksichtigt (so *Dostmann*, FamRZ 1991, 760 [762]; *Siebelt*, FamRZ 1993, 626 [633]; *ders.*, NJW 1993, 1741 [1742]; *Sonnenschein*, NJW 1980, 257 [262]; *Gernhuber*, JZ 1996, 765 [766]; *Genthe*, FuR 1999, 153 [156, 158]; *Bosch*, FamRZ 2002, 366 [368]; *Kotzur*, NJW 1989, 817 [818]; *Johannsen/Henrich/Jaeger*, § 1375 BGB Rdnr. 12; *Haußleiter/Schulz*, Kap. 6 Rdnr. 288; *Schwab/Borth*, 5. Aufl., Kap. IV Rdnr. 827; Palandt/Heinrichs, BGB, 65. Aufl., § 426 Rdnr. 9 c; *Staudinger/Noack*, BGB, 1999, § 426 Rdnr. 209; *Engels*, in: Schröder/Bergschneider, FamilienvermögensR, Rdnrn. 9.63 f.; OLG Düsseldorf, NJW-RR 2000, 1676 = FamRZ 2001, 96, und FamRZ 1991, 1315 [1316 f.]; OLG Hamm, FamRZ 1998, 1166 [1167]).

[22] d) Dieser Auffassung folgt auch der *Senat*, weil grundsätzlich nur mit einer einkommensteuerkonformen Aufteilung erreicht werden kann, dass im Verhältnis der Ehegatten zueinander jeder von ihnen für die Steuer aufzukommen hat, die auf seine Einkünfte entfällt. Dies gilt gleichermaßen für Steuererstattungen wie für Steuernachforderungen, und zwar unabhängig davon, ob Letztere erstmals

oder nachträglich festgesetzt worden sind. Denn in allen Fällen geht es um die Steuerschuld, die die Ehegatten jeweils zu tragen haben.

BGH v. 5. 7. 2006 – XII ZR 11/04 – FamRZ 06, 1362 = NJW 06, 2687

(Kindbezogene oder elternbezogene Gründe der Unterhaltsverlängerung bei § 1615 l II BGB) **R656**

[34] a) Allerdings ist in Rechtsprechung und Literatur noch nicht abschließend geklärt, unter **a** welchen Voraussetzungen von einer groben Unbilligkeit i. S. von § 1615 l II 3 BGB auszugehen ist, die zu einer Verlängerung der Unterhaltspflicht über die Vollendung des 3. Lebensjahres hinaus führt. Im Einklang mit den verfassungsrechtlich stärker geschützten Belangen der minderjährigen Kinder wird überwiegend zwischen kindbezogenen und elternbezogenen Gründen für eine Verlängerung des Unterhaltsanspruchs unterschieden (vgl. *Puls,* FamRZ 1998, 865; *Wever/Schilling,* FamRZ 2002, 581; *Ehinger,* FuR 2001, 25 [26]; *Büttner,* FamRZ 2000, 781 [786]; *Wellenhofer-Klein,* FuR 1999, 448 [454 f.]).

[35] Kindbezogene Gründe liegen zum Beispiel dann vor, wenn das Kind behindert, dauerhaft krank oder schwer in seiner Entwicklung gestört und deshalb auf weitere Betreuung durch die Mutter angewiesen ist (BT-Dr 13/4899, S. 89; Büdenbender, FamRZ 1998, 129 [136]). Weil die kindbezogenen Gründe aus den dargestellten verfassungsrechtlichen Gründen besonderes Gewicht entfalten, kommt eine Verlängerung des Unterhaltsanspruchs in solchen Fällen schon dann in Betracht, wenn der Aufschub der Aufnahme einer Erwerbstätigkeit durch die Mutter aus objektiver Sicht wegen der besonderen Bedürfnisse des Kindes als vernünftig und dem Kindeswohl förderlich erscheint (OLG Celle, FamRZ 2002, 636) oder wenn das Kind in besonderem Maße betreuungsbedürftig ist (OLG Düsseldorf, FamRZ 2003, 184). Ausnahmsweise kann dazu auch eine fehlende Betreuungsmöglichkeit zu rechnen sein, etwa wenn kein Kindergartenplatz zur Verfügung steht (vgl. OLG Nürnberg, NJW 2003, 3065 = FamRZ 2003, 1320).

[36] Elternbezogene Gründe für eine grobe Unbilligkeit können hingegen vorliegen, wenn der Unterhaltspflichtige gegenüber dem Unterhaltsberechtigten einen besonderen Vertrauenstatbestand geschaffen hat, zum Beispiel weil die Eltern das Kind in der Erwartung eines dauernden gemeinsamen Zusammenlebens gezeugt haben. Anderenfalls würde sich der Vater mit seinem früheren Verhalten in Widerspruch setzen, wenn zum Beispiel in der nichtehelichen Lebensgemeinschaft ein gemeinsamer Kinderwunsch verwirklicht wurde und Einigkeit bestand, dass ein Elternteil das gemeinsame Kind betreut, während der andere den hierfür benötigten Unterhalt zur Verfügung stellt (vgl. OLG Frankfurt a. M., FamRZ 2000, 1522).

(Vermögenseinsatz der Kindesmutter bei Unterhalt nach § 1615 l II BGB)
[47] c) Nach den Feststellungen des BerGer. sind der Kl. auch keine Erträgnisse aus den von ihrer **b** Mutter ererbten Wertpapieren zuzurechnen. Das gilt schon deswegen, weil die Kl. unstreitig von diesem Vermögen zunächst Nachlassverbindlichkeiten tilgen musste und im Zeitpunkt der Berufungsverhandlung nur noch 10 000 Euro vorhanden waren. Selbst diesen Betrag konnte die Kl. nicht zinsbringend anlegen, zumal der Bekl. ihr keinen Unterhalt leistete und sie auf den Verbrauch des Geldes angewiesen war. Demgegenüber hat schon das BerGer. der Kl. Zinseinkünfte aus dem Veräußerungserlös des Reihenhauses angerechnet, was den Bekl. nicht beschwert.

[48] Soweit die Kl. über ein restliches Vermögen in Form von Wertpapieren und den Vermögensstamm aus dem Verkauf des Reihenhauses verfügt, hat das BerGer. eine Verwertung wegen der besonderen Umstände des Einzelfalls hingegen zu Recht abgelehnt. Denn die Kl. muss dieses Vermögen für ihre eigene Alterssicherung einsetzen, während der Bekl. als Unterhaltsschuldner in guten Einkommensverhältnissen lebt, ebenfalls vermögend ist und seine Altersversorgung hinreichend gesichert weiß. Auch das hält sich im Rahmen des tatrichterlichen Ermessens und ist von Rechts wegen nicht zu beanstanden.

BGH v. 23. 8. 2006 – XII ZR 26/04 – FamRZ 06, 1664 = NJW 06, 3561

(Anspruchsübergang nach §§ 7 III 2 UVG, 1604 BGB darf Berechtigten nicht benachteiligen) **R657**

[11] 3. Nach § 7 III 2 UVG kann der Übergang eines Unterhaltsanspruchs nicht zum Nachteil des **a** Unterhaltsberechtigten geltend gemacht werden, soweit dieser für eine spätere Zeit, für die er keine Unterhaltsleistung nach dem Unterhaltsvorschussgesetz erhalten hat oder erhält, Unterhalt von dem Unterhaltspflichtigen verlangt. Damit enthält das Gesetz eine ausdrückliche Regelung der widerstreitenden Interessen des Kindes einerseits und des Trägers der Unterhaltsvorschusskasse andererseits für den Fall, dass nach der Beendigung der Unterhaltsvorschussleistungen die Regressansprüche der öffentlichen Hand mit den dann bestehenden laufenden Unterhaltsansprüchen des Kindes konkurrieren. Eine vergleichbare Regelung findet sich zum Beispiel auch in § 1607 IV BGB. In beiden Fällen

R657 Anhang R. Rechtsprechung

würde der Unterhaltsberechtigte benachteiligt, wenn der übergegangene Anspruch neben einem eigenen Anspruch besteht und der Unterhaltsschuldner nicht in der Lage ist, beide Ansprüche zu erfüllen. In diesem Fall hat – unter den in § 7 III 2 UVG genannten weiteren Voraussetzungen – der Anspruch des Unterhaltsberechtigten Vorrang gegenüber dem übergegangenen Anspruch.

(Berücksichtigung des Benachteiligungsverbots im Erkenntnisverfahren)

b [12] Dieses Verbot, den Unterhaltsberechtigten zu benachteiligen, ist sowohl im Verhältnis zwischen dem Unterhaltsberechtigten und dem Unterhaltspflichtigen als auch im Verhältnis zwischen dem Legalzessionar und dem Unterhaltsschuldner zu berücksichtigen. Fraglich ist allerdings, ob dies erst im Rahmen der Zwangsvollstreckung zu geschehen hat oder ob das Benachteiligungsverbot bereits der Geltendmachung der übergegangenen Ansprüche im Wege der Klage entgegenstehen kann.

[13] Wie das BerGer. zu Recht ausgeführt hat, lässt die in § 7 III 2 UVG verwandte Formulierung „Geltendmachen" nicht darauf schließen, dass die Bestimmung ein reines Vollstreckungsverbot beinhaltet. „Geltendmachen" bedeutet im juristischen Sprachgebrauch nicht nur das Betreiben der Zwangsvollstreckung, sondern auch bereits die Inanspruchnahme des Schuldners im Wege der Klage. Andererseits ist von Bedeutung, dass der Unterhaltsberechtigte erst benachteiligt wird, wenn die Leistungsfähigkeit des Schuldners durch Zugriff auf seine Einkünfte oder sein Vermögen gemindert wird. Allein auf Grund der Prozessführung ist dies noch nicht der Fall. Es darf zwar nicht verkannt werden, dass durch ein der Klage stattgebendes Urteil die Gefahr der Vollstreckung hieraus begründet wird, ohne dass das Vollstreckungsorgan von der bevorrechtigten Forderung des Unterhaltsgläubigers Kenntnis erlangt. Dem Schutz des Unterhaltsberechtigten wird aber bereits dadurch genügt, dass diese Gefahr durch entsprechenden Hinweis im Urteil, gegebenenfalls bereits im Tenor (vgl. dazu unter 4.), vermieden wird.

[14] Soweit demgegenüber die Auffassung vertreten wird, die Klage des Legalzessionars sei in voller Höhe abzuweisen, wenn feststehe, dass der Bekl. bei einer Befriedigung des Kl. nicht mehr in der Lage sei, den Anspruch des Unterhaltsgläubigers zu erfüllen (so OLG Koblenz, FamRZ 1977, 68 [69]; KG, FamRZ 2000, 441 [442]), vermag der Senat dem nicht zu folgen. Durch eine solche Handhabung des Benachteiligungsverbots würden die berechtigten Interessen des Legalzessionars in einer Weise beeinträchtigt, die der Schutz des Unterhaltsberechtigten nicht gebietet. Der Träger der Unterhaltsvorschusskasse müsste nach Beendigung der Unterhaltsverpflichtung seine Ansprüche erneut gerichtlich geltend machen und würde Gefahr laufen, dass inzwischen Verjährung eingetreten ist. Der Gefahr des Verjährungseintritts kann entgegen der Auffassung des BerGer. nicht dadurch begegnet werden, dass die übergegangenen Ansprüche früher geltend gemacht werden bzw. gem. § 7 IV 1 UVG auf künftige Leistung geklagt wird. Eine frühzeitigere Klage vermag nicht zu gewährleisten, dass ein Unterhaltsrückstand bis zum Auslaufen der Unterhaltsvorschussleistungen beglichen werden kann.

(Hinweis in der Urteilsformel auf das Benachteiligungsverbot)

c [15] 4. Der Legalzessionar darf den auf ihn übergegangenen Anspruch aber nur in einer Weise verfolgen, die dem Benachteiligungsverbot des Unterhaltsberechtigten Rechnung trägt. Zwar hat das Vollstreckungsorgan den Vorrang der Gläubigerforderung vor der des Legalzessionars nach den §§ 850 c I 2, 850 d I 2 ZPO von Amts wegen zu berücksichtigen. Es empfiehlt sich aber sicherzustellen, dass der Bestand einer solchen bevorrechtigten Forderung bekannt wird, und zwar auch für den Fall, dass der Zwangsvollstreckung eine abgekürzte Urteilsausfertigung (vgl. § 317 II ZPO) oder ein Versäumnisurteil zu Grunde liegt. Dazu reicht es aus, wenn die Verurteilung – ähnlich wie bei dem Vorbehalt der beschränkten Erbenhaftung – mit der Einschränkung erfolgt, dass das Urteil nur vollstreckt werden darf, wenn und soweit der Unterhaltsgläubiger bei der Durchsetzung seiner Unterhaltsforderung nicht benachteiligt wird (*Herpers*, AcP 166 (1966), 454 [460 f.]; vgl. auch *Staudinger/Engler*, BGB, Neubearb. 2000, § 1607 Rdnr. 52).

(Die Hemmung der Verjährung nach § 207 S. 2 Nr. 2 BGB gilt nicht bei übergegangenen Unterhaltsansprüchen)

d Titulierte regelmäßig wiederkehrende, künftig fällig werdende Ansprüche auf Unterhalt unterfallen im Übrigen der dreijährigen Verjährungsfrist, während titulierte Unerhaltsrückstände erst in 30 Jahren verjähren (§§ 197 I Nr. 3, II, 195 BGB; vgl. im Einzelnen Bergjan/Wermes, FamRZ 2004, 1087 [1088 f.]). Der Lauf der dreijährigen Verjährungsfrist ist nicht nach § 207 S. 2 Nr. 2 BGB gehemmt. Die der Wahrung des Familienfriedens dienende Bestimmung (vgl. BGHZ 76, 293 [295] = NJW 1980, 1517) greift nicht mehr ein, wenn die in Frage stehenden Ansprüche auf einen Dritten – etwa wie hier auf das kl. Land – übergegangen sind (OLG Düsseldorf, FamRZ 1981, 308; OLG Brandenburg, NJW-RR 2002, 362 [363]; *Grothe*, in: MünchKomm, 4. Aufl., § 204 Rdnr. 1).

(Keine Herabsetzung notwendiger Selbstbehalt wegen unter den im Selbstbehalt angesetzten Wohnkosten niedrigeren Miete)

e [22] Das BerGer. hat es hier letztlich offen gelassen, ob der Selbstbehalt des Bekl. mit Rücksicht auf die geringe Höhe der ihm entstehenden Wohnkosten herabzusetzen ist (für eine Herabsetzung

Anhang R. Rechtsprechung   R658

allerdings in NJW-RR 1999, 1164 = FamRZ 1999, 1522). Eine solche Herabsetzung dürfte indessen rechtlichen Bedenken begegnen. Es unterliegt grundsätzlich der freien Disposition des Unterhaltspflichtigen, wie er die ihm zu belassenden, ohnehin knappen Mittel nutzt. Ihm ist es deshalb nicht verwehrt, seine Bedürfnisse anders als in den Unterhaltstabellen vorgesehen zu gewichten und sich zum Beispiel mit einer preiswerteren Wohnung zu begnügen, um zusätzliche Mittel für andere Zwecke, etwa für Bekleidung, Urlaubsreisen oder kulturelle Interessen, einsetzen zu können (*Senat,* NJW-RR 2004, 217 = FamRZ 2004, 186 [189] m. w. Nachw.). Diese Lebensgestaltungsautonomie kann dem Unterhaltsschuldner auch gegenüber Unterhaltsansprüchen für ein minderjähriges Kind nicht verwehrt werden. Denn auch insoweit ist ihm der notwendige Selbstbehalt zu belassen, über den er unter Berücksichtigung seiner eigenen Belange verfügen kann.

BGH v. 30. 8. 2006 – XII ZR 98/04 – FamRZ 06, 1511 = NJW 06, 3344

(Gleichzeitigkeit von Bedürftigkeit und Leistungsfähigkeit beim Unterhalt)   R658

[17] Ein Unterhaltsanspruch nach § 1601 BGB besteht nur dann, wenn der Unterhaltsberechtigte   a
bedürftig und der Unterhaltspflichtige leistungsfähig ist, und zwar nach einhelliger Auffassung in Rechtsprechung und Literatur während der gleichen Zeit (*Senat,* NJW 2004, 769 = FamRZ 2004, 443 [444 f.]; *Wendl/Pauling,* 6. Aufl., § 2 Rdnrn. 638 ff.; vgl. auch *BVerfG,* NJW 2005, 1927 = FamRZ 2005, 1051 [1053] m. w. Nachw.).

(Selbstbehalt des Pflichtigen nach § 1603 I BGB im Verwandtenunterhalt)

[19] a) Die Verpflichtung zur Zahlung von Verwandtenunterhalt findet nach § 1603 I BGB dort ihre b
Grenze, wo der Unterhaltspflichtige bei Berücksichtigung seiner sonstigen Verpflichtungen außer Stande ist, ohne Gefährdung seines angemessenen Unterhalts den Unterhalt des Berechtigten zu gewähren. § 1603 I BGB gewährt damit jedem Unterhaltspflichtigen vorrangig die Sicherung seines eigenen angemessenen Unterhalts; ihm sollen grundsätzlich die Mittel verbleiben, die er zur angemessenen Deckung des seiner Lebensstellung entsprechenden allgemeinen Bedarfs benötigt. In welcher Höhe dieser Bedarf des Verpflichteten zu bemessen ist, obliegt der tatrichterlichen Beurteilung des Einzelfalls. Das dabei gewonnene Ergebnis ist revisionsrechtlich jedoch darauf zu überprüfen, ob es den anzuwendenden Rechtsgrundsätzen Rechnung trägt und angemessen ist (*Senat,* NJW 2003, 128 = FamRZ 2002, 1698 [1700]).

(Einsatz des Vermögensstamms durch Pflichtigen im Verwandtenunterhalt)

[26] a) Nach ständiger Rechtsprechung des *Senats* muss ein Unterhaltspflichtiger zwar grundsätzlich c
auch den Stamm seines Vermögens zur Bestreitung des Unterhalts einsetzen (vgl. Wendl/Dose, § 1 Rdnrn. 410 ff.). Eine allgemeine Billigkeitsgrenze, wie sie § 1577 III BGB und § 1581 S. 2 BGB für den nachehelichen Ehegattenunterhalt vorsehen, enthält das Gesetz im Bereich des Verwandtenunterhalts nicht. Deshalb ist auch hinsichtlich des einsetzbaren Vermögens allein auf § 1603 I BGB abzustellen, wonach nicht unterhaltspflichtig ist, wer bei Berücksichtigung seiner sonstigen Verpflichtungen außer Stande ist, ohne Gefährdung seines eigenen angemessenen Unterhalts den Unterhalt zu gewähren. Hierzu außer Stande ist jedoch nicht, wer über verwertbares Vermögen verfügt (*Senat,* NJW 1998, 978 = FamRZ 1998, 367 [369]).
[27] Einschränkungen der Obliegenheit zum Einsatz des Vermögensstamms ergeben sich aber daraus, dass nach dem Gesetz auch die sonstigen Verpflichtungen des Unterhaltsschuldners zu berücksichtigen sind und er seinen eigenen angemessenen Unterhalt nicht zu gefährden braucht. Daraus folgt, dass eine Verwertung des Vermögensstamms nicht verlangt werden kann, wenn sie den Unterhaltsschuldner von fortlaufenden Einkünften abschneiden würde, die er zur Erfüllung weiterer Unterhaltsansprüche oder anderer berücksichtigungswürdiger Verbindlichkeiten oder zur Bestreitung seines eigenen Unterhalts benötigt (*Senat,* NJW 1989, 524 = FamRZ 1989, 170 [171]; vgl. auch *Büttner/Niepmann,* NJW 2003, 2492 [2498]). Auch die Verwertung eines angemessenen selbst genutzten Immobilienbesitzes kann regelmäßig nicht gefordert werden (Brudermüller, NJW 2004, 633 [637] m. w. Nachw.). Allgemein braucht der Unterhaltsschuldner den Stamm seines Vermögens auch dann nicht zu verwerten, wenn dies für ihn mit einem wirtschaftlich nicht mehr vertretbaren Nachteil verbunden wäre (vgl. zum nachehelichen Unterhalt § 1577 III BGB); denn auch das wäre mit der nach dem Gesetz gebotenen Berücksichtigung der ansonsten zu erfüllenden Verbindlichkeiten nicht zu vereinbaren und müsste letztlich den eigenen angemessenen Unterhaltsbedarf des Verpflichteten in Mitleidenschaft ziehen (*Senat,* NJW-RR 1986, 66 = FamRZ 1986, 48 [50]). Diese für den Deszendentenunterhalt entwickelten Grundsätze müssen jedenfalls auch dann herangezogen werden, wenn ein Anspruch auf Zahlung von Elternunterhalt zu beurteilen ist. Denn in dem rechtlich sogar schwächer ausgestalteten Unterhaltsrechtsverhältnis zwischen unterhaltsberechtigten Eltern und ihren unterhaltspflichtigen Kindern können keine strengeren Maßstäbe gelten (*Senat,* NJW 2004, 2306 = FamRZ 2004, 1184 [1185]; mit Anm. *Born,* BGH-Report 2004, 1225 [1226]).

(Die Art der Altersvorsorge steht dem Unterhaltspflichtigen frei)

d [30] Dem Unterhaltspflichtigen ist deshalb die Möglichkeit eröffnet, geeignete Vorkehrungen dafür zu treffen, dass er nicht seinerseits im Alter auf Unterhaltsansprüche oder sonstige staatliche Förderung angewiesen ist. Vor diesem Hintergrund hat der *Senat* auch die der zusätzlichen Altersversorgung dienenden Aufwendungen bis zu 5% des Bruttoeinkommens als abzugsfähig anerkannt (*Senat,* NJW-RR 2004, 793 = FamRZ 2004, 792). Auf diese Weise kann in dem rechtlich schwächer ausgestalteten Unterhaltsrechtsverhältnis zwischen erwachsenen Kindern und ihren unterhaltsbedürftigen Eltern der notwendige Handlungsspielraum gewahrt werden, der es dem Unterhaltspflichtigen erlaubt, sich selbst für das Alter angemessen abzusichern.

[31] c) Ist es dem Schuldner des Anspruchs auf Elternunterhalt aber gestattet, die zur eigenen Alterssicherung notwendigen Beträge zusätzlich zurückzulegen, dann müssen auch die so geschaffenen Vermögenswerte als Alterssicherung dem Zugriff des Unterhaltsgläubigers entzogen bleiben, um den Zweck der Alterssicherung erreichen zu können. Zwar stellt sich dabei die Frage, ob vermögensbildende Aufwendungen, wie sie etwa auch der Erwerb von Immobilien, Wertpapieren oder Fondsbeteiligungen darstellen, ebenfalls als angemessene Art der Altersvorsorge anzuerkennen sind. Nach ständiger Rechtsprechung des *Senats* steht es dem Unterhaltspflichtigen aber grundsätzlich frei, in welcher Weise er – jenseits der gesetzlichen Rentenversicherung – Vorsorge für sein Alter trifft. Wenn er sich angesichts der unsicheren Entwicklung der herkömmlichen Altersversorgungen für den Abschluss von Lebensversicherungen entscheidet, muss dieser Entschluss unterhaltsrechtlich im Allgemeinen akzeptiert werden. Allerdings kann der Abschluss von Lebensversicherungen nicht die einzige Alternative für eine private Altersversorgung sein. Vielmehr müssen grundsätzlich auch sonstige vermögensbildende Investitionen als angemessene Art der Altersversorgung gebilligt werden, soweit sie geeignet erscheinen, diesen Zweck zu erreichen. Da insoweit der Erwerb etwa von Wertpapieren oder Fondsbeteiligungen wegen der damit teilweise verbundenen Risiken unter Umständen nicht seinem Sicherheitsbedürfnis entspricht, kann im Einzelfall auch die Anlage eines bloßen Sparvermögens als anzuerkennende Art der Altersvorsorge bewertet werden (*Senat,* NJW 2003, 1660 = FamRZ 2003, 860 [863]).

(Beim Elternunterhalt ist auch das Vermögen einzusetzen; das Schonvermögen für die Altersvorsorge ist nicht nach festen Beträgen, sondern individuell zu bestimmen)

e [32] 3. In welchem Umfang vorhandenes Vermögen im konkreten Einzelfall dem eigenen angemessenen Unterhalt einschließlich der eigenen Altersvorsorge dient und deswegen dem Zugriff der Unterhaltsgläubiger entzogen ist, kann wegen der besonderen Ausgestaltung des Elternunterhalts nur individuell beantwortet werden. Insoweit ergibt sich kein Unterschied zwischen der anrechnungsfrei zu belassenden eigenen Einkommen und einem Schonvermögen des Unterhaltsschuldners. Hat er seine Lebensstellung auf bestimmte regelmäßige Einkünfte oder ein vorhandenes Vermögen eingestellt, ohne dabei unangemessenen Aufwand zu betreiben oder ein Leben in Luxus zu führen (vgl. *Senat,* NJW 2003, 128 = FamRZ 2002, 1698), oder ist das Vermögen erforderlich, um seine Lebensstellung im Alter auf Dauer aufrechtzuerhalten, bleiben solche Vermögenspositionen nach § 1603 I BGB dem Zugriff der Unterhaltsgläubiger entzogen, wobei der Unterhaltsbedarf während der gesamten voraussichtlichen Lebensdauer des Unterhaltspflichtigen zu berücksichtigen ist (*Senat,* NJW 1989, 524 = FamRZ 1989, 170).

[33] a) Die notwendige individuelle Bemessung des dem Unterhaltsschuldner zu belassenden Vermögens wäre nicht gewährleistet, wenn im Rahmen der Billigkeit nach § 1603 I BGB auf feste Vermögensgrenzen, zum Beispiel aus § 88 BSHG (jetzt: § 90 SGB XII) zurückgegriffen würde (so *Herr,* FamRZ 2005, 1021 [1022 f.]). Denn diese Vorschriften, die das einzusetzende Vermögen des Sozialhilfeberechtigten regeln, nehmen keinerlei Rücksicht auf die individuellen Verhältnisse und die Lebensstellung des Unterhaltspflichtigen. Auch im Rahmen des Anspruchsübergangs nach § 91 II BSHG (jetzt: § 94 III Nr. 1 SGB XII) ist eine sozialhilferechtliche Vergleichsberechnung in solchen Fällen nur geboten, wenn die sozialhilferechtlichen Schonbeträge den dem Unterhaltsschuldner nach Unterhaltsrecht zu belassenden Betrag übersteigen (vgl. *Schibel,* NJW 1998, 3449 [3450]).

[34] Zu Recht hat es das BerGer. auch abgelehnt, das anrechnungsfreie Vermögen des Unterhaltsschuldners – wie bei der Berechnung des ihm monatlich zu belassenden angemessenen Eigenbedarfs – auf der Grundlage eines Festbetrags (hier der Vermögensfreigrenzen nach § 88 II Nr. 8 BSHG bzw. jetzt: § 90 II Nr. 9 SGB XII) zu ermitteln und von dem überschießenden Vermögen lediglich 50% heranzuziehen. Denn das würde, anders als bei dem Selbstbehalt hinsichtlich laufender Einkünfte, nicht die individuellen Verhältnisse des Unterhaltsschuldners berücksichtigen. Bei laufenden Unterhaltsansprüchen würde der die feste Vermögensfreigrenze übersteigende Betrag vielmehr für jeden künftigen Unterhaltsabschnitt erneut berechnet und bis zur Hälfte herangezogen, so dass sich das anrechnungsfreie Schonvermögen der festen Vermögensfreigrenze immer weiter annähern würde.

[35] b) Bei der Bemessung einer individuellen Vermögensfreigrenze sind deswegen die Besonderheiten des jeweiligen Einzelfalls zu berücksichtigen, ohne dass dies einer Pauschalierung für den Regelfall entgegenstehen müsste.

Anhang R. Rechtsprechung   R659

(Grundsicherung als eigenständige soziale Sicherung; eingeschränkte Regerssmöglichkeit)
[40] Die Grundsicherung soll dem Berechtigten eine eigenständige soziale Sicherung einräumen, die f
den grundlegenden Bedarf für den Lebensunterhalt sicherstellt. Durch diese Leistung soll im Regelfall
die Notwendigkeit der Gewährung von Sozialhilfe vermieden werden, zumal gerade ältere Menschen
aus Furcht vor dem Unterhaltsrückgriff auf ihre Kinder oft vom Gang zum Sozialamt Abstand
genommen haben. Eine dem sozialen Gedanken verpflichtete Lösung muss hier einen gesamtgesellschaftlichen Ansatz wählen, der eine würdige und unabhängige Existenz sichert (vgl. Bericht des
Ausschusses für Arbeit und Sozialordnung, BT-Dr 14/5150, S. 48, sowie BR-Dr 764/00, S. 168 f.).
Aus diesen Gesetzesmotiven wird deutlich, dass – von besonders günstigen wirtschaftlichen Verhältnissen der Unterhaltsverpflichteten abgesehen – zu Lasten öffentlicher Mittel auf einen Unterhaltsregress verzichtet werden soll, weil dieser von älteren Menschen vielfach als unangemessen und
unzumutbar empfunden wird und dieser Umstand Berücksichtigung finden soll (*Senat*, NJW 2003,
128 = FamRZ 2002, 1698 [1701]). Bei der Bedarfsermittlung bleiben deswegen Unterhaltsansprüche
des Antragsberechtigten gegenüber seinen Kindern und Eltern unberücksichtigt, soweit deren jährliches
Gesamteinkommen i. S. des § 16 SGB IV unter einem Betrag von 100 000 Euro liegt (§ 2 I 3 GSiG
und so unverändert in § 43 II SGB XII übernommen). Zudem gilt die gesetzliche Vermutung, dass das
Einkommen des unterhaltspflichtigen Kindes diese Grenze nicht überschreitet. Weil insoweit lediglich
vom Gesamteinkommen des Unterhaltspflichtigen, nicht aber von dessen Vermögen die Rede ist, hat
sich die Auffassung durchgesetzt, dass Grundsicherung im Alter und bei Erwerbsminderung unabhängig von dem Vermögen eines dem Grunde nach unterhaltspflichtigen Kindes zu bewilligen ist
(Klinkhammer, FamRZ 2002, 997 [1000]).

(Beim Elternunterhalt Abzug von insgesamt 25% des Bruttoeinkommens für Altersvorsorge)
[42] Bei der Beurteilung, ob und in welchem Umfang das Vermögen des unterhaltspflichtigen g
Kindes zur Sicherung des eigenen angemessenen Unterhalts einschließlich der Altersvorsorge benötigt
wird, sind allerdings alle Vermögenswerte zu berücksichtigen, die für diesen Zweck zur Verfügung
stehen. Verfügt der Unterhaltspflichtige etwa über Grundeigentum, ist zumindest zu berücksichtigen,
dass er im Alter keine Mietkosten aufwenden muss und seinen Lebensstandard deswegen mit geringeren Einkünften aus Einkommen und Vermögen sichern kann. Solches ist hier aber nicht der Fall.
Neben der – geringen – gesetzlichen Rente hatte der Bekl. Anspruch auf Auszahlung zweier Lebensversicherungen mit Rückkaufswerten von 13 933 DM und weiteren 23 100 DM. Auch damit wird er
sein geringes Renteneinkommen aber nicht entscheidend aufstocken können, was die Sicherung der
gegenwärtigen Lebensumstände ohne weitere Rücklagen für sonstige Unwägbarkeiten ausschließt.
[43] Die Höhe des dem Bekl. insbesondere für seine Altersversorgung zu belassenden Schonvermögens lässt sich nämlich konkret auf der Grundlage der Rechtsprechung des *Senats* zum Umfang
unterhaltsrechtlich zuzubilligender ergänzender Altersversorgung ermitteln (*Senat*, NJW-RR 2004, 793
= FamRZ 2004, 792). Danach ist der Unterhaltsschuldner berechtigt, neben den Beiträgen zur
gesetzlichen Rente bis zu 5% seines Bruttoeinkommens für eine zusätzliche private Altersversorgung
aufzuwenden. Dann muss das aus diesen Beiträgen gewonnene Kapital aber auch für die Alterssicherung des Unterhaltspflichtigen zur Verfügung stehen und ist damit dem Elternunterhalt nach § 1603 I
BGB entzogen. Das Bruttoeinkommen des ledigen Bekl. beläuft sich ausweislich der vorgelegten
Lohn- und Gehaltsabrechnung auf monatlich 2143,85 Euro; für die private Altersvorsorge durfte er
davon nach der Rechtsprechung des *Senats* also monatlich 107,19 Euro (= 5%) zurücklegen. Eine
monatliche Sparrate in dieser Höhe erbringt während eines Berufslebens von 35 Jahren bei einer
Rendite von 4% aber schon ein Kapital von annähernd 100 000 Euro. Jedenfalls in diesem Umfang ist
dem Bekl. als Unterhaltsschuldner neben der gesetzlichen Rente eine zusätzliche Altersvorsorge zu
belassen, wobei zu berücksichtigen ist, dass außer den Lebensversicherungen keine weitere Altersvorsorge, insbesondere kein Immobilieneigentum vorhanden war.

BGH v. vom 30. 8. 2006 – XII ZR 138/04 – FamRZ 06, 1597 = NJW 06, 3421

(Monetarisierung des Betreuungsunterhalts wg. Gleichwertigkeit mit Barunterhalt; Verdoppelung des Tabellen- R659
unterhalts bei Fremdbetreuung)

[15] c) Der Senat schließt sich der zuerst genannten Auffassung an, denn nur diese trägt der vom a
Gesetz vorgegebenen Gleichwertigkeit des Barunterhalts mit dem Betreuungsunterhalt Rechnung.
[16] aa) Nach § 1606 III 2 BGB erfüllt der Elternteil eines minderjährigen unverheirateten Kindes,
bei dem dieses lebt, seine Unterhaltsverpflichtung in der Regel durch dessen Pflege und Erziehung.
Die Vorschrift stellt klar, dass diese Betreuungsleistungen und die Barleistungen des anderen Elternteils
grundsätzlich gleichwertig sind. Damit wird das Gesetz nicht nur der gerade für das Unterhaltsrecht
unabweisbaren Notwendigkeit gerecht, die Bemessung der anteilig zu erbringenden Leistungen zu
erleichtern. Es trägt auch der Tatsache Rechnung, dass eine auf den Einzelfall abstellende rechnerische
Bewertung des Betreuungsaufwands zumindest unzulänglich bliebe. Insbesondere bestehen Bedenken,

den Geldwert der Betreuung, ähnlich wie im Schadensersatzrecht beim Ausfall von Leistungen der Hausfrau und Mutter, durch den Ansatz der Aufwendungen, die für die Besorgung vergleichbarer Dienste durch Hilfskräfte erforderlich sind, oder durch ähnliche Schätzungen zu ermitteln (vgl. *Senat*, NJW 1988, 2371 = FamRZ 1988, 159 [161]).

Denn gerade im Unterhaltsrecht ist eine Pauschalierung dringender erforderlich als im Schadensersatzrecht, weil es sich hier um ein Massenphänomen handelt und deswegen schon aus Gründen der Praktikabilität erleichterte Berechnungsregeln für die gerichtliche Praxis notwendig sind. Die aus § 1606 III 2 BGB abgeleitete Regel der Gleichwertigkeit von Bar- und Betreuungsunterhalt gilt dabei für jedes Kindesalter bis hin zum Erreichen der Volljährigkeit.

b *(Volle Anrechnung von Kindeseinkommen und Kindergeld auf Unterhaltsbedarf)*
[21] 3. Auf den gesamten Unterhaltsbedarf der Kl. sind ihre Halbwaisenrente und das Kindergeld in vollem Umfang anzurechnen.

[22] a) Der Anspruch auf Verwandtenunterhalt setzt nach § 1602 I BGB die Unterhaltsbedürftigkeit des Berechtigten voraus. Dieser Grundsatz ist für minderjährige unverheiratete Kinder durch § 1602 II BGB dahin eingeschränkt, dass sie den Stamm ihres Vermögens nicht anzugreifen brauchen. Eigenes Einkommen des Kindes mindert jedoch dessen Unterhaltsbedürftigkeit und damit auch seinen Unterhaltsanspruch. Das gilt grundsätzlich für Einkommen jeder Art, einschließlich der nicht subsidiären Sozialleistungen. Entsprechend ist auch die der Kl. zustehende Halbwaisenrente in vollem Umfang auf ihren gesamten Unterhaltsbedarf anzurechnen (*Senat*, NJW 1981, 168 = FamRZ 1980, 1109 [1111]; *Wendl/Dose*, § 1 Rdnr. 440).

[23] b) Daneben ist auf den vollen Unterhaltsbedarf der Kl. auch ihr gesamtes Kindergeld anrechenbar. Denn das Kindergeld wird als öffentliche Sozialleistung gewährt, um den Eltern die Unterhaltslast gegenüber ihren Kindern zu erleichtern. Ist nach dem Tode eines Elternteils der andere in vollem Umfang unterhaltspflichtig, dient das Kindergeld folglich allein seiner Entlastung, so dass es dann grundsätzlich in vollem Umfang auf den geschuldeten gesamten Unterhaltsbedarf anzurechnen ist.

c *(kein Betreuungsbonus beim Kindesunterhalt)*
[26] a) Von diesem verteilungsfähigen Einkommen sind im Rahmen des hier geschuldeten Kindesunterhalts neben den gleichrangigen Ansprüchen auf Barunterhalt nur die Beträge abzuziehen, die der Bekl. zusätzlich in monetärer Form schuldet. Das gilt allein für den Betreuungsunterhalt der Kl., den der Bekl. – wie ausgeführt – neben dem Barunterhalt und in gleicher Höhe schuldet. Die persönliche Betreuung der Tochter *J* wirkt sich auf die Berechnung des Kindesunterhalts hingegen nicht aus, weil sie nicht in monetärer Form geschuldet ist. Insoweit wäre auch der Ansatz eines Betreuungsbonus verfehlt, zumal der Bekl. im Rahmen der gesteigerten Unterhaltspflicht nach § 1603 II 1 BGB verpflichtet ist, alle verfügbaren Mittel zu seinem und der Kinder Unterhalt gleichmäßig zu verwenden. Soweit einem Unterhaltspflichtigen nach der Rechtsprechung des *Senats* wegen einer überobligationsmäßigen Erwerbstätigkeit neben der Kindererziehung zusätzlich zu seinem Selbstbehalt ein bestimmter Bonus belassen werden kann (*Senat*, NJW 2005, 2145 = FamRZ 2005, 1154 [1156]), beschränkt sich dieses auf die Bemessung des Ehegattenunterhalts.

BGH, Urteil vom 5. 10. 2006 – XII ZR 197/02 – FamRZ 06, 1827 = NJW 07, 139

(Hausmannrechtsprechung; keine Begrenzung durch fiktives Einkommen bei Erwerbstätigkeit des Hausmanns)

a [12] Minderjährigen unverheirateten Kindern aus einer früheren Ehe, die nicht innerhalb der neuen Familie leben, kommt die Haushaltsführung in dieser Familie weder unmittelbar noch mittelbar zugute. Da diese Kinder den Mitgliedern der neuen Familie unterhaltsrechtlich nicht nachstehen (§ 1609 I BGB), darf sich der unterhaltspflichtige Ehegatte nicht ohne Weiteres auf die Sorge für die Mitglieder seiner neuen Familie beschränken. Auch dass die vom Bekl. betreuten jüngsten Kinder in der neuen Ehe geboren sind, ändert nichts daran, dass die Unterhaltsansprüche aller minderjährigen unverheirateten Kinder aus den verschiedenen Ehen gleichrangig sind und der Unterhaltspflichtige seine Arbeitskraft zum Unterhalt aller Kinder einsetzen muss. (...)

[14] Die Kinder aus erster Ehe müssen eine Einbuße ihrer Unterhaltsansprüche also nur dann hinnehmen, wenn das Interesse des Unterhaltspflichtigen und seiner neuen Familie an der Aufgabenverteilung und ihr eigenes Interesse an der Beibehaltung der bisherigen Unterhaltssicherung deutlich überwiegt (*Senat*, NJW 1996, 1815 = FamRZ 1996, 796 [797]). Nur in solchen Fällen ist auch der neue Ehegatte nicht verpflichtet, insoweit auf die Unterhaltspflicht seines Partners außerhalb der Ehe Rücksicht zu nehmen, zum Nachteil seiner Familie auf eine eigene Erwerbstätigkeit zu verzichten und stattdessen die Kinderbetreuung zu übernehmen (*Senat*, NJW 2006, 2404 [2406] = FamRZ 2006, 1010 [1012] m. w. Nachw.). (...)

(Einsatz des fiktiven Einkommens aus Nebentätigkeit für den Kindesunterhalt; kein Festhalten des BGH an der Kontrollberechnung)

[19] Das Einkommen aus seiner Nebentätigkeit kann der Unterhaltsschuldner in vollem Umfang für den Unterhaltsanspruch der minderjährigen Kinder aus erster Ehe verwenden, wenn und soweit sein eigener Selbstbehalt durch seinen Anspruch auf Familienunterhalt in der neuen Ehe abgesichert ist. Nur wenn bei unterhaltsrechtlich hinzunehmender Rollenwahl der neue Ehegatte den Selbstbehalt des Unterhaltspflichtigen durch sein Einkommen nicht vollständig sicherstellen kann, darf der Unterhaltspflichtige seine Einkünfte aus der Nebentätigkeit zunächst zur Sicherung des eigenen notwendigen Selbstbehalts verwenden (*Senat,* NJW 2006, 2404 [2407] = FamRZ 2006, 1010 [1014]). (...)

[24] Der Senat hatte seine Rechtsprechung zur Kontrollberechnung schon bislang auf Fälle beschränkt, in denen der unterhaltspflichtige Elternteil die Hausmanntätigkeit in zweiter Ehe durch einen Rollentausch übernommen hatte. Müsse der Unterhaltsberechtigte aus der geschiedenen Ehe den Rollentausch nicht hinnehmen, sei dem Hausmann sein früheres Einkommen stets fiktiv zuzurechnen. Sei der Rollenwechsel hingegen gegenüber der früheren Familie gerechtfertigt, sei die regelmäßig vorliegende Obliegenheit zur Aufnahme einer Nebenerwerbstätigkeit entsprechend begrenzt. Eine Begrenzung sei aber dann nicht angebracht, wenn es nicht zu einem Rollentausch gekommen ist, der Unterhaltspflichtige also in der alten wie in der neuen Familie die Haushaltsführung und Kindesbetreuung übernommen hat. Denn die Leistungsfähigkeit des Unterhaltspflichtigen richtet sich nach den tatsächlichen Verhältnissen und nicht nach einer hypothetischen Situation, zu deren Herbeiführung den Unterhaltspflichtigen keine Obliegenheit trifft. Deswegen ist die Tatsache der Wiederverheiratung des unterhaltspflichtigen Elternteils unterhaltsrechtlich zu beachten. Ebenso wie die neue Ehe des Unterhaltspflichtigen wegen des Hinzutretens weiterer gleichrangiger Kinder zu einer Schmälerung des Unterhaltsanspruchs der minderjährigen Kinder aus erster Ehe führen kann, kann sich die Wiederverheiratung auch zum Vorteil der erstehelichen Kinder auswirken (*Senat,* NJW 2004, 1160 = FamRZ 2004, 364).

[25] Die zuletzt genannten Erwägungen sind aber nicht auf Fälle zu beschränken, in denen schon in erster Ehe eine Hausmanntätigkeit ausgeübt wurde und somit kein Rollentausch vorliegt; sie gelten vielmehr allgemein für Fälle, in denen der barunterhaltspflichtige Elternteil in einer neuen Ehe die Rolle des Hausmannes (oder der Hausfrau) übernommen hat. Nach ständiger Rechtsprechung wirkt sich eine Verbesserung der Einkommensverhältnisse des Unterhaltspflichtigen schon deswegen auf die Höhe des Unterhaltsanspruchs minderjähriger Kinder aus, weil sich deren Unterhaltsbedarf nach den Einkommensverhältnissen des barunterhaltspflichtigen Elternteils richtet, sie also an dessen verbesserten Verhältnissen teilhaben. Auch die Leistungsfähigkeit des unterhaltspflichtigen Ehegatten nach § 1603 I BGB ist stets mindestens nach den tatsächlichen Verhältnissen zu bemessen. Wenn der unterhaltspflichtige Elternteil in der neuen Ehe die Hausmannrolle tatsächlich übernommen hat, schuldet er seinen unterhaltsberechtigten Kindern aus erster Ehe deswegen stets mindestens den Unterhalt, der sich in dieser Konstellation aus seiner Obliegenheit zur Aufnahme einer Nebenerwerbstätigkeit ergibt.

[26] Weil der Unterhaltspflichtige wegen der gesteigerten Unterhaltspflicht aus § 1603 II 1 BGB zudem gehalten ist, wenigstens den notwendigen Bedarf minderjähriger Kinder sicherzustellen, wirkt sich eine Verbesserung seiner persönlichen Verhältnisse stets auch zu Gunsten der unterhaltsberechtigten Kinder aus erster Ehe aus. Deswegen ist der Umstand der Wiederverheiratung des barunterhaltspflichtigen Elternteils grundsätzlich unterhaltsrechtlich beachtlich (*Senat,* NJW 2002, 2404 [2407] = FamRZ 2006, 1010 [1014]; NJW 2004, 1160 = FamRZ 2004, 364 und FPR 2002, 266 = FamRZ 2002, 742).

[27] Insbesondere der Gleichrang der Unterhaltsansprüche aller minderjährigen Kinder aus den verschiedenen Ehen des Unterhaltspflichtigen, der die Grundlage der Hausmann-Rechtsprechung des Senats bildet, spricht deswegen gegen eine Begrenzung des Unterhalts in Fällen eines berechtigten Rollenwechsels. Durch das Hinzutreten weiterer Unterhaltsberechtigter in der neuen Ehe ist die gesamte Unterhaltslast angestiegen, was dem Unterhaltspflichtigen erhöhte Anstrengungen abverlangt. Wenn er sich einerseits überwiegend der Haushaltstätigkeit und der Kindererziehung in der neuen Ehe widmet, kann er sich andererseits gegenüber den Kindern aus erster Ehe nicht auf eine frühere – für die Kinder ungünstigere – Einkommenssituation zurückziehen. Geeignetes Kriterium für den Umfang der von ihm zu übernehmenden Nebentätigkeit kann deswegen nicht eine fiktive Einkommenssituation ohne Rollenwechsel, sondern nur die tatsächliche Leistungsfähigkeit nach den individuellen Verhältnissen in der neuen Ehe sein. Soweit der Senat in seiner früheren Rechtsprechung ausgeführt hat, dass der Unterhaltspflichtige durch die Übernahme der Rolle des Hausmannes nicht schlechter gestellt sein dürfe, als wenn er erwerbstätig geblieben wäre, hält er an diesem Kriterium nicht mehr fest. (...)

[29] Der Senat hat deswegen in jüngster Zeit allgemein darauf hingewiesen, dass die Wiederverheiratung, ebenso wie sie zur Schmälerung des Unterhaltsanspruchs als Folge des Hinzutretens weiterer minderjähriger Kinder aus der neuen Ehe führen kann, sich auch zum Vorteil der erstehelichen Kinder auswirken kann (*Senat,* NJW 2006, 2404 [2407] = FamRZ 2006, 1010 [1014]; NJW 2004, 1160 = FamRZ 2004, 364 und FPR 2002, 266 = FamRZ 2002, 742). Das kann dann der Fall sein, wenn der

unterhaltspflichtige Elternteil, der die Hausmannrolle in seiner zweiten Ehe übernimmt, durch das Einkommen seiner Ehefrau bis zur Höhe des notwendigen Selbstbehalts abgesichert ist und deswegen eigenes Einkommen voll für den Unterhalt der Kinder aus erster Ehe verwenden kann. Solches Einkommen aus einer zumutbaren Nebentätigkeit und seinem Taschengeldanspruch in der neuen Ehe kann deswegen zu einem höheren Unterhaltsanspruch führen, als dies auf der Grundlage einer eigenen Vollzeiterwerbstätigkeit mit den sich daraus ergebenden weiteren Unterhaltspflichten der Fall wäre.

BGH v. 25. 10. 2006 – XII ZR 190/03 – FamRZ 07, 200 = NJW 07, 839

(Zur Begrenzung des Aufstockungsunterhalts)

R661 [33] 2. Zutreffend ist das BerGer. allerdings davon ausgegangen, dass die Dauer der Ehe der Parteien einer Anwendung des § 1573 V BGB nicht entgegensteht. Das Gesetz legt weder in § 1578 I 2 BGB noch in § 1573 V BGB eine bestimmte Ehedauer fest, von der ab eine zeitliche Begrenzung des Unterhaltsanspruchs nicht mehr in Betracht kommen könnte. Wie der Senat ausgeführt hat, widerspräche es auch dem Sinn und Zweck des § 1573 V BGB, den Billigkeitsgesichtspunkt „Dauer der Ehe" im Sinne einer festen Zeitgrenze – etwa von zehn Jahren – zu bestimmen, von der ab der Unterhaltsanspruch grundsätzlich keiner Befristung mehr zugänglich sein sollte (NJW 1990, 2810 = FamRZ 1990, 857 [858 f.]; NJW-RR 1991, 130 = FamRZ 1991, 307 [310] und NJW 2006, 2401 = FamRZ 2006, 1006 [1007]).

[34] Das Gesetz stellt vielmehr die Ehedauer als Billigkeitsgesichtspunkt gleichrangig neben die „Gestaltung von Haushaltsführung und Erwerbstätigkeit". Dabei ist auch die Arbeitsteilung der Ehegatten – ebenso wie die Ehedauer – bei der Billigkeitsabwägung lediglich zu „berücksichtigen"; sie lässt sich also nicht zwingend für oder gegen eine Befristung ins Feld führen. Zudem beanspruchen beide Aspekte, wie das Wort „insbesondere" verdeutlicht, für die Billigkeitsprüfung keine Ausschließlichkeit. Die Abwägung aller danach in Betracht kommenden Gesichtspunkte ist Aufgabe des Tatrichters. Sie kann vom RevGer. nur daraufhin überprüft werden, ob der Tatrichter die im Rahmen der Billigkeitsprüfung maßgebenden Rechtsbegriffe nicht verkannt und alle für die Einordnung unter diese Begriffe wesentlichen Umstände berücksichtigt hat.

[35] Letzteres ist hier nicht der Fall.

[36] Die – erst durch das Unterhaltsänderungsgesetz (v. 20. 2. 1986, BGBl I, 301) eingefügte – Möglichkeit, den Aufstockungsunterhalt zu befristen, beruht auf dem Gedanken, dass eine lebenslange Beibehaltung des ehelichen Lebensstandards nur dann angemessen ist, wenn etwa die Ehe lange gedauert hat, wenn aus ihr gemeinsame Kinder hervorgegangen sind, die der Berechtigte betreut oder betreut hat, wenn er erhebliche berufliche Nachteile um der Ehe willen auf sich genommen hat oder wenn sonstige Gründe (z. B. Alter oder Gesundheitszustand des Berechtigten) für eine dauerhafte Lebensstandardgarantie sprechen. Liegen diese Voraussetzungen dagegen nicht vor, hat sich aber der Lebensstandard des Berechtigten durch die Ehe verbessert, wird es oft angemessen sein, ihm nach einer Übergangszeit einen Lebensstandard zuzumuten, der demjenigen entspricht, den er vor der Ehe gehabt hatte. Ein Aufstockungsunterhalt kommt dann nicht mehr bis zum vollen ehangemessenen Unterhalt (§ 1578 I BGB) in Betracht, sondern allenfalls in dem Umfang, den der Berechtigte auf Grund seiner eigenen beruflichen Qualifikation ohne den Eintritt ehebedingter Nachteile hätte erreichen können (*Senat*, NJW 2006, 2401 = FamRZ 2006, 1006 [1007]).

[37] Bei einer diese Zweckrichtung berücksichtigenden Gesetzesanwendung hat der Tatrichter vorrangig zu prüfen, ob sich die Einkommensdivergenz der Ehegatten, die den Anspruch auf Aufstockungsunterhalt begründet, als ein ehebedingter Nachteil darstellt, der einen dauerhaften unterhaltsrechtlichen Ausgleich zu Gunsten des bedürftigen Ehegatten rechtfertigt. Das hat das OLG mit der Begründung verneint, die Kl. sei im Alter von 41 Jahren in der Lage gewesen, auf dem Arbeitsmarkt wieder Fuß zu fassen. Das ist im Ansatz nicht zu beanstanden. Unberücksichtigt bleibt indessen, dass die Kl. nach ehebedingter elfjähriger Berufspause Nachteile bezüglich der Höhe der von ihr erzielbaren Einkünfte erlitten haben kann, die möglicherweise auch nicht dadurch kompensiert werden, dass sie die einjährige Zusatzausbildung als Fremdsprachensekretärin absolviert hat. Zweifelhaft ist auch, ob das der Kl. zugerechnete fiktive Einkommen von monatlich 1800 DM netto dem Verdienst einer langjährig tätigen Sekretärin entspricht. Feststellungen hierzu hat das BerGer. jedenfalls nicht getroffen.

[38] Auch die weitere Annahme des BerGer., der Kl. sei es bei angemessener Lebensführung möglich gewesen, ihren – nach den ehelichen Lebensverhältnissen bemessenen – Unterhaltsbedarf eigenständig zu sichern, erweist sich nach den Ausführungen unter II 4 nicht als tragfähig. Eine solche Beurteilung kann erst erfolgen, wenn der Bedarf i. S. des § 1578 I BGB festgestellt worden ist.

[39] Schließlich sind – wie bereits ausgeführt – bei der Billigkeitsprüfung alle in Betracht kommenden Gesichtspunkte zu würdigen. Dazu gehört auch das Verhältnis des Unterhaltsbetrags zu den verbleibenden Mitteln des Unterhaltspflichtigen (vgl. *Senat*, NJW 1988, 2101 = FamRZ 1988, 817 [820]; *Kalthoener/Büttner/Niepmann*, 9. Aufl., Rdnr. 1035). Da das BerGer. sich mit der Frage der

Anhang R. Rechtsprechung   R662

Leistungsfähigkeit des Bekl. nicht befasst hat, entzieht sich dieser für die Abwägung wesentliche Gesichtspunkt einer Beurteilung durch den Senat.

[41] IV. Für das weitere Verfahren weist der Senat auf Folgendes hin: [42] Im Rahmen der erneut vorzunehmenden Billigkeitsprüfung nach den §§ 1573 V, 1578 I 2 BGB wird dem Gesichtspunkt wesentliche Bedeutung zukommen, ob die Kl. erhebliche fortwirkende ehebedingte Nachteile in ihrer beruflichen Entwicklung zu tragen hat. Das Bestehen solcher Nachteile rechtfertigt – allerdings nur in ihrem jeweiligen Umfang und vorbehaltlich der entsprechenden Leistungsfähigkeit des Unterhaltspflichtigen – einen dauerhaften unterhaltsrechtlichen Ausgleich zu Gunsten des unterhaltsbedürftigen Ehegatten, auch wenn im Übrigen die Voraussetzungen einer zeitlichen Begrenzung bzw. einer Herabsetzung des Unterhalts auf den angemessenen Lebensbedarf (§ 1578 I 2 BGB) vorliegen.

BGH v. 25. 10. 2006 – XII ZR 141/04 – FamRZ 07, 117 = NJW 07, 144

*(Altersvorsorgeunterhalt und Elementarunterhalt; einheitlicher Anspruch; kein Teilurteil; zweistufige Berechnung   R662
zu Sicherung der Halbteilung beim Elementarunterhalt)*

[9] Insbesondere bei Unterhaltsansprüchen, die den laufenden Bedarf für denselben Zeitraum   a
betreffen, sind Teilurteile deswegen ausgeschlossen, wenn die Entscheidung über den weitergehenden Antrag von Umständen abhängt, die auch für den bereits ausgeurteilten Teil maßgeblich sind und die einer abweichenden Beurteilung, gegebenenfalls in der Rechtsmittelinstanz, unterliegen können (sog. horizontales Teilurteil, vgl. *Senat*, NJW 1999, 1718 = FamRZ 1999, 992 [993]).

[10] Solches gilt auch für Fälle, in denen der Unterhaltsgläubiger für den gleichen Unterhaltszeitraum neben dem Elementarunterhalt Altersvorsorgeunterhalt begehrt (so auch Eschenbruch/Klinkhammer/Schürmann, Der Unterhaltsprozess, 4. Aufl., Rdnr. 1411). Denn bei dem Anspruch auf Vorsorgeunterhalt handelt es sich nicht um einen eigenständigen Anspruch, sondern um einen unselbstständigen Teil des einheitlichen, den gesamten Lebensbedarf betreffenden Unterhaltsanspruchs (*Senat*, NJW 1982, 1873 = FamRZ 1982, 255). Zudem wirkt sich die Höhe des Vorsorgeunterhalts regelmäßig auf den geschuldeten Elementarunterhalt aus, weil der Elementarunterhalt nach ständiger Rechtsprechung des Senats zur Wahrung des Halbteilungsgrundsatzes regelmäßig in einer zweistufigen Berechnung zu ermitteln ist. Nachdem aus dem vorläufig ermittelten Elementarunterhalt und dem daraus entsprechend § 14 SGB IV ermittelten fiktiven Bruttoeinkommen der zusätzlich geschuldete Altersvorsorgeunterhalt in Höhe der Beiträge zur gesetzlichen Rentenversicherung errechnet wurde, ist in einer zweiten Stufe nach Abzug der Beträge des Vorsorgeunterhalts vom Einkommen des Unterhaltspflichtigen der endgültige Elementarunterhalt zu ermitteln (*Senat*, NJW 1981, 1556 = FamRZ 1981, 442 [445]). Zwar ist der Unterhaltsgläubiger nicht gehindert, Elementarunterhalt oder Altersvorsorgeunterhalt separat geltend zu machen. Ist allerdings sowohl der Elementarunterhalt als auch der Altersvorsorgeunterhalt rechtshängig geworden und betreffen beide Verfahren – wenigstens teilweise – denselben Zeitraum, sind solche Verfahren stets miteinander zu verbinden, weil sie einen einheitlichen Unterhaltsanspruch und somit denselben Streitgegenstand betreffen. Soweit dem Urteil vom 6. 10. 1982 (NJW 1983, 1547 = FamRZ 1982, 1187) anderes entnommen werden könnte, hält der Senat daran nicht fest.

(Keine zweistufige Berechnung im Falle konkreter Bedarfsermittlung wegen besonders günstiger Einkommensverhältnisse; dann Teilentscheidung möglich)

[11] 2. Gleichwohl sind die eingeschränkte Revisionszulassung und die entsprechend auf die Höhe   b
des Altersvorsorgeunterhalts begrenzte Revision hier ausnahmsweise zulässig.

[12] Denn der Unterhaltsbedarf der Kl. wurde wegen der besonders günstigen Einkommensverhältnisse des Bekl. konkret ermittelt, weswegen sich eine zweistufige Berechnung des Elementarunterhalts aus Gründen der Halbteilung erübrigt. Der Senat hat bereits entschieden, dass in Fällen besonders günstiger wirtschaftlicher Verhältnisse die sonst übliche zweistufige Berechnung des Elementarunterhalts nicht erforderlich ist (NJW 1983, 1547 = FamRZ 1982, 1187 [1188]), zumal diese (nur) sicherstellen soll, dass nicht zu Lasten des Unterhaltsverpflichteten über den Grundsatz der gleichmäßigen Teilhabe der Ehegatten am ehelichen Lebensstandard hinausgegangen wird. Sind die wirtschaftlichen Verhältnisse in einer Ehe aber so günstig, dass der Vorsorgebedarf neben dem laufenden Unterhaltsbedarf befriedigt werden kann, besteht keine Notwendigkeit für die zweistufige Berechnungsweise (*Senat*, NJW-RR 1988, 1282 [1285]).

(Anknüpfung des Vorsorgeunterhalts an den Elementarbedarf durch Hochrechnung auf ein Brutto mit Lohnsteuer, GRV-Beiträgen und ALV-Beiträgen; Auffüllung von Lücken der sozialen Biografie)

[19] ... Nach dem Zweck der gesetzlichen Regelungen über den Vorsorgeunterhalt soll dem   c
Ehegatten, der nach Trennung und Scheidung aus den im Gesetz aufgeführten Gründen gehindert ist, einer Erwerbstätigkeit nachzugehen und so auf den ihm durch den Versorgungsausgleich übertragenen Versorgungsanrechten aufzubauen, die Möglichkeit verschafft werden, seine Versorgung im Wege der

freiwilligen Weiterversicherung zu erhöhen, um damit die ansonsten entstehende Lücke in seiner „sozialen Biografie" zu schließen. Danach sollen mit unterhaltsrechtlichen Mitteln die Nachteile ausgeglichen werden, die dem Berechtigten aus der ehebedingten Behinderung seiner Erwerbstätigkeit erwachsen. ....

[21] Entsprechend hat das BerGer. den als Elementarunterhalt rechtskräftig zugesprochenen Betrag dem Nettoarbeitsentgelt gleichgestellt und dieses zur Ermittlung der darauf entfallenden Vorsorgebeiträge in ein fiktives Bruttoeinkommen umgerechnet. Zu diesem Zweck hat es den Bruttobetrag errechnet, der, vermindert um die Lohnsteuer sowie die dem Arbeitnehmeranteil entsprechenden Beiträge zur Sozialversicherung und die Beiträge zur Bundesanstalt für Arbeit, den Nettobetrag des Elementarunterhalts ergibt. Das entspricht der ständigen Rechtsprechung des Senats und der Regelung des § 14 II SGB IV, nach der in den Fällen von so genannten Nettolohnvereinbarungen das Nettoarbeitsentgelt zum sozialversicherungsrechtlichen Bruttolohn hochzurechnen ist (vgl. NJW 1981, 1556 = FamRZ 1981, 44 [444]). ...

(keine Begrenzung des Vorsorgeunterhalts durch Beitragsbemessungsgrenzen der GRV)

d [22] 2. Ebenfalls zu Recht ist das BerGer. davon ausgegangen, dass der vom Bekl. zur Wahrung der ehelichen Lebensverhältnisse im Alter geschuldete Vorsorgeunterhalt nicht durch die Beitragsbemessungsgrenze der gesetzlichen Rentenversicherung (§ 159 SGB VI; vgl. insoweit die Verordnung über die maßgeblichen Rechengrößen der Sozialversicherung für 2006, DStR 2005, 2195 = FamRZ 2006, 170) begrenzt ist.

[23] Eine die ehelichen Lebensverhältnisse wahrende Altersversorgung kann die Kl. nur aufbauen, wenn sie bis zum Rentenbeginn Versicherungsbeiträge abführt, die mindestens dem Beitragssatz zur gesetzlichen Rentenversicherung auf der Grundlage ihres gesamten Unterhaltsbedarfs entsprechen (zur zusätzlichen privaten Altersversorgung durch den Unterhaltspflichtigen vgl. *Senat,* NJW 2005, 3277 = FamRZ 2005, 1817 [1821 f.]).

(Keine Begrenzung Altersvorsorge durch Beitragsbemessungsgrenze der Rentenversicherung)

e [24] Weil es dem Unterhaltsberechtigten frei steht, den Altersvorsorgeunterhalt als freiwillige Leistung in die gesetzliche Rentenversicherung einzuzahlen oder ihn ganz oder teilweise für eine private Altersvorsorge zu verwenden, kann der Beitragsbemessungsgrenze der gesetzlichen Rentenversicherung – die gegenwärtig monatlich 5250 Euro brutto beträgt (DStR 2005, 2195 = FamRZ 2006, 170) – kein geeignetes Kriterium für die Begrenzung des individuell geschuldeten Vorsorgeunterhalts entnommen werden (so auch *Weinreich/Klein,* FamilienR, 2. Aufl., § 1578 BGB Rdnr. 88; *Schwab/Borth,* 5. Aufl., Teil IV Rdnrn. 971 ff.; *Wendl/Gutdeutsch,* 6. Aufl., § 4 Rdnr. 455; *Göppinger/Wax/Bäumel,* 8. Aufl., Rdnr. 1031; *Kalthoener/Büttner/Niepmann,* 9. Aufl., Rdnr. 356; *Kaiser/Schnitzler/Friederici/Schürmann,* AnwKomm-BGB, Bd. 4, § 1578 Rdnr. 129; *Hoppenz/Hülsmann,* Familiensachen, 8. Aufl., § 1578 BGB Rdnrn. 63 ff.; *Johannsen/Henrich/Büttner,* EheR, 4. Aufl., § 1578 BGB Rdnr. 42; *Bäumel/Büte/Poppen,* § 1578 BGB Rdnr. 35). Denn der Unterhaltsberechtigte ist nach ständiger Rechtsprechung des Senats nicht verpflichtet, den Altersvorsorgeunterhalt zur Aufstockung seiner Rentenanwartschaft aus dem Versorgungsausgleich in die gesetzliche Rentenversicherung einzuzahlen. Zwar mag die Entrichtung freiwilliger Beiträge an die BfA in gewissen Fällen wirtschaftlich sinnvoll sein. Gleichwohl ist dem Unterhaltsberechtigten diese Art seiner Altersversorgung nicht zwingend vorgeschrieben. Vielmehr kommt daneben oder an deren Stelle auch der Abschluss einer privaten Rentenversicherung in Betracht; dies würde nicht außerhalb der unterhaltsrechtlichen Zweckbindung liegen (*Senat,* NJW 1987, 2229 = FamRZ 1987, 684 [686]). Der unterhaltsberechtigte Ehegatte ist deswegen auch nicht verpflichtet, bei der Geltendmachung des Anspruchs auf Vorsorgeunterhalt eine bestimmte Form der Vorsorgeversicherung und die hiermit verbundenen konkret anfallenden Vorsorgeaufwendungen anzugeben (*Senat,* NJW 1982, 1983 = FamRZ 1982, 887 [889 f.], und NJW 1982, 1986 = FamRZ 1983, 152 [154]). Entsprechend begründet auch die Tatsache, dass der Unterhaltsberechtigte darauf besteht, die Art und Weise seiner Altersvorsorge selbst zu bestimmen, nicht die Besorgnis, er werde sie zweckwidrig verwenden (*Senat,* NJW 1983, 1547 = FamRZ 1982, 1187 [1189]).

[25] Der auf der Grundlage des gesamten Elementarunterhalts und des daraus errechneten fiktiven Bruttoeinkommens nach dem Beitragssatz der gesetzlichen Rentenversicherung (§ 158 SGB VI) errechnete Altersvorsorgeunterhalt ist nach ständiger Rechtsprechung des Senats deswegen nur dann zur Höhe begrenzt, wenn anderenfalls für den Unterhaltsberechtigten eine Altersversorgung zu erwarten steht, die diejenige des Unterhaltsverpflichteten übersteigt (*Senat,* NJW-RR 1988, 1282 = FamRZ 1988, 1145 [1147 f.]; vgl. auch Schwab/Borth, Rdnr. 973). Daneben ist regelmäßig auch der Halbteilungsgrundsatz zu beachten. In beiderlei Hinsicht gibt der vorliegende Fall aber keinen Anlass zu Bedenken.

BGH v. 25. 10. 2006 – XII ZR 144/04 = FamRZ 07, 197 = NJW 07, 904

(Sittenwidrigkeit eines Verzichts auf nachehelichen Unterhalt zum Nachteil eines Sozialhilfeträgers)

[18] 3. Entgegen der Auffassung des OLG ist der Unterhaltsverzicht auch nicht deshalb sittenwidrig und nichtig (§ 138 BGB), weil er den Träger der Sozialhilfe belastet.

[19] Nach der Rechtsprechung des Senats kann eine Vereinbarung, durch die Verlobte oder Eheleute für den Fall ihrer Scheidung auf nachehelichen Unterhalt verzichten, nach deren von Inhalt, Beweggrund und Zweck bestimmten Gesamtcharakter gegen die guten Sitten verstoßen, falls die Vertragsschließenden dadurch bewusst eine Unterstützungsbedürftigkeit zu Lasten der Sozialhilfe herbeiführen, auch wenn sie eine Schädigung des Trägers der Sozialhilfe nicht beabsichtigen (vgl. etwa *Senat*, BGHZ 86, 82 [88] = NJW 1983, 1891 = FamRZ 1983, 137, und NJW 1983, 1833 = FamRZ 1985, 788 [790]). Durch einen Unterhaltsverzicht werde eine Unterstützungsbedürftigkeit eines Ehegatten zu Lasten der Sozialhilfe allerdings dann nicht herbeigeführt, wenn die Ehegatten bei Abschluss des Ehevertrags noch nicht verheiratet gewesen seien, die Eheschließung aber vom vorherigen Unterhaltsverzicht abhängig gemacht hätten. Denn in einem solchen Fall habe der später bedürftige Ehegatte von vornherein keine Aussicht gehabt, einen Anspruch auf nachehelichen Unterhalt zu erwerben. Der Unterhaltsverzicht habe daher die Bedürftigkeit dieses Ehegatten und damit dessen Risiko, zur Bestreitung seines Lebensunterhalts auf Leistungen der Sozialhilfe angewiesen zu sein, nicht erhöht (*Senat*, NJW 1992, 3164 = FamRZ 1992, 1403).

[20] Diese Rechtsprechung zur Nichtigkeit von Unterhaltsvereinbarungen, die zu Lasten der Sozialhilfe abgeschlossen werden, ist durch die unter II 2 dargestellten Grundsätze, die der Senat zur Inhaltskontrolle von Eheverträgen entwickelt hat, nicht gegenstandslos geworden. Sie bedarf allerdings der Eingrenzung und Präzisierung: Wie der Senat ausgesprochen hat, gehört es zum grundgesetzlich verbürgten Recht der Ehegatten, ihre eheliche Lebensgemeinschaft eigenverantwortlich und frei von gesetzlichen Vorgaben entsprechend ihren individuellen Vorstellungen und Bedürfnissen zu gestalten. Die auf die Scheidungsfolgen bezogene Vertragsfreiheit entspringt insoweit dem legitimen Bedürfnis, Abweichungen von den gesetzlich geregelten Scheidungsfolgen zu vereinbaren, die zu dem individuellen Ehebild der Ehegatten besser passen. So können etwa Lebensrisiken eines Partners, wie sie zum Beispiel in einer bereits vor der Ehe zu Tage getretenen Krankheit oder in einer Ausbildung angelegt sind, die offenkundig keine Erwerbsgrundlage verspricht, von vornherein aus der gemeinsamen Verantwortung der Ehegatten füreinander herausgenommen werden. Entsprechendes gilt auch für andere nicht ehebedingte Risiken. Aus dem Gedanken der nicht allein auf die Ehezeit beschränkten Solidarität ergibt sich nichts Gegenteiliges: Dieser Gedanke ist weder dazu bestimmt noch geeignet, unterhaltsrechtliche Pflichten, in denen sich die nacheheliche Solidarität konkretisiert, als zwingendes, der Disposition der Parteien entzogenes Recht zu statuieren (*Senat*, BGHZ 158, 81 [95] = NJW 2004, 930 = FamRZ 2004, 601 [604]).

[21] Daraus folgt, dass ein ehevertraglicher Unterhaltsverzicht nicht schon deshalb sittenwidrig ist, weil er bewirkt, dass ein Ehegatte im Scheidungsfall auf Sozialhilfe angewiesen bleibt, während er ohne den Unterhaltsverzicht von seinem geschiedenen Ehegatten Unterhalt beanspruchen und deshalb Sozialhilfe nicht mehr in Anspruch nehmen könnte. Denn die berechtigten Belange des Sozialhilfeträgers gebieten es Ehegatten nicht, mit Rücksicht auf die Regelungen zu unterlassen, die von den gesetzlichen Scheidungsfolgen abweichen, ihrem individuellen Ehebild aber besser gerecht werden als die gesetzliche Regelung. Eine Pflicht von Eheschließenden zur Begünstigung des Sozialhilfeträgers für den Scheidungsfall kennt das geltende Recht nicht. Dies gilt unabhängig davon, ob der Ehevertrag vor oder nach der Eheschließung vereinbart worden ist und ob die Ehegatten im ersten Fall die spätere Eheschließung vom Abschluss des Ehevertrags abhängig gemacht haben.

[22] Allerdings kann eine Unterhaltsabrede dann sittenwidrig sein, wenn die Ehegatten damit auf der Ehe beruhende Familienlasten objektiv zum Nachteil der Sozialhilfe geregelt haben (*Senat*, NJW 1985, 1833 = FamRZ 1985, 788 [790]). Das ist namentlich dann der Fall, wenn sich aus der Gestaltung der ehelichen Lebensverhältnisse, insbesondere aus der Verteilung von Erwerbs- und Familienarbeit, im Scheidungsfall Nachteile für einen Ehegatten ergeben, die an sich durch den nachehelichen Unterhalt ausgeglichen würden, deren Ausgleich die Ehegatten aber vertraglich ausgeschlossen haben. Das gilt auch dann, wenn ein von den Ehegatten vereinbarter Unterhaltsverzicht einer auf das Verhältnis der Ehegatten zueinander bezogenen Inhaltskontrolle standhält – etwa weil dieser Verzicht durch anderweitige Vorteile (z. B. durch Zuwendung eines Wohnrechts) des verzichtenden Ehegatten kompensiert wird, ohne dessen sozialhilferechtliche Bedürftigkeit entfallen zu lassen. Auch in einem solchen Fall können die Ehegatten ehebedingte Nachteile, die das Recht des nachehelichen Unterhalts angemessen zwischen ihnen ausgleichen will, nicht durch einen Unterhaltsverzicht auf den Träger der Sozialhilfe verlagern und damit die wirtschaftlichen Risiken ihrer individuellen Ehegestaltung gleichsam „sozialisieren". Ein solcher Fall liegt hier indes nicht vor, da nach der konkreten Fallgestaltung bei keinem der Ehegatten ehebedingte Nachteile zu befürchten waren, auf deren Ausgleich sie zu Lasten des Sozialhilfeträgers verzichten wollten. Die Ast. war bereits bei Vertragsschluss nicht in der Lage, für ihren

R664   Anhang R. Rechtsprechung

Lebensunterhalt aufzukommen, und bezog deshalb Sozialhilfe. Selbst wenn die spätere Hirnblutung ihre Bedürftigkeit gesteigert hätte, wäre dies kein Nachteil, der durch die Gestaltung der ehelichen Lebensverhältnisse bedingt wäre. Auch in der Person des Ag., der bei Vertragsschluss keine Arbeitserlaubnis besaß und in dem auf die Eheschließung folgenden Monat Sozialhilfe beantragt und erhalten hat, sind ehebedingte Nachteile, die durch seinen Unterhaltsverzicht auf die Sozialhilfe übergeleitet würden, nicht erkennbar.

[23] Fraglich ist, ob ein Unterhaltsverzicht sich darüber hinaus auch in anderen Fällen als sittenwidrig erweisen kann, in denen auf Grund der Eheschließung eine Belastung des Sozialhilfeträgers eintritt, indem dieser für einen Ehegatten dauerhaft oder doch längerfristig aufkommen muss, weil die Ehegatten für den Scheidungsfall eine Unterhaltspflicht des anderen Ehegatten ausgeschlossen haben. Zu denken ist etwa an Fälle, in denen – wie hier von der Ast. geltend gemacht – ein mittelloser ausländischer Staatsangehöriger durch die Eheschließung mit einer deutschen Staatsangehörigen ausländerrechtliche Vorteile erstrebt, die zu einer dauerhaften oder doch langfristigen Inanspruchnahme des Sozialhilfeträgers führen würden, wenn der von den Ehegatten vereinbarte Unterhaltsverzicht wirksam wäre. Die Frage kann hier dahinstehen.

BGH v. 22. 10. 2006 – XII ZR 24/04 – FamRZ 07, 193 = NJW 07, 511

R664 *(Kein pauschaler Abzug berufsbedingter Aufwendungen bei geringere Kosten wie Kleider- und Hausreinigung; geringere Kosten sind im Erwerbsbonus enthalten)*

a   [14] Zwar kann berufsbedingter Aufwand unter Berücksichtigung eventueller Eigenersparnisse vorab vom Einkommen abgezogen werden. Das setzt aber voraus, dass der Aufwand notwendigerweise mit der Ausübung einer Erwerbstätigkeit verbunden ist und sich eindeutig von den Kosten der privaten Lebenshaltung abgrenzen lässt. Letzteres ist, wie das OLG zu Recht angenommen hat, bezüglich der geltend gemachten Kosten nicht der Fall. Sowohl Kosten der Kleider- und Hemdenreinigung als auch Telefonkosten fallen allgemein an. Ein aus beruflichen Gründen entstehender Mehraufwand dieser Art lässt sich ohne konkrete Angaben hierzu grundsätzlich nicht mit der erforderlichen Zuverlässigkeit schätzen. Im Übrigen wird dem mit der Erwerbstätigkeit verbundenen erhöhten Aufwand bei der Bemessung des Ehegattenunterhalts auch dadurch Rechnung getragen, dass dem Unterhaltspflichtigen ein so genannter Erwerbstätigenbonus (hier: $1/5$ bzw. $1/7$) zugebilligt wird (vgl. *Senat*, NJW 1997, 1919 = FamRZ 1997, 806 [807]).

(Kein Abzug einer fiktiven Altersvorsorge)

b   [17] Die Revision räumt ein, dass der Bekl. bisher keine Aufwendungen für eine zusätzliche Altersversorgung macht, sondern eine solche nur dann betreiben will, wenn dies unterhaltsrechtlich anerkannt wird. Voraussetzung für eine Absetzbarkeit von Vorsorgeaufwendungen ist indessen, dass derartige Aufwendungen tatsächlich geleistet werden. Fiktive Abzüge kommen insoweit nicht in Betracht (*Senat*, NJW 2003, 1660 = FamRZ 2003, 860 [863]). Um Risiken hinsichtlich der unterhaltsrechtlichen Anerkennung vorzubeugen, hätte der Bekl. – zum Beispiel auf einem Sparkonto – entsprechende Rücklagen bilden können, was hätte anerkannt werden können (vgl. *Senat*, NJW 2003, 1660 = FamRZ 2003, 860 [863]). Falls der Aufwand als nicht gerechtfertigt angesehen worden wäre, hätte der Bekl. über die zurückgelegten Mittel wieder verfügen können, ohne sich im Rahmen der „Riester-Rente" gebunden zu haben.

(Umgangskosten Abzugsposten, soweit sie durch das Kindergeld nicht gedeckt sind)

c   [20] Der Senat hält allerdings, wie er inzwischen entschieden hat, an seiner früheren Rechtsprechung, nach der der Umgangsberechtigte die üblichen Kosten, die ihm bei der Ausübung des Umgangsrechts entstehen, grundsätzlich selbst zu tragen hat, im Hinblick auf die durch das Inkrafttreten des Kindschaftsrechtsreformgesetzes zum 1. 7. 1998 veränderten Rechtslage nicht mehr uneingeschränkt fest. Nach § 1684 BGB, der inzwischen – an Stelle des weggefallenen § 1634 BGB – den Umgang des Kindes mit den Eltern regelt, hat einerseits das Kind das Recht auf Umgang mit jedem Elternteil; andererseits ist aber auch jeder Elternteil zum Umgang mit dem Kind berechtigt und verpflichtet (§ 1684 I BGB). Beides ist Ausfluss seiner Verantwortung für dessen Wohl (§§ 1618 a, 1626, 1631 BGB). Die in § 1684 I BGB geregelten Rechte und Pflichten stehen – ebenso wie die elterliche Sorge des anderen Elternteils – unter dem Schutz von Art. 6 II 1 GG (BVerfG, NJW 2002, 1863 = FamRZ 2002, 809).

[21] Andererseits kann die Regelung des § 1612 b V BGB über die Anrechnung des Kindergeldes zur Folge haben, dass dem barunterhaltspflichtigen Elternteil das anteilige Kindergeld ganz oder teilweise nicht mehr zugute kommt, er hierdurch mithin auch keine finanzielle Entlastung hinsichtlich der durch die Ausübung des Umgangsrechts entstehenden Kosten zu erlangen vermag. Er muss deshalb die Umgangskosten aus seinem nach Abzug des Unterhalts verbleibenden Einkommen bestreiten. Wenn und soweit das über den notwendigen Selbstbehalt hinaus noch vorhandene Einkommen hierfür

Anhang R. Rechtsprechung   R665

nicht ausreicht, kann dies einen Elternteil zu einer Einschränkung der Umgangskontakte veranlassen und damit auch den Interessen des Kindes zuwiderlaufen.

[22] Da das Unterhaltsrecht dem Unterhaltspflichtigen nicht die Möglichkeit nehmen darf, sein Umgangsrecht zur Erhaltung der Eltern-Kind-Beziehung auszuüben, sind die damit verbundenen Kosten konsequenterweise unterhaltsrechtlich zu berücksichtigen, wenn und soweit sie nicht anderweitig, insbesondere nicht aus dem anteiligen Kindergeld, bestritten werden können (*Senat*, NJW 2005, 1493 = FamRZ 2005, 706 [708]).

(Keine Verwirkung durch Mitteilung an Finanzamt bei Wahrnehmung berechtigter Interessen)
[33] cc) Was die behauptete Anschwärzung des Bekl. beim Finanzamt anbelangt, trifft es nicht zu,   d
dass die Kl. diesen Vorwurf eingeräumt hätte. Ihre Ausführungen legen vielmehr die Annahme nahe, dass sie von einem Bediensteten des Finanzamts angerufen und aufgefordert wurde, die Anlage U zur Einkommensteuererklärung zu unterzeichnen, und sich bei diesem Telefonat herausstellte, dass der Bekl. eine Anlage U mit einem darin angegebenen Betrag von 27 000 DM eingereicht hatte. Unzutreffende Angaben insofern brauchte die Kl. aber nicht hinzunehmen, zumal sie auf die im Rahmen des begrenzten Realsplittings steuerlich geltend gemachten Unterhaltszahlungen ihrerseits Steuern zu entrichten hat.

(Geltendmachung von Altervorsorge rückwirkend ab Auskunftsbegehren)
[42] 2. Nach § 1613 I 1 BGB, der gem. § 1360a III BGB auch für den Trennungsunterhalt gilt,   e
kann für die Vergangenheit Erfüllung unter anderem von dem Zeitpunkt an gefordert werden, zu welchem der Verpflichtete zum Zwecke der Geltendmachung des Unterhaltsanspruchs aufgefordert worden ist, über seine Einkünfte und sein Vermögen Auskunft zu erteilen. Von dem Zeitpunkt des Zugangs dieses Begehrens an wird der Unterhaltspflichtige vom Gesetzgeber nicht mehr als schutzwürdig angesehen, weil er seine Einkommensverhältnisse kennt und gegebenenfalls Rücklagen bilden muss (Born, in: MünchKomm, 4. Aufl., § 1613 Rdnr. 5; vgl. auch BT-Dr 13/7338, S. 31). Die Schutzfunktion, die der früher erforderlichen Mahnung zukam (vgl. insoweit zum Altersvorsorgeunterhalt *Senat*, NJW 1982, 1983 = FamRZ 1982, 887 [890]), ist also bewusst abgeschwächt worden.
[43] Der Altersvorsorgeunterhalt gehört ab Beginn des Monats, in dem die Scheidungsklage rechtshängig wird (hier: April 1999), gem. § 1361 I 2 BGB zum Lebensbedarf im Rahmen des Trennungsunterhalts. Das Gesetz sorgt auf diese Weise für eine lückenlose „soziale Biografie", da der Versorgungsausgleich gem. § 1587 I BGB nur die Zeit bis zum Ende des Monats umfasst, der der Rechtshängigkeit der Scheidungsklage vorangeht, und § 1578 III BGB erst ab dem Tag der Rechtskraft der Scheidung eingreift. Dabei sind Elementar- und Altersvorsorgeunterhalt nicht Gegenstand eigenständiger Ansprüche, sondern lediglich Teile des einheitlichen, den gesamten Lebensbedarf umfassenden Unterhaltsanspruchs (st. Rspr., vgl. etwa *Senat*, NJW 1982, 1875 = FamRZ 1982, 465, und NJW 2007, 144; *Johannsen/Henrich/Büttner*, EheR, 4. Aufl., § 1361 Rdnr. 116; *Schwab/Borth*, 5. Aufl., IV 970).
[44] Mit Rücksicht darauf reicht es für eine Inanspruchnahme des Unterhaltspflichtigen für die Vergangenheit aus, wenn von diesem Auskunft mit dem Ziel der Geltendmachung eines Unterhaltsanspruchs begehrt worden ist. Eines gesonderten Hinweises, es werde auch Altersvorsorgeunterhalt verlangt, bedarf es nicht. Ob der Unterhaltsberechtigte letztlich auch Altersvorsorgeunterhalt beanspruchen kann, wird maßgeblich durch die Leistungsfähigkeit des Unterhaltspflichtigen bestimmt, die dieser selbst beurteilen kann (so i. E. für die sog. Stufenmahnung auch *Schwab/Borth*, IV 981).

BGH v. 22. 11. 2006 – XII ZR 152/04 – FamRZ 07, 453 = NJW 07, 1273

(Verwirkung eines Unterhaltsrückstandes; Zeit- und Umstandsmoment)   R665

[21] Eine Verwirkung kommt nach allgemeinen Grundsätzen in Betracht, wenn der Berechtigte ein   a
Recht längere Zeit nicht geltend macht, obwohl er dazu in der Lage wäre, und der Verpflichtete sich mit Rücksicht auf das gesamte Verhalten des Berechtigten darauf einrichten durfte und eingerichtet hat, dass dieser sein Recht auch in Zukunft nicht geltend machen werde. Insoweit gilt für Unterhaltsrückstände, die hier allein Gegenstand der Revision sind, nichts anderes als für andere in der Vergangenheit fällig gewordene Ansprüche, wenngleich die kurze Verjährungsfrist von drei Jahren (§§ 195, 197 II BGB) dem Anwendungsbereich der Verwirkung enge Grenzen setzt (vgl. *Senat*, BGHZ 84, 280 [282] = NJW 1982, 1999 = FamRZ 1982, 898).
[22] Gerade bei Unterhaltsansprüchen spricht andererseits aber vieles dafür, an das so genannte Zeitmoment der Verwirkung keine strengen Anforderungen zu stellen. Nach § 1585b II BGB kann Unterhalt für die Vergangenheit ohnehin nur ausnahmsweise gefordert werden. Von einem Unterhaltsgläubiger, der auf laufende Unterhaltsleistungen angewiesen ist, muss eher als von einem Gläubiger anderer Forderungen erwartet werden, dass er sich zeitnah um die Durchsetzung des Anspruchs bemüht. Anderenfalls können Unterhaltsrückstände zu einer erdrückenden Schuldenlast anwachsen. Abgesehen davon sind im Unterhaltsrechtsstreit die für die Bemessung des Unterhalts maßgeblichen

Einkommensverhältnisse der Parteien nach längerer Zeit oft nur schwer aufklärbar. Diese Gründe, die eine möglichst zeitnahe Geltendmachung des Unterhalts nahelegen, sind so gewichtig, dass das Zeitmoment der Verwirkung auch schon dann erfüllt sein kann, sobald die Rückstände Zeitabschnitte betreffen, die ein Jahr oder länger zurückliegen. Denn nach den gesetzlichen Bestimmungen der §§ 1585 b III, 1613 II Nr. 1 i. V. mit §§ 1360 a III, 1361 IV 4 BGB verdient der Gesichtspunkt des Schuldnerschutzes bei mindestens ein Jahr zurückliegenden Unterhaltsrückständen besondere Beachtung. Diesem Rechtsgedanken kann im Rahmen der Bemessung des Zeitmoments in der Weise Rechnung getragen werden, dass das Verstreichenlassen einer Frist von mehr als einem Jahr für die Verwirkung früherer Unterhaltsansprüche ausreichen kann (*Senat*, BGHZ 103, 62 [69] = NJW 1988, 1137 [1138] = FamRZ 1988, 370 [372 f.], und BGHZ 152, 217 [220 f.] = NJW 2003, 128 = FamRZ 2002, 1698).

[23] Neben dem Zeitmoment kommt es für die Verwirkung auf das so genannte Umstandsmoment an. Beide Voraussetzungen hat das BerGer. in revisionsrechtlich nicht zu beanstandender Weise festgestellt. Dabei hat es zu Recht darauf abgestellt, dass die Ag. ihren Anspruch auf nachehelichen Ehegattenunterhalt erst mehr als drei Jahre nach der letzten Auskunft des Ast. zu seinen Einkommens- und Vermögensverhältnissen beziffert hat. Die Auskunft war bereits im Dezember 1998 erteilt und die Parteien wurden sodann im März 1999 rechtskräftig geschieden. Die Ag. war deswegen von diesem Zeitpunkt an auf nachehelichen Ehegattenunterhalt angewiesen. Gleichwohl verfolgte sie ihren Anspruch trotz mehrerer Anfragen des Gerichts über mehr als drei Jahre bis zum Mai 2002 nicht weiter. Weil die Parteien zudem über die Verpflichtung der Ag. zur Aufnahme einer eigenen Erwerbstätigkeit gestritten hatten, durfte der Ast. die Untätigkeit der Ag. so verstehen, dass sie keinen nachehelichen Ehegattenunterhalt mehr geltend machen werde. Erfahrungsgemäß pflegt ein Unterhaltsverpflichteter, der in ähnlichen wirtschaftlichen Verhältnissen wie der Ast. lebt, seine Lebensführung an die ihm zur Verfügung stehenden Einkünfte anzupassen, so dass er bei unerwarteten Unterhaltsnachforderungen nicht auf Rücklagen zurückgreifen kann und dadurch regelmäßig in Bedrängnis gerät (BGHZ 103, 62 [71] = NJW 1988, 1137 [1138] und BGHZ 152, 217 [223] = NJW 2003, 128 = FamRZ 2002, 1698).

[24] Der Verwirkung rückständiger Unterhaltsansprüche steht auch nicht entgegen, dass diese seit dem im Scheidungsverbund eingereichten Stufenantrag rechtshängig waren. Denn weil die Ag. das Verfahren trotz mehrfacher Anfragen des Gerichts nicht betrieben hat, wäre nach § 204 II 2 BGB (in § 211 II BGB a. F. noch im Rahmen der Unterbrechung geregelt) sogar die die verjährungshemmende Wirkung der Rechtshängigkeit beendet gewesen.

(Keine Beseitigung der Vorzugsfolgen durch Verwirkung)

b [25] c) Das BerGer. (ebenso wie im Ergebnis KG, NJW-RR 2005, 1308) verkennt aber, dass durch die Nichtgeltendmachung nur der jeweilige, für einen bestimmten Zeitraum entstandene Unterhaltsanspruch als solcher verwirkt werden kann, nicht aber ein einzelnes, diesen Anspruch qualifizierendes Merkmal wie etwa der Umstand, dass insoweit Schuldnerverzug vorliegt.

[26] Der Schuldnerverzug (§ 286 BGB) ist ein Unterfall der Verletzung der Leistungspflicht, nämlich die rechtswidrige Verzögerung der geschuldeten Leistung aus einem vom Schuldner zu vertretenden Grund, und damit zugleich die gesetzlich definierte Voraussetzung unterschiedlicher Rechtsfolgen, also lediglich „Vorfrage" für deren Beurteilung. Ein gegenüber dem ursprünglichen Schuldverhältnis eigenständiges „Verzugsverhältnis" kennt das Gesetz hingegen nicht. Dass der nicht leistende Schuldner in Verzug ist, bedeutet nämlich nur, dass er – vom Sonderfall des § 286 II BGB abgesehen – zur Erfüllung der fälligen Forderung gemahnt wurde und das weitere Unterbleiben der Leistung zu vertreten hat (vgl. insoweit *Senat*, NJW 2000, 2280 [2281], und NJW 2000, 2663 [2664]). Deswegen kann nicht der Schuldnerverzug als solcher verwirkt werden, sondern nur die jeweils rückständige Forderung, hinsichtlich derer er besteht.

[27] Anderes ergibt sich auch nicht aus der vom BerGer. zitierten früheren Senatsrechtsprechung. Mit Urteil vom 17. 9. 1986 (NJW 1987, 1546 = FamRZ 1987, 40 [41 f.]) hat der Senat ausgesprochen, dass die durch eine Mahnung ausgelösten Rechtsfolgen nicht dadurch rückwirkend beseitigt werden, dass der Unterhaltsgläubiger die Mahnung einseitig zurücknimmt. Die eingetretenen Rechtsfolgen einer Mahnung können vielmehr nur durch eine Vereinbarung rückgängig gemacht werden, die auf einen Erlass des Unterhaltsanspruchs für die fragliche Zeit hinausläuft. Soweit der Senat daneben in Betracht gezogen hat, dass der Gläubiger sich aus besonderen Gründen nach Treu und Glauben (§ 242 BGB) – insbesondere unter dem Gesichtspunkt der Verwirkung – nicht auf die Rechtsfolgen einer Mahnung berufen kann (*Senat*, NJW 1987, 1546 = FamRZ 1987, 40 [41 f.] und FamRZ 1988, 478 [479]), sagt das noch nichts dazu aus, welche in der Vergangenheit liegenden Zeitabschnitte von der Verwirkung erfasst werden.

(Verwirkung nur für vor dem Zeitmoment liegende Unterhaltsrückstände)

c [28] Auch weil ein Unterhaltsanspruch nicht verwirkt sein kann, bevor er überhaupt fällig geworden ist, müssen die in Rede stehenden Zeitabschnitte gesondert betrachtet werden. Dabei ergibt sich, dass im Zeitpunkt der Weiterverfolgung des nachehelichen Ehegattenunterhalts durch den Eingang des bezifferten Zahlungsantrags Mitte Mai 2002 nur der Unterhaltsanspruch der Ag. bis Mai 2001 mehr als ein Jahr zurücklag und damit die an das Zeitmoment der Verwirkung zu stellenden Anforderungen erfüllte (vgl. Senat, BGHZ 152, 217 [221] = NJW 2003, 128 = FamRZ 2002, 1698; BGHZ 103, 62 [69] = NJW 1988, 1137 [1138] = FamRZ 1988, 370 [372 f.]). Der Unterhaltsanspruch der Ag. für die Zeit ab Juni 2001 war deswegen – ebenso wie der laufende Unterhaltsanspruch ab Eingang des bezifferten Zahlungsantrags – noch nicht verwirkt. Insoweit hat das BerGer. die Klage deswegen zu Unrecht abgewiesen.

BGH v. 6. 12. 2006 XII ZR 197/04 = FamRZ 07, 377 = NJW-RR 07, 505

(Zeitlicher Geltungsbereich der Neufassung des SGB VIII)

[11] II. Diese Erwägungen überzeugen auch gegenüber den Einwendungen der Revision.

[12] Das BerGer. hat die Klage zu Recht abgewiesen, weil der Unterhaltsbedarf der Kl. durch die Leistungen der Jugendhilfe vollständig gedeckt ist und dem Träger der Jugendhilfe lediglich ein Anspruch auf Zahlung eines öffentlich-rechtlichen Kostenbeitrags gegen die Bekl. zusteht. Dabei ist nach der Übergangsregelung zu den am 1. 10. 2005 in Kraft getretenen Änderungen des SGB VIII zwischen Unterhaltsansprüchen für die Zeit bis zum 31. 3. 2006 und solchen für die Zeit ab April 2006 zu unterscheiden. Denn nach § 97 b SGB VIII erfolgte die Heranziehung zu den Kosten für Leistungen und vorläufige Maßnahmen, die – wie hier – schon vor dem 1. 10. 2005 fortlaufend gewährt worden sind, bis zum 31. 3. 2006 nach dem früheren Recht und erst für die Zeit ab April 2006 nach den zum 1. 10. 2005 in Kraft getretenen geänderten Vorschriften des SGB VIII.

(Bar- und Betreuungsunterhalt auswärts untergebrachter Kinder)

[14] a) Der Unterhaltsbedarf der Kl. bemisst sich allerdings nach den konkreten Kosten für ihre Heimunterbringung. Zwar schulden die Eltern einem auswärts untergebrachten minderjährigen Kind neben dem Barunterhalt auch Betreuungsunterhalt, der sich regelmäßig pauschal nach der Höhe des Barunterhalts richtet (*Senat*, NJW 2006, 3421 = FamRZ 2006, 1597 [1598 f.] mit Anm. *Born*). Sind die Kinder allerdings in einem Heim untergebracht, richtet sich ihr Unterhaltsbedarf nach den durch die Heimunterbringung veranlassten und konkret feststehenden Kosten. Der einer Heimunterbringung entgegenstehende Wille der Bekl. ist insoweit unerheblich, weil ihnen nach § 1666 BGB die elterliche Sorge entzogen wurde und das Recht zur Bestimmung der Art und Weise der Unterhaltsgewährung nach § 1612 II BGB somit auf das Jugendamt als Vormund übergegangen ist.

(Unterhaltsbedarf bei Leistungen der Kinder- und Jugendhilfe nach SGB VIII a. F.)

[15] b) Dieser Unterhaltsbedarf der Kl. war allerdings durch die Leistungen der Kinder- und Jugendhilfe in vollem Umfang gedeckt. Die nach den Vorschriften des SGB VIII in der bis zum 30. 9. 2005 geltenden Fassung (SGB VIII a. F.) gewährten Leistungen waren zwar grundsätzlich gegenüber Unterhaltsansprüchen subsidiär, zumal durch sie Verpflichtungen anderer, insbesondere Unterhaltspflichtiger ausdrücklich nicht berührt werden sollten (§ 10 I 1 SGB VIII a. F.; *Wiesner*, SGB VIII, Kinder- und Jugendhilfe, 2. Aufl., vor § 90 Rdnrn. 2 f.). Allerdings wurde diese grundsätzliche Subsidiarität schon nach früherem Recht durch diverse Vorschriften eingeschränkt und speziell ausgestaltet (*Wiesner*, § 10 Rdnr. 22; *Schellhorn*, SGB VIII, § 10 Rdnrn. 13 f. m. w. Nachw.; *Wendl/Scholz*, 6. Aufl., § 2 Rdnr. 327 a und OLG Schleswig, OLG-Report 2001, 322).

[16] aa) Danach waren Kinder, Jugendliche oder deren Eltern teilweise individuell durch Erhebung eines Kostenbeitrags, der durch Leistungsbescheid festzusetzen war, zu den Kosten der Hilfe zur Erziehung in einem Heim heranzuziehen (§ 92 II i. V. mit § 91 I Nr. 4 SGB VIII a. F.). Teilweise ging der Unterhaltsanspruch des Kindes auf den Träger der öffentlichen Jugendhilfe über (§ 94 III 2 SGB VIII a. F.; OLG Karlsruhe, OLG-Report 1999, 276). Im Übrigen konnte der Träger der öffentlichen Jugendhilfe den Anspruch gegen einen nach bürgerlichem Recht Unterhaltspflichtigen bei Leistungen an einen jungen Volljährigen auf sich überleiten (§ 96 SGB VIII a. F.; *Münder*, Frankfurter Komm. z. SGB VIII, Kinder- und Jugendhilfe, 4. Aufl., § 96 Rdnr. 1). Für die Art der Heranziehung der Eltern des unterhaltsbedürftigen Kindes oder Jugendlichen unterschied die Sonderregelung in § 94 SGB VIII a. F. danach, ob sie vor Beginn der Hilfe mit dem Kind oder dem Jugendlichen zusammengelebt, ihm also im Wesentlichen Naturalunterhalt geleistet hatten (so § 94 II SGB VIII a. F.), oder ob die Eltern schon in diesem Zeitpunkt nicht mit dem Kind oder Jugendlichen zusammengelebt hatten, ihm also schon zuvor Barunterhalt schuldeten (§ 94 III SGB VIII a. F.). In beiden Fällen sollte die finanzielle Belastung der Eltern durch die Maßnahmen der Kinder- und Jugendhilfe nicht verändert werden, also gegenüber der vorher bestehenden Situation weder sinken noch steigen (*Wiesner*, § 94 Rdnr. 2).

[17] Nur wenn die Kinder schon zuvor von ihren Eltern getrennt lebten, war von diesen kein Kostenbeitrag zu erheben, da der (laufende) Unterhaltsanspruch des Kindes oder des Jugendlichen in Höhe des Betrags, der zu zahlen wäre, wenn die Leistungen der Jugendhilfe und der sie veranlassende

besondere Bedarf außer Betracht bleibt, auf den Träger der öffentlichen Jugendhilfe überging. In solchen Fällen war der Unterhaltsbedarf der Kinder wegen der Subsidiarität der Kinder- und Jugendhilfe nicht gedeckt, was einen Übergang ihrer Forderungen auf den Träger der Jugendhilfe ermöglichte. Nur über diese Ansprüche, die der Träger der öffentlichen Jugendhilfe – wie hier geschehen – auf das Kind oder den Jugendlichen zurückübertragen kann (*Münder*, § 94 Rdnrn. 7 ff.; *Wiesner*, § 94 Rdnrn. 19 ff.), ist im Zivilrechtsweg zu entscheiden (§ 94 III 2 und IV SGB VIII a. F.; *Wiesner*, § 94 Rdnr. 2).

[18] Demgegenüber erfolgte die Heranziehung der Eltern, die bis zum Beginn der Jugendhilfe mit den Kindern oder Jugendlichen zusammenlebten, allein durch öffentlich-rechtlichen Leistungsbescheid. Um eine doppelte Inanspruchnahme der Eltern sowohl durch Leistungsbescheid als auch auf Grund des familienrechtlichen Unterhaltsanspruchs zu vermeiden, sah das Gesetz für diese Fälle keinen Übergang des Unterhaltsanspruchs vor. Diese gesetzliche Regelung sprach dafür, dass der Unterhaltsbedarf des Kindes oder Jugendlichen in solchen Fällen durch die Leistungen der öffentlichen Jugendhilfe voll abgedeckt und ein Rückgriff gegen die Eltern auf den öffentlich-rechtlichen Kostenbeitrag beschränkt sein sollte (vgl. *Münder*, § 94 Rdnrn. 1, 3 ff. und *Wiesner*, § 94 Rdnrn. 5, 12 ff.; zur Berechnung des Kostenbeitrags nach altem Recht vgl. BVerwGE 108, 222 [226 ff.] = NJW 1999, 2383).

[19] Aus diesen gesetzlichen Regelungen ergibt sich, dass die Leistungen der Kinder- und Jugendhilfe in Fällen, in denen die Eltern vor Beginn der Hilfe mit dem Kind oder dem Jugendlichen zusammenlebten, ausnahmsweise bedarfsdeckend auf den zivilrechtlichen Unterhaltsanspruch anzurechnen waren. Dafür spricht, dass die Eltern stets nur den Unterhalt schuldeten, der zu zahlen wäre, wenn die Leistungen der Jugendhilfe und der sie veranlassende besondere Bedarf außer Betracht blieb (§ 94 II 1, III 2 SGB VIII a. F.) und dieser Betrag in solchen Fällen als Kostenbeitrag zu erheben war (§§ 91 I Nr. 4 c u. V, 92 II SGB VIII a. F.). Wegen der Gefahr einer doppelten Inanspruchnahme konnte der zivilrechtliche Unterhaltsanspruch in solchen Fällen daneben nicht fortbestehen. Im Einklang damit sah das Gesetz für diese Fälle weder einen Anspruchsübergang noch eine Überleitungsmöglichkeit vor (§ 94 III 2, IV SGB VIII a. F.) und verwies zur Durchsetzung auch nicht auf den Zivilrechtsweg (§ 94 III 4 SGB VIII a. F.).

[20] bb) Zu Recht ist das OLG auch davon ausgegangen, dass die Bekl. bis zum Beginn der Leistungen öffentlicher Jugendhilfe mit den Kl. zusammengelebt haben und nach § 94 II SGB VIII deswegen nur eine Heranziehung zu öffentlich-rechtlichen Unterhaltsbeiträgen in Betracht kommt.

[21] Eltern oder Elternteile lebten mit dem Kind oder dem Jugendlichen i. S. des § 94 II SGB VIII a. F. zusammen, wenn mit ihm eine Wirtschafts- und Lebensgemeinschaft bestand. Nach dem Sinn der Regelung war eine nur vorübergehende Unterbrechung der Wirtschafts- und Lebensgemeinschaft, etwa durch eine auswärtige Unterbringung, unschädlich (Wiesner, § 94 Rdnr. 5; BVerwGE 68, 299 [301] = NVwZ 1984, 516). Denn die unterschiedlichen Rechtsfolgen des § 94 II SGB VIII a. F. einerseits und des § 94 III SGB VIII a. F. andererseits fanden ihren Grund in dem Rechtsverhältnis zwischen Eltern und Kind bei Beginn der öffentlichen Jugendhilfe. Wurde diese in unmittelbarem Zusammenhang mit der Trennung der Kinder von ihren Eltern geleistet, war deren Kostenbeteiligung im Wege des öffentlich-rechtlichen Kostenbeitrags durchzusetzen.

[22] So lag der Fall hier. Grund für die Heimunterbringung der Kl. und somit für die öffentlich-rechtlichen Fürsorgeleistungen war die Entziehung des Sorgerechts nach § 1666 BGB und die Herausnahme der Kl. aus der Wirtschafts- und Lebensgemeinschaft mit den Bekl. Die Leistungen der Jugendhilfe waren mithin unmittelbare Folge der Herausnahme der Kl. aus der Familie der Bekl. Darauf, dass die Kl. schon im November 1999 vom Jugendamt in Obhut genommen worden waren, während sie nach den Feststellungen des BerGer. möglicherweise erst ab Dezember 1999 Hilfe zur Erziehung nach den Vorschriften des SGB VIII erhielten, kommt es nicht an. Die bei Beginn der Leistungen bestehende kurzfristige Unterbrechung der Wirtschafts- und Lebensgemeinschaft mit den Adoptiveltern ist für die Anwendbarkeit des § 94 II a. F. deswegen unerheblich.

[23] cc) Das BerGer. hat Unterhaltsansprüche der Kl. für die Zeit bis März 2006 deswegen zu Recht abgewiesen, weil ihr voller Unterhaltsbedarf durch die Leistungen der öffentlichen Jugendhilfe gedeckt war. Damit geht einher, dass solche Unterhaltsansprüche auch nicht mehr auf den Träger der öffentlichen Jugendhilfe übergehen konnten und dieser auf einen öffentlich-rechtlichen Kostenbeitrag der Eltern nach §§ 91 ff., 94 II SGB VIII a. F. verwiesen war. Ebenso schied eine Überleitung von Ansprüchen gegen einen nach bürgerlichem Recht Unterhaltspflichtigen aus, weil solches nach § 96 SGB VIII a. F. nur bei Unterhaltsansprüchen junger Volljähriger in Betracht kam und beide Kl. in der hier relevanten Zeit bis März 2006 noch minderjährig waren.

(Bedarfsdeckung und öff.-rechtl. Kostenbeitrag bei Leistungen der Kinder- und Jugendhilfe nach SGB VIII ab April 2006)

d   [24] 2. Unterhaltsansprüche der Kl. gegen die Bekl. scheiden erst recht auf der Grundlage der zum 1. 10. 2005 in Kraft getretenen Änderungen des Kinder- und Jugendhilferechts (SGB VIII) für die Zeit ab April 2006 aus.

Anhang R. Rechtsprechung **R667**

[25] a) Zwar werden nach § 10 I SGB VIII Verpflichtungen anderer durch die Leistungen der Kinder- und Jugendhilfe weiterhin nicht berührt. Zugleich hat der Gesetzgeber in § 10 II SGB VIII aber die Inanspruchnahme unterhaltspflichtiger Personen dahin konkretisiert, dass diese nach den §§ 90 bis 97 b SGB VIII an den Kosten für Leistungen und vorläufige Maßnahmen zu beteiligen sind. Damit wollte der Gesetzgeber insbesondere die Eltern nicht aus ihrer Verantwortung zur Pflege und Erziehung und damit zur Sicherstellung des materiellen Wohls ihrer Kinder entlassen. Einen rechtlichen Nachrang der Leistungen der Kinder- und Jugendhilfe gegenüber der Elternverantwortung hat das Gesetz aber nur insoweit konkretisiert, als der Träger der Kinder- und Jugendhilfe öffentlich-rechtliche Kostenbeiträge erheben kann (*Münder*, 5. Aufl., § 10 Rdnr. 28; *Wiesner*, 3. Aufl., § 10 Rdnr. 28; *Jans/Happe/Saurbier/Maas*, Kinder- und JugendhilfeR, 3. Aufl. [Stand: Januar 2006], B II Art. 1 § 10 Rdnr. 23).

[26] aa) Unterhaltspflichten sind somit gegenüber Leistungen nach dem SGB VIII anders als gegenüber den meisten Leistungen nach dem SGB grundsätzlich nicht vorrangig. Im Recht der Kinder- und Jugendhilfe ist dies schon deswegen geboten, weil die Leistungsgewährung nicht wegen des Ausbleibens der Unterhaltszahlungen erfolgt, sondern unabhängig davon erzieherischen, behinderungsbedingten oder anderen Förderbedarf voraussetzt. Die Sicherung des notwendigen Lebensunterhalts durch den Jugendhilfeträger nach § 39 SGB VIII wirkt sich deswegen auch auf den zivilrechtlichen Unterhaltsbedarf des Kindes aus.

[27] Entsprechend ordnet § 10 II 2 SGB VIII nunmehr ausdrücklich an, dass der Bedarf des jungen Menschen durch Leistungen und vorläufige Maßnahmen nach dem SGB VIII gedeckt ist und dies bei der Berechnung des Unterhalts berücksichtigt werden muss. Zwar entfällt der zivilrechtliche Unterhaltsanspruch dadurch nicht dem Grunde nach. Die mit den Leistungen des Kinder- und Jugendhilferechts verbundene Bedarfsdeckung kann aber die Höhe des Unterhaltsanspruchs reduzieren oder zu seinem vollständigen Wegfall führen. Soweit der Unterhalt im Rahmen der Leistungsgewährung nach dem SGB VIII sichergestellt ist, ist auch der unterhaltsrechtliche Bedarf des Leistungsempfängers in aller Regel gedeckt (*Münder*, § 10 Rdnrn. 29 f.; BT-Dr 15/3676, S. 31). Dadurch wird der Unterhaltspflichtige seiner materiellen Verantwortung gegenüber dem jungen Menschen zwar nicht enthoben, weil er durch die Erhebung eines Kostenbeitrags in die Pflicht genommen werden kann. Eine doppelte Inanspruchnahme des Unterhaltspflichtigen mittels Kostenbeitrags einerseits und Unterhaltsanspruchs andererseits ist aber ausgeschlossen.

[28] bb) Im Einklang damit regelt § 92 II SGB VIII, dass die Heranziehung durch Erhebung eines Kostenbeitrags erfolgt. Zum Umfang der Heranziehung enthält § 94 V SGB VIII nunmehr eine Verordnungsermächtigung, von der durch die Verordnung zur Festsetzung der Kostenbeiträge für Leistungen und vorläufige Maßnahmen in der Kinder- und Jugendhilfe (KostenbeitragsVO) vom 1. 10. 2005 (BGBl I, 2907; vgl. auch *Wiesner*, § 94 und *Münder*, Anh. zu § 94) Gebrauch gemacht wurde.

[29] Weil die Inanspruchnahme der Eltern nunmehr stets auf einen öffentlich-rechtlichen Kostenbeitrag beschränkt ist, hat der Gesetzgeber durch das Kinder- und Jugendhilfeweiterentwicklungsgesetz 2005 die frühere Vorschrift zur Überleitung von Ansprüchen gegen einen nach bürgerlichem Recht Unterhaltspflichtigen aufgehoben. Denn die Konzentration der Heranziehung auf einen öffentlich-rechtlichen Kostenbeitrag macht weitere Regelungen über die Überleitung von Ansprüchen gegen eine nach bürgerlichem Recht unterhaltspflichtige Person entbehrlich (BT-Dr 15/3676, S. 42; *Münder*, Anm. zu § 96).

[30] b) Für die Zeit ab April 2006 ist der zivilrechtliche Unterhaltsanspruch der Kl. dem Grunde nach zwar nicht entfallen, der Unterhaltsbedarf aber durch die Leistungen der Kinder- und Jugendhilfe vollständig gedeckt. Ein Unterhaltsanspruch der Kl. besteht somit auch für diese Zeit nicht mehr. Der Rückgriff gegen die dem Grunde nach unterhaltspflichtigen Eltern ist deswegen lediglich in Form der pauschalierten Kostenbeteiligung nach §§ 90 ff. SGB VIII im Wege des Verwaltungsverfahrens zulässig. Der Träger der Kinder- und Jugendhilfe muss sich deswegen auf das schon anhängige Verwaltungsverfahren verweisen lassen.

BGH v. 20. 12. 2006 – XII ZR 84/04 = FamRZ 07, 1158 = NJW-RR 07, 1513

(Leistungen der Grundsicherung im Alter und bei Erwerbsminderung sind im Verhältnis zu Eltern + Kindern **R667**
grunds. unterhaltspflichtiges Einkommen)

[14] b) Nach § 1602 I BGB ist unterhaltsberechtigt nur, wer außer Stande ist, sich selbst zu **a** unterhalten. Zum unterhaltsrechtlich maßgeblichen Einkommen zählen grundsätzlich sämtliche Einkünfte, wenn sie geeignet sind, den gegenwärtigen Lebensbedarf des Einkommensbeziehers sicherzustellen. Dazu können auch dem Unterhaltsgläubiger zu gewährende Grundsicherungsleistungen gehören, wenn sie – anders als etwa Sozialhilfe- und Unterhaltsvorschussleistungen – nicht subsidiär sind. Nach § 43 II 1 SGB XII, der der bis zum 31. 12. 2004 geltenden, inhaltlich übereinstimmenden Vorschrift des § 2 I 3 GSiG entspricht, bleiben Unterhaltsansprüche der Leistungsberechtigten gegenüber ihren Kindern und Eltern unberücksichtigt, sofern deren jährliches Gesamteinkommen i. S. des § 16 des Vierten Buches unter einem Betrag von 100 000 Euro liegt. Sind diese Voraussetzungen

erfüllt, erfolgen die Grundsicherungsleistungen nicht nachrangig. Sie sind mithin als Einkommen anzusehen und reduzieren den unterhaltsrechtlichen Bedarf des Leistungsempfängers, ohne dass es darauf ankommt, ob sie zu Recht oder zu Unrecht bewilligt worden sind (*Klinkhammer*, FamRZ 2002, 997 [1001]; *Günther*, FF 2003, 10 [14]; OLG Hamm, FamRZ 2004, 1061; vgl. auch Senat, NJW 2003, 128 = FamRZ 2002, 1698 [1701]).

[15] In Höhe der ihr ab 3. 11. 2003 gewährten Grundsicherungsleistungen ist die Bekl. mithin nicht mehr unterhaltsbedürftig. Dass die Leistungen zum 31. 12. 2004 tatsächlich eingestellt worden sind, wie die Revision unter Bezugnahme auf einen Bescheid vom 18. 11. 2004 darlegt, kann im Revisionsverfahren nicht berücksichtigt werden. Nach dem vorgenannten Bescheid beruht die Einstellung der Leistungen darauf, dass die Bekl. ab 15. 12. 2004 mit ihrem Lebensgefährten zusammenleben und dieser über Arbeitslosengeld verfügen werde. Ob diese Voraussetzungen tatsächlich und dauerhaft eingetreten sind, insbesondere wie sich die finanziellen Verhältnisse des Lebensgefährten längerfristig darstellen, und ob die Grundsicherungsleistungen weggefallen sind, wird im weiteren Verfahren zu prüfen sein.

[16] 4. Eine über den Umfang ihrer tatsächlichen Gewährung hinausgehende Anrechnung von Grundsicherungsleistungen kommt allerdings nicht in Betracht. Deshalb liegt für die Zeit vor dem 3. 11. 2003 keine zur Abänderung des Unterhaltstitels führende Veränderung der Verhältnisse vor.

(Tatsächlich geleisteter Unterhalt ist Einkommen i. S. d. § 82 SGB XII)

b [17] a) Nach den von der Revision nicht angegriffenen Feststellungen des BerGer. wären die Leistungen der Grundsicherung geringer gewesen als der vom Kl. zu zahlende Unterhalt. Grundsicherung ist aber nur zu gewähren, soweit Leistungsberechtigte ihren Lebensunterhalt nicht aus ihrem Einkommen und Vermögen gem. §§ 82 bis 84 und 90 SGB XII beschaffen können (§ 41 II SGB XII). Nach § 82 SGB XII gehören zum Einkommen alle Einkünfte in Geld oder Geldeswert mit Ausnahme der Leistungen nach diesem Buch, der Grundrente nach dem Bundesversorgungsgesetz und der Renten oder Beihilfen, die nach dem Bundesentschädigungsgesetz für Schäden an Leben sowie an Körper oder Gesundheit gewährt werden, bis zur Höhe der vergleichbaren Grundrente nach dem Bundesversorgungsgesetz. Der Begriff des Einkommens wird näher definiert in § 1 der Verordnung zu § 82 SGB XII. Hiernach sind bei der Berechnung der Einkünfte in Geld oder Geldeswert alle Einnahmen ohne Rücksicht auf ihre Herkunft und Rechtsnatur sowie ohne Rücksicht darauf, ob sie zu den Einkunftsarten im Sinne des Einkommensteuergesetzes gehören und ob sie der Steuerpflicht unterliegen, zu Grunde zu legen.

[18] Als solche Einkünfte sind auch Unterhaltsleistungen zu berücksichtigen. Entgegen der Auffassung der Revision ergibt sich aus der Regelung des § 2 I 3 GSiG, die dem § 43 II 1 SGB XII entspricht, kein anderes Ergebnis. Die Vorschriften stehen nur der Anrechnung von Unterhaltsansprüchen, nicht jedoch der Berücksichtigung von tatsächlich geleisteten Unterhaltszahlungen entgegen. Dies ergibt sich sowohl aus dem Wortlaut der Regelung, der ausdrücklich nur Unterhaltsansprüche erfasst, als auch aus Sinn und Zweck der Vorschrift. In dem Bericht des Ausschusses für Arbeit und Sozialordnung wird hierzu ausgeführt, der Zweck des Gesetzes bestehe darin, für alte Menschen bzw. in Fällen voller Erwerbsminderung eine eigenständige soziale Leistung vorzusehen, die den grundlegenden Bedarf für den Lebensunterhalt sicherstelle; durch diese Leistung solle im Regelfall die Notwendigkeit der Gewährung von Sozialhilfe vermieden werden; außerdem habe vor allem ältere Menschen die Furcht vor dem Unterhaltsrückgriff auf ihre Kinder oftmals von dem Gang zum Sozialamt abgehalten; eine dem sozialen Gedanken verpflichtete Lösung müsse hier einen gesamtgesellschaftlichen Ansatz wählen, der eine würdige und unabhängige Existenz sichere (BT-Dr 14/5150, S. 48). Eine Privilegierung der Unterhaltsverpflichteten ist dagegen nicht bezweckt worden. Zum Einkommen des Grundsicherungsberechtigten gehören deshalb tatsächlich an ihn erbrachte Unterhaltszahlungen, selbst wenn das Einkommen des Unterhaltsverpflichteten die Einkommensgrenze des § 43 II 1 SGB XII unterschreitet (*Günther*, FF 2003, 10 [11]; *Klinkhammer*, FamRZ 2002, 997 [999 f.]; *Münder*, NJW 2002, 3661 [3663]; *Schoch*, ZfF 2003, 1 [9]; *Veldtrup/Schwabe*, ZfF 2003, 265 [267 f.]; *Grube/Warendorf*, SGB XII, § 43 Rdnr. 9; *Schellhorn/Schellhorn/Hohm*, SGB XII, § 43 Rdnr. 17; *Fichtner/Wenzel*, BSHG, 2. Aufl., § 2 GSiG Rdnr. 7; *VGH München*, FEVS 55, 557 [562]; *VGH Mannheim*, NDV-RD 2006, 21; *LSG Nordrhein-Westfalen*, FamRZ 2006, 1566 = BeckRS 2006, 44521; *VG Karlsruhe*, Urt. v. 15. 3. 2005 – 5 K 4713/03, juris; BeckRS 2005, 24999; *VG Ansbach*, Urt. v. 20. 1. 2005 – AN 14 K 04 02456, juris; *VG Aachen*, ZFSH/SGB 2005, 169 [170 f.]; *VG Arnsberg*, ZFSH/SGB 2004, 492 [493 f.]).

[19] b) Der Auffassung der Revision, die Regelung verstoße gegen Art. 3 I GG, weil die Gewährung von Leistungen der Grundsicherung letztlich davon abhänge, ob der Unterhaltspflichtige oder der Träger der Grundsicherung zuerst zahle, ist nicht zu folgen. Art. 3 I GG gebietet, alle Menschen vor dem Gesetz gleich zu behandeln. Dem Gesetzgeber ist damit zwar nicht jede Differenzierung verwehrt. Er verletzt aber das Grundrecht, wenn er eine Gruppe im Vergleich zu einer anderen Gruppe anders behandelt, obwohl zwischen beiden Gruppen keine Unterschiede von solcher Art und solchem Gewicht bestehen, dass sie die ungleiche Behandlung rechtfertigen können (st. Rspr. BVerfGE 112, 368 [401] = NJW 2005, 2213 = NVwZ 2005, 1302 L).

[20] Der Ungleichbehandlung, die darin zu sehen ist, dass Unterhaltsansprüche nicht berücksichtigt, Unterhaltsleistungen dagegen als Einkommen behandelt werden, liegt ein die Differenzierung rechtfertigender Umstand zu Grunde. Durch die Einführung der Grundsicherungsleistungen soll, wie schon ausgeführt wurde, die verschämte Armut im Alter und in Fällen voller Erwerbsminderung verhindert werden. Einer solchen Hilfeleistung bedarf es nicht, wenn und soweit der Lebensbedarf durch Unterhaltsleistungen sichergestellt wird. Dem Gesetzgeber war es deshalb jedenfalls von Verfassungs wegen nicht verwehrt, diesen Personenkreis von der Leistungsgewährung ganz oder teilweise auszunehmen und nur diejenigen zu unterstützen, die der Hilfeleistung bedürfen. Dass dadurch zugleich derjenige Unterhaltspflichtige begünstigt wird, der keine Unterhaltszahlungen erbringt mit der Folge, dass der Berechtigte insoweit nicht über anzurechnendes Einkommen verfügt, mag man zwar im Ergebnis für eine befremdliche Konsequenz halten. Dies begründet für den zahlungswilligen Unterhaltspflichtigen aber noch keinen Anspruch auf Gleichbehandlung. Dem Gesetzgeber obliegt es nicht, jedwede Missbrauchsmöglichkeit zu vermeiden. Der zahlungswillige Unterhaltspflichtige kann deshalb nicht etwa verlangen, dass auch dem zahlungsunwilligen Schuldner die Möglichkeit entzogen wird, den Unterhaltsberechtigten auf Grundsicherungsleistungen zu verweisen.

BGH v. 20. 12. 2006 – XII ZR 137/04 = FamRZ 07, 375 = NJW-RR 07, 433

(Ersatzhaftung der Großeltern für Kindesunterhalt) R668

[10] a) Wie der Senat nach Erlass des angefochtenen Urteils entschieden hat, ist es rechtlich nicht zu beanstanden, wenn Großeltern im Fall der Inanspruchnahme auf Unterhalt für ihre Enkel zumindest die höheren Selbstbehaltsbeträge zugebilligt werden, die auch erwachsene Kinder gegenüber ihren unterhaltsbedürftigen Eltern verteidigen können. Das gilt auch gegenüber minderjährigen Enkeln. Zwar sind diese in der Regel nicht in der Lage, ihren Lebensbedarf selbst zu decken. Deshalb ordnet das Gesetz in § 1603 II 1 BGB an, dass ihnen gegenüber eine gesteigerte Unterhaltspflicht besteht. Die vorgenannte Bestimmung gilt aber nur im Verhältnis zwischen Kindern und ihren Eltern. Für Großeltern besteht dagegen keine gesteigerte Unterhaltspflicht, sondern sie haften allein unter Berücksichtigung ihres angemessenen Eigenbedarfs, und zwar nachrangig. Das rechtfertigt es, ihnen generell die erhöhten Selbstbehaltsbeträge, wie sie auch im Rahmen des Elternunterhalts gelten, zuzubilligen (*Senat*, NJW 2006, 142 = FamRZ 2006, 26 [28] m. Anm. *Duderstadt*, FamRZ 2006, 30 und *Luthin*, FamRB 2006, 4; *ders.*, FF 2006, 54; NJOZ 2006, 2646 = FamRZ 2006, 1099).

[11] b) Deshalb hat das OLG zu Recht den Selbstbehaltsbetrag zu Grunde gelegt, der gegenüber der Inanspruchnahme durch Eltern verteidigt werden kann. Dieser belief sich nach der Düsseldorfer Tabelle (Stand: 1. 1. 2002) auf monatlich 1250 Euro bzw. auf 950 Euro für den mit dem Unterhaltspflichtigen zusammen lebenden Ehegatten. Nach der seit dem 1. 7. 2005 geltenden Düsseldorfer Tabelle sind Beträge von 1400 Euro bzw. von 1050 Euro anzusetzen. Es ist deshalb nicht zu beanstanden, dass das BerGer. für die Zeit bis zum Tod des Großvaters (Juni 2003) einen Selbstbehalt von insgesamt 2200 Euro und danach von 1250 Euro zu Grunde gelegt hat.

[12] c) Die Ermittlung des unterhaltsrelevanten Einkommens der Bekl. bzw. der Bekl. und ihres Ehemanns ist ebenfalls rechtsbedenkenfrei. Das BerGer. hat die jeweiligen – unstreitigen – Renteneinkünfte zu Grunde gelegt. Soweit die Revision beanstandet, dass von dem Einkommen zunächst die Kreditrate für den Pkw in Abzug gebracht und der Selbstbehalt wegen erhöhter Wohnkosten angehoben worden ist, hat sie keinen Erfolg.

[13] Der Selbstbehalt umfasst nur die Mittel, die der Unterhaltspflichtige zur angemessenen Deckung des seiner Lebensstellung entsprechenden allgemeinen Bedarfs benötigt. Dazu gehören Kreditraten für einen Pkw nicht. Derartige Aufwendungen können als abzugsfähig anerkannt werden, wenn und soweit sie sich in einer im Verhältnis zu den vorhandenen Einkünften angemessenen Höhe halten und die Verpflichtung bereits eingegangen wurde, als der Unterhaltspflichtige noch nicht damit zu rechnen brauchte, auf Unterhalt in Anspruch genommen zu werden. Denn Großeltern brauchen – ebenso wenig wie Kinder im Verhältnis zu ihren unterhaltsbedürftigen Eltern – keine spürbare und dauerhafte Senkung ihres einkommenstypischen Unterhaltsniveaus hinzunehmen, solange sie keinen unangemessenen Aufwand betreiben (*Senat*, NJW 2006, 142 = FamRZ 2006, 26 [28]). Danach ist es revisionsrechtlich nicht zu beanstanden, dass das BerGer. die bei Gesamteinkünften der Großeltern von monatlich ca. 2560 Euro nicht unangemessen hohen Kreditraten abgesetzt und der Bekl. nach dem Tod ihres Ehemanns eine Übergangszeit von etwa zwei Monaten zugebilligt hat, um den Pkw zu veräußern.

[14] Rechtsbedenkenfrei ist schließlich auch die Annahme des BerGer., der Bekl. sei zuzugestehen, in der früheren ehelichen Wohnung zu verbleiben, um nicht im Alter noch umziehen zu müssen. Da die Warmmiete von 650 Euro den insoweit im Selbstbehalt enthaltenen Betrag von 440 Euro überschreitet, konnte der Selbstbehalt um den Mehrbetrag von 210 Euro erhöht werden.

BGH v. 17. 1. 2007 – XII ZR 104/03 – FamRZ 07, 1303 = NJW 07, 2409

R669 *(Bedarfsbestimmende eheliche Lebensverhältnisse unter Existenzminimum für nichteheliche Kindesmutter)*

b [19] Dabei wird die Frage, ob der Mutter generell ein Mindestbedarf zuzubilligen ist, in Rechtsprechung und Schrifttum nicht einheitlich beantwortet. Zum Teil wird dies mit der Begründung abgelehnt, die nichteheliche Mutter sei sonst besser gestellt als die eheliche Mutter, die nach der Rechtsprechung des Senats keinen pauschalen Mindestbedarf verlangen könne (OLG Köln, NJW-RR 2001, 364 = FamRZ 2001, 1322; OLG Zweibrücken, FuR 2000, 286 [288]). Überwiegend wird allerdings die Auffassung vertreten, für den Regelfall sei ein Mindestbedarf anzunehmen, da der angemessene Unterhalt i. S. des § 1610 I BGB das Existenzminimum nicht unterschreiten könne. Zu einer Besserstellung der ein eheliches Kind betreuenden Mutter führe dies letztlich nicht, denn wenn der trennungsbedingte Mehrbedarf berücksichtigt werde, liege deren Bedarf kaum unter den Mindestbedarfssätzen (OLG Karlsruhe, NJW 2004, 523 = FamRZ 2004, 974; *Wever*, in: Münchner Anwaltshdb., § 11 Rdnr. 59; *Wendl/Scholz*, § 6 Rdnr. 764; *Schwab/Borth*, 5. Aufl., IV Rdnr. 1418; *Büttner*, FamRZ 2000, 781 [784]). Auch die meisten Unterhaltstabellen sehen als Bedarf der Mutter oder des Vaters eines nichtehelichen Kindes einen Mindestbedarf vor (vgl. in diesem Sinne auch die Empfehlungen des 13. Deutschen Familiengerichtstags, FamRZ 2000, 273 [274]).

[20] Welcher dieser Auffassungen zu folgen ist, bedarf im vorliegenden Fall indessen keiner Entscheidung.

[21] c) Ist die Mutter – wie hier – verheiratet oder geschieden, so ergibt sich ihr Bedarf aus den ehelichen Lebensverhältnissen, die mithin auch den Maßstab für den Unterhaltsanspruch aus § 1615 l BGB gegen den Vater des nicht von dem Ehemann abstammenden Kindes bilden (*Senat*, NJW 1998, 1309 = FamRZ 1998, 541 [544]).

[22] Maßgeblich für den Unterhaltsbedarf der verheirateten oder geschiedenen Mutter, die ein nichteheliches Kind betreut, ist deshalb jedenfalls ihre Lebensstellung nach Maßgabe der ehelichen Lebensverhältnisse, auch wenn diese unter den Mindestbedarfssätzen liegen. Trennungsbedingter Mehraufwand kann insoweit grundsätzlich nicht zu einer Erhöhung des Bedarfs führen. Denn er ist nicht in den ehelichen Lebensverhältnissen angelegt und kann deshalb nicht neben dem nach der Differenzmethode ermittelten Quotenunterhalt berücksichtigt werden (*Senat*, NJW 2004, 3106 = FamRZ 2004, 1357 [1359]). Der nichteheliche Elternteil braucht den anderen Elternteil aber nur so zu stellen, wie es dessen innegehabter Lebensstellung entspricht.

[23] d) Mit Rücksicht darauf ist es nicht gerechtfertigt, für die Kl. einen Mindestbedarf von 730 Euro zu Grunde zu legen. Ihr Bedarf nach Maßgabe der ehelichen Lebensverhältnisse beträgt unter Berücksichtigung des für das Revisionsverfahren zu Grunde zu legenden Realsplittingvorteils nur 572,95 Euro und hat während des Zusammenlebens mit S keine Verbesserung erfahren. Die Auffassung des BerGer. würde demgegenüber dazu führen, dass die Kl. insgesamt den Mindestbedarf (730 Euro) erhielte, den sie weder vom Bekl. noch von S allein beanspruchen könnte. Sie würde also allein deshalb besser stehen, weil sie Kinder von zwei verschiedenen Vätern betreut. Hätte sie dagegen zwei eheliche Kinder oder zwei nichteheliche Kinder von S, müsste sie sich mit einem geringeren Unterhalt begnügen. Eine derartige Besserstellung der Kl. wäre nicht gerechtfertigt.

(Anteilige Haftung entsprechend § 1606 III 1 BGB bei mehreren auf Betreuungsunterhalt haftenden Vätern)

c [24] 5. a) Hinsichtlich der Aufteilung des Unterhaltsbedarfs in entsprechender Anwendung des § 1606 III 1 BGB führt es in einer Vielzahl von Fällen zu angemessenen Lösungen, wenn als Maßstab die jeweiligen Einkommens- und Vermögensverhältnisse zu Grunde gelegt werden. Allerdings ist die Anknüpfung an diesen eher schematischen Maßstab nicht in jedem Fall zwingend. Da § 1606 III 1 BGB nur entsprechend anzuwenden ist, lässt er auch Raum für die Berücksichtigung anderer Umstände, insbesondere der Anzahl, des Alters, der Entwicklung und der Betreuungsbedürftigkeit der jeweiligen Kinder. So kann im Einzelfall von Bedeutung sein, dass die Mutter durch die vermehrte Betreuungsbedürftigkeit eines jüngeren Kindes von jeglicher Erwerbstätigkeit abgehalten wird, obwohl ihr das fortgeschrittene Alter eines anderen Kindes an sich eine Voll- oder zumindest Teilzeiterwerbstätigkeit erlauben würde. In einem solchen Falle wäre die schematische Aufteilung der Haftungsquote nach den jeweiligen Erwerbs- und Vermögensverhältnissen des Ehemannes und des Vaters unbefriedigend. Vielmehr muss der Erzeuger des vermehrt betreuungsbedürftigen Kindes entsprechend höher, gegebenenfalls auch allein zum Unterhalt für die Mutter herangezogen werden (*Senat*, NJW 1998, 1309 = FamRZ 1998, 541 [544]).

[25] Für die Ermittlung der Haftungsquoten sind danach zunächst die Einkommens- und Vermögensverhältnisse zu berücksichtigen. Im Anschluss daran kann – je nach den Umständen des Einzelfalls – der Haftungsanteil des Verpflichteten nach oben oder nach unten korrigiert werden (vgl. hierzu auch OLG Bremen, NJW-RR 2006, 723 = FamRZ 2006, 1207 [1208]).

(Keine Verwirkung nach § 1579 Nr. 2 BGB trotz Zusammenleben und Geburt eines Kindes, wenn Beziehung von Anfang an problematisch war und auseinanderging)

d [30] Nach der Rechtsprechung des Senats kann das Zusammenleben des Unterhaltsberechtigten mit einem neuen Partner dann zur Annahme eines Härtegrunds i. S. von § 1579 Nr. 7 BGB – mit der

Anhang R. Rechtsprechung   **R670**

Folge der Unzumutbarkeit einer weiteren (uneingeschränkten) Unterhaltsbelastung für den Verpflichteten – führen, wenn sich diese Beziehung in einem solchen Maße verfestigt, dass damit gleichsam ein nichteheliches Zusammenleben an die Stelle einer Ehe getreten ist. Nach welchem Zeitablauf – und unter welchen weiteren Umständen – dies angenommen werden kann, lässt sich nicht allgemein verbindlich festlegen. Vor Ablauf einer gewissen Mindestdauer, die im Einzelfall kaum unter zwei bis drei Jahren liegen dürfte, wird sich in der Regel nicht verlässlich beurteilen lassen, ob die Partner nur „probeweise" zusammenleben oder ob sie auf Dauer in einer gefestigten Gemeinschaft leben (*Senat*, NJW 1997, 1851 = FamRZ 1997, 671 [672]). Dabei obliegt es letztlich der verantwortlichen Beurteilung des Tatrichters, ob er den Tatbestand des nichtehelichen Zusammenlebens aus tatsächlichen Gründen für gegeben erachtet oder nicht (*Senat*, NJW-RR 1994, 1154 = FamRZ 1995, 540 [543]).

[31] Die tatrichterliche Beurteilung, das Zusammenleben habe – auf Grund der erheblichen Differenzen zwischen der Kl. und S – weder von der Qualität der Beziehung noch – auf Grund der erheblichen Zeiten des Getrenntlebens – von deren Dauer her den Charakter einer verfestigten Beziehung in dem vorgenannten Sinne, ist aus Rechtsgründen nicht zu beanstanden.

BGH v. 14. 2. 2007 – XII ZR 163/05 – FamRZ 07, 717 = NJW-RR 07, 722

(Anerkennung und Vollstreckbarkeitserklärung eines slowenischen Verbundurteils, soweit es die Verurteilung zu **R670**
Kindesunterhalt betrifft)

[6] a) Wie das BerGer. weiter zutreffend erkannt hat, ist die Anwendung der §§ 722, 723 ZPO hier weder durch „Brüssel I" (EuGVVO = Verordnung [EG] Nr. 44/2001 des Rates vom 22. 12. 2000 über die gerichtliche Zuständigkeit und die Anerkennung und Vollstreckung von Entscheidungen in Zivil- und Handelssachen) noch durch „Brüssel IIa" (EuEheVO = Verordnung [EG] Nr. 2201/2003 des Rates vom 27. 11. 2003 über die Zuständigkeit und die Anerkennung und Vollstreckung von Entscheidungen in Ehesachen und in Verfahren betreffend die elterliche Verantwortung und zur Aufhebung der Verordnung [EG] Nr. 1347/2000 [= „Brüssel II"]) ausgeschlossen.

[7] Zwar ist Slowenien seit 2004 Mitglied der europäischen Union, so dass diese Verordnungen im Verhältnis zwischen Slowenien und der Bundesrepublik Deutschland grundsätzlich vorrangig anzuwenden sind. Die EuGVVO = „Brüssel I" ist nach ihrem Art. 66 II und III aber nicht auf Titel anzuwenden, die wie hier (1990) vor ihrem Inkrafttreten geschaffen wurden, und die EuEheVO = „Brüssel IIa" gilt ohnehin nicht für Unterhaltspflichten (Art. 1 III lit. e EuEheVO). Auch deren Vorläuferregelung, das EuGVÜ, kommt hier nicht zur Anwendung, da Slowenien ihm nicht beigetreten war.

[8] b) Auch eine vorrangige Anwendung des Haager Übereinkommens vom 2. 10. 1973 über die Anerkennung und Vollstreckung von Unterhaltsentscheidungen kommt nicht in Betracht, da Slowenien nicht Vertragsstaat ist (vgl. *Wendl/Dose*, 6. Aufl., § 7 Rdnr. 226; Rausch, in: FA-FamR, 5. Aufl., Kap. 15 Rdnr. 95 Fußn. 172; *Luthin*, 10. Aufl., Rdnr. 8061).

[10] 3. Die erforderliche Prozessführungsbefugnis der Kl. für das vorliegende Verfahren nach §§ 722, 723 ZPO (vgl. Göppinger/Wax/Linke, 8. Aufl., Rdnr. 3287) ist hier unabhängig von der Frage gegeben, ob die Mutter der Kl. den ursprünglichen Titel nach slowenischem Recht als deren Vertreterin oder im Wege der Prozessstandschaft erstritten hat (vgl. *OLG Frankfurt a. M.*, FamRZ 1983, 1268; *AG Lahnstein*, FamRZ 1986, 289 [290] zum jugoslawischen Recht; a. A. wohl *OLG Stuttgart*, FamRZ 1999, 312). Beide Kl. waren nämlich im Zeitpunkt der letzten Tatsachenverhandlung volljährig, als Art. 117 I des slowenischen Gesetzes über Ehe- und Familienbeziehungen vom 26. 5. 1976 (EheFamG; deutsche Übersetzung in Bergmann/Ferid, Internationales Ehe- und KindschaftsR, Länderteil Slowenien, S. 58 ff.), und schon deshalb befugt, das vorliegende Verfahren im eigenen Namen zu betreiben (vgl. *Zöller/Geimer*, ZPO, 26. Aufl., § 722 Rdnr. 64; *Senat*, NJW 1983, 1976 = FamRZ 1983, 806 zur Prozessführungsbefugnis des Kindes für eine Abänderungsklage).

[11] Die Kl. waren zwar nicht Partei des Scheidungsverfahrens, in dem das Ausgangsurteil ergangen ist. Dennoch ist ihr Unterhaltsanspruch – wie es in Art. 78 I des slowenischen EheFamG und in Art. 421 II des slowenischen Gesetzes über das Streitverfahren vom 15. 4. 1999 (deutsche Übersetzung in Bergmann/Ferid, Länderteil Slowenien, S. 80) vorgesehen ist – in diesem Urteil geregelt worden, und zwar nicht nur im Innenverhältnis der Ehegatten untereinander (vgl. *Zöller/Geimer*, § 722 Rdnr. 64; vgl. auch *OLG Hamburg*, FamRZ 1983, 1157 [1158] zum finnischen Ehegesetz). Dies folgt nicht nur aus Art. 103 I und Art. 123 EheFamG, die bestimmen, dass Eltern ihren Kindern unterhaltspflichtig sind, sondern auch aus der Überschrift zu Art. 78 ff. EheFamG („Beziehungen der Eltern zu den Kindern nach der Ehescheidung") und insbesondere aus Art. 79 S. 2 EheFamG, demzufolge auch das Kind eine Anpassung des im Scheidungsurteil festgelegten Unterhaltsbeitrags an veränderte Verhältnisse verlangen kann (vgl. *OLG Düsseldorf*, FamRZ 1982, 631 [632] zum bosnisch-herzegowinischen Recht). An der Art des Unterhaltsanspruchs des Kindes ändert sich auch durch die Trennung oder Scheidung der Eltern nichts (vgl. *Povh*, FamRZ 1991, 132 [136] zur Rechtslage vor der Unabhängigkeit Sloweniens).

R671   Anhang R. Rechtsprechung

[12] Die Kl. sind daher, auch ohne Titelgläubiger zu sein, für das Verfahren nach § 722 ZPO prozessführungsbefugt (vgl. *Stein/Jonas/Münzberg,* ZPO, § 722 Rdnr. 16; *Gottwald,* in: MünchKomm-ZPO, 2. Aufl., § 722 Rdnr. 27; *Baumbach/Lauterbach/Albers/Hartmann,* ZPO, 65. Aufl., § 722 Rdnr. 7).

[13] 4. Allerdings ist Vollstreckungstitel nicht das Urteil des *Grundgerichts Ljubljana* allein. Wie das BerGer. zutreffend ausführt, handelt es sich um einen dynamischen Unterhaltstitel. Die darin festgelegten Unterhaltsbeträge werden nach Art. 132 I EheFamG der Wandlung der Lebenshaltungskosten und der persönlichen Einkommen in Slowenien angepasst (vgl. *Novak,* FamRZ 2005, 1637 [1640]). Das zuständige Zentrum für Sozialarbeit benachrichtigt schriftlich den Verpflichteten und den Berechtigten über die jeweilige Anpassung und den neuen Unterhaltsbetrag, Art. 132 IV 1 EheFamG. Diese Benachrichtigung bildet gem. Art. 132 IV 2 EheFamG zusammen mit der Gerichtsentscheidung den Vollstreckungstitel (vgl. auch *OGH Wien,* ZfRV 2003, 189 L). Das *AG* hätte daher das Ausgangsurteil in Verbindung mit den im Tenor aufgeführten Benachrichtigungen des Zentrums für die Sozialarbeit Kranj für vollstreckbar erklären müssen.

[17] Für die Anerkennung und Vollstreckbarerklärung einer in einem ausländischen Scheidungsurteil getroffenen weiteren Nebenentscheidung, zum Beispiel einer Verurteilung zu Unterhaltszahlungen, ist das Verfahren vor der Landesjustizverwaltung nach Art. 7 § 1 FamRÄndG aber nicht erforderlich (vgl. *Geimer,* NJW 1967, 1398 [1402]; zum Gesetzeszweck vgl. auch *Senat,* BGHZ 112, 127 [134] = NJW 1990, 3081). Nur wenn die weitere Entscheidung auf dem Eheurteil beruht, ohne dieses also keinen Bestand haben kann, darf sie erst nach Anerkennung des Scheidungsausspruchs für vollstreckbar erklärt werden (BGHZ 64, 19 [22] = NJW 1975, 1072 = FamRZ 1975, 273 [274]). Das ist hier nicht der Fall.

[19] Der *Senat* schließt sich daher der in Rechtsprechung und Literatur herrschenden Meinung an, dass die Vollstreckbarerklärung des Kindesunterhaltstitels nicht der vorherigen Anerkennung der Scheidung nach Art. 7 § 1 FamRÄndG bedarf (vgl. *OLG Karlsruhe,* DAVorm 1981, 166; *OLG München,* DAVorm 1982, 490; *OLG Köln,* FamRZ 1979, 718 [719]; *LG Frankenthal,* DAVorm 1977, 62 [64]; *Wieczorek/Schütze,* ZPO, 3. Aufl., § 722 Rdnr. 46; *Soergel/Kegel,* BGB, 12. Aufl., Art. 19 EGBGB Rdnr. 115; *Rahm/Künkel/Breuer,* Hdb. des Familiengerichtsverfahrens, VIII Rdnr. 180.7; *Beitzke,* ZfJ 1986, 477 [481]; *Göppinger/Wax/Linke,* Rdnr. 3285; a. A. *OLG Hamm,* FamRZ 1989, 785 m. abl. Anm. *Henrich,* IPrax 1990, 59). Denn das Anliegen des Art. 7 § 1 FamRÄndG, einander widersprechende Entscheidungen über die Wirksamkeit einer ausländischen Ehescheidung im Inland zu vermeiden (vgl. *Senat,* BGHZ 112, 127 [134] = NJW 1990, 3081), wird durch den Ausspruch der Vollstreckbarkeit des Titels über den Kindesunterhalt nicht tangiert.

BVerfG v. 28. 2. 2007 – 1 BvL 9/04 – FamRZ 07, 965 = NJW 07, 1735

R671   *(Kindbezogene oder elternbezogene Gründe für die Verlängerung des Betreuungsunterhalts)*

a   [17] d) Mittlerweile hat sich in der Rechtsprechung zu der Frage, wann eine grobe Unbilligkeit i. S. von § 1615 l II Satz 3 BGB vorliegt, eine Kasuistik herausgebildet, die zwischen „kindbezogenen" und „elternbezogenen" Gründen unterscheidet (vgl. OLG Frankfurt, FamRZ 2000, S. 1522, 1523; OLG Celle, FamRZ 2002, S. 636; OLG Karlsruhe, NJW 2004, S. 523, 524; OLG Hamm, NJW 2005, S. 297, 298; OLG Düsseldorf, FamRZ 2005, S. 1772). Allerdings finden sich unter den veröffentlichten Entscheidungen nicht viele, in denen ein über das dritte Lebensjahr des Kindes hinausreichender Unterhaltsanspruch zuerkannt worden ist. Bei Annahme einer groben Unbilligkeit ist der Anspruch – soweit ersichtlich – zumeist nicht länger als bis zum sechsten beziehungsweise siebten Lebensjahr gewährt worden.

(Keine Privilegierung ehelicher Kinder beim Betreuungsunterhalt; mögliche Besserstellung eines geschiedenen Elternteiles)

b   [57] (1) Art. 6 V GG fordert, nichtehelichen Kindern gleiche Lebensbedingungen wie ehelichen Kindern zu schaffen. Damit untersagt die Verfassungsnorm zugleich eine Privilegierung ehelicher Kinder, die mit dem Schutz der Ehe aus Art. 6 I GG begründet wird, weil dies dem Gleichstellungsgebot gerade zuwiderliefe.

[58] Allerdings schließt dies nicht aus, wegen des Schutzes, den die eheliche Verbindung durch Art. 6 I GG erfährt, einen geschiedenen Elternteil unterhaltsrechtlich besserzustellen als einen unverheirateten Elternteil, was sich mittelbar auch auf die Lebenssituation der mit diesen Elternteilen zusammenlebenden Kindern auswirken kann (vgl. auch BVerfG, NJW 2007, 1343 = FamRZ 2007, 529). So hat ein geschiedener Elternteil ungeachtet des Alters des von ihm betreuten Kindes einen Unterhaltsanspruch gegen den anderen Elternteil, wenn er eine angemessene Erwerbsarbeit nicht findet, während einem nichtverheirateten Elternteil in dem Fall der Arbeitslosigkeit kein Unterhaltsanspruch gegen den anderen Elternteil zur Seite steht. Dies kann zu unterschiedlichen sozialen Lagen auch der betroffenen Kinder führen. Dem Gesetzgeber ist es unbenommen, mit dem nachehelichen Ehegattenunterhalt dem geschiedenen Ehegatten Ansprüche einzuräumen, die mittelbar auch dem von ihm betreuten Kind

Anhang R. Rechtsprechung R671

zugute kommen, während nichteheliche Kinder von solchen Ansprüchen nicht profitieren können, weil ihre Eltern sich keinen solchen Unterhalt schulden. Dabei kann der Gesetzgeber auch berücksichtigen, dass aus der Aufgabenaufteilung, die die Ehegatten während der Ehe miteinander vereinbart und praktiziert haben, für einen der Ehegatten Schwierigkeiten erwachsen können, sich nach Scheidung wieder ins Erwerbsleben einzufinden, und dies zum Grund nehmen, dem hiervon betroffenen Ehegatten für einen bestimmten Zeitraum einen Unterhaltsanspruch zuzuerkennen.

[59] Räumt der Gesetzgeber aber dem geschiedenen Ehegatten einen Unterhaltsanspruch allein wegen der persönlichen Betreuung des gemeinsamen Kindes ein, dann verbietet es ihm Art. 6 V GG, die Dauer der für notwendig erachteten persönlichen Betreuung beim ehelichen Kind anders zu bemessen als bei einem nichtehelichen Kind. Denn wie lange einem Kind eine persönliche Betreuung durch einen Elternteil zuteil werden sollte, bestimmt sich nicht nach der ehelichen Solidarität, sondern nach den Bedürfnissen von Kindern, die sich bei ehelichen und nichtehelichen Kindern grundsätzlich nicht unterscheiden.

[60] (2) Es trifft nicht zu, dass der Anspruch aus § 1570 BGB nicht allein wegen der Kinderbetreuung eingeräumt worden ist, vielmehr darüber hinaus auf Grund der nachehelichen Solidarität den geschiedenen Ehegatten in die Lage versetzen soll, bei Übernahme der Kinderbetreuung für längere Zeit keiner Erwerbsobliegenheit ausgesetzt zu sein, um damit einen späteren und leichteren Übergang und Wiedereinstieg in das Erwerbsleben zu finden. Die unterschiedliche Dauer des nach § 1570 BGB gewährten Unterhaltsanspruchs im Verhältnis zur Dauer des Anspruchs nach § 1615 l II 3 BGB lässt sich daher damit nicht rechtfertigen.

[61] (a) Weder dem Wortlaut von § 1570 BGB noch seiner Entstehungsgeschichte ist eine solche, über die Kinderbetreuung hinausgehende Ausrichtung des darin enthaltenen Unterhaltsanspruchs zu entnehmen.

[62] Der Normtext führt als einzigen Grund für die Unterhaltsgewährung die Pflege oder Erziehung eines gemeinsamen Kindes an. Auch die Frage der Anspruchsdauer ist allein auf diesen Grund bezogen. Durch die Überschrift der Vorschrift wird zudem hervorgehoben, dass der Unterhalt gerade wegen der Betreuung eines Kindes gewährt wird. Auch in der Gesetzesbegründung ist zwar die fortwirkende gemeinsame Verantwortung der Ehegatten füreinander als Grund dafür angeführt worden, trotz der Beendigung der wirtschaftlichen Beziehungen der Ehegatten durch die Scheidung einem geschiedenen Ehegatten dennoch in bestimmten Bedarfsfällen Unterhaltsansprüche gegen den anderen Ehegatten einzuräumen. Als solchen Bedarfsfall und damit Grund für die Abweichung von der generellen Selbstverantwortlichkeit der geschiedenen Ehegatten werden aber in § 1570 BGB ausschließlich die Kinderbetreuung benannt und die Dauer des Anspruchs allein davon abhängig gemacht, wie lange das Kind der Betreuung bedarf. Erstmals in den Gesetzesmaterialien zum Kindschaftsrechtsreformgesetz vom 16. 12. 1997 (BGBl I, 2942) ist bei der dort vorgenommenen Änderung von § 1615 l II 3 BGB die Auffassung vertreten worden, der Betreuungsunterhalt nach § 1570 BGB sei auch durch den zusätzlichen Schutzzweck der nachehelichen Solidarität begründet, was seine stärkere Ausgestaltung gegenüber § 1615 l II 3 BGB rechtfertige (vgl. BT-Dr 13/8511, S. 71).

[63] (b) Auch unter Berücksichtigung dieser vom Gesetzgeber nachgeschobenen Begründung vermag der Hinweis auf die nacheheliche Solidarität die unterschiedliche Dauer der beiden Unterhaltsansprüche vor Art. 6 V GG nicht zu rechtfertigen. Denn es findet sich in der vom Gesetzgeber durch die Offenheit der Norm angelegten und von ihm akzeptierten jahrzehntelangen Auslegung und Anwendung von § 1570 BGB durch die Rechtsprechung kein Anhaltspunkt dafür, dass bei der zeitlichen Bemessung dieses Unterhaltsanspruchs zusätzlich über den Betreuungsbedarf des Kindes hinaus dem Umstand zeitlich Rechnung getragen wird, dass sich ein kinderbetreuender Ehegatte auf die gemeinsam verabredete Aufgabenteilung in der Ehe dauerhaft eingestellt hat und ihm deshalb eine längere Zeit eingeräumt werden soll, sich wieder in das Berufsleben einfinden zu können. Die ausschließlich am Kindesalter orientierte und nach ihm bemessene Dauer des Unterhaltsanspruchs aus § 1570 BGB spricht vielmehr gegen die Annahme und Berücksichtigung eines solchen weiteren, die Dauer des Anspruchs bestimmenden Grundes und bestätigt, dass die unterschiedliche Dauer dieses Anspruchs gegenüber dem Anspruch aus § 1615 l II 3 BGB auf einer unterschiedlichen Einschätzung des Betreuungsbedarfs von nichtehelichen und ehelichen Kindern beruht. Dies aber verbietet Art. 6 V GG.

[64] (aa) Dabei ist schon zu fragen, ob § 1570 BGB für den Fall, er deckte auch einen über den Kinderbetreuungsbedarf hinausgehenden, der ehelichen Solidarität geschuldeten Unterhaltstatbestand mit ab, ausreichend klar zum Ausdruck brächte, woran sich dieser, über die Zeitspanne der Kinderbetreuung hinausgehende, dem möglichen Verbleib in der ausschließlichen Rolle des betreuenden Elternteils dienende Anspruch in seiner Dauer auszurichten hätte. Denn als Maßstab der Dauer nennt § 1570 BGB lediglich die Notwendigkeit der Kinderbetreuung. Verfolgt der Gesetzgeber daneben aber mit dem Unterhaltsanspruch noch einen weiteren Zweck, hat er in der Regelung nicht nur diese Zwecksetzung deutlich zu machen, sondern auch, woran der Umfang dieses Teils des Unterhaltsanspruchs zu bemessen ist, wie dies der Gesetzgeber auch vorgeben müsste, wenn er für diesen Zweck einen eigenständigen Unterhaltsanspruch schaffen würde. Daran mangelt es bei § 1570 BGB.

2187

R672

(Unterhaltsbefristung des § 1615 l II 3 BGB a. F. verfassungsgemäß; Auflage für den Gesetzgeber)

c [72] II. 1. § 1615 l II 3 BGB verletzt dagegen nicht das von Art. 6 II GG geschützte Elternrecht.

[73] Art. 6 II GG begründet für Eltern gleichermaßen das Recht wie die Pflicht zur Pflege und Erziehung ihrer Kinder. Diese den Eltern zuvörderst zugewiesene Verantwortung für ihr Kind hat dessen Wohl zu dienen. Das Elternrecht ist insofern ein Recht im Interesse des Kindes (vgl. BVerfGE 75, 201 [218] = NJW 1988, 125). Gegen dieses Recht verstößt die in § 1615 l II 3 BGB vorgenommene Unterhaltsregelung, die dem Elternteil eines nichtehelichen Kindes einen in der Regel auf drei Jahre begrenzten Betreuungsunterhaltsanspruch einräumt, nicht. Der Gesetzgeber hat mit der Regelung sichergestellt, dass der das Kind betreuende Elternteil während der ersten drei Lebensjahre des Kindes keiner Erwerbsarbeit nachgehen muss, sondern sich dem Kinde widmen und damit seiner Elternverantwortung nachkommen kann. Die zeitliche Begrenzung des Unterhaltsanspruchs auf in der Regel drei Jahre ist im Lichte des Art. 6 II GG nicht zu beanstanden. Zum einen liegt es in der Einschätzungskompetenz des Gesetzgebers, für wie lange er es aus Kindeswohlgesichtspunkten für erforderlich und dem unterhaltspflichtigen Elternteil zumutbar erachtet, die persönliche Betreuung des Kindes durch einen Elternteil mithilfe der Einräumung eines Unterhaltsanspruchs an diesen zu ermöglichen. Zum anderen hat er jedem Kind ab dem dritten Lebensjahr einen Anspruch auf einen Kindergartenplatz eingeräumt. Damit hat er sichergestellt, dass ein Kind ab diesem Alter in der Regel eine außerhäusliche Betreuung erfahren kann, während sein Elternteil einer Erwerbsarbeit nachgeht. Es ist eine vertretbare Einschätzung des Gesetzgebers, wenn er es deshalb nicht für notwendig erachtet hat, den betreuenden Elternteil länger von seiner Erwerbsobliegenheit zu entbinden, vielmehr unter Auswertung wissenschaftlicher Studien davon ausgegangen ist, eine Betreuung des Kindes im Kindergarten sei diesem nicht abträglich, sondern fördere wichtige Kompetenzen des Kindes. Hierin liegt keine Vernachlässigung des Elternrechts. Vielmehr hat der Gesetzgeber mit der Regelung die Interessen sowohl des betreuenden als auch des unterhaltspflichtigen Elternteils sowie des Kindes berücksichtigt und sie in einen Ausgleich gebracht. Insbesondere aber hat er über die Billigkeitsklausel in § 1615 l II 3 BGB die Möglichkeit geschaffen, im Einzelfall zu prüfen, ob die Einstellung der Unterhaltszahlung an den betreuenden Elternteil das Kindeswohl gefährden könnte, und für diesen Fall eine Verlängerung der Unterhaltsgewährung vorgesehen. Dies trägt dem Elternrecht des betreuenden Elternteils hinreichend Rechnung.

C. I. [75] Da die Verletzung von Art. 6 V GG in der unterschiedlichen Regelung der Unterhaltsansprüche wegen der Betreuung von Kindern in § 1570 einerseits und § 1615 l II 3 BGB andererseits liegt, scheidet eine Nichtigerklärung von § 1615 l II 3 BGB ebenso aus wie die Erklärung der Unvereinbarkeit dieser Norm mit Art. 6 V GG (vgl. BVerfGE 84, 168 [186 f.] = NJW 1991, 1944). Dem Gesetzgeber stehen zur Beseitigung des verfassungswidrigen Zustands mehrere Möglichkeiten offen. So kann er eine Gleichbehandlung der Regelungssachverhalte durch eine Änderung des § 1615 l BGB, durch eine Änderung von § 1570 BGB oder auch durch eine Neuregelung beider Sachverhalte vornehmen. Dabei hat er nur in jedem Fall einen gleichen Maßstab hinsichtlich der Dauer des wegen der Kinderbetreuung gewährten Unterhaltsanspruchs bei nichtehelichen und ehelichen Kindern zu Grunde zu legen.

BGH v. 28. 2. 2007 – XII ZR 161/04 – FamRZ 07, 707 = NJW 07, 1882

R672 *(Vertretungsbefugnis und Unterhalt beim sog. Wechselmodell)*

a [16] (Die alleinige Barunterhaltspflicht eines Elternteils) ist – in Fällen der vorliegenden Art – so lange nicht in Frage zu stellen, wie das deutliche Schwergewicht der Betreuung bei einem Elternteil liegt. Solange ist es gerechtfertigt, davon auszugehen, dass dieser Elternteil die Hauptverantwortung für das Kind trägt und dadurch den Betreuungsunterhalt leistet, während der andere Elternteil – auf der Grundlage nur seiner eigenen wirtschaftlichen Verhältnisse – zum Barunterhalt verpflichtet ist. Deshalb ändert sich an der aus dem Schwergewicht der Betreuung durch einen Elternteil folgenden Aufteilung zwischen Bar- und Betreuungsunterhalt nichts, wenn der barunterhaltspflichtige Elternteil seinerseits Betreuungs- und Versorgungsleistungen erbringt, selbst wenn dies im Rahmen eines über das übliche Maß hinaus wahrgenommenen Umgangsrechts erfolgt, dessen Ausgestaltung sich bereits einer Mitbetreuung annähert. Wenn und soweit der andere Elternteil gleichwohl die Hauptverantwortung für ein Kind trägt, muss es dabei bleiben, dass dieser Elternteil seine Unterhaltspflicht i. S. des § 1606 III 2 BGB durch die Pflege und Erziehung des Kindes erfüllt. Zur Beantwortung der Frage, ob ein Elternteil die Hauptverantwortung für ein Kind trägt, kommt der zeitlichen Komponente der von ihm übernommenen Betreuung indizielle Bedeutung zu, ohne dass die Beurteilung sich allein hierauf zu beschränken braucht (Senat, NJW 2006, 2258 = FamRZ 2006, 1015 [1016 f.]).

(Hälftige Aufteilung der Erziehungs- und Betreuungsaufgaben ist Voraussetzung für Wechselmodell)

b [17] c) Im vorliegenden Fall hat der Bekl. in dem hier maßgeblichen Zeitraum nach den von der Revision nicht angegriffenen Feststellungen des BerGer. im Durchschnitt die Betreuung an fünf von

Anhang R. Rechtsprechung   R673

14 Tagen übernommen, und zwar dergestalt, dass sich die Kinder von mittwochs abends bis montags morgens beim Vater aufhalten und sodann nach der Schule in den Haushalt der Mutter wechseln, wo sie bis zum Mittwochabend der folgenden Woche bleiben. Damit entfällt auf den Bekl. ein Betreuungsanteil von etwas mehr als $^1/_3$ (gerundet 36%). Auch wenn er – über den zeitlichen Einsatz hinaus – den entsprechenden Anteil der insgesamt anfallenden Betreuungsleistungen wahrgenommen haben sollte, was sich aus den getroffenen Feststellungen nicht zweifelsfrei ergibt, reicht das nicht aus, um von einer etwa hälftigen Aufteilung der Erziehungs- und Betreuungsaufgaben auszugehen. Vielmehr läge das Schwergewicht der Betreuung auch dann eindeutig bei der Mutter. Die Eltern praktizieren somit keine Betreuung in einem Wechselmodell mit im Wesentlichen gleichen Anteilen (vgl. hierzu Senat, NJW 2006, 2258 = FamRZ 2006, 1015 [1017]). Deshalb kommt die Mutter ihrer Unterhaltspflicht gegenüber den Kl. gem. § 1606 III 2 BGB durch deren Betreuung nach. Eine anteilige Barunterhaltspflicht besteht für sie entgegen der Auffassung des BerGer. nicht

(Konkrete Darlegung von Aufwendungen und Ersparnis des anderen Elternteils bei Bedarfsdeckung durch Leistungen des Barunterhaltspflichtigen)

[25] c) Von einer teilweisen Bedarfsdeckung kann im vorliegenden Fall indessen nicht ausgegangen werden. Dass der Bekl. seinerseits den Wohnbedarf der Kinder in der Zeit, in der diese sich bei ihm aufhalten, bestreitet, mindert deren – ohne Berücksichtigung dieser Mehrkosten ermittelten – Bedarf nicht. Denn in den Tabellensätzen ist nur die bei einem Elternteil anfallenden Wohnkosten enthalten. Eine – unterhaltsrechtlich erhebliche – teilweise Bedarfsdeckung durch die Verpflegung der Kl. durch den Bekl. kann ebenso wenig angenommen werden. Die im Rahmen üblicher Umgangskontakte von etwa fünf bis sechs Tagen monatlich gewährte Verpflegung führt nicht zu Erstattungsansprüchen des besuchten Elternteils, vielmehr hat dieser die üblichen Kosten, die ihm bei der Ausübung des Umgangsrechts entstehen, grundsätzlich selbst zu tragen (vgl. Senat, NJW 2005, 1493 = FamRZ 2005, 706 [707 f.]). Die Verpflegung während weiterer vier bis fünf Tage führt aber nicht zu nennenswerten Ersparnissen des anderen Elternteils. Sonstige den Bedarf der Kl. teilweise deckende konkrete Aufwendungen des Bekl. hat das BerGer. – von der Revision unangefochten – nicht festgestellt.

c

BGH v. 28. 2. 2007 – XII ZR 165/04 – FamRZ 07, 974 = NJW 07, 2848

(Keine Vertragsanpassung wegen außergewöhnlicher Einkommenssteigerung bei vertraglich limitiertem nachehelichen Unterhalt)

R673

[22] aa) Eine die Vertragsanpassung rechtfertigende erhebliche Abweichung der tatsächlichen Verhältnisse in der Ehe von der ursprünglichen Lebensplanung der Ehegatten kann – entgegen der Auffassung des OLG – nicht in dem Umstand gefunden werden, dass der Ehemann nach Abschluss des Ehevertrags eine außergewöhnliche Steigerung seines Einkommens erzielt hat. Denn mit der im Ehevertrag vorgesehenen Limitierung des nachehelichen Unterhalts haben die Parteien festgelegt, dass sich die Unterhaltshöhe gerade nicht nach den jeweiligen ehelichen Lebensverhältnissen bemessen, sondern sich nach der dort genannten Gruppe der Beamtenbesoldung als einer dynamischen Bezugsgröße bestimmen soll. Da der Ehevertrag wirksam ist, ist die von den Parteien gewollte Abkopplung des nachehelichen Unterhalts von der späteren Einkommensentwicklung der Parteien bindend.

a

(Grenzen der richterlichen Vertragsanpassung bei der Ausübungskontrolle)

[28] d) Durch richterliche Anpassung von Eheverträgen sollen ehebedingte Nachteile ausgeglichen werden. Solche Nachteile liegen vor, wenn ein Ehegatte um der gemeinsamen Lebensplanung willen für sein berufliches Fortkommen Risiken auf sich genommen hat, und wenn diese Risiken sich auf Grund von Abweichungen der bei Vertragsschluss vorgestellten Lebenssituation von der späteren tatsächlichen Lebenslage im Scheidungsfall als Nachteil konkretisieren. Denn es geht nicht an, dass das Risiko des Fehlschlagens eines gemeinsamen Lebensplans einseitig nur einen Partner belastet. Daraus folgt allerdings zugleich, dass ein durch einen wirksamen Ehevertrag benachteiligter Ehegatte im Rahmen der Ausübungskontrolle auch nicht besser gestellt werden darf, als er sich ohne die Übernahme dieser Risiken – also insbesondere bei kontinuierlicher Fortsetzung seines vorehelichen Berufswegs – stünde.

b

[29] Auch wenn im vorliegenden Fall – unter Berücksichtigung der unter II 3 b und II 3 c dargestellten Gesichtspunkte – eine Vertragsanpassung zu Gunsten der Ehefrau in Betracht käme, so könnte ein ihr zuzubilligender Unterhaltsbetrag deshalb jedenfalls den Verdienst nicht überschreiten, den sie erzielt hätte, wenn sie nach ihrer ersten Ehe nicht den Ast. geheiratet und in der mit ihm geführten Ehe auf eine Erwerbstätigkeit verzichtet hätte. Darüber hinaus ist im vorliegenden Fall auch zu bedenken, dass Nachteile, die sich für die „Berufsbiografie" der Ehefrau ergeben, weil diese bereits während und nach ihrer ersten Ehe, aus der ebenfalls ein Kind hervorgegangen ist, nur teilweise erwerbstätig war, nicht – als Ausgleichung ehebedingter Nachteile – auf den Ehemann der zweiten Ehe verlagert werden können. Ob die Ehefrau – sofern die übrigen Voraussetzungen einer richterlichen

Vertragsanpassung vorliegen – bei Anwendung dieser Grundsätze das Zweifache der im Ehevertrag in Bezug genommenen Beamtenbesoldung als Unterhalt beanspruchen könnte, erscheint nach den vorliegenden Daten ihrer Erwerbsbiografie zweifelhaft und bedarf tatrichterlicher Klärung.

BGH v. 28. 2. 2007 – XII ZR 37/05 – FamRZ 07, 793 = NJW 07, 1961

(Beförderung vom Oberstudienrat (A14) zum Studiendirektor (A15) sog. Leistungsbeförderung; Mehrverdienst nicht prägend; keine Lebensstandardgarantie)

a [20] 1. Zu Recht ist das BerGer. allerdings von einem Einkommen des Bekl. als Oberstudienrat ausgegangen, weil nur dieses Einkommen nach den Ausführungen des abzuändernden Urteils die ehelichen Lebensverhältnisse der Parteien geprägt hat.

[21] An dieser Bewertung hat sich auch durch die neuere Rechtsprechung des Senats zu den wandelbaren ehelichen Lebensverhältnissen nichts geändert (*Senat*, BGHZ 166, 351 = NJW 2006, 1654 = FamRZ 2006, 683 [685], und BGHZ 153, 358 [364 f.] = NJW 2003, 1518 = FamRZ 2003, 590 [591]). Zwar sind danach nachehelich eingetretene Einkommensminderungen bei der Bedarfsbemessung grundsätzlich zu berücksichtigen, sofern sie nicht auf einer Verletzung der Erwerbsobliegenheit des Unterhaltsverpflichteten beruhen oder durch freiwillige berufliche oder wirtschaftliche Dispositionen des Unterhaltsverpflichteten veranlasst sind und von diesem durch zumutbare Vorsorge aufgefangen werden können. Denn die Anknüpfung der nach § 1578 I 1 BGB maßgebenden Umstände an den Zeitpunkt der Rechtskraft des Scheidungsurteils begründet schon nach ihrem Zweck für den unterhaltsberechtigten Ehegatten keine die früheren ehelichen Lebensverhältnisse unverändert fortschreibende Lebensstandardgarantie.

[22] Umgekehrt hat der Senat wegen des Grundsatzes der Eigenverantwortlichkeit in § 1569 BGB daran festgehalten, dass nacheheliche Einkommenssteigerungen des Unterhaltspflichtigen sich nur dann bedarfssteigernd auswirken, wenn ihnen eine Entwicklung zu Grunde liegt, die aus der Sicht zum Zeitpunkt der Scheidung mit hoher Wahrscheinlichkeit zu erwarten war. Solches war nach dem Inhalt der abzuändernden Entscheidung bezüglich der Beförderung zum Studiendirektor nicht der Fall.

(Nach Scheidung neu entstandene Kirchensteuer prägender Abzugsposten; Abzugsposten berücksichtigungswürdig, wenn nicht vorwerfbar neu entstanden ist; keine Lebensstandardgarantie)

b [23] 2. Ebenfalls zu Recht hat das BerGer. für die Zeit ab November 2003 von dem Einkommen des Bekl. die von ihm gezahlte Kirchensteuer abgesetzt. Dabei kommt es nach der zitierten Rechtsprechung des Senats zu den wandelbaren ehelichen Lebensverhältnissen nicht entscheidend darauf an, ob der Bekl. bei Rechtskraft der Ehescheidung Kirchensteuer entrichten musste oder ob in diesem Zeitpunkt ein späterer Kircheneintritt zu erwarten war.

[24] Die Anknüpfung der nach § 1578 I 1 BGB maßgebenden Umstände an den Zeitpunkt der Rechtskraft des Scheidungsurteils begründet schon nach ihrem Zweck für den unterhaltsberechtigten Ehegatten keine die früheren ehelichen Lebensverhältnisse unverändert fortschreibende Lebensstandardgarantie, deren Erfüllung nur in den Grenzen fehlender Leistungsfähigkeit des unterhaltsverpflichteten Ehegatten an dessen dauerhaft veränderte wirtschaftliche Verhältnisse angepasst und nur insoweit auch „nach unten korrigiert" werden könnten. Für eine solche Absicherung böte das Recht des nachehelichen Unterhalts, das – jedenfalls im Prinzip – nur die Risiken der mit der Scheidung fehlgeschlagenen Lebensplanung der Ehegatten und der von ihnen in der Ehe praktizierten Arbeitsteilung angemessen ausgleichen will, keine Rechtfertigung. Das Unterhaltsrecht will den bedürftigen Ehegatten nach der Scheidung wirtschaftlich im Grundsatz nicht besser stellen, als er sich ohne die Scheidung stünde (*Senat*, BGHZ 166, 351 = NJW 2006, 1654 = FamRZ 2006, 683 [685 f.], und BGHZ 153, 358 [364 f.] = NJW 2003, 1518 = FamRZ 2003, 590 [591]).

[25] Bei fortbestehender Ehe hätte die Kl. den Kircheneintritt des Bekl. aber akzeptieren und die Verringerung des verfügbaren Nettoeinkommens mit tragen müssen. Dann kann auch die Scheidung ihr das Risiko einer solchen – auch den unterhaltspflichtigen Bekl. treffenden – Verringerung des verfügbaren Einkommens nicht abnehmen.

(Zusätzliche Altervorsorge von 5% beim Elternunterhalt und 4% im übrigen; nur soweit tatsächlich erbracht wird)

c [27] Dabei kommt es allerdings nicht darauf an, dass im Rahmen der früheren Unterhaltsvergleiche und der gerichtlichen Abänderung solche Beträge nicht abgesetzt worden sind. Denn insoweit weist die Anschlussrevision des Bekl. zutreffend darauf hin, dass nach der – nach Erlass des abzuändernden Urteils aus dem Jahre 1997 geänderten – Rechtsprechung des Senats grundsätzlich eine zusätzliche Altersversorgung betrieben werden darf, die unterhaltsrechtlich beim Elternunterhalt bis zu 5% des Bruttoeinkommens (*Senat*, NJW 2004, 769 = FamRZ 2004, 792 [793], und NJW 2006, 3344 = FamRZ 2006, 1511 [1514]) und im Übrigen bis zu 4% des Bruttoeinkommens (BGHZ 163, 84 [97 ff.] = NJW 2005, 3277 = FamRZ 2005, 1817 [1821 f.]) betragen kann. Das setzt aber stets voraus, dass

Anhang R. Rechtsprechung   R674

solche Aufwendungen für die eigene Altersvorsorge tatsächlich geleistet werden. Hat der Unterhaltsschuldner solches nicht dargelegt, kommt ein fiktiver Abzug für eine zusätzliche Altersversorgung nicht in Betracht (*Senat,* NJW 2007, 511 = FamRZ 2007, 193).

(Wohnwert unterhaltsrechtliches Einkommen)
[30] Zwar ist der Vorteil des mietfreien Wohnens im eigenen Haus nach ständiger Rechtsprechung des Senats grundsätzlich als Vermögensertrag unterhaltsrechtlich zu berücksichtigen (vgl. z. B. NJW 2005, 2077 = FamRZ 2005, 1159 [1161]; *Wendl/Gerhardt,* 6. Aufl., § 1 Rdnrn. 311 ff.).

(Abänderungsklage bei Änderung der höchstrichterlichen Rechtsprechung; Einsatzzeitpunkt; Präklusion auch für den Beklagten)
[32] 5. Zu Recht weist die Revision allerdings darauf hin, dass das BerGer. nicht schon für die Zeit von April 2002 bis Oktober 2003 von einem fiktiven Einkommen des Bekl. nach der Steuerklasse I ausgehen durfte, zumal die abzuändernde Entscheidung den Splittingvorteil des Bekl. aus seiner zweiten Ehe – im Einklang mit der früheren Rechtsprechung des Senats – bei der Bemessung des Unterhaltsanspruchs der Kl. berücksichtigt hatte.
[33] a) Zwar hat das BVerfG mit Beschluss vom 7. 10. 2003 entschieden, dass steuerliche Vorteile, die der neuen Ehe eines geschiedenen Unterhaltspflichtigen durch das Ehegattensplitting erwachsen, von Verfassungs wegen nicht schon in der früheren Ehe angelegt sind und deswegen die Lebensverhältnisse dieser Ehe auch nicht bestimmt haben. Denn diese steuerlichen Vorteile, die in Konkretisierung des Schutzauftrags aus Art. 6 I GG durch das Gesetz allein der bestehenden Ehe eingeräumt sind, dürfen ihr durch die Gerichte nicht wieder entzogen und an die geschiedene Ehe weitergegeben werden (BVerfGE 108, 351 = NJW 2003, 3466 = FamRZ 2003, 1821 [1823]). Dem hat sich der Senat inzwischen angeschlossen. Danach ist für den Ehegattenunterhalt bei der Bemessung des unterhaltsrelevanten Einkommens eines wiederverheirateten Unterhaltspflichtigen ein gegebenenfalls vorhandener Splittingvorteil außer Betracht zu lassen und eine fiktive Steuerberechnung anhand der Grundtabelle vorzunehmen (*Senat,* BGHZ 163, 84 [90 f.] = NJW 2005, 3277 = FamRZ 2005, 1817 [1819]).
[34] b) Wegen der Rechtskraft des abzuändernden Urteils gilt dies im Rahmen der – hier gebotenen – Abänderung nach § 323 ZPO aber erst für die Zeit ab Änderung der höchstrichterlichen Rechtsprechung durch den Beschluss des BVerfG vom 7. 10. 2003.
[35] Die Abänderung des bestehenden Unterhaltstitels richtet sich hier entgegen der Rechtsauffassung des BerGer. auch materiell-rechtlich nach § 323 ZPO und nicht – wie bei der Abänderung von Prozessvergleichen – nach den Grundsätzen über die Änderung oder den Wegfall der Geschäftsgrundlage. Denn die Unterhaltspflicht des Bekl. ergab sich aus der materiellen Rechtskraft des Urteils des OLG Hamm vom 19. 9. 1997. Auch wenn dieses Urteil einen früheren Prozessvergleich der Parteien abgeändert hatte, ist eine Durchbrechung seiner Rechtskraft nur nach Maßgabe der materiellen Voraussetzungen einer Abänderungsklage in § 323 ZPO möglich.
[36] Dabei ergeben sich aus der Zielsetzung des § 323 I ZPO, nämlich nur unvorhersehbare Veränderungen der maßgebenden tatsächlichen Verhältnisse nachträglich berücksichtigen zu können, zugleich die Grenzen für die Durchbrechung der bestehenden Rechtskraft. Die sich aus der Rechtskraft ergebende Bindungswirkung des Ersturteils darf deswegen auf Abänderungsklage nur insoweit beseitigt werden, als das Ersturteil auf Verhältnissen beruht, die sich nachträglich geändert haben. Bereits seit längerem ist anerkannt, dass sich eine wesentliche Veränderung der maßgeblichen Verhältnisse nicht nur aus einer Änderung der Gesetzeslage, sondern auch aus einer ihr gleichkommenden verfassungskonformen Auslegung einer Norm durch das BVerfG ergeben kann (*Senat,* NJW 1990, 3020 = FamRZ 1990, 1091 [1094]). Außerdem hat der Senat inzwischen entschieden, dass dies auch für die Änderung der höchstrichterlichen Rechtsprechung durch den BGH gilt (BGHZ 148, 368 [377 f.] = NJW 2001, 3618 = FamRZ 2001, 1687 [1690] für die Abänderung von Vergleichen sowie BGHZ 153, 372 [383 f.] = NJW 2003, 1518 = FamRZ 2003, 848 [851 f.] für die Abänderung von Urteilen). In beiden Fällen kommt eine Abänderung des Unterhaltstitels wegen Änderung der Rechtsprechung aber erst ab Verkündung des maßgeblichen Urteils des BVerfG oder des BGH in Betracht. Auf diese Rechtsprechung des BGH hat das BVerfG in seiner Entscheidung zur Berücksichtigung des Splittingvorteils aus zweiter Ehe für weitere Verfahren, die nicht Gegenstand der Verfassungsbeschwerde waren, ausdrücklich hingewiesen (BVerfGE 108, 351 = NJW 2003, 3466 = FamRZ 2003, 1821 [1825]).
[37] c) Eine entsprechende zeitliche Schranke gilt im Rahmen der hier vorliegenden Abänderungsklage auch für den Bekl., so dass er sich auch im Rahmen der Verteidigung gegen die Abänderungsklage der Kl. erst für die Zeit ab der Rechtsprechung des BVerfG zum Splittingvorteil darauf berufen kann.
[38] Zwar gilt die in § 323 II ZPO für den Kl. eines Abänderungsverfahrens angeordnete Präklusion von Abänderungsgründen nicht uneingeschränkt auch für den Bekl. dieses Verfahrens. Vielmehr kann der Bekl. zur Verteidigung des Ersturteils gegen das Abänderungsbegehren des Kl. auch solche Tatsachen in den Prozess einführen, die bereits während des Erstprozesses vorgelegen haben, dort aber

nicht vorgetragen wurden und infolgedessen unberücksichtigt geblieben sind (*Senat,* NJW-RR 2001, 937 = FamRZ 2001, 1364 [1365]). Diese Rechtsprechung des Senats beschränkt sich allerdings nach § 323 II ZPO auf die Präklusion solcher Tatsachen, die schon früher vorhanden und lediglich nicht geltend gemacht waren. Sie ist auf die nach § 323 I ZPO relevante Frage, ob und ab wann überhaupt wesentliche Änderungen der früher zu Grunde gelegten Verhältnisse eingetreten sind, nicht in gleicher Weise übertragbar. Hier ist eine solche Änderung erst durch die Änderung der Rechtsprechung zum Splittingvorteil mit Beschluss des BVerfG vom 7. 10. 2003 eingetreten (BVerfGE 108, 351 = NJW 2003, 3466 = FamRZ 2003, 1821 [1823]); früher konnte und kann auch der Bekl. diese nicht für sich in Anspruch nehmen. Das hat das BerGer. verkannt.

(Im Regelfall tatsächliche Steuerlast einzusehen, auch bei Wechsel Steuerklasse; fiktive Steuerberechnung bei nichtprägenden Einkünften steuerlichen Vergünstigungen durch Wiederverhinderung oder Verletzung Obliegenheit, Freibeträge wahrzunehmen)

f [40] a) Nach ständiger Rechtsprechung des Senats ist bei der Ermittlung der ehelichen Lebensverhältnisse gem. § 1578 I 1 BGB grundsätzlich von den tatsächlich erzielten Einkünften auszugehen. Im Regelfall ist deswegen auch die Steuerlast in ihrer jeweils realen Höhe maßgebend, unabhängig davon, ob sie im konkreten Fall seit der Trennung gestiegen oder gesunken ist und ob das auf einem gesetzlich vorgeschriebenen Wechsel der Steuerklasse oder auf einer Änderung des Steuertarifs beruht. Berichtigungen der tatsächlichen, durch Steuerbescheid oder Lohnabrechnung nachgewiesenen Nettoeinkünfte sind nur in besonders liegenden Fällen vorzunehmen, etwa dann, wenn nicht prägende Einkünfte eingeflossen sind, steuerliche Vergünstigungen vorliegen, die – wie zum Beispiel das Ehegattensplitting – dem Unterhaltsberechtigten nicht zugute kommen dürfen oder wenn erreichbare Steuervorteile entgegen einer insoweit bestehenden Obliegenheit nicht in Anspruch genommen worden sind (*Senat,* NJW-RR 1990, 514 = FamRZ 1990, 503 [504]). Entsprechend trifft den Unterhaltspflichtigen grundsätzlich auch eine Obliegenheit, mögliche Steuervorteile im Wege des Realsplittings nach § 10 I Nr. 1 EStG zu realisieren, soweit dadurch nicht eigene Interessen verletzt werden (*Senat,* NJW-RR 1998, 1153 = FamRZ 1998, 953 [954]).

(Eintragung Freibetrag Realsplitting nur bei Anerkenntnis, freiwilliger Zahlung oder Verurteilung)

g [41] Die Verpflichtung des Unterhaltsschuldners zur Inanspruchnahme steuerlicher Vorteile aus dem Realsplitting geht allerdings nur so weit, wie seine Unterhaltspflicht aus einem Anerkenntnis oder einer rechtskräftigen Verurteilung folgt oder freiwillig erfüllt wird. Denn die steuerlichen Voraussetzungen des Realsplittings erfordern eine tatsächliche Unterhaltszahlung in dem jeweiligen Steuerjahr (zur Steuerpflicht des Unterhaltsberechtigten vgl. BFH, HFR 2006, 568). Auch das hat das BerGer. verkannt, indem es bei der Ermittlung des unterhaltsrelevanten Einkommens des Bekl. einen Realsplittingvorteil auf der Grundlage der erst jetzt neu berechneten Unterhaltspflicht berücksichtigt hat.

[42] b) Nach dem Inhalt des abzuändernden Urteils vom 19. 9. 1997 war der Bekl. zu monatlichem Unterhalt in Höhe von 824,87 DM (= 421,75 Euro) verpflichtet. Nur diesen Betrag musste er deswegen im Rahmen seiner Obliegenheit zur bestmöglichen Ausschöpfung seiner Einkommensmöglichkeiten im Wege des Realsplittings von seinem steuerlich relevanten Einkommen absetzen. Hinzu kommt, dass der Bekl. mit seiner Abänderungswiderklage vom 12. 11. 2003 eine Herabsetzung des geschuldeten Unterhalts auf 121 Euro monatlich beantragt hatte. Wegen des ungewissen Ausgangs des Rechtsstreits war er ab diesem Zeitpunkt nicht mehr verpflichtet, das Realsplitting in einem höheren Umfang geltend zu machen. Sonst hätte er bei Erfolg seiner Abänderungswiderklage eine nicht unerhebliche Steuernachzahlung leisten müssen. Eine unterhaltsrechtliche Obliegenheit, das steuerliche Realsplitting in Anspruch zu nehmen, bestand deswegen nur in Höhe der jeweils rechtskräftig feststehenden Unterhaltsschuld und hätte vom BerGer. auch nur in diesem Umfang der Einkommensermittlung zu Grunde gelegt werden dürfen.

[43] Andererseits hat das BerGer. zu Unrecht für die Zeit von November 2003 bis Dezember 2004 jegliches Realsplitting abgelehnt. Denn mit dem Antrag seiner Abänderungswiderklage hat der Bekl. einen monatlichen Unterhalt in Höhe von 121 Euro unangegriffen gelassen, so dass ihn wegen der Rechtskraft der abzuändernden Entscheidung insoweit auch weiterhin eine Obliegenheit zur Durchführung des Realsplittings trifft. Das wird das BerGer. im Rahmen seiner neuen Entscheidung zu berücksichtigen haben (vgl. insoweit *Wendl/Gerhardt,* § 1 Rdnrn. 592b, 593).

(Bei Vorrang erster Ehegatte Familienzuschlag bei Wiederverheiratung je zur Hälfte für erste und zweite Ehe prägend)

h [46] b) Einen Familienzuschlag der Stufe 1 nach § 40 I BBesG erhalten Beamte, Richter oder Soldaten unter anderem, wenn sie verheiratet sind oder wenn sie geschieden und aus der geschiedenen Ehe mindestens in Höhe des Familienzuschlags zum Unterhalt verpflichtet sind (zum Ortszuschlag nach früherem Recht vgl. BVerwG, NJW 1992, 1251 = FamRZ 1992, 176 [177]; *Millack/Engelking/Laatermann/Henkel,* BesoldungsR des Bundes und der Länder [Stand Sept. 1998], § 40 BBesG Nr. 3

S. 19). Ist ein Ehegatte – wie hier – seinem geschiedenen Ehegatten aus erster Ehe vorrangig unterhaltspflichtig (§ 1582 I BGB) und ist er nach der Scheidung eine zweite Ehe eingegangen, beruht die Zahlung des Familienzuschlags somit auf zwei alternativen Rechtsgründen (§ 40 I Nr. 1 und Nr. 3 BBesG). Der Familienzuschlag ist deswegen – anders als der Splittingvorteil in der neuen Ehe – nicht stets der neuen Ehe vorbehalten und soll auch nicht nur deren Belastungen mildern. Nach § 40 I Nr. 3 BBesG wird er vielmehr auch bewilligt, um die Unterhaltslasten aus einer geschiedenen Ehe abzumildern. In solchen Fällen entsteht durch die neue Ehe des Unterhaltspflichtigen keine finanzielle Veränderung. Der Familienzuschlag wird dann nicht erst durch die neue Ehe ausgelöst, weil er schon zuvor wegen der fortdauernden Unterhaltspflicht aus erster Ehe gewährt wurde. Einem vorrangig unterhaltsberechtigten ersten Ehegatten kann der Anteil des Familienzuschlags deswegen nicht nachträglich durch Eingehung einer zweiten Ehe vollständig entzogen werden (OLG Celle, NJW 2005, 1516 = FamRZ 2005, 716 [717 f.]; OLG Oldenburg, NJW 2006, 2419 = FamRZ 2006, 1127).

[47] Andererseits ergibt sich aus der Begründung des Gesetzes zur Reform des öffentlichen Dienstrechts, mit dem der bis Juni 1997 geltende Ortszuschlag durch den neuen Familienzuschlag ersetzt wurde, dass damit die Funktion des „familienbezogenen Bezahlungsbestandteils" verdeutlicht werden sollte (BT-Dr 13/3994, S. 29, 42). Sinn und Zweck des Familienzuschlags ist es danach, den unterschiedlichen Belastungen des Familienstands Rechnung zu tragen. Weil der Familienzuschlag somit auch die zusätzlichen Belastungen in der neuen Familie abmildern will, ist es auch nicht gerechtfertigt, ihn weiterhin in vollem Umfang für einen – gegenüber dem neuen Ehegatten vorrangigen – Unterhaltsanspruch des geschiedenen Ehegatten zu verwenden (OLG Celle, NJW-RR 2006, 721 = FamRZ 2006, 1126). Das wäre aber der Fall, wenn der Familienzuschlag stets voll als Einkommen berücksichtigt würde und deswegen der jeweils nach § 1582 I BGB bevorrechtigte Unterhaltsberechtigte davon profitieren könnte. Wird der Familienzuschlag also wegen der bestehenden (zweiten) Ehe und zugleich nach § 40 I Nr. 3 BBesG wegen einer fortdauernden Unterhaltspflicht aus einer früheren Ehe gezahlt, ist er nach seinem Sinn und Zweck auf beide Ansprüche aufzuteilen und deswegen bei der Bemessung des Unterhaltsanspruchs der geschiedenen Ehefrau nur hälftig zu berücksichtigen. Das hat das BerGer. richtig erkannt (a. A. OLG Oldenburg, NJW 2006, 2419 = FamRZ 2006, 1127).

(Familienzuschlag für Stiefkind in 2. Ehe für erste Ehe nichtprägend)
[49] 8. Gleiches gilt für die Beurteilung des Familienzuschlags des Bekl., soweit er für den in häuslicher Gemeinschaft mit ihm lebenden Sohn seiner zweiten Ehefrau gewährt wird (§ 40 II BBesG).

[50] Auch insoweit entsprach es der früheren Rechtsprechung des Senats, kinderbezogene Steigerungsbeträge zum Ortszuschlag als Einkommen für die Bemessung des Unterhaltsanspruchs eines geschiedenen Ehegatten zu berücksichtigen, soweit der einem früheren Ehegatten unterhaltspflichtige Beamte das zu Grunde liegende Kindergeld für das Stiefkind bezog, auch wenn er dem Kind nicht unterhaltspflichtig war (*Senat*, NJW 1989, 1033 = FamRZ 1989, 172 [173]).

[51] An dieser Rechtsprechung kann nach der Entscheidung des BVerfG vom 7. 10. 2003 zum Ehegattensplitting nicht mehr festgehalten werden, weil der Familienzuschlag für das Stiefkind allein der bestehenden Ehe, in der das Kind lebt, eingeräumt wird und deswegen den Unterhaltsanspruch eines geschiedenen Ehegatten nicht erhöhen kann (vgl. schon *Schürmann*, FamRZ 2003, 1825 [1826]).

(nachträgliche Befristung des Unterhalts als Abänderungsgrund; Grenzen der Präklusion)
[55] b) Obwohl sich der Unterhaltsanspruch der Kl. seit Abschluss des Vergleichs vom 27. 7. 1990 teilweise und seit Erlass des abzuändernden Urteils vom 19. 9. 1997 in vollem Umfang aus § 1573 II und III BGB ergab und seinerzeit nicht befristet worden ist, ist der Bekl. mit seinem Befristungsbegehren nicht gem. § 323 II ZPO präkludiert.

[56] aa) Das ergibt sich hier schon daraus, dass die früheren Unterhaltstitel aus einer Zeit stammen, als die Frage der Befristung des Aufstockungsunterhalts noch nicht den Stellenwert hatte, den sie nunmehr nach der grundlegend geänderten Rechtsprechung des Senats zur Berücksichtigung der Haushaltstätigkeit und Kindererziehung bei der Bemessung der ehelichen Lebensverhältnisse nach § 1578 BGB hat (*Senat*, BGHZ 148, 105 = NJW 2001, 2254 = FamRZ 2001, 986). Die den abzuändernden Titeln zu Grunde liegende frühere Rechtslage ging nämlich davon aus, dass ein späteres Einkommen des Unterhaltsberechtigten voll auf einen Unterhaltsbedarf nach den ehelichen Lebensverhältnissen anzurechnen sei, der sich allein nach dem tatsächlich erzielten Einkommen während der Ehezeit ergab (Anrechnungsmethode). Wie die früheren Unterhaltsabänderungen zeigen, führte diese Methode mit zunehmendem Einkommen des Unterhaltsberechtigten zu einer entsprechend zunehmenden Deckung dieses Unterhaltsbedarfs. Sie führte schon dann zu einer vollständigen Bedarfsdeckung, wenn der Unterhaltsberechtigte ein Einkommen bezog, das den ursprünglichen Unterhaltsbedarf, regelmäßig also weniger als die Hälfte des eheprägenden Einkommens des Unterhaltspflichtigen, erreichte.

[57] Das gilt nicht mehr in gleicher Weise, seit der Senat in seiner (zitierten) neueren Rechtsprechung bei der Bedarfsbemessung auch ein vom Unterhaltsberechtigten erst nachehelich erzieltes

Einkommen als Surrogat der früheren Haushaltstätigkeit und Kindererziehung berücksichtigt und dieses Einkommen deswegen im Wege der Differenzmethode in die Unterhaltsberechnung einbezieht. Dadurch erhöhen absehbare Steigerungen des Einkommens des Unterhaltsberechtigten regelmäßig auch dessen Unterhaltsbedarf, so dass es erst viel später zu einer vollständigen Bedarfsdeckung kommt, nämlich dann, wenn der Unterhaltsberechtigte mindestens das gleiche Einkommen erzielt wie der Unterhaltspflichtige. Auch deswegen hat der Senat dem Umstand der zeitlichen Befristung des Aufstockungsunterhalts in seiner neueren Rechtsprechung eine größere Bedeutung beigemessen (vgl. insoweit *Senat,* NJW 2006, 2401 = FamRZ 2006, 1006 [1007 f.]; NJW 2007, 839 = FamRZ 2007, 200 [203 f.] und schon BGHZ 148, 105 [121] = NJW 2001, 2254 = FamRZ 2001, 986 [991]).

[58] Die neuere Rechtsprechung des Senats zur Bewertung der Kindererziehung und Haushaltsführung während der Ehe wirkt sich deswegen unmittelbar auf die Höhe des geschuldeten Unterhalts und damit zugleich auf die Umstände aus, die der Gesamtwürdigung im Rahmen der Befristung des Aufstockungsunterhalts zu Grunde zu legen sind. Auch insoweit kommt die neuere Rechtsprechung des Senats deswegen einer wesentlichen Änderung der den früheren Unterhaltstiteln zu Grunde liegenden Verhältnisse gleich (vgl. insoweit BGHZ 153, 372 [383 f.] = NJW 2003, 1518 = FamRZ 2003, 848 [851 f.]), die einer Präklusion entgegensteht. Soweit der Senat dies nach der Änderung seiner Rechtsprechung zur Anrechnungs- und Differenzmethode zunächst abweichend beurteilt hat (*Senat,* NJW 2004, 1518 = FamRZ 2004, 1357 [1359 f.]), hält er daran nicht mehr fest.

[59] bb) Hinzu kommt, dass sich im vorliegenden Fall seit Verkündung des abzuändernden Urteils des OLG vom 19. 9. 1997 auch tatsächliche Änderungen ergeben haben, die inzwischen sicher beurteilt werden können und eine Befristung rechtfertigen.

[60] Zwar setzt die Billigkeitsentscheidung nach § 1573 V BGB über eine Befristung des Aufstockungsunterhalts ab einem bestimmten Zeitpunkt nicht voraus, dass dieser Zeitpunkt bereits erreicht ist. Wenn sämtliche relevanten Umstände eingetreten oder zuverlässig voraussehbar sind, ist die Befristung vielmehr schon im Ausgangsverfahren auszusprechen und nicht einem späteren Abänderungsverfahren zu überlassen (*Senat,* NJW 2000, 3789 = FamRZ 2000, 1499 [1501] und FamRZ 2001, 905 [906]). Zuverlässig voraussehbar sind solche relevanten Umstände aber nur, wenn sie – etwa wie das Alter der Kinder – vom bloßen Zeitablauf abhängen. Konnte im Zeitpunkt der abzuändernden Entscheidung hingegen noch nicht abschließend beurteilt werden, ob das Einkommen aus einer neu aufgenommenen Vollzeittätigkeit die ehebedingten Nachteile vollständig und nachhaltig ausgleicht (vgl. insoweit *Senat,* NJW 2007, 839 = FamRZ 2007, 200 [204]), waren die Voraussetzungen einer Befristung nach § 1573 V BGB noch nicht erfüllt, was eine Präklusion mit solchen Umständen ausschließt.

(Umfassende Billigkeitsprüfung mit Abwägung aller Gesichtspunkte bei Unterhaltsbegrenzung)

k [66] Das Gesetz legt in § 1573 V BGB, ebenso wie in § 1578 I 2 BGB, keine bestimmte Ehedauer fest, von der ab eine zeitliche Begrenzung des Unterhaltsanspruchs nicht mehr in Betracht kommt. Wie der *Senat* mehrfach ausgeführt hat, widerspräche es auch dem Sinn und Zweck des § 1573 V BGB, den Billigkeitsgesichtspunkt „Dauer der Ehe" im Sinne einer festen Zeitgrenze zu bestimmen, von der ab der Unterhaltsanspruch grundsätzlich keiner zeitlichen Begrenzung mehr zugänglich sein kann. Vielmehr stellt das Gesetz die Ehedauer als Billigkeitsgesichtspunkt gleichrangig neben die „Gestaltung von Haushaltsführung und Erwerbstätigkeit". Bei der Billigkeitsabwägung sind zudem die Arbeitsteilung der Ehegatten und die Ehedauer lediglich zu „berücksichtigen"; jeder einzelne Umstand lässt sich also nicht zwingend für oder gegen eine Befristung ins Feld führen. Zudem beanspruchen beide Aspekte, wie das Wort „insbesondere" verdeutlicht, für die Billigkeitsprüfung keine Ausschließlichkeit. Die Abwägung aller danach in Betracht kommenden Gesichtspunkte ist Aufgabe des Tatrichters. Sie kann vom RevGer. nur daraufhin überprüft werden, ob der Tatrichter die im Rahmen der Billigkeitsprüfung maßgebenden Rechtsbegriffe nicht verkannt und alle für die Einordnung unter diese Begriffe wesentlichen Umstände berücksichtigt hat (*Senat,* NJW 2006, 2401 = FamRZ 2006, 1006 [1007] und NJW 2006, 839 = FamRZ 2007, 200 [203]).

BGH v. 14. 3. 2007 – XII ZR 158/04 – FamRZ 07, 882 = NJW 07, 1969

R675 *(Präklusion, wenn im Vorverfahren tatsächlich bestehende höhere Fahrkosten nicht geltend gemacht wurden; fiktive Steuerberechnung, wenn Fahrtkosten unterhaltsrechtlich nur z. T. berücksichtigt werden)*

a [22] a) Das BerGer. hat das festgestellte Nettoeinkommen des Kl. um Fahrtkosten zur Arbeitsstelle bereinigt, die es auf der Grundlage der im vorausgegangenen Rechtsstreit berücksichtigten kürzeren Fahrtstrecke ermittelt hat. Das ist rechtlich nicht zu beanstanden. Da der Kl. seinerzeit nicht mehr in H., sondern schon in S. lebte, ist es ihm gem. § 323 II ZPO verwehrt, nunmehr geltend zu machen, die Entfernung zwischen Wohnung und Arbeitsstelle betrage nicht 22 km, sondern mehr. Mit Rücksicht darauf hat das BerGer. zu Recht andererseits den steuerlichen Vorteil, der dem Kl. durch die insoweit tatsächlich höheren Werbungskosten zukommt, außer Betracht gelassen. Eine fiktive Steuerlast

Anhang R. Rechtsprechung **R675**

ist nach der Rechtsprechung des Senats dann in Ansatz zu bringen, wenn steuermindernde tatsächliche Aufwendungen vorliegen, die unterhaltsrechtlich nicht anzuerkennen sind (*Senat*, NJW 2005, 2077 = FamRZ 2005, 1159 [1161], und BGHZ 163, 84 [94] = NJW 2005, 3277 = FamRZ 2005, 1817 [1820]). Das ist hier der Fall.

(Beim Kindesunterhalt ist Splittingvorteil durch Wiederverheiratung zu berücksichtigen)
[26] Für die Bemessung des Kindesunterhalts ist dagegen nicht von einem um den Splittingvorteil bereinigten Einkommen des Kl., sondern von seinem tatsächlichen Einkommen auszugehen (*Senat*, BGHZ 163, 84 [101] = NJW 2005, 3277; a. A. OLG Oldenburg, FamRZ 2006, 1223 [1224] = BeckRS 2006, 05422). Daran hält der Senat fest.

(Eintragung Freibetrag für Realsplitting nur bei Anerkenntnis, Verurteilung oder freiwilliger Zahlung)
[28] Nach der genannten Bestimmung sind als Sonderausgaben Unterhaltsleistungen an den geschiedenen oder dauernd getrennt lebenden unbeschränkt einkommensteuerpflichtigen Ehegatten anzuerkennen, wenn der Geber dies mit Zustimmung des Empfängers beantragt hat (sog. Realsplitting). Dabei trifft den Unterhaltspflichtigen grundsätzlich eine Obliegenheit, mögliche Steuervorteile im Wege des Realsplittings zu realisieren, soweit dadurch nicht eigene Interessen verletzt werden (*Senat*, NJW-RR 1998, 1153 = FamRZ 1998, 953 [954]). Die Verpflichtung des Unterhaltsschuldners zur Inanspruchnahme steuerlicher Vorteile aus dem Realsplitting geht allerdings nur so weit, wie seine Unterhaltspflicht aus einem Anerkenntnis oder einer rechtskräftigen Verurteilung folgt oder freiwillig erfüllt wird (*Senat*, NJW 2007, 1961)

(Keine fiktive zweistufige Steuerberechnung mit Realsplittingvorteil, wenn Unterhaltshöhe strittig)
[29] Ist das nicht der Fall und wird der Unterhaltsschuldner erst zu Unterhaltsleistungen verurteilt, ist nicht gewährleistet, dass er im Umfang der Verurteilung von der Möglichkeit des Realsplittings Gebrauch machen kann. Der maßgebliche Zeitpunkt des Abzugs richtet sich nämlich nach demjenigen der tatsächlichen Zahlung (§ 11 II 1 EStG). Unerheblich ist dagegen der Zeitraum, für den die Leistung wirtschaftlich erbracht wird (BFHE 193, 383 = NJWE-FER 2001, 221 [unter II 2 b]; BFHE 167, 58 = DStR 1992, 860; BFHE 145, 507 = DStR 1986, 307 [unter 2 e]). Unterhaltszahlungen können steuerlich deshalb nur für die Jahre berücksichtigt werden, in denen sie tatsächlich geleistet worden sind (sog. In-Prinzip).
[30] Im vorliegenden Fall war es danach zwar zutreffend, das Einkommen des Kl. ohne Berücksichtigung der steuerlichen Vorteile aus dem Realsplitting in Höhe des tatsächlich geleisteten Unterhalts von monatlich 480,10 Euro zu errechnen, da der Kl. die Abänderung dieses Unterhalts begehrt. Es geht aber nicht an, vorläufig ermittelte Unterhaltsbeträge in die steuerliche Berechnung einzustellen, da nicht absehbar ist, dass diese in dem Jahr, für das sie bestimmt sind, tatsächlich geleistet werden können und deshalb zu einer steuerlichen Entlastung noch in diesem Jahr führen. Anders verhält es sich vorliegend lediglich in Höhe eines Unterhalts von monatlich 150 Euro, nachdem der Kl. im Berufungsverfahren sein Abänderungsbegehren entsprechend eingeschränkt hat. Nachdem er im Termin zur mündlichen Verhandlung vor dem OLG erklärt hat, von dem Erweiterungsvorbehalt (Abänderung auf 0 Euro) keinen Gebrauch zu machen, stand fest, dass er in Höhe von 150 Euro monatlich unterhaltspflichtig bleiben würde. Deshalb wäre für das Jahr 2004 ein Betrag von 1800 Euro (150 Euro × 12) im Rahmen des Realsplittings zu berücksichtigen gewesen. Der zweistufigen Berechnung, die das BerGer. durchgeführt hat, bedarf es danach aber in keinem Fall. Sie wäre – abgesehen von den zuvor genannten Gründen – in den sich als Masseverfahren darstellenden Unterhaltsprozessen auch kaum praktikabel.

(Kinderzuschlag für leibliche Kinder prägend, unabhängig davon, aus welcher Ehe sie stammen)
[32] e) Das BerGer. hat den Kinderzuschlag (Kinderkomponente), den der Kl. von seinem Arbeitgeber, der F-AG, für beide Kinder zusätzlich zu seiner Vergütung erhält, insgesamt als Einkommensbestandteil berücksichtigt. Auch dagegen ist rechtlich nichts zu erinnern.
[33] Nach der bisherigen Rechtsprechung des Senats war neben dem Kinderzuschlag auch der Ortszuschlag aus einer neuen Ehe für die Bemessung des Unterhaltsanspruchs eines geschiedenen Ehegatten zu berücksichtigen. Insoweit hat der Senat das jeweilige Nettoeinkommen für maßgebend gehalten, auch soweit es auf im Besoldungssystem vorgesehenen Zuschlägen beruht, die den persönlichen Verhältnissen des Einkommensbeziehers Rechnung tragen (*Senat*, NJW-RR 1990, 580 = FamRZ 1990, 981 [983]).
[34] An dieser Rechtsprechung hat der Senat aus Gründen, die auch gegen die Berücksichtigung des Splittingvorteils aus zweiter Ehe sprechen, nicht uneingeschränkt festgehalten. Für den Familienzuschlag nach § 40 I BBesG hat er vielmehr entschieden, dass dieser bei der Bemessung des Unterhaltsanspruchs der geschiedenen Ehefrau nur hälftig anzusetzen ist, wenn er sowohl wegen des Unterhaltsanspruchs aus einer geschiedenen Ehe als auch für eine bestehende Ehe gezahlt wird. Denn durch

diesen Zuschlag soll den unterschiedlichen Belastungen des Familienstands Rechnung getragen, also auch die zusätzliche Belastung in der neuen Familie abgemildert werden (*Senat*, NJW 2007, 1961).

(Bei fiktiver Steuerberechnung kein Abzug Kinderfreibetrag für Kind 2. Ehe)

f [36] f) Auch den dem Kl. für den Sohn J bei der Veranlagung zur Einkommensteuer gewährten Freibetrag nach § 32 VI 1 EStG hat das BerGer. zu Recht einbezogen. Der Freibetrag von 1824 Euro für das sächliche Existenzminimum des Kindes (Kinderfreibetrag) sowie ein weiterer Freibetrag von 1080 Euro für den Betreuungs- und Erziehungs- oder Ausbildungsbedarf des Kindes werden nämlich für jedes zu berücksichtigende Kind des Steuerpflichtigen gewährt (§ 32 VI 1 EStG). Die Berücksichtigung eines Kindes für einen Kinderfreibetrag setzt – außer bei Pflegekindern – grundsätzlich auch nicht voraus, dass der Steuerpflichtige das Kind in seinen Haushalt aufgenommen oder unterhalten hat (Schmidt, EStG, 25. Aufl., § 32 Rdnr. 4). Da diese Freibeträge mithin unabhängig von einer Ehe der Eltern und sogar unabhängig von deren Zusammenleben eingeräumt werden, brauchen sie nicht der bestehenden Ehe vorbehalten zu werden.

[37] Anders zu beurteilen sind dagegen die auf § 32 VI 2 EStG beruhenden Freibeträge. Nach dieser Bestimmung verdoppeln sich die vorgenannten Beträge, wenn die Ehegatten – wie hier – nach den §§ 26, 26 b EStG zusammen zur Einkommensteuer veranlagt werden und das Kind zu beiden Ehegatten in einem Kindschaftsverhältnis steht. Die Verdoppelung setzt mithin das Bestehen einer Ehe sowie das nicht dauernde Getrenntleben der Ehegatten voraus, so dass auf jeden Ehegatten ein Freibetrag von insgesamt 2904 Euro entfällt. Der aus § 32 VI 2 EStG folgende – und damit der Ehefrau des Kl. zukommende – Steuervorteil muss deshalb der bestehenden Ehe und nicht der geschiedenen Ehe zugute kommen (BVerfG, NJW 2003, 3466 = FamRZ 2003, 1821 [1823]). Das hat das BerGer. beachtet und im Rahmen der Berechnung des nachehelichen Unterhalts zu Recht für die Zeit ab November 2003 die bei der Steuerberechnung berücksichtigten Freibeträge von zuvor 8712 Euro um 2904 Euro auf 5808 Euro vermindert.

(Kindergartenkosten als Kinderbetreuungskosten oder Mehrbedarf der Kinder)

g [41] aa) Die Frage, ob der barunterhaltspflichtige Elternteil zusätzlich zu dem zu leistenden Tabellenunterhalt auch die Kosten für den Besuch des Kindergartens schuldet und ob es sich insoweit um einen Anspruch des betreuenden Elternteils oder des Kindes handelt, wird nicht einheitlich beantwortet (vgl. die Nachw. bei Maurer, FamRZ 2006, 663). Soweit davon ausgegangen wird, der betreuende Elternteil sei anspruchsberechtigt, wird darauf abgestellt, dass diesem durch die Drittbetreuung eine Erwerbstätigkeit ermöglicht werde, so dass insoweit berufsbedingte Aufwendungen vorlägen (vgl. einerseits OLG Karlsruhe, NJW-RR 1999, 4, andererseits OLG Hamburg, DAVorm 1998, 710).

[42] Ob dieser Auffassung zu folgen ist, kann im vorliegenden Fall dahinstehen. Das BerGer. hat nicht festgestellt, aus welchen Gründen das Kind J den Kindergarten besucht. Deshalb ist offen, ob dies in erster Linie aus pädagogischen Gründen, also im Interesse des Kindes, erfolgt oder um der Mutter eine teilweise Erwerbstätigkeit zu ermöglichen. Falls Letzteres der Fall sein sollte, würde es sich um einen Anspruch der Ehefrau des Kl. handeln, die Bekl. gem. § 1582 BGB aber im Rang nachgeht. Falls für den Kindergartenbesuch dagegen erzieherische Erwägungen im Vordergrund stehen sollten, handelt es sich hinsichtlich des Beitrags um einen Anspruch des Kindes. Denn dessen angemessener Unterhalt umfasst den gesamten Lebensbedarf, schließt also bei einem der Erziehung noch bedürftigen Kind auch die Kosten der Erziehung ein (§ 1610 II BGB).

(Halbtägiger Besuch des Kindergartens begründet weder Sonder- noch Mehrbedarf)

h [43] Insoweit stellt sich die Frage nach der Art dieses Bedarfs. Als Sonderbedarf, das heißt als unregelmäßiger, außergewöhnlich hoher Bedarf (§ 1613 II Nr. 1 BGB), ist der Kindergartenbeitrag schon deshalb nicht zu qualifizieren, weil er regelmäßig anfällt. Mehrbedarf ist demgegenüber der Teil des Lebensbedarfs, der regelmäßig während eines längeren Zeitraums anfällt und das Übliche derart übersteigt, dass er mit den Regelsätzen nicht erfasst werden kann, andererseits aber kalkulierbar ist und deshalb bei der Bemessung des laufenden Unterhalts berücksichtigt werden kann (*Wendl/Scholz*, 6. Aufl., § 2 Rdnr. 133; *Maurer*, FamRZ 2006, 663 [667]).

[44] Der *Senat* teilt die Auffassung, dass jedenfalls der Beitrag für einen halbtägigen Kindergartenbesuch, wie er hier im Hinblick auf die zusätzlich geltend gemachten Betreuungskosten ersichtlich erfolgt, grundsätzlich keinen Mehrbedarf des Kindes begründet. Der halbtägige Besuch des Kindergartens ist heutzutage die Regel, so dass es sich bei dem hierfür zu entrichtenden Beitrag um Kosten handelt, die üblicherweise ab Vollendung des 3. Lebensjahres eines Kindes anfallen. Diese Kosten werden durch die Sätze der Düsseldorfer Tabelle gedeckt, bei denen es sich um Pauschalen handelt, mit denen die durchschnittlichen, über einen längeren Zeitraum anfallenden Lebenshaltungskosten eines Kindes der betreffenden Altersstufe zu begleichen sind. Im Tabellenbetrag der Gruppe 6 der Düsseldorfer Tabelle, bei dem das Existenzminimum eines Kindes als gesichert anzusehen ist, ist der Aufwand für den üblichen Kindergartenbesuch jedenfalls enthalten. In den niedrigeren Einkommensgruppen

Anhang R. Rechtsprechung   R676

führt die Nichtanrechnung des Kindergeldanteils gem. § 1612 b V BGB dazu, die Lücken beim Kindesunterhalt zu schließen, so dass auch dieses Kind faktisch über den gleichen Betrag wie in der Gruppe 6 verfügt (ebenso OLG *Nürnberg*, FamRZ 2006, 642; vgl. auch *Maurer*, FamRZ 2006, 663 [669]). Da der Bekl. Kindesunterhalt nach Gruppe 5 bzw. ab Januar 2004 nach Gruppe 6 der Düsseldorfer Tabelle schuldet, ist der Kindergartenbeitrag jedenfalls nicht zusätzlich in Abzug zu bringen.

(Keine Verwirkung nach § 1579 Nr. 7 BGB bei nur pauschaler Behauptung der Vereitelung des Umgangsrechts)
[64] Zwar kann eine fortgesetzte massive und schuldhafte Vereitelung des Umgangsrechts zu einem   i
Ausschluss oder einer Herabsetzung des Unterhaltsanspruchs des betreuenden Elternteils gem. § 1579 Nr. 6 BGB führen. Allerdings muss das Fehlverhalten schwerwiegend sein, um die Annahme der Verwirkung zu rechtfertigen (*Senat*, NJW 1987, 893 = FamRZ 1987, 356 [358]). Nach diesem Maßstab ist die Beurteilung des BerGer. nicht zu beanstanden. Der Kl. hat bereits nicht hinreichend vorgetragen, dass der Bekl. ein schwerwiegendes Fehlverhalten anzulasten ist. Der Einholung des beantragten Sachverständigengutachtens bedurfte es deshalb nicht, vielmehr wäre dies auf einen unzulässigen Ausforschungsbeweis hinausgelaufen.
[65] Der Kl. hat zum einen nicht dargetan, wie sich sein Umgang mit dem Kind und das Verhältnis zu diesem nach der Trennung der Ehegatten im Einzelnen gestaltet hat. Ebenso wenig ist seinem Vorbringen zu entnehmen, welche Bemühungen er selbst in der Vergangenheit unternommen hat, um eine Änderung der ablehnenden Haltung des Kindes herbeizuführen, etwa indem er diesem durch Briefe oder gelegentliches Übersenden von kleinen Geschenken seine fortbestehende Zuneigung vermittelt hat. Zum anderen hat der Kl. das der Bekl. angelastete Verhalten nicht hinreichend konkretisiert, sondern nur pauschal einen von dieser verursachten Loyalitätskonflikt des Kindes angeführt. Bei dieser Sachlage ist die Annahme des BerGer., es sei ebenfalls denkbar, dass die ablehnende Haltung des Kindes auch auf das Verhalten des Kl. zurückzuführen sei, jedenfalls nicht auszuschließen. Solange das aber der Fall ist, erscheint die Schlussfolgerung, der Bekl. sei ein schwerwiegendes Fehlverhalten vorzuwerfen, bereits nicht gerechtfertigt. Dass diese möglicherweise auf K hätte einwirken können, um ihn zu Besuchen beim Vater zu bewegen, rechtfertigt allein die Annahme einer Verwirkung ebenso wenig wie bloße Schwierigkeiten bei der Ausübung des – tatsächlich gewährten – Umgangsrechts (vgl. zu Letzterem *Senat*, NJW 2007, 511 = FamRZ 2007, 193 [195]).

BGH v. 28. 3. 2007 – XII ZR 163/04 – FamRZ 07, 983 = NJW 07, 2249

(Abgrenzung Leistungsklage/Abänderungsklage für ein neues Unterhaltsbegehren nach zeitlich bestimmten   R676
Vergleich; Wegfall der Bedürftigkeit als Vergleichsgrundlage)
[17] II. 1. Zu Recht hat das BerGer. allerdings die von der Kl. erhobene Leistungsklage für zulässig   a
gehalten.
Die Revision wendet insoweit ein, die Kl. begehre die Abänderung eines Prozessvergleichs, mache aber keine wesentliche Änderung der wirtschaftlichen Verhältnisse der Parteien geltend. Die Vorinstanzen hätten eine solche Änderung auch nicht festgestellt. Die Kl. berufe sich allein auf die durch Senatsurteil vom 13. 6. 2001 (BGHZ 148, 105 = NJW 2001, 2254) erfolgte Rechtsprechungsänderung, nach der im Falle der Aufnahme einer nachehelichen Erwerbstätigkeit durch den Unterhaltsberechtigten das dadurch erzielte Einkommen bei der Berechnung seines nachehelichen Unterhalts nicht im Wege der Anrechnungs-, sondern im Wege der Differenzmethode zu berücksichtigen sei. Eine solche Rechtsprechungsänderung könne zwar ein Begehren auf Abänderung eines Prozessvergleichs im Grundsatz rechtfertigen. Damit sei indessen die entscheidende Frage, ob und in welcher Weise der Prozessvergleich an die geänderte Rechtslage anzupassen sei, nicht entschieden. Insofern bedürfe es vielmehr einer sorgfältigen Prüfung unter Berücksichtigung der Interessen beider Parteien. Es genüge nicht, dass ein weiteres Festhalten an dem Vereinbarten nur für eine Partei unzumutbar erscheine; vielmehr müsse hinzukommen, dass das Abgehen von dem Vergleich der anderen Partei auch zumutbar sei. Dabei sei zu beachten, ob die im Vergleich insgesamt getroffenen Regelungen noch in einem ausgewogenen Verhältnis zueinander stünden. Das gelte insbesondere für Scheidungsfolgenvereinbarungen, die unterschiedliche Regelungen enthielten. Diese Grundsätze hätten die Vorinstanzen nicht beachtet.
[18] Hiermit vermag die Revision nicht durchzudringen.
[19] 2. a) Nach der Rechtsprechung des Senats kommt § 323 ZPO zwar auch dann zur Anwendung, wenn ein Unterhaltsgläubiger, der einen Titel über seinen nachehelichen Unterhalt erlangt hatte, dessen Unterhaltsrente jedoch später im Wege der Abänderungsklage aberkannt worden ist, in der Folgezeit erneut Unterhalt verlangt. Kommt es zu einer Entscheidung nach § 323 ZPO, so hat das Gericht – im Zuge der Korrektur der ursprünglichen Prognose – seinerseits die künftige Entwicklung der Verhältnisse vorausschauend zu berücksichtigen. Demgemäß beruht das abändernde Urteil sowohl im Falle der Reduzierung als auch bei völliger Streichung der Unterhaltsrente weiterhin auf einer Prognose der

zukünftigen Entwicklung und stellt den Rechtszustand auch für die Zukunft fest. Eine spätere Klage auf Wiedergewährung oder Erhöhung der Unterhaltsrente stellt daher abermals die Geltendmachung einer von der Prognose abweichenden tatsächlichen Entwicklung der Verhältnisse dar, für die das Gesetz die Abänderungsklage vorsieht, um die (erneute) Anpassung der Entscheidung an die veränderten Urteilsgrundlagen zu ermöglichen. Insoweit gilt nichts anderes als im Falle eines Urteils, durch das der Unterhaltsanspruch für eine bestimmte Zeit zugesprochen und – etwa wegen der Annahme künftigen Wegfalls der Bedürftigkeit – ab einem in der Zukunft liegenden Zeitpunkt aberkannt worden ist. Hier beruht die Aberkennung auf der richterlichen Prognose, dass die zukünftige Entwicklung zu einem Wegfall des Anspruchs führen werde. Demgemäß hat der Senat entschieden, dass bei einer von dieser Prognose abweichenden tatsächlichen Entwicklung die Abänderung des Urteils nach § 323 ZPO in Frage kommt. Ebenso kommt § 323 ZPO auch dann zur Anwendung, wenn ein Unterhaltsgläubiger, der seinen Unterhalt erfolgreich eingeklagt hatte, dessen Unterhaltsrente jedoch später – etwa wegen Wegfalls der Bedürftigkeit – im Wege der Abänderung aberkannt worden ist, in der Folge erneut Unterhalt verlangt, weil sein Unterhaltsbedarf nicht mehr gedeckt sei (*Senat*, NJW 1985, 1345 = FamRZ 1985, 376 [377], und NJW 2005, 142 = FamRZ 2005, 101 [102 f.]).

[20] b) Diese Rechtsprechung ist jedoch auf den Fall des durch Prozessvergleich titulierten Unterhalts, der nur für einen bestimmten Zeitraum vereinbart wird, für die Zukunft indessen nach der Auffassung der Prozessparteien mangels Bedürftigkeit nicht besteht, nicht übertragbar. Nach § 323 IV ZPO sind die Absätze 1 bis 3 der Bestimmung auf die Schuldtitel des § 794 I Nrn. 1, 2 a und 5 ZPO nur entsprechend anzuwenden, soweit darin Leistungen der in Absatz 1 bezeichneten Art übernommen oder festgesetzt worden sind. § 323 IV ZPO erfasst mithin nicht die Fälle, in denen für die Zukunft keine Leistungspflicht festgelegt worden ist. Eine analoge Anwendung über den Wortlaut des Absatz 4 hinaus kommt nicht in Betracht. Denn die prozessuale Situation nach Erlass eines rechtskräftigen Urteils ist mit derjenigen nach Abschluss eines Prozessvergleichs nicht vergleichbar. Die Rechtskraft des Urteils erstreckt sich im Falle eines der Klage auf Unterhalt nur teilweise stattgebenden Ersturteils auch auf die künftigen (aberkannten) Unterhaltsansprüche, so dass bei einer Veränderung der Verhältnisse Abänderungsklage zu erheben ist (*Senat*, NJW 2005, 142 = FamRZ 2005, 101 [102 f.]). Bei einem Vergleich stellt sich das Problem der Durchbrechung der Rechtskraft hingegen nicht. Auch wenn die Prozessparteien mit der getroffenen Regelung zum Ausdruck bringen wollten, dass für die Zukunft kein Unterhaltsanspruch mehr besteht, beschränkt sich die Vereinbarung auf den materiellen Anspruch; sein Nichtbestehen ist nicht rechtskräftig festgestellt (vgl. OLG Hamm, NJWE-FER 2000, 129; *Göppinger/Vogel*, 8. Aufl., Rdnr. 2425).

[21] c) Im vorliegenden Fall war in dem von den Parteien geschlossenen Prozessvergleich ein Anspruch der Kl. auf nachehelichen Unterhalt nur für die Zeit bis einschließlich Juli 1997 festgelegt worden. Für die Zeit danach entfiel auf der Basis der damaligen Einkommensverhältnisse und unter Berücksichtigung des Umstands, dass die Hauslasten dann voraussichtlich weitgehend abgetragen sein würden, rechnerisch ein Unterhaltsanspruch. Das BerGer. hat diese Regelung nicht ausgelegt. Da weitere Feststellungen hierzu nicht zu erwarten sind, kann der Senat den Prozessvergleich insoweit selbst auslegen. Nach dem zum Ausdruck gekommenen Willen der Parteien waren sie darüber einig, dass ab August 1997 unter den genannten Voraussetzungen ein Unterhaltsanspruch der Kl. nicht mehr bestehen werde. Dabei sind sie rechnerisch von der so genannten „Mischmethode" ausgegangen, nach der ein Teil des von der Kl. erzielten Einkommens im Wege der Differenzmethode und ihr weiteres Einkommen im Wege der Anrechnungsmethode berücksichtigt wurde, so dass kein offener Unterhaltsbedarf verblieb. Für die Zukunft ist deshalb keine Leistungspflicht festgelegt worden. Das hat zur Folge, dass ein Unterhaltsanspruch der Kl. nunmehr durch Leistungsklage (§ 258 ZPO) geltend zu machen ist.

(Bei Wiederverheiratung Pflichtiger und Vorrang erster Ehegatte fiktive Steuerberechnung nach Grundtabelle unter Berücksichtigung Realsplittingvorteil; zu berücksichtigende Freibeträge bei fiktiver Steuerberechnung)

[30] 4. Zur Ermittlung des Ehegattenunterhalts ist eine fiktive Steuerberechnung vorzunehmen. Dabei ist neben dem Splittingvorteil auch der der zweiten Ehefrau des Bekl. bei der Veranlagung zur Einkommensteuer nach § 32 VI 2 EStG gewährte Freibetrag von 1824 Euro für das sächliche Existenzminimum des Kindes (Kinderfreibetrag) sowie ein weiterer Freibetrag von 1080 Euro für den Betreuungs- und Erziehungs- oder Ausbildungsbedarf des Kindes außer Betracht zu lassen. Denn dieser setzt das Bestehen einer Ehe sowie das nicht dauernde Getrenntleben der Ehegatten voraus und muss deshalb der bestehenden und nicht der geschiedenen Ehe zugute kommen. Demgegenüber ist der dem Bekl. selbst nach § 32 VI 1 EStG zukommende Kinderfreibetrag bei der Ermittlung des zu versteuernden Einkommens einzubeziehen. Die Freibeträge werden nämlich für jedes zu berücksichtigende Kind des Unterhalts- und Steuerpflichtigen gewährt. Die Berücksichtigung eines Kindes für einen Kinderfreibetrag setzt – außer bei Pflegekindern – grundsätzlich auch nicht voraus, dass der Steuerpflichtige das Kind in seinen Haushalt aufgenommen oder unterhalten hat (Schmidt, EStG, 25. Aufl., § 32 Rdnr. 4). Da diese Freibeträge mithin unabhängig von einer Ehe der Eltern und sogar unabhängig von

Anhang R. Rechtsprechung   R677

deren Zusammenleben eingeräumt werden, brauchen sie nicht der bestehenden Ehe vorbehalten zu werden (*Senat*, NJW 2007, 1969).

[31] Den auf § 10 e EStG beruhenden Steuervorteil des Bekl. hat das BerGer. ebenfalls zu Recht unberücksichtigt gelassen, da es auch den mit dem Eigenheim des Bekl. verbundenen finanziellen Aufwand zutreffend unbeachtet gelassen hat. Eine fiktive Steuerlast ist nach der Rechtsprechung des Senats dann in Ansatz zu bringen, wenn steuermindernde tatsächliche Aufwendungen vorliegen, die unterhaltsrechtlich nicht anzuerkennen sind (*Senat*, NJW 2005, 2077 = FamRZ 2005, 1159 [1161], und BGHZ 163, 84 [94] = NJW 2005, 3277).

(Erhöhung Arbeitslosengeld durch Wiederverheiratung gegenüber ersten Ehegatten nichtprägend; Erhöhung wegen Kindern prägend)

[34] 7. Für die Zeit nach dem Ausscheiden des 1944 geborenen Bekl. aus dem Erwerbsleben hat das BerGer. zum einen das von diesem bezogene Arbeitslosengeld und zum anderen die Abfindung berücksichtigt, die er von seinem Arbeitgeber erhalten hat. Hinsichtlich des Arbeitslosengeldes hat es den Teil, der dem Bekl. auf Grund seiner Wiederverheiratung zukommt, nicht als unterhaltsrelevant angesehen. Das begegnet keinen rechtlichen Bedenken und wird auch von der Revision als ihr günstig nicht angegriffen.

[35] Zu Recht ist das BerGer. weiter davon ausgegangen, dass die wegen des Kindes M erfolgende Erhöhung des Arbeitslosengeldes nicht außer Betracht zu bleiben hat. Nach § 129 SGB III beträgt das Arbeitslosengeld für Arbeitslose, die mindestens ein Kind i. S. des § 32 I 3 bis 5 EStG haben, 67% (erhöhter Leistungssatz), während es sich für die übrigen Arbeitslosen auf 60% (allgemeiner Leistungssatz) des pauschalierten Nettoentgelts beläuft. Für den Kindesbegriff verweist die Vorschrift auf § 32 I EStG. Danach ist es unerheblich, ob es sich um eheliche Kinder oder um nichteheliche Kinder oder für ehelich erklärte Kinder handelt (*Hauck/Noftz/Valgolio*, SGB III, § 129 Rdnr. 18). Der erhöhte Leistungssatz wird dem Bekl. mithin nicht gewährt, weil er verheiratet ist, sondern weil er ein Kind hat. Die Erhöhung beruht also nicht auf der bestehenden Ehe; ihr Bezug setzt auch nicht voraus, dass die Eltern eines Kindes zusammenleben. Anders verhält es sich nur dann, wenn es um den erhöhten Leistungssatz für ein Stiefkind geht (*Hauck/Noftz/Valgolio*, § 129 Rdnr. 22). Der Mehrbetrag ist im Falle eines leiblichen Kindes deshalb auch im Fall der Wiederverheiratung Bestandteil des unterhaltsrelevanten Einkommens (vgl. auch *Senat*, NJW 2007, 1961, zum Familienzuschlag nach § 40 I BBesG für ein Stiefkind des Unterhaltspflichtigen, und NJW 2007, 1969, zu einem vom Arbeitgeber gezahlten Kinderzuschlag).

(Abfindung Lohnersatzfunktion)

[36] 8. Der Abfindung, die dem Bekl. aus Anlass der Auflösung seines Beschäftigungsverhältnisses im Alter von 59 Jahren gezahlt worden ist, hat das BerGer. unter den hier vorliegenden Umständen zutreffend Lohnersatzfunktion zugebilligt und den Betrag auf die Zeit bis zum Rentenbeginn des Bekl. verteilt. Die Abfindung dient als Ersatz des fortgefallenen Arbeitseinkommens in solchen Fällen dazu, die bisherige wirtschaftlichen Verhältnisse bis zum Eintritt in das Rentenalter aufrechterhalten zu können (vgl. *Senat*, NJW 1987, 1554 = FamRZ 1987, 359 [360]; *Wendl/Dose*, 6. Aufl., § 1 Rdnrn. 16f., 71). Sie ist deshalb mit ihrem unter Außerachtlassung des Splittingvorteils zu ermittelnden Nettobetrag in das unterhaltsrelevante Einkommen einzubeziehen.

(Kein Abzug Erwerbsbonus von Arbeitslosengeld und Abfindung)

[37] 9. Sowohl von dem Arbeitslosengeld als auch von der auf 66 Monate umgelegten Abfindung hat das BerGer. keinen Erwerbstätigenbonus in Abzug gebracht. Das steht mit der Rechtsprechung des Senats in Einklang.

[38] Hiernach widerspricht es dem Halbteilungsgrundsatz zwar nicht, zu Gunsten des erwerbstätigen Unterhaltspflichtigen von einer strikt hälftigen Aufteilung in maßvoller Weise abzuweichen, um dem mit einer Berufsausübung verbundenen höheren Aufwand Rechnung zu tragen und zugleich einen Anreiz zur Erwerbstätigkeit zu schaffen. Soweit Einkünfte nicht aus einer Erwerbstätigkeit herrühren, bedarf eine Abweichung vom Grundsatz der gleichmäßigen Teilhabe der Ehegatten am ehelichen Lebensstandard aber einer besonderen Begründung (*Senat*, NJW 2006, 1794 = FamRZ 2006, 387 [392]; vgl. u. a. zum Arbeitslosengeld auch *Palandt/Brudermüller*, BGB, 66. Aufl., § 1578 Rdnr. 48). Besondere Gründe hat das BerGer. indessen nicht festgestellt.

BGH v. 28. 3. 2007 – XII ZR 21/05 – FamRZ 07, 879 = NJW 07, 1974

(Wohnwert unterhaltsrechtliches Einkommen; beim Trennungsunterhalt zunächst angemessener Wohnwert)   R677

[10] Nach ständiger Rechtsprechung des Senats ist der Wert derartiger Nutzungsvorteile den sonstigen Einkünften der Parteien hinzuzurechnen, soweit er die Belastungen übersteigt, die durch allgemeine Grundstückskosten und -lasten, Zins- und Tilgungsleistungen und sonstige verbrauchs-

unabhängige Kosten entstehen (*Senat,* NJW 1992, 2477 = FamRZ 1992, 1045 [1049], und NJW 1995, 1148 = FamRZ 1995, 291 [292]) [zum nachehelichen Unterhalt]; NJW 1998, 2821 = FamRZ 1998, 899 [901] [zum Trennungsunterhalt], und NJW 2003, 2306 = FamRZ 2003, 1179 [1180] [zum Familienunterhalt]). Allerdings kommt der Wohnwert der insgesamt rund 100 m² großen Wohnung, der während des Zusammenlebens der Parteien neben den beiderseitigen bereinigten Einkünften ihre Lebensstellung geprägt hat, seit dem Auszug des Bekl. aus der Ehewohnung nicht mehr in vollem Umfang zum Tragen. Weil der in der Wohnung verbleibende Ehegatte nach ständiger Rechtsprechung des Senats zunächst nicht gehalten ist, die Wohnung anderweit zu verwerten, ist der Wohnwert in dieser Zeit nur noch in einer Höhe in Rechnung zu stellen, wie er sich als angemessene Wohnungsnutzung des in der Ehewohnung allein verbliebenen Ehegatten darstellt. Der Gebrauchswert der – für den die Wohnung weiter nutzenden Ehegatten an sich zu großen – Wohnung ist deswegen regelmäßig danach zu bestimmen, welchen Mietzins er auf dem örtlichen Wohnungsmarkt für eine dem ehelichen Lebensstandard entsprechende angemessene kleinere Wohnung zahlen müsste (*Senat,* BGHZ 154, 247 [252 f.] = NJW 2003, 2306 = FamRZ 2003, 1179 [1180]; BGH, NJW 2000, 284 = FamRZ 2000, 351 [353]; NJW 1998, 2821 = FamRZ 1998, 899 [901], und NJW 1989, 2809 = FamRZ 1989, 1160 [1162 f.]).

(Angemessener Wohnwert nach Kosten angemessener kleiner Wohnung)

b [11] Bei der Bemessung des ersparten Mietzinses für eine den ehelichen Lebensverhältnissen entsprechende angemessene kleinere Wohnung ist nach der Rechtsprechung des Senats eine strikte Anknüpfung an durchschnittliche Mietkosten (sog. Drittelobergrenze) nicht zulässig. Vielmehr sind die ersparten angemessenen Mietkosten nach den individuellen Verhältnissen der Parteien in dem zu entscheidenden Einzelfall zu ermitteln (*Senat,* NJW 1998, 2821 = FamRZ 1998, 899 [902]). Auch dies hat das BerGer. beachtet, indem es den von den Parteien unstreitig als angemessen benannten Mietwert für eine den ehelichen Lebensverhältnissen entsprechende kleinere Wohnung berücksichtigt hat.

(Abzug niedriger Abzahlung nach Umschuldung oder reduzierter Rückzahlung; bei Überschuldung Bildung eines negativen Wohnwertes)

c [14] Das gilt aber nicht gleichermaßen für die Höhe der ab Januar 2003 geschuldeten Kreditraten. Denn unstreitig zahlt die Kl. seit dieser Zeit zur Darlehenstilgung nicht mehr monatlich 1007,26 Euro, sondern nur noch Raten in Höhe von 750 Euro. Dafür, dass dem keine abweichende Tilgungsvereinbarung zu Grunde liegt, sondern auch der jeweilige Restbetrag nur befristet gestundet wurde, ist nichts ersichtlich. Zu Lasten der Kl. würden sonst fällige Rückstände anwachsen, die sie nach ihren Einkommensverhältnissen auch später nicht aufbringen könnte. Das AG war deswegen zu Recht davon ausgegangen, dass die R-Bank seit Januar 2003 eine Darlehenstilgung in dieser geringeren Höhe akzeptiert, was – ebenso wie im Falle einer Umschuldung – nur noch zu einer geringeren monatlichen Darlehensbelastung führt. Für die Zeit ab Januar 2003 sind deswegen bei der Ermittlung der ehelichen Lebensverhältnisse monatlich nur noch Kreditraten in Höhe von 750 Euro neben den Zahlungen für die Bausparverträge in Höhe von 111 Euro zu berücksichtigen.

[15] c) Insgesamt ergibt sich deswegen für die Kl. folgender Unterhaltsbedarf nach den ehelichen Lebensverhältnissen:

unterhaltsrelevantes Einkommen des Bekl.	2042 Euro
unterhaltsrelevantes Einkommen der Kl.	592 Euro
Wohnvorteil der Kl.	500 Euro
Hauslasten (1007 Euro + 111 Euro)	– 1118 Euro
Gesamteinkünfte	2016 Euro
Unterhaltsbedarf der Kl. ($^1/_2$)	1008 Euro

(Kein Abzug der Tilgung bei einseitiger Vermögensbildung ab Scheidung; nur Abzug Zins für Hausschulden; Ausnahme bei Tilgung, wenn zulässige Altervorsorge)

d [18] a) Nach der Scheidung der Ehe besteht grundsätzlich keine Veranlassung, ein zu großes Haus oder eine zu große Wohnung mit den sich daraus ergebenden unterhaltsrechtlichen Konsequenzen im Eigentum eines Ehegatten zu belassen. Vielmehr trifft den Eigentümer dann unterhaltsrechtlich die Obliegenheit – unter Beachtung von Zumutbarkeitsgesichtspunkten und nach Abwägung der beiderseitigen Interessen –, eine wirtschaftlich angemessene Nutzung des für ihn zu großen Hauses zu verwirklichen (*Senat,* NJW-RR 1988, 514 = FamRZ 1988, 145 [149], und NJW 1990, 709 = FamRZ 1990, 269 [271]). Zudem wird der Wertzuwachs für das im Eigentum eines geschiedenen Ehegatten stehende Haus durch weitere Darlehenstilgung dann nicht mehr über den Zugewinn ausgeglichen und kommt nur noch dem Eigentümer allein zugute. Nach ständiger Rechtsprechung des Senats ist der Tilgungsanteil der Darlehensraten, soweit er zur Rückführung des Darlehens und damit zur Vermögensbildung nur eines Ehegatten führt, im Rahmen des nachehelichen Ehegattenunterhalts deswegen grundsätzlich nicht mehr zu berücksichtigen (*Senat*, NJW 2000, 2349 = FamRZ 2000, 950 [952], und NJW 1998, 753 = FamRZ 1998, 87 [88 f.]). Dann sind dem – dann relevanten – objektiven Mietwert bei der Bemessung des Unterhaltsbedarfs nach den ehelichen Lebensverhältnissen nur noch die Zahlungen für den Zinsaufwand gegenüberzustellen.

[19] Allerdings ist nach der neueren Rechtsprechung des Senats unter dem Gesichtspunkt einer zusätzlichen Altersvorsorge auch im Rahmen des nachehelichen Ehegattenunterhalts eine Vermögensbildung durch Zahlung von Tilgungsraten bis zur Höhe von 4% des eigenen Bruttoeinkommens zu berücksichtigen (*Senat*, NJW 2005, 3277 = FamRZ 2005, 1817 [1822]).

(Bei Bedürftigkeit kein Abzug Wohnwertschulden, die bei Alleineigentum Eigeneinkommen einschließlich Wohnwert übersteigen)

[22] bb) Allerdings ergibt sich im Rahmen der Bedürftigkeit – wie die nachfolgende Berechnung für die Zeit von Oktober bis Dezember 2002 aufzeigt – eine andere Grenze für die Berücksichtigung von Kreditraten. Denn insoweit stellt sich nur die Frage, in welchem Umfang ein Unterhaltsbedarf nach den ehelichen Lebensverhältnissen durch eigene Einkünfte oder Gebrauchsvorteile gedeckt ist. Dieser Unterhaltsbedarf kann hingegen durch Kreditraten, die die Summe aus eigenen Einkünften und sonstigen Gebrauchsvorteilen übersteigen, nicht weiter erhöht werden. Deswegen können Kreditraten im Rahmen der Bedürftigkeit immer nur die Summe aus eigenen Einkünften und Gebrauchsvorteilen kompensieren, also auch nur bis zu deren Höhe berücksichtigt werden.

BGH v. 23. 5. 2007 – XII ZR 245/04 – FamRZ 07, 1232 = NJW 07, 2628

(Aufstieg vom leitenden Oberarzt zum Chefarzt Karrieresprung; Mehreinkommen nichtprägend)

[12] a) Zutreffend hat das BerGer. dem Unterhaltsanspruch der Kl. ein Einkommen des Bekl. aus seiner früheren Tätigkeit als leitender Oberarzt und ständiger Chefarztvertreter sowie weitere Einkünfte von jährlich 25 000 DM aus Gutachtertätigkeit zu Grunde gelegt.

[13] Nach ständiger Rechtsprechung des Senats wirkt sich eine nacheheliche Einkommenssteigerung, wie hier die Übernahme der Chefarzttätigkeit durch den Bekl., nur dann bedarfssteigernd aus, wenn ihr eine Entwicklung zu Grunde liegt, die schon aus der Sicht zum Zeitpunkt der Scheidung mit hoher Wahrscheinlichkeit zu erwarten war (vgl. zuletzt *Senat*, NJW 2007, 1961 = FamRZ 2007, 793 [795]). Entsprechend hatten die Parteien in dem früheren Unterhaltsvergleich vom 14. 12. 1995 vereinbart, einen für die Zeit ab September 2001 gegebenenfalls neu festzusetzenden Unterhalt auf der Grundlage der seinerzeit ausgeübten Tätigkeit des Bekl. zu bemessen.

(Eintragung Freibetrag Realsplitting nur bei Anerkenntnis, Verurteilung oder freiwilliger Zahlung)

[19] Die Verpflichtung des Unterhaltsschuldners zur Inanspruchnahme steuerlicher Vorteile aus dem Realsplitting geht allerdings nur so weit, wie seine Unterhaltspflicht aus einem Anerkenntnis oder einer rechtskräftigen Verurteilung folgt oder freiwillig erfüllt wird. Denn wenn diese Voraussetzungen nicht vorliegen, wäre nicht gewährleistet, dass der Unterhaltsschuldner in entsprechendem Umfang von der Möglichkeit des Realsplittings Gebrauch machen könnte. Der geleistete nacheheliche Unterhalt kann nämlich nur für den Zeitraum abgesetzt werden, in dem er tatsächlich gezahlt wurde (§ 11 II 1 EStG), und nicht für den Zeitraum, für den die Leistung geschuldet war (BFHE 193, 383 = NJWE-FER 2001, 221; BFHE 167, 58 = BeckRS 1992, 22010162 und BFHE 145, 507 = BeckRS 1985, 22007386). Auf der Grundlage seiner Obliegenheit zur Realisierung aller möglichen Steuervorteile können deswegen nur entweder tatsächlich geleistete Zahlungen oder – auf der Grundlage fiktiver Zurechnung – schuldhaft unterlassene Zahlungen, die auf Grund Verurteilung oder Anerkenntnis hätten erbracht werden müssen, berücksichtigt werden (*Senat*, NJW 2007, 1961 = FamRZ 2007, 793 [797], und NJW 2007, 1969).

[20] Hier hat der Bekl. nach den Feststellungen des BerGer. im Jahre 2004 insgesamt 9366 Euro Ehegattenunterhalt an die Kl. gezahlt. Nach der Rechtsprechung des Senats traf ihn deswegen die Obliegenheit, für diesen zunächst freiwillig gezahlten Unterhalt einen Freibetrag eintragen zu lassen, um damit die möglichen Steuervorteile voll auszuschöpfen.

(Bei Wiederverheiratung und fiktiver Steuerberechnung gegenüber erstem Ehegatten Realsplittingvorteil aus Grundtabelle)

[23] (1) Wie der steuerliche Vorteil des begrenzten Realsplittings in solchen Fällen der Höhe nach zu bemessen ist, ist in Rechtsprechung und Literatur umstritten. Teilweise wird vertreten, dass ein Realsplittingvorteil im Falle einer neuen Ehe des Unterhaltspflichtigen lediglich auf der Grundlage der tatsächlichen Steuerlast aus der Splittingtabelle entstehen könne. Sonst werde dem neuen Ehegatten im Ergebnis ein Teil seines Splittingvorteils entzogen, was nach der höchstrichterlichen Rechtsprechung nicht zulässig sei (FA-FamR/*Gerhardt*, 5. Aufl., Kap. 6, Rdnr. 69; *Borth*, FamRB 2004, 18). Nach

anderer Auffassung ist der Realsplittingvorteil wegen des gezahlten nachehelichen Unterhalts als Surshy;rogat des Splittingvorteils der alten Ehe aufzufassen. Dieser Vorteil könne sich nicht dadurch vermindern, dass der Unterhaltspflichtige neu heirate. Denn die neue Ehe führe nicht zu einer Einkommensminderung, sondern zu einem höheren verfügbaren Nettoeinkommen, und nur diese Erhöhung sei der neuen Ehe vorbehalten. Die Gegenmeinung habe zur Konsequenz, dass der unter Berücksichtigung eines Realsplittingvorteils bemessene nacheheliche Unterhalt absinken würde, wenn der Unterhaltsschuldner neu heirate, obwohl sich das Einkommen des Unterhaltspflichtigen durch die neue Ehe und den Splittingvorteil erhöhe. Das sei weder mit § 1582 BGB vereinbar noch nach der Rechtsprechung des BVerfG erforderlich (wie das BerGer. *Gutdeutsch,* FamRZ 2004, 501, und i. E. auch *Wendl/Gerhardt,* 6. Aufl., § 1 Rdnr. 591 b).

[24] (2) Der Senat schließt sich der zuletzt genannten Auffassung an. Nach der Rechtsprechung des BVerfG muss der neuen Ehe lediglich der Vorteil eines Ehegattensplittings verbleiben. Welche Höhe dieser Vorteil erreicht, hängt im Wesentlichen von dem zu versteuernden Einkommen des Unterhaltspflichtigen ab. Bei geringerem Einkommen des Unterhaltspflichtigen ist die Differenz des Nettoeinkommens nach der Grundtabelle und der Splittingtabelle nicht so hoch wie im Falle eines höheren Einkommens. Entsprechend geringer ist der Vorteil des Ehegattensplittings dann, wenn von dem zu versteuernden Einkommen des Unterhaltspflichtigen zunächst der Unterhalt für seine frühere Ehefrau abgezogen wird. Aber auch dann bleibt der neuen Ehe der – lediglich auf der Grundlage eines geringeren steuerpflichtigen Einkommens errechnete – volle Vorteil des Ehegattensplittings. Umgekehrt schuldete der Unterhaltspflichtige nach seiner Scheidung zunächst nachehelichen Unterhalt nach der Grundtabelle und kann seine Steuerschuld durch die Möglichkeit des begrenzten Realsplittings auch auf dieser Grundlage reduzieren. Dann ist der Vorteil des begrenzten Realsplittings zweifelsfrei auf der Grundlage der tatsächlich geschuldeten Steuer nach der Grundtabelle zu berechnen. Geht der Unterhaltspflichtige nun eine neue Ehe ein, kommt ihm künftig zwar das Ehegattensplitting zugute, was aber lediglich dazu führt, dass sein verbleibendes und zu versteuerndes Einkommen statt nach der Grundtabelle nunmehr nach der Splittingtabelle versteuert werden muss. Nur dieser Vorteil hat dem neu verheirateten Unterhaltspflichtigen folglich als Vorteil des Ehegattensplittings für seine neue Ehe zu verbleiben.

[25] Nach der zitierten Rechtsprechung des BVerfG und des Senats muss der Splittingvorteil aus der neuen Ehe grundsätzlich auch dieser Ehe vorbehalten bleiben. Die geschiedene unterhaltsberechtigte Ehefrau darf also nicht davon profitieren, dass ihr unterhaltspflichtiger früherer Ehemann wieder verheiratet ist und wegen der dadurch bedingten geringeren Steuerlast ein höheres Nettoeinkommen zur Verfügung hat. Umgekehrt darf die nach § 1582 I BGB gegenüber der neuen Ehefrau vorrangige geschiedene Ehefrau durch die neue Ehe des Unterhaltspflichtigen aber auch nicht schlechter gestellt werden. Deswegen muss sowohl der Unterhaltsanspruch der geschiedenen Ehefrau als auch der Steuervorteil aus dem begrenzten Realsplitting nach den Verhältnissen ohne Berücksichtigung der zweiten Ehe des Unterhaltspflichtigen bemessen werden. Wie das unterhaltsrelevante Einkommen des Unterhaltspflichtigen ist somit auch der Realsplittingvorteil nach der Grundtabelle zu bemessen.

[26] Soweit sich die Vertreter der abweichenden Auffassung auf Probleme bei der praktischen Umsetzung berufen, steht dies der Auffassung des Senats nicht entgegen. Die Einkünfte des wieder verheirateten Unterhaltspflichtigen müssen wegen des nicht zu berücksichtigenden Ehegattensplittings ohnehin fiktiv nach der Grundtabelle berechnet werden. Im Rahmen dieser Berechnung lässt sich problemlos ein weiterer Realsplittingvorteil berücksichtigen. Wäre der Realsplittingvorteil hingegen auf der Grundlage der tatsächlich nach der Grundtabelle zu zahlenden Steuern zu ermitteln, könnte dieser regelmäßig nicht unmittelbar aus den vorliegenden Einkommens- und Steuernachweisen entnommen werden, weil darin nicht zwischen der Steuerlast mit und ohne Realsplittingvorteil unterschieden wird. Erst recht gilt dies, wenn tatsächlich kein Freibetrag eingetragen war. Traf den Unterhaltspflichtigen – wie hier – also eine Obliegenheit zur Eintragung eines Freibetrags und war er dem nicht nachgekommen, müsste nach der Gegenmeinung eine weitere fiktive Berechnung auf der Grundlage der Splittingtabelle durchgeführt werden. Gerade das wäre kaum praktikabel. Dabei ist zu berücksichtigen, dass Unterhaltsrechtsfälle ein Massenphänomen sind und deswegen gerade in diesem Bereich der Rechtsprechung praktikable und nicht übermäßig aufwendige Berechnungsweisen notwendig sind.

(Abzug Kindesunterhalt beim Ehegattenunterhalt nur in Höhe des unterhaltsrelevanten Einkommens)

e [28] Zwar weist die Revision zu Recht darauf hin, dass der Bekl. den beiden gemeinsamen Kindern Barunterhalt auf der Grundlage seiner tatsächlich erzielten Einkünfte als Chefarzt schuldet. Denn das Maß des den Kindern geschuldeten Unterhalts richtet sich gem. § 1610 BGB nicht nach den ehelichen Lebensverhältnissen der Parteien, sondern nach der Lebensstellung der Unterhaltsbedürftigen. Diese Lebensstellung leiten die Kinder regelmäßig aus der gegenwärtigen Lebensstellung des barunterhaltspflichtigen Elternteils ab (*Senat,* NJW 2006, 1509 = FamRZ 2006, 612). Nur wenn das Kind – wie hier der ab Oktober 2004 studierende Sohn mit eigener Wohnung – schon eine eigene Lebensstellung hat, bemisst sich sein Unterhaltsbedarf danach, was einen festen Unterhaltsbedarf für studierende Kinder rechtfertigen kann (*Senat*, NJW 2006, 2984 = FamRZ 2006, 1100 [1103]). Im Rahmen einer Klage auf Kindesunterhalt hätte das BerGer. den Unterhaltsanspruch deswegen grundsätzlich nach den tatsächlichen Einkommens- und Vermögensverhältnissen des Bekl. bemessen müssen. Dieser – höhere – Unterhaltsanspruch der Kinder ist dann aber auch von dem höheren tatsächlich erzielten Einkommen des Bekl. abzusetzen.

[29] Demgegenüber darf der nacheheliche Unterhalt der Kl., der auf der Grundlage eines – ohne den Splittingvorteil aus der neuen Ehe geringeren – fiktiven Einkommens ermittelt wird, nicht zusätzlich durch die Berücksichtigung des höheren Kindesunterhalts reduziert werden. Denn schon die ehelichen Lebensverhältnisse sind regelmäßig dadurch geprägt, dass ein vorhandenes Einkommen in ausgewogenem Verhältnis für die Bedürfnisse aller Familienmitglieder verwendet wird (*Senat*, NJW 2003, 1112 = FPR 2003, 252 = FamRZ 2003, 363 [366], zu den Einsatzbeträgen im Mangelfall). Wenn das BerGer. im Interesse dieses ausgewogenen Verhältnisses der Unterhaltsansprüche von Kindern und geschiedenen Ehegatten nur einen Kindesunterhalt als eheprägend berücksichtigt hat, der sich ohne die nacheheliche Einkommenssteigerung durch Beförderung des Bekl. zum Chefarzt errechnet, ist dagegen aus Rechtsgründen nichts zu erinnern (*Senat*, NJW 2000, 3140 = FamRZ 2000, 1492 [1493], zur Reduzierung des Kindesunterhalts nach Bedarfskontrollbeträgen). Der auf der Grundlage des tatsächlichen Einkommens geschuldete höhere Kindesunterhalt kann deswegen nur von dem – höheren – verfügbaren Einkommen abgesetzt werden und nicht das für die Bemessung des Ehegattenunterhalts maßgebliche Einkommen nach den ehelichen Lebensverhältnissen beeinflussen (so auch *Gutdeutsch*, FamRZ 2004, 501, und *Borth*, FamRB 2004, 18).

[30] Soweit das unterhaltsrelevante Einkommen – wie hier – durch eine Vereinbarung der Ehegatten auf eine bestimmte berufliche Position festgeschrieben oder – allgemein – ein Einkommenssprung als nicht in den ehelichen Lebensverhältnissen angelegt unberücksichtigt zu lassen ist, ist dies folglich bei der gesamten Bemessung des nachehelichen Unterhalts zu beachten. Anderenfalls wäre im Falle einer Einkommenssteigerung beim Unterhaltspflichtigen von seinem nach den ehelichen Lebensverhältnissen festgeschriebenen Einkommen ein höherer – nach den tatsächlichen Verhältnissen geschuldeter – Kindesunterhalt abzuziehen. Jede Einkommenssteigerung würde dann sogar zu einer Verringerung des durch den Kindesunterhalt geprägten nachehelichen Einkommens führen. Bei der Berechnung des Ehegattenunterhalts kann deswegen nur ein Kindesunterhalt nach den festgeschriebenen Verhältnissen als eheprägend abgesetzt werden. Eine spätere Einkommenssteigerung kann dann zwar zu einem tatsächlich höheren Kindesunterhalt führen; das muss aber bei der Bemessung des Ehegattenunterhalts unberücksichtigt bleiben.

(Auch erst nach Scheidung erfolgte zulässige Altersvorsorge ist eheprägend)
[33] Nach der neueren Rechtsprechung des Senats zu den wandelbaren ehelichen Lebensverhältnissen (BGHZ 166, 351 = NJW 2006, 1654 = FamRZ 2006, 683 [685], und BGHZ 153, 358 [364 f.] = NJW 2003, 1518 = FPR 2003, 330 = FamRZ 2003, 590 [591]) sind Minderungen des unterhaltsrelevanten Einkommens bei der Bedarfsbemessung grundsätzlich zu berücksichtigen, sofern sie nicht auf einer Verletzung der Erwerbsobliegenheit des Unterhaltsverpflichteten beruhen oder durch freiwillige berufliche oder wirtschaftliche Dispositionen des Unterhaltsverpflichteten veranlasst sind und von diesem durch zumutbare Vorsorge aufgefangen werden können. Danach kommt es nicht entscheidend darauf an, ob die Kl. die Beiträge für ihre Lebensversicherung schon bei Rechtskraft der Ehescheidung gezahlt hat. Denn bei fortbestehender Ehe hätte der Bekl. die zusätzliche Altersvorsorge ebenfalls akzeptieren und mittragen müssen. Dann kann auch die Scheidung ihm das Risiko einer solchen Verringerung des verfügbaren Einkommens nicht abnehmen (vgl. auch *Senat*, NJW 2007, 1961 = FamRZ 2007, 793 [795 f.]).

[34] Einer Berücksichtigung steht auch nicht entgegen, dass die monatlichen Beiträge nach der nicht widerlegten Behauptung des Bekl. allein der Kapitalbildung dienen. Denn nach ständiger Rechtsprechung des Senats steht es sowohl dem Unterhaltsschuldner als auch dem Unterhaltsberechtigten grundsätzlich frei, in welcher Weise er von seinen eigenen erzielten Einkünften neben der gesetzlichen Rentenversicherung Vorsorge für sein Alter trifft (BGHZ 169, 59 = NJW 2006, 3344 = FamRZ 2006, 1511 [1514]). Das BerGer. hätte die monatlichen Beiträge der Kl. für ihre Lebensversicherung deswegen in Höhe von 4% ihres eigenen Bruttoeinkommens als zulässige zusätzliche Altersvorsorge berücksichtigen müssen (*Senat*, NJW 2005, 3277 = FamRZ 2005, 1817 [1821 f.]).

BGH v. 4. 7. 2007 – XII ZR 251/04 – FamRZ 07, 1459 = NJW 07, 2921

(Zur Abänderungsklage beim Anerkenntnisurteil; materielle Rechtskraft und Bindungswirkungen; Beurteilung der maßgeblichen Verhältnisse)

[4] Durch Anerkenntnisurteil vom 12. 3. 1999 ist der Kl. unter anderem verurteilt worden, an das Kind S. vom 1. 6. 2001 bis 30. 6. 2007 und an das Kind R. vom 1. 4. 2004 bis 31. 5. 2008 jeweils 100% des Regelbetrags der 3. Altersstufe abzüglich des hälftigen Kindergeldes von 125 DM zu zahlen.

[5] Mit der Abänderungsklage hat der Kl. den Wegfall dieser Unterhaltsverpflichtung geltend gemacht. Er hat vorgetragen, dass sich sein Gesundheitszustand erheblich verschlechtert habe, weshalb er in seinem erlernten Beruf keine Arbeit mehr finden könne. Wegen seines geringen Ausbildungsstandes sei ihm auch keine andere Tätigkeit möglich.

[6] Das AG hat der Klage teilweise stattgegeben und den Kindesunterhalt für die Zeit ab 6. 5. 2002 auf monatlich 67 EUR (Zahlbetrag) pro Kind herabgesetzt. Auf die Berufung der Bekl. hat das OLG das Anerkenntnisurteil dahin abgeändert, dass der Kl. an jedes der Kinder den folgenden Unterhalt zu zahlen hat: vom 6. 5. 2002 bis 6. 8. 2003 monatlich 124,50 EUR, vom 7. 8. 2003 bis 30. 6. 2005 monatlich 92 EUR und ab 1. 7. 2005 monatlich 35,1% des Regelbetrags der 3. Altersstufe gem. § 2 Regelbetrag-Verordnung. Mit ihrer – zugelassenen – Revision verfolgen die Bekl. ihr Klageabweisungsbegehren weiter. Entscheidungsgründe:

[11] 2. Zu Recht hat das BerGer. die Abänderungsklage allerdings für zulässig gehalten. Die Zulässigkeit setzt voraus, dass die klagende Partei Tatsachen vorträgt, aus denen sich – ihr Vorliegen unterstellt – eine wesentliche Veränderung derjenigen Verhältnisse ergibt, die für die Höhe oder Dauer der ausgeurteilten Unterhaltsleistung maßgebend waren.

[12] Der Kl. hat – gestützt auf seinen angeblich verschlechterten Gesundheitszustand und die deshalb nicht mehr bestehende Vermittelbarkeit in seinem erlernten Beruf – Umstände geltend gemacht, aus denen sich – ihre Richtigkeit unterstellt – eine wesentliche Veränderung der für die Verurteilung zur Zahlung von Kindesunterhalt maßgeblichen Verhältnisse ergibt. Denn angesichts seines niedrigen Ausbildungsstandes ist es ihm seinem weiteren Vortrag zufolge nicht möglich, eine andere Erwerbstätigkeit zu finden. Die von ihm bezogene Arbeitslosenunterstützung erreicht indessen den unterhaltsrechtlichen Selbstbehalt nicht. Damit hat der Kl. auch ohne Darlegung weiterer Umstände hinreichend geltend gemacht, dass die nachgesuchte Abänderung geboten ist.

[13] 3. Die Abänderungsklage ist begründet, wenn sich das Klagevorbringen als zutreffend erweist, im vorliegenden Fall also, wenn sich eine Veränderung der finanziellen Leistungsfähigkeit des Kl. ergibt.

[14] a) An dem Erfordernis einer Veränderung der maßgeblichen Verhältnisse ist ungeachtet des Umstandes, dass es sich bei der abzuändernden Entscheidung nicht um ein kontradiktorisches Urteil mit entsprechenden Tatsachenfeststellungen, sondern um ein Anerkenntnisurteil handelt, festzuhalten. Denn auch die materielle Rechtskraft eines Anerkenntnisurteils führt grundsätzlich zur Bindungswirkung und erlaubt deshalb weder eine freie, von der bisherigen Höhe unabhängige Neufestsetzung des Unterhalts noch eine abweichende Beurteilung derjenigen Verhältnisse, die bereits in vorausgegangenen Rechtsstreit eine Bewertung erfahren haben (*Johannsen/Henrich/Brudermüller* Eherecht 4. Aufl. § 323 ZPO Rdnr. 81; *Luthin/Margraf* Handbuch des Unterhaltsrechts 10. Aufl. Rdnr. 7292; OLG Hamm FamRZ 1992, 1201 und FamRZ 1997, 890; OLG Karlsruhe FamRZ 1994, 637, 638; OLG Köln NJW-RR 1987, 834; OLG Düsseldorf FamRZ 1981, 587, 588; vgl. auch Senatsurteil vom 31. 10. 2001 – XII ZR 292/99 – FamRZ 2002, 88, 90; einschränkend – jedenfalls bei Feststellbarkeit der einverständlich zugrunde gelegten Lebensverhältnisse -OLG Bamberg FamRZ 2001, 556; a. A. OLG Bamberg FamRZ 1986, 702, 703; Hk-ZPO/*Saenger* 2. Aufl., § 323 Rdnr. 57; Christian DA-Vorm 1988, 343, 347). Insofern ist die Rechtslage ähnlich zu beurteilen wie bei einem Versäumnisurteil, bei dem die Bindungswirkung nicht zweifelhaft sein kann. Für das ebenfalls regelmäßig (Ausnahme: § 313b III ZPO) einer richterlichen Tatsachenfeststellung entbehrende Anerkenntnisurteil muss das erst recht gelten, da es nicht auf einer (passiven) Säumnis des Unterhaltsschuldners, sondern auf dessen aktivem Mitwirken beruht. Deshalb besteht kein Anlass, diesen hinsichtlich der Abänderbarkeit eines Anerkenntnisurteils besser zu stellen als bei einem Versäumnisurteil. Würde man dies anders sehen, könnte der Unterhaltsschuldner bei für ihn absehbarem ungünstigem Prozessverlauf den Klageanspruch anerkennen und dadurch eine freie Abänderbarkeit offen halten.

[15] b) Es stellt sich allerdings die Frage, auf welche Verhältnisse es für die Beurteilung einer Veränderung ankommt. Diese können im Fall eines Anerkenntnisurteils nicht ohne weiteres dem Klagevorbringen entnommen werden, denn die Erwägungen, die den Unterhaltsschuldner zu dem Anerkenntnis bewogen haben, können hiervon abweichen. Er hat sich letztlich nur dem geltend gemachten Anspruch gebeugt, woraus aber nicht darauf geschlossen werden kann, dass er auch der Beurteilung der zur Begründung vorgetragenen Tatsachen folgt. Welche Beweggründe den Unterhaltsschuldner zu dem Anerkenntnis veranlasst haben, wird häufig nicht ersichtlich sein. Wenn es für die Frage, ob eine Änderung der maßgeblichen Verhältnisse vorliegt, gleichwohl hierauf ankäme, könnte der Unterhaltsschuldner unschwer mit einem Abänderungsbegehren durchdringen, ohne dass der Unterhaltsgläubiger dem Erhebliches entgegenhalten könnte. Deshalb können nur die dem Anerkenntnisurteil zugrunde liegenden tatsächlichen Umstände dafür maßgebend sein, ob sich nachträglich eine Veränderung ergeben hat (ebenso *Johannsen/Henrich/Brudermüller* aaO § 323 ZPO Rdnr. 64; *Soyka* Die Abänderungsklage im Unterhaltsrecht Rdnr. 65; *Luthin/Margraf* aaO Rdnr. 7292; a. A. *Graba* Die Abänderung von Unterhaltstiteln 3. Aufl. Rdnr. 270 und FamRZ 2002, 6, 8, der die vom Unterhaltsschuldner – subjektiv – zugrunde gelegten Verhältnisse für maßgebend hält). Lässt sich die Berechnung

des titulierten Unterhalts unter Zugrundelegung der verschiedenen Faktoren nicht nachvollziehen und ist deshalb eine Anpassung des Anerkenntnisurteils an zwischenzeitlich geänderte Verhältnisse nicht möglich, so ist der geschuldete Unterhalt nach den gesetzlichen Vorschriften neu zu berechnen (so für einen Vergleich Senatsurteil vom 3. 5. 2001 – XII ZR 62/99 – FamRZ 2001, 1140, 1142).

[16] c) Eine Veränderung der objektiven Sachlage hat das BerGer. hinsichtlich der Erwerbsfähigkeit des Kl. nicht festgestellt. Es ist vielmehr zu dem Ergebnis gelangt, dass er eine wesentliche Verschlechterung seines Gesundheitszustandes nicht nachgewiesen habe. Es hat daraus gefolgert, dass der Kl., der auch hinreichende Erwerbsbemühungen nicht dargetan habe, sich an dem Einkommen festhalten lassen müsse, das dem Anerkenntnisurteil zugrunde liege.

[17] d) Das BerGer. hat sich, wie die Revision zu Recht rügt, allerdings nicht mit dem Vortrag der Bekl. auseinandergesetzt, der Kl. könne inzwischen ein höheres Einkommen, nämlich 1400 EUR netto monatlich, erzielen, wenn er entsprechend seiner unterhaltsrechtlichen Obliegenheit einer Erwerbstätigkeit nachginge. Dieser Vortrag ist nicht „ins Blaue hinein" erfolgt. Er kann sich vielmehr darauf stützen, dass das Lohnniveau seit dem Jahr 1999 allgemein gestiegen ist, was auch in den angehobenen Bedarfssätzen und Selbstbehaltsbeträgen der Unterhaltstabellen zum Ausdruck kommt, und dass der Kl. nach Bayern verzogen ist und dort generell günstigere Erwerbsmöglichkeiten bestehen dürften. Ein Anstieg des Nettoeinkommens kann im Übrigen auch mit einer möglicherweise gesunkenen steuerlichen Belastung verbunden sein. Das BerGer. hätte deshalb den Beklagtenvortrag nicht übergehen, sondern in die Beurteilung einbeziehen müssen,

BGH v. 4. 7. 2007 – XII ZR 141/05 – FamRZ 07, 1532 = NJW 08, 57

(Eheliche Lebensverhältnisse sind wandelbar; Rente als Surrogat der früheren Erwerbstätigkeit)

[21] 1. Zutreffend ist das BerGer. zunächst davon ausgegangen, dass die ehelichen Lebensverhältnisse der Parteien nicht mehr von dem früheren Arbeitseinkommen des Bekl., sondern von den an dessen Stelle getretenen Renten geprägt sind. Dabei kommt es nicht auf die neuere Rechtsprechung des Senats zu den wandelbaren ehelichen Lebensverhältnissen an, wonach grundsätzlich auch eine nachehelich eingetretene Einkommensminderung bei der Bedarfsbemessung zu berücksichtigen ist (*Senat*, NJW 2007, 1961 = FamRZ 2007, 793 [795] m. w. Nachw.). Denn der Bekl. hatte seine Erwerbstätigkeit bereits im Jahre 1996 und somit zwei Jahre vor der Trennung der Parteien im Einvernehmen mit der Kl. aufgegeben. Damit sind die Renten des Bekl. als Surrogat an die Stelle des früheren Erwerbseinkommens des rentenberechtigten Ehegatten getreten (*Senat*, NJW 2005, 2313 = FamRZ 2005, 1479 [1480]). Zwar war der im Jahre 1943 geborene Bekl. bei Aufgabe seiner Erwerbstätigkeit im Jahre 1996 erst 53 Jahre alt und hatte somit noch keinen Anspruch auf Vollrente wegen Alters. Gleichwohl beruht der Wegfall seiner Erwerbseinkünfte nicht auf einer Verletzung seiner Erwerbsobliegenheit. Denn der Bekl. hatte seine Erwerbstätigkeit schon während der intakten Ehe im Einvernehmen mit der Kl. aus gesundheitlichen Gründen aufgegeben. Entsprechend erhält er ab der hier relevanten Zeit seit Dezember 1998 Erwerbsunfähigkeitsrente der gesetzlichen Rentenversicherung sowie Leistungen aus einer Berufsunfähigkeitsversicherung. Außerdem wurde ihm später Rente aus der Zusatzversorgung des Baugewerbes bewilligt. Damit sind die Renten schon für den Anspruch auf Trennungsunterhalt als eheprägend an die Stelle des früher erzielten Erwerbseinkommens getreten. Ob und in welchem Umfang der Bekl. den dadurch bedingten Rückgang seines Einkommens durch zumutbaren Einsatz seiner Vermögenserträge auffangen kann, wird unabhängig davon zu prüfen sein.

(Tatsächliche Mieteinkünfte eheprägend, soweit Wohnungen z. T. nicht vorwerfbar leer standen)

[22] 2. Weil das Dreifamilienhaus des Bekl. bereits im Jahre 1990 fertiggestellt war und seither als weitere Einkommensquelle diente, hat das BerGer. zu Recht auch die daraus erzielten Mieten abzüglich der Kosten als eheprägend berücksichtigt. Zutreffend und von der Anschlussrevision der Kl. auch nicht weiter angegriffen geht das BerGer. davon aus, dass der Bekl. sich insoweit nur die tatsächlich erzielten Einkünfte zurechnen lassen muss, weil es ihm nicht vorwerfbar ist, dass die Wohnungen zeitweilig leer standen.

(Für Unterhaltsrückstand auf die in diesem Zeitraum erzielten Mieteinkünfte abzustellen; Mehrjahresdurchschnitt möglich)

[23] Soweit das BerGer. die Höhe der in den einzelnen Unterhaltsabschnitten erzielten Mieten allerdings nicht konkret, sondern nach einem Mehrjahresdurchschnitt ermittelt hat, widerspricht dies der Rechtsprechung des Senats. Während die Bemessung eines Unterhaltsanspruchs für die Zukunft stets auf einer Einkommensprognose beruht (*Senat*, NJW 2005, 142 = FamRZ 2005, 101 [102 f.]), ist für die in der Vergangenheit liegenden Unterhaltszeiträume stets von den in dieser Zeit tatsächlich erzielten Einkünften auszugehen, wobei zur Vereinfachung der Berechnung von einem Jahresdurchschnitt ausgegangen werden kann. Von durchschnittlichen Einkünften aus mehreren Jahren darf das Gericht hingegen nur dann ausgehen, wenn es den rückständigen Unterhalt für diese Gesamtzeit

ermittelt oder der laufende Unterhaltsanspruch auf der Grundlage einer Einkommensprognose ermittelt werden muss.

(Für Bemessung eheliche Lebensverhältnisse objektiver Maßstab maßgebend; Tatsächliches Komsumverhalten zu berücksichtigen; Für eheliche Lebensverhältnisse nicht benötigte Mittel sind nicht prägend)

d [26] a) Die ehelichen Lebensverhältnisse, die sowohl für die Bemessung des Trennungsunterhalts (§ 1361 I BGB) als auch für die Bemessung des nachehelichen Unterhalts (§ 1578 I BGB) relevant sind, richten sich nach den für die allgemeine Lebensführung verfügbaren Einkünften der Ehegatten. Allerdings wird das verfügbare Einkommen – gerade bei gehobenen Einkünften – häufig nicht in vollem Umfang für den allgemeinen Lebensbedarf verbraucht, sondern teilweise auch der Vermögensbildung zugeführt. Solche der Vermögensbildung vorbehaltenen Einkommensteile dienen dann nicht mehr der Befriedigung laufender Lebensbedürfnisse und sind damit grundsätzlich der Unterhaltsbemessung entzogen (*Senat*, NJW-RR 1987, 194 = FamRZ 1987, 36 [39]; NJW 1984, 292 = FamRZ 1984, 149 [151]).

[27] Allerdings ist nach ständiger Rechtsprechung des Senats sowohl bei der Bemessung des Trennungsunterhalts als auch bei der Bemessung des nachehelichen Unterhalts ein objektiver Maßstab anzulegen. Entscheidend ist derjenige Lebensstandard, der nach dem vorhandenen Einkommen vom Standpunkt eines vernünftigen Betrachters aus als angemessen erscheint. Dabei hat, gemessen am verfügbaren Einkommen, sowohl eine zu dürftige Lebensführung als auch ein übermäßiger Aufwand außer Betracht zu bleiben. Nur in diesem Rahmen kann das tatsächliche Konsumverhalten der Ehegatten während des Zusammenlebens berücksichtigt werden (*Senat*, NJW 1997, 735 = FamRZ 1997, 281 [284]; NJW 1989, 2809 = FamRZ 1989, 1160 [1161]; NJW-RR 1987, 1285 = FamRZ 1989, 838 [839]).

(Bei unangemessen sparsamer Lebensführung Ansatz fiktiver Zinseinkünfte bei Vermögensanlage thesaurierender Form)

e [28] Soweit das BerGer. die Lebensführung der Parteien als unangemessen sparsam beurteilt hat, weil die Kl. lediglich ein Wirtschaftsgeld in Höhe von wöchentlich 240 DM sowie ein Taschengeld in Höhe von monatlich 200 DM erhielt, während die Bekl. ursprünglich 11 000 DM monatlich erzielt hatte und über Vermögen in Höhe von rund 1,3 Mio. DM verfügte, ist dagegen aus revisionsrechtlicher Sicht nichts zu erinnern.

[29] b) Im Gegensatz zur Rechtsauffassung des Bekl. steht der eheprägenden Berücksichtigung von Zinseinkünften nicht entgegen, dass er sein Vermögen in thesaurierenden Fonds angelegt hat, die keine laufenden Erträge abwerfen. Diese Anlageform steht der Berücksichtigung von Zinseinkünften schon deswegen nicht entgegen, weil der Bekl. mit Blick auf die objektiv geprägten ehelichen Lebensverhältnisse aus unterhaltsrechtlicher Sicht gehalten war, laufende Vermögenseinkünfte für die allgemeine Lebensführung vorzuhalten. Wenn er nach der Trennung gleichwohl im Februar 1999 erhebliche Teile seines Vermögens in thesaurierenden Fonds angelegt hat, ist er nicht anders zu behandeln, als wenn die Erträge laufend ausgeschüttet und von ihm selbst wieder angelegt worden wären. Er ist deswegen fiktiv so zu behandeln, als wären seine Vermögenserträge laufend verfügbar gewesen (*Senat*, NJW-RR 1988, 514 = FamRZ 1988, 145 [149]; vgl. auch *Wendl/Dose*, 6. Aufl., § 1 Rdnrn. 425, 428 ff.). Allein durch die Anlageform kann der Bekl. also nicht bestimmen, ob Gewinne eines erheblichen Vermögens den unterhaltsrelevanten Einkünften zuzuordnen sind oder ob sie einer Vermögensbildung zu Lasten des Unterhaltsberechtigten vorbehalten bleiben.

(Objektiver Maßstab kann dazu führen, dass nur Teil der Zinsen heranzuziehen ist)

f [30] c) Mit der Feststellung einer unangemessen sparsamen Lebensführung steht allerdings noch nicht abschließend fest, in welchem Umfang Vermögenseinkünfte des Bekl., die er in der Vergangenheit gerade nicht für den allgemeinen Lebensbedarf eingesetzt hatte, gleichwohl eheprägend sind. Denn auch unter Berücksichtigung des gebotenen objektiven Maßstabs ist ein Unterhaltsschuldner – insbesondere bei erheblichen Vermögensbeträgen – nicht gehalten, sämtliche Vermögenseinkünfte dem Verbrauch zuzuführen. Der für eine Korrektur der unangemessenen Vermögensbildung heranzuziehende Maßstab darf nämlich nicht dazu führen, dass der Boden der ehelichen Lebensverhältnisse verlassen und Einkünfte des Unterhaltspflichtigen als prägend zu Grunde gelegt werden, die auch nach einem objektiven Maßstab nicht für die Kosten der allgemeinen Lebensführung verwendet werden (vgl. *Senat*, NJW 1997, 735 = FamRZ 1997, 281 [284]). In welchem Umfang solches hier der Fall ist, hängt von den gesamten Umständen des Einzelfalls ab.

(Bei nachehelichem Unterhalt kein Verstoß gegen Verbot der Doppelverwertung, wenn aus nach Zugewinnausgleich noch vorhandenen Vermögen Zinsen angesetzt werden)

g [32] aa) Nachehelichen Unterhalt schuldet der Bekl. lediglich unter Berücksichtigung der nach Durchführung des Zugewinnausgleichs noch vorhandenen Vermögenseinkünfte. Umgekehrt muss sich die Kl. für diesen Unterhaltsanspruch das im Wege des Zugewinnausgleichs erhaltene Vermögen und

Anhang R. Rechtsprechung   R681

somit die daraus erzielbaren Einkünfte entgegenhalten lassen. Weil der unterhaltspflichtige Bekl. nach § 1581 S. 2 BGB grundsätzlich nur die Vermögenseinkünfte und nicht den Vermögensstamm einsetzen muss, führt dies nicht zu einer Doppelberücksichtigung ein und desselben Vermögensbetrags im Zugewinnausgleich und im Unterhaltsrecht.

(Bei Trennungsunterhalt Verstoß gegen Verbot der Doppelverwertung, wenn Zinsen aus Vermögen angesetzt werden, das über den Zugewinn ausgeglichen wurde)
[33] bb) Insoweit unterscheidet sich die Situation allerdings von derjenigen beim Trennungsunterhalt, was das BerGer. verkannt hat. Die Kl. konnte ihren Anspruch auf Zugewinnausgleich nur deswegen in der vereinbarten Höhe durchsetzen, weil der Bekl. die Vermögensgewinne während der Ehezeit und auch später nicht für die eheliche Lebensführung verwendet, sondern damit sein Vermögen gemehrt hatte. Auch während der hier relevanten Trennungszeit sind die Vermögenseinkünfte also dem Vermögen zugeflossen, das für die Zeit bis zur Rechtshängigkeit des Scheidungsantrags bereits über den Zugewinn ausgeglichen worden ist. Ist ein und dieselbe Vermögensmasse allerdings bereits durch den Zugewinn ausgeglichen, steht das Verbot der Doppelberücksichtigung einem erneuten Ausgleich dieses Betrags im Wege des Unterhalts entgegen (vgl. zur arbeitsrechtlichen Abfindung *Senat*, NJW 2004, 2675 = FPR 2004, 576 = FamRZ 2004, 1352 [1353]). Jedenfalls für die Zeit bis zur Rechtshängigkeit des Scheidungsantrags durfte das BerGer. deswegen nur von den sonstigen Einkommen des Bekl. abzüglich der Kosten für Kranken- und Pflegeversicherung ausgehen. Kapitaleinkünfte konnten die ehelichen Lebensverhältnisse für diese Zeit hingegen nicht rückwirkend prägen (zur Unterscheidung zwischen dem Trennungsunterhalt und dem nachehelichen Unterhalt beim Wohnvorteil vgl. *Senat*, NJW 2007, 1974 = FamRZ 2007, 879 [881 f.])

(Mutwillige Herbeiführung der Bedürftigkeit durch Aufgabe des Arbeitsplatzes Verwirkungsgrund nach § 1579 Nr. 4 BGB)
[37] c) Unabhängig davon kann die Erwerbslosigkeit der Kl. die Höhe ihres Unterhaltsanspruchs auch aus einem weiteren Grund nicht zu ihren Gunsten beeinflussen. Denn nach § 1579 Nr. 3 BGB ist ein Unterhaltsanspruch zu versagen, herabzusetzen oder zeitlich zu begrenzen, soweit der Unterhaltsberechtigte seine Bedürftigkeit mutwillig herbeigeführt hat. Dabei muss es sich zwar nicht um ein vorsätzliches oder gar absichtliches Verhalten handeln, sondern es genügt auch eine leichtfertige Handlungsweise. Denn der Bereich der ehelichen Solidarität, die § 1579 BGB gegen grob unbillige Unterhaltsforderungen abgrenzt, würde man verlassen, wenn der Unterhaltspflichtige die Folgen einer leichtfertigen Herbeiführung der Bedürftigkeit durch den anderen Ehegatten unterhaltsrechtlich mittragen müsste. Das Verhalten muss aber zu der Unterhaltsbedürftigkeit in einer Beziehung stehen, die sich nicht in bloßer Ursächlichkeit erschöpft; erforderlich ist vielmehr eine unterhaltsbezogene Leichtfertigkeit (*Senat*, FamRZ 1984, 364 [367 f.]). Diese Voraussetzungen sind nach den Feststellungen des BerGer. ebenfalls erfüllt. Denn die Kl., die während der letzten Ehejahre und auch während der Trennungszeit einer Erwerbstätigkeit nachgegangen war, hat diese Tätigkeit trotz fortbestehender Erwerbsfähigkeit aufgegeben. Auch der Unterhaltsbezug dieser leichtfertigen Aufgabe des Arbeitsplatzes steht außer Zweifel.

(Bei gleich hohen Kapitaleinkünften der Eheleute gleich hohe Zinsen anzusetzen)
[45] b) Auch insoweit hält die Bemessung der zu berücksichtigenden Kapitaleinkünfte der revisionsrechtlichen Prüfung allerdings nicht stand. Während das BerGer. dem Bekl. durchweg Kapitaleinkünfte auf der Grundlage eines erzielbaren Zinssatzes von 5% zurechnet, geht es bei den Kapitaleinkünften der Kl. nur hinsichtlich eines Anfang 2001 anzulegenden Betrags in Höhe von 200 000 DM von 4,5% und sonst durchweg lediglich von einem erzielbaren Zinssatz in Höhe von 4% aus. Die unterschiedliche Behandlung lässt sich jedenfalls nicht durch die Höhe der anzulegenden Beträge begründen, zumal die Kl. auf den Zugewinnausgleich insgesamt 696 000 DM erhalten hat, was auch ihr entsprechend günstige Konditionen ermöglichen müsste. Zudem weist das BerGer. selbst darauf hin, dass der Bekl. ein Angebot der P-Bank vom 12. 6. 2002 vorgelegt hat, wonach seinerzeit jedenfalls noch Zinsen in Höhe von 4,3% jährlich erzielbar waren.

(Zinsen aus Zugewinnausgleich eheprägend)
[47] d) Soweit der Kl. Zinseinkünfte aus ihrem ursprünglichen Vermögen und insbesondere aus dem im Zugewinnausgleich erlangten Vermögen zugerechnet wurden, sind diese Einkünfte nach ständiger Rechtsprechung des Senats auch als eheprägend bei der Bedarfsermittlung zu berücksichtigen. Das BerGer. hat die Revision insbesondere wegen der Frage zugelassen, „ob angesichts des Senatsurteils vom 13. 6. 2001 (NJW 2001, 2254 = FamRZ 2001, 986) die infolge eines vollzogenen Zugewinnausgleichs auf Seiten des Unterhaltsgläubigers erzielten oder erzielbaren Erträge im Rahmen der Unterhaltsberechnung als eheprägend anzusehen und mithin in die Differenzberechnung einzustellen" seien. Wenn das entsprechende Vermögen allerdings – wie hier – auch schon vor der Durchführung des Zugewinnaus-

gleichs vorhanden war und die Vermögenserträge (§ 100 BGB) schon seinerzeit die ehelichen Lebensverhältnisse geprägt hatten, macht es keinen Unterschied, ob sie nach wie vor von einem Ehegatten gezogen werden oder ob sie jetzt – nach Durchführung des Zugewinnausgleichs – auf beide Ehegatten verteilt sind. In beiden Fällen prägen die dann zu berücksichtigenden Vermögenseinkünfte auch die ehelichen Lebensverhältnisse und sind deswegen im Wege der Differenzmethode in die Unterhaltsberechnung einzubeziehen (zum Wohnvorteil vgl. Senat, NJW 2005, 2077 = FamRZ 2005, 1159 [1161]).

(Falsche Angaben zum Einkommen Prozessbetrug nach § 1579 Nr. 3 BGB; fehlende grobe Unbilligkeit bei langer Ehedauer und vorangegangenen falschen Einkommensangaben des Pflichtigen)

l [54] a) Zutreffend hat das BerGer. zunächst die Voraussetzungen des § 1579 Nrn. 2 und 4 BGB festgestellt, zumal die Kl. ihr eigenes Einkommen aus Putz- und Haushaltstätigkeit insgesamt erheblich niedriger dargestellt hat, als es den Tatsachen entsprach. Ebenso hat die Kl. den Bekl. ohne haltbare Begründung einer Urkundenfälschung bezichtigt. Auch den Umfang ihrer Haushaltstätigkeit zu Gunsten der Tochter hatte die Kl. falsch dargestellt, um dadurch – wenn auch geringe – unterhaltsrechtliche Vorteile zu gewinnen.

[55] Wenn das BerGer. trotz der erfüllten Tatbestandsvoraussetzungen im Rahmen der umfassenden Gesamtwürdigung zu dem Ergebnis gelangt ist, dass der Trennungsunterhalt weder zu versagen noch herabzusetzen noch zeitlich zu begrenzen ist, ist dagegen revisionsrechtlich nichts zu erinnern. Insbesondere hat das BerGer. zu Recht berücksichtigt, dass die Ehe bis zur Trennung der Parteien 32 Jahre und bis zur Scheidung 34 Jahre gedauert hat und dass auch der Bekl. durch unrichtigen Sachvortrag versucht hat, sich der Unterhaltsforderung der Kl. zu entziehen. Insoweit stellt die Revision des Bekl. lediglich ihr eigenes Ermessen an die Stelle des Ermessens des BerGer., was ihr versagt ist.

[56] b) Soweit das BerGer. mit der gleichen Begründung auch eine Verwirkung des nachehelichen Unterhalts abgelehnt hat, wird aus der Entscheidung allerdings nicht hinreichend deutlich, ob es sich des Grundsatzes der nachehelichen Eigenverantwortung nach § 1569 BGB hinreichend bewusst war. Denn dadurch gewinnt auch die Bedeutung der Verwirkungsgründe für den nachehelichen Unterhalt stärkeres Gewicht, als es für den Trennungsunterhalt (§ 1361 III BGB) der Fall ist. Weil der Unterhalt, auch wenn die Voraussetzungen der Nrn. 1 bis 7 des § 1579 BGB erfüllt sind, ohnehin nicht zwingend in vollem Umfang zu versagen ist, sondern auch herabgesetzt oder zeitlich begrenzt werden kann, hätte das BerGer. auch diese Möglichkeiten in seine Billigkeitsprüfung einbeziehen müssen.

BGH v. 26. 9. 2007 – XII ZR 11/05 – FamRZ 07, 2049 = NJW-RR 08, 1

R682 *("Dauer der Ehe" kein herausgehobenes Prüfungsmerkmal für Unterhaltsbegrenzung)*

a [21] Zwar hat § 1573 V BGB als unterhaltsbegrenzende Norm Ausnahmecharakter und findet deswegen vor allem bei kurzen und kinderlosen Ehen Anwendung. Die Vorschrift ist allerdings nicht auf diese Fälle beschränkt. Denn das Gesetz legt in § 1573 V BGB, ebenso wie in § 1578 I 2 BGB, keine bestimmte Ehedauer fest, von der ab eine zeitliche Begrenzung des Unterhaltsanspruchs nicht mehr in Betracht kommt. Wie der Senat inzwischen mehrfach ausgeführt hat, widerspräche es auch dem Sinn und Zweck des § 1573 V BGB, den Billigkeitsgesichtspunkt „Dauer der Ehe" im Sinne einer festen Zeitgrenze zu bestimmen, von der ab der Unterhaltsanspruch grundsätzlich keiner zeitlichen Begrenzung mehr zugänglich sein kann. Vielmehr stellt das Gesetz die Ehedauer als Billigkeitsgesichtspunkt gleichrangig neben die „Gestaltung von Haushaltsführung und Erwerbstätigkeit". Bei der Billigkeitsabwägung sind zudem die Arbeitsteilung der Ehegatten und die Ehedauer lediglich zu „berücksichtigen"; jeder einzelne Umstand lässt sich also nicht zwingend für oder gegen eine Befristung ins Feld führen. Zudem beanspruchen beide Aspekte, wie das Wort „insbesondere" verdeutlicht, für die Billigkeitsprüfung keine Ausschließlichkeit (*Senat*, NJW 2007, 2628 = FamRZ 2007, 1232 [1236]; NJW 2007, 1961 = FamRZ 2007, 793 [799 f.]; NJW 2007, 839 = FamRZ 2007, 200 [203] und NJW 2006, 2401 = FamRZ 2006, 1006 [1007]).

[22] Die zeitliche Begrenzung des Aufstockungsunterhalts nach § 1573 V BGB setzt somit – wie die Begrenzung des Unterhalts nach den ehelichen Lebensverhältnissen gem. § 1578 I 2 BGB – stets eine individuelle Billigkeitsabwägung voraus, die alle Umstände des Einzelfalls einbezieht. Das Ergebnis dieser Billigkeitsabwägung kann deswegen auch bei länger als 20 Jahre andauernden Ehen zu einer Begrenzung des nachehelichen Unterhalts führen, während sie bei erheblich kürzeren Ehen aus anderen Gründen ausgeschlossen sein kann (*Senat*, NJW 2006, 2401 = FamRZ 2006, 1006 [1007]).

(Unterhaltsbegrenzung im Erst- oder Ausgangsverfahren)

b [24] c) Die Begrenzung des Aufstockungsunterhalts aus Billigkeitsgründen nach § 1573 V BGB setzt nicht zwingend voraus, dass der Zeitpunkt, ab dem der Unterhaltsanspruch entfällt, bereits erreicht ist. Wenn die dafür ausschlaggebenden Umstände bereits eingetreten oder zuverlässig voraussehbar sind, ist eine Entscheidung über eine Begrenzung nicht einer späteren Abänderung nach § 323 II ZPO vorzubehalten, sondern schon im Ausgangsverfahren zu treffen (*Senat*, NJW 2007, 1961 = FamRZ

2007, 793 [798 f.]). Ob die für eine Begrenzung ausschlaggebenden Umstände allerdings bereits im Ausgangsverfahren zuverlässig vorhersehbar sind, lässt sich nur unter Berücksichtigung aller Umstände des Einzelfalls beantworten (vgl. *Senat,* NJW 2006, 2401 = FamRZ 2006, 1006 [1008] und NJW 2007, 1961 = FamRZ 2007, 793 [800] einerseits sowie *Senat,* NJW 2007, 839 = FamRZ 2007, 200 [204] und NJW 2007, 2628 = FamRZ 2007, 1232 [1236] andererseits).

BGH v. 26. 9. 2007 – XII ZR 15/05 – FamRZ 07, 2052 = NJW 08, 148

(Zeitliche Begrenzung des Aufstockungsunterhalts bei mehr als 20 Jahren Ehedauer)

[20] Die zeitliche Begrenzung des Aufstockungsunterhalts nach § 1573 V BGB setzt somit – wie die Begrenzung des Unterhalts nach den ehelichen Lebensverhältnissen gem. § 1578 I 2 BGB – stets eine individuelle Billigkeitsabwägung voraus, die alle Umstände des Einzelfalls einbezieht. Das Ergebnis dieser Billigkeitsabwägung kann deswegen auch bei länger als 20 Jahre andauernden Ehen zu einer Begrenzung des nachehelichen Unterhalts führen, während sie bei erheblich kürzeren Ehen aus anderen Gründen ausgeschlossen sein kann (*Senat,* NJW 2006, 2401 = FamRZ 2006, 1006 [1007]).

(Keine von ehebedingten Nachteilen unabhängige Lebensstandardgarantie durch Aufstockungsunterhalt)

[21] b) In seiner neueren Rechtsprechung stellt der *Senat* im Einklang damit und mit dem vorrangigen Zweck des nachehelichen Unterhalts nicht mehr entscheidend auf die Ehedauer, sondern darauf ab, ob sich eine nacheheliche Einkommensdifferenz, die den Anspruch auf Aufstockungsunterhalt begründen könnte, als ein ehebedingter Nachteil darstellt, der einen dauerhaften unterhaltsrechtlichen Ausgleich zu Gunsten des bedürftigen Ehegatten rechtfertigen kann (zur Entwicklung der Rspr. vgl. *Dose,* FamRZ 2007, 1289 [1294 f.]). Der Anspruch auf Aufstockungsunterhalt nach § 1573 II BGB bietet deswegen keine – von ehebedingten Nachteilen unabhängige – Lebensstandardgarantie im Sinne einer fortwirkenden Mitverantwortung. Ist die nacheheliche Einkommensdifferenz nicht auf ehebedingte Nachteile, sondern darauf zurückzuführen, dass beide Ehegatten schon vorehelich infolge ihrer Berufsausbildung einen unterschiedlichen Lebensstandard erreicht hatten, kann es im Einzelfall dem unterhaltsberechtigten Ehegatten nach einer Übergangszeit zumutbar sein, auf einen Lebensstandard nach den ehelichen Lebensverhältnissen (§ 1578 I 1 BGB) zu verzichten und sich mit dem Lebensstandard zu begnügen, den er auch ohne die Ehe erreicht hätte (BT-Dr 10/2888, S. 19).

(Keine ehebedingten Nachteile bei Kinderlosigkeit und Tätigkeit im vorehelichen Beruf)

[25] a) Soweit das BerGer. im Rahmen seiner Billigkeitsentscheidung zu dem Ergebnis gelangt ist, ehebedingte Nachteile der Ag. seien schon jetzt nicht mehr ersichtlich, wendet sich die Revision dagegen ohne Erfolg. Insbesondere hat das BerGer. zu Recht berücksichtigt, dass die Ehe der Parteien kinderlos geblieben ist und die Ag. bei Rechtshängigkeit der Scheidung erst das 41. Lebensjahr vollendet und eine Vollzeittätigkeit in dem vor der Ehe ausgeübten Beruf übernommen hatte. Anhaltspunkte dafür, dass die Ag. entgegen den Feststellungen des BerGer. jetzt weniger verdient, als sie ohne die Ehe verdient hätte, sind nicht ersichtlich, zumal sie auch während der Ehe ständig, wenn auch nur halbschichtig, berufstätig war. Damit ist das nacheheliche Einkommensgefälle der Parteien nicht auf ehebedingte Nachteile, sondern auf den schon vorehelich bestehenden unterschiedlichen Ausbildungsstand der Parteien zurückzuführen.

(Keine schematische Bindung der zeitlichen Begrenzung an die Ehedauer)

[26] b) Auch soweit das BerGer. den Aufstockungsunterhalt auf die Dauer von sieben Jahren begrenzt hat, hält dies den Angriffen der Revision stand.

[27] Nach ständiger Rechtsprechung des Senats muss sich die Übergangszeit vom Wegfall ehebedingter Nachteile bis zum Fortfall des Unterhaltsanspruchs aus § 1573 II BGB nicht schematisch an der Ehedauer orientieren. Vielmehr findet die Übergangszeit ihren Grund darin, dass der Unterhaltsberechtigte nach der Ehescheidung Zeit benötigt, um sich auf die Kürzung des eheangemessenen Unterhalts einzustellen (*Senat,* NJW 1986, 2832 = FamRZ 1986, 886 [889]). Zwar kann auch dabei die Dauer der Ehe nicht völlig unberücksichtigt bleiben; auch bei sehr langer Ehedauer wird es dem Unterhaltsberechtigten aber in Fällen wie dem hier vorliegenden regelmäßig möglich sein, seine persönlichen und finanziellen Verhältnisse auf die Einkünfte einzurichten, die er ohne die Unterhaltsleistung des geschiedenen Ehegatten zur Verfügung hat.

BGH v. 31. 10. 2007 – XII ZR 112/05 – FamRZ 08, 137 = NJW 08, 227

(Kein genereller Vorrang des Kindesunterhalts vor Schulden)

[22] Die erheblichen Verbindlichkeiten des Kl. hatten zu seiner Zahlungsunfähigkeit und somit zu einer gravierenden Beeinträchtigung seiner eigenen Lebensstellung geführt. Sie wären deswegen – auch

ohne Insolvenzverfahren – bei der Bemessung des Unterhaltsanspruchs seines volljährigen Sohnes zu berücksichtigen. Denn nach ständiger Rechtsprechung des Senats ist es dem Unterhaltsschuldner schon aus verfassungsrechtlichen Gründen nicht zumutbar, durch seine Unterhaltszahlungen immer tiefer in Schulden zu geraten. Der Senat hatte es deswegen stets abgelehnt, den Ansprüchen Unterhaltsberechtigter schon bei der Unterhaltsbemessung einen allgemeinen Vorrang vor anderen Verbindlichkeiten des Unterhaltsschuldners einzuräumen (Senat, NJW-RR 1996, 321 = FamRZ 1996, 160 [161 f.]).

(Bei Verbraucherinsolvenzverfahren nur noch verbleibende Beträge für Unterhaltsbemessung maßgebend)

b [23] Nachdem der Gesetzgeber mit den §§ 286 ff., 304 ff. InsO die Möglichkeit einer Verbraucherinsolvenz mit Restschuldbefreiung geschaffen hat, ist dieser Rechtsprechung, soweit eine Restschuldbefreiung in Betracht kommt, der Boden entzogen. Weil die sonstigen Verbindlichkeiten – einschließlich des rückständigen Unterhalts – als Insolvenzforderungen der Restschuldbefreiung unterliegen, sind sie im Insolvenzverfahren bei der Bemessung des laufenden Unterhalts, der nach § 36 I InsO i. V. mit den §§ 850 c, 850 i ZPO sichergestellt ist, nicht mehr zu berücksichtigen. Um dem Unterhaltsberechtigten trotz einer erheblichen Verschuldung des Unterhaltspflichtigen überhaupt einen Unterhaltsanspruch zu erhalten, kann den nach § 1603 II 1 und 2 BGB gesteigert Unterhaltspflichtigen sogar eine Obliegenheit zur Einleitung der Verbraucherinsolvenz treffen (Senat, BGHZ 162, 234 [242 ff.] = NJW 2005, 1279 = FamRZ 2005, 608 [610 f.]). Nach der zuvor eingetretenen Zahlungsunfähigkeit ist der Kl. erst durch die Eröffnung des Insolvenzverfahrens wieder leistungsfähig geworden, so dass dessen Folgen zwangsläufig bei der Unterhaltsbemessung berücksichtigt werden müssen.

[24] b) Als Folge der Einleitung des Insolvenzverfahrens sind unterhaltsrechtlich nicht mehr die – mit den erheblichen Verbindlichkeiten belasteten – vollen Erwerbseinkünfte des Unterhaltsschuldners zu berücksichtigen, sondern nur noch die ihm in der Insolvenz für den eigenen Unterhalt und für die Ansprüche anderer Unterhaltsberechtigter nach Ermessen der Gläubigerversammlung bzw. des Insolvenzverwalters (vgl. BT-Dr 12/7302, S. 167 zu § 114) gewährten Beträge (§ 100 InsO).

(Unpfändbare Beträge bei nichtselbständiger Tätigkeit)

c [25] Bezieht der Unterhaltsschuldner ein Arbeitseinkommen aus abhängiger Beschäftigung, ergibt sich der unpfändbare und somit nach § 36 I InsO nicht in die Insolvenzmasse fallende Teil seines Einkommens aus § 850 c ZPO. Werden Unterhaltsansprüche vollstreckt, ist zudem die Einschränkung in § 850 d ZPO zu beachten, die dem Schuldner nur seinen eigenen notwendigen Unterhalt und den Unterhalt vorrangiger Unterhaltsberechtigter belässt. Aus der zu § 850 c ZPO erlassenen Pfändungsfreigrenzenbekanntmachung vom 25. 2. 2005 (BGBl I, 493) ergibt sich gegenwärtig bei einer Unterhaltspflicht für – wie hier – fünf oder mehr Unterhaltsberechtigte und einem Einkommen von bis zu 3020,06 Euro ein pfändbarer Betrag in Höhe von 83,79 Euro. Unpfändbar und somit außerhalb der Insolvenzmasse wären derzeit jedenfalls (3020,06 Euro – 83,79 Euro =) 2936,27 Euro.

(Unpfändbares Einkommen bei Selbständigen)

d [26] Für die Bemessung des unterhaltsrelevanten Einkommens des Kl. gilt dies hingegen nicht, weil er selbstständig tätig ist, seine Honoraransprüche als Arzt in vollem Umfang und ohne Abzüge in die Insolvenzmasse fallen und sie ihm deswegen als verfügbares Einkommen entzogen sind (vgl. BGHZ 141, 173 [175 ff.] = NJW 1999, 1544, und BGH, NJW 2003, 2167). Weil die Honoraransprüche somit „nicht wiederkehrend zahlbare Vergütungen für persönlich geleistete Arbeiten oder Dienste" i. S. des § 850 i ZPO sind, kann der Kl. als Gemeinschuldner allenfalls beantragen, ihm von den pfändbaren Honoraransprüchen so viel als Einkommen zu belassen, wie er für den eigenen notwendigen Unterhalt und den seiner Unterhaltsberechtigten benötigt, höchstens aber so viel, wie ihm verbleiben würde, wenn sein Einkommen aus laufendem Arbeits- oder Dienstlohn bestände (§ 36 I InsO i. V. mit § 850 i I ZPO). Wird ein solcher Antrag gestellt, obliegt es nach allgemeinen Grundsätzen dem Schuldner, die Voraussetzungen für die Gewährung des geltend gemachten pfändungsfreien Anteils darzulegen. Kommt er seiner Darlegungslast nicht nach, hat dies zur Folge, dass eine Verringerung der zur Insolvenzmasse gehörenden Einkünfte gem. § 36 I 2 InsO i. V. mit § 850 i ZPO unterbleibt (BGH, NJW 2003, 2167) und ihm deswegen weniger für den eigenen Unterhalt und die Erfüllung seiner Unterhaltspflichten zur Verfügung steht.

[27] c) Seit der Eröffnung des Insolvenzverfahrens hat der Kl. deswegen nur noch Zugriff auf den ihm nach § 850 i I ZPO belassenen Anteil seiner Honoraransprüche.

[28] Allerdings kann der Schuldner vor dem Vollstreckungsgericht beantragen, ihm von dem nach § 850 i ZPO pfändbaren Teil seiner Honoraransprüche einen weiteren Teil zu belassen, der für seinen notwendigen Lebensunterhalt neben den geschuldeten Unterhaltsleistungen und für besondere Bedürfnisse aus persönlichen und beruflichen Gründen erforderlich ist (§ 850 f I lit. a und b ZPO). Das BerGer. hat den Kl. deswegen zu Recht für verpflichtet gehalten, eine Erhöhung der ihm zu belassenden Honoraransprüche nach §§ 850 f I, 850 i I ZPO zu beantragen.

[29] Der dem Kl. für den Unterhalt seiner getrennt lebenden Ehefrau und der bei ihr lebenden Kinder zu belassende Unterhalt ist aber auch aus einem anderen Grunde begrenzt. Wegen der hohen

Zahl der Unterhaltsberechtigten wäre ein Einkommen aus abhängiger Erwerbstätigkeit – wie ausgeführt – nach § 850c ZPO bis zur Höhe von derzeit 2936,27 Euro monatlich unpfändbar und damit der Insolvenzmasse entzogen. Wegen der Pauschalierung in § 850c ZPO kommt es insoweit nicht darauf an, dass der Kl. seiner getrennt lebenden Ehefrau und den bei ihr lebenden vier Kindern nach dem Inhalt des Teilurteils vom 30. 6. 2004 lediglich Unterhalt in Höhe von insgesamt monatlich 790,05 Euro schuldet (BGH, NJW-RR 2007, 938 = FamRZ 2007, 1008).

[30] Zwar kann dieser pauschalierende Gesichtspunkt auf den Pfändungsschutz nach § 850i I ZPO, der dem Schuldner lediglich solche Einkünfte aus seiner selbstständigen Erwerbstätigkeit belässt, die er für seinen eigenen notwendigen Unterhalt und den seiner Unterhaltsberechtigten benötigt, nicht übertragen werden. Wegen der gebotenen Gleichbehandlung von unselbstständigen und selbstständigen Erwerbstätigen scheint es aber geboten, auch insoweit die vollständige materielle Unterhaltsschuld zu berücksichtigen. Allerdings bemisst sich der dem Schuldner nach § 850f ZPO vom Vollstreckungsgericht für Unterhaltszwecke zu belassende Betrag nach ständiger Rechtsprechung des BGH nicht nach unterhaltsrechtlichen Maßstäben, sondern ausschließlich nach den Vorschriften des Sozialhilferechts (BGH, NJW-RR 2004, 506 = FamRZ 2004, 620 [621 m. w. Nachw.]). Nur die sich daraus ergebenden Sätze, höchstens aber die nach § 850c ZPO, sind dem Kl. somit zu belassen.

(Keine Berücksichtigung von Altervorsorge und Fahrtkosten)
[31] d) Von diesen unterhaltsrechtlich zu berücksichtigenden Einkünften des Kl. sind – entgegen der Auffassung des BerGer. – allerdings keine weiteren Vorsorgeaufwendungen und auch keine Fahrtkosten abzusetzen.

[32] Zwar erstreckt sich der einem Selbstständigen nach § 850i I ZPO zu belassende notwendige Unterhalt grundsätzlich auch auf dessen Vorsorgeaufwendungen. Denn diese werden im Insolvenzverfahren eines Selbstständigen nicht vorab durch den Insolvenzverwalter beglichen. Darin liegt ein wesentlicher Unterschied zu den Einkünften aus einer abhängigen Beschäftigung, die – nach Abzug der Vorsorgeaufwendungen – als Nettobetrag ausgezahlt werden. Die Pfändungsfreigrenzen des § 850c ZPO sind deswegen nach § 850e ZPO auch nur auf der Grundlage dieser Nettobeträge bemessen. Für Selbstständige sieht § 850i ZPO demgegenüber eine individuellere Regelung vor, wie sich auch aus § 850f I lit. a und b ZPO ergibt. Insoweit obliegt es dem Schuldner, die Voraussetzungen für die Gewährung weiterer pfändungsfreier Anteile seiner Honoraransprüche darzulegen.

[33] Hier hat der Insolvenzverwalter dem Kl. aber lediglich ein pfändungsfreies Arbeitseinkommen i. S. von § 850c ZPO belassen, was dafür spricht, dass die monatlich verfügbaren Einkünfte lediglich dem unmittelbaren Lebensbedarf des Kl. und seiner Unterhaltsberechtigten dienen sollen. Dass dieser Betrag auch Vorsorgeaufwendungen des Kl. umfassen soll, ist durch nichts belegt. Dann können solche Aufwendungen von dem für reine Unterhaltszwecke belassenen Betrag auch nicht zusätzlich abgesetzt werden. Deswegen ist unterhaltsrechtlich davon auszugehen, dass dem Kl. das zu berücksichtigende Einkommen in voller Höhe verbleibt, von dem er neben dem eigenen notwendigen Unterhalt auch den Unterhalt seiner getrennt lebenden zweiten Ehefrau und der bei ihr wohnenden Kindern sowie die Unterhaltsansprüche des bei ihm wohnenden Sohnes und des Bekl. sicherstellen muss. Das insgesamt verfügbare Einkommen liegt somit deutlich über dem angemessenen Selbstbehalt, weswegen der Unterhaltsanspruch des Bekl. jedenfalls nicht vollständig entfallen kann.

(Auch bei Insolvenzverfahren gelten für die dem Pflichtigen zu belassenden Mittel die jeweiligen Selbstbehaltssätze)
[36] a) Gegenüber den minderjährigen Kindern aus zweiter Ehe kann der Kl. sich wegen seiner gesteigerten Unterhaltspflicht aus § 1603 II 1 BGB lediglich auf den notwendigen Selbstbehalt berufen. Das gilt auch gegenüber dem Unterhaltsanspruch des zunächst noch nach § 1603 II 2 BGB privilegierten Bekl. (so auch Nr. 21.2 der Leitlinien des BerGer., Beil. zu NJW H. 32/2003 und FPR H. 8/2003, S. 30 = FamRZ 2003, 1357 [1359]; Beil. zu NJW H. 30/2005 und FPR H. 7/2005, S. 28 = FamRZ 2005, 1321 [1323], und Beil. zu NJW H. 32/2007 und FPR H. 7–8/2007, S. 35 = FamRZ 2007, 1384 [1387]) und für den im Januar 2007 volljährig gewordenen und im Haushalt des Kl. wohnenden Sohn aus zweiter Ehe, falls dieser sich noch in der allgemeinen Schulausbildung befinden sollte. Erst für die Zeit ab Juli 2006 ist die gesteigerte Unterhaltspflicht des Kl. gegenüber dem Bekl. mit Erreichen des 21. Lebensjahres entfallen, so dass seitdem diesem gegenüber der angemessene Selbstbehalt des Kl. gewahrt bleiben muss (§ 1603 I BGB). Gegenüber dem Unterhaltsanspruch seiner zweiten Ehefrau kann sich der Kl. nach neuerer Rechtsprechung des Senats, die das BerGer. noch nicht berücksichtigen konnte, lediglich auf den Ehegattenselbstbehalt berufen (*Senat,* NJW 2006, 1654 = FamRZ 2006, 683 [684f.]).

[37] Die dem Kl. im Insolvenzverfahren nach §§ 850i, 850f ZPO zu belassenden Beträge übersteigen selbst den eheangemessenen Unterhalt des Kl., der nach den Leitlinien des BerGer. (Beil. zu NJW H. 32/2003 und FPR H. 8/2003, S. 30 = FamRZ 2003, 1357 [1359] für die Zeit ab Juli 2003; Beil. zu NJW H. 30/2005 und FPR H. 7/2005, S. 28 = FamRZ 2005, 1321 [1324] für die Zeit ab Juli

2005, und Beil. zu NJW H. 32/2007 und FPR H. 7–8/2007, S. 35 = FamRZ 2007, 1384 [1387] für die Zeit ab Juli 2007) ursprünglich 825 Euro betrug und seit Juli 2005915 Euro beträgt, bei Weitem. Von der Differenz als verteilungsfähigem Einkommen haftete der Kl. deswegen allen gleichrangigen Unterhaltsberechtigten anteilig.

(Ersatzhaftung des betreuenden Elternteils nach § 1603 II 3 BGB)

g [39] Die gesteigerte Unterhaltspflicht gegenüber minderjährigen und privilegierten volljährigen Kindern entfällt nach § 1603 II 3 BGB zwar dann, wenn ein anderer leistungsfähiger Verwandter vorhanden ist. Im Gegensatz zur Rechtsauffassung des BerGer. erfasst dies aber nicht die gesamte Unterhaltspflicht, sondern lediglich die gesteigerte Unterhaltspflicht nach § 1603 II 1 und 2 BGB. Ist also ein anderer leistungsfähiger Verwandter i. S. des § 1603 II 3 BGB vorhanden, entfällt die Unterhaltspflicht nur insoweit, als der Unterhaltspflichtige nicht in der Lage ist, den Unterhalt zu leisten, ohne seinen eigenen angemessenen Unterhalt zu gefährden (§ 1603 I BGB). Die Haftung mit Einkünften, die den eigenen angemessenen Unterhalt übersteigen, bleibt davon unberührt.

[41] aa) Zwar kann ein anderer unterhaltspflichtiger Verwandter im Sinne dieser Vorschrift auch der andere Elternteil des Kindes sein. Dem steht die Vorschrift des § (1606) III 2 BGB nicht entgegen, wenn die Inanspruchnahme des grundsätzlich barunterhaltspflichtigen Elternteils zu einem erheblichen finanziellen Ungleichgewicht zwischen den Eltern führen würde, weil er wesentlich geringere Einkünfte hat als der betreuende Elternteil, der in deutlich günstigeren wirtschaftlichen Verhältnissen lebt. Die Inanspruchnahme des nicht betreuenden Elternteils zum Barunterhalt darf also nicht zu einem erheblichen finanziellen Ungleichgewicht zwischen den Eltern führen (st. Rspr. vgl. *Senat*, NJW-RR 1998, 505 = FamRZ 1998, 286 [287 f.]; vgl. auch *Wendl/Scholz*, 6. Aufl., § 2 Rdnr. 274).

[42] Ob das hier der Fall ist, kann schon zweifelhaft sein, weil sich das Einkommen der Mutter des Bekl. – nach den von der Revision nicht angegriffenen Feststellungen des BerGer. – auf lediglich 1595,76 Euro monatlich beläuft. Allein diese Differenz der verfügbaren Einkommens kann es – auch unter Berücksichtigung der weiteren Unterhaltspflicht des Kl. gegenüber seinem bei ihm wohnenden Sohn aus zweiter Ehe – kaum rechtfertigen, die Unterhaltspflicht gegenüber dem Bekl. vollständig entfallen zu lassen.

(Die Ersatzhaftung des anderen Elternteils nach § 1603 III 2 BGB betrifft nicht den Fall der gemeinsamen Barunterhaltungspflicht, weil in diesem Fall die Mithaftung bereits durch die Verteilung berücksichtigt ist.)

h [43] bb) Hinzu kommt, dass sich diese – auf den Unterhaltsanspruch minderjähriger Kinder abzielende – Rechtsprechung nicht in gleicher Weise auf den Unterhaltsanspruch privilegierter volljähriger Kinder übertragen lässt. Für volljährige Kinder haften die Eltern nach ständiger Rechtsprechung des *Senats* nicht mehr gem. § 1606 III 2 BGB für Pflege- und Erziehung einerseits bzw. den Barunterhalt andererseits, sondern gem. § 1606 III 1 BGB anteilig nach ihren Erwerbs- und Vermögensverhältnissen. Der Umfang der anteiligen Unterhaltspflicht beider Eltern ist deswegen schon von Gesetzes wegen nach ihren finanziellen Möglichkeiten zu bemessen. Übersteigt das unterhaltsrelevante Einkommen eines Elternteils dasjenige des anderen erheblich, wirkt sich das zwangsläufig auf die Quote des geschuldeten Unterhalts aus. Einer weiteren Einschränkung – wie sie bei minderjährigen Kindern wegen der Barunterhaltungspflicht nur eines Elternteils (§ 1606 III 2 BGB) notwendig sein kann – bedarf es hier also nicht. Dem privilegiert volljährigen Kind schuldet der Kl. deswegen nach § 1603 II 1 und 2 BGB regelmäßig jedenfalls Unterhalt bis zur Grenze seines notwendigen Selbstbehalts.

BGH v. 14. 11. 2007 – XII ZR 16/07 – FamRZ 08, 134 = NJW 08, 151

R685 *(Darlegungs- und Beweislast für die Begrenzung oder Befristung des nachehelichen Unterhalts)*

[22] II. 2. d) Die Darlegungs- und Beweislast für Tatsachen, die zu einer Befristung oder Beschränkung des nachehelichen Unterhalts führen können, trägt der Unterhaltsverpflichtete, weil sowohl § 1573 V als auch § 1578 I 2 BGB als Ausnahmetatbestände konzipiert sind. Hat der Unterhaltspflichtige allerdings Tatsachen vorgetragen, die – wie die Aufnahme einer vollzeitigen Erwerbstätigkeit in dem vom Unterhaltsberechtigten erlernten oder vor der Ehe ausgeübten Beruf – einen Wegfall ehebedingter Nachteile und damit eine Begrenzung des nachehelichen Unterhalts nahelegen, obliegt es dem Unterhaltsberechtigten, Umstände darzulegen und zu beweisen, die gegen eine Unterhaltsbegrenzung oder für eine längere „Schonfrist" sprechen (*Hahne*, FamRZ 1986, 305 [310]; *Dose*, FamRZ 2007, 1289 [1296]).

BGH v. 28. 11. 2007 – XII ZR 217/05 – FamRZ 08, 390 = NJW 08, 1531

R686 *(Zeitliche Geltung des LugÜ)*

a [11] a) Allerdings sind die Vorschriften des LugÜ hier nicht unmittelbar anzuwenden. Das zwischen der Schweiz und Deutschland am 1. März 1995 in Kraft getretene Übereinkommen gilt gemäß Art. 54

Anhang R. Rechtsprechung   R686

Abs. 1 LugÜ nur für solche Klagen, die nach dem Inkrafttreten des Übereinkommens erhoben wurden, was hier nicht der Fall gewesen ist. Da das Urteil vom 31. März 1995 allerdings nach dem Inkrafttreten des Übereinkommens ergangen ist, könnte die Entscheidung des Bezirksgerichts P. aufgrund des erweiterten intertemporalen Anwendungsbereichs gemäß Art. 54 Abs. 2 i. V. m. Art. 5 Nr. 2 LugÜ gleichwohl auch nach den Vorschriften der Artt. 25 ff. LugÜ in Deutschland anerkannt und zur Zwangsvollstreckung zugelassen werden.

(Vollstreckbarkeit ausländischer Unterhaltstitel nach LugÜ oder anderen Spezialübereinkommen)
[12] b) Ausgangspunkt für die Prüfung, nach welchen Regelungen sich das Verfahren der Vollstreckbarerklärung beurteilt, ist Art. 57 Abs. 1 LugÜ. Diese Vorschrift lässt Spezialabkommen unberührt, zu denen auch das unter anderem zwischen Deutschland und der Schweiz in Kraft befindliche HUVÜ 73 gehört. Somit besteht für den Titelgläubiger in jedem Fall die Möglichkeit, das Verfahren der Anerkennung und Vollstreckbarerklärung nach den Art. 25 ff. LugÜ in Anspruch zu nehmen (Art. 57 Abs. 5 Satz 2 LugÜ), wenn das Spezialabkommen insoweit keinen Vorrang beansprucht. Ist das Spezialabkommen – wie das HUVÜ 73 – im Hinblick auf die Ausgestaltung des Verfahrens offen, kann der Titelgläubiger in diesen Fällen das ihm am zweckmäßigsten erscheinende Verfahren nach seiner freien Entscheidung aus Art. 25 ff. LugÜ einerseits oder dem Spezialabkommen andererseits – in Verbindung mit den jeweiligen Ausführungsgesetzen – auswählen (vgl. zu Art. 57 EuGVÜ: EuGH Urteil vom 27. Februar 1997 – Rs. C-220/95 – Slg. 1997, I-1147, 1157 Rdn. 26 ff., 1183 Rdn. 17 – van den Boogaard/Laumen = IPrax 1999, 35; vgl. zu Art. 71 Brüssel I-VO: Senatsbeschluss vom 14. März 2007 – XII ZB 174/04 – FamRZ 2007, 989, 990 = BGHZ 171, 310). Von der Möglichkeit, für ein Verfahren der Vollstreckbarerklärung nach dem LugÜ zu optieren, hat die Antragstellerin keinen Gebrauch gemacht, wobei sich in Deutschland allerdings die Ausführung beider Übereinkommen nach dem AVAG richtet.

(Ordnungsgemäße Zustellung als Voraussetzung einer ausländischen Säumnisentscheidung)
[13] 2. Die materiellen Voraussetzungen für die Anerkennung und Vollstreckbarerklärung von ausländischen Unterhaltsentscheidungen ergeben sich aus den Artt. 4 ff. HUVÜ 73. Allerdings gilt im Bereich des HUVÜ 73 das Günstigkeitsprinzip des Art. 23 HUVÜ 73, wonach auch andere internationale Übereinkünfte zwischen dem Ursprungsstaat und dem Vollstreckungsstaat – hier Artt. 26 ff. LugÜ – herangezogen werden können, um eine Anerkennung und Vollstreckung der Entscheidung zu erreichen.
[14] Einer näheren Erörterung dieser Frage bedarf es an dieser Stelle aber nicht, weil eine (nach dem autonomen Verfahrensrecht des Ursprungsstaates oder nach den im Urteilsstaat anwendbaren Staatsverträgen) ordnungsgemäße Zustellung des verfahrenseinleitenden Schriftstückes sowohl nach Art. 6 HUVÜ 73 als auch nach Art. 34 Abs. 2 i. V. m. Art. 27 Nr. 2 LugÜ Voraussetzung für die Anerkennung und Vollstreckbarerklärung einer ausländischen Säumnisentscheidung ist. Dabei hat das Gericht des Vollstreckungsstaates die Frage, ob die erfolgte Zustellung – hier nach dem Verfahrensrecht des schweizerischen Kantons Graubünden – ordnungsgemäß gewesen ist, in jedem Falle in eigener Zuständigkeit und Verantwortung und ohne Bindung an die Feststellungen des erststaatlichen Gerichts zu beurteilen (vgl. zu Art. 27 Nr. 2 EuGVÜ: EuGH Urteil vom 3. Juli 1990 – Rs. C-305/88 – Slg. 1990, I-2725, 2749 f., Rdn. 28 f. – Lancray/Peters = IPrax 1991, 177; BGH Beschluss vom 2. Oktober 1991 – IX ZB 5/91 – NJW 1992, 1239, 1241).

(Öffentliche Zustellung im Kanton Graubünden, Schweiz)
[15] 3. Im Verfahren vor den Bezirksgerichten des Kantons Graubünden ist die von der Klagepartei bei Gericht angebrachte Prozesseingabe der beklagten Partei mit der Aufforderung zuzustellen, innerhalb von zwanzig Tagen eine Prozessantwort einzureichen (Art. 84 Abs. 1 ZPO-Graubünden). Zustellungen im Wege einer öffentlichen Bekanntmachung im kantonalen Amtsblatt (sog. Edikalzustellungen) sind entsprechend Art. 55 Abs. 1 Satz 3 ZPO-Graubünden in solchen Fällen vorgesehen, in denen der Aufenthalt des Prozessgegners unbekannt ist.
[16] Der Aufenthalt einer Partei ist aber nicht bereits dann unbekannt, wenn die Gegenpartei oder das Gericht deren Aufenthaltsort nicht kennen. Der Begriff des „unbekannten" Aufenthalts in Art. 55 Abs. 1 Satz 3 ZPO-Graubünden stimmt insoweit mit demjenigen in Art. 66 Abs. 4 Nr. 1 des schweizerischen Bundesgesetzes über Schuldbeitreibung und Konkurs (SchKG) überein. Eine Edikalzustellung nach Art. 66 Abs. 4 Nr. 1 SchKG kommt indessen nach der Rechtsprechung des schweizerischen Bundesgerichts nur in Betracht, wenn der Kläger bzw. das Gericht zuvor alle sachdienlichen Nachforschungen zur Ermittlung des Aufenthalts veranstaltet haben (vgl. bereits BGE 56 I 89, 94 f.). Der Grundsatz, dass vor einer Edikalzustellung zweckmäßige Nachforschungen nach dem Aufenthaltsort des Zustellungsadressaten angestellt werden müssen, gilt in gleicher Weise auch für alle kantonalen Verfahrensrechte (vgl. etwa die ausdrücklichen Regelungen in § 183 Abs. 2 GVG-Zürich, § 119 GO-Schwyz oder Art. 68 Abs. 1 ZPO-Nidwalden; vgl. auch Vogel/Spühler, Grundriss des Zivilprozess-

rechts, 8. Aufl. S. 235; Guldener, Schweizerisches Zivilprozessrecht, 3. Aufl. S. 254 Fn. 76; Bischof, Die Zustellung im internationalen Rechtsverkehr in Zivil- oder Handelssachen, S. 72; vgl. weiterhin BGE 129 I 361, 364 zu Art. 111 ZPO-Bern). Dass dies für die Auslegung von Art. 55 Abs. 1 Satz 3 ZPO-Graubünden nicht anders sein kann, ergibt sich auch aus verfassungsrechtlichen Erwägungen. Art. 8 der Verfassung des Kantons Graubünden gewährleistet die Verfahrensgarantien und den Rechtsschutz im Rahmen der schweizerischen Bundesverfassung; zu diesen Verfahrensgarantien gehört auch der Anspruch auf rechtliches Gehör vor Gerichts- und Verwaltungsinstanzen (Art. 29 Abs. 2 der Bundesverfassung), aus denen die Verpflichtung zu Nachforschungen nach dem Aufenthaltsort des Zustellungsadressaten unmittelbar hergeleitet wird (vgl. BGE 56 aaO S. 96).

[27] Entsprechend Art. 55 Abs. 2 ZPO-Graubünden ist die öffentliche Zustellung gegenüber im Ausland wohnenden Personen allerdings auch dann zulässig, wenn sie es trotz Aufforderung unterlassen, durch Ernennung eines Vertreters im Kanton Zustellungsdomizil zu nehmen. Die Zulässigkeit der öffentlichen Zustellung setzt in diesen Fällen aber zwingend voraus, dass die im Ausland lebende Partei zuvor eine Mitteilung mit dem ausdrücklichen Hinweis auf die Vorschrift und ihre Rechtsfolgen zur Kenntnis erlangt hat. Bereits daran fehlt es im vorliegenden Fall.

[28] Ferner wird nach der Rechtsprechung des Kantonsgerichts Graubünden (Urteil vom 19. November 1996 – ZB 96 47 – Praxis des Kantonsgerichts Graubünden [PKG] 1996, Nr. 19, S. 87, 90 f.) über den Wortlaut der Art. 55 ZPO-Graubünden hinaus eine öffentliche Zustellung auch dann für zulässig gehalten, wenn die effektive Zustellung an eine im Ausland lebende Partei trotz größtem Bemühen unmöglich ist; dabei sind insbesondere solche Fälle ins Auge gefasst, in denen feststeht, dass der ersuchte Staat keine effektive Rechtshilfe bei der Zustellung leisten wird. Auch damit kann die Ediktalzustellung hier ersichtlich nicht gerechtfertigt werden.

(Feststellung eines unbekannten Aufenthaltes im Wege eines Freibeweises)

e [20] a) Dies beruht aber – entgegen der Auffassung der Rechtsbeschwerde – nicht bereits darauf, dass die Gewinnung von Beweismitteln im so genannten Freibeweisverfahren schlechthin unzulässig gewesen wäre. Da weder die internationalen Übereinkommen noch das AVAG besondere Bestimmungen über die Art und Weise der Tatsachenermittlung und Wahrheitsfindung enthalten, richten sich diese grundsätzlich nach den einschlägigen Vorschriften der ZPO. In einem zivilprozessualen Beschwerdeverfahren (§§ 567 ff. ZPO) ist das Gericht an das sonst vorgeschriebene strenge Beweisverfahren der §§ 355 ff. ZPO nicht gebunden und auf die dort zugelassenen Beweismittel nicht beschränkt. Eine solche Beschränkung lässt sich weder aus dem Gesetz entnehmen noch aus allgemeinen zivilprozessualen Grundsätzen herleiten. Die Beweisaufnahmeregeln der §§ 355 ff. ZPO gelten unmittelbar nur für das landgerichtliche Erkenntnisverfahren im ersten Rechtszug; eine entsprechende Anwendung der für dieses Verfahren geltenden Vorschriften, die das Gesetz beispielsweise für das Verfahren vor den Amtsgerichten (§ 495 ZPO) sowie für das Berufungsverfahren (§ 525 ZPO) ausdrücklich angeordnet hat, ist für das Verfahren der sofortigen Beschwerde nicht vorgesehen. Auch ein allgemeiner Grundsatz, dass in allen Verfahren der ZPO vom Erfordernis des Strengbeweises auszugehen sei, lässt sich in dieser Form nicht aufstellen. Richtig ist zwar, dass bestimmte Grundlagen des Beweisrechts – insbesondere zum Vorgang der Beweiswürdigung und zum Beweismaß (§ 286 ZPO) – zu den wesentlichen Verfahrensgrundsätzen der ZPO gehören. Dies gilt aber nicht für die in §§ 355 ff. ZPO vorgeschriebene Art der Beweisaufnahme, weil diese eindeutig auf Verfahrensabschnitte zugeschnitten ist, in denen eine mündliche Verhandlung stattfindet (arg. §§ 358 a, 370 Abs. 1 ZPO). In einem Beschwerdeverfahren ohne (obligatorische) mündliche Verhandlung ist der Freibeweis demgegenüber nicht schon von vornherein ausgeschlossen (MünchKomm-ZPO/*Prütting* 2. Aufl. § 284 Rdn. 31; *Baumbach/Lauterbach/Albers/Hartmann* ZPO 66. Aufl. vor § 284 Rdn. 9; *Rosenberg/Schwab/Gottwald* Zivilprozessrecht 16. Aufl. § 109 Rdn. 8; HK-ZPO/*Saenger* 2. Aufl. § 284 Rdn. 24). Daran hat sich durch die zum 1. September 2004 in Kraft getretene Neufassung des § 284 ZPO nichts geändert. § 284 Satz 2 ZPO ermöglicht es dem Gericht nunmehr, mit Zustimmung der Parteien im Wege des Freibeweises dort zu verfahren, wo bislang nur eine förmliche Beweisaufnahme nach Strengbeweisregeln stattfinden konnte. Für die Annahme, dass der Freibeweis jetzt auch in solchen Verfahrensabschnitten an das Einverständnis der Parteien gebunden sein sollte, in denen er bisher auch ohne diese Zustimmung für prozessual zulässig gehalten wurde, lässt sich indessen weder aus der Vorschrift selbst noch aus der Gesetzesbegründung (vgl. BT-Drucks. 15/1508, S. 18) etwas entnehmen.

(Beweisantrag für Kenntnis Dritter vom Aufenthaltsort und Strengbeweis)

f [21] b) Auch steht es der Annahme einer ordnungsgemäßen Ediktalzustellung nicht entgegen, dass den in Italien wohnenden Angehörigen des Antragsgegners dessen Aufenthaltsort in Deutschland bekannt gewesen ist. Der Aufenthaltsort einer Person kann auch dann allgemein unbekannt sein, wenn er von einem Dritten verschwiegen wird, der diesen Ort kennt (vgl. zu § 185 ZPO: Zöller/Stöber ZPO 26. Aufl. § 185 Rdn. 2). Dass die italienischen Angehörigen des Antragsgegners überhaupt bereit gewesen wären, der Antragstellerin den Aufenthaltsort des Antragsgegners in Deutschland preiszuge-

Anhang R. Rechtsprechung R686

ben, um ihr die Verfolgung von Unterhaltsansprüchen gegen den Antragsgegner zu ermöglichen, behauptet der Antragsgegner selbst nicht. Darüber hinaus ist nach dem unbestrittenen Vorbringen der Antragstellerin ein an die Schwester des Antragsgegners gerichtetes Anwaltsschreiben mit der Bitte um Bekanntgabe der Anschrift des Antragsgegners unbeantwortet geblieben. Unter diesen Umständen durften weitere Nachforschungen bei den Angehörigen des Antragsgegners in Italien nach dessen Aufenthaltsort unterbleiben.

[22] c) Bedenken begegnet demgegenüber die Feststellung des Oberlandesgerichts, dass den Söhnen der Parteien – mithin auch dem Sohn D. – in den Jahren 1994 und 1995 der Aufenthaltsort des Antragsgegners unbekannt gewesen sei. Ersichtlich und auch im Ansatz zutreffend geht das Oberlandesgericht davon aus, dass es bei der Beurteilung der Frage nach einem allgemein unbekannten Aufenthalt des Antragsgegners auch auf das Wissen der Söhne der Antragstellerin ankommen kann, weil die Antragstellerin nichts dazu vorgetragen hat, warum es ihr nicht möglich oder zumutbar gewesen seink soll, die erforderlichen Informationen zum Aufenthaltsort des Antragsgegners von ihren nächsten Angehörigen zu erhalten, wenn diese über die erforderlichen Kenntnisse verfügt haben sollten.

[23] Der Antragsgegner hat insoweit – nach den Umständen des Falles auch hinreichend substantiiert – unter Beweisantritt vorgetragen, dass der Sohn D. der Parteien im Jahre 1992 von dem Nachtclubbesitzer B. anlässlich eines Lokalbesuches Anschrift und Telefonnummer des Antragsgegners erhalten habe und dieses Vorbringen zusätzlich durch Vorlage einer eidesstattlichen Versicherung des B. glaubhaft gemacht. Soweit das Oberlandesgericht dazu (lediglich) ausführt, dass die von dem Antragsgegner beigebrachten eidesstattlichen Versicherungen nicht geeignet seien, die von der Antragstellerin beigebrachten eidesstattlichen Versicherungen zu entkräften, rügt die Rechtsbeschwerde in diesem Punkt zu Recht eine Verletzung des verfassungsrechtlich gewährleisteten Anspruchs des Antragsgegners auf rechtliches Gehör (Art. 103 Abs. 1 GG).

[24] aa) Durch die Zulassung des Freibeweises wird das Gericht lediglich im Rahmen pflichtgemäßen Ermessens bei der Gewinnung von Beweismitteln und im Beweisverfahren freier gestellt; dabei wird insbesondere die Bedeutung der zu beweisenden Tatsachen das gerichtliche Ermessen über Art und Umfang der Beweisaufnahme zu bestimmen haben (BGH NJW 1987, 2875, 2876). Dagegen werden die Anforderungen an das Beweismaß nicht vermindert; entscheidungserhebliche Tatsachen müssen weiterhin zur vollen richterlichen Überzeugung (§ 286 ZPO) bewiesen werden (BGH NJW 1997, 3319, 3320 und NJW 2001, 2722, 2723). Für diese Überzeugungsbildung wird die Würdigung einer eidesstattlichen Versicherung in den meisten Fällen nicht ausreichen, da der Beweiswert einer eidesstattlichen Versicherung lediglich auf Glaubhaftmachung angelegt ist, für die schon eine überwiegende Wahrscheinlichkeit des behaupteten Geschehensablaufs genügt. Nur ausnahmsweise kann auch eine eidesstattliche Versicherung für sich genommen zur Bildung der vollen richterlichen Überzeugung genügen (Senatsbeschluss vom 17. April 1996 FamRZ 1996, 1004).

[25] bb) Ein solcher Ausnahmefall liegt nicht vor, wenn – wie hier – hinsichtlich eines tatsächlichen Geschehensablaufs widerstreitende Sachverhaltsdarstellungen vorliegen, die auf der Grundlage der von den Parteien beigebrachten eidesstattlichen Versicherungen dritter Personen nicht miteinander in Einklang zu bringen sind. Kommt das Gericht zu dem Ergebnis, dass die von der einen Partei vorgelegten eidesstattlichen Versicherungen nicht ausreichen, um das Gericht von der Richtigkeit seines Tatsachenvortrages zu überzeugen oder – im Falle des Gegenbeweises – die Überzeugung des Gerichts von der Wahrheit des gegnerischen Vorbringens zu erschüttern, muss das Gericht dieser Partei Gelegenheit zum Antritt des Zeugenbeweises und damit zur Einführung von Strengbeweismitteln mit einem höheren Beweiswert geben (vgl. BGH NJW 2000, 814 und NJW 2007, 1457, 1458). Dies gilt im vorliegenden Fall umso mehr, als der Antragsgegner zum Beweis für seine Behauptung, dass sein Aufenthaltsort und seine Telefonnummer in Deutschland dem Sohn D. der Parteien schon seit 1992 bekannt gewesen sei, die Vernehmung des Nachtclubbesitzers B. als Zeugen schon von sich aus mehrfach ausdrücklich angeboten hatte. Das Übergehen dieses Beweisantrages findet unter diesen Umständen im Prozessrecht keine Stütze und verletzt daher den Anspruch des Antragsgegners auf rechtliches Gehör (vgl. hierzu BVerfG NJW 2003, 1655; BGH NJW-RR 2007, 500, 501).

(Öffentliche Zustellung und Kenntnisnahme von der Antragsschrift)
[31] IV. 1. Sowohl nach Art. 6 HUVÜ 73 als auch nach Art. 27 Nr. 2 LugÜ sind Ordnungsmäßigkeit und Rechtzeitigkeit der Zustellung des verfahrenseinleitenden Schriftstücks kumulative Voraussetzungen für die Anerkennung und Vollstreckbarerklärung einer ausländischen Säumnisentscheidung. Fiktive Zustellungen – wie die öffentliche Zustellung oder die Zustellung durch Übergabe an den Staatsanwalt (remise au parquet) nach französischem Recht – werden im Regelfall nicht „rechtzeitig" im Sinne der Übereinkommen sein, weil sie dem Schuldner meistens keine effektive Möglichkeit eröffnen, vom Inhalt des zuzustellenden Schriftstücks tatsächlich Kenntnis zu nehmen und sich in das Verfahren im Ursprungsstaat einzulassen (vgl. zu Art. 27 Nr. 2 LugÜ: Österreichischer OGH Entscheidung vom 20. September 2000 – 3 Ob 179/00 w – ZfRV 2001, 114, 116; vgl. auch Linke IPrax 1993, 295, 296). Obwohl eine fiktive Zustellung aus diesem Grunde vielfach auch auf eine Fiktion der

Kenntnisnahme hinausläuft, kann in einer fiktiven Zustellung aber kein generelles Anerkennungshindernis gesehen werden, weil auch im grenzüberschreitenden Rechtsverkehr nicht derjenige Schuldner begünstigt werden soll, der sich der Rechtsprechung im Ursprungsstaat durch Aufenthalt an einem unbekannten Ort entzieht (vgl. zu Art. 27 Nr. 2 EuGVÜ: BGH Beschluss vom 2. Oktober 1991 – IX ZB 5/91 – NJW 1992, 1239, 1241; Bülow/Bockstiegel/Geimer/Schütze/Wolf Internationaler Rechtsverkehr in Zivil- und Handelssachen [Stand: Mai 2007] Art. 27 EuGVÜ Rdn. 29; MünchKomm-ZPO/Gottwald ZPO 2. Aufl. Art. 27 EuGVÜ Rdn. 26). Um die Frage beurteilen zu können, ob sich die beklagte Partei im Exequaturverfahren auf die seine Verteidigungsmöglichkeiten beschränkende Ineffektivität der (ordnungsgemäßen) fiktiven Zustellung berufen kann, ist deshalb unter wertender Berücksichtigung aller Umstände des Einzelfalls eine Abwägung zwischen den schützenswerten Interessen des Gläubigers und des Schuldners zu treffen.

[32] a) Unter der Geltung des Art. 27 Nr. 2 LugÜ sind dabei diejenigen Grundsätze heranzuziehen, welche durch die Rechtsprechung des EuGH im Jahre 1985 zu Art. 27 Nr. 2 EuGVÜ entwickelt worden sind (zur Einheitlichkeit der Auslegungsgrundsätze von EuGVÜ und LugÜ vgl. BGH Urteil vom 23. Oktober 2001 – XI ZR 83/01 – NJW-RR 2002, 1149, 1150). Danach ist bei der Abwägung auf Seiten des Schuldners zu berücksichtigen, ob er die Ineffizienz der (fiktiven) Zustellung durch ein ihm vorwerfbares Verhalten herbeigeführt hat (EuGH Urteil vom 11. Juni 1985 – Rs. 49/84 – Slg. 1985, 1779, 1801, Rdn. 32 – Debaecker und Plouvier/Bouwman = RiW 1985, 967). Von vergleichbaren Grundsätzen geht auch Art. 6 HUVÜ 73 aus; die Frage, ob sich der Schuldner eine fiktive Zustellung des verfahrenseinleitenden Schriftstückes entgegenhalten lassen muss, wird dort unter Heranziehung der Maßstäbe aus Art. 2 Nr. 2 des Haager Übereinkommens über die Anerkennung und Vollstreckung von Entscheidungen auf dem Gebiet der Unterhaltspflicht gegenüber Kindern vom 15. April 1958 (im Folgenden: HUVÜ 58) beurteilt (vgl. *Staudinger/Kropholler* BGB [2003] Anh. III zu Art. 18 EGBGB Rdn. 176). Die Anerkennung einer Säumnisentscheidung kommt danach insbesondere in solchen Fällen in Betracht, in denen der Schuldner sich einer andersartigen Zustellung mutwillig entzogen oder auf andere Weise seine Unkenntnis vom Verfahren verschuldet hat (vgl. *Staudinger/Kropholler* aaO Rdn. 68 m. w. N.; *Bülow/Bockstiegel/Geimer/Schütze/Baumann* aaO Art. 6 HUVÜ 1973 Anm. IV 2 c). Nach beiden Übereinkommen kommt es bei der Abwägung auf Seiten des Schuldners entscheidend darauf an, ob dieser die Veranlassung der fiktiven Zustellung an ihn zu vertreten hat. Soweit es dabei um die Vollstreckung von Unterhaltsentscheidungen geht, wird hinsichtlich des Vertretenmüssens einer fiktiven Zustellung regelmäßig von einem Beweis des ersten Anscheins zu Lasten des Unterhaltsschuldners auszugehen sein, wenn dieser in Kenntnis seiner möglichen Unterhaltspflicht die ihm gegenüber unterhaltsberechtigten Personen ohne Nachricht von seinem Aufenthaltsort zurücklässt (vgl. zu Art. 2 Nr. 2 HUVÜ 58: Österreichischer OGH Entscheidung vom 30. Oktober 2000 – 3 Ob 118/00 z – ZfRV 2001, 233, 235).

[33] b) Andererseits sind in die Gesamtabwägung nicht nur die zurechenbaren Verhaltensweisen des Schuldners, sondern auch etwaige Nachlässigkeiten des Gläubigers einzubeziehen, die bei wertender Betrachtung möglicherweise zu einer Kompensation des auf Schuldnerseite liegenden Verhaltens führen. Dabei ist insbesondere an solche Fälle zu denken, in denen der Gläubiger nach der fiktiven Zustellung während des laufenden Verfahrens im Urteilsstaat den tatsächlichen Aufenthaltsort des Schuldners erfährt oder unschwer in Erfahrung bringen könnte (vgl. EuGH Urteil vom 11. Juni 1985 aaO Rdn. 31). In diesen Fällen könnte dem Schutz der Rechte des Schuldners das höhere Gewicht beizumessen sein, wenn es der Gläubiger im Ursprungsverfahren noch in der Hand gehabt hätte, auf eine erneute Zustellung an die nunmehr bekannt gewordene Anschrift des Schuldners zu drängen (vgl. Linke IPrax 1993, 295, 296).

BGH v. 12. 12. 2007 – XII ZR 23/06 – FamRZ 08, 497 = NJW 08, 851

R687 *(Keine Obliegenheit zur Einleitung Verbraucherinsolvenzverfahren beim Trennungsunterhalt; Obliegenheit nur beim Unterhalt minderjähriger Kinder)*

[10] 2. Entgegen der Auffassung des BerGer. obliegt es dem Bekl. im Rahmen des hier geschuldeten Trennungsunterhalts aber nicht, ein Verfahren der Verbraucherinsolvenz einzuleiten, um den Unterhaltsansprüchen der Kl. Vorrang vor den – die ehelichen Lebensverhältnisse prägenden – Kreditverbindlichkeiten zu verschaffen.

[11] a) Zwar hat der Senat eine Obliegenheit zur Einleitung der Verbraucherinsolvenz angenommen, wenn dieses Verfahren geeignet ist, den laufenden Unterhalt minderjähriger Kinder dadurch sicherzustellen, dass ihm Vorrang vor sonstigen, einer möglichen Restschuldbefreiung unterfallenden, Verbindlichkeiten eingeräumt wird. Das gilt nur dann nicht, wenn der Unterhaltsschuldner Umstände vorträgt und gegebenenfalls beweist, die eine solche Obliegenheit im Einzelfall als unzumutbar darstellen (BGHZ 162, 234 [240 ff.] = NJW 2005, 1279 = FamRZ 2005, 608 [609 ff.]). Diese Rechtsprechung hat der Senat mit der gesteigerten Unterhaltspflicht der Eltern gegenüber ihren minderjährigen und privilegierten volljährigen Kindern (§ 1603 II 1 und 2 BGB) begründet. Hinsichtlich

dieser Ansprüche sind den Eltern stärkere Anstrengungen zumutbar, als es bei anderen Unterhaltstatbeständen der Fall ist, was den Eingriff in ihre durch Art. 2 I GG geschützte Handlungsfreiheit rechtfertigen kann.

[12] aa) Die Einleitung der Verbraucherinsolvenz mit der Möglichkeit der Restschuldbefreiung führt stets zu einem Vorrang der laufenden Unterhaltsansprüche gegenüber den Insolvenzforderungen, einschließlich des rückständigen Unterhalts (vgl. insoweit BGH, NJW-RR 2008, 294 = NZI 2008, 50). Denn nach § 36 I InsO gehören Einkünfte nicht zur Insolvenzmasse, soweit sie nicht der Zwangsvollstreckung unterliegen. Das gilt nach den §§ 850 II, 850 c ZPO auch für pfändungsfreies laufendes Arbeitseinkommen, soweit es für den eigenen Unterhalt oder zur Erfüllung gesetzlicher Unterhaltsansprüche privilegiert ist (vgl. *Senat*, NJW 2008, 227 = NZI 2008, 114).

[13] bb) Auch die Möglichkeit, sich auf die Pfändungsgrenzen der ZPO zu berufen, lässt die Obliegenheit zur Einleitung einer Verbraucherinsolvenz nicht entfallen, weil eine Unterhaltspflicht in Fällen der Zahlungsunfähigkeit nach ständiger Rechtsprechung des Senats nur auf der Grundlage der im Insolvenzverfahren möglichen Restschuldbefreiung in Betracht kommt. Die Pfändungsgrenzen des § 850 c ZPO allein lassen die weiteren Verbindlichkeiten des Unterhaltsschuldners nicht entfallen, sondern führen im Gegenteil zu einer fortschreitenden Verschuldung, was dem Unterhaltspflichtigen nach ständiger Rechtsprechung des Senats nicht zugemutet werden kann und deswegen schon einer Titulierung des Unterhalts entgegensteht (BGHZ 162, 234 [240] = NJW 2005, 1279 = FamRZ 2005, 608 [609]). Erst angesichts der Verbraucherinsolvenz mit der Möglichkeit einer Restschuldbefreiung ist es vertretbar, eine nicht beizutreibende Forderung schon im Rahmen der Unterhaltsbemessung unberücksichtigt zu lassen (vgl. Wohlgemuth, FamRZ 2006, 308; a. A. Hauß, FamRZ 2006, 306, und Melchers/Hauß, Unterhalt und Verbraucherinsolvenz, Rdnrn. 106 ff.). Der Senat hält deswegen daran fest, dass den Unterhaltsschuldner auf der Grundlage seiner gesteigerten Unterhaltspflicht für minderjährige und privilegierte volljährige Kinder eine Obliegenheit zur Einleitung der Verbraucherinsolvenz treffen kann. Eine Obliegenheit, sich auf die Pfändungsfreigrenzen der §§ 850 a ff. ZPO zu berufen, kann diese Obliegenheit zur Einleitung einer Verbraucherinsolvenz nicht ersetzen.

[14] cc) Eines eigenen Antrags des Unterhaltsschuldners auf Einleitung der Verbraucherinsolvenz bedarf es auch deswegen, weil nur dann ein Vorrang des laufenden Unterhalts vor sonstigen Insolvenzforderungen gesichert ist. Zwar kann ein Insolvenzantrag nach § 13 I 2 InsO grundsätzlich sowohl vom Schuldner als auch von dessen Gläubigern gestellt werden. Die für die Nichtberücksichtigung der Kreditverpflichtungen ausschlaggebende Restschuldbefreiung setzt aber nach den §§ 305 I, 306 III InsO zwingend einen eigenen Antrag des Schuldners auf Eröffnung des Insolvenzverfahrens voraus (BGHZ 162, 181 [183] = NJW 2005, 1433 = FamRZ 2005, 703). Nur wenn der Unterhaltsschuldner auf Grund seiner unterhaltsrechtlichen Obliegenheit selbst die Verbraucherinsolvenz beantragt, ist eine Restschuldbefreiung möglich und es ihm damit zumutbar, die laufende Unterhaltspflicht vor allen anderen Verbindlichkeiten zu erfüllen. Die Eröffnung des Insolvenzverfahrens führt dann dazu, dass der Unterhaltspflichtige in Höhe der Differenz aus dem nicht zur Insolvenzmasse gehörenden Einkommen (§ 36 I InsO, §§ 850 ff. ZPO) und dem ihm gegenüber dem jeweiligen Unterhaltsanspruch zu belassenden Selbstbehalt leistungsfähig ist (vgl. insoweit *Senat*, NJW 2008, 227 = NZI 2008, 114).

[15] b) Umstritten ist allerdings, ob dem Unterhaltsschuldner auch dann auf eine Obliegenheit zur Einleitung der Verbraucherinsolvenz verwiesen werden kann, wenn er nicht im Rahmen seiner gesteigerten Unterhaltspflicht Kindesunterhalt, sondern Unterhalt für einen getrennt lebenden oder geschiedenen Ehegatten schuldet.

[16] aa) Teilweise wird dem Unterhaltsschuldner die Einleitung der Verbraucherinsolvenz generell schon dann zugemutet, wenn eine nachhaltige Überschuldung vorliegt, die Verbindlichkeiten also im Verhältnis zum Einkommen unangemessen hoch sind und sich über einen langen Zeitraum erstrecken (so OLG Koblenz, NJW 2004, 1256 = FamRZ 2004, 823 [824]; vgl. auch Melchers/Hauß, Rdnrn. 260 ff.). Wenn dem Schuldner nach diesem Maßstab die Einleitung eines Verbraucherinsolvenzverfahrens mit Restschuldbefreiung zumutbar sei, habe dies zur Konsequenz, dass er sich auch unterhaltsrechtlich nicht auf die bestehenden Verbindlichkeiten berufen könne. Diese Auffassung stellt somit vorrangig auf die unterhaltsrechtlichen Folgen der Obliegenheit zur Verbraucherinsolvenz mit Restschuldbefreiung ab, die grundsätzlich auch den Schuldner des Ehegattenunterhalts treffe. Die verfassungsrechtlich durch Art. 2 I GG geschützte allgemeine Handlungsfreiheit des Unterhaltsschuldners berücksichtigt sie erst im Rahmen der allgemeinen Zumutbarkeitsabwägung.

[17] bb) Demgegenüber wird überwiegend vertreten, eine Obliegenheit des Unterhaltsschuldners zur Einleitung der Verbraucherinsolvenz lasse sich allein durch die gesteigerte Unterhaltspflicht gegenüber minderjährigen und privilegierten volljährigen Kindern nach § 1603 II 1 und 2 BGB rechtfertigen. Insbesondere beim Anspruch auf Trennungsunterhalt scheide eine dem Unterhaltsanspruch minderjähriger Kinder vergleichbare Situation aus, weil es sich dabei regelmäßig um eine in den ehelichen Lebensverhältnissen angelegte Verschuldung handele, die der unterhaltsberechtigte Ehegatte mittragen müsse (OLG Celle, FamRZ 2006, 1536; OLG Koblenz, NJW-RR 2005, 1457 = NZI 2005, 637 [für einen Anspruch aus § 1615 l 1 und 2 BGB]).

[18] cc) Der Senat schließt sich im Grundsatz der zuletzt genannten Auffassung an. Die Gegenmeinung verkennt die Tragweite der verfassungsrechtlich geschützten allgemeinen Handlungsfreiheit des Unterhaltsschuldners. Eine Obliegenheit zur Einleitung der Verbraucherinsolvenz lässt sich deswegen nur aus besonders gewichtigen Gründen rechtfertigen, hinter denen die wirtschaftliche Selbstbestimmung des Unterhaltsschuldners zurücktreten muss.

[19] Solche Umstände sind regelmäßig in der gesteigerten Unterhaltspflicht gegenüber minderjährigen und privilegierten volljährigen Kindern nach § 1603 II BGB zu erblicken. Denn diese Unterhaltspflicht beruht auf dem verfassungsrechtlichen Gebot zur Pflege und Erziehung der Kinder aus Art. 6 II und V GG und überwiegt deswegen grundsätzlich die nur im Rahmen der allgemeinen Gesetze durch Art. 2 I GG gewährleistete allgemeine Handlungsfreiheit des Unterhaltsschuldners. Hinzu kommt, dass minderjährige und privilegierte volljährige Kinder in der Regel keine Möglichkeit haben, selbst für ihren Unterhalt zu sorgen. Der Senat hat deswegen in Fällen einer gesteigerten Unterhaltspflicht auch sonst stärkere Anstrengungen des Unterhaltsschuldners für zumutbar gehalten (BGHZ 162, 234 [239 f.] = NJW 2005, 1279 = NZI 2005, 342 = FamRZ 2005, 608 [609]).

[20] Diese Begründung ist auf den Unterhaltsanspruch getrennt lebender oder geschiedener Ehegatten nicht in gleicher Weise übertragbar. Wegen der grundsätzlichen Möglichkeit getrennt lebender oder geschiedener Ehegatten, den eigenen Unterhalt selbst sicherzustellen, hat der Gesetzgeber die gesteigerte Unterhaltspflicht nicht – wie in § 1603 II BGB – auf den Ehegattenunterhalt erstreckt. Hinzu kommt, dass mit dem vom Bundestag und vom Bundesrat bereits beschlossenen Gesetz zur Änderung des Unterhaltsrechts vom 15. 6. 2006 (BT-Dr 16/830) auch der Rang des Ehegattenunterhalts gegenüber dem Unterhaltsanspruch minderjähriger und ihnen gleichgestellter Kinder geändert worden ist. § 1609 BGB weist jetzt nur noch Unterhaltsansprüchen minderjähriger und privilegierter volljähriger Kinder den ersten Rang zu. Erst mit einem späteren Rang folgen die Unterhaltsansprüche Kinder erziehender Eltern und sonstiger (früherer) Ehegatten.

[21] Im Gegensatz zur Rechtsauffassung des BerGer. kommt es nicht entscheidend darauf an, dass auch die Kl. in dem hier zu entscheidenden Einzelfall nicht in der Lage sein dürfte, ausreichend für ihren eigenen Unterhalt zu sorgen. Denn der Gesetzgeber hat im Rahmen des Ehegattenunterhalts selbst den notwendigen Unterhaltsbedarf nicht dem Kindesunterhalt gleichgestellt. Entsprechend hat der Senat in ständiger Rechtsprechung einen Mindestbedarf des getrennt lebenden oder geschiedenen Ehegatten abgelehnt (Senat, NJW 2003, 1112 = FamRZ 2003, 363 [364]). Im Gegensatz dazu sieht das vom Bundestag und vom Bundesrat bereits beschlossene Gesetz zur Änderung des Unterhaltsrechts vom 15. 6. 2006 in § 1612a BGB für minderjährige Kinder einen Mindestunterhalt vor, der sich nach dem doppelten Freibetrag für das sächliche Existenzminimum eines Kindes (Kinderfreibetrag) nach § 32 VI 1 EStG richtet. Auch ein Verzicht auf Unterhaltsansprüche für die Zukunft ist nach § 1614 I BGB beim Verwandtenunterhalt nicht zulässig, während § 1585c BGB eine Vereinbarung über den Unterhalt für die Zeit nach der Ehescheidung ausdrücklich zulässt. Die Ausgestaltung des Ehegattenunterhalts ist deswegen mit dem besonders stark ausgestalteten Unterhaltsanspruch minderjähriger und privilegierter volljähriger Kinder nicht vergleichbar.

[22] Den Schuldner des Trennungsunterhalts oder des nachehelichen Unterhalts trifft im Hinblick auf seine verfassungsrechtlich geschützte allgemeine Handlungsfreiheit deswegen regelmäßig keine Obliegenheit zur Einleitung der Verbraucherinsolvenz. Denn die Kreditbelastungen hatten regelmäßig bereits die ehelichen Lebensverhältnisse geprägt und auch der unterhaltsberechtigte Ehegatte hatte seine Lebensverhältnisse auf diese Ausgaben eingestellt. Daran ändert sich auch nichts dadurch, dass die Ehegatten seit ihrer Trennung nicht mehr nach § 1360a BGB zum Familienunterhalt verpflichtet sind, der ihnen die gleichmäßige Teilhabe an den für den Unterhalt der Familie zur Verfügung stehenden Mitteln sichert. Die Verpflichtung zum Trennungsunterhalt und zum nachehelichen Unterhalt setzt demgegenüber die Leistungsfähigkeit des unterhaltspflichtigen Ehegatten voraus, die nur vorliegt, wenn sein Ehegattenselbstbehalt gewahrt ist (Senat, BGHZ 166, 351 = NJW 2006, 1654 = FamRZ 2006, 683). Mit der Trennung der Parteien ist die Kreditbelastung deswegen nicht nur bei der Bemessung des Unterhaltsbedarfs nach den ehelichen Lebensverhältnissen, sondern auch im Rahmen der Leistungsfähigkeit zu berücksichtigen, was das BerGer. verkannt hat.

[23] c) Nach diesen Grundsätzen oblag es dem Bekl. im Rahmen seiner gesetzlichen Unterhaltspflicht gegenüber der getrennt lebenden Kl. nicht, wegen der ehebedingten Kreditverbindlichkeiten von monatlich 408 Euro ein Verfahren der Verbraucherinsolvenz einzuleiten.

[24] Ein solches Verfahren wäre für den Bekl., der ohnehin lediglich Erwerbsunfähigkeitsrente erzielt, mit erheblichen Einschnitten verbunden. Denn durch die Bestellung eines Treuhänders im Insolvenzverfahren nach den §§ 313 I, 292 InsO würde der Bekl. in seiner wirtschaftlichen Selbstständigkeit stark eingeschränkt. Wie gegenüber einem Insolvenzverwalter bestehen nach den §§ 97 f. InsO auch gegenüber einem Treuhänder weitgehende Auskunfts- und Mitwirkungspflichten (vgl. auch § 305 I und II InsO). Die Eröffnung eines Insolvenzverfahrens wäre für den Bekl. auch deswegen besonders belastend, weil damit sein Recht, das zur Insolvenzmasse gehörende Vermögen zu verwalten und darüber zu verfügen, auf den Insolvenzverwalter bzw. den Treuhänder übergeht (§§ 21 II, 80 bis

Anhang R. Rechtsprechung   R688

82, 313 I InsO). Zudem setzt die mögliche Restschuldbefreiung nach § 287 II InsO voraus, dass der
Schuldner seine pfändbaren Forderungen auf Bezüge aus einem Dienstverhältnis für die Dauer des
Insolvenzverfahrens an den Treuhänder abtritt. Das würde den Bekl. als Insolvenzschuldner nicht nur
während des circa sechsmonatigen vorbereitenden Verfahrens durch die Beratungsstelle (§ 305 I Nr. 1
InsO), sondern auch während der folgenden sechsjährigen Wohlverhaltensperiode gem. §§ 287 II, 299
I InsO in seiner Verfügungsmöglichkeit einschränken. Hinzu kommt, dass infolge der Einleitung einer
Verbraucherinsolvenz auch die allgemeine Kreditwürdigkeit des Unterhaltsschuldners leiden würde.
[25] Dem steht ein Anspruch der Kl. auf Trennungsunterhalt gegenüber, der schon von Gesetzes
wegen nicht so stark ausgestaltet ist, wie es wegen der gesteigerten Unterhaltspflicht nach § 1603 II
BGB für den Anspruch minderjähriger und privilegierter volljähriger Kinder der Fall ist.

BGH v. 9. 1. 2008 – XII ZR 170/05 – FamRZ 08, 594 = FPR 08, 172

(Selbstbehalt und Existenzminimum nach Sozialhilferecht; höherer notwendiger Selbstbehalt des Erwerbstätigen)   R688

[25] Nach ständiger Rechtsprechung des Senats muss dem Unterhaltspflichtigen jedenfalls der Betrag   a
verbleiben, der seinen eigenen Lebensbedarf nach sozialhilferechtlichen Grundsätzen sicherstellt. Eine
Unterhaltspflicht besteht also nicht, soweit der Unterhaltsschuldner infolge einer Unterhaltsleistung
selbst sozialhilfebedürftig würde. Die finanzielle Leistungsfähigkeit endet spätestens dort, wo der Unterhaltspflichtige nicht mehr in der Lage ist, seine eigene Existenz zu sichern (BGHZ 166, 351 [356] =
NJW 2006, 1654 = FamRZ 2006, 683 [684]; vgl. dazu auch den Sechsten Existenzminimumbericht
der Bundesregierung, BT-Dr 16/3265). Ob und in welchem Umfang dem Unterhaltsschuldner zu
belassende Selbstbehalt über den jeweils regional maßgeblichen sozialhilferechtlichen Mindestbedarf
hinausgehen kann, haben die Gerichte unter Berücksichtigung der gesetzlichen Vorgaben zu bestimmen, die sich insbesondere aus der Bedeutung und Ausgestaltung des jeweiligen Unterhaltsanspruchs
und seiner Rangfolge im Verhältnis zu anderen Unterhaltsansprüchen ergeben. Bei dem Unterhaltsanspruch minderjähriger Kinder ist somit die gesteigerte Unterhaltspflicht (§ 1603 II BGB) zu berücksichtigen. Hinzu kommt für die Zeit ab dem 1. 1. 2008 der durch das Gesetz zur Änderung des
Unterhaltsrechts (vom 21. 12. 2007, BGBl I, 3189) geschaffene Vorrang dieses Unterhalts gegenüber
allen übrigen Unterhaltsansprüchen (§ 1609 BGB). Dies gebietet es, den notwendigen Selbstbehalt
gegenüber den Unterhaltsansprüchen minderjähriger oder privilegierter volljähriger Kinder mit Beträgen zu bemessen, die dem sozialhilferechtlichen Bedarf entsprechen oder allenfalls geringfügig darüber
hinausgehen.
[26] Zu Recht gehen die Leitlinien der Oberlandesgerichte (Beil. zu NJW H. 32/2007 und FPR H.
7–8/2007 = FamRZ 2007, 1373, jew. unter Nr. 21.2) weiter davon aus, dass zusätzlich zwischen dem
notwendigen Selbstbehalt eines erwerbstätigen Unterhaltsschuldners und demjenigen eines nicht erwerbstätigen Unterhaltsschuldners zu differenzieren ist. Insoweit weist die Revision zutreffend darauf
hin, dass ein nicht erwerbstätiger Unterhaltsschuldner regelmäßig mehr Zeit zur Verfügung hat, seine
Ausgaben durch sparsame Lebensführung zu reduzieren. Daneben dient ein so differenzierter Selbstbehalt auch dem gebotenen Erwerbsanreiz für den Unterhaltsschuldner, wie es beim Ehegattenunterhalt schon bei der Bemessung des Unterhaltsbedarfs durch Berücksichtigung eines Erwerbstätigenbonus
der Fall ist (vgl. Klinkhammer, FamRZ 2007, 85 [92]).

(Ersparnis durch Zusammenleben des Pflichtigen mit neuem Partner)
[31] Allerdings ist in Rechtsprechung und Literatur umstritten, ob der dem Unterhaltspflichtigen zu   b
belassende notwendige Selbstbehalt wegen eines Zusammenlebens mit einem neuen Partner weiter
reduziert werden kann.
[32] aa) Mit dem BerGer. sind die OLGe Oldenburg (NJW-RR 2000, 1458 = FamRZ 2000, 1177,
und FamRZ 2004, 1669 = BeckRS 2004, 12635) und Hamm (FamRZ 2003, 1214) der Auffassung,
das Zusammenleben mit einem neuen Lebensgefährten könne nicht zu einer Reduzierung des Selbstbehalts führen, wenn keine neue Ehe geschlossen sei. Nur wenn der Unterhaltsschuldner mit dem
neuen Partner verheiratet sei, könne sein Selbstbehalt durch dessen Beitrag zum Familienunterhalt ganz
oder teilweise gedeckt sein. Ein Anspruch auf Familienunterhalt scheide hingegen aus, wenn der
Unterhaltspflichtige nicht mit dem neuen Lebenspartner verheiratet sei. Auch wegen ersparter Aufwendungen komme eine Reduzierung des Selbstbehalts dann nicht in Betracht, denn es unterliege
grundsätzlich der freien Disposition des Unterhaltspflichtigen, wie er die ihm belassenen Mittel nutze.
Zwar sei der Unterhaltsschuldner einem Minderjährigen oder privilegiert volljährigen Kind gesteigert
unterhaltspflichtig und müsse alle verfügbaren Mittel mit ihm gleichmäßig teilen. Die Grenze dieser
Pflicht sei aber erreicht, wenn das Existenzminimum des Unterhaltspflichtigen gefährdet sei. Zu einem
Konsumverzicht sei der Unterhaltsschuldner im Rahmen dieses Existenzminimums nicht verpflichtet.
Einen solchen betreibe er indessen, wenn er sich durch die Wahl eines besonders bescheidenen Wohn-
raums oder den Eintritt in eine Wohngemeinschaft in der Befriedigung seines Wohnbedarfs beschränke.
Soweit durch das Zusammenleben eine Kostenersparnis oder ein Synergieeffekt eintrete, sei nicht

ersichtlich, warum ein solcher Vorteil nicht dem Unterhaltsschuldner verbleibe. Von einem Vorteil könne auch nur dann die Rede sein, wenn der neue Partner über ausreichende eigene Einkünfte verfüge, was Feststellungen des Gerichts zu dem Beitrag des neuen Partners für die gemeinsame Haushaltsführung voraussetzen würde. Schließlich beruhe ein Vorteil durch die neue Wirtschaftsgemeinschaft auf einem freiwilligen Verhalten des Dritten, der regelmäßig nicht den Unterhaltsberechtigten begünstigen wolle.

[33] bb) Demgegenüber wird in Rechtsprechung und Literatur überwiegend vertreten, dass eine Herabsetzung des notwendigen Selbstbehalts im Einzelfall in Betracht komme, wenn der Unterhaltspflichtige im Rahmen einer neuen Lebensgemeinschaft Lebenshaltungskosten erspare (OLG Hamm [8. Senat für Familiensachen], NJW 2003, 223 = FamRZ 2002, 1708 und FamRZ 2003, 1210, und [11. Senat für Familiensachen], FamRZ 2005, 53; OLG Nürnberg, NJW 2003, 3138 = FamRZ 2004, 300; OLG München, FamRZ 2004, 485; OLG Stuttgart, NJW-RR 2004, 1515 = FamRZ 2005, 54, und OLG Köln, OLG-Report 2004, 330; vgl. auch Wendl/Scholz, § 2 Rdnr. 270). Auch der Senat hat bereits in seiner früheren Rechtsprechung wiederholt darauf hingewiesen, dass sich durch die gemeinsame Haushaltsführung mit einem neuen Partner eine Ersparnis ergeben kann, die eine Herabsetzung des Selbstbehalts rechtfertigt (vgl. Senat, NJW-RR 1998, 505 = FamRZ 1998, 286 [288]; NJW 2002, 1646 = FPR 2002, 266 = FamRZ 2002, 742, und NJW 2003, 3770 = FPR 2004, 27 = FamRZ 2004, 24).

[34] cc) Der Senat hält an seiner Rechtsprechung fest, wonach eine Herabsetzung des notwendigen Selbstbehalts bis auf den notwendigen Lebensbedarf nach sozialhilferechtlichen Grundsätzen in Betracht kommt, wenn der Unterhaltspflichtige in einer neuen Lebensgemeinschaft wohnt, dadurch Kosten für die Wohnung oder die allgemeine Lebensführung erspart und sich deswegen auch sozialhilferechtlich auf einen – im Rahmen seiner Bedarfsgemeinschaft – geringeren Bedarf verweisen lassen muss.

[35] Dabei hat das BerGer. allerdings zu Recht danach differenziert, ob der Unterhaltsschuldner mit dem Partner verheiratet ist oder mit ihm in nichtehelicher Lebensgemeinschaft wohnt.

[36] Ist der Unterhaltsschuldner verheiratet, stellt sich zwar auch die Frage, ob seine Kosten für die Wohnung oder die allgemeine Lebenshaltung durch die gemeinsame Haushaltsführung reduziert werden. In solchen Fällen ist allerdings entscheidend darauf abzustellen, dass der Unterhaltsschuldner gegen seinen neuen Ehegatten nach § 1360 a BGB einen Anspruch auf Familienunterhalt hat, der – im Falle der Leistungsfähigkeit des neuen Ehegatten – seinen Selbstbehalt ganz oder teilweise deckt. Darauf hat der Senat insbesondere im Rahmen seiner Hausmannrechtsprechung (Senat, NJW 2006, 2404 = FamRZ 2006, 1010 [1013 f.], und BGHZ 169, 200 [206] = NJW 2007, 139 = FamRZ 2006, 1827 [1828]) und seiner Rechtsprechung zum Elternunterhalt (Senat, NJW 2004, 677 = FPR 2004, 157 = FamRZ 2004, 370 [372]) abgestellt. Weil der Bekl. nicht wieder verheiratet ist, kommt ein solcher Anspruch auf Familienunterhalt hier nicht in Betracht.

[37] Steht dem Unterhaltspflichtigen weder ein Anspruch auf Familienunterhalt noch ein Anspruch für Versorgungsleistungen zu, schließt dies eine Herabsetzung des ihm zu belassenden notwendigen Selbstbehalts wegen ersparter Kosten durch die gemeinsame Haushaltsführung aber nicht aus. Das gilt in gleichem Maße für die Kosten der Wohnung wie für die allgemeinen Lebenshaltungskosten. Denn eine gemeinsame Haushaltsführung führt regelmäßig zu einer Kostenersparnis oder zu Synergieeffekten, die jeden Lebenspartner hälftig entlasten (vgl. Senat, NJW-RR 1998, 505 = FamRZ 1998, 286 [288]; NJW 2002, 1646 = FPR 2002, 266 = FamRZ 2002, 742, und NJW 2003, 3770 = FPR 2004, 27 = FamRZ 2004, 24). Exemplarisch ist insoweit auf Heizkosten hinzuweisen, die sich nicht dadurch erhöhen, dass sich mehrere Personen in einem Raum befinden. Selbst wenn der Raumbedarf durch die Anzahl der dort lebenden Personen regelmäßig steigt, erreichen die Wohnkosten der Gemeinschaft jedenfalls nicht die Summe der Wohnkosten mehrerer Einzelhaushalte.

[38] Soweit das BerGer. eine Rechtfertigung dafür vermisst, warum ein solcher Vorteil nicht dem Unterhaltsschuldner verbleibe, sondern er diesen an den Unterhaltsgläubiger weiterreichen müsse, verkennt es den Zweck des Selbstbehalts. Grundsätzlich ist der Unterhaltspflichtige nach § 1603 II BGB gehalten, alle verfügbaren Mittel zu seinem und der minderjährigen Kinder Unterhalt gleichmäßig zu verwenden. Der notwendige Selbstbehalt dient lediglich dazu, ihm einen Anteil seines Einkommens zu belassen, der jedenfalls den eigenen sozialhilferechtlichen Bedarf sichert und auf der Grundlage des jeweiligen Unterhaltsanspruchs und unter Berücksichtigung der Umstände des Einzelfalls angemessen darüber hinausgeht. Kann der Unterhaltspflichtige also nicht den vollen Unterhaltsbedarf des Berechtigten erfüllen, ist keine Rechtfertigung dafür ersichtlich, ihm mehr zu belassen, als er in seiner konkreten Situation für den notwendigen eigenen Bedarf benötigt.

(Ersparnis durch Zusammenleben keine freiwillige Leistung)

c [39] Zwar weist das BerGer. zutreffend darauf hin, dass eine gemeinsame Haushaltsführung dem Unterhaltspflichtigen nur dann Kosten ersparen kann, wenn auch der Lebensgefährte über ausreichende Einkünfte, und sei es nur aus eigenem Sozialhilfebezug, verfügt, um sich an den Kosten der Lebens-

führung zu beteiligen. Das steht einer Berücksichtigung dieser Einsparung aber nicht generell entgegen. Da die Darlegungs- und Beweislast für seine Leistungsunfähigkeit ohnehin den Unterhaltspflichtigen trifft, dürfte es ihm regelmäßig möglich und zumutbar sein, substanziiert vorzutragen, dass sein neuer Lebensgefährte sich nicht ausreichend an den Kosten der gemeinsamen Lebensführung beteiligen kann.
[40] Im Gegensatz zur Rechtsauffassung des BerGer. tritt die Ersparnis durch gemeinsame Haushaltsführung auch nicht infolge einer freiwilligen Leistung des neuen Lebensgefährten ein. Denn sie beruht darauf, dass die Ausgaben infolge eines Synergieeffekts regelmäßig geringer sind, als sie es wären, wenn jeder Partner der Lebensgemeinschaft einen eigenen Haushalt führen würde. Deswegen werden beide Partner der Lebensgemeinschaft durch die gemeinsame Haushaltsführung entlastet, ohne dafür eine eigene Leistung erbringen zu müssen. Darauf, dass freiwillige Leistungen Dritter grundsätzlich bei der Unterhaltsbemessung unberücksichtigt bleiben, weil sie dem Unterhaltsberechtigten lediglich zu dessen eigener Entlastung und nicht zur Erweiterung seiner unterhaltsrechtlichen Leistungsfähigkeit gewährt werden (*Senat,* BGHZ 162, 384 [391] = NJW 2005, 2145 = FamRZ 2005, 1154 [1156]), kommt es mithin nicht an.
[41] Einer Berücksichtigung der Kostenersparnis in einer neuen Lebensgemeinschaft steht auch nicht entgegen, dass der Senat dem Unterhaltsschuldner die freie Disposition eingeräumt hat, wie er einen ihm zu belassenden Selbsthalt im Einzelfall verwendet. Danach ist es dem Unterhaltsschuldner nicht verwehrt, seine Bedürfnisse anders als in den Unterhaltstabellen vorgesehen zu gewichten und sich z. B. mit einer preiswerteren Wohnung zu begnügen, um zusätzliche Mittel für andere Zwecke, etwa für Bekleidung, Urlaubsreisen oder kulturelle Interessen einsetzen zu können (*Senat,* NJW 2006, 3561 = FamRZ 2006, 1664 [1666], und NJW-RR 2004, 217 = FamRZ 2004, 186 [189]). Denn bei der Herabsetzung des Selbstbehalts wegen Aufnahme einer neuen Lebensgemeinschaft geht es entgegen der Auffassung des BerGer. nicht um die Frage, ob dem Unterhaltsschuldner ein nur geringerer Selbstbehalt belassen werden darf, weil er sich in seinen Bedürfnissen teilweise (z. B. beim Wohnbedarf) bescheidet und dagegen auf andere Bedürfnisse mehr Wert legt. Entscheidend ist vielmehr, ob der Unterhaltsschuldner wegen des Synergieeffekts ohne Einbußen günstiger lebt und seinen Lebensstandard mit geringeren Mitteln aufrechterhalten kann als ein allein lebender Unterhaltsschuldner.

(Umzugskosten Abzugsposten)
[46] 2. Soweit das BerGer. schließlich eine – gegenläufige – Erhöhung des notwendigen Selbstbehalts wegen der vom Bekl. behaupteten Kosten des Umgangs mit dem Kl. abgelehnt hat, wird auch dies durch die Gründe der angefochtenen Entscheidung nicht getragen. Denn auch nach dem vom BerGer. zu Grunde gelegten Sachverhalt beschränken sich die Umgangskosten nicht auf die vom OLG berücksichtigten 15 Euro monatlich. Der Bekl. muss bei der Ausübung des 14-tätigen Umgangsrechts nicht nur die vom BerGer. berücksichtigten Kosten öffentlicher Verkehrsmittel aufwenden. Vielmehr entstehen jedenfalls zusätzliche Kosten durch die Benutzung des Fahrzeugs seiner Lebensgefährtin, mit dem er von dort zu dem ca. 15 km entfernten Wohnort der Kinder weiterfährt. Auch wenn der Bekl. für die Nutzung des Fahrzeugs kein Entgelt an seine Lebensgefährtin zahlen muss, durfte das BerGer. nicht davon ausgehen, dass auch keine Betriebskosten entstehen, für die der Bekl. aufkommen muss. Selbst wenn seine Lebensgefährtin diese Kosten trüge, lägen darin freiwillige Leistungen eines Dritten, die dem Kl. nicht zugute kommen sollen. Das BerGer. wird deswegen erneut prüfen müssen, ob es auch angesichts höherer Umgangskosten eine Anpassung des dem Bekl. zu belassenden notwendigen Selbstbehalts ablehnt. Dabei wird es auch zu berücksichtigen haben, dass dem Bekl. hier kein Anteil des Kindergeldes anrechnungsfrei verblieb, mit dem er die Kosten der Ausübung seines Umgangsrechts finanzieren könnte. Der Senat hat bereits entschieden, dass dann bei nicht unerheblichen Umgangskosten, die der Unterhaltsschuldner nicht aus den Mitteln bestreiten kann, die ihm über den notwendigen Selbstbehalt hinaus verbleiben, eine maßvolle Erhöhung des Selbstbehalts in Betracht kommt (*Senat,* NJW 2005, 1493 = FamRZ 2005, 706 [708]).

BGH v. 6. 2. 2008 – XII ZR 14/06 – FamRZ 2008, 968 = NJW 2008, 1663

(Darlegungs- und Beweislast für Verlängerung des Betreuungsunterhalts)

[30] cc) Für die Zeit ab dem 1. Januar 2008 wird das Berufungsgericht allerdings die Änderung des § 1570 BGB durch das Gesetz zur Änderung des Unterhaltsrechts vom 21. Dezember 2007 (BGBl. 2007 I S. 3189; vgl. insoweit *Borth* FamRZ 2008 2, 5 ff., *Meier* FamRZ 2008, 101, 102 ff.; *Weinreich/Klein,* Familienrecht 3. Aufl. § 1570 Rdn. 8 ff.; *Borth* Unterhaltsrechtsänderungsgesetz Rdn. 57 ff.; *Klein,* Das neue Unterhaltsrecht, 2008, S. 45 ff.) zu berücksichtigen haben. Danach kann der geschiedene Ehegatte Betreuungsunterhalt ohne weitere Begründung nur für die Dauer von drei Jahren nach der Geburt des Kindes beanspruchen (§ 1570 Abs. 1 Satz 1 BGB). Zwar kann der Anspruch auf Betreuungsunterhalt im Einzelfall aus kindbezogenen (§ 1570 Abs. 1 Satz 2 und 3 BGB) oder aus elternbezogenen (§ 1570 Abs. 2 BGB) Gründen verlängert werden (zum Unterhaltsanspruch nach § 1615l

Abs. 2 BGB vgl. Senatsurteil FamRZ 2006, 1362, 1366 f.). Für die Umstände, die eine solche Verlängerung rechtfertigen können, ist allerdings die Beklagte zu 1 darlegungs- und beweispflichtig.

(Splittingvorteil bei Wiederverheiratung und Vorrang erster Ehegatte hat neuer Ehe zu verbleiben; fiktive Steuerberechnung)

b   [32] a) Das für die ehelichen Lebensverhältnisse relevante Einkommen des Klägers hat das Berufungsgericht zutreffend ohne Berücksichtigung des Splittingvorteils aus seiner neuen Ehe ermittelt.

[33] aa) Mit Beschluss vom 7. Oktober 2003 hat das Bundesverfassungsgericht entschieden, dass steuerliche Vorteile, die der neuen Ehe eines geschiedenen Unterhaltspflichtigen durch das Ehegattensplitting erwachsen, nicht schon in der früheren Ehe angelegt sind und deswegen die Lebensverhältnisse dieser Ehe auch nicht bestimmt haben. Denn diese steuerlichen Vorteile, die in Konkretisierung des Schutzauftrags aus Art. 6 Abs. 1 GG durch das Gesetz allein der bestehenden Ehe eingeräumt sind, dürfen ihr von Verfassungs wegen durch die Gerichte nicht wieder entzogen und an die geschiedene Ehe weitergeleitet werden (BVerfGE 108, 351 = FamRZ 2003, 1821, 1823 = NJW 2003, 3466). Dem hat der Senat inzwischen Rechnung getragen. Danach sind bei der Bemessung des Unterhaltsanspruchs eines früheren Ehegatten der Splittingvorteil eines wiederverheirateten Unterhaltspflichtigen außer Betracht zu lassen und sein unterhaltsrelevantes Einkommen anhand einer fiktiven Steuerberechnung nach der Grundtabelle zu ermitteln (Senatsurteil FamRZ 2005, 1817, 1819 = NJW 2005, 3277).

(Splittingvorteil bei Wiederverheiratung beim Kindesunterhalt zu berücksichtigen)

c   [34] bb) Bei der Bemessung der Unterhaltsansprüche der Beklagten zu 2 und 3 hat das Berufungsgericht den Splittingvorteil allerdings zu Recht berücksichtigt. Dieser steuerliche Vorteil aus der neuen Ehe ist schon deswegen bei der Bemessung des Kindesunterhalts zu berücksichtigen, weil das höhere Nettoeinkommen auch dem Kind des Klägers aus seiner zweiten Ehe zugute kommt und die Unterhaltsansprüche der leiblichen Kinder aus verschiedenen Ehen nicht auf unterschiedlichen Einkommensverhältnissen beruhen können (vgl. Senatsurteile FamRZ 2005, 1817, 1820 = NJW 2005, 3277, FamRZ 2007, 882, 885 = NJW 2007, 1969 und FamRZ 2007, 1081, 1082 = NJW 2007, 2412).

(Für eheliche Lebensverhältnisse tatsächlich erzielte Einkünfte maßgebend. Fiktive Steuerberechnung nur bei nichtprägenden Einkommen, steuerlichen Vergünstigungen oder Verletzung der Obliegenheit, Freibeträge einzutragen)

d   [37] aa) Nach ständiger Rechtsprechung des Senats ist bei der Ermittlung der ehelichen Lebensverhältnisse gemäß § 1578 Abs. 1 Satz 1 BGB grundsätzlich von den tatsächlich erzielten Einkünften auszugehen. Im Regelfall ist deswegen auch die Steuerlast in ihrer jeweils realen Höhe maßgebend, unabhängig davon, ob sie im konkreten Fall seit der Trennung gestiegen oder gesunken ist und ob das auf einem gesetzlich vorgeschriebenen Wechsel der Steuerklasse oder auf einer Änderung des Steuertarifs beruht. Berichtigungen der tatsächlichen, durch Steuerbescheide oder Lohnabrechnungen nachgewiesenen Nettoeinkünfte sind nur in besonders gelagerten Fällen vorzunehmen, etwa dann, wenn nicht prägende Einkünfte eingeflossen sind, steuerliche Vergünstigungen vorliegen, die – wie z. B. das Ehegattensplitting – dem Unterhaltsberechtigten nicht zugute kommen dürfen oder wenn erreichbare Steuervorteile entgegen einer insoweit bestehenden Obliegenheit nicht in Anspruch genommen worden sind. Entsprechend trifft den Unterhaltspflichtigen grundsätzlich eine Obliegenheit, mögliche Steuervorteile im Wege des Realsplittings nach § 10 Abs. 1 Nr. 1 EStG zu realisieren, soweit dadurch nicht eigene Interessen verletzt werden.

(Eintragung Freibetrag Realsplitting nur bei Anerkenntnis, freiwilliger Zahlung des Unterhalts oder Verurteilung)

e   [38] Die Verpflichtung des Unterhaltsschuldners zur Inanspruchnahme steuerlicher Vorteile aus dem Realsplitting geht allerdings nur so weit, wie seine Unterhaltspflicht einem Anerkenntnis oder einer rechtskräftigen Verurteilung folgt oder freiwillig erfüllt wird. Denn die steuerlichen Voraussetzungen des Realsplittings erfordern eine tatsächliche Unterhaltszahlung in dem jeweiligen Steuerjahr. Hat der Unterhaltsschuldner nachehelichen Ehegattenunterhalt auf eine feststehende Unterhaltspflicht in dem betreffenden Jahr geleistet, konnte und musste er den steuerlichen Vorteil des Realsplittings in Anspruch nehmen. Stand seine Unterhaltspflicht aufgrund eines Anerkenntnisses oder eines Unterhaltstitels fest, hätte er bei Erfüllung dieser Unterhaltspflicht ebenfalls den steuerlichen Vorteil des Realsplittings in Anspruch nehmen können, was zur fiktiven Zurechnung dieses Steuervorteils führt (vgl. Senatsurteil FamRZ 2007, 793, 797).

(Bei Wiederverheiratung Pflichtiger und fiktiver Steuerberechnung erster Ehegatte Realsplittingvorteil aus Grundtabelle)

f   [40] cc) Auch soweit das Berufungsgericht den steuerlichen Vorteil des Realsplittings für die Zeit bis einschließlich Juli 2004 auf der Grundlage des Einkommens des Klägers nach der Grundtabelle

(Steuerklasse I) errechnet hat, entspricht dies der Rechtsprechung des Senats. Wie ausgeführt, muss der Splittingvorteil aus der neuen Ehe zwar grundsätzlich dieser Ehe vorbehalten bleiben. Die geschiedene unterhaltsberechtigte Ehefrau darf aber nicht davon profitieren, dass ihr unterhaltspflichtiger früherer Ehemann wieder verheiratet ist und wegen der dadurch bedingten geringeren Steuerlast ein höheres Nettoeinkommen zur Verfügung hat. Umgekehrt darf die geschiedene Ehefrau durch die neue Ehe des Unterhaltspflichtigen aber auch nicht schlechter gestellt werden. Deswegen muss sowohl der Unterhaltsanspruch der geschiedenen Ehefrau als auch der Steuervorteil aus dem begrenzten Realsplitting nach den Verhältnissen ohne Berücksichtigung der zweiten Ehe des Unterhaltspflichtigen bemessen werden. Wie das unterhaltsrelevante Einkommen des Klägers ist somit auch dessen Realsplittingvorteil wegen der Unterhaltszahlungen an die Beklagte zu 1 fiktiv nach der Grundtabelle zu bemessen (Senatsurteil FamRZ 2007, 1232, 1234 f.).

(Zur Wandelbarkeit der unterhaltsbestimmenden ehelichen Lebensverhältnisse)
[43] aa) Nach der neueren Rechtsprechung des Senats zu den wandelbaren ehelichen Lebensverhältnissen will die Anknüpfung des § 1578 Abs. 1 Satz 1 BGB für den unterhaltsberechtigten Ehegatten keine die früheren ehelichen Lebensverhältnisse unverändert fortschreibende Lebensstandardgarantie begründen, die nur in den Grenzen fehlender Leistungsfähigkeit des unterhaltspflichtigen Ehegatten an dessen dauerhaft veränderte wirtschaftliche Verhältnisse angepasst und nur insoweit auch „nach unten korrigiert" werden könnte. Für eine solche Absicherung bietet das Recht des nachehelichen Unterhalts, das – jedenfalls im Grundsatz – nur die Risiken der mit der Scheidung fehlgeschlagenen Lebensplanung der Ehegatten und der von ihnen in der Ehe praktizierten Arbeitsteilung angemessen ausgleichen will, keine Rechtfertigung. Das Unterhaltsrecht will den bedürftigen Ehegatten nach der Scheidung wirtschaftlich nicht besser stellen, als er sich ohne die Scheidung stünde. Bei Fortbestehen der Ehe hätte ein Ehegatte die negative Einkommensentwicklung des anderen Ehegatten wirtschaftlich mit zu tragen. Es ist nicht einzusehen, warum die Scheidung ihm das Risiko einer solchen – auch vom unterhaltspflichtigen Ehegatten hinzunehmenden – Entwicklung, wenn sie dauerhaft und vom Schuldner nicht durch in Erfüllung seiner Erwerbsobliegenheit gebotene Anstrengungen vermeidbar ist, abnehmen soll (Senatsurteile BGHZ 153, 358, 364 f. = FamRZ 2003, 590, 591 f. und BGHZ 171, 206 = FamRZ 2007, 793, 795; s. auch *Gerhardt* FamRZ 2007, 845 f.). Nichts anderes kann für sonstige Änderungen der maßgeblichen Verhältnisse gelten, wenn sich dadurch das dem Unterhaltspflichtigen verfügbare Einkommen vermindert (vgl. schon BGHZ 166, 351, 361 f. = FamRZ 2006, 683, 685 f.). Daher muss eine Korrektur nicht erst bei der Leistungsfähigkeit, sondern schon bei der Bedarfsbemessung ansetzen.

[44] Die Anknüpfung an den Stichtag der rechtskräftigen Scheidung, wonach für die Bemessung der ehelichen Lebensverhältnisse grundsätzlich die Entwicklungen bis zur Rechtskraft des Scheidungsurteils maßgebend und Änderungen in der Folgezeit nur dann zu berücksichtigen seien, wenn diese schon in der Ehe angelegt gewesen seien (vgl. Senatsurteil vom 25. November 1998 – XII ZR 98/97 – FamRZ 1999, 367, 368 f. mit kritischer Anmerkung Graba), ist damit überholt. Das gilt insbesondere für den früheren Ansatz, dass unvorhersehbare Änderungen nach der Trennung der Parteien nur deswegen grundsätzlich noch die ehelichen Lebensverhältnisse prägen sollten, weil sie – zufällig – noch vor Rechtskraft des Scheidungsurteils eintraten und deshalb etwa die Unterhaltspflicht für ein Kind aus einer anderen Verbindung bereits als „während der ehelichen Lebensgemeinschaft angelegt" anzusehen sei, wenn das Kind noch vor Rechtskraft der Scheidung geboren ist (vgl. Senatsurteil vom 25. November 1998 – XII ZR 98/97 – FamRZ 1999, 367, 368 f.). Entscheidend ist aber, wie der Senat in seiner neueren Rechtsprechung wiederholt betont hat, dass dem Recht des nachehelichen Unterhalts keine Lebensstandardgarantie entnommen werden kann (vgl. Senatsurteile vom 14. November 2007 – XII ZR 16/07 – FamRZ 2008, 134, 135; BGHZ 171, 206 = FamRZ 2007, 793, 795; BGHZ 166, 351, 361 f. = FamRZ 2006, 683, 685 f.; BGHZ 153, 358, 364 f. = FamRZ 2003, 590, 591 f.). Deswegen sind spätere Einkommensveränderungen bei der Bemessung des nachehelichen Ehegattenunterhalts grundsätzlich zu berücksichtigen, unabhängig davon, ob sie vor der Rechtskraft der Ehescheidung oder erst später eingetreten sind, und grundsätzlich auch unabhängig davon, ob es sich um Einkommensminderungen oder -verbesserungen handelt, wobei allerdings wegen der Anknüpfung an die ehelichen Lebensverhältnisse in § 1578 Abs. 1 Satz 1 BGB Ausnahmen geboten sind.

[45] Die Berücksichtigung einer nachehelichen Einkommensminderung findet ihre Grenze erst in der nachehelichen Solidarität der geschiedenen Ehegatten (vgl. dazu jetzt ausdrücklich BT-Drucks. 253/06 S. 59). Soweit das Gesetz einen Anspruch auf nachehelichen Unterhalt vorsieht, darf der Unterhaltspflichtige diesen nicht unterhaltsrechtlich leichtfertig gefährden. Beruhen Einkommensminderungen auf einer Verletzung der Erwerbsobliegenheit des Unterhaltspflichtigen (vgl. Senatsurteil vom 12. April 2000 – XII ZR 79/98 – FamRZ 2000, 815, 816 f.; zum umgekehrten Fall beim Unterhaltsberechtigten vgl. Senatsurteil vom 14. Dezember 1983 – IVb ZR 38/82 – FamRZ 1984, 364, 367) oder sind sie durch freiwillige berufliche oder wirtschaftliche Dispositionen des Unterhaltspflichtigen veranlasst und hätten sie von diesem durch zumutbare Vorsorge aufgefangen werden können (vgl.

Senatsurteile vom 25. Februar 1987 – IV b ZR 28/86 – FamRZ 1987, 930, 933 und vom 21. Januar 1987 – IV b ZR 94/85 – FamRZ 1987, 372, 374; s. auch *Wendl/Dose* Das Unterhaltsrecht in der familienrichterlichen Praxis 6. Aufl. § 1 Rdn. 494 ff.) bleiben sie deswegen unberücksichtigt, sodass stattdessen fiktive Einkünfte anzusetzen sind.

[46] In gleicher Weise sind auch Einkommenssteigerungen grundsätzlich zu berücksichtigen, gleichgültig, ob sie vor oder nach Rechtskraft der Ehescheidung auftreten. Ausnahmen bestehen nur dort, wo die Steigerungen nicht schon in der Ehe angelegt waren wie etwa allgemeine Lohnsteigerungen, sondern auf eine unerwartete Entwicklung, z. B. einen Karrieresprung, zurückzuführen sind. Nur solche unvorhersehbar gestiegenen Einkünfte sind deswegen nicht mehr den ehelichen Lebensverhältnissen im Sinne des § 1578 Abs. 1 Satz 1 BGB zuzurechnen. Denn das Unterhaltsrecht will den geschiedenen Ehegatten nicht besser stellen, als er während der Ehezeit stand oder aufgrund einer schon absehbaren Entwicklung ohne die Scheidung stehen würde. Auch insoweit kommt es nicht darauf an, ob es sich um Einkommenssteigerungen des Unterhaltspflichtigen oder des Unterhaltsberechtigten handelt. Bereits in seiner Surrogatrechtsprechung zur Berücksichtigung der Erwerbseinkünfte aus einer späteren Erwerbstätigkeit anstelle früherer Haushaltstätigkeit und Kindererziehung (vgl. Senatsurteile vom 13. Juni 2001 – XII ZR 343/99 – FamRZ 2001, 986, 989 ff., vom 5. Mai 2004 – XII ZR 132/02 – FamRZ 2004, 1173, vom 13. April 2005 – XII ZR 273/02 – FamRZ 2005, 1154, 1157 und vom 7. September 2005 – XII ZR 311/02 – FamRZ 2005, 1979, 1981) hat der Senat ausgeführt, dass auch die später hinzugekommenen Einkünfte schon in Gestalt der Haushaltstätigkeit und Kindererziehung in der Ehe angelegt waren. Ebenso kann es nach ständiger Rechtsprechung keinen Unterschied machen, ob die Steigerung des für Unterhaltszwecke verfügbaren Einkommens auf einer Einkommenssteigerung oder darauf beruht, dass Zahlungsverpflichtungen aufgrund einer absehbaren Entwicklung entfallen sind.

[47] Im Hinblick auf diese Betrachtungsweise sind auch sonstige Veränderungen der maßgeblichen Verhältnisse zu berücksichtigen, wenn sie Einfluss auf das dem Unterhaltspflichtigen verfügbare Einkommen haben. Die Berücksichtigung dadurch bedingter Einkommensminderungen findet ihre Grenze ebenfalls erst in einem vorwerfbaren Verhalten, das – ähnlich wie bei der fiktiven Anrechnung vorwerfbar nicht erzielten Einkommens – unterhaltsbezogen mutwillig sein muss. Das ist nicht der Fall, wenn ein geschiedener Unterhaltsschuldner eine neue Familie gründet und in dieser neuen Ehe Kinder geboren werden. Auch in solchen Fällen wäre es verfehlt, die Unterhaltspflicht für das neu hinzugekommene Kind bei der Bemessung des Ehegattenunterhalts unberücksichtigt zu lassen, was dazu führen könnte, dass der Unterhaltsanspruch des geschiedenen Ehegatten das dem Unterhaltspflichtigen für den eigenen Unterhalt verbleibende Einkommen übersteigen würde, was nur im Rahmen des Selbstbehalts korrigiert werden könnte (vgl. insoweit Senatsurteil BGHZ 166, 351 = FamRZ 2006, 683, 685 f.). Bei der Neuberechnung des der Beklagten zu 1 zustehenden nachehelichen Unterhalts wird das Berufungsgericht deswegen auch den Unterhaltsbedarf des in zweiter Ehe geborenen Kindes zu berücksichtigen haben.

(Zwischen Ehegattenunterhalt und vorrangigem Kindesunterhalt ist ein ausgewogenes Verhältnis herzustellen. Dazu eignen sich die Bedarfskontrollbeträge.)

h bb) Bei der Bemessung des Unterhaltsbedarfs nach den ehelichen Lebensverhältnissen hat das Berufungsgericht wiederum zu Recht den vollen Unterhaltsbedarf der Kinder des Klägers berücksichtigt. Daran hat sich auch durch das zum 1. Januar 2008 in Kraft getretene Gesetz zur Änderung des Unterhaltsrechts vom 21. Dezember 2007 nichts geändert. Denn mit dem nunmehr in § 1609 BGB geschaffenen Vorrang des Unterhalts minderjähriger und privilegierter volljähriger Kinder ist insoweit keine Änderung der früheren Rechtslage verbunden. Die Vorschrift des § 1609 BGB beschränkt sich auf die Regelung der Rangfolgen mehrerer Unterhaltsberechtigter, betrifft also die Leistungsfähigkeit. Auf die Höhe des Unterhaltsbedarfs hat diese Vorschrift hingegen keine Auswirkung. Soweit der Unterhaltsanspruch von Kindern ohne eigene Lebensstellung mit Ansprüchen anderer Unterhaltsberechtigter, wie Unterhaltsansprüchen getrennt lebender oder geschiedener Ehegatten oder Ansprüchen nach § 1615 l BGB, konkurriert, kann eine ausgewogene Verteilung des Einkommens etwa mit Hilfe der Bedarfskontrollbeträge der Düsseldorfer Tabelle hergestellt werden (vgl. insoweit Klinkhammer FamRZ 2008, 193, 197 f.). Mit dem Vorrang des Unterhaltsanspruchs minderjähriger und privilegierter volljähriger Kinder haben derartige Korrekturen für die Bemessung eines ausgewogenen Unterhaltsbedarfs aller Berechtigten allerdings eine noch größere Bedeutung gewonnen.

(Bei Wiederverheiratung Pflichtiger wegen Ersparnis durch Zusammenleben Selbstbehalt herunterzusetzen; Höhe Selbstbehalt)

i [52] 4. Im Ergebnis zu Recht hat das Berufungsgericht den dem Kläger zu belassenden Selbstbehalt wegen des Zusammenlebens mit seinem neuen Ehegatten herabgesetzt. Die Bemessung des dem Unterhaltspflichtigen zu belassenden Selbstbehalts ist nach ständiger Rechtsprechung des Senats Aufgabe des Tatrichters. Dabei ist es ihm nicht verwehrt, sich an Erfahrungs- und Richtwerte anzulehnen, sofern nicht im Einzelfall besondere Umstände eine Abweichung gebieten (Senatsurteil FamRZ 2006,

Anhang R. Rechtsprechung   R689

683, 684). Der Tatrichter muss aber die gesetzlichen Wertungen und die Bedeutung des jeweiligen Unterhaltsanspruchs berücksichtigen.

[53] a) Nach ständiger Rechtsprechung des Senats muss dem Unterhaltspflichtigen jedenfalls der Betrag verbleiben, der seinen eigenen Lebensbedarf nach sozialhilferechtlichen Grundsätzen in der jeweiligen Lebenssituation sicherstellt. Eine Unterhaltspflicht besteht also nicht, soweit der Unterhaltsschuldner in Folge einer Unterhaltsleistung selbst sozialhilfebedürftig würde. Die finanzielle Leistungsfähigkeit endet spätestens dort, wo der Unterhaltspflichtige nicht mehr in der Lage ist, seine eigene Existenz zu sichern (BGH FamRZ 2006, 683, 684; vgl. dazu auch den 6. Existenzminimumbericht der Bundesregierung BT-Drucks. 16/3265).

[54] Ob und in welchem Umfang der dem Unterhaltsschuldner zu belassende Selbstbehalt über den jeweils regional maßgeblichen sozialhilferechtlichen Mindestbedarf hinausgehen kann, haben die Gerichte unter Berücksichtigung der gesetzlichen Vorgaben zu bestimmen, die sich insbesondere aus der Bedeutung und Ausgestaltung des jeweiligen Unterhaltsanspruchs und seiner Rangfolge im Verhältnis zu anderen Unterhaltsansprüchen ergeben. Für den Unterhaltsanspruch minderjähriger – wie der Beklagten zu 2 oder des weiteren Kindes des Klägers – oder privilegierter volljähriger Kinder ist nach ständiger Rechtsprechung deswegen von einem nur wenig über dem Sozialhilfebedarf der Beklagten zu 1 auf nachehelichen Ehegattenunterhalt der Ehegattenselbstbehalt (BGH FamRZ 2006, 683, 684) zu beachten ist.

[55] b) Der notwendige Selbstbehalt gegenüber den Unterhaltsansprüchen minderjähriger und privilegierter volljähriger Kinder kann entgegen der Auffassung des Berufungsgerichts allerdings schon dann bis auf den jeweils konkret maßgeblichen Sozialhilfesatz herabgesetzt werden, wenn der Unterhaltsschuldner in einer neuen Lebensgemeinschaft wohnt und dadurch Kosten der gemeinsamen Haushaltsführung erspart (Senatsurteil vom 9. Januar 2008 – XII ZR 170/05 – NJW 2008, 1373). Ist der Unterhaltsschuldner – wie hier – verheiratet, muss zusätzlich berücksichtigt werden, dass der Unterhaltsschuldner und der neue Ehegatte nach § 1360a BGB einander zum Familienunterhalt verpflichtet sind. Wechselseitig erbrachte Leistungen erfolgen deswegen auf dieser rechtlichen Grundlage und nicht als freiwillige Leistungen Dritter.

[56] Zu Recht sehen die Leitlinien des Berufungsgerichts deswegen vor, dass der jeweilige Selbstbehalt beim Verwandtenunterhalt unterschritten werden kann, wenn der eigene Unterhalt des Pflichtigen ganz oder teilweise durch seinen Ehegatten gedeckt ist (FamRZ 2008, 231, 234 Ziff. 21.5.1) und dass der Bedarf des neuen Ehegatten bei Unterhaltsansprüchen nachrangiger geschiedener Ehegatten oder nachrangiger volljähriger Kinder lediglich mindestens 800 EUR beträgt und damit unter dem Ehegattenselbstbehalt liegt (FamRZ 2008, 231, 234 Ziff. 22.1). Das Berufungsgericht wird deswegen zu klären haben, ob das Einkommen der neuen Ehefrau des Klägers in ihrer Bedarfsgemeinschaft eine Höhe erreicht, die eine Ersparnis für den Kläger durch das gemeinsame Wirtschaften rechtfertigt.

(Mietfreies Wohnen im Haus des neuen Ehepartners beim Bedarf und bei der Leistungsfähigkeit zu berücksichtigen)

[57] c) Zu diesen allgemeinen Ersparnissen kommt hinzu, dass der Kläger mit seiner Familie in dem   **j**
Haus seiner neuen Ehefrau wohnt und diese ihm den Wohnvorteil nicht als freiwillige Leistung Dritter, sondern im Rahmen ihrer Pflicht zum Familienunterhalt nach § 1360a BGB gewährt. Die Selbstbehaltsätze der Leitlinien des Berufungsgerichts enthalten Kosten für Unterkunft und Heizung, die sich nach dem gegenwärtigen Stand beim notwendigen Selbstbehalt auf monatlich 360 EUR und beim Ehegattenselbstbehalt auf 400 EUR belaufen (vgl. die Leitlinien des Berufungsgerichts FamRZ 2008, 231, 233 Ziff. 21.2 und 21.4). Im Gegensatz dazu wohnt der Kläger mietfrei, was auch im Rahmen des Selbstbehalts unterhaltsrechtlich zu berücksichtigen ist.

Zwar sind die ersparten Mietkosten nach ständiger Rechtsprechung des Senats auch schon bei der Bemessung des Unterhaltsbedarfs zu berücksichtigen (vgl. zuletzt Senat FamRZ 2007, 879, 880 f.). Denn es handelt sich dabei um Gebrauchsvorteile im Sinne des § 100 BGB, die schon das verfügbare Einkommen entsprechend erhöhen. Dieser Umstand steht einer weiteren Berücksichtigung im Rahmen der Leistungsfähigkeit aber nicht entgegen.

(Keine grobe Unbilligkeit bei verspäteter Mitteilung einer Einkommensveränderung in der 1. Instanz durch Offenbarung in der Berufungsbegründung)

[59] 5. Soweit das Berufungsgericht eine Verwirkung des Unterhaltsanspruchs der Beklagten zu 1   **k**
verneint hat, ist dies aus revisionsrechtlicher Sicht nicht zu beanstanden. Nach ständiger Rechtsprechung des Senats setzt die Verwirkung eines Unterhaltsanspruchs nach § 1579 BGB neben der Feststellung eines Härtegrundes aus Ziff. 1 bis 8 dieser Vorschrift stets eine grobe Unbilligkeit der Inanspruchnahme des Unterhaltspflichtigen voraus (Senatsurteil FamRZ 2004, 612, 614). Das hat das Oberlandesgericht in seiner tatrichterlichen Verantwortung in revisionsrechtlich unbedenklicher Weise verneint.

Zwar war die Beklagte zu 1 im letzten Verhandlungstermin vor dem Amtsgericht am 2. März 2005 auch persönlich erschienen und hatte die Aufnahme ihrer Berufstätigkeit ab März 2005 nicht offenbart.

2225

Deswegen hat das Amtsgericht ihr auch nicht die damals tatsächlich erzielten 630 EUR monatlich zurechnen können, sondern lediglich ein fiktiv erzielbares Nettoeinkommen von 564 EUR. Schon in der Berufungsbegründung hat die Beklagte zu 1 dieses Versäumnis aber unaufgefordert klargestellt, was einen Schaden des Klägers verhindert hat. Unter Berücksichtigung der sehr engen finanziellen Verhältnisse der Beklagten zu 1 hat das Berufungsgericht deswegen zu Recht eine „grobe" Unbilligkeit verneint.

(Rückzahlung überzahlten Unterhalts; Entreicherung)

l [61] 6. Im Grundsatz zu Recht hat das Berufungsgericht nur die Beklagte zu 1 zur Rückzahlung überzahlten Unterhalts verurteilt. Zutreffend hat es auch keine Bedenken dagegen erhoben, dass der Kläger seine Anträge auf Abänderung des Unterhaltsvergleichs und der Jugendamtsurkunden im Wege der Klagehäufung mit einer Klage auf Rückforderung überzahlten Unterhalts verbunden hat (vgl. Wendl/Gerhardt 6. Aufl. § 6 Rdn. 221).

[62] a) Zu Recht hat das Berufungsgericht eine Rückzahlung der vor Rechtshängigkeit der Klage geleisteten Unterhaltszahlungen abgelehnt. Denn insoweit können die Beklagten als Unterhaltsgläubiger sich gegenüber dem bereicherungsrechtlichen Anspruch nach § 818 Abs. 3 BGB auf den Wegfall der Bereicherung berufen. Diese Vorschrift dient dem Schutz des gutgläubig Bereicherten, der das rechtsgrundlos Empfangene im Vertrauen auf das Fortbestehen des Rechtsgrundes verbraucht hat und daher nicht über den Betrag der bestehen gebliebenen Bereicherung hinaus zur Herausgabe oder zum Wertersatz verpflichtet werden soll. Bei der Überzahlung von Unterhalt kommt es daher darauf an, ob der Empfänger die Beträge restlos für seinen Lebensbedarf verbraucht oder sich noch in seinem Vermögen vorhandene Werte – auch in Form anderweitiger Ersparnisse, Anschaffungen oder Tilgung eigener Schulden – verschafft hat (Senatsurteile FamRZ 1992, 1152, 1153 f. und FamRZ 2000, 751).

(Verschärfte Haftung nach § 818 IV BGB)

m [63] b) Vom Eintritt der Rechtshängigkeit der Rückforderungsklage an kann sich der Empfänger einer rechtsgrundlos erbrachten Leistung nach § 818 Abs. 4 BGB allerdings nicht mehr auf den Wegfall der Bereicherung berufen, sondern haftet nach allgemeinen Vorschriften (Senatsurteile FamRZ 1992, 1152, 1154 und FamRZ 1998, 951).

(Berücksichtigung steuerlicher Freibeträge bei Geburt weiterer Kinder in neuer Ehe)

n [71] Denn das Berufungsgericht hat bei der Ermittlung des unterhaltsrelevanten Einkommens des Klägers dessen höheren Freibetrag nach der Geburt des weiteren Kindes in neuer Ehe nicht berücksichtigt. Falls sich dies hier im Ergebnis auswirken würde, widerspräche das der neueren Rechtsprechung des Senats. Der Freibetrag in Höhe von 1824 EUR für das sächliche Existenzminimum des Kindes (Kinderfreibetrag) sowie ein weiterer Freibetrag in Höhe von 1080 EUR für den Betreuungs- und Erziehungs- oder Ausbildungsbedarf des Kindes werden nämlich für jedes zu berücksichtigende Kind den Steuerpflichtigen gewährt (§ 32 Abs. 6 Satz 1 EStG). Die Berücksichtigung eines Kindes für einen Kinderfreibetrag setzt – außer bei Pflegekindern – grundsätzlich voraus, dass der Steuerpflichtige das Kind in seinen Haushalt aufgenommen oder unterhalten hat. Da diese Freibeträge mithin unabhängig von einer Ehe der Eltern und sogar unabhängig von deren Zusammenleben eingeräumt werden, brauchen sie nicht der bestehenden Ehe vorbehalten zu werden.

[72] Anders zu beurteilen sind lediglich die auf § 32 Abs. 6 Satz 2 EStG beruhenden Freibeträge. Nach dieser Bestimmung verdoppeln sich die vorgenannten Beträge, wenn die Ehegatten – wie hier – nach den §§ 26, 26 b EStG zusammen zur Einkommensteuer veranlagt werden und das Kind zu beiden Ehegatten in einem Kindschaftsverhältnis steht. Die Verdoppelung setzt mithin das Bestehen einer Ehe sowie das nicht dauernde Getrenntleben der Ehegatten voraus, so dass auf jeden Ehegatten ein Freibetrag in Höhe von insgesamt 2904 EUR entfällt. Nur der aus § 32 Abs. 6 Satz 2 EStG folgende – und damit der Ehefrau des Klägers zukommende – Steuervorteil muss deshalb der bestehenden Ehe vorbehalten werden und kann nicht der geschiedenen Ehe zugute kommen (Senatsurteil FamRZ 2007, 882, 885 f.).

BGH v. 20. 2. 2008 – XII ZR 101/05 – FamRZ 2008, 872 = NJW 2008, 1525

(Abänderungsklage des Unterhaltsschuldners nach Verurteilung zu Unterhaltszahlungen auf der Grundlage fiktiver Verhältnisse)

a 1. Zutreffend ist das Berufungsgericht allerdings davon ausgegangen, dass das Abänderungsbegehren des Klägers gegen das Urteil des Amtsgerichts vom 13. März 2001 zu richten ist. Nach der Rechtsprechung des Senats kann § 323 ZPO auch bei klageabweisenden Urteilen zur Anwendung kommen, wenn diese – im Rahmen der Überprüfung der ursprünglichen Prognose – die künftige Entwicklung der Verhältnisse vorausschauend berücksichtigen. Eine spätere Abänderungsklage stellt dann abermals die Geltendmachung einer von der (letzten) Prognose abweichenden Entwicklung der Verhältnisse dar,

Anhang R. Rechtsprechung   R690

für die das Gesetz die Abänderungsklage vorsieht, um die (erneute) Anpassung an die veränderten Urteilsgrundlagen zu ermöglichen (vgl. Senatsurteil vom 28. März 2007 – XII ZR 163/04 – FamRZ 2007, 983, 984).

Das Urteil des Amtsgerichts vom 13. März 2001 geht davon aus, der Kläger sei weiterhin im Umfang des vereinbarten Kindesunterhalts unterhaltspflichtig, weil er sich sein früheres Einkommen nunmehr fiktiv zurechnen lassen müsse. Es beruht damit auf einer Prognose der künftigen Entwicklung und stellt den Rechtszustand auch für die Zukunft fest. Da der Kläger die Korrektur dieser Prognose begehrt, steht die Abänderung der Entscheidung vom 13. März 2001 in Frage.

(Zulässigkeit der Abänderungsklage nur bei prognosebezogenen Darlegungen zu den jeweiligen fiktiven Verhältnissen)

2. Nach § 323 Abs. 1 ZPO kommt es hierfür auf die Änderung derjenigen Verhältnisse an, die für die Verurteilung zur Entrichtung der Leistung sowie für ihre Höhe und Dauer maßgebend waren. Nach § 323 Abs. 2 ZPO ist die Klage nur insoweit zulässig, als die Gründe, auf die sie gestützt wird, erst nach dem Schluss der letzten mündlichen Verhandlung in dem vorausgegangenen Verfahren entstanden sind.

Für die Zulässigkeit der Abänderungsklage ist es erforderlich, dass der Kläger Tatsachen behauptet, die eine derartige Änderung ergeben.

a) Der Kläger hat nach den vom Berufungsgericht getroffenen Feststellungen geltend gemacht, seit März 2002 wieder einer Erwerbstätigkeit nachzugehen, jedoch nur ein monatliches Nettoeinkommen von 1499 EUR zu erzielen. Eine besser bezahlte Arbeitsstelle habe er trotz seiner Bemühungen, die er auch nach dem Beginn der Beschäftigung fortgesetzt habe, nicht zu finden vermocht. Es stellt sich deshalb die Frage, ob ihm die Abänderungsklage mit diesem Vorbringen eröffnet ist.

b) In Rechtsprechung und Schrifttum wird die Behandlung der Fälle, in denen fiktive Verhältnisse Grundlage der Abänderung sind, nicht einheitlich beantwortet. Insbesondere bereitet der Fall der fortdauernden Arbeitslosigkeit desjenigen Unterhaltsschuldners Probleme, dessen Leistungsfähigkeit fingiert wurde, indem ihm tatsächlich nicht erzielte Einkünfte wegen Verletzung seiner Erwerbsobliegenheit zugerechnet wurden. Hat er sich anschließend hinreichend, aber erfolglos um eine neue Beschäftigung bemüht, so steht ihm nach allgemeiner Meinung die Abänderungsklage offen (OLG Karlsruhe FamRZ 1983, 931, 932; KG FamRZ 1984, 1245 f.; OLG Hamm FamRZ 1995, 1217; *Soyka*, Die Abänderungsklage im Unterhaltsrecht Rdn. 8; *Wendl/Thalmann*, 6. Aufl. § 8 Rdn. 158 c; *Göppinger/Vogel* Unterhaltsrecht 8. Aufl. Rdn. 2404; *Kalthoener/Büttner/Niepmann*, 10. Aufl. Rdn. 729 ff.; *Gerhardt* in: Handbuch des Fachanwalts für Familienrecht 6. Aufl. 6. Kap. Rdn. 651; differenzierend *Johannsen/Henrich/Brudermüller*, Eherecht 4. Aufl. § 323 ZPO Rdn. 71; *Graba* FamRZ 2002, 6, 10 f.; *Schwab/Maurer/Borth* Handbuch des Scheidungsrechts 5. Aufl. Kap. I Rdn. 1031; MünchKommZPO/*Gottwald* 3. Aufl. § 323 Rdn. 81). Insoweit wird ausgeführt, bei einer fingierten Leistungsfähigkeit, die darauf beruhe, dass der Unterhaltspflichtige einer Erwerbsobliegenheit nicht nachkomme oder seine Arbeitsstelle mutwillig aufgebe und dadurch arbeitslos werde, könne seine zeitlich unbegrenzte Leistungsfähigkeit nicht unterstellt werden. Er könne nicht wegen eines einmal begangenen Fehlers für alle Zeit als leistungsfähig gelten. Denn er müsse immer mit gewissen Veränderungen im Arbeitsleben gerechnet werden, die dazu führen könnten, dass der Arbeitnehmer seinen Arbeitsplatz verliere, oder Gründe einträten, die ihn im Verhältnis zu dem Unterhaltsgläubiger zur Aufgabe der Arbeitsstelle berechtigten. Einem Unterhaltspflichtigen müsse daher nach einer gewissen Übergangszeit die Möglichkeit eingeräumt werden, darzutun und zu beweisen, dass er sich nach Kräften um eine angemessene Arbeitsstelle bemüht, seinen Fehler also wieder gutzumachen versucht habe, seine Bemühungen aber trotz aller Anstrengungen erfolglos geblieben seien.

Hinsichtlich der dogmatischen Behandlung dieser Fälle werden unterschiedliche Auffassungen vertreten. Teilweise wird nur eine Annexkorrektur im Rahmen einer aus anderen Gründen eröffneten Abänderungsklage für zulässig gehalten, teilweise wird § 323 Abs. 2 ZPO einschränkend angewandt, um die Prognose entsprechend den aktuellen Verhältnissen zu korrigieren (vgl. hierzu im Einzelnen *Johannsen/Henrich/Brudermüller* Eherecht 4. Aufl. § 323 ZPO Rdn. 71; *Graba*, FamRZ 2002, 6, 11).

c) Der Senat ist der Auffassung, dass die unterschiedlichen Fallgestaltungen der fingierten Leistungsfähigkeit eines Unterhaltsschuldners aufgrund einer Verletzung seiner Erwerbsobliegenheit einer differenzierten Beurteilung bedürfen. Denn es besteht ein entscheidender Unterschied zwischen dem Fall, in dem der Unterhaltspflichtige zunächst schuldlos seine Arbeitsstelle verliert und sich danach nicht in ausreichendem Maß um eine neue Arbeit bemüht, so dass ihm nunmehr fiktiv ein erzielbares Einkommen – gegebenenfalls entsprechend jetzt schlechterer Verhältnisse auf dem Arbeitsmarkt – zugerechnet wird, und jenem Fall, in dem er – wie hier – mutwillig einen gut bezahlten sicheren Arbeitsplatz aufgibt und deshalb fiktiv so behandelt wird, als ob er noch die frühere Arbeitsstelle mit dem dabei erzielten Einkommen habe. In dem letzteren Fall ist eine Abänderung des auf fiktiver Grundlage ergangenen Urteils nur dann zulässig, wenn er geltend macht, dass er die frühere Arbeitsstelle in der Zwischenzeit ohnehin verloren hätte, etwa weil er den Anforderungen aus gesundheitlichen Gründen

2227

nicht mehr gewachsen gewesen oder Personal abgebaut worden und er hiervon betroffen gewesen wäre (vgl. auch *Graba* FamRZ 2002, 6, 10). Es reicht dagegen nicht aus, wenn er vorträgt, inzwischen wieder einer Erwerbstätigkeit nachzugehen, mit ihr aber das frühere Einkommen nicht erzielen zu können. Denn er muss darlegen, dass die der Verurteilung zugrunde liegende Prognose aufgrund einer Veränderung der Verhältnisse nicht mehr gerechtfertigt ist. Die Prognose geht in Fällen der mutwilligen Aufgabe des Arbeitsplatzes aber regelmäßig dahin, dass der Unterhaltsschuldner ohne das ihm vorzuwerfende Verhalten weiterhin über seinen früheren Arbeitsplatz und das frühere Einkommen verfügen würde. Eine zeitliche Komponente derart, dass eine solche Prognose nur für einen bestimmten Zeitraum Geltung beansprucht, wie es das Oberlandesgericht meint, ist einer Verurteilung auf fiktiver Grundlage nicht immanent, es sei denn, das Gericht hätte eine ausdrückliche Einschränkung dieser Art gemacht.

(Verfassungsrechtliche Grenzen der Fortschreibung fiktiver Verhältnisse)

c   d) An dieser Betrachtungsweise sieht sich der Senat nicht aus verfassungsrechtlichen Gründen gehindert. Ausprägung des Grundsatzes der Verhältnismäßigkeit im Recht des Verwandtenunterhalts ist § 1603 Abs. 1 BGB, nach dem nicht unterhaltspflichtig ist, wer bei Berücksichtigung seiner sonstigen Verpflichtungen außerstande ist, ohne Gefährdung seines angemessenen Unterhalts den Unterhalt zu gewähren. Eltern, die sich in dieser Lage befinden, sind gemäß § 1603 Abs. 2 BGB ihren minderjährigen und privilegierten volljährigen unverheirateten Kindern gegenüber aber verpflichtet, alle verfügbaren Mittel zu ihrem und der Kinder Unterhalt gleichmäßig zu verwenden. Hieraus sowie aus Art. 6 Abs. 2 GG folgt auch die Verpflichtung der Eltern zum Einsatz der eigenen Arbeitskraft. Daher ist es verfassungsrechtlich nicht zu beanstanden, dass nicht nur die tatsächlichen, sondern auch die fiktiv erzielbaren Einkünfte berücksichtigt werden, wenn der Unterhaltsverpflichtete eine ihm mögliche und zumutbare Erwerbstätigkeit unterlässt, obwohl er diese bei gutem Willen ausüben könnte. Grundvoraussetzung eines jeden Unterhaltsanspruchs bleibt allerdings die Leistungsfähigkeit des Unterhaltsverpflichteten. Überschreitet der ausgeurteilte Unterhalt die Grenze des Zumutbaren, ist die Beschränkung der Dispositionsfreiheit des Verpflichteten im finanziellen Bereich als Folge der Unterhaltsansprüche des Bedürftigen nicht mehr Bestandteil der verfassungsmäßigen Ordnung und kann vor dem Grundrecht des Art. 2 Abs. 1 GG nicht bestehen (vgl. BVerfG FamRZ 2007, 273, 274). Ob dies uneingeschränkt auch für den Fall mutwilliger Arbeitsplatzaufgabe gilt, kann hier dahinstehen.

In einem Fall wie dem vorliegenden wird jedenfalls die Grenze des Zumutbaren schon deswegen nicht überschritten, weil ein Abänderungsbegehren nur nach den vorstehend aufgezeigten Maßgaben für zulässig erachtet wird. Das dem Unterhaltsschuldner fiktiv zugerechnete Einkommen war für ihn erzielbar und hätte – unveränderte Umstände unterstellt – ohne sein vorwerfbares Verhalten auch weiterhin erzielt werden können. Bei dieser Fallgestaltung gebietet es der Schutz der Unterhaltsberechtigten, den Unterhaltsschuldner an den fortwirkenden Folgen seines mutwilligen Verhaltens festzuhalten. Im Übrigen bleibt der Schutz des Unterhaltspflichtigen auch bei Berücksichtigung fiktiver Einkünfte durch seinen notwendigen Selbstbehalt gewährleistet der den eigenen Sozialhilfebedarf nicht unterschreiten darf (vgl. Senatsurteile BGHZ 166, 351, 356 = FamRZ 2006, 683, 684 und vom 9. Januar 2008 – XII ZR 170/05 – zur Veröffentlichung bestimmt). Einen weiteren Schutz gegenüber überzogenen Unterhaltsforderungen genießt der Unterhaltsschuldner auch durch die Pfändungsfreigrenzen des § 850 d ZPO. Der Beschränkung seiner Dispositionsfreiheit im finanziellen Bereich kann er schließlich durch die Einleitung eines Verbraucherinsolvenzverfahrens bezüglich der Unterhaltsrückstände entgegenwirken, wozu ihn nach der Rechtsprechung des Senats wegen seiner gesteigerten Unterhaltspflicht gegenüber minderjährigen und privilegierten volljährigen Kindern sogar eine Obliegenheit treffen kann (vgl. hierzu Senatsurteile BGHZ 162, 234 ff. = FamRZ 2005, 605 ff., vom 31. Oktober 2007 – XII ZR 112/05 – FamRZ 2008, 137 und vom 12. Dezember 2007 – XII ZR 23/06 – zur Veröffentlichung vorgesehen).

(Einkommensfiktion bei mutwilliger Arbeitsaufgabe; Hinweis auf Kurzarbeit oder Verschlechterung des Gesundheitszustandes zulässiger Abänderungsgrund)

d   3. Der Vortrag, den das Berufungsgericht seiner Entscheidung zugrunde gelegt hat, genügt danach nicht, um dem Kläger die Abänderungsklage zu eröffnen. Das Urteil des Amtsgerichts vom 13. März 2001 ist ausdrücklich darauf gestützt worden, dass er seinen Arbeitsplatz aufgegeben habe, um sich der Unterhaltspflicht zu entziehen; wenn er in Kenntnis seiner Unterhaltspflicht und angesichts der bekannt schwierigen Situation auf dem Arbeitsmarkt mutwillig seine Arbeitsstelle aufgebe, müsse er im bisherigen Umfang als leistungsfähig angesehen werden. Dieser Fiktion liegt die Prognose zugrunde, dass der Unterhaltspflichtige ohne die unterhaltsrechtlich vorwerfbare Aufgabe seiner Arbeitsstelle weiter zu gleichen Bedingungen beschäftigt wäre. Mit Rücksicht auf diese Prognose ist eine Abänderungsklage nur dann zulässig, wenn der Kläger geltend macht, dass er die frühere Arbeitsstelle ohnehin verloren hätte, oder sein Einkommen daraus aus anderen Gründen (z. B. Kurzarbeit) zurückgegangen wäre, er mithin einen von dieser Prognose abweichenden Verlauf behauptet (vgl. Senatsurteil vom 18. März 1992 – XII ZR 24/91 – NJW-RR 1992, 1091, 1092).

Anhang R. Rechtsprechung R691

4. Nach dem im Berufungsurteil in Bezug genommenen Klagevorbringen hat der Kläger allerdings auch behauptet, aufgrund der seit der vorausgegangenen Entscheidung fortschreitenden Verschlechterung seines Gesundheitszustands zu der früheren, in drei Schichten zu verrichtenden Tätigkeit nicht mehr in der Lage zu sein. Die bereits früher diagnostizierte Coxarthrose, an der er unter anderem leide, habe sich wesentlich verschlimmert, weshalb ihm ein Grad der Behinderung von 50% zuerkannt worden sei.

Damit stützt der Kläger sich auf eine nach Schluss der mündlichen Verhandlung in dem vorausgegangenen Rechtsstreit eingetretene Änderung der Verhältnisse, die – ihre Richtigkeit unterstellt – zu einer Korrektur der damaligen Prognose veranlassen und zu einer Anpassung des Unterhalts an die veränderten Verhältnisse führen würde. Mit dieser Begründung ist dem Kläger die Abänderungsklage deshalb eröffnet.

BGH v. 5. 3. 2008 – XII ZR 150/05 – FamRZ 08, 1152 = FPR 08, 299

(Bisheriger Streitstand zur Einordnung von Kindergartenkosten) R691

Das Oberlandesgericht Hamburg (DAVorm 1998, 710, 711) geht – ohne zwischen halb- oder ganz- **a** tägigem Kindergartenbesuch zu differenzieren – von einem Bedarf des Kindes aus, wenn der betreuende Elternteil kein Einkommen erzielt. Ist dieser erwerbstätig, so seien die Kosten als berufsbedingte Aufwendungen von dessen Einkommen abzuziehen, minderten also sein unterhaltsrechtlich zu berücksichtigendes Einkommen (ebenso Schwab/Borth Handbuch des Scheidungsrechts 5. Aufl. Kap. V Rdn. 67; vgl. auch Spangenberg FamRZ 2007, 1022 f., der eine wahlweise Geltendmachung als Bedarf des Kindes oder des betreuenden Elternteils für möglich hält).

Überwiegend wird demgegenüber angenommen, die Kosten für den halbtägigen Besuch des Kindergartens stellten einen Bedarf des Kindes dar (KG FamRZ 2007, 2100, 2101; OLG Stuttgart FamRZ 2007, 150, 151 und FamRZ 2004, 1129; OLG Celle FamRZ 2003, 323 [LS]; OLG Bamberg FF 2000, 142; Scholz FamRZ 2006, 737, 740; Wendl/Scholz Das Unterhaltsrecht in der familienrichterlichen Praxis 6. Aufl. § 2 Rdn. 275; Staudinger/Engler/Kaiser BGB [2000] § 1610 Rdn. 68; Kalthoener/Büttner/Niepmann Die Rechtsprechung zur Höhe des Unterhalts 10. Aufl. Rdn. 350; Menne ZKJ 2006, 298), wobei teilweise zusätzlich gefordert wird, dass der Kindergartenbesuch allein aus pädagogischen Gründen erfolge und nicht, um dem betreuenden Elternteil eine Erwerbstätigkeit zu ermöglichen (OLG München OLGR 1993, 154; OLG Zweibrücken OLGR 2002, 230).

Zum anderen wird vertreten, die Kosten eines ganztägigen Kindergartenbesuchs könnten nicht als Bedarf des Kindes geltend gemacht werden, sondern seien allein im Rahmen des Ehegattenunterhalts zu berücksichtigen (OLG Frankfurt FamRZ 2007, 1353, 1354). Dies müsse jedenfalls mit Rücksicht auf die erweiterte Erwerbsobliegenheit eines Ehegatten nach der Neufassung des § 1570 BGB durch das zum 1. Januar 2008 in Kraft getretene Gesetz zur Änderung des Unterhaltsrechts vom 9. November 2007 (BGBl. I 3189) gelten (Gerhardt in FA-FamR 6. Aufl. 6. Kap. Rdn. 153; Viefhues juris PR-FamR 15/2007 Anm. 4; Hollinger in juris Konkret Das neue Unterhaltsrecht § 1570 Rdn. 73).

Schließlich wird angenommen, die Kosten für den Kindergarten seien unabhängig davon, ob dieser ganztägig oder lediglich halbtägig besucht werde, wegen der von solchen Einrichtungen übernommenen pädagogischen und bildungsmäßigen Aufgaben als Bedarf des Kindes zu qualifizieren (Maurer FamRZ 2006, 663, 665 ff.; vgl. auch Eschenbruch/Klinkhammer/Wohlgemuth Der Unterhaltsprozess 4. Aufl. Rdn. 3043).

(Die für den Kindergartenbesuch anfallenden Kosten sind unabhängig davon, ob die Einrichtung halb- oder ganztags besucht wird, zum Bedarf eines Kindes zu rechnen.)

3. Der Senat, der diese Frage bisher nicht zu entscheiden brauchte, vertritt die Auffassung, dass die **b** für den Kindergartenbesuch anfallenden Kosten, und zwar gleichgültig, ob die Einrichtung halb- oder ganztags besucht wird, zum Bedarf eines Kindes zu rechnen sind und grundsätzlich keine berufsbedingten Aufwendungen des betreuenden Elternteils darstellen.

a) Zwar hat der Senat Kosten, die einem erwerbstätigen Ehegatten für die Fremdbetreuung des bei ihm lebenden Kindes notwendigerweise entstehen, als mit der Erwerbstätigkeit verbundenen Aufwand angesehen (vgl. etwa Senatsurteil vom 29. November 2000 – XII ZR 212/98 – FamRZ 2001, 350, 352). Dies bezog sich indes auf Fälle, in denen der erwerbstätige Ehegatte, der für den Bar- und Betreuungsunterhalt der bei ihm lebenden Kinder aufkam und für deren zeitweise Fremdbetreuung Aufwendungen hatte, zugleich von dem anderen Ehegatten auf Unterhalt in Anspruch genommen wurde. Hierbei ging es um die Frage der Berechnung seines unterhaltsrelevanten Einkommens, also ob und in welcher Höhe sein – überobligationsmäßig erzieltes – Einkommen für den Ehegattenunterhalt heranzuziehen war und ob die Fremdbetreuungskosten von seinem Einkommen vorweg abzuziehen waren. Das betrifft nur das Unterhaltsrechtsverhältnis der Ehegatten zueinander und lässt den Unterhaltsbedarf des Kindes unberührt.

(Wenn Aufwendungen in erster Linie erzieherischen Zwecken dienen, wie es bei denjenigen für den Kindergartenbesuch der Fall ist, bestimmen sie jedenfalls den Bedarf des Kindes und nicht denjenigen des betreuenden Elternteils.)

c b) Dass die mit einer Fremdbetreuung verbundenen Kosten berufsbedingte Aufwendungen des betreuenden Elternteils darstellen, kann aber nicht in allen Fällen angenommen werden. Vielmehr ist insofern eine differenzierte Betrachtungsweise geboten, die darauf Bedacht zu nehmen hat, dass der Unterhaltsbedarf eines Kindes dessen gesamten Lebensbedarf einschließlich der Kosten der Erziehung umfasst (§ 1610 Abs. 2 BGB). Wenn Aufwendungen in erster Linie erzieherischen Zwecken dienen, wie es bei denjenigen für den Kindergartenbesuch der Fall ist, bestimmen sie jedenfalls den Bedarf des Kindes und nicht denjenigen des betreuenden Elternteils.

[20] Durch die Kindergartenbetreuung soll ein Kind Förderung in seiner Entwicklung erfahren und den Eltern zugleich Hilfe bei der Erziehung zuteil werden. Diese Zielsetzung kommt auch in den Kindergartengesetzen der Länder zum Ausdruck. So heißt es etwa in Art. 13 des hier relevanten Bayerischen Kinderbildungs- und -betreuungsgesetzes vom 8. Juli 2005 (GVBl. S. 236 ff.): „Das pädagogische Personal ... hat die Kinder in ihrer Entwicklung zu eigenverantwortlichen und gemeinschaftsfähigen Persönlichkeiten zu unterstützen mit dem Ziel, zusammen mit den Eltern die hierzu notwendigen Basiskompetenzen zu vermitteln. Dazu zählen beispielsweise positives Selbstwertgefühl, Problemlösefähigkeit, lernmethodische Kompetenz, Verantwortungsübernahme sowie Kooperations- und Kommunikationsfähigkeit. Das pädagogische Personal hat ... die Kinder ganzheitlich zu bilden und zu erziehen und auf deren Integrationsfähigkeit hinzuwirken. Der Entwicklungsverlauf des Kindes ist zu beachten." Nach Art. 15 Abs. 2 des Gesetzes haben die Kindertageseinrichtungen mit Kindern ab Vollendung des 3. Lebensjahres im Rahmen ihres eigenständigen Bildungs- und Erziehungsauftrags mit der Grund- und Förderschule zusammenzuarbeiten. Sie haben die Aufgabe, Kinder, deren Einschulung ansteht, auf diesen Übergang vorzubereiten und hierbei zu begleiten. Vergleichbare Regelungen finden sich auch in den anderen Landesgesetzen, etwa in § 2 des Baden-Württembergischen Kinderbetreuungsgesetzes vom 9. April 2003 (GBl. S. 164 ff.). Nach § 22 Abs. 2 SGB VIII sollen Tageseinrichtungen für Kinder unter anderem die Entwicklung des Kindes zu einer eigenverantwortlichen und gemeinschaftsfähigen Persönlichkeit fördern und die Erziehung und Bildung in der Familie ergänzen.

Danach bietet der Kindergarten zum einen fürsorgende Betreuung mit dem Ziel einer Förderung sozialer Verhaltensweisen. Zum anderen stellt er zugleich eine Bildungseinrichtung im elementaren Bereich dar. Mit der Schaffung von Kindergärten gewährleistet der Staat Chancengleichheit im Bezug auf die Lebens- und Bildungsmöglichkeiten von Kindern und trägt damit sozialstaatlichen Belangen Rechnung (BVerfG FamRZ 1998, 887, 888 f.). Darüber hinaus wird in der aktuellen gesellschaftspolitischen Diskussion gerade unter Hinweis auf das Wächteramt des Staates zum Schutz des Kindeswohls (Art. 6 Abs. 2 Satz 2 GG) gefordert, dass Kinder Kindergärten oder vergleichbare Einrichtungen besuchen, damit sie selbst sowie das Erziehungsverhalten der Eltern einer Kontrolle unterliegen (vgl. KG FamRZ 2007, 2100, 2101). Nach alledem kann nicht bezweifelt werden, dass der Kindergartenbesuch dem Kindeswohl in maßgeblicher Weise dient. Ein Kind würde benachteiligt, wenn ihm die Möglichkeit, insofern Förderung in seiner Erziehung und Entwicklung zu erfahren, vorenthalten würde. Damit korrespondiert, dass ein Kind vom vollendeten 3. Lebensjahr bis zum Schuleintritt Anspruch auf den Besuch einer Tageseinrichtung hat. Die Träger der öffentlichen Jugendhilfe haben darauf hinzuwirken, dass für diese Altersgruppe ein bedarfsgerechtes Angebot an Ganztagsplätzen oder ergänzend Förderung in der Kindertagespflege zur Verfügung steht (§ 24 Abs. 1 SGB VIII). Dieser Anspruch dient in erster Linie dem Kind.

c) Bei dieser Sach- und Rechtslage stehen die erzieherischen Aufgaben des Kindergartens derart im Vordergrund, dass dem Gesichtspunkt der Ermöglichung einer Erwerbstätigkeit des betreffenden Elternteils nur untergeordnete Bedeutung, eher diejenige eines Nebeneffekts, zukommt. Deshalb müssen die durch den Kindergartenbesuch entstehenden Kosten als solche der Erziehung und damit als Bedarf des Kindes angesehen werden. Für die Beurteilung kann es auch nicht darauf ankommen, ob der Kindergarten halbtags, überhalbtags oder ganztags erfolgt. Denn die erzieherische Bedeutung ist davon unabhängig und in jedem Fall gegeben.

d) Abgesehen davon kann auch nur dann, wenn die entsprechenden Kosten dem Bedarf des Kindes zuzurechnen sind, gewährleistet werden, dass der betreuende Elternteil für einen hieraus folgenden Mehrbedarf des Kindes nicht allein aufzukommen braucht. Würden die Kosten demgegenüber als berufsbedingte Aufwendungen behandelt, hinge die Beteiligung des barunterhaltspflichtigen Elternteils davon ab, ob der betreuende Elternteil überhaupt einen Unterhaltsanspruch hat. Dies wäre bei einem Ehegatten nach Wiederverheiratung oder Begründung einer Lebenspartnerschaft (§ 1586 Abs. 1 BGB) oder gegebenenfalls bei Verwirkung (§ 1579 BGB) nicht (mehr) der Fall. Denkbar ist auch, dass der Ehegattenunterhalt wegen des nunmehr bestehenden Nachrangs (§ 1609 Nr. 2 BGB) nicht zum Tragen kommt. Die nichteheliche Mutter hat nach Ablauf von drei Jahren nach der Geburt des Kindes keinen Unterhaltsanspruch mehr, solange und soweit sich diese Frist nicht aus Billigkeitsgründen verlängert (§ 1615l Abs. 2 bis 4 BGB n. F.; für die eheliche Mutter vgl. jetzt § 1570 Abs. 1 und 2 BGB

Anhang R. Rechtsprechung   R691

n. F.). Ist sie – wie hier – vollschichtig erwerbstätig, wird ein Unterhaltsanspruch regelmäßig nicht in
Betracht kommen mit der Folge, dass sie für ihren eigenen Unterhalt sorgen, das Kind betreuen und
zusätzlich für die Kindergartenkosten aufkommen muss, soweit diese nicht im Tabellenunterhalt
enthalten sind. In der Begründung zum Unterhaltsrechtsänderungsgesetz wird indessen ausgeführt, die
Kosten der Kinderbetreuung seien bei der Unterhaltsbemessung angemessen zu berücksichtigen (BT-
Drucks. 16/1830 S. 17). Das ist über den Unterhaltsanspruch des betreuenden Elternteils jedoch nicht
in allen Fällen möglich. Ein solches Ergebnis wäre deshalb weder angemessen (so auch Wellenhofer
FamRZ 2007, 1282, 1284), noch mit der Entlastung des barunterhaltspflichtigen Ehegatten, die mit
der durch das Unterhaltsrechtsänderungsgesetz verstärkten Eigenverantwortung des betreuenden Elternteils ohnehin schon einhergeht, zu vereinbaren.

*(Kindergartenkosten stellen Mehrbedarf dar, an dem sich grundsätzlich auch der betreuende Elternteil zu be-
teiligen hat.)*
4. a) Ob und gegebenenfalls inwieweit sich der barunterhaltspflichtige Elternteil an den Kinder-   d
gartenbeiträgen zu beteiligen hat, hängt allerdings auch von der Art des hierdurch begründeten Bedarfs
ab. Kindergartenbeiträge können, schon da sie regelmäßig anfallen, keinen Sonderbedarf (§ 1613
Abs. 2 Nr. 1 BGB) darstellen. Als Mehrbedarf ist der Teil des Lebensbedarfs anzusehen, der regelmäßig
während eines längeren Zeitraums anfällt und das Übliche derart übersteigt, dass er mit den Regelsätzen nicht erfasst werden kann, andererseits aber kalkulierbar ist und deshalb bei der Bemessung
des laufenden Unterhalts berücksichtigt werden kann (Wendl/Scholz Das Unterhaltsrecht in der familienrichterlichen Praxis 6. Aufl. § 2 Rdn. 133; Maurer FamRZ 2006, 663, 667).

b) Hinsichtlich des Kindergartenbeitrags hat der Senat entschieden, dass der Beitrag für einen
halbtägigen Kindergartenbesuch grundsätzlich keinen Mehrbedarf des Kindes begründet. Der halbtägige Besuch des Kindergartens ist heutzutage die Regel, so dass es sich bei dem hierfür zu zahlenden
Beitrag um Kosten handelt, die üblicherweise ab Vollendung des 3. Lebensjahres eines Kindes
anfallen. Diese Kosten wurden durch die Sätze der damaligen Düsseldorfer Tabelle gedeckt, bei denen
es sich um Pauschalen handelt, mit denen die durchschnittlichen, über einen längeren Zeitraum
anfallenden Lebenshaltungskosten eines Kindes der betreffenden Altersstufe bestritten werden können. Der Tabellenbetrag der Gruppe 6 der Düsseldorfer Tabelle, bei dem das Existenzminimum eines
Kindes als gesichert anzusehen war, schloss den Aufwand für den üblichen Kindergartenbesuch
jedenfalls ein. In den niedrigeren Einkommensgruppen bewirkte die bis zum 31. Dezember 2007
unterbleibende Anrechnung des Kindergeldanteils gemäß § 1612b Abs. 5 BGB a. F., dass die Lücken
beim Kindesunterhalt geschlossen wurden, weshalb auch dieses Kind faktisch über den gleichen
Betrag wie in der Gruppe 6 verfügte (Senatsurteil vom 14. März 2007 – XII ZR 158/04 – FamRZ
2007, 882, 886).

*(Bis etwa mtl. 50 EUR sind die Kindergartenkosten für den Halbtagskindergarten in den bis 31. 12. 2007
geltenden Zahlbeträgen ausgehend von von 135% des Regelbetrages – Einkommensgruppe 6 der Düsseldorfer
Tabelle 2007 – enthalten. Das gilt ebenfalls für den nach § 36 Nr. 4 EGZPO ab 1. 1. 2008 fortgeschriebenen
Zahlbeträgen – Einkommensgruppe 1 der Düsseldorfer Tabelle 2008.)*
c) An dieser Beurteilung, die sich auf sozialverträglich gestaltete Kindergartenbeträge bezieht, hält   e
der Senat für Fälle fest, in denen der nach der früheren Düsseldorfer Tabelle titulierte Unterhalt die
Kosten für den halbtägigen Kindergartenbesuch bis zu einer Höhe von etwa 50 monatlich umfasst. Sie
kann im vorliegenden Fall auch für die Zeit ab 1. Januar 2008 Geltung beanspruchen. Denn durch die
Übergangsregelung des § 36 Nr. 4 EGZPO ist der in § 1612a BGB n. F. vorgesehene Mindestunterhalt angehoben worden. Ohne diese Anhebung hätte das Unterhaltsrechtsänderungsgesetz mit der
Anknüpfung des Mindestunterhalts an den jeweiligen steuerlichen Freibetrag für das sächliche Existenzminimum zu niedrigeren Zahlbeträgen (West) geführt, als sie sich bislang aus den Regelbeträgen in
Verbindung mit der eingeschränkten Kindergeldanrechnung gemäß § 1612b Abs. 5 BGB a. F. ergeben
haben. Die Regelung bewirkt unterhaltsrechtlich eine vorgezogene Anhebung des (seit 2003 unveränderten) sächlichen Existenzminimums (Klinkhammer FamRZ 2008, 193, 195). Sie führt im vorliegenden Fall zu einem unveränderten Zahlbetrag.

Der Beklagte, der sich zur Zahlung von 100% des Regelbetrags verpflichtet hat, hatte unter
Berücksichtigung der Regelung des § 1612b Abs. 5 BGB zuletzt (bis zum 31. Dezember 2007)
monatlichen Unterhalt für die Klägerin in Höhe von 196 zu entrichten (Regelbetrag: 202 × 135% =
273 abzüglich hälftiges Kindergeld von 77). Die Berechnung nach der Übergangsregelung des Art. 36
Nr. 3a EGZPO sichert diesen Zahlbetrag bei vorliegenden Titeln oder Unterhaltsvereinbarungen,
aufgrund derer Unterhalt als Prozentsatz des jeweiligen Regelbetrags nach der Regelbetrag-VO zu
leisten ist (vgl. die Berechnung von Vossenkämper FamRZ 2008, 201, 204), auch wenn das Kindergeld nunmehr gemäß § 1612b BGB n. F. auf den Barbedarf hälftig anzurechnen ist. In diesem
Zahlbetrag sind aber Kindergartenkosten bis zu einer Höhe von etwa 50 als üblicherweise anfallende
Kosten enthalten.

R692

(Über etwa 50 EUR hinausgehende Kindergartenkosten für den Halbtagskindergarten oder Kosten des darüber hinausgehenden Kindergartenbesuchs stellen auch nanhc derzeitiger Rechtslage – Übergangsbeträge nach § 36 Nr. 4 EGZPO – jedenfalls Mehrbedarf dar, für den die Eltern grundsätzlich anteilig haften.)

f   b) Mehrbedarf stellen deshalb hier allein diejenigen Kosten dar, die den Aufwand für den halbtägigen Kindergartenbesuch bzw. einen Betrag von etwa 50 monatlich übersteigen. Insofern ist allerdings dem Grunde nach ein Anspruch der Klägerin gegeben, für den aber grundsätzlich nicht der barunterhaltspflichtige Elternteil allein, sondern beide Elternteile anteilig nach ihren Einkommensverhältnissen aufzukommen haben (vgl. hierzu etwa Wendl/Scholz Das Unterhaltsrecht in der familienrichterlichen Praxis 6. Aufl. § 2 Rdn. 136).

5. Das angefochtene Urteil kann danach keinen Bestand haben. Dem Senat ist es nicht möglich, in der Sache abschließend zu entscheiden, da das Berufungsgericht – von seinem Standpunkt aus folgerichtig – keine Feststellungen zur Leistungsfähigkeit des Beklagten und zu einer etwaigen Beteiligungsquote der Mutter getroffen hat. Ebensowenig ist festgestellt, in welcher Höhe Kosten für einen halbtägigen Kindergartenbesuch anfallen würden, so dass auch eine teilweise Zurückweisung der Revision nicht in Betracht kommt.

BGH v. 5. 3. 2008 – XII ZR 22/06 – FamRZ 2008, 963 = NJW 2008, 1946

R692   *(Übertragung Hälfteanteil Familienheim an Ehepartner)*

a   [12] a) Zutreffend und im Einklang mit der Rechtsprechung des Senats hat das Berufungsgericht auf Seiten des Beklagten den Wohnwert des gesamten Reihenhauses berücksichtigt, weil er bereits zu Beginn der Trennungszeit den ideellen Miteigentumsanteil der Klägerin erworben hatte.

[13] Zwar entfallen die Vorteile der mietfreien Nutzung der Ehewohnung, wenn diese im Zusammenhang mit der Scheidung veräußert wird. An ihre Stelle treten aber die Vorteile, die die Ehegatten in Form von Zinseinkünften aus dem Erlös ihrer Miteigentumsanteile ziehen oder ziehen könnten. Das gilt im Grundsatz auch dann, wenn die Ehewohnung nicht an Dritte veräußert wird, sondern ein Ehegatte seinen Miteigentumsanteil auf den anderen überträgt. Auch in einem solchen Fall tritt für den veräußernden Ehegatten der Zins aus dem Erlös als Surrogat an die Stelle der früheren Nutzungsvorteile seines Miteigentumsanteils. Für den übernehmenden Ehegatten verbleibt es hingegen grundsätzlich bei einem Wohnvorteil, und zwar nunmehr in Höhe des Wertes der gesamten Wohnung, gemindert um die unterhaltsrechtlich zu berücksichtigenden Belastungen, einschließlich der Belastungen durch den Erwerb des Miteigentumsanteils des anderen Ehegatten (Senatsurteile vom 1. Dezember 2004 – XII ZR 75/02 – FamRZ 2005, 1159, 1161 und vom 11. Mai 2005 – XII ZR 211/02 – FamRZ 2005, 1817, 1820 f.).

(Angemessener Wohnwert in Trennungszeit nur, solange noch mit Wiederherstellung der ehelichen Lebensgemeinschaft gerechnet werden kann; ab endgültigem Scheitern der Ehe durch Zustellung Scheidungsantrag objektive Marktmiete als Wohnwert)

b   [15] Zwar kommt der Wohnwert nach dem Auszug eines Ehegatten zunächst nicht mehr in vollem Umfang zum Tragen. Weil der in der Wohnung verbleibende Ehegatte nach ständiger Rechtsprechung des Senats noch nicht gehalten ist, die Wohnung sofort anderweit zu verwerten, ist der Wohnwert in dieser Zeit nur noch in einer Höhe in Rechnung zu stellen, wie er sich als angemessene Wohnungsnutzung des in der Ehewohnung allein verbliebenen Ehegatten darstellt. Der Gebrauchswert der – für den die Wohnung weiter nutzenden Ehegatten an sich zu großen – Wohnung ist deswegen regelmäßig danach zu bestimmen, welchen Mietzins er auf den örtlichen Wohnungsmarkt für eine dem ehelichen Lebensstandard entsprechende angemessene kleinere Wohnung zahlen müsste (Senatsurteil vom 28. März 2007 – XII ZR 21/05 – FamRZ 2007, 879, 880 f.). Der volle Wohnwert kommt deswegen regelmäßig erst dann zum Tragen, wenn nicht mehr mit einer Wiederherstellung der ehelichen Lebensgemeinschaft zu rechnen ist und auch dem in der Wohnung verbliebenen Ehegatten eine Verwertung zugemutet werden kann, etwa mit Zustellung des Scheidungsantrags.

(Endgültiges Scheitern der Ehe auch, wenn in Trennungszeit Ehevertrag mit Übertragung Haushälfte geschlossen wird)

c   [16] In revisionsrechtlich nicht zu beanstandender Weise ist das Berufungsgericht allerdings davon ausgegangen, dass im vorliegenden Fall die Berücksichtigung des vollen Wohnwerts schon seit der Trennung der Parteien gerechtfertigt ist. Die Parteien streiten noch um Trennungsunterhalt für die Zeit ab April 2005. Schon zuvor hatten sie mit der Trennung im Dezember 2004 einen notariellen Ehevertrag geschlossen und darin ihre vermögensrechtlichen Ansprüche einschließlich der Auseinandersetzung des Miteigentums und der Ausgleichsansprüche abschließend geregelt. In einem solchen Fall steht der Gesichtspunkt der Wiederherstellung der ehelichen Lebensgemeinschaft einer Berücksichtigung des vollen Wohnwerts nicht mehr entgegen. Das Berufungsgericht durfte dem Beklagten, der das Alleineigentum an dem Reihenhaus erworben hat, deswegen den sich daraus ergebenden vollen Wohnwert zurechnen.

Anhang R. Rechtsprechung   R692

(In Trennungszeit zunächst Abzug von Zins und Tilgung der Hausschulden, wenn Ehepartner noch an einseitiger Vermögensbildung durch Tilgung teilnimmt. Ab Rechtshängigkeit der Scheidung bei einseitiger Vermögensbildung nur noch Abzug Zinsen)

[17] c) Nach ständiger Rechtsprechung des Senats sind von dem Wohnwert die mit dem Eigentumserwerb verbundenen Kosten abzusetzen, weil der Eigentümer nur in Höhe der Differenz günstiger lebt als ein Mieter. Der Vorteil des mietfreien Wohnens ist während der Ehezeit sowohl durch die verbrauchsunabhängigen Kosten als auch durch die gezahlten Zins- und Tilgungsleistungen geschmälert. Selbst wenn mit der Tilgung der Kredite stets eine Vermögensbildung verbunden ist, steht dies zunächst einer Schmälerung des Wohnvorteils durch die tatsächlich geleisteten Zahlungen nicht entgegen, weil regelmäßig auch der andere Ehegatte über den Zugewinnausgleich von der Vermögensbildung profitiert.

[18] Erst wenn dies ausgeschlossen ist, betreibt der Eigentümer mit der Tilgung seiner Kredite eine Vermögensbildung zu Lasten des Unterhaltsanspruchs des anderen Ehegatten. Dies hat den Senat in der Vergangenheit veranlasst, zwischen dem Trennungsunterhalt und dem nachehelichen Ehegattenunterhalt zu differenzieren. Weil für die Trennungszeit wegen des sich erst aus der Zustellung des Scheidungsantrags ergebenden Endstichtags zunächst noch ein Zugewinnausgleich stattfindet, hat der Senat im Rahmen des Trennungsunterhalts grundsätzlich neben den verbrauchsunabhängigen Grundstückskosten und den Zinsbelastungen auch die Tilgungsleistungen des Grundstückseigentümers berücksichtigt (Senatsurteil vom 28. März 2007 – XII ZR 21/05 – FamRZ 2007, 879, 881 f. m. w. N.). Demgegenüber wird der Wertzuwachs für das im Eigentum eines geschiedenen Ehegatten stehende Haus durch weitere Darlehenstilgung im Rahmen des nachehelichen Ehegattenunterhalts nicht mehr ausgeglichen und kommt nur noch dem Eigentümer allein zugute. Nach ständiger Rechtsprechung des Senats ist der Tilgungsanteil der Darlehensraten im Rahmen des nachehelichen Ehegattenunterhalts grundsätzlich nicht mehr zu berücksichtigen, weil er zur einseitigen Vermögensbildung eines Ehegatten führt (Senatsurteile vom 5. April 2000 – XII ZR 96/98 – FamRZ 2000, 950, 952 und vom 22. Oktober 1997 – XII ZR 12/96 – FamRZ 1998, 87, 88 f.). Spätestens dann sind dem objektiven Mietwert bei der Bemessung des Unterhaltsbedarfs nach den ehelichen Lebensverhältnissen neben den verbrauchsunabhängigenKosten grundsätzlich nur noch die Zahlungen für den Zinsaufwand gegenüber zu stellen.

[19] In Fortführung dieser Rechtsprechung muss der Tilgungsanteil der Kreditraten stets dann unberücksichtigt bleiben, wenn die damit einher gehende Vermögensbildung zu einer einseitigen Belastung des Unterhaltsberechtigten führen würde, weil dieser von der mit der Tilgung einhergehenden Vermögensbildung nicht mehr profitiert. Das wird regelmäßig der Fall sein, wenn bereits ein Scheidungsantrag rechtshängig ist und ein künftiger Vermögenszuwachs wegen des Endstichtags nach den §§ 1376 Abs. 2, 1384 BGB nicht mehr ausgeglichen wird.

(Bei Gütertrennung kein Abzug Tilgung ab Beginn Gütertrennung)

Gleiches gilt aber auch dann, wenn die Ehegatten Gütertrennung vereinbart haben und der Vermögenszuwachs eines Ehegatten aus diesem Grund nicht (mehr) ausgeglichen wird. Für die Berücksichtigung des Tilgungsanteils kommt es deswegen allein darauf an, ob der andere Ehegatte im konkreten Einzelfall (noch) von der Vermögensbildung profitiert. Ist das nicht (mehr) der Fall, muss der Tilgungsanteil grundsätzlich als einseitige Vermögensbildung zu Lasten der Unterhaltsansprüche des anderen Ehegatten unberücksichtigt bleiben (vgl. auch FA-FamR/Gerhardt 6. Aufl. 6. Kapitel Rdn. 52 c).

[20] Im Einklang damit ist das Berufungsgericht hier zu Recht davon ausgegangen, dass wegen der ehevertraglich vereinbarten Gütertrennung grundsätzlich nur die verbrauchsunabhängigen Kosten und die Zinsbelastungen den Wohnwert reduzieren. Zutreffend hat das Berufungsgericht deswegen die Tilgung der Kredite nicht mehr bei der Bemessung des nach den Lebensverhältnissen angemessenen Unterhalts im Sinne von § 1361 BGB berücksichtigt.

(Abzug Tilgung zur einseitigen Vermögensbildung, wenn es sich um zulässige Altersvorsorge handelt)

[21] d) Abweichend von der Rechtsprechung des Senats und ohne nähere Begründung hat das Berufungsgericht den Tilgungsanteil der Kredite allerdings auch unter dem Gesichtspunkt der zusätzlichen Altersvorsorge unberücksichtigt gelassen.

[22] Der Senat geht in seiner neueren Rechtsprechung davon aus, dass der Lebensstandard im Alter nur dann zu sichern ist, wenn neben der primären Vorsorge – u. a. durch die gesetzliche Rentenversicherung – private Leistungen für eine zusätzliche Altersversorgung erbracht werden. Diese Notwendigkeit, für das Alter zusätzlich Vorsorge zu treffen, stellt sich letztlich für jeden, auch für den getrennt lebenden Ehegatten. Da eine angemessene Altersvorsorge nicht mehr allein durch die gesetzliche Rentenversicherung gewährleistet werden kann, muss dem Unterhaltsberechtigten und gleichermaßen dem Unterhaltspflichtigen zugebilligt werden, in angemessenem Umfang zusätzlich Vorsorgeaufwand zu betreiben und beiden die Möglichkeit eröffnet sein, diesen Umstand in die Unterhalts-

2233

bemessung einfließen zu lassen. Dabei ist es unterhaltsrechtlich unerheblich, ob sich der Erwerbstätige für eine Direktversicherung oder eine anderweitige Altersvorsorge entscheidet. Auch wenn er durch die Entschuldung des Familienheims weiteres Vermögen mit dem Ziel einer später miet- und belastungsfreien Wohnungsnutzung schafft, ist dies als besondere Form der zusätzlichen Altersvorsorge berücksichtigungsfähig (Senatsurteil BGHZ 163, 84, 97 ff. = FamRZ 2005, 1817, 1821).

[23] Zur Höhe hat der Senat in Anlehnung an den Höchstfördersatz der sog. „Riester-Rente" einen Betrag von bis zu 4% des Gesamtbruttoeinkommens des Vorjahres als angemessene zusätzliche Altersvorsorge angesehen (5% beim Elternunterhalt). Nur soweit tatsächlich erbrachte Leistungen der Altersvorsorge darüber hinausgehen, müssen sie als einseitige Vermögensbildung zu Lasten des Unterhaltsberechtigten unberücksichtigt bleiben.

(Bedarfsdeckung durch Kindergeld; Abzug Zahlbetrag Kindesunterhalt sowohl beim Volljährigen als auch beim Minderjährigen)

g [36] Das Kindergeld nach den Vorschriften des BKGG und den §§ 62 ff. EStG dient dem allgemeinen Familienleistungsausgleich und will die Unterhaltslast im Ganzen, also die Unterhaltslast aller Unterhaltspflichtigen erleichtern. Wenn es deswegen in voller Höhe auf den Barbedarf des volljährigen Kindes anzurechnen ist (vgl. insoweit § 1612 b Abs. 1 Nr. 2 BGB in der seit 1. Januar 2008 geltenden Fassung), mindert es insoweit die sich aus den jeweiligen Einkommensverhältnissen ergebende anteilige Barunterhaltspflicht beider Eltern. Dieser Vorteil fließt nach der neueren Rechtsprechung des Senats auf die Weise in die Berechnung des Ehegattenunterhalts ein, dass nur noch der tatsächlich geleistete Zahlbetrag – und nicht ein um das (anteilige) Kindergeld erhöhter Tabellenbetrag – abgesetzt werden kann. Auch unter Berücksichtigung des sich dann ergebenden Ehegattenunterhalts verbleibt dem barunterhaltspflichtigen Elternteil jedenfalls die um seinen Erwerbstätigenbonus erhöhte Hälfte des Kindergeldes, während der andere Elternteil über den Ehegattenunterhalt nur in geringem Umfang von der Entlastung durch das Kindergeld profitiert. Auch wenn die Eltern anteilig für den Barunterhalt ihres volljährigen Kindes haften, führt die Berücksichtigung des Zahlbetrages im Rahmen des Ehegattenunterhalts nur zu einem hälftigen Ausgleich der Entlastung. Denn mit dem Ehegattenunterhalt wird dann nur die Differenz der unmittelbaren Entlastung beider barunterhaltspflichtigen Elternteile hälftig ausgeglichen (zur Berücksichtigung des Zahlbetrages bei dem um das hälftige Kindergeld geminderten Barunterhalt an minderjährige Kinder vgl. *Klinkhammer* FamRZ 2008, 193, 199; *Scholz* FamRZ 2007, 2221, 2224; *Dose* FamRZ 2007, 1289, 1292 f.; *Gerhard* FamRZ 2007, 945, 948).

(Zinsen aus Zugewinnausgleich eheprägendes Surrogat)

h [37] 2. Schließlich hat das Berufungsgericht die dem Einkommen der Klägerin hinzuzurechnenden Zinserträge unzutreffend ermittelt. Denn es hat den von der Klägerin als Gegenleistung aus dem notariellen Ehevertrag erhaltenen Geldbetrag in Höhe von 75 000 EUR in einen als Surrogat des früheren Miteigentums eheprägenden und einen als Zugewinnausgleich nicht eheprägenden Anteil aufgegliedert. Auch das hält der revisionsrechtlichen Prüfung nicht stand.

[38] Denn der Senat hat inzwischen entschieden, dass auch die Erträge aus einem im Zugewinnausgleich erworbenen Vermögen bei der Bemessung des Unterhaltsbedarfs nach den ehelichen Lebensverhältnissen zu berücksichtigen sind, wenn sie zuvor als Erträge des ausgleichspflichtigen Ehegatten die Lebensverhältnisse der Parteien bestimmt haben (Senatsurteil vom 4. Juli 2007 – XII ZR 141/05 – FamRZ 2007, 1532, 1536).

BGH v. 16. 4. 2008 – XII ZR 7/05 – FamRZ 2008, 1414 = NJW 2008, 2779

R693 *(Verwirkung nach § 1579 Nr. 7 BGB)*

[22] 2. Im Ansatz zutreffend ist das BerGer. davon ausgegangen, dass der Tatbestand des § 1579 Nr. 7 BGB in der Fassung des Unterhaltsrechtsänderungsgesetzes (§ 1579 Nr. 6 BGB a. F.), der ein offensichtlich schwerwiegendes, eindeutig bei dem Berechtigten liegendes Fehlverhalten gegen den Verpflichteten voraussetzt, erfüllt sein kann, wenn der Berechtigte gegen den Willen des anderen Ehegatten eine eheähnliche Gemeinschaft begründet oder ein nachhaltiges, auf längere Dauer angelegtes intimes Verhältnis zu einem anderen Partner aufnimmt. Darin ist eine so schwerwiegende Abkehr von den ehelichen Bindungen zu sehen, dass nach dem Grundsatz der Gegenseitigkeit, der dem ehelichen Unterhaltsrecht zu Grunde liegt, die Inanspruchnahme des anderen Ehegatten auf Unterhalt grob unbillig erscheint (*Senat*, NJW 1990, 253 = FamRZ 1989, 1279 [1280]; NJW 1983, 1548 = FamRZ 1983, 569 [571]; NJW 1982, 1461 = FamRZ 1982, 463 [464]; NJW 1981, 1214 = FamRZ 1981, 439 [440 f.]).

[23] Das BerGer. hat offengelassen, ob ein Fehlverhalten vorliegt, das eindeutig der Kl. zuzurechnen ist, oder ob die Ehe zur Zeit der Trennung bereits gescheitert war. Für das Revisionsverfahren ist deshalb zu Gunsten des Bekl. zu unterstellen, dass die Ehe der Parteien im Februar 2000 noch intakt war.

Anhang R. Rechtsprechung R694

[24] 3. Für die Annahme, ein Härtegrund i. S. des § 1579 Nr. 7 BGB liege unabhängig von der Frage der Einseitigkeit eines Fehlverhaltens nicht vor, hat das BerGer. maßgebend darauf abgestellt, dass es der Kl. wegen ihrer sexuellen Umorientierung und Entwicklung gleichgeschlechtlicher Neigungen nicht habe verwehrt werden können, sich aus der ehelichen Gemeinschaft zu lösen. Dabei hat es verkannt, dass allein dieser Schritt der Kl. ohnehin nicht vorgeworfen werden kann.

[25] Nach der Neufassung des § 1361 BGB durch das 1. EheRG richtet sich der Anspruch auf Trennungsunterhalt allein nach den Lebens-, Erwerbs- und Vermögensverhältnissen der Ehegatten, ohne dass es auf die Gründe der Trennung ankommt. Das Verhalten des Unterhalt begehrenden Ehegatten, der die Trennung herbeigeführt hat, kann nur nach Maßgabe der Härteregelung des § 1579 BGB berücksichtigt werden. Dem liegt die gesetzgeberische Wertung zu Grunde, dass die Trennung als solche keine unterhaltsrechtlichen Sanktionen zur Folge haben soll. Wenn ein Ehegatte seinen Entschluss zur Aufhebung der ehelichen Lebensgemeinschaft verwirklicht, begibt er sich notwendigerweise der Möglichkeit, seinen weiteren Unterhalt in Form des Familienunterhalts (§ 1360 a BGB) zu erhalten. Würde ihm schon diese mit der Trennung verbundene Folge nach der Härteregelung entgegengehalten werden können, würde ein mittelbarer Zwang zur Aufrechterhaltung der ehelichen Gemeinschaft ausgeübt. Infolgedessen müsste – wie nach dem Rechtszustand vor Inkrafttreten des 1. EheRG – im Einzelfall ermittelt werden, ob der Ehegatte zur Trennung „berechtigt" war. Nach geltendem Recht soll der bedürftige getrennt lebende Ehegatte aber grundsätzlich ohne Rücksicht auf die Gründe der Trennung angemessenen Unterhalt in Form einer Geldrente (§ 1361 IV 1 BGB) beanspruchen können (*Senat*, NJW 1986, 1340 = FamRZ 1986, 434 [435 f.]; NJW 1979, 1348 = FamRZ 1979, 569 [570]). Es kommt deshalb in diesem Zusammenhang nicht darauf an, auf Grund welcher Umstände die eheliche Lebensgemeinschaft aufgehoben worden ist und ob diese aus der Sicht des die Trennung herbeiführenden Ehegatten mehr oder weniger naheliegend oder gar zwingend waren.

[26] 4. Der entscheidende Gesichtspunkt für die Annahme eines Härtegrundes gem. § 1579 Nr. 7 BGB ist danach nicht in der Trennung als solcher zu sehen, sondern in der Widersprüchlichkeit des Verhaltens des Unterhaltsberechtigten, der sich zum einen aus der ehelichen Bindung löst, zum anderen aber die eheliche Solidarität durch ein Unterhaltsbegehren einfordert, ohne seinerseits das Prinzip der Gegenseitigkeit zu wahren. Dieses Prinzip wird verletzt, wenn der Berechtigte sich gegen den Willen seines Ehegatten einem anderen Partner zuwendet und jenem die dem Ehegatten geschuldete Hilfe und Fürsorge zuteil werden lässt. Eine in dieser Weise erfolgte Abkehr von der Ehe, die vor allem in der Begründung einer eheähnlichen Gemeinschaft oder der Aufnahme eines nachhaltigen, auf längere Dauer angelegten intimen Verhältnisses liegen kann, führt dazu, dass die Inanspruchnahme des anderen Ehegatten auf Unterhalt grob unbillig erscheint (*Senat*, NJW 1980, 1686 = FamRZ 1980, 665 [666 f.]; NJW 1983, 1548 = FamRZ 1983, 569 [572]; NJW 1990, 253 = FamRZ 1989, 1279 [1280]). Dabei ist es, wie das BerGer. zutreffend ausgeführt hat, regelmäßig nicht von Bedeutung, ob der Berechtigte sich im unmittelbaren Anschluss an die Trennung einem anderen Partner in der vorgenannten Art zuwendet oder ob dies erst zu einem späteren Zeitpunkt des Getrenntlebens geschieht (vgl. *Senat*, NJW 1990, 253 = FamRZ 1989, 1279 [1280]). Wesentlich ist vielmehr, ob das Verhalten des Berechtigten für das Scheitern der Ehe ursächlich war. Das wäre etwa dann nicht der Fall, wenn die Aufnahme der Beziehung erst zu einem Zeitpunkt erfolgte, als der Verpflichtete sich seinerseits bereits von seinem Ehegatten abgewandt hatte (so etwa auch *Schwab/Borth*, Hdb. d. ScheidungsR, 5. Aufl., IV Rdnr. 487).

BGH v. 16. 4. 2008 – XII ZR 107/06 – FamRZ 2008, 1325 = NJW 2008, 2581

(Verwirkung nach § 1579 Nr. 5 BGB) R694

[24] b) Nach § 1579 Nr. 5 BGB (§ 1579 Nr. 4 BGB a. F.) ist ein Unterhaltsanspruch zu versagen, herabzusetzen oder zeitlich zu begrenzen, soweit die Inanspruchnahme des Verpflichteten auch unter Wahrung der Belange eines Berechtigten zur Pflege und Erziehung anvertrauten gemeinschaftlichen Kindes grob unbillig wäre, weil der Berechtigte sich über schwerwiegende Vermögensinteressen des Verpflichteten mutwillig hinweggesetzt hat.

[25] aa) Die Begrenzung des Unterhalts verlangt somit neben dem Härtegrund der Verletzung schwerwiegender Vermögensinteressen stets auch eine grobe Unbilligkeit für den Unterhaltspflichtigen unter Wahrung der Belange des Unterhaltsberechtigten (*Senat*, BGHZ 146, 391 [399] = NJW 2001, 1789 = FamRZ 2001, 541 [543 f.]). Je schwerer ein Härtegrund wiegt, umso mehr ist es dem Unterhaltsberechtigten zuzumuten, die unterhaltsrechtlichen Folgen seines Verhaltens weitgehend selbst zu tragen und entsprechende Einschränkungen auf sich zu nehmen, soweit nicht das Kindeswohl eine andere Beurteilung erfordert (vgl. auch *Wendl/Gerhardt*, Das UnterhaltsR in der familienrichterlichen Praxis, 6. Aufl., § 4 Rdnrn. 615, 618).

[26] bb) Entgegen der Rechtsauffassung der Ast. hat das BerGer. zu Recht eine mutwillige Verletzung schwerwiegender Vermögensinteressen des Ag. angenommen.

[27] Zwar setzt der Härtegrund des § 1579 Nr. 5 BGB objektiv ein gravierendes Verhalten des Unterhaltsberechtigten voraus, was sich aus der Wortwahl „schwerwiegende" und „hinwegsetzen" ergibt. Damit stellt die Vorschrift nicht allein auf den Umfang der Vermögensgefährdung ab, sondern auch auf die Intensität der Pflichtverletzung. Nicht erforderlich ist es, dass dem Unterhaltspflichtigen tatsächlich ein Vermögensschaden entsteht. Es genügt eine schwerwiegende Gefährdung seiner Vermögensinteressen, die – wie hier – dadurch entstehen kann, dass der Unterhaltsschuldner bereits geleisteten Unterhalt trotz angestiegenen Einkommens des Unterhaltsberechtigten später nicht zurückfordern kann (vgl. insoweit *Senat*, NJW 1998, 2433 = FamRZ 1998, 951).

[28] Diese objektive Voraussetzung der Verwirkung hat das BerGer. zu Recht als erfüllt angesehen, weil die Ast. die erhebliche Steigerung ihres unterhaltsrelevanten Einkommens seit dem Abschluss des Vergleichs dem Ag. nicht mitgeteilt hat. Damit hat sie gegen ihre Obliegenheit zur ungefragten Information über spätere Einkommensänderungen verstoßen. Nach der Rechtsprechung des *Senats* sind jedenfalls die Parteien eines Unterhaltsvergleichs verpflichtet, sich gegenseitig ungefragt zu informieren, wenn ihr Verdienst das für die Bemessung des Unterhalts berücksichtigte Einkommen deutlich übersteigt (*Senat*, NJW 1997, 1439 = FamRZ 1997, 483 [484]; NJW 1986, 1751 = FamRZ 1986, 450 [453]). Weil sich die Parteien hier im Rahmen eines gerichtlichen Vergleichs über den Trennungsunterhalt geeinigt hatten, kommt es nicht darauf an, ob sich diese Verpflichtung zur ungefragten Information nur aus der vertraglichen Treuepflicht nach Abschluss eines gerichtlichen Vergleichs oder unabhängig von der Art des Unterhaltstitels schon aus dem unterhaltsrechtlichen Treueverhältnis ergibt (so *Büttner*, FF 2008, 15; vgl. auch *Hoppenz*, FamRZ 1989, 337 [338 f.]; *Wendl/Dose*, § 1 Rdnrn. 696 ff.).

[29] Subjektiv erfordert der Härtegrund des § 1579 Nr. 5 BGB ein mutwilliges Handeln, das zumindest leichtfertiges Verhalten des Unterhaltsberechtigten voraussetzt (*Senat*, BGHZ 146, 391 [399 f.] = NJW 2001, 1789 = FamRZ 2001, 541 [544]; NJW-RR 1988, 1093 = FamRZ 1988, 1031 [1033]; *Gerhardt/v. Heintschel-Heinegg/Klein*, Hdb. d. Fachanwalts FamilienR, 6. Aufl., Kap. 6 Rdnr. 458). Auch dies hat das BerGer. in revisionsrechtlich nicht zu beanstandender Weise angenommen.

[30] Der Auffassung der Ast., ihr könne allenfalls Fahrlässigkeit vorgeworfen werden, weil sie die Erhöhung ihrer Einkünfte nicht bewusst verschwiegen, sondern nicht daran gedacht habe, folgt der *Senat* nicht. Der festgestellte Sachverhalt rechtfertigt vielmehr den Schluss des OLG, dass die Bekl. zumindest mit bedingtem Vorsatz handelte, wenn es ihr nicht sogar darauf ankam, sich durch das Verschweigen der Höhe ihres Verdienstes Vermögensvorteile zu verschaffen. Denn im Zeitpunkt des Vergleichsschlusses über den Trennungsunterhalt war das Scheidungsverfahren der Parteien bereits anhängig und die Parteien verhandelten außergerichtlich über die Höhe des nachehelichen Unterhalts. Mit dem außergerichtlichen Schreiben vom 9. 12. 2004 wurde dem Ag. die Verdienstabrechnung für den Zeitraum von Dezember 2003 bis November 2004 „wunschgemäß" überreicht. Erst im Anschluss daran hat die Ast. mit Schriftsatz vom 11. 1. 2005 ihren Unterhaltsantrag im Verbundverfahren eingereicht.

[31] cc) Das BerGer. hat die Voraussetzungen der Verwirkung nach § 1579 Nr. 5 BGB auch unter Berücksichtigung des strengen Maßstabs der groben Unbilligkeit hier zu Recht angenommen. Denn die Ast. hat über die Dauer eines Jahres Unterhalt auf der Grundlage deutlich geringerer eigener Einkünfte bezogen, obwohl ihr Einkommen aus Teilzeit- und Nebentätigkeit um annähernd 400 Euro monatlich angestiegen war. Zwar hat der Ag. im März 2004 eine Steuererstattung erhalten, die jedenfalls teilweise unterhaltsrechtlich zu berücksichtigen ist. Dies schließt eine grobe Unbilligkeit als Folge der verschwiegenen höheren Einkünfte der Ast. allerdings nicht aus, weil es auch in Anbetracht dieser Steuererstattung dabei bleibt, dass die Ast. in der Zeit von Dezember 2003 bis März 2004 deutlich höheren Trennungsunterhalt bezogen hat, als ihr nach den höheren eigenen Einkünften zustand. Das Verschweigen der Steuererstattung durch den Ag. kann das Verschweigen der deutlichen Einkommenserhöhung durch die Ast. nicht geschehen machen und das unterhaltsbezogen vorwerfbare Verhalten deswegen nicht wieder aufheben. Zu Recht hat das BerGer. das Verhalten des Ag. hier deswegen erst bei der Bemessung der Rechtsfolge des § 1579 BGB berücksichtigt. Wenn das BerGer. den Unterhaltsanspruch der Ast. lediglich maßvoll um 100 Euro monatlich und auch nur befristet auf ein Jahr herabgesetzt hat, ist auch dagegen aus revisionsrechtlicher Sicht nichts zu erinnern.

BGH v. 30. 7. 2008 – XII ZR 177/06 – FamRZ 2008, 1911 = NJW 2008, 3213

R695 *(Eheliche Verhältnisse nach Dreiteilung)*

a [30] Im Ansatz zu Recht ist das BerGer. allerdings davon ausgegangen, dass der Unterhaltsbedarf der Bekl. durch später hinzugekommene weitere Unterhaltspflichten beeinflusst werden kann. Nach der neueren Rechtsprechung des *Senats* sind spätere Änderungen des verfügbaren Einkommens grundsätzlich bei der Bemessung des Unterhaltsbedarfs nach den ehelichen Lebensverhältnissen (§ 1578 I 1 BGB) zu berücksichtigen, und zwar unabhängig davon, wann sie eingetreten sind, ob es sich um Minderungen oder Verbesserungen handelt oder ob die Veränderung auf Seiten des Unterhaltspflichtigen oder

Anhang R. Rechtsprechung   R695

des Unterhaltsberechtigten eingetreten ist. Die Berücksichtigung einer nachehelichen Verringerung des verfügbaren Einkommens findet ihre Grenze erst in der nachehelichen Solidarität. Nur bei unterhaltsrechtlich vorwerfbarem Verhalten ist deswegen von einem fiktiven Einkommen auszugehen. Im Hinblick auf diese Betrachtungsweise sind auch sonstige Veränderungen der maßgeblichen Verhältnisse zu berücksichtigen, wenn sie Einfluss auf das dem Unterhaltspflichtigen verfügbare Einkommen haben (*Senat*, NJW 2008, 1663 = FPR 2008, 303 = FamRZ 2008, 968 [972]).

[31] Treten weitere Unterhaltsberechtigte hinzu, wirkt sich das auch auf den Unterhaltsbedarf eines geschiedenen Ehegatten aus, ohne dass es insoweit auf den Rang der Unterhaltsansprüche ankommt (Fortführung von *Senat*, NJW 2008, 1663 = FPR 2008, 303 = FamRZ 2008, 968 [972 f.]; vgl. auch *Wendl/Gerhardt*, § 4 Rdnr. 306). Die Berücksichtigung einer dadurch bedingten Einkommensminderung findet ihre Grenze ebenfalls erst in einem vorwerfbaren Verhalten, das – ähnlich wie bei der fiktiven Anrechnung vorwerfbar nicht erzielten Einkommens – unterhaltsbezogen sein muss. Das ist nicht der Fall, wenn ein geschiedener Unterhaltsschuldner eine neue Familie gründet. Auch in solchen Fällen wäre es verfehlt, die Unterhaltspflicht für ein neu hinzugekommenes Kind bei der Bemessung des Unterhaltsbedarfs eines früheren Ehegatten unberücksichtigt zu lassen. Das gilt in gleicher Weise für einen neuen Ehegatten (vgl. auch *Senat*, BGHZ 166, 351 [362] = NJW 2006, 1654 = FamRZ 2006, 683 [686]). Denn das würde dazu führen, dass der Unterhaltsanspruch des geschiedenen Ehegatten das dem Unterhaltspflichtigen unter Berücksichtigung seiner weiteren Unterhaltspflicht für den eigenen Unterhalt verbleibende Einkommen übersteigen würde, was nur im Rahmen des Selbstbehalts korrigiert werden könnte. Eine weitere Unterhaltspflicht, die den Unterhaltsbedarf eines vorrangig Unterhaltsberechtigten nicht beeinflussen würde, würde zwangsläufig gegen den Halbteilungsgrundsatz verstoßen (vgl. *Senat*, BGHZ 166, 351 [362 f.] = NJW 2006, 1654 = FamRZ 2006, 683 [686]).

[32] a) Nach den Feststellungen des BerGer. leistet der Kl. seit dem Einzug in eine gemeinsame Wohnung am 17. 10. 2005 auch seinem Kind Unterhalt. Die seit diesem Zeitpunkt im gemeinsamen Zusammenleben tatsächlich geleisteten Unterhaltszahlungen wirken sich deswegen auch auf den Unterhaltsbedarf der Bekl. nach den ehelichen Lebensverhältnissen aus, und zwar unabhängig davon, dass die Unterhaltspflicht erst nach Rechtskraft der Ehescheidung begonnen hat (*Senat*, NJW 2008, 1663 = FPR 2008, 303 = FamRZ 2008, 968 [972]). Vor der Bemessung des Unterhaltsanspruchs der Bekl. ist deswegen der sich aus der Düsseldorfer Tabelle ergebende Unterhaltsanspruch des Kindes vom Einkommen des Kl. abzusetzen.

[33] b) Im Ansatz ist das BerGer. ebenfalls zutreffend davon ausgegangen, dass der Kl. seit dem 15. 10. 2005 seiner neuen Ehefrau Familienunterhalt schuldet. Auch dieser neu hinzugekommene Anspruch auf Familienunterhalt beeinflusst nach den vorstehenden Ausführungen den Unterhaltsbedarf der Bekl. nach den fortgeschriebenen ehelichen Lebensverhältnissen. Denn auch dadurch wird das dem Kl. verbleibende Einkommen ohne unterhaltsbezogenes Verschulden gemindert. Ließe man dies unberücksichtigt, erhielte die Bekl. höheren Unterhalt, als dem Kl. selbst von seinem Einkommen verbliebe, was mit dem Halbteilungsgrundsatz nicht vereinbar wäre (vgl. *Senat*, BGHZ 166, 351 [360 ff.] = NJW 2006, 1654 = FamRZ 2006, 683 [685 f.]).

[34] Der Anspruch auf Familienunterhalt lässt sich zwar nicht ohne Weiteres nach den zum Trennungsunterhalt oder nachehelichen Unterhalt entwickelten Grundsätzen bemessen. Denn er ist nicht auf die Gewährung einer – frei verfügbaren – laufenden Geldrente für den jeweils anderen Ehegatten, sondern vielmehr als gegenseitiger Anspruch der Ehegatten darauf gerichtet, dass jeder von ihnen seinen Beitrag zum Familienunterhalt entsprechend seiner nach dem individuellen Ehebild übernommenen Funktion leistet. Seinem Umfang nach umfasst der Anspruch auf Familienunterhalt gem. § 1360 a BGB alles, was für die Haushaltsführung und die Deckung der persönlichen Bedürfnisse der Ehegatten und eventueller Kinder erforderlich ist. Sein Maß bestimmt sich aber ebenfalls nach den ehelichen Lebensverhältnissen, so dass § 1578 BGB als Orientierungshilfe herangezogen werden kann. Es begegnet deshalb keinen Bedenken, den Anspruch auf Familienunterhalt im Falle der Konkurrenz mit anderen Unterhaltsansprüchen auf die einzelnen Familienmitglieder aufzuteilen und in Geldbeträgen zu veranschlagen. Daher kann der anzusetzende Betrag insoweit in gleicher Weise wie der Unterhaltsbedarf eines getrennt lebenden oder geschiedenen Ehegatten ermittelt werden (*Senat*, NJW 2007, 2412 = FamRZ 2007, 1081 [1083]; NJW 2003, 1660 = FPR 2003, 378 = FamRZ 2003, 860 [864]).

[35] aa) Weil deswegen grundsätzlich sowohl eine schon bestehende als auch eine neu hinzugekommene Unterhaltspflicht bei der Bemessung des Unterhaltsbedarfs nach den ehelichen Lebensverhältnissen (§§ 1361 I, 1578 I BGB) zu berücksichtigen ist, beeinflussen sich die verschiedenen Unterhaltsansprüche wechselseitig.

[36] Zwar ist im Rahmen der Unterhaltsansprüche eines geschiedenen und eines neuen Ehegatten im Ansatz ein unterschiedlicher Bedarf nach den jeweiligen ehelichen Lebensverhältnissen denkbar. Nach der neueren Rechtsprechung des *Senats* zu den wandelbaren ehelichen Lebensverhältnissen gleicht sich der höhere Bedarf eines früheren Ehegatten aber zwangsläufig dem unter Berücksichtigung mehrerer Unterhaltspflichten geringeren Bedarf eines neuen Ehegatten an. Denn der ursprünglich höhere Bedarf eines geschiedenen Ehegatten verringert sich schon deswegen, weil mit einem neuen

Ehegatten ein weiterer Unterhaltsberechtigter hinzukommt, der das verfügbare Einkommen und damit auch den Unterhaltsbedarf des geschiedenen Ehegatten nach den ehelichen Lebensverhältnissen vermindert (Senat, BGHZ 166, 351 [361 f.] = NJW 2006, 1654 = FamRZ 2006, 683 [685 f.]; NJW 2008, 1663 = FPR 2008, 303 = FamRZ 2008, 968 [972 f.]). Auf diese Weise gleicht sich der Unterhaltsbedarf eines geschiedenen Ehegatten zwangsläufig an denjenigen eines neuen Ehegatten an.

[37] bb) Außerdem ist bei der Bemessung des Unterhaltsbedarfs einer geschiedenen und einer neuen Ehefrau nach den ehelichen Lebensverhältnissen stets der Halbteilungsgrundsatz zu beachten. Dieser Grundsatz gebietet es bei der Bedarfsermittlung nur eines unterhaltsberechtigten Ehegatten, dem Unterhaltpflichtigen einen die Hälfte seines verteilungsfähigen Einkommens sogar maßvoll übersteigenden Betrag anrechnungsfrei zu belassen (Senat, BGHZ 166, 351 [362 f.] = NJW 2006, 1654 = FamRZ 2006, 683 [686]).

[38] Ist der Unterhaltspflichtige – wie hier – neben einem geschiedenen Ehegatten auch einem neuen Ehegatten unterhaltspflichtig, kann dem Grundsatz der Halbteilung aber nicht entnommen werden, dass ihm stets die Hälfte seines eigenen Einkommens verbleiben muss, während sich die beiden Unterhaltsberechtigten die weitere Hälfte teilen müssten. Halbteilung im Sinne einer gegenseitigen Solidarität der jeweiligen Ehegatten bedeutet nicht, dass dem Unterhaltsschuldner stets und unabhängig von der Anzahl der Unterhaltsberechtigten die Hälfte seines eigenen unterhaltsrelevanten Einkommens verbleiben muss. Dies ist lediglich dann die Folge des Halbteilungsgrundsatzes, wenn das unterhaltsrelevante Einkommen nach Abzug des Kindesunterhalts auf den Unterhaltspflichtigen und einen geschiedenen Ehegatten aufzuteilen ist. Grund für die Halbteilung ist vielmehr der Gedanke, dass der Unterhaltsbedarf eines Unterhaltsberechtigten den Betrag nicht überschreiten darf, der dem Unterhaltspflichtigen verbleibt.

[39] Ist nach Abzug des Kindesunterhalts neben einem früheren Ehegatten auch ein neuer Ehegatte unterhaltsberechtigt, führt der so verstandene „Halbteilungsgrundsatz" deswegen dazu, dass dem Unterhaltspflichtigen ein Drittel seines unterhaltsrelevanten Einkommens verbleiben muss, während sich der Unterhaltsbedarf eines jeden unterhaltsberechtigten Ehegatten ebenfalls mit einem Drittel bemisst (vgl. *Wendl/Gutdeutsch*, § 4 Rdnrn. 390 ff.; *Wendl/Gerhardt*, § 4 Rdnrn. 305 ff.; *Gutdeutsch*, FamRZ 2006, 1072; *Gerhardt/Gutdeutsch*, FamRZ 2007, 778 [779]; *Gutdeutsch*, FamRZ 2008, 661 [663]; *Borth*, UÄndG, 2008, Rdnrn. 298, 301; s. auch OLG Düsseldorf, FamRZ 2008, 1254 [1255] = BeckRS 2008, 10940, und Nr. 15.5 der am 19. 5. 2008 neu gefassten Leitlinien des OLG Frankfurt a. M., FPR H. 6/2008, S. VII = FamRZ 2008, 1504).

[40] cc) Entgegen der Rechtsauffassung des BerGer. ist die Dreiteilung des verfügbaren Einkommens auch dann geboten, wenn – wie hier – einer oder beide unterhaltsberechtigte Ehegatten eigene Einkünfte erzielen und damit ihren Unterhaltsbedarf teilweise selbst decken. Auch dann kann das eigene Einkommen eines Unterhaltsberechtigten nicht ohne Verstoß gegen den Halbteilungsgrundsatz unberücksichtigt bleiben. Sonst erhielte der Unterhaltsberechtigte mehr, als dem Unterhaltspflichtigen nach seinen Unterhaltsleistungen an den geschiedenen und den neuen Ehegatten verbliebe.

[41] Der den beiden unterhaltsberechtigten (früheren) Ehegatten zustehende Unterhaltsbedarf bemisst sich in diesem Fall – ebenso wie der dem Unterhaltspflichtigen zu belassende Anteil seines eigenen Einkommens – aus einem Drittel aller verfügbaren Mittel (vgl. auch OLG Düsseldorf, FamRZ 2008, 1254 [1255 f.] = BeckRS 2008, 10940). Diese Berechnung schließt einen Verstoß gegen den Halbteilungsgrundsatz aus, weil dem Unterhaltspflichtigen stets ein Betrag verbleibt, der dem Bedarf jedes Unterhaltsberechtigten entspricht. Die Dreiteilung aller vorhandenen Einkünfte führt andererseits auch nicht etwa dazu, den Unterhaltsbedarf eines einkommenslosen Ehegatten zu Lasten der Einkünfte eines früheren Ehegatten auf unzulässige Weise zu erhöhen. Zwar lässt das eigene Einkommen eines unterhaltsberechtigten geschiedenen Ehegatten mittelbar auch den Unterhaltsbedarf des neuen Ehegatten anwachsen, wie sich aus der folgenden Vergleichsberechnung ergibt:

Bedarfsbemessung ohne Einkommen der Unterhaltsberechtigten:

Unterhaltsrelevantes Einkommen des Pflichtigen:	3000 Euro
Bedarf des früheren und des neuen Ehegatten (je ?):	1000 Euro

Bedarfsbemessung mit Einkommen eines Unterhaltsberechtigten:

Unterhaltsrelevantes Einkommen des Pflichtigen:	3000 Euro
Eigenes Einkommen eines Unterhaltsberechtigten:	600 Euro
Unterhaltsrelevantes Gesamteinkommen:	3600 Euro
Bedarf des früheren und des neuen Ehegatten (je ?):	1200 Euro

[42] Diese Erhöhung des Unterhaltsbedarfs auch des nicht erwerbstätigen Ehegatten ergibt sich in solchen Fällen allerdings nur vordergründig aus dem eigenen Einkommen des anderen Unterhaltsberechtigten. Denn isoliert würde sich der Unterhaltsbedarf jedes unterhaltsberechtigten Ehegatten aus der Summe seines eigenen Einkommens und des unterhaltsrelevanten Einkommens des Unterhalts-

pflichtigen ergeben. In dem oben angegebenen Fall betrüge er also für den erwerbslosen Ehegatten (3000 Euro : 2 =) 1500 Euro und für den teilweise erwerbstätigen Ehegatten (3600 Euro : 2 =) 1800 Euro. Nur weil der Unterhaltspflichtige einem weiteren (geschiedenen) Ehegatten unterhaltspflichtig ist, geht die Höhe dieses Unterhaltsbedarfs bis auf ein Drittel des verfügbaren Gesamteinkommens zurück. Ist der Bedarf eines unterhaltsberechtigten Ehegatten aber wegen seiner eigenen Einkünfte teilweise gedeckt, kann sein ungedeckter Unterhaltsbedarf den Unterhaltsbedarf des nicht erwerbstätigen Ehegatten auch nur in diesem geringeren Umfang mindern. Das beim Unterhaltspflichtigen noch verfügbare Einkommen kann dann bis zur Grenze der Halbteilung für eine Erhöhung des Unterhaltsanspruchs des weiteren Ehegatten verwendet werden. Das eigene Einkommen eines (früheren) Ehegatten erhöht deswegen nicht etwa den Unterhaltsbedarf eines neuen Ehegatten, sondern es führt dazu, dass der Unterhaltsbedarf nach dem Halbteilungsgrundsatz nur in geringerem Umfang bis zur Dreiteilung des gesamten verfügbaren Einkommens herabgesetzt wird (so auch *OLG Düsseldorf*, FamRZ 2008, 1254 [1255] = BeckRS 2008, 10940).

(Splittingvorteil bei Dreiteilung)
[46] 4. Auch soweit das BerGer. den Unterhaltsbedarf der Bekl. ohne Berücksichtigung des Splittingvorteils des Kl. aus seiner neuen Ehe errechnet hat, hält dies unter Berücksichtigung der – nach Erlass des Berufungsurteils ergangenen – neueren Rechtsprechung des *Senats* der revisionsrechtlichen Prüfung nicht stand.

[47] a) Allerdings hatte der *Senat* zuletzt in ständiger Rechtsprechung entschieden, dass bei der Bemessung des Unterhaltsanspruchs eines geschiedenen Ehegatten der Splittingvorteil eines wieder verheirateten Unterhaltspflichtigen außer Betracht zu lassen und eine fiktive Steuerberechnung anhand der Grundtabelle vorzunehmen ist (*Senat*, BGHZ 163, 84 [90 f.] = NJW 2005, 3277 = FamRZ 2005, 1817 [1819]). An dieser Rechtsprechung, die auf der isolierten Betrachtung des Unterhaltsbedarfs eines geschiedenen und eines neuen Ehegatten beruhte, hält der *Senat* nicht fest.

[48] b) Der Unterhaltsbedarf nach den ehelichen Lebensverhältnissen ist grundsätzlich auf der Grundlage des konkret verfügbaren Einkommens zu bemessen (vgl. *Senat*, NJW 2008, 1663 = FPR 2008, 303 = FamRZ 2008, 968 [971 f.]). Nacheheliche Entwicklungen bleiben nur dann unberücksichtigt, wenn sie nicht in der Ehe angelegt waren oder, im Falle eines Rückgangs des verfügbaren Einkommens, unterhaltsrechtlich vorwerfbar sind. Damit wirkt sich auch das Hinzutreten eines weiteren Unterhaltsberechtigten unabhängig von dessen Rangstellung auf den Unterhaltsbedarf des geschiedenen Ehegatten aus. Die sich daraus unter Berücksichtigung des Halbteilungsgrundsatzes ergebende Dreiteilung des Gesamteinkommens führt dazu, dass künftig nicht mehr ein ungekürzter Unterhaltsbedarf des geschiedenen Ehegatten einem geringeren Unterhaltsbedarf des neuen Ehegatten gegenübersteht. Die Unterhaltsansprüche beeinflussen sich vielmehr wechselseitig und gleichen sich somit einander an.

[49] Die Berücksichtigung des Splittingvorteils der neuen Ehe im Rahmen des Unterhaltsanspruchs eines geschiedenen Ehegatten führt auf dieser Grundlage nicht mehr zu verfassungsrechtlich unzulässigen Ergebnissen (vgl. dazu *BVerfG*, NJW 2003, 3466 = FPR 2004, 41 = FamRZ 2003, 1821 [1823 f.]). Insbesondere wird dadurch der neuen Ehe nicht der ihr zustehende steuerrechtliche Vorteil entzogen. Denn mit der neuen Ehe steigt zwar infolge des Splittingvorteils das Nettoeinkommen des Unterhaltspflichtigen an; zugleich führt der hinzu gekommene Unterhaltsbedarf aber zu einer Kürzung des Unterhaltsbedarfs des geschiedenen Ehegatten. Der im Verhältnis zum neuen Ehegatten zu berücksichtigende Splittingvorteil nimmt deswegen im Ergebnis lediglich die Kürzung des Unterhaltsanspruchs des geschiedenen Ehegatten teilweise zurück (vgl. auch *Gerhardt/Gutdeutsch*, FamRZ 2007, 778 [779]; *Wendl/Gerhardt*, § 1 Rdnr. 592 b [für gleichrangige Ansprüche]). Soweit dem geschiedenen Ehegatten nach der Rechtsprechung des *BVerfG* kein höherer Unterhaltsanspruch zustehen darf, als er ohne die neue Ehe des Unterhaltspflichtigen hätte (*BVerfG*, NJW 2003, 3466 = FPR 2004, 41 = FamRZ 2003, 1821 [1823 f.]), ist dies in besonders gelagerten Fällen, in denen der neue Ehegatte wegen eigener Einkünfte keinen oder nur einen sehr geringen Unterhaltsbedarf hat, durch eine Kontrollberechnung sicherzustellen (vgl. auch *OLG Düsseldorf*, FamRZ 2008, 1254 [1256] = BeckRS 2008, 10940). Einem geschiedenen Ehegatten steht danach Unterhalt allenfalls in der Höhe zu, wie er sich ergäbe, wenn der Unterhaltspflichtige nicht neu geheiratet hätte und deswegen weder ein Splittingvorteil noch ein neuer unterhaltsberechtigter Ehegatte vorhanden wären.

[50] Schließlich kann auch nicht unberücksichtigt bleiben, dass im Falle einer Unterhaltspflicht für einen geschiedenen und einen neuen Ehegatten dem Splittingvorteil aus der neuen Ehe nach den §§ 26, 32 a V EStG der steuerliche Vorteil des begrenzten Realsplittings aus den Unterhaltszahlungen an den früheren Ehegatten nach § 10 I Nr. 1 EStG oder der Vorteil des § 66 a EStG im Rahmen einer Unterhaltszahlung nach § 1615 l II BGB gegenübersteht (vgl. auch *Senat*, NJW 2007, 2628 = FamRZ 2007, 1232 [1234 f.]; NJW 2008, 3125 = FPR 2008, 509 m. Anm. *Fiedler*).

[51] Für die Bemessung des Unterhaltsbedarfs der Bekl. im Wege der Dreiteilung wird das BerGer. deswegen hier von dem unterhaltsrelevanten Einkommen des Kl. unter Einschluss seines Splittingvorteils ausgehen müssen.

BGH v. 30. 7. 2008 – XII ZR 126/06 – FamRZ 2008, 2104 = NJW 2008, 3635

R696 *(Voraussetzungen eines Unterhaltsanspruchs wegen Erwerbslosigkeit)*

a [18] Nach der Rechtsprechung des *Senats* ist Voraussetzung des Anspruchs aus § 1573 I BGB, dass sich die Ehegatte unter Einsatz aller zumutbaren und möglichen Mittel nachhaltig bemüht haben muss, eine angemessene Tätigkeit zu finden, wozu die bloße Meldung beim Arbeitsamt nicht genügt. Er trägt im Verfahren zudem die uneingeschränkte Darlegungs- und Beweislast für seine Bemühungen und muss in nachprüfbarer Weise vortragen, welche Schritte und in welchem zeitlichen Abstand er im Einzelnen in dieser Richtung unternommen hat. Die Beweiserleichterung nach § 287 II ZPO kommt ihm nicht zugute (*Senat*, NJW-RR 1993, 898 = FamRZ 1993, 789 [791]).

[19] Den von der Bekl. vorgetragenen und belegten Bewerbungsbemühungen fehlt es bereits an der nötigen Nachhaltigkeit. Die im Berufungsurteil angeführten Bewerbungen aus der Zeit von 1999 bis 2006 sind von ihrer Zahl her unzureichend und weisen zeitliche Lücken auf. Es ist auch nicht ersichtlich, welche Eigeninitiative die Bekl. außer ihrer Arbeitslosmeldung und den vorgelegten Anschreiben an Arbeitgeber in den mehr als acht Jahren seit der Scheidung entwickelt hat. Das BerGer. hat dementsprechend mit zwar knapper, aber zutreffender Begründung gefordert, die Bewerbungsintensität hätte gesteigert werden müssen, und damit zu erkennen gegeben, dass die vorgetragenen Bewerbungen den Anforderungen nicht genügen. Darüber hinaus hat es auch Zweifel an der Ernsthaftigkeit der Bewerbungen angemeldet und diese aus dem Inhalt der Bewerbungsschreiben hergeleitet. Auch dagegen ist revisionsrechtlich nichts zu erinnern. Die Revision führt hier anderweitige Erklärungsmöglichkeiten an, die allenfalls auf eine unzulässige Ersetzung der Würdigung des BerGer. durch die der Revision hinauslaufen.

[20] Die Beweiswürdigung des BerGer. unterliegt nach § 559 II ZPO grundsätzlich nicht der revisionsrechtlichen Kontrolle. Die Voraussetzungen einer ausnahmsweisen Korrektur durch das RevGer., etwa weil die Feststellungen auf einer Gesetzesverletzung beruhen, dem BerGer. ein Verstoß gegen die Denkgesetze unterlaufen ist oder Erfahrungssätze nicht beachtet wurden (vgl. *Musielak/Ball*, ZPO, 6. Aufl., § 559 Rdnr. 22), liegen nicht vor.

[21] Die Auffassung der Revision, dass eine nennenswerte Anzahl von Stellen, für welche die Bekl. von ihrem wissenschaftlichen Anforderungsprofil in Frage komme, nicht existiere, stellt die Feststellung unzureichender Erwerbsbemühungen durch das BerGer. nicht in Frage. Die Bekl. hätte sich nicht nur auf Stellen im Bereich der Wissenschaft bewerben können und müssen, sondern ihr stand auf Grund ihrer Ausbildung einschließlich der Zusatzqualifikation als Heilpraktikerin wie auch der wenigstens zeitweilig ausgeübten Praxis im psychosozialen Bereich ein wesentlich weiteres Berufsfeld offen.

[22] bb) Die unzureichende Arbeitssuche führt indessen noch nicht notwendig zur Versagung des Anspruchs aus § 1573 I BGB. Die mangelhafte Arbeitssuche muss vielmehr für die Arbeitslosigkeit auch ursächlich sein. Eine Ursächlichkeit besteht nicht, wenn nach den tatsächlichen Gegebenheiten des Arbeitsmarktes sowie den persönlichen Eigenschaften und Fähigkeiten des Unterhalt begehrenden Ehegatten für ihn keine reale Beschäftigungschance bestanden hat (*Senat*, NJW-RR 1993, 898 = FamRZ 1993, 789 [791]).

[23] Für das Bestehen einer realen Beschäftigungschance ist im vorliegenden Fall allerdings nicht erst auf den Beginn des streitbefangenen Zeitraums im Juni 2005 abzustellen, als die Bekl. schon 56 Jahre alt war. Die Besonderheit des vorliegenden Falls besteht darin, dass die Bekl. schon längere Zeit zuvor zu einer Erwerbstätigkeit verpflichtet war. Die Parteien gingen bereits anlässlich der Scheidung im Jahr 1998 übereinstimmend davon aus, dass die Bekl. zu einer Teilzeiterwerbstätigkeit verpflichtet war. Dementsprechend hat die Bekl. sich in den beiden ersten von den Parteien abgeschlossenen Vergleichen vom 9. 2. 1998 und 23. 8. 1999 jeweils ein fiktives Einkommen von 500 DM und zuletzt im Vergleich vom 28. 1. 2002 ein fiktives Einkommen von 818 Euro aus dann halbschichtiger Tätigkeit zurechnen lassen. Die Bekl. kann demnach nicht so behandelt werden, als hätte ihre Erwerbsobliegenheit erstmals im Jahr 2005 eingesetzt. Dass sie durch ihre unzureichende Eigeninitiative die Chance einer stufenweisen beruflichen Eingliederung hat verstreichen lassen, darf sich nicht zu Lasten des unterhaltspflichtigen Kl. auswirken. Vielmehr ist für die Frage der realen Beschäftigungschance darauf abzustellen, ob eine solche bestanden hätte, wenn die Bekl. von Anfang an ihrer Erwerbsobliegenheit genügt hätte (vgl. auch *Senat*, NJW 2008, 1525 m. Anm. *Born* = FPR 2008, 244 m. Anm. *Stollenwerk* = FamRZ 2008, 872 [873 f.] m. Anm. *Hoppenz*). Dabei ist vor allem einzubeziehen, dass die Bekl., wie das *FamG* und das BerGer. übereinstimmend festgestellt haben, bei einer zunächst in Teilzeit ausgeübten Tätigkeit trotz ihres Alters die Chance einer späteren – sukzessiven – Aufstockung zu einer Vollzeitstelle deutlich verbessert haben könnte. Das BerGer. hat die auf Seiten der Bekl. bestehenden Schwierigkeiten, ihr Alter, ihre kaum entwickelte berufliche Praxis und die lange Zeit des beruflichen Ausstiegs in die Betrachtung mit einbezogen. Auch wenn sich diese Faktoren im Ergebnis lediglich bei der Höhe des erzielbaren Einkommens niedergeschlagen haben, hat das BerGer. sie ersichtlich gewürdigt. Wenn es in Anbetracht der bereits seit 1998 von den Parteien angenommenen (Teilzeit-)Erwerbsobliegenheit unter Einbeziehung von Fortbildungsmöglichkeiten dennoch eine bestehende reale Be-

Anhang R. Rechtsprechung   R696

schäftigungschance („im abhängigen oder selbstständigen Bereich") gesehen hat, ist dies als Ergebnis tatrichterlicher Würdigung nicht zu beanstanden. In Anbetracht des vorhandenen beruflichen Spektrums brauchte das BerGer. in den Entscheidungsgründen auch keine konkrete Tätigkeit zu benennen. Eine Tätigkeit als Putz- oder Verkaufshilfe hat das BerGer. der Bekl. ferner nicht unterstellt. Das für erzielbar erklärte Nettoeinkommen von 1300 Euro bewegt sich vielmehr im selben Rahmen wie das von der Bekl. im Vergleich vom 28. 1. 2002 akzeptierte Einkommen von 818 Euro für eine Halbtagstätigkeit und ist schon deswegen im Zweifel noch angemessen i. S. von § 1574 BGB (alter und neuer Fassung).

[24] Auch wenn schließlich eine sichere rückblickende Einschätzung nicht mehr möglich war und ist, gehen verbleibende Zweifel hinsichtlich einer fehlenden realen Beschäftigungschance zu Lasten der beweisbelasteten Bekl. (*Senat*, NJW-RR 1993, 898 = FamRZ 1993, 789 [791]). Dass es sich bei der realen Beschäftigungschance um eine objektive Voraussetzung handelt (vgl. *BVerfG*, NJW-RR 2008, 1025 = FamRZ 2008, 1145 [1146] – betreffend den Unterhaltsschuldner), ändert an der Beweislastverteilung nichts. Der vom BerGer. im angefochtenen Urteil darüber hinausgehend zum Ausdruck gebrachten Überzeugung von einer realen Beschäftigungschance der Bekl. bedurfte es wegen der die Bekl. treffenden Beweislast demnach nicht.

(Ehegattenunterhalt und anteilige Haftung für volljähriges Kind)
[31] c) Bei der Bemessung des Ehegattenunterhalts hat das BerGer. den Unterhalt der volljährigen   b
Kinder zutreffend vorweg abgezogen. Der Unterhaltsbedarf volljähriger Kinder bemisst sich, soweit er der Altersstufe 4 der Düsseldorfer Tabelle entnommen wird, nach dem zusammengerechneten Einkommen der Eltern. Nach ständiger Rechtsprechung schuldet ein Elternteil allerdings höchstens den Unterhalt, der sich allein auf der Grundlage seines Einkommens aus der 4. Altersstufe der Düsseldorfer Tabelle ergibt (*Senat*, BGHZ 164, 375 [378] = NJW 2006, 57 = FamRZ 2006, 99 [100]). Die Berechnung kann abgekürzt werden, wenn nur ein Elternteil Einkommen oberhalb des eigenen angemessenen Unterhalts i. S. von § 1603 I BGB (angemessener Selbstbehalt; nach den Leitlinien des BerGer. – Nr. 21.3.1 – sowie der Anmerkung A. 5 zur Düsseldorfer Tabelle ab 1. 7. 2005: 1100 Euro; bis Juni 2005: 1000 Euro) erzielt und der andere Elternteil nicht leistungsfähig ist. In diesem Fall kann der Kindesunterhalt zur Vereinfachung sogleich allein nach dem Einkommen des allein leistungsfähigen Elternteils bestimmt werden.

[32] aa) Das BerGer. hat den Unterhalt der beiden volljährigen Töchter allein nach dem Einkommen des Kl. bestimmt und das der Bekl. zugerechnete Einkommen als bloß fiktives Einkommen außer Acht gelassen. Die Revision bringt dagegen im Ausgangspunkt allerdings zu Recht vor, dass die Anrechnung eines fiktiven Einkommens auch die Beteiligung der Bekl. am Unterhalt der volljährigen Kinder zur Folge hat (§ 1606 III 1 BGB), soweit sich insgesamt ein den angemessenen Selbstbehalt nach § 1603 I BGB übersteigendes Einkommen ergibt. Allein auf Grund des Umstands, dass es sich um fiktives Einkommen handelt, folgt auch im Rahmen der anteiligen Unterhaltspflicht nach § 1606 III 1 BGB noch nicht, dass eine Mithaftung entfällt. Anderenfalls hätte der Elternteil die Möglichkeit, durch seine Pflichtverletzung den Wegfall seiner Unterhaltspflicht herbeizuführen. Das Gleiche muss jedenfalls grundsätzlich gelten, wenn es nicht primär um die Feststellung des Volljährigenunterhalts geht, sondern der Volljährigenunterhalt nur eine Vorfrage bei der Bemessung des Ehegattenunterhalts ist.

[33] Das BerGer. hat jedoch des Weiteren – wie auch die Revision – nicht beachtet, dass die Zurechnung eines fiktiven Einkommens beim Kindesunterhalt unter anderen Voraussetzungen steht als beim Ehegattenunterhalt. Die Zurechnung fiktiven Einkommens ist für jedes Unterhaltsverhältnis gesondert zu beurteilen und setzt voraus, dass der Unterhaltspflichtige im jeweiligen Unterhaltsverhältnis gegen seine unterhaltsrechtliche Erwerbsobliegenheit verstoßen hat. Die Erwerbsobliegenheiten beim Ehegattenunterhalt und beim Kindesunterhalt sind unterschiedlich ausgestaltet. Sie unterscheiden sich nicht zuletzt auch danach, ob sie den Unterhaltsberechtigten oder den Unterhaltspflichtigen betreffen, wie der vorliegende Fall deutlich macht. Während die Bekl. im Rahmen des Ehegattenunterhalts schon seit 1998 unterhaltsrechtlich zu einer Erwerbstätigkeit verpflichtet war, erfüllte sie ihre Unterhaltspflicht gegenüber den Kindern, solange diese noch minderjährig waren, allein durch deren Pflege und Erziehung (§ 1606 III 2 BGB). Da der Barunterhalt der Kinder gesichert war (§ 1603 II 3 BGB) und auch ansonsten kein Ausnahmefall von der Regel des § 1606 III 2 BGB in Betracht kommt, war die Bekl. gegenüber ihren Kindern somit erst seit deren im Mai 2005 eingetretenen Volljährigkeit zu einer Erwerbstätigkeit verpflichtet. Zu diesem Zeitpunkt hatten sich aber die Erwerbschancen der Bekl. allerdings gegenüber der Betrachtung beim Ehegattenunterhalt bereits deutlich verschlechtert. Dass die Bekl. seitdem noch in der Lage sein sollte, eine Vollzeitstelle zu erlangen, erscheint schon auf Grund ihres Alters von nunmehr 56 Jahren und ihrer noch deutlich längeren beruflichen Abstinenz zweifelhaft. Auf Grund der fehlerhaften Gleichstellung der Erwerbsobliegenheit der Bekl. einerseits als Gläubigerin des Ehegattenunterhalts und andererseits als Schuldnerin des Kindesunterhalts hat das BerGer. hier die notwendigen Feststellungen unterlassen.

2241

[34] Allerdings kann sich das vom BerGer. erzielte Ergebnis auch dann als richtig erweisen, wenn und soweit die Bekl. nicht nur wegen eingeschränkter Vollstreckungsmöglichkeiten, sondern rechtlich gesichert vom Kindesunterhalt befreit ist. Der hierfür in Frage kommende Grund könnte in einer Freistellung der Bekl. durch den Kl. liegen. Soweit der Kl. – wie es offenbar der Fall ist – den Kindesunterhalt seit Eintritt der Volljährigkeit der gemeinsamen Kinder geleistet hat, ohne die Bekl. in Rückgriff nehmen zu wollen, dürfte eine zumindest stillschweigende Freistellungsabrede der Parteien vorliegen. Dass die Bekl. den Naturalunterhalt der Kinder sicherstellt, steht dem nicht notwendig entgegen, weil dieser aus dem Barunterhalt, der insbesondere auch den Wohnbedarf umfasst, zu finanzieren ist (*Senat*, BGHZ 164, 375 [385] = NJW 2006, 57 = FamRZ 2006, 99 [102]). Auch wenn die Kinder durch eine solche Abrede grundsätzlich nicht gehindert sind, die Bekl. auf ihren Unterhaltsanteil in Anspruch zu nehmen, wird eine rückwirkende Inanspruchnahme regelmäßig ausscheiden, weil es an den Voraussetzungen des § 1613 BGB fehlt. Sind sowohl ein Rückgriff der Kl. als auch eine rückwirkende Inanspruchnahme durch die Kinder aber zuverlässig ausgeschlossen, kann dem in der Tat dadurch Rechnung getragen werden, dass der Unterhalt allein vom Einkommen des zugleich dem Ehegatten und den Kindern zum Unterhalt Verpflichteten abgezogen wird (vgl. *Wendl/Klinkhammer*, Das UnterhaltsR in der familienrichterlichen Praxis, 7. Aufl., § 2 Rdnr. 151). Auch für den künftigen Unterhalt kann es sich ähnlich verhalten, wenn der Kl. auch insoweit der offenbar durchgehenden bisherigen Praxis entsprechend anbietet, den Kindesunterhalt im Verhältnis der Parteien weiter allein aufzubringen. Die Bekl. verstieße dann gegen Treu und Glauben, wenn sie das Freistellungsangebot des Kl. nicht annehmen würde. Etwas anderes kann sich nur ergeben, wenn die Kinder die Bekl. direkt auf Unterhalt in Anspruch nehmen sollten. Dieser Umstand lässt sich anhand der Anforderungen gem. § 1613 BGB verlässlich feststellen und würde gegebenenfalls eine Abänderung des Ehegattenunterhalts begründen.

BGH v. 17. 9. 2008 – XII ZR 72/06 – FamRZ 2008, 2189 = NJW 2008, 3562

R697 *(Splittingvorteil beim Kindesunterhalt)*

[14] 2. Die Auffassung des BerGer. zur (Nicht-)Berücksichtigung des Splittingvorteils bei der Bemessung des Kindesunterhalts (ebenso *OLG Oldenburg*, NJW 2006, 2419 = FamRZ 2006, 1127; *Schürmann*, FamRZ 2008, 313 [322]; *Palandt/Brudermüller*, BGB, 67. Aufl., § 1581 Rdnr. 9) widerspricht der ständigen Rechtsprechung des *Senats*.

[15] a) Der *Senat* hat anders als bei konkurrierenden Ansprüchen auf Ehegattenunterhalt (vgl. allerdings nunmehr zum Ehegattenunterhalt *Senat*, NJW 2008, 3213 = FPR 2008, 566) den aus der neuen Ehe herrührenden Splittingvorteil gem. §§ 26, 26 b, 32 a V EStG bei der Bemessung des Kindesunterhalts mit herangezogen (*Senat*, BGHZ 175, 182 = NJW 2008, 1663 = FPR 2008, 303 = FamRZ 2008, 968 [973]; BGHZ 163, 84 [91, 101] = NJW 2005, 3277 = FamRZ 2005, 1817 [1822]; NJW 2007, 1969 = FamRZ 2007, 882 [885]). Daran ist entgegen der Auffassung des BerGer. und der in der Literatur vereinzelt geäußerten Kritik (*Schürmann*, FamRZ 2008, 313 [322]; *ders.*, FamRZ 2007, 987 [988]; *Palandt/Brudermüller*, § 1581 Rdnr. 9) festzuhalten.

[16] Sowohl bei der Bedarfsermittlung nach § 1610 BGB als auch im Rahmen der Leistungsfähigkeit des Unterhaltspflichtigen gem. § 1603 I, II BGB ist der sich aus der neuen Eheschließung ergebende Splittingvorteil als Einkommensbestandteil einzubeziehen. An Stelle einer fiktiven Steuerberechnung nach der Grundtabelle ist vom tatsächlich erzielten Nettoeinkommen des Unterhaltspflichtigen auszugehen.

[17] b) Der Unterhaltsbedarf richtet sich beim Verwandtenunterhalt gem. § 1610 I BGB nach der Lebensstellung des Bedürftigen (angemessener Unterhalt). Das minderjährige Kind leitet seine Lebensstellung von seinen Eltern ab (vgl. *Senat*, BGHZ 175, 182 = NJW 2008, 1663 = FPR 2008, 303 = FamRZ 2008, 968 [973]). Die für die Höhe des Unterhalts maßgebende Lebensstellung der Eltern wird in der Praxis vorzugsweise nach dem verfügbaren Einkommen bestimmt, woran sich auch die Düsseldorfer Tabelle orientiert. Anders als beim Ehegattenunterhalt ist der Lebensstandard der Kinder nicht auf die zum Zeitpunkt der Ehescheidung vorhandenen Einkommensquellen begrenzt. Vielmehr sind auch erst nach der Scheidung beim Unterhaltspflichtigen entstandene Vorteile zu berücksichtigen und fließen damit in den Lebensbedarf des Kindes ein.

[18] Der vom BerGer. angeführte Nachrang des neuen Ehegatten ist im Rahmen der Bedarfsermittlung grundsätzlich unbeachtlich. Der Nachrang wirkt sich erst bei unzureichender Leistungsfähigkeit des Unterhaltspflichtigen aus. Im Rahmen der Ermittlung des angemessenen Lebensbedarfs der Kinder können auch nachrangige Unterhaltsberechtigte berücksichtigt werden. Denn bei der Ermittlung des angemessenen Unterhalts i. S. von § 1610 I BGB beeinflussen weitere Unterhaltspflichten die Lebensstellung des Elternteils und folglich auch diejenige der von ihm zu versorgenden Kinder.

[19] Das findet in der Praxis etwa seinen Ausdruck darin, dass die Einstufung des Kindesunterhalts auf Grund des Einkommens des Unterhaltspflichtigen nach der Düsseldorfer Tabelle je nach Anzahl der Unterhaltsberechtigten durch Höher- oder Herabstufung zu korrigieren ist, ohne dass es dabei auf den Rang der weiteren Unterhaltsberechtigten ankommt (vgl. Anm. A. 1 zur Düsseldorfer Tabelle, Stand:

Anhang R. Rechtsprechung   R697

1. 1. 2008). Die Einstufung nach der Düsseldorfer Tabelle (Anm. A. 1) geht, wie auch die Leitlinien der Oberlandesgerichte (jeweils Nr. 11), im Regelfall von drei Unterhaltsberechtigten aus (anders nur die Leitlinien des BerGer., Beil. zu NJW H. 10/2008 = Beil. zu FPR H. 3/2008 = FamRZ 2008, 365 [367], Nr. 11. 2: zwei Kinder).

[20] Überdies ist insbesondere bei mehreren Unterhaltsberechtigten eine Angemessenheitsbetrachtung anzustellen, welche etwa – wiederum ohne Rücksicht auf den Rang – mit Hilfe der Bedarfskontrollbeträge nach Anmerkung A. 6 zur Düsseldorfer Tabelle vorgenommen werden kann (*Senat*, BGHZ 175, 182 = NJW 2008, 1663 = FPR 2008, 303 = FamRZ 2008, 968 [973]; *Scholz*, FamRZ 1993, 125 [133]; *Wendl/Klinkhammer*, Das UnterhaltsR in der familienrichterlichen Praxis, 7. Aufl., § 2 Rdnrn. 231 ff.). Der Nachrang des Ehegattenunterhalts nach Wiederverheiratung des Unterhaltspflichtigen ist demzufolge bei der Ermittlung des angemessenen Lebensbedarfs des Kindes unbeachtlich und steht damit wiederum auch einer Bemessung des Kindesunterhalts nach dem tatsächlich erzielten Nettoeinkommen des Unterhaltspflichtigen nicht im Wege.

[21] Es genügt vielmehr im Rahmen der Bedarfsermittlung gem. § 1610 BGB, dass sich das Nettoeinkommen als alleiniges Einkommen des Unterhaltspflichtigen darstellt, was bei der Alleinverdienerehe, von der das BerGer. hier offensichtlich ausgegangen ist, regelmäßig der Fall ist (zur Aufteilung der Steuerlast bei beiderseitigem Einkommen der Ehegatten s. *Senat*, NJW 2006, 2623 = FamRZ 2006, 1178 [1180] m. Anm. *Wever*).

[22] c) Auch bei der Beurteilung der Leistungsfähigkeit (§ 1603 I, II BGB) ist vom tatsächlichen Einkommen des Unterhaltspflichtigen auszugehen. Reicht die Leistungsfähigkeit des Unterhaltspflichtigen für den Unterhalt sämtlicher (auch nachrangiger) Berechtigter nicht aus, so führt die Angemessenheitsbetrachtung beim Unterhaltsbedarf gem. § 1610 BGB regelmäßig dazu, dass der Kindesunterhalt nur in Höhe des Existenzminimums zu veranschlagen ist. Das Existenzminimum minderjähriger Kinder ist inzwischen auf Grund des Unterhaltsrechtsänderungsgesetzes vom 27. 12. 2007 (BGBl I, 3189) mit Wirkung ab dem 1. 1. 2008 in § 1612 a BGB als Mindestunterhalt festgelegt (zur vorausgegangenen Rechtslage s. *Senat*, NJW 2003, 1112 = FPR 2003, 211 = FamRZ 2003, 363) und entspricht den Unterhaltssätzen nach Einkommensgruppe 1 der Düsseldorfer Tabelle.

[23] Handelt es sich um einen Mangelfall und steht das Existenzminimum des Kindes in Frage, so bestimmt das Gesetz in § 1603 II BGB, dass unterhaltspflichtige Eltern „alle verfügbaren Mittel zu ihrem und der Kinder Unterhalt gleichmäßig zu verwenden" haben (sog. gesteigerte Unterhaltspflicht). Der Einsatz aller verfügbaren Mittel schließt auch den Splittingvorteil auf Grund der neuen Ehe ein, soweit dieser auf dem alleinigen Einkommen des Unterhaltspflichtigen beruht.

[24] d) Ein dem entgegenstehendes Verbot der Anrechnung beim Kindesunterhalt folgt weder aus gesetzlichen Bestimmungen noch aus verfassungsrechtlichen Gesichtspunkten. Es ergibt sich auch nicht aus der Natur der Sache.

[25] aa) Eine gesetzliche Bestimmung, die für die Belange des Unterhaltsrechts eine Anrechnung des mit der Wiederverheiratung des unterhaltspflichtigen Elternteils verbundenen Splittingvorteils beim Unterhalt der Kinder abweichend von § 1603 II BGB verbietet, existiert nicht. Beim Einkommen des Unterhaltspflichtigen handelt es sich vielmehr in vollem Umfang um verfügbare Mittel im Sinne der gesetzlichen Regelung, deren Heranziehung allerdings nach ständiger Rechtsprechung zur Wahrung des Existenzminimums des Unterhaltspflichtigen durch den ihm zu belassenden Selbstbehalt begrenzt wird (*Senat*, BGHZ 175, 182 = NJW 2008, 1663 = FPR 2008, 303 = FamRZ 2008, 968 [973] m. w. Nachw.; nach Anm. A. 5 der Düsseldorfer Tabelle, Stand: 1. 1. 2008, derzeit – seit 1. 7. 2007 – 900 Euro; bis Juni 2005 – Stand: 1. 7. 2003 – 840 Euro; von Juli 2005 bis Juni 2007 – Stand: 1. 7. 2005 – 890 Euro).

[26] Für die gegenteilige Auffassung des BerGer. kann nicht auf die Rechtsprechung des *Senats* zum Erziehungsgeld verwiesen werden (so aber *Schürmann*, FamRZ 2008, 313 [322]). Soweit der *Senat* das Erziehungsgeld im Rahmen des Kindesunterhalts für nicht einsetzbar erklärt hat (*Senat*, NJW-RR 2006, 1225 = FamRZ 2006, 1182 [1183 ff.] m. Anm. *Luthin*), war das Erziehungsgeld kein Einkommen des Unterhaltspflichtigen, sondern das seines Ehegatten. Handelt es sich dagegen um Einkommen des Unterhaltspflichtigen, so bestimmt das Gesetz im Hinblick auf die gesteigerte Unterhaltspflicht nach § 1603 II BGB sogar ausdrücklich die Berücksichtigung der Sozialleistung als Einkommen, auch wenn diese anderen Zwecken dienen soll als der Bestreitung des Unterhalts weiterer Kinder (§ 9 S. 2 BErzGG – Erziehungsgeld – und entsprechend § 11 S. 4 BEEG – Elterngeld). Ähnlich ist die gesetzliche Regelung bei einem an die Pflegeperson weitergeleiteten Pflegegeld ausgestaltet (§ 13 VI 2 Nr. 1 SGB XI), die von dem grundsätzlichen Anrechnungsverbot in den Fällen des § 1603 II BGB ebenfalls eine Ausnahme macht. Diese Beispiele zeigen, dass das Gesetz selbst bei ausdrücklichen Anrechnungsverboten der gesteigerten Unterhaltspflicht gegenüber minderjährigen Kindern höheres Gewicht beimisst als dem Förderungszweck des Gesetzes und es im Mangelfall bei der Einsetzbarkeit des gesamten Einkommens für den Unterhalt Minderjähriger belässt.

[27] bb) Auch der verfassungsrechtliche Schutz der Ehe (Art. 6 I GG) gebietet es nicht, den Splittingvorteil als zweckgebundenen Einkommensbestandteil bei der Ermittlung der Leistungsfähigkeit

für den Kindesunterhalt außer Betracht zu lassen. Die Rechtsprechung des *BVerfG* zur verfassungsrechtlich gebotenen Außerachtlassung des Splittingvorteils aus der neuen Ehe beim Unterhaltsbedarf des geschiedenen Ehegatten (*BVerfG*, NJW 2003, 3466 = FPR 2004, 41 = FamRZ 2003, 1821) steht dem nicht entgegen. Sie betrifft die Bedarfsermittlung beim Ehegattenunterhalt gem. § 1578 I 1 BGB und die damit verbundene (verfassungsrechtliche) Gleichwertigkeit und Gleichrangigkeit einer geschiedenen mit einer neuen Ehe. Das *BVerfG* hat sich dabei auf die Auslegung des § 1578 I 1 BGB bezogen und es zur Wahrung der verfassungsrechtlichen Gleichrangigkeit beider Ehen für geboten erklärt, der bestehenden Ehe allein eingeräumte steuerliche Vorteile nicht dadurch zu entziehen, dass sie der geschiedenen Ehe zugeordnet werden und auch den Unterhalt des geschiedenen Ehegatten erhöhen (*BVerfG*, NJW 2003, 3466 = FPR 2004, 41 = FamRZ 2003, 1821 [1823]).

[28] Abgesehen davon, dass die Rechtsprechung des *BVerfG* vor dem Hintergrund der früher praktizierten Bedarfsbemessung ergangen ist (zur neuen Rechtsprechung des *Senats* s. NJW 2008, 3213 = FPR 2008, 566), ließen sich daraus für den Kindesunterhalt von vornherein keine vergleichbaren Folgerungen ziehen.

[29] Der Lebensbedarf eines Kindes ist – wie oben unter II 2 b ausgeführt – anders als der Unterhaltsbedarf eines geschiedenen Ehegatten nicht durch die ehelichen Lebensverhältnisse begrenzt. Das Kind nimmt im Unterschied zum geschiedenen Ehegatten an Einkommensverbesserungen nach Scheidung der Ehe regelmäßig teil. Im Mangelfall führt überdies – wie der vorliegende Fall zeigt – auch die Einbeziehung des Splittingvorteils aus der neuen Ehe regelmäßig nicht dazu, dass der Unterhalt des Kindes über dem Existenzminimum liegt. Selbst wenn wegen des Vorrangs nach § 1609 Nr. 1 BGB eine Leistungsfähigkeit für den Kindesunterhalt noch gegeben ist, wird der angemessene Bedarf des Kindes regelmäßig nicht höher als nach Einkommensgruppe 1 der Düsseldorfer Tabelle zu veranschlagen sein, der (seit dem 1. 1. 2008) dem Existenzminimum entspricht.

[30] Eine konsequente Reservierung des Splittingvorteils für den neuen Ehegatten müsste sich dagegen auch zu Lasten der Kinder auswirken, die aus der neuen Ehe hervorgegangen sind, denn diesen gegenüber wäre der Zweck der Steuerbegünstigung kein anderer als gegenüber den Kindern aus der geschiedenen Ehe. Daran wird indessen deutlich, dass eine isolierte Betrachtung des Splittingvorteils von einem Interessengegensatz von Ehe einerseits und Familie andererseits ausgeht und schon von daher sachwidrig ist. Eine Ungleichbehandlung von Kindern aus der geschiedenen Ehe und einer neu geschlossenen Ehe wäre nicht zu rechtfertigen, wie die Revision zu Recht hervorhebt.

[31] Wie das verfügbare Einkommen im Mangelfall zu verteilen ist, ergibt sich somit allein aus der gesetzlichen Rangfolge gem. §§ 1609, 1582 BGB. Wenn der Gesetzgeber im Gegensatz zur bis zum 31. 12. 2007 bestehenden Rechtslage den Kindesunterhalt seit dem 1. 1. 2008 als vorrangig ausgestaltet und damit den Ehegatten auf andere Möglichkeiten der Existenzsicherung verwiesen hat, beruht dies auf dem erhöhten Grad der Bedürftigkeit minderjähriger Kinder (vgl. *Klinkhammer*, FamRZ 2007, 1205) und erscheint deswegen auch verfassungsrechtlich unbedenklich. Einzuräumen ist, dass sich der Splittingvorteil bei eigenem Einkommen des Ehegatten, auf das er wegen seiner Nachrangigkeit angewiesen ist, in der Regel verringert, was sich dann auch zu Lasten des für den Kindesunterhalt verfügbaren Einkommens auswirkt. Würde man den Splittingvorteil dagegen isoliert betrachten, könnten dem Ehegatten trotz seines unterhaltsrechtlichen Nachrangs mehr Mittel zur Verfügung stehen als den vorrangigen Kindern, wie der vorliegende Fall verdeutlicht.

BGH v. 5. 11. 2008 – XII ZR 157/06 – FamRZ 2008, 198 = NJW 2009, 842

R698 *(Sittenwidrigkeit eines Ehevertrags für den Unterhaltspflichtigen)*

[19] 4. Die Grundsätze, die der *Senat* für die Inhaltskontrolle von Eheverträgen aufgestellt hat und die einer evident einseitigen, durch die individuelle Gestaltung der ehelichen Lebensverhältnisse nicht gerechtfertigten und für den belasteten Ehegatten unzumutbaren Lastenverteilung begegnen sollen (grundlegend: *Senat*, BGHZ 158, 81 = NJW 2004, 930 = FPR 2004, 209 = FamRZ 2004, 601), gelten, wie auch das *OLG* angenommen hat, nicht nur für den unterhaltbegehrenden Ehegatten, sondern im Grundsatz auch für den auf Unterhalt in Anspruch Genommenen. Auch auf dessen Seite kann eine erhebliche Unterlegenheitsposition vorliegen, die zu einer offensichtlich einseitigen Aufbürdung vertraglicher Lasten führt. Den Gerichten obliegt es insofern, den verfassungsrechtlichen Schutz vor einer mit dem Gedanken der ehelichen Solidarität nicht in Einklang zu bringenden unangemessenen Benachteiligung der im Einzelfall benachteiligten Partei zu gewähren (ebenso *OLG Celle*, NJW-RR 2004, 1585 = FamRZ 2004, 1969 m. zust. Anm. *Bergschneider*).

[22] a) Nach der Rechtsprechung des *Senats* unterliegen unter anderem die gesetzlichen Regelungen über den nachehelichen Unterhalt grundsätzlich der vertraglichen Disposition der Ehegatten. Die auf die Scheidungsfolgen bezogene Vertragsfreiheit stellt sich dabei als notwendige Ergänzung der den §§ 1353, 1356 BGB folgenden Rechts der Ehegatten dar, ihre ehelichen Lebensverhältnisse eigenverantwortlich entsprechend ihren individuellen Vorstellungen und Bedürfnissen zu gestalten; die Vertragsfreiheit entspringt insoweit dem legitimen Interesse der Ehegatten, Abweichungen von den gesetzli-

Anhang R. Rechtsprechung   **R698**

chen Scheidungsfolgen zu vereinbaren, die zu dem individuellen Ehebild besser passen. So ist es den Ehegatten etwa unbenommen, bestimmte Lebensrisiken eines Partners (z. B. eine bereits vor der Ehe aufgetretene Krankheit) aus der wechselseitigen Verantwortung füreinander auszunehmen (*Senat*, BGHZ 158, 81 [94 f.] = NJW 2004, 930 = FPR 2004, 209). Die Ehegatten sind aber im Grundsatz auch frei zu bestimmen, in welcher Weise sie die Verteilung der die ehelichen Lebensverhältnisse prägenden Einkünfte für ihren jeweiligen nachehelichen Lebensbedarf vorsehen. Falls einer der Ehegatten sich insofern zu besonderer Großzügigkeit veranlasst sieht – etwa in Anerkennung besonderer während der Ehe erbrachter Leistungen des anderen Ehegatten –, ist dies (zunächst) seine privatautonome, von ihm selbst zu verantwortende Entscheidung (so auch *Palandt/Heinrichs*, § 138 Rdnr. 36; vgl. auch *OLG Brandenburg*, NJW-RR 2002, 578 [579]; *OLG Stuttgart*, FPR 2000, 280 = FamRZ 1998, 1296 [1297]). Mit Rücksicht darauf ist der vom BerGer. herangezogene Grundsatz der Halbteilung für sich betrachtet jedenfalls kein geeigneter Maßstab, um eine evident einseitige Lastenverteilung festzustellen, der – bei Vorliegen auch der erforderlichen subjektiven Voraussetzungen – wegen Verstoßes gegen die guten Sitten die Anerkennung durch die Rechtsordnung zu versagen ist.

[23] b) aa) Anders verhält es sich indes mit der vom BerGer. zur Begründung seiner Beurteilung weiterhin genannten Begrenzung des Unterhaltsanspruchs durch die finanzielle Leistungsfähigkeit des Unterhaltspflichtigen. Die Notwendigkeit der Erbringung von Unterhaltsleistungen schränkt den Verpflichteten in seiner durch Art. 2 I GG geschützten Handlungsfreiheit ein. Diese ist allerdings nur im Rahmen der verfassungsmäßigen Ordnung gewährleistet, zu der auch das Unterhaltsrecht gehört, soweit es mit Art. 6 I GG in Einklang steht. Da die Anwendung unterhaltsrechtlicher Normen nicht zu verfassungswidrigen Ergebnissen führen darf, ist darauf Bedacht zu nehmen, dass der zu leistende Unterhalt nicht zu einer unverhältnismäßigen Belastung des Unterhaltspflichtigen führt. Wird die Grenze des Zumutbaren eines Unterhaltsanspruchs überschritten, ist die Beschränkung der Dispositionsfreiheit des Verpflichteten im finanziellen Bereich als Folge der Unterhaltsansprüche nicht mehr Bestandteil der verfassungsgemäßen Ordnung und kann vor dem Grundrecht des Art. 2 I GG nicht bestehen. Grundvoraussetzung eines jeden Unterhaltsanspruchs ist damit die Leistungsfähigkeit des Unterhaltspflichtigen. Diese endet dort, wo er nicht mehr in der Lage ist, seine eigene Existenz zu sichern (*BVerfG*, NJW-RR 2002, 73 = FPR 2002, 13 = FamRZ 2001, 1685; NJW 2002, 2701 = FPR 2002, 525 = FamRZ 2002, 1397 [1398 f.]).

[24] bb) Im Privatrechtsverkehr entfalten die Grundrechte ihre Wirkung als verfassungsrechtliche Wertentscheidungen vor allem durch die zivilrechtlichen Generalklauseln der §§ 138, 242 BGB. Es ist Aufgabe der Gerichte, den verfassungsrechtlich gebotenen Schutz zu gewährleisten, um zu verhindern, dass sich die durch Art. 2 I GG ebenfalls geschützte Privatautonomie in eine Fremdbestimmung verkehrt (BVerfGE 103, 89 = NJW 2001, 957 = FamRZ 2001, 343 [345]).

[25] cc) Da die Parteien einen etwaigen nachehelichen Unterhaltsanspruch der Bekl. nach Nr. 7 des Ehevertrags ausdrücklich durch die Leibrente geregelt haben, kommt es für die Frage, ob durch die Leibrentenverpflichtung für den Kl. eine evident einseitige, seine Interessen nicht angemessen berücksichtigende Lastenverteilung begründet worden ist, ebenso wie bei einer unmittelbar unterhaltsrechtlichen Regelung auf die Voraussetzung der Leistungsfähigkeit an. Das BerGer. hat hierzu festgestellt, dem Kl. seien nach den für die Wirksamkeitskontrolle maßgeblichen Einkommensverhältnissen zum Zeitpunkt des Abschlusses des Ehevertrags unter Berücksichtigung der Leibrente monatlich allenfalls 810 DM von seinem bereinigten Nettoeinkommen für den eigenen Bedarf verblieben. Dies sei weniger als ²/₃ des notwendigen Selbstbehalts (von 1500 DM) der damals geltenden Düsseldorfer Tabelle. Dabei seien etwaige Unterhaltsverpflichtungen gegenüber den in der Türkei lebenden Kindern des Kl. noch nicht einmal berücksichtigt.

[28] ee) Bei einem verbleibenden Einkommen von allenfalls 810 DM monatlich wäre der Kl. aber nicht mehr in der Lage gewesen, seine eigene Existenz zu sichern. Das ergibt sich zwar nicht unmittelbar aus dem Betrag des notwendigen Selbstbehalts, da die betreffenden Sätze in der Regel geringfügig über dem nach sozialhilferechtlichen Grundsätzen ermittelten Existenzminimum liegen. Angesichts des Umstands, dass der dem Kl. verbleibende Teil seines Einkommens aber deutlich unter dem notwendigen Selbstbehalt liegt, ist von einem nicht mehr gewährleisteten Existenzminimum auszugehen. Das wird durch den doppelten Eckregelsatz der Sozialhilfe (vgl. zu diesem früheren Maßstab *Senat*, NJW 1989, 523 = FamRZ 1989, 272 [273]; BVerfGE, NJW-RR 2002, 73 = FamRZ 2001, 1685) bestätigt, der zum 1. 7. 1999 für Alleinstehende in Baden-Württemberg monatlich 1096 DM (548 DM × 2) betrug. Nach den Feststellungen des BerGer. war mit einer erheblichen Einkommensverbesserung auf Seiten des Kl. auch nicht zu rechnen, erst recht nicht mit einer solchen, bei der sich die vereinbarten 1300 DM monatlich als Beschränkung des gesetzlichen Unterhalts dargestellt hätten (vgl. zu diesem Gesichtspunkt BGHZ 120, 272 [275 f.] = NJW 1993, 322). Mit Rücksicht auf die Beeinträchtigung des Existenzminimums des Kl. begründet die vereinbarte Leibrente für diesen objektiv eine einseitige, durch die ehelichen Lebensverhältnisse nicht gerechtfertigte Lastenverteilung.

[29] 6. Die Beurteilung, ob ein Ehevertrag wegen einer derartigen Lastenverteilung sittenwidrig und deshalb nach § 138 I BGB nichtig ist, erfordert indes zusätzlich eine Gesamtwürdigung, die neben den

objektiv vorliegenden individuellen Verhältnissen beim Vertragsschluss die subjektiv von den Ehegatten mit der Abrede verfolgten Zwecke sowie die sonstigen Beweggründe zu berücksichtigen hat, die den begünstigten Ehegatten zu seinem Verlangen nach der ehevertraglichen Gestaltung veranlasst und den benachteiligten Ehegatten bewogen haben, diesem Verlangen zu entsprechen (*Senat*, BGHZ 158, 81 [100] = NJW 2004, 930 = FPR 2004, 209). In diese Würdigung ist einzubeziehen, ob der Vertrag eine auf ungleichen Verhandlungspositionen basierende einseitige Dominanz eines Ehegatten widerspiegelt (*BVerfG*, NJW-RR 2000, 951 = FamRZ 2001, 243 [247]; *Senat*, BGHZ 170, 77 [83] = NJW 2007, 907). In solchen Fällen gestörter Vertragsparität ist dem Ehevertrag die Wirksamkeit zu versagen.

[30] a) Das BerGer. hat zu den mit Nr. 7 des Ehevertrags beabsichtigten Zwecken und den sonstigen Beweggründen für die Regelung keine Feststellungen getroffen. Es hat auch konkrete Umstände, die eine erheblich ungleiche Verhandlungsposition erkennen lassen, nicht ausmachen können. Entsprechende Feststellungen hat das BerGer. allerdings für entbehrlich gehalten, weil angesichts des Umstands, dass die Parteien ohne nachvollziehbaren Grund eine evident einseitige, belastende Regelung getroffen hätten, eine tatsächliche Vermutung für eine Störung der subjektiven Verhandlungsparität spreche. Dabei sei für die Bekl. zumindest erkennbar gewesen, dass der Kl. nicht im Stande gewesen sei, seine berechtigten Interessen angemessen zu vertreten. Dieser Auffassung vermag der *Senat* nicht zu folgen.

[31] b) Der Kl., der sich auf die Sittenwidrigkeit der Leibrentenverpflichtung beruft, muss die hierfür notwendigen Voraussetzungen darlegen und erforderlichenfalls beweisen. Nach der Rechtsprechung des *Senats* kann entsprechender Vortrag nicht deshalb für verzichtbar gehalten werden, weil die objektiven Gegebenheiten einen Rückschluss auf die subjektive Einstellung zuließen. Das kann für familienrechtliche Vereinbarungen nicht angenommen werden (*Senat*, NJW 1985, 1833 = FamRZ 1985, 788 [789]; NJW 1992, 3164 = FamRZ 1992, 1403 [1404]). An dieser Auffassung hält der *Senat* fest.

[32] aa) Richtig ist zwar, dass es Fälle gibt, in denen bereits ein grobes Missverhältnis zwischen Leistung und Gegenleistung die Annahme zwingend nahe legt, dass der dadurch begünstigte Vertragspartner eine überlegene Verhandlungsposition bewusst oder grob fahrlässig zum Nachteil des anderen ausgenutzt hat. Die hierzu entwickelten Rechtsgrundsätze, die auf Austausch von Leistungen oder Gütern gerichtete Verträge betreffen, lassen sich auf familienrechtliche Verträge indessen nicht übertragen (a. A. für Fälle einer krassen objektiven Benachteiligung: *Schwab*, DNotZ-Sonderheft 2001, 9 [15]). So wurde etwa für die Frage, ob und in welcher Weise neben den objektiven Voraussetzungen der Sittenwidrigkeit von Finanzierungs-Leasingverträgen über bewegliche Sachen das subjektive Erfordernis einer verwerflichen Gesinnung des Leasinggebers hervorgetreten ist, nach damaliger Rechtslage unterschieden, ob es sich bei dem Leasingnehmer um einen privaten Endverbraucher, einen vollkaufmännischen oder minderkaufmännischen Leasingnehmer oder Freiberufler handelt. Nur im ersten Fall wurde eine verwerfliche Gesinnung vermutet, wenn der objektive Tatbestand des § 138 I BGB vorlag. Beim vollkaufmännischen Leasingnehmer war dagegen umgekehrt zu vermuten, dass die persönlichen Voraussetzungen der Sittenwidrigkeit beim Leasinggeber nicht erfüllt waren. Bei Geschäften mit minderkaufmännischen Leasingnehmern oder Freiberuflern blieb es dagegen bei der allgemeinen Beweislastregel, dass derjenige, der sich auf die Nichtigkeit des Geschäfts beruft, die subjektiven Voraussetzungen der Sittenwidrigkeit darzulegen und zu beweisen hat (BGHZ 128, 255 [267 f.] = NJW 1995, 1019). Vergleichbares gilt z. B. auch für die Sittenwidrigkeit von Ratenkreditverträgen (vgl. BGHZ 98, 174 [178] = NJW 1986, 2564; BGHZ 104, 102 [107] = NJW 1988, 1659).

[33] bb) Daraus ergibt sich, dass bei Vorliegen der objektiven Sittenwidrigkeit nur dann eine verwerfliche Gesinnung vermutet werden kann, wenn einem der Vertragspartner auf Grund außerhalb des konkreten Vertragsinhalts vorliegender Umstände eine überlegene Verhandlungsposition zukommt. Davon kann im Verhältnis von Ehegatten zueinander indessen nicht ohne Weiteres ausgegangen werden. Selbst eine Schwangerschaft bei Abschluss des Ehevertrags ist nur ein Indiz für eine vertragliche Disparität, das Anlass gibt, den Vertrag einer verstärkten richterlichen Kontrolle zu unterziehen (*Senat*, NJW 2005, 2386 = FamRZ 2005, 1444 [1447]; NJW 2006, 3142 = FamRZ 2006, 1359 [1361]). Deshalb kann für die Beurteilung, ob die subjektiven Elemente der geltend gemachten Sittenwidrigkeit eines Ehevertrags vorliegen, auf konkrete Feststellungen hierzu jedenfalls für solche Fälle nicht verzichtet werden, in denen ein Ehegatte dem anderen Leistungen verspricht, für die es keine gesetzliche Grundlage gibt.

BGH v. 19. 11. 2008 – XII ZR 129/06 – FamRZ 2009, 307 = NJW-RR 2009, 289

R699 *(Krankengeld als Einkommen)*

a [12] 2. Zu Recht geht das BerGer. auch davon aus, dass auf Seiten des Bekl. für die hier relevante Zeit ab dem 19. 1. 2006 von dessen Krankengeld auszugehen ist. Das Krankengeld, das sich auf (täglich 32,11 Euro x 30 Tage =) monatlich 963,30 Euro beläuft, hat Lohnersatzfunktion und ist deswegen bei dem unterhaltspflichtigen Bekl. als Einkommen zu berücksichtigen (*Senat*, NJW-RR 1987, 194 = FamRZ 1987, 36 [38]; vgl. auch *Wendl/Dose,* Das UnterhaltsR in der familienrichterlichen Praxis,

7. Aufl., § 1 Rdnr. 84; *Göppinger/Wax/Strohal*, UnterhaltsR, 8. Aufl., Rdnr. 554). Weitere Einkünfte aus selbstständiger Tätigkeit hat das BerGer. für diese Zeit nicht mehr festgestellt.

[13] a) Von den Einkünften des Bekl. aus Krankengeld hat das *OLG* zu Recht keine pauschalen berufsbedingten Aufwendungen abgesetzt. Denn eine Pauschalierung solcher Aufwendungen setzt voraus, dass überhaupt berufsbedingte Aufwendungen entstehen, was hier nicht festgestellt ist und beim längerfristigen Bezug von Krankengeld auch fern liegt (vgl. *Senat*, NJW 1982, 1594 = FamRZ 1982, 579 [581] [zur Erwerbsunfähigkeitsrente]).

[14] Zwar ist von dem Krankengeld grundsätzlich derjenige Teil abzusetzen, der für krankheitsbedingte Mehrkosten benötigt wird (*Senat*, NJW-RR 1987, 194 = FamRZ 1987, 36 [38]). Solche Kosten sind allerdings stets konkret nachzuweisen, was nach den Feststellungen des BerGer. hier nicht der Fall ist. Die Vermutung des § 1610a BGB, wonach die Kosten der Aufwendungen regelmäßig nicht geringer sind als die Sozialleistungen in Folge eines Körper- oder Gesundheitsschadens, gilt für das nach § 47 SGB V am früheren Einkommen orientierte Krankengeld nicht (*Wendl/Dose*, § 1 Rdnr. 84 m. w. Nachw.).

[15] b) Ebenso zutreffend hat das BerGer. von dem Krankengeld des Bekl. keinen Erwerbstätigenbonus abgesetzt. Nach ständiger Rechtsprechung des *Senats* trägt der Erwerbstätigenbonus – neben den pauschalierbaren berufsbedingten Aufwendungen – im Wesentlichen dazu bei, den Anreiz für eine Erwerbstätigkeit zu erhalten. Ist der Unterhaltspflichtige jedoch nicht erwerbstätig, entfällt dieser Gesichtspunkt als Rechtfertigung für die Minderung der Unterhaltsquote des Unterhaltspflichtigen (*Senat*, NJW 1982, 2442 = FamRZ 1982, 894 [895]; vgl. auch *Wendl/Dose*, § 1 Rdnrn. 94a und 438). Nichts anderes gilt, wenn der Bekl. – wie hier – auf längere Zeit aus dem Erwerbsleben ausgeschieden ist und Krankengeld bezieht.

(Arbeitslosengeld II nach dem SGB II nicht bedarfsdeckend)
[19] 3. Die Einkünfte der Kl. aus Arbeitslosengeld II hat das BerGer. zutreffend als nicht bedarfs- b
deckend, sondern als subsidiäre Sozialleistung behandelt.

[20] Im Gegensatz zu dem nach § 129 SGB III von der Höhe des früheren Einkommens abhängigen Arbeitslosengeld I ist das einem Unterhaltsberechtigten nach § 7 SGB II gewährte Arbeitslosengeld II grundsätzlich nicht als Einkommen zu berücksichtigen. Nur dies ist mit dem in § 33 SGB II geregelten gesetzlichen Forderungsübergang vereinbar. Denn wenn das Arbeitslosengeld II – wie das Arbeitslosengeld I – als Einkommensersatz bedarfsdeckend zu berücksichtigen wäre, entfiele damit die Bedürftigkeit, und der Unterhaltsanspruch könnte nicht mehr auf den Träger der Leistung übergehen. Hinzu kommt, dass das Arbeitslosengeld II eine Bedürftigkeit des Berechtigten voraussetzt und deswegen – wie die Sozialhilfe – lediglich eine subsidiäre Sozialleistung bildet (vgl. auch *Wendl/Scholz*, § 8 Rdnrn. 7, 225 ff.).

(Selbstbehalt eines Erwerbslosen beim Ehegattenunterhalt)
[23] b) Die Leistungsfähigkeit des Bekl. ergibt sich aus dessen Einkünften in Höhe von 963,30 Euro c
abzüglich eines ihm zu belassenden Selbstbehalts. Eine Unterhaltspflicht besteht jedenfalls dann nicht, wenn der Unterhaltsschuldner in Folge einer solchen Pflicht selbst sozialhilfebedürftig würde. Denn dem Unterhaltspflichtigen muss schon aus verfassungsrechtlichen Gründen jedenfalls der Betrag verbleiben, der seinen eigenen Lebensbedarf nach sozialhilferechtlichen Grundsätzen sicherstellt. Die finanzielle Leistungsfähigkeit endet deswegen jedenfalls dort, wo der Unterhaltspflichtige nicht mehr in der Lage ist, seine eigene Existenz zu sichern. Bei der Bemessung des Selbstbehalts, die nach ständiger Rechtsprechung des *Senats* grundsätzlich Aufgabe des Tatrichters ist, sind zusätzlich die gesetzlichen Vorgaben zu beachten, die sich insbesondere aus dem Wesen der Unterhaltspflicht und der Rangfolge des Anspruchs im Verhältnis zu anderen Unterhaltsberechtigten ergeben (vgl. *Senat*, BGHZ 166, 351 [356 f.] = NJW 2006, 1654 = FamRZ 2006, 683 [684]).

[24] aa) Zutreffend ist das BerGer. zwar davon ausgegangen, dass dem Bekl. während des Bezugs von Krankengeld lediglich der Selbstbehalt eines Nichterwerbstätigen zu verbleiben hat. Wie der Erwerbstätigenbonus im Rahmen der Bedarfsbemessung schafft der erhöhte Selbstbehalt des Erwerbstätigen im Rahmen der Leistungsfähigkeit einen Anreiz, seine Erwerbstätigkeit nicht aufzugeben (vgl. *Senat*, NJW 2008, 1373 = FamRZ 2008, 594 [597]; vgl. auch *Wendl/Klinkhammer*, § 2 Rdnr. 267). Ist der Unterhaltspflichtige allerdings nicht erwerbstätig, entfällt diese Rechtfertigung. Das gilt auch, wenn der Unterhaltspflichtige – wie hier – auf längere Zeit aus dem Erwerbsleben ausgeschieden ist, weil er Krankengeld bezieht.

[25] Dass das Krankengeld nach § 48 I SGB V wegen derselben Krankheit nur zeitlich beschränkt und nach § 50 I Nr. 1 SGB V ohnehin nur bis zu einer krankheitsbedingten Verrentung gezahlt wird, steht dem ebenso wenig entgegen wie der Umstand, dass sich die Höhe des Krankengeldes gem. § 47 I SGB V an dem früher erzielten Einkommen orientiert und es damit Lohnersatzfunktion bekommt. Denn gleiches ist beim Arbeitslosengeld I der Fall, das der Berechtigte nach §§ 3 I Nr. 8, 118 I Nr. 1, 119 I SGB III ebenfalls nur beziehen kann, wenn er dem Arbeitsmarkt weiterhin zur Verfügung steht,

und das nach §§ 129, 131 SGB III auch von der Höhe des zuvor erzielten Einkommens abhängt. Auch bei dieser Lohnersatzleistung ist nach ständiger Rechtsprechung des *Senats* kein Erwerbstätigenbonus vorweg abzuziehen, weil sie nicht für eine fortwährende Arbeitsleistung gezahlt wird (*Senat*, BGHZ 172, 22 [36] = NJW 2007, 2249 = FamRZ 2007, 983 [987]).

[26] bb) Im Gegensatz zur Rechtsauffassung des *OLG* kann der Selbstbehalt gegenüber einem Anspruch auf Trennungsunterhalt oder nachehelichen Ehegattenunterhalt (Ehegattenselbstbehalt) aber nicht generell mit dem Betrag bemessen werden, der als notwendiger Selbstbehalt gegenüber Unterhaltsansprüchen Minderjähriger oder ihnen nach § 1603 II 2 BGB gleichgestellter Kinder im Rahmen des Verwandtenunterhalts gilt. Nach der Rechtsprechung des *Senats* ist es nicht vertretbar, einem unterhaltspflichtigen geschiedenen Ehegatten regelmäßig nur den notwendigen Selbstbehalt zu belassen. Eine darin zum Ausdruck kommende Gleichbehandlung des Unterhaltsanspruchs von Ehegatten mit dem Anspruch minderjähriger Kinder, wie sie für das Rangverhältnis in § 1609 II 1 BGB a. F. für die Zeit bis Ende 2007 angeordnet war, würde die gesteigerte Unterhaltspflicht nach § 1603 II BGB außer Betracht lassen. Der Regelungshintergrund dieser Vorschrift ist darin zu sehen, dass minderjährigen Kindern wegen ihres Alters von vornherein die Möglichkeit verschlossen ist, durch eigene Anstrengungen zur Deckung ihres notwendigen Lebensbedarfs beizutragen (vgl. *Senat*, BGHZ 166, 351 [356 ff.] = NJW 2006, 1654 = FamRZ 2006, 683 [684]). Das gilt für geschiedene oder getrennt lebende Ehegatten nicht in gleichem Maße, auch nicht wenn es sich um Betreuungsunterhalt handelt. Diesen stärkeren Schutz des Unterhaltsanspruchs minderjähriger Kinder hat der Gesetzgeber inzwischen durch das zum 1. 1. 2008 in Kraft getretene Unterhaltsrechtsänderungsgesetz betont, indem er in § 1609 Nr. 1 BGB den Unterhalt minderjähriger und privilegierter volljähriger Kinder als gegenüber anderen Unterhaltsansprüchen, auch gegenüber dem Betreuungsunterhalt nach den §§ 1570, 1615 l II BGB (vgl. § 1609 Nr. 2 BGB), vorrangig ausgestaltet hat.

[27] Gegenüber dem Anspruch der Kl. auf Trennungsunterhalt muss dem Bekl. deswegen ein Selbstbehalt verbleiben, der den notwendigen Selbstbehalt gegenüber dem Unterhaltsanspruch des gemeinsamen minderjährigen Kindes nicht unerheblich übersteigt. Er ist in der Regel mit einem Betrag zu bemessen, der zwischen dem angemessenen Selbstbehalt (§ 1603 I BGB) und dem notwendigen Selbstbehalt (§ 1603 II BGB) liegt (*Senat*, BGHZ 166, 351 [356 ff.] = NJW 2006, 1654 = FamRZ 2006, 683 [684]). Es ist deswegen nicht zu beanstanden, wenn die Süddeutschen Leitlinien, denen auch das BerGer. folgt, in solchen Fällen mangels anderer Anhaltspunkte regelmäßig von einem Selbstbehalt des Unterhaltspflichtigen ausgehen, der hälftig zwischen dem notwendigen Selbstbehalt (für Nichterwerbstätige derzeit 770 Euro) und dem angemessenen Selbstbehalt (derzeit 1100 Euro) liegt und somit 935 Euro beträgt (vgl. Nrn. 21.2 und 21.3.1 der Süddeutschen Leitlinien; Beil. zu NJW H. 30/2005 und FPR H. 7/2005, S. 9 = FamRZ 2005, 1376 [1379]; Beil. zu NJW 2008, H. 10 = Beil. zu FPR 2008, H. 3, S. 13 = FamRZ 2008, 231 [233]).

BGH v. 26. 11. 2008 – XII ZR 65/07 – FamRZ 2009, 962 = NJW 2009, 1816

R700   *(Kindergartenbeiträge als Sonderbedarf des Kindes)*

[14] 3. a) Zutreffend ist der rechtliche Ausgangspunkt des BerGer. Der *Senat* hat – nach Erlass des Berufungsurteils – entschieden, dass die für den Kindergartenbesuch anfallenden Kosten zum Bedarf eines Kindes zu rechnen seien, und zwar unabhängig davon, ob die Einrichtung halb- oder ganztags besucht werde. Da der Unterhaltsbedarf eines Kindes dessen gesamten Lebensbedarf einschließlich der Kosten der Erziehung umfasse (§ 1610 II BGB), bestimmten Aufwendungen, die in erster Linie erzieherischen Zwecken dienten, jedenfalls den Bedarf des Kindes und nicht denjenigen des betreuenden Elternteils. Um solche Aufwendungen handele es sich bei den für den Kindergartenbesuch anfallenden Kosten. Denn der Kindergarten biete zum einen fürsorgende Betreuung mit dem Ziel einer Förderung sozialer Verhaltensweisen und stelle zum anderen eine Bildungseinrichtung im elementaren Bereich dar. Mit der Schaffung von Kindergärten werde Chancengleichheit in Bezug auf die Lebens- und Bildungsmöglichkeiten von Kindern gewährleistet und zugleich sozialstaatlichen Belangen Rechnung getragen. Darüber hinaus werde in der aktuellen gesellschaftspolitischen Diskussion unter Hinweis auf das Wächteramt des Staates zum Schutze des Kindeswohls gefordert, dass Kinder Kindergärten oder vergleichbare Einrichtungen besuchten, damit sie selbst sowie das Erziehungsverhalten der Eltern einer Kontrolle unterlägen. Deshalb könne nicht zweifelhaft sein, dass der Kindergartenbesuch dem Kindeswohl in maßgeblicher Weise diene. Mit Rücksicht auf die im Vordergrund stehenden erzieherischen Aufgaben einer solchen Einrichtung komme dem Gesichtspunkt der Ermöglichung einer Erwerbstätigkeit des betreuenden Elternteils nur untergeordnete Bedeutung zu. Die Kosten, die für den Besuch eines Kindergartens anfielen, seien daher dem Bedarf des Kindes zuzurechnen, zumal nur bei dieser Beurteilung gewährleistet werden könne, dass der betreuende Elternteil für einen hieraus folgenden Mehrbedarf nicht allein aufzukommen brauche, weil er je nach Lage des Einzelfalls keinen eigenen Unterhaltsanspruch habe (*Senat*, NJW 2008, 2337 = FPR 2008, 299 = FamRZ 2008, 1152 [1153 f.]). An dieser Beurteilung hält der *Senat* fest.

[15] b) Mit Rücksicht darauf hat das BerGer. zutreffend angenommen, dass die Kosten, die im vorliegenden Fall durch den Besuch der Kindertagesstätte anfallen, als Bedarf des Kl. zu qualifizieren sind. Entgegen der Auffassung der Revision erfolgt die dortige Betreuung des Kindes nicht in erster Linie zu dem Zweck, der Mutter eine – eingeschränkte – Erwerbstätigkeit zu ermöglichen. Aus den von der Revision in Bezug genommenen Unterlagen, die der Bekl. im ersten Rechtszug beigebracht hat, ergibt sich vielmehr, dass hierfür erzieherische Gesichtspunkte im Vordergrund stehen. Nach dem Konzept der in Rede stehenden Kinderkrippe besteht das Erziehungsziel der Einrichtung darin, die Kinder zu Beziehungsfähigkeit und Eigenverantwortung anzuleiten und sie dabei zu unterstützen, ein Selbstwertgefühl im Sinne der christlichen Grundwerte zu entwickeln. Durch Ausgewogenheit zwischen Freiraum und definiertem Rahmen soll die Persönlichkeitsentwicklung der Kinder gefördert werden, indem ihnen einerseits Raum zur Entfaltung gegeben wird, andererseits aber auch Grenzen gesetzt werden. Diesem Zweck soll auch die ihnen zu vermittelnde positive Lebenshaltung, die das Aufbringen von Ausdauer und Geduld bei auftretenden Schwierigkeiten einschließt, dienen. Um diesen Vorgaben entsprechen zu können, wird Wert auf einen regelmäßigen, länger dauernden Besuch gelegt, damit eine stabile Beziehung zu jedem Kind aufgebaut werden kann. Darüber hinaus wird der Kontakt zu den Eltern für wesentlich gehalten, ferner wird die Beschäftigung qualifizierten Personals betont. Die Kinderkrippe ist dem Schweizerischen Krippenverband angeschlossen und wird regelmäßig (mindestens alle fünf Jahre) auf die Einhaltung von dessen Richtlinien überprüft. Diese Richtlinien sehen unter anderem vor, dass das verantwortliche Personal eine anerkannte pädagogische Ausbildung besitzt und die Führung der Einrichtung nach einem sozialpädagogische Grundsätze umfassenden Konzept erfolgt. Die im Jahre 2002 vorgenommene, während des Berufungsverfahrens letzte Überprüfung der Kinderkrippe hat zu keinen Beanstandungen geführt.

[16] Danach kann mit dem BerGer. nicht bezweifelt werden, dass der Besuch der Kindertagesstätte durch den Kl. in erster Linie aus erzieherischen Gründen erfolgt. Der Kl. erfährt dort neben fürsorgender Betreuung eine Förderung sozialer Verhaltensweisen und gezielte Unterstützung bei der Entwicklung seiner Persönlichkeit. Darüber hinaus wird ihm durch das tägliche Zusammensein mit anderen Kindern die Integration in seiner jetzigen Umgebung erleichtert. Das gilt vor allem auch deshalb, weil für ihn eine bestimmte Kleinkinderzieherin als Bezugsperson festgelegt worden ist, die ihn zudem im sprachlichen Bereich unterstützt und mit der ihn behandelnden Logopädin in Kontakt steht. Die Kinderkrippe ist nach ihrer organisatorischen Gestaltung auch in der Lage, die gedeihliche Entwicklung eines Kindes zu beobachten, eventuelle Defizite festzustellen und sich hierüber zunächst mit den Eltern zu verständigen. Diese Funktion ist ebenso wenig wie die Übernahme erzieherischer Aufgaben davon abhängig, ob die betreffende Kindertageseinrichtung öffentlich-rechtlich oder privatrechtlich organisiert ist.

[17] 4. Das BerGer. hat ferner zutreffend angenommen, dass es sich bei dem in Rede stehenden Bedarf des Kl. um unterhaltsrechtlichen Mehrbedarf handelt.

[18] a) Kindergartenbeiträge können, schon da sie regelmäßig anfallen, keinen Sonderbedarf (§ 1613 II Nr. 1 BGB) begründen. Als Mehrbedarf ist der Teil des Lebensbedarfs anzusehen, der regelmäßig während eines längeren Zeitraums anfällt und das Übliche derart übersteigt, dass er mit den Regelsätzen nicht zu erfassen, andererseits aber kalkulierbar ist und deshalb bei der Bemessung des laufenden Unterhalts berücksichtigt werden kann (*Wendl/Klinkhammer*, Das UnterhaltsR in der familienrichterlichen Praxis, 7. Aufl., § 2 Rdnr. 133; *Maurer*, FamRZ 2006, 663 [667]).

[19] b) Der *Senat* ist bisher allerdings davon ausgegangen, dass der Beitrag für den halbtägigen Kindergartenbesuch grundsätzlich keinen Mehrbedarf eines Kindes begründet. Der halbtägige Besuch eines Kindergartens sei heutzutage die Regel, so dass es sich bei dem hierfür zu zahlenden Beitrag um Kosten handele, die üblicherweise ab Vollendung des dritten Lebensjahres eines Kindes anfielen. Diese Kosten seien durch die Sätze der Düsseldorfer Tabelle jedenfalls bis Dezember 2007 gedeckt, bei denen es sich um Pauschalen handele, mit denen die durchschnittlichen, über einen längeren Zeitraum anfallenden Lebenshaltungskosten eines Kindes der betreffenden Altersstufe bestritten werden könnten. Der Tabellenbetrag der Gruppe 6 der Düsseldorfer Tabelle, bei dem das Existenzminimum eines Kindes als gesichert anzusehen sei, habe den Aufwand für den üblichen Kindergartenbesuch jedenfalls eingeschlossen. In den niedrigeren Einkommensgruppen habe die bis zum 31. 12. 2007 unterbleibende Anrechnung des Kindergeldanteils gem. § 1612 b V BGB a. F. bewirkt, dass die Lücken beim Kindesunterhalt geschlossen worden seien, weshalb auch in solchen Fällen faktisch der gleiche Betrag wie in der Gruppe 6 für das Kind zur Verfügung gestanden habe (*Senat*, NJW 2007, 1969 = FamRZ 2007, 882 [886]). Die Beurteilung hat der *Senat* auf sozialverträglich gestaltete Kindergartenbeiträge bis zu einer Höhe von etwa 50 Euro monatlich bezogen (*Senat*, NJW 2008, 2337 = FPR 2008, 299 = FamRZ 2008, 1152 [1154]).

[20] c) An dieser Auffassung hält der *Senat* nicht fest.

[21] aa) Durch das Unterhaltsänderungsgesetz vom 21. 12. 2007 (BGBl I, 3189) ist der bisherige § 1612 a BGB vollständig neu gefasst worden. § 1612 a I BGB n. F. bestimmt den Unterhalt, den ein minderjähriges Kind von einem Elternteil verlangen kann, mit dem es nicht in einem Haushalt lebt, als

Prozentsatz des jeweiligen Mindestunterhalts. Letzterer richtet sich nach dem doppelten Freibetrag für das sächliche Existenzminimum eines Kindes (Kinderfreibetrag) gem. § 32 VI 1 EStG. Anknüpfungspunkt für den Unterhalt ist damit nicht mehr die Regelbetrag-Verordnung, sondern das Steuerrecht und die dort enthaltene Bezugnahme auf den existenznotwendigen Bedarf von Kindern, der nach der Rechtsprechung des *BVerfG* (BVerfGE 99, 216 = NJW 1999, 557 = FamRZ 1999, 285) von der Einkommensteuer verschont bleiben muss. Dieses Existenzminimum wird von der Bundesregierung alle zwei Jahre in einem Existenzminimumbericht auf der Grundlage der durchschnittlichen sozialhilferechtlichen Regelsätze der Bundesländer und statistischer Berechnungen der durchschnittlichen Aufwendungen für Wohn- und Heizkosten ermittelt (vgl. zuletzt Siebenter Existenzminimumbericht v. 21. 11. 2008, BT-Dr 16/11065); es bildet die Orientierungsgröße für die Höhe des einkommensteuerlichen sächlichen Existenzminimums. Auf dieser Grundlage gewährt das Steuerrecht gem. § 32 VI 1 EStG jedem Elternteil für ein zu berücksichtigendes Kind einen entsprechenden Kinderfreibetrag, der sich bis zum 31. 12. 2008 auf 1824 Euro belief und seit 1. 1. 20091932 Euro beträgt. Mit der Anknüpfung an den doppelten Kinderfreibetrag soll der Mindestunterhalt das Existenzminimum eines Kindes gewährleisten (BT-Dr 16/1830, S. 26 ff.; vgl. auch *Klinkhammer,* FamRZ 2008, 193).

[22] bb) Die Frage, welche Aufwendungen der dem sächlichen Existenzminimum entsprechende Mindestbedarf abdeckt, ist danach unter Heranziehung der §§ 27 ff. SGB XII sowie der Verordnung zur Durchführung des § 28 SGB XII (Regelsatzverordnung – RSV) zu beantworten. Nach § 27 I SGB XII umfasst der notwendige Lebensbedarf insbesondere Ernährung, Unterkunft, Kleidung, Körperpflege, Hausrat, Heizung und persönliche Bedürfnisse des täglichen Lebens. Zu Letzteren gehören in vertretbarem Umfang auch Beziehungen zur Umwelt und eine Teilnahme am kulturellen Leben. Nach Absatz 2 umfasst der notwendige Lebensunterhalt bei Kindern und Jugendlichen auch den besonderen, insbesondere den durch ihre Entwicklung und ihr Heranwachsen bedingten Bedarf. Bei dieser Quantifizierung des Bedarfs sind jedoch die allgemeinen Kosten nicht hinreichend berücksichtigt, die Eltern aufzubringen haben, um dem Kind eine Entwicklung zu ermöglichen, die es zu einem verantwortlichen Leben in der Gesellschaft befähigt. Hierzu gehört etwa die Mitgliedschaft in Vereinen sowie sonstige Formen der Begegnung mit anderen Kindern oder Jugendlichen außerhalb des häuslichen Bereichs und die verantwortliche Nutzung der Freizeit und die Gestaltung der Ferien (BVerfGE 99, 216 = NJW 1999, 557 = FamRZ 1999, 285 [290]).

[23] Dass das genannte Leistungsspektrum den Kindergartenbeitrag bzw. vergleichbare Aufwendungen für die Betreuung eines Kindes in einer kindgerechten Einrichtung einschließt, kann danach nicht festgestellt werden. Das ergibt sich zunächst aus der Regelsatzverordnung, die Inhalt, Bemessung und Aufbau der Regelsätze bestimmt. Nach § 2 I 1 RSV ist Grundlage der Bemessung der Regelsätze der aus der Einkommens- und Verbrauchsstichprobe abzuleitende Eckregelsatz. Dieser setzt sich aus der Summe bestimmter, in § 2 II RSV aufgeführter Verbrauchsausgaben zusammen. Die betreffende Auflistung enthält indes keine Position, unter die der Kindergartenbeitrag gefasst werden könnte. Zwar erstreckt sich die Einkommens- und Verbrauchsstichprobe unter anderem auch auf Dienstleistungen der Kindergärten, Kinderhorte, Krippen, Spielgruppen und andere Kinderbetreuungseinrichtungen (vgl. Gliederungspunkt U/03 der Hinweise des Statistischen Bundesamts zur Einkommens- und Verbrauchsstichprobe). Die Auswertung der Einkommens- und Verbrauchsstichprobe, die § 2 RSV vorschreibt, bezieht sich aber nur auf die regelsatzrelevanten Erhebungen. Hierzu gehören Kindergartenbeiträge nicht, das Sozialrecht sieht insofern vielmehr eine anderweitige Regelung vor.

[24] Nach § 90 SGB VIII können für die Inanspruchnahme von Angeboten der Förderung von Kindern in Tageseinrichtungen und Kindertagespflege nach den §§ 22 bis 24 SGB VIII Kostenbeiträge festgesetzt werden (Abs. 1 S. 1 Nr. 3), die – unter anderem einkommensabhängig – gestaffelt werden können (Abs. 1 S. 2 und 3). Der Kostenbeitrag soll auf Antrag ganz oder teilweise erlassen oder ein Teilnahmebeitrag auf Antrag ganz oder teilweise vom Träger der öffentlichen Jugendhilfe übernommen werden, wenn die Belastung den Eltern bzw. einem Elternteil und dem Kind nicht zuzumuten ist (Abs. 3). Für die Feststellung der zumutbaren Belastung gelten die §§ 82 bis 85, 87, 88 und 92 a SGB XII, also die Bestimmungen, die für die Beurteilung der Sozialhilfebedürftigkeit maßgebend sind, entsprechend, soweit nicht Landesrecht eine andere Regelung trifft (Abs. 4). Daraus folgt, dass Empfänger von Leistungen der Hilfe zum Lebensunterhalt regelmäßig keine Kosten für die Betreuung eines Kindes in einem Kindergarten aufzubringen haben, solche Kosten demnach weder Teil der Regelleistungen zu sein brauchen noch in Form ergänzender Leistungen erfolgen müssen, um einen zusätzlichen Bedarf zu decken.

[25] cc) Das sächliche Existenzminimum und dem folgend der Mindestbedarf eines Kindes beinhalten deshalb nicht die für den Kindergartenbesuch aufzubringenden Kosten. Für den Betreuungs- und Erziehungsbedarf des Kindes, der über den existenziellen Sachbedarf hinaus notwendiger Bestandteil des familiären Existenzminimums ist (BVerfGE 99, 216 = NJW 1999, 557 = FamRZ 1999, 285 [287 f., 290]), sind vielmehr zusätzliche Mittel zu veranschlagen. Die dem System der Bedarfsfestlegung immanente Abgrenzung dieses Bedarfs von demjenigen des sächlichen Bedarfs betrifft nicht nur den für ein Kind aufzubringenden Mindestunterhalt, sondern auch den bei günstigeren Einkommensverhält-

nissen des Barunterhaltspflichtigen geschuldeten höheren Unterhalt. Auch den Mindestunterhalt übersteigende Unterhaltsbeträge decken grundsätzlich keinen wesensverschiedenen Aufwand ab, sondern zielen auf Grund der abgeleiteten Lebensstellung des Kindes auf eine Bedarfsdeckung auf höherem Niveau. Danach ist die Annahme aber nicht gerechtfertigt, in höheren Unterhaltsbeträgen seien Kosten für den Besuch eines Kindergartens teilweise enthalten (vgl. *Wendl/Klinkhammer*, § 2 Rdnr. 275; a. A. *OLG Frankfurt a. M.*, NJW-RR 2006, 1303; *Reinken*, FPR 2008, 90 [92]; *Scholz*, FamRZ 2006, 737 [740]; *Maurer*, FamRZ 2006, 663 [669]).

[26] Insofern führt auch die durch die Übergangsvorschrift des § 36 Nr. 4 EGZPO erfolgte Festlegung eines gegenüber § 1612a BGB n. F. in der ersten Altersstufe um 15 Euro höheren Mindestunterhalts (Betrag gem. § 36 Nr. 4 lit. a EGZPO: 279 Euro; Mindestunterhalt gem. § 1612a I 2 und 3 Nr. 1 BGB: 3648 Euro : 12 = 304 Euro × 87% = gerundet 264 Euro) nicht zu einer anderen Beurteilung. Denn diese Regelung ist erfolgt, um zu vermeiden, dass sich ab 1. 1. 2008 niedrigere Zahlbeträge (West) ergeben als für die Zeit zuvor. Sie kommt in ihren unterhaltsrechtlichen Auswirkungen einer vorgezogenen – zum 1. 1. 2009 auch in Kraft getretenen – Erhöhung des seit 2002 unveränderten Kinderfreibetrags gleich (vgl. *Klinkhammer*, FamRZ 2008, 193 [195]) und vermag schon vom System her nicht die Annahme zu tragen, damit solle auch Erziehungs- und Betreuungsbedarf abgedeckt werden.

[27] dd) Auch für die Zeit bis zum 31. 12. 2007 ist eine andere Betrachtungsweise nicht gerechtfertigt. Die Regelbeträge, die bis dahin nach § 1612a BGB a. F. und der Regelbetrag-Verordnung dem Kindesunterhalt zu Grunde lagen, deckten das Existenzminimum eines Kindes nicht ab. Durch die Novellierung von § 1612b V BGB a. F. durch das Gesetz zur Ächtung der Gewalt in der Erziehung und zur Änderung des Kindesunterhaltsrechts vom 2. 11. 2000 (BGBl I, 1479), der bestimmte, dass die Anrechnung des Kindergeldes auf den Unterhalt unterbleibt, soweit der Unterhaltspflichtige außer Stande ist, Unterhalt in Höhe von 135% des jeweiligen Regelbetrags nach der Regelbetrag-Verordnung zu leisten, sollte der unzureichende Barunterhalt auf das sächliche Existenzminimum aufgestockt werden (BT-Dr 14/3781, S. 8). Die Bezugsgröße, an die dabei angeknüpft worden war, stellte das Existenzminimum nach dem Existenzminimumbericht der Bundesregierung dar. Da dieser sich aber – wie ausgeführt – an den sozialhilferechtlichen Regelsätzen orientiert, war nur eine Abdeckung des sächlichen Existenzminimums gewährleistet, nicht dagegen die des darüber hinausgehenden Erziehungs- und Betreuungsbedarfs. Das hat sich auch dadurch nicht wesentlich geändert, dass der an die Regelbeträge als Sockel anknüpfende Betrag von 135% auf Grund seiner Abhängigkeit von der Entwicklung des durchschnittlichen verfügbaren Arbeitsentgelts (vgl. § 1612a IV BGB a. F.) letztlich das Existenzminimum überstieg (vgl. hierzu BT-Dr 16/1830, S. 27). Denn der Differenzbetrag macht in der ersten Altersstufe nur 9 Euro aus und kann angesichts dieser Größenordnung vernachlässigt werden (273 Euro gegenüber 264 Euro, nämlich 3648 Euro: 12 × 87%).

BGH v. 3. 12. 2008 – XII ZR 182/06 – FamRZ 2009, 314 = NJW 2009, 1410

(Fiktives Erwerbseinkommen beim Kindesunterhalt)

[19] b) Soweit das BerGer. dem Bekl. weitere fiktive Nettoeinkünfte in Höhe von 150 Euro monatlich zugerechnet hat, trägt die Begründung diese Entscheidung nicht.

[20] aa) Nach § 1603 I BGB ist nicht unterhaltspflichtig, wer bei Berücksichtigung seiner sonstigen Verpflichtungen außer Stande ist, ohne Gefährdung seines eigenen angemessenen Unterhalts den Unterhalt zu gewähren. Eltern, die sich in dieser Lage befinden, sind gem. § 1603 II 1 BGB ihren minderjährigen unverheirateten Kindern gegenüber verpflichtet, alle verfügbaren Mittel zu ihrem und der Kinder Unterhalt gleichmäßig zu verwenden (sog. gesteigerte Unterhaltspflicht). Darin liegt eine Ausprägung des Grundsatzes der Verhältnismäßigkeit im Unterhaltsrecht. Aus diesen Vorschriften und aus Art. 6 II GG folgt auch die Verpflichtung der Eltern zum Einsatz der eigenen Arbeitskraft. Wenn der Unterhaltsverpflichtete eine ihm mögliche und zumutbare Erwerbstätigkeit unterlässt, obwohl er diese bei gutem Willen ausüben könnte, können entsprechend nach ständiger Rechtsprechung des *Senats* nicht nur die tatsächlichen, sondern auch fiktiv erzielbare Einkünfte berücksichtigt werden. Trotz der nach § 1603 II 1 BGB gesteigerten Unterhaltspflicht gegenüber minderjährigen Kindern muss die Anrechnung fiktiver Einkünfte aber stets die Grenze des Zumutbaren beachten. Übersteigt die Gesamtbelastung des Unterhaltsschuldners diese Grenze, ist die Beschränkung seiner Dispositionsfreiheit als Folge der Unterhaltsansprüche des Bedürftigen nicht mehr Bestandteil der verfassungsgemäßen Ordnung und kann vor dem Grundrecht des Art. 2 I GG nicht bestehen (*BVerfG*, NJW-RR 2007, 649 = FamRZ 2007, 273; NJW 2006, 2317 = FamRZ 2006, 469; FPR 2003, 479 = FamRZ 2003, 661).

[21] bb) Voraussetzung einer Zurechnung fiktiver Einkünfte ist mithin, dass der Unterhaltspflichtige die ihm zumutbaren Anstrengungen, eine angemessene Erwerbstätigkeit zu finden, nicht oder nicht ausreichend unternommen hat und dass bei genügenden Bemühungen eine reale Beschäftigungschance bestanden hätte.

[22] (1) Im Rahmen der Zumutbarkeit einer Nebentätigkeit sind zunächst die objektiven Grenzen einer Erwerbstätigkeit unter Berücksichtigung des Umfangs der schon ausgeübten Vollzeittätigkeit zu berücksichtigen. Übt der Unterhaltspflichtige eine Berufstätigkeit aus, die 40 Stunden wöchentlich unterschreitet, kann grundsätzlich eine Nebentätigkeit von ihm verlangt werden. Denn wegen der gesteigerten Unterhaltspflicht nach § 1603 II 1 und 2 BGB muss der Unterhaltspflichtige sich mindestens an der Höchstgrenze der regelmäßigen Erwerbstätigkeit orientieren, die gegenwärtig noch 40 Stunden wöchentlich beträgt. Allerdings sind im Rahmen der objektiven Zumutbarkeit auch die Grenzen des Arbeitszeitgesetzes zu beachten. Nach § 3 ArbZG darf die werktägliche Arbeitszeit der Arbeitnehmer acht Stunden nicht überschreiten. Ausnahmen kommen nur in engen Grenzen in Betracht. Nach § 9 I ArbZG dürfen Arbeitnehmer an Sonn- und gesetzlichen Feiertagen grundsätzlich nicht beschäftigt werden. Damit ist die wöchentliche Arbeitszeit regelmäßig auf (6 Tage × 8 Stunden =) 48 Stunden begrenzt, wobei nach § 2 ArbZG die Arbeitszeiten bei verschiedenen Arbeitgebern zusammenzurechnen sind. Lediglich in mehrschichtigen Betrieben kann der Beginn und das Ende der Sonn- und Feiertagsruhe verschoben werden. Darüber hinaus sieht § 10 ArbZG Ausnahmen für bestimmte Arbeiten vor, die nicht an Werktagen vorgenommen werden können. Mit diesen Vorschriften ist aus objektiver Sicht die Obergrenze der zumutbaren Erwerbstätigkeit auch für die Fälle vorgegeben, in denen der Unterhaltspflichtige nach § 1603 II 1 und 2 BGB gesteigert unterhaltspflichtig ist (vgl. *Senat*, NJW 2008, 1525 = FPR 2008, 244 = FamRZ 2008, 872 [875]; *BVerfG*, FPR 2003, 479 = FamRZ 2003, 661 [662]).

[23] Das BerGer. hat schon nicht hinreichend festgestellt, ob und in welchem Umfang die Vollzeittätigkeit des Bekl. die regelmäßige Arbeitszeit von 40 Wochenstunden erreicht oder gar übersteigt. Die vorliegenden Monatsjournale für die Zeit von Januar bis Mai 2006 legen die Annahme nahe, dass die regelmäßige Arbeitszeit des Bekl. 40 Wochenstunden beträgt. Das unterhaltsrelevante Einkommen haben die Instanzgerichte aber auf der Grundlage der Einkommensnachweise für die Zeit von Juli 2004 bis Juni 2005 ermittelt, die neben dem Festgehalt und sonstigen Zulagen sogar Vergütungen für insgesamt 135 Überstunden enthalten.

[24] (2) Im Rahmen der Zurechnung fiktiver Nebenverdienste ist weiterhin zu prüfen, ob und in welchem Umfang es dem Unterhaltspflichtigen unter Abwägung seiner von ihm darzulegenden besonderen Lebens- und Arbeitssituation einerseits und der Bedarfslage des Unterhaltsberechtigten andererseits zugemutet werden kann, eine Nebentätigkeit auszuüben (vgl. *BVerfG*, FPR 2003, 479 = FamRZ 2003, 661 [662]). Auch die insoweit relevanten weiteren subjektiven und objektiven Voraussetzungen der Zurechnung fiktiver Einkünfte hat das *OLG* nicht hinreichend gewürdigt.

[25] Zwar hat es in zutreffender Weise in seine Entscheidung einbezogen, dass der Bekl. an den Wochenenden nicht berufstätig und deswegen grundsätzlich samstags nicht an einer Nebentätigkeit gehindert ist. Soweit es weiter darauf abstellt, dass sich der Arbeitsplatz des Bekl. an seinem Wohnort befindet, spricht auch dieser Umstand gegen eine übermäßige Belastung durch die in Vollzeit ausgeübte Berufstätigkeit. Für die Zumutbarkeit einer Nebentätigkeit sagt dies allerdings noch nichts aus, solange ungeklärt ist, ob auch die Nebentätigkeit am Wohnort des Bekl. möglich wäre. Völlig unberücksichtigt hat das BerGer. gelassen, dass der Bekl. der Vater des Kl. und eines weiteren Kindes ist und Art. 6 II GG ihm nicht nur das Recht zum Umgang einräumt, sondern auch eine entsprechende Pflicht auferlegt (vgl. *BVerfG*, NJW 2008, 1287 = FPR 2008, 238 = FamRZ 2008, 845 [847 ff.]; *BGH*, NJW 2008, 2586 = FamRZ 2008, 1334). Schließlich ist zu berücksichtigen, dass der Bekl. seit dem 15. 11. 2005 wieder allein lebt und auch seinen Haushalt allein führen muss, was zwischen den Parteien unstreitig ist.

[26] Das *OLG* hat deswegen nicht unter Würdigung aller maßgeblichen Umstände geprüft, ob dem Bekl. neben seiner vollschichtigen Erwerbstätigkeit, eventuellen Überstunden, der Kontaktpflege mit seinen Kindern und der Belastung durch die Haushaltsführung überhaupt genügend Zeit für eine Nebentätigkeit an Samstagen verbleibt.

[27] (3) Schließlich halten auch die Feststellungen des BerGer., wonach der Bekl. eine zumutbare Nebentätigkeit finden und daraus monatlich 150 Euro netto erzielen könnte, den Angriffen der Revision nicht stand.

[28] Die Zurechnung fiktiver Einkünfte setzt neben den nicht ausreichenden Erwerbsbemühungen eine reale Beschäftigungschance voraus. Die Gerichte müssen deswegen prüfen, ob es Nebentätigkeiten entsprechender Art für den Unterhaltspflichtigen überhaupt gibt und der Aufnahme einer solchen Tätigkeit keine rechtlichen Hindernisse entgegenstehen, für die der Unterhaltspflichtige darlegungs- und beweispflichtig ist (*Senat*, NJWE-FER 1998, 64 = FamRZ 1998, 357 [359]; BVerfGE 68, 256 [270] = NJW 1985, 1211 = FamRZ 1985, 143 [146]).

[29] Auch die Höhe der fiktiv berücksichtigten Einkünfte hält einer rechtlichen Kontrolle nicht stand. Denn das *OLG* hat dem Bekl. Nettoeinkünfte in Höhe von 150 Euro monatlich angerechnet, ohne im Einzelnen darzulegen, wie diese sich errechnen. Weil das BerGer. weder den vom Bekl. durch eine Nebentätigkeit erzielbaren Stundensatz noch den Umfang der ihm zugemuteten Nebenerwerbstätigkeit genau bemessen hat, kann die Entscheidung nach dem auch verfassungsrechtlich gebotenen Maßstab der Zumutbarkeit nicht überprüft werden. Die Begründung des *OLG* trägt deswegen die Zurechnung der angesetzten fiktiven Einkünfte nicht.

Anhang R. Rechtsprechung R702

BGH v. 17. 12. 2008 – XII ZR 9/07 – FamRZ 2009, 411 = NJW 2009, 588

(Eheliche Lebensverhältnisse, Aufgabe des Stichtagsprinzips) R702

[16] 1. Zu Recht ist das BerGer. davon ausgegangen, dass sich die Höhe des nachehelichen Unter- **a** haltsanspruchs der Kl. gem. § 1578 I 1 BGB nach den ehelichen Lebensverhältnissen richtet. Den unbestimmten Rechtsbegriff der „ehelichen Lebensverhältnisse" hat der *Senat* in seiner jüngeren Rechtsprechung allerdings nicht mehr im Sinne eines strikten Stichtagsprinzips ausgelegt.

[17] a) Ursprünglich hatte der *Senat* die durch die Vorschrift des § 1578 I 1 BGB bezweckte Anknüpfung der Höhe des nachehelichen Unterhalts an die Ehe im Sinne eines strikten Stichtagsprinzips verstanden und den Unterhaltsbedarf allein nach den monetären Verhältnissen während des Zusammenlebens der Parteien bemessen. Spätere Einkommensentwicklungen bis zur rechtskräftigen Ehescheidung sollten nur dann berücksichtigt werden, wenn sie schon in der Ehe angelegt waren (*Senat*, NJW 1984, 292 = FamRZ 1984, 149 [150]; NJW 1984, 294 = FamRZ 1984, 151 [152]). Eine unabsehbare Entwicklung nach der Trennung blieb bei der Bemessung des nachehelichen Unterhaltsbedarfs hingegen unberücksichtigt und ein erst infolge der Scheidung erzieltes Einkommen des Unterhaltsberechtigten war deswegen im Wege der Anrechnungsmethode voll auf den geringen Unterhaltsbedarf nach den monetären Verhältnissen während der Ehezeit anzurechnen (*Senat*, NJW 1985, 1026 = FamRZ 1985, 161 [162]; NJW 1984, 1537 = FamRZ 1984, 356 [357]). In seiner späteren Rechtsprechung hat der *Senat* den Stichtag auf den Zeitpunkt der rechtskräftigen Ehescheidung verlagert und damit, unabhängig von der Absehbarkeit im Zeitpunkt der Trennung, alle Entwicklungen bis zu diesem Zeitpunkt, wie etwa den Wechsel der Steuerklasse (vgl. insoweit *Senat*, NJW 1982, 1986 = FamRZ 1983, 152 [153]; NJW 1988, 2101 = FamRZ 1988, 817 [818]) oder die Geburt eines weiteren Kindes aus einer neuen Beziehung (*Senat*, NJW 1999, 717 = FamRZ 1999, 367 [368 f.]), in die ehelichen Lebensverhältnisse einbezogen (*Senat*, NJW 1994, 190 = FamRZ 1994, 87 [89]).

[18] Änderungen nach der rechtskräftigen Scheidung waren auch nach dieser Rechtsprechung allerdings nur zu berücksichtigen, wenn ihnen eine Entwicklung zu Grunde lag, die aus der Sicht im Zeitpunkt der Scheidung mit Wahrscheinlichkeit zu erwarten war, und wenn ihre Erwartung die ehelichen Lebensverhältnisse bereits bestimmt hatte (*Senat*, NJW 1988, 2034 = FamRZ 1988, 701 [703 f.]; NJW 1987, 58 = FamRZ 1986, 783 [785]; NJW 1986, 720 = FamRZ 1986, 148 m. w. Nachw.). Erst in der Folgezeit hat der *Senat* auch diese aus dem Stichtagsprinzip folgende Grenze weiter gelockert und andere Entwicklungen, auf die die Ehegatten sich während der Ehe noch nicht eingestellt hatten, wie zum Beispiel den Wegfall eines während der Ehezeit geschuldeten Kindesunterhalts, grundsätzlich bei der Bemessung der ehelichen Lebensverhältnisse berücksichtigt (*Senat*, NJW 1990, 2886 = FamRZ 1990, 1085 [1087 f.]).

[19] Eine zusätzliche Einschränkung des reinen Stichtagsprinzips hatte der *Senat* durch seine neuere Rechtsprechung zur Bewertung der ehezeitlichen Haushaltsführung und Kindererziehung herbeigeführt. Auch ein während der Ehezeit noch nicht absehbares und erst nachehelich hinzugetretenes Einkommen des Unterhaltsberechtigten war danach bei der Bemessung der ehelichen Lebensverhältnisse zu berücksichtigen, wenn es als Surrogat an die Stelle der ehelichen Haushaltsarbeit und Kindererziehung getreten war (*Senat*, NJW 2001, 2254 = FamRZ 2001, 986 [989 ff.]; NJW 2004, 2305 = FamRZ 2004, 1173). Im Ergebnis führte diese Rechtsprechung dazu, ein später an die Stelle der Haushaltstätigkeit und Kindererziehung getretenes Einkommen – unabhängig von seiner Höhe – ebenfalls den ehelichen Lebensverhältnissen zuzurechnen.

[20] b) Trotz dieser weitreichenden Ausnahmen konnte das Stichtagsprinzip, das nun auf die Verhältnisse bis zur rechtskräftigen Scheidung abstellte, nicht in allen Fällen zu sachgerechten Lösungen führen.

[21] Wegen der Verschiebung des Stichtags auf den Zeitpunkt der Rechtskraft der Ehescheidung war ein aus einer neuen Beziehung hervorgegangenes Kind bei der Bemessung der ehelichen Lebensverhältnisse zu berücksichtigen, wenn es zuvor geboren war, nicht aber, wenn die Geburt nach der rechtskräftigen Scheidung erfolgte. Entsprechend hat das AG hier das noch vor der rechtskräftigen Scheidung geborene Kind *M* bei der Bemessung der ehelichen Lebensverhältnisse berücksichtigt, nicht aber die ebenfalls aus der neuen Beziehung des Bekl. hervorgegangenen Kinder *J* und *W*. Schon diese Differenzierung ist in der Literatur als nicht überzeugend kritisiert worden (*Ewers*, FamRZ 1994, 816 [817]; vgl. auch *Graba*, FamRZ 1999, 370 [371]).

[22] Hinzu kommt, dass die Rechtsprechung wegen der Anknüpfung an einen festen Stichtag zu Verstößen gegen den Halbteilungsgrundsatz führen konnte, etwa in Fällen, in denen das Einkommen des Unterhaltspflichtigen nach dem Stichtag aus Gründen, die dem Unterhaltspflichtigen nicht vorzuwerfen sind, deutlich absinkt. Wenn der Bedarf des Unterhaltsberechtigten in solchen Fällen wegen der Anknüpfung an einen früheren Stichtag unverändert bliebe, erhielte der Unterhaltsberechtigte mehr, als dem Unterhaltspflichtigen von seinem eigenen Einkommen verbliebe. Dies nicht schon bei der Bedarfsermittlung zu berücksichtigen, sondern erst auf der Stufe der Leistungsfähigkeit durch einen variablen Selbstbehalt auszugleichen, der dem Bedarf des Unterhaltsberechtigten entsprechen müsste,

hat der *Senat* bereits in seinem Urteil vom 15. 3. 2006 abgelehnt (BGHZ 166, 351 [360 ff.] = NJW 2006, 1654 = FamRZ 2006, 683 [685 f.]).

[23] Gleiches gilt, wenn sich die persönlichen Verhältnisse des Unterhaltspflichtigen von denen im Zeitpunkt der Rechtskraft der Ehescheidung deutlich entfernt haben. Denn das Stichtagsprinzip kann auch dann zu Verstößen gegen den Halbteilungsgrundsatz führen, wenn der Unterhaltspflichtige nach Rechtskraft der Ehescheidung weiteren Personen unterhaltspflichtig wird. Auch dann bliebe dem Unterhaltspflichtigen – vorbehaltlich eines abzusetzenden Erwerbstätigenbonus – für sich und die neuen Unterhaltsberechtigten nur so viel, wie er als Unterhalt einem geschiedenen Ehegatten allein zahlen müsste. Auch das kann nach der Rechtsprechung des *Senats* nicht erst nach § 1581 BGB im Rahmen der Leistungsfähigkeit aufgefangen werden (vgl. schon BGHZ 166, 351 [358 ff.] = NJW 2006, 1654 = FamRZ 2006, 683 [684 f.]).

[24] c) Deswegen hat der *Senat* seine frühere Rechtsprechung zur Bemessung der ehelichen Lebensverhältnisse nach einem Stichtag inzwischen aufgegeben; auch das Gesetz gibt in § 1578 I 1 BGB keine Fixierung auf einen solchen Stichtag vor. Nach dem Sinn und Zweck der gesetzlichen Regelung sind bei der Bemessung des nachehelichen Unterhalts nach den ehelichen Lebensverhältnissen vielmehr spätere Änderungen des verfügbaren Einkommens grundsätzlich zu berücksichtigen und zwar unabhängig davon, wann sie eingetreten sind und ob es sich um Minderungen oder Verbesserungen handelt. Die in § 1578 I 1 BGB vorgegebene Anknüpfung an die ehelichen Lebensverhältnisse kann nach der neueren Rechtsprechung des *Senats* deren grundsätzliche Wandelbarkeit lediglich nach dem Zweck des nachehelichen Unterhalts einerseits und der fortwirkenden ehelichen Solidarität andererseits begrenzen.

[25] aa) Wie sich insbesondere aus den §§ 1569, 1574 und 1578 b BGB ergibt, will das Unterhaltsrecht den geschiedenen Ehegatten nicht besser stellen, als er während der Ehe stand oder auf Grund einer absehbaren Entwicklung ohne die Scheidung stehen würde. Im Ausgangspunkt will das Recht des nachehelichen Unterhalts dem unterhaltsberechtigten Ehegatten jedenfalls seinen eigenen angemessenen Unterhalt sichern (§§ 1569, 1574, 1581 BGB). Indem § 1578 I 1 BGB für das Maß des nachehelichen Unterhalts – mit der Begrenzungsmöglichkeit des § 1578 b BGB – darüber hinaus geht und dem Unterhaltsberechtigten einen Unterhaltsanspruch nach den ehelichen Lebensverhältnissen einräumt, schafft die Vorschrift einen vom Einkommen des besser verdienenden Ehegatten abgeleiteten Maßstab des nachehelichen Unterhalts. Die während der Ehe gelebten Verhältnisse bilden dann aber auch die Obergrenze eines insoweit entstandenen Vertrauens und damit auch des nachehelichen Unterhalts. Weitere Steigerungen des verfügbaren Einkommens sind deswegen grundsätzlich nur dann zu berücksichtigen, wenn sie schon aus der Sicht des ehelichen Zusammenlebens absehbar waren, nicht aber, wenn die Einkommenszuwachs nach der Trennung der Parteien auf einen Karrieresprung zurückzuführen ist.

[26] Ebenso kann der Unterhaltsberechtigte, der seinen Unterhaltsanspruch von dem höheren Einkommen des Unterhaltspflichtigen ableitet, nicht auf einen unveränderten Unterhalt vertrauen, wenn das relevante Einkommen des Unterhaltspflichtigen zurückgeht. Die Berücksichtigung einer nachehelichen Verringerung des verfügbaren Einkommens findet ihre Grenzen somit erst bei einer Verletzung der nachehelichen Solidarität. Die nacheheliche Solidarität findet ihren Niederschlag insbesondere in den gesetzlichen Unterhaltstatbeständen der §§ 1570 ff. BGB, die trotz des Grundsatzes der Eigenverantwortung gem. § 1569 BGB aus verschiedenen Gründen zu nachehelichen Unterhaltsansprüchen führen können. Aus der nachehelichen Solidarität der geschiedenen Ehegatten folgt nicht nur die Pflicht zum Einsatz eines vorhandenen Einkommens im Rahmen der nachehelichen Unterhaltsansprüche, sondern auch die Verpflichtung zu einer angemessenen Erwerbstätigkeit. Nur wenn diese nacheheliche Solidarität in unterhaltsrechtlich vorwerfbarer Weise verletzt wird, etwa durch Aufgabe einer Berufstätigkeit, kann, abweichend von den tatsächlichen gegenwärtigen Verhältnissen, ein fiktives Einkommen berücksichtigt werden (*Senat*, NJW 2008, 1663 = FPR 2008, 303 = FamRZ 2008, 968 [972]).

(Eheliche Lebensverhältnisse, nachehelich neue Unterhaltsberechtigte)

b [27] bb) In konsequenter Fortführung dieser Rechtsprechung zu den wandelbaren ehelichen Lebensverhältnissen hat der *Senat* entschieden, dass es sich ebenso auf den Unterhaltsbedarf eines geschiedenen Ehegatten nach den ehelichen Lebensverhältnissen auswirkt, wenn später weitere Unterhaltsberechtigte hinzutreten. Auf den Rang dieser neuen Unterhaltsansprüche kommt es bei der Bedarfsbemessung grundsätzlich nicht an.

[28] (1) Das dem Unterhaltspflichtigen für ihn selbst verbleibende Einkommen wird nicht nur in Fällen eines unverschuldeten Einkommensrückgangs, sondern auch durch die Unterhaltsansprüche später geborener Kinder gemindert. Auch dann erfordert der Halbteilungsgrundsatz eine Berücksichtigung der später entstandenen Unterhaltsansprüche bei der Bemessung der ehelichen Lebensverhältnisse. Weil auch die Berücksichtigung dieser nachehelichen Veränderungen erst dort ihre Grenzen findet, wo sie auf einem unterhaltsrechtlich vorwerfbaren Verhalten beruht und dies grundsätzlich im Falle einer Unterhaltspflicht für neu hinzugetretene Kinder nicht der Fall ist, sind die Unterhalts-

Anhang R. Rechtsprechung   R702

ansprüche für nachehelich geborene eigene Kinder des Unterhaltspflichtigen (*Senat*, NJW 2008, 1663
= FPR 2008, 303 = FamRZ 2008, 968 [973]) und für die in seinem Haushalt lebenden adoptierten
Kinder (*Senat*, NJW 2009, 145) bei der Bedarfsermittlung nach den ehelichen Lebensverhältnissen
regelmäßig zu berücksichtigen.

[29] (2) Nichts anderes gilt nach der Rechtsprechung des *Senats*, wenn der Unterhaltspflichtige eine
neue Ehe eingeht. Auch dann ist für die Bemessung des Unterhaltsbedarfs nach den ehelichen Lebensverhältnissen grundsätzlich auf die geänderten tatsächlichen Verhältnisse während des Unterhaltszeitraums abzustellen, soweit dies nicht unterhaltsrechtlich vorwerfbar ist. Wie bei der Geburt eines
weiteren Kindes kann dem Unterhaltspflichtigen auch seine weitere Unterhaltspflicht für einen neuen
Ehegatten nicht vorgeworfen werden. Weil sich die Unterhaltsansprüche eines geschiedenen und eines
neuen Ehegatten somit wechselseitig beeinflussen, ist der Unterhaltsbedarf nach den ehelichen Lebensverhältnissen in solchen Fällen regelmäßig im Wege der Dreiteilung des tatsächlich vorhandenen Einkommens unter Einschluss des Splittingvorteils aus der neuen Ehe zu bemessen. Lediglich als Obergrenze ist der Betrag zu beachten, der sich ohne die neue Ehe und den sich daraus ergebenden
Splittingvorteil als Unterhalt im Wege der Halbteilung ergeben würde (*Senat*, NJW 2008, 3213 = FPR
2008, 566 = FamRZ 2008, 1911 [1914 ff.]).

[30] d) Diese neuere Rechtsprechung des *Senats* führt auch nicht zu Verwerfungen zwischen der
unterhaltsrechtlich zu berücksichtigenden Position des Unterhaltspflichtigen und des Unterhaltsberechtigten. Denn die Situation eines Unterhaltspflichtigen ist schon nach dem Gesetz nicht mit der
Situation des Unterhaltsberechtigten vergleichbar.

[31] Bei einem nachehelichen Absinken des unterhaltsrelevanten Einkommens ist schon von Gesetzes wegen zwischen dem Unterhaltspflichtigen und dem Unterhaltsberechtigten zu unterscheiden.
Geht das unterhaltsrelevante Einkommen des Unterhaltspflichtigen zurück, wirkt sich dies zur Wahrung des Halbteilungsgrundsatzes zwangsweise auf den nach § 1578 I 1 BGB daraus abgeleiteten
Unterhaltsanspruch aus. Für den Unterhaltsberechtigten sehen die §§ 1571, 1572 und 1573 BGB
hingegen vor, dass Unterhalt nach diesen Vorschriften entfällt, soweit der Einsatzzeitpunkt als Anspruchsvoraussetzung nicht erfüllt ist. Eine erst später eintretende Bedürftigkeit kann einen Unterhaltsanspruch deswegen nicht mehr rechtfertigen.

(Karrieresprung bei Dreiteilung)

[32] 2. Soweit der *Senat* in seiner Rechtsprechung unerwartete Einkommenssteigerungen, zum   c
Beispiel durch einen Karrieresprung, im Rahmen der Unterhaltsbemessung nach den ehelichen
Lebensverhältnissen unberücksichtigt gelassen hat, beruht dies auf der gesetzlichen Wertung, wonach
das Unterhaltsrecht den geschiedenen Ehegatten nicht besser stellen will, als er während der Ehe stand
oder auf Grund einer schon absehbaren Entwicklung ohne die Scheidung stehen würde (*Senat*, NJW
2008, 1663 = FPR 2008, 303 = FamRZ 2008, 968 [972]).

[33] Die Nichtberücksichtigung nachehelicher Einkommensentwicklungen verliert allerdings dann
ihre Rechtfertigung, wenn zugleich nachehelich weitere Unterhaltsberechtigte hinzutreten, die – mit
entgegengesetzter Wirkung – den Unterhaltsbedarf nach den ehelichen Lebensverhältnissen mindern.
Das BerGer. weist deswegen zu Recht darauf hin, dass beide Umstände bei der Bemessung des
Unterhalts nach den ehelichen Lebensverhältnissen nicht voneinander isoliert betrachtet werden
dürfen. Soweit also ein nachehelicher Karrieresprung lediglich eine neu hinzugetretene Unterhaltspflicht auffängt, ist das daraus resultierende Einkommen nach der neueren Rechtsprechung des *Senats*
grundsätzlich in die Unterhaltsbemessung einzubeziehen. Der Unterhaltsanspruch nach den ehelichen
Lebensverhältnissen ist in solchen Fällen deswegen auf der Grundlage des nach dem Karrieresprung
aktuell erzielten Einkommens unter Berücksichtigung der später hinzu gekommenen Unterhaltspflichten – im Falle einer Unterhaltspflicht gegenüber einem neuen Ehegatten im Wege der Dreiteilung (vgl.
Senat, NJW 2008, 3213 = FPR 2008, 566 = FamRZ 2008, 1911 [1914 ff.]) – zu bemessen.

[34] Nur soweit die Einkommensentwicklung infolge des Karrieresprungs darüber hinaus geht und
zu einem höheren Unterhalt führen würde, als er sich ohne Karrieresprung und ohne Abzug des
Unterhalts für später hinzugetretene Unterhaltsberechtigte ergäbe, darf der Einkommenszuwachs die
ehelichen Lebensverhältnisse nicht beeinflussen und muss deswegen unberücksichtigt bleiben. Dies
entspricht der Rechtsprechung des *Senats* zur Behandlung des Splittingvorteils aus einer neuen Ehe.
Auch insoweit hat der *Senat* entschieden, dass der Splittingvorteil aus einer neuen Ehe im Rahmen der
Dreiteilung bei der Bemessung des Unterhaltsanspruchs eines geschiedenen Ehegatten grundsätzlich zu
berücksichtigen ist, zumal die Unterhaltsbemessung im Wege der Dreiteilung regelmäßig zu einer
Verringerung des Unterhaltsanspruchs des geschiedenen Ehegatten führt. Dort wie hier ist als Obergrenze allerdings der Unterhalt zu beachten, der sich ohne den Einkommenszuwachs und ohne die
Unterhaltspflicht gegenüber neu hinzu gekommenen Unterhaltsberechtigten ergibt (vgl. *Senat*, NJW
2008, 3213 = FPR 2008, 566 = FamRZ 2008, 1911 [1916]).

BGH v. 21. 1. 2009 – XII ZR 54/06 – FamRZ 2009, 762 = NJW 2009, 1742

(Verhältnis des Unterhalts für volljährige Kinder zum Familienunterhalt)

[43] 5. Die Revision rügt allerdings, dass das BerGer. auch den Anspruch auf Familienunterhalt, der der Ehefrau des Bekl. gegen diesen zusteht, vorweg abgezogen hat. Damit hat die Revision ebenfalls Erfolg.

[44] a) Der Bekl. schuldet seiner Ehefrau nach den §§ 1360, 1360a BGB Familienunterhalt, da sie nicht über ausreichendes eigenes Einkommen verfügt. Dieser Unterhaltsanspruch lässt sich zwar nicht ohne Weiteres nach den zum Ehegattenunterhalt nach Trennung oder Scheidung entwickelten Grundsätzen bemessen. Denn er ist nach seiner Ausgestaltung nicht auf die Gewährung einer – frei verfügbaren – laufenden Geldrente für den jeweils anderen Ehegatten, sondern vielmehr als gegenseitiger Anspruch der Ehegatten darauf gerichtet, dass jeder von ihnen seinen Beitrag zum Familienunterhalt entsprechend seiner nach dem individuellen Ehebild übernommenen Funktion leistet. Seinem Umfang nach umfasst der Anspruch auf Familienunterhalt gem. § 1360a BGB alles, was für die Haushaltsführung und die Deckung der persönlichen Bedürfnisse der Ehegatten und eventueller Kinder erforderlich ist. Sein Maß bestimmt sich aber nach den ehelichen Lebensverhältnissen, so dass § 1578 BGB als Orientierungshilfe herangezogen werden kann. Es begegnet deshalb keinen Bedenken, den Anspruch auf Familienunterhalt im Fall der Konkurrenz mit anderen Unterhaltsansprüchen auf die einzelnen Familienmitglieder aufzuteilen und in Geldbeträgen zu veranschlagen (*Senat*, NJW 2008, 3213 = FPR 2008, 566 = FamRZ 2008, 1911 [1914]; NJW 2007, 2412 = FamRZ 2007, 1081 [1083]; NJW 2003, 1660 = FPR 2003, 378 = FamRZ 2003, 860 [864]).

[45] b) Der Anspruch ist nach den ehelichen Lebensverhältnissen zu bestimmen, die aber ihrerseits durch anderweitige, auch nachrangige Unterhaltspflichten eingeschränkt sein können. Von einer solchen Bestimmung der ehelichen Lebensverhältnisse durch anderweitige Unterhaltspflichten ist auch in dem Verhältnis zwischen Eltern und volljährigen Kindern auszugehen (*Senat*, NJW 2003, 1660 = FPR 2003, 378 = FamRZ 2003, 860 [865]). Nach diesem methodischen Ansatz ist bei der Bemessung des Unterhalts der zweiten Ehefrau grundsätzlich der auf den Bekl. entfallende Anteil des Unterhalts für die (volljährige) Kl. vorweg vom Einkommen des Bekl. abzuziehen.

[46] Bei der hier vorzunehmenden Anteilsberechnung nach § 1606 III 1 BGB besteht allerdings die Besonderheit, dass ein bestimmter Kindesunterhalt der Kl., der vorweg abgezogen werden könnte, noch nicht feststeht. Er soll durch die Anteilsberechnung erst ermittelt werden. Weder der Abzug des vollen noch des hälftigen oder eines anderen Anteils des Bedarfs könnte für sich in Anspruch nehmen, exakt das widerzuspiegeln, was die Ehefrau sich bei ausreichender finanzieller Leistungsfähigkeit des Bekl. an ihren Unterhaltsanspruch einschränkend vorgehen lassen müsste. Andererseits wäre es auch nicht angemessen, für die Ehefrau von vornherein nur einen Mindestbedarf anzusetzen, denn ihr Anspruch kann auch darüber hinausgehen und würde dann zu Gunsten des anderen Elternteils geschmälert.

[47] c) Bei dieser Sachlage erscheint es gerechtfertigt, zur Bestimmung des Anspruchs auf Familienunterhalt den durch Vergleich titulierten und vom Bekl. auch gezahlten Unterhalt von monatlich 211,67 Euro heranzuziehen, zumal diese Mittel für den Lebensunterhalt des Bekl. und seiner Ehefrau tatsächlich nicht zur Verfügung standen, ihre Verhältnisse also durch einen entsprechenden Mittelabfluss geprägt waren. Hinsichtlich anderer, tatrichterlich ebenfalls in Betracht kommender Berechnungsmöglichkeiten ist danach zu unterscheiden, ob sich der Bedarf des volljährigen Kindes abhängig oder unabhängig vom Einkommen der Eltern bemisst. Wird für ein volljähriges Kind der dem Einkommen entsprechende Tabellenunterhalt geschuldet, so ist dieser zunächst allein nach dem Einkommen desjenigen Elternteils zu bemessen, der zugleich Familienunterhalt aufzubringen hat. Der sich ergebende Tabellenbetrag ist – nach Abzug des vollen Kindergeldes – vom Einkommen dieses Elternteils abzuziehen und sodann der Anspruch des Ehegatten auf Familienunterhalt zu ermitteln. Ist dagegen von einem festen Bedarf auszugehen, kommt – jeweils wiederum nach Abzug des Kindergeldes – eine Berechnung mit dem hälftigen Anteil oder einem anderen Näherungswert in Betracht, der bei unterschiedlichen Einkommensverhältnissen der Eltern realistisch erscheint.

[48] Das gewonnene Ergebnis ist darauf zu überprüfen, ob sich ein Missverhältnis hinsichtlich des wechselseitigen Bedarfs ergibt. Das ist dann anzunehmen, wenn der der jeweiligen Lebenssituation entsprechende angemessene Eigenbedarf der Ehefrau – unter Berücksichtigung der durch das Zusammenleben der Ehegatten eintretenden häuslichen Ersparnis (vgl. unter B III 7 [Rdnr. 53]) – durch die verbleibenden Mittel nicht gewährleistet werden kann (*Senat*, NJW 2003, 1660 = FPR 2003, 378 = FamRZ 2003, 860 [865]; so auch *Wendl/Scholz*, § 3 Rdnr. 79). In diesem Fall haben dem unterhaltspflichtigen Elternteil vorweg diejenigen Mittel zu verbleiben, die er zur Deckung des angemessenen Bedarfs seines Ehegatten benötigt. Deshalb ist insoweit – vor der Anteilsberechnung nach § 1606 III 1 BGB – der Fehlbetrag (d.h. der um die häusliche Ersparnis reduzierte angemessene Eigenbedarf abzüglich eines eventuellen eigenen Einkommens des Ehegatten) von dem Einkommen des unterhaltspflichtigen Elternteils in Abzug zu bringen.

Anhang R. Rechtsprechung   R704

[49] d) Dem entspricht die Berechnung des BerGer. nicht, da es unabhängig von den vorstehenden Erwägungen den Anspruch der Ehefrau auf Familienunterhalt vorweg vom Einkommen des Bekl. abgezogen hat und damit nicht berücksichtigt hat, dass die Lebensverhältnisse des Bekl. und seiner Ehefrau durch die Unterhaltspflicht für die Kl. mitbestimmt worden sind.

BGH v. 18. 3. 2009 – XII ZR 74/08 – FamRZ 2009, 770 = NJW 2009, 1876

(Dauer des Betreuungsunterhalts nach § 1570 BGB)   R704

[18] Soweit die Revision zulässig ist, richtet sich der Anspruch der Kl. auf Betreuungsunterhalt nach neuem Unterhaltsrecht, also nach § 1570 BGB in der seit dem 1. 1. 2008 geltenden Fassung (BGBl I 2007, 3189). Danach kann ein geschiedener Ehegatte von dem anderen wegen der Pflege und Erziehung eines gemeinschaftlichen Kindes für mindestens drei Jahre nach der Geburt Unterhalt verlangen. Die Dauer des Unterhaltsanspruchs verlängert sich, solange und soweit dies der Billigkeit entspricht. Dabei sind die Belange des Kindes und die bestehenden Möglichkeiten der Kinderbetreuung zu berücksichtigen (§ 1570 I 2 und 3 BGB). Die Dauer des Anspruchs auf Betreuungsunterhalt verlängert sich darüber hinaus, wenn dies unter Berücksichtigung der Gestaltung von Kinderbetreuung und Erwerbstätigkeit in der Ehe sowie der Dauer der Ehe der Billigkeit entspricht (§ 1570 II BGB).
[19] 1. Mit dieser Neuregelung hat der Gesetzgeber den nachehelichen Betreuungsunterhalt grundlegend umgestaltet. Er hat einen auf drei Jahre befristeten Basisunterhalt eingeführt, der aus Gründen der Billigkeit verlängert werden kann (BT-Dr 16/6980, S. 8 f.). Im Rahmen dieser Billigkeitsentscheidung sind nach dem Willen des Gesetzgebers kind- und elternbezogene Verlängerungsgründe zu berücksichtigen (vgl. *Senat,* NJW 2008, 3125 = FPR 2008, 509 = FamRZ 2008, 1739 [1746 ff.]). Obwohl der Betreuungsunterhalt nach § 1570 BGB als Unterhaltsanspruch des geschiedenen Ehegatten ausgestaltet ist, wird er vor allen Dingen im Interesse des Kindes gewährt, um dessen Betreuung und Erziehung sicherzustellen (BT-Dr 16/6980, S. 9).
[20] a) Mit der Einführung des Basisunterhalts bis zur Vollendung des dritten Lebensjahres hat der Gesetzgeber die Regelung übernommen, die er mit dem Schwangeren- und Familienhilfeänderungsgesetz vom 21. 8. 1995 (BGBl I, 2942) für den Unterhaltsanspruch bei Betreuung eines nichtehelich geborenen Kindes in § 1615l II BGB eingeführt hatte. Der betreuende Elternteil kann danach frei entscheiden, ob er das Kind in dessen ersten drei Lebensjahren selbst erziehen oder eine andere Betreuungsmöglichkeit in Anspruch nehmen will (vgl. *Dose,* JAmt 2009, 1).
[21] Ein gleichwohl während der ersten drei Lebensjahre erzieltes Einkommen ist damit stets überobligatorisch. Der betreuende Elternteil kann deswegen in dieser Zeit auch eine schon bestehende Erwerbstätigkeit wieder aufgeben und sich voll der Erziehung und Betreuung des Kindes widmen. Erzielt er allerdings eigene Einkünfte, weil das Kind auf andere Weise betreut wird, ist das überobligatorisch erzielte Einkommen nicht völlig unberücksichtigt zu lassen, sondern nach den Umständen des Einzelfalls anteilig zu berücksichtigen (*Senat,* NJW 2005, 2145 = FamRZ 2005, 1154 [1156 f.]).
[22] b) Für die Zeit ab Vollendung des dritten Lebensjahres steht dem betreuenden Elternteil nach der gesetzlichen Neuregelung nur noch dann ein fortdauernder Anspruch auf Betreuungsunterhalt zu, wenn dies der Billigkeit entspricht (§ 1570 I 2 BGB). Damit verlangt die Neuregelung allerdings regelmäßig keinen abrupten Wechsel von der elterlichen Betreuung zu einer Vollzeiterwerbstätigkeit (BT-Dr 16/6980, S. 9). Nach Maßgabe der im Gesetz genannten kindbezogenen (§ 1570 I 3 BGB) und elternbezogenen (§ 1570 II BGB) Gründe ist auch nach dem neuen Unterhaltsrecht ein gestufter Übergang bis hin zu einer Vollzeiterwerbstätigkeit möglich (*Senat,* NJW 2008, 3125 = FPR 2008, 509 = FamRZ 2008, 1739 [1748]).
[23] Zugleich hat der Gesetzgeber mit der gesetzlichen Neuregelung des § 1570 BGB dem unterhaltsberechtigten Elternteil die Darlegungs- und Beweislast für die Voraussetzungen einer Verlängerung des Betreuungsunterhalts über die Dauer von drei Jahren hinaus auferlegt (*Senat,* NJW 2008, 3125 = FPR 2008, 509 = FamRZ 2008, 1739 [1748]). Kind- oder elternbezogene Gründe, die zu einer Verlängerung des Betreuungsunterhalts über die Vollendung des dritten Lebensjahres hinaus aus Gründen der Billigkeit führen könnten, sind deswegen vom Unterhaltsberechtigten darzulegen und gegebenenfalls zu beweisen.
[24] 2. Die im Rahmen der Billigkeitsentscheidung zu berücksichtigenden kindbezogenen Verlängerungsgründe finden ihre verfassungsrechtliche Grundlage in Art. 6 II GG, wonach die Pflege und Erziehung der Kinder das natürliche Recht der Eltern und die zuförderst ihnen obliegende Pflicht ist. Da den nichtehelich geborenen Kindern nach Art. 6 V GG durch die Gesetzgebung die gleichen Bedingungen für ihre leibliche und seelische Entwicklung und ihre Stellung in der Gesellschaft zu schaffen sind wie den ehelichen Kindern, sind kindbezogene Verlängerungsgründe bei den Ansprüchen auf nachehelichen Betreuungsunterhalt gem. § 1570 BGB und auf Unterhalt bei Betreuung eines nichtehelich geborenen Kindes gem. § 1615l II BGB gleich zu behandeln. Der Gesetzgeber hat die kindbezogenen Gründe für eine Verlängerung des Betreuungsunterhalts aus Billigkeitsgründen in

2257

§ 1570 I 3 und § 1615 l II 5 BGB deswegen auch wortgleich ausgestaltet. Wegen des verfassungsrechtlich gewährleisteten Schutzes der Kinder sind diese Verlängerungsgründe stets vorrangig zu prüfen und entfalten im Rahmen der Billigkeitsentscheidung das stärkste Gewicht (BT-Dr 16/6980, S. 9; vgl. auch *Dose*, JAmt 2009, 1 [3]).

[25] a) Allerdings hat der Gesetzgeber mit der Neugestaltung des nachehelichen Betreuungsunterhalts in § 1570 BGB für Kinder ab Vollendung des dritten Lebensjahres den Vorrang der persönlichen Betreuung gegenüber anderen kindgerechten Betreuungsmöglichkeiten aufgegeben. Dies ist im Regelfall mit dem Grundrecht aus Art. 6 II GG und dem Kindeswohl vereinbar (*BVerfG*, NJW 2007, 1735 = FamRZ 2007, 965 [969 ff.]; BT-Dr 16/6980, S. 8; *Puls*, FamRZ 1998, 865 [870 f.]; vgl. auch § 10 I Nr. 3 SGB II und § 11 IV 2 bis 4 SGB XII). Dabei hat der Gesetzgeber an die zahlreichen sozialstaatlichen Leistungen und Regelungen angeknüpft, insbesondere an den Anspruch des Kindes auf den Besuch einer Tageseinrichtung (§ 24 I SGB VIII), die den Eltern auch dabei behilflich sein sollen, Erwerbstätigkeit und Kindererziehung besser miteinander vereinbaren zu können (§ 22 II Nr. 3 SGB VIII; BT-Dr 16/6980, S. 8; zur früheren Regelung in § 1615 l II BGB vgl. schon *Senat*, NJW 2006, 2687 = FamRZ 2006, 1362 [1365]).

[26] Die Obliegenheit zur Inanspruchnahme einer kindgerechten Betreuungsmöglichkeit findet erst dort ihre Grenzen, wo die Betreuung nicht mehr mit dem Kindeswohl vereinbar ist, was jedenfalls bei öffentlichen Betreuungseinrichtungen wie Kindergärten, Kindertagesstätten oder Kinderhorten regelmäßig nicht der Fall ist.

[27] b) In dem Umfang, in dem das Kind nach Vollendung des dritten Lebensjahres eine solche Einrichtung besucht oder unter Berücksichtigung der individuellen Verhältnisse besuchen könnte, kann sich der betreuende Elternteil also nicht mehr auf die Notwendigkeit einer persönlichen Betreuung des Kindes berufen. Im Rahmen der Billigkeitsentscheidung über eine Verlängerung des Betreuungsunterhalts ist deswegen stets zunächst der individuelle Umstand zu prüfen, ob und in welchem Umfang die Kindesbetreuung auf andere Weise gesichert ist oder in kindgerechten Einrichtungen gesichert werden könnte (*BVerfG*, NJW 2007, 1735 = FamRZ 2007, 965 [968]; *OLG Celle*, NJW 2008, 1456 = FPR 2008, 318 = FamRZ 2008, 997 [998]; *OLG München*, FamRZ 2008, 1945 = BeckRS 2008, 12076; vgl. auch *Wendl/Pauling*, Das UnterhaltsR in der familienrichterlichen Praxis, 7. Aufl., § 4 Rdnr. 67; *Vieflues*, ZFE 2008, 44 [45]; *Wever*, FamRZ 2008, 553 [555 f.]; *Graba*, FamRZ 2008, 1217 [1221 f.]; *Zimmermann*, FPR 2009, 97 [98]). Auf die Betreuungsbedürftigkeit des Kindes kommt es erst dann nicht mehr an, wenn das Kind ein Alter erreicht hat, in dem es zeitweise sich selbst überlassen werden kann und deswegen auch keiner durchgehenden persönlichen Betreuung durch einen Elternteil bedarf (vgl. *Meier*, FamRZ 2008, 101 [104]).

[28] Soweit demgegenüber in Rechtsprechung und Literatur zu der seit dem 1. 1. 2008 geltenden Fassung des § 1570 BGB abweichende Auffassungen vertreten werden, die an das frühere Altersphasenmodell anknüpfen und eine Verlängerung des Betreuungsunterhalts allein vom Kindesalter abhängig machen (*OLG Köln*, NJW 2008, 2659 = FPR 2008, 455 = FamRZ 2008, 2119 [2129]; *OLG Celle*, FF 2009, 81 [82] = BeckRS 2009, 6833; wohl auch *OLG Jena*, NJW 2008, 3224 = FamRZ 2008, 2203 [2205]; *Wellenhofer*, FamRZ 2007, 1282 [1283]; *Büttner*, FPR 2009, 92 [94] Leitlinien des *OLG Hamm* unter Nr. 17.1.1 = Beil. zu NJW H. 10/2008 = Beil. zu FPR H. 3/2008, S. 50; vgl. dazu *Born*, FPR 2009, 92 [94 ff.]; *Borth*, FamRZ 2008, 1 [6]), sind diese im Hinblick auf den eindeutigen Willen des Gesetzgebers nicht haltbar.

[29] c) Neben der grundsätzlichen Betreuungsbedürftigkeit minderjähriger Kinder können allerdings auch sonstige kindbezogene Gründe, wie zum Beispiel schwere Krankheiten, die im Rahmen einer Betreuung in kindgerechten Einrichtungen nicht aufgefangen werden können, für eine eingeschränkte Erwerbspflicht und damit für eine Verlängerung des Betreuungsunterhalts sprechen. Auch insoweit sind die individuellen Umstände des jeweiligen Falls zu prüfen.

[30] Aus kindbezogenen Gründen ist dem betreuenden Elternteil deswegen eine Erwerbstätigkeit nicht zumutbar, soweit die Betreuung des Kindes unter Berücksichtigung aller Umstände des Einzelfalls nicht hinreichend gesichert ist und auch nicht in kindgerechten Einrichtungen sichergestellt werden könnte und wenn das Kind im Hinblick auf sein Alter auch noch nicht sich selbst überlassen bleiben kann.

[31] 3. Soweit die Betreuung des Kindes auf andere Weise sichergestellt oder in einer kindgerechten Einrichtung möglich ist, können einer Erwerbsobliegenheit des betreuenden Elternteils auch elternbezogene Gründe entgegenstehen (*Senat*, NJW 2008, 3125 = FPR 2008, 509 = FamRZ 2008, 1739 [1748 f.]). Wie sich schon aus der Systematik des § 1570 BGB ergibt, sind elternbezogene Verlängerungsgründe i. S. des § 1570 II BGB allerdings erst nachrangig zu prüfen, soweit nicht schon kindbezogene Gründe einer Erwerbstätigkeit entgegenstehen.

[32] Diese Gründe für eine Verlängerung des Betreuungsunterhalts beruhen auf einer nachehelichen Solidarität. Maßgeblich ist dabei das in der Ehe gewachsene Vertrauen in die vereinbarte oder praktizierte Rollenverteilung und die gemeinsame Ausgestaltung der Kinderbetreuung (BT-Dr 16/6980, S. 9). Die Umstände gewinnen durch das Vertrauen des unterhaltsberechtigten Ehegatten bei längerer

Ehedauer oder bei Aufgabe der Erwerbstätigkeit zur Erziehung des gemeinsamen Kindes weiter an Bedeutung. Insoweit hat der *Senat* bereits ausgeführt, dass die ausgeübte oder verlangte Erwerbstätigkeit neben dem nach der Erziehung und Betreuung in Tageseinrichtungen verbleibenden Anteil an der Betreuung nicht zu einer überobligationsmäßigen Belastung des betreuenden Elternteils führen darf (*Senat*, NJW 2008, 3125 = FPR 2008, 509 = FamRZ 2008, 1739 [1748 f.]), die ihrerseits wiederum negative Auswirkungen auf das Kindeswohl entfalten könnte. Denn selbst wenn ein Kind ganztags in einer kindgerechten Einrichtung betreut und erzogen wird, was dem betreuenden Elternteil grundsätzlich die Möglichkeit zu einer Vollzeittätigkeit einräumen würde, kann sich bei Rückkehr in die Familienwohnung ein weiterer Betreuungsbedarf ergeben, dessen Umfang im Einzelfall unterschiedlich sein kann (vgl. *KG*, NJW 2008, 3793 = FamRZ 2009, 336 [337]). Dann ist eine Prüfung geboten, ob und in welchem Umfang die Erwerbsobliegenheit des unterhaltsberechtigten Elternteils trotz der Vollzeitbetreuung des Kindes noch eingeschränkt ist.

[33] 4. Diesen Vorgaben des neuen Unterhaltsrechts trägt die angefochtene Entscheidung nicht hinreichend Rechnung.

[34] a) Das BerGer. hat bei der Bemessung der Erwerbspflicht der Kl. vorrangig auf das Alter des gemeinsamen Kindes abgestellt und nicht hinreichend berücksichtigt, dass das Kind nach Beendigung der Schulzeit bis 16 Uhr einen Hort aufsucht. Die Beaufsichtigung und Betreuung des Kindes ist deswegen werktäglich bis 16 Uhr sichergestellt. Weil das BerGer. über die pauschale Angabe, das Kind leide unter chronischem Asthma, hinaus keine konkreten Auswirkungen festgestellt hat, sind auch keine Umstände ersichtlich, die zusätzliche Betreuungsleistungen der Kl. in der Zeit bis 16 Uhr erfordern könnten. Andererseits hat das BerGer. auch nicht festgestellt, dass die Kl. als Lehrerin im Falle einer vollschichtigen Erwerbstätigkeit (26 Wochenstunden) über 16 Uhr hinaus berufstätig sein müsste. Kindbezogene Gründe für eine eingeschränkte Erwerbsobliegenheit und somit für eine Verlängerung des Anspruchs auf Betreuungsunterhalt über die Vollendung des dritten Lebensjahres hinaus hat das BerGer. damit nicht festgestellt.

[35] Auch die Billigkeitsabwägung, ob elternbezogene Gründe, insbesondere der Aspekt einer überobligationsmäßigen Beanspruchung durch Erwerbstätigkeit und Kindesbetreuung, zu einer eingeschränkten Erwerbsobliegenheit führen, obliegt grundsätzlich dem Tatrichter und kann vom *Senat* nur auf Rechtsfehler überprüft werden. Zwar mag die Entscheidung des *KG* im Ergebnis gerechtfertigt sein. An den hierzu erforderlichen Feststellungen fehlt es indessen. Denn das BerGer. hat im Rahmen der kindbezogenen Gründe vorrangig auf das Alter des Kindes abgestellt und deswegen schon kindbezogene Verlängerungsgründe angenommen. Mangels tatrichterlicher Feststellungen zum Umfang der zeitlichen Arbeitsbelastung im Rahmen einer Vollzeittätigkeit oder zum Umfang der zusätzlichen Beanspruchung durch die Betreuung des gemeinsamen Kindes nach Beendigung der Hortbetreuung kann der *Senat* nicht abschließend entscheiden. Das angefochtene Urteil ist aufzuheben und der Rechtsstreit ist an das BerGer. zurückzuverweisen (§ 563 I ZPO).

(Befristung und Begrenzung des Betreuungsunterhalts)
[40] 2. Eine Begrenzung des Unterhaltsanspruchs der Kl. hat das BerGer. gegenwärtig noch zu Recht abgelehnt.

[41] a) Eine Befristung des Betreuungsunterhalts ist jedenfalls nicht schon nach der Systematik des § 1570 BGB geboten. Danach steht dem betreuenden Elternteil ein Anspruch auf Betreuungsunterhalt für mindestens drei Jahre nach der Geburt mit Verlängerungsmöglichkeit aus kind- und elternbezogenen Gründen zu. Der Betreuungsunterhalt während der ersten drei Lebensjahre des Kindes und ein daran anschließender weiterer Betreuungsunterhalt bilden somit einen einheitlichen Unterhaltsanspruch (BT-Dr 16/6980, S. 9; vgl. auch *Dose*, JAmt 2009, 1 [4 f.]). Nur dann, wenn im Zeitpunkt der Entscheidung für die Zeit nach Vollendung des dritten Lebensjahres absehbar keine kind- oder elternbezogenen Verlängerungsgründe mehr vorliegen, ist ein künftiger Betreuungsunterhalt abzuweisen (*Borth*, UÄndG, 2008, Rdnr. 83).

[42] b) Eine Befristung des Betreuungsunterhalts nach § 1578 b BGB scheidet schon deswegen aus, weil § 1570 BGB in der seit dem 1. 1. 2008 geltenden Fassung insoweit eine Sonderregelung für die Billigkeitsabwägung enthält. Nach Vollendung des dritten Lebensjahres steht dem betreuenden Elternteil nur noch Betreuungsunterhalt nach Billigkeit zu (§ 1570 I 2 BGB). Im Rahmen dieser Billigkeitsabwägung sind aber bereits alle kind- und elternbezogenen Umstände des Einzelfalls zu berücksichtigen. Wenn sie zu dem Ergebnis führt, dass der Betreuungsunterhalt über die Vollendung des dritten Lebensjahres hinaus wenigstens teilweise fortdauert, können dieselben Gründe nicht zu einer Befristung im Rahmen der Billigkeit nach § 1578 b BGB führen (*Schwab*, FamRZ 2005, 1417 [1419]; *Borth*, Rdnr. 155; *Peschel-Gutzeit*, UnterhaltsR aktuell, 2008, Rdnr. 57; *Viefhues/Mleczko*, Das neue UnterhaltsR, 2008, Rdnr. 335; Palandt/Brudermüller, BGB, 68. Aufl., § 1578 b Rdnr. 5).

[43] c) Soweit nach bisheriger Rechtsprechung des *Senats* hier neben einem Anspruch der Kl. auf Betreuungsunterhalt noch ein Anspruch auf Aufstockungsunterhalt in Betracht kommen sollte (vgl. insoweit *Senat*, NJW 2009, 989 = FPR 2009, 128 = FamRZ 2009, 406 [407 f.] [zu § 1572 BGB];

NJW 1999, 1547 = FamRZ 1999, 708 [709] [zu § 1571 BGB]; NJW 1990, 1847 = FamRZ 1990, 492 [493 f.] [zu § 1570 BGB]; so auch *Eschenbruch/Klinkhammer*, Der Unterhaltsprozess, 5. Aufl., Kap. 1 Rdnrn. 423 ff.; a. A. für das seit dem 1. 1. 2008 geltende Unterhaltsrecht *Wendl/Pauling*, § 4 Rdnr. 76 und *Gerhardt*, in: Hdb. des Fachanwalts FamilienR, 6. Aufl., 6. Kap. Rdnr. 355; vgl. auch OLG Celle, NJW 2008, 3575 = FamRZ 2008, 1449 [1450]), scheidet eine Befristung schon mangels hinreichend klarer Prognose über den Umfang einer künftigen Erwerbsobliegenheit aus. Einer Befristung dieses Anspruchs steht aber auch entgegen, dass nach den Feststellungen des BerGer. gegenwärtig nicht hinreichend sicher absehbar ist, ob die Kl. infolge der Kindererziehung ehebedingte Nachteile erlitten hat oder noch erleiden wird.

[44] d) Zu Recht hat das BerGer. hier auch noch eine Begrenzung des Unterhaltsanspruchs der Kl. der Höhe nach – vom eheangemessenen Unterhalt nach § 1578 I BGB auf einen angemessenen Unterhalt nach ihrer eigenen Lebensstellung – abgelehnt. Zwar kommt eine solche Begrenzung grundsätzlich auch dann in Betracht, wenn wegen der noch fortdauernden Kindesbetreuung eine Befristung des Betreuungsunterhalts entfällt (*Graba*, FamRZ 2008, 1217 [1222]). Besonders in Fällen, in denen der Unterhaltsbedarf nach den ehelichen Lebensverhältnissen gem. § 1578 I BGB erheblich über den angemessenen Unterhalt nach der eigenen Lebensstellung des Unterhaltsberechtigten hinausgeht, kommt eine Kürzung bis auf den eigenen angemessenen Unterhalt in Betracht. Das setzt allerdings voraus, dass die notwendige Erziehung und Betreuung des gemeinsamen Kindes trotz des abgesenkten Unterhaltsbedarfs sichergestellt und das Kindeswohl auch sonst nicht beeinträchtigt ist, während eine fortdauernde Teilhabe des betreuenden Elternteils an den abgeleiteten Lebensverhältnissen während der Ehe unbillig erscheint (vgl. *KG*, NJW 2008, 3793 = FamRZ 2009, 336 [337]). Soweit das BerGer. hier eine Beschränkung des Unterhaltsanspruchs der Kl. aus Billigkeitsgründen abgelehnt hat, weil der Umfang eventueller ehebedingter Nachteile noch nicht hinreichend feststehe, ist dagegen aus revisionsrechtlicher Sicht nichts zu erinnern.

BGH v. 27. 5. 2009 – XII ZR 78/08 – FamRZ 2009, 1300 = NJW 2009, 2523

(Wohnvorteil bei zwei Wohnungen)

a [22] b) Die Einkommensermittlung zu den dem Ast. zugerechneten Wohnvorteilen bedarf im Hinblick auf die Ermittlung des Wohnwerts der Korrektur, während die vom BerGer. vorgenommene rechtliche Einordnung der verbrauchsunabhängigen Kosten nicht zu beanstanden ist.

[23] aa) Das BerGer. hat dem Ast. Wohnvorteile für das von ihm genutzte Familienheim (875 Euro) und auch für die Eigentumswohnung in B. (450 Euro) zugerechnet, die sich insgesamt auf monatlich 1325 Euro belaufen. Dagegen beruft sich die Revision darauf, dass die Parteien sich hinsichtlich des Familienheims auf eine Veräußerung geeinigt hätten. Der Ast. habe nun seinen Wohnschwerpunkt nach B. verlegt und betreue und versorge das Haus in N. lediglich weiter. Es sei nicht sachgerecht, einen entsprechenden Wohnvorteil weiterhin in Ansatz zu bringen. Im Hinblick auf die von den Parteien abgesprochene Veräußerung komme auch eine Erzielung von Mieteinkünften nicht in Betracht. Diese Rüge hat im Ergebnis Erfolg.

[24] Mit dem BerGer. ist allerdings davon auszugehen, dass der Vorteil des mietfreien Wohnens als Vermögensertrag unterhaltsrechtlich zu berücksichtigen ist und dies jedenfalls im Grundsatz auch dann zu gelten hat, wenn im Eigentum des Unterhaltsschuldners zwei Wohnungen vorhanden sind. Denn auch in diesem Fall zieht der Unterhaltsschuldner entsprechende Nutzungen. Für die Nutzungen kommt es auf den konkreten (auch zeitlichen) Umfang des persönlichen Gebrauchs nicht entscheidend an. Die Zurechnung von Nutzungen scheitert also nicht schon daran, dass dem Unterhaltsschuldner als alleinigem Nutzer des Familienheims auch noch eine andere Wohnung zur Verfügung steht, selbst wenn er sich dort überwiegend aufhält.

[25] Allerdings kann hier entgegen der Auffassung des BerGer. nicht der volle Wohnwert veranschlagt werden. Nach der Rechtsprechung des *Senats* ist von der Berücksichtigung des vollen Wohnwerts dann abzusehen, wenn die Wohnung gemessen an den Einkommensverhältnissen der Eheleute zu groß ist oder eine Pflicht zur Verwertung des Wohneigentums (noch) nicht besteht (*Senat*, NJW 2008, 1946 = FPR 2008, 384 = FamRZ 2008, 963 [965]; BGHZ 154, 247 [254] = NJW 2003, 2306 = FPR 2003, 499 = FamRZ 2003, 1179 [1182] m. w. Nachw.; *Hahne*, FF 1999, 99 [100]). Das muss aber auch dann gelten, wenn – wie im vorliegenden Fall – ein Ehegatte (Mit-)Eigentümer mehrerer Objekte ist und ihm die anderweitige Verwertung eines Objekts (noch) nicht möglich oder nicht zumutbar ist. Auch dann kommt der Wohnwert zunächst noch nicht in vollem Umfang zum Tragen. Die Zurechnung des vollen Wohnwerts setzt dann voraus, dass von dem die Wohnung nutzenden Ehegatten verlangt werden kann, dass er die Wohnung durch (teilweise) Vermietung oder Veräußerung anderweitig verwertet.

[26] Unter den Umständen des vorliegenden Falls ist die Zurechnung des vollen Wohnwerts im Hinblick auf das Einfamilienhaus in N. nicht gerechtfertigt. Der Ast. nutzt das Haus in Anbetracht seiner beruflichen Tätigkeit in B. und der dort zusätzlich zur Verfügung stehenden (und unterhalts-

Anhang R. Rechtsprechung   R705

rechtlich berücksichtigten) Eigentumswohnung nur eingeschränkt. Das Einfamilienhaus ist daher für ihn ebenso wie eine einzelne, aber gemessen an den sonstigen Verhältnissen zu große Wohnung teilweise „totes Kapital".

[27] Auch dass das Einfamilienhaus bislang nicht veräußert worden ist, rechtfertigt die Zurechnung des vollen Wohnvorteils nicht. Denn das Hausgrundstück steht im Miteigentum beider Parteien. Auch nach der Scheidung fällt also die Verwertung der Immobilie in ihre gemeinschaftliche Rechtszuständigkeit. Dementsprechend haben sie eine Einigung erzielt, das Hausgrundstück zu veräußern. Dass die bislang unterbliebene Veräußerung etwa auf dem (alleinigen) Verschulden des Ast. beruht, ist vom BerGer. nicht festgestellt worden. Die Revision macht vor diesem Hintergrund zu Recht geltend, dass dem Ast. – abgesehen von der notwendigen Mitwirkung der Ag. – auch eine zwischenzeitliche Vermietung des Hausgrundstücks nicht zumutbar ist.

[28] Das hat zur Folge, dass dem Ast. – neben dem Wohnwert seiner Eigentumswohnung in B. – im Hinblick auf das Einfamilienhaus in N. an Stelle des vollen Wohnwerts nur ein angemessener Wohnwert zuzurechnen ist. Dieser bemisst sich nach dem Mietzins, den er für eine seinen persönlichen Verhältnissen entsprechende kleinere zusätzliche Wohnung in N. zahlen müsste (vgl. *Dose*, JAmt 2009, 57 [59]; *Finke*, FPR 2008, 94 [95]). Hierzu fehlt es an den erforderlichen Feststellungen des BerGer.

(Reduzierung des Wohnvorteils um nicht umlagefähige Nebenkosten)

[29] bb) Das BerGer. hat die vom Ast. als Abzugsposten geltend gemachten verbrauchsunabhängigen   b
Nebenkosten (Grundsteuer und Gebäudeversicherungsbeiträge) nicht anerkannt. In Abzug zu bringen seien nur die nach § 27 I der 2. Berechnungsverordnung umlagefähigen Kosten, also solche Kosten, mit denen ein Mieter üblicherweise nicht belastet werde. Grundsteuer und Gebäudeversicherungsbeiträge zählten dagegen zu den Kosten, die üblicherweise auf Mieter umgelegt würden.

[30] Das ist revisionsrechtlich nicht zu beanstanden. Der Wert der in dem Wohnvorteil liegenden Nutzungen nach § 100 BGB ist nach ständiger Rechtsprechung des *Senats* nach dem ortsüblichen Mietwert zu bemessen und entspricht – abgesehen von Korrekturen im Rahmen der Angemessenheitsbetrachtung – den Kosten, die der Eigentümer gegenüber einem Mieter erspart (*Senat*, NJW 2008, 1946 = FPR 2008, 384 = FamRZ 2008, 963 [965]; st. Rspr. seit *Senat*, FamRZ 1985, 354 [356]; *Dose*, JAmt 2009, 57 [58]). Demzufolge bleiben alle Kosten, die ein Mieter neben der Grundmiete gesondert zu tragen hat, bei der Ermittlung des nach der Grundmiete bemessenen Wohnwerts außer Betracht.

[31] Allerdings hat der *Senat* in seiner bisherigen Rechtsprechung regelmäßig verbrauchsunabhängige Kosten im Gegensatz zu verbrauchsabhängigen Kosten als in diesem Sinne abzugsfähig aufgeführt (*Senat*, NJW 2000, 284 = FamRZ 2000, 351 [354] m. Anm. *Quack*, FamRZ 2000, 665; NJW 1998, 2821 = FamRZ 1998, 899 [901]; NJW 2008, 1946 = FPR 2008, 384 = FamRZ 2008, 963 [965]; NJW 2007, 1974 = FamRZ 2007, 879 [880] m. w. Nachw.).

[32] Diese Unterscheidung ist in Rechtsprechung und Literatur angezweifelt worden (*OLG Hamm*, FamRZ 2003, 460 L; *OLG Düsseldorf*, NJW-RR 2008, 672 = FamRZ 2008, 895; Leitlinien des *OLG Düsseldorf* unter Nr. 5 und des *OLG Hamm* unter Nr. 5.2; *Wendl/Gerhardt*, Das UnterhaltsR in der familienrichterlichen Praxis, 7. Aufl., § 1 Rdnr. 337; *Quack*, FamRZ 2000, 665; differenzierend *Wohlgemuth*, in: *Eschenbruch/Klinkhammer*, Der Unterhaltsprozess, 5. Aufl., Kap. 6. Rdnr. 258; vgl. auch *Finke*, FPR 2008, 94 [95]).

[33] Der *Senat* hält an der generellen Unterscheidung nach der Verbrauchsabhängigkeit der Kosten nicht fest. Denn diese Abgrenzung kann nicht länger als übliche mietvertragliche Praxis angenommen werden (vgl. auch *Senat*, BGHZ 178, 16 [32] = NJW 2009, 1266). Sie folgt auch nicht aus der mietrechtlichen Rechtslage. Ob mit dem Eigentum verbundene Kosten allein von einem Eigentümer und nicht von einem Mieter getragen werden, lässt sich stattdessen verlässlicher danach beurteilen, ob die Kosten auf einen Mieter umgelegt werden können.

[34] Nach § 556 I 1 BGB können die Parteien vereinbaren, dass der Mieter Betriebskosten trägt. Betriebskosten sind die Kosten, die dem Eigentümer durch das Eigentum am Grundstück oder durch den bestimmungsmäßigen Gebrauch des Gebäudes, der Nebengebäude, Anlagen, Einrichtungen und des Grundstücks laufend entstehen (§ 556 I 2 BGB). Für die Aufstellung der Betriebskosten gilt (seit dem 1. 1. 2004) die Betriebskostenverordnung (BetrKV) vom 25. 11. 2003 (§ 556 I 3 BGB). Nicht umlagefähig sind danach etwa Kosten der Verwaltung und Instandhaltungskosten (§ 1 II BetrKV), während die Grundsteuer (§ 2 I Nr. 1 BetrKV) und die Kosten der Sach- und Haftpflichtversicherung (§ 2 I Nr. 13 BetrKV) umlagefähig sind.

[35] Die Feststellung, ob bestimmte umlagefähige Kosten üblicherweise auf den Mieter umgelegt werden, ist Aufgabe der Tatsacheninstanzen und hängt von den örtlichen Gepflogenheiten ab. Dabei begegnet es allerdings keinen Bedenken, wenn von dem Regelfall ausgegangen wird, dass die Vermieter die gesetzlichen Möglichkeiten ausschöpfen und die nach §§ 1, 2 BetrKV umlagefähigen Kosten in der Praxis auf die Mieter umgelegt werden. Zu prüfen ist dann nur noch, ob die fraglichen Kosten etwa schon in die ortsübliche Grundmiete eingerechnet sind (vgl. *Finke*, FPR 2008, 94 [95]). Das ist allerdings bei der so genannten Netto-Kaltmiete (oder Nettomiete), die regelmäßig den örtlichen

2261

Mietspiegeln nach §§ 558 c, 558 II BGB zu Grunde liegt, nicht der Fall. Denn diese versteht sich im Gegensatz zur (Teil-)Inklusivmiete als Miete ohne alle Betriebskosten nach § 556 I BGB (vgl. *BGH*, NJW 2008, 848).

[36] Daran gemessen ist es nicht zu beanstanden, wenn das BerGer. – übereinstimmend mit dem *AG* – davon ausgegangen ist, dass die Grundsteuer und die Versicherungsbeiträge üblicherweise auf Mieter umgelegt werden. Allerdings können sich die Kosten im Einzelfall als teilweise überflüssig erweisen, wenn und soweit ihnen – wie im vorliegenden Fall – kein adäquater Wohnwert gegenüber steht. Insbesondere wenn der Ehegatte die Kosten dann auch im Interesse des anderen Ehegatten weiter aufbringt, kann ein teilweiser Abzug gerechtfertigt sein.

(Abzug des Zahlbetrags auf den Kindesunterhalt)

c [45] b) Das BerGer. hat ferner den Kindesunterhalt für die drei Kinder jeweils mit dem Zahlbetrag in Abzug gebracht. Auch das ist nicht zu beanstanden.

[46] aa) Die Frage, mit welchem Betrag der Vorabzug des Kindesunterhalts bei der Ermittlung des Ehegattenunterhalts nach Einkommensquoten durchzuführen ist, entweder mit dem Bedarfsbetrag nach der Düsseldorfer Tabelle (Tabellenbetrag) oder mit dem um das (anteilige) Kindergeld nach § 1612 b BGB bereinigten Betrag (Zahlbetrag), ist allerdings umstritten. Der *Senat* hat zum Volljährigenunterhalt mehrfach im zuletzt genannten Sinne entschieden (*Senat*, BGHZ 164, 375 [382 f.] = NJW 2006, 57 = FamRZ 2006, 99 [101 f.]; NJW 2008, 1946 = FPR 2008, 384 = FamRZ 2008, 963; NJW 2008, 3635 = FPR 2008, 634 = FamRZ 2008, 2104 [2107]).

[47] Für den Minderjährigenunterhalt wird dagegen von Teilen der Rechtsprechung und Literatur die Ansicht vertreten, es müsse der Tabellenbetrag abgezogen werden (*OLG Düsseldorf* [7. *FamS*], FamRZ 2009, 338 = BeckRS 2008, 21320; *Schürmann*, FamRZ 2008, 313 [324]; *Maurer*, FamRZ 2008, 1985 [1991]; ders., FamRZ 2008, 2157 [2161], jew. m. w. Nachw.; vgl. auch *OLG Frankfurt a. M.*, NJW-RR 2009, 2), während die überwiegende Auffassung davon ausgeht, dass auch hier der Zahlbetrag abzuziehen ist (*OLG Düsseldorf* [2. *FamS*], FamRZ 2008, 1254, Rdnr. 98; *OLG Düsseldorf* [6. *FamS*], BeckRS 2008, 17153; *OLG Hamm* [2. *FamS*], NJW-RR 2008, 882 = FamRZ 2008, 893; *OLG Hamm* [8. *FamS*], FamRZ 2008, 1446 [1448] = BeckRS 2008, 16251; *OLG Celle*, NJW 2008, 1456 = FPR 2008, 318 = FamRZ 2008, 997; *OLG Bremen*, NJW 2009, 925 = FPR 2009, 181; *Scholz*, FamRZ 2007, 2021 [2028]; ders., in: *Wendl/Staudigl*, § 2 Rdnr. 510; *Büttner*, FamRZ 2008, 967; *Borth*, UÄndG, 2008, Rdnr. 341 [mit verfassungsrechtlichen Bedenken]; *Dose*, FamRZ 2007, 1289 [1292 f.]; *Gerhardt*, FamRZ 2007, 945 [948]; *Klinkhammer*, FamRZ 2008, 193 [199]; Düsseldorfer Tabelle Anm. B.III).

[48] bb) Die Streitfrage ist im Sinne der überwiegenden Auffassung zu entscheiden. Dafür ist ausschlaggebend, dass sich seit dem 1. 1. 2008 die Methode der Kindergeldanrechnung gem. § 1612 b I BGB geändert hat, was sich auch auf die Bedarfsermittlung nach § 1578 I BGB niederschlägt.

[49] Bei der Ermittlung des Bedarfs nach § 1578 I 1 BGB kommt es auf die wirtschaftlichen Verhältnisse der – geschiedenen – Ehegatten an. Diese werden durch bestehende Unterhaltspflichten gegenüber Kindern beeinflusst, weil diese das für die Lebensführung der Ehegatten verfügbare Einkommen schmälern.

[50] Die Bezifferung des Kindesunterhalts ist somit eine Vorfrage der Bedarfsermittlung nach § 1578 I BGB, die nach §§ 1601 ff. BGB zu beurteilen ist. Aus § 1612 b BGB ergibt sich, in welcher Weise das Kindergeld zu berücksichtigen ist. Nach § 1612 b I 1 BGB in der seit dem 1. 1. 2008 durch das Unterhaltsrechtsänderungsgesetz (UÄndG) vom 21. 12. 2007 (BGBl I, 3189) geänderten Gesetzesfassung ist das auf das Kind entfallende Kindergeld zur Deckung seines Barbedarfs zu verwenden, und zwar nach § 1612 b I 1 Nr. 1 BGB zur Hälfte, wenn ein Elternteil seine Unterhaltspflicht durch Betreuung des Kindes erfüllt (§ 1606 III 2 BGB). In diesem Umfang mindert es den Barbedarf des Kindes (§ 1612 b I 2 BGB). Die bedarfsmindernde Wirkung stellt das (anteilige) Kindergeld damit im Gegensatz zur vorausgegangenen Rechtslage, nach der das Kindergeld „anzurechnen" war (§ 1612 b I BGB a. F.), eigenem Einkommen des Kindes gleich (*Wendl/Scholz*, § 2 Rdnr. 510). Notwendige Folge dieser Gleichstellung ist, dass auch bei der Bemessung des Ehegattenunterhalts nur der nach bedarfsdeckender Anrechnung des Kindergeldes verbleibende Unterhaltsanspruch, also der Zahlbetrag, vom Einkommen des Unterhaltspflichtigen abzuziehen ist. Denn nur insoweit wird das für den Ehegattenunterhalt verfügbare Einkommen des Unterhaltspflichtigen geschmälert.

[51] Der Vorwegabzug des Zahlbetrags entspricht nach dem Regierungsentwurf zum Unterhaltsrechtsänderungsgesetz, der im parlamentarischen Verfahren insoweit nicht in Frage gestellt worden ist, der Absicht des Gesetzgebers. Nach der Begründung des Gesetzentwurfs sollte der bisherige § 1612 b BGB durch eine Neukonzeption der Vorschrift ersetzt werden. An die Stelle der bisherigen Anrechnung des Kindergelds auf den Baruntersuchungsanspruch des Kindes sollte der bedarfsmindernde Vorwegabzug des Kindergelds treten (BT-Dr 16/1830, S. 28). Die Entwurfsbegründung weist darauf hin, dass nach § 1612 b I BGB n. F. von der zur Verteilung anstehenden Masse ein geringerer Anteil für den Kindesunterhalt erforderlich ist und ein entsprechend höherer Anteil für die nachrangigen Unterhaltsberechtig-

ten, etwa für den betreuenden Elternteil zur Verfügung steht (BT-Dr 16/1830, S. 29). Dass sich die Gesetzesbegründung vorwiegend auf den (Mangel-)Fall bezieht, dass die Leistungsfähigkeit des Unterhaltspflichtigen zwar für den vorrangigen Kindesunterhalt, nicht aber für den Ehegattenunterhalt ausreicht, ist nicht ausschlaggebend. Denn auch die Bedarfsermittlung beim Ehegattenunterhalt orientiert sich an der wirtschaftlichen Leistungsfähigkeit der Ehegatten, und die Unterhaltsberechnung nach Quoten geht davon aus, dass das gesamte Einkommen der Ehegatten für den Unterhalt zu verwenden ist. Eine gesteigerte Unterhaltspflicht, die wie nach § 1603 II BGB ansonsten eine unterschiedliche Heranziehung des Einkommens im Mangelfall begründen könnte, besteht beim Ehegattenunterhalt nicht.

[52] Gegenüber der früheren Rechtslage (dazu *Senat*, NJW 1997, 1919 = FamRZ 1997, 806 [807]; NJW 2000, 3140 = FamRZ 2000, 1492 [1494]; NJW 1987, 58 = FamRZ 1986, 783 [786]) hat sich demnach die Art und Weise der Kindergeldanrechnung grundlegend verändert. Da der Abzug des Zahlbetrags statt des Tabellenbetrags danach sowohl vom Wortlaut des Gesetzes als auch von der ausdrücklichen Absicht des Gesetzgebers gefordert wird, sind die Gerichte daran gebunden (zutreffend *Wendl/Scholz*, § 2 Rdnr. 510). Die Gerichte sind also auch nicht befugt, an die Stelle des verbindlichen Gesetzesrechts ihre eigenen Vorstellungen von einer gerechten Aufteilung des Kindergeldes zu setzen.

[53] Es kann daher insbesondere nicht damit argumentiert werden, durch den Abzug des Zahlbetrags werde der (steuer- und sozialrechtliche) Kindergeldausgleich gem. § 1612b BGB verfälscht, weil der Barunterhaltspflichtige einen Anteil der ihm zustehenden Kindergeldhälfte als Ehegattenunterhalt auskehren müsse (so aber *OLG Düsseldorf* [7. *FamS*], FamRZ 2009, 338 = BeckRS 2008, 21320). Der vorliegende Fall verdeutlicht überdies, dass diese Auffassung zu Differenzierungen zwingen würde, die dem vom UÄndG verfolgten Vereinfachungsgedanken zuwiderliefen. Denn beim Unterhalt für den nicht aus der Ehe der Parteien stammenden Sohn F wäre im Verhältnis der Parteien der Kindergeldausgleich nicht berührt. Die Folge wäre, dass bei den Kindern aus der Ehe der Parteien mit dem Tabellenbetrag, beim Sohn F dagegen mit dem Zahlbetrag gerechnet werden müsste, wie es schon für die frühere Rechtslage vereinzelt vertreten wurde (*Soyka*, Die Berechnung des Ehegattenunterhalts, 2. Aufl., Rdnr. 165). Die dagegen nach früherem Recht auch in diesem Fall konsequent praktizierte Berechnung mit dem Tabellenunterhalt (*Senat*, NJW 2000, 3140 = FamRZ 2000, 1492 [1494]) entspräche wiederum nicht mehr der vom UÄndG ausdrücklich verfolgten Zielsetzung. Danach soll das in Folge der nunmehr bedarfsdeckenden Anrechnung des Kindergelds freiwerdende Einkommen auch im Verhältnis von Erst- und Zweitfamilie für den Unterhalt nachrangig Berechtigter zur Verfügung stehen (BT-Dr 16/1830, S. 29). Somit kann auch abgesehen von der Kindergeldverteilung zwischen den Eltern nicht (mehr) allein aus dem mit dem Kindergeld verfolgten Zweck der Unterhaltsentlastung gefolgert werden, dass das durch die Kindergeldanrechnung freiwerdende Einkommen dem Unterhaltspflichtigen im Rahmen des Ehegattenunterhalts ungekürzt verbleiben müsse.

[54] cc) Die gesetzliche Regelung ist nicht wegen Verstoßes gegen Art. 3 I GG verfassungswidrig. Bereits nach der bis zum 31. 12. 2007 geltenden Regelung in § 1612b V BGB (a. F.) wurde der Kindergeldanteil des barunterhaltspflichtigen Elternteils zur Deckung des Existenzminimums des Kindes herangezogen, während der Anteil des betreuenden Elternteils davon verschont blieb. Das BVerfG hat diese ungleiche Heranziehung der Kindergeldanteile in seinem Beschluss vom 9. 4. 2003 (BVerfGE 108, 52 = NJW 2003, 2733 = FamRZ 2003, 1370 [1375f.]) als sachlich gerechtfertigt gebilligt und einen Verstoß gegen Art. 3 I GG verneint. Zwar hatte sich das BVerfG nur mit der Vorschrift des § 1612b V BGB (a. F.) zu befassen, deren Aufgabe (nur) die Sicherung des Existenzminimums war. Die Neuregelung des § 1612b I BGB im Ergebnis zu einer weitergehenden Heranziehung des Kindergelds über den Ehegattenunterhalt führt. Aber auch die Anwendung des § 1612b V BGB (a. F.) konnte schon zu dem Ergebnis führen, dass durch die Heranziehung des dem barunterhaltspflichtigen Elternteil zustehenden Kindergeldanteils das Existenzminimum des Kindes gesichert war, während dem betreuenden Elternteil sein ungekürzter Kindergeldanteil verblieb. Demnach stand es dem Gesetzgeber nach der Verfassung aber ebenfalls frei, das zu berücksichtigende Kindergeld generell als Einkommen des Kindes anzusehen und es zur Deckung des Unterhaltsbedarfs des Kindes heranzuziehen. Dass damit der nunmehr nachrangige Ehegattenunterhalt – als teilweise Kompensation des Nachrangs (vgl. BT-Dr 16/1830, S. 29) – teilweise erhöht worden ist, ist nicht sachwidrig.

[55] Bei der verfassungsrechtlichen Bewertung der bewussten gesetzgeberischen Entscheidung kann schon nicht als Regelfall unterstellt werden, dass der betreuende Elternteil seinen Kindergeldanteil etwa vollständig für eigene Zwecke verbraucht. Die alltägliche Kindesbetreuung stellt bekanntlich vielfältige Anforderungen, die auch mit diversen Kosten verbunden sind (z. B. Eintrittsgelder, Fahrten zu Kindergarten, Schule und Sportveranstaltungen, gelegentliche Reitunterrichte, Karussell auf der Kirmes etc.), welche nicht – wie etwa Kindergartenkosten – als Mehr- oder Sonderbedarf des Kindes unterhaltsrechtlich geltend gemacht werden können. Für die Beurteilung, ob die gesetzliche Differenzierung sachgemäß ist, kann demnach jedenfalls nicht die praktische Erfahrung außer Acht gelassen werden, dass auch der betreuende Elternteil seinen Kindergeldanteil ganz oder teilweise zu Gunsten seines Kindes verwendet, wobei eine dies etwa verbindlich anordnende gesetzliche Regelung schon wegen der Verschiedenartigkeit von Bar- und Betreuungsbedarf nicht in Frage gekommen wäre.

[56] Dass das Unterhaltsrecht insoweit das Kindergeld nicht in dem gleichen Umfang heranzieht wie das Sozialrecht (so zutreffend *Schürmann*, FamRZ 2008, 313 [324]), macht die gesetzliche Regelung noch nicht verfassungswidrig. Auch das Steuerrecht trifft schließlich nur eine Entscheidung darüber, wie das Einkommen zu besteuern ist und dass das Kindergeld den Eltern als Steuervergütung (oder Sozialleistung) hälftig zugute kommen muss, wobei sich schon die Freibeträge nach § 32 VI EStG und die hälftige Kindergeldverteilung nicht entsprechen. Darüber hinaus regelt es ebenso wie bei der Einkommensentlastung durch die Freibeträge nach § 32 VI EStG aber nicht die Verwendung des dadurch freigewordenen Einkommens (vgl. *Borth*, Rdnr. 341), so dass es dem Unterhaltsgesetzgeber unbenommen war, das freigewordene Einkommen als für den Ehegattenunterhalt einsetzbar zu erklären und dies durch die bedarfsdeckende Verwendung des Kindergelds in § 1612b I BGB zum Ausdruck zu bringen.

[57] Dass dem barunterhaltspflichtigen Elternteil infolge des teilweisen Verbrauchs des Kindergelds weniger Spielraum, etwa für Umgangskosten, verbleibt, ist anderweitig zu berücksichtigen, etwa durch einen – teilweisen – Abzug der Umgangskosten vom Einkommen oder eine Erhöhung des (Ehegatten-)Selbstbehalts (vgl. *Senat*, NJW 2005, 1493 = FamRZ 2005, 706 [708]; NJW 2008, 1373 = FPR 2008, 172 = FamRZ 2008, 594 [599]; *Wendl/Klinkhammer*, § 2 Rdnr. 169).

BGH v. 17. 6. 2009 – XII ZR 102/08 – FamRZ 2009, 1391 = NJW 2009, 2592

R706 *(Zusätzliche Altersvorsorge eines Beamten)*

a [38] bb) Im Ansatz zutreffend hat das BerGer. weiter berücksichtigt, dass nach der Rechtsprechung des *Senats* auch der Unterhaltspflichtige als Beamter neben der gesetzlichen Altersversorgung eine zusätzliche Altersvorsorge betreiben darf. Für die Berücksichtigung der zusätzlichen Altersvorsorge kommt es nicht darauf an, ob eine solche bereits während der Ehezeit betrieben wurde; entscheidend ist allein, dass Beiträge für eine zusätzliche Altersvorsorge in dem unterhaltsrelevanten Zeitraum geleistet werden (*Senat*, NJW 2009, 2450).

[39] Um eine unangemessene Vermögensbildung zu Lasten der Unterhaltsansprüche des Berechtigten zu verhindern, ist die zusätzliche Altersvorsorge aus unterhaltsrechtlicher Sicht allerdings auf 4% des Bruttoeinkommens begrenzt (*Senat*, BGHZ 163, 84 [97] ff. = NJW 2005, 3277 = FamRZ 2005, 1817 [1821 f.]; und BGHZ 171, 206 [216] = NJW 2007, 1961 = FamRZ 2007, 793 [795]). Dies hat das BerGer. zwar erkannt, aber nicht auf den Fall umgesetzt. Denn es hat mit den Beiträgen des Ast. auf seine Lebensversicherungen einen Betrag in Höhe von insgesamt (166,67 Euro + 55,20 Euro =) 221,87 Euro monatlich abgesetzt. Der Höchstbetrag von 4% beläuft sich bei dem vom BerGer. festgestellten Bruttoeinkommen des Ast. von 48578,37 Euro allerdings auf lediglich 162 Euro monatlich. Nur diesen Betrag hätte das *OLG* zusätzlich vom Einkommen des Ast. abziehen dürfen.

(Kosten der Ausübung des Umgangsrechts)

b [40] cc) Soweit das *OLG* vom Einkommen des unterhaltspflichtigen Ast. Kosten für die Ausübung des Umgangsrechts mit dem gemeinsamen Kind in Höhe von monatlich 30 Euro abgesetzt hat, ist dies aus revisionsrechtlicher Sicht nicht zu beanstanden.

[41] Seit dem Inkrafttreten der gesetzlichen Neuregelung in § 1612b BGB zum 1. 1. 2008 mindert das hälftige Kindergeld den Barbedarf des minderjährigen Kindes und entlastet in diesem Umfang den barunterhaltspflichtigen Elternteil (§ 1612b I 2 BGB). Diese Entlastung ist bei einer anschließenden Bemessung des nachehelichen Unterhalts auf die Weise zu berücksichtigen, dass als Kindesunterhalt nur noch der Zahlbetrag abgesetzt werden kann (vgl. *Senat*, NJW 2009, 2523 mit Anm. *Born*). Die Entlastung der Barunterhaltspflicht gegenüber minderjährigen Kindern durch das hälftige Kindergeld (§ 1612b I 1 Nr. 1 BGB) kann sich deswegen im Rahmen eines Anspruchs auf Ehegattenunterhalt auf bis zu (164 : 2 x 55% =) 45,10 Euro vermindern. Kosten der Ausübung des Umgangsrechts, die deutlich über den verbleibenden Anteil hinausgehen, können nach der Rspr. des *Senats* durch einen – teilweisen – Abzug vom Einkommen oder eine Erhöhung des Ehegattenselbstbehalts berücksichtigt werden (vgl. *Senat*, NJW 2005, 1493 = FamRZ 2005, 706 [708]; und NJW 2008, 1373 = FamRZ 2008, 594 [599]), sowie *Wendl/Klinkhammer*, Das UnterhaltsR in der familienrichterlichen Praxis, 7. Aufl., § 2 Rdnr. 169).

[42] Hier hat das *OLG* zu Recht berücksichtigt, dass die Ag. nach der Trennung mit dem Kind nach M. verzogen ist und der Ast. deswegen zur Ausübung seines 14-tägigen Umgangsrechts mehrere Hundert Kilometer fahren muss. Wenn das BerGer. auf der Grundlage dieses Sachverhalts einen Teil der Umgangskosten von 30 Euro monatlich vom Einkommen des Ast. abgesetzt hat, hält sich dies im Rahmen der Rspr. des *Senats*.

BGH v. 18. 11. 2009 – XII ZR 65/09 – FamRZ 2010, 111 = NJW 2010, 365

(Eheliche Lebensverhältnisse und Dreiteilung)

[21] 3. Das BerGer. hat den Unterhaltsbedarf der Bekl. – wie schon das AG – ausgehend von den (erzielbaren) Einkommen der Parteien ermittelt, indem es neben den Parteien auch die jetzige Ehefrau des Kl. in die Berechnung einbezogen und den Bedarf nach einem Drittel der zusammengerechneten Einkünfte bemessen hat. Damit ist das BerGer. der neueren Rechtsprechung des *Senats* gefolgt (*Senat*, BGHZ 177, 356 = NJW 2008, 3213 = FamRZ 2008, 1911; NJW 2009, 145 = FamRZ 2009, 23; BGHZ 179, 196 = NJW 2009, 588 = FamRZ 2009, 411; ebenso *OLG Düsseldorf*, FamRZ 2008, 1254 = BeckRS 2008, 10940; *OLG Bremen*, NJW 2009, 925 = FPR 2009, 181; *OLG Celle*, NJW 2009, 1758; *OLG Braunschweig*, FamRZ 2009, 977 = BeckRS 2008, 26306).

[22] Die vom BerGer. – im Zusammenhang mit der Erwerbsobliegenheit der jetzigen Ehefrau des Kl. – gegen die Senatsrechtsprechung erhobenen Bedenken, die es unter Hinweis auf die Rechtssicherheit zurückgestellt hat, sind ebenso wie die im Schrifttum geäußerte Kritik (etwa von *Maurer*, FamRZ 2008, 1919; *Norpoth*, FamRZ 2008, 1985; *Griesche*, FPR 2008, 63; *Grandel*, NJW 2008, 796) unbegründet. Der *Senat* nimmt die Kritik jedoch zum Anlass für eine ergänzende und zusammenfassende Begründung seiner Rechtsprechung.

[23] a) Die Anknüpfung des Unterhaltsbedarfs an die ehelichen Lebensverhältnisse soll dem Unterhaltsberechtigten auch nach der Scheidung die Teilhabe am ehelichen Lebensstandard ermöglichen. Im Vergleich zu anderen Bedarfsmaßstäben, etwa dem angemessenen Lebensbedarf, der sich allein aus der Lebensstellung des Unterhaltsberechtigten ergibt, knüpft das Gesetz damit den Unterhaltsbedarf an die Lebensstellung des Unterhaltspflichtigen an (abgeleitete Lebensstellung; vgl. *Senat*, BGHZ 179, 196 [204 f.] = NJW 2009, 588 = FamRZ 2009, 411 [414]). Es handelt sich um eine bewusste Entscheidung des Gesetzgebers, die dem geschiedenen Ehegatten eine Teilhabe an dem auch auf Grund eigener Leistungen des Unterhaltsberechtigten erreichten höheren Lebensstandard gewähren soll (*Senat*, BGHZ 153, 358 = NJW 2003, 1518 = FamRZ 2003, 590; NJW 2003, 1796 = FamRZ 2003, 848). Diese Wertung hat auch das UnterhaltsrechtsänderungsG vom 21. 12. 2007 (BGBl I, 3189) beibehalten.

[24] aa) Eine Anknüpfung an den besseren Lebensstandard des Unterhaltspflichtigen aus dem Gesichtspunkt der Teilhabe ist indessen nur insoweit gerechtfertigt, als dieser selbst in den Genuss eines höheren Lebensstandards kommt. Mit anderen Worten ist die Verbesserung des Lebensstandards des Unterhaltsberechtigten, *weil* der geschiedene Ehegatte einen höheren Lebensstandard hat, auch nur berechtigt, *wenn* der Ehegatte den höheren Lebensstandard auch nach der Scheidung tatsächlich noch hat. Dementsprechend ist nach der gefestigten Rechtsprechung des *Senats* eine nacheheliche Einkommensverringerung bereits bei der Bedarfsbemessung zu berücksichtigen (*Senat*, BGHZ 153, 358 = NJW 2003, 1518 = FamRZ 2003, 590; NJW 2003, 1796 = FamRZ 2003, 848). Diese Rechtsprechung hat der *Senat* konsequent fortgeführt und auch auf nachehelich erstmals entstandene Unterhaltspflichten angewendet, zunächst auf den Kindesunterhalt (*Senat*, BGHZ 166, 351 = NJW 2006, 1654 = FamRZ 2006, 683; NJW 2008, 1663 = FamRZ 2008, 968 [972]), später auch auf die nach Wiederverheiratung gegenüber dem neuen Ehegatten entstandene Unterhaltspflicht (*Senat*, BGHZ 177, 356 = NJW 2008, 3213 = FamRZ 2008, 1911; NJW 2009, 145 = FamRZ 2009, 23; BGHZ 179, 196 = NJW 2009, 588 = FamRZ 2009, 411; NJW 2009, 1271 = FamRZ 2009, 579). Daran ist festzuhalten.

[25] bb) Die gegenteilige Sichtweise knüpft durch die Anwendung des Stichtagsprinzips auch auf Einkommensreduzierungen an den früheren Zustand an und schreibt diesen über die Scheidung hinaus fort. Die Fortschreibung eines früheren Zustands stellt jedoch der Sache nach eine Fiktion dar, indem der Unterhaltspflichtige rechtlich so gestellt wird, als hätte er sein früher höheres Einkommen noch immer, auch wenn dieses in Wirklichkeit entweder gesunken oder durch weitere Unterhaltspflichten geschmälert worden ist.

[26] Eine solche Fortschreibung der früheren Einkommensverhältnisse bedarf indessen der besonderen Begründung. Sie setzt voraus, dass der Unterhaltspflichtige sich aus Rechtsgründen an dem früheren Zustand festhalten lassen muss. Das ist in Bezug auf die Wiederverheiratung jedenfalls nach der seit dem 1. 1. 2008 geltenden Rechtslage nicht mehr der Fall.

[27] Eine Einkommensfiktion ist dann angebracht, wenn dem Unterhaltspflichtigen vorzuwerfen ist, dass er den früheren Zustand nicht aufrechterhalten hat. Das wäre etwa der Fall, wenn er unter Verstoß gegen seine Erwerbsobliegenheit seine Arbeitsstelle aufgegeben hat (vgl. *Senat*, BGHZ 179, 196 [205] = NJW 2009, 588 = FamRZ 2009, 411 [414]; NJW 2008, 1663 = FamRZ 2008, 968 [972]). Auf die Wiederverheiratung des Unterhaltspflichtigen kann der Gesichtspunkt der Obliegenheitsverletzung allerdings von vornherein nicht zutreffen (*Senat*, BGHZ 179, 196 [206 f.] = NJW 2009, 588 = FamRZ 2009, 411 [414]). Der Unterhaltspflichtige ist von Rechts wegen an der Wiederverheiratung nicht gehindert. Diese wird auch ansonsten nicht rechtlich missbilligt, sondern ist als Bestandteil der Eheschließungsfreiheit nach Art. 6 I GG verfassungsrechtlich garantiert. Anders als nach dem bis 1977 geltenden Scheidungsrecht ist die Unterhaltspflicht auch nicht mehr mit dem Verschulden am Schei-

tern der Ehe verknüpft, was eine Fortschreibung der früher besseren Verhältnisse allenfalls aus dem Gesichtspunkt einer Entschädigung noch rechtfertigen könnte.

[28] Eine Nichtberücksichtigung von Unterhaltspflichten und Fortschreibung des früheren Einkommens nach der Scheidung ließe sich demnach nur noch rechtfertigen, wenn von dem Unterhaltspflichtigen zu verlangen wäre, neu hinzugetretene Unterhaltspflichten entweder aus anderen Mitteln zu befriedigen oder aber seine eigene Lebensführung – und die seiner neuen Familie – im Hinblick auf eine ungeschmälerte Unterhaltspflicht gegenüber dem geschiedenen Ehegatten – zusätzlich (d. h. mehr, als er es auch bei einer Dreiteilung muss) – einzuschränken.

[29] Ein darauf abzielender Wille des Gesetzgebers lag allerdings dem 1. EheRG noch zu Grunde und kam in den Erwägungen zum Rangverhältnis des geschiedenen und des neuen Ehegatten zum Ausdruck. Nach den damaligen Vorstellungen war die zweite Ehe des Unterhaltspflichtigen mit einer „wirtschaftlichen Hypothek" belastet, die von der zweiten Ehefrau mitgetragen werden müsse (BT-Dr 7/650, S. 143). Den Ehegatten der neuen Ehe werde die Möglichkeit, eine „Hausfrauenehe" zu wählen, oft nicht mehr offenstehen, und in manchen Fällen werde von ihnen auch auf Kinder verzichtet werden müssen (BT-Dr 7/650, S. 143). In diesem Zusammenhang steht auch das vom BerGer. verwendete Argument aus § 1353 BGB, dass die Ehe auf Lebenszeit geschlossen werde (zu den Hintergründen s. *Schubert*, Die Reform des EhescheidungsR von 1976, S. XLIXf.) und keine „Lebensabschnittsgemeinschaft" sei.

[30] Mit derartigen Erwägungen stellte der Gesetzgeber des 1. EheRG die (zeitliche) Priorität der ersten Ehe in den Vordergrund. Er nahm gleichzeitig Abstand von der bis 1977 gültigen Rechtslage. Danach hatte zwischen geschiedenem und neuem Ehegatten – ohne Rücksicht auf das Verschulden des Unterhaltspflichtigen am Scheitern der Ehe – Gleichrang bestanden (nahezu allg. M. zu § 59 EheG 1946; vgl. *Hoffmann/Stephan*, EheG, 2. Aufl., § 59 Rdnr. 30). Schon nach der Rechtsprechung des *RG* waren bei der Unterhaltsbemessung im Fall konkurrierender (geschiedener) Ehegatten die Interessen der neuen Ehefrau mit denen der geschiedenen Ehefrau zumindest gleichwertig zu berücksichtigen (vgl. RGZ 48, 112 und RGZ 75, 433 [434]).

[31] An den gegenüber der Rechtslage bis 1977 geänderten Wertungen des 1. EheRG hält das Gesetz seit dem 1. 1. 2008 nicht fest. Das UnterhaltsrechtsänderungsG vom 21. 12. 2007 (BGBl I, 3189) hat vom grundsätzlichen Vorrang der ersten Ehe Abstand genommen. Nach der Begründung des Gesetzentwurfs zählt nicht mehr die zeitliche Priorität der Eheschließung, sondern allein die Schutzbedürftigkeit des Berechtigten (BT-Dr 16/1830, S. 23). Der geschiedene Ehegatte müsse sich bei Hinzutreten weiterer Unterhaltsberechtigter eine Schmälerung des auf ihn entfallenden Unterhaltsanteils gefallen lassen. Er habe keinen „Vertrauensschutz" dahingehend, dass sich durch Wiederheirat und Gründung einer Zweitfamilie der Kreis der unterhaltsberechtigten Personen nicht vergrößere und seine Unterhaltsquote nicht gekürzt werde (BT-Dr 16/1830, S. 24). Damit ist hinreichend deutlich, dass insoweit die Erwägungen zum 1. EheRG, auf deren Grundlage sich die Argumentation des BerGer. noch bewegt, keine Gültigkeit mehr haben.

[32] Auch bei langer Ehedauer ist der geschiedene Ehegatte schließlich nach der neuen Gesetzeslage gegenüber dem kinderbetreuenden Ehegatten aus der zweiten Ehe (ebenso wie auch einer kinderbetreuenden nicht verheirateten Mutter) nicht mehr vorrangig. Der Unterhalt des geschiedenen Ehegatten ist überdies selbst bei langer Ehedauer nicht zwangsläufig in den zweiten Rang einzuordnen, sondern gem. § 1609 Nr. 2 BGB nur unter Berücksichtigung ehebedingter Nachteile (*Senat*, BGHZ 177, 356 [382] = NJW 2008, 3213 = FamRZ 2008, 1911 [1918]).

[33] cc) Eine Bedarfsbemessung ohne Berücksichtigung von nach der Scheidung hinzugetretenen Unterhaltspflichten ist demnach vom gesetzgeberischen Willen schon deswegen weder gefordert noch getragen, weil das Gesetz anders als noch das 1. EheRG vom Unterhaltspflichtigen nicht mehr verlangt, dass er sich bei Eingehung einer zweiten Ehe über die damit ohnehin verbundenen Einbußen beim Lebensstandard hinaus zusätzlich einschränkt, um den Unterhalt der geschiedenen Ehefrau auf einem Stand zu halten, der ihm selbst nicht mehr zur Verfügung steht.

[34] b) Dem BerGer. ist zuzugeben, dass die vom *Senat* praktizierte Methode, die allerdings den vom *OLG Hamm* seit 1985 – für gleichrangige Ehegatten – aufgestellten Leitlinien im Wesentlichen entspricht (Nr. 40; FamRZ 1984, 963 [966]; vgl. dazu auch *Hampel*, Bemessung des Unterhalts, Rdnrn. 646 ff., und FamRZ 1995, 1177; später Nr. 36, vgl. FamRZ 2001, 1121 [1125]; aktuell – Stand: 1. 1. 2008 – Nr. 24.2.1, Beil. zu H. 10/2008 NJW u. H. 3/2008 FPR, 46 [51] = FamRZ 2008, 347 [353]), jedenfalls gemessen an den ursprünglichen Vorstellungen des BGB-Gesetzgebers zu einer teilweisen Zusammenfassung von Bedarf und Leistungsfähigkeit führt und damit die Vorschrift des § 1581 BGB in der Bedarfsermittlung teilweise aufgeht (vgl. *Senat,* BGHZ 166, 351 [359 f.] = NJW 2006, 1654 = FamRZ 2006, 683 [685]). Hierbei handelt es sich indessen um eine vereinfachende Rechtsfortbildung, die vom allgemein praktizierten Halbteilungsgrundsatz sowie der darauf beruhenden Bedarfsbemessung nach Quoten ausgeht und sich an vorhandenen gesetzlichen Wertungen orientiert. Die Zusammenfassung von Bedarf und Leistungsfähigkeit wird bei Einkommensreduzierungen, die nicht durch hinzugetretene Unterhaltspflichten verursacht worden sind (etwa unverschuldete

Arbeitslosigkeit oder Erwerbsunfähigkeit des Unterhaltspflichtigen), seit geraumer Zeit allgemein akzeptiert. Der Senat hat bereits anhand der Entwicklung der Rechtsprechung dargestellt, dass das zunächst auch vom Senat angewandte Stichtagsprinzip zunehmend zu lockern war (*Senat*, BGHZ 179, 196 [201 ff.] = NJW 2009, 588 = FamRZ 2009, 411 [413 f.]), weil es sowohl zu Lasten des Unterhaltspflichtigen als auch – im Hinblick auf nach der Scheidung hinzugetretenes Einkommen – zu Lasten des Unterhaltsberechtigten zu unbilligen (teils verfassungswidrigen, *BVerfG*, NJW 2002, 1185 = FamRZ 2002, 527) Ergebnissen führte, die das Prinzip selbst und dessen schematische Anwendung schon frühzeitig in Frage stellten.

[35] Die Bedarfsermittlung nach einer Quote vom Einkommen geht zudem davon aus, dass ein Einkommen in der fraglichen Größenordnung vollständig zur Bestreitung des Lebensunterhalts verbraucht wird und die – geschiedenen – Ehegatten daran gleichmäßig teilhaben sollen. Bei dieser in der Praxis durchweg angewendeten Methode bestimmt das Einkommen des Unterhaltspflichtigen nicht erst dessen Leistungsfähigkeit, sondern schon den Bedarf des Unterhaltsberechtigten (vgl. *Senat*, NJW 2009, 2523 = FamRZ 2009, 1300 [1305]). Die Bedarfsbemessung nach Quoten stellt damit in der Sache bereits einen Bedarf und Leistungsfähigkeit zusammenfassenden Verteilungsvorgang dar, bei dem die Interessen beider Parteien des Unterhaltsverhältnisses zu berücksichtigen sind (vgl. *Klinkhammer*, FF 2009, 140 [142 f.]). Diese vereinfachende Handhabung hat schon in der bisherigen Unterhaltspraxis dazu geführt, dass die Kontrolle der Leistungsfähigkeit nach § 1581 BGB abgesehen von der festen Untergrenze des so genannten Ehegattenselbstbehalts weitgehend entbehrlich geworden ist, weil der dem Unterhaltspflichtigen auf Grund des Quotenunterhalts verbleibende Anteil zugleich seinem eigenen angemessenen Unterhalt nach § 1581 S. 1 BGB entspricht. Das ist jedenfalls seit der durch Senatsurteil vom 13. 6. 2001 (BGHZ 148, 105 = NJW 2001, 2254 = FamRZ 2001, 986) geänderten Rechtsprechung zur Behandlung des Einkommens des Unterhaltsberechtigten aus einer nach der Scheidung aufgenommenen Erwerbstätigkeit regelmäßig der Fall. Dementsprechend bleibt etwa ein trennungsbedingter Mehrbedarf der geschiedenen Ehegatten in der Praxis nunmehr regelmäßig außer Betracht, weil das gesamte Einkommen beider Ehegatten in die Bedarfsbemessung einbezogen wird und schon auf Grund der Halbteilung die Interessen beider Ehegatten angemessen berücksichtigt werden (*Senat*, NJW 2007, 2409 = FamRZ 2007, 1303 [1305]; vgl. auch *Klinkhammer*, FF 2009, 140 [143]).

[36] Dass es sich bei dieser Praxis wie auch bei ihrer Weiterentwicklung durch den *Senat* im Wesentlichen um eine vereinfachende Zusammenfassung handelt und die Wertungen des § 1581 BGB (z. B. die Heranziehung nicht prägenden Einkommens im Rahmen der Billigkeitsabwägung) dadurch nicht außer Kraft gesetzt werden, sondern weiterhin zu beachten sind, ist in die Rechtsprechung des *Senats* etwa bei der Einbeziehung zusätzlichen Einkommens aus einem Karrieresprung (*Senat*, BGHZ 179, 196 [207 f.] = NJW 2009, 588 = FamRZ 2009, 411 [414 f.]; NJW 2009, 1271 = FamRZ 2009, 579) oder des Splittingvorteils aus der neuen Ehe (*Senat*, BGHZ 177, 356 [376] = NJW 2008, 3213 = FamRZ 2008, 1911 [1916]) bereits eingeflossen. Ein unterschiedlicher Rang der Ehegatten wirkt sich schließlich erst dann aus, wenn der so genannte Ehegattenselbstbehalt nicht gewahrt ist (vgl. *Senat*, BGHZ 166, 351 = NJW 2006, 1654 = FamRZ 2006, 683; BGHZ 177, 356 [374 f.] = NJW 2008, 3213 = FamRZ 2008, 1911 [1916]), was auch in der Düsseldorfer Tabelle (Anm. B IV) und den Leitlinien der Oberlandesgerichte (Nr. 21.4) seinen Niederschlag gefunden hat.

[37] c) Dass die Drittelmethode zur rechnerischen Ermittlung der wechselseitig voneinander abhängigen Unterhaltsansprüche auch besser geeignet ist, zeigt ein Vergleich mit der vom BerGer. bevorzugten Bedarfsbemessung, wie sie auf Grund der bis 2007 bestehenden Rechtslage praktiziert worden ist.

[38] aa) Das vom BerGer. angeführte Berechnungsbeispiel (Einkommen des Unterhaltspflichtigen: 3000 Euro, des geschiedenen Ehegatten: 1500 Euro und des neuen Ehegatten: 0 Euro), mit der es die nach seiner Auffassung übermäßige und unverhältnismäßige Entwertung des Unterhaltsanspruchs des geschiedenen Ehegatten verdeutlichen will, belegt bei näherem Hinsehen das Gegenteil.

[39] Nach dem BerGer. ergibt sich im Beispielfall ein zusammengerechnetes Einkommen (nach jeweiligem Abzug des so genannten Anreizsiebtels, vgl. Anm. B I der Düsseldorfer Tabelle, Stand: 1. 1. 2009) von 3857,14 Euro, was zu einem Bedarf (je ?) von 1285,71 Euro führt. Daraus errechne sich ein Unterhaltsanspruch des neuen Ehegatten von 1285,71 Euro, während der Bedarf des geschiedenen Ehegatten durch eigenes Einkommen gedeckt sei, was insoweit zutreffend ist. Unrichtig ist demgegenüber, dass dem neuen Ehegatten „ohne die Dreiteilung" ebenfalls 1285,71 Euro zustünden (gegenüber – zutreffend – 428,57 Euro für den geschiedenen Ehegatten bei Abzug eines geschätzten Splittingvorteils von 500 Euro). Hierbei hat der BerGer. übersehen, dass bei der Berechnung des Bedarfs des neuen Ehegatten folgerichtig der Unterhalt des geschiedenen Ehegatten vorweg abzuziehen wäre, was zu einem Bedarf des neuen Ehegatten von nur 1102,04 Euro führen würde (= [3000 Euro – 428,57 Euro] × $3/7$).

[40] Unter Berücksichtigung dieser Korrektur zeigt sich anhand des Beispiels, dass die vom BerGer. gegenübergestellte „Berechnung ohne Dreiteilung" nicht zu angemessenen Ergebnissen führt. Denn im Ergebnis verblieben dem Unterhaltspflichtigen 1469,39 Euro und der neuen Ehefrau 1102,04 Euro,

insgesamt also – einschließlich des für die zweite Ehe reservierten Splittingvorteils – 2571,43 Euro. Demgegenüber stünde der geschiedenen Ehefrau als Einzelperson neben ihrem Einkommen von 1500 Euro ein Unterhalt von 428,57 Euro zur Verfügung und insgesamt demnach 1928,57 Euro. Ein solches Ergebnis ist offensichtlich unangemessen (zu ähnlichen Ergebnissen gelangt *Grandel*, NJW 2008, 796 [797]) und lässt sich vor allem nicht mit dem Gedanken der Teilhabe oder einem Vertrauensschutz zu Gunsten des geschiedenen Ehegatten rechtfertigen.

[41] Ein solches Ergebnis widerspräche insbesondere dem eigenen Ausgangspunkt des BerGer., wonach die geschiedene und die neue Ehe verfassungsrechtlich gleichwertig sind. Auch eine Ergebniskorrektur auf der Ebene der Leistungsfähigkeit, die ausgehend von der Ansicht des BerGer. und der von ihm unterstellten Gleichrangigkeit der Bekl. mit der jetzigen Ehefrau konsequent hätte durchgeführt werden müssen und zudem von einem – vom *Senat* abgelehnten – aus der Unterhaltsquote abgeleiteten Selbstbehalt des Unterhaltspflichtigen ausgehen müsste (vgl. *Senat,* BGHZ 166, 351 [360 ff.] = NJW 2006, 1654 = FamRZ 2006, 683 [684 f.]; BGHZ 179, 196 [203] = NJW 2009, 588 = FamRZ 2009, 411 [413]), würde zu keiner gleichmäßigen Teilhabe führen. Denn bei der dann notwendigen Mangelfallberechnung wäre für die geschiedene Ehefrau auf Grund der vorherigen Bedarfsermittlung „ohne Dreiteilung" ein höherer Einsatzbetrag zu veranschlagen als für die neue Ehefrau, was wiederum zu einem nicht gerechtfertigten Ungleichgewicht zu Gunsten der geschiedenen Ehefrau führen würde.

[42] bb) Die vom *Senat* angewendete Drittelmethode führt demgegenüber ausgehend von der rechtlichen Gleichwertigkeit von erster (geschiedener) und zweiter Ehe zu einer gleichmäßigen Verteilung des vorhandenen Einkommens. Dass der Unterhaltsanspruch der geschiedenen Ehefrau in dem Berechnungsbeispiel des BerGer. entfällt, erklärt sich dadurch, dass das von ihr erzielte Einkommen zur Deckung ihres Unterhaltsbedarfs ausreicht (vgl. *Gerhardt/Gutdeutsch,* FamRZ 2007, 779 [781]). Dass sich ihr Unterhaltsbedarf auf Grund der Wiederverheiratung des Unterhaltspflichtigen reduziert hat, steht im Einklang damit, dass dessen eigener Lebensstandard auf Grund seiner weiteren Unterhaltspflicht zwangsläufig ebenfalls abgesunken ist und wahrt somit den Grundsatz der gleichmäßigen Teilhabe. Auch die neue Ehefrau kann schließlich durch den Unterhalt ohne Weiteres keinen höheren Lebensstandard als die geschiedene Ehefrau erreichen.

[43] Etwas anderes ergibt sich nur bei einem nach der Scheidung hinzugetretenen Einkommen, etwa auf Grund des Splittingvorteils aus der neuen Ehe oder aber auf Grund eines bei Scheidung der ersten Ehe nicht vorhersehbaren Karrieresprungs. Dass sich der Unterhalt der geschiedenen Ehefrau in diesen Fällen nicht unangemessen verringert, wird dadurch gewährleistet, dass zusätzliches Einkommen hieraus in die Berechnung nach der Drittelmethode einzubeziehen ist. Dass dadurch wiederum die zweite Ehe nicht benachteiligt werden darf (vgl. *BVerfG,* NJW 2003, 3466 = FamRZ 2003, 1821 [1823 f.]), wird durch die notwendige Vergleichsberechnung mit dem hypothetischen Bedarf der geschiedenen Ehefrau ohne Wiederverheiratung sichergestellt (*Senat,* BGHZ 177, 356 [376] = NJW 2008, 3213 = FamRZ 2008, 1911 [1916]), die gewährleistet, dass der Bedarf der geschiedenen Ehefrau nicht höher liegt, als er ohne die zweite Eheschließung läge. Diese Berechnung ist vom BerGer. schließlich für den vorliegenden Fall zutreffend durchgeführt worden, und auch das *AG* hatte die Vergleichsbetrachtung bereits angestellt.

(Erwerbspflicht des neuen Ehegatten im Rahmen der Dreiteilung)

b [44] 4. Den offenen Unterhaltsbedarf der jetzigen Ehefrau des Kl. hat das BerGer. ab Januar 2009 unter Berücksichtigung eines von ihr erzielbaren Erwerbseinkommens bemessen. Es hat damit den Unterhalt der jetzigen Ehefrau „im Rahmen der Angemessenheitsprüfung" entsprechend den für geschiedene Ehegatten geltenden Grundsätzen behandelt und dies mit der verfassungsrechtlich gebotenen Gleichbehandlung begründet. Das ist im Ergebnis richtig (ebenso *Wendl/Gutdeutsch,* Das UnterhaltsR in der familienrichterlichen Praxis, 7. Aufl., § 4 Rdnr. 399; ähnlich *Gerhardt,* in: FA-FamR, 6. Aufl., Rdnr. 6/253 b; a. A. *OLG Bremen,* NJW 2009, 925 = FPR 2009, 181).

[45] a) Allerdings folgt aus dem allgemeinen Gleichheitssatz des Art. 3 I GG nicht, dass eine geschiedene Ehe mit einer bestehenden in jeder Hinsicht gleichzubehandeln wäre. Das BGB geht in vielerlei Hinsicht vom Gegenteil aus. Das zeigt sich insbesondere an den Unterhaltstatbeständen mit Einsatzzeitpunkten (§§ 1571–1573 BGB) sowie der Befristung und Begrenzung nach § 1578 b BGB, die den geschiedenen Ehegatten auf Grund der durch die Scheidung beendeten Rechtsbindung schlechter stellen als den Ehegatten in einer bestehenden Ehe. Das stimmt damit überein, dass aus einer bestehenden Ehe ihrer Natur nach stärkere rechtliche Bindungen erwachsen als aus einer geschiedenen. Das Abstellen auf den in § 1353 BGB enthaltenen Satz, dass die Ehe auf Lebenszeit geschlossen wird, ist in Anbetracht der durch die Scheidung beendeten Ehe dagegen widersprüchlich und läuft auf eine Fiktion des Fortbestands der geschiedenen Ehe und der aus ihr erwachsenden – gegenseitigen – Rechtswirkungen hinaus.

[46] b) Die vom BerGer. angestellte Betrachtung erweist sich jedoch aus anderen Gründen als zutreffend. Im Fall der unterhaltsrechtlichen Konkurrenz eines geschiedenen Ehegatten mit dem jetzigen

Anhang R. Rechtsprechung   **R707**

Ehegatten ist zu berücksichtigen, dass durch die von den Ehegatten der neuen Ehe frei gewählte Rollenverteilung der bestehende Unterhaltsanspruch des geschiedenen Ehegatten nicht über Gebühr geschmälert werden darf.

[47] Zwar ist die den Anspruch auf Familienunterhalt (§ 1360 BGB) begründende Rollenverteilung gem. § 1356 BGB gesetzlich zulässig und kann regelmäßig nicht als rechtsmissbräuchlich bewertet werden (vgl. auch *Senat*, NJW 2009, 1742 = FamRZ 2009, 762; zum Verhältnis von Familienunterhalt und Volljährigenunterhalt und – zur bis 2007 geltenden Rechtslage – *Senat*, NJW 2007, 2412 = FamRZ 2007, 1081; zum Verhältnis von Familienunterhalt und Minderjährigenunterhalt).

[48] Andererseits darf die das Innenverhältnis der Ehegatten betreffende Rollenverteilung die – dem neuen Ehegatten bekannte – Unterhaltspflicht gegenüber dem geschiedenen Ehegatten nicht übermäßig beeinträchtigen. Dieser Gedanke findet im Ansatz bereits in der so genannten Hausmannrechtsprechung des *Senats* (*Senat*, BGHZ 169, 200 [205 f.] = NJW 2007, 139 = FamRZ 2006, 1827 [1828] m. w. Nachw.) seinen Ausdruck. Auch wenn in diesen Fällen die Wahl der Haushaltsführung durch den Unterhaltspflichtigen in Rede steht, sind mit der durch diese Rechtsprechung nur einschränkend akzeptierten Rollenverteilung mittelbare Auswirkungen auf die Aufgabenverteilung innerhalb der bestehenden Ehe verbunden, die der neue Ehegatte nach § 1356 II 2 BGB mittragen muss. Die daraus entstehenden Einschränkungen der neuen Ehe sind verfassungsrechtlich nicht zu beanstanden (*BVerfG*, NJW 1985, 1211 = FamRZ 1985, 143 [145]).

[49] Im Hinblick auf die hier vorliegende Unterhaltskonkurrenz von geschiedenem und neuem Ehegatten ist aber vor allem bestehenden gesetzlichen Wertungen Rechnung zu tragen, dass die Rollenverteilung der zweiten Ehe im Fall des Zusammentreffens mit Ansprüchen auf Geschiedenenunterhalt nicht ausschlaggebend sein darf. Dass es bei der Unterhaltskonkurrenz von geschiedenem und neuem Ehegatten nicht auf den dem neuen Ehegatten zustehenden Familienunterhalt ankommt, ist bereits in § 1609 Nr. 2 BGB und § 1582 BGB a. F. geregelt worden. Schon nach § 1582 BGB a. F. war im Rahmen des Vergleichs der beiden Unterhaltsansprüche aus erster und zweiter Ehe beim neuen Ehegatten nicht auf den Familienunterhalt abzustellen, sondern darauf, ob der neue Ehegatte bei entsprechender Anwendung der §§ 1569–1574, 1576 und des § 1577 I BGB unterhaltsberechtigt wäre. Hintergrund dieser Regelung war, dass der Gesetzgeber es für unbillig hielt, dass allein der geschiedene Ehegatte auf eine Erwerbstätigkeit verwiesen würde. Es müsse vielmehr erwartet werden, dass der Ehegatte des Verpflichteten seine Möglichkeiten in gleichem Maße ausschöpfe, wie es dem Geschiedenen obliege (BT-Dr 7/650, S. 142 f.). An dieser Wertung – an deren Verfassungsmäßigkeit keine Zweifel bestehen – hat das UnterhaltsrechtsänderungsG vom 21. 12. 2007 (BGBl I, 3189) festgehalten. Das zeigt sich daran, dass es nach § 1609 Nr. 2 BGB im Konkurrenzfall ebenfalls nicht darauf ankommt, ob dem ein Kind betreuenden neuen Ehegatten ein Anspruch auf Familienunterhalt nach § 1360 BGB zusteht. Auch hier ist stattdessen auf die hypothetische Betrachtung abzustellen, ob der neue Ehegatte im Fall einer Scheidung – wegen Kinderbetreuung – unterhaltsberechtigt wäre.

[50] Damit bringt das Gesetz zum Ausdruck, dass die unterhaltsberechtigten (geschiedenen) Ehegatten im Hinblick auf die Erwerbsobliegenheit gleich zu behandeln sind und die das Innenverhältnis der neuen Ehe betreffende Rollenverteilung bei der Bemessung des für den neuen Ehegatten zu reservierenden Unterhaltsbetrags nicht entscheidend ist. Dass sich die genannten Regelungen auf den Unterhaltsrang beziehen, steht ihrer Heranziehung für die Frage der Unterhaltsbedürftigkeit im Rahmen der Drittelmethode schließlich nicht im Wege. Vielmehr ist eine Einbeziehung des vom neuen Ehegatten erzielbaren Einkommens bereits bei der Bedarfsermittlung erforderlich, weil das gesetzgeberische Ziel der Gleichbehandlung von geschiedener und neuer Ehe im Hinblick auf die Bedürftigkeit und die Erwerbsobliegenheit anderenfalls unterlaufen würde.

[51] Das zeigt sich am folgenden Beispielfall: Der geschiedene Unterhaltspflichtige ist wiederverheiratet und hat mit seiner neuen Ehefrau ein fünfjähriges Kind. Er hat ein (um den Kindesunterhalt und Erwerbsanreiz bereinigtes) Einkommen von 2400 Euro. Die noch langer Ehedauer geschiedene Ehefrau erzielt krankheitsbedingt kein Einkommen. Die neue Ehefrau könnte neben der Kinderbetreuung ein Einkommen von (bereinigt um den Erwerbsanreiz) 600 Euro erzielen. Würde man hier das erzielbare Einkommen erst bei der Mangelverteilung (auf der Ebene der Leistungsfähigkeit) berücksichtigen, so würde dies zu einem verzerrten Ergebnis führen. Der Bedarf nach der Drittelmethode betrüge jeweils 800 Euro. Es läge ein Mangelfall vor (2400 Euro – 800 Euro – 800 Euro < 1000 Euro). Bei der Mangelfallberechnung müsste nunmehr nach § 1609 Nr. 2 BGB das erzielbare Einkommen der neuen Ehefrau berücksichtigt werden. Sie hätte dann einen Unterhaltsanspruch von 200 Euro (= 800 Euro – 600 Euro), während der geschiedenen Ehefrau nicht mehr als 800 Euro zustünden. Dann würden aber dem Unterhaltspflichtigen trotz Mangelfalls sogar 1400 Euro verbleiben. Die zu unterstellende Erwerbsobliegenheit der neuen Ehefrau würde sich im Ergebnis nicht niederschlagen. Bezieht man dagegen das von der neuen Ehefrau erzielbare Einkommen bereits bei der Bedarfsermittlung ein, so ergibt sich ein Bedarf von jeweils 1000 Euro. Ein Mangelfall liegt dann nicht vor.

[52] c) Demnach ist für den in die Berechnung einzustellenden Unterhalt der neuen Ehefrau darauf abzustellen, ob diese nach § 1570 BGB unterhaltsberechtigt wäre. [...]

BGH v. 25. 11. 2009 – XII ZR 8/08 – FamRZ 2010, 192 = NJW 2010, 440

(Abänderung eines Unterhaltsvergleichs)

a [13] 1. Zu Recht geht das BerGer. allerdings davon aus, dass die Abänderung des vereinbarten laufenden nachehelichen Unterhalts nach § 323 IV i. V. mit § 794 I Nr. 1 ZPO im Wege der Abänderungsklage erfolgt, weil mit dem gerichtlichen Vergleich bereits ein vollstreckbarer Titel über den nachehelichen Unterhalt vorliegt. Wegen der fehlenden materiellen Rechtskraft des Prozessvergleichs richtet sich die Abänderung in der Sache – wie das *OLG* ebenfalls zutreffend ausführt – nicht nach § 323 I bis III ZPO, sondern gem. § 313 BGB nach den Grundsätzen über eine Veränderung oder den Wegfall der Geschäftsgrundlage (*Senat*, NJW 2009, 1410 = FamRZ 2009, 314 [315]; NJW-RR 2003, 433 = FamRZ 2003, 304 [306]). Dabei ist zunächst im Wege der Auslegung des Parteiwillens eine Geschäftsgrundlage des Vergleichs zu ermitteln (vgl. *Graba*, Die Abänderung von Unterhaltstiteln, 3. Aufl., Rdnr. 62; *Wendl/Schmitz*, Das UnterhaltsR in der familienrichterlichen Praxis, 7. Aufl., § 19 Rdnr. 169). Ist in den danach maßgeblichen Verhältnissen seit Abschluss des Vergleichs eine Änderung eingetreten, muss die gebotene Anpassung der getroffenen Unterhaltsregelung an die veränderten Verhältnisse nach Möglichkeit unter Wahrung des Parteiwillens und der ihm entsprechenden Grundlagen erfolgen.

[14] Lässt sich dem Vergleich und dem ihm zu Grunde liegenden Parteiwillen kein hinreichender Ansatz für eine Anpassung an veränderte Umstände entnehmen, kann es geboten sein, die Abänderung ohne fortwirkende Bindung an die Grundlage des abzuändernden Vergleichs vorzunehmen. Der Unterhalt ist dann wie bei einer Erstfestsetzung nach den gesetzlichen Vorschriften zu bemessen (*Senat*, NJW 2001, 2259 = FamRZ 2001, 1140 [1142] m. w. Nachw.; NJW-RR 1987, 516 = FamRZ 1987, 257 [259]).

[15] Das gilt allerdings nicht, soweit die Parteien in dem Unterhaltsvergleich bewusst eine restlose und endgültige Regelung getroffen und damit eine spätere Abänderung wegen nicht vorhersehbarer Veränderungen der maßgeblichen Verhältnisse ausdrücklich ausgeschlossen haben. Die abschließende Einigung auf der Grundlage einer bloßen Prognose ist dann Vertragsinhalt und nicht nur dessen Geschäftsgrundlage. Das kann etwa der Fall sein, wenn die Parteien mit der Vereinbarung eines Abfindungsbetrags eine abschließende Regelung ihres Unterhaltsrechtsverhältnisses herbeiführen wollen, auch wenn der Betrag in künftigen Raten zu zahlen ist (*Senat*, NJW 2005, 3282 = FamRZ 2005, 1662).

(Interessengerechte Auslegung des abzuändernden Vergleichs)

b [16] 2. Im Ansatz zutreffend hat das *OLG* für die Abänderbarkeit des Unterhaltsvergleichs der Parteien deswegen auf den Inhalt des Vergleichs abgestellt, der im Wege einer für beide Parteien interessengerechten Auslegung zu ermitteln ist (vgl. *Senat*, NJW 2009, 1667 = FamRZ 2009, 768 [770]; NJW-RR 2004, 1452 [1453] = NZM 2004, 785). Soweit das *OLG* dabei allerdings zu einem vollständigen Ausschluss der Abänderbarkeit gelangt ist, hält dies der revisionsrechtlichen Nachprüfung nicht stand.

[17] Nach ständiger Rechtsprechung des *BGH* ist die Ermittlung des Inhalts und der Bedeutung von Individualvereinbarungen grundsätzlich dem Tatrichter vorbehalten. Die Auslegung durch den Tatrichter kann deshalb vom RevGer. grundsätzlich nur darauf geprüft werden, ob der Auslegungsstoff vollständig berücksichtigt worden ist, ob gesetzliche oder allgemein anerkannte Auslegungsregeln, die Denkgesetze oder allgemeine Erfahrungssätze verletzt sind oder ob die Auslegung auf im Revisionsverfahren gerügten Verfahrensfehlern beruht (BGHZ 150, 32 [37] = NJW 2002, 3248 [3249]; *Senat*, NJW-RR 2004, 1452 [1453] = NZM 2004, 785).

[18] a) Aus revisionsrechtlicher Sicht nicht zu beanstanden ist allerdings die Auffassung des *OLG*, dass die Parteien eine spätere Korrektur ihres Vergleichs nach Maßgabe der tatsächlichen Verhältnisse bei Vergleichsschluss ausgeschlossen haben. Auch wenn die tatsächlichen Verhältnisse bei Vergleichsschluss, die von den Parteien bewusst nicht zu Grunde gelegt wurden, zu einem anderen gesetzlichen Unterhalt geführt hätten, kann dies allein also nicht zu einer Anpassung ihres Unterhaltsvergleichs führen.

[19] Die Revision weist zwar zutreffend darauf hin, dass allein aus der fehlenden Geschäftsgrundlage in dem gerichtlichen Vergleich noch nicht darauf geschlossen werden kann, der Vergleich sei unter keinen Umständen abänderbar. Denn nach ständiger Rechtsprechung des *Senats* ist ein Unterhaltsvergleich grundsätzlich auch dann abänderbar, wenn sich die tatsächlichen Verhältnisse geändert haben, die dem Vergleich zu Grunde liegenden Umstände aber nicht mehr nachvollziehbar sind. Der nach den geänderten Umständen geschuldete Unterhalt ist dann unabhängig von der früheren Vereinbarung allein nach den gesetzlichen Vorschriften zu berechnen (*Senat*, NJW 2001, 2259 = FamRZ 2001, 1140 [1142]; NJW-RR 1987, 516 = FamRZ 1987, 257 [259]).

[20] Das *OLG* hat im Rahmen seiner Auslegung des Parteiwillens allerdings weitere Umstände berücksichtigt, die hier einen Ausschluss der Abänderbarkeit allein wegen der fehlenden Vergleichs-

grundlage nahe legen. Danach hatten die Parteien die Höhe des Unterhalts unabhängig von den genauen tatsächlichen Umständen und ohne konkrete Berechnung pauschal auf der Grundlage eines Angebots des Kl. vereinbart, um eine abschließende Regelung zu erreichen. Die gewünschte Bindung an diese pauschale Vereinbarung wäre aber in Frage gestellt, wenn die Parteien wegen der fehlenden Geschäftsgrundlage jederzeit eine Abänderung verlangen könnten, ohne dass sich die tatsächlichen Verhältnisse seit Vergleichsschluss geändert haben. An diese Auslegung des Prozessvergleichs durch das BerGer. ist der *Senat* revisionsrechtlich gebunden.

(Vereinbarung einer Unabänderbarkeit)
[21] b) Soweit das BerGer. den Prozessvergleich allerdings so ausgelegt hat, dass eine Abänderung auch bei einer späteren wesentlichen Änderung der tatsächlichen Verhältnisse der Parteien ausscheidet, trägt die hierzu gegebene Begründung dies nicht.
[22] Wenn die Parteien sich im Zeitpunkt des Vergleichs verbindlich verpflichten wollten, spricht dies zwar dafür, dass sie eine Abänderung für den Fall ausgeschlossen haben, dass die tatsächlichen Verhältnisse im Zeitpunkt des Vertragsschlusses einen anderen Unterhaltsbetrag ergeben, als von ihnen pauschal vereinbart wurde. Für den Fall einer späteren Änderung der tatsächlichen Verhältnisse sagt dies aber nichts aus. Auch dann bleibt es vielmehr bei der grundsätzlichen Abänderbarkeit des Prozessvergleichs nach § 313 BGB, wobei den Abänderungskl. allerdings die Darlegungs- und Beweislast dafür trifft, dass sich die maßgeblichen Verhältnisse seit dem Vergleichsschluss überhaupt wesentlich geändert haben.
[23] Für eine solche weitgehende Vereinbarung der Parteien wie den Ausschluss der Abänderbarkeit bei späteren Änderungen der tatsächlichen Verhältnisse hat das BerGer. keine Feststellungen getroffen. Der Ausschluss der Abänderbarkeit wäre insoweit Teil der Vereinbarung und nicht bloß dessen Geschäftsgrundlage. Dafür, dass die Parteien in ihrem Vergleich ausdrücklich auch eine Abänderbarkeit für den Fall einer späteren Änderung der tatsächlichen Verhältnisse ausgeschlossen haben, trägt die Bekl. die Darlegungs- und Beweislast, die sich auf einen solchen Ausschluss beruft.
[24] c) Soweit das BerGer. die Vereinbarung der Parteien dahin ausgelegt hat, dass durch sie eine Abänderbarkeit wegen späterer Verwirkung des Unterhaltsanspruchs ausgeschlossen ist, hält auch dies der revisionsrechtlichen Nachprüfung nicht stand.
[25] Unstreitig lebte die Bekl. seit Januar 2005 mit dem Zeugen G zusammen und unterhielt mit diesem auch eine gemeinsame Wohnung. Zwar weist das BerGer. zu Recht darauf hin, dass der Verwirkungstatbestand des § 1579 Nr. 2 BGB, der durch das Unterhaltsrechtsänderungsgesetz zum 1. 1. 2008 aus dem allgemeinen Verwirkungstatbestand des § 1579 Nr. 7 BGB a. F. hervorgegangen ist, im Zeitpunkt des Vergleichsschlusses noch nicht erfüllt war (vgl. *Senat*, BGHZ 150, 209 [215] = NJW 2002, 1947 = FamRZ 2002, 810 [811]; BT-Dr 16/1830, S. 21). Weil seinerzeit also noch nicht endgültig feststand, ob sich die neue Lebensgemeinschaft der Bekl. i. S. des § 1579 Nr. 2 BGB endgültig verfestigen würde, musste der Kl. sich diesen Einwand auch nicht ausdrücklich vorbehalten. Nach dem streitigen und in der Revisionsinstanz zu unterstellenden Vortrag des Kl. hat sich die Lebensgemeinschaft seitdem weiter verfestigt, was jetzt zu einer Verwirkung des nachehelichen Unterhalts führen kann.
[26] Die Argumente des BerGer. im Rahmen der Auslegung des Unterhaltsvergleichs tragen einen Ausschluss der Abänderbarkeit wegen nachträglichen Eintritts eines Verwirkungstatbestands nicht.
[27] d) Schließlich kann die angefochtene Entscheidung auch deswegen keinen Bestand haben, weil sich die für die Unterhaltsberechnung relevanten gesetzlichen Grundlagen und die höchstrichterliche Rechtsprechung nach Abschluss des Vergleichs grundlegend geändert haben und das BerGer. einen Ausschluss der daraus grundsätzlich folgenden Abänderbarkeit nicht geprüft hat.
[28] aa) Für Prozessvergleiche über Dauerschuldverhältnisse hat der *Senat* bereits mehrfach entschieden, dass eine Änderung einer gefestigten höchstrichterlichen Rechtsprechung zu Störungen vertraglicher Vereinbarungen führen kann, die nach den Grundsätzen über den Wegfall der Geschäftsgrundlage im Wege der Anpassung zu bereinigen sind. In solchen Fällen kann eine beiderseitige irrtümliche Vorstellung über die künftige Rechtslage eine Anpassung nach den Grundsätzen über die Änderung oder den Wegfall der Geschäftsgrundlage rechtfertigen, wenn die Vereinbarung ohne diesen Rechtsirrtum und in Kenntnis der künftigen Rechtsprechung nicht oder nicht mit diesem Inhalt geschlossen worden wäre. Das gilt ebenso, wenn der Geschäftswille der Parteien auf der gemeinschaftlichen Erwartung vom Fortbestand einer bestimmten Rechtslage aufgebaut war, was regelmäßig der Fall ist. Auch dann ist im Wege der Auslegung zu ermitteln, welche Verhältnisse die Parteien zur Grundlage ihrer Einigung gemacht haben und von welcher Rechtslage sie ausgegangen sind. Ob und in welcher Weise sodann eine Anpassung an die veränderte Rechtslage erfolgen kann, bedarf einer sorgfältigen Prüfung unter Berücksichtigung der Interessen beider Parteien. Es genügt nicht, dass ein weiteres Festhalten am Vereinbarten nur für eine Partei unzumutbar erscheint, vielmehr muss hinzukommen, dass das Abgehen vom Vereinbarten der anderen Partei auch zumutbar ist. Dabei ist auch zu beachten, ob die im Vergleich insgesamt getroffenen Regelungen noch in einem ausgewogenen Verhältnis

zueinander stehen (*Senat*, NJW 2004, 3106 = FamRZ 2004, 1357 [1358]; BGHZ 148, 368 [377 f.] = NJW 2001, 3618 = FamRZ 2001, 1687 [1690]).

[29] Der Ausschluss der Abänderbarkeit eines Unterhaltsvergleichs wegen nachträglicher Änderung der gesetzlichen Grundlagen oder der höchstrichterlichen Rechtsprechung kann deswegen nur auf einer ausdrücklichen vertraglichen Vereinbarung beruhen, für die derjenige die Darlegungs- und Beweislast trägt, der sich darauf beruft. Die Darlegungs- und Beweislast für einen solchen Ausschluss der Abänderbarkeit trotz geänderter höchstrichterlicher Rechtsprechung trifft hier also die Bekl. Solche Umstände hat das BerGer. aber weder festgestellt, noch sind diese sonst ersichtlich. Vielmehr liegt es hier nahe, dass jedenfalls nachträgliche gesetzliche Änderungen oder Änderungen der höchstrichterlichen Rechtsprechung, die sich unmittelbar auf den geschuldeten Unterhalt auswirken, Berücksichtigung finden müssen.

[30] bb) Solche Änderungen der höchstrichterlichen Rechtsprechung sind hier in zweierlei Hinsicht von Bedeutung.

[31] (1) Der Kl. ist als Unterhaltsschuldner inzwischen neu verheiratet. Dies wirkt sich nach der neueren Rechtsprechung des *Senats* bereits auf die Bemessung des Unterhaltsbedarfs der Bekl. aus. Der *Senat* hat in seiner neueren Rechtsprechung, auch auf der Grundlage der zum 1. 1. 2008 durch § 1609 BGB geänderten Rangfolge, neu hinzutretende Unterhaltspflichten bei der Bemessung des Unterhaltsbedarfs nach den ehelichen Lebensverhältnissen gem. § 1578 I 1 BGB mit berücksichtigt. Dadurch gelangt er im Ergebnis zu einer Dreiteilung des verfügbaren Einkommens in Fällen, in denen wie hier ein geschiedener Ehegatte mit einem neuen Ehegatten konkurriert (*Senat*, NJW 2009, 1271 = FamRZ 2009, 579 [583]; BGHZ 179, 196 [205 f.] = NJW 2009, 588 = FamRZ 2009, 411 [414]; NJW 2009, 145 = FamRZ 2009, 23 [24]; BGHZ 177, 356 [367 f.] = NJW 2008, 3213 = FamRZ 2008, 1911 [1913 f.]; NJW 2008, 1663 = FamRZ 2008, 968 [971 f.]). Diese Rechtsprechung ist auch dadurch bedingt, dass der Halbteilungsgrundsatz bereits im Rahmen der Bedarfsbemessung nach den ehelichen Lebensverhältnissen gem. § 1578 I 1 BGB im Wege der Quotenmethode Berücksichtigung findet (*Senat*, NJW 2010, 365).

[32] Diese neuere Rechtsprechung konnten die Parteien bei Abschluss ihres Vergleichs am 11. 7. 2006 noch nicht berücksichtigen. Auch insoweit kommt eine Abänderung nach den Grundsätzen über den Wegfall der Geschäftsgrundlage in Betracht, soweit für die neue Ehefrau des Kl. auf der Grundlage der Maßstäbe des Unterhaltsanspruchs eines geschiedenen Ehegatten ein konkurrierender Unterhaltsanspruch besteht.

[33] (2) Hinzu kommt die neue Rechtsprechung des *Senats* zur Begrenzung und Befristung des nachehelichen Unterhalts. Der *Senat* hatte bereits infolge der Änderung seiner früheren Rechtsprechung zur Bewertung von Kindererziehung und Haushaltstätigkeit während der bestehenden Ehe (Übergang von der Anrechnungsmethode zur Differenzmethode, NJW 2001, 2254 = FamRZ 2001, 986 [987 ff.]) darauf hingewiesen, dass damit die Vorschriften zur Begrenzung und Befristung des nachehelichen Unterhalts erheblich an Bedeutung gewinnen werden. In der Folgezeit hat der *Senat* seine Rechtsprechung durch eine nach Abschluss des hier relevanten Unterhaltsvergleichs veröffentlichte Entscheidung grundlegend geändert und nicht mehr entscheidend auf die – hier besonders lange – Dauer der Ehe, sondern vorgreiflich auf das Vorliegen ehebedingter Nachteile abgestellt (*Senat*, NJW 2006, 2401 = FamRZ 2006, 1006 [1007 f.]). Diese Rechtsprechung hat der *Senat* in der Folgezeit kontinuierlich fortentwickelt (*Senat*, NJW 2008, 151 = FamRZ 2008, 134 [135]; NJW 2008, 2581 = FamRZ 2008, 1325 [1328]; NJW 2008, 2644 = FamRZ 2008, 1508 [1510]; NJW 2009, 2450 = FamRZ 2009, 1207 [1210]; BGHZ 179, 43 [51 ff.] = NJW 2009, 989 = FamRZ 2009, 406 [408 f.]).

[34] Durch die geänderte gesetzliche Grundlage und die neue höchstrichterliche Rechtsprechung ist die Geschäftsgrundlage des Vergleichs, die im Zweifel auf den Fortbestand der höchstrichterlichen Rechtsprechung zur überragenden Bedeutung der Ehedauer bei der Begrenzung und Befristung des nachehelichen Unterhalts nach den ehelichen Lebensverhältnissen abstellte, entfallen, was ebenfalls zu einer Anpassung des Unterhaltstitels führen kann.

BGH v. 16. 12. 2009 – XII ZR 50/08 – FamRZ 2010, 357 = NJW 2010, 937

(*Maß des nach § 1615 l Abs. 2 BGB geschuldeten Unterhalts*)

[14] 1. Im Ansatz zutreffend ist das *OLG* bei der Bemessung des Unterhaltsbedarfs der Kl. von einem Bedarf in Höhe des notwendigen Selbstbehalts ausgegangen.

[15] Das Maß des nach § 1615 l II BGB zu gewährenden Unterhalts bestimmt sich nach der Lebensstellung des Anspruchsberechtigten. Denn nach § 1615 l III 1 BGB sind auf den Unterhaltsanspruch des betreuenden Elternteils eines nichtehelich geborenen Kindes die Vorschriften über die Unterhaltspflicht zwischen Verwandten und somit auch § 1610 I BGB entsprechend anzuwenden. Anders als beim Trennungsunterhalt oder beim nachehelichen Unterhalt, bei denen der Bedarf von den ehelichen Lebensverhältnissen bestimmt wird (§§ 1361 I, 1578 I BGB), sind daher die wirtschaftlichen Verhältnisse des unterhaltspflichtigen Elternteils für die Bedarfsbemessung grundsätzlich

nicht maßgebend. Ausschlaggebend ist vielmehr, wie sich die wirtschaftlichen Verhältnisse des unterhaltsberechtigten Elternteils bis zur Geburt des gemeinsamen Kindes entwickelt hatten.

[16] Im Unterhaltsrecht hat grundsätzlich der Unterhaltsberechtigte neben den übrigen Voraussetzungen des Unterhaltsanspruchs auch seinen Unterhaltsbedarf und seine Bedürftigkeit darzulegen und zu beweisen, während der Unterhaltpflichtige eine eventuelle Leistungsunfähigkeit, auf die er sich beruft, beweisen muss (vgl. *Wendl/Dose*, Das UnterhaltsR in der familienrichterlichen Praxis, 7. Aufl., § 6 Rdnrn. 700 ff.). Dies folgt aus dem Grundsatz, dass jede Partei die Voraussetzungen der für sie günstigen Normen darzulegen und zu beweisen hat, sofern das Gesetz keine andere Beweislastverteilung regelt.

[17] a) War der betreuende Elternteil bis zur Geburt des Kindes erwerbstätig, bemisst sich seine Lebensstellung nach seinem bis dahin nachhaltig erzielten Einkommen. Der Unterhaltsbedarf ist deswegen an diesem Einkommensniveau auszurichten, soweit dies nicht dazu führt, dass dem Unterhaltsberechtigten aus eigenen Einkünften und Unterhaltszahlungen insgesamt mehr zur Verfügung steht, als dem Unterhaltspflichtigen verbleibt (vgl. *Senat*, NJW 2005, 818 = FamRZ 2005, 442 [443 f.]).

[18] Eine solche Lebensstellung hat das BerGer. hier nicht festgestellt. Die Kl. hatte, bevor sie mit dem Bekl. zusammenzog und ihr erstes Kind sowie später das gemeinsame Kind geboren hat, lediglich an einigen Projekten mitgearbeitet. Die daraus resultierenden Einkünfte hat die insoweit darlegungspflichtige Kl. nicht vorgetragen.

[19] b) Eine nachhaltig gesicherte Lebensstellung i. S. der §§ 1615 l III 1, 1610 I BGB kann sich zwar auch aus einem Unterhaltsanspruch gegen einen früheren Ehegatten ergeben, wenn dieser Anspruch den Lebensbedarf des Unterhaltsberechtigten bis zur Geburt des gemeinsamen Kindes nachhaltig gesichert hat (*Senat*, NJW 2005, 818 = FamRZ 2005, 442 [443 f.]). Auch einen solchen Unterhaltsbedarf hat die Kl. hier aber nicht dargelegt.

[20] c) Entgegen der Rechtsauffassung der Kl. bestimmen sich ihre Lebensstellung und damit ihr Unterhaltsbedarf auch nicht als Quotenunterhalt nach den Einkommens- und Vermögensverhältnissen des Bekl. innerhalb ihrer nichtehelichen Lebensgemeinschaft.

[21] Der *Senat* hat bereits entschieden, dass sich die Lebensstellung des Unterhaltsberechtigten i. S. der §§ 1615 l II 2, III 1, 1610 I BGB nicht allein aus den tatsächlichen Umständen ergibt, sondern stets eine nachhaltig gesicherte Rechtsposition voraussetzt. Wenn die Eltern – wie hier – vor der Geburt ihres gemeinsamen Kindes in nichtehelicher Gemeinschaft zusammengelebt haben, beruhte ein gemeinsamer Lebensstandard regelmäßig auf freiwilligen Leistungen des besser verdienenden Partners. Denn ein Unterhaltsrechtsverhältnis entsteht nicht schon mit der Aufnahme einer nichtehelichen Lebensgemeinschaft, sondern gem. § 1615 l BGB erst aus Anlass der Geburt eines gemeinsamen Kindes. Weil der Partner seine Leistungen vor Beginn des Mutterschutzes deswegen jederzeit einstellen kann und das Gesetz außerhalb von Verwandtschaft und Ehe lediglich den Unterhaltsanspruch nach § 1615 l BGB vorsieht, ist der in einer nichtehelichen Lebensgemeinschaft ohne gemeinsames Kind erreichte tatsächliche Lebensstandard nicht geeignet, eine Lebensstellung für den späteren Unterhaltsanspruch zu begründen (*Senat*, BGHZ 177, 272 [284 ff.] = NJW 2008, 3125 = FamRZ 2008, 1739 [1742]; *OLG Zweibrücken*, FuR 2000, 286 Rdnr. 28). Dafür spricht auch, dass sich der Unterhalt nach § 1615 l BGB nicht – wie der nacheheliche Unterhalt gem. § 1578 I 1 BGB nach den ehelichen Lebensverhältnissen – nach den Lebensverhältnissen in der nichtehelichen Gemeinschaft, sondern allein nach der Lebensstellung des Unterhaltsberechtigten bemisst. Im Gegensatz zum nachehelichen Unterhalt (§ 1573 II BGB) sieht der Betreuungsunterhalt nach § 1615 l BGB deswegen auch keinen Aufstockungsunterhalt vor, der den Bedarf nach den eigenen Verhältnissen des Unterhaltsberechtigten nach Maßgabe eines von einem höheren Einkommen des Unterhaltspflichtigen abgeleiteten Unterhaltsbedarfs erhöht.

[22] Anderes gilt auch dann nicht, wenn aus der nichtehelichen Lebensgemeinschaft mehrere gemeinsame Kinder hervorgegangen sind. Auch dann sind für einen späteren Unterhaltsanspruch nach § 1615 l II 2 BGB die Verhältnisse bei Geburt des ersten Kindes maßgeblich. Denn diese Verhältnisse bestimmen zunächst – unabhängig von darüber hinaus gehenden freiwilligen Leistungen – als Lebensstellung des Unterhaltsberechtigten die Höhe des Unterhaltsbedarfs während der Erziehung und Betreuung des ersten Kindes. Dieser Unterhaltsbedarf wiederum bestimmt als Lebensstellung des Unterhaltsberechtigten regelmäßig auch den Unterhaltsbedarf nach der Geburt des weiteren Kindes. Der Betreuungsunterhalt aus Anlass der Betreuung und Erziehung eines weiteren Kindes kann allenfalls dann auf einen höheren Unterhaltsbedarf gerichtet sein, wenn der betreuende Elternteil zwischenzeitlich, z. B. durch ein nachhaltig gesichertes höheres Einkommen, eine höhere Lebensstellung erworben hatte (*Senat*, BGHZ 177, 272 [284 ff.] = NJW 2008, 3125 = FamRZ 2008, 1739 [1742]).

[23] Die tatsächlichen Verhältnisse während des nichtehelichen Zusammenlebens vor der Geburt des gemeinsamen Kindes konnten deswegen keine Lebensstellung i. S. der §§ 1615 l I 2, III 1, 1610 I BGB begründen.

(Mindestbedarf bei § 1615 l Abs. 2 BGB)

b [24] d) Mangels eines konkret feststellbaren höheren Lebensbedarfs ist das BerGer. schließlich zu Recht von einem Mindestbedarf der Kl. ausgegangen.

[25] aa) Die Frage, ob für einen Unterhaltsanspruch nach § 1615l BGB generell von einem Mindestbedarf ausgegangen werden kann, ist in Rechtsprechung und Literatur streitig.

[26] Teilweise wird ein Mindestbedarf mit der Begründung abgelehnt, die Mutter eines nichtehelich geborenen Kindes sei sonst besser gestellt als die Mutter eines ehelich geborenen Kindes, die nach der Rechtsprechung des *Senats* keinen pauschalen Mindestbedarf verlangen könne (OLG *Köln*, NJW-RR 2001, 364 = FamRZ 2001, 1322; OLG *Zweibrücken*, FuR 2000, 286 [288]; *Puls*, FamRZ 1998, 865 [873]).

[27] Überwiegend wird hingegen die Auffassung vertreten, für den Unterhaltsanspruch nach § 1615l II 2 BGB müsse ein Mindestbedarf gelten, da der angemessene Unterhalt i. S. des § 1610 I BGB das Existenzminimum nicht unterschreiten könne (OLG *Karlsruhe*, NJW 2004, 523; OLG *Hamm*, FF 2000, 137; Palandt/Diederichsen, BGB, 69. Aufl., § 1615l Rdnrn. 24 f.; *Scholz*, in: *Scholz/Stein*, Praxishdb. FamilienR, Teil K, Rdnr. 818 d; *Büttner/Niepmann*, NJW 2001, 2218; *Schilling*, in: Anw-Komm-BGB, 2005, § 1615l Rdnr. 16; *Wendl/Pauling*, § 7 Rdnr. 27; *Göppinger/Wax/Maurer*, UnterhaltsR, 9. Aufl., Rdnr. 1328; *Hoppenz/Hülsmann*, Familiensachen, 8. Aufl., § 1615l BGB Rdnr. 9; *Schnitzler/Wever*, Münchner Anwaltshdb. FamilienR, 2. Aufl., § 10 Rdnrn. 50 und 59; *Eschenbruch/Klinkhammer/Menne*, Der Unterhaltsprozess, 5. Aufl., Teil 4 Rdnr. 44; *Kalthoener/Büttner/Niepmann*, Die Rechtsprechung zur Höhe des Unterhalts, 10. Aufl., Rdnr. 215; *Büte/Poppen/Menne*, UnterhaltsR, 2. Aufl., § 1615l BGB Rdnr. 34; *Hamm*, Strategien im UnterhaltsR, 2. Aufl., Rdnr. 40; *Gerhardt*, in: FA-FamR, 7. Aufl., 6. Kap. Rdnrn. 396 und 731; *Maier*, in: FA-FamR, 6. Kap. Rdnr. 542; *Borth*, UnterhaltsrechtsänderungsG, Rdnr. 370; *Ehinger/Griesche/Rasch*, Hdb. UnterhaltsR, 5. Aufl., Rdnrn. 311 f.; *Heiß*, in: *Heiß/Born*, UnterhaltsR, 14. Kap. Rdnr. 56; vgl. auch Nr. 18 der Leitlinien der Oberlandesgerichte).

[28] bb) Der *Senat* konnte diese Rechtsfrage bislang dahinstehen lassen (*Senat*, BGHZ 177, 272 [287] = NJW 2008, 3125 = FamRZ 2008, 1739 [1743]). Lediglich für Fälle, in denen sich der Unterhaltsbedarf nach der Lebensstellung im Zeitpunkt der Geburt aus einem Unterhaltsanspruch gegen einen früheren Ehegatten ableitet und dieser Bedarf geringer ist als der Mindestbedarf, hat er – wie bislang beim Ehegattenunterhalt – einen Mindestbedarf abgelehnt (*Senat*, NJW 2007, 2409 = FamRZ 2007, 1303 [1304 f.]; NJW 1997, 1919 = FamRZ 1997, 806 [808]). Daran hält der *Senat* nicht mehr fest.

[29] (1) Der Unterhaltsanspruch nach § 1615l II BGB soll dem Berechtigten – wie auch der nacheheliche Betreuungsunterhalt nach § 1570 BGB – eine aus kind- und elternbezogenen Gründen notwendige persönliche Betreuung und Erziehung des gemeinsamen Kindes in den ersten Lebensjahren ermöglichen. Damit der betreuende Elternteil daran nicht durch eine Erwerbstätigkeit gehindert ist, darf sein Unterhaltsbedarf nicht unterhalb des Existenzminimums liegen, zumal er sonst in weiterem Umfang, als es nach den kind- und elternbezogenen Gründen angemessen ist, erwerbstätig sein müsste. Ein Unterhaltsbedarf unterhalb des Existenzminimums würde die im Einzelfall notwendige persönliche Betreuung nicht sicherstellen.

[30] (2) In Fällen, in denen der unterhaltsberechtigte Elternteil vor der Geburt des Kindes von Sozialleistungen gelebt hat, kann dessen Lebensstellung nicht mit Null angesetzt werden, weil sonst für diesen Elternteil ein Unterhaltsanspruch nach § 1615l II BGB von vornherein ausgeschlossen wäre. In solchen Fällen ergibt sich die Lebensstellung vielmehr aus der Höhe der gezahlten Sozialleistung, weil Einkünfte in dieser Höhe nach den §§ 8 ff. SGB XII gesetzlich garantiert sind. Entsprechend ist auch Unterhaltsberechtigten mit geringeren Einkünften ein solcher Mindestbedarf in Höhe des Existenzminimums zuzubilligen, weil ihr Bedarf nicht geringer sein kann, als der Bedarf eines Unterhaltsberechtigten ohne eigene Einkünfte. Auch diese Unterhaltsberechtigten haben eine gesicherte Lebensstellung in Höhe des Existenzminimums, weil sie neben ihren geringen Einkünften aufstockende Sozialhilfe beantragen können.

[31] (3) Frühere Erwägungen des *Senats*, die zur Sicherung des seinerzeit noch gleichrangigen Kindesunterhalts einem Mindestunterhalt des betreuenden Elternteils entgegenstanden (*Senat*, NJW 2007, 2409 = FamRZ 2007, 1303 [1304 f.]; NJW 1997, 1919 = FamRZ 1997, 806 [808]), gelten heute nicht mehr. Schon zum früheren Unterhaltsrecht hatte der *Senat* im Rahmen der wegen des Gleichrangs des Unterhalts minderjähriger Kinder und des nachehelichen Unterhalts geborenen Mangelfallberechnung Einsatzbeträge gewählt, die eine gleichmäßige Aufteilung des für Unterhaltszwecke zur Verfügung stehenden Einkommens ermöglichen (*Senat*, NJW 2003, 1112 = FamRZ 2003, 363 [365 f.]). Inzwischen hat der Gesetzgeber durch das Unterhaltsrechtsänderungsgesetz vom 21. 12. 2007 in § 1612 a BGB einen Mindestunterhalt für minderjährige Kinder eingeführt, der sich am steuerlichen Kinderfreibetrag orientiert. Entscheidend ist aber, dass der Unterhaltsanspruch minderjähriger und privilegiert volljähriger Kinder jetzt nach § 1609 Nr. 1 BGB allen anderen Unterhaltsansprüchen vorgeht. Die Höhe des Bedarfs nachrangiger Unterhaltsberechtigter hat deswegen auf die Leistungsfähigkeit für den

Unterhalt minderjähriger Kinder keine Auswirkungen mehr (zur Bedarfsbemessung vgl. *Senat*, BGHZ 178, 79 [83 f.] = NJW 2008, 3562 = FamRZ 2008, 2189 [2190]).

[32] (4) Auch der Grundsatz der Halbteilung steht einem Mindestbedarf beim Betreuungsunterhalt nicht entgegen. Denn nach der Rechtsprechung des *Senats* bleibt dem Unterhaltspflichtigen regelmäßig ein Selbstbehalt von seinen eigenen Einkünften, dessen Höhe zwar von der Art seiner Unterhaltspflicht abhängig ist, der den nur geringfügig über dem Existenzminimum pauschalierten Mindestbedarf aber keinesfalls unterschreitet (*Senat*, NJW 2008, 1373 = FamRZ 2008, 594 [596 f.]). Gegenüber dem nachehelichen Unterhalt und dem Unterhalt wegen Betreuung eines nichtehelich geborenen Kindes nach § 1615 l BGB beträgt der Selbstbehalt regelmäßig 1000 Euro (BGHZ 166, 351 [356] = NJW 2006, 1654 = FamRZ 2006, 683 [684]). Damit verbleibt dem Unterhaltspflichtigen von seinen eigenen Einkünften jedenfalls mehr, als dem Unterhaltsberechtigten – orientiert am Existenzminimum – als Mindestbedarf zusteht.

[33] (5) Soweit ein Mindestbedarf im Rahmen des Betreuungsunterhalts nach § 1615 l II BGB mit der Erwägung abgelehnt wird, dem Elternteil eines nichtehelich geborenen Kindes könne kein höherer Bedarf zustehen als einem geschiedenen Ehegatten, der ein gemeinsames Kind betreut, überzeugt auch dies nicht. Dieses Argument betrifft das Verhältnis zwischen dem Betreuungsunterhalt nach § 1615 l II BGB und dem nachehelichen Unterhalt. Die Gründe, die im Rahmen des Betreuungsunterhalts für einen am Existenzminimum orientierten Mindestbedarf sprechen, gelten in gleicher Weise auch für den gesamten Ehegattenunterhalt. Auch insoweit kann der Bedarf das Existenzminimum nicht unterschreiten. Soweit der *Senat* darauf abgestellt hat, dass ein pauschalierter Mindestbedarf den nach den ehelichen Lebensverhältnissen zu bemessenden individuellen Bedarf nicht übersteigen dürfe (*Senat*, NJW 1997, 1919 = FamRZ 1997, 806), ist zu berücksichtigen, dass die Ehegatten auch in ihrer Ehezeit jedenfalls einen Mindestlebensstandard in Höhe des Existenzminimums hatten.

[34] cc) Da der Mindestbedarf nach dem Zweck einer Sicherung des notwendigen Bedarfs am Existenzminimum ausgerichtet ist, erfordert die unterhaltsrechtlich eine Pauschalierung, die der *Senat* auch in anderem Zusammenhang nach Maßgabe des notwendigen Selbstbehalts vorgenommen hat (vgl. BGHZ 166, 351 [356] = NJW 2006, 1654 = FamRZ 2006, 683 [684] zum Selbstbehalt).

[35] (1) Soweit in der Literatur sogar ein Mindestbedarf in Höhe des angemessenen Bedarfs von zurzeit 1000 Euro monatlich befürwortet wird (*Gerhardt*, in: FA-FamR, Kap. 6 Rdnrn. 396 und 731), überzeugt dies nicht.

[36] Der Bedarf eines Unterhaltsberechtigten kann nicht mit dem entsprechenden Selbstbehalt eines Unterhaltspflichtigen gleichgesetzt werden (vgl. insoweit *Senat*, NJW 2010, 365; BGHZ 179, 196 [206 f.] = NJW 2009, 588 = FamRZ 2009, 411 [414] Rdnrn. 30 f.).

[37] Soweit außerdem vertreten wird, der angemessene Unterhalt nach § 1610 I BGB könne nicht auf das Existenzminimum beschränkt bleiben, verkennt diese Meinung, dass es hier lediglich um einen Mindestbedarf geht, der die unterste Schwelle des Unterhalts nach der Lebensstellung des Bedürftigen bildet.

[38] (2) Im Rahmen der gebotenen Pauschalierung ist für einen Mindestbedarf in Höhe des Existenzminimums nicht auf den Selbstbehalt eines erwerbstätigen Unterhaltspflichtigen abzustellen. Der am Existenzminimum orientierte Mindestbedarf kann sich lediglich nach dem Betrag richten, der einem nicht erwerbstätigen Unterhaltspflichtigen als notwendiger Selbstbehalt zur Verfügung steht und gegenwärtig nach der Düsseldorfer Tabelle und den unterhaltsrechtlichen Leitlinien der Oberlandesgerichte 770 Euro beträgt. Der darüber hinausgehende Selbstbehalt des Erwerbstätigen (900 Euro) schließt einen Erwerbsanreiz ein (*Wendl/Klinkhammer*, § 2 Rdnrn. 260 ff., 267), der auf Seiten des Unterhaltspflichtigen seine Berechtigung hat, aber nicht in gleicher Weise auf den Unterhaltsberechtigten übertragen werden kann. Denn dieser ist ohnehin gehalten, im Rahmen seiner Möglichkeiten den eigenen Lebensbedarf sicherzustellen. Die in dem Differenzbetrag zwischen dem notwendigen Selbstbehalt eines Erwerbstätigen und demjenigen eines nicht Erwerbstätigen ebenfalls enthaltenen gemischten Aufwendungen haben zunehmend an Bedeutung verloren (vgl. *Klinkhammer*, FamRZ 2007, 85 [87 ff.]). Weil der pauschalierte notwendige Selbstbehalt eines nicht Erwerbstätigen über das Existenzminimum hinausgeht, sind diese Aufwendungen bereits darin enthalten. Soweit der Unterhaltsberechtigte eigene Einkünfte erzielt, können die damit verbundenen erwerbsbedingten Aufwendungen wie beim Pflichtigen abgesetzt werden (vgl. *Wendl/Dose*, § 1 Rdnrn. 87 ff.).

(Dauer des Unterhaltsanspruchs nach § 1615 l Abs. 2 BGB)

[45] b) Auch auf der Grundlage der Neufassung des § 1615 l II BGB für Unterhaltsansprüche ab dem 1. 1. 2008 steht der Kl. kein über den zugesprochenen Unterhalt hinausgehender Anspruch zu, weil das *OLG* ihr zu Recht ein fiktiv erzielbares Einkommen angerechnet hat.

[46] aa) Nach § 1615 l II 2 BGB steht der Mutter eines nichtehelich geborenen Kindes über die Dauer des Mutterschutzes hinaus ein Unterhaltsanspruch gegen den Vater zu, wenn von ihr wegen Pflege und Erziehung eines Kindes eine Erwerbstätigkeit nicht erwartet werden kann. Nach § 1615 l II 3 BGB besteht die Unterhaltspflicht des betreuenden Elternteils für mindestens drei Jahre nach der

Geburt des Kindes. Sie verlängert sich, so lange und soweit dies der Billigkeit entspricht. Dabei sind insbesondere die Belange des Kindes und die bestehenden Möglichkeiten der Kinderbetreuung zu berücksichtigen. Insoweit hat der Gesetzgeber die Vorschrift des § 1615 l II BGB und den nachehelichen Betreuungsunterhalt nach § 1570 BGB weitgehend einander angeglichen (vgl. *Senat*, NJW 2009, 2592 = FamRZ 2009, 1391 [1393], zum nachehelichen Betreuungsunterhalt, sowie BT-Dr 16/6980, S. 8 ff.).

[47] bb) Mit der Einführung des Basisunterhalts bis zur Vollendung des dritten Lebensjahres hat der Gesetzgeber dem betreuenden Elternteil die freie Entscheidung eingeräumt, ob er das Kind in dessen ersten drei Lebensjahren in vollem Umfang selbst betreuen oder andere Betreuungsmöglichkeiten in Anspruch nehmen will. Ein während dieser Zeit erzieltes Einkommen ist somit stets überobligatorisch und der betreuende Elternteil kann eine bestehende Erwerbstätigkeit jederzeit wieder aufgeben und sich voll der Erziehung und Betreuung des Kindes widmen. Insoweit unterscheiden sich der nachehelliche Betreuungsunterhalt und der Unterhaltsanspruch wegen Betreuung eines nichtehelich geborenen Kindes nicht, weil der Anspruch auf dem verfassungsrechtlich durch Art. 6 II GG geschützten Recht der Kinder auf Pflege und Erziehung beruht. Entscheidet sich der betreuende Elternteil allerdings dafür, das Kind auf andere Weise betreuen zu lassen und erzielt er eigene Einkünfte, ist das überobligatorisch erzielte Einkommen nach den Umständen des Einzelfalles anteilig zu berücksichtigen (*Senat*, NJW 2009, 2592 = FamRZ 2009, 1391 [1393] m. w. Nachw.; NJW 2005, 2145 = FamRZ 2005, 1154 [1156 f.]).

[48] cc) Für die – hier relevante – Zeit ab Vollendung des dritten Lebensjahres steht dem betreuenden Elternteil nach der gesetzlichen Neuregelung nur noch dann ein fortdauernder Anspruch auf Betreuungsunterhalt zu, wenn dies der Billigkeit entspricht (§ 1615 l II 4 BGB). Damit verlangt die Neuregelung allerdings keinen abrupten Wechsel von der elterlichen Betreuung zu einer Vollzeiterwerbstätigkeit (BT-Dr 16/6980, S. 9). Insbesondere nach Maßgabe der im Gesetz ausdrücklich genannten kindbezogenen Gründe ist unter Berücksichtigung der bestehenden Möglichkeiten der Kinderbetreuung (§ 1615 l II 5 BGB) ein gestufter Übergang bis hin zu einer Vollzeiterwerbstätigkeit möglich (zum nachehelichen Betreuungsunterhalt vgl. *Senat*, NJW 2009, 2592 = FamRZ 2009, 1391 [1393 f.] m. w. Nachw.). Neben den vorrangig zu berücksichtigenden kindbezogenen Gründen sieht § 1570 II BGB für den nachehelichen Betreuungsunterhalt eine weitere Verlängerungsmöglichkeit aus elternbezogenen Gründen vor. Danach verlängert sich der nacheheliche Betreuungsunterhalt über die Verlängerung aus kindbezogenen Gründen hinaus, wenn dies unter Berücksichtigung der Gestaltung von Kinderbetreuung und Erwerbstätigkeit in der Ehe sowie deren Dauer der Billigkeit entspricht. Insoweit ist also ausdrücklich auch ein Vertrauenstatbestand zu berücksichtigen, der sich aus den Nachwirkungen der Ehe ergeben kann. Im Rahmen des – hier relevanten – Anspruchs wegen Betreuung eines nichtehelich geborenen Kindes ist diese Regelung zwar nicht ausdrücklich übernommen worden. Weil § 1615 l II 5 BGB jedoch eine Verlängerung des Unterhaltsanspruchs „insbesondere" aus kindbezogenen Gründen zulässt, kommen auch elternbezogene Umstände für eine Verlängerung des Betreuungsunterhalts in Betracht. Das gilt insbesondere dann, wenn die Eltern – wie hier – mit ihrem gemeinsamen Kind zusammengelebt haben und deswegen auch ein eventueller Vertrauenstatbestand als Nachwirkung dieser Familie zu berücksichtigen ist (BT-Dr 16/6980, S. 10). Dabei ist allerdings stets zu beachten, dass die gesetzliche Regel, wonach der Betreuungsunterhalt grundsätzlich nur für drei Jahre geschuldet ist und eine Verlängerung über diesen Zeitraum hinaus ausdrücklich begründet werden muss, nicht in ihr Gegenteil verkehrt werden darf (*Senat*, BGHZ 177, 272 [305 f.] = NJW 2008, 3125 = FamRZ 2008, 1739 [1748] m. w. Nachw.).

(Darlegungs- und Beweislast)

d [49] Der Unterhaltsberechtigte trägt allerdings die Darlegungs- und Beweislast für die Voraussetzungen einer Verlängerung des Betreuungsunterhalts über die Dauer von drei Jahren hinaus. Er hat also zunächst darzulegen und zu beweisen, dass keine kindgerechte Einrichtung für die Betreuung des gemeinsamen Kindes zur Verfügung steht oder dass aus besonderen Gründen eine persönliche Betreuung erforderlich ist. Auch Umstände, die aus elternbezogenen Gründen zu einer eingeschränkten Erwerbspflicht und damit zur Verlängerung des Betreuungsunterhalts führen können, hat der Unterhaltsberechtigte darzulegen und zu beweisen (*Senat*, NJW 2009, 2592 = FamRZ 2009, 1391 [1393] m. w. Nachw.; BGHZ 177, 272 [304] = NJW 2008, 3125 = FamRZ 2008, 1739 [1748]).

[50] Kindbezogene wie elternbezogene Gründe für eine Verlängerung des Betreuungsunterhalts über die Vollendung des dritten Lebensjahres des Kindes hinaus hat die Kl. hier auch auf ausdrücklichen Hinweis des BerGer. nicht vorgetragen. Sie können deswegen nur insoweit berücksichtigt werden, als sie auf der Grundlage des festgestellten Sachverhalts auf der Hand liegen.

BGH v. 17. 2. 2010 – XII ZR 140/08 – FamRZ 2010, 629 = NJW 2010, 1598

(Begrenzung und Befristung des Krankheitsunterhalts)

[22] 2. Ein Anspruch auf nachehelichen Unterhalt ist nach § 1578b I 1 BGB herabzusetzen, wenn eine an den ehelichen Lebensverhältnissen orientierte Bemessung des Unterhaltsanspruchs auch unter Wahrung der Belange eines dem Berechtigten zur Pflege und Erziehung anvertrauten gemeinschaftlichen Kindes unbillig wäre.

[23] a) Dabei ist insbesondere zu berücksichtigen, inwieweit durch die Ehe Nachteile im Hinblick auf die Möglichkeit eingetreten sind, für den eigenen Unterhalt zu sorgen (§ 1578b I 2 BGB). Wie schon nach der Rechtsprechung des *Senats* zu § 1573 V BGB a. F. (*Senat*, NJW 2006, 2401 = FamRZ 2006, 1006 [1007]) schränken solche ehebedingten Nachteile regelmäßig auch nach der Neufassung des § 1578b BGB (vgl. BT-Dr 16/1830, S. 19) die Möglichkeit einer Befristung und Begrenzung des nachehelichen Unterhalts ein (*Senat*, NJW 2009, 2450 = FamRZ 2009, 1207 Rdnr. 35; NJW 2008, 2581 = FamRZ 2008, 1325 Rdnrn. 35 f.). Solche Nachteile können sich nach § 1578b I 3 BGB vor allem aus der Dauer der Pflege oder Erziehung eines gemeinschaftlichen Kindes, aus der Gestaltung von Haushaltsführung und Erwerbstätigkeit während der Ehe sowie aus der Dauer der Ehe ergeben. So führt etwa im Rahmen des Betreuungsunterhalts nach § 1570 BGB eine fehlende oder eingeschränkte Erwerbsmöglichkeit wegen Betreuung eines gemeinsamen Kindes (vgl. insoweit *Senat*, BGHZ 180, 170 = NJW 2009, 1876 = FamRZ 2009, 770 Rdnrn. 19 ff.) zu einem ehebedingten Nachteil, der regelmäßig unterhaltsrechtlich auszugleichen ist.

[24] b) Beim Krankheitsunterhalt nach § 1572 BGB, bei dem die Krankheit selbst regelmäßig nicht ehebedingt ist, kann sich ein ehebedingter Nachteil nur daraus ergeben, dass ein Unterhaltsberechtigter auf Grund der Rollenverteilung in der Ehe nicht ausreichend für den Fall der krankheitsbedingten Erwerbsminderung vorgesorgt hat und seine Erwerbsunfähigkeitsrente infolge der Ehe oder Kindererziehung geringer ist, als sie ohne die Ehe wäre (*Senat*, BGHZ 179, 43 = NJW 2009, 989 = FamRZ 2009, 406 Rdnr. 34; NJW 2009, 2450 = FamRZ 2009, 1207 Rdnr. 36). Insoweit entsprechen sich der Krankheitsunterhalt nach § 1572 BGB und der Altersunterhalt nach § 1571 BGB. In beiden Fällen ist allerdings zu berücksichtigen, dass der Ausgleich unterschiedlicher Vorsorgebeiträge vornehmlich Aufgabe des Versorgungsausgleichs ist, durch den die Interessen des Unterhaltsberechtigten regelmäßig ausreichend gewahrt werden. Ehebedingte Nachteile i. S. von § 1578b BGB können also nicht mit den durch die Unterbrechung der Erwerbstätigkeit während der Ehe bedingten geringeren Rentenanwartschaften begründet werden, wenn für diese Zeit ein Versorgungsausgleich stattgefunden hat. Nachteile in der Versorgungsbilanz sind dann in gleichem Umfang von beiden Ehegatten zu tragen und somit vollständig ausgeglichen (*Senat*, NJW 2008, 2581 = FamRZ 2008, 1325 Rdnr. 43; NJW 2008, 2644 = FamRZ 2008, 1508 Rdnr. 25).

[25] § 1578b BGB beschränkt sich nach dem Willen des Gesetzgebers allerdings nicht auf die Kompensation ehebedingter Nachteile, sondern berücksichtigt auch eine darüber hinausgehende nacheheliche Solidarität (BT-Dr 16/1830, S. 19). Denn indem § 1578b I 2 BGB „insbesondere" auf das Vorliegen ehebedingter Nachteile abstellt, schließt es eine Berücksichtigung anderer Gesichtspunkte bei der Billigkeitsabwägung nicht aus. Dieser Umstand gewinnt besonders im nachehelichen Unterhalt gem. § 1572 BGB wegen einer Krankheit, die regelmäßig nicht ehebedingt ist, an Bedeutung (*Senat*, BGHZ 179, 43 = NJW 2009, 989 = FamRZ 2009, 406 Rdnr. 37; NJW 2009, 2450 = FamRZ 2009, 1207 Rdnr. 37).

[26] Bei einer schweren Krankheit und der durch sie bedingten Erwerbsunfähigkeit handelt es sich in der Regel allerdings um eine schicksalhafte Entwicklung. Eine dauerhafte Unterhaltsverantwortung des geschiedenen Ehegatten für das allein im zeitlichen Zusammenhang mit der Ehe stehende Krankheitsrisiko ist deswegen nicht ohne Weiteres gerechtfertigt.

[27] Andererseits hat der Gesetzgeber mit der Schaffung des Unterhaltsanspruchs wegen Krankheit oder Gebrechen in § 1572 BGB ein besonderes Maß an nachehelicher Solidarität festgeschrieben, das auch im Rahmen der Begrenzung und Befristung dieses nachehelichen Unterhalts nicht unberücksichtigt bleiben kann. Auch in solchen Fällen, in denen die fortwirkende eheliche Solidarität das wesentliche Billigkeitsargument bildet, fällt den in § 1578b I 3 BGB genannten einzelnen Umständen besondere Bedeutung zu (BT-Dr 16/1830, S. 19). Auf deren Grundlage, insbesondere der Dauer der Pflege oder Erziehung gemeinschaftlicher Kinder, der Gestaltung von Haushaltsführung und Erwerbstätigkeit während der Ehe sowie der Dauer der Ehe ist auch der Umfang einer geschuldeten nachehelichen Solidarität zu bemessen (*Senat*, NJW 2009, 2450 = FamRZ 2009, 1207 Rdnrn. 38 f.).

(Angemessener Lebensbedarf i. S. von § 1578b BGB)

[28] c) Der Maßstab des angemessenen Lebensbedarfs, der nach § 1578b BGB regelmäßig die Grenze für die Herabsetzung des nachehelichen Unterhalts bildet, bemisst sich nach dem Einkommen, das der unterhaltsberechtigte Ehegatte ohne die Ehe und Kindererziehung aus eigenen Einkünften zur

Verfügung hätte. Dabei ist auch auf die konkrete Lebenssituation des Unterhaltsberechtigten abzustellen.

[29] Ist der Unterhaltsberechtigte erwerbsfähig, ist auf das Einkommen abzustellen, das er ohne die Unterbrechung der Erwerbstätigkeit durch die Ehe oder die Kindererziehung erzielen könnte (*Senat*, NJW 2009, 3783 = FamRZ 2009, 1990 [1991] Rdnr. 14). Ist der Unterhaltsberechtigte hingegen bereits Rentner, kann lediglich auf das Renteneinkommen aus einer solchen Erwerbstätigkeit abgestellt werden, wobei von der tatsächlichen Rente nach durchgeführtem Versorgungsausgleich auszugehen ist. Beim Krankheitsunterhalt kann hingegen nur auf das Einkommen abgestellt werden, das der kranke Unterhaltsberechtigte ohne die Ehe und Kindererziehung zur Verfügung hätte. Denn wenn er auch ohne die Ehe zu keiner Erwerbstätigkeit in der Lage wäre, kann nicht auf ein fiktives Einkommen abgestellt werden, das ein gesunder Unterhaltsberechtigter erzielen könnte. Falls die Krankheit – wie regelmäßig – nicht ehebedingt ist, ergibt sich der angemessene Lebensbedarf i. S. von § 1578 b I 1 BGB bei vollständiger Erwerbsunfähigkeit also aus der Höhe der Erwerbsunfähigkeitsrente, wobei auch hier von der tatsächlichen Rente nach Durchführung des Versorgungsausgleichs auszugehen ist. Nur wenn der Unterhaltsberechtigte noch teilweise erwerbsfähig ist, kann daneben auf Erwerbseinbußen als ehebedingten Nachteil abgestellt werden. Aus dem Begriff der Angemessenheit folgt aber zugleich, dass der nach § 1578 b BGB herabgesetzte Unterhaltsbedarf jedenfalls das Existenzminimum des Unterhaltsberechtigten erreichen muss (*Senat*, NJW 2009, 3783 = FamRZ 2009, 1990 [1991] Rdnr. 14).

[30] Erzielt der Unterhaltsberechtigte eigene Einkünfte, die diesen angemessenen Unterhaltsbedarf erreichen, oder könnte er solche Einkünfte erzielen, kann dies im Rahmen der Billigkeitsabwägung nach einer Übergangszeit, in der er sich nach gescheiterter Ehe von den ehelichen Lebensverhältnissen auf den Lebensbedarf nach den eigenen Einkünften umstellen kann, zum vollständigen Wegfall des nachehelichen Unterhalts in Form einer Befristung führen (*Senat*, NJW 2009, 3783 = FamRZ 2009, 1990 [1991] Rdnr. 15 m. w. Nachw.; NJW 2006, 2401 = FamRZ 2006, 1006 [1007 f.]). Erzielt der Unterhaltsberechtigte nach einer ehebedingten Einschränkung seiner Erwerbstätigkeit hingegen lediglich Einkünfte, die den eigenen Unterhaltsbedarf nach § 1578 b I 1 BGB nicht erreichen, scheidet eine Befristung des Unterhaltsanspruchs nach § 1578 b II BGB regelmäßig aus. Auch dann kann der Unterhaltsanspruch nach einer Übergangszeit aber bis auf die Differenz zwischen dem angemessenen Unterhaltsbedarf und dem erzielten oder erzielbaren eigenen Einkommen herabgesetzt werden (*Senat*, NJW 2009, 3783 = FamRZ 2009, 1990 Rdnr. 16).

[31] d) Der angemessene Lebensbedarf, der nach § 1578 b I 1 BGB regelmäßig die Grenze für die Herabsetzung des nachehelichen Unterhalts bildet, bemisst sich beim Unterhaltsanspruch wegen vollständiger Erwerbslosigkeit wegen Krankheit oder Gebrechen nach § 1572 BGB also grundsätzlich nach den eigenen Renteneinkünften des kranken Unterhaltsberechtigten. Nur wenn die eigenen Einkünfte darunter liegen, bildet das Existenzminimum die unterste Grenze des angemessenen Lebensbedarfs.

(Mindestbedarf beim Ehegattenunterhalt)

c [32] Der Unterhaltsanspruch wegen Krankheit oder Gebrechen nach § 1572 BGB kann mithin nach § 1578 b BGB bei geringeren Einkünften auf den Mindestbedarf herabgesetzt werden, der sich am Existenzminimum orientiert und nach der Rechtsprechung des *Senats* die unterste Grenze des Unterhaltsbedarfs beim nachehelichen Unterhalt und beim Betreuungsunterhalt nach § 1615 l BGB bildet. Dabei darf die Höhe des stets zu wahrenden Existenzminimums mit dem angemessenen Selbstbehalt eines nicht erwerbstätigen Unterhaltspflichtigen pauschaliert werden (*Senat*, NJW 2010, 937; NJW 2010, 1138). Dass der Selbstbehalt eines Unterhaltspflichtigen darüber hinausgeht und gegenüber dem nachehelichen Unterhalt sowie dem Unterhaltsanspruch nach § 1615 l BGB regelmäßig mit zurzeit 1000 Euro monatlich angesetzt wird (vgl. Düsseldorfer Tabelle, Stand: 1. 1. 2010, B IV, Sonderbeil. zu NJW H. 12/2010, S. 3 = FamRZ 2010, 173 [174]; Nr. 21.4 der Leitlinien der OLG), steht dem nicht entgegen, weil der Bedarf eines Unterhaltsberechtigten nicht mit dem entsprechenden Selbstbehalt eines Unterhaltspflichtigen gleichgesetzt werden darf (vgl. insoweit *Senat*, NJW 2010, 937; BGHZ 179, 196 = NJW 2009, 588 = FamRZ 2009, 411 Rdnrn. 30 f.).

[33] Der am Existenzminimum orientierte Mindestbedarf bemisst sich nach dem Betrag, der einem nicht erwerbstätigen Unterhaltspflichtigen als notwendiger Selbstbehalt zur Verfügung steht und gegenwärtig nach der Düsseldorfer Tabelle und den unterhaltsrechtlichen Leitlinien der OLG 770 Euro beträgt. Soweit der notwendige Selbstbehalt eines Erwerbstätigen mit gegenwärtig 900 Euro darüber hinausgeht, schließt er einen Erwerbsanreiz ein, der auf Seiten des Unterhaltspflichtigen seine Berechtigung hat, aber nicht in gleicher Weise auf den Unterhaltsberechtigten übertragen werden kann (*Senat*, NJW 2010, 937; NJW 2010, 1138).

(Billigkeitsprüfung nach § 1578 b BGB)

d [34] 3. Auf der Grundlage dieser Rechtsprechung des *Senats* hält die angefochtene Entscheidung den Angriffen der Revisionen nicht stand.

Anhang R. Rechtsprechung   R710

[35] a) Im Ansatz zutreffend ist das BerGer. allerdings davon ausgegangen, dass nach der Rechtsprechung des *Senats* auch hinsichtlich des Krankheitsunterhalts eine Begrenzung und Befristung nach § 1578 b BGB in Betracht kommt und dabei eine umfassende Billigkeitsprüfung erforderlich ist. Soweit das BerGer. hier ehebedingte Nachteile abgelehnt hat, ist dies ebenfalls nicht zu beanstanden. Die Behauptung der Ast., ihre Krebserkrankung stehe im Zusammenhang mit der erheblichen Belastung durch die Betreuung des inzwischen verstorbenen behinderten Kindes, ist zu pauschal und unsubstanziiert, als dass der Ag. sich darauf einlassen könnte. Dass die Ast. keine Festanstellung als Lehrerin erhalten hat, ist nicht auf die Rollenverteilung in der Ehe, sondern auf ihre Erkrankung während ihrer späteren Lehrertätigkeit zurückzuführen.

[36] b) Im Rahmen der gebotenen Billigkeitsprüfung hat das BerGer. zu Recht die relativ lange Ehedauer berücksichtigt, die bis zur Zustellung des Scheidungsantrags 20 Jahre betrug. Dabei ist nach der Rechtsprechung des *Senats* grundsätzlich auf die Zeit von der Eheschließung (hier Juni 1981) bis zur Zustellung des Scheidungsantrags (hier Juni 2001) abzustellen (*Senat*, BGHZ 179, 43 = NJW 2009, 989 = FamRZ 2009, 406 Rdnr. 35; NJW 1986, 2832 = FamRZ 1986, 886 [888]). Allerdings stellt das Merkmal der Ehedauer im Regelungszusammenhang des § 1578 b I 3 BGB nur ein Indiz für die zunehmende Verflechtung der beiderseitigen Verhältnisse dar. Zutreffend hat das BerGer. deswegen weiter darauf abgestellt, dass die Ast. die gemeinsame Tochter und bis zu dessen Tod auch den gemeinsamen Sohn betreut und erzogen hat, wobei in die Betreuung des schwerbehinderten Sohnes nach den Feststellungen des BerGer. aber auch der Ag. eingebunden war. Ebenfalls zu Recht hat das BerGer. berücksichtigt, dass die Ast. wegen der Betreuung der gemeinsamen Kinder zunächst keine Erwerbstätigkeit ausgeübt hatte und sie nach dem Tod des gemeinsamen Sohnes und der Internatsunterbringung der Tochter allerdings eine Zweitausbildung zur Drehbuchautorin durchgeführt hat, in deren Folge sie in diesem Beruf sehr erfolgreich war.

[37] c) Gleichwohl kann die Entscheidung des BerGer. zur Begrenzung des Anspruchs auf nachehelichen Krankheitsunterhalt keinen Bestand haben. Zwar ist die Abwägung aller für die Billigkeitsentscheidung nach § 1578 b BGB in Betracht kommenden Gesichtspunkte Aufgabe des Tatrichters (*Senat*, NJW 2009, 3783 = FamRZ 2009, 1990 Rdnr. 19). Sie ist vom RevGer. aber daraufhin zu überprüfen, ob der Tatrichter die im Rahmen der Billigkeitsprüfung maßgebenden Rechtsbegriffe verkannt oder für die Einordnung unter diese Begriffe wesentliche Umstände unberücksichtigt gelassen hat. Der revisionsrechtlichen Überprüfung unterliegt insbesondere, ob der Tatrichter sich mit dem Prozessstoff und den Beweisergebnissen umfassend und widerspruchsfrei auseinander gesetzt hat, seine Würdigung also vollständig und rechtlich möglich ist und nicht gegen Denkgesetze oder Erfahrungssätze verstößt. Das ist hier nicht der Fall.

[38] aa) Bei der Bemessung der Übergangszeit ist das BerGer. zu Lasten der Ast. davon ausgegangen, dass bis zur Herabsetzung auf den angemessenen Lebensbedarf nach § 1578 b BGB seit der Trennung der Parteien zehn Jahre und der rechtskräftigen Scheidung etwa sechs Jahre vergangen sind. Der Entscheidung ist aber nicht zu entnehmen, ob sich das BerGer. des Umstands bewusst war, dass diese Frist überwiegend in eine Zeit vor Geltung des § 1578 b BGB fällt (vgl. *Senat*, BGHZ 179, 43 = NJW 2009, 989 = FamRZ 2009, 406 Rdnr. 41). Denn vor der Gesetzesänderung zum 1. 1. 2008 konnte der Krankheitsunterhalt lediglich auf den angemessenen Lebensbedarf herabgesetzt werden (§ 1578 I 2 BGB a. F.). Auf der Grundlage jener gesetzlichen Regelung hatte die Begrenzung und Befristung des nachehelichen Unterhalts erst durch das Senatsurteil vom 12. 4. 2006 (NJW 2006, 2401 = FamRZ 2006, 1006) an Bedeutung gewonnen. Das BerGer. wird deswegen erneut zu prüfen haben, ob eine ab diesem Zeitpunkt laufende Übergangsfrist von viereinhalb Jahren bis zum 1. 10. 2010 im vorliegenden Fall der Billigkeit entspricht.

[41] dd) Schließlich hätte das BerGer. im Rahmen der Billigkeitsprüfung nach § 1578 b BGB für eine Herabsetzung des Krankheitsunterhalts auch die Einkommens- und Vermögensverhältnisse beider Parteien berücksichtigen müssen (*Senat*, BGHZ 179, 43 = NJW 2009, 989 = FamRZ 2009, 406 Rdnr. 39; NJW 2009, 2450 = FamRZ 2009, 1207 Rdnr. 43). Das war hier aber schon deswegen nicht möglich, weil es lediglich über eine Teilklage der Ast. entschieden und den Ag. zugleich zur weiteren Auskunft verurteilt hat. Ohne genaue Kenntnis der Einkommensverhältnisse des Ag. war dem BerGer. deswegen eine abschließende Entscheidung über eine Begrenzung des nachehelichen Krankheitsunterhalts verwehrt. Solange der Ag. eine Auskunft zu seinen weiteren Einkünften verweigerte, konnte das BerGer. der Ast. auch keinen unzureichenden Vortrag vorwerfen. Es hätte deswegen entweder zunächst durch Teilurteil über den Auskunftsantrag entscheiden oder in der gleichzeitigen Entscheidung über die Teilklage auf Unterhalt eine Entscheidung nach § 1578 b BGB ablehnen müssen.

[42] d) Nicht zu beanstanden ist allerdings, dass das *OLG* im vorliegenden Fall eine Befristung des Krankheitsunterhalts abgelehnt hat. Die nacheheliche Solidarität hat durch die Rollenverteilung in der mehr als 20 Jahre andauernden Ehe ein erhebliches Gewicht erhalten. Wenn das *OLG* deswegen und unter Berücksichtigung des geringen Renteneinkommens der Ast. sowie des deutlich höheren Erwerbseinkommens des Ag. eine Befristung nach § 1578 b II BGB aus Billigkeitsgründen abgelehnt hat, ist dagegen nichts zu erinnern.

R711, R712

BGH v. 24. 3. 2010 – XII ZR 175/08 – FamRZ 2010, 875 = NJW 2010, 1813

R711 *(Darlegungs- und Beweislast für Begrenzung und Befristung des nachehelichen Unterhalts)*

[18] b) Zutreffend ist der rechtliche Ausgangspunkt des BerGer., dass der Bekl. als Unterhaltsschuldner, der sich mit der Befristung auf eine prozessuale Einwendung beruft, die Darlegungs- und Beweislast hinsichtlich der für eine Befristung sprechenden Tatsachen trägt (*Senat*, NJW 2008, 151 = FamRZ 2008, 134 Rdnr. 22; NJW 2008, 2581 = FamRZ 2008, 1325 Rdnr. 41). In die Darlegungs- und Beweislast des Unterhaltspflichtigen fällt grundsätzlich auch der Umstand, dass der Kl. keine ehebedingten Nachteile i. S. von § 1578 b BGB entstanden sind.

[19] Die dem Unterhaltspflichtigen obliegende Darlegungs- und Beweislast erfährt jedoch Erleichterungen nach den von der Rechtsprechung zum Beweis negativer Tatsachen entwickelten Grundsätzen.

[20] aa) Nach der ständigen Rechtsprechung des *BGH* trifft den Prozessgegner der für eine negative Tatsache beweisbelasteten Partei eine so genannte sekundäre Darlegungslast (*Senat*, BGHZ 171, 232 = NJW-RR 2007, 1448 = FamRZ 2007, 896 Rdnrn. 20 f.; BGHZ 128, 167 [171] = NJW 1995, 662 [663]; BGHZ 154, 5 [9] = NJW 2003, 1449 [1450]; *BGH*, NJW 2003, 1039; NJW 2005, 2395 [2397]; NJW 2009, 3429 = ZIP 2009, 1654 Rdnr. 38; NJW 1958, 1188; NJW 2010, 1364 Rdnr. 81; zum Unterhaltsrecht vgl. *Wendl/Dose*, Das UnterhaltsR in der familienrichterlichen Praxis, 7. Aufl., § 6 Rdnrn. 721 ff.; vgl. auch Empfehlungen des Arbeitskreises 15 des 18. Deutschen Familiengerichtstags). Dadurch soll eine unbillige Belastung der beweispflichtigen Partei vermieden werden. Der Umfang der sekundären Darlegungslast richtet sich nach den Umständen des Einzelfalls. Die Darlegungen müssen so konkret sein, dass der beweisbelasteten Partei eine Widerlegung möglich ist.

[21] bb) Diese Grundsätze sind auf die Darlegung ehebedingter Nachteile i. S. von § 1578 b BGB ebenfalls anzuwenden. Würde den Unterhaltspflichtigen die uneingeschränkte Darlegungs- und Beweislast treffen, so müsste er sämtliche auch nur theoretisch denkbaren und nicht näher bestimmten Nachteile widerlegen, die auf Grund der Rollenverteilung innerhalb der Ehe möglicherweise entstanden sind. Das würde in Anbetracht dessen, dass die Tatsachen zur hypothetischen beruflichen Entwicklung den persönlichen Bereich des Unterhaltsberechtigten betreffen, zu einer unbilligen Belastung des Unterhaltspflichtigen führen.

[22] Soweit der *Senat* in der Vergangenheit für den Fall, dass der Unterhaltsberechtigte eine ehebedingt unterbrochene Erwerbstätigkeit nach der Scheidung wieder aufnehmen konnte, erwähnt hat, dass den Unterhaltsberechtigten dafür, dass ihm dennoch ehebedingte Nachteile entstanden seien, neben der Darlegungslast auch die Beweislast treffe (*Senat*, NJW 2008, 151 = FamRZ 2008, 134 Rdnr. 22; NJW 2008, 2581 = FamRZ 2008, 1325 Rdnr. 41; NJW 2009, 3783 = FamRZ 2009, 1990 Rdnr. 18), hält er daran nicht fest. In den beiden erstgenannten Fällen fehlte es bereits an hinreichenden Darlegungen des Unterhaltsberechtigten zu fortbestehenden ehebedingten Nachteilen und ist der *Senat* in der Sache bereits nach den oben genannten Grundsätzen verfahren (ähnlich auch *Senat*, NJW 1990, 2810 = FamRZ 1990, 857 [859 f.]). Für eine mit weiterreichenden Folgen verbundene Beweislastumkehr fehlt es nach der geltenden Gesetzeslage und dem Regel-Ausnahme-Verhältnis von Unterhaltspflicht und Unterhaltsbegrenzung, das auch durch das Unterhaltsrechtsänderungsgesetz vom 21. 12. 2007 nicht verändert worden ist, an einer hinreichenden Rechtfertigung, zumal den Beweisschwierigkeiten des Unterhaltspflichtigen bereits durch die sekundäre Darlegungslast des Unterhaltsberechtigten wirksam zu begegnen ist.

[23] Die sekundäre Darlegungslast hat im Rahmen von § 1578 b BGB zum Inhalt, dass der Unterhaltsberechtigte die Behauptung, es seien keine ehebedingten Nachteile entstanden, substanziiert bestreiten und seinerseits darlegen muss, welche konkreten ehebedingten Nachteile entstanden sein sollen. Erst wenn das Vorbringen des Unterhaltsberechtigten diesen Anforderungen genügt, müssen die vorgetragenen ehebedingten Nachteile vom Unterhaltspflichtigen widerlegt werden.

BGH v. 14. 4. 2010 – XII ZR 89/08 – FamRZ 2010, 869 = NJW 2010, 2056

R712 *(Konkurrenz des Aufstockungsunterhalts zu anderen Tatbeständen des nachehelichen Unterhalts)*

a [13] 1. Im Ausgangspunkt zu Recht ist das *OLG* von einem Anspruch der Kl. auf nachehelichen Unterhalt ausgegangen. Soweit es diesen Anspruch allerdings lediglich auf § 1570 BGB a. F. und § 1573 II BGB stützt, widerspricht dies auf der Grundlage der festgestellten Tatsachen der Rechtsprechung des *Senats*.

[14] a) Der *Senat* unterscheidet in ständiger Rechtsprechung bei der Abgrenzung des nachehelichen Unterhalts wegen eines Erwerbshindernisses nach den §§ 1570 bis 1572 BGB und des Aufstockungsunterhalts nach § 1573 II BGB danach, ob wegen des Hindernisses eine Erwerbstätigkeit vollständig oder nur zum Teil ausgeschlossen ist.

[15] Wenn der Unterhaltsberechtigte vollständig an einer Erwerbstätigkeit gehindert ist, ergibt sich der Unterhaltsanspruch allein aus den §§ 1570 bis 1572 BGB, und zwar auch für den Teil des

Anhang R. Rechtsprechung   R713

Unterhaltsbedarfs, der nicht auf dem Erwerbshindernis, sondern auf dem den angemessenen Lebensbedarf übersteigenden Bedarf nach den ehelichen Lebensverhältnissen gem. § 1578 I 1 BGB beruht. Ist der Unterhaltsberechtigte hingegen nur teilweise an einer Erwerbstätigkeit gehindert, ergibt sich der Unterhaltsanspruch wegen des allein durch die Erwerbshinderung verursachten Einkommensausfalls aus den §§ 1570 bis 1572 BGB und im Übrigen als Aufstockungsunterhalt aus § 1573 II BGB. Das gilt auch für die Abgrenzung von Krankheitsunterhalt nach § 1572 BGB und Aufstockungsunterhalt nach § 1573 II BGB (*Senat*, BGHZ 179, 43 = NJW 2009, 989 = FamRZ 2009, 406 Rdnrn. 20 ff.). Ist der Unterhaltsberechtigte also aus gesundheitlichen Gründen an einer vollschichtigen Erwerbstätigkeit gehindert und ist der Einsatzzeitpunkt des § 1572 BGB gewahrt, beruht der Anspruch auf nachehelichen Unterhalt entgegen der Rechtsauffassung des BerGer. nicht allein auf § 1573 II BGB.

[16] b) Das *OLG* hat für die – hier nicht mehr relevante – Zeit bis Ende 2007 im Hinblick auf das Alter der im Juli 1995 geborenen jüngsten gemeinsamen Tochter einen fortdauernden Anspruch auf Betreuungsunterhalt nach § 1570 BGB a. F. angenommen. Dagegen bestehen auf der Grundlage des früheren Rechts und des dazu seinerzeit allgemein anerkannten Altersphasenmodells für den Unterhaltsanspruch bis Ende 2007 keine Bedenken.

[17] Soweit das *OLG* der Kl. für die Zeit von Januar bis März 2008 eine Karenzzeit von drei Monaten für die Ausweitung ihrer Erwerbstätigkeit eingeräumt hat, stützt sich der Unterhaltsanspruch auf § 1570 BGB in der seit dem 1. 1. 2008 geltenden Fassung. Wenn das *OLG* dem Vertrauen der Kl. in das nach früherem Recht geltende Altersphasenmodell besonderes Gewicht eingeräumt und eine Ausweitung ihrer Erwerbstätigkeit erst nach Ablauf von drei Monaten seit Inkrafttreten der gesetzlichen Neuregelung für zumutbar erachtet hat, bestehen auch dagegen aus revisionsrechtlicher Sicht keine Bedenken.

[18] Für die Zeit ab April 2008 ist das BerGer. allerdings nicht mehr von einer nach § 1570 BGB aus kind- oder elternbezogenen Gründen eingeschränkten Erwerbsfähigkeit der Kl. ausgegangen. Auch Umstände, die für eine überobligatorische Belastung der Kl. durch eine vollschichtige Erwerbstätigkeit neben der noch fortdauernden Betreuung der im Juli 1995 geborenen jüngsten gemeinsamen Tochter sprechen könnten, hat das *OLG* nicht festgestellt (vgl. insoweit *Senat*, BGHZ 177, 272 = NJW 2008, 3125 = FamRZ 2008, 1739 Rdnr. 103). Die Erwerbsfähigkeit der Kl. sei ab dann auf eine „nach ihrem Gesundheitszustand mögliche sechsstündige Tätigkeit" begrenzt. Dabei ist es von dem Ergebnis des Sachverständigengutachtens ausgegangen, das der Kl. im Hinblick auf ihre psychosomatischen Beschwerden gegenwärtig nur eine Erwerbstätigkeit in diesem Umfang zumutet.

[19] c) Nach den Feststellungen des BerGer. standen der Kl. während der Zeit von Januar bis März 2008 also noch ein Anspruch auf Betreuungsunterhalt gem. § 1570 BGB und ein Anspruch auf Aufstockungsunterhalt nach § 1573 II BGB zu. Für die Zeit ab April 2008 ergibt sich der Unterhaltsanspruch der Kl. nach den Feststellungen aus § 1572 Nr. 2 und aus § 1573 II BGB.

(Darlegungs- und Beweislast im Rahmen der Dreiteilung)

[35] (1) Das BerGer. hat schon deswegen nicht gegen seine Hinweispflicht aus § 139 ZPO **b** verstoßen, weil der Bekl. im Rahmen der gebotenen Dreiteilung ohnehin zur Darlegung der Unterhaltbedürftigkeit seiner neuen Ehefrau verpflichtet war.

[36] Zwar trägt nach § 1577 BGB grundsätzlich der Unterhaltsberechtigte die Darlegungs- und Beweislast für die Höhe seines Unterhaltsbedarfs und für seine Bedürftigkeit (*Wendl/Dose*, Das UnterhaltsR in der familienrichterlichen Praxis, 7. Aufl., § 6 Rdnrn. 703 ff.). Im Rahmen der gebotenen Dreiteilung trifft den Unterhaltspflichtigen allerdings die Darlegungs- und Beweislast für die Umstände, die die Unterhaltsbedürftigkeit seiner neuen Ehefrau begründen, weil es sich dabei um eine das Einkommen mindernde Verbindlichkeit handelt (zur Leistungsfähigkeit vgl. *Senat*, NJW-RR 1988, 834 = FamRZ 1988, 930 [931]; vgl. auch *Schilling*, FF 2008, 279 [292], und *Wendl/Dose*, § 6 Rdnr. 712). Dazu zählen auch die Erwerbsfähigkeit der neuen Ehefrau und das von ihr erzielbare Einkommen (vgl. *Senat*, NJW 2010, 365 = FamRZ 2010, 111 Rdnrn. 46 ff.).

BGH v. 12. 5. 2010 – XII ZR 98/08 – FamRZ 2010, 1150 = NJW 2010, 2437

(Abänderung eines Versäumnisurteils)   R713

[10] 1. Nach der hier noch anwendbaren Vorschrift des § 323 ZPO a. F. (vgl. jetzt § 238 FamFG) kann von jeder Partei die Abänderung eines Urteils über künftig fällig werdende wiederkehrende Leistungen beantragt werden, wenn die Partei Tatsachen vorträgt, aus denen sich eine wesentliche Veränderung der der Entscheidung zu Grunde liegenden tatsächlichen oder rechtlichen Verhältnisse ergibt. Damit ermöglicht § 323 ZPO eine Durchbrechung der Rechtskraft, die geboten ist, wenn sich die Prognose der Umstände, auf denen das Urteil auf künftig fällig werdende wiederkehrende Leistungen beruht, nachträglich als unzutreffend erweist. Aus der Zielsetzung des § 323 I ZPO, nämlich nur unvorhersehbare Veränderungen der maßgebenden tatsächlichen Verhältnisse nachträglich berücksichtigen zu können, ergeben sich zugleich die Grenzen für die Durchbrechung der bestehenden Rechts-

2281

kraft. Die sich aus der Rechtskraft ergebende Bindungswirkung des Ersturteils darf deswegen auf eine Abänderungsklage hin nur insoweit beseitigt werden, als das Ersturteil auf Verhältnissen beruht, die sich nachträglich geändert haben (*Senat*, BGHZ 171, 206 = NJW 2007, 1961 = FamRZ 2007, 793 Rdnr. 36).

[11] Die Abänderungsklage kann deswegen nach § 323 II ZPO auch nur auf Gründe gestützt werden, die nach Schluss der Tatsachenverhandlung des vorausgegangenen Verfahrens entstanden sind und deren Geltendmachung durch Einspruch nicht mehr möglich ist oder war. Für eine Tatsachenpräklusion nach § 323 II ZPO kommt es also in erster Linie darauf an, ob die geltend gemachten Abänderungsgründe nach der letzten Tatsachenverhandlung entstanden sind. Auch wenn eine wesentliche Veränderung der tatsächlichen oder rechtlichen Verhältnisse vorliegt, ist die Entscheidung unter Wahrung ihrer Grundlagen anzupassen (st. Rspr.; vgl. *Senat*, NJW 1996, 517 = FamRZ 1996, 345; vgl. jetzt auch § 323 IV ZPO).

[12] Ist das abzuändernde Urteil ein Versäumnisurteil, scheidet eine Abänderung nach § 323 II ZPO schon dann aus, wenn die Gründe noch durch Einspruch gegen das Versäumnisurteil geltend gemacht werden konnten. Die Abänderungsgründe müssen also nicht nur nach der mündlichen Verhandlung entstanden sein, in der das Versäumnisurteil ergangen ist, sondern sogar nach dem Ablauf der Einspruchsfrist (vgl. schon RGZ 104, 228 [229 f.]). Der durch ein Versäumnisurteil Beschwerte ist danach gehalten, alle vor Ablauf der Einspruchsfrist entstandenen Abänderungstatsachen schon mit einem Einspruch geltend zu machen (*Senat*, NJW 1982, 1812 = FamRZ 1982, 792 [793]).

[13] 2. Für die Frage der Zulässigkeit einer Abänderungsklage kommt es nach § 323 ZPO a. F. darauf an, welche tatsächlichen oder rechtlichen Verhältnisse der Entscheidung zu Grunde liegen und ob insoweit eine wesentliche Veränderung vorgetragen ist (*Senat*, BGHZ 98, 353 [355] = NJW 1987, 1201 = FamRZ 1987, 259 [261]; vgl. jetzt § 323 I 2 ZPO).

[14] a) Die Frage, welche tatsächlichen Verhältnisse einem Versäumnisurteil zu Grunde liegen, ist in Rechtsprechung und Literatur umstritten (zum Streitstand vgl. *Graba*, Die Abänderung von Unterhaltstiteln, 3. Aufl., Rdnr. 269; *Johannsen/Henrich/Brudermüller*, FamilienR, 5. Aufl., § 238 FamFG Rdnr. 99; *Zöller/Vollkommer*, ZPO, 28. Aufl., § 323 Rdnr. 31). Der *Senat* hat diese Frage bislang offen gelassen (*Senat*, NJW 1996, 517 = FamRZ 1996, 345 [347]).

[15] Teilweise wird vertreten, für die Abänderung eines Versäumnisurteils sei nicht von den tatsächlichen Verhältnissen bei Erlass des Urteils, sondern von den fingierten Verhältnissen auszugehen. Das Versäumnisurteil beruhe allein auf dem schlüssigen Klägervortrag und nur dieser liege wegen der Geständnisfiktion des § 331 I 1 ZPO dem abzuändernden Versäumnisurteil zu Grunde (OLG *Köln*, NJW-RR 2002, 438 = FamRZ 2002, 471; OLG *Karlsruhe*, FamRZ 2000, 907; OLG *Zweibrücken*, FamRZ 1983, 291 = BeckRS 2010, 6043; OLG *Stuttgart*, FamRZ 1982, 91 [92]; *Kalthoener/Büttner*, NJW 1990, 1640 [1648]; *Christian*, DAVorm 1988, 343 [347]; *Zöller/Vollkommer*, § 323 Rdnr. 31; *Gottwald*, in: MünchKomm-ZPO, 3. Aufl. [2005], § 323 Rdnr. 77; *Thomas/Putzo/Hüßtege*, ZPO, 30. Aufl., § 323 Rdnr. 21; *Göppinger/Wax/Vogel*, UnterhaltsR, 9. Aufl., Rdnrn. 2405 f.; differenzierend *Maurer*, FamRZ 1989, 448).

[16] Nach anderer Auffassung ist auch für die Abänderung eines Versäumnisurteils auf eine Änderung der tatsächlichen Umstände abzustellen. Nur eine Abänderung der tatsächlichen Verhältnisse könne eine Abänderung des Versäumnisurteils unter Wahrung seiner Grundlagen nach § 323 IV ZPO rechtfertigen und dabei zugleich die Rechtskraft der abzuändernden Entscheidung wahren (OLG *Frankfurt a. M.*, FamRZ 1995, 735; OLG *Hamm*, FamRZ 1990, 772 [773]; OLG *Oldenburg*, NJW-RR 1990, 1095 = FamRZ 1990, 188; OLG *Hamm*, FamRZ 1984, 1123 [1125] = BeckRS 2010, 100; OLG *Karlsruhe*, FamRZ 1983, 624 [625] = BeckRS 2010, 7094; *Spangenberg*, DAVorm 1984, 797 [798]; *Johannsen/Henrich/Brudermüller*, § 238 FamFG Rdnr. 99; differenzierend *Graba*, FamRZ 2002, 6 [8 f.]).

[17] b) Der *Senat* schließt sich für eine Änderung der Einkommensverhältnisse der zuletzt genannten Auffassung an. Nur diese wahrt bei der Abänderung eines Versäumnisurteils wegen veränderter Einkommensverhältnisse die Rechtskraft des abzuändernden Versäumnisurteils (offen gelassen noch im *Senat*, NJW 1996, 517 = FamRZ 1996, 345 [347]).

[18] aa) Zwar beruht ein Versäumnisurteil gegen den Bekl. nach § 331 ZPO auf dem Tatsachenvortrag des Kl., der vom Gericht lediglich auf seine Schlüssigkeit nachgeprüft wird. Denn nach § 331 I 1 ZPO ist das tatsächliche mündliche Vorbringen des Kl. als zugestanden anzunehmen (vgl. § 288 ZPO). Dies könnte dafür sprechen, dass es sich bei den nach § 323 I ZPO a. F. für die Bestimmung der Höhe der Leistung maßgebenden Verhältnisse (vgl. jetzt § 323 I 2 ZPO: „... der Entscheidung zu Grunde liegenden tatsächlichen oder rechtlichen Verhältnissen") um die Verhältnisse nach dem Tatsachenvortrag des Kl., also um fingierte Verhältnisse, handelt.

[19] bb) Indem die Gegenmeinung im Rahmen einer anderweitig zulässigen Abänderungsklage auf die durch den Klägervortrag fingierten Verhältnisse abstellt, läuft sie allerdings auf eine Totalrevision und damit auf eine Korrektur von Fehlern in dem rechtskräftigen Versäumnisurteil hinaus. Dies hat der *Senat* für streitige Urteile wegen der zu wahrenden Rechtskraft aber stets abgelehnt (st. Rspr.; vgl.

Senat, NJW 1996, 517 = FamRZ 1996, 345). Es ist auch kein Grund dafür ersichtlich, die Rechtskraft eines Versäumnisurteils anders zu bewerten als die Rechtskraft eines streitigen Urteils (vgl. *Graba,* FamRZ 2002, 6 [8 f.]; zum Anerkenntnisurteil vgl. *Senat,* BGHZ 173, 210 = NJW 2007, 2921 = FamRZ 2007, 1459 Rdnrn. 14 f.).

[20] Für die vom *Senat* vertretene Auffassung spricht zudem, dass die Zulässigkeit der Abänderungsklage in untrennbarem Zusammenhang zur Präklusion nach § 323 II ZPO steht. Weil die Abänderungsklage nur auf Gründe gestützt werden kann, die nicht mehr durch einen Einspruch gegen das Versäumnisurteil geltend gemacht werden können, können andere Gründe auch keine Zulässigkeit der Abänderungsklage rechtfertigen. Diese Konsequenz, die im Ansatz auch von der Gegenmeinung geteilt wird, beruht auf dem Gedanken der Rechtskraft und der daraus folgenden Präklusion nicht rechtzeitig vorgetragener Umstände. Wie bei einem streitigen Urteil können Versäumnisse in dem Ausgangsverfahren auch im Falle eines Versäumnisurteils nicht später im Wege der Abänderung korrigiert werden.

[21] Um die Rechtskraft des Versäumnisurteils zu wahren, kann es sich bei den tatsächlichen Verhältnissen, die ihm i. S. des § 323 I ZPO zu Grunde liegen, also nicht um die vom Kl. vorgetragenen Umstände, sondern nur um die seinerzeit tatsächlich vorliegenden Umstände handeln. Nur in dem Umfang, in dem sich die tatsächlichen Verhältnisse bei Ablauf der Einspruchsfrist inzwischen geändert haben, ist eine Abänderung des rechtskräftigen Versäumnisurteils zulässig. Eine Korrektur der dem abzuändernden Urteil vorausgegangenen Fehler, die nach ständiger Rechtsprechung des Senats im Abänderungsverfahren nicht möglich ist (vgl. *Senat,* NJW 2008, 1525 = FamRZ 2008, 872 Rdnrn. 14 ff.), kann nur so ausgeschlossen werden.

BGH v. 28. 7. 2010 – XII ZR 140/07 – FamRZ 2010, 1535 = NJW 2010, 3161

(Bedarf beim Elternunterhalt)

[13] 3. Die Unterhaltspflicht des Bekl. gegenüber seiner Mutter nach § 1601 BGB steht dem Grunde nach zwischen den Parteien nicht im Streit. Der Bedarf der Mutter wird durch ihre Unterbringung in einem Heim bestimmt und entspricht den dort anfallenden, nicht durch eigenes Einkommen gedeckten Kosten (vgl. *Senat,* NJW-RR 2004, 1300 = FamRZ 2004, 1370 [1371]). Letztere hat das BerGer. entsprechend den von der Kl. beigebrachten Aufstellungen zu Grunde gelegt. Einwendungen hiergegen hat der Bekl. nicht erhoben.

[14] Neben den Heimkosten umfasst die der Mutter gewährte Hilfe einen Bar- und Zusatzbarbetrag von monatlich 115,06 Euro bis Dezember 2004 und von monatlich 109,06 Euro bis September 2006. Auch insoweit ist das BerGer. zutreffend von einem entsprechenden unterhaltsrechtlichen Bedarf der Mutter ausgegangen.

[15] a) Nach § 21 III 1 BSHG umfasste die Hilfe zum Lebensunterhalt in einem Heim oder einer gleichartigen Einrichtung grundsätzlich auch einen angemessenen Barbetrag zur persönlichen Verfügung. Falls der Hilfeempfänger einen Teil der Kosten des Heimaufenthalts selbst trug, erhielt er einen zusätzlichen Barbetrag in im Einzelnen festgelegter Höhe nach § 21 III 4 BSHG. § 35 II 1 SGB XII sieht ebenfalls im Rahmen des notwendigen Lebensunterhalts einen angemessenen Barbetrag vor. Darüber hinaus wird auf Grund der Besitzstandsregelung des § 133 a SGB XII für Personen, die am 31. 12. 2004 Anspruch auf einen zusätzlichen Barbetrag nach § 21 III 4 BSHG hatten, diese Leistung in der für den vollen Kalendermonat Dezember 2004 festgestellten Höhe weiter erbracht. Hierdurch sollen Härten für bisherige Leistungsempfänger aufgefangen werden, da die Regelung über den Zusatzbarbetrag nicht in das SGB XII aufgenommen worden ist (*Hohm,* in: Schellhorn/Schellhorn/Hohm, SGB XII, 17. Aufl., § 133 Rdnr. 1). Der Barbetrag dient in erster Linie der Befriedigung persönlicher Bedürfnisse des täglichen Lebens, die nicht von der Einrichtung gedeckt werden (*W. Schellhorn,* in: Schellhorn/Schellhorn/Hohm, § 35 Rdnr. 15; *Grube,* in: Grube/Wahrendorf, SGB XII, 2. Aufl., § 35 Rdnr. 6). Durch den Zusatzbarbetrag werden letztlich die Personen etwas besser gestellt, die aus ihren Einkünften zu den Kosten des Aufenthalts in der Einrichtung beitragen können.

[16] b) In Höhe des Barbetrags und des Zusatzbarbetrags ist auch unterhaltsrechtlich ein Bedarf anzuerkennen. Der in einem Heim lebende Unterhaltsberechtigte ist darauf angewiesen, für seine persönlichen, von den Leistungen der Einrichtung nicht umfassten Bedürfnisse über bare Mittel verfügen zu können. Anderenfalls wäre er nicht in der Lage, etwa Aufwendungen für Körper- und Kleiderpflege, Zeitschriften und Schreibmaterial zu bestreiten und sonstige Kleinigkeiten des täglichen Lebens zu finanzieren (*Senat,* NJW-RR 2004, 1300 = FamRZ 2004, 1370 [1371 f.]; NJW 2004, 674 = FamRZ 2004, 366 [369] m. w. Nachw.).

[17] In Höhe des Zusatzbarbetrags hat das BerGer. einen Bedarf mit der Begründung bejaht, ein Leistungsempfänger, der die Heimkosten teilweise selbst aufbringen könne, habe bereits in der Vergangenheit regelmäßig über ein Einkommen verfügt, das ihm einen gehobeneren Lebensstandard ermöglicht habe. Von den bisherigen Lebensverhältnissen werde auch der Bedarf im Heim geprägt. Diese tatrichterliche Beurteilung ist aus Rechtsgründen nicht zu beanstanden.

[18] Das Maß des einem Elternteil geschuldeten Unterhalts richtet sich gem. § 1610 I BGB nach dessen Lebensstellung, die sich in erster Linie von den Einkommens- und Vermögensverhältnissen ableitet. Nachteilige Veränderungen der Einkommensverhältnisse, wie sie in der Regel mit dem Eintritt in den Ruhestand verbunden sind, haben – eventuell nach einer Übergangszeit – deshalb auch eine Änderung der Lebensstellung zur Folge (Senat, NJW 2003, 1660 = FamRZ 2003, 860 [861]). Um die Anpassung des Bedarfs an eine derartige Veränderung geht es hier indessen nicht. Die Mutter des Bekl. bezog bereits seit vielen Jahren Renteneinkünfte, als sie im Jahr 2000 in das Seniorenzentrum aufgenommen wurde. Der Lebensstandard, den sie zuvor aus ihren Einkünften bestreiten konnte, ist ihr auch im Altenheim zuzubilligen. Dass sie daher über ein etwas großzügiger bemessenes „Taschengeld" verfügte, konnte als bedarfsgerecht zu Grunde gelegt werden.

(Leistungsfähigkeit beim Elternunterhalt und Verhältnis zum Familienunterhalt)

b [19] 4. Unterhaltspflichtig ist der Bekl. allerdings nur insoweit, als er bei Berücksichtigung seiner sonstigen Verpflichtungen imstande ist, ohne Gefährdung seines eigenen angemessenen Unterhalts den Unterhalt zu gewähren (§ 1603 I BGB).

[30] 6. a) Zu den zu berücksichtigenden sonstigen Verpflichtungen des Bekl. gehört auch die Unterhaltspflicht gegenüber seiner Ehefrau, da diese kein ihren Unterhaltsbedarf deckendes Einkommen erzielt. Der Bekl. schuldet ihr deshalb Familienunterhalt nach den §§ 1360, 1360a BGB. Auch wenn dieser Unterhaltsanspruch nicht ohne Weiteres nach den bei Trennung und Scheidung entwickelten Grundsätzen bemessen werden kann, weil er nicht auf die Gewährung einer frei verfügbaren Geldrente, sondern darauf gerichtet ist, dass jeder Ehegatte seinen Beitrag zum Familienunterhalt entsprechend der in der Ehe übernommenen Funktion leistet, ist es rechtlich unbedenklich, den Anspruch im Fall der Konkurrenz mit anderen Ansprüchen auf die einzelnen Familienmitglieder aufzuteilen und in Geld zu veranschlagen. Denn das Maß des Familienunterhalts bestimmt sich nach den ehelichen Lebensverhältnissen, so dass § 1578 BGB als Orientierungshilfe herangezogen und der anzusetzende Betrag insoweit in gleicher Weise wie der Unterhaltsbedarf eines getrennt lebenden oder geschiedenen Ehegatten ermittelt werden kann (*Senat*, NJW 2003, 1660 = FamRZ 2003, 860 [864]; NJW 2003, 1112 = FamRZ 2003, 363 [366 f.]; NJW 2002, 1646 = FamRZ 2002, 742; NJW-RR 2001, 361 = FamRZ 2001, 1065 [1066]; NJW-RR 2004, 217 = FamRZ 2004, 186 [187]). Die Berechnung darf sich dabei nicht auf einen bestimmten Mindestbedarf beschränken, sondern hat von den individuell ermittelten Lebens-, Einkommens- und Vermögensverhältnissen auszugehen. Auf die – Veränderungen unterliegenden – Lebensverhältnisse können sich auch Unterhaltsansprüche nachrangiger Berechtigter auswirken und zu einer Einschränkung des Bedarfs der Ehegatten führen. Insofern wird allerdings zu Recht darauf hingewiesen, dass ein Vorwegabzug des Elternunterhalts in unteren und mittleren Einkommensbereichen des Unterhaltspflichtigen, bei denen eine Quotenberechnung in Betracht kommt, unterbleiben kann, denn anderenfalls kann das vorrangige Ziel, den angemessenen Unterhalt des Ehegatten zu gewährleisten, nicht erreicht werden (*Eschenbruch/Klinkhammer*, Kap. 2 Rdnr. 82 a. E.).

[31] Bei der Unterhaltsbemessung ist die durch die gemeinsame Haushaltsführung der Ehegatten eintretende Ersparnis zu berücksichtigen, die mit wachsendem Lebensstandard in der Regel steigt (vgl. *Senat*, NJW-RR 2004, 793 = FamRZ 2004, 792 [793]).

[39] a) Der *Senat* hält es in der Regel für angemessen und sachgerecht, bei der Fallgestaltung, in der der Unterhaltspflichtige über höhere Einkünfte verfügt als sein Ehegatte, die Leistungsfähigkeit wie folgt zu ermitteln:

[40] Von dem zusammengerechneten Einkommen der Ehegatten (Familieneinkommen) wird der Familienselbstbehalt in Abzug gebracht. Das verbleibende Einkommen wird zur Ermittlung des für den individuellen Familienbedarf benötigten Betrags um eine in der Regel mit 10% zu bemessende Haushaltsersparnis vermindert (s. dazu unten 7 b bb). Die Hälfte des sich ergebenden Betrags kommt zuzüglich des Familienselbstbehalts dem Familienunterhalt zugute. Zu dem so bemessenen individuellen Familienbedarf hat der Unterhaltspflichtige entsprechend dem Verhältnis der Einkünfte der Ehegatten beizutragen. Für den Elternunterhalt kann der Unterhaltspflichtige die Differenz zwischen seinem Einkommen und seinem Anteil am Familienunterhalt einsetzen.

[41] An einem Beispiel verdeutlicht ergibt sich folgende Berechnung:

Einkommen des Unterhaltspflichtigen	3000,00 Euro
+ Einkommen der unterhaltsberechtigten Ehefrau	1000,00 Euro
Familieneinkommen	4000,00 Euro
abzüglich Familienselbstbehalt	2450,00 Euro
	1550,00 Euro
abzüglich 10% Haushaltsersparnis	155,00 Euro
	1395,00 Euro
davon ½	697,50 Euro
+ Familienselbstbehalt	2450,00 Euro

Anhang R. Rechtsprechung   R715

individueller Familienbedarf	3147,50 Euro
Anteil des Unterhaltspflichtigen (75%)	2360,63 Euro
Einkommen des Unterhaltspflichtigen	3000 Euro
abzüglich	2360,63 Euro
für den Elternunterhalt einsetzbar	639,37 Euro

[42] Vereinfachend kann der individuelle Familienbedarf auch durch Addition des Familienselbstbehalts (im Beispiel: 2450 Euro) und eines Betrags in Höhe von 45% des um den Familienselbstbehalt bereinigten Gesamteinkommens der Ehegatten (im obigen Beispiel: 45% von 1550 Euro = 697,50 Euro) errechnet werden.

(Haushaltsersparnis beim Familienunterhalt)
[43] b) aa) Durch die Ermittlung der Haushaltsersparnis bezogen auf das den Familienselbstbehalt übersteigende Einkommen der Ehegatten kann gewährleistet werden, dass die mit zunehmenden Einkünften ansteigende Ersparnis bei der Unterhaltsberechnung erfasst wird. In Höhe des Teilbetrags des Familieneinkommens, der dem Familienselbstbehalt entspricht, wird der Haushaltsersparnis bereits durch die unterschiedlichen Selbstbehaltssätze der Ehegatten (bis zum 30. 6. 2005: 1250 Euro und 950 Euro; Differenz: 300 Euro; ab 1. 7. 2005: 1400 Euro und 1050 Euro; Differenz 350 Euro; jew. gemäß Düsseldorfer Tabelle) Rechnung getragen. Die Berücksichtigung einer Haushaltsersparnis, die die Differenz zwischen den Selbstbehaltsbeträgen übersteigt, von der konkreten Darlegung im Einzelfall abhängig zu machen (so *OLG Hamm*, FamRZ 2008, 1650 [1651] = BeckRS 2008, 4462), hält der Senat für wenig praktikabel (ebenso *Eschenbruch/Klinkhammer*, Kap. 2 Rdnr. 86), zumal die Lebenserfahrung für eine mit steigendem Einkommen wachsende Haushaltsersparnis spricht.
[44] bb) Die Bemessung der Haushaltsersparnis leitet der Senat nicht aus dem Verhältnis der unterschiedlichen Selbstbehaltsbeträge ab. Dieses Verhältnis kann zum einen Veränderungen unterliegen; zum anderen erscheint es in seiner Aussagekraft hinsichtlich des Umfangs der Haushaltsersparnis, die wegen des den Familienselbstbehalt übersteigenden Einkommens eintritt, nicht zwingend. Naheliegend ist es vielmehr, in Anlehnung an die Regelungen im Sozialrecht auf eine Haushaltsersparnis von 10% abzustellen.
[45] Nach § 20 III SGB II (i. d. F. des Gesetzes zur Änderung des Zweiten Buches Sozialgesetzbuch und anderer Gesetze vom 24. 3. 2006, BGBl I, 558) beträgt die Regelleistung zur Sicherung des Lebensunterhalts bei zwei Partnern einer Bedarfsgemeinschaft, die das 18. Lebensjahr vollendet haben, jeweils 90% der monatlichen Regelleistung nach Absatz 2. § 3 III der Verordnung zur Durchführung des § 28 SGB XII – Regelsatzverordnung – (i. d. F. der 1. Verordnung zur Änderung der Regelsatzverordnung v. 20. 11. 2006, BGBl I, 2657) sieht vor, dass der Regelsatz jeweils 90% des Eckregelsatzes beträgt, wenn Ehegatten oder Lebenspartner zusammenleben (zu einer Gesamtleistung von 180% bei gemischten Bedarfsgemeinschaften auch vor Änderung von § 3 III Regelsatzverordnung: BSGE 99, 131 = NZS 2008, 606 Rdnrn. 19 f.). Der vom *BVerfG* nicht beanstandeten (*BVerfG*, NJW 2010, 505 = FamRZ 2010, 429 [435]) Reduzierung der Bedarfssätze liegt offensichtlich die Auffassung zu Grunde, dass durch das gemeinsame Wirtschaften Aufwendungen erspart werden, die mit jeweils 10% veranschlagt werden können.

BGH v. 11. 8. 2010 – XII ZR 102/09 – FamRZ 2010, 1637 = NJW 2010, 3372

(Konkrete Bedarfsbemessung beim nachehelichen Unterhalt)   R715

[26] 2. Soweit das Berufungsgericht den Unterhaltsbedarf der Antragsgegnerin auf der Grundlage ihrer konkreten Darlegungen bemessen und dabei auch die Kosten für den Unterhalt eines Reitpferdes einbezogen hat, ist dagegen aus revisionsrechtlicher Sicht nichts zu erinnern.
[27] a) Der nacheheliche Unterhaltsbedarf ergibt sich nach § 1578 Abs. 1 Satz 1 BGB grundsätzlich aus den ehelichen Lebensverhältnissen. Zwar wird dieser vom Einkommen des besser verdienenden Ehegatten abgeleitete Unterhaltsbedarf regelmäßig als Quotenunterhalt nach Abzug eines Erwerbstätigenbonus im Wege der Halbteilung ermittelt. Diese Bedarfsberechnung beruht allerdings auf der Annahme, dass das gesamte vorhandene Einkommen für den Lebensunterhalt der Ehegatten verwendet wurde und wird. Bei besonders günstigen Einkommensverhältnissen liegt hingegen die Vermutung nahe, dass nicht sämtliche Einnahmen für den Lebensunterhalt verbraucht werden, sondern ein Teil von ihnen auch der Vermögensbildung zufließt. Wenn in Rechtsprechung und Literatur deswegen für solche Fälle eine konkrete Bedarfsbemessung verlangt wird (vgl. Ziff. 15.3 der Leitlinien der Oberlandesgerichte und Wendl/Gerhardt Das Unterhaltsrecht in der familienrichterlichen Praxis 7. Aufl. § 4 Rdn. 366 ff.), ist dagegen aus revisionsrechtlicher Sicht nichts zu erinnern (vgl. bereits Senatsurteile vom 5. Juni 2004 – XII ZR 277/02 – FamRZ 2005, 97, 98; BGHZ 153, 372, 380 f. = FamRZ 2003, 848, 851; vom 15. November 1989 – IV b ZR 95/88 – FamRZ 1990, 280, 281; vom 1. April 1987 –

IV b ZR 33/86 – FamRZ 1987, 691, 693; vom 16. Januar 1985 – IV b ZR 62/83 –FamRZ 1985, 582, 583 und vom 6. Oktober 1982 – IV b ZR 311/81 – FamRZ 1982, 1187, 1188). [28] Wenn das Berufungsgericht eine solche konkrete Bemessung des nachehelichen Unterhaltsbedarfs verlangt, sofern dieser den Bedarf auf der Grundlage des Einkommens nach der höchsten Stufe der Düsseldorfer Tabelle übersteigt, lässt dies keine Rechtsfehler erkennen. Zwar wird eine absolute Sättigungsgrenze für den nachehelichen Unterhalt durchweg abgelehnt. Das Einkommen von gegenwärtig 5100 EUR bildet aber nur die Höchstgrenze des vom Einkommen des besser verdienenden Ehegatten abgeleiteten Quotenunterhalts (vgl. auch Wendl/Gerhardt aaO § 4 Rdn. 368 a; Kalthoener/Büttner/Niepmann Die Rechtsprechung zur Höhe des Unterhalts 10. Aufl. Rdn. 42 f.). Die konkrete Darlegung eines höheren Unterhaltsbedarfs nach den ehelichen Lebensverhältnissen ist dadurch nicht ausgeschlossen.

(Anrechnung eigener Einkünfte auf konkret ermittelten Unterhaltsbedarf)

b [30] 3. Zu Recht hat das Berufungsgericht auf den konkret ermittelten Unterhaltsbedarf der Antragsgegnerin die von ihr erzielten Einkünfte angerechnet.

[31] a) Zutreffend und von der Revision nicht angegriffen ist es dabei von den gegenwärtig erzielten Einkünften der Antragsgegnerin ausgegangen und hat diese um berufsbedingte Kosten und einen Erwerbstätigenbonus auf monatlich 1010,01 EUR bereinigt. Ebenso zutreffend hat das Berufungsgericht auf den konkret ermittelten Unterhaltsbedarf in Höhe von 3195 EUR monatlich die Zinseinkünfte der Antragsgegnerin in Höhe von monatlich 215 EUR angerechnet. Die Bemessung des restlichen monatlichen Unterhaltsbedarfs nach den ehelichen Lebensverhältnissen in Höhe von rund 1970 EUR lässt somit keine Rechtsfehler erkennen; auch die Revision greift dies nicht an.

(Altersvorsorgeunterhalt bei konkret ermitteltem Unterhaltsbedarf)

c [34] 4. Ebenfalls zu Recht hat das Berufungsgericht der Antragsgegnerin neben dem Elementarunterhalt weiteren Altersvorsorgeunterhalt zugesprochen. Der nacheheliche Unterhalt umfasst gemäß § 1578 Abs. 1 Satz 2 BGB den gesamten Lebensbedarf. Im Rahmen eines Unterhaltsanspruchs nach den §§ 1570 bis 1573 oder § 1576 BGB gehören nach § 1578 Abs. 3 BGB zum Lebensbedarf auch die Kosten einer angemessenen Versicherung für den Fall des Alters sowie der verminderten Erwerbsfähigkeit.

[35] a) Der nach § 1578 Abs. 3 BGB geschuldete Vorsorgeunterhalt ist dazu bestimmt, als Teil des einheitlichen, den gesamten Lebensbedarf des Berechtigten umfassenden Unterhaltsanspruchs den Aufbau einer weiteren Altersvorsorge zu ermöglichen, die den Einkünften vor Renteneintritt entspricht. Im Rahmen des Aufstockungsunterhalts nach § 1573 Abs. 2 BGB soll der Unterhaltsberechtigte seine weitere Altersvorsorge nicht lediglich aus den erzielten eigenen Einkünften, sondern auch auf der Grundlage des Aufstockungsunterhalts aufbauen können.

[36] Dabei hat es der Senat stets abgelehnt, den Vorsorgeunterhalt an der Höhe einer später zu erwartenden, den Lebensbedarf des Berechtigten sodann in angemessener Weise deckenden Versorgungsleistung auszurichten und zu bemessen, zumal es in der Regel mit erheblichen Schwierigkeiten verbunden sein dürfte, den angemessenen Lebensbedarf zum Zeitpunkt des Versicherungsfalls zu beurteilen (Senatsurteil vom 25. Februar 1981 – IV b ZR 543/80 – FamRZ 1981, 442, 444). Im Hinblick auf die Zielsetzung des Versorgungsausgleichs hat er es stattdessen für gerechtfertigt gehalten, den Elementarunterhalt zu dem Entgelt aus einer Erwerbstätigkeit und den Vorsorgeunterhalt zu den Versicherungsbeiträgen in Beziehung zu setzen, die im Hinblick auf ein derartiges Erwerbseinkommen zu erreichen wären, und damit den Berechtigten hinsichtlich der Altersvorsorge so zu behandeln, wie wenn er aus einer versicherungspflichtigen Erwerbstätigkeit Einkünfte in Höhe des ihm an sich zustehenden Elementarunterhalts hätte (Senatsurteil vom 25. November 1998 – XII ZR 33/97 – FamRZ 1990, 372, 373 f.). Entsprechend hat das Berufungsgericht den als Elementarunterhalt zugesprochenen Betrag dem Nettoarbeitsentgelt gleichgestellt und dieses zur Ermittlung der darauf entfallenden Vorsorgebeiträge in ein fiktives Bruttoeinkommen umgerechnet (vgl. insoweit Bremer Tabelle FamRZ 2010, 260 ff.). Nach der Rechtsprechung des Senats ist der Altersvorsorgeunterhalt auch nicht durch die Beitragsbemessungsgrenze der gesetzlichen Rentenversicherung zur Höhe begrenzt (Senatsurteil vom 25. Oktober 2006 – XII ZR 141/04 – FamRZ 2007, 117 Tz. 22 ff.).

[37] b) Zutreffend hat das Berufungsgericht der Antragsgegnerin hier einen Altersvorsorgeunterhalt zusätzlich zu dem vollen Elementarunterhalt zugesprochen. Zwar führt die Minderung der Einkünfte des Unterhaltspflichtigen durch den Anspruch auf Altersvorsorgeunterhalt im Wege der Halbteilung regelmäßig zu einem geringeren Elementarunterhalt des Unterhaltsberechtigten. In Fällen besonders günstiger wirtschaftlicher Verhältnisse ist eine solche zweistufige Berechnung des Elementarunterhalts allerdings nicht erforderlich, zumal diese lediglich sicherstellen soll, dass nicht zu Lasten des Unterhaltsverpflichteten über den Grundsatz der gleichmäßigen Teilhabe der Ehegatten an den ehelichen Lebensverhältnissen hinausgegangen wird. Sind die wirtschaftlichen Verhältnisse hingegen so günstig, dass der Vorsorgebedarf neben dem laufenden Unterhaltsbedarf befriedigt werden kann, besteht keine Notwendigkeit für diezweistufige Berechnungsweise. Der Vorsorgeunterhalt kann dem Unterhaltsberechtigten

Anhang R. Rechtsprechung   R716

dann neben dem konkret ermittelten ungekürzten Elementarunterhalt zugesprochen werden (Senatsurteil vom 25. Oktober 2006 – XII ZR 141/04 -FamRZ 2007, 117 Tz. 11 ff.).

(Billigkeitsabwägungen des Tatrichters zur Begrenzung und Befristung)
[47] c) Auch die Billigkeitsabwägung im Rahmen des § 1578 b BGB obliegt grundsätzlich dem   d
Tatrichter. Diese kann vom Revisionsgericht lediglich auf Rechtsfehler überprüft werden, insbesondere darauf, ob das Berufungsgericht im Rahmen der Billigkeitsprüfung maßgebenden Rechtsbegriffe verkannt oder für die Einordnung unter diese Begriffe wesentliche Umstände unberücksichtigt gelassen hat. Das ist hier nicht der Fall.
[48] aa) Das Berufungsgericht hat neben den ehebedingten Nachteilen der Antragsgegnerin auch die Dauer der Ehe von 30 Jahren berücksichtigt. Die Ehedauer gewinnt durch die wirtschaftliche Verflechtung, die insbesondere durch Aufgabe einer Erwerbstätigkeit wegen der Betreuung gemeinsamer Kinder oder der Haushaltsführung eintritt, besonderes Gewicht. Entsprechend ist die Antragsgegnerin auch hier nach dem gemeinsamen Lebensplan der Parteien frühzeitig aus dem Berufsleben ausgeschieden, hat nur eine unwesentliche eigene Altersvorsorge aufgebaut und sich auf die Versorgung durch die Vermögenseinkünfte des Antragstellers eingerichtet. Auch soweit das Berufungsgericht im Rahmen der Billigkeitsabwägung die besonders günstige Vermögens- und Einkommenssituation beim Antragsteller berücksichtigt hat, ist dagegen nichts zu erinnern.
[49] Aus revisionsrechtlicher Sicht ist deswegen nicht zu beanstanden, dass das Berufungsgericht im Rahmen seines tatrichterlichen Ermessens wegen des fortdauernden ehebedingten Nachteils der Antragsgegnerin eine Befristung des Unterhalts abgelehnt und den Unterhaltsanspruch lediglich auf den eigenen angemessenen Lebensbedarf der Antragsgegnerin herabgesetzt hat. Auch die vom Berufungsgericht gewählte Übergangsfrist bis zur Herabsetzung des Unterhalts nach den ehelichen Lebensverhältnissen auf den eigenen angemessenen Unterhalt von fünf Jahren ab Rechtskraft der Ehescheidung begegnet keinen Bedenken. Das Berufungsgericht hat dabei alle maßgeblichen Umstände berücksichtigt.
[50] bb) Zu Recht hat das Berufungsgericht die Entscheidung über eine weiter gehende Begrenzung oder Befristung des nachehelichen Unterhalts ab Erreichen des Rentenalters der Antragsgegnerin zurückgestellt.
[51] Zwar setzt nach ständiger Rechtsprechung des Senats die Begrenzung und Befristung des nachehelichen Unterhalts aus Billigkeitsgründen nach § 1578 b BGB nicht zwingend voraus, dass der Zeitpunkt, ab dem der Unterhaltsanspruch entfällt, bereits erreicht ist. Wenn die dafür ausschlaggebenden Umstände im Zeitpunkt der Entscheidung bereits eingetreten oder zuverlässig voraussehbar sind, ist eine Begrenzung nicht einer späteren Abänderung nach § 323 Abs. 2 ZPO (jetzt §§ 238 f. FamFG) vorzubehalten, sondern schon im Ausgangsverfahren auszusprechen. Ob die für die Begrenzung ausschlaggebenden Umstände allerdings bereits im Ausgangsverfahren zuverlässig vorhersehbar sind, lässt sich nur unter Berücksichtigung aller Umstände des Einzelfalles beantworten (Senatsurteile vom 16. April 2008 – XII ZR 107/06 – FamRZ 2008, 1325 Tz. 37 und vom 14. Oktober 2009 – XII ZR 146/08 – FamRZ 2009, 1990 Tz. 17).
[52] Das Berufungsgericht hat hier alle bereits sicher vorhersehbaren Umstände berücksichtigt. Zutreffend hat es allerdings darauf hingewiesen, dass die eigene Einkommenssituation der Antragsgegnerin bei Rentenbeginn noch ungeklärt ist, zumal sich ihre weitere Erwerbstätigkeit und der für die Altersvorsorge zu verwendende Altersvorsorgeunterhalt in noch ungewisser Weise auf die eigene Altersvorsorge auswirken werden. Wenn es im Hinblick darauf gegenwärtig von einer abschließenden Entscheidung nach § 1578 b BGB auch für die Zeit nach Rentenbeginn abgesehen hat, ist dies aus revisionsrechtlicher Sicht nicht zu beanstanden.

BGH v. 15. 9. 2010 – XII ZR 20/09 – FamRZ 2010, 1880 = NJW 2010, 3369

(Dauer des Betreuungsunterhalts nach § 1570 BGB)   R716

[18] 1. Wie das Berufungsgericht im Ansatz zutreffend erkennt, hat der Gesetzgeber mit der   a
Neuregelung des § 1570 BGB den nachehelichen Betreuungsunterhalt grundlegend umgestaltet. Er hat einen auf drei Jahre befristeten Basisunterhalt eingeführt, der aus Gründen der Billigkeit verlängert werden kann (BT-Drucks. 16/6980 S. 8 f.). Im Rahmen dieser Billigkeitsentscheidungen sind nach dem Willen des Gesetzgebers kind- und elternbezogene Verlängerungsgründe zu berücksichtigen (vgl. schon Senatsurteil BGHZ 177, 272, 304 ff. = FamRZ 2008, 1739, 1748 f.). Obwohl der Betreuungsunterhalt nach § 1570 BGB als Unterhaltsanspruch des geschiedenen Ehegatten ausgestaltet ist, wird er vor allen Dingen im Interesse des Kindes gewährt, um dessen Betreuung und Erziehung sicherzustellen (BT-Drucks. 16/6980 S. 9; Senatsurteil BGHZ 180, 170 = FamRZ 2009, 770 Rn. 19).
[19] a) In den ersten drei Lebensjahren des Kindes kann der betreuende Elternteil frei entscheiden, ob er das Kind selbst erziehen oder eine andere Betreuungsmöglichkeit in Anspruch nehmen will. Er kann in dieser Zeit auch eine bereits begonnene Erwerbstätigkeit jederzeit wieder aufgeben. Erzielt er

in dieser Zeit allerdings eigene Einkünfte, bleiben diese nicht als überobligatorisch völlig unberücksichtigt, sondern sind nach den Umständen des Einzelfalles anteilig zu berücksichtigen (Senatsurteile BGHZ 180, 170 = FamRZ 2009, 770 Rn. 20 f. und vom 13. April 2005 – XII ZR 273/02 – FamRZ 2005, 1154, 1156 f.).

[20] b) Für die Zeit ab Vollendung des dritten Lebensjahres steht dem betreuenden Elternteil nach der gesetzlichen Neuregelung nur noch dann ein fortdauernder Anspruch auf Betreuungsunterhalt zu, wenn dies der Billigkeit entspricht (§ 1570 Abs. 1 Satz 2 BGB). Damit verlangt die Neuregelung allerdings regelmäßig keinen abrupten Wechsel von der elterlichen Betreuung zu einer Vollzeiterwerbstätigkeit (BT-Drucks. 16/6980 S. 9). Nach Maßgabe der im Gesetz genannten kindbezogenen (§ 1570 Abs. 1 Satz 3 BGB) und elternbezogenen (§ 1570 Abs. 2 BGB) Gründe ist auch nach dem neuen Unterhaltsrecht ein gestufter Übergang bis hin zu einer Vollzeiterwerbstätigkeit möglich (Senatsurteile BGHZ 180, 170 = FamRZ 2009, 770 Rn. 22; vom 6. Mai 2009 – XII ZR 114/08 – FamRZ 2009, 1124 Rn. 26 und vom 17. Juni 2009 – XII ZR 102/08 – FamRZ 2009, 1391 Rn. 19).

[21] Zugleich hat der Gesetzgeber mit der gesetzlichen Neuregelung des § 1570 BGB dem unterhaltsberechtigten Elternteil die Darlegungs- und Beweislast für die Voraussetzungen einer Verlängerung des Betreuungsunterhalts über die Dauer von drei Jahren hinaus auferlegt. Kind- oder elternbezogene Gründe, die zu einer Verlängerung des Betreuungsunterhalts über die Vollendung des dritten Lebensjahres hinaus aus Gründen der Billigkeit führen könnten, sind deswegen vom Unterhaltsberechtigten darzulegen und gegebenenfalls zu beweisen (Senatsurteile BGHZ 180, 170 = FamRZ 2009, 770 Rn. 23 und BGHZ 177 = FamRZ 2008, 1739 Rn. 97).

[22] Soweit in Rechtsprechung und Literatur auch zu der seit dem 1. Januar 2008 geltenden Fassung des § 1570 BGB abweichende Auffassungen vertreten wurden, die an das frühere Altersphasenmodell anknüpften und eine Verlängerung des Betreuungsunterhalts allein vom Kindesalter abhängig machten, sind diese im Hinblick auf den eindeutigen Willen des Gesetzgebers nicht haltbar (Senatsurteil BGHZ 180, 170 = FamRZ 2009, 770 Rn. 28). Die Betreuungsbedürftigkeit ist vielmehr nach den individuellen Verhältnissen zu ermitteln. Nur wenn das betroffene Kind einen Entwicklungsstand erreicht hat, in dem es unter Berücksichtigung aller Umstände des Einzelfalles zeitweise sich selbst überlassen bleiben kann, kommt es aus kindbezogenen Gründen insoweit nicht mehr auf eine vorrangig zu prüfende Betreuungsmöglichkeit in einer kindgerechten Einrichtung an (Senatsurteil vom 6. Mai 2009 – XII ZR 114/08 – FamRZ 2009, 1124 Rn. 33).

[23] (1) Kindbezogene Gründe für eine Verlängerung des Betreuungsunterhalts nach Billigkeit, die ihre verfassungsrechtliche Grundlage in Art. 6 Abs. 2 und 5 GG finden, entfalten im Rahmen der Billigkeitsentscheidung das stärkste Gewicht und sind deswegen stets vorrangig zu prüfen (BT-Drucks. 16/6980 S. 9; Senatsurteile vom 6. Mai 2009 – XII ZR 114/08 – FamRZ 2009, 1124 Rn. 28 und BGHZ 180, 170 = FamRZ 2009, 770 Rn. 24).

[24] Allerdings hat der Gesetzgeber mit der Neuregelung des Betreuungsunterhalts zum 1. Januar 2008 – was das Berufungsgericht verkennt – für Kinder ab Vollendung des dritten Lebensjahres grundsätzlich den Vorrang der persönlichen Betreuung gegenüber anderen kindgerechten Betreuungsmöglichkeiten aufgegeben. In dem Umfang, in dem das Kind nach Vollendung des dritten Lebensjahres eine kindgerechte Einrichtung besucht oder unter Berücksichtigung der individuellen Verhältnisse besuchen könnte, kann sich der betreuende Elternteil also nicht mehr auf die Notwendigkeit einer persönlichen Betreuung des Kindes und somit nicht mehr auf kindbezogene Verlängerungsgründe im Sinne von § 1570 Abs. 1 Satz 3 BGB berufen. Das gilt sowohl für den rein zeitlichen Aspekt der Betreuung als auch für den sachlichen Umfang der Betreuung in einer kindgerechten Einrichtung (Senatsurteile vom 17. Juni 2009 – XII ZR 102/08 – FamRZ 2009, 1391 Rn. 22 f. und BGHZ 180, 170 = FamRZ 2009, 770 Rn. 25; abweichend OLG Frankfurt FamRZ 2010, 1449).

[25] (2) Die Berücksichtigung elternbezogener Gründe für eine Verlängerung des Betreuungsunterhalts ist Ausdruck der nachehelichen Solidarität. Maßgeblich ist dabei das in der Ehe gewachsene Vertrauen in die vereinbarte und praktizierte Rollenverteilung und die gemeinsame Ausgestaltung der Betreuung (BT-Drucks. 16/6980 S. 9). Die Umstände gewinnen durch das Vertrauen des unterhaltsberechtigten Ehegatten bei längerer Ehedauer oder bei Aufgabe der Erwerbstätigkeit zur Erziehung gemeinsamer Kinder weiter an Bedeutung (§ 1570 Abs. 2 BGB). Insoweit hat der Senat bereits ausgeführt, dass die ausgeübte oder verlangte Erwerbstätigkeit neben dem nach der Erziehung und Betreuung in einer Tageseinrichtung verbleibenden Anteil an der Betreuung nicht zu einer überobligatorischen Belastung des betreuenden Elternteils führen darf (Senatsurteile vom 17. Juni 2009 – XII ZR 102/08 – FamRZ 2009, 1391 Rn. 32 und BGHZ 177, 272 = FamRZ 2009, 1739 Rn. 103). Unter Berücksichtigung des konkreten Betreuungsbedarfs ist dann eine Prüfung geboten, ob und in welchem Umfang die Erwerbsobliegenheit des unterhaltsberechtigten Elternteils über den Umfang der Betreuung des Kindes in einer kindgerechten Einrichtung hinaus noch eingeschränkt ist (Senatsurteile vom 17. Juni 2009 – XII ZR 102/08 – FamRZ 2009, 1391 Rn. 32; vom 6. Mai 2009 – XII ZR 114/08 – FamRZ 2009, 1124 Rn. 37 und BGHZ 180, 170 = FamRZ 2009, 770 Rn. 32).

Anhang R. Rechtsprechung R717

(Befristung und Herabsetzung des Betreuungsunterhalts)
[33] 4. Zutreffend und im Einklang mit der Rechtsprechung des Senats hat das Kammergericht eine b
Befristung des Unterhaltsanspruchs abgelehnt. Eine Befristung des nachehelichen Betreuungsunterhalts nach § 1578 b Abs. 2 BGB scheidet schon deswegen aus, weil § 1570 BGB in der seit dem 1. Januar 2008 geltenden Fassung insoweit eine Sonderregelung für die Billigkeitsabwägung enthält. Nach Vollendung des dritten Lebensjahres steht dem betreuenden Elternteil nur noch Betreuungsunterhalt nach Billigkeit zu (§ 1570 Abs. 1 Satz 2 BGB). Im Rahmen dieser Billigkeitsabwägung sind bereits alle kind- und elternbezogenen Umstände des Einzelfalles zu berücksichtigen. Wenn sie zu dem Ergebnis führt, dass der Betreuungsunterhalt über die Vollendung des dritten Lebensjahres hinaus wenigstens teilweise fortdauert, können dieselben Gründe nicht zu einer Befristung im Rahmen der Billigkeit nach § 1578 b BGB führen (Senatsurteile vom 6. Mai 2009 – XII ZR 114/08 – FamRZ 2009, 1124 Rn. 55 und BGHZ 180, 170 = FamRZ 2009, 770 Rn. 42 mwN).

[34] Auch eine Begrenzung des Betreuungsunterhalts der Antragstellerin nach § 1578 b Abs. 1 BGB scheidet hier aus. Zwar ist eine solche Begrenzung grundsätzlich auch dann möglich, wenn wegen der noch fortdauernden Kindesbetreuung eine Befristung des Betreuungsunterhalts entfällt. Insbesondere in Fällen, in denen der Unterhaltsbedarf nach den ehelichen Lebensverhältnissen gemäß § 1578 Abs. 1 Satz 1 BGB erheblich über den angemessenen Unterhalt nach der eigenen Lebensstellung des Unterhaltsberechtigten hinausgeht, kommt eine Kürzung auf den eigenen angemessenen Unterhalt in Betracht (Senatsurteile vom 6. Mai 2009 – XII ZR 114/08 – FamRZ 2009, 1124 Rn. 57 und BGHZ 180, 170 = FamRZ 2009, 770 Rn. 44 mwN). Diese Voraussetzungen liegen hier nicht vor, weil die Parteien bei vollzeitiger Erwerbstätigkeit etwa gleich hohe Einkommen erzielen, so dass der eigene angemessene Lebensbedarf der Antragstellerin ihrem Lebensbedarf nach den ehelichen Lebensverhältnissen gemäß § 1578 Abs. 1 Satz 1 BGB annähernd entspricht.

BGH v. 15. 9. 2010 – XII ZR 148/09 – FamRZ 2010, 1888 = NJW 2010, 3714

(Verwirkung des Elternunterhalts nach § 242 BGB) R717

[22] b) Ebenso wenig sind die Ausführungen des Berufungsgerichts zu beanstanden, wonach der a
rückständige Unterhaltsanspruch der Klägerin nicht nach den Grundsätzen von Treu und Glauben gemäß § 242 BGB verwirkt ist.

[23] aa) Eine Verwirkung kommt nach allgemeinen Grundsätzen in Betracht, wenn der Berechtigte ein Recht längere Zeit nicht geltend macht, obwohl er dazu in der Lage wäre, und der Verpflichtete sich mit Rücksicht auf das gesamte Verhalten des Berechtigten darauf einrichten durfte und eingerichtet hat, dass dieser sein Recht auch in Zukunft nicht geltend machen werde (Senatsurteile vom 23. Oktober 2002 – XII ZR 266/99 – FamRZ 2002, 1698; vom 22. November 2006 – XII ZR 152/04 – FamRZ 2007, 453, 455 und vom 10. Dezember 2003 – XII ZR 155/01 – FamRZ 2004, 531, 532). Für Unterhaltsansprüche sind an das Zeitmoment der Verwirkung keine strengen Anforderungen zu stellen. Von einem Unterhaltsgläubiger, der lebensnotwendig auf Unterhaltsleistungen angewiesen ist, muss eher als von einem Gläubiger anderer Forderungen erwartet werden, dass er sich zeitnah um die Durchsetzung des Anspruchs bemüht. Anderenfalls können Unterhaltsrückstände zu einer erdrückenden Schuldenlast anwachsen. Abgesehen davon sind im Unterhaltsrechtsstreit die für die Bemessung des Unterhalts maßgeblichen Einkommensverhältnisse der Parteien nach längerer Zeit oft nur schwer aufklärbar. Diese Gründe, die eine möglichst zeitnahe Geltendmachung von Unterhalt nahe legen, sind so gewichtig, dass das Zeitmoment der Verwirkung auch dann erfüllt sein kann, wenn die Rückstände Zeitabschnitte betreffen, die etwas mehr als ein Jahr zurückliegen (Senatsurteil vom 23. Oktober 2002 – XII ZR 266/99 – FamRZ 2002, 1698, 1699). Dieselben Anforderungen gelten, wenn die aus übergegangenem Recht klagende Behörde tätig wird. Zwar ist diese – anders als der ursprüngliche Unterhaltsgläubiger – nicht lebensnotwendig auf die Realisierung der Forderungen angewiesen. Jedoch ist die Behörde aufgrund der Natur, des Inhalts und des Umfangs des Unterhaltsanspruchs, der sich durch den Übergang nicht verändert, gehalten, sich um dessen zeitnahe Durchsetzung zu bemühen (Senatsurteil vom 23. Oktober 2002 – XII ZR 266/99 – FamRZ 2002, 1698, 1699).

[24] Neben dem Zeitmoment kommt es für die Verwirkung auf das Umstandsmoment an, d. h. es müssen besondere Umstände hinzutreten, aufgrund derer der Unterhaltsverpflichtete sich nach Treu und Glauben darauf einrichten durfte und eingerichtet hat, dass der Unterhaltsberechtigte sein Recht nicht mehr geltend machen werde. Dabei kommt es jedoch nicht auf konkrete Vertrauensinvestitionen des Unterhaltsschuldners bzw. auf das Entstehen besonderer Nachteile durch die späte Inanspruchnahme an (Senatsurteil vom 23. Oktober 2002 – XII ZR 266/99 – FamRZ 2002, 1698, 1699).

(Verwirkung des Elternunterhalts nach § 1611 BGB)
[31] c) Ebenso wenig ist zu beanstanden, dass das Berufungsgericht eine Verwirkung des auf die b
Klägerin übergegangenen Unterhaltsanspruchs gemäß § 1611 BGB abgelehnt hat.

[32] aa) Nach § 1611 Abs. 1 Satz 1 BGB braucht der Verpflichtete nur einen Beitrag zum Unterhalt in der Höhe zu leisten, die der Billigkeit entspricht, wenn der Unterhaltsberechtigte u. a. seine eigene Unterhaltspflicht gegenüber dem Unterhaltspflichtigen gröblich vernachlässigt oder sich vorsätzlich einer schweren Verfehlung gegen den Unterhaltspflichtigen schuldig gemacht hat. Die Unterhaltspflicht entfällt vollständig, wenn die Inanspruchnahme des Verpflichteten im Hinblick darauf grob unbillig wäre, § 1611 Abs. 1 Satz 2 BGB. Dabei kann sich eine gröbliche Vernachlässigung der eigenen Unterhaltspflicht i. S. v. § 1611 Abs. 1 Satz 1 Alt. 2 BGB auch auf die Gewährung von Naturalunterhalt beziehen (Senatsurteil vom 19. Mai 2004 – XII ZR 304/02 – FamRZ 2004, 1559, 1560). Eine schwere Verfehlung gemäß § 1611 Abs. 1 Satz 1 Alt. 3 BGB kann regelmäßig nur bei einer tief greifenden Beeinträchtigung schutzwürdiger wirtschaftlicher Interessen oder persönlicher Belange des Pflichtigen angenommen werden. Dabei kann sich auch eine – durch Unterlassen herbeigeführte – Verletzung elterlicher Pflichten wie etwa der Aufsichtspflicht oder der Pflicht zu Beistand und Rücksicht i. S. v. § 1618 a BGB als Verfehlung gegen das Kind darstellen (Senatsurteil vom 19. Mai 2004 – XII ZR 304/02 – FamRZ 2004, 1559, 1560).

[33] bb) Dass das Berufungsgericht diese Voraussetzungen aufgrund der von ihm getroffenen Feststellungen nicht als gegeben angesehen hat, ist revisionsrechtlich nicht zu beanstanden.

[34] (1) Das Berufungsgericht hat das Vorliegen einer gröblichen Vernachlässigung der Unterhaltspflicht seitens Frau M. verneint. Nach seinen Feststellungen ist davon auszugehen, dass Frau M. ab dem neunten bzw. zehnten Lebensjahr des Beklagten krankheitsbedingt nicht mehr in der Lage war, die Kindesbetreuung sicherzustellen. Eine Verpflichtung der Mutter des Beklagten zur Betreuung und Pflege ihrer Kinder habe nur bis zu der Trennung der Eltern im Jahre 1972 bzw. 1973 und dem anschließenden Aufenthalt des Beklagten beim Vater bestanden.

[35] Dass das Berufungsgericht auf Grundlage dieser – von der Revision nicht angegriffenen – Feststellungen eine gröbliche Vernachlässigung der Unterhaltspflicht verneint hat, ist vor dem Hintergrund der Erkrankung von Frau M., wegen derer sie ab 1971 mehrfach in längerfristige stationäre Behandlung begeben musste, nicht zu beanstanden. Denn da die Mutter krankheitsbedingt nicht in der Lage war, den Beklagten angemessen zu betreuen, war sie wegen dieser Einschränkungen – wie ein Barunterhalt schuldender Elternteil bei wirtschaftlicher Leistungsunfähigkeit – nicht zum Unterhalt verpflichtet; entsprechendes gilt für die nach der Trennung der Eltern eingetretene Barunterhaltspflicht. Damit kann nicht von einer gröblichen Vernachlässigung der Unterhaltspflicht ausgegangen werden.

[36] (2) Zu Recht hat das Berufungsgericht zudem entschieden, dass sich Frau M. nicht vorsätzlich einer schweren Verfehlung gegen den Beklagten schuldig gemacht habe.

[37] (a) Das Berufungsgericht hat bereits den objektiven Tatbestand als nicht erfüllt angesehen. Zutreffend hat es darauf hingewiesen, dass § 1611 BGB eine eng auszulegende Ausnahmevorschrift ist. Wenn das Berufungsgericht unter dieser Prämisse das einmalige Zerschneiden der Kleidung der Kinder, die Verursachung des Waschzwangs beim Beklagten und das mehrfache Aussperren der Kinder aus der Wohnung ohne Hinzutreten besonderer Umstände vor dem Hintergrund der psychischen Erkrankung der Mutter nicht als schwere Verfehlung qualifiziert, ist diese tatrichterliche Würdigung als vertretbar zu erachten.

[38] Soweit der Beklagte seiner Mutter vorwirft, sie habe den Kontakt zu ihm nach der Trennung abgebrochen und dabei jedes Maß an emotionaler Zuneigung missen lassen, weist das Berufungsgericht zu Recht auf die Widersprüchlichkeit dieses Vortrages hin. Denn nach den Feststellungen des Berufungsgerichts hat seine Mutter im Jahr 1975 einen Antrag auf Regelung der Umgangskontakte gestellt. Zutreffend verweist es zudem darauf, dass der Antrag letztendlich am Willen des Beklagten gescheitert sei. Auch wenn der Grund für die Ablehnung der Umgangskontakte durch den Beklagten letztlich das damalige Verhalten seiner Mutter gewesen sein dürfte, ändert dies nichts an der Tatsache, dass sich seine Mutter im Rahmen ihrer Möglichkeiten um eine Fortführung des Mutter-Kind-Verhältnisses bemüht hat. Von einer schweren vorsätzlichen Verfehlung kann daher nicht gesprochen werden.

[39] (b) Im Übrigen träfe die Mutter des Beklagten an einer schweren Verfehlung – was auch die Revision einräumt – kein Verschulden.

[40] Nach dem eindeutigen Wortlaut des § 1611 Abs. 1 Satz 1 Alt. 3 BGB setzt die Verwirkung voraus, dass der Unterhaltsberechtigte sich vorsätzlich einer schweren Verfehlung gegen den Unterhaltspflichtigen schuldig gemacht hat. Deshalb setzt die Anwendung von § 1611 BGB insoweit – worauf die Revision zutreffend hinweist – ein Verschulden voraus (MünchKommBGB/Born 5. Aufl. § 1611 Rn. 27; Staudinger/Engler BGB Neubearb. 2000 § 1611 Rn. 25).

[41] Soweit die Revision in Anlehnung an das Pflichtteilsrecht und unter Bezugnahme auf eine Entscheidung des Bundesverfassungsgerichts aus dem Jahre 2005 zu § 2333 Abs. 1 Nr. 1 BGB (FamRZ 2005, 872, 877) meint, ein Verschulden im rechtstechnischen Sinne sei nicht erforderlich, vielmehr genüge es, wenn der Unterhaltsberechtigte in einem natürlichen Sinne vorsätzlich handle, verkennt sie, dass in § 2333 Abs. 1 Nr. 1 BGB – anders als in § 1611 Abs. 1 BGB – ein schuldhaftes Verhalten als Tatbestandsmerkmal nicht aufgenommen worden ist; hierauf hat das Bundesverfassungsgericht ausdrücklich abgestellt (BVerfG FamRZ 2005, 872, 877). Zwar hatte § 1611 Abs. 2 BGB in seiner bis

zum 1. Juli 1970 geltenden Fassung für die Verwirkung u. a. auch auf die Pflichtteilsentziehungstatbestände verwiesen (vgl. Palandt/Lauterbach BGB 26. Aufl. § 1611 BGB). Jedoch war damals schon Voraussetzung für eine Verwirkung, dass sich der Unterhaltsberechtigte einer Verfehlung „schuldig" gemacht hatte, die den Unterhaltspflichtigen berechtigte, ihm den Pflichtteil zu entziehen. Im Übrigen hat der Gesetzgeber bei der Änderung des § 1611 BGB zum 1. Juli 1970, mit der er das Tatbestandsmerkmal des sittlichen Verschuldens um die weiteren – hier zu prüfenden – Verwirkungsgründe ergänzt hat, erläutert, dass auf die Pflichtteilsentziehungsgründe nicht mehr abgestellt werden solle, weil die Voraussetzungen für die Entziehung des Pflichtteils einerseits und für eine Beschränkung des Unterhalts andererseits nicht übereinzustimmen bräuchten (BT-Drucks. V/2370, S. 41).

(Grenzen des Anspruchsübergangs nach § 94 Abs. 3 Satz 1 Nr. 2 SGB XII)
[42] d) Schließlich hat das Berufungsgericht zu Recht und mit zutreffender Begründung entschieden, dass § 94 Abs. 3 Satz 1 Nr. 2 SGB XII einem Anspruchsübergang auf die Klägerin nicht entgegensteht.
[43] aa) Nach § 94 Abs. 1 Satz 1 SGB XII geht der zivilrechtliche Unterhaltsanspruch eines Sozialhilfeberechtigten bis zur Höhe der geleisteten Aufwendungen mit dem unterhaltsrechtlichen Auskunftsanspruch auf den Träger der Sozialhilfe über. Gemäß § 94 Abs. 3 Satz 1 Nr. 2 SGB XII geht der Anspruch nicht über, soweit dies eine unbillige Härte bedeuten würde. Es handelt sich hierbei um einen unbestimmten Rechtsbegriff, dessen der vollen Nachprüfung durch das Revisionsgericht unterliegt (Senatsurteile vom 23. Juni 2010 – XII ZR 170/08 – FamRZ 2010, 1418 Rn. 32 und vom 21. April 2004 – XII ZR 251/01 – FamRZ 2004, 1097, 1098 zu der entsprechenden Vorgängervorschrift des § 91 Abs. 2 Satz 2 BSHG).
[44] Während die Frage, ob der Unterhaltsanspruch nach § 1611 BGB verwirkt ist, rein zivilrechtlicher Natur ist, richtet sich die Frage des Anspruchsübergangs nach § 94 SGB XII nach öffentlichem Recht. Deshalb genügt eine zivilrechtlich einzuordnende Störung familiärer Beziehungen im Sinne des § 1611 BGB grundsätzlich nicht, um eine unbillige Härte im Sinne des § 94 Abs. 3 Satz 1 Nr. 2 SGB XII zu begründen und damit einen Anspruchsübergang auf den Träger der Sozialhilfe auszuschließen (vgl. BVerwGE 58, 209, 214 zu § 91 Abs. 3 BSHG aF; Oestreicher/Decker SGB XII/SGB II Stand Dezember 2005 § 94 SGB XII Rn. 170; s. auch Klinkhammer FamRZ 2004, 1283). Vielmehr umfasst § 1611 BGB für die Prüfung einer etwaigen Verwirkung nur die für das zivilrechtlich zu beurteilende Familienverhältnis in Frage kommenden Tatbestandsmerkmale. Sind die Voraussetzungen für eine Verwirkung erfüllt, kommt § 94 SGB XII ohnehin nicht zum Tragen, weil es an einem Unterhaltsanspruch fehlt, der auf den Träger der Sozialhilfe übergehen könnte (Senatsurteile vom 23. Juni 2010 – XII ZR 170/08 – FamRZ 2010, 1418 Rn. 32 und vom 21. April 2004 – XII ZR 251/01 – FamRZ 2004, 1097, 1098). Aber auch eine an sich unter § 1611 Abs. 1 BGB fallende Sachverhaltskonstellation, die jedoch nicht alle Tatbestandsmerkmale dieser Norm – wie etwa das Verschulden – erfüllt und deshalb nicht zu einer Verwirkung des Unterhaltsanspruchs führt, ist grundsätzlich nicht unter § 94 SGB XII zu subsumieren.
[45] Etwas anderes gilt nur dann, wenn der nach § 1611 BGB zu beurteilende Lebenssachverhalt aus Sicht des Sozialhilferechts auch soziale Belange erfasst, die einen Übergang des Anspruches nach öffentlich-rechtlichen Kriterien ausschließen (vgl. BVerwGE 58, 209, 215 f.). Das Berufungsgericht hat dies zutreffend damit umschrieben, dass ein erkennbarer Bezug zum Sozialhilferecht, insbesondere ein kausaler Zusammenhang zu einem Handeln des Staates oder seiner Organe, vorliegen müsse. Dies zeichnet etwa den vom Senat im Jahr 2004 entschiedenen Fall aus (Senatsurteil vom 21. April 2004 – XII ZR 251/01 – FamRZ 2004, 1097). Zwar reichte dort das krankheitsbedingte Fehlverhalten des Unterhaltsberechtigten, das die Lockerung der Familienbande zur Folge hatte – ebenso wie hier – nicht dafür aus, den Anspruch gemäß § 1611 BGB als verwirkt anzusehen. Die der Vernachlässigung zugrunde liegende psychische Erkrankung war jedoch durch den – dem Staat zuzurechnenden – Kriegsdienst des Vaters verursacht worden.
[46] Entscheidend ist nach alledem, ob aus der Sicht des Sozialhilferechts durch den Anspruchsübergang soziale Belange berührt werden. Die Härte kann in materieller oder immaterieller Hinsicht bestehen und entweder in der Person des Unterhaltspflichtigen oder in derjenigen des Hilfeempfängers vorliegen. Bei der Auslegung der Härteklausel ist in erster Linie die Zielsetzung der Hilfe zu berücksichtigen, daneben sind die allgemeinen Grundsätze der Sozialhilfe zu beachten (Senatsurteile vom 21. April 2004 – XII ZR 251/01 – FamRZ 2004, 1097, 1098 und vom 23. Juni 2010 – XII ZR 170/08 – FamRZ 2010, 1418 Rn. 33). Eine unbillige Härte liegt danach insbesondere vor, wenn und soweit der – öffentlich-rechtliche – Grundsatz der familiengerechten Hilfe, nach dem u. a. auf die Belange und Beziehungen in der Familie Rücksicht zu nehmen ist (vgl. § 16 SGB XII), einer Heranziehung entgegensteht. Weitere Gründe sind, dass die laufende Heranziehung in Anbetracht der sozialen und wirtschaftlichen Lage des Unterhaltspflichtigen mit Rücksicht auf die Höhe und Dauer des Bedarfs zu einer nachhaltigen und unzumutbaren Beeinträchtigung des Unterhaltspflichtigen und der übrigen Familienmitglieder führen würde, wenn die Zielsetzung der Hilfe infolge des Übergangs

gefährdet erscheint oder wenn der Unterhaltspflichtige den Sozialhilfeempfänger bereits vor Eintritt der Sozialhilfe über das Maß einer zumutbaren Unterhaltsverpflichtung hinaus betreut oder gepflegt hat (Senatsurteile vom 21. April 2004 – XII ZR 251/01 – FamRZ 2004, 1097, 1098 und vom 23. Juni 2010 – XII ZR 170/08 – FamRZ 2010, 1418 Rn. 34 mwN).

[47] Soweit die Revision darauf hinweist, dass der Gesetzgeber in § 94 Abs. 2 SGB XII eine Sonderbehandlung von Eltern behinderter volljähriger Kinder dergestalt vorsieht, dass der Rückgriff auf bestimmte Höchstbeträge begrenzt ist (vgl. Senatsurteil vom 23. Juni 2010 – XII ZR 170/08 – FamRZ 2010, 1418 Rn. 22 ff.), beruht dies auf anderen gesetzgeberischen Erwägungen, die auf den Elternunterhalt nicht übertragbar sind.

BGH v. 29. 9. 2010 – XII ZR 205/08 – FamRZ 2010, 1884 = NJW 2010, 3582

R718   *(Präklusion des Herabsetzungs- und Befristungseinwands)*

a   [15] Die Abänderung einer rechtskräftigen Entscheidung über den Unterhalt setzt nach § 323 Abs. 1 ZPO aF voraus, dass sich die für die Bestimmung der Höhe und Dauer der Leistungen maßgebenden Verhältnisse wesentlich geändert haben. Dabei ist zu beachten, dass die Grundlagen der Ausgangsentscheidung im Abänderungsverfahren zu wahren sind und eine Fehlerkorrektur wegen der Rechtskraft des Ausgangsurteils nicht zulässig ist (Senatsurteile vom 12. Mai 2010 – XII ZR 98/08 – FamRZ 2010, 1150 Rn. 19 mwN und vom 2. Juni 2010 – XII ZR 160/08 – FamRZ 2010, 1318 Rn. 38).

[16] Die Abänderung hängt davon ab, ob eine – vom Kläger allein geltend gemachte – wesentliche Änderung der rechtlichen Verhältnisse eingetreten ist. Dass sowohl eine Gesetzesänderung als auch eine Änderung der gefestigten höchstrichterlichen Rechtsprechung ebenso wie Veränderungen der Tatsachenlage zur Abänderung einer rechtskräftigen Unterhaltsentscheidung berechtigen, ist in der Rechtsprechung anerkannt (vgl. Senatsurteile vom 12. Juli 1990 XII ZR 85/89 – FamRZ 1990, 1091, 1094 und vom 5. September 2001 XII ZR 108/00 – FamRZ 2001, 1687, 1689 – Gesetzesänderung – und vom 5. Februar 2003 – XII ZR 29/00 – FamRZ 2003, 848 – Rechtsprechungsänderung) und nunmehr in § 238 Abs. 1 Satz 2 FamFG, § 323 Abs. 1 Satz 2 ZPO nF auch gesetzlich klargestellt worden (BR-Drucks. 309/07 S. 575).

[17] Im vorliegenden Fall ist indessen eine Rechtsänderung, die den Kläger berechtigen könnte, eine Abänderung des Ausgangsurteils zu verlangen, nicht eingetreten. Die vom Kläger angeführten Umstände, namentlich die Einführung des § 1578 b BGB durch das Unterhaltsrechtsänderungsgesetz vom 21. Dezember 2007 (BGBl. I S. 3189) und die seit der mündlichen Verhandlung im Ausgangsverfahren veröffentlichte Rechtsprechung des erkennenden Senats haben hinsichtlich des in Rede stehenden Aufstockungsunterhalts nach § 1573 Abs. 2 BGB die Rechtslage seit dem Vorprozess nicht entscheidend geändert.

b   *(Rechtsprechungsänderung)*

[18] a) Die maßgebliche Änderung seiner Rechtsprechung hat der Senat hinsichtlich der Gewichtung von Ehedauer und ehebedingten Nachteilen im Rahmen der Befristung (§ 1573 Abs. 5 BGB aF) bereits durch sein Urteil vom 12. April 2006 (XII ZR 240/03 – FamRZ 2006, 1006) vollzogen (Senatsurteile BGHZ 177, 356 = FamRZ 2008, 1911 Rn. 62; BGHZ 183, 197 = FamRZ 2010, 111 Rn. 60 und vom 27. Januar 2010 – XII ZR 100/08 – FamRZ 2010, 538 Rn. 22; ebenso OLG Dresden FamRZ 2008, 2135; OLG Bremen NJW 2008, 3074; OLG München FamRZ 2009, 1154; OLG Hamm FPR 2009, 374; OLG Stuttgart FamRZ 2009, 788; OLG Karlsruhe FamRZ 2009, 1160). Eine differenzierte Betrachtung der Rechtsprechungsentwicklung, je nachdem, ob die geschiedene Ehe kinderlos war oder ob aus ihr Kinder hervorgegangen sind, ist nicht angezeigt.

[19] aa) In seiner nach dem Unterhaltsrechtsänderungsgesetz vom 20. Februar 1986 (BGBl. I S. 301), durch das die Begrenzungsvorschriften der §§ 1573 Abs. 5, 1578 Abs. 1 Satz 2 BGB eingeführt wurden, zunächst ergangenen Rechtsprechung hatte der Senat dem Merkmal der Ehedauer insofern eine ausschlaggebende Bedeutung beigemessen, als eine Befristung ab einer bestimmten Dauer der Ehe regelmäßig ausgeschlossen und allenfalls unter außergewöhnlichen Umständen zulässig sei (vgl. etwa Senatsurteile vom 10. Oktober 1990 – XII ZR 99/89 – FamRZ 1991, 307, 310; vom 28. März 1990 – XII ZR 64/89 – FamRZ 1990, 857, 859 und vom 9. Juni 2004 – XII ZR 308/01 – FamRZ 2004, 1357, 1360; zur Entwicklung der Rechtsprechung vgl. Dose FamRZ 2007, 1289, 1294). Zeiten der Kinderbetreuung hat er dabei entsprechend der von § 1573 Abs. 5 Satz 2 BGB aF (§ 1578 Abs. 1 Satz 3 BGB aF) getroffenen Anordnung der Ehedauer gleichgestellt (Senatsurteil vom 10. Oktober 1990 – XII ZR 99/89 – FamRZ 1991, 307, 310), ohne dass allerdings durch die – frühere – Kinderbetreuung als solche eine Unterhaltsbefristung oder -herabsetzung ausgeschlossen worden wäre.

[20] bb) Von der aufgeführten Rechtsprechung ist der Senat in seinem Urteil vom 12. April 2006 (XII ZR 240/03 – FamRZ 2006, 1006) in Bezug auf die grundsätzliche Gewichtung des Merkmals der Ehedauer abgerückt. In dieser Entscheidung hat er im Gegensatz zu seiner vorausgegangenen Rechtsprechung die Ehedauer in ihrer Bedeutung nicht mehr anderen Billigkeitskriterien vorangestellt.

Anhang R. Rechtsprechung **R718**

Er hat für die Entscheidung über die Befristung nach § 1573 Abs. 5 BGB (aF) statt dessen das hauptsächliche Gewicht auf die mit der Ehe verbundenen (Erwerbs-)Nachteile für den Unterhaltsberechtigten gelegt. Während diese eine Befristung in der Regel auch bei kurzer Ehedauer hindern würden, stehe ohne ehebedingte Nachteile selbst eine lange Ehedauer der Befristung nicht schon für sich genommen entgegen.

[21] Entgegen der von der Revision vertretenen Auffassung (ebenso OLG Koblenz FamRZ 2010, 318; OLG Düsseldorf FamRZ 2010, 1084; Finke FamFR 2010, 90) beschränkt sich die mit der Entscheidung vom 12. April 2006 vollzogene Rechtsprechungsänderung mit ihren tragenden Gründen nicht auf kinderlose Ehen. Wenn der Senat in seiner dortigen Begründung unter anderem auf die Motive des Unterhaltsrechtsänderungsgesetzes vom 20. Februar 1986 Bezug genommen und in diesem Zusammenhang die Kinderbetreuung als Hinderungsgrund für eine Befristung genannt hat (aaO S. 1007 – juris Rn. 13), lässt sich daraus eine Differenzierung zwischen kinderlosen Ehen und Ehen mit Kindern nicht herleiten. Denn unter den eine Befristung hindernden Gründen ist dort neben der Kinderbetreuung auch die lange Ehedauer aufgeführt. Selbst einer langen Ehedauer sollte aber nach dem Urteil gerade keine ausschlaggebende Bedeutung mehr zukommen, wie sich aus den folgenden – durch den Leitsatz verdeutlichten – Ausführungen ergibt. Demnach lautete die an die Tatsacheninstanzen gerichtete Maßgabe des Urteils, dass bei einer die Zweckrichtung des Gesetzes berücksichtigenden Gesetzesanwendung vorrangig zu prüfen sei, ob sich die Einkommensdivergenz der Ehegatten als ehebedingter Nachteil darstelle, der einen dauerhaften unterhaltsrechtlichen Ausgleich zugunsten des bedürftigen Ehegatten rechtfertige (aaO S. 1007 – juris Rn. 14), was allgemein formuliert worden und für kinderlose Ehen wie Ehen mit Kindern gleichermaßen bedeutsam ist.

[22] Für eine Differenzierung zwischen kinderlosen Ehen und Ehen mit Kindern bestand überdies auch keine Veranlassung, weil – wie oben ausgeführt -bereits nach der vorausgegangenen Rechtsprechung eine Kinderbetreuung der Befristung nicht entgegenstand, sondern – nur – in der Weise in die Billigkeitsabwägung einfloss, dass die Zeiten der Kinderbetreuung der Ehedauer nach §§ 1573 Abs. 5, 1578 Abs. 1 Satz 3 BGB aF gleichgestellt wurden, wie es im Übrigen auch der aktuellen Gesetzeslage entspricht (§ 1578 b Abs. 1 Satz 3 BGB). Dass die Befristung seinerzeit vor allem bei kinderlosen Ehen für bedeutsam gehalten wurde (vgl. etwa MünchKomm/Richter BGB 3. Aufl. § 1573 Rn. 34), hängt damit zusammen, dass im häufigsten Fall der Kinderbetreuung durch den unterhaltsberechtigten Ehegatten nach dem seinerzeit praktizierten Altersphasenmodell die Gesamtdauer von Ehe und Kinderbetreuung bei über fünfzehn Jahren lag. In diesem Fall kam eine Befristung nicht in Betracht, weil der Senat in seiner früheren Rechtsprechung jedenfalls bei einer Ehedauer von über fünfzehn Jahren eine Befristung nur unter außergewöhnlichen Umständen für zulässig gehalten hatte (Senatsurteile vom 28. März 1990 – XII ZR 64/89 – FamRZ 1990, 857, 859; vom 10. Oktober 1990 – XII ZR 99/89 – FamRZ 1991, 307, 310 und vom 9. Juni 2004 – XII ZR 308/01 – FamRZ 2004, 1357, 1360).

[23] Demnach betraf die durch das Senatsurteil vom 12. April 2006 vollzogene Rechtsprechungsänderung sämtliche Fälle des Aufstockungsunterhalts, in denen statt des Kriteriums der Ehedauer nunmehr vorrangig auf das Vorliegen ehebedingter Nachteile abzustellen war. Dass das Senatsurteil nicht ausdrücklich als Rechtsprechungsänderung ausgewiesen ist, spielt für die materielle Bewertung der Entscheidung keine Rolle (aA OLG Koblenz FamRZ 2010, 318, 321; Finke FamFR 2010, 90) und hindert es insbesondere nicht, dass vor der Entscheidung ergangene Unterhaltsentscheidungen wegen einer wesentlichen Änderung der Verhältnisse abgeändert werden können (Senatsurteil BGHZ 177, 356 = FamRZ 2008, 1911 Rn. 62). Dass nach der Senatsentscheidung vom 12. April 2006 vor allem bei Verfahren über den Aufstockungsunterhalt eine Überprüfung des Befristungseinwands auch bei langer Ehedauer regelmäßig geboten war, macht nicht zuletzt der veröffentlichte Leitsatz der Entscheidung hinreichend deutlich.

[24] Die von der Revision angeführte Entscheidung des Senats vom 28. Februar 2007 (BGHZ 171, 206 = FamRZ 2007, 793) betraf demnach zwar erstmals den Fall einer Ehe mit Kindern, beinhaltete aber keine weitergehende Rechtsprechungsänderung, sondern konnte sich auf die durch die Entscheidung vom 12. April 2006 geänderten Grundsätze stützen. Deren Anwendung auf eine Ehe mit Kindern bewegte sich im Rahmen der bereits vor der Entscheidung vom 12. April 2006 vom Senat praktizierten Gleichstellung der Dauer einer Kinderbetreuung mit der Ehedauer. Nichts anderes gilt schließlich für die Senatsurteile vom 23. Mai 2007 (XII ZR 245/04 – FamRZ 2007, 1232) und vom 26. September 2007 (XII ZR 11/05 – FamRZ 2007, 2049 und XII ZR 15/05 – FamRZ 2007, 2052). Auch diese Entscheidungen beruhen auf den durch die Entscheidung vom 12. April 2006 neu festgelegten Grundsätzen.

[25] cc) Nach den Grundsätzen der Senatsentscheidung vom 12. April 2006 hätte der Kläger die Befristung und Herabsetzung des Unterhalts bereits im Vorprozess geltend machen können und müssen. Dass die Ehe der Parteien mit einer Dauer von annähernd fünfzehn Jahren zuzüglich der Zeiten der nachehelichen Kinderbetreuung als Ehe von langer Dauer anzusehen war, hätte die Befristung nicht (mehr) ausgeschlossen. Statt dessen wäre es schon nach dem Stand der Rechtsprechung

zum Zeitpunkt der abschließenden mündlichen Verhandlung vor dem Oberlandesgericht am 1. März 2007 vorwiegend auf die Frage angekommen, ob der Beklagten nach der Scheidung ehebedingte Nachteile verblieben sind. Diese Frage war wegen der unveränderten Tatsachenlage bereits im Vorprozess zu beantworten und nicht erst im vorliegenden Verfahren.

[26] Da die Befristung und Herabsetzung des Unterhalts nach §§ 1573 Abs. 5, 1578 Abs. 1 Satz 2 BGB aF nicht lediglich auf eine Einrede des Unterhaltspflichtigen, sondern bei entsprechendem Sachvortrag von Amts wegen zu überprüfen waren, schließt die Rechtskraft des Ausgangsurteils jedenfalls bei unveränderter Tatsachenlage eine künftige Befristung und Herabsetzung des Unterhalts aus. Im Unterschied zu einem von den Ehegatten geschlossenen Unterhaltsvergleich (dazu Senatsurteil vom 26. Mai 2010 – XII ZR 143/08 – FamRZ 2010, 1238 Rn. 23) ist hier auch nicht auf die Vorstellungen der Parteien abzustellen, die bei einem im Zusammenhang mit der Scheidung abgeschlossenen Unterhaltsvergleich im Zweifel noch keinen späteren Ausschluss einer Unterhaltsbegrenzung vereinbaren wollen. Da das Gericht die Frage der Befristung aber von Amts wegen zu prüfen hat und jedenfalls bei einer abgeschlossenen Entflechtung der wirtschaftlichen Verhältnisse der Ehegatten auch nicht offen lassen darf (vgl. Senatsurteil vom 14. April 2010 – XII ZR 89/08 – FamRZ 2010, 869 Rn. 51, 52), erfasst die Rechtskraft des Urteils im Zweifel auch die künftige Befristung, die damit bei unveränderter Tatsachenlage ausgeschlossen ist (Senatsurteil vom 26. Mai 2010 – XII ZR 143/08 – FamRZ 2010, 1238 Rn. 25).

[27] Etwas anderes gilt dann, wenn das Gericht in den Entscheidungsgründen die künftige Befristung etwa wegen einer noch nicht zuverlässig absehbaren Entwicklung der Verhältnisse ausdrücklich offenlässt. In diesem Fall ist die Rechtskraft der Entscheidung entsprechend eingeschränkt. Sie steht einer späteren Geltendmachung des Befristungseinwands durch den Unterhaltspflichtigen selbst dann nicht entgegen, wenn über eine Befristung richtigerweise bereits im Ausgangsverfahren hätte entschieden werden müssen (vgl. Senatsurteil vom 26. Mai 2010 – XII ZR 143/08 – FamRZ 2010, 1238 Rn. 13, 23 mwN). Eine derartige Einschränkung ist in dem Ausgangsurteil aber nicht enthalten, so dass das Urteil eine umfassende Rechtskraft entfaltet.

(Gesetzesänderung)

c [28] b) Das Berufungsgericht ist ferner davon ausgegangen, dass der Kläger seine Abänderungsklage auch nicht auf eine Gesetzesänderung stützen kann. Dies entspricht der Rechtsprechung des Senats und hält den Angriffen der Revision ebenfalls stand.

[29] Durch das Unterhaltsrechtsänderungsgesetz vom 21. Dezember 2007 hat sich die Rechtslage für die vorliegende Fallkonstellation nicht geändert. Denn eine wesentliche Änderung der Verhältnisse nach § 323 Abs. 1 ZPO aF (§ 238 Abs. 1 Satz 2 FamFG; § 323 Abs. 1 Satz 2 ZPO nF) liegt nur vor, wenn die Gesetzesänderung für den konkreten Einzelfall erheblich ist. Das ist hier nicht der Fall.

[30] Für den Fall, dass der Unterhaltsanspruch allein auf § 1573 Abs. 2 BGB (Aufstockungsunterhalt) beruht und zuletzt im Jahr 2007 durch Urteil festgelegt wurde, hat der Senat bereits entschieden, dass sich aus dem Inkrafttreten des § 1578 b BGB am 1. Januar 2008 für sich genommen noch keine Änderung der wesentlichen Verhältnisse ergibt (Senatsurteile BGHZ 183, 197 = FamRZ 2010, 111 Rn. 60, 62 f. und vom 27. Januar 2010 – XII ZR 100/08 – FamRZ 2010, 538 Rn. 34; aA OLG Stuttgart FamRZ 2009, 53, 55; OLG Celle FamRZ 2009, 2105; Graba FPR 2008, 100, 103; unrichtig insoweit Hamm Strategien im Unterhaltsrecht 2. Aufl. § 7 Rn. 64). Daran ist auch in der vorliegenden Fallkonstellation einer Ehe mit Kindern festzuhalten.

[31] Zwar ist im Fall, dass der unterhaltsberechtigte Ehegatte gemeinsame Kinder betreut hat, der Gesetzeswortlaut geändert worden, indem die in § 1573 Abs. 5 Satz 2 Halbsatz 2, § 1578 Abs. 1 Satz 2 Halbsatz 2 BGB aF noch enthaltene Regelung, dass eine fortlaufende und ungeminderte Unterhaltszahlung in der Regel nicht unbillig ist, wenn der Unterhaltsberechtigte nicht nur vorübergehend ein gemeinschaftliches Kind allein oder überwiegend betreut hat oder betreut, nicht in § 1578 b BGB übernommen worden ist. Damit war aber eine materielle Rechtsänderung nicht verbunden. Denn die Kinderbetreuung stand schon nach der bis 2007 geltenden Rechtslage einer Befristung oder Herabsetzung des Unterhalts nicht generell entgegen, sondern entsprechend §§ 1573 Abs. 5 Satz 2, 1578 Abs. 1 Satz 3 BGB aF nur in Abhängigkeit von ihrer Dauer.

Dem stehen die von der Revision zitierten Gesetzesmotive des Unterhaltsrechtsänderungsgesetzes vom 20. Februar 1986 schon deswegen nicht entgegen, weil die gesetzliche Regelung letztlich zu einer Gleichsetzung von Zeiten der Kinderbetreuung mit der Ehedauer geführt haben und diese von der Rechtsprechung des Senats auch angewandt worden ist.

[32] Der Gesetzgeber ist schließlich mit dem Unterhaltsrechtsänderungsgesetz vom 21. Dezember 2007 auch insoweit von der bestehenden Rechtsprechung des Senats ausgegangen, die gerade im Jahr 2007 mehrfach auch in Fällen mit Kinderbetreuung ergangen war. Er hat durch die Streichung der einschränkenden Formulierung demnach keine sachliche Änderung vorgenommen, sondern das Gesetz lediglich entsprechend klargestellt (vgl. Senatsurteile BGHZ 183, 197 = FamRZ 2010, 111 Rn. 60 und vom 27. Januar 2010 – XII ZR 100/08 – FamRZ 2010, 538 Rn. 34; BT-Drucks. 16/1830 S. 18 ff.).

Anhang R. Rechtsprechung   R719

(Übergangsregelung)
[33] c) Auch auf § 36 Nr. 1 EGZPO lässt sich eine Abänderung des Ausgangsurteils nicht stützen.   d
[34] Wie der Senat bereits entschieden hat (BGHZ 183, 197 = FamRZ 2010, 111 – Rn. 62, 63), eröffnet § 36 Nr. 1 EGZPO keine eigenständige Abänderungsmöglichkeit, sondern stellt lediglich klar, dass die Gesetzesänderung ein Anwendungsfall des § 323 Abs. 1 ZPO (aF) ist. Denn nach der Gesetzesbegründung handelt es sich hierbei nicht um einen eigenen, neu geschaffenen Abänderungsrechtsbehelf. In der Sache ist eine Anpassung von bestehenden Titeln und Unterhaltsvereinbarungen danach nur möglich, wenn eine wesentliche Änderung der Unterhaltsverpflichtung eintritt (vgl. BT-Drucks. 16/1830 S. 32 f.). Die Wesentlichkeitsschwelle ist im Sinne von § 323 Abs. 1 ZPO zu verstehen. In einer Gesamtschau aller Umstände – ggf. auch von der Reform unabhängiger Umstände – ist zu prüfen, in welchem Umfang sich die für Unterhaltsverpflichtung und -bemessung maßgeblichen Verhältnisse geändert haben (vgl. BT-Drucks. 16/1830 S. 33).

[35] Dadurch wird zugleich bestätigt, dass das neue Unterhaltsrecht nur dann zur Abänderung bestehender Titel berechtigt, wenn bestimmte Umstände erst durch die Gesetzesänderung erheblich geworden sind und diese gegenüber der bisherigen Rechtslage zu einer wesentlichen Änderung führt. Auch durch § 36 Nr. 2 EGZPO soll – nur – sichergestellt werden, dass Umstände, die erst durch das neue Recht erheblich geworden sind, in das Verfahren eingeführt werden können (BT-Drucks. 16/1830 S. 33).

BGH v. 6. 10. 2010 – XII ZR 202/08 – FamRZ 2010, 1971 = NJW 2011, 147

(Herabsetzung und Befristung des Aufstockungsunterhalts)   R719

[17] a) Nachehelicher Aufstockungsunterhalt ist nach § 1573 Abs. 2 BGB – vorbehaltlich der im   a
Gesetz vorgesehenen Begrenzungs- und Befristungsmöglichkeit – grundsätzlich zeitlich unbefristet geschuldet. Das Maß des nachehelichen Unterhalts bestimmt sich gemäß § 1578 Abs. 1 Satz 1 BGB regelmäßig nach den ehelichen Lebensverhältnissen. Damit unterscheidet sich der nacheheliche Unterhalt grundlegend von dem Verwandtenunterhalt und dem Unterhaltsanspruch nach § 1615 l BGB, bei denen sich das Maß des Unterhalts gemäß § 1610 Abs. 1 BGB nach der Lebensstellung des Bedürftigen (angemessener Unterhalt) bestimmt. Der vom Einkommen des besser verdienenden Ehegatten abgeleitete Unterhaltsanspruch nach den ehelichen Lebensverhältnissen bietet dem geschiedenen Ehegatten jedoch keine Lebensstandardgarantie. Denn nachdem das Gesetz mit § 1573 Abs. 5 BGB aF und § 1578 Abs. 1 Satz 2 BGB aF bereits seit 1986 Möglichkeiten zur Begrenzung und Befristung vorsah, regelt § 1578 b BGB in der seit dem 1. Januar 2008 geltenden Fassung nunmehr generell die Möglichkeit einer Herabsetzung und zeitlichen Begrenzung des nachehelichen Unterhalts.

[18] Ein Anspruch auf nachehelichen Unterhalt ist nach § 1578 b Abs. 1 Satz 1 BGB auf den angemessenen Lebensbedarf herabzusetzen, wenn eine an den ehelichen Lebensverhältnissen orientierte Bemessung des Unterhaltsanspruchs auch unter Wahrung der Belange eines dem Berechtigten zur Pflege oder Erziehung anvertrauten gemeinschaftlichen Kindes unbillig wäre. Nach § 1578 b Abs. 2 Satz 1 BGB ist ein Anspruch auf nachehelichen Unterhalt zeitlich zu begrenzen, wenn ein zeitlich unbegrenzter Unterhaltsanspruch unbillig wäre. Die Kriterien für die Billigkeitsabwägung ergeben sich aus § 1578 b Abs. 1 Satz 2 und 3 BGB. Danach ist bei der Billigkeitsabwägung vorrangig zu berücksichtigen, inwieweit durch die Ehe Nachteile im Hinblick auf die Möglichkeit eingetreten sind, für den eigenen Unterhalt zu sorgen. Solche Nachteile können sich vor allem aus der Dauer der Pflege oder Erziehung eines gemeinschaftlichen Kindes, aus der Gestaltung von Haushaltsführung oder Erwerbstätigkeit während der Ehe sowie aus der Dauer der Ehe ergeben.

[19] aa) Nach § 1578 b Abs. 2 Satz 2 i. V. m. Abs. 1 Satz 2 BGB ist somit vorrangig zu berücksichtigen, ob ehebedingte Nachteile eingetreten sind, die schon deswegen regelmäßig einer Begrenzung oder Befristung des nachehelichen Unterhalts entgegenstehen, weil der Unterhaltsberechtigte dann seinen eigenen angemessenen Unterhalt nicht selbst decken kann. Denn ein ehebedingter Nachteil ergibt sich in der Regel daraus, dass der unterhaltsberechtigte Ehegatte nachehelich nicht die Einkünfte erzielt, die er ohne die Ehe und Kinderbetreuung erzielen würde. § 1578 b Abs. 1 Satz 1 BGB sieht deswegen eine Herabsetzung des nachehelichen Unterhalts auch lediglich bis auf den angemessenen Lebensbedarf vor, der nach der Rechtsprechung des Senats durch die eigene Lebensstellung ohne Ehe und Kindererziehung definiert ist (Senatsurteil vom 17. Februar 2010 – XII ZR 140/08 – FamRZ 2010, 629 Rn. 28 ff.).

[20] Weil dem Unterhaltsberechtigten regelmäßig der angemessene Lebensbedarf nach den ohne Ehe und Kindererziehung erzielbaren Einkünften zu belassen ist, sind ihm ehebedingte Nachteile grundsätzlich auszugleichen. Eine Befristung des nachehelichen Unterhalts nach § 1578 b Abs. 2 BGB kommt deswegen regelmäßig nur dann in Betracht, wenn der Unterhaltsberechtigte Einkünfte erzielt, die diesem angemessenen Lebensbedarf entsprechen, wenn also keine ehebedingten Nachteile (mehr) vorliegen.

[21] bb) Ob eine Herabsetzung des Unterhaltsbedarfs nach den ehelichen Lebensverhältnissen (§ 1578 Abs. 1 Satz 1 BGB) auf den angemessenen Lebensbedarf (§ 1578 b Abs. 1 Satz 1 BGB) in Betracht kommt, ist gemäß § 1578 b BGB im Wege einer umfassenden Billigkeitsabwägung zu bestimmen, die dem Tatrichter obliegt (Senatsurteil vom 11. August 2010 – XII ZR 102/09 – FamRZ 2010, 1637 Rn. 47). Entsprechend hat der Senat bereits wiederholt entschieden, dass sich § 1578 b BGB nicht auf die Kompensation ehebedingter Nachteile beschränkt, sondern auch eine darüber hinausgehende nacheheliche Solidarität berücksichtigt (Senatsurteil vom 17. Februar 2010 – XII ZR 140/08 -FamRZ 2010, 629 Rn. 25 mwN). Auch im Rahmen der insoweit gebotenen Billigkeitsprüfung sind nach § 1578 b Abs. 1 Satz 3 BGB neben weiteren relevanten Umständen im Einzelfall die Dauer der Pflege oder Erziehung eines gemeinschaftlichen Kindes, die Gestaltung von Haushaltsführung und Erwerbstätigkeit während der Ehe sowie die Dauer der Ehe zu berücksichtigen. Dabei ist die Dauer der Ehe allein kein entscheidendes Kriterium, wenn beide Ehegatten während der Ehe vollschichtig berufstätig waren und die Einkommensdifferenz lediglich auf ein unterschiedliches Qualifikationsniveau zurückzuführen ist, das bereits zu Beginn der Ehe vorlag (vgl. Senatsurteil vom 26. September 2007 – XII ZR 11/05 – FamRZ 2007, 2049 Rn. 20 ff.). Die Ehedauer gewinnt aber durch eine wirtschaftliche Verflechtung an Gewicht, die insbesondere durch Aufgabe einer eigenen Erwerbstätigkeit wegen der Betreuung gemeinsamer Kinder oder der Haushaltsführung eintritt. Dieser Gesichtspunkt kann in Fällen, in denen keine ehebedingten Nachteile vorliegen, aus Billigkeitsgründen gegen eine Herabsetzung oder zeitliche Begrenzung des nachehelichen Unterhalts auf den eigenen angemessenen Lebensbedarf sprechen (vgl. Senatsurteil vom 11. August 2010 – XII ZR 102/09 – FamRZ 2010, 1637 Rn. 48).

(Nacheheliche Solidarität)

b [29] c) Nicht hinreichend berücksichtigt hat das Berufungsgericht allerdings, dass § 1578 b BGB nicht auf die Kompensation ehebedingter Nachteile beschränkt ist, sondern auch eine darüber hinausgehende nacheheliche Solidarität erfasst, die einer vollständigen Herabsetzung des Lebensniveaus des Unterhaltsberechtigten auf den eigenen angemessenen Lebensbedarf aus Billigkeitsgründen entgegenstehen kann.

[30] aa) Die Feststellung aller für die Billigkeitsentscheidung nach § 1578 b BGB in Betracht kommenden Gesichtspunkte und die Billigkeitsabwägung selbst ist Aufgabe des Tatrichters. Sie kann vom Revisionsgericht nur darauf hin überprüft werden, ob dieser wesentliche Umstände unberücksichtigt gelassen oder Beweisregeln verkannt hat. Der revisionsrechtlichen Überprüfung unterliegt insbesondere, ob der Tatrichter sich mit dem Prozessstoff und den Beweisergebnissen umfassend und widerspruchsfrei auseinandergesetzt hat, seine Würdigung also vollständig und rechtlich möglich ist und nicht gegen Denkgesetze oder Erfahrungssätze verstößt. Das setzt voraus, dass in dem Urteil die wesentlichen Gründe aufgeführt sind, die für die richterliche Überzeugungsbildung leitend waren (Senatsurteil vom 11. August 2010 – XII ZR 102/09 – FamRZ 2010, 1637 Rn. 42).

[31] Die angefochtene Entscheidung trägt dem nicht hinreichend Rechnung, weil sie nicht alle wesentlichen Umstände berücksichtigt und teilweise auf Umständen beruht, die eine Befristung des nachehelichen Unterhalts nicht zu begründen vermögen.

[32] bb) Die Parteien hatten im November 1980 geheiratet und waren bis zur Zustellung des Scheidungsantrags im November 2003, also 23 Jahre, verheiratet. Soweit das Berufungsgericht darauf abstellt, dass es bereits 1998 in der Ehe der Partei „gekriselt" habe und der Antragsgegner mit Kenntnis der Antragstellerin im Jahre 2000 ein außereheliches Verhältnis aufgenommen habe, steht dies dem Vertrauen in den Bestand der Ehe nicht entgegen. Nach ständiger Rechtsprechung des Senats ist bei der Bemessung der Ehedauer auf die Zeit von der Eheschließung bis zur Zustellung des Scheidungsantrags abzustellen (Senatsurteile vom 17. Februar 2010 – XII ZR 140/08 – FamRZ 2010, 629 Rn. 36 und BGHZ 179, 43 = FamRZ 2009, 406 Rn. 35). Dies hat das Berufungsgericht verkannt.

[33] Wie der Senat bereits ausgeführt hat, gewinnt die Ehedauer durch eine wirtschaftliche Verflechtung an Gewicht, die insbesondere durch Aufgabe einer eigenen Erwerbstätigkeit wegen der Betreuung gemeinsamer Kinder oder der Haushaltsführung eintritt. Dieser Gesichtspunkt kann in Fällen, in denen – wie hier – keine ehebedingten Nachteile vorliegen, aus Billigkeitsgründen gegen eine Herabsetzung oder zeitliche Begrenzung des nachehelichen Unterhalts auf den eigenen angemessenen Lebensbedarf sprechen (vgl. Senatsurteil vom 11. August 2010 – XII ZR 102/09 – FamRZ 2010, 1637 Rn. 48). Entsprechend erlangt die Ehedauer hier ein besonderes Gewicht, weil die Antragstellerin den gemeinsamen Sohn überwiegend allein erzogen und den Haushalt der Ehegatten geführt hat. Denn sie hat wegen der Kindererziehung für rund fünfeinhalb Jahre auf ihre Erwerbstätigkeit als Motopädin verzichtet und wegen der Haushaltsführung während der gesamten Ehezeit nur mit deutlich reduzierter Stundenzahl gearbeitet.

[34] Hinzu kommt, dass die eigene angemessene Lebensstellung der Antragstellerin nur wenig über dem Mindestbedarf liegt, während der Antragsgegner im Rahmen seiner selbständigen Erwerbstätigkeit ein deutlich höheres Einkommen erzielt, das rechnerisch einen Unterhaltsanspruch nach den ehelichen

Lebensverhältnissen in Höhe von 1272 EUR monatlich begründen würde. Auch die Altersversorgung der Antragstellerin ist, wenngleich sie für die Ehezeit vollständig zwischen den Parteien ausgeglichen wurde, nur sehr begrenzt. In der langen Ehe hat sie lediglich eigene gesetzliche Rentenanwartschaften in Höhe von rund 160 EUR erworben, die durch den Versorgungsausgleich um gut 50 EUR aufgestockt worden sind. Auch unter Berücksichtigung der weiteren vorehelich erworbenen Anwartschaften und des im Zugewinnausgleich erhaltenen Vermögens von gut 30 000 EUR, von dem nach der Einschätzung des Berufungsgerichts nur rund 23 000 EUR verblieben sind, ergibt sich keine ausreichende Grundlage für eine dauerhafte Altersvorsorge. Die Antragstellerin ist deswegen darauf angewiesen, bis zum Rentenbeginn noch eine adäquate weitere Altersvorsorge aufzubauen.

BGH v. 20. 10. 2010 – XII ZR 53/09 – FamRZ 2010, 2059 = NJW 2010, 3653

(Herabsetzung und Befristung des nachehelichen Unterhalts)

[21] a) Ein Anspruch auf nachehelichen Unterhalt ist nach § 1578 b Abs. 1 Satz 1 BGB auf den angemessenen Lebensbedarf herabzusetzen, wenn eine an den ehelichen Lebensverhältnissen orientierte Bemessung des Unterhaltsanspruchs auch unter Wahrung der Belange eines dem Berechtigten zur Pflege oder Erziehung anvertrauten gemeinschaftlichen Kindes unbillig wäre. Nach § 1578 b Abs. 2 Satz 1 BGB ist ein Anspruch auf nachehelichen Unterhalt zeitlich zu begrenzen, wenn ein zeitlich unbegrenzter Unterhaltsanspruch unbillig wäre. Die Kriterien für die Billigkeitsabwägung ergeben sich aus § 1578 b Abs. 1 Satz 2 und 3 BGB. Danach ist bei der Billigkeitsabwägung vorrangig zu berücksichtigen, inwieweit durch die Ehe Nachteile im Hinblick auf die Möglichkeit eingetreten sind, für den eigenen Unterhalt zu sorgen. Solche Nachteile können sich vor allem aus der Dauer der Pflege oder Erziehung eines gemeinschaftlichen Kindes, aus der Gestaltung von Haushaltsführung und Erwerbstätigkeit während der Ehe sowie aus der Ehe ergeben.

(Angemessener Lebensbedarf als regelmäßige Grenze der Herabsetzung)

[22] aa) Der Maßstab des angemessenen Lebensbedarfs, der nach § 1578 b Abs. 1 BGB die Grenze für die Herabsetzung des nachehelichen Unterhalts bildet, bemisst sich dabei nach dem Einkommen, das der unterhaltsberechtigte Ehegatte ohne die Ehe und Kindererziehung aus eigenen Einkünften zur Verfügung hätte. Erzielt der Unterhaltsberechtigte eigene Einkünfte, die diesen angemessenen Unterhaltsbedarf erreichen, oder könnte er solche Einkünfte erzielen, kann dies im Rahmen der Billigkeitsabwägung nach einer Übergangszeit, in der er sich nach gescheiterter Ehe von den ehelichen Lebensverhältnissen auf den Lebensbedarf nach den eigenen Einkünften umstellen kann, zum vollständigen Wegfall des nachehelichen Unterhalts in Form einer Befristung führen (Senatsurteil vom 14. Oktober 2009 – XII ZR 146/08 – FamRZ 2009, 1990 Rn. 14 f.). Erzielt der Unterhaltsberechtigte nach einer ehebedingten Einschränkung seiner Erwerbstätigkeit hingegen lediglich Einkünfte, die den eigenen angemessenen Unterhaltsbedarf nach § 1578 b nicht erreichen, scheidet eine Befristung des Unterhaltsanspruchs regelmäßig aus. Auch dann kann der Unterhalt nach einer Übergangszeit aber bis auf den ehebedingten Nachteil herabgesetzt werden, der sich aus der Differenz des angemessenen Unterhaltsbedarfs mit dem erzielten oder erzielbaren eigenen Einkommen ergibt (Senatsurteil vom 14. Oktober 2009 – XII ZR 146/08 – FamRZ 2009, 1990 Rn. 16), was freilich voraussetzt, dass der eheangemessene Bedarf den angemessenen Lebensbedarf übersteigt.

[23] Um den ehebedingten Nachteil der Höhe nach bemessen zu können, muss der Tatrichter Feststellungen zum angemessenen Lebensbedarf des Unterhaltsberechtigten im Sinne des § 1578 b Abs. 1 Satz 1 BGB und zum Einkommen treffen, das der Unterhaltsberechtigte tatsächlich erzielt bzw. gemäß §§ 1574, 1577 BGB erzielen könnte. Die Differenz aus den beiden Positionen ergibt den ehebedingten Nachteil.

(Darlegung ehebedingter Nachteile)

[24] bb) Der Umstand, dass der Unterhaltsberechtigte eine vollschichtige Tätigkeit in seinem erlernten Beruf ausübt, ist ein Indiz gegen fortdauernde ehebedingte Nachteile (vgl. Senatsurteil vom 16. April 2008 – XII ZR 107/06 – FamRZ 2008, 1325 Rn. 41). Hat der Unterhaltsschuldner, der die Darlegungs und Beweislast hinsichtlich der für eine Begrenzung sprechenden Tatsachen trägt, eine solche Beschäftigung behauptet, trifft daher den Unterhaltsberechtigten die so genannte sekundäre Darlegungslast. Er muss die Behauptung, es seien keine ehebedingten Nachteile entstanden, substantiiert bestreiten und seinerseits darlegen, welche konkreten ehebedingten Nachteile entstanden sein sollen (Senatsurteil vom 24. März 2010 – XII ZR 175/08 – FamRZ 2010, 875 Rn. 23). Erst wenn das Vorbringen des Unterhaltsberechtigten diesen Anforderungen genügt, müssen die vorgetragenen ehebedingten Nachteile vom Unterhaltspflichtigen widerlegt werden (Senatsurteil vom 24. März 2010 – XII ZR 175/08 – FamRZ 2010, 875 Rn. 23).

[25] cc) Die Feststellung aller für die Billigkeitsentscheidung nach § 1578 b BGB in Betracht kommenden Gesichtspunkte ist – ebenso wie die entsprechende Billigkeitsabwägung – Aufgabe des

Tatrichters. Sie kann vom Revisionsgericht nur daraufhin überprüft werden, ob dieser wesentliche Umstände unberücksichtigt gelassen oder Beweisregeln verkannt hat. Der revisionsrechtlichen Überprüfung unterliegt insbesondere, ob der Tatrichter sich mit dem Prozessstoff und den Beweisergebnissen umfassend und widerspruchsfrei auseinandergesetzt hat, seine Würdigung also vollständig und rechtlich möglich ist und nicht gegen Denkgesetze oder Erfahrungsgesetze verstößt (Senatsurteil vom 11. August 2010 – XII ZR 102/09 – juris Rn. 42 u. 47).

[26] b) Diesen Maßstäben wird das Berufungsurteil nicht gerecht.

[31] (2) Ferner hat das Berufungsgericht einen ehebedingten Nachteil darin gesehen, dass der berufliche Werdegang der Beklagten anders verlaufen wäre, wenn sie ihre Berufstätigkeit nicht über mehrere Jahrzehnte unterbrochen hätte. Zwar erscheint es vor dem Hintergrund der vom Berufungsgericht vorgenommenen Würdigung der Persönlichkeit und des Lebenslaufs der Beklagten durchaus möglich, dass die Beklagte heute ein – über ihren tatsächlich erzielten Lohn hinausgehendes – Einkommen bezöge, wenn sie keine Berufspause eingelegt hätte. Jedoch sind die Feststellungen des Berufungsgerichts zur Bemessung des ehebedingten Nachteils nicht hinreichend konkret, obgleich die Beklagte – wie die Revisionserwiderung zu Recht geltend gemacht hat – zu ihren möglichen Aufstiegschancen und der damit einhergehenden Bezahlung unter Vorlage entsprechender Entgelttabellen im Einzelnen vorgetragen hat.

[32] Dem Berufungsgericht ist zwar dahin Recht zu geben, dass bei einer Fallgestaltung wie der vorliegenden Art keine überspannten Anforderungen an die Darlegungslast des Unterhaltsberechtigten gestellt werden dürfen. Deshalb kann der Unterhaltsberechtigte im Einzelfall seiner – sekundären – Darlegungslast genügen, wenn er vorträgt, dass in dem von ihm erlernten Beruf Gehaltssteigerungen in einer bestimmten Höhe mit zunehmender Berufserfahrung bzw. Betriebszugehörigkeit üblich sind.

[33] Anders verhält es sich indes bei einem behaupteten beruflichen Aufstieg. Hier muss der Unterhaltsberechtigte darlegen, aufgrund welcher Umstände (wie etwa Fortbildungsbereitschaft, bestimmte Befähigungen, Neigungen Talente etc.) er eine entsprechende Karriere gemacht hätte. Im Übrigen hat der Senat bereits ausgeführt, dass bei feststehenden Nachteilen eine exakte Feststellung zum hypothetisch erzielbaren Einkommen des Unterhaltsberechtigten nicht notwendig ist; die Tatsachengerichte können sich vielmehr insoweit bei geeigneter Grundlage einer Schätzung entsprechend § 287 ZPO bedienen. Für die Billigkeitsbetrachtung wird es dann in der Regel genügen, wenn das ungefähre Ausmaß der Einbuße feststeht (Senatsurteil vom 4. August 2010 – XII ZR 7/09 – FamRZ 2010, 1633 Rn. 39). Dies entbindet das Gericht indes nicht davon, in seiner Entscheidung die tatsächlichen Grundlagen seiner Schätzung und ihre Auswertung in objektiv nachprüfbarer Weise anzugeben (BGHZ 6, 62, 63; Senatsurteil vom 26. März 2003 – XII ZR 167/01 – NJW-RR 2003, 873, 874; Laumen in Prütting/Gehrlein ZPO § 287 Rn. 21).

BGH v. 12. 1. 2011 – XII ZR 83/08 – FamRZ 2011, 454 = NJW 2011, 670

R721   *(Unterhaltsbedarf nach § 1578 Abs. 1 Satz 1 BGB bei Einkünften des Unterhaltspflichtigen aus Rente und Erwerbstätigkeit)*

a   [14] 2. Den Unterhaltsbedarf nach § 1578 Abs. 1 Satz 1 BGB hat das Berufungsgericht im Ausgangspunkt zutreffend ausgehend von den beiderseits erzielten Einkünften und zusätzlich (ab Januar 2006) aufgrund des von der Klägerin erzielbaren Einkommens bemessen. Das ist hinsichtlich der Rente des Beklagten nicht zu beanstanden, wohl aber hinsichtlich seines berücksichtigungsfähigen Erwerbseinkommens.

[15] a) Die ungeschmälerte Berücksichtigung sowohl des Erwerbseinkommens als auch des Renteneinkommens ab Januar 2005 ist nicht rechtens. Die vollständige Heranziehung des vom Beklagten erzielten Erwerbseinkommens beachtet nicht hinreichend, dass dieses nach dem Erreichen der Regelaltersgrenze auf überobligatorischer Tätigkeit beruht.

[16] aa) Allerdings hat das Berufungsgericht im Ausgangspunkt das vom Beklagten erzielte Erwerbseinkommen dem Grunde nach zu Recht berücksichtigt, obgleich es – wovon das Berufungsgericht zutreffend ausgeht – auf überobligatorischer Tätigkeit des Beklagten beruht.

(Überobligatorische Erwerbstätigkeit des Unterhaltspflichtigen ab Rentenbeginn)

b   [17] (1) Auf Seiten des Unterhaltspflichtigen fehlt es an einer § 1577 Abs. 2 Satz 2 BGB entsprechenden gesetzlichen Regelung, ob und inwiefern ein aus überobligatorischer (unzumutbarer) Erwerbstätigkeit erzieltes Einkommen bei der Unterhalt einzusetzen ist. Es entspricht hingegen allgemeiner Auffassung, dass auf das Unterhaltsverhältnis als gesetzliches Schuldverhältnis die Grundsätze von Treu und Glauben (§ 242 BGB) Anwendung finden und daran die Heranziehung des vom Unterhaltspflichtigen aus überobligatorischer Tätigkeit erzielten Einkommens zu messen ist. Erweist sich demnach eine Einkommenskorrektur nach Billigkeitskriterien als geboten, so ist diese – entsprechend der Betrachtungsweise für den Unterhaltsberechtigten (Senatsurteile BGHZ 162, 384, 393 ff. = FamRZ 2005, 1154, 1157; BGHZ 166, 351, 355 f. = FamRZ 2006, 683, 684 und vom 14. März 2007 – XII

Anhang R. Rechtsprechung   R721

ZR 158/04 – FamRZ 2007, 882, 887) – bereits bei der Bemessung des Unterhaltsbedarfs nach § 1578 Abs. 1 Satz 1 BGB vorzunehmen, wenn dieser wie im vorliegenden Fall als Quote aufgrund des beiderseitigen Einkommens der Ehegatten ermittelt wird (Senatsurteile vom 29. November 2000 – XII ZR 212/98 – FamRZ 2001, 350, 352 und vom 19. Mai 1982 – IV b ZR 702/80 – FamRZ 1982, 779, 780).

[18] Die vom Beklagten nach Erreichen der Regelaltersgrenze gemäß den auf ihn noch anwendbaren Vorschriften der §§ 35 SGB VI aF, 41 Abs. 1 BBG aF fortgesetzte gewerbliche Tätigkeit als Apotheker ist im Hinblick auf den Ehegattenunterhalt überobligatorisch. Denn der Beklagte ist aufgrund seines Alters nicht mehr zur Fortsetzung der Erwerbstätigkeit verpflichtet und wäre demzufolge nicht daran gehindert, die Tätigkeit einzustellen.

[19] Es entspricht der ständigen Rechtsprechung des Senats, dass beim Unterhaltsberechtigten die Erwerbsobliegenheit mit Erreichen der Regelaltersgrenze nach § 35 SGB VI, § 41 Abs. 1 BBG aF (nunmehr § 51 BBG; vgl. auch § 25 BeamtStG) endet. Die zeitliche Begrenztheit der Erwerbsobliegenheit folgt bereits daraus, dass das Gesetz mit § 1571 BGB einen Unterhaltsanspruch wegen Alters anerkennt. Auch wenn in § 1571 BGB eine konkrete Altersgrenze nicht genannt ist, kann nach dem Erreichen der Regelaltersgrenze die Ausübung einer Erwerbstätigkeit grundsätzlich nicht mehr erwartet werden (vgl. Senatsurteile vom 3. Februar 1999 – XII ZR 146/97 – FamRZ 1999, 708 und BGHZ 166, 351, 355 f. = FamRZ 2006, 683, 684). Dem entsprechen auch sozialgesetzliche Regelungen, die ab dieser Altersgrenze eine generelle Bedürftigkeit anerkennen (§ 41 SGB XII; vgl. §§ 7 Abs. 1 Satz 1 Nr. 1, 7a SGB II). Die Festlegung der Altersgrenze beruht zum einen auf der allgemeinen Lebenserfahrung, dass die meisten Menschen, die die Altersgrenze überschritten haben, nicht mehr voll arbeitsfähig sind, weil ihre körperlichen und geistigen Kräfte nachlassen (vgl. RGZ 104, 58, 62 f.; Staudinger/Engler/Kaiser BGB [2000] § 1603 Rn. 171). Daneben fließen in die Festlegung der Altersgrenze aber auch weitere Gesichtspunkte ein, die nicht unmittelbar mit der körperlichen und geistigen Leistungsfähigkeit zusammenhängen. So beruht die zuletzt erfolgte Anhebung der Regelaltersgrenze durch das RV-Altersgrenzenanpassungsgesetz vom 20. April 2007 (BGBl. I S. 554) und das Dienstrechtsneuordnungsgesetz vom 5. Februar 2009 (BGBl. I S. 160) im Wesentlichen auf dem volkswirtschaftlichen Problem der durch den demografischen Wandel und die gestiegene durchschnittliche Rentenbezugsdauer gefährdeten Finanzierung der Altersversorgungssysteme. Diese haben die Aufmerksamkeit des Gesetzgebers auf die Erfahrung und das Wissen älterer Arbeitnehmer gelenkt und ihm dazu Anlass gegeben, die Festlegung der Regelaltersgrenze als Steuerungsinstrument zur Begrenzung der Renten- und Pensionslasten zu gebrauchen (vgl. BT-Drucks. 16/4583 S. 2, 20 ff. zum RV-Altersgrenzenanpassungsgesetz und BR-Drucks. 720/07 S. 171, 180 f. zum Dienstrechtsneuordnungsgesetz).

[20] Durch die aufgeführten gesetzlichen Bestimmungen legt die Rechtsordnung den Rahmen für die Erwerbsbiografie des Einzelnen fest. Solange die gesetzlichen Regelungen dabei nicht offensichtlich auf berufsbezogenen Besonderheiten beruhen (vgl. etwa Senatsurteil vom 15. Oktober 2003 – XII ZR 65/01 – FamRZ 2004, 254: Strahlflugzeugführer) oder ansonsten von der wirklichen Erwerbsfähigkeit des Einzelnen abweichen (vgl. Senatsurteil vom 3. Februar 1999 – XII ZR 146/97 – FamRZ 1999, 708, 710: Vorgezogene Altersrente für Frauen), können sie als Maßstab auch für das Unterhaltsrecht herangezogen werden.

[21] Der Maßstab der gesetzlichen Regelaltersgrenze gilt nicht nur für den Unterhaltsberechtigten, sondern auch für den Unterhaltspflichtigen. Eine § 1603 Abs. 2 BGB vergleichbare gesteigerte Unterhaltspflicht sieht das Gesetz für den zum Ehegattenunterhalt Verpflichteten nicht vor. Die auf der nachehelichen Solidarität beruhende Erwerbsobliegenheit des Unterhaltspflichtigen kann vielmehr nicht weiter reichen als die Eigenverantwortung des Unterhaltsberechtigten, so dass sich die nach § 1571 BGB für den Unterhaltsberechtigten und nach § 242 BGB für den Unterhaltspflichtigen anzuwendenden Maßstäbe betreffend die zeitlichen Grenzen der Erwerbsobliegenheit entsprechen.

[22] (2) Grundsätzlich macht es zudem keinen Unterschied, ob der Unterhaltspflichtige in einem abhängigen Arbeits- oder Dienstverhältnis steht oder ob er gewerblich oder freiberuflich tätig ist (Wendl/Dose Das Unterhaltsrecht in der familienrichterlichen Praxis 7. Aufl. § 1 Rn. 447; Luthin/Koch/Margraf Handbuch des Unterhaltsrechts 11. Aufl. Rn. 1036; Staudinger/Engler/Kaiser BGB [2000] § 1603 Rn. 172). Denn das Ausmaß der unterhaltsrechtlichen Obliegenheiten kann nicht davon abhängen, in welcher konkreten Form die Berufstätigkeit im Einzelfall ausgeübt wird. Demnach kann es für die Beurteilung des vorliegenden Falls insbesondere nicht ausschlaggebend sein, ob der Beklagte innerhalb seines Berufsfelds als Apotheker angestellt oder selbständig tätig ist. Für die Abgrenzung der zumutbaren von der unzumutbaren (überobligatorischen) Erwerbstätigkeit kommt es nicht darauf an, ob die Erwerbstätigkeit im Rentenalter sich als berufstypisch darstellt oder von den Ehegatten während des Zusammenlebens geplant war. Ob eine nach Überschreiten der Altersgrenze fortgesetzte Erwerbstätigkeit berufstypisch ist und der Lebensplanung der Ehegatten während des Zusammenlebens entspricht, findet erst Eingang bei der gesondert zu beantwortenden Frage, in welchem konkreten Umfang das aus überobligatorischer Erwerbstätigkeit erzielte Einkommen nach Billigkeitskriterien für den Unterhalt einzusetzen ist.

(Behandlung des Einkommens aus überobligatorischer Tätigkeit)

c [23] (3) Aus der grundsätzlichen Überobligationsmäßigkeit (Unzumutbarkeit) der Erwerbstätigkeit folgt noch nicht, dass das daraus erzielte Einkommen für die Unterhaltsbemessung außer Betracht zu lassen ist. In welchem Umfang das Einkommen aus überobligatorischer Tätigkeit für den Unterhalt heranzuziehen ist, ist vielmehr nach den Grundsätzen von Treu und Glauben aufgrund der konkreten Umstände des Einzelfalls zu beurteilen. Dabei können als Einzelfallumstände vor allem das Alter und die mit der fortgesetzten Erwerbstätigkeit zunehmende körperliche und geistige Belastung, ergänzend auch die ursprüngliche Planung der Eheleute und die beiderseitigen wirtschaftlichen Verhältnisse herangezogen werden. Würde der Unterhalt etwa durch eine unzureichende Altersvorsorge des Unterhaltspflichtigen deutlich mehr geschmälert, als es bei dessen Eintritt in den Ruhestand üblicherweise der Fall wäre, kann dies für eine erweiterte Heranziehung des Erwerbseinkommens sprechen (vgl. auch Senatsurteil vom 23. November 2005 – XII ZR 51/03 – FamRZ 2006, 387). Ist hingegen im Rahmen des Versorgungsausgleichs dem Unterhaltsberechtigten bereits ein beträchtlicher Teil der Versorgungsanwartschaften des Unterhaltspflichtigen übertragen worden, kann dies – ebenso wie die Aufteilung sonstigen für die Altersvorsorge gedachten Vermögens im Wege des Zugewinnausgleichs – für eine nur eingeschränkte Anrechnung sprechen, wenn etwa die Fortsetzung der Erwerbstätigkeit vorwiegend dem Zweck dient, die beim Unterhaltspflichtigen entstandene Versorgungslücke durch besondere Erwerbsanstrengungen wieder aufzufüllen. Im Einzelfall kann – etwa bei fortgeschrittenem Alter des Unterhaltspflichtigen – eine Anrechnung auch gänzlich ausscheiden (vgl. Senatsurteil BGHZ 153, 372, 381 = FamRZ 2003, 848, 851).

[24] Erforderlich ist demnach – vergleichbar mit § 1577 Abs. 2 Satz 2 BGB – eine umfassende Würdigung der Einzelfallumstände, die der Überobligationsmäßigkeit der Tätigkeit angemessen Rechnung trägt. Nicht zulässig ist es indessen, aus der in bestimmten Berufen bestehenden Üblichkeit einer Fortsetzung der Tätigkeit über die gesetzliche Regelaltersgrenze hinaus zu folgern, dass das Einkommen stets oder auch nur im Zweifel vollständig anzurechnen sei (so aber OLG Hamburg FamRZ 1985, 394, 396; Palandt/Brudermüller BGB 71. Aufl. § 1581 Rn. 10 im Anschluss an das Berufungsurteil; kritisch dagegen mit Recht Roessink FamRB 2008, 296, 297). Denn dadurch würde die Überobligationsmäßigkeit der Erwerbstätigkeit vollständig vernachlässigt und das Einkommen im Ergebnis in unzulässiger Weise einem solchen aus einer rechtlich gebotenen Tätigkeit gleichgestellt.

[25] Die Abwägung aller für die Billigkeitsentscheidung in Betracht kommenden Gesichtspunkte ist Aufgabe des Tatrichters. Sie kann vom Revisionsgericht nur daraufhin überprüft werden, ob dieser die im Rahmen der Billigkeitsprüfung maßgebenden Rechtsbegriffe verkannt oder für die Einordnung unter diese Begriffe wesentliche Umstände unberücksichtigt gelassen hat. Der revisionsrechtlichen Überprüfung unterliegt insbesondere, ob der Tatrichter sich mit dem Prozessstoff und den Beweisergebnissen umfassend und widerspruchsfrei auseinandergesetzt hat, seine Würdigung also vollständig und rechtlich möglich ist und nicht gegen Denkgesetze oder Erfahrungssätze verstößt (Senatsurteile vom 14. Oktober 2009 – XII ZR 146/08 – FamRZ 2009, 1990 Rn. 19 und vom 14. April 2010 – XII ZR 89/08 – FamRZ 2010, 869 Rn. 48).

(Haftungsanteile der Eltern beim Unterhalt privilegierter Volljähriger)

d [32] c) Bei der Berechnung des Ehegattenunterhalts hat das Berufungsgericht den Kindesunterhalt vorweg abgezogen und hierbei bis 2007 auf den jeweiligen sogenannten Tabellenbetrag abgestellt, ab dem 1. Januar 2008 auf den Zahlbetrag. Das stimmt mit der Rechtsprechung des Senats überein (vgl. Senatsurteile vom 27. Mai 2009 – XII ZR 78/08 – FamRZ 2009, 1300 und vom 14. April 2010 – XII ZR 89/08 – FamRZ 2010, 869 Rn. 27 mwN).

[33] Den ab der Volljährigkeit des Klägers zu leistenden Unterhalt hat das Berufungsgericht aufgrund des beiderseitigen Einkommens bemessen. Hierbei hat es die Haftungsanteile der Eltern aufgrund des jeweiligen verteilungsfähigen Einkommens berechnet und den Ehegattenunterhalt unberücksichtigt gelassen. Das jeweilige verteilungsfähige Einkommen hat es durch Abzug des notwendigen Selbstbehalts (nach den Leitlinien des Berufungsgerichts bis 2007 820 EUR) errechnet und dies damit begründet, dass der Kläger noch die allgemeinbildende Schule besuche. Das Berufungsgericht ist auf diese Weise zu einer vorübergehenden monatlichen Beteiligung der Klägerin am Kindesunterhalt in Höhe von monatlich 10 EUR gelangt und hat diese erst nach Anhebung des notwendigen Selbstbehalts auf monatlich 900 EUR seit Januar 2008 entfallen lassen. Dieser Berechnungsweise kann für den Zeitraum vom 27. September 2007 (Eintritt der Volljährigkeit) bis Dezember 2007 (Erhöhung des notwendigen Selbstbehalts nach den Leitlinien des Berufungsgerichts) nicht gefolgt werden.

[34] aa) Nach § 1606 Abs. 3 Satz 1 BGB haften mehrere gleich nahe Verwandte anteilig nach ihren Erwerbs- und Vermögensverhältnissen, was auch für sogenannte privilegierte Volljährige nach § 1603 Abs. 2 Satz 2 BGB (achtzehn- bis zwanzigjährige Schüler allgemeinbildender Schulen, die bei einem Elternteil wohnen) gilt (Senatsurteil vom 31. Oktober 2007 – XII ZR 112/05 – FamRZ 2008, 137 Rn. 19, 43; aA Johannsen/Henrich/Graba Familienrecht 5. Aufl. § 1606 Rn. 9). Die Haftungsanteile werden von der Unterhaltspraxis in Durchschnittsfällen als Quote anhand des verteilungsfähigen

Anhang R. Rechtsprechung   R721

Einkommens berechnet, welches dem oberhalb des dem Unterhaltspflichtigen zu belassenden Selbstbehalts (Sockelbetrag) verfügbaren Einkommen entspricht.
[35] Die Frage, ob beim Unterhalt von sogenannten privilegierten Volljährigen im Sinne von § 1603 Abs. 2 Satz 2 BGB vom angemessenen oder notwendigen Selbstbehalt als Sockelbetrag auszugehen ist, ist allerdings umstritten (vgl. etwa Schwab/Borth Handbuch des Scheidungsrechts 6. Aufl. V Rn. 176 ff. mwN; Wohlgemuth in Eschenbruch/Klinkhammer Der Unterhaltsprozess 5. Aufl. Kap. 3 Rn. 371, 384; FA-FamR/Gerhardt 7. Aufl. Kap. 6 Rn. 302; Wendl/Klinkhammer Das Unterhaltsrecht in der familienrichterlichen Praxis 7. Aufl. § 2 Rn. 468 ff., 295 ff. mwN). Der Senat hat vereinzelt auf den notwendigen Selbstbehalt abgestellt (Senatsurteil vom 17. Januar 2007 – XII ZR 166/04 – FamRZ 2007, 542 Rn. 31), während er in einem die Haftungsquoten beim Minderjährigenunterhalt betreffenden Fall auf den angemessenen Selbstbehalt abgehoben hat (Senatsurteil vom 26. November 2008 – XII ZR 65/07 – FamRZ 2009, 962 Rn. 32).
[36] Jedenfalls unter den Umständen des vorliegenden Falls muss auf den angemessenen Selbstbehalt abgestellt werden. Nach § 1603 Abs. 1 BGB ist nicht unterhaltspflichtig, wer bei Berücksichtigung seiner sonstigen Verpflichtungen außerstande ist, ohne Gefährdung seines angemessenen Unterhalts den Unterhalt zu gewähren. Daraus folgt, dass der in den Leitlinien der Oberlandesgerichte hierfür vorgesehene sogenannte angemessene Selbstbehalt grundsätzlich nicht angegriffen werden muss, um Unterhalt zahlen zu können. Etwas anderes gilt nach § 1603 Abs. 2 Satz 1 BGB, wenn Eltern nach dem Maßstab des § 1603 Abs. 1 BGB leistungsunfähig sind (Mangelfall). Nach § 1603 Abs. 2 Satz 3 BGB tritt diese Verpflichtung jedoch nicht ein, wenn ein anderer unterhaltspflichtiger Verwandter vorhanden ist, wovon der andere Elternteil nicht ausgenommen ist (Senatsurteil vom 7. November 1990 – XII ZR 123/89 – FamRZ 1991, 182, 183 mwN). Das bedeutet im Fall der Leistungsfähigkeit eines Elternteils, dass bei dem anderen Elternteil die Opfergrenze für den Unterhalt unverändert beim angemessenen Selbstbehalt nach § 1603 Abs. 1 BGB verbleibt und eine weitergehende Unterhaltspflicht nicht besteht (vgl. Senatsurteil vom 31. Oktober 2007 – XII ZR 112/05 – FamRZ 2008, 137 Rn. 39; vgl. auch Götz in Schnitzler Münchener Anwaltshandbuch Familienrecht 3. Aufl. § 7 Rn. 131).
[37] Etwas anderes folgt auch nicht aus der grundsätzlich bestehenden gesteigerten Unterhaltspflicht beider Eltern. Denn diese greift nur im Mangelfall ein, der wiederum nur vorliegt, wenn auch der angemessene Selbstbehalt des anderen Elternteils nicht gewahrt ist. In diesem Sinne hat der Senat bereits für den zusätzlich zum Regelbedarf entstehenden Mehrbedarf wegen Kindergartenkosten entschieden (Senatsurteil vom 26. November 2008 – XII ZR 65/07 – FamRZ 2009, 962 Rn. 32). Die Lage ist mit dem vorliegenden Fall vergleichbar, weil es in beiden Fällen um die anteilige Haftung der Eltern nach § 1606 Abs. 3 BGB geht und im Mangelfall aufgrund von § 1603 Abs. 2 BGB vom notwendigen Selbstbehalt auszugehen ist. Der praktische Vorteil, dass ein Abstellen auf den notwendigen Selbstbehalt eine einstufige und damit einfachere Berechnung der Haftungsquoten ermöglicht, rechtfertigt es nicht, den angemessenen Selbstbehalt eines Elternteils entgegen den eindeutigen gesetzlichen Wertungen auch dann für den Unterhalt heranzuziehen, wenn kein Mangelfall vorliegt.
[38] Der Berechnungsweise des Berufungsgerichts kann demnach schon deswegen nicht gefolgt werden, weil es das verteilungsfähige Einkommen der beiden Elternteile durch Abzug des notwendigen Selbstbehalts ermittelt hat. Bei Heranziehung des angemessenen Selbstbehalts wäre die Klägerin nach der vom Berufungsgericht angewandten Berechnungsmethode nicht leistungsfähig.

(Wechselseitige Abhängigkeit des Volljährigenunterhalts und des Ehegattenunterhalts)
[39] bb) Im Ergebnis nicht zu beanstanden ist es hingegen, dass das Berufungsgericht den Ehegattenunterhalt bei der Ermittlung des für die Quotierung heranzuziehenden Einkommens außer Acht gelassen hat. Zwar ist der Ehegattenunterhalt grundsätzlich berücksichtigungsfähiges Einkommen, das die Leistungsfähigkeit für den Kindesunterhalt erhöht (vgl. auch Gutdeutsch NJW 2009, 945), was insbesondere deutlich wird, wenn der Unterhaltsberechtigte gegenüber einem nicht gemeinschaftlichen Kind unterhaltspflichtig ist. Handelt es sich hingegen um ein gemeinschaftliches Kind, so sind die Ansprüche auf Ehegatten- und Kindesunterhalt der Höhe nach wechselseitig voneinander abhängig (kritisch dazu Gutdeutsch FamRZ 2009, 1022 mwN). Der Senat hat es für diese Fallgestaltung indessen gebilligt, wenn der Ehegattenunterhalt entsprechend der einvernehmlich geübten Praxis der Ehegatten so berechnet wird, dass nur der Ehegatte mit dem höheren Einkommen den Kindesunterhalt zahlt und sich der Ehegattenunterhalt dadurch entsprechend verringert (Senatsurteil vom 27. Mai 2009 – XII ZR 78/08 – FamRZ 2009, 1300 Rn. 44). Dem entspricht im Ergebnis auch die Handhabung des Berufungsgerichts.

(Möglichkeit einer Herabsetzung auch vor der Entscheidung zur Befristung)
[43] Daraus, dass eine abschließende Entscheidung über die Folgen des § 1578 b BGB noch nicht möglich ist, folgt aber nicht, dass eine Entscheidung darüber vollständig zurückgestellt werden darf. Vielmehr muss das Gericht insoweit entscheiden, als eine Entscheidung aufgrund der gegebenen Sachlage und der zuverlässig voraussehbaren Umstände möglich ist (vgl. Senatsurteil vom 14. April

2301

2010 – XII ZR 89/08 – FamRZ 2010, 869 Rn. 38 ff.). Das gilt insbesondere für eine bereits mögliche Entscheidung über die Herabsetzung nach § 1578 b Abs. 1 BGB (bzw. – für die Zeit bis 2007 – gemäß § 1578 Abs. 1 Satz 2 BGB aF). Die materielle Rechtskraft einer solchen Entscheidung und die mit ihr verbundenen Präklusionsfolgen gehen dann nur so weit, als die Entscheidung eine abschließende Beurteilung der gegenwärtigen Sachlage und der zuverlässig voraussehbaren Umstände enthält. Ein auf dieser Grundlage ergangenes Urteil schließt eine spätere Abänderung insbesondere dann nicht aus, wenn zunächst bestehende ehebedingte Nachteile später ganz oder teilweise entfallen sollten, wie es vom Berufungsgericht im vorliegenden Fall für möglich gehalten worden ist.

[44] b) Das Berufungsgericht ist vom Bestehen ehebedingter Nachteile ausgegangen, weil die Klägerin an das Einkommen einer Sekretärin, das sie als Angestellte der Beklagten in Höhe von 1306 EUR netto bezog, nicht mehr anknüpfen könne und nur noch ein solches von 900 EUR erzielen könne.

[45] Die dagegen gerichteten Angriffe der Revision, die sich auf die Höhe des erzielbaren Einkommens und den sich daraus ergebenden ehebedingten Nachteil beziehen, können im Zusammenhang mit § 1578 b BGB nicht durchgreifen. Denn die diesbezüglichen Fragen sind – worauf die Revisionserwiderung zutreffend hinweist – bereits vorgreiflich im Rahmen der Bedürftigkeit beantwortet worden (Senatsurteile vom 27. Mai 2009 – XII ZR 78/08 – FamRZ 2009, 1300 Rn. 62 und vom 27. Januar 2010 – XII ZR 100/08 – FamRZ 2010, 538 Rn. 41). Auch für den Ausnahmefall einer Befristung trotz fortbestehender ehebedingter Nachteile ist nach den vom Berufungsgericht getroffenen Feststellungen kein Raum, so dass das Berufungsgericht eine Befristung nach § 1578 b Abs. 2 BGB (§ 1573 Abs. 5 BGB aF) unter den gegebenen und zuverlässig voraussehbaren Umständen zutreffend verneint hat.

[46] Etwas anderes gilt hingegen für die Herabsetzung nach § 1578 b Abs. 1 BGB (§ 1578 Abs. 1 Satz 2 BGB aF). Insoweit durfte das Berufungsgericht die Entscheidung nicht einem späteren Abänderungsverfahren überlassen. Dass der auf Seiten der Klägerin entstandene ehebedingte Erwerbsnachteil im späteren Verlauf wieder ausgeglichen oder verringert werden kann, ist kein Grund, von einer Herabsetzung des Unterhalts abzusehen. Vielmehr besteht darin sogar der Hauptanwendungsfall der Herabsetzung des Unterhalts nach § 1578 b Abs. 1 BGB bis auf den angemessenen Lebensbedarf. Der angemessene Lebensbedarf des Unterhaltsberechtigten entspricht nach der Rechtsprechung des Senats dem Lebensstandard, den er ohne die Eheschließung und die mit der ehelichen Rollenverteilung verbundenen Erwerbsnachteile erreicht hätte (vgl. Senatsurteile vom 20. Oktober 2010 – XII ZR 53/09 – FamRZ 2010, 2059 Rn. 22 ff. mwN und vom 10. November 2010 – XII ZR 197/08 – Rn. 35 ff. zur Veröffentlichung bestimmt). Es wäre hingegen widersprüchlich, dem Unterhaltspflichtigen eine Entscheidung über die Herabsetzung zu versagen, nur weil sich die Sachlage noch zu seinen Gunsten verändern kann.

[47] Entgegen der Auffassung des Berufungsgerichts durfte von der Entscheidung über die Herabsetzung auch nicht deshalb abgesehen werden, weil der Zugewinnausgleich noch nicht durchgeführt ist. Auch wenn sich aus dem von der Klägerin geltend gemachten Zugewinnausgleich noch Verschiebungen hinsichtlich der beiderseitigen wirtschaftlichen Verhältnisse ergeben können, hindert dieser Umstand eine Entscheidung über die Herabsetzung nicht. Diese hat vielmehr bei Unklarheiten über den Bestand und die Höhe einer Zugewinnausgleichsforderung von dem bestehenden Sachstand auszugehen und auf dieser Grundlage die erforderliche Billigkeitsabwägung anzustellen. Ergeben sich aus einer späteren Durchführung des Zugewinnausgleichs Änderungen der wesentlichen Verhältnisse, so wird eine Abänderung des Unterhaltsurteils durch die Erstentscheidung nicht ausgeschlossen.

BVerfG v. 25. 1. 2011 – 1 BvR 918/10 – FamRZ 2011, 437 = NJW 2011, 836

R722   *(Verfassungsrechtliche Grenzen der Rechtsfortbildung)*

a   [43] Die zulässige Verfassungsbeschwerde ist begründet. Die angegriffene Entscheidung schränkt die Beschwerdeführerin in verfassungswidriger Weise in ihrer von Art. 2 Abs. 1 GG geschützten allgemeinen Handlungsfreiheit ein, indem sie die Grenzen zulässiger Rechtsfortbildung überschreitet und damit das Rechtsstaatsprinzip (Art. 20 Abs. 3 GG) verletzt.

I.

[44] Art. 2 Abs. 1 GG gewährleistet jedem allgemeine Handlungsfreiheit, soweit er nicht Rechte anderer verletzt und nicht gegen das Sittengesetz oder gegen die verfassungsmäßige Ordnung verstößt; zu dieser gehört jede Rechtsnorm, die formell und materiell mit der Verfassung in Einklang steht (vgl. BVerfGE 6, 32 [37 f.]; 55, 159 [165]; 63, 88 [109]; 74, 129 [151 f.]; 80, 137 [152 f.]).

[45] Stützt sich ein die Handlungsfreiheit berührender Akt der öffentlichen Gewalt auf eine Rechtsnorm, so kann mit der Verfassungsbeschwerde unter Berufung auf Art. 2 Abs. 1 GG zur Nachprüfung gestellt werden, ob diese Norm zur verfassungsmäßigen Ordnung gehört (vgl. BVerfGE 6, 32 [37 f.]; 80, 137 [152 f.]). Die allgemeine Handlungsfreiheit des Art. 2 Abs. 1 GG wird damit zum Maßstab für die Bestimmungen des Unterhaltsrechts, da die Gewährung von Unterhalt dem Unterhaltsberechtigten wirtschaftliche Handlungsfreiheit eröffnet und umgekehrt die Auferlegung einer Unterhaltspflicht in

Anhang R. Rechtsprechung   R722

die durch Art. 2 Abs. 1 GG geschützte, wirtschaftliche Handlungsfreiheit des Unterhaltspflichtigen
eingreift (vgl. BVerfGE 57, 361 [378, 381]; BVerfGK 7, 135 [138]; 9, 437 [440]; 10, 84 [87]; st. Rspr.).

(Halbteilungsgrundsatz)
[46] Das nacheheliche Unterhaltsrecht und insbesondere die verfahrensgegenständliche Bestimmung   **b**
des Maßes nachehelich zu gewährenden Unterhalts nach § 1578 Abs. 1 Satz 1 BGB bedarf danach
einer rechtlichen Ausgestaltung, bei der die Handlungsfreiheit sowohl des Unterhaltsberechtigten wie
auch des Unterhaltsverpflichteten unter Berücksichtigung des Schutzes aus Art. 6 Abs. 1 GG in
Ausgleich zu bringen ist. Art. 6 Abs. 1 GG in Verbindung mit Art. 3 Abs. 2 GG schützt als wert-
entscheidende Grundsatznorm die Ehe als Lebensgemeinschaft gleichberechtigter Partner, in der die
Ehegatten ihre persönliche und wirtschaftliche Lebensführung in gemeinsamer Verantwortung bestimmen und bei der die Leistungen, die sie im Rahmen der von ihnen in gemeinsamer Entscheidung
getroffenen Arbeits- und Aufgabenzuweisung jeweils erbringen, als gleichwertig anzusehen sind. Aus
dieser Gleichwertigkeit folgt, dass beide Ehegatten grundsätzlich Anspruch auf gleiche Teilhabe am
gemeinsam Erwirtschafteten haben, das ihnen grundsätzlich zu gleichen Teilen zuzuordnen ist (vgl.
BVerfGE 105, 1 [10 ff.]). Das Prinzip gleicher Teilhabe gilt nicht nur während des Bestehens der Ehe,
sondern entfaltet für den Fall eines gesetzlich geregelten Unterhaltsanspruchs seine Wirkung auch nach
Trennung und Scheidung, insbesondere auf die unterhaltsrechtliche Beziehung der Eheleute untereinander. Bei der Unterhaltsbemessung ist das Einkommen, das den Lebensstandard der Ehe geprägt hat,
den Ehegatten daher grundsätzlich hälftig zuzuordnen, unabhängig davon, ob es nur von einem oder
von beiden Ehegatten erzielt worden ist (vgl. BVerfGE 63, 88 [109]; 105, 1 [12]). Bei der gesetzlichen
Ausgestaltung des nachehelichen Unterhaltsrechts ist zudem zu berücksichtigen, dass einander nachfolgende Ehen durch Art. 6 Abs. 1 GG in Verbindung mit Art. 3 Abs. 1 GG gleichrangig und gleichwertig geschützt werden (vgl. BVerfGE 66, 84 [94 f.]; 108, 351 [364]). Damit sind Modifikationen des
Grundsatzes gleicher Teilhabe nicht ausgeschlossen.

(Nacheheliche Solidarität)
[47] 2. Wie das Bundesverfassungsgericht bereits entschieden hat, ist der Gesetzgeber den aus Art. 6   **c**
Abs. 1 GG folgenden Anforderungen bei der Ausgestaltung des nachehelichen Unterhaltsrechts gerecht
geworden, indem er seit Inkrafttreten des Ersten Gesetzes zur Reform des Ehe- und Familienrechts
(1. EheRG) am 1. Juli 1977 die Gewährung nachehelichen Unterhalts von der Bedürftigkeit des
unterhaltsberechtigten Ehegatten (§ 1569 BGB) und der Leistungsfähigkeit des Unterhaltspflichtigen
(§ 1581 BGB) abhängig macht und dabei das Maß des nachehelichen Unterhalts individuell an den
ehelichen Lebensverhältnissen der geschiedenen Ehe ausrichtet (§ 1578 Abs. 1 Satz 1 BGB). Dieses
Unterhaltsmaß steht in Einklang mit dem verfassungsrechtlichen Gebot gleicher Teilhabe geschiedener
Ehegatten am gemeinsam Erwirtschafteten (vgl. BVerfGE 105, 1 [12]) sowie der nach der Scheidung
fortwirkenden Verantwortung der Eheleute füreinander (vgl. BVerfGE 57, 361 [380]), die dann zum
Tragen kommt, wenn ein geschiedener Ehegatte in gesetzlich bestimmten Bedarfslagen außerstande ist,
für sich selbst zu sorgen.
[48] Die Ausrichtung des Unterhaltsmaßes am jeweils in einer Ehe erreichten Lebensstandard unter
Berücksichtigung des nach der Ehe von beiden geschiedenen Ehegatten erzielten oder erzielbaren
Einkommens stimmt auch mit der grundsätzlichen Gleichwertigkeit und Gleichrangigkeit einander
folgender Ehen überein.
[49] Dass der Gesetzgeber bei Inkrafttreten der Reform des Ehe- und Familienrechts 1977 der
geschiedenen Ehefrau unterhaltsrechtlich den Vorrang vor einer nachfolgenden Ehefrau eingeräumt
hat, war gerechtfertigt durch den Umstand, dass damals Ehen noch überwiegend als sogenannte
Hausfrauenehen geführt wurden und Ehefrauen nach einer Scheidung deshalb oftmals nicht (mehr) in
der Lage waren, selbst für ihren Unterhalt zu sorgen (vgl. BVerfGE 57, 361 [389]), während sich eine
nachfolgende Ehefrau auf die wirtschaftliche Last aus der ersten Ehe einrichten konnte (vgl. BVerfGE
66, 84 [98]; 108, 351 [364 f.]). Aufgrund der mittlerweile eingetretenen gesellschaftlichen Entwicklung,
die zu anderen Rollenverteilungen in der Ehe, häufigeren Scheidungen und Wiederverheiratungen
sowie einer besseren beruflichen Ausbildung und erhöhten Erwerbstätigkeit bei Frauen geführt hat, hat
der Gesetzgeber diesen Vorrang der geschiedenen Ehefrau durch die Neuregelung der §§ 1569, 1578 b
und 1609 BGB abgebaut und damit der Gleichrangigkeit der Ehen unter den derzeitigen gesellschaftlichen Verhältnissen hinreichend Rechnung getragen.

(Maßstab der verfassungsrechtlichen Prüfung)
[50] 3. a) Nicht nur die Rechtsnormen selbst, sondern auch ihre Anwendung und Auslegung durch   **d**
die Gerichte setzen der allgemeinen Handlungsfreiheit Grenzen. Die Anwendung freiheitsbeschrän-
kender Gesetze durch die Gerichte steht ihrerseits nur solange mit Art. 2 Abs. 1 GG in Verbindung mit
dem Rechtsstaatsprinzip (Art. 20 Abs. 3 GG) in Einklang, wie sie sich in den Grenzen vertretbarer
Auslegung und Zulässigkeit richterlicher Rechtsfortbildung bewegt.

[51] Die Auslegung des einfachen Rechts, die Wahl der hierbei anzuwendenden Methoden sowie seine Anwendung auf den Einzelfall sind Sache der dafür zuständigen Fachgerichte und vom Bundesverfassungsgericht nicht auf ihre Richtigkeit zu untersuchen. Nur wenn die Gerichte hierbei Verfassungsrecht verletzen, kann das Bundesverfassungsgericht auf eine Verfassungsbeschwerde hin eingreifen. Das ist nicht schon dann der Fall, wenn eine Entscheidung am einfachen Recht gemessen objektiv fehlerhaft ist (vgl. BVerfGE 1, 418 [420]; 18, 85 [92 f.]; 113, 88 [103]). Setzt sich die Auslegung jedoch in krassen Widerspruch zu den zur Anwendung gebrachten Normen und werden damit ohne entsprechende Grundlage im geltenden Recht Ansprüche begründet oder Rechtspositionen verkürzt, die der Gesetzgeber unter Konkretisierung allgemeiner verfassungsrechtlicher Prinzipien gewährt hat, so beanspruchen die Gerichte Befugnisse, die von der Verfassung dem Gesetzgeber übertragen sind (vgl. BVerfGE 49, 304 [320]; 69, 315 [372]; 71, 354 [362 f.]; 113, 88 [103]).

[52] b) Art. 20 Abs. 2 GG verleiht dem Grundsatz der Gewaltenteilung Ausdruck. Auch wenn dieses Prinzip im Grundgesetz nicht im Sinne einer strikten Trennung der Funktionen und einer Monopolisierung jeder einzelnen bei einem bestimmten Organ ausgestaltet worden ist (vgl. BVerfGE 9, 268 [279 f.]; 96, 375 [394]; 109, 190 [252]), schließt es doch aus, dass die Gerichte Befugnisse beanspruchen, die von der Verfassung dem Gesetzgeber übertragen worden sind, indem sie sich aus der Rolle des Normanwenders in die einer normsetzenden Instanz begeben und damit der Bindung an Recht und Gesetz entziehen (vgl. BVerfGE 96, 375 [394]; 109, 190 [252]; 113, 88 [103 f.]). Richterliche Rechtsfortbildung darf nicht dazu führen, dass der Richter seine eigene materielle Gerechtigkeitsvorstellung an die Stelle derjenigen des Gesetzgebers setzt (vgl. BVerfGE 82, 6 [12]; BVerfGK 8, 10 [14]).

[53] Diese Verfassungsgrundsätze verbieten es dem Richter allerdings nicht, das Recht fortzuentwickeln. Angesichts des beschleunigten Wandels der gesellschaftlichen Verhältnisse und der begrenzten Reaktionsmöglichkeiten des Gesetzgebers sowie der offenen Formulierung zahlreicher Normen gehört die Anpassung des geltenden Rechts an veränderte Verhältnisse zu den Aufgaben der Dritten Gewalt (vgl. BVerfGE 49, 304 [318]; 82, 6 [12]; 96, 375 [394]; 122, 248 [267]). Der Aufgabe und Befugnis zur „schöpferischen Rechtsfindung und Rechtsfortbildung" sind mit Rücksicht auf den aus Gründen der Rechtsstaatlichkeit unverzichtbaren Grundsatz der Gesetzesbindung der Rechtsprechung jedoch Grenzen gesetzt (vgl. BVerfGE 34, 269 [288]; 49, 304 [318]; 57, 220 [248]; 74, 129 [152]). Der Richter darf sich nicht dem vom Gesetzgeber festgelegten Sinn und Zweck des Gesetzes entziehen. Er muss die gesetzgeberische Grundentscheidung respektieren und den Willen des Gesetzgebers unter gewandelten Bedingungen möglichst zuverlässig zur Geltung bringen. Er hat hierbei den anerkannten Methoden der Gesetzesauslegung zu folgen (vgl. BVerfGE 84, 212 [226]; 96, 375 [395]). Eine Interpretation, die als richterliche Rechtsfortbildung den klaren Wortlaut des Gesetzes hintanstellt, keinen Widerhall im Gesetz findet und vom Gesetzgeber nicht ausdrücklich oder – bei Vorliegen einer erkennbar planwidrigen Gesetzeslücke – stillschweigend gebilligt wird, greift unzulässig in die Kompetenzen des demokratisch legitimierten Gesetzgebers ein (vgl. BVerfGE 118, 212 [243]).

[54] Da die Rechtsfortbildung das einfache Recht betrifft, obliegt die Beantwortung der Frage, ob und in welchem Umfang gewandelte Verhältnisse neue rechtliche Antworten erfordern, wiederum den Fachgerichten. Das Bundesverfassungsgericht darf deren Würdigung daher grundsätzlich nicht durch seine eigene ersetzen (vgl. BVerfGE 82, 6 [13]). Seine Kontrolle beschränkt sich darauf, ob die rechtsfortbildende Auslegung durch die Fachgerichte die gesetzgeberische Grundentscheidung und dessen Ziele respektiert (vgl. BVerfGE 78, 20 [24]; 111, 54 [82]) und ob sie den anerkannten Methoden der Gesetzesauslegung folgt (vgl. BVerfGE 96, 375 [395]; 113, 88 [104]; 122, 248 [258]).

(Unterhalt nach den ehelichen Lebensverhältnissen)

e [55] 4. Diesen Maßstäben hält die der angegriffenen Entscheidung zugrundeliegende Auslegung des § 1578 Abs. 1 Satz 1 BGB nicht stand. Sie löst sich von dem Konzept des Gesetzgebers zur Berechnung nachehelichen Unterhalts und ersetzt es durch ein eigenes Modell. Mit diesem Systemwechsel überschreitet sie die Grenzen zulässiger richterlicher Rechtsfortbildung.

[56] a) aa) Mit der Einführung des verschuldensunabhängigen Scheidungs- und Scheidungsfolgenrechts durch das am 1. Juli 1977 in Kraft getretene Erste Gesetz zur Reform des Ehe- und Familienrechts (1. EheRG) hat der Gesetzgeber die schon seit Entstehung des Bürgerlichen Gesetzbuches geltende Differenzierung zwischen Unterhaltsbedarf des Berechtigten, Leistungsfähigkeit des Verpflichteten und Rang der Unterhaltsansprüche in §§ 1569 ff. BGB näher ausgestaltet. Dabei hat er die Unterhaltsbedürftigkeit des Berechtigten in § 1569 BGB a. F., dessen Unterhaltsbedarf in § 1578 Abs. 1 Satz 1 BGB, die Leistungsfähigkeit des Pflichtigen in § 1581 BGB sowie die Rangfolge der Gewährung von Unterhalt bei Zusammentreffen mehrerer Unterhaltsberechtigter im Mangelfall in §§ 1582, 1609 BGB a. F. geregelt.

[57] Die Bestimmung des Unterhaltsbedarfs nach § 1578 Abs. 1 Satz 1 BGB stellt nach diesem normativen Konzept den Ausgangspunkt der Unterhaltsberechnung dar, an dessen Ermittlung sich die Prüfung der Leistungsfähigkeit des Unterhaltspflichtigen sowie der Verteilung verfügbarer Geldmittel des Pflichtigen im Mangelfall anschließt. Mit der Ausrichtung des Unterhaltsmaßes an den „ehelichen

Lebensverhältnissen" hat der Gesetzgeber auf die individuellen Einkommensverhältnisse der geschiedenen Ehegatten Bezug genommen, die er zum Zeitpunkt der Rechtskraft der Scheidung bestimmt wissen will (BRDrucks 266/71, S. 79). Damit hat der Gesetzgeber den Fällen gerecht werden wollen, in denen die Eheleute in der Ehe durch gemeinsame Leistung einen höheren sozialen Status erreicht haben, an dem der unterhaltsberechtigte Ehegatte auch nach der Scheidung einen gleichwertigen Anteil erhalten sollte (BRDrucks 266/71, S. 79). Dem Unterhaltsberechtigten sollte also nach der Scheidung der erreichte Lebensstandard gesichert und insbesondere sein sozialer Abstieg vermieden werden (vgl. BVerfGE 57, 361 [389]).

[58] bb) An dieser Strukturierung des nachehelichen Unterhaltsrechts hat der Gesetzgeber anlässlich der Unterhaltsrechtsreform von 2007 festgehalten. Nach wie vor differenziert er bei der Prüfung der Gewährung nachehelichen Unterhalts zwischen der Unterhaltsbedürftigkeit des Berechtigten gemäß § 1569 BGB n. F., dessen Unterhaltsbedarf nach § 1578 Abs. 1 Satz 1 BGB, der Leistungsfähigkeit des Pflichtigen nach § 1581 BGB sowie der Rangfolge im Mangelfall nach § 1609 BGB n. F. Innerhalb dieser unverändert gebliebenen Systematik hat der Gesetzgeber zwar die Voraussetzungen einer zu Unterhalt berechtigenden Bedürftigkeit sowie die Herabsetzung und Befristung des Unterhaltsanspruchs neu gestaltet und die Rangfolge beim Zusammentreffen mehrerer Unterhaltsansprüche im Mangelfall geändert, jedoch an der Ausrichtung des Unterhaltsmaßes sowie den Voraussetzungen der Leistungsfähigkeit des Unterhaltspflichtigen festgehalten.

[59] (1) In Reaktion auf die geänderte gesellschaftliche Situation, insbesondere die steigenden Scheidungszahlen sowie die vermehrte Gründung sogenannter Zweitfamilien einerseits und die geänderte Rollenverteilung in der Ehe sowie die verbesserte Ausbildungs- und Arbeitssituation der Frauen andererseits (BTDrucks 16/1830, S. 13) hat der Gesetzgeber den Grundsatz der wirtschaftlichen Eigenverantwortung nach der Scheidung in § 1569 BGB verstärkt (BTDrucks 16/1830, S. 16 f.). Darüber hinaus hat er der besonderen Schutzbedürftigkeit minderjähriger und ihnen gemäß § 1603 Abs. 2 Satz 2 BGB gleichgestellter Kinder Rechnung getragen, indem er ihren Unterhaltsansprüchen im Mangelfall den ersten Rang (§ 1609 Nr. 1 BGB) und den Ansprüchen der sie betreuenden Elternteile den zweiten Rang zugewiesen hat (§ 1609 Nr. 2 BGB), womit geschiedene und nachfolgende Ehegatten im Rang nun gleichgestellt sind, solange sie sich einer Kinderbetreuung im Sinne des § 1609 Nr. 2 BGB widmen. Infolgedessen hat er den Rang des Unterhaltsanspruchs geschiedener Ehegatten im Mangelfall verschlechtert. Allerdings hat er geschiedenen Unterhaltsberechtigten, sofern die Ehe von langer Dauer war, den gleichen Rang wie kinderbetreuenden nachfolgenden Ehegatten eingeräumt und ihnen den Vorrang vor nachfolgenden Ehegatten gegeben, soweit diese keine Kinder betreuen.

[60] (2) Demgegenüber hat der Gesetzgeber § 1578 Abs. 1 Satz 1 BGB keiner Änderung unterzogen. Der Unterhaltsbedarf ist danach weiterhin an den ehelichen Lebensverhältnissen zu bemessen. An diesen unverändert gebliebenen Maßstab hat der Gesetzgeber auch mit dem neu geschaffenen § 1578 b BGB angeknüpft, der die Möglichkeit eröffnet, den nachehelichen Unterhalt unabhängig von der Grundlage, auf der er gewährt wird, im Einzelfall herabzusetzen und zeitlich zu begrenzen. Der Gesetzgeber hat damit unterstrichen, dass der Unterhaltsbedarf grundsätzlich auch weiterhin zunächst am Maßstab der ehelichen Lebensverhältnisse zu bemessen ist. Er hat die Möglichkeit der Unterhaltsbegrenzung gerade nicht von nach Rechtskraft der Scheidung eintretenden Änderungen der Lebensverhältnisse des Unterhaltsschuldners wie etwa dem Hinzutreten weiterer Unterhaltsberechtigter abhängig gemacht. Vielmehr sieht § 1578 b BGB vor, dass der Unterhaltsbedarf auf den angemessenen Lebensbedarf herabzusetzen ist, wenn eine an den ehelichen Lebensverhältnissen orientierte Bemessung des Unterhaltsanspruchs unbillig erscheint. Die Herabsetzung des Unterhaltsbedarfs auf den angemessenen Lebensbedarf orientiert sich insofern ebenfalls an den individuellen ehelichen Lebensverhältnissen der geschiedenen Ehe im Sinne des § 1578 Abs. 1 Satz 1 BGB, indem sie davon abhängig gemacht worden ist, ob durch die Ehe und deren individuelle Ausgestaltung für den Unterhaltsberechtigten Nachteile im Hinblick darauf eingetreten sind, nach der Scheidung selbst für seinen Unterhalt sorgen zu können. Beispielhaft werden in § 1578 b Abs. 1 Satz 2 BGB dabei Nachteile aufgezählt, die sich aus der in der Ehe gewählten Rollenverteilung ergeben können, wie etwa die Dauer der Pflege oder Erziehung eines gemeinschaftlichen Kindes, die Gestaltung von Haushaltsführung und Erwerbstätigkeit während der Ehe sowie die Dauer der Ehe.

[61] cc) Mit dieser differenzierten Berücksichtigung der jeweiligen Interessen von unterhaltsberechtigten Kindern und geschiedenen wie nachfolgenden Ehegatten durch Änderung einzelner unterhaltsrechtlicher Normen bei gleichzeitigem Festhalten an den bisher geltenden Strukturen des Unterhaltsrechts und der Ausrichtung des Geschiedenenunterhalts an den ehelichen Lebensverhältnissen hat der Gesetzgeber eine schonende Anpassung des nachehelichen Unterhaltsrechts an die veränderten Familienwelten vollziehen wollen. Wie in der Gesetzesbegründung ausgeführt, hat er mit seinem Konzept einerseits den veränderten gesellschaftlichen Realitäten gerecht werden, andererseits aber auch Ehepartner in ihrem Vertrauen auf den grundsätzlichen Bestand einer Ehe sowie auf die Beibehaltung eines in der Ehe gemeinsam geschaffenen Lebensstandards im Falle ihrer Auflösung angemessen schützen wollen (BTDrucks 16/1830, S. 33 f.).

[62] b) Über dieses Konzept setzt sich die neue Rechtsprechung des Bundesgerichtshofs zu § 1578 Abs. 1 Satz 1 BGB unter Anwendung der Dreiteilungsmethode hinweg. Sie verlässt die nach §§ 1569 ff. BGB zur Prüfung nachehelicher Unterhaltsansprüche vom Gesetzgeber 1977 vorgegebene und 2007 beibehaltene unterhaltsrechtliche Systematik und nimmt einen Systemwechsel vor, bei dem sie die in § 1578 Abs. 1 Satz 1 BGB enthaltene gesetzgeberische Grundentscheidung durch eigene Gerechtigkeitsvorstellungen ersetzt.

[63] aa) Die geänderte Auslegung hebt die gesetzliche Differenzierung zwischen Unterhaltsbedarf und Leistungsfähigkeit vollends auf, indem sie nachehelich entstandene Unterhaltspflichten gegenüber einem weiteren Ehegatten bereits auf der nach den individuellen Lebensverhältnissen der geschiedenen Ehe zu bestimmenden Bedarfsebene des § 1578 Abs. 1 Satz 1 BGB berücksichtigt, obwohl deren Berücksichtigung gesetzlich erst auf der Ebene der nach den gegenwärtigen Verhältnissen des Unterhaltspflichtigen zu beurteilenden Leistungsfähigkeit nach § 1581 BGB vorgesehen ist.

[64] Zwar hat die Rechtsprechung bei der Bemessung des Unterhaltsbedarfs auch früher schon bestimmte Entwicklungen der Einkommenssituation des Unterhaltspflichtigen wie des Unterhaltsberechtigten berücksichtigt, die erst nach Rechtskraft der Scheidung erfolgt sind, und damit zum Teil die Leistungsfähigkeit des Unterhaltspflichtigen in die Bedarfsberechnung mit einbezogen. Begrenzt hat sie dies jedoch auf Entwicklungen, die schon die Ehe geprägt haben und in ihr angelegt worden sind, die also schon während der Ehe mit hoher Wahrscheinlichkeit erwartbar waren (vgl. BGH, Urteil vom 27. November 1985 – IV b ZR 78/84 –, FamRZ 1986, S. 148 [149]). Ein solcher Bezug zur Ehe liegt auch bei der Berücksichtigung einer nach Scheidung aufgenommenen Erwerbsarbeit des Unterhaltsberechtigten vor, die das Äquivalent oder „Surrogat" einer schon in der Ehe in Form von Familienarbeit erbrachten Leistung darstellt (vgl. BGHZ 148, 105 ff.). Mit der Einbeziehung auch nachehelich entstandener Unterhaltspflichten gegenüber einem neuen Ehegatten des Unterhaltspflichtigen verliert die Rechtsauslegung jedoch jeglichen Bezug zu der in § 1578 Abs. 1 Satz 1 BGB normierten Bestimmung des Unterhaltsbedarfs nach den ehelichen Lebensverhältnissen und lässt die gesetzliche Unterscheidung zwischen einerseits dem Unterhaltsbedarf und andererseits der Leistungsfähigkeit außer Acht.

[65] bb) Die Auslegung setzt sich über das anlässlich der Reform ausdrücklich beibehaltene Unterhaltsmaß des § 1578 Abs. 1 Satz 1 BGB (BTDrucks 16/1830, S. 18) hinweg und stützt sich auf einen von ihr selbst geschaffenen, neuen Maßstab. Statt die Bestimmung des Unterhaltsbedarfs nach den „ehelichen Lebensverhältnissen" der aufgelösten Ehe vorzunehmen, ersetzt sie diesen Maßstab durch den der „wandelbaren ehelichen Lebensverhältnisse" (vgl. BGHZ 171, 206 [215]) und bestimmt damit letztlich den Unterhaltsbedarf nach den tatsächlichen Lebensverhältnissen und finanziellen Ausstattungen wie Belastungen der Geschiedenen zum Zeitpunkt der Geltendmachung des Unterhalts. Dabei bezieht sie im Falle der Wiederverheiratung des Unterhaltspflichtigen die reale Einkommenssituation zweier Unterhaltsverbände in ihrer Gesamtheit, nämlich sowohl diejenige der geschiedenen als auch diejenige der nachfolgenden Ehe in die Bemessung des Unterhaltsbedarfs eines geschiedenen Ehegatten mit ein und macht hierdurch und darüber hinaus durch die neue Berechnungsmethode der Dreiteilung des Gesamteinkommens der beiden Unterhaltsverbände die Höhe des Bedarfs des geschiedenen unterhaltsberechtigten Ehegatten nicht nur von der realen Einkommens- und finanziellen Belastungssituation des Unterhaltspflichtigen, sondern auch davon abhängig, ob und in welcher Höhe der neue Ehegatte des Unterhaltspflichtigen über Einkommen verfügt.

[66] Die ehelichen Lebensverhältnisse der geschiedenen Ehe im Sinne des § 1578 Abs. 1 Satz 1 BGB werden mit diesem neuen Maßstab, der unter Anwendung der Dreiteilungsmethode zur Berechnung des Unterhaltsbedarfs herangezogen wird, nicht mehr widergespiegelt. Er löst sich vielmehr in Gänze von seiner gesetzlichen Vorgabe. Zudem steht er in keinem Bezug zu dem gerade erst geschaffenen § 1578 b BGB, der durch die neue Berechnungsweise an Relevanz verliert. Denn wird im Wege der Bedarfsbestimmung nach den „wandelbaren ehelichen Lebensverhältnissen" mittels der Dreiteilungsmethode bereits der Bedarf des Unterhaltsberechtigten gekürzt, weil der Unterhaltsverpflichtete geheiratet hat und seine dadurch eingetretene zusätzliche Unterhaltslast bei der Bedarfsberechnung Berücksichtigung findet, kann § 1578 b BGB nur noch Anwendung finden und zu einer weiteren Kürzung des Bedarfs führen, wenn der „angemessene Lebensbedarf" nach § 1578 b Abs. 1 Satz 1 BGB noch niedriger anzusetzen ist als der im Wege der Dreiteilung errechnete Bedarf und ehebezogene Gründe eine (weitere) Kürzung rechtfertigen.

[67] cc) Die Rechtsprechung zu den „wandelbaren ehelichen Lebensverhältnissen" unter Anwendung der Dreiteilungsmethode bezieht den Unterhaltsbedarf des nachfolgenden Ehegatten zudem nur solange in die Bestimmung des Unterhaltsbedarfs des geschiedenen Ehegatten mit ein, wie dies zu einer Verkürzung des Bedarfs des geschiedenen Ehegatten führt. Zwar legt sie der Bedarfsermittlung das tatsächliche Einkommen des Unterhaltspflichtigen unter Einbeziehung auch von Steuervorteilen zugrunde, die gegebenenfalls aus einer nachfolgenden Eheschließung erwachsen (vgl. BGHZ 177, 356 [375 ff.]) und rechnet inzwischen dem nachfolgenden Ehegatten, sofern dieser nicht erwerbstätig ist und nicht Kinder betreut, fiktiv dasjenige Einkommen an, welches er im Falle der Scheidung seiner

Anhang R. Rechtsprechung R722

eigenen Ehe mit dem Unterhaltspflichtigen zu erzielen verpflichtet wäre (vgl. BGHZ 183, 197 [212 ff.]), was rechnerisch dem Bedarf des geschiedenen Ehegatten zugute kommt. Wirkt sich die Dreiteilungsmethode aufgrund dessen oder wegen eines tatsächlich vorhandenen höheren Erwerbseinkommens des nachfolgenden Ehegatten allerdings zugunsten des geschiedenen Ehegatten aus, wird sein Unterhaltsbedarf mittels der vom Bundesgerichtshof vorgesehenen Kontrollrechnung auf den sich nach seinen ehelichen Lebensverhältnissen ergebenden Betrag wieder herabbemessen (vgl. BGHZ 177, 356 [376 f.]). Konsequenz dieser Rechtsprechung ist, dass der geschiedene Ehegatte infolge der neuen Bedarfsermittlungsmethode regelmäßig weniger, selten dasselbe, nie aber mehr erhält als im Wege einer nach den ehelichen Lebensverhältnissen bestimmten Berechnung. Umgekehrt verbleibt dem Unterhaltspflichtigen nach dieser Berechnungsmethode regelmäßig mehr, selten dasselbe und nie weniger als nach der an den ehelichen Lebensverhältnissen gemäß § 1578 Abs. 1 Satz 1 BGB orientierten Berechnungsmethode. Gleiches gilt im Verhältnis einander nachfolgender unterhaltsberechtigter Ehegatten. Die Dreiteilungsmethode gesteht auch ihnen nur solange gleiche Anteile am Gesamteinkommen zu, wie sich dies zulasten des geschiedenen Ehegatten auswirkt. Umgekehrt ist keine Kontrollberechnung vorgesehen, mit der sichergestellt wird, dass der nachfolgende Ehegatte infolge der Dreiteilung und der Einbeziehung des Einkommens des vorangegangenen Ehegatten nicht mehr Unterhaltsbedarf zugestanden bekommt, als wenn der Unterhaltspflichtige zuvor nicht bereits verheiratet gewesen wäre. Zwar mag das nach dem vom Bundesgerichtshof zugrunde gelegten Modell stimmig sein, jedoch beruht dies auf einer grundsätzlich anderen Bewertung und Zuordnung der verschiedenen Unterhaltsansprüche als sie die Regelung in ihrem vom Gesetzgeber zugrunde gelegten Verständnis und der von ihm getroffenen Unterscheidung zwischen Unterhaltsbedarf, Leistungsfähigkeit und Rangfolge im Mangelfall vorsieht.

[68] c) Dieses neue Rechtsprechungskonzept der Berechnung des Unterhaltsbedarfs eines geschiedenen Ehegatten lässt sich mit keiner der anerkannten Auslegungsmethoden (vgl. dazu BVerfGE 93, 37 [81]) rechtfertigen. Es widerspricht dem Wortlaut des § 1578 Abs. 1 Satz 1 BGB und seiner systematischen Einbindung in den Normenkontext (aa) sowie seiner Zwecksetzung und der mit ihr verbundenen gesetzgeberischen Intention (bb).

[69] aa) (1) Die neue Rechtsprechung läuft dem klaren Wortlaut des § 1578 Abs. 1 Satz 1 BGB zuwider. Dieser gibt zwar für die Verhältnisse, die bei der Bestimmung des Unterhaltsbedarfs maßgeblich sein sollen, keinen bestimmten Zeitpunkt vor. Doch erklärt er die „ehelichen Verhältnisse" zum Maßstab der Bedarfsbemessung und damit diejenigen, die in der geschiedenen Ehe bestanden haben oder zumindest mit ihr in Zusammenhang stehen. Für deren Beurteilung bieten sich – wie vom Gesetzgeber vorgesehen (BRDrucks 266/71, S. 79) – deshalb zunächst grundsätzlich die Verhältnisse zum Zeitpunkt der Rechtskraft der Scheidung an, also zu dem Zeitpunkt, zu dem die Ehe endgültig aufgelöst ist (vgl. BVerfGE 108, 351 [366]).

(Nachehelicher Einkommensrückgang)

[70] Bezieht die Rechtsprechung bei der Bedarfsermittlung auch Entwicklungen nach Rechtskraft **f** der Scheidung mit ein und geht insofern von den Verhältnissen zum Zeitpunkt der Geltendmachung des Unterhaltsanspruchs aus, muss bei den berücksichtigten Veränderungen zumindest ein gewisser Bezug zu den „ehelichen Lebensverhältnissen" vorhanden sein, damit die Rechtsauslegung noch vom Wortlaut des § 1578 Abs. 1 Satz 1 BGB gedeckt ist. Dies kann bei Entwicklungen angenommen werden, die einen Anknüpfungspunkt in der Ehe finden, also gleichsam in ihr angelegt waren, oder die, wie bei einer unvorhersehbaren nachehelichen Einkommensverringerung auf Seiten des Unterhaltspflichtigen, soweit sie nicht vorwerfbar herbeigeführt wurde (vgl. BGH, Urteil vom 18. März 1992 XII ZR 23/91 –, FamRZ 1992, S. 1045 [1046 f.]), bei Fortbestand der Ehe auch deren Verhältnisse geprägt hätten. Ein Bezug zu den „ehelichen Lebensverhältnissen" lässt sich jedoch nicht mehr bei Veränderungen herstellen, die gerade nicht auf die Ehe zurückzuführen sind, weil sie nur und erst dadurch eintreten konnten, dass die Ehe geschieden worden ist, wie dies bei Unterhaltspflichten gegenüber einem neuen Ehegatten, die durch erneute Heirat des Unterhaltspflichtigen entstanden sind, der Fall ist. Dabei führt die Bedarfsermittlung im Wege der Dreiteilung des in den beiden Unterhaltsverbänden insgesamt erzielten Einkommens zur völligen Loslösung von den „ehelichen Lebensverhältnissen", weil hierdurch der Unterhaltsbedarf des geschiedenen Ehegatten auch noch von der Einkommenssituation des nachfolgenden Ehegatten abhängt. Es überschreitet die Grenzen des Wortlauts von § 1578 Abs. 1 Satz 1 BGB, derartige nacheheliche Änderungen, die nicht ehe-, sondern scheidungsbedingt sind, also die Auflösung der Ehe voraussetzen, in die Bestimmung des Unterhaltsbedarfs eines geschiedenen Ehegatten einzubeziehen.

(Gesetzessystematik)

[71] (2) Die neue Auslegung des § 1578 Abs. 1 Satz 1 BGB lässt sich auch nicht aus dessen systematischer Einbindung in den Normenkontext herleiten. Sie hebt nicht nur die vom Gesetzgeber vorgesehene Differenzierung zwischen Unterhaltsbedarf nach § 1578 Abs. 1 Satz 1 BGB und Leis- **g**

tungsfähigkeit nach § 1581 BGB auf, dessen Anwendungsbereich sie dadurch wesentlich einschränkt, sondern führt überdies zu einer vom Gesetzgeber an dieser Stelle nicht vorgesehenen Kürzung bereits des Unterhaltsbedarfs des unterhaltsberechtigten Ehegatten, dem die richterliche Prüfung versagt bleibt, ob der Unterhaltspflichtige aufgrund seiner nach § 1581 BGB zu beurteilenden gegenwärtigen Verhältnisse, beispielsweise infolge nicht prägender nachehelicher Einkünfte, in der Lage ist, ihm Unterhalt in Höhe des ermittelten Bedarfs zu gewähren.

[72] Die geänderte Rechtsprechung lässt sich nicht mit der geänderten Rangfolge nach § 1609 BGB begründen, da der Rang eines Unterhaltsanspruchs erst dann relevant wird, wenn die Höhe des Anspruchs gemessen am Unterhaltsbedarf des Unterhaltsberechtigten und der Leistungsfähigkeit des Unterhaltspflichtigen schon feststeht und ein Mangelfall vorliegt. Mit der Änderung der Rangfolge hat der Gesetzgeber insofern nicht Einfluss auf die Höhe des Unterhaltsanspruchs genommen, sondern auf das Ausmaß der Realisierung des Anspruchs im Verhältnis zu Unterhaltsansprüchen Anderer gegenüber dem Unterhaltspflichtigen, wobei die Anspruchshöhe je nach Rang mit ausschlaggebend dafür ist, ob oder in welcher anteiligen Höhe der Anspruch vom Unterhaltspflichtigen zu bedienen ist. Die Höhe schon durch die neue Berechnungsart zu mindern, kann deshalb zu weiteren Verlusten bei der Realisierung des Anspruchs führen, die der Gesetzgeber jedoch mit der Änderung der Rangfolge nicht vorgesehen hat.

[73] bb) (1) Im System des geltenden Unterhaltsrechts widerspricht die Auslegung dem Zweck des § 1578 Abs. 1 Satz 1 BGB, der unverändert dazu dient, dem unterhaltsberechtigten Ehegatten bei der Bestimmung seines Bedarfs grundsätzlich gleiche Teilhabe an dem zum Zeitpunkt der Rechtskraft der Scheidung gemeinsam erreichten Status zu gewähren (BRDrucks 266/71, S. 79). Die mit der Kontrollrechnung verbundene richterliche Dreiteilungsmethode belastet den vorangegangenen Ehegatten im Verhältnis zu der vom Gesetzgeber vorgesehenen Systematik einseitig zugunsten des Unterhaltspflichtigen und dessen nachfolgenden Ehepartners, indem sie die Vorteile dieser Berechnungsweise dem Unterhaltspflichtigen und dem nachfolgenden Ehegatten zuweist und deren Nachteile alleine dem geschiedenen Ehegatten aufbürdet.

h *(Wille des Gesetzgebers)*

[74] (2) Die Dreiteilungsmethode setzt sich überdies über den Willen des Gesetzgebers hinweg. Dieser hat zwar zur besseren Berücksichtigung der Interessen von Betroffenen und Zweitfamilien Einschränkungen beim nachehelichen Unterhalt vorgenommen. Die Einschränkungen hat er jedoch wie bei der Kürzung oder Befristung von Unterhaltsansprüchen nach § 1578 b BGB von der Dauer und Ausgestaltung der geschiedenen Ehe und nicht vom Umstand einer erneuten Eheschließung des Unterhaltspflichtigen abhängig gemacht, oder sie dann eintreten lassen, wenn der Unterhaltspflichtige in Anbetracht seiner real vorhandenen Mittel nicht in der Lage ist, alle an ihn herangetragenen Unterhaltsansprüche zu befriedigen. Die unterhaltsrechtliche Position des geschiedenen Ehegatten hat er damit also nicht von vornherein verschlechtern wollen, wie dies die Bedarfsbestimmung nach der Dreiteilung vorsieht, sondern nur im Falle der Unbilligkeit einer Ausrichtung des Bedarfs nach den ehelichen Lebensverhältnissen oder einer zeitlich unbegrenzten Unterhaltsleistung sowie im Mangelfall. Die Feststellung des Gesetzgebers, der geschiedene Ehepartner habe keinen Vertrauensschutz dahin, dass sich der Kreis der unterhaltsberechtigten Personen nach der Scheidung nicht mehr erweitere, hat sich auf die Verteilung verfügbarer Mittel in einem solchen Mangelfall nach § 1609 BGB bezogen, für deren Berechnung der Gesetzgeber unter Verweis auf die Berechnung konkurrierender Unterhaltsansprüche von Kindern eine proportionale Kürzung vorgesehen hat (BTDrucks 16/1830, S. 23 f.), nicht dagegen auf die Bestimmung des Unterhaltsbedarfs nach § 1578 Abs. 1 Satz 1 BGB.

[75] (3) Die geänderte Auslegung des § 1578 Abs. 1 Satz 1 BGB lässt sich nicht mit dem Ziel der Unterhaltsreform begründen, das Unterhaltsrecht zu vereinfachen (BTDrucks 16/1830, S. 14). Die geänderte Rechtsprechung erleichtert die Unterhaltsberechnung nicht, sondern erweitert sie um den Rechenschritt der Bedarfsermittlung im Wege der Dreiteilung, da sie im Rahmen der Kontrollrechnung nach wie vor eine Berechnung des Unterhalts unter Berücksichtigung der ehelichen Lebensverhältnisse nach der von der Rechtsprechung herkömmlich angewandten Methode vorsieht. Überdies ist nach der neuen Auslegung auf Seiten des nachfolgenden Ehegatten inzwischen je nach den Umständen des Einzelfalls ein fiktives Einkommen einzustellen, das durch die Gerichte anhand der Erwerbsbiografie des nachfolgenden Ehegatten festzustellen ist, was ebenfalls zu keiner Vereinfachung der Berechnung führt.

[76] (4) Die Auslegung kann schließlich nicht mit dem Argument legitimiert werden, die Dreiteilungsmethode sei bereits seit Inkrafttreten des Ersten Gesetzes zur Reform des Ehe- und Familienrechts (1. EheRG) im Jahre 1977 vorgesehen gewesen. Die Gesetzgebungsmaterialien und ihre Rezeption durch die Rechtsprechung (vgl. BGHZ 89, 108 [110]) geben keinerlei Hinweis darauf, dass schon nach den damaligen Vorstellungen des Gesetzgebers der Unterhaltsbedarf des geschiedenen Ehegatten bei Existenz eines nachfolgenden Ehegatten im Wege der Dreiteilung der Gesamteinkünfte ermittelt werden sollte. Das in der Stellungnahme des Bundesgerichtshofs für diese Annahme angeführte Rechenbeispiel in den Gesetzgebungsmaterialien hat ersichtlich nicht der Veranschaulichung der

Unterhaltsbedarfsermittlung, sondern der Verdeutlichung der Konsequenzen der in § 1609 BGB damals neu geregelten Rangordnung bei zwei einander nachfolgenden, unterhaltsberechtigten Ehegatten gedient. Mit ihm wurde keine Bedarfsermittlung im Wege der Dreiteilung der Gesamteinkünfte dargestellt, sondern illustriert, wie bei unterstellten gleich hohen Bedarfen des geschiedenen wie des nachfolgenden Ehegatten im Mangelfall der damals vorrangige Anspruch des geschiedenen Ehegatten in vollem Bedarfsumfang bestehen geblieben ist, während sich der nachfolgende Ehegatte mit dem verbleibenden Rest hat begnügen müssen (BTDrucks 7/4361, S. 33 f.).

[77] d) Es kann nicht unterstellt werden, dass der Gesetzgeber das von der Rechtsprechung neu geschaffene Konzept zur Bedarfsermittlung ausdrücklich oder stillschweigend gebilligt hat.

[78] Der Gesetzgeber hat die Bezugnahme auf die „ehelichen Lebensverhältnisse" in § 1578 Abs. 1 Satz 1 BGB nicht nur ausdrücklich aufrechterhalten (BTDrucks 16/1830, S. 18), sondern sich überdies im neu geschaffenen § 1578 b BGB ebenfalls auf sie bezogen. Zudem hat der Bundesgerichtshof im Rahmen seiner Rechtsprechung zu den „wandelbaren Lebensverhältnissen" erst nach Inkrafttreten des geänderten Unterhaltsrechts erstmals mit Urteil vom 30. Juli 2008 eine Unterhaltspflicht gegenüber einem nachfolgenden Ehepartner einbezogen (vgl. BGHZ 177, 356 [367 f.]) und dabei zudem erstmals die Bedarfsbestimmung nach der Dreiteilungsmethode vorgenommen.

(Auswirkungen bei nachrangiger zweiter Ehefrau)
II.

[79] Die mit der Verfassungsbeschwerde angegriffene Entscheidung des Oberlandesgerichts verletzt die Beschwerdeführerin in ihrer wirtschaftlichen Handlungsfreiheit aus Art. 2 Abs. 1 GG. Sie beruht auf der die Grenze zulässiger richterlicher Rechtsfortbildung überschreitenden Auslegung des § 1578 Abs. 1 Satz 1 BGB im Sinne der neuen Rechtsprechung des Bundesgerichtshofs, in deren Folge der Unterhaltsbedarf der Beschwerdeführerin und damit ihr Unterhaltsanspruch in einem vom Gesetzgeber nicht vorgesehenen Maße verkürzt worden sind.

[80] Das Oberlandesgericht hat nach der Dreiteilungsmethode einen Unterhaltsbedarf der Beschwerdeführerin in Höhe von 1621 EUR ermittelt, aus dem sich unter Anrechnung ihrer Einkünfte der ausgeurteilte Unterhalt in Höhe von 488 EUR im Monat ergeben hat. Nach herkömmlicher Berechnungsmethode unter Berücksichtigung der ehelichen Lebensverhältnisse hätte die Beschwerdeführerin dagegen einen Unterhaltsbedarf in Höhe von 1894 EUR und demzufolge einen Unterhaltsanspruch in Höhe von 761 EUR im Monat gehabt. Das Nettoeinkommen des Klägers wäre zunächst auf das Einkommen umzurechnen gewesen, welches er ohne erneute Eheschließung bei Veranlagung nach Steuerklasse I erzielen würde (vgl. BVerfGE 108, 351 [366 f.]). Nach Abzug der im Ausgangsverfahren anerkannten Abzugspositionen sowie nach Erhöhung um die im Ausgangsverfahren als eheprägend festgestellten Zinseinkünfte hätte sich danach ein Gesamteinkommen des unterhaltspflichtigen Klägers in Höhe von 2486 EUR ergeben. Nach Abzug des prägenden Einkommens der Beschwerdeführerin in Höhe von 958 EUR hätte sich ihr Unterhaltsbedarf auf 1722 EUR belaufen und sich unter Berücksichtigung bedarfsmindernder Synergieeffekte auf Seiten des Klägers um 10% auf rund 1894 EUR erhöht. Daraus hätte sich unter Anrechnung ihrer Einkünfte der genannte Unterhaltsanspruch in Höhe von 761 EUR ergeben, den zu zahlen der Kläger wirtschaftlich in der Lage gewesen wäre und der um 273 EUR im Monat höher gelegen hätte als der ausgeurteilte Betrag.

[81] Das angegriffene Urteil ist deshalb aufzuheben und zur erneuten Entscheidung an das Oberlandesgericht zurückzuverweisen. Für Unterhaltstitel, die nicht Gegenstand dieses Verfassungsbeschwerdeverfahrens sind, folgt eine auf die Zukunft beschränkte Rechtsfolgenwirkung aus § 323 Abs. 3 ZPO beziehungsweise § 238 Abs. 3 FamFG (vgl. BGHZ 148, 368 [376]).

[82] Sofern der Gesetzgeber die Bestimmung des Unterhaltsbedarfs eines geschiedenen Ehegatten nach § 1578 Abs. 1 Satz 1 BGB oder die Art der Unterhaltsberechnung insbesondere bei aufeinanderfolgenden ehelichen Unterhaltsverbänden einer Änderung unterziehen will, ist es seine Sache, per Gesetz die Kriterien und Berechnungsweisen dafür vorzugeben.
C.

[83] Die Entscheidung über die Kosten beruht auf § 34 a Abs. 2 BVerfGG.

[84] Die Entscheidung ist mit 5 : 3 Stimmen ergangen.

BGH v. 16. 2. 2011 – XII ZR 108/09 – FamRZ 2011, 628 = NJW 2011, 1066

(Ehebedingter Nachteil durch nicht einvernehmliche Aufgabe der Erwerbstätigkeit)

[17] a) Der Unterhalt ist vom Familiengericht zu befristen, wenn ein zeitlich unbegrenzter Unterhaltsanspruch auch unter Wahrung der Belange eines dem Berechtigten zur Pflege oder Erziehung anvertrauten gemeinschaftlichen Kindes unbillig wäre. Dabei ist insbesondere zu berücksichtigen, inwieweit durch die Ehe Nachteile im Hinblick auf die Möglichkeit eingetreten sind, für den eigenen Unterhalt zu sorgen. Solche Nachteile können sich vor allem aus der Dauer der Pflege oder Erziehung

eines gemeinschaftlichen Kindes, aus der Gestaltung von Haushaltsführung und Erwerbstätigkeit während der Ehe sowie aus der Dauer der Ehe ergeben (§ 1578 b Abs. 2 Satz 2, Abs. 1 BGB).

[18] aa) Ehebedingte Nachteile sind vor allem Erwerbsnachteile, die durch die von den Ehegatten praktizierte Rollenverteilung während der Ehe entstanden sind. Dazu genügt es, wenn ein Ehegatte sich entschließt, seinen Arbeitsplatz aufzugeben, um die Haushaltsführung und Kinderbetreuung zu übernehmen. Ab welchem Zeitpunkt die Rollenverteilung praktiziert wird, ist nicht von Bedeutung. Es kommt insbesondere nicht darauf an, ob die Ehegatten die Rollenverteilung zu Beginn der Ehe, bei Geburt eines Kindes oder erst später planten oder praktizierten. Einem ehebedingten Nachteil steht demnach nicht entgegen, dass die Antragsgegnerin den Entschluss zur Aufgabe ihres Arbeitsplatzes erst traf, als der gemeinsame Sohn bereits vier oder fünf Jahre alt war. Da die Antragsgegnerin anschließend – nach den Feststellungen des Berufungsgerichts – trotz diverser Nebentätigkeiten die überwiegende Betreuung des Sohnes und des Haushalts übernahm, ist das Berufungsgericht mit Recht von einem auf der praktizierten Rollenverteilung beruhenden Erwerbsnachteil der Antragsgegnerin ausgegangen.

[19] Ob die Aufgabe des Arbeitsplatzes gegen den Willen des Antragstellers erfolgte, ist jedenfalls im vorliegenden Fall nicht von Bedeutung. Das Berufungsgericht hat es offen gelassen, ob der Entschluss der Antragsgegnerin, das Arbeitsverhältnis bei der VW-AG aufzugeben, im Einverständnis des Antragstellers oder aber gegen dessen Willen umgesetzt wurde. Demnach ist für die Revisionsinstanz zu unterstellen, dass der Antragsteller mit der Arbeitsplatzaufgabe nicht einverstanden war.

[20] Nach der Gesetzesformulierung kommt es darauf an, ob sich die Nachteile (vor allem) aus der Dauer der Pflege oder Erziehung eines gemeinschaftlichen Kindes oder aus der Gestaltung von Haushaltsführung und Erwerbstätigkeit während der Ehe ergeben (§ 1578 b Abs. 1 Satz 3 BGB). Wie sich aus dem Wortlaut des Gesetzes ergibt, ist somit auf die tatsächliche Gestaltung von Kinderbetreuung und Haushaltsführung abzustellen. Bei den in § 1578 b BGB aufgeführten Kriterien handelt es sich zudem um objektive Umstände, denen kein Unwerturteil und keine subjektive Vorwerfbarkeit anhaften, weshalb im Rahmen der Abwägung nach § 1578 b BGB nicht etwa eine Aufarbeitung ehelichen Fehlverhaltens stattfindet (Senatsurteil vom 20. Oktober 2010 – XII ZR 53/09 – FamRZ 2010, 2059 Rn. 27 mwN). Daher kann der unterhaltspflichtige Ehegatte nicht einwenden, dass er den Unterhaltsberechtigten während der Ehe zur Berufstätigkeit angehalten habe (Senatsurteil vom 20. Oktober 2010 – XII ZR 53/09 – FamRZ 2010, 2059 Rn. 27).

[21] Ähnlich verhält es sich im vorliegenden Fall, denn die Arbeitsplatzaufgabe ist der unterlassenen Erwerbstätigkeit vergleichbar. Auch die Arbeitsplatzaufgabe erfolgte im Zusammenhang mit der Ehegestaltung. Selbst wenn man im Rahmen des § 1578 b Abs. 1 Satz 3 BGB – darüber hinausgehend – eine einvernehmliche Regelung der Haushaltsführung und Erwerbstätigkeit entsprechend § 1356 BGB verlangen wollte, so würde dies im vorliegenden Fall zu keinem anderen Ergebnis führen. Denn das Berufungsgericht hat zutreffend darauf hingewiesen, dass die Ehe der Parteien nach der Arbeitsplatzaufgabe durch die Klägerin über dreizehn Jahre fortgesetzt wurde. Außerdem investierten die Ehegatten die für die Arbeitsplatzaufgabe erhaltene Abfindung in das gemeinsame Einfamilienhaus. Schon aus diesem Grund kann der Argumentation der Revision nicht gefolgt werden, dass der Erwerbsnachteil der Antragsgegnerin durch die Abfindung ausgeglichen worden sei.

[22] Ein ehebedingter Nachteil liegt bei einer solchen Fallgestaltung nur dann nicht vor, wenn die Ehegestaltung für den Erwerbsnachteil nicht ursächlich geworden ist. Das wäre der Fall, wenn die Antragsgegnerin ihren Arbeitsplatz ausschließlich aus Gründen aufgegeben oder verloren hätte, die außerhalb der Ehegestaltung liegen, so etwa aufgrund einer von ihr persönlich beschlossenen beruflichen Neuorientierung oder wegen einer betriebs- oder krankheitsbedingten Kündigung seitens des Arbeitgebers. In diesem Fall würde es an einem ehebedingten Nachteil fehlen, wenn der Erwerbsnachteil auch ohne die Ehe und die mit ihr verbundene Rollenverteilung eingetreten wäre.

BGH v. 2. 3. 2011 – XII ZR 44/09 – FamRZ 2011, 713 = NJW 2011, 1284

(Herabsetzung und zeitliche Begrenzung des nachehelichen Unterhalts)

a [13] Nach § 1578 b BGB ist ein Anspruch auf nachehelichen Unterhalt auf den angemessenen Lebensbedarf herabzusetzen oder zeitlich zu begrenzen, wenn eine an den ehelichen Lebensverhältnissen orientierte Bemessung des Unterhaltsanspruchs auch unter Wahrung der Belange eines dem Berechtigten zur Pflege und Erziehung anvertrauten gemeinschaftlichen Kindes unbillig wäre.

[14] Die Abwägung aller für die Billigkeitsentscheidung nach § 1578 b BGB in Betracht kommenden Gesichtspunkte ist Aufgabe des Tatrichters. Sie ist vom Revisionsgericht aber daraufhin zu überprüfen, ob der Tatrichter die im Rahmen der Billigkeitsprüfung maßgebenden Rechtsbegriffe verkannt oder für die Einordnung unter diese Begriffe wesentliche Umstände unberücksichtigt gelassen hat. Der revisionsrechtlichen Überprüfung unterliegt insbesondere, ob der Tatrichter sich mit dem Prozessstoff und den Beweisergebnissen umfassend und widerspruchsfrei auseinandergesetzt hat, seine Würdigung also vollständig und rechtlich möglich ist und nicht gegen Denkgesetze oder Erfahrungssätze verstößt

(Senatsurteile vom 17. Februar 2010 – XII ZR 140/08 – FamRZ 2010, 629 Rn. 37 und vom 14. Oktober 2009 – XII ZR 146/08 – FamRZ 2009, 1990 Rn. 19).

(Angemessener Lebensbedarf i. S. d. § 1573 b Abs. 1 Satz 1 BGB)
[15] a) Der Maßstab des angemessenen Lebensbedarfs, der nach § 1578 b Abs. 1 Satz 1 BGB regelmäßig die Grenze für die Herabsetzung des nachehelichen Unterhalts bildet, bemisst sich nach dem Einkommen, das der unterhaltsberechtigte Ehegatte ohne die Ehe und Kindererziehung aus eigenen Einkünften zur Verfügung hätte. Dabei ist auf die konkrete Lebenssituation des Unterhaltsberechtigten abzustellen.

[16] Ist der Unterhaltsberechtigte erwerbsfähig, ist auf das Einkommen abzustellen, das er ohne die Unterbrechung der Erwerbstätigkeit durch die Ehe oder die Kindererziehung erzielen könnte (Senatsurteil vom 14. Oktober 2009 – XII ZR 146/08 – FamRZ 2009, 1990 Rn. 14). Ist der Unterhaltsberechtigte hingegen bereits Rentner, kann lediglich auf das Renteneinkommen aus einer solchen Erwerbstätigkeit abgestellt werden, wobei von der tatsächlichen Rente nach durchgeführtem Versorgungsausgleich auszugehen ist. Beim Krankheitsunterhalt kann hingegen nur auf das Einkommen abgestellt werden, das der kranke Unterhaltsberechtigte ohne die Ehe und Kindererziehung zur Verfügung hätte. Denn wenn er auch ohne die Ehe zu keiner Erwerbstätigkeit in der Lage wäre, kann nicht auf ein fiktives Einkommen abgestellt werden, das ein gesunder Unterhaltsberechtigter erzielen könnte. Wenn die Krankheit nicht ehebedingt ist, ergibt sich der angemessene Lebensbedarf im Sinne von § 1578 b Abs. 1 Satz 1 BGB bei vollständiger Erwerbsunfähigkeit also aus der Höhe der Erwerbsunfähigkeitsrente, wobei auch hier von der tatsächlichen Rente nach Durchführung des Versorgungsausgleichs auszugehen ist. Nur wenn der Unterhaltsberechtigte noch teilweise erwerbsfähig ist, kann daneben auf Erwerbseinbußen als ehebedingter Nachteil abgestellt werden (Senatsurteil vom 17. Februar 2010 – XII ZR 140/08 – FamRZ 2010, 926 Rn. 29). Aus dem Begriff der Angemessenheit folgt aber zugleich, dass der nach § 1578 b Abs. 1 BGB herabgesetzte Unterhaltsbedarf jedenfalls das Existenzminimum des Unterhaltsberechtigten erreichen muss (Senatsurteil vom 14. Oktober 2009 – XII ZR 146/08 – FamRZ 2009, 1990 Rn. 14).

[17] Erzielt der Unterhaltsberechtigte eigene Einkünfte, die diesen angemessenen Unterhaltsbedarf erreichen, oder könnte er solche Einkünfte erzielen, kann dies im Rahmen der Billigkeitsabwägung nach einer Übergangszeit, in der er sich nach gescheiterter Ehe von den ehelichen Lebensverhältnissen auf den Lebensbedarf nach den eigenen Einkünften umstellen kann, zum vollständigen Wegfall des nachehelichen Unterhalts in Form einer Befristung führen (Senatsurteile vom 14. Oktober 2009 – XII ZR 146/08 – FamRZ 2009, 1990 Rn. 15 mwN und vom 12. April 2006 – XII ZR 240/03 – FamRZ 2006, 1006, 1007 f.). Erzielt der Unterhaltsberechtigte nach einer ehebedingten Einschränkung seiner Erwerbstätigkeit hingegen lediglich Einkünfte, die den eigenen angemessenen Unterhaltsbedarf nach § 1578 b Abs. 1 Satz 1 BGB nicht erreichen, scheidet eine Befristung des Unterhaltsanspruchs nach § 1578 b Abs. 2 BGB regelmäßig aus. Auch dann kann der Unterhaltsanspruch nach einer Übergangszeit aber bis auf die Differenz zwischen dem angemessenen Unterhaltsbedarf und dem erzielten oder erzielbaren eigenen Einkommen herabgesetzt werden (Senatsurteile vom 20. Oktober 2010 – XII ZR 53/09 – FamRZ 2010, 2059 Rn. 23 ff.; vom 17. Februar 2010 – XII ZR 140/08 – FamRZ 2010, 629 Rn. 30 und vom 14. Oktober 2009 – XII ZR 146/08 – FamRZ 2009, 1990 Rn. 16).

(Ehebedingte Nachteile beim Krankheitsunterhalt durch Verlust der EU-Rente)
[18] b) Die nach § 1578 b Abs. 1 Satz 2 BGB im Rahmen der Billigkeitsentscheidung über eine Herabsetzung oder zeitliche Begrenzung des nachehelichen Unterhalts insbesondere zu berücksichtigenden ehebedingten Nachteile können sich nach § 1578 b Abs. 1 Satz 3 BGB vor allem aus der Dauer der Pflege oder Erziehung eines gemeinschaftlichen Kindes, aus der Gestaltung von Haushaltsführung und Erwerbstätigkeit während der Ehe sowie aus der Dauer der Ehe ergeben.

[19] Beim Krankheitsunterhalt nach § 1572 BGB, bei dem die Krankheit selbst regelmäßig nicht ehebedingt ist, ist ein ehebedingter Nachteil denkbar, wenn ein Unterhaltsberechtigter aufgrund der Rollenverteilung in der Ehe nicht ausreichend für den Fall der krankheitsbedingten Erwerbsminderung vorgesorgt hat und seine Erwerbsunfähigkeitsrente infolge der Ehe- oder Kindererziehung geringer ist als sie ohne die Ehe wäre oder sie vollständig entfällt (Senatsurteile BGHZ 179, 43 = FamRZ 2009, 406 Rn. 34 und vom 27. Mai 2009 – XII ZR 111/08 – FamRZ 2009, 1207 Rn. 36). Insoweit entsprechen sich der Krankheitsunterhalt nach § 1572 BGB und der Altersunterhalt nach § 1571 BGB. In beiden Fällen ist jedoch zu berücksichtigen, dass der Ausgleich unterschiedlicher Versorgebeiträge vornehmlich Aufgabe des Versorgungsausgleichs ist, durch den die Interessen des Unterhaltsberechtigten regelmäßig ausreichend gewahrt werden. Ehebedingte Nachteile im Sinne des § 1578 b Abs. 1 Satz 2 BGB können also nicht mit den durch die Unterbrechung der Erwerbstätigkeit während der Ehe verursachten geringeren Rentenanwartschaften begründet werden, wenn für diese Zeit ein Versorgungsausgleich stattgefunden hat. Nachteile in der Versorgungsbilanz sind dann in gleichem Umfang von beiden Ehegatten zu tragen und somit vollständig ausgeglichen (Senatsurteile vom 16. April 2008

– XII ZR 107/06 – FamRZ 2008, 1325 Rn. 43 und vom 25. Juni 2008 – XII ZR 109/07 – FamRZ 2008, 1508 Rn. 25).

[20] Ein ehebedingter Nachteil wegen Aufgabe der Erwerbstätigkeit infolge der Kindererziehung und der Haushaltstätigkeit kann sich allerdings dann ergeben, wenn deswegen die Voraussetzungen für eine Rente wegen voller Erwerbsminderung nicht erfüllt sind. Nach § 43 Abs. 2 Nr. 2 SGB VI haben Versicherte bis zum Erreichen der Regelaltersgrenze nur dann Anspruch auf Rente wegen voller Erwerbsminderung, wenn sie in den letzten fünf Jahren vor Eintritt der Erwerbsminderung drei Jahre Pflichtbeiträge für eine versicherte Beschäftigung oder Tätigkeit gezahlt haben. Der Zeitraum von fünf Jahren vor Eintritt der Erwerbsminderung verlängert sich nach § 43 Abs. 4 SGB VI nur durch besondere Anrechnungs- und Berücksichtigungszeiten. Hat der unterhaltsberechtigte Ehegatte wegen der Kindererziehung und Haushaltstätigkeit in der relevanten Zeit nicht genügend Pflichtbeiträge gezahlt, kann die Erwerbsunfähigkeitsrente für eine alsbald anschließende Erwerbsunfähigkeit vollständig ausscheiden. Diese Lücke durch eine ehebedingte Erwerbslosigkeit wird auch durch den durchgeführten Versorgungsausgleich nicht kompensiert. In solchen Fällen besteht der Nachteil im Verlust der ohne Ehe und Kindererziehung erzielbaren Erwerbsunfähigkeitsrente und ist auf die Gestaltung von Haushaltsführung und Erwerbstätigkeit während der Ehe zurückzuführen, ist somit ehebedingt. Darauf, ob die Gestaltung der Kinderbetreuung und Haushaltsführung während der Ehe einvernehmlich erfolgt ist, kommt es nicht an (Senatsurteil vom 16. Februar 2011 – XII ZR 108/09 – zur Veröffentlichung bestimmt). Der sich daraus ergebende ehebedingte Nachteil entfällt allerdings mit dem Beginn der Altersrente, weil für diese nach den §§ 35 ff. SGB VI neben der Erfüllung der Wartezeit und der Altersvoraussetzung keine Mindestzahl von Pflichtbeiträgen erforderlich ist.

(Nacheheliche Solidarität)

d [21] c) § 1578 b BGB beschränkt sich nach dem Willen des Gesetzgebers nicht auf die Kompensation ehebedingter Nachteile, sondern berücksichtigt auch eine darüber hinausgehende nacheheliche Solidarität (BT-Drucks. 16/1830 S. 19). Indem § 1578 b Abs. 1 Satz 2 BGB „insbesondere" auf das Vorliegen ehebedingter Nachteile abstellt, schließt er andere Gesichtspunkte für die Billigkeitsabwägung nicht aus. Diese Umstände gewinnen beim nachehelichen Krankheitsunterhalt gemäß § 1572 BGB, der regelmäßig nicht mit ehebedingten Nachteilen einhergeht, an Bedeutung (Senatsurteile BGHZ 179, 43 = FamRZ 2009, 406 Rn. 36 ff.; vom 27. Mai 2009 – XII ZR 111/08 – FamRZ 2009, 1207 Rn. 37 und vom 17. Februar 2010 – XII ZR 140/08 – FamRZ 2010, 629 Rn. 25).

[22] aa) Auch wenn keine ehebedingten Nachteile vorliegen, ist eine Herabsetzung oder zeitliche Begrenzung des nachehelichen Unterhalts nur bei Unbilligkeit eines fortdauernden Unterhaltsanspruchs nach den ehelichen Lebensverhältnissen begründet. Bei der insoweit gebotenen Billigkeitsabwägung hat das Familiengericht das im Einzelfall gebotene Maß der nachehelichen Solidarität festzulegen, wobei vor allem die in § 1578 b Abs. 1 Satz 3 BGB aufgeführten Gesichtspunkte zu berücksichtigen sind (Senatsurteil vom 28. April 2010 – XII ZR 141/08 – FamRZ 2010, 1057 Rn. 17). Auch in solchen Fällen, in denen die fortwirkende eheliche Solidarität den wesentlichen Billigkeitsmaßstab bildet, fällt den in § 1578 b Abs. 1 Satz 3 BGB genannten Umständen also besondere Bedeutung zu (BT-Drucks. 16/1830 S. 19). Auf deren Grundlage, insbesondere der Dauer der Pflege oder Erziehung gemeinschaftlicher Kinder, der Gestaltung von Haushaltsführung und Erwerbstätigkeit während der Ehe sowie der Dauer der Ehe ist auch der Umfang einer geschuldeten nachehelichen Solidarität zu bemessen (Senatsurteile vom 30. Juni 2010 – XII ZR 9/09 – FamRZ 2010, 1414 Rn. 21; vom 27. Mai 2009 – XII ZR 111/08 – FamRZ 2009, 1207 Rn. 39 und vom 28. April 2010 – XII ZR 141/08 – FamRZ 2010, 1057 Rn. 17).

[23] Die Ehedauer gewinnt im Rahmen dieser Billigkeitsabwägung durch eine wirtschaftliche Verflechtung an Gewicht, die insbesondere durch Aufgabe einer eigenen Erwerbstätigkeit wegen der Betreuung gemeinsamer Kinder oder der Haushaltsführung eintritt (Senatsurteile vom 6. Oktober 2010 – XII ZR 202/08 –FamRZ 2010, 1971 Rn. 2 und vom 11. August 2010 – XII ZR 102/09 – FamRZ 2010, 1637 Rn. 21).

[24] bb) Im Rahmen der Billigkeitsabwägung sind allerdings auch alle weiteren Umstände des konkreten Einzelfalles zu berücksichtigen. Insbesondere hat der Tatrichter zu ermitteln, wie dringend der Unterhaltsberechtigte, gegebenenfalls neben eigenen Einkünften aus Erwerbsunfähigkeitsrente, auf den Unterhalt angewiesen ist und in welchem Maße der Unterhaltspflichtige durch den Unterhalt nach den ehelichen Lebensverhältnissen oder den angemessenen Unterhalt belastet wird. Auch die Unterhaltspflichten gegenüber gemeinsamen Kindern sind im Rahmen der Billigkeitsabwägung zu berücksichtigen, selbst wenn diese nach § 1609 Nr. 4 BGB gegenüber dem Unterhaltsanspruch des geschiedenen Ehegatten nachrangig sind.

[25] Im Rahmen der Billigkeit kann auch nicht unberücksichtigt bleiben, wenn der Unterhaltspflichtige neben seiner Erwerbstätigkeit weitere Betreuungsleistungen erbringt, zu denen der Unterhaltsberechtigte wegen seiner Erkrankung ebenfalls nicht in der Lage ist (Senatsurteil vom 28. April 2010 – XII ZR 141/08 –FamRZ 2010, 1057 Rn. 23).

[26] cc) Dass der Unterhaltsberechtigte auch ohne eine Befristung Sozialhilfe beziehen müsste, weil der Unterhalt ohnehin nicht sein Existenzminimum abdeckt, ist hingegen kein Grund für eine Befristung. Zwar sind die jeweiligen Belastungen, die mit der Zahlungspflicht für den Unterhaltspflichtigen einerseits bzw. mit einer Herabsetzung oder zeitlichen Begrenzung für den Unterhaltsberechtigten andererseits verbunden sind, im Rahmen der Billigkeitsabwägung zu berücksichtigen (Senatsurteil BGHZ 179, 43 = FamRZ 2009, 406 Rn. 39). Dabei darf allerdings nicht auf einen Vergleich mit der Versorgungslage des Unterhaltsberechtigten unter Einbeziehung von Sozialleistungen abgestellt werden. Denn dies liefe darauf hinaus, dass ein Unterhaltsanspruch eher zu befristen wäre, wenn er das Sozialhilfeniveau nicht erreicht. Das widerspräche aber der gesetzlichen Grundentscheidung, wonach Sozialhilfe gegenüber dem Unterhalt nachrangig ist (§§ 2, 94 SGB XII; Senatsurteil vom 28. April 2010 – XII ZR 141/08 – FamRZ 2010, 1057 Rn. 20). Umgekehrt steht einer Begrenzung oder Befristung des nachehelichen Unterhalts aber auch nicht zwingend entgegen, dass der Unterhaltsberechtigte dadurch sozialhilfebedürftig würde (Senatsurteile vom 30. Juni 2010 – XII ZR 9/09 – FamRZ 2010, 1414 Rn. 36 und vom 28. April 2010 – XII ZR 141/08 – FamRZ 2010, 1057 Rn. 18).

Register der auszugsweise abgedruckten Entscheidungen

R 141	BGH	03. 11. 1982	IV b ZR 324/81	FamRZ 1983, 48	NJW 1983, 393
R 149	BGH	12. 01. 1983	IV b ZR 348/81	FamRZ 1983, 670	
R 178	BGH	29. 06. 1983	IV b ZR 391/81	FamRZ 1983, 996	NJW 1983, 2243
R 210	BGH	28. 03. 1984	IV b ZR 53/82	FamRZ 1984, 1000	NJW 1984. 1614
R 222	BGH	27. 06. 1984	IV b ZR 20/83	FamRZ 1985, 354	
R 259	BGH	03. 04. 1985	IV b ZR 19/84	FamRZ 1985, 690	NJW 1985, 1701
R 275	BGH	23. 10. 1985	IV b ZR 52/84	FamRZ 1986, 48	NJW-RR 1986, 66
R 291	BGH	19. 02. 1986	IV b ZR 71/84		NJW 1986, 1751
R 310	BGH	01. 10. 1986	IV b ZR 68/85	FamRZ 1987, 36	NJW-RR 1987, 194
R 337	BGH	06. 05. 1987	IV b ZR 61/86	FamRZ 1987, 689	NJW 1987, 3129
R 339	BGH	03. 06. 1987	IV b ZR 64/86	FamRZ 1987, 913	NJW-RR 1987, 1218
R 364	BGH	13. 04. 1988	IV b ZR 34/87	FamRZ 1988, 705	NJW 1988, 1722
R 379	BGH	02. 11. 1988	IV b ZR 7/88	FamRZ 1989, 170	NJW 1989, 524
R 407	BGH	24. 01. 1990	XII ZR 2/89	FamRZ 1990, 499	NJW 1990, 1477
R 413	BGH	31. 01. 1990	XII ZR 35/89	FamRZ 1990, 503	NJW-RR 1990, 514
R 414	BGH	31. 01. 1990	XII ZR 36/89	FamRZ 1990, 496	NJW 1990, 2752
R 416	BGH	14. 02. 1990	XII ZR 51/89	FamRZ 1990, 981	NJW-RR 1990, 580
R 418	BGH	11. 04. 1990	XII ZR 42/89	FamRZ 1990, 989	NJW 1990, 3274
R 420	BGH	16. 05. 1990	XII ZR 40/89	FamRZ 1990, 851	NJW 1990, 2252
R 421	BGH	30. 05. 1990	XII ZR 57/89	FamRZ 1990, 1095	NJW-RR 1990, 1410
R 425	BGH	26. 09. 1990	XII ZR 45/89	FamRZ 1991, 304	NJW-RR 1991, 132
R 430	BGH	07. 11. 1990	XII ZR 123/89	FamRZ 1991, 182	NJW 1991, 697
R 433	BGH	28. 11. 1990	XII ZR 26/90	FamRZ 1991, 542	NJW-RR 1991, 514
R 435	BGH	19. 12. 1990	XII ZR 27/90	FamRZ 1991, 416	NJW 1991, 1049
R 437	BGH	10. 07. 1991	XII ZR 166/90	FamRZ 1991, 1163	NJW 1991, 2703
R 440	BGH	27. 11. 1991	XII ZR 226/90	FamRZ 1992, 291	NJW 1992, 906
R 442	BGH	18. 12. 1991	XII ZR 2/91	FamRZ 1992, 423	NJW 1992, 1044
R 444	BGH	29. 01. 1992	XII ZR 239/90	FamRZ 1992, 539	NJW 1992, 1621
R 446	BGH	26. 02. 1992	XII ZR 97/91	FamRZ 1992, 1064	NJW-RR 1992, 1026
R 447	BGH	18. 03. 1992	XII ZR 1/91	FamRZ 1992, 797	NJW 1992, 1624
R 449	BGH	29. 04. 1992	XII ZR 105/91	FamRZ 1992, 920	NJW 1992, 1956
R 452	BGH	17. 06. 1992	XII ZR 119/91	FamRZ 1992, 1152	NJW 1992, 2415
R 454	BGH	08. 07. 1992	XII ZR 127/91		NJW-RR 1992, 1282
R 458	BGH	25. 11. 1992	XII ZR 164/91	FamRZ 1993, 417	NJW-RR 1993, 322
R 461	BGH	21. 04. 1993	XII ZR 248/91	FamRZ 1993, 1065	NJW 1993, 1920
R 462	BGH	12. 05. 1993	XII ZR 18/92	FamRZ 1993, 1057	NJW 1993, 2238
R 462 A	BGH	12. 05. 1993	XII ZR 24/92	FamRZ 1993, 1055	NJW 1993, 1974
R 463	BGH	16. 06. 1993	XII ZR 6/92	FamRZ 1993, 1186	NJW 1993, 2105
R 464	BGH	16. 06. 1993	XII ZR 49/92	FamRZ 1993, 1304	NJW-RR 1993, 1283
R 466	BGH	06. 10. 1993	XII ZR 112/92	FamRZ 1994, 21	NJW 1994, 134
R 467	BGH	06. 10. 1993	XII ZR 116/92	FamRZ 1994, 28	NJW 1993, 3262
R 468	BGH	20. 10. 1993	XII ZR 89/92	FamRZ 1994, 87	NJW 1994, 190
R 471	BGH	24. 11. 1993	XII ZR 136/92	FamRZ 1994, 228	NJW 1994, 935
R 472	BGH	01. 12. 1993	XII ZR 150/92	FamRZ 1994, 303	NJW 1994, 938

Entscheidungs-Reg.

R473	BGH	15. 12. 1993	XII ZR 172/92	FamRZ 1994, 372	NJW 1994, 1002
R475	BGH	09. 02. 1994	XII ZR 183/92	FamRZ 1994, 566	NJW 1994, 1286
R476	BGH	09. 02. 1994	XII ZR 220/92	FamRZ 1994, 558	NJW-RR 1994, 644
R477	BGH	02. 03. 1994	XII ZR 215/92	FamRZ 1994, 696	NJW 1994, 1530
R479 A	BGH	25. 05. 1994	XII ZR 17/93	FamRZ 1995, 540	NJW-RR 1994, 1154
R480	BGH	25. 05. 1994	XII ZR 78/93	FamRZ 1994, 1102	NJW 1994, 2234
R481	BGH	22. 06. 1994	XII ZR 100/93	FamRZ 1994, 1169	NJW 1994, 2618
R482	BGH	29. 06. 1994	XII ZR 79/93	FamRZ 1994, 1100	NJW-RR 1994, 1155
R483	BGH	09. 11. 1994	XII ZR 206/93	FamRZ 1995, 215	NJW 1995, 717
R485	BGH	23. 11. 1994	XII ZR 168/93	FamRZ 1995, 221	NJW 1995, 534
R485 A	BGB	24. 11. 1994	GSZ 1/94	FamRZ 1995, 349	NJW 1995, 664
R487	BGH	30. 11. 1994	XII ZR 226/93	FamRZ 1995, 291	NJW 1995, 717
R488	BGH	14. 12. 1994	XII ZR 180/93	FamRZ 1995, 344	NJW 1995, 655
R490 A	BGB	25. 01. 1995	XII ZR 195/93	FamRZ 1995, 1405	NJW-RR 1995, 449
R491	BGH	25. 01. 1995	XII ZR 240/93	FamRZ 1995, 475	NJW 1995, 1215
R493	BGH	22. 02. 1995	XII ZR 80/94	FamRZ 1995, 537	NJW 1995, 1486
R493 A	BGB	22. 03. 1995	XII ZR 20/94	FamRZ 1995, 725	NJW 1995, 2032
R493 B	BGB	15. 03. 1995	XII ZR 257/93	FamRZ 1995, 665	NJW 1995, 1891
R496	BGH	25. 10. 1995	XII ZR 247/94	FamRZ 1996, 160	NJW-RR 1996, 321
R498	BVerfG	18. 12. 1995	1 BvR 1206/92	FamRZ 1996, 343	NJW 1996, 915
R501	BGH	20. 03. 1996	XII ZR 45/95	FamRZ 1996, 798	NJW 1996, 1817
R505	BGH	15. 05. 1996	XII ZR 21/95	FamRZ 1996, 1067	NJWE-FER 1996, 15
R507	BGH	10. 07. 1996	XII ZR 121/95	FamRZ 1996, 1272	NJW 1996, 2793
R508	BGH	13. 11. 1996	XII ZR 125/95	FamRZ 1997, 484	NJW 1997, 731
R509	BGH	20. 11. 1996	XII ZR 70/95	FamRZ 1997, 281	NJW 1997, 735
R510	BGH	21. 01. 1997	XII ZR 257/95	FamRZ 1997, 483	NJW 1997, 1439
R511 A	BGH	12. 03. 1997	XII ZR 153/95	FamRZ 1997, 671	NJW 1997, 1851
R511 B	BGH	19. 03. 1997	XII ZR 277/95	FamRZ 1997, 811	NJW 1997, 2176
R512	BGH	16. 04. 1997	XII 233/95	FamRZ 1997, 806	NJW 1997, 1919
R513	BGH	16. 04. 1997	XII ZR 293/95	FamRZ 1997, 873	NJW-RR 1997, 897
R514	BGH	01. 10. 1997	XII ZR 49/96	FamRZ 1998, 99	NJW 1998, 161
R515	BGH	22. 10. 1997	XII ZR 278/95	FamRZ 1998, 357	NJWE-FER 1998, 64
R517	BGH	05. 11. 1997	XII ZR 20/96	FamRZ 1998, 367	NJW 1998, 978
R518	BGH	19. 11. 1997	XII ZR 1/96	FamRZ 1998, 286	NJW-RR 1998, 505
R519	BGH	17. 12. 1997	XII ZR 38/96	FamRZ 1998, 426	NJW 1998, 1065
R520	BGH	21. 01. 1998	XII ZR 85/96	FamRZ 1998, 541	NJW 1998, 1309
R521	BGH	21. 01. 1998	XII ZR 117/96	FamRZ 1998, 1501	NJW-RR 1998, 721
R523	BGH	04. 03. 1998	XII ZR 173/96	FamRZ 1998, 671	NJW 1998, 1555
R524	BGH	11. 03. 1998	XII ZR 190/96	FamRZ 1998, 818	NJW 1998, 2219
R525	BGH	22. 04. 1998	XII ZR 161/96	FamRZ 1998, 899	NJW 1998, 2821
R526	BGH	22. 04. 1998	XII ZR 221/96	FamRZ 1998, 951	NJW 1998, 2433
R528	BGH	01. 07. 1998	XII ZR 272/97	FamRZ 1998, 1165	NJW 1998, 3116
R528 A	BGH	08. 10. 1998	VII ZB 21/98		NJW-RR 1999, 286
R529	BGH	25. 11. 1998	XII ZR 33/97	FamRZ 1999, 372	NJW-RR 1999, 297
R531	BGH	27. 01. 1999	XII ZR 89/97	FamRZ 1999, 710	NJW 1999, 1630
R532	BGH	03. 02. 1999	XII ZR 146/97	FamRZ 1999, 708	NJW 1999, 1547
R533	BGH	17. 03. 1999	XII ZR 139/97	FamRZ 1999, 843	NJW 1999, 2365
R534	BGH	19. 05. 1999	XII ZR 210/97	FamRZ 2000, 153	NJW 1999, 2804
R535	BGH	16. 06. 1999	XII ZA 3/99	FamRZ 1999, 1422	NJW-FER 1999, 269
R536	BGH	14. 07. 1999	XII ZR 230/97	FamRZ 2000, 420	NJW-RR 2000, 593

abgedruckten Entscheidungen

Entscheidungs-Reg.

R537	BGH	13. 10. 1999	XII ZR 16/98	FamRZ 2000, 358	NJW 2000, 954
R539	BGH	27. 10. 1999	XII ZR 239/97	FamRZ 2000, 751	NJW 2000, 740
R541	BGH	12. 04. 2000	XII ZR 79/98	FamRZ 2000, 815	NJW 2000, 2351
R543	BGH	31. 05. 2000	XII ZR 119/98	FamRZ 2000, 1358	NJW-RR 2000, 1385
R544	BGH	21. 06. 2000	XII ARZ 6/00	(FuR 2001, 136)	NJW 2000, 3214
R546	BGH	19. 07. 2000	XII ZR 161/98	FamRZ 2000, 1492	NJW 2000, 3140
R548	BGH	27. 09. 2000	XII ZR 174/98	FamRZ 2001, 619	NJW-RR 2001, 1081
R549	BGH	18. 10. 2000	XII ZR 191/98	FamRZ 2001, 1065	NJW-RR 2001, 361
R550	BGH	29. 11. 2000	XII ZR 165/98	FamRZ 2001, 282	NJW 2001, 828
R551	BGH	29. 11. 2000	XII ZR 212/98	FamRZ 2001, 350	NJW 2001, 973
R552	BGH	13. 12. 2000	XII ZR 278/98	FamRZ 2001, 412	NJWE-FER 2001, 115
R553	BVerfG	06. 02. 2001	1 BvR 12/92	FamRZ 2001, 343	NJW 2001, 957
R554	BGH	07. 02. 2001	XII ZB 2/01	FamRZ 2001, 1363	NJW 2001, 1646
R555	BGH	21. 02. 2001	XII ZR 34/99	FamRZ 2001, 541	NJW, 2001, 1789
R556	BGH	21. 02. 2001	XII ZR 308/98	FamRZ 2001, 614	NJW 2001, 1488
R557	BGH	14. 03. 2001	XII ZR 81/99	FamRZ 2001, 757	NJW 2001, 2170
R558	BVerfG	29. 03. 2001	1 BvR 1766/92	FamRZ 2001, 985	NJW 2001, 2248
R559	BGH	11. 04. 2001	XII ZR 152/99	FamRZ 2001, 1603	NJWE-FER 2001, 253
R561	BGH	10. 05. 2001	XII ZR 108/99	FamRZ 2001, 1068	NJW 2001, 2633
R562	BGH	23. 05. 2001	XII ZR 148/99	FamRZ 2001, 1601	NJW-RR 2002, 1
R563	BGH	13. 06. 2001	XII ZR 343/99	FamRZ 2001, 986	NJW 2001, 2254
R564	BGH	27. 06. 2001	XII ZR 135/99	FamRZ 2001, 1291	NJW 2001, 3260
R565	BGH	22. 08. 2001	XII ARZ 3/01	FamRZ 2001, 1705	NJW 2002, 444
R566	BGH	05. 09. 2001	XII ZR 108/00	FamRZ 2001, 1687	NJW 2001, 3618
R567	BGH	05. 09. 2001	XII ZR 336/99	FamRZ 2001, 1693	NJW 2001, 3779
R568	BGH	24. 10. 2001	XII ZR 284/99	FamRZ 2002, 23	NJW 2002, 217
R570	BGH	09. 01. 2002	XII ZR 34/00	FamRZ 2002, 815	NJW 2002, 2026
R571	BVerfG	05. 02. 2002	1 BvR 105/95, 559/95 und 457/96	FamRZ 2002, 527	NJW 2002, 1185
R572	BGH	06. 02. 2002	XII ZR 20/00	FamRZ 2002, 536	NJW 2002, 1269
R573	BGH	20. 02. 2002	XII ZR 104/00	FamRZ 2002, 813	NJW 2002, 1799
R574	BGH	20. 03. 2002	XII ZR 159/00	FamRZ 2002, 810	NJW 2002, 1947
R575	BGH	20. 03. 2002	XII ZR 176/00	FamRZ 2002, 739	NJW 2002, 1570
R576	BGH	20. 03. 2002	XII ZR 216/00	FamRZ 2002, 742	NJW 2002, 1646
R577	BGH	29. 05. 2002	XII ZR 263/00	FamRZ 2002, 1179	NJW-RR 2002, 1513
R578	BGH	12. 06. 2002	XII ZR 288/00	FamRZ 2002, 1024	NJW 2002, 2319
R579	BGH	02. 10. 2002	XII ZR 346/00	FamRZ 2003, 304	NJW-RR 2003, 433
R580	BGH	23. 10. 2002	XII ZR 266/99	FamRZ 2002, 1698	NJW 2003, 128
R581	BGH	06. 11. 2002	XII ZR 259/01	FamRZ 2003, 521	NJW-RR 2003, 505
R582	BGH	27. 11. 2002	XII ZR 295/00	FamRZ 2003, 444	NJW 2003, 969
R583	BGH	11. 12. 2002	XII ZR 27/00	FamRZ 2003, 432	NJW 2003, 1396
R584	BGH	22. 01. 2003	XII ZR 2/00	FamRZ 2003, 363	NJW 2003, 1112
R585	BGH	22. 01. 2003	XII ZR 186/01	FamRZ 2003, 518	NJW 2003, 1181
R586	BGH	29. 01. 2003	XII ZR 92/01	FamRZ 2003, 590	FPR 2003, 330
R587	BGH	29. 01. 2003	XII ZR 289/01	FamRZ 2003, 445	NJW 2003, 1177
R588	BGH	05. 02. 2003	XII ZR 29/00	FamRZ 2003, 848	NJW 2003, 1796
R589	BGH	05. 02. 2003	XII ZR 321/00	FamRZ 2003, 434	FPR 2003, 246
R590	BGH	19. 02. 2003	XII ZR 19/01	FamRZ 2003, 741	FPR 2003, 327
R590 A	BGH	19. 02. 2003	XII ZR 67/00	FamRZ 2003, 860	NJW 2003, 1690
R591	BVerfG	05. 03. 2003	1 BvR 752/02	FamRZ 2003, 661	FPR 2003, 479

Entscheidungs-Reg.

Register der auszugsweise

R 592	BGH	19. 03. 2003	XII ZR 123/00	FamRZ 2003, 1179	NJW 2003, 2306
R 594	BGH	07. 05. 2003	XII ZR 140/01	FamRZ 2003, 1095	FPR 2003, 490
R 595	BGH	25. 06. 2003	XII ZR 63/00	FamRZ 2004, 186	FPR 2004, 148
R 597	BGH	17. 09. 2003	XII ZR 184/01	FamRZ 2003, 1734	NJW 2003, 3481
R 598	BVerfG	07. 10. 2003	1 BvR 246/93	FamRZ 2003, 1821	NJW 2003, 3466
R 599	BGH	15. 10. 2003	XII ZR 122/00	FamRZ 2004, 366	NJW 2004, 674
R 600	BGH	29. 10. 2003	XII ZR 115/01	FamRZ 2004, 24	NJW 2003, 3770
R 601	BGH	12. 11. 2003	XII ZR 109/01	FamRZ 2004, 612	NJW 2004, 1324
R 602	BGH	10. 12. 2003	XII ZR 155/01	FamRZ 2004, 531	NJW-RR 2004, 649
R 603	BGH	17. 12. 2003	XII ZR 224/00	FamRZ 2004, 370	NJW 2004, 677
R 604	BGH	14. 01. 2004	XII ZR 69/01	FamRZ 2004, 443	NJW 2004, 769
R 605	BGH	14. 01. 2004	XII ZR 149/01	FamRZ 2004, 792	NJW-RR 2004, 793
R 606	BGH	28. 01. 2004	XII ZR 218/01	FamRZ 2004, 795	FPR 2004, 405
R 607	BGH	28. 01. 2004	XII ZR 259/01	FamRZ 2004, 614	NJW 2004, 1326
R 608	BGH	11. 02. 2004	XII ZR 265/02	FamRZ 2004, 601	NJW 2004, 930
R 609	BGH	10. 03. 2004	XII ZR 123/01	FamRZ 2004, 800	NJW 2004, 1735
R 610	BGH	21. 04. 2004	XII ZR 251/01	FamRZ 2004, 1097	FPR 2004, 521
R 611	BGH	05. 05. 2004	XII ZR 132/02	FamRZ 2004, 1173	NJW 2004, 2305
R 612	BGH	05. 05. 2004	XII ZR 10/03	FamRZ 2004, 1170	NJW 2004, 2303
R 613	BGH	05. 05. 2004	XII ZR 15/03	FamRZ 2004, 1179	NJW-RR 2004, 1155
R 614	BGH	19. 05. 2004	XII ZR 304/02	FamRZ 2004, 1559	NJW 2004, 3109
R 615	BGH	02. 06. 2004	XII ZR 217/01	FamRZ 2004, 1177	NJW-RR 2004, 1227
R 616	BGH	09. 06. 2004	XII ZR 277/02	FamRZ 2005, 97	NJW 2005, 433
R 617	BGH	09. 06. 2004	XII ZR 308/01	FamRZ 2004, 1357	NJW 2004, 3106
R 618	BGH	07. 07. 2004	XII ZR 272/02	FamRZ 2004, 1370	NJW-RR 2004, 1300
R 619	BGH	06. 10. 2004	XII ZR 319/01	FamRZ 2005, 23	NJW 2005, 61
R 620	BGH	03. 11. 2004	XII ZR 120/02	FamRZ 2005, 101	NJW 2005, 142
R 622	BGH	17. 11. 2004	XII ZR 183/02	FamRZ 2005, 347	NJW 2005, 503
R 623	BGH	01. 12. 2004	XII ZR 75/02	FamRZ 2005, 1159	NJW 2005, 2077
R 624	BGH	01. 12. 2004	XII ZR 3/03	FamRZ 2005, 354	NJW 2005, 500
R 625	BGH	15. 12. 2004	XII ZR 212/03	FamRZ 2005, 442	NJW 2005, 818
R 626	BGH	23. 02. 2005	XII ZR 56/02	FamRZ 2005, 706	NJW 2005, 1493
R 627	BGH	23. 02. 2005	XII ZR 114/03	FamRZ 2005, 608	NJW 2005, 1279
R 628	BGH	23. 03. 2005	XII ZB 13/05	FamRZ 2005, 883	NJW 2005, 1722
R 629	BGH	13. 04. 2005	XII ZR 48/02	FamRZ 2005, 967	NJW-RR 2005, 945
R 630	BGH	13. 04. 2005	XII ZR 273/02	FamRZ 2005, 1154	NJW 2005, 2145
R 631	BGH	11. 05. 2005	XII ZR 108/02	FamRZ 2005, 1162	NJW 2005, 2223
R 632	BGH	11. 05. 2005	XII ZR 211/02	FamRZ 2005, 1817	NJW 2005, 3277
R 633	BGH	25. 05. 2005	XII ZR 296/01	FamRZ 2005, 1444	NJW 2005, 2386
R 634	BGH	25. 05. 2005	XII ZR 221/02	FamRZ 2005, 1449	NJW 2005, 2391
R 635	BVerfG	07. 06. 2005	1 BvR 1508/96	FamRZ 2005, 1051	NJW 2005, 1927
R 636	BGH	08. 06. 2005	XII ZR 294/02	FamRZ 2005, 1479	NJW 2005, 2313
R 637	BGH	08. 06. 2005	XII ZR 75/04	FamRZ 2006, 26	NJW 2006, 142
R 638	BGH	06. 07. 2005	XII ZR 145/03	FamRZ 2005, 1897	NJW-RR 2005, 1450
R 639	BGH	10. 08. 2005	XII ZR 73/05	FamRZ 2005, 1662	NJW 2005, 3282
R 640	BGH	07. 09. 2005	XII ZR 311/02	FamRZ 2005, 1979	NJW 2005, 3639
R 641	BGH	26. 10. 2005	XII ZR 34/03	FamRZ 2006, 99	NJW 2006, 57
R 642	BGH	09. 11. 2005	XII ZR 31/03	FamRZ 2006, 108	NJW 2006, 369
R 643	BGH	23. 11. 2005	XII ZR 51/03	FamRZ 2006, 387	NJW 2006, 1794
R 644	BGH	23. 11. 2005	XII ZR 155/03	FamRZ 2006, 935	NJW 2006, 2037
R 645	BGH	07. 12. 2005	XII ZR 94/03	FamRZ 2006, 261	NJW 2006, 695

abgedruckten Entscheidungen   **Entscheidungs-Reg.**

R646	BGH	21. 12. 2005	XII ZR 126/03	FamRZ 2006, 1015	NJW 2006, 2258
R647	BGH	15. 02. 2006	XII ZR 4/04	FamRZ 2006, 612	NJW 2006, 1509
R648	BGH	01. 03. 2006	XII ZR 157/03	FamRZ 2006, 846	NJW 2006, 2182
R649	BGH	15. 03. 2006	XII ZR 30/04	FamRZ 2006, 683	NJW 2006, 1654
R650	BGH	12. 04. 2006	XII ZR 31/04	FamRZ 2006, 1010	NJW 2006, 2404
R651	BGH	03. 05. 2006	XII ZR 103/03	FamRZ 2006, 1010	BeckRS 2006, 06835
R652	BGH	03. 05. 2006	XII ZR 35/04	FamRZ 2006, 1099	NJOZ 2006, 2646
R653	BGH	17. 05. 2006	XII ZB 250/03	FamRZ 2006, 1097	NJW 2006, 2331
R654	BGH	17. 05. 2006	XII ZR 54/04	FamRZ 2006, 1100	NJW 2006, 2984
R655	BGH	31. 05. 2006	XII ZR 111/03	FamRZ 2006, 1178	NJW 2006, 2623
R656	BGH	05. 07. 2006	XII ZR 11/04	FamRZ 2006, 1362	NJW 2006, 2687
R657	BGH	23. 08. 2006	XII ZR 26/04	FamRZ 2006, 1664	NJW 2006, 3561
R658	BGH	30. 08. 2006	XII ZR 98/04	FamRZ 2006, 1511	NJW 2006, 3344
R659	BGH	30. 08. 2006	XII ZR 138/04	FamRZ 2006, 1597	NJW 2006, 3421
R660	BGH	05. 10. 2006	XII ZR 197/02	FamRZ 2006, 1827	NJW 2007, 139
R661	BGH	25. 10. 2006	XII ZR 190/03	FamRZ 2007, 200	NJW 2007, 839
R662	BGH	25. 10. 2006	XII ZR 141/04	FamRZ 2007, 117	NJW 2007, 144
R663	BGH	25. 10. 2006	XII ZR 144/04	FamRZ 2007, 197	NJW 2007, 904
R664	BGH	22. 10. 2006	XII ZR 24/04	FamRZ 2007, 193	NJW 2007, 511
R665	BGH	22. 11. 2006	XII ZR 152/04	FamRZ 2007, 453	NJW 2007, 1273
R666	BGH	06. 12. 2006	XII ZR 197/04	FamRZ 2007, 377	NJW-RR 2007, 505
R667	BGH	20. 12. 2006	XII ZR 84/04	FamRZ 2007, 1158	NJW–RR 2007, 1513
R668	BGH	20. 12. 2006	XII ZR 137/04	FamRZ 2007, 375	NJW-RR 2007, 433
R670	BGH	14. 02. 2007	XII ZR 163/05	FamRZ 2007, 717	NJW-RR 2007, 722
R671	BVerfG	28. 02. 2007	1 BvL 9/04	FamRZ 2007, 965	NJW 2007, 1735
R672	BGH	28. 02. 2007	XII ZR 161/04	FamRZ 2007, 707	NJW 2007, 1882
R673	BGH	28. 02. 2007	XII ZR 165/04	FamRZ 2007, 974	NJW 2007, 2848
R674	BGH	28. 02. 2007	XII ZR 37/05	FamRZ 2007, 793	NJW 2007, 1961
R675	BGH	14. 03. 2007	XII ZR 158/04	FamRZ 2007, 882	NJW 2007, 1969
R676	BGH	28. 03. 2007	XII ZR 163/04	FamRZ 2007, 983	NJW 2007, 2249
R677	BGH	28. 03. 2007	XII ZR 21/05	FamRZ 2007, 879	NJW 2007, 1974
R678	BGH	23. 05. 2007	XII ZR 245/04	FamRZ 2007, 1232	NJW 2007, 2628
R679	BGH	23. 05. 2007	XII ZR 250/04	FamRZ 2007, 1229	NJW 2007, 2554
R680	BGH	04. 07. 2007	XII ZR 251/04	FamRZ 2007, 1459	NJW 2007, 2921
R681	BGH	04. 07. 2007	XII ZR 141/05	FamRZ 2007, 1532	NJW 2008, 57
R682	BGH	26. 09. 2007	XII ZR 11/05	FamRZ 2007, 2049	NJW-RR 2008, 1
R683	BGH	26. 09. 2007	XII ZR 15/05	FamRZ 2007, 2052	NJW 2008, 148
R684	BGH	31. 10. 2007	XII ZR 112/05	FamRZ 2008, 137	NJW 2008, 227
R685	BGH	14. 11. 2007	XII ZR 16/07	FamRZ 2008, 134	NJW 2008, 151
R686	BGH	28. 11. 2007	XII ZB 217/05	FamRZ 2008, 390	NJW 2008, 1531
R687	BGH	12. 12. 2007	XII ZR 23/06	FamRZ 2008, 497	NJW 2008, 851
R688	BGH	09. 01. 2008	XII ZR 170/05	FamRZ 2008, 594	FPR 2008, 172
R689	BGH	06. 02. 2008	XII ZR 14/06	FamRZ 2008, 968	NJW 2008, 1663
R690	BGH	20. 02. 2008	XII ZR 101/05	FamRZ 2008, 872	NJW 2008, 1525
R691	BGH	05. 03. 2008	XII ZR 150/05	FamRZ 2008, 1152	FPR 2008, 299
R692	BGH	05. 03. 2008	XII ZR 22/06	FamRZ 2008, 963	NJW 2008, 1946

Entscheidungs-Reg.

Register der auszugsweise

Neue Entscheidungen der 8. Auflage

R693	BGH	16. 04. 2008	XII ZR 7/05	FamRZ 2008, 1414	NJW 2008, 2779
R694	BGH	16. 04. 2008	XII ZR 107/06	FamRZ 2008, 1325	NJW 2008, 2581
R695	BGH	30. 07. 2008	XII ZR 177/06	FamRZ 2008, 1911	NJW 2008, 3213
R696	BGH	30. 07. 2008	XII ZR 126/06	FamRZ 2008, 2104	NJW 2008, 3635
R697	BGH	17. 09. 2008	XII ZR 72/06	FamRZ 2008, 2189	NJW 2008, 3562
R698	BGH	05. 11. 2008	XII ZR 157/06	FamRZ 2008, 198	NJW 2009, 842
R699	BGH	19. 11. 2008	XII ZR 129/06	FamRZ 2009, 307	NJW-RR 2009, 289
R700	BGH	26. 11. 2008	XII ZR 65/07	FamRZ 2009, 962	NJW 2009, 1816
R701	BGH	03. 12. 2008	XII ZR 182/06	FamRZ 2009, 314	NJW 2009, 1410
R702	BGH	17. 12. 2008	XII ZR 9/07	FamRZ 2009, 411	NJW 2009, 588
R703	BGH	21. 01. 2009	XII ZR 54/06	FamRZ 2009, 762	NJW 2009, 1742
R704	BGH	18. 03. 2009	XII ZR 74/08	FamRZ 2009, 770	NJW 2009, 1876
R705	BGH	27. 05. 2009	XII ZR 78/08	FamRZ 2009, 1300	NJW 2009, 2523
R706	BGH	17. 06. 2009	XII ZR 102/08	FamRZ 2009, 1391	NJW 2009, 2592
R707	BGH	18. 11. 2009	XII ZR 65/09	FamRZ 2010, 111	NJW 2010, 365
R708	BGH	25. 11. 2009	XII ZR 8/08	FamRZ 2010, 192	NJW 2010, 440
R709	BGH	16. 12. 2009	XII ZR 50/08	FamRZ 2010, 357	NJW 2010, 937
R710	BGH	17. 02. 2010	XII ZR 140/08	FamRZ 2010, 629	NJW 2010, 1598
R711	BGH	24. 03. 2010	XII ZR 175/08	FamRZ 2010, 875	NJW 2010, 1813
R712	BGH	14. 04. 2010	XII ZR 89/08	FamRZ 2010, 869	NJW 2010, 2056
R713	BGH	12. 05. 2010	XII ZR 98/08	FamRZ 2010, 1150	NJW 2010, 2437
R714	BGH	28. 07. 2010	XII ZR 140/07	FamRZ 2010, 1535	NJW 2010, 3161
R715	BGH	11. 08. 2010	XII ZR 102/09	FamRZ 2010, 1637	NJW 2010, 3372
R716	BGH	15. 09. 2010	XII ZR 20/09	FamRZ 2010, 1880	NJW 2010, 3369
R717	BGH	15. 09. 2010	XII ZR 148/09	FamRZ 2010, 1888	NJW 2010, 3714
R718	BGH	29. 09. 2010	XII ZR 205/08	FamRZ 2010, 1884	NJW 2010, 3582
R719	BGH	06. 10. 2010	XII ZR 202/08	FamRZ 2010, 1971	NJW 2011, 147
R720	BGH	20. 10. 2010	XII ZR 53/09	FamRZ 2010, 2059	NJW 2010, 3653
R721	BGH	12. 01. 2011	XII ZR 83/08	FamRZ 2011, 454	NJW 2011, 670
R722	BVerfG	25. 01. 2011	1 BvR 918/10	FamRZ 2011, 437	NJW 2011, 836
R723	BGH	16. 02. 2011	XII ZR 108/09	FamRZ 2011, 628	NJW 2011, 628
R724	BGH	02. 03. 2011	XII ZR 44/09	FamRZ 2011, 713	NJW 2011, 1284

Sachverzeichnis

Abänderung
ausländischer Titel 9/666 ff.
Abänderung ausländischer Titel
Abänderungssperre 9/669
nach der EuGVVO 9/667
Trennung von Prozessrecht und materiellem Recht 9/668 f.
Voraussetzungen 9/667
Wechsel des Unterhaltsstatuts 9/670
Zuständigkeit anderer Staaten 9/666
Zuständigkeit des Ausgangsgerichts 9/666
Abänderung des Unterhalts
bei Änderung von Unterhaltstabellen 2/339
bei Änderungen der Bedürftigkeit 4/943
bei Änderungen der Leistungsfähigkeit 5/47 f.
bei Verrentung 4/676 ff.
bei Volljährigkeit 2/30, 2/478
bei Vorsorgeunterhalt 4/864, 4/869, 4/894, 4/925
Abänderung des Vorsorgeunterhalts
erstmals V. bei Abänderung 4/864, 4/895
bei nicht bestimmungsgemäßer Verwendung 4/870, 4/896, 4/925
bei Veränderung des Elementarunterhalts 4/894
Abänderung in der Hauptsache ergangener Endentscheidungen (§ 238 FamFG) 10/133 ff.
Abänderung einer Abänderungsentscheidung 10/149
Abänderung einer Feststellungsentscheidung 10/150
Abänderung nach Erstabweisung 10/148
Abänderung nach Teilabweisung 10/151
Abgrenzung zu Rechtsmittel- und Anschlussrechtsmittelverfahren 10/171 ff.
Abgrenzung zum einstweiligen Rechtsschutz (§§ 246–248 FamFG) 10/142
Abgrenzung zum Vollstreckungsabwehrantrag (§ 767 ZPO) 10/152 ff.
Abgrenzung zum Zusatz- oder Nachforderungsantrag 10/165 ff.
Abgrenzung zur Vollstreckungserinnerung (§ 766 ZPO) 10/163
Absicherung der Rechtskraft 10/136
Anerkenntnis 10/141
Anschlussbeschwerde 10/174
Antragsziel und umfassender Rechtsschutz 10/156 f.
Befristung 10/155
Bestätigungstheorie 10/139
Billigkeitstheorie 10/139 f.
Bindungswirkung 10/137
clausula rebus sic stantibus 10/134
Einsatzzeitpunkt 10/134
Elementar- und Vorsorgeunterhalt 10/168
Endentscheidung ausländischer Gerichte 10/143
Endentscheidung im vereinfachten Verfahren (§§ 249–260 FamFG) 10/142
Endentscheidung und künftig fällig werdende Leistungen (§ 258 ZPO) 10/145
Gegenstand der Endentscheidung 10/141
Hauptsacheverfahren 10/133
Hilfsverhältnis mit Vollstreckungsabwehrantrag 10/162
Kapitalabfindungen 10/146
kein Wahlrecht mit Vollstreckungsabwehrantrag 10/158
negativer Feststellungsantrag 10/142, 10/164
objektive Antragshäufung mit Vollstreckungsabwehrantrag 10/162
Rechtschutzbedürfnis 10/138
Rechtskraft der Endentscheidung 10/147
Rechtsnatur 10/138
Rentennachzahlung 10/160
Säumnis 10/141
Sockelbetrag 10/166
Tatbestandsstruktur 10/135
Teilentscheidung 10/141
Übergangsregelung (Art. 111 I S. 2 FGG-RG) 10/144
Umdeutung in Vollstreckungsabwehrantrag 10/162
unbestimmte Anrechnungsklausel 10/147
verdeckter Teilantrag 10/165
Versorgungsleistungen 10/155
Verwirkung 10/161
Vollstreckungsfähigkeit 10/147
„Vorwirkung" der Anschlussbeschwerde 10/176
Wahlmöglichkeit bei Beschwerde 10/171 ff.
Wahlmöglichkeit bei Rechtsbeschwerde 10/178
Wahlmöglichkeit bei rechtskräftiger erstinstanzlicher Teilentscheidung 10/175
Wegfall der Anschlussbeschwerde bei Rücknahme der Beschwerde 10/177
Wertsicherungsklausel 10/147
zeitlich befristete Endentscheidung 10/167
zeitliche Staffelung mit Vollstreckungsabwehrantrag 10/159
Zukunftsrechtskraft 10/167
Zusatzantrag für Sonderbedarf und Mehrbedarf 10/169
Abänderung (§ 240 FamFG)
Abgrenzung zum Abänderungsantrag (§ 238 FamFG)
– vereinfachtes Verfahren über den Unterhalt Minderjähriger 10/694
Abgrenzung zum streitigen Verfahren
– vereinfachtes Verfahren über den Unterhalt Minderjähriger 10/693
Endentscheidung
– vereinfachtes Verfahren über den Unterhalt Minderjähriger 10/695

Sachverzeichnis

unzulässig bei Unterhaltsrückständen
 – vereinfachtes Verfahren über den Unterhalt Minderjähriger 10/695
unzulässig bei Vergleich
 – vereinfachtes Verfahren über den Unterhalt Minderjähriger 10/695
Verfahrensgang
 – vereinfachtes Verfahren über den Unterhalt Minderjähriger 10/696
vollständige Neuberechnung
 – vereinfachtes Verfahren über den Unterhalt Minderjähriger 10/694
Abänderung von Entscheidungen nach § 237 FamFG
Abänderungsantrag (§ 238 FamFG) 10/124
Abgrenzung zu anderen Korrekturverfahren 10/124
absolute Abänderungsgrenze (§ 240 II S. 4 FamFG) 10/132
Antragsschrift 10/126
Anwaltszwang 10/126
besondere Verfahrensvoraussetzung 10/124
Darlegungs- und Beweislast 10/126
Endentscheidung zum Unterhalt 10/125
Erhöhung 10/128
Erstverfahren 10/126
Fristberechnung 10/129
Herabsetzung 10/129
Jugendamtsurkunde 10/125
Korrektur trotz Fristversäumung 10/131
Rechtshängigkeit und Verfahrenskostenhilfe 10/130
selbständiges Nachverfahren 10/124
Unterhaltsrückstände 10/125
Verfahrensgrundsätze im Abänderungsverfahren 10/126
Verfahrensverbindung 10/126
Vergleich als Unterhaltstitel 10/125
Vollstreckungsabwehr (§ 767 ZPO) 10/124
Wiedereinsetzung 10/130
Zeitschranke 10/127
Abänderung von Unterhaltstiteln
Stufenverfahren (§ 254 ZPO) 10/358
Abänderung von Vergleichen und Urkunden (§ 239 FamFG) 10/252 ff.
Abweisung des Abänderungsantrags 10/254
befristet titulierter Unterhalt 10/253
Begründetheit 10/252
eigenständige Verfahrensregeln 10/252
Kapitalabfindung 10/253
rückständiger Unterhalt 10/253
Übergangsregelung 10/254
Widerantrag 10/254
wiederholte Abänderung 10/253
Zulässigkeit 10/252
Abänderungsantrag
Abänderungsverfahren (§ 54 I FamFG) 10/428
bei fiktiven Einkünften 1/737
Fiktives Einkommen bei leichtfertiger Aufgabe des Arbeitsplatzes 1/796
Fiktives Einkommen bei Verstoß gegen Erwerbsobliegenheiten 1/796

Abänderungsantrag bei Vergleich
einstweilige Anordnung 10/424
Abänderungsantrag (§ 238 FamFG)
Abänderungsverfahren (§ 54 I FamFG) 10/428
Anschlussbeschwerde (§§ 66, 117 II FamFG) 10/595
Abänderungsgründe (§ 238 FamFG)
Beschwerde (§§ 58, 117 FamFG) 10/529
Abänderungsklage
Begründetheit s. nachfolgend
Zulässigkeit s. nachfolgend
Abänderungsvereinbarung
rückwirkende Herabsetzung des Unterhalts (§ 238 III S. 3 FamFG) 10/241
Abänderungsverfahren
keine Bindung an Erwerbstätigenbonus 4/786
Darlegungs- und Beweislast 6/746 ff.
einstweilige Anordnung 10/425 ff.
und Unterhaltsänderungsgesetz 2008 10/283 ff.
Abänderungsverfahren bei gerichtlichen Entscheidungen (§ 238 FamFG)
Begründetheit 10/191 ff.
 – Abänderung bei Anerkenntnis- und Säumnisentscheidungen 10/191 ff.
 – Abänderungsentscheidung 10/248 ff.
 – Abweichung von Prognosen 10/199
 – Änderung der Verhältnisse 10/191 ff.
 – Änderungen bei Fiktionen 10/200
 – Änderungen der Gesetzeslage 10/206
 – Anerkenntnisbeschluss und subjektive Vorstellungen 10/194
 – Anpassung bei Änderung der höchstrichterlichen Rechtsprechung 10/232
 – Anpassung, prozentual 10/231
 – Anpassung, stufenweise 10/232
 – Anpassung und Alttatsachen 10/222
 – Anpassung und Bindungswirkungen (§ 238 IV FamFG) 10/222 ff.
 – Anpassungsmaßstab 10/231 ff.
 – Bindung bei Elementar- und Vorsorgeunterhalt 10/228
 – Bindung bei Wohnvorteil 10/227
 – Bindung und Änderung gesetzlicher Grundlagen oder der höchstrichterlichen Rechtsprechung 10/230
 – Bindung und Bestandskraft 10/222
 – Bindung und grob unbillige Ergebnisse 10/224
 – Bindung und konkreter Bedarf 10/228
 – Bindung und Korrektur der Prognoseentscheidung 10/224
 – Bindung und Mangelfall, voller Unterhalt 10/229
 – Bindung und Rechtsansicht, Rechtsfehler 10/225
 – Bindung und subjektive Vorstellung 10/223
 – Bindung und Unterhaltstabellen, Unterhaltsrichtlinien, Erwerbstätigenbonus und Verteilungsquote 10/226
 – die Zeitschranke des § 238 II FamFG 10/210 ff.
 – Einsatzzeitpunkt bei Änderungen in der höchstrichterlichen Rechtsprechung 10/208 f.

Sachverzeichnis

- Einzelfälle rechtlicher Verhältnisse 10/204 ff.
- Einzelfälle tatsächlicher Verhältnisse 10/198 ff.
- fiktive Verhältnisse 10/192 f.
- Gesamtheit der maßgeblichen Verhältnisse 10/196
- grundlegende Änderungen in der höchstrichterlichen Rechtsprechung 10/207
- höchstrichterliche Rechtsprechung und Konkretisierungsfunktion 10/207
- Korrespondenz bei fiktiven Verhältnissen 10/201 ff.
- Nachhaltigkeit der Änderungen 10/197
- Nichteintritt tatsächlicher Verhältnisse 10/199
- Präklusion bei Begrenzung und Befristung des Unterhalts 10/216 f.
- Präklusion bei betrügerischem Verschweigen 10/221
- Präklusion bei Hineinwachsen in eine höhere Altersstufe, Wechsel der Steuerklasse 10/215
- Präklusion bei nicht vorgetragenen Umständen 10/218
- Präklusion bei verschleiertem Einkommen 10/221
- Präklusion bei vorgetragenen, aber unbeachtlichen Umständen 10/220
- Präklusion mit Doppelfunktion durch Primär- und Sekundärwirkung 10/210
- Präklusion nach Beschwerderücknahme 10/211
- Präklusion nach möglichen Entwicklungen 10/213
- Präklusion und Eintritt der Veränderungen 10/212
- Präklusion und Härteklausel 10/221
- Präklusion und objektive Gegebenheiten 10/221
- Präklusion und zuverlässig vorhersehbare Änderungen 10/214
- rechtliche Verhältnisse 10/204 ff.
- Rechtsansichten 10/205
- Säumnisentscheidung und Sekundärwirkung 10/193
- Säumnisentscheidung und Sicherung der Rechtskraft 10/193
- tatsächliche Veränderungen 10/191
- tatsächliche Verhältnisse 10/198 ff.
- Veränderungen bei Anerkenntnisentscheidungen 10/194 f.
- Veränderungen bei Säumnisentscheidungen 10/192 f.
- verfassungswidrige Normen 10/206
- Versäumnisbeschluss und fiktive Verhältnisse 10/193
- Wesentlichkeit der Änderungen 10/196 ff.
Darlegungs- und Beweislast 10/242 ff.
Zulässigkeit 10/179 ff.
- allgemeine Verfahrensvoraussetzungen 10/179 ff.
- allgemeiner Gerichtsstand 10/179
- Änderung der Gesetzeslage 10/186
- anderweitige Rechtshängigkeit 10/180
- Auskunftswiderantrag 10/180
- ausländische Endentscheidung 10/182
- ausschließliche Zuständigkeit 10/179
- besondere Verfahrensvoraussetzungen 10/182 f.
- Darlegung wesentlicher Veränderungen 10/186 ff.
- die Zeitschranke des § 238 III FamFG 10/233 ff.
- Eintritt der Änderungen 10/190
- Endentscheidung in einer Hauptsache 10/182
- endgültige Regelung 10/180
- fiktive Verhältnisse 10/188
- gegenläufige Abänderungsverfahren 10/180
- Gesamtbeurteilung aller Veränderungen 10/187
- höchstrichterliche Rechtsprechung 10/186
- Identität bei Unterhaltsansprüchen zwischen Ehegatten 10/183
- Identität der Verfahrensbeteiligten 10/184
- Identität des Verfahrensgegenstandes beim Kindesunterhalt 10/183
- internationale Zuständigkeit 10/179
- konkreter Bedarf 10/188
- örtliche Zuständigkeit 10/179
- Rechtsnachfolger, Sozialhilfeträger 10/184
- Rechtsschutzinteresse, Sockel- und Spitzenbetrag 10/181
- rückwirkende Erhöhung des Unterhalts 10/237 ff.
- rückwirkende Herabsetzung des Unterhalts 10/239 ff.
- sachliche Zuständigkeit 10/179
- Titelanpassung ab Rechtshängigkeit 10/233 ff.
- Titelanpassung und Verfahrenskostenhilfe 10/235
- titulierter Spitzenbetrag 10/188
- Verfahrensstandschaft 10/185
- vollstreckungsfähiger Inhalt 10/182
- Voraussetzung für die Präklusionswirkung (§ 238 II FamFG) 10/189
- Wahlgerichtsstand 10/179
- Widerantrag 10/180

Abänderungsverfahren bei Urkunden (§ 239 FamFG)
Begründetheit 10/281 f.
- Darlegungs- und Beweislast 10/282
- einseitiges Leistungsversprechen 10/281
- Erstantrag des Unterhaltsberechtigten 10/282
- Unterhaltsvereinbarung 10/281
- Zumutbarkeit 10/281
Zulässigkeit 10/271 ff.
- allgemeine Verfahrensvoraussetzungen 10/271 ff.
- ausschließlicher Rechtsbehelf 10/275
- außergerichtliche Unterhaltsvereinbarung 10/273
- besondere Verfahrensvoraussetzungen 10/278
- Bindungswirkungen 10/279
- Darlegung von Veränderungen (§ 239 I S. 2 FamFG) 10/278
- einseitiges Leistungsversprechen 10/278
- Elternvereinbarung 10/276
- Identität der Beteiligten 10/276

2323

Sachverzeichnis

– Identität des Verfahrensgegenstandes 10/276
– Jugendamtsurkunde 10/274
– kausaler Anerkenntnisvertrag 10/278
– Mehrbedarf 10/275
– prozessuales Anerkenntnis 10/280
– Rechtsschutzinteresse 10/277
– schuldbestätigendes Anerkenntnis 10/280
– Teilbetrag 10/275
– unbestimmte Anrechnungsklausel 10/272
– Unterwerfungserklärung 10/273
– Vereinbarungen 10/271
– Verfahrensstandschaft 10/276
– Vermutung für den vollen Unterhalt 10/275
– Vertretung des minderjährigen Kindes 10/276
– Vollstreckungsfähigkeit 10/272
– Wahlrecht bei Mehrforderung 10/275
– Wertsicherungsklausel 10/272
– Zuständigkeit 10/277

Abänderungsverfahren bei Vergleichen (§ 239 FamFG)
Begründetheit 10/261 ff.
– Änderung der höchstrichterlichen Rechtsprechung 10/266
– Änderung der Rechtslage 10/266
– Anhaltspunkte für Bindungen 10/268
– Befristung 10/264
– Darlegungs- und Beweislast 10/263
– Dispositionsfreiheit 10/265
– dokumentierte Grundlagen 10/262
– Entscheidungen des BVerfG 10/266
– Fehlen von Grundlagen 10/263
– Gesamtbeurteilung aller Änderungen 10/267
– Grenzen der Zumutbarkeit 10/267
– interessengerechte Auslegung 10/263
– Neuberechnung des Unterhalts 10/269
– pauschale Regelungen 10/264
– rechtliche Verhältnisse 10/265
– Rechtsprechung der Instanzgerichte 10/266
– Regeln des materiellen Rechts 10/261
– subjektive Verhältnisse 10/266
– Titelanpassung 10/267
– Vergleich im Anordnungsverfahren 10/270
– Verwirkung 10/264
– wiederholte Titelanpassung 10/270
– Wille der Beteiligten 10/262
Zulässigkeit 10/255 ff.
– allgemeine Verfahrensvoraussetzungen 10/255 ff.
– Anwaltsvergleich 10/256
– außergerichtliche Vereinbarung 10/256
– besondere Verfahrensvoraussetzungen 10/260
– Darlegung von Veränderungen (§ 239 I S. 2 FamFG) 10/260
– einstweiliges Anordnungsverfahren 10/255
– Identität der Beteiligten 10/258
– Identität des Verfahrensgegenstandes 10/258
– Rechtsschutzinteresse 10/259
– Schiedsspruch 10/256
– Sockelbetrag 10/259
– Spitzenbetrag 10/259
– unbestimmte Anrechnungsklausel 10/257
– Verfahrensstandschaft 10/258

– VKH-Prüfungsverfahren 10/255
– vollstreckungsfähiger Inhalt 10/257
– Wirksamkeit des Vergleichs 10/257
– Zuständigkeit 10/259

Abänderungsverfahren (§ 54 FamFG)
einstweilige Unterhaltsanordnung bei Feststellung der Vaterschaft (§ 248 FamFG) 10/479

Abänderungsverfahren (§ 240 FamFG)
vereinfachtes Verfahren über den Unterhalt Minderjähriger 10/676, 10/692 ff.

Aberkennung und Vollstreckung
nach nationalem Recht 9/699 ff.

Abfindung 4/563
Verbot Doppelverwertung 4/482

Abfindungen
allgemein 1/29
kein Erwerbstätigenbonus 1/30, 1/94, 4/773
Verbrauch 1/94
Verteilung auf größeren Zeitraum 1/93 ff., 2/376

Abgabe, Verweisung
und Kompetenzkonflikte 10/19

Abgeordnete
Diäten und Aufwandsentschädigungen 1/1185

Abgeordnetenentschädigungen
als Einkommen 1/74

Abgrenzung
Familiengericht und Abteilung der freiwilligen Gerichtsbarkeit 10/22
Familiengericht und Landgericht 10/25 f.
Familiengericht und Prozessgericht 10/20 f.
Familiengericht und Rechtsmittelgericht 10/27
Familiengerichte verschiedener Amtsgerichte 10/23 f.
negative Kompetenzkonflikte 10/28 ff.

Abhängige Arbeit
s. Einkünfte aus a. A.

Abhilfeverfahren
Anhörungsrüge (§ 321 a ZPO) 10/632
Beschwerde, sofortige (§§ 567–572 ZPO) 10/607
Beschwerde, sonstige (§ 58 FamFG) 10/600

Abitur – Lehre – Studium 2/99 ff.

Ablehnung eines Sachverständigen (§ 406 V ZPO)
Beschwerde, sofortige (§§ 567–572 ZPO) 10/603

Ablehnung von Familienrichtern 10/33

Ablehnungsgesuch
Anhörungsrüge (§ 321 a ZPO) 10/623

Ablehnungsgesuch (§ 46 II ZPO)
Beschwerde, sofortige (§§ 567–572 ZPO) 10/603

Abschreibung
allgemein 1/49 f.
handelsrechtliche 1/205 f.
steuerrechtliche s. Absetzung für Abnutzung

Abschreibungen 1/141
s. Absetzung für Abnutzung
bei abhängig Beschäftigten 1/141
fiktive Steuerberechnung 1/975 ff.
bei Vermietung und Verpachtung 1/456

Abschreibungsmodell 1/459

Sachverzeichnis

Absetzung für Abnutzung
AfA – Tabelle 1/207
Ansparabschreibung s. *Ansparrücklage*
degressive 1/211
Gebäude 1/210, 1/211, 1/340, 1/344
Grundlagen 1/205 ff., 1/341 ff.
lineare 1/209
OLG-Leitlinien 1/345
Sonderabschreibung 1/213
Überschusseinkünfte 1/211
und Steuerersparnis 1/361
und Tilgung 1/359
Absichtlicher Leistungsentzug 6/105
Abdingbarkeit des § 1585 b III BGB 6/114 ff.
bei nachehelichem Unterhalt 6/105, 6/114 ff.
Realsplitting 6/117
aus rechtlichen Gründen 6/103, 6/109
bei Trennungsunterhalt 6/103, 6/109
bei Verwandtenunterhalt 6/103, 6/109
Absolute Grenze (§ 238 III S. 4 FamFG)
rückwirkende Herabsetzung des Unterhalts
(§ 238 III S. 3 FamFG) 10/239
Absoluter Vorrang
Mangelfall 5/138
Abstammungsrecht 2/2
Abstammungsrechtliches Hauptsacheverfahren
einstweilige Unterhaltsanordnung bei Feststellung der Vaterschaft (§ 248 FamFG) 10/469
Abtrennung aus Verbund
Auskunfts-, Beleg- und Versicherungsverfahren 10/352
Abtrennung der Unterhaltsfolgesache
abschließende Regelung 10/106
Anfechtung bei Abtrennung gemäß § 140 III FamFG 10/107 a
Anfechtung, selbständige Beschwer 10/107 a
Ausnahmeregelung 10/106
außergewöhnliche Verzögerung 10/106 b
begründeter Beschluss 10/107
fortgeschrittenes Lebensalter 10/106 c
Fortsetzung als selbständige Familiensache 10/107 b
Geburt eines Kindes 10/106 c
kein Anwaltszwang 10/106 b
keine Disposition der Beteiligten 10/106
Prognoseentscheidung 10/106 b
stillschweigende Abtrennung 10/107 a
unzulässige Teilentscheidung 10/107 a
unzumutbare Härte 10/106 b
Volljährigkeit eines gemeinsamen Kindes 10/106 a
Wegfall der Beschwer 10/107 b
Wiederheirat 10/106 c
Zusammenhang mit Kindschaftsfolgesache 10/106 d
zwingende Abtrennung bei Beteiligung weiterer Personen (§ 140 I FamFG) 10/106 a
Abwehr der Zwangsvollstreckung
Auskunfts-, Beleg- und Versicherungsverfahren 10/353

Abweichende Beurteilung derselben Tatsachen
Abänderungsverfahren (§ 54 II FamFG) 10/425 ff.
Abweisung des Antrags im Hauptsacheverfahren
Außerkrafttreten der einstweiligen Anordnung 10/453
Abzahlungen
Ehegattenunterhalt 1/498 ff.
beim Kindesunterhalt 1/578
Mangelfall 1/579
beim sonstigen Verwandtenunterhalt 1/581
Abzug
s. *bereinigtes Nettoeinkommen, berücksichtigungswürdige Schulden*
Abzug Steuern
nichtprägend 1/1014 ff.
prägend 1/1009
Abzugsposten
s. a. *bereinigtes Nettoeinkommen, Kindesunterhalt als Abzugsposten, berücksichtigungswürdige Schulden*
angemessener Wohnwert 1/479
Arbeitsloser 1/1052
beim bereinigten Nettoeinkommen 1/1007 ff.
berücksichtigungswürdige Schulden 1/1074 ff.
berufsbedingte Aufwendungen 1/1000, 1/1042 ff.
Betreuungsbonus 1/1055
Direktversicherung 1/1034
Eheschulden 1/1074
bei Einkünften Vermietung und Verpachtung 1/454 ff.
bei einseitiger Vermögensbildung 1/1135
bei gemeinsamer Vermögensbildung 1/1134
Kinderbetreuungskosten 1/1053
Kinderbetreuungskosten und Betreuungsbonus 1/1000 f.
Kindesunterhalt 4/440 ff.
Kosten laufender Lebensbedarf 1/1008
Krankheit und Alter 1/1000 f.
Lehrling 1/1051
Mehrbedarf 1/1064
Mehrkosten Krankheit und Alter 4/406
so genannte Riesterrente 1/1034, 1/1037
sonstiger anerkennungsfähiger Aufwand des Pflichtigen 2/929
Steuern 1/1000, 1/1009 ff.
nach Trennung entstandene Schulden 1/1074
Unfallversicherung 1/1029
Unterhaltskosten 1/1000 f.
vorrangige Unterhaltspflichten bei Verwandtenunterhalt 1/1128 ff.
Vorsorgeaufwendungen 1/1000 f., 1/1029 ff.
beim Wohnwert 1/498 ff.
Abzweigung
des Kindergeldes 2/712
Additionsmethode 4/800 ff.
Berechnungsformel 4/801
Berechnungsformel bei gleichrangigen Ehegatten 4/802
Einkommensanrechnung bei A. 4/934

2325

Sachverzeichnis

bei gleichrangigen Ehegatten 4/802
Vorteile 4/824
Additionsmethode und Gleichteilung 4/807
AfA
s. *Absetzung für Abnutzung*
Akute Notlage
einstweilige Anordnung 10/403
Akzessorietät
Anschlussbeschwerde (§§ 66, 117 II FamFG) 10/592
einstweilige Anordnung 10/405
Alkoholabhängigkeit
fiktives Einkommen des Berechtigten 1/790
fiktives Einkommen des Pflichtigen 1/770
Kündigung des Arbeitsplatzes 4/653
als Verwirkungsgrund 4/1296 ff.
Alkoholmissbrauch
fiktives Einkommen des Berechtigten 1/790
fiktives Einkommen des Pflichtigen 1/770
unterhaltsbezogen leichtfertig 1/770
Verlust des Arbeitsplatzes 1/771
Verwirkung 4/1296 ff.
Allgemeine Verfahrensvoraussetzungen
Abänderungsverfahren bei Urkunden (§ 239 FamFG) 10/271
Allgemeiner Selbstbehalt
s. *erhöhter angemessener Selbstbehalt*
Altersorge als Abzugsbetrag
beim Pflichtigen des Verwandtenunterhalts 2/929
Altersstufen
Kindesunterhalt 2/330
Altersteilzeit 4/563
Erwerbsobliegenheit 1/749
unterhaltsbezogen leichtfertig 1/749
Altersunterhalt (§ 1571 BGB) 4/214 ff.
Altersgrenze
– Anspruchsbegrenzung 4/235
– Anspruchsbeschränkung 4/234
– Anspruchskonkurrenzen 4/233
– besondere 4/221
– Bestimmung 4/216
– Darlegungs- und Beweislast 4/236
– Einsatzzeitpunkt 4/227
– flexible 4/220
– für Freiberufler 4/222
– Ursächlichkeit des Alters 4/233
– vorgezogene 4/218
Anspruchsvoraussetzungen 4/214
maßgebendes Alter des Berechtigten 4/216
Regelaltersgrenzen 4/217
Altersvorsorge
zusätzliche 4/837
zusätzliche beim Kindesunterhalt 2/383
Altersvorsorge als Abzugsbetrag
bei nicht Selbständigen 1/1033, 1/1034
bei Rentenbezug 1/646
bei Selbständigen 1/1037
Altersvorsorge als Abzugsposten beim Kindesunterhalt
bei nicht Selbständigen 2/929
bei Selbständigen 2/929

Altersvorsorgeunterhalt 4/856 f.
einstweilige Anordnung 10/398
bei fiktivem Einkommen des Unterhaltsberechtigten 1/797
Obliegenheit zur Altersvorsorge 1/797
Altes Recht
unzumutbares Einkommen 1/821
Verwirkung 4/1211
Amtsermittlungsgrundsatz
einstweilige Unterhaltsanordnung bei Feststellung der Vaterschaft (§ 248 FamFG) 10/477
einstweilige Unterhaltsanordnung vor Geburt eines Kindes (§ 247 FamFG) 10/466
Anderer unterhaltspflichtiger Verwandter 2/394 ff.
anderer Elternteil als a. u. V. 2/397
angemessener Bedarf des a. u. V. 2/396
angemessener Bedarf des Ehegatten 2/396
Betreuungsbonus 2/400
Betreuungskosten 2/400
Beweislast 2/409
Darlegungs- und Beweislast 6/731, 6/738
keine gesteigerte Unterhaltspflicht des pflichtigen Elternteils 2/394 ff.
Großeltern als a. u. V. 2/396
Kindergeld 2/403
Ungleichgewicht der finanziellen Belastungen der Eltern 2/397
Unterhaltsberechnung 2/404 ff.
Änderung der elterlichen Sorge
Einwendung im Vollstreckungsabwehrverfahren 10/154
Änderung Steuerklasse
fiktive Steuerberechnung 1/1011, 1/1021
Anderweitige Erledigungen im Hauptsacheverfahren
Außerkrafttreten der einstweiligen Anordnung 10/454
Anderweitige Regelung (§ 56 I FamFG)
Außerkrafttreten der einstweiligen Anordnung 10/449 ff.
Anerkenntnisbeschluss
einstweilige Anordnung 10/422
vereinfachtes Verfahren über den Unterhalt Minderjähriger 10/673
Anerkennung ausländischer Scheidung
Voraussetzung nachehelichen Unterhalts 9/700
Anerkennung und Vollstreckung
nach Staatsvertragsrecht und EU-Verordnungen 9/675 ff.
Anerkennung und Vollstreckung ausländischer Unterhaltstitel 9/675 ff.
grundsätzliche Anerkennung 9/683 f.
nach nationalem Recht 9/700
Verhältnis verschiedener Rechtsquellen 9/701
Vorrang der EU-Verordnungen 9/701
Anerkennungshindernisse
allgemein 9/686 ff.
Anfechtungsgründe
vereinfachtes Verfahren über den Unterhalt Minderjähriger 10/678

Sachverzeichnis

Anforderungen an Aufforderung
rückwirkende Erhöhung des Unterhalts (§ 238 III S. 2 FamFG) 10/238
Angemessener Bedarf
s. a. *angemessener Unterhalt*
und eheangemessener Bedarf 5/177
Vorabzug Unterhalt Volljähriger 4/445
Angemessener Selbstbehalt 4/975, 5/4
Angemessener Selbstbehalt der Eltern beim Kindesunterhalt 2/240, 2/395, 2/397, 2/536, 2/546 ff.
im Beitrittsgebiet 2/549
und eheangemessener Bedarf 2/247, 2/395, 2/545
des Ehegatten 2/397
Erhöhung 2/550
Herabsetzung 2/555
beim Minderjährigen 2/395
beim Volljährigen 2/395
Wohnkosten 2/548, 2/553
Angemessener Selbstbehalt von Verwandten 2/396
Angemessener Unterhalt
Verwandtenunterhalt 5/177
Angemessener Wohnwert 1/477 ff.
Angemessenheitskontrolle beim Tabellenunterhalt 2/218, 2/315, 2/355, 2/506
Anhängigkeit der Hauptsache
einstweilige Unterhaltsanordnung bei Feststellung der Vaterschaft (§ 248 FamFG) 10/471
Anhörungsrüge (§ 321 a ZPO) 10/623 ff.
Abhilfe 10/632
Ablehnungsgesuch 10/623
Anschlussrechtsmittel 10/625
Anwaltszwang 10/627
Ausschlussfrist 10/626
Beschwerdewert 10/624
Bewilligung der Wiedereinsetzung 10/623
effektiver Rechtsschutz 10/623
Einleitung des Hauptsacheverfahrens 10/624
einstweilige Unterhaltsanordnung 10/624
Einzelfälle 10/630
Endentscheidung 10/623
Kausalität 10/631
Kosten 10/633
Nebenverfahren 10/623
positive Kenntnis 10/626
Rügefrist 10/626
Schriftform 10/627
Subsidiarität 10/624
Verfahrensgang 10/628 ff.
Verfahrensgegenstand 10/623
Verletzung rechtlichen Gehörs 10/625
Verwerfung 10/628
Voraussetzungen einer Gehörsverletzung 10/627
Wiedereinsetzung 10/626
Zwischenentscheidung 10/623
Ankündigung
Stufenverfahren (§ 254 ZPO) 10/360
Anlagevermögen 1/170, 1/382
Abschreibung s. *Absetzung für Abnutzung*

AfA, Absetzung für Abnutzung s. *Absetzung für Abnutzung*
Anschaffungskosten 1/204
Arten 1/204
Definition 1/203
Finanzierung 1/219
Anordnung der sofortigen Wirksamkeit (§ 116 III S. 2 und 3 FamFG)
vereinfachtes Verfahren über den Unterhalt Minderjähriger 10/677
Anordnungsanspruch
einstweilige Unterhaltsanordnung bei Feststellung der Vaterschaft (§ 248 FamFG) 10/472
einstweilige Unterhaltsanordnung vor Geburt eines Kindes (§ 247 FamFG) 10/461
Anordnungsgrund
einstweilige Anordnung 10/403 ff.
Anpassung und Bindungswirkungen (§ 238 IV FamFG)
Abänderungsverfahren bei gerichtlichen Entscheidungen (§ 238 FamFG) 10/222 ff.
Anpassungsmaßstab bei Abänderung (§ 238 FamFG)
Abänderungsverfahren bei gerichtlichen Entscheidungen (§ 238 FamFG) 10/231 ff.
Anpassungsverfahren bei außergerichtlichen Unterhaltsvereinbarungen 10/369 ff.
Darlegungs- und Beweislast 10/372
gerichtliches Erstverfahren 10/369
Leistungsantrag 10/370
negativer Feststellungsantrag 10/370
Störung der Geschäftsgrundlage 10/373
vollstreckbarer Titel 10/371
Wirksamkeit der Unterhaltsvereinbarung 10/373
Anrechnung des Einkommens auf den Bedarf 4/942
s. a. *Bedürftigkeit*
Anrechnung von Einkommen aus unzumutbarer Erwerbstätigkeit des Berechtigten 1/815 ff., 4/944 ff.
nach altem Recht 1/821
Billigkeitsanrechnung 4/952 ff.
Billigkeitskriterien 4/952
des Kindes 2/109
Anrechnungsfreier Betrag 4/948 f., 5/112
bei unzumutbarer Erwerbstätigkeit 4/948
Anrechnungsfreies Defizit
s. *anrechnungsfreier Betrag*
Anrechnungsmethode 4/818
Anschlussbeschwerde
Beschwerde, sofortige (§§ 567–572 ZPO) 10/605
Anschlussbeschwerde (§§ 66, 117 II FamFG) 10/590 ff.
Abänderungsantrag (§ 238 FamFG) 10/595
Akzessorietät 10/592
Anschlussfrist 10/594
Antragsrücknahme 10/592
Bedingung 10/592
Beschwer 10/591
Einlegung und Begründung 10/593
Kosten 10/596

Sachverzeichnis

Rücknahme des Hauptrechtsmittels 10/592
rückständiger Unterhalt 10/594
Streitgenossen 10/592
Teilbeschluss 10/592
unselbständiges Anschlussrechtsmittel 10/590
Verfahrenskostenhilfe 10/592
Verfahrensstandschaft 10/592
Vergleich 10/592
Verwerfung des Hauptrechtsmittels 10/592
Vorwirkung 10/595
Waffengleichheit 10/593
Wertgrenze 10/591
Anschlussfrist
Anschlussbeschwerde (§§ 66, 117 II FamFG) 10/594
Anschlussrechtsbeschwerde
Rechtsbeschwerde, Endentscheidungen (§§ 70–75 FamFG) 10/615
Anschlussrechtsmittel
Anhörungsrüge (§ 321 a ZPO) 10/625
Anschwärzen beim Arbeitgeber 4/1324
Ansparabschreibung
s. Ansparrücklage
Ansparrücklage 1/214, 1/233, 1/321
Ansprüche der nichtehelichen Mutter
s. a. Nichteheliche Lebensgemeinschaft
Rangfragen 5/119
Anspruchsübergang auf Sozialleistungsträger
anwendbares materielles Recht 9/34
Anspruchsübergang nach § 94 SGB XII
kein A. bei Bedarfsgemeinschaft 8/25
Anteilige Haftung
Darlegungs- und Beweislast 2/917
der Großeltern beim Enkelunterhalt 2/970
beim Volljährigenunterhalt (Berechnung) 2/358
Antragsänderung
Beschwerde (§§ 58, 117 FamFG) 10/531
Antragsbefugnis
einstweilige Unterhaltsanordnung bei Feststellung der Vaterschaft (§ 248 FamFG) 10/476
Antragserweiterung
Beschwerde (§§ 58, 117 FamFG) 10/530
Antragsgegner
vereinfachtes Verfahren über den Unterhalt Minderjähriger 10/637
Antragshäufung, subjektive
vereinfachtes Verfahren über den Unterhalt Minderjähriger 10/660
Antragsrücknahme
Anschlussbeschwerde (§§ 66, 117 II FamFG) 10/592
Antragsrücknahme im Hauptsacheverfahren
Außerkrafttreten der einstweiligen Anordnung 10/452
Antragsverfahren
Aufhebungsverfahren (§ 52 II S. 3 FamFG) 10/433
Anwaltliche Vertretung bei Auskunft
Auskunfts-, Beleg- und Versicherungsverfahren 10/347

Anwaltsbeiordnung
einstweilige Anordnung 10/418
Anwaltskosten
vereinfachtes Verfahren über den Unterhalt Minderjähriger 10/652
Anwaltsvergleich
Abänderungsverfahren bei Vergleichen (§ 239 FamFG) 10/256
Anwaltszwang
Anhörungsrüge (§ 321 a ZPO) 10/627
Arrestverfahren 10/491
Beschwerde (§§ 58, 117 FamFG) 10/510
Beschwerde, sonstige (§ 58 FamFG) 10/598
einstweilige Anordnung 10/414
Rechtsbeschwerde, Endentscheidungen (§§ 70–75 FamFG) 10/615
vereinfachtes Verfahren über den Unterhalt Minderjähriger 10/648
Wiederaufnahmeverfahren 10/378
Anwärterbezüge
als Einkommen 1/121
Anwendbares materielles Recht 9/11
deutsch Staatsangehörigkeit 9/12
einzelne Länder 9/100 ff.
gemeinsame Staatsangehörigkeit 9/18 ff.
gewöhnlicher Aufenthalt als Regelanknüpfung 9/13 ff.
kein Unterhalt nach vorrangig anwendbarem Recht 9/20 ff.
ordre public 9/24 f.
Recht des zuständigen Gerichts 9/23
Rechtswahl 9/31 ff.
Scheidungsstatut 9/26 ff.
Statutenwechsel bei nachehelichem Unterhalt 9/30
Subsidiarität nach HUP 2007 9/17
Subsidiarität nach HUÜ 73 9/16
bei Übergang auf Träger öffentlicher Leistungen 9/34
weltweite Anerkennung 9/11
Anzahlungen 1/386
Arbeislosengeld
und Einkommensteuer 1/859
Arbeitgeberkündigung
Abfindungsansprüche 1/758
Kündigungsschutzklage 1/758
ohne Leichtfertigkeit 1/758
Arbeitnehmergehalt
als Einkommen 1/74
Arbeitnehmerlohn
als Einkommen 1/74
Arbeitnehmersparzulage
als Einkommen 1/74
kein Einkommen 1/730
Arbeitsagentur
Auskunft zur Beschäftigungschance 1/785
Arbeitsanreiz 4/773, 4/780
Arbeitsgerichtsprozess
als berufsbedingte Aufwendungen 1/141
Arbeitslosengeld 4/563
kein Erwerbstätigenbonus 1/106, 4/773

Sachverzeichnis

Arbeitslosengeld I 1/106 ff.
Dauer 1/107
Höhe 1/107 f.
Nebentätigkeiten 1/108
bei Teilarbeitslosigkeit 1/109
Arbeitslosengeld II
s. *Grundsicherung für Arbeitsuchende*
allgemein 1/110 ff.
als Einkommen 1/110
Einstiegsgeld 1/112
Freibeträge 1/111
Rückstand bei übergegangenem Anspruch 6/104, 6/110 ff.
Wohnkostenanteil 1/114
Zuschlag 1/112
Arbeitslosenhilfe
kein Einkommen 1/110
Arbeitslosenversicherung 1/1029
Arbeitsloser
berufsbedingte Aufwendungen 1/1052
Arbeitslosigkeit 4/654, 4/657 ff., 4/664 ff.
prägendes Einkommen 4/563
prägendes und nichtprägendes Einkommen 4/654 ff.
des Unterhaltspflichtigen 1/759
Arbeitslosigkeit des Unterhaltspflichtigen
Obliegenheit zur Bewerbung 1/759
realistische Beschäftigungschance 1/759
Arbeitsmittel
als berufsbedingte Aufwendungen 1/141
Arbeitsplatzaufgabe
Aufnahme einer Selbständigkeit 1/769
fiktive Einkünfte 1/743 ff.
Mangelfall 5/46
prägendes und nichtprägendes Einkommen 4/654 ff.
Weiterbildung, Zweitausbildung 1/767
zulässige Weiterbildung 1/768
Arbeitsplatzrisiko des volljährigen Kindes 2/75
Arbeitsplatzsicherung
durch Einkommenskürzung 1/758
Arbeitsplatzsuche
Darlegungs- und Beweislast 1/782
ernsthafte Arbeitsbereitschaft 1/783
ernsthafte Bemühungen 1/782
des Erwerbslosen 1/782
Arbeitsplatzverlust
alkoholbedingt 1/771
Obliegenheit, neuen Arbeitsplatz zu suchen 4/657
prägendes Einkommen 4/555, 4/608
prägendes und nichtprägendes Einkommen 4/654 ff.
Arbeitsplatzwechsel
betriebliche Unstrukturierung 1/759
fiktive Einkünfte 1/743 ff.
freiwilliger 1/757
Mehreinkommen 4/555
prägendes Einkommen 4/555, 4/563, 4/650 ff.
Arbeitsunfähigkeit
s. *krankheitsbedingte A.*

Arbeitsvertrag
Vorlagepflicht 1/1186
Arbeitszimmer
als berufsbedingte Aufwendungen 1/141
Arglisteinwand
bei Berufung auf Aufrechnungsverbot 6/307
Arrest
bei Gütergemeinschaft 6/424
Arrest in Unterhaltssachen 10/485 ff.
Anwaltszwang bei mündlicher Verhandlung 10/491
Arrest, dinglicher 10/488
Arrest, persönlicher 10/487
Arrestanordnung 10/492
Arrestanspruch 10/486
Arrestgesuch 10/491
Arrestgrund 10/487 ff.
Aufhebungsantrag (§ 926 II ZPO 10/494
Auskunftsverweigerung 10/488
Auslandsaufenthalt 10/488
Ausschluss der Rechtsbeschwerde 10/495
Beschluss 10/492
Beschwerde (§§ 58, 117 FamFG) 10/494 f.
fällige Unterhaltsbeträge 10/489
Folgenbeseitigung 10/496
Gefährdung künftiger Unterhaltsansprüche 10/485
Gericht der Hauptsache 10/490
Glaubhaftmachung 10/491
klagbarer Unterhaltsanspruch 10/486
Kostenentscheidung 10/492
Prognoseentscheidung 10/486
Rechtsbehelfe 10/494 f.
Rechtsbehelfe, nach mündlicher Verhandlung 10/495
Rechtsbehelfe, vor mündlicher Verhandlung 10/495
Rechtsschutzbedürfnis 10/485
rückständiger Unterhalt 10/486
Schadensersatzanspruch 10/494 f.
Sicherung der Zwangsvollstreckung 10/485
sofortige Beschwerde 10/494 f.
unbekannter Aufenthalt 10/488
Verfahrensablauf 10/490 ff.
Verfahrensgegenstand 10/489
Verfahrenswert 10/492
Vermögensverwertung 10/488
Verschlechterung der Vermögenslage 10/488
voller Unterhalt 10/486
vollstreckbarer Unterhaltstitel 10/489
Vollziehung der Arrestanordnung 10/493
Vorratspfändung 10/489
Widerspruch 10/494
Zuständigkeit, Beschwerdeinstanz der Hauptsache 10/492
Zuständigkeit, Familiengericht 10/490
Arrestanordnung
Arrestverfahren 10/492
Arrestverfahren
Beschwerde, sofortige (§§ 567–572 ZPO) 10/604
Auf Distanz angelegtes Verhältnis
Verwirkung 4/1276

Sachverzeichnis

Aufenthaltsort der Mutter
einstweilige Unterhaltsanordnung vor Geburt eines Kindes (§ 247 FamFG) 10/463
Auffangzuständigkeit
internationale Zuständigkeit 9/656 ff.
Aufforderung zur Auskunftserteilung
rückwirkende Erhöhung des Unterhalts (§ 238 III S. 2 FamFG) 10/237
Aufgedrängte Bereicherung 1/477
Aufgedrängte Vermögensbildung 4/462
Aufhebungsantrag (§ 926 II ZPO)
Arrestverfahren 10/494
Aufhebungsverfahren (§ 52 II S. 3 FamFG)
einstweilige Anordnung 10/432 ff.
Aufrechnung
allgemein 6/300 ff.
Arglisteinwand gegen Berufung auf Aufrechnungsverbot 6/307
Aufrechnungserklärung 6/309
Aufrechnungsvereinbarung 6/300
Berücksichtigung des Existenzminimums als Selbstbehalt 6/300
denkbare Gegenforderungen 6/300
Einwendung im Vollstreckungsabwehrverfahren 10/154
Existenzminimum auch bei Arglist 6/308
gegen künftigen Unterhalt 6/309
gegen rückständigen Unterhalt 6/300
gegen Unterhaltsforderungen 6/302 ff.
gegen Unterhaltsrückstände 6/309
gesetzlicher Unterhaltsanspruch 6/302
mit Rückständen, Zinsen u. Sonderbedarf 6/302
nach §§ 394 BGB, 850 b II ZPO 6/302
mit nicht familienrechtlichen Forderungen 6/301
mit Rückforderungsansprüchen aus Unterhaltsüberzahlung 6/311 f.
Überblick 6/313 f.
Ungehung 6/302
gegen unpfändbare Forderungen 6/300
mit Unterhaltsforderungen 6/301
Vereinbarung 6/310
Verfahren 6/303
vertraglicher Unterhaltsanspruch 6/302
verzugsbegründend 6/116
Vollstreckungsgegenantrag bei A. gegen bestehende Unterhaltstitel 6/301
vorsätzliche Schädigung 6/307
Aufrechnung gegen Unterhaltsforderungen
Verfahren 6/303 ff.
Aufrechnungserklärung
Beschwerde (§§ 58, 117 FamFG) 10/543
Aufrechnungsverbot
unpfändbare Forderungen 6/300
Aufstockungsunterhalt (§ 1573 II BGB) 4/308 ff.
angemessene Erwerbstätigkeit 4/316
Anspruchsbegrenzung 4/325
Anspruchsdauer 4/323
Anspruchsumfang 4/323
Anspruchsvoraussetzungen 4/308
Darlegungs- und Beweislast 4/327
Einsatzzeitpunkte 4/318

Konkurrenzen 4/315
Lebensstandardgarantie 4/309
Subsidiarität des Anspruchs 4/314
Wiederaufleben des Anspruchs 4/324
Aufwand 1/330
Aufwandsentschädigungen
als Einkommen 1/74, 1/154
Aufwandsverteilungsthese
s. Gewinnermittlung
Aufwendungsersatz
Bedarfsgemeinschaft 8/68
AUG
als Ausführungsgesetz 9/627
Ausbildungsbedingte Aufwendungen 1/127
Ausbildungsbedingter Mehrbedarf 2/112 ff.
bei eigenem Haushalt 2/116
konkrete Darlegung 2/117
Leitlinien 2/114
Pauschalen 2/115
beim Volljährigenunterhalt 2/517
Ausbildungsbeihilfe
für Arbeitslose 1/701
als subsidiäre Vorausleistungen 1/701
Ausbildungsbeihilfe und Ausbildungsgeld
s. a. BAföG-Leistungen
als Einkommen 1/701 f.
Ausbildungsdauer 2/77, 2/82
Auslandsstudium 2/84
Bummelstudium 2/86
Darlegungs- und Beweislast 2/84
Erziehungsfehler 2/84
Krankheit 2/84
Nebenarbeit 2/84
Parkstudium 2/87
Regelausbildungszeit 2/84
Regelstudienzeit 2/84
Studienwechsel 2/88
Verlängerung der Ausbildung 2/84
Ausbildungsförderung
s. BAföG
Ausbildungsgeld
für Behinderte 1/702
Ausbildungsobliegenheit des Kindes 2/13
des Minderjährigen 2/13, 2/55
des Volljährigen 2/13, 2/55, 2/482 ff.
Ausbildungsunterhalt
s. a. Ausbildungsobliegenheit des Ehegatten
Abitur – Lehre – Studium 2/99 ff.
Bachelor 2/82
Berufsgrundschuljahr 2/96
Masterprüfung 2/82
Schule – Lehre – FOS – Studium 2/104
Ausbildungsunterhalt des Ehegatten
bei bestehender Lebensgemeinschaft 3/33
bei Getrenntleben 4/73
Ausbildungsunterhalt des Kindes 2/68 ff.
angemessene Ausbildung 2/69
Arbeitsplatzrisiko 2/75
Ausbildungsanspruch 2/68 ff.
Ausbildungsdauer 2/77 ff., 2/84
Ausbildungsverpflichtungen 2/77 ff.
Auslandsstudium 2/81, 2/532

Sachverzeichnis

Beginn und Durchführung der Ausbildung 2/77
Berufswahl 2/71 ff.
Eignung des Kindes 2/74, 2/104
Gegenseitigkeitsprinzip 2/73
Kontrollrechte der Eltern 2/90
Krankheit 2/84
Meisterprüfung 2/83, 2/98
nur eine Ausbildung 2/70
Promotion 2/83
Weiterbildung 2/97 ff.
wirtschaftlich beengte Verhältnisse 2/73
Zumutbarkeit für die Eltern 2/73, 2/98, 2/103
Zusatzstudium 2/83
Zweitausbildung 2/91 ff., s. a. dort
Ausbildungsunterhalt (§ 1574 III BGB)
Anspruchsbeginn 4/332
Anspruchsdauer 4/332
Anspruchskonkurrenzen 4/336
Anspruchsvoraussetzungen 4/328
Arbeitsmarktchancen 4/331
Darlegungs- und Beweislast 4/337
Erfolgreicher Abschluss 4/330
Erforderlichkeit der Ausbildung 4/329
Obliegenheitsverletzung 4/333
Ausbildungsunterhalt (§ 1575 BGB)
Anrechnung von Einkünften 4/356
Anspruchsbegrenzung 4/365
Anwendungsvoraussetzung 4/341
Arbeitsmarktchancen 4/349
Ausbildungsarten 4/347
berufliche Weiterbildung 4/352
Darlegungs- und Beweislast 4/367
Einsatzzeitpunkt 4/346
Fortbildung 4/351
Konkurrenzen 4/340
Maß des Unterhalts 4/354
Normzweck 4/338
Obliegenheiten des geschiedenen Ehegatten 4/361
Subsidiarität des Anspruchs 4/339
Umschulung 4/351
Unterhaltsdauer 4/357
Unterhaltsumfang 4/354
Ausbildungsvergütung 2/112 ff.
Abzugsposten 1/1051
Anrechnung auf Bar- und Betreuungsunterhalt 2/118 ff.
ausbildungsbedingter Mehrbedarf 2/112 ff., 2/517
als Einkommen 1/121
Ausbildungsverpflichtungen des Kindes 2/77 ff., 2/483
Ausbildungsdauer 2/82
Auslandsstudium 2/81
Bummelstudium 2/86
Kontrollrechte der Eltern 2/90
leichteres Versagen des Kindes 2/84, 2/92
Nichtbestehen einer Prüfung 2/84
Parkstudium 2/87
Regelstudienzeit 2/84
Studienort 2/81
Studienplan 2/80
Zielstrebigkeit 2/77, 2/79, 2/483

Ausführungsgesetze
zu EU-Verordnungen und Abkommen 9/626 f.
Ausgleichsanspruch, familienrechtlicher
s. familienrechtlicher Ausgleichsanspruch
Ausgleichsrente nach § 32 BVG
als Einkommen 1/649
Auskunft
allgemein 1/42
einstweilige Anordnung 10/401
Stufenmahnung 6/124
über Vermögenserträge 1/604
Auskünfte zum ausländischen Recht
Europäisches Übereinkommen 9/624 f.
Auskunfts-, Beleg- und Versicherungsverfahren 10/345 ff.
Abtrennung aus Verbund 10/352
Abwehr der Zwangsvollstreckung 10/353
Antragsschrift 10/350
anwaltliche Vertretung 10/347
Belege 10/349
Beschwer 10/353
Bestimmtheit 10/350
billiges Ermessen 10/353
Dritter als Bote 10/347
eidesstattliche Versicherung 10/356
Einkommensteuerbescheid 10/346
einstweilige Anordnung 10/352
ergänzender Auskunftsanspruch 10/356
freiwillige Erfüllung 10/357
Geheimhaltungsinteresse 10/353
gehörige Sorgfalt 10/356
Gesamterklärung 10/346
Gewinneinkünfte 10/346
Originalurkunden 10/349
Rechtskraft 10/355
Schriftform 10/347
Stufenantrag 10/352
systematische Zusammenstellung 10/346
unmögliche Leistung 10/350
Verbundverfahren 10/352
Verwirkung 10/348
Vollstreckung, Anfechtung 10/354
Vollstreckung, Auskunft 10/354
Vollstreckung, Belegpflicht 10/354
Vollstreckungsgericht 10/357
Vollstreckungsverfahren 10/350
wechselseitige Auskunfts- und Belegpflicht 10/345
Zurückbehaltungsrecht 10/345
Zweijahressperrfrist (§ 1605 II BGB) 10/351
Auskunftsanspruch
s. a. Belege
über alle Einnahmen und Ausgaben 1/1164
allgemein 1/1150 ff.
Antrag 1/1167
gegenüber Arbeitnehmern 1/1169
Art der Vollstreckung 1/1191 ff.
Aufstellung der Einkünfte 1/1152
über Ausgaben 1/1166
Auskunft auf Verlangen 6/237
Auskunft durch Rechtsanwalt 1/1153
Auskunftsverlangen 1/1164

Sachverzeichnis

Belege 1/1152, 1/1176 ff.
Beschwer der unterlegenen Partei 1/1157
Beschwer des Antragsgegners 1/1157
Beschwer des Antragstellers 1/1157
beim Betreuungsunterhalt (§ 16151 BGB) 1/1163
Darlegungs- und Beweislast für Unmöglichkeit 1/1190
beim Ehegattenunterhalt 1/1158
eidesstattliche Versicherung 1/1195 ff.
der Eltern beim Kindesunterhalt 1/1161
beim Elternunterhalt 1/1162
Erfüllungseinwand 1/1190
Erheblichkeit 1/1154
erneuter Stufenantrag bei Verzögerung 1/1174
Erteilung der Auskunft durch RA 1/1165
beim Familienunterhalt 1/1152, 1/1159
als Folgesache 1/1158
Frist für neue Auskunft 1/1152
Frist zur Auskunft 1/1169
Gehaltsabrechnungen 2/733
geordnete systematische Aufstellung 1/1164
Gesellschafter 1/1182
gegenüber GmbH-Gesellschafter 1/1169
Grenzen beim Kindesunterhalt 1/1160
Grenzen der Auskunftspflicht 1/1154
Häufigkeit 1/1172 ff.
Inhalt 1/1153
Inhalt beim Familienunterhalt 1/1159
Insolvenz 1/1190
bei Insolvenz 1/1167
beim Kindesunterhalt 1/1160, 2/751 ff.
keine Kleinlichkeit 1/1168
Kosten der Auskunft 1/1164, 1/1171
Lohnsteuerbescheinigung 2/733
materielle Auskunftspflichten 1/1152
nachrangiger Unterhaltspflichtiger 1/1154
neue Auskunft 1/1172
neue Auskunft bei veränderten Verhältnissen 1/1173
Passiva 1/1155
Pflicht zur ungefragten Information 1/1199 ff.
prozessuale Auskunftspflicht 1/1151
rückständiger Unterhalt 1/1156, 1/1175
Schadensersatz bei Verstoß 1/1175
Schadensersatz bei Verstoß gegen Auskunftspflichten 6/237
Schriftform 1/1165
gegenüber Selbständigen 1/1166
des Sozialhilfeträgers 8/66
Stufenantrag 1/1156
Stufenmahnung 1/1156
Taschengeld 1/1159
aus Treu und Glauben 1/1152
Übergang zum Zahlungsantrag 1/1168
Umfang 1/1164 ff.
Umfang bei Selbständigen 1/1167
ungefragte Information bei Vergleichen 6/237
ungefragte Informationen 1/1199
ungefragte Informationen bei Urteilen 6/237
Unmöglichkeit 1/1190

bei Unterhaltsbemessung nach festen Bedarfssätzen 2/732
Unterhaltsberechtigtes Kind 1/1160
unvertretbare Handlung 1/1191
Verbleib früheren Vermögens 1/1155
Verdienstbescheinigungen 1/1178
vereinfachtes Verfahren über den Unterhalt Minderjähriger 10/643
Vermögen 1/1155
Vermögensanlage 1/1155
verschiedene Einkunftsarten 1/1169
Verzug mit der Auskunft 1/1175
Vollstreckung 1/1188 ff.
Vollstreckung des Zwangsmittels 1/1192
Vollstreckung durch Zwangsgeld und Zwangshaft 1/1191
Vollstreckungsabwehrklage 1/1190
vollstreckungsfähiger Titel 1/1188 ff.
Vollstreckungsvoraussetzungen 1/1189
zu weiteren Unterhaltspflichten 1/1158
Wirtschaftsgeld 1/1159
Wissenserklärung 1/1165
Zeitraum 1/1170
Zwangsmittel als Beugemittel 1/1192
Auskunftsstufenantrag
einstweilige Anordnung 10/400
Auskunftstitel
Vollstreckung 1/1188 ff.
Auskunftsverweigerung
Arrestgrund, dinglicher 10/488
Ausländische Unterhaltstitel
Anerkennung im Inland 9/675 ff.
Vollstreckbarkeit 9/675 ff.
Ausländisches Recht
einzelne Länder 9/100 ff.
vereinfachtes Verfahren über den Unterhalt Minderjähriger 10/638
Auslandsaufenthalt
Arrestgrund, dinglicher 10/488
Auslandsberührung 9/1 ff.
Bedarfbemessung bei Auslandsaufenthalt 9/36
Bedarfskorrektur 9/38 ff.
ersatzweise deutsches Recht 9/18
kein Unterhalt nach vorrangig anwendbarem Recht 9/20 ff.
Ländergruppeneinteilung 9/37
Rechtsquellen 9/1 ff.
Rechtsverfolgung im Ausland 2/773
Teuerungsziffern 9/91 ff.
Unterhaltsbemessung 9/35 ff.
Währung 9/94
Auslandsdienstbezüge
als Einkommen 1/74
Auslandsstudium 2/81, 2/532, 6/17
Auslandsunterhaltsgesetz
internationale Zuständigkeit und Vollstreckbarkeit 9/627
Auslandsverfahrensrecht 9/600 ff.
Abänderung ausländischer Titel 9/666 ff.
internationale Zuständigkeit 9/640 ff.
keine Einlassung 9/660
Rechtshängigkeit 9/661 ff.

Sachverzeichnis

Rechtsquellen 9/600 ff.
Rechtsschutzbedürfnis 9/665
Vollstreckungsklagen 9/699 ff.
Vorrang der EU-Verordnungen und internationalen Vereinbarungen 9/600 f.
Auslandszuschlag
als Einkommen 1/74
Auslegung der Beschwerdeschrift
Beschwerde (§§ 58, 117 FamFG) 10/509
Auslösen, Auslösungen
als Einkommen 1/80 ff.
Leitlinien der Oberlandesgerichte 1/85
Ausschließlicher Rechtsbehelf
Abänderungsverfahren bei Urkunden (§ 239 FamFG) 10/275
Ausschließung von Familienrichtern 10/33
Ausschluss der Rechtsbeschwerde
Arrestverfahren 10/495
Ausschluss des Anspruchsübergangs nach § 33 SGB II
und Bedarfsgemeinschaft 8/258
Darlegungs- und Beweislast 8/259
Geltendmachung durch Leistungsempfänger 8/261
Geltendmachung durch Träger der Grundsicherung 8/256
Ausschluss des Anspruchsübergangs nach § 94 SGB XII 8/68, 8/124
s. a. *Übergang des Unterhaltsanspruchs nach § 94 SGB XII; Sozialhilfe; fiktives Einkommen; sozialhilferechtliche Vergleichsberechnung*
Bedarfsgemeinschaft 8/68
doppelte Bedarfsdeckung 8/126
gegen Eltern einer Mutter, die Kleinkind betreut 8/68
gegen Eltern einer Schwangeren 8/68
gegen Großeltern 8/68
Klage des Leistungsberechtigten 8/126
Klage des Sozialhilfeträgers 8/124
laufende Zahlung 8/84
öffentlich-rechtliche Vergleichsberechnung 8/129
Rechtsfolgen 8/124 ff.
bei unbilliger Härte 8/87 ff.
Ausschluss von Schadensersatzansprüchen
einstweilige Unterhaltsanordnung vor Geburt eines Kindes (§ 247 FamFG) 10/468
Ausschlussfrist
Anhörungsrüge (§ 321 a ZPO) 10/626
vereinfachtes Verfahren über den Unterhalt Minderjähriger 10/686
Außenprüfung
s. *Betriebsprüfung*
Außergerichtliche Unterhaltsvereinbarung
Abänderungsverfahren bei Urkunden (§ 239 FamFG) 10/273
Außergerichtliche Vereinbarung
Abänderungsverfahren bei Vergleichen (§ 239 FamFG) 10/256
Außergewöhnliche Belastungen 1/882
§ 33 – § 33 a EStG 1/962
und Realsplitting 1/961
Unterhalt 1/897, 1/960

Außerkrafttreten
Abweisung des Antrags im Abstammungsverfahren
– einstweilige Unterhaltsanordnung bei Feststellung der Vaterschaft (§ 248 FamFG) 10/481
anderweitige Regelung
– einstweilige Unterhaltsanordnung bei Feststellung der Vaterschaft (§ 248 FamFG) 10/480
Antragsrücknahme im Abstammungsverfahren
– einstweilige Unterhaltsanordnung bei Feststellung der Vaterschaft (§ 248 FamFG) 10/481
einstweilige Anordnung 10/449 ff.
Erledigung des Abstammungsverfahrens
– einstweilige Unterhaltsanordnung bei Feststellung der Vaterschaft (§ 248 FamFG) 10/481
Außerordentlicher Rechtsbehelf
einstweilige Anordnung 10/421
Aussetzung des Verfahrens
Beschwerde, sofortige (§§ 567–572 ZPO) 10/603
Auswanderung mit Kind als Verwirkungsgrund 4/1359
Auszubildender
berufsbedingte Aufwendungen 1/1051
AVAG
als Ausführungsgesetz 9/626

Bachelorprüfung 2/82
BAföG
Anspruchsübergang 8/288
Anspruchsvoraussetzungen 1/671
als Bankdarlehen 8/283
Bedarf des Auszubildenden 8/281
bedarfsdeckendes Einkommen 1/672
und Bedürftigkeit beim Verwandtenunterhalt 2/903
Darlehen 1/674 ff.
als Darlehen 8/283
Dauer der Förderung 8/282
als Einkommen 1/670 ff., 2/490
Einkommen der Eltern 8/279
Einkommen des Ehegatten 8/279
Einkommen und Vermögen des Auszubildenden 8/279
Einkommensanrechnung 8/280
Obliegenheit zur Antragstellung 1/676
Rechtsweg 8/285
Regelleistungen als Einkommen 1/670
Rückabtretung 8/295
Rückstand bei übergegangenem Unterhaltsanspruch 6/104, 6/110 ff.
subsidiäre Vorausleistungen 1/670
Subsidiarität 2/406
und Unterhalt 8/279 ff.
Unterhalt für die Vergangenheit 8/292
Unterhalt für Vergangenheit 8/292
Unterhaltsbestimmung durch Eltern 2/48
verwaltungsrechtlicher Maßstab 1/671
Vorausleistungen 1/673, 8/287
Voraussetzungen der Förderung 8/282
Zinsen 8/294
als Zuschuss 8/283
Zuständigkeit 8/284

Sachverzeichnis

Barbezüge 1/74
Barunterhalt
einstweilige Unterhaltsanordnung vor Geburt eines Kindes (§ 247 FamFG) 10/468
Barunterhalt des Kindes 2/16, 2/418 ff.
Anrechnung von Kindeseinkommen auch auf Betreuungsunterhalt 2/118 ff.
Erbringung in anderer Art 2/16
Gleichwertigkeit mit dem Betreuungsunterhalt 2/20 ff.
Krankenversicherung des Kindes 2/16
Mietzahlung durch Pflichtigen 2/16
und Naturalunterhalt 2/18, 2/21
und Sachleistungen 2/16, 2/21
Wohnungsgewährung durch Zahlung der Miete 2/16
Barunterhaltspflicht beider Eltern bei Minderjährigen
s. a. *Minderjährigenunterhalt*
Abzug eines Sockelbetrages 2/426
angemessener Selbstbehalt 2/426
Bedarfsbemessung 2/213 ff., 2/420 ff.
bei beiderseitiger Berufstätigkeit 2/418
Berechnung 2/428 ff.
Berechnung des Unterhalts 2/419 ff.
bei Drittbetreuung des Kindes 2/418
bei eigenem Hausstand des Kindes 2/418
Eingruppierung in Düsseldorfer Tabelle 2/334, 2/423
bei finanziellem Ungleichgewicht 2/418
Haftungsanteile der Eltern 2/404, 2/425 ff.
im Mangelfall 5/189 f.
Mehrbedarf 2/235, 2/460, 2/462
notwendiger Selbstbehalt 2/426
Teilschulden 2/564
überobligationsmäßige Leistung eines Elternteils 2/123
wertende Veränderung der Haftungsanteile wegen Kindesbetreuung 2/404, 2/425 ff.
Zusatzbedarf 2/418
Barunterhaltspflicht beider Eltern bei Volljährigen 2/494, 2/560 ff.
s. a. *Volljährigenunterhalt*
Abzug eines Sockelbetrages 2/574
Abzugsposten bei Einkommensermittlung 2/568 ff.
angemessener Selbstbehalt 2/574
Auskunftspflicht 2/731 f.
Berechnung des Unterhalts 2/567 ff., 2/575 ff.
bei Betreuung minderjähriger Kinder 2/572
Darlegungs- und Beweislast 2/578
Ehegattenunterhalt als Einkommen 2/566
fiktive Einkünfte eines Elternteils 2/567
Haftungsanteile der Eltern 2/560 ff.
Leistungsfähigkeit 2/567
im Mangelfall 5/187 f.
privilegiert volljährige Kinder 2/580
Restbedarf 2/563
Schulden 2/570
Übergangszeit nach Volljährigkeit 2/578
vergleichbares Einkommen der Eltern 2/565 ff.
Vermögensstamm 2/567

vorrangige Unterhaltspflichten 2/573
wertende Veränderung der Haftungsanteile 2/577
Barunterhaltspflicht des betreuenden Elternteils 2/416
Betreuungsbonus 2/400
Betreuungskosten 2/400
Darlegungs- und Beweislast 2/417
bei Gefährdung des angemessenen Bedarfs des anderen Elternteils 2/394 ff., 2/397, 2/416
bei Leistungsunfähigkeit des anderen Elternteils 2/416
bei Mehrbedarf 2/235, 2/460 ff., 2/462
bei Verschuldung 2/416
Verteilungsquote 2/404
wertende Veränderung des Haftungsanteils 2/404
bei wesentlich geringeren Einkünften des barunterhaltspflichtigen Elternteils 2/397
Barunterhaltspflicht des nichtbetreuenden Elternteils 2/21
alleinige Haftung des barunterhaltspflichtigen Elternteils 2/410
anrechenbares Nettoeinkommen 2/412
Anrechnung von Kindeseinkommen auf Betreuungsunterhalt bei Minderjährigen 2/118
Bedarfsbemessung 2/211
Eingruppierung in Düsseldorfer Tabelle 2/333
freiwillige Leistungen des anderen Elternteils 2/123 ff.
freiwillige Leistungen Dritter 2/121 ff.
Gleichwertigkeit mit Kindesbetreuung 2/20, 2/410
Mehrbedarf 2/236, 2/461
während Ausübung des Umgangsrechts 2/130
Bauherrenmodell 1/459
Bausteinlösung
lange Ehe 5/124, 5/131
Beabsichtigte Beschwerde
Beschwerde (§§ 58, 117 FamFG) 10/511
Beamte, Ehegatte des B.
Krankenvorsorgeunterhalt 4/916
Wegfall der Beihilfeberechtigung, Krankenversicherung 4/903
Beamtengehalt
als Einkommen 1/74
Bedarf
und eigene Unterhaltspflichten d. Berechtigten 2/922
Sonderbedarf 6/1 f.
Bedarf bei Ehegatten
s. a. *eheliche Lebensverhältnisse, Bedarfsbemessung*
bei Additionsmethode 4/801
ausbildungsbedingter Mehrbedarf 4/403
geänderte Rechtsprechung 4/471, 4/580 ff.
geänderte Rechtsprechung zur Haushaltsführung und Kinderbetreuung 4/422
bei Haushaltsführung 4/422
bei Kinderbetreuung 4/422
Krankenversicherungsschutz 4/403
Mehrbedarf 4/403
Pflegeversicherung 4/403
Sonderbedarf 4/404

Sachverzeichnis

trennungsbedingter Mehrbedarf nicht 4/406
zeitweiliger Aussetzung wegen Kinderbetreuung 4/422
Bedarf beim Ehegattenunterhalt
Abzugsposten Mehrbedarf Krankheit und Alter 4/406
Bedarf beim Kindesunterhalt
Darlegungs- und Beweislast für besonders hohen Bedarf 6/705
Bedarf des Kindes 2/8, 2/200 ff.
bei alleiniger Barunterhaltspflicht eines Elternteils 2/211
Anrechnung von Kindeseinkommen auf den B. 2/257
Bar- und Betreuungsbedarf 2/16, 2/19, 2/323
bei Barunterhaltspflicht beider Eltern 2/213 ff., 2/419
Bedarfsbemessung des Minderjährigenunterhalts nach Düsseldorfer Tabelle 2/311 ff.
bei besonders günstigem Einkommen der Eltern 2/226 ff., 2/341, 2/424
Darlegungs- und Beweislast 2/342, 2/533
Düsseldorfer Tabelle 2/311 ff., 2/319
Einkommen der Eltern 2/205 ff.
Einkommen des barunterhaltspflichtigen Elternteils 2/206, 2/211
fiktives Einkommen 1/763 ff.
fiktives Einkommen des pflichtigen Elternteils 2/207
freiwillige Leistungen Dritter 2/208
gesamter Lebensbedarf 2/125
Lebensstellung der Eltern 2/8, 2/200 ff.
und Leistungsfähigkeit 2/204
Mehrbedarf 2/232, 2/451 ff., 2/530 ff.
Pauschalierung 2/219
des privilegierten volljährigen Kindes 2/590
Schulden 1/1106, 2/209
Sonderbedarf s. dort
des Studenten 2/508 ff.
nach Tabellen und Leitlinien 1/16, 2/216 ff., 2/323 ff., 2/501 ff.
des Volljährigen, der sich nicht in einer Ausbildung befindet 2/534
von Volljährigen im Haushalt der Eltern 2/518 ff.
des volljährigen Kindes 2/470, 2/499 ff.
des Volljährigen mit eigenem Haushalt 2/508 ff., 2/515 ff.
des Volljährigen nach Erlangung einer eigenen Lebensstellung 2/535
Wohnkosten 2/125
Wohnwert 1/571 ff.
zusammengerechnetes Einkommen der Eltern bei beiderseitiger Barunterhaltspflicht 2/214
Bedarf im Verwandtenunterhalt 2/919 f.
Altersvorsorgeunterhalt 2/919
bei Ersatzhaftung 2/913, 2/914
Kranken- und Pflegeversicherung 2/919
Prozesskostenvorschuss 2/920
speziell beim Elternunterhalt 2/945 ff.
Bedarf, sozialhilferechtlicher
s. sozialhilferechtlicher Bedarf

Bedarfsbemessung
bei Auslandsbezug 9/35
bei Einkommensreduzierung 4/475
Erwerbseinkommen 4/417
bei fehlender Erwerbstätigkeit 1/766
fiktive Einkünfte 4/417
fiktives Einkommen des Pflichtigen 1/761 ff.
Neubewertung der ehelichen Lebensverhältnisse 4/416
Normalentwicklung 4/467
Surrogat bei Familienarbeit 4/417, 4/473
Surrogat bei Veräußerung Familienheim 4/422 ff., 4/591 ff.
Surrogat der Haushaltsführung 4/422 ff., 4/468, 4/473
Surrogate 4/416 f.
überobligatorische Tätigkeit 4/418, 4/583 ff.
Vermögenseinkünfte 4/417, 4/474
Bedarfsbemessung bei geschiedenen und neuen Ehegatten 4/805 ff.
bei Gleichrang 4/805 ff.
bei Nachrang 4/805
Bedarfsbemessung bei konkurrierenden Unterhaltspflichten 5/138
Konkurrenz gleichrangiger Ehegatten 4/805 ff.
Bedarfsbemessung beim Ehegattenunterhalt
s. a. eheliche Lebensverhältnisse, prägendes und nichtprägendes Einkommen
bei Additionsmethode 4/801
bei Änderungen nach Trennung 4/467 ff.
Ausgleich Arbeitsteilung in Ehe 4/410
Bedarfsbemessung nach Ehegattenquoten 4/772 ff.
Berücksichtigung des Erwerbstätigenbonus 4/777
Darlegungs- und Beweislast 4/578
eheliche Lebensverhältnisse 4/408 ff.
Einkommen aus unzumutbarer Tätigkeit 4/583 ff.
bei fiktiven Einkünften 1/761, 4/605 ff.
Halbteilungsgrundsatz 4/750 ff., 4/773
konkrete Bedarfsbemessung 4/763 ff.
bei konkurrierendem Ehegattenunterhalt 4/805 ff.
Konsumverhalten 4/463 ff.
keine Lebensstandardgarantie 4/434
Mieteinkünfte 4/591 ff.
Mindestbedarf 4/756 ff., 4/837 f., 5/155, 5/158 ff.
nichtprägendes Einkommen 4/477, 4/554, 4/570 ff., 4/578, 4/598 ff., 4/668
Normalentwicklung 4/467, 4/471 ff., 4/557, 4/650 ff.
vom Normalverlauf abweichende, unerwartete Entwicklung 4/477, 4/554, 4/570, 4/592 ff.
objektiver Maßstab 4/463 ff.
prägendes Einkommen 4/416 ff., 4/432 ff., 4/467 ff., 4/550 ff., 4/557 ff., 4/591 ff., 4/605 ff., 4/655 ff., 4/662 ff.
Sättigungsgrenze 4/760 ff.
Surrogat Familienarbeit 4/422 ff., 4/580 ff.
nach verfügbaren Einkommen 4/432 ff.
verfügbares Einkommen 4/440 ff.
Wandelbarkeit 4/413

2335

Sachverzeichnis

Wohnwert 1/535 ff., 4/591 ff.
Zeitpunkt 4/469 ff.
Zeitpunkt der Veränderungen 4/410
Zinseinkünfte 4/591 ff.
Bedarfsbemessung beim Kindesunterhalt
bei fiktiven Einkünften 1/761
fiktives Einkommen des Pflichtigen 1/763
Bedarfsermittlung
bei Land- und Forstwirten 1/309
Bedarfsgemeinschaft
Aufwendungsersatz 8/68
Sozialhilfe 8/9
Sozialhilfebedürftigkeit 8/13, 8/98 ff.
sozialhilferechtliche Vergleichsberechnung 8/134
bei der sozialhilferechtlichen Vergleichsberechnung 8/98
Unterhaltsansprüche in der B. 2/381
Bedarfsgemeinschaft nach dem SGB II 8/8, 8/179 ff., 8/190 ff.
Anspruchsberechtigte 8/184
und Haushaltsgemeinschaft 8/182
Hilfebedürftigkeit 8/184
Kinder 8/180, 8/190
Umgangsrecht 8/180
Vergleichsberechnung 8/250
Bedarfsgemeinschaft nach SGB XII 8/23
Anspruchsberechtigte 8/213
Anspruchsberechtigung 8/24
Aufwendungsersatz 8/25
Einkommen der Mitglieder der B. 8/223
und titulierter Unterhalt 8/224
Bedarfskontrollbetrag 2/351 ff., 5/12
Berücksichtigung des Ehegattenunterhalts 2/350, 2/354 ff.
kein Selbstbehalt 5/19
Leitlinien 2/356 ff.
Maß für vorrangigen Bedarf des Kindes 5/142
und Selbstbehalt 2/351
Bedarfskontrolle
beim Familienunterhalt 3/72
Bedarfskorrektur
Anpassungstabellen 9/83
Anwendungsbeispiele 9/86 ff.
Anwendungshinweise für Anpassungstabellen 9/84 f.
bei Auslandsberührung 9/38 ff.
erster Schritt bei Auslandsbezug 9/40 ff.
im Mangelfall s. *Mangelfall, Bedarfskorrektur*
nach Teuerungsziffern 9/91 ff.
durch Verbrauchergeldparität und Devisenkurs 9/40 f.
zweiter Schritt bei Auslandsbezug 9/80 ff.
Bedarfspositionen 5/35
Bedarfsbereich 5/35 f.
Bedarfsquote 4/772, 4/976
s. a. *Vorabzug*
Bedingung
Anschlussbeschwerde (§§ 66, 117 II FamFG) 10/592
Bedürftigkeit 4/928 ff.
Abänderung des Unterhalts 4/943
Anrechnung der Einkünfte 4/933

Berücksichtigung von Zusatzaufwand d. Berechtigten für die Altersvorsorge 2/922
bei Bezug von Sozialhilfe 2/902
Darlegungs- und Beweislast 4/932
Darlegungs- und Beweislast des Unterhaltsberechtigten 6/716 ff.
und eigene Unterhaltspflichten d. Berechtigten 2/922
Einkommen aus unzumutbarer Erwerbstätigkeit 4/944
Einsatzzeitpunkt 4/931
beim Elternunterhalt 2/940 ff.
beim Enkelunterhalt 2/973
beim Familienunterhalt 3/8
bei Grundsicherung 2/904
bei nachehelichem Unterhalt 4/929
Notwendigkeit zeitgleichen Vorliegens mit Leistungsfähigkeit d. Pflichtigen 2/918
und Rückforderungsanspruch gegen den Beschenkten (§ 528 BGB) 2/941 ff.
Subsidiarität von Sozialleistungen 8/10
beim Trennungsunterhalt 4/930
beim Verwandtenunterhalt 2/921
Verwertung des Vermögensstammes 4/959
Bedürftigkeit des Kindes 2/7, 2/51 ff.
ausbildungsbedürftige Kinder 2/54
behinderte Kinder 2/53
Einkommen aus überobligationsmäßiger Tätigkeit 1/825 ff., 2/109
Einkommen des Kindes 2/107
erneute Bedürftigkeit des Volljährigen 2/7, 2/14, 2/535
Erwerbsobliegenheit des Volljährigen 2/7, 2/57, 2/535
erwerbspflichtige Kinder 2/57
kranke Kinder 2/53
nicht erwerbspflichtige Kinder 2/51
Restbedarf 2/239
Schülerarbeit 1/101, 1/825, 2/52
bei Strafhaft 2/51
Studentenarbeit 1/101, 1/827, 2/109
Unterhaltsneurose 2/53
Ursache der Bedürftigkeit 2/7
des volljährigen Kindes 2/469, 2/481 ff.
Befristung
Abänderungsgrund (§ 238 FamFG) 10/155
einstweilige Anordnung 10/398, 10/399
vereinfachtes Verfahren über den Unterhalt Minderjähriger 10/674
Befristung des Unterhalts
s. *zeitliche Begrenzung des Unterhalts, Verwirkung*
Begrenzung des Unterhalts
s. *zeitliche Begrenzung oder Herabsetzung des Unterhalts (§ 1578 b BGB)*
Begründungsfrist
Anwaltszwang für Verlängerungsantrag
– Beschwerde (§§ 58, 117 FamFG) 10/522
Bekanntgabe der Wiedereinsetzungsentscheidung
– Beschwerde (§§ 58, 117 FamFG) 10/519
Beschwerde (§§ 58, 117 FamFG) 10/518
keine Notfrist
– Beschwerde (§§ 58, 117 FamFG) 10/518

Sachverzeichnis

keine stillschweigende Verlängerung
- Beschwerde (§§ 58, 117 FamFG) 10/521
Rechtsbeschwerde, Endentscheidungen
(§§ 70-75 FamFG) 10/615
Schriftform für Verlängerungsantrag
- Beschwerde (§§ 58, 117 FamFG) 10/521
Verfahrenskostenhilfe
- Beschwerde (§§ 58, 117 FamFG) 10/522
Verlängerung mit Einwilligung des Gegners
- Beschwerde (§§ 58, 117 FamFG) 10/520
Verlängerung (§ 520 II S. 3 ZPO)
- Beschwerde (§§ 58, 117 FamFG) 10/520
Versäumung
- Beschwerde (§§ 58, 117 FamFG) 10/518
Wiedereinsetzung
- Beschwerde (§§ 58, 117 FamFG) 10/518, 10/522
Begründungsschrift
Rechtsbeschwerde, Endentscheidungen
(§§ 70-75 FamFG) 10/615
Behinderte Kinder 2/53
Mehrbedarf 2/232 ff., 2/400, 2/435, 2/463 ff., 2/531, 2/534
Nachrang des Volljährigen 2/558
nicht subsidiäre Sozialleistungen 2/466
Pflegegeld 2/464 ff.
subsidiäre Sozialleistungen 2/464
Behinderung
Mehraufwand bei Einkommensermittlung 1/652 ff.
Beibringungsgrundsatz
vereinfachtes Verfahren über den Unterhalt Minderjähriger 10/657
Beiordnung
vereinfachtes Verfahren über den Unterhalt Minderjähriger 10/655
Beistandschaft
einstweilige Anordnung 10/416
einstweilige Unterhaltsanordnung vor Geburt eines Kindes (§ 247 FamFG) 10/464
Beiträge für Verbände
als berufsbedingte Aufwendungen 1/142
Beitragsbemessungsgrenze 1/1033
Vorsorgeunterhalt 4/893
Beitrittsgebiet
s. Neue Bundesländer
Belege
s. a. Auskunftsanspruch
Ablichtungen 1/1190
Arbeitslosen- und Krankengeld 1/1179
Arbeitsvertrag 1/1178, 1/1186
Art der Vollstreckung 1/1193 f.
Aufwandsentschädigungen 1/1185
Auskunfts-, Beleg- und Versicherungsverfahren 10/349
Auskunftspflicht 1/1176
bei bei Personengesellschaften 1/435
Belange anderer Beteiligter 1/1183
Bilanzen 1/1184
Darlegungs- und Beweislast für Unmöglichkeit 1/1190
Diäten 1/1185

Einkommensteuererklärung und -bescheid 1/1180
Einnahmen- und Überschussrechnung 1/1184
Erfüllung der Vorlagepflicht 1/1190
Geschäftsführer 1/1182
Geschäftsunterlagen 1/1184
Gesellschafter 1/1182
konkrete Bezeichnung 1/1176
Kontoauszüge 1/1187
Lohnsteuerbescheinigung 1/1179
missbräuchliche Verwendung 1/1183
keine Negativatteste 1/1187
Schwärzung von Angaben zu einem Berufskollegen 1/1183
Schwärzung von Angaben zum neuen Ehegatten 1/1183
bei Selbständigen 1/300, 1/427
steuerfreie Leistungen 1/1179
Umsatzsteuerbescheid 1/1185
Unmöglichkeit 1/1190
Verdienstbescheinigungen 1/1179
Vollstreckung mit Auskunftspflicht 1/1193
Vollstreckung von Titeln zur Belegvorlage 1/1188 ff.
Vollstreckungsvoraussetzungen 1/1189
Vorlage als vertretbare Handlung 1/1193
Vorlage der Originale 1/1176
Vorlage von Originalen 1/1194
Zinsen 1/1187
Zumutbarkeit der Vorlage 1/1177
Belegpflicht
vereinfachtes Verfahren über den Unterhalt Minderjähriger 10/667
Beleidigung
als Verwirkungsgrund 4/1285
Belgien
ausländisches materielles Recht 9/101 ff.
Verbrauchergeldparität und Devisenkurs 9/42
Bemessungsrelevanz
Darlegungs- und Beweislast im Abänderungsverfahren (§ 238 FamFG) 10/245
Bemessungszeitraum 1/451
Bemühung um das Sorgerecht
Einkommensminderung 4/661
Berechnungsmethoden
Additionsmethode 4/800 ff., 4/823
Anrechnungsmethode 4/818
Differenzmethode 4/817, 4/823
Mischmethode 4/820, 4/823
Quotenbedarfsmethode 4/822, 4/823
Bereicherungsantrag
Außerkrafttreten der einstweiligen Anordnung 10/451
einstweilige Anordnung 10/442
einstweilige Unterhaltsanordnung bei Feststellung der Vaterschaft (§ 248 FamFG) 10/479
Bereinigtes Nettoeinkommen
Abzug Erwerbstätigenbonus 4/778
Abzug Unterhalt minderjähriger Kinder und privilegierter Volljähriger 4/440
allgemein 1/1000 ff.

Sachverzeichnis

berechtigter Mehrbedarf wegen Krankheit, Behinderung und Alter 1/1064
berücksichtigungswürdige Abzugsposten 1/1001
berücksichtigungswürdige Schulden 1/1074 ff.
Berücksichtigungswürdigkeit 1/1005
berufsbedingte Aufwendungen 1/1042 ff.
Direktversicherung 1/1034
beim Ehegattenunterhalt 1/1001
einseitige Vermögensbildung 1/1089 ff., 1/1135
erhöhte Anforderung an Abzugsposten im Mangelfall 5/76 f.
gemeinsame Vermögensbildung 1/1134
Kinderbetreuungskosten 1/1053
beim Kindesunterhalt 1/1001
Kindesunterhalt als Abzugsposten 1/1121 ff.
konkrete Bedarfsermittlung 1/1135
Lebensversicherung 1/1034, 1/1037 ff.
Lehrling 1/1051
Riesterrente 1/1034
sehr gute Einkommensverhältnisse 1/1135
Steuern 1/1009 ff.
Tilgung Immobilienschulden 1/1034
Unfallversicherung 1/1029
Vermögensbildung als Altersvorsorge 1/1134
verteilungsfähiges Einkommen 4/757, 4/778
vorrangige Unterhaltspflichten beim Verwandtenunterhalt 1/1128 ff.
Vorsorgeaufwendungen 1/1029 ff.
Wohnwertschulden 1/505 ff.
Bereite Mittel
und Sozialleistungen 8/7
Unterhaltsansprüche 8/7
Bereitstellungszinsen bei geplantem Hausbau 1/1087
Berichtigungsbeschluss
Beschwerde (§§ 58, 117 FamFG) 10/505
Berichtigungsbeschluss (§ 319 III ZPO)
Beschwerde, sofortige (§§ 567–572 ZPO) 10/603
Berücksichtigungswürdige Ausgaben (Ehegattenunterhalt)
Ansprüche nach § 1615 l BGB 4/448
bei Bedarfsermittlung 4/432 ff., 4/437 ff., 4/440 ff., 4/453 ff.
berufsbedingte Aufwendungen 4/437
Betriebsausgaben 4/437
Ehegatte 4/449
Kinderbetreuungskosten 4/438
Schulden 4/439
Sonstiger Verwandtenunterhalt 4/447
Steuern 4/437
Unterhalt minderjährige Kinder 4/440 ff.
Unterhalt privilegierte Volljährige 4/440 ff.
Unterhalt sonstige Volljährige 4/445 ff.
vermögensbildende Aufwendungen 4/453 ff.
Vorsorgeaufwendungen 4/437
Werbungskosten 4/437
Berücksichtigungswürdige Schulden
als Altersvorsorge 1/1092
Ansprüche nach § 1651 l BGB 1/1117
Auszahlung Zugewinn 1/1096
beim Bedarf 1/1074 ff., 1/1082 ff., 2/209

als Bedarfspositionen 5/37
bei Bedürftigkeit 1/1079, 1/1103
ehebedingte Verbindlichkeiten 1/1074
beim Ehegattenunterhalt 1/1074 ff., 1/1085 ff.
bei einseitiger Vermögensbildung 1/1089, 1/1092
beim Familienunterhalt 3/35, 3/41
bei gemeinsamer Vermögensbildung 1/1089, 1/1091
Gesamtschuld 1/510, 1/1094
beim Kindesunterhalt 1/1080, 1/1105 ff., 2/209, 2/257, 2/570
beim Kindesunterhalt im Mangelfall 1/1111
keine Lebensstandardgarantie 1/1084
nicht bei leichtfertigen und für luxuriöse Zwecke eingegangenen Schulden 1/1087
bei Leistungsfähigkeit 1/1079, 1/1104, 2/257
Leitlinien zu Verbindlichkeiten 1/1081
minderjähriges Kind 1/1009
neue einseitige Verbindlichkeiten 1/1084
nichtprägende Schulden 1/1078
prägende Änderungen 4/434
Prozesskosten 1/1098
Prozesskostenhilfe 1/1098
bei Selbständigen/Gewerbetreibenden 1/1078
Sicherung des Mindestunterhalts 1/1111
sonstige Verbindlichkeiten nach § 1581 BGB 4/972, 4/973
titulierter Unterhalt 2/340
nach Trennung entstandene Verbindlichkeiten 1/1074
nach Trennung entstehende Schulden 1/1074
trennungsbedingte Verbindlichkeiten 1/1074, 1/1084 ff.
Überschuldung 1/1100 ff.
Umgangslasten 1/1111
Umschuldung 1/1086
Verbraucherinsolvenz 1/1118 ff., 5/95 ff.
nicht vermögensbildende Schulden 1/1083
bei vermögensbildenden Ausgaben 1/1074
vernünftiger Tilgungsplan 1/1099
verschärfte Anforderungen im Mangelfall 5/85 f.
Verwandtenunterhalt 1/1080, 1/1114
beim Verwandtenunterhalt 2/930
voreheliche Verbindlichkeiten 1/1083
Wegfall eheprägender Schulden 1/1093
Wegfall prägend 4/665
beim Wohnwert 1/506 ff.
Berufliche Verselbständigung 4/650 ff.
Beruflicher Aufstieg 4/477, 4/559 ff., 4/574
Berufsbedingte Aufwendungen 1/122 ff.
Abschreibungen 1/141
kein Abzug bei Rentnern 1/1045
kein Abzug bei Selbständigen/Gewerbetreibenden 1/1042
als Abzugsposten 1/1042 ff.
allgemein 1/65
Änderung, berücksichtigungswürdige 4/433
Arbeitsgerichtsprozess 1/141
beim Arbeitslosen 1/1053
Arbeitsmittel 1/141
Arbeitszimmer 1/141

Sachverzeichnis

Beiträge für Verbände 1/142
bereinigtes Nettoeinkommen 1/129
keine berufsbedingten Aufwendungen 1/68
Berufskleidung 1/141
Bewerbungskosten 1/141
Darlegung 1/123
doppelte Haushaltführung 1/143
eheliche Lebensverhältnisse 1/253
im Einzelnen 1/122
erhöhte Anforderungen im Mangelfall 5/77
neben Erwerbstätigenbonus 1/131
Fahrtkosten 1/133 ff., 1/1047
bei fiktiven Einkünften 1/128
Fortbildungskosten 1/144
bei gezahlten Zulagen und Entgelten 1/153 f.
Instandhaltungs- und Reparaturkosten 1/145
Kinderbetreuungskosten 1/123, 1/146
Kinderbetreuungskosten als b. A. 1/1053
beim Kindesunterhalt 2/112 ff., 2/492
konkrete Bemessung 1/132
beim Lehrling 1/1051
in Leitlinien der Oberlandesgerichte 1/125
Pauschale 1/1045
Pauschalierung 1/124 ff.
Prozesskosten 1/147
Reinigungskosten 1/148
Reisekosten 1/56, 1/148
Schätzung 1/126
Steuerberatungskosten 1/149
Telefonkosten 1/144
Umzugskosten 1/151
Unfallkosten 1/151
Verpflegungsmehraufwendungen 1/152
Werbungskosten 1/1045
Berufsgrundschuljahr 2/96
Berufskleidung
als berufsbedingte Aufwendungen 1/141
Berufsschadenausgleichsrente
als Einkommen 1/650
Berufsständische Versorgung 1/1029, 1/1037
Berufstätigkeit trotz Kinderbetreuung 1/803 ff., 1/828, 1/839
Betreuungsbonus 1/810
Betreuungskosten 1/810
Doppelbelastung 1/810 ff.
neue Rechtslage 1/803 ff.
Berufsverbände
Beiträge für B. 1/142
Berufswahl 2/71 ff.
Angemessenheit des Berufswunsches 2/76
Arbeitsplatzrisiko 2/75
Eignung des Kindes 2/74
beim Minderjährigen 2/71
beim Volljährigen 2/72, 2/481
Berufswechsel
Einkommensprognose 1/755 f.
fiktive Einkünfte bei B. 1/743
fiktives Einkommen 1/738 f.
bei gesteigerter Unterhaltspflicht 2/369
prägendes Einkommen 4/569, 4/651
Berufung auf Pfändungsfreigrenzen 5/95 ff.

Berufungsvorschriften
Rechtsmittel in Unterhaltssachen 10/500
Beschluss
Arrestverfahren 10/492
Beschluss, einstimmig
Rechtsbeschwerde, Endentscheidungen (§§ 70–75 FamFG) 10/616
Beschränkung oder Wegfall der Unterhaltsverpflichtung
durch Verwirkung (§ 1611 BGB) im Verwandtenunterhalt 2/936
Beschwer
Abänderungsverfahren (§ 54 I FamFG) 10/428
Abänderungsverfahren (§ 54 II FamFG) 10/426
Anschlussbeschwerde (§§ 66, 117 II FamFG) 10/591
Auskunft
– Beschwerde (§§ 58, 117 FamFG) 10/516
– Unmöglichkeit der Auskunft 1/1190
Auskunfts-, Beleg- und Versicherungsverfahren 10/353
Berechnung
– Beschwerde (§§ 58, 117 FamFG) 10/515
formelle
– Beschwerde (§§ 58, 117 FamFG) 10/513
– vereinfachtes Verfahren über den Unterhalt Minderjähriger 10/678
Fristsetzungsantrag (§ 52 II FamFG) 10/429
Geheimhaltungsinteresse
– Beschwerde (§§ 58, 117 FamFG) 10/516
Herausgabe
– Beschwerde (§§ 58, 117 FamFG) 10/516
materielle
– Beschwerde (§§ 58, 117 FamFG) 10/514
nicht vollstreckungsfähiger Titel
– Beschwerde (§§ 58, 117 FamFG) 10/516
Rücknahme
– Beschwerde (§§ 58, 117 FamFG) 10/517
Stufenverfahren (§ 254 ZPO) 10/368
– Beschwerde (§§ 58, 117 FamFG) 10/516
Wirksamkeit eines Vergleichs
– Beschwerde (§§ 58, 117 FamFG) 10/517
Zeit- und Arbeitsaufwand
– Beschwerde (§§ 58, 117 FamFG) 10/516
Zeitpunkt
– Beschwerde (§§ 58, 117 FamFG) 10/517
Zulassung
– Beschwerde (§§ 58, 117 FamFG) 10/515
Beschwerde
Abhilfeverfahren
– vereinfachtes Verfahren über den Unterhalt Minderjähriger 10/680
Anwaltszwang
– vereinfachtes Verfahren über den Unterhalt Minderjähriger 10/679
Befristung
– vereinfachtes Verfahren über den Unterhalt Minderjähriger 10/684
Erfüllungseinwand
– vereinfachtes Verfahren über den Unterhalt Minderjähriger 10/684

Sachverzeichnis

fehlende Leistungsfähigkeit
– vereinfachtes Verfahren über den Unterhalt Minderjähriger 10/683
formelle Fehler
– vereinfachtes Verfahren über den Unterhalt Minderjähriger 10/683
Gebühren
– vereinfachtes Verfahren über den Unterhalt Minderjähriger 10/685
Kostenfestsetzung
– vereinfachtes Verfahren über den Unterhalt Minderjähriger 10/682
Kostengrundentscheidung
– vereinfachtes Verfahren über den Unterhalt Minderjähriger 10/682
im Vollstreckbarkeitsverfahren 9/694
Beschwerde (§§ 58, 117 FamFG) 10/501 ff.
Abänderungsgründe (§ 238 FamFG) 10/529
Antragsänderung 10/531
Antragserweiterung 10/530
Anwaltszwang 10/510
Arrestverfahren 10/494 f.
Aufrechnungserklärung 10/543
Auslegung der Beschwerdeschrift 10/509
beabsichtigte Beschwerde 10/511
Begründungsfrist 10/518
– Anwaltszwang für Verlängerungsantrag 10/522
– Bekanntgabe der Wiedereinsetzungsentscheidung 10/519
– keine Notfrist 10/518
– keine stillschweigende Verlängerung 10/521
– Schriftform für Verlängerungsantrag 10/521
– Verfahrenskostenhilfe 10/522
– Verlängerung mit Einwilligung des Gegners 10/520
– Verlängerung (§ 520 II S. 3 ZPO) 10/520
– Versäumung 10/518
– Wiedereinsetzung 10/518, 10/522
Beschluss
– Begründung 10/544
– formelle Mindestanforderungen 10/544
– Rechtsbehelfsbelehrung 10/545
– sofortige Wirksamkeit 10/544
– Zurückweisung 10/546
Beschwer
– Auskunft 10/516
– Berechnung 10/515
– formelle 10/513
– Geheimhaltungsinteresse 10/516
– Herausgabe 10/516
– materielle 10/514
– nicht vollstreckungsfähiger Titel 10/516
– Rücknahme 10/517
– Stufenverfahren 10/516
– Wirksamkeit eines Vergleichs 10/517
– Zeit- und Arbeitsaufwand 10/516
– Zeitpunkt 10/517
– Zulassung 10/515
Beschwerdebegründung 10/518 ff.
– Anwaltszwang 10/523
– beabsichtigt 10/524

– Beistand 10/523
– Entwurf 10/524
– formelhaft 10/526
– Formerfordernisse 10/525 ff.
– konkludente Bezugnahme 10/527
– pauschale Bezugnahme 10/527
– Sachantrag 10/525
– Schriftform 10/523
– Verfahrenskostenhilfe 10/524
Beschwerdebegründungsschrift 10/523 ff.
Beschwerdeentscheidung 10/544 ff.
Beschwerdeerweiterung 10/528
Beschwerdeerweiterung nach Bewilligung von Verfahrenskostenhilfe 10/512
Beschwerdeerwiderung 10/533
Beschwerdefrist 10/504 ff.
– Berichtigungsbeschluss 10/505
– Erkundigungspflicht 10/506
– Fristberechnung 10/506
– § 63 III S. 2 FamFG 10/506
– schriftliche Bekanntgabe 10/504
– Teilversäumnisbeschluss 10/506
– Wiedereinsetzung 10/507
– Zustellungsmängel 10/504
Beschwerdegericht 10/518
Beschwerdeschrift 10/508
Beschwerdesumme 10/513 ff.
Beteiligtenänderung 10/532
Dispositionsmaxime 10/537
Eingangsgericht 10/503
Endentscheidung 10/501
Entwurf einer Beschwerdeschrift 10/511
fakultativer Einzelrichter 10/534
Formerfordernisse 10/508
Gang des Beschwerdeverfahrens 10/534 ff.
Güteverhandlung 10/543
Hauptsacheverfahren 10/501
Hinweisbeschluss 10/538
Meistbegünstigungsprinzip 10/502
mündliche Verhandlung 10/538
Nachschiebung von Anfechtungsgründen (§ 115 FamFG) 10/529
neue Tatsachen und Beweismittel 10/539
objektiver Erklärungswert 10/511
Rechtsbeschwerde nach Verwerfung 10/536
Rechtsfragen 10/538
Rechtsmittelverzicht 10/553 ff.
– Anfechtung 10/554
– Anschlussbeschwerde 10/555
– Anwaltszwang 10/554
– Auslegung 10/554
– Empfänger 10/553
– Widerruf 10/554
– Zeitpunkt 10/553
Rücknahme 10/549 ff.
– keine Einwilligung des Gegners 10/551
– Kosten 10/552
– mündliche Verhandlung 10/549
– schriftliches Verfahren 10/549
– Schriftsatz 10/549
– Verkündung des Beschlusses 10/550
Säumnisverfahren 10/542

Sachverzeichnis

Schriftform 10/508
schriftliches Verfahren 10/538
Teilbeschluss
– horizontal 10/547
– vertikal 10/548
Verbot der Schlechterstellung 10/540
Verfahrenskostenhilfe 10/511
– im Beschwerdeverfahren 10/556 ff.
Verfahrenskostenhilfegesuch 10/511
verfahrensrechtliche Auskunftspflichten (§§ 235, 236 FamFG) 10/537
Verkündung 10/501
Versäumnisbeschluss 10/502
– erstinstanzlich 10/540
– zweiter 10/540
Verwerfung nach Anhörung 10/536
vollständige Angaben 10/509
Widerantragsverfahren 10/543
Wiedereinsetzung
– Allgemeine Weisung 10/584
– Antragsvoraussetzungen 10/565
– Ausgangskontrolle 10/584
– Ausschlussfrist 10/585
– Auswahl und Überwachung von Büropersonal 10/583
– beabsichtigte Beschwerde 10/573
– bedingte Beschwerde 10/571
– Behebung des Hindernisses 10/567 ff.
– Beschwerdebegründung 10/573
– Beweiskraft des Eingangsstempel 10/570
– Bewilligung von Verfahrenskostenhilfe 10/567
– Bezugnahme auf erstinstanzliche Verfahrenskostenhilfe 10/560
– BGH-Rechtsprechung 10/574 ff.
– Eingangsnachweis 10/579
– Eingangszuständigkeit 10/561, 10/563
– Einwilligung des Gegners 10/577
– Einzelanweisung 10/584, 10/587
– Fristbeginn für Begründung der Beschwerde 10/569
– Fristbeginn für Einlegung der Beschwerde 10/566
– Fristprüfung des Rechtsanwalts 10/576
– Fristverkürzung bei Zweifel an der Mittellosigkeit 10/568
– Fristwahrung durch Verfahrenskostenhilfegesuch 10/559
– Gegenvorstellung 10/567
– Glaubhaftmachung 10/570
– Hinweispflicht 10/585
– kein Abhilfeverfahren 10/562
– Lücken im Verfahrenskostenhilfegesuch 10/560
– Mängel bei Verfahrenskostenhilfegesuch 10/572
– bei Mittellosigkeit 10/559
– Mitwirkung der Gerichte bei der Fristwahrung 10/578
– Organisationsmangel 10/587
– organisatorische Maßnahmen 10/583
– prüffähiges Verfahrenskostenhilfegesuch 10/559
– Rechtsbeschwerde 10/572
– Rechtsmittelauftrag 10/574

– selbständige Wiedereinsetzungsfrist 10/589
– stillschweigend 10/572
– Telefaxanlage 10/582
– Überlegungsfrist 10/568
– Übermittlung per Telefax 10/575
– überwiegende Wahrscheinlichkeit 10/570
– und Verfahrenskostenhilfe 10/559 ff.
– Verfahrenskostenhilfegesuch innerhalb der Beschwerdefrist 10/564
– Verkehrsanwalt 10/576
– verkürzte Unterschrift 10/588
– Verlängerung der Begründungsfrist 10/577
– Versagung von Verfahrenskostenhilfe 10/568
– Verwechslungsgefahr 10/584
– Vorabverfahren 10/572
– Vordruck nach § 117 IV ZPO bei Verfahrenskostenhilfe 10/586
– Vorfrist 10/583
– Zeugenvernehmung 10/570
– Zuständigkeit 10/573
– Zuständigkeit des Beschwerdegerichts 10/561
– Zuständigkeit für Fristwahrung 10/561
– Zuständigkeitswechsel 10/587
– Zustellung 10/580 f.
Zurückverweisung 10/541, 10/547
Zuständigkeit 10/503
zweite Tatsacheninstanz 10/531, 10/539
Beschwerde (§ 58 FamFG)
Rechtsmittel in Unterhaltssachen 10/497
Beschwerde, sofortige (§§ 567–572 ZPO) 10/602 ff.
Abhilfeverfahren 10/607
Ablehnung eines Sachverständigen (§ 406 V ZPO) 10/603
Ablehnungsgesuch (§ 46 II ZPO) 10/603
Anschlussbeschwerde 10/605
Arrestverfahren 10/494, 10/604
Aussetzung des Verfahrens 10/603
Berichtigungsbeschluss (§ 319 III ZPO) 10/603
Beschwerdeentscheidung, Begründung 10/609
Beschwerdefrist 10/606
Beschwerdefrist, Verfahrenskostenhilfe 10/606
Beschwerdewert (§ 567 II ZPO) 10/602
isolierte Kostenentscheidung 10/603
Kostenentscheidung bei Anerkenntnisbeschluss 10/603
Kostenentscheidung nach Antragsrücknahme 10/603
Kostenfestsetzungsbeschluss (§ 104 III ZPO) 10/603
Nebenentscheidung 10/605
neue Angriffs- und Verteidigungsmittel 10/607
Notfrist 10/606
öffentliche Zustellung 10/603
Ordnungsmittel 10/603
Ordnungsmittel gegen Sachverständige 10/603
originärer Einzelrichter 10/608
Rechtsbeschwerde (§ 574 ZPO) 10/607 f.
Rechtsweg, Familiengericht 10/604
Sachentscheidung 10/609
vereinfachtes Verfahren über den Unterhalt Minderjähriger 10/682

Sachverzeichnis

Verfahrenskostenhilfe 10/603, 10/606
Verweisung, mittelbare 10/602
Verweisung, unmittelbare 10/602
Verwerfung 10/607
Vollstreckungsverfahren 10/604
Vorbehaltsklausel (§ 58 I 2. Halbs. FamFG) 10/602
Wiedereinsetzung 10/603
Zeugnisverweigerung 10/603
Zulassung der Rechtsbeschwerde (§ 574 I Nr. 2 ZPO) 10/607 f.
Zurückverweisung 10/609
Zurückweisung des Antrags auf Erlass einer Versäumnisentscheidung 10/603
Beschwerde, sonstige (§ 58 FamFG) 10/597 ff.
Anwaltszwang 10/598
Beschwerdewert 10/597
einstweilige Unterhaltsanordnungen 10/601
Endentscheidung 10/597
Festsetzungsbeschluss (§ 253 FamFG) 10/597
kein Abhilfeverfahren 10/600
Monatsfrist 10/597
mündliche Verhandlung 10/600
Rechtsmittelbegründung 10/599
Rechtsmitteleinlegung 10/598
Teilfestsetzungsbeschluss 10/597
vereinfachtes Verfahren über den Unterhalt Minderjähriger 10/676, 10/678 ff.
Verfahrensgang 10/598 ff.
Beschwerde, unzulässige Einwendungen
vereinfachtes Verfahren über den Unterhalt Minderjähriger 10/684
Beschwerde, Verwerfung
vereinfachtes Verfahren über den Unterhalt Minderjähriger 10/678
Beschwerdebegründung
Anwaltszwang
– Beschwerde (§§ 58, 117 FamFG) 10/523
beabsichtigt
– Beschwerde (§§ 58, 117 FamFG) 10/524
Beistand
– Beschwerde (§§ 58, 117 FamFG) 10/523
Beschwerde (§§ 58, 117 FamFG) 10/518 ff., 10/523 ff.
Entwurf
– Beschwerde (§§ 58, 117 FamFG) 10/524
formelhaft
– Beschwerde (§§ 58, 117 FamFG) 10/526
Formerfordernisse
– Beschwerde (§§ 58, 117 FamFG) 10/525 ff.
konkludente Bezugnahme
– Beschwerde (§§ 58, 117 FamFG) 10/527
pauschale Bezugnahme
– Beschwerde (§§ 58, 117 FamFG) 10/527
Sachantrag
– Beschwerde (§§ 58, 117 FamFG) 10/525
Schriftform
– Beschwerde (§§ 58, 117 FamFG) 10/523
Verfahrenskostenhilfe
– Beschwerde (§§ 58, 117 FamFG) 10/524
Beschwerdebegründungsschrift
Beschwerde (§§ 58, 117 FamFG) 10/523 ff.

Beschwerdeentscheidung
Begründung
– Beschwerde (§§ 58, 117 FamFG) 10/544
– Beschwerde, sofortige (§§ 567–572 ZPO) 10/609
Beschwerde (§§ 58, 117 FamFG) 10/544 ff.
formelle Mindestanforderungen
– Beschwerde (§§ 58, 117 FamFG) 10/544
Rechtsmittelbelehrung
– Beschwerde (§§ 58, 117 FamFG) 10/545
sofortige Wirksamkeit
– Beschwerde (§§ 58, 117 FamFG) 10/544
Zurückverweisung
– Beschwerde (§§ 58, 117 FamFG) 10/547
Zurückweisung
– Beschwerde (§§ 58, 117 FamFG) 10/546
Beschwerdeerweiterung
Beschwerde (§§ 58, 117 FamFG) 10/528
nach Bewilligung von Verfahrenskostenhilfe
– Beschwerde (§§ 58, 117 FamFG) 10/512
Beschwerdeerwiderung
Beschwerde (§§ 58, 117 FamFG) 10/533
Beschwerdefrist
Beschwerde (§§ 58, 117 FamFG) 10/504 ff.
Beschwerde, sofortige (§§ 567–572 ZPO) 10/606
Rechtsbeschwerde, Endentscheidungen (§§ 70–75 FamFG) 10/615
vereinfachtes Verfahren über den Unterhalt Minderjähriger 10/679
Beschwerdefrist (§ 63 III S. 2 FamFG)
Beschwerde (§§ 58, 117 FamFG) 10/506
Verfahrenskostenhilfe
– Beschwerde, sofortige (§§ 567–572 ZPO) 10/606
Beschwerdegericht
Beschwerde (§§ 58, 117 FamFG) 10/518
Beschwerdeschrift
Beschwerde (§§ 58, 117 FamFG) 10/508
Rechtsbeschwerde, Endentscheidungen (§§ 70–75 FamFG) 10/615
Beschwerdesumme; Beschwer
Beschwerde (§§ 58, 117 FamFG) 10/513 ff.
Beschwerdewert
Anhörungsrüge (§ 321 a ZPO) 10/624
Beschwerde, sonstige (§ 58 FamFG) 10/597
vereinfachtes Verfahren über den Unterhalt Minderjähriger 10/680
Beschwerdewert (§ 567 II ZPO)
Beschwerde, sofortige (§§ 567–572 ZPO) 10/602
Besondere Verfahrensvoraussetzungen
Abänderungsverfahren bei Urkunden (§ 239 FamFG) 10/278
Bestandskonto
Buchung 1/191
Bestandsveränderungen 1/234 ff., 1/319
Bestimmtheit bei Auskunftsbegehren
Auskunfts-, Beleg- und Versicherungsverfahren 10/350
Bestimmungsrecht der Eltern 2/18, 2/46
bis 31. 12. 2007 geltendes Recht 2/44

Sachverzeichnis

Aufnahme in den Haushalt eines Elternteils 2/39
bei gemeinsamer Sorge 2/18
gesamter Lebensbedarf 2/35
Gestaltungsrecht 2/37
Getrenntleben der Eltern 2/43
bei Inanspruchnahme von BAföG-Leistungen 2/48
Interessen des anderen Elternteils 2/47
Interessenabwägung 2/46
konkludente Bestimmung 2/37
Mängel der Bestimmung 2/47
gegenüber minderjährigem Kind 2/33, 2/39
missbräuchliche Bestimmung 2/47
Prozessuales 2/50
Rücksicht auf Belange des Kindes 2/45
durch sorgeberechtigten Elternteil 2/18
gegenüber Sozialhilfeträger 2/48
tiefgreifende Entfremdung 2/46
gegenüber Träger der Grundsicherung 2/48
und Umgangsrecht 2/39
Unerreichbarkeit des angebotenen Unterhalts 2/47
unterhaltsrechtliche Belange des Kindes 2/42
gegenüber unverheiratetem Kind 2/32, 2/38
Unwirksamkeit der Bestimmung 2/47 ff.
gegenüber volljährigem Kind 2/33, 2/36, 2/41, 2/473, 2/500
widersprechende Erklärungen der Eltern 2/43
Bestimmungswidrige Verwendung
Vorsorgeunterhalt 4/1313 ff.
Beteiligtenänderung
Beschwerde (§§ 58, 117 FamFG) 10/532
Beteiligtenmaxime
vereinfachtes Verfahren über den Unterhalt Minderjähriger 10/657
Betreuung des berechtigten Kindes
durch anderen unterhaltpflichtigen Elternteil 2/400
Geldwert der B. 2/22
keine B. des volljährigen Kindes 2/26, 2/120, 2/472, 2/500
minderjähriges Kind mit eigenem Haushalt 2/337
Übergangszeit nach Volljährigkeit 2/579 ff.
Betreuung des minderjährigen Kindes 2/19
Erfüllung des Unterhaltsanspruchs 2/19
Betreuung eines anderen Kindes 2/269
Betreuung durch Dritte 2/269
Betreuung eines nichtehelichen Kindes
Betreuung durch Dritte 2/63
Betreuung durch Lebensgefährten 2/61
Haftung des nichtehelichen Vaters 2/60
Unterhaltsanspruch der Mutter gegen ihre Eltern 2/59 ff.
durch Vater 2/25
Betreuungsbedarf der Kinder
bei Fremdunterbringung 2/422
Betreuungsbonus 1/839, 1/1064 ff.
Abzugsposten 1/1064
Abzugsposten Kindesunterhalt 4/444

eheliche Lebensverhältnisse 4/438
bei Geschwistertrennung 2/444
beim Kindesunterhalt 2/22, 2/400, 2/444
Betreuungskosten 2/438
pauschale Bemessung 2/336
Betreuungskosten beim Kindesunterhalt 2/22
wegen Behinderung des Kindes 2/400, 2/500
Betreuung durch Dritte 2/22, 2/61, 2/269, 2/298
Erhöhung des Tabellenunterhalts um B. 2/336
wegen Erwerbstätigkeit des betreuenden Elternteils 2/400, 2/438
Betreuungsunterhalt
Darlegungs- und Beweislast 6/733 ff.
Darlegungs- und Beweislast bei Abänderung 6/746
Betreuungsunterhalt der nichtehelichen Mutter
Rangfragen 5/119
Betreuungsunterhalt des Kindes 2/19
Anrechnung von Kindeseinkommen 2/118 ff.
keine Betreuung des Volljährigen 2/26, 2/120
Gleichwertigkeit mit dem Barunterhalt 2/20 ff., 2/410
und Naturalunterhalt 2/19
Übergangszeit nach Volljährigkeit 2/578 ff.
Betreuungsunterhalt (§ 1570 BGB)
Anspruch bis zum 3. Lebensjahr des Kindes 4/167 ff.
Anspruchsbegrenzung 4/206
Anspruchskonkurrenzen 4/210
Anspruchsprivilegierung 4/209
Anspruchsverlängerung aus ehebezogenen Gründen 4/189
Anspruchsverlängerung aus elternbezogenen Gründen 4/190
berechtigte Betreuung 4/166
– Begriff der Betreuung 4/167
– berechtigte Betreuung 4/166
– gemeinsames Sorgerecht der Ehegatten 4/166
– Hilfe von Dritten 4/165
– Wechselmodell 4/165
Einsatzzeitpunkt 4/203
Entwicklung des Unterhaltsanspruchs 4/157
Erwerbsobliegenheit bei Kinderbetreuung 4/193 ff.
gemeinschaftliche Kinder 4/164
Pflege und Erziehung der Kinder 4/165 ff.
Struktur des Unterhaltsanspruchs 4/160
Übergangsregelung für Altfälle 4/159
Verlängerung des Anspruchs für die dreijährige Frist 4/170 ff.
– allgemeine Grundsätze 4/170
– Billigkeitskriterien 4/172
– fehlende Fremdbetreuung 4/177
– kindbezogene Gründe 4/174
– Kostend er Fremdbetreuung 4/184
– Umfang der Erwerbsobliegenheit des betreuenden Elternteils 4/186
– unzumutbare Fremdbetreuung 4/181

2343

Sachverzeichnis

– unzuverlässige Fremdbetreuung 4/179
– vorhandene Betreuungsmöglichkeiten 4/175
Betriebsaufspaltung 1/280
Betriebsausgaben 1/330
allgemein 1/23
steuerlich nicht abzugsfähige 1/338
Betriebskosten
Wohnvorteil 1/499
Betriebs-Pkw
als Sachbezüge 1/91
Betriebsprüfung 1/303
Betriebsratstätigkeit
Aufwendungen für B. 1/142
Betriebsvermögen 1/236
Abschreibung/AfA 1/262 ff.
Anlagevermögen 1/262
Entnahmen/Einlagen 1/264 ff.
und Gewinn- und Verlustrechnung 1/257
Methode 1/253 ff.
steuerliche Unterlagen 1/255 ff.
Umlaufvermögen 1/170, 1/241, 1/257, 1/261, 1/383
Unterlagen 1/255 ff.
Unterschied zur Gewinn- und Verlustrechnung 1/257 ff., 1/307 f.
Wertverzehrthese 1/263
Zuflussprinzip 1/254
Betriebsverpachtung 1/279
Betrug
Verwirkungsgrund 4/1286
Beweisaufnahme
international 9/622 f.
Beweisaufnahmeübereinkommen
Geltungsbereich 9/623
Beweislast
s. Darlegungs- und Beweislast
Beweislastumkehr 6/749
Beweisvereitelung 6/749
Bewerbungskosten
als berufsbedingte Aufwendungen 1/141
Bewertungslösung 4/422
Bewilligung der Wiedereinsetzung
Anhörungsrüge (§ 321 a ZPO) 10/623
Bewirtungskosten 1/148, 1/336
Bilanz
Anhang und Lagebericht 1/182
Einheitsbilanz 1/178
Ergänzungsbilanz 1/279, 1/438 ff.
Forderungen 1/223 f.
Handelsbilanz 1/170
Inventur 1/234
Kontenform 1/171
Pensionsrückstellungen 1/231, 1/389
Rechnungsabgrenzungsposten 1/227
Rückstellungen 1/228 ff.
Sonderbilanz 1/278, 1/438
Sonderposten mit Rücklagenanteil 1/232, 1/321
Steuerbilanz 1/178 f.
Umsatzsteuer 1/226
unterhaltsrechtliche Verwertbarkeit 1/178
Verbindlichkeiten 1/223 f.
Wareneinkauf 1/234
Werberichtigung 1/225
Bilanzen
Vorlagepflicht 1/1184
Bilaterale Abkommen
internationale Zuständigkeit und Vollstreckbarkeit 9/616
Billiges Ermessen
Auskunfts-, Beleg- und Versicherungsverfahren 10/353
Billigkeitsabwägung
einheitliche 4/953
individuell nach § 1581 BGB 5/104 ff.
Billigkeitsanrechnung bei unzumutbarem Erwerbseinkommen 4/952
Billigkeitsquote 4/975
Billigkeitsunterhalt (1576 BGB)
Anspruchsvoraussetzungen 4/368
Beweislast 4/385
Billigkeitsabwägung 4/382
Ehebedingtheit 4/369
Einsatzzeitpunkt 4/370
Konkurrenzen 4/384
Unterhaltsdauer 4/383
Vorliegen schwerwiegender Gründe 4/372
– Betreuung gemeinschaftlicher Kinder 4/373
– Betreuung von Ehebruchskindern 4/376
– Betreuung von Enkelkindern 4/378
– Betreuung von Pflegekindern 4/377
– Betreuung von Stiefkindern 4/375
– Erkrankung 4/381
– Pflege von Angehörigen 4/379
Billigkeitsunterhalt (§ 1581 BGB) 4/971, 5/53, 5/59
abschließende Bemessung 5/102
Billigkeitsquote 4/976, 5/102 f.
proportionale Kürzung 5/103
Bindung
Rechtsbeschwerde, Endentscheidungen (§§ 70–75 FamFG) 10/614
Bindungswirkungen
Abänderungsverfahren bei Urkunden (§ 239 FamFG) 10/279
Blindengeld
als Einkommen 1/651
Bonus
s. Erwerbstätigenbonus, Kinderbetreuungsbonus
Bonusbegrenzung 4/828, 4/830
Bosnien-Herzegowina
ausländisches materielles Recht 9/109 ff.
Bremer Tabelle zur Berechnung des Altersvorsorgeunterhalts 4/874 ff., 4/898
tabellarische Übersicht auf der Grundlage der Bremer Tabelle 4/899
Brüssel I–Verordnung
internationale Zuständigkeit und Vollstreckbarkeit 9/606 ff.
Bruttoeinkommen
aus abhängiger Arbeit 1/65
Buchführung
Bestandskonten 1/184, 1/188
doppelte 1/184 ff.

Sachverzeichnis

einfache 1/183 ff.
Erfolgskonten 1/184, 1/192
Soll und Haben 1/185, 1/187, 1/191
Buchführungspflicht 1/169
Bulgarien
Verbrauchergeldparität und Devisenkurs 9/43
Bummelstudium 2/86
Bundeswehr
Erwerbsobliegenheit 1/749

Cash Flow 1/442

Dänemark
ausländisches materielles Recht 9/124 ff.
Verbrauchergeldparität und Devisenkurs 9/44
Darlegung von Veränderungen (§ 239 I S. 2 FamFG)
Abänderungsverfahren bei Urkunden 10/278
Darlegungs- und Beweislast
bei Abänderungsverfahren 6/746 ff., s. a. nachfolgendes Stichwort
Abänderungsverfahren bei Urkunden (§ 239 FamFG) 10/282
Abänderungsverfahren bei Vergleichen (§ 239 FamFG) 10/263
allgemein 1/42, 6/700 ff.
für Altersunterhalt vor Rentenalter 6/717
für andere unterhaltspflichtige Verwandte 6/731
anderer leistungsfähiger Verwandter 6/738
anderer unterhaltspflichtiger Verwandter 2/409
für Änderung zugestandener Einkünfte 6/746
Anpassung außergerichtlicher Vereinbarungen 10/372
anrechnungsfreier Betrag nach § 1577 II BGB 4/950
Anscheinsbeweis 4/1216
Anspruchsgrundlage bei Abänderung 6/746
Anspruchshöhe bei Trennungsunterhalt 6/737
bei Anspruchsübergang nach § 33 SGB II 8/259
bei Anspruchsübergang nach § 94 SGB XII 8/122, 8/125
bei anteiliger Haftung 2/917
für Arbeitsbemühungen 1/786
Arbeitslosigkeit des Unterhaltsberechtigten 6/718
Arbeitslosigkeit des Unterhaltspflichtigen 6/724
Arbeitsplatzsuche 1/782
Arbeitsunfähigkeit wegen Krankheit 6/719
für Ausbildungsdauer beim Kindesunterhalt 2/84
und Auskunftspflicht 6/715
Ausschluss der Abänderbarkeit 6/746
Bedarf minderjähriger Kindern 6/704 ff.
Bedarf volljähriger Kinder 6/707
Bedarfsbemessung 6/703 ff.
für bedarfsdeckende Einkünfte 6/717
zur Bedürftigkeit 4/932, 6/716 ff.
bedürftigkeitsmindernde Einkünfte 6/745
für behinderungsbedingten Mehraufwand 1/654 ff.
zur Berücksichtigungsfähigkeit von Schulden 5/90
für berufsbedingte Aufwendungen 6/726
besonders hoher Bedarf minderjähriger Kinder 6/705

für Beteiligung des betreuenden Elternteils am Kindesunterhalt 2/417
beim Betreuungsunterhalt 6/733 ff.
Betreuungsunterhalt nach Vollendung der dritten Lebensjahres 6/746
Beweislastumkehr 6/749
Beweisvereitelung 6/749
für Billigkeitserwägungen 6/724
für Ehegattenunterhalt 6/708 ff.
eheliche Lebensverhältnisse 4/415
für eheliche Lebensverhältnisse 4/578, 6/708 ff.
Einkommensänderungen nach Trennung 6/737
einkommensmindernde Verbindlichkeiten 6/728
des Enkelkinds beim Enkelunterhalt 2/974
für erbrachte Versorgungsleistungen 6/717
Erfahrungssätze 6/732
bei Ersatzhaftung 2/913, 2/914
Erwerbsminderung 6/723
Erwerbsobliegenheit bei Kinderbetreuung 6/733 ff.
Erwerbsunfähigkeit 6/719
bei fiktiven Einkünften 1/786
fiktives Einkommen des Berechtigten 1/777
für Haftungsanteile der Eltern 2/578
Haftungsquote beim Kindesunterhalt 6/707
Haftungsquote Ehegattenunterhalt neben § 1615l BGB 6/708
Haftungsquote im Abänderungsverfahren 6/746
für Herabsetzung und zeitliche Begrenzung 6/725
für Höhe des Barbedarfs des minderjährigen Kindes 2/342
für Höhe des Bedarfs beim volljährigen Kind 2/506
im Feststellungsverfahren (§ 256 ZPO) 10/325
konkreter Bedarf beim Ehegattenunterhalt 6/708
Körper- und Gesundheitsschaden 6/732
für krankheitsbedingte Mehrbedarf 6/720
Leistungsunfähigkeit 4/967
zur Leistungsunfähigkeit bei Verwandtenvorrang 5/182
zur Leistungsunfähigkeit von hilfsweise haftenden Verwandten 5/182
mangelnde Leistungsfähigkeit des vorrangig Verpflichteten 6/740
für Maßstab Ehegattenunterhalt 4/578
für Mehrbedarf 2/533, 6/720
für Mehrbedarf beim Kindesunterhalt 6/706
Mindestbedarf beim Ehegattenunterhalt 6/714
Mindestbedarf minderjähriger Kinder 6/704
Mindestunterhalt 2/379
nachehelicher Unterhalt 6/711 ff.
Negativer Feststellungsantrag 6/747 ff.
Negativtatsachen 4/1215, 6/744
für Negativtatsachen 6/741 ff.
für Normalentwicklung des Einkommens 4/578
für prägendes Einkommen 4/578, 4/680
bei Rangfragen 2/917
für reale Beschäftigungschance 1/786
für rechtsvernichtende Einwendungen 6/730
Regel-Ausnahme-Situation 6/732 ff.
für rückläufige Einkommensentwicklung 6/728

2345

Sachverzeichnis

Schätzung 6/750 ff.
Schätzung nach § 287 ZPO 6/755 ff.
  bei Spesen und Auslösungen 1/84
  Steuerrückzahlung 6/737
  substantiiertes Bestreiten von Tatsachen 6/742
  für Synergieeffekt durch Zusammenleben 6/729
  tatrichterliche Ermittlung 6/750 ff.
  Trennungsbedingter Mehrbedarf 6/713
  Trennungsunterhalt 6/710
  beim Trennungsunterhalt 4/101
  für überobligatorische Erwerbstätigkeit 6/719
  Unterhaltsänderungsgesetz 2008 10/289 f.
  des Unterhaltsberechtigten 6/703 ff.
  Unterhaltsneurose 1/792
  des Unterhaltspflichtigen 6/721 ff.
  vereinfachtes Verfahren über den Unterhalt Minderjähriger 10/641
  bei Vermögen 6/719
  für Vermögensbildung 6/727
  für Verwirkung des Kindesunterhalts 2/608
  Verwirkung Ehegattenunterhalt 4/1213 ff., 4/1293
  für vor- oder gleichrangige Unterhaltsverpflichtung 6/729
  für Voraussetzungen der Herabsetzung o. zeitl. Begrenzung (§ 1578 b BGB) 4/1000
  für Wahrnehmungsbereich des Anderen 6/742 f.
  Wohngeld 1/666
  Zukunftsprognose 6/746
  Zumutbarkeit der Berufstätigkeit neben Kinderbetreuung 6/736
  Zumutbarkeit der Vermögensverwertung 4/963
Darlegungs- und Beweislast im Abänderungsverfahren (§ 238 FamFG)
  Antragsgegner 10/246 ff.
  Antragsteller 10/242 ff.
  Bemessungsrelevanz 10/245
  ehebedingte Nachteile 10/244
  Mindestunterhalt 10/245
  Mithaftung beider Elternteile nach Eintritt der Volljährigkeit 10/247
  Mithaftung des nichtehelichen Erzeugers beim Ehegattenunterhalt 10/247
  negative Tatsachen 10/242
  sekundäre Darlegungslast 10/244
  substantiiertes Erwidern 10/243
  Unterhaltsbefristung 10/244
  Unterhaltsbegrenzung 10/244
  Wechsel des Unterhaltstatbestandes 10/246
  Wegfall der Privilegierung beim Kindesunterhalt 10/247
Darlehen
  Tilgung 1/341, 1/358, 1/385
  auf Unterhalt 1/661
Darlehen (statt Unterhalt) 6/224, 6/241
Dauer der Ehe
  s. a. Lange Ehedauer
  als Billigkeitskriterium für die zeitliche Begrenzung oder Herabsetzung des Unterhalts (§ 1578 b I u. II BGB) 4/1019
Dauerhafte Verbindung zu neuem Partner 4/1273

DDR ehemalige
  s. Neue Bundesländer
„deckungsgleiches Hauptsacheverfahren"
  einstweilige Anordnung 10/406
Deckungsmasse 5/38 f.
Definition der Unterhaltspflicht
  international 9/9 f.
Deputate in der Land- und Forstwirtschaft
  als Sachbezüge 1/91
Devisenkurse
  und Verbrauchergeldparität 9/38 ff.
  in verschiedenen Ländern 9/42 ff.
Diebstahl am Arbeitsplatz 4/654
Dienstwagen
  als Sachbezüge 1/91
Differenzmethode 4/817
  Einkommensanrechnung nach D. 4/934
Direktabzug
  s. Anrechnungsmethode
Direktversicherung
  als Abzugsposten 1/1034
Disagio 1/340
Dispositionsmaxime
  Beschwerde (§§ 58, 117 FamFG) 10/537
Divergenz
  Rechtsbeschwerde, Endentscheidungen (§§ 70–75 FamFG) 10/612
Doppelberücksichtigung 1/900
Doppelte Anspruchsvoraussetzungen
  einstweilige Unterhaltsanordnung bei Feststellung der Vaterschaft (§ 248 FamFG) 10/477
  einstweilige Unterhaltsanordnung vor Geburt eines Kindes (§ 247 FamFG) 10/465
Doppelte Haushaltsführung
  als berufsbedingte Aufwendungen 1/143
  Kraftfahrzeugkosten 1/1047
Doppeltitulierung
  vereinfachtes Verfahren über den Unterhalt Minderjähriger 10/643
Doppelverdienerehe 4/416, 4/815
  mit zeitweiligem Aussetzen wegen Kinderbetreuung 4/422
Doppelverwertung
  bei Unterhalt und Zugewinn 4/480
Doppelvollstreckung
  und Außerkrafttreten der einstweiligen Anordnung 10/452
Dreistufiger Instanzenzug
  Rechtsmittel in Unterhaltssachen 10/497
Dreiteilung
  Bedarfsberechnung durch Dreiteilung 4/805 ff.
Drittbetreuung des Kindes 2/419
Drittelmethode 4/669, 5/107
Drittelrechnung
  s. Dreiteilung, Gleichteilung
Dritter als Bote
  Auskunfts-, Beleg- und Versicherungsverfahren 10/347
Drittschuldnerverfahren 10/343 f.
  eingeschränkte Pfändbarkeit der Unterhaltsrente 10/343

Sachverzeichnis

familiengerichtliche Zuständigkeit 10/344
materielles Unterhaltsrecht 10/344
ordentliches Streitverfahren 10/344
Taschengeldanspruch 10/343
vollstreckungsrechtliche Vorgaussetzungen 10/344
Drogenabhängigkeit 4/1296 ff.
Durchbrechung der Rechtskraft
Verfahren wegen Schadensersatz 10/339
Durchschnittseinkommen 1/25
bei Unselbständigen 1/72
Düsseldorfer Tabelle 2/315 ff.
Abänderung des Unterhalts bei Neufassung der Tabelle 2/339
Abschläge bei den Bedarfssätzen 2/343 ff.
Altersstufen 2/312, 2/330
Änderungen 2/322
anrechenbares Nettoeinkommen 2/412
Aufenthalt und Betreuung des Kindes 2/336
Barunterhalt 2/323
Bedarfsbemessung 2/311 ff.
Bedarfskontrollbetrag 2/351 ff.
Beitrittsgebiet 2/313, 2/316, 2/321
berufsbedingte Aufwendungen 2/412
Darlegungs- und Beweislast 2/342
dynamischer Unterhalt 2/362
eigener Haushalt des minderjährigen Kindes 2/337
eigener Haushalt des volljährigen Kindes 2/515 ff.
Eingruppierung bei Unterhaltstitel eines anderen Berechtigten 2/340
Einkommensermittlung 2/332, 2/412
Einkommensgruppen 2/321, 2/331 ff.
Erhöhung der Tabellensätze um Betreuungskosten 2/336
Euro 2/318
und Existenzminimum 2/325
Geltungsdauer 2/339
Herabgruppierung 2/343 ff.
Höhergruppierung 2/343 ff.
hohes Einkommen des Pflichtigen 2/341
Kindergeld 2/335 ff., 2/413
Krankenversicherung des Kindes 2/327
notwendiger Selbstbehalt 2/385
Ost-West-Fälle 2/324 ff.
Pauschalierung aller Lebenshaltungskosten 2/324, 2/326 ff., 2/329
Pflegeversicherung des Kindes 2/328
privilegierte volljährige Kinder 2/519, 2/590
Prozentsatz 2/362
Regelbetrag 2/312 ff., 2/358 ff.
als Richtlinie 2/317
Studentenunterhalt 2/509 ff.
Tabelle Kindesunterhalt, Stand 1. 1. 2008 2/319
Tabelle Kindesunterhalt, Stand 1. 7. 2007 2/320
Überschreitung der Tabellensätze bei besonders günstigem Einkommen 2/227, 2/341
Volljährigenunterhalt 2/503 ff.
Volljähriger im Haushalt der Eltern 2/518 ff.
Vortabellen für Beitrittsgebiet 2/321
Wohnkosten 2/326

Zusammenleben des Kindes mit betreuendem Elternteil 2/336
Zuschläge bei den Bedarfssätzen 2/343 ff.
Dynamischer Unterhalt 2/311, 2/314, 2/358 ff.
Abänderungsklage 2/358
Düsseldorfer Tabelle 2/361 ff.
Existenzminimum 2/361
Kindergeld 2/364
Klageantrag 2/365
Mindestunterhalt 2/358 ff.
Mindestunterhalt (Prozentsatz) 2/314
Regelbeträge 2/312
Staffelunterhalt 2/359
Urteil 2/359, 2/364
vereinfachtes Verfahren 2/358
beim volljährigen Kind 2/360

Effektiver Rechtsschutz
Anhörungsrüge (§ 321 a ZPO) 10/623
Eheähnliches Zusammenleben 4/1273
ohne gemeinsamen Wohnsitz 4/1273
Eheangemessener Selbstbehalt 2/395, 2/545, 4/971
s. a. Eigenbedarf des Verpflichteten
und angemessener Selbstbehalt beim Kindesunterhalt 2/247
Berücksichtigung sonstiger Verbindlichkeiten 4/973
aus Quote und Mehrbedarf 4/972
Eheaufhebung 1/6
Ehebedingte Nachteile
als Billigkeitskriterium für die zeitliche Begrenzung oder Herabsetzung des Unterhalts (§ 1578 b I u. II BGB) 4/1003 ff., 4/1011, 4/1015
Darlegungs- und Beweislast im Abänderungsverfahren (§ 238 FamFG) 10/244
Ehebedingte Verbindlichkeiten 1/1074 ff., 1/1083 ff.
s. näher: berücksichtigungswürdige Schulden
Ehedauer
s. Dauer der Ehe; lange Ehedauer
Ehegattenmindestselbstbehalt 3/89
Konkurrenz zwischen mehreren Ehegatten 3/89
Ehegattenselbstbehalt 5/5
Ehegattenunterhalt
s. a. Bedarfsbemessung beim Ehegattenunterhalt, mehrere Ehegatten, Trennungsunterhalt
aktuelle Rechtslage 4/3
Anwendbarkeit des deutschen Unterhaltsrecht 4/4
Ausübungskontrolle 6/604
Bedarf 4/12
Bedürftigkeit 4/11
Begrenzung des Unterhalts nach § 1578 b BGB 6/609
Darlegungs- und Beweislast 6/708 ff.
Einwand unzulässiger Rechtsausübung 6/605
Entstehungsgeschichte 4/1
Geschäftsgrundlage der Unterhaltsvereinbarung 6/606

2347

Sachverzeichnis

Gesetzesänderungen 6/608
bei Gütergemeinschaft 6/402 ff., 6/413 ff.
Haushaltsführung 4/422
Kinderbetreuung in der Ehe 4/422
Sittenwidrigkeit 6/604
Trennungsunterhalt 4/21 ff.
Unterhaltsbemessung 1/33 ff.
Unterhaltsverträge 6/600
Vertragsauslegung, ergänzende 6/605
Voraussetzungen bei Pflichtigen 4/17
Wirksamkeits- und Ausübungskontrolle 6/600
Wirksamkeitskontrolle 6/605
Ehegattenzuschlag
nach § 33 a BVG als Einkommen 1/650
Eheliche Lebensgemeinschaft
bei ersparte Aufwendungen durch Zusammenleben 4/585 ff.
Eheliche Lebensverhältnisse 4/580 ff.
s. a. *Bedarfsbemessung beim Ehegattenunterhalt; Berechnungsmethoden; prägendes*
Abfindung 4/563
Abfindung bei unveränderten Einkünften 4/604
kein Abzug bei einseitiger Vermögensbildung 4/434
Abzug Kindesunterhalt Minderjähriger 4/440 ff.
Abzug Kindesunterhalt privilegierte Volljährige 4/440 ff.
Abzug Steuern 4/437
aktuelle Einkommensverhältnisse 4/416
Alleinverdienerehe 4/416
Altersteilzeit 4/564
bei Änderung Ausgaben 4/553, 4/662 ff.
bei Änderung berufsbedingter Aufwendungen 4/433
Änderung der Rechtsprechung bei Ausübung Familienarbeit 4/422 ff.
Änderung des Einkommens
– beim Bedürftigen 4/557 ff.
– bei Normalentwicklung 4/552 ff.
– beim Pflichtigen 4/557 ff.
– nach der Trennung 4/592, 4/605 ff.
– vor Trennung 4/471
– nach Trennung oder Scheidung 4/410, 4/469 ff., 4/580 ff.
– zwischen Trennung und Scheidung 4/410, 4/650 ff.
bei Änderung Einkommen 4/551 ff., 4/557 ff., 4/650 ff., 4/654 ff.
bei Änderung Kindesunterhalt 4/434
Änderung Steuerklasse Pflichtiger bei Wiederverheiratung und Vorrang erster Ehegatte 4/437
bei Änderung Steuern 4/433 ff.
bei Änderung Vorsorgeaufwendungen 4/433
Änderungen Ausgaben nach Scheidung 4/476
Änderungen im Ausgabenbereich nach Trennung/Scheidung 4/553
Aneinanderreihung von Ehetypen 4/416
bei Arbeitsplatzwechsel 4/563, 4/650 ff.
bei aufgedrängter Vermögensbildung 4/462
bei Aufnahme einer unzumutbaren Tätigkeit 4/583 ff.
bei Aufnahme oder Erweiterung einer Erwerbstätigkeit 4/422 ff., 4/473, 4/580 ff.
Ausgaben 4/418
Auswirkung Entscheidung BVerfG vom 25. 1. 2011 4/428 ff.
Bedarf 4/750 ff., 4/763, 4/801
Bedarfsbemessung 4/408 ff., 4/432 ff., 4/750 ff., 4/760 ff., 4/763 ff., 4/772 ff., 4/801
Bedarfsbemessung bei Vermögensbildung 4/453 ff.
Begrenzung nach § 1578 b BGB 4/421
Begriff 4/408 ff.
bei berücksichtigungswürdigen Ausgaben 4/752, 4/755
berücksichtigungswürdige Abzugsposten 4/433 ff., 4/471
berücksichtigungswürdige Ausgaben 4/413, 4/432
berufliche, gesundheitliche, familiäre Faktoren 4/418, 4/422
bei beruflichem Aufstieg 4/477, 4/559 ff., 4/574
berufsbedingte Aufwendungen 4/437
Berufswechsel 4/569
Betreuungsbonus 4/438
Darlegungs- und Beweislast 4/415, 4/578
Dienst- und Fürsorgeleistungen 4/422
Doppelverdienerehe 4/416
Doppelverdienerehe mit zeitweiliger Aussetzung Berufstätigkeit 4/416
Ehegatten und Ansprüche nach § 1615 l BGB 4/448 f.
Einkommensänderung durch Wiedervereinigung 4/577
Einkommensänderungen 4/551 ff.
Einkommenserhöhungen 4/410, 4/560, 4/565
Einkommensminderungen 1/33, 4/410, 4/561 ff., 4/652, 4/654 ff.
Einkommenssenkungen 4/426, 4/430, 4/475
Einkommensverbesserungen 1/33, 4/652
Entscheidung BVerfG vom 25. 1. 2011 4/412, 4/427, 4/471
Erhöhung Arbeitslosengeld bei Verheirateten 4/579
Erwerbstätigenbonus 4/773 ff., 4/782 ff.
Familienzuschläge bei Wiederverheiratung 4/579
Familienzuschläge für Kinder 4/579
Familienzuschläge für Stiefkinder 4/579
fiktive Erwerbseinkommen der Bedürftigen 4/552
fiktive Steuerberechnung 4/437
bei fiktivem Einkommen des Bedürftigen 4/552, 4/606 ff., 4/655
bei fiktivem Einkommen des Pflichtigen 4/552, 4/607 ff., 4/652, 4/655
fiktives Einkommen als Surrogat 4/580 ff.
geänderte Rechtsprechung des BGH 4/410
bei Geburt eines Kindes nach Scheidung 4/440
Gehaltsbestandteile bei Wiederverheiratung 4/579
bei gehobenen Einkünften 4/458
gleichrangige Ehegatten 4/448

Sachverzeichnis

gleichrangiger Ehegatte und Anspruch nach
§ 1615 l BGB 4/448
gleichwertige Haushaltstätigkeit 4/416
Grundstein für berufliche Entwicklung 4/566 ff.
bei guten Einkommensverhältnissen und zusätzlichen Vermögenseinkünften 4/463, 4/478
Halbteilungsgrundsatz 4/750 ff., 4/773
bei Haushaltsführung 4/422
Haushaltsführung für einen neuen Partner 4/552, 4/587 ff.
Haushaltsführung und Kinderbetreuung in Ehe 4/416, 4/418
Haushaltsführungsehe 4/416
bei Karrieresprung 4/477
kein Stichtagsprinzip 4/426, 4/429
keine Lebensstandardgarantie 4/426
bei Kinderbetreuung 4/422
Kinderbetreuung in der Ehe 4/416
Kinderbetreuungskosten 4/438
Kindesunterhalt für Kinder aus neuer Ehe 4/440
Kindesunterhalt minderjähriges Kind 4/440 ff.
Kindesunterhalt volljähriges Kind 4/445
konkrete Bedarfsermittlung 4/763 ff.
Konsumverhalten 4/463 ff.
Kritik an Entscheidung BVerfG 4/428
kurzfristige Einkommensänderungen 4/419
latente Unterhaltslasten 4/447
keine Lebensstandardgarantie 4/410, 4/411, 4/469
bei Leistungsbeförderung 4/477, 4/574
Maßstab 4/408 ff., 4/750 ff.
Mehrbedarf 4/418
Mieteinkünfte 4/591 f.
kein Mindestbedarf 4/756
nach Trennung/Scheidung entstandene neue Ausgaben 4/434 ff.
nachehelicher Unterhalt 4/408 ff.
nachrangige Unterhaltslasten 4/447
nachrangiger Ehegatte 4/449
Nachteilsausgleich 4/411
Negativeinkünfte 4/456
neue Ausgaben bei nichtprägenden Einkünften Pflichtiger 4/434
neue Ausgaben nach Trennung/Scheidung 4/426, 4/430 ff.
neue Steuerlast 4/437
neuer Ehegatte 4/431, 4/752
nichtprägender Mehrverdienst 4/581
nichtprägendes Einkommen 4/420, 4/477 ff., 4/554, 4/570 ff., 4/598 ff., 4/668, 4/891 ff.
nichtprägendes Einkommen Pflichtiger und neue Ausgaben 4/573
Normalentwicklung 4/557, 4/650 ff.
Nutzungsentschädigung 4/591
Obergrenze 4/760 ff.
objektiver Maßstab 4/463 ff.
objektiver Maßstab nach früherer Rechtsprechung 4/454
prägendes Einkommen 4/416 ff., 4/432 ff., 4/471 ff., 4/550 ff., 4/557 ff., 4/580 ff., 4/596 ff., 4/605 ff., 4/655 ff., 4/662 ff.
Quotenunterhalt 4/772 ff.

bei Regelbeförderung 4/561 ff.
Rückführung Schulden 4/465
Sättigungsgrenze 4/760 ff.
Schulden 4/439
Stichtagsprinzip 4/469
Strafhaft 4/567
Surrogat
– über Einkommen Pflichtiger 4/582
– der Familienarbeit 4/422, 4/551 ff., 4/580
– der Familienarbeit bei kurzem Zusammenleben 4/580
– der Haushaltsführung 4/473
– bei Veräußerung Familienheim 4/474, 4/591 ff., 4/595 ff., 4/596 ff.
– bei Vermögenseinkünften 4/591 f.
– von Vermögenseinkünften 4/551 f.
tatsächliche Steuerlast 4/437
nach Trennung entstandener Vermögenseinkünfte 4/554
trennungsbedingter Mehrbedarf 4/406
Trennungsunterhalt 4/408 ff.
überobligatorische Tätigkeit 4/552
Unterhalt nach Scheidung geborene Kinder 4/428, 4/430
Unterhaltsbedarf 4/400 ff.
unterhaltsrechtlich vorwerfbares Verhalten 4/609
unternehmerische Leistung 4/575
bei Veräußerung des Eigenheimes 1/557 ff., 4/591 ff., 4/595 ff., 4/596 ff.
Vereinfachungsgrundsatz 4/470
bei vermögensbildenden Ausgaben 4/453 ff.
Vermögenseinkünfte 4/551 f.
bei Vermögenseinkünften 4/474, 4/591 ff.
bei Verselbständigung 4/650 ff.
verteilungsfähiges Einkommen 4/757, 4/778
Vorabzug Elternunterhalt 4/447
Vorabzug nachrangiger Unterhalt 4/445 ff.
Vorabzug volljähriger Kinder und angemessener Bedarf 4/445
vorrangiger Ehegatte 4/449
Vorsorgeaufwendungen 4/437
Wandelbarkeit 4/410, 4/413, 4/416, 4/424, 4/426, 4/429 ff., 4/469 ff., 4/470
bei Wegfall von Kindesunterhalt 4/667, 4/676
bei Wegfall von Schulden 4/665
Werbungskosten/Betriebsausgaben 4/437
wirtschaftlicher Wert Haushaltsführung 4/422
Wohnwert 1/535 ff., 4/591 f.
Zeitpunkt 4/469 ff.
Zeitpunkt der Veränderungen 4/410
Zinseinkünfte 4/591 f.
Zinseinkünfte aus Erbschaft, Lottogewinn 4/554, 4/598 ff.
Zinseinkünfte aus Erbschaft nach Trennung 4/478
Zinseinkünfte bei hohem Einkommen 4/603
Zugewinn als Surrogat 4/474

Ehrenamtliche Tätigkeiten
Anrechnung von Entschädigungen als Einkommen 1/74

Eidesstattliche Versicherung
Abgabe beim Vollstreckungsgericht 1/1198

Sachverzeichnis

allgemein 1/1195 ff.
Auskunfts-, Beleg- und Versicherungsverfahren 10/356
bei Betrugsversuch 1/1197
Darlegungs- und Beweislast 1/1195
Durchsetzung 1/1198
bei eigenen Erkenntnissen des Berechtigten 1/1195
ergänzende Auskunft 1/1196
freiwillige Abgabe 1/1198
nicht bei geringer Bedeutung 1/1197
mangelnde Sorgfalt bei Auskunft 1/1196
bei unsorgfältiger Auskunft 1/1195
Verfahrenswert im Stufenverfahren (§ 254 ZPO) 10/365
Verhältnis zur Vollstreckung der Auskunft 1/1195
Eigenbedarf des Verpflichteten 2/923 ff., 4/970
s. a. Selbstbehalt, angemessener bzw. notwendiger Selbstbehalt
billiger Selbstbehalt 5/5
eheangemessener Eigenbedarf 4/970, 5/5,
s. a. eheangemessener Selbstbehalt
und seines Ehegatten beim Elternunterhalt 2/962
beim Elternunterhalt 2/949
– Bonus von 50% 2/949
– Erhöhung des großen Selbstbehalts 2/953
– konkrete Bemessung 2/949
– latente Unterhaltslast 2/949
– pauschalierte Bemessung 2/953
– Wohnvorteil 2/954
– Zurücknahme einer luxuriösen Lebensführung 2/954
Relativität 5/1
im Verwandtenunterhalt 2/923 ff.
– Zusatzaufwand für Altersvorsorge 2/923, 2/929
Eigener Haushalt
s. a. Studentenunterhalt
des minderjährigen Kindes 2/337, 2/418
des volljährigen Kindes 2/503, 2/508 ff., 2/515 ff.
Eigenheimzulage 1/519, 1/857
als Einkommen 1/669
Eigenkapital
s. Kapital
Eilmaßnahmen
s. einstweilige Unterhaltsanordnung
Eilzuständigkeit
Auslandsbezug 9/671
Eingangsgericht
Beschwerde (§§ 58, 117 FamFG) 10/503
Eingeschränkte Leistungsfähigkeit
Abbau von Überstunden 1/749
vereinfachtes Verfahren über den Unterhalt Minderjähriger 10/666
Vorruhestand 1/749
einheitliche Gewinnfeststellung 1/275
Einigung über Rang bei Kindern 5/123
Einkaufsrabatte
als Sachbezüge 1/91

Einkommen
s. a. Fiktives Einkommen
allgemein 1/21
Einkommensteuer *siehe dort*
freiwilliger Arbeitsplatzwechsel 1/757
und Sozialleistungen 8/12
Sozialleistungen als E. 8/5
unterschiedliche Berücksichtigung beim Kindes- und Ehegattenunterhalt 1/31 ff., 1/33
zu versteuerndes Einkommen 1/875
Einkommen der Eltern beim Kindesunterhalt
anrechenbares Nettoeinkommen 2/412, 2/568 ff.
und Bedarfsbemessung 2/200, 2/205 ff.
besonders günstiges E. 2/226 ff., 2/341, 2/424, 2/514, 2/529
nach der Düsseldorfer Tabelle 2/332
Ehegattenunterhalt nach E. 2/247, 2/377, 2/566
Einkommensänderungen 2/210
fiktives Einkommen 2/207, 2/567
Kindergeld als Einkommen 1/677, 2/262, 2/335
und Lebensstellung des Kindes 2/205 ff.
im Unterhaltszeitraum 2/210
vergleichbare Einkommen bei Haftung beider Eltern 2/425 ff., 2/568 ff.
Wirtschaftsgeld 2/255
Einkommen des barunterhaltspflichtigen Elternteils
Bedarf des Kindes 2/206
Einkommen des Kindes 2/107 ff.
Anrechnung auf Bar- und Betreuungsunterhalt 2/118 ff., 2/414, 2/493
Anrechnung auf den Bedarf 2/259, 2/493
Ausbildungsvergütung 2/112 ff.
freiwillige Zuwendungen Dritter 2/121 ff.
nichteheliche Lebensgemeinschaft 2/111
Vermögenserträge 2/132
des Volljährigen 2/474
Werkstudentenarbeit 1/101, 1/827, 2/109
Wohngemeinschaft 2/111
Einkommensänderung
s. eheliche Lebensverhältnisse
Einkommensänderung nach Scheidung 4/666 ff.
Arbeitsplatzverlust 4/654 ff.
Arbeitsplatzwechsel 4/650 ff.
beruflicher Aufstieg 4/565 ff.
berufsbedingte Aufwendungen 4/664
als Endpunkt 4/666 ff.
erstmalige Erwerbstätigkeit 4/580 ff.
erstmaliger Rentenbezug 4/676 ff.
erwartete Veränderung 4/667, 4/674
Fortsetzung der Erwerbstätigkeit 4/682
Lohnsteuer 4/664
neue Schulden 1/1084, 4/439
neue Unterhaltslasten 1/1122 ff., 4/440 ff.
Regelbeförderung i. ö. D. 4/565
Verselbständigung 4/650
Vorsorgeaufwendungen 4/664
Wegfall von Unterhaltslasten 4/667 ff.
Wegfall von Verbindlichkeiten 4/665

Sachverzeichnis

Einkommensänderung nach Trennung
Erhöhungen und Minderungen 4/674
Einkommensarten 1/22
Einkommenserhöhungen
eheliche Lebensverhältnisse 4/410, 4/473
Einkommensermittlung
s. a. Gewinnermittlung
bei abhängig Beschäftigten 1/65
alternative Methoden 1/438
aus steuerlichen Unterlagen 1/420
wegen Bemühungen um Erlangung des Sorgerechts 4/661
durch richterliche Ermittlung 1/45
im Sozialhilferecht 8/30 ff.
Einkommenskürzung
zur Arbeitsplatzsicherung 1/758
Einkommensminderung
Absehbarkeit 1/754
durch beruflichen Wechsel 1/753
eheliche Lebensverhältnisse 4/410
ohne leichtfertiges Verhalten 1/753 ff.
prägend 4/561 ff., 4/652, 4/655, 4/656
Rücklagenbildung 1/753
Zumutbarkeitsabwägung 1/753 ff.
Einkommenssenkung
eheliche Lebensverhältnisse 4/475
Einkommenssteigerung
nichtprägend 4/571 ff., 4/653
nichtprägend bei Karrieresprung 4/581
prägend 4/560, 4/565 ff.
Einkommensteuer
s. a. Steuern
Abgeltungssteuer 1/895
als Abzugsposten 1/1009
Abzugsposten bei der Einkommensermittlung 1/970 ff.
Abzugsteuer 1/892
Altersentlastungsbetrag 1/876
Aufteilung bei Trennung 1/937
außergewöhnliche Belastungen 1/882
Berechnung 1/930
Doppelberücksichtigung 1/995
Durchschnittssteuersatz 1/857
Einkommenssteuerhinweise 1/860
Einkommenssteuerrichtlinien 1/860
Einkommensteuerrichtlinien 1/862
Einzelveranlagung s. Veranlagung
Entstehung 1/887
Erstattung 1/940, 1/943
Gesamtschuld 1/929
getrennte Veranlagung s. Veranlagung
Grenzsteuersatz 1/858
Grundfreibetrag 1/851, 1/922, 1/1001
Grundtabelle 1/889, 1/900, 1/903
Haftungsbeschränkung 1/929
In-Prinzip 1/970 ff.
Kapitalertragsteuer 1/894
Kinderbetreuungsleistungen 1/880
Nachzahlung 1/943
Prüfungszeitraum 1/69 ff., 1/420 ff., 1/970
Realsplitting s. dort
Sonderausgaben 1/879

Splittingtabelle 1/889, 1/900, 1/903
Steuerpflicht s. dort
Steuersätze 1/857
Übertragung von Einkommensquellen 1/996 f.
Verlustabzug 1/878
Vorauszahlung 1/890
Vorsorgeaufwendungen 1/881
Zinsabschlagsteuer 1/894
Zugewinnausgleich 1/995
Einkommensteuerbescheid
Auskunfts-, Beleg- und Versicherungsverfahren 10/346
Spekulationsgewinne 1/1181
Steuerrückerstattung 1/1180
Vorlagepflicht 1/1180
Einkommensteuererklärung
Vorlagepflicht 1/1181
Einkünfte
s. a. die nachfolgenden, spezielleren Stichwörter
Abgeordnetenentschädigung 1/74
Auslandsdienstbezüge 1/74
Barbezüge aller Art 1/74
Behindertenwerkstatt 1/74
aus Beteiligung an Personengesellschaften 1/271 ff.
Betreuerentschädigung 1/74
Direktversicherung 1/74
Erfindervergütung 1/74
Erwerbseinkünfte 1/55
Erwerbsersatzeinkünfte 1/57
Familienzuschlag des Beamten 1/75
aus Gewerbebetrieb 1/162 ff.
Gewinneinkünfte s. dort
Haushaltszulage der EU 1/74
Heimarbeiterzuschlag 1/74
Kinderzuschuss 1/74
Krankenhaustagegeld 1/74
aus Land- und Forstwirtschaft 1/265 ff.
Ministerialzulage 1/74
aus Nebentätigkeiten 1/96
durch Pflegegeld 1/691
Prämien und Zulagen 1/74
Prognose 1/73
Schüler und Studenten 1/101 ff.
aus selbständiger Tätigkeit 1/250 ff.
Sonderzuwendungen 1/74
sonstige 1/58
Teilhabe am Chefarztpool 1/74
Trinkgelder 1/74
Übergangsbeihilfe 1/74
aus Vermögen 1/600 ff.
Vermögenseinkünfte 1/56
Vermögenswirksame Leistungen 1/74
Einkünfte aus abhängiger Arbeit
berufsbedingte Aufwendungen 1/122
Bruttoeinnahmen 1/65
Nebentätigkeiten 1/96
Prüfungszeitraum 1/69
Sachbezüge 1/91
typische Bruttoeinnahmen 1/74
weitere berufsbedingte Aufwendungen 1/141 ff.

Sachverzeichnis

Einkünfte aus freiwilligen Zuwendungen Dritter
allgemein 1/708 ff.
Anrechnung im Mangelfall 2/121, 5/73 f.
fiktive Vergütung für Versorgungsleistungen 1/715 ff.
beim Kindesunterhalt 2/121 ff., 2/207, 2/495, 2/555
Leistungen eines neuen Partners 1/709
Wohnungsgewährung für Kinder 1/720
Wohnungsgewährung nach Trennung 1/714
Zuwendungen eines neuen Partners 1/709
Einkünfte aus Nebentätigkeiten
bei Rentnern 1/658 f.
bei Schülern u. Studenten 1/825, 1/827, 2/109
überobligatorische Tätigkeit 1/828 ff.
Einkünfte aus Renten
Nebeneinkünfte 1/658
Einkünfte aus sozialstaatlichen Zuwendungen
Ausbildungsbeihilfe und Ausbildungsgeld 1/701 f.
BAföG-Leistungen 1/670 ff.
Eigenheimzulage 1/669
Kindergeld 1/677 ff.
Kinderzuschlag 1/684 ff.
Leistungen nach dem Stiftungs- und Kindererziehungsleistungsgesetz 1/689 ff.
Pflege- und Erziehungsgeld 1/689 ff.
Wohngeld 1/665 ff.
Einkünfte aus Unterhalt 1/721 ff.
Taschengeldanspruch 1/724
Einkünfte aus unzumutbarer Tätigkeit 1/800
Abgrenzung zur zumutbaren Tätigkeit 1/800 ff.
Anrechnung beim Ehegattenunterhalt 1/815
Anrechnung beim Kindesunterhalt 1/825 ff., 2/443
Anrechnung beim Pflichtigen 1/828 ff.
Anrechnung nach altem Recht 1/821
Aufnahme Erwerbstätigkeit trotz Kinderbetreuung nach Trennung 1/804
des Berechtigten 1/803 ff., 1/815 ff.
Betreuungsbonus 1/839
eines Elternteils bei Geschwisterbetreuung 2/443
Erwerbstätigkeit trotz Betreuung kleiner Kinder 1/803 ff.
bei Haushaltsführung für neuen Partner 1/820
bei Kinderbetreuung durch Pflichtigen 1/828, 1/839
Nebentätigkeiten 1/99
bei Nebentätigkeiten 1/828, 1/829
des Pflichtigen 1/828 ff.
prägendes Einkommen 1/837 ff.
bei Rentnern 1/828, 1/830, 1/838
Schüler und Studenten 1/102 ff.
bei Schülern 1/827, 2/52, 2/109
teilweise Anrechnung 1/99
bei Überstunden 1/828
volljähriger Schüler bis 21 Jahre 1/826
Werkstudent 1/827, 2/109
bei Zweitarbeit 1/829 ff.

Einkünfte aus unzumutbarer Tätigkeit bei Kinderbetreuung
anrechnungsfreier Betrag 1/812 ff.
bei Betreuung behinderter Kinder 1/804
des Pflichtigen als prägendes Einkommen 1/805
Einkünfte aus Vermietung oder Verpachtung
Abschreibungen 1/456
Abschreibungsmodell 1/459
allgemein 1/450 ff.
Art der Einnahmen 1/453
Ausgaben 1/454 ff.
fiktive Mieteinnahmen 1/460 ff.
Finanzierungskosten 1/457
bei Gütergemeinschaft 1/466
Mieteinnahmen bei gemeinsamem Objekt 1/460
Negativeinkünfte bei einseitiger Vermögensbildung 1/459
Negativeinkünfte bei gemeinsamer Vermögensbildung 1/459
Obliegenheit zur Teilvermietung 1/462
Obliegenheit zur Vermietung an ein volljähriges Kind mit eigenem Einkommen 1/463
Obliegenheit zur Vermietung und Nutzung 1/461
schwankende Mieteinnahmen 1/451
Tilgung bei Abzahlungen 1/457
Überschussrechnung 1/451
Werbungskosten 1/454
Wohnwert s. Wohnvorteil
Zinsen bei Abzahlung 1/457
Zurechnung fiktiver Einkünfte bei unterlassener Vermietung 1/461 ff.
Einkünfte aus Vermögen
allgemein 1/56, 1/600 ff.
Verwertung des Vermögensstammes s. dort
Einkünfte aus Wohnwert
s. Wohnvorteil
Einkunftsarten 1/51 ff.
Einkommen aus abhängiger Arbeit 1/65
Einkommen aus Pensionen, Renten 1/646 ff.
Einkommen aus Schmerzensgeld 1/726
Einkommen aus sozialstaatlichen Zuwendungen 1/664 ff.
Einkommen aus Unterhaltsleistungen 1/721 ff.
Einkommen aus unzumutbarer Tätigkeit 1/800 ff.
Einkommen aus Vermietung oder Verpachtung 1/450 ff.
Einkommen aus Vermögen 1/600 ff.
freiwillige Leistungen Dritter 1/708 ff.
bei Strafhaft 1/731
Wohnvorteil im Eigenheim 1/473
Einlagen 1/196, 1/236 ff., 1/243, 1/264, 1/393
Einlegung und Begründung
Anschlussbeschwerde (§§ 66, 117 II FamFG) 10/593
Einleitung des Hauptsacheverfahrens
Anhörungsrüge (§ 321 a ZPO) 10/624
Fristsetzungsantrag (§ 52 II FamFG) 10/431

Sachverzeichnis

Einleitung eines deckungsgleichen Hauptsacheverfahrens
einstweilige Unterhaltsanordnung bei Feststellung der Vaterschaft (§ 248 FamFG) 10/478
Einnahmen-Überschuss-Rechnung 1/250 ff.
Belege 1/255 ff.
Unterschied zur Gewinn- und Verlustrechnung 1/253, 1/257 ff.
Zuflussprinzip 1/257 ff.
Einsatzbeträge für proportionale Kürzung im verschärften Mangelfall
E. für Gatten nach Gattenquote 5/155
feste E. für Gatten 2/266
Einsatzzeitpunkte
s. a. *Anschlussunterhalt*
des Wegfalls des Erwerbslosigkeitsunterhalts bei dessen zeitl. Begrenzung 4/1010
Einseitige Vermögensbildung
berücksichtigungswürdige Schulden 1/1089, 1/1092
eheliche Lebensverhältnisse 4/453 ff.
Einseitiges Leistungsversprechen
Abänderungsverfahren bei Urkunden (§ 239 FamFG) 10/278, 10/281
Einstellung der Zwangsvollstreckung
einstweilige Anordnung 10/448
Feststellungsverfahren 10/328
Vollstreckungsabwehrverfahren 10/314
Wiederaufnahmeverfahren 10/379
Einstiegsgeld
zum Arbeitslosengeld II 1/112
Einstufige Berechnung des Vorsorgeunterhalts 4/889, 4/919
Einstweilige Anordnung
Auskunfts-, Beleg- und Versicherungsverfahren 10/352
bei Auslandsbezug 9/671 ff.
und Feststellungsverfahren (§ 256 ZPO) 10/315
bei Gütergemeinschaft 6/424
als Mahnung 6/125
Rückforderung 6/231
Stufenverfahren (§ 254 ZPO) 10/358
Unterhaltsrückforderung 6/204, 6/232
Einstweilige Anordnungen in Unterhaltsverfahren 10/392 ff.
abschließende Regelung 10/393
Anhörungsrüge (§ 321 a ZPO) 10/624
selbständiges Verfahren 10/394
Übergangsregelungen 10/394 f.
vereinfachtes Verfahren über den Unterhalt Minderjähriger 10/646 f.
Verfahrenskonkurrenzen 10/484
Wegfall der einstweiligen Verfügung 10/393
Einstweilige Unterhaltsanordnung als Grundtatbestand (§ 246 FamFG) 10/396 ff.
Abänderung, Aufhebung und Anfechtung 10/425 ff.
Abänderungsantrag bei Vergleich 10/424
Abänderungsantrag (§ 54 I FamFG) 10/428
Abänderungsantrag (§ 238 FamFG) 10/428
Abänderungsverfahren 10/425 ff.

abweichende Beurteilung derselben Tatsachen 10/427
akute Notlage 10/403
Akzessorietät 10/405
Altersvorsorgeunterhalt 10/398
anderweitige Regelung
– Doppelvollstreckung 10/452
– Ehescheidung 10/450
– Erfolg des Bereicherungsantrags 10/451
– § 56 I FamFG 10/449 ff.
– Rechtskraft der Endentscheidung 10/451
– strenge Identität 10/450
– Teilidentität 10/451
Anerkenntnisbeschluss 10/422
Anhängigkeit der Hauptsache, Beschwerdeinstanz 10/410
Anhängigkeit der Hauptsache, erste Instanz 10/409
Anhörungsrüge 10/436
Anordnungsanspruch 10/396 ff.
Anordnungsgrund 10/403 ff.
Anspruch auf rechtliches Gehör und Entscheidungserheblichkeit 10/436
Anwaltsbeiordnung 10/418
Anwaltszwang 10/414
Aufhebung
– Kosten 10/434
– rückwirkend 10/432
– Teilidentität 10/433
Aufhebungsantrag 10/433
– Fristwahrung 10/432
– Zulässigkeit 10/432
Aufhebungsverfahren (§ 52 II S. 3 FamFG) 10/432 ff.
Auskunft 10/401
Auskunftsstufenantrag 10/401
ausschließliche Zuständigkeit bei Anhängigkeit der Ehesache 10/411
Außerkrafttreten 10/449 ff.
Außerkrafttreten, Abweisung des Antrags im Hauptsacheverfahren 10/453
Außerkrafttreten, anderweitige Erledigung im Hauptsacheverfahren 10/454
Außerkrafttreten, Antragsrücknahme im Hauptsacheverfahren 10/452
Außerkrafttreten, Erledigung der Hauptsache im Hauptsacheverfahren 10/454
Außerkrafttreten, sonstige Fälle 10/454
außerordentlicher Rechtsbehelf 10/421
Befristung 10/398
Begründung 10/420
Beistandschaft 10/416
Bereicherungsantrag 10/442
Beschluss 10/420
Beschwer 10/426, 10/428
bezifferter Sachantrag 10/415
„deckungsgleiches Hauptsacheverfahren" 10/406
Deckungsgleichheit 10/408
Einstellung der Zwangsvollstreckung 10/448
Entscheidung über Fristsetzung (§ 52 II FamFG) 10/430

2353

Sachverzeichnis

Entscheidung über Fristsetzung (§ 52 II FamFG), Fristbemessung 10/430
Entscheidung, Vergleich und Wirkungen 10/420 ff.
Feststellungsantrag, Darlegungs- und Beweislast 10/441
Feststellungsantrag, negativer 10/438
Feststellungsinteresse 10/438
Feststellungsinteresse, Wegfall 10/440
Feststellungsverfahren (§ 56 III FamFG) 10/456 ff.
– Beschwerde 10/457
– Beschwerdeverfahren 10/458
– deklaratorischer Natur 10/456
– Endentscheidung 10/457
– keine Rechtsbeschwerde 10/459
– Kostenentscheidung 10/457
– Rechtsmittelbelehrung 10/457
– Sachantrag 10/456
– Vollstreckungsabwehrantrag 10/456
– Zuständigkeit 10/457
„fiktives Hauptsachegericht" 10/406
Fristsetzung und Einleitung des Hauptsacheverfahrens 10/431
Fristsetzungsantrag 10/429
– Beschwer 10/429
– Hilfsantrag 10/430
– Rechtsbehelfsbelehrung 10/429
– Zulässigkeit 10/430
Fristsetzungsverfahren (§ 52 FamFG) 10/429 ff.
Fristsetzungsverfahren und Verfahrenskostenhilfe 10/431
Gebot der Rechtsmittelklarheit 10/435
gerichtliche Auseinandersetzung 10/400 ff.
gesetzliche Unterhaltspflicht 10/396
keine Vollstreckbarerklärung 10/447
keine Wirksamkeitsanordnung 10/447
Krankenvorsorgeunterhalt 10/398
materielles Unterhaltsrecht 10/399
mündliche Verhandlung 10/402, 10/417 f.
Notunterhalt 10/397
öffentliche Leistungen 10/415
Perpetuatio fori 10/407
persönliche Angelegenheit 10/400
Rechtsbehelfsbelehrung 10/421
Rechtsmittel bei Kosten- und Wertfestsetzung 10/436
Rechtsmittelausschluss bei Nebenentscheidungen 10/436
Rechtsmittelausschluss und Korrekturmöglichkeiten 10/435 ff.
Rechtsschutzbedürfnis 10/428
Rechtsschutzinteresse 10/426
Regelungsbedürfnis 10/403
rückständiger Unterhalt 10/403
rückwirkende Änderung 10/427
Rückzahlung (Für-Prinzip) 10/442
Rückzahlung und Darlehensgewährung 10/445
Sachverhaltsaufklärung 10/417
Säumnisverfahren 10/422
Schadensersatz 10/446

selbständiges Überprüfungsverfahren (§ 54 II FamFG) 10/425 ff.
Sonder- und Mehrbedarf 10/398
Sonderbedarf 10/399
Sozialleistungen 10/404
summarische Prüfung 10/396, 10/417
Taschengeld 10/398
Tatsachenpräklusion 10/427
Teilbetrag 10/404
Umzugskosten 10/398
Unterhaltstitel 10/404
Unterhaltsvereinbarung 10/404
Verbundverfahren 10/412
Vereinbarungen 10/417
Verfahrensgang 10/414 ff.
Verfahrenskostenhilfe 10/418
Verfahrenskostenvorschuss 10/399
Verfahrensstandschaft 10/416
Vergleich 10/423, 10/428
Verhältnis zum Leistungsantrag im Hauptsacheverfahren 10/437
voller Unterhalt 10/397
Vollstreckung 10/447 f.
– Verfahrenskostenvorschuss 10/448
Vollstreckungsabwehrantrag 10/424, 10/441
Wahlrecht 10/397
– zwischen negativem Feststellungsantrag und Fristsetzungsantrag (§ 52 II FamFG) 10/439
– zwischen Vollstreckungsabwehr und Abänderung (§ 54 FamFG) 10/441
Wegfall der Bereicherung 10/443
– Darlegungs- und Beweislast 10/443
– Haftungsverschärfung 10/444
Wirtschaftsgeld 10/398
Zuständigkeit
– international 10/413
– örtlich und sachlich 10/406 ff.
– § 54 III FamFG 10/425
Zustellung der Antragsschrift 10/416
Zweijahressperrfrist (§ 1605 II BGB) 10/424
Einstweilige Unterhaltsanordnung bei Feststellung der Vaterschaft (§ 248 FamFG) 10/469 ff.
Abänderungsverfahren (§ 54 FamFG) 10/479
abstammungsrechtliches Hauptsacheverfahren 10/469
Amtsermittlungsgrundsatz 10/477
Anhängigkeit der Hauptsache 10/471
Anordnungsanspruch 10/472
Anordnungsgrund 10/474 f.
Antragsbefugnis 10/476
Außerkrafttreten, Abweisung des Antrags im Abstammungsverfahren 10/481
Außerkrafttreten, anderweitige Regelung 10/480
Außerkrafttreten, Antragsrücknahme im Abstammungsverfahren 10/481
Außerkrafttreten, Erledigung des Abstammungsverfahrens 10/481
Bereicherungsantrag 10/479
doppelte Anspruchsvoraussetzungen 10/477
Durchbrechung der Rechtsausübungssperre (§ 1600 d IV BGB) 10/469

Sachverzeichnis

Einleitung eines deckungsgleichen Hauptsacheverfahrens 10/478
Endentscheidung 10/477
Feststellung der Vaterschaft 10/470
Feststellungsantrag, negativer 10/479
Forderungsübergang 10/476
Gefährdung des Unterhalts 10/475
Mindestunterhalt 10/472
mündliche Verhandlung 10/477
Ratenzahlung 10/475
Rechtsmittelausschluss 10/479
Regelungsbedürfnis 10/474
Sachverständigengutachten 10/479
Schadensersatz bei Vereinbarung oder Vergleich 10/482
Schadensersatz, verschuldensunabhängig 10/482
Sicherheitsleistung 10/475
Sonderbedarf 10/472
Sperrkonto 10/475
summarisches Verfahren 10/476
unbefristeter Barunterhaltsanspruch 10/472
Unterhaltsrückstände 10/475
Verfahrensgang 10/476 ff.
Verfahrenskostenhilfegesuch für die Hauptsache 10/471
Verfahrenskostenvorschuss 10/473
voller Unterhalt 10/472
Vollstreckungsabwehrantrag 10/479
Widerantrag 10/470
Zulässigkeitsvoraussetzung 10/470
Einstweilige Unterhaltsanordnung vor Geburt eines Kindes (§ 247 FamFG) 10/460 ff.
Amtsermittlungsgrundsatz 10/466
Anordnungsanspruch 10/461
Anordnungsgrund 10/462
Aufenthaltsort der Mutter 10/463
Ausschluss von Schadensersatzansprüchen 10/468
Barunterhalt 10/468
Beistandschaft 10/464
doppelte Anspruchsvoraussetzungen 10/465
Durchbrechung der Rechtsausübungssperre (§ 1600 d IV BGB) 10/460
Fristsetzung (§ 52 II FamFG) ausgeschlossen 10/464
Glaubhaftmachung der Vaterschaft 10/465
Gutachten 10/468
Handlungsbefugnis 10/464
Hinterlegung 10/468
kein Raum für einstweilige Verfügung 10/460
Kosten der Schwangerschaft und Entbindung 10/461
Kostenersatz 10/468
Lebensstellung der nichtehelichen Mutter 10/461
Leistungen der Krankenversicherung 10/461
Mindestunterhalt 10/461
mündliche Verhandlung 10/467
Rechtsschutzbedürfnis 10/462
Regelungsbedürfnis ungeachtet möglicher Sozialleistungen 10/460
selbständiges Verfahren 10/463
Sonderbedarf 10/461

Sozialleistungen 10/462
summarisches Verfahren 10/465
Unterhaltsrückstände 10/462
Verfahrensablauf 10/463 ff.
voller Unterhalt 10/461
zeitliche Begrenzung 10/461
Zuständigkeit 10/463
Einstweilige Unterhaltsanordnungen
Beschwerde, sonstige (§ 58 FamFG) 10/601
Einstweilige Verfügung
ausgeschlossen durch einstweilige Unterhaltsanordnung vor Geburt eines Kindes (§ 247 FamFG) 10/460
Unterhaltsrückforderung 6/230
Einstweiliger Rechtsschutz
bei Auslandsbezug 9/671 ff.
internationale Zuständigkeit 9/671 ff.
vereinfachtes Verfahren über den Unterhalt Minderjähriger 10/646 f.
Verfahren wegen Schadensersatz 10/342
Einwendungen
vereinfachtes Verfahren über den Unterhalt Minderjähriger 10/662 ff.
Einwendungen, Formularzwang
vereinfachtes Verfahren über den Unterhalt Minderjähriger 10/669
Einwendungen, Monatsfrist
vereinfachtes Verfahren über den Unterhalt Minderjähriger 10/671
Elementar- und Vorsorgeunterhalt
rückwirkende Erhöhung des Unterhalts (§ 238 III S. 2 FamFG) 10/238
Elementarunterhalt
Berechnung des Vorsorgeunterhalts aus dem E. 4/858 f.
Krankheitsvorsorgeunterhalt neben E. 4/904
Vorrang vor Vorsorgeunterhalt 4/884
Vorsorgeunterhalt neben E. 4/859
Elterngeld
allgemein 1/117 ff.
Dauer 1/117
als Einkommen 1/119
Höhe 1/118
Kindesunterhalt 2/281
Eltern-Kind-Verhältnis 2/2 ff.
Adoption 2/5
eheliche und nichteheliche Kinder 2/2
Mutter 2/2
Vater 2/2
Elternunterhalt 2/939 ff.
Abzug von Verbindlichkeiten beim Pflichtigen 2/930
Altersvorsorgeaufwand als Abzugsbetrag beim Pflichtigen 2/949
Anspruch gegen verheiratetes Kind 2/962 ff.
– Darlegungslast des pflichtigen Kindes 2/968
– Eigenbedarf des nicht pflichtigen Ehegatten 2/962 ff.
– Ersparnis durch gemeinsame Haushaltsführung 2/965
– kein unangemessener Beitrag zum Familienunterhalt 2/965

Sachverzeichnis

– keine unangemessene Vermögensbildung 2/965
– Mindestbedarf des nicht pflichtigen Ehegatten 2/962 f.
– pauschalierte Mindestbedarfssätze für die Eheleute 2/968
– Taschengeldanspruch als einsetzbares Einkommen 2/962
Bedarf des Berechtigten 2/945 ff.
Bedürftigkeit 2/940 ff.
– Veräußerung der selbstbewohnten Immobilie 2/940
– zumutbare Vermögensverwertung 2/940
einsetzbares Vermögen des Pflichtigen 2/934
Erwerbsobliegenheit d. Pflichtigen 2/949
und Familienunterhalt 3/103 ff.
Grundfragen 2/939, 2/949
Heim- und Pflegekosten 2/947
Leistungsfähigkeit des Pflichtigen 2/949 ff.
Leitlinien der Oberlandesgericht
– allgemeine Hinweise 2/955
Mindestbedarf des Berechtigten 2/946
Prozesskostenvorschuss 2/920
Selbstbehalt d. Pflichtigen nach den oberlandesgerichtl. Leitlinien 2/928
Selbstbehalt des pflichtigen Kindes 2/949 ff.
– Bonus von 50% 2/953
– konkrete Bemessung 2/949
– pauschalierte Bemessung 2/953
und Sozialhilfe 2/960
– sozialhilferechtliche Vergleichsrechnung 2/961
bei Taschengeldanspruch des Pflichtigen 2/962
Vermögensreserve für Pflichtigen 2/932
Vermögensverwertung durch Pflichtigen 2/932 f., 2/956 f.
– zu belassende Vermögensreserve 2/957
Zumutbarkeitsschwelle für Erwerbsobliegenheit 2/931
Elternvereinbarung
Abänderungsverfahren bei Urkunden (§ 239 FamFG) 10/276
Ende des Unterhalts
s. Beginn und Ende des Unterhalts
Endentscheidung
Anhörungsrüge (§ 321 a ZPO) 10/623
Beschwerde (§§ 58, 117 FamFG) 10/501
Beschwerde, sonstige (§ 58 FamFG) 10/597
einstweilige Unterhaltsanordnung bei Feststellung der Vaterschaft (§ 248 FamFG) 10/477
Fristsetzungsantrag (§ 52 II FamFG) 10/430
Rechtsbeschwerde, Endentscheidungen (§§ 70–75 FamFG) 10/610
Rechtsmittel in Unterhaltssachen 10/498
Stufenverfahren (§ 254 ZPO) 10/367
Wiederaufnahmeverfahren 10/375
Endentscheidung im Abänderungsverfahren (§ 238 FamFG)
Abänderung, keine Aufhebung 10/248
Begründung 10/250
Beschluss 10/248
Einstellung der Zwangsvollstreckung 10/251

einstweiliger Rechtsschutz 10/251
Kosten 10/250
selbständiges Anordnungsverfahren 10/251
sofortige Wirksamkeit 10/250
Teilbeschluss 10/249
Teilbeschluss, horizontaler 10/249
Teilbeschluss, vertikaler 10/249
Verfahrenswert 10/251
Widerantrag 10/249
Endentscheidung im ordentlichen Streitverfahren
Anfechtung der isolierten Kostenentscheidung 10/81
Anordnung der sofortigen Wirksamkeit (§ 116 III S. 2 und 3 FamFG) 10/83 f.
Begründungspflicht, Beweiskraft und Abänderungspotenzial 10/77
Begründungspflicht und wesentlicher Verfahrensmangel 10/77
Beschlussform 10/76
Beschlussformel 10/76
Bezeichnungen im Rubrum 10/76
formelle Mindestanforderungen 10/76
isolierte Anfechtung der Kostenentscheidung 10/80
Kostenentscheidung und Maßstab (§ 243 FamFG) 10/78 ff.
Rechtsbehelfsbelehrung (§ 39 FamFG) 10/88 f.
Rubrum und Beschlusstenor (Musterbeispiel) 10/90
Schluss der mündlichen Verhandlung 10/76
Verkündung und Bekanntgabe gemäß ZPO-Verkündungsvorschriften 10/91 f.
Vollstreckungsschutz ((120 II S. 2 und 3 FamFG) 10/85 ff.
Wertfestsetzung 10/82 ff.
Endentscheidung „in der Hauptsache"
Rechtsmittel in Unterhaltssachen 10/499
Endgültige Leistungsverweigerung 6/135
Energiekosten
als Sachbezüge 1/91
England
ausländisches materielles Recht 9/133 ff.
Enkel
Sozialhilfe 2/792
Unterhaltsvorschuss 2/792
Enkelunterhalt 2/970 ff.
Abzug von Verbindlichkeiten beim Pflichtigen 2/930, 2/976
Anspruch gegen verheirateten Großelternteil 2/977
– und latente Unterhaltslast 2/977
anteilige Haftung aller Großeltern 2/970
Auskunftsansprüche d. berechtigten Enkels 2/970
Auskunftsansprüche der pflichtigen Großelternteile untereinander 2/970
Bedarf der Enkel 2/973
Bedarf u. Bedürftigkeit des Enkelkinds 2/973
Eigenbedarf der Großeltern 2/927, 2/976 f.
als Ersatzhaftung 2/970
Erwerbsobliegenheit d. Pflichtigen 2/976

Sachverzeichnis

Erwerbsobliegenheit pflichtiger Großeltern 2/976
gerichtliche Zuständigkeit 2/970
Grundfragen 2/970
Leistungsfähigkeit der Großeltern 2/923 ff.
Prozesskostenvorschuss 2/920, 2/973
Selbstbehalt d. Pflichtigen nach den oberlandesgerichtl. Leitlinien 2/928
Selbstbehalte der Großeltern 2/927, 2/976
Sonder- und Mehrbedarfs d. Enkels 2/973
als Unterhalt für die Vergangenheit 2/970
Vermögensverwertung durch Pflichtigen 2/932
Voraussetzung der großelterlichen Ersatzhaftung 2/974
Zumutbarkeitsschwelle für Erwerbsobliegenheit 2/931
Entnahmen 1/196 ff., 1/236 ff., 1/264, 1/325 f., 1/393, 1/438 ff.
Barentnahmen 1/196
Nutzungsentnahmen 1/198, 1/242
Sachentnahmen 1/198, 1/240 f.
Entreicherung 6/208 ff.
Entscheidung BVerfG vom 25. 1. 2011
Bindungswirkung 4/429
Drittelmethode 4/427
Einkommensminderungen 4/427, 4/430 ff.
Inhalt 4/427
Kritik 4/428
Entscheidung über Fristsetzung (§ 52 II FamFG)
einstweilige Anordnung 10/430
Entwurf einer Beschwerdeschrift
Beschwerde (§§ 58, 117 FamFG) 10/511
Entwurzelung 5/131
Erbenhaftung
beim nachehelichen Unterhalt 4/125
beim Trennungsunterhalt 4/84
Erbteil als Einkommen 1/642 f.
Erfindervergütungen
als Einkommen 1/74
Erfolgskonto
Buchung 1/192
Erfüllung
Einwendung im Vollstreckungsabwehrverfahren 10/154
vereinfachtes Verfahren über den Unterhalt Minderjähriger 10/666
Erfüllungssurrogat
Einwendung im Vollstreckungsabwehrverfahren 10/154
Ergänzender Auskunftsanspruch
Auskunfts-, Beleg- und Versicherungsverfahren 10/356
Erhöhter angemessener Selbstbehalt 5/6
Erhöhung und Minderung des Einkommens 4/674
Erinnerung
vereinfachtes Verfahren über den Unterhalt Minderjähriger 10/658, 10/682
Erklärung der Leistungsbereitschaft
vereinfachtes Verfahren über den Unterhalt Minderjähriger 10/670

Erkundigungspflicht
Beschwerde (§§ 58, 117 FamFG) 10/506
Erlass
Einwendung im Vollstreckungsabwehrverfahren 10/154
Erlassvertrag 6/140
Erledigung der Hauptsache
Stufenverfahren (§ 254 ZPO) 10/361
vereinfachtes Verfahren über den Unterhalt Minderjähriger 10/644
Erledigung der Hauptsache im Hauptsacheverfahren
Außerkrafttreten der einstweiligen Anordnung 10/454
Ersatzdienst
Unterhalt des Kindes 2/488
Ersatzhaftung
keine Benachteiligung durch Anspruchsübergang 2/802
eines Elternteils 2/801
bei erschwerter Durchsetzbarkeit des Anspruchs 2/914
– Darlegungs- und Beweislast 2/914
Geltendmachung des nach § 1607 II BGB übergegangenen Anspruchs 2/914
der Großeltern 2/788 ff.
von Großeltern 2/974
– Darlegungs- u. Beweislast des Enkelkinds 2/974
keine d. Verwandten bei Verwirkung des vorrangigen Anspruchs gegen Ehegatten 2/907
beim Kindesunterhalt 2/787 ff.
wegen Leistungsunfähigkeit d. Ehegatten o. Lebenspartners 2/905
bei Leistungsunfähigkeit der Vor- o. Gleichrangigen 2/910
– Darlegungs- und Beweislast 2/913
im Mangelfall 5/170, 5/179
nicht nur nach dem Stamm des ausfallenden Verwandten 2/910
Scheinvater 2/803
Zeitdauer 2/913, 2/914
Ersparnis durch gemeinsame Haushaltsführung
notwendiger Selbstbehalt 2/393
Ersparnis durch Zusammenleben
keine freiwillige Leistung 4/585
mit (neuem) Ehegatten 4/585
mit neuem Partner 4/587 ff.
Erstattungsanspruch
Rentennachzahlung 10/160
Erstattungsverfahren bei Unterhaltsleistungen 10/337 f.
Rentennachzahlungen 10/337
Verfahrenskostenvorschuss 10/337 a
zins- und tilgungsfreies Darlehen 10/337
Erstmalige Unterhaltsfestsetzung (§ 249 II FamFG)
vereinfachtes Verfahren über den Unterhalt Minderjähriger 10/643
Erwerbsbonus
s. *Erwerbstätigenbonus*

Sachverzeichnis

Erwerbseinkünfte 1/55, 1/57
s. a. Einkünfte aus abhängiger Arbeit
Erwerbsersatzeinkünfte
allgemein 1/57
Erwerbslosenunterhalt (§ 1573 BGB) 4/268 ff.
Anspruchsbegrenzung 4/300
Anspruchsdauer 4/289
Anspruchsumfang 4/288
Anspruchsvoraussetzungen 4/268
Ausbildungsobliegenheit 4/279
Darlegungs- und Beweislast 4/302
Einsatzzeitpunkte 4/281
Konkurrenzen 4/271
nachhaltige Sicherung der Einkünfte 4/295
notwendige Bemühungen um angemessene Erwerbstätigkeit 4/274 ff.
– Beginn der Obliegenheit 4/278
– Nebentätigkeit 4/276
– reale Beschäftigungschance 4/277
– Stellenanzeigen 4/275
– Teilzeitstelle 4/276
– Umfang der Bemühungen 4/274
Subsidiarität 4/270
Wiederaufleben des Anspruchs 4/290
Erwerbsobliegenheit
s. a. Erwerbsobliegenheit des Kindes, Lebenshaltungskostenindex
bei Aufnahme einer Berufstätigkeit trotz Kindesbetreuung 1/803
des Berechtigten beim nachehelichen Unterhalt 1/780
des Berechtigten beim Verwandtenunterhalt 2/922
der Eltern bei Geschwisterbetreuung 2/446
der Eltern beim Kindesunterhalt 2/243 ff., 2/446, 2/537 ff.
der Eltern beim Volljährigenunterhalt 2/560
der Eltern gegenüber dem volljährigen Kind 2/537 ff.
Leitlinien der Oberlandesgerichte 4/193
des Pflichtigen beim Elternunterhalt 2/949
des Pflichtigen beim Enkelunterhalt 2/976
des pflichtigen Großelternteils beim Enkelunterhalt 2/976
des Pflichtigen im Verwandtenunterhalt 2/931
Rechtsprechung 4/194 ff.
Regelaltersgrenze 1/750
nach SGB II 8/13
nach SGB XII 8/13
unentgeltliche oder unterbezahlte Dienste 1/772
unterschiedliche Zumutbarkeitsschwellen beim Pflichtigen 2/931
Verletzung 4/661
des volljährigen Kindes 1/781
des wiederverheirateten, haushaltführenden Elternteils gegenüber Kindern aus 1. Ehe 2/275 ff.
Erwerbsobliegenheit bei Kinderbetreuung
Darlegungs- und Beweislast 6/733 ff.
Erwerbsobliegenheit des Kindes
berufsfremde Arbeit 2/57
Bummelstudium 2/86

jede Arbeitsmöglichkeit 2/57
des Minderjährigen 2/55
neben Schule oder Studium 2/491
der schwangeren Tochter 2/59 ff.
der Tochter, die ein eigenes Kind betreut 2/59 ff.
bei Verweigerung einer Ausbildung 2/13
des Volljährigen 2/7, 2/55, 2/57, 2/484
Erwerbstätigenbonus
nicht bei Abfindungen 1/30, 4/773
Abzug bei Mischeinkünften 4/778
Abzug vom bereinigten Nettoeinkommen 1/36, 4/778
bei Additionsmethode 4/801
nicht beim ALG II Einstiegsgeld 1/113
allgemein 1/131, 4/773 ff., 4/780
Arbeitsanreiz 4/780
nicht beim Arbeitslosengeld 1/106, 4/773
Ausnahmen 4/773
nicht bei Abfindungen 1/94
Berücksichtigung beim Bedarf 4/777
neben berufsbedingten Kosten 1/131
Bonushöhe 4/782 ff.
erhöhter Aufwand für Erwerbstätigkeit 4/780
bei fiktivem Einkommen 1/742
bei fiktiven Einkünften 4/819
geringfügige Einzelkosten 4/780
nicht bei Krankengeld, Krankentagegeld 1/84
Kritik 4/781
Kumulation von Erwerbstätigenbonus und berufsbedingten Aufwendungen 4/784, 4/832
im Mangelfall 4/784, 5/17, 5/30
Mischeinkünfte 4/826 ff.
bei nichtprägenden Einkünften des Berechtigten 4/819
bei Pflegegeld 1/691
nicht bei Renten 1/646
bei Sozialhilfe 5/17, 5/30
nicht bei Vermögenserträgen 1/603
Vorabzug von Schulden und Kindesunterhalt bei Berechnung 4/826 ff.
Erwerbstätigenzuschlag
Abzug für Erwerbstätige nach § 76 II a BSHG, §§ 11, 30 SGB II 2/389
im notwendigen Selbstbehalt 2/389
Zwischenbetrag 2/389
Erwerbstätigkeit
angemessene 4/139 ff.
Eigenverantwortlichkeit des Ehegatten 4/139
Erwerbsunfähigkeit
s. krankheitsbedingte Arbeitsunfähigkeit
Erwerbsunfähigkeitsrente 4/679
Erziehungsfehler 2/84
Erziehungsgeld 1/691, 2/281
allgemein 1/116
als Einkommen 2/281, 1/116, 1/691 f.
keine Lohnersatzfunktion 1/116
Erzwingungsantrag (§ 52 II FamFG)
und Feststellungsverfahren (§ 256 ZPO) 10/316
Essensspesen
als Einkommen 1/81
Estland
Verbrauchergeldparität und Devisenkurs 9/45

Sachverzeichnis

EU-Beweisaufnahmeverordnung EuBVO
Geltungsbereich 9/622
EuGVÜ
Geltungsbereich 9/614
EuGVVO
Geltungsbereich 9/606 ff.
internationale Zuständigkeit und Vollstreckbarkeit 9/606 ff.
Verhältnis zum HUVÜ 73 9/607
Zivil- und Handelssachen 9/609
Euro 2/318
Europäischer Vollstreckungstitel
internationale Vollstreckbarkeit 9/617 f.
Voraussetzungen für die Bestätigung 9/618
Europäisches Gerichtsstands- und Vollstreckungsübereinkommen
internationale Zuständigkeit und Vollstreckbarkeit 9/614
EuUnthVO
anwendbares materielles Recht 9/2 ff.
Anwendbarkeit 9/2
Bezugnahme auf das HUP 2007 9/2
Regelungsumfang 9/3
Verfahrensrecht 9/602 f.
vorrangige Geltung 9/3
EuVTVO
Geltungsbereich 9/617 f.
EU-Zustellungsverordnung
Geltungsbereich 9/620
Evident unredliche Vollstreckung
Verfahren wegen Schadensersatz 10/339
Evident unredliches Schweigen
Verfahren wegen Schadensersatz 10/341
Exequaturverfahren
Ablauf 9/685
Vollstreckung ausländischer Unterhaltstitel 9/682 ff.
Vollstreckungshindernisse 9/686
Existenzminimum 2/381
s. a. *Mindestbedarf der Kinder; Selbstbehalt; Sozialgrenze*
Berücksichtigung bei Aufrechnungen 6/300
Darlegungs- und Beweislast 2/379
beim Kindesunterhalt 2/221 ff.
Konkurrenz zwischen mehreren Ehegatten 3/90, 3/96
Mindestbedarf 4/837 f.
– des Berechtigten beim Elternunterhalt 2/946
– des Berechtigten im Verwandtenunterhalt 2/919
– beim Ehegattenunterhalt 4/756 ff.
– des vorrangig haftenden Ehegatten 2/906
Regelbetrag 2/222
Existenzminimum des Kindes
gesteigerte Unterhaltspflicht 2/374, 2/379

Fachliteratur
als berufsbedingte Aufwendungen 1/141
Fahnenflucht
fiktives Einkommen 1/770
Fahrtkosten 1/1047
als berufsbedingte Aufwendungen 1/133 ff.
Erstattung des Arbeitgebers 1/140

Kraftfahrzeug 1/134 ff.
öffentliche Verkehrsmittel 1/133
bei weiter Entfernung 1/140
Fahrzeugkosten 1/334
Faktorverfahren
s. *Lohnsteuer*
Fakultativer Einzelrichter
Beschwerde (§§ 58, 117 FamFG) 10/534
Fällige Unterhaltsbeträge
Arrest 10/489
Falsche Anschuldigung
als Verwirkungsgrund 4/1285
Familienarbeit
Verfassungswidrigkeit Anrechnungsmethode 4/423
Familienförderung
Entlastungsbetrag für Alleinerziehende 1/877, 1/918
Grundgesetz 1/850, 1/851
Günstigerprüfung 1/904
Kinderfreibeträge 1/852, 1/904, 2/706
Kindergeld 1/851, 1/904
Familiengericht
Zuständigkeit nach SGB II und SGB XII 8/17
Familiengerichtliche Zuständigkeit
Drittschuldnerverfahren 10/344
Familienkasse 2/701
Familienleistungsausgleich
und Kindergeld 2/702
Familienrechtlicher Ausgleichsanspruch 2/767 ff.
Absicht, Ersatz zu verlangen 2/777
Anspruch gegen das Kind 2/774
Bereicherungsanspruch 2/771 f.
Definition 2/767
Erfüllung des Unterhaltsanspruchs 2/775 ff.
Gesamtschuldnerausgleich 2/771 f.
Geschäftsführung ohne Auftrag 2/771 f.
Kinderfreibetrag 2/780
Kindergeld 2/497, 2/769, 2/780
Naturalunterhalt 2/776
Rechtsnatur 2/767
Urteil über Kindesunterhalt 2/785
Verjährung 2/784
Verzinsung 2/786
Verzug 2/783
Volljährigkeit des Kindes 2/778
Wechsel zum anderen Elternteil 2/778
Familienrichter 10/32
Familienstreitsache
Rechtsmittel in Unterhaltssachen 10/500
vereinfachtes Verfahren über den Unterhalt Minderjähriger 10/681
Familienstreitsachen
und Gesetzliche Unterhaltspflicht 10/2 ff.
Familienunterhalt 3/1
und Anspruch gegen verheirateten Großelternteil 2/977
anteilige Beiträge zum F. 3/45 ff.
anteilige finanzielle Beiträge 3/45 ff.
Aufgabenverteilung in der Ehe 3/14, 3/47
Ausbildung eines Ehegatten 3/33

Sachverzeichnis

Bedarf der Ehegatten bei Konkurrenz mit anderen Unterhaltsansprüchen 2/266, 3/70 ff.
Bedarf der Familie 3/25 ff.
und Bedarfskontrolle 3/72
Bedürftigkeit 3/8
beiderseitige Erwerbstätigkeit 3/16, 3/47 ff.
Berechnung bei Konkurrenz mit Unterhaltsansprüchen Dritter 3/3, 3/70 ff.
Einkommens- und Vermögensverhältnisse 3/39
Elterngeld 3/40
und Elternunterhalt 3/103 ff.
und Elternunterhaltsanspruch gegen verheiratetes Kind 2/963
– Ersparnis durch gemeinsame Haushaltsführung 2/965
Erwerbsobliegenheit der Ehegatten 3/20 ff.
nicht erwerbstätige Ehegatten 3/19, 3/54
Erwerbstätigenbonus 3/4, 3/81
Erziehungsgeld 3/40
fehlender Beitrag als Verwirkungsgrund 4/1329 ff.
fiktives Einkommen 3/24
finanzieller Bedarf 3/26
Geburt eines nichtehelichen Kindes 3/114
gegenseitige Unterhaltspflicht 3/12
keine Geldrente 3/2
gerichtliche Geltendmachung 3/6
Gleichwertigkeit von Haushaltsführung und Erwerbstätigkeit 3/16, 3/45, 3/51
bei Gütergemeinschaft 6/412
Halbteilungsgrundsatz 3/4
Haushaltsführung 3/14, 3/46
und Kindesunterhalt 3/71
konkrete Berechnung 3/2, 3/38
Konkurrenz mit anderen Unterhaltsansprüchen 2/262 ff., 2/266, 3/4, 3/70 ff.
Konkurrenz zwischen gleichrangigen Ehegatten 3/73 ff.
Konsumverhalten 3/42
Lebensgemeinschaft der Ehegatten 3/1, 3/7
Leistungsfähigkeit 3/9
Mangelfall 3/88
nicht verbrauchte Geldmittel 3/42
Pflege eines behinderten Familienmitglieds 3/30
Pflegegeld 3/40
Schadensersatz wegen der Tötung eines Ehegatten 3/5
Schulden 3/35, 3/41
und Selbstbehalt 3/43
Sozialleistungen für Körper- und Gesundheitsschäden 3/40
Splittingvorteil 3/97
Studium eines Ehegatten 3/34
Taschengeld 3/62 ff.
Tod eines Ehegatten 3/124
nach Trennung 3/61
Trennung der Eheleute 3/7, 3/11
und Trennungsunterhalt 3/10, 3/115
Unpfändbarkeit 3/120
Unterhaltsansprüche sonstiger Verwandter 3/36 f.
Vereinbarungen 6/610
Vermögensverwertung 3/23
Verzicht auf Erstattungsansprüche 3/117 ff.
Verzicht für die Zukunft 3/123
Verzug 3/122
und Volljährigenunterhalt 3/99 ff.
Vorauszahlungen 3/125
Wirtschaftsgeld 3/46, 3/55 ff., 3/70 ff.
Zuverdienst 3/18
Zuverdienst eines Ehegatten 3/53
Zuvielleistung eines Ehegatten 3/52, 3/117 ff.
Familienzuschlag
allgemein 1/74
als Einkommen 1/75
Familienzuschlag bei Beamten
und Kindergeld 2/713, 2/780
Familienzuschlag des Beamten
als Einkommen 1/75
Familienzuschläge für Kinder
eheliche Lebensverhältnisse 4/579
prägendes Einkommen 4/579
Familienzuschläge für Stiefkinder
eheliche Lebensverhältnisse 4/579
Fehlendes Zusammenleben
als Verwirkungsgrund 4/1372
Fehlgelder
als berufsbedingte Aufwendungen 1/144
Fehlgeschlagene Selbsttötung 4/1316, 4/1377
Feiertagsarbeit
anrechenbares Einkommen 1/88
Feste Bedarfssätze beim Volljährigenunterhalt 2/214, 2/503 ff., 2/526
Auskunftspflicht 2/732
Festsetzungsbeschluss
vereinfachtes Verfahren über den Unterhalt Minderjähriger 10/674 ff.
Festsetzungsbeschluss (§ 253 FamFG)
Beschwerde, sonstige (§ 58 FamFG) 10/597
Rechtsmittel in Unterhaltssachen 10/499
vereinfachtes Verfahren über den Unterhalt Minderjähriger 10/668
Feststellung der Vaterschaft
einstweilige Unterhaltsanordnung bei Feststellung der Vaterschaft (§ 248 FamFG) 10/470
Feststellungsantrag
Darlegungs- und Beweislast
– bei einstweiliger Anordnung 10/441
Entscheidungsreife 10/321
gegenläufiger Unterhaltsleistungsantrag 10/321
und Leistungsantrag 10/321
Widerantrag 10/321
Feststellungsinteresse
einstweilige Anordnung 10/438
Wegfall bei einstweiliger Anordnung 10/440
Feststellungsverfahren (§ 56 III FamFG)
einstweilige Unterhaltsanordnung als Grundtatbestand (§ 246 FamFG) 10/456 ff.
Feststellungsverfahren (§ 256 ZPO) 10/315 ff.
Abgrenzung zu anderen Verfahren 10/323
Darlegungs- und Beweislast 10/325
Einstellung der Zwangsvollstreckung 10/328
einstweilige Anordnung 10/315

Sachverzeichnis

und Erzwingungsantrag (§ 52 II FamFG) 10/316
Feststellungsantrag, negativer 10/315, 10/319
Feststellungsinteresse 10/319 ff.
Feststellungswiderantrag 10/315
Prüfungs- und Entscheidungsumfang 10/324
Rechtskraft 10/326 f.
Rechtsverhältnis 10/318
Teilantrag 10/315
Verfahrenswert 10/329
Vergleich 10/315, 10/318
Wahlrecht 10/317
Fiktive Steuerberechnung 1/970 ff., 1/1011, 1/1012, 1/1018 ff.
Ansparrücklage 1/975
außergewöhnliche Belastungen 1/1018
Berechnungsbeispiel 1/950 f., 1/980
Bewirtungs- und Repräsentationskosten 1/1018
Durchschnittseinkommen 1/979
Einkommensteuer bei Selbständigen 1/979
Eintragung von Freibeträgen 1/1011, 1/1020
Gebäudeabschreibung 1/974
Grundsätze der BGH-Urteile 1/974, 1/975
Lohnsteuerklasse V 1/978
bei Nichtselbständigen 1/979
Vorsorgeunterhalt 1/978
Wechsel der Steuerklasse 1/1011, 1/1021
Wiederheirat 1/977
Wiederverheiratung des Pflichtigen bei Vorrang erster Ehegatte 1/1014
Fiktive Steuern
AfA bei Gebäuden 1/1018
Ansparabschreibung 1/1018
Ermittlung aktuelle Steuerlast 1/1022
geänderte Abschreibung 1/1018
Negativeinkünfte zur einseitigen Vermögensbildung 1/1018
nichtprägendes Einkommen 1/1018
Privatanteil Pkw-Nutzung Firmenfahrzeug 1/1018
Verstoß gegen Obliegenheit, Freibeträge eintragen 1/1020
Fiktive Zinsen
mutwillige Herbeiführung der Bedürftigkeit 4/612
Fiktives Einkommen
s. a. die nachfolgenden, spezielleren Stichwörter
bei Barunterhaltspflicht beider Eltern 2/567
Bedarf des Kindes 1/763 ff.
eheliche Lebensverhältnisse 1/762
und Grundsicherung für Arbeitsuchende 8/219
nicht bei lediglich gedachten wirtschaftlichen Verhältnissen 4/556
bei der Sozialhilfe 8/36
und sozialhilferechtliche Vergleichsberechnung 8/131
bei der sozialhilferechtlichen Vergleichsberechnung 8/95
im Sozialrecht 8/13
bei unterlassener Vermögensverwertung 1/632 ff.
Fiktives Einkommen bei unterlassener Vermögensnutzung
allgemein 1/633 ff.

fiktive Zinseinkünfte bei Verbrauch des Vermögens ohne Surrogat 1/734
fiktive Zinseinkünfte bei Vermögensumschichtung 1/637 ff.
keines bei Gütergemeinschaft 6/423
Höhe der zurechenbaren Erträge 1/644 f.
nichtprägendes Einkommen 1/762, 4/611
Obliegenheit bei Barvermögen 1/636
Obliegenheit zur Belastung 1/640
Obliegenheit zur Einziehung von Forderungen 1/641
Obliegenheit zur Erzielung von Erlösen 1/633 f.
Obliegenheit zur Kreditaufnahme 1/640
Obliegenheit zur Teilvermietung 1/462
Obliegenheit zur Vermietung 1/461
Obliegenheit zur Vermietung an ein volljähriges Kind mit eigenem Einkommen 1/463
Obliegenheit zur Vermietung einer Ferienwohnung 1/462
Obliegenheit zur Vermögensumschichtung 1/637 ff.
Obliegenheit zur Verwertung 1/633
Obliegenheit zur Verwertung von Erbanteilen und Pflichtteilsrechten 1/642 f.
Obliegenheiten bei Immobilien 1/635
Steuerlast 1/645
wegen unvernünftigen Vermögensverbrauchs 2/921
Verschenken und Verbrauch 1/641
Fiktives Einkommen bei Verstoß gegen Erwerbsobliegenheiten
Abänderung 1/796
allgemein 1/734 ff.
Bedarfsbemessung 1/761
bei Bedarfsbemessung 4/552, 4/605 ff., 4/652 ff., 4/655
des Bedürftigen 4/552
des Bedürftigen bei Ehegattenunterhalt 4/556, 4/605 ff., 4/655
Darlegungs- und Beweislast 1/786
Darlegungs- und Beweislast zur Höhe 1/795
Dauer 1/796
Einkommensminderung durch Arbeitsaufgabe usw. 1/743 ff., 1/767
bei Ermittlung des Haftungsanteils der Eltern 2/567
ernsthafte Arbeitsbereitschaft 1/783
ernsthafte Bemühungen um Erwerbstätigkeit 1/782
beim Familienunterhalt 3/24
bei gesteigerter Erwerbsobliegenheit im Mangelfall 5/67 f.
keines bei Gütergemeinschaft 6/423
Höhe 1/793 ff.
Höhe nach Fremdrentengesetz 1/793
Höhe nach Kammerübersichten 1/793
beim Kindesunterhalt 2/207, 2/244 ff., 2/375
krankheitsbedingte Arbeitsunfähigkeit 1/787 ff.
Kündigungsschutzklage 1/750
des Pflichtigen bei Ehegattenunterhalt 4/552, 4/556, 4/605 ff., 4/652 ff., 4/655
reale Beschäftigungschance 1/784

2361

Sachverzeichnis

Schätzung des erzielbaren Einkommens 1/793
bei Selbständigen 1/769
Stellenangebote verschwiegen 1/783
bei Straftaten und Alkoholmissbrauch 1/770
unentgeltliche oder unterbezahlte Dienste 1/772
beim Verwandtenunterhalt 2/922, 2/931
Wert der Versorgungsleistungen 1/794
Zurechnung beim Berechtigten 1/773 ff.
Fiktives Einkommen beim Unterhaltsberechtigten
allgemein 1/773 ff.
Altersvorsorgeunterhalt 1/797
Darlegungs- und Beweislast 1/777
Differenzmethode 1/773
Ehegattenunterhalt 1/773
Erwerbsbemühungen 1/775
Jugendarbeitsschutzgesetz 1/774
Kindesunterhalt 1/774
leichtfertige Aufgabe der Erwerbstätigkeit 1/775
mutwillig herbeigeführte Bedürftigkeit 1/776
Verwendung des Altersvorsorgeunterhalts 1/797
Vorsorgeunterhalt 1/797
Vorsorgeunterhalt zweckwidrig verwendet 1/776
Wechsel des Arbeitsplatzes zumutbar 1/775
Zumutbare Erwerbstätigkeit 1/778 ff.
Zumutbare Erwerbstätigkeit bei Kindern 1/781
Zumutbare Erwerbstätigkeit beim nachehelichen Unterhalt 1/779 ff.
Zumutbare Erwerbstätigkeit beim Trennungsunterhalt 1/778
Fiktives Einkommen beim Unterhaltsschuldner
Abänderungsantrag 1/737
allgemein 1/735 ff.
Arbeitgeberkündigung 1/758
Aufgabe bisheriger Tätigkeit 1/741
Bedarf und Leistungsfähigkeit 1/735
Bedarfsbemessung 1/761 ff.
Bemühungen um neuen Arbeitsplatz 1/759
berufliche Veränderung 1/741
Berufswechsel 1/738 f.
Darlegungs- und Beweislast 1/742
Erwerbsobliegenheit 1/736
Erwerbstätigenbonus 1/742
gesteigerte Unterhaltspflicht 1/738
leichtfertige Einkommensminderung 1/737
Nebentätigkeiten 1/738
Ortswechsel 1/738
realistische Beschäftigungschance 1/737
Unterhalt minderjähriger Kinder 1/738
Unterhalt volljähriger Kinder 1/740
Verbraucherinsolvenz 1/742
bei Verletzung der Erwerbsobliegenheit 1/759
Weiterbildung, Zweitausbildung 1/767
Fiktives Einkommen beim volljährigen Kind
Erwerbsobliegenheit 1/740
„**fiktives Hauptsachegericht**"
einstweilige Anordnung 10/406
Finanzierung 1/219
Finanzierungskosten
bei Vermietung oder Verpachtung 1/457

Finnland
ausländisches materielles Recht 9/150 ff.
Verbrauchergeldparität und Devisenkurs 9/46
Fliegerzulagen
als Einkommen 1/74
Flucht aus früheren DDR
nichtprägendes Einkommen 4/577
Folgenbeseitigung
Arrestverfahren 10/496
Forderungen 1/223, 1/384
Forderungsübergang
einstweilige Unterhaltsanordnung bei Feststellung der Vaterschaft (§ 248 FamFG) 10/476
Formalisiertes Verfahren
vereinfachtes Verfahren über den Unterhalt Minderjähriger 10/649 ff.
Formelle Rechtskraft
Wiederaufnahmeverfahren 10/375
Formerfordernisse
Beschwerde (§§ 58, 117 FamFG) 10/508
Formularzwang
vereinfachtes Verfahren über den Unterhalt Minderjähriger 10/652
Formzwang
bei Vereinbarungen zum nachehelichen Unterhalt 6/612
– kein Formzwang mehr nach Rechtskraft der Scheidung 6/612
Fortbildung des Rechts
Rechtsbeschwerde, Endentscheidungen (§§ 70–75 FamFG) 10/611
Fortbildungskosten
als berufsbedingte Aufwendungen 1/144
Frankreich
ausländisches materielles Recht 9/163 ff.
Verbrauchergeldparität und Devisenkurs 9/47
Freibeträge
beim Arbeitslosengeld II 1/111
Freie Wohnung
als Sachbezüge 1/91
Freifahrten u. -flüge
als Sachbezüge 1/91
Freistellungsvereinbarungen beim Kindesunterhalt 2/762 ff.
Erfüllungsübernahme 2/763
Koppelung mit Umgangsrecht 2/765
Sittenwidrigkeit 2/764
und Verzicht auf Kindesunterhalt 2/761
Freiwillige Aufgabe eines Arbeitsplatzes
fiktive Einkünfte 1/744
Freiwillige Erfüllung
Auskunfts-, Beleg- und Versicherungsverfahren 10/357
Freiwillige Leistungen
allgemein 1/23
Freiwillige Leistungen Dritter
Bedarf des Kindes 2/208
Dritter beim Kindesunterhalt 1/711
als Einkommen 1/708 ff.
als Gegenleistungen 1/710
Naturalleistungen 1/709
Wille des Zuwendenden 1/708

Sachverzeichnis

Freiwillige Mehrleistung
Rückforderung 6/200
Freiwillige Zuwendungen Dritter
s. Einkünfte aus freiwilligen Zuwendungen Dritter
durch Wohnvorteil 1/473
Freiwilliges soziales Jahr
Unterhalt des Kindes 2/489
Fristberechnung
Beschwerde (§§ 58, 117 FamFG) 10/506
Fristsetzungsverfahren (§ 52 FamFG)
Ausschluss bei einstweiliger Unterhaltsanordnung vor Geburt eines Kindes (§ 247 FamFG) 10/464
einstweilige Anordnung 10/429 ff.
Fristwahrung
Aufhebungsverfahren (§ 52 II S. 3 FamFG) 10/432
Für-Prinzip 1/979

Gang des Beschwerdeverfahrens
Beschwerde (§§ 58, 117 FamFG) 10/534 ff.
vereinfachtes Verfahren über den Unterhalt Minderjähriger 10/680
Ganztagstätigkeit
Kinderbetreuung 4/1231, 4/1237
Garagennutzung 1/473
Geänderte Rechtsprechung
eheliche Lebensverhältnisse 4/471
Gebäudeabschreibung
s. Absetzung für Abnutzung
Gefährdung des Unterhalts
einstweilige Unterhaltsanordnung bei Feststellung der Vaterschaft (§ 248 FamFG) 10/475
Gefährdung künftiger Unterhaltsansprüche
Arrest 10/485
Gegenforderungen
s. Aufrechnung
Gegenseitigkeitsprinzip 2/73, 2/77
Ausbildungsverpflichtungen der Eltern 2/73
beim Volljährigen 2/482
wirtschaftlich beengte Verhältnisse 2/73
Gehaltsbestandteil
prägendes Einkommen 4/579
Gehaltsbestandteile bei Wiederverheiratung
eheliche Lebensverhältnisse 4/579
Geheimhaltungsinteresse
Auskunfts-, Beleg- und Versicherungsverfahren 10/353
Gehobenes Einkommen 4/761
konkrete Bedarfsbemessung 4/458
objektiver Maßstab 4/761
Vermögenseinkünfte nichtprägend 4/761
Geltungsbereich europäischer Unterhaltsverordnungen
Vereinigtes Königreich, Irland und Dänemark 9/606
Gemeinsame Betreuung des Kindes 2/433, 2/449
Gemeinsame elterliche Sorge
Kindesunterhalt 2/447 ff.
Prozessstandschaft 2/448
Gemeinsame Haushaltsführung 4/809, 5/26, 5/109

Gemeinsame Vermögensbildung
berücksichtigungswürdige Schulden 1/1089, 1/1091
eheliche Lebensverhältnisse 4/453 ff.
Gemeinsames Eigenheim
Veräußerung Eigenheim 1/559
Gemeinsames Wohnen trotz Trennung
Wohnvorteil 1/540
Gericht der Hauptsache
Arrestverfahren 10/490
Gerichtliches Erstverfahren
Anpassung außergerichtlicher Vereinbarungen 10/369
Gerichtliches Verfahren als Verfahrenshindernis
vereinfachtes Verfahren über den Unterhalt Minderjähriger 10/643
Gerichtskosten
vereinfachtes Verfahren über den Unterhalt Minderjähriger 10/652
Gerichtsstandsvereinbarungen
internationale Zuständigkeit 9/652 f.
Geringfügige Beschäftigung
Realsplitting 1/954
Geringwertige Wirtschaftsgüter 1/215, 1/364
Gesamterklärung
Auskunfts-, Beleg- und Versicherungsverfahren 10/346
Gesamtschuld 1/508, 1/1094
s. a. berücksichtigungswürdige Schulden
Gesamtversorgung
bei Beamten 1/1034
Gesamtversorgung für das Alter 1/1034, 1/1037
Geschäftliche Schädigung 4/1324
Geschenke 1/337
Geschwistertrennung 4/450
Kindesunterhalt bei G. 2/440 ff.
Gesetzlicher Forderungsübergang nach § 33 SGB II
s. Übergang des Unterhaltsanspruchs nach § 33 SGB II
Gesetzlicher Forderungsübergang nach § 94 SGB XII
s. Übergang des Unterhaltsanspruchs nach § 94 SGB XII
gesonderte Gewinnfeststellung
s. Gewinnfeststellung
Gesteigerte Unterhaltspflicht gegenüber dem minderjährigen Kind 2/366 ff.
s. a. notwendiger Selbstbehalt beim Kindesunterhalt
anderer unterhaltspflichtiger Verwandter 2/394 ff.
Aufgabe der Erwerbstätigkeit 2/372
Aus- und Fortbildung des Pflichtigen 2/371
Berufswechsel 2/369
Ehegattenunterhalt als Einkommen 2/377
Erwerbsobliegenheit 2/367
fiktive Einkünfte 2/375
Gelegenheitsarbeit 2/368
Nebenbeschäftigung 2/370
notwendiger Selbstbehalt 2/380 ff.

2363

Sachverzeichnis

Ortswechsel 2/369
Sicherstellung des Existenzminimums 2/374
Überstunden 2/370
Verwertung des Vermögensstammes 2/382
Getrenntleben
und Familienunterhalt 3/7
Gewährleistungsrückstellung
s. *Rückstellung*
Gewerbebetrieb 1/162 ff.
Gewerbesteuer 1/854
Gewinn- und Verlustrechnung 1/180 ff.
Buchhaltung 1/194
Unterschied zur Einnahmen-Überschuss-Rechnung 1/257
Gewinnbeteiligungen
als Einkommen 1/74
Gewinneinkünfte 1/160, 1/162 ff.
Anschaffungskosten 1/204
Arten 1/204
Auskunfts-, Beleg- und Versicherungsverfahren 10/346
Bilanzierungspflicht 1/167
Buchhaltung 1/194
degressive 1/209
doppelte 1/184 ff.
Einnahmen-Überschussrechnung s. *dort*
Gebäude-AfA 1/212
Gewinn und Verlustrechnung s. *dort*
lineare 1/209
Sonderabschreibung 1/213
Gewinnermittlung
allgemein 1/52
Aufwandsverteilungsthese 1/263, 1/395
Bilanz mit Gewinnund Verlustrechnung 1/162 ff.
nach Durchschnittssätzen 1/265 ff., 1/309
Einnahmen-Überschuss-Rechnung s. *dort*
In-Prinzip 1/370
Kapitalgesellschaften 1/272
bei Personengesellschaften 1/271
Prüfungszeitraum 1/420
durch Schätzung 1/269, 1/310
Wechsel der Gewinnermittlungsart 1/270
Wertverzehrthese 1/208, 1/348, 1/395
Gewinnermittlungsarten 1/160, 1/161
Gewinnfeststellung
gesonderte und einheitliche 1/165, 1/275 ff.
Gewöhnlicher Aufenthalt
Beispiele 9/15
faktische Verhältnisse 9/14
minderjährige Kinder 9/14
und Unterhaltsstatut 9/13 ff.
Wandelbarkeit 9/13
Glaubhaftmachung
Arrestverfahren 10/491
Glaubhaftmachung der Vaterschaft
einstweilige Unterhaltsanordnung vor Geburt eines Kindes (§ 247 FamFG) 10/465
Gleichrang
anteilige Haftung im Verwandtenunterhalt 2/909
Gleichrangige Ehegatten
Additionsmethode 4/802
Halbteilungsgrundsatz 4/753

Gleichrangiger Gattenunterhalt 4/805 ff., 5/157
im Mangelfall, Beispiel 5/157 f.
Gleichteilung
s. a. *Drittelmethode*
Bedarfsbemessung durch Gleichteilung 4/805 ff.
prägendes und nichtprägendes Einkommen 4/810 f.
Vorteile des Zusammenlebens 4/809
Wegfall der Bedürftigkeit 4/808
Gleichteilung und Additionsmethode 4/807
Gleichwertigkeit von Bar- und Betreuungsunterhalt 2/20 ff.
beim Minderjährigen 2/20 ff., 2/411
beim Volljährigen 2/26
Gleichwertigkeit von Haushaltsführung und Erwerbstätigkeit 3/16, 3/45, 3/51, 4/422
Good Will
Verbot Doppelverwertung 4/483
Gratifikationen 1/93
Griechenland
ausländisches materielles Recht 9/174 ff.
Verbrauchergeldparität und Devisenkurs 9/48
Grobe Unbilligkeit 4/1218 ff.
s. a. *Verwirkung Ehegattenunterhalt*
Großeltern
als andere unterhaltspflichtige Verwandte 2/396
angemessener Bedarf 2/396
anteilige Haftung 2/793
Ersatzhaftung 2/791 ff.
Sozialhilfe als Einkommen der Enkel 2/792
Unterhaltsvorschuss als Einkommen der Eltern 2/792
Grundrente nach § 31 BVG
als Einkommen 1/649
Grundsicherung
als Einkommen beim volljährigen Kind 2/498
und Verwandtenunterhalt 2/904
Grundsicherung für Arbeitsuchende
Alter 8/186
Altersgrenzen 8/20, 8/186
Anspruchsvoraussetzungen 8/178 ff.
Arbeitsgemeinschaft 8/176
Arbeitslosengeld II 6/201 ff.
Arbeitslosengeld II, Berechnung 8/212
Auszubildende 8/185
Bedarfsgemeinschaft 8/179 ff., 8/190 ff., 8/212
befristeter Zuschlag 8/214
Berechtigte 8/178
Eigenverantwortlichkeit 8/189
Eigenverantwortung 8/174
Einkommen 8/191 ff.
als Einkommen des Berechtigten 8/222, 8/227
als Einkommen des Unterhaltspflichtigen 8/220
einmalige Bedarfe 8/207
Einsatz von Einkommen und Vermögen 8/189 ff.
Einstiegsgeld 8/215
Erwerbsfähigkeit 8/20, 8/188 ff.
Erwerbsobliegenheit 8/13, 8/219
und fiktives Einkommen 8/219
Fördern und Fordern 8/174
Freibeträge 8/194

Sachverzeichnis

gewöhnlicher Aufenthalt 8/187
und Grundsicherung im Alter 8/137
Heizung 8/205
Hilfe zur Sicherung des Lebensunterhalts 6/200 ff.
Hilfebedürftigkeit 8/189 ff.
und Jugendhilfe 8/175
Krankenversicherung 8/208
Leistungsausschlüsse 8/185
Mehrbedarf des Kindes 8/206
nichteheliche Lebensgemeinschaft 8/180
Rechtsweg 8/177
Reform zum 1. 1. 2005 8/171
Regelleistung 6/201
und Selbstbehalt 8/221
Sozialgeld 8/209
Sozialgeld, Berechnung 8/212
und Sozialhilfe 8/18 ff., 8/173, 8/175
Sozialversicherung 8/208
Subsidiarität 8/225
und titulierter Unterhalt 8/224
Umgangskosten 8/218
und Unterhalt 8/171 ff.
Unterhalt als Einkommen 8/225 ff.
und Unterhaltsvorschuss 2/405
Unterkunft 8/205
Vermögen 8/191, 8/199
Verwantwortungsgemeinschaft 8/180
für volljährige Kinder 8/203 f.
Zuständigkeit 8/176

Grundsicherung im Alter und bei Erwerbsminderung
Abänderungsklage beim Elternunterhalt 8/163
allgemein 1/703 ff.
Altersgrenze 8/138
Anspruchsberechtigte 8/138
bedarfsdeckendes Einkommen 1/706
Bedarfsgemeinschaft 8/141, 8/149
Bedürftigkeit 1/704
Berechnung 1/707
Bewilligungszeitraum 8/146
und Ehegattenunterhalt 8/152
als Einkommen 1/703, 8/153
und Elternunterhalt 8/154 ff., 8/161 ff.
freiwillige Unterhaltszahlungen 8/162
und Grundsicherung für Arbeitsuchende 8/137
Haushaltsgemeinschaft 8/142
Hilfebedürftigkeit 8/140
Kindergeld 8/141
Leistungen 8/144
nicht privilegierte Unterhaltspflichtige 1/705 ff.
privilegierte Unterhaltspflichtige 1/706
Privilegierung der Kinder 8/154
Regelsätze 8/144
sonstige Hilfen 8/166
und Sozialhilfe 8/135 ff.
stationärer Aufenthalt 8/145
Susidiaritätsgrundsatz 8/136
Übergang des Unterhaltsanspruchs 8/158
und Unterhalt 8/147
Unterhalt als Einkommen 8/161

Unterhaltsansprüche 1/705 ff.
Verhältnis zur Sozialhilfe 1/705
und Vermögen 8/155
Verwandte 2. Grades 8/170
und Volljährigenunterhalt 8/167
Voraussetzungen 1/703
Grundstücke
Vermögenseinkünfte 1/606
Günstigerprüfung 1/903, 1/981
beim Kindergeld 2/710
Gutachten
einstweilige Unterhaltsanordnung vor Geburt eines Kindes (§ 247 FamFG) 10/468
Gütergemeinschaft
Anspruch auf Mitwirkung an ordnungsgemäßer Verwaltung 6/406
Eilmaßnahmen 6/424
bei Einkünften aus Vermietung oder Verpachtung 1/466
Familienunterhalt 6/412
keine fiktiven Einkünfte 6/423
Haftungsmassen für Unterhalt 6/404
Kindesunterhalt 6/419 ff.
Kindesunterhalt nach rechtskräftiger Scheidung 6/422
nachehelicher Unterhalt 6/413 ff.
Prozesskostenvorschuss 6/424
und Trennungsunterhalt 6/402 ff.
Unterhalt aus dem Gesamtgut 6/417
Unterhalt bei G. 6/400 ff.
Unterhalt minderjähriger Kinder während der Trennungszeit 6/420
Unterhalt volljähriger Kinder während der Trennungszeit 6/421
Unterhalt während Liquidation 6/414 ff.
Vollstreckung des Unterhaltstitels 6/409
Güteverhandlung
Beschwerde (§§ 58, 117 FamFG) 10/543
GWG
s. geringwertige Wirtschaftsgüter

Haager Kindesunterhaltsübereinkommen 58
internationale Zuständigkeit und Vollstreckbarkeit 9/613
Haager Übereinkommen über die Anerkennung und Vollstreckung von Unterhaltsentscheidungen (HUVÜ 73)
internationale Zuständigkeit und Vollstreckbarkeit 9/611 f.
Haager Unterhaltsprotokoll (HUP 2007)
anwendbares materielles Recht 9/4
Geltungsbereich 9/4
Unterhaltsbemessung 9/4
Haager Unterhaltsstatutabkommen (HUÜ 73) 9/5 f.
Haager Unterhaltsübereinkommen 2007
Verfahrensrecht 9/604 f.
Haager Zustellungsübereinkommen HÜZA
Geltungsbereich 9/621
Haftungsanteile der Eltern
s. Barunterhaltspflicht beider Eltern bei Minderjährigen; Barunterhaltspflicht beider Eltern bei Volljährigen

2365

Sachverzeichnis

Haftungsbeschränkung des Erben
Einwendung im Vollstreckungsabwehrverfahren 10/154
Halbteilung
bei gleichrangigen Ehegatten 4/753
konkrete Bedarfsermittlung 4/752, 4/767
Halbteilungsgrundsatz 4/750 ff., 4/773
Ehegattenunterhalt 4/14
einstufiges Verfahren bei Berechnung des Vorsorgeunterhalts 4/889
zweistufiges Verfahren bei Berechnung des Vorsorgeunterhalts 4/883
Handelsbilanz 1/170
Handlungsbefugnis
einstweilige Unterhaltsanordnung vor Geburt eines Kindes (§ 247 FamFG) 10/464
Härteklausel
rückwirkende Herabsetzung des Unterhalts (§ 238 III S. 3 FamFG) 10/240
Hauptsacheverfahren
Beschwerde (§§ 58, 117 FamFG) 10/501
Hausgeld
bei Strafhaft 1/732
Haushaltsführung
und Kinderbetreuung in der Ehe 4/422
Haushaltsführung für neuen Partner 1/713, 4/552, 4/587 ff.
als Einkommen 1/713
kein unzumutbares Einkommen 1/820
Wertbemessung 1/714
Haushaltsführung in der Ehe 3/14, 3/45, 4/416, 4/422 ff.
als Billigkeitskriterium für die zeitliche Begrenzung oder Herabsetzung des Unterhalts (§ 1578 b I u. II BGB) 4/1015
Haushaltsführungsehe 4/815
als Billigkeitskriterium für die zeitliche Begrenzung oder Herabsetzung des Unterhalts (§ 1578 b I u. II BGB) 4/1015
eheliche Lebensverhältnisse 4/416, 4/422
Haushaltsgemeinschaft nach § 9 V SGB XII 8/182
Haushaltsgemeinschaft nach § 36 SGB XII 8/27
Hauslasten 1/498 ff.
Häusliche Ersparnis
als Einkommen 1/81
Hausmann-Rechtsprechung 1/722 ff., 2/275 ff.
Erwerbsobliegenheit gegenüber früherem Ehegatten 2/276
Erwerbsobliegenheit gegenüber Kindern aus 1. Ehe 2/276, 2/283 ff., 2/285
Erziehungsgeld als anrechenbares Einkommen 2/281
fiktive Einkünfte 2/280, 2/289
früherer Ehegatte als anderer unterhaltspflichtiger Verwandter (§ 1603 II BGB) 2/279, 2/290
Gleichrang der Unterhaltsansprüche des jetzigen Ehegatten und der Kinder aus 1. Ehe 2/275, 2/408
keine Kontrollberechnung 2/290

Nebeneinkünfte 2/288
Nebenerwerbstätigkeit 2/278
nichtehelichen Kindern 2/277
bei nichtehelicher Lebensgemeinschaft 2/296 ff.
Pflichten des 2. Ehegatten 2/287
bei privilegierten volljährigen Kindern 2/276, 2/291
Rollenwahl 2/280, 2/285, 2/288
Selbstbehalt 2/279
Teilzeitbeschäftigung 2/286
Umfang der Erwerbsobliegenheit 2/283 ff., 2/290
Verfassungsmäßigkeit 2/282
bei volljährigem Kind 2/291 ff.
Hausnebenkosten 1/499
Heim- und Pflegekosten
beim Elternunterhalt 2/947
Heimarbeiterzuschlag
als Einkommen 1/74
Heimunterbringung
Kindesunterhalt 2/422
Hemmung der Verjährung 6/150
Herabgruppierung
und Bedarfskontrolle 2/350
nach den Leitlinien 2/343 ff., 2/346
bei überdurchschnittlicher Unterhaltslast 2/343 ff.
beim Volljährigen 2/522
Herabsetzung des nachehelichen Unterhalts
Darlegungs- und Beweislast 6/725
Herabsetzung des Unterhalts (§ 1578 b I BGB) 4/1003 ff.
s. unter Unterhaltsherabsetzung (§ 1578 b I BGB)
Heterologe Insemination 2/1
Hilfe zum Lebensunterhalt
Anspruchsberechtigung 8/24
bei Bedarfsgemeinschaft 8/23
bei der Sozialhilfe 8/46
Hilfs- und Betriebsstoffe 1/332
Hilfsantrag
Fristsetzungsantrag (§ 52 II FamFG) 10/430
Hilfswerk für behinderte Kinder 1/699
Hinterlegung
einstweilige Unterhaltsanordnung vor Geburt eines Kindes (§ 247 FamFG) 10/468
Hinweisbeschluss
Beschwerde (§§ 58, 117 FamFG) 10/538
HKUVÜ 58
Geltungsbereich 9/613
Hochrechnung des Elementarunterhalts nach der Bremer Tabelle 4/876
Höchstbetrag
vereinfachtes Verfahren über den Unterhalt Minderjähriger 10/641
Höhergruppierung
Angemessenheitskontrolle 2/218, 2/317, 2/355
bei Bedarfsbemessung nach zusammengerechnetem Einkommen der Eltern 2/523
und Bedarfskontrolle 2/350
nach den Leitlinien 2/343 ff., 2/346
bei unterdurchschnittlicher Unterhaltslast 2/343 ff.

Sachverzeichnis

Unterhaltspflicht nur gegenüber einem Kind 2/344
beim Volljährigen 2/522
Homologe In-vitro-Fertilisation
keine Verwirkung 4/1317
HUÜ 56
anwendbares materielles Recht 9/6
Geltungsbereich 9/6
HUÜ 73
anwendbares materielles Recht 9/5 ff.
deutscher Vorbehalt 9/12
Geltungsbereich 9/5
Verhältnis zum HUÜ 56 9/6
weltweite Anerkennung 9/5
HUVÜ 73
internationale Zuständigkeit und Vollstreckbarkeit 9/611 f.
HUVÜ 2007
Anwendungsbereich 9/605
Verfahrensrecht 9/604 f.

Identität der Beteiligten
Abänderungsverfahren bei Urkunden (§ 239 FamFG) 10/276
Identität des Verfahrensgegenstandes
Abänderungsverfahren bei Urkunden (§ 239 FamFG) 10/276
Identität von Unterhaltsansprüchen
fehlende Identität von Familienunterhalt, Trennungsunterhalt und nachehelichem Unterhalt 3/11
fehlende Identität von nachehelichem Unterhalt und neu entstandenem Anspruch nach § 1586 a I BGB 6/614
Identität von Minderjährigen- und Volljährigenunterhalt 2/28, 2/299, 2/478
Identität zwischen Entscheidungen im Anordnungsverfahren und Hauptsacheverfahren
Außerkrafttreten der einstweiligen Anordnung 10/450
Index
s. Lebenshaltungskostenindex
Indexierung
ausländischer Titel 9/695
Information bei Einkommensänderungen 4/1287
In-Prinzip 1/973 ff.
Ausnahmen nach BGH 1/974 ff., 1/979 ff.
und Bilanz 1/370
Kritik 1/979 ff.
bei Selbständigen 1/979
als Vereinfachungsregel 1/979
Insolvenz des Unterhaltschuldners 1/1119 ff., 4/135
Insolvenzantrag
Unzumutbarkeit 5/99
Zumutbarkeit eines 5/95 f.
Insolvenzgeld
als Einkommen 1/109, 1/121
Instandhaltungskosten 1/339
als berufsbedingte Aufwendungen 1/145

bei Vermietung/Verpachtung 1/454
beim Wohnwert 1/502 ff.
Interessenabwägung bei Verwirkung 4/1219 ff.
Internat
Kindesunterhalt 2/451, 2/458
Internationale Rechtshängigkeit
Verfahren 9/661 ff.
Internationale Zusammenarbeit
EU-Verordnungen und Abkommen 9/619 ff.
Internationale Zuständigkeit
Abänderungsentscheidungen 9/666 ff.
allgemein 9/640 ff.
Annex zur Personenstandssache 9/649
Annex zur Sorgerechtssache 9/650
Annexzuständigkeit 9/649 ff.
einstweilige Anordnung 10/413
Einstweiliger Rechtsschutz 9/671
Erstreckung auf Dritte 9/647 f.
gemeinsame Staatszugehörigkeit als Auffangzuständigkeit 9/657
Gerichtsstandsvereinbarung 9/652 f.
gewöhnlicher Aufenthalt 9/641
Kein Forum-Shopping 9/658
Notzuständigkeit 9/658
öffentliche Einrichtungen 9/643 f.
perpetuatio fori 9/659
Prüfung von Amts wegen 9/640
Regelanknüpfung 9/641 f.
rügelose Einlassung 9/654 f.
Sachzusammenhang 9/664
Verbundverfahren 9/651
Widerantrag 9/645 f.
Zeitpunkt 9/659
Internatskosten
beim Kindesunterhalt 2/451
Intimes Verhältnis mit Dritten 4/1267, 4/1273, 4/1276, 4/1347 ff.
Invaliditätsversicherungsvorsorge 4/403
Inventur 1/234 ff.
Investitionskostenabzugsbetrag 1/214
Investitionszulagen 1/221, 1/394
Investitionszuschüsse 1/220, 1/394
Inzidentantrag
Verfahren bei Schadensersatz 10/342
Iranisches Niederlassungsabkommen
anwendbares materielles Recht 9/8
Irland
ausländisches materielles Recht 9/189 ff.
Verbrauchergeldparität und Devisenkurs 9/49
Isolierte Anfechtung der Kostenentscheidung
vereinfachtes Verfahren über den Unterhalt Minderjähriger 10/682
Isolierte Kostenentscheidung
Beschwerde, sofortige (§§ 567–572 ZPO) 10/603
Rechtsmittel in Unterhaltssachen 10/498
Stufenverfahren (§ 254 ZPO) 10/361
Ist-Versteuerung 1/226, 1/329
Italien
ausländisches materielles Recht 9/198 ff.
Verbrauchergeldparität und Devisenkurs 9/50

Sachverzeichnis

Jahresabschluss 1/200 ff.
Jahreswagen
als Sachbezüge 1/91
Jubiläumszuwendungen 1/93
Jugendamtsurkunde
Abänderungsverfahren bei Urkunden (§ 239 FamFG) 10/274
Jugendhilfe
Kindesunterhalt 2/465
Jugendhilfeleistungen 6/104, 6/110 ff.

Kalenderfälligkeit 6/134
Kaltmiete 5/25
Kanada
Verbrauchergeldparität und Devisenkurs 9/51
Kapital
Eigenkapital 1/171 ff., 1/392
Gliederung 1/176
negatives Kapital 1/173
Kapitalabfindung
Abschätzung der angemessenen Höhe 6/629 ff.
– anhand der aktuellen Sterbetafel 6/630
– anhand von Kapitalisierungstabellen des Bewertungsgesetzes 6/630, 6/631
Bemessung der Abfindung 6/629 ff.
und Familienzuschlag des Beamten 6/628
Pfändung der Abfindung 6/627
mit Ratenzahlung 6/627
und Rentenhöhe nach § 5 VAHRG 6/628
und steuerliche Nachteile 6/628
Vereinbarung 6/627 ff.
Kapitaleinkünfte 1/328, 4/860
kein Vorsorgeunterhalt für K. 4/860
Kapitalertragsteuer 1/893
Kapitalgesellschaft
Einkünfte 1/164, 1/270
Kapitalkonto
variables 1/196
Kapitalvermögen
Vermögenseinkünfte 1/605
Karrieresprung 4/477
Kaufkraftverlust
bei Auslandsbezug 9/38
Kaufkraftzuschläge
Bedarfskorrektur bei Auslandsbezug 9/91 ff.
kausaler Anerkenntnisvertrag
Abänderungsverfahren bei Urkunden (§ 239 FamFG) 10/278
Kausalität
Anhörungsrüge (§ 321 a ZPO) 10/631
Kein Lebensplan
bei ehelichen Lebensverhältnissen 4/422
Kein Verzug
bei Zahlungsaufforderung für mehrere Personen mit einheitlichem Betrag 6/123
Keine fiktive Steuerberechnung
Sonderabschreibung 1/1019
Kilometerpauschale
Kraftfahrzeugkosten 1/1047
Kind
behindertes s. Behinderte Kinder

Kinderbetreuung
allgemein 1/23
als Billigkeitskriterium für die zeitliche Begrenzung oder Herabsetzung des Unterhalts (§ 1578 b I u. II BGB) 4/1013
Erwerbstätigkeit trotz K. 1/803 ff.
Obliegenheit zur Ganztagstätigkeit 4/1231, 4/1237
Obliegenheit zur Teilzeittätigkeit 4/1231, 4/1237
Kinderbetreuung in der Ehe 4/416
als Billigkeitskriterium für die zeitliche Begrenzung oder Herabsetzung des Unterhalts (§ 1578 b I u. II BGB) 4/1014
Kinderbetreuungsbonus 1/811, 1/1058
Doppelbelastung 1/1064
prägend 1/1064
Kinderbetreuungskosten
Abzugsposten 1/1053
als berufsbedingte Aufwendungen 1/146, 1/1053
bei Kinderbetreuung 1/830
Kindergarten 1/1053
steuerliche Berücksichtigung 1/146
bei überobligatorischer Tätigkeit 1/1053
Kindererziehungsleistungsgesetz 1/699
Kindergarten
Mehrbedarf des Kindes 1/1053
Sonderbedarf 6/17
Kindergartenkosten
Mehrbedarf des Kindes 2/233, 2/400
Kindergeld 1/677 ff.
bis 31. 12. 2007 2/714
Abzug Zahlbetrag 4/444, 4/446
Abzweigung 2/712
Altersgrenzen 2/703
Anrechnung 2/714
Anspruchsvoraussetzungen 2/702 ff.
Ausgleich bei fehlendem Unterhaltsanspruch 2/733 f.
Auskehr an das Kind 2/717, 2/723
Auslandsbezug 2/735
Bedarfsdeckung 2/717
beiderseitige Unterhaltspflicht der Eltern 2/724 ff.
Betreuung eines minderjährigen Kindes 2/719
und Bundeskindergeldgesetz 2/701
Düsseldorfer Tabelle, Eingruppierung in 2/335 ff.
dynamischer Unterhalt 2/736
beim Ehegattenunterhalt 1/679
und Ehegattenunterhalt 2/728
eigene Einkünfte des Kindes 2/704
Einkommen 2/262, 2/335
kein Einkommen der Eltern 1/677, 2/720
als Einkommen des Kindes 1/678, 2/717 ff.
und Einkommensteuerrecht 2/700 ff.
Einwendung im Vollstreckungsabwehrverfahren 10/154
Familienkasse 2/701, 2/706
Familienleistungsausgleich 2/702
familienrechtlicher Ausgleichsanspruch 2/497, 2/769, 2/780
Familienzuschlag bei Beamten 2/713
Günstigerprüfung 2/710

Sachverzeichnis

Halbteilung 2/718, 2/720
hälftige Berücksichtigung 2/718, 2/720
Höhe 2/707
und Kinderfreibetrag 2/708 ff.
Leistungsfähigkeit nur eines Elternteils 2/726
im Mangelfall 2/262, 2/266, 5/62 f.
mehrere Kinder 2/731
für minderjährige Kinder 1/681
beim minderjährigen Kind 2/413, 2/718 ff.
notwendiger Selbstbehalt beim Kindesunterhalt 2/390
Obhutsprinzip 2/705
und Ortszuschlag 2/713
Pfändung 2/737
neben Pflegegeld 1/697
für privilegiert Volljährige 1/683
bei privilegiert volljährigen Kindern 2/592, 2/722
Prozessuales 2/736
Rechtsgrundlagen 2/700
Rechtsweg gegen Bescheide der Familienkasse 2/701, 2/706
bei der Sozialhilfe 8/38
als Sozialleistung 8/3
als Steuervergütung 2/702
Umgangskosten 1/679, 2/720
Unterhaltsberechnung 2/720 f., 2/724 ff.
Verfassungsmäßigkeit des § 1612 b V BGB a. F. 2/714
Verrechnung mit Barunterhalt 2/413
volle Berücksichtigung 2/722
für volljährige Kinder 1/682
beim volljährigen Kind 2/476, 2/497, 2/722 ff.
Vorwegabzug des Kindergeldes 2/717
Wehrdienst 2/703
Zahlbetrag 2/717, 2/721, 2/728
Zählkindvorteil 1/681, 2/732, 5/66
Zivildienst 2/703
Zulagen 2/713
Kindergeldurteil des BGH 5/63 ff.
siehe den Abdruck unter R 512
Kinderschutzklausel
als Billigkeitskriterium für die zeitliche Begrenzung oder Herabsetzung des Unterhalts (§ 1578 b I u. II BGB) 4/1013
Kinderzuschlag
allgemein 1/684
als Einkommen des Kindes 1/686
Höhe und Dauer 1/684 f.
künftiger Unterhalt 1/687 f.
subsidiär 1/687
Voraussetzungen 1/684
Kinderzuschüsse
als Einkommen 1/74
Kinderzuschuss zur Rente 1/649, 2/713
Kindesunterhalt
s. a. nachfolgende Stichwörter
Abzug geschuldeter Unterhalt bei Minderjährigen in Konkurrenz zu privilegierten Volljährigen 1/1125
Abzug nach Scheidung geborener Kinder 1/1122, 4/440 ff.
Abzug Zahlbetrag 1/1124
Anspruchsvoraussetzungen 2/1 ff.
Bedarf 1/31
Bedarf des Kindes 2/200 ff.
Bedarfskontrollbetrag 2/351
Bedürftigkeit des Kindes 2/51 ff.
Begrenzung bei besonders günstigem Einkommen der Eltern 2/226 ff.
bereinigtes Nettoeinkommen 1/1000
Berücksichtigung des Einkommens bei Kindesunterhalt 1/31
Betreuungsunterhalt *s. dort*
Darlegungs- und Beweislast 6/704 ff.
Dauer 2/12
Düsseldorfer Tabelle 2/311, 2/317
dynamischer Unterhalt 2/311, 2/358 ff.
und Ehegattenunterhalt 2/266, 2/354, 3/4, 5/136
Ende des Anspruchs 2/13, 2/15
Ersatzhaftung 2/787 ff.
und Familienunterhalt 3/1 ff., 3/12, 3/71 ff.
Feststellung der Vaterschaft durch ausländisches Gericht 9/28
Freistellungsvereinbarungen der Eltern 2/762 ff.
freiwillige Leistungen Dritter 2/121 ff.
bei gemeinsamer elterlicher Sorge 2/447 ff.
bei Geschwistertrennung 2/440 ff.
bei Gütergemeinschaft 6/419 ff.
Identität von Minderjährigen- und Volljährigenunterhalt 2/28
Internat 2/451, 2/458
Jugendhilfe 2/465
des Kindes, das ein eigenes Kind betreut 2/59 ff.
Konkurrenz von Ehegatten- und Kindesunterhalt 2/266, 2/354, 5/136 ff.
Leistungsfähigkeit 2/239 ff.
Mangelfall 2/266
bei mietfreiem Wohnen 1/571 ff.
nichteheliche Kinder ab 1. 7. 1998 2/310
nichteheliche Kinder bis 30. 6. 1998 2/309
Ost-West-Fälle 2/324 ff.
Rangverhältnisse 2/263 ff., 5/118 ff.
Rückforderung 6/200 ff.
Rückstand 6/100 ff.
Sättigungsgrenze 2/226
statischer Unterhalt 2/311
der Tochter, die schwanger ist oder ein eigenes Kind betreut 2/59 ff., 8/68
Tod des Verpflichteten 2/15
Verbraucherinsolvenz 2/258
Verzicht 2/758 ff.
bei Volljährigen 1/1126
Wiederaufleben des Anspruchs 2/14
Kindesunterhalt als Abzugsposten
bei der Bedarfsermittlung 1/1121 ff., 4/432, 4/440 ff.
Betreuungsbonus 1/838, 1/1060, 4/438
nur beim Ehegattenunterhalt 1/1000, 1/1121
geschuldeter Kindesunterhalt 4/451
Geschwistertrennung 2/440
bei Geschwistertrennung 4/450
Kind aus neuer Ehe oder Partnerschaft 1/1122

Sachverzeichnis

latente Unterhaltslast 1/1129
bei Mangelfall im zweiten Rang 4/442
minderjährige Kinder 4/419 ff.
bei nichtprägendem Einkommen Ehegattenunterhalt 4/441
Rangfragen 4/440
Rückstand 4/451
vor Scheidung geborenes Kind 4/440
titulierter Unterhalt 4/451
volljährige Kinder 4/445
voreheliche Kinder 4/440
bei Wechselmodell 4/450
Wegfall des Kindesunterhalts 2/250, 2/354, 4/667
Zahlbetrag 4/444
Kindesunterhalt im ordentlichen Streitverfahren bei ungeklärter Vaterschaft 10/114 ff.
Abänderungsverfahren (§ 240 FamFG) 10/124 ff.
Anerkenntnis 10/118
Anhängigkeit des Vaterschaftsfeststellungsverfahren 10/115
Anordnung der sofortigen Wirksamkeit (§ 116 III S. 2 und 3 FamFG) 10/121
Anwaltszwang 10/118
Bedürftigkeit des Kindes 10/120
Befristung 10/119
einheitliche Endentscheidung 10/118
Einspruch und Beschwerde 10/118
einstweiliger Rechtsschutz 10/114
Einwendungsausschluss 10/120
Einwendungsausschluss für Erfüllung, Stundung, Forderungsübergang, Begrenzung oder Verwirkung 10/120
Einwendungsausschluss im Rechtsmittelverfahren 10/123
Endentscheidung zum Unterhalt 10/121
Familienstreitsache 10/114
Hauptsacheverfahren 10/114
Kostenentscheidung 10/122
Leistungsfähigkeit 10/120
Minderjährigkeit des Kindes 10/115
Mindestunterhalt des Kindes 10/119
Mithaftung der Kindesmutter 10/120
negativer Feststellungsantrag und Widerantrag 10/116
örtliche Zuständigkeit 10/117
Rechtsausübungssperre 10/114
Rechtskraft des Abstammungsverfahrens 10/116
Rechtsmittelverfahren 10/123
selbständiges Verfahren 10/114
Titulierungsverfahren (§ 237 FamFG) 10/115 ff.
Unterhaltsrückstände 10/119
Verfahrensgrundsätze im Titulierungsverfahren (§ 237 FamFG) 10/118
Verfahrenswert und Verfahrensverbindung 10/122
Versäumnisbeschluss 10/118
Wahlrecht zwischen einstweiligem Rechtsschutz und Hauptsacheverfahren 10/114
Zusatz- oder Sonderbedarf 10/119
Zuständigkeit und Beschwerdeinstanz 10/117
Zuständigkeit und Verfahrensverbindung 10/117

Kindesunterhalt Volljähriger
als Abzugsposten 4/445
Kindergeld bedarfsdeckend 1/1126
Mangelfall vorrangiger Bedürftiger 1/1126
Kindesunterschiebung 4/1353
Kindesvermögen
Vermögenserträge 2/132
Verwertung des Vermögensstammes 2/132
Kirchensteuer 1/856, 1/864
als Abzugsposten 1/1009
Klagbarer Unterhaltsanspruch
Arrest 10/486
Klagehäufung mit Rückforderung 6/223
Klassenfahrt
als Sonderbedarf 6/17
Kleiderzulage
nach § 15 BVG als Einkommen 1/650
Kommunion
als Sonderbedarf 6/16
Konfirmation
als Sonderbedarf 6/16
Konkrete Bedarfsbemessung
Halbteilung 4/752
Konkrete Bedarfsermittlung 4/763 ff.
Anrechnung Eigeneinkommen Bedürftiger 4/769
beim Familienunterhalt 3/2, 3/25 ff.
Halbteilungsgrundsatz 4/767
kein Erwerbstätigenbonus 4/769
im Mangelfall 4/977
relative Sättigungsgrenze 4/766
beim Volljährigenunterhalt 2/502
Vorsorgeunterhalt 4/768
Konkurrenz von Unterhaltsansprüchen
Bedarfsbemessung beim Gattenunterhalt im Konkurrenzfall 4/805 ff.
Konkurrenz von Familienunterhalt mit anderen Unterhaltsansprüchen 3/70 ff.
Konkurrenz von Familienunterhalt und Elternunterhalt 3/103 ff.
Konkurrenz von Kindesunterhalt mit anderen Unterhaltsansprüchen 2/262 ff.
Trennungsunterhalt 4/80
Konkurrenz zwischen mehreren Ehegatten 3/73 ff.
Bedarf des ersten Ehegattem 3/79
Bedarf des nachfolgenden Ehegatten 3/83, 3/92 ff.
Ehegattenmindestselbstbehalt 3/89
Ersparnis durch Zusammenleben 3/94
Existenzminimum 3/90, 3/96
keine Dreiteilung 3/77
Leistungsfähigkeit des Pflichtigen 3/82, 3/85
Rangverhältnisse 3/88
Splittingvorteil 3/97
Konkurs des Unterhaltsschuldners
s. *Insolvenz des Unterhaltsschuldners*
Konsumkredit 1/1078
Konsumverhalten
Ehegattenunterhalt 4/463 ff.
beim Familienunterhalt 3/42
Kontrollrechte der Eltern 2/90, 2/483

Sachverzeichnis

Körper- und Gesundheitsschaden
Darlegungslast für Mehraufwand 1/654 ff.
Vermutung des § 1610 a BGB 1/648
Körperschaftsteuer 1/855
Kosten
des allgemeinen Lebensbedarfs
– beim bereinigten Nettoeinkommen 1/1008
Anhörungsrüge (§ 321 a ZPO) 10/633
Anschlussbeschwerde (§§ 66, 117 II FamFG) 10/596
Arrestverfahren 10/492
Aufhebungsverfahren (§ 52 II S. 3 FamFG) 10/434
für Ausbauten 1/502
der Schwangerschaft und Entbindung
– einstweilige Unterhaltsanordnung vor Geburt eines Kindes (§ 247 FamFG) 10/461
des Stufenverfahrens 10/363
vereinfachtes Verfahren über den Unterhalt Minderjähriger 10/675
Kostenentscheidung
bei Anerkenntnisbeschluss
– Beschwerde, sofortige (§§ 567–572 ZPO) 10/603
nach Antragsrücknahme
– Beschwerde, sofortige (§§ 567–572 ZPO) 10/603
Kostenersatz
einstweilige Unterhaltsanordnung vor Geburt eines Kindes (§ 247 FamFG) 10/468
Kostenerstattungsanspruch, materiellrechtlich
Stufenverfahren (§ 254 ZPO) 10/361
Kostenfestsetzungsbeschluss (§ 104 III ZPO)
Beschwerde, sofortige (§§ 567–572 ZPO) 10/603
Kraftfahrzeugkosten 1/1047
bei abhängig Beschäftigten 1/134
berufsbedingter Anteil 1/135
doppelte Haushaltsführung 1/1047
Pauschalierung 1/136 ff.
prägend 1/1050
Krankengeld
Dauer 1/115
und Einkommensteuer 1/859
erkranktes Kind 1/115
Höhe 1/115
Lohnersatzleistung 1/115
Krankengeld, Krankentagegeld 1/115
kein Erwerbstätigenbonus 1/115
Krankenhaustagegelder
bei abhängig Tätigen 1/115
als Einkommen 1/74
Krankenversicherung
als Abzugsposten 1/1029 ff.
keine in der Bremer Tabelle 4/877
während des Getrenntlebens 4/900
des Kindes s. *Krankenversicherung des Kindes*
Kindesunterhalt 1/1042 ff.
als Mehrbedarf 4/403
Mitversicherung 1/1040, 4/900
nach der Scheidung 4/901

als selbständiger Bestandteil des Unterhaltsanspruchs s. *Krankheitsvorsorgeunterhalt*
beim Verwandtenunterhalt 2/919
Krankenversicherung des Kindes 2/16, 2/327, 2/512
Mitversicherung beim Pflichtigen 2/16
beim Studenten 2/512
beim Tabellenunterhalt des Minderjährigen 2/327
beim volljährigen Kind im Haushalt der Eltern 2/525
Krankenvorsorgeunterhalt
einstweilige Anordnung 10/398
bei Getrenntleben 4/70
Krankheitsbedingte Arbeitsunfähigkeit
allgemein 1/787
Flucht in die seelische Krankheit 1/791
psychische Erkrankung 1/789
qualitative und quantitative Einschränkungen 1/788
Rentenneurose 1/791
Sachverständigengutachten 1/787
Schwerbehinderung 1/787
substantiierter Vortrag 1/787
Suchtdelikte 1/790
Wiederherstellung der Arbeitskraft 1/789 f.
Krankheitsbedingter Mehrbedarf 1/1067
Krankheitskosten
als Sonderbedarf 6/14
Krankheitsunterhalt (§ 1572 BGB)
Anspruchsbegrenzung 4/261
Anspruchsbeschränkung 4/260
Anspruchskonkurrenzen 4/258
Anspruchsvoraussetzungen 4/237
Darlegungs- und Beweislast 4/264
Einsatzzeitpunkte 4/249
Fallgruppen der Krankheit 4/239
– Behandlungsobliegenheiten 4/243
– Depressionen 4/240
– kurzfristige Erkrankungen 4/242
– Rentenneurose 4/241
– Suchterkrankungen 4/239
– Unterhaltsneurose 4/241
krankheitsbedingte Erwerbsunfähigkeit 4/245
Krankheitsbegriff 4/238
Krankheitsvorsorge 4/403
Krankheitsvorsorgeunterhalt 4/900 ff.
neben Altersvorsorgeunterhalt 4/917
angemessene Versicherung 4/906
bei Beamten 4/916
Bemessung 4/906 ff.
dreistufige Berechnung 4/917
einstufige Berechnung 4/919
Geltendmachung 4/923
ges. Krankenversicherung 4/915
und nichtprägendes Einkommen 4/922
Pflegevorsorgeunterhalt 4/927
Zweckbindung 4/924
zweistufige Berechnung 4/915
Kroatien
ausländisches materielles Recht 9/209 ff.
Verbrauchergeldparität und Devisenkurs 9/52

Sachverzeichnis

Kumulation von berufsbedingten Aufwendungen und Erwerbstätigenbonus 4/784, 4/832
Kündigungsschutzklage
fiktive Einkünfte 1/750
Kurzarbeitergeld
als Einkommen 1/109, 1/121
Kurze Ehe
Verwirkung 4/1244 ff.
Kurze Ehe bei Kinderbetreuung
Verwirkung Ehegattenunterhalt 4/1246
Kurze Ehe bei Trennungsunterhalt
keine Verwirkung 4/1249
Kurzes Zusammenleben
als Verwirkungsgrund 4/1372
Kurzfristige Einkommensänderung 4/419

Ländergruppeneinteilung
für Auslandsbedarf 9/37
Landwirtschaft
s. *Einkünfte aus Landwirtschaft*
Lange Ehedauer 5/124
Bausteinlösung 5/131
als Billigkeitskriterium für die zeitliche Begrenzung oder Herabsetzung des Unterhalts (§ 1578 b I u. II BGB) 4/1019
Langjähriges Zusammenleben mit neuem Partner 4/1267 ff.
Latente Unterhaltslast
Abzugsposten 1/1129
bei Anspruch auf Enkelunterhalt gegen verheirateten Großelternteil 2/977
Bereinigung Nettoeinkommen 4/447
und Eigenbedarf des Pflichtigen beim Elternunterhalt 2/949
beim Elternunterhaltsanspruch gegen verheiratetes Kind 2/967
prägende Belastung 4/447
Leasing 1/260, 1/330, 1/340
Lebensbedarf des Kindes 2/125, 2/219
s. a. *Bedarf des Kindes*
des Minderjährigen 2/326 ff.
Pauschalierung durch Tabellen und Leitlinien 2/219, 2/326 ff.
des Volljährigen 2/499
Lebenshaltungskostenindex 4/678 ff.
nichtprägendes Einkommen 4/669 f.
Lebenspartner, eingetragene
s. *Unterhaltsansprüche zwischen eingetragenen Lebenspartnern*
Lebenspartnerschaftsunterhalt
s. *Unterhalt unter Lebenspartnern*
Lebensstandardgarantie
Ende der L. 4/805
keine L. bei ehelichen Lebensverhältnissen 4/410
Unterhaltsrechtsänderung 2008 4/411
Lebensstellung der nichtehelichen Mutter
einstweilige Unterhaltsanordnung vor Geburt eines Kindes (§ 247 FamFG) 10/461
Lebensstellung des Kindes 2/200 ff.
Abhängigkeit von Lebensstellung der Eltern 2/200

bei besonders günstigem Einkommen der Eltern 2/226
Einkommen und Vermögen der Eltern 2/200, 2/205 ff.
Kindsein 2/202
Leistungsfähigkeit des verpflichteten Elternteils 2/204
Unterhaltsansprüche Dritter 2/204
und Unterhaltsbedarf 2/200 ff.
Volljähriger 2/203, 2/482, 2/535
Lebensversicherung
als Abzugsposten 1/1034, 1/1037
als Altersversorgung 1/1037
als Altersvorsorge 1/1034, 1/1037
Leibrente
als Einkommen 1/650
prägendes Einkommen 4/562
Leichtfertige Arbeitsplatzaufgabe
Abwägungskriterien 1/747
Bemessungszeitpunkt 1/748
Elternrecht 1/748
Erkrankung nach Selbständigkeit 1/751
Fallgruppen 1/752
Leistungsfähigkeit nach früheren Einkünften 1/751
Leichtfertigkeit
fiktive Einkünfte 1/743 ff.
des Unterhaltsberechtigten 1/743
unterhaltsbezogene 1/743
des Unterhaltspflichtigen 1/743
Leistungen Jugendhilfe 6/104, 6/110 ff.
Leistungsantrag
Anpassung außergerichtlicher Vereinbarungen 10/34 ff., 10/370
Freiwillige Zahlung u. Kosten 10/39 ff.
Freiwillige Zahlung u. Verfahrenskostenhilfe 10/41
Hauptsacheverfahren
– Verhältnis zur einstweiligen Anordnung 10/437
Rechtsschutzbedürfnis 10/37 ff.
Stufenverfahren (§ 254 ZPO) 10/358
Titulierungsinteresse 10/39 ff.
Verfahrensgrundsätze
– Antragsschrift 10/53
– Anwaltszwang 10/53
– Ausnahmen vom Anwaltszwang, Behörde und Jugendamt als Beistand 10/53
– Dispositionsmaxime, Beibringungsgrundsatz 10/54
– Endentscheidung und „Beschluss-Prinzip" 10/55 a
– entsprechende Heranziehung der Urteilsvorschriften der ZPO 10/55 a
– mündliche Verhandlung, schriftliches Verfahren und Beweisaufnahme 10/55
Leistungsbeförderung 4/477, 4/574
Leistungsfähigkeit
s. a. *die nachfolgenden Stichwörter*
bei Auslandsbezug 9/35
fiktives Einkommen 8/13
Notwendigkeit zeitgleichen Vorliegens mit Bedürftigkeit d. Berechtigten 2/918

Sachverzeichnis

und Sozialhilfebedürftigkeit 8/14
und subsidiäre Sozialleistungen 8/13
beim Verwandtenunterhalt 2/923 ff.
– Zusatzaufwand für Altersvorsorge 2/923
Leistungsfähigkeit beim Ehegattenunterhalt
Billigkeitsquote 4/975
eigener angemessener Bedarf 4/969
Einwendung der Leistungsunfähigkeit 4/967
beim Familienunterhalt 3/9
nach Sozialhilferecht 5/12
nachehelicher Unterhalt 4/966
schuldhaft herbeiführte Leistungsunfähigkeit 4/977
bei Trennungsunterhalt 4/968
Leistungsfähigkeit beim Kindesunterhalt
2/9, 2/239 ff., 2/536 ff., 2/580
angemessener Bedarf (Selbstbehalt) des Pflichtigen 2/240, 2/536, 2/546 ff.
Anrechnung von Kindeseinkommen auf den Bedarf 2/259
und anteilige Haftung der Eltern 2/567
und Bedarf des Kindes 2/204
Bedarfskontrollbetrag 2/351 ff.
Betreuung eines anderen bedürftigen Kleinkindes 2/269
Ehegattenunterhalt 2/266
Ehegattenunterhalt als Einkommen 2/247, 2/377
und Eigenbedarf des Pflichtigen 2/239
und Erwerbsfähigkeit des Schuldners 2/244
fiktive Einkünfte 2/244 ff.
gesteigerte Unterhaltspflicht 2/366 ff.
gleichrangige Unterhaltsansprüche Dritter 2/264
Hausmannrechtsprechung 2/275 ff.
Mangelfälle 2/262 ff.
nachrangige Unterhaltsansprüche 2/267
notwendiger Selbstbehalt des Pflichtigen 2/240
Opfergrenze 2/240
Schulden 2/257
schuldhafte Herbeiführung der Leistungsunfähigkeit 2/243
Umgangskosten 2/271
Unterhaltsansprüche anderer Berechtigter 2/262 ff.
volljährige Kinder 2/536 ff.
vorrangige Unterhaltsansprüche 2/263, 2/556
Leistungsprämien
als Einkommen 1/74
Leistungsunfähigkeit
Beachtlichkeit auch selbstverschuldeter L. 5/44 f.
Darlegungs- und Beweislast des Unterhaltspflichtigen 6/721 ff.
als Einwendung 4/967
nach Sozialhilferecht 5/12
unbeachtlich, wenn verantwortungslos oder leichtfertig herbeigeführt 4/977, 5/45
Vortrag des Unterhaltspflichtigen 6/723
Leistungsunfähigkeit durch Arbeitsplatzverlust
ausnahmsweise unbeachtlich 1/744 ff.
grundsätzlich beachtlich 1/746
Leitlinien der Oberlandesgerichte
allgemein 1/16 ff.

Angemessenheitskontrolle beim Tabellenunterhalt 2/355
Aufzählung aller L. 1/20
zum bereinigten Nettoeinkommen 1/1000
keine Bindung an L. im Änderungsverfahren 1/16
zum Erwerbstätigenbonus 4/782 ff.
als Hilfsmittel der Unterhaltsbemessung 2/218
zum Mindestbedarf des nicht pflichtigen Ehegatten beim Elternunterhalt 2/969
zum Mindestbedarf des Pflichtigen beim Elternunterhalt
– allgemeine Hinweise 2/955
zum Selbstbehalt d. Pflichtigen beim Elternunterhalt 2/928
zum Selbstbehalt d. Pflichtigen beim Enkelunterhalt 2/928
zum Selbstbehalt des Pflichtigen beim Elternunterhalt
– allgemeine Hinweise 2/953
Selbstbehalte des Pflichtigen beim Eltern- und Enkelunterhalt 2/928
zu Selbstbehaltssätzen 5/2 ff.
zu Spesen, Reisekosten, Auslösen 1/85
zu Verbindlichkeiten 1/1081
zum Wohnwert 1/485
Lettland
Verbrauchergeldparität und Devisenkurs 9/53
Lex fori
materielles Recht 9/23
Liquidationspool
des Chefarztes 1/74
Litauen
Verbrauchergeldparität und Devisenkurs 9/54
Lohnersatzfunktion
Erziehungsgeld 1/116
bei Krankengeld, Krankentagegeld 1/115
bei Sozialleistungen 1/105
Lohnsteuer 1/892
s. a. Steuern
als Abzugsposten 1/1009
Eintrag von Freibeträgen 1/905
Eintragung von Freibeträgen auf Klasse V 1/911
Faktorverfahren 1/908, 1/977
Freibeträge 1/905
Jahreslohnsteuer 1/900
Kinderfreibetrag 1/904
Lohnsteuerklassen 1/903
Realsplitting 1/906
Übertragung von Freibeträgen auf Klasse VI 1/907
Zuflussprinzip 1/900
Lohnsteuerbescheinigung 1/25
Vorlagepflicht 1/1179
Lohnsteuerkarte
Freibeträge 1/905 ff.
Realsplitting 1/906
Übertrag Freibetrag I oder II auf VI 1/908
Übertrag Freibetrag III auf V 1/911
Vorsorgeaufwand des Berechtigten 1/910
LPartG
s. *Unterhaltsansprüche zwischen eingetragenen Lebenspartnern*

Sachverzeichnis

Lugano-Abkommen
internationale Zuständigkeit und Vollstreckbarkeit 9/615
LugÜ
Geltungsbereich 9/615
Luxemburg
Verbrauchergeldparität und Devisenkurs 9/55

Mahnung
rückwirkende Erhöhung des Unterhalts (§ 238 III S. 2 FamFG) 10/237
Mahnung als Verzugsvoraussetzung 6/119 ff.
Mahnung bei Kindesunterhalt 6/126
Mahnverfahren 10/374
Malta
Verbrauchergeldparität und Devisenkurs 9/56
Mangelfall 2/262 ff., 5/1
absoluter Vorrang 5/138
Abzug Kinderunterhalt (Höhe 4/442
Aktualisierung von Rangverhältnissen 2/263 ff., 5/113
Altfälle 5/164
Arbeitsplatzaufgabe 5/46
Auslandsfälle 5/28
Barunterhaltspflicht beider Eltern 5/187
Bedarfskorrektur 5/138
Bedarfspositionen 5/35
berücksichtigungswürdige Schulden 5/37
Billigkeitsquote 5/102 f.
Deckungsmasse 5/38 f.
Ehegattenunterhalt als Einkommen im M. 2/251
eingeschränkter M. nach § 1581 BGB 5/102
eingeschränkter – verschärfter – absoluter M. 5/1
erhöhte Anforderung an Abzugsposten zum Einkommen 5/76 f.
erhöhte Zumutbarkeit der Vermögensverwertung 5/81 f.
erhöhte Zurechnung von Einkommen aus unzumutbarer Erwerbstätigkeit 5/70 f.
Ersatzhaftung 5/170, 5/179
Erwerbstätigenbonus 4/784
Familienunterhalt 3/88
fiktive Einkünfte wegen gesteigerter Erwerbsobliegenheit 5/67 f.
individuelle Billigkeitsabwägung nach § 1581 BGB 5/104 ff.
Kindergeld und Zählkindvorteil im M. 5/62 f.
Konkurrenz von Ehegatten- und Kindesunterhalt 2/262 ff., 2/266
mehrere Ehegatten 3/88 ff.
Mindestbedarf 4/756, 5/155
nach § 1581 BGB 4/971, 5/31 ff., 5/53 f., 5/102
proportionale Kürzung 5/103, 5/155 ff.
selbstverschuldete Leistungsunfähigkeit 5/44 f.
Sozialfall, Sozialgrenze 5/12
wegen trennungsbedingter Mehrbedarfs 5/51
verschärfte Anforderungen bei Berücksichtigung von Verbindlichkeiten 5/85 f.
Zurechnung freiwilliger Zuwendungen Dritter 5/73 f.
Mangelfallberechnung
zweistufig 5/165

Marktmiete 1/477
Maßstab Ehegattenunterhalt 4/408 ff., 4/750 ff.
s. a. eheliche Lebensverhältnisse
Masterprüfung 2/82
Materielles Recht
Auffangvorschrift des Art. 17 EGBGB 9/7
Internationale Anwendbarkeit 9/1 ff.
Materielles Unterhaltsrecht
Drittschuldnerverfahren 10/344
rückwirkende Erhöhung des Unterhalts (§ 238 III S. 2 FamFG) 10/237
Mazedonien
Verbrauchergeldparität und Devisenkurs 9/57
Medikamentenmissbrauch
als Verwirkungsgrund 4/1299, 4/1376
Mehrarbeit 1/86
Mehraufwand durch Behinderung 1/652 ff.
Mehrbedarf
Abänderungsverfahren bei Urkunden (§ 239 FamFG) 10/275
Altersvorsorge 4/403
ausbildungsbedingter M. 4/403
Krankenvorsorge 4/403
trennungsbedingter M. 4/406
Mehrbedarf beim Kindesunterhalt
Darlegungs- und Beweislast 6/706
Mehrbedarf des Enkelkindes 2/973
Mehrbedarf des Kindes 1/1071, 2/232 ff., 2/451 ff., 2/530 ff.
Barunterhaltspflicht beider Eltern 2/418, 2/458
Berechtigung des Mehrbedarfs 2/452 ff.
Beteiligung des sorgeberechtigten Ehegatten 2/235
Darlegungs- und Beweislast 2/533
Entscheidung des Sorgeberechtigten 2/455, 2/456
Internat 2/233, 2/451, 2/458, 2/532
Kindergartenkosten 2/233, 2/400, 2/451
Kinderhort 2/451
krankheitsbedingter Mehrbedarf 1/1071, 2/233, 2/400, 2/435, 2/451, 2/453, 2/463 ff., 2/531
nicht subsidiäre Sozialleistungen 2/466
Pflegegeld 2/464 ff.
Privatschulen 2/233, 2/451, 2/532
schulischer Mehrbedarf 2/454
Selbstbehalt 2/236
und Sonderbedarf 2/232
subsidiäre Sozialleistungen 2/464
Vergütung des Vormund oder Betreuers 2/451, 2/534, 3/30, 6/14
des Volljährigen 2/530 ff.
Zumutbarkeit 2/456, 2/457, 2/532
Mehrbedarf und Mehraufwand
s. a. trennungsbedingter Mehrbedarf, Sonderbedarf
Abhängigkeit des Quotenunterhalts von M. 4/844
Abzug vom prägenden Einkommen (zu Lasten des Elementarunterhalts) 4/840, 4/846, 4/852
als Abzugsposten 1/1069 ff.
altersbedingter M. 4/846
ausbildungsbedingter M. 4/843, 4/847

Sachverzeichnis

Darlegungs- und Beweislast im Rahmen von § 1610 a BGB 1/654
beim Ehegattenunterhalt 4/840 f.
konkrete Darlegung 1/1067, 4/845
krankheitsbedingter M. 4/846
Krankheitsvorsorgeunterhalt 4/848
Pflegeleistungen der Ehefrau für Schwerstbehinderten 1/1067
regelmäßiger M. 4/840 f.
als Teil des Unterhaltsbedarfs 1/1071
trennungsbedingter s. dort
des Verpflichteten 2/554, 4/854
Verrechnung auf nichtprägendes Einkommen 4/853
Mehrere Ehegatten 4/805 ff., 4/973, 5/120 f.
Bedarf des zweiten Ehegatten 4/807 f.
Rangverhältnis 5/124 f.
Mehrkosten
Krankheit und Alter 4/406
Mehrleistung mit Erstattungsabsicht 6/226
Meistbegünstigungsprinzip
Beschwerde (§§ 58, 117 FamFG) 10/502
Methodenwahl 4/821 ff.
Miete
s. a. Vermietung/Verpachtung, Wohnkosten
als Abzugsposten 1/467
als Betriebsausgabe 1/340
als Einkommen 1/450 ff.
bei Einkünften aus Gewerbebetrieb 1/163
Fortzahlungspflicht nach Trennung 1/467 ff.
als Teil des Selbstbehalts 1/468, 5/23 f.
als trennungsbedingter Mehrbedarf 1/471
Minderjährigenunterhalt 2/299 ff.
Anrechnung von Kindeseinkommen auf Bar- und Betreuungsunterhalt 2/306
Barunterhaltspflicht der Eltern s. dort
Bedarf des Kindes 2/301, 2/311 ff.
Bedürftigkeit des Kindes 2/300
Besonderheiten des M. 2/299 ff.
Bestimmungsrecht des Sorgeberechtigen 2/304
Darlegungs- und Beweislast 6/704 ff.
Düsseldorfer Tabelle 2/311 ff.
Ende bei Volljährigkeit 2/31, 2/308
gesteigerte Unterhaltspflicht 2/302, 2/366 ff.
Grundsätze der Bedarfsbemessung 2/309 ff.
bei hohem Einkommen der Eltern 2/226
Identität mit Volljährigenunterhalt 2/28, 2/299
Kindergeldverrechnung auf Bar- und Betreuungsunterhalt 2/306
Kindesbetreuung 2/20
Leistungsfähigkeit des Pflichtigen 2/302
Verhältnis zum Volljährigenunterhalt 2/28 ff., 2/299 ff.
keine Verwirkung 2/307
Mindestbedarf
des Berechtigten beim Elternunterhalt 2/946
des Pflichtigen im Verwandtenunterhalt 2/924
für Pflichtigen im Verwandtenunterhalt 2/927
Mindestbedarf beim Ehegattenunterhalt 4/756 ff., 4/837, 5/155
Darlegungs- und Beweislast 6/714
Mangelfall 4/756

Mindestbedarf des Kindes
Beweislast 2/224
Darlegungs- und Beweislast 6/704
Erwerbsobliegenheit 2/224
Geschwistertrennung 2/446
gesteigerte Unterhaltspflicht 2/381
Regelbetrag 2/222
Schulden des Pflichtigen 2/224
steuerrechtliches Existenzminimum 2/223
Mindestbetrag
Stufenverfahren (§ 254 ZPO) 10/362
Mindestunterhalt für Kinder 2/314
Darlegungs- und Beweislast im Abänderungsverfahren (§ 238 FamFG) 10/245
einstweilige Unterhaltsanordnung bei Feststellung der Vaterschaft (§ 248 FamFG) 10/472
einstweilige Unterhaltsanordnung vor Geburt eines Kindes (§ 247 FamFG) 10/461
und Existenzminimum 2/222
des minderjährigen Kindes
– Geschwistertrennung 2/446
Prozentsatz 2/359
Übergangsregelung zum 1. 1. 2008 2/314
Übergangsvorschrift zum 1. 1. 2008 2/223, 2/225
Umrechnung dynamisierter Titel zum 1. 1. 2008 2/225
Ministerialzulage
als Einkommen 1/74
Mischeinkünfte
s. a. Erwerbstätigenbonus
Additionsmethode 4/801 ff.
Erwerbstätigenbonus 4/778
Mischmethode (gemischte Differenz- und Anrechnungsmethode) 4/820
Mithaftung beider Elternteile nach Eintritt der Volljährigkeit
Darlegungs- und Beweislast im Abänderungsverfahren (§ 238 FamFG) 10/247
Mithaftung des nichtehelichen Erzeugers beim Ehegattenunterhalt
Darlegungs- und Beweislast im Abänderungsverfahren (§ 238 FamFG) 10/247
Mitunternehmerschaft
s. Personengesellschaft
Mitversicherung
in der ges. Krankenversicherung 1/1040, 4/900
Modernisierungskosten 1/502
Monatsfrist
Beschwerde, sonstige (§ 58 FamFG) 10/597
Monatszulagen
als Einkommen 1/74
Montenegro
ausländisches materielles Recht 9/224 ff.
Verbrauchergeldparität und Devisenkurs 9/58
Morgengabe 9/10
Mündliche Verhandlung
Beschwerde (§§ 58, 117 FamFG) 10/538
Beschwerde, sonstige (§ 58 FamFG) 10/600
einstweilige Anordnung 10/417 f.

2375

Sachverzeichnis

einstweilige Unterhaltsanordnung bei Feststellung der Vaterschaft (§ 248 FamFG) 10/477
einstweilige Unterhaltsanordnung vor Geburt eines Kindes (§ 247 FamFG) 10/467
vereinfachtes Verfahren über den Unterhalt Minderjähriger 10/642, 10/674
Mutter des nichtehelichen Kindes
s. Ansprüche der nichtehelichen Mutter
Mutterschaftsgeld
als Einkommen 1/120
und Einkommensteuer 1/859
Mutterschutzunterhalt 7/14
Anspruch auf Ersatz von Schwangerschafts-/Entbindungskosten 7/82
Auskunftsanspruch 7/200
Bedürftigkeit 7/123
Beerdigungskosten der Mutter 7/210
Befristung des Betreuungsunterhalts 7/261
Betreuungsunterhalt der nichtehelichen Mutter 7/20 ff.
Billigkeitsabwägung 7/67
Darlegungs- und Beweislast 7/244
Einsatzzeitpunkte 7/50
elternbezogene Gründe 7/51
Erlöschen des Anspruchs des Berechtigten 7/204 ff.
Fallgruppen aus der Rechtsprechung 7/69
Fehlgeburt 7/219
kindbezogene Gründe 7/29
Kosten der Fremdbetreuung 7/43
Leistungsfähigkeit 7/141
materielle Rechtsfragen 7/191
mehrere Unterhaltspflichtige 7/161
Rangfolge der Unterhaltsberechtigten 7/152
Schwangerschaftsabbruch 7/221
steuerrechtliche Fragen 7/236
Tod des Unterhaltspflichtigen 7/215
Übergangsrecht 7/281
Umfang der Erwerbsobliegenheit des betreuenden Elternteils 7/46
Umfang der Erwerbstätigkeit 7/72
Unterhalt für die Vergangenheit 7/199
Unterhaltsanspruch des nichtehelichen Vaters 7/78
Unterhaltsbegrenzung durch Dreiteilungsgrundsatz 7/119
Unterhaltsbegrenzung durch Halbteilungsgrundsatz 7/116
Unterhaltsbemessung 7/91 ff.
Unterhaltsverzicht 7/226
Vaterschaftsfeststellung 7/195
Verfahrensfragen 7/240
Verjährung des Unterhaltsanspruchs 7/230
Verlängerung des Anspruchs über 3 Jahre 7/34
Verwirkung 7/228
Vorläufiger Rechtsschutz 7/266
Mutwillige Aufgabe des Arbeitsplatzes
fiktives Einkommen 1/744 ff., 1/767
als Verwirkungsgrund 4/1301 ff.
Mutwillige Herbeiführung der Bedürftigkeit
fiktives Zinseinkommen 1/567, 4/608
als Verwirkungsgrund 4/1289 ff.

Mutwillige Verletzung der Vermögensinteressen
fiktives Einkommen 1/567, 4/608
als Verwirkungsgrund 4/1318 ff.

Nachehelicher Unterhalt 4/102 ff.
s. a. näher: Bedarfsbemessung; eheliche Lebensverhältnisse; prägendes und nichtprägendes Einkommen
Additionsmethode 4/800 ff.
allgemeine Grundsätze 4/102
Altersunterhalt 4/214 ff.
Altersunterhalt (§ 1571 BGB) 4/214 ff.
Anerkennung ausländischer Scheidung als Voraussetzung 9/28
angemessene Erwerbstätigkeit
– Ausbildungsabschluss 4/145
– Billigkeitsabwägung 4/144
– Billigkeitsprüfung 4/150
– Ehedauer 4/152
– eheliche Lebensverhältnisse 4/151
– einzelne Prüfkriterien 4/145 ff.
– Fähigkeiten 4/146
– frühere Erwerbstätigkeit 4/147
– gesellschaftliche Stellung 4/153
– Gesundheitszustand 4/149
– Lebensalter 4/148
– Prüfungsstufen 4/142
– Systematik 4/141
– wirtschaftliche Verhältnisse 4/153
Anschlussunterhalt 4/113
Anspruchsbeginn 4/115
Anspruchsvoraussetzungen 4/105
Aufstockungsunterhalt (§ 1573 II BGB) 4/308 ff.
Ausbildungsunterhalt (§ 1574 III BGB) 4/328 ff.
Ausbildungsunterhalt (§ 1575 BGB) 4/338 ff.
Bedarfsbemessung 4/750 ff.
bereinigtes Nettoeinkommen 1/1007
Betreuungsunterhalt (§ 1570 BGB) 4/157
– Anspruchsbegrenzung 4/206
– Anspruchsprivilegierung 4/209
– berechtigte Betreuung 4/166
– Betreuung bis zum dritten Lebensjahr des Kindes 4/167
– Betreuungsbegriff 4/165
– Billigkeitskriterien 4/172
– Einsatzzeitpunkt 4/203
– Entwicklung des Unterhaltsanspruchs 4/157
– gemeinschaftliche Kinder 4/164
– Konkurrenzen 4/210
– Leitlinie zur Erwerbsobliegenheit 4/193
– Rechtsprechung zum Umfang der Erwerbsobliegenheit 4/194
– Struktur des Unterhaltsanspruchs 4/160
– Übergangsregelung 4/159
– Verlängerung aus ehebezogenen Gründen 4/189
– Verlängerung aus elternbezogenen Gründen 4/190
– Verlängerung des Anspruchs über die dreijährige Frist 4/170
Billigkeitsunterhalt (1576 BGB) 4/368
eheprägendes Surrogat 4/422 ff.

Sachverzeichnis

Einheitlichkeit des Anspruchs 4/106
Einsatzzeitpunkt 4/111
Erbenhaftung 4/125 ff.
– Anspruchsübergang 4/128
– Begrenzung der Erbenhaftung 4/129
– Einwendungen 4/128
– laufender zukünftiger Unterhalt 4/127
– Realsplitting 4/130
– mit rückständigem Unterhalt 4/126
Erlöschen des Anspruchs 4/116
Erwerbslosenunterhalt (§ 1573 BGB) 4/268 ff.
Erwerbstätigenbonus 4/773 ff., 4/782
Halbteilungsgrundsatz 4/750
Insolvenz des Unterhaltschuldners 4/135
konkreter Bedarf 4/763 ff.
Konkurrenzen 4/108
Krankheitsunterhalt 4/237
Krankheitsunterhalt (§ 1572 BGB) 4/237 ff.
keine Lebensstandardgarantie 4/410 ff.
Mehrbedarf 4/403
kein Mindestbedarf 4/756
Pfändbarkeit 4/134
quasi-nachehelicher Unterhaltsanspruch 4/131
Quotenunterhalt 4/772 ff.
Rückforderung 6/200 ff.
Rückstand 6/100 ff.
Sättigungsgrenze 4/760 ff.
Sonderbedarf 4/122, 4/404
Surrogat der Familienarbeit 4/422 ff., 4/751
Teilanschlussunterhalt 4/114
Unterhalt 4
Unterhalt für die Vergangenheit 4/122, 6/100 ff.
Unterhaltsvereinbarungen 4/124, 6/612 ff.
Verfahrensrechtliche Besonderheiten 4/138
Verwirkung 4/1209 ff.
Verwirkung des Anspruchs 4/117
Vorsorgeunterhalt 4/857
Wiederaufleben des Anspruchs 4/118
Wohnwert 1/481
Nachhaltig erzieltes, stetiges Einkommen 4/419, 4/471
Nachhaltige Unterhaltssicherung durch Vermögen 4/964
Nachrang der Sozialhilfe
s. *Subsidiarität*
Nachrang des Volljährigen
gegen Gatten, Beispiele 5/152 f.
Nachrangiger Unterhalt
Berechnung 5/152 f.
und Gattenunterhalt 4/805
Prägung ehelicher Lebensverhältnisse 4/445 ff.
des volljährigen Kindes 2/556 ff.
Wirkung des Nachrangs 5/144 ff., 5/146 f.
Nachscheidungsunterhalt
s. *nachehelicher Unterhalt*
Nachschiebung von Anfechtungsgründen (§ 115 FamFG)
Beschwerde (§§ 58, 117 FamFG) 10/529
Nachtarbeit
anrechenbares Einkommen 1/88
Nachteilsausgleich
Aufrechnung 1/958

Familienkrankenversicherung 1/954
Grundsätze 1/956
Minijob 1/954
Sicherheitsleistung 1/956
steuerrechtlich 1/954 ff.
Steuervorauszahlung 1/957
unterhaltsrechtlich 1/955 f.
Unterhaltsrechtsänderung 2009 4/411
Zuständigkeit 1/959
Zuständigkeit nach EuGVVo 1/957
Nachträglicher Stufenantrag
Stufenverfahren (§ 254 ZPO) 10/359
Naturalunterhalt
Einwendung im Vollstreckungsabwehrverfahren 10/154
vereinfachtes Verfahren über den Unterhalt Minderjähriger 10/637
Naturalunterhalt des Kindes 2/18
Bestimmungsrecht der Eltern 2/18
und Betreuungsunterhalt 2/20
familienrechtlicher Ausgleichsanspruch 2/776
und Familienunterhalt 2/18, 2/560, 3/12
beim Volljährigen 2/500, 2/560
Naturalunterhalt durch mietfreies Wohnen 1/530
Nebenentscheidung
Beschwerde, sofortige (§§ 567–572 ZPO) 10/605
Rechtsmittel in Unterhaltssachen 10/498
Nebentätigkeiten 1/96 ff.
neben abhängiger Tätigkeit 1/96
neben Arbeitslosengeld 1/97
Arbeitszeitgesetz 1/97
dauerhaft ausgeübt 1/98
als Einkommen 1/96
bei Rentnern 1/658
bei Schülern und Studenten 1/101 ff.
bei Studenten 1/825
unzumutbares Einkommen 1/828 ff.
Verhältnis zum Berechtigten 1/98
neben Vollzeittätigkeit 1/97
Nebenverfahren
Anhörungsrüge (§ 321 a ZPO) 10/623
„negative Mahnung"
rückwirkende Herabsetzung des Unterhalts (§ 238 III S. 3 FamFG) 10/239
Negative Tatsachen
Darlegungs- und Beweislast im Abänderungsverfahren (§ 238 FamFG) 10/242
Negativeinkünfte 1/459
Negativer Feststellungsantrag
Anpassung außergerichtlicher Vereinbarungen 10/370
Darlegungs- und Beweislast 6/747 ff.
einstweilige Anordnung 10/438
einstweilige Unterhaltsanordnung bei Feststellung der Vaterschaft (§ 248 FamFG) 10/479
Stufenverfahren (§ 254 ZPO) 10/358
Wahlrecht mit Fristsetzungsantrag (§ 52 II FamFG) 10/439
Negativer Wohnwert
Wohnvorteil 1/523

Sachverzeichnis

Negativtatsachen
Darlegungs- und Beweislast 6/741 ff.
Nettoeinkommen
Abzugsposten 1/1007 ff.
allgemein 1/24
Freiberufler 1/27
Gewerbetreibende 1/27
Kapitaleinkünfte 1/27
Korrektur 1/26
Neue Angriffs- und Verteidigungsmittel
Beschwerde, sofortige (§§ 567–572 ZPO) 10/607
Neue Bundesländer
angemessener Selbstbehalt der Eltern beim Kindesunterhalt 2/549
anwendbare Staatsverträge 9/710
Mindestunterhalt 2/313, 2/316
notwendiger Selbstbehalt 2/387
Ost-West-Fälle beim Kindesunterhalt 2/324
Regelbetrag 2/313, 2/365
Studentenunterhalt 2/510
Volljährigenunterhalt 2/510
Vollstreckbarkeit früherer Unterhaltstitel 9/710
Neue Tatsachen und Beweismittel
Beschwerde (§§ 58, 117 FamFG) 10/539
Nichtbestehen der Ehelichkeit und der Vaterschaft
Einwendung im Vollstreckungsabwehrverfahren 10/154
Nichteheliche Elternteile
Ansprüche 4/812
und Ehegattenunterhalt 4/812
Nichteheliche Kinder 2/2, 2/4
s. *Mutterschutzunterhalt*
Nichteheliche Lebensgemeinschaft beim Kindesunterhalt 2/111
Ermäßigung des angemessenen Selbstbehalts 2/555
Ermäßigung des notwendigen Selbstbehalts 2/393
freiwillige Leistungen 2/555
„Hausmannrechtsprechung" bei n. L. 2/296 ff.
Kindesbetreuung durch Lebensgefährten 2/61, 2/298
Versorgung eines Partners durch das Kind 2/111
Wohngemeinschaft unter Studenten 2/111
Nichteheliche Mutter
s. *Ansprüche der nichtehelichen Mutter*
Nichtehelichengesetz 7/3
Nichtehelicher Vater
s. *Ansprüche der nichtehelichen Mutter*
Nichtfamiliensachen
und Gesetzliche Unterhaltspflicht 10/4
Nichtprägende Ausgaben
Steuervorteil Pflichtiger bei Wiederverheiratung und Vorrang erster Ehegatte 4/437
Nichtprägende Vermögenseinkünfte
gehobenes Einkommen 4/761
Nichtprägendes Einkommen
s. a. *Prägendes Einkommen, Prägendes oder nichtprägendes Einkommen*

allgemein 4/420
Altersvorsorgeunterhalt 4/855 ff., 4/892
Arbeitsplatzwechsel 4/652
keine Berücksichtigung 4/413
Berücksichtigung bei der Bedürftigkeit/Leistungsfähigkeit 4/420
aus beruflichem Aufstieg 4/574
Einkommensminderung bei leichtfertigem Verhalten 4/652
fiktives Einkommen bei unterlassener Vermögensnutzung 4/611
Flucht aus früherer DDR 4/577
bei hohem Erwerbseinkommen und zusätzlichen Vermögenseinkünften 4/478
Karrieresprung 4/477, 4/570
kurzfristige Einkommensänderung 4/420
Leistungsbeförderung 4/477, 4/574
Mehrverdienst 4/571
neue unterhaltsbezogene leichtfertige Schulden 1/1096
neue Unterhaltslasten/Schulden 1/1076, 1/1122, 4/426, 4/435, 4/440
neuer Wohnwert nach Trennung 1/545, 1/550
vom Normalverlauf abweichende Entwicklung 4/477, 4/554, 4/581 ff., 4/592, 4/598 ff., 4/651 ff., 4/665
Nutzungsentschädigung 4/591
Prüfungszeitpunkt 4/477 ff.
Steuervorteil Pflichtiger bei Wiederverheiratung 4/437 ff., 4/664
nach Trennung entstandene Vermögenseinkünfte 4/478
vermögensbildende Aufwendungen zur einseitigen Vermögensbildung 4/453
bei Vermögenseinkünften neben hohem Erwerbseinkommen 4/463
Verselbständigung 4/653
Zinseinkünfte aus Erbschaft 4/478, 4/554
Zinseinkünfte aus Erbschaft oder Lottogewinn nach Trennung 4/598 ff.
Zinseinkünfte bei hohem Erwerbseinkommen 4/603
Zinseinkünfte bei hohen Erwerbseinkünften 4/554
Zinseinkünfte bei neuen Kapitaleinkünften 4/598 ff.
Zinsen bei hohem Erwerbseinkommen 1/429
Nichtzulassungsbeschwerde
Rechtsbeschwerde, Endentscheidungen (§§ 70–75 FamFG) 10/610
Niederlande
ausländisches materielles Recht 9/246 ff.
Verbrauchergeldparität und Devisenkurs 9/59
Normalentwicklung des Einkommens
beim Ehegattenunterhalt 4/413, 4/471 ff., 4/557, 4/650 ff.
Norwegen
ausländisches materielles Recht 9/260 ff.
Verbrauchergeldparität und Devisenkurs 9/60
Notfrist
Beschwerde, sofortige (§§ 567–572 ZPO) 10/606
Wiederaufnahmeverfahren 10/379

Sachverzeichnis

Notunterhalt
einstweilige Anordnung 10/397
Unterhaltsrückforderung 6/230
Notwendiger Selbstbehalt 5/3
Ersparnisse durch gemeinsame Haushaltsführung 2/393
Notwendiger Selbstbehalt beim Kindesunterhalt 2/240, 2/380 ff.
anderer unterhaltspflichtiger Verwandter 2/394 ff.
beim Arbeitslosen 2/388
Beitrittsgebiet 2/387
Erhöhung des Selbstbehalts 2/392
Erwerbstätigenzuschlag 2/389
Heimunterbringung des Pflichtigen 2/393
Herabsetzung des Selbstbehalts 2/393
und Kindergeld 2/390
Selbstbehalt und Sozialhilfe 2/381
Sozialhilfebedürftigkeit des Pflichtigen 2/381, 2/384
nach den Tabellen und Leitlinien 2/385 ff.
beim Umschüler 2/388
Warmmiete 2/391
Wohnkosten 2/391
Notzuständigkeit
internationale Zuständigkeit 9/658
Nutzung von zwei Immobilien in Ehe
Wohnvorteil 1/538
Nutzungsdauer
betriebsgewöhnliche 1/207 ff.
Nutzungsentnahmen
s. Entnahmen
Nutzungsentschädigung 1/528 ff., 4/591
prägendes Einkommen 1/528
Surrogat 1/528
Verbot Doppelverwertung 1/533, 4/480

Oberarzt 4/568
Obergrenze Ehegattenunterhalt 4/760 ff.
Objektive Antragshäufung
Stufenverfahren (§ 254 ZPO) 10/364
Objektive Marktmiete 1/477
Objektiver Erklärungswert
Beschwerde (§§ 58, 117 FamFG) 10/511
Objektiver Maßstab
Berücksichtigung tatsächlichen Konsumverhaltens 4/761
Ehegattenunterhalt 4/463 ff., 4/765
bei Überschuldung 4/465
Obliegenheit
s. a. Ausbildungsobliegenheit; Erwerbsobliegenheit
Obliegenheit zur Krankheitsbehandlung
Verwirkung 4/1303
Obliegenheiten zur Steuerminderung
Freibeträge auf der Lohnsteuerkarte 1/905 ff., 1/1013
Vorsorgeunterhalt 1/978
Öffentliche Leistungen
einstweilige Anordnung 10/415
Öffentliche Zustellung
Beschwerde, sofortige (§§ 567–572 ZPO) 10/603
öffentliche Zustellung
Wiederaufnahmeverfahren 10/377

Öffentlich-rechtliche Vergleichsberechnung
s. sozialhilferechtliche Vergleichsberechnung
Opfergrenze beim Kindesunterhalt 2/240, 2/366 ff., 2/380
Ordentliches Streitverfahren
Drittschuldnerverfahren 10/344
Ordnungsmittel
Beschwerde, sofortige (§§ 567–572 ZPO) 10/603
Ordnungsmittel gegen Sachverständige
Beschwerde, sofortige (§§ 567–572 ZPO) 10/603
Ordre public 9/24 f.
Begriff 9/690
materiellrechtlicher 9/690
verfahrensrechtlicher 9/690
Originalurkunden
Auskunfts-, Beleg- und Versicherungsverfahren 10/349
Originäre Rechtsmittel
Rechtsmittel in Unterhaltssachen 10/497
Originärer Einzelrichter
Beschwerde, sofortige (§§ 567–572 ZPO) 10/608
Ortswechsel
fiktives Einkommen 1/738
Ortszuschlag
und Kindergeld 2/713
Österreich
ausländisches materielles Recht 9/271 ff.
Verbrauchergeldparität und Devisenkurs 9/61
Ost-West-Fälle
Kindesunterhalt 2/324 ff.

Pacht
als Betriebsausgabe 1/340
als Einkommen 1/450 ff.
Parkstudium 2/87
Pauschalierung des Regelbedarfs des Kindes 2/216 ff.
gesamter Lebensbedarf 2/219, 2/326, 2/329
und Sonderbedarf 6/6
Pension
als Einkommen 1/649
Pensionsrückstellung
s. Rückstellungen
Periodengerechte Gewinnermittlung 1/222
Perpetuatio fori
einstweilige Anordnung 10/407
internationale Zuständigkeit 9/659
Personalkosten 1/333
Personengesellschaft
einheitliche und gesonderte Gewinnfeststellung 1/275 ff.
Einkommen 1/271
Ergänzungsbilanz *s. Bilanz*
Mitunternehmerschaft 1/274
Sonderbilanz *s. Bilanz*
Personensorge
vereinfachtes Verfahren über den Unterhalt Minderjähriger 10/638 a

2379

Sachverzeichnis

Persönliche Angelegenheit
einstweilige Anordnung 10/400
Pfändbarkeit der Unterhaltsrente
Drittschuldnerverfahren 10/343 f.
Pfändbarkeit des Unterhaltsanspruchs
bei Kapitalabfindung 6/627
Pfändung
des Kindergeldes 2/753
Pflegegeld
sonstige Arten 1/698
Arten des Pflegegeldes 1/689
bedarfsdeckendes Einkommen 1/692
beim Kinderunterhalt 2/464 ff.
als Einkommen der Pflegeperson 1/691
Erwerbstätigenbonus 1/691
neben Kindergeld 1/697
Kostenbeitrag der Eltern nach SGB VIII 1/693
nach SGB VIII 1/890
nach SGB XII 1/697
Pflegeleistungen
der Ehefrau für Schwerstbehinderten 1/1067
Pflegeversicherung
als Abzugsposten 1/1029 ff., 1/1040
bedarfsdeckend beim Bedürftigen 1/694
in der Bremer Tabelle nicht berücksichtigt 4/878
ausnahmsweise Einkommen der Pflegeperson 1/696
kein Einkommen der Pflegeperson 1/695
des Kindes 2/328
Steuern 1/696
Vermutung des § 1610 a BGB 1/694
beim Verwandtenunterhalt 2/919
Pflegevorsorgeunterhalt 4/927
Pflegezulage
als Einkommen 1/649
Pflegezulagen 1/700
Pflicht zur ungefragten Information
evident unredliches Verhalten 1/1199
im laufenden Verfahren 1/1199
für Unterhaltsberechtigten 1/1199
für Unterhaltspflichtigen 1/1200
bei Unterhaltsvereinbarungen 1/1199
bei Urteilen 6/237
bei Vergleichen 6/237
Pflichtteil als Einkommen 1/642
Pkw-Kosten
als berufsbedingte Aufwendungen 1/1047
Polen
ausländisches materielles Recht 9/294 ff.
Verbrauchergeldparität und Devisenkurs 9/62
Portugal
ausländisches materielles Recht 9/316 ff.
Verbrauchergeldparität und Devisenkurs 9/63
Positive Kenntnis
Anhörungsrüge (§ 321 a ZPO) 10/626
Prägende Ausgaben
latente Unterhaltslasten 1/1129, 4/447
Vorabzug Elternunterhalt 1/1129, 4/447
Vorabzug Kindesunterhalt 1/1122 ff., 4/440
Vorabzug nachrangiger Unterhalt 1/1122, 1/1129, 4/445 ff.

Vorabzug nachrangiger Verwandtenunterhalt 1/1122, 1/1129, 4/447
Vorabzug Unterhalt Volljähriger 1/1126 ff., 4/445
Prägendes Einkommen
s. a. Nichtprägendes Einkommen
Abfindung 4/563
Abzug ausbildungsbedingter Aufwendungen 4/432
Abzug berufsbedingter Aufwendungen 4/432, 4/433, 4/664
Abzug Kindesunterhalt 4/440 ff., 4/667
Abzug Schulden 1/1082 ff., 4/432, 4/434, 4/665
Abzug Steuern 4/432, 4/433, 4/664
Abzug vermögensbildender Ausgaben 4/434
Abzug vermögensbildender Ausgaben bei gemeinsamer Vermögensbildung 4/453
Abzug Vorsorgeleistungen 4/433, 4/664
allgemein 4/416 ff.
allgemeine Einkommenssteigerung 4/560
Altersteilzeit 4/564
Anrechnung auf den Bedarf 4/421
Arbeitslosigkeit 4/563, 4/654 ff.
Arbeitsplatzaufgabe 4/654 ff.
Arbeitsplatzverlust 4/555, 4/608
bei Arbeitsplatzwechsel 4/650 ff.
Berücksichtigung bei der Bedarfsermittlung 4/432 ff.
Bundesverfassungsgerichts-Rechtsprechung vom 25. 1. 2011 4/427 ff.
beim Ehegattenunterhalt 4/471 ff.
eheprägende Ausgaben 4/475
Einkommensänderung nach Trennung 4/552 ff.
Einkommensänderung vor Trennung 4/471, 4/559
Einkommensbereinigung 4/432 ff.
Einkommensminderung 4/561 ff., 4/652
– bei Arbeitsplatzwechsel 4/563
– bei leichtfertigem Verhalten 4/654 ff.
Einkommenssenkung 4/475
Einkommensverbesserung 4/652
Einkünfte Vermietung, Verpachtung 4/474
bei Erkrankung 4/561
Familienzuschläge für Kinder 4/579
fiktives Einkommen des Bedürftigen 4/606 ff., 4/655
fiktives Einkommen des Pflichtigen 4/552, 4/607 ff., 4/652, 4/655
Gehaltsbestandteile bei Wiederverheiratung 4/579
Haushaltsführung in Ehe 4/416
Haushaltsführung neuer Partner 4/587 ff.
häusliche Mitarbeit 4/416 ff.
Kinderbetreuung in Ehe 4/416
kurzfristige Einkommensänderung 4/471
nachhaltig erzieltes, dauerhaftes Einkommen 4/420, 4/471
neue berücksichtigungswürdige Ausgaben 4/475
neue Unterhaltslasten 4/424
– und nicht prägendes Einkommen 1/1076, 1/1122, 4/426, 4/435, 4/440

Sachverzeichnis

Normalentwicklung 4/413, 4/437, 4/471 ff., 4/551 ff., 4/557 ff., 4/580 ff., 4/650 ff., 4/662 ff.
Nutzungsentschädigung 1/528, 4/591
objektiver Maßstab 4/421
bei Pensionierung 4/561
Prüfungszeitpunkt 4/469 ff.
Regelbeförderung 4/565
regelmäßige berufliche Entwicklung 4/471
bei Rentenbezug 4/561
Stichtagsprinzip 4/426, 4/431
Surrogat bei Übernahme Mietwohnung 1/539
Surrogat der Familienarbeit 4/422
Surrogat der Haushaltsführung 4/422
Surrogat der Kinderbetreuung 4/422
Surrogat Familienarbeit 4/580 ff.
Surrogate 4/413
überobligatorische Tätigkeit 4/552
überobligatorische Tätigkeit des Bedürftigen 4/583 ff.
überobligatorische Tätigkeit des Pflichtigen 4/584
unzumutbare Tätigkeit 4/471
unzumutbares Einkommen 1/837
bei Verselbständigung 4/650 ff.
Wandelbarkeit 4/429 ff.
Wiedervereinigung 4/577
Wohnwert bei zwei Wohnungen 1/538
Wohnwert in Ehe 1/537, 1/548, 4/591 ff.
Zinseinkünfte aus Vermögensauseinandersetzung 4/591 ff.
Zinseinkünfte bei Veräußerung des Eigenheimes 1/557 ff.
Zinsen
– aus Erlös als Surrogat 1/557
– aus Kapitaleinkünften 4/474
– bei Verkauf des Eigenheimes 4/474
– aus Zugewinn 1/570, 4/474, 4/591
Prägendes oder nichtprägendes Einkommen
Haushaltsführung für einen neuen Partner 4/552
Prägendes und nichtprägendes Einkommen
bei Gleichteilung 4/810 f.
Prämien
als Einkommen 1/74
Preisindex der Lebenshaltung
s. Lebenshaltungskostenindex
Priorität
Ende der P. 4/805
Private Nutzung
s. Entnahmen und unentgeltliche Wertabgaben
Privateinlagen
s. Einlagen
Privatentnahmen
s. Entnahmen
Privatkonto 1/196
Privatscheidung 9/29
Privatschulkosten beim Kindesunterhalt 2/451
Privilegiert volljährige Kinder
allgemeine Schulausbildung 2/584 ff.
anteilige Haftung der Eltern 2/580, 2/594

Bedarf nach Altersstufe 4 der DT 2/519, 2/590
Bedürftigkeit 2/589
Haushaltsgemeinschaft mit einem Elternteil 2/583
Kindergeld 2/592, 2/722
Leistungsfähigkeit 2/591
Rang 2/580, 2/593
Unterhaltsbemessung 2/589
unverheiratete Kinder 2/582
Verwirkung 2/600
Zusammentreffen minderjähriger und privilegiert volljähriger Kinder 2/598
Progessionsvorbehalt 1/859
Prognoseentscheidung
Arrest 10/486
Proportionale Kürzung im Mangelfall 5/103
s. a. Mangelfall
nach § 1581 BGB 5/103
Provisionen
als Einkommen 1/74
Prozentsatz des Mindestunterhalts
vereinfachtes Verfahren über den Unterhalt Minderjähriger 10/640
Prozess- und Anwaltskosten
als Abzugsposten 1/1098
Prozessbetrug
Unterhaltsrückforderung 6/203, 6/233
als Verwirkungsgrund 4/1286, 4/1323
Prozesskosten
als berufsbedingte Aufwendungen 1/147
als Sonderbedarf 6/19
Prozesskostenhilfe
Prozesskostenhilfegesuch als Mahnung 6/125
Raten als Abzugsposten 1/1098
Prozesskostenvorschuss 6/21 ff.
Anspruchsberechtigte 6/21
Anspruchsinhalt 6/37
Anspruchsvoraussetzungen 6/28 ff.
Bedürftigkeit 6/29
für betreuenden Elternteil 6/24
Billigkeitsabwägung 6/36
Ehelichkeitsanfechtung 6/36
einstweilige Anordnung 6/39
beim Elternunterhalt 2/920, 6/27
beim Enkelunterhalt 2/920, 2/973
Erfolgsaussicht 6/35
beim Familienunterhalt 6/20 ff.
bei Gütergemeinschaft 6/424
Höhe 6/39
beim Kindesunterhalt 6/25 f.
im Kostenfestsetzungsverfahren 6/41
Leistungsfähigkeit 6/31
beim nachehelichen Unterhalt 6/23
für nichteheliche Mutter 6/24
P. in Raten 6/30
persönliche Angelegenheit 6/33
Prozesskostenhilfe 6/31, 6/40
beim Quotenunterhalt 6/31
Rechtsstreit 6/32
Rückforderung 6/41, 6/242 ff.
Schadenersatz wegen Verzuges 6/23, 6/37
nach Scheidung 6/23

2381

Sachverzeichnis

Schulden 6/31
Selbstbehalt 6/31
 der Sozialleistungsträger 6/36
 beim Trennungsunterhalt 6/22
 ungerechtfertigte Bereicherung 6/42
 Verfahren 6/39 ff.
 für Verfahren mit früherem Ehegatten 6/33
 Verfahrenskostenhilfe 6/30, 6/40
 Verfahrenskostenvorschuss 6/20
 vermögensrechtliche Ansprüche 6/33 f.
 Vermögensverwertung 6/30
 beim Verwandtenunterhalt 2/920
 Vollstreckung 6/40
Prozessstandschaft
 bei gemeinsamem Sorgerecht 2/448
 nach Volljährigkeit 2/478
Prozessuales Anerkenntnis
 Abänderungsverfahren bei Urkunden (§ 239 FamFG) 10/280
Prüfungsschema v. Unterhaltsansprüchen 1/9
Prüfungszeitraum
 s. a. Gewinnermittlung
 bei Einkommen aus abhängiger Arbeit 1/69

Quote bei Erwerbseinkünften 4/782 ff.
Quote bei Nichterwerbseinkünften 4/787
Quotenbedarfsmethode 4/822
 Einkommensanrechnung bei Q. 4/934
Quotenunterhalt 4/835
 s. a. Erwerbstätigenbonus
 Bedarfsbemessung 4/752, 4/772, 4/814
 bei Erwerbseinkünften 4/773, 4/782 ff.
 Leitlinien 4/782 ff.
 Mangelfall 4/784
 kein Mindestbedarf 4/756, 4/837 f.
 bei Mischeinkünften 4/778
 bei sonstigen Einkünften 4/773, 4/787 ff.
 und trennungsbedingter Mehrbedarf 4/835 f.
 und voller Unterhaltsbedarf 4/937

Rang
 Einigung 5/123
Rangfolge der Bedürftigen
 Verwandtenunterhalt 2/916
Rangfolge unter Verpflichteten
 Anspruchsübergang nach § 1607 BGB 2/788 ff.
 Darlegungs- und Beweislast 5/182
 Ehegatte und Verwandte des Berechtigten 5/175 f.
 Folge des Nachrangs 5/187
 beim Kindesunterhalt 2/787
 subsidiäre Haftung 2/797
 Unterhaltsleistung durch Dritte 2/803
 im Verwandtenunterhalt 2/909
Rangverhältnisse 5/113 ff.
 Aktualisierung im Mangelfall 2/266 ff., 5/113 f., 5/115 f.
 Darlegungs- und Beweislast 2/917
 unter Ehegatten 5/124 f.
 Gatte und leistungsfähige Verwandte 5/175 f.
 zwischen Gatten und Kindern 2/263, 2/264, 5/136
 unter Kindern 2/263, 2/265, 5/45
 beim Kindesunterhalt 2/262 ff.
 Konkurrenz zwischen mehreren Ehegatten 3/88
 im Mangelfall 2/263, 2/268
 Rangstufen 5/118 f.
 bei Scheidung nach altem Recht 5/135
 titulierter Unterhalt 5/145
 beim Verwandtenunterhalt 2/905 ff.
 beim Volljährigenunterhalt 2/556 ff.
 vorrangige Haftung des Ehegatten o. Lebenspartners 2/905 ff.
 Wirkung des Nachrangs 5/144, 5/146 f.
Ratenzahlung
 einstweilige Unterhaltsanordnung bei Feststellung der Vaterschaft (§ 248 FamFG) 10/475
Reale Beschäftigungschance
 Auskunft der Arbeitsagentur 1/785
 im erlernten Beruf 1/784
 fiktives Einkommen des Berechtigten 1/784
 nach längerer Arbeitslosigkeit 1/784
 objektive und individuelle Umstände 1/784
 Tatrichter 1/784
Realsplitting 1/1023 ff.
 und absichtlicher Leistungsentzug 6/117
 Beschränkung 1/953
 Eintrag auf der Lohnsteuerkarte 1/906
 Erben nach § 1586 b BGB 1/951
 Grundlagen, steuerlich 1/950
 keine Geltung von § 1585 b BGB 1/1023
 Nachteilsausgleich *s. dort*
 Nachteilsausgleich als Unterhaltssache 9/609
 nachträglicher Antrag 1/953
 bei Naturalleistung 1/1023
 nichteheliche Mutter § 1615 l BGB 1/951
 Sachleistungen 1/952
 Wiederheirat 1/955
 Wohnungsüberlassung 1/952
 Zustimmung 1/953, 1/955, 1/1023
Rechnungsabgrenzungsposten 1/227, 1/387
Rechnungslegung, Verfahrenswert
 Stufenverfahren (§ 254 ZPO) 10/365
Rechtsausübungssperre (§ 1600 d IV BGB)
 Durchbrechung durch einstweilige Unterhaltsanordnung bei Feststellung der Vaterschaft (§ 248 FamFG) 10/469
 Durchbrechung durch einstweilige Unterhaltsanordnung (§ 247 FamFG) 10/460
Rechtsbehelfe
 Arrestverfahren 10/494
 nach mündlicher Verhandlung
 – Arrestverfahren 10/495
 vor mündlicher Verhandlung
 – Arrestverfahren 10/495
Rechtsbehelfsbelehrung
 einstweilige Anordnung 10/421
 Fristsetzungsantrag (§ 52 II FamFG) 10/429
Rechtsbeschwerde 10/610 ff.
 Endentscheidungen (§§ 70–75 FamFG)
 – Anschlussrechtsbeschwerde 10/615
 – Anwaltszwang 10/615
 – Begründungsfrist 10/615

Sachverzeichnis

– Begründungsschrift 10/615
– Beschluss, einstimmig 10/616
– Beschwerdefrist 10/615
– Beschwerdeschrift 10/615
– Bindung 10/614
– Divergenz 10/612
– Endentscheidung 10/610
– Fortbildung des Rechts 10/611
– Nichtzulassungsbeschwerde 10/610
– Sicherung einer einheitlichen Rechtsprechung 10/611
– Sprungrechtsbeschwerde 10/617
– Teilentscheidung 10/613
– Zulassung in Familienstreitsachen 10/610
nach Verwerfung
– Beschwerde (§§ 58, 117 FamFG) 10/536
nach § 70 FamFG
– Rechtsmittel in Unterhaltssachen 10/497
nach § 574 ZPO
– Beschwerde, sofortige (§§ 567–572 ZPO) 10/608
sonstige Entscheidungen (§§ 574–577 ZPO) 10/618 ff.
– außerordentliches Rechtsmittel 10/622
– Begründungsfrist 10/621
– Beschwerdefrist 10/621
– Bindung 10/620
– Verfahrensgang 10/620 f.
– Verwerfung der Beschwerde (§§ 58, 117 FamFG) 10/618
– Wert des Beschwerdegegenstandes (§ 567 II ZPO) 10/620
– Zulassungsgrund 10/618
– Zulassungsgründe 10/619
– zweiter Versäumnisbeschluss 10/618
vereinfachtes Verfahren über den Unterhalt Minderjähriger 10/681
Rechtsfragen
Beschwerde (§§ 58, 117 FamFG) 10/538
Rechtshängigkeit
bei Unterhalt für Vergangenheit 6/100
international 9/661 ff.
als Prozesshindernis 9/661 ff.
Stufenverfahren (§ 254 ZPO) 10/360
Unterhalt für Vergangenheit 6/106
Rechtskraft
Auskunfts-, Beleg- und Versicherungsverfahren 10/355
im Feststellungsverfahren (§ 256 ZPO) 10/326
Klageabweisung keine R. für die Zukunft 1/8
Rechtskraft der Ehescheidung
Einwendung im Vollstreckungsabwehrverfahren 10/154
Rechtskraft der Endentscheidung
Außerkrafttreten der einstweiligen Anordnung 10/451
Rechtsmissbrauch der Zwangsvollstreckung
Verfahren wegen Schadensersatz 10/339
Rechtsmittel
bei Kostenentscheidung
– Stufenverfahren (§ 254 ZPO) 10/361

Stufenverfahren (§ 254 ZPO) 10/367
vereinfachtes Verfahren über den Unterhalt Minderjähriger 10/678
Rechtsmittel in Unterhaltssachen 10/497 ff.
Berufungsvorschriften 10/500
Beschwerde (§ 58 FamFG) 10/497
dreistufiger Instanzenzug 10/497
Endentscheidung 10/498
Endentscheidung „in der Hauptsache" 10/499
Familienstreitsache 10/500
Festsetzungsbeschluss (§ 253 FamFG) 10/499
isolierte Kostenentscheidung 10/498
Nebenentscheidung 10/498
originäre Rechtsmittel 10/497
Rechtsbeschwerde (§ 70 FamFG) 10/497
Übergangsbestimmungen 10/500
Versäumnisbeschluss 10/498
Vorbehaltsklausel 10/498
Zwischenentscheidung 10/498
s. a. die nachfolgenden Stichwörter
Rechtsmittel- und Anschlussrechtsmittelverfahren
Abgrenzung zum Abänderungsverfahren (§ 238 FamFG) 10/171 ff.
Rechtsmittelausschluss
einstweilige Unterhaltsanordnung bei Feststellung der Vaterschaft (§ 248 FamFG) 10/479
Rechtsmittelbegründung
Beschwerde, sonstige (§ 58 FamFG) 10/599
Rechtsmittelbelehrung
vereinfachtes Verfahren über den Unterhalt Minderjähriger 10/677
Rechtsmitteleinlegung
Beschwerde, sonstige (§ 58 FamFG) 10/598
Rechtsmittelrücknahme
Beschwerde (§§ 58, 117 FamFG) 10/549 ff.
keine Einwilligung des Gegners
– Beschwerde (§§ 58, 117 FamFG) 10/551
Kosten
– Beschwerde (§§ 58, 117 FamFG) 10/552
mündliche Verhandlung
– Beschwerde (§§ 58, 117 FamFG) 10/549
schriftliches Verfahren
– Beschwerde (§§ 58, 117 FamFG) 10/549
Schriftsatz
– Beschwerde (§§ 58, 117 FamFG) 10/549
Verkündung des Beschlusses
– Beschwerde (§§ 58, 117 FamFG) 10/550
Rechtsmittelverzicht
Anfechtung
– Beschwerde (§§ 58, 117 FamFG) 10/554
Anschlussbeschwerde
– Beschwerde (§§ 58, 117 FamFG) 10/555
Anwaltszwang
– Beschwerde (§§ 58, 117 FamFG) 10/554
Auslegung
– Beschwerde (§§ 58, 117 FamFG) 10/554
Beschwerde (§§ 58, 117 FamFG) 10/553 ff.
Empfänger
– Beschwerde (§§ 58, 117 FamFG) 10/553
Widerruf
– Beschwerde (§§ 58, 117 FamFG) 10/554

Sachverzeichnis

Zeitpunkt
– Beschwerde (§§ 58, 117 FamFG) 10/553
Rechtsnachfolger
vereinfachtes Verfahren über den Unterhalt Minderjähriger 10/639
Rechtsquellen zum internationalen materiellen Recht
EuUnthVO 9/2 f.
HUP 2007 9/4
HUÜ 56 9/6
HUÜ 73 9/5 f.
Rechtsquellen zum internationalen Verfahrensrecht
AUG 9/627
AVAG 9/626
Beweisaufnahmeübereinkommen 9/623
Beweisaufnahmeverordnung 9/622
bilaterale Abkommen 9/616
EuGVÜ 9/614
EuGVVO – Brüssel I–Verordnung 9/606 ff.
Europäisches Übereinkommen über Auskünfte zum ausländischen Recht 9/624 f.
EuUnthVO 9/602 f.
EuVTVO 9/617 f.
EU-Zustellungsverordnung 9/620
Haager Zustellungsübereinkommen 9/621
HKUVÜ 58 9/613
HUVÜ 73 9/611 f.
HUVÜ 2007 9/604 f.
LugÜ 9/615
UN-Übereinkommen 1956 9/619
Rechtsschutzbedürfnis
Abänderungsverfahren (§ 54 I FamFG) 10/428
Arrest 10/485
bei Auslandsbezug 9/665
einstweilige Unterhaltsanordnung vor Geburt eines Kindes (§ 247 FamFG) 10/462
Rechtsschutzinteresse
Abänderungsverfahren bei Urkunden (§ 239 FamFG) 10/277
Abänderungsverfahren bei Vergleichen (§ 239 FamFG) 10/259
Abänderungsverfahren (§ 54 II FamFG) 10/426
Rechtsverfolgung
Erschwerung der R. im Inland 2/773
Rechtswahl
allgemeine Rechtswahl 9/33
anwendbares materielles Recht 9/31 ff.
konkretes Verfahren 9/32
Rechtswahrungsanzeige 6/110 ff., 8/82
Rechtsweg, Familiengericht
Beschwerde, sofortige (§§ 567–572 ZPO) 10/604
Rechtwahrungsanzeige
des Sozialhilfeträgers 8/81 f.
Regelbedarf des Kindes 2/216 ff.
Pauschalierung nach Tabellen 2/216
Regelbeförderung 4/565, 4/566 ff.
Regelbetrag 2/311 ff.
s. a. Dynamischer Unterhalt
Altersstufen 2/312
Beitrittsgebiet 2/313
Darlegungs- und Beweislast 2/379

Ost 2/313
West 2/313
Regelmäßiger Mehrbedarf
s. Mehrbedarf und Mehraufwand
Regelungsbedürfnis
einstweilige Anordnung 10/403
einstweilige Unterhaltsanordnung bei Feststellung der Vaterschaft (§ 248 FamFG) 10/474
einstweilige Unterhaltsanordnung vor Geburt eines Kindes (§ 247 FamFG) 10/460
Regelunterhalt (bis 30. 6. 1998) 2/309
Reinigungskosten
als berufsbedingte Aufwendungen 1/148
Reisekosten 1/335
als berufsbedingte Aufwendungen 1/148
als Einkommen 1/78 ff.
Leitlinien der Oberlandesgerichte 1/85
Relativität des Eigenbedarfs 4/973, 5/1
Relativität des Selbstbehalts 5/1
Rente
keine berufsbedingten Aufwendungen 1/646
nach Bundesentschädigungsgesetz 1/650
Differenzmethode 1/647
als Einkommen 1/646
wegen Erwerbsminderung
– als Einkommen 1/649
kein Erwerbstätigenbonus 1/646
bei Körper- und Gesundheitsschaden 1/648
Rentenarten als Einkommen 1/649 ff.
weitere Altersvorsorge 1/646
Renten
s. Einkünfte aus Renten
aus Unfallversicherung 1/121
Rentenbezug nach der Scheidung 4/676 ff.
Rentennachzahlungen 6/239 ff.
Abänderungsgrund (§ 238 FamFG) 10/160
allgemein 1/660 ff.
Erstattungsanspruch 10/160
Erstattungsanspruch des Pflichtigen 1/662
an den Unterhaltsberechtigten 1/661
an den Unterhaltspflichtigen 1/660
Rentenneurose
fiktives Einkommen 1/791
Rentenversicherung 1/1029 ff.
Reparaturkosten
als berufsbedingte Aufwendungen 1/145
Repräsentationskosten 1/148
als berufsbedingte Aufwendungen 1/154
Restbedarf
s. Bedürftigkeit des Kindes
Restbedarf beim Kindesunterhalt 2/425, 2/494, 2/563
Richter auf Lebenszeit 10/32
Richter auf Probe 10/32
Richter kraft Auftrags 10/32
Richterliche Ermittlungen
zur Einkommensermittlung 1/45
Richterliche Inhaltskontrolle
beim Unterhaltsverzicht 6/617 ff.
Richterliche Wirksamkeits- und Ausübungskontrolle
beim Unterhaltsverzicht 6/621

Sachverzeichnis

Riesterrente
Abzugsposten 1/1034
Kindesunterhalt 2/383
Rückforderung
einstweilige Anordnung bei Vaterschaftsfeststellung 6/231
von Schenkungen (§ 528 BGB) 2/941 ff.
– Ausschluss des Anspruchs 2/943
– Rückforderungsanspruch als einzusetzendes Vermögen 2/941
– Überleitung des Anspruchs auf den Sozialhilfeträger 2/944
– Voraussetzungen und Inhalt des Anspruchs 2/942
Verrechnung im laufenden Prozess 6/202
Rückforderungsansprüche
Aufrechnung gegen künftigen Unterhalt 6/311 f.
bei einstweiliger Anordnung 6/204, 6/225, 6/232
bei einstweiliger Verfügung 6/230
Mehrleistung mit Erstattungsabsicht 6/226
bei Prozesskostenvorschuss 6/41, 6/242 ff.
bei Rentennachzahlung 6/239 ff.
Schadenersatz wegen Prozessbetrugs 6/203, 6/233
ungerechtfertigte Bereicherung 6/203, 6/204 ff.
bei Urteil/Beschluss 6/206, 6/233 ff.
bei Vergleich 6/206, 6/234
bei vollstreckbarer Urkunde 6/206
aus Vollstreckungsrecht 6/203, 6/228 ff.
bei vorläufig vollstreckbarem Urteil 6/228 ff.
vorsätzliche sittenwidrige Ausnützung eines unrichtig gewordenen Vollstreckungstitels 6/235 ff.
Zuvielleistungen von Trennungsunterhalt 4/98
Rücklagen für Instandhaltung 1/503
Rücknahme
des Hauptrechtsmittels
– Anschlussbeschwerde (§§ 66, 117 II FamFG) 10/592
einer Mahnung 6/141
eines Verfahrenskostenhilfegesuchs im Hauptsacheverfahren
– Außerkrafttreten der einstweiligen Anordnung 10/455
Rücksicht auf die Eltern 2/483
Rückstand
bei Ausgleichsansprüchen 6/113
bei Schadensersatzansprüchen 6/113
Rückständiger Unterhalt
s. a. *Unterhalt für die Vergangenheit*
Anschlussbeschwerde (§§ 66, 117 II FamFG) 10/594
Arrest 10/486
einstweilige Anordnung 10/403
vereinfachtes Verfahren über den Unterhalt Minderjähriger 10/650
Rückstellungen 1/170, 1/228 ff., 1/370, 1/388 ff., 1/389
für Abschluss und Prüfung 1/229
Ansparrücklage als Rückstellung 1/357
in der Buchhaltung 1/230

Gewährleistungsrückstellung 1/230, 1/370, 1/388
Gewerbesteuer 1/229
nach HGB 1/228 ff.
für Instandhaltung 1/339
Pensionsrückstellung 1/231, 1/389
Rückübertragung des Anspruchs nach § 33 SGB II 8/235
Rückübertragung des Anspruchs nach § 94 V SGB XII 8/111 ff.
Abänderungsklage 8/123
Anspruchskonkurrenz 8/120
Auftrag 8/114
Darlegungs- und Beweislast 8/122
Einvernehmen des Hilfeempfängers 8/113
Einziehungsermächtigung 8/111
erneute Abtretung an Sozialhilfeträger 8/119
zur gerichtlichen Geltendmachung 8/115
Inkrafttreten 8/111
Innenverhältnis 8/114
Kosten 8/116
Prozesskostenhilfe 8/117
Prozessstandschaft 8/111
sozialhilferechtlicher Schuldnerschutz 8/118
Rückwirkende Erhöhung des Unterhalts (§ 238 III S. 2 FamFG)
Abänderungsverfahren bei gerichtlichen Entscheidungen (§ 238 FamFG) 10/237 ff.
Anforderungen an Aufforderung 10/238
Aufforderung zur Auskunftserteilung 10/237
Elementar- und Vorsorgeunterhalt 10/238
Mahnung 10/237
materielles Unterhaltsrecht 10/237
Stufenantrag 10/237
ungefragte Auskunftspflicht 10/237
Rückwirkende Herabsetzung des Unterhalts (§ 238 III S. 3 FamFG)
Abänderungsvereinbarung 10/241
Abänderungsverfahren bei gerichtlichen Entscheidungen (§ 238 FamFG) 10/239 ff.
absolute Grenze (§ 238 III S. 4 FamFG) 10/239
Härteklausel 10/240
„negative Mahnung" 10/239
verfahrensrechtliche Regelung 10/239
vorsätzliche sittenwidrige Schädigung 10/240
Rückwirkende Titelanpassung
Abänderungsverfahren (§ 54 II FamFG) 10/427
Rückwirkung
Aufhebungsverfahren (§ 52 II S. 3 FamFG) 10/432
Rückzahlung (Für-Prinzip)
einstweilige Anordnung 10/442
Rückzahlung und Darlehensgewährung
einstweilige Anordnung 10/445
Rügefrist
Anhörungsrüge (§ 321 a ZPO) 10/626
Rügelose Einlassung
internationale Zuständigkeit 9/654 f.
Rumänien
ausländisches materielles Recht 9/335 ff.
Verbrauchergeldparität und Devisenkurs 9/64
Rundung des Unterhalts 2/415

Sachverzeichnis

Russische Föderation
Verbrauchergeldparität und Devisenkurs 9/65

Sabbatjahr
Erwerbsobliegenheit 1/749
unterhaltsbezogen leichtfertig 1/749
Sachbezüge 1/323
als Einkommen 1/91 f.
Sachentnahmen
s. Entnahmen
Sachentscheidung
Beschwerde, sofortige (§§ 567–572 ZPO) 10/609
Sachverhaltsaufklärung
einstweilige Anordnung 10/417
Sachverständigengutachten
einstweilige Unterhaltsanordnung bei Feststellung der Vaterschaft (§ 248 FamFG) 10/479
Sachzusammenhang
internationale Zuständigkeit 9/664
Sanktionen
im Sozialrecht 8/13
Sättigungsgrenze beim Ehegattenunterhalt 4/760 ff.
beim Kindesunterhalt 2/226
Säuglingsausstattung
als Sonderbedarf 6/15
Säumnisverfahren
Beschwerde (§§ 58, 117 FamFG) 10/542
einstweilige Anordnung 10/422
Schadenersatzpflicht
nicht bei einstweiliger Anordnung 6/232
bei Prozessbetrug 6/233
bei unerlaubter Handlung 6/203, 6/233
aus Vollstreckungsrecht 6/203, 6/228 ff.
bei vorsätzlicher sittenwidriger Ausnützung unrichtig gewordenen Vollstreckungstitels 6/235 ff.
Schadensersatz
einstweilige Anordnung 10/446
einstweilige Unterhaltsanordnung bei Feststellung der Vaterschaft (§ 248 FamFG) 10/482
bei Vereinbarung oder Vergleich
– einstweilige Unterhaltsanordnung bei Feststellung der Vaterschaft (§ 248 FamFG) 10/482
Schadensersatzanspruch
Arrestverfahren 10/496
Schätzung
s. a. Einkommensschätzung
Bedarfspositionen 6/752
behinderungsbedingter Mehraufwand 6/756
ehebedingter Nachteil 6/754
fiktives Einkommen 6/751
Gelegenheit zur Stellungnahme 6/755
im Unterhaltsverfahren 6/750 ff.
nach § 287 ZPO 6/755 ff.
kein übergangener Gegenbeweis 6/757 f.
Voraussetzungen 6/758
Scheidungsstatut
Anerkennung ausländischer Scheidung 9/28
anwendbares materielles Recht 9/26 ff.
Scheidungsunterhalt
s. nachehelicher Unterhalt

Scheidungsurteil
ausländisches 9/28
Scheinvater
Ersatzhaftung 2/803
Schenkungen
s. Rückforderung von Schenkungen (§ 528 BGB)
Schichtarbeit
anrechenbares Einkommen 1/88
Schiedsspruch
Abänderungsverfahren bei Vergleichen (§ 239 FamFG) 10/256
Schlechtwettergeld
als Einkommen 1/121
Schlussentscheidung
Stufenverfahren (§ 254 ZPO) 10/361, 10/363
Schmerzensgeld 2/378
als Einkommen 1/726
Vermögenserträge 1/601
Schöffenentschädigung
als Einkommen 1/74
Schöffentätigkeit
entsprechende Mehrausgaben 1/154
Schönheitsreparaturen 1/454
Rücklagen 1/454
Schonvermögen 1/607 ff.
Schottland
ausländisches materielles Recht 9/352 ff.
Schriftform
Anhörungsrüge (§ 321 a ZPO) 10/627
Auskunfts-, Beleg- und Versicherungsverfahren 10/347
Beschwerde (§§ 58, 117 FamFG) 10/508
Schriftliche Bekanntgabe
Beschwerde (§§ 58, 117 FamFG) 10/504
Schriftliches Verfahren
Beschwerde (§§ 58, 117 FamFG) 10/538
Schulausbildung, allgemeine
bei privilegiert volljährigen Kindern 2/584 ff.
Schuldbestätigendes Anerkenntnis
Abänderungsverfahren bei Urkunden (§ 239 FamFG) 10/280
Schulden
s. a. berücksichtigungswürdige Schulden
allgemein 1/23
Verbot Doppelverwertung 4/484 ff.
Schuldenmachen 5/92
Schüler
anzurechnendes Einkommen 1/101
Schülerarbeit 1/100 ff., 1/825, 2/52, 2/109, 2/414
anzurechnendes Einkommen 1/825
Schusswaffengebrauch als Verwirkungsgrund 4/1279
Schwarzarbeit 1/66
Schwarzgeld 1/304
Schweden
ausländisches materielles Recht 9/363 ff.
Verbrauchergeldparität und Devisenkurs 9/66
Schweiz
ausländisches materielles Recht 9/376 ff.
Verbrauchergeldparität und Devisenkurs 9/67

Sachverzeichnis

Schwerstbeschädigtenzulage
allgemein 1/649
Schwerwiegendes einseitiges Fehlverhalten
4/1337 ff., 4/1364 ff.
Sekundäre Darlegungslast
Darlegungs- und Beweislast im Abänderungsverfahren (§ 238 FamFG) 10/244
Selbständige
s. *Einkünfte von Freiberuflern*
Selbständige Arbeit 1/251
Selbständiges Verfahren
einstweilige Unterhaltsanordnung vor Geburt eines Kindes (§ 247 FamFG) 10/463
Selbständigkeit
Rücklagen bei Wechsel in Selbständigkeit 1/769
unrentabel 1/769
Selbstbehalt 4/975, 5/1 ff.
s. a. *Eigenbedarf*
abweichende Bemessung 5/23
angemessener s. dort
Berücksichtigung bei Aufrechnungen 6/300
billiger S. 5/5
eheangemessener S. 5/5
erhöhter angemessener S. 5/6
und Familienunterhalt 3/43
und Grundsicherung für Arbeitsuchende 8/221
beim Kindesunterhalt
– angemessener S. 2/240, 2/536 ff.
– notwendiger S. 2/240, 2/380 ff.
Leitlinien 5/2 ff.
mehrere S. gegenüber einem Berechtigten 5/1, 5/4
Mietanteil im S. 5/24 f.
notwendiger s. dort
für Pflichtigen im Elternunterhalt 2/953, 2/976
für Pflichtigen im Verwandtenunterhalt 2/924, 2/927
– Bemessung nach konkreter Lebensstellung 2/925
und Prozesskostenhilfe 5/15
Relativität des S. 5/1
und Sozialhilfebedürftigkeit 8/14
Umgangskosten 2/272, 5/29
Unterscheidung zwischen notwendigem und angemessenem S. 5/4
des vor den Verwandten vorrangig haftenden Ehegatten 2/906
und Wohnkosten 5/22 f.
Wohnkosten im S. 5/22 ff., 5/24 f.
Selbstmahnung
Verzug 6/134, 6/136
Selbstmordversuch 4/1316, 4/1377
Selbstoffenbarung
Pflicht zu ungefragten Informationen 1/1201 f.
Serbien
ausländisches materielles Recht 9/403 ff.
Verbrauchergeldparität und Devisenkurs 9/68
Sicherheitsleistung
einstweilige Unterhaltsanordnung bei Feststellung der Vaterschaft (§ 248 FamFG) 10/475
Sicherung der Zwangsvollstreckung
Arrest 10/485

Sicherung einer einheitlichen Rechtsprechung
Rechtsbeschwerde, Endentscheidungen (§§ 70–75 FamFG) 10/611
Sittenwidrigkeit
des Unterhaltsverzichts 6/616
Sitzungsgelder
als berufsbedingte Aufwendungen 1/154
als Einkommen 1/74
Slowakische Republik
Verbrauchergeldparität und Devisenkurs 9/69
Slowenien
ausländisches materielles Recht 9/419 ff.
Verbrauchergeldparität und Devisenkurs 9/70
Sockelbetrag
Abänderungsverfahren bei Vergleichen (§ 239 FamFG) 10/259
Sofortabschreibung
s. *geringwertige Wirtschaftsgüter*
Sofortige Beschwerde
s. *Beschwerde, sofortige*
Sofortige Wirksamkeit
Stufenverfahren (§ 254 ZPO) 10/363
Solidaritätszuschlag 1/856, 1/863
als Abzugsposten 1/1009
einstweilige Anordnung 10/398
Sonderbedarf
Anspruchsvoraussetzungen 6/1 ff.
Auslandsstudium 6/17
Ausnahmecharakter 6/6
außergewöhnliche Höhe des Bedarfs 6/5 f.
Beteiligung des Berechtigten 6/11 f., 6/13
Beteiligung des betreuenden Elternteils 6/13
Computer 6/17
Definition 2/237, 6/1
beim Ehegattenunterhalt 4/404, 6/10 ff.
Ehelichkeitsanfechtung 6/19
einstweilige Anordnung 10/399
einstweilige Unterhaltsanordnung bei Feststellung der Vaterschaft (§ 248 FamFG) 10/472
einstweilige Unterhaltsanordnung vor Geburt eines Kindes (§ 247 FamFG) 10/461
Fälligkeit 6/8
Hinweispflicht 6/7
Internat 6/17
Kindergarten 6/17
beim Kindesunterhalt 2/237, 6/13
Klassenfahrt 6/17
Kommunion 6/16
Konfirmation 6/16
Krankheit 6/14
Leistungsfähigkeit 6/7
Musikinstrument 6/17
Nachhilfeunterricht 6/17
und Pauschalierung des Regelbedarfs 6/6
Säuglingsausstattung 6/15
Umzugskosten 6/18
Unregelmäßigkeit 6/3
Unterhaltsrückstand 6/9, 6/108
Verfahrenskosten 6/19
für Vergangenheit 6/9

Sachverzeichnis

Vergütung des Vormund oder des Betreuers 2/451, 2/534, 3/30, 6/14
Vorhersehbarkeit 6/3 f.
Sonderposten mit Rücklageanteil 1/232, 1/321
Sonderzuwendungen
allgemein 1/29
als Einkommen 1/74
Sonntagsarbeit
anrechenbares Einkommen 1/88
Sozialgericht
Zuständigkeit nach SGB II und SGB XII 8/17
Sozialgrenze 5/12 ff.
Sozialhilfe
s. a. *Ausschluss des Anspruchsübergangs nach § 94 SGB XII; fiktives Einkommen; sozialhilferechtliche Vergleichsberechnung; Übergang des Unterhaltsanspruchs nach § 94 SGB XII*
Abzug für Erwerbstätige 2/389
kein anrechnungsfähiges Einkommen 1/105
Anspruchsberechtigte 8/21
Anspruchsberechtigung 8/46
Ausländer 8/21
Bedarf 8/47 ff.
Bedarfsgemeinschaft 8/9
Bedürftigkeit neue Familie 4/1379
als Darlehen 8/78
eheähnliche Gemeinschaft 8/28
kein Einkommen 1/727
Einkommen aus Freibeträgen 1/728
Einkommensermittlung 8/30 ff.
Einkommensgrenzen 8/42
einmalige Bedarfe 8/54
Einsatz von Einkommen und Vermögen 8/29
Elterngeld 8/39
und Elternunterhalt 2/960
erweiterte Hilfe 8/9
Erwerbsobliegenheit 8/13
Erziehungsgeld 8/39
bei fiktiven Einkünften 1/727
fiktives Einkommen 8/36
Freibeträge 8/34
freiwillige Leistung 8/40
und Grundsicherung für Arbeitsuchende 8/18 ff., 8/175
Grundsicherung für Arbeitsuchende als Einkommen 8/41
und Grundsicherung im Alter 8/135 ff.
Härte bei Vermögensbewertung 8/44
Hausgrundstück 8/43
Haushaltsgemeinschaft 8/27
Heizung 8/52
Hilfe zum Lebensunterhalt 8/23 ff., 8/46 ff.
Hilfe zur Pflege 8/58
Hilfebedürftigkeit 8/23 ff.
Kindergeld 8/38
lebenspartnerschaftliche Gemeinschaft 8/28
Leistungsfähigkeit nach Sozialhilferecht 5/12
Mehrbedarf des Kindes 8/53
Rechtmäßigkeit 8/77
Regelsätze 8/48
Rentennachzahlung 8/43

Schmerzensgeld 8/39
Schonvermögen 8/43
Schulden 8/35, 8/56
und Selbstbehalt 2/381, 2/384, 5/12
sonstige Hilfen 8/26, 8/57 ff.
stationäre Einrichtung 8/57
subsidiär 1/727
Überleitung von Ansprüchen nach § 93 SGB XII 8/60 f.
Umgangskosten 8/59
an den Unterhaltspflichtigen 1/728
Unterhaltsrückstand 6/104, 6/110 ff.
und Unterhaltsvorschuss 2/403 f.
Unterkunft 8/52
Vermögen 8/43, 8/45
Versicherungsbeiträge 8/32
Versorgungsaufwendungen 8/55
und Verwandtenunterhalt 2/902
und Wohlfahrtspflege 8/40
Wohnkosten 5/15
Wohnwert 8/37
zweckbestimmte Leistungen 8/39
Sozialhilfebedürftigkeit des Pflichtigen
und Leistungsfähigkeit 8/14
und Selbstbehalt 2/381, 2/384, 2/392, 5/12, 8/14
Sozialhilferechtliche Vergleichsberechnung 8/129
und Bedarfsgemeinschaft 8/98
und Einkommen 8/95
Einzelheiten 8/96
Elternunterhalt 8/102
Enkelunterhalt 8/102
fiktives Einkommen und Bedarfsgemeinschaft 8/134
Großelternunterhalt 8/105
Meistbegünstigung 8/94
Nachweis der Hilfebedürftigkeit des Schuldners 8/106
Neuregelung zum 1. 1. 2005 8/92
bei Rechtshängigkeit 8/132
Rechtslage bis 31. 2. 2004 8/91
bei sonstige Hilfen 8/94
und Sozialbedürftigkeit des Schuldners 8/93
für die Vergangenheit 8/133
und Vermögen 8/95
für die Zukunft 8/132
Sozialhilferechtlicher Bedarf 5/12, 8/47
Wohnkostenaufteilung 5/12
Sozialleistungen 8/1 ff.
allgemein 1/59
als anrechenbares Einkommen 8/5
bereite Mittel 8/7
als Einkommen 8/12, 8/38
Einkommen ersetzende S. 8/5
Einsatz von Einkommen und Vermögen 8/12
einstweilige Anordnung 10/404
einstweilige Unterhaltsanordnung vor Geburt eines Kindes (§ 247 FamFG) 10/462
Entschädigung 8/2
Kindergeld 8/3
mit Lohnersatzfunktion 1/105 ff.

Sachverzeichnis

soziale Förderung 8/2
soziale Notlage 8/2
Subsidiarität 8/7
Übersicht 8/2
und Unterhalt 8/1 ff.
mit Unterhaltsersatzfunktion 1/105
Vorsorge 8/2
Sozialrecht
Reform zum 1. 1. 2005 8/4
Reform zum 1. 1. 2006 8/16
Reform zum 1. 1. 2007 8/18 f.
Sozialstaatliche Zuwendungen
als Einkommen 1/664 ff.
als subsidiäre Leistungen 1/664
Spanien
ausländisches materielles Recht 9/437 ff.
Verbrauchergeldparität und Devisenkurs 9/71
Spekulationsgewinne
Belege 1/1181
Sperrkonto
einstweilige Unterhaltsanordnung bei Feststellung der Vaterschaft (§ 248 FamFG) 10/475
Spesen
als Einkommen 1/78 ff.
Leitlinien der Oberlandesgerichte 1/85
Spitzenbetrag
Abänderungsverfahren bei Vergleichen (§ 239 FamFG) 10/259
Splittingvorteil
Familienunterhalt 3/97
beim nachehelichen Unterhalt 1/75
prägendes Einkommen 4/664
Sprungrechtsbeschwerde
Rechtsbeschwerde, Endentscheidungen (§§ 70–75 FamFG) 10/617
Staatsangehörigkeit
Mehrfache Staatsangehörigkeit
– Günstigkeitsprinzip 9/19
– und Unterhaltsstatut 9/19
und Unterhaltsstatut 9/18
Staffelunterhalt 2/359
Statutenwechsel
anwendbares materielles Recht 9/30
Sterbetafel
als Hilfe für die Abschätzung einer Kapitalabfindung 6/630
Steuerberaterkosten
als berufsbedingte Aufwendungen 1/149
Steuerersparnis 1/935
Steuererstattung 1/1010
Steuerhinterziehung 1/304
Steuerliche Unterlagen
als Grundlage im Unterhaltsrecht 1/305 ff.
Verwertbarkeit 1/300
Steuern
als Abzugsposten 1/1009 ff.
allgemein 1/23
Änderung, berücksichtigungswürdige 4/432 ff., 4/664
außergewöhnliche Belastungen 1/1010
begrenztes Realsplitting 1/1023
Bewirtungs- und Repräsentationskosten 1/1010

eheliche Lebensverhältnisse 4/437
Eintragung von Freibeträgen 1/1011, 1/1013, 1/1020
Faktorenverfahren 1/1010
fiktive Steuerberechnung 1/459, 1/1010 ff.
Freibetrag bei Realsplitting 1/1024
Für-Prinzip 1/1012
In-Prinzip 1/1009
Negativeinkünfte 1/1018
neue Steuer prägend 1/1009
Prägung beim Ehegattenunterhalt 1/1009
Sonderabschreibung 1/1018
Wiederverheiratung des Pflichtigen bei gleichrangigen Ehegatten 1/1014
Wiederverheiratung des Pflichtigen bei Vorrang erster Ehegatte 1/1011
Wiederverheiratung des Pflichtigen beim Kindesunterhalt 1/1014
Wiederverheiratung des Pflichtigen und Steuerklassenwahl 1/1015
Zusammenveranlagung 1/1026, 1/1027
Steuernachzahlung 1/1010
Steuerpflicht
von Angehörigen der EU 1/872
beschränkte Steuerpflicht 1/863
fiktiv unbeschränkte Steuerpflicht 1/863
Umfang der Steuerpflicht 1/875
unbeschränkte Steuerpflicht 1/861
unbeschränkte Steuerpflicht bei Antrag 1/862
Steuerrecht
Relevanz steuerrechtlich erfasster Einkünfte 1/47 ff.
Steuervorauszahlung
Bemessung 1/979
Einkommensteuer 1/938
Gewerbesteuer 1/369
Kapitalertragsteuer als – 1/902
Lohnsteuer als – 1/893, 1/894
Nachteilsausgleich 1/957
Zahlung vom betrieblichen Konto 1/239, 1/439
Zurechnung bei Trennung 1/943
Steuervorteil bei Wiederverheiratung Pflichtiger
Änderung nichtprägend 4/664
Stichtag Ehescheidung
Rückkehr zu ... 4/669
Stichtagsprinzip 4/426, 4/431
Stiefkinder
s. nicht gemeinschaftliche Kinder
Stipendien
als Einkommen 1/121
Störung der Geschäftsgrundlage
Anpassung außergerichtlicher Vereinbarungen 10/373
Strafanzeige
als Verwirkungsgrund 4/1324
Strafhaft
Einkommen 1/731
Hausgeld für Eigenbedarf 1/732
Überbrückungsgeld nach Entlassung 1/732
Straftaten
fiktives Einkommen 1/770

2389

Sachverzeichnis

unterhaltsrechtliche Vorwerfbarkeit 1/770
Verwirkung 4/1278 ff.
Streikgeld
als Einkommen 1/121
Streitgenossen
Anschlussbeschwerde (§§ 66, 117 II FamFG) 10/592
Streitiges Verfahren
Anwaltszwang
– vereinfachtes Verfahren über den Unterhalt Minderjähriger 10/689
Darlegungs- und Beweislast
– vereinfachtes Verfahren über den Unterhalt Minderjähriger 10/689
einheitlicher Titel
– vereinfachtes Verfahren über den Unterhalt Minderjähriger 10/690
Kosten und Gebühren
– vereinfachtes Verfahren über den Unterhalt Minderjähriger 10/691
Verfahrensgang
– vereinfachtes Verfahren über den Unterhalt Minderjähriger 10/689 ff.
verfahrensrechtliche Auskunftspflichten
– vereinfachtes Verfahren über den Unterhalt Minderjähriger 10/689
Studentenarbeit
Anrechnung des Einkommens 1/101, 1/827
unzumutbares Einkommen 1/827
Studentenunterhalt 2/508 ff.
s. a. Volljährigenunterhalt
Beitrittsgebiet 2/510
besonders günstiges Einkommen der Eltern 2/514, 2/529
Erhöhung des Regelsatzes 2/514
feste Bedarfssätze 2/508
gesamter Bedarf 2/511
im Haushalt der Eltern 2/518 ff., 2/526
Krankenversicherung 2/512
Leitlinien 2/508 ff.
Student mit eigenem Haushalt 2/508 ff.
Wohnkosten 2/513
Studienreform 2/82
Stufenantrag
Auskunfts-, Beleg- und Versicherungsverfahren 10/352
Auskunftspflicht 1/1156
rückwirkende Erhöhung des Unterhalts (§ 238 III S. 2 FamFG) 10/237
Stufenmahnung 6/124
Stufenverfahren (§ 254 ZPO) 10/358 ff.
Abänderung von Unterhaltstiteln 10/358
Ankündigung 10/360
Beschwer 10/368
eidesstattliche Versicherung, Verfahrenswert 10/365
einstweilige Anordnung 10/358
Endentscheidung 10/367
Erledigung der Hauptsache 10/361
isolierte Kostenentscheidung 10/361
Kosten des Stufenverfahrens 10/363

Kostenerstattungsanspruch, materiellrechtlich 10/361
Leistungsantrag 10/358
Mindestbetrag 10/362
nachträglicher Stufenantrag 10/359
negativer Feststellungsantrag 10/358
objektive Antragshäufung 10/364
Rechnungslegung, Verfahrenswert 10/365
Rechtshängigkeit 10/360
Rechtsmittel 10/367
Rechtsmittel bei Kostenentscheidung 10/361
Schlussentscheidung 10/361, 10/363
sofortige Wirksamkeit 10/363
Teilbeschluss 10/361, 10/362
unzulässige Teilentscheidung 10/367
Verbundverfahren 10/362
Verfahrenskostenhilfe 10/360, 10/366
Verfahrenswert 10/364, 10/366, 10/368
Zurückverweisung 10/367
Stundung
Einwendung im Vollstreckungsabwehrverfahren 10/154
Subjektive Antragshäufung
Verfahrensverbindung 10/42 f.
Zuständigkeit 10/42 f.
Subsidiarität
Anhörungsrüge (§ 321 a ZPO) 10/624
anwendbares materielles Recht 9/16 f.
Sozialleistungen als E. 8/7
Subsidiarität von Sozialleistungen
Anspruchsübergang 8/8, 8/15
und Leistungsfähigkeit 8/13
Unterhaltsbedürftigkeit 8/10
Summarische Prüfung
einstweilige Anordnung 10/417
Summarisches Verfahren
einstweilige Unterhaltsanordnung bei Feststellung der Vaterschaft (§ 248 FamFG) 10/476
einstweilige Unterhaltsanordnung vor Geburt eines Kindes (§ 247 FamFG) 10/465
Surrogat
s. a. Bedarf Ehegattenunterhalt, eheliche Lebensverhältnisse, Veräußerung Familienheim
eheliche Lebensverhältnisse 4/422 ff.
Renteneinkommen als Surrogat 4/676
Veräußerung Familienheim 4/591 ff.
von Vermögenseinkünften 4/551 f.
Surrogat bei Vermögenseinkünften
eheliche Lebensverhältnisse 4/591
prägendes Einkommen 4/596
Surrogat der Familienarbeit
Halbteilung 4/751
Karrieresprung über Einkommen Pflichtiger 4/582
Kinderbetreuung in der Ehe 4/422
prägend 4/580 ff.

Tabellen
s. a. Düsseldorfer Tabelle; Leitlinien
Angemessenheitskontrolle beim Tabellenunterhalt 2/218, 2/319, 2/355
nach Leitlinien allgemein 1/17 f.

Sachverzeichnis

tabellarische Übersicht auf der Grundlage der Bremer Tabelle 4/899
tatrichterliches Ermessen 1/18
Tagesheimschulkosten für Kindesunterhalt 2/451
Tantiemen
als Einkommen 1/74
Tarifbegrenzung
bei Gewinneinkünften 1/859
Taschengeld
Drittschuldnerverfahren 10/343
als einsetzbares Einkommen beim Elternunterhalt 2/962
einstweilige Anordnung 10/398
neben Familienunterhalt 1/724
Höhe 3/66
Pfändbarkeit 3/62, 3/120
als Teil des Familienunterhalts 3/62 ff.
nach Trennung der Ehegatten 3/69
Unterhalt für Kinder aus erster Ehe 3/67
Tätlichkeiten als Verwirkungsgrund 4/1279
Tatrichterliche Würdigung
eheliche Lebensverhältnisse 4/677
Tatsachenpräklusion
Abänderungsverfahren (§ 54 II FamFG) 10/427
Taxikosten 1/150
Teilbeschluss
Anschlussbeschwerde (§§ 66, 117 II FamFG) 10/592
Endentscheidung im Abänderungsverfahren (§ 238 FamFG) 10/249
Stufenverfahren (§ 254 ZPO) 10/361, 10/362
Teilbeschluss, horizontal
Beschwerde (§§ 58, 117 FamFG) 10/547
Teilbeschluss, horizontaler
Endentscheidung im Abänderungsverfahren (§ 238 FamFG) 10/249
Teilbeschluss (§ 254 S. 2 FamFG)
vereinfachtes Verfahren über den Unterhalt Minderjähriger 10/672, 10/686 f.
Teilbeschluss, vertikaler
Beschwerde (§§ 58, 117 FamFG) 10/548
Endentscheidung im Abänderungsverfahren (§ 238 FamFG) 10/249
Teilbetrag
Abänderungsverfahren bei Urkunden (§ 239 FamFG) 10/275
einstweilige Anordnung 10/404
Teilentscheidung
Rechtsbeschwerde, Endentscheidungen (§§ 70–75 FamFG) 10/613
Teilerledigung
vereinfachtes Verfahren über den Unterhalt Minderjähriger 10/644
Teilfestsetzungsbeschluss
Beschwerde, sonstige (§ 58 FamFG) 10/597
Teilidentität zwischen Entscheidungen im Anordnungsverfahren und Hauptsacheverfahren
Außerkrafttreten der einstweiligen Anordnung 10/451

Teilleistungsbereitschaft
vereinfachtes Verfahren über den Unterhalt Minderjähriger 10/670
Teilrücknahme
vereinfachtes Verfahren über den Unterhalt Minderjähriger 10/687
Teiltitulierung
vereinfachtes Verfahren über den Unterhalt Minderjähriger 10/643
Teilungsversteigerung
Vermögensstamm bei Miteigentum 1/628
Teilunterhalt
Abgrenzung zum Abänderungsantrag 10/55 b
Elementar- und Vorsorgeunterhalt 10/55 d
Leistungs- und Abänderungsantrag 10/55 f
Leistungsantrag 10/55 b f.
offener oder verdeckter Teilantrag 10/55 d
Sockelbetrag 10/55 e
Sonderbedarf 10/55 c
Spitzenbetrag 10/55 e
Vermutung gegen Teilantrag 10/55 c
Zusatz- oder Nachforderungsantrag 10/55 b
Teilversäumnisbeschluss
Beschwerde (§§ 58, 117 FamFG) 10/506
Teilzeittätigkeit
Kinderbetreuung 4/1231, 4/1237
Telefonische Mahnung 6/129
Telefonkosten 1/365, 1/1045
als berufsbedingte Aufwendungen 1/144
als Sachbezüge 1/91
Tenorierung
Altersvorsorgeunterhalt 4/867
Teuerungsziffern
Bedarfskorrektur bei Auslandsbezug 9/91 ff.
Thesaurierende Fonds
eheliche Lebensverhältnisse 4/464
Thesaurierung
fiktive Zinsen 1/429
Tilgung
von Hausschulden 1/507 ff.
bei neuem (nichtprägendem) Wohnwert 1/514, 1/568
Tilgungsplan 1/1099, 5/91
Titelumschreibung
nach Volljährigkeit des Kindes 2/29
Titulierter Kindesunterhalt 4/451
Titulierter Unterhalt
keine Berücksichtigung im Mangelfall bei Nachrang 5/145
Einfluss auf Eingruppierung eines anderen Berechtigten in Düsseldorfer Tabelle 2/340
als Einkommen bei der Bemessung des Kindesunterhalts 2/252
Höhe Abzugsposten Kindesunterhalt 1/1124
Tod des Unterhaltspflichtigen
beim Kindesunterhalt 2/15
Totes Kapital 1/477
Trennung
s. Getrenntleben
Trennung im Alter 5/131
Trennungsbedingte Schulden
Abzugsposten 4/407

2391

Sachverzeichnis

Trennungsbedingter Mehrbedarf 4/835
Abzug vom nichtprägenden Einkommen 4/938
als Abzugsposten 1/1084
Abzugsposten als unumgängliche Schuld 1/1069, 1/1084
allgemein beim Ehegattenunterhalt 4/406
konkret geltend zu machen 4/940
im Mangelfall 5/51
und Mehrkosten 1/471
kein Teil der elterlichen Lebensverhältnisse 4/406
und voller Unterhalt 4/937
Vorsorgeunterhalt bei t. M. 4/879
beim Wohnwert 1/556
Trennungsentschädigungen
als Einkommen 1/81
Trennungsunterhalt
Additionsmethode 4/800 ff.
angemessene Erwerbstätigkeit 4/43
anrechenbare Einkünfte des Unterhaltsberechtigten 4/54
Anspruchsbeginn 4/81
Anspruchsende 4/82
Anspruchsstruktur 4/8 ff.
Aufhebung der häuslichen Gemeinschaft 4/26
Ausbildungsunterhalt 4/73
Bedarfsbemessung 4/750 ff.
Bedarfspositionen 4/65 ff.
Bedeutung des Güterstandes 4/23
Bedürftigkeit des Berechtigten 4/31 ff.
Bemessungszeitpunkt
– maßgeblicher 4/61
bereinigtes Nettoeinkommen 1/1007
Betreuung gemeinschaftlicher Kinder 4/36
Darlegungs- und Beweislast 4/101
Ehegattenunterhalt 4/21 ff.
bei eheprägendes Surrogat 4/422
Einkommen aus Vermögen 4/57
Einkünfte des Berechtigten aus unzumutbarer Tätigkeit 4/59
Elementarunterhalt 4/66
Erwerbsobliegenheit des bedürftigen Ehegatten 4/32
Erwerbstätigenbonus 4/773 ff., 4/782
fiktive Zurechnung erzielbarer Einkünfte 4/53
Fortsetzung der Ausbildung nach der Trennung 4/45
Geltendmachung 4/99 ff.
Getrenntleben 4/25 ff.
bei Gütergemeinschaft 6/402 ff.
Halbteilungsgrundsatz 4/750
Härtegründe 4/88
Härteklausel 4/87
konkreter Bedarf 4/763 ff.
Konkurrenzen der Ansprüche 4/80
Krankenvorsorgeunterhalt 4/70
Kriterien für die Zumutbarkeitsabwägung 4/36
Leistungsfähigkeit des Unterhaltspflichtigen 4/76
Maß des Trennungsunterhalts 4/60 ff.
Mehrbedarf 4/403
Mehrbedarf aufgrund besonderer Umstände 4/72
kein Mindestbedarf 4/756
Quotenunterhalt 4/772 ff.

Rangfolge der Unterhaltsansprüche 4/79
Rechtsfolgen 4/95
Rückforderung 6/200 ff.
Rückforderung von Zuvielleistungen 4/98
Rückstand 6/100 ff.
Sättigungsgrenze 4/760 ff.
Sonderbedarf 4/404
Surrogat der Familienarbeit 4/422, 4/751
Teilzeiterwerbstätigkeit 4/51
Unterhalt für die Vergangenheit 4/97, 6/100 ff.
Unterhaltsbegrenzung 4/86
Unterhaltsvereinbarungen 6/611
Unterhaltsverzicht 4/85, 6/611
Versöhnungsversuch 4/30
Versorgungsleistungen für einen neuen Partner 4/54
Verwirkung 4/87 ff., 4/1209 ff.
Voraussetzungen 4/24
Vorsorgeunterhalt 4/67
Vorsorgeunterhalt bei T. 4/856
wirtschaftliche Verhältnisse beider Ehegatten 4/47
Wohnvorteil 4/55
Wohnwert in Trennungszeit 1/479
Zumutbarkeitsabwägung 4/94
Treuepflicht 4/1340, 4/1346 ff., 4/1364 ff.
Treueprämien
als Einkommen 1/74
Trinkgelder als Einkommen
als Einkommen 1/74
Trunkenheit am Arbeitsplatz 1/790
Tschechische Republik
ausländisches materielles Recht 9/451 ff.
Verbrauchergeldparität und Devisenkurs 9/72
Türkei
ausländisches materielles Recht 9/465 ff.
Verbrauchergeldparität und Devisenkurs 9/73

Überbrückungsgeld
bei Strafhaft 1/732
Überbrückungsgeld eines Strafgefangenen
als Einkommen 1/121
Übergang anderer Ansprüche nach § 33 SGB II 8/228
Übergang des Unterhaltsanspruchs nach § 7 SGB II
Klage auf künftige Leistung 2/400
Rückabtretung 2/397
Vorrang des laufenden Unterhalts 2/395
Übergang des Unterhaltsanspruchs nach § 7 UVG 8/270 ff.
keine Vergleichsberechnung 8/271
Verjährung 8/272
Übergang des Unterhaltsanspruchs nach § 33 SGB II
auf die Arbeitsgemeinschaft 8/230
Auskunftsanspruch 8/233
und Bedarfsgemeinschaft 8/236, 8/239
Betreuungsunterhalt nach § 1615l BGB 8/232
Ehegattenunterhalt 8/232
Geltendmachung des Anspruchs durch die Arbeitsgemeinschaft 8/253

Sachverzeichnis

gesetzlicher Forderungsübergang 8/229
keine Härteregelung 8/251
Höhe des Arbeitslosengeldes II 8/239
Kindesunterhalt 8/232
laufende Zahlung des Unterhalts 8/252
Leistungen zur Sicherung des Lebensunterhalts 8/239
partnerschaftlicher Unterhalt 8/232
Rechtsfähigkeit der Leistungen 8/244
Rechtswahrungsanzeige 6/110
Rechtsweg zum Familiengericht 8/229
Rückübertragung 8/255
Rückwirkung 8/246
sachliche Kongruenz von Unterhalt und Arbeitslosengeld II 8/242
schwangere Tochter 8/236
auf die Träger der Grundsicherung 8/230
Umfang des Ü. 8/238 ff.
für die Vergangenheit 8/245
Vergleichsberechnung und Sozialhilfebedürftigkeit des Schuldners 8/248
Verjährung 8/247
Verwandtenunterhalt 8/234 f.
Verwirkung nach § 242 BGB 8/247
Wohnkosten 8/241
zeitliche Kongruenz von Unterhalt und Arbeitslosengeld II 8/242
Übergang des Unterhaltsanspruchs nach § 94 SGB XII 8/62
Abtretungsverbot 8/77
Aufrechnung 8/77
Auskunftsanspruch 8/66
Ausschluss des Anspruchsübergangs 8/68
Bedarfsgemeinschaft 8/66
Begrenzung durch Höhe der Sozialhilfe 8/69
Darlegungs- und Beweislast 8/122, 8/125
bei darlehensweiser Gewährung der Sozialhilfe 8/78
Durchschnittsbetrag 8/73
einmalige Bedarfe 8/72
Einwendungen des Schuldners 8/79
Geltendmachung im Prozess 8/107 ff.
gesetzliche Unterhaltsansprüche 8/64
gesetzlicher Forderungsübergang 8/62
gegen Großeltern 8/68
bei der Grundsicherung im Alter und bei Erwerbsminderung 8/158
Klage des Leistungsberechtigten 8/108
Klage des Sozialhilfeträgers 8/108, 8/121
Klageantrag 8/109
Konsequenzen des Ü. 8/107 ff.
laufende Zahlung des Unterhalts 8/84
Monatsprinzip 8/71
Prozesskostenhilfe 8/117
Rechtmäßigkeit der Sozialhilfe 8/77
nach Rechtshängigkeit 8/108
Rechtswahrungsanzeige 6/110, 8/82
Rechtsweg zum Familiengericht 8/62
Rückübertragung des Anspruchs 8/111 ff.
sachliche Kongruenz von Unterhalt und Sozialhilfe 8/74
einer schwangeren Tochter 8/68

einer Tochter, die Kleinkind betreut 8/68
unbillige Härte 8/87 ff.
Unterhaltsvereinbarungen 8/83
Unterhaltsverzicht 8/83
Unterkunftskosten 8/70
für die Vergangenheit 8/77 ff., 8/110
vertragliche Unterhaltsansprüche 8/65
beim Volljährigenunterhalt 8/85
Wirkung des Ü. 8/77 ff.
zeitliche Kongruenz von Unterhalt und Sozialhilfe 8/71, 8/77
Zuständigkeit der Familiengerichte 8/62
Übergang des Unterhaltsanspruchs nach § 1607 BGB 2/788 ff.
Rechtsfolgen 2/804
subsidiäre Haftung Verpflichteter 2/797
Übergang ins streitige Verfahren
vereinfachtes Verfahren über den Unterhalt Minderjähriger 10/685, 10/687, 10/688 ff.
Übergangsbestimmungen
Rechtsmittel in Unterhaltssachen 10/500
Übergangsgeld
als Einkommen 1/109
Übergangsgelder, -beihilfen 1/93, 2/376
als Einkommen 1/74
Übergangsregelung nach Unterhaltsreform
für Herabsetzung und zeitliche Begrenzung des nachehelichen Unterhalts 4/1028
Übergangsregelungen
einstweilige Anordnungen in Unterhaltsverfahren 10/394
Übergegangener Anspruch
Rechtswahrungsanzeige 6/111 ff.
Unterhaltsrückstand 6/104, 6/110 ff.
Übergeleiteter Anspruch
Rechtswahrungsanzeige 6/111 ff.
Unterhaltsrückstand 6/104, 6/110 ff.
Überleitungsanzeige
nach § 33 SGB II a. F. 8/16
Überobligatorische Einkünfte
aus Nebentätigkeit 1/659
Überobligatorische Tätigkeit 1/800 ff.
s. a. näher: Einkünfte aus unzumutbarer Tätigkeit
Berufstätigkeit nach Regelaltersruhestand 4/584
eheliche Lebensverhältnisse 4/552
prägendes Einkommen 4/552
Überschuldung 1/1100 ff.
Verbraucherinsolvenz 1/1118 ff., 1/1120 ff.
Überschusseinkünfte 1/52, 1/160
Überstunden 1/828 ff.
anrechenbares Einkommen 1/86 f.
Übertragung von Einkommensquellen 1/996
Ukraine
Verbrauchergeldparität und Devisenkurs 9/74
Umgangskosten
berücksichtigungswürdige Schulden 1/1085
Kindergeld 2/720
Selbstbehalt 2/272
bei der Sozialhilfe 8/59
Umgangskosten im Selbstbehalt
s. Selbstbehalt, Umgangskosten

2393

Sachverzeichnis

Umgangsrecht
und Grundsicherung für Arbeitsuchende 8/218
Kosten 1/1085, 2/271 ff.
Verzicht auf U. und Freistellungsvereinbarung 2/765
Wohnungsgewährung während Ausübung des Umgangsrechts 2/220, 2/274
und zeitweilige Bedarfsgemeinschaft 8/181
Umlaufvermögen
s. *Betriebsvermögen*
Umsatzbeteiligungen
als Einkommen 1/74
Umsatzerlöse 1/314
Umsatzsteuer 1/226, 1/329, 1/368, 1/854
Umsatzsteuerbescheid
Informationswert 1/1185
Vorlagepflicht 1/1185
Umzugskosten
als berufsbedingte Aufwendungen 1/151
einstweilige Anordnung 10/398
als Sonderbedarf 6/18
Unbefristeter Baruntererhaltsanspruch
einstweilige Unterhaltsanordnung bei Feststellung der Vaterschaft (§ 248 FamFG) 10/472
Unbekannter Aufenthalt
Arrestgrund, dinglicher 10/488
Unbestimmte Anrechnungsklausel
Abänderungsverfahren bei Urkunden (§ 239 FamFG) 10/272
Abänderungsverfahren bei Vergleichen (§ 239 FamFG) 10/257
unbestimmte Anrechnungsklausel
Einwendung im Vollstreckungsabwehrverfahren 10/154
Unentgeltliche Wertabgaben 1/241, 1/324
Unerwartete, vom Normalverlauf abweichende Entwicklung
Ehegattenunterhalt 4/554, 4/570 ff., 4/592 ff., 4/598 ff.
Unfallkosten
als berufsbedingte Aufwendungen 1/151
Unfallrente
als Einkommen 1/121
Unfallversicherung 1/1029, 1/1036
Ungarn
ausländisches materielles Recht 9/495 ff.
Verbrauchergeldparität und Devisenkurs 9/75
Ungefragte Auskunftspflicht
rückwirkende Erhöhung des Unterhalts (§ 238 III S. 2 FamFG) 10/237
Ungefragte Informationen
Folgen des Verschweigens 1/1202
Rückforderung durch Unterhaltsschuldner 1/1202
Schadensersatz 1/1202
Verwirkung des Unterhaltsanspruchs 1/1202
Verzug durch fehlende Auskunft 1/1202
Voraussetzungen 1/1201 f.
Ungefragte Offenbarung
Verfahren wegen Schadensersatz 10/340
Ungerechtfertigte Bereicherung
Anspruchsgrundlage 6/204 ff.

Darlegungs- und Beweislast Entreicherung 6/212
bei einstweiliger Anordnung 6/204
Entreicherung 6/208 ff.
bei Hauptsachetitel 6/206
Möglichkeiten gegen Entreicherungseinwand 6/221 ff.
positive Kenntnis 6/216
Rechtshängigkeit 6/214
ungewisses Rechtsgeschäft 6/217 ff.
verschärfte Haftung 6/213 ff.
Zahlung unter Vorbehalt 6/220
Unmögliche Leistung bei Auskunft
Auskunfts-, Beleg- und Versicherungsverfahren 10/350
Unmutsäußerungen
als Verwirkungsgrund 4/1362
Unselbständiges Anschlussrechtsmittel
Anschlussbeschwerde (§§ 66, 117 II FamFG) 10/590
Unterhalt
s. a. Baruntererhaltspflicht, Betreuungsunterhalt, Ehegattenunterhalt, Elternunterhalt, Erwerbslosenunterhalt, Familienunterhalt, Kindesunterhalt, Krankheitsunterhalt, Krankheitsvorsorgeunterhalt, nachehelicher Unterhalt, Teilunterhalt, titulierter Unterhalt, Trennungsunterhalt, Verwandtenunterhalt, Volljährigenunterhalt, sowie die nachfolgenden Hauptstichwörter
als Darlehen 1/661, 6/224, 6/241
als Einkommen 1/721 ff.
– Hausmann-Rechtsprechung 1/722 f.
– beim Kindesunterhalt 2/247 ff.
– Unterhalt neben eigenem Einkommen 1/725
bei Gütergemeinschaft 6/400 ff.
Unterhalt für die Vergangenheit
ab Auskunftsbegehren 6/100, 6/107
Auskunftsbegehren, Rechtshängigkeit, Verzug 6/109
ohne Auskunftsbegehren, Rechtshängigkeit, Verzug 6/103
Leistungsentzug aus rechtlichen oder tatsächlichen Gründen 6/109
ab Monatsbeginn 6/103
Sonderbedarf 6/108
Unterhaltsrechtsänderung 2008 6/100, 6/103
Verzug 6/119 ff.
ab Verzug 6/100 ff.
Unterhaltsänderungsgesetz
Abänderung rechtskräftiger Titel 10/287
abgestufte Titelanpassung 10/288
„Alttatsachen" 10/287
Befristung 10/283
Darlegungs- und Beweislast 10/289 f.
dynamischer Unterhaltstitel 10/292
einstweilige Anordnung 10/285
erstmalige Abänderung 10/289
formlose Unterhaltsvereinbarungen 10/290
gerichtsanhängige Verfahren 10/284
Gesamtvereinbarung 10/290
Mehrheit von Unterhaltsverhältnissen 10/286
Präklusion 10/284
Prozentsatz als fixe Größe 10/293

Sachverzeichnis

Schutzbedürfnis für Übergangsfälle 10/291
titulierte Unterhaltsvereinbarung 10/290
Umrechnungsschlüssel 10/293
Umstellung dynamischer Alttitel 10/292
Vertrauensschutzklausel 10/288
Unterhaltsanspruch
Bedürftigkeit 1/8
Bringschuld 1/11
Geldschuld 1/11
Höhe des Unterhalts 1/10
Kontoüberweisung 1/11
Leistungsfähigkeit 1/8
Verfahrensrecht 1/15
Verhältnis zur Sozialhilfe 1/14
Zeitabschnitte 1/8
Unterhaltsanspruch nichtehelicher Kinder
s. Mutterschutzunterhalt
Unterhaltsansprüche
aus Anlass der Geburt *s. Ansprüche der nichtehelichen Mutter, Kindesunterhalt*
Aufrechnung 6/302 ff.
als bedingt pfändbare Forderung 6/300
als bereite Mittel 8/7
Elternunterhalt 1/3
Familienunterhalt 1/4
gemeinsame Elternschaft 1/7
bei Gütergemeinschaft *s. Gütergemeinschaft*
minderjährige Kinder 1/2
nachehelicher Unterhalt 1/6
Prüfungsschema 1/9
Tabellen und Leitlinien 1/16 ff.
Trennungsunterhalt 1/5
Unterhaltstatbestände 1/1 ff.
volljährige Kinder 1/2
Unterhaltsansprüche gegenüber Dritten
vereinfachtes Verfahren über den Unterhalt Minderjähriger 10/645
Unterhaltsansprüche zwischen eingetragenen Lebenspartnern 7/290 ff.
Bedürftigkeit des Berechtigten 7/334
Begründung der Lebenspartnerschaft 7/299
Darlegungs- und Beweislast 7/350, 7/375
einzelne Unterhaltsansprüche 7/310 ff.
Erlöschen des Unterhaltsanspruchs 7/370
gerichtliche Geltendmachung 7/376
Grundsätze der Unterhaltspflicht 7/307
Härteklausel 7/343
Maß des Unterhalts 7/317
nachpartnerschaflicher Unterhalt nach § 16 LPartG 7/353
Rangfragen 7/324, 7/348, 7/373
Trennungsunterhalt nach z § 12 LPartG 7/327
Unterhalt für die Vergangenheit 7/318
Unterhalt nach § 5 LPartG 7/310 ff.
Unterhaltsvereinbarung 7/368
Unterhaltsverzicht 7/320, 7/345, 7/369
Unterhaltsbedürftigkeit
s. Bedürftigkeit
Unterhaltsbefristung
Darlegungs- und Beweislast im Abänderungsverfahren (§ 238 FamFG) 10/244

Unterhaltsbegrenzung
Darlegungs- und Beweislast im Abänderungsverfahren (§ 238 FamFG) 10/244
Unterhaltsbemessung
Anpassung an Auslandsbedarf 9/36
bei Aufenthalt in anderem Staat 9/35
Auslandsbezug 9/35 ff.
beim Ehegattenunterhalt 1/33 ff.
Unterhaltsberechnung
s. Berechnungsmethoden
Unterhaltsbezogene Leichtfertigkeit
bei gesteigerter Unterhaltspflicht 2/372
beim Kindesunterhalt 2/243, 2/372
Unterhaltsbezogene Mutwilligkeit
durch Unterhaltspflichtigen 1/756
Unterhaltsersatzfunktion
bei Sozialleistungen 1/105
Unterhaltsfolgesache und Entscheidungsverbund
Abweisung des Scheidungsantrags 10/111
Anordnung der sofortigen Wirksamkeit (§ 116 III S. 2 und 3 FamFG) 10/108
Einspruch und Beschwerde 10/109 f.
Entscheidung nach Lage der Akten 10/110
Fortführung als selbständige Familiensache 10/111 f.
Fortsetzungerklärung 10/111
Grundsatz der Kostenaufhebung 10/113
isolierte Anfechtung der Kostenentscheidung 10/113
Scheidung im Verbund 10/108
Teilversäumnis- und Endbeschluss 10/109
Versäumnisentscheidung 10/109
Unterhaltsfolgesachen
Abänderungsantrag beim Kindesunterhalt 10/94
Abtrennung 10/106 ff.
Abweisung des Scheidungsantrags 10/103
Anfechtung der isolierten Kostenentscheidung 10/105
Anhängigkeit der Scheidungssache 10/96
Antragsschrift 10/96
Anwaltszwang 10/96
Auskunft und „Widerantrag" 10/95
Ausschlussfrist und Beschwerde 10/100
Ausschlussfrist und Ladungsfrist 10/99
Ausschlussfrist und Wiedereinsetzung in den vorigen Stand 10/100
Beistandschaft des Jugendamtes 10/102
einstweilige Unterhaltsanordnung 10/95
Fortführung als selbständige Familiensache 10/103
gesetzliche Unterhaltspflichten 10/94
Grundsätze eines fairen Verfahrens 10/99
isolierte Anfechtung der Kostenentscheidung 10/105
Kostenentscheidung und Maßstab (§ 150 FamFG) 10/105
negativer Feststellungsantrag 10/95
Rücknahme des Scheidungsantrags 10/103
Stufenantrag (§ 254 ZPO) 10/95
Terminsverlegung und rechtliches Gehör 10/98

Sachverzeichnis

Tod eines Ehegatten vor Rechtskraft der Scheidung 10/104
Tod und Erledigung der Folgesache 10/104
Verfahrensgrundsätze 10/101 ff.
Verfahrenskostenhilfe 10/96
Verfahrenspfleger 10/101
Verfahrensstandschaft 10/102
Zeitpunkt 10/97
Unterhaltsgemeinschaft 4/1272
Unterhaltsherabsetzung (§ 1578 b I BGB) 4/1003 ff.
auf den angemessenen Lebensbedarf 4/1005
– Krankheits- und Altersvorsorgeunterhalt 4/1008
Anwendungsbereich 4/1003
Geltendmachung im Erstverfahren 4/1022
Geltendmachung in einem Abänderungsverfahren 4/1028
– bei Vorliegen eines Unterhaltsvergleichs 4/1028
gemeinsame Billigkeitskriterien für Herabsetzung und zeitliche Begrenzung 4/1011 ff.
Kombination mit zeitlicher Begrenzung nach § 1578 b I BGB 4/1000
Verfahrensfragen 4/1022 f.
Zeitgrenze nach richterlichem Ermessen 4/1004
Unterhaltsneurose 2/53
Darlegungs- und Beweislast 1/792
fiktives Einkommen 1/792
therapeutische Behandlung 1/792
Verwirkung 4/1303
Unterhaltspflicht, international
Auskunftsanspruch 9/10
begrenztes Realsplitting 9/10
Betreuungsunterhalt 9/10
Definition im internationalen Recht 9/9 f.
familienrechtlicher Ausgleichsanspruch 9/10
internationale Beispiele 9/10
lump sum in England 9/10
Morgengabe 9/10
prestations compensatoires 9/10
Prozesskostenvorschuss 9/10
schweizer Unterhaltsanspruch 9/10
türkischer Unterhaltsanspruch 9/10
Wohnungszuweisung 9/10
Unterhaltsprozess
s. a. Vereinfachtes Verfahren
Unterhaltsquoten
s. Bedarfsbemessung beim Ehegattenunterhalt, Quotenunterhalt
Unterhaltsrechtliches Treueverhältnis
Verfahren wegen Schadensersatz 10/338
Unterhaltsrechtsänderung 2008
Unterhalt für die Vergangenheit 6/100, 6/103
Verwirkung Ehegattenunterhalt 4/1203
Unterhaltsrückforderung
s. Rückforderungsansprüche
Unterhaltsrückstand
Auskunft als Voraussetzung für rückständigen Unterhalt 6/107
einstweilige Unterhaltsanordnung bei Feststellung der Vaterschaft (§ 248 FamFG) 10/475

einstweilige Unterhaltsanordnung vor Geburt eines Kindes (§ 247 FamFG) 10/462
vereinfachtes Verfahren über den Unterhalt Minderjähriger 10/639
Unterhaltssachen
internationale Definition 9/609
und Verbundverfahren 10/93 ff.
Unterhaltssicherung
s. Nachhaltige Unterhaltssicherung
Unterhaltsstatut 9/11 ff.
Unterhaltsstreitsachen
und Übergang von der ZPO zum FamFG 10/1 ff.
Unterhaltstitel
s. a. titulierter Unterhalt
Abänderungsklage des berechtigten Kindes 2/30
einstweilige Anordnung 10/404
Fortgeltung nach Volljährigkeit 2/478
Leistungsantrag 10/34 ff.
Umschreibung des Titels nach Volljährigkeit des berechtigten Kindes 2/29
Unterhaltsvereinbarungen
s. a. Unterhaltsverzicht
zum Ehegattenunterhalt
– anlässlich oder nach der Scheidung 6/614
– sittenwidriger Unterhaltsverzicht 6/616
– Unterhaltsverzicht 6/615 ff.
– vorsorgende Vereinbarung 6/613
einstweilige Anordnung 10/404
zum Familienunterhalt 6/610
zum Kindesunterhalt 2/37
zum nachehelichen Unterhalt 6/613 ff.
– Formzwang 6/612
zum Trennungsunterhalt 6/611
Vereinbarung einer Kapitalabfindung 6/627 ff.
Vereinbarungen einer Wertsicherungsklausel 6/623 ff.
vereinfachtes Verfahren über den Unterhalt Minderjähriger 10/642
Unterhaltsverfahren
Subsidiarität bei Vollstreckung ausländischen Unterhaltstitels 9/704, 9/708
Unterhaltsverordnung 4/2009
anwendbares materielles Recht 9/2 ff.
Unterhaltsverwirkung
s. Verwirkung
Unterhaltsverzicht
des Ehegatten und Ersatzhaftung der Verwandten 2/907
beim Familienunterhalt 3/123, 6/610
beim Kindesunterhalt 2/758 ff.
beim nachehelichen Unterhalt 6/615 ff.
– auf Betreuungsunterhalt 6/622
– Reichweite des Verzichts 6/615
– richterliche Inhaltskontrolle 6/617 ff.
– Zustandekommen des Verzichtsvertrags 6/615
richterliche Wirksamkeits- und Ausübungskontrolle 6/617 ff.
beim Trennungsunterhalt 4/85, 6/611
Unterhaltsvorschuss
Anspruchsvoraussetzungen 8/262 ff.

Sachverzeichnis

bei Ausländern 8/265
Bedürftigkeit beim Verwandtenunterhalt 2/903
Einkommen des Kindes 8/267
Getrenntleben des betreuenden Elternteils 8/263
Großeltern 8/267
und Grundsicherung für Arbeitsuchende 2/405
Höhe des Arbeitslosengeldes II 8/266
Rechtsweg 8/269
und Sozialhilfe 2/403
Übergang des Unterhaltsanspruchs 8/270 ff.
und Unterhalt 8/262 ff.
Unterhaltsrückstand 6/104
Wiederheirat des betreuenden Elternteils 8/264
Unternehmensbeteiligungen
Verbot Doppelverwertung 4/480
Unterschieben eines Kindes 4/1353
Untersuchungshaft
Einkommen 1/731
Unterwerfungserklärung
Abänderungsverfahren bei Urkunden (§ 239 FamFG) 10/273
UN-Übereinkommen 1956
internationale Zusammenarbeit 9/619
Verhältnis zum HUVÜ 2007 9/619
Unwirtschaftlichkeit der Vermögensverwertung 4/961
unzulässige Rechtsausübung
Einwendung im Vollstreckungsabwehrverfahren 10/154
Unzulässige Teilentscheidung
Stufenverfahren (§ 254 ZPO) 10/367
Unzumutbare Tätigkeit
s. a. näher: Einkünfte aus unzumutbarer Tätigkeit
Abgrenzung zumutbare Tätigkeit 1/800 ff.
Anrechnung des Einkommens aus u. T. 4/583 ff., 4/944
Anrechnung nach altem Recht 1/821
anrechnungsfreier Betrag 4/583, 4/948 f., 5/112
bei Ansprüchen nach § 1625 l BGB 1/816
des Berechtigten 1/815 ff., 4/983
keine bei Berufstätigkeit trotz gesundheitlicher Beeinträchtigung 1/820
Berufstätigkeit über Regelaltersgrenze 1/817, 1/838
erhöhte Zurechnung im Mangelfall 5/70 f.
Haushaltsführung für neuen Partner 1/820
bei Kindesbetreuung 1/804
– prägendes Einkommen 1/807
Nebentätigkeiten 1/817
des Pflichtigen 1/828 ff., 4/584
prägendes Einkommen 4/583 ff.
bei Überstunden, Schichtarbeit u. dergl. 1/87, 1/90
bei unangemessener Tätigkeit 1/818
beim Verwandtenunterhalt 1/814
Urlaubsabgeltung
anrechenbares Einkommen 1/89
Urlaubsgeld
als Einkommen 1/74
USA
ausländisches materielles Recht 9/507 ff.

Vater des nichtehelichen Kindes
s. Ansprüche der nichtehelichen Mutter
Vaterschaft
Voraussetzung des Kindesunterhalts 9/700
Veranlagung zur Einkommensteuer
Änderung 1/925
Antragsveranlagung 1/901
Ehegatteninnengesellschaft 1/1006
Ehegattenveranlagung 1/917 ff.
Einzelveranlagung 1/916
Gesamtschuld, Haftung 1/929
getrennte Veranlagung 1/918
Lohnsteuer 1/915, 1/943
Scheidungsakte 1/921
Scheidungsurteil 1/921
Schikaneverbot 1/926
steuerrechtlich 1/915 ff.
Steuerstraftat 1/940
Trennungsjahr 1/920
unterhaltsrechtliche Fragen 1/935 ff.
Verfahren 1/924 ff.
Versöhnungsversuch 1/920
Vorteil/Nachteil 1/922
Zusammenveranlagung 1/919 ff.
Zustimmung zu Zusammenveranlagung 1/924, 1/935
zweifelhafte Zulässigkeit 1/940
Veräußerung des Familienheimes
Bildung neuen Wohneigentums 1/568
durch Pflichtigen im Verwandtenunterhalt 2/934
prägender Erlös 1/557
Verbrauch des Erlöses ohne Surrogat 1/567
Verkauf an Ehegatten 1/569
Vermögensumschichtung 1/568
Zinsen als Surrogat 1/557
Zugewinn und Verkauf 1/570
Veräußerung Eigenheim
gemeinsames Eigenheim 1/559
Veräußerung Hälfteanteil an Eigenheim an Ehegatten 1/569
Veräußerungserlös 1/217, 1/315
Verbilligte Aktien
als Sachbezüge 1/91
Verbilligter Warenbezug
als Sachbezüge 1/91
Verbindlichkeiten 1/223, 1/384
s. a. berücksichtigungswürdige Schulden
und Leistungsfähigkeit beim Enkelunterhalt 2/976
und Leistungsfähigkeit im Verwandtenunterhalt 2/930
Verbot der Schlechterstellung
Beschwerde (§§ 58, 117 FamFG) 10/540
Verbot Doppelverwertung 1/452, 4/480 ff., 4/1372
bei Abfindungen 4/480 ff.
Firmenbewertung (good will) 4/483
bei Schulden 4/484 ff.
Steuererstattungen 4/482
bei Unternehmensbeteiligungen 4/480
Vermögensnutzung und Vermögensstamm 4/480

2397

Sachverzeichnis

Verbrauchergeldparität
und Devisenkurs 9/38 ff.
Verhältnis zum Devisenkurs 9/41
in verschiedenen Ländern 9/42 ff.
Verbraucherinsolvenz 5/97
Ehegattenunterhalt 1/1120
Interessenabwägung 2/260
Kindesunterhalt 1/1119, 2/258
Rechtsfolgen 2/261
Überschuldung 1/1118 ff., 1/1121 ff.
Verbrauchsabhängige Nebenkosten 1/499 ff.
Verbrauchsunabhängige Nebenkosten 1/499 ff.
Verbrechen
als Verwirkungsgrund 4/1278 ff.
Verbundverfahren
Stufenverfahren (§ 254 ZPO) 10/362
Unterhaltsfolgesachen 10/94
und Unterhaltssachen 10/93 ff.
Verhandlungs- und Entscheidungsverbund 10/93
Vereinbarungen
Abänderungsverfahren bei Urkunden (§ 239 FamFG) 10/271
einstweilige Anordnung 10/417
zum Kindesunterhalt 2/755 ff.
Vereinbarungen zum Unterhalt
s. *Unterhaltsvereinbarungen*
Vereinfachtes Verfahren über den Unterhalt Minderjähriger 10/634 ff.
Abänderung (§ 240 FamFG)
– Abgrenzung zum Abänderungsantrag (§ 238 FamFG) 10/694
– Abgrenzung zum streitigen Verfahren 10/693
– Endentscheidung 10/695
– unzulässig bei Unterhaltsrückständen 10/695
– unzulässig bei Vergleich 10/695
– Verfahrensgang 10/696
– vollständige Neuberechnung 10/694
Abänderungsverfahren (§ 240 FamFG) 10/676, 10/692 ff.
Abgrenzung zu anderen Verfahren 10/640 ff.
Änderungen des Kinderfreibetrages 10/636
Anerkenntnisbeschluss 10/673
Anfechtungsgründe 10/678
Anordnung der sofortigen Wirksamkeit (§ 116 III S. 2 und 3 FamFG) 10/677
Antragsgegner 10/637
Anwaltskosten 10/652
Anwaltszwang 10/648
Auskunftsanspruch 10/643
ausländisches Recht 10/638
Ausschlussfrist 10/686
Befristung des Unterhalts 10/674
Beibringungsgrundsatz 10/657
Beiordnung 10/655
Belegpflicht 10/667
Beschwer, formelle 10/678
Beschwerde
– Abhilfe unzulässig 10/680
– Anwaltszwang 10/679
– Befristung 10/684

– Erfüllungseinwand 10/684
– fehlende Leistungsfähigkeit 10/683
– formelle Fehler 10/683
– Gebühren 10/685
– Kostenfestsetzung 10/682
– Kostengrundentscheidung 10/682
– sofortige (§§ 567–572 ZPO) 10/682
– sonstige (§ 58 FamFG) 10/676, 10/678 ff.
– unzulässige Einwendungen 10/684
– Verwerfung 10/678
Beschwerdefrist 10/679
Beschwerdewert 10/680
Beteiligtenmaxime 10/657
Darlegungs- und Beweislast 10/641
Doppeltitulierung 10/643
Dynamisierung 10/636
Einführung und Entwicklung des Verfahrens 10/634 ff.
eingeschränkte Leistungsfähigkeit 10/666
einstweilige Unterhaltsanordnung 10/646 f.
einstweiliger Rechtsschutz 10/646 f.
Einwendungen
– Formularzwang 10/669
– Monatsfrist 10/671
– (§ 252 FamFG) 10/662 ff.
Erfüllung 10/666
Erinnerung 10/658, 10/682
Erklärung der Leistungsbereitschaft 10/670
Erledigung der Hauptsache 10/644
erstmalige Unterhaltsfestsetzung (§ 249 II FamFG) 10/643
Familienstreitsache 10/681
Festsetzungsbeschluss 10/668, 10/674 ff.
formalisiertes Verfahren 10/635, 10/649 ff.
Formularzwang 10/652
Gang des Beschwerdeverfahrens 10/680
gerichtliches Verfahren als Verfahrenshindernis 10/643
Gerichtskosten 10/652
Höchstbetrag 10/641
isolierte Anfechtung der Kostenentscheidung 10/682
Kosten 10/675
minderjährige Kinder 10/635
Mindestunterhalt 10/635
Mitteilung 10/661
mündliche Verhandlung 10/642, 10/674
Naturalunterhalt 10/652
neuer Antrag nach Zurückweisung 10/659
Personensorge 10/638 a
Prozentsatz des Mindestunterhalts 10/640
Rechtsbeschwerde 10/681
Rechtsmittel, einheitlich 10/678
Rechtsmittelbelehrung 10/677
Rechtsnachfolger 10/639
rückständiger Unterhalt 10/650
sächliches Existenzminimum 10/635
streitiges Verfahren
– Anwaltszwang 10/689
– Darlegungs- und Beweislast 10/689
– einheitlicher Titel 10/690
– Kosten und Gebühren 10/691

Sachverzeichnis

– Verfahrensgang 10/689 ff.
– verfahrensrechtliche Auskunftspflichten 10/689
subjektive Antragshäufung 10/660
Teilbeschluss (§ 254 S. 2 FamFG) 10/672, 10/686 f.
Teilerledigung 10/644
Teilleistungsbereitschaft 10/670
Teilrücknahme 10/687
Teiltitulierung 10/643
Teilzurückweisung 10/658
Übergang ins streitige Verfahren 10/685, 10/687, 10/688 ff.
Übergangsregelung 10/636
Unterhaltsansprüche gegenüber Dritten 10/645
Unterhaltsrückstand 10/639
Unterhaltsvereinbarung 10/642
Unzulässigkeit bei anderweitigem Unterhaltstitel oder gerichtlichen Verfahren 10/643 ff.
Verfahrensgegenstand 10/638
Verfahrenskostenarmut 10/654
Verfahrenskostenhilfe 10/654
Verfahrenskostenvorschuss 10/654
Verfahrensstandschaft 10/638 a, 10/654
Verfahrensverbindung 10/660
Verfahrenswert 10/653
Vergleich 10/642, 10/673
Vertretung des Kindes 10/638 a
Verzinsung 10/650
Volljährigkeit 10/638, 10/639, 10/656
Wahlfreiheit mit ordentlichem Streitverfahren 10/641
Wahlfreiheit und Verfahrenskostenhilfe 10/642
Wechselmodell 10/638
Wiedereinsetzung 10/680
Zulässigkeit 10/637 ff.
Zurückweisung des Antrags 10/656, 10/672
Zurückweisungsbeschluss 10/658
Zuständigkeit 10/648
Zustellung des Antrags 10/661
Vereinigte Staaten von Amerika
ausländisches materielles Recht 9/507 ff.
Verbrauchergeldparität und Devisenkurs 9/77
Vereinigtes Königreich
Verbrauchergeldparität und Devisenkurs 9/76
Vereitelung des Umgangsrechts als Verwirkungsgrund 4/1356, 4/1387
Verfahren
Vollstreckbarerklärung ausländischer Titel 9/693
Verfahren wegen Schadensersatz 10/338 ff.
Durchbrechung der Rechtskraft 10/339
einstweiliger Rechtsschutz 10/342
evident unredliche Vollstreckung 10/339
evident unredliches Schweigen 10/341
Inzidentantrag 10/342
Rechtsmissbrauch der Zwangsvollstreckung 10/339
ungefragte Offenbarung 10/340
unterhaltsrechtliches Treueverhältnis 10/338
verfahrensrechtliche Auskunftspflicht 10/338
verschuldensunabhängige Haftung (§ 717 II ZPO) 10/342

verschuldensunabhängiger Schadensersatzanspruch (§ 248 V s. 2 FamFG) 10/342
vertragliche Treuepflicht 10/340
vorsätzliche sittenwidrige Schädigung 10/339
Widerforderungsantrag 10/342
Verfahren wegen ungerechtfertigter Bereicherung
Beweiserleichterungen 10/332
einstweilige Anordnung 10/331
Endentscheidung 10/330
Entreicherung 10/332
Festsetzungsbeschluss 10/330
Kausalität 10/332
Rücklagen 10/332
rückwirkende Titelbeseitigung 10/330
Vergleich 10/330
Vermögensvorteil 10/332
verschärfte Haftung 10/334 ff.
vollstreckbare Urkunden 10/330
Wegfall der Bereicherung 10/333
zins- und tilgungsfreies Darlehen 10/336
Verfahrensablauf
Arrestverfahren 10/490 ff.
Verfahrensgang
Anhörungsrüge (§ 321 a ZPO) 10/628 ff.
Beschwerde, sonstige (§ 58 FamFG) 10/598 ff.
Verfahrensgegenstand
Anhörungsrüge (§ 321 a ZPO) 10/623
Arrest in Unterhaltssachen 10/489
vereinfachtes Verfahren über den Unterhalt Minderjähriger 10/638
Verfahrensidentität
Aufhebungsverfahren (§ 52 II S. 3 FamFG) 10/433
Verfahrenskonkurrenzen
einstweilige Anordnungen in Unterhaltsverfahren 10/484
Verfahrenskostenarmut
vereinfachtes Verfahren über den Unterhalt Minderjähriger 10/654
Verfahrenskostenhilfe
Anschlussbeschwerde (§§ 66, 117 II FamFG) 10/592
Beschwerde (§§ 58, 117 FamFG) 10/511, 10/556 ff.
Beschwerde, sofortige (§§ 567–572 ZPO) 10/603, 10/606
einstweilige Anordnung 10/418
Fristsetzungsantrag (§ 52 II FamFG) 10/431
Stufenverfahren (§ 254 ZPO) 10/360, 10/366
vereinfachtes Verfahren über den Unterhalt Minderjähriger 10/654
Wiederaufnahmeverfahren 10/378
Verfahrenskostenhilfegesuch
Beschwerde (§§ 58, 117 FamFG) 10/511
Verfahrenskostenvorschuss
s. a. *Prozesskostenvorschuss*
einstweilige Anordnung 10/399
einstweilige Unterhaltsanordnung bei Feststellung der Vaterschaft (§ 248 FamFG) 10/473
vereinfachtes Verfahren über den Unterhalt Minderjähriger 10/654

Sachverzeichnis

Verfahrensrecht
Auslandsbezug 9/600 ff.
Verfahrensrechtliche Auskunftspflichten der Verfahrensbeteiligten (§ 235 FamFG)
Anpassung von Unterhaltstiteln (§§ 238–240 FamFG) 10/57
Auskunft und Versicherung 10/62
Belege 10/59
Bemessungsrelevanz 10/58
Beschwerde (§§ 58, 117 FamFG) 10/537
von Beteiligten und Dritten 10/56 ff.
Bote 10/59
einstweiliger Rechtsschutz 10/57
ergänzende Auskunftserteilung 10/60
Ermessen und Fristsetzung 10/63
gesetzlicher Unterhalt 10/57
Hinweise und Belehrungen 10/63
höchstpersönliche schriftliche Versicherungspflicht 10/61
isoliertes Auskunftsverfahren 10/58
kostenrechtliche Sanktionen 10/63
Mitwirkung der Verfahrenbeteiligten und freie Beweiswürdigung 10/66
Mitwirkung Dritter (§ 236 FamFG) 10/66
persönliche und wirtschaftliche Verhältnisse 10/59
Rechtsmittel 10/66
Rechtsnachfolger 10/57
schriftliche Erklärung 10/59
Stufenverfahren (§ 254 ZPO) 10/58
Unterhaltsstatut 10/58
vereinfachtes Verfahren 10/57
Verfahren wegen Schadensersatz 10/338
Verfahrensfehler und Zurückweisung 10/66
Verfahrenskostenhilfegesuch und unbezifferter Zahlungsantrag 10/65
Verpflichtung des Gerichts zum Auskunftsverlangen 10/64
wesentliche Änderungen 10/60
Zwangsmittel 10/66
Verfahrensrechtliche Auskunftspflichten Dritter (§ 236 FamFG)
Adressaten 10/68
Arbeitgeber (Nr. 1) 10/68 a
Auskunfts- und Zeugnisverweigerungsrecht 10/70
Auskunftsersuchen und Mitteilungspflicht 10/69
Beschwerde (§§ 58, 117 FamFG) 10/537
Ehegattenarbeitsverhältnis 10/70
Finanzämter (Nr. 5) 10/68 e
kostenrechtliche Sanktionen 10/71
Ordnungsgeld und Erzwingungshaft 10/71
Rechtsmittel 10/71 ff.
sonstige Personen und Stellen (Nr. 3) 10/68 c
Sozialgeheimnis 10/68 f
Sozialleistungsträger (Nr. 2), Künstlersozialkasse 10/68 b
Steuergeheimnis, Bankgeheimnis 10/68 f
Subsidiarität 10/67
Umfang und Zeitraum 10/67
Verpflichtung des Gerichts zum Auskunftsverlangen 10/74
Versicherungsunternehmen (Nr. 4) 10/68 d

Verfahrensrechtliche Regelung
rückwirkende Herabsetzung des Unterhalts (§ 238 III S. 3 FamFG) 10/239
Verfahrensstandschaft
Abänderungsverfahren bei Urkunden (§ 239 FamFG) 10/276
Abänderungsverfahren bei Vergleichen (§ 239 FamFG) 10/258
Aktiv- und Passivverfahren 10/48
Anschlussbeschwerde (§§ 66, 117 II FamFG) 10/592
Beteiligtenwechsel kraft Gesetzes 10/50
einstweilige Anordnung 10/416
Eintritt der Volljährigkeit 10/50
gewillkürter Beteiligtenwechsel 10/50
Rechtskraft der Ehescheidung 10/51
vereinfachtes Verfahren über den Unterhalt Minderjähriger 10/638 a, 10/654
Verfahrenskostenhilfe 10/51
Zwangsvollstreckung 10/52
Verfahrensverbindung
vereinfachtes Verfahren über den Unterhalt Minderjähriger 10/660
Verfahrenswert
Arrestverfahren 10/492
Stufenverfahren (§ 254 ZPO) 10/364, 10/366, 10/368
vereinfachtes Verfahren über den Unterhalt Minderjähriger 10/653
Verfestigte Lebensgemeinschaft
als Verwirkungsgrund 4/1267 ff.
Verfestigte Partnerschaft
Abgrenzung zur Freundschaft 4/1273
keine Kontrolle Lebensführung bei Abkehr des Pflichtigen von der Ehe 4/1269
Lösung aus unehelicher Solidarität 4/1267
Verwirkungsgrund beim Trennungsunterhalt 4/1275
Vergehen als Verwirkungsgrund 4/1278 ff.
Vergleich
Abänderungsverfahren (§ 54 I FamFG) 10/428
Anschlussbeschwerde (§§ 66, 117 II FamFG) 10/592
einstweilige Anordnung 10/423
vereinfachtes Verfahren über den Unterhalt Minderjähriger 10/642, 10/673
Vergleichsberechnung
s. sozialhilferechtliche V.
Vergleichsberechnung nach § 33 SGB II 8/248 ff.
bei Bedarfsgemeinschaft 8/250
Verjährung
Einwendung im Vollstreckungsabwehrverfahren 10/154
familienrechtlicher Ausgleichsanspruch 2/784
Hemmung 6/150
Hemmung bei übergegangenen Ansprüchen 6/151
Unterhaltsanspruch 6/147 ff.
Vollstreckungsverjährung 6/149
Verkaufserlös und Zugewinn
Veräußerung Eigenheim 1/569

2400

Sachverzeichnis

Verkündung
Beschwerde (§§ 58, 117 FamFG) 10/501
Verletztenrente aus der Unfallversicherung
als Einkommen 1/650
Verletzung rechtlichen Gehörs
Anhörungsrüge (§ 321 a ZPO) 10/625
Verleumdung als Verwirkungsgrund 4/1285
Vermögen
und Sozialleistungen 8/12
Vermögensbildende Aufwendungen
Änderung, berücksichtigungswürdig 4/666
bei Bedürftigkeit/Leistungsfähigkeit 4/461
bei einseitiger Vermögensbildung 4/453 ff.
bei gemeinsamer Vermögensbildung 4/453
Vermögensbildende Ausgaben
bei einseitiger Vermögensbildung 1/1135
bei gemeinsamer Vermögensbildung 1/1134
Vermögensbildung
allgemein 1/23
Vermögensbildung, Aufwendungen zur
nicht bei Mehrbedarf 4/852
bei Selbständigen 1/440
bei Vorsorgeunterhalt 4/892
Vermögenseinkünfte
eheliche Lebensverhältnisse 4/551 f.
aus Grundstücken 1/606
aus Kapitalvermögen 1/605
Werbungskosten 1/605
Vermögenseinkünfte bei hohem Erwerbseinkommen
eheliche Lebensverhältnisse 4/554
Vermögenserträge 1/600 ff.
Auskunft 1/604
beim Ehegattenunterhalt 1/603
als Einkommen 1/601
Ermittlung 1/604
kein Erwerbstätigenbonus 1/603
aus Kapital- und Personengesellschaften 1/601
beim Kindesunterhalt 1/602
aus Schmerzensgeld 1/601
Vermögensarten 1/601
Wahrheitspflicht 1/604
Zinseinkünfte 1/604
Vermögensreserve
für Pflichtigen beim Elternunterhalt 2/957
für Pflichtigen im Verwandtenunterhalt 2/932
als Schonvermögen im Verwandtenunterhalt 2/921
Vermögensstamm
s. Kindesvermögen; Vermögensverwertung
Verwertung 1/607 ff.
Vermögensumschichtung 1/568
Vermögensverschwendung
fiktive Anrechnung von Vermögenswerten 2/921
fiktives Zinseinkommen 1/567, 4/608
Verwirkung 4/1308 ff.
als Verwirkungsgrund 4/1289 ff.
Vermögensverwertung 1/607 ff.
Arrestgrund, dinglicher 10/488
des Berechtigten beim Elternunterhalt 2/940
durch Berechtigten beim Elternunterhalt 1/624

durch Berechtigten beim nachehelichen Unterhalt 1/611 ff.
durch Berechtigten beim Trennungsunterhalt 1/614 ff.
des Berechtigten beim Verwandtenunterhalt 2/921
beim Betreuungsunterhalt nach § 1615 I 1/625
Billigkeitsabwägung 1/607
Erbteil 1/642
beim Familienunterhalt 3/23
fiktive Einkünfte 1/632 ff.
Grundstücke 1/626 ff.
durch das Kind beim Kindesunterhalt 1/621
beim Kindesunterhalt 2/132, 2/382
landwirtschaftliche Flächen 1/627
Lebensversicherung 1/629
im Mangelfall 5/81 f.
Notgroschen 2/134
durch den Pflichtigen beim Elternunterhalt 2/956 f.
durch Pflichtigen im Verwandtenunterhalt 2/932 f.
Pflichtteil 1/642
Schonbeträge 2/134
Schonvermögen 1/607 ff.
Teilungsversteigerung bei Miteigentum 1/628
Umschichtung 1/637 ff.
Unbilligkeit 2/133, 4/962
unterhaltsberechtigter Ehegatte 1/633
durch Unterhaltspflichtigen beim Elternunterhalt 1/622
durch Unterhaltspflichtigen beim Kindesunterhalt 1/619
durch Unterhaltspflichtigen beim nachehelichen Unterhalt 1/617
durch Unterhaltspflichtigen beim Trennungsunterhalt 1/618
unterhaltspflichtiger Ehegatte 1/634
Unwirtschaftlichkeit 2/133, 2/135, 4/961
Vermögen als Altersvorsorge 1/609
Vermögensstamm 1/607 ff.
Verwandtenunterhalt 1/634
beim Volljährigenunterhalt 2/567
Vermögensvorteil
bei ungerechtfertigter Bereicherung 10/332
Vermögenswirksame Aufwendungen
objektiver Maßstab 4/463 ff.
Vermögenswirksame Leistungen
s. a. eheliche Lebensverhältnisse; Veräußerung des Familienheimes; Wohnwert
Abzug beim Bedürftigen/Pflichtigen 4/461
Abzugsposten bei gehobenem Einkommen des Pflichtigen 4/458
aufgedrängte Vermögensbildung 4/462
beim Bedürftigen 1/1135
eheprägend bei gemeinsamer Vermögensbildung 4/453
als Einkommen 1/74
nichtprägend bei einseitiger Vermögensbildung 4/453 ff.
beim Pflichtigen 1/1136

2401

Sachverzeichnis

beim Verwandtenunterhalt 1/1136
als Vorsorgeaufwendungen 4/457
Vermutung für den vollen Unterhalt
Abänderungsverfahren bei Urkunden (§ 239 FamFG) 10/275
Verpflegungsmehraufwendungen
als berufsbedingte Aufwendungen 1/152
Sachbezüge für V. 1/91
Versagung Unterhalt 4/1206
Versäumnisbeschluss
Beschwerde (§§ 58, 117 FamFG) 10/502
Rechtsmittel in Unterhaltssachen 10/498
Versäumnisbeschluss, erstinstanzlich
Beschwerde (§§ 58, 117 FamFG) 10/540
Versäumnisbeschluss, zweiter
Beschwerde (§§ 58, 117 FamFG) 10/540
Verschärfte Haftung
bei ungerechtfertigter Bereicherung 10/334 ff.
Verschärfter Mangelfall 5/1
Verschlechterung der Vermögenslage
Arrestgrund, dinglicher 10/488
Verschuldensscheidung bis 1. 7. 1977 1/6
Verschuldensunabhängige Haftung (§ 717 II ZPO)
Verfahren wegen Schadensersatz 10/342
Verschuldensunabhängiger Schadensersatzanspruch (§ 248 V s. 2 FamFG)
Verfahren wegen Schadensersatz 10/342
Versicherungen
für den Fall des Alters sowie Berufs- und Erwerbsunfähigkeit 4/858
Versicherungsentschädigungen 1/323
Versorgungsausgleich 4/677
Versorgungsbezüge
s. Einkünfte aus Renten
Arten 1/649 ff.
Versorgungsleistungen
Abänderungsgrund (§ 238 FamFG) 10/155
fiktive Vergütung für V. 1/1067
Pflegeleistung durch Ehefrau 1/1067
bei Zusammenleben des bedürftigen Kindes mit einem Partner 2/111
Versorgungsleistungen für neuen Partner
Bemessung in Leitlinien 1/718
fiktive Vergütung 1/715
Höhe der Vergütung 1/717
neben Kinderbetreuung 1/716
Versorgungswert des Einkommens 4/881
Verstoß gegen eheliche Solidarität 4/1340
Verstoß gegen Treuepflicht 4/1340, 4/1346 ff., 4/1364 ff.
beiderseitiges Fehlverhalten 4/1351
gleichgeschlechtliche Beziehung 4/1346
bei Lossagen von ehelicher Bindung 4/1351
Verstoß gegen Wahrheitspflicht bei Einkünften
Verwirkungsgrund 4/1286
Verteilungsfähiges Einkommen
bereinigtes Nettoeinkommen 4/757, 4/778
Vertragliche Treuepflicht
Verfahren wegen Schadensersatz 10/340

Vertretung des Kindes
vereinfachtes Verfahren über den Unterhalt Minderjähriger 10/638 a
Vertretung Minderjähriger
Abänderungsverfahren bei Urkunden (§ 239 FamFG) 10/276
Auswirkungen nach Volljährigkeit 10/50
Obhutsverhältnis 10/44 ff.
Obhutswechsel 10/46
Verfahrenskostenhilfe, Zwangsvollstreckung 10/51
Verfahrensstandschaft 10/47 ff.
Wechselmodell 10/45
Verwandtenunterhalt 2/900 ff.
anteilige Haftung bei Gleichrang 2/909
bei BAföG-Leistungen 2/903
Bedürftigkeit des Berechtigten 2/921 f.
Eigenbedarf des Pflichtigen 2/923 ff.
einsetzbares Vermögen des Pflichtigen 2/934
Ersatzhaftung 2/910 ff.
Erwerbsobliegenheit des Berechtigten 2/922
Grundfragen 2/900
und Grundsicherung 2/904
Leistungsfähigkeit des Pflichtigen 2/923 ff.
– Zurücknahme einer luxuriösen Lebensführung 2/926
Leitlinien der Oberlandesgerichte zum Selbstbehalt des Pflichtigen beim Eltern- und Enkelunterhalt 2/928
Maß des Unterhalts 2/919 f.
Mindestbedarfssätze für den Pflichtigen 2/924
pauschalierte Selbstbehaltsätze 2/927
pauschalierte Selbstbehaltsätze für Pflichtigen 2/924
Prozesskostenvorschuss 2/920
Rangfolge der Bedürftigen 2/916
Rangfolge der Verpflichteten 2/909
Rangfragen 2/905 ff.
Rechtsprechungstendenzen 2/900
und Schwägerschaft 2/900
Selbstbehalt des Pflichtigen 2/927
Selbstbehalte und konkrete Lebensstellung des Pflichtigen 2/925
und Sozialgesetze 2/902 ff.
bei Sozialhilfe 2/902
bei Unterhaltsvorschuss 2/903
Vermögensreserve für Pflichtigen 2/932
Vermögensverwertung durch Pflichtigen 2/932
und Verwandter der Seitenlinie 2/900
Verwirkung (§ 1611 BGB) 2/936 ff.
vorrangige Haftung des Ehegatten o. Lebenspartners 2/905 ff.
vorrangige Haftung des nichtehelichen Vaters 2/908
Zumutbarkeitsschwelle für Erwerbsobliegenheit des Pflichtigen 2/931
Verweisung, mittelbare
Beschwerde, sofortige (§§ 567–572 ZPO) 10/602
Verweisung, unmittelbare
Beschwerde, sofortige (§§ 567–572 ZPO) 10/602

Sachverzeichnis

Verwerfung
Anhörungsrüge (§ 321 a ZPO) 10/628
Beschwerde, sofortige (§§ 567–572 ZPO) 10/607
Verwerfung des Hauptrechtsmittels
Anschlussbeschwerde (§§ 66, 117 II FamFG) 10/592
Verwerfung des Rechtsmittels nach Anhörung
Beschwerde (§§ 58, 117 FamFG) 10/536
Verwirkung
s. a. die nachfolgenden Stichwörter
Abänderungsgrund (§ 238 FamFG) 10/161
Anzeige Steuerhinterziehung 4/1328
Auskunfts-, Beleg- und Versicherungsverfahren 10/348
Beseitigung der Verzugsfolgen 6/142 ff.
auf Distanz angelegtes Verhältnis 4/1276
Einwendung im Vollstreckungsabwehrverfahren 10/154
gleichgeschlechtliche Beziehung 4/1346
Rückwirkung 4/1282
Trennungsunterhalt 4/87 ff.
Vorrang Kindeswohl 4/1234
nur für Zukunft 4/1282
zweckwidrige Verwendung des Altersvorsorgeunterhalts 4/871
Verwirkung des Kindesunterhalts 2/601 ff.
Alkoholkonsum 2/603
Billigkeitsabwägung 2/607
Darlegungs- und Beweislast 2/608
Kontaktverweigerung 2/605
bei Minderjährigen 2/602
bei privilegiert volljährigen Kindern 2/600, 2/602
Rauschgiftkonsum 2/603
sittliches Verschulden 2/603
der Tochter, die ein eigenes Kind betreut 2/66
Unbilligkeit 2/607
Ursächlichkeit 2/606
Verfehlung gegen einen Elternteil 2/605
Verletzung der Unterhaltspflicht 2/604
Verwirkung Ehegattenunterhalt
Alkoholabhängigkeit 4/1296 ff.
Altehen 4/1211
Anschwärzen beim Arbeitgeber 4/1324
Anwendungsbereich 4/1209 ff.
Anzeige Abgabe falscher eidesstattlicher Versicherung 4/1326
Auswandern mit Kind 4/1359
Beleidigungen 4/1285
bestimmungswidrige Verwendung des Vorsorgeunterhalts 4/1313 ff.
Darlegungs- und Beweislast 4/1213 ff., 4/1293, 4/1369
dauerhafte Verbindung zu neuem Partner 4/1273
Drogenabhängigkeit 4/1296 ff.
Eheaufhebung 4/1211
auf Erben übergegangene Ansprüche 4/1210
falsche Anschuldigung 4/1285
fehlende einseitige Abkehr von ehelichen Bindungen 4/1365 ff.

fehlgeschlagene Selbsttötung 4/1316, 4/1377
geschäftliche Schädigung 4/1324
gewerbsmäßige Ausübung Telefonsex 4/1355
grobe Unbilligkeit 4/1218 ff.
gröbliche Verletzung der Beitragspflicht zum Familienunterhalt 4/1329 ff.
Herabsetzung des Unterhalts 4/1206
Interessenabwägung 4/1219 ff.
intimes Verhältnis mit Dritten 4/1267, 4/1273, 4/1276, 4/1347 ff.
Kindsentführung in Ausland 4/1355
kurze Ehe 4/1244 ff.
kurzes Zusammenleben 4/1372, 4/1375
Medikamentenmissbrauch 4/1299, 4/1376
Mischfälle bei neuer Partnerschaft 4/1274
mutwillige Aufgabe des Arbeitsplatzes 4/1301 ff.
mutwillige Herbeiführung der Bedürftigkeit 4/1289 ff.
mutwillige Verletzung der Vermögensinteressen des Pflichtigen 4/1318 ff.
nachehelicher Unterhalt 4/1209
Normzweck 4/1200 ff.
Prozessbetrug 4/1286, 4/1323
Rechtsfolgen 4/1206
Rückstand 6/142
– bei übergegangenen Ansprüchen 6/145
– Umstandsmoment 6/144
– Vollstreckungsverwirkung 6/146
– Zeitmoment 6/143
Schusswaffengebrauch 4/1279
schwerwiegendes einseitiges Fehlverhalten 4/1337 ff., 4/1364 ff.
Sexueller Missbrauch Kind 4/1355
Sozialhilfebedürftigkeit neue Familie 4/1379
Strafanzeige 4/1326
Tätlichkeiten 4/1279
Trennungsunterhalt 4/1209
Treuepflicht in Trennungszeit 4/1346
Übergang Unterhaltsanspruch 4/1242 ff.
Unmutsäußerungen 4/1362
Unterhaltsgemeinschaft 4/1272
Unterhaltsrechtsänderung 2008 4/1203
Unterschieben eines Kindes 4/1353
Verbrechen oder vorsätzliches Vergehen 4/1278 ff.
Vereitelung des Umgangsrechts 4/1356
verfestigte Partnerschaft beim Trennungsunterhalt 4/1275
Verleumdung 4/1285
Vermögensverschwendung 4/1308
Vernichtung persönlicher Wertgegenstände 4/1355
Versagung des Unterhalts 4/1206
Versicherungsbetrug 4/1323
Verstoß gegen eheliche Solidarität 4/1340
Verstoß gegen eheliche Treuepflicht 4/1340, 4/1346 ff.
Verstoß gegen eheliche Treuepflicht bei Ehewidrigkeit Pflichtiger 4/1364 ff.
Verzeihung 4/1241
Voraussetzungen 4/1205
voreheliche Erkrankung 4/1376

2403

Sachverzeichnis

voreheliche Täuschungshandlung 4/1342, 4/1357
Wahrnehmung berechtigter Interessen 4/1326
Wahrung der Kindesbelange 4/1229 ff.
Weigerung, gemeinsamen Wohnsitz zu gründen 4/1358
Wiederaufleben des Anspruchs 4/1382 ff.
zeitliche Begrenzung Unterhalt 4/1206
Zusammenleben mit gleichgeschlechtlichem Partner 4/1273
Zusammenleben mit neuem Partner 4/1267 ff.
Verwirkung Verwandtenunterhalt 2/936 ff.
zwischen pflichtigen Eltern und minderjährigen Kindern 2/938
Sperrwirkung des § 1611 II BGB zugunsten anderer Verwandten 2/937
Verzicht
Einwendung im Vollstreckungsabwehrverfahren 10/154
Verzicht auf Erstattungsansprüche
bei Zuvielleistung von Familienunterhalt 3/117 ff.
Verzicht auf Unterhalt
s. *Unterhaltsverzicht*
Verzinsung
vereinfachtes Verfahren über den Unterhalt Minderjähriger 10/650
Verzug
Anspruchsvoraussetzung 6/119 ff.
durch Aufrechnung 6/116
Beginn 6/131
Beseitigung der Verzugsfolgen 6/140 ff.
bestimmte Leistungsaufforderung 6/122 ff.
keine einseitige Rücknahme der Mahnung 6/141
endgültige Leistungsverweigerung 6/135
Erlassvertrag 6/140
Fälligkeit des Anspruchs 6/120, 6/133
familienrechtlicher Ausgleichsanspruch 2/783
Familienunterhalt 3/122
fehlender Verzug für nachehelichen Unterhalt bei Mahnung vor Scheidung 6/133
Form der Mahnung 6/129
Geltendmachung Kindesunterhalt durch Nichtsorgeberechtigten 6/126
Kalenderfälligkeit 6/134
Mahnung nach Fälligkeit 6/120
Rechtswahrungsanzeige 6/110, 8/82
Schuldrechtsreform 6/121
Selbstmahnung 6/134, 6/136
bei Sonderbedarf 6/108
telefonische Mahnung 6/129
bei übergangenen und übergeleiteten Ansprüchen 6/104, 6/110
Verschulden 6/137
Verwirkung der Verzugsfolgen 6/142 ff.
keine Verzugswirkung Trennungsunterhalt für nachehelichen Unterhalt 6/132
Voraussetzung der Mahnung 6/119 ff.
keine Wiederholung der Mahnung 6/130
zeitliche Begrenzung b. nachehelichem Unterhalt 6/114 ff.
Zinsen 6/138

zu niedrige Forderung 6/128
Zuvielforderung 6/127
VKH-Prüfungsverfahren
Abänderungsverfahren bei Vergleichen (§ 239 FamFG) 10/255
Voller Unterhalt 4/937
Arrest 10/486
einstweilige Anordnung 10/397
einstweilige Unterhaltsanordnung bei Feststellung der Vaterschaft (§ 248 FamFG) 10/472
einstweilige Unterhaltsanordnung vor Geburt eines Kindes (§ 247 FamFG) 10/461
Volljährigenunterhalt
Anrechnung von Kindeseinkommen 2/474, 2/490 ff.
Auszubildende im Haushalt eines Elternteils 2/518 ff.
Bedarf 2/470, 2/499 ff.
Bedürftigkeit 2/469, 2/481 ff.
Beginn 2/31, 2/479
Beitrittsgebiet 2/510
Berechnung 2/563 ff.
Berechnung bei anteiliger Haftung 2/596
Besonderheiten des V. 2/468 ff.
bei besonders günstigem Einkommen der Eltern 2/228 ff.
Bestimmungsrecht der Eltern 2/473
Betreuungsunterhalt 2/472
Darlegungs- und Beweislast 6/707
Düsseldorfer Tabelle 2/503
Dynamisierung 2/475
Ersatzdienst 2/488
Erwerbsobliegenheit der Eltern 2/560
und Familienunterhalt 2/560, 3/99 ff.
feste Bedarfssätze 2/214, 2/503, 2/526
und Gattenunterhalt, Beispiele 5/152
Grundsicherung bei Erwerbsminderung 2/498
Haftungsanteile der Eltern 2/560 ff.
Identität mit Minderjährigenunterhalt 2/478
Kinder im Haushalt eines Elternteils 2/505, 2/518 ff.
Kindergeldverrechnung 2/476
Krankenversicherung 2/512, 2/525
Leistungsfähigkeit des Pflichtigen 2/471, 2/536 ff.
Leitlinien 2/503, 2/508 ff., 2/526
Nachrang gegenüber Gatten, Beispiele 5/152 f.
Nachrangigkeit 2/480
nicht in Ausbildung befindliches Kind 2/534
Parteiwechsel 2/478
privilegierte volljährige Kinder 2/580
Schüler im Haushalt eines Elternteils 2/518 ff.
Student mit eigenem Haushalt 2/508 ff.
Studenten im Haushalt eines Elternteils 2/518 ff.
Übergangszeit nach Volljährigkeit 2/579 ff.
Unterhaltstitel aus der Zeit der Minderjährigkeit 2/29, 2/478
Verhältnis zum Minderjährigenunterhalt 2/28 ff., 2/468 ff.
Verwirkung 2/477, 2/601 ff.
vorrangige Unterhaltsansprüche Dritter 2/556 ff.

Sachverzeichnis

Wehrdienst 2/486
Wohnkosten 2/513, 2/524
zusammengerechnetes Einkommen der Eltern 2/214, 2/505, 2/523
Volljährigkeit
Einwendung im Vollstreckungsabwehrverfahren 10/154
vereinfachtes Verfahren über den Unterhalt Minderjähriger 10/638, 10/639, 10/656
Vollstreckbarer Unterhaltstitel
Arrest 10/489
Vollstreckung
Anfechtung
– Auskunfts-, Beleg- und Versicherungsverfahren 10/354
Auskunft
– Auskunfts-, Beleg- und Versicherungsverfahren 10/354
von Auskunftstiteln 1/1188 ff.
Belegpflicht
– Auskunfts-, Beleg- und Versicherungsverfahren 10/354
der eidesstattliche Versicherung 1/1198
einstweilige Anordnung 10/447 f.
von Titeln zur Vorlage von Belegen 1/1188 ff.
Vollstreckung ausländischer Unterhaltstitel
allgemein 9/675 ff.
Anspruchsübergang als Vollstreckungshindernis 9/688
bei bilateralen Verträgen 9/697
Beschwerdemöglichkeit 9/694
Beschwerdeverfahren 9/694
Einstellung der unmittelbaren Vollstreckbarkeit 9/681
Erfüllung als Vollstreckungshindernis 9/688
Exequaturverfahren 9/682 ff.
Fortgeltung des ausländischen Titels 9/696
Gegenseitigkeit 9/689
Indexierung 9/695
kein Anwaltszwang 9/692
Konkretisierung unklarer Titel 9/695
nach dem HUVÜ 73 9/682 ff.
nach dem HUVÜ 2007 9/682 ff.
nach dem LugÜ 9/682 ff.
nach der EuGVVO 9/682 ff.
nach der EuUnthVO 9/677 ff.
nach nationalem Recht 9/699 ff.
nach Staatsvertragsrecht und EU-Verordnungen 9/675 ff.
nachträgliche Änderungen 9/688
ordre public 9/690
rechtliches Gehör 9/689
Rechtsbeschwerde 9/694
rechtshemmende Einwendungen 9/688
rechtsvernichtende Einwendungen 9/688
Subsidiarität neuen Zahlungsantrags 9/704, 9/708
Überprüfung im Ursprungsstaat 9/679
Umsetzung durch nationales Recht 9/691 ff.
unmittelbare Vollstreckbarkeit 9/677 ff.
UN-Übereinkommen 1956 9/689
Verfahren nach dem AUG 9/693

Vollstreckung nach nationalem Recht
– Anerkennung und Vollstreckung 9/700
– Gegenseitigkeit 9/703
– Günstigkeitsprinzip 9/699, 9/701
– keine Währungsumstellung 9/706
– Verfahren 9/702
– Verhältnis zum internationalen Recht 9/699, 9/707
– Voraussetzungen 9/703
– Zuständigkeit 9/702
Voraussetzungen der unmittelbaren Vollstreckbarkeit 9/680
vorzulegende Urkunden 9/692
Zuständigkeit 9/692
Zustellung 9/692
Vollstreckung, Verfahrenskostenvorschuss
einstweilige Anordnung 10/447
Vollstreckungsabwehrantrag
Abgrenzung zu Rechtsmittel, Wahlrecht 10/313
Abgrenzung zur Abänderung gerichtlicher Entscheidungen (§ 238 FamFG) 10/152 ff.
Änderung der elterlichen Sorge 10/154
Antragsverbindung, eventual 10/310
Antragsverbindung, kumulativ 10/311
Aufrechnung 10/154
außergerichtliche Vereinbarung 10/300
Beendigung der Zwangsvollstreckung 10/302
Einstellung der Zwangsvollstreckung 10/314
einstweilige Anordnung 10/424, 10/441
einstweilige Unterhaltsanordnung 10/299
einstweilige Unterhaltsanordnung bei Feststellung der Vaterschaft (§ 248 FamFG) 10/479
Einwendungen, nachträgliche 10/303
Einwendungen, objektive Verhältnisse 10/307
Einwendungen, rechtshemmende 10/303
Einwendungen, rechtsvernichtende 10/303
Endentscheidung 10/314
Endentscheidungen 10/299
Erfüllung 10/154
Erfüllungssurrogat 10/154
Erlass 10/154
Familiensache 10/296
gesetzlicher Unterhaltsanspruch 10/296
Haftungsbeschränkung des Erben 10/154
Jugendamtsurkunde 10/300
kein Wahlrecht mit Abänderungsantrag (§§ 238, 239 FamFG) 10/158
Kindergeld 10/154
Leistung unter Vorbehalt 10/306
Naturalunterhalt 10/154
Nichtbestehen der Ehelichkeit und der Vaterschaft 10/154
Präklusion 10/307
Rechtskraft 10/309
Rechtskraft der Ehescheidung 10/154
Rechtsschutzbedürfnis 10/301
Rentenbezug 10/305
sofortige Wirksamkeit 10/314
Stundung 10/154
Teilleistungen 10/301
Trennungs- und Familienunterhalt 10/303
unbestimmte Anrechnungsklausel 10/154

Sachverzeichnis

unzulässige Rechtsausübung 10/154
Verbindung mit Abänderungsantrag 10/310
Verfahrensgegenstand 10/295
Verfahrenswert 10/314
Verhältnis zu negativem Feststellungsantrag 10/312
Verjährung 10/154
Versorgungsleistungen 10/306
vertragliche Unterhaltsregelung 10/296
Verwirkung 10/154, 10/304
Verzicht 10/154
Verzicht auf Verfahren 10/308
Volljährigkeit des Kindes 10/154
Vollstreckungsmöglichkeit 10/302
Vollstreckungstitel 10/299
Vollstreckungsverzicht 10/154
Wahlrecht 10/295
Wegfall der Vollstreckungsbefugnis 10/304
Wiederheirat 10/154
wirksamer Unterhaltstitel 10/296
zeitliche Staffelung mit Abänderungsantrag 10/159
Zuständigkeit 10/297
Vollstreckungsabwehrklage
gegen Auskunftstitel 1/1190
Vollstreckungsabwehrverfahren (§ 767 ZPO) 10/295 ff.
Vollstreckungserinnerung (§ 766 ZPO)
Abgrenzung zum Abänderungsantrag (§§ 238, 239 FamFG) 10/163
Vollstreckungsfähigkeit
Abänderungsverfahren bei Urkunden (§ 239 FamFG) 10/272
Vollstreckungsgegenantrag
bei Aufrechnung gegen bestehenden Titel 6/301
Vollstreckungsgericht
Auskunfts-, Beleg- und Versicherungsverfahren 10/356
Vollstreckungshindernisse
allgemein 9/686 ff.
bei unmittelbarer Vollstreckung 9/686
im Exequaturverfahren 9/686
keine Nachprüfung in der Sache 9/687
ordre public 9/690
Vollstreckungsschutzantrag
Möglichkeit gegen Entreicherung 6/222
Vollstreckungsverfahren
Auskunfts-, Beleg- und Versicherungsverfahren 10/350
Beschwerde, sofortige (§§ 567–572 ZPO) 10/604
Vollstreckungsverjährung 6/149
Vollstreckungsverzicht
Einwendung im Vollstreckungsabwehrverfahren 10/154
Vollziehungsmaßnahmen
Arrestverfahren 10/493
Vorabvergütung 1/162
Vorabzug von Kindesunterhalt 4/440 ff.
wenn Kind beim Pflichtigen lebt 4/440
Vorabzug von Krankenversicherungskosten
4/432, 4/911

Vorabzug von Mehrbedarf 4/850 ff.
Vorabzug von Schulden und Kindesunterhalt bei der Bonusberechnung 4/826 ff.
Vorabzug von Vorsorgeunterhalt 4/883 ff., 4/911
s. a. einstufige Berechnung; zweistufige Berechnung
Voraussetzungen einer Gehörsverletzung
Anhörungsrüge (§ 321 a ZPO) 10/627
Vorauszahlung von Familienunterhalt 3/125
Vorbehalt der Nachprüfung 1/302
Vorbehaltsklausel (§ 58 I 2. Halbs. FamFG)
Beschwerde, sofortige (§§ 567–572 ZPO) 10/602
Rechtsmittel in Unterhaltssachen 10/498
Voreheliche Erkrankung
als Verwirkungsgrund 4/1372
Voreheliche Täuschungshandlung 4/1342, 4/1357
Voreheliche Verbindlichkeiten 1/1083
Vormund
entsprechende Mehrausgaben 1/154
Vorrang leistungsfähiger Verwandter
gegenüber anderen Verwandten 5/186 f.
gegenüber Gatten im Mangelfall 5/175 f.
Rechenbeispiele 5/185
Vorrangiger Bedarf 5/138
s. Vorrangiger Bedarf
des Ehegatten 5/10
des minderjährigen Kindes 5/14 ff.
nach dem Bedarfskontrollbetrag 5/143
Spiegelbild des Selbstbehalts 5/142
Vorrangiger Gattenunterhalt 5/124 f.
kein Ausschluss des vorrangigen Unterhalts zugunsten der neuen Ehefrau 5/135
gegenüber nachrangigem Gatten, Beispiel 5/151
Vorrang setzt sich uneingeschränkt durch 5/134 ff.
Vorratspfändung
Arrest 10/489
Vorruhestand
Abfindung 1/749
Erwerbsobliegenheit 1/749
unterhaltsbezogen leichtfertig 1/749
Vorsätzliche sittenwidrige Ausnützung unrichtig gewordener Vollstreckungstitel
allgemein 6/235 ff.
Anspruchsvoraussetzung 6/236
Pflicht zur ungefragten Information 6/237
Vorsätzliche sittenwidrige Schädigung
rückwirkende Herabsetzung des Unterhalts (§ 238 III S. 3 FamFG) 10/240
Verfahren wegen Schadensersatz 10/339
Vorsorgeaufwendungen
s. a. Vorsorgeunterhalt
als Abzugsposten 1/1029 ff.
allgemein 1/23
Änderung prägend 4/432, 4/433, 4/664
Arbeitslosenversicherung 1/1029
beim Bedürftigen 1/1034
berufsständische Versorgung 1/1029, 1/1037

Sachverzeichnis

Gesamtversorgung 1/1037
Gesamtversorgung für das Alter 1/1034, 1/1037
bei hohen Einkünften 1/1033, 1/1037
Kapitalbildung 1/1037
Krankenversicherung 1/1029 ff., 1/1040 ff.
Lebensversicherung 1/1034, 1/1037
bei Nichtselbständigen 1/1029 ff.
Pflegeversicherung 1/1029, 1/1040
beim Pflichtigen 1/1034
prägend 1/1035, 1/1037
Rentenversicherung 1/1029 ff.
bei Selbständigen 1/1037
als Teil des Unterhaltsbedarfs 1/1040 ff.
Unfallversicherung 1/1029, 1/1036
Unterschied Steuerrecht Unterhaltsrecht 1/48
vermögensbildende Anlagen 1/1037
vermögensbildende Aufwendungen 1/1034, 1/1037
Zusatzversicherung 1/1030 f., 1/1036
Vorsorgeunterhalt
Angemessenheitskontrolle 4/921
fiktive Steuerberechnung bei zweckwidriger Verwendung 1/978
bei fiktivem Einkommen des Unterhaltsberechtigten 1/797
bei Getrenntleben 4/67
jenseits der Beitragsbemessungsgrenze 4/893
Rente aus
– prägendes Einkommen 4/681
bei Trennungsunterhalt 4/67
Versorgungswert des Einkommens 4/881
beim Verwandtenunterhalt 2/919
Vorsorgeunterhalt wegen Alters, Berufs- oder Erwerbsunfähigkeit 4/855 ff.
im Abänderungsverfahren 4/864, 4/869, 4/894 ff.
beabsichtigte Vorsorge 4/865
Berechnung aus dem Elementarunterhalt 4/858 f., 4/874 ff.
bei Bezug von Altersruhegeld 4/882
Bremer Tabelle 4/863 ff.
eingeschränkte Dispositionsbefugnis 4/867, 4/886
einstufige Berechnung 4/889
erstmalige Abänderung 4/895
Geltendmachung 4/862
i. d. R. keine Zahlung an Versicherungsträger 4/866, 4/896
nicht bei krankheitsbedingter Arbeitslosigkeit 4/860
neben Krankheitsvorsorgeunterhalt 4/917
Leistungsfähigkeit 4/885
bei nachehelichem Unterhalt 4/857
nichtprägende Einkünfte 4/891 ff.
Tenorierung 4/867
bei trennungsbedingtem Mehrbedarf 4/879
bei Trennungsunterhalt 4/856
V. verfassungsgemäß 4/860
Verstoß gegen Zweckbestimmung 4/896
Vorrang des Elementarunterhalts 4/884
Zweckbindung 4/862, 4/867, 4/868 ff.
zweistufige Berechnung 4/883 ff., 4/887

Vorsorgeunterhalt wegen Krankheit
s. Krankheitsvorsorgeunterhalt
Vorsorgevermögen
Nutzung 4/682
Vorsteuer 1/368
Vorteile des Zusammenlebens bei Gleichteilung 4/809
Vorwirkung
Anschlussbeschwerde (§§ 66, 117 II FamFG) 10/595

Waffengleichheit
Anschlussbeschwerde (§§ 66, 117 II FamFG) 10/593
Wahlfreiheit mit ordentlichem Streitverfahren
vereinfachtes Verfahren über den Unterhalt Minderjähriger 10/641
Wahlfreiheit und Verfahrenskostenhilfe
vereinfachtes Verfahren über den Unterhalt Minderjähriger 10/642
Wahlrecht
einstweilige Anordnung 10/397
Wahlrecht bei Mehrforderung
Abänderungsverfahren bei Urkunden (§ 239 FamFG) 10/275
Wahlrecht zwischen Vollstreckungsabwehr und Abänderung (§ 54 FamFG)
Wahlrecht mit Abänderungsantrag (§ 54 FamFG) 10/441
Wahrnehmung berechtigter Interessen
Verwirkung Ehegattenunterhalt 4/1326
Währung
Umstellung auf EUR 1/12
Unterhaltszahlung in Landeswährung 9/94
Wahrung Kindesbelange
Verwirkung 4/1229 ff.
Waisenrente
als Einkommen des Kindes 1/651
Wales
ausländisches materielles Recht 9/133 ff.
Wandelbarkeit
eheliche Lebensverhältnisse 4/410
Wareneinkauf 1/234 ff., 1/331
Warmmiete 2/391, 2/513, 2/548, 5/24 f.
Wechsel der Gewinnermittlungsart 1/270
Wechsel des Unterhaltstatbestandes
Darlegungs- und Beweislast im Abänderungsverfahren (§ 238 FamFG) 10/246
Wechselmodell
Abzugsposten 4/450
Berechnung des Kindesunterhalts 2/450
Kindesunterhalt 2/433
vereinfachtes Verfahren über den Unterhalt Minderjähriger 10/638
Wechselseitige Auskunfts- und Belegpflicht
Auskunfts-, Beleg- und Versicherungsverfahren 10/345
Wegfall der Bedürftigkeit
bei Gleichteilung 4/808
Wegfall der Bereicherung
einstweilige Anordnung 10/443

2407

Sachverzeichnis

Wegfall der Bereicherung, Darlegungs- und Beweislast
einstweilige Anordnung 10/443
Wegfall der Bereicherung, Haftungsverschärfung
einstweilige Anordnung 10/444
Wegfall der Privilegierung beim Kindesunterhalt
Darlegungs- und Beweislast im Abänderungsverfahren (§ 238 FamFG) 10/247
Wegfall des Kindesunterhalts prägend 4/667
Wegfall des Vermögens 4/963
Wegfall von Schulden 1/1093
Wohnvorteil 1/513
Wehrdienst
Unterhalt des Kindes 2/486
Wehrsold
als Einkommen 1/74
Weigerung, gemeinsamen Wohnsitz zu gründen 4/1358
Weihnachtsgeld
als Einkommen 1/74
Weißrussland
Verbrauchergeldparität und Devisenkurs 9/78
Weiterbildung des Kindes 2/97 ff.
Abitur – Lehre – Studium 2/99 ff.
Schule – Lehre – Fachoberschule – Studium 2/104
Zumutbarkeit für die Eltern 2/98, 2/103
Weiterbildung, Zweitausbildung
fiktives Einkommen des Pflichtigen 1/769
zulässige 1/768
Werbungskosten
Abgrenzung zu berufsbedingten Aufwendungen 1/1045
allgemein 1/23
Arbeitnehmerpauschbetrag 1/900
Eintrag auf der Lohnsteuerkarte 1/955
Werkstudent
anzurechnendes Einkommen 1/101
Werkstudentenarbeit 2/109, 2/414
Wertberichtigungen 1/225, 1/320, 1/391
Wertende Änderung (Neubewertung unterhaltsrelevanter Umstände im Mangelfall)
im Bedarfsbereich 5/58
im Bereich der Deckungsmasse 5/38 f.
gesteigerte Erwerbsobliegenheit 5/58
Wertgrenze
Anschlussbeschwerde (§§ 66, 117 II FamFG) 10/591
Wertsicherungsklausel
Abänderungsverfahren bei Urkunden (§ 239 FamFG) 10/272
Gleitklausel 6/625
Indexklausel 6/625
– Umbasierung bzw. Nichtfortschreibung alter Indizes 6/626
Leistungsvorbehalt 6/625
Spannungsklausel 6/625
Vereinbarungen 6/623 ff.
Vollstreckbarkeit eines sich nach Preisindex ändernden Titels 6/626
Wegfall der Genehmigungspflicht 6/624

Wertsteigernde Verbesserungen 1/454
Wertverzehrthese
s. a. *Gewinnermittlung*
Einnahmen-Überschuss-Rechnung 1/263, 1/349
Widerantrag
Antragsverbindung 10/386
Bedingung, auflösend 10/388
Bedingung, aufschiebend 10/388
Beschwerdeinstanz 10/382
besonderer Gerichtsstand des Zusammenhangs 10/380
Beteiligte 10/386
Derogation 10/391
eigener Verfahrensgegenstand 10/381
„eigenständiger Gegenantrag" 10/380
einheitliche Verhandlung und Entscheidung 10
Einleitung des Verfahrens 10/382
einstweilige Unterhaltsanordnung bei Feststellung der Vaterschaft (§ 248 FamFG) 10/470
Endentscheidung im Abänderungsverfahren (§ 238 FamFG) 10/249
Gerichtsstandbestimmung 10/386
Gerichtstandsvereinbarungen 10/391
Hilfswiderantrag 10/388
Identität der Verfahrensart 10/387
negativer Feststellungswiderantrag 10/389
Prorogation 10/391
Rechtsbeschwerdeinstanz 10/382
Rechtshängigkeit des Vorverfahrens 10/385
rügelose Verhandlung 10/391
subjektive Antragserweiterung 10/388
Verweisung 10/386
Wider-Widerantrag 10/390
Zusammenhang, rechtlich 10/384
Zusammenhang, zeitlich 10/385
Zuständigkeit 10/383
Widerantragsverfahren 10/380 ff.
Beschwerde (§§ 58, 117 FamFG) 10/543
Widerforderungsantrag
Verfahren bei Schadensersatz 10/342
Widerspruch
Arrestverfahren 10/494
Wieder aufgelebte Witwenrente
allgemein 1/729
Subsidiarität 1/729
bei Verwirkung des Unterhaltsanspruchs 1/729
Wiederaufleben des Anspruchs
nach Verwirkung 4/1382 ff.
Wiederaufleben des verwirkten Anspruchs
aus Gründen des Kindeswohles 4/1384
bei Scheitern neuer Partnerschaft 4/1384
Wiederaufnahmeverfahren 10/375 ff.
Anwaltszwang 10/378
Einleitung 10/378
Einstellung der Zwangsvollstreckung 10/379
Endentscheidungen 10/375
formelle Rechtskraft 10/375
Nichtigkeitsgründe 10/377
Nichtigkeitsverfahren 10/375
Notfrist 10/379
öffentliche Zustellung 10/377

Sachverzeichnis

Restitutionsgründe 10/377
Restitutionsverfahren 10/375
Verfahrenskostenhilfe 10/378
Wiedereinsetzung 10/379
Zuständigkeit 10/376
Zwischenentscheidung 10/379
Wiedereinsetzung
Allgemeine Weisung
– Beschwerde (§§ 58, 117 FamFG) 10/584
Anhörungsrüge (§ 321 a ZPO) 10/626
Antragsvoraussetzungen
– Beschwerde (§§ 58, 117 FamFG) 10/565
Ausgangskontrolle
– Beschwerde (§§ 58, 117 FamFG) 10/584
Ausschlussfrist
– Beschwerde (§§ 58, 117 FamFG) 10/585
Auswahl und Überwachung von Büropersonal
– Beschwerde (§§ 58, 117 FamFG) 10/583
beabsichtigte Beschwerde
– Beschwerde (§§ 58, 117 FamFG) 10/573
bedingte Beschwerde
– Beschwerde (§§ 58, 117 FamFG) 10/571
Behebung des Hindernisses
– Beschwerde (§§ 58, 117 FamFG) 10/567 ff.
Beschwerde (§§ 58, 117 FamFG) 10/507
Beschwerde, sofortige (§§ 567–572 ZPO) 10/603
Beschwerdebegründung
– Beschwerde (§§ 58, 117 FamFG) 10/573
Beweiskraft des Eingangsstempel
– Beschwerde (§§ 58, 117 FamFG) 10/570
Bewilligung von Verfahrenskostenhilfe
– Beschwerde (§§ 58, 117 FamFG) 10/567
Bezugnahme auf erstinstanzliche Verfahrenskostenhilfe
– Beschwerde (§§ 58, 117 FamFG) 10/560
BGH-Rechtsprechung
– Beschwerde (§§ 58, 117 FamFG) 10/574 ff.
Eingangsnachweis
– Beschwerde (§§ 58, 117 FamFG) 10/579
Eingangszuständigkeit
– Beschwerde (§§ 58, 117 FamFG) 10/561, 10/563
Einwilligung des Gegners
– Beschwerde (§§ 58, 117 FamFG) 10/577
Einzelanweisung
– Beschwerde (§§ 58, 117 FamFG) 10/584, 10/587
Fristbeginn für Begründung der Beschwerde
– Beschwerde (§§ 58, 117 FamFG) 10/569
Fristbeginn für Einlegung der Beschwerde
– Beschwerde (§§ 58, 117 FamFG) 10/566
Fristprüfung des Rechtsanwalts
– Beschwerde (§§ 58, 117 FamFG) 10/576
Fristverkürzung bei Zweifel an der Mittellosigkeit
– Beschwerde (§§ 58, 117 FamFG) 10/568
Fristwahrung durch Verfahrenskostenhilfegesuch
– Beschwerde (§§ 58, 117 FamFG) 10/559
Gegenvorstellung
– Beschwerde (§§ 58, 117 FamFG) 10/567
Glaubhaftmachung
– Beschwerde (§§ 58, 117 FamFG) 10/570

Hinweispflicht
– Beschwerde (§§ 58, 117 FamFG) 10/585
in den vorigen Stand
– Wiederaufnahmeverfahren 10/379
kein Abhilfeverfahren
– Beschwerde (§§ 58, 117 FamFG) 10/562
Lücken im Verfahrenskostenhilfegesuch
– Beschwerde (§§ 58, 117 FamFG) 10/560
Mängel bei Verfahrenskostenhilfegesuch
– Beschwerde (§§ 58, 117 FamFG) 10/572
bei Mittellosigkeit
– Beschwerde (§§ 58, 117 FamFG) 10/559
Mitwirkung der Gerichte bei der Fristwahrung
– Beschwerde (§§ 58, 117 FamFG) 10/578
Organisationsmangel
– Beschwerde (§§ 58, 117 FamFG) 10/587
organisatorische Maßnahmen
– Beschwerde (§§ 58, 117 FamFG) 10/583
prüffähiges Verfahrenskostenhilfegesuch
– Beschwerde (§§ 58, 117 FamFG) 10/559
Rechtsbeschwerde
– Beschwerde (§§ 58, 117 FamFG) 10/572
Rechtsmittelauftrag
– Beschwerde (§§ 58, 117 FamFG) 10/574
selbständige Wiedereinsetzungsfrist
– Beschwerde (§§ 58, 117 FamFG) 10/589
stillschweigend
– Beschwerde (§§ 58, 117 FamFG) 10/572
Telefaxanlage
– Beschwerde (§§ 58, 117 FamFG) 10/582
Überlegungsfrist
– Beschwerde (§§ 58, 117 FamFG) 10/568
Übermittlung per Telefax
– Beschwerde (§§ 58, 117 FamFG) 10/575
überwiegende Wahrscheinlichkeit
– Beschwerde (§§ 58, 117 FamFG) 10/570
vereinfachtes Verfahren über den Unterhalt Minderjähriger 10/680
und Verfahrenskostenhilfe
– Beschwerde (§§ 58, 117 FamFG) 10/559 ff.
Verfahrenskostenhilfegesuch innerhalb der Beschwerdefrist
– Beschwerde (§§ 58, 117 FamFG) 10/564
Verkehrsanwalt
– Beschwerde (§§ 58, 117 FamFG) 10/576
verkürzte Unterschrift
– Beschwerde (§§ 58, 117 FamFG) 10/588
Verlängerung der Begründungsfrist
– Beschwerde (§§ 58, 117 FamFG) 10/577
Versagung von Verfahrenskostenhilfe
– Beschwerde (§§ 58, 117 FamFG) 10/568
Verwechslungsgefahr
– Beschwerde (§§ 58, 117 FamFG) 10/584
Vorabverfahren
– Beschwerde (§§ 58, 117 FamFG) 10/572
Vordruck nach § 117 IV ZPO bei Verfahrenskostenhilfe
– Beschwerde (§§ 58, 117 FamFG) 10/586
Vorfrist
– Beschwerde (§§ 58, 117 FamFG) 10/583
Zeugenvernehmung
– Beschwerde (§§ 58, 117 FamFG) 10/570

Sachverzeichnis

Zuständigkeit
– Beschwerde (§§ 58, 117 FamFG) 10/575
Zuständigkeit des Beschwerdegerichts
– Beschwerde (§§ 58, 117 FamFG) 10/561
Zuständigkeit für Fristwahrung
– Beschwerde (§§ 58, 117 FamFG) 10/561
Zuständigkeitswechsel
– Beschwerde (§§ 58, 117 FamFG) 10/587
Zustellung
– Beschwerde (§§ 58, 117 FamFG) 10/580 f.
Wiederheirat
Einwendung im Vollstreckungsabwehrverfahren 10/154
Lohnsteuerklasse 1/972
Realsplitting 1/955
Splittingvorteil 1/1014 ff.
Wirksamkeits- und Ausübungskontrolle
s. *Richterliche Wirksamkeits- und Ausübungskontrolle*
Wirksamkeitsanordnung
und einstweilige Anordnung 10/447
Wirtschaftsgeld
Abrechnung 3/56
beidseitige Erwerbstätigkeit 3/60
bei bestehender Ehe 3/46, 3/55 ff.
kein Einkommen des haushaltführenden Ehegatten 2/255
einstweilige Anordnung 10/398
größere Anschaffungen 3/59
Höhe 3/57
treuhänderische Verwaltung 3/56
Unpfändbarkeit 3/56, 3/120
Witwenrente
als Einkommen 1/651
wieder aufgelebte 1/729
Wohnbedarf des Kindes 2/16
Deckung durch Mietzahlung 2/16
Deckung durch Wohnungsgewährung 2/127
Leitlinien 2/326
beim Studenten 2/513
im Tabellenunterhalt 2/125, 2/326, 2/513
beim volljährigen Kind im Haushalt der Eltern 2/524
Wohngeld 5/26
Berechnung unterhaltsrelevanten Einkommens 1/667
Darlegungs- und Beweislast 1/666
als Einkommen 1/665 ff.
Wohnkosten
s. a. *Warmmiete*
Abgrenzung 5/25
im angemessenen Selbstbehalt 2/548
als Ausgabenposition 1/467
als Bedarfsposten beim Kindesunterhalt 2/326, 2/513
Einstellung Mietzahlung 1/471
in Leitlinien 5/24 f.
im Prozesskostenhilferecht 5/14 f.
als Schuld 1/471
im Selbstbehalt 1/468 ff., 2/391, 5/24 f.
im Sozialhilferecht 5/15
Teilvermietung 1/471
trennungsbedingter Mehrbedarf 1/471

Weiterzahlung durch Pflichtigen 1/471
Wohngeld 1/468
Wohnkostenanteil
beim Arbeitslosengeld II 1/114
Wohnungsgewährung
für Kinder 1/720
Wohnungsgewährung an Unterhaltsberechtigten
als Einkommen 1/719
als freiwillige Leistungen oder Gegenleistung für Haushaltstätigkeit 1/719
Wohnungsgewährung durch neuen Partner
allgemein 1/714
Wohnvorteil
Abzahlungen 1/557, 1/559
Abzugsposten 1/498 ff.
angemessener Wohnwert 1/477 ff.
Berechnungsbeispiele 1/494
Betriebskosten 1/499
Bewertung 1/485 ff.
Drittelobergrenze 1/478
Eigenheimzulage 1/519
Elternunterhalt s. Wohnvorteil im Eigenheim
kein Erwerbstätigenbonus 4/787
Ferienwohnung 1/491
freiwillige Leistung 1/475, 1/493
durch freiwillige Zuwendungen Dritter 1/473
bei gleichrangigen Ehegatten 1/541
bei Gütergemeinschaft 1/492
Hauslasten 1/498 ff.
Instandhaltungsaufwendungen 1/502
beim Kindesunterhalt 1/571 ff.
kostenlose Wohnungsgewährung durch Dritte 1/546, 1/552
beim nachehelichen Unterhalt 1/481
durch neue Ehe 1/473
neuer Wohnwert nach Trennung 1/545, 1/550
neuer Wohnwert nach Trennung als Surrogat 1/557 ff., 1/568
nichtprägend 1/545, 1/550
Nutzungsentschädigung 1/528 ff.
objektive Marktmiete 1/477
des Pflichtigen beim Elternunterhalt 2/954
des pflichtigen Großelternteils beim Enkelunterhalt 2/976
prägend 1/535 ff., 1/548
prägendes Surrogat 1/557
als Sachbezüge 1/91
sonstiger Verwandtenunterhalt 1/581
als Surrogat früherer vermieteter Wohnung 1/539, 1/549
Tilgung
– bei Alleineigentum 1/508, 1/510
– als Altersvorsorge 1/507, 1/510
– bei Bedarf 1/508 ff.
– bei Bedürftigkeit 1/509 ff.
– als einseitige Vermögensbildung bei Gütertrennung 1/510
– als einseitige Vermögensbildung beim gesetzlichen Güterstand 1/510
– bei gemeinsamem Eigentum 1/508
– bei Leistungsfähigkeit 1/509 ff.

Sachverzeichnis

– bei Miteigentum (prägend) 1/508
– bei nichtprägendem Wohnwert 1/514, 1/568
– als Vermögensbildung 1/507
Tilgungslebensversicherung 1/512
trennungsbedingter Mehrbedarf 1/556
beim Trennungsunterhalt 1/478 ff., 1/485
unterlassene Garagennutzung 1/473
verbrauchsabhängige Nebenkosten 1/499 ff.
verbrauchsunabhängige Nebenkosten 1/499 ff.
Vermögensumschichtung 1/568
vorzeitige Rückzahlung Schulden 1/513
Wohnwert bei nicht fertig gestelltem Haus 1/544
Wohnwert in Leitlinien 1/487
Wohnwerterhöhung beim Kindesunterhalt 1/486, 1/573
wohnwertübersteigende Schulden 1/520
– bei Alleineigentum 1/520, 1/524
– als Altersvorsorge 1/524
– bei Miteigentum 1/520, 1/523
– bei Veräußerung Eigenheim 1/525
Zahlungseinstellung 1/509
Zins und Tilgung bei Alleineigentum 1/510, 1/529
Zins und Tilgung bei gemeinsamem Eigentum (prägend) 1/508, 1/529
Zinsen bei nichtprägendem Wohnwert 1/514, 1/568
Zinsen bei prägendem Wohnwert 1/506, 1/537
bei zwei bewohnten Wohnungen 1/538
Wohnvorteil im Eigenheim
beim Elternunterhalt
– Bemessung beim Pflichtigen 2/954
Wohnwert
s. a. Wohnvorteil
bei Aufnahme eines neuen Lebensgefährten 1/480
bei endgültigem Scheitern der Ehe 1/477, 1/480
bei gleichrangigen Ehegatten 1/484
Haushaltsführung neuer Partner 1/552
ab Rechtshängigkeit des Scheidungsverfahrens 1/477, 1/480
Wohnwert Volljähriger 1/576

Zahlbetrag
Abzugsposten Kindesunterhalt 4/444
Zählkindervorteil 2/732
im Mangelfall 5/66
Zahlung unter Vorbehalt 6/220
Zahlungseinstellung bei Abzahlung
Wohnvorteil 1/509
Zahlungsweise 1/11
Zeitliche Begrenzung
einstweilige Unterhaltsanordnung vor Geburt eines Kindes (§ 247 FamFG) 10/461
Zeitliche Begrenzung des nachehelichen Unterhalts
Darlegungs- und Beweislast 6/725
Zeitliche Begrenzung des Unterhalts
Härteklausel des § 1579 BGB 4/1204 ff.
Zeitliche Begrenzung des Unterhalts (§ 1578 b II BGB) 4/1009 f.
als Einsatzpunkt für Anschlussunterhalt 4/1010
Erlöschen des Anspruchs nach Fristablauf 4/1010

Geltendmachung im Erstverfahren 4/1022
Geltendmachung in einem Abänderungsverfahren 4/1028
– bei Vorliegen eines Unterhaltsvergleichs 4/1028
gemeinsame Billigkeitskriterien für zeitliche Begrenzung und zeitliche Herabsetzung 4/1011 ff.
Verfahrensfragen 4/1022 f.
Zeitgrenze nach richterlichem Ermessen 4/1010
Zeitliche Begrenzung oder Herabsetzung des Unterhalts (§ 1578 b BGB) 4/1000 ff.
Billigkeitsabwägung nach objektiven Kriterien 4/1000
Darlegungs- und Beweislast des Pflichtigen 4/1000
gemeinsame Billigkeitskriterien 4/1011 ff.
– fortbestehende ehebedingte Nachteile 4/1011
Kombination von Herabsetzung und zeitl. Begrenzung 4/1000
Struktur der Vorschrift 4/1000
Übergangsvorschrift zum neuen Recht 4/1028
Zeitliche Herabsetzung des Unterhalts
s. a. Unterhaltsherabsetzung (§ 1578 b I BGB)
auf den angemessenen Lebensbedarf nach § 1578 b I BGB 4/1003 ff.
Zeitpunkt eheliche Lebensverhältnisse 4/410, 4/469
Zeitschranke (§ 238 II FamFG)
Abänderungsverfahren bei gerichtlichen Entscheidungen (§ 238 FamFG) 10/210 ff.
Zeitschranke (§ 238 III FamFG)
Abänderungsverfahren bei gerichtlichen Entscheidungen (§ 238 FamFG) 10/233 ff.
Anpassung ab Rechtshängigkeit 10/234
Anpassung und VKH-Gesuch 10/235
Anschlussbeschwerde und Vorwirkung 10/236
Zeugnisverweigerung
Beschwerde, sofortige (§§ 567–572 ZPO) 10/603
Zins und Tilgung
Abzahlung bei Einkünften aus Vermietung und Verpachtung 1/457
beim nichtprägenden Wohnwert 1/514, 1/568
beim prägenden Wohnwert 1/506 ff., 1/537
Zins- und tilgungsfreies Darlehen
ungerechtfertigte Bereicherung 10/336
Vermeidung von Erstattungsverfahren 10/337
Zinseinkünfte bei hohem Erwerbseinkommen
eheliche Lebensverhältnisse 4/603
nichtprägendes Einkommen 4/603
Zinsen
als als Betriebsausgabe 1/366
als Betriebseinnahme 1/328
Höhe 6/139
beim nichtprägenden Wohnwert 1/506
beim prägenden Wohnwert 1/506
rückwirkende Geltendmachung 6/138
Vermögensumschichtung beim nichtprägenden Wohnwert 1/514
Verzug 6/138

2411

Sachverzeichnis

Zinsen aus Erlös als Surrogat
Veräußerung Eigenheim 1/557
Zinsen aus Zugewinn
prägendes Einkommen 1/570
Zuflussprinzip
s. Einnahmen-Überschussrechnung
Zugewinnausgleich
prägendes Einkommen 4/679
Zinsen prägend 4/591 f.
Zugewinn und Veräußerung Familienheim 1/570
Zukunftsprognose 1/24
Korrektur 1/26
Zulässigkeit
Aufhebungsverfahren (§ 52 II S. 3 FamFG) 10/432
Fristsetzungsantrag (§ 52 II FamFG) 10/430
vereinfachtes Verfahren über den Unterhalt Minderjähriger 10/637 ff.
Zulässigkeitsvoraussetzung
einstweilige Unterhaltsanordnung bei Feststellung der Vaterschaft (§ 248 FamFG) 10/470
Zulassung der Rechtsbeschwerde (§ 574 I Nr. 2 ZPO)
Beschwerde, sofortige (§§ 567–572 ZPO) 10/608
Zulassung in Familienstreitsachen
Rechtsbeschwerde, Endentscheidungen (§§ 70–75 FamFG) 10/610
Zumutbare Erwerbstätigkeit des Berechtigten
Erwerbsobliegenheit 1/780
fiktives Einkommen 1/778 ff.
überobligatorische Tätigkeit des volljährigen Kindes 1/781
volljähriges Kind 1/781
Zumutbarkeit der Unterhaltslast
bei Abitur – Lehre – Studium 2/103
bei Auslandsstudium 2/81, 2/532
bei Mehrbedarf 2/456, 2/457, 2/532
bei Weiterbildung 2/104
Zurückbehaltungsrecht
Auskunfts-, Beleg- und Versicherungsverfahren 10/345
Zurückverweisung
Beschwerde (§§ 58, 117 FamFG) 10/541
Beschwerde, sofortige (§§ 567–572 ZPO) 10/609
Stufenverfahren (§ 254 ZPO) 10/367
Zurückweisung des Antrags
auf Erlass einer Versäumnisentscheidung
– Beschwerde, sofortige (§§ 567–572 ZPO) 10/603
vereinfachtes Verfahren über den Unterhalt Minderjähriger 10/696, 10/672
Zurückweisung, teilweise
vereinfachtes Verfahren über den Unterhalt Minderjähriger 10/658
Zurückweisungsbeschluss
vereinfachtes Verfahren über den Unterhalt Minderjähriger 10/658

Zusammengerechnetes Einkommen der Eltern
und Bedarf des Kindes bei beiderseitiger Barunterhaltspflicht 2/214
und Bedarfsbemessung nach festen Regelsätzen 2/214, 2/505
Höhergruppierung 2/523
bei Kindesbetreuung durch Dritten 2/215
beim Volljährigenunterhalt 2/505, 2/523
Zusammenleben mit gleichgeschlechtlichem Partner 4/1273
Zusammenleben mit neuem Partner
als Verwirkungsgrund 4/1267 ff.
Zusätzliche Altersvorsorge 4/837
Zuschlag
zum Arbeitslosengeld II 1/112
Zuschüsse
bei berufsbedingten Aufwendungen 1/153
zu freiwilligen Weiterversicherung 1/91
zu privaten Anschaffungen 1/91
Zuständigkeit
Abänderungsverfahren bei Urkunden (§ 239 FamFG) 10/277
Abänderungsverfahren bei Vergleichen (§ 239 FamFG) 10/259
Abänderungsverfahren (§ 54 III FamFG) 10/425
Arrestverfahren 10/490
Beschwerde (§§ 58, 117 FamFG) 10/503
einstweilige Anordnung 10/406 ff.
einstweilige Unterhaltsanordnung vor Geburt eines Kindes (§ 247 FamFG) 10/463
Fristsetzungsantrag (§ 52 II FamFG) 10/429
internationale 9/640 ff., 10/15 ff., s. a. dort
örtliche 10/8 ff.
sachliche 10/6 ff.
Wiederaufnahmeverfahren 10/376
Zuständigkeit, Beschwerdeinstanz der Hauptsache
Arrestverfahren 10/490
Zustellung
im Vollstreckbarkeitsverfahren 9/692
international 9/620 f.
Zustellung der Antragsschrift
einstweilige Anordnung 10/416
Zustellungsmängel
Beschwerde (§§ 58, 117 FamFG) 10/504
Zustimmung
Anlage U 1/958
Form 1/958
zum Realsplitting 1/955 ff.
zur Zusammenveranlagung 1/924, 1/935
Zuverdienstehe 4/815
Zuvielforderung (Verzug) 6/127
Zuwendungen
eines neuen Partners 1/712
– als Gegenleistungen 1/713
Zuwendungen Dritter
s. Einkünfte aus freiwilligen Zuwendungen Dritter
Zweckbestimmung des Vorsorgeunterhalts 4/868 ff.
Abänderung bei Verstoß 4/896
bei Krankheitsvorsorgeunterhalt 4/924

Sachverzeichnis

Zweijahressperrfrist (§ 1605 II BGB)
Auskunfts-, Beleg- und Versicherungsverfahren 10/351
einstweilige Anordnung 10/424
Zweistufige Berechnung des Vorsorgeunterhalts 4/883, 4/887
des Krankheitsvorsorgeunterhalts 4/911
Zweitarbeit 1/828 ff.
Zweitausbildung des Kindes 2/91 ff.
Erfüllung der Unterhaltspflicht durch eine Ausbildung 2/70, 2/91 ff.
Spätentwicklung des Kindes 2/93

Voraussetzungen 2/92
Zeitsoldat 2/95
Zweite Tatsacheninstanz
Beschwerde (§§ 58, 117 FamFG) 10/531, 10/539
Zwischenentscheidung
Anhörungsrüge (§ 321 a ZPO) 10/623
Rechtsmittel in Unterhaltssachen 10/498
Wiederaufnahmeverfahren 10/379
Zypern
Verbrauchergeldparität und Devisenkurs 9/79